新中国工商行政管理史志

（上卷）

国家工商行政管理总局　编

中国工商出版社

责任编辑 李富民 杨爱军 王 琳 权燕子
　　　　 傅伟光 袁 泉 张欣然 冯若洋
图片编辑 张玉平 李富民
装帧设计 纺印图文

图书在版编目(CIP)数据

新中国工商行政管理史志(上、下卷)/国家工商行政管理总局编.
—北京:中国工商出版社,2009.9
　ISBN 978－7－80215－379－0

　Ⅰ.新… Ⅱ.国… Ⅲ.工商行政管理—概况—中国—现代
Ⅳ.F230.9

中国版本图书馆 CIP 数据核字(2009)第 165290 号

书名/新中国工商行政管理史志(上、下卷)
编者/国家工商行政管理总局

出版·发行/中国工商出版社
经销/新华书店
制版/北京健坤印艺科技有限公司
印刷/北京雅昌彩色印刷有限公司
开本/880 毫米×1230 毫米　1/16　**印张**/163　　**字数**/4500 千字
版本/2009 年 9 月第 1 版　2009 年 9 月第 1 次印刷

社址/北京市丰台区花乡育芳园东里 23 号(100070)
电话/(010)63730074,83670785　**电子邮箱**/zggscbs@263.net
出版声明/版权所有,侵权必究

书号:ISBN 978－7－80215－379－0/F·678
定价(上、下卷):750.00 元

《新中国工商行政管理史志》
编委会及编辑部、特约撰稿人名单

主　　任：周伯华

副 主 任：刘玉亭　付双建　刘　凡　王东峰　钟攸平
　　　　　石见元

委　　员：
滕佳材　张　辉　宁望鲁　王予集　孙文序
王晋杰　刘俊臣　郭志斌　何训班　曹马陵
潘海民　刘士国　安青虎　赵晓光　袁国栋
李建昌　许瑞表　徐爱婷　李　捷　于战晓
周石平　梁艾福　任爱荣　王庆十　于法昌
田云鹏　刘显华　严志辉　刘小平　杨红灿
李国庆　刘　燕　张志宽　王海福　钱晓钟
王虎胜　王玉英　李铁民　臧忠生　孟祥君
吴振国　佘义和　郑宇民　金启建　陈乙熙
邝小平　李华理　董光峰　刘源超　刘国湘
卢炳辉　朱　军　黄成模　王元楷　李柏云
杨正国　纳宗会　段襄征　李仲为　张绪胜
鲍玉璋　马云海　尤努斯·玉素甫

执 行 主 编：滕佳材

执行副主编：刘显华　任爱荣

编 辑 部：陈叔弘　叶宝文　田国平　于空军　李富民
　　　　　郜志明　张玉平　陈永梅　刘凤双　李　怡
　　　　　李　铎　孔春潮

特约撰稿人:省(自治区、直辖市)工商局办公室主任及总局各司局综合处处长和直属单位办公室主任

张风平　苏德芬　刘英民　官　频　施海罗
狄　伟　管德华　王伟群　杜贵根　李　杰
陆建强　杭　飞　傅　健　郑辅良　穆庆峰
宋树欣　邓　敏　卓精华　苏志平　廖和明
江　鹤　辜　敏　张仁国　姚元怀　李　向
郭乃雄　吴　凯　王锡湖　祁赤民　陈　旭
魏　洮　吴少华　闫　实　徐志朝　张　虹
李晓清　李东卫　庹登夫　周家东　王俊峰
侯超杰　张久荣　刘晓东　刘晓春　金树泳
栗元广　彭新民　汪　泽　胡　茜　王德元
王子献　李志红　张长久　董祝礼　栾复武
顾　伟　孙　雨　丁律林　尚　黎　李　红
陈德华

继往开来　奋发创新
不断推进工商行政管理工作的
改革和发展

（代　序）

国家工商行政管理总局局长　　周伯华

光阴荏苒,岁月如歌,新中国的工商行政管理即将走过 60 年不平凡的历程。60 年来,伴随着共和国披荆斩棘前进的脚步,工商行政管理部门经历了组建、撤并、恢复、加强的发展过程。回顾总结这近 60 年的成就与经验、曲折与教训,对于我们继往开来,再创辉煌,具有重要意义。

工商行政管理部门作为维护市场秩序的职能部门,其地位和作用与市场经济的发展密切相关。当国家重视市场对促进经济发展积极作用的时候,工商行政管理工作就得到加强,反之则受到削弱。回顾新中国工商行政管理的发展历程,大体经历了三个阶段。第一阶段是国民经济恢复时期和社会主义改造时期(1949—1956 年)的工商行政管理。1949 年新中国成立之后,中央人民政府设立了中央私营企业局与中央外资企业局,隶属政务院财政经济委员会。1952 年,中央私营企业局与中央外资企业局合并为中央工商行政管理局,直属政务院。这一时期,工商行政管理部门在整顿市场,稳定物价,促进城乡商品交流,扶持私营工商业恢复和发展,推动个体工商业的社会主义改造等方面,发挥了重要作用。第二阶段是社会主义改造基本完成后和"文化大革命"时期及其后两年(1957—1978 年)的工商行政管理。这一时期特别是"文化大革命"十年动乱中,由于"左"的错误指导思想,把农村集市贸易、城市自由市场和私商小贩都当作"资本主义自发势力"来严厉批评,工商行政管理部门的作用随之削弱,工商行政管理机关从中央到地方相继被撤并,大部分工作一度被迫停顿。第三阶段是改革开放以后(1978 年至今)的工商行政管理。1978 年党的十一届三中全会作出把党和国家的工作重点转移到社会主义现代化建设上来和实行改革开放的重大决策,党中央、国务院就在这一年,决定全国成建制恢复工商行政管理机关。随着市场经济的发展,特别是 1992 年党的"十四大"确定建立社会主义市场经济体制的改革目标后,工商行政管理机构职能得以拓展,队伍逐步壮大,已成为维护市场秩序、促进经济发展的重要力量。可以说,改革开放以后,工商行政管理工作步入了蓬勃发展的黄金期。

回首近 60 年历经曲折、不懈开拓的奋斗历程,我们可以自豪地说,在党中央、国务院和各地党委、政府的领导下,经过一代又一代工商人的实践探索、艰苦创业,工商行政管理在国家经济生活中的地位和作用发生了根本性变化,促进改革发展成就辉煌,加强自身建设硕果累累。

（一）立足本职，服务大局，谱写了维护市场秩序、促进改革发展的壮丽篇章。

20世纪50年代，工商行政管理部门主要监管城乡集市贸易和私商小贩。改革开放特别是发展社会主义市场经济以来，党和国家对工商行政管理工作日益重视，工商行政管理部门的监管领域大大拓展，执法力度明显加大。一是始终坚持依法行政、强化监管，在整顿规范市场秩序中发挥了重要作用。加强了广告管理、商标专用权保护、反垄断与反不正当竞争执法、重要商品市场监管等工作。针对不同时期扰乱市场秩序的突出问题，先后集中开展了维护流通领域食品安全、保护注册商标专用权、查处虚假违法广告、打击传销、治理商业贿赂等专项整治行动，有力地促进了市场秩序的好转。同时，坚持打防结合、堵疏并重的方针，积极探索建立市场监管长效管理机制，监管执法效能不断提高，有效地发挥了维护市场秩序生力军的作用。二是始终坚持立足本职、服务大局，在促进经济社会又好又快发展中取得了显著成果。改革开放之初，各级工商行政管理机关在当地党委、政府的领导下，解放思想，放开搞活，积极参与培育建设城乡集贸市场，为繁荣市场、活跃经济发挥了重要作用。实行市场办管脱钩后，工商行政管理机关依法规范监管各类市场，有力地促进了统一开放竞争有序现代市场体系的建立。积极支持国有、集体企业改革发展，大力促进个体私营经济和外商投资企业健康发展。同时，认真落实国家调整经济结构、转变发展方式的方针政策，严把市场主体准入关，依法做好产能过剩、技术落后、破坏资源、污染环境等企业的变更登记和注销登记工作，坚决查处取缔无照经营，为各类市场主体营造了良好的发展环境。多措并举，大力推进社会主义新农村建设。积极促进农村经纪人、农民专业合作社组织、涉农企业的发展，引导农民和涉农企业通过注册使用商标、规范合同、创新经营方式增收，发展农村经济。加大对涉农案件的查处力度和农村市场的监管力度，维护农村消费者合法权益。举办区域经贸活动，引导东、中、西部扩大交流合作，积极参与了对口援藏、对口支援三峡库区、对口支援汶川地震灾区恢复重建等工作，大力促进区域经济协调发展。三是始终坚持关注民生、构建和谐，在维护社会和谐稳定中作出了积极贡献。充分发挥职能作用，以培育健康的消费理念为重点，深入开展消费教育，以推进"12315"行政执法体系建设为抓手，促进建立消费维权新体系，强化商品和服务领域消费维权。积极落实优惠政策，鼓励、扶持下岗失业人员和大学毕业生从事个体私营经济，自主创业，自谋职业。大力支持发展劳动密集型产业和服务业，多渠道增加就业岗位。主动配合、积极参与社会治安综合治理。

（二）与时俱进，开拓创新，自身建设取得了丰硕成果。

伴随着共和国波澜壮阔的发展进程，工商行政管理与时代前进同步，勇于探索，开拓创新，自身建设取得重大成就，不仅为履行职责提供了有力保障，也为工商行政管理事业的长远发展奠定了坚实基础。一是基本建立了适应社会主义市场经济监管的工商行政管理理论。理论是行动的指南，工商行政管理的改革发展须臾离不开理论的指导。新中国成立以来特别是改革开放以来，一代又一代工商人以改革创新的实践和孜孜以求的探索，为工商行政管理理论大厦的构建添砖加瓦。党的"十六大"以来，总局党组在系统总结60年来工商行政管理实践经验和理论探索的基础上，深刻指出，工商行政管理要努力做到监管与发展、监管与服务、监管与维权、监管与执法"四个统一"。"四个统一"的提出，把加强监管与促进发展、服务大局、消费维权、依法行政有机统一起来，科学回答了工商行政管理的职能定位、根本目的、工作目标、基本要求等重大问题，是在工商行政管理工作中全面落实科学发展观的具体体现，开辟了工商行政管理理论探索的新境界。之后，总局党组又进一步提出，切实做到"四个统一"，要积极推进"四化建设"，不断推进"四个转变"，努力实现"四高目标"。至此，以"四个统一"为主体，以"四化建设"、"四个转变"和"四高目标"

为补充,适应社会主义市场经济监管的工商行政管理理论基本形成,为工商行政管理事业的长远发展夯实了理论基础。二是基本建立了适应社会主义市场经济监管的工商行政管理法律法规。新中国成立初期,国家尚无一部涉及工商行政管理的法律。工商行政管理部门监管执法的依据除了当时由政务院颁布的《商标注册暂行条例》、《私营企业暂行条例》等少量行政法规外,大多为政策、规章及规范性文件。改革开放后,根据完善中国特色社会主义法律体系、落实依法治国基本方略、全面推进依法行政的要求,全系统高度重视立法立规工作,在国务院的统一领导和部署下,工商行政管理法制建设取得重大进展,基本形成了以《公司法》、《反不正当竞争法》、《反垄断法》、《消费者权益保护法》、《广告法》、《商标法》等法律及一大批行政法规、规章为主体的比较健全的工商行政管理法律法规。现行有效的法律法规中,共有 100 部法律和 203 部行政法规作为工商行政管理机关的执法依据,国家工商总局单独制定和与有关部门联合制定的部门规章有 104 部。这些法律法规和规章,为工商行政管理机关依法行政提供了比较完备的法律依据。三是基本建立了适应社会主义市场经济监管的工商行政管理体制机制。在党中央、国务院的正确领导和各地党委、政府的关心支持下,工商行政管理体制机制改革稳步推进,取得重大突破。历经六次机构改革"三定",逐步确立了工商行政管理市场监管和行政执法的职能定位,实现了工商行政管理职能的历史性转变,形成了从总局到基层工商所五级贯通、运转协调的分层管理体制,建立了布局合理、管理规范的基层监管执法体系。实行了市场办管脱钩,实现了"运动员"与"裁判员"分离,促进了严格执法、公正执法。实行了省以下工商行政管理机关垂直管理,增强了执法的统一性、权威性和有效性。实现了国家工商总局机构升格,进一步提高了执法权威。按照建设法治政府、服务政府、责任政府、效能政府的要求,深化行政管理体制改革,切实转变政府职能,加快了法治工商、

信用工商、信息工商建设的步伐。在全系统推进了信用分类监管、商品市场准入制度、"12315"行政执法体系建设等一系列行之有效的市场监管制度改革,促进了适应社会主义市场经济发展需要的工商行政管理新体制的建立和完善。四是基本建立了适应社会主义市场经济监管的工商行政管理干部队伍。1978 年工商行政管理系统恢复建制时,全系统仅有 10 万余人。1996 年国务院核定工商所 36 万人行政编制,结束了基层工商所长期缺编、少编的历史,是工商所人员拥有公务员执法身份的历史性举措。多年来,通过坚持不懈强化教育培训,大力加强党风廉政建设,工商行政管理干部队伍的政治素质明显提高,业务能力明显增强,工作作风明显改进,执法形象明显改善,在人民群众心目中的地位不断提升。目前,全系统公务员队伍共有 40 余万人,已成为维护市场秩序的坚强卫士、促进改革发展的重要力量。

(三)勇于实践,不懈探索,积累了履行法定职责和加强自身建设的宝贵经验。

回顾新中国工商行政管理的发展历程,我们经过艰辛探索、不断实践,积累了宝贵经验。一是必须坚持以中国特色社会主义理论体系为指导,始终保证工商行政管理改革发展的正确方向。中国特色社会主义理论体系,是马克思主义中国化的最新成果,是全国各族人民团结奋斗的共同思想基础,也是统领工商行政管理改革发展的行动指南。无论参与立法立规、实施监管执法,还是推进体制改革、加强队伍建设,都必须坚持用中国特色社会主义理论体系武装头脑、指导实践、推动工作,这是工商行政管理改革发展沿着正确轨道前进的根本保证。二是必须坚持围绕中心,服务大局,在促进科学发展中充分发挥工商行政管理职能作用。发展是党执政兴国的第一要务,科学发展观的第一要义是发展。树立和落实科学发展观,坚持以人为本,促进科学发展,是现代化建设的中心任务,是党和国家的工作大局。工商行政管理机关必须紧紧围绕党和国家的中心任务履行职能,把促进科学发展作为

检验工作成效的重要标准,尽职尽责创造良好发展环境,尽心尽力为经济社会又好又快发展服务。三是必须坚持把维护最广大人民的根本利益作为工商行政管理工作的出发点和落脚点,始终做到执法为民。以人为本是科学发展观的核心,实现好、维护好、发展好最广大人民的根本利益是工商行政管理工作的出发点和落脚点。必须牢固树立执政为民的思想,始终坚持对法律负责与对人民群众负责的统一,把执法为民的要求体现到监管执法的各个环节,着力解决人民群众最关心、最直接、最现实的利益问题。四是必须坚持依法行政,规范执法,始终做到有法必依、执法必严、违法必究。工商行政管理机关作为市场监管和行政执法部门,必须严格依照法定权限和程序行使权力、履行职责,推行阳光政务,接受社会监督,真正做到有法必依、执法必严、违法必究,努力做到对法律负责与对市场主体负责、对消费者负责的统一,市场监管与服务的统一。五是必须坚持改革创新,使工商行政管理工作始终跟上时代前进的步伐。改革开放 30 年来,工商行政管理体制、机制和监管方式改革取得了突破性进展。但实践没有止境,创新也没有止境。工商行政管理工作要始终体现时代性、把握规律性、富于创造性、永葆生机与活力,必须坚持解放思想,与时俱进,深化改革,开拓创新。必须充分尊重和发挥广大工商行政管理人员特别是基层一线执法人员的创新能力,鼓励基层发扬首创精神,不断发现、总结和推广创新经验。六是必须坚持严格规范执法主体自身行为,努力建设一支"政治上过硬、业务上过硬、作风上过硬"的工商行政管理干部队伍。规范市场主体行为、维护市场经济秩序,是工商行政管理部门的基本职责;建设一支高素质的干部队伍,是履行这一职责的组织保证。必须在规范市场主体行为的同时,大力加强队伍建设,全面提升队伍素质,切实规范执法行为,不断提高执法效能,加强党风廉政建设,树立良好的工商形象。

当前,我国改革进入关键阶段,发展面临新的机遇和挑战,对维护市场秩序、促进改革发展提出了新的更高的要求。党中央、国务院对工商行政管理工作十分重视,前不久温家宝总理对工商行政管理工作作出重要批示,充分肯定了工商行政管理部门在维护市场秩序、服务经济发展中的重要作用,对今后的工作提出了明确要求;国务院批准的国家工商总局新"三定"方案,进一步强化了工商行政管理职能;自 2008 年 9 月 1 日起全面停止征收"两费",为加强和改进工商行政管理创造了更为有利的条件,工商行政管理具有广阔的发展前景。我们要以邓小平理论和"三个代表"重要思想为指导,深入学习实践科学发展观,认真贯彻党的"十七大"精神,按照做到"四个统一"、加强"四化建设"、推进"四个转变"、实现"四高目标"的要求,着力更新思想观念,创新体制机制,提高监管水平,千方百计促进经济平稳较快发展,尽职尽责维护公平公正的市场秩序,尽心尽力保护消费者合法权益,扎扎实实提高队伍整体素质,为推动科学发展、促进社会和谐作出新的贡献。

《新中国工商行政管理史志》真实记载了新中国成立以来特别是改革开放以来工商行政管理事业发展壮大的历程,展示了工商人栉风沐雨、艰苦创业的动人风采,对于我们总结经验规律,汲取历史智慧,激励全系统广大干部坚定信心,振奋精神,锐意进取,开拓创新,进一步开创工商行政管理改革发展的新局面具有重要意义。我们要以此书的出版为契机,大力弘扬忠于职守、执法如山的敬业精神,不畏艰险、勇挑重担的奉献精神,心系群众、执法为民的公仆精神,顾全大局、团结互助的协作精神,艰苦奋斗、清正廉洁的自律精神,发扬优良传统,争取更大光荣,充分展示新时期的"红盾"风采。我们要充分发挥本书志在资政育人、指导工作、促进发展等方面的重要作用,不断提高决策水平和执政能力,更好地服务改革发展,以优异的成绩迎接新中国成立 60 周年。

总 目 录

Contents

发展经济
保障供给

毛泽东

▶ 1963 年 4 月 4 日，毛泽东主席
等党和国家领导人接见出席工商
行政管理等全国性会议的代表

　　计划经济不等于社会主义，资本主义也有计划；市场经济不等于资本主义，社会主义也有市场。计划和市场都是经济手段。

　　发展才是硬道理。

——邓小平

▲ 1983 年 2 月 21 日，邓小平同志视察上海市曲阳新村菜场

　　总结八十年的奋斗历程和基本经验，展望新世纪的艰巨任务和光明前途，我们党要继续站在时代前列，带领人民胜利前进，归结起来，就是必须始终代表中国先进生产力的发展要求，代表中国先进文化的前进方向，代表中国最广大人民的根本利益。

——江泽民

▲ 1996 年 4 月 30 日，江泽民同志一行视察上海市巨鹿路副食品市场

党的十六大以来，党中央继承和发展党的三代中央领导集体关于发展的重要思想，提出了科学发展观。科学发展观，第一要义是发展，核心是以人为本，基本要求是全面协调可持续，根本方法是统筹兼顾。

——胡锦涛

▲ 1993 年，胡锦涛同志视察黑龙江省黑河市工商局

◀ 1995 年 12 月，李鹏总理出席全国工商行政管理工作会议并作重要讲话

▶ 1995 年 1 月 6 日，李鹏总理对工商行政管理工作作出重要批示

▲ 2001 年 7 月 27 日，朱镕基总理在视察国家工商总局时作重要讲话

工商行政管理部门是市场监管和行政执法的政府职能部门，承担着规范和维护市场秩序的重要职责。也就是说，各级工商管理部门要把好市场主体的入门关，当好市场运行的裁判员，做好市场秩序的监督员。所有工商管理人员都要忠于职守，勇于负责，清正廉洁，秉公执法，只有这样，才能适应社会主义市场经济的需要。

◄ 2001 年 12 月 22 日，朱镕基总理对工商行政管理工作作出重要批示

◀ 2007 年 8 月 4 日，
温家宝总理视察北
京市农副产品市场

▶ 2006 年 12 月 26 日，温
家宝总理对工商行政管理
工作作出重要批示

▲ 1988 年，姚依林副总理参观全国打击假冒行为、保护名优商品展览

▲ 1987 年，田纪云副总理视察山东省即墨小商品市场

▲ 1996 年 9 月，李岚清副总理视察哈尔滨市道里区透笼农贸市场

▲ 2003 年 8 月 1 日，吴仪副总理视察北京市通州区八里桥市场

▲ 2008 年 4 月 22 日，王岐山副总理到国家工商总局视察工作

▲ 2008 年 7 月 29 日，王岐山副总理在周伯华局长陪同下，视察汶川 5·12 大地震后都江堰市奎光市场

党组书记、局长　周伯华

党组副书记、副局长　刘玉亭

党组成员、副局长　付双建

副局长　刘　凡

党组成员、副局长　王东峰

党组成员、副局长　钟攸平

党组成员、中纪委驻国家工商总局
纪检组组长　石见元

▲ 周伯华局长在座谈会上讲话

▲ 2008 年 9 月 12 日，周伯华局长来到位于海拔 4300 米的西藏江孜县工商局看望干部

▲ 2008 年 5 月 11 日，刘玉亭副局长为中国商用飞机有限责任公司颁发营业执照

▲ 2008 年 7 月 1 日，付双建副局长在云南省深入基层工商所和涉农企业考察调研

▲ 2005 年 3 月 2 日，刘凡副局长在"红盾护农"启动仪式上向各省区市工商局授旗

▲ 2008 年 5 月 9 日，王东峰副局长检查北京市食品安全工作

▲ 2007 年 7 月 1 日，钟攸平副局长为北京市房山区农民专业合作社指导站揭牌

▲ 2004 年 8 月 22 日，中纪委驻总局纪检组石见元组长在新疆检查工商机关开展队伍教育整顿工作的进展情况

局长　薛暮桥

党组书记、局长　许涤新

党组书记、局长　魏今非

党组书记、局长　任中林

党组书记、局长　刘敏学

党组书记、副局长　杨培青

党组书记、局长　王众孚

党组副书记、副局长　管大同

党组成员、副局长　左　平

党组副书记、副局长　史　敏

党组成员、副局长　王文克

党组成员、副局长　夏如爱

党组成员、副局长　费开龙

党组副书记、副局长　李衍授

党组成员、副局长　田树千

党组成员、副局长　卞耀武

党组成员、副局长　曹天玷

副局长　白大华

党组成员、纪检组长　于水生

党组成员　惠鲁生

党组成员、副局长　韩新民

党组成员、副局长　杨树德

党组成员　李建中

党组副书记、副局长　甘国屏

党组成员、副局长　李东生

◀中华人民共和国工商行政管理
总局办公楼 (1978—1982 年,
北京市西城区复内大街 45 号)

▶中华人民共和国国家工商行政管理局
办公楼 (1982—1996 年,北京市西城
区三里河东路 8 号)

机 密

国家机构编制委员会文件

国机编〔1988〕8 号

关于印发《国家工商行政管理局 "三定"方案》的通知

国务院各部委、各直属机构：

一九八八年七月七日下午，李鹏同志主持召开国家机构编制委员会第二次会议，审议并原则批准《国家工商行政管理局"三定"方案》，现予印发

一九八八年七月二九日

— 1 —

▲ 20 世纪 80 至 90 年代，全国工商行政管理系统对培育各类市场建设发展和推进个体私营经济的发展，作出了巨大贡献。图为武汉市汉正街小商品市场，占地 7 华里，1984 年个体经营者 1542 户，营业额 2.3 亿元

▲ 1990 年 2 月，河北深泽县个体私营经营者表彰会

▲早期的工商所及工商制服着装照

▲ 1986 年，北京市昌平县工商执法人员检查市场

▲全国集贸市场专项整治工作经验交流会

▲ 1999 年，国家工商局召开工商行政管理体制改革（北片）座谈会

▲ 1999 年，国家工商局召开工商行政管理体制改革（南片）座谈会

0004525

国务院办公厅文件

国办发〔1995〕40 号

国务院办公厅转发国家
工商行政管理局关于工商行政管理机关
与所办市场尽快脱钩意见的通知

各省、自治区、直辖市人民政府，国务院各部委，各直属机构：
　　国家工商行政管理局《关于工商行政管理机关与所办市场尽快脱钩的意见》已经国务院同意，现转发给你们，请认真贯彻执行。

一九九五年十月三日

— 1 —

▲ 湖北省鄂州市工商局市场办管脱钩签字仪式

▲ 浙江义乌国际商贸城全景

▲规范化的工商所

▲工商所办公规范化

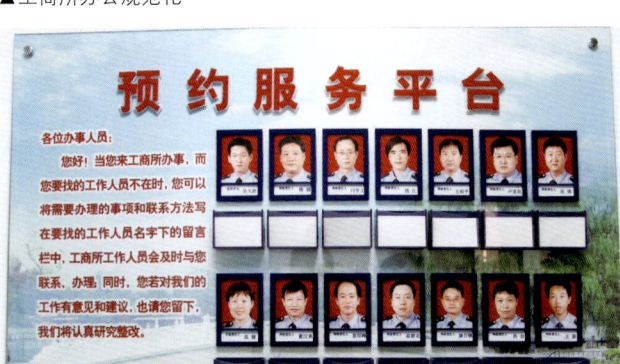

▲工商所预约服务平台

中央机构编制委员会办公室
人　　　事　　　部文件
国家工商行政管理局

中编办发〔1996〕3号

关于重新核定工商行政管理所
人员编制及有关问题的通知

各省、自治区、直辖市编委办公室、人事厅（局）、工商行政管理局：

根据中共中央《关于党政机构改革方案》（中发〔1993〕7号）关于工商行政管理所（以下简称工商所）要重新核定编制的精神，经国务院批准，重新核定全国工商所行政编制总数36万人。为了做好这次重新核编工作，现将编制方案和有关事项通知如下：

— 1 —

▲基层工商干部执行检查任务

▶基层工商干部风貌

0004415

国务院办公厅文件

国办发〔1994〕67号

国务院办公厅关于调整大中城市
工商行政管理体制的通知

各省、自治区、直辖市人民政府，国务院各部委、各直属机构：

为适应建立社会主义市场经济体制的要求，改革和加强大中城市工商行政管理部门对市场的监督管理，建立有权威的、统一的执法机构，经中央机构编制委员会办公室审核并报国务院批准，对现行的全国大中城市工商行政管理体制进行调整。现将有关问题通知如下：

一、全国大中城市（设区的市）区工商行政管理局，一律改为市工商行政管理局的分局，作为市局的派出机构，由市局统一领导、统一管理。

— 1 —

0007139

文　件

国发〔1998〕41号

国务院批转国家工商行政管理局
工商行政管理体制改革方案的通知

各省、自治区、直辖市人民政府，国务院各部委、各直属机构：

国务院同意国家工商行政管理局《工商行政管理体制改革方案》，现转发给你们，请认真贯彻执行。

改革现行工商行政管理体制，实行省以下工商行政管理机关垂直管理，是党中央、国务院加强工商行政管理的一项重大措施，对于建立健全适应社会主义市场经济的工商行政管理新体制，进一步加强市场监督和行政执法，维

— 1 —

国家工商行政管理局文件

工商办字〔1998〕第101号

关于印发《樊健行同志在六部门落实
"收支两条线"规定全国电视电话会议上的讲话》
和《王众孚同志在落实"收支两条线"规定
全国电视电话会议上的发言》的通知

各省、自治区、直辖市及计划单列市工商行政管理局：

1998年5月21日，中纪委、监察部、财政部、公安部、最高人民检察院、最高人民法院、国家工商行政管理局在北京召开全国电视电话会议，就公检法和工商行政管理部门贯彻落实党中央、国务院有关规定，深入抓好"收支两条线"管理工作，作了动员部署。中共中央政治局常委、书

-1-

国家工商行政管理局文件

工商办字〔1998〕第244号

关于印发《工商行政管理系统行政性收费和罚没
收入收支两条线管理实施细则》的通知

各省、自治区、直辖市及计划单列市工商行政管理局：

为进一步加强工商行政管理系统财务收支两条线管理，国家工商行政管理局依据中共中央办公厅、国务院办公厅转发财政部等部门《关于加强公安、检察院、法院和工商行政管理部门行政性收费和罚没收入收支两条线管理工作的规定》（中办发〔1998〕14号），制定了《工商行政管理系统行政性收费和罚没收入收支两条线管理实施细则》。现印发给你们，请遵照执行。

附件：工商行政管理系统行政性收费和罚没收入收支

▼ 1998年11月，国家工商局召开全国工商行政管理局长座谈会，国务委员吴仪宣布全国省以下工商行政管理机关实行垂直管理

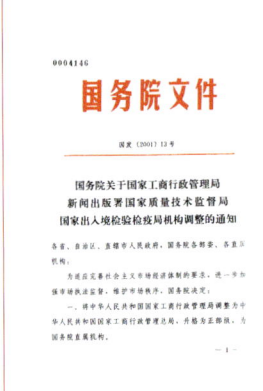

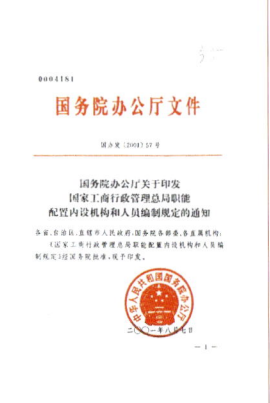

▶ 2001年4月5日，国家工商局召开干部大会，国务委员吴仪宣布国家工商行政管理局更名为国家工商行政管理总局，升格为正部级的国务院直属机构

▲▶中华人民共和国国家工商行政管理总局新办公楼（北京市西城区三里河东路8号）

▼ 2008年8月26日,国家财政部、发改委、工商总局联合召开全国停止征收个体工商户管理费、集贸市场管理费电视电话会议

急件

财　政　部
国家发展改革委 文件
国家工商总局

财综〔2008〕61号

财政部 国家发展改革委 国家工商总局关于
停止征收个体工商户管理费和集贸
市场管理费有关问题的通知

各省、自治区、直辖市、计划单列市人民政府:

为减轻个体工商户和私营企业负担,促进个体、私营等非公有制经济持续健康发展,加强和改进工商行政管理,经国务院批准,现将有关问题通知如下:

— 1 —

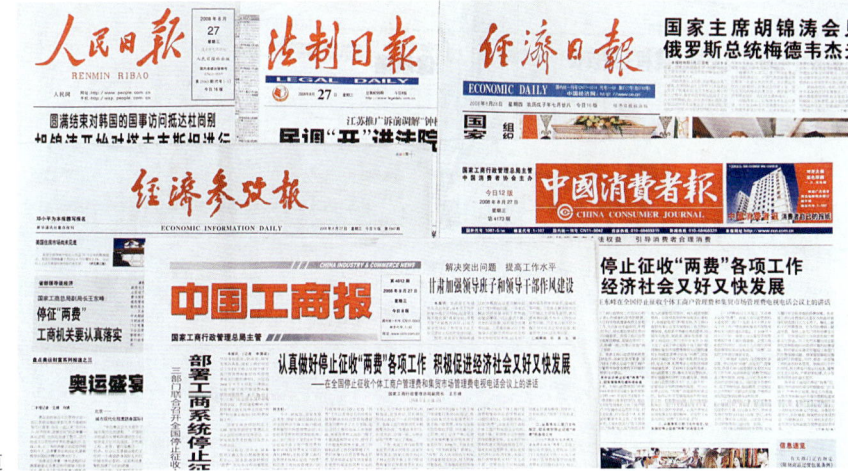

▶中央及总局媒体有关停收"两费"的报道

▲停收"两费"后,云南省保山市工商局加强业务培训,提高执法办案能力

▲停收"两费"后,山东省禹城市工商局向群众发放行风建设监督卡和征求意见信

▲全国工商行政管理系统企业信用分类监管工作会议

▲ 2004 年 5 月 28 日，杭州市工商局下城分局发放了全市第一份个人独资企业营业执照

▲广西岑溪市工商局倾听企业呼声，解决当前难题

▲上海市工商局局长方惠萍为首批改制外资银行法人颁发营业执照

▲福建省工商局取缔无照经营

▲珠海市工商局登记注册大厅

▲工商执法人员在农副产品市场检查

▲工商执法人员巡查市场

▲房地产市场监管

▲支持现代服务业发展

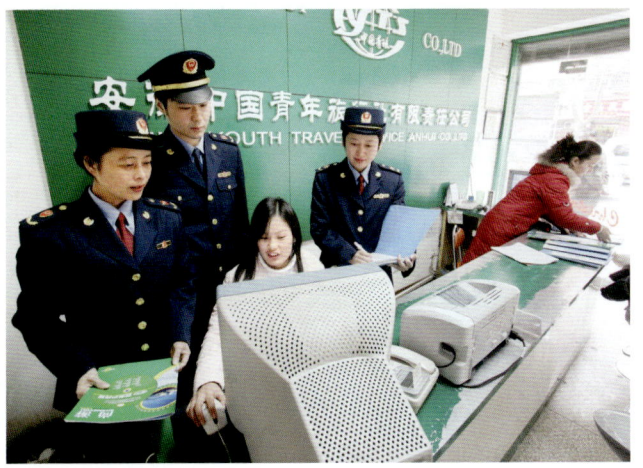

▲旅游市场监管

▶ 2003 年 11 月 27 日,《反不正当竞争法》
实施十周年座谈会在北京举行

▲上海市工商局查处走私手机案

▲全国打击走私成果展览

▲全国工商系统治理商业贿赂专项工作会议

◀全国工商行政管理系统加强精神文明建设、
推进社会治安综合治理工作会议

▲ 2003 年 10 月 31 日,《消费者权益保护法》颁布十周年座谈会在北京举行

▲ 1983 年 3 月 21 日,中国第一个消费者组织－河北省新乐县消费者协会正式挂牌成立

▲全国工商系统 12315 行政执法体系建设工作会议

▲浙江省工商局荣获 2007 年"3·15 贡献奖"

▲福建省尤溪县工商局热心维护消费者权益

▲ 1999 年,全国工商行政管理系统成立 12315 投诉举报中心

▶ 2007 年 1 月 23 日，全国工商系统食品安全工作会议暨商品质量监管网络建设经验交流会在北京召开

▲ 湖南省郴州市工商局执法人员检测蔬菜农药残留物

▲ 江西省玉山县工商干部对农村食品店进行拉网式检查

▲ 山东省高密市工商局开展"五星级文明户"创建活动

▲ 新疆哈密市工商执法人员查处非法加工肠衣黑作坊

▲ 2006年11月22日，《禁止传销条例》《直销管理条例》实施一周年新闻发布会在北京召开

▲新疆工商机关在民族地区组织召开打击传销动员会

▲河北省邯郸县打击传销万人签字活动

▲河北工商机关集中开展清理传销专项行动

▲宁夏各级工商机关建立打击传销联络点

◀ 2007 年 8 月 23 日，纪念《商标法》颁布二十五周年座谈会在北京举行

▲ 全国工商系统保护知识产权打击商标侵权取得丰硕成果

▲ 国家工商总局商标局举办 4·26 开放日活动，宣传保护知识产权

▶ 上海市长宁工商分局销毁涉外侵权高尔夫球杆

▶ 陕西省杨凌示范区工商局开展知识产权宣传

▲ 成都市工商局保护知识产权，维护企业利益

▲ 2007 年 11 月 27 日，广告专项整治第三次部际联席会议在北京召开

▲北京市工商局广告监测中心

▲湖南省郴州市工商部门查处涉嫌虚假促销广告

▲宁夏银川市工商部门推进公益广告宣传

▲河北省香河县工商局整治户外广告

▲福建省工商局联合全国18个省市区工商局签署保护台湾水果省际协作工作备忘录

▲泛珠三角区域工商行政管理部门召开高层联席会议

▲福建省工商局与中国人民大学共同主办推行行政指导服务海峡西岸经济区建设高峰论坛

▲苏浙沪工商行政管理部门召开促进长三角联动发展合作会议

▲三峡库区巫山县工商局帮助移民外迁

▲ 2007 年 7 月，全国首批 30 家农民专业合作社在北京诞生

▲内蒙古阿荣旗对农药种子化肥联合检查

▲云南省文山州工商局加强农机具市场管理

▲四川营山县成立个私经济协会农资分会

▲江西德兴：红盾助农进大棚

▲河南工商部门免费为农村经纪人办理执业证书

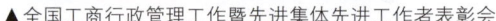

▲全国工商所党支部书记培训班结业　　　▲全国工商行政管理工作暨先进集体先进工作者表彰会

▲全国工商行政管理局长研修班结业　　　▲全国工商系统深入开展向管理服务对象述职述廉活动

◀全国工商行政管理系统
党风廉政工作会议

▲ 2001 年 10 月 27 日，全国人大常委会第 24 次会议通过《商标法》修正案

▲全国商标法律培训班

▲西部地区工商行政管理执法培训班

▲广西玉林市工商系统举办岗位技能大练兵知识竞赛

▲内蒙古工商机关加强法制宣传教育

▲国家工商总局商标局开通商标注册信息网上查询新闻通气会

▲河北省工商机关举办微机培训

▲北京市工商局12315信息网页

▲山东省工商执法人员利用掌上电脑进行市场巡查

▲西藏工商局加强信息化建设

▲ 2007 年 6 月 26 日，世界地理标志大会在北京召开

▲ 2004 年 10 月 26 日，消费者权益保护国际研讨会在北京召开

▲ 2005 年 11 月 8 日，战略性利用商标促进经济暨农村发展国际研讨会在北京召开

▲ 2005 商标国际保护年会在深圳召开

▲ 2004 公平竞争与市场经济国际研讨会在上海召开

▲国内外媒体在北京市食品安全监控中心采访

▲▶ 2004 年 12 月 8 日，国家工商总局召开
直属机关第一次党代表大会

▲ 2006 年 6 月，中共中央国家机关工作委
员会授予国家工商总局外资企业注册局先
进基层党组织称号

▲ 2008 年 10 月 8 日，国家工商总局召开深入学习实践科学发展观活动动员大会

▶ 2007 年 12 月 19 日，国家工商总局
召开直属机关第一次团员大会

上卷目录

第一篇

工商行政管理发展历程

第一章　国民经济恢复时期
（1949—1952 年）

第一节　新中国工商行政
　　　　管理的开端

新中国工商行政管理的开端是在各个解放区政府为了打破敌人的封锁，积极鼓励发展个体工商业，繁荣经济，组建工商行政管理机构、建立工作规章制度的基础上传承的。1949 年 10 月，中央人民政府政务院下设中央私营企业局和中央外资企业局，隶属政务院财政经济委员会（以下简称中财委）领导，各大中城市则设立了工商局这一机构。他们的主要任务是管理私营工商业和外资企业。有些大中城市工商局还直接领导和管理各国营商业公司，把综合性的工商行政管理和专业性的国营商业的管理融合在一起。随着工商行政管理工作的发展和国营商业的壮大，1952 年 11 月，中央私营企业局与中央外资企业局合并为中央工商行政管理局，直属政务院。地方工商局亦先后将领导管理国营商业的任务交给各地新组建的商业局，专事工商行政管理工作，更名为工商行政管理局。

1949 年中华人民共和国的成立，标志着中国半殖民地半封建社会的终结，社会主义基本制度的建立，经历了一个过渡阶段，即新民主主义向社会主义的过渡阶段。从中华人民共和国建立到 1952 年底是国民经济恢复时期，在这个时期内，经历了组织复工复业、打击投机、稳定市场物价、调整工商业、组织物资交流等重大经济活动，以及"五反"运动。在中国共产党和人民政府的领导下，工商行政管理机关会同有关部门没收官僚资本，清查私营企业中的敌伪财产；废除帝国主义在华经济特权，保护外商企业的正当权益；贯彻党的"利用、限制"方针，对私营工商业者进行爱国守法教育，扶持和指导其恢复和发展生产经营；协调公私关系、行业关系，使之各得其所；组织物资交流，活跃城乡市场，取缔投机违法，稳定市场物价等，在建立和壮大国营经济，促进国民经济的迅速恢复和发展中做出了大量卓有成效的工作。经过三年的艰苦努力，国民经济得到全面恢复并初步发展，经济形势明显好转。1952 年比 1949 年的工农业总产值增长 77.5%，平均每年增长 21.1%。主要工业产品产量迅速增长并大大超过了历史最高水平；粮食、棉花等主要农产品产量均超过历史最高水平；交通运输业、国内商业、对外贸易等各个方面都得到了全面恢复，人民生活得到明显改善。三年的经济恢复期，为后来的大规模经济建设奠定了坚实基础。

新中国成立初期人民政府的首要任务是大力恢复和发展生产，争取财政经济状况好转。在城市主要是工商企业复工复业，恢复生产经营。当时，国营经济在国民经济中所占比重不大，基础还很薄弱，私营工商业在国民经济中占的比重很大。据统计，1949 年全国私营工业产值 68.3 亿元，占全国工业总产值 140.18 亿元的 48.57%。1950 年私营商业批发额 80.26 亿元，占整个社会商品批发额 105.44 亿元的 76.1%；私营商业商品零售额 101.84 亿元，占整个社会商品零售额 119.78 亿元的 85%。所以，恢复和发展生产,必须团结民族资产阶级,充分利用私营工商业的积极作用。为此,全国工商行政管理机关做了大量的工作。

第二节　扶持私营工商业恢复和发展生产经营

一、宣传政策,消除私营工商业者的思想顾虑

对于资本主义工商业,1949 年 3 月,中国共产党召开的七届二中全会就制定了利用和限制的政策,即国家通过对国营经济的领导、工人群众的监督和必要的行政管理,利用资本主义工商业有利于国计民生的积极作用,限制其不利于国计民生的消极作用。刚刚解放后的各大中城市,私营工商业的停工歇业现象很严重。当时许多私营工商业者对共产党和人民政府的政策缺乏了解,顾虑重重。1949 年 4 月中旬,中共中央书记处书记刘少奇对中国共产党的"公私兼顾、劳资两利"的政策和"发展生产、繁荣经济"的总方针,以及社会发展规律与资本家的前途等问题,进行了深刻的阐述;对私营工商业者在劳资两利问题上的错误认识,进行了批判,消除了不少顾虑。这次讲话影响很大,效果很好。各地工商行政管理机关利用各种形式,反复地、普遍地宣传保护私营工商业的政策,宣传发展生产、繁荣经济、公私兼顾、劳资两利的方针。在宣传中除利用报纸、电台外,还经常召开重点企业的工商业者座谈会,听取意见,讲解政策,解答问题,消除隔阂。特别是对私营工商业者关心的一些实际问题,如工资折算、企业赢利分配、税率等,召开专题座谈会,宣传政府的方针政策,征询意见。各地工商行政管理机关相继召开了当地民族资产阶级代表人物座谈会,号召私营工商业者相信中国共产党的政策,遵守政府的法令,积极恢复和发展生产经营。北京市人民政府工商局召集了全市 120 个行业同业公会的代表人物座谈,宣传人民政府保护私营工商业的政策,号召私营工商业者遵守政策法令,安心营业。

二、积极为私营工商业复工复业创造条件

为了解决私营工商业面临的困难,积极为私营工商业复工复业创造条件,各级工商行政管理机关采取了一系列积极措施:

(一)分配原料。国营商业掌握了粮食、棉花、油料、烟叶、煤炭等重要工农业产品。各级工商行政管理机关本着一视同仁、区别对待的精神,对于私营工厂所需要的原料,根据生产规模、开工情况,提出分配方案,由商业部门进行配售。配售价格有的甚至低于成本。对于有严重困难且和国计民生关系密切的大厂,采取了换货的办法。这样,既扶持了私营工业恢复生产,又有利于国营商业掌握货源,供应市场,平抑物价。对于国营商业不掌握的或者是供应不足的物资,组织私营工商业者下乡自采,或者是联合采购和组织使用代用品。

(二)组织加工订货与收购包销,解决私营工业的产品销售问题,特别是一些重要的生产资料和生活资料,即使一时销售不畅,工商行政管理机关也组织国营贸易公司收购起来,有的还订了销售合同。也有的对一些行业的大厂采取供应原料,包销产品的办法,把原料和销路问题合并解决,有利于进行正常生产。

(三)组织经销代销或到外地购销。对于私营商业的货源问题,也积极协助解决。有的组织为国营商业经销、代销;有的由工商行政管理机关制发购销证,组织他们到外地组织货源和推销本地产品。天津市在 1949 年内就组织了 50 多个购销小组,到全国各地购销物资,对恢复和发展私营商业的经营起了重要作用。

(四)辅导转产转业。有一部分私营企业的生产经营无法适应社会需要,不能复工复业,工商行政管理机关就引导它们转产转业。例如,上海市在 1949 年有 160 家银楼,因为经营清淡,后来有 47 家转业。此外,进出口商业企业改营国内贸易后,多数企业恢复营业。

三、贯彻工商行政法规,保护私营工商业的合法权益

1950 年 12 月 29 日,政务院颁布了《私

营企业暂行条例》,明确规定:企业的财产和生产经营受法律的保护,经营管理权属于投资人;属于公司组织的企业应以股东会为最高权力机关,对负有限责任的股东,就其出资额对公司负其责任;关系到劳资双方利益的问题,应由劳资双方协商解决;明确盈余分配的顺序,规定除缴纳所得税、弥补亏损外,先提10%作为公积金,提取公积金后的余额,先分付股息,股息最高额不得超过年息的8%。公司无盈余或亏损时,其应发的股息,得于有盈余的年度弥补亏损后酌情补发,剩下的余额规定股东的红利,董事(或执行业务的股东)、监察人、经理人、厂长的酬劳金一般应不少于盈余的60%;改善安全卫生设备基金,工矿企业一般应不少于15%;职工福利基金及职工奖励金等一般应不少于15%。1950年12月,中财委公布了《私营企业重估财产调整资本办法》,1951年3月,政务院又公布了《私营企业暂行条例施行办法》。各地工商局贯彻执行上述3个文件,对私营企业进行了开业、歇业、转业的登记管理和注册资本的变更登记。这两项工作是同时进行的,1951年底基本完成。

(一)按照《私营企业暂行条例》及其《施行办法》的规定,对私营企业进行开业、转业、歇业的登记管理。《私营企业暂行条例》及其《施行办法》对私营企业的登记管理作了详细具体规定,主要内容有:

1. 确立了企业登记管理的法律地位。规定所有私营企业必须办理登记,企业的财产和营业受充分的保护,经营管理权属于投资人。还规定企业应登记的事项非经登记不发生法律效力;企业变更营业范围、添设分支机构、迁移地区、转业、停业、复业、歇业及解散,都要申请核准,并分别办理登记。

2. 明确私营企业的组织形式与责任形式。规定私营企业的组织形式为独资、合伙和公司三大类,并具体规定了各种形式私营企业投资者的责任形式,有股份有限公司、无限公司、有限公司、两合公司和股份两合公司五种。

3. 确定了企业登记主管机关。规定独资或合伙的企业,应向所在地市、县工商行

政机关申请登记。但依照法令或其业务及产销计划有全国性者,应由地方工商行政机关转报中财委私营企业局备案。公司组织的企业,应经由所在地市、县工商行政机关转报中财委私营企业局登记。

4. 规定了统一的登记证照名称及核发收缴办法。企业经核准登记后,独资、合伙由市、县工商行政机关发给企业登记证;公司应经由所在地工商行政机关转报中财委私营企业局登记并由私营企业局发给执照。企业变更登记事项与原证照所载内容不符合时,应缴销证照,换领新证照。企业歇业、解散登记或撤销登记应缴销原领证照。

5. 明确了企业登记的基本程序。规定了企业登记的基本程序为核准和登记两大部分。对新设立的企业,应依法报经地方主管机关核准营业,方得筹设;其业务及产销计划有全国性的,地方主管机关应转报中央主管业务部门核准。核准营业的企业,于设立完成后应申请登记。同时还规定,在市、县内未定为主管业务机关者,由工商行政机关核准。这个登记程序的规定,既有利于限制私营企业的盲目发展,又解决了在临时登记中审批程序不一致的问题。

6. 明确企业登记必须核定企业的经营范围。私营企业申请核准营业时,应具备申请书、叙明发起缘由、集资方法、所营业务的种类、营业范围。转让时,也要申请核准。

7. 规定了企业资本是私营企业登记的重要事项。私营企业在申请登记时,应提交资本和铺保的证明文件。企业申请登记时,市、县工商行政机关得查验其资本;变更资本时,也要查验。

8. 对于企业名称专用权也作了规定。企业登记后,保护其名称专用权。企业名称专用权,独资、合伙企业以市、县为范围,公司企业以全国为范围,并以同类业务为限。

9. 赋予工商行政管理机关行政处罚权。规定企业违反条例及本办法的规定,或申报不实者,由市、县工商行政机关酌情处分。其情节严重者,应报上级机关核准执行。

10. 为了保持企业登记管理工作的连续性,规定本条例公布前已准许营业的企业,

除法令另有特别规定外，仍得继续营业，"由地方工商行政机关登记的企业，业经登记在案者，可以不再办理登记手续"。

各地工商行政管理机关根据《私营企业暂行条例》及其《施行办法》的各项有关企业登记的规定，除了原已由地方工商行政机关登记的不再办登记手续外，其余一律按新规定办理；对原登记的公司企业，一律按照规定转报中财委私营企业局登记；对由地方工商局登记的企业，需办变更登记事项的，办理变更登记，加强了企业开业、歇业、转业的登记管理。

（二）1951年1月政务院发布了《企业中公股、公产清理办法》，规定工商行政管理机关负责调整公私关系。各地工商行政管理机关坚决贯彻这一规定，认真落实保护民族工商业的政策。在清查私营企业中的敌伪财产和没收属于官僚资本的过程中，对于官僚资本和民族资本共存的企业，只没收官僚资本部分，坚决保护民族资本。重点是：（1）规定1950年12月31日为全国重估财产、调整资本的统一日期。（2）重估的财产，必须以1950年12月31日企业的实有财产为准。凡确为企业所有而并未入账的财产，应一并盘点估价，整理入账。（3）重估财产一律以1950年12月31日当地当时价格为估价标准。如某种物价有不正常的变动，不能以12月31日为标准的，可由各地评审委员会公议合理价格为估价标准。（4）债权债务，依照契约规定估价入账。原系以外汇、外币、折实单位或实物收付计算的，分别按估价日银行牌价或实物时价计算入账。（5）重估的财产价值超过账面金额的差额为重估财产增值额。此项增值额，除抵消亏损外，不得视为盈余来分配，亦不征收工商业所得税。由该企业依据有关法令并参照过去实收资本额和现在的业务及财务情况，拟定调整资本额，其不转作资本部分，应列为公积金，然后作出调整资本方案。（6）重估财产评审委员会由各地财经委员会领导，工商行政管理机关主持，会同税务机关、工商业联合会并邀请其他有关机关、团体及会计技术专家组成。

四、贯彻《商标注册暂行条例》，积极为恢复生产服务

新中国的商标制度从一开始就是在独立自主的基础上建立起来的，它完全摆脱了旧中国半封建半殖民地商标制度的影响。新中国成立不久国家即设置了商标专管机构，先是在贸易部设商标局，1950年底划归中央私营企业局设商标处。1950年7月，政务院批准并公布了《商标注册暂行条例》（共34条）；同年9月，中财委制定公布了《商标注册暂行条例施行细则》（共23条并附商品分类表）。在此期间，中央私营企业局商标处从1950年9月起，开始受理商标注册申请，办理全国商标统一注册工作。

第三节　打击投机，整顿市场，稳定市场物价

在中国共产党和人民政府采取各种有效措施，帮助私营工商业克服困难，复工复业，恢复和发展生产经营的时候，投机资本却乘国家财政经济出现的暂时困难，掀起了多次物价涨风，严重地影响了劳动人民的生活，阻碍了国民经济的恢复和发展。

在中华人民共和国成立前后，即从1949年4月到1950年2月，曾出现四次全国性的物价大涨风，其中以1949年10月涨风最为严重。据计算，从1949年10月5日到11月25日的50天，上海批发物价指数上涨2.26倍。投机资本活动能量很大，主要集中在关系国计民生的纱布、粮食、煤炭、颜料、西药等重要商品上，也倒卖黄金、银元、美钞、港币。主要手段是抢购、套购、囤积居奇、哄抬价格、买空卖空。其活动场所主要是交易所、货栈和银行、银号、钱庄。以上海为例，解放前夕，全市共有私营银行200多家，银号100多家，很多是从事黄金、银元、美钞的投机买卖。

一、加强宣传教育，协助组织货源

各地工商局通过工商联、同业公会等组织，召开私营工商业者座谈会，宣传解释人民政府稳定市场物价的决心和有关的方针政策；警告投机分子，停止投机活动；号召私营工商业者积极行动起来，进行正当的生产

经营,反对投机活动。在这个基础上,把私营批发商组织起来,按行业成立若干采购小组,外出采购,以充实市场的物资力量,改善供不应求的状况。同时,还运用行政管理手段,对于私营商业特别是货栈、私营仓库、批发商储存的重要商品的数量,普遍地进行登记,防止囤积居奇,并在必要时,动员他们在市场上抛售,收效不小。以天津为例,1949年全年私营商业共从外地购进而在本市出售的粮食就有75 485万斤,相当于国营粮食公司全年销售量的157%。

为了稳定市场零售物价,指定一部分经营作风比较正派的私营零售商为国营商业代销,如粮食代销店、棉布代销店。由国营商业供给货源,付给一定的代销手续费,按照国营商业规定的价格和供应办法出售。这种代销方式,补充了国营商业零售网点的不足,稳定了一部分中小企业的经营。为了保证私营工业生产的原料需要,防止其不事生产,从事投机,工商行政管理机关按生产实际需要,核定数量,发给购货凭证,凭证购货。如对染整、橡胶、地毯、织染、饮食、糕点等行业所需的纱布、粮食都发了购货折,注明可在市场购买的品种和最高数量,并检查使用情况。

二、开展市场检查,坚决打击投机

各地工商行政管理机关根据1949年中共中央和中财委的指示,组织各方面力量,开展了市场检查,打击投机违法。天津市1949年4月、7月物价涨风中,检查了纱布投机活动猖獗的哈尔滨道永和里、锦荣大楼等处,先后查出专营纱布投机的共18户,"跑合商"(经纪人)100多人,制止了纱布投机交易活动。同年7月,对货栈、粮栈、客栈,纱布、粮食零售、粮食批发行业进行了全面检查,发现了许多严重的投机行为,分别予以不同的处理。北京市在粮价涨风中查出"粮老虎"大量套购国营粮食公司的平价小麦,加工成面粉,转手牟取暴利。还查出其他17家米商,都有严重的投机违法行为。各地工商行政管理机关配合金融和公安部门,加强金融市场管理,坚决打击倒卖黄金、银元、外币的投机违法活动,取缔地下钱庄,

有力地打击了金融投机商。上海市在市人民政府统一领导和组织下,查封了金融投机大本营"证券大楼",依法惩办了操纵市场、破坏金融的首恶分子200余人。

各地工商行政管理机关因地制宜地修改和制定了有关法规,从经营范围、交易地点和商品价格、经营作风等方面限制了投机违法活动的发生,明确了合法和非法的界限。重点取缔超业务经营范围、违反交易制度、囤积居奇、抢购物资、买空卖空等违法行为。

三、破旧立新,建立新的交易市场

改造旧的交易市场,首先要改变其原有交易制度,建立新的交易制度,使之能限制投机活动,并为正当生产经营提供有效的服务。新的交易制度主要是四个统一,即:统一交易时间,限制投机分子利用交易时间的不统一,任意从这个市场转移到另一个市场进行投机活动。统一实行现款、现货成交,当日交割,取缔了买空卖空。统一集中在场内成交,严禁场外交易。交易市场每日成交的商品种类、价格、商品流向等,都需当日造表送工商行政管理机关。统一凭证入场交易,无证不准入场。工商行政管理机关在大的交易市场内普遍建立由国营企业、私营企业参加的市场管理委员会,由工商行政管理机关派干部主持工作。其任务是掌握行情动态及市场活动规律,检查和监督市场成交,管理市场交易员。整顿交易员队伍,规定交易员不得经营工商业,把一些和投机分子勾结的交易员清洗出去,并加强对留用下来的交易员的教育工作,使之逐步成为工商行政管理机关管理市场的助手。加强市场交易的登记工作,实行来货成交登记和统一发货票制度,为研究市场情况提供可靠的资料。

(一)把主要的商品,特别是粮、棉、主要副食品等,集中于固定的场所进行交易,严禁场外成交,有利于国营经济更好地发挥对市场的领导作用,更好地影响和领导市场的物价稳定。如重庆市经过整顿市场,先后改造和新建立了粮食、棉纱、棉布、山货、药材、五金、西药、油脂、液体燃料、面粉、干菜、土

布、颜料、卷烟原料、食糖等 15 个市场管理委员会，调整供求，组织产销，稳定物价，取缔投机；并发布了《重庆市交易市场暂行管理规则》，对严重投机违法的私营公司、商店进行了清查，有力地打击了投机商。

（二）实行集中成交，便于实现国家对市场交易的监督和管理，特别是凭证入场交易，现款现货，当日交割，限制了投机活动。同时集中成交，一切交易通过市场交易员，就割断了私营工业同私营批发商的直接联系，可以制止和减少投机倒把、哄抬物价、抢购物资等活动的发生。

（三）通过管理可以把分散的主要商品，根据需要进行分配，把供应不足的商品用到最需要的地方，稳定了市场，支持了生产。

（四）买卖双方通过交易员进行交易，革除了中间盘剥，减少了交易纠纷。

四、全面加强对私营批发商、行商和代理行栈的管理

新中国成立初期，私营批发商和行商是影响市场物价稳定的一种势力，必须严格管理。对批发商除了坚持集中在交易市场内交易，加强管理以外，还通过登记的办法进行管理。明确规定主要行业的批发商必须专行专业，如纱布批发商、粮商，既不得相互兼营，也不允许兼营其他行业。在审批上掌握大比小严，批发比批零兼营严。

对行商的管理，各大城市工商局都制定了《行商登记和管理办法》，规定：行商开业必须向当地工商行政管理机关登记；外出采购货物，应向工商行政管理机关领取采购证；采购的货物必须运回销售，货物抵达本埠时，经税务局查验登记后，向工商局登记盖章；行商不得就地买进卖出同一货物；在从事埠际之间贩运时，必须人、证（营业证明）、货、单（交易单据）同行；行商只准使用自有资本，使用资本超过登记资本一倍或经常超过登记资本时，须办理增资变更登记。

代理行栈是从事居间介绍交易、代客买卖、代客储运，以收取佣金为业的。它包括代理行、货栈、牙行等。代理行业介绍交易，便利客商，有积极作用；但又是投机活动的场所，存在封建把持、陈规陋习及额外盘剥等行为，对正当客商的正常经营起了阻碍作用。为了整顿市场交易秩序，稳定市场物价，疏导流通环节，保障贩运客商的合法利益，工商行政管理机关制定了《牙行管理登记办法》、《代理业管理办法》、《代理商管理办法》等。办法中规定，交易要公开，由买卖双方当面议价成交，代理行栈不得诱骗收买或强迫投行。佣金过高的，应合理降低，不得两面取佣或索取额外费用。不得拖欠货款。不得欺诈哄骗。不得把持操纵强买强卖。

五、积极管理市场物价

（一）实行同行业议价

同行业议价分为批发价格议价和零售价格议价两种。批发价格议价是各交易市场在工商行政管理机关监督下进行的。议价的范围从粮食、面粉、食油等主要商品开始，逐步扩大。参加议价的成员因各交易市场而异，有的以国营商业与出售厂商共同议价，有的以商人为主体，工商行政管理机关参加并提出有关意见。议价的方法是在每日开市前由各方面提供商品产地价格、原料价格、市场供求情况，在稳定市场物价，照顾私商有利可得的原则下，共同议定交易最高价格（最高批发价）。这个方法使国营商业在开市前就了解了厂商出售总额、价格趋向，改变了过去待开市后才能了解情况的被动状态；可以适当缩小市场交易价格盲目波动的幅度；可以在一定限度内缓解产地价格及邻近地区价格的剧烈波动，以减少两地互相影响。国营商业可按议价大量供应，或将议价稍提高一些，说服私营工厂多售一些，以减少人为的供不应求，并减轻国营商业的压力。

对零售价格实行最高零售议价。最高零售议价是根据市场批发价加上必需的费用和一定的利润而确定的，由私商讨论协议后再经工商行政管理机关同意。这一办法是在国营商业基本上已控制了批发市场，但尚未控制零售市场的情况下，采用的一种辅助办法。其目的是缩小批零差价，促使零售市场价格的稳定，保护消费者的利益。

（二）实行核价

主要是对人民生活关系比较密切的日

用必需品实行核价。核价的方法,先由同业公会出具成本表及零批价格表,送工商行政管理机关审核同意后开始实行。审核的主要依据是按照成本、利润水平、国营牌价及市场供求情况并照顾消费者利益等因素进行核定。在核定的价格公布后,人民群众可以协助政府进行监督。有了核价,也可以使名牌商品与同类中的一般商品的价格差距保持合理,减少了价格上的矛盾,有利于稳定市场物价。

六、严格管理机关、部队、国营企业到大城市的采购活动

为防止人为地造成市场紧张,物价波动,避免私商投机取巧,不少大城市如上海、天津的工商行政管理机关,根据政务院《关于严禁机关部队等在本地或外地直接采购物资的指示》,加强了对外地机关、部队到大城市采购物资的监督管理。管理办法规定:凡外埠机关、部队、国营企业在大城市设置办事处(包括常驻代表),须携带有关证件,向当地工商局登记,由工商局转请大区再通过有关国营贸易公司,并按照大区贸易部的规定、指示办理。有的城市还成立信托公司,统一接待,代为采购,凡外埠机关、部队、国营企业到大城市临时购销人员,可不办理申请登记发证,同样由国营贸易公司或信托公司办理,使大宗采购置于政府监督之下。

第四节　调整工商业

1950 年 3 月,中央人民政府颁布《关于统一国家财政经济工作的决定》,统一全国收支,统一全国物资调度,统一全国现金管理。新中国采取了统一全国财政经济工作的重大措施以后,财政收支接近平衡,通货膨胀停止,国营经济在市场上巩固了领导地位,投机资本遭到严重打击。在物价稳定以后,市场上的虚假购买力消失,但是造成若干物资暂时的供过于求现象。因此,出现商品滞销,价格倒挂,某些商品的出厂价低于成本,成品价低于原料,零售价低于批发价,批发价低于出厂价,城市工业品价高于农村等情况,致使生产者、经营者无利可得,私营

企业生产经营的积极性降低,生产出现萎缩。而有些国营企业的干部,片面地理解公私兼顾,对一些私营企业兼顾不足,甚至排斥。许多私营企业难以维持,负债累累,工人失业遍及全国,尤以大城市最为严重。因此,急需统筹安排,迅速解决工商业中出现的公私关系、产销关系、劳资关系紧张的状况。

调整工商业的三个基本环节:(1)调整公私关系;(2)调整劳资关系;(3)调整产销关系。其中调整公私关系是重点,即调整国营经济和私人资本主义经济之间的关系。

1950 年 5 月 8 日,中财委召开了七大城市工商局长会议,分析了经济形势,制定了调整工商业的政策,提出了一系列有力措施。会议提出用扩大加工订货,重点维持生产;用扩大农产品收购,增加农民购买力;用组织工业品出口,打开工业品销路;联合公私力量,增加工业资金的周转;改善企业经营管理;举办失业救济;用适当方式将市场趋势公告全国,指导私营工业的发展,减少其盲目性。在这次会议上,还讨论了调整工商业的公私关系问题,明确要遵循《共同纲领》中规定的"公私兼顾、劳资两利、城乡互助、内外交流"的方针,对五种经济成分按照"统筹兼顾,各得其所,分工合作,一视同仁"的原则进行调整。

从 1950 年 6 月起,根据中共中央提出的调整工商业的要求和中财委召开的七大城市工商局长会议的部署,各级工商行政管理机关着重地做了以下几方面工作:

一、统一认识,为协调公私关系打下思想基础

在调整公私工商业关系中,各方面都存在一些认识问题。多数的私营工商业者,对于财经统一、物价稳定以后出现的暂时困难,心存疑虑。在调整公私关系的过程中,又有一些私营工商业者片面地理解公私兼顾的原则,单纯地要求国营照顾,不积极改善经营管理,克服困难。在一些国营企业干部中也存在着先公后私的片面观点,安排私营工业加工时,规定的加工条件过于苛刻;国营贸易公司在制定价格时,有时对私营企

业的合理利润照顾不足;在原料收购中,正当的私营商业也有被排斥的现象;等等,从而加剧了私营工商业在生产经营上的困难和公私关系的紧张。所以在调整工商业的公私关系时,要进行深入细致的思想教育工作,统一思想,统一认识,为协调公私关系打下思想基础。

在中央人民政府提出调整工商业以后,各地工商行政管理机关一方面利用各种形式,对私营工商业者宣传解释政府的财经政策;另一方面组织公私双方参加座谈会,共同讨论改进措施,促使公私双方统一认识,领会政策,改进工作,改善生产经营。在此基础上,为了更好地落实调整工商业政策,不少大中城市都建立了相应的组织,有的还成立专业研究会。这些组织吸收私营工商业者参加,以便通过充分协商,做出符合实际的决定。与此同时,各地工商业联合会、各同业公会也开展了宣传教育活动,召开了一系列学习政策的座谈会、研究会,各国营企业也积极地参加活动,从中了解情况,提出调整公私关系的具体意见。通过这些活动,在集中各方面意见,端正公私双方思想认识,协调步骤,团结私营工商业者等方面,起了很好的作用。

二、组织和管理加工订货,大力调整工业的公私关系

加工订货是国家扶持私营工业,协助其解决原料、销路、资金周转困难,恢复和发展生产,并加强国营经济对私营经济的联系和领导的一个重要手段。在财经统一、物价稳定以后,有的加工订货任务不足,有的对产品质量要求过严,工缴费偏低,造成公私关系紧张。因此,更好地安排和管理加工订货,妥善地处理加工订货中的问题,是帮助私营工业维持生产,调整公私关系的重要内容和有力措施。

1950年5月,中财委召开的七大城市工商局长会议提出了扩大加工订货、维持生产的方法。还规定对私营工业企业,根据国家需要和可能,一年组织两次加工订货,并根据不同情况,确定工缴费标准。据此,各大中城市的工商行政管理机关,都建立了管理加工订货的机构,制定了加工订货的管理办法,扩大了加工订货的品种、数量和行业范围,以满足私营工业的生产安排。各级工商行政管理机关的工作主要是安排加工订货任务,监督管理合同,审核掌握合理的工缴货价,正确处理各方面的关系,落实公私兼顾、合理安排的原则,调动私营工业企业的生产积极性,保证国家加工订货任务的完成。

(一)加工订货涉及公营与公营、公营与私营、私营与私营之间产销各方面的关系,各委托加工订货单位,都事先做出加工订货计划报当地工商行政管理机关。各承接加工订货任务的工厂企业,也必须提出生产安排计划,经审查认可后,才分配给加工订货任务。安排大宗加工订货任务时,由工商行政管理机关邀请工商联、同业公会、工会以及委托单位和承接单位充分协商,合理安排,有时由工商行政管理机关召开专业会议安排。为了保证加工订货任务的完成,对于某些经营管理不善的工厂,则推动其切实改进,在有一定成效之后,再安排加工订货任务。有些工厂规模小、资金少、技术力量差,就帮助它们组织联营,以集中资金,提高技术,承接加工订货任务。这样不仅可以维持大部分工厂继续开工生产,避免工人失业。同时,也有利于处理好公私关系。当然,对这些联营厂必须加强监督和管理,防止在取得加工订货任务和预付货款以后,又不积极改善生产经营。

(二)合理确定工缴货价,给予私营工厂以合理的利润,是在加工订货工作中正确处理公私关系的核心。核定工缴货价带有很强的政策性,必须审慎处理。工商行政管理机关在审定工缴货价时,掌握了两条原则:一是成本必须核实,利润应予保证,放宽明利,严堵暗利;二是按行业的正常合理经营可获得的中等标准计算利润,以鼓励先进,照顾多数,推动落后。在保证质量的情况下,确因技术改进、节约原材料而降低成本的,所多获得的利润归生产单位所有。为了加强对工缴货价的管理,工商行政管理机关在安排加工订货时,要求私营工厂提出成本单,组织有关部门参照国营工业的生产成本进行审查,或由双方共同研究协商定价。对于没有足够的资料确定成本的或者是一些特殊规格产品,就组织双方实地测定。对全行业接受加工订货的,工商行政管理机关则组织国营商业部工会、工商联、同业公会、国营工业单位成立调研小组,核定标准成本,召开专业会议,合理确定工缴货价。对工缴货价的核定,在一般情况下,加工订货的利润,稍低于市场利润;为了维持企业不停工,而产品又供过于求的加工订货,其加工订货利润应低于一般供需正常产品的利润;市价低于成本的加工订货,由国营企业赔本,私营工厂保本;因节约或改进技术而降低成本,利润增多部分,归生产单位所有,半年或一年后再调整工费。

三、统一审核加工订货合同

私营企业与国营企业之间或政府有关部门的加工订货合同,由主管私营企业的工商行政管理机关进行管理。私营企业订立经济合同,需经工商行政管理局审核批准。审核的内容除合同的条款外,还包括合同保证人的情况,防止同业作保及互相作保。审核保证人在当时十分必要,否则会给投机商人以可乘之机。为此,上海、天津、北京、重庆、旅大等一些大中城市纷纷成立了合同专管机构。

各地工商行政管理机关在加强管理加工订货合同中,采取了以下措施:

(一)统一合同条文,指导合同签订。刚开始管理经济合同时往往从某一局部入手,方法比较简单,但缺乏连续性,签订的加工订货合同问题也较多;工商行政管理机关针对这些混乱现象,从合同签订入手,协助双方制定统一合同条文,监督当事人按照国家政策全面具体地在合同中表达自己的意愿。做到要求具体,责任明确,公平合理。这样做不但便于当事人认真执行,而且也有利于管理部门监督检查,一旦发生纠纷,便于调解和仲裁。

(二)采用不同方法对合同进行严格审核。审核是合同管理中的重要一环。通过审核,使国家政策得到贯彻,使公私双方利益公平合理,使合同条文符合实际,切实可行。审核主要包括批准、备案、鉴证三种方式。

(三)检查合同的履行情况。检查的目的是为了掌握合同执行过程中的各种情况,及时解决出现的问题,以保证合同的兑现。检查方法各地不尽相同。天津市工商行政管理局根据合同性质按军事、基建、贸易的次序有重点地进行监督检查,并创造了"卡片制",按户进行监督检查。哈尔滨市工商行政管理局采用了对合同备案的检查和从生产到产品验收全过程的检查方法。旅大市工商行政管理局从边查边改的原则出发,在查成本、查质量、查管理的基础上,推动车间建立原始记录,把对合同执行情况的检查落实到企业的生产经营活动中。此外,不少地方工商行政管理局还会同工会及有关部门进行联合检查、重点抽查。

(四)调解仲裁合同纠纷。调解仲裁合同纠纷是合同管理的重要组成部分。从管理范围看,工商行政管理机关主要受理公私之间的合同纠纷。解决纠纷的程序是,先由当事人双方协商解决,并报工商行政管理局备案。双方不能解决的,报请工商行政管理局仲裁。对工商行政管理局的仲裁有异议的,任何一方均可向人民法院起诉。天津市工商行政管理局解决合同纠纷的一般做法是:在经过实地调查,听取承制厂工人们的意见和资方人员陈述后,再根据合同条文及该局规定的《核算工料成本意见》和各业务公司的《处理违约内部掌握意见》,结合有关政策作出裁定。1955年该局共受理加工订货合同纠纷案2 269件,其中延期交货为最多,占半数以上;其次是规格质量不符合规定要求。

四、大力调整商业的公私关系

调整商业的公私关系,主要是调整国营商业的价格政策和对公私商业之间的经营范围进行合理划分。1950年6月,中央贸易部通令全国国营贸易公司调整零售价格。调整的要求是,合理计算各种商品零售成本(包括批发价格、运费、杂费、税款和损耗等)加上一定比例的合理利润,确定各种商品零售价格,使私营零售商能获得合理利润。当时各大城市的工商行政管理机关尚有领导管理各国营贸易公司的职能,因此,接到中央贸易部通知后,各地工商行政管理机关立即检查价格情况,督促国营贸易公司进行调整。此外,工商行政管理机关还会同国营商业部门,对若干商品实行行业议价,规定最低价格。

在调整批零差价的同时,一部分不合理的地区差价也逐步扭转。如天津到东北的布价,由倒挂10%调到有10%的正差;西安到兰州、宝鸡等地之间的棉布、小麦也保持了合理的差价。这样就使贩运商有合理利润可得。地区之间、城乡之间物资能以正常流转,市场交易得以逐步活跃起来。在经营范围上也做了调整,国营商业把主要力量放在批发业务上,以掌握物资,调剂市场,回笼货币,并稳定批发物价。在零售业务上,国营零售店一般只经营粮食、煤炭、纱布、食油、食盐、石油等六种人民生活必需品,其余非主要商品不再兼营零售。国营商业所设零售网点数量,以能够稳定零售市场价格,制止投机商人扰乱市场为限度,让出的品种和网点给私营零售商业去经营。经过调整,私营零售商的营业额逐步回升。

为了帮助私营零售商业克服困难,各地工商行政管理机关配合国营商业部门扩大经销、代销范围,收购市场积压商品,也起了一定的作用。

经过价格和经营范围的调整,私营商业经营情况大有好转。到1950年底,北京、天津、上海等八大城市私营商业户数,全年开业和歇业相抵后净增9 482户。1951年,由于军需加工任务和基本建设投资的扩大,特别是土改后农村购买力迅速增加,公私营商业都有较大的发展,全社会商品零售额比1950年增加37.3%,全国私营商业比1950年底增加了48万户。

五、改进管理办法,繁荣市场交易

随着形势的发展,国家对私营工商业的政策也随之调整。为繁荣市场,各地工商行政管理机关普遍采取了积极措施。

(一)除若干必须通过集中交易才能控制的商品以外,允许场外成交。如1950年4月,上海市工商局取消了棉纺织业、面粉工业、植物油工业的商品必须集中成交的规定,允许各厂在交易所集中交易时间以外,在其自设的营业场所批售。中南行政区撤销了油盐交易市场。

(二)改进了交易所内的管理办法。简化手续,取消了一些不必要的限制措施,便于购销。有的规定进场不再检查入场证,在成交时交验证件;有的延长交易时间,降低手续费,降低交易起点;有的规定期货交易只要不是买空卖空,允许买卖双方自由议定;有的取消了私营商业只准买进不准售出的规定,允许在交易所内既买进又卖出。

(三)改进物资采购证照管理办法。有的地区除国家统购、统一分配和国家掌握的出口物资以外,放宽或取消了采购证照制度,允许私商采购贩运。有的地区对土产山货药材等,不论畅销与否,不采用证照管理。

(四)放宽议价核价。在物价稳定以后,各地工商行政管理机关先后主动停止了若干商品的议价核价。上海市工商局停止了金笔、墨水、毛巾、搪瓷制品、铝器及部分化工原料等24大类商品的核价;停止了颜料和土纸的议价;对批发和零售最高价,在平时不予限制,在节日或工商行政管理机关认为有必要时,由同业公会实行议价。

六、调整产销关系,克服私营工商业在生产经营上的盲目性

(一)指导生产经营方向,安排生产,克服产销失调。中央贸易部在1950年6月到9月,先后召开食品加工、百货产销、煤炭产销、火柴工业、橡胶工业、毛麻纺织、复制印染、卷烟工业、进出口贸易、金融业等全国性专业会议,调整公私关系和产销关系。全国性专业会后,各地工商行政管理机关还根据本地区的具体情况,召开了专业会议,沟通产销情况,指导生产经营方向,克服产销失调。对生产过剩的行业,本着"公私兼顾、扶助进步、照顾全面、顾及历史"的原则,组织公私之间和大小厂之间,协商分配生产任务,实行以销定产,避免盲目竞争。必要时,工商行政管理机关还对一些重要工业原料,如烟叶、坯布等实行统一分配,以调节产销。通过专业会议,工商行政管理机关还促进工商之间、产销之间的配合协作,密切工业之间产销、供需的联系。

（二）加强登记管理,克服私营工商业盲目开业、歇业和盲目兼营的现象。凡对国家建设及城乡内外交流有利的行业,鼓励私人投资,指导其发展,对不为人民所需要或已经发展过多的行业,不准开业;对一些不为社会所需而暂时尚有一定销路的行业,限制开业。不少私营商业为了摆脱困境,互相兼营,扩大经营范围。大量的盲目兼营,互相排挤更为严酷。对此,各地工商行政管理机关本着专行专业的精神,一般不许变更企业的经营范围,兼营业务在不妨碍主营行业经营的情况下才能批准。工商行政管理机关通过行政管理工作,反馈信息,对私营工商业在生产经营方面的新动向,及时向有关领导机关反映,对工商业发展的重大动向由人民政府发出通告。如1950年7月,中财委根据各地工商局的报告,发布了《关于适当限制某些已经过剩或已达饱和状态的生产》的公告,指出火柴、卷烟等6类已发生严重生产过剩;地毯、针织等5类生产能力已超过国内外市场的需要;铅笔、灯泡等11类已达饱和状态,要按产销状况适当限制产量,不应盲目发展。

（三）推动私营企业改进生产经营。不少地区通过同业公会组织技术研究会和技术讲习班,交流经验,提高技术水平。对产品质量低劣、粗制滥造的行业,组织检查小组,逐厂检查,评定优劣,奖励进步,批评落后,从而使产品的质量有所提高。此外,还组织各种形式的联营,有的联合生产,有的联合采购和销售,使分散的生产经营,在国营经济指导下,比较有计划地生产与销售。

七、配合劳动部门,调整劳资关系

工商行政管理机关密切配合劳动部门,推动私营工商业改善劳资关系,鼓励劳资双方共同搞好企业的生产经营,改善经营管理。工商行政管理机关分配加工订货时,把私营工业内部是否建立了正常的劳资关系,能否正常生产,作为分配任务的重要条件,

以推动企业自身改善劳资关系。加工订货合同的内容向工人群众公布,以利于工人的监督和协助。在处理劳资纠纷方面,各地工商局参加了"劳资争议仲裁委员会",协助劳动局做好劳资争议的调处仲裁工作。

在中共中央和中央人民政府的领导下,工商行政管理机关配合国营经济部门对工商业的领导,发挥了积极的职能作用。调整工商业,帮助私营工商业度过了严重困难。私营工业生产和商业经营开始复苏。从1950年7月开始,市场上的商品滞销现象已不存在。据天津、北京、上海、武汉等10个城市的统计,1950年下半年新开业的工商业户共为32 674户,歇业的共为7 451户。开歇相抵,净增加25 223户。据统计,1951年的私营工业总产值,比1949年增长48.2%（如包括个体手工业,则增长60.5%）;私营商业零售额,1951年比1950年增长26.2%。经过调整公私关系和产销关系,私营工商业的经济结构也有了一定的调整和改组。凡有利于国计民生的行业,特别是重工业和造纸、棉纺织、医药、文教用品等行业发展较多较快。如全国私营机器制造业户数1952年比1950年增加2.25倍,产值增加3.98倍。而从事囤积居奇、买空卖空、金融投机等行为基本被扼制;奢侈消费等行业,以及在经济发展过程中多余的中间环节商业,则逐步淘汰或转向有益的生产行业。

第五节　"五反"运动中的
工商行政管理

由于稳定物价、统一财政经济工作和调整工商业政策的实施,市场出现了一片繁荣景象。但是,社会主义国营经济和资本主义经济之间限制与反限制的斗争也日趋尖锐。1952年1月,中共中央发出了《关于在城市中限期展开大规模的坚决彻底的"五反"斗争的指示》,要求在全国一切城市,首先在大城市和中等城市中,依靠工人阶级,团结守法的资产阶级及其他市民,向着违法的资产阶级分子,开展一个大规模的"反行贿、反偷税漏税、反盗骗国家财产、反偷工减料、反盗

窃国家经济情报"的"五反"运动。1952年2月中旬,"五反"运动首先在各大城市开始,并且很快形成了高潮。

"五反"运动是在各级中共党委和人民政府统一领导、统一指挥、统一部署下进行的,工商行政管理机关自始至终参加了这场斗争,做了大量工作。

一、揭露私营工商业的违法活动

当时各级工商行政管理机关是主管私营工商业的职能部门,对私营工商业的情况比较了解。运动开始前后,各级中共党委和人民政府从工商行政管理机关抽调了大批干部,参加"五反"斗争,并成为各级"五反"领导机构和办事机构的成员。

运动开始,工商行政管理机关对私营工商业的违法情况,进行了排摸,提出意见,作为确定违法户的参考。运动后期,有的参加了对违法户的核实定案工作。工商行政管理机关在工作中,不断地发现私营工商业的违法经营活动,突出的是一些私营工厂以次充好,以假充真,以少报多,偷工减料,骗取国家财产,情节恶劣,危害严重。私商的违法活动也很嚣张,工商行政管理机关把大量的恶劣的违法事实揭露出来,对推动"五反"运动的深入开展,起了重要作用。

二、扩大对私营工业的加工订货

"五反"运动期间,市场上一度出现物价下降、交易停滞的现象,私营工商业者对中国共产党的工商业政策又产生了新的怀疑和顾虑。各地工商行政管理机关根据中共中央关于"五反"和生产两不误的指示精神,扩大了对私营工业的加工订货范围。1952年国家对私营工业加工订货及收购包销的总值达59亿元,比1951年增加36.5%。

"五反"运动结束以后,不少私营工商业者生产经营消极,同时一些国家工作人员受"五反"运动的影响,对私营工业加工订货任务和掌握工缴货价上偏紧,公私关系比较紧张。对此,各地工商行政管理机关组织各单位进一步扩大对私营工业的加工任务,同时对加工订货利润作了调整。经过调整,私营工业的加工利润,一般的低于"五反"运动以前,但高于"五反"期间的标准。在"五反"

运动中,一些私营工业企业积压了一些产品,工商行政管理机关也采取各种办法,协助解决,从而使私营工业有利可图,公私关系趋向缓和。

三、参加核实定案工作

在"五反"运动后期,各地工商局参加了"五反"评议委员会和核实定案工作。据北京、上海、天津、武汉、广州、沈阳、重庆、西安等8个城市的核实结果,在45万户中,守法户占总户数的10%～15%,基本守法户占50%～60%,半守法半违法户占26%～30%,严重违法户占4%,完全违法户只占1%。对违法所得的退补,本着"退补"要照顾生产,用生产收益保证"退补"的原则,采取了"退现"、"分期记账"以及"淡季少退、旺季多退"等方法。

对基本守法户只退违法所得而不罚款,对半守法半违法户只退违法所得的一部分。这就稳定了大多数资本家,而使严重违法户和完全违法户陷于孤立。

四、调整商业

"五反"运动期间,许多私营商业生意清淡,营业额下降,难以维持。"五反"运动结束以后仍未好转,这对国家建设、市场供应和劳动就业都是不利的。1952年秋季以后,虽然整个商业日渐活跃,但是若干地区私营商业的营业额低于上年同期水平,公私关系紧张,失业人员增加。

1952年11月12日,中共中央发出《关于调整商业的指示》,指出私营商业营业额下降,一方面因为某些带操纵性的和为城乡交流所不需要的行业,在经济改组中受到淘汰,这是应该的,不可避免的。另一方面商业政策有缺点,主要是国营商业和合作社零售业务发展太快,批发起点太低,批零差价不适当地缩小。同时有些国营商业的工作人员为了完成购销任务,在私商下乡采购和推销时,留难私商,排挤私商。因此必须进行调整。

调整办法:一是合理地调整价格,贯彻产、运、销兼顾的政策。国营商业适当扩大批零差价,提高批发起点。适当调整地区差价和季节差价。对不同农副产品的收购价格,规定合理、适当比价。二是适当地划分公私商业的经营范围。国营商业以批发业务为主,经营的零售商品以稳定市场物价为准,减少次要商品的经营。三是在市场管理中,要取消妨碍正当私商畅通城乡交流的各种不适当的限制,但同时也要防止私商投机倒把。

第六节　组织私商开展物资交流活动,活跃市场

在国民经济恢复时期开始不久,新的渠道和网络尚未形成,致使农村的许多土特产品进不了城,城市的工业品下不了乡,影响了工农业生产的恢复和发展。所以,组织物资交流,活跃市场,是国民经济恢复时期的一项极为迫切的任务,它贯穿于复工复业、打击投机、稳定物价、调整工商业等各项重大的经济工作之中。1950年冬和1951年上半年,国家开展大规模的物资交流工作。

在组织物资交流、活跃市场中,工商行政管理机关的主要任务是组织私营企业参加各种形式的物资交流会,恢复原有的商品流通渠道,开辟新的流通渠道,管理好初级市场。在国民经济恢复时期的三年中,组织物资交流的工作,基本上可以分为三个阶段:第一阶段是1950年以前,着重动员私商下乡采购农副土特产品,解决大中城市在复工复业中的原料困难问题,增加城市农副土特产品的供应,稳定市场物价。第二阶段是1951年,着重组织私商参加各种形式的物资交流会,帮助私商克服暂时出现的困难。第三阶段是"五反"运动结束以后,着重组织私商下乡,大力收购农副土特产品,积极推销工业品,解决"五反"运动后私营商业生意清淡、经营困难的问题。

一、组织私商参加各种形式的物资交流会,管理好初级市场

鉴于私营工商业者参加物资交流活动,心存疑虑,怕暴露财富,怕赔本或无利可图;同时管理部门在政策上、管理办法上也存在一些问题,难以调动私商参加物资交流的积极性。为此,各级工商行政管理机关一方面

向他们宣传有关政策;另一方面,会同有关部门制定和修改一些管理办法,使贩运者有利可图。例如1951年7月,中南区召开土产产销会议,摸清了全区土特产品的产销情况,针对私商的顾虑,工商行政管理机关会同有关部门拟定了《中南区行商管理办法》,解除了私商顾虑。天津市工商局在1951年组织私营商业参加各地举办的土产交流大会,仅前往华东、中南、西北等地区的代表团就签订了购销合同总值达800余万元。1952年又组织私营商业1 141人,参加了华东、中南、西南、华北等大区以及山东、浙江、北京、太原等省市举办的18个物资交流会,成交额达1 800余万元。

与此同时,各地工商行政管理机关还推动国营商业、供销合作社、私营商业组织专业交流会,解决商品的产销问题。上海市颜料商业积压滞销的商品有22万公斤,价值200余万元,约占该行业总资金的40%,情况相当严重。上海市工商局帮助这个行业举办了滞销品展览交流会,滞销问题基本得到解决。继而五金、化工等行业相继仿效,也取得了很好的效果。

各地工商行政管理机关把组织管理好初级市场列为工作任务之一。初级市场形式基本上是利用传统的集市、庙会、山会、骡马大会等形式进行的。1952年秋季,华东区有近千个城镇组织了交流会。上海市各郊区举办的物资交流会,参加交流的工商业户及摊贩约4 000余户,会期累计33天,购销总值274万元,其中私营占88.3%。各地为管好初级市场,根据当时经济政策订出了一些具体措施。中南地区规定:第一,商贩购销货物除牛皮、杂铜外,其他不加限制。第二,5万人口以下的城镇,对私营工商业不施行专业的规定。第三,交易所和农民服务部应以信托业务为主,并受当地工商行政管理机关领导。农民贩运不愿到交易所或服务部交易的,应听其自便。第四,国营商业与供销合作社不得代行工商行政管理机关的职能,无权审核商贩进货单据,限制市场物价,限制商贩购销货物,限制农民自由买卖。第五,私营工商业者必须遵守政府法令,接受

国营经济领导,严禁行帮把持,垄断排挤。

二、鼓励私商拓展商品流通渠道

(一)利用物资交流会各地代表集聚一起的机会,组织公私代表交流信息,了解各类土产流通的历史和现状,研究开辟新市场和新流向,指导私营商业的购销活动。

(二)组织访问团或推销采购组到产地和销地开展业务。不少地区工商行政管理机关把有业务经验的老商人和行家组织起来,由国营商业牵头,组成贸易访问团,直接到产地、销地疏通旧的商业关系,建立新的商业关系。

(三)组织私营商业到产区设立商业网点,开办货栈,组织购销直接挂钩。

三、积极推广贸易合同制度

在组织物资交流中,推广贸易合同制度。明确规定合同的内容,并监督执行。合同内容写明商品种类、名称、规格、价格、数量、期限、损耗、运输赔偿、意外事故、交接地点、费用支付和度量衡等,便于双方履行。双方订立合同时,充分协商,公平合理,并遵守国家政策规定,不得投机取巧,随意毁约。工商行政管理机关审查合同内容时,对违反法令规定的和条文不合理、不明确的地方,责成双方纠正或补充后方予鉴证。合同一经订立和鉴证,双方应严格履行。因故不能履行合同的,一般处理原则是:(1)情况发生变化,不是买卖双方有意毁约,确实有困难不能履行的,可由签约双方协商同意后取消。(2)虽有客观情况,但主观上努力后可履行而不履行的违约方,要作出检讨。(3)不守信用,单纯追求暴利,故意不履行合同的,要追究责任,适当赔偿损失。(4)损人利己,买空卖空,投机取巧,违反国家法令的,则责令纠正,并给予适当处罚。

组织物资交流,特别是城乡间物资交流,对迅速改变解放初期交流阻塞的局面,具有重要意义。它的实质就是把农民的土特产品收购起来,这部分产品约占农民总收入的三分之一,是农民购买力的重要来源。抓住了这一环,就挖掘了国内资源的潜力,提高了自力更生依靠国内市场和原料发展生产的能力,促进了国民经济的恢复和发展,巩固了工农联盟。

第七节　管理个体工商业和个体手工业

在国民经济恢复时期,随着商品经济的发展,人民政府对个体工商业采取了扶持和发展的政策,发挥了个体工商业在发展生产、繁荣经济中的补充作用。

新中国成立初期,城镇个体工商户从业人员的成分是比较复杂的,其中有原来的个体工商户,有城市失业职工和流入城市的农村灾民等社会闲散人员,还有一些不法分子和敌对分子混入其中,有的还进行不正当的经营活动,扰乱市场秩序。为此,各地人民政府采取了有效措施,对城镇个体工商业进行了清理整顿。对小商小贩的整顿,主要是运用行政管理的手段,并依靠社会的力量,对他们进行登记,打击其中的投机倒把分子,清除潜藏的反动分子和坏分子,取缔或安排没有营业执照的摊贩。在清理整顿中,进一步加强了对个体工商业的管理和教育。

一、对个体手工业的管理

个体手工业的生产是工业生产的一部分,它和大工业之间有商品交换和生产协作关系,为大工业生产、加工某些半成品,是大工业的助手。对于个体手工业的管理和辅导工作,除了通过加工订货、统购包销和收购等形式,引导其恢复和发展生产外,各级工商行政管理机关还做了以下工作:

(一)按行业组织联营社和联营组,以便于统一接受加工订货,便于在供销环节上和国营经济挂钩。继而统一购料,统一规格,提高产品质量。

(二)组织专业会议,帮助个体手工业提高产品质量,增加花色品种,发挥其生产品种多、改进品种快、对市场需要适应性强的特点。

(三)组织手工业合作社,辅导其走合作化的道路。在国民经济恢复时期组织的手工业合作社,主要是为了恢复生产,组织失业者就业,减轻中间商人对手工业者的剥削,以及克服分散落后的弱点。据天津市的统计,1949 年底共有手工业合作社 9 个,共 690 人,到 1952 年发展为 25 个社,共3 541 人,占全市手工业户的 6.63%。这些合作社得到国家的大力支持,对后来的手工业合作化起了示范作用。

二、对小商小贩的管理

新中国成立以后,小商小贩的人数有较大的增加,据中央工商行政管理局统计,1950 年全国城镇共有摊贩 197 万户,216 万人,到 1952 年则增加为 218 万户,243 万人。他们多数是失业工人、店员和长期以此为生的小贩。

在国民经济恢复时期,对小商小贩的教育和管理,是在国家组织复工复业、打击投机、整顿市场、调整公私关系等项重大经济工作中结合进行的。为了保护正当商业经营,取缔非法活动,维护市场秩序,各大中城市相继对摊贩市场和小商小贩进行整顿。整顿的办法:

(一)登记发照,凭照经营,无照一律不得经营。

(二)整顿摊贩市场。对日用生活必需品的零售市场,本着不影响交通,方便群众,有利摊贩经营的原则,划分地段,使其安心经营。对早市一般不取消,进一步加强管理。对城乡交易市场,以开办农民交易所来代替,避免农民进城受蒙蔽,被欺骗,便于城乡物资交流,也有利于稳定物价。对估衣旧货市场,加强管理。有的城市利用原有的当铺,改为摊贩市场或委托行,使出售者进入市场经营或委托寄售,以减少不正当的经营活动。对"鬼市"采取削弱或取消的方针,在取消条件不成熟前,则变更其经营时间,变黑市为明市。对夜市一般予以保留。摊贩市场经过整顿以后,市场秩序面貌一新。为了加强经常性的管理,不少城市组织了市场管理委员会。派出干部并吸收了一部分商贩中的积极分子,协助工商行政管理机关管理市场。

(三)组织摊贩管理委员会。由于对摊贩的管理涉及各个方面,为了实施统一管理,不少城市组织了摊贩管理委员会。如上海市人民政府在 1951 年公布了《上海市摊贩管理委员会组织简则》,规定由工商局、公安局、税务局、工务局、卫生局、财政局、区政指导处组成摊贩管理委员会。委员会的职权是:决定有关摊贩管理工作原则及方案,草拟有关摊贩管理法规。对专业管理工作,按照分工,各负其责。涉及几个单位的问题,由有关单位协商处理。

(四)建立综合性或专业性摊贩联合会。根据不同情况,按市场、按行业、按地区建立。摊贩联合会是个体工商业者自我教育、自我服务、自我管理的群众组织。主要任务是协助工商行政管理机关宣传政策,反映摊贩的意见和要求。此外,对评议税负,推销公债等也发挥了作用。

经过清理整顿、安置扶持,截至 1952 年,城镇个体工商业人数达到 817 万人,其中手工业 360 万人,建筑业 83 万人,运输业 56 万人,商业、饮食业、服务业共 318 万人。

第八节　指导工商联,改组同业公会

中华人民共和国成立后,各大中城市相继成立了工商业联合会,改组了同业公会。各级工商局代表政府对工商业联合会和行业同业公会的工作,进行业务指导。

1951 年 10 月,开始筹备工商界的全国性组织。1952 年 6 月成立了中华全国工商业联合会筹备委员会。中央私营企业局(同年底改为中央工商行政管理局)起草了《工商业联合会组织通则》,1952 年 8 月由政务院公布施行。中央私营企业局对中华全国工商业联合会(筹)的工作进行具体业务指导。

工商业联合会是各种经济类型的工商业联合组成的人民团体。对私营工商业而言与过去的旧商会不同。它担负着两方面的任务:一方面是领导工商业遵守《共同纲领》及人民政府的政策法令,在国家总的经济计划下,发展生产,改善经营,组织工商业者进行学习,改造思想和参加各种爱国活动。另一方面,代表私营工商业者的合法权益,向人民政府或有关部门反映意见,提出建议。

同业公会是历史沿袭下来的行业组织。新中国建立后,部分原有的同业公会在工商行政管理机关的协助和指导下,做了一些有益于本行业的事情,反映了一些行业的合理要求与正确意见。因此,各会员户逐渐对同业公会产生好感,要求整顿改组同业公会。经过整顿组成新的领导班子。新的同业公会经常召开座谈会、交流会,宣传政策,收集反映,征求意见。同时,推动同业订立爱国公约,接受加工订货;组织评议税负,行业议价和联营活动;推动全行业的增产节约运动,开展技术革新和推广交流经验。

同业公会是人民政府和私营工商业之间的桥梁,是工商行政管理机关管理私营工商业的助手,可以更好地把为数众多的私营企业组织起来,有利于对他们宣传和贯彻政策,收集他们的意见,进行调查研究。

第九节　监督和管理外资企业

中华人民共和国成立时,在华的外资企业有1 000余家。新中国成立伊始,政府采取与外国在平等互利基础上发展贸易和经济合作的方针,对遵守中华人民共和国法令的外资企业实行保护政策,由工商行政管理机关和业务主管部门进行监督和管理。

首先,通过登记加强对外资企业的监督。凡外资企业有以下情况的都必须办理登记:(1)筹备创设、开业、复业、停工、歇业。(2)企业的合并、改组、转让、变更或扩大营业范围,增设或裁撤分支机构,增减资本及对其他企业的投资。(3)更换企业负责人。

其次,对外资企业出售生产设备和物资的管理。在大、中城市解放以后,有些外商对中国采取敌视态度,有的对中国的政策有误解,纷纷拆卸生产设备,进行变卖。对此,中国政府规定,凡属企业在生产经营上所必需的生产设备和物资,不准出售。

最后,管理外资企业承接的加工订货业务。凡因设备技术条件的关系,必须由外资企业承接的加工订货业务,则由外资企业承制。通过管理加工订货,使外资企业的生产为中国服务,改善市场供应。例如上海市工商局通过加工订货的管理,督促英商和纱厂将部分停开的纱锭修复开工,将部分纱锭及停工的细纱车改装为线锭,以增产棉线。

由于帝国主义国家对中国采取敌视的态度和封锁政策,1950 年,美国停止对华贸易,实行禁运,并于 12 月宣布管制中国在美国辖区内的公私财产。因此,同年 12 月,中国也下令管制、清查美国政府和企业在中国的一切财产,并陆续予以接管。其他一些外国在华的企业,也由于帝国主义的封锁禁运,大多陷于瘫痪状态,有的申请歇业,有的自行放弃经营,有的则自动转让给中国企业,等等。到 1952 年底,金融类外资企业,全国只剩下上海汇丰、麦加利等四家银行。

(执笔人:吕金波)

第二章　社会主义改造时期
（1953—1956 年）

第一节　过渡时期总路线和第一个五年计划的实施

我国第一个五年计划从 1953 年开始实施。"一五"计划的指导方针和基本任务是：集中力量发展重工业，建立国家工业化和国防现代化的初步基础；相应地发展交通运输业、轻工业、农业和商业；相应地培养建设人才；有步骤地促进农业、手工业的合作化；继续进行对资本主义工商业的改造；保证国民经济中社会主义成分的比重稳步增长，同时正确地发挥个体农业、手工业和资本主义工商业的作用；保证在生产的基础上逐步提高人民物质生活和文化生活水平。第一个五年计划时期，是中华人民共和国奠定工业化初步基础的重要时期。"一五"计划时期的经济发展为以后的经济建设积累了宝贵的经验。

1953 年，中共中央公布了由新民主主义向社会主义过渡的总路线，即"从中华人民共和国成立，到社会主义改造基本完成，这是一个过渡时期。党在这个过渡时期的总路线和总任务，是要在一个相当长的时期内，逐步实现国家的社会主义工业化，并逐步实现国家对农业、对手工业和对资本主义工商业的社会主义改造。"在过渡时期总路线的指引下，国家采取了一系列的社会主义改造措施，使个体农业、个体工商业走上了合作化的道路，使资本主义工商业逐步纳入了各种形式的国家资本主义，到 1956 年基本上完成了生产资料所有制方面的社会主义改造。

1956 年，对农业、手工业和资本主义工商业的社会主义改造基本完成。"三大改造"是中国共产党创造性地开辟的一条适合中国特点的社会主义改造的道路。"三大改造"的完成，使我国生产资料所有制结构发生了根本性变化，公有制经济开始占据绝对优势。

国家对资本主义工商业的社会主义改造，是分作两个步骤进行的：第一步是把资本主义工商业转变为国家资本主义企业；第二步是把国家资本主义企业转变为社会主义企业。

管理私营工商业，是当时工商行政管理机关的主要任务。工商行政管理机关将总路线的精神贯彻到各项工作之中，运用企业登记管理、市场管理、经济合同管理、指导工商联和摊贩联合会，以及统筹安排加工订货、协调公私关系等行政管理职能，同国家的经济措施，工人群众的监督紧密结合起来，促使私营工商业的社会主义改造顺利进行，并取得了伟大胜利。

第二节　贯彻统购统销政策，对私营粮、油、棉行业实行专项管理

为了从根本上解决粮食等重要工农产品购销的矛盾，1953 年 11 月，政务院发布了《关于实行粮食计划收购和计划供应的命令》；与此同时，中共中央作出了《关于在全

国实行计划收购油料的决定》；1954 年 9 月政务院发布了《关于实行棉布计划收购和计划供应的命令》及《关于棉花计划收购的命令》。此外，1955 年还对若干重要农副产品如生猪、皮革、烟叶、蛋品等，先后实行了派购。

工商行政管理机关运用自己的职能，积极贯彻执行国家的统购统销政策。

一、贯彻统购统销政策，对粮、油、棉行业的经销、代销商业企业的登记

中央人民政府政务院于 1953 年、1954 年先后决定对粮、油、棉实行统购、统销，并对经营粮、油、棉的私营商业，实行在国家的监督管理下，从事经销、代销。工商行政管理机关对经销、代销商业企业开展了登记管理工作。

（一）对粮食行业的商业企业进行登记管理

政务院颁布的《关于实行粮食计划收购和计划供应的命令》规定：所有私营粮店一律不许私自经营粮食，可以在国家的严格监督和管理下，由国家粮食部门委托，代理销售粮食。所有私营粮食加工厂及营业性的土碾、土磨，一律不得自购原料、自销成品。

为了贯彻政务院的命令，各地工商行政管理机关在宣传粮食统购统销政策和代销办法的同时，进行私营粮店的存粮登记，然后布置填报代销申请书，逐户审查。对合乎条件的，宣布为国营代销店，换发新的营业执照，准许挂代销店的招牌；不合条件的，宣布其停业，缴销营业执照，并辅导其转业。掌握的原则一般是：批发商和小粮贩，停止营业，辅导转业或另行安排；零售兼加工的，凡加工比零售多的转为加工厂，取消零售；零售比重大于加工者，改为专营零售；兼营油盐杂货的，停止粮食零售；零售店改为国营代销店。

为了更好地进行粮食的计划供应，私营粮店改为国营代销店后，实行划片定点。由于原有粮食商业网点分布不尽适当，很多地方在实行代销后，进行了以"迁"、"并"为中心的网点调整工作。在并店中，各地创造了三种形式：一是联店代销，即联并的各店不

清产合股，原有的劳资关系不变，并店后经营所得按比例分配，费用按比例分摊；二是并店代销，即结束旧店，成立新店，大多数地区是两三个店并成一店，少数小城镇也有把所有粮店合并为一个企业的，实行统一核算，分散供应；三是摊贩并店代销，即把粮食摊贩合并为代销店。对于合并后的粮店，发给新的营业执照，缴销旧执照。粮店转业的，提出申请后，按规定另发营业执照。

（二）对食用植物油行业的商业企业进行登记管理

1953 年 11 月，中共中央作出了《关于在全国实行计划收购油料的决定》。各地实行油料统购、油品统销的时间和进度不一。有些地区在《决定》公布后，同时进行；有的地区是先实行油料统购，到 1954 年 3 月以后，才实行油品统销。

当时，全国私营油商不到 3 万户。据不完全统计（缺河北、宁夏、新疆、青海、西康）共有 25 606 户。其中批发商 201 户，绝大部分集中在大城市；零售商 25 405 户。实行统购统销后，批发商大部分自行转业：一部分转为零售；一部分歇业后由国营公司吸收其成员；一部分转为为国营、合作社加工食油。对专营、主营的零售商（约占油商的 40%）保留下来。对兼营零售商中经营食油比重一般在 12% 以上的，保留其兼营业务，其余的停止食油兼营业务。油贩除保留小部分外，停止经营，辅导其转业。保留下来的经营食油的零售店，一律改为国营代销店，其登记管理的办法，同粮食代销店的办法一样。到 1954 年底，共保留代销店 11 630 户，占统购统销前的私营油商总户数的 45% 左右。

（三）对棉布商业企业进行登记管理

1954 年 9 月，政务院颁发《关于实行棉花计划收购的命令》，规定私营棉布商贩，一律不得经营籽棉、皮棉的收购、贩运和批发业务。絮棉零售商由中国花纱布公司供应絮棉，维持经营。同时，实行棉布计划收购和计划供应。为此，对棉布行业进行了改造。一是私营批发商转业，其业务由国营商业代替。无法转业的，其从业人员（包括私

方人员），由国家包下来，分配使用，这一工作于 9 月 15 日前完成。二是批零兼营店，以批发为主的，原则上按批发商处理；以零售为主的，除能转业者外，全部改为零售。三是零售商，通过经销、代销，纳入国家计划，而以经销为主。这是因为棉布品种花色很多，消费的季节性强，用代销的办法不能很好地解决棉布品种、花色适销对路的问题。四是对棉布复制工业、手工业兼营商业者，由国家计划供应棉布，不再兼营棉布零售业务。

各地工商行政管理机关积极贯彻政务院的命令，对参加经销、代销的企业都换发了营业执照，转业、歇业的分别进行登记。

粮、油、棉布 3 个行业实行经销、代销管理制度，是私营商业的社会主义改造的一种过渡形式，这种形式和批购形式的推行，为后来商业的全行业公私合营创造了条件。根据企业登记管理的统计，到 1955 年 8 月底，全国城乡已纳入经销、代销及批购这一形式的私营商业企业有701 322户，占全部私营零售商总户数的 24.8%。

二、加强对主要农副产品的管理

（一）粮食。1953 年国家对粮食实行统购统销后，粮食的收购、加工和销售只许国营粮食部门经营，所有私营粮商、粮食加工厂，一律不许经营粮食（包括自购原料加工后自销成品的）；经过申请，并经国营粮食部门同意，工商行政管理机关核准发给营业执照，可以代理销售粮食或进行粮食加工，但不许无照经营。农民在缴纳公粮和完成统购任务以后，允许到国家设立的粮食市场（不许私商参加）交易。

（二）植物油脂油料。农民按规定将生产的油料卖给国营粮食部门，在完成统购任务后，其余的可以自食。在油料统购地区的城市、工矿区等，实行与粮食计划供应办法大体相同的食油定量供应办法；在实行定量供应的地方，取消食油和油料的自由市场。在农村和集镇，属于统购地区的，农民在完成统购任务后自食有余的，允许到国家设立的初级市场互通有无。私营厂商不许收购、加工、经营油脂油料，不许参加油料自由

市场。

（三）棉花和棉布。棉农所产棉花，除自用部分外，全部按国家规定的收购价格卖给国家，不许上市，也不开放棉花自由市场。所有织布厂、印染厂和手工业生产的各种棉布，一律由国家统购。除棉农外，棉花、棉布一律实行分区、定量、凭证供应制度。不许私商经营籽棉、皮棉的收购、贩运以及棉布的批发、贩运。

（四）生猪、鲜蛋、烤烟、畜产品等。对这些产品先后实行派购或统一收购。国家根据市场需要，确定派购计划指标，逐级下达，最后分派到生产单位或个人（户）。派购任务完成后，才允许上市。派购任务完成以前，不许私商经营。

三、协助有关部门对私营批发商业实行"留、转、包"

实行统购统销和派购政策后，国家控制了绝大部分货源，私营零售商业都向国营商业进货，一些私营批发商营业额下降，纷纷要求转业。1954 年 7 月中共中央颁发了《关于加强市场管理和改造私营商业的指示》，提出对私营批发商适当安置，把零售商业有计划地纳入国家资本主义形式。允许留下来的私商可在政策允许的范围内从事经营活动，维持其一定的营业额。对私营批发商，实行了"留、转、包"的政策。

（一）"留"，是把国营商业和供销合作社经营较少，或尚未经营的行业，让私营批发商和批零兼营商继续经营。对于留下来的私营批发商，除国营商业暂不经营的商品外，许多地方推行由国营商业委托它们代理批发的形式。委托代理批发，有经批、代批两种。经批是国营商业委托私营批发商转批给零售商和小商小贩，私商获得头道与二道批发之间的差价。代批是国营商业委托私商按照国营公司的批发价格，转批给零售商和小商小贩，由国营商业给予一定的代批手续费。

对于留下来的私营批发商中的行商，各地工商行政管理机关都加强了管理和限制。

1. 限制其经营范围。一般限定为三个到五个行业，由行商申报，工商行政管理机

关核准。

2. 限制经营地区。乡村的行商一般规定为一两个县;城市的行商经营地区较广,一般限定三四个省,由行商申报,工商行政管理机关核准。在核定地区时,尽量减少城城之间的贩运,使它们更多地为城乡物资交流服务,并实行"拴住一头"的管理办法,即买和卖的业务活动必须有一头是在登记发证的城市。

3. 限制经营方式。不准行商组织联营、合营、合资;不得函购、托购;不得雇佣工伙。同时,规定行商在购销货物时,必须"人、证、货、单同行",或"人、证同行"、"货、单同行"。

(二)"转",是有计划地辅导私营批发商转业。私营批发商转业的方向,主要是转向工业。上海转业的 441 户中,转工业的户数占83%,资金占99%;武汉转业的 171 户,全部转入工业。一部分小批发商、批零兼营商则转入零售商业或服务行业。

还有一些私营批发商转向外埠。以上海为例,转往的地区有天津、武汉、镇江、杭州、合肥、蚌埠、长沙、洛阳、山东等 18 个省市。辅导私营批发商转向工业,对于发展工业生产,特别是对工业基础薄弱地区的工业发展,起到了积极作用。武汉市 1949 年只有 7 家药厂,全年总产值 35.3 万元。私营批发商资金转入制药行业后,不仅原有药厂扩大了,还利用转业资金新建大小药厂 10家,1953 年全年总产值增为 1 172万元。

(三)"包",是把属于经营统购、统销商品,或者货源已由国营商业、供销合作社全部或大部分掌握,私营批发商的业务已经停顿的行业,除能转业的外,其他由国营商业包下来。"包"的办法,要求私营批发商停止经营,从业人员由国营商业或供销合作社安排。各地的做法是:首先,向劳资双方宣传国家的政策,提高他们的认识。通过劳资协商,安排人员的去留和研究财务的清理等问题。这些问题解决后,由资方向工商行政管理机关提出歇业申请。经批准后,清理企业财产和处理各项具体问题。其次,为了防止资本家抽逃资金或利用这部分闲散资金投

机,冲击市场,工商行政管理机关监督资金的方向,一定数额以上的(例如 1 000 元,有的地方高一点,有的地方低一些),要他们先存入银行,然后通过协商,引导其投资于有益于国计民生的事业,或者投入投资公司,由投资公司转投其他企业。最后,在人员安排上,配合有关部门按照职工和资本家的技术知识和业务专长,分别安排适当的工作。

经过有计划的安排和改造私营批发商,到 1955 年上半年,资本主义批发商的主要部分已基本上安排完毕。国营商业和供销合作社在全国纯商业机构的批发总额中所占的比重,已由 1953 年的 69.2% 上升到1955 年的 94.8%,国家资本主义及合作化商业占 0.8%,留下来的私营批发商都是一些小户,只占 4.4%。

四、管理行商和居间商

1950 年全国有行商 20 万户,1952 年发展到 30 万户,以后逐年减少,到 1955 年为6.6 万户,从业人员共 7.5 万人,资本额2 000万元,平均每户 330 多元。对行商的管理,在国民经济恢复时期即逐步加强。管理的办法主要是加强限制:一是限制业务范围;二是限制地区范围;三是限制经营形式。如对外出采购实行"拴一头",即采购必须携带行商证,由发证地区的工商行政管理机关管理;采购外地的商品必须运回本地销售,不得就地买进卖出,也不得外地买进,外地卖出,脱离所在工商行政管理机关的监督管理。1953 年以后上述管理办法基本上延续下来并有所加强。居间商包括经纪人和行栈。对他们主要采取由国营商业和供销合作社代替,逐步淘汰的政策,对留下的,统一佣金标准,不许巧立名目,额外勒索。同时指导行栈进行内部改革,健全经营管理制度。倡导交易公开,双方当面议价,取缔强买强卖,操纵把持,保护客商的正当利益。

五、对小商小贩进行辅导和管理

小商小贩既是商业个体劳动者,又是小私有者。对小商小贩的管理,首先保护他们的合法经营,取缔其投机违法活动。规定其经营范围、经营方式、经营地区,提倡明码实价,亮照经营。其次是整顿,即整顿摊贩市

场,不准乱摆乱卖;整顿经营人员,把混入小商小贩队伍中的其他经营者如行商划出来,另行发给营业证照。同时取缔无照经营,维护市场秩序。对其中生活有出路的,让他们停业。有劳动条件的,组织参加生产。盲目流入城市的农民动员其回农村参加农业生产。过渡时期总路线公布以后,对小商小贩的社会主义改造,开始有计划、有步骤地进行。改造方式除一部分为国营商业经销、代销或公私合营外,主要是通过合作小组和合作商店的形式,把他们组织起来。合作小组是按行业组成的,各成员分散经营,自负盈亏。由一个国营商店或合作商店或公私合营商店进行领导,指定一个商店对他们批发商品或帮助采购商品,同时对他们的商品出售价格也进行管理。这种合作小组既保留了小商小贩的特点,又使他们同社会主义经济发生密切的联系,有利于调动他们的经营积极性,适应社会需要。合作商店是把那些资金较多、规模较大的小商小贩,在自愿的基础上,若干户组织到一起,统一核算,共负盈亏,同时保留股金和股份分红制度(按劳分配后的剩余部分)。到1956年底基本上完成了对小商小贩的社会主义改造。

六、改进市场管理,保证商品正常供应

在对粮、棉、油实行统购统销政策以后,有些地区不分主要物资和次要物资,随意扩大统购的品种范围,甚至禁止出境,影响了小土产的交流,助长了某些物资供不应求的倾向。也有的地方撒手不管,私商抢购、套购、统购物资,市场混乱,影响国家统购统销政策的贯彻。因此工商行政管理机关加强和改进了市场管理,特别是对初级市场的管理。

(一)协助国营商业和供销合作社稳定市场物价。严格监督私商执行统购统销和专卖商品的价格规定;对经销代销的商品,监督私商遵守牌价,其余商品允许稍高或稍低于牌价。必要时对某些商品的价格,由国营商业和供销合作社通过议价的方式适当掌握。

(二)贯彻国家各项物资管理法令,管理私商经营范围。在物资管理上,对国家规定

统购统销的物资和供不应求的主要工业原料严格管理;对其他国家有收购任务的商品,在保证完成国家收购任务的原则下,准许私商经营,或委托私商代购;对国营商业、供销合作社经营较少或未经营的某些零星工业品和小土特产品,在国营商业和供销合作社领导下推动和组织私商从事经营贩运。对在初级市场上经营的私商,他们的经营范围本着照顾习惯、季节性和经营特点的精神,适当确定。

(三)严格按照中共中央和国务院确定的统购统销范围加以管理,坚决取缔任意扩大统购物资品种范围和任意宣布禁运出境的行为,保证商品的正常交流。

(四)开展市场检查,整顿市场秩序,取缔投机活动。对投机违法人员,根据情节轻重分别给予批评教育、罚款、没收其物品及吊销营业执照;触犯国家刑律的,送交司法部门处理。

(五)会同有关部门,领导和管理国家设立的市场、交易所。对于原有的交易所进行整顿,凡无存在必要的,予以撤销;对有必要保留的,根据情况,有的精简机构,有的加以合并。对裁减下来的人员予以妥善安置。在初级市场上设立的粮食、棉布、油料、土布等市场,是粮、棉、油统购统销后,适应农民需要而保留或新建起来的。这是没有私商参加的市场,主要是农民间、农民或国营商业、供销合作社进行交换的场所,对于这类市场必须加以领导和管理,防止私商插手,防止私商制造黑市,以保证其顺利发展。

(六)组织和管理农民贸易。主要是辅导和协助农民互通有无,调剂余缺。帮助农民解决推销、运输、检验、评级、定价以及食宿问题。对农民自产自销活动,原则上是照顾习惯和物资流转规律,不限制方向和路线,但不鼓励其长途运销。对于贩运商品的农民贸易,也不过多地加以限制。由于执行上述政策,使农村集市贸易在稳定的基础上有所发展。据河北、山西、吉林、黑龙江、山东、湖南、广西、云南、青海、宁夏10个省、自治区的统计,1950年共有集市14 412个,成交额11.06亿元,1956年共有集市14 538

个,增加 126 个,成交额 11.13 亿元,增长 2.5%。

七、进行复查工作,巩固经销、代销成果

从 1954 年第一季度到 1955 年 8 月,各地工商行政管理机关还对粮、油、布的经销代销工作,先后进行了复查。复查的重点是经销、代销数量的公私比重是否恰当,代销的手续费和经销的批零差价是否合理,一些转业私商是否有利可得等。复查中发现的问题,都及时作了处理。如北京市复查中发现粮食代销手续费偏低,私商无利可得,就及时作了调整,代销手续费由原来的2.5%～3.5%,调高到4%。在复查工作中,还发现一些经销、代销店有投机违法行为,如有的以次充好,以副顶正,短斤少两,克扣群众,欺骗顾客;有的在经营中违反国家规定,私自经营统购统销的商品;有的挪用代销款,偷卖代销的粮食。上海市 1955 年 1 月至 7 月,查出经销、代销店有违法行为的 108 户,占经销代销总户数的 24%。对这些违法行为,各地工商行政管理机关都及时作了严肃处理。

第三节　全面安排和改造 私营批发商

从 1953 年下半年开始到 1954 年,国家全面安排和改造私营批发商。安排和改造私营批发商,采取"一面前进,一面安排;前进一行,安排一行"的办法,分别不同行业、不同情况,有计划、有步骤地代替和安排,把改造和安排结合起来,引导他们转向有利于国计民生的事业。对他们的资金,给予适当出路;对其从业人员,给予妥善安排。安排和改造私营批发商的步骤,一般是先主要行业,后次要行业;先国营商业掌握货源的行业,后尚未掌握货源的行业;先大的批发商,后中、小批发商。

全面安排和改造私营批发商的工作,是在各级中共党委和人民政府统一领导和部署下进行的。工商行政管理机关负责调查有关行业的情况,指导工商联和同业公会做好对批发商的政策宣传和思想教育工作,处理违法行为,研究在安排和改造中有关财务处理上的各种政策问题,掌握转业、歇业、变更经济性质等企业登记工作和市场管理工作等。

一、解除私商疑虑,委托经销、代销

统购统销,是中国经济领域里继全国财经统一后的又一项重大经济措施,是商品购销方式的重大变革,它必然引起私商的很大震动。有的顾虑重重、惶惶不安;有的抽逃资金,隐匿存货,企图另谋出路。针对这些情况,工商行政管理机关首先在有关行业中广泛地宣传党的政策,说明国家对现有的粮食、油脂、棉花、棉布等行业中的私营商业,实行"前进一行,安排一行;安排一行,改造一行"的方针。私商可以接受委托经销、代销;也可以自行转业或者由国家辅导转业;有困难的企业,国家也可以吸收其从业人员和参加辅助劳动的家属,参加国营商业和供销合作社工作,量才录用。私商通过学习有关法规和安排改造的方针,情绪开始稳定下来,有的积极申请参加经销、代销。

根据国家政策规定,各地工商行政管理机关对粮、棉、油、布行业停止办理私人开业登记。对原有的这些行业的私营商店予以整顿,由私商提出经销、代销申请,经国营专业公司审核同意,工商行政管理机关核准,发给经销、代销执照,并发给经销店或代销店的招牌。无证的一律不许经营。

二、整顿批发市场,限制私营批发商的经营活动

各地工商行政管理机关对商品批发交易市场,按照有计划地代替私营批发商的精神,进行了整顿。凡国营商业掌握了货源,私营批发商被全部代替的交易市场,如棉纱、棉布、粮食等,则先后关闭。有的市场如猪肉、蛋品、干鲜货市场等,因国营商业只掌握一部分货源,并且留下了一些小批发商和行商继续经营,则允许这种市场继续存在。对留下的市场,经过整顿,加强领导管理。如上海市的药材市场,原属同业公会的附属机构,由私商管理掌握。1954 年 7 月,经过整顿改为药材交易所,由国营商业部门领导,工商行政管理机关派人驻场,进行管理。

对于在批发活动中起中间媒介作用的经纪人,也进行了限制。一般的不再批准新开户,以控制其数量不再增加。在业务活动中坚持一人一业的原则,不准兼营,而且要集中在指定的交易市场内活动。提倡买卖双方当面议价,严禁经纪人从中勒索。

三、防止改造中出现混乱,保持商品流转畅通

有计划地改造私营批发商,是对资本主义工商业进行社会主义改造的组成部分。改造和反改造的斗争很激烈。当国营商业、供销合作社不断壮大,私营批发商的经营活动受到限制时,不少私营批发商不愿接受改造。当改造工作成为大势所趋时,他们就以种种手段对抗。对于这些错误认识和行为,工商行政管理机关采取从正面教育入手的办法,向他们宣传政策,指明方向和出路。在工作中认真妥善处理有关他们的利益问题,提高他们的认识,稳定他们的情绪,防止改造中出现混乱,保证改造工作的顺利进行。

对私营批发商进行社会主义改造,必然会引起城乡、地区之间的物资交流方面的变化。保持商品流转的畅通和市场的活跃,是改造私营批发商工作中必须时刻注意的问题。在这方面,工商行政管理机关会同国营商业部门,采取了各种具体措施,填补私营批发商原来的阵地,避免出现脱节现象。同时,在市场上普遍设立信托服务部和农民服务部,举办各种形式的物资交流会,以沟通城乡之间、产销之间经济联系。国营商业和供销合作社还充分利用了私商原有的、合理的经营渠道和经营管理方面的一些有益的经验。

四、具体安排粮、油、布行业销量的公私比重

确定私商经销、代销的数量和国营商业销售的比重,关系到私营商业纳入经销、代销后是否有利可得,能否继续经营的政策性问题。对此,各地工商行政管理机关参与了具体测算,合理安排公私销量比重的工作。公私销量比重的确定,要算好三笔账:一是统计好上年度公私实际销售的数量;二是按

供应标准计算出当年应销售的数量;三是计算出零售商业的合理费用率和批零差价。工商行政管理等部门根据以上三个方面的材料,具体确定了粮、油、布销量的公私比重,使私商有一定的利润可得。

五、核定生产用布,清理登记私商现存棉布

凡工业用布、复制工业用布和船民、渔民等生产用布,按其正常生产和使用情况的需要,经工商行政管理机关核准,由花纱布公司按核准的数量供应。清理织布业和棉布复制工业的棉布库存,由工商行政管理机关登记,重新核定周转用量,并加强管理。所有私营零售商贩现存棉布和属于计划供应范围的棉布复制品,都要向当地工商行政管理机关登记。

六、辅导私商"迁、并、转"

在安排经销、代销中,有一部分私营商店,由于种种原因,必须迁点、并店,或者转业的,由各地工商行政管理机关辅导它们迁、并、转。

迁点,是解决商业网点分布不合理的问题,将一些私营商店从过多的地段迁往商店较少的地方,使经销、代销店的营业额大体均衡,能够获得利润,继续经营。

并店,是由于一些私营商店资金、人力不平衡,要几家合并后才能承接经销、代销业务,因而采取这种做法。合并的形式很多,有的联购联销,有的联购分销,其联合经营所得,按资金比例分配。有的并店代销,经过清产核股,结束原有的企业,成立新的企业。

转业,是允许网点人员过多的行业中一些经营能力差的商店转入其他行业。

第四节　扩大加工订货,把私营工业纳入国家资本主义轨道

在国民经济恢复时期,国家为扶持私营工业克服困难,迅速恢复和发展生产,开始对一部分私营工厂实行了加工订货、统购包销。1953 年 7 月全国财经会议决定,有计

划、有步骤地扩大加工订货的范围，增加加工订货的任务，以维持私营工业的生产，把私营工业的生产纳入国家计划。

国民经济恢复时期，国家对私营工业的加工订货，由工商行政管理机关统一管理。社会主义改造时期加工订货有很大发展，仍然由工商行政管理机关负责安排私营工业的生产、调整工缴货价、管理合同和预付定金等项工作。通过这些工作，保证了加工订货任务按时、按质、按量完成，并且基本上把私营工业引上了国家资本主义轨道。

一、逐行逐业地安排加工订货、统购包销

抗美援朝战争爆发后，加工订货任务不断增加，刺激了不少私营工业盲目扩充设备，增加工人，扩大生产规模。停战后，1954年加工订货任务基本没有增加。这就发生了一些私营工厂设备闲置，工人有余，而生产任务不够，开工不足，企业出现经营困难的情况。为此，国家按照统筹兼顾，各得其所的方针，通过加工订货，对私营工业的生产，进行了妥善安排和调整。

这次调整是采取逐行逐业"一条鞭"安排生产的做法，其特点是对国营工业、合作社工业、私营工业的生产，作统一平衡和安排。特别是对于私营工业的生产安排，改变过去只安排一部分工厂的做法，而是把这一行业的所有私营工厂统一加以安排。具体做法是，由国家计划部门提出生产任务和原料供应的控制数字，适当地分配给国营工业、合作社工业、私营工业。对私营工业生产的安排，由工商行政管理机关按行业召开私营工业专业会议，国营商业部门参加，逐厂、逐品种地落实生产任务和分配原料。任务落实后，如委托加工厂生产任务不足，无法维持，则建议由国营工业让出一部分原料和生产任务给私营工业维持生产，防止出现私营工厂倒闭，造成工人失业。

按行业实行"一条鞭"安排生产，是管理加工订货工作的基础，它使私营工业生产更符合国家计划的要求，同时也把私营工业的设备能力、生产产品间接地纳入了国家计划。私营工业对国家依赖的增强，促使他们逐步地走上了国家资本主义的轨道。

二、合理调整工缴货价

在安排生产的同时，各地对主要行业的主要品种的工缴货价，进行了复查。按照实际变化，重新核定成本，以照顾私营工厂开工不足的具体困难。根据"分等论价，优质优价，劣质劣价"和"奖励先进，照顾多数，带动落后"的原则，取消了一些核算成本上过严、过苛的规定。对困难严重的企业在核算成本时予以照顾。对开工率降低，单位成本增加的企业，则适当提高工缴货价，使其有利可得。

此外，为了鼓励试制和生产新产品，各地除在原料供应上给予优先照顾外，还在工缴货价上，贯彻"工业不赔钱，商业不赚钱，或暂时稍赔钱"，"工业有利，商业保本"的精神。

三、完善加工订货合同的管理

在国民经济恢复时期，对加工订货合同的管理，已有一些具体办法和经验。到社会主义改造时期，管理工作有了发展，合同内容也进一步有所完善。

在合同种类和内容方面：一是增加了产、供、销三角合同。过去加工订货合同一般由产、销两方面签订，后来工作愈做愈细，发展到由加工订货委托单位、加工单位和原材料供应单位三方签订，有的还有贷款单位（银行）一起参加签订，这样便于各方监督执行。二是增加了奖励办法。为了鼓励私营工厂改善经营管理，节约原材料，降低成本，增加产量，合同规定加工单位节约的原材料，降低的成本，增加的产量，在一定时间内完全为加工单位所有。三是规定不履行合同的处理办法。厂方不履行合同，使加工订货委托单位遭受损失的，应予罚款或赔偿损失。加工订货委托单位如果在支付工缴货价、拨付原材料或验收提货等方面违反合同规定的，要给加工单位以补偿。

在合同管理方面：一是改进审批权限。过去加工订货合同签订后，在执行前必须送工商行政管理机关审查批准。不少地方对此有了改进，规定在一定金额以上的才审批，限额以下的不送审批，双方签订后即可

执行。限额的数量,各地规定不一。重庆市规定,加工费在 300 元以上的,订货总值在 1 000 元以上的送审。广州市规定,橡胶、织布、粮食、机器等行业,不论金额多少都须送审,其他行业加工订货在 500 元以上的送审。上海市规定加工订货总值在 3 万元以上的才送审。二是明确审查重点。主要有四个方面。第一,审查承接加工订货的工厂是否符合批准的业务经营范围,有无完成合同的条件,合同所定数量、规格、质量和技术要求等是否为企业技术条件、生产能力所及。第二,审查违约罚款的规定是否明确、合理,商品验收及使用保证期限是否符合实际情况,有无过宽过严的现象。第三,审查工缴货价。审查成本计算是否真实,利润率是否合理等。第四,审查合同条款是否与国家法规抵触。对合同内容规定得不恰当和一些模棱两可的条款,提出修改意见,责成他们纠正、补充。经过审查后,工商行政管理机关在合同上鉴证或批准。三是组织联合监督检查。工商行政管理机关、各加工订货委托单位的主管业务部门、银行和企业工会,四个方面互相配合,对合同的执行情况进行监督检查。加工订货委托单位违犯合同规定的,及时予以纠正,发现资本家有偷工减料,以次充好,虚报成本,挪用或盗用货款及原料等破坏加工订货的行为,由工商行政管理机关核实处理。

对违约处理的原则也有改进。天津市制定了《处理包销、加工订货合同违约事项内部掌握的几点意见》,明确由于私营工厂管理不善,资本家不负责,盲目接受加工订货,私改产品配方或操作规程,致使产品质量和规格不符合合同要求或造成误期的,应由厂方负责。因国营委托单位工作的缺点,不及时供应原料,原料规格不符合合同规定,随意变更品种、规格以及迟付定金、货款等,则由委托方负责。对于因合同规定不明确、不合理,或成本计算方法不合理,或者发生意外,如停电、气候变化、机器发生故障等,则分别情况协商处理。

四、监督执行预付定金的规定

1952 年 8 月,中财委发出《关于企业订购货物预付定金的指示》,指示规定国营企业向私营企业加工订货,原则上凡是属于加工方面,不应再预付工缴费;属于订货方面,预付定金最高不得超过货价的 25%。由于各地执行不坚决,发生了一些混乱情况。有些私营工厂要求多付预付定金,以定金的多少作为承接任务的条件,也有些急需订货的单位,为了抢先完成本单位任务,往往迁就私营工厂,多付定金。对此,工商行政管理机关进行了检查,除认真贯彻执行中财委关于预付定金的规定外,还明确私营工厂不得将预付定金挪作他用。

五、派驻厂员,监督加工订货

1954 年,有少数地方向加工订货的重点工厂派了驻厂员。对加工订货任务的完成进行监督。驻厂员有的是由工商行政管理机关派出的,有的是由国营专业公司派出的,也有的是联合派出的。不管是哪家派出的,有关业务问题由专业公司负责解决;有关工商行政管理工作方面的问题,由工商行政管理机关负责解决。

派驻厂员的做法有两种:一种是一名干部或几名干部驻在一个工厂,这类工厂大多数是准备单个公私合营的大型企业;另一种是一个驻厂员或一个驻厂工作组兼驻几个厂,这些工厂有的同属一个行业,有的同属一个行政区。

驻厂员是工商行政管理机关或国营经济部门派出的代表,他们的主要任务是督促驻在厂按期、按质、按量地完成加工订货的任务,同时根据国家计划的要求,了解企业的生产情况,推动资本家制订生产、财务计划,督促企业进行必要的改革。这样在不同程度上加强了社会主义经济与资本主义经济之间的联系,也为后来发展公私合营企业作了准备。

第五节　在公私合营中协调公私关系

公私合营是中国对资本主义工商业进行社会主义改造的一种过渡性质的经济,是国家资本主义的高级形式。它经历了两个发展阶段，即个别公私合营阶段和全行业公私合营阶段。

从1954年开始，国家加强了对资本主义工商业的社会主义改造，提出了有计划地扩展公私合营的方针。1954年1月中财委召开了扩展公私合营工作会议，提出了"巩固阵地、重点扩展，作出榜样，加强准备"的工作方针，并制订了扩展公私合营计划。会议以后，各地积极稳妥地开展了个别企业的公私合营工作。1954年9月，政务院公布了《公私合营工业企业暂行条例》，规定了国家对资本主义工业实行公私合营的具体政策：1. 资本主义工业实行公私合营，应当根据国家的需要，企业改造的可能和资本家的自愿。2. 企业的清产核资，包括企业的全部实有财产。对企业财产的估价原则是"公平合理，实事求是"。3. 公私合营企业受公方领导，由政府主管业务机关所派代表同私方代表负责管理。对企业原有实职人员"量材使用"，使他们各得其所。4. 公私合营企业在生产、经营、财务、劳动、基本建设、安全卫生等方面，应当遵照政府有关规定执行。5. 私股股东分得的股息、红利、酬劳金，由他们自行支配。这些规定，消除了资本家的种种疑虑，推动了公私合营工作的健康发展。到1955年，资本主义工业中的大、中企业，已基本上扩展为公私合营企业。经过改组合并，还吸收了一部分小型企业加入公私合营。

全行业公私合营高潮，首先是在北京开始的。1956年1月，全市共批准资本主义工业5 266户实行全行业公私合营，资本主义商业的绝大部分也实行了公私合营。紧接着，资本主义工商业集中的天津、上海、广州、重庆、武汉等大、中城市，也只有一个月的时间，就全部实现了全行业公私合营。到1956年3月底，全国除西藏等少数民族地区外，都基本上完成了对资本主义工商业的社会主义改造。1956年内实现改造的私营工业8.8万户，改造面约占99%。剩下来的私营工业只有870多户，其产值占1955年底私营工业总产值的0.4%。在实现改造的私营工业中，批准公私合营的6.4万户，合营后转入地方国营的1 000户；划归手工业改造的1.6万户；转入商业的7 000户。1956年内改造的私营商业199万户，改造面占82%。其中转入国营商业、供销合作社的15万户；公私合营的40万户；合作商店58万户；合作小组86万户。剩下来的私营商业43万户，占总户数的18%。

在扩展公私合营工作中，工商行政管理机关以过渡时期总路线为指针，按照国家的方针政策，指导清产核资，监督利润分配，参与人事安排，协调公私合营中的公私关系，促进了公私合营工作的顺利进行。

一、指导清产核资

当资本主义工商业确定公私合营之后，第一项工作是对原企业的资产进行清理估价，作为发付私股股息、红利或定息的依据，也为企业合营后的经济核算做好准备。

公私合营企业资产清理估价的原则是："公平合理，实事求是"。清产核资工作，大体可分为三个时期。第一个时期是1949年到1954年有计划扩展公私合营以前。这个时期的公私合营企业不多，清产估价工作由公私双方共同负责，必要时工商行政管理机关派人指导。第二个时期是1954年到公私合营高潮以前。清产估价工作采取"公方领导，私方负责，职工参加，充分协商，上级批准"的方式。参加清产估价的成员，除公私双方外，还有企业的职工代表。比较重要的企业，当地工商行政管理机关派人指导。第三个时期是合营高潮期间。清产估价的原则，仍然和个别合营时一样，但为使私方摆脱财务处理上不必要的烦琐，政府提出了"从宽从了"的方针。清产估价工作中，工商行政管理机关参与研究、协调清产估价中出现的问题。

资产清估范围，凡是企业公私合营时实际存在并为企业所有的资产，都应该进行清理估价，作为资方参加合营的财产。其中包括账外财产，也包括企业的呆滞物资。把呆滞物资估作资方财产，虽然会增加公私合营企业的负担，但解除了资本家处理这类物资的拖累，可使资本家多得一些利润，使其安心接受改造。

1956年公私合营高潮期间，有不少资本

家把自有的黄金、白银、珠宝以及其他财物投入企业,作为对企业合营的献礼。对此,国务院于1956年4月和6月两次指示各地,把增资退还他们。还规定,对个别私营工商业者,在明确告以退还增资的政策后,仍然坚决要求增资的,公私合营企业或者专业公司必须报经主管业务部门审查批准,才可以接受他们增资的要求。

从清产、估价的结果来看,总的说是根据政策要求进行的,但也有偏高、偏低现象,其中偏低的占相当比重。针对这一情况,国务院于1956年4月发出《关于清产核资进行一次复查工作的指示》。各地工商行政管理机关会同各有关业务部门对合营高潮期间的财产清估工作,有重点地进行了复查。到1956年8月底止,全国在社会主义改造高潮中合营的工业,经过复查调整后的资产净值较原核资数增加6.43%。

二、监督公私合营企业的盈余分配

公私合营企业的盈余分配,1954年以后,主要按照《公私合营工业企业暂行条例》规定,当年企业的利润,在依法缴纳所得税后的余额,就企业公积金、企业奖励金、股东股息红利三个方面分配,也就是按国家税收、企业积累、职工奖金、股息红利四个方面分配的,即"四马分肥"。在具体分配时,股东股息红利,加上董事、经理和厂长等人的酬劳金,共可占到全年盈余总额的25%左右。在这种形式下,资本家分得的盈余多少,在很大程度上取决于企业的生产和经营状况。如果生产得多,经营得好,他们就可以取得较多的利润;反之,就只能取得较少的利润。

全行业公私合营以后,按照国家规定,对资本家的股金实行定息的办法。国务院于1956年7月规定:"全国公私合营企业的定息户,不分工商、不分大小、不分盈余户亏损户、不分地区、不分行业,不分老合营新合营,统一规定为年息五厘,即年息5%。个别需要提高息率的企业,可以超过五厘。过去早已采取定息办法的公私合营企业,如果它们的息率超过五厘,不降低;如果息率不到五厘,提高到五厘。"这个规定是宽大的。社会主义改造高潮前私营企业资本家的股息红利有的固然很多,但有些则因企业常年亏损而所得无几,平均起来是达不到五厘的。全国实行定息的企业共190 902户,私股金额230 720万元,每年应发股息11 500多万元,定息期限原定七年,从1956年起到1962年止。

在全行业公私合营后按照客观要求,普遍地推行了定息赎买政策。这是因为:(1)定息是对整个资产阶级的赎买,息率应当统一。(2)全行业公私合营后必然要涉及生产改组,以便统筹运用企业的人力、物力、财力,如果不实行各业各户息率一致的定息制度,各业各户盈亏不同,就会形成改组的障碍。(3)全行业公私合营要求突破企业、行业的界限,统筹运用各个企业的积累,只有实行定息,才能做到这一点。

1956年7月,中央工商行政管理局发出《关于公私合营企业清产定股以后发给私股股息凭证的意见》,指出:定息凭证可以由企业或专业公司发给。领取凭证的形式不必统一,手续应力求简便。至8月底,对1956年上半年的定息基本发放完毕。据中央工商行政管理局统计,全国1956年上半年应发股息为5 778万元,实发股息5 021万元。其中定息超过五厘的有4 368户,私股金额2 273万元,上半年应发定息72万元,平均年息6.34厘,即年息6.34%。

三、参与人事安排

在实行公私合营的时候,国家对私方在职人员实行包下来的政策,有利于对私方人员进行教育改造,也有利于企业的经营管理。对合营时所有的资本家、资方代理人,企业的董事、监事,在职的私方老弱人员,都应当量才录用。此外,判刑缓期执行的或者刑满出狱的私方原来在职人员,出身于地主富农的在职人员,也要包下来安排工作。

安排原私营企业在职资本家及资本家代理人的工作职务时,贯彻"量才使用,适当照顾"的原则。"量才使用",就是根据他们的工作能力、经验、政治态度以及在社会主义改造中的贡献等安排他们的工作职务,使人尽其才、各得其所;"适当照顾",就是对一部分年老或者在企业里著有劳绩，目前丧失工作能力的，安排比较适宜的职位，或者本人退休，吸收其家庭成员中有劳动能力的人参加工作。在安排过程中，由于工商行政管理机关比较了解私营工商业的情况，有些地方的工商行政管理机关与主管业务部门一起酝酿；有些地方通过工商业联合会和同业公会协商，提出人事安排方案，由政府批准。根据1957年的统计，全国拿定息的70万在职私方人员和10万左右资本家代理人全部安排了工作。大体情况是：安排直接参加生产经营的占60%～65%，其余安排为管理人员。少数资产阶级的代表人物，还安排了在国家机关、国营经济业务部门的行政职务。

有的公私合营企业对私方人员的安排使用不尽恰当，有的公私共事关系不尽协调。对此，工商行政管理机关会同有关部门作了深入调查，提出建议，作了调整。

第六节　推动个体工商业的社会主义改造

在国民经济恢复时期，个体工商业者每年都有所增加，到1953年城镇达到838万人。1953年中共中央公布过渡时期总路线以后，一些个体工商业者开始组织起来，参加各种形式的合作组织；另外，还有些被国营工业和国营商业吸收为职工。到1955年底，城镇个体工商业下降为573万人，其中个体手工业205万人，个体商业、饮食、服务业171万人，建筑业143万人，运输业54万人。1955年冬到1956年春社会主义改造高潮中，城乡个体工商业基本上走上了合作的道路，保持个体经营的所剩无几了。据统计，1956年底，全国城镇个体工商业者只剩下16万人。

工商行政管理机关在国民经济恢复时期，负责对个体工商业者的管理和监督，保护其合法权益，教育其守法经营。在社会主义改造时期，除了日常的管理和监督外，主要是广泛宣传党在过渡时期的总路线、总任务，进行调查研究，反映情况，提出可行的政策性意见，引导他们走合作化道路。

一、个体手工业社会主义改造的过程

对个体手工业的改造，开始是推动他们组成手工业供销小组或手工业供销社，其劳动工具仍由个人私有，分散进行生产，是手工业的低级合作组织。但这种合作组织，从原材料供应和产品销售方面与国营经济挂上了钩，开始摆脱了对私营商业的依赖，从而生产得到稳定发展，收入有了保证，手工业者是很拥护的。1953年后大量的手工业供销小组和手工业供销社，转变为手工业生产合作社，把原来的劳动工具由个人所有变为集体所有，把原来的分散生产变为集体生产。经过社会主义改造高潮，到1956年底，全国已有92%的手工业者组织起不同形式的合作组织，其产值占全部手工业总产值的93%。

二、个体工商业合作化的具体政策

国家对个体工商业的改造，按照不同行业不同情况，根据自愿的原则，分别以各种不同的合作组织形式，把他们逐步引上合作化的道路。在个体工商业转变为手工业生产合作社、运输合作社、合作商店时，各地工商行政管理机关与有关业务部门，对一些带有共性的较为突出的政策性问题作了调查研究，提出处理意见，然后由国务院作出决定，促使合作化得以健康发展。主要的政策如下：

（一）不剥夺个体劳动者的资财。个体工商业者投入合作组织的生产资料要作价，参加分红或领取股息。个体劳动者如退出合作组织，则退还他们的股金。参加手工业生产合作社、运输合作社的，如果他们投入的资财超过了应交的股金定额，其超过部分应予退还。合作社暂时无力退还超过股金部分的资财，可以采取作价、付息的办法继续存在合作社里使用。

（二）有些家店不分、家厂不分的个体工商业者，在参加合作组织时，属于生产经营的生产资料，清理估价，作为股金。属于家庭用的生活资料，归业主所有。对于生产经营和家庭使用难以划分的财产，如家具、房屋等，由业主提出意见，在照顾其家庭正当

需要的原则下协商处理。

（三）个体工商业者的家属，如果过去是厂店的辅助劳动者，要吸收他们为企业的从业人员，或者作其他适当安排。在运输业中，对于依靠出租车、船为生的车主、船主，当他们的车辆、船只入股到合作社以后，也要适当安排他们的工作。

（四）合作化以后，手工业生产合作社、运输合作社、合作商店在改善生产经营的基础上，要做到绝大多数社员增加收入，少数社员不降低原有收入。城市手工业合作社社员的工资，原则上不高于当地同行业同等技术条件的国营工厂的工资水平。运输合作社社员的工资，以不低于入社前的收入为原则。合作商店的成员，原工资比国营商业或供销合作社高的不降低。合作组织的成员如因收入减少，生活困难，要求退出合作组织的，批准他们退出。

（五）在合作化过程中，注意保留优良的经营方式和特点。要注意保存各自的特点和技术，保持原有的供销关系。

对于一部分小土特产品，允许合作商店、合作小组自由收购，自由贩运。

通过合作化把个体工商业者组织起来，改变个体所有制为集体所有制，是过渡时期总路线和总任务的组成部分，是一次深刻巨大的变革。但是，对个体工商业的合作化工作也有缺点，主要是要求过急，工作过粗，改变过快，形式也过于简单划一，以致遗留了一些问题。

中国对资本主义工商业和个体工商业的社会主义改造，是通过国家资本主义和合作化的途径实现的。在社会主义改造中，工商行政管理机关发挥了职能作用。

（一）工商行政管理机关通过工商业联合会、各行业同业公会和摊贩联合会宣传政策，教育、辅导私营工商业者消除顾虑，接受改造。

（二）通过行政手段，打击投机倒把和各种非法活动，限制资本主义自发倾向，保护合法经营，以稳定经济秩序，保障社会主义改造的顺利进行。

（三）协调公私之间、私私之间、工商之间、城乡之间的关系，扫除各种障碍，促进资本主义工商业和个体工商业顺利地走上国家资本主义或者合作化道路。

第七节　制止商标侵权，加强商标管理

为了适应保护商标专用权的需要，对商标的行政管理工作也逐步有所加强。中央工商行政管理局于1953年发出《关于商标管理的几点意见》，另外对一些有关商标行政管理的问题还作了若干单项规定。主要措施有：（1）卷烟商标必须注册。无论公私厂商产制的机制、半机制卷烟使用的商标都必须注册，否则一律不准制销。（2）实行商标印制管理。严禁印刷业代人印制假冒商标，或随意印售商标。规定印制商标必须凭核准注册证件或当地工商行政管理机关批准的文件。（3）制止滥用缝纫机商标。规定完全使用新零件装配的缝纫机可以使用商标，贩卖商不能使用商标。（4）取消"合作"商标。作为合作社系统标志的握手图形，不宜专用，决定公私厂商一律停止使用"合作"商标，已注册的14个"合作"商标予以公告撤销。（5）废除在面粉上使用商标。（6）处理外资企业的商标。经外交部、轻工业部、商业部、中央工商行政管理局会商决定：已为中华人民共和国国营企业接收的外资企业，其商标一并接收并可酌情使用，但属国际垄断组织的商标和有殖民地色彩或不良影响的商标除外；未被接收的外资企业的商标，无论公私厂商均不得使用；进口商品的商标，无论属何国籍及已否核准注册，均禁止仿冒使用。

一、未注册商标暂行管理办法

新中国成立以后几年间，商品经济虽然有一定的恢复和发展，但总的说还是不发达的，与商品经济相联系的商标在社会上还没有受到广泛的重视，加上对商标知识的系统性的宣传不够，使得一些企业特别是国营企业对商标权益的观念淡薄，只使用商标，不注册商标。一些不法厂商乘机仿冒名牌，欺骗顾客，甚至继续使用封建、迷信和政治上

有不良影响的商标。针对这些情况,中央工商行政管理局于 1954 年 3 月 9 日发出了《关于未注册商标的指示》和《未注册商标暂行管理办法》(共 14 条),要求各地工商行政管理机关参照执行。主要内容是:(1)为了防止滥用商标和仿冒商标,凡未注册商标均应向当地工商行政管理机关申请登记。未经核准注册的商标并无专用权,而且不能转让。(2)经中央工商行政管理局撤销或驳回的商标,违反商标禁用条款的商标以及与他人在同一种商品上已登记的商标相同或近似的商标,均不得申请登记。(3)登记的商标,应刊明商标名称、厂名、地名,但不得印有"注册商标"字样。(4)申请登记成药商标应缴验当地卫生机关许可证件。成药名称不能作为商标申请登记。(5)核准登记的商标,如发现与中央工商行政管理局在同一类商品上已注册或审定的商标相同或近似,即予撤销登记。(6)未注册商标暂行管理办法不适用于外商商标。在对未注册商标开展登记管理时,中央工商行政管理局还要求:对国营、地方国营、公私合营企业及合作社使用的商标,应尽量动员申请注册,以免私商以相同或近似的商标抢先注册;规模较大、产量多、销售广的私营企业的商标,也要动员申请注册;习惯上不使用商标的商品,不强制使用商标。

登记未注册商标,先在北京、上海、天津、沈阳、武汉、广州、重庆、西安、鞍山、抚顺、本溪、旅大、长春、哈尔滨等城市施行,其他则规定由省级工商行政管理机关选择重点市、县施行。由于未注册商标进行登记,并不能取得任何权利,而且一旦发现与已注册的商标混同,就要撤销登记,法律上没有任何意义,对商标使用人不具有吸引力。加之当时地方工商行政管理机构不健全,商标管理人员少,无力办理繁复的登记工作。因此,对未注册商标的登记管理,除少数城市进行过一次性的普查登记外,在大多数地方实际上并未开展。社会主义改造逐渐深化以后,通过加工订货、统购包销逐步切断了私营工业与市场的直接联系,工商关系、城乡关系都发生了很大变化,商标注册开始逐年下降。1954 年为 828 件,1955 年减少为 666 件,1956 年再减为 575 件。

二、实行商标全面注册

生产资料所有制的社会主义改造基本完成以后,统购包销、计划调拨改变了原来的商品流通形式。市场上缺乏竞争,商标逐渐失去在市场上开展竞争的作用,难以唤起社会对它应有的重视。1956 年商标注册仅 500 多件,比注册最多的 1951 年的 11 000 件减少了 95%。商标全面注册的办法就是在这种情况下提出的。

商标全面注册的办法,即凡是在商品上使用商标的都必须申请注册,也就是实行强制注册。当时的根据是:(1)一些企业负责人缺乏对商标的应有认识,对动员注册置若罔闻;(2)未注册商标的登记管理执行得不好,滥用商标和仿冒商标的行为时有发生;(3)全面注册可以防止企业利用更换商标降低商品质量,损害消费者的利益。另外,还参考了苏联商标制度中的强制注册办法。

(执笔人:吕金波)

第三章 社会主义建设探索时期（1956—1966 年）

我国生产资料私有制的社会主义改造到 1956 年已经取得了决定性胜利，国民经济中全民所有制和劳动群众集体所有制这两种形式的社会主义公有制经济已经居于绝对统治地位，表明我国已经进入了社会主义社会的初级阶段。这样，"中国自己的建设社会主义道路应该怎样走"的问题摆在了中国共产党和全国人民面前。以 1956 年 9 月 25 日召开的党的"八大"为标志，这项伟大的探索有了一个良好的开端。

"八大"政治报告科学地做出了如下论断："我国国内的主要矛盾，已经是人民对于建立先进的工业国的要求同落后的农业国的现实之间的矛盾，已经是人民对于经济文化迅速发展的需要同当前经济文化不能满足人民需要的状况之间的矛盾……党和全国人民当前的主要任务，就是要集中力量来解决这个矛盾，把我国尽快地从落后的农业国变为先进的工业国。"陈云同志所做的题为《社会主义改造基本完成以后的新问题》的发言也科学地提出："在工商业经营方面，国家经营和集体经营是工商业的主体，但是附有一定数量的个体经营。这种个体经营是国家经营和集体经营的补充。至于生产计划方面，全国工农业产品的主要部分是按照计划生产的，但是同时有一部分产品是按照市场变化而在国家计划许可范围内自由生产的。计划生产是工农业生产的主体，按照市场变化而在国家计划许可范围内自由生产是计划生产的补充。因此，我国的市场，绝不会是资本主义的自由市场，而是社会主义的统一市场。在社会主义的统一市

场里，国家市场是它的主体，但是附有一定范围内国家领导的自由市场。这种自由市场，是在国家领导之下，作为国家市场的补充，因此它是社会主义统一市场的组成部分。"

上述"三个主体"、"三个补充"的论述第一次提出计划经济和市场调节相结合的指导思想，是党从理论和实践上突破过去的社会主义模式、对探索经济体制改革所做的具有历史意义的重要尝试。但是中国共产党当时面临着两大问题——社会主义条件下的阶级斗争问题和社会主义建设的规模速度问题，而在"八大"以后长达 20 年之久的时间里，党在这两大问题上一再发生严重失误，使中国建设社会主义的探索遭受了太多的曲折。

在 1957 年"反右"扩大化的影响下，第二个五年计划从一开始就走上了"大跃进"的路子。1959 年的八届八中全会在全国范围内展开了一场大规模的"反右倾"斗争，导致以高指标、浮夸风和"以钢为纲"为主要标志的"左"倾错误进一步泛滥，给工农业生产和人民生活造成了极大的危害。

在深刻的教训中，全党和中央逐步清醒过来，决心认真调查研究、纠正错误、调整政策。1961 年 1 月八届九中全会正式决定对国民经济贯彻"调整、巩固、充实、提高"的方针，这标志着"大跃进"运动的停止和党的指导方针的重要转变。全党上下跟人民群众同甘共苦，团结一致，为克服困难进行了不屈不挠的斗争。到 1965 年，工农业生产得到恢复和发展，财政收支达到平衡，全国物

价稳定,市场比较繁荣。但是,中央政治上阶级斗争扩大化的观点进一步系统化,"左"倾错误指导思想没有从根本上得到纠正,"以阶级斗争为纲"的思想路线居于统治地位。

新中国成立以来,工商行政管理部门的任务主要是贯彻国家对资本主义的利用、限制、改造的政策和对个体工商业进行教育、管理和改造,工作对象主要是资本主义工商业和个体工商业。社会主义改造基本完成后,国家开始对社会经济活动实行统一的计划指导。对于各种形式的公有制经济,实行了按行业归口管理。工商行政管理部门的工作对象基本消失,主要任务已经基本完成。有些地方将工商行政管理局并入了其他部门(主要是商业部门),有些地方撤销了工商行政管理局。1961年1月中央确定了"调整、巩固、充实、提高"的八字方针后,农村集市贸易和城市自由市场有了较快的恢复和发展。为加强市场管理、活跃城乡经济、打击资本主义势力,各地工商行政管理机构又陆续恢复起来,有些省、自治区和专区、县还加强或新设了工商行政管理机构。但机构名称各地并不一致,有的地方仍是工商行政管理局,有的地方则称市场管理委员会或市场物价管理委员会。到1963年底,全国在省、自治区、直辖市设立工商行政管理局21个;在省辖市和专区辖市设立工商行政管理局130个;县(包括市辖区)设立工商行政管理局(科)500个。1964年4月,国务院批转了中央工商行政管理局《关于工商行政管理机构和编制问题的报告》,指出:工商行政管理部门在对资本主义势力作斗争方面担负着重要任务,工商行政管理工作应当继续加强,不能削弱。当时,工商行政管理部门的工作任务除了负责市场管理外,还有打击投机倒把、企业登记管理、商标注册管理以及对私改造遗留问题的处理等工作。

从1957年到1961年,工商行政管理工作基本上处于徘徊反复状态。从1961年贯彻"八字方针"到1966年,工商行政管理工作逐步有所前进,初步认识到在新的历史条件下工商行政管理工作所应具有的地位、职能和作用。总的来说,在开始全面建设社会主义的新时期,工商行政管理部门的工作职能是什么,应承担什么任务、发挥什么作用,需要全系统上上下下团结一致、积极探索才能找出答案。由于缺乏经验,又无可借鉴,所以只能在长期的工作实践中边摸索边前进。这是1957年到1966年工商行政管理工作的基本特点。但是,在这一阶段由于"左"的错误指导思想并未得到纠正,各项工作都要"以阶级斗争为纲",工商行政管理部门被视为无产阶级专政的工具,必然执行"左"的政策,致使工商行政管理工作在前进中受到很大限制和制约,走上了一条徘徊起伏、在曲折中前进的道路。

第一节　曲折前进中的农村集市贸易

1956年社会主义改造基本完成以后,由于人们对社会主义历史阶段还需要市场调节,在所有制结构上还需要多形式、多层次,以及在社会主义统一市场中还需要多种交换形式、多条流通渠道等特点认识不足,对集市贸易时而肯定其积极作用,承认它和利用它;时而强调其消极作用,又对其严加限制甚至加以关闭。这一段时期,总的趋势是管理对象日益缩小,市场越管越死,造成了十年来城乡集市贸易的几起几落。

一、提出"活而不乱,管而不死"的原则

社会主义改造基本完成后,很多人认为,既然一切商品都要纳入计划,以小农经济和私有制为基础、以个人产品交换为主要内容的集市贸易同社会主义经济已经不相适应,已经没有存在的必要。从这些错误的观点出发,不少地区出现了限制、取缔农村集市贸易的情况,给农副业生产发展造成了不利的影响,给农民生活带来了很多困难。"八大"召开以后,国务院于1956年10月24日发出《关于放宽农村市场管理问题的指示》,明确了集市贸易是国家领导下的自由市场,是社会主义统一市场的组成部分,纠正了一些人把集市贸易和社会主义统一市场对立起来以及企图取消集市贸易的错误思想和错误做法。1957年1月，中央工商行政管理局召开了十二个省市工商行政管理局长会议，要求对市场管理做到"管活不管死"。1958年1月，国务院批转了中央工商行政管理局《关于工商行政部门一九五八年主要工作安排的报告》，又把"管活不管死"发展为"活而不乱，管而不死"。这个原则对促进农村集市贸易的发展起了积极作用。据此，很多地方恢复了农村集市贸易，放宽了农村市场的管理，取消了商品流通过程中一些人为的障碍，从而提高了农民和一部分手工业者的生产积极性，使过去停止生产的一部分土副产品和手工业品重新出现在市场上。

　　但是，1957年9月18日国务院发出了《关于由国家计划收购（统购）和统一收购的农产品和其他物资不准进入自由市场的规定》，把可以进入自由市场的商品范围加以严格限制。文件规定集市贸易实行上市商品分类管理的办法，并公布了上市商品分类目录，规定提出粮食、棉花、油料等若干种商品由国家计划收购或由国家委托国营商业和供销合作社统一收购，不准进入集市；凡采购允许上市的供应紧张的商品，要到工商行政管理部门登记，再统一分配货源。对此，中央工商行政管理局召开的会议和国务院发布的文件都肯定了集市贸易应继续存在，并规定了必要的管理办法。但在贯彻执行这些规定的过程中，有些地方又以本地需要为理由，从省到县层层增加地方统一收购物资品种，将政策允许上市的商品按国家收购物资管起来，对违反者强行作价收购其商品甚至予以没收，致使一些地区三类土副产品的交流受到影响。中央工商行政管理局针对这些情况及时发出通知，要求各地检查纠正这种违反政策的做法，注意防止管理过严过死的倾向，认真贯彻开放国家领导下的自由市场的方针；同时强调这一时期的市场管理任务，一方面要允许国家领导下的自由市场存在，维护农民正当购销活动的自由并保障生产者与消费者的合法权益；另一方面又要保证国家计划的完成，从而处理好国家、集体和个人三者之间的利益关系。经过检查纠正，情况有所好转。

二、从"完全的社会主义市场"的设想到贯彻"调整、巩固、充实、提高"的八字方针

　　1958年，党中央提出了"总路线"、"大跃进"、"人民公社"三面红旗，一时间共产风、浮夸风泛滥全国。农村在所有制上片面强调"一大二公"，追求单一的公有制，大办公共食堂，实行强制性劳力集中安排，普遍取消了社员自留地和家庭副业。农村集市贸易失去了存在的基础，开始遭到严重破坏。1958年至1959年，商业部门提出了"生产什么，收购什么；生产多少，收购多少"的"大购大销"政策。在这一形势下，工商行政管理部门对市场形势作出错误估计，认为有计划的商品流通将日益扩大，非计划的商品流通将日益缩小，计划调拨和直接分配将会逐步代替市场购销，农村集市将变为有组织、有计划的市场的一部分。基于这个认识，工商行政管理部门提出了把国内市场改造成为"完全的社会主义市场"的设想。上述估计和设想助长了各地区针对农村集市贸易的"左"倾政策的发展，致使农村集市贸易奄奄一息、濒临绝境。据河北、山西、湖北、四川、广西等12个省、自治区的统计，1957年有集市19 807个，成交额17.2亿元；1958年只有集市15 267个，成交额12.4亿元。集市减少了3 820个，成交额下降了4.8亿元。

　　"大跃进"、"人民公社"中的瞎指挥、浮夸风和共产风，使国民经济遭到了严重破坏，出现大幅度滑坡，人民生活水平急剧下降。为了克服困难，1960年11月，中央发出了《关于农村人民公社当前政策问题的紧急指示信》。《指示信》强调指出："应该允许社员经营少量的自留地"；"在不影响集体劳动的前提下，鼓励社员种好自留地，饲养少量的猪、牛和家禽，培育好房前屋后的零星果木，经营小规模的家庭副业"；"在农村里应该有计划有领导地组织集市贸易，便利公社、生产队、生产小队和社员交换和调剂自己生产的商品，活跃农村经济"。1961年1月，中央决定对国民经济实行"调整、巩固、充实、提高"的八字方针，再次肯定了国营商业、供销合作社、集市贸易是商品流通的三条渠道。

为了贯彻上述方针政策，中央工商行政管理局会同商业部于1961年1月在武汉市联合召开了农村集市贸易汀泗桥现场会议，强调集市贸易是社会主义统一市场不可缺少的组成部分。会议指出："恢复集市贸易，对安排市场，安排生活，活跃农村经济，巩固工农联盟，有着重要的作用"；"开展农村集市贸易决不是一个短期的或者临时性的措施，而是在相当长时间内的一项重要政策"。会议提出：对集市贸易要"大胆地放，认真地管"，"活字当头，管在其中"；主要是放，同时要与管结合起来。会议对上市商品范围、价格以及参加集市贸易的成员等政策界限作了明确规定，还强调保护大集体之下的小自由，反对资本主义自发倾向等，提出要纠正如民兵管理市场、乱扣乱罚等错误做法。

随着"调整、巩固、充实、提高"方针的贯彻落实，各级工商部门因势利导、因地制宜地做了许多工作，集市贸易得到迅速恢复和发展，农村经济开始活跃起来。1961年底，全国28个省、市、自治区的农村集市恢复到4.1万个，占原有集市数的99%，成交额达137亿元，相当于社会商品零售额（折合牌价计算）的7.2%。1962年集市数为3.87万个，成交额上升为164亿元，相当于社会商品零售额的10.3%。

三、"以阶级斗争为纲"，市场管理工作几经起伏

1962年9月，中共八届十中全会召开。这次会议把存在于社会主义社会一定范围内的阶级斗争扩大化和绝对化，强调"以阶级斗争为纲"。全会通过了《关于进一步巩固人民公社集体经济，发展农业生产的决定》和《关于商业工作问题的决定》，在肯定了集市贸易的积极作用的同时，又指出集市贸易有冲击计划市场、滋长投机倒把的消极作用，要加以防止和限制。并且规定：不论公社、生产大队、生产队和社员个人，都只允许出卖自己生产的产品，购置自己需要的东西，不许转手买卖，反对弃农经商。

1963年3月25日，国务院颁发了《关于打击投机倒把和取缔私商长途贩运的几个政策界限的暂行规定》，明确规定：除国营商业外，政策允许的其他商业活动只能在当地进行；当地进行商业活动是指在市（包括郊区，不包括市属县）、县的范围内，或者在市与县、县与县毗邻地区之间，采购或者销售国家准许经营和上市的商品；超出上述地区范围的，属于长途贩运，而长途贩运属于严重投机违法活动，必须坚决打击；不论贩运者是私商、公社、生产大队或社员，不论贩运的是什么商品，都必须坚决取缔；只有农民在不妨碍集体生产的条件下，经生产队同意，利用农余时间从事一些季节性的零星鲜活商品的短距离运销才能受到保护；准许合作商店、合作小组和核准登记的个体商贩，在主管部门规定的业务范围和地区范围内从事商业经营。

为贯彻上述中共中央、国务院有关文件的精神，中央工商行政管理局发出了《全国工商行政管理工作会议纪要》。《纪要》对农村集市贸易的分析和认识进一步"左"倾，认为继续巩固社会主义计划市场还是放任集市贸易自由泛滥，是市场上的两条道路斗争的问题；认为当时的集市贸易已经超出了农民相互之间调剂余缺的范围。《纪要》改变了过去几年农村集市贸易管理方针的提法，把"活而不乱，管而不死"修改为"管而不死，活而不乱"，并且强调"应当结合对农民的社会主义教育，加强领导管理，取缔投机倒把活动，制止弃农经商"。在工商行政管理工作安排中，《纪要》提出："在社会主义时期，资本主义复辟活动，往往以市场为突破口"；工商行政管理工作要"以阶级斗争为纲"，"以社会主义和资本主义两条道路斗争为纲"；要把农村集市贸易限制在规定的范围以内，甚至提出对一些三类小土特产品，也要协助有关部门加强收购，以扩大计划市场阵地。1964年12月，中央工商行政管理局又发出《关于配合"四清"、"五反"运动，加强市场管理工作的通知》，提出："时刻不忘阶级斗争"；"必须以阶级斗争为纲，做好经常性的市场管理工作"；强调"对于农村集市贸易，把它限制在规定的范围之内，制止资本主义自发倾向和弃农经商活动"。

随着上述一系列"左"的政策的贯彻实施,有些地区不顾农民需要,关闭了粮食市场;有的减少集日,统一集期;有些地区出现了地区封锁、画地为牢的做法,用行政命令强行割断毗邻地区间的经济联系和商品流通。为了制止长途贩运活动,亲友间的少量往来馈赠活动也被强加干涉。农村集市贸易蓬勃上升的势头受到了遏制,一步步走向萎缩和萧条。1963 年全国农村集市共有 38 468 个,成交额 105 亿元,比 1962 年减少 59 亿元;1964 年农村集市减少为 38 082 个,成交额降为 78 亿元,比 1963 年减少 27 亿元;1965 年农村集市又减少为 37 000 个,比 1964 年少了 1 082 个,成交额下降为 68 亿元,比 1964 年又减少了 10 亿元,与 1961 年相比,集市减少了 4 437 个,集市成交金额减少了 50%。

第二节　关而不闭的城市集市贸易

一、"大跃进"以前城市自由市场的发展

社会主义改造基本完成后,批发市场、交易所和货栈在多数大中城市已不复存在,摊贩市场也名存实亡,成了国营商业、供销合作社网点的一部分。国营商业和供销合作社成为城乡间、地区间商品流通的唯一渠道。然而,流通渠道单一以及零售网点减少使得商品流通领域出现了"大通小塞"的现象。一方面,农民进城销售农副产品找不到适当的交易场所;另一方面,城市居民要购买农副产品也十分不便。

为了梳理商品流通渠道,1956 年,一些大中城市相继开放了国家领导下的自由市场。1957 年 2 月国务院批转了中央工商行政管理局《关于城市市场管理的意见的通知》,要求各地工商行政管理部门会同有关部门管理交易所和交易市场,恢复和建立一些贸易货栈、交易所和农民贸易市场,从而使这些自发形成的自由市场正式成为国家领导下的自由市场。《通知》提出的意见适应发展农副业生产和改善城乡人民生活的

需要,因而城市自由市场很快活跃起来。据武汉市的统计,如果以 1956 年 8 月自由市场交易额指数为 100,9 月则为 118,10 月为 127,逐月增加。广州市的 50 户行栈全年营业额达 1.1 亿元,许多中断多年的农副土特产品又都上市了。此外,一些因受工业改组的影响而停止生产的手工业产品也开始恢复上市。据上海、天津、广州、济南、成都、西安、哈尔滨等 7 个城市的统计,1957 年开放城市自由市场以后,新发展的手工业户竟达 11 000 多户,其中多数是适应社会需要应运而生的。另据上海、济南、天津等 11 个城市的统计,新出现的摊贩有 12 万户,补充了社会商业网点的不足,改善了城市供应,方便了群众购买。所有这些,反映了开放城市自由市场的政策是符合客观需要的,起到了很好的作用。

城市自由市场在开放的过程中也出现了一些问题,其中有的是市场调节中的正常现象如价格上涨,有的是因为管理工作没跟上造成的。到了 1958 年,"大跃进"、"人民公社化"在全国轰轰烈烈开展起来以后,农副业生产受瞎指挥的影响,生产下降,引起市场供应紧张和价格上涨。有人把城市自由市场的存在视为影响市场物价稳定的一种消极因素,对它的相关政策变为严加管理和严格限制。

二、从贯彻"八字方针"到"文革"前关而不闭的状况

三年困难时期,国民经济遇到了严重困难,国家和人民遭受了重大损失。到 1961 年 1 月党中央提出"调整、巩固、充实、提高"的八字方针时,大中城市商品供应已经十分紧张。在这种情况下,中央工商行政管理局虽然一再提出"不主张开放大小城市的自由市场",但是各地自发形成的自由市场不断出现,发展很快。武汉市从 1960 年 10 月下旬起到 12 月 10 日止,不足两个月时间,就在市内形成农贸市场 72 处;沈阳市于 1962 年 8 月形成了 9 个摊贩市场,仅 3 个月就成交了 1 300 万元,购销两旺。与此同时,大中城市的贸易行栈也进一步恢复和活跃起来。据 1961 年底的统计,仅北京、上海、天津、武

汉、广州等 13 个城市,就有货栈 140 多个。

1962 年中共八届十中全会以后,阶级斗争被提到一个新的高度,城市自由市场的存在被视为两个阶级、两条路线斗争的一个反映。当时经济困难期已经过去,不少城市就立即采取措施对城市自由市场加以限制甚至取缔。1963 年 3 月 3 日,中共中央、国务院发出了《关于严格管理大中城市集市贸易和打击投机倒把的指示》。《指示》一方面肯定了城市集市贸易的积极作用,同时又强调了城市集市贸易的消极作用:"城市集市贸易开得大了,就会给投机商贩以可乘之机,贩卖主要农副产品,套购工业品,倒卖金银和票证,内外勾结,城乡串联,腐蚀职工,败坏风气,助长资本主义势力的发展,给计划市场带来了严重的危害,不利于社会主义经济秩序和政治秩序的巩固。"《指示》提出,城市需要的农副产品应当由国营商业有计划地组织供应,决不能把希望寄托在集市贸易上。因此,对城市集市贸易提出了"加强管理、缩小范围、逐步代替、区别对待、因地制宜"的"二十字"方针。

中央工商行政管理局根据上述指示提出:"对大中城市集市贸易,应当积极做好逐步代替的工作。市场阵地,国营商业和供销合作社不去经营,私商必然插手经营;社会主义不去占领,资本主义就要占领。这就需要国营商业和供销合作社联合起来,分行业分品种地、分期分批地、有准备有步骤地代替私人经营,代替私商长途贩运。"在以后的两年中,中央工商行政管理局继续贯彻"二十字"方针,把代替私商工作提到了"在市场上同资本主义势力进行的一场针锋相对的斗争"的高度。1964 年 12 月 15 日,中央工商行政管理局发出《关于配合"四清"、"五反"运动,加强市场管理工作的通知》,指出:"在大中城市和县城集镇,必须根据中央指示,协同有关部门继续做好代替私商的工作,不断地巩固和扩大社会主义市场阵地,只能前进,不能后退";"对附近农民进城出售自产零星小土特产品和水产、蔬菜等鲜活商品的,应当进行说服教育,动员他们不要进城出售,已经运进城的,可以由指定的国营商业收购或者代销。"1965 年全国工商行政管理工作会议宣布:"有些大城市在市场供应好转以后,市区集市贸易已经失去作用的,经过批准,可以取消。"这样,在中共中央、国务院《关于严格管理大中城市集市贸易和打击投机倒把的指示》下达后不到两年的时间里,大中城市集市贸易就基本上被取消了。

城市自由市场被取缔之后,商品流通领域渠道不畅的状况依然如故。因此,城乡间这条补充渠道始终没有完全被切断、被堵死,居民和农民之间、供应者和需要者之间还是在继续进行交易,只是由明转为暗、由集中转为分散。结果城市集市贸易实际上是关而不闭,秩序越堵越乱,价格越管越高。

第三节　查处投机违法行为

从新中国成立之初,工商行政管理机构的主要任务之一就是打击投机倒把。各地工商行政管理部门在当地政府领导下,配合有关部门积极开展了打击投机倒把和走私贩私活动,查处了大量的投机违法案件,取得了显著成绩。

一、打击投机倒把所取得的成绩

受"大跃进"的影响,在这一时期工农业生产连年下降,物资供应比较紧张,甚至连人民必需的生活消费品也不能保证供应,致使物价上涨,投机倒把活动增加。投机倒把分子特别是某些投机倒把惯犯采取行贿拉拢、内外勾结、城乡串联等手段倒买倒卖重要工农业生产资料和供应紧张的消费品,以及各种供应票证和金银文物,还有的走私贩私、转手承包、剥削雇工等。1960 年冬季,农村恢复集市贸易以后,无证的个体工商户大量增加,到 1962 年底,估计有 300 万人以上,其中从事投机违法活动的约占 10%,非法所得在千元以上的约占 5%。在查处的投机违法案件中,倒卖重要工农业生产资料和计划供应工业品的占 95% 以上。投机倒把活动破坏了商品的正常流通和物资的计划供应,损害了广大人民的利益,引起了国营、集体企业职工的思想混乱,给社会带来了很大的危害。

为了打击投机倒把，中共中央、国务院于1963年3月发出了《关于严格管理大中城市集市贸易和坚决打击投机倒把的指示》。《指示》规定，今后一切商品都不允许私商长途贩运，转手批发；对长途贩运、转手批发以及其他投机倒把活动积蓄暴利在1 000元以上的，根据情节轻重处以60%到80%的罚款；1 000元以下、500元以上的，补交偷漏的税款，并加成征收临时商业税；500元以下的，只追补税款。接着，国务院又颁发了《关于打击投机倒把和取缔私商长途贩运的几个政策界限的暂行规定》。《暂行规定》对正当交易和投机倒把之间、当地进行商业活动和长途贩运之间、探亲访友携带少量物品和长途贩运投机倒把之间的界限，都作了具体规定。对私商转手批发、长途贩运、开设地下工厂、店、行栈等严重投机违法活动，规定必须严加惩处。

工商行政管理机关在贯彻执行这一指示的过程中，充分发挥了它的职能作用，运用行政手段，该打击的打击，该取缔的取缔，收到了显著效果。各地工商行政管理部门贯彻上述《指示》和《暂行规定》，查处了一大批投机倒把大案、要案，对于维护社会主义经济秩序和市场秩序，起到了一定的积极作用。

二、政策上的失误造成的负面影响

在当时的环境下，"左"的错误指导思想在经济领域里过分强调了资本主义同社会主义两条道路的斗争，提出要"以阶级斗争为纲"，人们把一些有益的生产经营活动也当作资本主义自发势力来进行批判和打击，混淆了社会主义和资本主义的界限，混淆了合法与违法的界限。反映到政策上，《指示》和《暂行规定》都把对投机倒把的打击面定得过宽。特别是有关长途贩运的政策规定限制了很多有益于社会主义经济的物资交流活动。

由于这种"左"的思想影响，各地工商行政管理部门在执行《指示》和《暂行规定》过程中，普遍地出现了宁"左"勿右、宁严勿宽的倾向。对参加集市贸易的农民和个体工

商业的正当经营活动也统统予以限制、打击和取缔，把一些不属于阶级斗争的问题按阶级斗争进行处理，把一些违反一般市场管理规定的行为当作投机倒把处理。打击投机倒把工作的"左"倾政策和做法在贯彻执行后，严重的地区封锁阻碍了群众之间的正常往来，限制了一些正当的交易活动，严重地影响了农民的家庭副业和农村商品经济的发展，给城乡人民生活造成了不少困难。

第四节　开展商标全面注册和监督产品质量

新中国成立以后，政务院于1950年7月28日颁布的《商标注册暂行条例》是新中国最早的经济立法之一，它规定了保护商标专用权的原则，实行全国商标统一注册制度，为中国的商标法制建设奠定了一个较好的基础。1954年中央工商行政管理局又发出了《未注册商标暂行管理办法》，全面加强了对未注册商标的管理。社会主义改造基本完成以后，社会经济情况发生了巨大的变化，人们在商标使用上产生了一些思想混乱。从1957年开始，"左"倾思想的影响日趋严重，商标管理也为"以阶级斗争为纲"所笼罩，开始实行商标全面注册制度，不再提保护商标专用权，并废止了商标审定程序。这些措施后来以法规的形式固定下来，载入了国务院1963年4月10日公布的《商标管理条例》，商标法制开始遭受到严重破坏。

一、实行商标全面注册制度

社会主义改造基本完成以后，计划经济、统购统销、计划调拨改变了原来的商品流通形式。企业不再直接和市场发生联系，也就忽视了商标在市场上开展竞争的作用，因而申请商标注册的大为减少。1956年注册商标仅500多件，还不到注册最多的1951年的11 000件的5%。另外，未注册商标的登记管理执行得也不好，滥用商标和仿冒商标的行为时有发生。为了消除混乱现象，1957年1月，国务院发出指示，要求全面清理商标，实行全面注册，即凡是在商品上使用商标的都必须申请注册，也就是实行强制

注册。

1957 年 1 月 17 日，国务院转发了中央工商行政管理局《关于实行商标全面注册的意见》，同意试行。《意见》的主要内容是：1. 各企业、合作社产制商品使用的商标，必须注册。未注册的限于 1957 年 6 月 30 日以前完成申请手续。以后未经核准的商标不能使用。2. 为实行商标全面注册，降低商标注册费，由每件 50 元减为 20 元。3. 各企业、合作社要提高产品质量，固定使用注册商标，不准随意增添或者改换商标。申请商标注册，要填报商品质量规格表。4. 根据需要和可能，在商品包装上或包装内附加质量、规格、性能和使用保管方法的说明，便于消费者监督。《意见》中没有提商标专用权。实践证明，不考虑企业是否有专用需要以及是否有申请注册的愿望，一律强制注册，并不能提高企业对商标的认识。相反，有许多企业还把商标注册视为负担。因此，强制注册执行得并不顺利，原定的 1957 年 6 月 30 日的期限又被延至 1957 年 12 月底。1957年注册商标虽有较多的增加，全年有 11 000 多件，大体相当于 1951 年的注册数字，但以后即逐年减少。到 1966 年止，根据《关于实行商标全面注册的意见》，全国共注册商标 29 100余件，平均每年不到 3 000 件，相当于 1951 年至 1953 年平均每年注册商标 6 000 件的半数。未注册商标仍有相当数量，实行商标全面注册的目的并未实现。

二、通过商标管理监督产品质量

1957 年 1 月 17 日，国务院转发中央工商行政管理局《关于实行商标全面注册的意见》中提到：加强商标管理也是有助于督促企业注意改进产品质量的一个办法。1959年 4 月，上海市工商行政管理部门配合有关业务主管部门，对纺织工业、轻工业通过商标管理进行质量检查，摸清了质量下降的状况，分析了质量下降的原因，督促各生产企业采取措施提高产品质量。检查工作受到了生产企业、消费者的欢迎。1959 年 5 月，中央工商行政管理局在上海召开了全国商标工作现场会议，重点研究了结合商标管理监督商品质量的问题，介绍了上海市工商行

政管理局协同有关工业部门对它们所属企业的产品质量进行重点检查的经验。会后，全国有上海、广州等 24 个市进行了产品质量的检查。这一做法，写进了 1963 年公布的《商标管理条例》。

1963 年 10 月在北京召开了商标工作座谈会。会议否定了商标专用权，过分地肯定了商标监督商品质量在商标管理中的突出地位和作用。座谈会纪要提出："在社会主义社会还存在着阶级斗争和两条道路斗争的形势下，阶级斗争和两条道路斗争也不能不在商标方面有所反映"；"商标管理是手段，促使企业保证和提高产品质量是目的，商标管理的各项政策和措施，都是为了达到这个目的而制定的"；"无一不是围绕监督产品质量这一中心来进行"；"管理商标如果离开了监督产品质量，就没有灵魂，就失去了实际意义"。

对单一的社会主义公有制经济成分的工商企业如何进行商标注册和管理，是一个新的课题。在"左"的思想影响下，人们试图避开保护商标专用权这一法律内涵，为商标管理工作寻找一条新的出路，于是就提出了通过商标管理监督商品质量的问题。把监督商品质量、制止欺骗消费者的行为作为商标管理工作的一项任务，是这一时期商标管理工作的一个有益的探索。各地工商部门通过商标管理监督产品质量，摸索了经验，取得了一定成效。但是，把监督商品质量作为商标管理的主要任务，改变了保护商标专用权的固有性质，取消了商标的法律内涵，显然是不对的。

三、废止商标审定程序

1950 年颁布的《商标注册暂行条例》规定了商标注册审定程序。从 1957 年实行商标全面注册以后，商标管理工作的重点从保护商标专用权转移到监督商品质量上来，商标专有权不再受到重视，商标审定程序失去了原有的意义。1958 年 4 月，中央工商行政管理局发出了《关于废止商标审定程序的决定》，决定自 1958 年 5 月 1 日起废止商标的审定程序；申请注册的商标一经核准，即予公告注册，并发给注册证。

四、《商标管理条例》的颁布实施

1957年以后，由于实行了商标全面注册、通过商标管理监督商品质量、废止商标审定程序等政策，《商标注册暂行条例》（1950年颁布）的许多条款实际上已停止执行。1963年3月，《商标管理条例》经全国人大常委会批准，由国务院于同年4月10日公布施行。中央工商行政管理局同时公布了《商标管理条例细则》。《商标管理条例》把自1957年以来商标工作的重大变动用法规的形式固定下来，但没有涉及保护商标专用权的问题。保护商标专用权是商标注册的首要目的，是商标管理工作的起点。不保护商标专用权就无法制止侵权行为，就意味着办理商标注册只是企业的义务，而无应得的权利，就将导致企业对商标信誉漠不关心。

五、对出口商品使用商标的管理

新中国成立以后，国家外贸机构一般是根据出口计划统一安排使用向私营厂商借用的商标。社会主义改造基本完成后，在出口商品使用商标问题上出现了矛盾——一方面拥有名牌商品的工业企业担心影响商标的信誉，不愿外贸部门把自己的注册商标交给其他企业共用；另一方面外贸机构为完成出口任务，希望在国际市场上受欢迎的名牌工业品由外贸统一掌握组织出口。此外，在国外注册商标用工业企业的名义还是用外贸企业的名义办理，也是一个问题。针对以上矛盾，中央工商行政管理局和对外贸易部于1956年、1957年和1958年先后三次就出口商品的商标问题发出联合通知，其中1958年10月9日的联合通知沿用时间最长。其主要内容有：（1）各外贸公司使用的出口商品商标尚未在国外注册的，应分别不同情况，向输销国申请注册；（2）出口商品所使用的商标无论在国内或向国外注册时，统一由外贸总公司掌握办理；（3）出口商品的商标向输销国申请注册，用生产单位名义还是用公司名义，由外贸总公司根据具体情况决定；（4）不同生产单位在产制出口商品时共用同一个商标问题，由各外贸总公司根据国外市场情况，联系生产单位的主管部门研

究解决；（5）生产企业专用于内销商品的注册商标兼用于外销时，应报中央工商行政管理局备案。

这个联合通知确认了外贸公司在注册和使用出口商品商标问题上的主动地位，最关键的是规定出口商品商标的国内注册也由外贸总公司掌握办理。这项规定造成了在商标注册的实际工作中内销商品商标的档案与外销商品商标档案并存的现象，"两本账"可以相互冲突，互不相关。这种做法从根本上否定了商标"谁注册即由谁专用"的原则。结果内销商品和外销商品同时出现在市场上，加深了工业和外贸的矛盾，更使商标注册和管理工作陷于被动。

六、换发商标注册证

为督促企业合理使用商标、制止滥用商标的现象，1965年3月召开的全国工商行政管理工作会议决定，对《商标管理条例》施行以前注册的商标有步骤地换发商标注册证，通过换发督促企业合理使用商标，保证产品质量。同年4月13日，中央工商行政管理局发出了《关于换发商标注册证工作中一些问题的处理办法》，规定：凡是1963年5月1日以前注册的商标经过清理整顿后继续使用的，一律换发新的商标注册证。各地通过换证，审查了商标设计，整顿了使用不合理的商标，撤销了600多件政治上有不良影响的商标。截至1966年初，全国有121个市、县完成了换证工作，共换发了3 636件商标注册证，撤销了5 038件商标。换证工作原定于1966年基本完成，但"文化大革命"的爆发使换证工作停顿下来，以后不了了之。

七、商标注册管理权的"下放"

从1965年起，在当时的"左"的指导思想影响下，有关部门开始酝酿改变新中国成立以来实行的商标统一注册制度，将商标注册管理权下放给地方，实行分散注册。下放工作先在天津、哈尔滨、南京等地进行了试点。在就商标注册下放方案征求了有关部门、企业和地方工商局的意见后，中央工商行政管理局向国务院上报了《关于改进商标管理工作的报告》，于1966年4月7日批转试行。《报告》所确定的商标注册下放办法

主要是：（1）内销商品的商标，划归直辖市、省辖市（包括委托专署管的市）工商行政管理机关审定注册。办理注册时，应先向中央工商行政管理局查明是否同已注册的商标混同。县城以下商标总数不多，暂时仍由中央工商行政管理局审定注册。（2）出口商品的商标、外商商标、中央托拉斯企业的商标，仍由中央工商行政管理局统一注册。（3）一部分使用商标作用不大的商品，可以不用商标。可由地方因地制宜，灵活掌握。

中央工商行政管理局于同年4月11日又发出通知，要求第一批北京、上海等33个城市在6月底以前办理商标注册，第二批其他城市在9月底以前开始办理。通知还附有《关于各市工商行政机关办理内销商品商标注册的几项规定》，确定地方工商行政管理机关可以自行设计印制商标注册证，商标注册费列入地方财政收入。但因"文化大革命"的突然爆发，商标注册下放工作没有施行。

第五节　对工商企业进行全面登记管理

工商企业登记管理是国家对工商企业进行监督管理的一项重要手段，对保障企业合法权益、取缔非法经营以及维护社会经济秩序、促进国民经济健康发展，具有重要的作用。从1949年新中国成立到1956年社会主义改造基本完成，工商企业登记管理的重点内容是私营工商企业登记管理。1956年以后，工商行政管理部门面临着如何对以公有制为主体的工商企业进行登记管理的问题。这项工作直到1963年全面落实国务院颁布的《工商企业登记管理试行办法》才真正开展起来。

一、颁布《工商企业登记管理试行办法》

1956年社会主义改造基本完成以后，政府对各种经营形式的公有制经济实行了按行业归口管理，即由相关的各业务主管部门管理。当时，各业务主管部门忽视了企业登记管理工作的重要性，认为国营企业的开业、歇业、转业都是在政府各部门的管理下

有计划地进行的，企业登记管理工作可有可无；另一方面，一些地方在私营企业全行业公私合营以后，削弱甚至撤并了当地的工商行政管理机构。在这种情况下，中央工商行政管理局未能及时地对企业登记管理工作进行调整，即未能从私营工商业登记管理转到以国营企业为主要对象的全面登记管理的轨道上来。

1958年，"大跃进"和"公社化"运动在全国展开，高指标、瞎指挥、浮夸风等一系列"左"的错误导致了全国各地"大办工业"，乱上基本建设项目，盲目开办许多企业，给国民经济造成了很大的困难。

1961年1月，中共中央决定对国民经济实行"调整、巩固、充实、提高"的八字方针，国家利用登记管理的手段对工商企业实施监督管理的必要性开始为人们所认识。1962年12月30日，国务院公布了《工商企业登记管理试行办法》，要求各地依照《试行办法》的规定，对已经开业的城乡工商企业进行一次全面登记，在1963年9月底以前完成这项工作。《试行办法》明确了社会主义建设时期企业登记管理的基本目的是为了制止工商企业在开业、歇业、转业、合并、迁移、改组、撤销网点、改变经济性质等方面的盲目性，保护合法经营，取缔非法经营，维护社会主义经济秩序，防止国家经济建设出现比例失调。《试行办法》规定除国防工业、国营交通运输业和公用事业外，工业、手工业等行业的企业未经核准一律不准开业；并明确了登记主管机关在中央是中央工商行政管理局，在地方是地方各级工商行政管理局。1963年4月12日，中央工商行政管理局发出了《关于贯彻执行国务院〈工商企业登记管理试行办法〉的一些具体问题的说明》。从此，工商行政管理的企业登记管理工作被赋予了新的内容。

二、开展工商企业全面登记工作

为全面贯彻落实《工商企业登记管理试行办法》，中央工商行政管理局于1963年召开了全国工商行政管理工作会议，对企业登记工作作了具体布置。为了贯彻调整的方针，这一次企业登记工作与企业清理工作同

时进行,因此会议要求各地工商行政管理部门,根据《试行办法》和《说明》明确的工商企业应当清理、整顿的范围,以及中央各部和省、自治区、直辖市的有关规定,与当地有关部门协商办理、共同负责。会后,中央工商行政管理局与冶金工业部、交通部、内务部、公安部、教育部、劳动部、中央手工业管理局等先后分别发出了有关企业清理登记的通知,结合全面登记,对工商企业进行全面清理整顿。

各地工商企业的全面登记工作一般都分为三个阶段进行。第一是登记的准备阶段。由工商行政管理机关和工业、手工业、商业、供销、公安、卫生等部门组成各级工商企业登记办公室,制订适合本地情况的登记工作方案,并广泛开展宣传工作。第二是审查发照阶段。工商企业填报登记申请书之后,自下而上层层接受审查,最后报各级工商登记办公室统一审查后核准发照。第三是复查阶段。内容主要是:一查政策界限,看在执行过程中有无偏差现象;二查是否有遗漏登记的情况;三查被取缔的私商是否得到了合理安置。在完成上述的企业清理登记工作的基础上,工商行政管理机关根据《工商企业登记管理试行办法》,建立企业登记管理制度,开展日常工作。

各地方工商行政管理部门在开展全面登记过程中根据当地的实际情况,制订了具体的工作方案,完成了企业的清理登记工作。由于这次工商企业清理登记工作的工作量大,没有能够按国务院的要求在1963年9月底以前全部完成,不少地方是在1964年才完成的。但这是新中国成立以来第一次在全国范围内进行企业全面清理登记工作,取得了较大的成绩:

一是促进了调整方针的落实,巩固了调整成果。“大跃进”、“公社化”运动期间,工商企业盲目发展,工商行政管理部门以及各业务主管部门难以把握企业的发展变化情况。通过普查登记,各政府部门初步掌握了全国工商企业登记事项的基本情况,为进一步制订调整方案、促进国民经济良性发展提供了有用的数据。二是通过核准发照,确定

了符合国家政策的企业从事生产经营的合法地位,制止了不顾国家计划、盲目发展、重复建厂的倾向的继续,取缔了非法经营,维护了社会主义的正常经济秩序。三是许多地区还结合全面登记,调整了商业网点,纠正了一些企业未经批准就改变经济性质及其他登记事项的错误做法。四是为经常性的登记管理工作打下了基础。全面普查登记发照,是工商行政管理部门一项基本建设性的工作。通过经常性发照管理,促使企业按照国家宏观计划的要求,进行生产经营活动。不少地区在全面普查登记以后建立了企业档案,开始办理变更登记,定期抽查证照;还有的建立了有关登记业务的手续制度以及与主管业务部门的工作联系制度,进行了资料整理汇编,加强了对企业经常性的登记管理。

第六节　整顿计划外采购活动

一、计划外采购活动的起因和出现的问题

1958年全国陷入“大跃进”运动的狂热后,全国上下“大办工业”、“大炼钢铁”,造成原材料供应缺口大,计划供应的原材料根本无法满足需求,物资供求的矛盾十分突出。因此,生产单位通过自行采购来调剂余缺、支援生产就成为客观需要。于是各级政府、厂矿企业、人民公社不断派出采购人员到大中城市从事计划外物资采购。由于管理工作没有跟上,计划外采购活动中出现了一些投机违法活动,导致了市场秩序的混乱,急需加以整顿和管理。

1959年上半年,中共中央发出《必须立即制止目前采购工作中的混乱现象》的指示,强调生产和流通主要靠计划,不能依靠盲目的自由采购;市场管理要建立和完善管理制度,使各种购销活动纳入国家计划轨道,严禁盲目的自由采购;工商行政管理部门要运用各种有效的手段取缔黑市,制止抢购、套购和以货易货的行为;要对采购人员进行思想教育和政策教育,对严重违法乱纪的要给予严厉的纪律制裁等。

指示下达后，各地工商行政管理部门立即采取行动，对计划外采购活动进行了认真的治理整顿，会同各业务主管部门对采购人员进行登记，并组织学习活动以加强教育和管理；协助国营商业与公社签订工业品、农副产品供销合同；整顿行栈、交易所、交易市场；加强对城市街办工业的原材料收购、产品销售的检查管理；严肃处理市场中的投机违法活动。计划外采购扰乱市场秩序的情况有所扭转，但是并没有从根本上解决问题。

二、工商行政管理部门大力整顿计划外采购

1960年，城乡集市贸易活跃，各大中城市恢复了贸易行栈，计划外采购活动急剧增加。外地单位采购的物资数量很大，品种集中在五金工具、交电器材、农药农械以及各种设备等生产资料方面。少数外地采购人员违法乱纪行为相当严重，有的甚至贪污盗窃、腐化堕落。

1960年6月29日，国务院财贸办公室批转了中央工商行政管理局《关于当前物资采购情况的报告》，提出："对采购工作的清理整顿，是当前城市市场管理工作的中心任务。各地工商行政管理部门必须抓紧这项工作，把斗争进行到底。"在各大中城市当地政府的统一领导下，工商行政管理部门与有关部门密切配合，共同开展了对采购机构和采购人员的清理整顿工作。

一是实行"一省一个头"，即按地区或系统建立采购办事处，组织采购人员实行统一领导，集中采购。由办事处集中管理他们的采购业务。目的是使市场管理部门有头可抓，便于统一领导，更好地管理采购人员的业务活动。二是在管理采购人员业务活动的同时，把他们的生活、学习、思想教育、劳动锻炼、社会活动等全面管理起来。三是根据国家物资分类管理的原则，结合当地实际情况，规定物资管理办法，并把它贯彻到采购工作中去。计划分配物资首先要服从国家调拨，完成国家计划后要进行相互协作的，需经省、自治区、直辖市物资主管部门的批准。四是实行集中交易，开展信托服务。

主要做法是把一切计划外的购销活动尽量集中到一个或几个指定的交易市场。一方面，通过业务辅导，组织采购人员入场交易。在交易市场中对计划外的购销活动实行集中管理，把计划外采购置于工商行政管理部门的严格监督之下；另一方面，开展代购、代销、代存、代运等信托业务服务，把服务与管理结合起来。

第七节　对个体商贩和合作商店（小组）的进一步改造

新中国成立初期，个体工商业主要有三个组成部分，即个体手工业、个体运输业和个体商贩。社会主义公有制经济制度确立之后，它们同公有制经济相联系，成为公有制经济不可缺少的补充。1954年全国城乡手工业约有2 000万人，生产总值达93亿元。在1949年到1957年间，中国广大农民所需要的工业品大部分是依靠手工业供应的。手工业还在支援工业生产和出口创汇方面发挥着重要的作用。社会主义改造基本完成后，城乡个体工商业经历了大规模改造、一定程度的恢复、再一次的清理整顿直到"文革"被取缔消灭殆尽等各个阶段，曲折前进，历尽坎坷。

一、两次改造，个体工商业被改造殆尽

社会主义改造基本完成后，绝大部分个体工商业已被纳入各种改造形式。1956年5月，中共中央、国务院召开了全国私营工商业改造汇报会议，对残存的个体商贩的问题进行了细致的研究，比较全面地解决了有关残存的个体商贩的货源、资金、税赋和走社会主义道路的问题。10月国务院发出《关于放宽农村市场管理问题的指示》以后，各地相继开放了国家领导下的自由市场。随着这一客观形势的变化，出现了一些无照经营的个体商贩。1958年4月2日，中共中央发出了《关于继续加强对残存的私营工业、个体手工业和小商小贩进行社会主义改造的指示》，认为私营工业、个体手工业和小商小贩继续存在的原因是由于社会主义经济在过渡时期在某些方面还不能够完全满足

全国人民的复杂的千变万化的需要,而个体工商业生产经营方式机动灵活,同广大人民群众有着密切的联系,对社会主义经济有一定的补充作用。《指示》提出对个体商贩要采取利用、限制、改造的方针,要积极地对他们进行改造,适当控制个体商贩的全年收入水平,一般不得超过当地国营商业职工的平均工资。要做到既能发挥他们对社会主义建设的有益作用,又能限制他们的自发倾向。上述积极改造的精神,为对个体商贩进行第一次改造工作定下了基调。

1958年"大跃进"发动以后,针对个体工商业的政策急转直下。1959年6月中央工商行政管理局发出通知,要求抓紧有利形势,迅速完成对残存私营经济的社会主义改造,要将一些个体商贩进一步组织起来,将一些合作小组升级为合作商店。同年8月,中央工商行政管理局推广河北省改造个体手工业、个体小商小贩的经验,要求消灭单干户,改造现有合作小组,组织高级合作商店和直接过渡到国营商店,小商小贩直接参加工农业生产等。在这种形势下,各地抓紧对个体工商业进一步的"升级"和"过渡"。有的个体工商户"更上一层楼"向高级合作商店发展,有的"一步登天"转入国营企业。这一次改造基本上消灭了小商小贩。

1959年下半年开始了"反右倾"斗争,"公社化"运动进一步由农村向城市扩展。当时的工商行政管理工作就是要割掉资本主义尾巴,把改变个体商贩的所有制、"彻底消灭产生资本主义自发势力的根源"作为中心任务。1960年1月全国工商行政管理局长会议为个体工商业全部过渡为国营商业定了调子。1960年又召开了小商小贩改造工作座谈会,会上把小商小贩一分为二:一是把一部分够条件的合作商店过渡为国营商业;二是把合作小组和个体商贩并入群众代销店。在这以后,小商小贩和个体手工业者的比例发生了急剧的变化。1960年估计,全国城乡小商小贩中,有381万人进入国营和合作化或者转业。这时,社会上只有少数老年的个体户及没有登记的个体户还在继续经营。第二次改造的特点是将集体的合作商店(小组)升级和对残存的个体商贩的改造同步进行,仅半年时间即告完成。

二、"开笼放鸡"

1961年1月,党的八届九中全会通过了"调整、巩固、充实、提高"的八字方针,在全国范围内开始了国民经济的调整工作。根据"八字方针"和1961年6月中共中央《关于城乡手工业若干政策问题的规定(试行草案)》的精神,政府相继恢复和建立了手工业管理机构,并调整了手工业的所有制,在强调手工业以集体所有制为主的同时也允许个体手工业的存在。从1961年下半年起,国家将转入国营、公私合营商业和供销合作社的小商小贩调整出去一部分,恢复合作商店和合作小组。当时有人把这叫做"开笼放鸟"(后改为"开笼放鸡")。在这种新的精神下,个体商贩主要是无证商贩有一定的发展。据统计,截至1961年底,城镇个体商贩有65万人,其中大部分是原来就没有进入合作组织的。

1962年5月,商业部和中央工商行政管理局发布《关于合作商店、合作小组的若干政策问题的联合通知》,要求把部分1958年以后进入国营商业和供销合作社的小商小贩调整出去组织合作商店或合作小组,但规模不宜过大,主要是为国营商业或者供销合作社经销、代销、代购,只能经营零售业务,不准转手批发和成批出售,不得恢复为小商小贩。有了这个"调整"的精神,同时由于农村集市贸易的开放和城市居民的需要,个体工商户特别是无证个体户又有一定的发展。据1962年底统计,全国城镇有证个体商贩已恢复到71万人,城乡无证商贩约有200万人。

三、整顿、压缩

1962年中共八届十中全会提出阶级矛盾、阶级斗争等概念,继之在农村开展"四清"运动。在这以后,对小商小贩的政策又开始"左"倾,再次提出把他们过渡到国营商业和供销合作社。1962年9月,中央通过了《中共中央关于商业工作问题的决定》。《决定》指出,要对小商小贩加强行政管理,要进行登记,发给营业执照,指定活动地点,规定合理的税收。1963 年 3 月,中共中央、国务院《关于严格管理大中城市集市贸易坚决打击投机倒把的指示》指出,要对无证商贩进行清理;在职干部和职工、弃农经商的农民和其他私自离职人员,严格禁止从事商业活动;在城市中,精减和下放人员及盲目流入城市人员从事商业活动的,限期停业,动员回乡等。经过一段时间的清理整顿,个体商贩又有所减少,到 1964 年,全国城镇个体商贩约有 58 万人。

1965 年 1 月,中共中央召开了财贸工作座谈会。这次会议的《会议纪要》对个体商贩规定了"七不准"政策,即不准经营批发业务;不准超越规定的经营范围;不准超越规定的活动地区;不准任意增加网点;不准任意增加人员;不准违反国家的价格政策;非经批准不准在集市上和到外地采购。并要求工商行政管理部门协同各商业部门加强对个体商贩的管理和改造。同年 9 月 28 日,商业部、中华全国供销合作总社、中央工商行政管理局下达了《加强小商小贩社会主义改造若干问题的意见》的联合通知,指出在小商小贩中间两条道路的斗争相当严重,要对合作商店、合作小组和个体商贩的人数严格控制,只能减少,不能增加;要限制他们的经营,不能任意扩大经营范围;要限制收入;同时,有条件的可以过渡为国营商业和供销合作社。所有这些措施实际上都是为了达到逐步消灭个体和集体的小商小贩的目的。到 1966 年上半年,全国城镇个体商贩已减少到 48 万人。

建设社会主义的十年探索虽然因极"左"思想的不断泛滥而遭受了一个又一个的挫折,但仍然取得了很大的成就。工商行政管理部门在这段历史时期,尤其是从 1961 年 1 月中央决定对国民经济实行"调整、巩固、充实、提高"的八字方针后,坚决贯彻党的各项方针政策,发挥自身管理市场的工作职能,为国民经济的恢复和发展做出了很大的贡献。

应该看到,这一时期的工商行政管理工作由于受"左"的错误指导思想的影响和制约,尚未能充分发挥社会主义建设时期工商

行政管理部门应有的作用。在社会主义改造以前,工商行政管理部门主要是管理私营工商业的。社会主义改造基本完成以后,在新的历史条件下,没有及时赋予工商行政管理部门新的任务,仍按旧的观念把它的任务局限于管理小商小贩、集市贸易等,大大地削弱了它应有的职能作用。尤其是在不适当地强调"以阶级斗争为纲"、偏离了为发展生产、活跃流通服务的正确方向以后,工商行政管理工作只能随着当时的政治形势的起伏而起伏,走上了一条曲折前进的道路,其机构也就随着这种起伏而存废。

这一曲折的出现是历史所决定的,有两方面的根本原因。其一,人们错误地把"社会主义"和"市场经济"对立起来,把"市场"说成是资本主义特有的东西,否定市场调节和价值规律在社会主义建设中的作用,企图把各种经济活动全部纳入国家计划。特别是"大跃进"以后,更进一步地排斥多种所有制形式和多种流通渠道,社会经济愈搞愈死,实践证明这是行不通的。社会主义的基本要求就是充分发挥社会主义制度的巨大优越性,大力发展社会生产力,市场完全可以为社会主义所用。工商行政管理部门在监督管理社会主义统一市场、维持正常的经济秩序、发挥市场调节作用、促进国民经济健康发展等方面本可以发挥重要的作用,但由于"左"的思想的影响和制约,工商行政管理部门未能更有效地发挥上述作用。其二,社会主义社会需要法治,而这是我们长期以来没有认识到的。新中国成立以来,我们过分强调了党的政策的作用,忽视了法律的作用,一直未能建立起一套具有中国特色的社会主义法律体系。中国共产党的各种路线、方针、政策可以指导社会主义法律的制定,社会主义法律的实施又无时无刻不在体现和贯彻党的路线、方针、政策,二者的关系是辩证统一的。党的政策不能代替法律的作用。整个国家的法律体系不健全,工商行政管理法律体系就更谈不上健全和完善。社会主义改造基本完成后,面临建设社会主义的新形势,没有明确的法律来赋予工商行政管理部门明确的职能和任务,所以总是中央

政策一变,工商部门的工作和任务也就跟着变,不能形成一种良性的循环。在这种情况下,"左"的思想占据主导,工商行政管理工作就只能跟着偏"左",先天不具有抵御的能力。正如第一任中央私营企业局局长薛暮桥所讲:"每当中共中央提倡扩大市场商品交流的时候,工商行政管理局就受到重视,在经济发展中发挥重要作用;反之,在中共中央执行'左'的路线,限制市场商品交流的时候,工商行政管理局就受到忽视,它所起的作用很小。"

　　　　　　　　（执笔人:王　恪）

第四章 "文化大革命"时期和
其后两年(1966—1978 年)

1966 年,正当我国胜利完成经济调整的任务,克服了国民经济中的严重困难,开始执行发展国民经济第三个五年计划的时候,毛泽东同志发动了"文化大革命"。十年"文革"给林彪、江青这些别有用心的野心家创造了机会。他们凭借窃取的部分权力,打着最"革命"的旗号,煽动对毛泽东同志的狂热的个人崇拜,把"左"倾错误推到了极致。他们指使和放纵一批投机分子、冒险分子和蜕化变质分子,煽动群众"踢开党委闹革命",造成一股"打倒一切"的无政府主义狂潮,形成全国范围的大内乱,使党和国家的正常工作秩序、人民群众的正常生活秩序遭受巨大的破坏,使我国的社会主义事业遭到新中国成立以来最严重的挫折和损失。党的组织和国家政权受到极大削弱,大批干部和群众遭受残酷迫害,民主和法制被肆意践踏,全国陷入严重的政治危机和社会危机。十年间国民收入损失约五千亿元,人民生活水平下降;科学、文化、教育事业遭到严重摧残,科学技术水平同世界先进国家的差距拉得更大;历史文化遗产遭到巨大破坏,党和人民的优良传统和道德风尚在相当程度上被毁弃;形而上学猖獗,唯心主义盛行,无政府主义、极端个人主义、派性严重泛滥。"文化大革命"不是任何意义上的革命和社会进步,它是一场由领导者错误发动、被反革命集团利用、给党和国家及全国各族人民带来严重灾难的内乱。

"文革"开始不久,在无政府主义思潮的影响下,工商行政管理部门受到所谓"造反群众"的冲击。这些人以"批判资产阶级反动路线"为名,查封工商行政管理所,抢走投机倒把档案材料和罚没的财物,公然聚众围攻、侮辱甚至体罚、殴打工商行政管理干部和协助管理市场的工作人员。工商行政管理机构陷入半瘫痪状态,工作被迫停顿。

1969 年,中央和地方各级工商行政管理机构相继被撤并。1969 年 9 月,中央工商行政管理局与商业部、粮食部、供销合作总社合署办公。1970 年 7 月 1 日,上述四个单位正式合并为商业部,工商行政管理工作归商业部商管组负责。1975 年 5 月,商业部成立工商管理局。地方各级工商行政管理部门除上海市和少数几个省辖市外,机构都被撤并,多数合并到商业局,少数合并到财政局。工商行政管理干部有的被下放到干校劳动,有的调到其他单位。

这一次变化使工商行政管理部门的组织机构和队伍遭到极其严重的削弱。工商行政管理各项工作几乎完全停止,仅剩的如市场管理和打击投机倒把工作,在许多地方由"民兵指挥部"、"群众专政指挥部"等群众组织代替。这些组织采取专政手段和群众运动的方法,执行极"左"政策,严重地混淆了两类不同性质的矛盾,践踏了法制,给工商行政管理工作造成了更大的混乱。

1970 年 10 月,根据周恩来总理的指示,经国务院批准,商业部、财政部联合发出通知,将基层工商行政管理人员和不在编的市场管理人员列入国家行政编制,其经费开支列入财政预算。一些地方根据工作的实际需要,先后恢复了工商行政管理机构,充实了工作人员,工商行政管理工作部分地重新开展起来。除管理市场、管理小商小贩和打击投机倒把外，有的地方还恢复了企业登记和商标管理工作。但是，在"以阶级斗争为纲"的指导思想下，各地工商部门仍然全面推行"左"的做法。

1976年10月，粉碎"四人帮"反革命集团的胜利，标志着"文革"十年浩劫的结束，中国开始进入一个新的历史发展时期，全国逐渐出现了比较安定的政治局面，各项工作陆续步入正轨。但是党的指导思想没有发生根本改变，"左"的错误思想仍未得到根本纠正，全国各地继续按照"无产阶级专政下继续革命"的理论，执行"左"的政策。因此，各方面工作包括工商行政管理工作在内，继续处在徘徊不定的状态。这种局面直到1978年底党的十一届三中全会召开，才告终止。

第一节　限制、关闭城乡集市贸易

一、农村集市贸易受到极大限制

（一）理论上对农村集市贸易的否定

1967年11月22日，《人民日报》、《红旗》、《解放军报》联合发表了题为"中国农村两条道路的斗争"的文章，系统地批判了"三自一包"，认为自由市场（即农村集市贸易）"迎合了农村中资本主义自发势力的需要，助长了富裕农民的资本主义自发倾向，为投机倒把分子、新生的资产阶级分子大开绿灯"；认为自由市场的实质是"让资本主义在农村自由泛滥"，是"阶级敌人腐蚀和瓦解社会主义集体所有制的一种重要形式"。《红旗》杂志1975年第3期又发表了"论林彪反党集团的社会基础"一文，认为农村集市允许社员在一定范围内的买卖自由和自由议价，会对农村的资本主义自发势力起诱发作用；如果不加限制，就会使集市贸易成为"滋生资本主义和资产阶级的一块土壤"。

这些论点引起了广大干部、群众对集市贸易的性质和作用的怀疑，使人们对中央关于农村集市贸易的政策产生了思想上的混乱，对开放农村集市贸易和贯彻"管而不死，

活而不乱"的原则产生了动摇。1975年4月，商业部在部分省、市参加的加强集市贸易管理的座谈会上提出"适当利用，加强限制，严格管理，逐步代替，最后消亡"的二十字方针。这一方针虽然不同于"四人帮"一伙在集市贸易问题上采取的立即关闭、取代的极端做法，但明显受到了极"左"思想的影响。

（二）推广"贫下中农管理市场"和"大寨经验"，限制和关闭农村集市贸易

1969年，"四人帮"在全国推行"贫下中农管理学校"后，《人民日报》又提出："贫下中农管理农村商业"、"农村集市贸易也要由贫下中农管理"。1970年8月的全国商业工作会议和1973年6月的全国工商行政管理工作会议，分别推广了山西省左权县桐峪公社和湖南南县中鱼口"贫下中农管理市场"的经验。从此，贫下中农管理市场的做法在全国开展起来。所谓"贫下中农管理市场"就是把市场管理纳入农村阶级斗争的轨道，把市场管理同农村两个阶级、两条道路斗争结合起来，同加强对农村广大社员群众的社会主义教育结合起来，从公社到大队、生产队，都建立群众性的市场管理组织和网络，宣传市场管理的方针、政策和有关规定，揭发检举投机倒把，协助市场管理人员执行任务，从市场抓到生产队。"贫下中农管理市场"的做法在全国推广以后，加剧了各地市场管理的混乱局面，"乱扣乱罚"一时盛行，给农村集市交易活动造成了严重阻碍，广大贫下中农在生产和生活上愈感不便。这种做法违背了客观经济规律和广大群众的意愿，后来流于形式、自行解体。

"农业学大寨"的热潮在全国范围内掀起以后，把农村集市贸易与资本主义等同起来，采取釜底抽薪、逐步代替的办法限制集市贸易。生产资料、自留地、副业全部归公，社员家庭不准养鸡、猪、牛等牲畜。当时的农村集市贸易是与社员的自留地和家庭副业紧密相连的，它的繁荣和衰落从根本上决定于家庭副业和自留地生产状况。取消了家庭副业和社员自留地，就破坏了集市贸易存在的前提条件。"关闭农村集市贸易"便

成为全国各地"学大寨"的主要内容之一。据统计，1965 年全国共有农村集市 37 000 处，至 1976 年只有 29 000 余处，减少了约 8 000 处。

二、用行政命令和群众运动的方法强行关闭城市集贸市场

"文化大革命"一开始，《人民日报》发表了"横扫一切牛鬼蛇神"的社论，提出了破"四旧"（即大破一切剥削阶级的旧思想、旧文化、旧风俗、旧习惯）和批判"三自一包"。大中城市残存的一些集市贸易首当其冲，被提到两个阶级、两条道路斗争的高度来加以批判。先是红卫兵以"造反有理"和"巩固无产阶级专政，维护社会主义经济秩序"的口号对集贸市场进行冲击，继而不少城市（尤其是省会以上的大城市）以"治安指挥部"的名义发出通知，组织民兵和"革命群众"对集贸市场进行武装围剿，把国营商业、合作商业、个体工商业者在市场内搭设的摊棚强行扒倒，市场内一片狼藉。1967 年 12 月 29 日，国务院转发了北京市革命委员会《关于加强市场管理，坚决打击投机倒把的通令》。《通令》指出："坚决取缔自由市场，城市近郊区严禁聚众买卖，也不准农村社、队和社员个人进城出售或交换农副产品。"对此，各大中城市坚决贯彻，城市集市贸易终于被迫关闭。

大中城市集市贸易关闭后，由于城乡经济联系的需要，出现了一些"黑市"和走街串巷出售农副产品的农民。为杜绝这种现象，各大中城市一方面在城市边沿的交通要道、码头车站设立关卡，拦截农民进城出售农副产品，同时对重要工、农业产品的流通实行凭证出市的管理办法；另一方面，按街区层层建立市场管理组织。街道建立了市场管理领导小组，居民区建立市场管理推动小组，商业区设有市场监管员，学校有红卫兵市场管理小分队，还有退休老工人联防组。这种群众组织权力很大，工作简单粗暴。平时分片包干，突击检查时集中力量"打歼灭战"。出售农副产品的农民和流动小商小贩进入这个地区，一经发现就取缔，并出现了乱扣、乱罚的现象。只要市场上冷冷清清，就视为"工作得力"、"富有成效"。

第二节　停止企业登记注册和商标注册管理工作

"横扫一切牛鬼蛇神"的社论发表以后，红卫兵纷纷上街，破"四旧"之风迅速弥漫全国。工商行政管理工作中的企业登记管理和商标注册管理首先受到破"四旧"的冲击，工作被迫停止。

一、企业登记注册被迫停止

红卫兵在横扫"四旧"运动中，以砸烂"封、资、修"为名，强迫很多有名的传统商店摘掉牌子、改换店名。如历史悠久的北京"六必居"酱菜店改名为前门酱菜店，享有盛名的"全聚德"改名为北京烤鸭店，专门展售中国字画的"荣宝斋"改名为人民美术出版社第二门市部等。不少商店按街道数字号码定名，有的门面贴满了政治标语和口号，使顾客无法辨认。随后，企业登记管理工作被视为"资产阶级法权"和对企业的"关、卡、压"而加以批判，使企业登记管理工作无法开展。企业开、停、并、转失去控制，造成开、歇业的无政府状态，严重扰乱了社会主义经济秩序。

二、商标注册管理横遭破坏

"文化大革命"开始以后，人们把商标的名称和图案同意识形态随意挂钩，上纲上线到"对资产阶级实行全面专政"，主观臆断地将一些设计优秀、信誉卓著的商标作为破"四旧"的对象加以清除。许多是传统名牌的商标被"横扫"殆尽，"张小泉"剪刀、"同仁堂"中成药、"内联升"布鞋等被说成是"为资本家树碑立传"；"嫦娥奔月"、"敦煌飞天"则是"宣传封建迷信"；"真美"牌香粉和"黛玉"牌香水被说成是资产阶级腐朽思想和生活方式的产物；"福"、"喜"、"全家福"等民间吉庆用语都被说成是资产阶级思想的反映。一些传统名牌被改换商标，如"回力"胶鞋改为"前进"牌、"梅林"罐头改为"红梅"牌。有些企业为了避免在使用商标上犯政治错误，就使用"工农兵"、"红旗"、"东方红"等政治词语配合"麦穗"、"齿轮"、"镰刀"、"斧头"等简单图案构成商标，有的干脆就不使用商标，致使市场上出现了许多无牌商品。

1966年8月27日，中央工商行政管理局发出《关于商标改革的通知》，提出：为了使商标管理适应"文化大革命"的形势，促进商标工作革命化，对原来下放商标注册的改革作出如下规定：（1）"文化大革命"期间，经工厂广大职工群众充分讨论同意，报业务主管部门和当地工商行政管理机关备案后，即可废除旧商标，并开始印制使用新商标。商标的混同问题待以后解决。（2）"文化大革命"期间，暂不办理商标查询、注册、发证、变更和撤销手续。原拟下放给地方工商行政管理局办理的内销商品商标的注册，也可以暂不办理。（3）要认真抓紧商标设计工作，推动设计人员破旧立新、灭资兴无。上述《通知》正式宣布了中国商标注册管理工作的中断。1969年6月中央工商行政管理局又发出通知，将出口商品商标和外商商标的注册工作移交对外贸易部办理。

"文革"期间，中央工商行政管理局和地方各级工商行政管理机关变化很大，或合并或撤销。因此在一个较长的时期内，全国无商标统一注册管理机构，新中国成立以来的商标档案和有关资料大量流失或被销毁，商标使用陷于严重混乱。

第三节　打击投机倒把严重扩大化

"文革"初期各级工商部门即受到很大冲击，1970年7月，中央工商行政管理局被正式并入商业部，所以这一时期的打击投机倒把的任务主要是由各地的"打击投机倒把办公室"或民兵组织来完成的。这类组织执行极"左"政策，滥用专政手段，混淆人民内部矛盾与敌我矛盾的界限，导致了投机倒把打击对象的扩大化，严重践踏了社会主义法制。

一、"文革"期间打击投机倒把的有关政策规定

"文革"十年动乱期间，打击投机倒把工作一直没有停止。1967年8月18日，国务院、中央军委转发了上海市革命委员会《关于打击投机倒把、加强市场管理的通告》，要求对投机倒把活动进行严厉打击，对倒卖国家统购统销物资、工农业生产资料、金银、工业品、票证和抬价抢购、长途贩运、买空卖空、私包工程以及私设工厂、雇工剥削、走私行贿等行为要依法惩处。同年12月29日，国务院又转发了北京市革命委员会《关于加强市场管理、坚决打击投机倒把的通令》和天津市革命委员会的《重要通告》，对打击投机倒把活动提出了类似的要求。1970年2月5日，中共中央在《关于反对贪污盗窃、投机倒把的指示》中规定："除了国营商业、合作商业和有证商贩以外，任何单位和个人，一律不准从事商业活动"，并重申："一切地下工厂、地下商店、地下包工队、地下运输队、地下俱乐部，必须坚决取缔。"从1968年到1974年，中共中央、国务院、中央军委多次发出打击投机倒把的通知和指示，要求坚决打击投机倒把活动，严厉惩处与投机倒把分子勾结进行非法套购活动的干部、职工。

二、打击投机倒把扩大化的主要表现

"文化大革命"初期，各级工商行政管理机构即陷于半瘫痪状态，工作基本停顿，随之机构撤并，人员下放。各地的打击投机倒把工作，有的由新成立的打击投机倒把工作办公室负责，有的交由民兵指挥部代管。这些组织把打击投机倒把问题上升到路线斗争和阶级斗争的高度，按敌我矛盾来处理，混淆了人民内部矛盾与敌我矛盾的界限，混淆了违章或一般违法行为与投机倒把的界限，混淆了正当经营与非法经营的界限：一方面造成了打击投机倒把的严重扩大化；另一方面又使一批应该打击的投机倒把分子在形形色色的派性斗争掩护下得以逍遥法外，没有受到应有的打击和惩处。

1971年9月，周恩来总理主持中共中央日常工作以后，一些地方陆续恢复了工商行政管理机构，打击投机倒把工作逐渐恢复正常，确实打击了一大批真正的投机倒把分子，正确处理了一些大案、要案，对于保护国家和集体财产、维护社会主义经济秩序，起

到了一定的积极作用。但在这段时间,人们仍然以阶级斗争为纲,把工商行政管理部门作为无产阶级专政的工具,打击投机倒把工作仍然存在"宁'左'勿右、宁严勿宽"的扩大化现象。

第四节　取消个体工商业

"文革"十年中,"左"倾错误思想在中国达到了登峰造极的地步,个体工商业被看作是一条必须割掉的"资本主义尾巴",对待它的政策从利用、限制和改造,变成了完全彻底地取缔和消灭。

一、破"四旧"使大部分个体工商户被勒令停业

"文化大革命"开始不久,红卫兵组织在全社会范围内大破"四旧",大批个体工商户被当作"投机倒把分子"、"走资本主义道路的小商贩"或"国民党残渣余孽"加以取缔,对那些在合作商店和国营商业中工作的、曾被错划为"小业主"的小商小贩再次进行了批斗和管制。对个体工商户中所谓的"黑五类分子"(即地主分子、富农分子、反革命分子、坏分子和右派分子),则勒令他们立即停业并缴销营业执照。其中有的被遣送回原籍,有的被送到农村监督劳动。根据中央批转北京市公安局军管会的布告精神,这些人一般不准回城。对个体工商户中的非"黑五类分子",生活有其他经济来源或者有子女赡养的,动员他们缴销营业执照,不准继续经营。没有别的经济来源的,根据社会需要和本人条件,有的由街道、居委会安排他们参加街道办的生产服务组织,剩下少量的允许其继续经营。经过这次清理,个体工商户数量大为减少。据统计,到1967年底,全国城镇个体工商业者由1965年的102万人减少到86万人。

二、强制个体工商业者去农村安家落户

1968年底,全国各地结合"清理阶级队伍"、"一打三反"(即打击反革命破坏活动和反对贪污盗窃、投机倒把、铺张浪费)和备战疏散城市人口,动员大批个体工商户下乡插队落户。这一运动带有很大的强制性,又

使个体工商户大为减少,到1969年底全国城镇个体工商户还剩约71万人。1970年到1971年,许多地方开展了所谓"整顿财贸队伍、进行商业改革"的运动,又清理了一批个体工商户,使个体工商业又遭受到一次冲击。到1972年,全国城镇个体工商户还有46万人。

下放大批个体工商户所带来的问题逐渐暴露出来。个体工商户多年扎根城镇,一旦落户农村,由于缺乏农副业生产技能,住房、生产工具等实际问题也得不到妥善解决,生活遇到极大的困难,致使大量下放户又重新倒流回城镇重操旧业。在极"左"政策下,他们只能从事无证经营,给社会治安带来了一些问题。为此,有关部门采取了一些相应的措施。如1972年商业部为解决"文革"中下放小商小贩和合作商店等遗留问题,下发了《关于进一步加强合作商店社会主义改造几个政策问题的意见》,重申小商小贩有积极的一面和消极的一面,要采取加强领导、积极改造的方针;重申小商小贩是劳动人民,要尊重他们对股金的所有权;重申要对小商小贩实行归口管理,加强教育。这个文件的贯彻,对当时解决小商小贩遗留问题起到了一定的积极作用。

经过几次清理,个体工商户已所剩无几。到1977年底,全国城镇有证的个体工商户下降到14万人的最低点。个体工商户的存在实际上已不合法,再加上各级工商行政管理机关被撤并,也就谈不到对个体工商户的管理了。

粉碎"四人帮"后最初的两年,工商行政管理局仍隶属于商业部。工商行政管理部门长期作为无产阶级专政的工具,并围绕"阶级斗争"这个中心安排工作,从根本上改变了工商行政管理部门的性质和作用,妨碍了工商行政管理工作职能的发挥。粉碎"四人帮"之初,政府虽然采取了一些有利于发展生产的积极措施,如恢复农民自留地、家庭副业和集市贸易等,但由于"左"的错误思想的延续,市场管理工作仍然忽视价值规律的作用,限制了商品的流通;打击投机倒把扩大化依然存在,私人贩运活动仍然被视为

投机倒把而被取缔;企业登记工作依然停滞不前;商标使用混乱,商标工作无人管理;个体工商业继续保持逐年下降的趋势。

1978 年 9 月 25 日,国务院发出《关于成立工商行政管理总局的通知》,要求县和县以上设工商行政管理局,县以下设工商行政管理所;规定工商行政管理部门的主要工作为"四管一打"。自此,工商行政管理机构得到加强,职能定位得到明确,各项工作陆续开展,工商行政管理事业真正迎来了一个全新的时代。

综观"文革"十年,党的组织和国家政权受到极大削弱,国家的社会秩序和工作秩序遭受到一场浩劫。工商行政管理部门的机构和工作秩序也无例外地受到巨大的破坏。"文化大革命"对工商行政管理工作的破坏,就其危害严重、影响深远来讲,主要是推翻了党的"八大"路线和期间所形成的关于市场的"三个主体、三个补充"的科学论述,使

工商行政管理领域的极"左"理论更加系统化。在"文化大革命"中提出的"无产阶级专政下继续革命"和"对资产阶级全面专政"的理论,歪曲了马列主义基本原理,对工商行政管理政策起了错误的指导作用。尤其把工商行政管理部门规定为"无产阶级专政的工具",对于工商行政管理部门科学地确定自身工作职能、更好地为发展社会主义经济服务产生了严重的消极影响。所有这些,反映到具体工作上,就是对市场更加管死,对小商小贩限制更严,打击投机倒把更加扩大化,对企业登记和商标注册横加干扰,导致工商行政管理部门的职能作用无从正确发挥。粉碎"四人帮"反革命集团后的两年,由于当时的特定环境、工商行政管理工作处在徘徊不前的状态。

(执笔人:王　恪)

第五章　改革开放初期(1978—1984 年)

1978 年 12 月 18 日至 22 日,中国共产党召开了十一届三中全会,这是中国政治经济生活中具有深远意义的伟大转折,开辟了建设具有中国特色社会主义的新的历史阶段。党的十一届三中全会作出了把全党工作的着重点和全国人民的注意力转移到社会主义现代化建设上来的战略决策,指出实现现代化是一场广泛、深刻的革命,要求大幅度提高生产力,改革同生产力发展不相适应的生产关系和上层建筑,改变不适应的思想方式和管理方式。全会确立了解放思想、实事求是的思想路线,否定了"两个凡是"的错误方针,果断地停止使用"以阶级斗争为纲"的错误口号。这次全会从根本上冲破了长期"左"的错误思想的严重束缚,开始了系统的拨乱反正,成为新的历史时期的开端。

在十一届三中全会召开之前的 9 月 25 日,国务院即发出了《关于成立工商行政管理总局的通知》。随着工商行政管理机构的恢复和队伍的不断壮大,在党的十一届三中全会正确精神指导下,工商行政管理工作重新焕发了生机与活力,进入了新的大发展的历史时期。

第一节　工商行政管理机构的恢复和加强

"文化大革命"十年动乱期间,工商行政管理机构相继被撤并,人员被下放到工厂和农村,使工商行政管理工作遭到严重的破坏。同时,"文化大革命"期间城市及农村集市贸易遭到限制或被取缔,个体工商业大部分被取消,企业登记和商标注册管理工作被迫停滞,工商行政管理机构被合并到商业部,职能遭到严重削弱。1978 年 9 月 25 日,国务院发出《关于成立工商行政管理总局的通知》。《通知》指出,经党中央批准,成立中华人民共和国工商行政管理总局,直属国务院,由国务院财贸小组代管。同时要求县和县以上各级设工商行政管理局,县以下设立工商行政管理所。工商行政管理总局的职责是:

(一)打击投机倒把活动,处理投机倒把案件。情节严重应该法办的,送政法部门处理。

(二)管理全民和集体企业的购销合同、加工订货合同,调解仲裁纠纷,管理外地采购、推销人员。

(三)管理集市贸易,保护正当交易,取缔黑市活动。

(四)对工商企业进行登记管理。检查、制止工商企业违反国家政策、法令的行为,取缔无证经营。

(五)管理商标。对本国企业使用的商标统一审查、注册,协助工商企业监督检查商品质量;对外国企业向我国申请注册的商标,根据互惠原则办理注册。

1981 年,工商行政管理总局机关设:办公室、调研室、合同局、市场局、商标局、企业登记局和基层工作、广告、人事三个处。

工商行政管理机关在机构的恢复和健全过程中,围绕国家经济工作中心,积极开展各项工作,各方面都有了新的发展和突破,它的职能作用更为人们所认识,党和国家重视它在"四化"建设中应有的重要作用,加强了对它的领导。工商行政管理机关是综合性的国家经济行政管理机关,在搞活经济、维护正常的经济秩序和市场秩序等方面发挥着重要的作用。随着对外开放、对内搞活经济政策的贯彻执行,城乡经济体制改革的广泛深入开展,工商行政管理工作又得到充实和加强,主要工作除了市场管理、工商企业登记管理、经济合同管理、商标注册管理和打击投机倒把外,又新增加了个体工商业管理、广告管理和监督检查商品流通中不正之风等项工作,简称"六管一打",并且在工作的深度上也有很大的突破:由管理和维护单一经济成分、单一经营方式,逐步向管理多种经济成分、多种经济形式、多种经营方式延伸;由着重对流通领域的管理,逐步向生产中的某些环节的监督延伸;由着重对城乡集市贸易的管理,逐步向整个社会市场的一些活动的管理延伸;由着重监督纵向经济活动,逐步向横向经济活动的监督延伸;由国营、集体企业的登记管理,向外商投资企业的登记管理延伸。

在工商行政管理机构恢复的同时,工商行政管理工作人员的数量逐渐增加。当时的机构、人员同工作任务的要求很不适应,有的工商行政管理所甚至只有一人,必须尽快充实干部力量。在这一时期,工商行政管理队伍得到了快速发展,各地通过分配、录用转业军人以及招考等方式迅速充实力量,把各级机构建立健全起来。到1984年,全国各级工商行政管理机构数量达25 400个,工商行政管理工作人员达227 613名。

在健全机构、充实人员的同时,工商行政管理机关大力加强干部培训,努力提高干部队伍素质。针对工商行政管理系统干部文化、素质较低的情况,采取了多种形式培养人才,通过办短期培训班、创办学校教育等方式,提高了干部队伍的政治素质和业务素质。工商行政管理机关转变工作作风,加强调查研究,克服官僚主义,面向实际,深入基层,建立起覆盖全国的调研网络,研究新情况,解决新问题,积极开展各项工作,使工商行政管理工作更加适应客观形势的发展。

工商行政管理机关恢复初期的五项职能是根据当时国家经济发展情况确定的,是适应十年动乱刚结束时的形势的。随着经济的发展,国家的经济政策也逐步发生改变,工商行政管理机关的职能不断加强,监管范围不断扩大,因此工商行政管理机关的职能于1982年进行了一次调整。

1982年8月23日举行的五届全国人大五次会议批准工商行政管理总局改称国家工商行政管理局。经国务院批准国家工商行政管理局的主要任务调整为:

贯彻执行党和国家的经济政策、法律、法令,研究拟定有关工商行政管理的法律、法令和规章制度,对工商企业实行经济监督,保护合法经营,取缔非法经营,维护社会经济秩序,促进生产,活跃流通,保证国家计划的实现。

工商行政管理局的主要职责是:

1. 维护城乡市场经济秩序,对市场物价、交易活动进行监督管理,查处违法经营活动。管理城乡集市贸易和三类工业品、旧货等专业市场。

2. 组织办理工商企业的登记,中外合资企业、外国企业常驻代表机构的登记,个体工商业户的登记,发放营业执照,建立经济户口,通过登记实行监督管理。

3. 管理经济合同,监督和检查经济合同的订立和履行,调解仲裁经济合同纠纷,确认无效经济合同,查处违法经济合同。

4. 对商标实行管理,办理全国商标的统一注册,办理外国商标注册,保护商标专用权,保护消费者利益。

5. 管理广告,查处违法广告,指导广告协会和广告学会的工作。

6. 管理个体经济,研究城乡个体经济的政策,指导个体劳动者协会工作。

7. 打击投机倒把活动。

8. 监督和检查机关、团体、部队、企业、事业等单位的经济违法活动,制止商品流通中的不正之风。

1982年7月28日,国务院批准国家工商行政管理局机关设:办公室、政策研究室、人事教育司、市场管理司、企业登记司、个体经济司、经济合同司、广告司、商标司。

经过此次调整,进一步明确了工商行政管理机关在新形势下的任务和职责,在经济调整中充分地发挥了工商行政管理部门的职能作用,通过监督管理为国家经济建设服务,为改革开放服务,促进经济的发展。

第二节　工商行政管理工作转移到以经济建设为中心

一、工商行政管理工作重点转移

党的十一届三中全会作出的一个重要决定是将全党工作的着重点转移到社会主义现代化建设上来。全会要求"全党全军和全国各族人民同心同德,进一步发展安定团结的政治局面,并且立即动员起来,鼓足干劲,群策群力,为在本世纪内把我国建设成为社会主义的现代化强国而进行新的长征。"

经过这次全会,全党和全国人民在以邓小平同志为核心的中央领导集体的带领下,实行改革开放,集中力量进行社会主义现代化建设,开始走上了建设有中国特色社会主义的道路。

根据党的十一届三中全会确定的指导思想和方针政策,1979年3月,工商行政管理总局召开全国工商行政管理局长会议。会议传达贯彻了党的十一届三中全会的精神,批判了"以阶级斗争为纲"的错误指导思想,着重讨论了工商行政管理工作重点的转移。会议指出:工商行政管理工作"左"的表现,主要是在思想上片面夸大阶级斗争,宁"左"勿右,宁严勿宽;在工作中管理过死,限制过严,打击面过宽;在作风上简单粗暴,脱离群众。因此,必须批判"左"的思想,拨乱反正,正本清源。会议要求工商行政管理工作按照党的十一届三中全会精神,把工作重点从"以阶级斗争为纲",转移到为四化建设服务上来;各项工作都要支持工农业生产,促进商品流通,活跃城乡市场和方便群众。在工作中要切实注意不要把本来不属于阶级斗争性质的问题,当作阶级斗争处理;切实注意划清社会主义商品经济与资本主义经济的界限。会议决定:放宽农村集市贸易管理,恢复城市农副产品市场和城镇个体工商业等,以活跃城乡经济。对于过去特别是"文化大革命"中的冤、假、错案,要认真清理

和复查,实事求是地予以纠正。

二、工商行政管理工作为国民经济的调整和改革服务

党的十一届三中全会提出全党的工作重点转移到经济建设上来,而当时面临的经济形势却是十分严峻的。有人归纳为"百弊待除"、"百废待兴"、"百乱待拨"。为了克服经济中的困难,1979年4月,中共中央根据中央财政经济委员会主任陈云的建议,决定对国民经济实行调整,提出新的"八字"方针:"调整、改革、整顿、提高"。即边调整边前进,在调整中改革,在调整中整顿,在调整中提高。中央决定,要用五年的时间把经济调整好,即整个"六五"计划期间都要以调整为中心,走出一条新的发展经济的路子来,以提高经济效益,扩大社会生产,提高人民生活水平。

1980年3月,工商行政管理总局召开了全国工商行政管理局长会议。会议贯彻执行了工商行政管理工作为国民经济调整、改革服务的方针。会议邀请了著名经济学家、1949年曾担任中央私营企业局局长的薛暮桥作了报告。他在报告中回顾了三十年来工商行政管理工作的历史作用,强调了新时期工商行政管理工作任务是繁重的,应当把它提到比三大改造完成以前更重要的地位。工商行政管理干部必须继续解放思想,加强学习,加强调查研究,熟悉经济及市场情况,学习运用价值规律和其他经济规律,维护好社会主义经济秩序。

1981年3月召开的全国工商行政管理局长会议,讨论和部署了国民经济进一步调整形势下的工商行政管理工作。要求各地继续清除"左"的思想影响,认真贯彻党的十一届三中全会以来的方针政策,发展大好形势,加强对工商企业和市场上经营活动的协调、监督、管理、服务工作,保护合法经营,制止非法活动,把市场管好,把经济搞活。会议指出,工商行政管理部门是综合性的国家经济行政管理机关,在多种经济成分、多种流通渠道、多种经营方式并存的条件下,要充分发挥它们在商品生产和商品交换中的积极作用,主要任务是把经济搞活,把市场

搞好,为国民经济调整服务。会议要求各地要进一步搞活管好城乡集市贸易,积极扶持城镇个体工商业的发展,搞好企业登记管理工作,建立经济户口,加强对工商企业经常性的监督检查。

三、工商行政管理工作在党的十二大精神指引下的新发展

1982 年 9 月,中国共产党召开了第十二次全国代表大会,这次会议充实和发展了 1978 年 12 月党的十一届三中全会以来的路线方针和政策,确定了为全面开创社会主义现代化建设的新局面而奋斗的纲领。

党的十二大报告指出:"我们结束了长时期的社会动乱,实现了安定团结、生动活泼的政治局面。""我们果断地把党和国家的工作重点转到了经济建设上来,坚决清除经济工作中长期存在的'左'倾错误,认真贯彻执行调整、改革、整顿、提高的正确方针。现在我国经济已经度过最困难的时期,走上了稳步发展的健康道路。""1981 年到本世纪末的二十年,我国经济建设总的奋斗目标是,在不断提高经济效益的前提下,力争使全国工农业的年总产值翻两番。"同时指出,为了实现这个目标,要分两步走,前十年主要是打好基础,为后十年经济振兴创造条件。

根据党的十二大确定的方针政策,工商行政管理机关这一时期的中心工作是:认真贯彻党的十一届三中全会和十二大的精神,全面肃清"左"的思想影响;坚持国营、集体、个体一齐上的方针,通过搞好各项管理工作,促进商品生产的大发展,促进市场的繁荣和经济的活跃。围绕这一中心工作,工商行政管理机关在这个时期加强了机构的建设和队伍的培训;对工商行政管理工作进行改革,调整政策,修改和制定法规;发展集市贸易,扶持农副产品贩运活动,建立大中城市农副产品批发市场;进一步引导发展个体工商业,保护它们的合法权益,加强对它们的管理;积极开展经济合同管理;进一步宣传贯彻《工商企业登记管理条例》,搞好企业登记管理;认真贯彻《商标法》,保护商标专用权,维护生产者和消费者的正当利益;加

强广告管理工作,推动广告事业的发展;打击投机倒把活动,维护社会经济秩序。这一时期,全国工商行政管理部门坚持对外开放,对内搞活经济的政策,坚持计划经济为主、市场调节为辅的方针,坚持在国营经济占主导地位条件下促进多种经济形式的发展,为保护合法经营、制止非法经营、促进生产、活跃流通做了大量工作,取得了显著的成绩,使工商行政管理工作在社会主义现代化建设中充分发挥了应有的作用,开创了工商行政管理工作的新时代。

第三节　改革工商行政管理工作,加强法制建设

工商行政管理机关在恢复和建设过程中,根据形势的发展和需要,开始了工商行政管理工作的改革。作为担负着经济行政管理职能的工商行政管理机关必须履行行政干预的职能,其改革主要是根据调整、改革、整顿、提高的方针,彻底清除"左"的思想的影响,调整政策,对过去的法规进行全面的清理,修改不适应客观情况的法规,制定新的法规,并保证各项法规的贯彻执行,进一步加强法制建设。

党的十一届三中全会以前,在以"阶级斗争为纲"的错误思想影响下,长时期把工商行政管理机关作为无产阶级专政的工具,并且围绕着阶级斗争这个中心来安排工作,这在很大程度上禁锢着人们的思想。正确贯彻党的十一届三中全会及十二大以来的方针政策,更好地发挥工商行政管理在"四化"建设中的作用,就必须彻底清除这种"左"的思想的影响。根据党的十一届三中全会和十二大精神,工商行政管理机关进一步清除"左"的思想,解放思想,破旧立新。针对当时一部分工商行政管理干部职工在工作中"左"的表现,主要是对市场管理偏严,对违法案件处理偏重,对发展个体工商户控制偏紧,对企业经营范围控制过死;往往把不是资本主义的东西当作资本主义对待,把应该支持扶植的对象当作限制取缔的对象等,各级工商行政管理机关认真总结历

史教训,清除"左"的思想影响,着重解决加强监督管理与开放搞活的关系,划清活与乱的界限,树立经济越活越要加强监督管理的观点,使广大干部职工懂得监督管理是手段,目的是为了发展生产,搞活流通,使广大工商干部的思想、工作、作风与客观形势发展的要求相适应。

在国民经济恢复时期和社会主义改造时期,国家曾经制定了一些有关工商行政管理的重要法规,如《私营企业暂行条例》、《公私合营工业企业暂行条例》、《商标注册暂行条例》等。1956年,生产资料所有制的社会主义改造基本完成以后,由于受"左"的思想影响,法制建设工作被忽视了,经济立法长期不完备,工商行政管理工作法规很少。在此期间,虽然制定了不少内部的政策、办法、规定,但有些只限于一定范围内传达,致使直接执法者无法可依,管理对象无法可循,群众监督无据。这种状况,在"文化大革命"十年动乱期间尤为突出,以言代法,以权代法,随意处罚的情况普遍存在。

党的十一届三中全会以后,中国的法制建设逐渐恢复,经济立法工作逐步得到加强,工商行政管理工作也逐步走上法制的轨道。在立法工作方面,由国家工商行政管理局与有关部门配合,先后代拟了一系列的法规草案,报全国人民代表大会常务委员会或国务院审定批准后发布施行。到1984年底,颁布实施的法律、法规和规章共达96个(不包括其他部门起草的涉及工商行政管理的法律、法规)。其中,全国人民代表大会和人大常务委员会通过并颁布施行的法律有《中华人民共和国经济合同法》和《中华人民共和国商标法》两个;国务院公布施行或国务院批准由国家工商行政管理局发布施行的法规有24个;根据国家法律、法规或国务院规定,由国家工商行政管理局制定并发布的规章有70个。96个法律、法规和规章按业务分类,其中关于市场管理的有33个,关于企业登记管理的有28个,关于经济合同管理的有3个,关于个体工商业管理的有9个,关于商标管理的有13个,关于广告管理的有10个。同时,各省、自治区、直辖市

人民政府根据当地实际情况,还制定了一些地方性的工商行政管理法规和规章。这些法律、法规和规章的制定和施行,基本上改变了过去工商行政管理部门无法可依的状况。

在这期间,根据中共中央和国务院的指示精神,国家工商行政管理局对过去一些不适应新情况的工商行政管理方面的法规进行了清理。共清理1949年到1984年期间工商行政管理法规和法规性文件36件,经国务院1986年7月批准,予以废止。其中:已经明令废止的有3件;已被新法代替应予废止的有7件;由于适应期已过或者调整对象已经消失而自行失效的有26件。

随着法律、法规以及各种规章的颁布施行,各级工商行政管理机关采取各种形式,广泛开展了学习法规、宣传法规、自觉遵守法规的活动。首先,由各级领导干部带头,与广大干部职工一起,认真学习,以提高依法办事、依法管理的自觉性。要求各级干部职工做到严格执法,处理案件必须以事实为依据,以法律、法规为准绳,不能以言代法,或者想当然办事,切实做到有法可依,有法必依,执法必严,违法必究。其次,在学习法律、法规中,很多县、市工商行政管理局专门办了各种法规专业学习班,联系实际,领会法律、法规精神,把法律、法规的原则和具体规定,贯彻到实际工作中去。有些专业学习班,如《经济合同法》学习班和《商标法》学习班,还邀请了工商企业的有关人员一起参加学习,使许多工商企业人员,也了解工商行政管理的法律、法规内容,以便共同贯彻执行。最后,不少地方工商行政管理局和基层工商行政管理所,还配合政法部门的法制宣传,在群众中广泛开展法制宣传教育。有的地方把工商行政管理法规的宣传,纳入普及法律常识教育之中,使广大干部、职工和人民群众也了解工商行政管理的法律、法规的内容和守法的重要性和必要性,使法律、法规为群众所掌握,变为一种巨大的社会力量。广大干部职工和人民群众不仅自己知法、守法,而且还监督工商行政管理干部职工严格执法,不徇私情。

第四节　积极培育市场，促进经济繁荣

"文革"期间，为了体现虚假繁荣，一些地方把农村集市贸易改造为"社会主义大集"，驱赶农民去赶集，在全国强行推广，其中的典型就是"哈尔套"经验，即辽宁省彰武县哈尔套大集。大集的管理由所谓的"市管会"承担。而真正的集市贸易被当作资本主义"尾巴"割掉了。农村集市贸易受到很大破坏，很多集市被关闭，没有被关闭的也被多方限制，日趋萧条。城市农副产品市场则基本上被取消，所剩无几。1978年12月中国共产党召开了十一届三中全会后，实行改革、开放、搞活的方针，肯定了集市贸易的地位和作用。会议公报明确提出："社员自留地、家庭副业和集市贸易，是社会主义经济的必要补充部分，任何人不得乱加干涉。"接着，在党的十一届四中全会通过的《关于加快农业发展若干问题的决定》中，进一步指出："社员自留地、自留畜、家庭副业和农村集市贸易，是社会主义经济的附属和补充，不能当作所谓资本主义尾巴去批判。相反的，在保证巩固和发展集体经济的同时，应当鼓励和扶持农民经营家庭副业，增加个人收入，活跃农村经济。"

依据公报及决定的精神，各地工商行政管理机关抓紧了城乡集贸市场的开放和恢复，在恢复的基础上大力发展。由此，中国的经济出现了多种经济形式、多条流通渠道和多种经营方式并存的局面。当时我国实行的是公有制基础上的计划经济体制，有计划的生产和流通，是我国国民经济的主体。同时，允许对于部分产品的生产和流通不作计划，由市场来调节。这一部分是有计划生产和流通的补充，是从属的、次要的，但又是必需的、有益的。国家通过经济计划的综合平衡和市场调节的辅助作用，保证国民经济按比例地协调发展。

商品经济的发展，促使市场范围扩大，通过市场调节的商品增多了。但在搞活经济的同时，也出现了一些新的问题，需要加强行政上对经济的监督管理，以建立和健全正常的经济秩序。工商行政管理机关责无旁贷地承担了这项工作，根据"计划经济为主，市场调节为辅"的原则和"大的方面用计划管住，小的方面放开，主要通过工商行政管理和经济杠杆加以制约"的方针，在大力培育市场的同时，加强了对市场的管理。

一、大力培育市场，促进城乡集市贸易迅速发展

在党的十一届三中全会召开之前，刚刚成立两个月的工商行政管理总局就在四川省大竹县召开了全国集市贸易座谈会，总结了新中国成立以来集市贸易正反两方面的经验教训，根据陈云同志提出的社会主义统一市场的思想，肯定了集市贸易属于社会主义范畴，提出了恢复集市贸易"管而不死，活而不乱"的管理方针，研究了有关具体政策问题。1978年12月党的十一届三中全会召开以后，市场管理工作进入了一个新的历史时期。1980年沈阳市工商局在省、市、区（县）三级领导的支持下，首先恢复和培育了北行农贸市场。与此同时，原有的传统市场如庙会、骡马大会等得到迅速地恢复和扩大；新兴的市场如农副产品批发市场、工业小商品市场和各种专业市场如雨后春笋般大量涌现。各种新兴市场的类型很多，有综合性的市场，也有专业性的市场；有经营零售的，有专门经营批发的，也有批零兼营的；有些市场是常年性的，也有的是季节性的。各类市场大、中、小相结合，城市和农村相结合，批发和零售相结合，农副产品和工业品相结合，综合和专业相结合，逐渐形成了一个多种类、多形式、多层次、多功能的集市贸易网络。据国家工商行政管理局统计，到1984年底，全国城乡集贸市场已发展到56 500个，比十一届三中全会前的1978年增加了23 198个。市场规模、上市商品和交易范围也不断扩大，一些商品经济比较发达的地区，出现了许多万人或数万人赶集的农副产品集散地；一些村镇随着集市贸易的发展形成了新的集镇。集市交易额在社会商品零售总额中所占的比重逐年增加，1978年成交额（折成国营牌价计算）只相当于社会商

品零售额的5.4%,到1984年已相当于社会商品零售额的14.34%。

城乡集市贸易在少数民族地区恢复和发展也很迅速,已有的集市交易活跃,成交额成倍增长,没有集市的地方,也建立了新的集市。如新疆维吾尔自治区,1979年全区城乡集市只有373个,成交额1.6亿元,到1984年底已发展到701个,全年成交额6.1亿元,比1979年集市数量增长0.9倍,成交额增长2.8倍。

（一）农村集市贸易发生了深刻的变化

农村集市贸易迅速发展,同时也发生了深刻的变化。

一是集市贸易赖以存在的物资来源发生了变化。过去中国的商品经济很不发达,集市贸易基本上是建立在自给自足小农经济基础之上的,农村实行合作化以后,也未能摆脱这种状况。党的十一届三中全会以后,农村全面推行各种联产承包责任制,涌现出很多专门从事商品生产的重点户和专业户。工业上发展了大批乡镇企业和农民家庭工业,生产大量工业品和手工业品。商品经济的日益发展,为集市贸易提供了比较充裕的物资源泉。

二是交换对象和交换方式发生了变化。过去集市贸易主要是生产者与消费者之间的交易,是农民之间互通有无、调剂余缺的场所。农民上市交换的目的是"以其所有,易其所无"。交换商品的方式,主要是产销直接见面,零星买卖。现在参加集市交易的人员不只是农民,还有大批从事商品生产和商品贩运的经营者,他们上市交换商品的目的,主要是为卖而买,获得货币。交换的方式,也不仅仅是直接交易,零星买卖,而发展到批量成交。

三是交易地区范围和作用发生了巨大变化。过去集市贸易的范围很小,一般为区域性的小市场,在农民和城市居民的生活中起很小的补充作用。党的十一届三中全会以来,不少集市贸易由原来几天一集发展为天天集,有的逐渐发展为范围广大的四通八达的农副产品交易中心,已逐渐形成为城乡之间、地区之间物资交流和商品交换的一条重要的补充渠道。

（二）城市农副产品市场逐步开放,发展迅猛

城市农副产品市场是逐步开放的,1979年4月国务院批转了《关于全国工商行政管理局长会议的报告》,《报告》提出:"城市农副产品市场,原则上应该开放",同时说"范围宜小不宜大,管理宜紧不宜松","必须指定地点,不要设在市中心区","上市品种只限于农副产品","只准生产者和消费者直接见面",等等。根据报告的精神,各地相继恢复和建立了一批城市农副产品市场。

1980年8月,工商行政管理总局在沈阳市召开了全国城市农副产品市场座谈会,会议除各省、自治区、直辖市工商行政管理局局长参加外,还邀请了部分省、市分管财贸工作的副省长、副市长和财办主任参加。会议肯定了恢复和发展城乡集市贸易的必要性和重要性,对城市农副产品市场的具体政策作了说明,要求各级工商行政管理干部解放思想,实事求是,开动机器,勇于创新,把市场搞活管好。会议交流了经验,分析了城乡集市贸易的性质、地位和作用,明确了城市农副产品市场是集市贸易的一种形式,属于社会主义的范畴,是社会主义统一市场的组成部分,是一条必要的不可缺少的补充流通渠道。同时,对过去一些不适当的限制做法作了调整。这次会议,对于全国开放城市农副产品市场和发展农村集市贸易,起到了很大的推动作用。会后,开放城市农副产品市场很快形成高潮。

1983年,中共中央和国务院放宽了农副产品贩运政策,使城市农副产品市场有了更大的发展,由小型发展为大中小型各有特点的农贸市场群,出现了早市、晚市等不同形式的市场。农副产品市场的地点,由市郊区、边缘区扩展到市中心区。上市商品由来自毗邻地区延伸为来自全国的四面八方。上市人员由产销直接见面,发展为生产者、贩运者和消费者都参加的交易市场。

城市农副产品市场的发展是迅猛的,据国家工商行政管理局统计:1979年开放城市农副产品市场时,全国城市农副产品市场只

有2 226个,全年成交额12亿元,到1984年已发展到6 144个,全年成交额96亿元,同1979年相比,市场增加了3 918个,增长1.7倍;成交额增加84亿元,增长了7倍。

(三)开放工业小商品市场

随着商品经济的发展和城乡市场的活跃,在恢复和发展城乡集市贸易的同时,一些大中城市和县城、集镇陆续出现了工业小商品交易市场。它的兴起,一般是在自发形成的基础上,因势利导,划行归市建立起来的;也有的是历史上原来就有,现在又重新恢复起来的。工业小商品市场交易的商品是工业品中的小商品,主要是小百货、小五金、小针织、小塑料制品以及玩具、化纤服装等。进入这个市场交易的商品,绝大部分是乡镇企业、街道企业的产品,农民家庭副业和个体手工业的产品,也有国营企业的自销产品,以及积压和处理的商品。工业小商品市场的开放,使小商品的流通得以畅通,生产得以发展。

到1982年,全国已开放了88个工业小商品市场。这些小商品市场已经成为沟通生产和消费、联系城市和农村的一条补充流通渠道,在促进小商品生产、扩大小商品下乡、活跃城乡市场、方便人民生活、补充国营商业不足等方面起到了很好的作用。

党的"十二大"的召开,明确了个体经济是公有制经济的必要的、有益的补充,应鼓励在国家规定的范围内和工商行政管理下适当发展。1982年10月,国家工商行政管理局根据国务院关于开放小商品价格的指示精神,在武汉市召开了全国工业小商品市场现场会。会议总结、交流了开放小商品市场的做法和经验,讨论了开放小商品市场需要解决的一些政策性问题,对小商品上市的范围、价格、个体商贩和个体手工业者经营批发业务和长途贩运,以及小商品市场的设置、建设、管理等问题作了说明。会议统一了思想,提高了认识,各级工商行政管理部门认真贯彻会议精神,克服各种困难,采取有效措施,积极开放小商品市场,仅在1983年,全国就新建市场1 100个。1983年以后,由于小商品价格的进一步放开,市场更加繁荣,上市商品增加,交易范围扩大,特别是允许二类工业品和某些一类工业品进入市场以后,市场交易更加活跃,成交额逐年猛增。据国家工商行政管理局统计:1983年底全国共有工业小商品市场1 446个,全年成交额26亿元;到1984年底,已发展到2 628个,比上年增加了1 182个,1984全年成交额51.1亿元,比上年增长94%。

(四)建立农副产品批发市场

在城乡集市贸易发展的基础上,一些大中城市和一些商品集散地,从1983年开始,陆续出现了一大批农副产品批发市场。据国家工商行政管理局统计:1983年全国只有200多个农副产品批发市场,到1984年底已发展到1 000余个,比1983年增长4倍多。农副产品批发市场的大量出现,主要是由于:

第一,中国农村改变了不适应农业生产力发展的体制,全面推行各种联产承包责任制,农村生产力迅速发展,农副产品数量大幅度增长,使农村经济开始由自给和半自给的自然经济向专业化、商品化、现代化转变。在商品生产过程中,大量涌现出专门从事商品生产的专业户和重点户甚至是专业村。在这种情况下,原来的产销直接见面、零星交易的形式,已经很不适应,需要有经营批发的市场为其推销商品,提供服务。

第二,农副产品贩运政策的放宽,允许私人长途贩运农副产品的政策公布以后,城乡出现了一批专门从事贩运农副产品的商贩。他们把农副产品从农村贩运到城市,从产地贩运到销地,这种贩运活动,需要提供交易场所和必要的服务。

第三,城镇经营农副产品的个体商贩,需要农副产品批发市场为他们提供货源。

农副产品批发市场一出现,就显示了它的积极作用:交易规模大,商品流转快,集散作用强,信息灵通,为生产者和贩运者提供了方便和服务。批发市场对于进一步加强城乡经济联系,扩大和沟通城乡之间、地区之间的物资交流,促进农村商品经济的发展,增加城市农副产品供应,解决农民特别是专业户卖难的问题,都起到了极大的促进作用。它已成为许多农副产品,特别是鲜活商品进城的深受群众欢迎的流通渠道。

（五）各种专业市场兴起

商品经济的发展和城乡市场的活跃,特别是流通体制改革和贩运政策放宽以后,在一些商品经济比较发达的地区,自发形成了一些以交易某种商品为主的专业市场。这些专业市场,有的在历史上就是某种商品的集散地,又重新恢复起来;有的是适应当地乡镇企业和农民家庭工业生产而发展起来的;还有的是在特定的条件下如交通方便等而发展起来的。归纳起来,专业市场大体可分为三种类型:一是产地型;二是集散型;三是销地型。它经营商品的种类很多,有的是经营农副产品,有的是经营手工业品,还有的是经营废旧物资的。这些专业市场的特点是上市商品比较单一,独立为市,专业性强,主要批发成交,经营规模大,辐射面广,商品流向四面八方,成为某种商品的集散中心。

（六）恢复旧货市场

随着生产的发展和人民群众生活水平的提高,生活消费品更新换代加快。这些换下来的旧货,大多数还有使用价值,还可以再利用。因此需要有个场所互通有无,调剂余缺。所以,不少城镇从1979年以来恢复了旧货市场。据统计,1983年全国城镇已有旧货市场165处,市场上商品繁多。实践证明,恢复旧货市场对方便群众,促进生产有着积极的作用。

（七）加速城乡集市建设,开展市场服务活动

中国的传统集市,绝大多数是"以街为市"、"以路为集"的露天市场,场地狭小,设施简陋,人车拥挤,购销十分不便。各地工商行政管理机关根据"全面规划,因地制宜,合理布局,形式多样,量力而行,讲求实效"的原则,新建和修建了一大批固定的集市场地。

城乡集市建设的资金,采取多渠道的筹集办法。许多地方采取"地方财政拨一点,受益单位和个体户筹一点,有关单位支援一点,市场管理费中开支一点"的办法。多条渠道筹集市场建设资金的做法收效很好。据国家工商行政管理局统计:到1983年底,通过各种渠道和办法,全国城乡集市建设累计投资3.76亿元,总建设面积达6 975万平方米。这些市场,都由当地工商行政管理机关统一管理。

开展市场服务活动,是管好市场的一项辅助措施。工商行政管理机关市场服务工作,大体可以分成三大类:第一类是为方便购销服务的。如设立售货台、存货处、公平秤,为购销双方牵线搭桥等。第二类是为群众生活服务的。如推动有关部门和组织个体工商户在集市附近开办饭馆、小吃店、茶水站、客栈,安排食宿等。第三类是开办信息咨询服务。有的定期发布市场商品价格和供求情况;有的定期通报市场行情,及时向商品生产者和经营者传递市场信息,指导他们的生产和经营。

二、加强市场管理,维护经济秩序

随着城乡集市贸易的迅速发展,各地工商行政管理机关对集市贸易也逐步加强了管理。

（一）保护合法经营,取缔非法经营

首先是积极宣传有关市场管理方面的政策和法规,把教育和管理结合起来,教育个体工商户遵守法规,服从管理,文明经商,按照核准的经营范围,亮照经营,明码标价。其次,采取各种形式听取消费者的意见,发挥群众的监督作用,既监督经营者,也监督市场管理人员。把专业管理和群众监督结合起来。最后,工商行政管理部门主动争取有关部门的配合,共同管好市场。不断整顿市场秩序,清理无照商贩,对扰乱市场秩序、违反物价管理的活动,如掺杂使假、缺斤短尺等损害消费者利益的行为;欺行霸市、哄抬物价、强买强卖等违法活动,根据情节轻重,该取缔的予以取缔,该打击的予以打击,并分别给予行政处罚;情节恶劣,触犯刑律的,交由司法部门处理。

（二）管好私人贩运

从1958年到1979年这个时期内,私人从事贩运活动一直被视为投机倒把而加以取缔。党的十一届三中全会以后,逐步放宽

了对私人贩运活动的管理。1980 年 4 月召开的全国工商行政管理局长会议提出，"社员在不影响集体生产、不剥削他人的前提下，持生产大队证明，可以从事个人劳力所及的鲜活商品和三类农副产品贩卖活动"，"集体商店和有证商贩，可以按照核准的经营范围，到农村采购农副产品"。随着对商品购销形式的改革，1982 年 11 月中央领导人指出要打通购销渠道，进一步放宽对私人贩运农副产品的政策。国家工商行政管理局负责人发表谈话，提出农民从事农副产品贩运，可以个人经营，也可以三五人合作经营；可以零售，也可以批发兼零售；可以肩挑、自行车驮，也可以用机动车船贩运。同时，准许城镇有证商贩下乡采购。至此，对私人贩运活动的种种限制，逐步废止。工商行政管理部门通过登记发证，进行管理。凡常年经营的，发给营业执照，凭照经营；凡属临时性经营的，持证明到销售地区的工商行政管理部门登记，进入市场交易。1983 年 2 月国务院公布的《城乡集市贸易管理办法》用法规形式肯定了私人贩运活动。

对于私人长途贩运小商品，过去一直是不允许的。1982 年 10 月，国家工商行政管理局在武汉市召开了小商品市场现场会，根据国务院关于放开小商品价格的精神，会议确定，经营小商品的有证商贩，可以按照核定的经营范围，从事城乡之间、地区之间的贩运活动。

（三）参与生产资料市场管理

过去重要生产资料基本上实行统一平衡，统一分配，计划调拨。随着计划管理体制的改革，逐步缩小了指令性分配的种类，煤炭、钢材、水泥、木材、有色金属、机电等原属国家计划分配的产品已不同程度地进入市场、县级物资部门，计划外物资已占总额的 80% 以上。生产资料大量由市场调节，放开了价格，搞活了市场。但是也出现了乱涨价格，黑市成交，转手倒卖等非法交易活动。各地工商行政管理机关加强了对生产资料市场的管理。如参与了物资部门和工业业务主管部门建立的生产资料市场、汽车交易市场、钢铁市场的管理，同时加强了对分散

的非法的生产资料交易活动的监督检查，取缔非法交易，打击投机倒把活动。

（四）参与文化市场的管理

经济的发展，带来人民物质文化生活水平的提高，文化市场也日益繁荣起来。新兴的文化商品数量、品种增多。但在内容上也出现了一些消极的甚至是反动的东西，严重腐蚀干部群众特别是青少年的思想，对社会主义精神文明建设十分有害，需要加强管理。

1984 年 3 月国家工商行政管理局与广播电视部、商业部联合发出《关于进一步加强录音录像制品产、销以及市场管理的通知》。要求各级工商行政管理机关对于违章、违法生产、复录、销售音像制品的活动，认真查处，坚决取缔。非经国家批准的音像出版单位的制品，或不注明出版单位和生产单位的名称的制品，一经发现，即予没收，并追究制造者的责任。

（五）制止进口物资非法流入市场

对外开放政策的贯彻，对"四化"建设起了显著作用。但与此同时，在市场上也出现了一些非法交易活动。一是非经营单位将进口的物资，转手倒卖，从中牟利；二是有的经济特区和开放城市违反规定，将进口物资销往外地；三是一些外国商人，以来料加工为名，将进口料件和加工出口成品，私自在国内销售；四是转手倒卖走私物资。此外，还有一些危害人民身体健康的物品如旧服装等，也从国外和港澳地区流入内地，在市场倾销。

对这些非法交易，工商行政管理部门根据国务院有关规定，加强了管理。1980 年 9 月工商行政管理总局与海关总署联合发出《关于打击走私、投机倒卖进口物品的通告》，《通告》规定："任何出售个人进口物品，一律要到国家指定的收购单位出售，不许在市场上摆卖或黑市交易。""经营个人进口物品的单位，必须经县以上工商行政管理机关核准，未经核准的任何单位，不得经营外国人、华侨、港澳和台湾同胞进口的物品。""任何单位和个人，需要购买进口物品时，应一律到国家指定的经营单位购买，不

准从私人手中或黑市购买。"1984 年 12 月，国家工商行政管理局与电子工业部联合发出通知，严禁进口自用的电子计算器转手出售，违者根据不同情况，由工商行政管理部门进行处理。

（六）取缔制造、销售假冒伪劣商品活动

中央提出改革、开放、搞活政策后，有些单位和个人借搞活经济之机，大肆制造、销售、倒卖冒牌、伪劣商品，品种繁多，手段恶劣，什么东西能获取暴利就搞什么。如烟、酒、食品、服装、自行车、照相机、电冰箱甚至药品、化肥、种子等。有的地方制造、销售、倒卖伪劣商品的活动相当猖獗，严重扰乱社会经济秩序。对这类非法经营活动，各地工商行政管理部门认真进行了监督检查，发现的案件，从速从严处理，情节严重的，交由司法部门追究刑事责任。

（七）清理非商品黑市交易

在黑市上非法倒卖票证的现象很突出。有的倒卖国家计划供应物资的票证，如粮票、石油供应证等；有的仿制、倒卖集邮品；有的倒卖经济活动的证件，如发票、批件、执照、提货凭证、经济合同等；有的倒卖火车票、飞机票等；有的倒卖金融证券，如国库券、外汇兑换券等。这些非商品黑市交易，严重破坏经济秩序，也影响社会治安。各地工商行政管理部门与有关部门配合，不断对这类倒卖票证活动进行清理查处，取得了一定效果。

（八）加强市场物价管理

随着经济体制的改革，除了国家统一价格外，又有了国家指导价和市场调节价，市场上出现了多种价格。一些企业和个人趁机乱涨价和变相涨价，获取非法利润。对于这种扰乱改革开放搞活方针和损害消费者利益的行为，各地工商行政管理部门根据政府有关规定，加强对市场的管理，打击各种投机违法活动。

鉴于商品主要掌握在国营、集体工商企业手里，因此首先加强了对国营、集体工商企业的监督管理，督促它们模范地遵守政府法规和各项政策，要求它们严格按照工商行政管理机关核准的经营范围从事经营活动，

积极发挥它们的主渠道作用。所有国营、集体工商业，都不准将国家计划内商品转为计划外，不准将牌价转为议价，不准抬价抢购农副产品和紧俏物资，不准借口协作和串换紧俏物资变相涨价，不准将国家平价供应的商品"卖大户"，供个体商贩高价转卖。任何单位和个人，都不准套购、倒卖国家计划供应的商品、指标、合同或提货凭证。重要生产资料的供销业务和紧俏耐用消费品的批发业务，只能由国营商业、物资部门、供销合作社和生产这种商品的单位经营，不准经纪人牵线挂钩，从中渔利。对于违反政府法规和政策，搞投机倒把牟取暴利的，依法给予了查处。对于高价倒卖紧俏商品的投机倒把活动，还追查根源，查明物资来源，对内外勾结的不法分子给予严厉打击，对于触犯刑律的，交由司法部门处理。

第五节　扶植个体工商业发展

从 1949 年新中国成立到 1978 年 12 月中国共产党十一届三中全会的召开，二十多年的社会实践证明，中国现在还处于社会主义的初级阶段，生产力水平比较低，生产关系要适应这种状况，就应当建立以国营经济为主导，以集体经济为重要组成部分，以个体经济为必要补充，多种经济形式并存的所有制结构。党的十一届三中全会后，党中央确定在发展国营经济和集体经济的同时，适当发展个体工商业是中国的一项长期的经济政策，不是权宜之计。

1982 年 12 月 31 日，中央政治局讨论通过的《当前农村经济政策的若干问题》中指出：人们现在正进入城乡社会主义商品生产大发展的时期，为了搞活商品流通，促进商品生产的发展，要坚持计划经济为主，市场调节为辅的方针，调整购销政策，改革国营商业体制，放手发展合作商业，适当发展个体商业。实现以国营商业为主导，多种商业经济形式并存。要打破城乡分割地区封锁，广辟流通渠道。同时规定，对于农村个体商业和各种服务业，由于其经营灵活、方便群众，应当适当加以发展，并给予必要扶持。

各地逐步地进行了生产和生活服务的经济结构的调整，城乡商业、服务业，特别是集体和个体的商业、服务业有了较大的恢复和发展。据初步统计，党的十一届三中全会以后新增加集体零售商业、服务业网点 37 万多个，个体商业 175 万户，安置了 450 多万待业青年，有二十几个中小城市待业问题已基本上得到了解决。这是一个很大的成绩。但是长期以来由于人们对零售商业、服务业在国民经济中的作用认识不足，加上"左"的错误影响，思想不解放，集体和个体零售商业、服务业没有得到应有的发展，甚至受到排挤和歧视。因此，城乡零售商业、服务业的落后状况，至今还没有根本改变。一方面是网点少，服务面窄，群众急需的许多事情无人去办；另一方面又有大量待业青年得不到安置，有人无事干。这是城乡经济生活亟待解决的一个普遍性的问题。

为了迅速改变这种局面，党中央、国务院于 1983 年 3 月 5 日发出关于发展城乡零售商业、服务业的指示，要求进一步发挥社会主义商业在城乡交流、繁荣经济、组织人民经济生活中的重要作用，积极发展城乡零售商业、服务业。特别强调：

一、进一步明确发展零售商业、服务业的指导方针：在办好国营和供销社商业、服务业的同时，应把积极发展集体和个体零售商业、服务业作为今后发展社会主义商业、服务业的一个基本指导思想，实行多种经济形式，多种经营方式，开辟多种流通和服务的渠道。

二、发展集体和个体零售商业、服务业，当前要着重解决的几个问题：一是要搞好网点建设，本着"经济适用、布局合理、行业配套、方便群众"的原则，重点放在网点不足的地方，缺什么补什么；二要疏通货源渠道；三在价格管理上，要在国家物价政策的指导下，发挥市场调节作用，做到有活有管，优质服务，货真价实，买卖公道，群众信赖；四是集体和个体零售商业、服务业的经营原则，应当是自主经营，自负盈亏，国家征税，不搞统负盈亏。同时要求各级工商行政管理部门要加强对零售商业、服务业的监督和管理，保持物价的稳定，坚持好的经营思想和作风。

在国家政策的积极扶植下，个体工商业得到了迅速恢复。

一、进一步端正思想认识，正确地执行政策

1979 年国家提出恢复和发展个体工商业之初，不少干部职工对个体工商业存在偏见，对发展个体工商业的方针不理解，甚至有抵触情绪。有些老个体工商业者心有余悸，怕政策再变；有些青年人则认为从事个体经营不光彩，没有社会地位，低人一等。显然，恢复和发展个体工商业，关键在于端正人们的认识和正确地执行政策。

（一）各地工商行政管理部门根据中共中央和国务院的指示精神，采取各种措施，通过各种形式，大力开展宣传，反复讲清恢复和发展个体工商业符合中国社会生产力发展水平，是发展国民经济的需要，是人民生活的需要。个体工商业依附于社会主义经济，受公有制经济的影响和制约，并且在国家政策允许的范围内发展，不会成为社会主义的异己力量。发展个体经济，是国家的长期方针，不是权宜之计。个体工商业为四个现代化建设服务，作出贡献，它们的劳动是光彩的，应当受到人们的尊重。通过大力宣传，提高了干部职工对恢复和发展个体工商业必要性和重要性的认识，扫除了个体户低人一等的陈腐观念，鼓舞了个体户经营的信心，从而推动了个体工商业的顺利发展。

与此同时，各级党委和人民政府为端正对个体工商业的认识，提高个体工商业者的政治地位，对他们中的先进人物授予了各种荣誉，在个体工商业者中还建立了中国共产党组织和共青团组织。在中国政治经济生活中，个体工商业者受到了广大人民群众的普遍重视和尊重。

（二）国务院先后制定并颁布施行了《关于城镇非农业个体经济若干政策性规定》及其补充规定、《关于农村个体工商业的若干规定》。这些法规明确规定：

1. 从事个体经营的公民，是自食其力的独立劳动者，同全民所有制、集体所有制单位的劳动者一样,享有同等的政治权利和社会地位。国家保护个体经营户的正当经营、合法权益和资产。凡属国家政策法令允许的经营活动,任何部门和单位不得乱加干涉。

2. 城镇待业青壮年、社会闲散人员、农村村民和政策上允许的其他人员,都可以申请经营个体工商业。

3. 个体工商业者可以从事的行业有工业、手工业、商业、饮食业、服务业、修理业、运输业、房屋修缮业,以及国家允许个体经营的其他行业。

4. 个体工商户一般是一人经营或家庭经营。必要时,经工商行政管理部门批准,可以请一至两个帮手,技术性较强或者有特殊技艺的,可以带两三个最多不超过五个学徒。请帮手、带学徒,都要订立合同,规定双方的权利、义务、期限和报酬等。合同要经当地工商行政管理部门鉴证。

5. 对个体工商业的价格管理有四种:一是从国营企业按批发价购进的商品,按国家规定的零售价格出售;二是使用国家物资部门供应的原材料生产的产品,参照国营同类型产品价格,按质论价出售;三是自行采购的议价商品,允许随行就市;四是服务业、修理业、运输业的收费标准,可由同行评议规定,或由供需双方自行商定。

6. 城市中的待业青年,社会闲散人员,特别是有技艺或有经营能力的人员,可以持当地户籍证明,到外地的集镇(含城关镇),向所到的县工商行政管理机关申请从事个体工商业,他们原在城市的户籍可予以保留。允许农村个体工商户自理口粮,到集镇摆摊设点;有条件的,经工商行政管理部门批准,也可以开店经营。此外,个体工商户出县、出省经营,须持营业执照或临时营业执照向所到地的工商行政管理部门登记,经批准后,方可营业。

二、城乡个体工商业迅速发展

1978 年底全国城镇个体工商业只剩下 14 万人,1979 年恢复到 31 万人,1980 年增加到 80.6 万人。1981 年国务院颁发了《关于城镇非农业个体经济若干政策性规定》,

城镇个体工商业发展加快,农村也开始恢复。1982 年中国共产党第十二次全国代表大会肯定了个体工商业的积极作用,更加促进了城乡个体工商业特别是农村个体工商业的迅速发展。1983 年全国城乡个体工商业增加到 590.1 万户,746.4 万人。1984 年增加到 930.4 万户,1 303.1 万人。

个体工商业经营的范围广泛,有工业、手工业、商业、饮食业、修理业、服务业、运输业等。它们大多手工操作,也有不少已使用动力工具;生产的商品,不仅在国内销售,有的在国际市场上享有一定的声誉;不仅为人民生活服务,有的还为生产和科研服务。

个体工商业按行业划分,据 1984 年底国家工商行政管理局统计:工业、手工业占总户数的 12.6%,运输业占 6.3%,建筑修缮业占 0.4%,商业占 54.8%,饮食业占 10.3%,服务业占 6.2%,修理业占 7.4%,其他行业占 2%。

少数民族地区商品经济不发达,在传统观念上"重农轻商"、"重牧轻商",历史上个体工商业很少。1982 年 9 月党的"十二大"之后,各少数民族地区都放宽政策,采取措施,加快了个体工商业的发展。如内蒙古自治区于 1983 年,针对本地区地广人稀、交通不便、商业网点稀少的情况,实行了大力发展的方针,并在三个方面放宽了政策:一是在经营范围上放宽,允许一业为主兼营多种行业。二是人员上放宽,允许超过国务院《关于城镇非农业个体经济若干政策性规定》中带一两个帮手和带三五个学徒的人数规定。三是在经营方式上放宽,允许经营方式灵活多样,可以零售,也可以批发,或者批零兼营。由于采取大力发展的方针和有力措施,内蒙古自治区个体工商业迅速发展起来,1982 年全区个体工商业只有36 820户,48 536人,到1984 年底止,已发展到141 766户,202 106人,比1982 年户数增长 2.85 倍,人员增长 3.16 倍。

城乡个体工商业这支人数众多的劳动大军,在搞活经济,繁荣市场,方便人民生活,安置城镇待业青年和农村剩余劳动力等方面,都发挥了积极的作用,已经成为国民经济中不可缺少的重要力量。

个体工商业的作用：

（一）补充了国营和集体商业、饮食业、服务业网点的不足

据1985年底统计：全国个体商业、饮食业、服务业的经营网点共计870.3万个，占这三个行业全社会网点总数的81.6%。个体工商业网点，不要国家投资，不用招工指标，分布在城市大街小巷，走村串户，方便群众，缓和了供需矛盾；以分散灵活、方便群众的特点，适应着人民生活多方面的需要。一些城市"做衣难"、"修理难"、"吃饭难"的问题，基本上得到了缓解。

（二）活跃商品流通，促进生产发展

个体商贩从事城乡之间、地区之间的贩运活动，便利了农副产品和工业品的交换，对市场的繁荣，满足城乡人民的需要，促进某些农副产品和工业小商品的发展，都显示出积极的作用。安徽省六安地区有8700多个个体货郎担，活跃在皖西大别山区，平均每月把价值100多万元的小商品送到千家万户。河北省1982年收购的鸡蛋60%以上是通过个体工商户收购上来的。辽宁省阜新市有2000多个流动个体户，除收购、推销蔬菜、家禽、山货、小杂粮等农副土特产品之外，还贩运工业小商品下乡。

（三）恢复和发展工业小商品和传统手工艺品

个体工业、手工业户，生产了大量的工业小商品和传统的手工艺品，供应国内市场和出口需要。广东省1984年个体工商业的自有资金达1.5亿元，营业额达13.6亿元。贵阳市青年个体户制作的树根造型艺术品，在广州举办了展销会，受到群众的称赞。北京市青年个体户创作的微型面人，受到中外艺术家的赞赏。据17个省、自治区、直辖市的统计：有132户个体手工业生产的手工艺品出口，创外汇901万美元。

（四）扩大就业门路，促进社会安定

通过发展个体工商业，安置了大批城镇待业青年和其他待业人员。1979年至1984年，为了解决待业青年劳动就业，每年都批准一部分待业青年从事个体工商业。据国家工商行政管理局统计：截至1984年底，全国城镇个体工商业从业人员共有290万人，其中原属于待业青年的有79.3万人，占城镇个体工商户总人数的27.2%。据国家统计局统计：在第六个五年计划期间（1980—1985年），全国城镇共安置待业人员3648万人，其中从事个体经营的有369万人，占安置就业人员总数的10.1%。这不仅节省了巨额的就业安置费用，也有利于社会的安定。特别是一部分刑满释放人员、劳教解除人员，通过从事个体经营，就业得到了安排，生活有了出路。这对于转化消极因素为积极因素，减少社会不安定的因素，起到了很好的作用。

（五）为农村剩余劳动力提供出路

到1984年底，全国农村已有1000多万剩余劳动力从事个体工商业。农村个体工商业的发展，有利于发展农村商品经济，有利于活跃农村市场，有利于逐步缩小城乡差别。

（六）扩大税源，增加国家财政收入

个体工商户向国家交纳的税金是逐年增加的，1979年至1985年，共交纳税金77亿元，平均每年11亿元。1984年交纳19亿元，1985年达到38亿元。

（七）促进国营和集体工商企业改善经营管理，提高服务质量

个体工商业发展起来后，市场上增添了一股竞争力量。不少个体工商户开门早，收摊晚，经营灵活，服务周到。这对国营和集体工商企业是个有力的促进，促使那些经营管理不善的企业，在竞争中改进工作，提高服务质量。

三、认真解决个体工商户在生产经营中遇到的问题

各级工商行政管理机关与有关部门配合，帮助个体工商业解决生产经营中的以下几个问题：

（一）货源和原材料供应

1981年国家工商行政管理总局与商业、粮食、供销、物资、劳动等部门，联合发出《关于对城镇个体工商户货源供应等问题的通知》，要求有关部门根据个体工商户生产经

营范围,积极供应货源,同国营和集体工商业一样,享受批发价格。同时,要增设批发网点,适当降低批发起点,给个体工商户进货提供方便。对于修理服务需要的各种短线物资,物资部门在分配、供应原材料时,要注意个体工商户的需要,予以安排。

(二)经营场地

1981年工商行政管理总局与劳动、城建、公安等部门,联合发出《关于解决发展城镇集体经济和个体经济所需场地问题的通知》,要求从实际情况出发,对个体工商户需要的网点,有关部门要共同研究,统筹规划。所需场地,由所在城镇的城市规划管理部门商同有关部门作出安排。城市人防工程适宜改作营业间的,在人防和房管部门的统一安排下,可以租给个体工商户使用。城镇临街的新建宿舍楼房的一层商业用房屋,可由房管部门租给个体工商户,作为营业门面。凡是原来的临街营业门面房,现已改为仓库、宿舍或其他用途的,要尽可能腾出来,可租给个体工商户作营业使用。征得当地公安局同意后,可以在市区划出一定的地段,作为摊市或小商品市场,允许个体工商户摆摊设点,从事商业服务活动。

(三)资金周转

各地银行对个体工商户允许开立账户。对资金周转有困难的,按规定手续,给予贷款。

(四)禁止乱收费用

个体工商户除按国务院和各省、自治区、直辖市人民政府的有关规定,交纳税款和费用外,禁止任何部门借用任何名义,乱收费用。

四、加强对个体工商户的管理

为了充分发挥个体工商业的积极作用,促使其健康发展,工商行政管理部门对个体工商户的管理着重抓了以下几个方面:

(一)登记管理

凡要求从事个体工商业的,必须向所在地的工商行政管理机关提出申请,工商行政管理机关根据法规和当地实际需要,进行审查,凡符合条件的,发给《个体工商业营业执照》或《个体工商业临时营业执照》。无照不得经营。登记事项有变动时,办理变更登记;停止营业,办理歇业登记。由于个体工商户经营灵活,变化较快,要按照规定,定期或不定期验照或换发营业执照。

(二)监督检查

对个体工商户的违章、违法行为,如各种损害消费者利益的行为、投机倒把、偷税漏税、欺行霸市、哄抬物价等,视其情节轻重,进行教育或给予行政处罚。触犯刑律的,交由司法部门处理。会同有关部门,定期或不定期对个体工商户进行物价检查、计量器具检查、卫生检查和技术考核检查。对无照个体工商户,不断进行清理整顿。

(三)思想教育

对个体工商户的思想教育,主要是理想、法制和职业道德教育,经常向他们宣传中国共产党和人民政府的有关方针、政策,教育他们爱国守法,服从管理,照章纳税,组织他们开展"五讲四美三热爱"和文明经营、优质服务活动,做一个社会主义劳动者。教育他们遵守社会主义的职业道德,端正经营作风,亮照经营,明码标价,做到不缺斤少两,不弄虚作假,不出售腐烂变质和危害人民身体健康的食品,不强买强卖,不恶语伤人等。

对个体工商户中涌现出的先进典型,各级工商行政管理部门和有关部门及时总结和推广了他们的先进经验,并授予"劳动模范"、"新长征突击手"、"三八红旗手"、"信得过个体户"等光荣称号。

第六节　恢复职能,
拓宽监管范围

工商行政管理机关恢复后的最初几年中,主要是围绕培育市场及扶植个体工商业发展开展工作的。与此同时,根据国家的经济发展形势,工商行政管理机关努力拓宽监管范围,恢复了"文化大革命"期间被停止的企业登记管理和商标注册管理,加强了对经济合同的管理和打击投机倒把的力度,同时随着广告业的发展,在广告管理方面也做了大量的工作,贯彻了为国家经济建设服务的宗旨,促进了工商行政管理工作与国际惯例接轨。

一、企业登记管理全面恢复和加强

企业登记管理工作在党的十一届三中全会以后,得到全面恢复和加强,并且开展了对外商投资企业登记管理。根据改革、开放、搞活的新情况,制定了一系列对工商企业包括外商投资企业及外国企业常驻代表机构的登记管理法规。为国家控制宏观经济,维护社会主义经济秩序,发挥了重要作用。

(一)开展普查登记,为调整经济服务

1979 年中共中央提出了"调整、改革、整顿、提高"八字方针以后,为了摸清企业底数,并为当时经济调整工作服务,1980 年,工商行政管理总局与国家经委、农委联合,对工业企业进行了普查登记;还配合国家建委对建筑企业进行了登记;随后于 1981 年又对商业、饮食业、服务业、交通运输业进行了全面登记。经过普查登记,各级工商行政管理机关对工商企业建立了档案。这项工作不仅为加强对企业的监督管理打下了基础,并且为各级政府和有关部门做好调整工作,提供了有关数据和资料。

(二)贯彻执行《工商企业登记管理条例》

为了贯彻以计划经济为主、市场调节为辅的方针,保障企业从事合法经营,取缔非法经营,维护社会主义经济秩序,促进社会主义建设,1982 年国务院公布施行了《工商企业登记管理条例》。根据这个《条例》,各地工商行政管理机关对工商企业的登记,加强了管理。

1. 认真审核工商企业的开办条件

工商企业经过工商行政管理机关核准登记,领取筹建许可证或营业执照以后,才能进行筹建或生产经营活动,才能取得法人资格。1982 年国务院公布的《工商企业登记管理条例》规定:"未经核准登记的工商企业,一律不许筹建或者开业。"1982 年 11 月在五届全国人大五次会议上国务院所作《关于第六个五年计划的报告》中强调指出:"新开工厂,必须由工商行政管理部门批准,发给营业执照,没有营业执照的,一律依法取缔;工商行政管理部门依法行使职权,任何部门不得阻挠干预。"根据上述《条例》和国务院报告的精神,各地工商行政管理部门对工商企业认真审核了开办条件,防止出现无资金、无场所、无设备、无固定从业人员的"四无"企业。

第一,认真核实企业的注册资金。工商企业申请登记的注册资金,是企业承担经济责任的法律依据,又是企业信用能力的主要标志。对企业的注册资金,要求企业提供主管部门或财政部门、银行出具的资金证明,做到注册资金与实有资金相符。

第二,恰当地核定企业生产经营的范围。工商行政管理机关对企业生产经营范围的核定,是企业合法经营或者非法经营的重要法律依据,必须认真核定,慎重对待。限制过严,不利于搞活经济;放得过宽,不强调行业分工,同样会影响经济搞活。所以,在核定企业生产经营范围的时候,不能限制过严,也不能放得过宽。对工业和商业,对批发和零售,都要有所区别。允许工厂发展综合利用,根据市场需要来安排生产。商业经营范围,允许一业为主,兼营与本业相近的行业,但必须分清主营和兼营。企业的生产经营范围,还应与企业的注册资金、设备条件、技术力量相适应。

第三,如实核定企业名称。企业名称要名实相符,反映企业的特点。企业名称是该企业区别于其他企业的一个标志,核定后的企业名称,按照有关规定,享有专用权,也属于工业产权之一,受国家法律保护。保护企业名称专用权,制止侵权行为,是维护社会主义经济秩序的一项措施。

2. 开展对工商企业经常性的监督管理

《工商企业登记管理条例》规定:"工商企业必须按照国家的政策、法令和核定的登记事项从事生产经营。各级工商行政管理局有权对所管辖地区内的工商企业进行监督检查。"据此,工商行政管理机关对工商企业的登记管理,不仅仅是登记、发照,而是要进行经常性的监督管理。把登记发照与监督管理密切联系起来。登记发照是监督的基础，监督管理是登记发照的继续。在对工商企业登记发照之后，各地工商行政管理机关按照核准登记的项目进行每年一度的检查和不定期的检查，发现问题，及时处理。

（三）开展对外商投资企业的登记管理

在1978年12月党的十一届三中全会以前，工商行政管理机关对外商投资企业的登记管理工作，几乎是空白，既没有外资企业的法规，也没有登记管理的实践。只有在党的十一届三中全会以后，随着对外开放政策的实行，引进外资工作的开展，对外商投资企业的登记管理工作，才从无到有，从少到多地开展起来，成为工商行政管理部门的一项重要工作。

1. 对外商投资企业进行登记，核发营业执照。1979年7月国家颁布了《中华人民共和国中外合资经营企业法》，这是新中国成立以来第一个适用于外商投资的法规，它第一次对外公布：中国允许外国企业、外国经济组织、外国个人在中国境内与中国的企业、中国的经济组织举办中外合资经营企业。《中外合资经营企业法》还规定："合营企业经批准后，向中华人民共和国工商行政管理总局登记，领取营业执照，开始营业。"

1980年7月26日，国务院颁布了《中外合资经营企业登记管理办法》，对合营企业的开业、变更、注销登记，以及申请登记应提交的文件、登记的主要项目等，都作了明确规定。根据国务院颁布的《中外合资经营企业登记管理办法》，1981年4月24日，工商行政管理总局制定了《中外合资经营企业登记审批程序》，用以指导对中外合资经营企业登记管理工作的开展。对于中外合作经营企业和外资企业的登记管理，在有关法规、办法没有公布之前，暂按《中外合资经营企业登记管理办法》和《中外合资经营企业登记审批程序》的规定办理。为了做好外商投资企业的登记管理工作，工商行政管理机关逐步建立了一支专业干部队伍。1981年工商行政管理总局企业登记司内设立了外资处；有外资的省、自治区、直辖市、计划单列市、经济特区、沿海开放城市工商行政管理局，先后都设立了外资处（科）。同时，国家工商行政管理局还相继举办了七期外商投资企业登记管理干部培训班，对外资干部进行了培训，提高了管理水平和业务能力。为了提高工作效率，适应对外开放的需要，方便外商投资，国家工商行政管理局分期分批将外商投资企业登记的核准权委托地方工商行政管理局办理。

许多地方工商行政管理局在核发营业执照的过程中，能做到审批机关批准后及时发给企业营业执照。外商投资企业领取营业执照后，凭营业执照在银行开立外汇和人民币账户；在海关办理设备、原材料进口手续；在税务机关办理税务登记；在公安机关办理外籍工作人员长期居留手续和刻制企业用章。营业执照及时的核发，为外商投资企业开展合法的经营活动，创造了条件，提供了方便。

据国家工商行政管理局统计，从1980年开始到1984年底，全国登记发照的外商投资企业共有1 999户。其中中外合资经营企业746户，中外合作经营企业1 188户，外商独资企业65户，投资总额达434 644万美元。外商投资者来自24个国家和地区，企业遍及28个省、市及自治区。

2. 对外商投资企业进行监督检查。对外商投资企业监督检查，是国家赋予工商行政管理机关的一项重要职能。1979年7月，国家颁布的《中华人民共和国中外合资经营企业法》规定：中华人民共和国工商行政管理总局和省、自治区、直辖市工商行政管理局，有权对所管辖地区内的中外合资经营企业进行监督检查。

根据国家法律的规定和外商投资企业的涉外特点，并本着管理与服务、扶持与查处相结合的原则，采取定期走访，不定期检查，举办座谈会，与有关部门协调，及时反映情况等多种形式开展监督检查。在监督检查中，主要围绕外商投资企业是否按照规定办理开业、变更、注销登记；是否按照批准登记的事项以及章程、合同或协议，开展经营活动；是否按照规定办理年检手续；企业法定代表人是否遵守国家有关法律、法规和政策。同时，抓住外商投资企业入资这个核心，从督促外商投资企业按期出资入手，积极主动地进行监督检查工作。通过工商行政管理机关的出资检查工作，促进了外商投资企业的健康发展。

此外，随着外国企业在我国设立常驻代表机构增多，国务院于1980年10月30日发布了《中华人民共和国国务院关于管理外国企业常驻代表机构的暂行规定》，1983年3月5日又经国务院批准，由国家工商行政管理局公布了《外国企业常驻代表机构管理办法》。工商行政管理总局于1980年11月开始办理登记，当时大部分常驻代表机构集中在北京，由工商行政管理总局直接办理登记。为便于所在地对常驻代表机构进行监督，自1982年1月1日起，在北京的，改为委托北京市工商行政管理局办理登记。在京外的，委托所在省、自治区、直辖市和经济特区以及十四个沿海开放城市、海南行政区工商行政管理局办理登记。常驻代表机构经核准登记，发给外国企业常驻代表机构登记证，常驻代表发给代表证，雇员发给工作证，华侨港澳企业发给华侨港澳企业常驻代表机构登记证。

二、加强经济监督检查，打击投机倒把活动

随着对外开放、对内搞活经济方针的贯彻，经济体制改革的深入开展，市场调节范围的扩大，商品经济日趋活跃，市场日益繁荣。但是，由于某些工农业产品的生产赶不上经济建设和人民生活的需要，仍然供不应求；加上在经济体制改革的过程中，经济立法和管理工作没有跟上，一些单位和个人利用供求之间的矛盾，大搞投机倒把、走私贩私活动，有的还相当猖獗。在新的发展时期，投机倒把活动的特点，一般的是规模大，范围广，暴利多；由倒卖生活资料，扩展到倒卖文化领域中新兴的紧俏商品；由在国内从事投机倒把活动，扩展为国内外勾结；国营、集体企事业单位投机倒把增多；行贿、受贿、索贿的情况突出。打击投机倒把工作面临一个新的复杂的局面。

邓小平同志1982年4月10日在讨论《中共中央、国务院关于打击经济领域中严重犯罪活动的决定》的会议上指出："打击经济犯罪活动的斗争，是我们坚持社会主义道路和实现四个现代化的一个保证。这是一个经常的斗争，经常的工作。""我们要有两手，一手就是坚持对外开放对内搞活经济的政策，一手就是坚决打击经济犯罪活动。没有打击经济犯罪活动这一手，不但对外开放政策肯定要失败，对内搞活经济的政策也肯定要失败。有了打击经济犯罪活动这一手，对外开放、对内搞活经济就可以沿着正确的方向走。"邓小平的讲话精神，为打击投机倒把工作指明了正确的方向。

（一）在统一部署下，对投机倒把活动进行了三次大的打击

第一次是从1981年第一季度开始的。当时鉴于一些单位和个人，利用调整国民经济的空隙，大搞投机倒把，破坏市场物价稳定，1981年1月7日，国务院发出了《关于加强市场管理打击投机倒把和走私活动的指示》。根据国务院的指示，工商行政管理总局于同年1月10日发出通知，要求各级工商行政管理机关积极投入这场斗争，采取有效措施，坚决打击投机倒把和走私贩私活动。到1981年底，全国共查处投机违法案件146.7万起，其中属于投机倒把的案件36.5万起，比1980年增加31%；获利10 000元以上的大案2 957起，比1980年增加2.5倍；罚没金额10 780万元，比1980年增加1.6倍。在查处的32 254件投机倒把案件中，机关、企事业单位占35%；违法人员中干部和职工占26%。

第二次是从1982年上半年开始的。1982年1月中共中央发布了《全国农村工作会议纪要》，放宽了一些经济政策，以搞活农村经济，改善商品流通。一些从事投机倒把活动的人又趁机活动。加以广东、福建、浙江三省走私贩私活动甚为猖獗，由沿海向内地不断蔓延扩大，各种经济犯罪大量涌现。为此，1982年3月8日第五届全国人民代表大会常务委员会第二十二次会议，通过了《关于严惩严重破坏经济的罪犯的决定》。同年4月13日中共中央、国务院发布了《关于打击经济领域中严重犯罪活动的决定》。

依据这两个文件的精神,各级工商行政管理部门集中了大批力量投入这一斗争。1982年查处投机倒把的大案和罚没的金额比以往任何一年都多,据统计,1982年全国共查处投机违法案件132.7万起,其中属于投机倒把的案件30.9万起,获利10 000元以上的大案5 100起,比1981年增加75%;罚没金额27 400万元,比1981年增加53.3%。交司法机关处理的投机倒把人员4 497人,占投机倒把人员总数的5.9%。

第三次是1984年第四季度开始到1985年。这次大的打击是从狠刹不正之风开始,从四个方面进行的。一是从清理党政机关和党政干部经商、办企业中查处投机倒把;二是查处就地转手倒卖重要生产资料和紧俏耐用消费品;三是取缔制造、销售冒牌商品;四是打击走私贩私活动。1985年全国共查处投机违法案件85.6万起,其中属于投机倒把的案件9.5万起,比1984年减少2.4%;获利10 000元以上的大案5 416起,比1984年增加1.7倍,罚没金额3.3亿元,比1984年增加110%。移交司法机关处理的投机倒把人员1 077人。

这三次大规模的打击投机倒把斗争,对于维护市场秩序和稳定物价,保证经济体制改革,特别是流通领域的改革顺利进行,促进商品生产的发展,维护安定团结的政治局面,都有着积极的作用。

(二)调整政策,适应新形势发展的需要

为了适应对外开放、对内搞活经济,以及经济体制改革的需要,对打击投机倒把工作的一些具体的政策规定进行了两次大的调整。第一次是对1981年以前的政策进行调整。主要是调整"文化大革命"中及其以前所制定的一些"左"的政策规定,把一些应该支持或保护的经济活动被错误地列为投机倒把的规定,予以纠正;把一些属于一般违法活动,被列为投机倒把的,予以划出。1981年1月7日,国务院发出的《关于加强市场管理打击投机倒把和走私活动的指示》中,列举了十二项投机倒把活动,正式以法规形式公布,从而缩小了打击的范围。这十二项投机倒把活动具体为:(1)非法倒卖工农业生产资料;(2)抬价抢购国家计划收购物资,破坏国家收购计划;(3)从国营和供销合作社零售商店套购商品,转手加价出售;(4)个人坐地转手批发;(5)黑市经纪,牟取暴利;(6)买空卖空,转包渔利;(7)欺行霸市,囤积居奇,哄抬物价;(8)倒卖计划供应票证和银行有价证券;(9)倒卖金银、外币、珠宝、文物、外货、贵重药材;(10)偷工减料,掺杂使假,以假充真,骗钱牟利;(11)以替企业、事业等单位办理业务为名,巧立名目,招摇撞骗,掠取财物;(12)出卖证明、发票、合同,代出证明,代开发票,代订合同,提供银行账户、支票、现金,从中牟取非法收入。

第二次政策调整是在1981年以后。在实行对外开放、对内搞活中,连续地采取了一些重大的具体措施,特别是为了搞活农村经济,中共中央和国务院每年都有新的决定,不断地放宽政策,也不断地对以前的政策进行调整。1985年7月8日,最高人民法院、最高人民检察院,根据新的情况,印发了《关于当前办理经济犯罪案件中具体应用法律的若干问题的解答(试行)》。其中关于投机倒把罪的几个问题,对投机倒把行为作了新的规定,把一些过去认定为投机倒把的经济活动,改为合法活动。例如,1981年1月7日国务院发出的《关于加强市场管理打击投机倒把和走私活动的指示》中,把"非法倒卖工农业生产资料"、"个人坐地转手批发"等列为投机倒把。随着一些生产资料进入市场调节领域,随着农副产品批发市场、生产资料贸易中心、生产资料市场的出现,上述交易行为,不能一律视为投机倒把。因此,在新的规定中被取消。此外,还有些经济活动,如"抬价抢购国家计划收购物资,破坏国家收购计划",也因为一些工农业产品的购销形式有了改变,加以原规定的界限比较笼统,也作了修改。1986年国务院发出通知,正式废止了1981年1月7日《关于加强市场管理打击投机倒把和走私活动的指示》。

(三)综合治理,打防结合

第一,由于产生投机倒把的原因错综复杂,各地在打击投机倒把的斗争中,都动员社会力量,组织有关部门,密切配合,协同一致,把宣传教育、行政管理、经济措施、法律手段有机地结合起来,进行综合治理。第二,采取打防结合、以防为主的做法,取得了较好的效果。各地工商行政管理部门在打击投机倒把活动中,首先开展了政策宣传,把合法和非法的界限公告周知,防止因"法盲"而造成违法。第三,对某些有影响的典型案件,进行公开处理,以扩大影响,宣传法制,教育群众,达到查处一案,教育一片的目的。第四,结合案件的处理,对有关人员,特别是有关单位的领导和责任者,帮助其分析原因,讲明危害,并督促其建立和健全必要的规章制度。把可能发生投机倒把活动的漏洞,加以堵塞,防止再次发生类似的案件。

三、经济合同管理逐步开展

1978 年 9 月工商行政管理总局成立,国务院把管理全民所有制企业、集体所有制企业的购销合同、加工订货合同,调解、仲裁合同纠纷明确列为工商行政管理部门的一项主要工作。从此,工商行政管理部门又重新拥有了管理经济合同的职能。随着社会主义商品经济的发展,经济体制改革的深入进行,企业自主权的扩大,专业户、重点户、经营承包户以及各种新的经济实体的大量出现,经济合同大幅度增加,经济合同当事人要求他们的活动得到国家的承认,得到国家的保护和监督。基于这种客观需要,1981 年 12 月五届人大四次会议通过并公布了《中华人民共和国经济合同法》。经济合同法规定工商行政管理部门由过去只管工商、农商、商商之间的购销合同和加工订货合同,扩大为统一管理购销、加工承揽、建设工程承包、科技协作等十类合同。1982 年国务院决定,由原来多头管理经济合同,改为中央及地方各级工商行政管理机关统一管理。从此,工商行政管理机关管理经济合同的任务更加繁重。

经济合同管理工作恢复以后,以《中华人民共和国经济合同法》的颁布施行为界,可分为分散管理和统一管理两个阶段。在这两个阶段中,各级工商行政管理机关根据

规定和国务院的指示精神做了大量的工作。

(一)分散管理阶段

工商行政管理机关恢复经济合同管理职能之后,为迅速开展工作,从中央到地方各级工商行政管理机关逐步设立了专门的合同管理机构,到 1981 年底,在全国已经形成了一个比较完整的合同管理系统。但考虑到企业的购销合同和加工订货合同种类多、数量大、涉及面广、业务性强,在当时工商行政管理部门正处在恢复阶段的条件下,全部由一个部门统一管理确有困难,因此工商行政管理总局从实际情况出发,提出分工管理经济合同的建议,并于 1979 年 4 月得到国务院的认可。工商行政管理机关主要管理工业与商业部门、农业与商业部门之间的合同,到 1981 年又增加了管理不同商业部门之间的合同。

工商行政管理机关介入部分经济合同管理工作之初,对于如何管好经济合同缺乏经验,必须先行试点,取得经验后才能逐步扩展。在试点中做了三件事:

一是推广合同制。推广经济合同制是经济合同管理的工作基础。没有经济合同制,也就没有经济合同的管理。在试点过程中,把推广合同制作为首要环节,对打开合同管理的局面,扩大社会影响起到重要的作用。

二是制定法规,使经济合同管理工作有法可依。1979 年 8 月工商行政管理总局会同国家经委、中国人民银行发布了联合通知,对经济合同管理的分工、合同应具备的主要内容、鉴证以及合同纠纷的调解和仲裁等作了比较明确的规定。1980 年 5 月,工商行政管理总局又根据上述分工的管理权限,公布了《关于工商、农商企业经济合同基本条款的试行规定》和《工商行政管理部门合同仲裁程序的试行办法》,明确规定了经济合同的基本内容和仲裁工作的一些基本原则及具体程序,成为试点期间的主要法律依据。

三是从中央到各省、市、县的各级工商行政管理机关都逐步建立和健全了合同管理机构,共有专职管理人员 4 000 多名,兼职

人员 1 600 名,在全国初步建成了合同管理系统和专业队伍。

（二）统一管理阶段

1. 贯彻执行经济合同法,对经济合同实行统一管理

《中华人民共和国经济合同法》是新中国第一部关于经济合同的基本法律。它的实施有利于推广经济合同制,对于保护经济合同当事人的合法权益,维护社会主义经济秩序,提高企业和社会的经济效益,保障国家计划的执行,促进企业改善经营管理等方面,都有显著的作用。

（1）统一管理经济合同

在经济合同法公布实施以前,对经济合同的管理,是由几个部门分头管理的。工商行政管理部门只负责管理全民所有制企业和集体所有制企业的购销合同和加工订货合同,其他的经济合同,则由业务主管部门和各级经济委员会分别管理。这种分头管理的办法,可以发挥各业务主管部门熟悉业务的特长;可以从计划、财务、物价等各个环节,促进合同的执行。但是,分头管理的弊病是政出多门,政策、法规的口径不一致,反而增加了合同管理的难度,有些部门甚至分而不管,流于形式。针对这种情况,经济合同法规定:经济合同纠纷的处理权和无效合同的确认权,归合同管理机关和人民法院行使。这就从立法上明确了这些权力的统一使用的原则。1982 年 4 月,国务院批转国家经委、国家工商行政管理局、国务院经济法规研究中心《关于对执行经济合同法若干问题的意见的请示》报告中,进一步明确由中央及地方的各级工商行政管理部门,统一管理经济合同。1983 年 8 月,国务院发布了《中华人民共和国经济合同仲裁条例》,又规定了经济合同的仲裁机关是国家工商行政管理局和地方各级工商行政管理局设立的经济合同仲裁委员会。至此,工商行政管理机关管理经济合同的工作,进入了新的阶段。

工商行政管理机关统一管理经济合同的任务有三:一是指导和督促检查有关部门和当事人管理好本系统、本单位的经济合同;二是确认无效经济合同;三是调解、仲裁合同纠纷。

实现对经济合同的统一管理,取得了很好的效果。统一了政策,避免了政出多门,加强了业务管理部门和企业的责任,对推广经济合同制,推动经济体制改革也有一定作用。

（2）改变鉴证、仲裁做法

在贯彻执行经济合同法过程中,按照其中的有关规定,对原来的一些做法进行了改变,主要是由强制鉴证改为自愿鉴证,由两级仲裁改为一级仲裁。

强制鉴证,就是经济合同只有经过工商行政管理部门的鉴证,方能生效,把鉴证作为经济合同有效与否的必需程序。自愿鉴证就是经济合同是否鉴证,悉听当事人自愿,国家不作强制性的规定。

实践证明,自愿鉴证优于强制鉴证,它既符合《经济合同法》规定的合同依法签订即有法律约束力的原则,又减少管理环节,尊重当事人的民主权利。1983 年 8 月,司法部、国家工商行政管理局发布了《关于经济合同鉴证与公证问题的联合通知》。1985 年 5 月,国家工商行政管理局发布的《关于经济合同鉴证的暂行规定》,都明确规定了经济合同的鉴证实行自愿原则,改变了一些地方一度试行的强制鉴证的做法。

在试点期间,对经济合同纠纷的仲裁,实行由工商行政管理部门两级仲裁的办法,即县（市）、省辖市的区和直辖市的区工商行政管理局负责一级仲裁,地区、省辖市、直辖市的工商行政管理局负责二级仲裁。对仲裁结果,当事人如果有异议,可向人民法院起诉。这一“两裁”制,程序烦琐,结案时间长,浪费人力、物力,影响企业的生产经营,必须加以改进。1981 年《经济合同法》和 1983 年《合同仲裁条例》明确规定了“一裁”制,即当事人对仲裁机关的裁决不服,可以向上级仲裁机关申请复议,也可直接向人民法院起诉,从而减少了仲裁程序。

2. 加强对经济合同的监督检查

经济合同制推开以后,经济合同数量猛增。其中属于无效合同和利用合同进行违

法活动的也相对增多。为了促进经济合同制的推广,加强监督检查工作,各级工商行政管理机关抓了三个环节:一是申请制定经济合同法规,如《经济合同仲裁条例》、《加工承揽合同条例》、《工矿产品购销合同条例》、《农副产品购销合同条例》等。这些法规的制定,有利于加强对经济合同的宏观控制与指导,有利于依法办事,依法管理。二是依照国家法律、法规和政策的规定,开展监督检查工作。对于无效合同行使确认权,根据具体情况,宣布合同无效或部分合同条款无效。据1983年到1986年底的统计,共确认无效经济合同11 207件。三是积极查处利用经济合同进行违法活动的行为。1981年到1984年共查处违法合同2 032件,涉及金额41 763万元,罚没金额398万元。这类违法行为大体分为八种类型:(1)假冒其他组织或个人的名义签订经济合同;(2)签订假经济合同;(3)利用经济合同倒卖国家限制流通的物资和证件,包括调拨单、提货单、批文、指标等证明文件;(4)利用经济合同买空卖空、骗买骗卖;(5)把签订的经济合同出卖给他人;(6)为他人提供盖有公章的空白合同文书;(7)利用签订、履行经济合同之机,行贿受贿,损害国家、集体利益;(8)其他利用经济合同危害国家利益和社会公共利益。对这些违法行为的处理,保护了正当的经济活动。

3. 推动各业务主管部门和企业对自身经济合同的管理、监督检查工作

经济合同种类多、数量大、范围广,有些合同具有较强的技术性,单靠工商行政管理机关是很难管好的。根据统一领导、分层管理的原则,各级业务主管部门对本系统经济合同负有监督检查的责任。推动各业务主管部门和企业做好自身的经济合同管理,是各级工商行政管理部门搞好统一管理经济合同工作的基础。据此,各级工商行政管理部门除推动各业务主管部门和企业建立机构,充实人员,制定必要的规章制度外,还对各业务主管部门和企业的专职或兼职合同管理人员,进行必要的培训,并不断总结和交流推广他们管理合同的经验。不少地区

还有计划、有重点地开展了"重合同、守信用"活动,对管理经济合同取得较好成绩的企业和单位,由当地人民政府或者工商行政管理局颁发"重合同、守信用"单位证书。

4. 积极开展经济合同咨询服务工作

随着经济体制改革的深入开展,企业越来越重视自己的切身利益。在广泛的经济活动中,它们需要了解合同法规和有关法律知识,特别是农村专业户,更缺乏经济合同方面的常识,需要提供更多的具体帮助。因此,各级工商行政管理部门在积极宣传经济合同法规的同时,开展了经济合同的咨询服务工作。咨询服务的方式多种多样,诸如,设立固定的咨询服务站,随时接待群众,解答问题;按集市日期设流动咨询服务点,定期咨询服务;咨询服务上门,对签订合同较多的企业,结合监督检查,主动登门咨询服务,发现有问题的合同,当场提出修改意见,予以纠正;根据平常了解的情况和问题,召集有关人员召开会议,指导企业正确运用经济合同,维护本企业的合法经济权益;积极向企业印发经济合同知识资料和经济合同签订、履行等方面的书籍,并以各种方式举办经济合同讲座等,不断提高企业干部职工遵守合同法、执行合同法的自觉性。

四、商标注册管理工作不断发展

"文化大革命"期间,商标管理工作遭受了极大的破坏。当时外国商品的商标和出口商品的商标,由国际贸易促进委员会代办;内销商品的商标统一注册被迫下放到地方或企业,造成商标注册管理的无政府状态。党的十一届三中全会以后,为迅速扭转商标工作放任自流和地方分散注册的状况,1979年4月国务院批转工商行政管理总局关于全国工商行政管理局局长会议的报告中指出:"在商标管理方面,要在清理整顿的基础上,从速恢复统一注册制度。"根据党的十一届三中全会和五届人大二次会议的精神,1979年9月工商行政管理总局在杭州召开了"文化大革命"以后的第一次全国商标工作会议,会议坚决贯彻了党的十一届三中全会的精神,总结了商标管理工作正反两个方面的经验,解放思想,承前启后,为新时期

商标工作的发展，打下了良好的基础。随后，工商行政管理机关即着手认真全面清理了"文化大革命"期间的混同商标及其遗留问题，在此基础上恢复了商标统一注册，并注重加强对注册商标的保护。商标工作进入稳步发展的阶段。

（一）加强商标注册管理

1. 清理整顿商标

"文化大革命"期间，市场上出现了大量的混同商标，如丰收牌的酒，全国有 20 多个；红旗牌的半导体收音机有 7 个。对此，生产者、消费者都有意见。

1978 年 9 月工商行政管理总局成立后，对商标混乱的现象着手进行清理。在调查研究的基础上，制定《混同商标处理原则》，作为处理混同商标的依据。清理整顿工作先从下而上，后从上而下，分两步进行。第一步，由各地工商行政管理部门把本地企业使用的商标登记造册上报工商行政管理总局。第二步，由工商行政管理总局对混同商标进行处理。从 1978 年 9 月开始，到 1983 年底结束。经省、自治区、直辖市工商行政管理局审查，报送工商行政管理总局 5 万余件，工商行政管理总局依照《混同商标处理原则》，清理登记编号的商标 32 589 件，清除了混同商标，基本上肃清了"文化大革命"期间造成的商标混乱状况。

2. 恢复全国商标统一注册

1979 年 11 月 1 日，工商行政管理总局商标局开始办理全国商标的注册工作，与此同时，地方工商行政管理局的商标注册工作一律停止。恢复全国商标统一注册时仍然继续沿用 1963 年颁布的《商标管理条例》及其《实施细则》，保留了全面注册和监督商品质量的办法，实行简化的注册程序，仅对外国商标的申请和注册的原则作了调整。

3. 参加评选国家优质产品的工作

为了鼓励工业企业不断提高产品质量，努力生产优质产品，扩大工业产品出口，适应四化建设和人民生活的需要，从 1979 年起，国家每年评选一次优质产品，对获选的产品，发给金质奖章或银质奖章。这项工作，分别由国家经委和省、市经委主办，国家工商行政管理局和省、市工商行政管理局参加。工商行政管理机关主要负责审核商标，调查并提供消费者对产品质量的反映，对评优工作的准确性起了一定的作用。

在党的十一届三中全会以来一系列正确方针、政策指引下，在工商行政管理机关的积极努力下，我国的商标注册情况有了很大的改善，注册商标大量增加。到 1984 年底，全国有效注册商标已达到 105 388 件（其中国内商标 88 454 件，占 83.9%；外国商标 16 934 件，占 16.1%），比 1979 年的 32 589 件增长了 2.23 倍。

（二）贯彻执行《商标法》，改革商标管理体制

经济体制改革的深入进行，使社会主义商品生产和商品交换得到迅速发展，对商标注册工作也提出了新的要求，而《商标管理条例》已经不适应新的历史时期的需要。根据党的十一届三中全会关于加强社会主义法制的精神和大力发展社会主义商品经济的要求，工商行政管理总局决定成立商标法规修订起草小组，负责起草和修订有关商标法规的工作。在做了大量的调查研究工作的基础上，历经 3 年零 3 个月提出了《商标法》草案，经国务院审议，提交全国人民代表大会。1982 年 8 月，五届全国人民代表大会常务委员会第 24 次会议通过并公布了《中华人民共和国商标法》，从 1983 年 3 月 1 日起施行。1983 年 3 月 10 日，国务院颁发了《中华人民共和国商标法实施细则》。《中华人民共和国商标法》与 1963 年《商标管理条例》相比较，具有以下特点：

1. 改全面注册为自愿注册

新中国成立初期，中国商标实行注册自愿的原则，即由企业自愿注册，注册后国家保护其商标专用权，不注册就不予保护。1956 年社会主义改造基本完成以后，由于许多商品实行计划分配，统购包销，企业看不到使用注册商标的好处和经济效益，对商标注册不感兴趣，很多企业使用商标不申请注册。针对这一情况，1957 年 1 月国务院批转了中央工商行政管理局《关于实行商标全面注册的意见》，从 1957 年开始，改自愿注册

为全面注册,实际上是实行强制注册。1963年4月国务院颁布的《商标管理条例》,从法规上规定了全面注册原则,规定企业使用商标必须申请注册。而对保护商标专用权则未作规定。

党的十一届三中全会以来,商品经济日益发展,经济体制改革扩大了企业的自主权,使企业逐步成为自主经营、自负盈亏、相对独立的商品生产者和经营者,越来越多的企业重视市场和商标的作用,关心商标的专用权,过去那种漠视商标作用,不愿意申请商标注册的情况发生了变化,继续全面注册,已无必要。同时,有些乡、镇和街道办的小型企业,往往生产不稳定,产品不定型,所生产的一些地产地销的小商品,必须申请注册,也是不必要的。因此,过去用行政手段强制所有商标全面注册的"一刀切"的做法,已经不适用这种新的情况,所以《中华人民共和国商标法》把全面注册改为自愿注册。只有人用药品、卷烟、雪茄烟和包装的烟丝,实行强制注册。

2. 保护商标专用权

商标注册人最关心自己商品的信誉,期望注册商标不受侵犯。所以《中华人民共和国商标法》明确规定:"商标注册人享有商标专用权","商标专用权受法律保护"。这些规定恢复了商标注册的本来意义,促使企业更加维护自己产品的信誉,调动了企业提高产品质量的积极性。

3. 明确了侵权行为的责任和处理办法

《中华人民共和国商标法》对侵犯注册商标专用权的侵权行为的责任和处理办法,都作了具体规定,有的要赔偿被侵权人的损失;有的还要同时处以罚款;情节严重的要由司法机关依法追究直接负责人的刑事责任。1963年的《商标管理条例》并没有这些规定。

4. 建立商标评审制度

《中华人民共和国商标法》规定:"国务院工商行政管理部门设立商标评审委员会,负责处理商标争议事宜。"对有争议的注册商标,商标评审委员会收到裁定申请后,应当通知有关当事人,并限期提出答辩。商标

评审委员会作出维持或者撤销有争议的注册商标的终局裁定后,应当书面通知有关当事人。这一制度的建立,有利于商标纠纷的及时解决。这是《商标法》的一项新内容,是《商标管理条例》所没有的。

《中华人民共和国商标法》的颁布和实施,标志着中国的商标工作进入了一个崭新的阶段,开创了商标注册、管理的新局面。

(三)打击假冒商标的违法犯罪活动,制止侵权行为

随着商品经济的发展,进入市场调节的商品增多,以及《中华人民共和国商标法》的公布,工商行政管理部门加强了商标注册管理工作,发现了大量侵犯注册商标专用权的侵权行为。有的是假冒他人注册商标,有的是印制、销售、倒卖注册商标标志行为等。这些假冒他人注册商标的违法犯罪活动,严重地损害了企业和消费者的利益,甚至危害了人们的安全和身体健康。

各地工商行政管理机关与有关部门密切配合,采取有力措施,依法坚决取缔冒牌货,严厉打击了假冒商标的违法犯罪活动。仅1984年25个省、直辖市、自治区就查处假冒他人注册商标案件1 436起。对假冒商标构成犯罪的,移交司法部门处理;造成损失的,责令赔偿,根据法律和有关规定,没收其违法物品和非法所得;对于一般侵权行为,主要是通过批评教育,并辅之以经济处理,使他们接受教训,避免重犯。

通过打击假冒商标的违法犯罪活动,查处制止侵权行为,保护了生产者、经营者和消费者的利益,使商标管理工作,转入了以保护商标专用权为中心的法制轨道。

(四)参加世界知识产权组织,开展国际间的商标交往和合作

到1984年底,在中国注册商标的国家和地区已有36个,共注册16 984件商标;而1979年只有19个国家和地区注册5 130件商标,5年时间增加了2.3倍。

为了适应对外开放、扩大国际贸易往来的需要,中国于1980年6月3日加入了世界知识产权组织。世界知识产权组织(WIPO)成立于1970年,是政府间国际组织,并于

1974 年成为联合国组织系统下的第 14 个专门机构。

为了加强商标领域中的国际合作,世界知识产权组织应中国邀请,在 1981 年、1982 年多次派商标专家到中国介绍商标法律和实践方面的知识,举办商标法律讲座,对中国商标立法给予了支持和帮助。1983 年在中国举办了商标审查和分类讲习班。1984 年世界知识产权组织同国家工商行政管理局商标局联合举办了北京国际商标讨论会。此外,世界知识产权组织在澳大利亚、斯里兰卡等国举办商标法律和行政管理培训班,中国也派出工作人员参加学习。

五、广告管理工作不断加强

商品经济是广告存在和发展的基础。旧中国由于商品经济很不发达,广告也就发展缓慢。新中国成立之初,广告行业也没有得到应有的发展。"文化大革命"又把广告视为宣扬资本主义复辟的舆论工具而加以全盘否定,使本来为数很少的经济广告也停止刊播。党的十一届三中全会之后,实行改革、开放、搞活的方针,社会主义商品经济蓬勃发展,中国广告事业才获得生机。消除了对广告的偏见,纠正了那种把广告一概视为"替资本主义服务的宣传工具"、"是资本主义经营和浪费的表现"等"左"的错误观点。商品经济条件下广告在经济生活中的积极作用越来越为人们所认识,为企业所重视,广告宣传开始活跃,范围逐渐扩大。

(一)党的十一届三中全会以来广告业发展概况

1. 广告经营单位迅速增多,初步形成了一支广告专业队伍

1979 年以前,全国只有 10 多家专业广告公司,而报刊、电台、电视台基本上不刊播广告。党的十一届三中全会以后,通过拨乱反正,清除"左"的思想影响,广告事业得以兴起,并且迅速发展起来。与此同时,外商来华进行广告宣传也大量出现,到 1981 年底,两年多的时间内,全国经工商行政管理机关登记发照的广告专营和兼营的单位已达到 2 000 多家,广告从业人员 16 000 多人,初步形成了一支广告专业队伍。1981 年广告营业额达 11 800 万元。

1982 年 2 月国务院颁发了《广告管理暂行条例》之后,广告行业更是得到了迅速的发展。到 1984 年底,经工商行政管理机关登记,领取营业执照的广告经营单位(包括专营及兼营)全国已达 4 077 家,其中专业广告公司 424 家,报纸 509 家,杂志 951 家,电台 153 家,电视台 98 家,民航、铁路、体育、有线广播等其他兼营单位 1 942 家。共有从业人员 47 259 人。1984 年全国广告营业额达 36 527.8 万元,比 1981 年增加了 209.6%。几年时间内,广告事业迅速发展,已成为在社会主义经济生活中占有一定地位的新兴行业。

2. 广告在经济与社会发展中的地位和作用日益显著

广告是传递信息的重要手段,是联结生产者、经营者和消费者的媒介,是为开拓市场、发展商品经济服务的。广告对于促进生产、扩大流通、指导消费、活跃经济、方便人民生活和发展国际经济贸易等方面都起到了积极的作用,已成为工商企业直接向广大消费者介绍和推销商品、提供服务的重要手段,在经济生活中起着重要的作用,越来越为企业和社会所重视。

(二)统一管理广告

在 1980 年以前,广告基本上由各业务主管部门或企事业单位自己管理,少数大城市的工商行政管理部门也曾经管理过一部分广告。党的十一届三中全会以后,随着商品经济的发展,许多大中城市纷纷成立广告经营单位,各种媒介单位也开始经营广告。经营广告单位各自为政,各行其是,在广告内容、广告设计和广告经营等方面,都存在一些混乱现象。有的广告内容虚假,欺骗群众;有的经营单位单纯为了赚钱,在宣传某些商品特别是外国高档消费品时,不注意国家的政策和中国国情,造成不良影响。为了克服广告工作中的混乱现象,坚持社会主义经营方向,使广告更好地为广大消费者和用户服务,为建设社会主义的物质文明和精神文明服务,要求对广告加强统一管理。在这种状况下,1980 年国务院决定,由工商行政

管理部门统一管理广告。

1982 年 2 月国务院颁布了《广告管理暂行条例》，这是中国历史上第一个全国性的广告管理法规，其中明确规定："广告的管理机关是工商行政管理总局和地方各级工商行政管理局。"

为了加强对广告的统一管理，1980 年至 1984 年，国务院和经国务院批准由国家工商行政管理局以及有关部门先后发布了近 10 个广告管理法规和管理规章，初步做到了广告的统一管理。1982 年国务院颁布施行《广告管理暂行条例》时，只统一管理商品广告、经济广告。1984 年 4 月，国家工商行政管理局会同文化部、教育部、卫生部发出了《关于文化、教育、卫生、社会广告管理的通知》，从此，除了管理经济广告外，对文化、教育、卫生以及社会广告，也进行了统一管理。工商行政管理机关对广告的管理主要抓了两个方面的工作：一是根据《广告管理暂行条例》及其《实施细则》的规定，对广告经营单位进行登记，核发营业执照，开展经常性的检查监督管理，保护合法经营，取缔非法经营；二是根据广告工作中存在的不良倾向和问题，有组织、有领导地对广告行业进行清理整顿，查处虚假广告，端正经营方向，促进广告行业沿着社会主义道路健康发展。

（三）清理整顿广告

党的十一届三中全会后，中国的广告业在迅速发展的同时，也出现了一些混乱现象，如某些企业利用广告推销质量低劣的商品，某些广告经营单位不遵守广告管理法规，为虚假广告开"绿灯"等。造成这些现象的主要原因是有少数广告工作人员的法制观念淡薄，不懂法、不守法；广告管理机关检查监督不严。因此，从 1982 年开始，各地工商行政管理机关根据国务院的指示，对广告经营单位和广告进行了清理整顿。第一次是 1982 年进行的，整顿的重点是清理无证经营。经过清理整顿，对符合条件的 1 627 家广告专营和兼营单位，颁发了营业执照和许可证。第二次清理整顿是在 1984 年进行的，重点是检查清理虚假广告。根据《广告管理暂行条例》中"私人不得经营广告业

务"的规定，不允许私人开办广告公司，也不得代理和发布广告；只有那些有设计、制作能力的非在职人员，经过工商行政管理机关批准，可以从事广告的设计、制作。

通过检查、清理和整顿，加强了对广告的管理，广告宣传和经营中的某些混乱现象得到了纠正。广告经营单位进一步端正了经营思想和作风，使广告业逐步向健康的方向发展。

（四）建立广告协会

1983 年 12 月，中国广告界在北京召开了第一次全国代表大会，成立了中国广告协会，制定了《中国广告协会章程》。广告协会是广告经营单位联合组成的行业组织，其宗旨是：坚持四项基本原则，坚持改革、开放、搞活的方针，代表和维护会员的正当权益，团结广大广告工作者，促进广告事业的发展，为建设社会主义物质文明和精神文明服务。它的任务主要是对广告经营单位进行指导、协调、咨询和服务活动。在各项活动中，宣传贯彻国家有关广告的方针、政策、法规，坚持社会主义方向，维护社会主义广告的真实性，提高广告的思想性和艺术性，杜绝弄虚作假和不健康的广告，推动广告事业的健康发展。

中国广告协会成立后，各省、直辖市、自治区和一些大中城市，也相继成立了地方性的广告协会。中国广告协会和各地广告协会成立后，在宣传和贯彻广告政策、法规，交流广告工作经验，开展广告咨询服务，培训广告人才，参加国际广告交往活动等方面，都发挥了积极的作用。

此外，一些专业性的广告报刊陆续创刊，一些经济、新闻、艺术院校开设了广告专业或广告课程。这些都为广告事业的进一步发展，起了推动作用。

党的十一届三中全会以后，中国进入了新的历史发展时期。这一时期的工商行政管理，突出地反映了新旧经济管理体制交替的特点。传统的旧观念逐步在克服，适应改革、开放、搞活方针的新观念逐步在树立。那种把改革、开放、搞活和加强行政管理对立起来的观点，在实践中已经证实是错误

的。经济越是搞活,越要加强行政管理的辩证关系,日益为人们所接受。

在新的经济管理体制代替旧的管理体制的过程中,新情况、新问题不断出现,各级工商行政管理机关本着实事求是,一切从实际出发的精神,加强了调查研究。突破了旧的框框,提出了新的意见,解决了新的矛盾,总结了新的经验,使工商行政管理工作有所创新,有所前进。对发展有计划的商品经济,维护社会主义经济秩序,保护合法经营,取缔非法经济活动,发挥了重要的作用。这一事实证明,在社会主义条件下,国家对经济活动进行行政监督管理是必不可少的,工商行政管理工作只能加强,不能削弱。

(执笔人:陈永梅)

第六章　经济体制改革全面展开时期(1984—1992 年)

第一节　1984—1992 年期间的政治和经济形势

1984 年至 1992 年 11 月,是我国经济体制实行重大变革的时期。这一时期工商行政管理工作主要经历了四个阶段。一是改革开始转型阶段。1984 年 10 月召开的党的十二届三中全会,通过了《中共中央关于经济体制改革的决定》,中国的改革由农村改革开始向城市改革转变,逐步进入社会主义商品经济的建设和建立有中国特色的社会主义阶段,工商行政管理工作由主要对农村集贸市场的监管转向对整个市场的监管,由恢复逐步走向了全面发展阶段。二是开拓市场监管阶段。1987 年 10 月 25 日,党的"十三大"召开,确立了社会主义初级阶段的理论,这一阶段工商行政管理工作围绕党的"十三大"精神,努力开拓市场监管,体现在:1. 充分发挥工商行政管理的职能作用,切实加强监督管理,查处各种违法经营活动;2. 积极建立和培育社会主义市场体系,发挥市场机制作用,不仅发展消费品和生产资料等商品市场,而且发展资金、劳务、技术、信息、房地产等生产要素市场;3. 积极鼓励发展个体经济和私营经济;4. 依法管理,稳定经济。三是治理整顿阶段。中央在 1989 年、1990 年两年间,为了保持经济建设持续稳步、健康地发展,把改革和建设的重点突出地放到治理经济环境和整顿经济秩序上来。此时,工商行政管理的工作主要也是以治理经济环境、整顿经济秩序、查处经济违法行为为主。四是由计划经济向社会主义市场经济的转变阶段。这一阶段是我国社会经济生活中一个最重要和飞速发展的阶段,以党的"十四大"胜利召开为标志,明确提出我国经济体制改革的目标是建立社会主义市场经济体制。随着建立社会主义市场经济指导思想的确立,工商行政管理工作也积极转变观念,以围绕建立社会主义市场经济体制为目标,深化自身改革,更好地发挥经济监督的职能作用,促进经济健康发展。

随着这一时期改革开放和社会主义有计划商品经济的逐步发展,工商行政管理工作也由全面恢复、发展到市场监管行政执法职能的逐步到位,开始了由对简单集贸市场的监管转向对社会主义大市场的监管;内容也由单一对企业申请登记的监管发展到对企业、商标、广告、合同等全方位的监督管理;监督管理的手段也经历了由简单的驻场式监管,发展到集各种现代化手段于一体的全面监管。1990 年,国家工商行政管理局提出"拓宽监督管理的广度,增加监督管理的深度,强化监督管理的力度"(简称"三度")的工作思路。这一期间工商行政管理工作的全面恢复和发展,不仅拓宽了监管的范围,也壮大了自己的队伍,成为国家对市场经济进行宏观调控和行政执法的主力军,成为工商行政管理发展史上的一个重要的历史阶段。

第二节　发挥职能作用，促进改革开放和经济的健康发展

党的十一届三中全会以后，我国的市场体系已初具规模，市场主体的形式也向多样化的形式发展，个体工商业的发展也有了较大的进步，老百姓买难、卖难、运输难、吃饭难的现象通过市场的发展逐步得到了解决，但全国市场体系的发展水平仍处在简单的、以集贸市场为主的、马路市场仍占一定数量的初级阶段：市场主体形式也较为简单，个体工商户、私营企业等非公有制市场主体数量仍很少，尚不能满足社会主义商品经济发展的需要。因此，各级工商行政管理机关在各地政府的领导下，不仅加强了对国有企业、集体企业、个体工商户等各种市场主体的登记和监管，还积极支持政府吸引外资，逐步规范对"三资"企业的登记和管理工作，同时积极创造条件，扶持个体工商业、合作经营组织、私营企业的发展，特别引导它们向以劳务为主和适宜分散经营的、为生活和生产服务的第三产业发展，使市场主体的形式更加多样化，充分满足市场发展的需要。在发展过程中，突出监管，以监管市场为导向，不断完善法律法规，规范市场的主体资格，使市场体系逐步成熟，我国的市场主体朝着健康有序的方向发展，适合于社会主义市场经济体制发展的需要。

一、市场管理工作逐步加强

(一)市场的繁荣和持续发展

1985年，随着中央"1号文件"的贯彻执行和以城市为重点的经济体制改革的不断深入，尤其是实行与其相协调的农副产品统派制度的改革和放开主要农副产品价格以后，全国城乡集市贸易发展很快，呈现出了空前繁荣、活跃的局面。党的十一届三中全会以后，人们对集市贸易的认识逐步统一，在各级工商行政管理部门的努力下，集市贸易进入了一个新的高速发展时期，集市不断增加，成交额迅速增长。1979年全国城乡集市恢复到38 993个，成交额183亿元，相当于社会商品零售额的10.17%。以后逐年增加，1983年集市发展到48 003个，成交额379亿元；这五年每年成交额平均递增50亿~60亿元；1984年集市发展到56 500个，成交额457亿元；到1989年底全国城乡集市数为71 150个，成交额为1 860.97亿元，比1988年增加14.78%；这五年成交额每年平均递增300亿元。1990年底，全国集贸市场已发展到了7.38万个，成交额达到2 245亿元，比上年增长13.7%。集贸市场的平均价格比上年下降3%~4%，1990年全国建设集贸市场投资达20多亿元；1991年，全国各类市场发展迅速，市场建设出现好的势头。到年底，集贸市场发展到了7.5万个，比1990年增长4%；成交额2 543亿元，比1990年增长17.3%；市场建设投资40多亿元，比1990年增长11.3%。

集市贸易的发展不仅满足了生产，活跃了流通，方便了群众，而且增加了国家税收。为了发展集贸市场，把集市搞活管好，各级工商行政管理部门做了大量的工作，促进了集市贸易的繁荣活跃。1990年10月，国家工商行政管理局在沈阳召开了全国集贸市场工作会议，总结了改革开放11年来集贸市场发展的基本经验，对集贸市场体现计划经济与市场调节相结合的运行机制进行了初步的探讨，提出了"放而有度、活而有序、管而有法"的指导方针，这次会议对于完善集贸市场的管理和进一步发展起到了积极的推动作用。

(二)市场监管范围逐步扩大，监管力度不断加强

到1988年，也就是党的十一届三中全会十周年，经过十年的发展，市场有了重大变化，已由过去那种封闭型的、垄断分割的市场逐步变成开放型的、繁荣活跃的市场。城乡集市贸易和各种专业市场也有了很大发展，生产资料市场也在发展，生产要素市场开始出现。

1989年，按照治理整顿的要求，加强了对各类市场的监督管理工作，各地的集贸市场逐步实现规范化管理，进一步促进了集市贸易的繁荣活跃。在全国不断扩大市场发

展规模,继续加快集贸市场发展的同时,各地注重提高市场监督管理的水平,逐步建立和完善各方面的管理制度,实现集贸市场管理的规范化。各地还充分发挥职能作用,落实国务院的指示,普遍加强了对重要农副产品的管理,保证国家计划的顺利完成。加强对生产资料市场的监督管理,不仅对钢材、有色金属经营单位进行了清理整顿,而且逐步完善了非统配木材、成品油和汽车市场的管理办法。各级工商行政管理机关为了落实国务院的有关规定与有关专营的规定,和有关部门共同制定了四种钢材、三种农业生产资料的专营办法以及小轿车销售管理办法。

针对 20 世纪 80 年代中后期生产资料流通领域秩序较为混乱的情况,国家工商行政管理局于 1990 年 5 月在河北省唐山市召开了生产资料市场监督管理座谈会,重点研究了对钢材、汽车市场的监督管理,推动了全国生产资料市场的监督管理工作。全国大部分省、自治区、直辖市工商行政管理机关建立了监督管理生产资料市场的机构,充实了人员,采取了一些有效的管理办法:一是审查交易资格,监督交易行为;二是进驻有形市场,实行验证盖章;三是加强合同管理,宣传工商法规;四是查处违法行为,制定规章制度。这项工作尽管步履艰难,但还是取得了一定的进展。

根据市场形势发展的需要,各级工商行政管理部门积极探索对生产要素市场的监督管理,逐步实施对房地产市场、建筑市场、科技市场、劳务市场和资金市场的监督管理。特别是对房地产市场和建筑市场,初步探索出了一些管理办法,有力地推动了这类市场的形成和发育。

这一时期的市场发展呈现出了一些新的特点:一是组织发展市场已经列入各级政府的重要议事日程,全国有十多个省、市政府制定市场发展规划,把发展市场同发展第三产业、调整产业结构结合起来,同发展农村小集镇、推动城乡一体化结合起来,同搞活企业、发展个体、私营经济结合起来,实行多种优惠政策,城市与市政建设、农村与城镇建设融为一体,推动市场建设的步伐。二是市场发展呈多样化趋势,在集贸市场迅速发展的同时,生产资料市场、生产要素市场和其他市场也有了进一步的发展,工商行政管理部门组织的粮食市场已在安徽等省出现,深圳市工商局还参与了拍卖市场的组织和管理。三是集贸市场的交易主体和交易形式发生了变化,进入市场参与交易活动的,除个体工商户、乡镇集体企业和农民外,国营企业日渐增多,还有一些外商投资企业。交易形式不仅有现货贸易,而且还出现了期货贸易。集贸市场的功能也有了变化,出现了一批功能较多、辐射面较广的专业市场,还有一批设施完备、功能齐全的大型现代化市场。全国年成交额超过亿元的市场有 170 个。

（三）文化市场的管理更加深入

对文化市场的管理,不同于一般商品市场的管理,既要管商品,又要管商品的内容;既要管物质产品,又要管精神产品。工商行政管理部门主要的职能是:参与有关文化市场法律法规和相关政策的制定;审查核准文化市场的主体;依法查处文化市场中的违法违规行为。1985 年 2 月,国家工商行政管理局与文化部、公安部联合发出《关于加强报刊出版发行管理工作的通知》。《通知》规定:“承印报刊的印刷厂,必须经工商行政管理机关核准登记,领取营业执照后,方可开业;对承印未经批准登记的报刊的印刷厂要分别情况予以查处。”“经营报刊销售（包括批发）业务的国营单位（不含邮局和报刊出版单位）以及集体单位、个体户,必须经工商行政管理机关核准登记,领取营业执照,无照者,不准经营。”未经工商行政管理部门审查同意并发给营业执照,不得生产、复制、经营音像制品。在市场上销售的音像制品,未经注明生产或复制单位名称及印制年份,一律禁止出售。1985 年 9 月,国家工商行政管理局还发出了《关于禁止私人从事营业性录像放映的通知》,要求各地工商行政管理部门在当地政府领导下,与广播电视、文化、公安部门配合,对营业性录像放映进行一次认真清理。凡属私人营业性录像放映点,一律限期停止营业，并收回营业执照，过期不缴销营业执照继续营业或者无照营业的，要严加查处，坚决取缔。1984年以来，各地工商行政管理部门配合有关部门，对文化市场进行了多次清理整顿，查获并销毁了一大批非法印制、销售的下流、淫秽、荒诞、反动的书、刊、小报和录音录像制品，严厉打击了非法出版、发行、销售、录制活动，净化了文化市场，促进了社会主义的精神文明建设。

（四）整顿和维护市场秩序，创建文明市场

工商行政管理机关，采取了许多对各类市场监督管理的措施，主要是：第一，加强了对各类市场的分类指导，研究各类市场的监督管理办法，在社会多方办市场的情况下，保证了各类市场的健康发展。第二，重视了市场立法，初步建立健全了市场交易规则，推进了依法管理，维护了市场秩序，做到了"活而有序"。第三，采取各种形式听取消费者的意见，发挥群众的监督作用，既监督经营者，也监督市场管理人员，把专业管理和群众监督结合起来。第四，工商行政管理部门主动争取有关部门的配合，共同管好市场。不断整顿市场秩序，清理无照商贩，对扰乱市场秩序，违反物价管理的活动，如掺杂使假、缺斤短两等损害消费者利益的行为；投机倒把、欺行霸市、哄抬物价、强买强卖等违法活动，根据情节轻重，该取缔的予以取缔，该打击的予以打击，并分别给予行政处罚；情节恶劣，触犯刑律的，交由司法部门处理。第五，加强了对市场的规范化管理，制定了不同层次市场的规范化标准。第六，开展创建文明市场活动，把专业管理与经营者自我管理结合起来。文明市场的标准主要是：执行政策好，市场秩序好，市场服务好，市场卫生好，经营作风好。1987年9月国家工商行政管理局决定在全国开展"创建文明集贸市场"活动，取得了显著的成绩，进一步提高了集市贸易的管理水平。很多文明市场，逐步做到买卖公平，货真价实，优质服务。一些市场不仅在经济建设中发挥了作用，而且成为精神文明建设和对外宣传的窗口。

二、适应经济体制改革的要求，不断强化工商企业的登记管理

随着经济体制改革的不断深入发展，经济活动的日趋频繁，出现了多样化、多元化的市场主体。为了规范市场主体资格，工商行政管理部门认真落实党中央国务院的各项方针政策，适应经济体制发展的要求，加大登记管理的力度，积极扩大登记的范围，建立健全市场准入制度，使工商行政管理的监督管理职能逐步到位。

（一）强化登记管理工作，逐步建立规范的市场准入机制

对工商企业实行登记管理，建立经济户口，是工商行政管理各项工作的基础。经济体制改革对企业登记管理提出了许多新的要求。面对新的经济形势，工商行政管理机关积极探索新的管理办法，努力做好企业登记管理工作。自1985年以来，向工商行政管理机关申请登记的企业日益增加。不仅是新开办的企业多了，而且还有一些过去不办理登记的单位，按照市场的要求，也需要登记以取得法人资格。工商行政管理机关根据要求，除原来按规定需要办理登记的工商企业以外，适当地扩大了登记的范围。大体包括三种企业：一是国务院规定需办理登记的，如民航公司、保险公司等；二是形势发展变化，有些单位提出要求登记的，如新兴的技术开发、信息咨询公司，改为企业经营的事业单位，农村发展的渔场、鸡场、林场等农林牧副渔企业，营业性的音乐厅、游艺厅等；三是各省、自治区、直辖市人民政府认为需要办理登记的。以上这三种情况，工商行政管理机关都办理了登记。为适应改革的需要，除了适当扩大企业登记的范围以外，还逐步适当放宽了企业的生产、经营范围。过去，受计划经济的影响，工商行政管理机关在核定企业的生产、经营范围时，限制得严了一些，不利于搞活企业，搞活经济，根据改革的要求，适当地加以放宽。同时也注意到，有些地方对企业的生产、经营范围放得过宽，有些企业，主要是商业企业，经营的范围简直无所不包，什么商品紧俏就干什么。为此，在核定企业生产、经营范围的时候，对

两种倾向都加以了注意,既不能限制过严,也不能放得过宽。工商行政管理机关根据实际发展的需要,认真核查企业申请登记填报的注册资金,要求企业提供其主管部门或财政部门、银行出具的证明,确保了企业注册的真实性。

1985年3月,国家工商行政管理局申请正式加入《保护工业产权巴黎公约》。为了加强对企业名称的保护权,在1985年和1986年间,国家工商行政管理局先后制定了《工商企业名称登记管理暂行规定》、《公司登记管理暂行规定》、《关于外国企业、外商投资企业名称登记问题的通知》等有关名称登记管理的文件。规定企业名称由工商行政管理机关实行分级管理:凡冠以市名或县名的,由该市、县工商行政管理局核准,在同一市、县范围内,同行业企业不得重名。凡冠以省、自治区名而不冠市名、县名的,由企业所在地的市、县工商行政管理局报各省、自治区工商行政管理局核定,在各省、自治区范围内同行业企业不得重名。凡使用"中国"、"中华"等字样为企业名称的,由国家工商行政管理局核准,在全国范围内,同行业企业不得重名。除全国性公司外,企业不得使用"中国"、"中华"等字样的名称。外国(地区)企业在中国申请登记名称时,须经国家工商行政管理局核准。企业名称相同,发生争议时,按申请登记的先后顺序处理。根据这些文件的规定,各地工商行政管理部门加强了对工商企业名称的审核和管理工作,并且对原有企业的名称进行了清理整顿,纠正了过去有些小厂、小店起大字号,一些企业任意冒用和擅自使用企业名称等混乱状况,保护了企业名称的专用权,制止了侵权行为。

截至1991年底,全国登记注册的国营、集体及联营企业共有482.6万户,从业人员达到了1.8亿人,注册资金19 630亿元,分别比1990年增长4.8%、4%和9%。

（二）清理整顿党政机关和党政干部经商、办企业

1984年以来,各地出现了一些党政机关和党政干部经商、办企业的不正之风。这些企业,官商结合,权利结合,以权谋私,不仅妨碍正确贯彻执行经济政策,而且还扰乱了经济秩序,败坏了党风和社会风气,腐蚀干部,危害很大。针对这个问题,国务院于1984年12月作出了《关于严禁党政机关和党政干部经商、办企业的决定》,随后中共中央和国务院于1986年2月,又联合发出了《关于进一步制止党政机关和党政干部经商、办企业的规定》。

根据中共中央和国务院上述指示精神,工商行政管理机关把清理整顿党政机关和党政干部经商、办企业,作为保障经济体制改革的大事来抓。清理整顿的重点主要是:党政机关和党政干部办的各种商业企业,特别是那些利用职权经商,钻多种价格和多种调节手段的空子,转手倒卖牟取暴利、招摇撞骗等违法经营的企业。在清理整顿党政机关和党政干部经商、办企业的工作中,采取了实事求是、区别对待、划清界限的原则。只要做到政企分开,官商、官工分离,抽回机关的资金和干部,经济上脱钩的;或者干部脱离机关,经营方向端正,实行独立核算,照章纳税的,允许企业存在。对那些转手倒卖,投机倒把,搞违法活动的企业,坚决予以取缔,吊销营业执照。

这次清理整顿党政机关和党政干部经商、办企业,经过各级党委、政府领导和各级工商行政管理机关的努力,取得了较好的效果。据国家工商行政管理局不完全统计:在清理整顿之前,全国党政机关和党政干部办的企业共有27 000户,大多数是经营商业,纯经商和以经营商业为主的占85%。企业的性质,属于全民所有制的占23%,属于集体所有制的占67%,属于全民和集体联营的占10%。这些企业主要是地方办的,其中省一级党政机关开办的有1 070户,占总数的4%;市(地)一级党政机关开办的有4 580户,占18.4%;县一级党政机关开办的有16 023户,占59.3%;乡(镇)一级党政机关开办的有3 040户,占11.3%;还有少数企业,主办单位尚未确定。各地党政干部参与经商、办企业的共有67 000人,其中兼任企业领导职务的有14 389人。经过清理整顿,歇

业、停办和吊销营业执照的有8 741户。与党政机关脱钩、移交独立经营的有15 096户。参加经商、办企业的党政干部有90%的人与企业脱钩或辞去企业职务。党政机关和党政干部投入企业的资金也作了妥善处理。

（三）清理整顿公司

1984年以来，在搞活经济的过程中，各地大量涌现出各种不同类型、不同规模的公司。总的来看，大多数公司是符合条件的，办得比较好的，对促进生产、搞活流通起到了积极作用。但也有不少公司不符合条件，有的既无资金、场地，又无设备和固定从业人员，根本不具备开办条件；有的买空卖空，投机倒把，扰乱金融和市场秩序。为此，1985年5月中共中央办公厅和国务院办公厅转发了北京市关于加强企业登记管理和整顿公司、"中心"企业的两个文件。各地区和有关部门遵照中共中央和国务院的上述文件精神，开始对公司进行清理和整顿。1985年8月国务院发出了《进一步清理和整顿公司的通知》，要求工商行政管理机关与有关部门配合，对公司进行一次清理整顿。据此，国家工商行政管理局于1985年9月召开了专门会议，进一步作了部署。

这次清理整顿公司的重点是不具备开办条件的"四无"公司，有违法活动的纯商业性的贸易公司，以及打着科技咨询服务公司的牌子，而以经商为主，又有违法行为的公司。对这类公司，按照有关规定进行了查处。对那些生产型的公司，如以农工为主兼营商业的农工商联合公司，以工业为主兼营贸易的工贸公司，以咨询服务为主的经济技术咨询服务公司，以及从事合法经营的商业性公司等，允许继续经营。

在清理整顿公司的工作中，根据国务院批准的《公司登记管理暂行规定》，对公司进行了一次全面审核。各地工商行政管理机关按照《公司登记管理暂行规定》，对符合条件的公司重新发给营业执照。对谎报财产，实际上没有资金的责令停业，收回营业执照。对根本没有开办条件的"四无"公司，一律吊销了营业执照。实有资金少于注册资金的，责令补齐或调整注册资金。企业名称

和经营范围不适当的，都重新进行了改正和调整。经过这次清理整顿之后，对所有开业、歇业的公司，进行统一公告。据国家工商行政管理局1986年底统计：全国共有公司328 893家，列入清理整顿范围的有298 972家。经过清理整顿，保留的120 880家，占40.43%；改办其他企业的69 733家，占23.32%；歇业的54 202家，占18.13%；立案查处的6 104家，占2.04%；吊销营业执照的26 659家，占8.92%；继续清理的21 394家，占7.16%。

但是，到了1987年下半年以后，各类公司又迅速增多，出现了新的"公司热"。据统计，到1988年底，全国共有各类公司294 946户，从业人员4 088万多人，注册资金6 205亿多元。公司的发展过多过滥，扰乱了经济秩序，加剧了社会分配不公，干扰了为政清廉，影响了社会安定。为了促进社会主义有计划商品经济的健康发展，保证改革开放和社会主义现代化建设的顺利进行，必须再次对公司进行认真的清理整顿。

1988年10月3日中共中央、国务院发出了《关于清理整顿公司的决定》，各省、自治区、直辖市人民政府和中央各部门陆续成立了清理整顿公司领导小组和办事机构，开展了对各类公司的清理整顿工作。这次清理整顿的重点是1986年下半年以来成立的公司特别是综合性、金融性和流通领域的公司。通过清理整顿，主要解决公司官商不分、转手倒卖、牟取暴利等问题，进一步明确经营方针、经营范围，使公司走上健康发展的轨道。清理整顿工作大体分三个阶段进行。第一阶段为公司自查阶段。第二阶段为重点抽查阶段。第三阶段为问题处理和组织建设阶段。经整顿确定保留的公司，由工商行政管理机关结合年检严格审查，重新登记注册。

1. 基本上清理和制止了党政机关经商办企业的问题。到1989年6月底，全国各级党政机关开办的公司已撤销、合并6 481户，与党政机关财务脱钩10 386户，移交有关部门的1 063户，三项合计17 930户，占党政机关办公司总户数的90.5%。此外，全国各

类群众组织和社会团体开办的 4 104 户公司,已撤并或脱钩 3 044 户,占这类公司的 74.2%。

2. 基本解决了党政机关干部和离退休干部在公司兼职任职的问题。在清理整顿前,全国县以上机关共有 47 956 名在职干部和离退休干部在公司(企业)兼职任职。到 1989 年 6 月底,按照中共中央和国务院的有关规定,已有 42 952 名党政机关在职干部和离退休干部辞去公司或机关职务,占兼职任职干部总数的 89.6%。

3. 解决了一部分公司政企不分的问题。到 1989 年 6 月底,全国政企不分的公司已解决 4 884 户,占这类公司的 45.9%。其中,撤销或停办的 1 255 户,收回政府行政管理职能的 2 730 户,不再从事经营的 899 户。

4. 查处了一批公司违纪违法案件。到 1989 年 6 月底,全国已查出各类公司违纪违法案件 25 884 起,涉及 25 404 户公司,已立案查处 12 750 件,结案 10 303 件,结案率 80.8%。有 9 534 户公司受到经济处罚,收缴罚没款共计 2.6 亿多元;有 2 871 户公司被吊销营业执照;因受贿、渎职等违纪违法问题而受到党纪、政纪处分的干部有 476 人,受到刑事处罚的干部有 301 人。

5. 撤、并、改了一批公司。到 1989 年 6 月底,各地公司已撤销的 22 810 户,已合并的 1 652 户,不具备条件改办其他企业的 12 320 户,三项合计 86 782 户,占公司总数的 12.5%。

6. 制定了一些政策性规定。在清理整顿公司工作中,党中央、国务院及有关部门从实际情况出发,陆续制定了一些政策性规定。包括国务院《关于清理整顿各类对外经济贸易公司的通知》,中共中央办公厅、国务院办公厅《关于清理党和国家机关干部在公司(企业)兼职有关问题的通知》、《关于县以上党和国家机关退(离)休干部经商办企业问题的若干规定》,国务院批转国家工商行政管理局《关于公司年检和重新登记注册若干问题意见的通知》,财政部《清理整顿公司财务的规定》,国家工商行政管理局、财政部、审计署《关于在清理整顿中对公司注册资金进行验证的通知》等。

7. 审计了康华、中信等 5 个大公司,并对它们的违法行为进行了处理。根据国务院的指示,1988 年 10 月下旬开始,陆续对中国国际信托投资公司、光大实业公司、中国康华发展总公司、中国工商经济开发总公司、中国农村信托投资公司进行了审计。依照有关法规,对五个公司共没收非法所得、处以罚款和补交税金 5 133 万元。违法违纪问题的责任人员,交有关部门处理。

自 1988 年 10 月以来,各省、自治区、直辖市和中央各部门在清理整顿公司方面,做了不少工作,取得了一定的成绩。清理整顿公司,既是治理经济环境、整顿经济秩序、全面深化改革的重要内容,又是坚决惩治腐败、改善党和政府的形象、振奋党心民心的一项重大举措。

1990 年,清理整顿公司取得了新的进展,流通领域的混乱状况有了好转。在国务院和各级政府的领导下,工商行政管理机关积极参加了清理整顿公司的工作,到 1990 年底,全国已撤并公司 103 772 户,占公司总数的 35.2%,其中流通领域的公司 54 216 户,占撤并公司的 52.2%,流通领域公司过多过滥的状况得到了有效的控制。党政机关办的公司已撤并 11 284 户,占这类公司总数的 78.3%,其余部分已分别改变隶属关系,移交给经济主管部门。在公司兼职、任职的党政机关干部,已辞去一头职务的 41 243 名,占这类干部的 97%,使兼职问题基本得到了解决。全国共查处清理整顿公司中暴露出来的案件 89 637 件,各级工商行政管理机关认真查处和取缔扰乱社会经济秩序的非法经济组织,其中,国家工商行政管理局先后三次共宣布取缔了 32 个。对清理公司中出现的问题,及时发布了《通告》,提出具体的解决办法。在国务院"清整办"的组织协调下,共颁布了各类规定 70 多项,其中国家工商局承担了 22 项,使治理整顿和立章建制结合起来。

按照国家工商行政管理局的部署,1991 年,继续进行治理整顿,促进经济秩序好转。清理整顿公司是治理整顿的一项主要任务,工商行政管理机关在各级清理整顿公司领导机构的领导下,做了大量工作。积极办理撤并、保留公司的有关登记手续,查处公司违法案件,抓紧公司立章建制,规范经营行为。全国共撤并公司105 137个,占原有公司总数的35.2%。其中撤并流通领域公司73 362个,占撤并公司总数的70%,使流通领域公司过多过滥的状况得到了扭转。

(四)积极支持国有企业深化改革,发展经济

1988 年 6 月,按照《民法通则》的有关规定,国家工商行政管理局草拟了《企业法人登记管理条例》,经国务院批准发布。这意味着我国企业法人登记管理制度的正式建立,对企业转变经营机制,深化企业的改革,从制度上进行了规范。同时,工商行政管理机关积极贯彻国务院《关于全民所有制工业企业承包经营责任制暂行条例》和《关于全民所有制小型工业企业租赁经营暂行条例》,在企业管理、经济合同管理等方面支持承包租赁制的发展和逐步完善。在沿海地区,工商行政管理机关与有关部门配合,支持发展外向型经济,发展外商投资企业,促进沿海地区与内地经济联系和横向经济联合,为实施沿海地区经济发展战略服务。

1989 年,为建立企业法人制度和贯彻治理整顿的各项措施,对全国 500 多万户企业开展了重新审核登记和换发营业执照工作。同时贯彻国家各项专营措施,整顿商业批发企业和经营重要生产资料的物资供销企业,维护流通领域的秩序。到年底外商投资企业的换照工作已基本完成。由于清理整顿公司、调整产业结构和清理假集体企业等原因,全国企业总数有所减少。据统计,到1989 年底,全国工商企业为 506 万户,比1988 年减少8.2%;从业人员17 654万人,减少2.9%;注册资金16 438亿元,增加2.2%。支持企业搞活生产和经营,缓解市场疲软带来的困难。工商行政管理机关积极发挥职能作用,通过调查,针对市场疲软给企业带来的困难,采取许多支持企业搞活的措施。如企业调整产品结构改产,工商行政管理机关及时办理变更登记;对企业积压的属于国

家计划管理的原材料,经过批准,允许调剂和对换;对超经营范围的抵债物资,经过核准,允许向市场销售;对企业积压产品,组织上市推销等,在一定程度上缓解了企业的困难。沈阳市工商局还制定了帮助企业发展的 45 条政策,核准 279 户企业上市推销抵债物资 1.3 亿元,帮助93 户企业减亏、45 户企业扭亏为盈。

1991 年,为了支持搞活企业,全国各地的工商行政管理机关,由领导积极带头,组织工作人员,深入企业,蹲点调查,帮助企业分析市场形势,解决经营中的困难和问题,提出了一系列搞活企业的措施。特别是中央工作会议以后,从国家工商行政管理局到地方工商行政管理局,迅速贯彻落实会议精神,把支持搞好国有大中型企业作为一项重要任务来抓,进一步采取积极的措施,支持企业调整产业结构和产品结构,转换经营机制,对按照产业政策和市场需要调整产业结构和产品结构的企业及时办理登记手续,对成熟的具备条件的企业集团及时审核登记,积极支持股份制试点,帮助企业坚持和完善承包经营责任制;支持企业开拓市场,采取优惠政策,帮助企业进入现有市场从事经营;提供市场信息,帮助企业牵线搭桥,增设销售网点,扩大经营销售网络,拓宽产品销售渠道,搞活生产经营;组织个体贩运户为国有大中型企业推销产品;适当扩大企业经营范围,准予企业经过批准,调剂转换积压物资;主动撤关撤卡,推动货畅其流;利用经济合同仲裁手段,帮助企业清理"三角债";引导企业运用商标、广告策略,增强市场竞争力,促销促产,提高经济效益;坚持建立和维护正常的经济秩序,对国有大中型企业的检查严格控制在正常的范围内,并慎重使用暂停支付银行存款、暂扣物资、强行划拨、停业整顿、吊销营业执照等强制性措施,为搞好国有大中型企业提供了有利的外部环境;维护企业的法人地位,支持企业自主经营,认真清理"三乱"(乱收费、乱罚款、乱摊派),制止侵犯企业合法权益的行为。县以下工商行政管理机关还把支持搞好国有大中型企业和支持乡镇集体企业发展结合起

来,开拓工作。这些措施的实施,取得了明显成效,受到了党政领导的肯定和企业的广泛欢迎。

(五)逐步加强对外商投资企业的监督管理

在加强对内资企业监管的同时,也加强了对外资企业的监管。工商行政管理机关认真贯彻执行国务院《关于鼓励外商投资的规定》,努力改善投资环境,吸引了更多的外商来华投资。1986 年 4 月,国家颁布的《中华人民共和国外资经营企业法》规定:外资企业应当在审查批准机关批准的期限内,在中国境内投资,逾期不投的,工商行政管理机关有权吊销营业执照。工商行政管理机关对外资企业的投资情况进行检查和监督。外资企业拒绝在中国境内设置会计账簿的,工商行政管理机关可以责令停止营业或者吊销营业执照。根据形势发展的需要,国家工商行政管理局于 1987 年又发布了《关于中外合资经营企业注册资本与投资总额比例的暂行规定》。经过多年不懈地探索,工商行政管理机关总结出了对外商投资企业一些基本的管理办法,主要从三个方面加强监督管理:一是监督企业及时办理开业、变更、注销登记;二是监督其执行《公司章程》和履行合同的情况;三是检查有没有违反我国法律、法规和损害社会公共利益的情况。到 1989 年底,在工商行政管理机关登记注册的外商投资企业总数已达 19 109 户,比 1988 年底增加 37.4%。其中,中外合资经营企业 11 449 户,增加 42.4%;中外合作经营企业 6 250 户,增加 17.8%;外商独资企业 1 410 户,增加 150.9%。外国企业驻华代表机构到年底已有 3 367 家,比 1988 年底的 2 605 家增加 29.3%。

1990 年,各级工商行政管理机关根据国家工商行政管理局的部署,积极创造条件,推动外商投资企业的发展。在治理整顿中,外商投资企业不仅没有下降,而且大幅度上升。1990 年底,在工商行政管理机关登记注册的外商投资企业已达 25 450 户,比 1989 年增加 34.2%;注册资金达到 1 228.6 亿元,比上年增长 31.1%。其中北京一年发展了 280 户,深圳市一年发展了 763 户。

1991 年,各级工商行政管理机关进一步认真贯彻党的对外开放政策,注意改善投资环境,健全登记法规,改进制度,积极参与外商投资企业项目的前期审查论证,并保护其合法权益,促进了外商投资企业的发展。到年底,在工商行政管理机关注册的外商投资企业已达 37 189 户,比 1990 年净增 12 600 户,增加 46%,是外商投资企业注册登记最多、发展最快的一年。其中,中外合资企业 22 791 户,中外合作企业 8 497 户,外商独资企业 5 901 户。外商投资企业的产业结构日趋合理,非生产型项目得到了较好的控制,大部分省、自治区、直辖市生产型外商投资企业达到 95% 以上。随着我国内陆地区能源、原材料、交通、电讯等基础产业的发展,外商投资企业已逐步由东到西、由沿海向内地发展,西藏自治区也创办了第一家中外合资企业。截至 1991 年底,外商投资企业已遍布全国 30 个省、自治区、直辖市。

(六)积极支持横向经济联合,为企业集团化打下了基础

按照经济发展的客观需要,进一步推进企业之间以及企业与科研单位之间的横向联合,逐步建立起适应现代化、社会化大生产要求的新的企业组织结构。1986 年 3 月国务院发布了《关于进一步推动经济联合若干问题的规定》,国家工商行政管理局制定下发了《经济联合组织登记暂行办法》。关于经济联合组织的经营范围,原则上应当根据其条件,在参加联营各方原有的经营范围的基础上来核定;从事生产性活动,可以开拓新的生产项目。各地工商行政管理机关为支持经济联合组织发展做了许多工作。发展横向经济联合,工商行政管理机关坚决维护企业的自主权,把联合建立在平等互利的基础上,积极主动审查联营合同的主要条款,明确违约责任,做好联营合同纠纷的调解工作,支持经济联合组织的健康发展。到 1986 年底,在工商行政管理机关登记的各种经济联合体有 32 000 多个,初步形成跨地区的横向经济联合网。

三、加强个体私营经济的登记和管理工作,推进社会主义市场经济的发展

在以公有制为主体的前提下发展多种经济成分,是社会主义初级阶段发展生产力的客观要求。党的"十三大"报告指出:"社会主义初级阶段的所有制结构应以公有制为主体。目前全民所有制以外的其他经济成分,不是发展得太多了,而是还很不够。对于城乡合作经济、个体经济和私营经济,都要继续鼓励它们发展。"这说明,个体经济和私营经济是我国社会主义初级阶段的所有制结构中不可缺少的组成部分,发展个体经济和私营经济,不是权宜之计,而是党的一项长期方针。

(一)加强个体工商业的登记管理,扶持个体工商业的发展

1987 年 8 月 5 日,国务院发布了《城乡个体工商户管理暂行条例》,这个《条例》是在国务院原来发布的几个有关个体工商户的政策规定的基础上制定的,它标志着个体私营经济的发展进入了一个新的时期。

到 1988 年底,全国城乡个体工商业有 1 452.7 万户,比 1987 年底增加 5.84%;从业人员 2 304.9 万人,增加 6.79%;资金 311.9 亿元,增加 31.71%。其中,城镇 382.3 万户,578.4 万人,资金 85.7 亿元;农村 1 070.4 万户,1 726.5 万人,资金 226.2 亿元。个体工业、建筑业、运输业总产值 516 亿元,比上年增加 68.85%,个体商业、饮食业、服务业等营业额为 1 190.7 亿元,比上年增加 38.32%。其中商品零售额 1 024 亿元,增加 37.63%,占社会商品零售总额的 13.84%。各地工商行政管理机关对个体工商业的管理也不断加强和完善。

在治理整顿中,个体经济在持续十年增长后,1989 年第一次出现户数、人数减少的情况。治理整顿后,个体经济经过一年的调整,重新焕发了生机与活力。

到 1990 年,个体工商户已发展到 1 329 万户,从业人员 2 092.8 万人,分别比上一年增长 6.6% 和 7.8%。

1991 年,各级工商行政管理机关认真贯彻江泽民总书记"七一"讲话和李鹏总理在接见个体劳动者代表时的讲话精神,采取了一些有利于个体、私营经济发展的措施,稳定政策,加强了教育、管理和引导,制定了限制个体工商户、私营企业生产经营的商品目录,使个体、私营经济继续保持稳定发展的趋势。到 1991 年底,全国个体工商户发展到 1 414.5 万户,从业人员 2 246 万人,分别比 1990 年增长 6.5% 和 7.3%;私营企业发展到 10.8 万户,从业人员 184 万人。全国个体工商户、私营企业的税收 1991 年超过 160 亿元。与国营、集体企业相比,个体、私营经济从业人员占全国社会劳动力的 0.4%,注册资金相当于国营、集体企业注册资金的 2.8%;工业总产值占 5.9%;商品零售额占社会商品零售总额的 18.9%。

在强调发展的同时,注意加强对个体工商业者的管理教育。针对在个体工商户发展之初和发展当中出现的一些消极因素,如部分个体商户在经营中掺杂使假、短尺少秤、抬高价格、偷税漏税、投机倒把、扰乱市场秩序等,及时加强了管理和教育工作。各级工商行政管理部门教育个体劳动者遵守法规,服从管理,按照核准的经营范围亮照经营,明码标价,严格制止投机违法活动。各地还通过个体劳动者协会,深入进行守法经营、信誉第一的职业道德教育,广泛开展学先进、树典型的活动。

1990 年,全国各地根据中央的部署对个体工商户和私营企业进行了清理整顿,据 14 个省市的不完全统计,共查处违法违章行为 46.6 万起,查处非法经营重要生产资料和紧俏耐用消费品的 17 000 户,强买强卖、欺行霸市、哄抬物价的 1 300 户,责令停业整顿的 8 600 户,吊销营业执照的 4 500 户,触犯刑律移交司法机关处理的 495 人。同时,还取缔了一批无照经营户。通过治理整顿,特别是在个体工商户和私营企业中进行法制教育和职业道德教育,促进了守法经营。1990 年的违法违章率比 1989 年下降了 20%。

(二)加强对私营企业的监督管理,促进私营经济健康发展

党的十一届三中全会以来,在恢复和发展个体工商业的过程中,有的个体工商户由

于扩大经营规模的需要,雇工人数超过了国家规定的 7 人限额,形成了私营企业。据1987 年 6 月底统计,全国私营企业有76 396户,从业人员 125 万余人,资金 25.67 亿元。1987 年,中共中央"5 号"文件明确对私人企业采取允许存在、加强管理、兴利抑弊、逐步引导的方针。私人企业与个体工商户的界限,主要是请帮手带学徒人数超过 7 人,并且拥有一定资金的企业。在社会主义社会的初级阶段,在商品经济的发展中,私营企业作为社会主义经济结构的一种补充形式,对于实现资金、技术、劳力结合,尽快形成社会生产力,对于多方面提供就业机会,对于促进经营人才的成长,是有利的。私营企业与公有制经济的矛盾以及它本身存在的一些弊端,可以通过管理和立法加以调节和限制。工商行政管理机关在认真学习中共中央"5 号"文件的基础上,对私营企业的情况进行了调查,摸清了我国私营企业的现状。

第一,我国的私营经济,是在生产资料所有制的社会主义改造早已完成,公有制经济的主导地位已经确立的情况下发展起来的,是在我国经济由唯一经济成分的产品经济向多种经济成分并存的有计划商品经济的转变过程中发展起来的。因此,它与新中国成立初期的私营经济不同,它不是阻碍社会生产力发展的因素,而是有利于生产力发展的一支力量。

第二,我国已经建成了强大的社会主义公有制经济,在国民经济中居于支配地位。在这种条件下发展起来的私营经济,不能不同占优势的公有制经济相联系,受公有制经济的巨大影响和制约,它只能是公有制经济的补充。

第三,私营经济是基于客观需要产生的,它首先在最需要的地方发展起来。我国农村大批富余劳动力需要转向非农业劳动,因此,1987 年我国的私营经济绝大部分在农村:户数占80.74%,从业人员占 83%,资金占83.60%。

第四,我国的私营经济还处于发展初期,一般条件比较差,内部制度不健全,雇主家庭与企业的界限不清楚,雇佣人员大多是同村同乡关系或亲属关系,劳资关系也不突出。

1988 年 7 月,国务院发布了《私营企业暂行条例》,这是促进经济体制改革的一部重要法规,有利于鼓励私营企业的发展和加强管理。到 1988 年底,私营企业 11.5 万户,从业人员 184.7 万人。

1989 年开始对私营企业实行了全面登记,但登记工作进展缓慢。到年底,全国登记注册的私营企业有90 593 户,从业人员142 万余人,注册资金达 84 亿余元。其中,城镇33 088户,44 万人,资金 40 亿元;农村57 505户,98 万余人,资金 44 亿余元。私营工业、建筑业、运输业全年总产值 84 亿余元,私营商业、饮食业、服务业、修理业营业额 37 亿余元。私营企业登记工作进展缓慢的原因,主要是私营企业主心存疑虑,怕戴资本家帽子;对清理假集体问题认识不统一,阻力大,大多数假集体还没有得到清理。

1990 年,私营企业发展到 9.8 万户,从业人员 147.8 万人,分别比上一年增长8.4% 和 3.7%。

1992 年,个体、私营经济在发展中出现了一些新的特点:一是投入增加,许多私营企业购买专利,引进新产品、新技术,购置新设备,扩建新厂房,企业规模不断扩大。据不完全统计,全国注册资金百万元以上的私营企业已有 500 多家。二是科技企业增多,经营者素质有了提高。私营企业有了一批科技人员,约占经营者的 11.6%,他们研制出了一批科研成果,生产出了一批名优产品和专利产品,有的填补了国家空白,有的产品已在国内或国际上获奖。三是外向型出口创汇企业增多。据不完全统计,全国已有1 000多家私营企业的产品出口,创汇约 5 亿美元。

第三节　加大监督管理力度,营造良好的市场秩序

随着经济体制改革和对外开放的不断深入,各级工商行政管理机关积极解放思想,转变观念,改变以往只注重对简单的农

村集贸市场管理的思路，按照社会主义市场经济发展的要求，紧紧围绕经济体制改革，通过调整、放宽政策，逐步加强对城乡大市场的监督管理，拓宽监督管理的范围。

从1984年到1992年间，我国总的经济形势是好的，市场形势也很好，在生产发展的基础上，城乡市场活跃，购销两旺。

但是，在这期间也出现了一些值得注意的问题，主要是零售物价上涨幅度较大，扰乱市场秩序的违法活动增多。据28个省、自治区、直辖市工商行政管理局统计，在1987年共处理投机违法违章案件118万9千多件，比上年同期增加32.18%；罚没款总额为3.86亿元。为受害人追回2.57亿元。有的省、市投机倒把案件增加比较多，仅从1987年上半年几个省市的情况来看，如北京增加118%，广东增加103%，湖南增加74%，四川增加22%。有些无照商贩和个体工商户，从国有企业套购紧俏商品高价倒卖，哄抬物价，牟取暴利，有些人还结团成伙，强买强卖，欺行霸市，抗拒管理。有些国有、集体企业，不遵守国家规定，擅自提价，变相涨价，甚至内外勾结、高价倒卖紧俏商品。有的单位和个人，违法制造、销售假冒商品和不符合卫生标准的商品，坑害群众。这些违法行为，严重扰乱了市场秩序，影响物价的稳定，损害国家和消费者的利益，干扰改革、开放、搞活方针的顺利贯彻。特别是物价问题很突出，成为影响经济稳定的因素。

为了保障改革开放的顺利进行，各级工商行政管理机关在国家工商行政管理局的统一部署下，贯彻中央的指示开始对市场秩序进行治理整顿，加强对市场和物价的监督管理，坚决打击投机倒把活动，维护市场秩序，制止乱涨价，保护人民的利益。

一、查处经济违法案件，打击制造、销售假冒伪劣商品活动

查处经济违法违章案件，维护正常的经济秩序是工商行政管理机关的一项重要职能。工商行政管理机关查处案件的目的是维护经济秩序，保护合法经营，为改革开放提供良好的市场环境。

到了20世纪80年代中后期，市场上假冒伪劣商品越来越多，包括烟酒、食品、服装、自行车、照相机、电冰箱甚至药品、化肥、种子等。有的地方制造、销售假冒伪劣商品的活动相当猖獗，严重扰乱社会经济秩序，破坏生产，损害消费者利益。制造假药、兑制毒酒等不法行为，更是不择手段，图财害命，置人民群众的健康和生命于不顾。

从1987年开始，工商行政管理部门贯彻执行国务院的指示，加强了对市场的监管，检查处理违法违章的行为。这一年全国各级工商行政管理机关查处的投机违法违章案件共94.56万件，其中大要案6万多件，比上年增加40%。移送司法机关追究刑事责任的案件1 314起，1 415人。罚没款总额6.08亿元，比上年增加57.67%。另外，为受骗企业和个人追回被骗款近3亿元。

这次查处经济违法工作体现了四个特点：一是中央领导同志重视，亲自抓；二是首先从中央机关抓起；三是以国有、集体单位为重点，在大案要案中，国有、集体单位作案的占50%以上；四是打击与疏导相结合，一方面严厉打击投机违法行为，另一方面重视教育和疏导；五是把经济处罚、党纪政纪处罚和刑事处罚相结合。国家工商行政管理局先后三批排出207件大案，各省市也都排出了当地的大案，有力地打击了违法违章活动。

1989年全国工商行政管理机关共查处违法违章案件85万多件，其中查处大案9万多件，比1988年的6.44万件增加40%以上。全年上交财政罚没款11亿多元，比上年的6.08亿元增加80%，为受害者追回损失近3亿元。

1990年全国工商行政管理机关共查处违法案件34.3万件，比1989年下降38.3%，罚没款97 502万元。其中多数是前两年发生的案件，据天津等地统计，当年发生的只占30%。倒卖重要生产资料的投机倒把案件和国营集体企业的违法违章案件下降幅度较大，经济秩序明显好转。

1991年，在治理整顿中，各级工商行政管理机关依法严肃打击了各种经济违法违章行为,狠抓了倒卖重要生产资料和紧俏耐用消费品,贩卖走私物品,制造销售假冒、劣质商品案件的查处;共查处违法违章案件23万件,罚没款8.2亿元。通过依法严肃打击各种经济违法违章行为,经济领域的投机违法活动受到遏制,经济秩序在逐步好转,发案率进一步下降,1991年经济违法违章案件比1990年下降32.9%,1990年又比1989年下降38.3%。

在此期间,国家工商行政管理局和中国消费者协会于1987年10月举办全国打击假冒行为、保护名优商品展览会。国家工商行政管理局又于1991年12月首次召开了"查假冒、保名牌"专项斗争工作会议。在全国范围内掀起了"打假"工作的热潮,总结了一些很有推广价值的经验:一是加强宣传,提高认识,使全国人民充分认识到制售假冒伪劣商品是祸国殃民、扰乱经济、破坏改革的不法行为。二是坚持原则,依法严惩不法分子。三是从各个环节着手,既抓流通领域,查处销售者,又抓生产源头,把好关。各地区、各部门密切合作,不搞本位主义。四是加强群众监督,向消费者进行识别真假商品的教育,让群众了解商品知识和有关法规,不少地方举办假冒商品展览会,收到很好的效果。

二、加强经济合同管理和合同纠纷的调解仲裁工作

经济合同管理是党的十一届三中全会后工商行政管理机关担负的一项新的工作。自从《中华人民共和国经济合同法》实施以来,经济合同制度已在全国推广普及,成为连接各单位之间经济关系的纽带,企业普遍重视和关心经济合同的签订和履行,合同数量大增。工商行政管理机关继续加强了对经济合同的管理和对合同纠纷的调解仲裁。

（一）加强对经济合同的监管和仲裁工作

工商行政管理机关对经济合同的监督,主要是检查合同的订立和履行,调解、仲裁合同纠纷,确认无效合同,查处违法合同等。一是制定经济合同法规,1985年7月,国家工商行政管理局制定和发布了《关于确认和处理无效合同的暂行规定》。二是依照国家法律、法规和政策的规定,开展监督检查工作。三是积极查处利用经济合同进行违法活动的行为。四是加强合同的仲裁工作。据统计从1983年到1988年各级工商行政管理机关共鉴证合同1 983万件,金额2 600亿元。受理合同纠纷案件174 087件,解决争议金额177亿元。1989年,全国工商行政管理机关办理经济合同纠纷案件219 044件,比1988年的47 052件增加366%。许多地方帮助企业依法解决纠纷,追回欠款,挽回损失。不少省市发挥派出仲裁庭的作用,就地、方便、及时地解决一些合同纠纷,深受当地政府的支持和企业的欢迎。各地加强对国家指令性计划产品、专营产品、重要生产资料、市场紧俏商品以及重要农副产品购销合同的管理,督促企业按照计划签订合同和履行合同。据不完全统计,1989年各地共检查合同1 800多万件,合同金额6 300多亿元。确认无效合同16 158件,鉴证合同396万多件,帮助当事人避免和挽回大量经济损失,仅浙江省前三季度就挽回损失1亿多元。许多地方加强了对企业承包合同和租赁合同的管理,解决了一大批这类合同纠纷。

1990年,经济合同管理有了新的进展。审结经济合同纠纷案件41.9万件,解决争议金额32.2亿元;确认和查处无效经济合同3.4万件,均达到历史最高水平。此外,各地还运用仲裁手段解决农村拖欠贷款的纠纷,仅据浙江等九个省市统计,就受理农贷纠纷案件45.9万件。按照国务院办公厅第13号文件精神,在全国范围内推行了经济合同示范文本制度,"重合同、守信用"活动在企业之间更加广泛地开展。

通过仲裁经济合同,帮助企业解决了部分债务。各地按照有关法律和规章的要求,突出重点,主要清理了逾期、呆滞、风险贷款和"三角债"。依法调解和仲裁借款合同,建立了借款合同仲裁庭,加强法律咨询服务。据山东、浙江、辽宁、江苏、贵州五省统计,帮助企业回收120亿元。通过加强经济合同纠纷的调解仲裁和无效、违法合同的查处工作,1991年,审结经济合同纠纷案件77万

件,解决争议金额52亿元,确认无效合同2.85万件,查处违法合同8 814件。

通过经济合同管理,健全交易秩序。1991年,工商行政管理机关积极参与了清理"三角债"的工作,依据自身管理职能,支持配合企业清理了一批"三角债",使企业减少和避免了部分经济损失。仅1991年上半年,各地就检查了234 308家企业的合同订立和履行情况,督促当事人履行合同1 474 003份,金额8 033 905万元,处理拖欠货款或不按期交货的合同纠纷35 000件。企业承包经营合同的管理有新的进展,仅上半年,全国就鉴证企业承包经营合同21 221份,确认无效企业承包经营合同104份,仲裁企业承包经营合同纠纷791起。

在处理经济合同纠纷案件中,加强了与法院的协作,避免重复办案。国家工商行政管理局同最高人民法院联系,采取了以下措施:经济合同纠纷的当事人,一方向工商行政管理局的仲裁委员会申请仲裁,另一方向法院起诉,那么,仲裁委员会就不受理;如一方向法院起诉时,仲裁委员会已经立案,法院就不受理。仲裁委员会依照法律程序作出的调解书、裁决书发生法律效力后,当事人就同一事实和理由向法院起诉的,法院不予受理。

各级工商行政管理机关迅速建立了合同仲裁机构,充实和加强了基层仲裁人员,提高了仲裁人员的素质,不断提高办案的质量。国家工商行政管理局1987年在河北省召开派出仲裁庭的专题研讨会,推广河北省新乐、深泽等地有条件的工商所派出仲裁庭的经验。据不完全统计,到1987年底,各地已有派出仲裁庭一千多个,使农村中许多合同纠纷及时得到解决。

(二)积极开展"重合同、守信用"活动和咨询服务工作

"重合同、守信用"活动,是1984年在辽宁省抚顺市首先后开展起来的。主要是倡导商业信用,严守合同,对管理经济合同取得较好成绩的企业和单位,由当地人民政府或者工商行政管理局颁发"重合同、守信用"证书。1986年,国家工商行政管理局在抚顺市召开了"重合同、守信用"座谈会,当时开展这一活动的已有20多个省、自治区、直辖市,参加的企业有72 233家,被命名为"重合同、守信用"的企业有6 105家。1987年,全国开展这一活动的市、县达1 854个,参加的企业70万家,被授予"重合同、守信用"称号的单位有22 800家。到1989年,全国除个别地区外,都已开展了这项活动,申请参加的企业219 399家,被命名的企业达38 439家。"重合同、守信用"活动在各地深入开展,许多地方外贸、科技和中外合资企业也开展了这项活动。

"重合同、守信用"活动的广泛开展,使经济交易秩序有了很大改观,在全国引起了很大反响。1991年,全国已有30万户企业参加,其中101 502家被命名为"重合同、守信用"企业。在全国范围推行经济合同示范文本制度,新发布了3大类11种示范文本。全国正式发布的经济合同示范文本已有6大类22种。为了配合这项工作,还印发了大量宣传材料,举办各类培训班2万多期,培训122万人。各级工商行政管理部门为这项活动做了大量细致的工作,使这项基础工作在全国大范围地开展,为加强经济合同管理,提高全社会的合同法律意识,产生了积极作用。

在广泛的经济活动中,需要了解合同法规和有关法律知识,特别是农村专业户,更缺乏经济合同方面的常识,需要提供更多的具体帮助。各级工商行政管理机关在积极宣传经济合同法规的同时,开展了经济合同的咨询服务工作。咨询服务的方式多种多样,诸如,设立固定的咨询服务站,随时接待群众,解答问题;按集市日期设流动咨询服务点,定期咨询服务;咨询服务上门,对签订合同较多的企业,结合监督检查,主动登门咨询服务,发现有问题的合同,当场提出修改意见,予以纠正;根据平常了解的情况和问题,召集有关人员会议,指导企业正确运用经济合同,维护本企业的合法经济权益;积极向企业印发经济合同知识资料和经济合同签订、履行等方面的书籍,并以各种方式举办经济合同讲座等,不断提高企业干部

职工遵守合同法、执行合同法的自觉性,维护了正常的经济秩序,推动了经济的发展。

三、加强商标监督管理工作,促进企业运用商标战略开拓市场

在新的经济形势下,商标注册工作有了很大发展。主要原因:一是随着商品经济的发展,使原来进入流通领域的一些生产资料进入了商品市场,开始使用商标。二是农村产业结构的调整,促使农村经济向专业化、商品化、现代化的方向发展。三是个体工商业申请商标注册逐步增加,改变了1982年以前只有全民、集体企业注册商标的状况。个体工商业的注册商标,还有一些创出了牌子,如安徽的"傻子"瓜子,四川的"8号"花生等。随着商标的增多,它在流通、消费环节的作用也日益明显,企业也开始重视使用商标和维护商标信誉,因此商标管理工作的任务越来越重。

(一)努力抓好商标注册和管理的基础工作

1. 加强商标注册申请的核转工作。1986年全国商标工作会议讨论了《商标核转工作若干规定》和《商标注册申请注意事项》,认为二级核转比较适合我们当时的情况。它主要有两个好处:一是便于省局掌握全面情况,有利于加强商标管理;二是提高核转初审质量,提高工作效率。

2. 加强商标印制管理工作。商标印制管理是商标管理工作的重要一环。假冒商标案件和商标侵权案件,常常是因为对商标印制控制不严而造成的。根据搞活经济、加强管理的新要求,将《商标印制管理规定》修改为《商标印制管理暂行办法》。

3. 商标注册持续发展。1987年共受理商标注册申请44 069件,其中国内40 014件,外国(地区)4 055件,全年核准注册的商标为32 141件。1988年共受理商标注册申请47 549件,比1987年增加3 547件。其中,国内注册申请41 683件(包括台湾地区642件),国外申请注册5 866件。全年核准注册商标29 052件,其中国内商标25 448件,国外商标3 604件。截至1988年底,我国有效注册商标已达214 059件,其中国内181 882件,国外32 177件。

1989年商标工作有很大进展。这一年是我国采用商标注册商品国际分类和维也纳图形要素分类的第一年,收效显著,为商标审查的科学化、规范化、国际化奠定了基础。全年受理商标注册申请48 411件,核准注册商标36 435件。到年底,我国累计有效注册商标已达249 439件。其中国内212 643件,国外36 796件。1990年,开始建立了商标事务所,推行商标代理制。1990年全国共受理商标注册申请57 272件,到年底,我国的有效注册商标已达279 397件,其中国外42 097件。1991年,全国共受理商标注册申请64 000件,比1990年增长11.6%;注册商标38 022件,比1990年增长21.6%。到1991年底,我国的有效注册商标已达32万件。

4. 积极开展海峡两岸、国际间的商标交往和合作。为了促进海峡两岸经济往来,国家工商行政管理局提出台湾企业到大陆注册商标,与大陆企业一视同仁,免予公证,并在香港建立中国商标代理公司,疏通渠道,简化手续,为商标注册提供了方便。1989年一年,台湾企业提交的商标注册申请达1 350件,比上年增加了1倍。1989年10月4日,我国正式加入商标注册国际马德里协定,为我国企业到国外注册商标和进行有效的商标保护提供了一条既迅速又方便的途径。到1989年底,国内著名的"同仁堂"、"四通"等8件商标,已提出国际注册申请,到我国领土延伸的外国商标有100多件。同时,为了维护注册商标所有人的商标专用权,加强国际间的交流与合作,维护消费者的利益,维护我国的信誉,各地工商行政管理机关严肃查处了一批侵犯世界著名商标的案件,包括侵犯"IBM"、"百事可乐"、"可口可乐"商标专用权案件。加强了商标的国际合作,扩大中国在国际上的影响,受到了世界知识产权组织等国际组织的赞赏。

5. 发挥商标工作在促进商品生产、提高产品质量、开拓市场中的作用。商标工作的重点在企业。工商行政管理机关加强了对国有大中型企业的商标指导工作,组织了

100 多家商标重点企业进行商标与企业发展的研讨，组织四家大中型企业到日本进行考察，对增强企业的商标意识起了重要作用。为指导企业正确使用商标，重点抓了对酒类商标的全面整顿，通过积极向企业宣传商标法，帮助企业健全商标管理制度，建立商标管理队伍，逐步扭转了酒类商标使用混乱的局面。

6. 积极开展商标评审工作。1989 年处理商标争议案件14 000件，比上年增加 1 倍多。进一步加强了商标使用管理和商标专用权的保护。对一些影响面广、情节恶劣的商标侵权案件，进行了重点查处，使"力士"、"金利来"、"娃哈哈"、"皇冠"、"松下"等一批重大商标侵权案件的查处工作取得了显著的进展。历史遗留的"两本账"商标的处理有了重大进展，与有关部门一起，摸清了"两本账"商标的情况，并提出了解决办法。

7. 开展驰名商标的评选活动。1991 年是"质量、品种、效益"年，在国家工商行政管理局的支持下，由社会出面，举办了消费者评选驰名商标的活动，选出了十大驰名商标，引起了各方面的重视，取得了很好的效果。商标代理工作也取得进展，业务范围在逐步扩大，工作质量有所提高。到 1991 年已指定代理国内商标事务的有湖北、上海、南京、成都、沈阳、常州、吉林和徐州等 8 家商标事务所。

8. 逐步完成了标准化商标制度的建立。为了有利于建立一个国际化、规范化、科学化的商标申请、审查、注册制度，从 1988 年 5 月开始到 1989 年 1 月，商标局完成了由原来实行的国内商品分类向国际分类的转换，同时实行了商标图形要素国际分类。从 1988 年 11 月 1 日开始，我国在商标注册上正式采用了商品的国际分类。

（二）打击假冒商标犯罪活动

1985 年以来，连续出现了晋江的假药，平乡、广宗的冒牌自行车，温州的冒牌手表和河南、安徽的冒牌手工卷烟等假冒商标的犯罪活动，引起了全国消费者的强烈反应。虽经几次打击，但还时有反复，甚至范围还有所扩大。小到味精、胡椒面，大到汽车、拖拉机，都有冒牌的。家用电器、酒、化妆品、服装、食品等行业更加突出。有些地方还大量用国外进口杂牌或残次零配件，胡乱拼凑伪劣商品，假冒外国名牌商品。

各地工商行政管理机关在国家工商行政管理局的指导下，积极行动，采取了有效措施，依法坚决取缔冒牌货，严厉打击假冒商标的犯罪活动。对假冒商标构成犯罪的，移交司法机关惩处，造成损失的，令其赔偿，没收其违法物品和非法所得，从经济上抑制假冒商标的犯罪活动；对于纵容、支持、包庇假冒商标的党政干部，建议有关部门给予严肃的纪律处分。对于过失侵权行为，耐心教育，并辅以经济处理。

1987 年 10 月，国家工商行政管理局和中国消费者协会在北京举办了全国打击假冒行为、保护名优商品展览会。

1990 年各级工商行政管理机关继续加强了商标管理，取缔假冒商标，打击假冒行为。据十二个省（市）统计，1990 年查处商标侵权案件11 987件，罚款1 000 多万元，责令赔偿经济损失 107 万元。对商标印刷行业进行了清理整顿，建立商标印制档案，堵塞假冒商标源头。

四、广告的发展和监督管理

我国社会主义商品经济的蓬勃发展带来了广告事业的发展。主要表现在：一是广告经营单位迅速增多，初步形成了一支广告专业队伍。1979 年全国的广告经营单位不过 10 家，到 1984 年底，全国经工商行政管理机关登记发照的广告经营单位（包括专营和兼营）已达4 077家，全年营业额 2.87 亿元。二是广告设计、制作水平有明显提高。许多新技术、新材料开始得到应用，广告宣传形式有所发展。三是许多广告经营单位开始突破地区、部门和行业的界限，积极发展横向联合，扩大了宣传效果，提高了经济效益。四是建立了广告的行业组织。中国广告协会于 1983 年 12 月成立。1985 年，全国已有辽宁、河南、宁夏、天津等十四个省、市、自治区和重庆、武汉、西安、哈尔滨等许多城市，成立了地方性的广告协会。

1987 年全国有广告经营单位8 225户，

比1986年底增加1 281户,增长18.4%;从业人员92 279人,增长13.6%;全年广告营业额11.12亿元,增加2.67亿元,增长31.6%。广告的设计水平、制作水平逐步提高,广告的表现形式比过去生动活泼了,知识性、趣味性比过去增强了。1988年底,全国已有广告经营单位10 806户,比1987年的8 225户增加31.38%;从业人员117 322人,比上年底的92 279人增加27.14%;全年广告营业额15.89亿元,比上年的11.12亿元增加42.94%。

短短的几年中,我国的广告事业已经迅速发展成为在社会经济生活中占有一定地位的新兴行业。绝大多数广告经营单位,认真贯彻国务院《广告管理暂行条例》和有关规定,通过广告真实地向生产者和消费者传递信息,提供各种服务,满足社会各方面的需求,正确地发挥广告在指导消费,搞活流通,活跃经济,促进生产,方便人民生活等方面的积极作用,促进了商品经济的发展和城乡市场的繁荣。

(一)继续抓好对各类广告的检查和清理工作

在广告业迅速发展并取得显著成绩的同时,也出现了一些值得注意的问题,表现为:一是虚假广告。如湖南省长沙市北区南南信息公司本来是区属小单位,却在广告中伪称“湖南省南南信息公司”,以举办“首届全国优质名牌产品展销会”为名,哄骗24个省、市2 000余人去订货。二是有些广告崇洋媚外,热衷于吹嘘国外的东西。三是违章广告时有出现。四是有些机关、团体、企事业单位,未经批准,擅自经营广告业务。

从1984年第四季度开始,国家工商行政管理局两次发出通知,要求各地对广告着重是虚假广告进行清理,对有问题的进行处理。国务院在1985年11月15日发出了《关于加强广告宣传管理的通知》,进一步对加强广告管理提出了明确的要求。这次清理的范围,包括各种广告媒介以及各类形式的广告,如赞助广告、新闻广告和带广告的名录、画册、挂历等。清理的内容,不仅是虚假广告,诸如崇洋媚外,违反政策法令,有诽

谤性宣传和反动、迷信、淫秽、丑恶内容等广告都加以清理。重点检查了1985年以来发布的广告,发现问题,区别情况及时做出了处理。严重违章案件追究广告刊户和广告经营单位的责任,触犯刑律的,交由司法部门依法惩处。通过清查,认真总结了各地加强广告宣传管理的经验,形成了一套广告管理的制度和办法。

各地工商行政管理机关在广泛深入宣传《广告管理条例》的过程中,着重加强对虚假广告和非法经营广告活动的管理,查处了一些重大案件。如对山花牌眼药水、人体增高器、驱鼠门铃多用机、矫音器、多功能记忆增强器等虚假广告,对制造和刊登虚假广告的责任者进行了查处。有的地方还研究制定了防范措施,这些对于维护消费者利益,促进广告事业的健康发展,起到了积极作用。

1990年,全国整顿经营广告的报社、期刊社和出版社4 000多家,取消了其中400多家的广告经营权。经过整顿,全国广告经营单位有10 951家,从业人员12.5万人,均比上年有所下降。但营业额大幅度上升,全年达到23亿多元,比1989年增加16.2%。一些虚假广告泛滥的地区如浙江永嘉、河北泊头等地,歪风已基本刹住,仅永嘉一县就取缔滥发虚假广告企业107家,罚款57万元。

1991年,广告管理把重点放在“控制数量、提高质量”上,取得了明显成效。到年底,全国共有广告经营单位11 578家,从业人员13.7万人。广告经营额继续上升,达到32.2亿元,比1990年增长28%。在控制广告经营单位增长的同时,继续深入治理虚假广告,指导各级广告协会开展“重信誉、创优质服务”活动,建立了以广告内容审查为主的审查制度,结合实施《广告业务员证制度》和《广告业专用发票制度》,在全国范围内开展了对广告业务人员、企业广告人员的法制培训,各地还采取不同的措施,对户外广告进行了清理和规划,进一步规范了广告宣传行为和广告经营行为,涉及数省的恶性虚假广告明显减少,广告经营秩序进一步好转。

(二)认真整顿广告经营主体

1986年,对广告专营、兼营单位和经营

广告的个体户进行了一次全面审查和整顿。重点是清理那些无证经营的单位和个人。取缔了未经工商行政管理机关批准，非法经营广告的单位和个人。各广告兼营单位，除领有广告经营许可证的部门以外，一律不得经营广告业务；已经经营的要立即停止广告经营，符合条件的单位可以申请补办手续领取广告经营许可证。对一些继续违法经营或严重违法者，没收其非法所得，并处以罚款。

对已发营业执照的广告经营单位，按有关规定进行了重新审查，具体做法是：广告公司必须是有章程，有固定场所，实行独立核算的经济实体，并有健全的财务制度，有专职人员（包括设计、制作、业务、管理、财会人员等）和相应的设备，资金（流动资金不得少于 5 万元），并出具银行资信证明。不具备上述条件的，进行限期改正，逾期不改或根本不具备条件的，吊销了其营业执照。

私人（包括个人集资）不得开办广告公司，不得代理和发布广告。有一定设计、制作能力的非在职人员，经过工商行政管理机关批准，可以从事广告的设计、制作。

整顿广告经营是项政策性很强的工作，为了不影响广告经营单位的日常业务活动，在当地党委和政府统一领导下，在有关部门配合下进行，各地都采取了分期分批，边整顿、边发证的办法，整顿一批，换发一批许可证。广告经营许可证由国家工商行政管理局统一印制，并按规定的审批程序换发。

通过这次整顿，广告经营单位增加过快的势头得到控制，广告市场混乱的状况有所好转。到 1989 年底，全国广告经营单位11 000户，比上年的10 677户增加3%；从业人员 11.55 万人，比上年的 11.21 万人增加2.97%；全年广告经营额 17.29 亿元，比上年的 14.93 亿元增加 15.81%。各地积极开展整顿广告的工作，加强对非法经营广告和虚假广告的查处。据江苏、河北、辽宁、河南、天津、上海等 20 个省市统计，已撤销不合格的广告经营单位占原经营单位总数的6.9%，缓发执照限期完善的占 6.5%，查处违法案件1 875起。

切实加强了对广告监管工作的领导。各级工商行政管理局把广告管理工作列入了重要议程，认真抓好。省、自治区、直辖市和大中城市的工商行政管理局设置了广告管理机构，县（市）工商行政管理局设置了专职或兼职管理人员。

第四节 建立健全工商行政管理法律法规

随着我国民主与法制建设的不断推进，社会主义市场经济的不断发展，作为市场监督管理的行政执法机关，必须依法行政，工商行政管理法律法规的建设就显得越来越重要。工商行政管理法律制度是对工商行政管理立法体制和执法制度的统称。它是我国社会主义市场经济法律体系的重要组成部分。从其基本法律地位来讲，属于市场主体法和市场行为法，主要调整：一是国家行政机关与市场主体之间的关系，这是一种纵向行政管理关系，是管理与被管理、指导与被指导、监督与被监督、保护与被保护的关系。具体包括工商行政管理机关与市场主体之间的权利和义务关系，工商行政管理机关与消费者之间的权利和义务关系。二是调整市场主体之间的关系。这是一种横向的民间商事关系，包括竞争关系和交易关系，不同经营主体之间的关系，以及经营者与消费者之间的关系。在调整方法上，常用的方法主要是授权、命令、禁止、许可、免除、确认、撤销和处罚等。

一、工商行政管理法的发展历程

工商行政管理法在我国的形成和发展，经历了一个漫长和复杂多变的过程。早在新中国成立以前，各红色革命根据地政府，在实施经济管理的过程中，就积累了一定的经验，并通过立法形式，形成了企业登记注册、市场监督管理、打击投机倒把等方面比较零散的一些法律规定，成为我国工商行政管理法的雏形。新中国成立初期至20 世纪60 年代，工商行政管理法律法规处于初步形成阶段，其内容涉及了企业特别是私营企业和外资企业的登记注册，对个体工商业、农村集市贸易的监督管理,以及商标注册和打击投机违法行为等方面的制度。这个时期工商行政管理法制发展水平是初级的,主要表现在其各项制度都不够系统完善,在国家整个经济行政法律体系中的地位是拾遗补缺性的,内容也具有浓厚的计划经济的色彩,因而实际作用也是十分有限的。"文化大革命"十年,工商行政管理机关被撤销,工商行政管理法制也被破坏殆尽。党的十一届三中全会以后,我国开始从计划经济向社会主义市场经济逐步转轨,工商行政管理机关得以恢复和迅速发展,工商行政管理法制建设也进入了一个全新的发展时期。在"八五"计划期间,特别是在党的"十四大"确定建立社会主义市场经济体制之后,工商行政管理的立法工作真正驶入了快车道。在党中央、国务院和全国人大的领导部署下,经过国家工商行政管理局和国务院、全国人大各有关部门,以及地方各级工商行政管理局、广大法律专家学者的共同努力,短短的几年内,我国的《公司法》、《反不正当竞争法》、《消费者权益保护法》、《商标法》(修订)、《经济合同法》(修订)、《广告法》和《行政处罚法》、《合伙企业法》等专门的或相关的工商行政管理基本制度,以及一大批工商行政管理法规、规章,以前所未有的速度,相继出台,使工商行政管理法规得到了相当程度的完善。从形式上看,工商行政管理法规不再是仅有一两部专门法律,以较低效力层次的法规、规章和其他规范性文件为主的法规群体,而是具有六部专门法律,同时辅以为数众多的相关法律和法规、规章的庞大法规群体;从内容上看,工商行政管理法规已在相当大的程度上消除了计划经济体制遗留的色彩,而充实了许多既符合我国社会主义市场经济发展现状,又与国际惯例基本接轨的工商行政管理新的法律制度。总之,尽管我国的工商行政管理法规还不十分完备,还有待于随着社会主义市场经济的不断发展而进一步完善,但就整体而言,它已形成了专门法律与相关法律互相配合,主干法律与辅助法规、规章互相配套,各项制度具有密切内在联系的比较科学、比较完整的体系,成为各类市场主体从事正当的经营活动,广大消费者维护自己的正当权益,各级工商行政管理机关制止不正当竞争和其他违法经营活动,保护合法经营者、消费者的权益,维护经济秩序的一套比较完整的法律准则。

加强社会主义市场经济法制建设,是我国经济社会发展的一项重要任务。市场经济立法立规工作始终受到党中央、国务院、全国人大以及地方各级党委、政府和立法机关的高度重视。在这样的社会背景下,工商行政管理法律法规必将得到进一步的发展与完善。工商行政管理法律法规的完善将体现在许多方面。首先,尚未制定的市场主体法将要在近年内制定。其次,市场行为的基本立法也将得到补充和修改。最后,工商行政管理法律法规中遗留的计划经济体制色彩将逐渐被消除。如计划经济体制遗留下的按所有制形式进行企业立法的模式,将经由转轨时期按所有制形式、组织形式乃至地域差别等多重标准进行企业立法的模式,逐步向比较完善的社会主义市场经济条件下,按组织形式的单一标准进行企业立法的模式过渡。又如计划经济体制下对个体、私营经济的一些不合理限制,也将被彻底取消,以实现各种经济成分之间的公平竞争。

二、加强法制建设,逐步完善工商行政管理法规

随着社会主义市场经济的进一步成熟,市场秩序的进一步规范,工商行政管理法律法规建设的步伐也加快了。1986 年,制定和颁布了《中华人民共和国外资企业法》。到1987 年,经国务院发布的法规有《城乡个体工商户管理暂行条例》、《投机倒把行政处罚暂行条例》、《广告管理条例》、《中外合资经营企业合营各方出资的若干规定》和《国务院关于整顿市场秩序加强物价管理的通知》。1987 年,国务院批准国家工商行政管理局修订了《中华人民共和国商标法实施细则》。1988 年 4 月颁布了《中华人民共和国中外合作经营企业法》。1988 年 6 月颁布了《企业法人登记管理条例》,同年 7 月又发布了《私营企业管理条例》。1990 年修订了

《中华人民共和国中外合资经营企业法》。1990 年上报国务院《城乡集市贸易管理条例》、《工商行政管理所条例》、《企业名称登记管理规定》和《经济合同法》（修订）。到 1991 年，为了继续加强法制建设，围绕着《国务院 1991 年立法计划》，积极开展了工商行政管理法规的制定工作。《工商行政管理所条例》和《企业名称登记管理规定》经国务院批准，以国家工商行政管理局令的形式发布施行；《经济合同法》（修订）、《城乡集市贸易管理条例》和《确认无效经济合同规定》在 1991 年完成起草阶段工作；《商标法》和《城乡个体工商户管理暂行条例》的具体修订工作也基本完成。系统内还发布了一批规章，工商行政管理的法规规章得到逐步完善。另外，为了保证工商行政管理法规的正确实施，各地都开展了不同形式的执法检查，加强了执法监督，大部分省、自治区、直辖市和计划单列市工商局已建立了法制机构，承担起案件审核和把关的职责，使执法监督经常化，有力地促进了执法水平的提高。复议应诉工作的基础建设也摆上了重要日程，复议应诉人员的培训工作已经展开，1991 年，举办了全国第一期复议应诉人员研修班，健全了复议应诉机构，并在国家工商行政管理局成立了复议委员会。

第五节　加强自身改革和建设，建立高素质的执法队伍

　　1984 年至 1992 年是工商行政管理发展史上的重要阶段，在这一阶段，工商行政管理的职能不断得到加强，并且随着计划经济向商品经济的转型，逐步理顺了自己的职能，从而为监督管理社会主义大市场打下了坚实的基础。

一、职能转变

　　1987 年的机构改革基本上采用了原1982 年的"三定"方案，在职能设置等问题上基本没变，这一情况已难以适应当时形势发展的需要。于是，到了 1988 年，国务院进行机构改革时，重新制定了"三定"方案，确定国家工商行政管理局是国务院经济监督管理部门，也是行政执法机关。其主要任务是：依法确定各类工商企业和个体工商业的合法地位，监督管理或参与监督管理市场上的各种经济活动，检查处理经济违法违章行为，保护合法经营，取缔非法经营，维护正常的市场秩序，保证社会主义商品经济的健康发展。

　　国家工商行政管理局的主要职责是：

　　（一）主管工商企业和从事生产经营活动的事业单位、科技性社会团体的登记注册，依法确认其企业法人资格或合法经营地位，核发《企业法人营业执照》或《营业执照》，监督它们的生产经营活动。根据国务院授权，负责各种公司的审批和核准登记发照。

　　（二）统一管理城乡集市贸易，依法查处集市交易中的违法违章行为；依法监督管理农副产品市场、农副产品批发市场、小商品市场和各种专业市场。

　　（三）参与生产资料市场以及资金、劳务、技术、信息、房地产等生产要素市场的监督管理。

　　（四）监督检查经济合同的订立和履行，调解、仲裁经济合同和企业承包经营合同、企业租赁经营合同、技术合同纠纷，确认无效经济合同，查处违法经济合同。

　　（五）办理城乡个体工商户和个人合伙的登记注册，核发《营业执照》，依法监督管理它们的生产经营活动，保护它们的合法权益。

　　（六）办理私营企业的登记注册，核发《企业法人营业执照》或《营业执照》，依法监督管理它们的生产经营活动，鼓励、引导私营经济健康发展。

　　（七）办理中外合资经营企业、中外合作经营企业、外资企业和外国企业常驻代表机构、华侨港澳企业常驻代表机构等的登记注册，核发《中华人民共和国营业执照》、《外国企业常驻代表机构登记证》或《华侨、港澳企业常驻代表机构登记证》，监督它们的生产经营或业务活动。

　　（八）负责国内商标和外国（地区）商标的统一注册和管理，保护注册商标专用权，

查处假冒、侵权行为。

（九）管理经济广告、社会广告和文化广告，查处广告经营和广告宣传中的违法违章行为，指导广告协会的工作。

（十）检查处理经济违法违章行为，打击投机倒把、走私贩私活动，对违法的单位和个人执行行政处罚。

（十一）研究工商行政管理的方针政策，拟定有关法规、规章和制度。

（十二）承担国务院交办的其他工作。

国家工商行政管理局机关设：办公室、政策法规司、人事教育司、企业登记司、市场管理司、经济检查司、经济合同司、个体私营经济司、广告司、商标局。

随着经济形势的发展，1990年，党的十三届七中全会通过了《中共中央关于制定国民经济和社会发展十年规划和"八五"计划的建议》，确定了实现第二步战略目标的行动纲领，我国社会主义现代化建设进入一个新的发展时期。国家工商行政管理局根据经济发展的要求，积极探索工商行政管理工作发展的新趋势，转变职能，转变观念，推动现代化建设。

第一，认真贯彻治理整顿、深化改革的方针，用"三度"的思路推动工商行政管理各项工作。

工商行政管理机关贯彻治理整顿和深化改革的方针，重点是对市场和企业实施有效的监督管理，提高监督管理的水平。1990年全国工商行政管理局局长会议提出"拓宽监督管理的广度，增加深度，强化力度"的工作思路，在全国工商行政管理系统产生了很大影响。许多省市召开理论研讨会，对这个思路进行完善和补充，国家工商局收到全国各地的论文150多篇。各地努力把贯彻治理整顿、深化改革的方针与工商行政管理的实际结合起来，推动了监督管理工作的深入。一是树立宏观经济监督管理的观念。工商行政管理机关不仅要对大量的微观经济活动进行监督管理，而且要从宏观管理的角度研究问题；不仅要加强对个体、私营经济的监督管理，而且要加强对公有制经济的监督管理；不仅要加强对集贸市场的监督管

理，而且要加强对各类市场的监督管理。二是推动监督管理向深层次发展。国家工商行政管理局针对经济工作中的一些重大问题，结合工商行政管理的实际，及时提出了需要深入研究的六个专题。1990年10月，集中各省、自治区、直辖市、计划单列市工商行政管理部门的主要领导，与浙江大学合作，在杭州举办高级研修班，对集体经济、个体私营经济、集贸市场和生产资料市场等四个专题进行了重点研讨，形成了《集体经济的现状、问题及政策建议》等四个专题调研资料，上报党中央和国务院，受到中央领导同志的重视。三是提高监督管理的水平。国家工商行政管理局为了加强法制建设，设立条法司，集中力量研究工商行政管理的法规体系。清理了各类规章和规范性文件216件，全年新颁布规章36件。同时，充实加强了政策调研的力量，把政策调研与各司局的业务工作结合起来。

第二，正确处理监督管理与放开搞活的关系，坚持放而有度，活而有序，管而有法。

在治理整顿的过程中，工商行政管理机关始终坚持监督管理与放开搞活相结合，注意研究经济发展中遇到的问题，千方百计为企业、为农民排忧解难。实践证明，工商行政管理部门在促进搞活经济、搞活企业方面是可以有所作为的，尤其是在市场疲软的情况下，这种作用更为明显。监督管理与放开搞活是辩证的统一，没有监督管理，也就没有良好的经济秩序，就不可能真正搞活；相反，只强调管理，而不去研究经济发展中的问题，以进一步促进经济搞活，也不可能实现有效的监督管理。

根据多年的经验，工商行政管理工作必须坚持"放而有度，活而有序，管而有法"的原则。这不仅适用于集贸市场的管理，也适用于整个工商行政管理机关的监督管理。

第三，从我国经济发展的实际出发，在实现监督管理职能时，坚持党的政策的连续性和稳定性。

党的十一届三中全会以来，我国以公有制为主体的多种经济成分得到了协调发展，但个体、私营经济在发展中也出现了一些问

题,社会上有很多疑虑。各级工商行政管理机关认真贯彻党的方针政策,坚持党的政策的连续性和稳定性,在国家政策允许的范围内扶持个体、私营经济发展的同时,切实加强监督管理,发挥其积极作用,限制其消极影响。

第四,通过各类市场的监督管理,探索计划经济与市场调节相结合的经验。

工商行政管理机关通过对各类市场的监督管理,积极探索计划经济与市场调节相结合的经验,特别是通过对集贸市场的研究,初步探索了工商行政管理监管大市场的方式方法,为市场经济条件下转变职能打下了基础,做了探索性的工作。

1. 从管理集贸市场探索计划经济与市场调节相结合的方式。集贸市场虽属于市场调节的范畴,但不是完全的自由市场。集贸市场当时是国家领导的、政府组织的、工商行政管理部门监督管理的市场,是社会主义统一市场的组成部分,在一定程度上连接着国家的计划,只是当时社会主义市场经济的雏形。

2. 集贸市场的市场机制比较健全,经营灵活,价值规律能够较好地发挥作用,能够做到自主经营,自负盈亏,自担风险。为实现有计划的社会主义商品经济,培育和完善统一的市场体系进行实质性的探索。

二、加强思想政治工作,建立高素质的工商执法队伍

在充分发挥工商行政管理职能的同时,工商行政管理机关始终坚持把队伍建设放在突出位置,采取多种形式提高干部队伍依法行政的能力和全心全意为人民服务的思想水平,树立良好的工商形象。中央领导同志也十分关注工商干部队伍的建设。1986年2月3日,胡耀邦同志在一封反映某县工商行政管理局工作作风的人民来信上批示:"……还要告国务院工商管理局一下,请他们也要注意把整顿全国工商管理局系统干部队伍,提高人员素质的任务担当起来。中央各行各业都要切切实实注意本部门队伍的思想建设,而且不能光喊口号,而要一年一年取得实实在在的成效。"田纪云同志也

要求工商行政管理部门,进一步加强组织建设、思想建设和法制建设,提高工商行政管理工作的水平。

为了贯彻中央领导同志的重要指示,国家工商行政管理局要求全系统加强思想政治工作,纠正不正之风,提高队伍素质,增强在执法中的权威性。

多年来,各级工商行政管理机关,在当地党委和政府的领导下,做了大量工作。广大工商行政管理干部工作勤勤恳恳,兢兢业业,廉洁奉公,秉公执法,自觉抵制不正之风,认真地对经济活动进行监督管理,同违法行为作斗争,取得很大的成绩。为了使工商行政管理队伍跟上新的形势,更好地履行党和国家赋予的监督管理职责,国家工商行政管理局在1986年针对当时的具体情况,就全系统的政治思想工作,队伍建设问题,提出了八点要求:

第一,教育干部充分认识新旧体制转换过程的艰巨性和复杂性,自觉地适应这种变革,努力提高自己的思想和业务水平,破除旧框框,研究新旧体制交替时期的新情况和新问题,切实加强和改善监督管理,以适应新形势的要求。

第二,切实改进工作作风,克服方法简单、态度粗暴的不良作风。谦虚谨慎,热情待人,秉公办事,文明管理,全心全意为人民服务。

第三,坚决纠正利用职权谋取私利的不正之风。不许在市场上白吃白拿或贱买商品,不许从登记发照中捞"好处",不许对企业和个体户进行勒索。要订立严格的工作纪律,违反纪律的,一定要严肃认真地进行处理。

第四,对极少数索贿受贿、贪赃枉法、与不法分子内外勾结、投机倒把、走私贩私的违法犯罪分子,按党纪国法惩处。

第五,加强法制观念,执法必严,违法必究,不以言代法或以权代法。

第六,通过多种形式,进一步做好干部培训工作,提高干部素质。组织干部学习马列主义的基本理论,学习党的政策,学习经济知识和专业知识,不断提高思想水平、政

策水平和业务水平。

第七，表扬好人好事，培养和树立一批先进典型，召开先进表彰会。

第八，纠正不正之风，要从领导机关做起，国家工商行政管理局首先要做好表率，请各地对我们进行监督。

1988年，各地工商行政管理机关认真抓了廉政工作。中共中央发出《关于党和国家机关必须保持廉洁的通知》以后，国家工商行政管理局在1988年7月发出了《关于工商行政管理机关保持廉洁的通知》，提出廉政工作七条措施。各地认真贯彻，切实纠正少数工商行政管理人员中存在的以权谋私、弄权渎职的行为，坚持"廉洁奉公、依法管理"的职业道德准则。不少单位特别是基层单位实行办事制度公开化，把有关法规、办事程序、办事人员和办案结果向群众公开，提高工作透明度，接受群众监督。

坚持不懈地开展廉政建设，提高干部职工队伍的整体素质。1990年，各级工商行政管理机关认真贯彻党的十三届六中全会精神，深入开展廉政建设。在加强思想教育，健全规章制度的同时，结合工商行政管理工作的特点，把解决办案、收费、发照和安排摊位等方面的问题作为纠正行业不正之风、加强廉政建设的重点，取得了明显成效。1990年8月，国家工商行政管理局在哈尔滨召开廉政建设经验交流会，总结了工商行政管理机关抓廉政建设"四个结合"的经验，即廉政建设与业务工作相结合；廉政建设与科学管理相结合；廉政建设与基层建设相结合；廉政建设与关心干部职工的生活相结合。这些经验受到了党中央、国务院的重视，中纪委、中央办公厅先后转发。国务院召开纠正行业不正之风电话会议以后，国家工商行政管理局派出三个检查组，对九省市的廉政建设进行了检查。各地反映，工商行政管理部门的廉政成效是明显的。在检查中，对存在的问题和薄弱环节也提出了改进意见。

1991年，继续深化廉政建设，纠正行业不正之风，提高了队伍素质。结合行业特点，紧紧抓住"办案、收费、办证、安排摊位"等关键环节，制定了纠正行业不正之风的阶段性目标，年终在15个省开展了一次全面检查和综合评估。通过狠抓各项措施的落实，1991年初提出的纠正行业不正之风的五个阶段性目标取得了初步成效。一是严肃查处了一批违纪违法案件，基本刹住了"吃拿卡要"的不正之风。各地都把"吃拿卡要"作为重点，开展自查、互查和社会评查，并在调查核实的基础上分别情况进行处理。据10个省市工商行政管理部门的调查，一年来共立案789件，已结案585件，共处分547人，追究刑事责任25人。二是乱收费、乱罚款、乱设卡现象明显减少。共查出"三乱"问题1 000多个。同时，各地工商行政管理机关还撤销了一批私设的检查站（卡），仅浙江、贵州等六省就撤销612个。三是整顿了协管员队伍，对协管员队伍进行了全面清理，辞退了一些不胜任或有违纪行为的协管员，仅10个省市工商行政管理机关就辞退协管员6 172名。四是进一步建立健全了规章制度，内外制约机制得到了强化。据10个省市工商行政管理机关统计，除修订完善了一批规章制度外，废除过时或不合理的规章制度242项。同时积极建立内部监督机构和社会监督网，仅10个省市工商行政管理机关就有专兼职监督员5 673人，社会义务监督员30 487人，举报箱7 550个，举报电话5 434部，形成了强有力的内外监督体系。五是工商行政管理机关的工作作风有了很大的转变。仅10个省市拒礼拒贿的工商行政管理人员就有86 096人次。廉政建设促进了勤政建设，据各地发放的346 796份社会问卷统计，对工商行政管理部门的作风表示满意或基本满意的达92.2%，其中直接管理对象的满意率均在95%以上，一般群众的满意率在83%以上。与此同时，全系统岗位培训全面展开，干部职工队伍的素质有了提高，勤奋工作，调查研究，服务经济的优良作风正在逐步形成，工商行政管理机关在社会上的形象有了很大改善。

三、充实基层，加强自身建设

1986年国务院批准在三年内增加工商行政管理系统基层事业编制8万人，按计划应于1988年底完成。据不完全统计，到

1988年底全系统实际调入人员(包括社会招收)5万多人。

　　工商行政管理队伍在监督管理社会主义大市场的同时,自身建设也迈出了坚实的步伐。到1989年底,全国工商行政管理机构共32 231个,比上年底增加4.8%;干部职工355 997人,增加6.4%。为了总结交流开展廉政建设的情况,1989年初,召开了廉政制度建设座谈会,并向全国工商行政管理系统推广哈尔滨市道里区工商局、吉林四平市工商局公开办事制度的经验和做法。国家工商行政管理局和各地工商行政管理局根据工商行政管理机关的工作特点,建立廉政制度。同时,为了加强岗位培训,1988年,国家工商行政管理局拟订了地局和县局局长的岗位职务规范,在这个基础上,1989年把指定规范的范围扩展到全系统的各个岗位,并举办了一期地市局长岗位培训班的试点。1990年积极抓干部职工的培训教育,三级办教育,五级抓培训,辅之以函授、电化教育,全国形成了工商行政管理系统教育培训体系,编写了一套适合部门特点的312万字的系列文字教材,204个学时的录像教材,举办了专业师资培训班。工商行政管理队伍的业务素质和文化水平有了很大提高。全国工商行政管理系统计算机运用也有很大进展,许多地方配置了设备,培训了人员,与国家工商局实现了传真通讯。国家工商局经济信息中心组织各地共同开发了应用软件,建立了一批数据库,信息输入量约500万字。部分业务工作开始用计算机进行管理,办事效率明显提高。工商行政管理系统的基础建设取得新的进展。计算机的装备和运用正在省市一级广泛开展,各项业务工作的信息传递和信息处理逐步实现与计算机的结合,九个省市工商局引进的计算机系统已陆续投入运行,部分省市建成的计算机区域网开始发挥作用,工作水平和办事效率有了提高。系统财务和统计加强了基础工作,逐步建立和完善了基本制度。

　　　　　　　　　　　(执笔人:郜志明)

第七章　建立社会主义市场经济体制时期（上）（1992—1994 年）

1992 年至 1994 年，是工商行政管理发展历程中的一个转折时期。邓小平南方谈话和中国共产党第十四次全国代表大会的胜利召开，标志着我国改革开放和现代化建设进入了一个新的发展阶段。党的"十四大"明确提出我国经济体制改革的目标是建立社会主义市场经济体制，作为一个长期以来主要服务于计划经济的政府职能部门，工商行政管理机关面临着一个新的重大转折，包括思想观念、工作职能、工作方法及队伍建设等方面的转变。在此期间，随着我国经济体制改革步伐的加快，大量改革措施配套出台、整体推进，也对工商行政管理自身的改革和工作提出了新的课题和挑战。为了紧跟改革的前进步伐，各级工商行政管理机关认真贯彻党的"十四大"关于"加快改革开放和现代化建设步伐"的号召，按照建立社会主义市场经济体制的改革目标，解放思想，更新观念，认真转变职能，深化自身改革，积极探索在社会主义市场经济体制条件下工商行政管理事业新的发展之路。

第一节　建立社会主义市场经济体制的目标和工商行政管理的改革任务

1992 年初，在我国社会主义现代化建设的关键时刻，邓小平同志巡视南方，发表了著名的南方谈话。他指出，计划多一点还是市场多一点，不是社会主义和资本主义的本质区别。计划经济不等于社会主义，资本主义也有计划；市场经济不等于资本主义，社会主义也有市场。计划和市场都是经济手段。邓小平南方谈话，深刻地回答了长期困扰和束缚人们思想的许多重大认识问题，是把改革开放和现代化建设推进到新阶段的又一个解放思想，实事求是的宣言书。

1992 年 10 月，中国共产党第十四次全国代表大会胜利召开，江泽民同志向大会作题为《加快改革开放和现代化建设步伐，夺取有中国特色社会主义事业的更大胜利》的报告。报告明确提出我国经济体制改革的目标是建立社会主义市场经济体制。这是理论上的重大突破，标志着我国社会主义现代化建设已经进入了一个新的历史时期。

1993 年 11 月，中共中央十四届三中全会通过了《中共中央关于建立社会主义市场经济体制若干问题的决定》。《决定》指出：建立社会主义市场经济体制，就是要使市场在国家宏观调控下对资源配置起基础性作用。为实现这个目标，必须坚持以公有制为主体，多种经济成分共同发展的方针，进一步转换国有企业经营机制，建立适应市场经济要求，产权清晰、权责明确、政企分开、管理科学的现代企业制度，建立全国统一开放的市场体系。

工商行政管理机关在这一时期的改革任务是：认真贯彻邓小平南方谈话和党的"十四大"精神，大胆解放思想，更新观念，树立适应社会主义市场经济体制要求的新思想、新观念,按照我国经济体制改革的目标,把工商行政管理工作的重点,转到统一登记注册各类市场主体,参与组织培育各类市场,监督规范市场经营行为,促进市场经济的发展上来。要从经济发展的实际需要出发,根据"拓宽监督管理的广度,增加监督管理的深度,强化监督管理的力度"的思路,认真转变职能,深化自身改革,积极探索与建立社会主义市场经济体制相适应的工商行政管理新体制、新规则和新模式。

第二节　深化改革,积极探索改进工商行政管理工作的新途径

一、紧跟形式,积极探索,改进工作

1992年初,邓小平巡视南方的重要谈话和同年5月16日中共中央政治局会议通过的《中共中央关于加快改革,扩大开放,力争经济更快更好地上一个新台阶的意见》,像春风吹遍了全国各地,掀起了改革开放和经济建设的新高潮。工商行政管理机关紧跟形势,积极探索改进工商行政管理工作的新途径。1992年6月,国家工商行政管理局下发了《关于改进工商行政管理工作,促进改革开放和经济发展的意见》。

《意见》提出:当前工商行政管理部门的首要任务是,认真贯彻落实邓小平同志的重要谈话、中央政治局会议决定和李鹏总理的《政府工作报告》精神,加强和改进工商行政管理工作,充分发挥职能作用,促进改革开放,维护经济秩序,为经济建设服务。《意见》提出了十项措施:(一)全面、深刻地领会和贯彻邓小平同志重要谈话精神,解放思想,转变观念;(二)推动企业深化改革,转换经营机制;(三)促进扩大开放,改善外商投资环境;(四)加快培育市场体系,维护交易秩序,促进公平竞争;(五)支持政府机构转变职能,精兵简政;(六)支持建立和完善农业社会化服务体系,促进农村经济发展;(七)大力支持第三产业的发展;(八)鼓励发展个体、私营经济,充分发挥其有益的补充作用;(九)提高商标、合同管理水平,加强和改进经济检查工作;(十)加强法制建设,

改进工作作风。

二、进一步解放思想,提出实施"四个转变"

1992年12月,全国工商行政管理工作会议在北京召开。会议提出,贯彻落实"十四大"精神和邓小平南方谈话精神,必须把解放思想,更新观念放在首位,树立适应建立社会主义市场经济体制要求的新思想、新观念,使"十四大"精神成为工商行政管理部门深化改革,提高工作水平的强大动力。会议提出,结合工商行政管理实际,当前和今后一段时期,在思想观念中主要是实现四个转变。

第一,从主要服务于计划经济转到服务于社会主义市场经济。必须改变服务方向,牢固树立为社会主义市场经济服务的观念,从市场经济的原则和要求出发,对长期坚持的、习以为常的服务于旧体制的做法进行革命性的变革,彻底摒弃一切束缚市场经济发展的方式和方法。第二,从侧重于监督管理集贸市场转到监督管理社会主义统一大市场。树立监督管理社会主义统一大市场的观念,使工商行政管理的行政执法职能覆盖到整个市场。第三,从局限于国内传统的监督管理方式转到更多地借鉴国际通用的管理方式,要树立与国际惯例接轨的观念,大胆吸收和借鉴国外先进的管理方式和方法,逐步向国际惯例靠拢。第四,要从侧重于具体业务管理转到运用法律的和行政的手段进行宏观监督管理。树立运用法律的和行政的手段进行监督管理的观念。

三、积极探索工商行政管理各项业务工作改革的目标模式

1992年12月召开的全国工商行政管理工作会议根据我国经济体制改革的目标,提出今后一个时期,工商行政管理改革和发展的目标是:建立有中国特色的工商行政管理新体制,研究探索工商行政管理各项业务改革的目标模式。

(一)企业登记管理改革的目标是:逐步实现工商行政管理机关对企业依法独立登记注册,进一步完善符合社会主义市场经济体制的企业法人和营业登记制度,实行以年

检为重点内容的监督管理制度。

（二）市场管理改革的目标是：加强对市场开办者的资格审查和市场行为的监督管理；把监督管理的重点从集贸市场转向生产资料、生产要素市场；要坚持市场的组织建设和市场"软件"建设两手抓，制定交易规则。

（三）经济检查改革的目标是：从以打击投机倒把为主转向以反不正当竞争和反垄断为主，为市场经济的健康发展创造良好的环境和条件。

（四）个体、私营经济管理的改革目标是：放宽政策，大力发展，加强管理。努力创造各种所有制企业平等竞争的环境和条件，取消在发展个体、私营经济上的不合理限制。

（五）经济合同管理改革的目标是：把经济合同的行政管理行为变为企业自律行为，加强合同管理人员的服务协调观念，努力加快经济合同仲裁改革的步伐。

（六）商标工作改革的目标是：完善商标代理制，在商标保护范围和注册程序等方面同国际惯例进一步接轨。加强对商标专用权的保护，坚决制止和打击假冒商标和商标侵权行为。

（七）广告管理改革的目标是：下放广告经营审批权限，逐步推行广告代理制和事先审查制，建立符合市场经济要求的广告宣传经营机制和监督管理机制。

（八）工商行政管理法制工作改革的目标是：逐步由按所有制立法和部门立法过渡为按市场主体和市场关系立法，健全法制机构，完善工商行政管理法制。

四、贯彻落实十四届三中全会《决定》，提出五个"围绕"的改革措施

1993 年 11 月，中共中央十四届三中全会审议并通过《中共中央关于建立社会主义市场经济体制若干问题的决定》。根据邓小平建设有中国特色社会主义的理论和党的"十四大"精神，《决定》把"十四大"提出的经济体制改革的目标和基本原则加以具体化，制定了社会主义市场经济体制的总体规划。工商行政管理机关坚决贯彻落实《决定》，进一步推进工商行政管理改革。1994年1月召开了全国工商行政管理工作会议，国家工商行政管理局局长刘敏学在题为《加强市场监管，维护市场秩序，为建立有权威的市场监管执法机构而努力》的报告中提出了"五个围绕"的改革措施：

（一）围绕建立现代企业制度，研究企业登记管理制度的改革。按照现代企业制度的基本特征，通过改革和完善企业登记管理制度，使企业成为依法设立、依法终止，由政府进行间接管理，真正做到自主经营，自负盈亏的法人。

（二）围绕培育和发展市场体系，积极研究参与培育、监督大市场的方法，处理好市场建设和市场监督的关系，逐步从市场建设和市场服务转到培育公平竞争的市场环境，健全市场机制上来。

（三）围绕培育多元化的市场主体，大力推动个体私营经济健康发展。在促进发展的同时，要加强监督管理，加强教育和引导，做到促进发展与监督管理并重。

（四）围绕加强社会主义法制建设，强化工商行政管理执法力度。要把提高工商行政管理地位与加强法制建设结合起来，根据市场经济法制建设的目标来规划工商行政管理法制建设，把立法的重点放在市场主体法和市场行为法上。

（五）围绕建立有权威的市场执法和监督机构，研究工商行政管理体制建设。一是要在实行"条块结合"的管理体制过程中，发挥中央和地方两个积极性；二是执行统一的办案程序，实行办案的垂直领导；三是加强工商行政管理部门内部执法职能机构协调一致，提高执法力度；四是要调整基层工商所的设置，按经济区划原则建所。

五、转变职能，国务院批准新的"三定"方案

为了使工商行政管理机关更好地适应建立社会主义市场经济体制的需要，1994年1月，国务院批准了《国家工商行政管理局职能配置、内设机构和人员编制方案》。根据第八届全国人民代表大会第一次会议批准的国务院机构改革方案和《关于国务院机构设置的通知》的规定,国家工商行政管理局为国务院直属机构。其改革的基本思路是:完善对市场的监督管理,强化行政执法,建立健全适应社会主义市场经济体制的工商行政管理新机制。

按照《中共中央关于建立社会主义市场经济体制若干问题的决定》中关于"改善和加强对市场的管理和监督"、"建立有权威的市场执法和监督机构"的要求,国家工商局要实现职能转变。主要内容是:(一)改革企业登记管理制度,将现行的审批设立制度逐步过渡为工商行政管理机关依法核准登记注册制度。(二)拓宽监督管理范围,从侧重于监督管理集贸市场和工业品市场,转变为监督管理和参与监督管理各类市场。(三)调整行政执法对象,从重点查处投机倒把活动转变为依法规范市场交易行为,保护公平竞争。(四)提高管理层次,从侧重于具体业务管理转变为运用法律和行政手段进行宏观监督管理。在加强、充实上述职能的同时,对原有部分职责作适当调整,以达到精简、统一、效能以及合理分工与相互制约的目的。

第三节　积极改进企业登记管理工作,促进改革开放和经济发展

一、大力支持企业转换经营机制,把企业推向市场

工商行政管理机关积极改进企业登记管理制度,支持企业扩大经营自主权。在国务院颁布《全民所有制工业企业转换经营机制条例》后,国家工商行政管理局也发出了《关于改进企业登记管理工作,促进改革开放和经济发展的若干意见》,采取了一系列积极措施:积极支持国营大中型企业组建企业集团和进行股份制试点,符合条件的,经有关部门审批后,应按照登记权限和程序予以登记注册;允许企业根据自身条件从事综合性经营和跨行业经营,企业的经营范围除国家法律、法规和国务院规定需经行业归口部门审批的以外,其他由登记主管机关直接核定;进一步放开商业(含供销、粮食)、物资

供销业的经营方式,对在资金、设施、人员等方面具备条件的,允许其从事批发、零售、代购、代销、代储、代运等项业务;简化登记注册程序,提高办事效率,除法律、法规规定实行专项审批或许可证的以外,其他部门规定的审批及许可证,一律不作为登记注册的法定前置条件。

各地工商行政管理机关积极制定企业转换经营机制的办法,东北三省四市工商行政管理局就出台总数多达二百多条的支持措施,北京市工商行政管理局发布十多项政策,简政放权,取消企业登记中的一些不必要的限制,放宽经营范围和经营方式,支持扩大企业经营自主权,把企业推向市场。

1992年至1994年,内资企业出现了前所未有的迅猛发展的势头,截至1994年底,全国实有内资企业793.75万户,注册资金51 716.58亿元,分别比1991年底增长64.65%和155.80%;其中国有企业216.63万户,注册资金28 868.73亿元,分别增长72.79%和110.98%;集体企业545.68万户,注册资金15 768.13亿元,分别增长56.84%和173.23%。

二、以《公司法》的颁布实施为契机,推进企业登记注册制度的改革

1993年12月,全国人大常委会通过《中华人民共和国公司法》。作为公司登记注册的主管机关,工商行政管理部门以《公司法》的颁布实施为契机,按照建立现代企业制度的要求,积极推进企业登记注册制度的改革。

(一)制定《公司登记管理条例》

1994年上半年,国家工商行政管理局组织专门班子起草了《公司登记管理条例》,报国务院审定后于同年7月1日与《公司法》同时实施。作为《公司法》的配套法规,突破了《企业法人登记管理条例》的一些框框,体现了改革的思想:一是确立了直接登记为主,审批设立为辅的原则;二是建立了科学合理的登记体制和级别管辖制度,将登记权适当集中,并将监督权放在基层;三是适应建立现代企业制度的要求,重新设置公司登记事项;四是推行一审一核制,逐步向注册

官制度过渡。一些省、自治区、直辖市工商行政管理机关根据本地实际情况,通过当地人大和政府及时制定地方性法规和规章,保证了企业登记制度改革的顺利实施。

（二）坚持高起点、严要求,认真做好新开办公司的登记管理工作

一是从国家工商行政管理局到省、市、县工商行政管理局组织企业登记管理干部学习贯彻《公司法》培训。二是要求各级工商行政管理机关树立依法办事的观念,不折不扣地执行《公司法》,不准任意提高或降低公司注册资本最低限额;不准增加其他登记条件,不准设置其他的前置审批;不准增加其他申请文件,凡是符合《公司法》和《公司登记管理条例》规定的,要在法定期限内予以登记。三是严格公司登记审查内容:公司章程是否具备《公司法》规定的必要事项;章程载明的登记事项是否合法;有限责任公司股东和股份有限公司发起人是否具备《公司法》规定的投资资格和投资能力;公司董事、经理、监事的任职资格。四是规范工商行政管理机关内部工作程序,统一公司登记管理的有关表格,提高办事效率。

截至1994年底,在《公司法》实施的半年中,全国按照《公司法》的有关规定,新登记注册的公司33 727户,注册资本1 052.4亿元,其中有限责任公司33 244户,注册资本862.9亿元;股份有限公司483户,注册资本189.5亿元。

在贯彻《公司法》的同时,按照国务院及地方人民政府的统一部署,各级工商行政管理机关积极发挥职能作用,配合有关部门做好由国务院规定的多家国有企业进行公司改建的试点工作。

三、支持对外开放,大力发展外商投资企业

在邓小平南方谈话发表后,工商行政管理机关为了促进对外开放,发展外商投资企业,制定了提高服务质量、改善外资企业登记管理工作的措施和办法。一是简化外商投资企业登记程序中不必要的前置手续,对不适应外商投资企业发展的一些规定进行了调整和明确。二是加快了外资企业登记授权的步伐,工商行政管理机关在原已授权的基础上,从三个层次上扩大外商投资企业登记授权:第一是授权给所有省、自治区、直辖市和计划单列市工商局;第二是授权给沿海开放地区省辖市工商局;第三是授权给其他地区外资企业超过百家的省辖市工商局,仅1992年授权的单位就接近前13年总和。三是各级工商行政管理机关积极参与外资企业的前期立项工作,当好参谋,服务企业,把问题解决在前期,大大提高了工作效率。

1992年至1994年,全国外商投资企业出现了前所未有的迅猛发展势头。截至1994年末,全国实有外商投资企业20.6万户,投资总额4 907.2亿美元,注册资本3 122.8亿美元,外方认缴出资额1 963.1亿美元,分别相当于1991年同期的5.5倍、6.8倍、7倍和7.6倍。

在外商投资企业迅速发展的形势下,认真抓好外商投资企业登记注册工作的规范化管理。1993年5月,国家工商行政管理局先后下发了《外商投资企业授权登记管理办法》和《关于外商投资企业名称登记管理有关问题的通知》。1994年11月,国家工商行政管理局与对外贸易经济合作部联合下发了《关于进一步加强外商投资企业审批和登记管理有关问题的通知》,进一步加强和完善了审批机关和登记机关对外商投资企业的设立审查、出资检查和违法违章行为的查处工作,促进了外商投资企业的健康发展。

四、加强以年检为主要内容的企业监督管理工作

1993年12月,国家工商行政管理局制定下发了《企业法人年度检验办法》,实行以年检为重点内容的监督管理制度:明确年检宗旨,通过年检确认企业法人继续经营资格;改革年检办法,将年检日期法定化;强化年检效力,对连续两年不参加年检的企业法人,吊销其营业执照;健全办案制度,及时查处年检中出现的违反企业登记管理法规的行为。

对外商投资企业的监督管理以出资检查与年度检验为主要内容,通过年检,全面了解外商投资企业生产经营状况和违法违

章情况,进一步提高出资率。1994 年全国外商投资企业实际出资额为 655 亿美元,占当年度应出资额的 70.4%,比上年同期提高了 3 个百分点;投产开业户为 93 453 户,开业率为 57.1%,比上年提高了 10 个百分点。

第四节　积极培育、监管各类市场,大力促进个体私营经济健康发展

一、积极培育市场体系,促进各类市场健康快速发展

各级工商行政管理机关积极参与培育市场体系,按照巩固、提高、完善消费品市场,大力发展生产资料市场,严格规范期货市场试点,积极参与生产要素市场培育的指导思想,从我国的国情和各地实际出发,促进各类市场健康发展。为了切实做好社会主义大市场的培育和监督管理工作,国家工商行政管理局于 1992 年 11 月在湖北省武汉市召开了全国市场工作会议,贯彻落实邓小平南方谈话和"十四大"精神,认真总结改革开放以来各类市场发展的经验,专题研究培育社会主义市场体系问题。各地工商行政管理部门紧紧依靠党委和政府,在组织建设市场中积极主动,唱好主角,牵头组织,协调服务,发挥了不可替代的重要作用。

1992 年全国各地掀起了改革开放以来最大的市场建设热潮:一是多家办,不仅政府有关部门积极组织培育市场,企业也积极参与开办市场。二是速度快,1992 年,全国集贸市场建设投资达 176.5 亿元,比 1991年增长 2 倍,1993 年、1994 年分别为 217 亿元和 182 亿元。截至 1994 年底,全国集贸市场共有 84 463 个,比 1991 年增加 9 788 个,集贸市场成交额 8 981.5 亿元,比 1991 年增长 2.43 倍。三是规模大,全国出现了一大批面积在 1 万平方米以上的综合型大型集贸市场和专业批发市场。四是多元化,在集贸市场继续发展的同时,生产资料市场、生产要素市场也都有了较大发展,出现了证券市场、期货市场。截至 1994 年底,全国在工商行政管理机关办理登记的生产资料市场 3 084 个,其中综合市场 562 个,专业市场

2 522 个;生产要素市场 700 多个,其中房地产市场 200 个,劳动力市场 180 个,金融市场 100 个,技术市场 70 个。

在各类市场快速发展的同时,工商行政管理部门重视加强监督管理,引导市场主体公平交易,查处违法经营活动,促进了市场的健康发展。1992 年 10 月,国家工商行政管理局发出了《关于命名表彰 1991 至 1992年度"全国文明集贸市场"的决定》,决定授予北京市海淀区北太平庄集贸市场等 652处集贸市场"全国文明集贸市场"荣誉称号,促进了各地创建文明集贸市场活动的开展。

二、加强市场监督管理,维护市场经济秩序

一是贯彻落实国家物价政策,加强市场物价管理。1994 年 1 月,为配合国家粮油市场宏观调控措施的出台,国家工商行政管理局发出了《关于认真做好平抑粮油价格,稳定粮油市场工作的紧急通知》。各地工商行政管理机关坚持把稳定市场物价作为维护市场秩序的一项重要工作,与物价部门配合,通过明码标价,制定零售参考价,建立物价监控网点,严格衡器管理等措施,对集贸市场的物价进行必要的引导和控制。

二是配合粮食购销体制改革,加强粮食市场监督管理。为了贯彻国务院 1994 年 5月下发的《关于深化粮食购销体制改革的通知》,国家工商行政管理局与国家粮食储备局于 1994 年 1 月联合发出了《关于加强粮食市场管理做好粮食批发企业清理工作的通知》,规定了粮食批发企业重新登记的原则,落实了掌握批发、放开零售的具体要求,明确了加强粮食市场监督管理的任务。各地工商行政管理机关结合本地实际,制定了对粮食批发企业重新登记和稳定市场的具体措施。北京、上海等大中城市工商行政管理机关组织人员加强市场检查,打击囤积居奇、欺行霸市、扰乱粮价等不法行为,稳定了粮油价格,保持了粮食市场的基本平稳。

三是加强食盐、肉类、药品市场监督管理。1994 年 1 月,国家工商行政管理局会同轻工总会等五部局,联合发出了《关于加强食盐市场管理　坚决杜绝非碘盐进入缺碘

地区的通知》，要求对非法从事食盐生产和销售的单位和个人坚决取缔。由国家工商行政管理局牵头组成五部局联合检查组，对福建等地食盐市场情况进行了检查。为了制止肉类市场非法屠宰和掺杂使假等不法行为，国家工商行政管理局于1994年8月发出了《关于进一步加强城乡集贸市场肉类管理检疫工作的紧急通知》；9月，与农业部又联合发布了《关于加强畜禽屠宰管理完善肉类卫生检疫检验工作的通知》，对实行定点屠宰、到点检疫和依法加强对肉类市场的监督检查提出了明确的要求。为了强化对药品生产经营和市场的监督管理，国家工商行政管理局于1994年9月下发了《关于进一步加强药品市场管理的通知》，对做好药品生产经营企业和个体工商户的管理工作，规范药品生产经营秩序，进一步加强对中药材市场的管理等方面作出了具体规定。

三、不断拓宽监管领域，积极做好生产资料、生产要素市场的监督管理工作

为了适应市场经济形势发展的需要，工商行政管理机关按照国务院赋予的监督管理生产资料市场、参与监督管理生产要素市场的职责，积极探索，不断拓宽市场监管领域，取得了新的进展：

一是健全机构，充实力量。有条件的省、自治区、直辖市工商行政管理局大都设立了市场二处，专门负责生产资料、生产要素市场的监督管理工作。全国大中城市相继成立了近百个专属分局，对生产资料、生产要素市场实施专业的监督管理，包括对市场主体资格的确认，市场交易行为的规范，违法行为的查处。

二是加强立法立规，抓紧制定生产资料、生产要素市场监督管理规章。1994年7月，国家工商行政管理局与国家经贸委共同发布了《整顿成品油市场的实施办法》，明确规定了成品油市场管理的原则、整顿范围、成品油交易行为规则以及违法违章行为的查处规定，为成品油市场的整顿提供了依据。1994年10月，针对外汇期货管理中出现的问题，国家工商行政管理局会同证监会、外管局和公安部，发出了《关于严厉查处

非法外汇期货和外汇按金活动的通知》。山东省工商行政管理局1994年颁布了《关于加强生产要素市场监督管理的通知》，明确了工商行政管理机关监督管理生产要素市场主体、载体及交易行为等具体职责，并提出了理顺内部关系，建立生产要素市场监管机构等具体要求。

三是加大执法力度，严格规范市场交易行为。1994年国家工商行政管理局会同国家经贸委在全国组织开展了成品油市场整顿，收到了明显的成效。湖北省对1 712个成品油批发企业、6 131个加油站进行了检查，取缔批发企业1 404个，加油站2 378个。经过整顿，使成品油市场秩序得到好转，价格稳定，北京市70号汽油每吨价格由原来的2 926元降至2 730元。1994年，全国工商行政管理机关共查处生产资料违法违章案件5 019件，查处钢材违法经营数3.7万吨，汽车违法经营数1.5万辆，汽油、柴油违法经营数2.6万吨，违法化肥等农业生产资料经营数22.5万吨。各地工商行政管理机关全面加强对期货市场的监督管理，1994年查处非法期货交易案件73起，其中由工商行政管理机关单独查处51起，配合有关部门查处22起。

四、解放思想，积极探索个体私营经济管理改革目标

党的"十四大"提出了"在坚持公有制和按劳分配为主体，其他经济成分和分配方式为补充的基础上，建立和完善社会主义市场经济体制"的改革目标。工商行政管理机关认真学习贯彻党的"十四大"精神，进一步深化对个体、私营经济作用的认识，积极探索个体私营经济管理的改革目标。

1992年12月召开的全国工商行政管理工作会议提出了个体、私营经济的改革目标：放宽政策，大力发展，加强管理。会议提出，要继续解放思想，放宽政策，取消在发展个体、私营经济上的不合理限制，创造公平竞争的条件。在社会主义市场经济体制下，在统一的产业政策下，在同一领域内，在同一地区，对各种经济成分的政策应当一视同仁。要进一步放宽从业人员资格、经营范围

和经营方式,简化登记审批手续,除关系国家垄断、国家安全和人民健康的行业外,原则上都应允许个体工商户和私营经济从事生产经营。要积极引导个体、私营经济大力发展第三产业,因地制宜地鼓励个体工商户和私营企业发展外向型经济,发展"三来一补"业务。

1993 年 4 月,国家工商行政管理局在成都召开了全国个体私营经济管理工作会议,在《大力发展,加强管理,促进个体、私营经济再上新台阶》的工作报告中提出,今后几年工作总的指导思想是:认真贯彻落实党的"十四大"精神,以建设有中国特色的社会主义理论为指导,按照社会主义市场经济的要求,进一步解放思想,转变观念,放宽政策,创造一个公平竞争的环境,大力发展,加强管理,力争个体、私营经济发展和管理再上新台阶。会议提出,要结合培育市场体系和发展第三产业,配合国家发展中西部地区经济的战略和国有企业转换经济机制发展个体、私营经济,要按照社会主义市场经济新体制的要求,加强和改善监督管理。

五、采取积极措施,促进个体和私营经济健康发展

为了贯彻党的"十四大"提出的坚持以公有制经济为主体,多种经济成分长期共同发展的方针,改进工商行政管理工作,促进个体经济、私营经济健康发展,国家工商行政管理局于 1993 年 4 月下发了《关于促进个体经济、私营经济发展的若干意见》,采取相应措施,放宽政策,规定:除国家法律、法规明令禁止个体工商户、私营企业经营的行业与商品外,其他行业和商品都允许经营。允许个体工商户、私营企业根据自身条件从事跨行业经营或综合经营。凡是允许经营的商品,除国家有专项规定的外,经营方式全部放开。还提出依法保护个体工商户、私营企业的合法权益,制止对个体工商户、私营企业的财产进行"赎买"、"平调"等随意改变产权关系的错误做法。对于违反国家法律、法规的乱收费、乱摊派、乱罚款,个体工商户、私营企业有权拒付,工商行政管理机关严禁代收并有权予以制止。各地工商

行政管理机关也结合当地实际,采取相应措施,全国有 28 个省、自治区、直辖市和计划单列市先后制定了促进个体私营经济发展的决定和具体政策措施。

1992 年至 1994 年,全国个体、私营经济呈现出前所未有的快速增长势头:一是发展速度加快,截至 1994 年底,全国实有私营企业 43.2 万户,从业人员 648.4 万人,分别比 1991 年增长 3 倍和 2.5 倍;个体工商户实有 2 186.6万户,从业人员 3 775.9万人,分别比 1991 年增长 54.3% 和 67.2%。二是投资信心增强,经营规模扩大,1994 年底全国私营企业注册资金为 1 447.8亿元,比 1991 年增长 10.8 倍,户均注册资金 33.5 万元,比 1991 年增长 1.93 倍;个体工商户自有资金 1 318.6亿元,比 1991 年增长 1.7 倍,户均资金 6 030元,比 1991 年增长 75.1%。三是生产经营状况良好,增幅显著,1994 年全国私营企业总产值、营业额和商品零售额分别为 1 154亿元、758.5 亿元和 512.6 亿元,分别比 1991 年增长 6.9 倍、10.2 倍和 7.9 倍;全国个体工商户总产值、营业额和商品零售额分别为 1 637.5亿元、6 123.2亿元和 4 211.4亿元,分别比 1991 年增长 109.4%、240.5%和 176.1%。四是外向型企业进一步发展,从事"三来一补"业务企业发展较快,1994 年全国从事"三来一补"业务的私营企业 766 户,出口创汇私营企业 2 983户,当年出口创汇折合人民币 39.1 亿元。五是向国家上缴税金不断增长,1994 年全国个体工商户、私营企业向国家上缴税金约 390 亿元,占 1994 年全国税收总额的 8.13%,个体私营经济已逐渐成为我国社会主义市场经济的一支重要力量。

六、坚持"两手抓"方针,完善和加强个体私营经济的监督管理

各级工商行政管理机关坚持"两手抓"的方针,在大力促进个体、私营经济发展的同时,不断加强和完善监督管理工作。国家工商行政管理局在下发的《关于促进个体经济、私营经济发展的若干意见》中要求加强对私营企业的年检和个体工商户的验照工作,强化监督管理,保护合法权益,查处各种

违法行为。

各地工商行政管理机关积极推行规范化管理。黑龙江、吉林、内蒙古、河南、湖北、成都等地把管理内容进行分解,制定相应的管理标准并组织评比,加强了管理的力度;继续抓住个体工商户验照、私营企业年检这个监督管理的关键环节,取得了明显效果。1993 年,全国有 17 个省、自治区、直辖市的私营企业年检率在 90% 以上。通过年检、验照,各地针对发现的问题,提出了具体的管理措施,完善了相应的管理制度。

与此同时,各地还重点查处了违法违章行为,特别是查处生产、销售假冒伪劣商品的行为,有力地配合了全社会的"打假"工作。1993 年,据 20 个省、自治区、直辖市的不完全统计,各级工商行政管理机关共查处个体工商户、私营企业各类违法违章行为43.8 万户次,其中罚没处理的 24.7 万户次,罚没金额 2.1 亿元,停业整顿的 1.5 万户次,吊销营业执照的3 693户,对触犯刑律的移交司法机关予以处理。同时还积极参与社会治安综合治理,继续强化对旅店业、文化娱乐业、酒吧、咖啡厅、路边店、发廊等重点行业的监督管理。此外,各地在私营企业分级登记管理、拓宽登记范围、筹建私营企业协会、指导个体劳动者协会工作等方面做了大量工作,促进了个体、私营经济的健康发展。

第五节　维护社会主义市场经济秩序,保护公平交易

邓小平南方谈话以及党的"十四大"的召开,为我国的经济注入了新的活力。在这一时期里,市场建设得到大发展,个体私营经济在国民经济中所占比重不断增长,内外资企业数量都达到历史上最高。与此同时,经济违法违章行为也有所抬头。工商行政管理机关紧紧抓住经济发展中的重点、热点问题,积极发挥工商行政管理的职能作用,把围绕经济建设这个中心,查处违法行为,保护合法经营,支持改革开放,促进生产力的发展作为公平交易工作的指导思想;并以

是否有利于发展社会主义社会的生产力,是否有利于增强社会主义国家的综合国力,是否有利于提高人民生活水平作为衡量公平交易工作的标准。

为了充分发挥工商行政管理机关在维护社会主义市场经济秩序中的作用,按照国务院批准的国家工商行政管理局的"三定"方案,国家工商行政管理局于 1994 年 4 月 1日撤销了原经济检查司和经济合同管理司,正式成立了以监督检查市场主体的交易行为,负责贯彻实施《反不正当竞争法》、《消费者权益保护法》、《经济合同法》、《投机倒把行政处罚暂行条例》为主要任务的专门机构——公平交易局,负责经济检查及经济合同管理和仲裁工作。

一、经济检查工作

（一）查处经济违法违章案件

1992 年全年查处的案件总数为187 833件,其中万元以上大案15 538件,占查处案件总数的 8.27% ,到 1994 年查处案件数升至200 319件,其中大要案23 550件,占查处案件总数的 11.76% ,罚没金额也由 1992 年的79 091.10万元增至 1994 年的100 360 万元。这一时期的经济违法案件的特点主要表现为:

1. 由于我国处于建设社会主义市场经济初期,随着改革开放和经济建设步伐的加快,许多计划经济条件下和治理整顿期间制定的法规和政策不能适应新形势的需要,在一定程度上出现了无法可依和有法难依的情况,经济违法违章行为大量涌现,因此查处案件总数和罚没金额总体来说呈上升趋势。

2. 从作案主体看,国有和集体单位作案占相当大的比重。在 1992 年查处的大要案中,国有和集体单位作案数为6 665件,占大要案数量的 42.9% ,1993 年上升为18 735件,占大要案总数的 62.57% ,国有集体单位作案比例上升也是导致大要案件大幅上升和罚没款金额上升的主要原因。

3. 制造、销售假冒伪劣商品的活动屡禁不止,地下加工点突出,涉及的商品品种繁多,生产资料、生活资料应有尽有。

4. 走私物品的活动在沿海仍很突出,并北上西进,在内地也有上升的趋势,北方沿海地区查处案件数量大幅度增加。

5. 一些新的违法活动不断出现。如1993年上海市查获的非法交易股票案,深圳市工商行政管理机关查处的72件以"高息投资"、"期货交易"为诱饵的黑市炒汇案件等,作案手段更加先进和隐蔽,对工商行政管理机关查处经济违法违章工作提出了更高的要求。

(二)打击假冒伪劣商品违法活动的工作成绩显著

为了推动全国打击制售假冒伪劣商品违法活动(以下简称"打假")工作的开展,国家工商行政管理局继1991年12月召开"查假冒,保名牌专项斗争工作会议"之后,于1992年3月在上海召开了第二次"查假冒,保名牌专项斗争工作会议",先后两次组织、部署全国工商行政管理系统对假冒"健力宝"饮料和假冒"永久"、"凤凰"自行车的违法行为进行查处,限期查处了非法生产、销售假冒"健力宝"饮料和"永久"、"凤凰"自行车的单位上千家,以点带面,推动了"打假"工作的全面开展。1992年8月,国家工商行政管理局在西安召开了全国工商行政管理机关"打假"暨经济检查工作会议,贯彻落实《国务院关于严厉打击生产和经销假冒伪劣商品违法行为的通知》,进一步推动"打假"工作向纵深发展。

各级工商行政管理机关在"打假"工作中采取的主要做法是:

1. 日常监督与突击检查相结合。打击制售假冒伪劣商品违法行为,一直是工商行政管理机关的一项重要职责。各级工商行政管理机关依法认真履行监督和管理市场经济秩序的职责,常抓不懈。同时,根据时令特点和假冒违法动向开展重点检查的专项斗争。如为确保农业生产的顺利进行和群众在元旦、春节期间有一个良好的购物环境,1993年开展了"打假保春耕和打假保双节"活动,对市场上的假冒伪劣商品进行了突击检查;为防止假冒伪劣商品通过边境集市贸易销往境外,1993年国家工商行政管理局派专人赴黑河、绥芬河等地,对边民互市贸易情况进行专题调查,采取有力措施,防止假冒伪劣商品出境。

2. 严厉打击与宣传教育相结合。严厉打击,加强执法力度是"打假"工作的重要环节。各级工商行政管理机关,在"打假"斗争中,紧紧抓住对大要案件的查处工作,以此推动"打假"工作的深入开展。在严厉打击不法分子活动的同时,为了引导企业合法经营,自觉遵守法纪,提高广大消费者自我保护意识,各地工商行政管理机关积极开展了各种形势的宣传教育活动。国家工商行政管理局在各地工商行政管理局的大力协助下,于1993年摄制了《打假狂飙》专题录像片,与国家技术监督局、中央电视台联合摄制了《假冒伪劣商品的鉴定与识别》电视教育系列片。1993年,全国各级工商行政管理机关举办各种类型的"打假"展览会345次,开展咨询活动1.7万次,印发宣传材料1 088万份,有力地宣传了有关打击制售假冒伪劣商品违法行为的法律法规,教育了群众,震慑了违法分子。

3. "打假"与"保优"相结合。针对市场上出现的名优商品被假冒的严重情况,各级工商行政管理机关为了维护市场秩序,保护国内外名优商品生产厂家的合法权益,创造良好的经济环境,把"打假"与"保优"有机地结合起来,通过与公安、检察机关联手开展打击制售假冒商品违法行为的专项斗争,来保护合法厂家及消费者的利益。

4. 查处大要案件与端窝挖点相结合。在"打假"工作中,各地始终将重点放在查处大要案件上,并根据线索,抓源头,端窝挖点。各级工商行政管理机关充分运用《投机倒把行政处罚暂行条例》、《产品质量法》等法律武器,严厉打击制售假冒伪劣商品的违法活动,1994年全国工商行政管理机关共查处非法所得万元以上的此类案件5 174起,比1993年上升了26.66%,为保护广大消费者的合法权益,净化市场做出了贡献。

(三)打击走私贩私活动

打击走私贩私活动是这一时期经济检查工作的重点之一,各地工商行政管理机关积极开展工作并取得了很大的成绩。为了解决在实际工作中遇到的打击走私的法律依据不充分等困难和难题，国家工商行政管理局经济检查司分别于 1992 年 3 月和 9 月在浙江和北京先后两次组织召开了打击走私贩私工作座谈会。9 月 7 日，朱镕基副总理在听取有关部门汇报打击走私工作情况时指出，打击走私要充分发挥工商行政管理机关的作用，遇到的问题应研究解决。为了落实朱镕基副总理的讲话精神，充分发挥工商行政管理机关的职能作用，严厉打击走私贩私活动，国家工商行政管理局于 1992 年 10 月就缉私权问题、缉私编制和装备问题以及缉私的政策法规问题向国务院提出了《关于尽快解决工商行政管理机关开展打击走私工作有关问题的请示》，同时草拟了《关于查处买卖走私物品行为的若干规定》报国务院审批。

工商行政管理机关在打击走私贩私的工作中，积极参与反走私联合行动，1993 年制定了《工商行政管理机关打击走私贩私行动方案》，各地迅速行动，并相应地制定了具体实施办法。为了及时掌握各地打击走私贩私工作情况，总结交流经验，部署打击走私贩私的任务，国家工商局于 1994 年 4 月 25 日至 27 日在大连市召开了全国工商行政管理机关打击走私贩私工作会议，会议把清理整顿市场，取缔私货交易确定为工商行政管理机关打击走私贩私的工作重点。各级工商行政管理机关认真贯彻落实全国打击走私贩私工作会议精神，统一部署，周密安排，积极开展反走私联合行动和专项斗争，有效地遏制了走私贩私的猖獗势头，对维护社会稳定，保护国家利益和民族利益发挥了应有的作用。1994 年共查处万元以上走私贩私大案 6 186 件，比 1993 年上升了 18.51%。

二、经济合同管理和仲裁工作

（一）强化经济合同监督，提高管理水平

1. 修订《经济合同法》

1992 年 7 月 1 日是《经济合同法》实施十周年纪念日。十年来，《经济合同法》的实施取得了巨大成就，经济合同制得到较为普遍的推行，到 1992 年，除了《经济合同法》规定的 10 类典型合同得到广泛应用外，还涌现出信托、拍卖、融资租赁、典当期货交易、企业合资与企业合作合同等许多新的合同种类和合同形式。同时，经济合同立法得到不断加强，到 1992 年，国务院先后发布和批准发布了 13 个配套法规，经济合同管理卓有成效。但在《经济合同法》的实施过程中，还存在不少问题：第一，合同法律制度本身存在缺陷，如调整范围过窄、计划色彩较浓等；第二，在法律的施行方面，签约率和履约率不高，"三角债"普遍存在，大量违约行为未得到追究；第三，对合同的行政管理机制是在特定经济条件下形成的，在某些方面有悖于合同的民事法律属性，已经不能适应发展社会主义市场经济的要求。因此，1993 年对《经济合同法》进行了修订，修订后的《经济合同法》是以邓小平建设有中国特色的社会主义理论为指导，在总结我国社会主义市场经济建设经验并借鉴发达国家立法经验的基础上制定的，是规范所有市场交易行为的法律基础，也是各级工商行政管理部门对市场交易行为进行监督管理的重要法律依据。

2. 改革合同管理，强化监管力度

1992—1994 年，全国各级工商行政管理机关锐意改革，强化了对经济合同签订和履行的监督管理，并逐步将市场经济发展中出现的联营、居间、委托、期货、融资、租赁等新型合同都纳入了经济合同监管范围，三年来共鉴证经济合同 1 696.1 万份，检查企业 159.6 万家，检查各类合同 4 409 万份，确认无效经济合同 2.6 万份，查处违法经济合同 1.5 万件，受理经济合同纠纷案件 35.9 万件。

同时，针对经济生活中利用经济合同诈骗多、拖欠合同款项多、违约纠纷多等问题，各级工商行政管理机关积极采取措施，大力推行经济合同制，使经济合同总量有了显著增长，经济合同的种类和形式也明显增加，日益成为企业走向市场、进行正常经营的重要手段，对企业转换经营机制产生了深刻影响。另外，通过深入开展"重合同、守信用"活动，对贯彻执行《经济合同法》，加强企业经济合同管理,促使企业依法从事生产经营活动,提高企业经济效益和促进市场经济发展起到了积极的作用。

(二)贯彻《仲裁法》,改革仲裁制度

1982 年实施的《中华人民共和国经济合同法》所确立的经济合同仲裁制度,由于受当时特定历史条件的限制,过于强调仲裁的司法性和行政性,未能体现仲裁应有的特点。随着改革开放的发展,产生了同现实要求不相适应的地方,因此工商行政管理机关有计划、分步骤地对仲裁法制和仲裁体制进行了改革。首先,根据《民事诉讼法》所规定的原则和制度,推行协议仲裁制,使其区别于司法审判、行政执法和人民调解,与国际通行的仲裁基本规则逐步接轨。其次,国家工商行政管理局还着重抓了仲裁改革的宣传和准备工作,各地也总结多年来经济合同仲裁的经验,努力探索社会主义市场经济条件下仲裁制度改革的思路、模式和具体步骤,有力地推进了《仲裁法》的制定和出台。1994 年 8 月 31 日八届人大常委会第九次会议通过并颁布了《中华人民共和国仲裁法》,于 1995 年 9 月 1 日起实施。《仲裁法》对此前的仲裁制度进行了三项重大改革:

1. 仲裁机构与行政机关分开,改行政仲裁为独立仲裁;

2. 改一裁两审、一裁一复议为协议仲裁、一裁终局;

3. 改分散仲裁为统一仲裁,扩大统一仲裁的受案范围。

仲裁制度的改革与推广,有利于经济合同纠纷快速、高效地解决,促进了商品经济的发展,促进了改革开放。

第六节　加强法制建设,完善工商行政管理法律法规

1992 年 7 月,国家工商行政管理局在哈尔滨召开了全国工商行政管理法制工作座谈会,重点研究了在改革开放新形势下,改进和进一步加强法制建设的问题。会议认为,在改革开放过程中,必然要突破一些旧的条条框框,但这绝不是说可以不要法律。

社会主义市场经济不仅需要运用法律手段来构造市场条件,保证规则化的市场竞争,还需要运用法律加以宏观调控和监督管理。因此,法制不仅是改革的要求,也是改革的重要内容,加快改革开放就必然要求加强法制建设。

法制工作在改进和加强工商行政管理过程中具有突出的重要作用:工商行政管理工作要为建立我国社会主义市场经济体制服务,需要通过立法来确定工商行政管理机关参与宏观管理和间接调控的职能及开展行政执法的职责和程序;要建立社会主义统一的市场体系,制定和执行市场交易规则,创造有利于公平竞争的市场环境,把企业推向市场,保障市场机制发挥作用,必须加强市场法制建设;在工商行政管理工作中要坚持两手抓,一手抓大力支持加快改革开放、促进经济发展,一手抓加强和改进监督管理,打击经济违法活动,维护正常的经济秩序,要把两手结合起来,在监督管理中要讲疏导,疏导服务中要讲秩序,讲法制。工商行政管理法制工作是工商行政管理机关开展各项业务工作的基础和保障。

一、法制机构建设得到加强

《中华人民共和国行政诉讼法》颁布以后,不少地方工商行政管理机关适应我国行政诉讼制度的要求,为加强依法行政,相继建立了专门的法制工作机构。到 1994 年底,在全国 30 个省、自治区、直辖市工商行政管理局中,除西藏还未完全建立法制机构、山东省是调研办公室在承担法制工作外,其他 28 个省、自治区和直辖市均建立了法制处。10 个副省级城市、6 个计划单列市以及珠海、汕头两个经济特区,也都成立了专门的法制机构。在全国 376 个省辖市和地区工商行政管理局中,建立法制机构的有 233 个,占 62%,县一级工商行政管理局有法制机构的 844 个,占 31%。在全国,已初步形成了工商行政管理法制工作体系。

二、立法工作进入一个新阶段

1992—1994 年期间工商行政管理立法工作进入了一个崭新的阶段。这一期间工商行政管理立法工作主要在以下三个层次

上展开：

第一个层次是法律、行政法规的起草制定。国家工商行政管理局首先配合全国人大常委会完成了《反不正当竞争法》、《消费者权益保护法》的起草制定工作，分别于1993年12月1日和1994年1月1日起施行。其次是完成了《经济合同法》、《商标法》及其《实施细则》的修订工作以及《中华人民共和国广告法》的起草工作，参与了《公司法》、《产品质量法》等的起草修订工作。《中华人民共和国广告法》于1994年10月27日获得通过。

第二个层次是制定了一批工商行政管理规范性文件。为了规范广告宣传，保护消费者的利益，国家工商行政管理局先后制定了《化妆品广告管理办法》、《食品广告管理办法》、《药品广告管理办法》、《医疗器械广告管理办法》、《医疗广告管理办法》等。在总结各地经验的基础上，制定出了《商品交易市场登记管理暂行办法》、《工商行政管理机关对走私贩私行为处罚的暂行规定》，完成了《公司登记管理条例》的起草工作，于1994年6月通过。这项行政法规是对《公司法》的重要补充，对完善我国的公司制度、促进企业转换经营机制，起着重要的作用。《反不正当竞争法》公布后，为了配合其实施，国家工商行政管理局起草了《关于禁止有奖销售活动中不正当竞争行为的若干规定》、《关于禁止公用企业限制竞争行为的若干规定》，还起草了《工商行政管理机关行政处罚程序规定（试行）》，为工商行政管理机关执法行为的规范化提供了必要的程序保障。

第三个层次是地方工商行政管理法规和规章的制定。在有立法权力的地方人大和政府的正确领导下，有关工商行政管理机关积极开拓，使地方工商行政管理立法有了新的进展，填补了某些方面的空白。如福建、广东、山西、青岛、沈阳等地都先后制定了经纪人管理办法，江苏、北京等地针对股份合作企业发展迅速的情况，及时制定了股份合作企业登记管理办法。为了贯彻落实中央2号文件精神，根据国务院办公厅《关于清理治理整顿期间所发文件的通知》的要求，国家工商行政管理局将治理整顿期间（1988年10月至1991年12月）以局名义发布的224件规范性文件集中进行了清理，确认继续有效的文件174件、准备修改的文件12件、自行失效和应予废止的文件38件。随着改革开放的不断深入和经济的发展，治理整顿之前发布的一些文件也已不适应新形势的需要。为了给基层行政执法工作提供准确有效的依据，将1979年1月至1988年9月国家工商行政管理局发布的103件规范性文件也一并进行了清理，确认继续有效的文件56件、准备修改的文件25件、自行失效和应予废止的文件22件。

三、加强行政执法监督工作

行政执法监督是防止有法不依、执法不严，健全内部监督制约机制，促进依法行政的重要措施。工商行政管理机关对此项工作给予了高度重视，从制度化、规范化入手，制定了有关执法监督的规定，这些规定为加强行政执法监督，促进执法人员依法办事提供了重要的法律保障。

行政执法检查是进行执法监督的一项重要措施，各地工商行政管理机关按照国家有关规定和当地人大、政府的部署，结合工商行政管理执法的实际，认真组织开展了各种形式的执法检查工作。许多地方已逐步从不定期检查向日常检查过渡，并注意把这项工作与完善各种制度结合起来，以形成有效的执法监督机制。通过检查，找到了执法中的问题和差距，增强了执法人员的责任感和紧迫感，较好地纠正了行政执法中存在的"以权代法"、"以情代法"和消极执法现象，促进了依法行政。

为了使行政执法监督规范化、制度化，建立行政执法的内部监督制约机制，1993年底，国家工商行政管理局发布了《工商行政管理机关行政处罚程序规定》，严格规范了执法人员的执法行为，同时在总结经验的基础上，确立了横向审核制度。这一制度的建立，是健全工商行政管理机关内部监督制约机制，推进工商行政管理法制建设的重要举措。

四、完善行政复议制度,提高应诉工作水平

行政复议是上级行政机关监督下级行政机关,人民群众监督政府的一项行政执法监督制度。《行政复议条例实施》后,各级工商行政管理机关认真贯彻,在部分省、自治区、直辖市、计划单列市及副省级以上的市都设立了专门的行政复议机构,并建立了相应的配套制度,如《行政复议暂行规定》、《行政复议工作程序》等,使行政复议工作基本走上了规范化、正常化的轨道,有效地保证了复议工作的顺利开展。

据对 20 个省、市、自治区工商行政管理局复议案件情况进行的统计,自 1990 年至 1994 年工商行政管理机关共受理复议案件 2 644 件,其中维持原具体行政行为的 1 203 件,占复议案件的 45%;变更原具体行政行为的 552 件,占 21%;撤销原具体行政行为的 340 件,占 13%;对申请人的复议申请不予受理的 29 件,占 1%;申请人复议后撤回复议申请的 394 件,占 14.9%,其他情况的案件 126 件,占 5.1%。

行政诉讼制度的建立,是我国法制建设的一个重要步骤,它对于改变传统行政执法体制缺乏制约、随意行政的状况,促进行政机关合法、高效、公正地行使职权,意义重大。工商行政管理机关作为重要的行政执法机关,其具体行政行为几乎全部纳入了行政诉讼的受案范围。

面对新制度、新形势的要求,各级工商行政管理机关经过几年的探索、实践,执法水平、应诉水平都有较大的提高。据对 20 个省、市、自治区工商行政管理机关应诉案件情况进行统计,自 1990 年至 1994 年,工商行政管理机关共发生行政诉讼案件 435 件,其中,经法院审理作出维持处理决定的 185 件,占诉讼案件的 42.5%;作出变更处理决定的 19 件,占诉讼案件的 4.4%;作出撤销处理决定的 67 件,占诉讼案件的 15.4%;当事人撤回起诉的 61 件,占诉讼案件的 10%;尚未结案的 49 件,占诉讼案件的 11.3%;其他情况,包括限期履行职责、移送、驳回起诉的 54 件,占诉讼案件的

12.4%。通过应诉工作,一方面使各级领导更加重视行政执法的质量和水平,促使执法人员依法行政。另一方面,使应诉人员在实践中增长才干,心理素质、应诉能力与技巧、法律及其他业务知识等都得到综合的提高。

五、大力开展法制宣传工作

随着社会主义市场经济理论的提出,工商行政管理的地位越来越重要,有关工商行政管理的立法也越来越多。因而大力宣传这些法律,为它们的实施创造一个良好的环境,是新时期一项十分重要的工作。

1992 年,各地工商行政管理机关结合"二五"普法,围绕《经济合同法》实施 10 周年,以及贯彻《行政诉讼法》、《行政复议条例》,通过电台、报刊以及举办工商法规知识讲座、培训班等进行了各种形式的宣传活动。《反不正当竞争法》和《消费者权益保护法》颁布后,国家工商行政管理局分别以局发文和与司法部、全国普法办、中消协联合发文的形式下发了关于在"二五"普法中认真组织学习和宣传《中华人民共和国反不正当竞争法》、《中华人民共和国消费者权益保护法》的通知,对"两法"的学习宣传提出了明确的要求。另外还先后在南京、北京和沈阳举办了工商行政管理系统内的干部培训,为各地的宣传培训活动创造了有利条件。除此之外,在《法制日报》、《经济日报》、《工商行政管理》(半月刊)、《中国工商报》、《中国消费者报》上举办了系列讲座。1994 年,在前一年法规宣传工作的基础上,各地继续对《反不正当竞争法》、《消费者权益保护法》、《公司法》以及《广告法》等法律进行了深入宣传,帮助工商行政管理工作人员及广大群众了解、掌握各项法律法规,促进了依法行政。

第七节　商标广告监督管理工作取得新进展

一、商标注册登记管理

这一时期商标管理工作的重点是:认真贯彻执行修改后的《商标法》及其《实施细则》以及《关于惩治假冒注册商标犯罪的补

充规定》；下大力气抓好商标队伍建设，进一步完善工作制度和工作程序，改善工作条件和工作手段，提高工作质量和业务水平；以保护商标专用权为核心，以指导企业商标工作为重点，全面加强对商标使用的监督和管理，严肃查处商标侵权案件，严厉打击假冒注册商标违法犯罪活动；进一步完善商标代理制，使商标管理工作基本适应社会主义市场经济发展的需要。

（一）商标申请、注册量持续、稳定增长，创历史最高水平

党的"十四大"关于社会主义市场经济理论为商标事业的发展提供了广阔的前景。商标作为知识产权，作为企业参与市场竞争的锐利武器，已越来越为企业所重视，因而，企业注册商标的积极性空前高涨，1993年商标新申请量突破10万件大关，达13万余件，创历史最高记录。到1994年，随着社会主义市场经济和对外贸易的发展，全社会的商标意识增强，商标注册申请量和审查量继续大幅增长，都超过往年。1994年全年接受商标注册申请142 617件，比1992年增长57.1%。其中，国内申请117 186件，占申请总量的82%；国外申请20 238件，占申请总数的14%；马德里商标国际注册领土延伸的5 193件，占申请总数的4%。同时受理变更申请2.8万件，续展申请0.76万件。1994年共核准注册商标58 301件，累计注册商标达468 865件。其中，国内注册商标为398 649件，国外注册商标为70 216件。

1993年6月29日，国家工商行政管理局召开新闻发布会，宣布我国从7月1日起正式受理服务商标申请，我国首次开展的服务商标注册工作已进入正常运转程序。至1993年底，共受理1.5万余件服务商标申请。

（二）做好商标续展工作

这时期的商标续展工作，不仅要完成商标注册证和商标注册簿的商品转换，解决工贸双方注册同一商标即"两本账"遗留下来的问题，而且还要解决在商标转换中出现的在同类或类似商品中相同或近似的商标的问题，情况复杂，难度很大。1992年至1994

年是商标续展注册申请集中阶段，经过两年左右时间努力，办理大批量的续展注册申请，续展工作已进入正常状态。到1994年底，商标注册证和商标注册簿的商品转换工作、工贸双方注册同一商标即"两本账"遗留下来的问题、商品转换中出现的同类或类似商品中相同或近似商标的问题的解决也基本告一段落。共解决"红灯"（收音机）/"宝石花"（收音机）/"长城"（照相机）/"海鸥"（照相机）/"熊猫"（收音机）等195对属于"两本账"的商标遗留问题。

（三）健全商标法律法规，统一商标审查尺度

1. 做好《商标法》及其《实施细则》的修改工作

在1992年4月召开的全国商标工作会议上，就修改《商标法》征求和听取了大家的意见。此后，在进行了大量调查研究工作的基础上，由国务院法制局主持，召开了代理人座谈会和企业座谈会，征集了许多建设性的意见。

1993年2月22日，第七届全国人大常委会第三十次会议审议通过了《关于修改〈中华人民共和国商标法〉的决定》。此后，经过各级工商行政管理机关的努力，在国务院法制局等部门大力支持下，7月15日国务院批准了《商标法实施细则》的第二次修订。至此，修改《商标法》和再次修订《商标法实施细则》工作顺利完成，这是我国商标法制建设的一件大事。修改后的《商标法》及其《实施细则》既符合我国的国情，又基本达到了与国际惯例接轨的目的，也更加突出了具有中国特色的商标管理体制。

1993年3月1日是《商标法》实施十周年纪念日。全国各地工商行政管理机关充分利用这一契机，举办丰富多彩、形式各异的宣传活动，大张旗鼓地宣传《商标法》。国家工商行政管理局在人民大会堂举行大会，隆重纪念《中华人民共和国商标法》实施十周年。国家工商行政管理局局长刘敏学发表了《不断完善具有中国特色的商标法制，进一步促进社会主义市场经济发展》的讲话。与此同时，全国各级工商行政管理机关

通过举办商标法律知识竞赛、研讨会、法律咨询、商标办案成果展览、文艺演出等活动,广泛地向消费者和企业及社会各界宣传《商标法》在发展社会主义市场经济中的重要作用。

2. 保护集体商标、证明商标,统一商标审查尺度

随着政府职能与企业行为的分离,社会主义市场经济的发展,各类行业协会的建立与完善,对集体商标、证明商标的保护越来越迫切,1994 年 12 月 30 日,国家工局行政管理局发布了《集体商标、证明商标注册和管理办法》,规定了集体商标、证明商标申请注册人的资格,集体商标、证明商标的使用管理规则,证明商标的转让办法、审查办法等。1994 年 9 月 19 日,经局务会讨论通过了《商标审查准则》。新的《商标审查准则》作为指导审查工作的一个基本准则,对统一商标审查尺度,提高审查工作质量有着至关重要的意义,同时为商标审查人员、检索人员提供了一个规范的工作准则,增加了商标审查和管理工作的透明度。

(四)打击假冒商标,制止商标侵权

针对当时商标侵权假冒案件情节恶劣、复发率高的特点,依据《商标法》有关规定,这一阶段商标工作将打击重点放在了制止商标侵权和假冒注册商标犯罪行为上。为此,国家工商行政管理局加强了与司法机关在查处商标案件方面的协作。1992 年 7 月,与最高人民检察院在云南昆明联合召开了"查处假冒商标违法犯罪活动现场会",最高人民检察院副检察长、国家工商行政管理局有关领导出席了会议。会上讨论了《关于在查处假冒商标案件中加强配合,协调工作的意见》和《最高人民检察院直接受理的假冒商标案件的立案标准的规定》,不仅进一步明确了查处假冒商标案件中的分工,而且对两家在今后查处假冒商标案件中加强配合,严肃执法,依法办案起到了积极的推动作用。在此基础上,在《国务院关于严厉打击生产和经销假冒伪劣商品违法行为的通知》的推动下,全国各地工商行政管理机关和检察机关在查处假冒商标违法犯罪方面做了大量工作,从严惩处了一大批违法犯罪分子。

同时,国家工商行政管理局还对一批在全国影响较大,涉及省、市范围较广,较为复杂的案件进行了协调、指导。对假冒"鹰"牌花旗参茶、假冒"翠竹"复合饲料、"立时得"胶水、江南保健补剂厂假冒"娃哈哈"商标等案件做了大量的调查研究工作并进行指导,使之得以圆满解决。特别是对假冒"National"电视机商标、"Rebook"运动鞋商标、"HONDA"摩托车商标、"雪碧"饮料商标案件的查处,不仅保护了商标所有人的合法权益和维护了消费者的权益,而且扩大了我国商标保护工作在国际社会的影响。1992 年至 1994 年全国共查处商标侵权、假冒案件41 664件,罚款8 718.76万元,责令赔偿经济损失1 265.42万元,其中移送司法机关追究刑事责任的案件 410 件。

修改后的《商标法》及其《实施细则》对商标使用许可合同管理作了明确规定。其主要内容是要求被许可人在被许可使用的商品上标注真实产地和被许可人的名称。为了认真执行这一法律规定,工商行政管理机关加强了在商标印制管理和商标使用许可合同管理方面的调查研究工作,并就如何加强商标印制企业的管理,堵住商标侵权行为的"源头"进行了探索,于 1993 年 10 月 19 日发出《关于开展清理商标使用许可合同工作的通知》,对在商标使用许可合同备案工作中发现的滥施许可、擅自许可他人使用自己的厂名、厂址等问题进行了整顿。从此,全国各地普遍对本地的商标使用许可情况进行了一次全面清理。各地对正在履行的商标使用许可合同,依照法律规定,进行重新审查。对于审查中发现的问题,及时提出解决意见,限期整改,同时,对于商标使用许可中发生的商标侵权行为,及时予以查处。

(五)顺利完成商标核转制向代理制的转轨

1990 年,国家工商行政管理局根据《商标法实施细则》的规定,发出了推行商标代理制试点,建立商标事务所的通知。自 1991

年开始试行商标代理至 1994 年底,全国已成立商标代理机构 96 家,商标代理人员近千人,商标代理人队伍初具规模,商标代理组织遍布全国大多数地区,初步实现了跨地区代理,为进一步深化改革,完善商标法制打下了良好的基础。在商标代理制工作顺利发展的同时,针对其中存在的问题进行了研究,对各地的一些好的做法进行了总结,加强了对商标代理人进行培训和管理,以及建立和完善有关规章的工作。1993 年,各级工商行政管理机关根据国家工商行政管理局的统一部署,加强了对实行商标代理制工作的领导,有条不紊地组织实施。截至 1993 年底,全国已成立商标事务所 81 个,基本形成了一个覆盖面较广的商标代理服务网络。已经成立的商标事务所,大多数能够建立并逐步完善工作机制,努力提高商标代理业务水平,扎扎实实地为企业提供商标法律服务,受到当地企业的好评。

根据商标代理工作的发展形势,为加快这项改革工作的进程,按照修改后的《商标法》及其《实施细则》的有关规定,国家工商行政管理局于 1993 年 6 月 24 日发出通知,基本停止了工商行政管理机关的商标核转工作,全面实行商标代理制。至此,商标核转制向商标代理制的转轨工作基本完成。

1994 年 6 月 29 日,国家工商行政管理局发布了《商标代理组织管理暂行办法》,就商标代理组织的设立案件、指定或认定的程序、业务管理、法律责任等作了明确的规定,为商标代理组织及其业务的规范化管理奠定了基础,标志着我国商标代理制的正式建立。

(六)指导企业商标工作

根据中央关于搞活大中型企业有关文件的精神,1992 年至 1994 年间国家工商行政管理局采取抓点带面的办法,与机电部、农业部、中国粮油进出口总公司、全国汽车工业联合会等有关单位密切合作,进行商标知识培训,开办讲座,推动这些企业的商标工作迅速发展。根据中央大力抓好农业的精神,积极支持农业部推广"绿色食品",发展优质高效农业的工作。对绿色食品标志给予商标注册保护,有力地推动了高效、无污染农产品的发展,为我国农副产品商品化和参与国际市场取得好的经济效益创造了条件。另外,还派人分赴北京、天津、广东、河南、海南、河北、内蒙古、云南、安徽、江苏等地参加当地举办的企业商标战略研讨会,向企业宣传商标法律知识、商标战略和策略,重点指导大中型企业的商标工作,对增强企业商标意识起到了重要作用。

(七)加强国际领域的合作,扩大中国商标的国际影响

自 1980 年我国加入世界知识产权组织之后,我国的商标工作在与国际惯例接轨方面取得了新的进展,继先后加入《保护工业产权巴黎公约》和《商标国际注册马德里协定》后,1993 年底,国务院决定我国加入《商标注册用商品和服务国际分类尼斯协定》。1994 年 5 月,我国政府代表向世界知识产权组织总干事鲍格胥博士递交了加入书,自 8 月 9 日起,我国正式成为该协定的成员国。我国加入《尼斯协定》不仅有利于我国在世界知识产权组织中发挥更大的积极作用,而且还可以在商品和服务国际分类中扩大影响,积极争取将我国和亚洲特有的商品和服务项目列入《尼斯协定》。1994 年 10 月,我国政府代表团参加了关于缔结《商标法律条约》外交会议并签署了该条约,在开展商标工作国际合作与交流方面取得了新进展。

积极加入有关的国际组织和国际条约,加强了国际间的商标保护,并为我国企业到国外注册商标,参与国际市场竞争提供了方便条件。同时,我国积极同世界各国商标主管机关在平等互利的基础上开展友好合作,这期间多次参加了世界知识产权组织召开的商标国际会议,并在我国多次举办了各种国际性商标研讨会,如 1993 年 3 月与世界知识产权组织共同举办的"亚洲地区企业商标战略与管理研讨会";邀请外国商标专家来华讲学,并派出多批人员出国培训考察。通过国际间的交流与合作,了解了国际商标工作新动态,提高了自身工作质量和工作水平,促进了商标工作与国际惯例接轨,扩大

了我国商标工作在国际上的影响。

（八）成立中华商标协会

在国务院领导同志的关心和支持下,国家工商行政管理局经过近一年时间的筹备,于1994年9月9日成立了中华商标协会。商标协会的成立,对于增强全社会的商标意识,提高商品和服务质量,促进经济发展与繁荣,发挥了重要的积极的作用。

二、商标评审

随着社会商品经济的发展,商标的作用日益突出,社会商标意识与商标法律观念普遍提高,商标评审作为我国商标工作的重要组成部分也日益受到社会的重视与关注。

商标评审制度是我国商标法律制度的重要组成部分,是商标确权工作的重要一环,对于保证商标授权工作的严谨、准确、公平以及充分保障商标申请人、商标注册人和商标权利人的合法商标权益,制止商标领域的不正当竞争行为,维护社会正常经济秩序有重要意义。国家工商行政管理局商标评审委员会(以下简称商标评审委员会)是《商标法》规定的负责处理商标争议事宜的专门机构,在我国商标法律体系中有着十分重要的地位和作用。

（一）商标评审机构建设取得重大进步

1994年是商标评审工作开拓发展的一年,也是商标评审制度不断健全与完善并取得重大进步的一年。1994年出台的国家工商行政管理局"三定"方案首次将商标评审委员会作为一个独立的司、局单位单独列编,设置了专职副主任委员,同时还将原下设一个办公室改为下设综合处和案件审理处两个处,人员也做了调整与增加。这不仅是商标评审委员会建设中的一件大事,也是我国知识产权界的一件大事,它标志着我国商标法律制度进一步走向成熟与健全,是我国商标法律制度建设上一个重大历史性进步。

（二）审理商标案件数量大幅增长

随着社会商标意识和商标法律观念的提高,企业对于依法维护自身的合法商标权益越来越重视,商标评审案件大幅度增加。1994年受理案件3 100件,是1990年受理案件的3倍,其中涉外商标案件约占2/3。而且,复杂案件越来越多,处理难度越来越大。商标评审委员会在人员少、案件多的情况下,上下一心,团结一致,勤奋工作,努力多办案、办好案。1994年全年裁决各类商标评审案件1 800余件,接待来访上千人次。

商标评审委员会裁决商标评审案件坚持以事实为依据、以法律为准绳的原则,坚持当事人法律地位平等的原则,坚持委员会投票表决制的原则,保证了裁决案件的公平、公正、准确,受到国内外知识产权界的广泛好评。如国内某烟厂将著名的佛教寺院扬州"大明寺"作为烟类商品商标注册,扬州大明寺佛教组织以亵渎宗教为由,要求商标评审委员会撤销该商标,商标评审委员会经过认真听取双方当事人的意见并研究认为,以著名佛教寺院作为烟类商标确有不良影响,有碍于党和国家的宗教政策,依法裁决撤销该商标的注册,受到宗教界的赞许。

（三）加强自身的规范化、制度化建设

商标评审委员会为保证办案质量,提高执法水平,十分注意加强自身制度化、规范化建设,力求做到办案有法可依,办事有章可依,分别制定了《商标评审准则》和《商标评审标准》。同时,考虑到商标评审委员会是商标评审案件的终局裁决机关,责任重大,为保证办案质量,提高商标评审委员会裁决案件的权威性,商标评审委员会建立了案件咨询制度,专门成立了商标评审委员会专家咨询组,聘请了国内法律界、知识产权界著名专家学者20余人作为专家咨询组成员,就商标评审遇到的重大疑难案件提供咨询意见。专家咨询组的成立,使商标评审委员会在疑难案件裁决前有了一个广泛听取各个领域法律专家意见的机会和场所,是一个非常好的制度,对提高商标评审办案质量,促进商标评审委员会的建设有重要作用。

三、广告监督管理

1992年至1994年间,广告业的发展超过了历史最高水平。到1994年底,全国广告经营单位共有4.3万家,比1991年增加3.1万家,增长265.4%;全国广告从业人员共有41万人,比1991年增加27.6万人,增长 205.2%；全国广告经营额达 200.3 亿元，继 1993 年首次突破 100 亿元大关后，1994 年又超过 200 亿元，两年内每年增加额均达 60 多亿，比 1991 年增长了 4.7 倍。

（一）转换、完善广告管理职能，加快广告业发展步伐

1992 年 4 月 8 日，国家工商行政管理局在福建省福州市召开全国广告管理工作会议。此次会议是在邓小平南方谈话发表以后召开的，因此会议的重点紧紧围绕如何将党中央关于进一步加快改革开放步伐的指示精神贯彻到广告管理中来。虽然过去广告管理工作在促进广告事业发展方面取得了很大的成绩，但总的指导思想仍然很大程度上带着旧的经济管理体制的痕迹，人为地限制广告经营单位数量的发展，从政策、法规上限制其他经济成分的发展，重事前审批登记管理，轻事后监督检查等。因此，转换改善广告管理职能，使之适应改革、开放新形势的要求，使之适应新经济体制的要求，已成为广告管理工作的当务之急。要求各地按照邓小平南方谈话精神，改革广告管理工作，以促进生产力发展为目标，消除一切不利于广告事业发展的政策措施，加速广告业的发展进程。此次会议在全国引起强烈反响，成为广告管理工作改革的发端和起点。

1992 年 12 月 21 日，全国工商行政管理工作会议在北京召开。会上提交了《关于改善广告管理，促进广告事业健康发展的意见》。《意见》全面系统提出了 20 世纪末前，我国广告业改革与发展的总体目标、主要目标和任务、改革的重点、改革的措施等，这标志着广告业的改革与发展进入了一个目标明确、重点突出、综合系统配套的新时期。它提出广告业发展与改革的总体目标是：根据发展社会主义市场经济的要求，建立与完善适应市场经济运行规律，符合国际惯例的广告宣传、广告经营、广告管理的体制、机制和环境条件，促进广告产业化、科学化、国际化、规范化，逐步建立起以研究与开发、教育培训为核心，以具备全面、综合服务能力的广告公司（集团）为主干，以高效、畅通的媒介网络为支撑的全方位、多层次、高质量、高效益的市场营销服务体系和信息传播服务体系。改革的重点是：在广告宣传方面探索如何强化企业的广告意识，以广告为先导，开拓国内国际市场；引导企业注重广告效益；强调广告真实性、思想性、艺术性的完善统一。在广告经营方面，探索如何做到使现存广告经营体制向国际通行的广告代理制过渡，并与国际市场接轨，逐步理顺关系，打破垄断，使广告业成为充满竞争活力，有自我发展动力的产业。在广告管理方面，按照政府部门转换职能的要求，强化统筹规划、制定政策与法规以及协调服务和检查监督职能，建立起既有利于增强广告企业活力，又有利于广告业有序运行的宏观调控体系、指导服务体系和监督保障体系。改革的主要目标和任务是：1. 大力培育广告市场，提高广告业市场化、产业化水平；2. 参照国际惯例，开展广告代理制试点，优化行业结构；3. 进一步扩大开放，推进广告业集团化、国际化进程；4. 积极与有关部门配合，扩大开发骨干媒体容量，满足企业日益增长的广告服务需求；5. 建立多渠道、多形式的广告智力引进与培训体系，推动广告宣传指导工作向深度和广度发展；6. 推行广告事前审查制度，健全审查机制，建立与完善新型的广告管理体制；7. 进一步改善广告监督管理，为广告业的发展创造有利条件。

在 1993 年全国广告管理工作会议上，集中研讨了广告管理改革的实施方案。会议指出行政职能的转变主要包括三个方面：一是落实广告经济实体的自主权，使其在市场中合法经营、公平交易、平等竞争；二是大力发展广告行业自律与公共服务的中介组织；三是政府对广告行业的宏观控制职能要着重体现在立法、监督及检查上。会议指出深化广告管理改革的中心是：按照市场经济体制的框架繁荣广告业，通过公平竞争促进广告人才、技术、资金的合理流动与优化组合；通过合理调整行业结构和地区布局，逐步建立企业自主经营、政府依法监督管理，以代理制为基本运营制度，以加强对广告内容的审查为基本保障，最大限度地发挥行业

协会自律与协调作用的新体制。

（二）制定《关于加快广告业发展规划的纲要》

1992 年下半年，根据国务院办公厅指示精神，国家工商行政管理局制定了《关于加快广告业发展规划的纲要》，并于 1993 年 7 月 10 日与国家计划委员会联合发布。《纲要》明确指出广告业在我国是一门新兴产业，属于知识密集、技术密集、人才密集的高新技术产业，是第三产业的重要组成部分。为了促进我国社会主义市场经济的发展，并使我国商品在国际市场竞争中后来居上，《纲要》明确规定了 20 世纪内我国广告业发展的指导思想、原则、目标、任务、重点和主要政策措施，为广告业的改革和发展指明了方向，成为这个时期我国广告业发展的重要的纲领性指导文件。

（三）广告法制建设

这一时期是我国广告法制建设十分重要的一个阶段。为了保证《广告法》如期出台，各级工商行政管理机关做了大量工作，反反复复对《广告法》草案进行多次修改。1994 年 10 月 27 日，八届全国人大常委会第一次会议举行全体会议，表决通过《中华人民共和国广告法》。同日，国家主席江泽民签署第 34 号主席令，予以公布，自 1995 年 2 月 1 日起施行。《广告法》的颁布实施，使广告活动更加有法可依，也使广告监督管理工作有了更加锐利的法律武器，对于促进广告业的健康发展，保护消费者的合法权益，维护社会经济秩序，充分发挥广告在社会主义市场经济中的积极作用，具有划时代的意义。

与此同时，广告管理单项规章及规范性文件的制定也有了很大进展。1992 年 6 月 8 日，国家工商行政管理局会同卫生部和国家医药管理局发布了《药品广告管理办法》和《医疗器械广告管理办法》。7 月和 8 月，国家工商行政管理局发出《关于坚决制止利用广播、电视、报纸、期刊刊播烟草广告的通知》和《关于对非法使用党和国家领导人的名义、形象、言论进行广告宣传的情况进行一次全面检查的紧急通知》。1992 年 9 月，

国家工商行政管理局发布《关于实行广告发布业务合同示范文本的通知》，决定从 1993 年 1 月 1 日起向全国推行广告发布业务合同示范文本，要求广告发布单位与广告客户或广告客户代理人签订广告发布业务合同，使用广告发布业务合同示范文本。

1993 年出台的单项规章和规范性文件主要有《食品广告管理办法》、《化妆品广告管理办法》、《医疗广告管理办法》、《关于加强融资广告管理的通知》、《广告经营者资质标准》、《广告经营范围核定用语规范》等。这些规章的出台对于规范进入广告市场的主体及其市场行为提供了法律依据。

为加强广告的监督管理，国家工商行政管理局单独或会同有关部门先后发布了一些单项规章，主要有：《中外合资、合作广告经营单位审批的若干规定》、《国家工商行政管理局关于外国广告企业设立常驻代表机构批准权限的通知》、《国家工商行政管理局、国务院台湾事务办公室关于加强海峡两岸广告交流管理的通知》等。

（四）打击虚假广告

为净化广告市场，维护公平竞争，保护消费者权益，各级广告管理机关坚持两手抓，一手大力促进发展，一手加强管理，特别是对虚假广告的监督查处。这期间国家工商行政管理局先后严肃查处了"长城机电科技产业公司"、"交友热线电话"、"护肤霜"等重大虚假广告案件。1994 年 5 月，国家工商行政管理局调查了上海手表厂"纪念毛泽东诞辰一百周年钻石金表"广告案，分别对处理广告违法行为、给消费者造成的侵害及有关善后工作提出处理意见，并向国务院作了报告。

（五）推行广告代理制

为适应改革开放和社会主义市场经济规律的要求，理顺广告业内部机制，更有效地发挥广告引导消费、服务社会的作用，实现广告经营机制和管理体制规范化、制度化，1993 年 7 月 15 日，国家工商行政管理局发布《关于在部分城市进行广告代理制和广告发布前审查试点工作的意见》，决定在部分城市进行广告代理制和广告发布前审查

试点。代理制是国际通行的广告经营方式，在广告客户、广告公司和媒体之间形成合理的分工，它有利于提高我国广告业策划、创意、制作、发布的整体水平，更好地为企业利用广告树立良好形象，参与公平竞争，进而为我国产品占领国内、国际市场服务。这项改革可以有效地净化广告市场环境，抑制不公平竞争，维护消费者的合法权益，最大限度地制止虚假广告的出现。

（执笔人：第一节至第四节　于空军
第五节至第七节　陈永梅）

第八章　建立社会主义市场经济体制时期(下)(1995—2002 年)

　　1995 年至 2002 年,是新中国成立以来工商行政管理事业一个重要的发展时期。社会主义市场经济体制的逐步建立和不断完善,一方面,迫切需要建立起规范的市场经济秩序,营造公平竞争的市场环境,因而工商行政管理部门在整顿和规范市场经济秩序中的地位更加重要,任务更加艰巨;另一方面,又迫切需要政府市场监管部门深化改革,因而工商行政管理部门必须转变职能,进一步加强市场监管执法的权威和地位。如何将因历史原因曾多年承担的非市场监管职能分离出去,使工商行政管理机关自身的改革进入攻坚阶段。为了适应新形势的需要,更好地担负起监管社会主义统一市场的历史重任,工商行政管理部门在党中央、国务院的正确领导下,坚持锐意改革,开拓进取,积极推进工商行政管理改革和发展,实现了工商行政管理职能的历史性转变。大力推进监管制度创新,取得了显著成绩,在建立和维护社会主义市场经济秩序中做出了新的重要贡献。

第一节　明确工商行政管理机关在建立社会主义市场经济体制中的任务

　　进入 20 世纪 90 年代中期,随着社会主义市场经济的不断发展,新旧经济体制之间的矛盾更加突出,特别是在经济体制转轨过程中,市场秩序出现了一些混乱现象,为了解决建立社会主义市场经济体制过程中的这些问题,中共中央从 1995 年起,及时采取了一系列重大决策大力推进了社会主义市场经济的健康发展。这些决策也对工商行政管理部门的整体建设、工作重点的调整和体制的改革都产生了重大的影响。

　　1995 年 9 月,中共十四届五中全会提出了《关于制定国民经济和社会发展"九五"计划和 2010 年远景目标的建议》,为我国制定了一个跨世纪的宏伟发展蓝图,全会提出,实现"九五"计划和 2010 年的奋斗目标,关键是要实行两个根本性的转变:一是经济体制从传统的计划经济体制向社会主义市场经济体制转变;二是经济增长方式从粗放型向集约型转变。

　　1997 年 9 月,中共第十五次代表大会召开,江泽民同志在会上作了《高举邓小平理论伟大旗帜,把建设有中国特色的社会主义事业全面推向二十一世纪》的报告。报告指出,要健全市场规则,加强市场管理,清除市场障碍,打破地区封锁、部门垄断,尽快建成统一开放、竞争有序的市场体系,进一步发挥市场对资源配置的基础性作用。报告还提出,要按照社会主义市场经济的要求,转变政府职能。要"加强执法监管部门","深化行政体制改革","建设一支高素质专业化国家行政管理干部队伍"。

　　在这次会议上,国家工商行政管理局局长王众孚当选为中共中央纪律检查委员会委员。

2000年10月,中共十五届五中全会审议并通过了《中共中央关于制定国民经济和社会发展第十个五年计划的决议》。全会按照"十五大"对新世纪我国现代化建设的总体展望和部署,提出了"十五"时期我国经济社会发展的主要奋斗目标,提出:进一步深化改革,完善社会主义市场经济体制。进一步开放市场,建立和完善全国统一、公平竞争、规范有序的市场体系。

2000年11月,中共中央、国务院召开中央经济工作会议。会议提出,依法严厉打击制假售假、偷税漏税、经济欺诈、恶意逃避债务等行为,创立良好的市场秩序。会议将"切实加强管理,整顿和规范市场经济秩序"列为下年度经济工作十项任务之一。

2001年3月,为了进一步加强市场监管执法部门的权威和地位,使政府机构的设立更加符合社会主义市场经济体制的要求,党中央、国务院决定将国家工商行政管理局更名为国家工商行政管理总局,由副部级升格为正部级。

2001年4月,国务院召开了全国整顿和规范市场经济秩序工作会议。中共中央政治局常委、国务院总理朱镕基在会上强调,大力整顿和规范市场经济秩序是整个"十五"期间的一项重要任务,要从贯彻落实江泽民总书记关于"三个代表"重要思想的高度,站在建设有中国特色社会主义政治、经济和文化的高度,站在民族兴衰和现代化事业成败的高度,充分认识这项工作的重要性和迫切性。

2002年11月,中共第十六次代表大会召开,江泽民同志在会上所作的《全面建设小康社会,开创中国特色社会主义事业新局面》报告中指出,在更大程度上发挥市场在资源配置中的基础性作用,健全统一、开放、竞争、有序的现代市场体系。整顿和规范市场经济秩序,健全现代市场经济的社会信用体系,打破行业垄断和地区封锁,促进商品和生产要素在全国市场自由流动。完善政府的经济调节、市场监管、社会管理和公共服务的职能,减少和规范行政审批。

在这次会议上,国家工商行政管理总局局长王众孚当选为中共中央委员;副局长李东生当选为中共中央纪律检查委员会委员。

中共中央、国务院领导高度重视新形势下的工商行政管理工作,多次听取工商行政管理部门工作汇报,出席工商行政管理部门工作会议,并多次就工商行政管理工作做出重要批示。党中央、国务院领导的亲切关怀,对工商行政管理事业的发展和各项业务工作的开展起到了巨大的促进作用。

2001年7月27日,中共中央政治局常委、国务院总理朱镕基,中共中央政治局委员、国务院副总理吴邦国,中共中央政治局候补委员、国务委员吴仪,国务委员、国务院秘书长王忠禹一行到国家工商行政管理总局考察工作。朱镕基强调,在社会主义市场经济条件下,政府管理经济的重要职能是监管市场行为、维护市场秩序、为经济发展创造良好的市场环境。朱镕基指出,在新形势下,要认识工商行政管理部门的重要位置和肩负的责任。他说,强化政府的市场执法职能,是建立和完善社会主义市场经济体制的必要要求。工商行政管理部门要在整顿和规范市场经济秩序中发挥主导作用。

2001年12月22日,国务院总理朱镕基对国家工商行政管理总局《2001年工作总结和2002年工作安排要点》做了重要批示,指出,工商行政管理部门是市场监管和行政执法的主要部门,承担着整顿和维护市场秩序的重要职责。也就是说,各级工商行政管理部门要把好市场主体的入门关,当好市场运行的裁判员,做好市场秩序的坚强卫士。所有工商管理人员都要忠于职守,履行义务,清正廉洁,执法如山,这是建设社会主义市场经济的保证。

工商行政管理部门在这一时期的基本任务是:以邓小平理论和"三个代表"重要思想为指导,认真贯彻党的"十五大"和"十六大"会议精神,按照中共中央关于健全统一、开放、竞争、有序的现代市场体系,整顿和规范市场经济秩序的要求,进一步加大市场监管行政执法力度,全力以赴整顿和规范市场经济秩序,为社会主义市场经济的健康发展创造良好的市场环境;按照中共中央关于深化改革,扩大开放,促进发展的要求,充分发挥工商行政管理职能作用,积极促进改革开放和经济发展;按照中共中央关于转变政府职能,深化行政体制改革的要求,以市场"办管脱钩"和"垂直管理"为重点,不断深化工商行政管理体制改革,努力建设一支朝气蓬勃、奋发有为的工商行政管理队伍。坚持与时俱进、开拓创新,深入开展"公平交易执法年"和"工商形象建设年"活动,强化管理服务,强化监管执法,强化自身建设,进一步提高市场监管水平和队伍建设水平,为全面建设小康社会创造公平竞争的市场环境做出新的贡献。

第二节　转变观念,转变职能,以市场"办管脱钩"和"垂直管理"为重点的体制改革取得了突破性进展

为了适应建立和完善社会主义市场经济体制的需要,更加统一、有效地履行国家赋予的市场监管和行政执法的职能,从1995年至2002年,全国工商行政管理系统进行了改革开放二十多年来以至新中国成立五十多年来最大的一次管理体制改革,并且取得了突破性进展。

一、坚决实施市场"办管脱钩"

改革开放以后,一些地区的工商行政管理部门组织兴建了一批集贸市场,对于活跃城乡市场,促进经济发展,起到了一定的积极作用。但是,随着社会主义市场经济的发展,工商行政管理机关既管市场又办市场,已不利于做好市场监督管理和行政执法工作,不利于加强廉政建设。实施市场"办管脱钩"势在必行,已成为工商行政管理体制上的一次重大改革,对于确立工商行政管理机关市场监管执法的权威地位和作用,都具有十分重要的意义。

为了做好工商行政管理部门的市场办管脱钩工作,1995年3月27日国家工商行政管理局王众孚局长给李岚清副总理报告办管脱钩工作所采取的措施。李岚清副总理批示:"总理:工商行政管理部门在历史上

主要是管集市贸易和个体经济的,后来在发展市场经济过程中,他们也搞了许多批发市场,其历史作用应当肯定。但在社会主义市场经济条件下,它的基本职能是管理市场、规范市场行为,是国家的执法部门。不能自己又管市场、又办市场(自己管自己)。因此,要求他们尽快脱钩。他们党组抓得较紧。因此事较大,特此报告。"李鹏总理批示:"同意岚清同志意见。执法部门自己不应搞经济实体。"

1995年7月,李岚清副总理在全国工商行政管理局长会上作了重要讲话,精辟地阐述了新的历史时期工商行政管理工作的地位、作用和肩负的历史使命,他要求各级工商行政管理机关要进一步提高认识,切实转换观念,严格执行党中央、国务院的有关规定,认真按照政企脱钩、政事分开的原则实施脱钩。王众孚局长在会上全面部署了办管脱钩工作,他要求全系统要统一思想,坚定信心,为建立一个真正有权威的工商行政管理执法机构,下大力气抓好市场办管脱钩工作。他指出,工商行政管理机关与所办市场脱钩是一件大事,大事要大抓;是一件好事,好事要做好。

1995年10月,国务院办公厅下发了《国务院办公厅转发国家工商行政管理局关于工商行政管理机关与所办市场尽快脱钩意见的通知》(以下简称《通知》)。《通知》明确了工商行政管理机关与所办市场脱钩的范围,要求要按照政企脱钩政事分开的原则实施脱钩;要把脱钩工作与深化工商行政管理体制改革和搞好"三定"结合起来。《通知》要求各级工商行政管理机关充分认识这项工作的必要性,切实加强对脱钩工作的领导,做到态度坚决、措施得力、部署周密,力争尽快完成这项工作。

全国各级工商行政管理机关采取有力措施,积极实施办管脱钩。一是提高认识。通过认真细致的宣传教育工作,使广大工商行政管理干部进一步加深对工商行政管理基本职能的理解,提高和坚定了彻底完成市场办管脱钩任务的自觉性和积极性。二是主动争取各级党委和政府的支持。在国务

院办公厅《通知》下发后,各级党委、政府及其有关部门都给予了大力支持,各省、市政府先后召开会议,作出了具体方案,并下发了文件。三是加强督促检查。1995年8月,国家工商行政管理局组织了十二个工作组赴全国二十九个省(自治区、直辖市)督促检查。1996年7月国家工商行政管理局又组织检查组赴各地进行检查验收,对验收不合格的,除限期整改外,实行"三不政策",即不脱钩不"评先"(不允许参加年底全系统组织的先进集体和先进工作者评选活动)、不脱钩不"到会"(不允许参加国家工商行政管理局组织召开的各种会议)、不脱钩不"核编"(不核定工商所公务员编制)。各地根据国家工商行政管理局的部署,还对机构、职能、财务、人员四分离情况,进行了一次全面复查,有力地推进了办管脱钩工作的落实。四是认真抓好人员分流。各地在市场办管脱钩中,按照政企分开、精干队伍的要求,认真抓好把市场服务人员从行政执法人员中分离出去的工作。

市场办管脱钩是一个非常艰难的改革过程,由于一些地方在思想认识上的差异,以及债权债务等历史遗留问题的影响,致使有的地方出现了明脱暗不脱等问题。针对这一问题,朱镕基总理在2001年7月27日考察国家工商行政管理总局时指出:工商管理部门一定要与所办市场彻底脱钩,绝不能既管市场又办市场,既当"裁判员"又当"运动员",绝不能明脱暗不脱。既管市场又办市场是各种腐败行为的渊薮。工商行政管理系统与所办市场彻底脱钩,是重大原则问题,绝不能有半点含糊,不能藕断丝连。不愿意脱钩,就必须"脱装",就要离开工商行政管理系统。不与所办市场脱钩,监管市场就是一句空话。当然,要采取切实措施妥善解决脱钩中遇到的实际问题。

工商行政管理机关认真贯彻朱镕基总理关于办管脱钩的重要指示,按照政企分开的原则,彻底完成市场办管脱钩任务。一是认真部署,狠抓落实。国家工商行政管理总局先后于2001年8月7日、22日两次召开会议,再次对全面完成市场办管脱钩工作进行了强调。针对市场办管脱钩中遇到的难点问题,提出了限期完成市场办管脱钩的实施意见,报请国务院办公厅以国办发[2001]83号文件予以转发。二是狠抓督促、指导、检查。为确保市场办管脱钩任务如期完成,国家工商行政管理总局采取以司(局)为单位定点联系、分省包干、责任到人的方法,加强督查督办和指导,并五次向全系统发出紧急通知,要求各地加快进度,在限定时间内完成市场办管彻底脱钩任务。三是严格市场办管脱钩和督查工作的政策、纪律。国家工商总局提出市场办管脱钩要严格执行国务院有关文件规定和国务院领导有关指示,确保不打折扣按期完成;督查组要吃透国务院文件精神,认真细致,积极稳妥,不彻底完成市场办管脱钩任务不准撤离,司局长年终考核不能评优。四是地方党政领导高度重视,各地工商行政管理机关态度坚决,措施具体,工作扎实。截至12月28日,全国工商行政管理系统已全部完成市场办管脱钩工作。

二、重新核定工商所人员编制

1996年3月,经国务院批准,中央机构编制委员会办公室、人事部、国家工商行政管理局联合下发了《关于重新核定工商行政管理所人员编制及有关问题的通知》,重新核定全国工商行政管理所编制总数36万人。这次重新核定工商所人员编制,是党中央、国务院为加强基层行政执法队伍建设所采取的一项重要决策,是基层工商所实施国家公务员制度的一个历史性标志,对于充分发挥工商所的行政管理职能作用,加强市场监督管理,有着重要的现实意义。

通知规定此次核定编制的使用范围是:市、县工商行政管理局派出的工商所、专业管理所、工商缉私队、经济检查队等除工勤人员以外的工作人员,不包括各地聘用的协管员、县以上工商行政管理局机关及所属事业单位、市场中介服务机构和群团组织人员。重新核编后,工商所统一实施公务员制度。

为了认真落实这一工作,国家工商行政管理局与中编办、人事部联合召开了全国工商行政管理所核编工作会议。国家工商行政管理局王众孚局长作了重要讲话，要求各级工商行政管理机关要充分认识和理解这次核编的重要意义，紧紧围绕工商行政管理部门的自身改革和中心任务做好核编工作：一是要把核编与市场办管脱钩结合起来；二是要把核编与提高队伍素质、优化队伍结构结合起来；三是要把核编与加强工商所规范化建设结合起来；四是要把核编与地方经济发展结合起来。

1996年6月，国家工商行政管理局、人事部联合下发了《关于印发〈工商行政管理所推行公务员制度实施方案〉的通知》，要求用两年左右的时间，在全国工商所基本建立起国家公务员制度。

三、认真贯彻落实新的"三定"方案

1998年6月，国务院批准印发了新的《国家工商行政管理局职能配置、内设机构和人员编制规定》(简称新的"三定"方案)。新的"三定"方案进一步强化了工商行政管理职能，进一步突出了工商行政管理监管社会主义大市场的地位，体现了"改革、精简、加强"的原则，体现了国务院对工商行政管理工作的重视。

新的"三定"方案对国家工商行政管理局原有的非市场监督管理职能进行了调整：(一)划出的职能。将指导广告业发展的职能交给国家经济贸易委员会。(二)转变的职能。1. 取消市场培育建设、全国市场布局的规划、开展各类交易市场登记的管理职能。2. 把引导个体、私营经济发展职能交给有关的行业协会。3. 将机关服务事务交给事业单位承担。

根据新的"三定"方案，国家工商行政管理局内设机构有较大的调整：1. 新设立了消费者权益保护司。2. 重点调整了原人事司、宣传教育与国际合作司、公平交易局、市场监督管理司的职能，分别设立了人事教育司、国际交流与合作司、市场规范管理司。3. 将原商标局与商标注册中心合并，使用事业编制，仍承担商标注册与管理监督等各项职能，干部管理办法不变。在这次机构改革中，国家工商行政管理局机关行政编制由

1994年1月"三定"方案核定的376名，精简为260名，减少31%。在国务院各部门中，是精简人数相对较少的单位之一，体现了"加强行政执法监管部门"的原则。

新的"三定"方案印发后，局党组加强领导，精心组织，积极稳妥地实施"三定"工作。一是按照建立社会主义市场经济体制的要求，切实转变职能，实施政企分开，将已经确定的需要转变和转出的职能尽快到位。二是按照权责一致和精简、统一、效能的原则，调整各司(局、室)的职能分工，机关内设机构和人员编制进行了较大幅度的调整和精简。三是按照中央国家机关人员定编定岗和人员分流实施办法的规定，认真做好人员定岗和分流工作。1998年10月，国家工商行政管理局顺利完成了新的"三定"任务，机关行政工作进入了新的运行秩序。

四、全面完成管理体制改革任务

为了解决原有的分级管理的体制掣肘和影响工商行政管理职能作用充分发挥问题，提高工商行政管理执法的统一性、权威性和有效性，国家工商行政管理局在认真调查研究和反复论证协商的基础上，于1998年9月，提出省以下工商行政管理机关实行垂直管理的体制改革方案。党中央、国务院对工商行政管理工作和管理体制改革非常重视，中央政治局常委会认真讨论并同意《工商行政管理体制改革方案》，国务院发文批转了这个方案。这是中共中央、国务院加强工商行政管理的一项重大措施，也是工商行政管理发展史上的一件大事。

工商行政管理体制改革的核心是省以下工商行政管理机关实行垂直管理。其中内容包括：省、自治区、直辖市工商行政管理局，为同级人民政府的工作部门。省级工商行政管理局编制及领导职数，由省级机构编制管理部门核定和管理；其正、副局长，党组正、副书记和成员，征求国家工商行政管理局意见后，由省、自治区、直辖市审批任免。地(市)和县(市)工商行政管理局，为上一级工商行政管理局的直属机构。其内设机构的设置、变更和撤销，由省级工商行政管理局提出意见，省级机构编制管理部门审核

报批。地、市、县工商行政管理局的编制及领导职数,由省级机构编制管理部门会同省级工商行政管理局进行统一核定和管理。地、市、县工商行政管理局正、副局长,党组正、副书记和成员,以及纪检组长,征求地方党委意见后,由上一级工商行政管理局审批任免。地、市、县工商行政管理机关党的关系,实行属地化管理。工商行政管理所,为县(市、区)工商行政管理局(分局)的派出机构,按经济区域设置,其人、财、物和业务工作,由县(市、区)工商行政管理局统一管理。

实行管理体制改革后,省级工商行政管理局对全省(自治区、直辖市)工商行政管理系统财务经费实行统一管理。计划单列市、副省级市工商行政管理局的干部管理、财务经费管理,按现行原办法不变,所辖县、区工商行政管理局(分局)为其直属机构。

1998年12月,国家工商行政管理局召开了全国工商行政管理体制改革暨工作会议,贯彻落实中共中央、国务院改革工商行政管理体制的决定。国务委员吴仪到会作了重要讲话,她强调了党中央、国务院决定改革工商行政管理体制的重要意义:是落实党的"十五大"提出的深化行政体制改革任务,加强执法监管部门的改革目标,保障社会主义市场经济健康发展的需要;是确保实现职能到位,强化执法,更好地监管社会主义大市场的需要;是提高干部队伍素质和依法行政水平的需要。

国家工商行政管理局王众孚局长在讲话中要求各级工商行政管理机关要不辜负党中央、国务院的重托,坚决全面完成工商行政管理体制改革任务。他提出,要统一思想,充分认识改革工商行政管理局体制的必要性和重要性;要加强领导,精心组织,确保体制改革的胜利完成;要结合管理体制改革,推动自身建设和监管职能的加强,切实做到:改革与市场办管脱钩相结合;改革与推进"收支两条线"管理相结合;改革与提高队伍素质相结合;改革与实现职能到位相结合;改革与稳定相结合。

各地工商行政管理机关认真落实党中央、国务院改革工商行政管理体制的决定,在当地党委、政府的领导和有关部门的支持配合下,把体制改革作为一件大事来抓,高度重视,精心部署,稳妥实施。截至1999年底,省以下工商行政管理机关实行垂直管理的机构上收、编制上划、干部交接、经费统管等工作已基本完成。各地在实施体制改革中,创造性地开展工作,切实抓好落实,努力做到体制改革与实现职能到位相结合,与提高队伍素质相结合,与推动市场办管脱钩相结合,与促进"收支两条线"管理相结合,与保持稳定相结合,保证了体制改革的顺利推进,取得了预期的成效,显示了新体制的明显优越性。一是有利于保证政令畅通,指挥有力,增强执法的统一性、权威性和有效性。二是有利于工商行政管理机关抵制地方保护主义,摆脱一些不属于职责范围内的具体事务,集中精力强化监管执法,实现职能到位。三是有利于加强队伍建设。各地严把进人关,妥善搞好人员分流,精干了队伍,优化了结构,提高了素质。实践证明,党中央、国务院作出的改革工商行政管理体制的决策是非常正确的,省以下垂直管理,为工商行政管理机关强化监管执法奠定了良好的体制基础。

五、认真抓好国家工商行政管理总局的组建工作

为了进一步加强市场监管部门的权威和地位,使政府机构的设置更加符合社会主义市场经济体制的要求,2001年3月,中共中央、国务院决定,国家工商行政管理局更名为国家工商行政管理总局,由副部级升格为正部级。这一决定,充分体现了中共中央、国务院对工商行政管理工作的高度重视。

2001年4月5日,国家工商行政管理总局召开干部大会,中共中央政治局候补委员、国务委员吴仪出席会议并作讲话,中央组织部副部长张柏林宣布了党中央、国务院关于国家工商行政管理总局领导班子成员任职的决定。会上,吴仪同志指出,此次机构升格是党中央、国务院根据国家工商行政管理总局的职责和所面临的任务,考虑到工商行政管理工作的连续性和加强领导班子建设的需要,经过慎重研究作出的决定。吴仪强调要求,国家工商行政管理总局新的机构、新的班子要带来新的形象、新的气象。机构升格为增强工商行政执法的权威性创造了有利条件。她希望新的国家工商行政管理总局发扬"三讲"教育中激发出来的工作热情,充分发挥新体制的优势,抓住机遇,开拓进取,努力开创工商行政管理工作的新局面,不辜负党和人民的重托。

国家工商行政管理总局局长王众孚在会上讲话指出,工商行政管理机关将从历史的高度,从建立社会主义市场经济体制的高度,把机构升格作为一个新的起点,作为一种新的动力,开拓进取,勤奋工作,不辜负党中央、国务院和全国人民的厚望。

国家工商行政管理总局党组按照国务院领导的要求,精心组织,周密部署,认真抓好总局机构的组建工作。一是根据中编办的部署,严格执行机构升格后党中央、国务院关于职能调整的决定,在较短的时间内完成了"三定"方案的起草、呈报和实施工作。二是严格按照《党政领导干部选拔任用工作暂行条例》的规定,对司(局)级干部进行了考核选拔和重新任命,提出任职要求、重申干部管理纪律,进一步加强了司(局)级班子建设。三是完成了外商投资企业注册局、打击传销办公室的组建工作,对部分处级机构进行了调整,实施了处级干部竞争上岗。四是结合传达贯彻十五届六中全会精神,进一步加强和推进了机关作风建设。

第三节　大力整顿规范市场经济秩序,营造统一开放、竞争有序的市场经济秩序

一、深入持久开展整顿规范市场经济秩序工作

为了加强市场监督管理,加大执法力度,有效地整顿规范市场经济秩序,从 1995 年起,在国家工商行政管理局的统一部署下,全国工商行政管理机关抓住社会上反映强烈、严重扰乱市场秩序的经济违法违章行为,组织力量,分工协作,深入持久地开展了整顿规范市场经济秩序工作,取得了显著的成果。

(一)1995 年的四次市场专项治理

1995 年,国家工商行政管理局统一组织了在全国范围内集中开展的四次市场专项治理,这是工商行政管理历史上第一次大规模市场专项治理,其规模、声势之大,出动人员之多,检查覆盖面之广,治理效果之显著以及社会反响之强烈,都是前所未有的。

为了加大执法力度,严厉打击制售假冒伪劣商品违法行为。国家工商行政管理局专门制定了专项治理方案并进行了统一部署。专项治理的目标是:从检查流通领域入手,挖根寻源,标本兼治;打击的重点是:制售假冒伪劣商品的窝点、批发市场和印制假冒伪劣商品商标标识、装潢的违法经营者;具体实施方法是:分阶段、分步骤进行,有计划、有针对性地组织集中力量,分工协作,依法治理;具体安排是:整治元旦春节市场——保节日;整治农资市场——保农业;整治夏季饮料市场——保健康;打击假冒商标、虚假违法广告——保企业。

各级工商行政管理机关把市场专项治理作为年度工作的重中之重。国家工商行政管理局领导班子多次召开局务会和局长办公会,对每次市场专项整治精心研究部署,并于第一次专项治理开始时,由局领导带队组成 5 个工作组,分赴北京、天津、河北、山东、上海、浙江、广东、湖南等地检查市场,推动专项治理工作的开展。全国三十个省、自治区、直辖市工商行政管理局均成立了专项治理工作领导小组,并由主要领导亲自挂帅,研究制订具体实施方案,精心组织,层层落实。在各级工商行政管理机关的积极推动下,一场声势浩大的市场专项治理在全国迅速开展起来了。

1995 年 1 月至 2 月中旬,在以查处制售注水肉和伪劣营养保健品为重点的元旦春节市场专项治理中,全国工商行政管理机关共出动人员 37.7 万人次,检查企业 105 万户;查处制售假冒伪劣商品案件 2.5 万件,其中移送司法机关 194 件、281 人;查获注水肉 1 519 吨,假冒伪劣营养保健品价值 1 058

万元；取缔假冒伪劣商品加工窝点2 751个，严厉打击了制假售假违法行为的嚣张气焰，基本上遏制了制售病死猪肉现象。

在专项治理期间，工商行政管理机关注重市场综合治理，改变以往"孤军作战"的做法，由部门打假变为联合打假，加强与医药、卫生、技术监督、轻工总会以及司法机关等部门的协调配合，发挥执法机关与行业主管部门综合治理的整体功能。6月，在开展夏季饮料市场治理期间，国家工商行政管理局与国家技术监督局、国内贸易部、卫生部、轻工总会等部门联合召开了整治饮料市场工作座谈会。11月，在开展打击假冒商标、虚假广告专项治理期间，又与最高人民法院、最高人民检察院、部分社会团体、国内外企业和消费者代表以及有关新闻单位联合召开了"打击假冒注册商标，促进经济发展"座谈会，从而加强了与各部门之间的协调配合，推动了专项治理的深入开展。

据统计，在1995年的四次专项治理期间，全国工商行政管理机关共出动近百万人次，检查各类生产、销售企业达238万家，查处各类制售假冒伪劣商品案件5万多件，其中移送司法机关200多件，查获各类假冒伪劣商品价值总计6.2亿元，收缴罚没金额近2亿元，取缔制售假冒伪劣商品窝点6 900余个。

市场专项整治有力遏制了假冒伪劣商品屡禁不止的势头，使市场秩序有了明显的改观，同时也树立了工商行政管理机关执法的新形象，受到了广大消费者和经营者的拥护和支持，并得到了国务院领导的高度评价。李岚清副总理在1995年12月召开的全国工商行政管理工作会议上，充分肯定了市场专项治理"取得了预期的效果，为维护市场秩序、保护知识产权、保护生产者和经营者的合法权益，促进市场体系的培育和发展，作出了积极的贡献"。

（二）2000年的"两整顿"行动

2000年4月，为了认真贯彻中共中央、国务院关于整顿市场秩序的重要决定和中共中央、国务院领导同志的重要批示精神，针对当时假冒伪劣行为屡禁不止，非法传销活动有所抬头，少数企业违法违规生产经营问题突出，以及一些工商行政管理机关执法不严、监管不力、作风不正等情况，国家工商行政管理局决定，用3个月的时间，在全国工商行政管理系统开展"整顿市场秩序，整顿队伍作风"（简称"两整顿"）的行动。

4月3日，国家工商行政管理局以明传电报的形式下发了《关于在全国工商行政管理系统集中开展"整顿市场秩序整顿队伍作风"的通知》（以下简称《通知》），《通知》明确整顿市场秩序的重点包括四个方面：一是具有一定规模和区域性的制售假冒伪劣商品行为；二是危及人民群众生命财产安全的违法生产经营行为；三是严重侵害经营者和消费者权益的商标侵权和虚假广告行为；四是危害社会稳定、具有欺诈性质的传销行为。《通知》要求，把整顿市场秩序与整顿队伍作风结合起来，通过强化管理促进职能到位，更好地担负起党中央、国务院赋予的监督管理和行政执法职能。

各地工商行政管理机关高度重视"两整顿"工作，在接到国家工商行政管理局的明传电报后，立即召开党组会、局务会等会议，认真组织传达学习《通知》精神，并结合本地实际，及时制订了实施方案。为了确保"两整顿"工作落到实处，国家工商行政管理局派出12个巡查组，先后两次分赴各地，对"两整顿"工作进行督促和指导。各地工商行政管理局都成立了"两整顿"领导小组，列出了"两整顿"工作的阶段性目标和具体时间表，落实了目标责任制。一些地方还将"两整顿"工作纳入年度目标考核内容，实行执法责任制度，一级抓一级，层层抓落实。

在省、市、区政府的高度重视下，各级工商行政管理机关精心组织，狠抓落实，为期三个月的"两整顿"工作取得了明显的阶段性成效：

一是严厉打击了制售假冒伪劣商品的违法行为，重点地区、重点市场的公开性制假售假活动得到了有效控制。各地工商行政管理机关在"两整顿"工作中，结合当地实际，确定了打击制假售假的重点地区、重点商品和重点市场，组织开展了大规模的专项整治行动，集中查处了一批典型案件和大要案件，加大了执法力度，取得了明显成效。"两整顿"期间，各地工商行政管理机关共查处制售假冒伪劣商品案件 12.2 万件，总案值 15.28 亿元，其中案值 10 万元以上的案件1 183件；捣毁制假售假窝点 1.76 万个，其中制假售假产地和集散地2 982个；查获假冒伪劣商品市场标值 6.96 亿元，其中假冒伪劣农资 1.08 亿元，罚没款 2.38 亿元。

二是对违法违章生产经营活动进行了全面的清理整治，加强了对各类市场主体的监督管理。"两整顿"开始后，国家工商行政管理局及时在云南昆明召开了加强市场主体监管工作会议，对市场主体的规范和清理工作进行了具体部署。各地根据国务院办公厅和国家工商行政管理局关于加强生产经营安全监督管理和清理整顿的要求，重视和加强了市场主体监管，集中开展了对无资金、无场所、无机构、无照、无证企业的清理整顿，加强了对烟花爆竹、雷管、炸药和压力容器等易燃易爆物品生产、储存和销售等环节的监管，严厉查处和清理取缔了严重危及人民生命财产安全的违法违章生产经营活动。"两整顿"期间，各地工商行政管理机关共清理"三无"企业 17.24 万户；清理无照、无证企业 37.94 万户；清理取缔严重危害人民群众生命财产安全的生产经营企业 6.37 万户；查处违法违章生产经营案件 2.59 万件。

三是集中查处了商标侵权和虚假广告违法行为，重大商标侵权案件和虚假广告案件明显减少。各地工商行政管理机关对非法印制商标标识问题突出的地区进行了专项整治，捣毁了一批非法印制假冒商标标识的窝点。"两整顿"期间，各地工商行政管理机关共查处商标侵权假冒案件 1.24 万件，查处非法印刷假冒商标标识企业3 644户，收缴和销毁假冒商标标识 1.33 亿件，罚没款5 286.25万元；查处虚假医疗广告 1.58 万件，虚假加工承揽广告3 646件，虚假保健食品广告 1.09 万件，虚假电视直销广告931件，罚没款2 502.86万元。

四是严厉惩治了以高额回报、快速致富为诱饵骗取群众钱财、影响社会稳定的传销和变相传销行为，非法传销活动回潮的势头得到有效遏制。为了贯彻落实国务院领导的重要批示精神，国家工商行政管理局于 4 月份在甘肃兰州召开了专门会议，对查禁和整治传销和变相传销作了全面部署。各地高度重视，迅速行动，采取先期介入、调查摸点、重点排查、联合执法等方式，加强了对变相传销的认定和查处工作，严厉打击了以"网络倍增"、"加盟连锁"、"动力营销"、"滚动促销"等名义进行传销和变相传销的违法行为，有效地遏制了传销和变相传销蔓延的势头，受到了国务院领导的肯定。"两整顿"期间，各地工商行政管理机关共查处传销和变相传销案件1 805件，涉及传销人员 43.03 万人，取缔非法传销窝点2 975个，移送司法机关处理案件 298 起，罚没款1 658.72万元。

五是队伍作风整顿也初见成效，作风纪律状况有所改观，促进了廉洁执法、公正执法、文明执法。"两整顿"是工商行政管理系统实行省以下垂直管理后的一次大规模市场整治行为，虽然时间很短，但全国工商行政管理系统行动迅速，整治有力，成效显著。据统计，集中整顿期间查获的假冒伪劣案件数是上年同期的 4.82 倍，罚没款是 3.03倍；查获的商标侵权案件是 2.53 倍，广告案件是 2.2 倍；尤其是查处的传销案件数增长显著，是上年全年的 4.26 倍。这些成果显示，"两整顿"是工商行政管理机关加大市场监管执法力度，有效规范市场经济秩序的成功实践，同时也是队伍素质和执法力度的一次全面检阅和展示，树立了工商行政管理机关的执法权威。

（三）2001 年、2002 年的整顿和规范市场经济秩序工作

2001 年，国务院决定，在全国范围内开展整顿和规范市场经济秩序的工作。作为主管市场监督管理和行政执法的职能部门，工商行政管理机关坚决贯彻落实国务院的这一决定，按照国务院的统一部署，积极发挥职能作用，全力以赴整顿和规范市场经济秩序，为营造国民经济持续快速健康发展的

良好环境做出了积极的贡献。

1. 认真贯彻落实国务院的重要部署

2001 年 4 月 2 日至 4 日，国务院在北京召开了全国整顿和规范市场经济秩序工作会议。中共中央政治局常委、国务院总理朱镕基出席会议并作了重要讲话，他强调，大力整顿和规范市场经济秩序是整个"十五"期间的一项重要任务。他要求各地方、各部门一定要按照中央和这次会议的部署，下最大的决心，用最大的力量，迅速在全国范围内大张旗鼓地开展整顿和规范市场经济秩序的工作。中共中央政治局常委、国务院副总理李岚清作了《大力整顿和规范市场经济秩序，为加快推进现代化建设良好环境》的报告。

新成立的国家工商行政管理总局对贯彻落实这次会议精神非常重视。4 月 5 日，召集出席会议的各省、自治区、直辖市、计划单列市、副省级市工商局局长开会。国家工商行政管理总局局长王众孚在会上作了讲话，要求全国工商行政管理系统坚决贯彻国务院的部署，把整顿和规范市场经济秩序作为年度各项工作的重中之重，全力以赴、扎扎实实抓紧抓好。

为了加强组织领导，国家工商行政管理总局成立以党组书记、局长王众孚任组长的领导小组，统一领导全系统的整顿和规范市场经济秩序工作。根据国务院的总体部署，国家工商行政管理总局制订了工商行政管理系统整顿和规范市场经济秩序的具体方案，明确了整顿的重要内容（即：整顿和规范市场主体准入行为、交易行为和竞争行为）、工作措施和完成时间表。决定把"12315"消费者投诉电话作为群众举报扰乱市场经济秩序违法行为的举报电话。

4 月 12 日，国家工商行政管理总局发出《关于部署落实整顿和规范市场经济秩序有关问题的通知》，要求全国各级工商行政管理机关迅速行动，狠抓落实，确保各项工作到位。国家工商行政管理总局还派出督察组，分赴各地检查、指导整顿和规范市场经济秩序工作的落实情况。

各地工商行政管理机关对整顿和规范市场经济秩序工作高度重视，迅速行动，结合本地市场经济秩序中存在的突出问题，认真研究制定市场整顿工作方案，并召开专门会议，部署落实整顿和规范市场经济秩序工作。

4—6 月，国家工商行政管理总局共派出 48 个工作组，120 多人次分赴各地，督办、协调系统整顿和规范市场经济秩序工作的开展。4—6 月，全国工商行政管理系统共出动执法人员 180.19 万人次，清理各类市场 94 875 个，清理各类市场主体 139.19 万户，受理各类举报 11.89 万个，查处各类违法违章案件 18.74 万件，总案值 44.02 亿元，罚没款 5.56 亿元，取缔各类窝点 7 797 个，销毁违法物品总值 5.80 亿元。移送司法机关追究刑事责任案件 397 起，移送人员 1 589 人。

2. 充分发挥职能作用，全面开展市场整治

全国工商行政管理系统按照国务院的统一部署，充分发挥职能作用，加大执法力度，全面开展市场整治，整顿和规范市场秩序工作取得了初步成效。

2001 年共查处各类经济违法违章案件 176.31 万件，比上年增长 23.49%；总案值 236.35 亿元，比上年增长 48.48%；罚没款 41.77 亿元，比上年增长 32.49%。取缔各类窝点 32 万余个，销毁违法物品总值 6.39 亿元。移送司法机关追究刑事责任案件 4 127 起。

一是严把市场主体准入关，规范市场主体准入行为。查处"三无"企业 6.05 万户，清理取缔无照经营 99.16 万户。对民用爆破器材、烟花爆竹、化学危险品、交通运输等企业和公众聚集场所集中进行了专项整治。共检查生产经营企业 50.43 万家，责令停业整顿 4.24 万家，变更登记 2.9 万家，注销或吊销 1.4 万家，取缔 2.5 万家。关闭小煤矿 1.2 万个。

二是集中时间、集中力量开展了打假专项行动。查获各类假冒伪劣食品 1.28 万吨，案值 3.68 亿元。清理检查各类医药经营主体 7.05 万户，变更 2 176 户，注销 1 200

户,吊销营业执照583户;查获非法经营药品887.58万盒,价值2.38亿元;查处假冒伪劣医疗器械案件3 778件,案值1 631.58万元。检查农资经营单位36.4万户,立案查处制售假冒伪劣农资案件2.69万件,捣毁农资制假窝点1 322个,查获假冒伪劣农资案件3.34亿元,罚没款5 106万元。

三是严厉打击了传销和变相传销违法行为。查处传销案件1 809件,案值2.42亿元,罚没款2 036.86万元,清理参与传销和变相传销人员15.26万人,移送司法机关处理案件174件,涉案人员580人。

四是强化了商标管理和广告监管。严厉打击了印制假冒商标标识的违法行为。全年共查处商标违法案件3.78万件;查处商标印制违法案件4 887件,案值2.18亿元,罚没款1 621.42万元。以反误导、打虚假为主题,以加强广告监测和案件查处为手段,进一步强化了广告监管工作。全年共查处广告违法案件7.31万件。

五是打破地区封锁和部门、行业垄断,反对不正当竞争。查处不正当竞争案件3.52万件,案值33.68亿元,罚没款4.41亿元,分别比上年增长34.98%、76.70%和63.77%。查处走私贩私案件6 182件。

3. 集中力量开展拼装汽车打假专项斗争

2001年5月9日,国务院召开全国打假联合行动第二次电视电话会议。国务委员吴仪在会上部署了打假联合行动,指出,要集中力量开展五个方面的专项斗争,并明确,拼装汽车打假专项斗争由国家工商行政管理总局牵头,会同公安部、国家经贸委、外经贸部、质检总局、海关总署等部门负责指导和协调。

围绕贯彻落实国务院领导同志指示精神,按照全国整顿和规范市场经济秩序工作会议和全国打击制售假冒伪劣商品违法犯罪活动电视电话会议的统一部署,国家工商行政管理总局从4月开始,在全国范围内组织开展了打击拼装汽车取缔报废汽车拆解市场专项行动。先后下发了《关于严厉打击非法收购拆解拼装汽车行为迅速取缔报废

汽车拆解拼装市场的通知》、《关于进一步彻底取缔报废汽车回收拆解市场的紧急通知》和《关于继续加大执法力度坚决彻底取缔报废汽车拆解拼装市场的通知》,要求各地采取有效措施,集中力量,迅速行动,严厉打击拼装汽车行为,坚决取缔报废汽车拆解市场,务求必胜。

全国各级工商行政管理机关均由一把手直接负责专项行动,一些地方还建立了工商、公安、经贸、质检、交通等部门负责同志共同组成的领导小组,抽调精干人员组成执法队伍。自3月下旬开始,国家工商行政管理总局先后派出3个工作组,会同当地政府和有关部门,组织对陕西泾阳三原、河北徐水、天津西梁各庄报废汽车拆解拼装市场的取缔工作。通过典型,总结经验,推动工作。

4月,又派出16个督察组,督促各地开展工作,逐省落实责任制度。5月,国家工商行政管理总局分两次召开各省(区、市)工商局"整顿办"负责人会议,针对取缔工作中出现的新情况、新问题再次进行研究和部署。各省、市工商行政管理机关也层层派出督察组,深入开展调查摸底,制订周密的行动方案,突出重点,全面清查,按照"人走、房拆、场清、土地复耕"的要求,组织力量开展大规模取缔行动。截至6月底,专项行动取得显著成效,全国范围内已经查明的报废汽车拆解市场全部取缔,一大批拆拼窝点被铲除,非法拆解、拼装汽车行为得到有效遏止。据统计,全国共取缔报废汽车拆解市场202处,取缔报废汽车拆解拼装窝点1 338个,查获报废整车10 742台、各种拼装机动车辆32 790台。

4. 突出重点、深入开展集贸市场专项整治

2002年2月28日,国务院召开全国整顿和规范市场经济秩序电视电话会议,李岚清副总理、吴仪国务委员在会上发表重要讲话,国务院办公厅发出《关于开展集贸市场专项整治工作的通知》,决定用半年时间在全国范围内开展集贸市场专项整治工作,由国家工商行政管理总局会同国家经贸委、公安部、税务总局、质检总局、药品监管局等部

门负责指导和协调。

工商行政管理机关坚决贯彻落实全国整顿和规范市场经济秩序电视电话会议精神和国务院办公厅《通知》的具体要求，全力以赴，狠抓落实。

（1）加强领导，精心组织。国家工商行政管理总局于2月28日下发了《关于贯彻〈国务院办公厅关于开展集贸市场专项整治工作的通知〉有关问题的紧急通知》，国家工商行政管理总局和各级工商行政管理机关普遍建立了一把手负总责、分管领导具体抓、有关部门共同参与的集贸市场专项整治工作领导机制。同时，国家工商行政管理总局与经贸、公安、卫生、税务、质检、药监等部门，建立了集贸市场专项整治工作部际协调会议制度，并于6月上旬由7部委组成6个联合检查组，对15个省、市和全国20个重点市场的专项整治工作情况进行了检查。

（2）突出重点，全面整治。一是集中力量，全面清理集贸市场经营主体，全国共清理各类市场经营主体282.75万户，取缔无照经营17.28万户，取缔销售假冒伪劣商品摊位7.65万个，查封假冒伪劣窝点1.13万个。二是以食品、农资为重点，集中开展打假专项执法行动。仅3—5月全国工商行政管理机关就查处假冒伪劣食品和农资案件24 368件，查获假冒伪劣食品5 047吨、种子61 052吨、化肥206 531吨、农药5 272吨。三是集中力量查处一批大案要案。整治期间，共查处集贸市场违法违章案件25.87万件，案值26.23亿元，其中移送司法机关追究刑事责任案件185件。四是查处、清除执法壁垒。通过排查涉嫌地方保护、实行"封闭式"管理的市场，撤销了一批实施地方保护的"市场管理委员会"和"市场综合管理办公室"，并清理废止了一批与国家法律法规相抵触的地方规定和部门规章。五是严厉打击欺行霸市行为。与公安部门配合，坚决打击抗拒执法、欺行霸市、盗抢财物、黑恶势力和"黄、赌、毒"等社会丑恶现象，使集贸市场经营环境明显改观。

（3）标本兼治，重在治本。一是探索重要商品监管和准入制度。各地以肉类、蔬菜等与人民群众生活密切相关的商品为重点，积极探索行之有效的市场监管措施。北京市实行了集贸市场鲜肉"场厂挂钩"制度。济南市推出了肉类市场定点销售等十项管理措施。二是着力建立健全集贸市场长效监管机制。各地在全面推行市场巡查制的基础上，还普遍推行了市场预警制度、"12315"消费者申诉举报制度、市场经营行为记录和公示制度等，强化了对集贸市场的日常监管。三是推行市场主办者责任制。各地对管理不到位的市场主办者，采取警告、责令整改、停业整顿、关闭市场等处罚措施，使市场主办者管理意识明显提高。

（4）巩固成果，继续深入。经过半年多的努力奋战，使集贸市场专项整治达到了预期的阶段性目标，取得了明显的阶段性成果。为了巩固上一阶段的整治成果，推动专项整治工作的深入开展，9月28日，国家工商行政管理总局以明传电报的形式向全系统发出了《关于继续深入开展集贸市场专项整治工作的通知》。10月下旬，国家工商行政管理总局在福州召开了全国集贸市场专项整治工作经验交流会，王众孚局长在会上做了重要报告，总结了前一段工作，并部署了下一阶段工作。会上20多个省市汇报、交流了本地区集贸市场整治的经验和做法。这次会议的成功召开，有力推动了集贸市场专项整治的不断深入。

二、认真贯彻《反不正当竞争法》，营造公平竞争的市场环境

1995年，贯彻实施《反不正当竞争法》进入第二个年头。全国各级工商行政管理机关将反不正当竞争工作放在突出位置，充分发挥职能作用，采取积极措施，开拓前进，努力开创反不正当竞争的良好新局面。

（一）进一步提高认识，努力实现执法职能到位

为了解决各地在反不正当竞争执法工作发展的不平衡、执法职能不到位等问题，国家工商行政管理局于1995年9月下发了《关于进一步贯彻实施〈反不正当竞争法〉的若干意见》，强调指出，要进一步提高对《反不正当竞争法》的认识，认真总结《反不正当

竞争法》实施以来的情况和经验，找出问题和差距，尽快解决执法不平衡的问题，促进监督不正当竞争行为职能的到位。

为了创造良好的执法条件，工商行政管理机关高度重视《反不正当竞争法》的宣传工作。国家工商行政管理局下发了《关于认真开展〈反不正当竞争法〉学习宣传工作的通知》和《关于在"二五"普法中认真组织学习和宣传〈反不正当竞争法〉的通知》，针对社会上存在的模糊认识，有的放矢地进行普法宣传，使全社会都知法守法。国家工商行政管理局还会同全国人大新闻局、中国产业报协会，联合首都54家新闻单位进行了"反不正当竞争神州行"大型宣传活动，对于不正当竞争典型案例作跟踪报道，宣传了工商行政管理机关的执法成效，壮大了执法声威。

1998年，各级工商行政管理机关在《反不正当竞争法》实施五周年之际，开展了形式多样的宣传、普法、研讨活动。11月，国家工商行政管理局召开了《反不正当竞争法》实施五周年座谈会，邀请全国人大、最高人民法院、最高人民检察院、国务院有关部门、有关专家学者以及企业代表到会，就《反不正当竞争法》贯彻实施进行了研讨。各省工商行政管理机关除了召开座谈会，还积极利用电视台、报刊等新闻媒体报道了《反不正当竞争法》法律知识，披露了一批影响力大的不正当竞争案件，形成了宣传《反不正当竞争法》的浩大声势。

为了提高执法人员素质和执法水平，从1995年起，国家工商行政管理局举办了6次《反不正当竞争法》研修培训班，邀请有关专家学者授课，并组织执法人员对仿冒知名商品特有的名称、包装、装潢行为、侵犯商业秘密行为、商业贿赂行为、串通招标投标行为等难点问题进行专题研讨，分类指导工作。各地工商行政管理机关也采取多种形式，积极做好执法人员的培训工作，提高了执法人员的素质，培养了一批有较高素质的反不正当竞争专业执法队伍。

（二）抓紧制定配套法规和规章

针对《反不正当竞争法》自身规定的比较原则，操作中的许多问题需要作进一步明确的实际，工商行政管理部门抓紧制定《反不正当竞争法》配套法规和规章的工作。

工商行政管理机关在贯彻《反不正当竞争法》过程中，注重调查研究，在办案实践中勇于探索，在制定单项配套法规和规章中不断取得新的突破。国家工商行政管理局于1995年制定发布了《关于禁止仿冒知名商品特有的名称、包装、装潢的不正当竞争行为的若干规定》、《关于禁止侵犯商业秘密行为的若干规定》，1996年制定发布了《关于禁止商业贿赂行为的暂行规定》，1998年制定发布了《关于禁止串通招标投标行为的暂行规定》。

在制定配套规章中，着力解决行政执法中的突出问题，以提高其执行中的可操作性。在制定《关于禁止商业贿赂行为的暂行规定》中坚决做到：一是重在划分法律界限。对于商业贿赂的手段、回扣的内涵等着力进行了界定，使其易于定性和认定，并易于与折扣、佣金等合法行为区别开来。二是在概念界定和法律界限划分上，对那些条件成熟，能够把握的问题做出尽量具体、详细的规定，对那些尚不成熟，把握不准的问题不强作规定或作详细规定，留待条件成熟时再作规定。三是重点突出，对执法实践中常见的、突出的、难以把握的问题做出了重点规定，着重解释了商业贿赂、回扣的概念、手段和法律要件等。四是细化《反不正当竞争法》的规定，增强《反不正当竞争法》的可操作性。根据以上精神，该暂行规定详细规定了商业贿赂等手段，具体界定了回扣的内涵和法律特征，规范了折扣和佣金，对附赠行为作出了禁止性规定，同时还规定了一些执法程序规则。

这些配套规章作为工商行政管理机关实施《反不正当竞争法》的重要成果，对于加大打击不正当竞争行为的力度，促进社会主义市场经济健康发展具有重要意义。自国家工商行政管理局《关于禁止仿冒知名商品特有的名称、包装、装潢的不正当竞争行为的若干规定》发布后，有力推动了各地工商行政管理机关对此类案件的查处工作，办理案件数大幅度增长,1995 年全国工商行政管理机关共查处不正当竞争案件5 288件,2002年已达40 851件,相当于 1995 年的 7.7 倍。

（三）抓住重点、突破难点,不断加大执法力度

在《反不正当竞争法》实施时间比较短、执法经验不足的情况下,各级工商行政管理机关在执法中坚持抓住重点,突破难点,积极探索,不断加大执法力度。

1995 年到 1996 年,各级工商行政管理机关紧紧抓住经营者和消费者反映强烈的问题,重点查处以下几种不正当竞争行为:假冒他人注册商标,仿冒知名商品特有的名称、包装、装潢,冒用他人的企业名称或姓名,在商品上伪造或冒用认证标志、名优标志、伪造产地、作虚假质量表示,经营者对商品质量、制作成分、性能、用途利用广告进行虚假宣传等,收到了很大的成效。1995 年全国工商行政管理机关共查处这几种不正当竞争案件4 879件,占当年查处不正当竞争案件总数的 92.3%;其中查处案件数超千件的有:假冒他人注册商标案件1 424件,仿冒知名商品特有的名称、包装、装潢案件1 036件,在商品上伪造或冒用认证标志、名优标志、伪造产地、作虚假质量表示的案件1 018件。1996 年,全国查处的这几种案件数又有了大幅度上升,共查处10 232件,比上年增长 1.1 倍,占当年查处不正当竞争案件总数的 89.8%;其中假冒他人注册商标案件与在商品上作伪造或冒用认证标志、名优标志、伪造产地、作虚假质量表示案件均超过两千件,分别为2 705件和2 490件,分别比上年增长 90% 和 144.6%。

2000 年至 2002 年,全国工商行政管理机关连续三年集中开展了反仿冒、反误导专项整治执法活动。2000 年各地工商行政管理机关在专项整治期间共检查各类企业和个体工商户 90 余万户,立案查处各类仿冒案件7 500余件,案值近 1.5 亿元,结案4 500余件;立案查处误导案件1 100余件,结案600 余件。在 2002 年 7 月至 9 月的专项整治活动中,上海、浙江等地工商行政管理机关还开展了打击“仿名牌”行为的专项执法

活动,收到了较好的社会效果。

随着查处不正当竞争案件工作的不断深入和配套规章的不断健全,工商行政管理机关不断拓宽办案领域,加大查处力度,特别是对于查处难度较大的不正当竞争案件进行积极有效地探索,不断取得新的突破。公用企业限制竞争、商业贿赂、侵犯商业秘密、串通投标等类型的案件,或查处阻力大,或表现隐蔽,或难以认定,查处相当困难。各地工商行政管理机关积极探索,敢于碰硬,在查处这些类型的案件方面做了很大的努力,有了一定的突破,并探索出了一些执法经验。据统计,1995 年全国工商行政管理机关查处公用企业或其他依法具有独占地位的经营者强行交易不正当竞争案件 55件,商业贿赂案件 32 件,串通投标、招标案件 16 件,占查处不正当竞争案件总数的 1.59%。1998 年,全国工商行政管理机关查处这三类案件数分别为 131 件、426 件和 77件,分别比 1995 年增长 1.38 倍、12.31 倍和3.81 倍,这三类案件占查处不正当竞争案件总数的 4.32%,比 1995 年上升了 2.37 个百分点。辽宁省工商行政管理机关组织了对全省公用企业限制竞争行为的专项检查,制止和纠正了一批违法行为,取得了良好的社会效果。上海、江苏等地工商行政管理机关在查处商业贿赂、侵犯商业秘密、串通投标案件方面也很有起色,查处了一批有影响的案件。虽然从总体上这些类型的案件的数量不多,但其意义非同寻常,它标志着工商行政管理机关在制止这些类型的不正当竞争行为方面已经有了良好的起步,为以后的执法工作奠定了基础。

（四）整治药品回扣违法行为的工作取得了明显成效

各级工商行政管理机关按照国务院办公厅《关于继续整顿和规范药品生产经营秩序加强药品管理工作的通知》的要求和全国整治药品回扣违法行为工作两次电视电话会议的精神,认真执行《反不正当竞争法》等有关法律、法规,积极开展药品回扣等违法行为的专项整治工作,狠刹药品回扣歪风,规范药品市场秩序,回扣的势头得到了明显

遏制,行业风气有了一定的好转,整治工作取得了明显的成效。

1. 加强组织领导,保证专项整治工作顺利进行

国务院办公厅 14 号文件下发后,国家工商行政管理局即会同卫生部、国家医药管理局、国家中医药管理局、国务院纠风办和最高人民检察院组成了全国药品回扣专项检查联席会议,并研究制订工作方案,对专项检查的组织方式、检查范围和重点、实施步骤等作了具体安排。1997 年 3 月,国家工商行政管理局等六部门适时下发了《1997年整治药品回扣违法行为工作的安排意见》,明确提出了 1997 年在继续做好自查自纠和重点检查的基础上,要重点抓好大要案件的查处和深化整改、建章立制工作,要求坚决遏制回扣歪风,圆满完成整治任务。在没有经验可资借鉴的情况下,为了积极稳妥做好工作,国家工商行政管理局多次派员赴江苏、上海等地进行调研,并印发了 37 期《药品回扣专项检查工作简报》,会同其他五个部门多次组成联合检查组,分赴 24 个省、自治区、直辖市的药品生产、经销企业和医疗机构,对专项整治工作进行了检查、指导和督促,推动了工作的深入开展。

2. 加大案件查办力度,深入开展整治工作

各级工商行政管理机关把这次专项整治工作作为重中之重,集中精力和人员,在广泛宣传发动的基础上,采取自查自纠,重点检查和抽查等积极措施,落实举报线索,加大打击力度;依法查处了一大批给予、收受回扣等违法犯罪案件。

在专项整治中,全国应参加自查自纠的药品生产销售企业和医疗机构共计120 337个,截至 1997 年 10 月底,实际进行自查的药品生产销售企业和医疗机构达117 714个,平均自查率达 98%。自查出从 1993 年 12月起给予、收受的药品回扣金额 17.4 亿元,通过自查自纠上交回扣金额达 3.58 亿元。在重点检查和抽查中全国共检查、抽查药品生产销售企业和医疗机构48 798个,占药品生产销售企业和医疗机构总数的 40.5%,重点查出给予、收受的药品回扣金额 4.17亿元。

据不完全统计,在专项整治期间,全国共收到举报、投诉6 103件,根据对群众举报、投诉的排查和重点检查、抽查,共立案调查药品回扣案件4 230件,结案3 363件,涉及违法金额 6.64 亿元。其中,工商行政管理机关审结药品回扣案件2 214件,涉及违法金额 4.86 亿元,罚没金额5 118.7万元,移送司法机关处理案件 99 件,136 人。在已查结的药品回扣案件中,有大要案件 989 件,其中工商行政管理机关查处药品回扣大要案件 633 件,司法机关处理药品回扣大要案件356 件。

3. 整治回扣与整顿医药市场相结合,维护药品市场秩序

药品回扣与制售假冒伪劣药品和无照经营药品问题有着密切关系,往往相伴发生,特别是回扣常常成为制售假冒伪劣药品和无照经营药品的主要手段。因此,各地在开展药品回扣专项整治工作中,坚决按照国务院领导的要求,把查处假冒伪劣药品和无照经营药品等违法行为也列为重点,以整治药品回扣为契机,对这些严重危害医药市场秩序的违法行为予以严厉打击。在专项整治中,各地查处了大量制售假冒伪劣药品案件和无证照及证照不全经营药品的案件,查获了大量的假冒劣质药品和医疗器具,取缔了一大批无照经营药品的非法经营者。由于把整治药品回扣工作和整顿医药市场结合起来,使药品市场经营秩序得到了明显好转,扩大了整治效果。从专项整治开始至1997 年 10 月底,全国工商行政管理机关和卫生行政部门共查处制售假冒伪劣药品案件50 030件,查处无证照和证照不全非法经营药品案件17 156件,没收假冒伪劣药品价值 1.45 亿元,取缔无证照经营药品非法经营户14 625户,停业整顿2 509户,卫生行政部门吊销许可证 301 户,工商行政管理机关吊销营业执照 552 户。

4. 坚持常抓不懈,纠正医药购销中的不正之风

1999 年至 2002 年,根据党中央、国务院的统一部署和要求,在国务院纠风办的组织、协调下,各级工商行政管理机关坚持常抓不懈,认真开展了纠正医药购销中的不正之风工作。每年国务院纠风办、国家经贸委、国家计委、卫生部、国家工商局、国家药品监督局都联合下发关于纠正医药购销中不正之风工作的实施意见,国家工商局也据此下发贯彻该实施意见的通知。在纠正医药购销中不正之风工作方面,工商行政管理机关的工作重点是:1. 对药品生产经营企业和个体工商户开展清理整顿;2. 依法查处医药购销活动中给予、收受回扣及其他商业贿赂行为,严厉打击药品经营中给予、收受回扣及其他商业贿赂行为,严厉打击药品经营中的其他不正当竞争行为;3. 加强对药品广告的监督管理;4. 配合有关部门清理整顿药品市场。据不完全统计,2001 年全国工商行政管理机关共查处药品购销中的商业贿赂案件 811 起,涉案金额 33 927 万元,没收金额 1 686 万元,罚款 3 321 万元。

(五)加强对多层次传销的监督管理

传销作为一种商品的销售方式,从 20 世纪 90 年代初开始在我国出现,在其发展过程中逐步暴露出其对社会的严重危害性。1994 年 8 月,根据党和国家领导同志批示精神,国家工商行政管理局发布了《关于制止多层次传销活动中违法行为的通告》,指出要坚决取缔擅自开展的多层次传销活动,严禁党政机关工作人员从事或参加多层次传销活动,对于利用多层次传销方式推销假冒伪劣商品和走私贩私物品的依法从重处罚,同时还要求加强对多层次传销的监督管理。1995 年 8 月,国家工商行政管理局起草并经有关部门会签,向国务院报送了《关于停止发展多层次传销企业的意见》。1995 年 9 月,国务院办公厅下发了《关于停止发展多层次传销企业的通知》,要求各地立即停止批准成立多层次传销企业。对已注册的传销企业,必须逐级上报国家工商行政管理局重新审查。对未经工商行政管理局审批擅自开业的,坚决予以取缔。1995 年 10 月,国家工商行政管理局下发《关于审查清理多层次传销企业的实施办法》。各级工商行政管理机关根据国家工商行政管理局的统一部署,采取积极措施,对于多层次传销活动进行清理审查。截至 1995 年底,全国共清理出 163 家多层次传销企业,对其中未经批准擅自开展传销的 114 家予以取缔;对于经过工商行政管理机关批准的 49 家进行逐级审查,对 41 家传销企业与 16 个分支机构颁发了《准许传销意见书》。1996 年 4 月,国家工商行政管理局批准了 41 家企业在一定的区域内进行多层次传销活动。此后,各级工商行政管理机关加强了对传销企业的监督管理,规范传销企业的经营行为,取缔了一批非法传销企业。截至 1996 年底,各地共取缔非法传销企业 200 余家,查处非法传销案件 500 余件,取得了较好的成效。

1997 年 1 月,国家工商行政管理局发布了《传销管理办法》。此后,国家工商行政管理局又与公安部联合发布了《关于严厉查禁非法传销培训活动的通知》,加大对传销欺诈活动的查处力度。根据 7 月 12 日李岚清副总理关于传销的批示精神,国家工商行政管理局先后两次召开专门会议,部署 8、9 月份在全国对非法传销进行专项整治。11 月,国家工商行政管理局会同国家计委对传销产品的价格进行了检查和调研。这次行动有效遏制了非法传销活动的蔓延。截至 1997 年 11 月底,全国共查处非法传销案件 2 528 起。

1998 年 4 月,国务院发出了《关于禁止传销经营活动的通知》。《通知》指出,传销经营不符合我国现阶段的国情,已造成严重危害,对传销经营活动必须坚决予以禁止。《通知》要求各级人民政府和工商行政管理、公安等有关部门要加大执法力度,采取有力措施,坚决取缔、严厉查禁各种传销和变相传销行为。2001 年 11 月,国务院办公厅下发了《关于开展严厉打击传销专项整治行动的通知》。国务院总理朱镕基,副总理李岚清,国务委员罗干、吴仪多次批示国家工商行政管理总局,要坚决取缔传销窝点,严厉打击传销行为。

国家工商行政管理总局认真贯彻国务院领导同志的重要批示,先后下发了《关于严厉打击传销和变相传销等非法经营活动的意见》《关于查禁传销及变相传销活动的紧急通知》《关于贯彻〈国务院办公厅关于开展严厉打击传销专项整治行动〉的通知》等一系列文件。在兰州、昆明、重庆、北京召开四次专门工作会议进行研究部署;组织开展了7次大规模的全国统一执法行动。先后派出6个工作组赴传销和变相传销活动严重的海南海口市、广东珠海市、广西北海市、河北石家庄市、山西太原市等地进行督查。在2000年"整顿市场秩序、整顿队伍作风"的"两整顿"行动中,派出12个检查组分赴各地进行检查督促;在2001年"整顿和规范市场经济秩序工作"中,又派出16个检查组分赴各地进行检查督促。

各地工商行政管理机关按照国家工商行政管理总局的要求,对打击传销工作实行"一把手"负责制,切实加强领导,统一部署,坚持重拳出击,严厉查处了一批传销和变相传销案件。

据统计,2000年,全国工商行政管理机关共查处传销案件2 005件,取缔传销窝点3 285个,罚没款2 400万元,移送司法机关316件,清理遣送传销人员45万人次;2001年查处传销案件1 809件,案值2.42亿元,罚没款2 036.86万元,移送司法机关174件,清理遣送传销人员16万人次。

三、切实加强各类市场的监督管理

（一）加强对粮食市场的重点管理

1998年,国务院决定继续深化粮食流通体制改革。5月,国务院下发了《关于进一步深化粮食流通体制改革的决定》。为了保证粮食流通体制改革的顺利进行,国务院将打击不法粮商,维护粮食收购秩序专项斗争的任务交给了工商行政管理部门。为了有效履行监督粮食市场职能,国家工商行政管理局下发了《关于充分发挥工商行政管理职能,促进深化粮食流通体制改革顺利进行的通知》和《关于立即开展打击不法粮商,维护粮食流通秩序专项斗争的紧急通知》;召开全国工商行政管理系统粮食市场管理工作会议和全国省际边界毗邻地区粮食市场管理工作会议,对打击不法粮商的专项斗争进

行了全面部署。为了加强对这一工作的领导,各地都普遍成立了由一把手担任组长的粮食市场管理工作领导小组,集中力量,加强粮食市场管理。据不完全统计,在夏粮收购期间,各级工商行政管理机关动员了50%以上的人力,产粮区动员了80%以上的人力,全国约有18万工商行政管理干部战斗在粮食市场管理第一线。各地紧紧抓住私商粮贩,非国有粮食收储企业收粮以及个体私营粮食加工工厂直接变相收购粮食这两个重点环节,不断加大打击力度。使不法粮商违法收购粮食的势头基本控制,粮食收购秩序明显好转。

1999年5月,国务院下发了《关于进一步完善粮食流通体制改革政策措施的通知》;2000年6月,国务院下发了《关于进一步完善粮食生产和流通有关政策措施的通知》;2000年9月中共中央、国务院联合下发了《中共中央国务院关于转发〈国家发展计划委员会关于当前农村经济发展中几个主要问题和对策措施的意见〉的通知》,提出:工商行政管理部门要继续采取有力措施,加强对粮食收购市场的监管,严禁无照经营和违规经营粮食。

工商行政管理机关按照国务院的指示,切实加强粮食市场管理,积极拓宽粮食购销渠道,搞活粮食流通。1999年12月,国家工商行政管理局增设了粮食市场监管处,具体承担指导粮管工作。从1999年10月起,各级工商行政管理机关认真开展以"一打击、两规范"(重点打击私商粮贩从农民手中收购粮食、未经批准的粮食加工企业和粮食经营企业擅自到农村收购粮食;严格规范经批准入市收购的大型农业产业化龙头企业、饲料生产企业和粮食进出口企业经营行为,严格规范经国务院批准同意退出保护价收购范围粮食的经营行为)为主要内容的专项执法活动。2000年1月至11月,各地按照规定的条件和程序共审批可入市收购粮食的企业2.7万家,查处非法收购粮食案件1.9万件,取缔和吊销粮食经营单位1.03万户,进一步规范了粮食交易秩序,拓宽了粮食收购渠道,促进了粮食流通体制改革的顺利

进行。

2001年7月，国务院下发了《国务院关于进一步深化粮食流通体制改革的意见》，提出加快推进粮食主销区粮食购销市场化改革。为了贯彻落实国务院的《意见》，国家工商行政管理总局于同年8月下发了《关于认真贯彻落实〈国务院关于进一步深化粮食流通体制改革的意见〉进一步加强粮食市场管理的通知》，要求各地充分发挥工商行政管理职能，切实抓好粮食市场监管，严格把好粮食收购主体准入关；严厉打击无照经营粮食，非法收购粮食的行为；进一步健全和完善粮食市场管理制度，调整粮食运输凭证管理；积极支持培育粮食市场。

2001年和2002年，国家工商行政管理总局以中央电视台《焦点访谈》曝光的"成安事件"为突破口，在全系统开展了粮食市场监管执法专项整顿活动；认真落实国务院领导批示，开展了陈化粮食市场的专项检查。据统计，2001年，全国工商行政管理机关共查处违法收购粮食案件17 643件，没收查扣粮食1.062亿公斤，罚没款3 760万元。通过开展粮食市场专项整顿活动，有效地规范和维护了粮食市场秩序，保证了粮食流通体制改革的顺利进行。

（二）加强中药材市场的整治

1996年4月，国务院下发了《国务院办公厅关于继续整顿和规范药品生产经营秩序加强药品管理工作的通知》，强调要"坚决取缔药品集贸市场，加快整顿和规范中药材专业市场"。按照国务院通知要求，国家工商行政管理局与有关部门联合，积极开展中药材专业市场整治工作，与国家中医药管理局、国家医药管理局、卫生部联合下发了《关于严格执行〈整顿中药材专业市场标准〉加强中药材专业市场管理的通知》，明确了申请开办中药材专业市场的条件和程序，并要求加强对中药材专业市场的规范化管理。为了确保整顿工作的落实，国家工商行政管理局会同国家中医药管理局、国家医药管理局、卫生部先后三次召开全国整顿中药材专业市场工作会议，部署中药材市场整顿工作，按照有关部门的标准和程序，与相关部、

局配合，从严审核上报的中药材专业市场，先后分三批确认了17个中药材专业市场。先后组织了四次联合检查组，对中药材专业市场进行检查规范。通过整顿，在全国范围内关闭、取缔或转营了90多家未经批准的药材市场和药品集贸市场。通报批评违反规定擅自开办中药材市场的行为，与有关部门联合下发了《关于湖南省永兴县违反规定擅自开办中药材市场受到查处情况的通报》、《关于对湖南省邵东县廉桥中药材专业市场和广东省普宁中药材专业市场超范围经营问题给予通报批评的通知》。通过整顿，基本扭转了中药材市场过多过滥的局面，改善了药材市场秩序。

（三）加强食品、保健品市场整治

1996年，我国第一部有关食品卫生的专门法律《食品卫生法》颁布实施。《食品卫生法》规定："城乡集市贸易的食品卫生管理工作由工商行政管理部门负责。"为了贯彻落实《食品卫生法》的相关规定，各级工商行政管理机关与卫生行政管理部门积极配合，切实加强食品的生产、流通的监督管理，严厉打击各种违法行为，维护食品市场秩序。

一是严格审查食品生产经营企业的主体资格，把好市场准入关。对未取得卫生行政部门发放的卫生许可证，申请从事食品生产经营的企业、食品摊贩，各级工商行政管理机关坚决不予注册。对无照生产经营食品的，坚决予以取缔。

二是加强对个体饮食业的监督管理。1995年12月国家工商行政管理局制定发布的《个体饮食业监督管理办法（试行）》，要求对个体饮食业户的从业条件、身体状况、经营场所、经营工具的卫生条件等进行检查，特别要求从业人员必须持健康证上岗。

三是查处了一批制售假冒伪劣食品的大案、要案。各级工商行政管理机关始终把查处大案要案作为加强食品市场监督管理的一项重要内容。通过查处一批大案要案，并通过新闻媒介予以曝光，引起社会各界和人民群众对食品卫生状况的普遍重视，并震慑制售假冒伪劣食品的犯罪分子，净化了食品市场。1996年，全国工商行政管理机关共

查获假冒伪劣食品5 585吨,1998年共查获假冒伪劣食品2 836吨。

四是加强对食品商标的管理,对申请食品商标注册的生产和经营者,工商行政管理机关对其进行严格审查。

为了解决全社会普遍关注的肉类及制品的质量问题,各级工商行政管理机关采取有力措施,加强对肉类市场的整治。1995年春节前夕,全国农牧、工商行政管理部门联合开展了全国肉类卫生大检查活动。共检查了30个省、自治区、直辖市的60个地级市,180个县的6 000多个畜禽屠宰、加工、经营单位和集贸市场,检查肉摊3.6万个,查处贩卖病害肉、注水肉的案件300多件。针对制售注水肉的违法行为,国家工商行政管理局在1995年春节前后组织全系统进行肉类市场打假专项治理,这是近年来工商行政管理系统规模和声势最大、出动人数最多、检查面最广、效果最好的一次打假工作,共查获注水肉1 519吨,并集中力量查处了一批大案、要案。

2001年8月,国家工商行政管理总局组织了对肉食品市场的专项整治,下发了《关于立即开展肉食品市场专项整治的紧急通知》,结合全国整顿和规范市场经济秩序工作对肉食品市场整治进行了具体安排部署。截至9月20日,全国工商行政管理机关共检查肉食品生产加工和经销企业17.6万个,检查市场和经营户75.67万个,取缔非法屠宰户9 178户,查处销售病害肉和注水肉企业84 716户,查获病害肉、注水肉、私宰肉1 871.8吨,取得了阶段性成果。通过这次专项整治,有力地净化了肉食品市场,使肉食品市场秩序混乱的状况有了明显改善。

为制止市场上一度出现的保健品质量低劣、伪劣保健品泛滥、广告宣传虚假夸大等损害消费者利益的行为,国家工商行政管理局决定从1995年起在全国范围内开展保健品市场的治理整顿,重点查处生产和销售假冒伪劣保健品的企业和个体工商户,规范、净化保健品市场,保护人民群众身体健康,维护消费者权益。1996年5月国家工商行政管理局印发了《保健食品市场整治工作方案》,同时在北京召开了新闻通报会,对整治工作进行了具体部署。1996年10月,国家工商行政管理局派出检查组,赴部分省市检查保健品市场整治情况。全国各级工商行政管理机关在当地党委、政府的领导下,积极会同消费者协会、技术监督、卫生行政管理等部门,全面展开保健品市场整治工作。据不完全统计,到1996年底,各级工商行政管理机关共检查保健食品、饮料等生产和经营企业、个体工商户79.3万家,端掉制假售假窝点2 564个;查处假冒伪劣和违法违章生产经营的保健品、饮料等商品价值6.79亿元。同时严厉查处了一大批假冒他人注册商标、仿冒包装装潢、伪造或冒用企业名称和认证标志、制作和发布虚假广告等扰乱市场的违法违章行为。

四、严厉打击走私贩私违法行为

全国各级工商行政管理机关认真贯彻中共中央、国务院关于打击走私的重要部署,与有关部门密切协作配合,积极发挥职能作用,不断加大打击力度,突出抓住重点地区和重点走私物品品种,从市场管理入手,严厉打击走私贩私违法行为,坚决取缔走私市场,取得了丰硕的成果。

(一)以市场整顿为中心,取缔私货交易

管好市场,禁止私货上市交易,是防止私货扩散,堵住私货内流渠道的有效手段,也是打击走私工作的一个重要方面。按照李岚清副总理的指示和全国打私办的要求,国家工商行政管理局直接组织和开展了专项整治工作。1996年初,国家工商行政管理局局长王众孚主持召开广东、福建两省私货交易重点地区工商行政管理局长参加的会议,落实打击走私责任制,要求取缔私货交易场所。各地工商行政管理机关按照会议要求,着眼于流通领域,切实加强市场管理,以抓好清理整顿市场作为陆上缉私工作的重点。

一是清理整顿汽车、摩托车市场。广东省工商行政管理局对汽车、摩托车市场进行重点整顿,查获非法拼装汽车250辆,摩托车1 200辆,发动机总成205个,通过专项整治,取缔了陆丰双坑、碣石、碣北的摩托车市场和顺德龙江的汽车配件马路市场；被列为整治重点的南海市九江汽配市场、东莞黄江汽配市场、增城汽车城、湛江汽配市场被基本关闭，收缴了陆丰星湖摩托车配件市场的《市场登记证》，清理摩托车配件门店597间，查封非法经营点502间，查获摩托车配件4吨，使一度较为猖獗的私货交易和非法拼装活动得到了遏制。

二是清理整顿烟草市场。国家工商行政管理局和国家烟草专卖局共同组织了烟草市场的专项整治。1996年，各级工商行政管理机关共查获走私贩私香烟199万余条。北京市工商行政管理局和北京市烟草专卖局共同采取行动，取缔了北京市安定门外等几个烟草非法交易集散地。广东省工商局取缔了汕头、揭阳、南雄、开平的非法卷烟交易市场，连续查获倒卖走私香烟大案四起，查获走私香烟18万多条，价值人民币850余万元，沉重地打击了卷烟走私分子的嚣张气焰，维护了烟草市场秩序。

三是清理整顿电器市场。为了坚决制止非法倒卖无合法进口手续电器的违法行为，工商行政管理机关在清理整顿中关闭了全国规模最大的进口电器市场——广东南海市大沥镇进口旧家电市场，取缔各类摆卖点2 000余个，查获旧空调机400台、旧录像机1 800台、旧电视机700余台。组织专门队伍，严厉查处私货交易行为，使广州海印、番禺易发、增城新塘、汕头黄河路等家电市场违法经营走私电器产品行为得到了有效遏制。

四是清理整顿成品油市场。在打击小额成品油走私活动中，国家工商行政管理局与海关总署、国家经贸委、公安部、交通部、农业部联合发出《打击小额成品油走私专项斗争方案》，对清理整顿成品油市场作出统一部署。广东省工商行政管理机关共检查加油站625个、码头35个、油罐车13辆、油船9艘，处理不符合要求的经营单位508家，其中关闭89家、处罚153家、限期整改266家，查获成品油2 399吨。

（二）突出重点，集中力量，查处走私贩私大要案件

在1995年1月的反走私联合行动期

间，沿海沿边的12个省（市、区）工商行政管理机关共查处走私案件2 509件，罚没金额6 000万元，其中大要案件396件。查获走私汽车442辆、摩托车1 001辆、香烟7 285箱，以及其他一批走私物资。

各级工商行政管理机关普遍重视大案的查处工作，注意跟踪线索，追根溯源，端窝挖点，摧毁走私贩私团伙，集中力量对重大的走私贩私案件一查到底。在查处工作中，抽调了专门缉私人员，快查快处，有力地打击了走私贩私分子的嚣张气焰。1995年4月，深圳市工商局对所涉及的违法经营者——中国电子物资深圳公司、深圳创维—RGB电子有限公司分别给予依法追缴没收销货款84万元，没收非法所得165.5万元的处罚。1995年1月，广西防城港市工商局查获一起案值近2 000万元的走私二醋纤维丝束600吨的特大案件。

为了狠抓大案要案，国家工商行政管理局下力气做好调查研究工作。1996年开展汽配市场专项整治工作期间，先后派出四个工作组。通过调查研究，掌握情况，摸清重点，有针对性地指导各地工商局开展工作，狠抓大要案件处理，打击走私贩私活动。在直接组织调查研究的同时，还密切与各行业主管部门的关系，借助行业主管部门掌握的信息、情况，开展市场监督检查工作。为了落实国务院"加强对进口感光材料的管理，严厉打击走私，维护国内市场秩序"的决定，国家工商局在化工部的配合下，通过调查研究，自1996年11月中旬开始，组织北京、四川成都、辽宁辽阳等地工商行政管理局同时开展了查处进口感光材料的专项整治工作，一举查获北京、四川、辽阳三家富士彩色设备有限公司非法进口感光材料案，并对其无合法进口来源的部分予以没收处理，案值达3 000余万元。经过对感光材料市场的整治，使走私感光材料违法行为得到遏制，国内感光材料生产企业形势有所好转。

1998年7月，国务院召开全国打击走私工作会议。国家工商行政管理局发出了《关于贯彻全国打击走私工作会议精神积极开展反走私专项斗争的通知》。全国各级工商

行政管理机关认真贯彻《通知》精神,进一步加大查处走私案件力度。从 1998 年 7 月始,截至 1999 年 5 月全国工商行政管理机关共查处走私案件2 138件,案件总值5.4 亿元。查获的走私贩私主要物品有:汽车 566 辆、摩托车1 474辆、化工原料4 241吨、纺织原料2 307吨、成品油6 682吨、香烟 138 万条、不锈钢1 000吨以及一大批通信器材、照相器材和家用电器等。

　　(三)维护市场正常秩序,规范市场交易行为

　　围绕建立和维护社会主义市场经济秩序这一中心,在国务院的支持鼓励下,在全国打私办的协调和有关部门的积极配合下,国家工商局在规范市场交易行为,打击市场走私贩私行为方面,做了积极有效的探索。

　　1996 年,针对汽车市场上出现的利用进口散件,非法拼(组)装,套用国产汽车目录,回避国家法律的行为,经国务院批准,国家工商行政管理局、公安部、海关总署、国家计委、机械工业部、对外经济贸易合作部、国家机电产品进出口办公室联合发布了《关于禁止非法拼(组)装汽车、摩托车的通知》,解决了长期困扰行政执法部门的执法依据问题,打击了非法拼(组)装汽车违法行为。四川省成都市工商行政管理局查获了增城大大公司非法拼(组)装汽车案,一举没收非法拼(组)装汽车 4 辆和两辆汽车销售款。江苏省无锡市工商局一举查获非法拼(组)装汽车及成套散件 210 余辆(套)。

　　继国家工商行政管理局和机械工业部联合发出《进口照相机销售管理暂行办法》后,按照国务院办公厅和全国打私办的要求,1996 年 8 月国家工商行政管理局又发布了《进口照相机市场管理办法》,对合法进口、执法机关罚没的和生产企业生产的合法照相机实施机身号码备案。对于经销不符合条件没有备案的照相机一律予以没收。为打击走私,促进民族工业的发展作出了有益的探索。截至 1996 年底,全国已备案照相机 255 万余架。各地工商行政管理机关查获走私照相机20 699架。安徽省工商局对于全省照相机市场进行检查,出动检查人

员2 153人次,检查经销单位及个体户 538家,检查照相机9 633家,查获非法照相机3 000余架。浙江省工商局对检查中发现的900 余架照相机予以没收处理。在实施机身号码备案的同时,国家工商行政管理局与国家进出口商品检验局联合发出《关于落实进出口商品进行商检制度的会议纪要》,双管齐下打击走私贩私,保护消费者权益。

　　广东省工商局针对市场上存在销售走私物品的现象,以加强日常管理与突击清查相结合,取缔私货交易与疏导教育相结合的办法,对市场进行清理整顿。北京市工商局与市商检局密切配合,实行进口商品检验标志,以区分走私商品与合法进口商品,取得了一定效果。

　　五、做好消费者权益保护工作

　　随着《消费者权益保护法》的深入实施,各级工商行政管理机关充分发挥职能作用,不断加大行政执法力度、扎扎实实做好消费者权益保护工作,取得了新的进展。

　　(一)广泛深入开展《消费者权益保护法》宣传工作

　　为使广大消费者了解、熟悉相关法律并依法维护自身的合法权益,使广大经营者增强守法意识和保障消费者权益的自觉性,1995 年至 1998 年,各级工商行政管理机关开展了声势浩大、形式多样的法律宣传工作,以电视晚会、专题片、报刊专栏文章、现场咨询等方式宣传《消费者权益保护法》及其配套法规、规章。国家工商行政管理局以"3·15"国际消费者权益日为契机,组织各地工商行政管理机关开展了"3·15"消费者权益宣传周活动。国家工商行政管理局进行了宣传咨询、受理投诉活动,并配合中央电视台成功地承办了"为了您的权益"、"3·15"专题晚会。各地工商行政管理机关也在国家工商行政管理局指导下,把宣传工作开展得有声有色。仅 1996 年,河南省工商行政管理机关共出动1.3 万人次进行宣传,散发宣传材料 47 万份。陕西省工商行政管理机关组织了"依法护权万人签名活动",群众反映强烈。山东省工商行政管理局特别制作了 6 集电视系列节目《消费者话

题》,并在省电视台播出。北京市工商行政管理机关于3月15日在长安街组织了"十里长街宣传贯彻'消法'、'实施办法'"等大型活动。通过开展法律宣传,提高了消费者的自我保护意识和经营者的自律意识。

1998年"3·15"国际消费者权益日前夕,国家工商行政管理局组成由首都10家新闻媒体单位参加的"99315"巡查采访团,赴已开通消费者投诉、举报服务网络的部分省、市进行实地采访报道。许多地区工商行政管理机关也结合本地实际组成记者采访团在本地进行采访报道,达到了大力宣传工商行政管理机关保护消费者权益成果的目的。国家工商行政管理局作为主办单位之一,积极参加中央电视台"世纪阳光"大型文艺晚会,参加首都各界现场咨询活动。各地工商行政管理机关也积极组织当地政府有关部门、社会各界和新闻媒体开展内容丰富、形式多样、具有地方特色的宣传活动,16个省、市配合中央电视台开展了互助宣传活动,掀起了宣传、普及消费者权益保护法律知识的高潮。1998年4月至12月,国家工商行政管理局同全国人大办公厅、《人民日报》、国家质量技术监督局一起,在全国开展了以普及《消费者权益保护法》为主要内容的知识竞赛,近10万人认真进行了答题,各地工商行政管理机关积极组织参加了这项活动。年底,国家工商行政管理局召开了纪念《消费者权益保护法》实施五周年暨保护消费者权益工作理论座谈会,认真总结了五年来工商行政管理系统开展消费者权益保护工作的情况,进一步向社会宣传《消费者权益保护法》。

（二）不断完善保护消费者权益的配套法规

为了切实加强《消费者权益保护法》的贯彻实施工作,各级工商行政管理机关高度重视有关消费者权益保护方面的立法立规工作,加快了《消费者权益保护法》有关配套法规、规章的草拟与制定工作。

在《消费者权益保护法》实施监督时间短,制定相关细则时机还不太成熟的情况下,为了推进全系统消费者权益保护工作的开展,国家工商行政管理局于1995年2月下发了《关于实施〈消费者权益保护法〉的若干意见》,要求各级工商行政管理机关积极受理消费者和经营者之间发生的消费者权益争议的申诉案件,各地工商行政管理部门在接到消费者的申诉时,应及时立案,并依法进行调解;调解不成时,应作出行政裁决,解决纠纷。对于经营者侵害消费者权益的违法行为,应依法予以行政处罚。

国家工商行政管理局积极加强调查研究,针对实施《消费者权益保护法》实践中的问题,以国家工商行政管理局局令的形式,先后三次制定发布部门规章,1996年3月国家工商行政管理局颁布了《欺诈消费者行为处罚办法》和《工商行政管理机关受理消费者申诉暂行办法》;1997年3月,颁布了《工商行政管理所处理消费者申诉立案办法》。三件规章的颁布,为各级工商行政管理机关深入贯彻实施《消费者权益保护法》、依法行政、加大消费者权益保护工作力度提供了依据。

与此同时,国家工商行政管理局还积极会同有关部门,结合实际情况,制定保护消费者权益的相关法规。1995年,国家工商行政管理局与中国轻工业总会等单位联合发布了《关于食用碘盐包装采用防伪"碘盐标志"的通知》;与国家经贸委等部门共同修改了《部分商品修理更换退货责任的规定》;2001年9月与国家质量监督检验检疫总局、信息产业部联合发布了《移动电话机商品修理更换退货责任规定》和《固定电话机商品修理更换退货责任规定》,对保护消费者权益工作起到了促进作用。各地工商行政管理机关也结合当地实际,积极配合地方人大进行《消费者权益保护法》地方配套法规与规章的草拟、制定工作。辽宁省工商局配合省人大制定了《辽宁省实施〈中华人民共和国消费者权益保护法〉办法》;山东省、湖北省工商局也配合省人大制定了类似的办法。全国许多省、市出台了消费者权益保护的地方法规。这些配套法规、规章的制定,为工商行政管理机关做好执法工作,有效保护消费者合法权益,提供了更充实的依据。

中共中央、国务院对消费者权益保护工作非常重视,1998 年,国务院在机构改革中批准国家工商行政管理局增设了消费者权益保护司;2001 年,国家工商行政管理总局机构升格为正部级过程中,国务院又将"消费者权益保护司"改名为"消费者权益保护局"。在国务院新的"三定"方案中,对消费者权益保护局的职责重新规定为:研究拟定保护消费者权益的规章制度及具体措施、办法并组织实施;组织查处严重侵犯消费者合法权益案件;组织监督流通领域商品质量,组织查处假冒伪劣等违法行为。各省、自治区、直辖市工商行政管理局在机构改革中也相继成立消费者权益保护机构,为有效履行消费者权益保护职责提供了有力的组织保证。

（三）努力加强消费者投诉举报网络建设,不断拓宽受理消费者申诉渠道

为了有效履行保护消费者权益的职能,各地工商行政管理机关把建设消费者投诉、申诉、举报服务网络,作为加强保护消费者权益的有效措施和切入口来抓,以建立投诉台、站、点,设立投诉箱,出动流动投诉车等多种形式,建立起多渠道、多层面的受理消费者申诉网络。在各地网络建设的基础上,国家工商行政管理局在信息产业部的大力支持下,1998 年 3 月 15 日将全国消费者投诉、举报服务专用电话号码统一为"12315"。这个电话号码的统一,被广大人民群众和社会各界称为政府保护消费者权益的重大举措,对进一步加大工商行政管理机关保护消费者权益的执法力度,维护社会主义市场经济秩序起到了积极的作用。

2000 年 9 月,国家工商行政管理局在广州召开了全国工商行政管理"12315"工作经验交流会,会议总结了"12315"工作,提出了"12315"发展目标和要求,制定下发了《关于进一步规范工商行政管理机关"12315"消费者申诉举报工作的意见》,进一步推进了各级工商行政管理机关"12315"消费者申诉举报服务网络的规范化建设。2001 年 7 月,国家工商行政管理总局又下发了《关于加快工商行政管理"12315"信息化工程建设的通

知》,提出了加快建设信息化"12315"指挥中心和统一使用"12315"软件的工作的具体要求。国家工商行政管理总局拨专款组织开发了"12315"专用计算机软件配发各地。截至 2002 年底,全国 31 个省、自治区、直辖市均开通了"12315"消费者申诉举报服务电话,各地以"12315"电话为依托,以计算机网络技术为支撑,陆续建立了"12315"消费者申诉举报网络系统,逐步形成了"一个中心,三级执法"的消费者权益保护体系,即在大中城市工商行政管理局普遍建立了"12315"消费者申诉举报指挥中心,在 86% 的区（县）和 88% 的工商所建立消费者申诉举报中心（站）,逐步建立健全指挥灵敏、反应快速、处理及时,执法到位的消费者申诉、举报服务网络。

"12315"消费者申诉举报网络的建立,方便了消费者申诉举报,促进了工商行政管理机关市场监管职能到位,有效地加强了消费者权益保护。全国"12315"电话统一开通的第一年即 1999 年,全国工商行政管理机关受理侵害消费者权益案件明显增多,共受理消费者申诉 27.2 万件,行政调解成功率为 93.4%;查处侵害消费者权益案件 6.78 万件,比上年增长 63%;罚没金额 7 643 万元,比上年增长 70%;查处制售假冒伪劣商品违法案件 16.85 万件,比上年增长 57.88%。"12315"消费者申诉举报网络,被誉为"消费者的保护神"、"经营者的知心朋友"和"经济卫士",树立了工商行政管理机关良好的社会形象,成为政府的一项重要的"民心工程"。

（四）以打击制售假冒伪劣商品行为为重点,认真查处侵害消费者权益案件

各级工商行政管理机关以打击制售假冒伪劣商品行为为重点,采取有力措施,积极查处侵害消费者权益案件,取得了明显的成果。在打击制售假冒伪劣商品活动中,坚持重点地、重点商品、重点出击,开展集中打假整治活动。1998 年,全国工商行政管理机关对 7 个省 15 个地区的 10 大类商品实施了重点打击。1998 年,全国工商行政管理系统共立案查处制售假冒伪劣商品案件 6.98 万件,案值 14.5 亿元,其中 10 万元以上的案

件1 188件，100 万元以上的案件 90 件。2002 年查处制售假冒伪劣商品案件 15.99 件，案值 11.9 亿元，其中 10 万元以上案件 1 995件，100 万元以上案件 116 件。

为了进一步加强流通领域商品质量的监督管理，打击经销假冒伪劣商品的违法行为，2001 年 10 月国家工商行政管理总局制定下发了《关于进一步加强市场监督管理加大打击假冒伪劣违法行为的若干措施》和《商品质量监督抽查暂行办法》。2001 年第四季度，国家工商行政管理总局组织了首次流通领域商品的质量抽查活动，对棉服、棉被、电热毯、电取暖器、糕点、包装豆制品、包装熟肉制品、鲜肉和食品及饮料的净含量及标签等部类商品，委托 4 个国家法定检测机构组织了抽查，在全国 16 个省 17 个城市的 38 家经营场所抽取了 586 种商品，经检验合格 269 种，平均合格率为 46%。国家工商行政管理总局在向社会公布抽查结果并组织有关地方工商行政管理机关对抽查经销不合格产品的企业依法进行了整改和查处。2002 年，国家工商行政管理总局组织抽查检测了食品、化妆品、日用品、汽车配件、建筑材料、农资等 7 类共 188 种商品，在对以室内装饰装修材料为重点的打假保安全居住专项检测活动中，全国 21 个省（自治区、直辖市）共出动检查人员 13 万人次，对 1.2 万个市场中的 12.2 万个经营户进行检查，抽查了其中29 139家的16 507批次商品，合格率为 81%，对违法行为进行查处，对规范建材市场起到了积极的促进作用。

六、进一步加强经济合同监督管理

各级工商行政管理机关把合同监督管理工作作为统一监督管理社会主义大市场的重要切入口，进一步探索合同监管的新途径、新方法，不断更新合同监管方式，提高合同监管水平。

（一）打击以欺诈为重点的违法合同行为，提高合同监管权威

从 1995 年起，按照党的十四届五中全会关于"要健全市场规则，加强市场管理，清除市场障碍"的要求，各级工商行政管理部门及时把合同监管工作重点转移到查处违反合同行为上来。1995 年 11 月，国家工商行政管理局以局令的形式发布了《关于查处利用合同进行的违法行为的暂行规定》，作为《中华人民共和国经济合同法》的配套规章，明确界定了各种利用合同进行的违法行为，规定了对各种利用合同进行的违法行为的处罚以及查处机关和适用程序。1996 年，全国工商行政管理机关在全国开展了打击合同欺诈专项执法行动，掀起了一次打骗高潮。全年共查处欺诈等违法合同行为 1.4 万起，涉及违法合同金额 70 多亿元，罚没款 3 700多万元。

1999 年 9 月，国家工商行政管理局下发了《关于严厉整治合同欺诈维护市场交易秩序的通知》。全国工商行政管理机关按照国家工商行政管理局的统一部署，从 9 月中旬到 12 月底，集中开展了打击合同欺诈的专项执法行动，取得了显著的效果。1999 年，全国工商行政管理机关查处欺诈等违法合同案件22 939件，涉及违法合同金额 58.2 亿元，罚没金额5 072万元，分别比上年增长 77.3%、35.36%和 76.7%。

2000 年 7 月，国家工商行政管理局发出了《关于严厉打击合同欺诈切实维护市场交易秩序的通知》，要求重点打击利用买卖合同、承揽合同、居间合同、技术转让合同、建筑工程合同进行的欺诈行为，2000 年至 2002 年，全国工商行政管理机关共查处合同欺诈等合同违法案件 9.93 万件，罚没金额 3.82 亿元，在一定程度上遏制了合同欺诈蔓延的势头。

（二）加强合同鉴证检查，为当事人避免经济损失

各级工商行政管理机关进一步加强经济合同的鉴证检查工作。1996 年，国家工商行政管理局与国家计委等有关部门一起制定了《全国棉花交易会实施办法》及其实施细则，开始对棉花交易合同实施强制鉴证。天津市工商行政管理局等经政府批准，规定了一些重要合同进行强制鉴证，强化了鉴证力度。各级工商行政管理机关重点加强了标的较大的合同鉴证工作和对建筑工程承包合同，财产租赁合同、商品房购销合同、借

款合同等的鉴证工作,1998 年,全国工商行政管理机关共鉴证建筑工程承包合同 13.5 万份,鉴证合同金额2 125.8亿元,占建筑合同总金额的 43%。浙江、江苏等省工商行政管理局与建设行政主管部门配合协调,主动介入建筑工程交易中心和建设部门联合成立建设工程管理办公室,积极参与建设工程招标活动,通过对施工合同实行统一监制,较好地提高了合同履约率。各地工商行政管理机关还把对市场营业用房租赁合同的鉴证工作,作为规范市场行为的重要切入口,1998 年共鉴证合同 89.9 万份,鉴证合同金额 263.4 亿元,经过鉴证的合同履约率达到 95%。

《合同法》颁布后,各级合同监督管理部门积极开展"合同解忧工程"、"合同帮扶工程"、通过合同鉴证,调解合同争议,引导企业加强合同自律,防止和减少合同争议和违法合同行为的发生。1999—2001 年,全国合同监督管理部门共办理合同鉴证1 098.2 份,鉴证合同金额17 140.5亿元;受理合同争议案件165 263件,争议金额 54.8 亿元,调解成功163 542件,占受理案件数的 99%,解决争议金额 50 亿元;检查合同1 467.5 万份,金额29 931.7 亿元;督促当事人履行合同573.3 万份。通过合同监管,为当事人挽回和避免经济损失 215.1 亿元。

(三)企业抵押物登记工作迅速开展

1995 年 10 月 1 日,《中华人民共和国担保法》开始实施。为了加强对企业动产抵押物的登记管理,国家工商行政管理局根据《担保法》的有关规定,于 1995 年 10 月颁布了《企业动产抵押物登记管理办法》,明确工商行政管理部门是企业动产抵押物的登记机关。全国工商行政管理机关从 1996 年起率先开展了企业动产抵押物登记工作。各地工商行政管理机关克服人员少的困难,积极承担此四项工作,组织培训,印制登记表格式,制定登记规则。1996 年,全国工商行政管理机关共办理抵押物登记 9 万份、价值2 673.5亿元,对促进资金融通和商品流通,保障债权的实现,起到了较好的作用。

工商行政管理机关还依法争取承担房

地产等建筑物抵押登记任务,许多市、县工商局被当地政府指定为房地产抵押登记部门。截至 1998 年底,全国有 27 个省、自治区、直辖市的部分县、市工商行政管理机关取得当地政府依法指定,开展了房地产抵押登记。1998 年,全国工商行政管理机关共办理房地产抵押登记 4.1 万份,金额 838.98 亿元,分别比上年增长 28.1% 和 12.7%。各级工商行政管理机关还积极主动与金融部门联合制发规范抵押物担保贷款的具体实施办法,对防范金融风险起到了重要作用。

1998 年 12 月,国家工商行政管理局第 86 号令重新修订了《企业动产抵押物登记管理办法》。1999 年 8 月又下发了《关于贯彻实施〈企业动产抵押物登记管理办法〉若干问题的意见》,进一步完善和规范了抵押登记工作。据统计,2001 年全国工商行政管理机关共办理企业动产抵押物登记8.62 万份,抵押物登记金额4 981.13亿元;办理企业房地产抵押物登记 2.55 万份,抵押房地产登记金额 466.72 亿元。

(四)积极推进诚信体系建设

为了营造统一规范、竞争有序的市场经济环境,各级工商行政管理机关积极发挥合同监督管理职能,深入开展"重合同守信用"活动。据 23 个省、自治区、直辖市工商行政管理局统计,截至 2000 年底,共认定"重合同守信用"企业 10.05 万家,其中省级认定的 1.64 万家,地市级认定的 4.93 万家,县级认定的 3.48 万家;国有企业 3.79 万家,集体企业 2.27 万家,私营企业 1.45 万家,股份合作企业 1.23 万家,中外合资企业0.35 万家,外商独资企业 266 家,其他企业9 311家;连续 10 年以上被认定为"重合同守信用"的企业 1.78 万家,6—9 年的2.94万家,2—5 年的 4.04 万家,1 年的 1.29 万家。

为了建立奖诚罚劣的诚信舆论环境,2001 年 8 月,国家经贸委、国家工商行政管理总局等 10 部委召开了新闻发布会,公示了 100 家连续 10 年以上由省人民政府或省工商局授予"重合同守信用"称号的中小企业名单。2001年12月,国家工商行政管理总局召开了新闻发布会,公示了520家连续8年以上由省人民政府或省工商局授予"重合同守信用"称号的企业名单。这些活动在社会上引起了巨大的反响,取得了很好的社会效果。

2001年4月,国家工商行政管理总局与国家经贸委、科技部、财政部、公安部、外经贸部、人民银行、税务总局、质量监督检验检疫总局、海关总署等十部委联合下发了《关于加强中小企业信用管理工作的若干意见》,标志着我国中小企业信用体系建设开始起步。

第四节 充分发挥工商行政管理职能作用,积极促进改革开放和经济发展

各级工商行政管理机关坚决贯彻中共中央"抓住机遇,深化改革,扩大开放,促进发展,保持稳定"的方针,充分发挥工商行政管理职能作用,大力改革和加强内、外资登记管理、商标管理、广告管理工作,为促进改革开放和经济发展做出了积极的努力。

一、积极发挥企业登记管理职能

各级工商行政管理机关按照中共中央、国务院关于经济体制改革的战略部署,围绕中央规定的扩大国内需求、调整经济结构、深化国有企业改革等重点工作,充分发挥企业登记管理职能作用,把好市场主体准入关,依法规范市场主体行为,支持国有企业改革和发展,取得了明显成效。

(一)积极支持国有企业改革,促进国有企业发展

一是认真贯彻《公司法》,积极推进建立现代企业制度。积极研究解决公司登记管理中的新情况、新问题。在《国务院关于原有有限责任公司和股份有限公司依照〈中华人民共和国公司法〉进行规范的通知》下达后,国家工商行政管理局于1995年8月及时下发了《关于原有有限责任公司和股份有限公司重新登记实施意见》和《关于公司登记管理制度若干具体问题的答复意见》。

1998年,在总结5年来公司登记管理经验的基础上,发布了《公司登记管理若干问题的规定》,解决了委托登记,股东资格、出资方式和出资比例等实践中亟待解决的问题,保证了公司登记工作的顺利进行。

1995年起,公司发展速度明显加快,1995年末全国按《公司法》要求设置和规范的公司17.99万户,比上年底净增14.62万户。截至2002年底,全国实有按《公司法》设立和规范的公司72.39万户,注册资本67 069.31亿元,其中有限责任公司71.52万户,注册资本54 024.31亿元;股份有限公司0.87万户,注册资本13 045亿元。

二是积极发挥企业登记管理职能,大力支持国有企业改革、改组和改造。支持国有企业通过改组、联合、兼并、租售、承包等形式,使之成为产权清晰、责权明确、政企分开、管理科学的现代企业。国家工商行政管理局积极参与了国务院《关于国有企业改建为公司的若干问题的通知》的起草工作,并下发了《关于国有企业改革中登记管理若干问题的实施意见》,就国有企业改建为公司,以及国有企业改组、联合、兼并、租赁、承包经营中的登记管理问题,提出了具体的操作意见。根据国务院关于进行第二批大型企业集团试点的规定,国家工商行政管理局发布了《企业集团登记管理暂行办法》,建立了一整套企业集团的设立、变更、注销的登记制度,明确了企业集团内部的母子公司体制,以及企业集团登记管理的具体条件和程序。截至2000年底,共完成23.4万户国有企业改制后的登记工作,其中组建企业集团903户,改为有限责任公司10.3万户,改为股份有限公司3 664户。

三是与有关部门密切配合,支持科研机构的改革工作。认真做好国家经贸委管理的10个国家局所属242个科研机构、勘察设计单位和其他科研机构企业化改革的登记注册工作,与有关部门联合制定了建设部、铁道部、交通部、信息产业部等11个部门(单位)所属134个科研机构转制方案和建设部管理的177家勘察设计单位的改制方案。

积极支持国有企业科技进步,鼓励企业

以高新技术投资入股,促进高新技术成果的转化。与科技部就高新技术成果出资入股审查认定程序等有关问题进一步作出规范,简化了审批程序。

(二)积极参与经济结构调整,促进各项改革措施的落实

认真落实中共中央、国务院关于军队、武警部队、政法机关及党政机关与所办经济实体脱钩的部署,完成了6 911户移交地方经营和脱钩企业的登记注册工作。按照国家产业政策调整的要求,积极配合有关部门对产品无市场的企业和浪费资源、技术落后、质量低劣、污染严重的企业进行了清理整顿,2000年全国共关闭各类小企业1.39万家,小煤矿8 918家,小炼油厂111家,取缔土炼油厂点6 000多个。

积极配合政府有关部门的改革,1997年,国家工商行政管理局分别与国家旅游局、内贸部、邮电部、电力部就旅游企业重新登记、商业连锁店的组建与登记、邮电企业登记、电力企业登记工作联合下发了规范性文件;与外经贸部、国家科委分别就外贸企业内部职工持股、以高新技术投资入股问题联合下发了规范性文件。配合金融体制改革,做好城市信用合作社改制为商业银行的登记注册工作,根据《国务院办公厅转发国务院清理整顿经济鉴证类社会中介机构领导小组关于经济鉴证类社会中介机构与政府部门实施脱钩改制意见的通知》精神,国家工商行政管理局制定下发了《关于经济鉴证类社会中介机构脱钩改制中登记注册有关问题的通知》,进一步规范了经济鉴证类社会中介机构的组织结构和经营行为。

大力支持发展服务业。积极支持发展信息服务特别是互联网服务企业,按照国务院颁布的《互联网信息服务管理办法》,认真做好互联网服务的登记注册工作;支持改组改造传统服务企业,开展连锁经营、物流配送、多式联运和网上销售;做好营利性医疗机构的登记注册工作。

(三)规范市场主体经营行为,促进企业健康发展

一是加大企业年检工作力度。1995年,全国各级工商行政管理机关结合企业年度检验,集中清理无资金、无经营场所、无经营人员的"三无"企业,吊销企业7万多家,占全国工商企业总数的0.8%,限期整改了几万家。根据全国企业发展的新情况,国家工商行政管理局于1996年12月及时修订发布了《企业年度检验办法》(国家工商行政管理局令61号),明确了年检的范围、时间、程序、内容、处罚等主要事项,为了加大年检工作力度,还实行年检企业A、B制划分制度。2000年,全国工商行政管理机关结合"两整顿"活动共清理"三无"企业17.2万户,无照无证企业37.9万户。

二是加强对易燃易爆物品生产经营企业的监督管理。2000年,为贯彻落实《国务院办公厅关于加强烟花爆竹生产经营安全监督管理和清理整顿的紧急通知》,国家工商行政管理局两次专门下发文件,并清理检查生产经营易燃易爆物品企业18.15万户,吊销了1.74万户不具备安全生产条件企业的营业执照,清除了一批安全隐患。

三是加强重要行业企业的监督管理。对印刷业进行了全面的清理,取缔无证无照非法印刷厂点3 723家。通过清理整顿,全国印刷企业由原来的18.5万家减少到15.2万家,下降了17.9%。对从事歌舞娱乐、电子游戏、桑拿洗浴按摩、录像放映等经营企业进行了专项治理,共查封、取缔非法经营企业21.57万户,进一步规范了文化娱乐服务业的经营行为。通过加强企业的监督管理,促进了企业的健康发展。2002年末,全国实有内资企业444.51万户,注册资本(金)127 814.02亿元,其中国有企业117.25万户,集体企业188.59万户,股份制、股份合作制企业24.79万户,联营企业3.63万户。

二、改革和加强外商投资企业登记管理工作

按照中共中央积极、合理、有效利用外资的要求,围绕提高利用外资工作质量、水平和有效维护我国经济安全这两个核心,应对我国加入世贸组织新形势下扩大国际经济交流与合作的新形势,改革和加强外资企

业登记管理工作,为营造良好的外商投资环境,促进国内改革,经济结构调整和科技进步做出新的贡献。

(一)努力促进外资登记管理工作的法制化、规范化

为适应我国对外开放进一步扩大,解决外资企业迅速发展中出现的新问题,弥补有关法律规定不够明确具体的问题,国家工商行政管理局认真抓紧调整、完善外资登记管理的法律、法规,促进外资登记管理工作的法制化、规范化。

1995年7月,国家工商行政管理局下发了《关于外商投资企业登记管理适用公司登记管理法规有关问题的执行意见》。对于有关不同阶段制定的有关外商投资企业登记管理法规和公司登记管理法规的适用提出具体执行意见,进一步统一了各外商投资企业登记管理机关的工作规范。

1996年10月,为了规范保税区外商投资企业的经营行为,国家工商行政管理局下发了《关于保税区内外商投资企业在区外设立分支机构有关问题的通知》,停止登记保税区内外商投资企业在区外设立分支机构,促进保税区企业开展转口贸易、出口贸易、仓储及国际运输等经营活动的发展。

1997年5月,国家工商行政管理局与外经贸部联合下发了《外商投资企业投资者股权变更的若干规定》。1999年9月,国家工商行政管理局与外经贸部联合下发了《关于外商投资企业合并与分立的规定》。2001年8月,国家工商行政管理总局与外经贸部、科学技术部联合下发了《关于设立外商投资创业投资企业的暂行规定》。这些规范性文件的发布,进一步完善了外资企业登记管理的法规体系,促进了外资企业的健康发展,截至2002年底,全国实有外商投资企业208 056户,投资总额9 818.93亿美元,注册资本5 521.19亿美元,外方认缴出资额4 020.0亿美元。

(二)积极支持国有企业改革和发展

1999年,国家工商行政管理局下发了《关于改进外商投资企业登记管理工作的若干意见》,提出外资或外商投资企业并购国内企业可以分为外国企业购买国内企业的全部资产或部分资产;外资企业收购国内企业的全部股权或部分股权;外商投资企业收购国内企业的部分股权等七种形式。同时,对因资产或股权的变化引起企业类型的转换工作提出原则性操作意见。要求各级登记机关制定内部工作程序规范操作。与此同时,国家工商行政管理局直接协调解决了中国联通有限公司、中国移动通信有限公司、中国粮油食品进出口(集团)有限公司等一批国有企业通过股权转让的方式改制成为外商投资企业的工作。

为引导和规范利用外资改组国有企业的行为,促进国有经济的战略性改组,加快国有企业建立现代企业制度的步伐,维护社会稳定,国家工商行政管理总局与国家经济贸易委员会、财政部、国家外汇管理局于2002年11月联合下发了《利用外资改组国有企业暂行规定》。

(三)不断加强对外资企业的监督管理

一是严把市场准入关。认真执行国家的法律法规和产业政策,加强对外资企业前置审批的资格审查。2000年,全国各级工商行政管理机关结合国家工商行政管理局开展的"整顿市场秩序、整顿队伍作风"活动,突出工作重点,依据法律、法规规定的前置审批条件,对过去因企业进行筹备等原因,没有提供相关生产条件和有关资质文件的,要求企业在规定的时间内补交材料变更登记,拒不办理的,依法吊销其营业执照。同时对"三无"企业进行了全面清理,净化了市场环境。对于危及人民群众生命财产安全的经营行为依法进行了清理和查处,清除了生产经营中的不安全因素,消除了安全隐患。

二是规范企业出资行为。各地工商行政管理机关采取了一系列有效措施,规范企业出资行为:(1)推行注册资本催缴制。对未按合同、章程规定的出资期限出资的企业发出"催缴入资通知书",要求其在规定的期限内出资,并核发不同期限的营业执照,如果缴资期满而首批资金尚无法到位,则不予延长执照期限，同时对未出资企业限制办理增加投资、对外投资等变更登记。（2）实行外资企业实缴资本公示制度。在核发的营业执照上，对未按合同、章程如期缴足注册资本的企业，由登记机关根据实际出资情况，在注册资本后加括号标明实缴资本数额，以此对企业出资情况形成一定范围的公示。（3）加强中介机构管理，提高审计质量，重点加强会计师、审计师事务所验资不规范，虚假验资行为的监督管理，督促其守法经营。

三是加强企业年度检验工作。1996 年 12 月，国家工商行政管理局与国务院有关部门联合下发了《关于对外商投资企业实行联合年检的通知》，决定自 1997 年起，对外商投资企业的年度检验，由国家工商行政管理局与有关部门联合开展。1997 年 1 月，国家工商行政管理局下发了《关于 1996 年度外商投资企业年检工作的紧急通知》，提出年检工作"改善投资环境，减轻企业负担，加强监督管理"的基本原则。各级工商行政管理机关牢固树立全局观念，加强部门协调，充分利用联合年检的有利条件，切实加强监督管理力度，处理了一批有问题的企业。根据 2000 年年检工作总结统计，截至 1999 年底，全国外商投资企业参加年度检验的 182 659 户，历年累计实际出资率为 82%。另发现无正当理由不参加年检企业 19 772 户，擅自改变登记事项企业 1 126 户，超范围经营企业 221 户，未按照规定出资企业 10 935 户。有关登记机关对于这些企业均进行了处理。

（四）大力加强外商投资企业监管体制建设

一是成立国家工商行政管理总局外商投资企业注册局。为了应对我国加入世界贸易组织的进一步扩大对外开放的新形势，进一步加强外商投资企业登记管理工作，党中央、国务院于 2001 年决定成立国家工商行政管理总局外商投资企业注册局。2001 年 8 月，国务院办公厅印发了《国家工商行政管理总局职能配置内设机构和人员编制规定的通知》，明确外商投资企业注册局的主要任务是：研究拟定外商投资企业注册的

规章制度及具体措施、办法；组织管理外商投资企业和外国（地区）企业常驻代表机构注册，核定注册单位名称，审定、批准、颁发管辖范围内的外商投资企业和外国（地区）企业常驻代表机构的证照，对其注册行为进行监督检查；指导工商行政管理系统的外商投资企业注册及监督管理工作。2002 年 1 月，国家工商行政管理总局外商投资企业注册局正式对外办公。

二是大力推进监管制度改革，提高外商投资企业监管工作的效能和水平。各级工商行政管理机关积极探索新形势下加强外资企业登记管理的新模式、新途径。积极推进行政审批制度改革，实行企业登记注册互联审批制；进一步完善"经济户口"管理，实施外商投资企业监管多轨制；按照与世贸组织规则接轨的要求，实施和完善首办责任制。2002 年 4 月，由国家工商行政管理总局王众孚局长亲自题写站名，由国家工商行政管理总局外商投资企业注册局主办的"中国外资登记网"正式开通。"中国外资登记网"内容丰富、政策性强，及时公布最新颁布的外资登记管理政策和法律法规、工作程序和工作制度，是社会各界、外商投资企业了解中国外资登记管理工作的一个窗口，也是联系全国各级外资登记管理机关的桥梁和纽带。网站的开通，有力促进了外资管理工作信息化、自动化水平的提高。

（五）加强外商投资企业登记管理队伍建设

2002 年 4 月，国家工商行政管理总局局长王众孚同志在全国外商投资企业登记管理工作座谈会上强调指出，"各级工商行政管理机关的外资登记机构要充实力量，提高水平，充分发挥职能作用"。为了提高外商投资企业登记管理队伍素质，围绕工商行政管理外商投资企业登记管理的职能定位和新形势下工作发展的需要，学习规则，研究并探讨加入 WTO 后外商投资企业登记领域在法律法规、管理机制等方面可能出现的问题及应对措施。国家工商行政管理总局于 2002 年 8 月 18 日至 23 日在北京举办了全国外商投资企业登记管理培训班。各省、自

治区、直辖市、计划单列市及副省级市工商行政管理局的外商投资企业登记管理干部近百人参加了培训。继国家工商总局组织全国外资企业登记管理干部培训班以后，上海、天津、江苏、浙江等地省级工商局也组织对外商投资企业登记管理干部进行了培训，取得了较好效果。

三、大力推进商标注册、管理与评审工作

随着社会主义市场经济体制的逐步建立，各级工商行政管理机关牢固树立为改革、开放和发展服务的意识，积极探索新形势下商标管理工作的新模式，以工商行政管理体制改革为契机，以保护商标专用权为核心，强化商标行政执法，完善商标管理机制，为促进国有企业的改革和发展，维护统一开放、竞争有序的市场经济秩序作出了积极贡献。

（一）发挥商标管理部门的职能作用，加强对企业商标工作的指导

一是指导国有大中型企业在改革中正确运用商标战略和策略，开拓市场，提高竞争能力。在国有企业的改革过程中，各级工商行政管理机关主动介入，对企业商标使用情况进行专题调研，帮助企业提高商标的资产效益，充分发挥商标作为企业无形资产的纽带作用。国家工商行政管理局选择上海家化等20家企业作为维护商标专用权企业联系点，指导企业依法保护自己的商标权益，引导企业通过实施商标战略实现可持续发展，从根本上提高企业的综合素质和竞争能力。湖北省工商行政管理局在与企业建立商标工作联系点工作中，帮助企业建立健全商标管理制度，提高企业的商标意识和自我保护能力。安徽省工商行政管理局在全省范围内实施商标促进工程，着力营造重视商标氛围，增强服务企业效果。北京、重庆、吉林、广西等地通过举办企业商标战略培训班，推动企业商标战略的实施。

二是通过驰名商标认定工作，推进各级政府名牌工程的深入开展。1996年8月，国家工商行政管理局发布了《驰名商标认定和管理暂行规定》，从1997年4月到2002年2月，国家工商行政管理局商标局先后五次认定了274件驰名商标，加上以前认定的19件，我国认定的驰名商标总数达293件。驰名商标的认定工作在社会上引起了强烈的反响，有力地推动了驰名商标的保护工作，调动了广大企业争创驰名商标的积极性，涌现了"海尔"、"长虹"等一大批以驰名商标为纽带发展起来的现代企业集团，促进了各级政府名牌工程的发展和民族工业的振兴。

三是普遍开展商标验证工作，规范企业商标使用行为。各级工商行政管理机关在验证工作中，针对发现的问题，及时提出整改措施，提高了企业的商标法律意识，有效地防范了企业商标违法行为的发生。

四是加强对行业商标管理工作的指导，促使行业走名牌发展之路。浙江省、江西省重点抓了农副产品商标注册工作，促使农副产品提高档次；成都市制定了《关于在"大轻工"战略中加强商标管理的意见》，重点指导轻工业的商标工作，促进了行业的发展。

（二）为适应市场经济发展的需要，商标注册与管理自动化取得新进展，保护种类扩大，商标注册申请迈上新台阶

1. 商标注册与管理自动化系统建设取得新进展。随着社会主义市场经济的不断发展，全国商标申请量逐年增长，为解决长期以来商标申请周期较长，商标申请大量积压的问题，国家工商行政管理局采取积极措施，加快商标注册与管理自动化系统工程建设步伐，1995年2月，自动化一期工程正式投入使用，结束了我国商标查询、检索手工操作的历史，使商标管理与注册工作进入高效率高质量的计算机时代，不仅大大缩短了商标注册周期，而且消除了多年来形成的商标注册工作的积压现象。1996年，实现了商标申请从受理至初审公告为期一年的目标。2002年12月，自动化二期工程进入试运行阶段，二期工程的运行结束了我国商标注册工作手工抄写的历史，使我国商标注册的全部流程进入无纸化办公的新阶段，大大提高了商标注册的质量和效率。

2. 开始受理与核准集体商标、证明商标。为适应市场经济的不断发展和国际经

济交流合作的广泛深入，推进商标领域进一步与国际惯例接轨，根据《商标法》关于受理集体商标、证明商标的规定，国家工商行政管理局发布了《集体商标、证明商标注册和管理办法》。1995 年 3 月，国家工商行政管理局商标局正式开始受理集体商标和证明商标的注册申请，扩大我国商标保护的种类。并在一定程度上解决了因当时我国法律不健全而对一些应予保护的主体（如原产地名称）不能保护的空缺。截至 2002 年底，国家工商行政管理总局商标局共受理集体商标申请 166 件，证明商标申请 478 件，核准注册集体商标 27 件、证明商标 192 件。

3. 实施特殊标志登记管理。为了加强对特殊标志的管理，推动文化、体育、科研及其他社会公益活动的发展，保护特殊标志所有人、使用人和消费者的合法权益，国家工商行政管理局起草了《特殊标志管理暂行条例》草案，并于 1995 年 11 月 23 日报国务院审议。1996 年 7 月 13 日，国务院第 202 号令发布《特殊标志管理条例》。《特殊标志管理条例》把经国务院批准举办的全国性和国际性的文化、体育、科学研究及其他社会公益活动所使用的由文字、图形或者其组合构成的名称及缩写、会徽、吉祥物等标志纳入法律保护的范围，明确规定了特殊标志取得法律保护的条件、特殊标志的登记程序、特殊标志的使用与保护等。

4. 执行 1998 年版《类似商品和服务区分表》。根据世界知识产权组织提供的第七版《商标注册用商品和服务国际分类》，结合我国商标工作的实践，商标局在对 1994 年制定的《类似商品区分表》和《类似服务区分表》进行修订的基础上，制定了 1998 年版《类似商品和服务区分表》，并于 8 月 1 日开始执行新版《类似商品和服务区分表》。1998 年版《类似商品和服务区分表》使类似商品或类似服务的划分更趋科学，使商品和服务项目名称更加规范，为商标申请、注册、检索、管理提供了方便。

5. 商标注册质量稳步提高。在实现商标申请到初审公告一年内完成的目标后，国家工商行政管理局商标局又把提高注册质量作为商标注册工作的中心任务。一是加强教育，使质量意识和服务意识深入人心；二是加强业务培训；三是落实审查员岗位责任制，完善各项注册程序，建立再复核机制；四是狠抓商标代理组织的申请文件质量；五是坚持商标初审公告前的复核制度和疑难商标会审制度，有效地提高了商标注册的质量。

6. 开展商标申请后查询工作。1999 年，针对部分商标申请受理后申请人一定时间后未接到任何信息的情况，为了方便申请人，国家工商行政管理局制定了《商标事后查询办法》，开展了商标申请后查询工作。1999 年、2000 年两年共受理商标申请后查询 2 182 件，并全部及时予以回复。随着查询工作进一步制度化、规范化，既维护了申请人的合法权益，又促进了商标注册程序的完善，受到了商标申请人和代理机构的一致好评。

7. 商标注册申请稳步增长。1995 年至 2002 年，我国商标申请呈稳步增长态势，1995 年突破 14 万件，2001 年增长至近 23 万件，2002 年则飙升至 32 万多件。这样的增长速度，在我国商标发展史上是史无前例的。2001 年，我国的商标申请量达 270 417 件，仅次于美国，居世界第二位；2002 年，我国的商标申请量达 371 936 件，位居世界第一。国外企业在中国申请商标注册的数量也迅猛增长。到 2002 年底，来我国注册商标的国家或地区已增加到 129 个，注册商标累计达到 316 454 件。截至 2002 年底，我国累计注册商标 1 664 810 件，位居世界前列。

（三）依法查处商标违法活动，加强商标专用权的保护

1. 加强商标法制建设

为了适应社会主义市场经济的发展和适应我国加入世界贸易组织的需要，做好商标专用权的保护工作，使商标保护有法可依，国家工商行政管理局采取有力措施，进一步加强商标法制建设。针对《商标法》在市场经济不断发展的情况下难以适应新变化、新要求的实际，国家工商行政管理局从 1996 年起开始对修改《商标法》进行调研论

证,并于1998年成立了修改《商标法》工作小组,经过反复论证和广泛听取各方面的意见,2000年10月,国务院法制办会同国家工商行政管理局拟定《商标法修正案(草案)》,上报国务院审议。2000年11月,国务院第33次常务会议审议并原则上通过了这一草案;2001年10月,九届人大常务委员会第24次会议审议并通过了《关于修改〈中华人民共和国商标法〉的决定》,并决定从12月1日起实施新修改的《商标法》。国家工商行政管理总局还积极地做好《商标法实施细则》的修改工作,并于2001年12月将修改草案上报国务院法制办,2002年8月,国务院以第358号令发布《商标法实施细则》,并规定从9月15日开始实施。国家工商行政管理局还先后制定了一系列与《商标法》相配套的行政规章和规范性文件,颁布了《企业商标管理若干规定》、《驰名商标认定和管理暂行规定》、《商标印制管理办法》、《马德里商标国际注册实施办法》、《商标代理管理办法》等行政规章,制定了《工商行政管理机关查处商标违法案件监控规定》、《关于保护服务商标若干问题的意见》、《关于解决商标与企业名称中若干问题的意见》、《关于商标行政执法中若干问题的意见》等规范性文件。这些行政规章和规范性文件的出台,进一步完善了我国商标法律制度,为加强商标管理工作奠定了良好的法律基础。

2.加大商标专用权保护力度

一是持续开展针对商标侵权假冒行为的专项治理活动。1995年,在由国家工商行政管理局开展的公平交易执法年的第四次市场专项整治活动中,全国工商行政管理系统开展了打击假冒注册商标行为为重点的专项治理活动。1996年,各地工商行政管理机关开展了一次针对专卖店、专修店等场所商标侵权活动的专项治理。1999年,国家工商行政管理局编制了《全国重点商标保护名录》,对280件在市场上有较高知名度、被侵权假冒比较严重且涉及两个以上省级行政区域的注册商标实施重点保护。2001年和2002年,全国各级工商行政管理机关紧密围

绕整顿和规范市场经济秩序中心工作,充分发挥职能作用,加大商标办案力度,重拳出击,严厉打击侵犯注册商标专用权行为和假冒注册商标行为,依法查处了老人头鞋、"BIC"笔、鳄鱼服装等重大商标侵权行为,切实保护了商标权人和消费者的合法权益,两年共查处各类商标违法案件80 268件,收缴和消除商标标识40 276.43万件。

二是加强对商品展销会和商品交易市场的商标监管。各级工商行政管理机关拓宽商标监管领域,注重对流通领域中商品展销会和商品交易市场的商标违法行为的监管。国家工商行政管理局商标局指导相关地方工商局对北京的动物园服装市场、天意小商品市场和河北辛集皮革市场及商品交易会中商标违法行为实施商标监管,有力打击了商品展销会和商品交易市场中的商标违法行为。商标局直接参与了第83—86届广交会和1999年大连全国糖酒交易会的商标监管工作,组织实施了对深圳罗湖商业城商标侵权假冒行为查处,取得了明显的成效。

三是强化商标办案工作的指导和监管。各级工商行政管理机关将商标办案工作作为商标管理工作的中心任务,切实加强对商标办案工作的指导和监督,规范了商标行政执法行为。1999年5月,商标局在湖南常德和新疆乌鲁木齐召开了商标办案工作会议,集中研讨了商标行政执法中出现的新问题,并通过商标大要案件监控和审批制度,指导各地工商行政管理机关依法办理商标案件。安徽、吉林、湖北、福建、重庆、宁波等省、市工商行政管理局召开案件质量评查会、优秀案件评选会,以案说法,以会代训,进一步规范商标办案方式和办案程序,办案质量和效率均有显著提高。

四是加强驰名商标、地方著名商标和外国在华注册商标专用权的保护。各地工商行政管理机关把驰名商标保护工作作为商标工作的重点,依法查处一大批侵犯驰名商标专用权的案件。

1997年,全国查处侵犯驰名商标专用权案件1 102件。河北、辽宁、吉林等省工商行

政管理局加大对驰名商标、地方著名商标侵权案件的处罚力度,使这些商标得到更有效的保护,为企业的进一步发展创造了良好的环境。

为了进一步加强外国在华注册商标专用权的保护工作,全国各级工商行政管理机关集中查处了一批有影响的涉外商标案件,受到了国外当事人及其政府的赞扬。美国摩托罗拉公司、FMC 公司、MARS 公司、史丹利工厂等企业都向我国有关部门通过致信、赠匾等形式,对我工商行政管理部门保护其专用权表示感谢。通过保护外国在华注册商标专用权,有力地维护了我国在知识产权保护领域的国际形象,也为扩大开放创造了良好的商标保护环境。

3. 加强对商标印制单位的监督管理

为了贯彻落实《商标印制单位管理办法》,有效清理侵权假冒商标的源头,1997年,国家工商行政管理局统一部署,在全国范围内开展了商标印制单位的复核验证工作。各地工商行政管理机关以这一工作为契机,加强了对商标印制单位的管理:一是对商标印制业务管理人员进行了商标法律知识的系统培训和严格考核,共培训商标印制业务管理人员 10.76 万人,授予 10.24万人《商标印制业务管理人员培训证书》;二是对商标印制单位实地考核,严格依照法定条件和程序,复核发新证,把好商标印制市场的准入关,共复核商标印制单位 3.9 万户,核发新的《印制商标单位证书》的用户达3.4 万户;三是结合复核验证工作,严厉打击商标印制违法行为,指导商标印制单位建章立制,规范了商标印制行为,有效地整治了商标印制市场。

(四)进一步加强商标国际交流与合作

1. 中国加入有关商标的国际组织和条约

1995 年 9 月,国家工商行政管理局局长王众孚与我国常驻日内瓦代表金永健大使一起,代表我国政府向世界知识产权组织递交了加入《商标国际马德里协定有关议定书》的加入书。中国的加入将进一步加强中国同世界知识产权组织及其成员国的合作,

把我国商标工作经验运用于马德里议定书实施细则的修改和完善,进一步促进了国际范围内的商标和知识产权的保护。

2001 年 12 月 11 日,中国成为世界贸易组织的正式成员,开始履行和享受《与贸易有关的知识产权协议》(TRIPs 协议)规定的权利和义务。

2. 多次参加有关商标及知识产权的重要国际会议

一是先后多次参加了 WIPO 系列会议。1995 年 10 月,世界知识产权组织(WIPO)在日内瓦召开"世界知识产权组织领导机构及其管理的各联盟第 26 届系列会议",国家工商行政管理局派员参加了中国代表团出席了会议,并在大会上作了一般性发言。

二是参加驰名商标专家委员会和尼斯分类专家委员会议。1995 年 11 月,世界知识产权组织在日内瓦召开驰名商标专家委员会和尼斯分类专家委员会议。国家工商行政管理局商标局派员参加了会议,经过努力,将具有中国及东南亚地区特色的 20 种商品列入 1996 年 7 月出版的商标注册用商品与服务国际分类表的第七版中,扩大了中国商品的知名度,并受到了亚洲国家的欢迎。

3. 积极协调解决香港回归后《商标国际注册马德里协定》及其议定书的适用问题

1997 年 3 月,国家工商局商标局派员随中国知识产权专家代表团赴日内瓦访问世界知识产权组织,就我国已加入的商标国际公约协定在香港特别行政区的适用事宜交换了意见,为妥善解决商标国际公约协定在香港的适用问题拓宽思路。1997 年 10 月,国家工商行政管理局局长王众孚在北京会见以香港特别行政区工商局副局长郑陆山为团长的香港特别行政区知识产权代表团,就《商标国际注册马德里协定》及其《议定书》在香港的适用问题交换了意见,为解决商标国际条约在香港的适用问题奠定了基础。

4. 双边合作不断加强

国家工商行政管理局多次组团出访美国、法国、德国、日本、泰国、中国香港等国家

和地区的商标主管机关。1996年7月，以商标局负责同志为团长的中国知识产权代表团在泰国与以泰国科研部财产厅厅长班坡先生为团长的知识产权代表团举行了中泰知识产权双边合作第一次会议，就加强和发展双边关系交换了意见，共同草签了《商标合作活动计划》。1996年至2000年，在北京和东京分别举行了四次中日商标首脑会谈，加强了中日双方在商标领域的交流与合作。1997年7月，参加了在布鲁塞尔召开的中美知识产权研讨会，接受了美国可口可乐公司、杜邦公司专门私访，使美国企业进一步了解了中国知识产权的权益保护与执法情况。1998年，派员参加了在新加坡、日本、加拿大、斯里兰卡、伊朗、瑞士等国举办的10期研讨会和培训班。1999年，商标局开展了与欧洲内部市场协调局（负责欧盟的商标和工业品外观设计注册）的合作，并于2002年启动中欧知识产权合作项目（商标和地理标志）。通过交流，进一步密切了与世界知识产权组织的联系，增强了与其他国家和地区在商标工作方面的交流与合作，提高了我国在商标领域的国际地位。

（五）商标评审工作取得新的进展

1. 发布《商标评审规则》

1995年11月，国家工商行政管理局发布《商标评审规则》，这是继《商标法》及其实施细则之后商标工作领域中的又一重要规章，标志着我国商标评审工作向法制化、规范化以及与国际惯例接轨方面又迈进了重要的一步：一是明确了商标评审在商标法律系统中的地位和作用，明确商标评审委员会依法保护当事人合法权益，维护和监督商标局依法行使职权，是负责商标确权评审的行政机构，依法对商标评审事宜行使终局裁决权；二是明确了商标评审委员会委员的组成、职责以及评审规则，完善了商标评审工作程序，增加了商标评审工作的透明度并与国际惯例接轨；三是规范了当事人的权利和义务，保障了当事人的合法权益；四是强化了商标评审委员会的自我约束机制，增加了重新评审程序，有利于保证公正执法。为了适应我国加入世界贸易组织及2001年12

月1日起施行的《商标法》及其实施条例的规定，国家工商行政管理总局对1995年制定的《商标评审规则》作了修订，于2002年9月颁布，新修订的《商标评审规则》自2002年10月17日起施行。修订后的《商标评审规则》进一步明确了商标评审委员会受理案件的范围，强调了对商标评审案件当事人知情权、参与权和辩论权的充分尊重，以《商标法》和实施条例的规定为前提，科学构建了商标评审的工作程序，适应了商标评审工作法律化、制度化、规范化发展和接受司法监督的要求。

2. 加强商标评审工作的规范化、制度化建设

一是规范商标评审机构工作，增强自我约束机制。1996年，商标评审委员会在历年规章制度的基础上，汇编了包括十二项规章制度的《商标评审委员会制度手册》，明确了商标评审委员会各级人员工作职责、工作程序及相关的制度，使商标评审工作严谨规范，职责分明，有章可循。

二是建立商标评审案件专家咨询制度。对重大疑难案件，召集由国内外知名的法律、知识产权界的专家学者组成的专家组开会咨询。1995年，就贵州大曲续展案、"魏纪"风筝、"余仁生"药品商标继承等十几个案件进行了咨询。1996年，就"武松打虎图"商标涉及专利法，"VALENTI NO"商标注册不当案涉及驰名商标的认定保护等认真听取了专家学者的意见，2002年专家咨询会咨询了"道口"、"老白魁"、"小马驹"、"避风塘BFT"和"国防及图"商标评审案件。通过召开专家咨询会对商标评审委员会更加准确地运用商标法律条款，掌握评审尺度，加强与司法部门的沟通都起到了积极的作用。

三是建立听证调查会制度。对于个别案情复杂、处理难度大的案件，商标评审委员会将原有的书面审理改为召开听证调查会，进行公开审理。1996年5月，商标评审委员会首次组成临时评审庭，对受理涉及科研成果的"天成金芝"商标异议案和商标注册不当案，在进行一周的案件审理、研究的

基础上，进行公开审理，既改革了评审办案方式，又提高了评审委员会的办案能力。

3. 准确、慎重审理商标评审案件

一是严格执法，提高办案质量。在办案中依据有关的法律法规，严格执行商标评审案件的形式审查程序，不断完善商标评审案件的审理制度，对商标评审案件的裁决采取合议和委员会表决制，案件裁决经过案件讨论，以多数意见形成决定。对意见分歧较大的案件，则进行多次评议。对于商标评审案件涉及其他法律法规的，则邀请有关部门及专家听取意见。对于案件的重要事实依据或双方当事人陈述的事实出入较大的，则酌情派员进行调查核实，或要求当事人对其陈述的事实提供证据。对于双方当事人陈述的事实与理由，商标评审委员会原则上均向对方当事人公开，从而保证了案件审理公正、公开，提高了办案质量。

二是切实把好定性准确关。对于社会影响大、涉及其他法律法规的案件，为了做到有法有据，定性准确，注重了调查研究，掌握第一手材料，做到商标准驳都有充分的事实依据，避免了错案的发生。在办理"多田"、"云丝被"、"老婆饼"、"鲜得来"、"海棠图形锁"等案件过程中，商标评审委员会都派人到当地调查研究，听取了当事人与地方有关部门的意见，提高了办案质量。

三是加快办案速度。坚持以"多办案"、"办好案"为指导思想，在不断提高办案质量的基础上，缩短办案周期，加快办案速度。1995年至2002年共办理商标评审案件29 203件。

四是认真抓好大案的审理工作。1998年，商标评审委员会集中力量，审理并裁决有一定社会影响的复杂案件数十件。例如，"三毛"、"国旅大荣"、"武松打虎图形"、"鳄鱼"、"NORTHERNER"等。这些案件的裁决有效地保护了企业的商标合法权益，制止了商标领域的不正当竞争行为，维护了市场经济秩序，改善了投资环境，树立了我国保护知识产权的良好国际形象。有些企业送来"秉公执法"，"还我信心、依法治国、再展宏图"的牌匾，有的还送来书写有"心系国企，秉公执法"、"公正廉明"的锦旗，也有的写

来感谢信。

4. 认真做好案外协调工作

商标评审委员会裁决案件过程中，在坚持依法办案的基础上，注重从实际出发，对于一些特殊案件尽可能做好案外协调工作，认真细致地做好双方当事人的工作，做到既依法办事，又合情合理。

日本胜利公司使用在录像机等产品上的"VHS"商标，曾在日本及欧美众多国家注册，但由于历史原因，国内许多电子企业在其生产的录像机产品上也标注有"VHS"，不知其为商标，并出现"VHS"使用普遍化的倾向。1995年，在受理日本胜利公司"VHS"商标续展驳回案中，考虑到简单化处理准或驳，都会对我国录像机行业的发展产生影响，为此商标评审委员会出面做了日本企业方面的大量工作，最终说服它们面对现实，允许中国企业无偿使用该标志，既保护了日本企业的商标权，又避免了国内企业的损失。1996年，对上海两家锁厂"海棠图形"商标争议案的协调，对广东中山和福建关于"灭害灵"商标的协调，均使它们化解了矛盾，使商标纠纷得到解决。

四、切实加强广告监督管理工作

（一）加强广告法制建设，健全市场监管规章

1995年是《中华人民共和国广告法》正式实施的第一年。《广告法》是规范广告行为，维护广告市场秩序的重要法律。为了保证《广告法》的顺利贯彻实施，各级工商行政管理机关采取了积极的措施。

一是深入广泛开展了《广告法》的宣传工作。国家工商行政管理局和首都主要新闻媒介共同策划了多种形式的宣传报道，宣传实施《广告法》的重要意义和主要内容。全国绝大部分地方的省、市电视台、广播电台、报纸都对《广告法》进行了宣传报道。国家工商行政管理局为了配合《广告法》的宣传工作，还专门编写了《广告法释义》，并录制了《广告法》讲座录像带下发各地。通过深入开展《广告法》宣传，为贯彻实施《广告法》营造了一个较好的舆论氛围。

二是大力开展《广告法》的培训工作。

各级工商行政管理机关积极抓好广告监督管理干部以及广告行业有关人员的培训。1995 年上半年,全国工商行政管理机关广告监督管理干部以及广告经营单位的业务骨干,都经过了不同形式的培训。通过培训使广告监管人员熟练掌握了《广告法》的有关条文,提高了执法水平;使广大广告经营单位和人员增强了法制观念,并运用《广告法》自觉约束广告行为,为《广告法》的执行和落实打下了良好的基础。

三是抓紧制定相关的配套规章。为了保证《广告法》的实际可操作性,国家工商行政管理局抓紧制定《广告法》的配套规章和规范性文件。仅 1995 年就发布规章和规范性文件 15 件,包括对药品、医疗器械、农药、兽药的审查办法和发布标准,临时性广告经营,户外广告登记管理,烟草、酒类广告管理办法。1996 年又发布了《广告显示屏管理办法》、《印刷品广告管理暂行办法》、《食品广告发布暂行规定》、《房地产广告发布暂行规定》、《广告审查员管理办法》、《广告投诉举报处理工作规定》。2000 年发布了《印刷品广告管理办法》,与卫生部联合发布了《关于加强保健食品广告监督管理的通知》。2001 年与卫生部又联合发布了《关于进一步加强医疗广告管理的通知》。在省、市工商局的努力下,各地还颁布了一大批地方性法规、规章及规范性文件,内容涉及户外广告、经营单位资质标准、精神文明标准、印刷品广告、招工、招聘广告等多个方面,为完善我国广告法体系作出了积极的贡献。

四是及时清理与世贸规则不相符合的相关法规。2002 年,国家工商行政管理总局根据国务院关于清理行政审批的要求,认真清理了与世贸规则不相符合的广告管理法规、规章与规范性文件,对涉及行政审批的 17 个项目进行了清理,在国务院第一批公布废止的行政审批项目中,涉及广告审批的有 3 项:外国广告企业在中国设立办事机构审批、酒类广告发布审批、大陆企业到香港发布广告指定代理广告公司审批,促进了广告市场监管与世贸规则的接轨。

（二）转变广告监管工作职能

1998 年 6 月,国务院下发了"三定"方案,重新核定国家工商行政管理局的职能、内设机构和人员编制,将广告行业管理工作划归国家经贸委,同时将原广告监督管理司更名为广告监管司,明确其主要职责是监管广告市场,做好行政执法工作,即研究拟定广告业监督管理规章制度及具体措施、办法;组织实施对广告发布及其他各类广告活动的监督管理;组织实施广告经营审批及依法查处虚假广告;指导广告审查机构和广告行业组织的工作。

为了认真贯彻落实新的"三定"方案,切实做好广告监督管理职能的转变工作,国家工商行政管理局于 1998 年 8 月召开了全国广告监管工作座谈会。会议指出,要以体制改革为契机,切实转变观念,深化职能认识,将工作的着力点准确定位到市场监管和行政执法上来,要从过去既抓指导又抓广告监督管理,转变为集中精力做好广告监管工作,切实履行广告监管工作职能;从过去注重广告经营单位的发展数量转变为营造公平竞争、规范有序的广告发展环境,把广告监管和执法提高到一个新的水平。通过贯彻新的"三定"方案,各级广告监管机构把工作的重点转移到加强监管,净化广告市场,维护正常的广告经营秩序上来。

（三）加强监督管理,规范经营行为

为了切实加强对广告市场主体的监督管理,严把广告市场准入关,从 1996 年起连续三年在全国范围内开展广告经营资格检查活动,对不符合广告经营资格标准,违反国家有关规定设立的广告企业进行集中的清理整顿。1998 年,结合统一核发新版广告经营许可证,开展了经营资格检查活动。全国共检查广告经营单位55 480 户,其中通过检查的44 703 户,暂缓通过的4 283 户,取消广告经营资格的4 708 户。通过广告经营资格检查,进一步规范了广告市场主体资质。1998 年,全国广告资质检查合格单位占全部广告经营单位的80.57%,强化了广告发布监管工作。指导有关部门对部分特殊商品开展了全国性的广告发布前审查工作,初步规范了药品、医疗器械、农药、兽药广告发布行为。1997年7月,在全国范围内开展了对广告主发布检查活动,并结合检查,对广告主进行了有针对性的广告法制教育。国家工商行政管理总局组织开展了广告监测工作,截至2002年底,与全国三分之二的省(市、区)实现了广告监测联网。2001年,国家工商行政管理总局在全国组织了三次广告检测执法行动,先后分四批曝光了违法广告案件,震慑了广告违法分子,产生了良好的社会反响。积极发挥行业组织的桥梁和纽带作用。各级工商行政管理机关积极组织行业组织开展行业自律,帮助各级广告协会制定各种自律公约,设立广告法律咨询机构,对于规范广告行业的经营行为起到了积极的促进作用,推动了广告业的健康发展。截至2002年底,全国实有广告经营单位89 552户,广告经营额903.15亿元。

(四)查处违法行为,净化广告市场

一是开展了广告执法检查。1995年国家工商行政管理局组织了4次全国性的广告执法检查活动。3月,对全国省、市级以上主要电视台的广告节目进行了抽查和规范,共检查广告5 000多条,发现违法广告1 633条。6月份,组织实施12个城市对口互查户外广告,共检查户外广告5 469条,发现违法广告199条,同时督促各地对检查出的问题作了处理。8月份,组织对全国180家报纸广告进行了省市直查,检查的重点是药品、医疗器械、农药、家用电器以及致富信息、出国留学、移民广告,共检查广告4.4万条,查出虚假违法广告1 683条。第四季度,开展了以打击虚假违法广告为重点的全国性执法检查活动,共检查广告64.8万条,立案查处广告违法案件9 273件。

二是不断提高办案质量。为了进一步提高广告监管执法水平和办案质量,1997年8月,国家工商行政管理局在成都召开了全国广告执法办案座谈会。会议指出,广告监管部门要提高认识,强化广告执法工作,高质量办案。会上各地工商行政管理机关提交了广告监管综合执法、专项治理及办案的经验交流材料87份,32个单位作了大会发言。这次

会议的成功召开,有力地推动了广告监管职能进一步到位和广告执法办案水平的提高,使广告执法工作逐步迈上规范化轨道。

三是对群众意见大、社会反映强烈的违法广告行为进行集中检查整治。1998年,国家工商行政管理局组织北京、上海、广州、成都、沈阳、南京、宁波、深圳等8个城市对房地产广告发布情况进行一次集中检查,共检查各类房地产广告7 395条,查处违法房地产广告案件962件,净化了大中城市的房地产广告市场。2000年,国家工商行政管理局对药品、医疗、食品广告市场开展了集中整治,7月至9月,国家工商行政管理局组织全国各级工商行政管理机关对药品、医疗服务、保健食品广告进行了为期3个月的集中整治,共出动执法人员11.04万人次,车辆2.92万台次,收缴违法印刷品广告3 075.2万份,抽查广告260万条,其中责令停止发布22 097条,限期整改18 332条,立案查处案件4 706件,罚没金额1 666万元。

五、认真做好个体私营经济监督管理工作

各级工商行政管理机关在个体私营经济监督管理工作中,高举邓小平理论伟大旗帜,坚定不移地坚持以公有制为主体,多种经济成分共同发展的方针,正确引导,加强监督,依法管理,促进了个体私营经济的健康发展。

(一)围绕改革、发展、稳定的大局,积极做好个体私营经济的引导工作

工商行政管理机关在引导个体私营经济的发展中,坚持搞好四个结合:

1. 与发展农村经济相结合

坚持以引导促进农村经济发展为重点,交流、推广农村地区发展个体私营经济专业村、专业乡,利用农村资源和劳动力优势,大力发展加工、制造业和养殖、捕捞业的先进经验,促进农村剩余劳动力的转移,不断增加农民收入,繁荣了农村经济。为了促进专业村中个体工商户和私营企业健康、有序发展,1996年10月,国家工商行政管理局下发了《关于加强专业村中个体工商户、私营企业引导和监管的若干意见》,提出了正确引

导专业村中个体私营经济健康发展的具体措施,各级工商行政管理部门在贯彻通知过程中,充分发挥职能作用,加强引导和管理,促进了农村个体私营经济的健康发展。截至 2002 年底,全国农村实有个体工商户 1 215.29万户,从业人员2 474.12万人,注册资金1 829.69亿元;私营企业 88.69 万户,从业人员 1 410.63 万人,注册资本 8 017.53 亿元。

2. 与国有企业的改革和发展相结合

鼓励和引导个体、私营经济参与国有企业改革,与国有企业转换经营机制接轨。支持跨地区、跨行业、跨所有制的资产重组,实现资源的最佳配置。积极支持个体工商户、私营企业与国有企业联营、合作,支持承包、租赁、合资、委托经营和购买亏损微利小型国有企业,截至 2000 年底,全国国有小企业通过租赁、购买、兼并等方式改制为私营企业的已有 7 万余户;鼓励、支持私营企业、个体工商户发展与国有大中型企业配套的生产加工点和销售服务点;鼓励支持大型私营企业向国家基础产业、支柱产业投资或入股,参与生产经营。认真贯彻全国安置下岗职工会议精神,充分发挥职能作用,积极引导安置国有、集体企业下岗职工再就业,促进社会稳定。1997 年 10 月,国家工商行政管理局下发了《关于充分发挥工商行政管理职能作用　促进国有企业下岗职工再就业的若干意见》,提出各级工商行政管理机关要依据有关规定,为申办个体工商户与私营企业的下岗职工,及时办理登记注册手续,并根据实际情况,在一定时期内减少或免收有关费用。鼓励和支持个体工商户和私营企业在招工时优先招收、聘用国有企业下岗职工。1997 年,在工商行政管理部门的扶持和引导下,全国申办个体工商户、私营企业的下岗职工 196 万人,个体工商户、私营企业共安置下岗职工 94 万人,110 万下岗职工进入各类市场从事经营活动。1998 年至2001 年,全国工商行政管理部门共计引导下岗职工 708 万人从事个体私营经济,为社会稳定发挥了积极的促进作用。2002 年 10 月,为了贯彻落实 9 月中共中央、国务院召开的全国再就业工作会议,国家工商行政管理总局下发了《关于贯彻落实〈中共中央国务院关于进一步做好下岗失业人员再就业工作的通知〉的通知》,要求各级工商行政管理机关提高认识,统一思想,积极发挥工商行政管理职能作用,促进下岗失业人员再就业,对从事个体经营的下岗失业人员,3 年内免收个体工商户登记费、个体工商户管理费、集贸市场管理费、经济合同鉴证费和经济合同文本工本费;对下岗失业人员凭《再就业优惠证》申办个体工商户和私营企业的,要优先受理,优先发照。

3. 与贫困地区经济发展、脱贫致富相结合

在"老、少、边、穷"地区,引导个体工商户、私营企业面向市场,利用资源、劳动力的优势,开发投资少、见效快的经营项目;鼓励和支持农民务工经商,从事长途贩运及边境贸易;以城乡市场经济联动为主,在优势互补的基础上,增强贫困地区与发达地区经济联系,引导私营企业家到贫困地区投资办企业,鼓励农民离土不离乡,发展劳动力密集型和资源开发型产业。1995 年 3 月,国家工商行政管理局组织中西部各省、区工商行政管理局在山东召开分区会议,总结、推广山东即墨等地区发展个体私营经济专业村(屯)、专业乡的经验,促进了中西部地区个体私营经济的发展。

1995 年至 1998 年,中西部地区个体私营经济发展速度加快,其中西部地区发展更为显著,1998 年底,西部地区私营企业实有 15.89 万户,比 1997 年同期增长 38.57%,比全国平均增长水平高出 13.56 个百分点;西部地区个体工商户实有 534.34 万户,比 1997 年增长 10.5%,比全国平均增长水平高 1.05 个百分点。

4. 与优化产业结构相结合

认真贯彻国家产业政策,积极引导个体私营经济大力发展第三产业,重点发展为社会生产和人民生活服务的第三产业。根据 2002 年的统计数据,全国从事第三产业的个体户为 2 032.47万户,从业人员 3 789.61 万人,注册资金2 936.87亿元,分别占个体工商

户总数的 85.49%、79.90% 和 77.65%。2002 年底,全国从事第三产业的私营企业为150.49 万户,注册资本15 460.05亿元,分别占私营企业总数的 61.79% 和 62.45%。

与此同时,各地还鼓励、支持和引导一批符合国家产业发展方向,适应国内外市场需求和发展条件的私营企业提高素质,扩大投入,向生产型、科技型、外向型发展,促使其上规模、上档次、上水平,2002 年底,全国私营企业第二产业户数为 88.75 万户,注册资本8 861.61亿元,分别占私营企业总数的36.44% 和 35.80%。私营企业经营规模不断增长,经济实力不断增强,2002 年底,全国私营企业户均注册资本已达 101.66 万元。

(二)加强监督管理、规范主体行为,促进个体私营经济健康发展

围绕建立统一开放、竞争有序的市场经济环境,各级工商行政管理部门在个体私营经济监督管理工作中正确处理好发展与管理之间的关系,做到:坚持培育市场主体与规范主体经营行为并重;坚持登记发照与监督管理并重;坚持监督管理有照经营与清理无照经营并重;坚持严格依法管理与加强思想政治工作并重,加大监管力度,保证个体私营经济发展质量,保证市场经济有序运行。

1. 切实加强有限责任公司的登记注册和监督管理

随着私营企业的不断发展,有限责任公司逐渐成为私营企业三种类型中增长最快的企业类型。1995 年底,全国实有私营有限责任公司 23.5 万户,比 1994 年增长72.8%,比私营企业平均增长水平高 21.4个百分点;占全国私营企业户数的比重由1994 年的31.4%上升到35.9%。为了切实加强有限责任公司登记注册和监督管理工作,各级工商行政管理机关结合《公司法》、《公司登记管理条例》的实施,认真贯彻执行国家工商行政管理局《关于自然人出资设立有限责任公司登记注册和监督管理问题的通知》,规范有限责任公司的登记注册工作,并按照通知要求,对《公司法》实施前已登记成立的私营有限责任公司中不具备《公司

法》、《公司登记管理条例》有关条件的,按照有关规定和条件进行规范,保证有限责任公司在高速发展中既有数量又有质量。

2. 积极做好《合伙企业法》的贯彻实施工作

1997 年 2 月,全国人大常委会通过《中华人民共和国合伙企业法》(以下简称《合伙企业法》),并明确于 1997 年 8 月 1 日开始实施。《合伙企业法》作为一部规范合伙企业行为,保证合伙企业及其合伙人的合法权益的重要法律,对于工商行政管理部门加强合伙企业的登记管理和监督管理工作有着重要意义。为了切实做好《合伙企业法》的贯彻实施工作,工商行政管理机关采取了积极的措施:

一是制定配套规章。在深入调查研究的基础上,制定了与《合伙企业法》相配套的《合伙企业登记管理办法》,报送国务院批准并于 1997 年 11 月发布执行。二是举办了培训班。国家工商行政管理局编写出版了《合伙企业登记管理办法条文释义》,并在广东省珠海市举办了由各省(区、市)工商行政管理局个体处参加的合伙企业登记管理办法培训班。三是明确登记工作事项。国家工商行政管理局下发了《关于贯彻实施〈中华人民共和国合伙企业登记管理办法〉有关问题的通知》,明确了合伙企业登记的有关事项。四是制定了有关文书,1997 年 12 月国家工商行政管理局下发了《关于启用合伙企业营业执照的通知》。

3. 进一步加强重点行业的监督管理

对一些问题比较多,群众反映意见大的行业进行重点监督管理。

(1)1995 年 12 月,国家工商行政管理局颁布《个体餐饮业监督管理办法(试行)》。对从事饮食业的个体工商户的经营行为提出规范性要求,以加强对个体饮食业的监督管理,保障消费者的身体健康和其他合法权益,促进个体饮食业的健康发展。

(2)1997 年 1 月,国家工商行政管理局颁布了《旅游景区个体工商户监督管理办法》,各地工商行政管理机关依据这个办法,进一步加大了对旅游景区个体工商户监督

管理的力度。

（3）1997年6月，国家工商行政管理局下发了《关于清理整顿个体、私营印刷业的通知》，配合新闻出版、公安等部门对个体私营印刷业进行了清理整顿，重点打击了印刷非法出版物、假冒商标标识的违法行为。

（4）会同劳动等部门，在个体工商户、私营企业从业人员中逐步推行职业资格证书制度。开展对个体私营美容业、家电维修业的专项整治，重点打击以次充好、劣质服务等欺诈行为，规范个体私营服务业和修理业的经营行为。

4. 严格证照管理，坚决清理无照经营

1997年1月，国家工商行政管理局下发了《关于查处个体工商户转借、出卖、出租、涂改营业执照违法行为的通知》，组织全国工商行政管理机关对一些地区尤其是大中城市中个体工商户转借、出卖、出租、涂改营业执照，非法牟利的行为进行了集中查处。

1997年11月，国家工商行政管理局会同公安部、国家税务总局联合下发了《关于对无照经营进行综合治理的通知》，专门成立了由有关部门参加的无照经营综合治理工作小组，在全国范围内对无照经营进行了清理和取缔。据不完全统计，全国共清理了无照经营户130多万户。2001年，全国工商行政管理机关认真贯彻落实朱镕基总理"坚决取缔不符合国家法律法规要求的各类企业，打击无照经营，从源头上遏制扰乱市场秩序行为的发生"的指示精神，进一步加大清理取缔无照经营的力度，全年共清理取缔无照经营户近100万户次。

第五节 密切联系工商行政管理工作实际，大力加强社会主义精神文明建设

一、认真贯彻十四届六中全会精神，联系实际部署全系统的精神文明建设工作

1996年10月，中共中央召开十四届六中全会，审议通过了《中共中央关于加强精神文明建设若干重要问题的决议》。为了推动全系统深入贯彻这次会议精神，国家工商行政管理局于10月18日下发了《关于认真学习贯彻党的十四届六中全会精神 大力加强社会主义精神文明建设的通知》，要求各级工商行政管理机关要提高认识，统一思想，高度重视精神文明建设。要实行领导责任制，各级领导班子一把手亲自抓，班子成员共同抓。要把加强精神文明建设作为一项重大战略任务，列入重要议事日程，高度重视，任务明确，措施得力，务求实效。

《通知》指出，工商行政管理有很重要的政治含义，各项工作都与精神文明建设有着密切的关系，要充分发挥工商行政管理职能作用，积极促进精神文明建设。在市场监管工作中，做到"两个文明"一起抓。结合贯彻党的十四届六中全会精神，充分发挥职能作用，进一步加大监管力度。一是强化企业登记管理，坚决清理违背社会公德，不符合我国民族、宗教习俗，以及带有封建、殖民色彩和格调低下、崇洋媚外的企业名称；二是严格广告监督管理，及时制止和查处有不良政治、文化倾向的广告；三是搞好商标核准注册，加强对商标使用的监督管理，坚决核驳、依法撤销有不良政治、文化影响的商标申请和注册商标，及时制止和纠正在商标使用中产生不良社会影响的行为；四是积极主动配合有关部门，加强对文化市场的管理，坚决扫除黄色出版物，打击非法出版活动，净化文化市场；五是依法加强对服务业的监督管理，严厉打击色情服务、宣扬封建迷信等不法行为。

二、深入开展扫除"黄、赌、毒"和非法出版物活动

（一）严厉打击各种制黄、贩黄和非法出版活动

工商行政管理机关坚持把"扫黄打非"，建设社会主义精神文明作为一项重要任务，积极采取有力措施，严厉打击各种制黄、贩黄和非法出版活动。1995年2月，国家工商行政管理局与国家版权局联合下发了《关于严厉打击盗版等侵犯著作权行为的通知》。1995年4月，国家工商行政管理局下发了《关于贯彻第五次全国扫黄打非电话会议精神的通知》和《工商行政管理机关

保护知识产权行动计划》。1996年6月,国家工商行政管理局又发出了《关于严厉打击侵权盗版行为　切实保护知识产权的通知》,要求各级工商行政管理机关强化市场监督管理,严厉打击各种制黄、贩黄和非法出版活动。

按照国家工商行政管理局的统一部署,全国各地工商行政管理机关深入开展"扫黄打非"、保护知识产权专项整治活动。1995年3月8日,工商行政管理机关在全国大中城市及沿海经济发达地区重点开展保护知识产权特别执法行动,重点加强了对出版、发行、印刷、组装、复制企业,特别是商标印制企业的管理。对经营单位较为集中的地区,进行了定期不定期的检查,取缔了一大批侵权产品的集散地和零售点。

在"扫黄打非"专项整治活动中,工商行政管理部门加大打击力度,对重点地区进行重点整治,重点查处一批大案要案。1996年,国家工商行政管理局将广东省确定为"扫黄打非"查处大案要案的重点,并对查处的大要案件直接予以指导。9月4日,广州市工商局在白云区查获盗版、淫秽光盘10万张。10月7日,广州市工商局在公安部门配合下,查封取缔了一家生产激光视盘的地下工厂,查获一套非法进口的镭射光盘生产设备及非法光盘6万张,总案值2 045万元。10月22日,广州市工商行政管理局白云区分局一举查获5个非法音像制品窝藏点,收缴盗版VCD、CD 20万余张,录像带10万盒,价值300万元。国务院领导和全国扫黄办公室对此予以充分肯定。11月25日,广州市工商行政管理局又查获假冒太平洋影音公司等厂家的录音带60余万盒,此案是1996年工商行政管理机关查获的最大的一起非法复制录音带案件。在1998年的"扫黄打非"活动中,全国各级工商行政管理机关共查处非法出版、侵权盗版案件5 055件,查获非法出版、侵权盗版CD 12余万张,VCD 102万张,录音、录像带128余万盘,非法书报刊135余万册,为维护文化市场秩序,促进社会主义精神文明建设作出了积极的贡献。

(二)严厉打击卖淫嫖娼等色情活动

1995年8月,国家工商行政管理局会同公安部联合下发了《关于对私人经营的旅馆、娱乐服务业进行整顿,严厉打击卖淫嫖娼等违法活动的通知》,针对有的私人经营的旅馆、娱乐服务场所以色情服务招徕顾客,卖淫嫖娼严重,败坏社会风气,腐蚀干部群众,污染社会环境的严重问题,决定对私人经营的旅馆、娱乐服务业进行清理整顿。《通知》要求,对进行色情活动和利用经营场所容留、介绍妇女卖淫等违法行为的要加大处罚力度。

1995年9月,全国各地工商行政管理机关会同公安机关,成立了统一的领导小组,加强协作,密切配合,联合行动,对个体工商户、私营企业经营的旅馆、酒吧、发廊、桑拿按摩室、歌舞厅、卡拉OK厅等进行了集中清理整顿,对采取不正当竞争手段,以色情招徕顾客、卖淫嫖娼等活动进行了严厉的打击。新疆维吾尔自治区工商行政管理局在全疆范围内开展的"扫黄打非"阶段性治理活动中,共出动检查人员2 000多人次,车辆300多台次,检查经营单位1 500多家,收缴盗版、淫秽光盘、录像带1.2万盘,查处"三陪"女郎4 000多人,罚款10万多元。

1996年,北京市工商行政管理局和北京市公安局联合发出了《关于清理整顿按摩服务业的通知》,要求所有按摩服务业场所停止异性按摩,对于违反规定的,要进行严厉查处,通过打击服务场所各种色情活动,进一步净化了社会风气。

(三)严厉打击赌博活动

1996年6月,针对一些不法经营者利用电子游戏机大肆进行赌博活动,违反规定接待未成年人,致使一些中小学生荒废学业,沉迷于电子游戏的情况,山西省工商行政管理局会同广播电视、版权、文化、公安等部门共同组成联合检查组,查禁带有赌博性质的游戏机店。据不完全统计,山西省这次联合行动共关闭电子游戏经营点2 567户,收缴查封"老虎机"、"跑马机"等电子游戏机10 678台,收缴查封电子游戏机电路板10 120块,对规范电子游戏机娱乐业,保护青少年的身心健康起到了积极作用。国务院领导同志指示向全国推广。1996 年 7 月 24 日，国家工商行政管理局在派出工作组调查的基础上，立即发文，要求各级工商行政管理机关在当地党委和政府的统一领导下，在清理整顿文化市场和贯彻落实依法严厉打击侵权盗版保护知识产权的工作中，取缔电子游戏机赌博活动，加强社会主义精神文明建设。1996 年 10 月 16 日，国家工商行政管理局、文化部、公安部联合发出《关于加强电子游戏机娱乐场所管理 取缔有奖电子游戏机经营活动的通知》。文件要求取缔奖钱、奖物有奖电子游戏机经营活动，规定自 1996 年 12 月 1 日起，电子游戏机经营场所从事有奖经营活动的，一律按赌博论处。通过开展严厉打击赌博活动，为加强文化娱乐市场管理，保障文化娱乐市场健康有序的发展作出了贡献。

（四）积极开展缉毒、禁毒工作

工商行政管理机关配合公安部门开展缉毒、禁毒工作。据不完全统计，1996 年、1997 年两年工商行政管理机关共缴获毒品 8 720 公斤，其中罂粟壳 8 646 公斤。云南省工商行政管理机关配合公安机关收缴海洛因 3 000 克，罂粟壳 8 636 公斤。广西壮族自治区工商局与公安部门一起查获毒品 20 800 克，为了支持广西缉毒工作，1996 年广西壮族自治区工商局年拨款近 10 万元给缉毒部门作为缉毒经费。1996 年福建省工商行政管理机关共查获毒品走私案件 6 起，缴获海洛因 18 702 克，其中一起案件缴获海洛因 15 716 克。1997 年，福建省漳州市工商局在查处一起假烟案件中发现疑点，破获了一起制毒案件，缴获冰毒 30 公斤。查获的毒品按照规定交有关部门后，受到了有关领导的称赞。

三、坚决清理不良文化

针对一个时期出现的企业名称、商标、广告以及招牌使用混乱和传播不良文化的现象，工商行政管理部门采取积极措施，认真开展清理工作，取得了显著的成效，为净化社会文化环境，促进社会主义精神文明建设，作出了积极的贡献。

（一）高度重视，加强领导，周密部署

工商行政管理机关将清理不良文化，作为建设社会主义精神文明的一项重要工作，高度重视，加强领导，周密部署，精心组织。

1996 年 2 月，国家工商行政管理局下发了《关于贯彻执行国阅〔1995〕154 号文件精神清理不良文化的通知》，要求各级工商行政管理机关，要提高认识，高度重视社会经济和文化生活中出现的不良政治和文化现象，自觉抵制资本主义、封建主义和各种不健康思想的影响，在社会主义物质文明和精神文明建设中发挥了积极作用。通知要求各地在企业名称登记管理、商标审查核准、广告审查和监督管理以及对企业和市场的监督管理中，认真清理各种不良文化现象。1996 年 11 月，国家工商行政管理局下发了《关于规范企业名称和商标、广告用字的通知》，要求规范企业名称和商标、广告用字，使企业名称和商标、广告用字符合规范要求，适应国情，方便群众认识；坚决抵制不良文化的侵蚀，反对盲目崇外，滥用"洋"名称和外国文字，对使用有害于社会主义道德风尚或者有其他不良影响的文字、图形作商标的，要依法驳回其注册申请，并禁止其在商品上和服务中使用。1997 年 1 月，国家工商行政管理局又下发了《关于在部分大中城市进一步规范企业名称、商标、广告使用和清理不良文化现象的紧急通知》，要求北京、天津、上海、重庆、广州、大连、深圳等 7 个城市工商行政管理局于春节前集中一定时间和人力，采取有效措施，对不良文化现象再进行一次清理。

各地工商行政管理机关都把清理不良文化摆在重要位置。重庆等市工商行政管理局成立了由一把手挂帅，有关职能处室负责同志参加的清理领导小组，负责对清理工作的组织领导和督促协调；北京市工商行政管理局及时向市委、市政府领导作了汇报，并精心制订了检查清理方案，召开区县工商行政管理局长会议予以部署落实。据不完全统计，在 1997 年春节前的集中清理活动中，仅北京、重庆、深圳三市工商行政管理机关就出动执法人员5 000余人次,其中北京市工商行政管理机关出动执法人员3 400余人次,机动车200余台次。北京市工商行政管理局共检查主要大街263条、繁华商业区34个、旅游风景区20余个、企业和个体工商户15 324家、牌匾字号12 822块、广告牌13 932个。通过检查,对不良文化现象进行了有效的清理。

（二）严格企业名称登记管理,认真清理带有不良文化影响的企业名称

1996年9月国家工商行政管理局下发了《关于进一步清理企业名称中的不良文化现象的通知》,明确清理企业名称工作要抓住重点,主要针对以下几种情况:1. 带有殖民色彩,有损民族尊严和伤害人民感情的,如"大东亚"、"大和"、"福尔摩萨"等;2. 含有封建文化糟粕的,如"鬼都"等;3. 有消极政治影响的,如"黑太阳"、"大地主"等,或以反动政治人物和公众熟知的反面人物的名字命名的;4. 格调低级、庸俗甚至含有色情内容和色彩等;5. 违背少数民族习俗和带有民族歧视内容的;6. 引起社会公众不良心理反应和误解的,如"丑八怪美容院";7. 以党和国家领导人和老一辈革命家的名字作字号的。

据四川、广西、福建、辽宁、江苏、甘肃、云南、湖南、河南、江西、浙江、黑龙江、湖北、北京、上海等16个省、自治区、直辖市的不完全统计,共清理带有不良文化影响的企业名称13 562个。

（三）加强对广告的管理

各地工商行政管理机关集中对广告中存在的某些不良文化现象进行了检查,检查的范围为电视、广播、户外广告、散发品广告。在1996年上半年的集中清理中,共清理带有不良文化影响的广告3 534条。北京市工商行政管理局要求1 116户企业限期拆除擅自设立的不符合规定的招牌。

湖南省长沙市工商行政管理局责令10家娱乐场所的招牌换成文明的新招牌。山东省青岛市工商行政管理局清理在广告门头字号中不规范用字10 132处。广州市工商行政管理局清理用字不规范和带有不良文化倾向的户外广告招牌200多块。

（四）把好商标审查核准关,严格商标使用管理

国家工商行政管理局商标局严格依法行政,共驳回不良文化影响商标申请100多件。各地在商标申请受理工作中清理并退回不合适和不良文化影响的商标申请千余件。各地工商行政管理机关认真加强商标管理,及时制止和查处违反《商标法》第八条第五款所指的"有害于社会主义道德风尚或者有其他不良影响"的商标。

此外,各地工商行政管理机关还加强了对市场的监督管理,及时查处有不良政治和文化影响的产品。重庆市工商行政管理局查获仿制"二战"期间"大和"、"武藏"等日本战舰和德国巡洋舰、海军战舰文具盒245盒,收缴旧日本海军特型潜水艇玩具多盒。

四、切实加强相关的法制建设

在实施市场监督管理工作中,工商行政管理部门重视按照建设社会主义精神文明的要求,切实加强相关的法制建设,将加强工商行政管理工作中精神文明建设纳入法制化的轨道。

（一）按照建设社会主义精神文明的要求规范市场主体行为

1995年12月,国家工商行政管理局下发了《个体饮食业监督管理办法（试行）》,要求各级饮食业户应当文明经营,提出:个体饮食服务不得利用经营场所从事色情、赌博等违法活动。

1996年12月,国家工商行政管理局与公安部、信息产业部、文化部联合下发了《关于规范"网吧"经营行为　加强安全管理的通知》,对于有些经营者打着"网吧"的幌子,经营含有赌博、淫秽内容的电脑游戏的行为提出了规范要求。

1997年3月,国家工商行政管理局与广电部、文化部、公安部、海关总署联合下发了《关于坚决查禁、严厉打击走私和发行放映非法影片活动的通知》,要求:对走私和发行、放映非法影片活动,工商行政管理部门应当依据工商行政管理法规予以严肃查处。

1997年6月,国家工商行政管理局、中国人民银行联合下发了《关于禁止擅自利用

重大政治题材从事商业盈利活动的通知》，要求对一些单位和个人利用世界反法西斯战争暨中国人民抗日战争胜利五十周年政治题材，公然制作、销售印有法西斯头目像的纪念章和"二战"时期的日本侵略者战略玩具、产品的不良的政治和文化影像，必须依法严厉查处。同月，国家工商行政管理局下发了《关于清理整顿个体私营印刷业的通知》，要求对印制反动、淫秽出版物的，要及时通报当地公安、新闻出版部门，并配合公安、新闻出版部门进行查处。

1997年11月，国家工商行政管理局下发了《关于查处印制、销售有严重政治问题图书行为的通知》，要求：对印制、销售有严重政治问题的经营单位或个体工商户，一经查获，一律吊销营业执照，并移交司法机关追究其刑事责任。

1998年10月，国家工商行政管理局与新闻出版、公安部门联合下发了《关于对全国印刷业进行全面清理整顿的通知》，要求对翻译政治性非法出版物，非法印制含有反动淫秽、迷信内容和国家明令禁止印刷的其他内容的出版物，要责令停产停业，由原发证机关吊销许可证，直至吊销营业执照。

1998年9月，国家工商行政管理局下发了《关于清理整顿文化市场取缔利用电脑和从事经营性游艺活动的通知》，要求加强市场检查，清理整顿文化市场，重点取缔利用电脑从事经营性游艺活动。

（二）规范企业名称和商标、广告用字

1996年11月，国家工商行政管理局下发了《关于规范企业名称和商标、广告用字的通知》，要求规范企业名称和商标、广告用字，使企业名称和商标、广告用字符合规范要求，适应国情，方便群众认识；坚决抵制不良文化的侵蚀，反对盲目崇外，滥用"洋"名称和外国文字，对使用有害于社会主义道德风尚或者有其他不良影响的文字、图形作商标的，要依法驳回其注册申请，并禁止其在商品上和服务中使用。

1998年9月，国家工商行政管理局下发了《关于进一步规范企业名称管理工作的通知》要求对违反有关规定，申请使用"洋"名

称、怪名称的，要坚决予以驳回。

（三）规范广告发布工作

国家工商行政管理局在制定各类广告管理的部门规章时，坚持将社会主义精神文明建设的有关要求，作为广告发布管理的重要内容。在1995年至1998年相继发布的《户外广告登记管理规定》、《印刷品广告管理暂行办法》、《房地产广告发布暂行规定》、《食品广告发布暂行规定》、《店堂广告管理暂行办法》和《广告与文字管理暂行规定》中都明确指出：广告发布"必须符合社会主义精神文明建设的要求"。

与此同时，还明确要求不得含有有悖于精神文明的内容。1996年12月发布的《房地产广告发布暂行规定》中规定：房地产广告不得含有风水、占卜的封建迷信内容，对项目情况进行的说明、渲染，不得有悖于社会良好风尚。

为了有效地制止有悖于精神文明的广告发布，国家工商行政管理局在1996年12月发布的《关于受理违法广告举报工作的规定》中，将"不符合社会主义精神文明建设要求的广告"列入违法广告，公民、法人和其他组织有权向工商行政管理机关举报。

五、破除迷信，铲除邪教

1995年8月，国家工商行政管理局下发了《关于严禁利用合法证照从事封建迷信活动的通知》，要求各级工商行政管理机关：（一）要严格把好咨询服务业者核准登记关，不得为打着"《易经》研究"、"生命科学应用研究"等旗号，从事封建迷信活动的个人或经济组织核发营业执照；（二）对申请从事咨询服务业的个人或经济组织，要严格审查其从业人员的经营资格和经营范围，对易被利用从事封建迷信活动的行业，要从严审批；（三）《易经》研究所、生命科学研究会等纯学术研究机构，不得以营利为目的，对外开展经营活动，对以"讲座"、"办班"等名义，宣传封建迷信思想、伪科学的，工商行政管理机关要配合有关部门，予以清理和查处；（四）积极配合有关部门，取缔"算命"、"看风水"的非法摊点，坚决打击封建迷信活动。

1996年4月，国家工商行政管理局与中

宣部、民政部、公安部、国家土地管理局联合下发了《关于实行移风易俗进一步改革丧葬习俗的意见》，指出改革丧葬习俗，反对愚昧迷信丧事活动，是我国社会主义精神文明建设的一个组成部分，是提高人民素质，净化社会风气，促进社会全面进步的一个重要任务。要求工商行政管理机关要坚决取缔无照生产、销售丧葬用品的单位和个人的经营活动，收缴销毁纸扎祭祀品、纸钱及冥币等迷信丧葬用品，没收其非法所得，情节严重的，依据国家有关法律、法规予以严肃处理。

1996年，为了制止有人利用开展气功活动诈骗钱财，进行封建迷信宣传，危害社会治安的违法活动，国家工商行政管理局与中宣部、国家计委、卫生部等部门联合下发了《关于加强社会气功管理的通知》，通知要求，对社会气功活动中的不健康现象，有关部门要认真负责地进行管理，依法坚决制止非法行医和封建迷信宣传，严厉打击利用气功进行诈骗等各种违法犯罪活动。

在正确执行党和国家宗教政策的同时，对于一些单位和个人违背国家有关宗教的法规和政策，在大众传媒及其他非宗教场所发布介绍宗教活动和宗教用品的广告行为加强管理。1996年6月，国家工商行政管理局在给辽宁省工商行政管理局关于在广告中使用"观世音菩萨"像是否属"迷信"内容的答复中，明确指出，"观世音菩萨"是佛教专有的形象，具有特定的宗教意义，其用于商业广告活动，超出正常宗教活动的范畴，并带有一定的迷信色彩，属于《广告法》第七条第六项禁止的广告行为，应当依照《广告法》第三十九条的规定予以处理。

1997年4月，国家工商行政管理局下发了《关于加强对含有宗教内容的广告管理的通知》，明确规定，任何单位和个人不得在大众传播媒介及非宗教活动场所发布有关宗教活动、宗教用品、宗教活动纪念品广告，以及以传经、传道为内容的图书、音像制品的广告。如确实由于特殊需要在大众传播媒介及非宗教活动场所发布上述广告，应由省级以上宗教事务部门同意并报同级工商行政管理机关备案。

1999年7月，民政部认定法轮功研究会及其操纵的法轮功组织为非法组织，决定予以取缔。同年国家工商行政管理局下发了《关于立即收缴与"法轮大法（法轮功）"有关的所有出版物的紧急通知》（以下简称《通知》），《通知》指出，法轮功出版物宣传愚昧、迷信和伪科学，引起群众思想混乱，残害人民群众身心健康，严重危害社会主义精神文明建设，严重扰乱了我国社会稳定和经济发展的大好局面。《通知》要求各级工商行政管理机关必须充分认识这场思想政治斗争的重要性和紧迫性，将收缴与"法轮大法（法轮功）"有关的所有出版物作为一项严肃的政治任务，加强领导，立即集中时间，集中力量，采取果断措施，全面清查市场，迅速收缴。全国各地工商行政管理机关按照《通知》要求，立即部署，迅速采取果断措施，收缴"法轮大法（法轮功）"类非法出版物。截至8月15日，各级工商行政管理机关共出动执法人员299 878人次，出动车辆15 835台次，清查各类印刷厂、书店、图书报刊批发市场及零售摊点177 405次，查获与"法轮大法（法轮功）"有关的非法书籍67 301册，音像制品（录音、录像带、VCD）42 536盘，收缴李洪志画像1 548张，徽章、徽标2 682枚，服装10套、横幅、图解11 589幅，有关宣传材料28 694份，其他材料12 487份。

1999年8月，国家工商行政管理局下发了《关于进一步清查与"法轮大法（法轮功）"有关的非法出版物　重点收缴各类与法轮功有关的服装的通知》，要求各地工商行政管理机关在收缴与"法轮大法（法轮功）"相关的书籍、录音录像制品、徽章、徽标、横幅、图解、李洪志画像等宣传材料的同时，要重点收缴与"法轮大法（法轮功）"有关的各类制衣企业、个体服装店。要逐一进行检查，一经发现有生产、销售与"法轮大法（法轮功）"有关服装的行为，一律没收服装，没收非法所得。

工商行政管理部门通过发挥职能作用，积极倡导科学、文明、健康的社会主义新风尚，坚持破除封建迷信愚昧习俗，坚决铲除邪教，促进社会主义精神文明建设。

（执笔人：于空军）

第九章　完善社会主义市场经济体制时期（2003 年—2008 年 6 月）

2003 年至 2008 年，是工商行政管理发展史上不平凡的五年。这五年，国际环境复杂多变，改革发展任务艰巨繁重。工商行政管理机关在以胡锦涛同志为总书记的党中央坚强领导下，深入贯彻党的"十六大"、"十七大"精神，坚持以邓小平理论和"三个代表"重要思想为指导，全面贯彻落实科学发展观，各项工作取得了新突破。这一时期最显著的特点是深化改革，体制创新，机制创新，制度化、规范化、程序化、法治化建设不断推进；最显著的成就是服务大局，整顿和规范市场秩序，特别是突出整治以食品药品为重点的市场流通领域秩序，充分发挥工商行政管理职能，促进经济又好又快发展，为构建社会主义和谐社会作出新贡献；最鲜明的标志是与时俱进，围绕科学发展观，结合工商行政管理实际，提出了监管与发展、服务、维权、执法的"四个统一"，回答了新的历史时期工商行政管理如何贯彻落实科学发展观，充分发挥职能作用的根本问题，在开创工商行政管理工作新局面的同时，拓展了当代工商行政管理的新境界。

第一节　贯彻落实"十六大"和"十七大"会议精神，围绕全面建设小康社会的目标，发挥工商行政管理职能作用

2002 年 11 月 8 日召开的中国共产党第十六次代表大会，从历史和时代的高度，深刻阐明了我们党在新世纪坚持举什么旗、走什么路、实现什么目标等重大问题，提出了全面建设小康社会的奋斗目标，对我国改革开放和社会主义现代化建设作出了全面部署，提出全面贯彻"三个代表"重要思想的具体要求。"十六大"报告是我们党团结和带领全国各族人民在新世纪新阶段继续奋勇前进的政治宣言和行动纲领。围绕建设小康社会，"十六大"报告提出，"在更大程度上发挥市场在资源配置中的基础性作用，健全统一、开放、竞争、有序的现代市场体系"。"整顿和规范市场经济秩序，健全现代市场经济的社会信用体系，打破行业垄断和地区封锁，促进商品和生产要素在全国市场自由流动。"还指出，"完善政府的经济调节，市场监管，社会管理和公共服务的职能，减少和规范行政审批"。

2007 年 10 月 15 日召开的中国共产党第十七次全国代表大会，郑重鲜明完整地提出高举中国特色社会主义伟大旗帜，全面深刻地阐述了科学发展观，对全面建设小康社会提出了新的更高要求，集中体现了以人为本，全面协调、可持续发展的科学发展观。为推动科学发展，促进社会和谐，实现全面建设小康社会的宏伟目标，党的"十七大"报告对经济体制改革作了重要部署，提出要在完善社会主义市场经济体制方面取得重大进展，强调"从制度上更好发挥市场在资源配置中的基础性作用"，要求"深化垄断行业改革，引入竞争机制，加强政府监管和社会

监督"，"加快形成统一开放竞争有序的现代市场体系"，"加强行政执法部门建设"，"规范垂直管理部门和地方政府的关系"。

在党的第十七次全国代表大会上，国家工商行政管理总局局长周伯华当选为中共中央委员；副局长刘玉亭当选为中共中央纪律检查委员会委员。

工商行政管理机关在这一时期的基本任务是：以邓小平理论和"三个代表"重要思想为指导，全面落实科学发展观，认真贯彻党的"十六大"、"十七大"精神，紧紧围绕转变经济发展方式，尽心尽力促进国民经济又好又快发展和社会主义和谐社会建设；坚定不移地沿着社会主义市场经济体制改革目标，努力营造公平公正、规范有序、和谐诚信的市场环境，建立规范有序的市场秩序；创新管理机制和监管服务方式，提高执法效能、服务效能和依法行政水平，在创新、提高和构建长效管理机制上下工夫，切实维护市场消费安全，扎扎实实解决人民群众最关心、最直接、最现实的利益问题，努力做到监管与发展、服务、维权、执法的统一；扎实推进制度化、规范化、程序化、法治化建设，努力建设政治上、业务上、作风上过硬的高素质干部队伍，锐意进取，开拓创新，为夺取全面建设小康社会新胜利作出新的贡献。

第二节　认真学习贯彻"三个代表"重要思想，全面落实科学发展观

一、认真贯彻落实胡锦涛总书记"七一"重要讲话，坚持用"三个代表"重要思想总揽工商行政管理工作全局

在新的历史时期，党中央集中全党的智慧，创造性地提出了"三个代表"重要思想。这是加强和改进党的建设、推进我国社会主义自我完善和发展的强大理论武器，是我们党的立党之本、执政之基、力量之源，是党必须长期坚持的指导思想。

2003年7月1日，胡锦涛总书记在"三个代表"重要思想理论研讨会上讲话指出，要实现全面建设小康社会的宏伟目标，必须把学习贯彻"三个代表"重要思想不断引向

深入。同年8月6日，国家工商总局局长王众孚在"兴起学习贯彻'三个代表'重要思想新高潮　规范市场秩序　推进信用建设"经验交流会上讲话指出，认真贯彻落实胡锦涛总书记"七一"重要讲话，扎实兴起学习贯彻"三个代表"重要思想新高潮，坚持用"三个代表"重要思想总揽工商行政管理工作全局，确保认识上达到新高度，把握上达到新水平，工作上取得新成效。各级工商行政管理机关要努力从三方面用"三个代表"重要思想统揽工作全局：一是坚持与时俱进，以"三个代表"重要思想指导工商行政管理的改革和创新。建立和完善与社会主义市场经济相适应的执法机制，建立和完善与社会主义市场经济相适应的市场监管体制，建立和完善与现代经济、现代科技和国际惯例相适应的监管手段。二是坚持把执政兴国作为履行工商行政管理职能的根本要求，把维护市场秩序、促进经济社会协调发展的工作不断引向深入。深入整顿和规范市场经济秩序，鼓励、支持各类市场主体健康发展和积极促进先进文化的发展和传播。三是坚持执政为民，把"三个代表"的本质要求落实在加强队伍建设的各项工作中，做到牢固树立执政为民的思想，着力培养执政为民的作风，并不断提高执政为民的能力。

2003年12月24日，王众孚局长在全国工商行政管理工作会议上发表讲话，指出，全系统认真贯彻落实"三个代表"重要思想，锐意进取，奋力开拓，各项工作有了新进展，取得了新成绩。一是抓学习，努力在认识"三个代表"重要思想的历史地位和指导意义上达到新高度。二是抓领会，努力在把握"三个代表"重要思想的精神实质上达到新水平。三是抓运用，努力在贯彻"三个代表"重要思想的实践中取得新成效。各级工商行政管理机关坚持用"三个代表"重要思想统揽全局、指导工作，市场监管执法力度不断加大，监管制度改革不断迈出新步伐，队伍建设进一步加强，有力地促进了工商行政管理事业的改革和发展。

二、深入学习实践科学发展观，进一步开创工商行政管理工作新局面

2003年10月，党的十六届三中全会提

出了"科学发展观"这一重大战略指导思想。2006 年 10 月，十六届六中全会通过了《关于构建社会主义和谐社会若干重大问题的决定》，要求在建设中国特色社会主义的伟大实践中，全面贯彻落实科学发展观，使社会主义物质文明、政治文明、精神文明建设与和谐社会建设达到完整有机的统一。2007 年 10 月召开的党的"十七大"对科学发展观的时代背景、科学内涵和精神实质进行了深刻阐述，提出了明确要求。深入贯彻落实科学发展观，推动科学发展，促进社会和谐，已成为我国社会主义建设实践活动的主旋律。

（一）全面落实科学发展观是工商行政管理机关必须长期坚持的重要指导思想

如何在工商行政管理工作中全面贯彻落实科学发展观、使市场监管和行政执法在构建社会主义和谐社会大局中发挥更大的作用，是关乎工商行政管理事业改革和发展的重要问题。多年来，工商行政管理部门着眼于充分发挥市场监管执法的职能作用，围绕在抓好发展这个执政兴国第一要务中的职能定位，积极探索如何在工商行政管理工作中全面贯彻落实科学发展观。

2004 年 12 月 13 日，王众孚局长在全国工商行政管理工作会议作《全面落实科学发展观　努力提高执法能力　不断推进工商行政管理工作的改革和发展》报告，强调：要全面落实科学发展观，充分认识和发挥工商行政管理在执政兴国中的地位和作用，进一步增强责任感和使命感。指出，在工商行政管理工作中全面落实科学发展观，就必须正确认识工商行政管理在抓好发展这个执政兴国第一要务中的职能定位，充分发挥市场监管执法的职能作用。全系统从三个方面充分认识工商行政管理的职责任务，贯彻落实科学发展观。一是工商行政管理作为社会主义市场经济秩序的坚强卫士，落实科学发展观，必须遵循社会主义市场经济是法制经济的原则，努力建立和维护良好的市场秩序，营造公平竞争的发展环境；二是工商行政管理作为促进改革发展的有力保障，落实科学发展观，必须按照提高经济增长质量和效益的要求，加强国家对经济的宏观调控，继续深化经济体制改革，切实转变经济增长方式；三是工商行政管理作为维护国家经济安全的重要力量，落实科学发展观，必须适应经济全球化和我国加入世贸组织进一步扩大对外开放的需要，统筹国内发展和对外开放，正确处理扩大开放与维护国家安全的关系。

2007 年 12 月 20 日，周伯华局长在全国工商行政管理工作会议上发表讲话，围绕发挥工商行政管理的职能作用，明确提出，深入贯彻"十七大"精神是当前和今后一个时期全系统首要的政治任务。贯彻落实党的"十七大"精神，努力开创工商行政管理新局面，最根本的就是要始终用科学发展观统领和指导工作全局。科学发展观是我国经济社会发展的重要指导方针，也是工商行政管理工作必须长期坚持的重要指导思想。我们要进一步增强贯彻落实科学发展观的自觉性和坚定性，努力在履行工商行政管理各项职能中践行科学发展观，真正使广大干部成为科学发展观的忠实执行者。凡符合科学发展观要求的，就要积极支持、鼓励；凡违背科学发展观精神的，就要依法整治、制止。

（二）不断提高执法效能是全面落实科学发展观的重要举措

不断加强市场经济条件下工商行政管理能力建设，才能贯彻落实科学发展观。2004 年 12 月 13 日，吴仪副总理在全国工商行政管理工作暨双先表彰会议上的讲话，要求工商行政管理人员从六个方面进一步加强市场经济条件下的工商行政管理能力建设，全面贯彻落实科学发展观：不断提高从政治上把握和处理问题的能力、不断提高为经济社会全面协调可持续发展服务的能力、不断提高依法履行市场监管职责的能力、不断提高市场监管的能力、不断提高与各方面协调配合的能力、不断提高抓好队伍建设的能力。

全国工商行政管理系统认真贯彻落实党中央、国务院的决策部署和国务院领导同志的重要指示，站在战略和全局的高度，深刻认识不断提高执法效能、切实规范执法行为的重大意义。2006 年 7 月 21 日，王众孚局长在全国工商行政管理局长会议上作了题为《不断提高执法效能　切实规范执法行为》的讲话。指出,不断提高执法效能、切实规范执法行为具有重大意义,是坚持以科学发展观统领工商行政管理工作全局,促进科学发展、构建和谐社会的需要;是贯彻依法治国基本方略,努力建设法治工商的需要;是加大自身建设力度,不断推进工商行政管理改革发展的需要。为此,全国工商行政管理系统,一是联系实际,把握重点,积极推进提高执法效能、规范执法行为的各项工作。做到紧密联系工商行政管理实际,牢固树立和认真落实科学发展观。坚持有法必依、执法必严,切实做到尽职尽责、加强监管。提高行政效率,高效便民。严格依法行政,大力推进执法的规范化、制度化。加强协调配合,形成执法合力。二是采取有力措施,确保实现提高执法效能、规范执法行为的目标要求。做到以能力建设为重点,健全法律法规,为依法行政提供完备的法律依据,落实责任,强化监督,创新监管制度,不断提高执法水平,提高市场监管的科技含量,提高现代化管理水平。

(三)努力做到"四个统一"是全面落实科学发展观的具体体现

2007年2月10日至12日,周伯华局长围绕贯彻落实科学发展观,深入考察了湖南省工商行政管理工作后,明确提出,各地工商行政管理机关要进一步深入贯彻落实科学发展观,努力做到"四个统一",即监管与发展相统一,监管与服务相统一,监管与维权相统一,监管与执法相统一。

2007年7月12日,周伯华局长在哈尔滨召开的全国工商行政管理工作会议上,从全面落实科学发展观的高度深刻阐述了努力实现"四个统一"的重要意义,阐述了监管与发展、服务、维权、执法"四个统一"的内涵,指出把履行市场监管职能与促进发展、服务大局、消费维权、依法行政有机结合起来,是工商行政管理部门全面落实科学发展观、努力做到"四个坚定不移"的具体体现。

工商行政管理机关在实践"四个统一"的过程中不断总结,不断深化。2007年12月20日,周伯华局长在全国工商行政管理工作会议报告中指出,2007年国家工商行政管理总局党组按照全面落实科学发展观的要求,提出了工商行政管理监管要努力做到与发展、服务、维权、执法"四个统一",对全面落实科学发展观,在履行法定职能上有了新认识。"四个统一"既是对工商行政管理实践的高度概括和科学总结,又是落实科学发展观的具体体现,更是推进建立长效管理机制的指导性原则,这不仅成为全系统广大干部的共识,而且得到了各地党委、政府领导和社会各方面的肯定。全系统通过认真学习、深入研讨,深化了对工商行政管理部门在促进科学发展、构建和谐社会中职能作用的理解,对履行法定职责有了新的认识。一是更新了监管执法理念,增强了使命感和责任感;二是强化了监管职责,拓展了职能空间;三是创新了监管机制,提高了工作水平。实践证明,四个统一的提出,把工商行政管理机关履行职能与落实科学发展观的结合提到了新高度,较好地解决了加强市场监管与服务发展和保护消费者、经营者合法权益的关系,充分履行工商行政管理职能与促进地方经济发展的关系,实行省以下垂直管理与加强同相关部门协调配合的关系,有效地解决了对法律负责与对经营者、消费者及广大群众负责的统一,营造了内和外顺的工作环境,进一步提高了执法效能,提升了服务水平,把贯彻科学发展观落到了实处。

"四个统一"受到了国务院领导的高度评价。2007年12月20日,国务院副总理吴仪在全国工商行政管理工作会议的讲话中指出,"四个统一"的提出,把履行市场监管职能与促进发展、服务大局、消费维权、依法行政有机结合起来,是工商行政管理部门全面落实科学发展观的具体体现。全系统广大干部努力做到"四个统一",深化了对工商行政管理部门在促进科学发展、构建和谐社会中职能作用的认识,进一步增强了使命感和责任感,拓展了工商行政管理职能空间,进一步提高了监管执法水平和效能。

（四）着力推进"四化"建设是构建促进科学发展长效机制的有力抓手

2007年12月20日，周伯华局长在全国工商行政管理工作会议上指出，深入贯彻落实科学发展观，努力做到"四个统一"，构建长效管理机制，推进制度化、规范化、程序化、法治化建设是抓手，也是进一步开创工商行政管理工作新局面的关键。要按照适应社会主义市场经济监管的需要，努力实现监管领域由低端向高端延伸，监管方式由粗放向精细转变，监管方法由突击性、专项性治理向日常规范监管转变，监管手段由传统向现代化转变，切实做到高效、高质、高水平监管，充分展示工商行政管理机关在服务经济社会又好又快发展中的新水平、新面貌、新形象。

2008年2月27日，国家工商行政管理总局下发《关于大力推进工商行政管理工作制度化、规范化、程序化、法治化建设的意见》。要求各级工商行政管理机关要从全局和战略的高度充分认识推进"四化"建设的重要性和紧迫性，切实把推进"四化"建设作为深入贯彻党的"十七大"精神和全面落实科学发展观的重要任务，切实增强责任感和自觉性。还要求各级工商行政管理机关要围绕切实履行职责和充分发挥工商行政管理职能作用，扎实推进"四化"建设各项工作。

各级工商行政管理机关在进一步提高思想认识的基础上，紧紧抓住"四化"建设这个抓手，采取有力措施，加大工作力度，积极探索，大胆创新，积极构建科学发展长效机制。一是突出推进"四化"建设的重点内容。把履行法定职责作为"四化"建设的重点任务，紧紧围绕"五大职能"作用的充分发挥，在提高执法效能、服务质量和规范管理上下工夫，真正把长效管理机制由理念、目标变为实实在在的工作模式、工作机制，扎实有效地推进"四化"建设。二是明确推进"四化"建设的着力点。"四化"建设涉及工商行政管理工作的方方面面，范围广，任务重，各级工商行政管理机关进一步明确工作着力点，切实提高工作的针对性和有效性。三

是注重抓点带面、分类指导。各地进一步增强推进"四化"建设的自觉性、主动性和创造性，健全工作机制，深入调查研究，加强分类指导，严格责任考核，强化责任追究，确保"四化"建设的各项任务圆满完成。四是重视加强信息化建设和队伍建设。不断加快信息化建设，以信息化手段提高监管执法效能和服务发展水平。大力加强队伍建设，着力为推进"四化"建设提供坚强的组织保证。

第三节　加强市场管理，市场秩序不断完善

一、大力整顿规范市场经济秩序

（一）新时期整顿规范市场经济秩序的重要性

按照党中央、国务院的部署，工商行政管理机关从历史的大背景中，深刻地认识整顿规范市场经济秩序活动的重要性，把整顿规范市场经济秩序活动，作为新时期工作的重中之重，持续开展。

1. 党中央、国务院高度关注整顿规范市场经济秩序

2003年2月，国务院副总理、全国整顿和规范市场经济秩序领导小组组长李岚清在全国整顿和规范市场经济秩序领导小组第七次全体会议上指出：整顿和规范市场经济秩序是建立和完善社会主义市场经济体制的重要内容，是促进国民经济持续快速健康发展、维护人民群众根本利益的重要保证，是实践"三个代表"重要思想的具体体现。2003年12月21日，温家宝总理在王众孚局长呈报的《关于2003年工作情况和2004年工作安排的汇报提纲》及在全国工商行政管理工作会议上的工作报告（送审稿）做出重要批示，指出："明年要再接再厉，继续提高执法水平和工作效率，切实维护公平竞争的市场秩序，为经济和社会的全面、协调、可持续发展创造良好的环境。"2005年7月5日，吴仪副总理在王众孚局长呈报的《在全国工商行政管理局长会议上的讲话》上做出重要批示，指出："下半年，要进一步抓好先进性教育整改措施的落实，扎扎

实实完成国务院部署的整顿和规范市场经济秩序的各项任务,尽心尽力为促进经济社会全面协调可持续发展做好管理服务工作。"2005年7月23日,温家宝总理在王众孚局长呈报的《关于工商总局2005年上半年工作情况和下半年工作安排的报告》上做出重要批示:"要坚持不懈,抓好'三项整治'和'五项清理',继续深入整顿规范市场经济秩序。"2007年12月26日,温家宝总理在周伯华局长《在全国工商行政管理工作会议上的讲话》送审稿上做出重要批示:"完善市场管理制度,整顿规范市场秩序,加大行政执法力度,提高市场管理水平,是一项长期的任务。"

2. 人民群众热切期待整顿规范市场经济秩序

党的"十六大"以来,我国经济快速发展,人民生活水平不断提高。随着物质生活条件的改善,人民对发展有了新的期待。由于经济地位的变化,人们对政府部门的管理和公共服务水平提出了新的愿望,特别是在食品药品安全等方面出现的新矛盾,引起了人们的普遍关注。因此,更好地满足了人民过上更好的生活的新期待,是党和国家坚持以人为本的重要内容,也是工商行政管理机关维护经济秩序必须面对的重要课题。

3. 整顿规范市场经济秩序是工商行政管理部门的重要职责和长期任务

各级工商行政管理机关认真学习中央对形势任务的分析和判断,正确认识工商行政管理职能与整顿和规范市场经济秩序的关系,深刻认识到深入整顿规范市场秩序是实现全面建设小康社会奋斗目标的重要条件和必然要求,是工商行政管理职责所在。这项工作将贯穿于建立健全社会主义市场经济体制的全过程,需要不断提高对整顿规范市场秩序工作长期性、艰巨性、复杂性的认识,把整顿规范市场秩序作为各项工作的重中之重。并且,在深入整顿规范市场秩序中,努力做到"四个正确认识和处理"。一是正确认识和处理促进发展与整顿规范的关系。工商行政管理工作的基本职能是维护市场秩序,根本目的是促进改革发展。二是

正确认识和处理整顿规范市场秩序与整顿规范执法行为的关系。在依法整顿规范市场主体行为、市场交易行为、市场竞争行为的同时,正人先正己,大力开展队伍教育整顿,切实规范监管执法者的自身行为。三是正确认识和处理履行自身职责与加强协作配合的关系。整顿和规范市场经济秩序的工作,涉及面广,任务繁重,需要与各地、各部门分工合作,共同完成。四是正确认识和处理加强监管执法与依法执收执罚的关系。始终把加强监管执法作为履行工商行政管理职能第一位的任务,切实维护法律的尊严和执法的权威性。

(二)工商行政管理机关深入开展整顿规范市场秩序成效显著

1. 整顿规范市场秩序效果显著

工商行政管理机关始终把整顿规范市场秩序作为重点工作,坚持"全面展开、突出重点、标本兼治、重在治本"的方针,整治扰乱市场秩序的行业垄断、市场分割、信用缺失等突出问题,开展食品安全、查处虚假违法广告、保护商标专用权、治理商业贿赂等专项整治行动。2003年初至2007年6月底,全系统共查处各类经济违法违章案件965万多件,促进了市场秩序的进一步好转,积极为改革发展营造良好的市场环境和市场秩序。

2003年,各级工商行政管理机关坚持标本兼治、重在治本的工作方针,先后开展了"食品市场专项整治"、"维权反欺诈"、"维护公平竞争秩序,打击仿冒、欺诈行为"等一系列专项执法行动,并加大商标保护力度。截至2003年底,全系统共查处各类经济违法违章案件168.8万件,总案值263.98亿元,移送司法机关处理案件820件。其中,查处各类食品违法案件1.03万件;查处制假售假案件24.24万件,立案查处各类仿冒和虚假表示、虚假宣传案件9 411件,查处商标侵权案件2.65万件。各级工商行政管理机关把规范市场主体行为作为整顿规范市场秩序的治本之策,充分发挥登记监管职能作用,促进各类市场主体健康发展,截至2003年12月底,全国登记注册的内资企业

达412.36万户,注册资金147 321.42亿元。

2004年,全国工商行政管理系统认真贯彻落实国务院继续深入整顿规范市场经济秩序的重大部署,全面推进整顿规范市场经济秩序各项工作的开展。2004年1月至11月,全系统共查处各类经济违法违章案件175.42万件,总案值283.46亿元,移送司法机关处理案件799件。2004年,各级工商机关严厉打击以"拉人头"为主的各种传销和变相传销欺诈活动,维护了正常的社会经济秩序和社会稳定。工商行政管理系统全年共查处传销和变相传销案件1 489件,取缔窝点、场所1.04万个,驱散、遣返人员18.11万人。各级工商行政管理机关大力加强重要商品市场监管,切实维护了市场稳定。

2005年,全国工商行政管理系统按照国务院的统一部署,充分发挥职能作用,深入整顿规范市场秩序,共查处各类经济违法违章案件171.41万件,总案值286.37亿元。

2006年,根据党中央、国务院的决策部署,针对影响市场秩序和社会和谐的突出问题,全国工商行政管理系统以"五项整治"为重点,深入扎实开展整顿规范市场秩序的工作,为营造良好发展环境、促进和谐社会建设发挥了重要作用。全系统共查处各类经济违法违章案件228.96万件,总案值386亿元,移送司法机关处理案件872件。

2007年,各级工商行政管理机关认真贯彻国务院的部署,深入开展整顿规范市场秩序工作,加大监管执法力度,集中开展专项整治,切实维护市场秩序,依法保护消费者、经营者合法权益,取得了新的成效。

2. 国务院领导充分肯定整顿规范市场秩序工作

2003年12月21日,温家宝总理在王众孚局长呈报的"《关于2003年工作情况和2004年工作安排的汇报提纲》及在全国工商行政管理工作会议上的工作报告(送审稿)"上做出重要批示,批示指出:"在过去的一年,全国工商行政管理系统依法行政,积极为经济发展服务,整顿和规范市场经济秩序,严厉打击各种扰乱社会经济秩序的违法行为,各项工作取得明显成效。"2003年

12月23日,吴仪副总理在王众孚局长呈报的"《关于2003年工作情况和2004年工作安排的汇报提纲》及在全国工商行政管理工作会议上的工作报告(送审稿)"上做出重要批示,指出:"一年来,全国工商行政管理部门的同志在党中央、国务院和各级党委、政府的领导下,深入学习贯彻'三个代表'重要思想和'十六大'精神,大力整顿和规范市场经济秩序,积极稳妥地进行市场监管工作创新,努力树立工商文明执法形象,为国民经济持续快速健康发展和社会的全面进步做出了贡献。"2005年7月5日,吴仪副总理在王众孚局长呈报的《在全国工商行政管理局长会议上的讲话》上做出重要批示。批示指出:"今年上半年,国家工商总局认真抓好保持共产党员先进性教育活动,促进了各项工作的顺利开展。特别是以'三项整治'为重点的整顿和规范市场经济秩序工作和以'五项清理'为重点的队伍教育整顿工作成效明显,值得肯定。"2005年12月13日,吴仪副总理对工商行政管理工作做出重要批示:"2005年,全国工商行政管理系统的同志们认真贯彻党的'十六大'和十六届三中、四中、五中全会精神,全面落实科学发展观,坚持依法整顿和规范市场秩序,大力加强队伍建设和信息化建设,各项工作取得了新的成绩,为创造良好的社会经济发展环境做出了贡献。"

二、深入持续开展食品安全专项整治

民以食为天。全国工商行政管理系统在深入整顿规范市场经济秩序中,始终将食品安全专项整治工作作为重中之重。

(一)坚决贯彻执行国务院食品安全专项整治部署

1. 国务院关于食品安全整治的部署

2003年7月,国务院办公厅下发《关于实施食品药品放心工程的通知》,国务院决定,在全国范围内实施食品药品放心工程。2004年5月,针对安徽阜阳市发生的震惊全国的劣质奶粉事件,国务院办公厅下发《关于印发食品安全专项整治工作方案的通知》,决定在继续实施食品药品放心工程的基础上,针对当前食品安全工作的突出问

题,在全国范围内深入开展食品安全专项整治。2004 年 9 月,国务院下发《关于进一步加强食品安全工作的决定》指出,为恢复和提高我国食品信誉,确保人民身体健康和生命安全,决定采取切实有效措施,进一步加强食品安全工作,并明确规定,工商行政管理部门负责食品流通环节的监管。2007 年 4 月,国务院办公厅印发《2007 年全国食品安全专项整治方案》,同年 7 月 25 日,国务院第 186 次常务会议通过《国务院关于加强食品等产品安全监督管理的特别规定》。8 月 22 日,国务院办公厅印发《全国产品质量和食品安全专项整治行动方案》,明确由工商行政管理部门牵头流通领域食品质量安全整治,要求:到年底,县城以上城市的市场、超市 100% 建立进货索证索票制度;彻底解决乡镇政府所在地及县城以上城市小食杂店、小摊点无照经营的问题;乡镇、街道、社区食杂店 100% 建立食品进货台账制度。

2. 国家工商行政管理总局坚决贯彻执行国务院食品安全专项整治部署

2004 年 12 月 23 日,根据国务院的部署,国家工商行政管理总局下发了《关于印发〈流通领域商品质量监测办法〉的通知》,提出建立商品质量监测制度,进一步加强流通领域商品质量监督检查工作,建立有工商行政管理特色的商品质量监督检查制度,从技术手段上保证食品安全专项整治的落实。2005 年 5 月 23 日,国家工商行政管理总局下发了《关于印发〈工商行政管理所食品安全监督管理工作规范〉的通知》,规定工商行政管理所在区、县(含县级市)工商行政管理局的领导下,按照属地管理的原则,负责辖区流通环节食品安全的监督管理,维护辖区食品市场交易秩序,从进一步落实责任制上保证整治的有效性。2006 年 2 月 24 日,国家工商行政管理总局下发了《关于进一步加强流通领域商品质量监测工作的意见》,提出以食品监测为重点,继续完善流通领域商品质量监测体系,从建立长效机制上保证整治的科学性。2007 年 2 月 15 日,国家工商行政管理总局印发《2007 年流通环节食品安全专项整治工作方案》,强调,集中开展

“农村食品市场整顿年”活动,切实保障农村食品市场消费安全。同年 10 月 29 日,国家工商行政管理总局下发《关于规范食品索证索票制度和进货台账制度的指导意见》,提出依法引导和监督食品超市、食品市场销售者建立健全进货索证索票制度;依法引导和监督食杂店建立健全进货台账制度;切实加强对食品经营者建立健全并落实执行索证索票和进货台账制度的监督检查。力争在 2007 年 11 月底以前,各地食品超市、食品市场销售者均建立索证索票制度,乡镇、街道、社区食杂店均建立进货台账制度,确保食品专项整治“两个 100%”目标顺利实现,把整治活动和责任制、建立长效机制紧密结合起来。

3. 国家工商行政管理总局加强食品安全整治督导工作

集中抓好对食品安全整治中的大案要案、国务院领导批示案件的督查督办工作和重点地区、节日食品市场的检查工作。一是在国家工商行政管理总局的安排指导下,各地工商行政管理机关依法查处了一大批大案要案。2003 年国家工商行政管理总局紧急部署上海、浙江、广东、陕西、辽宁等省、直辖市对浙江台州、金华、温州等地加工的二氧化硫残留严重超标的有害桂圆进行查处,收缴、销毁有害桂圆数万公斤。二是对国务院领导批示的食品安全案件派人督办。2003 年根据吴仪副总理的批示,对重庆綦江有毒糖果案件进行了专案调查督办。2004 年分别派人赴事发地督办了国务院领导批示的江苏泰州劣质肉松、阜阳奶粉、广州白酒、新疆边销茶、废旧显像管等案件,及时将督办情况向国务院报告。三是密切关注食品安全市场情况,主动收集案件线索,以督办函形式督办案件,及时向各地批转群众举报案件。四是加强对各地食品安全监管工作的指导。国家工商行政管理总局多次派出督查组对重点地区和节日食品市场进行检查,2005 年对 10 个重点省市的检查情况向全系统通报。2006 年及时了解各地情况,编发《食品安全专项整治专报》,编著《流通环节食品安全监管系列丛书》,系统介绍食

品安全监管知识和流通领域食品安全监管法规文件。

4. 突出重点,开展食品市场专项整治

2003年实施了"食品药品放心工程"。7月21日,国家工商行政管理总局等八部委联合制定下发了《食品药品放心工程实施方案》,对实施食品药品放心工程工作进行了统一安排和周密部署。2004年3月17日,国家工商行政管理总局等八部委联合制定下发了《2004年全国食品放心工程实施方案》,提出以继续推进食品专项整治为主线,突出源头治理,重点抓好四个环节,全面提高食品安全监管水平,为实现食品放心工程三年规划迈出第一步。2004年组织开展了儿童食品市场、夏秋时令食品市场等专项整治行动。2005年集中开展了儿童食品市场、农村食品市场以及含"苏丹红"(一号)食品、包装食品、月饼市场、秋冬季食品市场等专项执法检查,严厉打击了制售假冒伪劣食品的违法行为。2006年1月9日,国家工商行政管理总局下发了《关于进一步加强流通环节食品安全监管工作的意见》,提出深入开展食品安全专项执法检查,加大对食品违法案件的查处力度,严格把好食品经营主体准入关,切实加强食品经营主体经济户口管理,不断强化食品安全日常监管,加强对农村食品市场的监管等。2006年1月10日,国家工商行政管理总局又下发了《关于开展依法清理规范食品经营主体资格工作的通知》并开展了全国范围内食品安全大检查活动。2007年8月23日,国家工商行政管理总局下发《关于贯彻〈国务院关于加强食品安全等产品安全监督管理的特别规定〉的实施意见》,指出《特别规定》是一部更具有针对性和可操作性的行政法规;提出要建立"经营者自检、工商抽检、消费者送检"相结合的质量监测体系;还提出全面推进食品等产品安全监管制度建设,积极构建长效监管体系。国家工商行政管理总局决定成立流通环节产品质量和食品安全工作领导小组,在总局党组的领导下,负责对全国工商行政管理机关食品等产品安全监管工作的具体组织领导、综合协调指导。2007年8月25日,国家工商行政管理总局下发《全国工商行政管理系统流通环节产品质量和食品安全专项整治行动方案》,明确了专项整治行动主要任务和工作重点:集中开展清理和规范食品等重点产品生产经营主体资格专项执法检查,集中开展对经营者履行进货检查验收等法定责任和义务情况的专项执法检查,集中开展食品安全和产品质量专项执法检查。要突出重点区域、重点市场、重点品种,集中组织力量,一个一个企业、一个一个区域地进行整治,着力解决存在的突出问题。各地认真贯彻国务院的部署和《特别规定》,开展"农村食品市场整顿年"行动,深入开展流通环节食品安全专项整治。

(二)食品安全整治工作取得的成效

1. 初步形成了工商监管、行业自律、社会监督"三位一体"的食品安全监管长效机制

从2004年至2008年,是全面推进我国食品安全信用体系建设的五年。一是积极探索建立食品安全长效监管机制。2004年通过依法开展"六查六看",基本摸清了食品经营户数量及经营状况的底数,掌握了强化监管必要的基础数据;2005年,认真贯彻《工商行政管理所食品安全监督管理工作规范》,继续推进食品安全监管制度和责任追究制度、食品经营者自律制度以及建立和健全以"12315"消费者申诉举报网络为基础的社会监督制度,建立健全监测制度,并实行了退市制度。全国31个省级工商行政管理局,91%的市(地)级工商行政管理局、85%的县(区)级工商行政管理局、75%的工商行政管理所建立食品市场经营主体准入制度、食品市场巡查制度、不合格食品退市制度、食品安全信息公示制度和食品经营主体信用分类监管制度;在全国工商行政管理机关引导和监督下,全国已有17.8万户食品经营企业、132.5万户食品经营个体工商户、8.8万家超市和2.9万个集贸市场建立了进货查验制度、索证索票制度、购销台账制度、质量承诺制度和市场开办者责任制度等制度。二是食品安全监管制度建设取得显著成绩。各地积极推进食品安全监管长效机

制建设,建立和完善食品分类监管制度、不合格食品退市制度、食品安全应急处置制度、市场巡查制度和经营者自律制度,认真实施对食品市场准入、交易和退市的全程监管,开展了全国范围内的食品安全大检查活动,有力地维护了食品市场消费安全,增强了人民群众的消费信心,初步建立了流通环节食品安全监管责任制度和食品安全事件应急处置制度,初步形成了工商监管、行业自律、社会监督"三位一体"的食品安全监管长效机制。三是不断推进食品安全监管长效机制。2007 年和 2008 年食品安全监管长效机制建设深入推进,维护市场消费安全的能力明显增强。不合格食品退市制度全面实行,食品安全索证索票和购销台账制度广泛建立,食品经营主体信用分类和食品质量分类监管稳步推进,食品安全和商品质量监管信息化网络建设进展顺利。浙江、江苏、广东、四川、云南、天津、江西等地大力推进食品安全示范店建设,福建、辽宁、湖北、河南、内蒙古等地积极探索建立大型商场、超市和食品批发市场电子台账。新疆在全区推广了食品索证索票电子监管系统。宁夏试点推行了食品批发商销售台账、销售凭证、食品零售商进货台账"三合一"的新模式,积极探索解决经营者"建账难、坚持难"的问题。山东将农村食品监管"四项制度"向城区延伸,扩大了范围。经过五年的努力,逐步建立起了我国食品安全信用体系的基本框架和运行机制,使我国的食品安全水平迈上一个新台阶。

2. 食品安全日常监管力度不断扩大,预警和应急处置机制进一步完善

全国工商行政管理系统基层工商所普遍在管辖范围划分责任区,实行责任人制度;普遍制定了处置食品安全事件应急预案,落实组织领导、工作措施、工作责任和人员力量。在组织处置"苏丹红"(一号)等食品突发事件中,工商行政管理机关的应对突发事件的能力经受了考验。2008 年国家工商行政管理总局先后召开了全国工商行政管理系统奥运食品安全监管工作会议,下发了专门通知,开展监督检查等,突出加强了奥运食品安全监管工作。全国各地和奥运赛区城市工商行政管理机关加大监管力度,认真落实奥运食品安全监管各项任务。北京市工商行政管理局承担了保障奥运食品安全的重要任务,建立了北京食品安全监控中心和工商奥运保障前沿指挥中心,健全奥运食品安全保障体系和信息化监管网络体系及食品安全风险预警和应急处置体系,为保障北京奥运食品安全发挥了重要作用。

3. 食品安全整治工作成效显著

2003 年,全系统共抽查食品 29.3 万批次,查处各类食品违法案件 1.03 万件,查处制假售假案件 24.24 万件、商业欺诈案件 5 195 件。2004 年,全系统共检查食品经营主体 670.14 万户次,查处食品无照经营 13.64 万户,捣毁制假售假窝点 8 617 个,查处制售假冒伪劣食品违法案件 9.75 万件,查获假冒伪劣食品价值 8.25 亿元,移送司法机关处理案件 110 件。2005 年,全系统共检查食品经营主体 1 407 万户次,监测食品 2 996 组,发现不合格食品 2 277 种,查处食品无照经营 24.61 万户,捣毁制假售假窝点 7 502 个,查处制售假冒伪劣食品违法案件 6.68 万件,查获假冒伪劣食品价值 2.45 亿元,移送司法机关处理案件 64 件。2006 年,全系统共出动执法人员 560 万人次,检查食品经营主体 1 040 万户次,查处取缔食品无照经营 15.18 万户,吊销营业执照 4 629 户,捣毁制售假冒伪劣食品窝点 5 900 个,查处制售假冒伪劣食品案件 6.8 万件,对 1.55 万吨不合格食品实施了退市。2007 年,全系统认真贯彻国务院的部署和《特别规定》,经过近四个月的集中专项行动,全面完成了整治目标任务。全国县级以上城市 17.3 万个超市、食品市场已 100% 建立索证索票制度;全国乡镇、街道、社区 269.69 万个食品经营户和食杂店已 100% 建立进货台账,提前完成了国务院确定的工商行政管理部门牵头的"两个 100%"和"一个彻底解决"的目标任务。

三、不断加强商标注册与管理工作

(一)改进和加强商标注册管理与商标评审工作

近年来,我国商标注册申请量持续大幅

增长,至 2006 年,我国的商标注册申请量已经连续五年居世界第一,达 76.6 万件,是自 2002 年以来连续第五年每年攀上一个 10 万件台阶,也是继 2002 年和 2004 年后第三次年增长量超过 10 万件。截至 2007 年 11 月底,我国商标注册总量已达 301.37 万件,国家工商行政管理总局依法认定的驰名商标已超过 1 000 件。这既反映出我国经济的快速健康发展和企业商标意识的日益增强,也给我国的商标注册工作带来巨大挑战。面对挑战,商标局商标评审委员会以提高商标注册效率和质量为目标,深化改革,积极应对。2005 年 10 月颁布实施新修订的《商标评审规则》。同年 12 月,商标局和商标评审委员会联合发布《商标审查及审理标准》。2006 年,颁布施行《商标实质审查工作规程》,完善和健全了商标审查工作程序,强化了分工协作,明确了责任范围,规范了商标实质审查工作的全过程。2007 年推进改革创新,强化绩效管理,采取提前审查、限制注册等措施,初步解决了恶意申请、恶意异议和恶意转让等问题。2008 年,国家工商行政管理总局把加快审查和审理、解决商标注册和评审案件积压作为“八件大事”的头等大事来抓,签订目标责任书,采取充实审查力量、调整内设机构、建立激励机制等措施,取得了阶段性成效。2008 年上半年审查商标注册申请比 2007 年同期增长 76.1%,审理评审案件增长 58%。

（二）集中开展保护注册商标专用权行动,加大商标侵权案件查处力度

工商行政管理机关切实保护注册商标专用权,有力维护商标注册人权益。一是制定保护注册商标专用权行动方案,切实保护商标注册人权益。2004 年 6 月,国家工商行政管理总局制定并公布了《开展保护注册商标专用权行动方案》,同年 12 月又制定了《2005 年保护注册商标专用权行动方案》,开展了为期一年半的保护注册商标专用权专项行动,有力地保护了注册商标专用权,有力地维护了商标注册人权益。2004 年,以保护驰名商标、涉外商标,查处食品、药品商标侵权案件为重点,组织开展了三次集中整治行动。全

系统共捣毁制假售假窝点 2 513 个,查处商标侵权案件 2.53 万件,其中涉外商标侵权案件 3 488 件。2005 年,各地先后开展了四次专项行动,严厉查处了侵犯食品商标、药品商标、涉农商标和以企业名称侵犯高知名度商标权益的案件,全系统共查处商标侵权案件 2.2 万件,其中涉外商标侵权案件 3 530 件,移送司法机关处理案件 132 件、116 人。据统计,自 2004 年 7 月至 2005 年 12 月,全国各级工商行政管理机关共出动执法人员 3 037 845 人次,检查经营户 7 660 747 户,检查商品交易市场 319 504 个,捣毁制假售假窝点 6 746 个,查处商标违法案件 87 352 件。二是巩固保护注册商标专用权专项行动成果,对商品零售市场进行整治。2006 年,国家工商行政管理总局先后发出《关于对有关商品批发零售市场继续进行整治的通知》和《关于对广州、深圳有关商品批发零售市场迅速组织开展集中整治行动的紧急通知》,对中外公众关注的商品批发零售市场进行了重点整治。三是认真总结商标行政保护工作的经验,继续保持并加大打击商标侵权行为的力度。全系统 2006 年全年共查处商标违法案件 50 534 件,其中共查处涉外商标案件 9 562 件;共收缴和消除违法商标标识 3 036 万件(套),罚款 3.98 亿元。2007 年,进一步加强了对驰名商标、涉外商标、农产品商标和地理标志的保护,至当年 11 月底,已查处商标侵权案件 4.2 万件,移送司法机关处理 229 件。四是商标行政保护机制逐步完善,保护力度逐步增大。商标授权经营制度进一步推广实行,探索实行了商标品牌市场准入和商标查验对比等监管措施,推动了商标行政保护长效机制建设。

（三）开展专项执法行动,保护奥林匹克标志

2003 年 8 月,北京 2008 年奥运会会徽正式揭晓。依照《奥林匹克标志保护条例》的规定,商标局对北京 2008 年奥运会会徽进行了备案,揭开了我国保护奥林匹克标志历史的新一页。国家工商行政管理总局及时下发《关于保护第 29 届奥运会组委会徽记的通知》,切实加强对第 29 届奥运会会徽的保护,各地适时开展保护奥林匹克标志的

专项执法行动。2007 年,开展了保护奥林匹克标志专用权行动。

(四)拓展商标领域的国际交流与合作

2005 年,总局组织开展了声势浩大的"保护知识产权宣传周"活动,组团赴欧美等国家进行了保护注册商标专用权宣讲,积极参与了国家知识产权战略的制定和中国保护知识产权成果展的筹备工作,成功举办了"战略性利用商标促进经济暨农村发展国际研讨会"等国际会议。2006 年派员参加了"中美地理标志保护研讨会"等一系列活动,派员赴日本宣传、讲解《商标审查及审理标准》。

四、集中开展广告专项整治

(一)积极贯彻国务院开展打击商业欺诈专项行动的部署,开展虚假违法广告专项整治

2005 年 3 月国务院办公厅下发《关于开展打击商业欺诈专项行动的通知》,把整治虚假违法广告作为严厉打击商业欺诈工作的重点之一。工商行政管理机关积极贯彻有关部署,开展虚假违法广告专项整治。一是制订下发方案,建立部际联席会议制度。2005 年,国家工商行政管理总局会同有关部门联合制订下发了《虚假违法广告专项整治工作方案》,建立了广告监管部际联席会议制度。2006 年,各地认真落实专项整治方案,积极发挥联席会议牵头作用,广告监测工作进一步加强,查办案件力度进一步加大。二是突出重点,开展虚假违法广告专项整治。2005 年,以惩治虚假违法药品、医疗、保健食品、化妆品、美容服务广告以及利用互联网发布的虚假违法广告为重点,强化对广告主、广告经营者、广告媒体的监管,加强广告监测,加大执法力度,严厉打击了制作、发布虚假违法广告的行为。2006 年集中整治了违法医疗、药品、保健食品、化妆品、美容服务等虚假违法广告,规范了电视直销广告和广播电视医疗资讯服务广告,禁止了报刊刊载部分类型广告,有效治理违法率高、违法量大、群众意见最为集中的医疗、药品、保健食品广告。三是加大对广告发布源头和媒体发布环节的治理力度。2007 年在查处违法广告的同时,依法

延伸了对医疗机构和药品生产企业的监管,强化了对媒体单位的管理与责任追究,对违法情节严重的广告活动主体采取了行政强制措施,及时将涉嫌犯罪的当事人移送司法机关惩处。四是虚假违法广告整治工作取得实效。2003 年,全系统共查处广告违法案件 7.17 万件。2004 年,全系统共查处虚假违法食品、药品、医疗服务广告 1.52 万件。2005 年开展虚假违法广告专项整治,进一步规范了广告行为,全系统共查处虚假违法广告案件 3.02 万件,责令停止发布虚假广告 4.07 万件,曝光典型违法案件 2 300 件,从广告监测情况看,重大虚假广告基本消除。2006 年,全系统共查处虚假违法广告 1.66 万件,责令更正 2 972 件,责令停止发布 2.12 万件,严重违法广告得到有效遏制,虚假违法广告蔓延的势头得到控制。2007 年,有效治理违法率高、违法量大、群众意见最为集中的医疗、药品、保健食品广告,截至 11 月底,全系统共查处虚假违法广告案件 5.66 万件,责令更正 3 788 件,责令停止发布 1.7 万件。

(二)加快广告市场监管机制建设,提高监管力度

为严厉打击违法广告行为,遏制违法广告反弹,着力加快广告市场监管机制建设,提高监管力度。一是发挥广告监管联席会议制度的作用,坚持和完善广告联合监管工作机制。二是积极建立广告监管长效机制。不断建立健全广告发布前咨询制度、备案制度、广告审查提示制度,出台地方性法规。三是积极探索推进网络广告管理建章立制。四是建立完善广告监控设施。江苏建立多媒体广告监控平台,在 12 个省辖市统一配置监测设备。

五、全力查处不正当竞争案件

2003 年,全系统共查处不正当竞争案件 3.86 万件;2004 年,全系统共查处各类不正当竞争案件 3.39 万件,案值 23.65 亿元;2005 年,共查处各类不正当竞争案件 3.57 万件;2006 年,共查处各类不正当竞争案件 4.55 万件;2007 年,共查处各类不正当竞争案件 4.71 万件、垄断行为案件 239 件。

（一）治理商业贿赂

各级工商行政管理机关积极发挥职能作用，把治理商业贿赂作为维护市场经济秩序、完善社会主义市场经济体制的重要举措。一是开展纠正医药购销中不正之风工作，坚决制止药品购销中的商业贿赂等不正当竞争行为。2006年下发《关于查办医药购销领域商业贿赂案件的工作方案》，加强对医药市场的监管和重点环节、重点单位的检查，严肃查办医药购销领域大要案件。二是不断改进和规范治理商业贿赂方式方法，推进治理商业贿赂工作。2006年，国家工商行政管理总局制订工作方案，及时部署、加强指导、认真督查，各地积极采取排查案件线索、查办大要案件、搞好部门协作等措施，稳步推进了治理商业贿赂工作的开展，全系统共查处商业贿赂案件8 233件，案值14.6亿元。2008年各地积极探索治理商业贿赂与企业信用分类监管有效连接等工作方法，加大了对社会热点难点领域商业贿赂行为的监管查处力度，促进了监管效能的提高。沈阳市工商行政管理局在识别假账上下工夫，总结出了"财会收支平衡法"，成功查处了一批典型案件。治理商业贿赂工作成效进一步提升。三是加强指导，加大查办案件力度。2007年国家工商行政管理总局印发了在治理商业贿赂中进一步加大查办案件力度的指导意见，加大了全系统案件查办力度。截至11月底，共查处商业贿赂案件7 432件，案值11.8亿元。

（二）查处垄断性行业限制竞争行为和推进反垄断执法工作

工商行政管理机关积极查处垄断性行业限制竞争行为，加大打击限制竞争行为工作力度，推进反垄断执法工作。一是反垄断和反不正当竞争等工作机制不断完善，执法行为更加规范有序。工商行政管理机关健全完善了行政执法评议考核办法、行政执法过错责任追究办法、正确行使行政处罚自由裁量权指导意见等，加大了打击限制竞争行为工作力度。2003年，全系统共查处公用企业或其他依法具有独占地位的经营者限制竞争案件872件，查处滥用行政权力限制竞

争案件81件。2004年，全系统共查处公用企业限制竞争案件334件。2007年，全国工商行政管理系统继续深入开展反垄断专项执法工作，共查处各类案件683起，其中包括公用企业和依法具有独占地位经营者限制竞争案件309起，地区封锁和地方保护等行政垄断行为4起。2003年初至2007年6月底，全系统共查处限制竞争案件3 790件，有力地维护了公平竞争的市场秩序。二是全国工商行政管理系统把贯彻执行《零售商供应商公平交易管理办法》作为反垄断执法工作的一个重点，严肃查处零售商供应商滥用优势地位的不公平交易行为，规范零售业市场秩序。三是以《反垄断法》的出台和正式实施为新的起点，进一步推进反垄断执法工作。《反垄断法》自2008年8月1日起实施，国家工商行政管理总局负责垄断协议、滥用市场支配地位、滥用行政权力排除限制竞争方面的反垄断执法工作（价格垄断行为除外）。全国工商行政管理机关积极做好《反垄断法》实施前的各项准备工作。加强《反垄断法》的学习培训，提高执法人员的专业素质和执法水平。制定下发反垄断执法工作指导性意见，抓紧研究起草有关配套规章，为反垄断执法工作提供统一、细化、操作性强的执法依据。继续严厉查处经营者滥用市场优势地位的限制竞争行为，制止和查处地区封锁、地方保护等滥用行政权力排除、限制竞争行为，进一步规范市场竞争行为，保护消费者合法权益。

（三）打击各种违法经营

全国工商行政管理系统全面推进查处不正当竞争行为工作，参与多项专项执法行动。一是加强对商业秘密、知名企业知识产权的保护力度，严厉打击合同欺诈。2003年，集中开展了"维护公平竞争秩序，打击仿冒、欺诈行为"专项执法行动。全年全系统共立案查处各类仿冒和虚假表示、虚假宣传案件9 411件。2003年，查处合同违法案件1.97万件，其中合同欺诈案件3 856件。2004年，与有关部门密切配合，对"消费储值"等商业欺诈行为进行了认真查处。2007年，围绕"制止欺诈月"活动，积极开展打击

商业欺诈专项行动,共查处虚假表示、宣传等商业欺诈案件14 122起,案值 10.6 亿元,罚没款 1.9 亿元,维护了消费者的合法权益。2007 年,全国工商行政管理系统共查处其他各类不正当竞争案件38 932起,案值17.05 亿元,罚没款 3.87 亿元。二是开展专项执法行动,打击"傍名牌"不正当竞争行为。2007 年,国家工商行政管理总局在全国范围内部署开展了打击"傍名牌"不正当竞争行为专项执法行动。吉林、广西、湖南、云南、青岛、济南、长春、大连等地采取与名优企业联系机制,加大打击"傍名牌"工作力度。据不完全统计,专项执法行动中全国工商行政管理系统共查处"傍名牌"不正当竞争案件6 019起,案值 4.12 亿元。三是开展取缔"黑网吧"专项行动,2007 年,共取缔"黑网吧"2.02 万户。四是依法取缔无照经营,并注重引导和规范。2007 年,共查处无照经营案件 75.7 万件,在依法取缔无照经营的同时,更加注重引导和规范,引导办照21.96 万户。此外,各级工商行政管理机关积极配合有关部门开展打击非法生产销售卫星电视接收设施、禁毒、反假币、打黑除恶和商用密码管理等工作,国家工商行政管理总局还承担了国家知识产权战略,保护商标权和保护商业秘密等课题的制定工作。

六、保持打击传销的高压态势

(一)严厉打击传销和变相传销

2003 年国家工商行政管理总局下发《关于进一步开展严厉打击传销和变相传销工作的意见》,1—11 月,全系统共查处传销和变相传销案件2 253件,捣毁、取缔窝点、场所16 078个,清查驱散传销人员 10 余万人次,移送司法机关处理案件 234 件、1 600人。2004 年以取缔人员聚集窝点为重点,严厉打击了以"拉人头"为主的各种传销和变相传销欺诈活动,会同有关部门,加大了对诱骗学生参与传销和变相传销案件的查处力度。全系统共查处传销和变相传销案件1 489件,取缔窝点、场所 1.04 万个,驱散、遣返人员18.11 万人。2006 年把打击传销和变相传销作为整顿规范市场秩序的重点工作,国家工商行政管理总局、公安部下发《关于贯

彻落实〈全国打击传销专项行动方案〉实施意见》。各地工商行政管理机关在当地党委、政府的领导下,与公安等部门密切配合,坚持取缔与规范并举,严厉打击传销,依法规范直销,查处了一批跨省市、涉及人员众多、传销金额巨大的传销大要案件。全系统共查处传销案件3 587件,取缔传销窝点2.99 万个,清查遣散传销人员 60.64 万人次,移送司法机关追究刑事责任案件 422起、2 111人,重点地区传销蔓延势头得到遏制。2007 年认真开展打击传销专项行动和集中行动,对异地聚集、"拉人头"式传销活动给予重拳出击,组织重点省市工商行政管理机关打掉了莱科萨斯、洛阳芦荟等一批影响大、发展人数多的传销组织。截至 11 月底,共查处传销案件3 747件,取缔传销窝点4.11 万个,教育遣散传销人员 90.45 万人,移送司法机关追究刑事责任案件 753 起、3 648人。2008 年,加大打击传销工作力度,集中力量查办大要案件,严惩传销组织者、策划者和骨干分子。

(二)各地认真贯彻执行《禁止传销条例》和《直销管理条例》

《禁止传销条例》和《直销管理条例》分别于 2005 年 11 月 1 日和 2005 年 12 月 1 日开始实施,各级工商行政管理机关认真抓好两个条例的贯彻落实。一是工商行政管理机关做好宣传教育工作。2005 年国家工商行政管理总局下发《关于切实做好贯彻实施〈禁止传销条例〉、〈直销管理条例〉有关工作的通知》。2007 年,两条例贯彻实施两周年之际,国家工商行政管理总局发出《关于集中开展打击传销、规范直销宣传教育活动的通知》,把宣传教育活动与贯彻落实《全国打击传销专项行动方案》实施意见结合起来,将打击传销、规范直销工作不断引向深入。二是加强直销监管工作。2007 年国家工商行政管理总局发布了《关于加强直销监督管理工作的意见》,指导各地进一步加大直销监管力度,直销监管工作稳步推进。

(三)开展创建"无传销社区(村)"活动

国家工商行政管理总局与公安部、教育部建立了执法协作和防止传销进校园工作

机制。各地建立完善全国传销组织者、骨干分子和参与传销人员档案库，广泛开展、推进和规范了"创建无传销社区（村）"活动，及时将打击传销纳入本省社会治安综合治理目标考核范围，建立健全考评机制。

七、加强对重要商品和各类市场监管

（一）加强对粮食、棉花、化肥、成品油、汽车等重要商品市场的监管

工商行政管理机关加强对重要商品市场的监管。一是不断加强粮食市场监管，切实维护粮食市场秩序。工商行政管理机关加强粮食市场监管，严格执行粮食收购资格准入制度，严厉打击无照经营和违规收购粮食的行为；积极支持符合资质条件的各类粮食经营、加工企业入市收购粮食；强化陈化粮市场监管，严格陈化粮购买资格审定工作，实行出库、运输和使用的全过程监管，严肃查处违规倒卖陈化粮和擅自改变陈化粮用途的行为。2004 年全系统共查处倒卖陈化粮案件 504 件，查获倒卖陈化粮 1.45 万吨。2006 年国家工商行政管理总局、粮食局下发《关于进一步加强陈化粮监管工作的紧急通知》，国家工商行政管理总局与有关部委下发《关于陈化粮销售处理有关问题的通知》，2007 年国家工商行政管理总局下发《关于认真做好加强对陈化粮购买资格审核工作的通知》。二是加强棉花市场和质量管理，维护棉花流通秩序。2003 年，国家工商行政管理总局与有关部委下发《关于加强棉花市场和质量管理的通知》；2004 年国家工商行政管理总局下发《关于严厉打击违法收购棉花行为　切实加强棉花市场监管工作的通知》；2006 年对现有棉花加工企业进行了清理整顿。三是完善汽车经营监管措施，维护汽车市场秩序。按照《关于开展汽车市场专项整治工作的通知》，2003 年大力整治汽车市场秩序，2004 年认真开展二手车交易和汽车、摩托车配件市场专项整治。2005 年国家工商行政管理总局下发《关于进一步贯彻实施〈汽车品牌销售管理实施办法〉、〈二手车流通管理办法〉的意见》，全年全系统共查处非法拼装车案件 581 件。严厉打击非法拆解拼装报废汽车行为，切实防止反弹，

对已取缔的报废车辆拆解市场全面进行复查，对零散、新的交易场点，对转移、隐匿报废车、拼装车和废旧车零部件进行地下暗中交易的，依法严厉打击。2007 年取缔非法拼装汽车市场 3 个，查处非法拼装组装汽车案件 332 起。四是加强成品油市场管理，规范成品油市场经营秩序。清理取缔非法加油站，严厉查处以次充好、掺杂使假、制售假冒伪劣成品油等违法行为。2003 年海关部署、国家工商行政管理总局等部委下发《关于严格查禁非法运输、储存、买卖成品油的通知》。

（二）大力开展盐业市场秩序专项整治

工商行政管理机关加强舆论宣传工作。各地认真贯彻温家宝总理、吴仪副总理重要批示精神，大力宣传非食用盐、非碘盐和不合格碘盐给人民群众生命安全带来的危害。为切实规范盐业市场秩序，认真组织开展专项整治行动，2005 年国家工商行政管理总局会同有关部委下发《整顿规范盐业市场秩序工作方案》。坚决取缔私盐生产、加工、储运、销售团伙和窝点，严厉打击非法从事食盐经营的违法行为，严防劣质盐流入食盐市场。同时，严厉打击了私盐交易行为，有效防止了非食用盐、非碘盐和不合格碘盐流入食盐市场。2005 年全系统会同有关部门共查办各类涉盐案件 1.05 万件，没收违法盐品 1.65 万吨。在专项整治中，加强部门协作，形成执法合力。加强与相关部门的情况沟通和工作协作，搞好齐抓共管，会同有关部门组成工作组，对重点地区进行督促检查，推动盐业市场整治工作扎实开展。

（三）严厉打击非法制售"毒鼠强"的违法行为

由于一些地区的集贸市场上出现经营业户违法违规出售"毒鼠强"等剧毒杀鼠剂，给人民群众身体健康和生命安全带来很大危害。2003 年国务院再次批示，一定要下大力量彻底解决"毒鼠强"的问题，在市场上彻底检查"毒鼠强"。各级工商行政管理机关贯彻国务院领导的批示精神，坚决保护人民群众身体健康和生命安全，进一步加大对鼠药市场的监管执法力度。为指导和推动全

系统狠抓落实，2003 年国家工商行政管理总局先后制定或参与制定下发文件 18 个，召开会议 2 次，向各地派出检查组 15 个。1—11 月，全系统共捣毁非法制售毒鼠强窝点 628 个，查封剧毒鼠药 29.9 吨，232 名涉嫌犯罪的当事人被移送司法机关追究刑事责任。

（四）积极配合有关部门加强文化市场监管

工商行政管理机关重视对文化市场的监管。一是积极配合有关部门开展"扫黄"、"打非"斗争，净化文化市场环境。重点查缴政治性非法出版物、淫秽出版物、盗版出版物和宣扬伪科学类出版物。2005 年全系统共查处制售非法出版物案件 2 119 件，2007 年查缴非法出版物 107 万本、非法音像制品 103 万盘，查处制售、传播非法出版物案件 1 932 起，案值 1 089 万元。二是配合有关部门加强对互联网上网服务营业场所和电子游戏经营场所的管理。加强对出租房屋、居民楼、高校电教室等场所的监督检查，坚决取缔"黑网吧"；加强对游戏厅室的检查，坚决取缔证照不全或无证照经营。三是配合有关部门进一步优化校园周边环境。积极会同有关部门对中小学校及周边无照经营进行查处取缔，密切配合有关部门对娱乐服务场所、商业网点、餐饮业等进行整顿规范，为中小学生创造一个良好的学习环境，确保消费健康安全。四是继续认真清理企业名称和商标、广告用语中的不良文化现象。严禁在企业名称和商标中使用含有反动政治内容、消极政治影响、封建迷信色彩、腐朽文化糟粕和违反社会道德内容的文字、词汇和图形；严禁在广告中出现违背社会良好风尚的文字、语言、画面以及其他庸俗淫秽、格调低下的内容。

八、加大力度打击合同欺诈

在打击合同欺诈方面，加大力度。一是强化合同行政监管，严厉打击合同欺诈等违法行为。推行合同示范文本制度，规范签约行为，抓合同履约率，加大对不公平条款和霸王条款的治理力度。2006 年，全国工商行政管理机关共查处合同欺诈等合同案件

1.99 万件，涉及合同金额 20.31 亿元，罚没款 1.36 亿元，移送司法机关处理案件 36 件。二是深入开展"守合同重信用"活动，全面推进企业信用建设。2003 年向社会公示了 1 058 家"守合同重信用"企业名单。2005 年，为构建诚信守约的和谐社会，按照国办《关于开展打击商业欺诈专项行动的通知》中"推进社会诚信建设"，"倡导'诚信兴商'和'守合同重信用'"的要求，大力宣传"守合同重信用"精神。为进一步规范"守合同重信用"活动，2006 年国家工商行政管理总局下发了《关于深入开展"守合同重信用"活动的若干意见》，明确开展"守合同重信用"活动的原则和"守合同重信用"企业的七项标准。三是加大了对格式合同条款的检查力度，积极做好合同行政调解工作。2006 年全年共检查合同 372.96 万份，合同金额 5 183.41 亿元，发现不合格合同 1.99 万份，到期未履约合同 27.51 万份，发现违法合同 2.28 万份，解除合同 0.6 万份。四是稳步推进拍卖管理、企业动产抵押物登记工作。各级工商行政管理机关依据《企业动产抵押登记管理办法》有关规定，提高动产抵押质量，规范抵押登记管理程序，2006 年共办理企业动产抵押物登记 6.68 万份。

九、严厉打击走私贩私

一是强化市场监管，坚决取缔走私货市场。各地加强市场巡查制，落实责任制，加强了对经营户的宣传教育工作。2007 年国家工商行政管理总局下发《关于做好 2007 年打击走私贩私工作的通知》，要求各地工商行政管理机关根据商品流通领域中走私贩私活动的新情况，有针对性地开展监督检查，维护良好的市场秩序。二是认真开展打击走私贩私专项斗争。按照国务院关于开展打击走私贩私的专项斗争的要求，从 2003 年 8 月起至 2004 年春节，国家工商行政管理总局部署开展打击流通领域走私贩私行为专项斗争。据统计，2004 年，各地共查处走私贩私案件 4 313 件，案值 12.88 亿元，没收金额 2.18 亿元，罚款 7 681.83 亿元。三是严厉查处走私贩私大要案。2005 年，各级工商行政管理机关与海关、公安等部门密切配

合,抓住重点地区和重点商品,开展打击走私贩私专项斗争,先后开展了打击走私贩私汽车、摩托车、成品油、电子产品、卷烟、肉鸡冻品等重点商品的专项斗争。2007年全国工商行政管理系统共查处走私贩私案件2 785起,案值8.89亿元。四是举办了"全国打击走私成果展览"。为了集中展现1998年以来的打击走私成果,国家工商行政管理总局与海关总署、公安部共同于2004年11月举办了"全国打击走私成果展览"。

第四节　服务大局,促进经济社会又好又快发展

适应新时期、新阶段党和国家的战略任务,工商行政管理部门坚持以人为本,着力解决广大人民群众关注的重点问题,切实维护人民群众的根本利益;坚持服务大局,积极促进经济社会又好又快发展;坚持改革创新,努力做到监管与发展、监管与服务、监管与维权、监管与执法的统一,为促进科学发展、构建和谐社会充分发挥职能作用。

一、加强和改进企业登记和监管,促进各类市场主体和多种所有制经济共同发展

发展是硬道理,必须以经济建设为中心不动摇,这是改革开放30年来积累的一条重要经验。实现科学发展必须统筹兼顾。工商行政管理部门始终坚持"两个毫不动摇",进一步加强和改进企业登记和监督管理工作,不断推进监管体制、机制、方式、手段的改革创新,不断拓宽服务领域,提高服务水平,毫不动摇地巩固和发展公有制经济,毫不动摇地鼓励和支持非公有制经济发展,不断地为我国经济的持续发展注入新的活力。

(一)大力支持国有企业深化改革,增强公有制经济的活力和市场竞争力

一是积极支持国有企业的重组改制。参与中国工商银行、中国建设银行、中国兵器装备集团公司、中国中煤能源集团公司等18家国有商业银行、国有大型企业、资产管理公司的重组改制、股份制改革方案的研究制定及境外上市、登记注册等工作。二是积

极支持垄断行业改革。放宽市场准入,积极支持银行、电信、电力、铁路、石油、煤炭、民航等行业引入竞争机制,支持有条件的企业推行投资主体多元化,加强对自然垄断行业的有效监管。三是积极支持国有中小企业通过联合、兼并、租赁、承包经营、股份合作、出售等方式进行改组。推行股份制,发展混合所有制经济,实行投资主体多元化,促进公有制特别是国有制采取多种有效实现形式。四是积极支持科技企业体制改革。支持应用开发型科研院所进行企业化改革,以及相关科研机构做好脱钩改制工作,促进高新技术产业化。五是积极引导外商投资企业参与国有企业改造。支持国有企业利用全球生产要素重组的机会,把利用外资与国内经济结构调整、国有企业改组改造结合起来,利用外资带动国有企业改革。六是支持国有经济布局优化。在国有经济的布局方面,支持国有经济更多布局在涉及国家安全、国家经济命脉的领域和行业,其他领域和行业的国有企业通过重组改制、结构调整,在市场中公平竞争。七是加强对国有企业改制工作的政策指导。加大服务国企改革工作力度,增强服务的主动性,对重点改制企业落实专人负责,提前介入,全程服务。坚持严格依法行政,依法规范前置审批、注册资本(金)、名称核准、抵押担保、商标权转让等工作,规范改制行为,防止违背国有企业改制精神,借机侵吞国有资产等行为的发生,保证国有企业改制工作的顺利进行。

(二)积极服务扩大对外开放,提高利用外资水平

1. 加强外资企业登记管理法规建设

工商行政管理部门努力为外商投资企业健康发展营造良好的法律环境。2003年,国家工商行政管理总局与国务院法制办等有关部门密切合作,先后出台了《外商投资企业管理规定》、《关于加强外商投资企业审批、登记、外汇及税务管理有关问题的通知》等法规规章和规范性文件,为解决入世后外资企业登记管理工作中遇到的新情况、新问题提供了法律依据。2006年,为贯彻落实新修订的《公司法》和《公司登记管理条例》,

进一步规范外商投资的公司审批和登记行为,国家工商行政管理总局联合商务部、海关总署、国家外汇管理局等部门制定了《关于外商投资的公司审批登记管理法律适用若干问题的执行意见》,对外商投资的公司在审批、登记、管理过程中存在的法律适用问题提出了具体的指导意见,实现了外资公司与内资公司在登记管理行政法规层面的基本统一,保持了我国利用外资法律和政策的连续性。

2. 圆满完成外资企业登记管理授权资格确认工作

为适应加入世界贸易组织后进一步做好外商投资企业登记管理工作的需要,2003年,国家工商行政管理总局适时修改了《外商投资企业授权登记管理工作办法》,并下发通知,要求各被授权局对照《办法》规定要求,做好自查自纠,限时调整完善自身授权工作。国家工商行政管理总局在检查验收的基础上重新确认被授权资格及其被授权范围。截至2004年4月,国家工商行政管理总局分三批对全国234个工商行政管理局进行外资登记资格确认,并新授予19个地方工商行政管理局外资登记管理权,使全国外资登记管理授权局达到253个,圆满完成了外资企业登记管理授权资格确认工作。通过开展外资企业登记确权工作,进一步健全了机构,完善了制度,充实了人员,为外资企业登记管理工作进一步规范化奠定了基础。

3. 进一步提高利用外资的质量水平

工商行政管理部门认真执行国家产业政策,合理引导外资投向,把支持鼓励外商投资企业发展与调整优化产业结构、促进区域经济协调发展、维护国家经济安全结合起来。重视对外资投向的产业和区域引导,积极支持外商在我国设立具有先进技术水平、高增值含量的加工制造企业和研发机构,引导外资向国家鼓励类、允许类的产业扩展,投向中西部地区和东北等老工业基地。按照国家鼓励外资参与国有企业改革的政策要求,积极引导外资参与国有企业改组改造。加强对东、中、西部等不同区域外资登记管理的分类指导,积极改进外资监管方式,强化对外资企业出资的监管,着力提高利用外资的质量。创新外资法人银行改制登记工作,2007年,及时为汇丰、渣打、花旗、东亚等首批外资法人银行及其所属的97个分(支)行核发了营业执照,顺利完成了恒生、永享、瑞穗、星展等第二批外资法人银行改制登记工作。

4. 积极推行电子政务,提高登记管理水平

2003年2月,中国外资登记网进行全面改版,内容更加丰富,信息更加全面,可以下载全国统一的103种外资登记注册和年检表格,极大地方便了企业。2004年1月,国家工商行政管理总局外资局首次在865家由总局直接登记管理的外商投资企业中试行网上年检,仅4个月时间,441家外资企业通过网上年检(占参检企业的51%),年检合格率达98.38%。网上年检作为企业年检制度的一项重大改革,受到了社会的广泛关注。2007年,在全国全面开展外资企业网上年检,取得了较好的成效,全国共有22万户外商投资企业[含分支机构和来华从事经营活动的外国(地区)企业]采用网上年检方式参加年检,网检率平均为77%,天津、浙江等13个省市网检率达到100%。

(三)鼓励、支持和引导个体私营等非公有制经济发展

工商行政管理机关坚持"两个毫不动摇",用科学发展观统领和指导促进个体私营经济发展工作。

1. 放宽个体私营企业市场准入,鼓励公平竞争

2005年2月,国务院下发了《关于鼓励支持和引导个体私营等非公有制经济发展的若干意见》。为了贯彻国务院《若干意见》,国家工商行政管理总局迅速制定并下发了《关于发挥工商行政管理职能作用　促进个体私营等非公有制经济发展的通知》,提出放宽市场准入,鼓励公平竞争,为个体私营等非公有制经济健康发展创造良好的法制环境和宽松的政策环境。在市场准入和市场主体设立方面,除法律、行政法规和

国务院决定规定的外,不得随意增加登记前置许可项目。根据修改后的有关法律法规规定,降低公司注册资本的最低限额,允许注册资本分期到位。在组织形式、经营范围及经营方式等方面,除法律法规禁止的以外,允许个体私营企业自主选择。

2. 鼓励、支持个体私营企业参与国有企业改制改组改造

国家工商行政管理总局《关于发挥工商行政管理职能作用 促进个体私营等非公有制经济发展的通知》明确提出,要继续坚持把支持、引导个体私营企业发展同支持国有企业改革、振兴东北等老工业基地紧密结合,引导、支持有条件的个体私营企业参与国有企业改革、改组、改造,与国有企业相互参股、融资,发展新型的混合所有制企业;引导、支持个体私营企业托管、承包、租赁或收购国有亏损的中小企业,参与老工业技术改造,发展环保型、生态型和外向型产业;引导发挥个体私营企业作用,大力支持东北老工业基地的建设,改造提升传统工业,促进资源型城市经济转型。

3. 鼓励、支持和引导个体私营企业大力发展第三产业

各级工商行政管理机关鼓励、支持个体私营企业从事商业批发与零售业,发展电子商务、物流配送和连锁经营等现代流通方式;鼓励、支持个体私营企业从事货物进出口、技术进出口等对外贸易经营;支持、引导个体私营企业从事交通运输、仓储业;支持、引导个体私营企业发展房地产、居民服务业、餐饮业和文化卫生事业;支持、引导个体私营企业发展科技、法律、会计、审计等咨询业以及信息业、各类技术服务业。

4. 积极促进农村个体私营经济和农民专业合作社发展

积极推动农村个体私营企业发展,支持、引导农村个体私营企业向农产品加工业、种养业以及为农业生产服务的行业拓展,提高农业综合生产能力,促进农民和农村劳动力转移。2005年起,国家工商行政管理总局积极配合相关部门,开展农民专业合作社调研工作,并参与《农民专业合作社法》、《农民专业合作社登记管理条例》的起草工作。2007年6月21日,国家工商行政管理总局制定并下发了《关于农民专业合作社登记管理的若干意见》和《农民专业合作社登记文书格式规范》,进一步统一和规范了农民专业合作社登记管理工作。2007年7月1日,《农民专业合作社法》正式实施。到2008年3月,全国登记农民专业合作社43 037户,成员出资总额达372.59亿元,成员总数572 890人,其中农民成员550 379人。农民专业合作社在促进农村经济发展和社会主义新农村建设方面的作用得到初步显现。

5. 加强监管执法和规范管理,促进个体私营企业健康发展

各级工商行政管理机关通过企业年检、个体工商户验照和市场巡查,规范个体私营企业的经营行为,促其诚信经商,守法经营,文明服务。同时,加强对个体工商户从事的重点行业和领域的市场监管,严厉查处违法经营行为。2005年2月,根据《个体工商户登记程序》,国家工商行政管理总局制定和下发了《个体工商户分层分类登记管理办法》,对委托工商所登记个体工商户和根据个体工商户信用分类实施监管提出了具体的措施。2006年4月,又制定和下发了《个体工商户委托登记管理实施意见》。通过实施个体工商户分层分类登记管理,充分发挥了基层工商行政管理所点多面广的优势,方便群众就近申办登记个体工商户,提高办事效率。通过加强个体工商户信用分类监管,建立了信用激励机制、相应预警机制和严重失信淘汰机制,促进了个体私营企业的健康发展。

(四)以促进市场主体有序健康发展为目的,健全和完善服务体系

工商行政管理部门积极主动提供方便、快捷的服务,以促进市场主体有序健康发展为目的,健全和完善服务体系。一是建立透明、便捷、高效的市场准入服务体系。进一步完善登记网站的服务功能,提供登记文书表格下载,积极探索网上登记咨询和网上查询服务,推进网上名称核准、网上年检和网

上登记预审。二是加强信息服务工作。充分发挥工商行政管理部门掌握企业登记和消费者申诉、投诉、举报等基本情况的优势，公开企业登记基本信息，反映消费维权动态，加强综合分析、评估和预测，为政府决策和有关部门加强监管提供参考，引导企业及时调整投资方向和产品结构。2007年，宁波、西安、武汉、厦门等地积极开展市场主体登记信息分析利用工作，为当地政府和社会各界提供有价值的数据分析报告。三是积极为各类市场主体发展创造公平公正的制度环境。着眼于建立健全与社会主义市场经济体制相适应的商事登记制度，认真处理好以经济性质划分企业类型和以责任形式划分企业类型的并轨问题、市场主体退出及后续监管问题。

（五）发挥职能作用，促进经济结构调整和经济发展方式转变

工商行政管理部门促进经济结构调整和经济发展方式转变，不断开拓创新。一是认真落实国家经济结构调整和产业发展政策。全系统大力支持装备制造业、高新技术产业和大型流通企业优先发展。二是参与制定促进服务业和服务贸易发展的政策措施。放宽了服务业市场准入，积极支持发展连锁经营。三是抑制"三高"产业的盲目扩展。全系统严格按照国家节能降耗、污染减排、安全生产等目标要求，依法做好产能过剩、技术落后、污染环境等企业的变更登记、注销登记、吊销营业执照等工作，积极参与环境保护治理、节能减排、矿产资源整治、煤矿整合关闭等专项行动，有效抑制了"三高"产业的盲目扩展。

二、充分发挥职能作用　不断推进社会主义新农村建设

建设社会主义新农村，是党中央从贯彻落实科学发展观，构建社会主义和谐社会的全局出发作出的重大战略部署，是我国现代化进程中的重大历史任务。工商行政管理机关服务社会主义新农村建设，既是实践"三个代表"重要思想、贯彻落实科学发展观的具体体现，也是工商行政管理机关构建社会主义和谐社会的本质要求。工商行政管理部门充分发挥职能作用，积极促进城乡经济发展和社会进步。

（一）建立七项机制，服务新农村建设

2006年，国家工商行政管理总局在推进社会主义新农村建设工作中经过不断探索，总结提出并建立"红盾护农"、"经纪活农"、"合同帮农"、"商标富农"、"权益保农"、"政策惠农"、"市场助农"七项工作机制，这是近些年来工商行政管理机关服务"三农"的生动体现和科学总结，直接体现了工商行政管理职能作用，是工商行政管理机关推进社会主义新农村建设整体合力的具体要求，突出了职能作用，找准了工作重点，抓住了"促进农村增益、农业增效、农民增收"这个主题。1月24日，国家工商行政管理总局下发《关于充分发挥工商行政管理职能作用　扎实开展推进社会主义新农村建设工作的通知》。3月31日，国家工商行政管理总局下发《关于支持发展订单农业　积极开展涉农合同帮扶工程工作的通知》。近年来，全系统不断完善护农、活农、富农、惠农、助农的工作机制，积极促进农民专业合作社和农村经纪人发展，指导农民、涉农企业申请注册农产品商标和地理标志，有力地推动了农业增效和农民增收。

（二）深入开展"红盾护农"行动，切实维护农民群众利益

2004年2月，为切实维护农民群众利益，国家工商行政管理总局党组专门召开会议，将工商行政管理机关开展的农资打假工作命名为"红盾护农"，提出"红盾护农"行动的指导思想是：深入开展农资打假，围绕爱农、护农、帮农行动，铲除坑农损农害农行为，并明确专门机构落实此项工作。为保证红盾护农行动收到实效，国家工商行政管理总局高度重视，制订方案，周密部署。2004年总局下发了《关于继续深入开展"红盾护农行动"的通知》，2005年2月下发《关于印发〈2005年红盾护农方案〉的通知》，2006年1月下发《关于深入开展"2006红盾护农行动"的通知》，2007年2月下发《关于深入开展"2007红盾护农行动"的通知》，2008年2月起连续下发《进一步开展"2008红盾护农

行动"的通知》、《关于认真开展"红盾护农保春耕"专项行动的紧急通知》、《关于深入开展"红盾护农"行动 切实加强农资市场监管的紧急通知》等文件,推进了全系统深入开展红盾护农行动,取得了显著成果。据统计,自2004年至2008年5月,全国工商行政管理机关共整顿各类农资市场12.6万家(次),检查农资企业及个体工商户160万户(次),取缔无照经营3.4万户,查处农资违法案件13.8万件,案值19.3亿元,捣毁农资制假售假窝点2 360个,受理农资案件投诉4.7万件,为农民挽回经济损失26.2亿元。2007年12月25日,国家工商行政管理总局局长周伯华在《关于"2007红盾护农行动"有关情况的报告》上作出重要批示:全面落实科学发展观,努力做到四个统一,在"红盾护农"上措施具体,工作扎实,收效显著,农民满意,各级党委、政府肯定,为工商行政管理机关创立了"驰名商标"。

（三）多管齐下,加大支持"三农"建设工作力度

工商行政管理机关充分发挥职能作用,积极服务新农村建设。一是积极推进"商标富农"。2004年8月10日,国务院副总理吴仪在国家工商行政管理总局报送的《关于运用农产品商标和地理标志促进农民增收的意见的报告》上批示:"运用商标和地理标志来促进农民增收是个好办法。"同年12月,国家工商行政管理总局和农业部联合下发《关于加强农产品地理标志保护与商标注册工作的通知》。各级工商行政管理机关与农业主管部门密切配合,采取有效措施,推进农产品地理标志与畜牧保护工作。截至2008年4月,工商行政管理机关已经受理地理标志申请949件,注册和初步审定地理标志402件,主要涉及香梨、芦柑、茶叶、大米等农副产品。在国家工商行政管理总局依据《商标法》已认定的1 234件驰名商标中,涉农商标有290件,地理标志有14件,如安溪铁观音、绍兴黄酒、盘锦大米、太和乌鸡等。农产品商标和地理标志已成为农民增收的有效手段。二是认真做好"合同帮农"。2007年3月,国家工商行政管理总局下发《关于认真做好涉农合同帮

扶工作 维护农民权益促进农民增收的指导意见》。2008年4月,国家工商行政管理总局下发《关于深入开展合同帮农工作的指导意见》。截至2008年4月,全国工商行政管理机关共开展合同帮扶涉农企业83.37万多户,签约农户1 057万多户,签约订单2 223万份,合同金额总计达3 246亿元,调解涉农合同纠纷8 339件,查处涉农合同违法案件4 865件,为农民挽回经济损失5.23亿元。三是深入开展"经纪活农"。国务院领导对发展农村经纪人工作非常重视,2005年4月,回良玉副总理对国家工商行政管理总局《发展农村经纪人是解决"三农"问题的重要途径》的报告作出重要批示:"大力发展农村经纪人,能有效地促进农业生产和市场的衔接,能推动农村经济结构的调整,也有利于农民的增收。"8月31日,回良玉副总理在国家工商行政管理总局《关于培训和发展农村经纪人高层研讨会有关情况的报告》上批示:"农村经纪人是市场经济发展的必然产物,是繁荣农村市场的重要力量。要不断总结经验,完善有关政策,制定相关法规,进一步培育和发展农村经纪人,管理规范经纪行为,以更好地促进农产品流通和农民增收。"2007年3月,国家工商行政管理总局下发《关于加快培育和规范发展农村经纪人 扎实推进社会主义新农村建设的意见》。截至2008年4月,全国共有农村经纪人80余万户,经纪执业人员逾100万人,经纪业务量超过2 500亿元,经纪活动覆盖了所有农副产品,有力地促进了农民增收。四是切实抓好"市场助农"。在社会主义市场经济条件下推进农业和农村经济发展,必须面向市场,搞活流通,其中抓好"两个流通",即农资和农产品的流通尤为关键。各级工商行政管理机关加强农资流通监管,维护农资市场秩序,加强农产品流通监管,促进农民增收。紧密结合工商行政管理工作实践,不断提高工商行政管理市场监管和行政执法在推进社会主义新农村建设中的能力和水平,努力营造公平竞争的农村市场环境,大力维护农民合法权益,为构建社会主义和谐社会、建设社会主义新农村作出新的贡献。

三、积极支持实施国家区域发展总体战略,大力促进区域经济协调发展

实施西部大开发、振兴东北老工业基地、促进中部地区崛起、鼓励东部地区率先发展,是中央促进区域协调发展的重大决策,对于逐步缩小区域发展差距、实现共同富裕目标、促进和谐社会建设具有重要意义。工商行政管理机关把促进区域协调发展作为服务经济发展的重要任务。一是参与主办和支持举办区域商贸活动。2005 年,为促进东、中、西部良性互动、优势互补、共同发展,参与支持举办了"中国中小企业博览会"、"中国西部家具建材博览会"、"东西部合作与投资贸易洽谈会"、"兰洽会"、"青洽会"等商贸活动,推动"泛珠三角"地区广泛开展区域合作。2006 年国家工商行政管理总局参与主办和支持举办了中国中部贸易投资博览会、东西部合作与投资贸易洽谈会等招商引资活动。2007 年国家工商行政管理总局又先后参与主办和支持举办了第二届中国中部贸易投资博览会、第十一届东西部合作与投资贸易洽谈会、"泛珠三角"合作高层论坛、"青洽会"、"兰洽会"等经贸活动。二是加强区域协作体系构建。"长三角"、"泛珠三角"等地工商行政管理机关积极推进区域合作,开展重大食品安全事故和隐患预警应急合作,构建协作体系,加强合作区域内商标保护工作的协调和配合。一些毗邻省市建立了区域执法协作机制,有力地促进了区域经济协调发展。三是积极参与内地与香港、澳门 CEPA 补充协议四的磋商、会谈,研究提出了港澳居民在内地申办个体工商户经营范围进一步放开的具体意见。与国台办配合,研究提出了促进两岸农业合作及开放台湾农民在大陆园区兴办个体工商户的有关意见。四是分类指导不同区域。针对不同区域的优势和特点,实施分类指导。扶持发展具有当地特色的产业、优势产业和龙头企业,带动当地经济发展。五是建立和完善工商行政管理区域合作机制。进一步巩固已建立的长江三角区域、"泛珠三角"区域等工商行政管理工作联席会议制度合作成果,建立健全情况和信息通报制度,完善协作制度和合作机制,实现执法资源共享,不断扩大合作范围、提高合作水平。2008 年,"长三角"地区合作深入推进,建立完善了执法联动、信息共享、品牌联保、量罚适当的执法协作机制。"泛珠三角"执法合作机制进一步深化,推进了"泛珠三角"区域经济发展,促进了全国统一市场的形成。六是支持浦东新区开发建设、海峡西岸经济区建设、北部湾经济区建设、滨海新区建设、成都城乡统筹试验区建设等取得积极成效。七是各地积极对口支援西藏、支援三峡库区和青海藏区工商行政管理事业。

四、发挥职能优势,切实做好促进就业和再就业工作

就业是民生之本、安国之策,是社会和谐的基础。工商行政管理机关结合工商行政管理职能,积极促进就业再就业。一是把再就业工作摆在突出位置。各地认真落实十六届五中全会、中央经济工作会议关于千方百计扩大就业的精神和国务院的部署要求。2005 年 12 月 21 日,国家工商行政管理总局下发了《关于贯彻落实〈国务院关于进一步加强就业再就业工作的通知〉的通知》,要求各级工商行政管理机关,要用科学发展观统领促进就业再就业工作,不断增强促进就业再就业的政治责任感和历史使命感,充分发挥职能作用,切实加大工作力度,积极促进就业再就业工作。2003 年初至 2007 年 6 月底,全系统通过落实党和国家的一系列政策措施,使 910 多万名下岗人员在个体私营经济领域实现再就业。二是政策扶持。各地坚持实施积极的就业政策,围绕城镇就业、高校毕业生就业、下岗失业人员再就业,以及农村劳动力转移等,在市场准入、收费减免、提供服务和优化市场环境等方面采取了一系列措施,促进了经济发展与扩大就业再就业的良性互动。2005 年全系统共支持、办理 239.59 万名下岗失业人员在个体私营经济领域实现再就业,免收行政性收费 11.08 亿元;引导、支持 35.64 万名高校毕业生在个体私营经济领域实现就业,免收高校毕业生从事个体经营行政性收费 8 450.6 万元。2006 年,有 120 万名下岗人员在个体私

营经济领域实现再就业,有近一半的高校毕业生在个体私营经济领域就业,全系统为促进就业共免收行政性收费12亿元。三是采取多种形式促进就业再就业。各地坚持政策引导、政策支持,完善登记窗口的"绿色通道",实行申请、受理、审批"三优先"的"一站式"服务;设立再就业咨询窗口、再就业培训点,组织创业有成的个体、私营企业介绍自主创业、勤劳致富的经验,并为下岗失业、待业人员牵线搭桥,形成鼓励自主创业和自谋职业的机制和氛围,促进多种形式就业。2008年,湖北、青海举办帮扶大中专毕业生就业招聘会,引导高校毕业生转变择业观念,多渠道实现就业。

五、维护社会稳定、促进社会和谐

（一）保护消费者合法权益,构建和谐社会

加强消费者权益保护工作,既是促进各类市场主体守法经营和维护公平竞争的重要举措,也是增强消费信心、扩大国内消费需求、维护社会和谐稳定的重要任务。为此,2003年以来,工商行政管理部门采取健全消费维权体系、完善消费维权机制、创新消费维权手段等措施,不断提高消费维权能力,有效地保护了消费者合法权益,有力地保障了市场经济的有序运行。

1. 不断强化对商品和服务的监督,有效规范服务领域经营行为

2005年,全国工商行政管理机关有针对性地开展重点商品和服务行业的专项整治。国家工商行政管理总局会同国家发改委、公安部、质检部门、信息产业部等部门,组织开展了对消防产品、建材市场、手机市场、非法经营废旧黑白显像管市场进行专项整治。在对非法经营废旧黑白显像管市场的专项整治中,共查废旧黑白显像管约8万只,有效地维护了显像管市场秩序。

2. 以解决群众关注的难点热点问题为重点,健全和完善行政保护体系

着力解决与人民群众日常生活密切相关的消费领域热点问题。进一步强化流通领域商品质量监管,切实保障城乡市场消费安全。加大服务领域消费维权力度,以家电维修、餐饮、旅游、美容、装饰装修、互联网销售等消费者投诉比较集中的领域为重点,加强监督管理,引导经营者健全行业规范,引导和督促企业自律,深入开展了服务行业的"维权反欺诈"活动。

3. 引导规范行业行为和推进"12315"行政执法体系建设,切实保护消费者合法权益

工商行政管理机关通过创新机制、完善制度、引导规范行业行为和推进"12315"行政执法体系建设,全面提升消费维权水平,切实保护消费者合法权益。一是在创新消费维权工作机制上取得了显著进展。在国家工商行政管理总局的统一领导下,消保局、中国消费者协会、中国消费者报三个单位建立了工作联席会议制度和重大信息交流制度,三个单位联合组织开展相关治理,在消费维权中发挥执法监督、社会监督和舆论监督的合力取得了显著效果。2005年,国家工商行政管理总局重点选择与消费者日常生活密切相关的行业协会,重点加强了与中国食品工业协会、中国食糖工业协会、中国不锈钢制品协会等行业协会联合,就市场专项整治、联合打假、行业经营规范进行了一系列合作,较好地发挥了行业协会在消费维权方面的积极作用。二是在推进"12315"行政执法体系建设上取得显著进展。"一会两站"和"12315"进村镇、进社区、进企业、进市场、进超市覆盖面进一步扩大,形成了国家工商行政管理总局、省、市、县工商行政管理局和基层工商行政管理所五级贯通和覆盖城乡的"12315"信息化网络。2007年,福建省建立了政府领导、工商行政管理机关牵头、相关部门协作的消费维权联席工作会议制度;湖南省工商行政管理局建立了省、市两级工商局一把手任组长的"12315"行政执法体系建设改革领导小组,进一步完善了各级"12315"机构。天津市"12315"中心与104家经营单位建立了消费维权直通互动机制,消费纠纷和解率达到95%。目前,"一会两站"建设发展迅速,"12315"站点进村镇覆盖率达48%,进社区覆盖率达63.8%,"12315"网络进商场、进超市、进企业范围不

断扩大,受理处理消费者申诉举报和调解消费纠纷的能力进一步增强。

4. 严厉打击利用商业欺诈、行业垄断损害消费者权益的行为

针对房地产、保险、医疗、电信、交通等领域的侵权和欺诈问题,规范行业经营行为,加强合同监管,制止霸王条款,打击设置合同陷阱、骗取合同保证金等违法行为,创新合同争议行政调解机制,实现行政调解与司法调解的有机结合,维护市场交易安全。2006 年 7 月 6 日,国家工商行政管理总局与建设部、发改委联合下发《关于进一步整顿规范房地产秩序的通知》。组织工商行政管理部门及有关部门集中开展房地产市场秩序专项整治行动,加大对房地产环节违法违规行为查处力度,有效地规范和维护了房地产市场秩序,维护了消费者的合法权益。近 5 年来,全系统查处侵害消费者权益案件 80.2 万件以上,受理消费者申诉案件 361 万件,为消费者挽回经济损失 32.7 亿元,有力地保护了消费者合法权益,为维护社会和谐稳定发挥了积极作用。

(二)积极参与社会治安综合治理,维护社会和谐稳定

加强社会治安综合治理,是保障人民群众安全、促进社会和谐的重要方面。各地工商行政管理机关积极参与社会治安综合治理。一是积极服务,安全生产。2005 年,认真贯彻落实胡锦涛总书记、温家宝总理的重要指示和国务院关于加强安全生产的一系列指示精神,国家工商行政管理总局下发紧急通知要求,积极配合有关部门加强对煤矿、非煤矿山、危险化学品、烟花爆竹、民爆器材等生产经营企业的监管。特别是重点配合有关部门继续整顿煤矿瓦斯治理,对有关部门提请当地政府决定予以关闭的煤矿,责令其限期依法办理注销登记。针对一些城市对燃放烟花爆竹“禁改限”的情况,进一步加大对烟花爆竹生产、销售等各环节的监管,防止不合格产品和违法产品流入市场。2007 年,继续积极参与、加大力度整治煤矿、非煤矿山、危险化学品、烟花爆竹、民爆器材、违法排污、油气田及输油管道生产治安

秩序等专项行动,促进安全生产。二是密切配合有关部门扎实开展校园周边环境治理、查处取缔“黑网吧”、预防青少年犯罪、刑满解教人员帮扶安置。打黑除恶斗争和禁毒防艾工作,加强对互联网上网服务营业场所、电子游戏经营场所、洗浴中心、保健按摩等服务行业的监管,依法查处违法经营行为。2007 年,以农村、城乡结合部、学校周边和各类变相网吧为重点,开展网吧专项清理行动,坚决取缔“黑网吧”。三是扎实推进农村平安建设。2007 年,按照中央综治委《关于深入开展农村平安建设的意见》的要求,依法加大对农村危害人民群众身体健康和生命财产安全的非法生产经营活动的查处力度,消除安全隐患。

六、积极应对突发事件,实现有效应急管理

在社会转型期,社会矛盾和冲突容易积聚及爆发,我国正处在社会深刻变动期,一些矛盾和问题凸显,工商行政管理机关作为维护市场经济秩序政府职能部门,必然需要正确应对各种自然灾害引起的市场波动、严重危害消费者权益和严重影响社会经济秩序安全等突发事件。2005 年 6 月 29 日,国家工商行政管理总局下发了《工商行政管理系统市场监管应急预案》。2007 年 10 月,中国工商出版社及时出版了《工商行政管理系统突发事件应急管理》一书,对工商行政管理系统需应对的突发事件进行了探讨,各地也在实践中积极应对突发事件。

(一)“非典”疫情的应对

2003 年,面对突如其来的“非典”疫情,全国工商行政管理系统高度重视,坚决贯彻落实党中央、国务院的一系列重大决策和部署,全力以赴地投入了抗击“非典”的斗争。总局先后单独或与有关部门联合下发 8 个文件,与国家发改委等部门联合召开两次电视电话会议,紧急起草有关文件,全面部署“非典”时期的市场监管工作,建立工商行政管理系统防治“非典”市场监管信息快报制度,加强防治“非典”市场监管的督查,加大案件的查处,有力地打击了利用防“非典”名义进行违法经营活动。在防治“非典”工作中,全系

统共出动执法人员 344 余万人次,执法车辆 70 余万台次,检查各类市场主体 883 万余家,查处各类利用防治"非典"名义从事违法经营案件 22 万余起、案值16 164余万元,其中查处制售假冒伪劣商品案件 14 余万件、案值4 183万元,移送司法机关处理的案件 46 件。为维护市场秩序、保障防治工作顺利进行、促进经济发展,积极发挥了职能作用。

(二)高致病性禽流感疫情的应对

2004 年春节前,我国突发禽流感。1 月 18 日,国务院办公厅发出《关于加强高致病性禽流感防治工作的紧急通知》。1 月 19 日晚,国务院召开严格控制和预防禽流感疫情紧急会议。国家工商行政管理总局 1 月 20 日起草下发了《关于进一步加强春节食品市场监管 确保人民群众消费安全的紧急通知》,强调要切实加强对染疫病死、有毒有害禽类、肉类及其产品的市场检查,确保人民群众消费安全,加强对春节食品市场的监管工作;对未经检疫的食品一律不准上市销售,一经发现染疫病死、有毒有害禽类、肉类及其产品要立即扣留,并迅速采取善后处理措施;要严格报告制度,各地要将监管情况,特别是重大案件查处情况,及时上报。1 月 27 日,在国务院公布高致病性禽流感疫情后,国家工商行政管理总局下发《关于严格控制和预防高致病性禽流感 切实做好市场监管工作的紧急通知》,进一步明确防治禽流感市场监管的具体措施。各地工商行政管理机关在当地党委、政府的领导下,把防治高致病禽流感作为头等大事,组织力量,全力以赴做好重点市场的监管工作,及时有效地控制了禽流感疫情。2005 年面对高致病性禽流感疫情,国家工商行政管理总局向全系统下发了做好市场防控高致病性禽流感工作的紧急通知和应急预案。各地采取关闭活禽交易市场、实行挂牌经营、加强市场巡查、严厉打击制售假冒伪劣禽流感疫苗违法行为等有力措施,切实加强市场监管,严防禽流感通过市场传播。2006 年,各级工商行政管理机关充分发挥市场监管职能作用,坚持一手抓防控,一手促发展。一方面,高度重视和切实抓好禽流感防控工作,制订完善市场防控禽流感应急预案,认真落实禽类市场监管监测报告制度;加强活禽交易市场特别是农村市场的监管,实行禽类产品市场准入和"挂牌经营"制度;严厉打击制售假冒伪劣禽流感疫苗等违法行为,严防禽流感通过市场传播。另一方面,认真落实各项扶持措施,积极促进家禽业健康发展,确保合格的禽类及其产品正常交易,货畅其流。

(三)低温冰冻雨雪灾害的应对

2008 年初,我国连续发生大范围低温雨雪冰冻灾害,给部分地区生产和群众生活带来很大困难。各地工商行政管理机关认真贯彻国务院领导重要指示精神,按照国家工商行政管理总局的统一部署,在当地党委、政府的领导下,认真履行职责,紧急行动,团结奋战,加强市场监管,采取多种措施防灾、抗灾、救灾、减灾。一是国家工商行政管理总局及时下发《关于进一步加强鲜活农产品市场 监管维护市场秩序的紧急通知》、《关于做好应对雨雪冰冻灾害加强市场监管的紧急通知》,要求各级工商行政管理机关提高思想认识,强化组织协调;认真落实减免工商行政管理费用的规定,促进鲜活农产品流通,加强市场监管,维护市场稳定;加大协调力度,促进鲜活农产品流通;健全完善应急管理机制,及时处置各类突发事件等。贵州省工商行政管理局在全省抗凝冻、保民生和灾后恢复重建中作出了突出贡献,被省委、省政府荣记集体一等功。二是各地深入开展"红盾护农"行动。2008 年 2 月起,国家工商行政管理总局连续下发了《关于充分发挥工商行政管理职能作用 积极做好支持灾区恢复重建工作的紧急通知》、《进一步开展"2008 红盾护农"行动的通知》、《关于认真开展"红盾护农保春耕"专项行动的紧急通知》、《关于深入开展"红盾护农"行动切实加强农资市场监管的紧急通知》四个文件。4 月 10 日,全国工商行政管理系统红盾护农与抗灾减灾保春耕经验交流会在湖北省武汉市召开。会议总结交流了开展红盾护农保春耕专项行动的工作情况,认真研究了低温雨雪冰冻灾害后农资市场监管出现的新形势、新情况，部署灾后农资市场监管的应对工作，进一步强化红盾护农各项措施的落实。要求各级工商行政管理机关要统一思想认识，加大支持力度，全力以赴打好"保障春耕生产"这场硬仗；要树立公仆意识，强化执政能力，切实维护农资市场秩序和农民兄弟合法权益，力争灾后有个好收成，为实现农业稳定发展和农民持续增收作出新贡献。

（四）特大地震灾害的应对

2008 年 5 月 12 日 14 点 28 分，四川省阿坝藏族自治州汶川县发生 8 级特大地震，地震涉及全国 10 多个省、市。四川省 21 个市（州）有 19 个市（州）不同程度受灾。重灾面积超过 10 万平方公里，涉及 6 个市（州）、88 个县（市、区）、2 792 万人。汶川地震发生后，全国工商行政管理系统认真贯彻落实党中央、国务院的决策部署，把抗震救灾作为最重要最紧迫的任务，迅速行动，采取得力措施开展抗震救灾工作。一是各级工商行政管理机关高度重视，领导靠前指挥，迅即全面展开抗震救灾斗争。国家工商行政管理总局党组主要领导第一时间了解灾情，并先后三次派出由国家工商行政管理总局领导带队的工作组，分赴四川、重庆、甘肃、陕西等灾区一线，慰问工商行政管理干部，指导帮助抗震救灾工作。受灾地区各级工商行政管理局领导干部以身作则，迎难而上，全力投入抗震救灾。受灾地区市、县工商行政管理局和基层工商行政管理所负责同志，以高度的责任感，及时组织和指挥本系统、本单位展开抢险救人、救治伤病人员、恢复重建，工商行政管理机关的抗震救灾工作紧张有序地全面展开。二是各级工商行政管理机关切实履行职责，切实做好维护市场稳定的各项工作。国家工商行政管理总局先后制定下发十二条政策措施、十条意见和相关专门文件，及时动员和部署，对灾区开展抗震救灾、全系统支援灾区和维护市场稳定、保障灾区市场供应等提出明确要求，当即向灾区紧急调拨 10 辆食品检测车、100 个食品检测箱等物资。四川、甘肃、陕西、重庆等灾区工商行政管理机关，一方面组织力量抢险救人和救治受伤人员，积极开展恢复重建工作；另一方面强化监管措施，开展市场巡查，维护市场稳定，保障食品安全和市场消费安全。特别是四川省工商行政管理局承担了省委、省政府交办的整个食品安全监管的重任，积极开设灾区生活必需品应急市场，对于保障灾区市场供应发挥了重要作用，受到了省委、省政府的充分肯定和灾区群众的广泛赞誉。三是全国工商系统发扬"一方有难、八方支援"的精神，全力支援灾区抗震救灾工作。国家工商行政管理总局领导班子成员、机关干部带头捐助和交纳特殊党费积极支援灾区。各省、区、市工商行政管理局领导带头，动员机关和基层工商干部捐助，从节约经费中筹集资金支援灾区，不少省级工商行政管理局还同灾区有关市县开展了对口支援恢复重建工作。截至 2008 年 7 月，据不完全统计，全系统捐款捐物支援灾区折合人民币 1 亿多元。同时，各级工商行政管理机关还积极引导和动员个体工商户企业向灾区捐助和组织商品运输，为保障灾区市场供应贡献力量。全国个协、私协系统共组织个体工商户、私营企业向地震灾区捐款捐物折合人民币 24 亿元。

七、积极发挥职能作用，开展"平安奥运行动"

平安奥运是北京奥运会取得成功的最大标志，也是 2008 年我们最重要的国家形象。工商行政管理机关围绕"平安奥运行动"，全力抓好奥运食品安全、消费维权和维护社会和谐稳定的各项工作。一是强化产品质量和食品安全监管，确保奥运食品市场消费安全。各地按照全国工商行政管理系统流通环节奥运食品安全监管工作会议的要求，坚持"一把手"负总责，分管领导直接抓，层层落实监管任务和措施，实行严格的责任制和责任追究制。特别是奥运赛区城市工商行政管理部门加大了对辖区食品经营主体资格的监督检查力度，强化对奥运食品专营专供流通企业的监管，严格落实食品安全索证索票和购销台账制度，积极推进建立电子台账，加强流通环节奥运食品质量监测、快速检测，突出抓好奥运赛场周边重点区域经营食品的农副产品批发市场、农贸市场、商场、超市、食杂店等重点场所的监督检查,健全奥运食品安全预警和应急处置体系,确保涉奥人员不发生重大食品安全事故,确保涉奥人员不发生重大消费侵权事件,确保涉奥地区市场稳定。二是强化奥运知识产权保护、广告监管和消费维权工作,确保维护奥运期间良好的市场秩序。按照奥运知识产权保护法律规定,落实制度,细化工作,加大对侵权行为的打击力度,确保奥运知识产权得到保护。严厉查处在广告中侵犯奥林匹克标志专用权的行为、未经授权许可在广告中使用奥运标志的行为以及在广告中侵犯奥运赞助商合法权益的行为,依法查处擅自发布的烟草广告及变相发布的烟草广告,深入开展"迎奥运、讲文明、树新风"主题公益广告活动。国家工商行政管理总局下发《关于进一步营造和谐有序的奥运广告市场环境的通知》,对奥运期间6个奥运赛事城市的广告监管工作提出明确要求,进一步营造和谐有序的奥运广告市场环境。进一步加大奥运会期间消费维权工作力度,充分发挥"12315"消费者申诉举报网络的作用,及时受理和处理消费者咨询、申诉和举报,强化综合分析和消费引导功能。三是强化信访和矛盾纠纷排查工作,确保平安奥运各项工作落到实处。各地工商行政管理机关深刻领会胡锦涛总书记的重要讲话精神,按照国务院的部署和全国处理信访突出问题及群体性事件电视电话会议精神,高度重视本地区、本单位的信访和安全稳定工作,增强忧患意识和责任意识,坚持主要领导负总责,层层签订责任书,迅速全面开展矛盾纠纷和安全隐患排查工作,及时采取整改和防范措施,切实把矛盾和安全隐患解决在基层和萌芽状态,并对重点人员、重点部位和重点问题实行领导责任制,采取有效防控和监管措施,严防群体上访事件和不安全事件发生,确保本系统、本单位安全稳定,不发生进京上访滋事事件。

第五节　创新监管机制,提高监管效能

一、法制建设

法制建设是工商行政管理工作的基础和保障。加强法制建设,是工商行政管理部门维护公平正义,促进经济发展和社会和谐的根本保证。随着社会主义市场经济的逐步建立和不断完善,工商行政管理机关进一步加大法制建设力度,经过坚持不懈的努力,基本建立了适应社会主义市场经济监管的工商行政管理法律法规。截止到2008年8月,共有105部法律和199部行政法规赋予工商行政管理部门监管执法职责,国家工商行政管理总局单独制定的规章56部,与有关部门联合制定的规章48部。基本形成了以专项的工商行政管理法律法规为主,以非专项的工商行政管理法律法规为辅,以《公司法》、《反不正当竞争法》、《反垄断法》、《消费者权益保护法》、《商标法》、《广告法》等法律以及一大批行政法规、规章为主体的,涉及经济法、商法、行政法等多个法律部门的,层次清晰、特点鲜明、特征明显、具有密切内在联系和协调统一的工商行政管理法律法规有机整体。为工商行政管理部门依法行政提供了比较完备的法律依据,确立了工商行政管理部门作为综合性市场监管部门的法律地位。

2003年至2008年,工商行政管理机关加强对工商行政管理相关法律法规的立法立规工作,顺应时代发展,完成工商行政管理法律法规的修订工作;同时,认真开展了工商行政管理法规清理工作,保持工商行政管理法律法规和谐统一。

(一)加强工商行政管理立法立规工作

国家工商行政管理总局高度重视法制建设,坚持把加强立法立规工作列入重要议程。注重提高立法立规的质量,注重加强立法的科学性、计划性,注重从我国的实际出发,注重借鉴和吸收国外的先进经验,工商行政管理立法立规工作取得了显著的成绩。

1. 市场主体准入立法立规工作

2006 年,根据新《公司法》、《行政许可法》的规定,国家工商行政管理总局对《商事登记法(第六稿)》进行了修改、补充,形成《商事登记法(第七稿)》。根据十届全国人大常委会立法规划,2007 年安排审议《商事登记法》。按照国家工商行政管理总局 2008 年工作安排,《商事登记法》列入总局当年的立法计划,起草工作由法规司牵头,相关业务司局参加,并成立了相应的领导小组和工作小组,开展《商事登记法》起草工作。2003 年 1 月 6 日,中华人民共和国国务院令第 370 号公布了《无照经营查处取缔办法》。2007 年 5 月 28 日,中华人民共和国国务院令第 498 号公布了《农民专业合作社登记管理条例》。

2. 公平交易管理立法立规工作

(1)《反垄断法》的起草工作

《反垄断法》的起草工作历经十余年,2004 年 2 月商务部将与国家工商行政管理总局共同起草的《中华人民共和国反垄断法(送审稿)》报国务院。鉴于《反垄断法》的重要性,国务院法制办邀请全国人大财经委、全国人大常委会法工委、最高人民法院、发展改革委、商务部、国家工商行政管理总局、国务院发展研究中心、中国社科院的负责同志成立了反垄断法审查修改领导小组,并由上述有关部门、单位指派专人参加工作小组。《反垄断法》于 2007 年 8 月 30 日第十届全国人民代表大会常务委员会第二十九次会议通过,中华人民共和国主席令第 68 号公布,并于 2008 年 8 月 1 日实施。

(2)规范直销和打击传销立法立规工作

根据入世承诺,我国应当在 2004 年底取消对外资在无固定地点的批发或零售服务领域设立商业方面存在的限制,并制定与 WTO 规则和中国入世承诺相符合的关于无固定地点销售的法规。这里所称的"无固定地点销售",其主要形式之一就是直销。2005 年 8 月 10 日,国务院第 101 次常务会议通过,2005 年 8 月 23 日中华人民共和国国务院令第 443 号公布《直销管理条例》,自 2005 年 12 月 1 日起施行。2005 年 8 月 10 日,国务院第 101 次常务会议还通过了《禁止传销条例》,以行政法规的形式进一步明确禁止传销活动,加大打击力度。

3. 市场监管立法立规工作

(1)流通环节产品质量监管

2007 年 7 月 25 日国务院第 186 次常务会议通过,2007 年 7 月 26 日中华人民共和国国务院令第 503 号公布了《国务院关于加强食品等产品安全监督管理的特别规定》。

(2)广告监管

2004 年 11 月 30 日国家工商行政管理总局令第 16 号公布《广告经营许可证管理办法》。2007 年 3 月 3 日国家工商行政管理总局、国家食品药品监督管理局令第 27 号公布《药品广告审查发布标准》。

(3)商标注册管理和保护

2004 年 10 月 13 日国务院第 66 次常务会议通过,2004 年 10 月 20 日中华人民共和国国务院令第 422 号公布《世界博览会标志保护条例》。

(4)市场规范管理

2007 年 10 月 12 日国家工商行政管理总局令第 30 号公布了《动产抵押登记办法》。此外,2008 年国家工商行政管理总局正在制定的与市场规范管理有关的规章还有:《成品油经营监督管理办法》、《农业生产资料市场监督管理办法》、《粮食市场监督管理办法》。

4. 规范执法程序和执法行为的立法立规工作

工商行政管理部门积极参与《行政处罚法》、《行政复议法》及《行政复议法实施条例》等法律法规的起草工作。2005 年国家工商行政管理总局参与了《行政复议法实施条例》的论证工作。《行政复议法实施条例》于 2007 年 5 月 23 日在国务院第 177 次常务会议通过,自 2007 年 8 月 1 日起施行。该条例进一步规范了行政复议行为,有利于发挥行政复议制度在解决行政争议、建设法治政府、构建社会主义和谐社会中的作用。2007 年 9 月,国家工商行政管理总局第 28 号、第 29 号令公布《工商行政管理机关行政处罚程序规定》、《工商行政管理机关行政处罚案件听证规则》，自 2007 年 10 月 1 日起施行，有利于规范和保障工商行政管理机关依法行使职权，正确实施行政处罚，维护社会经济秩序，保护公民、法人或者其他组织的合法权益。

（二）完成工商行政管理法律法规的修订工作

1. 不断健全完善市场主体登记管理法律制度

（1）《公司法》和《公司登记管理条例》的修订工作

2004 年初，根据全国人大常委会和国务院当年立法工作计划，国务院法制办邀请全国人大财经委、全国人大常委会法工委、国资委、国家工商行政管理总局、证监会、国务院发展研究中心、全国总工会等有关部门和单位的负责同志成立了《公司法》修改领导小组，并从上述部门和单位抽调有关人员组成工作小组。一是修改公司设立制度，广泛吸引社会资金。二是完善公司法人治理结构，健全内部监督制约机制。三是健全股东合法权益和社会公共利益的保护机制。四是规范上市公司治理结构，严格上市公司及有关人员的法律义务与责任。五是完善公司管理和运营制度，健全公司融资制度，调整公司财务会计制度。六是对一人有限责任公司和国有独资公司作出了特别规定。为了配合新修订的公司法的施行，国务院第 451 号令对《中华人民共和国公司登记管理条例》作出相应修订，于 2006 年 1 月 1 日起施行。

（2）市场主体登记管理相关规章的制定修订工作

2004 年 6 月 10 日国家工商行政管理总局令第 9 号公布《企业登记程序规定》。2004 年 6 月 14 日国家工商行政管理总局令第 10 号修订《企业名称登记管理实施办法》。《公司注册资本登记管理规定》2004 年 6 月 14 日国家工商行政管理总局令第 11 号第一次修订，2005 年 12 月 27 日国家工商行政管理总局令第 22 号第二次修订。2004 年 6 月 14 日国家工商行政管理总局令第 12 号公布《企业经营范围登记管理规定》。2004 年 7 月 23 日国家工商行政管理总局令第 13 号公布《个体工商户登记程序规定》。此外，2008 年正在制定的与企业登记管理有关的规章还有《工商行政管理机关股权出质登记办法》。2004 年 3 月 2 日国家工商行政管理总局、商务部令第 8 号公布《外商投资广告企业管理规定》。

2. 市场监管法规的修订工作

2004 年 3 月 24 日国务院第 45 次常务会议通过，2004 年 4 月 9 日中华人民共和国国务院令第 404 号公布了《兽药管理条例》。2004 年 5 月 19 日国务院第 50 次常务会议通过，2004 年 5 月 26 日中华人民共和国国务院令第 407 号公布了《粮食流通管理条例》，根据 2006 年 7 月 4 日中华人民共和国国务院令第 470 号公布的《国务院关于修改〈棉花质量监督管理条例〉的决定》，修订了《棉花质量监督管理条例》。

3. 《反不正当竞争法》的修订工作

2003 年十届全国人大常委会将修订《反不正当竞争法》列入五年立法规划，国务院也将修订《反不正当竞争法》列入当年立法计划，国家工商行政管理总局受国务院的委托，承担了具体修订任务。同年 8 月，国家工商行政管理总局专门成立了修订《反不正当竞争法》的组织机构，分别于 2003 年、2004 年、2005 年多次召开工商行政管理系统座谈会、企业座谈会、专家学者座谈会，广泛征求社会各界对《反不正当竞争法》的修改意见。2006 年 7 月，在《反垄断法（草案）》上报全国人大常委会审议后，又对《反不正当竞争法（修订稿）》的内容进行了调整、完善。在上述工作的基础上，先后八易其稿，形成了目前的《反不正当竞争法（修订稿）》。此后，该修订稿在国家工商行政管理总局和全国工商行政管理系统中广泛征求意见和开展研究讨论。2008 年 4、5 月，国家工商行政管理总局分别在江苏、浙江、山东召开了工商行政管理系统座谈会和企业座谈会，根据征求到的建议和意见，又形成了一些新的思路和想法。

4. 不断修订和完善广告监管法规

2005 年 9 月 28 日国家工商行政管理总局令第 21 号公布的《关于按照新修订的〈广告管理条例施行细则〉调整有关广告监管规章相应条款的决定》。据此,总局修订了《化妆品广告管理办法》、《酒类广告管理办法》。部分规章还进行了第二次修订,包括 2006 年 5 月 22 日国家工商行政管理总局令第 25 号第二次修订的《户外广告登记管理规定》和 2006 年 11 月 10 日国家工商行政管理总局、卫生部令第 26 号第二次修订的《医疗广告管理办法》。

（三）认真开展工商行政管理法规清理工作

1. 适应行政审批制度改革需要,进行工商行政管理行政审批项目清理工作

为适应行政审批制度改革和《行政许可法》实施的需要,工商行政管理部门必须进行工商行政管理行政审批（行政许可）项目的清理工作。2003 年、2004 年,国家工商行政管理总局认真组织实施对 1 233 件规章、规范性文件的清理,废止了国家工商行政管理总局发布及与有关部门联合发布的 356 件规章、规范性文件。其中,规章 10 件、规范性文件 346 件。

2. 根据《国务院关于废止部分行政法规的决定》废止了一批规章和规范性文件

2008 年 1 月 15 日,国务院公布了《国务院关于废止部分行政法规的决定》（国务院令第 516 号）,宣布废止 49 件行政法规,宣布失效 43 件行政法规。其中,由工商行政管理部门作为主要执法机关的行政法规有四项,分别是:《投机倒把行政处罚暂行条例》、《投机倒把行政处罚暂行条例施行细则》、《关于申请商标注册要求优先权的暂行规定》和《关于汽车交易市场管理的暂行规定》。此外,《外商投资企业清算办法》等行政法规也涉及工商行政管理部门职能。鉴于上述行政法规已自 2008 年 1 月 15 日起停止执行,工商行政管理机关在进行规章和规范性文件清理工作中,将依据上述法规制定的《工商行政管理机关对走私贩私行为处罚的暂行规定》等两部规章和《关于投机倒把违法违章案件非法所得计算方法问题的通

知》等 77 件规范性文件宣布废止。

二、市场监管机制创新

2003 年以来,为了使工商行政管理市场监管执法工作体现时代性、把握规律性、富有创造性,在巩固近年来各项改革成果的基础上,工商行政管理机关不断推进监管机制、方式的改革和创新。

（一）实施企业信用分类监管,提高工商行政管理执法效能

实施企业信用分类监管对于推进新时期工商行政管理事业的改革和发展有着重要的意义,它是提高工商行政管理执法效能的重要途径和整顿规范市场秩序的治本之策,也是工商行政管理机关促进社会信用体系建设基础工作的必要手段。企业信用分类监管是国家工商行政管理总局 2003 年推行的两项重要改革之一,全国工商行政管理系统经过五年的不懈努力,基本实现了全国联网,大大提高了工商行政管理机关监管执法和服务水平。

1. 切实加强领导,明确目标任务

国家工商行政管理总局把企业信用分类监管作为重大工作,抓紧实施,专门成立了企业信用监管工作领导小组,切实加强领导。2003 年 8 月,为了抓紧推进企业信用分类监管工作的开展,国家工商行政管理总局召开"兴起学习贯彻'三个代表'重要思想新高潮 规范市场秩序推进信用建设"经验交流会,吴仪副总理到会作了重要讲话,对推进企业信用建设工作给予了高度的评价,指出工商行政管理部门的思路是对的,探索是积极的,也取得了成功的经验,希望大力推进,抓出成效。会议就推进企业信用分类监管统一了思想,明确了工作思路,即三年有个基本框架,五年形成一个体系。2005 年 8 月,国家工商行政管理总局召开全国工商行政管理系统企业信用分类监管工作会议,会议在全面总结两年来工作的基础上提出,全面实施企业信用分类监管,实现 2007 年全国联网的目标,今、明两年处于攻坚阶段,要进一步增强使命感和责任感,务求有重大突破。为了保证全系统企业信用分类监管工作规范有序推进,国家工商行政管理总局先

后制定了《企业信用分类监管数据规范》和《企业信用分类监管联网应用技术思路与实施方案》等多部文件。国家工商行政管理总局连续数年把企业信用分类监管工作放在重要位置,列为年度的重要工作。国家工商行政管理总局在《关于落实 2007 年工商行政管理工作任务的分工意见》中,将"继续推进企业信用分类监管"列为"认真巩固改革成果,深入推进市场监管机制创新"的首项工作,提出 2007 年底前要在各省、自治区、直辖市联网的基础上实现全国联网,并将任务落实到国家工商行政管理总局企业局等13 个司、局。各地工商行政管理局也根据自身的需要,加强了企业信用分类监管工作的力度。在国家工商行政管理总局和省级工商行政管理局的高度重视和积极努力下,在全系统逐步建立和完善了企业信用分类监管工作机制,形成了横向互通,上下联动的整体合力。

2. 制定标准制度,实施企业信用分类监管

2003 年 10 月 31 日,在深入调研论证和广泛征求意见的基础上,国家工商行政管理总局下发了《关于对企业实行信用分类监管的意见》,为全系统实施企业信用分类监管提供了依据和规范。一是明确了企业信用监管指标体系,即市场准入指标、经营行为指标、市场退出指标和参照指标。二是明确了企业信用分类标准,对守信标准、警示标准、失信标准、严重失信标准都作了明确的规定。三是明确了企业分类管理措施,明确规定分类管理是以企业登记和各类监管信息为基础,根据企业信用标准相应地分为不同的管理类别,即 A、B、C、D 四级。A 级为守信企业,用绿牌表示;B 级为警示企业,用蓝牌表示;C 级为失信企业,用黄牌表示;D级为严重失信企业,用黑牌表示。在此基础上,对 A、B、C、D 四级企业分别明确建立了企业信用激励机制、企业信用预警机制、企业失信惩戒机制和企业严重失信淘汰机制。四是明确了实行企业信用信息记录制度。按照"谁登记,谁录入;谁检查,谁录入;谁处罚,谁录入"的原则,及时、准确、完整地录入企业信用信息。五是建立信用信息披露制度。包括公开企业身份信息、公开违法信息和公开典型违法企业。

3. 加强网络建设,构建企业信用分类监管平台

加强信用信息网络建设,提供信息技术支撑,是企业信用分类监管工作的重要基础。五年来,为实现全系统企业信用分类监管联网,各地工商行政管理机关按照国家工商行政管理总局统一指标体系、统一技术标准、统一信用监管软件、统一信用监管平台的要求,加强了企业信用数据建设,加快了网络建设步伐,加大了技术支持力度,为联网工作奠定了良好的基础。国家工商行政管理总局为了推进企业信用网络建设,采取了积极措施。一是制定相关的技术标准。制定了《企业信用分类监管数据规范》(试行),作为部门标准下发,从技术层面上统一规范了企业信用指标数据;制定了《2004 年企业信用分类监管联网应用技术思路与实施方案》,明确了联网应用的目标、设计原则、技术思路,以及系统构成和设备配置要求,统一了技术要求。二是开发统一的应用软件。在深入调查研究、广泛征求意见、充分提出业务需求的基础上,开发完成了企业信用分类监管及联网应用软件,在国家工商行政管理总局和工商行政管理网安装使用,同时为各地业务系统使用工商行政管理网的数据提供了下载模块和访问接口,也为全系统联网应用奠定了良好的基础。三是加强统一信息平台建设。积极推进两级数据中心建设,国家工商行政管理总局对工商行政管理网应用系统进行了改造,较好地解决了原系统数据结构缺少有关信用分类监管的数据项,以及查询、统计功能不完善等问题,为实现国家工商行政管理总局与地方工商行政管理局的数据交换和信息共享打下了基础,较好地适应了统一信用监管平台的需要。各省级工商行政管理局采取积极措施,创造条件,加强本区域内企业信用数据的整合,加快建立区域性企业数据中心,为建立全国企业数据中心和联网应用奠定基础。

4. 制订实施方案,稳步推进

国家工商行政管理总局从系统信息化水平的实际出发,制订切实可行的实施方案,坚持因地制宜,统筹安排,分步实施,梯度推进,提出大中城市等发达地区要在2004年底实现联网,较发达地区要在2005年底实现联网,2007年底要在各省、自治区、直辖市联网的基础上实现全国联网。2004年10月20日,国家工商行政管理总局下发了《关于部分地方工商行政管理局实施企业信用分类监管联网应用的通知》,明确了首批实现联网的省市。为了保证这些省市按期完成任务,国家工商行政管理总局信息中心派出联网应用工作技术小组,前往首批参加企业信用分类监管联网应用的15个省市工商行政管理局,研究解决联网应用的有关技术问题,并将这些省市的企业基本登记信息、注(吊)销企业及法定代表人信息转换到工商行政管理网的数据库中。截至2004年11月底,首批参加联网的15个单位全部实现联网,可共享的市场主体基本信息达593万户,年检B级企业26万户,注销企业250万户,吊销企业35万户。2007年各地加大推进企业信用分类监管工作力度,以全面提高联网数据质量和联网应用为重点,对企业基础数据和联网数据进行了全面清理补录,取得了明显的成效,基本实现了企业信用分类监管改革五年目标。全国基本实现了五级联网和企业基础信息共享,国家工商行政管理总局通过联网共拥有888.91万户企业的基本信息和475.8万户注销企业的基本信息。

5. 初步显现效能,提高监管服务水平

(1)进一步提高了监管执法效能

实行企业信用分类监管,工商行政管理机关根据企业不同的信用等级,实施不同的监管措施,集中人员和精力加强对少数失信、严重失信企业和重点整治行业企业的监管,科学分配监管力量,合理调整监管重点,增强了监管的针对性,提高了执法的有效性。

(2)促进了监管执法的规范化

各地结合分类监管和联网应用,对原有业务软件进行了修改、补充和完善,有的地方开发了集各项业务工作为一体的综合业务软件,运用信息技术手段进一步规范工作流程,减少执法的随意性,有力地促进了自身监管执法行为的规范。

(3)促进了工商行政管理资源整合

实施企业信用分类监管,将企业登记信息和各类监管信息有效整合,比较全面地反映企业遵章守法情况,为依法监管提供了可靠的依据。联网共享延伸和扩大了监管范围,特别是依法应当限制的,不仅被所在地登记机关限制,在其他登记机关也同样被限制,有效发挥了工商行政管理机关综合监管的整体优势。

(4)强化了服务社会的功能

实施企业信用分类监管工作,提供企业信息查询,对企业违法记录予以披露,对吊销企业进行公示,既服务了社会,降低了交易风险,又强化了社会对企业的监督,加大了企业违法成本,促进了社会信用体系建设。

(5)促进了部门间的横向交流

实施企业信用分类监管后,税务、海关、质检、劳动保障、新闻出版等部门以及法院到工商行政管理部门了解情况,主动要求进行联网实现信息共享。一些地方的工商行政管理部门与税务部门实行企业基础信息交换后,税务部门通过数据比对,发现了未办理税务登记的企业,对堵塞税源监管漏洞,增加税收发挥了积极作用。工商行政管理部门与海关的电子口岸系统实现了18.8万户企业基本信息共享,对遏制、打击走私、骗汇、骗税等违法犯罪活动发挥了积极作用。

(二)建设"12315"行政执法体系,完善工商行政执法

"12315"是全国工商行政管理机关依托"12315"电话,受理消费者申诉举报,调解消费者权益纠纷,查处侵害消费者权益案件和制售假冒伪劣商品等经济违法行为,监督管理市场和行政执法的一项重要工作。"12315"行政执法体系建设是在"12315"消费者申诉举报网络的基础上,通过创新机

制、扩大功能、理顺关系、完善网络等措施，构建以行政执法、行业自律、社会监督为一体的"12315"消费者权益保护行政执法体系。

1. 积极建立和完善"12315"信息化网络体系

信息化网络是"12315"行政执法体系的现代化手段和技术保障，也是"12315"行政执法体系建设的重要内容。各级工商行政管理机关结合"金信工程"，按照"统一标准、整合资源、扩大功能、优化流程、信息共享"的原则，加快"12315"信息化网络建设进程。

（1）"12315"网络化建设进一步加强

2003 年，在完善"一个中心、分级执法、社会参与""12315"执法机制和部门协作机制、行业自律机制的同时，北京、湖北、四川等地大力推进了"12315"进商场、进市场、进农村、进学校、进军营，消费者权益保护网络进一步拓展。3 月 15 日开通并运行中国消费者权益保护网站，消费者权益保护工作信息化建设取得重要进展，"一个中心、分级执法、社会参与"的执法网络建立并逐渐完善。

（2）实行全国统一的数据标准和技术方案

2004 年，"12315"维权体系的信息化、规范化建设稳步推进。国家工商行政管理总局研究制定"12315"数据标准，进一步加强全国"12315"信息化建设。对全国 61 个"12315"电子数据直报点的消费者申诉举报数据进行了调试、接收和入库工作。7 月份，初步建立了"全国'12315'消费者申诉举报数据分析中心"并试运行，利用该中心，先后对全国 41 个大中城市"12315"机构受理的消费者申诉举报情况进行了汇总，形成相关情况分析，以便报送国务院领导和适时为消费者提供消费安全提示。2005 年，全国工商行政管理机关按照国家工商行政管理总局提出的"在全系统推行以'12315'为基础，建立工商行政管理行政执法综合网络"改革的工作部署，稳步推进"12315"行政执法网络体系的建设。国家工商行政管理总局研究拟订了《关于大力推进"12315"行政执法网

络体系建设工作的意见》，拟订了《全国"12315"数据规范》和《商品、服务分类与代码》标准，为确保全国"12315"行政执法信息网络互联互通和信息共享奠定了基础，扩大了"12315"数据直报点和数据源范围。2005 年全国已建有 186 个具有信息化功能的"12315"申诉举报指挥中心。2006 年，按照国家工商行政管理总局关于"在'12315'消费者申诉举报网络的基础上，通过创新机制、扩大功能、理顺关系、完善网络等措施，构建以行政执法、行业自律、社会监督为一体的'12315'行政执法体系"的要求，召开大力推进"12315"行政执法体系建设工作会议，全面部署此项工作。随后，制定下发了《关于大力推进"12315"行政执法体系建设工作的意见》、《"12315"信息化网络技术方案》、《"12315"消费者权益保护数据规范》和《商品和服务分类标准》等文件，及时掌握进展情况，加强对全系统"12315"行政执法体系建设工作的指导和督促。各地认真落实总局工作部署，认真组织实施，大力推进行政执法监管体系、行业和经营者自律体系和社会监督体系建设，加快建设从国家工商行政管理总局到工商所五级纵向贯通、横向步入的"12315"信息化网络。

（3）全面整体推进"12315"行政执法体系建设工作

2008 年各地按照国家工商行政管理总局的部署和要求，狠抓思想认识、组织领导、工作机构和工作措施的落实，及时召开工作会议动员和部署，制订工作方案，加大保障工作力度，研究解决实际问题，"12315"行政执法体系建设工作在全系统全面整体推进。据统计，2008 年全国工商行政管理系统已有 25 个省（区、市）工商行政管理局设立了"12315"机构，其中有 11 个省级工商行政管理局建立了单设的"12315"工作机构，有 414 个地市级工商行政管理局设立了"12315"工作机构；各地县级工商行政管理局和基层工商所配备了"12315"专、兼职工作人员，全国"12315"机构现有工作人员 12 897 人，全系统基本形成了上下结合的"12315"工作机构和组织体系。各地按照总

局金信工程和《"12315"信息化网络技术方案》的要求,坚持"统一标准、整合资源、扩大功能、优化流程、信息共享"的原则,研究制定实施方案,拨付专项建设经费,积极推进"12315"信息化网络和数据库、数据分析中心建设。至2008年7月,基本建立了从国家工商行政管理总局到基层工商所五级贯通的"12315"信息化网络,全国已有15个省(区、市)工商行政管理局建立"12315"数据分析中心,18个省(区、市)工商行政管理局和218个地(市)工商行政管理局分别建立了"12315"数据库,13个省(区、市)实现了"12315"应用系统四级联网运行。有21个省(区、市)工商行政管理局研究开发了食品安全信息监管、商品质量监测、消费安全预警、应急信息处置、工作绩效考核等功能,有11个省(区、市)"12315"信息化网络不同程度地实现了与经济户口管理、企业信用分类监管、个体工商户分层分类登记管理、案件管理,以及商标查询、广告监测等其他业务系统的数据共享。

2. 积极建立和完善行政执法监管体系

行政执法监管体系是"12315"行政执法体系的重要组成部分。各级工商行政管理机关在"12315"消费者申诉举报网络的基础上,完善体制机制,理顺工作关系,规范工作程序,提高工作效率,建设以信息化手段为技术支撑,具有"相对集中受理、分工协作办理、应急指挥调度、信息汇总分析、进行消费提示"五种功能相结合的行政执法监管体系,主要内容包括:受理消费者咨询、申诉举报;查办侵害消费者权益的违法案件;对流通领域商品质量的动态监控;对重大消费安全事件的应急处置和指挥调度;对消费者权益保护和市场秩序信息的汇总分析,进行消费引导和提示。一是建立相对集中受理消费者咨询、申诉举报机制。二是实行分工协作办理和督办反馈的工作机制。三是健全网上调度指挥和应急处置机制。四是强化信息汇总分析,完善消费预警机制。2005年,国家工商行政管理总局采取有效措施,加大消费者申诉举报案件督办力度,对全国工商行政管理机关"12315"机构受理消费者

申诉案件的办结情况进行了督导和清理,指导各地处理疑难消费纠纷。全国工商行政管理机关"12315"机构全年接受电话咨询310.84万件,受理消费者申诉举报73.05万件,为消费者挽回经济损失5.24亿元。2007年共受理消费者咨询、申诉和举报516万件,处理消费者申诉74.7万件,为消费者挽回经济损失7.4亿元,维护了广大消费者的合法权益。2008年,各地对受理消费者的咨询、申诉和举报,依托"12315"信息化网络,积极建立相对集中受理平台,完善分工协作办理和督办反馈工作机制,在一些省级工商行政管理局到基层工商行政管理所初步达到了网上受理、网上分流转办和网上反馈的要求,收到了事半功倍的效果。同时,各地根据消费者的申诉和举报,有针对性地强化消费维权监管执法工作,加大对食品安全和流通领域商品质量监管力度,及时应急处置消费安全事件,查处侵害消费者权益的违法案件,开展消费信息汇总分析和消费提示,有效地保障了市场消费安全。据统计,至2008年,北京、天津、上海、重庆、海南、甘肃、宁夏、新疆8个省(区、市)工商行政管理局建立了省级"12315"统一集中受理中心。河北、山西、辽宁、江苏、山东、安徽、福建、河南、湖北、广东、广西11个省(区)地市级"12315"集中受理中心平台全部建立,全国共有"12315"专用电话线3 115条,受理坐席2 109个。

3. 积极建立和完善社会监督维权体系

社会监督维权体系是"12315"行政执法体系的重要组成部分,也是深化消费维权体制改革的重大举措。一是加强与消费者协会的联合与协作,大力推进"一会两站"建设,完善制度,加强督导。2004年,国家工商行政管理总局制定并下发《"12315"维权服务措施》,要求工商行政管理机关"12315"机构提供全天候受理服务、保障受理渠道畅通、简化调解处理程序、设立便民服务台、增设消费维权标志等十项方便消费者的服务措施,更好地体现了"12315"以人为本、执法为民的消费维权服务意识。各地工商行政管理机关与消费者协会密切协作,创新基层

消费维权机制,大力推进"一会两站"建设,形成了覆盖城乡的消费维权基层监督网络,不仅方便广大农民消费者和社区居民消费者就近申诉和举报,及时把消费纠纷解决在基层,有效地保护了消费者的合法权益,而且延伸了工商部门监管触角,提高了执法效率,促进了和谐村镇与和谐社区建设,维护了社会和谐稳定。2008 年 7 月,全国在村镇和社区共建立"一会两站"40.5 万个,其中城市社区覆盖率为 80%,村镇覆盖率为 64%,全国共有消费维权联络员近 40 万人。上海、福建"12315"进社区和农村实现率均达 100%,浙江"12315"进社区和农村覆盖率分别达到 95.6% 和 100%,还有甘肃、河北、湖南、山西、河南、贵州等地的"12315"进社区、进农村覆盖率分别达到 90% 以上。二是拓宽社会和群众参与消费维权的渠道。通过群众性消费维权志愿者队伍和聘请消费维权特邀监督员、义务员等多种方式,努力形成良好的社会监督氛围。三是充分发挥新闻的宣传和监督作用。工商执法人员的依法行政和履行消费者权益保护职责的情况,自觉接受新闻媒体的监督,对新闻媒体披露侵害消费者权益的案件线索,认真依法查处,并及时反馈情况。

4. 积极建立和完善行业与经营者自律维权体系

行业和经营者自律维权体系是"12315"行政执法体系向行业组织和经营主体的延伸,是规范经营行为、切实对消费者负责和保护消费者合法权益的重要任务,更是消费维权机制的创新。各地积极探索消费维权源头治理机制:一是指导经营主体建立消费纠纷和解制度;二是引导和监督经营者和行业组织建立消费维权自律制度;三是建立与行业组织的消费维权工作协作制度。各地在大中型商业企业和商品交易市场、商场、超市等建立了消费者投诉点,指导经营者建立健全有关退换商品、质量承诺、服务保修、消费纠纷和解等自律制度,促进了消费纠纷的有效解决。至 2008 年,全国在大中型商业企业和商品交易市场、商场、超市等建立了消费者投诉点 8.1 万个。

(三)建立流通领域商品准入制度,实现商品质量监管"关口"前移

1. 推进商品质量监管"关口"前移改革,探索流通领域商品准入制度建设

商品质量监管"关口"前移,是 2003 年开始探索的一项崭新制度,也是国家工商行政管理总局提出的"一个高潮、两项改革"的重要任务之一。为推进商品质量监管"关口"前移改革工作,全系统统一思想,提高认识,认真领会"关口"前移的深刻内涵和重要意义。国家工商行政管理总局在浙江、黑龙江两省召开"关口"前移调研会,研究起草《关于积极推进商品质量监管"关口"前移进一步加强流通领域商品质量监督管理工作的指导意见》,布置实施了商品质量查验登记制度、重要商品市场准入备案制度、重要商品协议准入制度、流通领域商品质量监督抽查制度、不合格商品退出市场制度、商品质量信息公示制度等多项制度。

各地在"关口"前移改革中积累了不少好的经验,如河南省工商行政管理局进一步建立和完善商品索证制、索票制和备案查验制;四川省工商行政管理局按照"四照两查"的监管工作模式在泸州市展开试点工作;上海市积极探索对流通领域商品经销企业实施"远距离"、"近距离"、"零距离"分类管理的"距离监管"模式等,这些都有益于探索建立流通领域商品准入制度。

2. 强化食品安全整治,推广实施商品市场准入制度

为实施"食品放心工程"和更好地开展食品安全专项整治,2004 年全系统推广实施工商行政管理机关流通领域商品质量管理的商品市场准入等制度。全国 31 个省(区、市)工商行政管理机关不同程度地实施了以食品为重点的商品市场准入制度,大中城市普遍推广了进货质量检查验收制度、购销台账制度、市场开办者责任制度、销售商品质量承诺制度和"场厂挂钩"、"场地挂钩"等制度。其中,北京、辽宁、四川、浙江、湖北、山西等省(区、市)的所有地市都实施了商品准入制度,列入准入范围的食品从几十种到数百种不等。为加强指导,在云南召开了部分省市商品质量监管关口前移座谈会,征求对《实施商品市场准入 进一步加强流通领域商品质量监督管理工作的指导意见》的修改意见。

3. 完善商品市场准入各项措施,继续推进商品市场准入制度建设

全国工商行政管理机关积极引导和监督食品经营者在食品销售环节完善食品市场质量准入各项措施,严格进货查验,建立购销台账,向供货者索证索票,向消费者提供质量信誉卡进行质量承诺。2005年,全国31个省级工商行政管理局、91%的市(地)工商行政管理局、85%的县(区)级工商行政管理局、75%的工商行政管理所已建立了食品市场经营主体准入等制度。2006年,工商行政管理机关继续推进流通领域商品市场准入制度建设,以食品等商品为重点,指导各地在大中城市和部分农村普遍建立了流通领域商品经营者进货检查验收、索证索票、购销台账、协议准入、商品质量承诺、不合格商品退市以及市场开办者质量管理责任等自律制度;部分省市开展了创建示范食品店、示范食品市场、放心消费城市等活动,流通领域商品质量准入制度建设不断推进。

(四)开展个体工商户分类登记监管改革,促进个体私营经济的发展

经过30年的改革开放,中国经济社会已由单一的公有制经济发展到以公有制经济为主体,多种经济成分并存的格局,个体私营经济已经成为国民经济中一支不可忽视的重要经济力量。中共"十六大"报告充分肯定了个体私营经济在促进经济增长、扩大就业和活跃市场等方面的重要作用。十六届三中全会进一步指出"大力发展和积极引导非公有制中小企业的发展,鼓励有条件的企业做大做强",中央的一系列方针和政策,极大地促进了个体私营经济的发展。

1. 积极探索个体工商户分层分类登记管理改革工作思路

国家工商行政管理总局认真研究新形势下工商行政管理机关对个体工商户登记监管的职责和范围,积极探索个体工商户、私营企业特别是个体工商户分层登记和分类监管的工作思路,总结推广一些地方正在推行的"一审一核"工作制度,改革现行个体工商户、私营企业登记程序、内容和方式,简化登记手续。为推进个体工商户"分层登记,分类监管"工作,2004年在北京、上海两地进行试点和全面调研,同年年底,形成了推进个体工商户分层分类登记管理改革的初步意见。

2. 全面推行个体工商户分层分类登记管理改革

对个体工商户进行分层登记、分类管理,有利于发挥基层工商所优势,强化属地管理,推进信用监管体系建设。2005年工商行政管理机关把个体工商户分层分类登记管理改革作为创新个体工商户监督管理体制的重要举措,全面推行。为了贯彻落实全国工商行政管理工作会议精神,积极推进该项改革的各项工作,当年1月份国家工商行政管理总局组织召开会议,研究落实改革的办法和措施。2月份,制定下发了《个体工商户分层分类登记管理办法》的通知,就委托登记、委托验照和委托备案,信用分类监管、监督与处罚等若干问题提出了具体措施。该《办法》下发后,各地工商行政管理局专门召开会议,结合当地个体工商户登记管理的实际情况,制定具体措施,积极推进改革的各项工作,取得了积极成效,提高了个体工商户登记注册效率和动态监管水平。

3. 确保个体工商户分层分类登记管理改革取得实效

2006年4月,为落实全国工商行政管理工作会议精神,继续深入推进个体工商户分层分类登记管理改革,规范委托基层工商所进行个体工商户登记管理的行为,加强依法行政,国家工商行政管理总局印发了《个体工商户委托登记管理实施意见》。地方各级工商行政管理局结合本地实际情况,依照实施意见,规范和改进个体工商户分层分类登记管理改革的各项举措,进一步加强基层工商所行政执法能力建设。12月,为贯彻落实党的十六届六中全会关于加快社会信用体系建设、规范市场主体行为的精神,继续深入推进个体工商户分层分类登记管理改革,

指导、规范、促进各地的个体工商户分类监管工作,加强依法行政,国家工商行政管理总局制定下发《个体工商户信用分类监管指导意见》。各级工商行政管理机关切实加强对个体工商户信用分类监管工作的领导,切实做到机构、人员、资金和技术保障"四落实",建立健全与个体工商户分类监管相配套的工作机制和工作制度,加强对从事分类监管工作人员的业务培训,确保个体工商户信用分类监管取得实效。

（五）加强信息化建设,提高服务大局水平

1. 信息化基础建设进一步加强

近年来,工商行政管理机关抓紧信息化工作中重大战略性、基础性工作,采取积极措施,加大工作力度,进一步加强信息化基础建设。2006 年完成了金信一期工程项目初步设计方案的编制工作。国家发改委批复了设计方案,金信工程已经成为国家项目,工商行政管理的信息化建设从区域建设走向协同建设。2007 年 10 月 29 日,国家工商行政管理总局编制下发了《工商行政管理信息化"十一五"规划纲要》,提出了"十一五"期间工商行政管理信息化的指导思想、发展方针与目标、主要任务和保障措施,为全系统信息化建设明确了技术体制和技术思路。工商行政管理网络升级改造（二期）工程已完成,增加了带宽,全面优化了网络性能,提高了数据传输能力。各地工商行政管理局进一步加大投入,加强网络建设。目前,覆盖全系统的五级工商行政管理机关的业务专网已经基本形成。国家工商行政管理总局网络安全基本防护系统建设业已完成,进一步提高了网络和信息系统安全防护能力。

2. 信息化应用取得新突破

（1）进一步加强国家工商行政管理总局政府网站建设

2003 年 4 月 1 日,国家工商行政管理总局政府网站经改版后投入运行,日访问量约 6 000 余次,20 余万页。在单向信息发布为主的基础上,增加了业务受理及双向互动功能,初步形成了电子政务对外服务平台,进一步提高了对社会公众和企业的服务水平。

（2）加快国家工商行政管理总局子网站建设

2003 年,完善了"外资登记网",开通了"消费者权益保护网",建成了"中国商标网"和"中国广告监管网";推进了工商行政管理网、政务信息专用网的应用。各地也根据当地经济发展水平,推进信息化建设。经济发达地区积极运用信息网络技术加强企业信用监管,积累了很好的经验。2004 年 6 月 18 日,国家工商行政管理总局开发了新的企业登记管理软件,"中国外资登记"网经升级改造后对外发布。7 月 1 日,"中国企业登记网"正式开通。为企业提供了企业名称自助查询和各种业务办理流程查询等多项查询服务,完成了企业登记历史数据的电子转换,试行了外资企业网上年检,得到了社会公众广泛认可。9 月,"工商研究工作网"和"个体私营经济监督管理网"正式开通。2004 年初步实现了业务办理电子化。

（3）商标注册与管理自动化系统建设迈上新的台阶

2003 年,"中国商标网"建成,实现了商标公告最新 12 期滚动发布。2005 年 11 月向全国省级以上工商行政管理机关开放了商标数据库网上查询系统,12 月 26 日,商标网上免费查询系统面向社会公众全面开放。2006 年,网站日点击总数大约 300 万次,最高达到近 500 万次,访问者遍布世界 100 多个国家和地区。

（4）改进监管执法手段

2004 年,初步实现了系统信息共享。全国副省级以上城市实现了网络联通,企业信息数据系统、"12315"信息系统、政务信息系统的运行,为提高市场监管执法快速反应能力提供了坚实的技术保障。国家工商行政管理总局机关政务信息系统建设完成开发并投入运行,为国家工商行政管理总局机关提供了一个综合的、基本的信息化办公平台,实现了网上信息传递、公文处理和信息共享,进一步提高了办公自动化水平和工作效率。2008 年,信息化建设的加快推进,为"四化"建设提供了技术支撑和网络保障。

各地积极实行网上登记监管和执法办案,加强办公网络体系建设,推进信息化在市场监管执法和消费维权等工作中的广泛运用。重庆实现了100多万户市场主体上亿数据的大集中、大联网、大共享和大应用。贵州省工商行政管理局基本实现了网站状态实时监管。

3. 为企业和社会公众服务取得新进展

国家工商行政管理总局政府网站对外服务信息系统建设进一步加强和完善。2003年,国家工商行政管理总局以"电子政务试点示范工程"为先导,积极推进信息化工程建设。改版后的国家工商行政管理总局政府网站(红盾信息网)投入运行,初步形成了电子政务对外服务平台,进一步提高了对社会公众和企业的服务水平,在线办事和公众互动能力进一步提高,这对于促进政务公开,树立依法行政、执政为民、提高市场监管执法水平都发挥了积极的作用。2004年,初步实现了对外信息网络化。建立完善了国家工商行政管理总局政府网站以及外资登记网、企业登记网、消费者权益保护网、中国商标网等一系列子网站,实现了网上登记表格下载、网上申请登记注册、网上法规查询、网上举报投诉。在国家工商总局政府网站上实现了内资企业、外资企业、商标等登记注册等近300张表格的网上下载。2007年新版内资网上年检预审系统上线运行,有效地保障了年度内资企业网上年检工作,在国家工商行政管理总局注册的企业有1 362户通过网上年检预审系统完成了年检;国家工商行政管理总局外资网上年检系统平稳运行,有效保障了年度外资企业网上年检工作;完善了国家工商行政管理总局规范直销禁止传销信息系统,进一步推进直销企业网上报备工作;2007年还开发了国家工商行政管理总局外资局网站多语平台系统,提供了外资、商标网站的英文信息服务,为国外用户提供了方便。2007年4月28日,与中国政府网同步在线直播了"谈打假护农保春耕",与网民进行在线交流,受到了好评。全面完成了商标网上申请服务系统建设,受理开通了300家商标代理机构网上受理,进一

步提高了商标注册工作的服务水平。2007年,外商投资企业网上年检在全国推开,内资企业网上名称核准、网上年检和网上登记范围进一步增加,商标注册网上申请系统试用范围逐步扩大。食品安全和产品质量监管信息网络建设全面铺开,北京、浙江、广东、甘肃、山东和深圳、广州、厦门、武汉、西安、成都等地网络应用收到良好成效。公平交易执法办案信息化建设稳步推进,网上政务信息的报送和采用更加及时,信息化在加强监管和服务发展方面发挥了越来越重要的作用,初步形成与税务、海关、质检、统计等部门的信息共享机制。

4. 信息化制度建设进一步健全

近年来,国家工商行政管理总局修订完成了《信息中心信息化工程资金管理办法》、《信息化工程项目管理办法》、《工商总局信息中心运行维护管理办法》等制度,研究制定了信息化总体技术、安全系统、基础数据、网络建设、公文传输等标准制度,基本奠定了工商行政管理信息化标准规范体系。2006年制定下发了《市场准入与退出数据规范——市场主体分册》等标准15项,进一步促进了全国工商行政管理系统的信息互通、资源共享,规范了信息化系统建设。

(六)建立流通领域商品质量监测制度,充分发挥工商行政管理职能作用

1. 流通领域商品质量监测制度的建立

流通领域商品质量监测是指工商行政管理机关有计划地组织工商行政执法人员和法定检验机构,开展的对流通领域的商品进行抽样检测、质量判定,公布商品质量信息,指导消费,并对销售不合格商品等违法行为依法进行处理的商品质量监督检查活动。商品质量监测是对商品质量进行监督检查的重要方式,是工商行政管理机关依法履行流通领域商品质量监管职责的一项重要技术手段,也是整顿和规范市场经济秩序,打击制售假冒伪劣商品违法行为,保护经营者和消费者合法权益的重要举措。

为认真履行国务院赋予的流通领域商品质量监督管理职能,国家工商行政管理总局于2001年制定了《商品质量监督抽查暂

行办法》。为了更好地开展流通领域商品质量监督检查工作,国家工商行政管理总局在不断探索改革的基础上,决定建立和实施流通领域商品质量监测制度。2004年国家工商行政管理总局印发《流通领域商品质量监测办法》,明确了监测的范围及判定、监测程序、监测信息的利用和处理。商品质量监测制度是对原有的监督抽查制度的改革、调整和完善,是适应市场监管工作面临的新形势,进一步加强流通领域商品质量监督检查工作,建立有工商特色的商品质量监督检查制度的一项重要措施。

各级工商行政管理机关切实提高对商品质量监测工作必要性和重要性的认识,采取积极有效的措施,根据流通领域商品质量状况和消费者申诉举报情况,适时组织对某些区域、某些商品进行监测,运用监测结果,依法查处制售假冒伪劣和不合格商品的违法行为,并进行相应的动态分析,给消费者以提示,有针对性地加强对流通领域商品质量的监管,有效地保护消费者的合法权益,充分发挥工商行政管理职能作用。

2. 流通领域商品质量监测制度的不断完善

2005年,为进一步规范工商行政管理机关流通领域商品质量监测工作,根据《流通领域商品质量监测办法》,国家工商行政管理总局又印发了《流通领域商品质量监测抽样检测工作单》等20份表格文书。各地在开展商品质量监测工作中,严格按照规定程序操作,认真核对监测数据,如实填写相关表格文书,做好监测结果的统计汇总及上报工作。2006年,为充分发挥工商行政管理机关流通领域商品质量监督管理的职能作用,认真贯彻实施《流通领域商品质量监测办法》,切实加强流通领域商品质量监测工作,维护市场秩序,保护消费者合法权益,国家工商行政管理总局根据全国工商行政管理工作会议的部署和安排,结合实际状况,下发《关于进一步加强流通领域商品质量监测工作的意见》。2007年深入贯彻全国质量工作会议精神和温家宝总理、吴仪副总理重要指示和批示,强化商品质量监管,国家工

商行政管理总局下发《关于进一步做好2007年商品质量监测工作的通知》,要求高度重视商品质量监测工作、突出监测重点、不断提高商品质量监测工作水平。各地工商行政管理机关按照企业自检、消费者送检和工商行政管理机关抽检的办法,继续完善流通领域商品质量监测体系,把商品质量监测工作与查处违法经营、规范经营行为、维护市场经济秩序、保护消费者权益紧密结合起来,着力构建工商监管、经营者自律、社会监督"三位一体"的流通领域商品质量监管体系,充分发挥工商行政管理机关流通领域商品质量监督管理的职能作用。

第六节　加强队伍建设,提高人员素质

围绕"建设高素质的队伍,采用高科技的手段,实现高效能的监管,达到高质量的服务"目标。加强队伍建设,是全面推进工商行政管理改革发展的奠基之举,是在新的历史条件下进一步开创工商行政管理工作新局面,服务全面建设小康社会的重要保障。全国工商行政管理系统坚持把队伍建设作为一项重要战略任务,围绕"政治上过硬、业务上过硬、作风上过硬"这一目标,认真落实"抓认识、抓制度、抓自律、抓治理、抓查处",进一步树立了良好的工商行政管理形象,队伍整体素质明显提高,基本建立了适应社会主义市场经济监管的工商行政管理干部队伍。目前全系统的42万多人,已成为维护社会主义市场经济秩序和促进经济社会协调发展的一支重要行政执法和服务力量。

尤其是2008年初的低温雨雪冰冻灾害、西藏"3·14"事件及"5·12"汶川特大地震,检验了工商行政管理队伍建设的成果,充分说明这是一支经得住考验、特别能战斗的队伍,充分证明这是一支忠于党、忠于祖国、忠于人民、忠于工商行政管理事业,政治上过硬、业务上过硬、作风上过硬的干部队伍,充分展示这是一支"国徽头上戴、责任肩上挑",党和政府信赖、有强大战斗力的干部队伍。

一、抓领导班子建设

各级工商行政管理机关把抓好领导班子建设作为抓好队伍建设的关键,始终坚持以加强党的执政能力建设为主线,以提高贯彻落实科学发展观的能力为重点,提高素质、优化结构、改进作风、反腐倡廉,着力提高班子成员的政治素质、领导水平和执政能力,努力把各级领导班子建设成为坚决贯彻落实科学发展观,坚强团结的领导集体,使各级领导班子成为勤奋学习的模范、团结务实的模范、开拓创新的模范、廉政勤政的模范。

(一)国家工商行政管理总局党组从抓好自身班子建设做起

坚持以提高领导水平和执政能力为核心,大力加强党组班子建设。发扬理论联系实际的优良作风,坚持学以致用,注重研究解决工商行政管理改革发展中带根本性、全局性的重大问题:积极研究和探索解决继续完善工商行政管理体制机制问题,解决市场办管脱钩遗留债务问题,个体工商户管理费和集贸市场管理费问题,用改革的办法解决商标注册周期长的问题等,提出了一系列解决问题的对策措施,并狠抓落实,取得了显著的成效。认真落实胡锦涛总书记在中央纪委第七次全会上的重要讲话要求,切实加强作风建设,制定了《国家工商行政管理总局领导建立联系基层制度暂行办法》,国家工商行政管理总局领导带头联系基层,深入实际。"5·12"四川汶川地震发生后,国家工商行政管理总局党组为了了解地震灾区情况,靠前指导工商系统救灾工作,周伯华局长等总局领导分别带队赶赴灾区指导工作,慰问工商干部,在5月12日地震发生后20天里,总局领导与四川工商行政管理局的干部职工,在抗震前线共同奋战了11天,使震区的工商干部职工深受感动和鼓舞。

(二)切实加强领导班子思想政治建设

强化政治理论学习,坚持认真学习中国特色社会主义理论。2003年,以学习贯彻"三个代表"重要思想为重点,组织好在全系统开展的保持共产党员先进性活动,用党的最新理论武装头脑,指导实践,推动工作。总局举办了两期全国工商行政管理系统领导干部学习"三个代表"重要思想研修班和3期总局处级干部研修班。2007年,在组织科学发展观专题学习中,专门邀请中组部、中央党校及有关院校的专家学者做了专题辅导讲座。举办省级工商局长高级研修班,加强落实科学发展观和构建和谐社会理论与政策的学习研究。

(三)健全和完善干部选拔任用机制和考评机制

全系统坚持党管干部原则,严格执行《党政领导干部选拔任用工作条例》,坚持标准、严格程序,推行公开选拔、竞争上岗,真正把德才兼备的优秀干部选拔到领导岗位上来。加大培养选拔优秀年轻干部力度,重视长期在条件艰苦、困难较多的地方努力工作的干部,把基层和监管一线优秀年轻干部充实到各级领导班子中,放到一些关键岗位、环境艰苦和矛盾突出、情况复杂的地方锻炼和培养。完善体现科学发展观和正确政绩观要求的干部考核评价体系。认真落实中组部《体现科学发展观要求的党政部门领导班子和领导干部综合考核评价试行办法》,坚持边研究,边实践,边总结,逐步建立起符合工商行政管理部门实际,科学规范的干部实绩综合考核评价办法。2007年,31个省(区、市)工商行政管理局的主要负责同志当选为省(区、市)党委委员和纪委委员,6个省级工商行政管理局主要负责同志实现新老交替,省级工商行政管理局班子领导干部调整41人,一批优秀干部充实到工商行政管理部门。

(四)制定和落实工商行政管理机关领导干部廉洁自律的要求

要求工商行政管理机关各级领导干部务必做到"五不许":第一,不许违反规定收送现金、有价证券和支付凭证;第二,不许"跑官要官";第三,不许放任、纵容配偶、子女和身边工作人员利用领导干部职权和职务影响经商办企业或从事中介活动谋取非法利益;第四,不许参与赌博;第五,不许借婚丧嫁娶之机收钱敛财。切实履行"总局领导干部廉洁自律,带头依法行政、秉公执法的公开承诺",自觉接受全系统各级党组织和广大干部的监督。严肃执纪,切实解决领导干部廉洁自律方面存在的突出问题。

（五）进一步强化对领导班子和领导干部的监督

认真落实并指导县级以上工商行政管理局建立健全干部监督工作联席会议制度，切实加强对干部选拔任用工作的监督。积极做好领导干部双重管理工作，建立并落实了省、市级工商行政管理局领导班子成员有关情况的年报制度。2007年，在全系统首次实施了省级工商行政管理局主要领导述职述廉汇报制度，县以上工商行政管理机关在领导班子中普遍建立了干部选拔任用联席会议制度。

二、抓基层工商行政管理所建设

基层工商行政管理所是整个工商行政管理事业的基础，基层工商行政管理队伍建设是工商行政管理干部队伍建设的重点，也是实现职能到位的关键。工商行政管理机关把基层建设作为一项打基础、利长远的重点工作切实抓紧抓好。

（一）加强基层工商行政管理所领导班子建设和队伍建设，努力提高基层监管执法和服务发展的能力和水平

根据基层工商行政管理所职能和任务的需要，切实加强领导班子建设，选配好工商所长。按照支部建在所上的思路，三名党员以上的工商所建立党支部，基层工商所所长履行"一岗双责"，努力把基层党组织建设成为学习贯彻马克思列宁主义、毛泽东思想、邓小平理论、"三个代表"重要思想和科学发展观的组织者、推动者和实践者，充分发挥基层党支部的战斗堡垒作用。加大基层工商行政管理所干部培训教育力度。各地通过集中培训、个人自学、岗位锻炼和传帮带等多种方式、多条途径全面提高基层干部的整体素质。2004年，按照中组部、人事部大规模培训干部的要求，深入落实"十五"教育培训规划，进一步强化教育培训工作，改进培训的方式方法，增强培训的针对性，狠抓基层干部专业技能、知识更新和综合素质培训，全面提高广大干部履行岗位职责的能力。2008年各级工商行政管理机关采取开展练兵比武、培养执法办案能手、认定公

职律师、实施基层执法人才培训工程等有力举措，加大了队伍建设力度。

（二）加强基层工商行政管理所体制、机制和制度建设，努力提高基层依法行政和规范化水平

2003年以工商所实施岗位资格证书制度扩大试点和建立基层工作联系点制度为重点，进一步加强基层制度建设。2004年制定《工商行政管理所工作规范》。按照"小局大所"的思路，深化工商所机构改革，规范工商所的机构设置和事权划分，强化工商所执法职能，加强工商所规范化建设。2006年，国家工商行政管理总局研究制定了《关于加强工商行政管理系统基层建设的意见》，明确了关于加强系统基层建设的指导思想、工作原则、主要目标任务和具体措施，为"十一五"期间进一步加强基层建设和队伍建设打下了良好基础。2008年制定和完善基层工商所建设实施纲要，从全局和战略的高度，研究和确定基层工商所的职能职责、工作目标、体制机制和工作措施，为基层工商所充分发挥职能作用提供机制和制度保障。同时，各地还采取建立基层建设分级指标考评、等级评定、创建星级文明规范等办法，大力加强基层建设管理，基层工商所规范化建设取得新进展。

（三）加强基层基础设施建设，努力改善基层办公条件

各地高度重视基层基础设施建设，进一步加大投入，改善了基层面貌。加大基层办公用房建设力度，解决工作用车、通信联络等装备和文化娱乐、体育锻炼等设施，为基层工商所创造良好的工作、生活条件；加大计算机信息化网络建设力度，按照"金信工程"的总体部署，认真落实基层工商所计算机管理和信息化联网，逐步全面提高基层工商所的现代化管理水平。近年来全系统新建工商所1 765个、改造2 099个。全国工商所布局更趋合理，基础设施、装备建设继续得到加强，规范化建设取得新进展。

（四）总结交流基层建设经验，不断提高基层建设水平

2006年，全系统以换发新工商行政管理

制服为契机,向社会展示了工商行政管理队伍的良好形象和精神风貌。国家工商行政管理总局在山东召开了全国工商行政管理系统基层建设和人才工作会议,总结交流了近年来各地基层建设和队伍建设的成功做法和经验,提出了"十一五"时期基层建设和人才工作的目标任务,促进了基层建设和规范化管理。各级高度重视基层建设,促进了广大基层干部更加认真履行职责,扎实有效地努力工作,涌现出"中国杰出青年卫士"黄振磊、"模范公务员"杨宽德等一大批先进集体和先进个人。2007年,全系统掀起了新一轮加强基层建设的热潮。各地积极争取地方党委、政府对工商行政管理基层建设的关心和重视,从机构设置到经费保障等多方面得到了有力支持,广东、河北把工商所统一升格为副科级,目前全国已有50.6%的工商所行政级别为副科级。国家工商行政管理总局和各省工商行政管理局建立了领导干部联系基层工作制度。同年,国家工商行政管理总局首次组织了全国基层先进模范代表到北戴河疗养。

三、抓党风廉政建设

（一）开展"五抓"和"五项治理",坚决纠正不正之风

"五抓"即抓认识、抓制度、抓自律、抓治理、抓查处,"五项治理"即严厉惩治执法腐败,严肃查处违反干部人事纪律问题,认真查办失职渎职行为,深入治理"三乱",坚决纠正不依法行政等不正之风。工商行政管理机关加强党风廉政建设,2003年开始,各地以开展"五抓"和"五项治理"活动为重点,进一步加强党风廉政建设。

（二）进行教育整顿,提高依法行政能力

从2004年6月起到2004年底,在全系统扎实开展以"树立正确的权力观、严格依法行政"为主要内容的队伍教育整顿活动。各地从提高认识入手,有针对性地重点开展"三项教育"。一是加强权力观教育,树立"为民、务实、清廉"的思想;二是加强法纪教育,落实《行政许可法》、《全面推进依法行政实施纲要》和中央纪委三次全会提出的"四大纪律、八项要求";三是加强示范教育

和警示教育,增强依法行政的自觉性;四是结合队伍实际,认真抓好"五项清理"。全系统围绕清理执法案件、清理行政收费情况、清理消费者申诉处理情况、清理对工商执法人员举报的办理情况、清理执法队伍,重点查纠"六个方面"的问题:利用办理"案费证照"以权谋私、徇私舞弊、贪污受贿等执法腐败行为;乱收费、乱罚款等执法争利行为;粗暴管理、野蛮执法、耍威风、搞特权、刁难群众等执法扰民行为;越权执法、滥施处罚、以罚代管、以罚代刑等随意执法行为;在履行市场监管职责中疏于管理、玩忽职守、推诿扯皮、违法不究等行政不作为行为;瞒案不报、压案不查,甚至弄虚作假、伪造案卷等失职渎职行为。在以"五项清理"为主要内容的队伍教育整顿清纠工作中,全系统共清理执法案件244.3万件,涉及收费问题316件,消费者申诉132.25万件,对工商人员信访举报2.06万件,执法岗位上不具备执法资格的人员3万多人,给予党纪政纪处分1 215人,移送司法机关处理53人。队伍教育整顿实现了提高政治素质、改进工作作风、增强法纪观念、改善执法形象的预期目标,受到了温家宝总理、吴仪副总理及中纪委、监察部领导同志的充分肯定,得到了社会各界的好评。

（三）坚持惩防并举,贯彻落实中央惩防体系《实施纲要》

为稳步推进贯彻落实惩防体系《实施纲要》,国家工商行政管理总局党组和各省级工商行政管理局党组织普遍成立了领导小组和工作机构,认真制定落实《实施纲要》的具体措施。2005年,国家工商行政管理总局党组分别制定印发了《具体意见》、任务分工方案和2007年底前工作要点,国家工商行政管理总局机关各司局和直属单位制定了《具体实施意见》;27个省（区、市）工商行政管理局出台了《具体实施意见》。2008年,国家工商行政管理总局党组制定《关于贯彻落实建立健全惩治和预防腐败体系2008—2012年工作规划的实施办法》,切实把加强党风廉政建设与"四个统一"相结合,与积极推进工商行政管理工作制度化、规范化、程

序化、法治化建设相结合，与努力建设政治上、业务上、作风上过硬的高素质干部队伍相结合，坚定不移地推进反腐倡廉建设。全系统紧密结合实际，采取组织学习、问卷考试、媒体宣传等多种形式，使《实施纲要》在广大工商干部中深入人心。国家工商行政管理总局机关和全系统落实《实施纲要》的工作，受到了中纪委领导同志的充分肯定。

（四）进一步加强反腐倡廉制度建设

2003年，国家工商行政管理总局发布了依法行政、文明执法"六项禁令"，加强行风制度建设。2004年，扎实推进行政审批制度改革、推进财政管理体制改革和深化干部人事制度改革等"三项改革"，强化对权力的制约，加强对资金的监控，完善对干部的监督。2006年，建立健全反腐倡廉宣传教育联席会议制度、干部监督联席会议制度，制定了资金分配使用、物资采购、工程项目建设等方面的监督管理制度。继续深化行政审批制度改革，加强对行政审批行为的规范管理。积极推进工商行政管理机关行政处罚程序规定、正确行使行政处罚自由裁量权的指导意见、行政执法评议考核办法、行政执法过错责任追究办法等制度的落实。出台并积极推行《工商行政管理机关执法督察的实施意见》《工商行政管理机关执纪执法情况回访制度》等。2008年各省级工商行政管理局普遍实行了述职述廉汇报制度，大部分省市开展了基层工商执法人员向监管服务对象代表述职述廉活动。廉政风险点防范管理试点工作扎实推进，权力监督制约制度进一步完善，工商行政管理系统惩防腐败体系建设取得新的成果。

（五）加强执法监督

各级工商行政管理机关坚决贯彻落实"六项禁令"，围绕行政性收费和罚没款收缴情况以及执行"六项禁令"情况进行清理检查，各种形式的执法督察活动广泛开展。通过加强执法监督，严肃查处违法违纪案件，使全系统干部法纪观念明显增强，执法水平明显提高，执法形象明显改善。

四、抓机关建设

各级工商行政管理机关是代表国家履行市场监管和有关行政执法职能的主体，在全系统工作中起着组织、指挥、协调的重要作用，抓好机关建设，对于建设服务型政府有着重要的意义。

国家工商行政管理总局认真抓好机关自身建设，为基层当好表率。与此同时，大力抓好各级机关建设。一是加强机关体制机制建设。按照转变职能、理顺关系、优化结构、提高效能的要求，运用管理科学的方法，整合职能，改革创新工商行政管理机关运行体制机制，促进机关内部运转规范、各司其职、相互配合，形成权责一致、分工合理、决策科学、执行顺畅、监督有力的机关管理体制。同时，适应国家行政管理体制改革趋势，更加积极主动地与其他部门搞好沟通协调，增强监管合力。二是增强机关服务意识。一方面，立足工商行政管理的各项职能，为市场主体服务，为广大消费者服务，改善服务态度，杜绝"门难进、脸难看、事难办"的现象。另一方面，全国工商行政管理作为一个系统，强调上级机关要为下级机关提供优质服务，下级机关要积极支持上级机关的工作。同时，切实关心本单位、本系统干部职工，帮助排忧解难办实事。三是改进机关工作作风。不断完善机关各项工作制度，严肃工作纪律。改进会风和文风，力戒形式主义。加强对新情况、新问题的调查研究，努力为基层解决实际问题。四是建设和谐文明机关。在各级机关培养奋发有为、团结和谐的精神风貌，营造想干事、能干事、会干事的良好氛围。充分发挥工会、共青团和妇女组织的作用，关心青年干部成长，进一步加强机关群众文化建设，积极开展各种健康有益的文体活动，努力建设和谐机关。

各地围绕建设服务型机关，不断加强机关作风建设，取得了良好成绩。2007年度，天津、河北、黑龙江、新疆、哈尔滨、西安等6个工商行政管理局被列为政风行风评议"免评单位"。在22个参加当地行风评议的省区市工商行政管理局中，吉林、上海、河南、济南名列第一，陕西、青海、宁夏、山东、山西、辽宁、江西、沈阳、大连、厦门、成都等名列前茅。行政审批改革进一步完善，公共服务水平进一步提高。国家工商行政管理总局在江苏召开了深化政务公开工作会议,政务公开规范化水平进一步提高,局务公开稳步推进,政府信息公开工作扎实开展。福建省工商行政管理局提早部署,开展检查验收,全省系统提前一个月实行政府信息公开。江苏、吉林、甘肃、青岛、南京、哈尔滨等地工商行政管理局提前做好政府信息公开各项准备工作。安徽省工商行政管理局修订出台二十项基本管理制度,为努力推进机关规范化建设提供了制度保障。

五、抓建章立制

各级工商行政管理机关在加强队伍建设过程中,高度重视相关的制度建设。围绕队伍建设的重点工作和重要环节,在认真总结提升经验的基础上,将长期以来行之有效的好的做法上升为制度,为队伍建设的规范化、制度化提供了依据。

(一)优化用人制度建设

建立和完善以德、能、绩为重点的人才评价、选拔任用和激励保障机制,确保选好人,用好人。各地普遍实行竞争上岗制度,推行公选制度,择优选拔领导干部。加大干部交流力度,保持干部队伍和领导班子的生机和活力。建立公务员考试录用制度,吸纳优秀人才,提高队伍的整体素质。

(二)健全内部监督制约机制

建立健全和严格执行行政执法责任制度、领导责任追究制度、行政执法行为规范制度和行政执法监督制度,强化对行政执法行为的规范和监督,加强对执法过错和错案责任的追究。

(三)推行社会监督机制

1. 认真落实中央办公厅、国务院办公厅《关于进一步推行政务公开的意见》

认真落实《关于进一步推行政务公开的意见》,完善政务公开事项,依法公开办事依据、办事程序和办事结果,拓展政务公开的内容,不断创新政务公开的形式,努力提高政务公开工作水平。2007年,着重从行政审批、行政处罚、行政收费三方面继续深化政务公开,国家工商行政管理总局在全系统建立80个政务公开示范点。2008年,进一步深化政务公开,认真贯彻《政府信息公开条例》,编制好政务公开目录和政务公开指南,充分发挥政务公开示范点的作用。在原有行政执法信息公开的同时,重点推动行政审批、行政处罚、行政收费结果公开。

2. 推行基层行政执法人员向监管服务对象述职述廉制度

2007年,在总结先期开展这项工作的河北省工商行政管理局等单位经验的基础上,国家工商行政管理总局制定了《工商行政管理系统基层行政执法人员接受监督,向监管服务对象代表述职述廉实施意见(试行)》,20个省(区、市)工商局全面启动了试点工作,10个省(区、市)工商行政管理局已全面铺开。2008年,总结交流工商行政管理系统基层执法人员向监管服务对象代表述职述廉试点工作经验,在全系统推行。

(四)建立健全领导干部学习制度

国家工商行政管理总局不断完善领导干部脱产进修制度,切实办好领导干部进修班、专题研究班。各级工商行政管理机关进一步健全完善党组中心组学习制度,坚持领导干部自学制度,认真落实学习考勤制度、学习检查制度和学习考核制度,确保学习落到实处,取得实效。

六、抓干部培训

党的"十六大"以来,我国进入了全面建设小康社会的关键期,也是改革发展的重大机遇期。为适应繁重的行政执法和市场监管任务,全系统围绕建设"三个过硬"高素质干部队伍,普遍加强了干部教育培训工作,促进了工商行政管理干部队伍建设。目前,全系统在职公务员中,大专以上文化程度达到83.2%,本科以上达到32.4%。

(一)组织领导明显加强

国家工商行政管理总局党组高度重视干部教育培训工作,将其作为基础性、战略性工程来抓。2006年,国家工商行政管理总局制定了《2006—2010年全国工商行政管理系统人才队伍建设规划》和《2006—2010年全国工商行政管理系统干部教育培训规划》等指导性文件,对大规模培训干部、大幅度提高干部素质作出了部署。2007年,召开全国工商行政管理系统干部教育培训工作会议,国家工商行政管理总局周伯华局长做了重要讲话,深刻阐述了新时期加强干部教育培训的重要意义,部署了大规模培训干部的战略任务。各地制定了落实国家工商行政管理总局规划的具体措施办法,推进干部教育培训领导体制和工作机制建设,提高了教育培训的规范化水平。

(二)大规模培训扎实推进

2003 年以来,全系统认真贯彻中央大规模培训干部的任务,理论武装大力加强。全系统通过举办培训班、以会代训、在职学习等多种形式,深入开展学习贯彻"三个代表"重要思想和共产党员先进性教育活动,不断加强科学发展观、构建社会主义和谐社会等重大战略思想的教育培训,以及社会主义荣辱观和反腐倡廉的教育培训,广大干部对党的最新理论成果的学习不断加强,理解不断加深,政治素质不断提高,能力建设不断推进。各地紧紧围绕工作大局,针对干部队伍能力素质状况,大力加强工商行政管理法律法规和业务培训。国家工商行政管理总局2004 年至 2006 年共举办培训班 55 期,培训人员 6 140 人,有效地提高了各级干部依法行政能力和科学监管水平。多层次、多渠道、多形式、大规模的培训格局基本形成。坚持"三级培训,分级负责"的原则,分级分类培训。2008 年 3 月,国家工商行政管理总局党组决定,实施"一把手"轮训工程,计划集中一年多时间,依托总局行政学院,分期分批把全国各省、市、县工商行政管理局正职领导干部集中轮训一遍。不少地方开展了网上培训、岗位练兵比武活动、业务能手考评活动,同时积极开展了在职学历教育和境外培训。

(三)教育培训能力不断增强

各地不断加大教育培训投入,加强基础设施建设。到 2007 年,全系统拥有干部培训基地 171 个,可同时容纳 2.3 万人集中培训。2003 年以来,国家工商行政管理总局加紧在深圳筹建行政学院;2007 年 10 月,学院初步建成。学院占地 10 万平方米,总建筑面积近 4 万平方米,建有行政教学楼、信息中心、学员公寓等 15 栋建筑,共有 27 个教室、会议室和报告厅,可同时容纳 300 多人培训,具备比较现代化的教学培训和服务功能。2008 年 3 月 28 日,国家工商总局行政学院落成暨开学典礼在广东省深圳市隆重举行。学院的落成和开学,标志着国家工商行政管理总局干部教育培训工作开始进入了一个新的时期,标志着全国工商行政管理系统干部教育培训工作即将迈上一个新的台阶,标志着全国工商行政管理系统新一轮大规模培训干部工作正式启动。

(执笔人:李静春)

第二篇

工商行政管理机构沿革

新中国工商行政管理机构起源于中国共产党领导的根据地和解放区人民政府设置的工商管理机构。从新中国建立至改革开放前夕，作为政府职能部门，工商行政管理机构及其职能随着国家政治经济形势的变化而变动，经历了从组建到撤并到恢复建制几个历史阶段，不论是在国民经济恢复时期、社会主义改造时期、社会主义建设探索时期，还是在建立和完善社会主义市场经济体制时期，都发挥了积极的职能作用。

1978年9月，适应改革开放、发展经济的需要，党中央、国务院作出了恢复工商行政管理机关建制的重大决策，从此翻开了工商行政管理职能发展和机构建设的新篇章。30年来，工商行政管理职能定位和机构演变与改革开放同行，与时代发展同步，在党中央、国务院的正确领导和各地党委、政府的关心支持下，历经6次机构改革"三定"，逐步确立了工商行政管理市场监管和行政执法的职能定位，实现了工商行政管理职能的历史性转变，形成了从总局到基层工商所五级贯通、运转协调的分层管理体制，建立了布局合理、管理规范的基层监管执法体系。基本建立了适应社会主义市场经济监管的工商行政管理体制机制。

党的"十六大"以来，国家工商行政管理总局党组在系统总结30年来工商行政管理实践经验和理论探索的基础上，深刻指出，工商行政管理要努力做到监管与发展、监管与服务、监管与维权、监管与执法"四个统一"。"四个统一"把加强监管与促进发展、服务大局、消费维权、依法行政有机统一起来，科学回答了工商行政管理在全面落实科学发展观、构建社会主义和谐社会、促进经济又好又快发展中的职能定位，把工商行政管理市场监管和行政执法的职能定位提到了新境界、推上了新高度。

1978年工商行政管理系统恢复建制时，全系统仅有10万余人。多年来，通过坚持不懈强化教育培训，大力加强党风廉政建设，工商行政管理干部队伍的政治素质明显提高，业务能力明显增强，工作作风明显改进，执法形象明显改善。目前全系统公务员队伍共有40万余人，已成为维护市场秩序的坚强卫士、促进改革发展的重要力量。基本建立了适应社会主义市场经济监管的工商行政管理干部队伍。

第一章 新中国工商行政管理机构的由来

在中国共产党领导的根据地人民政府设置的机构中,与现在工商行政管理机构名称、职能最接近的机构,出现于 1941 年 9 月。当时,中国共产党领导的晋冀鲁豫边区政府,将边区生产贸易管理总局改为边区工商管理总局,同时,在各行署设工商管理局,各专署设边区工商管理总局的分局,形成了较完备的组织体系,并由此带动了其他各根据地和解放区政府的工商行政管理组织建设。这可以说是新中国工商行政管理机构的直接来源。

1942 年 7 月,晋冀鲁豫边区税务总局、工商管理总局合称工商管理总局,同年 8 月,各行署工商管理局与税务局合并称工商管理局。1943 年 1 月第三次精兵简政,晋冀鲁豫边区工商管理总局三、六分局合并为太北分局,四、五分局合并为太南分局,一、二分局改为晋中分局、冀西分局。1943 年 8 月,晋冀鲁豫工商机构变更,取消冀西、太北、太南、晋中分局,仍改为一至六分局。

当时,工商行政管理机构的工作任务是围绕一切为着争取战争胜利的总目标开展的,主要是贯彻执行党和民主政府的各项经济政策,展开对敌经济斗争。在抗日战争和解放战争时期,各根据地和解放区政府工商行政管理部门职能任务基本相同。具体职责有:(1)管理出入口贸易,管理重要物资,严禁走私资敌。(2)配合有关部门进行对敌经济斗争,粉碎敌人对根据地的经济封锁与掠夺。(3)扶持和保护公营企业、合作事业和工商业的发展。(4)管理市场,组织物资交流,平抑物价,打击投机奸商的操纵破坏活动。(5)指导工商业团体工作等。

随着根据地和解放区的日益扩大、经济活动的开展,工商行政管理机构的设置逐渐增多。1943 年 2 月,晋察冀边区行政委员会决定贸易局、工矿局合并为工商管理局。1943 年 9 月,中共山东分局在财委会中设立工商管理处,各行署、县设立工商管理局。1943 年 12 月,胶东区行政公署决定成立胶东工商总局,下设 4 个分局。随后,苏皖边区盐阜行署各县仿照山东的做法,成立工商管理局。1945 年 9 月,浙东解放区成立工商管理局,并设置了东区、西区两个分局。1946 年 1 月,山东省人民政府正式成立工商管理总局。1946 年至 1948 年,东北全境陆续解放,各大城市相继成立了工商管理局。1948 年 5 月,中共晋绥分局设立工商局。1948 年 9 月,华北人民政府成立,成立了工商部。1949 年 4 月,陕甘宁边区政府成立了工商厅。1949 年 5 月,上海解放,随即成立了工商局。随着大陆全境的陆续解放,大多数大中城市都建立了工商局,如北京、天津、沈阳、西安、武汉、广州、重庆等城市,工作隶属关系大多在财委或财经委的领导之下。

第二章　中央私营企业局中央外资企业局（1949 年 10 月至1952 年 11 月）

　　1949 年 10 月,中华人民共和国中央人民政府政务院成立了财政经济委员会,委员会下设有中央私营企业局和中央外资企业局,主要由中央私营企业局承担工商行政管理工作。中央私营企业局局长由政务院财政经济委员会秘书长薛暮桥兼任,其任务主要是对全国私营企业监督与指导,确定扶植与限制私人资本主义,内设机构为:秘书室、公司登记处、调查研究处、法令审核处、产权股权处、私营企业处(后改为工商辅导处),机构总数共 6 个处,工作人员 24 人。中央外资企业局局长由冀朝鼎担任,工作人员35 人。

　　1950 年 3 月,中央私营企业局和中央外资企业局合署办公,增设了外资企业处。同时期,贸易部商标局与中央私营企业局合并,增设了商标注册处,到 1950 年 7 月,中央私营企业局工作人员 100 人左右。1950年下半年,工商辅导处撤销,改设工商行政处和工商登记处。1950 年至 1952 年两局合署办公期间,内设机构为:秘书处、工商行政处、商标注册处、公私产权处、工商登记处、外资企业处和调查研究处,机构总数共 7 个处,工作人员逾百人。

　　1950 年 10 月 5 日,中央私营企业局编印内部刊物《工商情况通报》。在这一时期,国家逐步完成了工商行政管理机构的设置,初步形成了从中央到地方的工商行政管理一条线。虽然地方不强调单设工商局,但其任务都由负责工商行政管理的部门(多数是商业厅,少数是工业厅)兼管。全国工商行政管理工作的重点,主要在大中城市,各大中城市普遍设置了工商局,不少城市还设置了管理市场的商品交易所。

　　从 1949 年至 1952 年国民经济恢复时期,中央私营企业局和中央外资企业局承担的职能有:(1)没收官僚买办资本,清查敌伪财产,壮大国营经济。(2)废除帝国主义在华经济特权,保护和管理外商企业。(3)贯彻对资本主义工商业的利用、限制和改造的方针,指导私营企业恢复和发展生产。(4)重新恢复商标注册和企业登记注册。(5)协调公私关系、行业关系。(6)组织物资交流大会,活跃城乡市场。(7)打击投机活动,稳定市场物价。(8)指导工商联的工作,改组同业公会等。1950 年 7 月 28 日,政务院批准颁布《商标注册暂行条例》,同年 9月 4 日,中央私营企业局开始受理商标注册申请。

　　1952 年 8 月,经政务院批准,中央私营企业局和中央外资企业局正式合并。同年 8月,中央技术管理局撤销后,该局原发明奖励处和度量衡处并入,分设度量衡处和发明审定处。

第三章　中央工商行政管理局（1952 年 11 月至 1970 年 7 月）

一、社会主义改造时期

1952 年 11 月至 1956 年，是工商行政管理机关任务比较明确、机构比较健全、工作比较正常的时期。在组织关系上，省辖市以上工商行政管理局及兼管工商行政管理的省商业厅、工业厅，除受当地人民政府领导外，有关工商行政管理业务工作，受中央工商行政管理局指导。

1952 年 11 月，中央人民政府国家计划委员会成立后，政务院财政经济委员会的组织机构进行了调整，中央私营企业局与中央外资企业局合并，成立了中央工商行政管理局，作为政务院的直属局。中央工商行政管理局局长由政务院第六办公室副主任、中央统战部副部长许涤新兼任，薛暮桥、冀朝鼎调离。

1952 年 11 月 22 日，政务院财政经济委员会通知各大行政区及各省市财委（〔52〕财经私字第 177 号），中央私营企业局更名为中央工商行政管理局，省辖市以上工商局及省工业厅、商业厅，除受当地人民政府领导外，有关工商行政管理工作，亦受该局领导，并建立定期的工作请示、报告制度。贸易等工作交由其他部门，更名为工商行政管理局。

1952 年 11 月，燃料工业部煤矿管理局的私营企业组和重工业部有色金属管理局的矿业处（管理私营矿部分）并入中央工商行政管理局，设矿业管理处。中央工商行政管理局进行了内设机构调整：外资企业处改为外资企业科，属工商行政处领导；调查研究处改为调查统计处；公私产权处改为合营企业处；商标注册处改为工商注册处；工商登记处改为登记科，发明审定处改为发明奖励科，都划归工商注册处领导。

1952 年 12 月 23 日，政务院财政经济委员会发出通知，要求各大行政区及省市财委设置私营企业专管机构。通知同时指出，中央工商行政管理局"为中财委管理私营企业、公私合营企业、外资企业以及工商行政工作之机构。"

1952 年 12 月 23 日，中财委通知各大行政区、各省市财委设置私营企业专管机构，指出中央工商行政管理局"在目前其具体任务有公私关系、工商登记、商标注册、发明审定、矿业管理、度量衡管理、公产公股清理、外资企业之处理、公私合营企业管理、私营企业的情况、开歇业的统计及调查研究等"。

1953 年，随着恢复国民经济任务的完成，我国进入社会主义改造时期，国家提出了关于发展国民经济的第一个五年计划，中央提出了过渡时期的总路线，在经济领域进行对农业、手工业、资本主义工商业的社会主义改造。

1953 年 1 月 5 日，中央工商行政管理局编印《工商行政通报》。同年，中央工商行政管理局增设度量衡处、矿业处，中央工商行政管理局内设机构为：秘书处、工商行政处（领导外资企业科）、工商注册处（领导登记科、发明奖励科）、合营企业处、调查统计处、度量衡处和矿业处,机构总数共 7 个处,工作人员 250 人左右。工商行政管理部门在这一时期的主要任务是:(1)实施对资本主义工商业的社会主义改造。(2)开展商标注册管理。(3)开展企业登记管理。(4)开展市场整顿,加强市场管理,尤其是对重要生产、生活资料的管理。(5)进行工商合同管理。(6)统筹安排加工订货,协调公私关系。(7)指导工商联和同业公会工作。(8)管理个体摊贩。

1954 年 9 月,第一届全国人民代表大会第一次会议后,成立国务院,原政务院财政经济委员会相应撤销。

1954 年 11 月 25 日,第一届全国人民代表大会常务委员会第二次会议批准国务院设立中央工商行政管理局,作为国务院的直属机构,由国务院负责对资本主义工商业进行社会主义改造工作的第八办公室掌管。局长许涤新。核定中央工商行政管理局机构设置为:秘书处、工商行政管理处、商标注册处、调查研究处、合营处、矿业处、度量衡处,机构总数共 7 个处。

1955 年 6 月,中央工商行政管理局向国务院提交了《关于工商行政部门的机构与任务问题的报告》,要求"在精简机构的原则下,工商行政部门仍应保持一定数量的骨干"。中央工商行政管理局在报告中认为自己的工作主要是:"执行国家对私营工商业的行政管理,打击投机,处理违法,限制资本主义的盲目性;辅导私营工商业改进生产经营,发挥有利于国计民生的积极作用;推动资本主义工商业纳入国家资本主义的轨道;指导工商业联合会对资本家进行教育、改造等。"

1955 年 6 月,国务院转发中央工商行政管理局《关于工商行政管理部门的机构与任务问题的报告》的批示,明确各级工商行政管理部门的"基本职责是根据国家的政策法令,通过行政管理工作,禁止资本家危害公共利益、扰乱社会经济秩序、破坏国家经济计划的一切非法行为。加强对私营工商业的行政管理是实现国家资本主义工商业利用、限制和改造政策的一个重要方面"。

1955 年,度量衡处划归新成立的国家计量局。同年,将矿业处划归煤炭工业部;撤销合营处,成立工业处,原属工商行政处领导的加工订货业务划归工业处领导。中央工商行政管理局内设机构为:秘书处、工业处、商业处(由原行政处分出)、工商行政处、调查研究处、商标专利处,机构总数共 6 个处,工作人员 214 人。1955 年 8 月,中央工商行政管理局内设机构精简为 5 个:秘书处、工业处、工商行政处、调查研究处、商标专利处,工作人员精简至 152 人。1956 年,撤销工业处,登记科并入工商行政处,内设机构精简为 4 个:秘书处、工商行政处、调查研究处、商标处,中央工商行政管理局工作人员 120 人左右。

二、社会主义建设探索时期

从 1957 年到"文化大革命"开始,是社会主义建设探索的十年,也是工商行政管理进入摸索、徘徊的发展时期。从事的工作主要是:(1)对城乡集贸市场的管理。(2)整顿计划外采购活动。(3)查处打击投机倒把活动。(4)继续对私营工业、个体手工业和小商小贩进行社会主义改造。(5)开展工商企业普查、登记、发证。(6)进行商标注册等。

这一时期,中央工商行政管理局人员维持在 120 人左右,地方工商行政管理部门机构设置,经历了从撤销撤并到恢复充实两个阶段。

(一)1957 年至 1959 年 8 月,随着对私改造的完成,工商行政管理部门的管理范围缩小,一些地方开始撤销工商行政管理部门

1957 年社会主义改造完成后,社会经济所有制结构发生了根本性变化,工商行政管理的工作也发生了相应的变化。在开始全面建设社会主义的时期,工商行政管理部门应承担的任务、应发挥的作用等问题,由于缺乏经验,又无借鉴,只能在工作实践的探索中逐步前进。

1957 年 2 月 28 日,国务院批转中央工商行政管理局《关于城市市场管理的意见》的通知,指出工商行政管理部门对城市市场管理工作的范围是:(1)审查、修订或拟订新

的市场管理办法;加强对市场管理政策、法令、办法的宣传教育工作;处理市场上的投机违法事件。(2)会同有关部门领导和管理交易所、交易市场,负责对交易员和其他市场行政工作人员的教育和管理;恢复和建立一些贸易货栈、交易所和农民贸易市场,提供必要的便利和服务设备。(3)管理个体手工业户和其他自产自销工业户的市场购销活动;加强对摊贩、行商、中间人的教育、辅导和管理工作;协助有关业务部门组织和安排他们的业务。(4)会同有关业务部门对外地采购人员进行登记、辅导和教育工作。(5)协助各业务部门贯彻执行国家的物价政策;指导市场上对需要议价的商品的议价工作。(6)综合、研究市场的变化情况和问题,提出意见。

1958 年 1 月,国务院批转中央工商行政管理局《关于工商行政管理部门 1958 年主要工作安排的报告》,确立了对农村集市贸易"管而不死,活而不乱"的管理原则。

1958 年 1 月,调查研究处编制划归中国科学院经济研究所,业务由中央工商行政管理局与中国科学院共同领导。

1958 年 4 月 2 日,中共中央发出《关于继续加强对残存的私营工业、个体手工业和小商小贩进行社会主义改造的指示》,提出了对个体商贩要采取"利用、限制、改造"的方针。

1958 年 10 月,中央工商行政管理局对资改造研究室正式成立;商标设计机构暂定名为"商标设计服务社";成立红专学院,由正副局长任正副校长,设置教务处及商标注册、市场管理、对私改造、语文等专业系。1959 年 2 月,商标设计机构定名为人民商标美术设计公司。

1959 年 4 月至 6 月,第二届全国人民代表大会第一次会议和第二届全国人民代表大会常务委员会第四、第五次会议决定调整国务院部委和直属机构,撤销国务院第八办公室,中央工商行政管理局改属国务院财贸办公室领导。

1959 年 9 月 8 日,中华人民共和国内务部任命许涤新为中央工商行政管理局局长,

千家驹、管大同为副局长([59]内人事任字第 287 号)。

1957 年至 1959 年,中央工商行政管理局机构设置为:秘书处、工商行政管理处、商标管理处、调查研究处,机构总数共 4 个处。

(二)1959 年 9 月至 1966 年底,各地撤并的工商行政管理机构又陆续恢复建立起来,有些地方还新设了工商行政管理机构

1959 年 9 月至 1966 年底,特别是自1961 年国民经济实行"调整、巩固、充实、提高"的方针,中共中央、国务院先后出台了关于农村集市贸易和城市自由市场的若干政策,各地撤并的工商行政管理机构又陆续恢复建立起来,有些地方还新设了工商行政管理机构,但机构名称却不统一,有的称工商行政管理局,而有的则叫市场管理委员会或市场物价管理委员会。出于大量微观和具体管理的需要,各地开始在农村集镇和城市自由市场设置市场管理所。

1959 年 9 月 23 日,中共中央、国务院发出《关于组织农村集市贸易的指示》,指出"应该在县委镇委公社党委领导下设立县、集镇市场管理委员会。已经设立市场管理委员会的地区,应该加强领导。没有建立市场管理委员会的地区,应该建立。市场管理委员会由商业、粮食、银行、税务、工业、农业等有关部门组成"。使得"大跃进"以来取消的农村集市贸易和城市自由市场有了较快的恢复和发展,但没有发生根本变化。

1959 年底,北京、青海、新疆、福建、黑龙江等省、市、区恢复建立或新建了工商行政管理局、市场物价管理局。

为加强市场管理,活跃城乡经济,打击资本主义势力,1960 年,中央工商行政管理局增设了市场管理处,并将秘书处和调查研究处改为办公室和通报编辑室,内设机构再次调整为:办公室、工商行政处、市场管理处、通报编辑室、商标处,内设机构总数共 5 个处,定员 118 人,其中:干部 98 人,工勤人员 16 人,附属人员 4 人。同年 11 月,中央工商行政管理局编制与商业部合并,但单独办公。

1960 年 11 月,中共中央发出《关于农村

人民公社当前政策问题的紧急指示信》,明确了自留地的政策长期不变,允许和鼓励社员发展家庭副业,有领导、有计划地组织集市贸易。

1961年1月,中央工商行政管理局、商业部在武汉召开农村集市贸易汀泗桥现场会议,提出对集市贸易"大胆地放,认真地管"、"活字当头,管在其中"的指导思想。

1961年7月,根据中央精神,中央工商行政管理局机关工作人员精简至78人,其中干部66人,工勤人员12人。

1962年5月,上海市充实工商行政管理机构,各级工商行政管理部门编制共为570人。

1962年9月,中国共产党八届十中全会通过了《关于进一步巩固人民公社集体经济 发展农业生产的决定》和中共中央《关于商业工作问题的决定》,明确提出要"正确地发挥集市贸易的作用","集市贸易是国营商业和供销合作社的必要补充"。

1963年,中央工商行政管理局内设机构为一室四处:办公室、工商行政处、市场管理处、商标管理处、调查研究处,工作人员77至79人。

1963年3月28日,中共中央发出《关于严格管理大中城市集市贸易和坚决打击投机倒把的指示》,提出了"加强管理、缩小范围、逐步代替、区别对待、因地制宜"的方针,大中城市自由市场逐步关闭。同时,工商行政管理部门运用行政手段打击、取缔黑市交易,查处了一批大案要案。

1963年9月26日,中央工商行政管理局、铁道部、交通部、中国民航总局发出《关于在打击投机倒把工作中加强配合协作的联合通知》,规定"市场管理部门可以根据需要在客货运量较大的车站、码头,派出常驻或临时的工作组,其任务主要是负责接受和处理车站、码头等单位检举揭发的投机违法案件。"

到1963年底,全国各省、自治区、直辖市工商行政管理局已有21个,地级和省辖市工商行政管理局130个,县级(市辖区)工商行政管理局(科)500个。

1964年,中央工商行政管理局机关部分工作人员下去搞"四清"、"五反",留局人员较少,工商行政处、市场管理处暂时合并办公,办公室、商标管理处独立,调查研究处保持半独立。

1964年4月11日,国务院批转中央工商行政管理局《关于工商行政管理机构和编制问题的报告》,指出"工商行政管理部门在对资本主义势力作斗争方面担负着重要任务,工商行政管理工作,应当继续加强,不能削弱"。要求各地要进一步加强对工商行政管理部门的领导,应根据实际工作需要,建立健全工商行政管理机构,充实和配备必要的人员编制;要加强干部的政治思想教育,提高干部的质量;要妥善解决没有列入国家行政编制的人员的工资、福利待遇和政治待遇等问题;不建立工商行政管理机构的,也要指定有关部门兼管此项业务,并配备专职干部。中央工商行政管理局在报告中要求:(1)对于现有的工商行政管理机构,要加强领导,巩固下来。要根据精简原则,补充必要的骨干力量。(2)省、自治区、直辖市及省辖市、专辖市应当设立工商行政管理局。县和大中城市的区,应当设立工商局(科);专区可以根据需要设立工商行政管理局(科);城市交易集中的地区及农村较大的集镇,应当设立工商行政管理所或市场管理所;各级工商行政管理部门要配备专职人员。(3)省、市、专、县工商行政管理机构的干部,应当在不另增加编制总额的原则下,列入地方行政编制。(4)没有列入地方行政编制的工商行政管理干部和市场管理所必需的人员,要妥善解决他们的政治待遇和福利问题。他们的工资、福利和办公费等应当由市场管理费、罚没款等收入中开支,并列入地方劳动工资计划。

1964年5月22日,辽宁省工商行政管理局为了加强基层工商行政管理工作,制定了《辽宁省工商行政管理所工作试行条例》,公布试行。

1964年11月,为加强和规范市场管理所工作,上海市工商行政管理局开始试行《上海市市场管理所工作条例试行草案》。

1966 年 4 月 26 日,国务院财贸办公室转发中央工商行政管理局《关于整顿农村集市交易所和统一市场管理的报告》,要求:(1)全面整顿交易所。社队、集镇街道办的交易所和旧牙行、旧牙纪组成的交易所坚决砍掉,业务部门和市场管理部门设立的交易所应当裁并,大力精简人员。(2)不得乱收费。(3)统一管理农村市场。

三、"文化大革命"时期和其后两年

1966 年至 1976 年的十年"文化大革命"期间,受极"左"思想和政策的影响,给工商行政管理部门带来极大的混乱和破坏。运动开始不久,工商行政管理部门受到"造反"群众的冲击。有些群众和一些搞投机倒把受处罚的人,以批判"资产阶级反动路线"为名,聚众围攻、侮辱甚至体罚、殴打工商行政管理干部。有的还查抄了工商行政管理所、市场管理所,抢走投机倒把档案材料和罚没财物,工商行政管理陷于瘫痪、半瘫痪状态,工作一度被迫停顿,包括企业登记、商标注册也被迫停止。工商行政管理机构被撤并,大中城市集市贸易被关闭。市场管理和打击投机倒把工作虽然没有停止,但在不少地方也被新成立的"生产指挥部"、"民兵指挥部"、"群众专政指挥部"等取代了工商行政管理部门的职能,把打击投机倒把作为阶级斗争来抓,工作性质发生根本变化。

1966 年 6 月,"文化大革命"开始,中央工商行政管理局业务工作陷于停顿。

1967 年 1 月 20 日,首都红卫兵第三司令部中央财金学院学生和北京八·八公社战斗队驻局联络站接管了中央工商行政管理局,并成立接管委员会行使一切权力。

1967 年 11 月,中央工商行政管理局进驻军代表。中央派解放军总后勤部后勤学院政治部副主任柳垣任军事代表主持工作(1967 年 11 月—1970 年 6 月),军代表小组成员:胡德祥、雷永正。

1969 年 9 月,工商行政管理部门从中央到地方,机构相继被撤并。1969 年 9 月 15 日,中央工商行政管理局摘掉牌子,与商业部、粮食部、供销合作总社合署办公。

1970 年 4 月 1 日,中央工商行政管理局合并到商业部,工商行政管理工作划归商业部商管组负责,定为工商行政管理处,原有人员几乎全部下放辽宁盘锦"五七干校"劳动。各省、自治区、直辖市和各市、地、县工商行政管理局,多数合并到商业局,少数合并到财政局,也有个别地区对外仍保留一块牌子。

1970 年 10 月 17 日,商业部、财政部联合发出通知([70]商管联字第 428 号、[70]财企字第 86 号),将市场管理人员列入国家行政编制。通知要求:认真整顿市场管理队伍;市场管理人员一律列入国家行政编制;市场管理人员的工资、福利和办公费等按行政机关标准,纳入财政预算。各地上报市场管理人员83 763人。

各省基层编制数见附表一。

1971 年 9 月,林彪反革命集团被粉碎,周恩来总理主持中央日常工作,各方面工作有了转机。一些地方根据实际工作需要,先后恢复了工商行政管理机构,主要是管理市场、小商小贩,打击投机倒把,有的地方还恢复了企业登记和商标管理工作。但在"以阶级斗争为纲"的指导思想下,仍然执行"左"的政策,推行"左"的做法。一些地方市场管理所虽然陆续恢复工作,但职能已严重扭曲,市场管理所变成了在市场上打击资本主义势力的"无产阶级专政的工具"。同时,为限制紧缺物资的自由流通,开始在交通要道设置检查站。

到 1974 年夏,工商行政管理处工作人员仅 8 人。1975 年 5 月,商业部成立工商管理局,下设 3 个处,编制 25 人,负责人侯昭炎(1975 年 5 月—1978 年 8 月)。

1976 年 10 月,粉碎"四人帮"的胜利,结束了"文化大革命",使中国进入了新的历史发展时期,各项工作开始走向正常。

第四章　工商行政管理总局
（1978 年 9 月至
1982 年 8 月）

一、工商行政管理总局恢复成立

1978 年 9 月 25 日，中华人民共和国工商行政管理总局恢复成立，但从这时到 1978 年 12 月中国共产党十一届三中全会召开前，"左"的错误思想还未得到根本纠正。工商行政管理工作在徘徊中前进。

1978 年 8 月，中央派魏今非负责筹备成立工商行政管理总局的工作。

1978 年 9 月 25 日，国务院发出《关于成立工商行政管理总局的通知》（国发〔1978〕187 号），文件决定成立中华人民共和国工商行政管理总局，直属国务院，由国务院财贸小组代管。局长、党组书记魏今非。总局下设：市场管理局、商标管理局、企业登记局、合同局、调查研究室、办公室，内设机构 6 个。地方的工商行政管理工作由总局和地方双重领导，以地方为主。在地方，应设立和充实工商行政管理机构，统一名称。县和县以上各级设工商行政管理局，作为同级革命委员会领导下的一个直属单位。县以下设工商行政管理所。各级工商行政管理局机关人员列入国家行政编制。工商行政管理所人员列入国家事业编制，其工资福利待遇按当地基层税务人员同样对待。同时规定，为了加强对商品质量的监督检查，大中城市工商行政管理局可以设立商品检验机构。

1978 年 9 月 6 日，商业部、财政部联合发出通知（〔78〕商管联字第 13 号、〔78〕财事字第 223 号）将基层工商行政管理人员（即以前的市场管理人员）83 764 人，从 1979 年 1 月 1 日起，改列事业编制。通知规定：基层工商行政管理人员改列国家事业编制后，经费开支（含业务费）由"行政支出"改为"其他支出"，开支标准比照行政机关规定执行；基层工商行政管理人员改列国家事业编制后，不准再占用其他企事业单位的编制，不准再雇佣市场管理人员，其他单位也不应占用基层工商行政管理人员的编制；县和城市相当于县的区以上工商行政管理机构的人员，仍由地方在行政编制中统一安排，其经费在行政费内开支。

各省改列基层编制数见附表二。

国发〔1978〕187 号文件明确工商行政管理总局的性质是"国家工商行政管理机关，是无产阶级专政的工具之一"。明确其任务是："保卫社会主义公有制，维护国家计划，保护正当的经济活动，打击资本主义势力，防止资本主义倾向的发展。工商行政管理总局应当坚决贯彻执行党的十一大路线和各项方针、政策，组织和领导各地工商行政管理部门的工作，为实现社会主义的四个现代化服务。"

主要职能是：

1. 打击投机倒把活动，处理投机倒把案件。情节严重应该法办的，送政法部门处理。

2. 管理全民和集体企业的购销合同、加工订货合同，调解仲裁纠纷。管理外地采购、推销人员。

3. 管理集市贸易,保护正当交易,取缔黑市活动。

4. 对工商企业进行登记管理。检查、制止工商企业违反国家政策、法令的行为,取缔无证经营。

5. 管理商标。对本国企业使用的商标统一审查、注册,协助工商部门(注:原文如此)监督检查商品质量。对外国企业向我国申请注册的商标,根据互惠原则办理注册。

当时,全国 29 个省、市、自治区中,已有 20 个省、市、自治区设立了工商行政管理局。

二、改革开放初期

1978 年 12 月,中国共产党十一届三中全会的召开,开创了社会主义中国改革开放的新时代,工商行政管理工作进入新的发展时期。

党的十一届三中全会的召开,是中国政治经济生活中具有深远意义的伟大历史转折。在确定四项基本原则的基础上,对经济工作也先后作出了一系列符合中国实际情况的重大决策,各项工作全面开展。工商行政管理机构得到恢复和健全,人员增加,各项工作有序开展。主要工作是:市场管理、工商企业登记管理、经济合同管理、商标注册管理、打击投机倒把、个体工商业管理、广告管理、监督检查商品流通过程中的不正之风,简称"六管一打"。在工作深度上有了很大突破:(1)由管理和维护单一经济成分、单一经营方式,逐步向管理多种经济成分、多种经济形式、多种经营方式延伸。(2)由着重对流通领域的管理,逐步向生产中的某些环节的监督延伸。(3)由着重对城乡集市贸易的管理,逐步向整个社会市场的一些活动的管理延伸。(4)由着重监督纵向经济活动,逐步向横向经济活动的监督延伸。(5)由国营、集体企业的登记管理,向外商投资企业的登记管理延伸。

1979 年 3 月,工商行政管理总局召开全国工商行政管理工作会议,贯彻中国共产党十一届三中全会精神,把工作重点从"以阶级斗争为纲",转移到为"四化"建设服务上来,切实注意划清社会主义商品经济与资本主义经济的界限。决定:放宽农村集市贸易管理,恢复城市农副产品市场和城镇个体工商业,活跃城乡经济。

国务院国发[1979] 102 号文件批准全国基层工商行政管理所增加事业编制3 000人。1980 年 3 月,国家劳动总局下达了增人计划。

各地增加编制后情况见附表三。

截至 1981 年 6 月 30 日,工商行政管理总局机构设置为:办公室、调研室、合同局、市场局、商标局、企业登记局、基层工作处、广告处、人事处(机关党委办公室),机构总数共 9 个(包含 3 个直属处),实有工作人员197 人。

1981 年 8 月 18 日,中央调中共湖北省委副书记任中林任工商行政管理总局局长,魏今非改任总局顾问。

1981 年 9 月 22 日,国家编制委员会批复工商行政管理总局([81]国编字第 53号),批准工商行政管理总局下设二室三局三司:办公室、调查研究室、市场管理局、企业登记管理局、商标管理局、经济合同司、集体个体经济司、经济检查司;核定行政编制270 人,工商行政管理总局干校事业编制50 人。

截至 1981 年 12 月 31 日,工商行政管理总局机构设置为:办公室、调研室、合同司、市场局、商标局、企业登记局、基层工作处、广告处、人事处(机关党委办公室),机构总数共 9 个(包含 3 个直属处),实有工作人员219 人。

这一时期,全系统有县以上工商行政管理机关2 000 多个,县以上工商行政管理机关约20 000人;基层工商所19 700多个,基层工商所86 764人。

第五章　国家工商行政管理局
(1982 年 8 月至
2001 年 4 月)

一、1982 年国务院机构改革

1982 年国务院进行机构改革。1982 年 8 月 23 日,根据五届人大常委会第 24 次会议《关于批准国务院直属机构改革实施方案的决议》,中华人民共和国工商行政管理总局更名为中华人民共和国国家工商行政管理局。局长任中林。

1982 年 7 月 28 日,国务院复函国家工商行政管理局(〔82〕国函字 145 号),核定编制 270 人。机构设置为:办公室、政策研究室、人事教育司、市场管理司、企业登记司、个体经济司、经济合同司、广告司、商标局、机关党委,机构总数共 10 个司、局级单位。其中人事教育司由原人事处和基层工作处 2 个直属处合并而来,原经济监察司并入市场管理司,同时成立了机关党委。

1982 年 8 月 23 日,《国务院直属机构改革方案》确定国家工商行政管理局任务是:贯彻执行党和国家的经济政策、法律、法令,研究拟定工商行政管理的法律、法令和规章制度,对工商企业实行经济监督,保护合法经营,取缔非法经营,维护社会经济秩序,促进生产,活跃流通,保证国家计划的实现。

主要职能是:

1. 维护城乡市场秩序,对市场交易活动进行监督管理,查处违法经营活动。

2. 组织办理工商企业的登记,中外合资企业、外国企业常驻代表机构的登记,个体工商业户的登记,发放营业执照,建立经济户口,通过登记实行监督管理。

3. 管理经济合同,监督、检查经济合同执行情况;调解与仲裁经济合同纠纷;查处违法经济合同。

4. 管理商标。办理全国商标的统一注册,办理外商申请的商标注册,保护商标专用权。

5. 管理全国广告和外商来华广告,指导广告协会和广告学会的工作。

6. 管理个体经济,指导个体劳动者协会工作。

7. 打击投机倒把活动。

8. 监督检查机关、团体、部队、企事业单位的经济违法活动。

1983 年 8 月 13 日,国务院批准工商行政管理部门增加编制 65 000 人(国发〔1983〕124 号)。10 月 15 日,劳动人事部、国家工商行政管理局、国家计委联合发出通知(劳人计〔1983〕80 号),落实国发 124 号文件。通知规定:(1)增加的事业编制是为了加强工商行政管理部门的基层工作,要全部用于充实基层工商所(站),不准挪作他用。(2)新增编制中,选调 12 350 人,社会招收 52 650 人。(3)新增人员经费,京、津、沪三市由财政部解决,省、自治区由地方财政解决。(4)选调人员主要从军队转业干部和地方现有干部中解决,社会招收录用人员可从在工商行政管理部门使用的长期临时工中选拔一部分。

编制分配见附表四。

1983 年 9 月 1 日,经国务院批准,国家工商行政管理局、财政部联合发出《关于下达〈基层工商行政管理人员制服发放办法〉的通知》（［83］工商159号），从1984年1月1日起，工商行政管理部门工作人员按规定范围着装。

1983年12月27日，国家工商行政管理局、财政部联合发出《工商行政管理部门事业编制人员因公负伤致残抚恤问题的若干规定》，规定工商行政管理机关事业编制人员按该规定评残，行政编制人员由地方民政部门依据有关规定执行。

到1984年底，全系统（缺西藏，不含国家工商局）共有工作人员227 613人，其中干部168 054人，工人59 559人。行政编制实有人数61 436人，事业编制实有人数166 177人。

1985年10月26日，国务院办公厅国办发［1985］74号文件转发国家工商行政管理局、劳动人事部关于加强东南沿海三省陆上缉私队伍的报告，将广东、福建、浙江三省的陆上缉私人员全部列入基层工商所事业编制；给三省增加1 900名事业编制，分配广东1 200名（原300名保留，再增加900名）、福建600名、浙江400名。

到1985年底，全系统（缺西藏）有地（市）工商局355个，县（市）工商局2 746个，工商所（站、队）23 579个。全国28个省、自治区（缺西藏）、直辖市工商行政管理部门共有工作人员243 904人，其中干部179 379人，工人64 525人。工商系统（不含国家工商局）共有编制243 904人，其中，省、地、县三级工商局机关行政编制60 332人，行政编制实有人数62 585人，省、地、县三级工商局机关事业编制28 273人，事业编制实有人数181 319人。另外，使用集体工16 588人、临时工37 709人。

1986年3月20日，国家工商行政管理局向国务院请示，要求增加国家工商行政管理局机关编制和工商行政管理系统编制。1986年6月2日，国务院批准增加国家工商行政管理局机关编制80人，国家工商行政管理局共有编制350人。同年7月19日，劳动人事部劳人编［1986］174号文件通知，经国务院批准，同意给全国工商行政管理所增加事业编制80 000名，分三年实施，1986年增加40 000名，1987年和1988年各增加20 000名。

分配各地情况如附表五。

1986年4月11日，中央职称改革工作小组转发国家经委《经济专业职务试行条例》和《实施意见》，据此，国家工商行政管理局制定《关于工商行政管理机关经济专业职务设置范围、任职条件和工作任务的意见》，设置经济专业职务。

1987年5月，国家工商行政管理局决定统一印制发放《工商行政管理检查证》。

到1987年底，全系统（缺西藏）有地（市）工商局361个，县（市）工商局2 772个，工商所（站、队）26 167个。工商系统（不含国家工商局）总人数达到296 793人，其中干部207 906人，工人88 887人。行政编制实有人数71 889人，事业编制实有人数224 904人。在各层次分配上，省级工商局有行政编制2 444人，事业编制959人，有干部3 039人，工人364人；地级工商局有行政编制12 676人，事业编制7 494人，有干部18 098人，工人2 072人；县级工商局有行政编制53 846人，事业编制29 697人，有干部67 033人，工人16 510人；工商所（队、站）有行政编制2 919人，事业编制185 360人，有干部118 627人，工人69 652人。

1988年5月4日，国务院批转国家工商行政管理局《关于加强工商行政管理几个问题的报告》（国办发［1988］21号），报告主要内容是：（1）地方各级工商局正、副局长的任免、调动，须征得上一级工商局同意。（2）工商行政管理业务以条条领导为主。（3）基层工商所作为县（区）工商局的派出机构，其人员编制、经费开支、干部管理都由县（区）工商局管理。（4）建议财政部、劳动人事部研究解决工商所人员的工资福利待遇问题。（5）请各级人民政府根据财力可能，分期分批逐步解决工商行政管理部门现代化监督管理手段问题。

1988年6月3日，监察部派驻国家工商行政管理局监察专员办公室成立。

二、1988 年国务院机构改革

1988 年国务院进行机构改革。1988 年 7 月 7 日国家机构编制委员会第二次会议审议批准《国家工商行政管理局"三定"方案》（国机编〔1988〕8 号），核定国家工商行政管理局行政编制 450 人（含工勤编制 35 人）。机构设置为：办公室、人事教育司、机关党委、企业登记司、市场管理司、经济检查司、经济合同司、个体私营经济司、广告司、商标局、政策法规司，机构总数共 11 个司、局级单位。另有派驻机构监察部驻国家工商行政管理局监察专员办公室。各职能司的领导职数为一正一副或一正两副，总数不超过 30 人（不含机关党委）。

1988 年 7 月 22 日，国家机构编制委员会印发《国家工商行政管理局"三定"方案的通知》（国机编〔1988〕8 号），明确其性质是国务院直属机构，是经济监督管理部门，也是行政执法机关。其主要职能是：依法确定各类工商企业和个体工商业的合法地位，监督管理或参与监督管理市场上的各类经济活动，检查处理经济违法违章行为，保护合法经营，取缔非法经营，维护正常的市场秩序，保证社会主义商品经济的健康发展。

主要职责是：

1. 主管工商企业和从事生产经营活动的事业单位、科技性社会团体的登记注册，依法确认其企业法人资格或合法经营地位，核发《企业法人营业执照》或《营业执照》，监督他们的生产经营活动。根据国务院授权，负责各种公司的审批和核准登记发照。

2. 统一管理城乡集市贸易，依法查处集市交易中违法违章行为；依法监督管理农副产品市场、农副产品批发市场、小商品市场和各种专业市场。

3. 参与生产资料市场以及资金、劳务、技术、信息、房地产等生产要素市场的监督管理。

4. 监督检查经济合同的订立和履行，调解、仲裁经济合同和企业承包经营合同、企业租赁经营合同、技术合同纠纷，确认无效经济合同，查处违法经济合同。

5. 办理城乡个体工商户和个人合伙的登记注册，核发《营业执照》，依法监督管理他们的生产经营活动，保护他们的合法权益。

6. 办理私营企业的登记注册，核发《企业法人营业执照》或《营业执照》，依法监督管理他们的生产经营活动，鼓励、引导私营经济健康发展。

7. 办理中外合资经营企业、中外合作经营企业、外资企业和外国企业常驻代表机构、华侨港澳企业常驻代表机构等的登记注册，核发《中华人民共和国营业执照》、《外国企业常驻代表机构登记证》或《华侨、港澳企业常驻代表机构登记证》，监督他们的生产经营或业务活动。

8. 负责国内商标和外国（地区）商标的统一注册和管理，保护注册商标专用权，查处假冒、侵权行为。

9. 管理经济广告、社会广告和文化广告，查处广告经营和广告宣传中的违法违章行为。指导广告协会的工作。

10. 检查处理经济违法违章行为，打击投机倒把、走私贩私活动，对违法的单位和个人执行行政处罚。

11. 研究工商行政管理的方针政策，拟定有关法规、规章制度。

12. 承担国务院交办的其他工作。

1988 年 8 月 22 日，国务院对全国着装范围整顿后，国家工商行政管理局、财政部下达《工商行政管理人员制服管理和发放办法》（工商人字〔1988〕第 170 号），该制服式样一直使用到 2006 年 6 月 30 日。

到 1988 年底，全系统有省级工商局 30 个，地（市）工商局 366 个，县（市）工商局 2 807 个，工商所（站、队）27 477 个。工商系统（不含国家工商局）总人数 335 260 人，其中干部 237 732 人，工人 97 528 人。行政编制实有人数 71 779 人，事业编制实有人数 263 481 人。在各层次分配上，省级工商局有行政编制 2 753 人，事业编制 1 510 人，有干部 3 780 人，工人 483 人；地级工商局有行政编制 12 450 人，事业编制 9 480 人，有干部 19 791 人，工人 2 139 人；县级工商局有行政编制 53 842 人，事业编制 38 599 人，有干部

74 804人,工人17 637人;工商所(队、站)有行政编制2 721人,事业编制212 111人,有干部138 051人,工人76 781人。

1989年12月22日,国务院任命刘敏学为国家工商行政管理局局长。

到1989年底,全系统有省级工商局30个,地(市)工商局422个,县(市)工商局2 809个,工商所(站、队)28 207个。工商系统(不含国家工商局)总人数356 537人,其中干部250 306人,工人106 231人。行政编制实有人数74 111人,事业编制实有人数282 426人。

到1990年底,全系统有省级工商局30个,地(市)工商局406个,县(市)工商局2 987个,工商所(站、队)29 011个,基本形成了覆盖全国的工商行政管理网络。工商系统(不含国家工商局)总人数373 741人,其中干部257 554人,工人116 187人。行政编制51 100人,行政编制实有人数76 080人,事业编制255 840人,事业编制实有人数297 661人。

1991年4月1日,国务院批准颁布《工商行政管理所条例》(国函[1991]19号)(工商行政管理局令第6号,1991年4月22日公布,本段中简称《条例》),这是国务院批准的第一个基层行政单位的组织法规范。《条例》明确规定:工商所是区、县工商行政管理局的派出机构;工商所按经济区域设立;工商所的设立,报区、县人民政府批准。《条例》还规定工商所的基本任务是:依据法律、法规的规定,对辖区内的企业、个体工商户和市场经济活动进行监督管理,保护合法经营,取缔非法经营,维护正常的经济秩序。

工商所的职责包括:

1. 办理辖区内由区、县工商局登记管理的企业的登记初审和年检、换照的审查手续,并对区、县工商局核准登记的企业进行监督管理。

2. 管理辖区内的集贸市场,监督集市贸易经济活动。

3. 监督检查辖区内经济合同的订立及履行,调解经济合同纠纷。

4. 受理、初审、呈报辖区内个体工商户的开业、变更、歇业的申请事项,对个体工商户的生产经营活动进行监督管理。

5. 指导辖区内企业事业单位、个体工商户正确申请商标注册,并对其使用商标进行监督管理。

6. 对辖区内设置、张贴的广告进行监督管理。

7. 按规定收取、上缴各项工商收费及罚没款物。

8. 宣传工商行政管理法律、法规和有关政策。

9. 法律、法规规定的其他工商行政管理职责。

为贯彻落实《工商行政管理所条例》,国家工商行政管理局于"八五"计划期间,在全系统开展了工商所规范化建设活动(工商人字[1992]第249号),在机构名称、设置原则、管理体制、人员配置、上岗资格、职责权限、工作程序、工作制度、办事公开、办公条件等十个方面,对全系统基层工商所进行了规范。经验收合格,由国家工商行政管理局发给《工商行政管理所初级规范合格证》,以此作为工商所依法行政的资格证明(工商人字[1992]第138号)。

到1991年底,全系统有省级工商局30个,地(市)工商局476个,县(市)工商局3 172个,工商所(站、队)29 796个。工商系统(不含国家工商局)总人数393 582人,其中干部267 487人,工人126 095人。行政编制54 190人,行政编制实有人数79 686人,事业编制266 148人,事业编制实有人数313 896人。

到1992年底,全系统有省级工商局30个,地(市)工商局456个,县(市)工商局2 993个,工商所(站、队)30 890个。工商系统(不含国家工商局)总人数420 098人,其中干部275 926人,工人144 172人。行政编制55 723人,行政编制实有人数83 163人,事业编制273 203人,事业编制实有人数336 935人。

三、1993年国务院机构改革

1993年国务院进行机构改革。根据八届人大一次会议批准的国务院机构改革方案,1994 年 1 月 5 日,国务院办公厅印发《国家工商行政管理局职能配置、内设机构和人员编制方案》(国办发[1994]4 号),明确国家工商行政管理局是国务院直属机构,其性质是国务院主管市场监督管理和行政执法的职能部门。机构设置为:办公室、人事司、宣传教育与国际合作司、法制司、公平交易局、企业注册局、商标局、市场监督管理司、个体私营经济监督管理司、广告监督管理司、机关党委。另有派驻机构中共中央纪律检查委员会驻国家工商行政管理局纪检组、监察部驻国家工商行政管理局监察局,老干部服务机构离退休干部办公室。依据《中华人民共和国商标法》,国家工商局设立商标评审委员会。

核定行政编制 376 人,其中正副司长 36 名(含商标评审委员会专职副主任 1 名,含机关党委专职副书记 2 名);纪检、监察、后勤、老干部服务机构编制另行核定。

按照《中共中央关于建立社会主义市场经济体制若干问题的决定》要求,实现职能转变,完善对市场的监督管理,强化行政执法,建立健全适应社会主义市场经济体制的工商行政管理新机制。职能转变的主要内容是:

1. 改革企业登记管理制度,将现行的审批设立制度逐步过渡为工商行政管理机关依法核准登记注册制度。

2. 拓宽监督管理范围,从侧重于监督管理集贸市场和工业品市场,转变为监督管理和参与监督管理各类市场。

3. 调整行政执法对象,从重点查处投机倒把活动转变为依法规范市场交易行为,保护公平竞争。

4. 提高管理层次,从侧重于具体业务管理转变为运用法律和行政手段进行宏观监督管理。要在职能上达到精简、统一、效能以及合理分工与相互制约的目的。

主要职责是:

1. 研究制定工商行政管理的方针、政策和有关法律、法规,制定、发布工商行政管理的规章、制度。

2. 主管全国工商企业和从事生产经营活动的事业单位、社会团体、公民个人的登记注册工作,核发有关证照,依法确认其企业法人资格或合法经营地位。依法监督检查登记注册单位的登记注册行为。依法核定登记注册单位的名称。

3. 依法监督检查市场主体的交易活动,查处垄断和不正当竞争、侵犯消费者权益和其他市场交易违法违章案件,依法或经国务院授权,组织开展全国性的市场监督与行政执法活动。

4. 依法监督管理经济合同,指导合同仲裁机构的工作。

5. 依法对国内外商标申请实行统一注册和管理,认定驰名商标,查处商标侵权行为,保护注册商标专用权,认可商标代理机构并指导其工作。依法对商标评审案件作出终局决定或裁定。

6. 监督管理消费品市场、生产资料市场,参与监督管理金融、劳动力、房地产、技术、信息等生产要素市场和期货市场。参与市场体系的培育、发展,参与论证、规划全国市场布局,开展各类交易市场登记及统计工作。

7. 依法监督管理个体工商户、个人合伙和私营企业,规范其经营行为,引导个体、私营经济健康发展。

8. 依法监督管理广告发布与广告经营活动。指导广告业发展。

9. 完成国务院交办的其他事项。

1991 年至 1997 年,随着机构和队伍的扩充,加强机构组织建设、队伍建设,严格工作程序,健全法制,依法行政,成为本时期工作的突出重点。

继《工商行政管理所条例》颁布实施后,1993 年 4 月 26 日,国家工商行政管理局正式向中央机构编制委员会办公室(以下简称中编办)提交了《关于对基层工商所进行核编的报告》。此后与中编办开始进行基层工商所核编调研,先后三次组织联合调查组,到广东、广西、福建、浙江、江苏、辽宁、吉林、黑龙江、山东、青海、新疆、陕西、四川、湖北、山西、河北、安徽等省、区进行调研。选择江苏省作为模型对象,进行重点解剖,为基层工商所科学、合理地核定编制,奠定了基础。

1993年11月16日,中央机构编制委员会办公室印发《关于中央纪律检查委员会、监察部派驻纪检监察机构和人员编制的通知》(中编办[1993]61号),按照党的"十四大"关于加强党的纪律检查工作、强化行政监察机构的精神,中央纪委、监察部在中央直属机关和中央国家机关派驻纪检、监察机构。《通知》明确在国家工商局派驻纪检、监察机构(双派驻机构),分配人员编制12名。

到1993年底,全系统有省级工商局30个,地(市)工商局386个,县(市)工商局3 242个,工商所(站、队)31 503个。工商系统(不含国家工商局)总人数459 887人,其中干部292 313人,工人167 574人。行政编制60 512人,行政编制实有人数88 289人,事业编制294 212人,事业编制实有人数371 598人。

1994年5月9日,中编办核定国家工商行政管理局离退休干部办公室人员编制15名;其中局级领导1名(中编办[1994]78号)。

1994年5月23日,国务院批准调整全国大中城市工商行政管理体制,规定全国大中城市(设区的市)区工商行政管理局,一律改为市工商行政管理局的分局,作为市局的派出机构,由市局统一领导、统一管理。对于市辖县的工商行政管理,可结合实际情况,进行市局对县局直接领导的试点(国办发[1994]67号)。

1994年10月22日,中共中央任命杨培青为国家工商行政管理局党组书记(组任字[1994]128号)。

1994年10月22日,国务院任命王众孚为国家工商行政管理局局长(国人字[1994]116号)。

到1994年底,全系统有省级工商局30个,地(市)工商局386个,县(市)工商局3 277个,工商所(站、队)32 664个。工商系统(不含国家工商局)总人数489 948人,其中干部311 836人,工人178 112人;行政编制68 983人,行政编制实有人数98 423人,事业编制306 761人,事业编制实有人数391 525人。

1995年1月5日,中共中央组织部批复同意工商行政管理系统干部实行双重管理(干办字[1995]2号)。

1995年7月3日,国务院办公厅转发《国家工商行政管理局关于工商行政管理机关与所办市场尽快脱钩意见的通知》(国办发[1995]40号),要求各级工商行政管理机关必须深化改革,转换职能,按照政企脱钩、政事分开的原则,实施与所办市场彻底脱钩,保障监督管理职能到位。明确工商行政管理人员一律不得在市场兼职,在财、物关系上必须与市场彻底脱钩;工商行政管理机关与市场中介服务机构必须在职责、财务、人员、编制等方面彻底分开。

1995年12月5日,国务院办公厅就大中城市工商行政管理分局的执法权限问题复函国家工商行政管理局,明确大中城市工商行政管理体制调整后,原区(县)工商行政管理局改为市工商行政管理局的分局,不改变其依照有关法律、法规享有的行政管理职权,可以其名义作出具体行政行为(国办函[1995]59号)。

1995年12月19日,鉴于对工商行政管理主体组织、职责、权限等规定过于分散,国家工商行政管理局制定发布《工商行政管理暂行规定》(国家工商行政管理局令第45号公布),对工商行政管理组织机构、管理职责、行政处罚权限、执法程序、执法监督等进行了规定。

1995年12月22日,国务院批准全国工商行政管理所重新核定编制363 338人。

到1995年底,全系统有省级工商局30个,地(市)工商局393个,县(市)工商局2 677个,工商所(站、队)33 521个。工商系统(不含国家工商局)总人数490 486人,其中干部311 082人,工人179 404人;行政编制77 740人,事业编制308 890人。

1996年3月4日,中央机构编制委员会办公室、人事部、国家工商行政管理局联合下达《关于重新核定工商行政管理所编制及有关问题的通知》(中编办发[1996]3号,以下简称《通知》),正式下达核编方案,共核定全国工商行政管理所行政编制363 338人,除预留5 000人机动编制外,实际下达各省(区、市)工商所编制358 338人。分配情况见附表六。

《通知》规定此次核定编制的使用范围是:市、县工商行政管理局派出的工商所、专业管理所、工商缉私队、经济检查队等除工勤人员以外的工作人员。重新核编后,工商所(队)统一实施国家公务员制度。各地工商行政管理部门不再使用协管员。

《通知》重申规范工商所的设置,要对按乡镇设所或一镇(乡)多所的地方,进行必要的调整;要严格工商所建所审批程序,设立工商所需经申报局的上级工商局审核后,由申报局报同级人民政府批准。

1996年3月14日,国家工商行政管理局下达《关于印发〈工商形象建设年实施方案〉的通知》(工商办字[1996]第72号),要求通过工商形象建设年活动,使全国工商行政管理系统队伍的风气有较大转变,面貌有明显改观,素质有新的提高,树立忠于职守、公平公正的执法形象;甘为公仆、廉洁自律的廉政形象;勤政高效、文明礼貌的办事形象;着装整齐、举止端庄的仪表形象。

1996年4月8日,中共中央任命王众孚为国家工商行政管理局党组书记(组任字[1996]13号)。

1996年6月18日,国家工商行政管理局、人事部联合下发《关于印发〈工商行政管理所推行国家公务员制度实施方案〉的通知》,要求用两年左右的时间,在全国工商所初步建立国家公务员制度。

1996年11月19日,人事部函复同意国家工商行政管理局商标注册中心依照国家公务员制度管理(人函[1996]266号)。

1996年12月17日,国家工商行政管理局令第63号修订《工商行政管理暂行规定》。

到1996年底,全系统有省级工商局30个,地(市)工商局408个,县(市)工商局2 622个,工商所(站、队)35 447个。工商系统(不含国家工商局)总人数520 747人,其中干部336 633人,工人184 114人;行政编制

84 178人,事业编制320 659人。

1997年9月18日,国家工商行政管理局局长王众孚,在中国共产党第十五次全国代表大会上,当选为中央纪律检查委员会委员。

到1997年底,全系统有省级工商局31个,地(市)工商局437个,县(市)工商局2 790个,工商所(站、队)36 795个。工商系统(不含国家工商局)总人数541 511人,其中干部353 824人,工人187 687人;行政编制129 796人,事业编制272 601人。

四、1998年国务院机构改革

1998年国务院进行机构改革。1998年至2000年,随着机构改革的深入,机关工作人员精简分流、改革省以下工商行政管理体制,成为这一阶段的中心工作。

1998年6月17日,根据九届人大一次会议批准的国务院机构改革方案,国务院办公厅印发《国家工商行政管理局职能配置、内设机构和人员编制规定的通知》(国办发[1998]62号),明确国家工商行政管理局是国务院主管市场监督管理和行政执法工作的直属机构。机构设置为:办公室、法规司、公平交易司(公平交易局)、消费者权益保护司、市场规范管理司、企业注册司(企业注册局)、广告监管司、个体私营经济监管司、人事教育司、国际交流与合作司、机关党委。另有派驻机构中共中央纪律检查委员会驻国家工商行政管理局纪检组、监察部驻国家工商行政管理局监察局。老干部服务机构离退休干部办公室。后勤服务机构机关服务局(机关服务中心)。规定原国家工商行政管理局商标局与商标注册中心合并,名称为国家工商行政管理局商标局,使用事业编制,仍承担商标注册与管理监督等行政职能,其干部管理办法不变。设立国家工商行政管理局商标评审委员会,负责处理商标争议事宜。

核定行政编制260人,其中正副司长职数31名(含机关党委专职副书记);离退休、后勤服务机构编制另行核定。

根据国务院机构改革要求,实行职能调整,调整的职能包括:

1. 划出的职能

将指导广告业发展的职能交给国家经济贸易委员会。

2. 转变的职能

（1）取消市场培育建设、全国市场布局规划、开展各类交易市场登记的管理职能。

（2）把引导个体、私营经济发展职能交给有关的行业协会。

（3）将机关服务事务交给事业单位承担。

主要职责是：

1. 研究拟定工商行政管理的方针、政策和有关法规，拟定、发布工商行政管理的规章制度。

2. 组织管理工商企业和从事经营活动的单位、个人的注册，依法核定注册单位名称，审定、批准、颁发有关证照，实行监督管理。

3. 组织监督检查市场竞争行为，查处垄断和不正当竞争案件，依照法律、法规打击流通领域的走私贩私行为和经济违法违章行为。

4. 组织保护消费者合法权益，组织查处侵犯消费者权益案件，组织查处市场管理和商标管理中的经销掺假及假冒产品行为。

5. 组织实施各类生产经营秩序的规范管理和监督。

6. 组织管理经纪人、经纪机构。

7. 组织管理经济合同，组织查处合同欺诈行为，组织管理动产抵押登记，组织监管拍卖行为。

8. 组织管理商标注册工作，认定驰名商标，组织查处商标侵权行为。

9. 组织管理广告发布与广告经营活动。

10. 组织管理个体工商户、个人合伙和私营企业的经营行为。

11. 领导全国工商行政管理业务工作。

12. 开展工商行政管理方面的国际合作与交流。

13. 承办国务院交办的其他事项。

商标注册与管理监督等行政职能由国家工商行政管理局商标局（事业单位）承担；商标争议处理事宜由国家工商行政管理局商标评审委员会承担。此次机构改革，在职能上对有职能交叉的部门职能进行了规范。与国家工商行政管理局相关的规定是：

1. 国家质量技术监督局负责查处生产和流通领域中的产品质量违法行为，需要国家工商行政管理局协助的，应予配合；国家工商行政管理局负责查处市场管理和商标管理中发现的经销掺假及假冒产品等违法行为，需要国家质量技术监督局协助的，应予配合；在打击生产和经销假冒伪劣产品活动中，按照上述分工，两部门应密切配合，同一问题不得重复检查、重复处理。

2. 国家工商行政管理局在组织实施监管各类市场（包括消费品市场、生产资料市场、生产要素市场、文化市场及其他特殊市场）的经营秩序工作中，要与有关部门相互配合、综合治理；要切实督促各级工商行政管理部门实行市场管、办分开。

1998 年 6 月至 9 月，根据《中央国家机关人员分流安排实施办法》、《中央国家机关人员定编定岗实施办法》（中办发〔1998〕12号）文件要求，国家工商行政管理局完成人员分流和定编定岗工作。

1999 年 1 月 10 日，中央机构编制委员会办公室印发《关于离退休干部工作机构编制问题的通知》（中编办发〔1999〕1 号），通知明确：不再重新核定离退休工作机构及其人员编制，各部门现有离退休工作机构的管理体制和职责范围、机构设置和规格、编制性质和数额以及领导职数和经费渠道，均维持不变。

1998 年 11 月 24 日，国务院批转国家工商行政管理局工商行政管理体制改革方案（国发〔1998〕41 号），对省（自治区、直辖市）以下工商行政管理系统实行垂直管理。改革内容是：

1. 在机构管理上，省（自治区、直辖市）工商行政管理局为同级人民政府的工作部门；地（市）和县（市）工商行政管理局为上一级工商行政管理局的直属机构（市辖区工商行政管理局仍为市工商行政管理局直接管理的分局）；工商行政管理所为县（市、区）工商行政管理局（分局）的派出机构，按经济区域设置；省以下各级工商行政管理局内设机构和工商行政管理所的设置、变更和撤销，由省级工商行政管理局提出意见，省级机构编制管理部门审核报批。

2. 在编制管理上，省级工商行政管理局的编制及领导职数，由省级机构编制管理部门核定和管理；地、市、县工商行政管理局的编制及领导职数，由省级机构编制管理部门会同省级工商行政管理局统一核定和管理；人员编制的管理权限上收到省一级。

3. 在干部管理上，省级工商行政管理局正、副局长仍按现行办法，实行双重管理，以地方为主；地、市、县工商行政管理局正、副局长（包括同级非领导职务干部），经征求地方党委意见后，由上一级工商行政管理局作出决定并办理任免手续。

4. 在财务经费管理上，省级工商行政管理局按照收支两条线原则，对全省（自治区、直辖市）工商行政管理系统财务经费实行统一管理。

5. 计划单列市、副省级市工商行政管理局干部管理、财务经费管理按现行办法不变，所辖县、区工商行政管理局（分局）为其直属机构。

1998 年 11 月 30 日，中共中央组织部下达《关于工商行政管理体制改革后干部管理有关问题的通知》（组通字［1998］53 号）规定：（1）省、自治区、直辖市工商行政管理局领导干部，仍按现行办法实行双重管理，以地方党委为主，国家工商行政管理局党组协助管理。（2）地、市、县工商行政管理局领导干部，以上一级工商行政管理局党组管理为主。（3）各级工商行政管理局设党组，省（自治区、直辖市）工商行政管理局党组成员的任免，由省（自治区、直辖市）党委征求国家工商行政管理局党组意见后审批；地、市、县工商行政管理局党组成员的任免，由上一级工商行政管理局党组征求地方党委意见后审批。（4）副省级市工商行政管理局领导干部的管理，维持现状不变。（5）地、市、县工商行政管理局机关党的关系，实行属地管理。

到 1998 年底，全系统（不含国家工商局）有省级工商局 31 个，地（市）工商局 463 个，县（市）工商局 2 745 个，工商所（站、队）37 769 个。总在职人数 550 475 人，其中干部 368 514 人，工人 181 961 人；行政编制 270 502 人，事业编制 166 370 个。行政编制的增长说明给基层工商所核定的编制正在落实过程中。

1999 年，全国各级工商行政管理机关积极稳妥推进工商行政管理体制改革，加强培训，加强建设，严把进人关，严格考试录用制度，结构调整初见成效，工商行政管理执法队伍进一步年轻化，队伍素质和办事效率进一步提高。系统所属事业单位、社会团体及其他机构编制增加，人员素质也有所提高。

到 1999 年底，全系统（不含国家工商局）核定省级工商局 31 个，地（市）工商局 410 个，县（市）工商局 2 643 个，工商所（站、队）35 704 个；实有省级工商局 31 个，地（市）工商局 456 个，县（市）工商局 2 880 个，工商所（站、队）36 366 个。核定行政编制 348 046 人，事业编制 100 835 人；实有行政编制 310 479 人，事业编制 120 957 人。总在职人数 508 145 人，其中干部 350 292 人，工人 157 853 人。系统所属事业单位、社会团体及其他机构 10 998 个，编制数 69 741 名，在职人数 70 586 人，其中干部 26 260 人，工人 44 326 人。

2000 年，工商行政管理体制改革顺利进行，省以下垂直管理体制逐步理顺和完善，统一执法的优势开始体现和发挥；省级工商局机构改革以及全系统人员分流和工商所公务员考录工作基本完成，中共党员、共青团员所占人数过半，干部队伍的结构和素质得到调整和优化。系统所属事业单位、社会团体及其他机构减少，编制数、在职人数增加，人员素质进一步提高。

到 2000 年底，全系统（不含国家工商局）核定省级工商局 31 个，地（市）工商局 514 个，县（市）工商局 3 337 个，工商所（站、队）34 967 个；实有省级工商局 31 个，地（市）工商局 629 个，县（市）工商局 3 722 个，工商所（站、队）35 019 个。核定行政编制 382 177 人，事业编制 74 522 人；实有行政编制 364 239 人,事业编制 87 331 人。总在职人数 487 346 人,其中干部 363 814 人,工人 123 532 人。系统所属事业单位、社会团体及其他机构 10 574 个,编制数 72 893 名,在职人数 72 451 人,其中干部 25 132 人,工人 47 319 人。

第六章　国家工商行政管理总局
(2001年4月—　　)

第一节　国家工商行政管理总局
机构职能发展情况

一、国家工商行政管理总局机构升格

2001年3月29日,中共中央任命王众孚为国家工商行政管理总局党组书记(中委[2001]76号)。

2001年3月31日,国务院决定任命王众孚为国家工商行政管理总局局长(国人字[2001]59号)。

2001年4月30日,《国务院关于国家工商行政管理局新闻出版署国家质量技术监督局国家出入境检验检疫局机构调整的通知》(国发[2001]13号)决定:将中华人民共和国国家工商行政管理局调整为中华人民共和国国家工商行政管理总局,升格为正部级,为国务院直属机构。

2001年8月7日,国务院办公厅印发《国家工商行政管理总局职能配置、内设机构和人员编制规定的通知》(国办发[2001]57号),确定国家工商行政管理总局是国务院主管市场监督管理和有关行政执法工作的直属机构。机构设置为:办公厅、法规司、公平交易局(打击传销办公室)、消费者权益保护局、市场规范管理司、企业注册局、外商投资企业注册局、广告监管司、个体私营经济监管司、人事教育司、外事司、机关党委。另有派驻机构中共中央纪律检查委员会驻国家工商行政管理总局纪检组、监察部驻国家工商行政管理总局监察局。老干部服务机构国家工商行政管理总局离退休干部办

公室。使用事业编制、行使行政职能的机构国家工商行政管理总局商标局,国家工商行政管理总局商标评审委员会处理商标争议事宜。

核定国家工商行政管理总局行政编制272人,其中司局级领导职数35名(含机关党委专职副书记)。国家工商行政管理总局离退休干部办公室工作人员编制及领导职数不变。

在职能调整上,明确将原由国家质量技术监督局承担的流通领域商品质量监督管理的职能,划归国家工商行政管理总局。调整后国家工商行政管理总局的主要职责是:

1. 研究拟定工商行政管理的方针、政策,组织起草有关法律、法规草案,制定并发布工商行政管理规章。

2. 依法组织管理各类企业(包括外商投资企业)和从事经营活动的单位、个人以及外国(地区)企业常驻代表机构的注册,核定注册单位名称,审定、批准、颁发有关证照并实行监督管理。

3. 依法组织监督市场竞争行为,查处垄断、不正当竞争、走私贩私、传销和变相传销等经济违法行为。

4. 依法组织监督市场交易行为,组织监督流通领域商品质量,组织查处假冒伪劣等违法行为,保护经营者、消费者合法权益。

5. 依法对各类市场经营秩序实施规范管理和监督。

6. 依法组织监管经纪人、经纪机构。

7. 依法组织实施合同行政监管,组织管理动产抵押物登记,组织监管拍卖行为,查

处合同欺诈等违法行为。

8. 依法对广告进行监督管理,查处违法行为。

9. 负责商标注册和商标管理工作,保护商标专用权,组织查处商标侵权行为,加强对驰名商标的认证和保护。

10. 依法组织监管个体户、个人合伙和私营企业的经营行为。

11. 领导全国工商行政管理业务工作。

12. 开展工商行政管理方面的国际合作与交流。

13. 承办国务院交办的其他事项。

通知还规定,国家工商行政管理总局和国家质量监督检验检疫总局在质量监督方面的职责分工为:国家工商行政管理总局负责流通领域的商品质量监督管理,国家质量监督检验检疫总局负责生产领域的产品质量监督管理。国家工商行政管理总局在实施流通领域商品质量监督管理中查出的属于生产环节引起的产品质量问题,移交国家质量监督检验检疫总局处理。国家工商行政管理总局不再重新组建监测检验机构。按照上述分工,两部门要密切配合,对同一问题不能重复检查、重复处理。国家工商行政管理总局商标局使用事业编制,承担商标注册与管理监督等行政职能,其干部管理办法不变。国家工商行政管理总局商标评审委员会负责处理商标争议事宜。

2001 年 9 月 7 日,中共中央组织部印发《关于调整省级工商行政管理部门领导干部管理办法有关问题的通知》(组通字[2001]39 号,本段中简称《通知》)。《通知》明确:省级工商行政管理部门领导干部仍实行双重管理,以地方党委为主,国家工商行政管理总局党组协助。省级工商行政管理局局长、党组书记职务的任免,由地方党委征求国家工商行政管理总局党组意见,改为征得国家工商行政管理总局党组同意。省级工商行政管理部门其他领导干部的管理办法不变。各省、自治区、直辖市党委和国家工商行政管理总局党组要严格按照党政领导干部选拔任用和干部双重管理工作的有关规定,认真履行各自的工作职责,加强协商

配合,共同做好干部管理工作,切实加强省级工商行政管理部门领导班子建设。

2002 年 11 月 14 日,国家工商行政管理总局局长王众孚,在中国共产党第十六次全国代表大会上,当选为中央委员会委员。副局长李东生当选为中央纪律检查委员会委员。

2004 年 7 月 27 日,中央机构编制委员会办公室印发《关于国家工商行政管理总局商标评审局机构编制的批复》(中央编办复字[2004]114 号),同意成立国家工商总局商标评审局,作为工商总局的直属事业单位,为商标评审委员会的办事机构,负责商标评审委员会的日常工作。核定国家工商行政管理总局商标评审局事业编制 70 名。商标评审局全部行政事业性收费上缴中央国库,纳入预算管理,经费支出由财政按标准统一安排。

2006 年 2 月 22 日,中央机构编制委员会办公室印发《关于增设工商总局直销监管局的批复》(中央编办复字[2006]16 号),同意国家工商总局增设直销监管局,负责工商总局职责范围内的直销业监管和打击传销工作;相应划转公平交易局组织查处传销和变相传销的职能,公平交易局不再加挂打击传销办公室牌子;调整后,内设职能机构由 11 个增加到 12 个(办公厅、法规司、公平交易局、直销监管局、消费者权益保护局、市场规范管理司、企业注册局、外商投资企业注册局、广告监管司、个体私营经济监管司、人事教育司、外事司);机关行政编制仍为 272 名,其中司局级领导职数由 35 名增加到 37 名。

2006 年 8 月 29 日,国家人事部印发《关于批准工商总局商标局参照公务员法管理的函》(国人部函[2006]145 号),批准商标局列入参照《中华人民共和国公务员法》管理单位。

2006 年 9 月 25 日,中共中央任命周伯华为国家工商行政管理总局党组书记(中委[2006]229 号)。

2006 年 9 月 29 日,国务院任命周伯华为国家工商行政管理总局局长(国人字

[2006]83 号)。

2007 年 2 月 15 日,国家人事部印发《关于批准工商总局商标评审委员会(商标评审局)参照公务员法管理的函》(国人部函[2007]72 号),批准商标评审委员会(商标评审局)列入参照《中华人民共和国公务员法》管理单位。

2007 年 11 月 14 日,国家工商行政管理总局局长周伯华,在中国共产党第十七次全国代表大会上,当选为中央委员会委员。副局长刘玉亭当选为中央纪律检查委员会委员。

二、中央纪委监察部对派出机构实行统一管理

为贯彻落实中央关于纪检监察机关对派出机构实行统一管理的决定,2002 年,中共中央纪委、中央机构编制委员会办公室、监察部印发《中共中央纪委、监察部对驻卫生部、国家药品监督管理局和国家工商行政管理总局纪检监察机构实行统一管理的试点方案》(中纪发[2002]9 号),中央纪委、监察部对驻国家工商行政管理总局纪检监察机构实行统一管理试点。

2003 年 3 月 28 日,国家工商行政管理总局党组研究决定总局党风廉政建设机构设置和职能分工的方案:国家工商行政管理总局党风廉政建设和反腐败工作由总局党组和行政领导班子负责。机关纪委承担总局机关和直属单位加强党风廉政建设和反腐败日常工作,由机关党委一名专职副书记(兼机关纪委书记)负责,机关纪委设纪律检查处;人事教育司承担指导检查工商行政管理系统开展党风廉政建设和反腐败方面的日常工作,加设廉政办公室,由一名副司长兼任廉政办公室主任。

2003 年 4 月 29 日,中央机构编制委员会办公室印发《关于中央纪委、监察部驻卫生医药部门、国家工商行政管理总局纪检组、监察局人员编制的批复》(中央编办复字[2003]39 号),核定驻国家工商行政管理总局纪检组、监察局编制 11 名,其中领导职数 3 名(纪检组组长 1 名,纪检组副组长、监察局局长 1 名,副局长 1 名);划拨国家工商行政管理总局试点派出机构剩余的编制 2 名。

2003 年 8 月 1 日,中共中央纪委、中央机构编制委员会办公室、监察部印发《中共中央纪委、监察部对驻国家发展和改革委员会等 5 部门纪检监察机构实行统一管理的试点方案》(中纪发[2003]17 号),试点方案明确:(1)派出机构的领导体制由中央纪委、监察部与驻在部门双重领导改为由中央纪委、监察部直接领导;派出机构的工作对中央纪委、监察部负责,干部由中央纪委、监察部管理(中央管理干部除外)。派出纪检组组长继续担任驻在部门党组成员。(2)派出机构开展监督检查工作直接向中央纪委、监察部请示、报告,履行职责情况由中央纪委、监察部考核。驻在部门党组和行政领导班子负责部门及系统的党风廉政建设和反腐败工作,派出机构予以协助、配合;驻在部门机关纪委或其他相关机构承担日常工作,派出机构进行督促、检查、指导。(3)派出机构干部的招考录用、考察任免、调配交流等事项纳入中央纪委、监察部统一管理;工资关系和组织关系暂在驻在部门,干部退休后由驻在部门管理;干部的教育培训由中央纪委、监察部和驻在部门共同负责。

2004 年 4 月 5 日,中共中央办公厅、国务院办公厅转发《中央纪委、中央组织部、中央编办、监察部关于对中央纪委监察部派驻机构实行统一管理的实施意见》(中办发[2004]127 号)。

三、2008 年国务院机构改革

2008 年国务院进行机构改革。2008 年 7 月 11 日,国务院办公厅印发《国家工商行政管理总局主要职责内设机构和人员编制规定的通知》(国办发[2008]88 号),确定国家工商行政管理总局为国务院直属机构(正部级)。设 13 个内设机构(正司局级):办公厅、法规司、反垄断与反不正当竞争执法局、直销监督管理局、消费者权益保护局、市场规范管理司、食品流通监督管理司、企业注册局、外商投资企业注册局、广告监督管理司、个体私营经济监督管理司、人事司、国际合作司(港澳台办公室)。机关党委负责机关和在京直属单位的党群工作。离退休干部办公室负责机关离退休干部工作,指导直属单位的离退休干部工作。

核定国家工商行政管理总局机关行政编制300人(含两委人员编制2名、离退休干部工作人员编制15名),其中司局级领导职数42名(含机关党委专职副书记1名、离退休干部办公室领导职数1名)。

通知还规定,国家工商行政管理总局商标局承担商标注册与管理等行政职能,商标评审委员会承担处理商标争议事宜等行政职能,其干部管理办法不变;其他所属事业单位的设置、职责和编制事项另行规定。

职责调整包括:

1. 取消已由国务院公布取消的行政审批事项。

2. 不再直接办理与企业、个体工商户有关的评比达标活动和广告专业技术人员职业水平评价工作。

3. 加强流通环节食品安全监督管理,服务经济社会发展与保护经营者、消费者合法权益,监测、预警和信息引导的职责;加强和完善工商行政执法,构建市场监督管理长效机制。

职责调整后国家工商行政管理总局的主要职责是:

1. 负责市场监督管理和行政执法的有关工作,起草有关法律法规草案,制定工商行政管理规章和政策。

2. 负责各类企业、农民专业合作社和从事经营活动的单位、个人以及外国(地区)企业常驻代表机构等市场主体的登记注册并监督管理,承担依法查处取缔无照经营的责任。

3. 承担依法规范和维护各类市场经营秩序的责任,负责监督管理市场交易行为和网络商品交易及有关服务的行为。

4. 承担监督管理流通领域商品质量和流通环节食品安全的责任,组织开展有关服务领域消费维权工作,按分工查处假冒伪劣等违法行为,指导消费者咨询、申诉、举报受理、处理和网络体系建设等工作,保护经营者、消费者合法权益。

5. 承担查处违法直销和传销案件的责任,依法监督管理直销企业和直销员及其直销活动。

6. 负责垄断协议、滥用市场支配地位、滥用行政权力排除限制竞争方面的反垄断执法工作(价格垄断行为除外)。依法查处不正当竞争、商业贿赂、走私贩私等经济违法行为。

7. 负责依法监督管理经纪人、经纪机构及经纪活动。

8. 依法实施合同行政监督管理,负责管理动产抵押物登记,组织监督管理拍卖行为,负责依法查处合同欺诈等违法行为。

9. 指导广告业发展,负责广告活动的监督管理工作。

10. 负责商标注册和管理工作,依法保护商标专用权和查处商标侵权行为,处理商标争议事宜,加强驰名商标的认定和保护工作。负责特殊标志、官方标志的登记、备案和保护。

11. 组织指导企业、个体工商户、商品交易市场信用分类管理,研究分析并依法发布市场主体登记注册基础信息、商标注册信息等,为政府决策和社会公众提供信息服务。

12. 负责个体工商户、私营企业经营行为的服务和监督管理。

13. 开展工商行政管理方面的国际合作与交流。

14. 领导全国工商行政管理业务工作。

15. 承办国务院交办的其他事项。

第二节　工商行政管理系统机构编制发展情况

2001年,各级工商行政管理机关加大力度,按照"精简、统一、效能"的原则,稳妥推进市县工商行政管理机关机构改革,以市场办管脱钩为契机,对超编人员进行了成功分流,中共党员、共青团员成为队伍主要力量,全国工商行政管理系统人员结构日益优化。同时,积极探索有效的监管方式,按照"小局大所"的思路和监管职能的需要,合理调整结构配置。实有机构数、编制数、在职人数减少,下降幅度是上年下降幅度的一倍。系统所属事业单位、社会团体及其他机构数、编制数、在职人数减少,人员素质日渐提高。

到2001年底,全系统(不含国家工商总局)核定省级工商局31个,地(市)工商局431个,县(市)工商局2 529个,工商所(站、队)32 981个;实有省级工商局31个,地(市)工商局426个,县(市)工商局2 473个,工商所(站、队)32 555个。核定行政编制389 819人,事业编制61 521人;实有行政编制382 333人,事业编制59 051人。总在职人数447 172人,其中干部378 749人,工人68 423人。系统所属事业单位、社会团体及其他机构10 134个,编制数62 692名,在职人数60 769人,其中干部23 297人,工人37 472人。

2002年,各级工商行政管理机关认真学习党的"十六大"报告提出的深化干部人事制度改革等重要精神,加强机构、编制、人员管理,积极引进高素质人才,规范公务员管理,对业务部门进行调整,对工商所进行了调整、规范和精简。系统所属事业单位、社会团体及其他机构数、编制数、在职人数减少,学历水平有所提高。

到2002年底,全系统(不含国家工商总局)核定省级工商局31个,地(市)工商局412个,县(市)工商局2 420个,工商所(站、队)28 980个;实有省级工商局31个,地(市)工商局404个,县(市)工商局2 389个,工商所(站、队)28 862个。核定行政编制378 092人,事业编制41 284人;实有行政编制374 128人,事业编制37 650人。总在职人数405 067人,其中干部362 278人,工人42 789人。系统所属事业单位、社会团体及其他机构9 134个,编制数54 870名,在职人数43 855人,其中干部18 931人,工人24 924人。

到2003年底,全系统(不含国家工商总局)核定省级工商局31个,地(市)工商局410个,县(市)工商局2 360个,工商所(站、队)28 214个;实有省级工商局31个,地(市)工商局411个,县(市)工商局2 420个,工商所(站、队)27 782个。核定行政编制377 171人,事业编制41 949人;实有行

政编制371 363人,事业编制39 666人。总在职人数399 820人,其中干部364 863人,工人34 957人。系统所属事业单位、社会团体及其他机构9 136个,编制数52 103名,在职人数41 120人,其中干部18 500人,工人22 620人。

到2004年底,全系统(不含国家工商总局)核定省级工商局31个,地(市)工商局417个,县(市)工商局2 393个,工商所(站、队)27 905个;实有省级工商局31个,地(市)工商局425个,县(市)工商局2 420个,工商所(站、队)26 854个。核定公务员编制393 254人,工勤人员编制24 857人;实有在职公务员365 759人,工勤人员22 768人。系统所属事业单位、社会团体机构数8 973个,编制数51 275名,在职人数43 071人,其中干部17 905人,工人25 166人。

到2005年底,全系统(不含国家工商总局)核定省级工商局31个,地(市)工商局416个,县(市)工商局2 333个,工商所(站、队)27 512个;实有省级工商局31个,地(市)工商局412个,县(市)工商局2 307个,工商所(站、队)26 595个。核定公务员编制392 523人,工勤人员编制25 294人;实有在职公务员362 265人,工勤人员22 769人。系统所属事业单位、社会团体机构数9 124个,编制数50 869名,在职人数43 948人,其中干部18 444人,工人25 504人。

2006年1月26日,国家工商总局印发《国家工商行政管理总局关于认真做好换发工商制服工作的通知》(工商办字[2006]19号),按照国务院批准的《工商制服款式和标志图案改进方案》和国家工商总局制定的工商制服和标志的技术标准及样服,全国工商行政管理系统着装人员从2006年7月1日开始正式换发工商制服,该制服式样即为目前式样。

到2006年底,全系统(不含国家工商总局)核定省级工商局31个,地(市)工商局426个,县(市)工商局2 313个,工商所(站、队)27 664个;实有省级工商局31个,

地（市）工商局479个,县（市）工商局2 345个,工商所（站、队）26 254个。核定公务员编制392 778人,工勤人员编制24 948人;实有在职公务员361 991人,工勤人员21 624人。系统所属事业单位、社会团体机构数9 046个,编制数50 177名,在职人数43 308人,其中干部17 365人,工人25 943人。

到2007年底,全系统（不含国家工商总局）核定省级工商局31个,地（市）工商局419个,县（市）工商局2 362个,工商所（站、队）27 295个;实有省级工商局31个,地（市）工商局424个,县（市）工商局2 371个,工商所（站、队）26 159个。核定公务员编制394 182人,工勤人员编制24 660人;实有在职公务员364 861人,工勤人员22 084人。系统所属事业单位、社会团体机构数8 856个,编制数49 339名,在职人数42 173人,其中干部17 304人,工人24 869人。

第七章　国家工商行政管理机构领导人名录

一、中央私营企业局　中央外资企业局
(1949.10—1952.10)

中央私营企业局

局长

薛暮桥(政务院财政经济委员会秘书长兼任)(1949 年 10 月 21 日—1952 年 8 月 13 日)

副局长

千家驹(兼任)(1949 年 10 月 21 日)

吴羹梅(兼任)(1949 年 10 月 21 日)

中央外资企业局

局长

冀朝鼎(1949 年 10 月 21 日—1952 年)

二、中央工商行政管理局(1952 年 11 月至 1970 年 3 月)

局长

许涤新(1952 年 8 月 13 日—1966 年)

(1952 年 8 月 13 日政务院任命)(政务院第六办公室副主任、中央统战部副部长兼任)

(1954 年 10 月 31 日国务院任命)

(1959 年 8 月 25 日国务院重新任命)

副局长

管大同(1954 年 10 月 31 日)

　　　(1959 年 8 月 25 日)

千家驹(1954 年 10 月 31 日)

　　　(1959 年 8 月 25 日)

骆是愚(1954 年 11 月 20 日)

黄介然(1962 年 12 月 15 日)

党组书记

许涤新

三、工商行政管理总局(1978 年 9 月 25 日至 1982 年 8 月 23 日)

局长

魏今非(1978 年 8 月 12 日—1981 年 8 月 18 日)

任中林(1981 年 8 月 18 日)

副局长

管大同(1978 年 8 月 12 日)

左　平(1978 年 8 月 12 日—1982 年 3 月 27 日)

史　敏(1979 年 6 月 6 日—1982 年 3 月 27 日)

王文克(1979 年 6 月 6 日—1982 年 3 月 27 日)

夏如爱(1980 年 5 月 20 日—1982 年 12 月 15 日)

费开龙(1981 年 2 月 9 日)

顾问

魏今非(1981 年 8 月 18 日)

党组书记

魏今非(1978 年 8 月 12 日—1981 年 8 月 18 日)

任中林(1981 年 8 月 18 日)

党组副书记

管大同(1978 年 8 月 12 日)

史　敏(1979 年 6 月 6 日—1982 年 3 月 27 日)

党组成员

左　平(1978 年 8 月 12 日—1982 年 3 月 27 日)

马冠群(1978 年 8 月 12 日)

王文克(1979 年 6 月 6 日—1982 年 3 月 27 日)

夏如爱(1980 年 5 月 20 日—1982 年 12 月 15 日)

费开龙（1981 年 2 月 9 日）

四、国家工商行政管理局（1982 年 8 月 23 日至 2001 年 4 月 30 日）

局长

任中林（1982 年 3 月 27 日—1989 年 12 月 22 日）

（1982 年 3 月 27 日中央任命）

（1983 年 2 月 25 日国务院任命）

（1988 年 5 月 3 日国务院重新任命）

刘敏学（1989 年 12 月 22 日—1994 年 10 月）

王众孚（1994 年 10 月 22 日）

副局长

费开龙（1982 年 3 月 27 日—1986 年 9 月 29 日）

（1982 年 3 月 27 日）

（1983 年 5 月 23 日）

李衍授（1982 年 3 月 27 日—1985 年 5 月 13 日）

（1982 年 3 月 27 日）

（1983 年 5 月 23 日）

田树千（1984 年 10 月 23 日—1992 年 6 月）

（1984 年 10 月 23 日）

（1988 年 7 月 7 日）

甘国屏（1985 年 6 月 29 日）

（1988 年 7 月 7 日）

刘敏学（1987 年 1 月 7 日—1989 年 12 月 22 日）

曹天玷（1990 年 5 月 27 日—1996 年）

卞耀武（1990 年 11 月 25 日—1992 年 7 月）

白大华（1991 年 9 月 21 日）

杨培青（1992 年 1 月 16 日）

韩新民（1994 年 10 月 22 日）

惠鲁生（1996 年 12 月 5 日）

李建中（1996 年 12 月 5 日）

杨树德（2001 年 2 月 17 日）

顾问

史　敏（1982 年 3 月 27 日—1985 年 6 月 29 日）

王文克（1982 年 3 月 27 日—1985 年 5 月 13 日）

党组书记

任中林（1982 年 4 月 4 日—1989 年 12 月 22 日）

刘敏学（1989 年 12 月 22 日—1994 年 10 月）

杨培青（1994 年 10 月 22 日—1996 年 4 月 8 日）

王众孚（1996 年 4 月 8 日）

党组副书记

李衍授（1982 年 4 月 4 日—1985 年 6 月 29 日）

刘敏学（1987 年 2 月 12 日—1989 年 12 月 22 日）

杨培青（1992 年 9 月 11 日—1994 年 10 月 22 日）

王众孚（1994 年 10 月 22 日—1996 年 4 月 8 日）

党组成员

费开龙（1982 年—1986 年 9 月 29 日）

田树千（1984 年 10 月 23 日—1992 年 6 月）

甘国屏（1985 年 6 月 29 日—2000 年 11 月 2 日）

曹天玷（1990 年 5 月 27 日—1996 年）

韩新民（1994 年 10 月 22 日）

杨树德（2001 年 2 月 8 日）

党组成员、纪检组长

李建中（1994 年 6 月 17 日）

于水生（1997 年 6 月 13 日）

五、国家工商行政管理总局（2001 年 4 月 30 日—　　）

局长

王众孚（2001 年 3 月 31 日—2006 年 9 月 29 日）

周伯华（2006 年 9 月 29 日）

副局长

甘国屏（2001 年 3 月 31 日—2005 年 10 月 8 日）

杨树德（2001 年 3 月 31 日—2004 年 8 月 8 日）

韩新民（2001 年 3 月 31 日—2003 年 4 月 17 日）

李东生（2001 年 12 月 31 日—2007 年 12 月 19 日）

刘玉亭（2003 年 5 月 31 日）

刘　凡（2003 年 5 月 31 日）

王东峰(2004 年 8 月 8 日)

钟攸平(2005 年 10 月 8 日)

付双建(2007 年 12 月 29 日)

党组书记

王众孚(2001 年 3 月 29 日—2006 年 9 月 25 日)

周伯华(2006 年 9 月 25 日)

党组副书记

甘国屏(2001 年 3 月 29 日—2005 年 9 月 23 日)

刘玉亭(2007 年 11 月 29 日)

党组成员

杨树德(2001 年 3 月 29 日—2004 年 7 月 22 日)

韩新民(2001 年 3 月 29 日—2003 年 4 月 17 日)

李东生(2001 年 12 月 20 日—2007 年 11 月 29 日)

惠鲁生(2001 年 3 月 29 日—2003 年 3 月 17 日)

李建中(2001 年 3 月 29 日—2005 年 3 月 25 日)

刘玉亭(2003 年 5 月 22 日—2007 年 11 月 29 日)

王东峰(2004 年 7 月 22 日)

钟攸平(2005 年 9 月 23 日)

付双建(2007 年 11 月 29 日)

党组成员、纪检组长

石见元(2001 年 5 月 25 日)

第八章　国家工商行政管理机构设置情况

一、中央私营企业局　中央外资企业局（1949. 10—1952. 10）

1. 1949 年 10 月至 1950 年 2 月

中央私营企业局

秘书室（1949. 10—1950. 2）

公司登记处（1949. 10—1950. 2）

调查研究处（1949. 10—1950. 2）

法令审核处（1949. 10—1950. 2）

产权股权处（1949. 10—1950. 2）

私营企业处（后改为工商辅导处）（1949. 10—1950. 2）

中央外资企业局

外资企业处（1949. 10—1950. 2）

2. 1950 年 3 月至 1952 年 10 月

秘书处（1950. 3—1952. 10）

工商辅导处（1950 年下半年撤销）

工商行政处（1950 年下半年—1952. 10）

工商登记处（1950 年下半年—1952. 10）

商标注册处（1950 年初转入—1952. 10）

公私产权处（1950. 3—1952. 10）

外资企业处（1950. 3—1952. 10）

调查研究处（1950. 3—1952. 10）

度量衡处（1952. 8—1952. 10）

发明审定处（1952. 8—1952. 10）

二、中央工商行政管理局（1952. 11—1970. 3）

1. 1952 年 11 月至 1954 年 10 月

秘书处（1952. 11—1954. 10）

工商行政处（领导外资企业科）（1952. 11—1954. 10）

工商注册处（领导登记科、发明奖励科）（1952. 11—1954. 10）

合营企业处（1952. 11—1954. 10）

调查统计处（1952. 11—1954. 10）

度量衡处（1953 年增设—1954. 10）

矿业处（1953 年增设—1954. 10）

2. 1954 年 11 月至 1956 年

秘书处（1954. 11—1956）

工商行政管理处（1954. 11—1956）

商标注册处（1954. 11—1955）

商标专利处（1955—1955. 12）

商标处（1956—1956）

调查研究处（1954. 11—1956）

合营处（1954. 11—1955）

工业处（1955—1956）

矿业处（1954. 11—1955）

度量衡处（1954. 11—1955）

商业处（1955—1955. 8）

3. 1957 年至 1959 年

秘书处（1957—1959）

工商行政管理处（1957—1959）

商标管理处（1957—1959）

调查研究处（1957—1959）

4. 1960 年至 1970 年 3 月

办公室（1960—1970. 3）

调查研究处（1960—1970. 3）

市场管理处（1960—1970. 3）

工商行政管理处（1960—1970. 3）

商标管理处（1960—1970. 3）

1970 年 4 月 1 日,中央工商行政管理局合并到商业部。1975 年 5 月,商业部成立工商管理局,下设 3 个处,编制 25 人,负责人侯昭炎（1975 年 5 月—1978 年 8 月）。

　　三、工商行政管理总局(1978.9—1982.7)

　　办公室(1978.9—1982.7)
　　调研室(1978.9—1982.7)
　　合同局(1978.9—1982.7)
　　市场局(1978.9—1982.7)
　　商标局(1978.9—1982.7)
　　企业登记局(1978.9—1982.7)
　　广告处(1978.9—1982.7)
　　基层工作处(1978.9—1982.7)
　　人事处(1978.9—1982.7)

　　四、国家工商行政管理局(1982.8—2001.3)

　　1. 1982年8月至1988年6月
　　办公室(1982.8—1988.6)
　　政策研究室(1982.8—1988.6)
　　人事教育司(1982.8—1988.6)
　　市场管理司(1982.8—1988.6)
　　企业登记司(1982.8—1988.6)
　　个体经济司(1982.8—1988.6)
　　经济合同司(1982.8—1988.6)
　　广告司(1982.8—1988.6)
　　商标局(1982.8—1988.6)
　　机关党委(1982.8—1988.6)
　　单派驻机构:
　　监察专员办公室(1988.6—1988.6)
　　2. 1988年7月至1993年
　　办公室(1988.7—1993)
　　人事教育司(1988.7—1993)
　　企业登记司(1988.7—1993)
　　市场管理司(1988.7—1993)
　　经济检查司(1988.7—1993)
　　经济合同司(1988.7—1993)
　　个体私营经济司(1988.7—1993)
　　广告司(1988.7—1993)
　　商标局(1988.7—1993)
　　政策法规司(1988.7—1993)
　　机关党委(1988.7—1993)
　　单派驻机构:
　　监察专员办公室(1988.7—1993.10)
　　双派驻机构:
　　纪检组、监察局(1993.11—1993.12)
　　3. 1994年1月至1998年5月

　　办公室(1994.1—1998.5)
　　人事司(1994.1—1998.5)
　　宣传教育与国际合作司(1994.1—1998.5)
　　法制司(1994.1—1998.5)
　　公平交易局(1994.1—1998.5)
　　企业注册局(1994.1—1998.5)
　　商标局(1994.1—1998.5)
　　市场监督管理司(1994.1—1998.5)
　　个体私营经济监督管理司(1994.1—1998.5)
　　广告监督管理司(1994.1—1998.5)
　　机关党委(1994.1—1998.5)
　　离退休干部办公室(1994.1—1998.5)
　　双派驻机构:
　　纪检组、监察局(1994.1—1998.5)
　　4. 1998年6月至2001年3月
　　办公室(1998.6—2001.3)
　　法规司(1998.6—2001.3)
　　公平交易局(司)(1998.6—2001.3)
　　消费者权益保护司(1998.6—2001.3)
　　市场规范管理司(1998.6—2001.3)
　　企业注册局(司)(1998.6—2001.3)
　　广告监管司(1998.6—2001.3)
　　个体私营经济监管司(1998.6—2001.3)
　　人事教育司(1998.6—2001.3)
　　国际交流与合作司(1998.6—2001.3)
　　商标局(1998.6—2001.3)(使用事业编制、承担行政职能)
　　商标评审委员会(1998.6—2001.3)
　　机关党委(1998.6—2001.3)
　　离退休干部办公室(1998.6—2001.3)
　　双派驻机构:
　　纪检组、监察局(1998.6—2001.3)

　　五、国家工商行政管理总局(2001.4—　　)
　　1. 2001年4月至2001年7月
　　办公室(2001.4—2001.7)
　　法规司(2001.4—2001.7)
　　公平交易局(司)(2001.4—2001.7)
　　消费者权益保护司(2001.4—2001.7)
　　市场规范管理司(2001.4—2001.7)
　　企业注册局(司)(2001.4—2001.7)

广告监管司(2001.4—2001.7)

个体私营经济监管司（2001.4—2001.7）

人事教育司(2001.4—2001.7)

国际交流与合作司(2001.4—2001.7)

商标局（2001.4—2001.7）（使用事业编制、承担行政职能）

商标评审委员会(2001.4—2001.7)

机关党委(2001.4—2001.7)

离退休干部办公室(2001.4—2001.7)

双派驻机构：

纪检组、监察局(2001.4—2001.7)

2. 2001 年 8 月至 2008 年 6 月

办公厅(2001.8—2008.6)

法规司(2001.8—2008.6)

公平交易局（打击传销办公室）（2001.8—2006.1）

公平交易局(2006.2—2008.6)

直销监督管理局(2006.2—2008.6)

消费者权益保护局(2001.8—2008.6)

市场规范管理司(2001.8—2008.6)

企业注册局(2001.8—2008.6)

外商投资企业注册局（2001.8—2008.6）

广告监管司(2001.8—2008.6)

个体私营经济监管司（2001.8—2008.6）

人事教育司(2001.8—2008.6)

外事司(2001.8—2008.6)

商标局（2001.8—2008.6）（使用事业编制、行使行政职能）

商标评审委员会(2001.8—2008.6)

机关党委(2001.8—2008.6)

离退休干部办公室(2001.8—2008.6)

双派驻机构：

纪检组、监察局(2001.8—2003.8)

3. 2008 年 7 月至今

办公厅(2008.7—　　)

法规司(2008.7—　　)

反垄断与反不正当竞争执法局（2008.7—　　)

直销监督管理局(2008.7—　　)

消费者权益保护局(2008.7—　　)

市场规范管理司(2008.7—　　)

食品流通监督管理司(2008.7—　　)

企业注册局(2008.7—　　)

外商投资企业注册局(2008.7—　　)

广告监督管理司(2008.7—　　)

个体私营经济监督管理司(2008.7—　　)

人事司（2008.7—　　)

国际合作司（港澳台办公室）（2008.7—　　)

机关党委(2008.7—　　)

离退休干部办公室(2008.7—　　)

承担行政职能事业单位：

商标局(2008.7—　　)

商标评审委员会(2008.7—　　)

第九章　国家工商行政管理机构直属单位设置情况

1979 年 5 月,经国务院财贸小组批准,《工商行政通报》正式复刊。1980 年,《工商行政通报》更名为《工商行政管理》月刊,1981 年改半月刊。

1980 年 9 月 17 日,国家出版局批准同意建立工商管理出版社([80]出版字第 664 号)。

1981 年 3 月,经国家出版局同意,工商管理出版社改名为工商出版社。

1981 年 9 月 22 日,中编办批复同意成立工商行政管理总局干校([81]国编字第 53 号)。

1982 年 12 月 25 日,国家经贸委同意设立中国广告协会(经财[1982]636 号)。

1984 年 11 月 9 日,国家工商行政管理局决定成立中国广告报、中国广告联合总公司([84]工商党字第 27 号)。

1984 年 11 月 16 日,中共中央宣传部函复同意创办《中国消费者报》(中宣发函[84]231 号)。

1985 年 1 月 12 日,国务院批复同意成立中国消费者协会([85]国函字 6 号)。

1986 年 7 月 19 日,国家经济委员会批复同意成立中国个体劳动者协会(经体[1986]425 号)。

1987 年 2 月 14 日,中共中央宣传部同意《中国广告报》改名为《中国工商报》(中宣发函[87]09 号)。

1988 年 11 月 1 日,国家人事部批复同意成立国家工商行政管理局经济信息中心(人中编发[1988]23 号)。

1990 年 4 月 14 日,国家人事部批复同意原商标设计研究所改建为中国商标事务所(人中编函[1990]19 号)。

1990 年 9 月 24 日,民政部批复同意成立中国工商行政管理学会(民社批[1990]88 号)。

1991 年 6 月 11 日,国家人事部批复同意成立中国工商企业咨询服务中心(人中编函[1991]37 号)。

1991 年 7 月 9 日,根据全国清理整顿公司领导小组《关于对国家工商局所属公司撤并留方案的批复》(清整领审字[1990]049 号),中国广告联合总公司成建制划归新华社管理。

1993 年 2 月 22 日,七届人大常委会 30 次会议通过《关于修改〈中华人民共和国商标法〉的决定》,据此,国家工商行政管理局依法设立商标评审委员会。

1993 年 10 月 17 日,中编办批复同意成立通达商标服务中心(中编办[1993]52 号)。

1994 年 7 月 19 日,中华商标协会在民政部注册成立。

1994 年 12 月 9 日,中编办批准成立国家工商行政管理局机关服务中心,对外可用国家工商行政管理局机关服务局印章(工商人字[94]第 340 号)。

1995 年 5 月 22 日,中编办同意国家工商行政管理局干部学校更名为国家工商行政管理局培训中心(中编办字[1995]94 号)。

1995 年 11 月 29 日,中编办批复同意成立国家工商行政管理局市场经济监督管理研究中心(中编办字[1995]180 号)。

1995 年 12 月 12 日,中编办批复同意成立国家工商行政管理局商标注册中心(中编办字[1995]183号)。

1996年11月19日,国家人事部函复同意国家工商行政管理局商标注册中心依照国家公务员制度管理(人函[1996]266号)。

1997年1月3日,中编办批复同意成立全中广告监测中心(中编办字[1997]32号)。

1998年6月17日,国务院印发《国家工商行政管理局职能配置、内设机构和人员编制规定》(国办发[1998]62号)。将原商标局与商标注册中心合并,统称为"国家工商行政管理局商标局",使用事业编制,但仍承担商标注册与管理监督等各项职能,干部管理办法不变。

1999年1月2日,根据中共中央办公厅、国务院办公厅《关于中央党政机关与所办经济实体和管理的直属企业脱钩有关问题的通知》(中办发[1998]27号),中共中央办公厅、国务院办公厅发出通知(中办发[1999]1号),国家工商行政管理局所属中国商标事务所交由中央企业工委管理。

1999年3月31日,根据中共中央办公厅、国务院办公厅《关于中央党政机关与所办经济实体和管理的直属企业脱钩有关问题的通知》(中办发[1998]27号),中央党政机关非金融类企业脱钩工作小组批复(国脱钩组[1999]5号),国家工商行政管理局所属中国工商企业咨询服务中心交由中国发展研究基金会管理。

2001年7月12日,中编办批复国家工商行政管理总局所属事业单位更名:国家工商行政管理局机关服务中心(国家工商行政管理局机关服务局)更名为国家工商行政管理总局机关服务中心(国家工商行政管理总局机关服务局);国家工商行政管理局经济信息中心更名为国家工商行政管理总局经济信息中心;国家工商行政管理局市场经济监督管理研究中心更名为国家工商行政管理总局市场经济监督管理研究中心;国家工商行政管理局培训中心更名为国家工商行政管理总局培训中心(中编办[2001]94号)。

2002年9月20日,中编办批复同意撤销全中广告监测中心,成立国家工商行政管理总局宣传中心;国家工商行政管理总局培训中心更名为国家工商行政管理总局行政学院(中央编办复字[2002]140号)。

2004年7月27日,中编办印发《关于国家工商行政管理总局商标评审局机构编制的批复》(中央编办复字[2004]114号),同意成立国家工商总局商标评审局,作为工商总局的直属事业单位,为商标评审委员会的办事机构。进一步明确国家工商行政管理总局共有事业单位11个,事业编制811名(含中国消费者协会使用的15名财政补助事业编制),其中经费自理事业编制235名。总局11个直属事业单位具体情况是:国家工商行政管理总局商标局(编制285名,财政补助)、国家工商行政管理总局机关服务中心(编制66名,财政补助)、国家工商行政管理总局行政学院(编制50名,财政补助)、国家工商行政管理总局经济信息中心(编制50名,财政补助)、国家工商行政管理总局市场经济监督管理研究中心(编制40名,财政补助)、中国工商出版社(含中国工商报社)(编制90名,经费自理)、通达商标服务中心(编制80名,经费自理)、国家工商行政管理总局招待所(编制30名,经费自理)、国家工商行政管理总局房屋维修队(编制20名,经费自理)、国家工商行政管理总局宣传中心(编制15名,经费自理)、国家工商行政管理总局商标评审局(编制70名,财政补助)。

2006年8月29日,国家人事部印发《关于批准工商总局商标局参照公务员法管理的函》(国人部函[2006]145号),批准商标局列入参照《中华人民共和国公务员法》管理单位。

2007年2月15日,国家人事部印发《关于批准工商总局商标评审委员会(商标评审局)参照公务员法管理的函》(国人部函[2007]72号),批准商标评审委员会(商标评审局)列入参照《中华人民共和国公务员法》管理单位。

(执笔人:罗　蓉)

附表一　1970 年各省基层编制数

地区	编制数	地区	编制数	地区	编制数
北京	400	浙江	2700	四川	11051
天津	325	安徽	4500	贵州	4676
河北	4610	福建	1980	云南	1500
山西	2680	江西	3077	陕西	2986
内蒙古	421	山东	6519	甘肃	1140
辽宁	3500	河南	5000	青海	630
吉林	1500	湖北	3200	宁夏	550
黑龙江	2500	湖南	4500	新疆	519
上海	800	广西	2414	西藏	—
江苏	4500	广东	5485	合计	83763

附表二　1978 年各省改列基层编制数

地区	编制数	地区	编制数	地区	编制数
北京	710	浙江	3110	四川	8400
天津	320	安徽	3940	贵州	3000
河北	4700	福建	2360	云南	2500
山西	2050	江西	2640	陕西	2340
内蒙古	1430	山东	7050	甘肃	1540
辽宁	3150	河南	5850	青海	350
吉林	1836	湖北	3750	宁夏	332
黑龙江	2662	湖南	4300	新疆	1000
上海	974	广西	2870	西藏	30
江苏	4760	广东	5510	合计	83764

附表三　1980 年各地增加编制后情况

地区	编制数	地区	编制数	地区	编制数
北京	760	浙江	3240	四川	8650
天津	650	安徽	4090	贵州	3030
河北	4810	福建	2430	云南	2640
山西	2120	江西	2800	陕西	2420
内蒙古	1650	山东	7150	甘肃	1610
辽宁	3170	河南	6050	青海	370
吉林	1906	湖北	3930	宁夏	362
黑龙江	2812	湖南	4450	新疆	1090
上海	1004	广西	2970	西藏	30
江苏	4980	广东	5590	合计	86764

附表四　1983 年增加编制分配情况

	分配编制	选调	社会招录
总计	65000	12350	52650
北京	1200	200	1000
天津	910	180	730
河北	2800	560	2340
山西	1600	300	1320
内蒙古	1400	250	1150
辽宁	2230	410	1820
吉林	1404	260	1144
黑龙江	2150	400	1750
上海	1486	340	1146
江苏	4000	750	3250
浙江	2780	700	2080
安徽	3000	750	2250
福建	2070	320	1750
江西	2000	300	1700
山东	3600	720	2880
河南	4400	880	3250
湖北	3100	600	2500
湖南	3000	600	2400
广东	4200	800	3400
广西	2500	300	2200
四川	5500	1100	4400
贵州	1400	280	1120
云南	2350	490	1860
西藏	570	—	570
陕西	1830	350	1480
甘肃	1640	220	1240
青海	430	60	370
宁夏	310	30	280
新疆	1300	200	1100

附表五 1986 年增加事业编制分配情况

	增加编制数	1986 年		1987 年		1988 年	
		选调	增加指标	选调	增加指标	选调	增加指标
总计	80000	24000	16000	12000	800	12000	8000
北京	4500	450	300	225	150	225	150
天津	1200	360	240	180	120	180	120
河北	3700	1100	740	555	370	555	370
山西	2000	600	400	300	200	300	200
内蒙古	2000	600	400	300	200	300	200
辽宁	3400	930	620	465	310	465	310
沈阳	450	1350	90	68	45	68	45
大连	400	120	80	60	40	60	40
吉林	1900	570	380	285	190	285	190
黑龙江	3200	960	640	480	320	480	320
哈尔滨	360	108	72	54	36	54	36
上海	1600	480	320	240	160	240	160
江苏	5000	1500	1000	750	500	75	500
浙江	2800	840	560	420	280	420	280
安徽	3600	1080	720	540	360	540	360
福建	2100	630	420	315	210	315	210
江西	2400	720	480	360	240	360	240
山东	5000	1500	1000	750	500	750	500
河南	5000	1500	1000	750	500	750	500
湖北	3800	1140	760	570	380	570	380
武汉	580	147	116	87	58	87	58
湖南	4000	1200	800	600	400	600	400
广东	4000	1200	800	600	400	600	400
广州	550	165	110	83	55	83	55
广西	2800	840	560	420	280	420	280
四川	6500	1950	1300	975	65	975	650
重庆	1000	300	200	450	100	150	100
贵州	2000	600	400	300	200	300	200
云南	2700	810	540	405	270	405	270
西藏	500	150	160	75	50	75	50
陕西	2300	690	460	354	230	345	230
西安	440	132	88	66	44	66	44
甘肃	1700	510	340	255	170	255	170
青海	750	225	150	112	75	112	75
宁夏	650	195	130	98	65	98	65
新疆	220	660	440	330	220	330	220

附表六　1996 年重新核定工商所编制分配情况

地区	编制数	地区	编制数	地区	编制数
北京	4028	安徽	14728	四川	17368
天津	3190	福建	9471	贵州	7876
河北	18481	江西	10860	云南	8971
山西	10106	山东	27515	西藏	1430
内蒙古	8182	河南	27795	陕西	10229
辽宁	16308	湖北	20945	甘肃	6944
吉林	9681	湖南	15706	青海	1392
黑龙江	12376	广东	26927	宁夏	1903
上海	4332	广西	13829	新疆	5337
江苏	18011	海南	4597		
浙江	14083	重庆	5745	合计	358338

第三篇

工商行政管理发展成就

第一部分

第一章 内资企业登记管理

第一节 国民经济恢复时期的企业登记管理（1949—1952 年）

新中国成立初期，国家财政经济相当困难，政府当时的首要任务就是大力恢复和发展经济。在城市恢复和发展经济，主要是迅速推动工商企业复工复业，恢复生产经营活动。1949 年全国私营工商业企业在国民经济中的比重大体为 62.34%，国有经济相对薄弱，因此恢复经济的主要目标就是重新焕发私营工商业的活力。为使这一目标得以实现，中央人民政府设立了"中央私营企业局"，隶属于政务院财政经济委员会，其职责主要是制定私营企业政策，管理和规范私营工商业经营活动。

随着国民经济的逐步好转和国有经济的不断壮大，面对私营企业管理和国有企业管理的双重工作，1952 年 11 月，中央私营企业局与中央外资企业局合并为中央工商行政管理局，直属于政务院。

在 1949 年至 1952 年底国民经济恢复时期，企业登记管理工作主要是围绕没收官僚资本、清查敌伪财产、扶持指导企业生产经营活动、重新登记发证、协调公私关系、严格规范经营范围、稳定市场物价等方面展开。其中，突出开展了以下几项工作：

一、通过强化对企业的登记管理，规范市场、稳定主业

对经营布匹、粮食等涉及国计民生的重要商品的经营者，严格限定在本行业内经营，不设兼营。在经营范围审查上，按照"大比小严"、"批发比批零兼营严"的尺度掌握。

二、加强对商品贩运者的管理，严厉打击就地套购、转手倒卖的不法行为

当时，各大城市的工商行政管理部门都制定了行商登记管理的相关办法。规定行商开业必须到工商行政管理局办理登记，外出采购以及货物运回销售，都必须到工商行政管理局办理报备盖章手续。行商只能使用自有资本金开展经营活动，自有资本超出登记资本一倍以上或者经常超出登记资本的，必须办理增资变更登记。

三、加强对从事居间活动的登记管理

在加强对从事商业居间活动的货栈和牙行的登记管理工作中，根据登记管理工作需要制定了《牙行登记管理办法》、《代理业管理办法》等规定。

四、严格控制物价波动

通过严格管理机关、部队、国营企业到大城市从事采购活动等措施，控制市场的物价波动。

五、取缔有不法经营行为企业的经营资格

取缔有不法经营行为企业的经营资格的情形主要包括：不按工商行政管理局核定的经营范围从事经营活动的；从事大量非主营业务的；不依法办理开业、复业、停业等相应登记手续的等。

1952 年底，国家基本完成了恢复国民经济的艰巨任务，财政收支平衡，物价稳定，工农业生产全部得到恢复，为以后的大规模经济建设创造了条件。经过三年多的恢复，社会主义国营经济迅速壮大，已开始在整个经济中起主导作用。

第二节　社会主义改造时期的
企业登记管理
(1953—1956 年)

1953 年,国家提出了第一个五年计划,也采取了一系列社会主义改造的措施。首先是使农民个人、城乡个体工商业者走上了合作化道路,而后又改造成为集体所有制经济。

改造和管理私营企业,扶植和壮大国有经济,是当时工商行政管理部门的主要任务。具体到登记管理方面,采取了以下措施:

一、对在流通领域中从事粮、棉、油、布等重要行业经营活动的私营企业,停止办理开业登记

根据国家政策规定,对在流通领域中从事粮、棉、油、布等重要行业经营活动的私营企业,停止办理开业登记。对该行业中原有的私营企业进行了整顿,由私商提出上述商品的经销、代销申请,经国营专业公司审核同意,企业登记机关重新核发执照。

二、对其他一些私营工商业和在整顿中不合格的企业,在登记机关的指导下,进行了关、迁、并、转

对无力经营的采取关的办法;对商业网点布局不合理的采取迁移到应当布点的地段;对人、财、物综合实力较弱的企业采取合并的办法,以便有能力承接经销、代销业务;对经营人员过于集中的行业采取分流、转业的办法。到 1955 年上半年,国营商业和供销合作社在全国商品批发总额的比重,已由 1953 年的 69.2% 上升到 94.8%,实现了对商业流通领域的彻底改造目标。

三、落实第一个五年计划目标,充分发挥私营企业生产的积极性

1953 年,中国实行了第一个五年计划。为了发挥私营企业生产的积极性,把私营工业的生产能力纳入计划,合理使用。为了做好这一工作,由政府相关的部门和工商行政管理部门共同组建办事机构,按不同行业召开私营工业企业专业生产会议,统计生产能力,落实生产资料,协调委托加工合同。通过努力,使私营企业对国营工业的依赖性逐渐增强。

四、基本完成了全国各行业的公私合营工作

1955 年 11 月,中央作出了《关于资本主义工商业改造问题的决议》,要求把资本主义商业逐行逐业、分期分批纳入到公私合营的轨道。在此之前,公私合营在大多地区还只是个别现象。自 1956 年 1 月开始,北京率先在全国倡导了全行业公私合营,到 3 月底,全国除西藏外,基本完成了所有行业的公私合营。登记机关在各级政府领导下,积极参加了资产清估、资产定股以及确定公私股比例的工作,并予以重新登记。

第三节　社会主义建设探索
时期的企业登记管理
(1957—1966 年)

在 1956 年以前的社会主义改造过程中,官僚资本被国有化,个体工商业纳入了各种形式的合作经济组织,戴上了"集体"的帽子,由各个行业归口部门统管起来。随着人们对企业登记管理工作认识的提高,逐渐认识到由登记管理机关代表国家对社会各类工商企业实行管理监督,是非常必要的。

1962 年 12 月 30 日,国务院发布了《工商企业登记管理试行办法》(以下简称《试行办法》),要求在 1963 年 9 月份以前完成已开业的城乡工商企业的普查和登记。制定《试行办法》的目的是为了制止企业在开业、歇业、转业、合并、迁移、改组、撤销网点、改变经济性质等方面的盲目性,保护合法经营,取缔非法活动,维护社会主义经济秩序,防止经济建设上的比例失调。《试行办法》规定除国防工业、国营交通运输业和公用事业外,其他工业、手工业、交通运输业、建筑业、商业、饮食业、服务业等,未经核准登记发照,一律不准开业。

《试行办法》下发后,登记管理机关对全国各类工商企业进行了一次全面普查、登记、发证工作,并取得了显著效果。

一、促进了"调整、巩固、充实、提高"八字方针的落实

"大跃进"和人民公社化期间,人们头脑过热,企业盲目发展,不仅企业主管部门对企业的发展变化心中无数,工商行政管理部门也是对企业的底数不清。通过对城乡工商企业的普查,为制订调整方案的主管部门提供了较为可靠的决策依据。一些城市对商业、饮食业、服务业等行业网点布局的调整,都是根据普查后的数据开展的。

二、惩治了经济活动中的违法行为,整顿了经济秩序

采取取缔非法经营、限期整顿和吊销营业执照等有力措施,处理了一批违法企业,如倒卖发票、套购重要工农业产品等。

三、规范了企业经营行为

清理了一批无照经营户,同时在审查中发现确有必要保留的经营户,指导其依法补办了登记手续。

四、为经常性的企业登记管理工作打下了基础

全面普查登记发证工作,是工商行政管理部门的基本建设工程。不少地方在全面普查完成后建立了企业登记档案,催办和补办了一批企业的变更登记,还开展了定期抽查验证工作。

总的来讲,社会主义建设时期的国家经济建设处于转型、定型阶段,经济制度以单一的公有制为主,实行统一计划指导。工商行政管理部门作为国家计划的执行机关和企业登记管理部门,在当时的历史条件下被赋予了新的任务,在国家经济建设中发挥了重要的职能作用。

第四节　"文化大革命"时期和其后两年的企业登记管理（1966—1978 年）

十年"文革"动乱,使经济建设处于混乱无序的状态,也给各条战线包括企业登记管理工作造成极大破坏。"文革"初期,工商行政管理机构即陷入半瘫痪、瘫痪状态,至1969 年,工商行政管理机关从中央到地方,相继被撤并,其中多数被并入到商业主管部门,少数被并入到财政部门。十年动乱时期,企业登记管理工作处于停顿状态。

一、停止了在工商行政管理部门办理各类企业登记手续

"文革"初期,企业登记管理工作秩序遭到冲击,例如,红卫兵扫"四旧",随意更改店名,北京"六必居"改名为"前门酱菜店","全聚德"改名为"北京烤鸭店","荣宝斋"改名为"人民美术出版社第二门市部"等。"文革"中后期,在批判"资产阶级法权"运动中,企业登记管理被视为"管、卡、压"而遭更大冲击,办厂办店,无须经过政府主管部门的批准,想开就开,想停就停,企业登记管理处于严重的无政府状态。

二、工商行政管理部门正常的企业登记管理职能无法履行

"文革"期间,由于正常的企业登记管理工作无法开展,一些单位、街道组织乃至群众组织(如民兵连等),进入到经济管理领域,在很大程度上代替了企业登记管理部门行使管理职能。由于这些机构执行当时的极"左"政策,把人民内部矛盾当作敌我矛盾处理,打击扩大化,混淆政策界限,以阶级斗争为纲,使得本来就混乱不堪的经济秩序更加混乱。

1976 年 10 月,粉碎"四人帮",标志着中国进入了新的历史发展时期,全国出现了比较安定的政治局面。但是在 1978 年 12 月十一届三中全会召开以前的两年多时间内,"左"的错误指导思想还没得到根本纠正,因此工商行政管理工作包括企业登记管理工作,还处于徘徊阶段中。

第五节　改革开放初期和经济体制改革全面展开时期的企业登记管理（1978—1992 年）

1978 年 12 月十一届三中全会的召开,结束了粉碎"四人帮"之后两年中党的工作在徘徊中前进的局面,实现了新中国成立以

来党的历史的伟大转折,端正了党的指导思想,重新确立了马克思主义的思想、政治和组织路线,并以此为起点,从各个方面深入总结了历史经验,通过拨乱反正和全面改革,在探索建设中国特色社会主义道路的实践中开创了党的事业新局面。企业登记管理工作从逐步恢复到全面确立,焕发出新的生机,为经济体制改革的全面展开发挥了基础性作用。

一、恢复机构,陆续开展和加强了基础工作

1978 年 9 月 25 日,国务院发出《关于成立工商行政管理总局的通知》,规定县以上地方设工商局,县以下地方设工商所,主要任务为"四管一打",即企业登记管理、集市贸易管理、商标注册管理、经济合同管理和打击投机倒把。企业登记管理工作开始得以逐步恢复和全面发展。

1979 年 6 月,工商行政管理总局会同公安、商业供销、轻工业、人民银行等部门联合发出《关于特种行业企业进行登记管理的通知》,要求把旅店业、旧货业、印铸刻字业、修理业列为特种行业,经公安部门审核,工商部门重新登记发照后,方可开展经营。这是工商行政管理机关恢复建立以来,第一次参与制定发布有关企业登记管理工作的部门规章,也是第一次就某些行业企业开展登记管理的部门规章。以此为标志,企业登记管理工作开始进入法制化、规范化建设的轨道。

(一)工业企业的普查登记

1979 年 12 月 26 日,工商行政管理总局会同国家经济委员会、国家农业委员会联合发出通知,要求各省、自治区经委、农委和工商行政管理局,在当地人民政府的领导下,与有关部门密切合作,对全民所有制和集体所有制的工业企业,进行一次全面登记。

1. 普查登记的范围

各地开展普查登记的范围包括:

(1)工业部门所属的国营、地方国营工业企业;

(2)非工业部门所属的国营、地方国营工业企业;

(3)一轻、二轻工业部门和其他工业部门所属的集体所有制工业企业,城镇街道和农村社队办的工业企业;

(4)国防工业部门所属的独立核算的工业企业;

(5)机关、团体、部队、学校和企业事业单位等兴办的工业企业。

2. 普查登记的方法、步骤

在普查过程中,各主管部门要对企业登记表审查核实,并报送企业登记主管机关。各地汇总登记表审查核实,并报送登记主管机关。各地在汇总统计的同时进行有重点的典型调查,会同有关部门进行综合分析,了解工业调整的症结所在。

3. 登记普查的效果

通过这次登记普查得到的统计汇总资料有三个特点:

(1)普查登记的范围广,资料比较全面。对各种隶属关系的全民所有制和集体所有制的工业企业,全部进行普查登记。

(2)登记汇总资料的分类比较细致。从县、地、省、全国四级汇总统计,都是按国家统计局《工业部门分类目录》的 147 个细目分类进行的,全国均用统一的汇总统计表,各级统计均可掌握本地区的全面资料。

(3)登记汇总的资料比较准确。准予登记的工业企业必须具备 4 个条件:一是有固定生产厂房、场地和生产设备;二是人员基本固定;三是有核算制度;四是常年生产或季节性生产在 3 个月以上。

(二)商业、饮食业、服务业和交通运输业企业的全面登记

1981 年 6 月 20 日,工商行政管理总局发出《关于开展商业、饮食业、服务业、交通运输业全面登记工作的通知》,要求对全国商业、饮食业、服务业、交通运输业 4 个行业的企业,进行全面登记。登记范围是:

1. 商业和供销社系统的商业企业;

2. 粮食系统的商业企业及粮油商店;

3. 外贸、水产、医药、物资部门所属的商业企业;

4. 机关、团体、部队、学校、街道、社队及其他部门办的商业企业;

5. 工矿、农、林、牧、渔厂（场）及各部门办的自销门市部（包括试销、展销门市部）；

6. 各部门所属的贸易货栈、信托服务部、供销经理部、物资服务部、交易所、书店和文物、字画、工艺美术、广告服务业企业；地方国营、城镇集体、农村社队办的运输业企业和对外营业的装卸搬运业企业；

7. 其他直接从事经营活动的以及省、自治区、直辖市人民政府认为有必要登记的商业企业和交通运输业企业。

凡属上述登记范围的企业，都必须填写登记表，经主管部门签署意见，报经所在市、县工商行政管理局核准后，发给营业执照。核发营业执照要在登记和整顿的基础上进行，经审查符合条件后才能发照。核准发照的主要条件是：一是有经营的场地、设备和流动资金；二是有固定经营人员并常年经营；三是有核算制度；四是有明确的经营范围并符合国家政策。

二、企业登记管理法律制度和良好秩序初步建立

1979 年和 1983 年，是企业登记管理工作的整顿年和建设年。其间，整顿的行业涉及特种行业、制药行业、信托投资行业、建材行业、食品行业以及旅游纪念品行业等，在法规建设方面，也取得了重大进展，主要体现在以下几个方面：

（一）国务院发布了《关于推动经济联合的暂行规定》，促进了工商行政管理部门加强管理和国民经济的协调发展

1980 年 7 月，国务院发布了《关于推动经济联合的暂行规定》，指出组织联合不受行业、地区和所有制、隶属关系的限制。要平等互利，兼顾各方经济利益。联合的形式可以多种多样，可以自购自销。经济联合的各方达成协议后，要报请主管部门和工商行政管理部门备案。工商行政管理部门要加强管理，使各种经济联合有利于国民经济的协调和发展。

（二）国务院颁发了《关于全国性专业公司管理体制的暂行规定》，对中央管理的企业在体制上做了较大改革

1982 年 3 月，国务院颁发了《关于全国性专业公司管理体制的暂行规定》，对中央管理的企业在体制上做了较大改革：一是划出一部分全国性专业公司归国务院直接领导；二是确定一部分公司由国务院委托有关部委领导；三是确定了在各部委所管业务范围内的公司由各部委领导；四是对跨部门设立的全国性专业公司，确定一个主管单位，该部门只进行业务指导；五是规定了全国性专业公司的设立须由归口部门审核后报国务院批准。

（三）国务院颁发了《工商企业登记管理条例》，规定了生产经营企业必须遵循的准则和工商行政管理部门对企业进行监督管理的执法依据

1982 年 8 月，国务院颁发了《工商企业登记管理条例》，指出工商企业登记管理是国家对工商企业进行行政管理的一项重要措施。它对贯彻以计划经济为主、市场调节为辅的方针，保障企业从事合法经营，取缔非法活动，维护社会主义经济秩序，促进社会主义建设，都有重要作用。要求各级人民政府重视并加强对这一工作的领导，各有关部门要积极配合工商行政管理部门，共同做好企业管理工作。要求工商行政管理部门通过企业登记，全面建立起工商企业登记档案制度，为社会主义经济建设提供有关的准确数据和资料，并对企业生产经营活动进行有效的监督管理。这是新中国成立以来第一个比较完善和系统的针对企业登记管理工作而制定的行政法规，也是我国专项经济立法工作中的一件大事。

国务院颁发的《工商企业登记管理条例》把新中国成立以来沿用的企业登记管理办法用法律形式固定下来，是所有工商企业从事生产经营活动必须遵循的准则，也是工商行政管理部门对企业进行监督管理的依据。

三、通过登记管理手段，整顿企业发展过程中的混乱现象

（一）配合卫生、医药管理部门，对制药企业进行整顿

整顿药厂是医药工业贯彻国民经济"调整、改革、整顿、提高"八字方针的一项重要

任务,是加强药品质量管理,生产供应合理布局的重要举措。卫生部、国家医药管理总局、工商行政管理总局联合发出《关于贯彻执行国务院批转卫生部等单位关于在全国开展整顿药厂工作的报告的实施细则》,要求各地卫生、医药、工商行政管理部门在当地人民政府的领导下,把整顿药厂作为一项重要工作来抓。通过整顿,改变目前乱办药厂、盲目生产的状况,使医药生产供应适应医疗卫生事业发展的要求。

(二)配合建材、农业等部门,对小水泥生产企业进行整顿

1981 年 8 月 20 日,国务院批转建材部、国家经委、农业部、工商行政管理总局等部门《关于进一步整顿小水泥企业产品质量的报告》,报告指出:小水泥工业发展很快,1980 年产量已达 5 427 万吨,占水泥总产量的 68%,它对缓和水泥的供需矛盾,特别是在面向农村,解决 8 亿农民的需要方面起了很大作用。但是,大多数企业普遍存在着产品质量差、成本高的问题。整顿小水泥生产企业的工作,于 1981 年底全面完成。通过联合进行整顿工作,加强了各部门之间的联系,制定了管理制度,保证了小水泥生产企业的健康发展。

此外,在整顿药厂、小水泥厂取得成果和经验的基础上,国家工商行政管理局还会同有关部门,通过企业登记管理,对酒厂、烟厂、锅炉厂、化学试剂厂、建筑施工企业等进行了整顿,均取得明显效果。

(三)对三类企业实行关停并转

1982 年底,国务院决定按照企业的产品分工由行业归口部门协同地方组成整顿领导小组,制定行业规划,提出企业调整方案,对三类企业实行关停并转。第一类是消耗高、质量差、长期亏损的企业;第二类是生产供过于求,产品大量积压的企业;第三类是盲目地发展,以劣挤优的企业。要求工商行政管理部门在此项整顿工作中充分发挥应有的作用。对凡是开设新厂的,必须由工商行政管理部门批准,发给营业执照,没有执照的,一律取缔。国务院还强调指出,工商行政管理部门依法行使职权,任何部门不得阻挠干预。

(四)严格全国性公司的登记注册

1983 年 9 月,国务院批转国家工商局、国家经委、财政部、中国人民银行《关于全国性公司核定登记注册资本问题的报告》,指出全国性进出口公司,对外承包工程的公司和有其他对外业务的公司,必须严格经济责任,维护法律严肃性,维护国家信誉,加强对注册资本额定的核定与管理,不得超出规定范围,以少损多,虚注资本。

(五)引入并首次使用了"法人"概念

1983 年 4 月,国务院发布《国营工业企业暂行条例》,第一次提出"企业是法人,厂长是法人代表,并能独立在法院起诉和应诉"的概念,规定了申请开办企业,须持有关部门批准的计划任务书,向所在地工商行政管理机关办理企业登记手续,领取营业执照,取得法人资格。企业应按核准的生产经营范围和生产经营方式从事生产经营,接受工商行政管理机关对核准的登记事项的监督检查。

四、清理整顿党政机关及其干部子女经商、办企业

1984 年,中共中央、国务院发出《关于严禁党政机关及其干部经商、办企业的决定》,对党政机关及其干部运用手中权力,违反规定经商办企业、牟取私利、与民相争的腐败现象,提出严厉批评,并采取措施坚决予以杜绝。此后,又针对党政机关干部子女、配偶经商办企业以及任职方面做了严格规定。

根据中共中央、国务院的决定精神和规定的具体政策,工商行政管理部门把清理整顿党政机关和党政机关干部经商办企业列为了一项重要任务,作为保障正确贯彻执行改革、开放、搞活方针的大事来抓。对所有党政机关和党政干部办的企业,进行了一次全面清理整顿;特别是对一些利用权力经商,钻多种价格和多种调节手段的空子、转手倒卖,牟取暴利,以及搞投机倒把等违法活动的企业,作为治理整顿的重点。

五、制定名称管理法规,保护企业名称权

1985 年至 1986 年,国务院先后批准了

《工商企业名称登记管理暂行规定》、《公司登记管理暂行规定》、《关于外国企业、外商投资企业名称登记问题的通知》等有关名称登记管理的文件。指出：企业名称由工商行政管理机关核定，在规定的范围内享有专用权；企业只准使用一个名称；名称前应冠以所在地行政区划名称；凡使用"中国"、"中华"等字样的，须由国家工商行政管理局核准；企业名称发生争议的，暂按申请先后顺序处理等。这些规定中第一次提出企业名称的禁用范围，即企业不得使用名称包括：对国家和社会公共利益有损害的名称；外国国家或地区的名称；国际组织名称；以外国文字或汉语拼音字母组成的名称；以数字组成的名称等。

1991年7月22日，为加强企业名称登记管理，规范企业名称的使用，国家工商局发布了《企业名称登记管理规定》。这是一部与《企业法人登记管理条例》相配套的重要规章，是企业法人登记由综合性管理向事由性管理过渡的一次飞跃。我国以前的企业名称，大多是在旧的经济模式下产生的，已经很不适应改革开放、拓展国际市场的需要；也很不利于企业品牌、商号、知名度以及集团化的制度。因此，企业名称规定的发布实施，有着特别积极的意义。

六、清理整顿各类"公司"和"中心"

1984年，在搞活经济的过程中，全国各地成立了许多不同类型、不同规模的"公司"、"中心"。总的来看，不少"公司"、"中心"办得是好的，对于促生产、活跃流通发挥了积极作用。但是，由于法制不健全，管理工作跟不上，有些公司也存在不少问题，主要是政企不分和从事违法经营活动等。有的公司甚至根本不具备开办条件。这些问题，不仅严重地影响公司本身的健康发展，而且干扰了经济体制改革的顺利进行。为解决上述问题，促进公司的健康发展，1985年5月，中共中央办公厅、国务院办公厅转发了北京市《关于加强公司企业登记管理的暂行规定》和《关于整顿"公司"、"中心"企业的意见》，各地开始对公司进行了清理整顿。

1985年8月，国务院发出《进一步清理和整顿公司的通知》，指出进一步清理和整顿公司的必要性，明确了对清理整顿的政策和有关问题的处理原则。

1986年12月5日，国务院作出《关于深化企业改革，增强企业活力的若干规定》。规定提出：全民所有制小型企业可积极试行租赁、承包经营。选择少数有条件的全民所有制大中型企业，进行股份制试点。企业间相互投资宜采用股份制形式。一些全民所有制小型商业、服务业企业，可通过主管部门拍卖或折股出售、购买者分期偿付价款。继续限期清理撤销行政性公司。除国务院批准的具有行政职能的全国性公司外，其他一律转为经营服务型经济实体，独立核算，自负盈亏，不能转变的一律撤销。

对各类"公司"和"中心"的清理整顿活动主要包括以下内容：

（一）坚持政企分开的原则

公司应是从事生产经营或服务性业务、具有法人资格的经济实体，是实行独立核算、自负盈亏、照章纳税、能承担经济责任的企业。对于党政机关和党政机关干部办的公司，要实行政企分开，并使公司在经济上与党政机关"脱钩"。对于行政管理机构改挂公司牌子，实际上不承担经济责任，仍然行使政府管理职能的单位，有的可以撤销，有的可以与其他机构合并，有的可以改为服务性公司。

（二）公司必须具备相应的条件

根据1985年8月14日国务院批准的《公司登记管理暂行规定》，开办公司应当具备以下基本条件：

1. 公司章程；

2. 固定的生产经营或服务场所；

3. 与生产经营或服务规模相适应的资金（自有资金应占一定的比例，银行贷款不能视作自有资金）和设施；

4. 与生产经营或服务规模相适应的从业人员；

5. 健全的财务制度；

6. 健全的管理机构。

《通知》在列举成立公司必须具备的基

本条件之后,提出对于谎报财产,实际上没有资金的公司,要令其停办,收回营业执照。对于实有资金少于注册资金的,要限期补齐或调整注册资金。对于经营范围和经营规模与其注册资金不相适应的公司,应根据其现有资金、经营场地和设备,调减经营范围和经营方式。对于既无资金又无固定的经营范围和从业人员,不具备开办条件的公司,要吊销其营业执照。

(三)成立公司必须经过批准,并办理登记注册手续

成立全国性专业公司,要按照国务院《关于全国性专业公司管理体制的暂行规定》报国务院授权的部门审批,其中重要的要报国务院审批。国务院各部门所属单位成立公司由各部门审批。社会团体开办公司,经业务主管部门审核同意后,报国务院授权的部门审批。成立地区性公司,由各级人民政府审批。成立跨部门、跨省的公司,由有关方面协商一致后,报国务院授权的部门审批。凡成立经营进出口业务的公司,要报经贸部审批。呈报单位和各级人民政府、各有关部门,要对将要成立的公司认真进行审核,因审核不当而造成严重后果的,要承担经济责任和法律责任。

公司要持正式批准文件向工商行政管理部门登记注册,领取营业执照后方准营业。成立集体所有制性质的公司,可经工商行政管理部门审核后,直接登记注册。公司在登记时,要按照工商行政管理部门的规定,缴纳登记费。对于那些未经批准或批准后没有向工商行政管理部门登记的公司,一般应在对其经营活动和财务状况进行审查并作出处理后,坚决予以取缔;具备公司开办条件的可以允许其补办批准和登记注册手续。

(四)公司必须按照规定的经营范围依法经营

公司的经营范围,要同其生产、经营和服务的条件相适应,可以以一业为主,兼营其他,但必须按照登记注册时所核定的经营范围开展经营活动。未经批准,不得改变或扩大经营范围。对于钻经济改革的空

子,套购重要生产资料和紧俏商品,进行倒买倒卖、哄抬物价、买空卖空、投机诈骗、倒卖外汇、出卖账号,进行违法经营的公司,要查清事实,按照法律和有关规定,进行处罚。

(五)各级政府要加强领导,各有关部门要密切配合,认真搞好公司的清理和整顿工作

经过工商行政管理机关对全国各类公司进行了一年多的清理整顿行动,取得了较好的成绩。首先,刹住了曾在全国范围内刮起的"公司热"、"中心热"。其次,查处了一大批违法经营的公司,帮助解决了一些公司政企不分的问题,促使这些公司健康地发展。再次,维护了正常的经济秩序,保证了改革、开放、搞活方针的正确贯彻。最后,使公司领导和干部职工群众受到了一次实际、生动的政策教育,提高了法制观念。

据国家工商行政管理局统计,截至1986年底,全国共有公司 32.89 万户,列入清理整顿范围的有 29.29 万户,经过清理整顿,符合公司开办条件、予以保留的有 12.09 万户,占 41.3%;经营活动基本合法,但不符合公司开办条件,整顿后改为一般企业的有 69 733 户,占 23.8%;因经营亏损或无力经营而申请歇业的有 54 202 户,占 18.5%;因违法经营被吊销营业执照的有 26 659 户,占 9.1%;继续清理的有 21 394 户,占 7.3%。

1987 年 12 月 11 日,国家工商行政管理局下发了《关于处理个体、合伙经营及私营企业领有集体企业〈营业执照〉问题的通知》,随着公有制经济改革开放程度的进一步加大,个体、私营和合伙经济也逐渐活跃起来。个体、私营企业的发展起到了繁荣经济、繁荣市场的作用,但也出现了"戴红帽子"的不正常现象。一些地方在企业登记工作中,审查不严、政策不清,将某些个人投资、家庭投资、合伙人投资的经营单位定为集体企业;将一些个体、私营企业嫁接或挂靠到国营或集体单位名下,成为集体所有制分支机构。如此等等,给经济政策的贯彻落实,给司法机关的审查定性带来了许多困

难。为此,国家工商局借更换新式营业执照的契机,要求各地工商局对此类现象应实事求是地及时纠正、认真审查、严格把关、严肃纪律,不再出现新的"假集体、真个体"现象。

1988年伊始,国家工商行政管理局正式启用了新版营业执照,以适应改革开放形势发展的需要。于1988年1月1日起启用的新式执照适用于内资企业法人和外商投资企业法人,分为四种样式:对内资企业法人发放《企业法人营业执照》;对内资企业法人的分支机构以及不具备法人条件的经营单位,发放《营业执照》;对外商投资企业发放《中华人民共和国营业执照》;对季节性经营,少于六个月的发放《临时营业执照》。新执照启用后,旧执照陆续作废。执照换发工作于1989年底结束。

1988年5月13日,国务院第四次常务会议通过《企业法人登记管理条例》,并以国务院1号令形式发布,规定了本条例于1988年7月1日起施行,1982年8月9日国务院发布的《工商企业登记管理条例》废止。《企业法人登记管理条例》(以下简称《条例》)适应了深化改革的需要,体现了改革精神,标志了我国法人登记制度的建立,是当时工商行政管理法制建设和行政职能建设的一个重大成果。《条例》共分11章39条,从企业过去的营业性登记到新的法人登记方面,作出了新的尝试和突破。第一次明确了企业法人的条件、登记事项、开业、变更、注销、公告、年检、证照管理、监督处罚等重要事项。同年11月3日,国家工商行政管理局发布了《中华人民共和国企业法人登记管理条例施行细则》。

1988年10月3日,中共中央、国务院作出《关于清理整顿公司的决定》。决定指出:一个时期以来成立的新公司中有相当一部分是政企不分、官商不分的公司,这些公司从事转手倒卖、牟取暴利、损害国家利益、造成分配不公、扰乱经济秩序、败坏社会风气,严重干扰和阻碍了改革开放的进程。为此应全面清理整顿,砍掉一大批有问题的或不必要的公司。各地区、各部门要提出公司的撤、并、留方案,经清理整顿公司领导小组同意后,凡是保留的,到工商行政管理部门重新进行登记。重新登记的公司,必须从人、财、物方面,与所办部门彻底脱钩。为贯彻执行中共中央、国务院的决定,国家工商局随即下发了通知,提出了具体清理整顿公司的措施。

1989年是公司整顿年。上半年,国家工商行政管理局主要从行业整顿的角度,分别对钢材经营单位、广告经营单位、印刷经营单位、彩电经营单位、农资经营单位、小轿车经营单位重点进行了清查摸底、撤并结合、规范条件、重新登记,整顿工作初见成效。同时,结合新执照的换发和公司年检将一大批不应保留的公司予以撤并。针对各地区、各部门对清理整顿公司艰巨性和复杂性认识不足、措施不够明确有力,不少单位犹豫观望,加上政治风波的影响,清理整顿工作进展迟缓的情况,中共中央、国务院又于1989年8月17日下发了《关于进一步清理整顿公司的决定》,非常全面而又具体地规定了清理整顿公司的原则、方法、步骤,在组织保证、政策界限、时间要求、职责分工均作出了比原决定更详细的部署,从而有力地推动了清理整顿公司的顺利进行,被重点清理的金融性公司、各类商业批发公司、对外贸易公司、物资供销公司中的一大批公司,以及11类不适宜继续保留的公司,被清理出重新登记的范围,予以撤并不再保留。

1990年是清理整顿工作的后续年,也是深入开展年和效果巩固年。为指导各级工商行政管理机关做好清理整顿后保留下来的公司的年检和重新登记工作,国家工商行政管理局印发了《全国性公司年检重新登记注册工作程序》,为地方开展工作提供了一个可供参考的示范文本。与此同时还下发了《企业经营范围用语规范(试行)》,为规范和解释企业经营范围进行了有益的尝试。

1990年7月20日,国家工商局、农业部联合下发了《乡村集体所有制企业审批和登记管理暂行规定》。该规定从所有制性质界定、资本金构成、审批机关、登记程序、分配与清算,均提出了比较具体的意见。

七、树立服务观念,为经济体制改革服务

在经济体制改革的过程中,工商企业登记管理有些规定已不适应改革的新情况,需要进行调整,以便更好地为经济体制改革服务。

(一)配合电子工业管理部门,在全国范围内开展电子工业系统的产品经营销售流通体制的改革

1982年,电子工业生产企业的产品,主要是黑白电视机、录音机、收音机出现大量积压,但是城乡市场上很多地区却买不到。形成这种现象的主要原因,一方面是有些商业部门缺少维修力量,利润小、风险大,不愿经营。另一方面是在当时的产销体制下,工业部门没有销售机构,无法自销。加之"左"的影响尚未完全消除,有些地区把维护国营商业主渠道作用理解为保护"独家经营",限制多渠道的发展。

为了解决电子产品的产销矛盾,促进商品流通体制改革,国家工商行政管理局和电子工业部在征求商务部意见后,于1982年11月25日发出《关于电子工业系统经销机构经营销售电子产品的联合通知》(以下简称《联合通知》)。《联合通知》规定:电子工业系统经销机构经销电子产品,必须在确保全国电子产品生产配套、计划分配调拨和商业部门计划选购的前提下,在国家有关经济政策允许的范围内开展电子工业系统的产品经营销售业务。电子工业系统的各级经销机构必须实行独立核算,执行国家价格政策,照章纳税。同时,规定了各级经销机构的经营范围的主要产品类别。从外省、直辖市、自治区购进的电子产品只能在本省、直辖市、自治区范围内销售,不得转销其他省、直辖市、自治区,以减少流通环节。此外,对成立经销机构的审批权限和申请办理登记问题也作了具体规定。《联合通知》下发后,在不到一年时间里,全国各地成立了几十个经销机构和200多个自销门市部、维修部等,形成了生产销售服务一条龙,按照核定的经营范围和经营方式开展经营活动,到1983年底就改变了产销脱节的局面。据电

子工业部1983年的统计,电子系统的经销机构销售的商品有60%~70%供给国营商店和供销合作社经营。因此,也促进了国营商业和供销合作社的体制改革,扩大了国营商店和供销合作社的业务。

(二)配合农垦管理部门,在全国范围内开展农垦系统产品经营销售业务,为农垦产品流通体制的改革服务

十一届三中全会以后,农垦系统改变了单一发展农牧业的方向,大力开展多种经营,使农垦地区经济有较快发展。但是,由于商品流通渠道未能形成,影响了农垦系统的各种产品销售,而农垦地区所需要的生产生活用品又得不到及时的供应。为了解决上述问题,国家工商行政管理局和农牧渔业部于1983年2月10日联合发出《关于全国农垦农工商联合企业商业经销机构的经营范围问题的通知》(以下简称《联合通知》)。《联合通知》明确规定了各级农垦销售机构的经营范围。全国性经销机构可以经销全国农垦系统产品,并可在全国范围内进行调剂。省、地、县级经销机构可以向全国各地销售本地农垦产品,也可以从全国农垦企业进货。但是,从外省、市进的货,只准在本省、市范围内销售,不准转销其他省、市,以减少流通环节。设在城镇和农垦区的商业机构和网点,除销售农垦产品外,可以根据市场情况和群众生活需要,从国营商业和其他部门进货。《联合通知》对成立各级农垦销售机构的审批权限和申请办理登记等问题也作了具体规定。《联合通知》发出后,农垦系统商业经销机构和网点有了较快的发展。到1983年底,已初步形成农垦系统的产品销售网络。

(三)支持横向经济联合,为经济体制改革服务

随着改革、开放、搞活方针的深入贯彻,企业在扩大自主权的基础上,逐步冲破了地区、行业、部门和所有制的限制,出现了不同层次、不同内容、多种形式的横向经济协作和联合。这些横向经济协作和联合,是经济体制改革的重要内容,也是发展社会主义商品经济的客观要求。它对于破除条块分割,

打破地区封锁,加快整个经济体制改革和社会主义现代化建设,有着重大而深远的意义。为了促进经济联合的健康发展,保障其合法权益,加强对经济联合组织登记管理,国家工商行政管理局根据《国务院关于进一步推动横向联合若干问题的规定》,于1986年3月31日,发出了《关于经济联合组织登记管理暂行办法》(以下简称《暂行办法》),对经济联合组织的登记管理问题作出了具体规定。横向联合大体分为紧密型和半紧密型两种。对紧密型的经济联合组织核发营业执照,保护其权益。对未形成经济实体的半紧密型经济联合组织,根据其合同、协议的期限,经核准后发给注明有效期限的营业执照,以支持其发展。各地工商行政管理部门根据《暂行办法》,积极开展了对横向经济联合组织的登记管理工作。登记管理主要做好审核注册发照工作,把好准入关。第一,审核紧密型经济联合组织,必须是从事生产、经营或服务性业务的,具有独立财产、自主经营、独立核算、自负盈亏、能独立承担经济责任的经济实体。那些不具备经济实体性质的党政机关、业务主管机构、行政公司,都不能参加经济联合组织,不能办理登记,防止新的党政机关经商、办企业和"四无"公司的出现。对半紧密经济联合组织,则按照合同、协议,以各自所有的或者经营管理的财产,承担连带责任,不能随意发给营业执照。第二,经济联合组织的经济性质。根据联合各方原来所有制的性质(国家拨款的事业单位按全民所有制对待),核定为全民联营、集体联营、全民与集体联营三种形式。第三,经济联合组织申请登记,领取营业执照,必须持当地人民政府授权部门的批准文件,并提交下列文件或副本:(1)联合成员共同签署的申请登记书;(2)参加联合的企业的营业执照副本;(3)经过论证的由联合成员共同编制的可行性研究报告;(4)经济联合组织所有地人民政府授权部门的批准文件;(5)联合成员一致同意的章程;(6)由联合成员各自的财务部门出具的投资证明或承担连带责任的证明文件以及财政机关,开户银行出具的资信证明;

(7)经济联合组织申请经营国家有特殊规定的行业,还应提交有关主管部门的专项批准证件。第四,经济联合组织要另起名称,并标明企业所在地和"联合"字样。

(四)积极配合有关部门开展市场经济秩序整顿

1987年是建筑市场整顿年。1987年2月10日,城乡建设环境保护部与国家工商行政管理局针对建筑市场违法承揽工程以及转包过程中行贿受贿之风蔓延等混乱局面,下发了《关于加强建筑市场管理的暂行规定》。明确了市场管理主体,发放证管理,严禁无证勘察、设计、施工,严禁越级承包工程,严禁"好处费"、"介绍费"扰乱市场,严格合同管理等有关问题。

就经济生活中无证产品泛滥问题突出等现象,国家经委、国家工商局、商业部等单位联合下发了《严禁生产和销售无证产品的规定》,明确任何单位或个人,不得生产和销售无证产品。对违反规定的,处以没收全部违法所得并处15%~20%的罚款。

1987年6月10日,随着上年底国务院《关于深化企业改革,增强企业活力的若干规定》得以贯彻落实并取得成效后,国务院又批转了国家体改委、商业部、财政部《关于深化国营商业体制和供销合作社体制改革意见的通知》。提出:改革的重点是有计划、有步骤地在大中型商业企业、饮食服务企业推动承包经营责任制;在中型商业零售企业试办租赁制;继续试行股份制;在集体商业企业中实行股份合作;地处偏僻、长期亏损的小型门店,可公开拍卖。国务院同时要求,工商、税务、财政、银行、物价等部门要密切配合此次改革,保持市场的繁荣稳定。

1987年8月25日,针对国内外不法分子以"三来一补"(来料加工、来样加工、来件装配和补偿贸易)为名从事走私活动的现象,国务院办公厅转发了国家工商局、海关总署、外经贸部、财政部等联合提出的《关于加强综合管理,促进对外加工装配发展业务的意见》,提出:加强对外来加工装配业务合同的审批和行业指导;整顿承接对外加工装配业务的企业;进一步做好对外加工装配进出口货物的监管和后续管理工作;健全对承运加工装配料件和成品的车辆管理;打击走私违法等措施。

1987年底,根据国务院关于健康发展、规范管理科技开发企业的指示精神,国家工商行政管理局和国家科委联合下发了《科技开发企业审批登记暂行办法》。该法规定了科技开发企业的设立申请、归口审批、所应具备的条件以及登记程序,从制度上保证了科技开发企业的法律地位和合法权益。

1988年3月16日,为正确引导有自收自支能力的事业单位开展有偿服务活动,国家工商行政管理局与新闻出版署联合下发了《关于报社、期刊社、出版社开展有偿服务和经营活动的暂行办法》,从政策上对新闻出版单位从事广告兼营;利用科技、文化、教育、法律、卫生等方面的专业信息提供有偿咨询服务,给予了保证。同时,还拓宽了从事文化交流活动、技术推广活动、洗印制版、培训函授等多方面的经营空间。

八、制定企业登记管理配套制度,服务企业健康发展

自《企业法人登记管理条例》发布之后,企业登记工作开始进入了一个制度细分、科学引导、操作规范、有法可依的局面。有关企业名称和经营范围登记的专项规章或解释的相继出台,同时,适应社会上对于加强规范引导企业法定代表人日益高涨的需求,对企业法人法定代表人的任职资格和登记管理进行了规范。

1990年11月20日,国家工商行政管理局发布了《企业法人的法定代表人审批条件和登记管理暂行规定》,全面规定了法定代表人的条件、产生、职权、责任和法律地位,为保护企业合法权益,严格法定代表人职责管理,提供了法律保障。

1991年9月9日,国务院发布《中华人民共和国城镇集体所有制企业条例》,对城镇集体企业的定义、组织原则、财产属性、企业的设立(变更和终止)、企业的权利义务、企业职工和代表大会、企业负责人、财产管理与收益分配、企业与政府的关系、法律责任,均作了明确说明与规定。

1991年10月14日,国家工商行政管理局为贯彻执行当年的中央工作会议精神,提出了支持搞好国营大中型企业的八项措施,受到中央办公厅的高度重视,并在中办《工作情况交流》上进行了刊登。

1991年12月14日,国务院批转了有关部门关于选择一批大型企业集团进行试点的请示。进行集团试点的目的是:促进企业组织结构调整,做大产业规模,推动生产要素合理流动,体现大企业集团的群体优势和综合功能,形成产品核心或产业核心,有效引导大量的中小企业的经济活动,提高国际竞争能力和品牌知名度。

1992年5月4日,国家工商行政管理局会同有关部门下发了《关于国家试点企业集团登记管理实施办法(试行)》。

九、建立工商企业登记档案和统计制度

1982年,国务院发布的《工商企业登记管理条例》(以下简称《条例》)通知中指出:"工商行政管理部门要通过企业登记,全面建立起工商企业登记档案制度,为社会主义经济建设提供有关的准确数据和资料,并对企业生产经营活动进行有效的监督管理。"同时,又在《条例》中明确规定:"工商行政管理局应对工商企业的登记资料和其他有关资料建立企业登记档案,按照专业档案进行管理。"根据国务院《通知》的精神和《条例》的规定,各级工商行政管理部门在工商企业普查登记的基础上,逐步建立了企业的登记档案。到1983年上半年,全国绝大多数地区已全面建立起来。国家工商行政管理局总结了各地建档的经验,制定了《工商企业登记档案管理办法》(以下简称《管理办法》),并于1983年10月17日发出通知要求各地贯彻执行。《管理办法》对建档单位、建档任务、建档范围、建档内容、管理制度、分类办法以及档案利用都作出了具体规定。建档单位由登记发照机关建档,在哪一级机关发照即在哪一级建档。建档范围包括所有登记管理范围的各个行业的企业。登记档案的内容包括:企业申请登记报告和登记表;主管部门批准文件及有关部门批准文件;企业申请变更、歇业报告和登记表;企业章程、协议、资金使用证明等重要资料；企业年检报告书或资产负债表；工商行政管理部门检查企业的记录及查处企业的有关资料；企业产品的注册商标、生产许可证等有关资料。

各级工商行政管理局本着"简明易查、资料完整、科学实用"的原则，全面建立了企业登记档案，并且一般都达到了以下标准：（1）能够提供每一个需要查阅的企业档案；（2）能够提供每个行业不同经济类型和不同隶属关系的基本资料；（3）资料完整、系统，能够作为历史资料，长期使用。企业登记档案的全面建立，为国家专业档案增加了丰富的资料，既有现实利用价值，又有历史保存价值。企业登记档案资料，主要起到了以下作用：为对企业进行监督管理服务；为有关部门研究政策服务；为社会有关部门、企业提供咨询服务。为此，国家工商行政管理局和一些地方工商行政管理局从 1983 年开始，陆续出版发行了有关的企业年鉴。

为建立企业法人登记档案管理制度，为领导机关和有关部门提供企业登记基础信息，1990 年 6 月 6 日，国家工商行政管理局、国家档案局共同下发了《企业法人登记档案管理办法》，就档案的建立、管理、开发、利用、有偿服务等方面，均作了具体规定。与此同时，为了贯彻落实国务院指示，用现代化手段管理企业法人登记工作，国家工商局向各级工商行政管理机关发出了《关于全国建立企业法人登记数据库的通知》。

第六节　建立社会主义市场经济体制时期的企业登记管理（1992—2002 年）

党的"十四大"前后，全国企业登记注册工作的重点逐步转移到以加快建立社会主义市场经济体制，深化国有企业改革，依法确认市场主体资格，规范和监督管理市场行为为目标的轨道，全国企业登记部门在面临研究探索和解决发展社会主义市场经济新课题、新问题的同时，也面临着企业登记的范围拓宽、责任加大的考验。

1992 年邓小平同志南方谈话发表之后，中国加快了改革开放的进程。6 月 16 日，中共中央、国务院作出了《关于加快发展第三产业的决定》，从国民经济发展的战略高度提出了加快发展第三产业的目标和重点，并从十三个方面提出了发展第三产业的主要政策和措施。

1992 年 9 月 11 日，根据党中央、国务院关于加快改革开放的指示精神，国家工商行政管理局印发了《关于改进企业登记管理工作，促进改革开放和经济发展的若干意见》（以下简称《意见》），从七个大的方面、四十个小的方面提出改进登记工作，促进改革开放和经济发展的意见。《意见》在贯彻执行中得到了各地方、部门以及企业的赞扬与好评。

1993 年，企业登记管理工作进行了一系列改革，改革的内容涉及审批制度、登记程序、登记条件、登记事项等，首次提出企业成立由当时的审批设立制向独立核准制过渡；由不同登记对象实行不同登记制度向统一登记制度过渡；由未实行登记的少数行业的经营实体向全行业登记过渡。通过登记制度的改革，促进企业经营机制的转换和经营自主权的落实，培育合格的市场主体，鼓励和维护公平竞争。改革企业登记前置审批制度是此次改革的重点。

1993 年底，党中央十四届三中全会通过了《关于建立社会主义市场经济体制若干问题的决定》，这是一项意义十分重大的战略决策，彻底转变了计划经济的传统观念，从整体上推动了经济体制、企业体制、市场体制乃至社会文化体制的改革与发展。

1993 年底，全国人大常委会通过了《中华人民共和国公司法》（以下简称《公司法》），其颁布是我国商事法律史上的重大事件，为企业制度的科学设定、国有企业改制，为现代企业制度提供了充分的法律保障，对规范公司的组织和行为，保护公司、股东和债权人的利益具有重要意义。

1994 年，全国企业登记工作以贯彻执行《公司法》为契机，加大了改革的力度。不仅为《公司法》的实施配套制定了一大批企业登记管理规章,还明确了直接核准登记的原则。同时,在对国企进行公司制改造、拓宽登记范围、强化后期监管、统一登记职能等方面,提出了新的目标任务。

1994年6月24日,国务院发布了《公司登记管理条例》(以下简称《条例》),为公司登记提供了法律依据。《条例》实施后,以前企业登记中企业名称与公司名称、企业组织制度与公司组织制度混淆不分的局面得到了彻底改变。

1995年至1996年,企业登记管理机关紧紧围绕建立现代企业制度这一改革目标,改革和完善企业登记管理制度,在法律建设、监管力度、加强工作规范化建设和基础建设等方面开展了一系列工作。这两年,全国内外资企业登记注册总户数为810万户,内资注册资本总额67 572亿元人民币,外资4 414亿美元,均实现了较大幅度的增长。这一时期比较突出的特点是单一所有制企业进行了结构性调整,国有企业和集体企业的增长放缓,而其他所有制企业的平均增幅达到了60%以上。同时,随着《公司法》的颁布实施,新登记公司数大幅增加,到1996年底,全国经过规范和新登记的公司达50万家。另一特点是新老公司并存。自1994年7月1日起,公司登记全部按照《公司法》规定进行,不符合《公司法》规定的不再称"公司"。第三个特点是企业登记管理法规体系得到了补充和完善,其中包括《企业名称登记管理规定》、《企业法人法定代表人登记管理规定》、《外国(地区)企业常驻代表机构登记管理办法》。制定并颁布了《公司注册资本登记管理规定》、《企业咨询代理机构登记管理办法》以及十余件规范公司登记的规章。第四个特点是加强了对"三无企业"(无资金、无机构、无场地)的清查,注销近30万户企业,吊销了8万户企业的营业执照,净化了企业规范化经营的环境和条件。

1997年至1998年度,各级企业登记主管机关按照党中央、国务院的部署,积极参与军队、武警部队、政法机关、中央党政机关与所办经济实体脱钩的工作,完成了上述企业的变更、注销登记工作。党的"十五大"召开以来,就国有企业改为公司或改组、联合、兼并、租赁、承包经营等新的登记操作形式进行了积极探索和大胆试验,继续清理整顿了不良文化现象,重点杜绝了企业名称中含有反动政治内容或消极政治影响,含有低级庸俗、丑恶淫秽内容,含有封建迷信色彩或腐朽文化糟粕的现象。

1999年全国各级登记主管机关,围绕建立现代企业制度的改革目标,积极支持国有企业改革,进一步清理"三无"企业,依法规范市场主体经营行为。截至1999年底,全国内资企业实有数为595.8万户,比上一年有所减少。而公司继续保持增长势头,年末达到80.92万户,注册资本3.2万亿元人民币,分别同比增长了40.63%和18.84%。受东南亚金融危机影响,外商投资企业21.24万户,注册资本4 635.5亿美元,分别同比下降了6.75%和0.8%。

2000年3月17日,为规范企业登记公告工作,加强对企业登记公告工作的管理,国家工商行政管理局下发了《关于企业登记公告有关问题的通知》。

2000年6月15日,为了维护国家正常的社会经济秩序,国家工商局与国家经济贸易委员会、公安部联合下发通知,清理取缔各类讨债公司,严厉打击非法讨债活动。

2000年7月7日,国家工商行政管理局与科学技术部、中央机构编制委员会等部门联合下发通知,对建设部、铁道部、中科院、国家电力公司等部门和单位所属的134个科研机构改制工作进行部署,要求相关科研机构按照新的机制和管理体制运行,并完成企业注册登记工作。

2000年11月27日,为落实国务院关于加强出入境中介活动管理的文件精神,国家工商行政管理局联合公安部、教育部等部门对清理整顿出入境中介机构工作下发通知,明确清理整顿工作的目标和重点,提高对清理整顿工作重要性和必要性的认识。

2000年是实现国企改革和发展三年目标的关键年,到2000年底,全国登记注册的内资企业实有数达 535.11 万户,注册资本(金)10.7 万亿元人民币;外商投资企业 20.32 万户,注册资本 4 839.5 亿美元。

2001 年 1 月 2 日,国家工商行政管理局下发《关于军队审计事务所登记注册有关问题的通知》,对解放军和武警部队审计事务所登记注册的有关问题做出规定。

2001 年 4 月 20 日,为引导中小企业增强信用观念,提高中小企业的整体素质和综合竞争力,国家工商行政管理局与国家经贸委、公安部等部门联合印发了《关于加强中小企业信用管理工作的若干意见》。

2001 年 7 月 16 日,为推进外经贸企业内部职工持股试点工作,国家工商总局与中华全国总工会、对外贸易经济合作部联合印发了《关于外经贸试点企业内部职工持股会登记暂行办法》。

2001 年 10 月 16 日,为认真贯彻国务院《关于整顿和规范市场经济秩序的决定》,国家工商总局制定下发了《关于加强对企业属地监督管理工作的通知》,明确工商所实施属地监管的职责,切实加强对企业的有效监管,提高执法效能,建立上下联动、密切配合、渠道畅通的信息反馈机制。同日公布了《关于加强企业登记审查工作的通知》,要求严格依法做好企业登记工作,加强对企业登记材料的审查,进一步明确企业登记审核责任制。

2001 年 12 月 31 日,为维护市场经济秩序,惩治虚报注册资本、虚假出资和抽逃出资等违法行为,国家工商总局与公安部联合印发《关于整顿规范公司出资行为的通知》,决定 2002 年上半年,结合公司企业年度检验工作,在全国范围内联合开展整顿公司出资行为的专项行动。

2002 年 4 月 2 日,为加强对社会福利企业的监督管理,国家工商总局制定下发了《关于进一步加强社会福利企业管理工作的通知》,要求对以企业形式出现的社会福利机构进行全面清理整顿,并加强日常监督管理。

2002 年 7 月 1 日,根据国务院有关国家行政机关公文处理的有关规定,国家工商总局下发通知,决定对企业法人、营业单位、公司、分公司、企业集团的各类登记重要文书表格的样式及内容进行修改。

2002 年 7 月 16 日,国家工商总局下发通知,要求各地对含有"战略研究"、"战略管理"等字样的企业名称进行清理。

2002 年 8 月 16 日,国家工商总局发布了《关于在全国工商行政管理系统使用新的国民经济行业分类的通知》,要求从 2002 年 10 月 1 日起,在全国工商行政管理系统的登记和统计工作中,使用新修订的《国民经济行业分类》。

2002 年 9 月 5 日,根据党中央、国务院和中央军委关于军队保障性企业调整改革的决定,国家工商总局与总后勤部、总装备部联合下发了《关于军队、武警部队企业审批、登记和管理有关问题的通知》。

2002 年 11 月 18 日,为推进国有及国有控股大中型企业主辅分离,辅业改制,分流安置富余人员,国家工商总局与国家经贸委、财政部等部门联合制定了《关于国有大中型企业主辅分离、辅业改制、分流安置富余人员的实施办法》。

在建立社会主义市场经济体制时期,企业登记管理机关围绕为深化经济体制改革和建立现代企业制度服务,处理好服务与管理的关系,在进一步改革和完善企业登记管理制度,规范登记注册,强化监督管理方面做了大量工作,为建立社会主义市场经济体制发挥了重要职能作用。

一、坚持社会主义基本经济制度,积极支持公有制企业健康发展

(一)按照政企分开的原则,依法做好企业脱钩改制工作,清理整顿市场主体秩序

1. 进一步落实党中央、国务院关于军队、武警部队、政法机关及党政机关与所办经济实体脱钩工作

派员参加军队、武警部队、政法机关和党政机关与所办经济实体脱钩,参与有关文件起草、政策研究工作,积极协同有关部门及时研究解决脱钩工作中的问题,做好脱钩企业的登记注册工作。同时根据中央的部署,认真做好军队保障性企业移交地方管理

的配合工作。继续做好党政机关与企业的脱钩工作。各地工商行政机关认真做好上述机关企业脱钩的登记注册和移交工作,2000 年,军队、武警部队、政法机关共移交地方经营的企业 6 381 户,中央党政机关与所办经济实体和所管理的直属企业脱钩的 530户,此项工作已基本完成。

2. 落实国家产业结构调整和体制改革政策

积极支持国家金融、铁路、石油、保险等行业体制改革和邮政电信分业管理等宏观政策要求,落实部署了金融、会计、咨询、法律服务等中介机构脱钩改制后的登记注册工作。支持十大军工企业集团的组建和中石油、中石化两大石油公司重组,支持国有企业债权转股权,认真做好改制重组企业的登记注册工作。支持科研机构的改革工作,为科研机构改革献计献策,继续做好科研机构的脱钩改制及事业法人改制为企业法人,开展了国家经贸委管理的十个国家局所属242 个科研机构、勘察设计单位和其他科研机构企业化改革的登记注册工作,与有关部门联合制定了建设部、铁道部、交通部、信息产业部等 11 个部门(单位)所属 134 个科研机构转制方案和建设部管理的 177 家勘察设计单位的改制方案。

(二)积极为国有企业建立现代企业制度服务

1. 为国有企业建立现代企业制度提供法律和政策支持

积极参与了《公司法》配套法规的论证、起草和制定工作。积极参与国有企业建立现代企业制度方案的论证、调研。为深入贯彻党的"十五大"精神,起草下发了《关于国有企业改革中登记管理若干问题的意见》,明确国有企业改建为公司及实行兼并、转让、承包、租赁的登记管理问题。发布了《公司登记管理若干问题的规定》,明确公司股东资格、内部管理机构以及公司监督管理中的一些问题,帮助提高国有企业利用外资的水平。

2. 支持国有企业实施股份制改造

鼓励国有大中型企业规范上市、中外合资和互相参股;按照规范的公司制度依法确认国有企业市场主体经营资格,完善法人治理结构,使其真正建立产权清晰、责权明确、政企分开、管理科学的现代企业制度。支持国有企业通过改组、联合、兼并、租赁、承包等形式,建立公司制和股份合作制,组建企业集团,使之建立产权清晰、责权明确、政企分开、管理科学的现代企业制度。据统计,截至 2000 年 6 月底,全国国有企业总数为159.2 万户,各地列为改制的企业 99.9 万户,当时已完成改制的 23.4 万户,占改制国有企业总数的 23.4%。其中,组建企业集团的 903 户;改为有限责任公司的 10.3 万户;改为股份有限公司的 3 664 户;改为私营企业的 4 万户;改为股份合作制企业的 1.2 万户;改为其他企业类型的 7.4 万户。

(三)支持国有企业组建企业集团,增强参与国内和国际两个市场的竞争能力

1. 做好企业集团的登记和规范工作

支持国有企业通过兼并、联合、重组等形式,组建一批拥有自主知识产权、主业突出、核心能力强的大公司和企业集团,增强其市场竞争力,强化对企业集团的登记规范工作。

2. 支持国有企业组建企业集团,增强参与市场的竞争能力

为支持国务院第二批大型企业集团试点工作,促进企业集团的健康发展,与国家经贸委联合向国务院上报了《企业集团组建与管理办法》;与国家经贸委、国家计委和国家体改委协调,印发了《企业集团登记管理暂行办法》,建立健全了企业集团设立、变更、终止的登记管理体制,明确了企业集团的母子公司体制及集团的设立条件和程序。

二、为经济结构战略性调整做好服务工作

(一)支持国有中小企业经济结构调整

支持国有中小企业通过联合、兼并、租赁、承包经营、股份合作、出售等方式进行改组,支持中小型科技企业向"专、精、特、新"方向发展。

(二)支持高新技术成果产业化,促进国家科教兴国战略的实施

积极参与研究制定有关促进科技成果

转化的政策,做好以高新技术成果出资入股企业的登记注册工作。1997年,与国家科委就高新技术成果出资入股成立有限责任公司或非公司企业问题,联合下发文件,允许高新技术成果出资入股比例达到35%。1999年3月,国务院办公厅转发的国家科学技术部、国家工商行政管理局等7个单位联合上报的《关于促进科技成果转化的若干规定》,进一步将高新成果出资入股的比例放宽,允许投资人以约定方式以高于35%的比例出资。简化程序,支持国有企业科技进步,鼓励企业以高新技术投资入股,促进高新技术成果的转化。与科技部就高新技术成果出资入股审查认定程序等有关问题进一步作出规范,简化了审批程序。

（三）大力支持发展服务业

积极支持发展信息服务特别是互联网服务企业,按照国务院颁布的《互联网信息服务管理办法》,认真做好互联网信息服务的登记注册工作;支持改组改造传统服务企业,开展连锁经营、物流配送、多式联运和网上销售;做好营利性医疗机构的登记注册工作。

（四）贯彻国家产业政策调整要求,支持国家可持续发展战略的实施

积极参与有关环境保护法规、规章的起草、完善工作,适应国家产业结构政策调整的需要,配合有关部门对浪费资源、技术落后、质量低劣、污染严重的小煤矿、小炼油、小水泥、小玻璃、小火电企业进行清理整顿。对政府决定关闭的,工商行政管理机关限期企业办理变更或注销登记,拒不办理的,依法吊销营业执照。据统计,2000年全国共关闭各类小企业13 876家、小煤矿8 918家、小炼油厂111家,取缔土炼油厂点6 000多个。

三、规范企业登记注册工作,营造规范有序、统一竞争的市场经济秩序

（一）严把市场主体准入关

把好市场主体准入关,是确保市场主体行为规范的第一关。国家工商行政管理局要求各级登记机关严格按照国家法律、法规规定的市场准入条件和程序,在登记工作中做到"三严格三禁止",即严格执行登记管辖权限,禁止越权登记;严格执行登记管理的条件和程序,禁止随意降低法定条件,减少登记程序;严格执行法律、法规规定的审批制度,禁止随意减少法律、法规规定的专项审批或随意增加不必要的审批。同时,进一步加强了对重点行业的清理整顿,并取得了明显成效。

（二）清理登记前置审批工作

为贯彻落实2000年企业登记管理工作昆明会议精神和王众孚局长的重要讲话,对法律、行政法规、国务院文件以及国家工商行政管理局单独和与有关部门联合制定的规章中涉及企业登记前置审批的行业和项目进行了清理,最终确定属于前置审批的行业和项目共146个,其中法律规定的29项、行政法规规定的51项、国务院文件规定的28项、部门规章38项,在此基础上编印了《企业登记管理前置审批法规》,指导地方把好前置审批企业的登记注册关。

（三）开展清理企业登记档案工作

利用一年左右的时间,组织各级企业登记管理部门对涉及前置审批,特别是涉及危及人民生命财产安全的行业或项目企业的登记档案进行了全面清查,对未按规定进行前置审批的,限期补办,在期限内未办理前置审批的,责令变更经营范围或注销登记,逾期不办理的,依法吊销其营业执照。据统计,全国共清查各类登记档案387.9万户,其中查出有问题的企业档案37.6万户,限期补办手续和办理变更登记的24.3万户;吊销或注销营业执照的6.7万户;取缔了无照无证经营2.5万户。

（四）加强了登记注册的指导工作

1. 与有关部门就金融咨询业、海上运输业和高新技术产业、旅游市场、城市燃气市场、出入境中介机构、期货经纪公司等方面的登记管理工作提出了具体的规范性意见;

2. 针对企业经营场所的登记管理、许可证有效期限与营业执照的关系、企业登记公告管理、企业名称规范化管理以及登记管理工作等方面存在的问题专门下发了文件,提出了具体的指导性意见;

3. 制定了工商行政管理系统企业登记管理内部业务网的整体设计方案,完成了国家工商行政管理局企业登记档案电子化工程,拟定了《企业登记档案电子化管理标准》,推动了全系统企业登记档案电子化进程;

4. 加强立法立规工作,参与研究、起草《商事登记法》,研究修订《公司法》、《企业法人登记管理条例施行细则》等。

四、加大监管力度,改进监管方式,规范市场主体经营行为

（一）认真开展"两整顿"工作

根据国家工商行政管理局"两整顿"（深入整顿规范市场经济秩序和开展队伍整顿）的要求,2000 年在昆明召开的全国企业登记管理工作会议对市场主体的规范和清理工作进行了具体部署。"两整顿"期间,各地工商行政管理机关共清理"三无"企业 17.2 万户、无照无证企业 37.9 万户;取缔严重危害人民群众生命财产安全的生产经营企业 6.4 万户;查处违法违章经营案件 2.6 万件。

（二）加强对安全生产经营企业的监督管理

为贯彻落实《国务院办公厅关于加强烟花爆竹生产经营安全监督管理和清理整顿的紧急通知》,国家工商行政管理局两次下发文件,要求各地工商行政管理机关切实加强对市场主体特别是对从事烟花爆竹、雷管、炸药、压力容器等易燃易爆物品生产经营企业的监督管理,加大执法力度,采取有效措施,查处非法经营活动;对不符合法定条件的企业坚决吊销其营业执照;并积极配合有关部门开展安全生产大检查。据统计,全国集中清理涉及人民生命财产安全的各类生产经营主体,在集中清理期间,共清理检查生产经营易燃易爆物品企业 18.15 万户,责令整顿企业 35 042 户,对不具备安全生产条件吊销营业执照的 17 362 户。

（三）整顿和规范印刷业

与新闻出版署、公安部、质检总局等部门联合下发了《关于整顿和规范印刷市场秩序的通知》,对重点地区的印刷企业进行了集中清理整顿。对印刷业进行了全面的清理整顿和验收工作。通过清理整顿,印刷企业由原来的 18.51 万家减少到 15.2 万家,减少幅度为 17.9%;取缔无证无照非法印刷厂点 3 723 家;查处违法违规印刷案件 1 167 起;没收违法所得 279 万元;罚款 630 万元;收缴非法印刷品 617 万册。

（四）对娱乐服务、电子游戏经营企业进行了专项治理

根据国务院办公厅通知要求,对从事歌舞娱乐、电子游戏、桑拿洗浴按摩、录像放映等经营企业进行了重新审核登记工作。对未经文化、公安部门审核合格的予以注销登记或吊销营业执照;对有违法经营和严重违规经营的企业,予以吊销营业执照;对非法设立的予以取缔,对名称、字号、招牌中含有不良文化倾向的,责令其限期办理变更登记,拒不办理的,撤销其企业登记。在专项行为中,共查封、取缔非法经营企业 21.57 万户。

（五）依法查处违反"一个中国"原则的违法经营活动

根据国务院专项工作会议部署,各地工商行政管理机关认真开展了对相关企业的查处工作,检查相关产品的生产、销售、服务企业及市场 66 215 个,查封、扣压了大批违法涉案产品,立案查处违法企业 50 家,移送有关部门处理 18 家。

（六）以出资为重点,加强对企业的登记管理

在规范企业登记管理工作的同时,各级登记机关紧紧抓住工作职能,坚持以出资为重点的监督管理。企业虚假出资,往往与中介机构出具虚假验资报告有直接关系,登记管理机关一方面加强了对中介机构的日常监督管理,督促其守法经营;另一方面对企业提交的验资报告,严格审查其是否符合《公司注册资本登记管理暂行规定》要求。加强中介机构管理,提高审计质量,重点查处会计师、审计师事务所验资不规范、虚假验资行为。

（七）整顿和规范经济鉴证类社会中介机构

根据《国务院办公厅关于清理整顿经济

鉴证类社会中介机构的通知》和《国务院办公厅转发国务院清理整顿经济鉴证类社会中介机构领导小组关于经济鉴证类社会中介机构与政府部门实行脱钩改制意见的通知》精神,制定下发了《关于经济鉴证类社会中介机构脱钩改制中登记注册有关问题的通知》,进一步规范了经济鉴证类社会中介机构的组织结构和经营行为。以验资机构、资产评估机构和职业介绍机构为重点,在全国范围内组织开展了对市场中介组织进行清理检查的专项活动。

（八）清理整顿互联网上网服务营业场所

与信息产业部、公安部、文化部联合制定了《互联网上网服务营业场所管理办法》,并按照国务院办公厅《关于进一步加强互联网上网服务营业场所管理的通知》要求进行了一次全面清理整顿。据统计,整顿前共有互联网上网服务营业场所9.4万家,经整顿合格重新登记的4.8万家,限期整改2.8万家,注销或吊销营业执照3 474家,依法取缔1.7万家。

（九）配合有关部门关闭小煤矿

认真贯彻落实国务院办公厅《关于关闭国有小煤矿矿办小井和乡镇煤矿停产整顿的紧急通知》和《关于进一步做好关闭整顿小煤矿和煤矿安全生产工作的通知》,实行"四个一律关闭"（国有煤矿矿办小井、国有煤矿登记范围内的小煤矿、不具备基本安全生产条件的小煤矿、四证不全以及生产高灰高硫煤炭的小煤矿）,"四证"（采矿许可证、煤炭生产许可证、营业执照和矿长资格证书）的审核发放权一律上收到省级政府有关部门。对责令关闭的小煤矿,依法办理注销登记,拒不办理的,吊销其营业执照。

（十）加强出入境中介活动管理

与公安部联合制定了《因私出入境中介活动管理办法》,并对出入境中介机构进行了清理整顿。据统计,共清查出入境中介机构3 611家,其中,查处无经营许可证或超范围经营的非法中介机构1 703家,取缔923家。

（十一）整顿和规范成品油经营企业

经国务院同意,与经贸委、建设部联合下发了《关于严格控制新建加油站问题的通知》,与经贸委等部门联合提出《关于进一步整顿和规范成品油市场秩序意见》并经国务院办公厅转发,进一步规范了成品油市场准入程序,明确了查处违法违规建设和经营加油站的具体措施,并按要求配合有关部门对成品油市场进行了全面清理整顿。

（十二）取缔"三无"（无资金、无场地、无机构）企业和无照经营

下发了《治理整顿"三无"企业和无照经营专项行动方案》,在专项整治行动中,全系统共取缔"三无"企业3.67万户,无照经营25.77万户。

（十三）加大了年检工作力度

依法对企业进行年度检验。根据《企业法人登记管理条例》等有关规定,工商行政管理机关认真开展对企业进行年度检验工作。在年度检验工作中,注意加强对企业的法制宣传工作,注意与有关部门合作,摸清企业情况,并处理了一批有问题的企业。

1. 认真落实党中央、国务院关于军队、武警部门、政法机关及党政机关与所办经济实体彻底脱钩的政策和国务院办公厅关于清理整顿经济鉴证类中介机构的意见

凡属军队、武警部队保留企业年检时,必须提交《军队企业证书》或《武警企业证书》原件,对不能提交的,不予通过年检,并限期办理注销登记;对党政机关、政法机关所办企业尚未办理脱钩手续的,暂缓通过年检,并督促其办理脱钩手续;凡未按规定改制的各类会计师事务所、审计事务所、税务师事务所、资产评估机构及未脱钩的企业登记代理机构,均不予以通过年检。

2. 积极配合国家产业政策的调整,做好"五小企业"的取缔、关闭工作

对属于清理整顿范围内的"五小企业"不再办理年检手续,限期办理注销登记,逾期不办的吊销其营业执照。

3. 加强了前置审批工作的复查工作

对实施许可证管理的企业,无许可证或许可证失效以及被有关部门吊销其许可证的,责令其限期办理变更登记或注销登记,逾期不办的,依法予以处理。

五、加强了企业登记管理的规范化工作

（一）加强了企业登记审查工作

制定了《关于加强企业登记审查工作的通知》，对企业提交的材料、企业登记审查内容，以及受理、审查、核准人员的职责提出了明确要求，进一步加强企业登记审查工作，明确企业登记审核责任制。

（二）实施了对企业的属地监管

推行分级登记管理与属地监督管理相结合的管理体制，制定了《关于加强对企业属地监督管理工作的通知》，明确了工商所对企业监督管理的主要内容、方式、管辖范围和管理权限，对建立上下联动、密切配合、渠道畅通的信息反馈机制提出了明确要求，改革了对企业的监管方式，加强对企业的有效监管，加大执法力度，提高执法效率。具体要求是：

1. 用两年左右的时间在基层工商所全面建立企业经济户口

上半年要结合年检在全国范围内开展一次企业经济户口的全面审查工作，将企业的实际状况与登记档案进行对照检查，摸清底数，掌握企业的基本情况，在基层工商所建立辖区内企业的经济户口管理档案，对每个经济户口建立以企业登记事项为主要内容的静态档案和以日常监管情况为主要内容的动态档案。

2. 逐步建立分级登记管理与属地监督管理相结合的联动机制

凡是有条件的基层工商所，都要通过计算机与登记机关联网；尚不具备计算机联网条件的地方，登记机关要与基层工商所建立企业登记与监督管理情况的交流和信息反馈制度，加强对企业的日常监督管理。登记机关应将企业的登记情况和违法违章的查处结果通过计算机联网、软盘或书面材料及时送达企业所在地的工商所；工商所应协助登记机关做好企业的日常监督管理工作，及时积累有关工作经验，并逐步推广。

（三）进一步规范了企业登记代理行为

启用并统一换发了新版《企业登记代理资格证书》，加强了对企业登记代理资格的管理，规范了企业登记代理市场秩序，促进了企业登记代理市场的健康发展，满足了广大企业和社会的投资创业需求。

（四）规范了有关行业企业登记管理

与有关部门联合下发了《人才市场管理规定》、《国际科学技术会议与展览管理暂行办法》、《外经贸试点企业内部职工持股会登记暂行办法》、《关于规范黄金制品零售市场有关问题的通知》、《关于军队审计事务所登记注册有关问题的通知》、《关于加强农作物种子生产经营审批及登记管理工作的通知》、《乡镇企业资产评估机构和农村集体资产评估机构脱钩改制工作登记注册有关问题的通知》、《关于进一步规范企业验资工作的通知》等规章和规范性文件，促进了相关行业的规范管理。

（五）加强对地方工作的指导和各地工作经验的交流

对地方工商局关于企业名称、登记注册、监督管理、审查责任等登记管理工作方面的请示进行了答复，对解决实际问题、规范登记管理提供了法律依据。编印了《企业登记管理简讯》，及时收录有关重要文件、重要信息和工作动态，介绍各地工作经验，扩大了发放范围和数量，加大了指导工作力度。

（六）加强工作调研

按照国家工商行政管理局党组的部署，开展了"充分发挥工商行政管理职能作用支持国有企业改革和发展"和"企业利用企业名称从事不正当竞争活动"的调研工作，及时掌握在地方企业登记管理工作中遇到的新情况和新问题，充分调查研究，为立法立规工作奠定基础。

六、加强队伍自身建设和基础建设

（一）大力推广运用信息化手段，加强基础建设

各级登记机关通过努力，进一步提高了办公自动化水平，规范企业登记操作程序，增强审查工作流程的透明度，提高办事效率。认真做好企业登记管理信息化工作，修订《企业法人登记档案管理办法》、《企业登记档案电子化管理标准》，推动登记档案电

子化的规范化工作。

　　（二）提高登记管理队伍素质

　　企业登记注册是工商行政管理机关的窗口单位，企业登记注册的工作效率和服务质量直接关系到工商行政管理机关的整体形象。各级企业登记管理机构努力实践江泽民总书记提出的"三个代表"重要思想，巩固和扩大"三讲"教育成果，认真落实整改措施，严格依法行政，提高登记服务质量。坚持登记管理制度创新，部分地方推行"一审一核"工作试点，简化登记环节，提高登记效率，为广大投资人、企业和社会提供优质便捷的登记服务。坚持公正执法、廉政执法和文明执法，努力建设一支廉洁、勤政、务实、高效的企业登记管理队伍。

第七节　完善社会主义市场经济体制时期的企业登记管理（2003 年—2008 年 6 月）

　　2003 年 10 月，党的十六届三中全会通过《关于完善社会主义市场经济体制若干问题的决定》，首次强调了经济、社会的协调发展；提出股份制是公有制的主要实现形式，在所有制和社会主义经济体制的认识上实现了又一次重大突破；提出建立健全现代产权制度，首次为民营资产提供了保护，为资产的规范流动扫除了障碍，并指出国有企业改革的方向是建立产权清晰、权责明确、政企分开、管理科学的现代企业制度。

　　2003 年以来，全国企业注册登记管理工作以邓小平理论和"三个代表"重要思想为指导，认真贯彻落实党的"十六大"和"十七大"及历次全会精神，牢固树立立党为公、执法为民的行政观念，坚持对法律负责与对市场主体负责、市场监管与服务的统一。以实施《行政许可法》和《公司法》修改为契机，改革企业登记制度；以实施企业信用分类管理为重点，创新企业监管制度；以"金信工程"为保障，构筑企业信用管理制度。立足企业登记管理职能，一手抓登记规范，把好市场主体准入关，为企业提供高效优质的服务；一手抓监督管理，对企业准入、存续和退出市场实施全程监管，提高执法效能，为企业发展营造良好的市场环境。

　　2003 年 2 月 21 日，根据《国务院关于取消第一批行政审批项目的决定》中关于取消"执照复印件加盖原登记主管机关公章的审批"的规定，国家工商总局下发了《关于取消营业执照复印件加盖原登记主管机关公章的审批后有关问题的通知》。

　　2003 年 3 月 23 日，为加强企业登记档案查询的公开规范，国家工商总局对《企业登记档案资料查询办法》进行修改，规定各级公安机关、检察机关、审判机关、国家安全机关、纪检监察机关、审计机关，持有关公函，并出示查询人员有效证件，可以向各级工商行政管理机关进行书式档案资料查询。律师事务所代理诉讼活动，查询人员出示法院立案证明和律师证件，可以进行书式档案资料查询。

　　2003 年 4 月 29 日，根据法律、法规和中央有关规定，国家工商总局和中国人民解放军总政治部对军队和武警部队的出版单位登记管理问题下发通知，对相关单位进行统一规范和重新登记。

　　2003 年 6 月 17 日，为清理整顿不法排污企业，保障群众健康和生命财产安全，国家工商总局与国家环保总局等部门联合下发通知，开展专项整治行动，对污染严重、危害人民群众身体健康的"十五小"、"新五小"等落后生产能力、工艺、产品的项目和企业进行清理。

　　2003 年 10 月 31 日，国家工商总局对企业监管方式进行了改革创新，制定下发了《关于对企业实行信用分类监管的意见》，提出了"金信工程"建设五年工作目标，在全系统推广实施企业信用分类监管制度，旨在整合内部职能，建立上下互动、横向互通的机制，实现对企业市场准入、经营行为和市场退出的全程监管。

　　2004 年 1 月 19 日，为贯彻落实即将于同年 7 月 1 日生效的《行政许可法》，国家工商总局下发《关于贯彻实施〈中华人民共和国行政许可法〉的通知》，要求认真抓好行政许可法的学习、宣传和培训工作,抓紧进行有关行政许可规定的清理,并为实施行政许可的正常工作提供必要的体制和机制保障。

2004 年 6 月,为配合《行政许可法》的实施,规范企业登记管理,统一登记标准、登记程序和登记要求,国家工商总局制定修改了《企业登记程序规定》、《企业名称登记管理实施办法》、《公司注册资本登记管理规定》和《企业经营范围登记管理规定》等规章,制定下发了《企业登记申请材料及格式规范》,进一步完善了企业登记管理法律制度。

2004 年 6 月 14 日至 15 日,为确保企业登记管理部门对《行政许可法》和有关规章的贯彻实施,国家工商总局在北京举办了"全国工商行政管理系统《行政许可法》与企业登记管理培训班"。国家工商总局领导到会作了《认真贯彻〈行政许可法〉　努力提高企业登记管理工作整体水平》的重要讲话,充分肯定了几年来全国的企业登记管理工作,深刻剖析了工作中存在的问题,全面分析了企业登记工作面临的新形势、新情况和下一步工作的总体要求。

2004 年 7 月 1 日,"中国企业登记网"经过试运行后,正式向社会推出。"中国企业登记网"作为企业登记管理工作的政府网站,成为发布企业登记管理法规政策、政务信息和工作动态的窗口之一,也是与各地方局和社会公众进行沟通交流的重要平台。

2004 年 10 月 20 日,为推进企业信用分类监管工作,国家工商总局制定下发《关于部分地方工商行政管理局实施企业信用分类监管联网应用的通知》,确定北京、上海、天津、重庆、辽宁、江苏等省市工商局作为第一批联网应用单位。

2005 年 2 月 7 日,为提高大型企业年检工作效率,保障企业的正常经营活动,国家工商总局下发《关于对部分大型企业所属非法人机构年检改革有关工作的通知》,对中国工商银行、中国石油天然气股份有限公司、中外空运发展股份有限公司等部分大型企业非法人分支机构年检进行改革试点。

2005 年 8 月 18 日至 19 日,为总结推广企业信用分类监管制度以来的工作情况,推动企业信用分类监管工作深入开展,促进"金信工程"建设,国家工商总局在上海召开全国工商行政管理系统企业信用分类监管工作会议。

2005 年 9 月,为加强企业信用分类监管,推进联网应用工作,加大对失信企业的惩戒力度,国家工商总局启动建立全国黑牌企业数据库工作。10 月 12 日,为提高工商机关的监督管理效能,制定下发了《企业信用分类监管联网应用管理暂行办法》。

2005 年 10 月,在总结十多年《公司法》实践成功经验的基础上,同时借鉴吸收国际上先进公司立法理论和有益做法,国家对《公司法》进行了全面修改,对公司制度作了较大的调整并进行了许多制度创新,为完善公司治理、鼓励社会投资和促进经济发展提供了法律支持。国家工商总局对《公司法》修改提出的大部分意见和建议,均被采纳和吸收。同时,在《公司法》全面修改的基础上,国家工商总局参与了修改《公司登记管理条例》的主要工作。

2005 年 12 月,根据修订后的《公司法》和《公司登记管理条例》,国家工商总局修订了《公司注册资本登记管理规定》,制定了《内资企业登记表格和内资企业登记申请提交材料规范》,并下发通知,于 2006 年 1 月 1 日起启用新版营业执照。

2006 年 2 月 24 日,根据《公司法》对企业年度检验工作定位的调整,国家工商总局重新制定了《企业年度检验办法》,规定企业年检时企业登记机关依法按年度根据企业提交的年检材料,对于企业登记事项有关的情况进行定期检查的监督管理制度。同时,印发了新的《公司年检报告书》等企业年检文书格式和企业年检戳记样式。

2006 年 3 月,为了加强对期货经纪公司的监督管理,便于公司登记机关与地方期货监督管理部门协调配合,方便期货经纪公司办理有关登记和年检手续,国家工商总局授权各省、自治区、直辖市工商行政管理局对期货经纪公司进行登记和监督管理。

2006 年 9 月 28 日至 30 日,全国工商系统规范市场主体提高服务水平促进各类企业健康发展工作会议在深圳召开,会议贯彻落实了国务院建设法治政府、服务政府、责任政府、效能政府的要求,总结交流了各地规范市场主体、提高服务水平、促进各类企业健康发展的做法和经验,对如何进一步推进信用工商、法治工商、信息工商建设,充分发挥工商行政管理职能作用,促进经济社会又快又好发展统一了思想认识。

2006年11月7日,国家工商总局与中国证监会等部门联合下发通知,对清理大股东占用上市公司资金工作进行统一部署,要求从全局和战略的高度充分认识清欠工作的重要性和紧迫性,加快清欠进度,加大执法力度,并建立长效管理机制,防止"前清后欠"问题的发生。

2007年2月15日,为将年检工作与整顿规范市场秩序工作紧密结合,国家工商总局下发了《关于加强和改进企业年度检验工作的通知》,要求围绕经济社会发展大局,加强对重点企业的年度检验,同时减轻企业负担,增强对企业监督管理的针对性、有效性,除法律、法规规定应当进行年度审计的一人公司、上市股份公司和从事金融、证券等行业经营,以及具备其他情形的公司外,其他企业可以不要求提交审计报告。

2007年5月下旬,为深入研究企业登记管理工作如何贯彻落实"四个统一",企业注册局召开部分省区市工商局企业登记管理处长座谈会,通过总结近年来企业登记管理工作的经验,对照"四个统一"要求查找工作的差距和不足,研究进一步加强和改进的措施。

2007年7月25日,国家工商总局制定下发《关于改进和加强企业登记管理工作的意见》,围绕企业登记管理工作如何做到与发展、与服务、与维权、与执法的统一,提出了20条改进和加强企业登记管理的具体措施。

2007年8月,为进一步夯实工商行政管理监管工作的基础,促进工商行政管理监管执法效能的提高,国家工商总局在长春举办全国工商行政管理系统企业信用分类监管及联网应用培训班。

2007年9月3日,在全国政务公开工作先进单位表彰暨全国政务公开示范点命名电视电话会议上,国家工商总局企业注册局被全国政务公开领导小组授予"全国政务公开工作先进单位"称号。

2007年11月,国家工商总局对全国企业信用分类监管数据质量和联网应用情况进行了全面检查验收。由总局和地方局抽调人员组成的10个检查验收组,对30个省(自治区、直辖市)的企业信用分类监管数据质量和联网应用情况进行了实地检查验收。通过全国范围的检查验收,在数据质量建设上取得了明显成效。

2007年11月6日,为加强对企业和个体工商户住所和经营场所的登记管理,国家工商总局根据《中华人民共和国物权法》的有关规定,下发《关于住所(经营场所)登记有关问题的通知》,对住所登记进行规范管理。

2008年初,我国南方地区发生冰冻雨雪自然灾害,按照总局的统一安排,迅速落实国务院常务会议对灾后重建工作的部署要求,结合企业登记管理职能,提出延缓或延长年检期限、登记期限以及配合维护市场交易秩序作好登记工作等措施。

2008年3月17日至21日,企业登记管理系统分别在武汉和济南召开了企业登记管理工作座谈会,对《公司法》和《公司登记管理条例》修改以来的企业登记管理工作进行分析研究,总结各地好的经验和做法,梳理汇总出现的新情况和新问题。

2008年3月30日至4月6日,国家工商总局派员参加"公司注册机构论坛2008国际年会",企业注册局派员参加,并作为会议嘉宾介绍了我国企业登记管理的整体概况和最新进展。

2008年5月16日,为落实《公司法》对一人有限公司的有关规定,加强对一人有限责任公司的登记审查和监督管理,国家工商总局制定《关于建立全国自然人投资设立的一人有限责任公司数据库的通知》,依托企业信用分类监管系统,充分发挥工商行政管理的整体优势,实现跨区域的联合监管。

2008年5月下旬,为支持四川汶川地震灾区恢复生产、灾后重建,企业登记管理部门积极落实总局《关于支持地震灾区恢复生产、搞活市场、重建家园的若干意见》,对灾区企业采取适当放宽认缴出资期限和设立登记期限,为变更登记等提供灵活便利的服务措施,帮助恢复建立市场主体登记注册电子数据等措施。

2003年至2008年6月,各级企业登记管理机关认真履行职能,在把好市场主体准入关、促进现代企业制度建设、规范登记行为、积极推进企业登记和监管方式改革、加强企业监督管理等方面,做了大量富有成效的工作。

一、服务经济社会发展,不断创新服务手段和措施

(一)积极服务改革发展,支持国有大型企业重组、改制

采取提前介入、绿色通道、跟踪服务等措施,积极支持金融体制、投资体制、国有资产管理体制、文化体制、科研机构管理体制、电力体制、电信体制、邮政体制、铁路体制、航空体制等一系列改革,做好相关企业的设立、变更登记。5年来,企业注册局共为中国工商银行、中国建设银行、中国兵器装备集团公司、中国国旅集团公司等184户大型国有企业办理了改制登记。同时,对国家重点关注企业和区域经济发展主动提供咨询和指导服务,如指导中国商用飞机有限公司设立登记受到好评,对支持海峡西岸经济区、浦东经济开发区、天津滨海新区、重庆—成都城乡一体实验区等区域经济发展积极建言献策。

(二)积极促进经济结构调整和经济增长方式转变

与国家发改委等部门联合制定了《铅锌行业准入条件》、《铝行业准入条件》。对加强锑工业行业管理、加快关停小火电机组、禁止和限制生产、销售、使用商品零售塑料购物袋,以及淘汰落后造纸、酒精、味精、柠檬酸生产能力等提出了相关意见和建议。

(三)积极支持服务业发展

认真贯彻《国务院关于加快发展服务业的若干意见》,提出了工商行政管理机关促进服务业发展的具体措施,与商务部共同确定了重点培育的大型流通企业名单和工作方案,与国家发改委、商务部等部门研究拟定了加快发展服务业和服务贸易的政策措施。支持农村金融机构发展,与有关部门共同提出了促进农村金融改革发展的意见。

(四)对地方经济发展实行分类指导

对上海浦东综合配套改革试点、重庆—成都城乡统筹发展实验区、天津滨海新区、广西北部湾经济区建设,以及民族区域自治地区经济发展提出了支持的具体措施,配合落实海峡西岸经济区的支持措施,促进地区优势产业发展和组建企业集团;支持宁波市、武汉城市圈"8+1"(包括武汉市和周边8市)、西安市等地利用企业登记管理信息发布区域产业发展和投资信息参考,引导发展分工合理、特色明显、优势互补的行业和产业。

(五)不断创新服务手段和服务措施

各级登记机关从强化登记软件应用入手,实现了登记管理工作电子化、流程化、规范化。总局建立完善了《中国企业登记网》,已实现网上名称核准和网上年检,正在开发网上登记和网上查询功能,截至2008年6月,访问量已达249.8万人次,日均访问量1 600人次。各地也建立了登记网站,拓展政务公开渠道,公布和宣传登记管理法规、办事指南,提供各类申请书格式文本网上下载,开通了查询、登记、年检等业务的网上受理功能。有的地方全面推行了网上年检,网上年检企业数占到同期年检企业总数的90%以上。总局和地方的登记网站已经成为社会各界了解工商动态和政务信息的重要渠道。各级登记机关普遍实行了首办责任制、一次告知制和向社会公开承诺;探索以行政劝导、行政提醒、行政预警和行政建议为主要内容的行政指导制度;一些地方对改制企业开辟绿色通道或设立改制中心;不少地方实行互联审批制度,建立投诉当场解决机制,开发应用电话预约和网上预约系统,以及集绩效考核、行政监察和社会监督为一体的注册大厅服务质量评价系统等。

从 2003 年到 2007 年底,全国登记的企业总数由 734.6 万户增加到 900.2 万户。截至 2007 年底,共有国有企业 63.7 万户,集体企业 96.3 万户,股份合作企业 18.4 万户,公司制企业 573.3 万户。以现代企业制度为核心的公司制企业已成为企业发展的最主要形式,全国登记的公司占企业总数的 66.9%。

二、完善企业登记制度,规范企业登记行为,实现市场准入的高效、便捷

(一)以《行政许可法》的实施为契机,通过制定规章和规范性文件,进一步规范企业登记行为

1. 认真起草、修订有关企业登记管理的法规、规章及规范性文件

按照《行政许可法》及国务院行政审批改革的决定,企业注册局在认真研究、充分论证的基础上,对现行企业登记的法规、规章及规范性文件在规定时限内进行了全面清理和依法调整,并对其中与《行政许可法》规定不一致的 56 件规范性文件提出了废止建议。起草和修订了四部行政规章,并通过总局令的形式依法向社会公布。

2. 改革企业登记程序,提高办事效率

企业注册局统一制定了《企业登记申请材料及格式规范》,印制了企业登记表格,明确了《行政许可法》实施前后过渡期间新旧表格的使用规则。规范申请登记需要提交的全部申请材料和法定形式,保证企业登记审查工作的合法性和统一性,有利于正确引导申请人办理登记,增强企业登记工作的公开性和透明度。

3. 编制了《企业登记前置许可参考目录》

企业登记前置许可项目,是企业登记审查中的重要内容。按照《行政许可法》的规定,企业登记前置许可项目必须由法律、行政法规和国务院发布决定的方式设定,明确企业登记前置许可项目,对企业登记机关把好市场主体准入关至关重要,是实现当场登记的重要基础和前提。2004 年 6 月,企业注册局认真细致地查阅了全部现行有效的法律、行政法规及国务院文件,编制了《企业登记前置许可参考目录》供各地企业登记机关参照执行。

4. 开发企业登记管理软件,提高企业登记信息化、现代化水平

国家工商总局企业注册局与信息中心共同开发完成了企业登记管理系统软件,改变了传统登记软件重存储和打照功能的状况,从申请人提交材料,到受理、审查、登记、发照及形成登记档案,实现全过程电子化办公,即将全部登记管理工作流程电子化。主要具备智能审查功能、登记业务信息互通互动功能、综合服务功能和系统管理功能等。

5. 集中培训,确保《行政许可法》的有效贯彻实施

为统一思想,提高认识,部署总局关于贯彻实施《行政许可法》、加强依法行政的一系列规章、规范性文件,企业注册局在北京举办了"全国工商行政管理系统《行政许可法》与企业登记管理培训班"。总局领导到会作了《认真贯彻〈行政许可法〉 努力提高企业登记管理工作整体水平》的重要讲话。

6. 通过多种方式,积极向社会宣传总局新公布的行政规章

《行政许可法》所确定的原则和制度,不仅对行政机关具有拘束力,对企业、组织及自然人同样具有拘束力。为使总局新的登记制度有效实施,企业注册局积极配合总局宣传中心,通过中央电视台、新华社、《经济日报》、《中国工商报》等新闻媒体,以新闻报道、新闻采访、答记者问等方式,积极宣传总局和各地工商部门在企业登记方面贯彻《行政许可法》的一系列举措,力争广为社会公众所知,并取得他们的理解和支持。

7. 完备企业注册大厅设施,提供良好的办公环境

企业注册大厅是总局服务企业的重要窗口,是总局贯彻《行政许可法》的主要场所。企业注册局积极与相关职能司局协调配合,在现有条件下,对企业注册大厅办公设施进行了改造,设置了企业登记信息公示大屏幕、触摸屏,用于公示企业登记依据、条件、程序和结果;设置了自动排队叫号系统,有利于维持良好的办公秩序;更新了等候座

椅,添置了饮水机、示范书写台(含示范文本)、书写文具,为企业提供人性化服务;按照业务需求,重新确定网线布局,现场安装和调试设备;清理闲置的办公设备,粉刷大厅墙壁,调整工位布局;进行业务窗口号码编排、职能定位,制作窗口工作人员工位显示牌和胸卡等,有力地改善了注册大厅的办公环境,使其能够满足《行政许可法》关于公开、便民等最基本的要求。

(二)积极参与《公司法》、《公司登记管理条例》的修订工作,积极推进现代企业制度建设

2003年,国务院《公司法》修改领导小组成立,总局刘玉亭副局长担任副组长,我局承担了《公司法》修改的基础工作。及时跟踪《公司法》的修改情况,配合全国人大法工委做好《公司法》修改的调研工作。2005年6次向国务院法制办、全国人大常委会法工委提出书面修改意见,大部分意见得到了国务院法制办、全国人大常委会法工委的采纳。公司登记实践中出现的新情况、新问题都得到了较好地解决。新《公司法》公布后,总局积极参与修订了《公司登记管理条例》,修订了《公司注册资本登记管理规定》、《企业年度检验办法》、《内资企业登记表格和内资企业登记申请提交材料规范》等,为市场准入条件的降低和公司制度的完善发挥了积极作用。此外,还参与了《企业破产法》的修改工作。

(三)积极参与行政审批制度改革

1. 配合股份有限公司设立审批的取消,相应地调整了登记要求;

2. 配合国务院审改办对企业登记行政许可项目进行了全面清理,并对有关部门的行政许可项目提出了意见和建议;

3. 根据法律、行政法规和国务院决定的规定,对涉及企业登记的前置行政许可项目进行了全面清理,在此基础上拟定了《企业登记前置行政许可目录》,就工商部门而言,清理企业登记前置许可项目的工作已基本完成。

(四)召开全国工商系统规范市场主体提高服务水平促进各类企业健康发展工作会议

2006年9月28日至9月30日,全国工商系统规范市场主体提高服务水平促进各类企业健康发展工作会议在深圳召开。总局党组书记、局长王众孚出席会议并作重要讲话,广东省省长黄华华、深圳市市长许宗衡到会致辞,总局副局长刘玉亭代表总局党组作工作报告。深圳市市委书记李鸿忠、市委常委戴北方、市政府秘书长唐杰等出席会议。中纪委驻总局纪检组组长石见元主持会议。

总局党组书记、局长王众孚在讲话中强调,要进一步深刻理解规范市场主体、提高服务水平的重大意义,增强工作的主动性、积极性和责任感。正确处理严格规范、高效服务与促进发展的关系,努力实现监管与服务的统一,充分发挥工商行政管理促进经济社会又好又快发展的职能作用。

总局副局长刘玉亭在讲话中提出,改革开放以来二十多年,特别是党的"十四大"确立社会主义市场经济体制改革目标以来这十几年,全国工商系统坚持以邓小平理论和"三个代表"重要思想为指导,推动工商行政管理改革和发展,取得了显著的成绩,实现了工商行政管理职能历史性转变;基本建立了适应社会主义市场经济发展需要的工商行政管理新体制;工商行政管理法律体系基本确立;监管制度改革创新取得重大进展;队伍建设不断加强,成为政府履行市场监管职能的重要力量。各级工商机关要准确把握当前形势,充分认识规范市场主体、规范自身行为对促进经济发展的重要性;进一步规范市场主体准入,促进经济社会又好又快发展;依法履行登记职能,把好市场准入关;切实加强领导,狠抓队伍建设,有力保障市场主体准入工作的依法、规范、高效。要进一步规范市场主体行为和登记管理机关自身行为,不断提高执法效能,提高服务水平,全面推进信用工商、法治工商、信息工商建设,促进各类市场主体健康发展。

(五)认真贯彻落实"四个统一",积极研究提出改进和加强企业登记管理的具体措施

2007年初,总局提出监管与发展、监管

与服务、监管与维权、监管与执法的"四个统一"之后，企业注册局认真学习领会，认真落实，通过总结近几年企业登记管理工作经验，对照"四个统一"的要求，查找工作差距和不足，研究改进措施，并征求地方意见，形成了《关于加强和改进企业登记管理工作的报告》。在此基础上，2007年7月25日，国家工商总局制定和实施了《关于改进和加强企业登记管理工作的意见》（以下简称《意见》），《意见》提出，认真执行企业登记管理法律法规的规定，按照统一的登记标准、登记程序和登记要求，为各类市场主体营造公平公正的准入环境。《意见》强调了：凡是法律、行政法规未禁止的行业和经营项目，只要符合科学发展观要求、有利于经济社会发展的，都应予以登记；对法律、行政法规和国务院文件明确的，如破产清算事务所、农村新型金融机构等，都要积极支持。凡是法律、行政法规未禁止个体私营等非公有制经济进入的领域和行业，都要允许进入。凡是允许外资进入的领域和行业，都要允许内资进入。强调要依法规范市场主体准入工作，严禁以突破法律法规规定的方式搞所谓的"改革创新"，凡是不符合法律法规规定的，要一律停止执行，以维护法律法规的统一和市场规则的公平。

三、创新监管方式，稳步推进企业信用分类监管工作，成效明显

（一）企业信用分类监管工作扎实、有序推进

2003年以来，总局改革创新企业监管方式，在全系统推广实施了企业信用分类监管制度。五年来，该项工作全面展开，稳步推进，从2005年召开全系统企业信用分类监管工作会议，到2007年举办全系统企业信用分类监管培训及年底在全国范围内开展企业信用分类监管数据质量和联网应用检查验收，"金信工程"五年工作目标基本实现。截至2007年底，工商系统通过联网共汇集888.91万户企业的基本信息和475.8万户注销企业的基本信息。建立了全国黑牌企业数据库，汇集信息273.7万条。

1. 构建了企业信用监管工作机制和制度保障体系

总局先后制定下发了《企业信用分类监管数据规范》、《企业信用分类监管联网应用管理暂行办法》、《关于建立全国工商行政管理系统黑牌企业数据库的通知》、《关于建立全国自然人投资设立的一人有限责任公司数据库的通知》等文件，对企业信用分类监管工作进行统一部署和宏观指导。各地也根据自身需要，制定了相关制度和措施，确保了企业信用监管工作的统一性和规范性。

2. 开发了企业信用监管应用软件

总局开发完成了企业信用分类监管及联网应用软件，并为地方工商局提供了下载模块和访问接口；同时对工商行政管理网应用系统和企业登记管理系统进行了改造，实现系统间的数据关联和功能整合，为全系统企业信用分类监管信息共享和数据交换奠定了基础。各地也按要求整合各类业务软件系统，在统一标准的前提下逐步统一软件框架。

3. 强化了企业信用信息的数据管理

各级工商局建立健全企业信用数据的采集、更新、维护制度和数据质量责任制，集中时间、集中力量对企业信用信息进行全面清理，对遗漏和错误的数据进行了补录和修正，进一步提高了数据质量。积极推进全国企业数据中心和省级企业数据中心的建设。各内设机构和基层工商所切实加强企业监管信息数据的采集工作，不断充实和完善企业信用数据库。

4. 基本实现了信用分类监管和联网工作的阶段性目标

截至2007年底，全国工商系统全部实施了企业信用分类监管工作，全国46个应联网的省、自治区、直辖市及计划单列市、副省级市工商局已全部与总局联网。除西藏外，已实现从总局到基层工商所的五级联网。

（二）企业信用分类监管的效能初步显现

1. 推动了社会信用体系建设

实施企业信用分类监管，对企业实行市场准入、经营行为和市场退出全过程监管，

有效地促进了企业诚信意识的提高和社会诚信约束机制的建立,为地方经济健康发展发挥了作用。截至 2008 年 6 月,全国有 10 个省(含直辖市)、5 个副省级市(含计划单列市)的政府将企业信用体系建设工作交由工商部门牵头承担,进一步拓展了工商职能,有力地推动了社会信用体系建设,促进了经济社会发展和政府职能转变。

2. 促进了工商职能整合及信息共享

通过实施企业信用分类监管,将企业登记信息和各类监管信息集中有效地进行了整合,全面反映了企业遵守工商行政管理法规的情况,为依法监管提供了可靠的依据;通过联网共享,延伸和扩大了监管范围,特别是依法应当限制的,不仅被属地登记机关限制,在其他登记机关也同样被限制,有效地发挥了工商行政管理机关全方位、多领域综合监管的作用。

3. 提高了监管执法的效能和规范化水平

实施企业信用分类监管,完善了工商行政管理机关横向整合、上下联动的工作机制,增强了监管的针对性和目的性,根据企业不同的信用等级,实施不同的监管措施,集中人员和精力加强对少数失信、严重失信企业和重点整治行业企业的监管,提高了监管执法的效能。同时,各地结合分类监管和联网应用,运用信息技术手段进一步规范工作流程,减少执法的随意性,有力地促进了自身监管执法行为的规范化水平。

4. 强化了服务政府、服务社会的功能和作用

通过企业信用分类监管联网应用,加强企业信用数据综合分析,为政府正确做出宏观决策、强化社会管理提供了有力支持;通过企业信用分类监管,积极推进与税务、海关、质检等部门的信息共享,促进了部门间的横向交流,形成部门间的监管合力,进一步整顿和规范了市场经济秩序;实施企业信用分类监管后,通过提供企业信息查询,对企业违法记录予以披露,对吊销企业进行公示,既服务了社会,降低了交易风险,又强化了社会对企业的监督,加大了企业的违法成本。

四、认真落实国家宏观调控政策,加大整顿和规范市场经济秩序力度,积极配合开展专项整治,加强对市场主体的日常监管

大力支持宏观调控、经济结构调整和经济增长方式转变、产业结构优化升级,严格按照国家淘汰落后生产能力和实现节能降耗、污染减排、安全生产等目标要求,加强与相关部门的协作配合,积极开展各类专项整治。近年来,先后参与开展了矿产资源开发、打击煤矿非法生产、车辆超限超载、车辆非法改装、油气田及输油气管道生产治安秩序、制止零散朝觐、兴奋剂专项整治、第一次全国污染源普查、节能减排、整治违法排污企业保障群众健康、危险化学品、烟花爆竹、网吧清理、校园周边环境治理、清理纠正国家机关工作人员和国有企业负责人出资入股煤矿等各类专项整治行动;配合有关部门依法做好调整、关闭产能过剩、技术落后、破坏资源、污染环境和不具备安全生产条件的企业的变更、注销登记工作;开展了取缔无照经营活动,加大取缔煤矿、非煤矿山等关系到人民生命财产安全行业无照经营行为的力度。

据不完全统计,截至 2007 年底,在各项专项整治中共检查企业 400 余万户,办理变更登记 16 余万户,注销或吊销各类企业 2.3 万户。新《公司法》实施后,各级公司登记管理机关对公司虚报注册资本、虚假出资、抽逃出资行为进行了重点监管,积极协调有关部门开展了打击"两虚一逃"专项行动,查办了一批涉及虚报注册资本、虚假出资、抽逃出资违法行为的重大案件,取得了良好的社会效果。

在对市场主体的日常监管中,一是将专项整治与企业信用分类监管有机结合,加强对重点、热点行业的监管,建立对煤矿、危险化学品、烟花爆竹生产经营等重点、热点行业的长效监管机制。二是进一步推进企业属地监管,实施经济户口网格化管理,充分发挥属地工商所的作用,加强日常监管。三是改进年检工作方式,扩大年检对象和委托年检的范围,与属地监管相结合,加大了年度检验的力度,增强了监督检查的针对性和

有效性。四是积极推进联网应用，加强协调配合，利用共享数据做好企业登记审查和监管，建立横向互通、上下互动的全系统跨区域联合监管机制。对市场主体的监督管理工作呈现规范化、制度化、常态化。

五、加强自身建设，提高队伍素质，稳定企业登记管理专业队伍

近年来，企业登记管理机关在抓队伍建设方面，采取了以下措施：

（一）抓好理论学习和思想政治教育

2003年以来，先后扎实开展了保持共产党员先进性教育、党章学习教育、社会主义荣辱观学习教育、学习和实践科学发展观等活动，通过学习教育，进一步坚定理想信念，为努力建设一支高素质的政治上过硬、业务上过硬、作风上过硬的企业登记管理干部队伍奠定了扎实的思想基础。

（二）抓好制度建设

2007年前，企业注册局先后制定了13项工作制度，2008年上半年，为落实"四化"要求，按照全国工商行政管理工作会议和全国工商系统党风廉政工作会议等关于加强队伍建设的要求，企业注册局对原制度重新进行了整合、补充和完善，形成了《企业注册局内部管理规定》共8项，用制度进一步规范干部行为。

（三）抓好窗口建设

近年来，在借鉴各地经验的基础上，在总局企业注册大厅开展了服务质量评价系统建设，并向系统推广，推动了企业登记管理绩效考核、行政监察、社会监督和政务公开各项工作，进一步提升了企业登记窗口形象。

（四）进一步加强廉政建设

在修订完善党风廉政建设各项规定的同时，企业注册局出台了针对窗口登记工作和企业监督检查工作的《企业注册局廉政风险点防范管理措施》。

（五）加大了对系统培训的力度

截至2007年底，全系统共有内资企业注册管理人员24 743人，提高业务能力和稳定专业队伍至关重要。在新《公司法》等系列法律法规和行政规章出台后，都通过下发文件、举办培训班等形式，加强对地方企业登记管理人员的业务培训，努力提高全系统的业务工作水平，进一步稳定企业登记注册专业队伍。

（执笔人：金长峰）

第二章　外商投资企业登记管理

改革开放以来,积极、合理、有效地利用外资,是我国对外开放政策的重要组成部分。外商投资企业是指外国投资者依照中华人民共和国法律的规定,在中国境内单独投资或与中国投资者共同投资设立的企业。设立外商投资企业是国际间直接投资的主要形式,对国家快速发展经济、参与国际经济竞争与合作、借鉴先进管理经验都具有重要意义。

国家工商行政管理总局作为国务院负责市场监管和行政执法有关工作的直属机构,承担着市场主体准入与退出管理的职能,承担着对外商投资企业和外国(地区)企业的登记注册和监督管理职责。依据中国有关法律、法规的规定,外商投资企业、在中国境内从事生产经营活动的外国(地区)企业和外国(地区)企业在中国境内设立的常驻代表机构均应到国家工商行政管理总局或其授权的地方工商行政管理局登记注册,领取营业执照或登记证后,方能合法开展经营活动,并接受工商行政管理机关的监督管理。

改革开放以来,国家工商行政管理总局及其授权的地方工商行政管理局认真贯彻执行国家对外开放、积极利用外资的方针政策,按照社会主义市场经济体制的总体要求,严格执行国家法律法规、宏观调控政策和产业政策,在建立平等、统一的市场准入体系,确认外商投资企业主体资格和经营资格、监管外商投资企业登记注册行为和提供外资市场主体准入相关信息服务等方面做了大量工作。同时不断总结经验,破解问题,改进工作,加强与有关部门的密切配合,为建立有中国特色社会主义的外资市场主

体准入制度进行了有益的探索,吸取和借鉴国内外先进的登记管理经验,在促进外商投资企业登记管理工作实现制度化、规范化、程序化、法治化方面,发挥了重要的职能作用,有力地促进了中国对外开放、利用外资政策的实现,加速了开放型经济的形成和发展,推进了利用外资质量和水平的提高,为外商投资企业营造了良好的发展环境。

外商投资企业登记管理工作是市场主体准入登记管理工作的一个方面,其主要工作特点是:第一,在外商投资企业登记管理初期,较早接触企业法人制度和有限公司制度等现代主体法律制度,并积累了一定的登记注册经验。第二,注重研究国外公司和企业设立的条件和程序、国际通行的规则及做法、国外先进的登记管理经验,并在登记注册实践中加以借鉴。第三,外商投资企业伴随着改革开放的发展而产生,其登记管理制度受传统计划经济的影响较少。有关外商投资企业的实体法和程序法与国内企业的法律规定均有一定的差别。第四,在外资市场主体准入登记管理工作中,需要综合运用企业登记管理的一般规则和外商投资企业登记管理的特殊规则。

本章以我国改革开放为历史背景,从外商投资企业发展的进程,将不同时期工商部门的外商投资企业登记管理主要工作情况,进行记录和总结。

从全国解放以后到改革开放前夕,这一时期的工商外商投资企业登记管理工作基本属于空白。

从1978年12月党的十一届三中全会到1992年10月党的"十四大"召开,这一时期我国外商投资企业从无到有,外商投资企

业登记管理工作开始起步。在法律尚不健全的情况下，工商行政管理部门通过总结外商投资企业登记管理工作的经验，探索建立外商投资企业登记管理基本工作制度，推动外商投资企业登记法律法规制度的制定，初步形成了外商投资企业登记管理制度。

党的"十四大"以后到2001年12月中国加入世界贸易组织，这一时期外商投资企业迅速发展，成为带动我国经济快速发展的重要力量，各级工商行政管理机关发挥登记管理职能作用，加强对外资企业的监督管理和法制建设，把好外资主体准入关，改善投资环境，促进外商投资企业的健康发展。

2001年至2008年，我国加入世界贸易组织后，为适应全方位、宽领域、多层次的对外开放新格局，外资登记管理机关适应"入世"承诺要求，有效地遵循国民待遇原则，不断建立健全统一、规范、便捷、高效的外资市场准入制度，实现外商投资企业的规范准入，优化了利用外资结构，提高了开放型经济水平，建立健全了外资监管长效机制，全面履行维护国家经济和产业安全的职责。

第一节　改革开放前的外商投资企业登记管理

全国解放初期，我国有外国资本投资企业1 000多家，主要分布在上海、天津、武汉、广州等几个大城市，"对于这些企业，新中国政府采取了征用、代管、征收等形式，将其逐渐收归国有。到1953年，基本实现了外国资本在华工业企业的国有化"。（《现代中国经济大事典》，中国财政经济出版社出版）到1952年前后，除英商上海汇丰银行、麦加利银行等个别企业外，基本清理完毕。同年11月，经政务院批准，原外资企业局与私营企业局合并，成立中央工商行政管理局。

由于历史的原因，新中国成立以后一直到改革开放前夕，工商行政管理机关对外商投资企业的登记管理工作基本属于空白。

新中国成立以后，我国也曾提出对外开放政策。不过那时的开放，是根据当时的国际环境决定的，主要是对苏联、东欧国家。

邓小平同志曾指出："我国建国以后，第一个五年计划也是对外开放，只不过是对苏联、东欧开放。"当时的外商投资企业数量不多，主要是政府部门之间的合作合资，企业投资总额和生产规模都相对比较大。

20世纪50年代，我国与苏联共同设立了四个合资经营企业，即中苏石油股份公司、中苏有色及稀有金属股份公司、中苏造船公司、中苏民用航空股份公司。我国与波兰合办了一个合资经营企业，即中波轮船股份公司。上述五个公司的总资本为4.68亿卢布，中外双方股份各占50%。随着中苏关系的变化，中苏合资经营企业宣布终止。中波轮船股份公司由陈云同志于1952年6月18日代表当时的政务院财政经济委员会核准登记，签发"公字116号"执照后，一直经营至今。

第二节　外商投资企业登记管理的探索时期

1978年12月，党的十一届三中全会提出全党工作的重点应该转移到社会主义现代化建设上来。1982年9月，党的"十二大"指出："实行对外开放，按照平等互利的原则扩大对外经济技术交流，是我国坚定不移的战略方针。要尽可能地多利用一些可以利用的外国资金进行建设，为此必须做好各种必要的准备工作，安排好必不可少的国内资金和各种配套措施。"从这一时期开始，我国改革开放不断深入，外国直接投资不断增加，外商投资企业登记管理工作日显重要。外商投资企业登记管理工作经历了从无到有的初步发展，工作内容和工作力度发生了很大的变化，逐渐成为工商行政管理部门的一项重要工作。

从改革开放开始，到党的第十四届代表大会召开，这一时期为外商投资企业登记管理工作的探索时期。国家工商行政管理局和各地方工商行政管理机关，在没有历史经验可以借鉴的情况下，对外商投资企业登记管理工作和法规制度进行了不断的探索。

从1980年至1985年，为外资登记管理工作的探索阶段。

这一阶段，国家正处在改革开放的初期，有关外商投资企业登记管理的法规十分不健全，登记管理工作尚不够规范，在探索中逐步推动外商投资企业登记管理工作，在支持外商投资企业发展的同时，组建外商投资企业登记管理队伍，为开展登记工作奠定基础。

1979年7月，全国五届人大二次会议通过并颁布了《中华人民共和国中外合资经营企业法》，首次用法律方式明确外商投资企业的设立程序、组织原则。该法规定："合营企业经批准后，向中华人民共和国工商行政管理总局登记，领取营业执照，开始营业。"这是我国第一次把企业登记管理工作纳入国家法律加以规范。

1980年4月24日，国家工商行政管理局登记了改革开放后的第一户外商投资企业——北京航空食品有限公司。

1980年7月26日，国务院颁布了《中外合资企业登记管理办法》（以下简称《办法》）。《办法》规定："经中华人民共和国外国投资管理委员会批准的中外合资经营企业，应在批准后的一个月内，向中华人民共和国工商行政管理总局登记。"1981年4月24日，工商行政管理总局制定下发了《中外合资经营企业登记审批程序》，对中外合资经营企业申请登记时所应提交的文件、核准登记的程序、办理变更和注销登记的要求等做出了具体规定。上述规定与1982年国务院颁布的《工商企业登记管理条例》同时执行，初步形成了全民所有制和集体所有制企业与外资企业依照不同行政法规开展登记管理的格局。到1988年，《企业法人登记管理条例》颁布后，《中外合资企业登记管理办法》和《工商企业登记管理条例》同时停止执行。

1980年10月30日，国务院颁布《关于外国企业常驻代表机构的暂行规定》。1983年3月15日，经国务院批准，国家工商行政管理局公布了《关于外国企业常驻代表机构登记管理办法》，进一步明确了外国企业常驻代表机构的具体操作规程，对外国企业常

驻代表机构的经营行为作了进一步的规范。

1980年，工商行政管理总局印发了《全国工商行政管理局长会议汇报提纲》，首次将外商投资企业登记管理工作列入工作日程："鉴于我国对外经济往来日益发展，中外合资企业和外商来料加工活动增多，在开展这些对外活动的地方，也应当加强对这些企业和外商驻华机构的登记管理。"

1981年，工商行政管理总局企业登记司内设立了外资处。从此，有外商投资企业的省、自治区、直辖市、计划单列市、经济特区、沿海开放城市工商行政管理机关，先后设立了外商投资企业登记管理机构。同年4月24日，工商行政管理总局发出关于授予广东、福建两省工商局外商投资企业登记权的通知。外商投资企业授权登记管理的格局开始形成。授权登记管理的探索，对以后的外商投资企业登记管理工作发挥了重要作用，并得到广泛的好评。

1983年4月6日，国家工商行政管理局召开全国外资企业登记管理工作座谈会，会上确定了外商投资企业登记管理工作应共同遵守的四项工作原则，即维护国家主权原则、平等互利原则、对等原则、重大问题请示报告原则。

1984年8月2日，国务院办公厅转发了国家工商行政管理局《关于做好外资企业登记管理工作的报告》，强调"国家工商行政管理局《关于做好外资企业登记管理工作的报告》，已经国务院批准，现转发给你们，请遵照执行"。为了贯彻落实国务院办公厅的通知精神，国家工商行政管理局于8月17日至30日在河北省秦皇岛市召开沿海港口城市、经济特区工商局长会议，对有关制定外商投资企业登记管理法规、开展外商投资企业监督管理工作、建立外商投资企业登记管理工作制度、建立外商投资企业登记管理机构等工作，进行了认真回顾和总结，对做好下一步工作进行了全面部署。

为了总结所取得的初步经验，提高干部队伍素质，1983年和1984年，国家工商行政管理局分别举办了干部培训班，在培训讲课的基础上，由国家工商行政管理局企业登记

司和国家工商管理局干部学校共同编写了第一本新中国成立以来有关外商投资企业登记管理的教材——《外商投资企业登记管理》。

改革开放初期,在外商投资企业登记管理的法律、法规不健全的情况下,国家工商行政管理局及各级外商投资授权登记管理机关为了有效执行改革开放的有关政策,制定了工商总局有关登记注册的规定和通知,认真完成了外商投资企业登记管理的工作任务。

1980 年,全国共登记外商投资企业 7 户,投资总额 470 万美元,注册资本 432 万美元,从业人员 471 人。到 1985 年底,全国共登记外商投资企业 4 912 户,投资总额 164.12 亿美元,注册资本 83.44 亿美元,从业人员约 48 万人(据《中国工商行政管理统计四十年》,中国统计出版社出版)。

从 1986 年至 1991 年,为外商投资企业登记管理制度探索阶段。

这一时期,我国外商投资企业的有关立法取得长足发展,外商投资企业数量增多,规模扩大,外商投资企业登记管理立法工作积累了一定经验。外商投资企业登记管理工作依法逐渐规范,外商投资企业登记管理制度基本形成。

1986 年,全国人大制定并颁布了《中华人民共和国民法通则》(以下简称《民法通则》)。《民法通则》规定:"在中华人民共和国领域内设立的中外合资经营企业、中外合作经营企业和外资企业,具备法人条件的依法经工商行政管理机关核准登记,取得中国法人资格。"同年,全国人大制定了《中华人民共和国外资企业法》,1988 年全国人大制定了《中华人民共和国中外合作经营企业法》。这些法律的制定,使外商投资企业的设立和登记管理有了比较完备的法律依据,为外商投资企业的发展和外商投资企业登记管理工作的发展奠定了法律基础。

1986 年 10 月,国务院颁布了《关于鼓励外商投资的规定》,把有关外商投资企业的优惠政策以行政法规的形式予以明确和固化,改善了外商投资环境。

1987 年 12 月,国务院办公厅转发了国家计委《指导吸收外商投资方向暂行规定》,国家计委编制了《指导吸收外商投资方向目录》。这两个文件把外商投资项目分为鼓励、限制、禁止和允许四类,使其更加符合我国吸收外商投资的目的和改善投资产业结构要求,也为外商投资企业登记管理机关在登记管理工作中,依据国家产业政策严把市场准入关,提供了依据。

1988 年,国务院颁布了《企业法人登记管理条例》,确立了企业法人登记管理制度。国家工商行政管理局制定了《企业法人登记管理条例施行细则》。根据《企业法人登记管理条例》第五条规定:"中外合资经营企业、中外合作经营企业、外资企业由国家工商行政管理局或者国家工商行政管理局授权的地方工商行政管理局核准登记注册。"

这些法律、法规和规范性文件的制定,促使了外商投资企业登记管理工作向规范化方向发展,基本形成了外商投资企业登记管理制度。

与此同时,国家工商行政管理局针对当时外商投资企业出现的各种情况,依据企业登记管理职能,采取了多种措施,使外商投资企业得以健康发展。例如,针对当时少数外商投资企业不能按照规定的期限投入资本金、超出核准登记的经营范围开展经营活动等问题,国家工商行政管理局在 1986 年制定下发了《关于加强对外商投资企业监督管理工作的通知》([86]工商 113 号),明确提出,"随着外商投资企业的不断增加和经营活动的开展,监督管理工作将愈加繁重,这项工作势将放在更加突出和重要的地位"。1987 年,国家工商行政管理局发出《关于作好外商投资企业登记管理工作的通知》(工商企字[1987]第 27 号),强调,要在做好对外商投资企业登记和日常监督管理工作的同时,重点抓好对外商投资企业的验资工作。对于没有如期出资或接受验资的企业,登记发照的工商行政管理局应正式通知并督促该企业投入资金和接受验资。

1986 年至 1987 年间,国家工商行政管理局在对外商投资企业登记管理工作调研中,发现一些企业投资规模较大,但是注册资本金偏少,企业利用贷款进行建设,造成一开始营业时债务负担重,收不到良好效益,同时对社会经济造成负担和冲击的情况,于1987年3月发布了《关于中外合资经营企业注册资本与投资总额比例的暂行规定》(以下简称《暂行规定》),明确了中外合资经营企业的注册资本,应当与生产经营的规模、范围相适应,注册资本与投资总额的比例要符合规定。例如,投资总额在300万美元以下的,其注册资本至少应占投资总额的十分之七等。《暂行规定》的颁布,有效改善了注册资本和投资比例的关系,制止了规模大、资本金小的现象,使注册资本所占比例显著上升。例如,1980年到1984年,浙江省外商投资企业注册资本仅占投资总额的37%,《暂行规定》发布后,外商投资企业注册资本比例提高到了62%,全国外商投资企业注册资本占投资总额的比例也从1985年的51%上升到了1990年的60%。

1988年1月,为解决一些合营方不按照合同规定的时间和方式投资、个别合营方以合营企业名义取得贷款作为自己的出资等问题,促进外商投资企业健康发展,经国务院批准,国家工商行政管理局、对外经济贸易部联合发布了《中外合资经营企业合营各方出资的若干规定》,对合营各方出资行为进行了规范。

随着改革开放的深入,外商投资企业由投资的外方进行承包经营管理的方式增多,外国公司到中国境内进行饭店业、建筑业、勘探开发的经营活动不断增加。这些活动是吸收外资的补充,有利于更好地利用国外的先进经营管理经验,1988年6月和1990年9月,国家工商行政管理局和外经贸部联合发布了《关于受托经营管理合营企业的外国(地区)企业审批登记问题的通知》、《关于承包经营中外合资经营企业的规定》,既加强了对受托的外国(地区)企业的管理,又保护了其合法权益。1992年8月15日,国家工商行政管理局发布了《外国(地区)企业在中国境内从事生产经营活动登记管理办法》,把外国企业在境内从事的生产经营等活动纳入登记管理范围。

1989年,国家工商行政管理局颁布了《关于对外商投资企业违反登记管理法规的行为进行处罚的权限和程序的规定》,规范了工商机关对外商投资企业进行监督管理的行政行为。

1991年12月,国家工商行政管理局企业登记司及各被授权的外商投资企业登记管理机关组织专门力量,对1980年至1990年十年的全国外商投资的发展情况和登记管理工作进行了认真回顾和总结。总结认为,改革开放以来,各级外商投资企业登记机关所做的主要工作是:(1)认真审查外商投资企业设立的合同、章程,从法律程序上严格把关;(2)认真核定外商投资企业名称,经营范围等登记事项;(3)认真履行国际公约,开展对外国企业名称保护;(4)开展年检,检查外商投资企业合营合同和章程履行情况,掌握外商投资企业经营动态;(5)积极开展法律咨询服务,改善投资环境;(6)加强廉政勤政建设,公开办事制度,提高工作效率;(7)运用现代化手段管理,装备电子处理系统,局部地区实现计算机联网;(8)建立了完整的外商投资企业登记管理档案;(9)坚持授权登记管理的原则,适应外商投资企业发展的需要。

在十年登记管理工作中,外商投资企业登记管理机关结合实践对建立外商投资企业登记管理工作制度进行了大量有益的探索。同时,对外商投资企业已经实行的"有限公司制度"、"注册资本制度"、"董事会议制度"等公司制度进行了研究,为今后推动企业登记管理制度的改革和发展积累了经验。

第三节　外商投资企业登记管理工作的发展时期

1992年至2002年,为外商投资企业登记管理工作发展时期。在这一阶段,外商投资企业登记管理工作有了新的发展,从单纯登记注册向加强市场主体监管方向转变,并提出把好市场主体准入关的要求。外商投资企业登记管理法规逐步完备,为外商投资企业发展提供了良好的法律环境。各级工商行政管理部门培养了一批外商投资企业登记管理业务骨干。为迎接加入世界贸易组织的挑战,外商投资登记管理工作提出了完善经济户口管理、建立企业资信守法档案、切实维护国家经济安全、加强技术应用,促进外资登记管理工作高效运转的任务。

1992 年 5 月,中共中央制定了《关于加快改革,扩大开放,力争经济更好更快地上一个新台阶的意见》,提出为保证和促进企业经营机制的转换,必须加快配套改革的步伐:一是转变政府职能;二是建立和完善社会劳动保障体系;三是培育和发展市场体系。关于进一步扩大对外开放,文件提出了一些具体措施,包括以上海浦东开发为龙头,进一步开放长江沿岸城市;逐步开放沿边城市,形成周边的对外开放格局等。1992 年 10 月,党的"十四大"提出"加快改革开放和现代化建设步伐,夺取有中国特色社会主义事业的更大胜利"。从此,全国开始进入对外开放和深化经济体制改革的新局面。

在这一时期,我国在利用外资中也出现了一些新情况和新变化,一是改变了以前我国利用外资以间接投资为主的外资结构,从 1993 年起,我国利用直接投资占全部外资的比重保持 70% 以上,1994 年达到 78.56%,我国吸收外国直接投资(FDI)连续九年位居发展中国家第一。二是外商投资企业的数量和投资规模都有了大幅增长。根据外商投资企业登记资料统计,1992 年全国新登记外商投资企业 47 891 户,到 1992 年底全国实有外商投资企业 84 371 户,比上年同期增长 127%;投资总额 1 785 亿美元,比上年同期增长 149%;注册资本 1 160 亿美元,比上年同期增长 160%,其中外方认缴出资额 687 亿美元,比上年同期增长 166%。三是国外一些新型公司和企业机构开始在我国境内出现,如外商投资的投资性公司、股份公司、外国公司在境内设立的办事机构或分公司,一些外国公司开始在境内受托从事经营管理和资源勘探开发等。四是在境内成立并运营多年的外商投资企业,也存在合

并、分立、股权变更和终止等情况,外商投资企业登记管理工作面临新的发展机遇和挑战。

外商投资企业迅猛快速发展的同时,也暴露出一些突出问题。如一些投资人忽略国家产业政策和外商投资指导目录,未按照国家有关规定进行投资;部分外商投资企业经济效益有待提高;一些外商投资企业的投资人不能在批准的期限内缴付注册资本金等。为此,国家工商行政管理局于 1993 年 3 月 3 日召开全国外商投资企业登记管理工作会议。会议指出,1992 年是不平凡的一年,邓小平同志南方谈话和党的"十四大"会议精神,为扩大对外开放,吸引外资注入了新的活力,1992 年新登记注册的外资企业超过以前 13 年的总和,使全国利用外资工作大踏步地上了一个新的台阶,进入新的历史发展阶段。会议要求各级工商行政管理机关,要以出资检查和年度检验为主要内容加强对外商投资企业的监督管理,把及时掌握外商投资企业出资情况作为一项重要的工作内容。

国家工商行政管理局和各地工商行政管理机关在对外商投资企业登记管理过程中做了大量工作,发挥了重要作用。在 1999 年制定的《关于改进外商投资企业登记管理工作的若干意见》中以及在 2000 年召开的全国企业登记管理工作会议上,概括了外商投资企业登记管理的五个作用,即对市场主体的确认作用、对组织形式的规范作用、对企业行为的监督作用、将登记结果向社会提供信息的公示作用和为政府和社会经济决策提供法规和登记信息的服务作用。

一、建立外商投资企业登记管理法规体制和科学、规范的登记制度

随着我国有关经济管理、企业管理和投资规范的法律法规的发展和完善,与外商投资企业登记管理工作相关的法律法规也在不断制定,其中重要的法律有《民法通则》、《中外合资经营企业法》、《中外合作经营企业法》、《外资企业法》以及《公司法》等。《民法通则》中对"企业法人"的规定,是制定《合资法》、《合作法》、《外资法》的基本依

据,更是制定《企业法人登记管理条例》的主要法律依据。由于上述五个法律及其五个配套条例或实施细则是在不同的改革开放阶段,针对不同社会经济管理对象制定的,所以在具体操作过程中存在如何衔接的问题。

针对上述情况,国家工商行政管理局组织力量,在总结实践经验的基础上,起草制定了一系列法规和规范性文件,在操作层面上解决了有关法律、法规衔接的问题,加强了外商投资企业登记管理工作,保证了外商投资企业的健康发展。

1995年7月,国家工商行政管理局印发了《关于外商投资企业登记管理适用公司登记管理法规有关问题的执行意见》,对不同阶段制定的有关外商投资企业登记管理法规和公司登记管理法规的适用提出了具体执行意见,进一步完善了外商投资企业登记管理工作规范。

1996年,保税区内外商投资企业要求在保税区外设立分支机构的申请增多。为此,国家工商行政管理局专门组织力量进行了调查,发现在保税区内登记的外商投资企业在区外从事国内贸易和商品流通的行为不断增加,影响了国家吸收外商投资方向有关规定的执行,影响了保税区的健康发展。为了规范保税区内外商投资企业的经营行为,国家工商行政管理局发出了《关于保税区内外商投资企业在区外设立分支机构有关问题的通知》(工商企字[1996]第341号),明确提出停止登记保税区内外商投资企业在区外设立分支机构,促进保税区企业开展转口贸易、出口加工、仓储及国际运输等经营活动的发展。

1997年5月,国家工商行政管理局与外经贸部联合发布了《外商投资企业投资者股权变更的若干规定》。1999年9月,国家工商行政管理局与外经贸部联合发布了《关于外商投资企业合并与分立的规定》。2001年8月,国家工商行政管理局与外经贸部、科学技术部联合发布了《关于设立外商投资创业投资企业的暂行规定》。这些文件的发布,标志着外商投资企业审批和登记机关对外商投资企业的管理活动已经不仅限于解决已经发生的问题,而是有预见性地去解决今后即将发生或可能发生的问题。解决了发展过程中出现的新问题,弥补了有关法律规定不够明确具体的不足,促进了"积极、合理、有效"利用外资工作的健康发展,也是对我国企业登记管理制度的积极探索。

这一阶段,外商投资企业登记管理有关法律法规,已经比较完备。2002年4月25日,国家工商行政管理总局在上海召开全国外商投资企业登记管理工作座谈会,对有关立法工作进行了总结。国家工商总局领导作了《审时度势,与时俱进,努力开创外商投资企业登记管理工作新局面》的报告。报告指出,国家工商总局积极向国家立法机关申报立法项目,并开展了大量的立法立规工作。参与了外商投资的中外合作经营、外商独资经营、企业法人登记管理条例、外国(地区)企业常驻代表机构、外国(地区)企业来华从事经营活动、投资总额和注册资本比例、出资管理等法律、法规及部门规章的起草制定,为外商投资企业的发展做出了积极的贡献。同时,在此期间,国家工商总局积极与外经贸部联合制定了规范外商投资企业合并分立,外商投资企业境内投资、外商投资企业股权转让、外商投资创业投资企业等一系列行政规章,不同程度地满足了外商投资企业发展的需要,形成了逐步完善的外商投资企业登记管理法规体系。

随着我国立法工作的不断发展,建立统一的商事登记法的工作提上日程,外商投资企业登记管理机关积极参与了商事立法工作的探索。国家工商行政管理总局明确,要严格执行现行国家有关政策和法规,不能为了目标而忽视过程;内外资企业有关法规"并轨"时,要研究发挥各自的科学合理部分,组成新的更科学的法律规范,不是简单地将外资企业法规作废;要科学理解国民待遇原则,认真执行有关世界贸易组织规定和履行承诺,不能将产业政策与国民待遇原则对立起来,不能简单地将有关原理解释直接套用于实际登记工作中。

二、依法履行登记管理职能，认真做好外商投资企业登记管理工作

认真履行对外商投资企业登记管理职责，把好市场主体准入关，是工商行政管理机关的重要工作。1994年国家工商行政管理局和对外贸易经济合作部联合发出了《关于进一步加强外商投资企业审批和登记管理有关问题的通知》，对各级外商投资企业登记管理机关提出了"进一步加强和完善设立审查、出资检查、违章违法行为查处等工作"的要求。

1994年4月，国家工商行政管理局召开全国外商投资企业登记管理工作会议，会议要求各级工商行政管理机关在登记注册环节，严格对产业政策和登记程序进行把关。

各级外商投资企业登记机关根据国家工商行政管理局的要求，狠抓外商投资企业登记管理队伍建设，积极组织各类培训，提高工作人员素质，狠抓各项规章制度和工作规程的建立。国家工商行政管理局及时总结推广了各地好的工作经验与做法。如山东省局持证上岗制度、福建省局调查研究制度和上海市局的出资台账制度、出资情况通报制度等。

2000年，各地外商投资企业登记管理机关，按照国家工商行政管理局的要求结合开展"整顿市场秩序、整顿队伍作风"的活动，突出工作重点，加强了对外资企业前置审批的资格审查，依据法律、法规规定的前置审批条件，对企业因筹备等原因，没有提供相关生产条件或有关资质文件的，要求其在规定的时间内补交材料或变更登记，拒不办理的，依法吊销其营业执照。同时，对"三无"（无场所、无机构、无资金）企业进行了全面清理，净化了市场环境。对于危及人民群众生命财产安全的经营行为，依法进行了查处，清除了生产经营中的不安全因素，消除了安全隐患。各地方工商局结合"两整顿"的工作部署，年检期间重点做好外资企业档案清理工作，成效显著。如2000年上半年，辽宁省各市工商局累计清理出缺件和存在问题的档案2 900多件，对缺少有关审批文件的企业，各市工商局及时下发了

补件通告单，并派出专人负责督促、指导。经过努力，年检结束时已补齐所缺文件、证书的企业档案达2 570多件，占应补总数的90%。

1992年以来，根据国家工商行政管理局的部署，各地外商投资企业登记管理机关分别对外商投资企业中的各类期货企业、采取传销方式销售产品的企业、非试点外商投资商业企业，以及部分行业的外国企业常驻代表机构等进行了清理、整顿、规范等工作，取得了明显成绩。

三、以出资和年检为重点，加强对外商投资企业的监督管理

加强和完善对外商投资企业的管理，依法制裁外商投资企业违反我国法律规定进行不法经营的行为，关键在于依据我国国情和国际经济活动的一般准则，制定和完善涉外经济法规，规范外商投资活动，以维护国家利益。各级工商登记管理机关在规范外商投资企业登记管理工作的同时，全面履行监管职能，坚持以出资和年度检验为重点，加强对外商投资企业的管理。

1994年，各级外商投资企业登记管理机关加强监督管理中的年度检验审查。对于长期歇业、连续不参加年检、中外方未按照合同规定履约以致企业无法经营以及不按照规定注销登记的企业进行清理，共注销、吊销外商投资企业营业执照3 676户，比1993年增加3倍。1995年，在全国范围内开展了清理"三无"企业工作。各级外商投资企业登记管理机关依照有关法规，结合外商投资企业实际情况，加大监督管理力度，全年共注销、吊销外商投资企业营业执照8 612户，超过1995年以前累计之和。截至1995年底，全国累计注销、吊销外商投资企业营业执照16 765户。

各级外商投资企业登记机关根据本地区的实际情况，采取一系列有效措施，加强对外商投资企业的出资管理，规范了出资行为。

（一）推行注册资本催缴制

对未按合同、章程规定的出资期限出资的企业发出"催缴入资通知书"，要求其在规

定的期限内出资,要求企业对未到资原因做出书面解释,并由董事会决议列出出资计划。同时,对企业核发不同期限的营业执照,如果缴资期满而首批资金尚无法到位,则不予延长执照期限,对未出资企业限制办理增加投资、对外投资等变更登记。

(二)实行外资企业实缴资本公示制度

对未按合同、章程如期缴足注册资本的企业,由登记机关根据实际出资情况,在核发的营业执照上,标明实缴资本数额,以此对企业出资情况形成一定范围的公示。这种做法在企业中引起了强烈反响,大部分企业明显加快了补足出资的进度。

(三)加强中介机构管理,提高审计质量,重点查处会计师、审计师事务所验资不规范、虚假验资行为

企业虚假出资,往往与中介机构出具虚假验资报告有直接关系。在 1999 年度年检工作中,各外商投资企业登记管理机关一方面加强了对中介机构的日常监督管理,督促其守法经营;另一方面对本年度出资的外商投资企业提交的验资报告,严格审查其是否符合《公司注册资本登记管理暂行规定》要求。

(四)依法对外资企业进行年度检验

根据《企业法人登记管理条例》等有关规定,工商行政管理机关认真对企业进行年度检验,注意加强对企业的法制宣传工作,注意与有关部门合作,摸清企业情况,并处理了一批有问题的企业。根据 2000 年年检工作总结统计,截至 1999 年底,全国外商投资企业参加年度检验的 18.27 万户,已投产开业企业 11 303 户,盈利企业 39 236 户。历年累计实际出资率为 82%。发现无正当理由不参加年检企业 19 772 户,擅自改变登记事项企业 1 126 户,超范围经营企业 221 户,未按照规定出资企业 10 935 户。登记机关对这些企业均进行了处理。

经过各级工商行政管理机关的不懈努力,使外商投资企业的出资率(按规定应出资与实际出资比例)有了一定的提高。据国家工商局统计,1993 年中方实际出资率为 74%,外方实际出资率为 63%。到 2000 年底,中方实际出资率为 90%,外方实际出资率为 85%,分别增长了 16 个和 22 个百分点。

1996 年 8 月,国家工商行政管理局开始与有关部门研究联合年检工作。在反复协调取得一致的基础上,1996 年 12 月,外经贸部、国家工商局等七单位联合下发了《关于对外商投资企业实行联合年检的通知》,决定 1996 年的年度检验工作由国家工商行政管理局与外经贸部、财政部、外汇管理局、税务局、海关总署等部门联合开展。国家工商行政管理局对联合年检工作非常重视,确定了联合年检"改善投资环境、减轻企业负担、加强监督管理"(国家工商行政管理局《关于1996 年度外商投资企业年检工作的紧急通知》)的基本工作原则,并做出工作部署。在联合年度检验工作中,工商行政管理部门既严格执法,又积极热情地为企业解决实际困难;既联合年检各部门认真履行职责,又注意部门间密切配合,较好地完成了年检工作,受到了企业的欢迎。从 1993 年度开始到 1996 年度,国家工商行政管理局在完成外商投资企业年度检验后,对全国外商投资企业年度检验数据进行了分析,向国务院有关部门提交了年度检验情况分析报告,主要内容包括外商投资企业总户数、投产企业户数、盈利企业户数等实际存量的情况,相关经济指标以及外商投资企业中存在的问题等基础情况。1997 年以后,该项工作改由联合年检办公室负责完成。

在对外商投资企业进行监督管理和实施行政处罚时,各级外商投资企业登记管理机关既注意做到严格依法办事,又根据实际情况,在法律法规允许的情况下,本着有利于企业发展的精神,实事求是地依法做出处理。如对正常开展经营活动,但未按时参加年检的企业,工商部门的一般做法是先批评、教育,再补办年检,情节严重的做出适当处罚;对擅自变更地址、人员、股东和注册资本数额等登记事项的,先依法发出《责令改正通知书》后,再予处理。对长期不出资,经教育不改正的企业以及"三无"企业,则采取有力措施,依法予以吊销执照。

据国家工商行政管理局统计，2000 年，各级工商行政管理机关共查处违反企业登记管理法规行为 29 032 起，罚没款总金额 1 593.83 万元，共注销、吊销企业营业执照 3.02 万户。2001 年，查处违反企业登记管理法规案件 25 121 起，罚没款总金额 1 666.73 万元，共吊销企业营业执照 2.09 万户。

四、发挥登记管理职能作用，大力支持国有企业改制发展

1998 年 4 月，国家工商行政管理局企业注册局在洛阳与河南省工商行政管理局联合召开座谈会，研究外资和外商投资企业参与国有企业改造及有关投资入股的操作原则，并形成座谈会纪要，对一些操作原则进行了认定和推广。

为了认真贯彻党中央和国务院《进一步扩大对外开放，提高利用外资水平的若干意见》的工作部署，1999 年，国家工商行政管理局在反复调查研究的基础上，下发了《关于改进外商投资企业登记管理工作的若干意见》（工商企字［1999］第 142 号），要求各外商投资企业登记管理机关积极推动外商和外商投资企业参与国有企业改革。提出外资或外商投资企业并购国内企业可以采取外国企业购买国内企业的全部资产或部分资产；外商投资企业购买国内企业的全部资产或部分资产；外国企业收购国内企业的全部股权或部分股权；外商投资企业收购国内企业的部分股权等七种形式。要求各级登记机关制定完善工作程序，对因资产或股权的变化引起企业类型转换的情况，提出操作原则和意见。

各级外商投资企业登记管理机关积极探索利用外资改造国有企业的途径，研究制定了外资或外商投资企业参与国有企业改造的操作规程。北京市、河北省等全国 1/3 省市工商行政管理局发布了操作意见。

同时，国家工商行政管理局直接协调中国联通有限公司、中国移动通信有限公司、中国粮油食品进出口（集团）有限公司等一批国有企业，通过股权转让方式改制为外商投资企业的变更登记工作。

五、发挥登记管理职能作用，积极促进中西部发展战略的实施

实施中西部发展战略，符合我国社会经济进一步发展的内在要求；扩大对资源丰富、市场广阔、商机无限的中西部地区的投资，也符合外商投资企业自身发展的客观要求。这两方面的结合，必然形成巨大的发展动力，推动我国经济社会的协调发展。长期以来，工商行政管理部门始终从外商投资企业自身发展及中西部经济发展两个需要出发，支持外商投资企业对外投资行为。把促进中西部发展战略实施，作为工商行政管理机关的一项重要工作内容和职责。

1994 年 12 月，根据国务院领导指示，国家工商行政管理局于 1995 年初，专门组织了中西部经济发展调研工作，并形成了《关于鼓励外商和东部地区企业到中西部地区投资问题的调查报告》、《关于鼓励外商和东部地区企业向中西部地区投资若干政策和措施的建议》等报告。鼓励、允许外商投资企业向中西部地区投资，并加快制定有关规章的步伐，进一步将国务院实施中西部发展战略的要求落到实处。

结合执行 1994 年 7 月 1 日实施的《中华人民共和国公司法》，国家工商行政管理局于 1995 年 10 月颁布了《关于外商投资企业成为公司股东或发起人登记管理的若干规定》，允许外商投资企业在符合法定条件下开展对外投资。这一规定解决了"理论上探讨，实行时禁止，现实中存在"的外商投资企业对外投资问题，推动解决了外商投资企业在中西部地区投资的登记管理问题，使工商行政管理部门对企业进行登记管理有了基本依据。

2000 年，随着国家中西部开发战略的实施以及对外开放的不断深化，外商投资企业对外投资活动步入了一个崭新的发展阶段。针对新的情况，国家工商局与外经贸部经过反复研究，共同制定了《关于外商投资企业境内投资的暂行规定》，并于 7 月 25 日颁布。该《暂行规定》明确了外商投资企业对外投资的资格及条件；统一了审批、登记程序，确定了对外投资企业的法律地位，适当

降低了投资资格要求;规范了审批机关与登记机关的工作衔接程序,增加了政策优惠内容。体现了政府各部门在促进、服务、管理外商投资企业对外投资方面的一致性,实现了国家政策的法规化,为外商投资企业对外投资提供了较为统一、规范和透明的法律环境。

六、加强外商投资企业登记管理队伍建设

根据有关法规规定,外商投资企业登记管理机关是国家工商行政管理局及其授权的地方工商行政管理局,国家对外商投资企业登记管理实行授权登记管理体制。为保证外商投资企业授权登记管理机关不断提高队伍素质,统一执行国家的法律法规和政策,严格依法行政,国家工商行政管理局始终要求外商投资企业授权登记管理机关在贯彻工作部署时,要有反应速度、理解程度、执行力度和措施成效。

1993年,国家工商行政管理局制定了《外商投资企业授权登记管理办法》,以规章的形式规范了外商投资企业登记管理工作和授权管理工作,明确了各级工商行政管理机关在外商投资企业登记管理工作中的职责,充实了外商投资企业授权登记管理制度的具体内容。

1994年,国家工商行政管理局领导在全国外商投资企业登记管理工作会议上提出,当前外资企业登记注册和监督管理的任务日益繁重,现有外资企业登记管理机构不要变,不要削弱外资登记管理机构的领导和人员。凡要求授权的地级市工商行政管理局必须具备四个条件,包括要设立单独的外资机构。

1996年,为了进一步明确各级工商行政管理机关的事权划分,加强外商投资企业登记管理工作和执法的统一性,国家工商行政管理局发出了《关于进一步明确外商投资企业登记管理工作职责有关问题的通知》和《关于加强外商投资企业登记管理有关问题的通知》。

1996年12月、1997年4月,国家工商行政管理局对全国各省、自治区、直辖市工商行政管理机关贯彻执行上述通知情况进行了总结通报,对北京、山东、河南、福建等地外商投资企业登记管理工作好的做法予以了表扬(国家工商行政管理局企业注册局《关于贯彻〈关于进一步明确外商投资企业登记工作职责有关问题的通知〉情况的通报》,企外字[1996]第177号;国家工商行政管理局企业注册局《关于1996年度外资工作总结上报情况的通报》,企外字[1997]第42号)。

1999年,国家工商行政管理局《关于改进外商投资企业登记管理工作的若干意见》中明确提出,要切实加强外商投资企业登记管理机构和人员建设,重视有关机构的组织工作。形成全国外商投资企业登记机关步调一致、政令畅通的管理体制,做到外资登记工作全国一盘棋,实现外商投资企业登记管理工作步骤统一、工作程序统一、年终考核统一、上岗培训统一、数据库标准统一、外商投资企业证照的领取和使用统一。各省级外商投资企业登记管理机关在落实"六统一"方面,开展了大量工作。

2000年4月,国家工商行政管理局转发了安徽省工商行政管理局《关于开展规范外商投资企业登记管理专项活动的报告》,指出,安徽省工商行政管理局开展了规范外商投资企业登记管理的专项活动,体现了国家工商行政管理局规范外商投资企业登记管理工作职责的有关文件精神,贯彻了外商投资企业登记管理工作"上下一盘棋"的要求,对构建外商投资企业登记规范系统工程起到了积极作用,对全国外商投资企业登记管理的步骤统一、工作程序统一、数据库标准统一、证照领取和使用统一,起到了很好的推动作用。

与此同时,国家工商行政管理局采取各种形式积极对外商投资企业登记管理干部进行培训,使外商投资企业登记管理干部队伍素质有了很大提高。1996年,国家工商行政管理局在江苏无锡举办外商投资企业登记管理培训班,全国各省、自治区、直辖市和计划单列市工商局的处长参加了培训;国家工商局企业注册局与《工商行政管理》半月

刊连续两年共同举办了"改革和加强外商投资企业登记管理"征文活动,共收到全国各地从事外商投资企业登记管理工作的同志撰写的论文 200 余篇。这项活动使外商投资企业登记管理干部研究工作的热情和水平有了很大提高,同时也带动了全国外商投资企业登记管理工作水平的提高。其中,北京市工商行政管理局干部王弼刚等 10 名同志的论文分别被评为一、二、三等奖。据不完全统计,1994 年以来,山西、广西、江苏、天津、福建、陕西等地工商局,有不少外商投资企业登记管理干部走上了领导岗位。

截至 2001 年底,国家工商行政管理总局共授予全国 240 个省、市级工商行政管理局外商投资企业登记管理权,形成了以国家工商行政管理总局为中心的外商投资企业登记管理网络。

七、增强为经济发展服务的意识

工商行政管理机关作为外商投资企业和外国(地区)企业的登记注册和监督管理机关,在支持引进利用外资方面,注意提高自己的服务意识,把维护市场秩序、发展经济,为外商投资企业创造良好的市场环境作为自己的重要职责,在职责范围内努力为外国投资者到中国投资,开展经营活动提供支持和帮助,使他们感到投资环境放心,工作环境满意。

(一)消除企业设立过程中的瑕疵

企业提交文件申请登记,就是企业设立的开始。各级外资登记机关积极参与企业设立的准备工作,认真审核有关登记文件,不放过企业设立中的任何问题,保障企业法律地位合法,促进企业健康发展。

(二)做好企业发展情况的统计分析

各级外商投资企业登记管理机关严格按照规定做好统计分析工作,按时提交年度检验分析报告,使地方政府和国家工商行政管理总局及时掌握了外商投资企业实际发展状况。

1996 年 5 月,国家工商行政管理局起草了《关于台湾同胞投资保护法执行情况的报告》,对台湾同胞投资企业的现状进行了分析,对贯彻执行《台湾同胞投资保护法》的情况进行了总结,并提出工作建议,受到有关部门的好评。

(三)积极参与宏观经济调控

国家工商行政管理局和各级工商行政管理机关履行登记管理职责,对不符合经济发展需要的经营活动进行治理和整顿,有效抑制了"设备推销商"(以建立合资企业为名推销设备)、"以小搏大"(投入少量注册资本,利用境内贷款建设大项目并取得控股地位)以及期货热、房地产热、传销热、商业零售热、利用保税区经营国内贸易热等现象。

1997 年 9 月 29 日,经国务院批准,国家工商行政管理局与对外经济贸易合作部联合发布了《关于〈中外合资经营企业合营各方出资的若干规定〉的补充规定》,抑制了合资经营企业的投资者未缴付出资而取得合资企业决策权、把企业权益资产以合并报表的方式纳入投资者财务报表的倾向。

(四)热情为企业提供服务

各级外商投资企业登记管理机关切实改进工作作风,增强服务意识,在日常的登记管理中,注意改进工作方法,提高工作效率,缩短登记注册时间,保证绝大多数的登记注册申请都能尽快得到核准或答复。对不符合规定的申请,登记机关不是简单地驳回,而是与投资人共同研究,找出存在的问题,依照有关法律规定进行补充或调整。一些地方由政府牵头,建立有经贸、外经贸、工商、税务、海关等部门参加的联席会议制度,并定期召开有关会议,研究、帮助外商投资企业解决所关心的投资环境问题。一些地方工商行政管理机关设立了外商投诉中心,专门受理有关外商的投诉,维护了外商投资企业的合法权益。有的工商行政管理机关采取"上门服务"等形式,通过走访,主动了解,设法解决外国投资者的困难,受到了国内外投资者的好评。

1994 年和 1997 年,国家工商行政管理局有关领导撰写了《如何在中国设立外商投资企业》、《工商行政管理与积极合理有效地利用外资》等署名文章,专门对外国和港澳台投资者宣传我国外商投资企业方面的法规政策和登记管理规定,提高其投资信心,促进我国外商投资企业的发展。

2000年,国家工商行政管理局修改了《企业法人登记管理条例施行细则》(以下简称《细则》),适当简化了外商投资企业登记事项和营业执照版式。根据修改后的《细则》规定,国家工商行政管理局发出《关于做好更换外商投资企业营业执照版式的通知》,要求对营业执照所记载的登记事项进行调整。新版式《企业法人营业执照》所记载的事项是:名称、住所、法定代表人、注册资本、企业类型、经营范围、经营期限、注册号、成立日期、登记机关。新版式《营业执照》所记载的事项是:名称、营业场所、负责人、经营范围、成立日期、注册号、登记机关。经过各地外商投资企业登记管理部门的周密组织和细致工作,更换营业执照的工作在2001年全部顺利完成。

截至2001年底,全国实有外商投资企业20.23万户,其中合资经营企业96 222户,合作经营企业23 420户,外资企业82 381户,股份有限公司283户;投资总额8 750亿美元,注册资本5 058亿美元,其中外方认缴3 597亿美元。来华从事生产经营活动企业2 683户,承包合同金额337.8亿美元。来华从事金融保险机构211户,运营资金54.2亿美元。全国实有外国及港澳台地区企业常驻代表机构37 683个。

第四节　国家工商行政管理总局外商投资企业注册局成立

2001年,我国加入了世界贸易组织,在世界贸易组织的《中国加入工作组报告书》中明确,对于中国具体承诺减让表所包含的服务"许可或批准将可使申请人在为财政和其他类似行政管理目的而向国家工商行政管理局进行公司注册后即可开始其商业经营。按照国家工商行政管理局公布的法规要求,并依照中国的具体承诺减让表,注册将在递交完备文件后的2个月内完成"。

为了迎接新的对外开放的形势,加强外商投资企业登记管理,2001年,国务院批准

成立国家工商行政管理总局外商投资企业注册局。2001年8月7日,国务院办公厅印发的《国家工商行政管理总局职能配置内设机构和人员编制规定的通知》中,明确外商投资企业注册局的主要任务是:研究拟定外商投资企业注册的规章制度及具体措施、办法;组织管理外商投资企业和外国(地区)企业常驻代表机构注册,核定注册单位名称,审定、批准、颁发管辖范围内的外商投资企业和外国(地区)企业常驻代表机构的证照,对其注册行为进行监督检查;指导工商行政管理系统的外商投资企业注册及监督管理工作。

2001年9月20日,国家工商行政管理总局党组分别任命了外商投资企业注册局正副局长。随后,对所设三个处正副处长的职位,面向全国工商系统公开招聘。

2001年11月24日,中共中央政治局候补委员、国务委员吴仪同志在与省部级干部"WTO规则及吸收外资政策法规专题"研究班学员座谈时强调:"考虑到加入世贸组织后运用世贸机制的需要,国家经贸委设立了国内产业损害调查局,外经贸部设立了世贸组织司、中国政府世贸组织咨询局和公平贸易局,国家工商总局设立了外商投资企业注册局,这些机构已陆续开展工作。"(《人民日报》2001年11月26日第2版)2002年1月9日,吴仪同志在与全国工商行政管理工作会议代表座谈时强调指出,加入世贸组织后,工商企业登记管理可能是保护我国产业的最重要的一个环节。外资登记管理既要符合世贸组织规则、符合我国政府的承诺,又要让我们的风险减少到最低程度;既要有利于我国扩大国际经济交流与合作,又要有利于维护我国的经济安全。

2002年1月1日,国家工商总局外商投资企业注册局正式对外办公。成立伊始,外商投资企业注册局筹备召开了全国外资企业登记管理工作座谈会、外商投资企业登记管理干部培训、外商投资企业登记管理机构建设、中国外资登记网建设、研究我国加入世界贸易组织后企业登记管理的应对措施、编写《中国外资市场准入手册》等一系列重

要工作。

一、召开全国外商投资企业登记管理工作座谈会

2002 年 4 月 25 日，国家工商行政管理总局在上海召开了全国外商投资企业登记管理工作座谈会，认真贯彻国务院对外商投资企业登记管理工作的要求。全国各省、自治区、直辖市、计划单列市、副省级市工商行政管理局负责同志和外资处处长参加了会议。国家工商行政管理总局局长王众孚同志在会上作了讲话，他强调指出："外资登记管理部门肩负着促进利用外资、维护国家经济安全的双重使命，并对外商投资企业登记管理工作提出了四个方面的要求：一、充分认识新形势下加强外资登记管理工作的重要性，进一步增强使命感和责任感；二、严把市场准入关，切实负担起维护国家经济安全和经济秩序的重要使命；三、大力推进监管制度改革，进一步提高外资登记监管工作的效能和水平；四、切实加强自身建设，为做好新时期的外资登记管理工作奠定坚实的基础。"国家工商总局领导在座谈会上作了题为《审时度势，与时俱进，努力开创外商投资企业登记管理工作新局面》的报告，总结了改革开放以来，特别是近年来外商投资企业登记管理工作的成绩，对下一阶段外商投资企业登记管理的工作任务进行了部署。会上，上海市、河北省、湖北省、福建省、北京市工商行政管理局介绍了外商投资企业登记管理的做法和经验。

参加座谈会的代表们认真学习了总局领导的讲话，讨论了《外商投资企业授权登记管理办法》（讨论稿）、《2002 年外商投资企业登记管理工作要点》和《适应入世要求改革和完善外商投资企业登记管理制度》三个会议材料，并提出了很好的意见和建议。

这次会议有五个特点：一是规格高。总局领导、上海市领导亲临会议作了重要讲话和工作报告；二是规模大。出席会议的有各省、自治区、直辖市、计划单列市、副省级城市工商局分管外资工作的局领导和处长以及国家工商总局外资局的领导共百余人；三是时间定得好。正值我国"入世"后，外商投资企业面临新一轮发展时机；四是地点选得好。上海是全国经济中心、外商投资热土，外资登记管理工作做得比较好；五是议题选得好。讨论外资授权登记管理办法和改革完善外资登记管理制度以适应"入世"要求，是非常及时的。国务院领导的指示和全国外商投资企业登记管理工作座谈会的召开，给各级工商行政管理机关极大的鼓舞。

为积极落实外资工作座谈会精神，各省（市、区）工商行政管理机关召开了外商投资企业登记管理工作会议，省（市、区）工商局领导同志到会讲话，并对今后的外资登记管理工作提出了要求。

二、正式开通《中国外资登记网》

在总局领导的直接关心和支持下，经过外商投资企业注册局两个多月的精心筹备，由总局局长王众孚同志亲笔题写网名的"中国外资登记网"，于 2002 年 4 月 25 日正式向社会各界开放，这是全国第一家外商投资企业登记管理工作的专业网站。"中国外资登记网"内容丰富、政策性强，及时公布最新颁布的外资登记管理政策和法律法规、工作程序和工作制度，是社会各界、外商投资企业了解中国外资登记管理工作的窗口，也是联系全国各级外资登记管理机关的桥梁和纽带。网站的开通，使网络会议、网上登记、网上年检、网上监督等网上政务系统的实现成为可能。

王众孚局长在全国外商投资企业登记管理工作座谈会上指出："总局筹建的中国外资登记专门网站已经开通。网站将对外资登记、外商投资产业指导、我国'入世'承诺及相关法律法规适时予以公布，以进一步提高外资登记工作的透明度。同时，还将公布登记信息，方便社会公众的监督与利用，促进企业信用体系的建立，为政府决策提供服务，并逐步做到登记机关上下级之间、登记机关与审批机关之间互联互通，提高工作效率，加强管理与监督。希望大家共同努力把这个网站建设好。"同年 12 月，王众孚局长在全国工商行政管理工作会议上的工作报告中指出："正式开通中国外资登记网，外资登记管理工作信息化、自动化水平进一步

提高。"

三、与有关部门共同制定《利用外资改组国有企业暂行规定》

为引导和规范利用外资改组国有企业的行为,促进国有经济的战略性改组,加快国有企业建立现代企业制度的步伐,维护社会稳定,经过反复研究讨论和修改,国家工商行政管理总局与国家经济贸易委员会、财政部、国家外汇管理局联合制定了《利用外资改组国有企业暂行规定》(以下简称《暂行规定》),并于 2002 年 11 月 8 日公布。

四、开展外商投资企业的调研和立法工作

针对外商投资企业登记管理法规状况,结合工作实际需求,2002 年 8 月下旬,国家工商行政管理总局外商投资企业注册局改变调整法规起草方式,分别把有关外资立法项目及课题的前期草拟论证工作交给工作基础良好、人员素质较高、管理对象相对集中的省级被授权局。如山东省工商局负责草拟《外商投资企业监督管理暂行办法》、广东省工商局负责草拟《外商投资股份有限公司登记管理暂行办法》、河北省工商局负责草拟《外商投资企业分支机构登记管理暂行办法》、上海市工商局负责草拟《外商投资企业受让或让渡经营管理权登记管理暂行办法》、黑龙江省工商局主办、广西、云南、新疆、内蒙、吉林等地工商局参与草拟《边境贸易活动中有关外国(地区)经营者登记管理问题研究》等。

接受任务的各省级工商局高度重视上述工作,领导亲自组织,调动各方立法资源,合理布置工作进度,相关处室充分发挥职能作用,认真开展工作,辖区内被授权局根据省级工商局统一安排,抽调业务骨干积极介入,使相关法规及课题的论证草拟工作进展十分顺利。

五、加强外商投资企业登记管理队伍建设

按照王众孚局长"重视和加强外资登记管理机构的建设,是做好新时期外资登记管理工作的重要保障","各级工商行政管理机关的外资登记机构要充实力量,提高水平,充分发挥职能作用"的指示精神,为提高外商投资企业登记管理队伍素质,围绕工商行政管理外商投资企业登记管理的职能定位和新形势下工作发展的需要,学习 WTO 规则,研究并探讨加入 WTO 后外商投资企业登记领域在法律法规、管理机制等方面可能出现的问题及应对措施,国家工商行政管理总局于 2002 年 8 月 18 日至 23 日在北京举办了全国外商投资企业登记管理培训班。各省、自治区、直辖市、计划单列市及副省级市工商行政管理局的外商投资企业登记管理干部近百人参加了培训,取得了较好效果。

与此同时,各地工商行政管理机关也加强了外资登记管理机构和干部队伍的建设工作。原先机构比较健全的省市工商局,如山东省、福建省等,不仅进一步健全了地方局的工作机构,而且在全省系统范围内充实了人员。原先内外资合一的省市工商局,如上海、天津、辽宁、安徽、陕西等,都先后设立了专门的外资登记管理机构,配备了业务水平高、能力强的人员。

在国家工商总局的领导下,在全国外资登记管理部门共同努力下,外商投资企业注册局圆满完成了 2002 年各项工作任务。实践证明,国务院决定成立外商投资企业注册局的决策是英明的,证明国家工商总局党组以公开考核、选拔干部的方式组建外资局队伍的决定是十分正确的。

截至 2002 年底,全国实有外商投资企业 20.8 万户,其中合资经营企业 91 565 户,合作经营企业 22 022 户,外资企业 94 142 户,外商投资股份有限公司 327 户;外商投资企业的投资总额 9 819 亿美元,注册资本 5 531 亿美元,其中外方认缴 4 020 亿美元。来华从事生产经营活动企业 2 202 户。来华从事金融保险机构 218 户。全国实有外国及港澳台地区企业常驻代表机构 41 219 个。

第五节　新时期外商投资企业登记管理工作

从十一届三中全会党中央作出改革开

放的历史性决定,中国经济的发展令世人瞩目,开放型经济水平和我国经济的整体竞争力大幅提高。2001年,中国加入世界贸易组织,标志着我国对外开放进入了一个崭新阶段,全方位、宽领域、多层次的对外开放格局逐步形成,国家利用外资政策的重点逐步转到优化利用外资结构,提高开放型经济水平上来。新时期外资登记管理工作,法律法规制度更加完善,为外资企业的发展提供了稳定的制度保障;外资市场主体登记准入环节更加透明、便捷和高效,为外资企业服务的水平不断提升;广泛运用现代技术手段,不断创新外资管理方式方法,使外资监管效能不断提高。

一、建立健全法律法规,创造良好法制环境

2003年外商投资企业登记管理工作总体要求是,深入贯彻落实全国工商行政管理工作会议精神和2002年全国外商投资企业登记管理工作座谈会提出的各项工作任务,充分发挥外商投资企业登记管理职能作用,为提高利用外资的质量和水平,改善投资环境积极开展工作。

2003年以来,外商投资企业注册局在国家工商总局党组的正确领导和各有关部门的大力协助下,在实现组织机构和基本职能落实到位的基础上,为适应市场经济和外商投资企业发展的需要,相继出台了一系列外商投资企业登记管理的法律法规和政策措施,在法制方面取得了建设性成就。

2003年,外商投资企业注册局与商务部、国务院法制办等有关部门密切配合,先后制定了《外商投资企业创业投资企业管理规定》、《外国投资者并购境内企业暂行规定》、《关于加强外商投资企业审批、登记、外汇及税务管理有关问题的通知》、《进出口商品检验检疫机构管理办法》等法规规章和《关于外商投资企业法定代表人变更有关问题的答复》等规范性文件,为解决"入世"后外资登记管理工作中遇到的新情况、新问题提供了法律依据。外资局还组织力量起草了《外国(地区)企业常驻代表机构登记管理办法》(修订稿)、《外商投资企业监督管理暂行办法》(草案)、《外商投资股份有限公司登记管理暂行办法》(草案)、《外商投资企业分支机构登记管理办法》(草案)、《关于外商投资企业受让或出让经营管理权的暂行办法》(草案)5部法规规章草案,并首次实行"开门立法",在"中国外资登记网"公开征集社会各界的建议和意见,从而保证了法规规章更具有科学性、预见性、广泛性和可操作性,为外商投资企业发展创造了良好的法制环境。

2004年,《行政许可法》的实施对行政机关的行政许可行为产生了巨大的影响,在此背景下,外资登记管理立法立规工作进一步完善,外资局先后参与了《企业登记程序规定》、《企业名称登记管理规定》、《企业注册资本登记管理规定》、《企业经营范围登记管理规定》、《企业法人登记管理条例》以及《公司登记管理条例》的修订工作。在《中华人民共和国公司法》(以下简称《公司法》)修订过程中,总局外资局提出了"实现内外资公司实体法并轨,实行法人登记和营业登记适当分离的登记制度","设置清算登记程序,完善认缴资本制相应的出资管理办法"等具有前瞻性的法制理念。在配合完成行政审批项目清理工作中,把"外国企业来华从事生产经营活动"作为保留项目,列入了国务院立法计划,把外商投资企业和外国企业常驻代表机构的登记实施机关明确为"国家工商行政管理总局和其授权的地方工商行政管理局",进一步明确了授权登记的法律依据。同时,还形成了《改进外商投资企业登记管理工作若干规定》草案,起草了《对外贸易法》贯彻实施的配套规章。为确保CEPA的顺利实施,先后下发了《关于贯彻落实CEPA,促进内地与香港、澳门经济共同发展的若干意见》和《关于涉港企业登记文书证明效力问题的通知》等规范性文件,为CEPA的实施提供了政策支持。

2005年,外资局一是完成了《外国(地区)企业常驻代表机构登记管理办法》的修订准备工作,起草了《外国(地区)企业常驻代表机构登记管理办法》(修订征求意见稿)及起草说明,书面送有关部委征求意见,并通过"中国外资登记网"向全国外资登记管理机关征求意见。二是完成了《外国（地区）企业在中国境内从事生产经营活动登记管理办法》的修订准备工作，为其升格为行政法规创造了条件。三是参与了《公司法》、《公司登记管理条例》、《直销管理条例》等法律法规的修订和制定工作。

2006年，为认真贯彻落实新修订的《公司法》和《公司登记管理条例》，进一步规范外商投资的公司审批和登记行为，外资局一是联合商务部、海关总署、国家外汇管理局等有关部门制定了《关于外商投资的公司审批登记管理法律适用若干问题的执行意见》，对外商投资的公司在审批、登记、管理过程中存在的法律适用问题提出了具体的指导意见，实现了外资公司与内资公司在登记管理行政法规层面的基本统一，为准确适用《公司法》、《公司登记管理条例》和有关外商投资的法律，保持我国利用外资法律和政策的连续性，为外商投资营造更加透明的法律环境创造了条件，在社会上引起很大反响。二是完成了《外国（地区）企业常驻代表机构登记管理办法》的修改起草工作，委托深圳市工商局起草的《外国（地区）企业在中国境内从事经营活动登记管理办法》也取得了阶段性成果。三是为充分发挥外资登记管理职能，积极参与了《中华人民共和国反垄断法》、《合伙企业法》、《企业所得税法》等重要法律，以及《外资银行管理条例》、《外汇管理条例》（修改）、《外国投资者并购境内企业的规定》、《关于规范房地产市场外资准入和管理的意见》、《外商投资创业投资企业管理办法》、《企业登记前置行政许可目录》等重要法规、规范性文件的修改或制定工作。四是为了实施《外资银行管理条例》，把已经在我国境内设立的分行改制为在中国注册的具有法人资格的银行或其分行，实施法人导向政策，使外资银行改制工作高效快捷，降低改制成本。外资局经商中国银监会有关部门，及时制定下发了《关于做好外资银行改制工商登记工作有关问题的通知》，确保了外资银行改制工作顺利进行。五是不断推进外资企业出资监管工作，依法履行行政职能，起草了《关于进一步加强外商投资企业出资管理的意见（讨论稿）》。

2007年，外资局积极协调配合国务院法制办，加快推进《外国企业常驻代表机构登记管理条例》的立法进程；积极参与《外国企业和个人在中国境内设立合伙企业管理办法》（草案）的起草、论证、修改工作；积极做好《外商投资企业出资管理办法》的研究、制定工作，为加强对外商投资企业的出资监管提供执法依据。

2008年上半年，外资局一是与商务部有关部门研究了《外商投资企业分立合并的若干规定》、《外商投资股份公司的若干规定》、《外商投资企业股权变更的若干规定》、《外商投资创业投资企业管理规定》4个联合规章中需要修改的问题。二是认真贯彻落实《国务院关于加快服务业发展的若干意见》，研究提出了若干政策措施建议，并被总局文件全部吸收。三是充分调动各地外资被授权局的积极性，推动了外商投资企业认缴出资信用管理办法的制定。

二、加强信息化建设，更好地服务外资企业的发展

外商投资企业注册局在建局之初就认识到，改革是时代的要求，创新标志着历史的进步，外资登记管理工作的不断发展必须依靠改革创新和现代化科技手段来推动。在这样的理念指导下，外资局在工作中始终坚持改革创新，加强信息化建设，不断探索新的监管方式，积极推行电子政务，有力促进了外资登记管理工作质量和水平的不断提高。

2003年2月28日，"中国外资登记网"进行全新改版，增加了网上下载全国统一的103种外资登记注册和年检表格的功能，方便了企业办理工商登记业务。网站还加强了与系统的互动，增加了相关版面，成为全国外资登记机构开展网上学习交流、网上发送文件、网上反馈意见的重要工作平台。与此同时，外资局开发完成了营业执照加载二维条形码识别系统。经过近一年时间的试运行，使这项技术日趋完善，为向全国推广

运用,全面提高外资登记管理工作的科技含量打下了良好的基础。此外,外资局为进一步发挥"中国外资登记网"的优势,积极探索网上登记、网上年检、网上监管、网上培训和网上会议的新模式,不断加强信息化建设,力争早日在全国外资登记管理系统全面推行电子政务。

2004年6月18日,在总局信息中心的大力支持下,外商投资企业注册局经过三个多月研究论证,对"中国外资登记网"进行第三次全新改版,增加了十个栏目,每天点击量达3000多人次,"中国外资登记网"的作用更显突出。

2005年,为充分发挥信息化技术在登记管理工作中的作用,方便投资者选择企业名称和企业进行名称变更登记,外资局在信息中心的大力支持下,与移动通信服务部门合作,开发了企业名称手机短信查询系统,投资人或企业通过手机短信可以向国家工商总局外资局查询申请核准登记的企业名称是否重名。这一系统的开发应用,为今后工商行政管理机关利用手机短信技术更好地为投资者服务进行了有益的探索。

2006年,"中国外资登记网"在原有十多个栏目的基础上增加了英语版,外资局在对《公司法》、《公司登记管理条例》的英文版进行认真校对后,上传到网上,方便外商企业了解中国法律法规,取得了良好效果。

同时,"中国外资登记数据库"和"外资登记管理系统"软件经过两年多的努力,在2006年底前完成,为早日在全国外资登记管理部门提高外资登记数据质量,开展数据分析工作创造了条件。

2007年,外资局提出了在确保外资登记管理数据质量的基础上,尽快实现全国联网,建立外资登记管理数据监测分析系统,初步建立综合分析报告、动态分析报告、专题分析报告相结合的分析报告体系的工作要求。组织全国外资登记管理机关加强对相关数据的监测分析,为政府决策服务、为市场主体服务、为社会公众服务,切实提高外资登记管理数据监测分析的准确性、权威性,提升外资登记管理工作的附加值。不断

完善全国外商投资企业网上年检系统,做好年检数据的分析工作,提高年检数据使用的价值。指导有条件的被授权局开展外资企业网上名称预先核准、网上登记材料预审、网上提交文件的试点工作,推进电子政务系统建设。

2008年,为配合《政府信息公开条例》的施行,促进外资登记管理信息的公开,充分发挥其社会效益,外资局利用"中国外资登记网"平台的优势,积极延伸服务空间,拓展服务功能,丰富服务内容,深化网站的行政指导、交易安全警示等作用,积极探索利用外资网对市场主体名单进行统一公示,使外资网成为开放型经济形态下做好外资登记管理工作的不可或缺的对外服务平台。

三、创新监督管理方式,提高外资监管工作水平

年检是工商机关对企业进行监督管理的一个重要手段,外商投资企业注册局以年检工作为突破口,创新外资企业监管方式方法,进一步探索信息化建设与外资企业监管工作的结合。2004年1月,外资局首次在工商总局登记管理的865家外商投资企业中试行网上年检,有441家外资企业通过了网上年检,网上年检合格率高达98.38%,极大地提高了工作效率。作为企业年检制度的一项重大变革,网上年检不仅得到企业的积极响应,而且受到了社会的广泛关注,新华社、中央电视台等多家媒体都进行了报道,产生了良好的社会影响。

2006年,为进一步推进外商投资企业年检制度改革在全国范围内展开,创新监管方式,提高监管水平,外商投资企业注册局组织开发了全国外商投资企业网上年检软件系统,完成了系统的需求调研、功能开发、软件测试、人员培训等多项工作,实现了全国外资企业年检统一门户、统一标准、统一软件、统一申报,按管辖多级审核,年检数据集中统计分析,使登记机关及政府部门数据信息能够共享。北京、上海、湖南、广东、宁夏等14个省、自治区和直辖市,161个被授权局首次运用外资企业网上年检系统进行年检,利用现代化手段促进外商投资企业监督

管理工作深入开展。2006 年，共有 15.75 万户外资企业通过网检系统完成年检，大大降低了企业参检成本，提高了年检工作效率。

2007 年，在认真总结上一年开展外资企业网上年检试点经验，进一步改进和优化全国外资企业年检系统的基础上，在全国范围内，实施外资企业网上年检。通过制定、实施《外资年检数据交换方案》，统一数据传输要求、工作程序和规范，全国网上年检工作取得了较好的成效。当年，全国共有 22 万户外商投资企业（含分支机构和来华从事经营活动的外国（地区）企业）采用网上年检方式参加年检，网检率为 77%，天津、浙江等 13 个省市工商局网检率达到 100%。

2007 年，全国工商行政管理机关按照监管与发展、监管与服务、监管与维权、监管与执法相统一的要求，以行政指导、出资公示等制度为依托，探索外商投资企业出资管理工作制度创新，大力推进外商投资企业监督管理工作。据不完全统计，在年检期间，全国工商行政管理机关向外商投资企业进行行政提示 1.7 万次，共催缴出资 1 万余户，经催缴新到位资金 135 亿美元。

四、全面提升干部素质，加强外资登记授权工作

只有高素质的干部队伍，才能完成高质量的工作。外商投资企业注册局自成立以来，始终坚持把队伍建设放在第一位，一手抓外资局机关建设，一手抓全国外资系统干部队伍建设，提高了外资干部素质，有力保障了外资登记管理工作。

2002 年 1 月，外商投资企业注册局正式挂牌成立，设置 3 个处，编制 18 人，平均年龄 30 多岁。

2002 年 12 月 10 日，国家工商行政管理总局公布了《外商投资企业授权登记管理办法》，要求外商投资企业登记管理工作实行国家工商行政管理总局登记管理和授权地方工商行政管理局登记管理的原则。国家工商行政管理总局负责全国的外商投资企业登记管理工作，并可以根据本办法规定的条件授予地方工商行政管理局外商投资企业核准登记管理权。被授权的地方工商行

政管理局（以下简称被授权局）以自己的名义在被授权范围内行使对外商投资企业的登记管理职权。2003 年 1 月 6 日，国家工商行政管理总局又发出《关于进一步做好外商投资企业授权登记管理工作的通知》（以下简称《通知》），要求各级被授权的工商行政管理局要真正做到"机构落实、职能到位、人员合格、工作规范"。

2003 年 12 月，总局党组首次实行了司局级领导干部竞争上岗考试制度，由此选拔出第二届外商投资企业注册局领导。同年 7 月 22 日，经国家工商总局党组同意，外商投资企业注册局调整了内设机构，在原有综合处、登记指导处、登记注册处三个处的基础上增设了监督管理处，进一步强化了外资监督管理职能。

由于外资登记管理工作具有特殊性，地方外资登记管理机关经国家工商总局授权，方可开展外资登记管理工作。授权工作一直是外资局的一项基础建设工作。2004 年 4 月，根据国家工商总局《外商投资企业授权登记管理办法》和《关于进一步做好外商投资企业授权登记管理工作的通知》精神，分三批对全国 234 个工商局进行外资登记资格确认，并新授予 19 个地方工商局外资登记管理权，使全国外资登记管理被授权局达到 253 个。在外资登记确权过程中，各地新增设外资登记专职机构 100 个，新增编制和领导职数 56 个。2005 年 12 月 21 日，首次对 26 个县级工商行政管理局授予外商投资企业登记管理权。通过授权确认工作，全面加强了外资登记管理机构建设，提高了外资登记管理干部队伍素质，强化了外资登记管理职能。

外商投资企业注册局党支部自成立以来，紧紧围绕总局党组中心任务开展工作，明确党支部建设的总体思路、工作方向和根本任务，重视党建工作和理论学习，在坚持理论联系实际，理论学习促进业务建设方面进行了大量有益的探索。党支部始终把营造开拓、奋进、和谐、团结的工作环境和创建学习型、知识型集体作为党建工作的目标，以理论学习、业务交流、民主生活会、座谈会为载体，

把外资局营造成每个干部的"家庭"、"学校"和"舞台",让每一个同志都能感受到外资局集体家庭般的温暖,为每一名同志提供充分施展才能的舞台。卓有成效的党建工作受到了中央国家机关工委的关注。2004年5月12日,中央国家机关工委组织部常务副部长周德进、副部长吴海英等一行来到外资局,对党支部党建工作进行调研,确定外商投资企业注册局代表工商总局参加中央国家机关工委首次在16个部委开展的"党员领导干部民主生活会监督评估服务系统"的试点工作。同年,由五名女干部组成的外商投资企业注册局注册处,获得共青团中央授予的"全国青年文明号"荣誉称号。

2005年12月,外商投资企业注册局与总局企业注册局、培训中心共同在北京举办了全国企业登记管理干部培训班。来自全国各地工商局负责企业登记管理的局领导、外资登记管理处处长、企业注册处处长共160多人参加了学习培训。培训班的举办,为2006年1月1日在全国实施新的《公司法》和《公司登记管理条例》打下了良好的基础。

2006年,为加强外资登记管理干部队伍建设,创新干部队伍学习培训机制,在总局领导的大力支持下,外商投资企业注册局一是与中国委托公证人协会(香港)、中国法律服务(香港)有限公司签订了内地外资登记管理干部赴港交流学习方案,每年一批,每批8人参加培训。2006年11月,选派了首批8名内地外资登记管理干部赴港交流学习。截至2007年,共有24名内地外资登记管理干部赴港交流学习。二是确定上海、深圳市工商局为外资登记管理干部业务交流点。6月至9月,共有50名中西部地区外资干部分5批参加了业务学习交流活动。这种交流形式,既是提高外资登记管理干部队伍整体素质的有效途径,也是外资登记管理干部人才培养方式的制度创新,进一步丰富了干部教育培训的形式,提升了全国外资登记工作质量和水平,为实现全国外资条线"统一登记口径、规范登记要求"创造了条件。三是继续举办了全国外资登记管理干部培训班。来自全国各地的140多名外资登记管理干部参加了培训。对北京、深圳、湛江和惠州工商局外资登记管理干部进行了来华从事勘探开发企业登记注册专项培训。

2007年,外资局在严格授权标准、提高授权质量的前提下,授予河北省涿州市等14个工商局外商投资企业登记管理权,其中有7个被授权局位于中西部地区,便利了企业就近办理登记手续,体现了总局促进区域经济协调发展的要求。截至2008年6月,全国被授权局数量已达到了345个,其中,31个省级工商局已全部授权,副省级、地市级工商局授权了258个,县级工商局授权了53个,国家级经济技术开发区工商局授权了3个。

2008年,外商投资企业注册局继续完善了外资登记管理干部跨地区业务交流计划,继续开展好外资登记管理干部跨地区业务交流活动,实行分层分类指导服务,尤其是加大了对中西部地区外资登记管理工作指导,组织全国外资登记管理干部培训班,切实提高培训质量和效果,使外资系统干部业务素质得到了全面提高。

第六节　新时期外商投资企业的发展情况

一、2003 年外资企业发展概况

截至2003年底,全国实有外商投资企业近22.7万户,投资总额11 174亿美元,注册资本6 226亿美元,其中,外方认缴出资4 658亿美元。当年全国新设立外商投资企业34 853户,其中,中外合资经营企业10 795户,中外合作经营企业1 342户,外商独资企业22 698户,中外合资股份制企业18户。投资总额1 548亿美元,注册资本856亿美元,其中,外方认缴出资684亿美元。

从2003年的登记注册情况看,外商投资企业户数及规模正处于快速发展阶段。2003年新设立外商投资企业比2002年增加了3 790户,增幅为12.2%;新设立外商投资企业的投资总额、注册资本、外方认缴额分别比2002年新登记数增加了355.09亿

美元、212.56 亿美元、637.85 亿美元,增幅为 29.8%、33.0%、15.9%。2003 年户均注册资本、投资总额、外方认缴额分别为 275.05 万美元、493.60 万美元、205.76 万美元,比 2002 年户均注册资本、投资总额、外方认缴额分别增加 3.65%、4.40%、6.49%。

独资企业是外商来华投资的首选形式。2003 年新设立外商独资企业 22 698 户,投资总额 822.84 亿美元,注册资本 455.41 亿美元,分别占全年总登记数的 65.1%、53.1%、53.27%。

制造业仍为外商投资的重点领域,第三产业投资发展减缓。2003 年新设立外商投资制造业企业 24 347 户,占全年总数的 69.9%。第三产业新登记企业 8 175 户,外方认缴出资额 160.72 亿美元,比 2002 年减少 3.70%。

西部地区外商投资发展加快。2003 年西部地区新设立外商投资企业 1 013 户,新设立投资总额、注册资本分别为 77.14 亿美元、39.73 亿美元,比 2002 年新设立企业户数、投资总额、注册资本分别增长 3.79%、45.99%、38.05%。

二、2004 年外资企业发展概况

截至 2004 年 12 月底,全国实有外商投资企业 24.2 万户,同比增长 7%;投资总额 13 111.8 亿美元,同比增长 17.2%;注册资本为 7 284.9 亿美元,同比增长 17%;其中外方出资额 5 579.9 亿美元,同比增长 19.8%。从投资规模看,投资总额在 1 000 万~3 000 万美元的企业实有 21 657 户;投资总额在 3 000 万美元以上(含 3 000 万美元)的企业实有 4 957 户。

2004 年,全国新登记外商投资企业 36 430 户,同比增长 4.5%;投资总额 1 814.7 亿美元,同比增长 17.2%;注册资本 1 049.4 亿美元,同比增长 22.6%;外方出资额 876.2 亿美元,同比增长 28.1%,达到历史最高水平。新增外商投资企业继续集中在东部地区,其中广东省已连续九年名列第一,占全国总户数的 21.3%。

新登记外商投资企业总户数持续增长,但来源国(地区)局部出现下降,与上年的发展速度相比有所减缓。投资户数最多的来源地区是香港 12 193 户,其后依次是韩国 4 062 户、美国 3 256 户、我国台湾地区 3 092 户、日本 2 922 户,其中韩国同比增长 6.1%,日本同比增长 3.9%,美国同比下降 4.6%。

2004 年,新登记外商投资企业中,投资总额在 3 000 万美元以上的企业有 503 户,同比增长 38.2%;投资总额 1 000 万~3 000 万美元的企业有 4 118 户,同比增长 13.2%;投资总额 1 000 万美元以上的企业共 4 621 户,占全国总量的 12.7%,与 2003 年相比增长了 1.2 个百分点。外商投资企业规模的不断扩大主要得益于近年来投资环境的不断优化:一是各级政府部门把扩大对外开放作为加快经济发展的"加速器",不断加强基础建设,优化投资环境,加大招商引资力度,使外商投资者信心倍增。二是工商职能作用发挥更充分,各级工商行政管理机关解放思想、更新观念,创新企业登记方式、改革监管模式,充分发挥职能作用,积极引导外资参与国有、集体企业改制,对大项目提供全程跟踪服务,及时提供政策、法规咨询,帮助协调、解决设立过程中的有关法律问题,促进了外商投资企业的发展。

三、2005 年外资企业发展概况

2005 年,外国投资者对我国的投资信心继续增强,投资总额和出资比例继续增大。截至 2005 年底,全国实有外商投资企业 26 万户,比上年增加 1.8 万户,同比增长 7.3%,与上年同期的比率增加 0.3 个百分点。全国实有外商投资总额 14 639.9 亿美元,其中外国投资者投资总额比上年增加 1 528.1 亿美元,同比增长 11.7%。全国实有外商投资企业注册资本 8 120.3 亿美元,其中外国投资者新增 906 亿美元,同比增长 3.4%,占注册资本的 85.4%,比上年的比重增加 1.9 个百分点。新增户数首次下降,但外商投资企业规模扩大,整体质量提高。新登记外商投资企业 3.5 万户,比上年减少 1 270 户,下降了 3.5 个百分点,这是近年来新登记企业户数的首次下降。主要是因为国家在建设项目用地审批和资金投放方面调控力度继续加大,注重项目的技术领先性、本行业的带动性和与本地经济的互补性,适度控制了外商投资企业户数的过快增长。

四、2006年外资企业发展概况

2006年,外商投资企业实有户数增长速度减缓,截至2006年底,全国实有外商投资企业27.5万户,比上年增加1.5万户,增长5.7%,比上年的增长率减少1.6个百分点,增长趋势有所减缓。其中,广东省6.2万户,连续18年保持全国最多,比上年增长5.5%,占全国总户数的22.6%。《公司法》、《公司登记管理条例》等法律法规的修订,放宽了非货币出资的限制,为投资者以灵活多样的出资方式增资扩股提供了法律依据和制度保障,极大地提高了外商投资的积极性,外商投资企业注册资本额明显提高,外商投资企业投资总额和注册资本增长速度进一步提高。

2006年,全国实有投资总额17 075.6亿美元,比上年增加2 435.7亿美元,增长16.6%,比上年的增速增加4.9个百分点。实有外商投资企业注册资本为9 464.7亿美元,增加了1 344.4亿美元,增长16.6%,比上年的增速增加5.1个百分点,其中外方出资额7 406.3亿美元,增加1 086.9亿美元,增长17.2%,占注册资本的78.3%,比上年增加0.5个百分点。

投资总额1 000万美元以上的外商投资企业实有3.6万户,比上年增加4 842户,增长15.6%,占实有户数的13%,比上年增加了1.1个百分点。其中投资总额1 000万~3 000万美元的企业有2.8万户,增加了3 239户,增长13%,占实有户数的10.2%,增加了0.6个百分点。投资总额3 000万美元以上的企业7 666户,增加了1 603户,增长26.4%,增长速度比上年提高4.1个百分点,占实有户数的2.8%,增加了0.5个百分点。

新登记外商投资企业户数同比持续下降,2006年新登记外商投资企业3.5万户,比上年下降0.8%,但西部地区新登记外商投资企业户数增长较快。虽然新登记企业户数有所下降,但新登记外商投资企业注册资本却迅速增长,企业规模不断提升。新登记外商投资企业投资总额和注册资本持续迅速增长,新登记企业投资总额2 186.6亿

美元,比上年增长19.5%,注册资本1 262.1亿美元,增长19%,外方认缴1 064.6亿美元,增长17.5%,占注册资本的84.3%。

新登记外商独资企业2.6万户,比上年增长1%,占新登记外商投资企业的73.3%,比上年增加了1.3个百分点。新登记中外合资企业8 434户,下降了4.6%,占24.2%,比上年减少0.9个百分点;新登记中外合作企业857户,下降了11.9%;新登记中外股份公司30户,增长了20%。

五、2007年外资企业发展概况

截至2007年底,全国实有外商投资企业28.62万户,比上年增加1.14万户,增长4.14%。实有投资总额2.11万亿美元,比上年增加了4 012.25亿美元,增长23.5%。注册资本1.16万亿美元,增加了2 089.45亿美元,增长22.08%,其中外方出资额9 211.48亿美元,增加了1 805.23亿美元,增长24.37%,占注册资本的79.72%,比上年增加了1.47个百分点。

外商投资企业实有户数增长速度减缓,注册资本持续增长,实有投资总额突破2万亿美元。"两税合一"等国民待遇政策逐步落实后,外商投资企业原有的一些优惠措施逐渐弱化,外商投资企业竞争压力逐渐加大,实有户数增长速度继续减缓,外商投资企业不断通过增加投资以增强其竞争能力,投资总额和注册资本增长较快,外方出资额所占比重不断加大。

外商投资企业实有户均注册资本403.67万美元,投资总额3 000万美元以上的企业增长27.5%。投资总额3 000万美元以上的企业实有9 774户,比上年底增加2 108户,增长27.5%。投资总额1 000万~3 000万美元的企业3.07万户,比上年增加2 564户,增长9.12%。投资总额1 000万美元以上的外商投资企业4.05万户,比上年底增加4 672户,增长13.06%,占实有户数的14.13%,比上年增加1.12个百分点。外商独资企业占实有户数的62.73%,股份公司增长迅猛。

常驻代表机构在贸易联络和金融保险联络业务增长较快。外国及港澳台地区企业常驻代表机构户数继续快速增长,实有常

驻代表机构 6.31 万户,比上年增长
10.31%,其中外国企业设立的常驻代表机
构 3.58 万户,增长 10.5%。

2007 年,随着《国务院关于投资体制改
革的决定》的落实,各地审批权限逐步扩大,
促进了外商投资的新一轮热潮,新登记外商
投资企业注册资本持续高速增长,企业质量
不断提高。全年新登记外商投资企业 3.41
万户,比上年减少 784 户,下降 2.25%;投资
总额 2 526.03 亿美元,比上年增加 339.44
亿美元,增长 15.52%;注册资本 1 579.21
亿美元,比上年增加 317.07 亿美元,增长
25.12%,其中外方认缴 1 362.29 亿美元,增
加 297.69 亿美元,增长 27.96%,占注册资
本的 86.26%,比上年提高 1.92 个百分点。

2007 年外资企业在产业结构和投资领
域方面呈现新的发展态势。第三产业实有
户数持续快速增长,注册资本增长 40.37%。
批发和零售业持续快速增长,注册资本增长
尤为迅速。外资法人银行迅速增长,目前主
要集中于上海。国务院《外资银行管理条
例》颁布后,银行业向外资全面开放,鼓励和
引导在我国境内设立的外资银行分行改制
为具有中国法人资格的银行或其分行。到
年底,共有 18 家外资银行先后获得改制成
功(其中有 17 家外商独资银行),总注册资
本高达 84.4 亿美元,占金融业新登记的 69
家外商投资企业注册资本的 84.72%。

六、2008 年外资企业发展概况

截至 2008 年 6 月,全国实有外商投资企
业 42.46 万户(含分支机构 13.68 万户),比
上年底增加 1.82 万户,增长 4.47%,其中外
商投资企业法人 28.78 万户,投资总额 2.27
万亿美元,比上年底增加 0.16 万亿美元,增
长 7.65%;注册资本 1.27 万亿美元,增加
0.11 万亿美元,增长 9.9%;其中外方认缴出
资额 1.01 万亿美元,增加 0.09 万亿美元,增
长 10.25%,外方认缴出资额占认缴注册资本
的 79.97%,比上年底增加 0.25 个百分点。

外商投资企业产业结构进一步优化,第
三产业占实有总户数的 48.75%。截至 2008
年 6 月,外商投资企业在第三产业实有 20.7
万户,占实有总户数的 48.75%,其中企业法

人 11.61 万户,注册资本 4 694.73 亿美元,占
认缴注册资本总额的 36.97%。第二产业实
有 21.02 万户,占实有总户数的 49.5%,其中
企业法人 1.94 万户,注册资本 7 837.84 亿美
元,占认缴注册资本总额的 61.72%。第一产
业实有 7 423 户,占实有总户数的 1.75%,其
中企业法人 0.13 万户,注册资本 165.84 亿美
元,占认缴注册资本总额的 1.31%。

从行业来看,制造业实有户数仍然高居首
位,为 20.09 万户(含分支机构,下同),占实有
户数的 47.32%。其次为信息传输、计算机服
务和软件业 5.52 万户,占 13%。再次为批发和
零售业 4.93 万户,占 11.61%。第四为租赁和
商务服务业 2.93 万户,占 6.9%。第五为房地
产业 1.88 万户,占 4.43%。

全国实有外商独资企业 24.94 万户(含分
支机构,下同),占外商投资企业实有总户数的
58.74%。中外合资企业 11.1 万户,占
26.14%。中外合作企业 5.98 万户,占
14.08%。外商投资股份公司 0.44 万户,
占 1.04%。

2008 年,是我国改革开放三十年,也是
工商行政管理机关恢复建制三十年。外商
投资企业注册局根据国家工商总局工作部
署,在 2008 年 1 月,召开了全国部分省级外
资处长座谈会,听取被授权局的建议意见,布
置了 2008 年主要工作,重点是继续加强外资
登记管理法律体系建设,完善配套规章的可
操作性,进一步提高外资登记管理工作法制
化水平;进一步完善外资登记授权体制建设,
发挥外资登记职能优势,促进地方经济又好
又快发展;进一步推动全国外资登记管理数
据监测分析系统建设,完善数据标准,提高数
据的准确率和数据使用价值,继续完善外资
企业网上年检系统的应用,切实提高外资登
记管理信息化水平;加强外资登记管理干部
队伍建设,提高外资登记管理工作质量和水
平;积极创新监督管理方式方法,继续做好以
出资监管为重点的外资企业监督管理工作,
建立健全外资监督的长效机制;提高服务外
向型经济发展的能力和水平。

(执笔人:孟 钧 洪 筠)

第三章　个体私营经济监督管理

个体私营经济监管是工商行政管理的一项重要职能,是与国家的政治经济生活联系紧密、关乎国计民生的一项重要工作。自有工商行政管理始,就有了个体私营经济监管。新中国成立以来,工商行政管理机关对个体私营经济的监管是伴随着个体私营经济的发展而不断发展的。随着党和国家对个体私营经济的地位和作用的认识不断深化,有关个体私营经济的政策法规不断调整和完善,各个历史时期个体私营经济监管的目标和侧重点各有不同。个体私营经济监管见证了各个不同的历史时期党和国家关于个体私营经济政策的成败得失,见证了经济社会发展的兴盛与曲折。

新中国成立近 60 年来,个体私营经济监管取得了丰硕的成果,也有过失误和挫折。大致可以划分为国民经济恢复和社会主义改造时期(1949—1956 年)、单一公有制时期(1957—1978 年)、改革开放时期(1978—1992 年)、建立社会主义市场经济体制时期(1992—2002 年)和完善社会主义市场经济体制时期(2003 年以后)这样几个阶段。

第一节　国民经济恢复和社会主义改造时期(1949—1956 年)

一、国民经济恢复时期(1949—1952 年)

由于长期战乱,全国解放初期的国民经济极为困难,在大中城市,私营工商业停工歇业的现象十分严重。因此,扶持私营工商业复工复业就成为医治战争创伤、恢复和发展国民经济、改善人民生活的重要措施。在这一时期,各级工商行政管理部门的中心工作,就是宣传《中国人民政治协商会议共同纲领》和中国共产党的方针政策,扶持私营工商业恢复和发展,同时,对私营工商业进行调整和管理。

(一)扶持私营工商业、个体工商业恢复和发展

针对解放初期许多私营工商业者对中国共产党和人民政府的政策缺乏了解的实际情况,各地工商行政管理部门利用各种形式,大力宣传党和政府"发展生产、繁荣经济、公私兼顾、劳资两利"的保护和发展私营工商业的方针政策,特别是及时传达和宣传1949 年 4 月中旬刘少奇同志视察天津时关于工商业问题的谈话。除通过报纸、电台宣传外,还召开重点企业的工商业者座谈会,听取意见,讲解政策,解答问题,消除隔阂。特别是针对他们十分关心的工资折算、企业盈利分配、税率等,召开专题座谈会,宣传政府的方针政策,并征询他们的意见。通过这些工作,使党和政府对私营工商业的政策逐渐深入人心。许多私营工商业者对党的政策逐渐从怀疑到有所了解,情绪渐趋稳定,愿意恢复和发展生产经营。到 1949 年底,私营工厂由 9 717 家增加到 12 007 家,增加了 23%,工人人数由 42 590 人增加到 50 430人,增加了 18%。到 1950 年,全国私营工业大部分恢复了生产,不少企业生产发展,产量增加。

(二)调整工商业,改善公私关系

在工商业得到恢复和发展,国民经济开始好转的情况下,在公私间、产销间和劳资间也出现了一些矛盾和问题,亟须解决。根

据中央提出的合理调整工商业的要求,1950年5月8日,中财委召开七大城市工商行政管理局长会议,分析了经济形势,制定了调整工商业的政策,提出了扩大加工订货,重点维持生产;扩大农产品收购,增加农民购买力;组织工业品出厂,打开工业品销路;联合公私力量,增加工业资金的周转;改善企业经营管理;举办失业救济;用适当方式将市场趋势公告全国,指导私营工业的发展,减少其盲目性等一系列有力的措施。在这次会议上,还讨论了调整工商业的公私关系问题,明确要遵循《共同纲领》中规定的"公私兼顾、劳资两利、城乡互助、内外交流"的方针,对五种经济成分按照"统筹兼顾,各得其所,分工合作,一视同仁"的原则进行调整。

根据中共中央提出的调整工商业的要求和中财委召开的七大城市工商行政管理局长会议的部署,各级工商行政管理部门着重做了以下几个方面的工作:

1. 调整公私关系

(1)安排和管理加工订货,调整工业的公私关系。对工业的公私关系,主要是通过加工订货的方式进行调整的。加工订货是国家扶持私营工业,协助其解决原料、销路、资金周转困难,以恢复和发展生产,加强国营经济与私营经济的联系并加强国营经济对私营经济领导的一个重要手段。各大中城市的工商行政管理部门普遍建立了管理加工订货的机构,制定了加工订货的管理办法,扩大了加工订货的品种、数量和行业范围,以安排私营工业的生产。抗美援朝战争爆发后,军需用品增加,国家对私营工业的加工订货规模进一步扩大,逐渐由主要品种发展到次要品种;由大厂发展到中小厂;由主要行业发展到次要行业,对加工订货的安排和管理,也随之逐步加强和完善。

加工订货数量大、品种多、质量要求高、交货期限急、委托单位多头,涉及公营与公营、公营与私营、私营与私营之间产销各方面的关系。各级工商行政管理部门在安排和管理加工订货时,做到了五个兼顾:一是兼顾国家需要和工厂企业生产能力。凡加工任务超出工业企业现有生产能力时,或组织增产,或经过协商,按照轻重缓急安排生产。二是兼顾公私工厂企业接受的任务保持平衡。三是兼顾私营工业中大中小企业。四是兼顾军需、民用和外地委托单位、本市委托单位。一般按照先中央单位后地方单位,先军需后民用,先急需后一般,外地需要与本地市场兼顾的原则进行安排,以妥善处理要货部门的关系。五是兼顾生产季节性的平衡,保持均衡生产。

(2)调整价格和经营范围,调整商业的公私关系。调整商业的公私关系,主要是调整国营商业的价格政策和公私商业之间合理划分经营范围。调整价格主要是按照稳定物价及产、运、销三者有利的原则,规定适当的批零差价和地区差价,使私营商业有利可图。1950年6月1日,中央贸易部通令全国国营贸易公司调整零售价格。要求合理计算各种商品零售成本,加上一定比例的合理利润,确定各种商品零售价格,使私营零售商能获得合理利润。各大城市工商行政管理部门立即检查价格情况,督促国营贸易公司进行调整。如上海市先后调整了米、油、盐、糖、布五种主要商品的零售与批发价格。天津市国营贸易公司将布的批零差价由1.56%提高到6.99%,煤、盐的差价分别调整为6%、7%。在调整批零差价的同时,一部分不合理的地区差价也逐步扭转,使贩运商有合理利润可得。由于价格的调整,促进了地区之间、城乡之间物资正常流通,使市场交易逐步活跃起来。如上海的米市场,1950年6月到货量比5月份增加了30%～40%,1950年7月中旬的市场成交量比3—4月间增加50%～100%。

在经营范围上,国营商业把主要力量放在批发业务上,以掌握物资,调剂市场,回笼货币,并稳定批发物价。在零售业务上,国营零售店一般只经营粮食、煤炭、纱布、食油、食盐、石油六种人民生活必需品,其余非主要商品不兼零售。国营商业所设零售网点数量,以能够稳定零售市场价格、制止投机商人扰乱市场为限度,让出的品种和网点给私营零售商经营。各级工商行政管理部门还适时适当放宽市场管理中的一些不必要的限制措施,简化管理手续,以便利私营工商业进行购销活动。经过调整,私营零售商的营业额逐步回升。

2. 调整产销关系

调整产销关系,主要是要克服产销失调和私营工商业经营的盲目性问题。各地工商行政管理部门根据中央的精神和本地区的具体情况,召开各种专业会议,采取措施沟通产销情况,指导生产经营方向,克服产销失调的现象。有的地区制订生产计划,对生产过剩的行业,本着"公私兼顾、扶助进步、照顾全面、顾及历史"的原则,组织公私之间和大小厂之间,协商分配生产任务,实行以销定产,避免盲目竞争。必要时,工商行政管理部门还对一些重要工业原料,如烟叶、坯布等实行统一分配,以调节产销。经过调整,促进了工商之间、产销之间的配合协作,密切了工业之间产销、供需的联系,减少了生产的盲目性。

3. 配合劳动部门,调整劳资关系

在调整劳资关系方面,工商行政管理部门密切配合劳动部门,推动私营工商业改善劳资关系,鼓励劳资双方共同搞好企业的生产经营,改善经营管理。在分配加工订货时,把私营工商业内部是否建立了正常的劳资关系、能否正常生产等作为分配任务的重要条件,以推动企业自身改善劳资关系。加工订货合同的内容向工人群众公布,以利于工人的监督和协助。各地工商行政管理局还参加了"劳资争议仲裁委员会",协助劳动部门做好劳资争议的调处仲裁工作。

调整工商业的各项政策措施的落实,帮助私营工商业克服了困难。从 1950 年 7 月开始,市场上的商品滞销现象已基本消除,并做到了淡季不淡,旺季更旺。私营工商业开业户数增多,一些有利于国计民生的私营工商业,有了进一步的发展。私营工业总产值和私营商业的零售额,都有所增长。据天津、北京、上海、武汉等 10 个城市的统计,1950 年下半年新开业的工商业户共为32 674 户,歇业的共为 7 451 户,开歇业相抵后,净增加25 223 户。1951 年全国各主要城市私营工业总产值比 1949 年增长 48.2%(如包括个体手工业,则增长 60.5%),1951年私营商业零售额比 1950 年增长 26.2%。

(三)对私营工商业的登记管理

1. 开展对私营工商业的临时性登记

随着各个城市的相继解放,各地工商行政管理部门先后对私营工商企业进行了登记。这次工商企业登记,是在大批城市解放后分头进行的,重点是私营工商企业登记。

这次各地进行的工商企业登记,虽然没有全国统一的规定,带有临时登记的性质,但它是新中国历史上第一次企业登记,对于加强私营工商业的管理,发挥了重要的作用。一是为中央和各级人民政府管理私营企业以及制定对私营企业的政策提供了重要依据。各地在企业登记工作中,对私营工商业进行了深入调查,全面了解了企业的户数、人员、资本、设备、厂房、劳动制度、会计制度,以及企业在技术、原料、流动资金、产品销路、劳资关系、产品竞争力等方面的情况,为当时开展对私营企业全面管理,扶持私营工商业迅速恢复和发展生产经营提供了重要的依据。二是通过加强对私营工商业开业、歇业的登记管理,限制私营工商业的盲目发展。凡对国家建设及城乡内外交流有利的行业,鼓励私人投资,指导其发展;对不为人民所需要或已经发展过多的行业,不准开业;对一些不为社会所需而暂时尚有一定销路的行业,限制开业。例如,各地工商行政管理局根据 1950 年 7 月 4 日中财委发布的《关于适当限制某些已经过剩或达到饱和状态的生产的公告》,在管理私营工商业的开业、歇业、转业的登记工作中,及时作出相应的规定和处理办法,迅速限制相关产业的盲目发展。三是通过企业登记管理,定期进行私营工商企业的开业、歇业、转业统计,及时掌握私营工商业的动态,为管理私营工商业、调整私营工商业的政策,提供重要的依据。

2. 对私营企业进行登记或变更登记

1950 年 12 月 22 日,中财委公布了《私营企业重估财产调整资本办法》,1950 年 12月 27 日政务院通过了《私营企业暂行条例》，1951 年 3 月 30 日政务院又公布了《私营企业暂行条例施行办法》。各地工商行政管理局贯彻执行上述 3 个文件，对私营企业进行了开业、歇业、转业的登记管理和注册资本的变更登记，到 1951 年底基本完成。

根据《私营企业暂行条例》及其施行办法的各项有关企业登记的规定，各地工商行政管理部门在对私营企业进行登记或变更登记的过程中，除已由地方工商行政管理机关登记的不再办登记手续外，其余一律按新规定办理；对原登记的公司企业，一律按照规定转报中财委私营企业局登记；对由地方工商行政管理机关登记的企业，需办理变更登记事项的，办理变更登记。同时，还加强了企业开业、歇业、转业的登记管理。

按照《私营企业重估财产调整资本办法》的规定，各地工商行政管理部门有重点、分步骤地对私营企业的资本进行了核实和调整，使私营企业的资本数额有了合理的估算方法，注册资本比较接近实际状况。而且在企业报送的股东名册中，把原来使用的"堂"、"记名"改正为投资人的真实姓名，使私营企业的登记管理更加规范和完善。

（四）对个体工商业和小商小贩的管理

据不完全统计，1949 年全国城乡个体工商业从业人员约 3 000 万人。城镇个体劳动者 724 万人，大部分为个体工商业者。在国民经济恢复时期，人民政府对个体工商业采取了扶持和发展的政策，发挥其在发展生产、繁荣经济方面的补充作用。截至 1952 年，全国城镇个体工商业人员数已达到 817 万人。各级工商行政管理部门认真贯彻人民政府的各项政策，在扶持个体工商业发展，保护其合法经营的同时，加强了行政管理。

1. 对个体手工业的管理

对于个体手工业的管理工作，除了通过加工订货、统购包销等形式扶助其恢复和发展生产外，各级工商行政管理部门还重点做了以下工作：一是按行业组织联营社或联营组，以便于统一接受加工订货，便于在供销环节上和国营经济挂钩，继而统一购料，统一规格，提高产品质量。二是组织专业会议，帮助个体手工业提高产品质量，增加花色品种，发挥其生产品种多、改进品种快、对市场需要适应性强的优势。三是组织手工业合作社，辅导其走合作化的道路。在国民经济恢复时期组织的手工业合作社，主要是为了恢复生产，组织失业者就业，减轻中间商人对手工业者的剥削，以及克服个体手工业分散落后的弱点。据天津市的统计，1949 年底共有手工业合作社 9 个，共 690 人，到 1952 年发展为 25 个社，共 3 541 人，占全市手工业户的 3.63%。这些合作社得到国家的大力支持，对后来的手工业合作化起了示范作用。

2. 对小商小贩的教育和管理

新中国成立以后，小商小贩的人数有较大的增加，据中央工商行政管理局统计，1950 年全国城镇共有摊贩 197 万户、216 万人，到 1952 年则增加为 218 万户、243 万人。他们多数是失业工人、店员和长期以此为生的小贩。

在国民经济恢复时期，对小商小贩的教育和管理，是结合国家组织的复工复业、打击投机、整顿市场、调整公私关系等项重大经济工作进行的。由于历史的原因，小商小贩成分复杂，不少人无照经营，乱摆摊点，提等提价，以次充好，以假充真等。为了保护正当商业经营，取缔非法经营活动，维护市场秩序，各大中城市相继对摊贩市场和小商小贩队伍进行整顿。一是登记发照，凭照经营，无照一律不得经营。二是整顿摊贩市场。对不同形式的市场，本着限制而不管死、不同市场区别对待的原则，进行整顿，加强管理。对日用生活必需品的零售市场，划分地段，使其安心经营；对早市一般不取消，进一步加强管理；对城乡交易市场，以开办农民交易所来代替；对"鬼市"采取削弱或取消的方针，在取消条件不成熟前，则变更其经营时间，变黑市为明市；对夜市一般予以保留。三是组织摊贩管理委员会，实施统一管理。四是建立综合性或专业性摊贩联合会。根据不同情况，按市场、按行业、按地区建立摊贩联合会，加强个体工商业者自我教育、自我服务、自我管理，协助工商行政管理部门宣传政策,反映摊贩的意见和要求。此外,摊贩联合会对评议税负、推销公债等也发挥了积极作用。

在国民经济恢复时期,对个体私营经济的主要政策是利用和限制,以限制为主,即通过一系列国家资本主义的形式,把私营经济纳入国家计划经济的轨道。对个体手工业和小商小贩,则通过加工订货、统购包销和组织摊贩联合会等形式,推动形成事实意义上的"合作化"。总的来看,这一政策是比较成功的。在这一时期,资本主义工商业的恢复和发展,为国家的生产和人民的生活提供了大量急需的生产资料和生活资料,有力地支持和推动了整个国民经济的恢复和发展。

二、社会主义改造时期(1953—1956年)

1953 年,中共中央公布了由新民主主义向社会主义过渡的总路线,即:"从中华人民共和国成立,到社会主义改造基本完成,这是一个过渡时期。党在这个过渡时期的总路线和总任务,是要在一个相当长的时期内,逐步实现国家的社会主义工业化,并逐步实现国家对农业、对手工业和对资本主义工商业的社会主义改造。"各级工商行政管理部门把总路线的精神贯彻到各项工作之中,充分发挥政府赋予的各项职能作用,采取各项措施,促进私营工商业和个体工商业的社会主义改造。

(一)把资本主义商业企业改造成国家资本主义企业

1952 年底,中共中央作出了《关于在全国实行计划收购油料的决定》;政务院发布了《关于实行粮食的计划收购和计划供应的命令》;1954 年 9 月,政务院发布了《关于实行棉布计划收购和计划供应的命令》及《关于棉花计划收购的命令》;1955 年,还对若干重要农副产品先后实行了派购。工商行政管理部门认真贯彻执行这些统购统销政策,整顿了粮、棉、油市场,安排粮、棉、油行业的公私比重,加强对商业的管理,不仅保障了城乡人民生活必需品的供应,稳定了市场物价,而且为改造私营商业积累了经验。

这项政策的实行,使私营商业在货源上更进一步依赖国营经济,逐步被纳入到国家资本的轨道。

从 1953 年下半年开始到 1954 年,采取"一面前进,一面安排;前进一行,安排一行"的办法,对私营批发商进行全面安排和改造,分别不同行业、不同情况,有计划、有步骤地代替和安排,把改造和安排结合起来,引导它们转向有利于国计民生的事业。对它们的资金,给予适当出路;对其从业人员,给予妥善安排。安排和改造私营批发商的步骤,一般是先主要行业,后次要行业;先掌握货源的行业,后尚未掌握货源的行业;先大的批发商,后中小批发商。经过有计划地安排和改造私营批发商,到 1955 年上半年,国营商业和供销合作社在全国纯商业机构的批发总额中所占的比重,由 1953 年的69.2%上升到 94.8%。

(二)扩大加工订货,把私营工业企业纳入国家资本主义轨道

在国民经济恢复时期,国家为扶持私营工业克服困难,迅速恢复和发展生产,对一部分私营工厂实行了加工订货、统购包销。这种措施对安排和恢复私营工业的生产,收到了很好的效果。1953 年 7 月,全国财经会议决定有计划、有步骤地扩大加工订货的范围,增加加工订货的任务,以维持私营工业的生产,把私营工业的生产纳入国家计划。社会主义改造开始后,加工订货成为把私营工业企业纳入国家资本主义轨道、逐步完成对私营工业的社会主义改造的重要形式。各级工商行政管理部门负责安排私营工业的生产,逐行逐业地安排加工订货、统购包销。同时,还合理调整工缴货价、进一步完善加工订货和统购包销的合同管理,加强对私营工业企业的监督工作。通过这些工作,保证了加工订货任务按时、按质、按量完成,并且基本上把私营工业引上了国家资本主义轨道。

(三)促进公私合营

公私合营是中国对资本主义工商业进行社会主义改造时期一种过渡性质的经济,是国家资本主义的高级形式。在对私营商业的全面安排、改造和对私营工业扩大加工订货的基础上，中央决定有计划地扩展公私合营，有关部门为此制定了相应的政策和措施。各级工商行政管理部门以过渡时期总路线为指针，按照国家的各项方针政策，具体负责指导清产核资，监督利润分配，参与企业人事安排，协调公私合营中的公私关系等工作。由于政策适当，措施有力，扩展公私合营的工作进展很快。私营商业由于主要私营批发商已经改造，主要私营零售商实行了经销代销，中小私营商业还不具备条件实行公私合营，到 1955 年 8 月，实行个别公私合营的商业企业有 440 户。私营工业企业的公私合营经历了个别企业公私合营到全行业公私合营的过程。到 1956 年 3 月底，全国除西藏等少数民族地区外，都基本上完成了对资本主义工商业的社会主义改造，改造面约占 99%，仅 1956 年内实现改造的私营工业就有 8.8 万户。

（四）推动个体工商业的社会主义改造

1. 对个体手工业的改造

社会主义改造开始后，各级工商行政管理部门积极推动个体手工业组成手工业供销小组或手工业合作社。手工业供销小组或手工业合作社是手工业的低级合作组织，其劳动工具仍归个人私有，分散进行生产。这种合作组织从原材料供应和产品销售方面与国营经济挂钩，开始摆脱对私营商业的依赖，从而使生产得到稳定发展，收入有了保证，得到手工业者的拥护。1953 年，各级人民政府成立了手工业管理局，手工业的管理和改造工作改由手工业管理部门负责。

2. 对个体运输业的改造

对个体运输业的改造，是由归口的业务主管部门来组织的，主要形式是运输合作社。

3. 推动个体商业、小商小贩的社会主义改造

对个体商业的改造，是从组织它们搞联购联销和联购分销开始的，以后又逐步帮助它们组成合作商店、合作小组。1956 年社会主义改造高潮中，合作商店、合作小组成为对城乡个体商业进行社会主义改造的主要形式，有一部分个体商业进入了国营商业和供销合作社或者公私合营商业。到 1956 年底，全国城乡 238.8 万个个体商业，90% 以上都已经组织起来。

对小商小贩的改造，是同资本主义商业的改造一起进行的。主要做法是按行业或按经营的商品种类划归各个国营专业公司，先是为国营商业经销代销，同国营商业挂钩，以后组成合作商店、合作小组。在 1953 年到 1955 年对资本主义商业实行按行业改造的时候，把小商小贩和资本主义商业一并纳入国家资本主义初级形式，即委托经销、代销形式。但小商小贩是劳动人民，它们和资本主义商业是不同的，对它们改造的形式也有所不同。小商小贩的经营方式是分散经营，把它们纳入委托经销、代销的形式，为便于领导、管理、教育和改造，也需要组织起来。实际上，在把小商小贩纳入委托经销、代销形式的同时，已有相当一部分组成了合作社。1956 年社会主义改造高潮以后，合作商店、合作小组就成了对城乡小商小贩改造的基本形式。到 1956 年底，全国城镇 440 万小商小贩中，90% 以上已经组织起来。经过对个体工业、个体运输业和个体商业的社会主义改造，继续从事个体经营的所剩无几。

在社会主义改造时期，把对私营经济的利用、限制、改造和赎买有机地结合起来，创造了一系列由初级到高级的国家资本主义形式，实现了私营经济和平过渡到社会主义公有制，这是一个伟大的创举和伟大的胜利。通过合作化把个体工商业者组织起来，变个体所有制为集体所有制，是过渡时期总路线和总任务的组成部分，是一次深刻、巨大的变革。但在 1955 年夏季以后，农业合作化以及对手工业和个体商业的改造要求过急，工作过粗，改变过快，形式也过于简单、划一，1956 年资本主义工商业改造基本完成以后，对于一部分原工商业者的使用和处理也很不适当，以致在长期间遗留了一些问题。到 1956 年底，全国城镇个体工商业者仅有 16 万人，其中，个体手工业者约 8 万人，小商小贩约 8 万人。但整个来说，在一

个几亿人口的大国中比较顺利地实现了如此复杂、困难和深刻的社会变革,促进了工农业和整个国民经济的发展,这的确是伟大的历史性胜利。

第二节 单一公有制时期
(1957—1978 年)

从社会主义改造结束到党的十一届三中全会召开,这二十多年中,由于党对社会主义革命和建设的规律性还缺乏全面的认识,党在指导方针上发生了严重的失误,甚至出现了"文化大革命"这样全局性、长期性的严重错误,致使各项工作都出现了波折和反复。在这个历史时期,各级工商行政管理部门在发展和管理私营经济和个体经济方面,做了一些有益的工作,但也产生了一些失误和偏差。

一、社会主义建设探索时期(1957—1966 年)

(一)继续改造私营工业和个体工商业

1958 年 4 月,中共中央发出了《关于继续加强对残存的私营工业、个体手工业和对小商小贩进行社会主义改造的指示》,要求对它们采取利用、限制、改造的政策。1959 年下半年,国家提出进一步加强对小商小贩的社会主义改造,割资本主义尾巴,彻底消灭产生资本主义自发势力的根源的政策,其实质是要消灭小商小贩。中央工商行政管理局于 1958 年 6 月向各地发出通知,要求对个体工商业采取多种形式继续进行改造,将一些个体商贩进一步组织起来,将一些合作小组升级为合作商店。同年 8 月,中央工商行政管理局推广河北省改造个体手工业、个体小商小贩的经验,提出抓住有利形势,迅速完成对残存私营经济的社会主义改造,并要求消灭单干户,改造现有合作小组,组织高级合作商店和直接过渡到国营商店,小商小贩直接参加工农业生产等。在这种形势下,个体工商业又进一步"升级"、"过渡"。

1959 年下半年,中央工商行政管理局提出改变小商小贩的所有制,割资本主义尾巴,彻底消灭产生资本主义自发势力的根源。1960 年 1 月召开的全国工商行政管理局长会议提出将小商小贩放到街道安排,实质上是要消灭小商小贩。在这以后,小商小贩和个体手工业者的比例发生了急剧的变化。1960 年,全国城乡小商小贩中大约有 381 万人进入国营企业、合作化或者转业。

(二)对个体工商业的调整、整顿和压缩

1. 调整对个体经营的政策

1961 年 1 月,中共八届九中全会通过了"调整、巩固、充实、提高"的八字方针,并在全国范围内开始了国民经济的调整工作。商业部和中央工商行政管理局于 1962 年 5 月发布《关于合作商店、合作小组的若干政策问题的联合通知》,要求把 1958 年以后进入国营商业(包括公私合营商业)和供销合作社的小商小贩,调整出去一部分。调整出去的小商小贩以组织合作商店为主,某些适于分散经营的行业,也可以组织一些合作小组,但一般不要搞单干。合作商店、合作小组的规模不宜过大、集中,合并过大的,要适当划小划细,继续发扬原有的经营特点,主要是为国营商业或者供销合作社经销、代销、代购,并且只能经营零售业务,不准转手批发和成批出售。

这种调整,只是在所有制上由国营和供销合作社所有变为小集体所有,并没有允许发展个体经营。但是,由于有了"调整"的精神,由于农村集市贸易的开放和城乡居民的需要,个体工商户特别是无证个体户又有一定的发展。据 1962 年底统计,全国城镇有证个体商贩已恢复到 71 万人;全国城乡无证商贩约有 200 万人。

2. 对个体工商业进行清理整顿

1962 年 9 月,《中共中央关于商业工作问题的决定》指出,要对小商小贩加强行政管理,要进行登记,发给营业执照,指定活动地点,规定合理的税收。1963 年 3 月,中共中央、国务院《关于严格管理大中城市集市贸易和坚决打击投机倒把的批示》指出,要对无证商贩进行清理。在职干部和职工、弃家经商的农民和其他私自离职人员,严格禁止从事商业活动。在城市中,精简和下放人员及盲目流入城市人员从事商业活动的,限期停业,动员回乡。对于生活困难又无其他工作出路的城市闲散人员,首先从多方面设法安置。同时,根据需要,也可以批准一些在当地有户口的人,暂时从事商业经营,并发给营业执照。清理后,坚决取缔无证经营。经过一段时间的清理整顿,个体商贩又有所减少。到1964年,全国城镇个体商贩约有58万人。

1961年5月,中共中央召开了财贸工作座谈会,这次会议的《会议纪要》提出,要加强对合作商业和个体商贩的改造。工商行政管理部门要协同各地商业部门加强对个体商贩的管理和改造,税务和银行部门也要加强税收管理和信贷管理。座谈会的基本精神就是要限制个体商贩的发展,并逐步淘汰。各地贯彻座谈会精神,又进一步压缩个体商贩。到1966年上半年,全国城镇个体商贩已减少到8万人。

1962年以后,各地还对民间运输业进行了整顿。整顿主要采取了以下措施:(1)登记发放营业执照,条件是:有本地正式户口,依靠从事运输收入为主要生活来源,经营正当,服从管理,有所在地街道办事处或居民委员会的证明。(2)规定运输价格略高于专业运输企业的运费标准,制定民间个体运费标准,并可视具体情况,适当增减,由双方议价。(3)统一发票。由交通或税务部门,印制统一发票,以便有关部门检查、监督和征税。(4)取缔新“把头”。对垄断运输市场、运输价格和货源的“把头”行为进行打击。(5)货源分工,成批货物由交通运输部门统一掌握,零星物资可以自揽自运。(6)建立交通运输管理站和航运管理站,以利于对个体民间运输业的管理和改造。经过清理整顿,民间个体运输业者1962年底的人数相当于1957年底的人数。全国城镇个体运输者1957年为7万人,1962年为8万人,到1965年底也只有10万人。

二、十年动乱时期及其后两年(1966—1978年)

“文化大革命”一开始,个体工商业者被当作“投机倒把分子”、“走资本主义道路的

小商贩”加以取缔或遣送回乡。到1967年底,个体工商业者减少到86万人。1968—1969年,把大批个体工商业者当作“吃闲饭”的人赶到乡村。1970—1971年,许多地方开展了整顿财贸队伍,进行“商业改革”的运动,又清理了一批个体工商业者。1974年后,进一步批判个体经营,使个体工商业者人数进一步减少,到1976年底,全国仅有个体工商业者18万人。

1976年10月粉碎“江青反革命集团”的胜利,结束了“文化大革命”,从危难中挽救了党,挽救了革命,使我们国家进入了新的历史发展时期。从这时开始到十一届三中全会之前的两年中,广大干部和群众以极大的热情投入各项革命和建设工作。揭发批判“江青反革命集团”的罪行,清查他们的反革命帮派体系,取得了很大成绩。党和国家组织的整顿,冤假错案的平反,开始部分地进行。工农业生产得到比较快的恢复,教育科学文化工作也开始走向正常。但是,由于当时历史条件的限制和当时担任党中央主席的华国锋同志在指导思想上继续犯了“左”的错误,推行和迟迟不改正“两个凡是”(即“凡是毛主席作出的决策,我们都坚决维护;凡是毛主席的指示,我们都始终不渝地遵循”)的错误方针,没有能够纠正“文化大革命”的错误理论、政策和口号,反而加以肯定。对经济工作中的求成过急和其他一些“左”倾政策的继续,个体私营经济的发展仍然受到很大的限制。到党的十一届三中全会召开的1978年,全国城镇个体劳动者仅存14万人。

在这一时期,特别是“文化大革命”的十年,由于党的指导思想上的重大失误,片面强调“以阶级斗争为纲”,“限制资产阶级法权”,把个体私营经济看成有可能复辟资本主义制度的经济根源和制度根源,脱离中国生产力水平还十分低下的现实,不适当地强调生产关系领域的“革命”。在这种错误思想指导下,个体私营经济监管致力于消灭一切私有形式,给国家经济发展和社会经济生活带来了十分消极的影响。

第三节　改革开放与经济体制改革全面展开时期（1978—2002 年）

一、个体私营经济恢复与发展时期（1978—1992 年）

1978 年底,党的十一届三中全会胜利召开。这次会议重新确立了解放思想、实事求是、团结一致向前看的思想路线,决定把党的工作重点转移到经济建设上来,并开始在各个领域拨乱反正。以此为契机,党和国家对个体私营经济在社会主义初级阶段的地位和作用开始进行重新认识,对个体私营经济的政策逐步进行调整。正是在这个大背景下,我国个体经济很快得到恢复和发展,私营经济得以产生并快速发展。全国个体工商户从 1978 年底全国城镇仅存 14 万人,迅速发展到 1988 年底全国城乡的 1 452.7 万户,从业人员 2 304.9 万人;私营企业从无到有并迅速发展,到 1988 年底,全国城乡有私营企业 9.06 万户,从业人员约 163.1 万人。

在这一时期,工商行政管理部门在个体私营经济工作方面的基本职能有三项:一是调查研究,为制定有关个体私营经济的政策法规提供依据;二是制定或参与制定政策、法律法规和规章;三是积极扶持发展。

（一）组织、参与有关调研,为各级党委和政府制定关于个体私营经济的政策提供意见

从某种意义上讲,改革开放的历史,就是社会主义市场经济体制不断建立和完善的过程,也是对非公有制经济的认识不断突破和发展的过程。这个过程是我党如何发展马克思列宁主义理论,如何重新认识什么是社会主义、怎样建设社会主义的一个伟大的实践过程,也是我党不断解放思想,实事求是,与时俱进的历史过程。由于长期以来"左"的思想观念的束缚特别是十年动乱的影响,发展个体私营经济经历了一个从不自觉到自觉、从被动地接受和"看一看"到积极促进的过程。在这期间,各级工商行政管理机关通过大量深入细致的调查研究,掌握第一手材料,及时向党和政府报送调研报告,提出发展和管理个体私营经济的对策建议,对促进个体私营经济的恢复和健康快速发展发挥了重要作用。

1. 在改革开放初期,工商行政管理部门较早地提出恢复和鼓励发展城镇个体经济,并付诸实施

在党的十一届三中全会召开后不久,中央工商行政管理总局就提出在全国城镇要恢复和发展个体经济。1979 年 3 月,全国工商行政管理局长会议在北京召开,中央工商行政管理总局在给国务院的报告中提出:"现在服务行业力量不足,远远不能满足人民生活的需要。为了方便群众生活,并解决一部分人的就业问题,要协助有关部门多设一些城镇修理、服务性的集体所有制企业。同时,可以根据当地市场的需要,在征得有关业务主管部门同意后,批准一些有正式户口的闲散劳动力从事修理、服务和手工业的个体劳动,但不准雇工。"1979 年 4 月,国务院批转了这个报告,从而为我国个体工商业的恢复开了个口子。当时提出恢复和发展个体工商业主要是基于这样两个方面的考虑:一是缓解我国城镇普遍严重存在的劳动力就业困难,解决"有人没事干"的问题;二是解决城镇居民生活中的诸如吃饭难、做衣难、理发难等实际困难,解决城镇第三产业发展严重滞后、"有事没人干"的问题。恢复和发展的对象主要是两类人:一是原有个体工商业者;二是待业青年。在执行过程中,也允许社会闲散人员从事个体经营。由于当时对个体经济认识上的局限,政策只是小幅度、在非重要领域有所放开,并没有特别大的调整,特别是在允许个体经济存在和发展的同时,又有许多政策上的限制。如从业人员限于城镇待业青年,不准雇工;经营范围限于有限的几个行业;经营方式不准从事批发;经营地点不准出省出县;生产资料只能是小型的,不准购买机动车船等。但新的政策毕竟是对原有政策的一个很大的调整。1979 年,全国城镇个体工商业从业人员数由 1978 年底的 14 万人增长到 31 万人,一年就

发展了十几万人。整个八十年代,城镇个体经济在迅速恢复的基础上快速发展。到1989年,全国城镇个体工商业户有1 247万户、1 941万人。

2. 开展个体私营经济发展现状的调查

1989年,国家工商局与国务院政策研究室等六个部门组成联合调查组,历时近3个月,到辽宁、浙江等八个省市实地调查,经过深入调查,进一步了解了个体私营经济的基本状况,认识了个体私营经济在社会经济发展中的地位和作用。调查认为:我国个体私营经济的发展基本上是健康的,个体私营经济的积极作用是主要的、显著的。因此,要继续扶持、鼓励和引导个体私营经济发展。对待个体、私营经济的政策要注重两个方面:既发挥其积极作用,又限制其消极影响;既保护其合法权益,又取缔其非法经营;既注重其发展,又加强其管理,两方面同等重要,不可偏废,目的是为了促使它们在有益于整个国家社会主义现代化建设的轨道上健康发展。这次调查为稳定对个体私营经济的政策,进而制定更加有利于个体私营经济发展的方针政策提供了依据。

3. 开展个体工商户、私营企业收入问题的调研

1990年,围绕个体工商户、私营企业收入问题,国家工商局先后参与了多项调研。一是参与国务院经济发展研究中心牵头组织的关于中国现阶段阶层分析的调研。通过对个体经营者和私营企业经营者收入情况等问题的调研,认为在中国现阶段,个体经营者和私营企业经营者还没有形成一个有自己独立的利益和主张的阶层。二是与国家税务局共同组织关于个体工商户和私营企业收入问题的调研,并给国务院领导报送了调查报告。通过这些调研活动,基本摸清了个体工商户、私营企业收入来源及水平,支出结构及水平,对回答社会各界的疑问和制定政策,起到了重要作用。

4. 参与"生产资料市场问题"的调研

1992年,通过对生产资料市场问题的调查,证明个体私营经济适当参与生产资料的经营,不仅不会扰乱生产资料市场的秩序和冲击国有生产资料经营企业的经营活动,对发展市场经济、搞活生产资料市场、促进国有企业改革都有重要的积极作用。

这些调研活动和报告,通过详尽的材料,揭示了个体私营经济在国民经济中的重要地位和作用,消除了人们对发展个体私营经济的一些疑虑,为各级政府部门制定进一步促进个体私营经济发展的方针政策消除了障碍。

(二)制定或参与制定有关政策法规

1. 制定或参与制定关于个体私营经济的政策

(1)在改革开放初期,制定或参与制定恢复和发展个体经济的政策。1979年3月,中央工商行政管理总局召开全国工商行政管理局长会议,首次提出恢复和发展个体经济。1981年6月,国务院转发的《工商行政管理局向国务院的汇报提纲》明确提出:"城镇集体和个体经济是我国多种经济成分的组成部分,恢复和发展个体经济,是搞活经济的一项重大措施,是社会的需要,是一项长期的经济政策,也是安排城市就业的一个途径","要特别鼓励、支持集体和个体工商户经营那些群众需要的行业,如饮食业、服务业、修理业和有特殊工艺技术的行业。对这些行业,在政策上可以放宽一些,准许带帮手,准许带几个徒弟,以利于满足群众需要,扩大青年就业"。1981年7月到1984年2月,国务院先后下发了由国家工商行政管理局起草或参与起草的《国务院关于城镇非农业个体经济若干政策性规定》、《国务院关于城镇非农业个体经济若干政策性规定的补充规定》、《国务院关于农村个体工商业的若干规定》,对全国城乡个体经济发展与管理的主要方面做出了政策性规定,建立起了改革开放初期发展个体经济的政策框架。这些政策的基本点是鼓励、扶持城乡个体经济的发展。由于当时历史条件的局限,也对个体经济的发展规定了一些框框,如不准雇工等。

(2)制定或参与制定发展私营经济的政策。随着个体经济迅速发展,出现了"请帮手、带学徒"超过政策规定数量的"个体大

户"或称"雇工大户"。各级工商行政管理机关没有予以"封杀"，而是按照中央的要求，对其采取"看一看"的态度，并对其进行调查研究，向各级党委和政府提供情况和建议。1987年，党的"十三大"报告指出，私营经济"是公有制经济必要的和有益的补充。必须尽快制定有关私营经济的政策和法律，保护它们的合法权益，加强对它们的引导、监督和管理"。1988年3月，宪法修正案确立了私营经济的合法地位。在这前后，国家工商行政管理局及部分地方工商行政管理局加强了对私营经济的调查和研究，为其后制定和出台《中华人民共和国私营企业暂行条例》做了充分的准备。

（3）为制定有关个体私营经济的政策提供意见。国家工商行政管理局积极参与了《国务院关于大力加强城乡个体工商户和私营企业税收征管工作的决定》（1989年8月30日下发）的起草和修改工作，提出了一些稳定个体私营经济政策的建议。这个决定在强调加强个体工商户、私营企业税收征管工作的同时，要求"正确贯彻党和国家发展个体经济和私营经济的方针、政策"，指出："在以公有制为主体的前提下发展个体经济、私营经济和其他多种经济成分，是党和国家在社会主义初级阶段的一项长期指导方针，必须始终贯彻执行。要继续鼓励个体经济和私营经济的发展，作为公有制经济的补充；提倡在共同富裕的目标下，一部分人通过诚实劳动和合法经营先富起来。要按照国家有关法规，保障个体工商户和私营企业的正当经营活动和合法收入，坚决制止乱摊派、乱收费。同时，要对个体经济和私营经济加强引导、监督和管理"。这些虽然只是对过去政策的重申和强调，但在当时特定历史条件下，这个文件下发，使广大个体工商户和私营企业吃了一颗"定心丸"，起到了稳定人心、稳定个体私营经济发展的重要作用。

2. 起草或参与起草有关法律法规，为个体私营经济发展营造良好的法制环境

改革开放时期，先后制定了《城乡个体工商户管理暂行条例》和《中华人民共和国私营企业暂行条例》等法律法规，基本形成了与体制转轨时期相适应的、以所有制为主要标准的法规体系。

（1）制定《城乡个体工商户管理暂行条例》及《实施细则》。改革开放初期，在个体经济恢复和发展过程中，国务院先后出台了一系列具有法规性质的政策、规定，如《国务院关于城镇非农业个体经济若干政策性规定》（1981年）、《国务院关于城镇非农业个体经济若干政策性规定的补充规定》（1983年）、《国务院关于农村个体工商业的若干规定》（1984年）。这些规范性文件主要由国家工商行政管理局起草或参与起草。国家工商行政管理局和有关部门先后对个体经济发展与管理的一些具体问题制定、出台了一些规定。这些政策、规定的颁布，在当时对促进个体经济健康发展起到了重要的作用。

个体经济快速发展的客观形势，要求有一个城乡统一的、系统的、权威的法规来调整个体经济，从整体上协调有关部门和全国各地的政策。在此之前制定的政策和执行情况，为制定这样的法规积累了经验，《宪法》和《民法通则》的有关规定，为起草这样的法规提供了基本的法律依据。但当时正处于转轨时期，很多政策仍然是过渡性质的，因此，制定一部法律的条件尚不成熟。在这种情况下，国家工商行政管理局从1986年开始起草《城乡个体工商户管理暂行条例》，1987年，国务院正式颁布了《城乡个体工商户管理暂行条例》（以下简称《条例》）。《条例》主要明确了党和国家关于个体经济一系列基本方针政策及一些具体政策；明确了个体工商户的权利和义务；规定了工商行政管理机关对个体工商户的行政管理职责：一是对从事个体工商业经营的申请进行审核、登记、颁发营业执照；二是依照法律和《条例》的规定，对个体工商户的经营活动进行管理和监督，保护合法经营，查处违法经营活动，维护城乡市场秩序；三是对个体劳动者协会的工作给予指导。

这个法规是对改革开放以来党和国家关于个体经济的政策的全面总结和系统化，

同时又具有一定的前瞻性。这个法规颁布后,国家工商行政管理局制定了《城乡个体工商户管理暂行条例实施细则》(以下简称《实施细则》),对个体工商户的登记管理和监督管理等做出了较详细的规定。《条例》及《实施细则》的及时出台,从扶持发展和加强监管两个方面较好地统一了对个体经济的政策,促进了个体经济持续、快速、健康发展。

(2)制定《中华人民共和国私营企业暂行条例》及其施行办法。《城乡个体工商户管理暂行条例》颁布后,对"请帮手、带学徒"超过规定的,即当时大量存在的"个体大户"或"雇工大户"实行什么政策、如何管理,仍然没有政策和法律依据。1987年,党的"十三大"从理论和基本政策上回答了这个问题,1988年的《宪法修正案》从根本大法上确立了私营经济的合法地位。在此基础上,国家工商行政管理局受国务院委托,从1987年开始进行《私营企业暂行条例》的起草工作,1988年6月25日,国务院发布了《中华人民共和国私营企业暂行条例》,同年,国务院通过了《中华人民共和国私营经济所得税暂行条例》、《国务院关于征收私营企业投资者个人收入调节税的规定》,1989年发布了《私营企业劳动管理暂行规定》。这样,对私营企业的基本政策以及工商行政管理、税收征管和劳动关系的调整都有了法律法规及规章的明确规定,基本形成了一个法律法规调控体系,对促进、引导私营经济健康发展发挥了重要的作用。

《中华人民共和国私营企业暂行条例》进一步明确了国家对私营经济的基本政策;明确界定了私营经济及其组织形式;明确规定了私营企业的权利和义务;明确规定了工商行政管理机关及有关政府部门的职责。《中华人民共和国私营企业暂行条例》体现了社会主义初级阶段以公有制经济为主体、多种经济成分并存的格局和鼓励、引导私营企业健康发展的指导思想,是我国经济体制改革进一步深化的结果,它在很多方面有了突破:一是肯定了私营经济存在的合法性;二是规定私人可以举办公司,可以和国营企业、集体企业一样,符合条件的还可以依法取得法人资格,这就冲破了私营企业不能取得法人资格的旧观念,解决了一些私营企业没有法人资格的重大法律问题;三是规定私营企业可以同外国公司、企业和其他经济组织或个人举办中外合资企业、中外合作企业,可以搞"三来一补",进一步推动了外向型经济的发展。

为实施《中华人民共和国私营企业暂行条例》,国家工商行政管理局制定了《中华人民共和国私营企业暂行条例施行办法》,对私营企业的登记和管理做出了具体规定。

3. 大力扶持个体私营经济发展

在改革开放初期乃至一个较长的时期内,社会各方面对个体私营经济的看法不尽一致,一些部门、地方对发展个体私营经济缺乏积极性。各级工商行政管理机关在当地党委和政府的领导下,始终坚持"三个有利于"的标准,不管社会上对个体私营经济有什么议论,都始终如一地发挥自己的职能作用,鼓励、扶持、引导个体私营经济发展,并取得了很大成绩,得到各级党委和政府的充分肯定。

(1)鼓励农村个体工商业的发展。起源于安徽、迅速推广到全国的以联产承包责任制为主要形式的农村经济体制改革,人民公社制度的解体,农村率先突破了计划经济模式,农村商品经济得到迅速发展。农村商品经济的发展,劳动生产率的提高,使得剩余劳动力转移问题日益突出,需要寻找转移的出路。许多农民纷纷自发地从田野中走出来,从事工业、运输业、商业、服务业等非农产业的生产经营活动,从而自然而然地提出了农村个体经济的发展问题。党的十一届三中全会提出了发展农业生产的一系列政策措施和经济措施,提出:"社员自留地、家庭副业和集市贸易是社会主义经济的必要补充部分,任何人不得乱加干涉。"由于历史上家庭副业和集市贸易与个体工商业的存在和发展有着密切联系,实际上也就提出了允许个体工商业存在和发展的问题。为了适应农村个体工商业发展的要求并对它加以指导,在总结前几年城镇、特别是农村个体经济发展情况及存在问题的基础上,1984年2月27日,国务院下发了国家工商行政管理局参与起草的《关于农村个体工商业的若干规定》,明确了关于农村个体经济的基本政策。1981年,工商行政管理部门开始对农村个体工商业进行工商登记,当年登记了95.7万户、121.6万人,到1988年,则登记了1 071.4万户、1 726.5万人,比1981年分别增长了10倍多和13倍多,年均分别增长41.19%和46.08%。

(2)鼓励私营经济发展。随着城乡个体经济的快速发展,有一部分个体工商户经营规模迅速扩大,"请帮手、带学徒"的数量超过了政策规定,人们称其为"个体大户"或"雇工大户",后来规范地称之为私营企业。据国家工商行政管理局1987年底的调查分析,全国约有私营企业11.5万户,雇工总数为184万余人。实际上在合作经营组织和集体企业中也有一部分是私营企业,即俗称"红帽子"的企业。全国私营企业约有22.5万户,雇工总数约为360万人。

"个体大户"的出现和发展,是城乡商品经济发展的结果,是城乡个体经济迅速发展的结果。它在发展经济、活跃市场、增加就业、增加国家财政收入和群众收入等方面表现出一定的积极作用。但当时社会各方面对此议论颇多,认识很不一致,有人对社会主义改造胜利完成20多年后又允许私营经济存在和发展很不理解。实际上,这时的私营经济已不是新民主主义时期的私营工商业的恢复,它与以前的私营经济存在很多不同。第一,它是在党和国家的法律、政策允许和鼓励下出现和发展的,是为发展社会主义社会生产力服务的;第二,它是在公有制经济已经占主体,社会主义政治、经济制度已经建立和巩固的大环境下存在和发展的,不能不受占主体地位的公有制经济的影响和制约的;第三,它的所有经营活动都是在国家法律法规许可的范围内进行的,应遵守社会主义国家的法律和政策的规定;第四,私营企业主也不同于社会主义改造前的民族工商业者,他们大多是一直受党教育的工人、农民、干部、知识分子或其子弟,拥护社会主义制度,是在党的改革开放政策的感召下创业的,与其他阶层的人士一样,是有中国特色社会主义事业的建设者。当时,各级工商行政管理机关及广大工商行政管理干部尽管感受到较大的压力,仍然比较好地贯彻执行了中央"看一看"的政策,从促进社会生产力发展出发,对"个体大户"的产生和发展采取了容许存在直至鼓励发展的态度,这对于处于发展初期的私营企业显得十分重要。

1987年10月,党的"十三大"报告提出:"社会主义初级阶段的所有制结构应以公有制为主体。目前全民所有制以外的其他经济成分,不是发展得太多了,而是还很不够。对于城乡合作经济、个体经济和私营经济,都要继续鼓励它们发展","在不同的经济领域、不同的地区,各种所有制经济所占的比重允许有所不同","私营经济是存在雇佣劳动关系的经济成分。但在社会主义条件下,它必然同占优势的公有制经济相联系,并受公有制经济的巨大影响。实践证明,私营经济一定程度的发展,有利于促进生产,活跃市场,扩大就业,更好地满足人民多方面的生活需求,是公有制经济必要的和有益的补充。必须尽快制定有关私营经济的政策和法律,保护它们的合法权益,加强对它们的引导、监督和管理"。1988年4月12日,七届人大第一次会议通过的《宪法修正案》规定:"国家允许私营经济在法律规定的范围内存在和发展。私营经济是社会主义公有制经济的补充。国家保护私营经济的合法权利和利益,对私营经济实行引导、监督和管理。"大政方针的确立,不仅使私营企业经营者吃了"定心丸",而且使各级工商行政管理机关和广大工商行政管理干部更放心地、更加理直气壮地支持、引导、鼓励私营经济发展。

(3)积极为个体私营企业排忧解难。在个体私营经济发展过程中,特别是在个体私营经济发展初期,个体工商户、私营企业在经营中遇到较多困难,其合法权益也常常得不到切实有效的保护。出现这些问题的原因很多,从经济体制上看,当时是计划经济体制，而个体私营经济又是属于市场调节的经济成分，属于体制外经济，它在资金、场地、货源、原料等方面都没有列入各级经济计划的盘子，从而得不到有效保证；从经济力量上看，处于发展初期的个体私营经济在庞大的公有制经济面前是微不足道的，在各个方面都处于劣势；从政策环境看，个体私营经济作为公有制经济的补充，在经济计划中没有位置，在税收、市场准入等方面，都有一些限制，不能一视同仁。因此，扶持、引导、鼓励个体私营经济发展，仅有一般性的政策号召还不行，必须切实解决个体工商户、私营企业在经营中遇到的实际困难，并切实保护它们的合法权益。

一是帮助个体工商户和私营企业解决货源和原料问题。在个体私营经济发展初期，货源问题是影响其发展的重要因素。1982 年，中央领导同志批示，要求工商行政管理部门和商业部门"要努力提高商业人员为人民服务的思想，千万不要再受'左'的思想的束缚了"，要解决好个体工商业户的货源问题。据此，国家工商行政管理局、商业部、粮食部、供销合作总社、国家物资总局、国家劳动总局联合发出了《关于对城镇个体工商户货源供应问题的通知》，规定："对有城镇正式户口领有《营业执照》的个体工商户所需要的原材料和货源，当地国营商业、粮食、供销、物资等部门，应当根据批准的商品经营范围积极供应；并同国营和集体单位一样享受批发价格。国营商业、供销、物资等部门应按照经营分工范围适当增设批发网点，适当降低批发起点，给个体工商户进货提供方便。对修理服务需要的短缺物资，也应考虑个体工商业户的需要，物资部门在分配供应时应予以安排。在粮油供应方面，粮食部门应根据市场需要，对持有设镇建制的镇和未设镇建制的县城以上的城镇正式户口、领有营业执照的个体饮食业，按计划供应量凭粮票供应原料粮并按比例配给食油，同全民、集体饮食单位一样对待。对计划外的粮油，可根据当地粮源油源情况，供给议价粮油。"这个文件下发后，对解决原材料和货源问题起了一定的作用，但这个问题并没有从根本上解决。因为当时物资并不丰富，各方面的供应都比较紧张。有关单位在供应时，总是"先国营，后集体，再有余额给个体"。这个问题的根本解决，不是靠行政安排，而是靠市场，靠生产力的发展。后来，生产力发展了，物资丰富了，供应充足了，个体工商户和私营企业从市场上就能很容易地买到各种所需要的物资。

在这个过程中，各地工商行政管理部门指导个体劳动者协会发挥群众团体"自我服务"的职能，广泛发动会员建立"联购分销"组织，为会员特别是经营比较困难的会员解决货源问题，受到广大会员的欢迎。

二是帮助个体工商户和私营企业解决场地问题。在城镇，妨碍个体工商业发展的一个很大问题是经营场地严重不足。1984 年，上海市南市区因缺少经营场地使 700 多户申请从事个体工商业的没有得到批准，有些城市因经营场地困难，大批个体户被迫歇业。经营场地问题之所以比较突出，是因为个体工商业户临街门面极少，而现有的公共场所，有关部门又都有自己的规定，不准个体工商户摆摊设点。如市容、交通部门从市容、交通的角度考虑，规定各市甚至县城的所有主要马路、街道不准个体工商户摆摊经营；城建部门从公园的容量、保持环境的优美的角度考虑，规定个体工商户不准进公园及游览地照相、卖茶水，也不准在公园、游览地周围摆摊设点；城市绿化部门也与个体工商户因经营场地问题产生矛盾，为了解决这个问题，国家工商行政管理局与国家劳动总局、国家城建总局、公安部于 1981 年 5 月 6 日发出《关于解决发展城镇集体经济和个体经济所需场地问题的通知》，要求各地做好城市建设统一规划，开放早、夜市，利用人防工程和城市"红线"以内暂不施工的地段，腾出临街门面房以做经营之用等。这个文件起了一些作用，但问题在于不少地方没有贯彻执行。在社会主义市场经济体制下，场地问题不能用行政的办法解决，而必须用市场的办法解决。

（4）在国民经济整顿时期，坚持发展个体私营经济。1989 年，个体私营经济的发展势头受到很大影响，出现了缓慢下降的情况。1989 年,全国个体工商户户数、从业人数分别比 1988 年下降了 14.15% 和 15.77%,随后又逐渐回升,直到 1992 年底,才超过 1988 年的水平。1989 年私营企业仅登记了 9 万多家,从业人员 164 万人,直到 1993 年,才登记了 23.8 万家,刚超过 1987 年摸底的数字。

出现这种情况,原因主要有三个方面:一是国民经济治理整顿的力度很大,国民经济出现了"硬着陆",市场疲软,使得个体私营经济所面对的市场环境变得严峻,个体私营经济规模小,抵御市场风浪的能力差,生产经营活动遇到了较大的困难;二是有的地方和部门在治理整顿中,出现了收紧政策的倾向,个体私营经济在经营范围、经营方式、资金、税收等方面的政策都比以前严了;三是社会上有些人对党和国家发展个体私营经济的政策提出怀疑,要求限制个体私营经济的发展或者给个体私营经济发展规定一个数量界限。在诸多因素的共同作用下,一些个体经营者和私营企业经营者对党的政策的连续性缺乏信心,普遍存在害怕政策会变的心态,担心党和政府又要割"资本主义尾巴"或划"新剥削分子",有些人转移资产或等待观望,有的则干脆收摊不干了,而有些曾经准备加入个体私营经济行列的人也"知难而退"了。

面对这种较为复杂的形势,各级工商行政管理机关在各级党委和政府的领导下,积极宣传并坚决贯彻执行党和国家关于扶持、引导、鼓励个体私营经济发展的基本方针政策,做了很多艰苦细致的工作,稳定了个体经营者和私营企业经营者的思想情绪,进而稳定了个体私营经济发展的形势。1990 年初,国家工商行政管理局给国务院的《关于加强工商行政管理工作报告》指出:"当前需要进一步明确,在公有制为主体的前提下,继续鼓励发展包括个体、私营在内的各种经济成分的政策不变,鼓励一部分人靠诚实劳动和合法经营先富起来的政策不变,国家保护个体、私营经济合法权益的政策不变",国务院办公厅转发了这个报告。国家工商行政管理局还积极参与了《国务院关于大力加强城乡个体工商户和私营企业税收征管工作的决定》的起草和修改工作。这个决定重申了党和国家对个体私营经济的基本政策,对稳定关于个体私营经济的基本政策进而稳定人心起到了较好的作用。

改革开放以来个体私营经济得以快速发展,首先得益于党和国家坚定不移地推行改革开放政策,以及在改革开放过程中对个体私营经济政策的不断调整、放宽,为个体私营经济发展提供了良好的政策环境和法制环境。其次,个体私营经济自身有一个与市场经济相适应的明晰的产权关系及灵活的经营机制,也是其快速发展的重要原因。此外,工商行政管理部门坚决贯彻执行党和国家各个时期关于发展个体私营经济的方针政策、始终如一地支持、引导其发展也是一个重要的方面。各级工商行政管理机关不管政治风云如何变幻,始终坚持"三个有利于"判断标准,从发展生产、扩大就业、方便群众生活、维护社会稳定的需要出发,充分发挥职能作用,积极扶持、引导个体私营经济发展,得到了各级党委和政府、社会各界的充分肯定,得到了个体工商户及私营企业经营者的充分认同。

二、建立社会主义市场经济体制时期(1992—2002 年)

1992 年春天,邓小平同志的南方谈话,在什么是社会主义、怎样建设社会主义等问题上,提出了一系列新观点,特别是提出了判断成败得失的"三个有利于"标准,消除了人们的疑虑和模糊认识。同年,党的"十四大"确立了经济体制改革的目标是建立社会主义市场经济体制。邓小平同志的谈话和党的"十四大"激发了广大群众投资办厂经商、发展经济的积极性。伴随而来的思想解放,使各级党委、政府进一步认识到个体私营经济在发展生产、增加就业、繁荣经济等方面有着重要的、不可替代的积极作用,是发展地方经济特别是县域经济的重要力量。各级党委和政府纷纷召开会议,下发文件,加大了对个体私营经济发展的扶持力度,使发展个体私营经济从个人行为、部门行为转变成党委和政府的行为。到 1996 年底,全国有 13 个省、自治区、直辖市成立了"个体私营经济领导小组"或类似机构。党的"十五大"以后，各级政府纷纷出台鼓励支持引导个体私营经济发展的地方性法规，不断加大对个体私营经济发展的扶持力度，在全国造成了前所未有的鼓励、扶持个体私营经济发展的浓厚氛围。

人们认识的进一步深化，国家政策的进一步放宽，国民经济大环境的进一步改善，群众投资设店办厂积极性的进一步提高，使个体私营经济迅速走出 1989 年以来的低谷，重新步入发展的快车道。到 1997 年，全国个体工商户达到 2 850.8 万户、5 441.9 万人，分别比 1992 年增长了 85.9% 和 110.52%，5 年间年均增长率分别是 13.2% 和 16.31%。1997 年全国私营企业发展到 96.1 万户、1 349.26 万人，分别比 1992 年增长了近 6 倍和近 5 倍，5 年间年均增长率达到 47.07% 和 42.23%。

在个体私营经济快速发展的新形势下，工商行政管理机关一方面继续贯彻执行党和国家的方针政策，积极鼓励、支持、引导个体私营经济发展；另一方面，不断加大监管执法力度，促进个体私营经济健康发展。同时，努力适应新的形势和任务的需要，努力实现监管职能转变，促进监管职能到位。

（一）继续鼓励、支持、引导个体私营经济发展

1. 制定《关于促进个体私营经济发展的若干意见》，促进个体私营经济继续快速、健康发展

为了适应个体私营经济快速发展的新形势，指导各地工商行政管理部门支持、鼓励、引导个体私营经济发展，国家工商行政管理局在调查研究的基础上，制定下发了《关于促进个体私营经济发展的若干意见》。该意见提出：党政机关、企事业单位在转变职能、转换经营机制过程中分离出来的富余人员，在办理脱钩手续后，持原单位证明，可以申请从事个体经营或开办私营企业。从事个体经营，申请者持本人身份证、职业状况等有关证明，可以直接向经营者所在地工商行政管理机关申请登记注册。边远贫困地区申请从事个体经营的，工商行政管理机关根据"先放开，后规范"的原则，可以在备案后允许其从事经营活动，不发照，不收费，待条件成熟后再进行登记注册。除国家法律、法规明令禁止个体工商户、私营企业经营的行业和商品外，其他行业和商品都允许经营。允许个体工商户、私营企业根据自身条件从事跨行业经营或综合经营。登记主管机关根据个体工商户、私营企业的开办条件，按照有关经营范围用语规范的规定，逐步实行按小类或中类核定。凡是允许经营的商品，除国家有专项规定的外，经营方式全部放开。除国家法律、法规规定实行专项审批或许可证的以外，其他部门规定的审批及许可证，一律不作为登记注册的依据。

这个文件根据改革开放的新形势，对以前的一些规定有所突破，对于推动全国个体私营经济的新一轮大发展，产生了积极的作用。

2. 坚持分类指导，提出城镇和农村个体私营经济发展的思路

在改革开放初期，关键是使城乡个体私营经济发展起来。在城镇，主要是引导个体经济发展饮食业、服务业和修理业，缓解城镇就业压力及人民日常生活中的具体困难和不便，如修理难、乘车难、吃饭难等；在农村，主要是发展商业等，以活跃农村市场，促进城乡间、地区间的物资交流和农村商品经济发展。为此，各地工商行政管理部门实行了"放水养鱼"的措施，如简化登记手续、减免管理费等。九十年代以来，特别是党的"十四大"、"十五大"以来，面对国民经济大环境的变化，国家工商行政管理局提出了"结构调整"的思路，要求各级工商行政管理机关引导个体私营经济，特别是私营经济上规模、上档次、上水平，向生产型、科技型、外向型发展。引导个体私营经济朝着有利于国民经济全局的方向健康发展，控制高消耗、高污染、低产出的产业发展。1996 年，国家工商行政管理局局长王众孚在全国工商行政管理局长会议上指出："围绕发展和稳定，坚持以公有制为主体，加强对个体私营经济的引导和管理。抓引导发展；以安置就

业为重点,发展城镇个体私营经济,促进社会稳定;以就地转移农村剩余劳动力为重点,发展农村个体私营经济,促进脱贫致富。"1998 年,王众孚在全国工商行政管理局长会议上,明确要求各级工商行政管理机关"抓好引导,促进个体私营经济在国民经济发展中发挥应有的作用。一是在农村产业结构调整、转移农村剩余劳动力、实现脱贫致富、促进地区经济发展中发挥作用;二是与国有企业进行联营、合作、承包、租赁以及兼并、收购等,在国有企业改革、改组中发挥作用;三是鼓励个体工商户、私营企业招聘和吸收国有企业下岗职工就业,鼓励下岗职工兴办个体工商户和私营企业,在实施再就业工程中发挥作用"。围绕这一目标,各级工商行政管理机关主要做了以下工作:

(1)促进、引导、规范专业村中个体工商户和私营企业的发展。伴随着农村个体私营经济的快速发展,在我国的一些乡村出现了个体工商户和私营企业相对集中从事一种或少数几种商品生产经营的经济区域,初步形成了"区域性分布、专业化生产、一体化经营"的农村个体私营经济发展新模式。这些专业村,乃至专业镇的发展,在调整农村产业结构、增加财政收入、解决农村剩余劳动力就业、提高农民收入、加快小城镇建设等方面,发挥了十分积极的作用。为了扶持、引导其发展,1996 年 10 月,国家工商行政管理局下发了《关于加强专业村中个体工商户、私营企业引导和监管的若干意见》,要求各级工商行政管理机关在当地党委、政府的统一领导下,采取积极措施,引导个体工商户和私营企业增加科技投入,提高产品质量;支持企业间不同形式的联合,走联合发展和规模经营的路子;引导个体工商户和私营企业进入开发区和工业园区经营;支持个体工商户和私营企业申请商标注册、开展广告宣传、依法签订合同等。这个文件下发后,各种类型的、以个体工商户和私营企业为主体的专业村、专业镇得到了更快、更规范的发展。

(2)鼓励、扶持、引导国有企业下岗职工再就业。在由计划经济体制向市场经济体制转变的过程中,国有企业改革遇到很多、很大的困难,其中之一就是长期沉淀下来的富余人员太多。为了让国有企业轻装前进,中共中央提出了"减员增效"的改革思路。安置国有企业富余人员,使其得以再就业,不仅有利于国有企业轻装上阵,搞活国有经济,使其有利于解决企业富余职工的工作、生活出路问题,维护和促进社会稳定。各级工商行政管理机关在当地党委、政府的领导下,主动为国有企业及其下岗职工排忧解难,自觉地把发展个体私营经济与促进下岗职工再就业有机结合起来,做了大量艰苦细致的工作,安置了一大批下岗职工。据不完全统计,到 1995 年底,全国个体私营经济共安置国有、集体企业下岗职工约 150 万人,上海市近 1/4 的下岗职工、重庆市近 1/3 的下岗职工通过从事个体私营经营得以再就业。

1996 年 10 月,国家工商行政管理局在沈阳市召开了"加强监督管理,发展个体私营经济,促进下岗职工再就业工作座谈会"。会议总结了各地的工作经验,分析了国有企业改革及下岗职工再就业的形势,提出了进一步促进下岗职工再就业的具体措施。1997 年 10 月,国家工商行政管理局又下发了《关于充分发挥工商行政管理职能作用,促进下岗职工再就业的若干意见》,提出了一套支持国有企业改革、鼓励下岗职工再就业的比较切实可行的政策措施。主要是鼓励和支持个体工商户和私营企业在招工时,优先招收、聘用国有企业下岗职工;积极引导下岗职工兴办个体工商户和私营企业。对下岗职工申办个体工商户和私营企业,可根据实际情况,在一定时期内减收或免收有关费用。1998 年 5 月,国家工商行政管理局下发了《关于开展为下岗职工排忧解难热心服务活动的通知》,要求各地工商行政管理机关大力提倡热爱人民、奉献社会、服务群众的良好政风,积极开展"为下岗职工排忧解难热心服务"活动。

1998 年,党中央、国务院召开了国有企业下岗职工基本生活保障和再就业工作会议。随后,中共中央国务院下发了《关于切实做好国有企业下岗职工基本生活保障和再就业工作的通知》(以下简称《通知》),要求对下岗职工从事社区居民服务业的,要简化工商登记手续,3年内可免征营业税、个人所得税以及行政性收费。对下岗职工申请从事个体工商经营、家庭手工业或开办私营企业的,工商、城建等部门要及时办理有关手续,开业一年内减免工商管理等行政性收费。为贯彻会议和《通知》精神,同年6月,国家工商行政管理局下发了《关于认真贯彻落实党中央、国务院〈关于切实做好国有企业下岗职工基本生活保障和再就业工作的通知〉的通知》,要求各级工商行政管理机关充分发挥职能作用,努力做好下岗职工再就业工作。

2002年9月,中共中央、国务院召开了全国再就业工作会议,随后下发了《关于进一步做好下岗失业人员再就业工作的通知》。《通知》要求鼓励下岗失业人员自谋职业和自主创业,对下岗失业人员从事个体经营(国家限制的行业除外)的,3年内免收属于管理类、登记类和证照类的所有各项行政事业性收费。为贯彻会议和《通知》精神,国家工商行政管理总局下发了《关于贯彻落实〈中共中央国务院关于进一步做好下岗失业人员再就业工作的通知〉的通知》,要求各级工商行政管理机关提高认识,统一思想,进一步做好下岗失业人员再就业工作的责任感和紧迫感;积极发挥工商行政管理职能作用,促进下岗失业人员再就业;转变作风,改进管理,落实各项优惠政策,热情做好下岗失业人员再就业的有关服务工作。对从事个体经营的下岗失业人员,3年内免收个体工商户登记费、个体工商户管理费、集贸市场管理费、经济合同鉴证费和经济合同文本工本费;对下岗失业人员凭《再就业优惠证》申办个体工商户和私营企业的,要优先受理,优先发照。

上述会议的召开和文件的下发及有关政策、措施的出台,调动了各地工商行政管理部门、个体工商户和私营企业及下岗职工等多方面的积极性,下岗职工再就业工作进一步深入开展,各级工商行政管理机关采取

设立政策法规咨询窗口、举办再就业洽谈会、组织下岗职工参加再就业培训、组织个体工商户、私营企业扶助下岗职工、为下岗职工自谋职业提供优质服务等多种形式,积极促进下岗职工再就业,并取得了明显的成效。1997年,全国个体工商户、私营企业共安置下岗职工294万人,有197万下岗职工申办个体工商户或私营企业,127万下岗职工进入各类市场从事经营活动。1998年到2002年,各级工商行政管理机关共计引导下岗职工708万人从事个体私营经济。有关部门的统计表明,个体私营经济已经成为国有、集体企业下岗职工再就业的主渠道。

(3)鼓励、引导个体工商户、私营企业以各种形式参与国有企业改革。在国有企业改革过程中,中共中央立足于整体上搞活国有经济,提出了"抓大放小"的改革思路。党的"十五大"提出了进一步调整和完善所有制结构,指出个体私营经济是"社会主义市场经济的重要组成部分"。十五届四中全会通过的《中共中央关于国有企业改革和发展若干重大问题的决定》明确指出:"要从实际出发,继续采取改组、联合、兼并、租赁、承包经营和股份合作制、出售等多种形式,放开搞活国有小企业,不搞一个模式。"各级工商行政管理机关结合各地实际,认真贯彻执行中央的方针政策,把鼓励、引导个体私营经济发展与促进国有企业改革结合起来,鼓励、引导个体私营经济参与国有企业改革。2000年前,全国国有小企业通过租赁、购买、兼并等方式改制为私营企业的已有7万余家,仅江苏省就达3.1万户。2000年,又有4万多家国有中小型企业和集体企业转制为私营企业。

3.尽力帮助个体工商户、私营企业解决资金困难

党的"十五大"之后,个体私营经济发展的环境进一步改善,各级政府部门形成了发展个体私营经济的共识,出台了一些积极扶持个体私营经济发展的政策,个体私营企业在税收、市场准入等方面与其他市场主体逐渐平等。同时由于市场化步伐的加快,个体私营企业在原料、场地、货源等方面存在的

困难逐步缓解。这一时期比较突出的问题是由于个体私营企业的快速发展,对资金需求增大,但与之相适应的配套服务体系尚未健全,资金问题成为制约个体私营经济快速发展的新的"瓶颈。"

私营企业融资难,原因是多方面的,从主观方面看:一是相当一部分私营企业没有按照规定建立账目,有的即使有账目也比较混乱,漏洞甚多,经不起检查,因此金融机构不愿贷款给它们,它们自己也难以通过直接融资方式融资;二是不少私营企业由于抵押物不足,无法从金融机构那里借到钱;三是有些私营企业信用信息不明,信用记录不清楚。从客观方面看,私营企业融资难有五个原因:一是国有商业银行从县以下领域退出,县以下的金融服务范围缩小;二是即使是县城和县以上的城市,由于国有商业银行资金实行统一运筹的策略,资金重点投向发达地区和优势行业,以致欠发达地区和一般行业的私营企业难以得到贷款;三是缺乏有效的信贷担保机构;四是民间金融机构、地下金融没有被引导浮出水面,难以通过正当渠道发挥作用;五是商业银行实行严格的贷款责任追究制,而且贷款工作中又缺乏一定的激励机制,从而信贷人员认为向私营企业放贷责任巨大,宁肯慎之又慎,而不愿意冒这样的风险。正是上述主、客观原因使私营企业融资困难,它们往往只能依靠自我积累、慢慢"滚雪球",或者通过非正式渠道融资。至于为数众多的个体工商户,因其资金少、规模小、社会信用度低,从金融机构获得贷款的困难就更大了。

面对个体私营企业发展缺少资金的窘境,各级工商行政管理机关充分发挥各级个体劳动者协会、私营企业协会的作用,组织会员开展资金互助、融资担保,成立具有合作性质的"资金互助组织",对缓解资金困难起了一些作用。有些地方的个体劳动者协会和私营企业协会则与有关部门合作,利用市场的方法,如成立贷款担保公司,帮助个体工商户和私营企业解决资金困难问题。同时,自1993年《中华人民共和国公司法》(以下简称《公司法》)颁布施行后,国家工商行政管理总局(国家工商行政管理局)根据施行过程中出现的新情况、新问题,协助全国人大法工委、国务院法制办,积极开展修订《公司法》的调研,1999年、2005年两次对《公司法》进行了修订。在2005年修订、2006年1月1日起施行的新的《公司法》中,将有限责任公司最低注册资本降为3万元,股份有限公司最低注册资本降低为500万元,并允许股东"用实物、知识产权、土地使用权等可以用货币估价并可以依法转让的非货币财产作价出资";允许注册资本分步到位,"全体股东的首次出资额不得低于注册资本的百分之二十,也不得低于法定的注册资本最低限额,其余部分由股东自公司成立之日起两年内缴足,其中投资公司可以在五年内缴足"。与1994年公布的《公司法》规定的有限责任公司最低注册资本为10万元,股份有限公司最低注册资本1 000万元相比,新修订的《公司法》大大降低了公司的最低注册资本限额,在一定程度上缓解了资金难的问题。

(二)加大监管工作力度,引导个体私营经济健康发展

1. 正确处理发展与监管的关系

个体私营经济的发展,对国民经济和社会发展的积极作用日益明显,为各界所公认。但个体私营经济发展过程中也存在一些消极的方面,如经营行为不规范,不公平竞争和侵害消费者权益;相当范围内存在违法违章行为,甚至发生恶性案件;偷税漏税问题始终存在;不顾国家和社会公共利益、盲目发展等。这些消极因素的存在,不仅与社会主义市场经济良好秩序相悖,也制约了个体私营经济自身持续、健康、快速发展。因此,加强监督管理,从各个方面规范个体私营经济,是一件极其重要的工作。

加强监督管理,规范个体工商户和私营企业的主体资格及经营行为,是党和国家赋予工商行政管理部门的神圣职责。多年来,各级工商行政管理机关认真履行职责,为切实加强对个体工商户和私营企业的监督管理,做了大量工作,取得了很大成绩。但由于种种原因,在这个过程中,特别是九十年

代以前，也出现了一些偏差，主要表现为一些地方的工商行政管理机关不能正确地处理鼓励、扶持个体私营经济发展与对其加强监督管理的关系，在一定程度存在着重发展、轻管理，或以收费代管理的现象。为了纠正这种偏差，国家工商行政管理局始终强调，各级工商行政管理机关要严格履行职能，加强对个体工商户和私营企业的监督管理。1993 年，在成都召开的个体私营经济工作会议上，国家工商行政管理局明确提出要正确处理发展与管理的关系，做到"两手都要硬"。1996 年 10 月，在沈阳召开的座谈会上，国家工商行政管理局领导再次强调："发展与管理，不是对立的，而是辩证统一的。发展是目的，不发展，管理就没有对象；管理是手段，是保证，不加强监督管理，就不能引导个体私营经济向着有利于国民经济全局的方向发展，就不能健康地发展。各级工商行政管理机关在处理扶持个体私营经济发展与对其加强监督管理的关系方面，要坚持一手抓发展，一手抓管理，两手抓，两手都要硬。要切实履行自己的职能，在鼓励个体私营经济发展的同时，切实加强引导和管理，努力维护社会主义市场经济秩序。"由于上下认识一致，行动迅速有力，工商行政管理部门对个体私营经济的监督管理工作日益强化，有力地保证了个体私营经济健康发展。

2. 依法开展登记管理，严格规范个体工商户、私营企业的市场主体资格

1992 年，党的"十四大"确立了我国经济体制改革的目标是建立社会主义市场经济体制。1993 年，十四届三中全会通过的《中共中央关于建立社会主义市场经济体制若干问题的决定》提出："法制建设的目标是……本世纪末初步建立适应社会主义市场经济的法律体系。"这个法律体系就包括市场经济主体法律体系。1993 年 12 月，全国人大常委会通过了《中华人民共和国公司法》；1997 年 2 月，通过了《中华人民共和国合伙企业法》；1999 年 8 月，通过了《中华人民共和国个人独资企业法》。随后，国务院和国家工商行政管理局先后发布了与上述

市场主体法相适应的市场主体登记法规和规章：1994 年，国务院发布了《中华人民共和国公司登记管理条例》；1997 年，又发布了《中华人民共和国合伙企业登记管理办法》；2000 年，国家工商行政管理局公布了《个人独资企业登记管理办法》）。至此，与社会主义市场经济体制相适应的新的企业登记管理制度基本建立起来，登记管理工作基本完成了向新制度的转轨。

各级工商行政管理机关认真贯彻有关法律法规和规章，通过建立登记管理制度，加强登记管理工作，严格审查申请者的各个登记事项，把不合格的市场主体堵在市场外，做到"优生优育"，从而保证社会主义市场经济的良好秩序。到 2001 年底，全国登记的私营企业共 202.85 万家，其中，私营公司近 138 万家，合伙企业 13.1 万余家，独资或个人独资企业近 51.7 万家。

（1）严格执行法律法规规定的前置审批制度。在改革开放初期，由于党和国家对个体私营经济的政策是逐步放开的，体现在从业人员、经营范围、经营方式等方面规定了许多禁止条款和前置审批。党的"十五大"之后，禁止条款和前置审批大为减少，但仍然存在，同时也有少数地方盲目追求发展指标违规取消必要的行政审批。为了严格执行党和国家对个体私营经济的基本方针政策和各项具体政策，工商行政管理部门采取了两条措施：一是明确核定个体工商户、私营企业的经营范围和经营方式。凡是国家法律法规和政策明令禁止个体工商户和私营企业经营的行业、商品、服务，一律不予核准。为了准确核定其经营范围和经营方式，许多地方的工商行政管理部门实行了按行业分类中的小类甚至按商品、服务的细目核定。二是依法审查有关文件、证件、批准件的真实性和有效性。要求申请人提供身份证明和职业状况证明，对政策不允许从事个体私营经营的，不予核准；要求申请人提供法律法规规定的前置审批，不能提供真实有效批准文件的，不予核准。这些措施的实行，比较好地执行了党和国家各个时期关于发展个体私营经济的政策。

1992 年以后，各地发展个体私营经济的积极性高涨，出台了许多鼓励、扶持措施，其中有些地方突破法律法规和政策的规定，提出诸如"四不限"、"五不限"的口号。这些提法，与有关法律法规相冲突，造成了一些混乱，个别地方甚至因此酿成了事故。为此，国家工商行政管理局及时提出要严格执行前置审批制度。1998 年 12 月，国家工商行政管理局局长王众孚在全国工商行政管理体制改革暨工作会议上要求各地工商行政管理部门"进一步强化监督管理工作，促进个体私营经济健康发展。严格依法登记，把好市场准入关。对个体工商户和私营企业的设立登记，必须严格依照法定程序办理，严格执行法律法规规定的前置审批制度，严格按规定核定经营范围，不得以任何借口突破"。国家工商行政管理局几次发文强调严格执行前置审批制度，不得擅自免除法律法规规定的前置审批，也不得把法律法规规定的前置审批挪为后置备案。由于各级工商行政管理机关共同努力，局面很快得到控制。

工商行政管理部门在严格前置审批制度的同时，也注意防止和纠正前置审批过多过滥的问题，坚持前置审批法定原则。1992 年，国家工商行政管理局下发《关于在注册登记发照工作中严格执行国务院有关条例及施行细则的通知》，明确指出："除法律和行政法规规定的、国务院批准的、国家工商行政管理局与有关部门联合发文规定的在申请注册登记时需要提交的许可证或专项审批外，其他部门规定的许可证和专项审批，一律不作为登记发照的依据。"这个文件的下发及执行，对制止"三乱"、保护个体工商户和私营企业的合法权益、促进个体私营经济的健康发展，起到了积极的作用。

（2）防止出现"三无"企业。无资金、无场地、无机构的"三无"企业，对经济秩序的破坏性很强。工商行政管理机关在打击"三无"企业的同时，强调从源头、从登记环节防止出现"三无"企业。在个体工商户和私营企业登记工作中，各级工商行政管理机关注意从以下几个方面严格把关：一是严格审查私营有限责任公司的资金来源，要求其提供会计师事务所的验资报告；二是要求申请人提供经营场所的权属证明及其享有合法使用权的证明；三是加强登记注册后的回访工作，看登记的个体工商户、私营企业是否开业，经营情况是否与核准的登记事项相符。

（3）规范个体工商户、私营企业参与国有小企业改制的登记工作。国有小企业改制是个政策性很强的问题。为了规范个体工商户、私营企业参与国有小企业改制的登记管理工作，防止在改制过程中出现国有资产流失的现象，2000 年 2 月，在调查研究和总结各地经验的基础上，国家工商行政管理局下发了《关于私营企业登记管理工作中有关问题的通知》，对国有小企业出售给私人的有关问题进行了规定。主要内容包括：①国有小企业采取出售形式，将企业的产权转让给私营企业、个体工商户或自然人，应办理变更登记或重新登记。②国有小企业出售后登记为私营有限责任公司的，依据《公司法》及其登记管理条例办理。③国有小企业出售后，办理变更登记或重新登记时，申请人除了应提交登记管理法规要求的文件外，还必须提交下列文件：有审批权的人民政府或其授权部门的批准文件和企业改制方案，以及企业职工代表大会或者职工大会同意改制方案的意见；具有法定资格的评估机构出具的企业资产（包括无形资产）、土地使用权的评估报告和国有资产管理部门出具的产权界定、转让的确认文件；企业转让协议书和按照协议办理资产交割及付款手续的证明文件；中国人民银行或其派出认可的债权金融机构出具的金融债权保全证明文件。④原企业经营范围中涉及法律、行政法规明令禁止私营企业经营项目的，在变更登记时，应予核销。这个文件的出台，使各地国有企业改革登记管理工作有了统一规范的标准，保证了这项工作健康有序地开展。例如，2000 年，全国工商行政管理机关依法为 4 万多家国有、集体企业改制为私营企业进行了登记，既支持了国企改革，又有效地防止了国有资产流失。

（4）积极慎重地清理"假集体"。所谓

"假集体",就是主要以集体企业名义(也有以国有企业名义)登记注册,从事经营,企业资产全部或大部分属私人所有的私营企业。在个体私营经济发展过程中,"假集体"现象一度比较普遍。1994年原地矿部调查,在全国集体矿山企业中"假集体"约占30%,广州市有关人士估计,在区、街道集体企业中以挂靠方式进行经营活动的"假集体"企业比重高达80%以上,据1994年国家工商行政管理局对全国16个省市17.8万户集体企业的抽样调查,企业资产51%以上为私人所有的企业,占被调查集体企业数的20.8%。

产生"假集体"的原因比较复杂。首先是政策上的原因。由于长期以来国有企业和集体企业在税收、信贷、经营范围和收费上享有一定的政策优惠,为了享受这些优惠,一些个体私营企业就改变本来面目,挂靠或登记为集体企业。其次是经济上的原因。私营企业由于信用度不高,在市场准入、融资贷款等方面存在不少困难,戴上"红帽子"之后相对容易一些。第三是社会政治方面的原因。由于社会上有人对个体私营经济始终存在偏见,对"私营"讳莫如深,主张要求淡化所有制,以"民营经济"代替"个体私营经济";部分私营企业主对党和国家发展个体私营经济的政策看不准,始终心存疑虑,挂上集体企业的招牌,感到在政治上保险;有些地方为了壮大当地集体经济的实力,规定凡投资者为3人以上的企业一律登记为集体所有制企业。

"假集体"现象的长期存在,其主要危害:一是个体私营经济发展的情况不清,使我国所有制结构的量化失真,影响宏观决策的科学性和准确性,不利于宏观调控;二是企业产权关系混乱,民事责任主体不清,扰乱了正常的经济秩序;三是增加了行政管理的困难;四是容易引发经济犯罪和消极腐败现象;五是致使国家税费流失。

对于"假集体"问题,各级工商行政管理机关都很重视,一直主张还企业本来面目。早在1987年12月,国家工商行政管理局就下发了《关于处理个体、合伙经营及私营企领有集体企业〈营业执照〉问题的通知》,规定工商行政管理机关对领有集体企业营业执照,实为个体经营、合伙经营、私营企业的,应根据有关法律法规加以纠正;各级工商行政管理机关在1988年1月1日启用新的营业执照后,对个人投资、家庭投资、个人合伙经营的工商业,不得核发集体企业营业执照。文件发出后,各地工商行政管理机关纠正了不少"假集体"企业,但由于产生"假集体"的社会经济原因没有消除,清理工作遇到了很大的困难。不少地方一方面在清理,同时又出现了更多的"假集体"企业。1996年、1997年,国家工商行政管理局就企业经济性质问题下发文件,对涉及企业经济性质问题进行工作指导。1998年,国家工商行政管理局与财政部、经贸委、国家税务总局联合下发了《清理甄别"挂靠"集体企业工作的意见》,对甄别"挂靠"集体企业工作进行部署。《意见》特别指出:对经清理甄别后认定为非集体性质的企业,各级清产核资机构要督促"挂靠"集体企业及时向工商行政管理、税务等部门申报有关文件和资料,变更企业性质。对经核实为私营或个人性质的企业,由各级清产核资机构出具有关证明材料,工商行政管理、税务等部门限期办理变更企业经济性质和税务登记。自此之后,"假集体"企业逐步减少,特别是随着对个体私营经济政策的进一步放宽,私营企业戴"红帽子"的现象逐渐消失。

3. 加强对个体工商户、私营企业经营行为的监督管理,保证个体私营经济健康发展

从实际情况看,个体工商户、私营企业的经营行为存在很多不规范的地方,存在比较普遍的违法违章行为。2001年,全国工商行政管理部门查处的私营企业违法违章行为近13万起、个体工商户超过76万起。与其他类型的市场主体相比,个体工商户和私营企业违法违章发生率较高。据湖北省宜昌市工商行政管理局2001年的调查,该市218起制售假冒伪劣商品案中,个体工商户、私营企业共160起,占总数的73.4%;440件不正当竞争案中,个体工商户、私营企业有264件,占总数的59.8%;49件侵犯知

识产权案中,个体工商户、私营企业41件,占总数的83.7%;5件制黄贩黄案件全是个体工商户所为;6 173件擅自改变登记事项等案件中,个体工商户、私营企业共3 176件。可见,加强对个体工商户、私营企业经营行为的监督管理,不仅是促进个体私营经济长期稳定健康发展的需要,对保护消费者和其他经营者的合法权益、维护社会主义市场经济秩序也是十分必要的。

(1)加强对营业执照的管理。营业执照是工商行政管理部门代表国家核发给个体工商户、私营企业开展经营活动的唯一合法凭证。因此,加强对营业执照的管理,成为工商行政管理部门的重要职责。工商行政管理部门对营业执照的管理贯穿于印制、使用的全过程。

加强营业执照印制的管理,保证营业执照的严肃性。1983年9月,国家工商行政管理局决定自1984年1月1日起开始使用全国统一的个体工商户营业执照。自此以后,个体工商户、私营企业的营业执照都是由国家工商行政管理局统一设计。营业执照的印刷也是由国家工商行政管理局统一定点,并对定点印制营业执照的企业提出了严格的要求。1987年9月,国家工商行政管理局下发《关于使用新营业执照的通知》,要求各地在1989年底前完成换发营业执照的工作。《通知》规定,为了严格管理,"营业执照由国家工商行政管理局统一组织印制和管理",营业执照印制企业则在对各地工商行政管理局推荐的投标厂家进行综合评定和考察后确定。1991年3月,国家工商行政管理局下发《关于加强营业执照印制管理工作的通知》,要求进一步加强营业执照印制管理,规定:凡各级工商行政管理局使用的营业执照,一律由经国家工商行政管理局批准的定点印制企业提供。1995年3月,国家工商行政管理局根据新的形势,决定不再统一确定营业执照印制单位,由各省、自治区、直辖市工商行政管理局统一安排本辖区内个体工商户、私营企业营业执照的印制,但要求印制企业把好质量关,各省、自治区、直辖市工商行政管理局应加强对印制企业的

监督管理。

加强对营业执照使用的监督管理。国家关于个体工商户、私营企业的登记管理法规都明确规定:个体工商户、私营企业不得转借、出卖、出租、涂改营业执照。1997年1月,国家工商行政管理局还专门下发了《关于查处个体工商户转借、出卖、出租、涂改营业执照违法行为的通知》。各级工商行政管理机关严格执法,有的地方工商行政管理部门除加强日常监督管理外,还组织了专门针对违法违章使用营业执照行为的专项执法行动,取得了一定的效果。仅2001年,全国共查处伪造、涂改、出租、转让、出卖或擅自复印营业执照的私营企业3 250户(次)、个体工商户近9 000户(次)。

(2)加强对登记事项的监督管理。加强对登记事项的监督管理,对规范个体工商户、私营企业的市场主体资格,维护社会主义市场经济秩序有着重要意义,始终是工商行政管理机关加强对个体工商户、私营企业监督管理的基本内容和重点。不论是日常监督管理,还是专项执法行动,都是围绕登记事项管理或以登记事项管理为基础展开的。2001年,全国工商行政管理部门共查处个体工商户超出核准登记的经营范围从事经营活动的案件5.9万起,擅自改变登记事项的3.3万余起,二者合计占查处的个体工商户违法违章案件总数的12.1%;共查处私营企业超出核准登记的经营范围从事经营活动的案件5 253起,擅自改变登记事项的7 007起,二者合计占查处的私营企业违法违章案件总数的9.3%。

(3)加强年检和验照工作。国家关于个体工商户和私营企业的登记管理法律、法规和规章中,均规定工商行政管理机关每年要对个体工商户进行验照、对私营企业进行年检。验照、年检制度是工商行政管理的一项基本制度,也是工商行政管理部门加强对个体工商户、私营企业监督管理的一项基本手段和方法。通过验照、年检,可以知道登记注册的个体工商户、私营企业是否仍在经营,防止或剔除统计中的水分,掌握个体私营经济发展的基本情况;可以全面了解个体

工商户、私营企业的经营情况，特别是依法经营的情况；可以全面检查个体工商户、私营企业的经营情况是否与登记事项一致，前置审批的文件是否依然有效；可以弥补日常监管的遗漏，覆盖管理死角。因此，工商行政管理机关每年的第一季度，都要用较多的管理力量，集中进行验照、年检工作，许多违法违章案件都是在验照、年检时发现的。2001 年，工商行政管理部门查处私营企业不按规定办理年检的 9 万余户，个体工商户不按规定办理验照的超过 18 万户。

（4）清理整顿无照经营。未经工商行政管理机关核准登记擅自从事经营活动的无照经营问题是一个长期存在，又很复杂的问题。无照经营的长期存在，一是严重扰乱正常的社会主义市场经济秩序，影响有照经营户依法经营的积极性；二是无照经营者的经营行为极不规范，往往危害食品安全和群众身心健康，污染环境，浪费资源，损害消费者权益，甚至出现恶性事故；三是偷税逃费，造成国家财政收入的流失。针对它的复杂性，国家工商行政管理局在二十世纪八十年代，就提出"疏导与取缔相结合"的原则，即通过宣传教育、强化服务等措施，使大多数符合政策规定可以从事个体私营经营活动者，通过正当程序领取营业执照成为有照经营者；对政策不允许的，则依法予以取缔。针对无照经营问题的复杂性、管理的困难性，国家工商行政管理局提出应在各地政府统一领导下进行综合治理。各地工商行政管理机关在当地政府的领导下，积极开展无照经营清理取缔工作，取得了一定成效。

1992 年以来，随着社会主义市场经济体制的确立和完善，社会各方面对清理整顿无照经营的认识逐步统一。1997 年 11 月，国家工商行政管理局与公安部、国家税务总局联合印发了《关于对无照经营进行综合治理的通知》，部署在全国范围内对无照经营进行综合治理。据不完全统计，全国大中城市共清理取缔了 130 多万无照经营户。2001年，全国工商行政管理机关认真贯彻落实国务院领导同志关于"坚决取缔不符合国家法律法规要求的各类企业，打击无照经营，从源头上遏制扰乱市场秩序行为的发生"的指示精神，进一步加大清理取缔无照经营的力度，全年清理取缔无照经营户近 100 万户（次）。2002 年，全国工商行政管理机关继续开展治理整顿无照经营的专项行动，据不完全统计，全国共查处无照经营 87 万户，其中近 47 万户补办营业执照，罚没财物共计22 285 万元。

（三）切实转变职能，促进监管职能到位

在改革开放初期，为了缓解城镇就业压力，方便群众生活，各级工商局为政府分忧，为群众解难，出资兴办了一批集贸市场。这在当时产生了一定的积极作用。随着形势的发展，工商行政管理部门兴办市场，既当"裁判员"又当"运动员"，与市场监管和行政执法的身份不相符合。从 1995 年下半年开始，经过几年的努力，到 2001 年，全国工商系统按照国务院要求，实现了与所办市场的全部分离。从 1998 年开始，经过近两年的努力，全国实现省级以下工商机关垂直管理。实行省级以下机关垂直管理，是我国行政管理体制的一个创新。这一重大改革，标志着适应社会主义市场经济发展的工商行政管理新的体制基本建立，对于增强市场监管执法的统一性和权威性，对于促进统一、开放、竞争、有序的社会主义统一市场的建立，都具有重要意义。2001 年 4 月，国家工商行政管理局更名为国家工商行政管理总局，升格为正部级单位。以此为契机，各级工商行政管理机关实行了新的职能定位。按照国务院批准的国家工商行政管理总局"三定"方案，总局设个体私营经济监管司，主要职能为：调查研究个体、私营经济发展与管理情况，研究拟定监督管理个体、私营经济的规章制度及具体措施、办法；指导对个体工商户、个人合伙和私营企业的登记注册与监督管理工作；指导个体劳动者协会私营企业协会的工作。2001 年 9 月，国务院领导同志在视察国家工商总局时提出："工商行政管理部门是市场监管和行政执法的职能部门，要把好市场主体的入门关、当好市场运行的裁判员、做好市场秩序的坚强卫士。"按照新的职能定位，各级工商行政管理部门不再抓个体私营经济发展,把主要力量和全部精力集中在规范市场主体准入、规范市场交易行为和市场竞争秩序上来。

第四节 完善社会主义市场经济体制时期(2003年以后)

2002年10月,党的"十六大"胜利召开。以此为标志,我国进入了完善社会主义市场经济体制,全面建设小康社会的新世纪、新阶段。2007年10月,党的"十七大"对全面建设小康社会奋斗目标提出了扩大社会主义民主,更好地保障人民权益和社会公平正义;加强文化建设,明显提高全民族文明素质;加快发展社会事业,全面改善人民生活;建设生态文明,基本形成节约能源资源和保护生态环境的产业结构、增长方式、消费模式等新的更高的要求。

党的"十六大"提出:"必须毫不动摇地巩固和发展公有制经济","必须毫不动摇地鼓励、支持和引导非公有制经济发展"。"充分发挥个体、私营等非公有制经济在促进经济增长、扩大就业和活跃市场等方面的重要作用。放宽国内民间资本的市场准入领域,在投融资、税收、土地使用和对外贸易等方面采取措施,实现公平竞争。依法加强监督和管理,促进非公有制经济健康发展。完善保护私人产权的法律制度。""十七大"报告指出:"坚持和完善公有制为主体、多种所有制经济共同发展的基本经济制度,毫不动摇地巩固和发展公有制经济,毫不动摇地鼓励、支持、引导非公有制经济发展,坚持平等保护物权,形成各种所有制经济平等竞争、相互促进新格局。""推进公平准入,改善融资条件,破除体制性障碍,促进个体、私营经济和中小企业发展。"

在全面建设小康社会的新形势下,个体私营经济发展环境进一步改善,数量和规模不断扩大,经营管理水平和科技创新能力进一步提升,对经济社会发展的贡献更加突出。到2008年6月底,全国登记私营企业623.9万户,从业人员7 697.1万人,注册资本(金)107 504.6亿元;登记个体工商户2 759.1万户,从业人员5 609.4万人,资金数额8 051.6亿元。

在这一时期,工商行政管理部门以党的"十六大"、"十七大"精神为指导,深入贯彻和落实科学发展观,不断深化个体私营经济监管体制机制改革,推进监管方式转变。周伯华局长主持总局工作以来,提出了推进工商行政管理工作制度化、规范化、程序化、法制化"四化"建设,实现监管与发展、监管与服务、监管与维权、监管与行政执法"四个统一"等一系列新思路、新举措。各级工商行政管理机关按照总局党组的要求,充分发挥工商行政管理职能作用,加大监管执法力度,在围绕大局、支持发展、服务群众等方面做了大量工作,受到各级党委政府的充分肯定和监管服务对象的广泛好评。

围绕大局,发挥职能作用,促进个体私营经济快速发展和经济社会又好又快发展

(一)进一步放宽市场准入

1. 进一步放宽个体私营企业市场准入

2005年2月,国务院下发了《关于鼓励支持和引导个体私营等非公有制经济发展的若干意见》(以下简称《若干意见》)。国务院《若干意见》以党的"十六大"精神和科学发展观为指导,在放宽非公有制经济市场准入、加大对非公有制经济的财税金融支持、完善对非公有制经济的社会服务、维护非公有制企业和职工的合法权益、引导非公有制企业提高自身素质、改进政府对非公有制企业的监管、加强对发展非公有制经济的指导和政策协调等方面都作出了十分明确而具体的规定和要求。国务院《若干意见》下发后,国家工商总局迅速制定并下发了《关于发挥工商行政管理职能作用促进个体私营等非公有制经济发展的通知》(以下简称《通知》),《通知》从8个方面提出了21条贯彻落实的具体措施。在改革市场主体登记管理制度,放宽市场准入,鼓励公平竞争方面,《通知》要求各级工商行政管理机关鼓励、支持符合法律法规规定条件的各类人员自主创业,兴办个体工商户、个人独资企业、合伙企业、私营有限责任公司和股份有限公司。在市场准入和市场主体设立方面,除法律、行政法规和国务院决定规定的外,不得随意增加登记前置许可项目。根据修改后的有关法律法规规定,降低公司注册资本的最低限额,允许注册资本分期到位。在组织形式、经营范围及经营方式等方面,除法律法规禁止的以外,允许个体私营企业自主选择。鼓励、支持有条件的私营企业参与法律法规未禁止的电力、电信、铁路、民航、石油、公用事业、基础设施等垄断行业、领域的投资与经营,工商行政管理机关依法及时予以登记。相关政策的进一步放宽,极大地调动了广大群众投资经商办厂,从事个体私营经济的积极性。2005 年底,全国登记个体工商户 2 463.9 万户,从业人员 4 900.5 万人,资金数额达到 5 809.5 亿元,分别比上年同期增长 4.82%、6.83% 和 14.86%;登记私营企业 430.09 万户,从业人员 5 824.1 万人,注册资本(金)达 61 331.1 亿元,分别比上年同期增长 17.81%、16.08% 和 27.94%。

2. 逐步放开港澳居民在内地申办个体工商户限制,放宽其经营范围

为进一步促进内地与港澳经济融合,支持港澳经济发展和社会稳定,2003 年内地与香港、澳门分别签署《内地与香港关于建立更紧密经贸关系的安排》、《内地与澳门关于建立更紧密经贸关系的安排》,2004 年内地与香港、澳门分别签署《〈内地与香港关于建立更紧密经贸关系的安排〉补充协议》和《〈内地与澳门关于建立更紧密经贸关系的安排〉补充协议》,经国务院批准,内地与香港、澳门特区政府分别于 2005 年 10 月 18 日和 21 日签署了《〈内地与香港关于建立更紧密经贸关系的安排〉补充协议二》和《〈内地与澳门关于建立更紧密经贸关系的安排〉补充协议二》。根据"安排"及"补充协议"的有关规定,2004 年国家工商总局印发《关于港澳居民在内地申办个体工商户登记管理工作的若干意见》,规定从 2005 年 1 月 1 日起,港澳居民在内地各省、自治区、直辖市申请设立个体工商户,无须经过外资主管部门审批,由经营所在地的县(市)工商行政管理

局以及大中城市的工商行政管理分局依照内地有关法律、法规和行政规章予以登记。登记机关根据需要可以委托工商所进行港澳居民个体工商户的登记。港澳居民可以申请登记的经营范围:零售业(不包括烟草零售)、餐饮业、居民服务和其他服务业中的理发及美容保健服务、洗浴服务、家用电器修理及其他日用品修理,但不包括特许经营。港澳居民个体工商户的组成形式仅限于个人经营,其从业人员不得超过 8 人;经营场所的面积不得超过 300 平方米。2005 年 12 月 8 日,国家工商总局又制定并下发了《关于港澳居民在内地设立个体工商户经营范围进一步放宽问题的通知》,明确规定:自 2006 年 1 月 1 日起,港澳居民在内地设立个体工商户,其可以申请登记的经营范围增加以下行业:(1)货物、技术进出口;(2)摄影及扩印服务;(3)洗染服务;(4)汽车、摩托车维修与保养。2007 年,国家工商总局发出通知,允许港澳居民个体工商户从事计算机服务业、软件业等行业。截至 2008 年 6 月底,港澳居民在内地共设立个体工商户 3 357 户,从业人员 8 956 人,资金数额 2.2 亿元。

3. 探索台湾地区居民在大陆设立个体工商户的开放办法

在港澳居民申办个体工商户政策不断放宽的同时,国家工商总局与统战部、国务院台湾事务办公室等协调,深入开展调研,探索台湾地区居民在大陆设立个体工商户的开放办法。2006 年 12 月 22 日,国家工商总局出台了《关于支持海峡西岸经济区建设的意见》,从放宽市场准入、扩大闽台贸易合作、实施商标战略、依法保护消费者和经营者合法权益等方面提出了一系列具体举措。2007 年 11 月,国家工商总局印发《台湾居民在海峡两岸农业合作试验区和台湾居民创业园申办个体工商户登记管理工作的若干意见》,规定自 2007 年 12 月 1 日起,台湾居民在海峡两岸农业合作试验区和台湾居民创业园申请设立个体工商户,由经营所在地的县(市)工商行政管理局以及大中城市的工商行政管理分局依照国家有关法律、行政法规和规章直接予以

登记,无须经过外资主管部门审批。台湾居民可以申请登记的经营范围包括:种植业、饲养业、养殖业、农产品及农副产品加工业、农产品等自产产品零售业(不包括烟草零售和特许经营)、农产品和农业技术进出口、农业科技交流和推广。台湾居民个体工商户的组成形式仅限于个人经营;其从业人员不超过8人;经营场所的面积不超过300平方米,但从事种植业、饲养业或养殖业的不受此限制。该"意见"还要求登记机关要在登记场所建立台湾居民申办个体工商户的"绿色通道",提供申请、受理、审批一站式服务,对符合条件的当场准予登记。到2008年6月底,全国共登记台湾居民个体工商户64户,从业人员304人,注册资金数额1 512万元。

(二)鼓励、支持个体私营企业参与国有企业改制、改组、改造

针对全面建设小康社会和实现科学发展的目标要求,工商行政管理部门围绕经济结构调整和繁荣、活跃城乡市场,把支持个体私营经济发展同宏观调控、国企改革和第三产业发展相结合。2005年,国家工商总局在《关于发挥工商行政管理职能作用　促进个体私营等非公有制经济发展的通知》中,要求各级工商行政管理机关要引导、支持有条件的个体私营企业参与国有企业改革、改组、改造,与国有企业相互参股、融资,发展新型的混合所有制企业;引导、支持个体私营企业托管、承包、租赁或收购国有亏损的中小企业,参与老工业技术改造。各地工商行政管理机关认真贯彻国家工商总局通知精神,对私营企业参与国有企业改革,实行与国有企业一视同仁政策,做到思想上放心放胆、工作中放手放开、政策上放宽放活,为私营企业参与国有企业改革营造宽松环境。除涉及国防军工、国家安全和必须由国家垄断的行业外,其余领域都允许私营企业进入。允许外资进入的领域,放开民间资本进入;国有资本退出的领域,鼓励民间资本进入。推动民间资本进入工业、贸易、高新技术产业、社会服务业等领域投资经营。鼓励民间资本进入能源、交通、水利、电力、电信、城市公共交通、道路桥梁、供水、供气、集中

供热、垃圾处理、污水处理、园林绿化、环境卫生、医疗、教育、港口、沿海滩涂、农林牧渔资源开发和农产品加工流通等基础产业和公用事业,鼓励私营企业通过购股、参股等形式参与国有大型企业的改组、改制;引导支持私营企业通过收购、兼并、控股、先租后购、合资合作等方式参与国有中小企业改革。如哈尔滨市2005年有100户具有一定规模的民营企业通过收购、参股、承债式兼并等多种形式参与国有集体企业改制,投入资金11.4亿元,安置职工20 071人,盘活资产26亿元。

(三)按照统筹城乡发展的要求,积极发挥职能作用,促进区域经济协调发展

按照中央提出的东部地区率先发展、振兴东北老工业基地、中部地区崛起和西部大开发经济发展战略,国家工商总局先后参与主办和支持举办了"中国东西部合作与投资贸易洽谈会"、"中国国际中小企业博览会"、"中国中部投资贸易博览会"、"中国青海结构调整暨投资贸易洽谈会"、"中国兰州投资贸易洽谈会"、"中国西部家具建材博览会"等一系列经贸活动,在促进东中西部地区私营企业间的相互交流与合作、实现优势互补、互利双赢,促进区域经济发展方面发挥了重要作用。

"中国东西部合作与投资贸易洽谈会"(简称"西洽会")是为了加强东西部省际经贸交流合作,实现共同繁荣发展,1997年,经陕西省政府倡议,由原国务院特区办、江苏、上海、天津、陕西共同发起创办的以"东西合作,优势互补,互惠互利,共同发展"为主题的经贸洽谈会,截至2008年6月已成功举办了12届,初步构建了东中西部互动、共同发展的平台和载体。从2001年第五届"西洽会"起,国家工商总局(国家工商局)正式作为"西洽会"主办单位之一。2007年4月,在第十一届"西洽会"期间,国家工商总局与陕西省人民政府共同主办了中国私营企业馆,通过中国个体劳动者协会积极发挥组织协调作用,组织全国210多家知名私营企业参展参会,集中展示了个体私营经济的发展水平,促进了东中西

部地区企业间的交流与合作。

为贯彻党中央和国务院提出的西部大开发战略，在参与主办"西洽会"的同时，国家工商总局还积极支持举办了"中国青海结构调整暨投资贸易洽谈会"（"青洽会"）和"中国兰州投资贸易洽谈会"（"兰洽会"），支持西部地区经济调整优化结构，改进经济增长方式，扩大对外开放，发挥地区的比较优势，促进区域经济全面、协调、可持续发展。

"中国中小企业博览会"（"中博会"）是广东省人民政府、国家工商总局与国家发展改革委员会、财政部等有关单位共同主办的又一个经贸盛会。"中博会"以"小中见大，博览天下"为主旨，已成功举办了四届。从第二届"中博会"起，正式更名为"中国国际中小企业博览会"，并每届确定一个主宾国，联合主办。先后与法国、意大利、日本等国联合主办了三届博览会。

中部地区的崛起，是中央和国务院继提出西部大开发、振兴东北老工业基地之后，提出的又一个重要的经济发展战略。2004 年 3 月，温家宝总理在十届全国人大二次会议所做的政府工作报告中，首次明确提出促进中部地区崛起。2004 年 12 月，中央经济工作会议再次提到促进中部地区崛起。2005 年 3 月，温家宝总理在政府工作报告中提出，抓紧研究制定促进中部地区崛起的规划和措施。为了响应中央和国务院的号召，商务部、国家工商总局等有关部门与湖南、湖北、江西、安徽、河南、山西等中部六省共同商定，决定共同举办"中国中部投资贸易博览会"（"中部博览会"），由上述 6 省轮流承办。截至 2008 年 6 月，已在湖南、河南、湖北举办了三届。国家工商总局充分发挥职能作用，积极支持参与办好"中部博览会"。充分发挥个体私营企业协会的桥梁和纽带作用，积极组织有条件的个体私营企业参展参会，为中部地区招商引资牵线搭桥。

（四）围绕统筹城乡发展和"三农"工作，积极促进农村个体私营经济和农民专业合作社发展

1. 积极引导农村个体私营经济发展

"三农"问题始终是中央和国务院关注的重点。《中共中央国务院关于进一步加强农村工作提高农业综合生产能力若干政策的意见》（中发［2005］1 号）把农民增收、农业增效和农村发展提到了十分重要的战略地位。各级工商局把支持个体私营经济发展同贯彻中央 1 号文件结合起来，引导支持农村个体私营企业发展专业合作经济组织和龙头企业，特别是运用注册商标和地理标志的手段，保护涉农企业的知识产权，促进农业产业化经营和农村劳动力转移，为农民增收、农业增效和农村发展服务。

2005 年 1 月，国家工商总局制定并下发了《关于贯彻落实中央 1 号文件精神大力支持"三农"工作的通知》，要求各级工商行政管理机关把贯彻中央 1 号文件与落实《国务院关于鼓励支持和引导个体私营等非公有制经济发展的若干意见》精神有机结合起来，采取多种形式，积极宣传党和国家支持"三农"工作、鼓励农村个体私营经济发展的有关方针、政策，把支持和引导农村个体私营经济发展同推进农村经济结构调整和农业产业化经营相结合，并与促进农业增效、农民增收、农村发展、农村劳动力转移和维护农村社会稳定相结合，相互促进，共同发展。根据农村经济结构调整和农业产业化经营的要求，突出重点行业和领域，积极支持、引导农村个体私营企业向农产品加工业、种养业以及为农业生产服务的行业拓展；引导农村个体私营专业户、专业村、专业乡的发展；引导农村个体私营企业从事食品加工业特别是以粮食、重要农产品为主要原料的加工业；引导支持农民承包开发荒山、荒地、荒滩和退耕还林、还草，从事特色经济作物的种植业和优良品种畜、禽、鱼类的养殖业，促进农村发展特色产业。围绕培育、繁荣和规范农村市场，积极鼓励、支持农村个体私营企业参与农副产品批发市场和集贸市场的经营，发展农产品拍卖、网上交易等方式，扩大交易功能；积极拓宽农资商品经营，支持、引导发展各类农业经纪人，扩大农副产品流通，活跃农村经济，促进农民增收。鼓励、引导农村个体私营企业注册、使

用商标和地理标志,实施品牌战略,利用知识产权扩大经营规模,提高农副产品市场竞争能力,促使其增加经济效益。支持农村大型私营企业实行多种经营形式的优化组合,组建发展企业集团,形成产供销、工商贸一体化的产业经营格局。国家工商总局还规定,对农村流动商贩实行备案制,免予工商登记,对农民进入集贸市场销售自产农副产品的,可不予登记。鼓励农村个体私营经济发展的方针极大地激发了广大农民投资办厂的热情。据统计,截至 2008 年 6 月底,全国农村登记个体工商户 1 013. 35 万户,从业人数 2 086. 69 万人,资金数额 2 880. 62 亿元,登记私营企业 195. 13 万户,从业人员 2 639. 48万人,注册资本(金)5 779. 86亿元。

2. 大力促进农民专业合作社发展

国家工商总局在《关于发挥工商行政管理职能作用 促进个体私营等非公有制经济发展的通知》中,要求各级工商行政管理机关结合本地实际,积极探索农民专业合作经济组织的登记管理。各类从事生产经营活动的农民专业合作经济组织均可以申请工商登记,取得市场主体资格。对农民个人申办的专业合作经济组织,符合个人合伙设立条件的,按个体工商户登记;符合合伙企业设立条件的,按合伙企业登记;符合有限公司设立条件的,按有限公司登记。对其他投资者根据农业产业化和多种经营的需要申办的专业合作经济组织,要根据投资人身份和出资财产的性质,本着谁出资谁所有的原则,依照现行登记法规核定企业类型。

2005 年以来,国家工商总局积极配合相关部门,开展农民专业合作社调研工作,并参与《农民专业合作社法》、《农民专业合作社登记管理条例》的起草工作,2007 年 7 月 1 日,《农民专业合作社法》正式实施。2007 年 6 月 21 日,国家工商总局制定并下发了《关于农民专业合作社登记管理的若干意见》和《农民专业合作社登记文书格式规范》,进一步统一和规范了农民专业合作社登记管理工作。《农民专业合作社法》和《农民专业合作社登记管理条例》颁布实施一年来,有力地推进了全国农民专业合作社登记管理工作。到 2008 年 3 月,全国登记农民专业合作社 43 037 户,成员出资总额达 372. 59 亿元,成员总数 57. 29 万人,其中农民成员 55. 04 万人。农民专业合作社在促进农村经济发展和社会主义新农村建设方面的作用得到初步显现。

(五)增强服务意识,为经济社会发展提供良好服务

1. 简化登记程序,方便个体私营企业注册登记

2003 年,国家工商总局召开个体私营经济登记管理工作座谈会,提出要与时俱进,积极探索登记管理制度改革试点工作。基本思路:一是按照基本经济制度和十六届三中全会《决定》的要求,要进一步清理、修订限制和影响个体私营经济发展的法律、法规和政策,完善市场主体法律制度,消除体制性障碍,营造有利于个体私营经济发展的公开、公平、公正的体制和政策环境。二是在执行现行法律和行政法规的前置审批的前提下,改革现行个体工商户、私营企业登记程序,简化登记手续,不断提高登记效率和服务水平。三是从有利于促进经济发展,有利于扩大就业和再就业,有利于社区管理,有利于工商行政管理部门集中精力强化监管执法的角度出发,对从事生产、经营的个体工商户与没有资本运营从事简单修理、服务的个体劳动者,要积极探索实行分层次登记和分类监管的模式。四是按照提高效率、注重效果的原则,改革和完善个体工商户、私营企业的年检验照制度。改革年检验照方式,简化年检验照程序和内容,以减轻个体工商户和私营企业的负担,有利于促进地方经济发展。

2004 年 7 月,根据《行政许可法》和《城乡个体工商户管理暂行条例》,国家工商总局制定了《个体工商户登记程序规定》,并以局令形式予以公布。该规定较好地体现了《行政许可法》的有关要求,对个体工商户的设立、变更、注销登记申请;受理审查和准予登记;撤销登记与注销登记,以及登记公示、公开等方面作了具体而明确的规定,同时明确市县工商局根据工作需要,可以委托工商

所进行个体工商户登记。该规定的出台,为实现个体工商户登记监管的规范化、程序化奠定了基础。

2005年2月,根据《个体工商户登记程序》,国家工商总局制定、下发了《个体工商户分层分类登记管理办法》,对委托工商所登记个体工商户和根据个体工商户信用分类实施监管提出了具体的措施。2006年4月,又制定和下发了《个体工商户委托登记管理实施意见》。主要规定了受委托工商所的条件、委托原则及形式、受委托工商所从事个体工商户登记注册人员的资格等,为各地工商机关实施委托登记管理提供了具体依据。《意见》要求各级工商行政管理机关创新登记管理机制,建立对个体工商户的委托登记、委托备案和委托验照的制度,由县级工商局委托工商所实施登记、备案和年度验照工作。充分发挥基层工商所点多面广的优势,方便群众就近申办登记个体工商户,提高办事效率。积极做好服务工作。要向个体私营企业申办者宣传有关政策法规,主动提供咨询服务,为其排忧解难;要简化登记程序,减少审批环节,实行政务公开和首办责任制、限时办结制,做到制度公开化、表格标准化、用语规范化,提供申请、受理、审批一站式服务,对符合条件的及时核准登记;本着提高效率、方便企业的原则,改革和完善私营企业年检和个体工商户验照制度,简化年检、验照的内容和程序;有条件的地方要实行滚动式的年检和验照,对边远和比较集中地区的个体工商户实行现场验照,对诚信守法的个体私营企业实行免检,为个体私营企业提供方便条件,切实做好支持服务工作。

2. 依法保护个体私营企业的合法权益

党的"十六大"报告指出:"完善保护私人财产的法律制度。""十七大"报告中更加明确要"坚持平等保护物权,形成各种所有制经济平等竞争、相互促进新格局"。2007年3月16日,第十届全国人大第五次会议通过的《物权法》中明文规定:"国家、集体、私人的物权和其他权利人的物权受法律保护,任何单位和个人不得侵犯。""私人的合法财产受法律保护,禁止任何单位和个人侵占、哄抢、破坏。"

工商行政管理部门负有保护个体工商户和私营企业合法权益的重要责任。在保护个体工商户、私营企业合法权益方面做了不少工作,被广大个体劳动者和私营企业经营者亲切地称为"娘家人"。

首先,各级工商行政管理机关要自觉规范自己的行政行为,尊重和保护个体工商户和私营企业的合法权益。国家工商行政管理总局一再要求各级工商行政管理机关改进工作作风,实行依法行政、文明执法;对个体工商户和私营企业,要增强服务意识,寓管理于服务之中;不得"吃、拿、卡、要"等。2003年1月,针对社会上对个体私营企业日益严重的乱收费、乱罚款、乱摊派问题,国家工商总局发出《关于严禁借年检验照之机乱收费的通知》,要求各级工商行政管理机关认真贯彻党中央、国务院关于治理"三乱"的决定精神,严格按照国家工商总局《关于集中开展"三乱"问题专项整治行动进一步规范执法行为的通知》要求,严肃查处"三乱"问题。严禁向私营企业和个体工商户乱收费、乱罚款、乱摊派。各地必须严格执行原国家物价局、财政部《关于发布工商行政管理部门收费项目和标准的通知》(〔1992〕价费字414号),严禁提高年检收费标准;严禁借年检验照之机向私营企业收取年检费以外的任何费用,向个体工商户收取任何费用;也不得有其他代收代扣行为。绝不允许把是否缴纳上述各种费用,作为私营企业、个体工商户年检验照的前置条件。同时,要求各级个体劳动者协会、私营企业协会加大维护会员合法权益的力度,做好会员维权工作。

其次,对侵犯个体工商户、私营企业合法权益的行为予以制止。各级工商行政管理机关注意对侵犯个体工商户和私营企业合法权益情况进行调查研究,并把这方面情况及时向当地党委和政府报告。同时,在党委和政府的支持下,对侵害个体工商户和私营企业的行为予以抵制或制止。国家工商行政管理局还直接处理一些涉及侵犯个体工商户、私营企业合法权益的案件，如昆明市西山公园个体工商户被驱赶事件等，产生了较好的效果。在各级工商行政管理机关的指导、支持下，各级个体劳动者协会和私营企业协会，每年都要处理为数不少的会员合法权益被侵害的事件。

3. 积极引导下岗失业人员和大学毕业生从事个体私营经济，促进就业和再就业

按照中央和国务院"鼓励兼并、规范破产、下岗分流、减员增效、实施再就业工程"的部署和要求，各级工商行政管理机关充分发挥职能作用，采取多种形式，积极鼓励、扶持下岗失业人员、高校毕业生、归国留学生、退役士兵、残疾人员及其他新增待业人员兴办个体工商户、私营企业，促进以创业带动就业；同时积极引导个体私营企业吸纳更多的下岗失业人员和大中专毕业生及新增待业人员就业和再就业，充分发挥个体私营经济在扩大社会就业方面的重要作用。

（1）对下岗失业人员的收费优惠。2003年以来，国家工商总局先后下发了《关于贯彻落实全国再就业工作座谈会精神的通知》、《关于贯彻全国再就业工作表彰大会精神进一步做好促进再就业工作的通知》、《关于贯彻落实〈国务院关于进一步做好就业再就业工作的通知〉的通知》，要求各地工商机关对下岗失业人员凭再就业优惠证兴办个体工商户和私营企业的，优先受理，优先发照。凡从事个体经营的，从发照之日起三年内免收个体工商户登记费（包括开业登记、变更登记、补换营业执照及营业执照副本）、个体工商户管理费、集贸市场管理费、经济合同鉴证费及经济合同示范文本工本费。

（2）对普通高校毕业生的收费优惠。2003年6月，国家工商总局下发了《关于2003年普通高等学校毕业生从事个体经营有关收费优惠政策的通知》，规定凡高校毕业生（含大学专科、大学本科、研究生）从事个体经营的，除国家限制的行业（包括建筑业、娱乐业以及广告业、桑拿、按摩、网吧、氧吧等）外，自工商行政管理机关批准其经营之日起，1年内免交个体工商户登记注册费（包括开业登记、变更登记、补换营业执照及

营业执照副本）、个体工商户管理费、经济合同示范文本工本费。

（3）对退役士兵的收费优惠。2003年12月，国家工商总局与民政部、劳动保障部等部门联合下发了《关于扶持城镇退役士兵自谋职业优惠政策的意见》，规定自谋职业的城镇退役士兵从事个体经营的，除国家限制的行业（包括建筑业、娱乐业以及广告业、桑拿、按摩、网吧、氧吧等）外，自工商部门批准其经营之日起，凭《城镇退役士兵自谋职业证》，3年内免交个体工商户注册登记费（包括开业登记、变更登记）、个体工商户管理费、集贸市场管理费、经济合同示范文本工本费。

国家工商总局要求各级工商行政管理机关切实改进工作作风，强化服务力度，提高办事效率。要在办公所在地、登记注册大厅、各类市场等场所，利用宣传栏、墙报、板报等形式，将再就业优惠政策措施以及开业登记条件、登记程序等内容予以公示，增加工作透明度，自觉接受社会和群众以及下岗失业人员的监督。设立再就业政策咨询窗口，为下岗失业人员免费提供咨询。开辟"绿色通道"，提供"申请优先、受理优先、审批优先"的一站式服务。对下岗失业人员从事临时性、季节性、流动性经营的，可以核发临时营业执照。

各级工商行政管理机关按照总局要求，设立专门窗口，为下岗失业人员及新增待业人员申办个体或企业登记免费提供开业指导，以及相关政策、法规和信息的咨询服务；认真落实有关收费优惠政策，扶持下岗失业等人员自谋职业、自主创业，为维护社会稳定做出新贡献。如辽宁省工商部门设立了330多个再就业咨询窗口，640多个再就业培训点，培训下岗职工22.8万人，向企业推荐18.4万人，经过双向选择重新上岗。湖北、青海等地举办了"帮扶大中专毕业生就业招聘会"，引导高校毕业生转变择业观念，自主创业，自谋职业。据不完全统计，2007年，全国工商系统共引导、支持257.58万名下岗失业人员、29.67万名高校毕业生在个体私营经济领域实现就业再就业，落实中央

和地方各项促进就业再就业优惠政策,免收工商管理行政事业性收费共计 10.25 亿元。

2008 年 7 月,财政部、国家发改委又下发了《关于从事个体经营的有关人员实行收费优惠政策的通知》(财综[2008]47 号),重申了对有关人员申办个体工商户的规定。《通知》规定:登记失业人员、残疾人、退役士兵及毕业 2 年以内的普通高校毕业生,凡从事个体经营(除建筑业、娱乐业以及销售不动产、转让土地使用权、广告业、房屋中介、桑拿、按摩、网吧、氧吧等)的,自在工商部门首次注册登记之日起 3 年内免收管理类、登记类和证照类等有关行政事业性收费。

4. 在重大自然灾害和突发事件中,积极发挥职能作用,维护社会稳定和谐

按照构建社会主义和谐社会的要求,各级工商行政管理机关在面临重大自然灾害或突发事件时,积极配合政府有关部门,加强监管执法,加强个体工商户和私营企业从业人员的教育,采取有效措施平抑物价,保障市场供应,为夺取抗灾斗争的胜利作出了积极的贡献。

(1)积极支持抗击非典型肺炎。2003 年春季,我国遭受了一场突如其来的非典型肺炎重大疫情,4 月 30 日,国家工商总局按照中央和国务院的统一部署,迅速下发了《关于加强对个体工商户和私营企业监督管理做好非典型肺炎防治工作的紧急通知》,在全系统安排部署了防治"非典"工作。国家工商总局紧急通知指出:广大个体工商户和私营企业积极执行当地政府关于防治"非典"的各项政策措施,为平抑物价,保证人民生活必需品的供应,稳定市场秩序,做出了积极的贡献。但是,也有一些个体工商户和私营企业利用防治"非典"的非常时刻,哄抬物价,制售假冒伪劣防治"非典"商品牟取暴利,严重损害消费者的合法权益,干扰了防治"非典"工作的开展。

国家工商总局要求各地工商机关,要在当地党委和政府的统一领导下,严格依法行政,加强市场监管,维护正常的市场秩序,在全面落实市场秩序各项整治任务的同时,重点打击少数个体工商户、私营企业利用防治"非典"囤积居奇、哄抬物价,特别是制售假冒伪劣防治"非典"用品等见利忘义的违法经营行为。各级工商行政管理机关按照总局统一部署,严格市场监管和行政执法,特别加强对涉及防治"非典"的食品、药品及其他相关物品的监管,严厉打击制假、售假违法行为,有力地保障了抗击"非典"斗争的顺利进行。

(2)支援四川地震灾区灾后重建。2008 年 5 月 12 日,四川汶川县发生里氏 8.0 级大地震,造成重大人员伤亡和财产损失。地震发生后,国家工商总局按照党中央和国务院的部署,迅速部署了抗震救灾工作。党组书记、局长周伯华根据中央政治局常委会精神和以温家宝总理为总指挥的抗震救灾总指挥部的部署,及时对抗震救灾工作作出五点指示,提出明确要求。工商总局迅速采取三项措施做好抗震救灾工作:一是立即向遭受地震灾害的四川省工商系统干部职工发出慰问电,对奋战在抗震救灾第一线的工商干部表示诚挚的慰问。同时,要求全省工商干部职工把抗震救灾作为当前的首要任务,充分发挥职能作用,大力支持粮食、食品、蔬菜、饮用水等生活必需品的流通,保障市场供应。严厉打击欺行霸市、以假充真、以次充好、缺斤短两、囤积居奇、哄抬价格以及散布虚假信息等扰乱市场秩序的行为,切实维护市场秩序和社会稳定。二是立即拨付 100 万元资金用于支持四川省工商系统抗震救灾工作。三是迅速向全系统发出紧急通知,要求全国工商系统在当地党委、政府的统一领导下,开展抗震救灾工作,充分发挥职能作用,严厉查处违法经营行为,切实维护市场秩序,确保市场供应,要着重加强灾区流通领域食品安全监管,严防假冒伪劣食品和不合格食品流入市场,流到受灾群众手中。5 月 27 日,国家工商总局又下发了《关于支持地震灾区恢复生产、搞活市场、重建家园的若干意见》,提出了支持地震灾区恢复重建的若干具体措施:一是积极支持证照丢失、损毁的企业、农民专业合作社和个体工商户持照合法经营。对在地震灾害中《营业执照》等证照丢失或者毁坏的,根据当事人

申请和核查登记档案,及时予以补发,以利市场主体迅速恢复生产经营,开展商事活动。二是适当放宽认缴出资期限和设立登记期限。灾区恢复重建期间,对于因灾情影响实收资本不能按期到位的公司,允许其股东适当延长认缴出资期限;对于因灾情影响不能在法定有效期内提出设立登记申请的,可以允许适当延长有效期限。三是认真做好受灾企业和个体工商户的变更登记等工作。对于确因灾情影响无法提供法定代表人、负责人和其他高级管理人员变更登记或者备案所需规范文件的,可采取由申请人承诺限期补交,先予办理登记,事后加强监管等方式;企业、个体工商户在设立登记或者变更登记中,虽暂不能提交住所和经营场所证明文件,但确有住所和经营场所的,可以先发照,并限期补交证明文件。四是改进管理,提高效率,提供便捷高效的登记服务。对于申请办理登记的,登记机关要提前介入,主动提供优质、便捷、高效的指导和服务;在企业、农民专业合作社和个体工商户登记注册中,尽量缩短登记时限,提高工作效率。五是特事特办,做好企业年检工作。对于因灾情影响无法按期参加年检的企业,允许其延期参加年检,并免收年检费用。六是尽快恢复建立市场主体登记注册电子数据,为依法监管奠定扎实基础。灾区各级工商行政管理机关在自身恢复重建时,要以高度的责任心,恢复重建企业、农民专业合作社和个体工商户登记管理档案和相关数据库。对于原始档案已经毁损的,掌握相关数据的上级工商行政管理机关要协助核对电子数据,补录、复制登记档案,保持登记档案的连续性和准确性。七是指导各级个体劳动者协会、私营企业协会发挥桥梁纽带作用,鼓励、引导个体工商户、私营企业积极参与灾区恢复重建工作,扩大对灾区的商品运输和销售。八是免收个体工商户管理费和市场管理费,积极支持恢复生产、搞活市场。抗震救灾期间,凡进入灾区市场销售食品、蔬菜等生活必需品的,工商行政管理机关免收市场管理费。对灾区设立的个体工商户,一律免收个体工商户管理费。对农村流动性小商小贩,除国家另有规定外,免予工商登记,免收工商行政管理费用;对农民在集贸市场或者地方人民政府指定区域内销售自产农副产品的,免予工商登记,免收工商行政管理相关费用。

国家工商总局在发动总局机关和直属单位干部职工踊跃向地震灾区捐款、发动党员交纳"特殊党费"的同时,还通过中国个体劳动者协会,向各省(市、区)个私协会发出《关于立即动员全国个体工商户和私营企业会员踊跃捐款投入抗震救灾工作的紧急通知》,要求全国各级个私协会立即行动起来,紧急动员广大个体工商户和私营企业会员,全力以赴投入抗震救灾工作。全国广大个私协会会员纷纷伸出援助之手,踊跃解囊相助。据不完全统计,截至6月18日,全国各地个私协会组织个体户和私营企业会员通过各种渠道捐款捐物超过24亿元,其中,直接通过中国个协捐赠款项达到3 900万元。

(六)加强监管执法,维护公平有序的市场经济秩序

1. 深化监管体制改革,积极推进个体工商户信用分类监管

自从2001年国家工商局升格以来,一直致力于转变职能,整合监管执法力量,提升监管工作效能。2007年1月,在广泛深入调研和总结各地工商局实践经验的基础上,国家工商总局制定并下发了《个体工商户信用分类监管指导意见》,该"意见"共15条,主要包括:(1)根据个体工商户的信用状况、从事行业和经营地点对其进行分类,并相应采取不同监管措施。(2)根据市场准入、经营行为、市场退出等指标认定个体工商户信用状况,具体划分为守信、警示、失信和严重失信四类,分别用A、B、C、D四级信用度表示,依据个体工商户从事行业风险度的高低,将其划分为甲、乙、丙三级。(3)依据经营地点的不同位置对监管工作的不同要求,将个体工商户监管区域划分为重点监管区域、一般监管区域。(4)对不同信用等级的个体工商户,从事行业风险度的分级,以及所处的监管区域的不同,分别采取相对应的监管措施。以信用度为主,兼顾行业风险

度、监管区域,确定监管重点、监管频率和监管层次。各地工商机关依托金信工程,结合本地实际细化了个体工商户分层分类监管指标,针对个体工商户 A、B、C、D 四级具体情况,分别采取不同的监管对策。例如,山东省工商局利用信息网络技术,明确划分分类标准,突出监管重点。黑龙江省工商局通过细化登记层级和监管措施,增强了分层分类登记管理的有效性和针对性,加大了对存在违法经营行为较多的行业和地域的监管力度。委托工商所直接登记个体工商户和根据个体工商户的信用等级、从事行业风险分级以及所处监管区域,分别采取相应的监管措施,有利于登记监管力量的合理配置,节约行政资源,提高登记监管工作效能。

2. 加大监管执法力度,打击违法违规经营行为

一是认真做好流通环节产品质量和食品安全专项整治工作。流通环节产品质量特别是食品安全工作,直接关系到人民群众身体健康和生命财产安全。多年来,假冒伪劣食品、药品屡禁不止,假烟、假酒、假奶粉、有毒大米、地沟油、黑心月饼等假冒伪劣和有毒有害食品,严重危害了群众的身体健康。特别是 2004 年安徽阜阳劣质奶粉事件,在社会上产生了十分恶劣的影响。许多制售假冒伪劣食品、药品的又时常与无照经营联系在一起。为了彻底解决这一顽症,2007 年 11 月,国家工商总局专门下发文件,要求各地工商机关对无照经营的小食杂店,责令停止经营活动。对经营条件、经营范围符合法律、法规规定的,应当督促、引导其依法办理相应手续,合法经营;对不能取得行政许可手续,但具备经营其他商品条件的,可引导其办理经营范围不包括前置许可的营业执照;对不能取得前置许可手续且无法满足工商登记条件的,依法予以取缔。对无照经营食品的小摊点,由基层工商所按区域、市场逐户排查。会同或配合相关部门积极引导其进入固定经营场所或市场内经营,依法规范;对流动经营食品的小摊点,要配合相关部门做好取缔工作;对在集贸市场中开办的小食品加工销售点、小摊点,由集贸

市场统筹管理并承担食品安全责任,应要求集贸市场开办者签订食品质量安全承诺书,不签订食品质量安全承诺书或集贸市场无开办者的,予以取缔。

二是开展整治非法用工打击违法犯罪专项行动。为贯彻落实中央领导批示和国务院常务会议精神,制定下发了《国家工商总局关于贯彻国务院办公厅转发的〈开展整治非法用工打击违法犯罪专项行动方案〉的通知》,七至八月,在全系统开展了为期两个月的专项行动。全国工商系统共出动执法人员 50.75 万人次,检查已经登记的小砖窑、小煤矿、小矿山、小作坊 29.23 万户次,查处无证照 5.15 万户次,取缔 2.41 万户次,吊销营业执照 5 292 户次。

三是加强网吧管理。加强网吧管理,查处取缔黑网吧,是规范市场秩序、贯彻未成年人保护法的一项重要工作。国家工商总局高度重视这项工作,2004 年以来,总局先后制定下发了《关于做好网吧等互联网上网服务营业场所专项整治工作的通知》、《关于进一步深化网吧专项整治工作的通知》、《关于进一步做好网吧管理工作的通知》、《关于开展查处取缔黑网吧专项行动的通知》等一系列文件,以农村、城乡结合部、学校周边和各类变相黑网吧为重点,开展专项行动,对黑网吧坚持露头就打,坚决取缔。2007 年,全国工商系统共出动执法人员 55.12 万人次,检查已登记网吧 12.44 万户次。查处违法经营 6 637 户,吊销营业执照 573 户,向有关部门通报违法经营 2 783 户;查处取缔黑网吧 2.03 万户,没收用于无照经营的电脑 10.06 万台,查处取缔农村黑网吧 1.01 万户,向司法机关移交案件 98 件,有力地遏制了黑网吧蔓延的势头。

3. 大力查处取缔无照经营

查处取缔无照经营是整顿规范市场秩序的重要内容,也是工商行政管理部门的重要职责。工商行政管理部门历来十分重视无照经营的问题,并把它当作监督管理的重点、难点问题来抓。全国工商行政管理部门每年清理取缔无照经营都有几十万人次。但由于法律法规不健全、执法手段不足及体

制不顺,致使清理整顿工作效果不能巩固,出现了"割韭菜"的局面。

无照经营问题长期存在,除了政府部门管理力度弱、管理不到位外,还有着很复杂的原因:一是无照经营者大多是低收入者,甚至是贫困者、下岗职工,本小利微且无长期打算,不想申请工商登记;二是无照经营不交费、不纳税,经济上有利可图;三是无照经营常在管理部门的监管视野之外,行为不受约束,"自由度"大;四是由于种种原因,如申请办照的前置审批办不下来或营业用房的使用证明拿不到手,使得注册得不到核准,索性无照经营;五是法律法规不健全,管理往往无法可依或缺乏力度。

朱镕基总理在考察国家工商总局时明确指出,要"打击无照经营,从源头上遏制扰乱市场经济秩序行为的发生"。吴仪国务委员提出:"对查处无照经营要认真研究。……要立法。"根据朱总理和吴仪国务委员的指示精神,国家工商总局成立了"取缔无照经营办法起草小组"。起草小组经过调研、论证及借鉴地方的立法经验,几易其稿,起草了《取缔无照经营办法(草案)》。国务院法制办和国家工商总局在认真研究国家工商总局草案的基础上,共同起草了《无照无证经营查处取缔办法(征求意见稿)》,分送全国人大法工委、国家经贸委、公安部、建设部、信息产业部、质检总局等36个部门和北京等16个地方政府以及20多个地方工商行政管理局征求意见,修改后再次征求了国家经贸委等7个部门的意见,形成了《无照无证经营查处取缔办法(草案)》,提请国务院审议。2003年1月6日,朱总理签署第370号国务院令,公布了《无照经营查处取缔办法》,规定从2003年3月1日起施行。

《无照经营查处取缔办法》共22条,主要内容有:(1)规定了由工商行政管理部门查处的违法行为。《办法》第四条规定了由工商行政管理部门查处的4种无照经营行为和1种违法经营行为。同时,《办法》第二十一条明确规定:"农民在集贸市场或者地方人民政府指定区域内销售自产的农副产品,不属于本办法规定的无照经营行为。"

(2)明确了无照经营行为的查处机关及其职责。此前,对无照经营行为的禁止和查处,分散规定在一些法律、行政法规中(共23部法律和56件行政法规),涉及多个部门。由于有些法律法规对有关部门查处无照(包括无证)经营行为的职责权限规定得不太具体、明确,在执法中出现了大家都管、又都管不好的状况,客观上造成了对无照经营行为查处不力,取缔不绝。为此,《办法》明确规定,由工商行政管理部门负主要责任,同时规定了查处无照经营行为的工作配合机制。(3)强化了查处取缔无照经营行为的法律手段。查处无照经营行为,关键在于依法取缔;而查封、扣押等强制措施,又是取缔必需的法律手段。因此,《办法》规定,县级以上工商行政管理机关可以行使包括查封、扣押等在内的六项职权。同时,为保护当事人的合法权益、约束工商行政管理部门依法行政,《办法》对工商行政管理部门实施查封、扣押等强制措施的程序做了明确规定。(4)《办法》要求建立无照经营行为的举报制度,并对举报人给予奖励。《办法》的出台,推动了查处取缔无照经营工作的深入开展。2003年以来,各级工商行政管理机关结合开展流通环节产品质量、食品安全专项整治和整治非法用工打击违法犯罪等活动,加大了对无照经营的查处取缔力度。2007年11月,按照《国务院关于加强产品质量和食品安全工作的通知》和国务院办公厅印发的《全国产品质量和食品安全专项整治行动方案》的要求,国家工商行政管理总局在总结前几年查处取缔无照经营经验的基础上,制定并下发了《关于彻底解决乡镇政府所在地及县城以上城市小食杂店、小摊点无照经营食品问题的指导意见》,具体部署了这项工作,在全国开展了彻底解决乡镇政府所在地及县城以上城市小食杂店、小摊点无照经营食品等专项行动。这项工作受到了各级政府高度重视,在政府统一领导下,以前所未有的查处取缔力度,取得了突出的成绩。到2007年底,全国工商系统共查处取缔无照经营75.7万件,引导办照21.96万户。在查处取缔无照经营工作中,各地坚持把查处取缔无照经营与引导办照相结合,积极督促、引导下岗职工、失地农民、无生活来源的社会弱势群体依法办理相应手续,变无照经营为有照经营。《办法》在发挥积极作用的同时,也日益显露出不足的一面:一是未强调地方各级政府的领导和组织责任;二是将监管责任过于集中在工商部门,未明确其他许可审批部门的职责;三是未明确联席会议、信息抄告等部门配合工作机制。这些都在一定程度上影响了查处取缔无照经营的工作效果。近年来,有不少地方如福建、山西、四川、湖南、河北、广东、山东、青海、上海等地,先后建立了政府统一领导、工商牵头协调、相关部门各负其责的无照经营查处、规范工作机制,有力地维护了正常的市场秩序。

4. 认真开展社会治安综合治理专项工作

在构建和谐社会、全面建设小康社会新形势下,加强社会治安综合治理,维护社会稳定和谐,是工商行政管理部门的一项重要职责。国家工商总局及全国各级工商行政管理机关充分提高思想认识,正确认识和处理"分内与分外、主角与配角"的关系,积极协助有关部门,共同做好社会治安综合治理工作。2006 年和 2007 年,国家工商总局专门下发了《关于充分发挥工商行政管理职能作用　深入开展农村平安建设的通知》和《关于发挥工商行政管理职能作用　积极推进社会治安综合治理的通知》,2007 年 5 月,国家工商总局召开了"全国工商行政管理机关加强社会主义精神文明建设,积极做好社会治安综合治理"工作会议,总局党组书记、局长周伯华强调,加强社会治安综合治理,是保障国家长治久安的战略举措,是构建社会主义和谐社会的重要内容。会议总结推广了吉林、重庆、湖北、陕西等地开展社会治安综合治理工作的经验做法,提出了具体要求。会后,各级工商行政管理机关认真贯彻落实会议精神,积极配合有关部门开展了校园周边环境治理、保护未成年人合法权益、禁毒防艾宣传、刑释解教人员安置帮教、流动人口管理、劳动力市场秩序整顿、维护农民工合法权益、出租车行业整治、打击盗窃破坏电力电信广播电视设施违法犯罪、规范开锁行业管理、严厉打击小土炼油等专项工作,为维护社会稳定做出了新的贡献。

(执笔人:汤正涛)

第四章　公平交易执法

第一节　查处经济违法违章
案件概况

一、改革开放前对投机倒把活动的打击

自新中国成立开始,在国家有关的政策规定中,投机倒把就作为扰乱经济秩序的一种不正当交易行为的特定概念,即在商品流通过程中以非法牟利为目的,违反国家有关法律、法规和规章,损害社会利益,破坏经济秩序的一种不正当交易行为,受到严厉打击。1949—1978 年,对投机倒把活动的打击和查处,主要是围绕维护计划经济体制的建立与发展,依照国务院和国家有关部委的文件,对一切违反计划经济有关政策的行为进行查处,大致可分为以下四个阶段。

(一)国民经济恢复时期

1949 年 10 月,中华人民共和国刚刚成立,整个国民经济处于十分困难的时期。由于国民党政府的统治和长期战争,工农业生产受到很大的破坏。一方面,大量资金抽逃国外,不少企业停工歇业;另一方面,解放战争正在推进,军需浩繁,加之接收了几百万国民党政府人员,财政负担很重。此外,帝国主义的封锁和国内物资流通的阻塞,更加加剧了财政紧张状况。因此,大力恢复和发展生产,争取财政经济状况的根本好转,是当时国家的一项十分紧迫的任务。但是,就在党和政府积极地采取各种有效措施,帮助私营工商业克服困难,复工复业,恢复和发展生产经营的时候,一批投机分子大肆破坏市场秩序,多次掀起涨价浪潮,阻碍了社会经济的恢复和发展。从 1949 年 4 月到 1950 年 2 月,先后出现了四次涨价浪潮。第一次

是从华北开始,由粮食和纱布开始涨价,迅速波及其他商品。以天津市为例,综合物价指数 5 月份比 3 月份上涨了 1.2 倍。7 月、10 月至 1950 年春节期间,又先后发生了 3 次大的涨价风。其中,10 月份物价上涨最为严重。这次涨价浪潮是先从上海开始的,很快蔓延到了华中、华北、西北等地。据计算,在一个月的时间内,上海棉纱批发价格涨了 1 倍,大米价格涨了 4 倍,批发物价指数平均上涨了 1.5 倍。如果从 1949 年 6 月算起,到 1950 年 2 月,上海的批发价格上涨 20 多倍。这个时期投机资本家活动的目标,除倒卖金、银、外币等外,主要集中在关系国计民生的纱布、粮食、煤炭、西药等商品上。其主要手段是抢购、套购、囤积居奇、哄抬价格、买空卖空等。投机倒把活动促使物价上涨,造成市场供求矛盾,严重影响了人民生活的安定和国民经济的恢复发展。为了保卫新生的人民政权,确立国家对市场的领导地位,党和政府采取了果断措施,利用经济手段、行政手段和法律手段,同投机倒把和其他经济违法活动展开了坚决斗争。

1949 年中央财经委员会发出了《关于当前物价问题》的指示,工商行政管理机关根据指示的精神,组织各方面力量,开展了检查市场投机倒把和其他违法活动的工作。天津市仅在哈尔滨道永和里、锦荣大楼等地就查出专营纱布的投机商 18 户,北京市查出大量套购国营公司平价小麦囤积居奇、高价倒卖的"粮食老虎" 17 家,移送法院依法惩处。随后,1950 年 11 月 14 日,中央贸易部发出了《关于取缔投机商业的几项指示》,明确规定:对"买空卖空、投机倒把企图牟利的";"囤积拒售有关人民生产或生活必需物

资,以图窃取暴利,以招致物价波动,影响该当地当时的人民生产和生活者,工厂以图取厚利,囤积成品拒售或囤积原料转售,以招致物价波动,影响该当地当时的人民生产和生活者";"故意抬高价格抢购物资,或出售物资及散布谣言刺激人心,致引起物价波动者";"不遵守该当地人民政府所规定的商业行政管理办法扰乱市场者";"使用假冒、伪造、使潮、掺假或违反商品规格及使用其他一切欺骗行为,以牟取非法利润者";"一切从事投机活动者",都要严格予以取缔。据此,各地工商行政管理机关先后公布了具体的管理办法,如《加强市场及其交易管理、取缔投机商业办法》、《取缔市场投机商业暂行办法》等。根据中央部署,工商行政管理机关共采取了 6 个方面的措施:团结守法的私营工商业者,孤立和打击投机分子;改造旧的交易市场,建立新的交易市场;加强对私营批发商、行商和代理行栈的管理;管理市场物价;严格控制外地团体到大城市的采购活动;取缔黑市,打击投机违法分子。

在整个国民经济恢复时期,工商行政管理机关根据中央的指示和政策,充分发挥了经济监督检查和查处经济违法违章案件的职能作用,确立了国家对市场的领导权,有力地打击了投机倒把活动,大力开展了对其他经济违法违章案件的查处,在很大程度上消除了物价波动中的投机因素,使物价上涨被限制在一定的幅度之内,从而为国民经济恢复和发展减少了障碍,为资本主义工商业的社会主义改造打下了良好的基础。

(二)社会主义改造时期

经过 3 年多的经济恢复,到 1952 年底,我国的经济财政状况有了根本的好转。1953 年,中共中央制定了由新民主主义向社会主义过渡的总路线和总任务,要求在一个相当长的时期内,基本上实现国家的工业化和对农业、手工业、资本主义工商业的社会主义改造。与此同时,开始了第一个五年计划的建设。随着经济建设的大规模开展,人民生活水平的改善,城市人口和就业人口的增加,粮食和一些重要的农副产品出现了供不应求的严重情况。投机违法活动乘机泛

起,一些富裕农民和私商垄断粮食,囤积居奇;一些经销、代销商店在经营活动中以次充好,以副顶正,短斤少两,欺骗顾客,有的还私自经营统购统销商品。为了保障经济建设和社会主义改造任务的顺利进行,中共中央和国务院先后发布了《关于全国实施计划收购油料的决定》、《关于实行粮食计划和供应的命令》、《关于实行棉花计划收购和计划供应的命令》。随后,又对生猪、皮革、烟叶、蛋品实施了派购。在社会主义改造时期,工商行政管理机关查处经济违法违章案件的工作,主要是贯彻国家统购、派购和统销政策,整顿粮、棉、油初级市场,改造私营批发商,加强对农业和大商贩的经营活动的监督检查,从严查处投机违法、破坏国家统购统销政策的经济违法违章案件。

(三)国民经济调整时期

1956 年,我国社会主义三大改造基本完成,所有制结构发生了根本性变化,以国营市场为主体的社会主义统一市场初步形成,国家对社会经济实行统一指导,整个经济发展形势很好。但是,1957 年以后,由于党内"左"的思想的影响,反右派斗争严重扩大化,加之社会主义建设的经验不足,对经济发展规律和中国经济基本情况认识不足,一些中央和地方的领导同志在胜利面前滋长了骄傲自满情绪,急于求成,夸大了主观意志和主观努力的作用,在总路线提出后搞"大跃进"和农村人民公社化运动。此后,由于连续三年自然灾害和苏联政府背信弃义地撕毁合同,致使国民经济的发展和国内物资的供应在 1959 年至 1961 年发生了严重困难,国民经济失调,生产和生活资料的供应奇缺,市场物价猛涨,商品的可供量急剧下降,一度造成人民生活的必需品不能保证供应。在这种形势下,各种投机倒把活动又开始活跃起来。有的不法分子套购倒卖重要生产资料和紧缺的消费品;有的走私贩私;有的转包渔利,严重地破坏了物资计划供应,干扰了社会主义经济秩序,加剧了当时的经济困难。据 1963 年底的调查,在全国 300 多万无证照个体工商户中,约有 10%的人从事投机违法经营。

为了解决上述问题,党和国家采取了三项重要措施。一是经济措施,实行主要商品计划供应,对部分商品实行高价政策,促使货币回笼;二是运用行政手段,加强市场管理,坚决打击投机倒把活动;三是明确政策界限,加强组织纪律教育。1962年2月,国务院发出了《关于制止市场管理工作违法乱纪行为的指示》,明确提出:"市场管理必须贯彻活跃交流、稳定市场物价的方针,保护合法交易,取缔投机活动。"1963年3月,中共中央、国务院发出了《关于严格管理大中城市集市贸易和坚决打击投机倒把的指示》,同时又发出了《关于打击投机倒把和取缔私商长途贩运的几个政策界限的暂行规定的通知》,明确地划定了正当交易和投机违法行为的界限。工商行政管理机关为了贯彻中央和国务院的指示、规定,主要采取了以下几项措施:对集市贸易加强管理,对违反政策规定的投机违法行为,进行了取缔和打击。积极贯彻"加强管理、缩小范围、逐步代替、区别对待、因地制宜"的二十字方针,取缔、关闭了大中城市的自由市场。整顿和加强了对采购、推销人员的管理,对其中利用私商抬价抢购,转手倒卖的行为进行打击。进一步加强了对小商小贩经营活动的限制。通过工商企业普查登记,取缔非法经营户。对仿冒、伪造、倒卖商标,以假充真,以次充优的行为进行了查处。

这一时期,由于"左"的思想的影响,查处经济违法违章案件的工作在政策执行上也出现了一些偏差:在"以阶级斗争为纲,为阶级斗争服务"的理论指导下;把违反市场管理的一般行为,当作投机倒把行为来打击;把一些应该鼓励支持的正当经营活动,加以限制、取缔;在执行政策过程中,"宁'左'勿'右'、宁严勿宽"。这些做法违背了经济发展的客观规律,给城乡经济的发展和人民生活造成了困难。在国民经济调整时期,工商行政管理机关在实施经济监督检查的过程中,做了一些工作,取得了一定的成绩,但也有较大的失误。

（四）十年动乱时期

1960年以后,在中央对国民经济实施"调整、巩固、充实、提高"的方针指导下,国民经济得到比较顺利的恢复和发展。但是,由于社会主义社会阶级斗争理论和实践的错误发展越来越严重,个人专断损害了党的民主集中制,导致了由领导者错误发动、被反革命集团利用的"文化大革命"。在这以后的十年动乱(1966—1976年)期间,党的领导被破坏,政府机构被破坏,工农业被破坏,因而造成市场秩序混乱,物资供应紧张,投机倒把分子也乘机浑水摸鱼,大量套购工农业生产资料和紧缺生活必需品。

十年动乱期间对投机倒把活动的打击可分为两个阶段:

第一阶段,从"文化大革命"开始,到粉碎"林彪反革命集团"以前。在这个阶段里,工商行政管理处于瘫痪状态,机构撤销,人员下放。有的地方把打击投机倒把工作交由"民兵指挥部"代管。这些群众组织用无产阶级专政办法去打击投机倒把活动,势必造成打击投机倒把工作的扩大化。有的投机倒把活动,在派性的掩护下反而得不到打击。

第二阶段,从1971年9月周恩来同志主持中央日常工作以后,到"四人帮"被粉碎以前。这一时期,虽然有些地方,特别是大中城市,陆续恢复了工商行政管理机构,打击投机倒把工作逐渐恢复正常,投机倒把活动受到打击,社会主义经济秩序有所好转,但在"以阶级斗争为纲,为阶级斗争服务"的思想指导下,在实际工作中,"左"的路线依然占据着主要地位。主要表现为:其一,在政策上,把无证经营、违反市场管理或企业登记管理的活动一律上升为投机倒把活动进行打击。1970年2月5日,中共中央《关于反对贪污盗窃、投机倒把的指示》中规定:"除国营商业、合作商业和有证商贩以外,任何单位和个人一律不许从事商业活动",并重申:"一切地下工厂、地下商店、地下包工队、地下运输队、地下俱乐部,必须坚决取缔"。其二,在案件处理上,宁"左"勿"右",宁严勿宽的思想进一步发展。对违反市场管理和企业登记管理的某些违法行为,本应该通过批评教育,作为人民内部矛盾处理,但实际却按敌我矛盾处理,因此造成很多错案。其三,违法乱纪,侵犯人权。有的办案人员随便打人骂人,在社会上造成极坏影响。

二、改革开放后对经济违法违章案件的查处

党的十一届三中全会以后,随着对外开放、对内搞活经济方针的贯彻执行,我国经济形势发生了根本性变化,生产迅速发展,市场日益繁荣兴旺,人民生活水平不断提高。但是,某些工农业产品的生产还不能满足市场的需要,供不应求的现象在一些地区、一些方面表现得比较突出。并且,在经济体制改革的过程中,经济立法和管理工作没有及时跟上,一些单位和个人利用供求之间的矛盾,乘机大搞走私贩私等投机倒把活动。为了维护改革开放、对内搞活的经济程序,各级工商行政管理机关对投机倒把活动进行了坚决的打击。

(一)1980年至1992年,对投机倒把活动的集中打击

1. 1980年至1981年。1979年以后,由于东南沿海的开放,走私贩私活动越来越猖獗,一些单位和个人,利用当时政策和管理上的漏洞,大搞投机倒把,破坏市场物价稳定。从全国工商行政管理机关查获的大要案件看,发案率一直呈上升趋势。1980年全年大要案比1979年增加了130%。在这些大要案中,以倒卖重要生产资料和高档消费品最为突出,倒卖黄金、白银、电子计算器、手表等也相当严重。这些活动又与走私联系在一起,对社会造成了严重的危害。为了稳定物价,打击投机倒把和走私贩私活动,维护市场秩序,国务院于1981年1月7日发出了《关于加强市场管理打击投机倒把和走私活动的指示》。国家工商行政管理局于1月10日发出通知,要求各级工商行政管理部门积极开展打击投机倒把和走私贩私活动。到1981年底,全国共查处经济违法案件146.7万件。其中投机倒把案件36.5万件,比1980年增加31%;获利1万元以上的大案2800起,比1980年增加1.5倍;罚没金额1.78亿元,比1980年增加1.6倍。在查

处的大案中,违法的企事业单位占35%,违法人员中干部和职工占26%。经过这次打击,市场物价趋于稳定,保护了经济调整工作的顺利进行。

2. 1982年上半年至1983年。由于对外开放、对内搞活和经济政策进一步放宽,广东、福建、浙江三省的走私活动不但没有得到制止,反而更加猖狂,并由南向北,由沿海向内地,由渔民到国家干部、职工,不断蔓延扩大。走私贩私的品种也越来越多,大量黄金、白银、文物、贵重中药材不断被走私外流,不少人由此走上了犯罪的道路。走私贩私活动与投机倒把活动交织在一起,使经济领域里犯罪活动大量增加,严重地影响了对外开放、对内搞活方针的贯彻。为此,1982年3月8日,全国人民代表大会常务委员会通过了《关于严惩严重破坏经济的罪犯的决定》;同年4月13日,中共中央、国务院发布了《关于打击经济领域中严重犯罪活动的决定》。全国各级工商行政管理机关,集中大批力量查处投机倒把和其他违法违章案件,取得了很大成绩。1982年全国共查处违法案件123.7万件,其中投机倒把案件30.9万件,大案比1981年增加了30.12%,获利在万元以上的案件增加75.04%,全国罚没金额达2.74亿元。这次打击走私贩私活动和投机倒把违法活动,是同打击经济领域中其他经济犯罪统一进行的,因此效果比较显著,对维护改革开放、搞活方针政策的贯彻实施,起了重要的作用。

3. 1984年第四季度至1985年底。为了配合对不正之风的整顿,从四个方面对投机倒把活动进行了集中打击。一是在清理党政机关和党政干部经商办企业中查处投机违法案件;二是查处就地转手倒卖重要生产资料和紧俏耐用消费品;三是取缔制造、销售假冒伪劣商品;四是打击走私贩私活动。1985年,全国共查处违法案件85.6万件,其中投机倒把案件9.5万件,获利万元以上的大案3万多件,罚没金额3.3亿多元。

4. 1988年第四季度至1991年上半年。根据党的十三届三中全会提出的治理经济

环境,整顿经济秩序的部署和要求,结合整顿市场秩序和清理整顿公司,对投机违法案件加大了打击力度。在全国清理整顿公司领导小组确定的 17 起大要案件中,国家工商行政管理局组织调遣有关省、市工商行政管理局的力量,负责对其中的 5 起调查和处理。

（二）党的"十四大"以后,查处经济违法违章行为的重点发生了转移

党的"十四大"以后,工商行政管理机关把解放思想、更新观念放在了首要的位置。在思想观念上努力实现了四个转变,即:从主要服务于计划经济转到服务于社会主义市场经济;从侧重于监督管理集贸市场转到监督管理社会主义统一大市场;从局限于国内传统的监督管理方式转到更多地借鉴国际通用的管理方式;从侧重于具体业务管理转到运用法律的和行政的手段进行宏观的监督管理。具体到查处经济违法违章案件的工作,就是要把重点从查处倒卖国家限制自由买卖的物资的行为转到查处严重影响社会主义市场经济秩序的制售假冒伪劣商品行为、走私贩私行为、不正当竞争行为等方面来。

党的"十四大"以后,全国的改革步伐加快,向更深的层次发展。随着社会主义市场经济体制的逐渐确立,工商行政管理机关查处经济违法违章案件的工作显得尤为重要。自 1992 年以后,查处经济违法违章案件的工作可以分为两个阶段:

1. 1992 年至 1993 年。这两年中,全国工商行政管理机关查处经济违法违章案件的数量逐年下降。1992 年,共查处各种投机倒把违法违章案件 197 833 件,比 1991 年的 232 200 件下降了 14.80%;1993 年共查处各种投机倒把违法违章案件 159 750 件,比 1992 年又下降了 19.25%。出现这种状况的原因主要是:(1)随着改革开放和经济建设步伐的加快,许多计划经济条件下和治理整顿期间制定的政策法规不适应新形势的需要,在一定程度上出现了无法可依和有法难依的情况;(2)打击制售假冒伪劣商品活动的工作被削弱,办案难度大;(3)在进一步

改革开放,用足用好政策的指导下,对企业的一般违章行为以教育和疏导为主;(4)一些地方领导错误认为这段时间查处经济违法违章案件的工作可有可无,因而压缩办案机构,裁减办案人员,削弱了办案力量。

2. 1994 年至今。这一阶段是十一届三中全会以后改革措施出台最多的时期,同时查处经济违法违章案件的工作在工商行政管理的职能中被摆在了突出的位置。多年来,工商行政管理机关查处经济违法违章案件的工作紧紧围绕社会主义市场经济建设的中心任务,按照党中央和国务院的要求,转变观念,先后以"打假"、"打私"、查处和制止不正当竞争行为为工作重点,加大了行政执法的力度。

2001 年 4 月,党中央、国务院决定在全国范围内深入开展整顿和规范市场经济秩序工作。国家工商行政管理总局领导高度重视,认真贯彻中央的部署精神,把深入开展市场整规工作、加强市场监管作为工商机关认真履行职责的具体体现。为加强对全系统整顿和规范市场经济秩序工作的领导,同月,率先成立了由总局局长任组长的总局整顿和规范市场经济秩序领导小组,并下设领导小组办公室,负责日常的协调、指导、联系、沟通等具体工作,直至 2008 年上半年。近 8 年的时间里,全国各级工商行政管理机关坚持以邓小平理论和"三个代表"重要思想为指导,全面落实科学发展观,按照国务院和全国整顿和规范市场经济秩序领导小组的部署,在国家工商行政管理总局整顿和规范市场经济秩序领导小组的领导下,充分发挥职能作用,深入开展打击拼装车专项整治、食品安全专项整治、注册商标专用权保护行动、虚假违法广告专项整治、打击传销、治理商业贿赂等一系列专项整治工作,严厉打击侵犯消费者权益、扰乱市场经济秩序的违法行为,整顿和规范市场经济秩序的各项工作不断走向深入。特别是 2007 年,全系统按照构建社会主义和谐社会的总体要求和温家宝总理、吴仪副总理的重要指示和批示精神,不断提高监管水平和效能,坚持监管与发展、监管与服务、监管与维权、监管与

执法四个统一，集中力量，紧密围绕人民群众普遍关心和反映强烈的问题，有针对性地开展了专项整治工作，取得了明显成效。

据统计，1994 年至 2008 年 6 月底，全国工商行政管理机关公平交易执法部门共查处各类经济违法违章案件 1 218 余万件；其中，1997 年至 2008 年上半年，立案查处的案件达 632.5 万余件。这些案件的查处，对于维护公平竞争的市场经济秩序起到了积极作用。

多年来，工商行政管理机关查处经济违法违章案件、整顿规范市场秩序、维护市场经济秩序的工作得到了国务院领导的充分肯定。

总之，查处投机倒把违法违章案件和不正当竞争案件一直是工商行政管理机关的一项重要职责，对于保证经济体制改革，促进社会主义市场经济体制的确立及其健康发展，都起到了不可忽视的作用。

第二节　重大法律、法规的出台与执法部门的沿革

截至 2008 年 6 月底，国家工商行政管理总局中主要负责查处经济违法违章案件的执法部门是公平交易局。这是顺应维护我国社会主义市场经济秩序需要的结果。

一、《投机倒把行政处罚暂行条例》的出台和经济检查司的成立

党的十一届三中全会以前，工商行政管理机关负责查处经济违法违章案件的执法部门统称为"打击投机倒把办公室"。1978 年，党的十一届三中全会召开，确定党的工作重点转移到社会主义经济建设上来，全国工商行政管理机关迅速得到了恢复和加强，查处经济违法违章案件的工作也步入了新的发展阶段，查处经济违法违章案件的任务由工商行政管理机关中的市场监督管理部门负责，并在国家工商行政管理局市场监督管理司下设经济检查处。

随着经济体制改革的深入、经济形势的不断发展，旧的计划经济管理体制越来越不适应经济发展的需要，围绕着新旧经济体制的转换，一些经济违法行为不断发生。为了及时有效地打击投机倒把违法活动，1987 年 9 月 17 日，国务院颁发了《投机倒把行政处罚暂行条例》（以下简称《条例》）。

《条例》明确了查处投机倒把的指导思想，规定了工商行政管理机关是查处投机倒把行为的主管机关，界定了投机倒把行为的性质，划定了投机倒把的具体表现，同时规定了查处投机倒把的职权范围和行政处罚的种类及执行程序。《条例》是新中国成立以来第一部比较全面和完备的查处投机倒把活动和行为的法规，为工商行政管理机关查处投机倒把活动提供了法规依据，为工商行政管理经济检查工作向着系统化、法制化建设前进奠定了坚实的基础。

为了加大贯彻《条例》的力度，下大力查处各类投机违法活动，1988 年底，经国务院批准，国家工商行政管理局成立了经济检查司，具体承担《条例》的执行。

围绕贯彻实施《条例》，各级工商行政管理机关开展了大量工作。首先在全国范围内对市场主体进行了全面清理整顿，在清理整顿公司工作中，撤、停、并、转了各类公司 10 万多个。由于物资紧缺，加上一些行为人大钻价格转轨时期的政策漏洞，侵占社会利益，造成资源更加紧缺，生产企业和农民不能通过正常渠道买到生产资料，严重干扰市场经济体制的建立，出现了经济秩序和社会秩序紊乱的情况。在国务院的直接部署下，对一些供求矛盾突出的重要生产资料和紧俏耐用消费品实行临时性统一经营、专营或者计划管理。同时，各级工商行政管理机关严厉打击投机倒把活动，使经济案件发案率从 1988 年下半年起大幅下降，市场秩序明显好转。

为了贯彻领会好《条例》，国家工商行政管理局先后组织召开研讨会，就实施《条例》中的倒卖国家禁止或者限制自由买卖的物资物品，利用合同和其他手段骗买骗卖，制造销售假商品、冒牌商品、劣质商品等具体条款和打击倒卖走私物品和特许减免税商品，打击黄金走私等违法行为进行系统研究。每年召开大要案排查会，对大要案

件、疑难案件进行排查,由国家工商行政管理局直接组织查处。对典型案件开展公开办案、公开审理,使办案机构和办案人员的执法水平在实践中不断提高。据不完全统计,1987年至1989年期间,全国工商行政管理机关共查处各类经济违法案件2 984 911件,其中投机倒把案件289 210件,罚没金额209 672万元,为受害者追回被骗金额82 227万元,移送司法机关处理的案件4 381件。查获的主要物资有:钢材3 039 582吨、汽车34 949辆、木材2 225 797立方米、水泥927 114吨、煤炭6 659 803吨、化肥1 656 095吨、各种有色金属6 694 911吨、电视机554 713台、黄金2 321 113克、鸦片244 923克。国家工商行政管理局在国务院直接领导下,组织查处的10个清理整顿公司大要案件也取得最终胜利。

国家工商行政管理局还先后研究制定了一些新的规定,如《关于调整禁止转手倒卖的重要生产资料和紧俏耐用消费品的品种范围的通知》、《关于投机倒把违法违章案件非法所得计算方法问题的规定》、《关于处理就地转手倒卖案件几个问题的通知》、《关于个人随身携带零星自用的限制进口商品的品种和数量的规定》、《关于违法企业终止后违法所得追缴的规定》等有关统配物资管理、进口商品管理和查办经济违法违章案件的规范性文件。1990年8月17日,经国务院批准,国家工商行政管理局发布了《投机倒把行政处罚暂行条例施行细则》(以下简称《细则》),对正确理解投机倒把行为的定义,严格把握行政处罚的幅度,正确实施行政行为作出了明确规定,从而也揭开了查处投机倒把违法违章案件的新篇章。

二、《中华人民共和国反不正当竞争法》的出台和公平交易局的成立

随着改革的深入,为适应社会经济发展的需要,我国有关竞争的政策、法规开始出台。1980年10月17日,国务院发布的《关于开展和保护社会主义竞争的暂行规定》是新中国第一个关于竞争的规范性文件。该《暂行规定》肯定了竞争对于现代化建设的重要作用,正式提出了反对垄断和不正当竞

争,并要求工业、交通、财贸等有关部门修订现行规章制度,取消其中妨碍竞争的规定。此后,国家又陆续颁布了一些法规,如1987年9月11日发布的《价格管理条例》、1987年10月20日发布的《广告管理条例》、1986年国务院《关于认真解决商品搭售问题的通知》及国务院办公厅《关于严禁在社会经济活动中牟取非法利益的通知》等,均涉及了禁止垄断和反对不正当竞争的规定。这样的法律、法规及其他规范性文件共有70余种,但这些规定很不系统,对许多不正当竞争行为未作规范,对法律责任的规定很不完备,也没有明确规定反不正当竞争的主管机关,无法确立统一的反不正当竞争法律制度。

为制止现实经济生活中存在的不正当竞争行为,促进市场经济的发展,1993年9月2日《中华人民共和国反不正当竞争法》(以下简称《反不正当竞争法》)应运而生,并于1993年12月1日起施行。这是新中国第一部调整市场竞争行为的基本法律,对建立完善社会主义市场经济体制和保证社会主义市场经济健康发展起到了积极作用。

《反不正当竞争法》的出台,标志着国家赋予工商行政管理机关对市场的监督管理和行政执法工作职能进入了一个新阶段。为了适应这部市场经济基本法律的贯彻实施,充分发挥其对市场竞争行为的规范性作用,加大执法力度,在1994年机构改革中,按照国务院批准的国家工商行政管理局的"三定方案"成立了公平交易局。公平交易局的主要职能是:监督检查市场主体的交易行为,制止垄断和不正当竞争;依法或根据授权查处走私贩私等经济违法违章行为;依法保护消费者权益,查处严重损害消费者权益的行为;依法监督管理经济合同,指导合同仲裁机构的工作;制定或参与制定有关公平交易的法规、规章;组织、指导、监督、协调本系统查处市场交易中经济违法案件的工作;会同法规司承担省级工商行政管理机关查处案件的复议工作等。

为了进一步加大贯彻执行《反不正当竞争法》的力度,在 1998 年国务院机构改革中,国家工商行政管理局按照国务院确定的国家工商行政管理局"三定方案",将原公平交易局中负责贯彻执行《消费者权益保护法》、《经济合同法》的职能分离出去,重新确定了公平交易局的主要职责,即:研究拟定制止垄断和反不正当竞争的规章制度及具体措施、办法并组织实施;组织查处市场交易中的垄断、不正当竞争、流通领域走私贩私及经济违法违章案件。

2001 年 4 月,国家工商行政管理局改为国家工商行政管理总局,公平交易局(打击传销办公室)成立,其主要职能是:研究拟定制止垄断和不正当竞争的规章制度及具体措施、办法并组织实施;组织查处市场中的垄断、不正当竞争、走私贩私、传销和变相传销及其他经济违法案件。

伴随着规范直销、禁止传销任务的逐渐加重,经国务院批准,2006 年国家工商行政管理总局成立直销管理局,组织查处传销和变相传销的工作从公平交易局分离出去。

第三节　依据《条例》及《细则》严厉打击各类扰乱社会经济秩序的行为

党的"十四大"以后,随着社会主义市场经济的建立和发展,进一步加快了改革开放的步伐,社会商品逐渐丰富,生产、生活资料短缺与社会需求发展的矛盾得到缓解,群众生活水平日益提高,法律、法规不断健全,旧体制下的一些行为,如就地转手倒卖重要生产资料和紧俏耐用消费品等,已不再作为投机倒把违法违章行为对待,对投机倒把违法违章行为的查处重点转移到依据《投机倒把行政处罚暂行条例》及其《细则》查处严重扰乱社会经济秩序的行为上,如走私贩私、"扫黄打非"等。

一、严厉打击走私贩私行为

《条例》及其《细则》的颁布和实施,进一步明确了工商行政管理机关打击走私贩私的职责和任务,成为工商行政管理机关开展打击走私贩私工作的重要法规依据。国务院在 1988 年和 1997 年的国家工商行政管理局"三定方案"中又进一步明确了工商行政管理机关负责查处流通领域走私贩私行为这一职责。《条例》及其《细则》颁布后,针对走私贩私行为日益猖獗,走私贩私的商品品种日趋扩大,走私贩私活动区域也从东南沿海四省蔓延到沿海各城市继而扩散到全国大部分地区的情况,国家工商行政管理局要求各级工商行政管理局将打击走私贩私列为重要工作,组织各地开展打击走私贩私的专项行动。1989 年至 1990 年,广东、福建、浙江、海南四省工商行政管理局共查处走私贩私案件 263 000 件,罚没款 7.7 亿元。1991 年上半年,查处走私贩私案件 48 455 件,罚没款 1.84 亿元。其他沿海和西南边境的省市工商行政管理机关也查处了一批走私贩私大要案件。查获的物品主要有:卷烟、家用电器、汽车、黄金、文物、毒品和淫秽物品。各级工商行政管理机关着重做了以下几方面的工作:一是加强市场管理,取缔私货市场。1990 年,广东省汕头、汕尾、惠州、湛江等地工商行政管理机关清理取缔出售走私物品的黑市 82 个。二是取缔私货交易点,摧毁走私窝点。福建省 1991 年上半年查获用于走私的 125.6 万美元、62.8 万港元以及大量日元和台币。福建省霞浦县一举查获一香烟走私窝点,查获走私香烟4 295箱,价值人民币 579 万元。霞浦县工商行政管理局在边防部门配合下,查获一起价值1 300万元的走私香烟大案。三是开展公路缉私,切断私货运输渠道。东南沿海四省均设立了缉私检查站(队),加强查缉工作。仅福建省福鼎县缉私检查站在 1991 年上半年,就查获走私黄金 40 公斤、走私汽车 31 辆。

1993 年 8 月,国务院办公厅发出《关于加强进口汽车牌证管理的通知》。12 月国家工商行政管理局发布了《工商行政管理机关对走私贩私行为处罚的暂行规定》。1995 年经国务院批准,国家工商行政管理局、公安部、海关总署、国家计划委员会、机械工业部、对外经济贸易合作部、国家机电产品进出口办公室联合发布了《关于禁止非法拼（组）装汽车、摩托车的通告》，为促进通告的实施，七部门又发布了贯彻通告的通知。1997 年，国务院办公厅以国办函［1997］33 号文件明确上述通告及通知具有行政法规效力，可以作为行政机关实施行政处罚的依据。1995 年，国家工商行政管理局发布了《进口照相机市场管理办法》。上述法规和规章的发布极大地丰富了工商行政管理机关打击走私贩私工作的法律依据，对工商行政管理机关打击走私贩私、加强市场管理、取缔私货交易具有重要的指导意义。仅 1996 年各级工商行政管理机关就查获走私贩私案件 3 828 件，查获违法物资价值 9 亿元。查获的违法物资主要有：汽车 1 768 辆、摩托车 3 964 辆、照相机 2.1 万台、空调机 3 861 台、录音录像复制设备 2 138 套、卷烟 199 万条、成品油 3 854 吨、胶合板 34.6 万张、激光唱（视）碟 7.8 万张、金银等贵重金属 758 420 克、农药等农业生产资料 1.5 万吨。在加大打击走私贩私违法行为力度的同时，各地重点开展了清理私货市场、取缔私货交易的工作，国家工商行政管理局专门召开广东、福建两省重点地区打击走私工作会议，要求两省落实反走私责任制，采取积极行动，取缔私货市场，打击私货交易。广东省工商行政管理机关出动执法人员 5 000 余人次，检查店档 700 余个，查获非法拼（组）装汽车 250 辆，摩托车 1 200 辆，发动机总成 205 个，取缔非法拼（组）装车辆场所 719 处，吊销营业执照 6 户，对严重违法的犯罪分子先后行政拘留 99 人，通过专项整治，取缔了全国有名的广东省陆丰县的双坑、碣石、碣北摩托车市场和顺德龙江的汽车配件马路市场，规范了南海九江、广州增城汽车配件市场和陆丰星湖摩托车配件市场，使一度较为猖獗的私货交易和非法拼组装汽车、摩托车行为得到遏制。

1998 年 7 月，国务院召开全国打击走私工作会议。同年，在广东又召开 8 省市打击走私及骗汇工作座谈会。总书记江泽民、总理朱镕基、国务委员罗干、吴仪等党和国家领导在对打击走私工作予以充分肯定的同时，对全国打击走私工作作出了新的部署，

建立"联合缉私、统一处理、综合治理"的缉私新体制。在进一步明确工商行政管理机关作为缉私工作的一个重要组成部门的同时，再次要求深入开展反走私联合行动和专项斗争，明确要求工商行政管理机关负责取缔私货市场，打击私货交易。全国各地又掀起了新一轮打击走私贩私斗争的高潮。国家工商行政管理局发出了《关于贯彻全国打击走私工作会议精神　积极开展反走私专项斗争的通知》，要求各级工商行政管理机关把打击私货交易、取缔私货市场作为重点抓好抓实。1998 年 7 月至 1999 年 5 月，全国工商行政管理机关共查处走私贩私案件 2 138 件，案件总值 5.4 亿元。工商行政管理机关承担的流通领域打击走私贩私工作进展顺利，并取得初步成果。

2000 年前后，各级工商行政管理机关进一步根据全国打私会议精神及缉私新体制的要求，围绕取缔私货市场、打击私货交易积极开展工作。2002 年第二季度，国家工商行政管理局下发了《关于开展打击走私专项斗争的工作方案》，在全国范围内开展了市场专项整治，打击走私贩私活动。国家工商行政管理局派专人到广东、福建、浙江、上海等地对打击走私贩私工作进行了专项检查。过去一度问题严重的私货市场全部被取缔。在此基础上，重点抓了促进原有市场的改建转型，彻底摧毁走私交易可能死灰复燃的场所。另外，根据国务院领导同志的批示精神，先后开展了打击肉鸡冻品走私贩私、感光材料走私贩私专项斗争。据统计，2000 年至 2002 年，各级工商行政管理机关共查处走私贩私案件 15 750 件，案值 46.55 亿元，罚没款 11.9 亿元。

（一）清理汽车、摩托车配件市场，打击非法拼（组）装汽车、摩托车行为

作为打击走私和清理整顿市场工作重点的广东、广西、福建、浙江四省出动检查人员 14 199 人次，检查整治各类市场、摊点、店档 5 990 余个。仅福建省就查获走私贩私案件 637 起，案值 1 亿多元。广东省工商行政管理机关对全国重点的汽车、摩托车配件市场进行重点整治。全国最有影响的走私汽

车、非法拼装汽车的交易市场——南海市九江汽车配件市场、东莞市黄江汽车配件市场、增城市汽车城、湛江市廉江汽车配件市场都被作为整治工作的重点。通过整治,上述市场被完全关闭,杜绝了私货交易行为,部分市场开始转营其他商品。彻底关闭了星湖摩托车配件市场,收缴了星湖摩托车配件市场的《市场登记证》,清理摩托车配件门店597间,查封非法经营点502间,查获摩托车配件4吨。

(二)整治电器市场,制止倒卖无合法进口手续电器的行为

广州海印、番禺易发、增城新塘、汕头黄河路等家电市场违法经营走私家电的行为已被遏制,公开摆卖走私家电的行为不复存在。全国规模最大的进口旧电器市场——南海市大沥镇进口旧家电市场被坚决关闭,取缔各类摆卖点2 000余个,查获旧摩托车210辆、旧空调机400台、旧录像机1 800台、旧电视机700余台。同时组织专门队伍,严厉查处暗中交易私货的行为。

(三)整顿成品油市场,遏制小额成品油走私活动

鉴于小额成品油走私活动猖獗,严重扰乱成品油市场的经营秩序,海关总署、国家经贸委、公安部、交通部、农业部、国家工商行政管理局联合发出《打击小额成品油走私专项斗争方案》,对清理整顿成品油市场作出统一部署。广东省工商系统共检查加油站625个、码头35个、油罐车13辆、油船9艘,处理不符合要求的经营单位508家,其中关闭89家、处罚153家、限期整改266家,查获成品油2 399吨。福建省取缔零售加油站点631家、取缔成品油批发企业105家,重新核定批发企业261家、零售加油站1 863家,查获走私成品油3 204吨。浙江省各级工商行政管理机关出动检查人员6 274人次,检查各类经营户2 808个,查处小额成品油走私违法案件723起。

(四)清理整顿烟草市场,打击经销走私卷烟行为

全国有名的广东汕头、揭阳、韶关、南雄、开平和北京安定门外以及沈阳、成都等地兴办的非法卷烟交易市场均被取缔。

2003年至2008年上半年,各级工商行政管理机关按照全国打私办的总体部署及国家工商行政管理总局的工作安排,结合工商行政管理工作实际,继续积极参与反走私斗争,共查处走私贩私案件1.8万余件,案值41亿元,罚没款10.8亿元。

在积极参与反走私斗争的同时,对进口商品市场的监督管理和打击非法经销进口商品的行为也是工商行政管理机关的一项重要任务。党的十一届三中全会以来,确定了对外开放、对内搞活的政策方针,为了保障方针的正确实施,伴随着打击走私贩私工作的开展,国家对进口商品管理作出了许多相应的规定。1981—1982年中央两次以文件形式对进口商品管理作出政策性规定,1982年8月,国务院发布《关于加强对广东福建两省进口商品管理和制止私货内流的暂行规定》,1985年国务院发出《关于加强对广东福建两省进口商品管理的规定》。除此之外,国家还对华侨、港澳同胞捐赠进口物资以及对外经贸活动中外商赠送限制进口物资等都作出过规定。工商行政管理机关依据这些规定,对进口商品市场加强监督管理,打击非法经销进口商品的违法行为。进入20世纪90年代,又先后制定了进口录放像机、进口照相机的市场管理规定,除要求对走私贩私行为进行查处外,对经营进口录放像机、照相机的行为也加以规范,维护了进口商品市场的正常经营秩序。

二、打击非法出版活动、查处侵权盗版行为,深入开展"扫黄打非"工作

随着市场经济的发展,知识产权保护工作日显重要,社会对保护知识产权、促进经济发展的认识日益明确,一些违法者利用我国全面开展知识产权保护较晚、法律法规尚不健全、执法者对知识产权保护的执法实践经验较少等管理上的空隙,大肆从事非法出版和侵权盗版活动,严重损害了知识产权所有人的合法权益,扰乱了科技市场发展方针和战略,有的甚至严重损害了我国政府的声誉。打击非法出版和侵权盗版已成为社会主义市场经济发展过程中的一项重要工作。

工商行政管理机关肩负着对流通领域加强监督管理,打击投机倒把违法活动的重要职责,历来把打击非法出版活动,查处侵权盗版行为,作为维护市场秩序的一项重要工作来抓。

早期的打击非法出版物活动,侧重在非法出版发行图书刊物等印刷品的行为,这一时期查处了大量非法印刷散布封建迷信的印刷品,擅自印刷新华字典和教辅读物等违法行为。

1996 年,国务院知识产权办公会议印发了《有效保护及实施知识产权行动计划》后,国家工商行政管理局迅速印发了《工商行政管理机关保护知识产权行动计划》,要求各级工商行政管理机关充分认识到知识产权保护工作的重要性和紧迫性,把保护知识产权工作列入重要工作日程来抓。在各级党委和政府的领导下,与知识产权、新闻出版、公安等有关部门密切配合,共同开展知识产权保护工作,重点打击非法制作、出版、发行音像制品、电子出版物和图书刊物等违法行为。为此,工商行政管理机关采取了一系列有效措施:一是坚持依法行政,严把市场准入关,严格按照《公司法》、《音像制品管理条例》等法律法规的规定,对生产销售音像制品、计算机软件企业、出版发行图书报刊的企业以及印刷企业进行登记管理,对未经有关部门批准的企业,不发给营业执照。二是配合有关部门对音像、电子、图书、印刷等市场开展整治,全面开展打击非法出版、侵权盗版活动,查处大要案件,有效地遏制了流通领域内的非法出版、侵权盗版等违法行为。三是在做好行政执法工作的同时,加大宣传力度,宣传工商法规,开展普法工作,以形成知识产权保护工作的良好社会氛围。为了做好这项工作,国家工商行政管理局发出了《关于认真开展"扫黄打非"集中行动的通知》。同时,为了及时总结经验,探索工商行政管理监管这类市场的有效途径,国家工商行政管理局直接组织了首次大规模集中行动,对广州的音像电子市场开展了集中整治活动。这些都有利地推动了工商行政管理机关的"扫黄打非"工作。1996 年 6 月

6 日,国家工商行政管理局专门发出了《关于严厉打击侵权盗版行为切实保护知识产权的紧急通知》,要求各省组织大中城市工商行政管理机关开展打击侵权盗版音像制品和计算机软件的集中行动,在全国范围内再次掀起打击侵权盗版活动的高潮。据北京、天津、上海、山东、江西、广东、海南等 14 个省市的不完全统计,仅在 10 天的集中行动中,各地工商行政管理机关就出动检查人员 21 802 人次,检查各类音像制品经营者 11 798 户,查封取缔违法经营单位 384 户,吊销营业执照 30 家,收缴各类音像制品 12 万盘及反动淫秽书刊 9 559 本。国家工商行政管理局还在北京组织了知识产权培训班,第一次对系统内的干部就开展打击非法出版、侵权盗版进行专业培训,提高了各地的执法水平,加强了各地的执法力量。据统计,1996 年全国共查处违法经营及无照无证经营者 2 200 多户,取缔无照经营 46 家,关闭镭射放映厅 200 余家,收缴非法音像制品 60 余万盘、非法图书 80 万本。各地在执法过程中注意结合当地的实际情况开展工作,江苏省在开展专项斗争中重点对小商品批发市场、家电市场和电子科技市场进行检查,查获非法音像制品 10 万余张,取缔非法经营户 112 家。广州市工商行政管理机关仅 6 月份就出动检查人员 2 700 多人次,检查经营户 3 000 多家,查处非法经营户 327 家,取缔无照摊贩 600 余个,同时注意加强对大要案件的查处,先后查处 5 个大案,查获激光视盘 33 万张、激光唱盘 18 万张、录音录像制品 100 余万盒,捣毁非法音像制品批发窝点 8 个。上海市工商行政管理机关注意在工作中重点打击对社会危害更大的淫秽、黄色出版物等违法活动,收缴黄色游戏软件 5 种 2 500 张。

1997 年,针对社会上一些违法分子大肆出版发行污蔑党和政府、污蔑党和国家领导人、破坏民族宗教政策等非法出版物且利用一些无业人员游动销售的情况,国家工商行政管理局在国务院的统一部署下,组织一些城市的工商行政管理机关开展了打击不法游商销售非法出版物的工作。北京、上海、

重庆、广东、山东等地先后查处了大量案件，收缴了大量有政治问题的出版物。

2000 年以来，党中央、国务院多次对"扫黄打非"工作作出重要指示，国家工商行政管理总局作为全国"扫黄打非"工作小组成员单位，根据全国"扫黄打非"工作小组办公室的部署和要求，逐年下发《工商行政管理机关"扫黄打非"行动方案》，按照加强日常监管，严厉打击政治性非法出版活动，坚决扫除淫秽色情文化垃圾，坚定不移地保护知识产权的总体要求，有计划、按步骤、分阶段地开展"扫黄打非"专项整治行动，取得了显著成效。长期以来，工商行政管理机关一直把查缴政治性非法出版物作为"扫黄打非"工作的重中之重，先后开展了打击政治性非法出版活动等一系列专项行动，各级工商行政管理机关从维护我国政治稳定和社会安定的高度出发，始终保持高度警惕，保障了查缴政治性非法出版物专项行动在第一时间内的开展。

各地工商行政管理机关以保护知识产权为平台，连续开展"反盗版百日行动"和"反盗版天天行动"，持续加大对音像市场、计算机软件经营场所的执法检查，协助城管等执法部门持续清理销售盗版及非法出版物的游商、地摊和无证照经营者，坚决打击各类侵权盗版活动。

近年来，国家工商行政管理总局连续发出通知，要求各地工商机关严厉查缴宣扬淫秽色情、凶杀暴力、封建迷信及伪科学内容的音像制品、电子出版物、游戏软件和以未成年人为主要阅读对象的"口袋本"图书、卡通画册等有害读物，严肃查处参与制售有害读物的企业，坚决清除色情文化垃圾，为青少年健康成长创造良好的社会文化环境。

据不完全统计，2003 年至 2007 年，全国工商系统共出动执法检查人员 1 363 765 人次，执法车辆 206 480 次；检查各类出版物销售市场（店档、摊点）1 032 135 户，检查印刷、复制企业 72 428 家；查缴非法出版物共计 10 483 227 件，其中书刊 3 922 257 册、音像制品 6 560 970 盘（张）；查处制售、传播非法出版物案件 9 349 件，案值 12 713 万元，罚没款 3 871 万元，移送司法机关处理案件 27 件。

三、整顿和规范盐业市场秩序

2005 年 3 月 15 日，温家宝总理在就"私盐走私贩卖活动猖獗严重扰乱福建盐业市场秩序"问题作出了重要批示。为落实国务院领导的批示精神，整顿和规范盐业市场秩序，国家工商行政管理总局立即组成了由卫生部及中国盐业总公司人员参加的联合督查组，赴福建、浙江两省就盐业市场状况进行了广泛深入的调研，并要求和指导当地政府及有关部门要加强盐业市场监管，切实解决好私盐走私贩卖问题，坚决打击不法行为，完善现有制度，堵塞管理漏洞。随后，针对全国一些地方私盐泛滥，非食用盐、非碘盐和不合格碘盐不断流入食盐市场，严重扰乱盐业市场秩序，影响广大人民群众的身体健康和生命安全等问题，国家工商行政管理总局会同国家发改委、公安部、卫生部，于 2005 年 4 月 21 日联合下发了《整顿和规范盐业市场秩序工作方案》，决定于同年 5 月至 8 月，在全国范围内共同组织开展整顿和规范盐业市场秩序专项执法工作。

2005 年 4 月 29 日，国家工商行政管理总局在京召开了全国工商行政管理机关整顿和规范盐业市场秩序工作会议，就工商行政管理机关开展整顿和规范盐业市场秩序工作进行了动员部署。各地按照国务院四部门的文件要求，相继成立了"整顿和规范盐业市场秩序专项行动协调小组"，并结合当地实际制订了行动方案，形成了政府统一领导，工商部门牵头，发改委、公安、卫生、盐政等部门共同参与，齐抓共管的工作格局。

在专项整治期间，国家工商行政管理总局会同国家发改委、公安部、卫生部先后派出工作组，分赴福建、浙江、甘肃、西藏、青海、四川、重庆、云南、广东、海南、河北、辽宁、北京、天津、江苏、山东等地开展检查、指导工作，有效地推动了专项整治工作的深入开展。

各地工商行政管理机关按照国务院四部门文件的要求，在当地政府的统一领导下，认真负责，积极协调其他部门全面开展市场清查工作,严格市场主体准入制度,对从事盐业生产、加工、经营的单位和个人,逐一进行检查,坚决制止无照经营行为,坚决取缔私盐窝点;严把食盐市场流入关口,结合食品安全专项整治工作,指导经营者建立食盐进货索证索票、入库查验、建立购销台账等制度,严防非食用盐、非碘盐和不合格碘盐流入食盐市场。

据统计,专项整治期间,全国工商行政管理机关会同有关部门共出动检查人员62.28万人,出动检查车辆130 512台次;检查盐业生产加工单位1 991户,检查盐业经营单位829 204户;共清查出无证照的小盐田535 616亩,无证照小盐井(矿)302口;共查办各类涉盐案件10 494件,向司法机关移送案件180起。整顿和规范盐业市场工作极大地震慑了违法分子,净化了盐业市场,人民群众科学用盐和食用合格碘盐的意识得到进一步提高,食盐市场监管工作得到了进一步加强。

四、打击非法拼装汽车行为

2001年4月,按照国务院领导批示精神,工商行政管理机关在全国范围内,集中开展了取缔报废汽车拆解市场、打击拼装汽车专项行动。国家工商行政管理总局先后下发了《关于严厉打击非法收购拆解拼装汽车行为迅速取缔报废汽车拆解拼装市场的通知》《关于继续加大执法力度坚决彻底取缔报废汽车拆解拼装市场的通知》,专门对打击拼装汽车专项行动进行具体部署。同时,派员组成工作组,分别赴陕西泾阳、三原,河北徐水,安徽凤阳、定远,天津蓟县等社会反响强烈的报废汽车非法拆解、拼装市场,会同当地政府和有关部门予以坚决取缔。各级工商行政管理机关按照总局的要求,迅速组织力量,"一把手"直接负责,狠抓落实。截至8月底,全国工商行政管理机关共取缔报废汽车市场202处,取缔报废汽车拆解拼装窝点1 338个,涉及29个省(自治区、直辖市)。已经查明的报废汽车拆解市场全部取缔,一大批拆解拼装窝点被铲除,全国范围内长达10年之久的非法拆解、拼装汽车行为得到了有效遏制。在此基础上,

2002年至2008年上半年,各级工商行政管理机关始终保持高压态势,坚持不懈地加强对已取缔的报废车辆拆解市场的监控,防止死灰复燃。同时,要求各地要加强市场巡查,加大对汽车修理厂(店)、汽车配件店铺、报废汽车回收单位的监管力度,对新出现的报废车辆交易场点要坚决予以取缔,对转移、隐匿报废车、拼装车和废旧车零部件进行地下暗中交易的要依法严厉打击,对非法回收拆解拼装车辆行为坚决查处。截至2008年6月底,共查处非法拼组装汽车案件1 000余件。

五、打击非法生产销售卫星电视地面接收设施行为

按照国务院的统一部署,工商行政管理机关加强对卫星电视地面接收设施的监督管理,做了大量细致的工作。

1999年,国家工商行政管理局制定了《工商行政管理机关清理整顿卫星电视地面接收设施行动方案》,各地工商行政管理机关加强领导,集中时间、集中力量,采取有效措施,对生产、销售、安装和使用卫星电视地面接收设施的单位和个人进行清理整顿。陕西省工商行政管理机关对市场进行全面检查、综合整治,检查生产、销售单位及用户1 090余家,查处非法经营户95户,取缔无照经营者5户,查扣卫星设施及配件419台。上海市工商行政管理机关重点取缔非法经销网络,查获上海某公司擅自发展50户接收设施经销商、280户用户、经营额140余万元的大案以及其他4起案件。各地对生产企业也进行了全面清理,使卫星电视地面接收设施经营秩序有了明显好转。

2006年,针对一些地方非法生产销售卫星电视接收设施问题死灰复燃的状况,国家工商行政管理总局加强了对查处此类案件的指导,派专案组赴深圳市进行专案督查,指导深圳市福田区工商行政管理机关查获非法经销商户4家,捣毁仓库1个,查获卫视接收机300多台及其他物资;指导宝安区工商行政管理机关查获"地下黑工厂"1个,查获卫视接收机1 069台及原材料400多箱,外包装盒2.5吨。此案的查处,受到了

中央领导同志和全国境外卫视整治办公室的高度赞扬和表彰。

2008年上半年,按照李长春、刘云山同志对严厉打击网上销售卫星电视地面接收设施的活动的有关批示精神,国家工商行政管理总局召集涉及贩卖卫星电视地面接收设施18个省市的工商行政管理机关研究部署,采取全国不同地方在同一时间同时查处涉案单位的有力措施,取得了非常好的效果。经统计,18个省市工商局共查处非法经销商(含个体经营户)342家(户),查获卫视地面成套接收设施4 089套,卫星电视接收机7 376台,高频头7 547个,天线、锅11 312副及大批零配件。

六、查处假冒台湾水果行为,依法保护台商利益

2006年9月,中央台办致函国家工商行政管理总局,要求研究相关惠台政策措施,特别是保护台湾水果的知识产权问题。国家工商行政管理总局领导对此极为重视,向系统下发了《关于制止和查处假冒台湾水果行为的通知》。各地工商行政管理机关按照《通知》的要求和部署,认真开展市场检查,规范台湾水果经营秩序,初步遏制了假冒台湾水果的经营活动,工商部门的工作得到了台湾果农和广大台湾民众的好评。2007年初,国家工商行政管理总局协调18个省、自治区和直辖市,并由福建省工商行政管理局牵头召开了工商行政管理机关打击假冒台湾产水果联席会议,构建了打击假冒台湾水果的省际协作机制。据统计,仅福建省工商系统2007年上半年就查获假冒台湾产水果5 761公斤。此项工作的开展得到了中央台办的充分肯定。

七、打击非法交易,加强市场管理

社会主义市场经济的稳步发展,需要有健康的市场秩序和公平的市场环境,打击非法交易行为也是工商行政管理机关的一项重要职责。多年来,各级工商行政管理机关按照党中央、国务院及地方党委和政府的指示要求,依据《条例》和《细则》的有关规定,出色完成了对一些突发的、波及面大、性质恶劣的影响经济社会发展的案件、事件的处理。

1998年,针对社会上电脑咨询服务业发展较快,市场行为尚不规范,一些经营者利用电脑擅自从事经营性游艺活动,严重扰乱文化娱乐业市场秩序,损害电子服务业正常发展的情况,按照国务院的统一部署,国家工商行政管理局组织力量对电脑咨询服务业从事游艺活动的情况进行调查。为了规范电子服务业的市场秩序,加强文化娱乐市场的监督管理,国家工商行政管理局发出《关于清理整顿文化市场取缔利用电脑从事经营性游艺活动的通知》,要求各级工商行政管理机关采取坚决措施,积极行动,取缔利用电脑从事经营性游艺活动等违法行为。各级工商行政管理机关与文化、公安等部门密切配合,开展工作。截至1998年12月底,已基本制止了这种违法行为。据统计,仅北京、上海等17个省(直辖市、自治区)共出动检查人员32 542人次,检查经营场所19 378户,查处超范围从事电脑游艺活动的单位和个体工商户2 293户,取缔无照经营电脑游艺活动的经营点981家,收缴盗版侵权软件40余万张,扣留电脑主机5 583台,罚没款88万余元。

1998年,在企业名称、商标和广告中出现了一些带有色情、封建迷信色彩以及违背中华民族传统道德的内容,严重损害了社会主义精神文明建设,干扰了正常的社会经济文化秩序。为了清理不良文化,扫除文化垃圾,按照国务院领导同志的批示精神,清除企业名称、广告宣传、商标使用上的不良文化现象,国家工商行政管理局下发了《关于清理不良文化扫除文化垃圾的行动方案》,部署全系统开展专项行动,重点对保健、娱乐、美容、饮食等服务业进行整治。各地采取了强有力的措施:一是对无照从事经营活动的经营户予以坚决取缔;二是对已注册登记的企业名称进行检查,发现有不良文化倾向的,引导企业变更,拒不更改的,吊销其营业执照;三是对含有不良文化色彩的招牌、店堂广告当场予以拆除;四是对发现的户外广告、印刷品广告、电视购物广告进行清理,该停播的停播,该收缴的收缴;五是对含有不良文化内容的商标、名称的商品予以查处。各地共出动检查人员 10 万余人次，出动检查车辆 15 000 台次，检查各类从事保健、娱乐、美容、饮食等服务业的经营户 28 万余户，取缔非法经营户 6 400 余家，查处超范围经营的经营户 1 500 余家，清理含有不良文化内容的牌匾 13 000 余块，收缴含有不良文化内容的各种广告宣传品 340 余万份，责令停止发布含有不良文化内容的广告近 3 000 条，为扫除文化垃圾、净化社会环境作出了贡献。

党中央国务院多次指示不准利用重大政治题材从事非法商业活动。1989 年开始，不断有一些违法者铤而走险，从事非法经营活动，不仅严重破坏了经济秩序，对社会的稳定也造成极为恶劣的影响。依照《条例》对这些违法经营活动予以查处，具有深刻的社会意义，也得到了政府与人民群众的肯定和大力支持。1989 年，北京市工商行政管理局对经营宣扬反动迷信颓废等思想的文化衫予以查处。1995 年，国家工商行政管理总局对借"世界反法西斯战争胜利 50 周年"庆祝活动之机，非法经营纪念章的行为，在全国范围内组织了查处。1996 年，一些人利用香港回归等重大政治题材，大搞非法商业活动，各地工商行政管理机关对擅自发行纪念币、纪念章的行为予以查处。除此之外，各地工商行政管理机关还先后对非法经营反动迷信和违背精神文明建设的商品的行为，如经销日本侵略军舰艇模型、服装等进行查处。

八、配合有关部门，积极参与禁毒、反洗钱、打黑除恶等工作

（一）配合公安机关开展查禁毒品工作

《条例》实施以来，国家工商行政管理局一直要求各地工商行政管理机关充分发挥职能作用，积极参与禁毒斗争，重点加强对交通道路旁的旅店、餐饮店的管理，防止其成为毒品集散地和吸毒窝点，强化对集贸市场、饮食市场、医药市场的监督管理，对倒卖走私毒品、麻醉药品、精神药品的行为予以严肃查处，加强对国家限制经营的药品生产经营单位的监管，防止药品流入非法渠道，充分发挥个体劳动者协会、私营企业协会对会员的宣传教育工作。据不完全统计，工商行政管理机关直接查获的贩毒案件有 48 件，查缴包括鸦片在内的毒品 2 859 千克，罂粟壳 8 646 千克。广东省海丰县工商行政管理局自 1991—1995 年连续查获贩毒案件 13 起，查获毒品 10 257 克。福建省漳州市工商行政管理局 1996 年查获制造冰毒窝点，现场查获冰毒 30 多千克。广东省饶平县工商行政管理局查获利用小轿车运毒案，查获海洛因 750 克。

（二）配合人民银行开展反洗钱工作

经国务院同意，中国人民银行于 2004 年 12 月牵头组建了由最高人民法院、最高人民检察院、国务院办公厅、外交部、国家工商总局等 23 个部门为成员单位的反洗钱工作部际联席会议，2005 年 1 月印发了《反洗钱工作部际联席会议制度》。根据工作需要，2007 年 9 月，中国人民银行对《反洗钱工作部际联席会议制度》进行了修订，并报国务院批准。其中，国家工商行政管理总局的职责为：依法登记各类企业，加强企业分类监管；配合有关部门对洗钱活动频发领域的反洗钱监管工作；与人民银行、公安、安全、税务、海关等相关部门建立反洗钱信息互通机制。几年来，工商行政管理部门按照反洗钱工作部际联席会议的部署和《反洗钱工作部际联席会议制度》明确的工作职责，在反洗钱方面主要做了以下几项工作：一是积极参与反洗钱的立法工作。2006 年 10 月 31 日，第十届全国人民代表大会常务委员会第二十四次会议通过了《中华人民共和国反洗钱法》，并决定该法自 2007 年 1 月 1 日起施行。二是积极配合有关部门做好我国加入金融行动特别工作组（FATF）的工作。2007 年 6 月，FATF 审议通过我国成为该组织的正式成员。三是依法登记各类企业，强化企业分类监管工作，认真做好与人民银行等有关部门在反洗钱工作方面的信息沟通。

（三）在中央政法委的领导下，参与打黑除恶专项斗争

2006 年 2 月，中央政法委牵头成立了由

中纪委、中组部、中宣部、最高人民法院、最高人民检察院、公安部、司法部、国家工商总局等9个部门组成的全国打黑除恶专项斗争协调小组,组织领导开展打黑除恶专项斗争。几年来,工商行政管理机关按照全国打黑除恶专项斗争协调小组的统一部署和要求,并结合自身职责,在打黑除恶方面主要开展了以下工作:一是严把市场准入关,特别是强化对建筑、运输、采矿、餐饮、娱乐等黑恶势力易涉足行业主体资格的审查,坚持依法前置审批制度,对不符合条件或前置审批手续不齐全的,一律不予登记;进一步完善企业信用体系,将有严重违法行为的单位列入"不良行为警示记录系统",加大监管力度,切实切断黑恶势力赖以生存发展的经济基础。二是从监管经营行为入手,加大市场巡查力度,强化对批发市场、集市贸易、餐饮、娱乐等易滋生黑恶势力场所的监督检查,对发现的涉黑涉恶违法经营活动,依法予以严厉查处,并及时向公安部门通报。三是加强与有关部门配合协作,共同做好打黑除恶工作。2007年,工商行政管理机关配合有关部门对黑砖窑以及建筑、采矿等行业非法用工进行了重点清查,对盘踞在这些领域内的黑恶势力进行了清除;同时,广泛开展了禁毒、"扫黄打非"、反假币等专项工作,对涉黑涉恶势力的非法经营活动进行了有效打击。

总之,《条例》及其《细则》颁布实施以后,工商行政管理机关查处了大量投机倒把违法违章案件。据统计,自1988年至2007年底,全国工商行政管理机关共查处投机倒把案件121.19万件。案件的种类除非法倒卖国家限制或者禁止自由买卖的物资物品(如重要生产资料)、走私贩私、制售假冒伪劣商品和印制传播非法出版物等外,还包括利用合同和其他手段骗买骗卖,倒卖文物、外汇、金银和利用报销凭证弄虚作假以及为投机倒把活动提供各种方便条件等。实践表明,《条例》及其《细则》为促进社会主义经济建设和维护社会稳定起到了重要作用。但是,随着我国改革开放政策的不断深入以及市场经济的不断发展,

《条例》所规范的行为,有些成为了正常的市场行为,有些纳入后续出台的法律法规中,产生于计划经济时期的投机倒把概念逐渐失去了存在的基础。为适应我国市场经济发展的要求,完善市场经济法制建设,国务院在2008年1月15日公布的《国务院关于废止部分行政法规的决定》(国务院令第516号)中宣布,自该决定公布之日起《条例》及《细则》废止。

第四节　认真贯彻实施《反不正当竞争法》,维护公平竞争市场秩序

《反不正当竞争法》颁布实施已经15年。它的颁布实施,在我国经济立法史上具有里程碑意义,标志着我国市场经济基本法律规则的确立,标志着我国市场经济的运行初步走上了法制化的轨道,同时也增强和坚定了中国及国际社会对中国实行改革开放、发展市场经济政策的信心。近15年来,《反不正当竞争法》对建立和维护社会主义市场经济秩序,保护经营者和消费者的合法权益,推动我国改革开放现代化建设,促进国际经济合作与交流,发挥了重要作用。15年来,在《反不正当竞争法》的引导和规范下,广大经营者逐步提高了竞争法律意识,自觉运用法律武器约束自身行为,维护自身权益,为创造公平、有序的竞争环境奠定了基础。工商行政管理机关是主管市场监督管理和行政执法的职能部门,是《反不正当竞争法》的行政主管机关,肩负着监督检查市场主体交易行为,制止垄断和不正当竞争行为,维护公平竞争的重要职责。15年来,各级工商行政管理机关积极维护法律的权威和尊严,始终将反不正当竞争工作摆到突出位置,作为重要任务来抓,充分发挥职能作用,多层次、多渠道、多方位地采取措施,维护公平竞争秩序,有效保护了经营者和消费者的合法权益,做了大量卓有成效的工作,取得了令人瞩目的成就,从而保证了《反不正当竞争法》的顺利实施,推动了我国社会主义市场经济的发展。

一、不断完善配套法规、规章,加快《反不正当竞争法》的修订工作

《反不正当竞争法》的规范比较原则。为了适应市场不断发展变化和经济生活日趋复杂的需要,多年来,国家工商行政管理局和地方人大制定了一系列配套规章和地方法规,国家工商行政管理局还针对各地在行政执法实践中遇到的具体法律适用问题,对《反不正当竞争法》进行了行政解释。这些工作不仅对《反不正当竞争法》的规定进行了细化,而且还针对新情况、新问题补充了新内容,进一步完善了反不正当竞争制度,保证法律的有效实施。具体体现在:国家工商行政管理局在全国人大法工委、国务院法制办公室、最高人民法院和其他有关部门的大力支持下,在深入调查研究的基础上,先后有针对性地制定了 6 部配套规章,对市场上表现突出、执法中反映强烈的问题作了具体规定。它们分别是:1993 年 12 月 9 日国家工商行政管理局令第 19 号公布的《关于禁止有奖销售活动中不正当竞争行为的若干规定》;1993 年 12 月 9 日国家工商行政管理局令第 20 号公布的《关于禁止公用企业限制竞争行为的若干规定》;1995 年 7 月 6 日国家工商行政管理局令第 33 号公布的《关于禁止仿冒知名商品特有的名称、包装、装潢的不正当竞争行为的若干规定》;1995 年 11 月 23 日国家工商行政管理局令第 41 号公布的《关于禁止侵犯商业秘密行为的若干规定》;1996 年 11 月 15 日国家工商行政管理局令第 60 号公布的《关于禁止商业贿赂行为的暂行规定》;1998 年 1 月 6 日国家工商行政管理局令第 82 号公布的《关于禁止串通招标投标行为的暂行规定》。

同时,还针对地方工商行政管理局请示的在行政执法实践中遇到的具体法律适用的疑难问题,加大了行政解释的力度,以规范性文件的形式对《反不正当竞争法》进行了一系列的行政解释。截至 2008 年 6 月,国家工商行政管理总局已先后作出《反不正当竞争法》的行政解释近 40 个。

这些配套法规、规章、规范性文件细化了《反不正当竞争法》规范的不正当竞争行为,如假冒他人注册商标,虚假表示,利用其他方法进行虚假宣传,公用企业限制竞争,串通招标投标等行为;增设了一些新的不正当竞争行为,如价格欺骗,擅自使用代表他人企业名称或者姓名的文字、图形、标记、还本销售,强制性交易行为以及联合行为等;有的地方法规对不正当竞争行为还规定了"兜底"条款。此外,还完善了法律责任制度,对《反不正当竞争法》没有规定行政责任的商业诋毁、搭售、低价倾销等行为,在地方法规里规定了行政责任;对违法所得难以计算、拒不提供有关资料的行为也规定了行政责任。特别值得一提的是地方法规普遍增加了查封、扣押与不正当竞争行为有关的财物的行政强制措施,这对及时保全、收集证据,加大执法力度,及时查处和有效制止不正当竞争行为是至关重要的。

2003 年,《反不正当竞争法》的修订列入了十届全国人大常委会立法规划和国务院立法工作计划。受国务院委托,国家工商行政管理总局承担了修订调研、论证并提出初步修改意见的工作任务,随后,成立了《反不正当竞争法》修订工作小组,拟订了《反不正当竞争法》修订工作实施方案,收集国内外有关竞争政策的资料,广泛征求社会各界的意见,在此基础上形成了《反不正当竞争法(修订稿)》。

二、制止和查处不正当竞争行为

近 15 年来,各级工商行政管理机关以加大执法力度、查处不正当竞争案件为重点,为维护公平竞争做了大量工作,取得了可喜的成绩。据统计,1993 年 12 月至 2008 年 6 月,全国共查处不正当竞争案件 39.3 万件,案件总值 347.4 亿元,罚没金额 56.26 亿元。从 15 年的执法实践看,查处不正当竞争案件的数量逐年增多,特别是已制定地方反不正当竞争法规的省市,办案数量增幅较大。从各地查处的不正当竞争案件的类型来看,已涉及《反不正当竞争法》规范的各类不正当竞争行为,包括假冒他人注册商标行为,仿冒知名商品特有的名称、包装、装潢的行为,冒用他人企业名称行为,虚假表示行为,公用企业限制竞争行为,政府部门限

制竞争行为，商业贿赂行为，虚假宣传行为，侵犯商业秘密行为，低价倾销行为，搭售或附加不合理条件的行为，不正当有奖销售行为，商业诋毁行为，串通招标投标行为，行为人转移、隐匿、销毁违法财物的行为。其中，仿冒行为、虚假表示行为、虚假宣传行为、不正当有奖销售行为的案件始终居高不下，在查处的不正当竞争案件中占有较大的比例。另外，一些省、市还依据地方反不正当竞争法规查处了一批新型的不正当竞争行为，例如片面对比宣传行为、强买强卖行为、不正当的联合行为等。这对维护公平竞争的市场秩序，保护经营者和消费者的合法权益，起到了重要作用。

各地工商行政管理机关积极贯彻实施《反不正当竞争法》，努力查处不正当竞争行为，采取得力、有效的执法措施，取得了明显的执法效果。具体表现在以下方面：

（一）开展"公平交易执法年"活动，加大执法力度

1996 年，国家工商行政管理局在全系统开展了以"公平交易执法年和工商形象建设年"为核心的公平交易执法活动，主要以反不正当竞争，保护经营者和消费者合法权益为主要内容，加大执法力度，严厉查处各种扰乱市场秩序的违法违章案件，规范市场行为，为经济发展创造良好的市场环境和市场秩序。经过全国工商行政管理机关上下共同努力，全年查处不正当竞争案件 11 388件，查处案件数量大幅度上升。天津市工商行政管理机关全年适用《反不正当竞争法》处理案件 272 件，其中经济处罚 171 件，比1995 年上升 58%。浙江省宁波市工商行政管理机关 1996 年查处各类不正当竞争案件52 件，是 1995 年的 10 倍多。四川省成都市工商行政管理机关在查处行业垄断、侵犯商业秘密、商业贿赂等不正当竞争疑难案件方面狠下工夫，查处了一批有影响的重大特大案件。这些执法活动有效地保护了经营者和消费者的合法权益，净化了市场环境。

（二）将实施《反不正当竞争法》与开展市场专项整治结合起来，增强执法效果

1995 年，为了加强市场监督管理，打击制售假冒伪劣商品的违法行为，保护公平竞争，维护经营者和消费者的合法权益，工商行政管理机关在全国范围内集中开展了四次市场专项治理工作，第一次是元旦、春节期间整治节日市场，第二次是春耕期间整治农资市场，第三次是夏季整治饮料市场，第四次是打击假冒注册商标、虚假违法广告。据不完全统计，在四次市场专项治理期间，全国工商行政管理机关共出动近百万人次，检查各类生产、销售企业达 238 万余家，查处各类制售假冒伪劣商品案件 5 万多件，其中移送司法机关 200 多件，查获各种假冒伪劣商品价值总计 62 亿元，收缴罚没款金额近 2 亿元，取缔制售假冒伪劣商品窝点6 900余个。

1996 年至 1997 年，根据国务院的部署，国家工商行政管理局会同卫生部、国家药品监督局、国务院纠风办和最高人民检察院，共同组织了全国整治药品回扣违法行为工作，并于国办发〔1996〕14 号文件下发后，成立了全国药品回扣专项检查联席会议（最高人民检察院于 1996 年 9 月参加了联席会议），研究制订工作方案，并印发了《关于对药品购销中给予、收受回扣等违法行为进行专项检查的工作方案》，对专项检查的组织方式、检查范围和重点、实施步骤等作出了具体安排，联席会议办公室设在国家工商行政管理局。药品回扣专项整治工作是在国务院的直接领导下进行的，国务院领导亲自对这项工作进行动员部署，明确提出了专项整治的重点和目标，并多次听取整治情况汇报，要求切实采取措施将这项工作抓紧抓实，抓出成效。1996 年 5 月 31 日，国家工商行政管理局、卫生部、国家食品药品监督管理局、国家中医药管理局、国务院纠风办联合召开全国整治药品回扣违法行为工作电视电话会议，国务委员彭佩云同志出席会议并作重要讲话，向全国动员部署专项整治工作。随后，各地区相继成立了专项检查领导协调小组，加强对这项工作的组织领导。1996 年 12 月 6 日，针对一些地方和单位对整治工作认识不足，工作开展不平衡，甚至存在地方和部门保护等问题，国家工商行政

管理局等六部门又联合召开了第二次电视电话会议,国务委员彭佩云到会作了重要指示,总结了前一阶段的工作情况和问题,要求加强领导,提高认识,继续抓紧抓好专项整治工作,确保整治工作取得更大的成效。为进一步贯彻第二次电视电话会议精神,安排好1997年的整治工作,1997年3月,国家工商行政管理局等六部门又适时下发了《1997年整治药品回扣违法行为工作的安排意见》。联席会议六部门于1996年9月至10月和1997年11月两次组成检查组,对全国的专项整治工作进行检查督促。联席会议办公室为及时交流情况,指导工作,还专门编辑印发了55期《药品回扣专项检查工作简报》。1997年8月19日,联席会议六部门联合召开了"全国查处药品回扣违法案件新闻发布会",通报这一年多来全国药品回扣专项检查工作的总体进展情况及取得的初步成效,特别是药品回扣案件的查处情况,推动这项工作深入进行。新闻发布会上曝光了15起给予、收受药品回扣大要案件,其中工商行政管理机关查处的药品回扣案件9起。

经过各地区各有关部门的共同努力,药品回扣专项整治工作取得了明显的成效。专项整治中,全国应参加自查自纠的药品生产销售企业和医疗机构共计120 377个,截至1997年10月底,实际进行自查的药品生产销售企业和医疗机构达117 714个,自查率达97.8%。自查出1993年12月1日以来给予、收受的药品回扣金额17.4亿元,通过自查自纠上交回扣金额达3.58亿元。在重点检查和抽查中,全国共检查、抽查药品生产销售企业和医疗机构48 798个,占药品生产销售企业和医疗机构总数的40.5%,重点检查出给予、收受的药品回扣金额4.17亿元。

据不完全统计,在专项整治期间,全国共收到举报、投诉6 103件,根据对群众举报、投诉的排查和重点检查、抽查,共立案调查药品回扣案件4 230件,已结案3 363件,涉及违法金额6.64亿元。其中,工商行政管理机关查结药品回扣案件2 214件,涉及

违法金额4.86亿元,罚没金额5 118.7万元,移送司法机关处理案件99件、处理人员136人;纪检监察部门查处药品回扣违法违纪案件754件,涉及违法金额1.6亿元,涉及人员1 313人,移送司法机关处理的案件72件,移送司法机关处理人员92人,给予政纪处分177人,给予党纪处分210人,其中县处级以上干部14人;检察机关侦查终结药品购销活动中行贿受贿犯罪案件395件,涉及违法金额1 731万元,已追究刑事责任372人,其中县处级以上干部21人。在已查结的药品回扣案件中,有大要案件989件(即个人给予、收受回扣1万元以上案件538件,单位给予、收受回扣10万元以上的案件451件),其中,工商行政管理机关查处药品回扣大要案件633件,司法机关处理药品回扣大要案件356件。从而使药品回扣的势头得到明显遏制,促进了医药市场秩序的好转。

1999年至2002年,根据党中央、国务院的统一部署和要求,在国务院纠风办的组织、协调下,各级工商行政管理机关认真开展了纠正医药购销中不正之风工作。每年国务院纠风办、国家经贸委、国家计委、卫生部、国家工商局、国家食品药品监督局都联合下发关于纠正医药购销中不正之风工作的实施意见,国家工商行政管理局也据此下发贯彻该实施意见的通知。在纠正医药购销中不正之风工作方面,工商行政管理机关的工作重点是:(1)对药品生产经营企业和个体工商户开展清理整顿;(2)依法查处医药购销活动中给予、收受回扣及其他商业贿赂行为,严厉打击药品经营中的其他不正当竞争行为;(3)加强对药品广告的监督管理;(4)配合有关部门清理整顿药品市场。同时,工商行政管理机关公平交易部门还积极做好工商行政管理机关内部的组织、协调、情况汇总、上报等日常工作。各地工商行政管理机关以查处医药购销中的商业贿赂、虚假宣传等违法行为为重点,充分发挥职能作用,同时与纠风办及其他相关部门积极配合,认真开展整治医药购销中的不正之风工作。据不完全统计,2001年全国工商行政管

理机关共查处药品购销中的商业贿赂案件811起,涉案金额33 927万元,没收金额1 686万元,罚款3 321万元;检查各类医药经营主体6 500户;查获非法药品22万余盒,其中假劣中西药品67 749盒;假劣中药材10 705公斤;假劣一次性医疗器械86.7万余件,以及大量非法药品广告宣传单。成都市工商行政管理局还查获珍稀野生动物药材50.64公斤。2002年,全国工商行政管理机关共受理商业贿赂案件1 948件,立案查处1 903件,涉案金额5.7亿元,没收金额6 640万元,罚款6 036万元,有力地打击了医药购销中的不正当竞争行为。同时,国家工商行政管理总局还与国务院纠风办等有关部门密切配合,针对药品集中招标采购活动中存在的问题进行研究,共同制定了《医疗机构药品集中招标采购监督管理暂行办法》等规范招标采购行为的法律文件,保障药品招标采购活动的顺利开展。

按照国务院纠风办的统一安排和国务院纠风办、国家工商总局等5部门《2003年纠正医药购销中不正之风工作实施意见》的工作部署,国家工商行政管理总局组织全国工商行政管理系统继续开展纠正医药行业不正之风工作,进一步加大对医药购销中给予、收受回扣以及其他商业贿赂行为的打击力度,严厉查处利用广告或其他方法对药品、医疗器械作引人误解的虚假宣传行为,特别是以防治"非典"名义发布虚假药品广告的行为;继续加强对医疗机构药品集中招标采购工作的监督管理,坚决制止药品招标采购中的各种不正当竞争行为。

近年来,在国务院纠风办的组织协调下,工商行政管理机关加强与有关部门的协调配合,从自身职能出发,加强对药品、医疗器械生产经营企业和医疗机构的监督检查,并积极做好查处医药购销领域商业贿赂行为的牵头工作,严肃查处医药购销领域的商业贿赂行为。据统计,2004年至2007年,全国工商系统共查处医药购销领域商业贿赂案件3 861件,案值11.88亿元,向司法机关移送涉嫌犯罪的商业贿赂案件24件。

在查处药品购销活动中回扣及商业贿赂行为的同时,国家工商总局还与国家旅游局、国家民航总局等有关部门分别就旅游市场、民用航空运输市场的回扣及商业贿赂问题开展了专门的调查研究,并与国家民航总局、国家计委、公安部、国家税务总局等有关部门联合发布了《关于坚决制止销售机票中暗扣行为的通知》,以采取有效措施,进一步加大对特殊市场的监管力度,有效维护旅游、民用航空市场的正常秩序。

2006年,党中央、国务院作出开展治理商业贿赂专项工作的重大决策以来,全系统坚决贯彻落实党中央、国务院的部署和要求,按照国家工商行政管理总局治理商业贿赂专项工作实施方案,认真扎实地开展工作,严肃查处各种商业贿赂行为,为遏制商业贿赂的蔓延,维护公平竞争的市场秩序,作出了重要的贡献。工商行政管理机关的工作多次得到了国务院和中央治理商业贿赂领导小组有关领导的肯定。截至2008年6月,全系统在专项治理工作中共查处商业贿赂案件18 534件,案值48.12亿元。查办案件数超过了1994年至2005年11月间查办商业贿赂案件的总和。根据中央治贿办公布的数字,工商系统在专项治理工作中查办的案件数约占到全国查办案件总量的一半左右。

国家工商行政管理总局党组始终高度重视治理商业贿赂专项工作,于2006年初专门成立了由局长任组长的治理商业贿赂领导小组并下设办公室(以下简称总局治贿办),通过召开系统工作会、分片调研会、督导检查等形式,研究分析工作中的难点、热点问题,对专项治理工作进行部署。总局治贿办制定下发了《关于工商行政管理机关在治理商业贿赂专项工作中进一步加大查办案件力度的指导性意见》,实行了商业贿赂大要案备案制度,加大对大要案的指导和协调力度。山东、江苏、浙江、广东、湖北、湖南、江西、河北、河南、辽宁、四川等地工商行政管理机关,积极强化监管措施、创新办案模式,在查办大要案件方面,取得了新的进展。各地工商行政管理机关围绕中央确定的重点领域和行业,加强监管,严肃查处严重损害群众切身利益以及顶风违纪违法的商业贿赂案件。云南、安徽、辽宁、重庆、新疆等地工商行政管理机关在查处医药购销、教辅教材发行等重点领域中,加大行业监管力度,取得了新的进展。湖北省工商行政管理局针对一系列热点难点问题,制定了《关于严肃查处损害群众利益的商业贿赂案件的指导意见》,将11种易发多发的严重损害群众利益的商业贿赂行为列为重点打击对象。各地工商行政管理机关认真总结经验、积极创新工作方法,执法水平、办案能力整体有了显著提高。沈阳市工商行政管理局在识别假账上下工夫,总结出了"财会收支实衡法",破解了药品企业以虚开发票、虚购商品、虚增经营成本等方式提取账户资金进行商业贿赂的"障眼法",成功查处了一批案件。不少省区工商行政管理局还积极推行治理商业贿赂工作联系点制度,派出工作组与一线办案人员通过案评会等形式一起讨论具体案情、指导查处工作,执法领域进一步拓宽。各地工商行政管理机关积极拓展执法空间,加大对其他社会热点难点领域商业贿赂行为的监管查处力度。山东省工商行政管理局实行重点领域分工突破、办案情况定期通报、重点案件督办、年终考核激励"四项制度",有效解决了部分重点领域难以介入的问题,并在全省范围内消除了查处商业贿赂案件的空白县。浙江省工商行政管理局本着抓重点、查典型、解决突出问题的思路,主动出击,成功突破了一批以涉及公权力为背景的典型案件,成功介入了工程建设、地质勘察、房产开发、土地登记代理等以往较少涉足的监管领域。各级工商行政管理机关积极与纪检监察、公安、检察、法院等执纪执法部门建立信息共享、案件协作、联合督查等机制,并加强与卫生、药监、教育、新闻出版等行业主管部门的协调配合,进一步形成治理合力。济南市工商行政管理局制定了《济南市工商行政管理机关移送涉嫌经济犯罪案件试行意见》,对案件移送工作提出了明确要求。福建省工商行政管理局与省卫生厅建立案件线索双向移送机制,仅2007年,就从卫生部门获取案件线索

50条,并向卫生部门提交被处罚过的医药销售企业70家,由省卫生厅停止其在医疗卫生机构的投标资格。

统筹兼顾,稳步推进,促进治理商业贿赂专项工作的全面开展。结合各项重点工作,深化治理商业贿赂专项工作。各级工商行政管理机关在依法严厉查处制售假冒伪劣商品、"傍名牌"等违法行为的同时,注意及时发现和处理与之相伴而生的商业贿赂行为,收到了很好的效果。特别是产品质量和食品安全专项整治、打击"傍名牌"专项执法行动开展后,各地充分认识到商业贿赂是导致假冒伪劣商品泛滥、公共安全事件频发的一个重要因素,注意从查处相关案件中,深挖商业贿赂案件线索,注意两者结合,取得了较为明显的成效,得到了社会各界的广泛认同和赞许。为提高执法人员查处商业贿赂案件的能力和水平,2006年、2007年,国家工商行政管理总局相继举办了7期全国地市局长培训班和2期全系统治理商业贿赂执法培训班。广东、四川、陕西、内蒙、黑龙江、吉林等地工商机关还在本系统内开展了业务技能大比武、以会代训、岗位练兵、经验交流、以案说法等形式多样的业务培训活动,使执法人员在较短时间内掌握了查办商业贿赂案件的基本方法,提高了综合办案能力。总局治贿小按照中央治贿办的部署,认真完成了《目前我国市场监管方面存在的主要问题及对策研究》的课题研究工作。各地也积极开展调查研究,加强对治理商业贿赂工作的理论研究。江西省工商系统在专项治理工作中,共成立研究课题组11个,参与课题研究人员54人,召开理论研讨会29次,为有效解决治理工作中遇到的复杂问题和难点问题,提供了很多好的意见和建议。

着眼治本,依法规范,健全治理商业贿赂专项工作的长效机制。一是治理商业贿赂与信用分类监管制度相结合。江苏等省市工商行政管理机关进一步完善企业信用分类监管和商品交易市场信用分类监管制度,有针对性地了解和掌握商业贿赂易发、多发的重点行业和企业的经营动向,将企业是否实施商业贿赂行为的信息记入信用档

案,将查办的案件全部录入企业信用分类监管平台,逐步形成了防治商业贿赂、督促市场主体依法规范经营的综合监管体系。二是治理商业贿赂与建立健全经营者自律机制相结合。各地工商行政管理机关以个体私营协会、有关行业协会为载体,组织会员学习有关法律法规,引导经营者加强对购销、会计等重点岗位的管理,并通过评选"守合同、重信用"企业、"诚信企业"、"诚信个体工商户"等活动,大力倡导健康向上的商业文化,引导企业自觉增强抵制商业贿赂的意识。新疆、天津、贵州及辽宁等省市工商行政管理局推行反商业贿赂承诺制,得到了众多经营者的理解和拥护。三是治理商业贿赂与加强法制宣传工作相结合。各级工商行政管理机关积极开展"反贿赂、倡诚信,营造公平竞争市场环境"活动,上海、江苏等省市工商行政管理局充分利用各种媒体,广泛宣传专项治理工作和有关法律法规,大力营造反商业贿赂的社会氛围和良好的执法环境。据统计,仅 2007 年,全系统共召开治理商业贿赂新闻发布会 17 次,向社会曝光典型案件 182 件,对违法分子起到了有力的震慑作用。四川省工商行政管理局采取"送法到企"的方式,主动将中央治贿办编发的《铲除市场毒瘤》宣传片送给重点行业和重点企业进行学习,增强经营者的自觉防范意识。武汉市工商行政管理局先后举办"反商业贿赂警示教育展览"百余场,参与观众近万人。

总局党组和中纪委监察部驻总局纪检组监察局对机关及系统内自查自纠工作一直非常重视,认真部署,严格要求。2007 年,全系统以自查自纠检查评估和"回头看"检查为契机,进一步加强党风廉政建设和执法队伍建设,继续坚持以行政审批、行政执法、工程建设项目为重点,严肃查处工商机关工作人员利用行政审批权、行政执法权、队伍管理权搞官商勾结、权钱交易,收受或参与商业贿赂的行为。通过开展自查自纠,严肃处理了一批违法乱纪的害群之马,进一步强化了全系统依法依纪办事的观念。与此同时,为进一步加强党风廉政建设,提高工作

效率和质量,各级工商行政管理机关加快推进电子政务建设,升级改造企业登记管理系统,推行网上名称核准和网上年检,完善商标注册信息网上查询,采用设置政务公开栏、专线咨询电话、网上发布等多种有效形式,依法公开了行政审批、行政处罚、行政收费等各项政务。这些举措,将执法依据、工作程序、办结时限、收费标准等都置于公众监督之下,有效地防止了系统内部商业贿赂问题的产生。

（三）抓住重点,突破难点,推动《反不正当竞争法》的全面实施

一方面,针对经营者和消费者反映强烈的重点问题,如仿冒知名商品特有的名称、包装、装潢行为,不正当有奖销售行为,虚假表示和虚假宣传行为等不正当竞争行为,各地工商行政管理机关加大执法力度,排除阻力,重点打击,查处了大量案件,收到了较好的效果。曾一度被不正当竞争行为困扰的一批国内知名企业,其商品的特有名称、包装装潢被仿冒的投诉材料由国家工商行政管理局进行了转办,各地工商行政管理机关接到转办函后,积极行动,采取专项检查与日常检查等措施,对案件进行调查、处理,使企业的合法权益依法得到了保护。

另一方面,针对实施《反不正当竞争法》的一些难点问题,如侵犯商业秘密、商业贿赂等,采取一边执法,一边积极研究探索,逐步突破的方法,经过十几年的努力,已摸索出一定的经验,基本解决了目前法律授权内的执法问题,并查处了一大批案件。

积极开展反仿冒、反误导（以下简称"两反"）专项整治工作。按照每年全国工商行政管理工作会议的部署,全国工商行政管理机关自 2000 年至 2002 年连续三年集中开展了"两反"专项整治执法活动,加强了对市场检查的力度,查处了一批仿冒、误导案件。据不完全统计,2000 年各地工商行政管理机关在专项整治期间共检查各类企业和个体工商户 90 余万户;立案查处各种仿冒案件 7 500 余件,案值近 1.5 亿元,结案 4 500 余件;立案查处误导案件 1 100 余件,结案 600 余件,有效地打击了违法行为,为净化节日

市场,保护经营者和消费者的合法权益,促进公平竞争,发挥了积极作用。2001 年的"两反"专项执法活动以查处大要案件为重点,依法严厉打击仿冒、误导、欺诈、不正当有奖销售等违法行为,特别是仿冒知名商品的标识、虚假打折或降价、利用双重价格进行误导、变相巨奖销售等违法行为,以进一步规范竞争行为,净化市场环境。为指导和促进各地广泛、深入地开展"两反"专项执法活动,年初,公平交易局下发了《关于查处不正当竞争大要案件的通知》,布置了各具特点的十三起典型案件的查处工作,从而推动了"两反"专项执法活动的展开。2002 年全国工商行政管理机关继续深入开展打击仿冒、误导行为的执法工作,以查处假冒他人注册商标、仿冒知名商品特有的名称、包装、装潢及其他商业标识、误导性宣传、虚假打折和降低等不正当竞争行为为重点,特别是对近年呈上升趋势的利用不适宜企业名称从事不正当竞争的违法行为进行专项整治。7—9 月份开展了为期三个月的专项执法活动,部署有关省市严查仿冒"松下"、"万利达"、"松本"、"报喜鸟"4 起"傍名牌"大要案件。上海、浙江等地工商行政管理机关也组织开展了打击"傍名牌"行为的专项执法活动,收到了较好的社会效果。仅据 2002年上半年统计,全国工商系统共查处不正当竞争案件 13 146 件,其中仿冒案件 3 276件,占案件总数的 24.9%。根据国务院领导的批示精神,先后组织查处了仿冒法国"皮尔·卡丹"品牌服装服饰案、侵犯美国"雅诗兰黛"注册商标案等案件,得到了社会各界的充分肯定和高度评价。2004 年至 2007年,又先后多次召开"部署查处不正当竞争案件专项执法工作会议",组织部署对海信集团、西安杨森、青岛啤酒、海湾石油等企业的投诉案件开展专项执法工作。2007 年 8月,国家工商行政管理总局部署开展打击"傍名牌"专项执法行动,严厉打击各种恶意制造市场误认、混淆的"傍名牌"行为。据不完全统计,截至 2007 年底,全国各地工商行政管理机关在专项执法行动中查处各类"傍名牌"不正当竞争案件 6 019 件,案值达

4.12 亿元。此外,按照全国整规办的统一安排,圆满完成了 2006 年 4 月举办的"中国保护知识产权成果展"活动参展工作,取得了良好的社会效果。

全国各地工商行政管理机关认真贯彻落实国务院办公厅《关于开展打击商业欺诈专项行动的通知》(国办发〔2005〕21 号)精神,以打击各种制假售假、虚假宣传、违法广告、欺骗性有奖销售以及零售业、美容美发、餐饮服务等行业的商业欺诈行为为重点,严厉查处各种商业欺诈行为。根据"国际消费者保护与执法网络(ICPEN)"的活动安排,国家工商行政管理总局下发了《关于开展"制止欺诈月"活动的通知》,对"制止欺诈月"活动做了全面部署。各级工商行政管理机关对利用互联网或者通过手机发布虚假商品或者服务信息的行为进行了清理,依法查处了一批发布虚假商品或者服务广告以及制售假冒伪劣商品、欺诈消费者的案件。

2005 年 8 月,国家工商行政管理总局承担了国家知识产权战略中的商业秘密相关问题研究专题的研究工作。通过一年多的艰苦努力,专题组完成了国内外有关商业秘密问题的基本信息和相关意见收集等基础性调研工作,对有关基本信息和相关意见的研究分析工作以及中期研究成果,在此基础上完成了专题研究总报告。2007 年,按照国家知识产权战略工作组的统一安排,积极做好商业秘密专题研究的后续工作以及专题的组织贯彻实施工作,进一步强化反不正当竞争执法职能,加大对商业秘密的保护力度。

(四)各地工商行政管理机关非常重视运用《反不正当竞争法》保护外国企业、外资企业及港、澳、台企业的合法权益

各地工商行政管理机关先后查处了一批仿冒美国吉列公司、美国宝洁公司、日本松下公司、新加坡金味公司、美国庄臣公司等外国企业及港、澳、台企业商品的特有名称、包装装潢的案件。国家工商行政管理局分别对江苏扬州三笑牙膏厂生产的"三笑"牙刷仿冒美国宝洁公司生产的"佳洁士"牙刷包装装潢案、青岛特艺品公司擅自使用与

美国复兴地毯公司生产的地毯相近似的包装装潢案件进行了督查、督办,加大了案件查处力度,克服了地方保护和案件查处中存在的困难,保护了涉外知识产权。《反不正当竞争法》的实施,扩大了对知识产权的保护范围,加强了中国的知识产权保护工作,对保护外商在华利益、建设良好的投资环境、促进国际贸易的发展发挥了重要作用。

(五)加大对网络经营活动的监管力度,严厉查处网络经营活动中的不正当竞争行为

2002 年,国家工商行政管理总局在北京、上海、深圳、大连四个城市开展了查处网上不正当竞争行为的试点工作,积极探索对网上仿冒、误导性宣传、不正当有奖活动以及商业诋毁等不正当竞争行为的新的执法途径,以维护网络经济的正常秩序。

三、反限制竞争及反垄断

《反不正当竞争法》第二章规定的不正当竞争行为共 11 条,其中 6 条(第 5、8、9、10、13、14 条)列举了 7 类不正当竞争行为,还有 5 条(第 6、7、11、12、15 条)列举的是 5种垄断行为或称限制竞争行为。依据《反不正当竞争法》等有关法律法规,工商行政管理机关是我国反限制竞争的主要执法部门。为贯彻落实中共中央关于进一步开放市场、建立和完善全国统一、公平竞争、规范有序的市场秩序的战略部署,工商行政管理机关依据《反不正当竞争法》及国务院《关于禁止在市场经济活动中实行地区封锁的规定》等有关法律、法规、规章,自 1999 年起,在全国范围内开展了整治公用企业等垄断性行业限制竞争行为以及政府及其所属部门滥用行政权力限制竞争行为的专项整治工作。

(一)克服困难,排除阻力,认真开展对重点垄断性行业限制竞争行为的专项整治以及破除地区封锁和地方保护

1999 年,国家工商行政管理局首次组织全系统对公用企业限制竞争行为开展了一次有重点、有步骤的专项整治。年初向全系统部署了整治任务,明确了查处重点,并确定江苏、浙江、上海、广东、湖北、四川、陕西、山东、辽宁、吉林、黑龙江为试点地区,作为拉动全国整治工作的龙头。

2000 年,国家工商行政管理局向全系统部署了进一步做好对公用企业的专项整治工作。各地工商行政管理机关在上一年度专项整治工作的基础上,把查处的重点放在了电信、邮政、保险、供电、供水、旅游、铁路等社会反映强烈、限制竞争行为严重、问题较多的行业,加大执法力度,取得了阶段性成果。

2001 年 3 月,国家工商行政管理局在南京召开垄断性行业专项整治工作会议,对2001 年整治的重点、范围、时间、要求等作了安排部署。同年 4 月,全国整顿和规范市场经济秩序工作会议结束后,国家工商行政管理局高度重视,迅速行动,立即召开了由省、自治区、直辖市、计划单列市及副省级市工商行政管理局局长、总局机关各司局负责同志参加的专题会议,进行了全面的动员和部署。国家工商行政管理总局成立了整顿和规范市场经济秩序工作领导小组及办公室,公布了举报电话和网址,根据党中央、国务院的统一部署和工商行政管理机关的职责,结合市场经济秩序中存在的具体问题,制定了工商行政管理机关整顿和规范市场经济秩序的工作方案,明确把开展对重点垄断性行业限制竞争行为的专项整治以及破除地区封锁和地方保护作为整顿的内容和总局工作的重点。

为加大对案件的督办力度,2001 年 2 月,根据国务院领导的指示,国家工商行政管理局与国家经贸委组成联合调查组,对辽宁省某县啤酒市场地区封锁的行为进行了查处。同时对辽宁省某市啤酒市场地区封锁行为查处情况进行了调查。辽宁省政府以此为契机,制定了禁止酒类市场地区封锁的规定。同年 4 月对发生在安徽省某县化肥市场地区封锁行为以及 5 月份发生在湖北某市借整顿市场为由实行啤酒市场地区封锁的做法,国家工商行政管理总局及时批转有关材料并要求调查处理,最终使问题得到解决。

2002 年,为了进一步贯彻落实国务院《关于禁止在市场经济活动中实行地区封锁的规定》,国家工商行政管理总局在全国范围内部署了打破地区封锁和行业垄断专项整治工作,各地加大对供水、供电、供气等垄断性行业限制竞争行为的查处,并在政府领

导下,积极与有关部门配合协作,重点查处酒类、化肥、烟草等行业或产品的地区封锁、地方保护行为。

为加强对反垄断工作的宏观指导,国家工商行政管理总局针对各地反垄断行政执法工作中遇到的法律问题,加强了对有关规制限制竞争行为的行政解释,推动了专项治理工作向纵深方面发展。同时通过组织专项工作会议、业务知识培训、东西部地区经验交流等,交流和推广了执法经验,提高了办案人员的执法水平,促进了全国整治工作的全面开展。各地工商行政管理机关根据总局的部署,制定了切实可行的具体的整治方案,扎扎实实、尽心尽力地开展工作。公平交易系统广大干部职工克服种种困难,顶住多方压力,坚持不懈、严格执法,反限制竞争和反垄断工作开展得轰轰烈烈、高潮迭起。

据统计,1999 年至 2001 年,全国查处的行业垄断和行政垄断案件年增长率分别为 97% 和 270%。特别是 2001 年,反垄断工作取得突破性进展,全年共查处垄断性行业限制竞争案件 1 614 件,比 2000 年增加 1.06 倍;查处滥用行政权力限制竞争案件 137 件,比 2000 年增加 1.45 倍。2001 年全年查处的行业垄断和行政垄断案件的总数(1 751)超过了 1995 年至 2000 年六年来查处案件的总数(1 730)。2002 年,共查处垄断性行业限制竞争案件 1 089 件,查处滥用行政权力限制竞争案件 88 件。

(二)反限制竞争工作取得新进展,为反垄断执法奠定坚实基础

2003 年以后,工商行政管理机关反限制竞争执法工作进入了一个新的历史阶段。各级工商行政管理机关紧紧围绕国务院关于整顿和规范市场经济秩序的工作部署,结合党中央国务院提出的打破地区封锁和行业垄断、建立全国统一、开放、竞争、有序的市场经济体系的目标要求,按照总局的具体工作部署,认真履行职责,严格依法行政,执法领域不断拓宽,基本上涵盖了《反垄断法》规定的四种垄断行为,竞争执法网络也基本建立,同时,积极参与并推进我国《反垄断法》出台,反垄断执法和立法工作取得了积极的成效,上了一个新台阶。

反限制竞争和垄断执法工作的开展,不仅积累了一定的执法经验,同时还建立了一支素质较高的竞争执法队伍。截至 2008 年 6 月,全国工商行政管理机关从事竞争执法的专职人员近 7 万人,分布在全国各地。省级工商行政管理机关都成立了统一的公平交易执法机构,共有竞争执法人员近 1 000 人,专司大案要案的查处;市、县工商行政管理机关均设立公平交易执法处、科,负责本地竞争执法工作。全国工商行政管理机关反垄断、反不正当竞争执法网络已基本形成,为下一步更好地开展反垄断执法工作打下了扎实的基础。

1. 积极部署开展反垄断专项执法工作,依法查处了大量垄断案件,反垄断执法领域不断拓宽

(1)2003 年以后,国家工商行政管理总局又连续 5 年在全国组织开展了反垄断专项执法工作。全国工商行政管理机关共查处行业垄断案件 4 700 多件,涉及供水、供电、供气、邮政、电信、交通运输、保险、银行、石油、石化、烟草、盐业等垄断性行业企业;制止和查处地方保护、地区封锁等行政性垄断行为 465 件。随着反垄断执法工作的深入和执法经验的积累,一些省市的工商行政管理机关依据本省的《反不正当竞争条例》对经营者之间通过《卡特尔协议》划分市场、固定价格等限制竞争行为进行了查处。如,浙江省温州市工商行政管理局对该市 7 家从事燃气经营的公司签订统一市场价格、划分市场的卡特尔行为依据该省《反不正当竞争条例》进行了调查处理。重庆市工商行政管理局对市内三家氧气生产销售企业通过协议分割市场、统一并抬高氧气销售价格的限制竞争行为,依据《重庆市反不正当竞争条例》分别对三家企业进行了行政罚款。

(2)对经济性垄断行为高度关注并开展了相关案件的调查工作。国家工商行政管理总局于 2003 年对在华跨国公司市场竞争状况及市场竞争行为进行了调研,并发布了调研报告,引起社会强烈反响。根据国务院

领导的批示及相关企业的投诉,2005 年对某跨国公司涉嫌低于成本价销售行为进行了调查并提出了处理意见;2006 年对某跨国公司滥用市场支配地位捆绑销售行为进行了调查,并对该公司提出了行政告诫;2004 年至 2006 年,根据国务院领导指示,积极参与对国际班轮公会和运价协议组织涉嫌价格垄断、损害国际海运市场秩序行为进行调查。经国务院同意,交通部、国家发改委、国家工商总局联合公布了《关于国际班轮运输码头作业费调查结论》,对有关国际班轮运输经营者依法进行了处罚。

(3)认真贯彻执行《零售商供应商公平交易管理办法》,规范零售业竞争行为。2006 年 11 月,商务部、国家工商总局、国家发改委等六部委联合发布实施了《零售商供应商公平交易管理办法》,对大型超市等零售商滥用市场交易中的优势地位对中小供应商乱收费用等不公平交易行为进行了规范。2007 年上半年,积极与有关部门沟通协调,并分别在北京、浙江召开工商系统和有关企业座谈会,了解有关情况。在调研的基础上,研究制定了贯彻执行两个管理办法的具体意见,明确了工商机关的职责和执法中要注意把握的问题,对各地执法起到了积极的指导作用。2007 年 9 月,组织全国 14 个省市在黑龙江召开工作座谈会,汇报交流各地贯彻《零售商供应商公平交易管理办法》情况、查处的案件以及执法中存在的问题,提出进一步加强对大型超市经营行为监管的意见。根据参会 14 个省不完全统计,各地查处了几十起大型超市等零售商滥用市场交易中的优势地位对中小供应商滥收费用等不公平交易行为案件,对规范零售业竞争行为起到了积极的作用。2007 年 7 月,总局接到上海、北京三家供应商投诉上海某外资建材超市涉嫌违反《零售商供应商公平交易管理办法》行为,即派员赴上海调查了解情况,对建材超市涉嫌滥收费用和强制交易行为案件提出了处理意见并进行督办。2007 年 10 月,该外资建材超市与三家供应商达成和解协议,并修改了新版合同,规范了企业经营行为。2008 年 4 月,国家工商行

政管理总局通过中国连锁经营协会组织召开了在京大型零售商代表座谈会,就《零售商供应商公平交易管理办法》贯彻执行及企业经营行为的规范等问题进行研讨。根据举报,对深圳某建材超市涉嫌滥用优势地位的不公平交易行为案件进行了指导和督办。

2. 开展对企业并购中的反垄断审查工作

依据 2003 年国务院四部委联合颁布的《外国投资者并购境内企业暂行规定》,国家工商总局和商务部共同对外国投资者并购境内企业,或境外并购对中国市场竞争有影响的并购行为,实行申报备案制度。国家工商行政管理总局制定了"外资并购反垄断审查申报材料清单",规范了企业材料的申报。截至 2008 年 6 月底,共收到企业上报的并购审查材料 472 份,对企业申报的材料进行研究分析,并对徐工并购案、苏泊尔并购案等提出了意见,积累了一定的工作经验。

3. 加强行政解释工作

为了解决地方工商行政管理机关在行政执法实践中遇到的有关具体法律适用的疑难问题,近几年来国家工商行政管理总局对涉及供电、供水、电信、有线电视台、烟草、石油、石化、铁路等垄断性行业限制竞争行为的定性处理等问题做出答复 35 件,对反垄断执法工作的开展起到推动作用。

4. 认真围绕反垄断立法执法工作开展调研、宣传和培训

从 2003 年开始,国家工商行政管理总局每年都安排专题调研,了解反垄断执法情况,为反垄断立法提供可行的建议。2004 年公布的《在华跨国公司限制竞争行为表现及其对策》调查报告,引起社会强烈反响。2005 年至 2007 年先后开展了对《竞争执法主体多元化现状、问题及建议》、《超市收取"进场费"问题及对策》、《经营者滥用市场支配地位限制竞争的有关问题》等课题的调研,取得了积极的成果。

2007 年 4 月,总局公平交易局与中国社会科学院法学所联合编写了《反垄断典型案例与中国反垄断执法调查》一书。该书分析了十年来工商行政管理机关查处的 50 个典

型案例,介绍了 15 个国外反垄断典型案例,并在调查的基础上对工商行政管理机关反垄断执法工作情况进行研究分析,对基层反垄断执法工作的开展有积极的指导意义。该书分送全国人大立法机关领导和有关专家学者,扩大了工商行政管理机关反垄断执法工作的社会影响。

2007 年 6 月,总局公平交易局撰写了"工商管理机关反垄断立法执法情况",总结了工商行政管理机关开展反垄断执法的情况及取得的成绩,并对反垄断执法和立法工作提出了建议。为配合《中华人民共和国反垄断法》(以下简称《反垄断法》)出台,组织编写了"《反垄断法》出台后有关问题宣传材料"共10 个问题,在有关新闻媒体上发表。

为加强对反垄断相关知识的学习培训,提高执法水平,总局于 2007 年 6 月在安徽省举办了全国工商系统反垄断立法和执法培训班,从《反垄断法》一般知识介绍、《反垄断法》主要内容及其理解、反垄断典型案例剖析等方面进行全方位培训,培训工商干部 120 多人,在一定程度上提高了基层竞争执法人员对《反垄断法》的理解和执法水平。2007 年 7 月,派员参加了重庆市工商行政管理局组织召开的《反垄断法》培训班,讲解了《反垄断法》相关知识。为全面掌握《反垄断法》基础知识,准确理解《反垄断法》有关规定,有针对性地研究分析反垄断执法中的问题,提高工商行政管理机关反垄断执法水平,更好地开展反垄断执法工作,2008 年 5 月 27 日至 6 月 3 日,总局举办了《反垄断法》培训班,组织了 19 个省市约 60 名省级工商局公平交易和经济检查队伍负责人及执法骨干,就《反垄断法》基本内容、垄断行为认定、调查和处罚等进行了培训。

5. 积极参加《反垄断法》起草工作,推动《反垄断法》出台

根据全国人大立法规划安排,《反垄断法》由国家经贸委和国家工商局共同负责起草。2003 年国家经贸委职能变更后,《反垄断法》起草工作交由商务部和国家工商行政管理总局共同负责。作为起草小组成员,积极参加了《反垄断法(送审稿)》的起草、论

证等相关工作。

2004 年 3 月《反垄断法(送审稿)》上报国务院法制办后,国家工商行政管理总局派员参加了国务院法制办的《反垄断法》审查小组工作。按照"坚持原则,加强协调"的方针,积极参与《反垄断法(送审稿)》的审查、修订等工作。其间,向国务院法制办提交了《关于工商管理部门作为我国反垄断主管机关的意见》、《工商行政管理机关依据〈反不正当竞争法〉开展反垄断执法工作的情况及遇到的问题》、《工商行政管理机关依法查处的垄断行为及典型案例》等多篇有关反垄断执法情况及执法机构设置的材料,向有关部门、专家反映了意见和建议。

2006 年,根据总局领导的指示,起草了上报国务院领导的《工商行政管理机关反垄断立法和执法情况暨对国务院反垄断委员会常设机构的意见》。

2006 年 6 月,《反垄断法(草案)》报请全国人大审议后,积极参加全国人大召开的《反垄断法》研讨会,根据实际执法经验,提出切实可行的意见和建议。

2007 年 4 月,组织并邀请全国人大有关领导赴俄罗斯、匈牙利考察反垄断立法执法情况。

2006 年 6 月至 2007 年 8 月,派员参加了《反垄断法(审议稿)》的一审、二审和三审工作,积极配合相关部门推进《反垄断法》的出台。

总之,工商行政管理机关多年来反限制竞争和反垄断工作的开展,有效遏制了公用企业等垄断性行业的限制竞争行为,进一步规范了公用企业等垄断性行业的经营行为;进一步宣传了国家有关反垄断法律、法规,增强了垄断性行业企业的法律意识;有效地制止了政府及其所属部门滥用行政权力限制竞争、地区封锁和地方保护行为,创造了公平竞争的经济环境;进一步促进了工商行政执法到位,树立了工商行政执法权威,为更好地贯彻于 2008 年 8 月 1 日实施的《反垄断法》奠定了坚实的基础。

(执笔人:王志芳　桑　林　赵国彬
董　磊　周　晨)

第五章　消费者权益保护

改革开放30年,我国的政治、经济和社会生活发生了根本性的变化,消费者权益保护事业随着改革开放的大潮同步发展。从20世纪80年代初,我国就开始采取了一系列保护消费者权益的措施,逐渐形成了全国性消费者权益保护运动的热潮,我国的消费者权益保护事业得到了迅猛发展。从消费者组织的建立,到《中华人民共和国消费者权益保护法》的颁布;从消费权益保护机构的成立,到"12315"行政执法体系的形成,构成了我国保护消费者权益运动历史进程的几个重要阶段。中国消费者协会的成立标志着我国在全社会范围内有组织地保护消费者权益运动的开始,《消费者权益保护法》的颁布实施标志着我国保护消费者权益运动开始走上法治化轨道,经过多年的执法实践,已初步构建了由行政、司法、社会组成的消费者权益保护基本体系。消费者权益行政保护工作是消费者权益保护体系的重要组成部分,是国家运用行政力量和行政手段保护消费者合法权益的重要手段之一,行政保护具有权威、快捷、高效的优势,是当今世界发展的一个趋势。工商行政管理机关作为市场监管和行政执法机关,国家赋予了保护消费者权益行政执法工作的重要职责。依据《消费者权益保护法》和国务院"三定"方案的授权,工商行政管理机关作为主要承担消费者权益保护职责的行政执法机关,其具体职责和任务有如下几个方面:一是研究拟定消费者权益保护规章制度及具体措施、办法并组织实施。二是查处商品消费、服务消费、农业生产资料市场中侵害消费者合法权益的行为。三是查处假冒伪劣等违法行为。四是受理消费者申诉、举报。五是负责流通领域商品质量和食品安全监督管理工作。六是通过企业登记管理、市场监督管理、商标监督管理、广告监督管理、个体私营经济监督管理、合同监督管理、直销监督管理、反垄断与反不正当竞争等方面的工作,履行法律赋予的职责,维护消费者合法权益。七是组织开展"3·15国际消费者权益日"及有关消费者权益保护法规的宣传活动。八是支持和指导消费者协会的工作。各级工商行政管理机关在改革开放的30年中,积极发挥职能作用,加大行政执法力度,为推进我国保护消费者权益事业的发展,做出了应有的贡献。

第一节　大力支持建立消费者组织,充分发挥消费者协会的作用

一、建立和推进消费者组织的历史进程

党的十一届三中全会后,我国经济、文化和社会等各方面的国际交往进入了一个新阶段,国际上保护消费者权益运动蓬勃发展的大趋势,引起了我国政府的广泛关注和重视。早在1980年6月,工商行政管理总局赴香港考察团在提交国务院的报告中,提出在一些大中城市成立消费者协会的建议。1981年6月,国家进出口商品检验局应邀参加联合国亚洲太平洋经社理事会于曼谷召开的"保护消费者权益磋商会",再次向国务院提出建立消费者组织的建议。时任国家进出口委副主任的江泽民同志签署了这份报告,并于1981年9月3日上报国务院。国务院副总理谷牧同志在报告上批示:"拟同意,几点建议可同有关部门协商执行。"其他

5 位副总理方毅、余秋里、陈慕华、薄一波、姬鹏飞同志都圈阅同意了这份报告。1983 年 5 月 21 日,在河北省新乐县工商行政管理局的具体组织筹措下,我国历史上第一个消费者协会——新乐县消费者协会成立了。1984 年 8 月,广州市同样在工商行政管理部门的积极组织、参与下,成立了我国第一个城市消费者组织——广州市消费者委员会。1984 年 12 月 26 日,经国务院批准,中国消费者协会(以下简称中消协)在北京宣告成立。中消协的成立,是改革开放和广大消费者政治经济生活中的一件大事,标志着中国有组织的消费者权益保护工作从此拉开了帷幕。当时任全国人大常委会副委员长兼财经委主任的王任重担任中国消费者协会名誉会长,国家工商行政管理局副局长李衍授担任会长。中国消费者协会常设机构挂靠在国家工商行政管理局,在经费、人员及办公条件上,国家工商行政管理局都给予了大力支持。中国消费者协会的成立在国内引起很大反响,大大推动了我国保护消费者权益事业的深入发展。1987 年 9 月 13 日,中国消费者协会加入了国际消费者联盟组织。各地消费者协会(委员会,下同)一般都由工商行政管理、质量技术监督、出入境检验检疫、物价、卫生等行政部门及工会、妇联、共青团等组织共同发起,经同级人民政府批准建立,办事机构挂靠在同级工商行政管理局。其领导机构为理事会,理事由有关部门和社会各方面代表组成,在理事会下设日常办事机构,日常工作由秘书长负责。在各级党委、人大、政府及工商行政管理等有关部门的大力支持下,省和省以下各级消费者组织很快发展起来,截至 2007 年底,县以上消费者协会达 3 254 个,成立消协分会 21 093 个,建立消费者投诉站 248 290 个,其中城市 43 306 个,农村 204 984 个;联络站 147 950 个,义务监督员 200 443 人,在城市的街道、集贸市场、商业区、居委会、机关、工矿、学校建立了分会和投诉台 34 828 个;在农村的乡镇建立了分会 23 819 个,村级投诉台 67 123 个,在商业服务企业建立受消协指导的联络站 20 488 个;发展社会志愿者 38 869 人。

二、指导和支持消费者协会的工作

工商行政管理机关历来高度重视和支持消费者协会的工作,不断加强对消费者协会的工作指导,不断优化消费者协会干部队伍,不断强化消费者协会领导班子建设,不断完善消费者协会的体制机制,不断努力解决消费者协会的人员、经费等方面的实际问题,自始至终对消费者协会的建立给予了全面的指导和大力支持,为充分发挥消费者协会作为政府部门的参谋和助手作用,全面推动消费者权益保护事业的发展发挥了积极的作用。

中国消费者协会和地方各级消费者协会成立以来,在国家工商行政管理局和地方各级工商行政管理机关的指导、支持下,认真履行法律赋予的职能,围绕保护消费者合法权益开展了大量卓有成效的工作,在对商品和服务进行社会监督、受理消费者投诉、调解消费纠纷、开展宣传教育、提高消费者自我保护意识、指导消费、扩大与国际消费者组织的交往等方面,取得了显著的成绩。尤其是采取以年主题的形式指导全国消费者协会工作等方面的制度措施,如 1997 年的“讲诚信,反欺诈”、1998 年的“为了农村消费者”、1999 年的“安全健康消费”、2000 年的“明明白白消费”、2001 年的“绿色消费”、2002 年的“科学消费”、2003 年的“营造放心消费环境”、2004 年的“诚信　维权”、2005 年的“健康　维权”、2006 年的“消费与环境”、2007 年的“消费和谐”、2008 年的“消费与责任”等,为推动中国消费者协会各项工作的开展发挥了重要的作用。

第二节　参与制定《消费者权益保护法》,加快消费维权法制建设的步伐

一、参与《消费者权益保护法》的制定

1992 年初,国家工商行政管理局在全国人大法工委的指导下,着手起草《中华人民共和国消费者权益保护法》(以下简称《消费者权益保护法》)。起草小组收集和分析了国内外的有关立法资料和典型案例,进行调

查研究，广泛征求国务院各有关部门、最高人民法院、最高人民检察院以及地方工商行政管理局、消费者协会和有关专家的意见，召开了4次较大规模的论证会，并派人赴美国、英国、荷兰等国家考察。在此基础上，经过认真研究、反复论证修改、数易其稿，最后于1993年3月底，国家工商行政管理局将《消费者权益保护法（送审稿）》报请国务院审议。国务院法制局又书面征求了中央、地方有关部门和部分专家的意见，并召开了论证会，反复与国家工商行政管理局研究、修改，形成了《消费者权益保护法（草案）》，经国务院审议通过上报全国人大常委会审议。1993年10月，八届全国人大常委会第四次会议再次审议《消费者权益保护法（草案）》并于10月31日全票通过（到会委员127人），我国首部《消费者权益保护法》诞生。

二、积极制定与《消费者权益保护法》配套的规章和规定

《消费者权益保护法》作为保护消费者权益法律体系中的基本法，对于与消费者权益保护有关的基本原则和重要问题作了规范。鉴于《消费者权益保护法》没有相应的实施细则，这就需要根据实践的发展不断地对《消费者权益保护法》进行补充和完善，以便于执法机关执法有据，更好地保护消费者的合法权益。制定行政规章、规定是对《消费者权益保护法》进行细化和补充的一种途径。各级工商行政管理机关高度重视立法立规，在这方面做了大量的工作，促进了《消费者权益保护法》的贯彻实施。国家工商行政管理局先后有针对性地制订了《欺诈消费者行为处罚办法》、《工商行政管理机关受理消费者申诉暂行办法》、《工商行政管理所处理消费者申诉实施办法》三个行政规章及《关于处理侵害消费者权益行为的若干规定》等规范性文件，还与有关部门联合发布了《部分商品修理、更换、退货责任规定》和《农业机械产品修理更换退货责任规定》等配套规章、规定。各地工商行政管理机关积极配合地方人大、政府进行《消费者权益保护法》配套法规和规章的草拟、制订工作，取得了显著的成效，大多数省、自治区、直辖市

人大审议通过了保护消费者权益的地方性法规。

第三节　推进商品准入制度改革，提高流通领域商品质量监管水平

2001年国务院对国家工商行政管理总局的"三定"方案重新进行了修订，明确将原由国家质量技术监督局承担的流通领域商品质量监督管理的职能，划归国家工商行政管理总局，流通领域的商品质量监管由工商行政管理机关负责。

一、制定和完善流通领域商品质量监测制度

流通领域商品质量监测是指工商行政管理机关有计划地组织工商行政管理执法人员和法定检验机构，开展的对流通领域商品质量进行抽样检测、质量判定，公布商品质量信息，指导消费，并对销售不合格商品等违法行为依法进行处理的商品质量监督检查活动。为了切实履行国务院赋予的新职责，国家工商行政管理总局开始对流通领域商品质量开展监督抽查工作，并出台了《商品质量监督抽查暂行办法》。为适应流通环节商品质量监管的需要，2004年初对监督抽查制度进行了调整和改革，出台了《流通领域商品质量监测办法》，将正在实行的"流通领域商品质量监督抽查制度"调整为"流通领域商品质量监测制度"，初步建立了适合工商行政管理特色的流通领域商品质量监督模式，规范了工商行政管理机关流通领域商品质量监测工作。把商品质量监测工作与查处违法经营、规范经营行为、保护消费者权益紧密结合起来，充分发挥商品质量监测的功能和作用。

（一）流通领域商品质量监测制度的建立和实施

主要建立了商品质量监测的界定、检测的组织、监测的范围及判定、监测的程序、监测信息的利用和处理等制度；另外，还规范了定向监测与快速检测相结合的机制。据此，国家工商行政管理总局从2001年开始

坚持把开展流通领域商品质量监测工作作为加强商品质量监管的重要手段，每年制订流通领域商品质量监测工作计划，统一组织全国工商行政管理机关按计划，分步骤开展流通领域商品质量监测工作。同时，为及时掌握全国食品安全监测状况，有效查处制售假冒伪劣食品违法行为，国家工商行政管理总局于 2006 年在全国建立了流通领域食品安全监测数据直报点制度，选取 3 个直辖市和 27 个省会城市作为总局食品安全监测数据直报点，其监测数据直接上报国家工商行政管理总局，加强了对监测信息利用的研究，流通领域商品质量监测工作取得了明显的成效。自 2001 年到 2007 年，全国工商行政管理机关以涉及消费安全的商品为重点，有计划、有组织、分层次地开展监测工作，共监测商品 242 种，抽取样品 27 751 组，商品质量合格 20 610 组，平均合格率为 74.3%。国家工商行政管理总局商品质量监测检测品种逐年增多，2007 年是 2001 年的 6.67 倍，抽样组数大幅提高，2007 年是 2001 年的 10.99 倍，合格组数大幅提高，2007 年是 2001 年的 18.64 倍，合格率大幅提高，2007 年是 2001 年的 1.69 倍。尤其是 2007 年，国家工商行政管理总局继续把商品质量监测作为加强流通领域商品质量监管的重要手段，进一步加大了监测工作力度。在监测品种上，以消费者申诉、投诉、举报比较集中、与人民群众生活密切相关的食品、电器、建材、服装、日用品等为重点，在监测场所上，以批发市场、集贸市场、商场、超市、专业门店为重点，有针对性地强化对城市社区、农村和城乡结合部的监测力度。在监测项目上，以涉及人体健康和人身、财产安全的项目为重点，根据商品本身特性，强化对问题多、危害大、影响面广的重点项目和指标的监测。按照统一标准、统一检测项目、统一判定原则和统一实施时间的要求，共对 2 862 家销售单位销售的 6 443 组样品进行了质量监测，经检测有 5 015 组商品质量合格，总体监测合格率为 77.8%。与 2006 年相比，流通领域商品质量监测总体合格率提高了 4.7 个百分点，与 2001 年相比，流通领域商品质量监测总体合格率提高了 31.9 个百分点。通过上述数字可以清楚地看出，流通领域重点商品合格率总体上呈上升趋势，提高流通领域商品质量水平逐年得到有效提高。

（二）流通领域商品质量监测结果的利用和处理

多年来，国家工商行政管理总局坚持质量监测与案件查处、消费指导和规范教育相结合，加强了监测结果的有效利用和处理。

1. 依法查处监测中发现的不合格商品

国家工商行政管理总局及时组织相关地方工商行政管理机关依法查处监测中发现的不合格商品。对标签不合格的商品，监测地工商行政管理机关责令经销单位暂停销售，限期整改；对内在质量不合格的商品，监测地工商行政管理机关责令经销单位停止销售，并进行处罚。如 2001 年第四季度首次开展了流通领域商品质量抽查工作，对监测中发现的有关销售不合格棉服、棉被、电热毯、电取暖器、糕点、包装豆制品、包装熟肉制品、鲜肉和食品及饮料的经营者组织有关地方工商行政管理机关依法进行了整改和查处。

2. 汇总并按规定公布商品质量监测信息

国家工商行政管理总局定期汇总监测数据，动态分析监测情况，并及时通过相关媒体向社会公布监测结果，向广大消费者宣传质量水平高的商品，揭露不合格问题严重的商品，并进行消费提示和消费警示，正确引导广大消费者科学和合理消费，动员全社会的力量加强对流通领域商品质量的监督。如 2002 年，围绕安全过节、安全春耕、安全装修等人民群众关心的问题，国家工商行政管理总局先后在 134 个城市的各类市场和经销企业，对食品、化妆品、日用品、汽车配件、建筑材料、农资等 7 类共 188 种商品进行了监测，向社会发布 35 期通报。

3. 组织召开商品质量监测分析会

对监测中发现的比较集中或者普遍的商品质量问题，国家工商行政管理总局及时与相关行业协会合作召开商品质量分析会，组织相关生产企业和经销单位参加,通报监测结果,解决质量问题。如 2007 年 6 月会同中国照明电器协会在广东中山召开节能灯监测质量分析会,指出企业管理中存在的问题和不足,督促企业完善和落实商品质量管理制度,取得了良好的社会效果。

4. 积极向有关部门通报监测工作情况

针对不同商品监测中发现的不同问题,国家工商行政管理总局及时向有关部门进行通报,探索建立与质检、农业、卫生、食品药品监管等部门的监管执法协作机制,适时开展联合行动,积极防范不合格商品对消费者造成损害,有针对性地开展市场整治和专项执法行动。同时,加强与中国珠宝玉石首饰行业协会、中国糖业协会、中国食品工业协会等相关行业协会合作,探索建立与行业协会之间的商品质量情况通报机制,共同加强行业商品质量管理工作。

二、积极推进商品准入制度改革

2003 年 8 月,国家工商行政管理总局提出了实施商品准入制度的改革举措。所谓商品准入制度,是指按照《产品质量法》等法律法规的规定,以确保流通领域商品质量为目标,要求经营者对进入市场的商品依法履行进货检查验收责任和义务,对商品标识、商品感观及商品随附的相关票证进行检查,保证进货商品质量。对工商行政管理部门来说就是在履行商品质量监管职责时,引导和监督商品经营者建立和落实进货查验、索证索票、购销台账、质量承诺、不合格商品主动退市等制度,从而变事后被动监管为事前主动监管,加大从流通领域的源头治理制售假冒伪劣商品等违法行为的力度。

各地工商行政管理机关普遍采取先试点后推广的做法,实施以食品为重点的商品准入制度,建立和完善相关具体制度,加大监管力度,对实施商品准入制度和加强流通领域商品质量监管工作进行了积极的探索。经过各地工商行政管理机关的努力,截至 2008 年 6 月,以食品为重点的经营者的商品准入制度和工商行政管理机关监管制度已经基本建立,经营者的商品准入制度主要包括进货检查验收、索证索票、购销台账和质

量承诺制度、商品质量信息公示制度、不合格商品退市制度、市场开办者质量责任制度以及重要商品"场厂挂钩"、"场地挂钩"的协议准入制度等;工商行政管理机关的监管制度主要包括商品经营主体准入、市场巡查、经营者和市场信用分类监管、商品质量监测、商品质量监管信息共识、不合格商品退市等制度。2007 年下半年开展的产品质量和食品安全专项整治工作,有力地推动了准入工作的落实,国家工商行政管理总局制定了《关于规范食品索证索票制度和进货台账制度的指导意见》,各地工商行政管理机关按照总局的要求普遍统一了索证索票和进货台账的形式和内容。截至 2007 年底,全国县城以上城市的 16 835 个批发市场、50 318 个集贸市场、25 444 个商场、80 462 个超市 100% 建立了进货索证索票制度;127.3 万个乡镇食杂店、103.6 万个街道食杂店、38.7 万个社区食杂店 100% 建立了进货台账制度;全国食品商场、超市、集贸市场、批发市场中,已建立协议准入、市场开办者质量责任、质量自检和不合格食品退市制度的分别达到 8.09 万户、5.21 万户、8.16 万户和 9.75 万户。

三、深入开展市场专项整治,严厉打击制售假冒伪劣商品违法行为

(一)不断开展商品市场专项执法检查

国家工商行政管理总局紧紧围绕重点商品、重点企业、重点市场、重点区域开展商品市场专项执法检查,截至 2007 年,查处假冒伪劣商品案件 160.035 万件,总案值 256.99 亿元,为保护消费者的合法权益,维护市场秩序,促进经济发展和社会稳定,推进我国保护消费者权益事业的发展做出了积极的贡献。

1. 集中开展重点地区、重点商品、重点市场的专项整治行动

国家工商行政管理总局对制假售假活动猖獗、群众反映强烈的重点地区、重点商品,开展集中打假整治行动。从 1997 年起,连续几年在全系统开展了"公平交易执法年"活动,提出了对制售假冒伪劣商品违法活动采取"重点地区、重点商品、重拳出击"

的工作思路，开展了一系列执法行动。针对部分地区造假活动比较猖獗、市场上假冒伪劣商品泛滥的问题，1997年，对6个省11个地区的9大类商品的造假活动实施了重点打击；1998年，对7个省15个地区的10大类商品实施了重点打击；1999年，对10个省10个地区的10大类商品实施了重点打击；2000年，进一步开展了对假冒伪劣严重的10个重点地区、10种重点商品的专项整治；2001年，结合全国整顿和规范市场经济秩序的工作，重点加大了对食品、药品、农资的整治力度。于2001年第四季度还开展"安全过冬、安全过节，确保消费者消费安全"打假专项执法行动；2002年，继续紧紧抓住与农业生产和人民群众日常生活密切相关的食品、农资、建材、汽车配件等重点商品，集中开展了打假专项执法行动；2005年开展重点商品和重点行业专项整治，查办督办了一批大要案。会同国家发改委、公安部、质检总局、信息产业部等部门部署、组织开展了对糖精和含糖食品市场、消防产品、建材市场、手机市场、非法经营废旧黑白显像管市场进行专项整治；2006年开展了建材、手机、糖精、房地产等重要商品的专项整治活动，严厉打击制售假冒伪劣商品违法行为，查处了一批社会反映强烈的制售假冒伪劣商品大要案，全系统共查处制售假冒伪劣商品案件11.13万件，案值17.85亿元；2007年按照国务院的统一部署，开展重点产品质量安全专项整治整取得新成绩。各地工商机关围绕家用电器、儿童玩具、劳动防护用品、汽车配件、低压电器、建筑钢材、人造板、扣件、电线电缆、燃气器具等重点产品开展专项执法检查，进一步严格了商品质量市场准入，加大了对制假售假重点区域的监管力度，与相关部门联合开展了房地产、建材、手机、汽车配件、液态奶等重要商品市场的专项整治活动，积极配合有关部门加强进出口产品质量安全监管，下发了《关于进一步加强对外商采购比较集中的商品市场监管的通知》，对外商采购比较集中的16个市场提

次充好、以不合格产品冒充合格产品、虚假广告、商标侵权、"傍名牌"等违法行为。2007年，国家工商行政管理总局组织对1468组重点产品实施质量监测，合格率比上年提高5%。2007年8月至12月，全国工商机关共查处制售假冒伪劣商品案件3497件，案值6850.9万元；查处虚假违法广告案件5.65万件，责令停止发布1.69万件，切实维护了消费者合法权益。2008年开展了三项执法检查，即以农资、建材、汽车配件、电器、通信器材、电线电缆等商品为重点，集中开展专项执法检查。重点检查商品质量是否合格和是否假冒他人商标、包装、标识，以及假冒伪劣商品。各地对涉及跨区域的商品质量问题，加强地区间案件协查工作，有针对性地开展专项执法检查；以进口商品和边贸市场商品为重点，集中开展专项执法检查。加强对进口商品质量的监督检查，重点对进口化妆品、玩具、皮鞋和家具等商品加强了监管，对进口商品质量监管的具体行政行为和相关信息发布始终坚持实事求是，依法、公平、公正，既对广大消费者负责，又自觉服务和服从于国家外交和外贸大局，进一步提高了进口商品质量监管水平。同时，针对边贸市场商品质量的实际情况，有针对性地加强对边贸市场进出口商品的质量监管，切实维护我国商品形象和边贸市场秩序；以打击制售假冒伪劣商品为重点，集中开展重点地区专项执法检查。针对一些地区制售假冒伪劣商品问题严重、屡禁不止的情况，集中开展重点地区专项执法检查。各地采取源头堵、市场监管和明查暗访等办法，进一步解决一些重点地区制假售假问题，对跨地区的专项检查加强了部门协作，开展联合行动，形成合力，发挥整体优势。据统计，2008年第一季度，全国工商行政管理机关共查处制售假冒伪劣商品案件1.6万件，案值2.17亿元。

2. 开展节日商品市场专项整治

每年元旦、春节等重大节日和重要活动期间，国家工商行政管理总局都下发专门通

伪劣商品的违法活动以及各类欺诈消费者行为进行重点打击。1999年,针对假冒伪劣商品针对广大妇女、儿童的特点,加大了对妇女、儿童用品的专项保护力度。在"三八"妇女节前夕,国家工商行政管理局同中华全国妇女联合会发出《关于加强妇女消费者权益保护,对部分妇女用品进行专项检查的通知》,制定了保护妇女消费者合法权益的具体措施,并组织开展了对部分妇女卫生用品的市场专项检查。"六一"儿童节期间,国家工商行政管理局与中华全国妇女联合会召开了"保护儿童消费者权益座谈会",专门研究了加强对儿童消费者权益的保护问题,同时在全国统一部署了对儿童用品、儿童玩具的市场专项检查。从1996年至2001年,国家工商行政管理局还与中国进出口商品检验检疫局联合开展了对节日部分进出口商品安全质量的检查,有效地保护了广大消费者的权益。

3. 集中力量开展集贸市场专项整治工作

2002年2月28日,国务院召开了全国整顿和规范市场经济秩序电视电话会议,对开展集贸市场专项整治工作作出了部署。国务院办公厅还专门发出通知,责成工商行政管理部门会同有关部门,利用半年左右的时间,集中抓好集贸市场专项整治工作。国家工商行政管理总局成立了专门机构,还与国家经贸委、公安部、卫生部、国家税务总局、国家质检总局、国家药品监督管理局等部门建立了全国集贸市场专项整治工作部际协调联席会议制度,并联合下发了《关于进一步加强集贸市场专项整治工作有关问题的通知》,按照国务院提出的"全国统一领导,地方政府负责,部门指导协调,各方联合行动"的工作要求,贯彻落实全面展开、突出重点、标本兼治、重在治本的工作方针,认真开展了专项整治工作。在专项整治工作中,国家工商行政管理总局会同国务院有关部门在全国确定了20个重点市场和11个重点地区,各地工商行政管理机关共确定了

整治工作力度,达到了以点带面的效果。国家工商行政管理总局还会同国务院有关部门组成联合检查组,分两次赴25个省的60个重点市场进行督促检查,并于10月份在福建省福州市召开了全国集贸市场整治工作经验交流会,对前一阶段专项整治工作进行了总结,就下一阶段工作进行了部署,同时交流了各地专项整治工作经验。在专项整治工作中,国家工商行政管理总局注重标本兼治,会同有关部门草拟了《集贸市场管理办法》,各地在整治过程中也建立健全了一系列集贸市场监督管理规范,有力地推动了专项整治工作。经过近一年的工作,集贸市场专项整治取得了明显的阶段性成效。一是集贸市场经营主体进一步规范。清理各类市场经营主体282.75万户,取缔无照经营17.28万户。二是制假售假行为得以遏制。取缔销售假冒伪劣商品摊位7.65万个,查封假冒伪劣窝点1.13万个;查处集贸市场违章违法案件25.87万件,案值26.23亿元,其中移送司法机关追究刑事责任案件185件。三是对执法壁垒进行了查处、清除。一些搞地方保护的市场管理机构被撤销,一些实行"封闭式"管理的市场被清查,一批与国家法律法规相抵触的地方规定、部门规章被清理废止。四是集贸市场经营环境明显改观。抗拒执法、欺行霸市、盗抢财物、黑恶势力和"黄、赌、毒"等社会丑恶现象受到了严厉打击,进一步净化了市场环境。五是集贸市场监管法规制度进一步完善,为实现集贸市场长效监管奠定了基础。六是连锁经营、物流配送等新的营销方式在集贸市场积极推行,集贸市场营销和管理方式出现了新的变化。

4. 加强防治"非典"期间商品质量专项整治的力度

2003年以贯彻执行国务院防治"非典"工作部署为重点,圆满完成"非典"时期市场专项整治和监管任务。2003年上半年,面对突如其来的"非典"疫情,国家工商行政管理总局对防治"非典"工作作出紧急部署。一

的紧急通知》、《关于在防治"非典"期间依法从重从快处理一批性质严重的违法案件的通知》、《关于督办一批利用防治"非典"名义从事违法经营案件的通知》,以及与有关部门共同起草、下发了《关于防治"非典"期间加强对中药材市场监管的通知》等明传电报。二是建立工商行政管理系统防治"非典"市场监管信息快报制度,加强对各地工作的指导。下发了《关于在防治"非典"期间做好有关市场监管情况上报工作的通知》,共编发《防治"非典"市场监管情况专报》45 期,及时了解各地情况,交流各地经验,稳步推进防治"非典"市场监管工作。三是加强防治"非典"市场监管的督查。作为全国防治"非典"指挥部后勤保障组的成员单位,参加了国务院"非典"防治工作督查组,对北京、天津、内蒙古防治"非典"工作进行了督查,保证防治"非典"市场监管工作的万无一失。四是加大案件的查处和督办力度,有力地打击了利用防"非典"名义进行违法经营活动。重点督办了内蒙古呼和浩特市一次性医疗卫生用品处理中心倒卖医疗垃圾案等 10 大案件;按照国务院领导的重要批示精神,部署检查了四川省中江县一些药店和游医利用欺骗手段牟取暴利等问题;参与查处了陕西海明卫牛消毒用品有限公司和哈尔滨化工化学试剂厂违法生产、经营防治"非典"用品的大案要案;与有关部委局联合督办了安徽亳州市中药材市场销售假劣药材案件等;向社会公布了 39 件已查处或向司法机关移交的典型案例。在防治"非典"加强市场监管工作中,全国工商行政管理机关共出动执法人员 344 余万人次、执法车辆 70 余万台次,检查各类市场主体 883 万余家,查处各类利用防治"非典"名义从事违法经营案件近 22 万件、案值16 164 余万元,其中查处制售假冒伪劣商品案件 14 余万件、案值4 183万元,移送司法机关处理的案件 46 件。

5. 加强防治"禽流感"期间商品质量专项整治的力度

2004 年以贯彻执行国务院防治"禽流感"、防治"非典"的工作部署为重点,认真做好防治禽流感、防治非典的市场专项整治和监管工作。根据国务院办公厅 1 月 18 日发出的《关于加强高致病性禽流感防治工作的紧急通知》(国办发电〔2004〕1 号)和国务院严格控制和预防禽流感疫情紧急会议精神,国家工商行政管理总局下发了工商明电〔2004〕1 号《关于进一步加强春节食品市场监管确保人民群众消费安全的紧急通知》。强调要切实加强对染疫病死、有毒有害禽类、肉类及其产品的市场检查,确保人民群众消费安全;进一步加强对春节食品市场的监管工作;对未经检疫的食品一律不准上市销售,一经发现染疫病死、有毒有害禽类、肉类及其产品,要立即扣留,并迅速采取善后处理措施;要严格报告制度,各地要将监管情况、特别是重大案件查处情况,及时上报。1 月 27 日,在国务院公布高致病性"禽流感"疫情后,又下发了《关于严格控制和预防高致病性禽流感切实做好市场监管工作的紧急通知》(工商明电〔2004〕2 号),进一步明确了防治"禽流感"市场监管的具体措施。要求各地工商行政管理机关充分发挥职能作用,采取果断措施,坚决关闭活禽及其产品市场,坚决停止活禽及其产品交易活动,并严密监控疫区周边市场的活禽交易动态;同时,加大执法力度,严厉打击违法经营活禽及其产品行为;强化对疫区与非疫区结合部的市场巡查,严防死守,制止疫区的活禽及其产品流出疫区;对非疫区不符合活禽及其产品经营条件的,一律责令停业整顿。另外,突出重点,加强市场检查和疫情防治的指导工作。同时,还会同国家质检总局、公安部、农业部、商务部等部门组成了联合检查组,重点对储存禽类产品的北京市西南郊食品冷库进行了检查。按照国务院文件的要求,会同国家质检总局、公安部、农业部、商务部、海关总署等部门联合下发了《关于严厉打击动物及其产品非法进境活动防止禽流感疫情传入我国的紧急通知》,并派员会同质检总局、商务部、公安部与海关总署于 1 月 20 日赴云南参加联合督查,督促有关省市规范边贸活动,加强边境管理,防止禽流感等严重动物疫情传入我国。按照国务院和总局防治"禽流感"的工作部署，各地工商行政管理机关在当地党委、政府的领导下，把防治高致病禽流感作为当时头等大事，组织力量，明确责任，全力以赴做好重点市场的监管工作；及时关闭疫区活禽及其产品市场，加大对违法经营活禽及其产品行为的打击力度，禽流感疫情得到有效控制，取得了较好效果。

6. 积极开展"百家企业打假维权"行动

国家工商行政管理局在总结各地工商行政管理机关多年来"打假"工作经验的基础上，1999年5月，在河南郑州召开的全国工商行政管理消费者权益保护工作会议上，提出了在全国工商行政管理系统开展"百家企业打假维权"活动，并针对名优产品是造假的主要目标的特点，确定123家生产名优产品的大中型企业为首批打假维权协作网络成员，与其联手开展打假维权行动。开展"百家企业打假维权"行动，是工商行政管理机关加大行政执法力度，严厉惩治制售假冒伪劣违法行为的一项新的具体举措。各级工商行政管理机关和网络成员企业按照国家工商行政管理局的统一部署和要求，加强领导，精心组织，建立健全网络，发挥各自优势，联手打假，使打假维权工作取得了明显成效，并得到了国务院领导同志的充分肯定。一是发挥工商行政管理机关和企业的各自优势，增强了打假维权的合力。根据全国工商行政管理消费者权益保护工作会议的精神，1999年6月，国家工商行政管理局下发了关于《全国工商行政管理机关与"百家企业"打假维权行动方案》，集中力量开展了以堵源头、端窝点、查处假冒123家大中型名优企业产品的违法行为为重点的执法行动。国家工商行政管理局在网络成员企业杭州娃哈哈集团公司、北京红星酿酒集团公司、天津蓝天集团有限责任公司、福建南平南孚电池有限公司、广东奥迪玩具实业有限公司、顺德市松本电工实业有限公司的积极配合下，组织协调北京市、天津市、河北省、山东省、安徽省、云南省、甘肃省等地工商行政管理局开展执法行动，端掉了假冒这些企业产品的窝点，查处案件10余件，案值

600余万元；各省、自治区、直辖市工商行政管理局根据国家工商行政管理局行动方案的部署，结合本地实际，积极开展了与企业联手打假维权行动。如天津市工商行政管理局与本市5家成员企业，在短短3个月的时间内，辗转各地查办案件43件，端掉制假窝点及市场销假集散地39个，查获假冒伪劣物品总价值330万元。打假维权网络成员企业在联手打假行动中，表现了很高的积极性，发挥了重要作用。多数成员企业经过市场调查取证，汇总了一批案件线索，及时向工商行政管理机关反映、通报，并派人员参与打假维权行动，协助工商行政管理部门辨别真伪，使一批重大假冒伪劣案件得以及时有效查处。据2000年底的统计，全国各地工商行政管理机关根据有关企业提供的线索查处的假冒伪劣案件17 186件，案件总值5.21亿元，罚没款8 447万元，为参加联手打假活动的企业挽回经济损失2.31亿元。二是建立案件督办和协办制度，加大了打假维权的执法力度。针对123家名优企业的产品畅销全国，查办案件涉及面广，地方保护主义严重等特点，1999年8月，国家工商行政管理局下发了《关于查处大案要案申报、督办和协办有关问题的通知》，要求各级工商行政管理机关在查处大案要案时，要逐级申报，上级工商行政管理机关要对下级工商行政管理机关查处的大案要案进行督办，限定办理期限；对大案要案涉及的地区，相关地区的工商行政管理机关应加强协作配合。国家工商行政管理局根据成员企业提供的线索，督办、协调了一批跨省区的大要案，有关省市都给予了有力配合。同时，省与省之间也加强了互相配合、相互支持，如福建、广西两地工商行政管理机关与企业联手，在广西柳州查获假冒面巾纸2 000箱，案值21万元；天津、云南两地工商行政管理机关联合查处了一起云南某公司与境外公司勾结生产假冒牙膏出口的重大案件，案值近百万元。由于各级工商行政管理机关加强了对案件的督办、协办措施，有效地制约了地方保护主义行为，使一些区域性、团伙性的制假售假违法活动受到了严厉

打击。三是打假保优为企业健康发展创造了良好的市场环境。在与企业联手打假过程中,一方面通过开展"百日执法大行动"、"万人打假执法行动"等行政执法工作,打击了制售假冒伪劣商品的违法行为,规范了市场交易行为,维护了市场秩序;另一方面积极采取有效措施,认真贯彻落实党中央关于国有企业改革和发展的一系列方针、政策,对国有企业实行重点保护,为国有名优产品企业的健康发展创造良好的外部环境。山东省工商行政管理局两次邀请部分名优产品生产企业商讨打假防假措施,帮助企业健全管理制度,堵塞防伪技术、包装物等外流的漏洞。浙江省义乌市工商行政管理局在"中国小商品城"积极引进名优产品进场设点,并成立了名牌产品保护联络会,打假保优并举,到2008年已有2 000多个全国知名企业的产品上市交易。通过工商行政管理部门与企业联手打假,不仅提高了工商行政管理部门的办案效率;同时使打假维权网络成员企业产销两旺,逐步夺回被假冒伪劣商品占领的部分市场份额。

多年来,在国家工商行政管理总局的领导和部署下,全国各级工商机关大力整顿规范市场秩序,打击制售假冒伪劣商品违法行为,积极净化消费环境,广大消费者的合法权益得到有力维护。特别是2007年8月份以来,全国各级工商行政管理机关在国务院的统一领导和部署下,大力开展流通领域产品质量和食品安全专项整治等事关广大消费者切身利益的执法行动,进一步维护了正常有序的市场经济环境和广大消费者的切身利益,取得显著成效。

（二）积极推进商品质量监管信息化网络建设,努力提高市场监管现代化水平

积极推进食品安全和商品质量信息化监管,既是创新监管体制机制的重大举措,也是提高市场监管水平的重要途径。2007年1月23日至24日,国家工商行政管理总局在北京召开了全国工商行政管理系统食品安全工作会议暨商品质量监管网络建设经验交流会,会议要求各地工商机关要充分认识信息化监管对于维护商品消费安全、促进社会和谐的重要意义,不断创新监管手段,提升科技含量,积极构建商品质量监管信息化网络,努力提高监管的针对性、实用性和有效性。

1. 明确目标,认真制定科学合理的工作方案

商品质量监管信息化网络建设是"12315"行政执法体系建设的重要组成部分。各地按照"金信"工程的总体部署和"12315"信息化网络方案,加大信息技术在商品质量监管领域的运用,以工商行政管理专网和"12315"信息化网络为依托,以计算机技术、互联网技术及移动通信应用技术等为手段,通过统一标准、整合资源、完善监管内容、扩展应用功能等措施,大力推进网络化建设,建立商品经营主体数据库,重要商品数据库,规范商品质量监管系统,有些地方已逐步实现了"网上咨询、网上受理、网上查办、网上调度指挥、网上应急处置、网上动态监管、网上发布信息"等功能,对商品质量市场准入、仓储、销售、退市进行现代化全程监管,努力提高监管执法效能。各地以总局制定下发的"12315"相关数据标准和技术实施方案为基础,结合地方监管实际需要,明确信息化网络建设目标,制定切实可行的工作方案,注重加强与经济户口管理、企业信用分类监管、个体工商户分层分类登记监管、商标管理、广告监测、案件管理等业务系统的互联互通,发挥整体优势,实现资源共享和对经营主体、经营行为、经营商品的综合监管;注重应用系统的可持续发展,运用信息化前沿技术,确保系统的适用性和扩展性,努力适应监管改革发展的需要。

2. 突出重点,健全完善商品质量信息化监管网络

各地按照"统一标准、整合资源、扩大功能、优化流程、信息共享"的原则,建立健全总局、省局、地（市）局三级数据库,总局、省局两级分析中心和总局到工商所五级数据采集点,为商品质量实时、动态监管提供信息传输通道和技术手段。一是加强通信网络建设。以工商行政管理专网和"12315"网络为基础,加强基层信息化建设,加快完善

工商系统内部监管网络的联通,建立了从国家工商行政管理总局到工商所五级纵向贯通和与经营者横向连接的食品安全和商品质量监管信息化网络;积极与相关部门的产品条形码、农产品监管系统相连接,发挥部门合作优势,建立网上协作渠道,开展商品质量综合治理;充分发挥政府网站作用,畅通与消费者组织、行业协会、新闻媒体和消费者的网络交流渠道,建立健全信息发布、在线服务和公众互动平台;努力与经营者进货检查验收、商品质量管理、交易合同等内部管理网络相连接,探索开展商品质量网上监管,逐步实现网上发现违法行为,网上责令整改,网上传输申诉信息,网上公示退市商品及网上监督退市。二是建立健全监管信息数据库。在登记、年检、验照等环节,加强对食品经营主体的数据采集,增加在食品生产、批发、零售等方面的标注,汇总对食品经营主体的动态监管信息,形成以经济户口管理数据库为基础的相对独立的重要商品经营主体数据库;以包装食品、部分农产品以及建材、电器、农资等可能影响人体健康和人身财产安全的商品为重点,及时采集在市场巡查和消费者申诉举报中发现以及其他部门通报的违法商品的产地、生产企业、生产日期、规格型号、不合格项目等基础信息,以及商品质量监测、食品安全快速检测、案件查办等监管信息,建立食品和重要商品数据库。三是不断创新信息化监管手段。以国际工商行政管理总局数据标准为基础,积极开发和完善商品质量监测、日常巡查管理、案件查办等监管执法软件,提高信息化应用水平;通过完善、升级系统功能,强化自动汇总分析、任意查询、综合利用等网络应用功能,有效开展商品质量的消费教育、预警防范和应急处置;因地制宜开发无线网络接入平台,配备移动执法设备,方便执法人员实时验证商品真伪和查询监管信息,不断完善和拓展信息化监管手段。

　　3. 注重实效,稳步推进信息化网络建设步伐

　　各地在商品质量监管信息化网络建设中,坚持"统一规划、统一数据库、统一技术标准、分级管理、分步推进、分类指导"的原则,结合"12315"信息化网络建设进程,立足当前,着眼长远,精心组织,稳步推进。落实牵头机构,明确工商行政管理机关内部相关机构职责,统筹安排,分工协作,上下配合,形成合力。特别注重对监管工作实际的调查研究,因地制宜,量力而行,开发和完善既符合标准规范,又适应商品质量监管实际需要的网络系统。消费者权益保护等职能机构围绕监管工作,提出功能和应用需求;信息管理机构围绕监管需求,在保证通信网络畅通,安全平稳运行的基础上,提供信息化网络和技术支撑,确保商品质量监管功能的有效实现。并研究制定有关网络运行的规章制度,加强对相关人员的业务培训和绩效考核。

第四节　加大流通环节食品安全监管力度,切实保障食品市场消费安全

　　国家工商行政管理总局历来高度重视食品安全监管工作,尤其是《国务院关于进一步加强食品安全工作的决定》(国发[2004]23号)作出建立国家食品安全监管新体制的决定后,国家工商行政管理总局深入贯彻落实国务院的重大决策,把开展流通环节食品安全专项整治作为全面落实科学发展观、构建社会主义和谐社会、改善民生和维护中国产品信誉的重大政治任务,切实履行职能,尽职尽责,尽心尽力,坚持"标本兼治、防打结合、分类监管、综合治理"的原则,紧紧围绕重点食品、重点单位、重点区域,集中开展清理和规范食品生产经营主体资格、经营者履行进货检查验收等法定责任和义务、食品安全及农村食品安全整治年、节日食品、季节性食品、儿童食品等一系列专项执法检查,强化组织领导和工作责任,加大整治力度和检查区域,建立和完善长效机制,取得了显著的阶段性成效,全面完成了国务院部署的流通环节食品安全专项整治任务。

一、积极开拓创新，不断建立和完善流通环节食品安全长效监管制度和机制建设

根据《公司法》、《消费者权益保护法》、《反不正当竞争法》、《广告法》、《商标法》、《食品卫生法》、《产品质量法》、《农产品质量安全法》、《国务院关于进一步加强食品安全工作的决定》、《国务院关于加强食品等产品安全监督管理的特别规定》、《工业产品生产许可证管理条例》、《生猪屠宰管理条例》、《无照经营查处取缔办法》等法律法规和国务院的规定，工商行政管理部门在食品安全监管中承担的主要职能有：食品生产经营主体登记注册管理，依法查处取缔无照经营；食品市场竞争行为监管，依法查处食品市场中的垄断、不正当竞争等违法行为；食品市场交易行为监管，监督流通环节食品质量，依法查处假冒伪劣食品等违法行为；食品广告、商标监管，依法查处虚假食品广告、商标侵权等违法行为。据此，国家工商行政管理总局制定了一系列涉及流通环节食品安全监管的规范性制度和机制，主要有：《工商行政管理所食品安全规范化意见》、《关于进一步加强流通环节食品安全监管工作的意见》、《关于贯彻〈国务院关于加强食品等产品质量安全监督管理的特别规定〉若干意见》、《工商行政管理系统流通环节重大食品安全事故应急预案》、《工商行政管理系统流通环节食品安全监督管理责任及责任追究办法》、《关于对食品主体予以特别标注的通知》、《关于规范食品经营者索证索票制度和进货台账制度的指导意见》等，为建立我国流通环节食品安全监管长效监管机制发挥了重要的作用。

（一）建立工商行政管理所食品安全监督管理工作规范制度

为了充分发挥工商行政管理所（以下简称工商所）对食品安全监督管理的作用，加强流通环节食品安全日常监管，进一步规范监督管理行为，切实维护消费者合法权益和市场经济秩序，结合基层工商所食品安全监管工作实际，国家工商行政管理总局于2005年5月23日发布了《工商行政管理所食品安全监督管理工作规范》（工商消字〔2005〕第71号）。

1. 明确了工商所流通环节食品安全的监督管理职责

根据派出机关的委托依法办理从事食品生产经营的个体工商户的登记注册工作；按照经济户口管理和企业、个体工商户信用分类监管工作要求进行食品经营者信用信息的采集、录入和上报；指导、监督辖区食品经营企业和个体工商户（以下简称食品经营者）建立并执行食品经营管理自律制度；根据国家法律法规的规定和派出机关的授权，依法对辖区食品经营者的经营行为和食品质量进行监督检查；受理并处理消费者有关食品安全的咨询、申诉和举报；按照食品安全信息公示制度的规定及时公示食品安全信息；宣传有关政策法规和食品安全知识；办理派出机关交办的其他事项。

2. 建立了工商所规范食品主体准入和经济户口管理制度

严格规范和管理食品经营者主体资格；加强对食品经营者的经济户口管理；积极推行信用分类监管；建立食品经营者的监管档案。

3. 明确了工商所规范食品质量市场准入的种类

下列食品不得市场准入：包装食品未在显著位置清晰地标明食品名称、配料清单、配料定量、净含量和沥干物（固形物）含量、制造者的名称和地址、生产日期和保质期、保存期、储藏说明、产品执行标准、质量（品质）等级的；辐照食品、转基因食品未在显著位置予以清晰标示的；特殊膳食用食品未在显著位置予以清晰标示能量营养素、食用方法和适宜人群的；进口食品无中文标明的原产国国名或者地区名以及在中国依法登记注册的代理商、进口商或者经销商名称和地址的；超过保质期或者保存期的；经感官鉴别已经腐败变质、油脂酸败、霉变、生虫、污秽不洁、混有异物或者有其他感官性状异常，可能对人体健康有害的；应当检验、检疫而未检验、检疫，或者伪造检验、检疫结果，或者检验、检疫不合格的；不符合国家、行业保障人体健康和人身安全标准的，不符合在食品或者其包装上注明采用的食品标准，不

符合以产品说明、实物样品等方式表明的质量状况的;掺杂、掺假,以次充好,以不合格食品冒充合格食品的;伪造产地,伪造或者冒用他人厂名、厂址,在商品上伪造或者冒用认证标志、名优标志、国际标准采用标志、防伪标志等标志的;其他违反法律、法规规定的。

4. 建立了工商所引导食品经营者建立健全并落实食品经营管理自律的制度

进货检查验收制度;购销台账制度;质量承诺制度;协议准入制度;市场开办者食品质量责任制度;食品质量自检制度;食品退市制度。

5. 建立了工商所开展市场巡查工作的"六查六看"制度

查经营资格,看食品经营者证照是否齐全和按要求悬挂,是否出租出借证照,是否超范围经营;查进货票证,看食品经营者在进货时是否履行了检查验收责任,是否索取了供货方有关资质、发货票等票证;查经销食品,看是否有质量合格证明、检验检疫证明,是否是掺杂使假、以假充真、以次充好、以不合格冒充合格的食品,是否为国家明令淘汰、失效、变质的食品;查包装标识,看食品标示内容是否虚假,是否有产品名称、厂名、厂址,是否标明食品主要成分和含量,是否标明生产日期和有效期限;查商标广告,看食品商标是否有侵权和违法使用行为,食品广告是否有虚假和误导宣传的内容;查市场开办者责任,看食品市场开办者是否履行了对进场经营者资格审查的义务,经营场所内部质量管理制度是否健全和落实。

6. 建立了工商所开展食品安全监管执法工作规范制度

适时开展辖区食品市场专项检查;依法查处违法行为;设立"12315"消费者申诉举报站。

7. 建立了工商所食品安全监管应急及信息发布工作规范制度

建立食品安全预警、快速反应和处置机制,制定食品安全重大事件预警和处置预案;依法有效妥善处置食品安全事件时;设置食品安全信息公示栏。

8. 建立了工商所食品安全监管协作配合机制规范要求

将监管工作中发现的不属于本所管辖或者本所难以处理的重大、复杂食品安全问题及时报请派出机关处理或者移送有关部门处理;严格遵守国家工商行政管理总局依法行政、文明执法的有关规定;发挥新闻媒体、消费者组织、行业协会的作用;建立工商所与食品经营者的紧密沟通与联系;发动群众积极参与对食品市场的监督。

9. 建立了工商所食品安全监管责任和责任追究工作规范制度

工商所对辖区内流通环节食品安全负监督管理责任:在办理食品生产经营个体工商户登记注册有关手续中违反法律法规和规章规定的;群众反映和发现辖区有无照经营食品违法行为未及时予以取缔的;对群众举报、派出机关交办、督办的案件及相关部门提供的食品案件线索无正当理由未及时调查处理的;对食品安全突发事件未及时采取有效措施进行处置的;由于失察、失职、渎职等主观过错造成对有害食品未能及时控制,发生危害人体健康和人身安全事故,或者给本地区本单位造成严重不良影响的;对应当查处的案件瞒案不报、压案不查或者对其他重要情况瞒报、谎报、缓报、漏报的;对应当移送公安机关的涉嫌犯罪案件以及应当由其他部门处理的食品案件不按照有关规定及时报请派出机关移送的;因执法不力或者失误导致在辖区内形成区域性制售假冒伪劣食品集散地的;因违规、违纪执法导致食品安全隐患或者造成不良影响的。

(二)建立工商行政管理机关食品安全监督管理工作规范制度

国家工商行政管理总局于2006年1月9日发布了《关于进一步加强流通环节食品安全监管工作的意见》(工商消字[2006]第5号)。主要包括:建立健全深入开展食品安全专项执法检查,切实维护食品市场消费安全的工作要求;建立健全加大对食品违法案件的查处力度,严厉打击制售假冒伪劣食品违法行为规范制度;建立健全严格把好食品经营主体准入关,依法清理和规范经营主体资格的规范制度;建立健全切实加强食品经营主体经济户口管理,大力推行食品经营主体信用分类监管的规范制度;建立和健全充分发挥基层工商所职能作用,不断强化食品安全日常监管的规范制度;建立加强农村食品市场的监管,确保农村食品消费安全的规范制度;建立严格食品市场准入和经营者自律管理,严把食品入市质量关的规范制度;建立和完善食品质量监测体系,推行食品质量分类监管的规范制度;建立推进食品安全监管法规和制度建设,构建食品安全长效监管体系的规范制度;建立加强组织领导、严格责任制度、狠抓检查落实的规范制度。

(三)建立工商行政管理系统流通环节重大食品安全事故应急处置工作规范制度

为了有效预防和有序处理流通环节重大食品安全事故,提高工商行政管理机关食品安全的监管水平和处置突发事件的能力,切实保障食品市场消费安全,根据国务院办公厅和国家重大食品安全事故应急预案的要求,国家工商行政管理总局于 2006 年 4 月 25 日印发《工商行政管理系统流通环节重大食品安全事故应急预案》(工商消字[2006]第 79 号)。主要包括如下几个方面的内容:一是规定了工商行政管理系统流通环节重大食品安全事故应急工作目的、原则、范围及标准。二是规定了应急处理指挥机构设置及其职责。三是规定了重大食品安全事故应急响应。四是规定了重大食品安全事故报告、监测与预警。五是规定了重大食品安全事故后期处置。六是规定了重大食品安全事故应急保障。七是规定了重大食品安全事故预案管理与更新。

(四)完善工商行政管理加强流通环节食品等产品安全监管工作的规范制度

为了进一步加强食品等产品安全监督管理,切实维护食品等产品市场秩序,保障市场消费安全,国家工商行政管理总局根据《国务院关于加强食品等产品安全监督管理的特别规定》(国务院令第 503 号,以下简称《特别规定》)于 2007 年 8 月 23 日制定了《关于贯彻〈国务院关于加强食品等产品安

全监督管理的特别规定〉的实施意见》(工商办字[2007] 176 号),进一步建立和完善工商行政管理加强流通环节食品等产品安全监管工作的规范制度。

1. 进一步完善了增强工商执法人员和食品等产品经营者的法律意识和责任意识的学习宣传规范制度

认真组织学习,提高思想认识;加大教育培训力度,全面领会精神实质;积极开展宣传活动,努力营造良好的舆论、社会环境。

2. 进一步完善了加大对食品等产品市场的监管执法力度的规范制度

严格市场主体准入,确保生产经营主体资格合法有效;强化对食品等产品质量监测,大力推进商品质量分类监管;加大日常监管和案件查办力度,严厉打击制售假冒伪劣食品等产品违法行为;建立监督检查和经营者违法行为记录制度,积极推进食品等产品经营者信用分类监管。

3. 进一步建立和完善严格监督食品等产品经营者切实履行产品质量安全责任的规范制度

严格监督经营者依法建立并执行进货检查验收、购销台账等自律制度;严格监督市场开办企业、柜台出租企业、展销会举办企业建立健全企业产品安全管理制度;严格监督销售者实施产品召回和退市制度。

4. 进一步完善了工商行政管理局关于履行食品等产品监管法定职责的规范制度

准确把握《特别规定》适用的监管范围,切实履行法定职责;正确处理《特别规定》与其他法律法规的关系,坚持依法行政;严格规范食品等产品安全监管执法行为,自觉接受司法和社会监督。

5. 进一步完善了全面推进食品等产品安全长效监管体系建设的规范制度

进一步建立健全食品等产品安全执法监管制度体系;进一步监督经营者建立健全食品等产品安全监管自律体系;进一步建立健全食品等产品安全监管社会监督体系;进一步建立健全食品安全和商品质量监管信息化网络体系;进一步建立健全食品等产品安全监管预警和应急处置体系。

6. 进一步建立和完善了加强组织领导、严格责任制度、强化部门协调、狠抓检查落实的规范制度

加强流通环节食品等产品安全监管的组织领导；严格流通环节食品等产品安全监管责任及责任追究制；加强与有关部门的密切协作与配合；强化督促检查，狠抓检查落实。

（五）完善落实食品经营者索证索票和进货台账工作的规范制度

根据《国务院关于加强食品等产品安全监督管理的特别规定》（以下简称《特别规定》）和国务院办公厅印发的《全国产品质量和食品安全专项整治行动方案》及相关法律、法规和规章，国家工商行政管理总局于2007年10月9日发布了《关于规范食品经营者索证索票制度和进货台账制度的指导意见》（工商消字〔2007〕227号），就进一步规范食品索证索票制度和进货台账制度提出了工作规范要求。进一步完善了引导和监督食品销售者建立健全进货索证索票制度的工作规范；进一步完善了引导和监督食杂店建立健全食品进货台账制度的工作规范；进一步完善了加强对食品经营者建立健全并落实执行索证索票和进货台账制度监督检查的工作规范；进一步完善了加强检查落实的工作规范要求。

二、加大执法力度，积极组织开展流通环节食品安全专项整治行动

自2001年以来，根据国务院和全国整顿规范市场经济秩序领导小组的部署，国家工商行政管理总局一直把加强食品安全专项整治作为整顿规范市场经济秩序工作的重中之重，统一制订计划、出台措施、进行部署、分步实施、狠抓重点、全面推进，落实国务院确定的食品安全执法检查的各项任务，统一组织全国各级工商行政管理机关深入开展食品安全专项执法检查，加大工作力度，严格规范食品经营行为，切实维护食品市场消费安全。围绕粮、肉、蔬菜、水产品、奶制品、豆制品、酒、饮料、儿童食品、保健食品等与广大人民群众生活密切相关、消费者投诉多的食品开展重点品种专项执法检查；围绕城市社区、城乡结合部、农村市场开展重点区域专项执法检查；围绕商场、超市、集贸市场、批发市场、经营门店等开展重点场所和落实经营者自律制度的专项执法检查；围绕"五一"、"十一"、中秋、元旦、春节和夏季、秋冬季开展节日食品和季节性食品专项执法检查。自2003年至2008年6月，共检查市场食品经营主体6 053.5万个次，查处37万件假冒伪劣等违法食品案件，案值20.42亿元，退市不合格食品10.78万吨。尤其是2007年顺利完成了国务院确定的"两个100%和一个彻底解决"任务。为治理流通环节食品质量和销售假冒伪劣食品问题，规范食品经营主体资格和经营行为，落实经营者自律制度，依法取缔无照经营食品问题，努力确保食品市场消费安全做出了积极有效的贡献。受到了国务院领导的充分肯定。

（一）围绕"食品药品放心工程"，对重点食品和重点食品市场开展专项执法检查

2003年按照国务院办公厅《关于开展食品药品放心工程的通知》（国办发〔2003〕65号）的规定和要求，国家工商行政管理总局与有关部委、局联合下发了《食品药品放心工程实施方案》，并制定了《关于印发国家工商行政管理总局确定联系的重点监管食品市场名单的通知》、《关于对全国十个重点监管市场进行食品抽查的通知》、《关于做好食品药品专项整治工作情况上报的通知》等9个文件，确定以重点食品和重点食品市场为目标的执法检查任务，并在全国工商行政管理工作会议上作了统一安排和周密部署。全国工商行政管理机关突出与人民生活密切相关的粮、肉、蔬菜、水果、奶制品、豆制品、水产品7种食品为重点食品，将辐射面广、群众反映大、假冒伪劣问题突出的吉林长春市光复路市场等10个食品专业市场作为重点监管市场集中进行整治。各地也结合本地实际，确定了一批重点监管食品市场开展整治工作。在整治工作中，国家工商行政管理总局还重点对涉及多个省市的二氧化硫残留严重超标的数万公斤有害桂圆案、重庆綦江有毒糖果案、浙江金华200吨甲醛

浸泡加工销售牛血案、福建晋江制售假冒"张裕干红葡萄酒"案等大案要案开展了督查督办工作。2003 年全国工商行政管理机关在开展食品安全专项整治中,出动执法人员 34.7 万人次,检查经营主体 62.8 万余户次,检查重点食品市场 3.26 万个次,吊销营业执照 1.8 万多户,查处食品违法案件 1.43 万件,移送司法机关处理的案件 39 件。

（二）以"六查六看"为重点,对儿童食品市场、夏秋时令食品市场、元旦春节食品市场集中开展专项整治行动

根据《国务院办公厅关于印发 2004 年全国整顿和规范市场经济秩序工作要点的通知》（国办发〔2004〕42 号）、《国务院办公厅关于印发食品安全专项整治工作方案的通知》（国办发〔2004〕43 号）、全国整顿和规范市场经济秩序领导小组第二次全体会议及国务院第 59 次常务会议的精神,国家工商行政管理总局制定了《开展食品安全专项整治工作实施方案》,并在全国工商行政管理局长会议上进行了专门部署,提出了强化对食品经营主体和食品入市、交易、消费环节的监管,加大对农村、城市社区、城乡结合部的各类食品批发市场、集贸市场和食品店的整治力度的目标任务。确立了以实施"食品药品放心工程"为中心,深入开展食品安全专项整治的工作重点。下发了《开展食品安全专项整治工作实施方案》、《关于认真学习贯彻国务院第 59 次常务会议精神进一步加强食品安全监管工作的通知》、《关于加强工商行政管理系统重要事项报告工作的通知》;先后在 2004 年 6 月和 10 月份分别组织召开两次全国工商行政管理系统食品安全专项整治工作会议;并在 9 月份派出 13 个督察组对全国 31 个省、自治区、直辖市开展食品安全专项整治的情况进行了督促检查。各地工商行政管理机关纷纷召开会议,制订具体方案,迅速对食品安全专项整治工作进行了部署和安排。各地切实加强了对食品安全工作的领导,成立了食品安全专项整治工作领导小组,明确责任,已初步形成了主要领导亲自抓,分管领导具体抓,职能机构集中精力抓,组织到位、措施到位、责任

到位的工作格局。各级工商行政管理机关还采取领导分工包片,严格上报制度,层层落实到人,形成了从上到下层层抓落实的食品安全日常监管机制。

1. 重点围绕"六查六看",开展各类市场专项整治

集中开展儿童食品市场、夏秋时令食品市场、元旦春节食品市场专项整治行动,各地工商行政管理机关按照组织调查摸底、督促经营者自查自纠、全面开展检查、健全规章制度的总体安排和"六查六看"的整治内容,结合本地实际,制订具体工作方案,认真组织实施。在整治过程中,集中力量,组织开展三次食品市场集中整治行动。一是开展儿童食品市场集中整治行动。针对儿童食品中存在的突出问题,对儿童食品销售网点进行一次全面清查,着重查处无照经营和销售无质量合格证明、不符合食品质量标准、过期变质儿童食品的行为,严格把好儿童食品市场准入关,坚决把假冒伪劣儿童食品清除出市场。二是开展夏秋时令食品市场集中整治行动。根据夏秋季节食品的特点,有针对性地加强对饮料（冷饮）、月饼、瓜果等消费量大的食品以及熟食品等易腐食品的监管工作。加大对旅游景区景点、旅客集散地区饮食企业和摊点的巡查力度,严防"十一"黄金周期间发生重大食品消费安全事故。三是开展元旦春节食品市场集中整治行动。加强对元旦、春节食品市场的监督检查,特别对日常大宗食品和农村食品市场的加大监管力度,严厉打击以"送货下乡"、"厂家直销"等名义向农村销售假冒伪劣食品的违法行为,为确保元旦、春节期间食品消费安全做出了积极贡献。

2. 采取"三结合"的方式,通过实施"两抓",健全和落实五项制度

各地工商行政管理机关采取专项整治与日常监管相结合、查处案件与教育规范相结合、强化监管与建章立制相结合的方式,提高整治工作的针对性和有效性,通过"两抓",确保食品安全专项整治工作取得扎扎实实的成效。在专项整治过程中,健全和落实五项制度,建立食品安全长效监管机制。

一是在全国大中城市普遍建立食品准入制度。在食品安全专项整治工作中,加快推进流通环节食品质量监管关口前移改革的步伐。特别是大中城市工商行政管理局,督促食品经销企业建立和落实商品质量进货检查验收制度、购销台账制度、市场开办者质量责任制度和销售商品质量承诺等制度,积极推行重要食品"厂场挂钩"、"场地挂钩"制度,切实把好食品质量市场准入关。二是全面落实市场巡查制度。以基层工商所为主,分组划片(区域),责任到人,有组织、有计划地对辖区内食品经营者和交易场所进行普遍巡查,及时发现违法行为,依法迅速处理。县(市、区)工商行政管理局要组织人员定期或不定期地对食品集中交易市场进行重点巡查,并对基层工商所的市场巡查工作进行督查。三是严格实施不合格食品退市制度。对市场巡查、监督抽查中发现的影响或危及人身健康、生命安全的不合格食品,责令立即停止销售,坚决清退出市场,并切实防止其改头换面二次流入市场。四是建立和完善食品安全信息公示制度。及时分析、整合通过申诉举报、执法检查、案件查处等途径获得的以及消费者协会、行业协会提供的食品安全信息,掌握食品安全动态,并将违法违规经营者和不合格食品信息及时向社会公示,警示消费,强化监督。五是积极推行食品企业信用分类监管制度。以"经济户口"管理为基础,把食品安全专项整治与对食品经营者的信用分类监管结合起来,针对食品经营者不同的信用状况,依法实施分类监管。充分利用信用惩戒机制,把制售假冒伪劣和有毒有害食品的企业列入"黑名单",使制售假冒伪劣食品的违法犯罪分子寸步难行。

3. 贯彻国务院的重大决策,进一步部署深入开展食品安全专项整治工作的任务

2004年9月25日《国务院关于进一步加强食品安全工作的决定》(国发[2004]23号)明确了食品安全工作的指导思想、原则、目标和重点,划分了有关部门的职责,提出了新的要求,作出建立国家食品安全监管新体制的决定,即确定了按照一个监管环节由一个部门监管的原则,实行分段监管为主,品种监管为辅的食品安全监管体制。其中规定,农业部门负责初级农产品生产环节的监管;质检部门负责食品生产加工环节的监管,将现由卫生部门承担的食品生产加工环节的卫生监管职责划归质检部门;工商部门负责食品流通环节的监管;卫生部门负责餐饮业和食堂等消费环节的监管;食品药品监管部门负责对食品安全的综合监督、组织协调和依法组织查处重大事故。为了及时贯彻落实国务院这一重大决策,结合全国整顿和规范市场经济秩序领导小组第二次会议的精神,确保国家工商行政管理总局食品安全专项整治方案的全面实施,国家工商行政管理总局于2004年10月21日至22日在福建省福州市组织召开了全国工商系统食品安全专项整治工作会议。会议总结了专项整治工作、研究专项整治中存在的问题、进一步部署深入开展专项整治工作的任务。会议要求各级工商行政管理机关要从践行"三个代表"重要思想和坚持执政为民的高度出发,认真学习贯彻落实国务院加强食品安全工作的一系列重要决策,充分发挥工商行政管理职能作用,按照"全国统一领导、地方政府负责、部门指导协调、各方联合行动"的方针,在当地党委和政府的领导下,把食品安全监管作为各项工作的重中之重,坚持标本兼治、打防结合、综合治理,进一步加大工作力度,突出重点,整体推进,狠抓落实,着力解决流通领域食品安全的突出问题,全力以赴抓好专项整治工作,努力使食品市场经营秩序得到明显好转,制售假冒伪劣食品的违法行为得到有效遏制,大案要案得到及时查处,人民群众食品消费安全感明显增强,监管执法水平不断提高,消费者合法权益得到有效保护。

2004年各级工商行政管理机关在实施食品安全监管和专项整治中,采取调查研究摸清底数、狠抓食品经营者自查自纠、加强检查和整治、实施"五落实"(组织领导、工作任务、工作责任、工作措施、人员力量)、发挥典型作用等措施,通过抓好对食品经营的日常监管工作、抓好集中整治行动、建立健全

食品安全长效监管机制、扩大"12315"申诉举报网络等重点工作，围绕奶制品、豆制品、水产品和粮、肉、蔬菜、水果 7 大类食品，强化了对食品质量的监测和监管；围绕儿童食品、夏、秋季节和中秋、国庆等节日市场的特点，有针对性地开展了儿童食品市场、夏秋时令食品市场、节日重点食品市场的三项集中整治行动，确保了儿童、节日和季节性食品的消费安全；围绕食品批发市场、集贸市场、大型商场、超市，以"六查六看"为重点，开展了一系列食品安全整治行动，强化了食品经营主体和食品入市、交易环节的监管力；围绕农村食品市场经营主体分散、监管力量薄弱的特点，重点加强了对农村食品市场薄弱环节的专项整治。有些地方加强了涉及农村食品的质量检查和抽查工作，启用商品质量检测车到农村市场巡回进行食品快速检测，严防假冒伪劣食品"上山下乡"。有些地方以基层工商所为主，强化属地管理，全面落实市场巡查制度；围绕社会关注的焦点问题和监管中发现的突出问题，有针对性地开展了对不合格豆制品、有毒有害粉丝、明矾粉条、吊白块面粉、有毒有害泡菜、劣质罐头、"有毒织纹螺"、"垃圾肉"、食品添加剂超标、"地沟油"、有毒黄花菜、劣质肉制品、私宰肉、注水肉、不合格榨菜、有毒椰果及对边贸食品、罐头食品、冷冻食品、炒货及茶叶等食品进行了专项整治；围绕重点食品，开展食品质量检测工作。加强流通领域食品质量监督管理，开展食品监测。全国工商行政管理机关在食品安全专项整治中检查各类市场经营主体 937 万户（次），查处无照食品经营户 17.38 余万户，捣毁制假售假窝点 12 538 个，查处制售假冒伪劣食品违法案件 12.12 万件，查获假冒伪劣食品价值9.5 亿元，退市不合格食品 6.16 万吨，移送司法机关处理案件 135 件。

（三）突出"三重"，对包装食品市场、农村食品市场、秋冬季食品市场集中开展专项整治行动

2005 年根据《国务院办公厅关于印发2005 年全国食品药品专项整治工作安排的通知》（国办发［2005］20 号）、全国整顿和规范市场经济秩序领导小组第四次全体会议精神，国家工商行政管理总局制定下发了《2005 年流通环节食品安全专项整治工作方案》，明确提出了具体的流通环节食品安全专项整治目标：即按照落实科学发展观和构建和谐社会的要求，体现坚持标本兼治、打防结合、以防为主、综合治理的方针，以监管食品质量和规范经营行为为重点，集中力量解决好重点区域、重点品种和消费者反映比较多的突出问题。通过食品安全专项整治，流通领域食品安全形势总体好转，重点品种、重点区域和农村市场得到有效治理，经营者自律制度和工商行政管理部门监管制度进一步健全，专项集中行动和大要案件查处力度加大，社会监督网络不断扩大，食品经营主体资格和经营行为进一步规范，食品质量有所提高，人民群众食品消费安全感明显增强。

1. 围绕"三重"，集中开展儿童食品市场、夏秋时令食品市场、元旦春节食品市场专项整治行动

各地工商行政管理机关集中力量，紧紧围绕"三重"，即重点品种：粮、肉、蔬菜、奶制品、豆制品、水产品、饮料、酒、儿童食品、保健食品。重点对象：无照经营者；小食品店、小食品摊点、市场内小作坊；从事食品批发业务的企业和个体工商户；批发市场、集贸市场、商场、超市。重点区域：农村、城市社区、城乡结合部。在加强日常监管的同时，通过加大执法力度，从重从严查处食品大要案件；健全和落实食品监管制度，切实强化日常监管；积极督导企业自律，严格规范食品经营行为；充分运用质量监测手段，强化食品质量监管；扩大申诉举报渠道，完善食品安全社会监督体系等措施。组织开展三次食品市场集中整治行动。一是开展包装食品安全专项执法检查。重点检查奶制品、豆制品、饮料、酒、儿童食品、保健品、调味品、腌熏制品、罐头、食用油十大类品种。以"六查六看"为主要监管内容，重点查看包装标示是否虚假，是否标有产品名称、厂名、厂址，是否标明食品主要成分和含量，是否标明生产日期和有效期限，查看食品商标是否

有侵权和违法使用行为,查看食品广告是否有虚假和误导宣传行为。共检查出包装标识及商标广告存在问题的企业和个体工商户 16 万余户。特别是根据包装食品和儿童食品质量存在的突出问题,集中力量开展食品添加剂专项执法检查和儿童食品市场专项执法检查。食品添加剂专项执法检查针对十大类品种,严厉查处市场上将非食品添加剂作为食品添加剂销售、将非食品原料作为食品原料销售的行为;查处经销利用非食品原料、非食品添加剂生产的食品,以及滥用食品添加剂、超标使用食品添加剂的食品;同时,督促食品添加剂经销企业建立详细的购销台账,建档备查,严格规范经营行为。儿童食品市场专项执法检查针对儿童食品中存在的突出问题,对儿童食品销售网点进行一次全面清查,重点查处无照经营和销售无质量合格证明、不符合食品质量标准、过期变质儿童食品的行为。查获假冒伪劣儿童食品 58.52 万公斤、价值 587.62 万元。二是开展农村食品市场和农产品、水产品、畜产品安全专项执法检查。在农村,集中组织开展农村食品市场专项执法行动。对分散于城乡结合部、村镇的各类食品批发市场、集贸市场、经营门店进行一次全面清理,尤其是加强对各类农村集市、庙会和流动商贩的监管,严厉打击以"送货下乡"为名销售假冒伪劣食品的行为;坚决取缔无照经营;重点查处销售"三无"食品、过期变质食品、不符合卫生要求的散装食品等违法行为;严厉打击缺斤短两、欺行霸市等行为;参照城市商品市场准入办法,在农村市场推行食品准入制度和经营主体自律制度。在城区,集中组织开展农产品、水产品、畜产品安全专项执法检查。针对城区食品市场中农产品、水产品、畜产品存在的突出质量问题,以粮食制品、肉类制品、蔬菜水果、水产制品、干制菌品五大类品种为重点,严厉查处经销的下列有毒有害和不合格食品:病死肉、注水肉、私宰肉、未经检验检疫的各类肉品,非法使用化学物质加工的禽类制品,使用甲醛、工业碱等有毒有害物质浸泡的水产品及水发制品,农药残留超标的蔬菜和水果,非法使用保鲜剂和化学品保鲜、加工的水果,劣质大米或变质粮食加工的粮食制品,以及各种使用变质原料、质量低劣原料和超标使用食品添加剂加工的农产品、水产品、畜产品。三是开展秋冬季食品市场安全专项执法检查。重点检查秋冬季节和"国庆"、"元旦"、"中秋"节日期间消费量大、容易集中出现问题的烟、酒、饮料、糕点、糖果、营养保健品等品种。重点查处利用节日推销过期劣质食品、发布虚假广告夸大食品功效、将假冒伪劣和不合格食品当作赠品赠送的违法行为。中秋节前后集中开展月饼市场等节日市场专项执法检查,共检查月饼经营户 88 万家,取缔无照经营 6 135 户,捣毁违法制售月饼窝点 389 个,查处制售假冒伪劣月饼案件 6 701 件。月饼的质量问题、价实不符问题和搭售其他商品等问题明显改善。加强对重点区域中的商场、超市、集贸市场、批发市场等重点市场的检查频次。加强对城市社区、商业街区、旅游景区、车站码头等重点区域的监督检查,坚决取缔街头巷尾摆摊设点无照经营食品行为,严厉打击扰乱节日市场秩序和损害消费者合法权益的食品违法行为。同时,认真督办大要案件,督办了国务院领导批示的江苏泰州劣质肉松案件,阜阳奶粉事件的相关案件,广州白酒、液态奶市场,新疆边销茶等案件,及时将督办情况向国务院报告;密切关注食品安全市场情况,主动收集案件线索,以督办函形式督办案件,及时向各地批转群众举报案件 21 件;在重庆召开部分省市消保处长会议,研究大要案件督办、协办制度。

2. 加强督查指导,进一步推进流通环节食品安全专项整治工作的发展

为了全面落实国家工商行政管理总局《2005 年开展食品安全专项整治工作实施方案》,进一步了解各地开展食品安全专项整治工作动态和情况,2005 年 6 月 27 日至 7 月 23 日,国家工商行政管理总局组织三个检查小组,分别由司(局)长带队,开展了对北京、广东、浙江、湖南、山东、安徽、河南、河北、辽宁、黑龙江十省市(以下简称十省市)流通环节食品安全专项整治工作的阶段检

查。向各地印发了《关于对十省市食品安全专项整治进行阶段检查情况的通报》。

总局针对这次检查专门下发通知，制订详细方案，明确了检查的时间、内容、重点和方法。共检查了 138 个单位，包括 28 个市、26 个县（区）工商行政管理（分）局和 31 个工商所及 9 个食品批发市场、19 个超市、15 个小食品店和 10 个农贸市场，其中基层单位占 79.71%。主要检查十省市贯彻落实总局工作部署的情况；工商监管、经营者自律、社会监督"三位一体"的食品安全监管机制建设情况；包装食品及儿童食品、食品添加剂专项执法检查的落实情况；基层工商所落实食品安全监管责任的情况和开展食品质量监测的情况。在检查方法上以查看现场、实地检查为主。明查暗访，随机抽查，不打招呼，临时决定检查对象；按事先确定的检查内容，通过询问、座谈、逐一列表登记等形式进行深入了解；广泛收集有关文件、材料，简要听取工作汇报；详细查看有关档案、台账等资料；在检查过程中及时与十省市工商行政管理局交换意见，肯定成绩，指出不足。从检查情况看，十省市工商行政管理机关认真贯彻"全国统一领导、地方政府负责、部门指导协调、各方联合行动"的方针，工作有计划、有安排、有检查、有落实，抓得有声有色；不断创新监管方式方法，稳步推进食品安全监管各项工作，取得了新的阶段性成果。

3. 集中统一部署，落实国务院领导的重要批示，继续深入开展食品安全专项整治工作

流通环节食品安全专项整治是"三项整治"的主要内容之一，为了贯彻温家宝总理、吴仪副总理关于进一步深入整顿规范市场经济秩序的重要批示精神，总结前一阶段食品安全监管工作，交流情况，研究和进一步安排当前和今后一个时期加强食品安全监管工作的措施和任务。国家工商行政管理总局于 2005 年 8 月 23 日至 24 日在黑龙江省哈尔滨市召开全国工商行政管理系统食品安全工作座谈会。会议要求各级工商行政管理机关要从全局和战略的高度进一步充分认识加强食品安全监管工作的重大意义，按照实践"三个代表"重要思想、落实科学发展观、构建和谐社会的要求，通过深入学习贯彻温家宝总理、吴仪副总理对"三项整治"工作的重要批示，进一步提高对流通环节食品安全监管工作长期性、艰巨性、复杂性的认识，切实把思想统一到党中央、国务院对食品安全形势任务的分析判断和工作部署上来，牢固树立长期作战的思想，坚决克服一些人员的松懈厌战和畏难情绪，按照国务院的决定和总局的部署，切实把流通环节食品安全监管工作作为十分重要的任务，提高监管工作的系统性和前瞻性，既要规划长远，又要立足当前，扎实工作，坚持不懈地把食品安全监管工作抓紧抓实抓好。会议在交流了黑龙江省工商行政管理局"依托典型带动、构建长效监管机制"、北京市工商行政管理局"构建食品安全监控体系，实行分类分段监管"、江苏省工商行政管理局"积极推进食品市场准入制度，严格食品质量监管"、浙江省工商行政管理局"建构四大体系，强化对农村食品市场监管"、福建省工商行政管理局"强化基层工商所的监管职能，实行入市食品网上监管"、湖北省工商行政管理局"健全责任体系，推进食品监管"、陕西省工商行政管理局"发挥'12315'网络的作用，加强食品安全监管"、重庆市工商行政管理局"加强信用监管，提升监管效能"等经验的同时，对下一步食品安全监管工作提出了"五个重点、五个确保"，即一是以四项专项执法检查、查办案件和经常性地监管为重点，深化食品安全专项整治，确保全面完成年度整治的各项任务；二是以清理规范食品经营主体资格和取缔无照经营为重点，严把食品经营主体准入关，确保主体资格合法有效；三是以落实《工商行政管理所食品安全监督管理工作规范》和"六查六看"为重点，强化日常监管，确保食品经营行为合法规范；四是以监管食品质量和食品市场准入、交易和退出行为为重点，完善质量监测体系，强化监管措施，确保食品质量合格和消费安全；五是以建立健全食品经营者自律制度、工商监管制度和社会监督制度为重点，不断完善长效管理机制，确保流通环节

正常的交易秩序和公平竞争的市场环境。

通过食品安全专项整治,有效维护了食品市场消费安全。各级工商行政管理机关按照国家工商行政管理总局的部署,结合各地食品市场出现的新情况和新问题,集中开展了儿童食品市场、农村食品市场、包装食品、食品假包装假标识假商标印制品、农产品水产品畜产品、月饼市场及节日市场、秋冬季食品市场等6次大规模全国性专项执法检查。重点严厉打击了制售假冒伪劣食品违法行为,依法查处了涉及农村食品市场、儿童食品、节日食品的违法案件,特别是通过实施对月饼市场的专项执法集中行动,月饼的质量问题、价实不符问题和搭售其他商品等问题明显改善,有效地规范了月饼经营行为,保障了节日消费安全,受到了中央有关领导的肯定和广大消费者的欢迎。据统计,全国工商行政管理机关共检查食品经营主体1 488万户次,查处食品无照经营24.61万户,捣毁食品制假售假窝点8 713个,查处制售假冒伪劣食品违法案件7.43万件,查获假冒伪劣食品价值2.49亿元,移送司法机关处理案件72件,有效规范了食品经营主体资格和经营行为,严厉打击了制售假冒伪劣食品的违法行为,有力促进了流通环节食品市场经营秩序的进一步好转。通过食品安全专项整治,食品质量监管工作不断加强,食品质量明显提高。全国各级工商行政管理机关切实加强对食品质量的全程监管,努力提高食品质量水平。一是严格食品市场准入,严把质量入市关。通过引导和督促食品经营者建立健全各项自律制度和加强监督检查,严把食品质量入市关。据不完全统计,有17.8万户食品经营企业、132.5万户个体工商户、8.8万家超市和2.9万个集贸市场全部建立了相关制度。同时,工商行政管理机关共检查纠正了食品质量存在问题的经营户56 475户,包装标识存在问题的38 939户。二是严格上市食品质量监测,食品质量明显提高。各级工商行政管理机关把食品质量监测作为监管食品质量的重要手段,在经营者自律的同时,通过配备检测车、检测箱和检测设备,开展了各种

形式的食品质量快速检测和全国性、区域性的质量监测工作,有效地促进了流通环节食品质量的提高。从国家工商行政管理总局组织31个省级工商行政管理局对185个城市的1 335家经销单位销售的食品进行质量监测情况看,共抽取2 996组样品,经检测,2 277组合格,719组不合格,监测合格率为76%,其中,奶制品合格率比上年提高了16.72%。各省级工商行政管理局也普遍针对本辖区的实际,对重点食品进行质量监测,都取得了良好效果。三是严格食品分类监管和退市监管,依法销毁有毒有害食品。全国各级工商行政管理机关根据流通环节食品生产方式和不同来源的特点,对农产品、水产品、畜产品和工业食品实行分类监管,特别是加大对不合格食品退市的力度,继续采取依法强制退市与食品经营者主动退市相结合的方法,及时将不合格食品和有毒有害食品清除市场。据统计,全国工商行政管理机关在2005年专项执法检查中,依法对2.3万吨不合格食品进行了强制退市或销毁处理。针对市场上出现苏丹红(一号)、雀巢奶粉碘超标等问题,分别组织了全国性和区域性涉及相关食品的下架、企业召回和强制退市等监管执法行动,据统计,工商行政管理机关仅在月饼市场专项执法检查中,就对价值353万元的月饼实行了退市处理,在清查苏丹红(一号)专项执法检查中,对3 772.72公斤原料、4.92万公斤食品进行了销毁处理。通过食品安全专项整治,认真落实基层食品安全监管规范,工商所日常监管工作力度不断加大。2005年总局制定下发了《工商行政管理所食品安全监督管理工作规范》,进一步明确了基层工商所对食品安全监管的任务、责任和要求,也是把食品安全监管重心下移的具体举措,得到了各级工商行政管理机关和广大基层干部的欢迎。各级工商行政管理机关把贯彻落实《监管规范》作为深化食品安全监管工作的重要任务和内容,普遍结合实际组织了学习、宣传和贯彻,许多地方的工商行政管理局还举办了相关培训班,印发辅导教材,有针对性地进行宣讲。基层工商所按照《监管

规范》要求,切实履行职责,加大市场巡查力度,严格食品经营主体信用监管和食品质量分类监管,监督食品经营者自律,基层食品市场监管力度进一步加大,执法水平不断提高。2004年以来,基层工商所共检查纠正经营资质存在问题的食品经营者41 663户、进货检查验收存在问题的60 540户、食品商标广告存在问题的12 401户,并对问题严重的食品经营者依法立案进行了查处,有效地规范了食品经营行为。通过食品安全专项整治,食品安全监管机制和制度建设迈出新的步伐,预警和应急处置能力不断加强。2005年,全国各级工商行政管理机关按照建立健全工商监管、经营者自律、社会监督"三位一体"的食品安全监管机制的要求,狠抓食品安全监管制度建设。截至11月底,31个省级工商行政管理局已全部建立食品准入制度、市场巡查制度、不合格食品退市制度、食品安全信息公示制度、食品企业信用分类监管制度,91%的市(地)级工商行政管理局、85%的县(区)级工商行政管理局、75%的工商所已建立了上述制度。在建立健全监管制度的同时,各级工商行政管理机关普遍重视食品安全预警防范和应急处置机制建设,建立了预案,落实了相关措施,及时有效地处置应急事件。在处置"苏丹红"(一号)食品事件、猪链球菌和禽流感等市场突发事件中,各级工商行政管理机关充分利用预警防范机制和网络体系实施了对所涉及的有问题的食品及时下架控制、追根溯源、发布消费警示等监管措施,有效地防范了有问题的食品在市场上蔓延,预警和应急处置能力也在实践中经受了考验。

(四)狠抓"五个加大和五个规范"的任务,全面构建食品安全长效监管三大体系

2006年,根据十六届五中全会和中央经济工作会议关于进一步整顿和规范市场秩序,坚决打击制假售假、商业欺诈、侵犯知识产权的内法行为,强化对食品、药品、餐饮卫生的监管的精神,及《国务院办公厅关于印发2006年全国整顿和规范市场经济秩序工作要点的通知》(国办发[2006]21号)规定,

国家工商行政管理总局制定下发了《2006年流通环节食品安全专项整治工作方案》,并在全国工商行政管理工作会上进行全面的部署,明确提出了具体的流通环节食品安全专项整治的原则和目标:在开展食品安全专项整治工作中,要继续坚持标本兼治、防打结合、分类监管、综合治理的原则,突出重点、全面推进,边整治边规范,整治与规范并举,着力解决存在的突出问题。通过专项整治,重点区域存在的食品安全突出问题得到进一步治理,商场、超市和集贸市场、批发市场等食品经营单位自律制度基本建立,食品经营主体资格和食品经营行为进一步规范,市场食品质量水平进一步提高,流通环节食品安全状况进一步好转,人民群众食品消费安全感进一步增强。

1. 及时贯彻党中央、国务院的重大部署,落实深入开展食品安全专项整治工作的各项任务

2006年1月10日至11日,国家工商行政管理总局在北京召开了全国工商系统食品安全监管工作会议。会议总结2005年食品安全工作,安排部署2006年食品安全专项整治的任务,交流情况,讨论通过了《2006年流通环节食品安全专项整治工作方案》、《工商行政管理系统重大食品安全事件应急预案》和《工商行政管理系统食品安全监督管理责任及责任追究制度》,会上还印发了国家工商行政管理总局《关于进一步加强流通环节食品安全监管工作的意见》及《关于开展依法清理食品经营主体资格工作的通知》。会议认为2006年是实施"十一五"规划的第一年,在开局之年,认真做好食品安全监管工作,营造安全和谐消费环境意义重大。2006年流通环节食品安全专项整治和市场监管工作总的要求是:坚持以邓小平理论和"三个代表"重要思想为指导,认真贯彻党的"十六大"、十六届五中全会和中央经济工作会议精神,按照全面落实科学发展观和构建和谐社会的要求,以及全国工商行政管理工作会议的部署,深入开展食品安全专项整治,切实维护食品市场消费安全;全面推进食品市场监管制度建设,积极构建食品安

全长效监管体系；加强食品安全监管能力建设，严格责任制度，不断提高依法行政水平。采取"三个加强和三个保障"，即"加强组织领导，建立和完善食品安全责任制和责任追究制，努力提供坚强的组织和纪律保障"、"加强食品市场监管能力建设，加大培训力度，努力提供人才和素质保障"、"加强部门协作，狠抓检查落实，努力提供机制和作风保障"，通过狠抓加大食品安全专项执法检查力度，严格规范食品经营行为；加大清理食品经营主体资格力度，严格规范食品市场主体准入行为；加大日常监管力度，严格规范基层工商所食品安全监管行为；加大食品质量监管力度，严格规范食品质量市场准入和退市行为；加大查办食品违法案件力度，严格规范办案程序和行为等"五个加大和五个规范"的食品安全专项整治任务，全力构建食品安全执法监管、食品经营者自律、食品市场社会监督三大体系，为落实"十一五"规划和维护消费者合法权益及市场秩序做出新的贡献。

2. 狠抓工作指导落实，全面开展流通环节食品安全专项整治工作集中检查

为进一步推动流通环节食品安全专项整治工作的深入开展，国家工商行政管理总局在各地自查检查的基础上，于2006年11月至12月，根据《关于开展流通环节食品安全专项整治工作集中检查的通知》要求，消费者权益保护局会同各地负责食品安全监管的机构抽调人员组成10个检查组，对全国各地流通环节食品安全进行了集中检查。随后总局又下发了《检查各地工作和慰问基层干部方案》，并于2007年1月至2月，由总局领导班子成员亲自带队，组织各职能司局采取分片包干、逐省检查的办法，对各地开展以食品为重点的春节市场、农村市场监管工作情况进行了重点检查，总结经验，查找问题，督促整改。这两次集中检查规模大、范围广、工作实，取得了良好效果。主要有以下几个特点：一是及时安排部署。国家工商行政管理总局把食品安全检查工作作为一项重要任务进行了全面部署，随后又专门下发通知，对检查活动进行了具体安排，

明确了检查的目标、内容、重点、方式方法和具体要求。局长周伯华先后赴湖南、陕西、宁夏等地进行检查，国家工商行政管理总局领导班子其他成员分别带队赴十一个省市进行了检查。各检查组在集中检查前，召开专题会议，统一检查标准，统一检查流程，有效地保证了检查工作的顺利进行。二是检查重点突出。国家工商行政管理总局检查的对象以基层为主，突出检查工商所、市场和经营者，尤其是把农村食品市场作为重中之重，共检查了472个单位，其中基层单位占93.43%。主要检查各地贯彻落实国务院和国家工商行政管理总局有关食品安全专项整治的部署和要求的情况，具体内容包括各地开展食品安全专项执法检查的情况，特别是春节食品市场、农村食品市场、城乡结合部和重点批发市场、超市的食品安全情况；清理规范食品经营主体资格的情况；建立健全食品市场准入体系和强化基层日常监管的情况；加强立法立规及建立健全食品安全长效监管机制的情况；贯彻落实《工商行政管理所食品安全监督管理规范》等有关文件的情况；建立健全"12315"行政执法体系的情况等。三是检查方式方法多样。各检查组坚持普遍检查与随机抽查、重点检查与逐项检查、明查与暗访相结合，通过听取工作汇报，详细查看有关档案、台账等资料和工作状况，询问有关人员，召开座谈会交流和讨论等方式方法，深入了解和掌握了大量的情况。在此基础上，形成检查后的综合评价意见，及时向各省级工商行政管理局进行了反馈。从检查情况看，全国各级工商行政管理机关认真贯彻落实国务院、国家工商行政管理总局和地方政府有关食品安全专项整治的部署和要求，高度重视，行动迅速，措施有力，成效显著。国家工商行政管理总局向各地下发了《关于开展全国流通环节食品安全专项整治工作集中检查情况的通报》。要求各地针对存在的主要问题和薄弱环节，坚持高标准，严要求，结合本地的实际，制订详细的整改方案，既要规划长远，又要立足当前，层层进行整改，逐项进行落实，逐级进行检查。特别是在整改工作中，要坚

持整改和深入推进专项整治相结合、整改和强化日常监管相结合、整改和落实责任及责任追究制相结合、整改和建立健全长效监管机制相结合。通过整改,不断增强食品安全专项整治的使命感和责任意识,不断提高监管执法水平,尽职尽责,尽心尽力,为确保食品市场消费安全做出新的更大的贡献。

2006 年通过流通环节食品安全专项整治,全国工商行政管理机关共查处制售假冒伪劣食品违法案件 6.8 万件,价值 1.48 亿元,捣毁制假售假窝点 5900 个,向司法机关移送食品大要案件 48 件,促进了食品市场秩序进一步好转,有效维护了食品市场消费安全,增强了人民群众的消费信心,为促进经济社会又好又快发展发挥了积极作用。第一,依法清理规范食品经营主体资格取得阶段性成效。各地结合企业年检、个体工商户验照和日常市场检查,按照"谁登记、谁规范、谁负责"的原则,由各级登记注册机关对辖区从事食品生产经营的企业和个体工商户逐户审核,依法规范食品经营主体资格。按照"谁监管、谁清理、谁负责"的原则,由县级工商行政管理局组织基层工商所,对辖区食品生产经营者进行逐户清查。通过依法清理主体资格、查处食品无照经营、规范主体准入行为,进一步摸清了食品经营主体状况,完善了食品经营主体信用分类监管和经济户口管理制度,为有效监管奠定了基础。据统计,全国共有食品经营主体 469.3 万户其中食品生产加工企业 9.68 万户、个体工商户 34.59 万户;流通环节食品经营企业 34.58 万户、个体工商户 253.94 万户;餐饮业企业 13.55 万户、个体工商户 122.97 万户。全国工商行政管理机关共检查食品经营主体 1 040 万户次,清理出有问题的经营主体 36 万户,查处取缔无照经营 15.18 万户,吊销营业执照 4 629 户。第二,食品市场专项执法行动扎实有效地深入开展。各地结合实际,集中开展了以城市社区、农村和城乡结合部为主要任务的重点区域的市场专项检查,认真开展了以商场、超市、集贸市场和批发市场为重点的专项执法行动,以"五一"、"十一"、中秋、元旦、春节为重点切

实加强节日食品市场执法检查。同时,针对市场上出现的"空壳"劣质奶粉、"红心鸭蛋"、"多宝鱼"和含"苏丹红"辣椒粉等涉及食品安全的事件,组织开展了市场突击清理检查。通过严格规范食品经营行为、严厉打击制售假冒伪劣食品等违法行为、切实加强对大要案件的查处工作,有力维护了食品市场消费安全。第三,基层食品市场日常监管规范化水平明显提高。各地按照《工商行政管理所食品安全监督管理工作规范》和"六查六看"的要求,认真落实属地监管任务和责任,强化市场巡查和分类监管,严格监督食品经营者自律,基层食品市场日常监管力度进一步加大,执法水平不断提高。全系统共有 2.14 万个工商所分别建立了"两图一书"、"一账一卡"等巡查工作制度,1.99 万个工商所建立了食品质量分类监管制度。不少基层工商所还借助信息化网络、现代办公设备和移动执法终端等技术手段,进一步提高了基层日常监管的科技含量和现代化水平。第四,流通环节食品质量监管力度不断加大。各地将食品质量监管作为食品安全的重中之重,从食品质量准入、交易和退市进行全程监管,努力提高食品质量水平。通过进一步健全食品质量准入体系,严把食品质量市场准入关;加大上市食品质量监测力度,加强对食品质量的市场监控;严格食品分类监管和退市监管,依法销毁有毒有害食品。流通环节食品质量监管力度不断加大,市场食品质量状况进一步好转。2006年,全国工商行政管理机关共纠正经营资质、食品质量、食品包装标识和商标广告等存在问题的食品经营主体 69.93 万户。全系统已配备食品质量快速检测车 372 台、检测箱 5 366 个和其他快速检测设备,培训食品快速检测人员 8 930 余人。国家工商行政管理总局组织各地对 34 种重点食品依法进行了质量监测。全系统共对 676 种、392 万批次的食品进行了快速检测,合格率为96.6%,查处食品质量案件 5 241 件,对1.55 万吨不合格食品实施了退市。第五,食品安全监管机制和制度建设迈出新步伐。各地按照健全完善工商监管、经营者自律、

社会监督"三位一体"的流通环节食品安全长效监管体系的要求,进一步加快立法立规步伐,继续大力推进食品市场准入、市场巡查、质量监测、质量分类监管、不合格食品退市和食品安全信息公示等监管制度建设,继续督促食品经营主体普遍建立和落实进货检查验收、购销台账、质量承诺、协议准入和经营者质量责任等自律制度,进一步加强食品安全预警和快速反应能力建设、食品安全监管网络建设和社会监督机制建设等,总局还推广了北京市工商行政管理局构建食品安全监管网络体系和快速反应体系、浙江省工商行政管理局在实施开展"万村放心店"工程和构建"三网一体"食品安全网络体系、甘肃省工商行政管理局构建从省局到工商所四级贯通的食品安全监管网络体系、深圳市工商行政管理局构建肉类食品网上监管体系、厦门市工商行政管理局构建生鲜食品监管网络体系等经验,有力地推进了食品安全监管工作,食品安全监管机制和制度建设迈出新的步伐,为确保食品市场消费安全提供了制度机制保障。据统计,在全国食品经销企业和个体工商户中,已建立进货检查验收、购销台账、质量承诺等制度的分别达到213.26 万户、198.5 万户和 204.56 万户;全国工商行政管理机关共建设"一会两站"29.1 万个,"12315"进社区率达 63%、进村镇率达 48%,为消费者挽回经济损失 7.49亿元,为维护食品市场秩序发挥了重要的监督作用。

(五)全面贯彻国务院的重大部署和要求,顺利完成食品安全专项执法检查"两个100%"和"一个彻底解决"的目标任务

2007 年 8 月 23 日,国务院召开全国产品质量和食品安全专项整治工作电视电话会议后,国家工商行政管理总局和各级工商行政管理机关深入贯彻党的"十七大精神",按照国务院的部署把开展流通环节产品质量和食品安全专项整治作为全面落实科学发展观、构建社会主义和谐社会、改善民生和维护中国产品信誉的重大政治任务,切实履行职能,尽职尽责,尽心尽力,坚持"标本兼治、防打结合、分类监管、综合治理"的原则,紧紧围绕重点产品、重点单位、重点区域,集中开展清理和规范食品等重点产品生产经营主体资格、对经营者履行进货检查验收等法定责任和义务、食品安全等三项专项执法检查,强化组织领导和工作责任,加大整治力度,建立和完善长效机制,取得了显著的阶段性成效,全面完成了国务院部署的流通环节食品安全专项整治任务。据统计,截至 2007 年 12 月 31 日,全国县城以上城市共有 9.26 万个食品市场和 8.05 万个食品超市,100% 建立了进货索证索票制度;乡镇、街道和社区共有 269.69 万个食杂店,100% 建立了食品进货台账制度;共取缔乡镇政府所在地及县城以上城市无照经营的小食杂店、小摊点 12.19 万户,无照经营食品问题得到有效治理,全面完成了国务院确定的流通环节食品安全专项整治"两个100%"和"一个彻底解决"的目标任务。专项整治期间,全国工商行政管理机关共出动执法人员 496.56 万人次,检查经营企业和个体户 1 218.67 万户次,检查各类市场38.14 万个,整治重点区域 16.1 万户,捣毁制假售假窝点 3 926 个,查处制售假冒伪劣案件 3.35 万件,移送司法机关案件 105 件。通过专项整治,广大经营者和消费者提高了对产品质量和食品安全重要性的认识,受到了深刻教育,全社会的质量安全意识以及经营者的社会责任感明显增强;食品等产品经营主体资格和经营行为进一步规范,食品等产品质量有新的提高,有效地维护了市场秩序,保障了市场消费安全,为促进经济社会又好又快发展发挥了积极作用。

1. 加强组织领导,广泛宣传发动,狠抓检查落实

从 2007 年 8 月开始,全国工商系统按照国务院的统一部署,全力以赴开展了流通环节产品质量和食品安全专项整治行动。一是高度重视专项整治工作,及时动员部署,切实加强组织领导。在国务院召开专项整治会议后,国家工商行政管理总局党组高度重视,总局党组书记、局长周伯华立即召开党组会议,专题研究专项整治工作,及时传达贯彻温家宝总理和吴仪副总理重要讲

话精神及国务院的部署,制订下发了专项整治行动方案,成立了以局长周伯华为组长的专项整治领导小组和有关司局参加的领导小组办公室。各级工商行政管理机关都成立了由一把手任组长的领导小组,层层动员部署,把专项整治的目标任务逐级分解到基层,上下联动,专项整治行动在全系统迅速全面展开。二是狠抓督查落实,加强分类指导。国家工商行政管理总局先后制定下发了专门的督查方案和检查验收方案,局长周伯华和领导班子各位成员深入一线,亲自检查,靠前指挥,先后分别组织20个督察组开展专项整治各项任务的落实,在全国几个区域分别召开了7个片会总结经验推动专项整治向纵深发展、组成了15个检查验收组对专项整治目标任务完成情况进行了验收,这三次集中督查,总结推广了经验,及时发现和解决了存在的问题。国家工商行政管理总局领导及各业务司局还采取分片包省的办法,加强了分类指导和督查。各地工商行政管理机关普遍采取派驻工作组、明查暗访等方式层层分片包干加强督查,及时组织"回头看"活动,切实做到了上下整体联动,一级抓一级,层层抓落实。三是加大宣传力度,积极营造舆论氛围。国家工商行政管理总局和各地工商行政管理机关充分运用各种方式和媒体,开展全方位、多角度、多形式、多渠道的广泛宣传,举办各类培训班、座谈会2万多次,印发各种宣传资料6千万份,播发相关新闻报道10万多条,既广泛动员了工商行政管理机关全员积极参与专项整治,又有效提高了经营者的诚信守法意识和消费者的社会监督意识,形成了良好的舆论和社会氛围。四是严格责任制度,强化责任追究。各地工商行政管理机关建立健全责任制度,强化了属地监管领导责任制、内设机构指导监督责任制、基层工商所岗位责任制,并严格责任追究。湖北、安徽、山西、吉林、黑龙江等地对专项整治履行职责不力的72个单位230多人分别给予通报批评或停职等处理,为专项整治工作的深入开展提供了纪律保障。

2. 集中围绕"两个100%"和"一个彻底解决"开展专项执法检查,专项整治目标任务全面完成

一是集中开展对经营者履行索证索票和进货台账等法定责任和义务情况的专项执法检查,提前完成"两个100%"目标任务。国家工商行政管理总局研究制定了《关于规范食品索证索票制度和进货台账制度的指导意见》,各地按照国家行政管理管理总局的要求普遍统一了索证索票和进货台账的形式和内容,共向经营者印发标准格式的台账300多万册。各级工商行政管理机关普遍采取点面结合的方法,按照标准要求逐户开展执法检查,引导和监督经营者建立健全索证索票和进货台账制度。北京、上海、浙江、福建、广东、山东、青海、宁夏、吉林、安徽、重庆、辽宁、天津、海南、云南、湖南、陕西、湖北、河南、甘肃等地工商行政管理局加大"两项制度"建设力度,提前完成了"两个100%"目标任务。四川工商行政管理局实施"四个五统一",促进了索证索票和进货台账制度的规范化建设。江苏工商行政管理局通过在全省开展放心消费创建活动,积极促进经营者提高自律能力,营造诚信和谐消费环境。截至2007年底,全国县城以上城市的16 835个批发市场、50 318个集贸市场、25 444个商场、80 462个超市100%建立了进货索证索票制度;127.3万个乡镇食杂店、103.6万个街道食杂店、38.7万个社区食杂店100%建立了进货台账制度。同时,各地工商行政管理机关通过抓"两项制度"的落实,促进了相关自律制度进一步健全和完善。截至2008年6月,全国已有17.31万个批发市场、集贸市场、超市与食品等产品种植养殖基地和生产加工企业建立了"场厂挂钩"、"场地挂钩"等协议准入制度,10万个批发市场、集贸市场和超市建立了质量管理员制度和质量自检制度。二是集中开展清理和规范食品等重点产品生产经营主体资格专项执法检查,全面完成了"一个彻底解决"的目标任务。国家工商行政管理总局制定了《关于彻底解决乡镇政府所在地及县城以上城市小食杂店、小摊点无照经营食品问题的指导意见》,及时指导

各地有针对性地开展查处取缔工作。各级工商行政管理机关在当地党委政府的统一领导和协调下，按照"政府牵头、部门配合、疏堵结合、综合治理"的原则，集中清理和查处无照经营行为。河北、黑龙江、内蒙古、山西、广西、江西、新疆、贵州、西藏等地工商行政管理局积极行动，强化措施，在全面完成"两项制度"目标任务的同时，有效地解决了食品的无照经营问题。北京、广东、上海、江苏、福建、甘肃、贵州、重庆、河南、河北、天津、湖南等地工商行政管理局通过省市政府先后发布了查处无照经营的专门文件，严格了责任和分工，开展部门联合执法行动，通过综合治理，达到事半功倍的效果。广东省工商行政管理局通过采取抓亮照经营、抓清理规范、抓反复和"回潮"等措施，提前完成了取缔小食杂店、小摊点无照经营的目标任务。同时，各地工商行政管理机关集中力量清理规范食品经营主体资格，按照"谁登记、谁规范、谁负责"和"谁监管、谁清理、谁负责"的办法，分别由各级工商行政管理机关的注册登记机构和基层工商所逐户进行规范和清理，并在经济户口中予以特别标注，严格依法规范食品经营主体资格。截至 2007 年底，全国证照齐全的食品经营主体共有 480.67 万户，其中食品生产加工主体 32.13 万户，占 6.68%；食品流通环节经营主体 322.54 万户，占 67.10%；餐饮业经营主体 125.99 万户，占 26.21%。2006 年 8 月份以来，依法变更经营登记 2.9 万户，注销登记 1.5 万户，吊销登记 3 672 户，取缔无照经营 39.6 万户，有效治理了乡镇政府所在地及县城以上城市小食杂店、小摊点食品无照经营的问题。

3. 集中开展食品质量安全专项执法检查，切实保障食品市场消费安全

一是食品质量安全专项执法检查取得新成效。全国工商行政管理机关根据产品质量和食品安全专项整治方案，突出重点品种、重点区域、重点场所、重点企业和中秋、"十一"、元旦等重大节日，集中开展食品质量安全专项执法检查，有效保障了食品市场消费安全。加强案件督办工作，制定下发了《关于上报流通环节产品质量和食品安全专项整治期间重大案件查处情况的通知》，对"北京市'8·22'食物中毒事件"和"稻香村"霉变月饼等案件进行督办。河北省工商行政管理局结合县域传统特色食品，围绕促进地方经济发展这一中心，大力开展"一县一品"整治，受到了省政府领导的充分肯定和广大经营者的广泛赞誉。厦门市工商行政管理局强化对水产品质量源头治理，收效良好。针对农产品质量中存在的农药兽药残留、甲醛含量超标等问题，各地加大监管检查力度，专项整治期间查处不合格农产品案件 1 911 件。尤其是在猪肉质量安全和市场整治中，国家工商行政管理总局根据国务院部署和温家宝总理的批示，及时制订方案，先后下发了十几个文件，全面部署和组织全系统认真开展猪肉市场专项执法检查，各地抓得紧，行动快，收效好。北京市工商行政管理局开展了整治猪肉市场"零点行动"，深圳、西安、大连市工商行政管理局从猪肉入市源头加强全程监管和集中行动。全国工商行政管理机关共查获未经检疫和检疫不合格的猪肉及猪肉制品 527.43 吨，没收病死猪肉 236.47 吨，对查获的不合格猪肉及猪肉制品及时进行了无害化处理。二是食品质量监测和快速检测工作有新发展。各地工商行政管理机关把监测作为强化质量监管的有效手段，加大监测体系建设步伐，有针对性地开展定向监测、跟踪监测和快速检测，建立全国食品质量监测数据直报点，流通环节食品质量监测正向网络化、经常化、科学化方向发展。中央财政拨付 1.5 亿元为基层工商所配备了快速检测设备，进一步提升了流通环节食品质量监测手段。各地工商机关组织实施食品质量快速检测 740 多万批次。国家工商行政管理总局组织对 41 种食品开展了质量监测，全国工商行政管理机关共监测食品等产品 15.12 万批次，平均合格率为 80.19%，食品质量同上年相比有新的提高，尤其是日常消费量大的果汁饮料、方便面、乳制品、速冻面米的食品合格率上升了 10 个百分点以上。三是食品质量分类监管和退市工作有新提升。各地工商行政管理机关继续推出分类监管新

举措,尤其加强对包装食品、散装食品、冷冻食品、熟食等不同种类食品的分类监管。浙江、北京、上海、内蒙古、河南、宁夏、厦门、广州、大连、青岛等地工商行政管理局分别建立了从生产源头到销售环节的冷链食品管理、外销产品分类监管、散装食品标签规范化管理、生鲜食品电子追溯监管、肉类食品入市条形编码监管等制度和措施。各地工商行政管理机关在强化分类监管的同时,继续完善不合格食品退市监管,及时公示不合格食品信息,责令经营者暂停销售和追回不合格食品 2 674 吨,并加强对退市食品等产品的备案工作。福建、湖南、广东、辽宁、湖北、甘肃等地工商行政管理局规范退市程序,有效防止了退市食品改头换面后二次入市。

4. 创新监管制度,流通环节食品安全长效监管机制建设迈出新步伐

一是法制建设有新进展。国家工商行政管理总局研究起草的《流通领域商品质量监督管理条例》已上报国务院法制办,并正在研究制定《流通环节食品安全监督管理办法》和《流通领域商品质量快速检测办法》。河北、湖北、广东等地工商行政管理局积极配合地方人大、政府出台了食品安全监管地方性法规和规章。二是监管制度建设取得新成效。专项整治期间,国家工商行政管理总局制定了《关于贯彻〈国务院关于加强食品等产品安全监督管理的特别规定〉的实施意见》、《关于规范食品索证索票制度和进货台账制度的指导意见》、《关于彻底解决乡镇政府所在地及县城以上城市小食杂店、小摊点无照经营食品问题的指导意见》、《全国工商行政管理系统流通环节产品质量和食品安全专项整治行动方案》、《关于切实加强"国庆节"、"中秋节"期间食品市场监管工作的通知》、《流通环节产品质量和食品安全专项整治行动督查工作方案》、《工商总局产品质量和食品安全专项整治行动宣传工作方案》及《关于认真做好为基层工商所配备快速检测设备有关问题的通知》等一系列规范性文件。辽宁、湖南、安徽、天津、湖北等地工商行政管理局也结合实际,出台了相关

规范性文件,丰富和完善了食品安全市场监管制度。甘肃省工商行政管理局以"一会两站"为重点扩大了食品安全社会监督覆盖面。河南省工商行政管理局以抓安全监督员制度为抓手,构建了由 27 万人组成的食品安全社会监督网络。截至 2008 年 6 月,全国"12315"网络进社区、进村镇覆盖率分别为 80% 和 64%。三是监管信息化建设取得新成果。各地工商行政管理机关高度重视监管信息化网络体系建设,按照"统一标准、整合资源、扩大功能、优化流程、信息共享"的原则,以加强对市场准入、仓储、销售、退市全过程信息化监管为目标,着力推进了"金信"工程和"12315"信息化网络建设。国家工商行政管理总局出台了《关于积极推进食品安全和商品质量监管信息化网络建设工作的意见》。北京市工商行政管理局以监管信息网络为抓手,立足奥运特点,不断加大食品安全监管领域的资金和技术投入,全力构建奥运食品安全监管体系。安徽、江西及成都、青岛、济南、武汉、杭州、宁波、南京、沈阳、长春、哈尔滨等地工商行政管理局构建食品安全电子监管网络成效突出。广州市工商行政管理局食品安全监管网与 1 200 多家食品市场的内部网络实现了对接,进一步提升了监管水平。

(六)确保奥运食品安全,全力开展流通环节食品市场专项执法检查

2008 年全国工商行政管理机关紧紧围绕确保奥运食品安全这一目标,全面开展四项流通环节食品市场专项执法检查,即以确保奥运食品安全为重点,集中开展流通环节涉奥食品企业资质、涉奥食品质量、涉奥食品市场、涉奥重点区域的专项执法检查;以群众日常生活必需的食品和季节性、节日性食品为重点,集中开展专项执法检查;以城乡结合部和取缔食品无照经营为重点,集中开展专项执法检查;以农村食品市场为重点,集中开展专项执法检查,进一步加大了食品安全专项执法检查力度,切实解决重点区域和重点品种的突出问题,为确保了奥运食品市场消费安全做出了积极贡献。

1. 以确保奥运食品安全为重点,集中开

展流通环节涉奥食品企业资质、涉奥食品质量、涉奥食品市场、涉奥重点区域的专项执法检查

北京 2008 年奥运会和残奥会(以下简称奥运会)是我国政治、社会、文化生活中一件极其重要的大事。国家工商行政管理总局按照党中央、国务院的部署,充分发挥职能作用,将奥运食品安全保障工作作为 2008 年工作的重中之重,多次进行专题研究,提出明确要求,对流通环节奥运食品安全监管作出了全面安排。各级工商行政管理机关认真贯彻落实党中央、国务院关于奥运食品安全保障工作的要求,按照国家工商行政管理总局的部署,在当地党委政府的领导下,积极采取有效措施,切实强化奥运食品市场监管执法力度,为奥运会的成功举办营造了良好的食品市场环境。据统计,全国工商系统共出动执法人员 692.45 万人次,检查经营户1 314.4万户次,检查批发市场、超市、集贸市场等各类市场 29.6 万个次,查处假冒伪劣食品案件 4.03 万件,其中赛区所在六省市工商行政管理机关出动执法人员 203.78 万人次,检查经营户 280.05 万户次,检查批发市场、超市、集贸市场等各类市场 8.81 万个次,查处假冒伪劣食品案件6 504件,有力地维护了奥运食品市场秩序,保障了全国流通环节奥运食品安全。

(1)狠抓流通环节奥运食品安全专项整治工作的部署

国家工商行政管理总局高度重视流通环节奥运食品安全监管工作,作为深入贯彻党的"十七大精神"和落实科学发展观的重要任务,从全局和战略的高度,摆到重要日程。党组书记、局长周伯华多次主持召开党组会议,认真传达学习胡锦涛总书记、温家宝总理的重要讲话和习近平副主席视察北京奥运保障工作和赛时动员大会上的重要讲话精神,以及王岐山副总理视察国家工商行政管理总局工作时对保障奥运食品安全的重要讲话精神,及时研究贯彻党中央、国务院有关奥运会食品安全保障的部署和《关于北京奥运会食品安全控制的工作方案》,认真落实北京奥运会食品安全工作协调小组的各项安排和要求。总局在全国工商系统工作会议上对保障奥运食品安全工作进行了全面部署,又于 3 月份召开了六个赛区城市工商行政管理局长参加的保障奥运食品安全工作会议,再次专题进行了安排,提出了明确的要求,相继召开了 5 次会议,下发了 5 个专门通知,流通环节奥运食品安全保障工作在全国范围内,特别是赛区各省市全面有效展开。为了加强组织领导,总局成立了专门的工作班子,局长周伯华亲自抓,消保局会同市场司等相关司局分工协作抓,建立健全了总局奥运食品安全组织保障体系。各级工商行政管理机关按照总局的部署和要求,切实增强大局意识、服务意识和责任感与紧迫感,把流通环节奥运食品安全监管工作作为一项严肃的政治任务,摆在突出位置,及时召开会议,下发专门文件,制订方案,周密安排。各地还普遍成立了奥运食品安全保障工作领导机构,一把手亲自抓,分管领导具体抓,落实相关职能机构,一级抓一级,层层抓落实,为保障奥运食品安全提供了强有力的组织领导保障。北京市工商行政管理局对全系统执法力量和资源进行整合,全局上下齐动员,人人参战,组建奥运保障专业化团队,设立"市工商行政管理局奥运指挥中心"、"奥运食品安全指挥中心"、工商奥运保障前沿指挥中心,强化技术研发、培训及服务保障工作,完善了奥运食品安全监管的调度指挥体系,各项保障措施有力,落实到位,为保障首都奥运食品安全发挥了重要作用。

(2)狠抓奥运食品市场监管执法

一是认真组织开展奥运食品市场专项执法检查,严格规范食品经营秩序。各地和赛区城市工商行政管理机关组织力量,集中开展食品市场主体资格、食品质量和食品经营者建立并执行相关自律制度等专项执法检查,严格规范食品经营秩序。在奥运会前尤其是奥运会期间,各地突出城市、城乡结合部、农村等无照经营多发易发地区,赛区城市以奥运场馆、签约饭店、比赛路线和赛场周边以及旅游景区、车站码头、城乡结合部、繁华街道和交通枢纽等地区为重点区

域,深入开展食品市场主体资格专项执法检查,采取政府领导、部门联动、疏堵结合的方式,对各类食品经营主体进行反复的清理和规范,依法取缔和查处无照经营;以粮食、肉类、蔬菜、奶制品、饮料、酒类、禽蛋制品、调味品、休闲食品等奥运会期间消费集中的食品品种为重点,深入开展食品质量专项执法检查,加大食品质量监测和快速检测力度,依法退市1.2万公斤不合格食品;以巩固和完善食品经营者索证索票和进货台账制度为重点,深入开展经营者建立并执行相关自律制度专项执法检查,严把食品质量市场准入关,对39.15万户档案或台账登记不规范的经营户进行了规范,涉奥宾馆和饭店内的食品经营户100%建立了"两项制度",进一步落实了市场主办者的质量管理责任和经营者食品安全第一责任人的责任。上海市工商行政管理局把监管力量向奥运比赛场馆周边和重要商业中心区倾斜,以上海体育场区域为中心,由里到外划分为核心部位、外围区域、重点部位,实施责任区分类监管,切实加强对农产品批发市场、集贸市场以及商场、超市和食杂店的监督检查,保障了赛区食品安全。辽宁省及沈阳市工商行政管理局组织大型商场、超市向食品经营者发出"迎奥运、讲诚信、确保食品安全倡议书",把诚信经营作为经营者的自觉行动和自律准则。据统计,全国工商行政管理系统共取缔无照经营户12.8万户,吊销营业执照4 056户,捣毁制假售假窝点2 920个,其中赛区六城市共取缔无照经营户2.9万户,吊销营业执照920户,捣毁制假售假窝点702个。二是强化对流通环节奥运食品专营专供企业的监督,实行责任区和驻点式监管。各地和赛区城市工商行政管理机关将奥运食品专营专供企业作为监管的重中之重,根据当地政府和相关部门确定的涉奥食品供应企业,逐户调查摸底,建立监管台账和名录,对17户奥运食品专供企业实行工商行政管理机关属地管理责任区和派员驻点式监管,先后有近1 000名工商专管员24小时驻点式监控和巡查,监督和督促经营者对供奥食品实行专库、专柜、专档、专车、专人负责,严格实行

"五定四查",即确保专营专供企业定领导、定人员、定责任、定制度、定措施等"五定"落实到位,并通过检查涉奥企业主体资格是否合法有效,检查涉奥专供食品进销货是否有合法的购销合同,检查企业的食品质量是否合格,检查企业食品安全保障措施和责任是否落实等"四查",并采取了一系列有效措施及时发现和排除食品安全隐患,督促企业认真落实各项安全防范措施,对供奥食品做到批批检测,切实把好"人员关、进货关、保洁关、留样关和流转关",奥运会期间,供奥食品质量合格,没有发生二次污染和人为破坏。北京市工商行政管理局充分发挥牵头部门作用,协调建立了政府主导的奥运食品供应网络,运用先进的检测设备和科学的监控手段,实现高效能的奥运食品安全监管。在全国范围内遴选出296家专供奥运会的优质食品原材料生产基地,对进京奥运食品实行"点对点"供应和卫星定位与红外线全程监控,专人专车运输,对奥运食品生产基地、企业派员驻点监控,对奥运场馆、非竞赛场馆、签约饭店等供餐场所建立餐谱和原材料备案、食品留样、现场检查、驻点监控等制度,做到质量可控制、安全问题可追溯,确保了北京奥运食品安全万无一失。山东省及青岛市工商行政管理局在奥帆赛备案食品调剂供应商及应急供应渠道设立驻场指挥部,实行管理制度化、流程规范化、工作痕迹化、质量标准化、手段信息化的驻场监管"五化"工作法,对赛时专供食品和应急供应食品进行全方位、全品种、全过程、封闭式监管,确保所供食品100%安全达标。三是强化对食品超市、批发市场和食品店的监管,加大驻场管理和市场巡查力度。各地和赛区城市工商行政管理机关针对批发市场和超市食品点多面广和销售量大的特点,组织专门力量,对涉及的1 755个食品商场、超市和151个批发市场及重点食品店实行工商专管员驻场式监管,从开市到闭市进行全过程严密监控,健全和完善食品超市、批发市场和重点食品店各项食品质量管理制度,确保每一种食品来源清、可追溯,质量合格;根据食品不同来源、不同生产方式以及不同风

险度,有针对性地加强食品质量分类监管,强化食品质量监测和快速检测,实行批发市场、超市自检和工商行政管理机关抽检相结合的方式,严防不合格食品流入市场,并认真做好不合格食品的退市和有毒有害食品的销毁工作,确保上市食品合格、安全可靠。天津市工商行政管理局明确涉奥重点区域的责任分局,实行专人点位值守、专人定点监控、每日全天巡查,进行全方位监管,全力保障涉奥食品安全。河北省及秦皇岛市工商行政管理局从7月1日起对海阳、石桥、杨各庄3个农副产品批发市场实行"点对点、面对面"的驻场式监管,由市场主办方赛时对每一批次的蔬菜、肉类等进行自检,工商行政管理部门进行快速抽检。据统计,奥运期间,六个赛区城市工商行政管理机关快速检测食品34 301组,合格率99.5%,共退市不合格食品1.23万公斤。四是加大食品违法案件查办力度,严厉打击制售假冒伪劣食品等违法行为。奥运期间,各地和赛区城市工商行政管理机关普遍加大了食品违法案件查办力度,实行赛时快速立案、快速查处制度,赛区城市工商行政管理机关之间还建立了奥运食品安全办案协作机制,加强内部之间、部门之间、相邻省份之间的信息通报和横向联动,形成执法合力,严厉打击制售假冒伪劣食品、销售不合格食品、无证无照经营食品以及销售过期霉变、有毒有害、含有违禁药物食品以及食品的不正当竞争、商标侵权、虚假广告等违法行为,有力维护了奥运期间食品市场秩序。天津市工商行政管理局推行分局、工商所、网格监管员食品安全监管三级签章制度,对食品市场实施高密度、高强度监管,共查处制售假冒伪劣食品案件73件,案值12.58万元。海南省工商行政管理局在全省范围内对食用油市场进行了全面检查,共查扣没有相关手续及合格证明的散装食用油和棕榈油87.89吨。据统计,奥运期间,赛区城市工商机关共查处制售假冒伪劣食品案件205件。

（3）狠抓奥运食品安全预警和防范机制

各地和赛区城市工商行政管理机关结合本地实际,制定了奥运会期间流通环节食品安全突发事件应急预案,有效防范和应对食品安全突发问题,赛区城市工商行政管理机关还在工商系统内部以及与外部门联合的方式进行了多次食品安全应急演练,分别建立和落实了应急机构、队伍、车辆、物资和设备,消除不安全隐患833起。同时,在奥运会期间,从国家工商行政管理总局到各级工商行政管理机关层层建立和实行了信息逐级报告、协作通报、统计报表、24小时值班、重大事项报告、信息发布六项制度。国家工商行政管理总局领导班子各成员及相关司、处级干部24小时在岗值班,涉奥食品安全保障工作的领导和干部不休假,安排了一批备勤人员,时刻应对和处置突发问题。各级工商行政管理机关分别层层落实了值班和备勤力量,各级领导干部靠前指挥,深入一线,检查指导工作。各赛区城市工商行政管理机关赛时每日向国家工商行政管理总局上报流通环节奥运食品安全监管工作情况,国家工商行政管理总局及时向北京奥运会食品安全工作协调小组上报动态。各地进一步完善和畅通"12315"申诉举报网络,加大"12315"网络进商场、进超市、进市场、进赛场、进宾馆的工作力度。各赛区城市工商行政管理机关突出涉奥重点区域,在醒目位置张贴中英文"12315"提示牌,加强对"12315"工作人员的培训力度,通过招募上百个志愿者或与翻译公司联合等方式,提供外语接线服务,方便中外消费者申诉举报,"12315"申诉举报电话赛时实行24小时人工值守,及时化解消费纠纷,有效保护了国内外消费者的合法权益,维护了赛时社会的和谐稳定。北京市工商行政管理局成立了奥运食品安全应急指挥部,规范各类事件的报告处置流程并开展应急演练,"12315"投诉中心和部分涉奥分局启动外语服务志愿者联络机制,并强化对消费热点问题的监控,通过高效率的督办、反馈机制,确保了涉外消费纠纷及时、妥善解决。上海市工商行政管理局组建专门的应急处置机动队伍,拓展"12315"热线服务功能,实行24小时全天候接听,懂外语的接线员上岗,夜间领导带班,对涉奥运动员、运动员家属和工作人员的申诉,第一时间受理、第一时间转办、第一时间解决,确保在第一时间内对各类突发事件做出快速反应。据统计,奥运会期间,全国工商行政管理机关共受理和处理消费者申诉举报 3.4 万件,其中赛区城市 4 034 件(涉外 12 件),为消费者挽回经济损失 3 100 万元,其中赛区城市 126.32 万元(涉外 1.6 万元)。

(4)狠抓奥运食品市场各项保障的督导和检查

各地和赛区城市工商行政管理机关层层强化领导监管责任制、属地监管责任制以及各职能机构的监督检查指导责任制,严格责任追究制度,明确工作目标和工作要求,加强督导和检查,确保各项工作落实到位。总局局长周伯华亲自带队,组织相关司局,先后于 4 月和 7 月两次集中时间对奥运赛区城市流通环节奥运食品安全监管工作进行全面督导和检查,共检查基层工商所 32 个,商场、超市、批发市场、集贸市场、食杂店、奥运专供企业 100 多家,并及时向全系统进行了两次通报,编发了 30 期简报,肯定成绩,指出问题,提出要求,指导工作。奥运会期间,总局还对各赛区城市和部分省市落实 24 小时值班以及信息畅通等情况进行了电话抽查和明查暗访。8 月 14 日,总局还向赛区城市工商行政管理机关发出慰问信,勉励广大工商干部更加努力地做好奥运会期间食品市场监管执法工作。各地工商行政管理机关特别是赛区城市工商行政管理机关的领导,实行分层分片包干和蹲点式的办法,深入基层,靠前指挥,有效确保奥运食品安全保障的组织领导、工作任务、工作措施、工作责任、人员力量和经费保障等落实到位。

(5)狠抓奥运食品市场监管的责任追究

国家工商行政管理总局认真履行监督检查和指导的职责,以明确职责任务,强化责任追究为主要措施。形成了切实保障流通环节奥运食品安全的监管合力。企业局、外资局、个体司加强对涉奥食品市场主体登记管理工作,严把食品生产经营企业和个体工商户的市场准入关,加大督查取缔无照经

营的力度,确保奥运食品经营者主体资格合法有效;消保局加强流通环节食品质量和食品经营者的监督管理工作,特别是奥运专营专供企业和超市、食品店等食品质量监管,并落实定点和驻点式监管,依法查处食品质量违法案件,打击制售假冒伪劣食品的违法行为,依法保护消费者合法权益;市场司加强食品批发市场、集贸市场的监管和落实驻场式管理工作;公平交易局、商标局、广告司分别加大对食品不正当竞争、食品商标侵权、食品虚假广告特别是奥运食品虚假宣传的查处力度;直销局加强对食品直销行为的监管和规范,坚决打击非法传销;宣传中心加大对全系统流通环节奥运食品安全监管工作成效、措施和典型经验的宣传力度,对新闻媒体反映的问题要会同相关业务司局快速应对、及时反馈;信息中心为奥运食品安全监管提供技术支持,确保信息网络的畅通。奥运会期间,国家工商行政管理总局建立 24 小时值班制度和重大事项每日报告制度,实行总局向国务院办公厅每日零报告制度,31 个省、自治区、直辖市工商行政管理局给总局的定时报告制度和赛区城市向总局的重大事项每日零报告制度。各地工商行政管理机关建立健全责任制度,逐级层层签订责任书,强化了属地监管领导责任制、内设机构指导监督责任制、基层工商所岗位责任制,把监管任务和责任切实落实到基层工商所,做到任务到岗、责任到人。河北省工商行政管理局实施了"四个确保"(确保奥运专供食品质量安全;确保奥运会期间流通环节食品安全;确保奥运会期间流通环节不发生重大食品质量安全事故;确保发生食品安全突发事件能够及时有效处置)、"五个到位"(全省食品经营户 100% 取得营业执照;所有食品经营户建立健全索证索票、进销货台账等自律制度;基本建立食品经营主体、食品品种和食品监测数据库;完成行政村"一村一户"示范店;对农村大集食品安全监管到位)为具体的工作目标和要求的责任追究机制。青岛市工商行政管理局专门制订了行政效能监察方案,由纪检监察部门组织对奥运食品安全监管情况进行跟踪监督,凡

因履行职责不力、监管不到位、工作不落实造成严重后果的,严格追究责任。

三、全面落实《国务院关于加强食品等产品安全监督管理的特别规定》,扎实抓好流通领域食品安全监管工作

根据2008年1月16日国务院召开的全国产品质量和食品安全专项整治行动总结电视电话会议和全国工商行政管理工作会议要求,全面落实《国务院关于加强食品等产品安全监督管理的特别规定》,全国工商行政管理机关认真落实国家工商行政管理总局的部署,通过巩固专项整治成果、强化专项执法检查、加大食品安全信息化建设、加强日常规范管理等工作,流通环节食品安全监管力度不断加大,食品安全监管工作水平不断提升。

(一)全面部署,明确提出了做好流通环节食品安全监管的总体要求

国家工商行政管理总局于2008年1月30日在北京召开了全国工商行政管理系统流通环节产品质量和食品安全工作会议,会议要求全国工商行政管理机关深入贯彻党的"十七大精神",努力做到"四个统一",即增强大局意识,努力做到加强食品安全监管与促进科学发展相统一;增强责任意识,努力做到加强食品安全监管与消费维权及促进社会和谐相统一;增强服务意识,努力做到加强食品安全监管与推进改善民生相统一;增强法制意识,努力做到加强食品安全监管与依法行政和加强执政能力建设相统一。不断增强做好食品安全监管工作的紧迫感和责任感。根据党中央、国务院的统一部署和总局的工作安排,2008年流通环节食品安全监管工作的总体要求是:以邓小平理论和"三个代表"重要思想为指导,全面落实科学发展观,深入贯彻党的"十七大精神",按照中央经济工作会议、国务院产品质量和食品安全专项整治总结电视电话会议以及全国工商行政管理工作会议精神的要求,紧紧围绕保障流通环节产品质量和食品安全,在巩固专项整治成果和创新、规范、提高与构建长效管理机制上下工夫,努力做到监管与发展、服务、维权、执法的统一,扎实推进

制度化、规范化、程序化、法治化建设,不断提高食品安全监管效能和水平,切实维护食品市场秩序和消费者合法权益,为促进经济社会又好又快发展做出新的贡献。

(二)流通环节食品安全监管索证索票和进货台账制度建设取得了新的进展

各地继续按照《国务院关于加强食品等产品安全监督管理的特别规定》和《关于规范食品索证索票制度和进货台账制度的指导意见》,结合本地工作实际,本着确保可追溯和方便易行的原则,通过分类指导和监督检查的方式和方法。一是进一步完善索证索票制度的具体要求和进货台账制度的具体内容,严格规范"两项制度"的格式文本。对商场、超市重点监督其从内部连锁配送到自行采购的所有食品建立健全"两项制度",切实做到票证齐全,台账规范,涉及经营的食品其供货商主体资格合法,检验报告有效,食品质量合格;对商场、超市现场制作的食品和内部加工的熟食品,引导和监督其建立健全质量管理制度,明示配料成份和保质期,依法、科学、规范经营和退市;对批发市场、集贸市场,在落实市场开办者对入场销售者建立和执行"两项制度"的监督检查责任的同时,又要强化入场销售者建立健全和执行"两项制度"的责任,引导和监督批发市场和集贸市场开办者围绕入场销售者的主体资格有效证件和货源渠道证明建立管理台账制度,鼓励和支持市场开办者建立食品自检室,严把入市食品质量关。监督市场开办者对入场销售者逐户检查建立和规范索证索票和进货台账制度,做到证件、资料齐全有效。对食杂店,重点检查其按照要求执行"两项制度"情况,尤其是票证档案和进货台账的使用和保管情况,切实提高了"两项制度"的针对性、可操作性和实效性。截至2007年底,全国县城以上城市的17.3万个批发市场、集贸市场、商场、超市100%建立了进货索证索票制度,这些市场都与食品种植养殖基地和生产加工企业建立了"场厂挂钩"、"场地挂钩"等协议准入制度,有10万个市场还建立了质量管理员制度和质量自检制度;全国有269.6万个乡镇食杂店、街

道食杂店、社区食杂店100%建立了进货台账制度。"两项制度"已呈现出逐步由城市和县城扩大到广大农村，由主要监管大中城市的商场、超市、批发市场、集贸市场扩大到监管县城以下各类市场以及乡村食杂店的发展趋势。二是建立食品流通索证索票电子台账信息系统。索证索票和建立进货台账是食品经营者的一项法定义务。建立食品流通索证索票电子台账信息系统，是健全和完善食品流通全过程监管体系和追溯链条的基础性工作，也是工商行政管理机关实施食品安全网上监管的重要举措。《国务院关于加强食品等产品安全监督管理的特别规定》要求食品销售者应当审验供货商经营资质，建立进货台账。国家工商行政管理总局《关于规范食品索证索票制度和进货台账制度的指导意见》对此进行了进一步细化。在全国工商行政管理局长座谈会上，局长周伯华明确指出，要"严格落实食品安全索证索票和购销台账制度，并积极推进建立电子台账"。总局《关于积极推进流通环节商品质量和食品安全监管信息化网络建设工作的意见》提出，要开发商品质量监控软件，引导和督促经营者建立索证索票电子档案和电子进货台账，通过建立与经营者内部商品质量计算机管理系统的连接，为促进网上监管提供条件。为此，各级工商行政管理机关将其作为巩固专项整治成果、完善食品安全监管长效机制的新举措和食品安全信息化网络建设的重要内容，以"建设高素质的队伍、运用高科技的手段、实现高效能的监管、达到高质量的服务"为目标，积极推进食品流通索证索票电子台账信息系统建设。安徽省工商行政管理局在全省实施"诚信通"食品安全电子监管备案查询系统监管模式，通过"食品安全基础资料信息库基地"，将全省95%以上食品及食品经营者纳入"诚信通"构建起的电子互动查询备案维权网络系统，形成了以"两项制度"为核心的食品安全快速应急反应机制，已录入7 400多家食品经营企业销售的53 000余种食品近33万条信息。新疆自治区工商行政管理局从食品批发市场入手，采取"大备案、一单通"的方式，即食品批发商严格按照"两项制度"的要求，将法定的自律义务及要求信息录入统一的"大备案"系统，食品批发商出具统一的销售单，零售商作为进货台账使用。"两项制度"的电子化管理，既有效解决了"两项制度"实施过程中存在的成本等问题，又提高了食品安全信息化监管水平，进一步提高了索证索票和进货台账制度规范化水平。

（三）流通环节食品安全日常监管规范化制度建设进一步提升

一是强化了食品市场日常巡查制度规范化建设。各地充分发挥基层工商所作用，创新市场巡查方式，通过进一步完善监管档案，并与信用分类监管相结合，突出食品市场巡查重点，着力解决重点市场、重点区域和重点食品经营企业的突出问题，建立健全以监管片区责任、食品经营者经济户口管理、食品经营者信用分类监管等制度为基础的食品市场日常规范管理机制，切实提高市场巡查的针对性和有效性。二是强化了食品质量监测制度规范化建设。各地按照工商行政管理机关抽检、企业自检、消费者送检的要求，继续加大食品质量监测力度，突出抓好定向监测、跟踪监测和基层工商所快速检测。总局每年安排多种食品实施全国统一监测，各地结合本地实际，突出群众日常生活必需、市场销售量大的食品，以及消费者反映问题多的食品，强化食品质量监测工作，及时进行消费提示和警示，有针对性地加强市场监管和会同相关部门进行源头治理。自2001年至2007年，国家工商行政管理总局共监测192食品，食品抽样23 633组数、食品合格18 371组数，食品合格率为77.74%。三是不合格食品的退市制度规范化建设。结合食品质量监测，狠抓问题食品和不合格食品的退市工作，进一步完善行政强制退市和经营者主动退市、协议退市相结合的管理机制。会同有关部门加强对不合格食品退市后的处理，探索了建立统分结合的无害化处理责任制度，在市场内实行市场开办者、入场销售者及工商所三方监督退市机制，凡是应该销毁的由三方共同监督销毁。监督食品经营者建立退市食品档案，记录品名、数量、生产者、经营者和退市原因等信息,加大对退市食品的跟踪监管力度,严防退市后改换包装再次上市销售。截至2008年6月,全国工商行政管理机关共退市不合格食品0.49万吨。四是强化食品分类监管制度规范化建设。针对流通环节食品的不同来源、不同生产方式以及不同风险度,有针对性地加强分类监管。对农产品、水产品、畜产品,重点监管和防止农药兽药残留、甲醛含量、水分含量超标等问题,以及瘦肉精、注水肉等问题;对包装食品,重点监管其质量合格证、保质期、添加剂、理化指标等问题;对散装食品以及现场加工制作食品,重点监管其配料成分、微生物含量以及禁用工业化学品、添加剂、保质期等问题;对进口食品,重点监管其质量合格证、保质期、进口相关手续和有效成分含量等问题。四是强化查办食品违法案件规范化建设。各地充分运用《国务院关于加强食品等产品安全监督管理的特别规定》赋予的执法手段,进一步建立和完善查办食品违法案件的规范化制度建设,构建了以督查督办、区域协作、部门配合、预警防范等为基础的严厉打击制售假冒伪劣食品规范化机制。

(四)积极构建食品安全长效监管机制,努力提高监管工作制度化、规范化、程序化和法治化水平

各地工商行政管理机关按照"工商监管、行业自律、社会监督"的要求,以建立健全"五大体系"为抓手,着力构建食品安全长效监管机制,切实提高食品安全监管的制度化、规范化、程序化和法治化水平。一是建立健全市场监管执法体系,不断提高食品安全监管执法的规范化水平。各地工商行政管理机关根据《国务院关于加强食品等产品安全监督管理的特别规定》和相关的法律法规赋予的监管食品安全的职责,围绕严格市场主体准入、监管食品等产品质量、规范经营行为,建立和完善监管执法制度和体系,并结合监管工作,在实践中不断完善制度,进一步建立和完善以食品生产经营主体准入制度、市场巡查制度、经营者和市场信用分类监管制度、商品质量监测和分类管理制度、不合格食品等产品退市制度、产品质量和食品安全信息公示制度等为基础的市场监管执法体系,初步形成了用制度巩固成果和规范执法行为,为依法监管提供制度保障。二是建立健全经营者自律体系,不断提高食品经营者的守法经营水平。各地工商机关在确保经营者建立健全并执行索证索票、进货台账制度的同时,进一步引导食品等产品经营者建立和完善购销台账制度、不合格食品等产品退市制度、质量承诺制度和市场开办者质量责任制度,切实用制度规范经营者经营行为,从进货、储存和销售等各环节严把食品质量关。鼓励和引导批发市场、集贸市场、超市与食品等产品种植养殖基地和生产加工企业建立健全"场厂挂钩"、"场地挂钩"等协议准入制度,注重源头把关和治理。积极开展创建示范店、示范市场、示范超市等活动,充分发挥典型的示范带动作用。积极引导和监督经营者建立健全购进、储存、销售和不合格商品退市等环节的食品安全、产品质量内部监控体系,有条件的超市、批发市场、集贸市场和大型商业企业应当逐步实行计算机网络化管理,进而与基层工商所进行信息化网络对接,为实现网上监管食品安全和产品质量奠定基础。同时,创造条件,鼓励和引导超市、批发市场和集贸市场建立食品质量管理员制度和质量自检制度,不断提高经营者自律能力,切实对消费者负责。三是建立健全社会监督和协作体系,不断提高对食品安全的社会监督水平。各地工商行政管理机关强化协作意识,建立部门协作制度,加强与有关部门的协作配合,积极有效解决食品安全监管接口对接问题,完善沟通渠道,形成执法合力。建立与各级消费者协会和有关行业组织的情况通报制度,充分发挥消协组织的社会监督和行业组织的自律作用。在进一步扩大"一会两站"建设的基础上,建立食品安全义务监督员和特邀监督员制度,大力推进"12315"网络进社区、进村镇、进学校、进市场、进商场、进超市,充分发挥网络监督作用,方便广大消费者就近申诉举报,及时跟踪依法查处。建立与新闻媒体的沟通协作

制度,及时通报工作情况,听取食品市场监管的建议和意见,充分发挥新闻媒体的舆论监督和宣传引导作用,适时曝光违法典型,努力营造良好的舆论和社会环境。四是建立健全食品安全信息化网络体系,不断提高食品安全监管的现代化水平。各地工商行政管理机关高度重视食品安全监管信息化网络体系建设,将其作为提升监管能力的一项重要任务来抓。国家工商行政管理总局制定下发了《关于积极推进食品安全和商品质量监管信息化网络建设工作的意见》。各地在信息网络化建设中,按照"统一标准、整合资源、扩大功能、优化流程、信息共享"的原则进行统筹规划,依据"金信"工程总体部署和《"12315"信息化网络技术方案》的要求认真组织实施。在食品安全监管信息化网络体系建设中,各地工商行政管理机关紧紧围绕食品市场准入、仓储、销售、退市的全过程进行信息化监管,逐步实现从总局到工商所五级纵向贯通和内部职能机构之间横向连接,建立相对独立的食品经营主体数据库、食品商品数据库、食品质量监测数据库和食品质量监管技术支撑数据库,并逐步实现与有关部门、消费者协会、行业组织等网络资源共享,与经营者和市场的内部质量安全管理网络相对接,努力实现网上咨询、发布、调度和监管,全面提升食品安全监管效能和现代化水平。五是建立健全预警和应急处置体系,不断提高应对食品安全突发问题的能力与水平。国家工商行政管理总局始终把建立健全预警和应急处置体系,不断提高应对产食品安全突发问题的能力与水平作为食品安全监管的关键环节来抓。先后制定下发了《工商行政管理系统市场监管应急预案》、《工商行政管理系统重大食品安全事件应急预案》规范性文件。基本构建了工商行政管理系统流通环节重大食品安全事故应急工作范围及标准、应急处理指挥机构设置及其职责、应急响应要求、报告及监测与预警、后期处置、应急保障、预案管理与更新等制度规范体系。据此,各地工商机关也制定了应急预案,逐步建立起流通环节食品安全预警防范和应急处置体系,在实践中

进一步对已制定的预案进行修订和完善,使之更符合本地预警和处置食品安全和商品质量突发事件的需要。同时,建立应急预案的演练制度,不断提高实战能力和水平。建立健全应急系统的检查制度,定期检查应急机构、队伍、车辆、物资、设备的状况,确保应对突发性事件时通信畅通、指挥灵敏、行动迅速、应对及时。建立健全应急预案的快速启动制度,确保一旦发生突发事件时能按照预案要求采取行动,能够迅速妥善处置突发问题,为有效防范和切实保障市场消费安全奠定基础。自2004年以来先后及时应对和处置了阜阳奶粉事件、广州毒酒事件、四川链球菌事件、北京含苏丹红辣椒酱事件、河北含苏丹红红心鸭蛋事件、上海不合格多宝鱼事件、湖北含苏丹红辣椒粉事件、山东非法加工豆制品事件、江苏劣质肉松事件、新疆边销茶事件、青海和四川成都"清真肉"事件及河北省"黑心肉"案、8省市含"苏丹红"辣椒面案、广西及湖北"苏丹红"辣椒面案、北京市水产品霍乱污染案、辽宁省毒驴肉案及美国问题花生酱案、北京500公斤"稻香村"霉变月饼案、河北等三省"亚硝酸盐食物中毒"案等重大事件和案件。

第五节　不断开展服务市场专项整治和监管,扎实推进服务领域消费维权工作

工商行政管理机关是承担服务消费维权职责的重要部门之一,多年来,采取有效措施,为开展服务消费维权做出了积极的贡献。

一、加强对服务行业保护消费者权益工作的探索

随着消费者权益保护工作力度的不断加强,工商行政管理机关服务消费维权工作取得了一些成绩,但与经济的迅速发展、服务消费领域的拓展和消费者的需求是不相适应的。尤其在服务消费维权方面出现大量的新问题、新情况,使工商行政管理机关不断遇到许多诸如职能定位不清、监管范围模糊、执法依据不足等问题,这些问题的存

在既增加了消费者保护工作的难度和深度，也使广大消费者的合法权益难以得到有效保护。如2005年在全国工商行政管理机关消费者申诉十大热点中，服务业就占了其中的五大热点(电信服务、居民服务、修理维护服务、互联网服务、文化娱乐服务)，服务领域维权申诉数量占全部申诉数量的23%，仅就移动电话来说，2004年全国手机投诉总量为70 147件，占当年全国总投诉量的9.69%；2005年全国手机投诉总量77 945件，占当年总投诉量的11.07%；2006年全国手机投诉总量83 996件，占当年总投诉量的11.96%。这些行为具体表现为服务行业内自律性不强、市场不规范、行业垄断严重、信用严重缺失、标准规范稀缺、市场准入不完善、法规制度不健全及与国际惯例差距较大等。因此，2006年国家工商行政管理总局提出"特别要突出抓好重点商品和服务行业保护消费者权益工作，进一步提升消费维权水平"的工作思路。

(一)加强服务领域消费维权探索与研究

2006年国家工商行政管理总局专门成立了由总局领导牵头，消费者权益保护局和市场研究中心组成的"工商行政管理机关开展服务消费保护面临的形势、任务、问题及对策"课题研究组，进一步加强对服务行业保护消费者权益工作的研究和探索，完成了《建立健全服务业消费者权益保护机制研究课题报告》(以下简称《调研报告》)。该《调研报告》认为，工商行政管理机关作为重要的市场监管和行政执法部门，在创造和维护良好的市场秩序，构建和谐社会方面承担着重要的职责。随着我国市场经济的快速发展，特别是在与国际经济广泛接轨过程中，消费领域出现了向各类服务业、尤其是新兴服务业拓展的新趋势，随之服务业消费者权益保护方面也出现了许多新问题和新情况，严重地影响了市场秩序的繁荣和稳定。面对这些问题，工商行政管理机关不断转换观念，积极探索和创新监管机制，一方面采取适当措施，放宽市场准入门槛，降低服务业进入成本等，为服务业的扩大开放、深化改革和竞争发展创造良好的外部环境；另一方面在扶持其迅速发展的同时，加大打击和监管力度，积极保护服务业消费者的合法权益，努力构建以人为本、和谐消费的市场环境。这次调查研究对工商行政管理机关推动服务领域消费维权奠定了很好的基础。国家工商行政管理总局高度重视该《调研报告》的建议，于2007年又专门成立了由国家工商行政管理总局消费者权益保护局、中国消费者协会和中国消费者报组成的"服务领域消费者权益保护研究"课题组，并邀请有关专家、学者和系统干部参加，先后召开了两次共8个调研会，走访了多家服务企业和行业协会，针对服务领域中的消费者权益保护问题展开系统深入的调查研究，重点研究推进工商监管、经营者自律、社会监督"三位一体"的服务领域消费维权长效监管体系建设的措施和办法，进一步推动服务领域消费维权工作的发展。北京、上海、广州市，浙江、江苏、辽宁、河南、陕西省，内蒙古自治区工商行政管理局，在国家工商行政管理总局的指导下，在广泛开展调研工作的基础上也进行了调研。此外，国家工商行政管理总局还举办了全国工商行政管理系统服务领域消费维权工作培训班，要求各级工商行政管理机关要从坚持"三个代表"重要思想，全面落实科学发展观和构建和谐社会的高度，深刻认识服务行业保护消费者权益工作的重要意义，真正把这项工作摆上重要的议事日程。对服务业维权中的一些焦点、热点、难点问题，必须高度重视，切实妥善解决，充分发挥好政府的主导作用，创新方式方法，提升服务消费维权水平。

(二)服务领域消费维权工作的主要成效

各级工商行政管理机关为了进一步保护服务业消费者的合法权益，根据形势发展的要求，充分发挥工商行政管理职能作用，逐步探索出一些新的监管模式和方法，并取得了初步成效。一是建章立制，不断健全维权机制。充分发挥市场各个主体的作用，以制度规范行为，调动多方积极因素，逐步健全服务业维权机制。(1)开展服务消费领域"维权反欺诈"专项检查活动。集中对通信、餐饮、美容美发、旅游等行业分别进行专项检查，严格规范服务领域经营行为，严肃查处各种侵害消费者权益的违法行为，大力营造良好的服务消费环境，确保人民群众消费安全。(2)以加强合同监管为抓手，积极开展格式合同点评。各地工商行政管理机关会同消费者协会以合同监管为抓手，大力推进服务领域消费合同的制订、规范工作。首先以重点行业、重点领域为突破口，先后对保险业、航空业、房地产业开展了格式合同的点评，产生良好的社会反响，被点评的行业也积极给予了回应，自觉对一些"不平等格式条款"进行了取消和修改，受到了人民群众的热烈欢迎。(3)以建立多种投诉举报渠道为推动，方便服务领域消费申诉。工商行政管理机关通过"12315"申诉举报中心的建设，建立了消费者投诉、咨询的平台。通过消费维权网，设立公开的网站，实行24小时网上受理投诉，定期发布服务消费警示，进一步加大了服务业消费维权工作宣传的力度，通过网站与社会各界进行互动，科学引导消费，为服务业消费维权工作的开展打下坚实的基础。

(三)加强服务领域消费维权对外交流

随着经济全球化和互联网的不断发展，跨国旅游、网上购物、售后服务等服务消费领域侵害消费者权益的行为越来越突出，服务领域中侵害消费者权益问题已成为一个不容忽视的国际问题。这表明解决跨国消费纠纷的任务日趋重要，不仅涉及对外贸易，而且也事关消费者权益的保护。国家工商行政管理总局于2005年加入国际消费者保护与执法网络，有利于我国了解服务领域等国际消费维权规则，同时，不断借鉴成功经验，完善我国消保法律制度和执法体系，使我国服务消费维权工作更好地融入国际交流合作之中。再如中、日、韩三国消费维权合作交流机制的建立，为相互之间进行消费者权益保护的执法信息和业务交流、制止跨国违法经营活动、协调处理跨国消费纠纷案件、开展消费者权益保护的双边和多边合作建立了交流平台，是开展国际消费者权益保护的运动有效探索。另一方面进一步强化消费教育宣传，努力营造良好的服务消费维权市场环境。始终把消费教育作为服务消费者权益保护工作的重要任务来抓，通过对广大生产经营者开展消费教育，增强自律能力，以其合格的规范的服务切实对消费者负责；通过对广大消费者开展消费教育，增长消费知识，科学合理消费，提高自我保护意识和依法维权能力；通过对执法人员开展消费教育，更好地履行法定职责，依法保护好服务领域消费者合法权益；通过对消费者协会、行业组织和新闻媒体开展消费教育，更好地发挥了行业自律、社会监督的职能作用，营造良好的舆论氛围，进一步提高服务消费维权工作的整体水平。2007年国家工商行政管理总局专门组团对西班牙、葡萄牙、英国和国际消费者联合会服务领域消费维权工作进行了考察。考察团初步了解了所到国服务消费维权法律体系、工作机制、方式方法、经验成果等基本情况，就开展双边消费者权益保护工作合作达成共识，取得了积极的成果。

二、不断建立和完善服务消费维权具体办法和措施

为了全面落实党中央、国务院关于发展服务行业，保护消费者权益的战略决策，建立健全服务领域维权长效机制，全面提升服务消费保护工作水平。国家工商行政管理总局在不断推进《消费者权益保护法》等法规的修订完善工作的同时，有针对性地健全和完善服务市场主体准入制度、商品准入制度、市场监管制度、经营者信用体系制度、经营者自律制度、消费者申诉举报制度、社会监督制度等，为服务消费维权长效机制的建立提供制度保障。先后颁布了《部分商品修理更换退货责任规定》、《农业机械产品修理、更换、退货责任规定》、《移动电话机商品修理更换退货责任规定》、《固定电话机商品修理更换退货责任规定》及《洗染业管理办法》等规章制度，并于2008年发布了《国家工商行政管理总局关于促进服务业发展的若干意见》。

（一）加强服务领域消费维权规章制度建设

1.《部分商品修理更换退货责任规定》的主要内容

为了切实保护消费者的合法权益,完善产品质量责任制度,国家经济贸易委员会、国家质量技术监督局、国家工商行政管理局、财政部于 1995 年 8 月 25 日颁布了《部分商品修理更换退货责任规定》(以下简称《责任规定》)。《责任规定》是依据《消费者权益保护法》和《产品质量法》而制定的配套行政规章,是对《消费者权益保护法》第 45 条有关三包责任的细化。三包,即包修、包换、包退,是指销售者、修理者、生产者对消费者购买的商品发生质量问题后应当承担的修理、更换、退货的责任。

（1）《责任规定》确定了实行三包商品的范围。《责任规定》公布了第一批实施三包目录的商品有:自行车、彩色电视机、黑白电视机、家用录像机、摄像机、收录机(含音响)、电子琴、家用电冰箱(含冰柜)、洗衣机、电风扇、微波炉、吸尘器、家用空调器、吸排油烟机、燃气热水器、缝纫机、钟表、摩托车(含残疾人三轮摩托车),共 18 种。列入目录的产品实行“谁经销谁负责三包”的原则,销售者与生产者、销售者与供货者、销售者与修理者之间订立的合同,不得免除国家规定的三包责任和义务。同时鼓励销售者、生产者制定高于《责任规定》的实施细则。

（2）《责任规定》进一步明确了销售者、修理者、生产者承担的责任和应履行的义务。销售者不能保证实施三包规定的,不得销售目录所列产品;销售者应保持销售产品的质量;修理者不得使用与产品技术要求不符的元器件和零配件,保证修理后的产品能够正常使用 30 日以上;修理者应承担自身修理失误造成的责任和损失;生产者自行设置或者指定修理单位的,必须随产品向消费者提供三包凭证,修理单位的名单、地址、联系电话等;生产者应保证在产品停产后 5 年内继续提供符合技术要求的零配件;销售者、修理者和生产者应妥善处理消费者的查询、投诉,并提供服务。

（3）《责任规定》界定和量化了三包责任的条件和要求。产品自售出之日起 7 日内,发生性能故障,消费者可以选择退货、换货或修理;产品自售出之日起 15 日内,发生性能故障,消费者可以选择换货或者修理;在三包有效期内,修理两次,仍不能正常使用的产品,凭修理者提供的修理记录和证明,由销售者负责为消费者免费调换同型号同规格的产品或依有关规定退货;三包有效期自开具发票之日起计算;折旧费计算自开具发票之日起至退货之日止,均应扣除修理占用和待修的时间。

2.《农业机械产品修理、更换、退货责任规定》的主要内容

为维护农民的合法权益,明确农业机械产品销售者、修理者、生产者的修理、更换、退货(以下简称为三包)责任义务,1998 年 3 月 12 日,国家经贸委、国家质量技术监督局、国家工商行政管理局、国内贸易部、机械工业部、农业部颁布了《农业机械产品修理、更换、退货责任规定》(以下简称《责任规定》)。《责任规定》是依据《消费者权益保护法》和《产品质量法》而制定的配套行政规章,是对《消费者权益保护法》第 54 条的细化。该《责任规定》与《部分商品修理更换退货责任规定》相比较,照顾了农业生产季节性强、农机使用集中等特点,除了坚持“谁销售谁负责三包”的原则,以及对销售者、修理者和生产者原已规定的义务全部保留外,又规定了更加严格的责任,分别规定销售者、修理者和生产者在农忙季节应当有及时排除主要农机产品故障的措施和能力。纳入实行三包目录的农业机械有:拖拉机、收获机械机、内燃机、排灌机械、农用运输械机等共 12 大类、55 种产品。对农业机械产品退货的期限进一步放宽,规定在 15 日内按照不同类型的故障,农民可以要求退货,销售者应当负责为农民免费退货。同时还规定,销售者对于农民的三包要求应于 7 日内提出处理意见,超过 7 日未作答复或者未按答复意见处理的,农民可以依有关规定处理,由此发生的费用(包括通讯费、运输费、1 至 2 人车船费和住宿费、修理费、更换零部件

费)由销售者承担。这样《责任规定》就进一步加大了对农民合法权益的保护力度。

3.《移动电话机商品修理更换退货责任规定》、《固定电话机商品修理更换退货责任规定》主要内容

随着国民经济的不断增长、人民生活水平日益提高和通信事业的迅速发展,到2007年我国移动电话拥有5亿用户,已成为消费者的基本通信方式;固定电话已在城市家庭中普及。然而,在通信产品市场成长过程中,由于市场管理的法律法规不够健全,经营行为不尽规范,有关的监督管理又没有及时跟上,移动电话和固定电话的销售、修理市场比较混乱,产品质量问题较多,假冒产品屡禁不止,消费者依法要求修理、更换、退货得不到兑现的事情多有发生。手机修理难、退货难的问题已成为社会关注的热点之一。据工商行政管理机关"12315"消费者申诉举报网络受理消费者申诉情况分析显示,自2001年以来有关手机的申诉量成为各类申诉的首位。根据广大消费者普遍要求,为了维护移动电话、固定电话消费者的合法权益,国家质量监督检验检疫总局、国家工商行政管理总局、信息产业部于2001年9月17日颁布了《移动电话机商品修理更换退货责任规定》、《固定电话机商品修理更换退货责任规定》(以下简称两个"三包"规定)。两个"三包"规定对《消费者权益保护法》和《产品质量法》的有规定进行了细化,进一步明确了生产者、销售者、修理者的责任,对移动电话和固定电话的修理、更换、退货作了具体的规定,对于保护消费者的合法权益,维护经营者的合法权益,整顿和规范通信产品的市场秩序将起到重要作用。移动电话和固定电话的用户是一个巨大的消费群体。两个"三包"规定把手持移动电话机、车载移动电话机、普通电话机、无绳电话机、电池、外接有线耳机、来电显示器等17种通信产品纳入三包的范围,并对有关修理、更换、退货的适用范围、责任原则、具体条件、操作程序以及争议解决等问题作了明确的规定。两个"三包"规定是一个行政规章,与某些企业和个体经营业户向消费者作出的个别修

理更换退货的承诺不同,它具有普遍的约束力,即对所有从事移动电话和固定电话经营的生产者、销售者、修理者都有强制力,有关经营活动必须按照这两个"三包"规定执行。

(二)加强促进服务领域行业发展的政策措施建设

为了认真贯彻落实《国务院办公厅关于加快发展服务业若干政策措施的实施意见》(国办发[2008]11号),充分发挥工商行政管理职能,促进服务业又好又快发展,2008年发布了《国家工商行政管理总局关于促进服务业发展的若干意见》(以下简称《意见》)。要求各级市工商行政管理局充分认识加快发展服务业的重要意义,加快发展服务业特别是现代服务业;要求各级市工商行政管理局放宽市场准入,大力培育服务业市场主体;要求各级市工商行政管理局发挥职能作用,为服务业发展积极提供服务;要求各级市工商行政管理局强化市场监管,为服务业发展创造良好环境;要求各级市工商行政管理局加强组织领导,把促进服务业发展落到实处。

三、不断开展服务领域消费者权益保护专项执法活动

自2003年以来,全国工商行政管理机关紧紧围绕服务行业快速发展的形势,把加强服务领域消费维权工作作为市场监管执法的一项重要任务,突出重点,开展专项整治,共查处服务领域消费侵权案件14.8万件,有效地保护了消费者合法权益。

(一)开展服务消费领域"维权反欺诈"专项检查行动

2003年2月21日国家工商行政管理总局下发了《关于深入开展"维权反欺诈"活动,做好服务领域专项执法检查工作的通知》(工商消字[2003]等2号),全面部署了在服务消费领域深入开展"维权反欺诈"专项检查行动,要求工商行政管理机关在3月至9月集中对餐饮、美容美发、旅游、修理行业分别进行专项检查,这是全国工商行政管理系统第一次在全国范围内对服务消费领域集中开展的专项检查。各地工商行政管理机关周密部署,严格行政执法,引导行业

自律,充分发挥舆论监督的作用,专项检查活动取得了初步成效。全国工商行政管理系统在对餐饮行业的专项检查中,共出动检查人员 30 万人次,检查经营单位 41.8 万户,责令经营单位整改 2.9 万户,查处违法案件 9 022 件,罚没款 957 万元,查处的假冒伪劣商品和质量不合格物品 16.9 万件;抽查商品 4.78 万批次,其中合格商品数量 4.05 万批次,占被抽查商品的 84.83%。在对美容美发行业的专项检查中,全国工商行政管理机关共出动检查人员 25 万人次,检查经营单位 25 万户,责令经营单位整改 2.2 万户,查处违法案件 6 802 件,罚没款 682 万元,查处假冒伪劣商品和质量不合格物品 9.4 万件;抽查商品 3.59 万批次、其中合格商品 3.04 万批次,占被抽查商品的 84.77%。通过专项检查,各地工商行政管理机关基本掌握了本地区四个行业的情况,有力打击了违法违规行为,在很大程度上净化了服务消费环境,保障了人民群众的消费安全,维护了市场的正常经营秩序。

通过对这四个行业开展专项执法检查,不仅创造了许多成功的经验和做法,更为重要的是发现了这四个行业侵害消费者合法权的主要问题:(1)商品质量问题严重。餐饮行业使用过期变质原料或使用甲醛、"吊白块"等有毒有害物质加工食物的现象时有发生,经销的烟、酒、饮料等商品存在假冒伪劣情况也比较严重。美容美发行业使用的商品无中文标识,或将"三无"商品灌入名牌商品的小包装瓶内使用,或乱标厂名、产地等。修理行业的零配件"三无"产品、假冒伪劣产品、以旧充新等现象普遍存在。(2)进货渠道混乱。有的企业不是在正规的商场、市场进货,有的无进货凭证,无商品质量检验机构或人员,有的企业甚至有意使用或经销假冒伪劣商品。上海市工商行政管理局长宁分局辖区内,经营面积 1 000 平方米以上的餐饮店共有 5 家,仅对其中之一检查发现在两个多月的时间里,单一项调味品就从一外地无照商贩处进货达 30 万元之多,其他 4 家情况都相类似。这些大饭店进的各类原辅材料,因品种多数量大,都是送货上门,不经过市场,避开了市场内重要商品进出货登记查验等制度的制约和监管,而其每天的消耗量却抵得上两三个中小型农副商品市场每天零售量的总和,但这个无形市场却完全没有受到监管,其商品质量很难保证。这次检查结果显示,仅调味品中的麻油一项,5 家企业就有 4 家被查出存有假冒侵权和质量问题,比例高达 80%。(3)无证无照经营或超范围经营现象突出。在美容美发行业中,无证无照经营或超范围经营医疗美容业务;场所无卫生许可证、从业人员无资质证书;营业执照悬挂率低或经营者被核准名称与牌匾名称不符等问题十分突出。餐饮业也存在同样问题。在修理行业,由于从业人员中下岗、待岗、外来人员所占比例较高,层层转租造成经营主体不明确,无照和超范围经营现象比较普遍。(4)虚假宣传仍比较普遍。在美容美发、餐饮行业以虚假的折扣价、优惠价吸引消费者,或在店堂广告及橱窗招贴中利用虚假的信息来欺骗消费者。在旅游行业,一些旅行社以"优惠、低价豪华游"为诱饵吸引消费者,但在游览中缩短实际旅游时间,擅自改变游览路线和游览项目,擅自降低食宿标准,或加收门票费等;有时旅游观光变成购物游,有的导游甚至与商家串通宰客;消费者在境外旅游时,旅行社随意变动游览内容或加收费用的现象时有发生。(5)约定消费陷阱多。当前服务消费领域普遍存在着推销带有集资性质的会员卡、预付消费卡或者对消费额度大的回赠优惠券等情况,而当消费者使用上述消费卡和优惠券时,经营者往往设置许多不合理条款,免除自己的义务或增加消费者的责任,甚至携卷消费者的预付款逃跑的事件也时有发生。产生上述问题的原因是多方面的,概括起来主要有两个方面:一是行业内自律性不强,信用缺失。由于餐饮、美容美发、修理行业的从业人员和旅游行业的导游流动性较大,素质普遍较低,企业又不注重教育培训,受利益驱动,导致不法行为时有发生。二是对有些行业,如餐饮、美容美发、修理等监督管理措施跟不上。

（二）开展移动电话机售后服务市场专项检查

按照全国整顿和规范市场经济秩序领导小组办公室（以下简称全国整规办）《全国整顿和规范市场经济秩序2006年工作要点》部署与要求，信息产业部、国家工商行政管理总局于2006年11月2日联合下发了《关于开展移动电话机售后服务市场专项检查的通知》，将决定从2006年11月份开始，在全国范围内组织开展为期一年的移动电话机售后服务市场专项检查。此次专项检查的重点是：（1）继续打击假冒、"黑"移动电话机和走私移动电话机。开展面向消费者的移动电话机真伪查询工作，加大对销售假冒、"黑"移动电话机和走私移动电话机的稽查和处罚力度。（2）检查移动电话机生产企业落实三包规定的情况。核查移动电话机生产企业自行设置和授权的维修网点是否符合三包规定的要求，生产企业是否提供移动电话机三包凭证，生产企业是否履行三包责任。（3）检查移动电话机销售企业落实三包的情况。核查移动电话机销售企业是否按三包规定认真填写发票和三包凭证，明示消费者移动电话机三包的实施方式和维修网点，履行三包规定的退、换责任；查处销售者违反三包规定行为和违反三包规定的店堂条款。（4）整治移动电话机维修市场。查处无工商执照、不履行三包规定、不具备维修能力资质、侵害消费者权益的维修网点；检查移动电话机维修网点是否向消费者当面说明故障，是否为消费者提供维修记录，是否提供备用机，是否使用旧的配件，是否具备维修能力和相应的资质。（5）加大移动电话机三包规定宣传力度，对违反《消费者权益保护法》、三包规定和侵害消费者的典型案例进行曝光。（6）规范移动电话机售后服务网点的行为，健全规章制度，提高维修能力，提升维修者素质，开展维修资质评定。（7）依据《消费者权益保护法》、三包规定集中解决消费者投诉移动电话机生产者、销售者、维修者侵害消费者的典型案例和事件。（8）建立移动电话机售后服务市场监督管理长效机制。建立移动电话机售后服务

网点备案制，向社会公示，便于消费者投诉，进行监督。据不完全统计，这次专项检查共出动检查人员7.97万人次，入户检查移动电话机生产企业和经营户6.94万户，查获不合法移动电话机5.77万部，查处资质不合法经营户3 167户，查处违法案件1 141件，案值1 000余万元，罚没金额266.46万元，受理和处理消费者申诉和举报11 037件，为消费者挽回经济损失815.41万元，有效地打击了损害消费者合法权益等违法行为，进一步规范了移动电话机售后服务市场秩序。

（三）开展规范快递服务行为、促进快递行业发展的执法检查

快递行业是近几年发展较快的服务产业之一。由于快递行业缺乏有效监管，快递市场经营秩序较混乱，致使侵害消费者合法权益的事件已在一些地区成为投诉热点，引起了社会各界的广泛关注。2007年"两会"期间，全国人大代表和全国政协委员已专门就加强快递行业服务和消费维权工作提出了建议和提案。为规范快递市场经营秩序，维护广大消费者的合法权益，促进快递行业又好又快发展，2007年国家邮政局、国家工商行政管理总局联合发布《关于联合开展规范快递服务行为、促进快递行业发展执法检查工作的通知》（国邮发〔2007〕102号），决定从2007年下半年开始，用一年多的时间，在全国联合开展规范快递服务行为、促进快递行业发展的执法检查工作。这次执法检查的工作任务是：一是开展快递行业调查测评活动。联合开展以"抓服务热点、促行业发展"为主题的快递行业调查测评活动，重点调查测评快递行业服务和消费维权方面存在的问题，摸清快递行业服务现状，研究快递行业服务监管和消费维权工作的办法和措施，进一步加强快递行业的监管工作。二是强化快递行业消费维权执法检查。各自依据法定职责，突出重点，强化基层行政执法，对快递行业服务和消费维权状况开展现场检查。主要检查快递经营者是否办理工商登记、是否超越经营范围、是否存在其他违法行为等。要充分发挥各地"12315"消

费者申诉举报中心等机构的作用,积极开展受理申诉举报工作,狠抓侵权案件的查处,依法查处侵害消费者权益的违法行为。同时,加强快递行业服务和消费维权宣传教育工作,引导企业加强自律,提高服务质量。三是推进快递行业长效监管机制建设。研究制定快递行业自律规范及服务标准,完善快递行业服务和消费维权行政监管制度,共同建立和完善快递行业服务和消费维权方面的法律、法规和行政规章。

第六节　加快推进"12315"行政执法体系建设步伐,努力构建消费维权长效监管机制

　　加快推进"12315"行政执法体系建设,既是保护消费者合法权益的重要任务,也是落实科学发展观,努力做到"四个统一"的客观要求。多年来,各地工商行政管理机关把此项工作与切实履行工商行政管理职能和促进发展、服务大局、消费维权、依法行政有机结合起来,加快推进建设进程,不断开创消费者权益保护工作的新局面,尤其是在受理消费者申诉举报,查处侵害消费者合法权益等方面取得了显著的成效。"十一五"期间,全国工商行政管理系统依托"12315"网络,共受理消费者申诉361万件,为消费者挽回经济损失32.7亿元,查处侵害消费权益案件80多万件,案值48.7亿元。

一、"12315"行政执法体系的基本概况

（一）"12315"行政执法体系的由来和发展

一是"12315"的由来。1996年5月2日,福建省漳州市工商行政管理局芗城分局,为贯彻落实国家工商行政管理局在全国工商行政管理系统开展的"公平交易执法年"、"工商形象建设年"活动,在全国率先建立了"3·15"消费者投诉服务台,受理消费者有关消费争议的投诉,调解消费纠纷,开启了工商行政管理机关通过电话方式受理消费者投诉的先河。在总结和完善漳州做法的基础上,1997年初,福建省工商行政管理局在全省开通了电话号码为"96315"的消费者申诉电话,全省各地消费者只要拨打"96315",就可以向所在地的工商行政管理机关反映消费诉求,"96315"成为"12315"最早的雏形。此后,全国部分省市工商行政管理局也先后开通了统一的电话号码受理消费者申诉,改变了工商行政管理机关当面受理消费者申诉的单一方式,既方便了消费者申诉,又节约了消费者申诉成本,体现了工商行政管理机关为消费者服务的理念。二是"12315"的发展。部分地方开通的统一电话号码,毕竟范围和作用有限,亟须建立全国统一的消费者诉求平台。1998年底,国家工商行政管理局在深入调查基础上,积极同信息产业部协商统一全国消费者投诉举报服务电话。1999年3月9日,信息产业部正式复函《关于为国家工商行政管理局核配消费者投诉服务专用电话号码的函》(信部电函[1999]9号),1999年"3·15"国际消费者权益保护日,国家工商行政管理局通过中央电视台向社会公布"12315"为全国统一的消费者投诉举报服务电话号码,并下发了《国家工商行政管理局关于统一全国消费者投诉服务专用电话号码的函》。2000年"3·15"前夕,各地全部开通了"12315"消费者申诉举报电话。2000年10月,国家工商行政管理局又下发了《关于进一步规范工商行政管理机关"12315"消费者申诉举报工作的意见》,确定"12315"的工作职责是:受理消费者在购买、使用商品或接受服务过程中合法权益受到侵害的申诉;受理对侵害消费者权益、制售假冒伪劣商品及其他经济违法行为的举报;受理农民购买、使用直接用于农业生产的生产资料等方面的申诉、举报;调解消费者与经营者发生的消费者权益争议;查处侵害消费者权益和制售假冒伪劣商品的案件;提供工商行政管理法律、法规和规章的咨询服务;统计、分析、整理业务数据和资料,提供市场监管和行政执法的有关信息;依照工商行政管理机关业务职责分工,分流应由机关内部其他部门处理的有关申诉、举报,移交由其他部门处理的有关申诉、举报;承办领导交办的其他工作。各地按照要求进一步规范了"12315"工作,至此,

工商系统内部以统一电话号码为基础的"12315"消费者申诉举报网络初步形成。三是"12315"的演变。为了进一步延伸"12315"申诉举报网络的触角,进一步发挥"12315"申诉举报网络的作用,进一步完善市场监管体系,切实维护市场经济秩序,有效保护消费者合法权益,2006年3月,国家工商行政管理总局决定在"12315"消费者申诉举报网络的基础上,通过创新机制、扩大功能、理顺关系、完善网络等措施,构建以行政执法、行业自律、社会监督为一体的"12315"消费者权益保护行政执法体系,并下发了《关于大力推进"12315"行政执法体系建设工作的意见》,在全系统大力推进"12315"行政执法体系建设。"12315"行政执法体系是工商行政管理机关在市场监管和消费维权体制机制方面的重大创新,是"12315"消费者申诉举报网络的全面提升,标志着"12315"工作进入一个新的发展阶段。

(二)"12315"行政执法体系建设的目标和内容

"12315"行政执法体系是依托"12315"消费者申诉举报电话,在"12315"消费者申诉举报网络基础上,构建以行政执法监管体系、行业和经营者自律维权体系、社会维权体系和全国"12315"信息化网络(即"三大体系"和"一个网络"),实现监管执法工作和信息化手段的有机结合,提升消费者权益保护工作的现代化管理水平。"12315"行政执法体系是以保护消费者权益为切入点,其工作覆盖工商行政管理全部业务,涉及市场监管体系的方方面面。一是行政执法监管体系。它是在"12315"消费者申诉举报网络的基础上,通过完善体制机制,理顺工作关系,规范工作程序,提高工作效能,形成的以信息化手段为技术支撑,具有"相对集中受理、分工协作办理、应急指挥调度、信息汇总分析、进行消费提示"五种功能相结合的体系。主要内容包括:受理消费者咨询、申诉举报;查办侵害消费者权益的违法案件;对流通领域商品质量的动态监控;对重大消费安全事件的应急处置和指挥调度;对消费者

权益保护和市场秩序信息的汇总分析,进行消费引导和提示。二是行业和经营者自律维权体系。它是"12315"行政执法体系向行业组织和经营主体的延伸,是规范经营行为,切实对消费者负责和保护消费者合法权益的重要任务,更是消费维权机制的创新。主要内容包括:指导经营主体建立消费纠纷和解制度、引导和监督经营者和行业组织建立消费维权自律制度、建立与行业组织的消费维权工作协作制度。三是社会监督维权体系。它是"12315"行政执法体系的重要组成部分,也是深化消费维权体制改革的重大举措。主要内容包括:加强与消费者协会的联合与协作,大力推进"一会两站"建设(依托乡镇政府、街道办事处和工商所建立乡镇、街道消费者协会分会,以行政村和社区为单位建立消费者投诉站和"12315"联络站);拓宽社会和群众参与消费维权的渠道;充分发挥新闻媒体的宣传和监督作用。四是全国"12315"信息化网络。它是"12315"行政执法体系的现代化手段和技术保障,也是"12315"行政执法体系建设的重要内容。具体包括:在"12315"消费者申诉举报网络的基础上,按照"整合资源,扩大功能,改造提高"的原则,建立从国家工商行政管理总局到工商所五级纵向贯通、横向联结的全国"12315"信息化网络系统,在总局、省局、地(市)局三级形成"12315"数据库和总局、省局两级"12315"数据分析中心,建立地(市)局、县(市)局、工商所三级"12315"消费者数据采集点,实行全国统一的数据标准和技术方案;扩大现有的信息化网络功能,逐步实现消费者权益保护工作通过"12315"信息化网络进行网上咨询、网上受理、网上查办、网上调度指挥、网上应急处置、网上动态监控、网上发布信息。

(三)"12315"行政执法体系的作用

一是畅通了政府与群众的沟通渠道,形成了保护消费者合法权益和维护市场秩序的重要平台。经过多年来的建设,各级工商行政管理机关在"12315"电话的基础上,基本建立了从总局到基层工商所五级贯通的"12315"信息化网络体系,建立了以

省或市为单位的"12315"中心和省、市两级数据分析中心,集中受理消费者和群众对消费维权和市场监管执法的咨询、申诉、举报和反映,成为工商行政管理部门服务公众的重要窗口和群众参与市场监管的重要平台。通过分级转办和反馈,及时有效地受理和处理了大量消费纠纷,查办了一大批消费侵权案件,有针对性开展了市场监管执法行动,提升了市场应急处置能力,在清查"苏丹红"和防控市场"猪链球菌"、"禽流感"等突发事件中,发挥了不可替代的作用。为保护消费者、经营者合法权益和维护市场秩序做出了积极贡献。二是延伸了监管和维权触角,促进了和谐社会建设。各级工商行政管理机关通过在乡镇、街道和城市社区、行政村分别建立消费者协会分会和"12315"维权联络站和投诉站,覆盖率分别达到80%和64%,建立了工商行政管理机关与农民、社区居民双向互通渠道,既方便了城乡消费者就近投诉解决消费纠纷,畅通了民意,密切了干群关系,又使工商监管有了"千里眼"和"顺风耳",促进了"和谐社区"、"和谐村镇"和基层政权建设。三是化解了经营者和消费者的消费纠纷,营造了和谐消费的市场消费环境。各级工商机关通过"12315"进企业、进商场、进超市和引导经营者建立消费纠纷和解制度、消费维权自律承诺等制度,强化了消费维权的源头治理,使消费者可以不出店门就地解决消费纠纷,健全了行业和企业服务规范,促进了和谐诚信的消费环境建设。四是提升了消费维权水平,树立了工商行政管理机关执法为民的良好形象。随着"12315"行政执法体系的建设,加大了消费维权力度,扩大了工商行政管理机关社会影响力,提升了监管执法和消费维权效能,受到各地党委、政府和广大群众的肯定和欢迎。全国一大批"12315"中心被省、市政府评为先进集体,在政府部门行风评议中屡获殊荣,被广大消费者和社会各界誉为"市场秩序的经济卫士"、"消费维权的保护神"、"党和政府联系群众的桥梁和纽带"。

二、"12315"行政执法体系的制度建设

(一)"12315"消费者申诉举报规范化制度建设

2000年9月,国家工商行政管理局在广州召开全国工商行政管理"12315"工作经验交流会,局长王众孚到会并作了重要讲话。会议总结了"12315"工作,提出了"12315"发展目标和要求,讨论并通过了《工商行政管理机关"12315"消费者申诉举报服务网络工作规范意见》(以下简称《意见》)(工商消字[2000]第248号),进一步促进了各级工商行政管理机关"12315"消费者申诉举报服务网络的制度化、规范化、科学化建设。《意见》明确了"12315"消费者申诉举报指导思想和工作职责、组织领导和基本要求、工作程序、工作制度、装备配置、标志标识、发展目标。

(二)"12315"消费者申诉举报信息化制度建设

2001年,国务院《关于整顿和规范市场经济秩序的决定》明确提出,要以信息技术为手段,强化市场监督管理,充分发挥高新技术在整顿和规范市场经济秩序中的作用。为了贯彻落实国务院的决定,进一步发挥信息技术在市场监管中的作用,国家工商行政管理总局于2001年7月25日制定下发了《关于加快工商行政管理"12315"工程建设的通知》(工商消字[2001]第198号),明确了"12315"信息化建设的总体规划、2001年度目标及具体要求等。

(三)"12315"消费维权服务措施规范化制度建设

2004年,国家工商行政管理总局制定下发了《全国工商行政管理机关"12315"消费维权服务措施》(工商消字[2004]第39号),明确规定了"12315"消费维权服务十条措施。即提供全天受理服务、保障受理渠道畅通、热情受理消费者申诉举报、公正处理消费侵权案件、简化调解处理程序、及时反馈处理结果等。

(四)"12315"行政执法体系建设规范化制度

为了进一步完善市场监管体系,切实保

护消费者合法权益,维护市场经济秩序,国家工商行政管理总局决定在全系统大力推进"12315"行政执法体系建设,在"12315"消费者申诉举报网络的基础上,通过创新机制、扩大功能、理顺关系、完善网络等措施,构建以行政执法、行业自律、社会监督为一体的"12315"消费者权益保护行政执法体系。并于2006年3月30日制定印发了《关于大力推进"12315"行政执法体系建设工作的意见》(以下简称《意见》)(工商消字[2006]第62号)《意见》明确了加大消费维权工作力度,完善行政执法监管体系。一是建立相对集中受理消费者咨询、申诉举报机制。二是实行分工协作办理和督办反馈的工作机制。三是健全网上调度指挥和应急处置机制。四是强化信息汇总分析,完善消费预警机制。《意见》明确了创新消费维权机制,健全行业和经营者自律维权体系。一是指导经营主体建立消费纠纷和解制度。二是引导和监督经营者和行业组织建立消费维权自律制度。三是建立与行业组织的消费维权工作协作制度。《意见》明确了深化消费维权体制改革,扩大社会监督维权体系。一是加强与消费者协会的联合与协作,大力推进"一会两站"建设。二是拓宽社会和群众参与消费维权的渠道。三是充分发挥新闻媒体的宣传和监督作用。《意见》明确了整合资源,扩大功能,加快推进"12315"信息化网络建设。一是建立和完善全国"12315"信息化网络。二是实行全国统一的数据标准和技术方案。三是扩大信息化网络功能。《意见》明确了加强组织领导,精心组织实施,狠抓工作落实。

三、"12315"行政执法体系制度化、规范化、程序化、法治化建设

2008年5月22日至23日,国家工商行政管理总局在福州召开了全国工商行政管理系统"12315"行政执法体系建设工作暨经验交流会。各省区市、计划单列市、副省级市工商行政管理局主管领导、消保处处长、"12315"中心主任、消费者协会秘书长参加了会议。会议的主要任务是:全面部署工商行政管理系统抗震救灾工作;深入学习贯彻党

的"十七大"精神,落实科学发展观,总结全系统"12315"行政执法体系建设工作,交流经验,表彰先进,研究部署今后一个时期"12315"行政执法体系建设任务,全面提升消费者权益保护工作水平,进一步开创工商行政管理工作新局面。国家工商行政管理总局局长周伯华在会上做了《深入贯彻党的"十七大"精神加快推进"12315"行政执法体系建设》的重要讲话,就贯彻落实党的"十七大"精神和科学发展观加快推进"12315"行政执法体系制度化、规范化、程序化、法治化建设步伐提出了明确要求,作出了新部署。

(一)深入学习贯彻党的"十七大"精神,切实增强做好"12315"行政执法体系建设工作的责任感和自觉性

党的"十七大"报告提出,要"着力解决人民最关心、最直接、最现实的利益问题","着力保障和改善民生"。《中共中央关于构建社会主义和谐社会若干重大问题的决定》指出,构建社会主义和谐社会,必须适应我国社会结构和利益结构的发展变化,统筹协调各方面的利益关系,妥善处理社会矛盾,形成科学有效的群众利益协调机制、诉求表达机制、矛盾解决机制和权益保障机制。工商行政管理机关作为保护消费者权益的行政执法机关和市场监管的职能部门,发挥"12315"行政执法体系的作用,依法保护消费者和经营者的合法权益,维护市场经济秩序,既是构建和谐社会的重要任务,也是践行党的宗旨的客观要求。

1.增强大局意识和服务意识,正确处理"12315"行政执法体系建设与促进经济科学发展的关系

"12315"行政执法体系建设,既是消费维权的重要任务,也是维护市场秩序和营造良好经济发展环境的重要平台。各级工商行政管理机关把加快推进"12315"行政执法体系建设置于实现经济社会科学发展的全局中去思考和部署,一方面,通过"12315"网络体系受理和处理消费者咨询、申诉和举报,查处消费侵权行为,增强消费信心,引导科学、合理、文明消费,充分发挥消费拉动经济的作用;另一方面,依据消费者的投诉和

反映,有针对性地加强市场监管,维护市场公平竞争,打击制售假冒伪劣违法行为,努力营造良好的市场环境,促进经济社会科学发展。

2. 增强群众意识和创新意识,正确处理"12315"行政执法体系建设与消费维权和促进社会和谐稳定的关系

"12315"行政执法体系建设,事关保护消费者、经营者合法权益,对建设和谐社会意义重大。经营者与消费者、经营者与经营者之间的关系,是社会主义市场经济条件下的两大基本关系。各级工商行政管理机关从维护最广大人民群众的根本利益出发,把"12315"行政执法体系建设与消费维权和维护社会和谐稳定有机结合起来,增强群众意识,坚持一切为了群众,一切服务群众,切实保护好消费者的合法权益,对群众咨询、申诉的问题,做到件件有着落,事事有回音,真正让群众满意。同时,创新消费维权理念,完善消费维权机制,提升消费维权手段,努力实现消费维权工作领域由低端向高端延伸,维权方式由粗放向精细转变,维权方法由突击性、专项性向日常规范监管转变,维权手段由传统向现代化转变,不断提高消费维权能力,有效地保护好消费者的合法权益,为社会和谐稳定做出新贡献。

3. 增强法制意识和效率意识,正确处理"12315"行政执法体系建设与依法行政和塑造工商行政管理机关良好形象的关系

在推进"12315"行政执法体系建设中,工商行政管理机关把保护消费者、经营者合法权益与依法行政有机结合起来,做到对消费者和经营者负责与对法律负责的统一,特别要通过"四化"建设,在构建消费维权长效机制上下工夫,建立健全消费维权执法机制、经营者自律机制和社会监督机制,用机制和制度规范"12315"网络体系和消费维权的监管执法行为。同时,对受理和处理消费者的咨询、申诉和反映的问题,注重效率和质量,并积极运用消费者咨询、申诉和举报的大量资料进行综合分析,善于从中发现消费维权和监管执法中带有倾向性、苗头性的

问题,有针对性地加强和改进行政执法工作,积极促进工商行政管理机关法制建设,努力塑造工商行政管理机关良好的形象,全面提升消费维权和维护市场秩序的能力和水平。

(二)认真落实科学发展观,努力做到"四个统一",加快推进"12315"行政执法体系建设

1. 以完善和规范"12315"网络体系为重点,强化综合分析和消费引导功能,积极促进经济又好又快发展

按照"强化执法、规范运行、完善网络、提升水平"的要求,建立健全以省或地市为单位相对集中受理的"12315"中心,建立健全总局、省局、地市局三级数据库和总局、省局两级数据分析中心,并逐步与食品安全监管、商品质量监管、广告监测、经济户口管理、企业信用、市场信用分类管理、执法办案等信息系统互联互通,广泛采集消费者的咨询、申(投)诉和举报信息,及时汇总,综合科学分析,形成书面报告材料,为党委、政府和国家调整产业政策和经济结构,了解市场动态和反映消费诉求,制定有关政策法规提供重要的参考依据,为促进经济又好又快发展服务。同时,充分发挥"12315"网络的作用,有针对性地进行消费提示和警示,开展消费教育,引导科学、合理、文明消费,着力提高消费信心,增加国内消费需求,充分发挥消费拉动经济的作用。

2. 以完善和规范"一会两站"建设为重点,扩大消费维权社会覆盖面,积极促进社会和谐稳定

依托乡镇政府、街道办事处建立消费者协会分会,依托行政村、社区建立"12315"消费维权联络站、消费者投诉站,既是"12315"行政执法体系建设的重要内容,又是创新消费维权机制和维护社会和谐稳定的重要举措。采取有力措施,加大"一会两站"建设的工作力度,按照总局的部署,在乡镇和街道办事处由消费者协会分别设立分会,在行政村和社区分别设立消费维权联络站和投诉站,力争在全国城乡实现全覆盖。同时,积极推进"12315"网络进企业、进市场、超市和

商场,建立受理消费者咨询、申诉、举报工作平台,公开监督电话,努力把消费纠纷解决在基层和企业,切实保护好消费者合法权益,自觉维护社会和谐稳定。结合实际,认真抓好"一会两站"建设和"12315"进企业、进市场的规范管理工作,既方便消费者咨询、申诉和举报,又延伸工商监管职能和提升工商机关消费维权的新形象。

3. 以完善和规范消费维权制度为重点,努力构建长效管理机制,积极促进消费维权工作迈上新台阶

按照制度化、规范化、程序化、法治化建设要求,在构建消费维权长效管理机制上下工夫,建立健全消费维权监管执法机制、经营者自律机制和社会监督机制,完善消费者咨询、申诉、举报受理制度、转办和处理制度以及督办反馈制度,依靠制度规范"12315"行政执法体系建设中各个工作环节,理顺工作程序。同时,建立健全消费维权各项工作制度,如:消费者与企业的和解制度、经营者的自律制度、消费纠纷的调解制度建设,探索建立小额消费争议解决机制。还建立健全工商行政管理机关与相关部门在消费维权方面的协作机制和联席会议制度,以及与相关行业协会的情况通报制度等,通过建立和完善消费维权各项工作制度,积极构建消费维权的长效管理机制,形成消费维权的整体合力,全面提升消费维权工作水平。

(三)切实提高制度化、规范化、程序化、法治化水平,努力构建消费维权长效监管机制

1. 积极推进制度化建设,切实提高消费维权长效管理水平

一是围绕强化行政执法和完善消费维权监管机制建立健全各项制度。重点是在健全各级"12315"工作机构和"12315"集中受理中心的同时,认真抓好工作制度和责任制度的建设,建立健全消费者咨询、申诉和举报的受理制度、分流转办制度、督办反馈制度、案件跟踪查办制度等,切实做到对消费者的申诉、举报件件有落实,事事有回音,让消费者满意。建立健全工商行政管理机关与消协组织和与相关行业协会之间消费

维权情况通报制度、与相关行政执法机关消费维权的协作制度和联席会议制度,充分发挥部门之间消费维权的整体优势。二是围绕强化源头治理和完善消费维权经营者自律机制建立健全各项制度。重点是在大力推进"12315"网络进市场、进商场、进企业、进车站、进机场、进码头等工作的同时,认真抓好经营者自律制度和法定责任义务制度建设,引导和监督经营者建立健全保障消费安全责任制度、消费纠纷受理与和解制度、商品质量管理和服务承诺制度,引导和监督经营者履行消费维权的法定责任和义务,切实对消费者负责。三是围绕强化维权社会责任和完善消费维权社会监督机制建立健全各项制度。重点是在大力推进"一会两站"建设和实现城乡社区、行政村全覆盖的同时,建立健全"一会两站"工作制度、受理消费者申诉、投诉、举报制度、调解制度、工作保障制度和责任制度等,为就近解决群众消费纠纷提供制度保障。

2. 积极推进规范化建设,切实提高消费维权工作效率和服务水平

一是严格规范"12315"机构和"12315"受理中心的工作,努力建设快捷高效的消费维权工作机制。从工作职责、工作程序、工作责任、绩效考核等方面逐一规范;从受理的咨询内容中分析比较研究,探索建立咨询规范用语和解答问题的规范标准,并对受理和处理申诉、投诉、举报建立工作规范,切实提高工作效率和规范化水平。二是严格规范"一会两站"和"12315"进商场、进市场、进企业的各项工作,努力建设覆盖城乡的消费维权网络体系和"服务窗口"。结合实际采取有力措施切实规范"一会两站"和"12315"进企业、进商场、进市场等各项工作。研究制定"一会两站"和"12315"进市场、进商场、进企业的消费者投诉点的"站、点"名录和指标体系,为进一步规范"一会两站"工作奠定基础。三是严格规范"12315"信息化网络体系,努力建设纵向贯通和横向联结的消费维权现代技术平台。重点抓好网络的技术方案统一规范和指标体系、数据标准的统一规范,以及总局、省局两级数据

分析中心和总局、省、市级工商行政管理局三级数据库的统一规范,确保信息化网络体系畅通和规范运行。

3. 积极推进程序化和信息化网络建设,切实提高消费维权现代化水平

一是以完善信息化网络体系为重点,建立健全网络运行程序。按照国家工商行政管理总局下发的《"12315"信息化网络技术方案》和《"12315"消费者权益保护数据规范——申诉举报分册》、《商品和服务分类》等数据标准,对"12315"信息化网络抓紧改造升级,确保从总局到基层工商所五级信息网络畅通,网络运行程序规范。实行集中受理尚未建立数据库和数据分析平台的省级和地市级工商行政管理局建立和完善,努力实现"12315"信息化网络应用的互联互通。二是以完善信息化网络功能为重点,建立健全消费者咨询、申诉、举报综合分析程序。在现有工作基础上完善受理和处理消费者申诉和举报程序,严格受理、转办和反馈的工作流程,既及时有效处理好每一个消费者的申诉和举报,又运用采集的大量资料进行综合分析,提供有价值的情况和资料。同时,建立和完善受理、处理及综合分析消费咨询的业务程序,建立消费者咨询数据库和指标体系,对咨询的内容及时采集、汇总,进行科学综合分析,并运用好分析结果,为研究消费维权新情况和有针对性的强化市场监管提供可靠资料和技术支撑。通过共同努力,逐步实现"12315"网上查询、网上咨询、网上受理、网上查办、网上调度指挥、网上应急处置、网上动态监管、网上发布信息和网上综合分析,全面提升"12315"信息化网络功能。三是以完善消费维权机制为重点,建立健全"12315"工作程序。重点是建立健全"12315"工作机构和受理中心与工商行政管理系统消保和相关职能机构分工负责的工作程序,建立健全"12315"机构和受理中心上下衔接协调一致的工作程序。建立健全"12315"机构和工作网络与民政、农业、工业和信息化等部门情况通报和协作的工作程序。通过建立和健全工作程序,进一步完善消费维权工作机制,提升消费维权工作整体水平。

4. 积极推进法治化建设,切实提高消费维权依法行政水平

一是抓好立法立规工作。对修订《消费者权益保护法》等法律、法规提供有针对性的情况和建议。同时,在"12315"行政执法体系建设实践中不断探索和总结行之有效的办法,研究制定相关规范性文件和规章,为"12315"行政执法体系建设和消费维权提供充分的法律依据。二是抓好执法监督和检查。在坚持依法行政的同时,加强执法监督,建立健全"12315"行政执法体系建设责任制、执法办案责任制和过错追究制,不仅要强化全系统内部执法监督,而且要强化社会和舆论监督,确保行政执法和具体行政行为合法有效。三是抓好法律法规培训工作。对"12315"工作机构和一线工作人员深入开展法律、法规的学习培训工作,特别要认真学习《消费者权益保护法》、《产品质量法》、《食品卫生法》、《反不正当竞争法》等,并通过开展技能竞赛、岗位练兵和案例分析等不断提高管理水平和依法维权能力。同时,加强对"一会两站"工作人员的法规培训,切实提高依法解决消费纠纷的能力和水平,全面提升"12315"行政执法体系和消费维权工作的法治化水平。

四、"12315"行政执法体系建设工作取得阶段性显著成效

(一)采取有力措施,积极推进"12315"行政执法体系建设有了新举措

各地按照总局的部署和要求,狠抓思想认识、组织领导、工作机构和工作措施的落实,分别及时召开工作会议动员和部署,制订工作方案,加大保障工作力度,研究解决实际问题,"12315"行政执法体系建设工作在全系统全面整体推进。据统计,全国工商行政管理系统已有25个省(区、市)工商局设立了"12315"机构,其中有11个省级工商行政管理局建立了单设的"12315"工作机构,有414个地(市)工商行政管理局设立了"12315"工作机构;各地县级工商行政管理局和基层工商所配备了"12315"专、兼职工作人员,全国"12315"机构现有工作人员

12 897人，全系统基本形成了上下结合的"12315"工作机构和组织体系。

（二）积极建立和完善行政监管执法体系，保障市场消费安全取得新成效

各地按照总局的要求，建立健全"相对集中受理、分工协作办理、应急指挥调度、信息汇总分析、进行消费提示"五种功能相结合的行政监管执法体系。各地对受理消费者的咨询、申诉和举报，依托"12315"信息化网络，积极建立相对集中受理平台，完善分工协作办理和督办反馈工作机制，在一些省级工商行政管理局到基层工商所初步实现了网上受理、网上分流转办和网上反馈的要求，收到了事半功倍的效果。同时，各地根据消费者的申诉和举报，有针对性地强化消费维权监管执法工作，加大对食品安全和流通领域商品质量监管力度，及时应急处置消费安全事件，查处侵害消费者权益的违法案件，开展消费信息汇总分析和消费提示，有效的保障了市场消费安全。

（三）积极建立和完善社会监督维权体系，创新基层消费维权机制取得新进展

各地工商机关与消费者协会密切协作，创新基层消费维权机制，大力推进"一会两站"建设，形成了覆盖城乡的消费维权基层监督网络，不仅方便广大农民消费者和社区居民消费者就近申诉和举报，及时把消费纠纷解决在基层，有效地保护了消费者的合法权益，而且延伸了工商行政管理部门监管触角，提高了执法效能，促进了和谐村镇与和谐社区建设，维护了社会和谐稳定。截至2008年6月，全国在村镇和社区共建立"一会两站"40.5万个，其中城市社区覆盖率为80%，村镇覆盖率为64%。全国共有消费维权联络员近40万人。

（四）积极建立和完善行业和经营者自律维权体系，消费维权源头治理取得新成果

各地积极探索消费维权源头治理机制，在大中型商业企业和商品交易市场、商场、超市等建立了消费者投诉点，指导经营者建立健全有关退换商品、质量承诺、服务保修、消费纠纷和解等自律制度，促进了消费纠纷的有效解决。截至2008年6月，全国在大中型商业企业和商品交易市场、商场、超市等建立了消费者投诉点8.1万个。

（五）积极建立和完善"12315"信息化网络体系，消费维权现代化水平有了新提高

按照总局"金信"工程和《"12315"信息化网络技术方案》的要求，坚持"统一标准、整合资源、扩大功能、优化流程、信息共享"的原则，各地研究制订实施方案，拨付专项建设经费，积极推进"12315"信息化网络和数据库、数据分析中心建设。截至2008年6月，基本建立了从国家工商行政管理总局到基层工商所五级贯通的"12315"信息化网络，全国已有15个省（区、市）局建立"12315"数据分析中心，18个省（区、市）工商行政管理局和218个地（市）工商局分别建立了"12315"数据库，13个省（区、市）实现了"12315"应用系统四级联网运行。有21个省（区、市）工商行政管理局研究开发了食品安全信息监管、商品质量监测、消费安全预警、应急信息处置、工作绩效考核等功能，有11个省（区、市）"12315"信息化网络不同程度地实现了与经济户口管理、企业信用分类监管、个体工商户分层分类登记管理、案件管理，以及商标查询、广告监测等其他业务系统的数据共享。

第七节　加大消费维权宣传工作力度，积极营造良好的舆论氛围

为使广大消费者了解、熟悉相关法律并依法维护自身的合法权益，使广大经营者增强守法意识和保障消费者权益的自觉性，全国各级工商行政管理机关非常重视消费者权益的法律宣传，不断加大宣传的力度，采取多种形式，向社会各界特别是广大消费者和经营者广泛宣传消费者权益保护法律知识。特别是每年"3·15"国际消费者权益日活动期间，国家工商行政管理总局制订方案，有计划、分步骤地组织实施，全国工商行政管理系统按照国家工商行政管理总局的统一部署，投入大量的人力、物力，开展了大规模的"3·15宣传周"、"3·15宣传

月"、"3·15 电视晚会"活动,并得到了各级党委、政府及人大、政协的高度重视和大力支持,通过 14 年的不懈的宣传工作,进一步普及了《消费者权益保护法》,进一步促进了消费维权工作的发展,进一步维护了消费者合法权益。

一、采取多种形式,大力开展《消费者权益保护法》的宣传活动

自 1994 年《消费者权益保护法》正式实施以后,各级工商行政管理机关始终把宣传《消费者权益保护法》作为提高消费者维权意识、提升工商行政管理消费维权执法水平的重要任务来抓,从《消费者权益保护法》实施的第一年到 2008 年 6 月,各级工商行政管理机关以《消费者权益保护法》为重点,进行丰富多彩的宣传活动,先后开展了声势浩大、形式多样、内容丰富的法律咨询宣传活动。特别是 2007 年,国家工商行政管理总局突出重点,多形式、多媒体、全方位开展消费维权宣传教育,推动消费维权宣传教育和国际交流合作取得新进展,消费维权宣传教育进一步深化。一是开展"3·15"消费宣传教育活动。召开了"纪念 3·15 国际消费者权益日座谈会",发布《2006 年消费者申诉十大热点》,在《每周质量报告》栏目点评消费申诉排行,参加中消协"年主题"活动和中消报组织的"企业社会责任"消费论坛,指导各地开展"3·15"活动。二是集中宣传"12315"行政执法体系建设的成果。国家工商行政管理总局召开"12315"行政执法体系新闻发布会,境内外 70 余家新闻媒体近 200 人参加了会议,时机准、影响大、效果好,得到了国新办的肯定和社会各界的好评。协助新华社编发反映"12315"行政执法体系建设成果的新闻通稿,参与中宣部反映国务院各部委重大改革成果的《政策解读》宣传和"诚信兴商宣传月"活动,以及国务院办公厅组织的政府网站在线访谈活动,开展"十一黄金周消费课堂"等日常宣传活动,"12315"的社会影响力和关注度明显提高。三是大力宣传产品质量和食品安全专项整治工作。制定《工商总局产品质量和食品安全专项整治行动宣传工作方案》,行政管理总局与国

务院新闻办在 9 月 18 日共同举办了流通环节产品质量和食品安全专项整治行动新闻发布会。国庆期间,与中央电视台共同主办了 8 期《消费教育学校》专题节目,重点宣传食品安全消费知识。专项整治期间,进一步加大宣传力度,积极与中央电视台、人民日报、经济日报、法制日报等主流媒体加强合作,在中央电视台《新闻联播》、《晚间新闻》、《每周质量报告》等栏目播发消息 20 余条,《人民日报》、《法制日报》、《经济日报》各刊发 3 个专版、相关专稿、消息 60 余篇,报道各地在专项整治中的经验,组织、安排向国务院专项整治领导小组办公室报送信息 280 余次,对全国工商行政管理系统开展流通环节产品质量和食品安全专项整治工作中的先进典型及好的做法进行宣传。编印流通环节产品质量和食品安全专项整治行动简报 99 期。举办了全国工商行政管理系统流通领域商品质量监督管理培训班。通过采取以国务院新闻办名义召开新闻发布会,在《经济日报》、《人民日报》等中央主流媒体出专版专刊,在央视新闻联播、每周质量报告等主要频道报道等方式,及时向社会通报工商行政管理系统流通环节产品质量和食品安全专项整治工作情况和工作成果,取得了较好的效果。四是消费维权国际交流与合作进一步发展。在国际消费者权益保护执法网络(ICPEN)组织中,代表中国政府认真履行成员国义务,积极发挥作用,参加了 ICPEN 春季和秋季例会,会同信息产业部、中国互联网协会成功组织开展了"2007 互联网国际清扫日"活动,认真完成 ICPEN 部署的各项工作。认真执行《中日韩消费者政策领域合作谅解备忘录》并积极做好相关工作。9 月份,随同国家工商行政管理总局领导赴澳大利亚、新加坡、香港就商品质量监管网络和消费维权信息化建设进行考察交流,消费维权的多边和双边交流合作进一步发展。

二、参与主办中央电视台"3·15"专题晚会,突出宣传工商机关保护消费者权益成果

从 1994 年开始至 2008 年,国家工商行

政管理总局 15 年来每年围绕中央电视台"3·15"专题晚会,与中央电视台等单位成功举办了国际消费者权益日专题晚会。借助这一有利的宣传平台,国家工商行政管理总局不仅全面宣传了保护消费者权益的法律法规,而且突出宣传了工商行政管理机关贯彻执行《消费者权益保护法》的措施及成果。

（一）突出宣传工商机关保护消费者权益措施及成果

在 1997 年"世纪的力量——献给 1997 年国际消费者权益日"专题晚会上,国家工商行政管理局局长王众孚在晚会现场作了重要讲话,并公布了《工商行政管理所处理消费者申诉实施办法》;在 1998 年"为了农村消费者——3·15 专题晚会"上,局长王众孚在中央电视台新闻联播节目作有关消费者权益保护问题的电视讲话;在 1999 年"世纪阳光——3·15 专题晚会"上,局长王众孚在晚会上向全国公布了国家工商行政管理局把工商行政管理系统消费者申诉举报电话号码统一为"12315"的决定;在 2001 年中央电视台"3·15"晚会上公布了与中国消费者协会、新华社、人民日报社、中央电视台、法制日报等 6 家单位联合评选出的"全国维护消费者权益十佳"名单;在 2002 年"共筑诚信,我们在行动"为主题的"3·15"晚会上,集中宣传了工商行政管理机关打击传销、拼装汽车等整顿和规范市场经济秩序成果。宣布了全国工商行政管理机关吊销营业执照的 10 家"不诚信"企业名单,公布了建立企业信用制度的有关情况;在 2003 年中央电视台"3·15"专题晚会上,展示了查处虚假宣传、假冒纯净水等执法行动,发布了一批工商行政管理机关维权执法成果和典型案例,宣传了一批为执法牺牲的同志的先进事迹;在 2007 年"3·15"晚会上,浙江省工商行政管理局荣获"3·15 贡献奖",2005—2008 年"3·15"晚会上,国家工商行政管理总局适时发布了流通领域的质量监管情况和"12315"工作成果。

（二）现场开通"12315"热线积极受理消费者申诉举报

2001 年至 2008 年的八年期间,国家工商行政管理总局在中央电视台"3·15"晚会上共设立"12315"消费者申诉举报电话 270 部,从全国工商行政管理机关每年选拔近 1 000 名工商执法人员现场接受全国消费者的申诉举报,先后共组织全国工商行政管理系统 40 万人次坚守在"12315"工作岗位上,及时处理来自全国消费者的申诉举报,共接到全国消费者来电32 162个,其中现场解答咨询 15 723个,依法处理消费者申诉举报16 439个。中央电视台"3·15"晚会现场开通"12315"热线起到很好的社会效果。一是集中受理了消费者申诉举报,树立了工商行政管理机关为民服务的良好形象。二是充分发挥"12315"行政执法网络作用,及时解决消费者申诉的问题,受到群众广泛赞扬。三是充分展示了工商行政管理机关保护消费者权益信息化建设的工作成果。国家工商行政管理总局和各级工商行政管理局高度重视中央电视台"3·15"晚会"12315"消费者申诉举报热线,把"12315"消费者申诉举报热线工作作为一项重要的政治任务来抓,国家工商行政管理总局每年都下发《关于在中央电视台"3·15"晚会开通"12315"热线的通知》,各省市工商行政管理局按照总局的统一部署和要求明确领导机构和牵头单位,责任到人;认真培训和挑选来京优秀工商执法人员,制订方案,明确责任分工,重点做好工商行政管理网全网连通调试、全国热线模拟运行和电话测试等工作,使信息网络、软件运行、岗位接听各个环节落到实处,确保晚会现场电话畅通,确保多方协调一致,确保密切配合高效,确保各项任务落实到位,做到了"3·15"晚会"12315"消费者申诉举报热线万无一失。

（执笔人:肖学文）

第六章 直销监督管理

概 述

2006 年 2 月,中央编办批复国家工商行政管理总局(以下简称总局),同意增设直销监管局。直销监管局的主要职责是研究拟定直销监管和禁止传销的规章制度及具体措施、办法。依照国务院《直销管理条例》和《禁止传销条例》的规定,负责规范直销行为,维护直销市场秩序。做好国务院商务主管部门直销企业审批征求意见的回复工作,把好直销市场准入关。负责对直销企业、直销员及其直销活动实施监管;组织对违法直销和传销大要案件的查处;指导全系统规范直销、禁止传销工作。

直销监管局成立以来,在总局党组领导下,坚决贯彻执行两个条例,全面履行打击传销规范直销职责,创造性开展各项工作。严厉打击传销。深入开展打击传销集中整治行动,严厉查处大要案件,严惩传销组织者和骨干分子,始终保持高压态势,有效遏制了传销活动的扩散蔓延。通过建立以传销违法人员数据库为重点的禁止传销规范直销信息系统、完善打击传销社会治安综合治理考核制度、加强部门间协作配合、配合刑事立法工作、广泛开展创建"无传销社区(村)"活动,进一步建立健全了"打、防、控、管"长效监管机制。严格规范直销。配合做好直销企业的审批工作,严把市场准入关。通过完善"政府监管、企业自律、社会监督"的管理机制、建立健全"政策引导、行政指导、教育督导"监督机制,加强对直销经营行为全过程监控,对直销经营行为实行科学监管、有效监管。通过组织开展直销市场检查、深入开展调查研究、加强对直销企业的行政指导,加大对直销企业监管工作力度,坚决查处直销违法经营行为,确保了直销业健康有序发展。

第一节 直销监管工作

2001 年 11 月,中国加入 WTO,并签署了一系列"入世"承诺。根据"入世"承诺,我国应当在 2004 年底取消在无固定地点的批发或零售服务领域设立商业存在方面的限制,并制定与 WTO 规则和中国"入世"承诺相符合的关于无固定地点销售的法规。"无固定地点销售",其主要形式之一就是直销。2005 年 8 月,国务院颁布《直销管理条例》正是我们履行"入世"承诺的重要举措。按照《直销管理条例》,企业经批准可以从事直销经营,直销成为一种新的营销模式。按照《直销管理条例》规定,监管直销经营活动,规范直销企业行为,维护直销市场秩序,保护消费者的合法权益和社会公共利益,是工商行政管理机关在新形势下的一项重要任务。《直销管理条例》颁布实施以来,各级工商行政管理机关从讲政治、讲稳定的大局出发,予以高度重视。坚持依法行政,从严监管,为和谐社会建设作出了积极贡献。

一、直销企业监管制度体系初步形成

(一)配合《直销管理条例》实施

2005 年 10 月,总局下发《关于切实做好贯彻实施〈禁止传销条例〉和〈直销管理条例〉有关工作的通知》。2005 年 11 月,总局与商务部、公安部联合颁布《直销员业务培训管理办法》、《直销企业保证金存缴、使用管理办法》、《直销企业信息报备、披露管理办法》等3个配套规章。2005年12月,总局与商务部联合发布《直销产品范围公告》、《关于废止外商投资转型企业有关规定的公告》。

（二）下发《关于做好直销监管工作的通知》

为与直销企业审批工作衔接,保证工商行政管理机关监管到位,2006年8月,总局向系统下发《关于做好直销监管工作的通知》,要求各级工商行政管理机关严格按照通知要求,从八个方面做好直销监管工作。一是做好经营范围的变更登记工作。二是在批准从事直销的地区,监督直销企业在设立省级分支机构并设立服务网点的基础上开展直销活动。三是对招募活动的重点监管。工商行政管理机关抓住招募主体、直销员资格、不以缴纳费用或购买商品为加入条件、签订合同等关键环节开展监管工作。四是对直销培训的重点监管。工商行政管理机关抓住直销培训主体、培训内容、培训方式、培训场所、培训信息披露与报备等关键环节开展监管工作。五是工商行政管理机关指导直销企业真实、准确、及时、完整地向社会公众披露直销产品目录、零售价格、产品质量及标准说明书等应当让消费者事先知晓的内容。六是计酬制度是企业运行的核心内容,是容易出问题的地方,也是工商行政管理机关监管的重点。七是工商行政管理机关监督并指导直销企业按照《直销管理条例》和《直销企业信息报备、披露管理办法》等有关规定,建立完备的信息报备和披露制度,依法及时向总局和商务部进行信息报备,真实、准确、及时、完整地向社会公众进行信息披露。八是工商行政管理机关监督直销企业建立并严格执行退换货制度,以确保直销员和消费者的合法权益。

（三）下发《关于加强直销监督管理工作的意见》

2007年11月28日,总局下发《关于加强直销监督管理工作的意见》,从七大类23个方面对加强直销监督管理工作提出了明确具体的工作要求。一是在登记管理方面,明确登记范围,规范名称核准,核定经营项目,严格登记管辖,统一法律适用。二是对招募、培训和计酬的监督管理方面,监督直销员招募活动。严肃查处违规招募直销员、招募中欺骗、误导等宣传行为、以缴纳费用或者购买商品作为成为直销员的条件的行为。监督直销员业务培训活动,严肃查处直销企业以外的单位和个人从事直销员业务培训活动,加强对直销员业务培训内容、网上培训的监督管理。监督直销企业按照《直销管理条例》的规定,建立健全并实施计酬制度,严肃查处团队计酬行为。三是网上监督管理方面,直销企业注册地及注册所在地省级工商行政管理机关可以查阅在本辖区注册的直销企业报备信息;直销活动地省级工商行政管理机关可以查阅在本辖区开展直销活动的直销企业报备的基本信息和在本辖区的直销活动信息。直销活动地区的省级以下工商行政管理机关在办理案件时需要查阅直销企业报备信息的,由省级工商行政管理机关制定具体办法。直销企业注册地省级工商行政管理机关负责指导直销企业注册地工商行政管理机关监督管理本辖区直销企业报备、披露信息,查处报备、披露信息中的违法行为。四是建立健全工作机制方面,要认真按照《直销管理条例》和有关法律、法规、规章的规定,积极探索日常监督管理方式,建立健全日常监督管理机制。建立警示提示制度,建立信息沟通机制,建立直销企业信用分类监管制度。五是查处违法行为方面,重点查处未获得直销经营许可从事直销员招募活动的;未获得直销经营许可从事直销员培训活动的;未获得直销经营许可从事直销销售活动的;直销企业超出批准区域从事直销活动的;直销企业超出产品核准范围直销产品的;直销企业未完成服务网点备案从事直销活动的行为。严厉打击以"直销"、"连锁销售"、"特许经营"等名义从事传销的违法行为。六是管辖权限方面,对总局、省级工商行政管理机关、市、县级工商行政管理机关、企业注册地工商行政管理机关的管辖权限作出了明确规定。七是执法队伍建设方面,要求工商行政管理机关切实提高政治素质,提高业务素质。加强作风建设，做到严格自律、廉洁从政、公平执法。

二、依法开展直销监管工作

（一）加强对直销的调查研究工作

直销监管局成立以来，每年都组织实地进行直销调研，了解工商机关开展直销监管的工作方法，了解有关企业的运行情况。通过调研掌握了企业存在的一些问题，表现为：个别直销企业对市场的认识还不够客观，期望迅速发展。部分企业管理不严，违规经营情况时有发生。新的企业经验不足，队伍少、地域小、急于发展，出现问题；一些原转型企业队伍大、人员杂，存在团队计酬等惯性运作。一些违法企业打着"直销"、"连锁经营"、"特许经营"等旗号从事传销活动，欺骗性很强。有的单位未经批准举办直销论坛和展会进行敛财。对此，直销监管局认真组织分析、研讨，并针对性采取措施：对于直销企业存在的问题，进行宣传教育和行政指导；对从事传销活动的坚决予以查处；对从事其他违法活动的，联系有关部门及时处理。在《工商行政管理研究》杂志组织专题文章。

（二）加强建章立制，保证直销监管及时到位

为适应监管工作的需要，细化监管的方式，明确各级工商行政管理机关监管的责任，2006年8月，总局向系统下发《关于做好直销监管工作的通知》，各级工商行政管理机关严格按照通知要求，从八个方面做好直销监管工作。2007年又在内蒙、重庆、杭州、天津等会议上听取意见和经过多次实地调研，召开座谈会，广泛听取工商系统、直销企业意见的基础上，制定了《国家工商总局关于加强直销监督管理工作的意见》（以下简称《意见》），于2007年11月下发。《意见》就直销企业登记、招募、培训、计酬、日常监管、查处擅自直销等违法行为、加强监管队伍建设等提出要求。《意见》的下发是直销监督管理工作"四化"的重要举措，是推动直销监管工作深入开展的保证。

（三）充分发挥直销监管网站的作用

为适应直销监管和打击传销工作的需

要，根据《直销管理条例》、《禁止传销条例》和《直销企业信息报备、披露管理办法》等有关规定，总局建立了监管信息系统。监管信息系统设在总局红盾信息网下，名称为"禁止传销规范直销信息系统"，具有信息发布、储存、查阅、交换及网上办公等基本功能。监管信息系统将实现接受直销企业报备信息，向社会公布国家有关法律规定、部门规章和直销企业有关信息，接受办理举报投诉，工商系统内部信息交流等四项功能。对于及时收集信息，及时发现违法违规行为，发挥了重要作用。

（四）严格工作程序，积极协助严把直销市场准入关

按照规定，总局收到商务部来函后，根据已掌握的情况及时与企业注册地和企业违法行为发生地工商行政管理机关联系，认真调查核实，并及时回复。在商务部批准直销企业后，及时向省级工商行政管理机关转发商务部关于批准该直销企业的通知，要求各级工商行政管理机关严格按照审批要求进行监管。在审批征求意见过程中，与商务部通过部级、司级联席会议，初步形成了部门合作的工作机制。从2005年3月雅芳公司被批准直销试点到2006年2月获得第一张直销许可证，截至2008年5月，获商务部颁发直销经营许可证的企业24家，其中完成服务网点备案可以开展直销业务的企业20家，直销培训员1 961名，直销员179万名，2007年直销经营额37亿元。

（五）抓好队伍的自身建设

一是提高队伍的政治意识，善于从政治上观察和分析问题。打击传销和规范直销工作的政策性很强，只有增强政治意识，学会从政治上观察和分析问题，对国家打击传销和规范直销的有关法律法规和政策规定，才能理解得更深，把握得更准，也才能避免工作中的偏差和失误。二是提高队伍的业务素质，切实把国家关于打击传销和规范直销的法律法规和政策贯彻好、落实好。采取各种形式，加强业务培训，加大培训力度，提高业务素质。加强调查研究，注意总结经验，通过组织培训、案件分析、模拟办案等形

式,深入学习打击传销和规范直销的法律法规,交流好的经验和做法,掌握违法行为的动向和规律,探索打击传销和规范直销的有效办法和措施。三是树立队伍自身的良好形象,自觉践行"为民、务实、清廉"的要求。认真贯彻执行党风廉政建设的各项规定和要求,严格遵守《六项禁令》,切实抵御住传销分子的拉拢、腐蚀和诱惑,始终保持清正廉洁的良好形象。

三、创新监管方式,加强行政指导

对企业的行政指导,是政府实施管理的工作方式之一,是开展监管有效手段。通过对直销企业、申报企业(包括转型企业)的行政指导,引导他们依法从事直销经营活动,对维护直销市场秩序、促进行业自律、保证打击传销工作的顺利进行十分重要。通过召开座谈会、进行谈话约见和外事会见等方式加强对企业的行政指导。总局领导对行政指导十分重视,周伯华局长等总局领导多次会见有关企业和政府代表团。

一是宣传《禁止传销条例》和《直销管理条例》的基本精神,介绍打击传销面临的形势和工商行政管理机关的任务,使企业从打击传销和规范直销两个方面认识制定《直销管理条例》的立法思想,认识只有严厉打击传销和严格规范直销才能确保直销市场的健康发展。

二是要求企业按照《直销管理条例》的有关规定制定或修改制度。包括加强对分支机构、店铺、服务网点等部门的管理,加强对直销培训员、直销员业务活动的监督,特别是对招募、计酬、培训、退换货等环节的有效控制。

三是提醒企业在得到直销许可之前,不得擅自开展直销活动。特别是防止公司个别部门或人员的私下运作,败坏公司的声誉,产生不良记录,影响企业申请直销。

四是监督规范企业行为。对直销企业,一方面要求企业作出承诺,另一方面,监督其经营活动是否符合《直销管理条例》规定。一旦发现问题,坚决依法查处;问题严重的,工商行政管理机关将吊销营业执照。工商行政管理机关已经建立了企业信用档案管理制度,对受到处罚的事项将记录在案,并按照直销管理信息披露办法公布违规情况。

五是坚持以人为本的执法理念。及时发布政策信息,引导企业守法经营,帮助群众了解直销、理智对待直销。开展对企业的宣传教育,使其理解从严监管有利于打击传销行为,促进行业规范发展,增强直销企业依法从事经营活动的自觉性;适时对企业进行政策指导或提醒告诫,帮助企业自行进行规范和整改;坚决依法查处违法行为,切实保护消费者的合法权益;认真解答群众的咨询,帮助他们识别合法与非法,防止上当受骗。

六是加强对转型企业的行政指导。根据商务部、总局[2005]第100号公告,有关转型企业的政策文件将于2006年12月1日废止。转型企业(含分公司、店铺、推销员,下同)的经营活动应符合转型企业文件规定,同时不得违背两个条例的规定。转型企业成为直销企业后,应按照《直销管理条例》进行管理规范,不再适用转型企业政策。

四、加强宣传教育,提高群众的防范意识和能力

一是加强对《直销管理条例》的宣传教育。充分利用电视、报刊、互联网等新闻媒体,坚持不懈地开展宣传教育,提高群众的辨别能力和防范意识。

二是组织编写直销管理与禁止传销普法宣传手册和小册子,免费向大学生、农民工、农村和打击传销重点地区发放。

三是开展《禁止传销条例》、《直销管理条例》知识竞赛活动。竞赛题目在中国工商报、中国消费者报、中国教育报、中国农民报等刊登。

四是全系统推广使用全国工商行政管理系统打击传销规范直销宣传口号。将征集口号和征文活动中评选出的部分获奖口号和征文结集出版,向全国工商行政管理系统发放。

五是充分利用和发挥直销监管网站的作用加强宣传教育,宣传法律法规规章,及时反映工作动态,进行工作交流,公布典型案例。

六是加强对系统宣传工作的指导。向系统下发通知，要求各级工商行政管理机关进一步提高对宣传教育工作重要性的认识，积极开展宣传教育工作。使宣传工作始终贯穿于各项工作，围绕中心服务大局，始终面向基层，服务群众。

第二节　打击传销工作

传销不仅严重扰乱市场经济秩序，而且直接侵害人民群众生命财产安全，危害社会稳定。国务院领导对打击传销工作十分重视，多次作出重要批示，要求依法严厉打击，维护市场经济秩序和社会稳定。2005年8月，国务院颁布《禁止传销条例》，为打击传销提供了强大的法律武器。2006年至2007年，国务院连续两年将打击传销作为整顿和规范市场经济秩序的工作重点。按照国务院部署，总局一直把打击传销作为整顿和规范市场经济秩序的重要工作，总局党组在每年的工商行政管理工作会议上都作出细致的安排，积极组织各级工商行政管理机关，在地方党委、政府的领导下，与公安等有关部门密切配合，严厉打击各种传销活动，取得了阶段性成效。据统计，2003—2008年，全国工商行政管理机关共查处传销案件近1.59万件，捣毁取缔传销窝点13.1万个，教育遣散传销人员230余万人。总的来看，传销相对集中地区传销活动反复的势头基本得到遏制，其他地区传销活动得到有效控制，社会公众防范意识和企业守法意识有了新的提高。

一、抓整治，深入开展打击传销专项行动，查处了一批大要案件，有力惩治了传销组织者和骨干分子，在部分地区有效遏制了传销的发展蔓延势头

2003年以来，根据传销活动情况，总局每年均组织全国工商行政管理机关开展专项打击行动，并多次与公安部联合组织开展联合执法行动。2003年上半年，为防止因传销人员大量聚集流动，造成"非典"传播和扩散，广大工商执法人员按照总局部署，一手抓打击传销，一手抓防止"非典"，为维护市场经济秩序，维护社会稳定，保护人民群众生命健康安全作出了贡献。2004年，总局会同教育部、公安部联合下发通知，重点打击了诱骗学生参与传销的违法活动。2005年，总局与公安部联合开展了以侦破传销网络犯罪案件为主的"鲁剑"行动。2006年8月，根据总局和公安部的建议，国务院下发了《全国打击传销专项行动方案》，组织在全国开展了为期1年半的打击传销专项行动。2007年，国务院将全国打击传销专项行动延长到年底。2007年5月，国务院召集全国整规办、总局、公安部等多个部门参加的专题会议，对打击传销工作进行研究部署。按照专题会议精神，总局与公安部联合下发了《关于在全国开展打击传销集中行动的通知》，组织工商、公安机关自2007年7月16日至8月15日联合开展打击传销集中行动。行动期间，全国工商行政管理机关共查处传销案件1179件，取缔传销窝点1.2万多个，清查、教育、遣散传销人员近25万人次，移送司法机关追究刑事责任案件327起、2212人。2008年7月至9月，为确保奥运会成功举办，保障抗震救灾和灾后重建工作顺利开展，切实维护社会稳定大局，总局与公安部在全国范围内组织开展为期三个月的联合执法行动。部署各地结合奥运安保工作，进一步严厉防范、严密打击传销的同时，明确要求受汶川地震灾害影响地区的工商、公安机关，采取必要措施，防止群众受骗参与传销，影响社会稳定。

2003年以来，各级工商行政管理机关查处了一批大要案件，捣毁了武汉新田、深圳文斌、"美国远程教育网"、"世界互联网基金"、"王牌88"、欧丽曼、恒源国际、绿丹兰、美国EFT等一批传销网络，严惩了一批传销组织者、策划者和骨干分子。相继查处了上海申齐、品品德茶艺、上海伊美、红花国人、观方科技、澳洲联球、中兴广润、贵州红跃、江苏凯鼎传销案等一批大要案件。

二、抓教育，广大人民群众的法律意识和防范意识进一步增强

总局一直十分重视打击传销宣传教育工作，与公安、教育等部门，以及央视、新华社、人民日报、政府网等多个新闻媒体合作，采取多种方式不断加大宣传教育力度。依托"红盾网"，开通了打击传销规范直销工作网站，宣传国家法律政策，发布警示提示，加大了宣传工作的影响力和渗透力。2004年7月，总局组织各级工商行政管理机关集中开展了宣传活动，向社会公布了10起典型案例，与总局宣传中心编印、发放了4万本宣传手册。2005年，两个条例颁布实施后，总局在中央电视台、人民日报、新华社等媒体大力宣传《条例》内容，组织各地工商行政管理机关开展了大规模的普法宣传工作。2006年，总局与公安部共同印发了80万份"禁传销、反欺诈"张贴画，在全国范围内张贴宣传；与公安部共同召开"鲁剑行动"新闻发布会；结合两个条例施行一周年，举办了两个条例施行一周年征集口号、征文活动。与全国整规办、公安部联合召开两个条例实施一周年新闻发布会，公布了15起全国打击传销典型案件和20个全国打击传销、规范直销工作宣传口号。2006年12月，总局与全国普法办、中国法制办、中国教育报、中国工商报、中国消费者报联合开展了两个条例知识竞赛活动，全国25万余人积极参加。2007年，总局在全国主要媒体发布了"打击传销2007年第1号提示"，公布了部分传销组织和传销产品名单。与公安部、中央电视台联合制作了5集打击传销专题节目，在中央电视台连续播放。在中国反欺诈网和中国政府网进行打击传销在线访谈，回答网友提问。总局编印了10余万册的《禁止传销与规范直销知识问答》，与国务院法制办共同编印了维吾尔、蒙古、藏、壮、哈萨克、彝等民族文字宣传材料7万余册，发放给少数民族居住集中地区。2008年，总局发布了2008年打击传销第1号警示，公布了2007年十大传销案例，印发"远离传销 共建和谐"张贴画和宣传手册近200万份。

全国各地工商行政管理机关通过印发宣传材料、召开新闻发布会、张贴悬挂宣传标语横幅、出动宣传车、发送手机短信等多种形式开展宣传活动。海南、广东、山东等地举办了打击传销成果展览和抵制传销万人签名等大型活动，集中揭示传销危害，宣传打击成果。广东工商行政管理局于2006年组织开展了"拒绝传销、净化校园"宣传周活动，举办"拒绝传销、从我做起"万名学生签名，121所大中专院校、95万余名学生参加了多种形式的宣传活动。广西、吉林、山西、河北、甘肃5省（自治区）工商行政管理机关，在2007年集中行动期间就发放宣传材料120余万份。广东、河北工商行政管理机关2007年两节期间就编发打击传销手机短信3 600多万条。北京工商行政管理局将打击传销的宣传口号以及举报电话印在购物袋上免费向群众发放。山东工商行政管理局开展了打击传销好新闻、好漫画评选活动。新疆工商行政管理局自2007年7月16日至26日，开展了打击传销集中宣传活动，出动6 000余名工商执法人员，深入企业、学校、社区、市场、清真寺等7 000多个单位、场所，发放宣传材料106万余份，受理群众咨询9.6万人次，累计广播宣传1 890小时，电视播放宣传片505次，发送打击传销警示短信162.35万条。2008年，在抗震救灾和灾后重建工作中，按照总局部署，四川省工商行政管理机关主动与灾民安置点基层组织和相关部门联系，在严厉打击传销的同时，通过到灾民安置点散发宣传材料，开办墙报、板报、广播电视专栏，印发少数民族文字的宣传材料等多种形式开展宣传教育，防止群众被骗参与传销活动。在2008年7月至9月的联合执法行动期间，四川省工商行政管理机关共发放宣传资料78 820份，悬挂、张贴横幅、标语3 644幅，板报30期，接受咨询2 000余人。

三、抓长效，打击传销的监管机制逐步建立

国务院于2005年8月颁布了《禁止传销条例》和《直销管理条例》，为打击传销规范直销工作提供了法律支持，打击传销工作进入一个崭新的阶段。《禁止传销条例》明确了打击传销的工作机制和部门职责分工，建立政府牵头，工商行政管理、公安部门为主，司法、商务、电信、教育等有关部门按照各自职责积极参加配合的打击传销机制。

2006年,《全国打击传销专项行动方案》进一步明确了"全国统一领导、地方政府负责、部门指导协调,各方联合行动"的打击传销工作格局。围绕贯彻落实两个条例和国务院部署,总局会同公安部积极推动建立健全打击传销的工作格局和各项工作机制。2007年,在总局和公安部的建议下,中央综治委将打击传销纳入社会治安综合治理考核范畴,明确要求建立党委、政府负责,有关部门参加的打击传销工作机制。目前,全国绝大部分地区已经建立了相应的工作机制。总局与公安部建立了沟通协调、联合办案、联合督查督办和检查机制。总局与教育部形成了防止传销进校园的工作联系机制,下发了《关于开展防止传销进校园工作的通知》,教育部已将打击传销吸收为学生思想政治教育的内容。2008年4月18日,总局邀请中央综治办、中央宣传部、公安部、教育部、商务部、工业和信息化部等6个部门,组织召开打击传销工作情况通报会,通报各部门工作情况,共同研究对策,在加大打击力度、宣传力度、开展防止传销进校园等方面形成了共识,建立健全部门协作机制,进一步整合部门职能,形成打击合力。总局与公安部共同向国务院法制办、全国人大法工委提出了修改刑法的建议,积极配合全国人大法工委、国务院法制办,研究在刑法中增设组织传销罪名。总局还设立了打击传销举报电话和电子邮箱,开发建立了禁止传销规范直销信息监管系统,建立和完善传销组织者、骨干分子与参与人员信息库,及时掌握传销动态,实行全国信息共享,进一步加大对传销组织者和骨干分子的监控、打击力度,加强流入地和流出地管理,实施精确打击。

各级工商行政管理机关坚持打击与规范并举,通过建立和完善打击传销的辖区责任制、过错追究制、投诉举报快速反应机制、情况通报制度等,推进了打击传销长效机制的形成。北京工商行政管理局与有关部门和单位共同建立了"反传销联盟",发动社会力量,开展联打联防;建立了"警示系统",将从事传销的企业锁入"市场主体不良行为记录警示系统"。天津、辽宁、黑龙江、海南、新疆、浙江等地工商行政管理机关,依托"12315"网络,建立了打击传销投诉举报网络和快速反应机制;山东、广东等地工商行政管理机关建立了举报奖励制度;广西、云南、河北、吉林、江苏等地的部分地市工商行政管理机关与公安、城管等部门组成打击传销专门执法队伍,加大了打击力度;广东、山东、江苏、贵州、河北、内蒙等地还广泛开展了"创建无传销社区(村)"活动,取得了明显的成效。云南工商行政管理局与省公安厅、省高级法院、省高级检察院联合制定了《关于办理涉及传销刑事案件适用法律若干问题的意见(试行)》。河北、北京、天津召开了打击传销跨省市协作会议,建立了京津冀工商行政管理机关打击传销执法区域协作机制。山西大同、河北张家口、内蒙古集宁建立了打击传销区域协作机制。河北省开展了十万名打击传销志愿者行动,广泛发动群众参与打击传销。部分地区建立了传销人员黑名单和为传销人员提供出租房屋的房东黑名单档案,加强了对传销人员的监控。

在全系统和有关部门的共同努力下,全国打击传销工作取得了较为明显的成效。但由于传销生存的经济和社会因素仍然存在,传销发展蔓延的趋势,尚未得到彻底扭转。近期,诱骗学生参与传销的情况有所抬头,利用互联网传销的情况日益突出,传销活动出现向西部蔓延的势头,打击传销仍是一项长期而艰巨的工作。

总局将继续组织各级工商行政管理机关将从"讲政治、保稳定、促和谐"的高度,全面贯彻落实"十七大"、科学发展观和构建社会主义和谐社会的总体要求,全面推进打击传销工作的制度化、规范化、程序化和法制化,进一步加大打、防、控力度,继续加大宣传教育工作力度,狠抓长效机制建设,确保打击传销工作长期有效开展,为维护市场经济正常秩序和社会和谐稳定而不懈努力!

(概述、第一节执笔人:何寿生
第二节执笔人:陈松阳)

第七章　市场监督管理

　　市场监督管理是国家利用行政手段对商品流通活动进行监督和管理,工商机关主管的市场管理工作是其中的重要组成部分,属于综合性的管理。市场监督管理和行业管理结合起来,对全社会各种经济成分的商品流通活动实施监督管理,以促进发展,活跃流通,繁荣市场。

　　由于各个时期政治经济任务的不同,市场管理的任务也随之发生变化。尤其是党的十一届三中全会以来,国家在坚持改革、开放和搞活经济的同时,又要加强对经济的监督管理,工商机关的市场管理工作在保障经济体制改革,促进经济发展,服务广大人民生活等方面显示出越来越重要的作用。

第一节　国民经济恢复和社会主义改造时期的市场管理

　　1949—1952 年为国民经济恢复时期,工作重点是以恢复国民经济为中心;1953—1956 年为社会主义改革时期,工作重点是有计划地进行经济建设和对非社会主义经济成分实行社会主义改造。市场管理工作是配合这些中心任务进行的。

一、国民经济恢复时期的市场管理

　　新中国成立前后,各大、中城市相继解放,国内市场出现了新的形势,具有两个特点:

　　一是市场性质和结构起了变化。中国人民推翻了压在身上的三座大山,市场摆脱了帝国主义、封建势力和官僚资本主义的控制和压榨。人民政府没收了全部官僚资本,把它改造成为社会主义的国营经济,结束了官僚资本对市场的垄断。同时,国家建立了国营商业,作为市场的领导力量。发展了合作社集体商业,作为国营商业的助手。在农村,人民政府实行了土地改革,废除了几千年来的封建剥削制度。在城市,实行了民主改革,取缔了封建的行帮组织,从而消灭了城乡市场的封建势力。通过国营商业和合作社商业的购销活动,建立了农民和社会主义经济的联系,为在城乡之间、工农之间发展商品流通开辟了道路。对于资本主义工商业,不仅允许存在,而且鼓励其发展有利于国计民生的生产经营。当时私营工商业在国民经济中占有很大的比重,据统计,1950 年共有 415 万多户,职工和从业人员共826 万多人,资金 40 亿元;1952 年发展到450 万户,职工和从业人员 880 多万人,资金46 亿元。此外,还有一部分公私合营企业、外资企业参与了市场活动。这些都反映了市场性质和结构起了根本性的变化。

　　二是服务中心工作,严格市场管理。新中国接收了国民党政府遗留下的一个"烂摊子",物价飞涨,投机倒把横行的局面也延续下来。加之 1949 年全国有些地方尚未解放,解放战争还在进行,人民政府要保证 900万军队和公职人员的供给;交通、工业需要恢复;众多的失业人员需要救济,财政开支不能平衡,财政赤字不能不靠发票子来弥补,短期内还不能制止物价继续上涨。一些不法资本家乘国家经济十分困难之机,在市场上兴风作浪,他们用高利率吸收市场的游资,抢购商品,转手倒卖,囤积拒售,哄抬物价,加剧了国家的困难。1949 年 4 月到1950 年 2 月,出现了 4 次大规模的物价上涨。

　　面对上述形势,国家的根本任务是迅速

地稳定市场物价,安定人民生活,恢复和发展生产。在国民经济恢复时期的 3 年中,中共中央和中央人民政府根据经济的发展变化,相继采取了一些重要的经济措施。其中包括:组织复工复业;打击投机,整顿市场,稳定市场物价;调整工商业等。随之向违法的资产阶级分子,开展了"反行贿、反偷税漏税、反盗骗国家财产、反偷工减料、反盗窃经济情报"的"五反"运动。市场管理工作服务于这些中心工作,起到了重要的作用。

(一)打击投机违法活动,稳定市场物价

一是国营商业加强收购和调运工作,把私商用以进行投机的主要物资,如粮食、纱布、糖、五金等,迅速地聚集起来,然后全国贸易机关统一行动,在市场上适时抛售。同时加强了对重要物资和资金的统一管理,使不法资本家再无力抢购物资,又要归还高利借款,迫使他们不得不降价出卖手中物资,从而给投机私商以沉重的打击,使物价得以逐步回落。

二是加强批发市场和重要商品交易市场的管理。国家把关系国计民生的重要物资,如粮、棉、布、油、煤、盐、煤油的批发业务掌握在国营和合作社商业手里,限制私商经营。实行若干物资集中交易,如粮食市场,棉花交易所、纱布交易所等,并实行凭证入场交易办法,取缔场外交易。实行议价核价,即对重要物资由同行业厂商、工商机关共同议定其最高批发和零售市场价格;对同人民生活关系密切的生活必需品由同业公会造具批零价格表,报工商机关核定后施行。取缔、打击私商随意抬价、涨价、非法倒卖、掺杂使假的投机倒把行为。

三是组织市场检查,取缔黑市活动。对于哄抬价格,囤积居奇,买空卖空等扰乱市场物价的行为,经工商机关查获后,即严肃处理。1950 年 11 月 14 日中央贸易部发出《关于取缔投机商业的几项指示》,进一步明确了合法与非法的界限,有力地推动了市场管理工作。

(二)适时调整市场管理政策

在新中国成立后 3 年的时间里,主要的政策调整有两次。第一次是配合调整工商业和调整市场管理政策,第二次是"五反"运动以后调整商业和市场管理政策。

经过打击投机资本,市场物价稳定以后,市场上的虚假购买力消失,若干商品出现了暂时的供过于求,商品滞销,价格倒挂,生产萎缩,市场萧条,有的工厂停工,商店歇业,工人失业。根据 1950 年 1 月到 4 月的统计,上海、北京、天津等 14 个城市有 2 945 户工厂关闭,全国新失业的工人约有 10 万人。对此,中央人民政府立即采取措施,调整工商业,调整公私关系和产销关系。根据中央的要求,工商机关在市场管理政策上作了适当的调整。主要是"四个放宽":

一是对于原来规定的必须集中交易的原则,予以放宽。允许场外成交,有的还撤销了集中交易的市场。

二是放宽和简化了交易所内的管理办法,取消了一些限制性的措施。允许期货交易,允许客商在交易所内既买进又卖出。

三是放宽或取消了采购证照制度。

四是放宽议价、核价办法。放宽市场管理对调整工商业的公私关系,促进私营企业克服困难,发展生产,活跃交流,起了很大的作用。

1952 年"五反"运动结束以后,许多私营商业生意清淡、营业萧条的状况未能好转,有的地方公私关系紧张,失业人员增加。1952 年 11 月 12 日中共中央发出《关于调整商业的指示》,提出要取消妨碍正当私商畅通城乡交流的各种不适当的限制。为此,对一些市场管理规定又作了调整。对于外出采购的私商,给予了支持和引导;对于公私双方在同一地区采购物资的,进行协调,效果很好。

(三)组织物资交流,活跃市场

由于连年战争,地区之间、城乡之间处于分割状态,旧的商品流通渠道被破坏,加以经济的改组,以及在稳定市场物价和"三反"、"五反"中对投机商的打击取缔,一些私营商业心存顾虑,经营消极,致使一段时间的物资流通渠道时通时塞、半通半塞甚至严重堵塞,对国民经济的恢复和发展十分不利。为此,从 1950 年至 1952 年,全国各大区、省(市)和县各级政府,多次要求工商机关举办高级、中级和初级的物资交流活动。

工商机关通过管理好初级市场、组织物资交流等一系列工作,不仅使旧的流通渠道得以恢复,而且开辟了新的渠道,地区之间、城乡之间建立了新的贸易联系,从而搞活了流通,扩大了商品销售,对恢复和发展生产起了促进作用。

在国民经济恢复时期,工商机关的市场管理工作,紧紧地围绕着恢复和发展生产这一中心任务,适时采取相应措施,有管有活,有松有紧,对于壮大国营经济,确立社会主义商业在市场上的领导地位,调动私营工商业的积极性,发挥其有利的一面,限制其不利于国计民生的一面,起了重要的作用。

二、社会主义改造时期的市场管理

从1953年起,中国进入有计划的经济建设和对非社会主义经济成分实行有步骤改造的阶段。同年底,中国共产党提出了过渡时期的总路线。1953年11月政务院颁布了《关于实行粮食计划收购和计划供应的命令》和《粮食市场管理暂行办法》,同时,对食油、油料也实行了统购统销。这个时期市场管理的任务是稳定市场,维护市场秩序,维护国家收购和供应计划,取缔投机违法活动,保证上述措施顺利贯彻,为促进社会主义工业化,实现对农业、手工业和资本主义工商业的社会主义改造服务。市场管理工作着重抓了如下几点:

(一)按照对主要农产品的统购统销和派购政策的要求,加强对以下主要农副产品的管理

粮食。1953年国家对粮食实行统购统销后,粮食的收购、加工和销售只允许国营粮食部门经营,所有私营粮商、粮食加工厂,一律不许经营粮食(包括自购原料加工后自销成品);经过申请,并经国营粮食部门同意,工商机关核准发给营业执照,可以代理销售粮食或进行粮食加工,但不许无照经营。农民在缴纳公粮和完成统购任务以后,允许到国家设立的粮食市场(不许私商参加)互通有无,调剂余缺。

植物油脂油料。农民按规定将生产的油料卖给国营粮食部门,在完成统购任务后,其余的可以自食。在油料统购地区的城市、工矿区等,实行与粮食计划供应办法大体相同的食油定量供应办法;在实行定量供应的地方,取消食油和油料的自由市场。在农村和集镇,属于统购地区的,农民在完成统购任务后自食有余的,允许到国家设立的初级市场互通有无。私营厂商不许收购、加工、经营油脂油料,不许参加油料自由市场。

棉花和棉布。棉农所产棉花,除自用部分外,全部按国家规定的收购价格卖给国家,不许上市,也不开放棉花自由市场。所有织布厂、印染厂和手工业生产的各种棉布,一律由国家统购。除棉农外,棉花、棉布一律实行分区、定量、凭证供应制度。不许私商经营子棉、皮棉的收购、贩运以及棉布的批发、贩运。

生猪、鲜蛋、烤烟、畜产品等。对这些产品先后实行派购或统一收购。国家根据市场需要,确定派购计划指标,逐级下达,最后分派到生产单位或个人(户)。派购任务完成后,才允许上市。派购任务完成以前,不许私商经营。

(二)协助有关部门对私营批发商业实行留、转、包

实行统购统销和派购政策后,国家控制了绝大部分货源,私营零售商业都向国营商业进货,一些私营批发商营业额下降,纷纷要求转业。1954年7月中共中央颁发了《关于加强市场管理和改造私营商业的指示》,提出对私营批发商适当安置,把零售商业有计划地纳入国家资本主义形式。允许留下来的私商可在政策允许的范围内从事经营活动,维持其一定的营业额。

对私营批发商,实行了"留、转、包"的政策。"留",即对于尚能经营的批发商,留下继续经营,由国营商业委托他们代理批发。"转",即对能够转业的批发商,辅导他们转业。"包",即包人员,把无法经营又无法转业的批发商业的从业人员,连同资方实职人员,在自愿原则下,经过训练,由国家调配,或由国营商业、合作社商业吸收录用。

市场管理工作密切配合这一工作,对留

下来的批发商,加强管理和引导;对于转业的批发商,在资金去向,人员安排等方面,也加以协助和指导。

(三)对小商小贩进行辅导和管理

小商小贩既是商业个体劳动者,又是小私有者。多数是经营规模小,有的肩挑叫卖、摆摊出售,本小利微,经营方式灵活多样,适应群众需要。管理小商小贩,首先保护它们的合法经营,取缔其投机违法活动。规定其经营范围、经营方式、经营地区,提倡明码实价,亮照经营。其次是整顿,即整顿摊贩市场,不准乱摆乱卖;整顿经营人员,把混入小商小贩队伍中的其他经营者如行商划出来,发给营业证照。同时取缔无照经营,维护市场秩序。对其中生活有出路的,让他们停业。有劳动条件的,组织参加生产。盲目流入城市的农民,则动员其回农村参加农业生产。

过渡时期总路线公布以后,对小商小贩的社会主义改造,开始有计划、有步骤地进行。改造方式除一部分为国营商业经销、代销或公私合营外,主要是通过合作小组和合作商店的形式,把它们组织起来。合作小组是按行业组成的,各成员分散经营,自负盈亏。由一个国营商店或合作商店或公私合营商店进行领导,指定一个商店对它们批发商品或帮助采购商品,同时对它们的商品出售价格也进行管理。这种合作小组既保留了小商小贩的特点,又使它们同社会主义经济发生密切的联系,有利于调动它们的经营积极性,适应社会需要。合作商店,是把那些资金较多、规模较大的小商小贩,在自愿的基础上,几户、十几户地组织到一起,统一核算,共负盈亏,同时保留股金和股份分红(按劳分配后的剩余部分)。到1956年底,基本上完成了对小商小贩的社会主义改造。

(四)改进市场管理,保证商品正常运转

在对粮、棉、油实行统购统销政策以后,有些地区不分主要物资和次要物资,随意扩大统购的品种范围,甚至禁止出境,影响了小土产的交流,加剧了某些物资供不应求;也有的地方撒手不管,私商抢购、套购统购物资,市场混乱,影响国家统购统销政策的贯彻。对此,工商机关加强和改进了市场管理,特别是对初级市场的管理。

一是协助国营商业和供销合作社稳定市场物价。严格监督私商执行统购统销和专卖商品的价格规定;对经销代销的商品,监督私商遵守牌价,其余商品允许稍高或稍低于牌价。必要时对某些商品的价格,由国营商业和供销合作社通过议价的方式适当掌握。

二是贯彻国家各项物资管理法令,管理私商经营范围。在物资管理上,对国家规定统购统销的物资和供不应求的主要工业原料严格管理;对其他国家有收购任务的商品,在保证完成国家收购任务的原则下,准许私商经营,或委托私商代购;对国营商业、供销合作社经营较少或未经营的某些零星工业品和小土特产,在国营商业和供销合作社领导下推动和组织私商从事经营贩运。对在初级市场上从事经营活动的私商的经营范围,本着照顾习惯、季节性和经营特点的精神,适当确定。

三是严格按照中共中央和国务院确定的统购、统销范围加以管理,坚决取缔非经中共中央和国务院批准任意扩大统购物资品种范围,和任意宣布禁运出境的行为,保证商品正常交流。

四是开展市场检查,整顿市场秩序,取缔投机活动。对投机违法人员,根据情节轻重分别给予批评教育、罚款、没收其物品及吊销营业执照;触犯国家刑律的,送交司法部门处理。

五是会同有关部门领导和管理国家设立的市场、交易所。对于原有的交易所进行整顿,凡无存在必要的,予以撤销;对有必要保留的,根据情况,有的精简机构,有的加以合并。对裁减下来的人员,予以妥善安置。

在初级市场上设立的粮食、棉布、油料、土布等市场,是粮、棉、油统购、统销后,适应农民需要而保留或新建起来的。这是没有私商参加的市场,主要是农民之间、农民与国营商业、供销合作社之间进行交换的场所,对于这类市场必须加以领导和管理,防止私商插手和制造黑市。

六是组织和管理农民贸易。主要是辅导和协助农民互通有无,调剂余缺。帮助农民解决推销、运输、检验、评级、定价以及食宿问题。对农民自产自销活动,原则上是照顾习惯和物资流转规律,不限制方向和路线,但不鼓励其长途运销。对于贩运商品的农民贸易,也不过多地加以限制。由于执行上述政策,使农村集市贸易在稳定的基础上有所发展。据河北、山西、吉林、黑龙江、山东、湖南、广西、云南、青海、宁夏十个省、自治区的统计,1950 年共有集市 14 412 个,成交额 11.06 亿元;1956 年共有集市 14 538 个,增加 126 个,成交额 11.13 亿元,增长 2.5%。

第二节　社会主义建设探索时期的市场管理

1957—1966 年为社会主义建设探索时期的市场管理。1956 年,国家实现了对农业、手工业和私人资本主义工商业的社会主义改造,生产关系、社会经济结构都发生了根本变化,市场也发生了质的变化。1956 年社会主义国营工业的产值在工业总产值中占 67.5%,公私合营工业占 32.5%;在批发商业中,国营和公私合营占 97.2%,私营只占 2.8%;在零售商业中,国营商业占 68.3%,公私合营和合作社商业占 27.5%,私营商业只占 4.2%。在生产资料私有制的社会主义改造基本完成以后,按照陈云同志在中共八大发言中所说的,社会主义经济的情况将是这样:"在社会主义的统一市场里,国家市场是它的主体,但是附有一定范围内国家领导的自由市场。这种自由市场,是在国家领导之下,作为国家市场的补充,因此它是社会主义统一市场的组成部分。"

一、曲折前进中的农村集市贸易

1956 年社会主义改造高潮刚刚结束,就出现了一切商品都要纳入计划、以个人产品交换为主要内容的农村集市贸易同社会主义经济已经不相适应等错误说法,限制了集市贸易发展,对农业生产发展不利,给农民生活带来了很多困难。1956 年 9 月 15 日,

中共中央副主席刘少奇在中共"八大"的政治报告中指出:"我们应当改进现行的市场管理办法,取消过严过死的限制;并且应当在统一的社会主义市场的一定范围内,允许国家领导下的自由市场的存在和一定程度的发展,作为国家市场的补充。"1956 年 10 月 24 日,国务院发出《关于放宽农村市场管理问题的指示》,明确了集市贸易是国家领导下的自由市场,是社会主义统一市场的组成部分。纠正了一些人把集市贸易和社会主义统一市场对立起来,以及企图取消集市贸易的错误思想和错误做法。

但是,1957 年 8 月 9 日,国务院又发布了《关于由国家计划收购(统购)和统一收购的农产品和其他物资不准进入自由市场的规定》,把自由市场的范围加以限制。文件规定:粮食、油料、棉花,全部由国家统购;烤烟、黄洋麻、苎麻、茶叶、生猪、羊毛、牛皮等 22 种重要的土产品,33 种重要中药材,供应出口的苹果和柑橘,若干产鱼区供应出口和大城市的水产品,以及废铜、废锡、废铝等,都由国家委托国营商业和供销合作社统一收购。允许进入国家领导下的自由市场出售的,是那些不属于计划收购、统一收购的物资,如鸡、鸭、鲜蛋、调味品,非集中产区的水产品、干果和鲜果以及不属于统一收购的中药材等。在贯彻执行这些规定的过程中,有些地方又以本地需要为理由,从省到县层层增加地方统一收购物资品种,将政策允许上市的商品按国家收购物资管起来,对违犯者强行作价收购,甚至予以没收,致使一些地区三类土副产品的交流受到影响。对此,中央工商行政管理局及时发出通知,要求各地检查纠正这种违反政策的情况,注意防止管理过严过死的倾向,认真贯彻开放国家领导下的自由市场的方针。同时强调这一时期的市场管理任务,一方面要允许国家领导下的自由市场存在,维护农民正当购销活动的自由,保障生产者与消费者的合法利益;另一方面又要保证国家计划的完成,正确处理好国家、集体、个人三者之间的利益关系。经过检查纠正,情况有所好转。

1958 年,是中国第二个五年计划开始的

头一年,提出了"总路线"、"大跃进"、"人民公社"三面红旗,一时间"共产风"、浮夸风泛滥全国,在农村取消了社员自留地和家庭副业,强制劳力集中安排,兴办公共食堂。这样,集市贸易就失去了存在的基础,有的地方就又把集市贸易关闭了。据河北、山西、湖北、四川、广西等12个省、自治区的统计,1957年有集市19 807个,成交额17.2亿元,1958年只有集市15 267个,成交额12.4亿元。集市减少了3 820个,成交额下降了近5亿元。

"大跃进"、"人民公社"使国民经济遭到了严重破坏,加上自然灾害的因素,人民的生活发生了严重困难。为了克服国民经济出现的困难,中共中央发布了一系列的政策和措施。在市场管理方面,1959年9月23日,中共中央、国务院发布了《关于组织农村集市贸易的指示》,提出了"活而不乱、管而不死"是组织农村集市的原则。指出:"开展农村集市贸易,有利于促进农副业、手工业生产的发展,便于组织短途运输,便于管理市场价格,便于人民公社、生产队、社员之间进行商品的交换和调剂,同时,也便于为商业部门开辟货源"。各级工商机关因势利导,因地制宜地为恢复集市贸易做了许多工作,集市贸易有所恢复。

1960年11月,中共中央又发出了《关于农村人民公社当前政策问题的紧急指示信》强调指出:"在农村里应该有计划有领导地组织集市贸易,便利公社、生产队、生产小队和社员交换和调剂自己生产的商品,活跃农村经济"。1961年1月中共中央决定对国民经济实行"调整、巩固、充实、提高"的八字方针,肯定了国营商业、供销合作社、集市贸易是商品流通的三条渠道。

为了贯彻上述方针政策,中央工商行政管理局会同商业部于1961年1月在武汉市联合召开了农村集市贸易汀泗桥现场会议,强调集市贸易是社会主义统一市场不可缺少的组成部分,会议指出:"恢复集市贸易,对安排市场,安排生活,活跃农村经济,巩固工农联盟,有着重要的作用","开展农村集市贸易绝不是一个短期的或者临时性的措施,而是在相当长时间内的一项重要政策"。并且提出:对集市贸易要大胆地放,认真地管。主要是放,同时要与管结合起来。对于上市商品范围、价格,参加集市成员等政策界限,也作了明确规定。强调保护大集体之下的小自由,反对资本主义自发倾向等。同时,也提出要纠正如民兵管理市场、乱扣乱罚等错误做法。

随着中共中央一系列指示的贯彻和"八字方针"的落实,农村经济活跃了,集市贸易也得到迅速恢复和发展。同年底,全国28个省、市、自治区的农村集市恢复到4.1万多个,相当于原有集市数的99%,成交额达137亿元,相当于社会商品零售额(折合牌价计算)的7.2%,1962年集市3.87万个,成交额上升为164亿元,相当于社会商品零售额的10.3%。

二、严格加强市场管理,打击投机倒把

正当农村集市贸易蓬勃发展的时候,1962年9月,中共八届十中全会上又强调"以阶级斗争为纲"。中共中央发出《关于商业工作问题的决定》,在肯定了集市贸易有促进农副业生产的发展,活跃农村经济的积极作用之后,又指出有冲击计划市场、滋长投机倒把的消极作用,不能不提高警惕,加以防止和限制。文件规定:不论公社、生产大队、生产队和社员个人,都只允许出卖自己生产的产品,购置自己需要的东西,不许转手买卖,反对弃农经商。

1963年3月3日,中共中央、国务院联合发出了《关于严格管理大中城市集市贸易和坚决打击投机倒把的指示》,3月25日,国务院颁发了由中央工商行政管理局起草的《关于打击投机倒把和取缔私商长途贩运的几个政策界限的暂行规定》,明确规定:正当交易活动就是指生产单位、农民个人自产自销、自购自用的购销行为。例如:集体生产单位和个人,在完成国家计划收购任务和保证履行议购合同的前提下,按照中央和省市自治区规定的品种和时间,上市出售自己生产的农副产品,公社、生产大队、生产队和社员,根据生产需要,通过市场,调剂种子和耕畜;农村社员和城镇居民在当地的指定场所，出售自己生产的家庭副业产品；以及生产大队、生产队根据国家政策规定，按照当地的需要和条件，开设的农副产品加工作坊（糖坊、粉坊、油坊、豆腐坊等），只能接受来料加工或者以成品换取原料，不许上市购买粮食、油料，加工成品出售。禁止农村社员从事商业活动，也不允许社队集体以搞副业为名，从事商品贩卖活动。不允许贩卖耕畜，贩卖耕畜就是投机倒把。

为贯彻上述中共中央、国务院有关文件精神，1963年3月25日，中央工商行政管理局发出了《全国工商行政管理工作会议纪要》，改变了过去几年对农村集市贸易管理方针的提法，把"活而不乱、管而不死"修改为"管而不死，活而不乱"，并且强调"应当结合对农民的社会主义教育，加强领导管理，取缔投机倒把活动，制止弃农经商"。随着农村"四清"运动的开展，受"左"的指导思想的影响，把市场的交易活动都看成是阶级斗争的反映，是社会主义道路和资本主义道路两条道路斗争的反映。1964年12月，中央工商行政管理局又发出《关于配合"四清"、"五反"运动，加强市场管理工作的通知》，提出"时刻不忘阶级斗争"，"必须以阶级斗争为纲，做好经常性的市场管理工作"，强调"对于农村集市贸易，把它限制在规定的范围之内，制止资本主义自发倾向和弃农经商活动"。1965年3月，中央工商行政管理局发出《全国工商行政管理工作会议纪要》，贯彻了1965年1月财贸工作座谈会纪要《关于当前在市场上反对资本主义的斗争和其他几个问题》的精神，对一些上市商品就管得更严了。

随着上述一系列规定的贯彻，对农村集市贸易的限制逐渐严格，集市贸易蓬勃上升的势头受到了遏制，并且一步步萎缩和萧条。1963年全国农村集市共有38 468个，成交额105亿元，比1962年减少59亿元。1964年农村集市减少为38 082个，成交额降为78亿元，比1963年减少27亿元。1965年农村集市又减少为37 000个，比1964年少了1 000多个，成交额下降为68亿元，比1964年少了10亿元。与1961年相比，集市减少了4 000个，集市成交金额减少了50%。

三、严格限制和取缔农民和私商长途贩运

农民和私商的长途贩运，是中国固有的流通渠道。对于沟通城乡间的物资交流，补充国营商业、供销合作社的不足有一定作用。在新中国成立后的前7年中始终把这些活动视为合法，积极组织，多方引导。社会主义改造基本完成以后，错误地理解社会主义市场是单一的流通渠道，从而把这一活动视为冲击国家计划，有害农业生产，不利于国营商业和供销合作社经营的非法活动，而加以严格限制和取缔。1963年3月25日国务院发布的《关于打击投机倒把和取缔私商长途贩运的几个政策界限的暂行规定》中，明确规定，除国营商业以外，政策允许的其他商业活动，只能在当地进行。"当地进行商业活动，是指在市（包括郊区，不包括市属县）、县的范围内，或者在市与县、县与县毗邻地区之间。采购或者销售国家准许经营和上市的商品。超出上述地区范围的，属于长途贩运。对于长途贩运，不论贩运者是私商或公社、生产大队、社员，不论贩运的是什么商品，都必须坚决取缔。"长途贩运属于"严重投机违法活动，必须坚决打击"，只有"农民在不妨碍集体生产条件下，经生产队同意，利用农余时间，从事一些季节性的零星鲜活商品的短距离运销"才能受到保护。准许"合作商店、合作小组和核准登记的个体商贩，在主管部门规定的业务范围和地区范围内从事商业经营"。

为了制止长途贩运活动，对亲友间的往来馈赠活动，也加以干涉。规定了探亲访友携带的物品实物重量和总值金额限额，如粮食只限15市斤以内，花生仁3市斤，食油2市斤，总值金额按国营商业零售牌价计算，不超过10元，或者不超过15元。群众携带的农产品超过限额不及限额两倍，并有生产队、服务单位或者街道办事处的证明，可以允许；否则，要被严肃处理。

这些规定的执行，使一条长期存在并且适合中国国情的流通渠道被切断，而国营商

业又包不下来,农村的农副土特产品运不出去,城里需要的副食品却供应不足,甚至正常的亲友间的往来馈赠,也被限制。

四、限制计划外物资的采购活动

1958 年"大跃进"到处"大办工业"、"大炼钢铁",需要大量的材料和设备,加以生产的高指标,原材料缺口大,计划供应的原材料无法满足需求,物资供求矛盾十分突出。由于国家不可能对所有商品都通过计划进行分配,而且某些已纳入计划分配的商品,也会因生产的发展变化而突破原有指标。因此,通过自行采购来弥补国家计划的不足,就成为客观需要。这对于调剂余缺,支援生产,是有作用的。于是各地不断派出采购人员从事计划外物资采购。其中有各级政府派出的,有厂矿企业派出的,也有不少是公社派出的,以派到大中城市的为最多。由于管理工作没有跟上,确也出现了一些投机违法活动,对此加以整顿和管理,还是必要的。但是当时却认为这是"麻雀满天飞",害多利少,甚至有害无利。1959 年上半年,中共中央发出《必须立即制止目前采购工作中的混乱现象》的指示,指示中强调生产和流通,主要靠计划,而不能依靠盲目的自由采购。市场管理要建立和完善管理制度,使各种购销活动纳入国家计划轨道,严禁盲目的自由采购。要求各地的外出采购人员,除了按照正常情况有必要继续派出以外,应当一律立即返回。必要派出的少数采购人员,应当严格进行管理。各省、市、自治区和中央各部门可以根据自己的需要,在较大的城市设采购办事处,统一管理本地区和本部门的采购人员,统一同当地的物资分配部门和商品供应部门发生联系,一切采购人员必须向所属地区和部门的办事处报到登记,接受领导,不经过办事处,不得自行采购。所有到外地采购物资的资金,必须接受银行的监督。工商机关要运用各种有效办法,取缔黑市,制止抢购、套购和以货易货的行为。要向采购人员进行思想教育和政策教育,对严重违法乱纪的,给予严厉的纪律制裁。

国家对计划外采购活动的管理过于严格,抑制了生产和经营企业在国家计划外的购销协作,割断了企业间、地区间的横向经济联系,堵塞了计划外的补充渠道,使一些未纳入国家物资计划供应范围的企业无法得到所需物资,也使那些纳入国家物资计划供应范围,但不能满足需求的企业所短缺的物资,信息不通,求助无门,增加了生产上的困难。

从 1956 年到 1966 年这 10 年中,市场管理工作最大的变化,是管理范围缩小,局限于非计划流通渠道的购销活动。它的任务基本上是管理城乡集市贸易和计划外的采购,而且在政策上时严时宽,摇摆不定。在经济形势出现困难时就放开,反之则收缩、限制和取缔,使城乡集市贸易几起几落,计划外的采购日益萎缩。

第三节　"文化大革命"时期和其后两年的市场管理

1966—1978 年为"文化大革命"和其后两年的特殊时期。"文化大革命"时期,国家推行了一条极"左"路线,国民经济遭受严重破坏,市场管理工作也深受其害。"左"的思想、政策、工作方法和作风,在市场管理工作上恶性发展。反映在思想理论上,强调"以阶级斗争为纲",把商品生产、商品交换、价值规律等,都看成是产生资产阶级的土壤,把集市贸易视为"资本主义尾巴"。不少地区把几根葱、几头蒜、几包瓜子等少量的交易活动,也"上纲"到"两种思想、两条道路、两个阶级的尖锐斗争在经济领域的反映"。反映在政策上更加"左"倾,采取许多强制性措施,如规定:农村人民公社、生产大队和社员一律不许经营商业;国家企、事业单位、机关、学校、团体,非经当地主管部门许可,一律不许到集市和农村社队自行采购物品等。这就堵塞了流通,管死了市场,造成了严重后果。

一、取缔城市集市贸易

大中城市的集市贸易,在"文化大革命"前虽已宣布取消,但是农民进城出售农副产品的情况依然存在,只是由明转为暗,由集中转为分散,同时一些小城市的集市贸易,也还是允许存在的。

"文化大革命"开始以后,这些都被视为"黑市",都在"巩固无产阶级专政,维护社会主义经济秩序"的口号下,被强行关闭。在省会以上的大城市,一般的是由"治安指挥部"和"群众组织指挥部"组织民兵、红卫兵和"革命群众"对市场进行冲击,个体工商户、合作商店、合作小组设在市场的摊棚内,均被推倒,对经营花鸟鱼虫的说是"贩卖封、资、修的黑货","是阶级敌人利用花鸟鱼虫腐蚀、消磨人民群众的革命意志,特别是要把青年职工搞下水,引向和平演变的修正主义道路",因而进行批斗,鸟笼、鱼缸也被砸碎。

为了彻底取缔"黑市",一些城市专门建立了监管市场的群众组织。如有的城市按街层层建立市场管理组织,街道建立市场管理领导小组,由街道党委书记任组长,吸收派出所所长、基层商店党支部书记、主管工商行政管理的干部参加。街道所属居民区建立市场管理推动小组,由治保主任、民警、居委干部和积极分子组成。商业区设有市场监管员,学校有红卫兵市场管理小分队,还有退休老工人联防组。这些组织在街道党组织一元化领导下,平时分片包干,突击检查时集中力量"打歼灭战"。出售农副产品的农民和流动小商小贩只要进入这个地区,一经发现就取缔。在当时,只要市场上冷冷清清,就视为市场管理"工作得力","富有成效"。

二、管死农村集市贸易

(一)推广大寨经验,关闭农村集市

"文化大革命"前,大寨的经验就已向全国推广。在"文化大革命"时期,大寨经验进一步把集市贸易与资本主义等同起来。到1970年,昔阳县的集市贸易全部被关闭了。大寨关闭集市贸易的"经验"被誉为"堵不住资本主义的路,就迈不开社会主义的步"。成为各地学习的主要内容之一。1975年和1976年各地去大寨参观学习的,平均日达万人。在山西,关闭不关闭集市贸易,被看成革命与反革命的问题。一直到1979年4、5

月间,运城、临汾一些地区的领导还要坚持推行"取代"集市贸易的政策。大寨的"经验",对全国影响极大。许多地方把关闭集市作为实现"大寨县"的必要措施,下令取消集市贸易。1975年农业学大寨会议后,河北省张家口地委于9月28日开会,决定关闭全区集市贸易。十月下旬,各县集市先后宣布关闭。有的地区的工商机关规定了学大庆、学大寨的六条标准,其中一条就是依靠贫下中农管市场,批判资本主义倾向,把投机倒把堵死在基层,使自由贸易逐步消亡。有的地方收回社员自留地,严格限制社员家庭副业。有的地方限制农民只能种烟五棵,姜两棵,鸭只能养三只,果蔗不许种。有些县为了"农业学大寨",在交通路口设关立卡,不准社员"弃农经商",不准"五匠"外出单干,不准农副产品出境,不准从事贩运活动。

(二)贫下中农管理市场

所谓贫下中农管理市场,就是在人民公社(或大队)领导下建立贫下中农管理市场的组织,把市场管理同农村两个阶级、两条道路斗争结合起来;把加强市场管理同加强对农村广大社员群众的社会主义教育结合起来;把专业人员管理市场同发动群众管理市场结合起来,从市场抓到生产队。这样就把市场管理纳入了农村阶级斗争的轨道,用阶级斗争的方法来处理市场上出现的问题。"贫下中农管理市场"的做法在全国推广以后,许多地方的市场管理出现了混乱局面,各自为政,乱扣乱罚,有的利用民兵武装管集市,盘查过往行人,有的对长途贩运的社员、外出做工的手艺匠人追回来进行批判斗争,有的对上市销售的产品随意没收。

1969年"四人帮"在全国推行"贫下中农管理学校"后,《人民日报》又提出:"贫下中农管理农村商业","农村集市贸易也要由贫下中农管理"。1970年8月全国商业工作会议上,推广了山西省左权县桐名公社贫下中农管理市场的经验。从此,贫下中农管理市场的做法,就在全国开展起来。1972年到1975年,商业部分别在湖南省南县中鱼口、山东省即墨县刘家庄以及广东省花县召开了"贫下中农管理市场"的现场会,交流情况,推广"经验"。1973 年 6 月在全国工商行政管理工作会议上推广了南县中鱼口的经验。

1975 年 4 月,商业部、工商管理局在部分省市参加的加强集市贸易管理的座谈会上提出:"适当利用,加强限制,严格管理,逐步代替,最后消亡"的二十字方针。这一方针虽然不同意"四人帮"在集市贸易上采取立即关闭、取代的极端做法,但在思想、理论上仍然是受极"左"思想的影响。

三、以"社会主义大集"取代农村集市贸易

1975 年 1 月,"四人帮"在辽宁省的代理人炮制了所谓"哈尔套社会主义大集"(哈尔套是辽宁省阜新市彰武县哈尔套公社所在地),来取代传统的集市贸易。鼓吹这是经过"对农村集市进行调查研究,弄清了农村两条道路与集市贸易的联系"而后决定采取的一种方法。对于"大集"大肆宣传,拍成电影到处放映,在报刊上鼓吹,"社会主义大集好","是社会主义新生事物",并立即在辽宁省推广,致使全省 605 个农村集市被关闭。到 1976 年,全国集市仅有 29 200 个。全国先后有 21 个省、市、自治区派人到哈尔套"学习",造成了恶劣的影响。但也遭到不少地区的抵制。即使辽宁省传统的集市贸易被"大集"取代了,但是农民之间的互通有无、调剂余缺活动却无法禁绝,仍在暗地进行。

四、取缔了城乡之间、地区之间的计划外采购活动

在"文化大革命"中进一步限制、取缔计划外商品采购活动。其中对采购农副产品的活动,明确规定:除了国营商业、合作商业和有证商贩以外,任何单位和个人,一律不准从事商业活动。不准农村社队和社员个人进城出售或交换农副产品。不准长途贩运等。不少地区在执行上述规定时,到处设检查站,关卡林立,互相封锁,堵死了城乡之间、地区之间的计划外商品交流。对计划外采购生产资料、日用工业品的活动,限制更为严格。动辄以套购倒卖、投机倒把来处

理,从而使这条流通渠道也被堵死。

五、1976 年至 1978 年期间的市场管理

1976 年 10 月,"四人帮"被打倒,人心大快。但在粉碎"四人帮"以后的两年间,"左"的指导思想并未根本扭转,继续肯定"无产阶级专政下继续革命"的理论,仍然强调"以阶级斗争为纲"、"抓纲治国"。继续执行"左"的政策,经济发展进展不快,处于徘徊状态。

在这两年间,虽然采取了有利于发展生产的积极措施,如恢复了社员自留地、家庭副业和集市贸易,承认这在相当长时期内还是必要的,有利于发展生产和改善农民生活。但是,仍然把工商机关视为"无产阶级专政工具",市场管理仍然是"为阶级斗争服务";仍然把农民发展商品生产和商品交换,经商行为,作为资本主义倾向加以反对;仍然禁止长途贩运;仍然不许大中城市市区开放集市贸易,对农民进城销售农副产品,仍然视为黑市加以取缔;仍然要严格限制、逐步代替农村集市贸易。

第四节　改革开放初期的市场管理

从 1978 年到 1984 年为改革开放初期,这期间工商机关市场管理重点抓了培育发展个体工商户和建设集贸市场工作,积极促进搞活流通。同时,工商机关积极探索生产资料市场管理,维护市场秩序的正常运行。

一、积极创办集贸市场,促进搞活流通

中共十一届三中全会公报明确地指出:"社员自留地、家庭副业和集市贸易是社会主义经济的必要补充部分,任何人不得乱加干涉。"接着,在中共十一届四中全会通过的《关于加快农业发展若干问题的决定》中,进一步指出:"社员自留地、自留畜、家庭副业和农村集市贸易,是社会主义经济的附属和补充,不能当作所谓资本主义尾巴去批判。相反的,在保证巩固和发展集体经济的同时,应当鼓励和扶持农民经营家庭副业,增加个人收入,活跃农村经济。"党的十一届三中全会、四中全会,重新肯定了集市贸易是社会主义经济的必要补充,是社会主义统一

市场的组成部分,这为集贸市场的发展确定了理论和政策基础。

从1978年到1984年是集贸市场的恢复时期。这个时期主要是恢复和发展农村集市贸易,开放城市集贸市场,放宽上市商品范围,准许农民和商贩从事贩运活动。

（一）恢复农村集市贸易,开放城市集贸市场

新中国成立后,集贸市场风风雨雨几起几落。1978年末,全国仅有3.6万个集贸市场,集市贸易成交额仅为125亿元,只占社会零售总额的8.2%。截至1994年底,全国城乡集贸市场数字已超过8.4万个,成交额达8 961亿元,市场零售额占社会商品零售额的比重为37.15%,集贸市场成为了社会主义大市场的重要组成部分。1990年10月国家工商行政管理局在沈阳召开全国市场管理工作会议时,曾总结这一发展经验的真谛是:"建一处市场、兴一门产业、活一片经济、富一方群众。"

集市贸易作为我国传统的一种交易形式,已存在了几千年。由于"左"的路线的影响,特别是"文化大革命"时期极"左"路线的影响,许多集市贸易被强行关闭。党的十一届三中全会以后,一系列改革开放的方针、政策,使压抑已久的集市贸易迅速恢复发展起来。仅仅一年时间（1979年）农村集贸市场就恢复到"文革"前的水平。在农村集贸市场恢复发展的同时,大中城市集贸市场也陆续重新开放。特别是辽宁省在批判"哈尔套大集"极"左"错误的同时,果断地决定开放城市农副产品市场。全省先后有10个城市开放了167个农副产品市场,仅沈阳市就开放了31个农副产品市场,此外还开放了工业品市场,旧货市场等。

1978年10月党的十一届三中全会拨乱反正,确立了必须把党的工作重点切实转移到经济建设上来的正确政治路线和对内实行改革、对外实行开放的基本政策。1978年11月,刚刚恢复成立两个月的中央工商行政管理总局就在四川省大足县召开了全国集市贸易座谈会,会议提出了"管而不死、活而不乱"的恢复集市贸易的管理方针。1980

年4月,中央工商行政管理总局提出"城市农副产品市场同农村集市贸易一样,是社会主义经济的补充,开放这种市场是党的一项长期经济政策"。

1979年3月,中央工商行政管理总局召开了建局后的第一次全国工商行政管理局长会议,系统地清算了在思想上、政策上、作风上的种种"左"的表现,批判了片面地夸大阶级斗争,宁"左"勿右,宁严勿宽,管理过死,限制过严,打击面过宽的做法。明确了工作重点从"以阶级斗争为纲",转移到为"四化"建设服务,为发展商品经济服务,从而使市场管理工作开始转移到正确方向上来。1980年7月,中央工商行政管理总局又在沈阳市召开了有部分省、市、自治区的书记、副省长、市长、财办主任及工商局长共300多人参加的"参观沈阳市农副产品市场座谈会"。会议充分肯定了沈阳市开放农副产品市场的经验,同时指出农副产品市场是我国社会主义统一市场的组成部分,开放它不是权宜之计,而是长期的方针。各地要有长期观点和群众观点,因地制宜,逐步搞好市场建设,并要把它纳入城市建设规划。沈阳会议的召开,无论从会议的内容,会议的规模和参加会议人员的层次上都是空前的,此次会议对推动我国城乡集贸市场的恢复和开放产生了十分重要的作用。

（二）调整放宽上市商品及参加集市人员活动的范围

1979年3月全国工商行政管理局长会议提出的调整意见:(1)社员自有的农副产品,除国务院或省、市、自治区规定不准上市的以外,都允许上市。(2)社队集体的农副产品,粮、油在完成征购（包括加价收购）任务以后,可以上市;棉花不能上市。有派购任务的产品,在保证完成任务的条件下,可以上市出售。三类农副产品,只要保证履行合同任务,都可以上市。(3)"四坊"应以来料加工和成品换原料为主,在允许粮油上市的地方。经过当地工商机关和粮食部门批准,也可以到集市上购买原料加工成品出售。(4)社队集体的农副产品,属于统购物资如粮、棉、油,派购物资如烤烟,不准远途

自销。其他产品，国家有收购任务的，在完成任务以后，如果当地商业部门不收购，可以持工商机关的证明到外地销售。（5）社队企业的工业产品，属于国家加工订货或有收购任务的，应当服从计划和保证履行合同；没有收购任务或者完成任务后多余的，可由供销合作社代销，也可以在集市上出售。出售时，应持有业务主管部门的证明。（6）农村饮食业主要由供销合作社经营，允许供销合作社在集市上购买原料。生产大队、生产队经供销合作社和工商机关批准，可以在集期和偏远地点为行人加工主食或出卖熟食。（7）集体和社员的竹木、竹木制品，在非集中产区允许上市。在集中产区集体竹木不能上市，竹木制品可以上市；社员个人的竹木、竹木制品可以上市。（8）农村手艺匠人，持生产大队或公社证明，可以在本省范围内做工，出省的要持有主管部门的证明。（9）机关、团体、部队、企业、事业单位不准到农村和集市采购一、二类农副产品；经产地工商机关批准，可以采购三类农副产品。（10）城市农副产品市场，原则上应该开放，但"范围宜小不宜大，管理宜紧不宜松"。不得设立在市中心区。只许农副产品上市，禁止工业品、旧货上市。

上述意见和1963年国务院颁发的《关于打击投机倒把和取缔私商长途贩运的几个政策界限的暂行规定》相比较，在《暂行规定》中禁止的，有的允许了，有的放宽了，这些放宽的政策，虽然属于起步的性质，但是总的来说，还是一个突破，特别是开放大中城市的集市贸易，在当时引起了很大的震动。

（三）不断地放宽私人贩运的政策

自社会主义改造基本完成的1956年以来，对私人贩运活动就加以限制，由于"左"倾思想的发展，更进一步把长途贩运视为投机倒把。中共十一届三中全会以后，才逐步放宽。1981年1月7日，在国务院发布的《关于加强市场管理打击投机倒把和走私活动的指示》中，对贩运政策开了口子，但"不允许私人购买汽车、拖拉机、机动船等大型运输工具从事贩运"。这个规定是允许私人

贩运，但仍然有很大的限制。第一是允许贩运的商品只限于二、三类农副产品；第二是贩运数量只限于"力所能及"，即肩挑、手提、人拉、自行车驮，不得利用机动车船载运；第三是贩运只能在不影响国家收购任务完成的前提下进行。所以，这是带有探索性的放宽和调整。

1983年2月，国务院发布了《城乡集市贸易管理办法》。这是新中国成立以来第一个市场管理法规，它总结了30多年来集贸市场管理正反两个方面的经验，把开放城乡集市贸易这一长期的经济政策用法规形式确定下来。《办法》对上市物资和参加集市活动的范围在政策上进一步放宽了。《办法》中，对贩运政策又进一步放宽。允许贩运的品种范围又有所放宽，不仅限于二、三类农副产品，一类农产品，只要完成统购、超购任务，也可以贩运。三是对农民个人不仅限于一个人搞，也可以合伙经营，并可以进行长途贩运。历来，贩运耕畜就是投机倒把。这个《办法》规定：农村生产基层单位和农民个人可以持基层行政单位证明，从外地购买大牲畜在本地出售。通过这次对贩运政策的调整，加以农副产品的商品量不断增多，农民完成向国家的交售任务后，需要运往城市和外地销售的农副产品越来越多。同时，随着专业户、重点户的发展，农村中出现了一部分劳动力专门从事贩运活动。

1984年2月，国务院发布了《关于合作商业组织和个人贩运农副产品若干问题的规定》，对允许个人贩运的品种范围、路途远近、运输工具、经营方式进一步放宽。"允许贩运的农副产品限于三类农副产品和统购、派购任务以外允许上市的农副产品，但不包括木材、烤烟、大中城市和工矿区蔬菜基地生产的蔬菜以及国务院或者省、自治区、直辖市人民政府规定不准上市的其他农副产品"。"贩运农副产品，不受行政区划和路途远近的限制，可以出县、出省"，"可以利用机动车船"，"农村个人从事农副产品贩运，须持所在生产大队或村民委员会的证明，向所在地工商机关申请开业登记，经县、市工商机关审查核准，发给营业执照后，方可经营。

从事常年贩运的,发给营业执照;从事季节性贩运的,发给临时营业执照"。"贩运农副产品,在经营方式上,可以零售,也可以批量销售。""城镇有营业执照的商贩,经产地工商机关批准,可以下乡采购、贩运农副产品,也可以在城市指定的市场向贩运者批量进货,就地销售。"此外,还规定:"粮食、油料和等外棉,在生产单位或个人完成交售任务后可以上市;全县征购、超购计划完成后,由县人民政府布告周知,可以贩运出县、出省。"

1984年夏季粮油生产又获得好收成。国务院于1984年5月23日,又发布了《关于做好夏季粮油征购和销售工作的通知》,要求从一九八四年夏季粮油上市开始,在国家证购的同时,开放市场,实行多渠道经营。允许供销社、农村其他合作商业和农民个人收购和运输,可以进城,可以出县、出省,不必由县人民政府布告周知。

经过以上各项政策的放宽和调整,贩运队伍迅速发展,活跃于城乡、地区之间,成为商品流通的一条渠道。

二、在城市中开放工业小商品市场

工业消费品市场的发展,是集市贸易发展的一个重要方面。工业消费品市场的发展最初是从工业小商品市场开始的。1979年1月,全国第一个城市集贸市场——沈阳市皇姑区北行农贸市场正式开放。1979年11月,在武汉市政府支持下,硚口区汉正街小商品市场开业。

1982年全国城市工业小商品市场共有321处,到1986年已发展到2 450处。这些工业小商品市场,都是在自发形成的基础上,因势利导,逐步建立起来的。它的开放和发展有其客观必然性。多年来,工业品是不允许自由上市的。打倒"四人帮"后至中共十一届三中全会以前,对日用工业品的开放,还持慎重态度。小商品与人民生活十分密切,是人民生活中所不可缺少的。随着人民物质文化生活的提高,对小商品的需要也日益增多。同时小商品许多是由城镇街道工业、农村乡镇企业、个体手工业和家庭工业生产的,生产分散,产品零星,批量不大,品种繁多,变化快,国营商业包不了,街道、

乡镇企业得派人到处兜售,困难很大。因此,需要为这些产品提供销售的场所。1980年8月,工商行政管理总局在沈阳市召开了农副产品市场座谈会,会上对沈阳开放工业小商品市场作了研究。当时在一些城市也出现了工业小商品市场,如武汉市的汉正街小商品市场。中共十二大报告指出:"各种各样的小商品,产值小,品种多,生产、供应的时间性和地域性一般很强,国家不必要也不可能用计划把它们都管起来。"

1982年9月,《人民日报》发表了题为《汉正街小商品市场的经验值得重视》的社论,并刊登了一篇《关于武汉市汉正街小商品市场的调查报告》。1982年10月,国家工商行政管理局在武汉市召开了全国小商品市场现场会议,总结了汉正街小商品市场的经验,制定了搞活小商品市场的政策措施。从此,小商品市场正式宣布开放,并成为联系生产和消费、城市和农村的一条合法的补充渠道。

1982年国家工商行政管理局对小商品市场管理的政策,作了如下规定:

(一)上市商品范围

主要是已放开的三类工业品,化纤服装也属于三类,允许进入市场出售,允许商贩经营。二类工业品在完成国家计划收购任务以后,可到小商品市场交易。一类工业品不准进入小商品市场。

(二)入场设摊的成员

以个体手工业者、个体商贩和街道、乡镇等集体企业为主。城镇居民、农村农民可以入场出售家庭工副业产品。有证商贩可按批准的经营范围在市场上经营。国营工业企业可以在市场上出售政策允许自销的产品。国营商业企业也可以参加,以便了解市场需要,调节供求,平抑物价。

(三)批发和贩运

入场经营的成员经营形式可以灵活多样,可以零售,可以批量销售,也可以批零兼营,还可以厂店挂钩。有证商贩可以按照规定的经营范围贩运小商品下乡,外地和农村的有证商贩,可以按照经营范围在市场批购商品从事城乡、地区之间的贩运。

（四）价格管理

原则上由双方协商议价。针对不同情况，区别对待。出售二类工业品，执行国家牌价。国营工厂自销的产品，执行国家规定的价格。国营工商企业出售等外产品不得高于正品价格。放开的小商品，由乡镇企业、街道企业、个体手工业者自行组织原材料制成的产品，均实行随行就市，按质论价。

此后，随着商品流通体制的搞活，上市商品的范围又进一步放宽。1982年9月和1983年9月国务院两次批转国家物价局等部门的报告，放开510种（类）小商品的价格。1986年国家计委等三部门又发布了《关于进一步放开小商品价格等有关问题的意见》，规定："小商品的价格放开后，允许同一商品在同一市场的不同商店按不同价格出售。"

第五节　经济体制改革全面展开时期的市场管理

1984—1992年为我国经济体制改革全面展开时期。这一时期工商机关的市场管理任务是培育市场与监督管理并重。

一、按照《城乡集市贸易管理办法》的要求，加强城乡集市贸易管理

1983年2月，国务院发布了《城乡集市贸易管理办法》。《办法》规定："城乡集市贸易行政管理的主管部门是工商机关。"并规定：城乡集市贸易的管理，应当坚持"活而不乱，管而不死"的原则，国家通过行政管理和国营经济的主导作用，把城乡集市贸易管好搞活，维护市场经济秩序。根据上述规定，各级工商机关加强了对集市贸易的培育和管理，促进了城乡集市贸易的健康发展。

（一）培育市场主体，发展贩运队伍

市场主体的培育是市场发展的关键环节，各级工商机关充分发挥自己的职能作用，积极培育市场主体，支持贩运活动。（1）支持各种经济成分的企业和个体工商户，依照工商机关核定的经营范围，参加市场交易活动，按照国家的法律、法规、规章、政策从事经营，一视同仁，不许歧视，反对不

正当竞争。（2）除少数计划管理的商品外，所有放开的农副产品、工业品都可以上市，利用价值规律，实行市场调节。在特殊情况下除有关权力机关和行政机关作出规定外，不许限制上市品种和随意限价。（3）反对地区封锁，画地为牢，禁止乱收费，乱罚款，乱设卡。（4）稳定贩运政策，组织贩运队伍，扶持贩运活动。凡是放开的商品，都允许多渠道进行长途贩运，经营批发。到90年代初，全国的贩运队伍发展到数百万人，成为集贸市场发展的生力军。

（二）保护合法交易，取缔非法经营

（1）加强对经营主体的经营资格和上市商品的管理。集贸市场内的经营者必须持有营业执照（自产自销除外），亮照经营，取缔无照经营。上市的商品必须符合国家规定，禁止违禁品、迷信品、假冒伪劣商品、有毒有害食品，反动淫秽书刊和音像制品及国家规定不许上市的商品上市出售。

（2）加强对交易秩序的管理。主要内容有：划行归市，亮照经营，明码标价，公平交易，文明服务等。坚决取缔掺杂使假、缺斤少两、哄抬价格等损害消费者利益的行为，以及欺行霸市、强买强卖等违法行为。各地工商机关在全国大中城市的集贸市场中推广使用电子秤、度盘秤等衡器，规范市场的计量行为。并配合公安部门加强市场治安检查，维护市场秩序。

（3）按照价值规律的要求管理市场价格。对集市贸易的商品价格由买卖双方协商议价，一般不采取限价的办法。对少数与人民生活关系密切的商品，价格上涨过高时，可以公布"参考价格"加以引导，或制定合理的批零差率加以管理。各地工商机关还通过扶持贩运活动，采取减免管理费、摊位费等优惠政策，鼓励农民进城，实现产销见面等措施平抑物价。对囤积居奇、哄抬价格的行为予以取缔。

二、搞好市场建设和服务，创造良好的经营环境

搞好市场建设是促进集市贸易发展，活跃商品流通的重要条件，各地工商机关都把抓好市场建设作为市场管理的一项重要任

务。据统计,自 1981 年开始至 1994 年,全国集贸市场建设投资累计为 646 亿元,建设面积达 32 507 万平方米。特别是党的"十四大"和邓小平同志南方谈话以后,全国掀起了市场建设的高潮。自 1992 年至 1994 年,每年全国市场建设投资均超过 100 亿元,最高的是 1993 年,达到 217 亿元。

经过大力建设,各地集贸市场面貌发生了很大的变化。一半以上的集市结束了沿街摆摊、以马路为集、秩序较乱以及群众赶集日晒雨淋的状况,也改变了一些地方市场布局不合理的状况,群众交易条件和服务设施有了很大改善。不少地方还建设了一批样式新颖、美观大方、各具特色的市场,不仅方便了群众,还美化了市容。在搞好市场建设方面,各地工商机关坚持"政府领导,统一规划,合理布局,多方兴建,工商机关统一管理"的原则,采取了如下办法:一是依靠当地人民政府加强对市场建设的领导,把集市建设列入政府的议事日程,当作一件大事来抓。二是集市建设纳入城镇建设总体规划,与建设文明城市、文明集镇结合起来,与交通、城乡环境保护、卫生建设结合起来。三是贯彻"人民市场人民建,公益事业大家办"的方针,多方面筹集建设资金,国家、集体、个人一齐上。一般是除市场管理费开支以外,社会集资筹一点;地方财政拨一点;有关企事业单位资助一点;商业网点费提一点;集市交易税返还一点;银行低息贷款贷一点。此外,还鼓励企事业单位建市场,由工商机关统一管理。四是采取有效措施,解决市场用地问题,由人民政府出面征用土地或出一定代价购置土地,利用河滩地、闲散地、瘠薄地。

在搞好市场建设的同时,各地工商机关还加强了服务工作,创造良好的市场经营环境。一是提供市场信息。各地普遍建立了不同层次的信息网络,利用各种手段收集和传递市场信息。二是搞好服务。组织有关部门建立为市场服务的服务体系,对市场购销人员吃、住、行和商品的保管、装卸、运输等实行周到服务,以解除购销人员的后顾之忧。三是积极推进规范化管理,保持市场良好的经营秩序。

三、开展文明集贸市场评比,推进"两个"文明建设

从 1984 年开始,全国各省、自治区、直辖市陆续开展了创建文明集贸市场活动。各地工商机关在总结市场管理的历史经验教训和十一届三中全会后几年实践的基础上,在省、自治区、直辖市范围内制定了文明集贸市场统一的评比标准和评比办法,定期评比和表彰先进。评比的内容大都是围绕着市场秩序、执行政策、宣传政策、市场服务、市场建设、市场卫生等方面,凡符合要求的,有的叫"四好市场",有的叫"五好"或者"六好"市场,也有的叫"文明市场"。有的建立了以"定人员、定岗位、定责任,包管理、包秩序、包宣传、包卫生、包服务"为内容的"三定"、"五包"岗位责任制。对于摆摊设点的经营者,有的实行"商品信誉卡"制度,开展"文明经商、计量信得过、质量信得过"的竞赛。

实践证明,开展创建文明集贸市场活动,既调动了市场管理人员的积极性,也提高了进场经营人员遵守市场管理规定的自觉性,对促进物质文明和精神文明建设都起到了积极的作用。1987 年国家工商行政管理局在总结了各地经验、做法的基础上,作出了在全国范围内开展创建"文明集贸市场"活动的决定,并下发了《关于开展创建"文明集贸市场"活动的通知》。通知规定了全国文明集贸市场统一标准是:此后,为推动创建"文明集贸市场"活动的进一步开展,1990 年国家工商行政管理局又制定下发了《集贸市场管理基本规范》,对集贸市场的经营活动,管理工作和服务设施提出了规范要求。1994 年国家工商局对上述规范进行了修定。修订后的《集贸市场管理基本规范》包括七个方面的内容:(1)市场开办及设施规范;(2)市场经营者规范;(3)市场商品陈列、出售规范;(4)市场交易行为规范;(5)市场管理机构和管理、服务规范;(6)市场治安保卫及消防安全规范;(7)市场卫生管理规范。这七个方面的规范内容,成为创建"文明集贸市场"新的标准要求。

文明集贸市场的评比,以县(市、区)工商行政管理局为单位组织进行,省以下各级文明市场一般每年评比一次,全国的文明集贸市场,每两年评比一次。评选出的"文明集贸市场",分别由各级工商行政管理局命名、表彰。从 1987 年开始至 1995 年,国家工商行政管理局先后进行了四次全国文明集贸市场的评比、表彰。

四、整治生产资料市场秩序,培育市场发展

工商机关对生产资料市场的监督管理,主要是对进入生产资料市场交易双方的主体资格、交易行为的合法性、生产资料的来源去向依法进行审查;对合同进行管理,调节和仲裁合同纠纷;查处场内外的违法违章行为,保护合法经营,制止非法经营。

20 世纪 90 年代以来,我国生产资料市场流通开始出现了一些新变化。1979 年以前,我国计划分配生产资料的品种达 837 种,到 1994 年只剩下了 9 种,其余品种均可进入生产资料市场自由流通。从整体讲,生产资料市场结束了多年的短缺状态,出现买方市场的格局,除少数品种外,多数商品品种供求基本平衡,多种经营主体参与市场竞争,市场价格稳定。截至 1991 年底,全国共建立生产资料市场 3 000 余个,成交额1 200亿元(其中,工商机关主办的生产资料市场 2 300个,成交额为 447.68 亿元)。在生产资料市场获得快速发展的同时,市场运行中深层次的问题也逐步暴露出来,如生产资料市场受地方割据、部门分割的现象依然存在,市场交易规则不健全,市场主体不规范,无照经营、超范围经营严重,市场交易中制售假冒伪劣商品、走私贩私、商业欺诈、不正当竞争、侵犯消费者利益等不法行为屡禁不止。在推动生产资料市场发展的同时,各级工商机关从主体管理日常规范、经营者自律管理和执法检查三方面,卓有成效地开展了对各类生产资料市场的监管。

监管生产资料市场是工商机关的重要任务。早在 1981 年 8 月国务院批转国家计委、经委等四个部门制定的《关于工业品生产资料市场管理暂行规定》中,就明确指出

工商机关管理生产资料市场的内容:(1)审查经营单位,核准登记,核发营业执照;(2)对完不成国家指令性计划合同,而将产品自销的,没收其自销多得的收入,上缴中央财政;(3)查处违法经营和投机倒把活动。1988 年 11 月,《国务院关于加强钢材管理的决定》中规定:"钢材市场的交易活动,由工商、物价、税务等部门依法监督。"1988 年,经国务院同意的国家工商局"三定方案"中,明确规定监督管理生产资料市场是工商机关的主要职责之一。1990 年 3 月,国务院办公厅转发国家工商局《关于加强工商行政管理工作的报告》中,把依法加强对生产资料市场的监督管理作为首要问题提出。这些都表明,加强对生产资料市场的监督管理,是工商机关的重要职责。

1990 年,国务院办公厅转发了国家工商局《关于加强工商行政管理工作的报告》,明确强调要依法加强对生产资料市场的监督管理,在 1990 年的全国工商行政管理局长会议上,提出了进一步拓宽监督管理的广度,增加监督管理的深度,强化监督管理的力度,把工商行政管理工作提高到一个新的水平的工作任务。从国家宏观经济体制改革看,"八五"期间或者更长一段时期,计划体制和物资管理体制的改革将继续深化,价格"双轨制"将逐步取消,国家计划调拨产品的范围和比重将日趋缩小。更多的产品将进入市场购销,有计划、有组织的新的市场形式将会不断出现,如专业和综合性的批发市场、期货市场、拍卖市场等,各类生产要素市场,如金融市场、技术市场、劳务市场规模将更大,必须加强生产资料市场监管。

1990 年 5 月,为进一步推进生产资料市场监督管理,国家工商总局召开了唐山会议,唐山会议总结了工商机关监督管理生产资料市场的四种模式,第一种模式:国家物资部门主办、工商机关监管;第二种模式:工业主管部门主办、工商机关监管;第三种模式:工商机关主办并实施监管;第四种模式:乡镇村或街道主办或者乡镇村、街道出土地、出房屋与工商机关联办,工商机关监管。唐山会议总结了工商机关生产资料市场管

理机构设置的两种形式：一是单独设立直属分局（处、科、所）；一是在现有市场处（科、室）下设生产资料市场管理所。通过贯彻落实唐山会议精神，各地工商机关初步理顺了生产资料市场管理机构，强化了市场监管力度。1992 年，国家工商局在河南省郑州市召开了生产资料市场监管座谈会，会议充分肯定了郑州市工商局直属分局对进入生产资料生产要素"双生"市场的企业，实施从资格准入、企业注册到监督检查的"一体化"管理模式，并将其作为经验向全国进行推广。唐山会议以来短短几年时间里，全国工商机关就建立了 100 多个直属分局专司生产资料生产要素"双生"市场的管理，取得了非常显著的成效。

第六节　建立社会主义市场经济体制时期（上）的市场管理

　　1992—1994 年为我国建立社会主义市场经济体制改革时期（上）。党的"十四大"和邓小平同志南方谈话以后，全国掀起了市场建设的高潮。自 1992 年到 1994 年，每年全国市场建设投资均超过 100 亿元，最高的是 1993 年，达到 217 亿元。工商系统在兴建集贸市场的热潮这一过程中迅速壮大，其最初培育市场管理市场的职能在这一过程中初步形成。

　　一、促进农副产品批发市场发展

　　批发市场是相对零售市场而言的，过去集贸市场中没有批发市场。十一届三中全会以后，农副产品批发市场逐步形成和发展起来。

　　十一届三中全会以来，国家对农副产品购销政策不断调整，特别是 1985 年，农村取消统派购制度，城市大部分副食品价格放开，市场调节的范围和规模进一步扩大，在发挥国营商业主渠道作用的同时，允许和鼓励多渠道经营，允许长途贩运等。这些改革措施，不断给农村经济发展注入活力，进一步调动了生产者和经营者的积极性，也促使农副产品购销活动的形式要做相应改变。但是，国营商业和供销社因受行政区划、行业管理、价格、交易方式等限制，很难把迅速发展起来的农副产品流通都有效地组织起来，因此旧的流通体制必须进行改革。1983 年，国务院在批准国家体改委、商业部《关于改革农村商品流通体制若干问题的试行规定》中指出："大中城市要建立农副产品批发交易市场。"1984 年，中央一号文件也提到："大中城市在继续办好农贸市场的同时，要有计划地建立农副产品批发市场。"中央的指示，为发展农副产品批发市场，充分发挥集贸市场的流通功能提供了政策依据。从此我国农副产品批发市场迅速发展起来，1983 年仅有 200 多个，1985 年就发展到 1 177 个，到 1989 年共有 1 313 个，其中城市 518 个，农村 795 个。1990 年 7 月国家工商行政管理局在山东寿光召开了部分省市农副产品批发市场管理座谈会，会议现场学习参观了寿光县组织兴办蔬菜批发市场的经验。

　　1994 年 3 月，国家工商行政管理局又一次在山东寿光召开市场监督管理工作会议。会议传达了全国"菜篮子"和粮棉油工作会议精神，并专门组织参观了寿光市的大型蔬菜批发市场和蔬菜专业村、蔬菜基地。上述会议对农副产品批发市场的发展起到了进一步的推动作用。到 1994 年底全国农副产品批发市场达到 2 471 个，成交额达到 682 亿元。

　　农副产品批发市场形成的客观条件，一是农村商品生产的发展和农村专业户的大量涌现，使商品生产率大幅度提高，原来产销见面，零星交易的形式已不能适应，需要建立大批量商品流通的形式——批发市场。二是长途贩运活动的发展。据四川、广东、河北、浙江、湖北、安徽、辽宁七个省统计，1985 年从事农副产品贩运的人员已有 200 多万人，他们为了加速资金周转，减少商品损耗，节省停留时间，大都要求批量交易。三是农副产品购销政策的调整，特别是统购派购制度改革后，饮食业、食品加工业所需要的原材料以及机关、团体、学校、企事业伙食等单位所需要的大宗副食品，大都直接从集贸市场采购。加以新发展起来的，从事副食品、饮食、食品加工业等行业的,他们所需货源,国营商业不能满足供应,也需在集市上采购。因此开设批发市场势在必行。

农副产品批发市场有如下特点:

一是商品流通范围广。山东寿光蔬菜批发市场销出的蔬菜辐射到全国除西藏外的30个省、直辖市、自治区。北京大钟寺农副产品批发市场商品货源延伸到全国28个省、直辖市、自治区的600多个县。

二是商品吞吐量大。寿光蔬菜批发市场日均成交量200多万公斤,旺季达300多万公斤,大钟寺农副产品批发市场日成交130万公斤,按每人每天吃菜一市斤计算,可解决北京市260万人全年的蔬菜供应。

三是经济活跃,交通比较发达,商品多或集散方便的地方,农副产品批发市场发展建设速度快、规模大、数量多。商品经济不发达的地区则较少。这类市场大都设在铁路、公路沿线或内河码头附近,这主要是为了适应大量引进和迅速扩散商品的需要。

农副产品批发市场是集贸市场发展到一定阶段的产物,是流通体制改革取得明显效果的很重要的一个标志。实践证明,农副产品批发市场是发展商品生产、促进城乡商品流通不可缺少、不可替代的重要流通渠道。它的作用主要表现在以下几个方面:

(一)农副产品批发市场的发展,促进了农村商品经济的发展和产业结构的调整,带动了服务业、运输业的发展。农副产品批发市场的建立和发展,带动了产、供、销的分工,一些农民从单纯的粮食作物生产中分化出来,从事蔬菜、果树等种植业和养殖业、加工业以及贩运等活动。在批发市场的经营人员中,贩运人员在大城市占到80%~90%,中等城市占到60%~70%。为市场服务的饮食、旅店、装卸等服务行业以及运输业也得到发展。如寿光县围绕蔬菜批发市场服务的企业和个体工商户就有420多家,从业人员2万多人,仅各种机动车就有8 000余辆。

(二)农副产品批发市场是满足城市居民的"菜篮子"的一条重要供应渠道。据统计,1989年城市集贸市场几种主要副食品的成交数量占国营商业零售数量的比重,蔬菜是139.14%,猪肉是75.07%,牛肉是211.69%,鲜蛋是102.83%,鸡鸭鹅是235.35%。水产品是183.66%。一般地说,规模小的城市所占的比重更大,规模大的城市所占的比重相对小些。集贸市场上的商品不少是从批发市场购进的。沈阳市1989年蔬菜上市5.4亿公斤,通过批发市场引进的占43%,淡季达48%。石家庄市全市居民吃菜80%来自四个批发市场。

(三)发展农副产品批发市场减轻了国家负担,增加了财政收入。为解决城市居民的吃菜问题,国家每年对城市居民副食品补贴很多,据了解,京、津、沪等35个大中城市每年仅蔬菜一项国家就要补贴8亿多元,农副产品批发市场引进的大量蔬菜等副食品不用补贴,相应减轻了国家负担。不仅如此,批发市场还为国家提供了税金,增加了财政收入。同时,从批发市场收取的市场管理费也为市场建设积累了大量的资金。

(四)批发市场引进大量商品,促进了城市副食品价格的稳定。农副产品价格受供求关系的影响较大。批发市场由于信息灵、腿长,周转快,上市场商品多,价格一般不会出现大的波动。批发市场的价格稳定了,带动整个集市贸易价格的稳定。特别是在淡季,批发市场引进的大量商品,既弥补了淡季供应缺口,也防止了市场价格出现暴涨。

经过十几年的发展,集贸市场已初步形成布局合理,各类市场健全的喜人局面。到1994年,我国共有集贸市场84 463个,按城乡划分,城市有集贸市场17 880个,农村有66 583个。按市场类别划分,全国有综合性市场66 310个,工业品专业市场5 342个,其中工业品批发市场883个,农副产品专业市场8 699个,其中农产品批发市场2 471个,还有废旧品及其他专业市场3 000多个。此时的集贸市场已不是原来意义上的集贸市场,已逐步发展成涵盖消费品领域的,以农副产品和日用工业品为主的集中交易的批发和零售市场。

二、加强商品交易市场登记管理

随着经济体制改革的不断深化,市场建设的步伐加快。特别是1992年邓小平同志南方谈话和党的"十四大"以后,市场建设进入了一个新的历史发展时期。但同时市场建设中也出现了一些值得重视的现象:一是急于求成,不顾客观条件盲目追求数量和档次;二是有些部门和地方政府对开办市场进行不恰当的行政干预,有些市场不同程度地出现了部门分割、地区封锁和行业垄断现象;三是市场法规建设严重滞后,缺乏规范管理和监督。加强商品交易市场登记管理势在必行。

建立商品交易市场登记管理制度,加强对市场建设的宏观调控和统一管理

实际上,从1990年起,部分地方政府就颁发了规章,明确规定由工商机关进行商品市场登记管理。如北京市人民政府1990年第20号令中规定:开办集贸市场,向所在区、县工商局申请集贸市场开办许可证。浙江省工商行政管理局根据省人民政府授权,于1991年9月发布了《浙江省城乡市场登记管理办法》,明确规定:各级工商机关负责对城乡各类市场开办登记,并进行监督管理。唐山、齐齐哈尔等地也陆续实施了商品市场登记管理。这些地方建立商品市场登记制度后,对市场建设和市场体系的培育,市场投入运行后的监督管理收到了很好的效果。

1993年3月国家经贸委、国家体改委、国家计委、国家工商局等部门在天津联合召开了市场建设工作座谈会,会议针对市场建设中存在的问题,明确提出:建立和开办各类商品市场,应当由当地政府组织办理,由所在地工商机关按规定注册登记。在建立和开办各类商品市场,一律不允许冠以"中国"、"中华"等名称。

1993年7月,国家工商行政管理局正式颁布了《商品交易市场登记管理暂行办法》。《办法》规定的商品市场登记的范围是:"有固定场所、设施,有若干个经营者入场实行集中、公开交易的各类生活资料、生产资料市场。"《办法》要求:"开办市场应在各级人民政府统一组织下,从当地资源状况、经济结构、城乡建设规划和交通条件等实际情况出发,坚持统筹规划、合理布局、有利生产、方便生活的原则。"同时,《办法》对开办市场应具备的条件,市场开办单位应承担的责任,市场登记机关的职责及登记内容、登记程序等作出了规定。1996年7月,国家工商行政管理局对《办法》进行了修订,增加了对违反市场登记管理行为的处罚条款。并制定了与《商品交易市场登记管理办法》相配套的《商品交易市场年度检验办法》,要求按年度对商品交易市场进行检验,检查市场登记事项变化情况、市场开办单位履行职责情况及市场运行情况。对年检中发现的违反规定的行为予以处罚。上述两个《办法》是我国首次就商品市场登记管理出台的行政规章,具有较强的权威性和强制性。《办法》发布后,各省、自治区、直辖市工商行政管理局认真贯彻实施,仅半年时间,全国就有25个省完成了对已有市场的登记工作。到1998年末,全国登记市场总数为66 271个,其中消费品市场61 351个,生产资料市场4 920个,生产要素市场1 209个(50个摊位以下的消费品市场及每年连续交易不足3个月的市场不登记)。

市场登记制度的建立,对加快培育和完善社会主义市场体系,加强对各类商品交易市场建设的宏观调控和统一管理,维护正常的流通秩序发挥了重要作用。

三、工业品市场的快速发展与管理

1992年11月,国家工商行政管理局又一次在武汉召开了全国市场工作会议。这是1982年在武汉召开全国小商品市场现场会十周年之际,召开的又一次重要会议。会议围绕刚刚结束的党的"十四大"确定的建立社会主义市场经济体制的重大决策,研究工商机关如何为建设社会主义市场经济体制做出贡献。会议总结了十年来工业品市场发展基本经验,并提出坚持"政府领导、统一规则、合理布局、多方兴建,工商机关统一管理"的原则,下大力气培育建设一批功能全、档次高、辐射面大的农副产品、工业品和生产资料市场。会议以后,全国的各类市场

又有进一步的发展。到 1994 年底，全国已有包括小商品市场在内的工业品市场5 324 个，比 1982 年的 321 个增加 15 倍多。工业品市场成交额达到 2 711 亿元，占当年集贸市场总成交额的 30%。其增长幅度连续几年在各类商品成交额中名列前茅。工业品市场发展呈现出以下特点：

一是建设速度加快，规模和档次不断提高，出现了一批大型批发市场。如武汉市投资 7 000 万元，改建了汉正街小商品市场，浙江省义乌市投资 3 000 万元，新建了第四代小商品市场；山东省淄博陶瓷琉璃大观园等工业品商城。

二是市场主体日趋多元化。越来越多的国有企业、集体企业、乡镇企业、家庭工业商品进入市场，以工业品市场为依托，采购原料、推销产品，形成了多种经济成分同场竞争、优势互补、共同促进的局面，这也是工业品市场发展速度加快，成交额大增的一个重要原因。

三是工业品市场已初步形成跨地区、跨行业、全方位开放的市场格局。这些市场从一开始就实行了人不分公私、地不分南北的自由交易，打破了传统体制下的地区封锁、部门分割、行业垄断等流通中的弊端。

四是工业品市场由于商品价格低廉、经营方式灵活而充满生机和活力。分别形成了产区型、销区型、中转集散型的工业品批发市场。特别是产区型的批发市场，上市商品大多是当地产品，前店后厂，就地加工，就地销售；工贸联体，以贸带工，以工促贸。在市场竞争中以生产成本低，流通环节小，平均利润低，物美价廉的经营优势而长盛不衰。

四、旧货市场的发展与管理

在工业品市场发展的同时，旧货市场也随之恢复和发展起来。据统计，1983 年全国城镇有旧货市场 165 个，到 1994 年达到 879 个，成交额达到 171 亿元。旧货市场上市的商品繁多，主要是城镇居民家庭个人自有的衣服、鞋帽、日用五金杂品、缝纫机、家具、木料、书刊、自行车、摩托车等各类旧物，也有电视机、收录机、电风扇等旧的家用电器。

旧货市场的存在，是同人们的生活水平存在不同层次的状况相适应的。50 年代初期，北京、天津的旧货市场是比较活跃的。以后由于执行"左"的政策，这些旧货市场同城市农副产品市场一样被取缔。中共十一届三中全会以来，根据群众的要求，大中城市逐渐恢复了这种市场。1985 年 3 月商业部、公安部、国家工商行政管理局《关于城乡个体商业经营废旧物资的暂行规定》及其他有关文件对经营旧货作了如下规定：经营旧货必须持有营业执照，无照者不得经营。个体商业主要收购城乡居民和乡镇、街道企业出售的废旧物资。对废金属只能收购个人出售自有的生活器皿、废旧工具、农具和自行车、人拉车等废旧零部件。对单位和个人出售的其他生产性废金属不准收购。经营废旧物资的个体商业，应按照批准的经营范围，从事业务活动，可以代供销社废旧物资部门收购，也可以自购自销。可以走街串巷，游乡串村收购，也可以设置固定门点收购。

个人出售大型贵重物品，必须持有户口簿或工作证。出售自行车还须持有自行车牌、购车发票或户口簿，成交的自行车凭市场交易凭证到交通管理部门办理过户手续。凡来路不明的物资不准进入市场交易。旧货市场的恢复发展，对方便群众，促进生产有着积极的作用。（1）补充了国营信托、寄售商业的不足，有利于推动社会节约。城市居民更新换代下来的一些闲置无用、弃之可惜、存之占地的旧货需要及时处理，但是国营信托寄售商店不能满足这种需要，有了旧货市场，就方便群众之间的旧货交易和余缺调剂。（2）起到了拾遗补缺、疏通旧货渠道的作用。旧货市场的旧货价格低廉，而且品种多，居民缺少的零星物品，往往在国营商店不易买到，而到旧货市场却能买到。城市居民更新换代下来的许多旧物，在农村还很适用。有了旧货市场，旧货可以流向农村。（3）为一些集体和个体手工业者提供了生产需用的原材料。（4）有利于取缔非法活动，维护社会治安。旧货市场开放后，旧货集中摆卖，有利于及时破获少数违法分子盗窃销赃的案件，打击犯罪活动。

对旧货市场的管理是不断加强。具体做法是：（1）允许有证商贩和个体手工业者经营旧货。国营企业、集体企业以及无正当职业不具备发照条件的城镇居民，经过工商机关批准，可以进场设摊出售旧货。（2）上市物品。除废旧有色金属、珠宝、玉器、金银及其制品、文物以及国家规定不准上市的外货和反动、荒诞、诲淫诲盗的书刊、画片、歌片和音像制品等以及偷盗等来路不明的物品外，任何单位和个人的废旧物品都允许上市出售。（3）交易价格。实行按质论价、旧不超新的原则，由买卖双方协商议定。（4）参加旧货市场交易的单位和个人，必须遵守国家的政策法规，合法交易，照章纳税。

五、拓展监管领域，逐步实现由侧重监管集贸市场向监督管理社会主义大市场的转变

1992 年国家工商行政管理局在湖北省武汉市召开的全国市场管理工作会议提出：要按照"政府领导、统一规则、合理布局、多方兴建、工商机关统一管理"的原则来培育和建设各类市场，按照"拓宽监督管理的广度、增加监督管理的深度、强化监督管理的力度"的思路，来实施对社会主义统一大市场的监督管理。武汉会议回顾了改革开放以来各类市场发展的基本经验，号召全国工商机关要从传统的监督管理方式方法中解脱出来，按照建立社会主义市场经济体制的要求立足于社会主义统一大市场，进一步改革市场管理方式方法。

在促进城乡集贸市场发展的同时，工商机关积极促进生产资料市场和生产要素市场的发展；在抓好城乡集贸市场监管执法的同时，积极开展对各类商品市场监管执法，参与对生产要素等特殊市场的监管执法，为促进经济社会发展做出了巨大贡献，在工商行政管理发展史上留下了闪光的篇章。

第七节 建立社会主义市场经济体制时期（下）的市场管理

1995—2002 年为我国建立社会主义市场经济体制改革时期（下）。随着我国建立社会主义市场经济体制改革目标的提出，迫切需要建立一支与社会主义市场经济相适应的公正执法的工商干部队伍。为了公开公平公正地执法，维护经营者和消费者的合法权益，工商机关及时纠正和调整了市场办管不分的行为，及时地完成了市场办管脱钩的任务，为工商机关加强市场管理打下了很好的基础。同时，工商计机关加强粮食等重要商品市场监管，整治中药材等市场，维护公平竞争的市场秩序，取得了良好的成效。

一、开展市场办管脱钩工作

（一）市场办管脱钩试点工作

市场办管脱钩的萌芽——监督管理与服务相分离。在 1992 年武汉召开的全国市场管理工作会议上，国家工商局提出"市场监督管理与服务管理"要分开。在年底召开的全国工商行政管理工作会议上，国家工商局提出要在"2～3 个城市进行试点，成立服务型的机构，承担起市场的基本建设和市场的服务功能"。

市场办管脱钩的尝试——建设与管理相互分离的实践。从 1993 年开始，国家工商局在山东青岛、河南郑州等地（市）开展工商机关市场监督管理和建设开办市场脱钩的试点工作。在 1995 年 1 月召开的全国工商行政管理工作会议提出，各地要进一步扩大和推广市场监督管理和市场服务相分离的试点经验，把力量充实到对大市场的监督管理上来。黑龙江的尚志市、河北的行唐县是全国市（县）一级工商局中较早开展这项工作的单位。1994 年，办管脱钩的试点范围从省级工商行政管理局扩大到地、县（市）工商局。大力推进市场办管脱钩工作。1995 年 4 月总理李鹏、副总理李岚清先后作出工商机关应与所办市场尽快"办管脱钩"的重要批示。1995 年 7 月，国务院办公厅转发的《国家工商行政管理局关于工商机关与所办市场尽快脱钩意见》明确：工商机关要坚决与所办市场脱钩，实行机构、职责、财务、人员的"四分离"。这是指导市场办管脱钩工作的法规级依据。在国家工商局的有力指导下，各级工商机关贯彻落实国办发［1995］

40 号文件的要求,从 1997 年的复查结果来看,全国纳入脱钩范围的市场 8 132 个。到 1997 年 12 月 18 日止,实际已经脱钩的有 8 117 个,这些市场按照国办发〔1995〕40 号文件的要求实行了"四分离",全国共成立市场服务机构 3 704 个,从工商机关分流人员 45 854 人。

(二)市场办管彻底脱钩

在市场办管脱钩中初步实现了"四分离",但是有的市场产权仍然在工商机关手中,不利于公开公平公正执法,也容易产生执法腐败的问题。2001 年 7 月 27 日,总理朱镕基、副总理吴邦国、国务委员吴仪和王忠禹等国务院领导同志视察国家工商总局时,明确指出工商与所办市场要产权分离。7 月底 8 月初,在贵州省考察工作期间,总理朱镕基对工商机关市场办管彻底脱钩做出重要批示。2001 年 8 月 21 日,国家工商总局下发紧急通知进一步细化了市场彻底脱钩的相关工作,总局明确:纳入彻底脱钩范围的各类市场,可根据实际情况,选择如下措施:(1)以单一市场为基础、全额由工商机关使用国有资产(包括银行借款、财政拨款等)兴建的各类市场,市场产权、机构、人员、债权债务等,无偿全部移交给当地人民政府或者由政府指定的国有资产经营管理公司。可采取先移交、后清理债权债务的方式进行,由政府妥善处理;(2)按照投资主体组建的市场服务中心,在明晰产权基础上,一律改制为企业性质的有限责任公司,工商机关向改制完成后的经济主体移交全部产权、债权债务和人员;(3)债务严重、经营无望的市场,可进行资产置换、拍卖、转让,获得的收益应优先用于偿还债务。总局明确:各省级工商行政管理局要在 9 月底以前完成部署,在 11 月底以前完成彻底脱钩工作,12 月中旬以前通过国家工商行政管理总局组织的验收。尽管在市场办管彻底脱钩遇到了很大的困难,但是在国务院领导下,经过全国工商系统的努力,截至 2001 年 12 月 28 日,各地工商机关所属单位开办的市场及其他经营机构的产权,全部移交地方政府。至此,全国工商机关对市场的办管脱钩工作全

面完成。

二、推进市场巡查制、市场预警制等"五项制度"

早在 2000 年至 2002 年,国家工商总局就提出了市场管理方面的五项制度创新,即市场巡查制、市场预警制、执法不作为追究制、首办责任制、企业信用分类监管制。在市场办管脱钩完成后,脱钩市场或划归其他政府部门,或成为独立的市场主体,市场的隶属关系和存在形式发生了根本性的变化。特别值得一提的是深化和完善市场巡查制、预警制,成为了新时期、新阶段工商机关实施市场监管职能的重要手段。市场监管方式由过去单一的驻场制向巡查制或者驻场制与巡查制相结合的方式转变,是市场监管工作方式方法的重大改革,其作用已逐渐被整个工商行政管理系统所接受和认同,它的效果在几年的工商行政管理工作中已经得到明显体现。以后,工商机关进一步深化、完善和规范市场巡查制、预警制,使之成为工商机关在市场监管中及时解决一般性问题的重要手段和发现大案要案的主要来源。

(一)市场巡查制

市场巡查制是工商机关按照有关法律法规的要求,以巡查检查的形式,及时检查市场主体的经营资格,规范市场主体的交易行为检查上市商品的合法性和假冒伪劣商品的来源和流通渠道,调解和处理交易纠纷,受理消费者投诉,即时查处商品交易中的违法违章行为的全方位动态的市场监督管理新方式。市场巡查制是在各级工商行政管理机关的领导下,由市场管理等部门协调配合,以工商所为依托建立市场巡查制队伍,对某一行政区域或行业内的商品交易市场、商业门店等实施不间断地巡逻式监管。

有关市场巡查管理模式的思考最早是在我国南方,是从深圳市开始,这主要是因为深圳作为改革开放的前沿和排头兵。1993 年以后,深圳市工商局专业市场管理局深入调查研究国内专业市场并借鉴国外先进市场管理意识和手段,经过多方论证、比较、探索,提出了让管理人员流动起来以较少的人,管理较多的市场的思路,这就是市

场巡查制的雏形。1995年8月15日,国家工商局在兰州召开中国"双生"市场管理学会第三届年会。深圳市工商局专业市场管理分局在会上介绍了几年来在监管专业市场中以巡查制取代驻场制,从而大大减少了管理人员、降低了管理成本,增强了监管力度的基本情况、经验和做法,国家工商局对深圳工商局介绍的市场巡查制的做法,在会议总结时给予充分肯定。"兰州会议"纪要中正式把深圳开展巡查制的经验向全国工商系统"双生"市场管理部门作了介绍和推荐。这是巡查制首次推向全国。济南市工商局从1995年下半年开始,组织专门人员进行改革监管方式的调查研究,逐步形成了以巡回检查为基本形式,以商品市场为突破口,由点到面、由浅入深地推行市场巡查制的改革思路。济南市的区域巡查,就是按照经济区划,对经济活动进行全方位的监管,在全市范围内,区域巡查制是由市局、分局(县局)和工商所自上而下统一指挥、三级联动的。市局和各分局(县局)调整、合并部分职能机构,成立了市场巡查指挥协调中心。两级指挥协调中心各设有机动巡查队,对管理辖区内的重点商业街、案件多发区、城乡结合部、区域交界处都进行不定时的重点巡查和监控,从而对工商所的巡查给予配合和补充。对工商所在巡查中发现的重大线索和跨区案情作出快速反应,由市局或分局统一调动力量,协调一致行动。济南巡查制在很大程度上推动了市场巡查的深化。1996年以后,国家工商行政管理局在市场管理工作中积极推行了市场巡查制的做法,先后在沈阳、海口、杭州召开的市场监督管理工作会议上推广了山东、广东、济南、深圳等省市的经验。各地工商行政管理机关也在市场管理工作中结合本地实际,积极试行了市场巡查制的监管方式。

(二)市场预警制

市场预警制就是国家工商总局为适应新时期市场监管和行政执法的需要,国家工商行政管理总局通过总结和推广江苏省徐州市和广西壮族自治区等地工商机关的试点经验,在工商机关的职责、任务和管辖范围内,根据国家法律、法规和政策,对市场主体适时采取非强制性的不直接产生法律效果的一种行政监管措施。市场预警制的法理基础是行政指导,它具有行政指导的基本特征,属于"积极行政"的范畴,是一种符合现代法治原则的具有行政性质的行为。它虽然不具有法律强制力,不产生直接的法律后果,但它的实施具有贯彻立法意图、弥补法律手段不足的效能,重在从正面事先进行教育疏导,以达到对可能发生或正在发生但未产生严重后果的违章行为的抑制作用和对违法行为的预防功能。市场预警制将市场监管工作的着眼点前移,使工商机关可以随时监控市场主体的经营行为,把违法违章案件降低到最小程度以至消灭在萌芽状态。北京、湖北襄樊、安徽淮南市等地的工商机关在这方面也进行了积极的探索,并取得了明显的效果。

在某种意义上可以说,市场预警制是工商机关市场监管指导思想的第二次革命。如果说在收支两条线尚未完全落实之前,很多地方工商行政管理工作的着眼点还仅限于对市场中发生的违法违章行为进行打击和制裁,其主要标志是将依法处理的案件罚没款上交国家财政。这种单纯的行政执法工作对那些故意侵害国家、社会和第三人权益的不法行为无疑是正确和有效的。但是,由于进入国内市场的相当一部分市场主体,特别是数以千万计的个体工商户(包括很多下岗职工),因为生活条件和工作环境所限,他们中间的大多数人不可能在进入市场的同时就掌握和熟悉了有关法律法规,来自行政机关单纯的经济处罚在抑制违法的同时有时也易引发监管对象的误解甚至情绪的对立,因而会造成一定范围的不安定因素。在推行市场预警制后,广大第一线的工商行政管理人员监管市场的着眼点从单一的处罚,完善丰富为不仅要坚决地对已经发生的经济案件进行打击,还要注意在事前进行大量耐心细致的宣传教育工作,提前告诫广大进场经营者和企业哪些行为是不当、不合法和错误的,或哪些行为不及时纠正,发展下去将构成违法行为,从而达到提前预防或减少违法违章行为的发生。这样，广大处于被管理地位的企业和人员，也就容易接受工商机关的监督和检查。这种把行政执法与综合性的市场监督工作有机地结合起来的做法，使市场监管工作的基本理念不再单纯是以罚没款多少为主，而改为以引导教育为先，以可以减少甚至预防多少违法违章行为的发生为主。在系统内，衡量先进与落后的基本评价标准将会发生根本性变化；在社会上，由于推行预警制、使工商行政管理工作以避免和预防扰乱市场经济秩序的行为发生为宗旨，那么，市场监管就会逐步被地方政府和广大群众所理解所支持所欢迎。

此外，烟台、沈阳等地工商机关推出了执法不作为追究制(国家工商总局领导将之归纳为责任制和责任追究制)，上海、北京等地工商机关推行首办责任制、国家工商总局推出的企业信用分类监管制，也都在一定程度上推动了市场管理方式方法改革。

三、开展中药材市场整治

改革开放以来，我国中医药事业得到迅速发展，中药材市场也随之迅速发展起来。从80年代末至90年代初短短几年的时间中，全国形成各种中药材市场上百个。在中药材市场发展的过程中，出现了盲目滥建，以及经营假冒伪劣中药材的问题，使人民群众的用药安全受到威胁。

上述问题引起了国务院领导的关注。1994年9月29日国务院下发了《国务院关于进一步加强药品管理工作的紧急通知》，该通知要求必须"整顿和规范中药材专业市场"，各地区设立中药材专业市场，必须依据国务院生产经营行业主管部门的总体规划，选择中药材主要产地或者集散地，并经国务院药品生产经营行业主管部门、卫生行政管理部门和工商机关审查批准。

地方各级人民政府以及其他部门均无权审批开办中药材专业市场。要对现有的中药材专业市场进行整顿，整顿的标准由国务院药品生产经营行业主管部门、卫生行政管理部门和工商机关制定。对已设立的不符合标准的中药材专业市场，一律关闭；对擅自设立的中药材专业市场以外的其他药品集贸市场，由当地人民政府依法取缔。对在农产品集贸市场上出售的中药材，卫生行政管理部门加强监督。对违反《药品管理法》在农产品集贸市场上擅自销售中药材品种和无证销售除中药材以外其他药品的，由有关部门依照《药品管理法》的有关规定予以查处。

1996年4月16日，国务院下发了《国务院办公厅关于继续整顿和规范药品生产经营秩序加强药品管理工作的通知》，该通知再次强调要"坚决取缔药品集贸市场，加快整顿和规范中药材专业市场"。并要求，各地人民政府要组织有关部门，坚决依法取缔药品集贸市场。以药品展销中心、药品信息中心、国药城、保健品批发市场、中药材专业市场等名义变相开办的各类药品集贸市场，都必须予以关闭，并做好善后工作。国家工商局、国家中医药管理局、国家医药管理局、卫生部、国家工商局和有关部门要加快整顿和规范现有中药材专业市场的步伐。对少数历史上形成的中药材主要品种的集中产地或传统的中药材集散地的中药材专业市场，要严格按照国务院有关部门制定的《关于印发整顿中药材专业市场标准的通知》执行。凡不符合该通知精神的，一律予以关闭。

根据国务院有关严格规范中药材管理的要求和"三定"方案的职能定位，工商机关积极配合有关部门开展中药材专业市场的整治工作。一是召开会议，布置工作。自1996年，国家工商局会同国家中医药管理局、国家医药管理局、卫生部先后三次召开全国整顿中药材专业市场的工作会议，部署中药材市场的整顿工作，检查落实关闭取缔药品集贸市场，加强对经国家批准设立的中药材专业市场的管理。二是制订中药材市场审批标准，检查验收中药材专业市场。1996年1月26日国家工商局配合国家中医药管理局、国家医药管理局、卫生部按照国家有关规定，下发了《关于严格执行整顿中药材专业市场标准加强中药材专业市场管理的通知》。该通知明确了申请开办中药材专业市场必须具备的六项条件和程序。根据标准和规定的程序,国家中医药管理局、国家工商局、国家医药管理局、卫生部等从严审核各省上报的中药材专业市场,前后分三批共确认了 17 个中药材专业市场,这 17 个市场分别是:河北省安国中药材专业市场、哈尔滨三棵树中药材专业市场、安徽省亳州中药材专业市场、江西省樟树中药材专业市场、山东省鄄城舜王城城中药材专业市场、河南省禹州中药材专业市场、湖北省蕲州中药材专业市场、湖南省邵东县廉桥中药材专业市场、湖南省岳阳市花板桥中药材专业市场、广州市清平中药材专业市场、广东省普宁中药材专业市场、广西玉林中药材专业市场、成都市荷花池中药材专业市场、重庆市解放路中药材专业市场、昆明市菊花园中药材专业市场、西安万寿路中药材专业市场、兰州市黄河中药材专业市场。三是国家工商局和国家中医药管理局等部局组织了四次联合检查组,对中药材专业市场的实际发展情况、经营范围、市场内部建章立制、市场软硬件等方面提出明确要求,指导市场具体落实。四是在全国范围内关闭、取缔或转营了 90 多家未经批准的药材市场和药品集贸市场。五是通报批评违反规定擅自开办中药材市场的行为。1996 年 10 月监察部、卫生部、国家医药管理局、国家中医药管理局、国家工商局等两部三局对变相开办药品集贸市场的广东湛江麻章药材公司进行批评,责成其限期整改。1996 年 12 月,两部三局对湖南省永兴县某些负责人顶风违纪开办"井岗药材市场"进行调查,并把结果上报国务院。经国务院批准,1997 年 7 月 29 日,两部三局联合下发了《关于湖南省永兴县违反规定擅自开办中药材市场受到查处情况的通报》,1997 年 5 月 4 日,国家中医药管理局、国家医药管理局、国家工商局联合下发了《关于对湖南省邵东县廉桥中药材专业市场和广东省普宁市中药材专业市场超范围经营问题给予通报批评的通知》,对湖南省邵东县廉桥中药材专业市场和广东省普宁市中药材专业市场超范围经营中西成药、中药饮片的混乱状况进行了批评,并责令其立即整改。

经过整顿,中药材市场过多过滥的局面基本得到扭转,改善了药品流通秩序,基本消除了假药滋生环境。

四、深入推进粮食、棉花、成品油、蚕茧等重要商品流通体制改革,服务国家宏观调控政策

改革开放以来,国家对农副产品、工业消费品的购销活动逐步放开,到 1994 年,90% 以上的农副产品、小商品以及多数的工业消费品全部放开,但对粮食、棉花、蚕茧、成品油等关系国计民生的重要商品没有完全放开。

(一)加强粮食市场监管,维护粮食流通秩序

改革开放以后,我国的粮食市场有了较大程度的开放,允许定购以外的粮食自由上市交易。1994 年国务院作出了深化粮食购销体制改革的决定,提出:加强粮食市场管理,掌握批发,放活零售。根据国家的政策,各地工商机关开展了对粮食批发企业的清理整顿,加强了对粮食市场的监督管理。1998 年以来,为了保护农民种粮的利益,减轻国家财政负担,推动国有粮食企业"政企分开",促进粮食生产持续稳定发展,国务院决定继续深化粮食流通体制改革。1998 年 5 月,国务院下发了《国务院关于进一步深化粮食流通体制改革的决定》,该决定明确了粮食流通体制改革的原则是"四分开、一完善",即实行政企分开、中央与地方责任分开、储备与经营分开、新老财务账目分开、完善粮食价格机制。决定中还明确粮改的工作重点是坚决落实"三项政策、一项改革",即:坚决贯彻执行按保护价敞开收购余粮、粮食收储企业实行顺价销售、农业发展银行收购资金封闭运行三项政策,加快粮食企业自身改革。1998 年 6 月,国务院发布了《粮食收购条例》,该条例规定经县级以上人民政府粮食部门批准设立的国有粮食收储企业,按照国家规定在县域内从事粮食收购活动。未经批准,任何单位和个人不得直接向农民和其他粮食生产者收购粮食;未经批准,擅自从事粮食收购活动的,由工商机关没收非法收购的粮食,并处非法收购粮食价值 1 倍以上 5 倍以下的罚款,依法吊销营业执照。

1. 国家工商局积极部署指导,推动粮食市场管理工作的开展

自 1998 年 6 月以后,国家工商局党组先后召开了多次会议,要求把思想统一到国务院粮改政策上来,坚决与中央保持一致。局长王众孚多次强调:"粮食市场管理是工商机关天大的事情""管住管好粮食收购市场,工商机关责无旁贷"。国家工商局先后下发了《关于充分发挥工商行政管理职能作用,促进深化粮食流通体制改革顺利进行的通知》《关于立即开展打击不法粮商、维护粮食流通秩序专项斗争的紧急通知》等多个规范性文件,为及时、有力地指导各地开展粮食市场管理工作起到了很好的保证作用。除在 1998 年全国工商行政管理局长会议上积极部署粮食市场管理工作外,还多次专门召开全国工商系统粮食市场管理工作会议、全国省际边界毗邻地区粮食市场管理工作会议,部署粮食市场监管工作。

2. 各地工商机关全力以赴,重点管住粮食收购市场

1998 年以来,各地工商机关积极贯彻国务院和国家工商局的部署,把粮食市场的管理提高到"讲政治、守纪律、顾大局"的高度认识,以前所未有的声势和力度,投入到粮食市场管理工作中。

各地工商机关普遍成立粮食市场管理工作领导小组,由一把手任组长,分管局长亲自抓。同时建立了目标责任制,一级抓一级、层层抓落实,并努力克服人力不足的困难,紧急抽调人员,直接充实到粮食市场管理第一线。据不完全统计,在夏粮收购期间,各级工商机关动员了 50% 以上的人力,产粮区动员了 80% 以上的人力,全国约 18 万工商干部战斗在粮食市场管理第一线。各地在粮食市场管理中,紧紧抓住私商粮贩,非国有粮食收储企业收粮以及个体私营粮食加工厂直接变相收购粮食这两个重点环节,加大打击力度。广大干部克服了办案工具落后、执法手段不足、私商粮贩围攻殴打等困难,为管住粮食收购市场付出较大的代价。据山东、四川、河北、河南、安徽、江苏、江西、湖南八省市统计,工商机关在粮食市场监管执法中被不法粮商打死打伤 102 人,其中 2 人因公殉职,1 人伤重致终生残废。经过一年的艰苦努力,全国的粮食市场基本管住了,不法粮商违法收购粮食势头基本得到控制,农村粮食收购市场开始平稳运行,粮食收购秩序明显好转。

1999 年 5 月 30 日和 1999 年 10 月中旬,国务院先后下发了《关于进一步完善粮食流通体制改革政策措施的通知》(国发[1999]11 号)、《关于进一步深化粮食流通体制改革政策措施的补充通知》(国发[1999]20 号),要求从 2000 年新粮上市起东北和内蒙古、山西、河北部分地区的春小麦、南方早籼稻、江南小麦退出保护价收购范围。在严格市场管理和经过省级人民政府审批的前提下,允许粮食加工、饲料、饲养、酿造、医药等用粮大中型企业直接收购粮食,但仅限于自用,不得倒卖。2000 年 2 月,国务院办公厅下发了《关于部分粮食品种退出保护价收购范围有关问题的通知》(国办发[2000]7 号),规定:从 2000 年新粮上市起,国发[1999]11 号文件规定已退出保护价收购范围的粮食品种和长江流域及其以南地区的玉米,退出国家保护价收购范围。2000 年 6 月国务院下发了《国务院关于进一步完善粮食生产和流通有关政策措施的通知》(国发[2000]12 号),提出:继续调整保护价收购范围,从 2001 年新粮上市起,晋冀鲁豫等地区的玉米、稻谷,可退出保护价收购范围。对经省级政府认定,确属交通不便的边远地区,允许经地(市)或县级工商机关审核批准的粮食经营企业到农村收购粮食。2000 年 9 月,中共中央、国务院联合下发了《中共中央国务院关于转发〈国家发展计划委员会关于当前农村经济发展中几个主要问题和对策措施的意见〉的通知》(中发[2000]15 号),提出:工商机关要继续采取有力措施,加强对粮食收购市场的监管,严禁无照经营和违规经营粮食。采取有效措施促使市场粮价回升,物价、工商行政管理、农业发展银行等部门,要加强对粮食顺

价销售政策落实情况的监督检查,对低价亏本销售、冲击市场的企业,从严查处。

工商机关按照国务院的指示,认真管理粮食市场,积极拓宽粮食购销渠道,搞活粮食流通。1999年12月,国家工商局增设了粮食市场监管处,具体承担指导粮管工作。从1999年10月至2000年5月,各级工商机关认真开展以"一打击、两规范"(重点打击私商粮贩从农民手中收购粮食、未经批准的粮食加工企业和粮食经营企业擅自到农村收购粮食;严格规范经批准入市收购的大型农业产业化龙头企业、饲料生产企业和粮食进出口企业经营行为,严格规范经国务院批准同意退出保护价收购范围粮食的经营行为)为主要内容的专项执法活动。各级工商机关认真开展对入市收购企业资格审批,从2000年2月至8月,各地已批准入市收购企业3 000多家。2000年3月,国家工商局对粮食市场管理中涌现出来的495个先进单位和942名先进个人提出表彰,并为先进单位奖励了执法专用摩托车。

从2000年6月召开的江西九江会议开始,国家工商局多次要求各级工商机关认真处理好管住粮食市场与拓宽粮食购销渠道的关系,搞好三个调整:一是调整工作思路;二是调整监管措施;三是调整管理方式方法,以推行巡查制为重点,提高粮食市场管理效率。此外,要求各地工商局在审批入市收购企业时一定要征求计划、粮食部门的意见,对入市收购企业最好要以政府名义下发名单,接受社会的监督。

2001年3月,国务院下发了《国务院办公厅关于浙江省加快推进粮食购销市场化改革有关问题的复函》(国办发〔2001〕17号),明确:原则同意浙江省开展粮食购销市场化改革试点,并要求浙江省继续落实省长负责制各项规定,确保粮食市场稳定。其后,国务院有关部门陆续批准上海、广东、福建等地开展粮食购销市场化试点。2001年7月,国务院下发了《国务院关于进一步深化粮食流通体制改革的意见》(国发〔2001〕28号),规定:我国东南沿海的浙江、上海、福建、广东、海南、江苏和北京、天津等地区,

实行粮食购销市场化,完全由市场进行调节;粮食主产区继续实行"三项政策、一项改革";其他地区由省级人民政府根据本地实际情况自行确定粮食购销政策。

2002年4月至8月,受国务院的委托,国家工商行政管理总局、国家粮食局会同国务院发展研究中心、国务院研究室、国家发展计划委员会、中国证券监督管理委员会、农业部、中国农业发展银行、中国储备粮管理总公司、国家体改办等部门,组成了"进一步放开粮食收购市场、加强粮食市场体系建设和规范管理"课题组,对粮食市场建设等有关问题进行专题调研,形成了课题报告上报国务院。报告提出,进一步放开粮食市场的总体原则是——"两个取消、两个放开、产销衔接、加强调控"。报告建议:取消粮食定购任务,取消粮食运销凭证,实行彻底的市场化改革;放开粮食购销价格,放开粮食收购市场主体数量限制,取消对粮食收购市场主体的前置性审批,实行备案制,由市场优胜劣汰;进一步完善储备粮管理体系,确保国家对粮食的调控能力;鼓励多形式多方式产销合作,鼓励农民之间加快组织联合,形成有竞争力的粮食生产主体,推进农工商综合的宏观管理,努力把粮食生产变成有盈利的产业。此外,要按照"政府引导、多方兴办、放而有序、活而不乱、层次多样、期现并举,有形与无形相结合"原则,加强粮食市场体系建设。

各级工商机关认真配合粮食等有关部门,深化粮食市场的监管措施,规范粮食收购市场秩序,落实粮食收购资格准入制度,积极支持国有粮食购销企业在粮食收购中发挥主渠道作用,同时扶持多元化粮食收购主体,多形式、多渠道切实解决农民卖粮难问题,保障粮食正常、有序流通。

(二)开展棉花市场监管,规范棉花购销活动

国家对棉花的经营政策在不同时期有过一些调整。改革开放初期曾规定:粮食、棉花取消统购,改为合同定购,定购以外的粮食可以自由上市,定购以外的棉花也允许农民上市自销。之后由于棉花生产和市场

供求发生了很大变化,1987 年 8 月,国家工商行政管理局、商业部根据国务院领导的意见,联合发出《关于加强棉花市场管理的通知》,规定:国家任务完成以前不开放棉花市场,已开放的一律关闭。除国家委托的单位以外,任何单位和个人不得经营棉花。农民的自留棉需要出售的也要卖给国家。1988 年 8 月,国务院进一步发出《关于做好 1988 年度棉花收购工作和加强棉花市场管理的通知》规定:棉花是关系人民生活的重要物资,目前只能由供销社统一收购,不得开放棉花市场。要采取坚决措施,切实做好工作,防止争购、抢购棉花现象发生。根据国务院的上述规定,各地工商机关加强了对棉花购销活动的管理。关闭了棉花市场,坚决取缔非法的棉花收购、加工和经营单位,严厉打击套购倒卖棉花的非法行为。1998 年 12 月,国务院发布《关于深化棉花流通体制改革的决定》,决定推进市场化改革的步伐。从 1999 年 9 月 1 日起,棉花的收购和销售价格均由市场形成。政府有关部门只根据棉花供求情况等提出棉花收购指导性价格和指导性种植面积。供销社及其棉花企业、农业部门所属的种棉加工厂和国营农场、经资格认定的纺织企业,都可以直接收购、加工和经营棉花。供销社棉花经营企业要与供销社彻底分开,成为独立的经济实体。2001 年 7 月,国务院下发了《国务院关于进一步深化棉花流通体制改革的意见》(国发[2001]27 号),提出“放开棉花收购,鼓励公平有序竞争”,“凡符合《棉花收购加工与市场管理暂行办法》规定、经省级人民政府资格认定的国内各类企业,均可从事棉花收购”。

2001 年 9 月,国务院办公厅下发了《国务院办公厅关于印发〈棉花收购加工与市场管理暂行办法〉的通知》(国办发[2001]65 号),明确:国家对棉花收购加工实行资格认定制度。各省、自治区、直辖市人民政府组织计划、经贸、工商、质检等部门进行棉花收购准入资格的审查和认定。取得棉花收购加工资格认定的企业,凭资格证书在当地办理工商登记之后,方可从事棉花收购加工。

2002 年 8 月,经国务院批准,国家计委、国家经贸委、农业部、供销总社、国家质检总局、国家工商总局和中国农发行联合在北京召开全国棉花工作电视电话会议。这次会议提出,要进一步放开棉花收购市场。鼓励各类具备条件的企业参与棉花收购,禁止以任何理由、任何方式实行地区封锁,取消对企业跨地区收购棉花的限制。各地要严格按照《棉花收购加工与市场管理暂行办法》的有关规定,鼓励棉花收购加工企业的竞争,允许农民组织起来在做好“四分”基础上集中交售籽棉。允许收购籽棉送加工厂委托加工。严防小轧花机、土打包机死灰复燃,与此同时严厉打击各种扰乱市场秩序的行为,维护公平、竞争、有序的市场环境。对丧失资质条件的企业,有严重违法行为的企业、无加工实绩的企业,取消其收购加工资格。培育和完善棉花市场体系。有计划地开办区域性棉花市场。各级工商机关认真贯彻上述文件和会议精神,切实抓好对棉花收购与加工企业的专项清理整顿,维护棉花收购加工秩序,严把棉花市场主体准入关,坚决禁止未经批准的企业从事棉花收购加工活动。据对 11 个棉花主产区的统计,2001 年 7 月至 2002 年 7 月,各级工商机关查处非法收购加工棉花案件 6 493 件,取缔非法棉花交易市场 7 个,没收非法收购的棉花 25 629 吨,罚没款 2 425.73 万元,没收小轧花机 6 215 台,土打包机 4 325 台。一些地方工商机关还开展棉花流通领域打假专项行动,严打生产和销售“黑芯棉”行为,仅新疆维吾尔自治区工商机关就收缴“黑芯棉”被5 285条。

(三)加强成品油市场监管

成品油是发展国民经济的重要生产资料,国家对成品油实行统一计划分配管理。国家统一管理成品油的生产和计划,所有成品油生产企业超产和计划外生产成品油,除按规定留给企业部分自销外,均由中国石油化工总公司销售公司统一收购经营。1990 年进入市场调节的计划外成品油只占全部资源的 30% 左右,随着计划外成品油进入市场,一些单位和个人钻成品油价格“双轨制”

的空子,纷纷插手非法经营成品油。为整顿成品油市场的混乱状况,国家计委、国家工商行政管理局、中国石油化工总公司联合下发了《关于加强成品油市场管理和整顿的通知》,就清理整顿成品油经营单位,整顿小炼油厂,取缔小土炼油炉,加强成品油经营单位的管理等方面予以规范。并采取严格经营单位开业的审批制度,取缔个体加油摊点,加强对生产经营单位检查,监督各用油单位,加强对油票和油料的管理等措施,完善成品油市场管理办法。清理整顿成品油流通秩序,保证了市场的供应。1994年4月,国务院转发了《关于原油、成品油流通体制改革的意见》。此次成品油流通体制改革的出发点是,按照社会主义市场经济体制的要求,从原油和成品油这个战略和特殊商品的特点出发,搞好总需求和总供给的平衡,合理配置资源,加强宏观管理,减少流通环节,整顿流通秩序。为此,国家工商局与国家经贸委共同发布了《整顿成品油市场的实施办法》,规定了成品油市场整顿的原则、整顿范围、成品油批发企业、加油站基本条件等,为各级工商机关开展成品油市场整顿提供了政策依据。国家工商局还会同国家经贸委、解放军总后勤部共同制定发布了《成品油生产管理办法》,加强了对成品油经营主体、交易行为的管理和检查,加大了成品油市场的执法力度。为遏制小炼油厂过多过滥,盲目发展,与国有大中型炼油企业争原油、争市场的混乱状况,1999年5月《国务院办公厅转发国家经贸委等部门关于清理整顿小炼油厂和规范原油成品油流通秩序意见的通知》(国办发〔1999〕38号)文件,各地贯彻国务院文件精神,在生产环节取缔非法采油和土法炼油,清理整顿小炼油厂,在流通环节实行成品油集中批发,规范成品油零售市场。

2001年以来,为贯彻国务院关于整顿和规范市场经济秩序的决定,针对个别地方违规建设和经营加油站屡禁不止,市场恶性竞争加剧的情况,国务院办公厅转发了国家经贸委等部门关于进一步整顿和规范成品油市场秩序的意见(国办发〔2001〕72号)文

件,开展对批发企业、加油站专项整治,打击成品油违法经营。严格成品油市场准入,各地区新建的加油站,统一由石油集团、石化集团全资或控股建设;新建加油站和成品油批发企业,要经经贸委核发成品油零售经营批准证书、批发经营批准证书,再到工商机关办理登记注册手续。打击无证、无照和超越经营范围经营成品油、经销劣质和走私成品油等违法行为。

2000—2005年的成品油市场专项整治中,各地工商机关结合企业年检,以社会加油站、农村加油站及有违法违规经营记录的加油站为整治重点,对本地区的加油站进行全面检查,重新审查加油站的经营资格,对无证和不具备经营条件的加油站进行了变更或注销登记,对手续不全的加油站限期进行整改。采取有效措施,指导督促加油站建立成品油购销台账,与批发企业建立供油合同,定期对加油站进货凭证进行检查。据辽宁、四川、湖北、重庆、河南、广西等地工商机关的统计,各地共检查加油站(点)近2万家,取缔无照加油站(点)2 144处,注销或变更不具备经营条件的加油站1 980家,对922家手续不完备或存在问题的经营企业提出限期整改意见,查处成品油违法案件2 093件,案值6 444.8万元,查获违法经营成品油7 614.65吨,移送司法机关案件近50件。经过成品油市场的清理整顿,全国从原有加油站10万家已减少到7.5万家。

2006年以来,根据国际市场油价不断攀升,一些地方市场供应紧张,非法经营成品油现象又有所抬头,必须及时进行遏制的实际,在调研掌握基本情况和存在问题的基础上,国家工商总局分别于2006年、2008年两次下发关于开展成品油市场专项整治工作的通知,要求进一步加强成品油市场监管。同时,明确提出要认真组织开展成品油质量监测工作,并具体指导地方工商机关开展监测工作,推动整治工作不断取得成效。2007年,各级工商机关针对成品油价格上涨、供应紧张的情况,加强对成品油市场监管,对一些重点地区开展专项整治工作。严把市场准入关,坚决取缔非法经营的加油站,依

法查处取缔无照、超范围从事生产经营成品油的行为;严把油品质量关,开展流通领域油品质量检测,严厉查处非法炼制的油品、无合法进口来源的油品、假冒伪劣、质量不合格的油品;规范成品油经营行为,打击缺斤少两、掺杂使假等欺诈消费者行为。成品油市场秩序进一步好转。全国共查处成品油案件 5 975 件,比上年同期减少 400 件,下降 6.27%;案值 1.48 亿元,减少 1.39 亿元,下降 48.24%;罚没金额 4 317 万元,减少 2 391万元,下降 35.64%;查扣油品7 776吨。在查处的成品油案件中,制售假冒伪劣成品油案件 1 001 件,占成品油案件的 16.75%,比上年同期下降 19.47%;经销国家明令淘汰及质量不合格成品油案件 1 623 件,占 27.16%,比上年同期下降 9.28%;经销走私成品油及来源不明的油品案件 106 件,占 1.77%,比上年同期下降 21.48%;直供用户擅自对社会销售成品油案件 135 件,占 2.26%,比上年同期下降 15.09%;其他成品油案件3 110件。此外,检查加油站 52 685 个,变更或注销登记加油站1 490个,吊销营业执照加油站 76 个,清理取缔非法加油站 1 167个。

(四)加强蚕茧市场监管

蚕茧作为丝绸生产的原料,与我国丝绸出口贸易关系密切。为此,国家一直对蚕茧实行统一经营的政策。国务院办公厅于 1993 年 5 月、1994 年 3 月两次发出通知(明传电报)进一步重申了蚕茧收购继续由中国丝绸进出口总公司及各省、自治区、直辖市及计划单列市丝绸公司统一经营管理。为建立适应社会主义市场经济发展要求的茧丝流通体制,2001 年 6 月,国务院办公厅下发《国务院办公厅转发国家经贸委关于深化蚕茧流通体制改革意见的通知》(国办发[2001]44 号),明确:要进一步转变政府职能,实现政企分开,打破地区封锁和部门分割,推动蚕茧资源顺畅流通、优化资源配置,培育和发展茧丝绸市场,建立在政府调控下主要由市场形成价格的机制,充分发挥市场在培植茧丝资源和结构调整中的基础性作用。要改革鲜茧收购管理体制,适当放宽鲜

茧收购渠道,加强市场调控,改进蚕茧价格管理方式,从 2001 年起,鲜茧收购价格和干茧供应价格由省(自治区、直辖市)政府根据实际情况制定,实行省级政府定价或省级政府指导价。2002 年 2 月,国家经贸委、国家计委、工商总局和质检总局联合下发《茧丝流通管理办法》,规定:改革鲜茧收购管理体制,适当放宽鲜茧收购渠道;鲜茧收购在坚持相对集中的原则下,允许具有条件的缫丝生产企业、丝绸流通企业等经营单位收购,鲜茧收购实行资格认定制度。《办法》还明确规定了取消对干茧经营的限制,对鲜茧收购资格的认定程序也进行了规范。

根据上述规定,工商机关加强对蚕茧市场的管理,配合有关部门依法确认鲜茧收购资格,严禁无照经营和违规经营,严厉打击鲜茧收购合同中的欺诈行为和扰乱市场、损害农民利益的行为,打击蚕茧市场中掺杂使假、缺斤短两、以次充好、欺行霸市、囤积居奇、哄抬物价、强买强卖、欺骗和损害农民利益的各种违法经营行为,取得了明显的成效。

五、开展旅游市场监管

随着我国经济的高速发展和人民群众生活水平的提高,旅游已成为人们生活的一种重要方式。特别是我国实行"旅游黄金周"和允许公民出境游后,旅游市场出现了快速发展。但同时也存在诸多问题,扰乱了旅游市场的秩序,影响了国家的形象,损害了游客的利益。如何规范旅游市场,使之沿着法制化的轨道健康发展,是摆在有关部门面前迫切解决的一个重要问题。1999 年前工商机关对旅游市场是一般性监管;2000 年黄金周后纳入了重点监管范畴。2002 年,按照国办发《关于开展旅游市场打假打非专项整治工作的通知》精神,与国家旅游局等部门对旅游市场进行专项整治。在该《通知》中,对工商机关在专项整治工作的职责进行了明确:一是查处无照经营、超范围经营;二是私授私收回扣;三是制假售假;四是乱设摊点。从 2002 年起,工商机关将旅游市场与其他市场一样,纳入了日常监管,并在制度建设、监督方式方法等方面进行了探索。

1999 年 9 月,国务院决定将春节、"五一"、"十一" 3 个假日的休息时间延长为 7 天。此举的主要意图,是为了扩大内需,刺激消费。当时的效果立竿见影,仅当年的"十一",全国出游人数就达到 2 800 万人,实现旅游收入 141 亿元。2000 年 6 月,国务院办公厅转发的国家旅游局等部门《关于进一步发展假日旅游若干意见的通知》出台,明确提出一年有"五一"、"十一"和春节 3 个黄金周。工商机关与旅游、公安等部门一道,加强市场监管,维护市场秩序,取得了良好的成效。

2002 年,国务院办公厅下发了《国务院办公厅关于开展旅游市场打假打非专项整治工作的通知》,国家工商总局领导对旅游市场专项整治给予了高度重视,要求全系统将旅游市场专项整治作为 2002 年下半年的重点工作之一,局长王众孚在年中的全国工商行政管理局长会议上对这项工作进行了安排和部署。根据国务院通知要求和局领导的指示,国家工商总局制发了《关于贯彻〈国务院办公厅关于开展旅游市场打假打非专项整治工作的通知〉有关问题的紧急通知》(工商明电[2002]25 号),明确了整治工作的内容和重点:一是加强对旅游市场主体资格的监督检查,严把市场准入关。严厉查处无照经营、超范围经营和乱设摊点等违法违章行为。二是加强对不正当竞争行为的监督检查,严厉查处私授私收回扣行为。三是加强对旅游商品和服务的监督检查,严厉查处制售假冒伪劣商品行为。四是配合旅游行政和公安部门依法查处境外驻华机构非法从事旅游活动的行为。各级工商机关认真贯彻《通知》精神,开展了卓有成效的整治工作,旅游市场秩序明显好转,据对 18 个省、自治区、直辖市和计划单列市的不完全统计,2002 年 1—10 月工商机关共检查市场 3 686 个,检查旅游经营单位 16 214 户,查处取缔无照经营 1 663 户,超范围经营 867 户,取缔乱设摊点 5 150 个,私授私收回扣案 133 件,制售假冒伪劣商品案 985 件,境外驻华机构非法从事组织旅游活动案 7 件,旅游市场打假打非专项整治初见成效。

六、加强汽车市场监管

1988 年 8 月,国家工商行政管理局和公安部联合发出《关于进一步加强汽车交易市场管理暂行规定》中明确:凡汽车(包括计划内、外汽车)、旧机动车(包括旧汽车、旧拖拉机、旧摩托车)交易、发货票均需经工商机关验证盖章。同时规定,旧车上市交易需经公安交通管理机关检验合格并签注检验合格记录后,方可进行交易,报废车一律不得上市交易。按照上述规定,各级工商机关认真履行职责,深化了对汽车市场的管理。

(一)关于对小轿车的管理

1989 年 1 月国务院办公厅转发了国家计委《关于加强小轿车销售管理的请示》,决定从 1989 年 2 月 1 日起,对小轿车实行统一经营销售管理。根据上述精神,国家计委、国家工商行政管理局会同有关部门制定了关于小轿车销售管理的实施办法。由国家工商行政管理局会同物资部、中国汽车联合会核定小轿车经营单位。其他单位和个人一律不准销售小轿车。工商机关在办理小轿车经营单位的登记注册时,将小轿车销售业务在"经营范围"中单列。已核准的经营单位不准开展小轿车联营业务,也不准另设销售小轿车的分支机构。

从 1995 年开始,根据国务院《汽车产业政策》的要求,国家发展计划委员会、国家工商行政管理局为支持汽车生产企业建立和完善销售网络,对轿车经营实行了市场准入制度。具体内容是:国家有关部门制定公布轿车经营的基本条件,国家定点轿车生产企业提出纳入销售网络的企业名单,经国家工商行政管理、国家发展计划委员会审核同意后公布。此项政策的实施得到了国内各大汽车生产企业的支持,也得到了有关部门和汽车经营企业的理解和配合。截至 2001 年底,共审批公布小轿车经营单位 16 批,依法获得小轿车经营权企业达 6 000 余家,获得小轿车品牌企业 301 家。

(二)进口汽车管理

对进口汽车从严管理,是汽车产业政策和国产汽车工业发展实际情况决定的,国务院于 1985 年对进口汽车作出了进一步规定,原则上不批准进口汽车,从广东、福建两省进入内地的进口汽车实行"准运证"管理制度,并加强了对华侨、港澳同胞捐赠汽车的管理,严禁出售、转让和转卖捐赠车。1993年国务院发布了《关于加强进口汽车牌证管理的通知》,国家工商局会同有关部门发布了《关于禁止非法拼装汽车、摩托车的通知》。各地工商机关相应加强了对进口汽车销售管理,指定41家销售单位对罚没走私车辆进行销售,建立了进口汽车国内销售备案制度,规定进口汽车国内销售要在工商机关进行备案。备案中工商机关要核查进口车的进口配额证明、进口许可证、进口机动车辆随车检验单、货物进口证明书等文件。

2005年,商务部、国家发展和改革委员会、国家工商总局联合发布《汽车品牌销售管理实施办法》,规定对小汽车、进口小汽车经营实行汽车品牌销售管理。2005年以来,国家工商总局坚持政务公开,按照《汽车品牌销售管理实施办法》,严格标准和程序,认真受理品牌汽车经销企业备案申请,根据各地工商机关反馈的核查意见,及时通过发文和上网公布备案结果。按照备案品牌统计,截至2008年6月,已审核备案39 111家汽车经销企业,并对商务部来函征求意见的共197家外资品牌汽车经销企业进行了审核。

第八节　完善社会主义市场经济体制时期的市场管理

2003—2008年为我国完善社会主义市场经济体制时期。各级工商机关认真履行市场监管和行政执法职能,大力规范市场交易秩序,积极探索市场监管长效机制,促进市场繁荣、规范、有序发展,迈出了可喜的步伐。在深入开展红盾护农、经纪活农、合同帮农等工作中取得显著成绩,促进了农业增效、农民增收,为推进新农村建设尽职尽责,得到了各级政府肯定,受到了广大农民朋友拥护。

一、充分发挥职能作用,服务社会主义新农村建设成绩显著

按照中央1号文件精神,总局党组作了关于建设社会主义新农村的部署,下发了《关于认真贯彻落实中央1号文件,积极促进社会主义新农村建设的意见》,采取有效措施,提高监管效能,积极服务社会主义新农村建设。

(一)完善"红盾护农"机制,营造良好农资市场环境

自2004年以来,连续下发《关于深入开展"红盾护农行动"的通知》等4个规范性文件,同时按照中央办公厅、国务院办公厅《关于加强农村基层党风廉政建设的意见》以及《中央和国家机关贯彻落实2007年反腐倡廉工作部署的分工意见》的部署要求,下发了《关于加强农村基层党风廉政建设依法严厉打击制售伪劣农资等坑农害农行为的实施意见》,牵头开展了打击制售伪劣农资坑农害农行为。围绕种子、肥料、农药、农机及零配件四类商品,以重点季节、重点市场和重大案件为切入点,认真开展"打假保农保春耕"、"红盾护农保夏播"、"打假冒保秋种"三次专项行动。创新了各种监管方式,积极推行农资商品经营台账和质量承诺制度、种子留样备查制度、农资市场主体准入制度、农资经营企业信用分类监管等制度,积极推进农资放心店建设,引导企业守法经营。强化流通领域农资商品质量定向监测工作,严厉查处了各种坑农害农违法行为,经过全国工商机关的努力,自2004年开展红盾护农行动以来,围绕爱农、护农、惠农行动,铲除坑农、损农、害农行为,全国工商机关检查农资市场16.7万家(次),检查农资经营户82万户(次),查处农资案件15.32万件,受理农资投诉案件7.3万件,为农民挽回损失27.9亿元。

江西、湖南、山东、湖北、黑龙江、河南等地工商机关积极推行农资商品市场监管目标责任制,建立严格的辖区管理责任制,做到了农资打假工作定岗、定员、定责,推行监管关口前移、工作重心下移,采取日常巡查和专项整治、举报检查和突击行动相结合的方式,有效净化了农资市场。仅2007年,全国工商行政管理机关共检查各类农资市场1.8万家(次),检查农资经营户32万户次,

取缔无照经营0.9万户，检查农资违法案件2.3万件，受理农资投诉1.3亿件，为农民挽回经济损失3.9亿元，切实保护了农民消费者的合法权益，促进了农民增收。

（二）创新"经纪活农"机制，推动农业生产与市场需求衔接

国家工商总局颁布了《关于加快培育和规范发展农村经纪人、扎实推进社会主义新农村建设的意见》，把培育和发展农村经纪人特别是粮食经纪人作为工作重点，结合区域特色，制定了发展农村经纪人的措施和计划，充分发挥经纪人的市场服务功能，畅通农产品流通渠道。截至2008年6月30日，全国有经纪执业人员67万人，其中农村经纪人28万人，2008年上半年农村经纪人的经纪业务量为997亿元。

（三）推进"合同帮农"机制，稳步发展"合同农业"

各级工商机关认真开展涉农合同帮扶活动，大力推进以龙头企业带动、品牌带动、城市消费带动和以专业市场为依托的合同农业，指导涉农龙头企业制定合同示范文本，将涉农龙头企业推荐到"守合同、重信用"企业行列中。加强对涉农合同的监管，规范合同文本和签约行为，严格合同履行监管，严厉打击利用合同坑农害农的行为。截至2008年6月30日，工商机关制定合同示范文本2.7万个，检查各类涉农合同246万份，指导签约涉农合同599万份，涉及合同金额720亿元，签约农户776万家，查处涉农合同案件153件。

（四）完善"商标富农"机制，实施农产品品牌战略

随着生产的发展和产品的丰富，消费者对农产品的消费取向已经从数量的需求转向对质量的要求，进而步入对农产品品牌的追求。各级工商机关充分发挥商标监管职能，引导农民用品牌来促产业、促订单、扩市场。坚持引导、培育、保护与打击相结合，促进农业品牌量的扩张和质的提升，在农业品牌建设中发挥领航员、护航员的作用。一是加强宣传，提高品牌意识。工商机关通过上门宣传、媒体宣传等形式，大力宣传农副产品品牌的社会效益和经济效益，宣传工商"品牌富农"战略，转变农民的观念，提高了他们拥有品牌、重视品牌、利用品牌创造价值的意识。二是加强调研，制定发展目标。开展了农产品商标调查活动，实行"两摸清两制订"，即摸清当地农产品商标注册量、摸清当地农产品商标侵权情况，制订当地农产品商标注册计划、制订当地农产品商标保护方案。三是加强管理，规范品牌使用。对已经核准注册的农产品商标，指导注册人规范自身使用行为。特别是对农产品证明商标，按照"四统一"的要求正确使用，即统一制订使用规则、统一制订质量标准、统一使用方可合同、统一使用商标标识。四是加强保护，维护合法权益。对侵犯农产品商标的行为，加大了查处力度，适时开展了专项整治行动。截至2008年6月，我国注册地理标志总数达到301件；在国家工商行政管理总局认定的1234件驰名商标中，涉及农产品的商标246件，地理标志10件。

（五）完善"权益保农"机制，确保农民消费安全

长期以来，农村普遍存在交通基础差，信息不畅，农民受教育程度低，自我保护意识差等问题，农民在购买商品或者接受服务方面，容易受到不法经营者的侵害，坑农害农事件屡屡发生，而他们又不懂得如何维护自己的合法权益，成为社会的弱势群体。2003年以来，各级工商机关完善"权益保农"机制，切实维护农民消费安全，一是进一步加快农村基层维权网络建设，深入开展"12315"申诉举报网络进市场、进村镇、进商家活动，充分发挥"一会两站"的作用，建立健全农村投诉站、联络站等，形成受理投诉，跟踪督办和案件查处相结合的行政执法网络；把消费维权点建到农民的家门口，及时调解农民消费纠纷，化解群众矛盾，为农民群众提供零距离的维权服务。二是充分发挥农村基层工商分局（消协分会）的职能作用和"12315"申诉网络的作用，妥善解决农村消费者纠纷，特别注意解决好因农资消费引发的群体性投诉，切实保护农村消费者的合法权益。三是加强对农村消费者权益保

护的法制宣传工作,广泛开展送法下乡活动,通过举办法律法规咨询、农资产品识假辨假常识培训,现场受理投诉举报等形式,提高广大农村消费者的维权意识和商品知识,营造农村"千家万户拒假劣"的良好氛围;同时通过扩大"12315"网络和聘请监督员等办法,鼓励引导广大农村消费者参与社会监督,协助工商执法人员更有效地保护好农民消费者合法权益。使农村维权服务网络真正成为工商执法、消费维权的前沿阵地,成为服务"三农"的直接平台和联系点,切实成为促进农业增效、农民增收、农村稳定的"保护站",从而推进整个农村市场经济健康有序地发展。

(六)完善"政策爱农"机制,认真落实各项惠农政策

工商机关积极引导农村个体私营经济发展,推进农业结构调整和农村产业化经营。同时,依托登记注册职能,因势利导,进一步放宽市场准入门槛,为农民进入市场建立绿色通道,落实各项发展个私经济的优惠政策。一是积极培育农村市场主体,大力推进"执照农民"的发展,努力提高农民市场主体意识和农村经济市场化程度,积极扶持、鼓励有一技之长的农民持照闯市场。二是引导农民从事特色农业,积极鼓励农村个体工商户从事农产品加工业、种植业、服务业,鼓励个体工商户、农民合作经济组织发展特色农业、绿色农业、生态农业。鼓励企业进乡镇、进农村,按照"企业＋基地＋农户"的农村产业化发展模式,通过农业产业化经营,将种植、加工、流通有机结合起来,扩大生产规模,延长产业链条,提高农业效益,增加农民收入。三是大力支持各类农民专业合作经济组织发展,鼓励农民投资入股,组建各类专业合作经济组织。支持建立以农产品开发、销售、加工为纽带的农村经济合作组织,提高农业生产的组织化程度,改变以往农民靠单打独斗、自找门路的劣势,提高农民闯市场的主体竞争力。四是加大扶持力度,按照"扶优、扶强、做大"的思路,着力支持发展一批起点高、规模大、带动力强的涉农龙头骨干企业特别是农业科技型企业的发展,使其成为农业增效、农民增收的领路人。认真落实农村个体工商户、农村集贸市场的收费减免优惠政策,让群众得到实惠。截至 2008 年 6 月 30 日,全国依法登记的农村专业合作社 5.8 万家,入社成员 77.2 万家,各类农民专业合作社拥有自主注册商标 27 000 个。

(七)完善"市场兴农"机制,提高市场化运作引导服务功能

各级工商机关大力发展农村市场,既是促进农村经济全面发展和农民增收的现实需要,也是统筹城乡协调发展的客观要求。农业结构调整、农村经济发展和农民增收,需要统一开放、竞争有序、布局合理、数量充足、功能完善的市场体系予以支撑和保障。否则,很容易造成增产不增收的局面,影响农民从事农业生产的积极性。一是把支持、鼓励当地依托农副产品优势兴办集贸市场,发展特色农业、绿色农业和生态农业。积极开展引产帮销,推进"场厂挂钩",推广优质农副商品。二是指导市场业主不断改善服务设施,提高服务质量,健全规章制度,搞好市场卫生,为经营者和消费者营造良好的交易环境。三是提供优惠政策,引导城市的大型超市和农资经营企业到各乡镇建立销售网络和连锁店,利用物流配送等现代流通方式,培育安全、放心的农村消费市场,方便农民购物,给农民提供放心的消费环境。四是加大监管力度,根据农村市场的季节性特点,适时组织专项执法检查,加大对分散在城乡结合部和村镇的各类商品批发市场、集贸市场的监管力度,切实维护农村市场秩序。五是大力开展创建诚信市场、诚信示范户和示范柜台等活动,切实提高了农贸市场信誉和经营者的素质。

二、认真履行职能,整顿规范市场秩序取得新成效

(一)"农村食品市场整顿年"工作成效显著

为全面贯彻落实总理温家宝关于"对农村市场管理要予以特别的关注和加强"重要批示、副总理吴仪重要指示精神和局长周伯华关于"履行工商行政管理职责,努力实现

'四个统一'切实抓好节日市场、食品市场特别是农村食品安全监管"的要求，2007年2月，下发了《关于深入开展"农村食品市场整顿年"工作的通知》，指导各地工商行政管理机关深入开展"农村食品市场整顿年"工作。一是严把农村食品市场主体准入关，查处取缔无照经营，严格规范农村食品经营行为。二是加大农村食品安全专项整治力度，围绕农村群众生活消费密切相关和消费投诉较多的重点品种，根据季节性、节日性和区域性消费特点，开展节日市场，地方特色食品、儿童食品等专项整治。三是开展质量监测，加强对农村批发市场、集贸市场和城乡结合部的食品经营者质量监测，坚决防范不合格食品流入农村市场。四是重点查处制售假冒伪劣食品、经销不合格食品和有毒有害食品、使用非食品添加剂等违法行为。五是开展"农村产品质量和食品示范店"工作，引导企业诚信经商。2007年全国工商系统共出动执法人员158.32万人次，检查重点食品市场24 568个，检查食品经营4.78万户，吊销营业执照3 796户，查处制售假冒伪劣食品案件3.28万件，捣毁制售假冒伪劣食品窝点3 156个，对2.06万吨不合格食品实施退市。"农村食品市场整顿年"工作开展，有力促进了食品市场经营秩序进一步好转，保护了农民消费者合法权益，促进了农村经济社会协调发展，对扎实推进社会主义新农村建设具有重要意义。山东省实行农村食品市场监管的"四项制度"取得显著效果，提高了农村市场食品经营者诚信守法经营水平，提高了农村市场商品的质量安全水平。温家宝总理作出重要批示，充分肯定了山东建立农村食品市场监管长效机制，体现了对全国工商系统开展"农村食品市场整顿年"工作的信任和期望。

（二）猪肉、禽蛋等副食品市场监管措施有力，工作到位

2007年4月以来，借猪肉、禽蛋及制品等副食品价格上涨之机，有的地区出现了"高温猪肉"、"注水肉"和病死猪肉流入市场的事件，严重危害了人民群众的身体健康，引起了国务院领导的高度重视，总理温家宝多次作出关于加强对猪肉、禽蛋等副食品市场监管的重要批示，要求工商行政管理机关加大监管力度，确保猪肉质量安全。为落实国务院领导的批示精神，切实做好猪肉市场的监管工作，连续下发了《关于进一步加强猪肉、禽蛋等副食品市场监管的紧急通知》、《全国猪肉质量安全专项整治行动实施方案》等10个文件，开展了猪肉、禽蛋质量安全专项整治工作，加大监管力度，严查"高温猪肉"、"注水肉"和病死猪肉流入市场的各种违法行为，并派出多个督察组督导检查各地整治工作。各级工商局共出动人员176.73万人次，检查各类市场22 347个，检查大型商场、超市、肉制品加工企业、猪肉、禽蛋等副食品经营户133.42万户，取缔无照经营户8 846家，查获未经检疫和检疫不合格的猪肉及制品613.74吨，没收病死猪肉331.28吨，对查获的检疫质量不合格猪肉及制品及时进行了无公害处理。同时，河南、山东、内蒙古等地积极开展了打击病死鸡上市销售的专项整治工作，保证了猪肉、禽蛋等副食品交易秩序规范良好，有力地维护上市肉品质量安全可靠，稳定了猪肉、禽蛋等副食品市场，增强了人民群众的消费信心。总局局长周伯华作出了"按照国务院的要求，前段猪肉等副品市场的监管，认识到位，措施有力，收效明显"等多次重要批示，充分肯定了猪肉、禽蛋等副食品市场监管工作取得的成效。

（三）重要商品市场监管深度拓展

一是严把粮食市场准入关。严格粮食收购资格准入制度，严厉查处无照经营和违规收购粮食的行为。把加强陈化粮监管作为全国产品质量和食品安全专项整治行动的重要内容来抓，严厉查处倒卖陈化粮、将陈化粮加工成大米流入口粮市场的违法行为。2003年以来，国家工商总局共下发了《关于进一步加强陈化粮市场管理的紧急通知》、《关于认真做好陈化粮购买资格审核工作的紧急通知》等7个规范性文件，强化了陈化粮食市场监管工作，切实广大人民群众的口粮、食品安全和粮食市场秩序。二是严厉查处棉花市场的违法违规行为。2007年

全国各级工商机关共取缔无照经营棉花种子0.7万户,查处用于棉花生产的农资违法案件1.9万件,为农民挽回经济损失1.8亿元;查处棉花制假售假案件87件,非法加工棉花案件1 100件,没收棉花360吨。三是规范汽车市场健康有序发展。对9 700家品牌汽车销售企业备案,120家外资汽车经销企业审核,规范品牌汽车销售网络,指导汽车经销商树立品牌意识。四是加强对成品油市场整顿力度。重视对大要案的查处,在一些重点地区开展专项整治工作,严把油品质量关,严厉打击制售假冒伪劣成品油违法行为。2007年检查加油站50 490个,清理取缔非法加油站804个,查处制售假冒伪劣成品油案件4 284件,案值10 597万元,查扣油品1 315吨。

(四)合同、抵押、拍卖和经纪行为监管规范有序

以"守合同重信用"公示活动为契机,加强对经济合同行为规范。国家工商总局下发了《关于开展第四批(2006年度)全国"守合同重信用"单位公示活动的通知》,公示1 178家"守合同重信用"单位。发挥合同示范文本作用,单独或会同其他部门制定了《中国公民出境旅游合同(示范文本)》、《居民供电合同示范文本》、《水利工程监理合同示范文本》、《二手车买卖合同(示范文本)》。规范经纪、拍卖行为,坚决查处违法经纪、拍卖行为,加大查处经纪人隐瞒重要信息,提供虚假信息,拍卖活动中的恶意串通等违法行为,2007年,全国监督监督检查各类合同785 753份,比去年增长37.8%,查处合同违法案件4 539件,违法金额48 594万元,解决合同争议纠纷案7 070件。对14 220次拍卖活动备案,现场监拍5 872次,查处违法拍卖案件53件,案值2 353万元。

同时,加强社会治安综合治理工作,配合全国卫星接收设施整顿办公室、公安部、中央综治办,开展了违法销售卫星广播接收设施,配合国家旅游局开展旅游市场检查工作。办理展销会核转40余件,加强了对展销会活动的管理工作。

三、创新监管方式,提高执法效能

(一)积极推进商品交易市场信用分类监管

为贯彻落实党的十六中全会关于加快社会信用体系建设、规范市场主体行为的精神,2007年,下发了《关于建立商品交易市场信用分类监管制度的指导意见》,指导各地工商机关建立商品交易市场信用分类监管制度,根据市场主体信用状况、规范管理和守法经营程度,将商品交易市场信用情况分为A类、B类、C类、D类进行不同距离的监管。实行定期复核制,根据市场信用状况动态检查,调整其相应的信用等级。实施商品交易市场信用分类监管,解决了监管力量有限,市场监管力量分配不合理及监管重点不突出等问题,有利于整合执法资源,提高执法效能,使市场监管的各项措施落实到位。

(二)开展"农村产品质量和食品示范店"工作

为提高流通领域农村商品经营者产品质量和食品安全意识,确保农民群众安全放心消费,在总结各地农村食品市场整顿工作好的做法和经验的基础上,2007年下发了《关于开展"农村产品质量和食品示范店"创建活动、强化流通流域产品质量和食品安全监管工作的通知》,明确了建立示范店的标准,细化了工作程序及创建要求和实施步骤,推动了农村食品市场长效监管机制。

(三)建立猪肉市场的长效监管机制

为落实局长周伯华关于"猪肉等副食品市场监管是一项长期任务,需要我们尽职尽责永不放松"的批示,在全面了解猪肉市场有关情况的基础上,2007年,下发了《关于进一步建立健全猪肉市场监管长效机制的指导意见》,形成坚持依法监督与诚信自律相结合、制度建设与监管方式创新相结合的原则,以依法监管、制度健全、责任到人和安全规范为主要内容的猪肉市场监管长效机制,通过建立加强经济户口,把好市场准入关和推行预警制的市场防范机制;完善市场主体诚信体系,加强行业自律的市场诚信经营机制;打假维权,综合治理的市场整治机制;快速反应、果断处置的市场监管应急机制和责任到岗、责任到人的责任追究机制实现猪肉市场长效监管,确保人民群众猪肉消费安全放心。

（四）加强了抵押登记监管的法制建设

根据《物权法》关于担保物权的新规定,2007年,废止了《企业动产抵押物登记管理办法》,制定并颁布了新的《动产抵押登记办法》,明确规定了动产抵押的程序,完善了担保物权的公示方式的规定,极大保护了债权人的利益,保障了交易安全,促进资金融通和商品流通,确保债权的实现。

（五）创新二手车市场的监管方法

为了进一步规范二手车交易市场,2007年,颁布了《关于印发〈二手车买卖合同〉（示范文本）的通知》。对二手车买卖双方的权利义务作出了明确规定,着重解决了二手车买卖中信息不对称的问题,有效抑制了恶意欺诈等问题,提高二手车买卖的诚信度。实现了二手车市场监管由点对点的监管向以点带面的监管模式的转变,促进了监管关口的进一步前移,提高了执法效能,规范二手车交易市场效果显著。

第九节 完善社会主义市场经济体制时期的重大市场专项整治行动

2003—2008年,按照党中央、国务院领导同志的指示精神,各级工商机关开展了毒鼠强、陈化粮、打击自行车被盗等几项重要商品市场专项整治行动。

一、深入开展毒鼠强专项整治工作行动（2002—2003年）

从2002年开始,党中央、国务院领导同志对打击制售毒鼠强的不法行为多次作出重要批示。2003年以来,国务院主要负责同志对限期清剿毒鼠强、消除毒鼠强的危害下达了重要批示,国务院办公厅下发了《关于深入开展毒鼠强专项整治工作的通知》（国办发[2003]63号）文件,进一步细化了清剿毒鼠强的目标、措施和步骤。

国家工商总局党组从思想和行动上高度重视毒鼠强专项整治工作。为保证毒鼠强专项整治工作目标的实现,总局党组要求各级工商管理机关主要领导亲自挂帅,强化对专项整治工作的组织领导,要从上到下分级分层建立严格的监管责任制度并加强监督检查。为及时指导各地整治工作,2003年一年中,总局就毒鼠强整治工作连续下发了18个文件,根据整治工作进展情况,及时部署每个阶段的重点工作。

2003年6月底非典疫情全部解除后,总局党组根据毒鼠强整治工作受非典疫情影响,各地工作进展不够深入,一些地方思想不够重视,监管不到位等问题,于8月21日在江苏省苏州市专门召开了各省级工商局主管局长参加的“全国工商系统毒鼠强专项整治工作会议”,就毒鼠强专项整治工作作出全面、具体、明确、深入的部署。苏州会议明确提出了围绕“一个中心”,兼顾“两条战线”,紧抓“三个部位”,严打“四种行为”,落实“五项制度”的工作目标和要求。会议要求全国各级工商机关认真贯彻落实国务院领导的批示,按照总局的统一部署,加强领导,精心组织,周密安全,突出重点,全面出击,深入基层,力求实效;切实做到认识到位、组织到位、管理到位、措施到位,2003年底以前解决毒鼠强问题。这次会议及时澄清了部分工商局领导存在的模糊认识,对毒鼠强的危害感到了震惊,从而对统一思想、提高认识、增强政治责任感、协调行动起到了很好的推动和促进作用。

为全面指导基层开展整治工作和向广大人民群众进行宣传,总局专门拨出经费编辑和出版了《毒鼠强整治工作手册》,在上海市人民政府的大力支持下录制了《围歼毒鼠强》光盘,将手册和光盘发送至全国每个工商所,并要求组织广大工商业主、中小学生和群众收看。

为加强对各地专项整治工作指导和监督检查,确保整治工作取得实效,国家工商总局于7月和9月份派出工作组赴豫冀晋川渝5省市进行督查;10月下旬派出4个工作组对29个省市区进行交叉检查活动。从2003年6月至12月,总局累计共分7批派出 23 个工作组对所有省市区进行了督查和明察暗访，直接督办案件 135 件。

在总局的直接领导和指挥下，各级工商机关强化领导、落实责任、健全组织、精心部署，在全国范围内对"毒鼠强"等剧毒鼠药展开了声势浩大、规模巨大的专项整治工作。据统计，在 2003 年清剿毒鼠强专项战役中，各级工商机关共出动执法人员 76.69 万人（次），出动巡查车辆 14.76 万台（次），对 87 893 个市场、对 72.71 万个鼠药经营单位、个体工商户进行了拉网式清查，取缔无照和非法经营户 2.28 万个，查封了剧毒鼠药 30 多吨，并将涉嫌违法犯罪的 200 多名当事人移交到司法机关追究刑事责任。各地涌现了一批好经验、好做法，如：湖北省仙桃市、河南省长葛市、安徽省利辛县等地工商机关尽己所能，拨出大量办案经费印刷各种宣传品、公告和传单，力争做到当地每家每户、从老到幼均知道毒鼠强的危害和上缴办法。湖北省仙桃市还将毒鼠强的危害编成"三字经"，以群众通俗易懂的形式广为传唱。河南、黑龙江、四川、内蒙古等地一些杀鼠剂经营户在政策宣传的感召下共主动向工商机关上缴了 980 多公斤毒鼠强；重庆、天津、湖北、河南、安徽等地的工商局还实施有偿举报奖励制度，调动群众为执法部门提供线索的积极性，组织发动退休干部在市场、街道上以灭鼠为名寻找毒鼠强线索，深挖、细查毒鼠强。河南、湖北等省工商局明确规定，凡毒鼠强整治责任目标考核未达标的，上级工商机关对单位一把手进行诫勉谈话，对后果严重的，一律待岗，年终考核评为不称职。安徽、福建、江苏、广东等省组织以暗访为主的毒鼠强专项执法检查活动，发现问题立即督促进行整改、并处分相关责任人。吉林省工商局分管此项活动的副局长以消费者身份到农贸市场暗访，发现两处商户仍私售毒鼠强，立即派人到市场查处，并当场撤销两名工商所长的职务。

经过近一年时间持续不断的市场整治，覆盖全国的毒鼠强销售网已基本摧毁，集中交易市场和固定商户（包括农资批发市场、农村集贸市场、农村大集、庙会和农药经营单位、经销门店和个体工商户）销售毒鼠强的现象已经清除，市场上公开销售毒鼠强的违法行为已基本绝迹，流动商贩走街串巷销售毒鼠强的违法现象已基本消失。基本达到了国务院领导提出的年底前从市场上消除毒鼠强的目标。

二、深入开展陈化粮市场整顿专项行动

"国以民为本，民以食为天"，我国是粮食产销大国，粮食具有举足轻重的地位。陈化粮是粮食中的一个特殊部分，出于保护人民群众身体健康和生命安全的目的，国家政策规定陈化粮不用来直接食用，而是用在饲料、酒精生产上。由于利益的驱使，一些不法商贩倒卖陈化粮或擅自改变陈化粮用途。为了防止陈化粮流入口粮市场，国务院明确要求工商机关等相关部门切实履行职责，强化了对陈化粮的销售、出库、运输、加工、使用等各环节的全面监管。

（一）加强陈化粮市场监管的主要措施

国家防止陈化粮流入口粮市场的主要措施，一是对已鉴定为陈化粮的，由当地质量技术监督部门和粮食部门负责实行封存，未经国家有关部门批准，企业不得擅自销售处理陈化粮。二是对陈化粮实行定向销售。由各省级粮食行政管理部门会同省级工商管理等部门统一组织定向销售给酒精、饲料生产企业，其他企业一律不允许购买陈化粮。三是严格审核购买陈化粮的企业资格。粮食、工商机关要选择一些规模较大、生产运营正常、信誉较好的酒精和饲料企业，授予陈化粮购买资格认定书。取得资格认定书的企业购买的陈化粮只限于本企业生产自用，不得转手倒卖；严禁未取得资格认定书的企业购买陈化粮或采取借用其他企业的资格认定书等方式购买陈化粮。四是加强对陈化粮销售出库到加工使用各环节的监管。粮食、工商、质量技术监督等部门，按照各自职能，对陈化粮出库、运输、加工、使用等实行全程跟踪监管，严防陈化粮流入口粮市场。五是严肃查处陈化粮违法案件。对于倒卖陈化粮的，各级工商机关依法进行打击。各级工商机关设立举报电话，并向社会公布，以加强社会对陈化粮销售和使用的监督。

（二）陈化粮案件查处情况

2001 年 11 月到 2002 年 6 月，有关省市工商行政管理机关在对陈化粮的检查中，查获了倒卖的陈化粮 69 921 吨，对涉嫌倒卖陈化粮的行为立案 23 件，已结案 14 件，对违法当事人处以罚没款 187. 38 万元，强制收购陈化粮 4 131. 16 吨，严厉打击了不法粮商倒卖陈化粮的行为。

2004 年 1 月至 12 月，全系统共查处倒卖陈化粮案件 504 件，查获倒卖陈化粮 7. 85 万吨，罚没款 1 534. 66 万元。2004 年 6 月至 8 月，一些新闻媒体报道"陈化粮流入口粮市场"和"劣质米流入市场"，在局部地区产生了一定的影响。国务院领导先后 6 次就陈化粮问题作出了重要批示。各级工商机关严格陈化粮市场监管，对 2004 年以来陈化粮销售处理的情况进行了全面检查，对每笔交易逐一复核，严肃惩处了违反国家规定倒卖陈化粮和擅自改变陈化粮用途的行为。2004 年底 2005 年初，会同国家粮食局派工作组对内蒙古、宁夏、辽宁等地个别企业倒卖陈化粮的情况进行了核查和处理。经查实，宁夏自治区宁武市金贵饲料加工厂、内蒙古赤峰市林西县北方油脂工业有限责任公司，内蒙古包头市禾丰粮油经贸公司、辽宁省绥中县富龙食品有效公司等单位倒卖陈化粮。在调查核实的基础上，工作组责成内蒙古、宁夏、辽宁等地工商机关对相关单位进行了严肃处理。有关情况由国家工商总局和国家粮食局联合以《关于落实温家宝总理在〈近期社会动态专报〉（第 1618 期）上重要批示有关情况的报告》（工商市字〔2005〕第 7 号）向国务院做了报告。

2005 年，全国工商机关共查处倒卖陈化粮案件 104 件，查获倒卖陈化粮 2. 25 万吨。除指导基层办案之外，国家工商总局还直接派员到内蒙古等地督办案件，依法追究了有关责任人员的责任。

此外，为加强陈化粮市场监管，打击非法倒卖陈化粮的行为。根据当时陈化粮倒卖案件的新情况、新特点，2005—2006 年，国家工商总局分别在黑龙江、山西、沈阳等地

多次召开部分省市区陈化粮市场监管工作座谈会，统一了思想认识。各级工商机关严格按照《陈化粮处理若干规定》的要求，健全完善了陈化粮相对封闭的运行机制，对陈化粮从销售、出库直到使用各环节都实施了动态监管，形成了对陈化粮的长效监管机制。2006 年以来，各地工商机关还陆续查办了一批案件，狠狠打击了倒卖陈化粮的势头。

2006 年 10 月 25 日至 27 日，中央电视台《焦点访谈》报道了《追踪陈化粮》节目。报道称：2006 年 9 月 21 日，吉林省长春市的万顺华饲料有限公司通过吉林省陈化粮竞价交易会购得 2. 8 万多吨陈化稻谷。消息披露后，国家工商总局、国家粮食局对有关责任人和责任单位进行了严肃处理。

（三）陈化粮市场监管工作基本

2001 年 3 月末，经国务院清仓查库后确认，当时的全国粮食库存中陈化粮为 790 亿斤。截至 2007 年 12 月底，所有陈化粮已定向销售处理完毕。2006 年 11 月 2 日，国家有关部门正式发布了《稻谷储存品质判定规则》GB/T 20569—2006、《玉米储存品质判定规则》GB/T 20570—2006、《小麦储存品质判定规则》GB/T 20571—2006 三个国家标准，2006 年 12 月 1 日起该两项规则正式实施。该三个国家标准的术语、定义及储存品质判定指标较以前《粮油储存品质判定规则》（试行 国粮〔1999〕148 号）发生了较重大的变化，标准中取消了陈化概念；将不宜存细分为轻度、重度不宜存两个指标。2007 年，《投机倒把行政处罚暂行条例》及实施细则被废止。截至 2008 年 6 月底，陈化粮已经退出了历史舞台。

三、开展打击自行车被盗问题专项行动

多年来，自行车被盗作为我国一个重要的民生问题，没有从根本上得到根治，严重侵害了人民群众的利益，社会反响极大。2007 年 2 月以来，国家工商总局和公安部、中央综治办等六部门联合开展了声势浩大的全国治理自行车被盗问题专项行动，经过各地区、各部门齐心协力，专项工作初见成效，初步呈现出群众满意、经营者满意、政府满意的局面。据不完全统计，从 2007 年 3 月

1 日至 11 月 30 日，全国各级工商机关共出动车辆 7.98 万台次，出动执法人员 23.57 万人次，检查从事自行车维修、废旧自行车收购的经营者 31.26 万户，取缔无证照经营者 5 834 户，会同或配合公安部门联合行动 4 687 次，查获案件 5 728 起（结案率 97.65%），查获捣毁盗销自行车黑窝点 2 058 个，查扣的被盗和来源不明自行车 6 948 辆（其中电动自行车 1 787 辆），移交公安机关处理涉嫌违法犯罪人员 786 人，工作取得了显著的成效。

国家工商总局高度重视，要求全系统深入开展此项工作，坚决打击自行车违法违规交易，整顿自行车市场交易秩序，努力维护群众利益。2007 年初，国家工商总局党组书记、局长周伯华批示，责成专人牵头并要求认真抓好此项工作。在 2007 年 5 月 15 日召开的全国工商系统加强精神文明建设、推进社会治安综合治理工作会议上，局长周伯华在讲话时强调，各级工商机关要把"积极参与打击盗窃自行车专项行动"等工作作为加强精神文明建设、推进社会治安综合治理工作中的重要内容进行深入落实。2007 年以来，总局领导就工商机关开展专项整治行动先后 3 次作出了重要指示，并带队到河南、江苏等地对工商机关开展打击自行车被盗专项行动情况进行督查，有力推动了工作的深入开展。

据不完全统计，截至 2007 年 11 月 30 日，工商总局已分 8 批派出 13 个工作组对北京、天津、陕西、湖北、安徽、江苏、黑龙江、吉林、四川、宁夏等地工商机关工作情况进行了督查。"4·24"法制宣传日，工商总局和各省级工商局都派员参加了专项办组织的全国范围内的"群防群治，护车安民"街头宣传活动。此外，工商总局多次派员参加了中央综治办、全国打击自行车被盗专项整治工作工作领导小组牵头组织的工作组，对有关地区、部门的工作情况进行了全面督查。

各级工商机关按照全国专项办的部署和国家工商总局的要求，充分发挥职能作用，积极行动，周密部署，密切配合公安部门，严厉打击了全国治理自行车被盗专项行动，进一步规范了自行车交易市场秩序。陕西、安徽、四川、宁夏、武汉等工商机关除与省公安厅等部门联合下发了治理自行车被盗问题专项行动方案外，还在工商系统内下发了打击自行车被盗专项行动实施细则，细化了工作步骤，落实了责任制和责任追究制，有力推进了工作的开展。河北、山东、江西、辽宁等省（区、市）工商机关立足职能，狠抓重点环节、重点市场，深入开展治理自行车被盗专项行动，坚决打击违法违规行为。江苏、广东、吉林等省（区、市）工商机关向废旧金属回收经营户、电动自行车、自行车经营户、摩托车维修和销售经营户送达了公开信，要求经营者必须领取营业执照合法经营；在经营时必须建立购、销台账；在收购时，向出卖人索要购车发票、身份证等资料，要登记购买人的身份证号。一些省（区、市）工商机关在发现旧自行车、摩托车有涉嫌非法经营行为时，及时进行了处理。此外，一些省（区、市）工商机关还认真开展了自行车经营主体信用分类监管，基本实现对旧自行车交易市场的准入、交易和退出的全过程的监管。其中，安徽、陕西等地工商机关开展专项整治行动，加大对非法旧自行车交易行为的监管执法的典型经验，得到了全国治理自行车被盗专项整治行动领导小组负责人的高度肯定，有关领导同志批示：安徽工商机关全面规范自行车交易市场秩序，抓住了专项行动的源头，是治本之策。今后全国要有硬措施，在规范市场管理上要有新的突破性进展。

四、抓好禽流感、猪链球菌等重大动物疫病防控

各级工商机关按照落实科学发展观和构建和谐社会的要求，围绕中心，服务大局，在市场防控禽流感、猪链球菌、口蹄疫等重大动物疫情防控、推进公共卫生事件应对网络建设等方面，取得了很大的成效。

（一）市场防控禽流感疫情

2004 年以来，中国高致病性动物疫情防控形势严峻。据不完全统计，2004 年我国内地共有 16 个省份发生 50 起禽流感疫情，发病的家禽 14.5 万只，死亡家禽 12.9 万只，捕杀家禽 904.5 万只。2005 年，13 个省份发生 32 起疫情,发病家禽 16.3 万只,死亡 15.5 万只,捕杀 2 257.1 万只。2006 年 1 月以来,内地共有 5 个省份发生 6 起家禽禽流感疫情,发病家禽 8.3 万只,死亡 3.9 万只,捕杀 234.5 万只;发生候鸟疫情 1 起,涉及青海,西藏 2 个省(区),因感染禽流感死亡候鸟 2 565 只。2006 年共发生家禽禽流感疫情 10 起,涉及山西、贵州、安徽、新疆、宁夏、湖南、内蒙古 7 个省区 11 个县区、18 个乡镇的 21 个村,发病家禽 11.5 万只,死亡 6.43 万只,捕杀 1 289.16 万只。与去年同期相比,家禽疫情起数下降 66%。青海、西藏 2 个省区发生候鸟疫情 1 起,共死亡候鸟 3 641 只。同时,我国还成功防堵了周边国家禽流感等重大动物疫情传入。截至 2006 年底,疫情处置顺利,没有造成扩散蔓延。

各地工商机关坚决贯彻党中央、国务院防控禽流感工作指示精神和国家工商总局的工作部署,以对人民群众高度负责的精神,全面加强市场防控组织领导工作,严格落实市场防控责任制,周密部署市场防控各项措施,强化禽类市场交易监控和监督检查力度,严厉查处违法交易疫区禽类产品、无检疫证明禽类产品和质量不合格禽类产品行为,严厉打击非法制售假劣禽流感疫苗行为,取得了明显的成效。

(二)主要处置措施

为有效发挥工商机关市场应急管理能力和提高市场监管效能,做好高致病性禽流感疫情期间禽类市场监管工作,促进畜牧业家禽业的发展,工商机关采取了以下措施:

1. 建立健全和落实组织领导体系

国家工商总局要求各级工商机关要从讲政治、顾大局的高度,充分认识加强市场监管对防止重大动物疫病扩散的重要意义,进一步增强责任感和紧迫感,切实加强组织领导,在思想上要保持高度警惕,行动上要做到毫不松懈。2006 年 11 月,国务院办公厅下发了《国务院办公厅关于整顿和规范活禽经营市场秩序加强高致病性禽流感防控工作的意见》(国办发[2006]89 号),农业部、卫生部、国家工商总局联合印发了《活禽经营市场高致病性禽流感防控管理办法》

(农医发[2006]11 号),对健全完善禽流感防控组织体系提出了明确要求。2005 年底,国家工商总局向全国工商系统印发了《工商行政管理系统市场监管应急预案》(工商办字[2005]第 86 号)、《市场防控高致病性禽流感应急预案》(工商市字[2005]第 168 号),要求各级工商机关严格按照应急预案的要求,紧密结合本地实际情况,制定相应的应急预案,成立市场防控高致病性禽流感指挥工作机构,完善应急运行机制,建立健全禽流感疫情市场防控监管体系。各级工商机关按照国务院的部署和总局的要求,切实加强了组织领导,落实了管理机构,细化了责任,强化了责任制和责任追究制。

2. 建立和实行了重大信息报告制度

国家工商总局要求,对禽流感疫区的市场监管情况特别是禽流感等重大疫情,有关工商机关要立即同时报告当地党委、政府和国家工商总局。非疫区工商机关要保持警惕,详细掌握辖区内活禽、畜牧及其产品市场具体情况,加强对流通领域禽类、畜牧产品的监管检查,严防染病禽类及产品流入市场,同时要进一步完善市场监管预案,建立市场预警机制,切实维护市场秩序。在国家工商总局的要求和督办下,各级工商机关严格执行市场监管情况报告制度,使重大信息报告制度落到了实处。

3. 及时进行了市场清查

各级工商机关加大对禽类、畜牧产品市场巡查力度,特别是加强了对农村市场、城乡结合部集贸市场、边境禽类贸易市场、疫区与非疫区结合部市场的巡查,及时发现和解决了存在的问题。坚决取缔了违法经营禽类、畜牧产品及其制品和无照经营行为。2006 年,疫区工商机关共出动检查人数 92 554 人,出动检查车辆 12 487 辆,关闭禽类交易市场 380 个,关闭禽类及其产品市场外营业摊点 11 690 个,查处无照经营案件 251 件,查处制售假冒伪劣防疫产品案件 11 件,查获未经检验检疫禽畜类产品 37 827.89 公斤;非疫区工商机关共出动检查人数 582 615 人,出动检查车辆 168 647 辆,暂停 3 717 个市场活禽交易,关闭禽类及其产品市场外营业摊点12 635个，查处无照经营案件2 322件，查处制售假冒伪劣防疫产品案件21件，查获未经检验检疫禽畜类产品48 713.35公斤，有力地维护了市场秩序和消费者合法权益，有效地防止了禽流感通过市场进行传播。

4. 建立健全了应急预案和指挥调度机制

2005年底，国家工商总局向全国工商系统印发了《工商行政管理系统市场监管应急预案》（工商办字[2005]第86号）、《市场防控高致病性禽流感应急预案》（工商市字[2005]第168号），要求各级工商机关严格按照应急预案的要求，紧密结合本地实际情况，制定相应的应急预案，成立市场防控高致病性禽流感指挥工作机构，完善应急运行机制，建立健全禽流感疫情市场防控监管体系，全面提高工商机关市场防控禽流感疫情的能力和水平。这两个预案中包括了总则、组织指挥体系及职责、信息监测、预警预防、应急响应、宣传引导和附则等8个部分。《预案》中明确，市场防控应急指挥部由国家工商总局组成，在应急指挥部下设市场防控应急办公室，指挥地方工商机关及时稳妥地开展市场防控禽流感工作。地方各级工商机关要建立与国家工商总局预案相适应的市场防控禽流感应急预案。对禽流感疫情，国家工商总局将根据具体情况启动相应级别的应急预案，主要步骤包括：信息核实汇总；决定启动预案；制定应急措施；应急处理报告。地方各级工商机关要参照国家工商总局的预案，制定相应的应急预案。此外，国家工商总局规定，要严格实施追究信息瞒报、迟报、漏报责任，严格追究相关人员"不作为"责任，严格追究工作不力干部的责任。根据国务院规定的有关禽流感疫情级别，国家工商总局将市场防控禽流感疫情应急预案和应急响应分为三级，完善了禽流感疫情应急管理机制。

5. 妥善处理了依法防控与搞活流通的关系

在依法进行市场防控工作的同时，各级工商机关正确处理好加强疫情防控与保持正常市场流通秩序的关系，在依法把好禽类产品市场准入关，严防疫区和无检疫合格证明的禽类产品流入市场的同时，采取有效措施确保合格禽类产品正常流通，积极扶助家禽业恢复生产，扩大流通，稳定和拓宽市场销售渠道。

6. 在进行禽类及畜牧产品市场监管时，注意做好对禽流感等重大动物疫病的自身防护工作

2006年中，国家工商总局多次强调要求工商机关要进一步要增强防护能力，落实防护措施，避免工商执法人员被高致病性禽流感等重大动物疫病感染的现象发生。到2006年底，没有发生一起工商人员因执法而被禽流感感染的现象。此外，工商机关积极协助有关部门向广大经营者和消费者宣传高致病性禽流感等重大动物疫病的危害性和防治知识，使经营者自觉、积极主动配合市场监管工作，使消费者了解高致病性禽流感等重大动物疫病传播的特点和预防知识，增强防治能力。

（三）市场防控猪链球菌病疫情

1. 基本情况及处置情况

2005年我国个别省份出现猪链球菌疫情，对畜牧业发展带来了一定的影响。为坚决贯彻落实党中央、国务院防控猪链球菌病疫情工作的指示精神，2005年8月4日，国家工商总局下发了《关于认真做好市场防控猪链球菌病疫情工作的紧急通知》（工商明电[2005]19号），要求各地加大市场监管力度，严把市场准入关，并提出了五项具体工作要求和措施。2005年8月7日，国家工商局派出3个工作小组，分别在四川、广东、江苏省展开了由12个重点省参加的片会，传达党中央、国务院防控猪链球菌病疫情工作的指示精神和国家工商行政管理总局关于做好市场防控猪链球菌病疫情工作的要求，并对四川、广东、江苏三个省的猪肉产品重点交易市场进行了检查。从检查的情况看，各地工商机关贯彻落实党中央、国务院防控猪链球菌病疫情工作的指示精神和国家工商行政管理总局的工作部署态度鲜明，行动坚决，措施得力，有效切断了猪链球菌病通过市场传播的途径，工作成效明显。

2. 主要措施

根据四川等省猪链球菌病疫情当时已经得到有效防控，未发生疫情地区的市场防控措施已经基本到位等情况，考虑到仍存在新的猪链球菌疫情发生的可能，国家工商总局对各地工商机关市场防控猪链球菌病疫情工作提出如下要求：

（1）总局要求各地进一步加大贯彻落实党中央、国务院防控猪链球菌病疫情工作的指示精神和国家工商总局《紧急通知》提出的市场防控猪链球菌病疫情五项工作措施的力度，进一步细化和完善各项防控措施，彻底堵死猪链球菌病疫情通过市场传播的渠道。

（2）要求各地正确处理好确保广大人民群众身体健康与生命安全和确保促进畜牧业健康发展的关系。不得采取直接或各种间接手段禁止经动物防疫监管部门检疫合格的猪肉产品进入市场销售，或实行歧视性销售政策。在做好市场防控猪链球菌病疫情工作的同时，要积极采取各种有效措施，保障猪肉产品正常流通，促进畜牧业得到健康发展。

（3）要求各地正确做好舆论引导工作，严格遵守国家新闻宣传纪律。一是通过市场监管渠道广泛宣传科学防疫猪链球菌病的知识，引导解除群众和经营者对猪肉消费、销售的恐慌心理；对在市场上进行疫病误导宣传的，要坚决予以制止。二是要严格遵守国家有关猪链球菌病宣传报道工作纪律的要求，不得超出职责范围发布有关疫情方面的消息，对违反规定的，要严肃追究有关领导人员和直接责任人员的责任。

截至 2005 年底，随着猪链球菌、口蹄疫等重大动物疫情的有效控制，疫情防控工作已由应急状态转为常态监管。

五、开展殡葬用品市场专项执法行动

2008 年是北京奥运会的召开之年，又是清明节作为国家法定假日的第一年。为做好清明节期间文明祭扫安全保障工作，各级工商机关行动迅速，领导得力，部署周密，措施坚决，成效显著，受到了各级党委政府和人民群众的好评。

2008 年，国务院确定了清明、中秋等传统节日为国家法定节假日，国务院下发了《国务院办公厅关于做好清明节期间文明祭扫安全保障工作的通知》（国办发明电［2008］18 号），对引导群众开展文明祭扫、工商机关加强殡葬用品市场监管进行了动员和部署。一接到国办发明电［2008］18 号文件，国家工商总局高度重视，党组书记、局长周伯华立即召开专题会议组织学习、贯彻。3 月 26 日，总局以内部传真电报形式及时下发了工商明电［2008］23 号文件，要求各级工商机关充分提高认识，切实加强领导，确保组织领导、工作措施、工作责任和人员力量"四落实"。按照国家工商总局的部署，各级工商机关认真履行职责，从 3 月 28 日至 4 月 8 日期间开展了专项整治行动，使殡葬用品市场秩序明显好转，确保了文明祭扫工作安全有序进行，未发生因祭扫而引起的突发事件。

据不完全统计，全国工商机关在 3 月 28 日至 4 月 8 日的殡葬用品市场专项整治工作中，共出动执法人员 19.863 万人次，检查市场 7 285 个，检查丧葬用品经营户 13.984 万户，查处违法违章经营户 2 358 户，查处不合格殡葬用品案件 1 150 起，查处无照经营和违法违章案件 1 491 起，打掉销售冥币等封建迷信用品"黑窝点"263 个，查获冥币 954 万余张，各类封建迷信祭祀用品 8 925 公斤，有效地净化了殡葬用品市场。

六、开展"限塑"专项整治行动

为促进资源综合利用，保护生态环境，从身边小事做起，促进资源节约型和环境友好型社会的建设，督促企业生产耐用、易于回收的塑料购物袋，引导、鼓励群众合理使用塑料购物袋，国务院颁布了"限塑令"——《国务院办公厅关于限制生产销售使用塑料购物袋的通知》（国办发［2007］72 号），文件中明确：从 2008 年 6 月 1 日起，在全国范围内禁止生产、销售、使用厚度小于 0.025 毫米的塑料购物袋。同时，要实施塑料购物袋有偿使用制度。在所有超市、商场、集贸市场等商品零售场所实行塑料购物袋有偿使用制度，一律不得免费提供塑料购物袋。商

品零售场所必须对塑料购物袋明码标价，并在商品价外收取塑料购物袋价款，不得无偿提供或将塑料购物袋价款隐含在商品总价内合并收取。

2008年2月25日，国家工商总局下发了《关于贯彻落实〈国务院办公厅关于限制生产使用塑料购物袋的通知〉的通知》（工商市字［2008］42号）。工商市字［2008］42号文件要求：各级工商机关要从6月1日至8月1日，对生产、销售塑料购物袋的经营者开展一次全面的集中清查行动。（1）检查塑料袋生产、销售企业是否有合法的证照；（2）检查经营者是否停止使用超薄塑料购物袋等。依法取缔无合法证照的塑料袋生产企业，重点查处生产非法塑料购物袋的小作坊、黑窝点，依法查处违法违规行为。按照推进制度化、规范化、程序化、法治化"四化"建设、构建长效管理机制的要求，逐步将工商机关对塑料购物袋经营活动的监管工作纳入日常化、规范化管理之中。5月15日，国家工商总局局长周伯华和商务部部长陈德铭、国家发展和改革委员会主任张平联合签发了《商品零售场所塑料购物袋有偿使用管理办法》（以商务部2008年第8号部长令发布），《办法》的主要内容共22条，对"限塑"工作进一步作出了补充规定。

《国务院办公厅关于限制生产销售使用塑料购物袋的通知》（国办发［2007］72号，以下简称国办发［2007］72号）发布后，总局高度重视，党组书记、局长周伯华亲自主持专题会议，研究贯彻实施意见。2月底以来，国家工商总局下发多个文件，明确工作职能。国家工商总局与商务部派出联合督查组赴北京、广西、云南、贵州等地督查"限塑"工作。由于领导重视，组织得力，行动迅速，措施坚决，使"限塑"工作取得了初步的成效。

国家工商总局将"限塑"工作确立了以监管与发展、监管与服务、监管与维权、监管与执法"四个统一"为工作目标和基本要求，深入推进"限塑"工作的制度化、规范化、程序化、法治化建设，及时指导全国工商系统充分发挥自身职能，为落实国办发［2007］72

号文件精神、全面实施"限塑"打下了坚实的基础。据不完全统计，全国工商系统在6月1日至8日为期一周的专项整治工作中，出动了执法人员16.82万人次，检查市场49 783个，检查经营户18.942万户，查处违法违规经营塑料袋的经营户1 853户，查处案件156起，查处无照经营和违法违章案件195起，打掉非法制售超薄塑料袋"黑窝点"43个，查获超薄塑料袋159万个，有效地净化了塑料购物袋市场。

七、开展"迎奥运、讲诚信、保安全、展形象"、加强市场监管专项行动情况

为进一步贯彻落实党中央国务院关于切实做好第29届奥运会安全控制工作的重要指示精神，2008年7月9日，国家工商总局下发了《关于对奥运赛事举办城市开展加强市场监管、"迎奥运、讲诚信、保安全、展形象"行动进行交叉检查的通知》。根据工作安排，从7月14—20日，国家工商总局派出由司级领导为组长，带着奥运赛事举办城市工商局市场处负责人分为两个检查组，分赴国内6个奥运赛事举办城市，就加强市场监管、开展"迎讲保展"行动进行交叉检查。在方方面面的支持和帮助下，检查组圆满完成了交叉检查任务。7月21日，国家工商总局在北京召集北京市、上海市、辽宁省及沈阳市、山东省及青岛市、河北省及秦皇岛市工商局相关负责人，召开奥运赛事主办城市加强市场监管、开展"迎奥运、讲诚信、保安全、展形象"交叉检查工作座谈会，研究部署下一阶段的工作。从各地反映的情况看来，奥运赛事举办城市开展加强市场监管、"迎奥运、讲诚信、保安全、展形象"行动，取得了显著成效。

从2008年5月1日起，奥运赛事举办城市工商机关提前进入迎奥运临战状态。6个城市工商机关已经全面取消周六、周日休息。同时，各级"12315"申诉举报指挥中心基本落实了24小时值班制度，确保奥运期间一旦发生重大紧急申诉、举报突发事件，能及时有效启动应急预案并迅速妥善处置突发问题。

从"迎奥运、讲诚信、保安全、展形象"，

加强市场监管专项行动交叉检查的情况来看,工商机关牢固树立了大局意识、政治意识、责任意识,充分履行职能,严格依法行政,将加强市场监管、开展"迎讲保展"行动作为一项重要政治任务,高度重视,周密部署,精心安排,狠抓落实,全力以赴加强市场监管,取得了阶段性成果。

北京市工商局将"迎讲保展"行动与市委市政府奥运市场秩序保障工作实现有效衔接,在创建科技工商、信息工商、法制工商、和谐工商等方面,付出了巨大的心血,成效卓著,工作成效走在了全国的前列,起到了"排头兵"的作用。为确保奥运市场监管,北京市工商机关积极推进市场监管方式方法改革,他们及时调配人员,使市场监管、消保、企业监督、商标广告管理人员混合组队,发挥各自的专业特长和团队意识,从而强化一线执法力量,加强了值班、备勤工作,采取错峰执法,双休日停休、50%以上的人员在岗值班,加大对批发市场夜间交易行为监管等措施,实现了市场监管日常化、规范化、程序化。北京市工商机关早在两年前就开始研究部署奥运期间市场监管工作,多次举行工商机关市场监管执法应急演练集结仪式,快速反应能力不断增强;2008年3月以来,北京市工商局连续下发《奥运市场秩序保障方案》、《北京市商品市场开展"迎奥运、讲诚信、树形象,营造良好的市场环境"活动实施方案》、《农副产品批发市场奥运食品安全保障工作方案》、《农副产品市场食品安全风险控制方案》等文件,细化了"迎讲保展"工作职责,丰富了工作内容,使"迎讲保展"行动不断提升水平。6月初,北京市工商局联合文明办、商务局再次召开首都商品市场"迎奥运、重诚信、树形象、营造良好市场环境活动"暨争创首都文明市场动员大会,对开展"迎讲保展"行动进行全面部署。5月以来,北京市工商机关加大市场规范管理的督促检查力度,进一步提高了食品安全和商品质量关键点的控制能力;通过明查、暗查、互查和效能监察等方式,实现对商品市场规范达标工作进行量化打分,并将其作为年终考核的依据,从而推动了工作的深入开展。

2008年1月1日至7月20日,北京市工商机关共规范达标市场658个,撤销撤除市场39个,调整迁移转型市场27个,升级改造市场622个。查处侵犯奥林匹克标志专用权案件127起,罚没款152.21万元,查处其他商标侵权案件533件,罚没款545.16万元,其中涉外商标案件229件,罚没款173.63万元。

天津市工商机关进一步强化了宣传培训工作。他们主动与地方电视台联合举办"看红盾风采、迎讲保展"专题节目,动员全社会都来参加"迎奥运、讲诚信、保安全、展形象"行动,变单纯的部门行为为政府行为。此外,他们与旅游局、商务委、奥运办、消协等部门联合签订协议,实行首问负责制,确保奥运食品安全、市场监管规范有序和及时受理中外人员投诉举报能得到妥善处理。1月1日至7月20日,天津市工商机关共出动执法人员32 000多人次、出动执法车辆5 700多台次,检查各类市场4 500多个次、超市800多个次、经营户66 216户次,取缔无照经营853户,查处各类违法违规案件52件,查处假冒伪劣商品19.3吨。查处各类商标违法案件33件,罚款金额24.3万元,收缴和消除商标标识2万件,没收、销毁侵权商品6.45吨。查处侵犯奥运标志案件4件,罚款7万元,没收带有奥运标志的侵权商品(黄金饰品)42件。依法扣留并没收了假冒贵州茅台小糊涂仙等白酒380余箱,假冒雪花啤酒15 924瓶,假冒"天立"独流老醋、"皇品"味精等调味品6 000余公斤,假冒"和平"牌挂面1 700余公斤等假冒伪劣商品。

上海市工商机关以商品交易市场信用分类监管为抓手,督促市场开办单位落实责任,规范索证索票制度和购销台账制度,以保护知识产权专用标志为亮点,强化知识产权保护力度,营造了良好的奥运氛围。2008年1月1日至7月20日,全市共出动执法人员近3万人次,检查批发市场、集贸市场4 060个次,检查经销食品的商场、超市5 908个次,检查食杂店4.2万个次,检查各类食品经营主体7.5万户次;规范经营主体资格

6 090 户,查处取缔无证照食品经营 981 户;退市不合格食品 1 958.2 公斤,查获假冒伪劣食品价值 8.24 万元,查处制售假冒伪劣食品案件 52 件,查处制售假冒伪劣食品案值 24.3 万元,罚没款 35.8 万元;全市各类食品经营主体共退市不合格食品 1 958.2 公斤。

沈阳市工商机关推行散(裸)装食品公示制和购销票据规范化,规范农村大集食品安全监管,初步解决了食品安全监管中的薄弱环节。1 月 1 日至 7 月 20 日,沈阳市工商局组织开展了保护奥林匹克标志专有权和检查商品交易市场限量促销整治行动,查获侵犯奥运标志案件 9 起,罚没款 5 万余元。

第十节 完善社会主义市场经济体制时期的市场应急管理

2003—2008 年,按照党中央、国务院领导同志的指示精神,各级工商机关开展了市场应急管理工作,妥善地处置了雨雪冰灾、四川汶川特大地震时期的市场管理工作,赢得了政府和人民群众的好评。

一、抗击"非典"期间的市场管理

2003 年 4 月至 7 月,我国经历了突如其来的"非典"疫情。在保证抗击 SARS 斗争取得胜利、整顿市场秩序,规范交易行为这项波澜壮阔的斗争中,全国工商机关以非凡的斗争精神,团结一心、众志成城、迎难而上、敢于胜利,涌现出了许多好的经验和做法,留下了宝贵的财富,国家工商总局先后单独或与有关部门联合下发 8 个文件,与国家发展和改革委员会、农业部、国家林业局等部门联合召开 2 次电视电话会议,及时对查处利用防治"非典"名义从事违法经营的工作作出部署。全系统把这项工作作为市场监管执法的重中之重,集中力量,严查严管,严厉打击了利用防治"非典"制假售假、发布虚假广告、无照经营、超范围经营等违法行为。2003 年 4—6 月,全国工商系统共出动执法人员 340 余万人次,查处利用防治"非典"名义从事违法经营案件 22 万余起,为维护市场秩序、保障防治工作顺利进行、

促进经济发展,积极发挥了职能作用。

二、雨雪冰灾时期的市场管理

2008 年 1 月中旬到 2 月上旬,我国南方地区连续遭受 4 次低温雨雪冰冻极端天气的袭击,总体强度为 50 年一遇。在冰雪自然灾害面前,在国家工商总局指导下,各级工商机关万众一心、众志成城、抗击冰雪、共渡难关,灾区红盾卫士在冰天雪地中,克服自身遭受的重大损失,充分发挥职能作用,启动各类紧急预案,加强市场监管,维护市场稳定,向全国人民交出了满意的答卷。据统计,各地工商机关坚决执行国务院和国家工商总局关于减免有关收费的规定,共减免收费 6.7 亿元;19 个受灾的省区市工商机关,在参与抗灾救灾过程中,共出动人员 84.29 万人次,出动车辆 41.01 万台次,检查市场 5.5 万个,检查市场主体 237.13 万个,确保受灾地区市场交易安全,确保市场商品供应和市场稳定;帮助受灾群众排忧解难 9.9 万人次,为消费者挽回的经济损失达到 1.1 亿元。

(一)国家工商总局紧急进行部署,要求狠抓粮油肉、副食品等基本生活必需品市场监管

2008 年 1 月 7 日,总局下发《关于进一步加强粮油等重要消费品市场监管、维护市场交易秩序、促进市场稳定的紧急通知》(工商密电[2008]2 号)。该通知明确规定:各级工商机关要全面落实法规政策的要求,积极畅通粮油等重要消费品流通渠道,促进搞活流通。要立足职能,积极扶持培育发展粮油等重要消费品市场。

2008 年 1 月 14 日,国务院召开了全国保障市场供应加强价格监管电视电话会议,国务院副总理曾培炎作了重要讲话,国家工商总局局长周伯华对工商部门提出了具体要求。会议分析了国内国际市场和价格形势,部署了依法加强市场监管工作,进一步明确了发展生产、保证供应、维护粮油肉、副食品等基本生活必需品市场监管的各项政策措施。1 月 17 日,国务院发出《国务院办公厅关于开展保障市场供应加强市场监管督促检查工作的通知》(国发明电[2008]7

号）。1月18日，国家工商总局下发《关于切实加强市场监管、保障市场供应维护市场稳定的紧急通知》（工商明电［2007］4号）。通知要求：各级工商机关要加大力度，集中力量开展粮油肉、副食品等基本生活必需品市场专项执法检查。要以粮食、食用油、猪肉、蔬菜、禽蛋、副食品等节日消费量大、消费者申诉举报多以及与人民群众生活密切相关的基本生活必需品为重点品种，以商场、超市、批发市场、集贸市场和食品经营企业为重点场所，以农村和城乡结合部为重点地区，以春节、"两会"为重点时段，对辖区内所有从事粮食、食用油、肉类、副食品等基本生活必需品销售的经营者开展一次全面检查，特别是针对产品质量和食品安全专项整治中查找出的薄弱环节和存在的突出问题，集中开展专项执法检查，严厉打击制售假冒伪劣粮食、食用油、肉类、副食品等基本生活必需品违法行为，切实规范经营行为，维护市场秩序。1月25日晚，国家工商总局下发了《关于进一步加强鲜活农产品市场监管、维护市场交易秩序的紧急通知》（工商明电［2008］6号）。各级工商机关要积极落实应对措施，及时清理减免工商行政管理费用。及时清理针对鲜活农产品批发销售环节的各种收费项目，能免除的要尽量免除；1月26日至2月5日期间，对进入批发市场或农贸市场销售鲜活农产品的车辆入场费、工商行政管理各类费用，一律减半征收。

1月25日，国务院办公厅《关于进一步加强鲜活农产品运输和销售工作的通知》（国发明电［2008］9号），该通知对畅通公路运输、增加铁路运力、促进产销衔接、加强信息服务、减免流通环节费用等作出了明确的规定。《通知》要求：各地价格、财政、工商、质检等有关部门要及时清理针对鲜活农产品批发销售环节的各种收费项目，能免除的要尽量免除。对进入批发市场或农贸市场销售鲜活农产品的车辆入场费、工商管理费等各类费用一律减半征收。1月26日，国家发展和改革委员会、财政部发出《关于全面清理涉及鲜活农产品销售环节收费的通知》（发改电［2008］20号），对清理鲜活农产品

销售环节收费等有关工作进行了部署。

2月2日，国家工商总局下发《关于做好应对雨雪冰冻灾害》（工商明电［2008］6号）。通知要求：认真落实减免工商管理费用的规定，促进鲜活农产品流通。各级工商行政管理机关施行对鲜活农产品销售环节的集贸市场管理费、个体工商户管理费等行政事业性收费减半收取，对批发市场或农贸市场销售鲜活农产品的车辆入场费等经营性收费一律减半收取的政策，执行期限延长至2008年3月31日。

（二）总局领导亲赴第一线，指导抗雪抗灾和市场应急管理工作

1月30日晚上，国家工商总局局长周伯华连夜赶到贵州，考察灾情，进行检查和慰问。两天的时间里，周伯华在贵州省副省长谢庆生的陪同下，带着总局办公厅和市场司等部门负责人，冒着严寒，踏着冰雪，先后深入贵阳市的农副产品批发市场、粮油批发市场、农贸市场、超市、基层工商所和工商干部家中，了解受灾情况，检查市场监管工作，慰问奋斗在抗灾一线的工商干部，走访困难工商干部，看望工商离退休老干部，向他们送去总局党组和机关干部的深情。1月中下旬至2月2日，国家工商总局所有局领导都亲赴上海、辽宁、浙江、陕西、河北、江西等地检查市场监管和救灾工作。

据统计，2008年1月21日至2月3日，湖南、湖北、安徽、贵州、重庆、江西、江苏、广西等16个省（自治区、直辖市）工商行政管理部门共出动工商执法人员31.3万人次，出动执法车辆7.2万台次，检查市场3.8万个，检查经营户51万（个）次，取缔无照经营3 095户，查处价格违法违规经营案件4 921件（其中：囤积居奇、恶意串通涨价案件1 535件，经销不合格食品案件1 209件，其他扰乱价格等市场秩序案件2 177件）。

2008年3月5日至20日，国家工商总局派出4个督察组分赴湖北省、安徽省、湖南省、江西省、贵州省、江苏省、广西壮族自治区和重庆市等地，对工商机关开展红盾护农行动，支持抗灾减灾和积极保障春耕生产的有关工作进行检查。2008年4月10日，

全国工商系统红盾护农与抗灾减灾保春耕经验交流会在湖北省武汉市召开。会议披露，各地工商机关坚决执行国务院和国家工商总局关于减免有关收费的规定，共减免收费6.7亿元；19个受灾的省区市工商机关，在参与抗灾救灾过程中，共出动人员84.29万人次，出动车辆41.01万台次，检查市场5.5万个，检查市场主体237.13万个，确保受灾地区市场交易安全，确保市场商品供应和市场稳定；帮助受灾群众排忧解难9.9万人次，为消费者挽回经济损失1.1亿元。在此次会议上，总局领导指出，各级工商机关要统一思想认识，加大支持力度，全力以赴打赢保障春耕生产这场硬仗。

（三）灾后重建中特别是"红盾护农"工作中工商机关的典型事迹

我国部分地区连续发生大范围低温雨雪冰冻灾害，给群众生产生活带来很大困难。南方部分地区的大雪，致使部分农副产品市场垮塌、出现险情，当地工商机关积极组织力量，对本辖区所属农副产品市场逐一进行检查，消除安全隐患，并组织人员及时清扫市场顶棚和场内积雪，严格要求市场开办者建立和完善防范应急方案和处置措施，对存在安全隐患的及时进行了加固。贵州省黔南州工商局坚持为个体工商户、企业办实事，推助地方经济社会发展。贵州省黔南州直接经济损失超过71亿元，属于受灾最重的地区之一。黔南州工商机关被冰雪冻坏、压坏、压裂50栋办公楼或附属设备，有38辆执法车辆受损，被损坏计算机、复印机等设备29台，有11名工商执法人员在抗灾中受伤（5名干部伤重住院）。2008年2月2日，黔南州工商局为帮助州电信公司企业改制，为电信公司下属机构变更营业执照。在整个都匀市停水停电的情况下，黔南州工商局借到一台发电机，放弃休息时间办理企业注册登记，连续忙碌12个小时后，为24户电信下属企业全部完成企业变更登记。2月初，黔南州连续两个星期停水停电，工商人员得知有旅客滞留在公路上，迫切需要援助。工商人员深更半夜打着手电和打火机，不顾雨雪冰雹的袭击，挨家挨户敲响400多

家商铺的门。工商人员和经营户一道点着蜡烛，生火开厨，把热汤热饭送到了被雨雪灾害围困、又饥又饿的滞留旅客手中。

江西省安义县工商机关急农民之所急，想农民之所想，把农民的期盼作为"红盾护农保春耕"工作的第一信号，主动深入到田间地头去了解农户的受灾情况，积极与农业、民政部门沟通情况，利用自身的优势，通过网络和其他省、市工商机关打听、寻找优质薯种。当打听到河南信阳市有优质红薯种销售这一信息后，安义县工商机关及时将这一信息告知本地的红薯加工企业和薯农，并派人与企业一道前往河南调运薯种。2008年2月29日清晨，一辆满载50吨薯种的大卡车披红挂彩驶入安义县黄洲镇红薯种植基地。30多名工商干部正在忙碌着将薯种分送到1 000多农户手中。就这样，短短的几天之内，安义县工商机关就帮助薯农将受灾的1.8万亩薯地全部进行了补种。在完成了薯苗补种后，安县义工商机关督促该县的红薯加工企业与薯农签订了红薯购销合同，共为1 000多份红薯购销合同进行鉴证，用合同的形式确定了红薯的最低保护价。通过工商部门的帮扶，全县1 000多户薯农全年的收成和收入不仅不会受损和减少，还为本县薯农人均增收了近200元。

三、四川汶川特大地震期间的市场管理

2008年5月12日下午2点28分，四川汶川发生了8级特大地震。新华网15时55分即发布国家主席胡锦涛的重要指示，"尽快抢救伤员，保证灾区人民生命安全"，5月12日晚上10时，在都江堰市聚源镇中学，当了解到有上百名学生被埋在废墟下时，总理温家宝在现场指示，"只要有一线希望，我们就要尽全部力量救人，废墟下哪怕还有一个人，我们也要抢救到底"。6月4日，国务院常务会议审议并原则通过《汶川地震灾后恢复重建条例（草案）》。此次特大地震，严重受灾人口1 000多万，严重受灾面积10万平方公里。四川汶川大地震造成了四川全省21个市、州工商局不同程度受灾，其中，成都、阿坝、德阳、绵阳、广元、雅安6个市、州震动强烈，受灾特别严重。截至7月6日10

时,四川省工商系统共死亡 7 人,失踪 47 人,重伤 11 人。四川全省有 37 个县(区)局、264 个工商所办公楼倒塌或成为危楼,2 个市局、102 个县局、294 个工商所办公楼严重受损。职工住房损害严重,大量执法装备、交通工具、办公用品受损。同时,此次地震也使甘肃、陕西工商系统遭受了重大损失。其中,都江堰市距离汶川县城约 100 公里,是这次受灾严重的地区之一。地震造成都江堰市工商局局长马志云和另外一名干部不幸遇难。北川县工商局损失惨重,全局 41 名在职干部中,死亡 1 人,失踪 15 人,重伤 5 人,还有离退休干部 14 人下落不明。

国务院新闻办公室 7 日根据国务院抗震救灾总指挥部授权发布:据民政部报告,截至 7 月 6 日 12 时,四川汶川地震已造成 69 196 人遇难,374 176 人受伤,失踪 18 379 人,仍住院 6 456 人。公路受损里程累计 53 295 公里,已修通 52 394 公里。全国共接收国内外社会各界捐赠款物总计 466.59 亿元,各级政府共投入抗震救灾资金 548.76 亿元。地震遇难同胞是父亲、母亲、儿女、兄妹,是我们血脉相连的骨肉同胞,是共和国无法割舍的挚爱。这是新中国成立以来我国中西部最严重的一次破坏性地震,强度相当于台湾 9·21 大地震的 5 倍,相当于 252 倍的广岛核弹,也是继唐山大地震之后我国遭遇的又一次特大地震灾害。

灾情就是命令,时间就是生命。得知四川大地震的消息,总书记胡锦涛立即作出重要指示,中央当即成立抗震救灾总指挥部,由总理温家宝任总指挥,副总理李克强、回良玉任副总指挥,全面负责当前的抗震救灾工作。在严酷的地震灾情面前,各级工商机关与全国人民一起,开展了一场轰轰烈烈的抗震救灾战役。

(一)积极进行部署,推动抗震救灾工作的开展

大地震发生后,国家工商总局在第一时间作出反应,第一时间动员部署,第一时间组织展开抗震救灾工作。国家工商总局党组高度重视,总局党组书记、局长周伯华根据中央政治局常委会议精神和以总理温家

宝为总指挥的抗震救灾总指挥部的部署,及时对抗震救灾工作作出指示,指导抗震救灾工作。5 月 13 日上午,国家工商总局党组召开会议。传达学习了《中共中央办公厅、国务院办公厅关于做好四川省汶川县抗震救灾工作的情况通报》(以下简称《情况通报》);传达了总局党组书记、局长周伯华对做好四川省汶川县抗震救灾工作的五点指示和要求,研究并提出了落实措施:一是立即向受地震灾害的四川省工商系统干部职工发出慰问电,对奋战在抗震救灾第一线的工商干部表示诚挚的慰问。同时,对四川省工商系统抗震救灾工作提出五项具体要求:认真贯彻落实中央政治局常委会精神和以温家宝总理为总指挥的抗震救灾总指挥部的部署,切实把抗震救灾作为当前的首要任务,尽最大努力把地震灾害造成的损失减少到最低程度;在四川省委、省政府的统一领导下,立即启动市场监管应急预案,建立应急指挥机构,及时果断处置各种突发事件,加强与有关部门的协调配合,坚决打好这场抗震救灾的硬仗;充分发挥职能作用,保障市场供应,维护市场稳定,同时,严厉打击欺行霸市、以假充真、以次充好、缺斤短两、哄抬价格以及散布虚假信息等扰乱市场秩序的行为;在全力做好抗震救灾工作的同时,要切实做好工商系统内部的抗震救灾工作;要坚持值班制度和重大事项报告制度。二是立即拨付 100 万元资金,用于支持四川省工商系统抗震救灾工作。三是迅速向全系统发出紧急通知,要求全国工商系统在当地党委、政府的统一领导下,开展抗震救灾工作,严厉查处违法经营行为,切实维护市场秩序。四是总局机关党委立即组织总局机关广大干部职工开展抗震救灾捐助活动。五是总局值班室 24 小时与灾区保持联系。

5 月 13 日,国家工商总局向四川省工商局发出了明传电报《国家工商总局致四川省工商系统干部职工的慰问电》。5 月 13 日,国家工商总局下发《国家工商总局关于充分发挥工商行政管理职能作用全力做好抗震救灾工作的紧急通知》,《通知》的主要内容是:一、顽强奋战,地震灾区工商机关要切实

做好抗震救灾各项工作。(一)立即建立应急指挥机构,畅通指挥通道和信息渠道,在当地党委、政府的统一领导下,积极参与抢险救灾工作。各级工商机关要切实加强组织领导,领导干部要靠前指挥,深入受灾第一线。各项工作要落实到人、责任到岗。(二)立即启动市场监管应急预案。充分发挥职能作用,保障市场供应,维护市场稳定。要大力支持粮食、食品、蔬菜、饮用水等生活必需品的流通,引导生产经营者尽最大可能增加市场生活必需品的供应。加强对帐篷、医疗药品、疫苗等避雨防病救病等重要物资的管理,严厉打击欺行霸市、以假充真、以次充好、缺斤短两、哄抬价格以及散布虚假信息等扰乱市场秩序的行为,切实维护市场秩序和社会稳定。(三)迅速开展自救工作。(四)加强值班和信息报告工作。要严格执行24小时专人值班制度。(五)做好维护稳定的工作。要加强正面宣传,及时做好宣传、教育和引导工作,不信谣,不传谣,切实维护社会秩序。二、八方支援,积极支持灾区抗震救灾各项工作。灾区周边地区省市工商行政管理机关要积极协助有关部门做好物资供应保障工作,加大市场监管力度,切实维护市场秩序。其他省市工商机关,要响应中央的号召,在当地党委、政府的统一领导下,发扬"一方有难、八方支援"的精神,积极做好支援灾区抗震救灾的各项工作。5月14日,国家工商总局发出《关于进一步做好抗震救灾工作切实维护市场稳定的紧急通知》。《通知》要求:各级工商行政管理机关要认真贯彻落实中央政治局常委会精神和国务院的统一部署,充分发挥工商行政管理职能作用,进一步做好抗震救灾工作,切实维护市场稳定。

5月15日,国家工商总局抗震救灾工作组成立。当天下午3时,以国家工商总局总局领导为组长,由总局人教司、市场司、个体司、消保局有关负责人组成的总局抗震救灾工作组一下飞机就直奔重灾区都江堰市、彭州市指导工作。此后,国家工商总局的所有局领导都先后赴抗震救灾第一线,指导工商系统抗震救灾工作。

5月27日,国家工商总局发出《关于支持地震灾区恢复生产搞活市场重建家园的若干意见》(工商办字[2008]110号)。文件要求:(1)积极支持证照丢失、损毁的企业、农民专业合作社和个体工商户持照合法经营。(2)适当放宽认缴出资期限和设立登记期限。(3)认真做好受灾企业和个体工商户的变更登记等工作。对于确因灾情影响无法提供法定代表人、负责人和其他高级管理人员变更登记或者备案所需规范文件的,可采取由申请人承诺限期补交,等方式。(4)改进管理,提高效率,提供便捷高效的登记服务。(5)特事特办,做好企业年检工作。(6)尽快恢复建立市场主体登记注册电子数据。(7)免收个体工商户管理费和市场管理费,积极支持恢复生产、搞活市场等。

6月4日,国家工商总局又发出了《关于进一步加强市场监管切实维护地震灾区市场秩序的通知》,要求各地特别是地震灾区工商行政管理机关要把维护灾区市场秩序作为当前市场监管的重要任务,加强领导,精心组织,抓好落实。特别要狠抓大要案件的查办,依法从快、从严查处扰乱灾区市场秩序、损害消费者和经营者合法权益的违法行为,尽职尽责为灾区恢复重建和保障群众。

7月3日,国务院下发了《国务院关于做好汶川地震灾后重建工作的指导意见》,文件中指出:汶川灾后重建是一项艰巨繁重的任务,要尽快恢复灾区正常的经济社会秩序,力争用三年左右时间完成灾后恢复重建的任务,使灾区群众的基本生活生产条件达到和超过灾前水平,并为可持续发展奠定坚实基础。文件提出了地震灾后重建工作的城乡住房、公共服务设施、基础设施、产业结构调整和生产力布局、市场服务体系、防灾减灾和生态恢复等任务。文件要求地方各级人民政府和国务院有关部门要充分认识恢复灾后重建任务的艰巨性、复杂性和紧迫性,树立全局意识,切实加强组织领导,全面做好恢复灾后重建的各项工作。特别是,"国务院有关部门要按照职责分工,做好指导、协调和帮助恢复重建的各项工作"。

截至2008年7月4日,国家工商总局先

后制定下发 12 条政策措施、10 条意见和相关专门文件,及时动员和部署,对灾区开展抗震救灾、全系统支援灾区和维护市场稳定、保障灾区市场供应等提出明确要求,当即向灾区紧急调拨 10 辆食品检测车、100 个食品检测箱等物资,推动了抗震救灾工作的深入开展。

截至 2008 年 7 月 16 日,据不完全统计,全国工商系统捐款捐物支援四川、陕西、甘肃、重庆等灾区折合人民币 1 亿多元。同时,各级工商机关还积极引导和动员个体工商户和企业向灾区捐助和组织商品运输,为保障灾区市场供应贡献力量。全国个协、私协系统共组织个体工商户、私营企业向地震灾区捐款捐物折合人民币约 24 亿元,充分体现了全国工商一家亲、全国工商心连心的"大团结、大协作"的精神。

(二)四川各地工商机关开展的救灾自救工作

汶川大地震发生后,四川省阿坝、绵阳、广元、德阳、成都、雅安 6 个重灾区和陕西汉中、甘肃陇南等地工商机关的广大干部,面对突发的灾情,顾不上自己亲人的安危、财产的损失,强忍着失去亲人的悲痛,喊出了"我是穿制服的,我就是政府"的强音,走上了抗震救灾第一线。他们以人民利益高于一切的精神风貌和舍身忘我、共赴国难的实际行动,谱写了一曲曲抗震救灾、大爱无疆的动人旋律。据不完全统计,截至 2008 年 7 月 16 日,重灾区工商机关在强震发生后共组织疏散群众 59 383 人,疏散本系统伤病员及离退休干部 6 281 人;从废墟中抢救被掩埋群众 322 人,抢救本系统干部 136 人;参加运送伤员工作 2 037 人次,运送伤员 760 人。为安置群众,出动工商干部 19 051 人次,搭建简易居住设施 1 529 处,面积 27 807 平方米,安置群众 13 249 人;安置工商系统干部职工家属 5 321 人。

(三)伟大的创举——四川省工商机关建立应急市场

汶川特大地震共造成成都、德阳、绵阳、阿坝、广元、雅安 6 个重灾区倒塌市场 129 个,关闭市场 329 个,倒塌和关闭的市场分别占灾前市场总数的 12.8%、32.9%;个体工商户关门歇业 21.3 万户,受灾 15.4 万户;企业关门歇业 2.6 万户。灾区部分食品价格短期出现波动,在灾后第三天即 5 月 15 日达到高峰值。

5 月 19 日四川省工商局向灾区工商部门发出了《关于建立灾区生活必需品应急市场的紧急通知》,要求各灾区工商局尽快与当地政府协调,划出一定区域,本着安全、及时、简易、适用的原则,迅速建设一批应急市场,资金由省工商局专款拨付。根据当地条件,成熟一个建设一个,确保建设质量。5 月 23 日,四川省工商局又发布了《关于生活必需品应急市场建设管理的通告》,要求灾区各级工商部门结合建设进度加强对应急市场的管理。5 月 19 日上午,四川灾区首个抗震救灾生活必需品应急市场在德阳什邡市建成。四川省工商局建设应急市场的决定,得到了灾区地方政府的迅速响应和全方位支持。灾区各地政府纷纷划出适合修建的场地或拿出指定的帐篷、活动板房,迅速办理相关手续,主动解决其他各种困难,甚至直接参与施工搭建。

截至 2008 年 10 月 1 日,四川省工商局在成都都江堰市,广元利州区、青川县,绵阳安县,雅安汉源县等重灾区建成了帐篷式、活动板房式生活必需品应急商店 1 200 多个,建立高抗震的钢架式生活必需品应急商场 890 个、369 个活动板房式应急商场、23 个钢架棚盖式应急市场。全省灾区已建成、在建和已完成规划的生活必需品应急市场(商店)总面积达 31 万多平方米,预计容纳 3 万户经营者。在生活必需品应急市场内,群众生活必需的食品、净水、油盐等商品基本齐全,消费者可根据自己的需要选择商品,经营者态度热情,市场交易公平、物价平稳、秩序井然。生活必需品应急市场的设置和使用,在很大程度上解决了灾区群众的基本生活需求,帮助他们进一步增强了灾后重建的信心。

总之,四川、甘肃、陕西、重庆等灾区工商机关,一方面组织力量抢险救人和救治受伤人员,积极开展恢复重建工作;另一方面强化监管措施,开展市场巡查,维护市场稳定,保障食品安全和市场消费安全。特别是四川省工商局承担了省委、省政府交办的整个食品安全监管的重任,积极开设灾区生活必需品应急市场,对于保障灾区市场供应发挥了重要作用,受到了省委、省政府的充分肯定和灾区群众的广泛赞誉。

(四)履行职责,严厉查处哄抬物价等违法行为,切实维护灾区市场秩序

地震后不久,四川省政府把确保灾区食品安全的重任交给省工商局,要求由省工商局牵头,联合其他15个部门成立"5·12"抗震救灾指挥部食品安全组,全力维护地震重灾区和全省的食品安全。5月12日—6月30日,四川省6个重灾市州工商部门累计出动执法人员191 527人次,出动执法车辆47 655台次,检查食品批发市场2 928个次、食品集贸市场28 145个次、食品批发商71 308户次、食品超市商场53 279户次、食杂店707 810户次,查处食品安全案件578起,查缴违法食品106 700公斤,有效地保障了灾区人民群众的食品消费安全。在一个多月的应急工作中,由省工商局牵头的食品安全组创造了大灾之后无一起重大食品安全事故发生的好成绩。四川省共出动执法人员117 918人次,出动执法车辆27 294台次,检查各类市场35 553个次,共立案查处案件925件,案件数比去年同期下降。食品消费安全,灾区市场秩序良好,没有发生重大违法行为。

截至7月16日,四川省6个重灾区市(州)工商局依法严肃查处了哄抬物价、牟取暴利的违法行为共416件,移交物价部门线索257件。目前,灾区没有发生重大哄抬物价案件。确保了灾区市场供应充分、市场秩序稳定、人民消费安全。

此外,四川省工商机关严厉查处倒卖抗震救灾捐赠救济物资的违法行为,严防捐赠救济物资流入市场。截至7月16日,依法查处倒卖抗震救灾捐赠物资的违法行为1件,移交司法机关1件。四川省工商局经检总队会同省监察厅,在金牛区工商局配合下,及时查处了成都荷花池一个体户倒卖印有"救灾专用"字样帐篷的违法行为;锦江区工商局查处了一起利用锦江区红十字会的名义销售赈灾帐篷的违法经营案,现场查获各类帐篷418顶、睡袋400个,依法扣留销货款79 340元,6名主要涉案人员已被移送公安机关刑事拘留。

(执笔人:王晋杰　陈　骥)

第八章　合同监督管理

对合同进行监督管理,是国家管理国民经济的一种重要的法律手段和行政手段。在不同社会制度的国家、不同的历史时期里均有不同的经济合同制度和管理方式方法。

合同是商品经济发展到一定历史阶段的产物,它随着商品经济的发展而发展。合同是平等民事主体的法人、其他经济组织、个体工商户、农村承包经营户相互之间为实现一定经济目的,明确相互权利义务关系的协议。

合同监督管理,指国家授权的经济合同管理机关和司法、金融、各经济主管部门在各自的职权范围内,依照法律、行政法规规定的职责,运用指导、协调、监督等行政手段促使合同当事人依法订立、变更、履行、解除、终止合同和承担违约责任,制止和查处利用合同进行的违法行为,调解合同纠纷,维护合同秩序所进行的一系列行政管理活动的总称。它是经济管理工作的一个组成部分。加强经济合同监督管理,对于完成国家计划,促进生产发展,执行经济合同法规,保护当事人的合法权益,制止违法活动,维护合同纪律,稳定经济秩序,促进社会主义市场经济健康而有序地发展,都具有十分重要的意义。

从1949年新中国诞生到1999年《中华人民共和国合同法》(以下简称《合同法》)颁布施行,各级工商行政管理部门对经济合同的监督管理大致经历了四个阶段:

第一个阶段,从1949年新中国成立,到1982年《中华人民共和国经济合同法》(以下简称《经济合同法》)颁布实施。这一阶段分为三个时期。第一个时期,从1949年新中国成立,到资本主义工商业社会主义改造基本完成。其间,由政府财经委员会和各业务主管部门、工商行政管理部门和银行分工管理经济合同。工商行政管理部门主管私营企业与国营企业或政府有关部门之间的加工订货合同和购销合同。第二个时期,从1956年社会主义改造基本完成,到1978年中共十一届三中全会召开。其间,由于私营企业全行业公私合营,所有的经济合同由各级政府的经济委员会、业务主管部门、地方的合同管理委员会或领导小组分工管理,工商行政管理部门基本上不管经济合同,在20世纪60年代国民经济调整时期,只有少数大城市的工商行政管理局管理一些加工订货合同。第三个时期,从1978年中共十一届三中全会召开,到1982年《经济合同法》颁布施行。其间,由经济委员会、工商行政管理局和主管业务部门分工管理经济合同。工商行政管理部门主管工业与商业部门、农业与商业部门的经济合同,并为加强合同管理工作进行了试点和探索。

第二个阶段,从1982年《经济合同法》颁布实施,到1993年《经济合同法》的修改。为了贯彻《经济合同法》,国务院1982年第73号文件规定:中央及地方各级工商行政管理局负责统一管理经济合同;各业务主管部门分工负责管理本系统的经济合同;银行和其他金融机关通过结算、信贷等业务,协助工商行政管理局管理经济合同。从此,形成了以工商行政管理部门为主管机关,各业务主管部门分工负责的经济合同管理体制。工商行政管理部门管理经济合同的任务逐步加重,各方面工作有了发展。

第三个阶段,从1993年《经济合同法》修改,到1999年《合同法》施行前。这一阶段,由于《经济合同法》的修改,工商行政管理部门经济合同监督管理的职能有所调整,查处无效合同的职能被取消了。经济合同管理由于缺乏必要的手段,加上"合同自由"等思潮的影响,有弱化的趋势。这一时期,合同监督管理工作主要是:查处合同违法行为、开展动产抵押登记、监管拍卖行为和合同争议行政调解等工作。

第四个阶段,1999 年《合同法》颁布实施以后,《合同法》第一百二十七条明确规定了工商行政管理部门监督管理合同的职责,工商行政管理部门合同监督管理工作将在新合同法的指导下进行,重点是:推行合同示范文本;查处合同违法行为;监督管理拍卖行为;开展重合同守信用活动;合同争议行政调解;企业动产抵押登记;合同鉴证等工作。

第一节　1949 年到 1982 年期间的经济合同管理

一、新中国成立初期到资本主义工商业社会主义改造基本完成时期的经济合同管理

1949 年新中国成立伊始,党和政府为了迅速恢复和发展生产,稳定经济,实施社会主义经济建设第一个五年计划,实行了"公私兼顾、劳资两利、城乡互助、内外交流"的经济政策。国家及时地颁布了经济合同法规,建立起经济合同管理制度,以调整多种经济并存的复杂的经济关系。针对当时经济合同数量多、范围广、内容复杂、政策性强等情况,政府重点管理了对发展、稳定经济有决定意义的两类经济合同,即社会主义公有制经济组织之间的经济合同和私营企业与国营企业或政府有关部门之间的加工订货合同。

（一）关于社会主义公有制经济组织之间的经济合同管理

社会主义公有制经济组织之间的经济合同,由各级政府财政经济委员会和业务主管部门分工管理,一方面通过立法指导当事人依照法律规范订立和履行经济合同,一方

面监督当事人严格执行国家有关政策和计划。1950 年 9 月,政务院财政经济委员会颁布了《机关、国营企业、合作社签订合同契约暂行办法》,这是新中国最早的一个合同法规。其中明确规定:机关、国营企业、合作社之间的借贷、代理收付、货物买卖、定制货物、以货易货、委托收购、委托加工、委托贷放款项或实物、委托运输、修缮建筑、租让经济、合资经营等主要业务行为不能即时清结者,必须签订经济合同。签订经济合同应有保证人,保证人以被保证人之上级机关或主管机关担任为原则。保证人负有监督合同履行的责任。保证人对被保证人因经济合同引起的债务负连带责任。签订经济合同实行保证人制度,可以增强当事人的责任感,有利于合同的顺利履行。对经济合同纠纷的解决,规定当事人双方在同一大行政区的,当事人可提请大区财经委员会处理;双方不在同一大行政区的,当事人可提请政务院财经委员会处理。如果当事人不服各级财经委员会的处理,当事人可向人民法院提起诉讼。用行政的和司法的方式解决经济合同纠纷,以行政解决为主,是当时合同管理的一个特点。1950 年 10 月,贸易部颁布了《关于认真订立与严格执行合同的决定》,对购销合同应具备的条款作了详尽的规定。强调合同的条文,应包括:标的、数量、质量规格、完成期限、包装条件、运输、自然损耗率、价格、交换比例、偿付价款的时间及方法、交货时间和地点、违约责任、保证人责任、遇到不可抗力的处理方法等,内容力求明确、周到、细致。《决定》对合同成立的审核程序和有关部门对合同履行的检查监督也作了规定。

上述规定,奠定了新中国成立初期经济合同法律制度的基础,为有关业务主管部门和司法、行政部门协调或者处理当事人之间的经济合同关系提供了法律依据,成为国营经济组织之间、集体经济组织之间以及国营与集体经济组织之间进行经济交往,确立契约关系的行为准则。它不仅适用于国营企业和集体企业,也适用于私营企业。

1952 年底,全国经济形势发生了巨大变

化。工农业生产得到了恢复,财政经济状况基本好转,国营经济在国民经济中的领导地位日益加强,资本主义工商业进入了社会主义改造时期,第一个五年计划开始实施。为了适应新的经济形势,各级政府加强了经济合同管理工作。商业、物资、纺织、铁路、重工业等业务部门,为了健全经济合同的管理制度,结合各自业务特点,制定了一些规定。例如,国家计委物资局1953年颁布了《统一分配物资分配办法(试行草案)》;铁道部1954年10月颁布了《关于签订运输合同的基本规定》;商业部、地方工业部于1956年4月颁布了《商业部、地方工业部对目前有关工商计划衔接、贯彻经济合同中若干问题规定的联合通知》。这些规定都直接或间接地对订立和履行运输、购销等经济合同的行为起到了规范作用。

(二)关于私营企业加工订货合同的管理

1949年新中国成立初期,私营工商业在全国工商业中占较大的比重。当时的情况是:一方面商业、金融投机猖獗;另一方面有利于国计民生的私营企业困难重重。政府为了加快恢复国民经济,扶持私营企业的生产和经营,采取了许多措施。其中之一就是由政府有关部门和国营企业、事业单位,社会团体以及军队的后勤部门委托私营工厂加工及向私营工厂订货,并订立加工订货合同。私营企业与国营企业或政府有关部门之间的加工订货合同,由主管私营企业的工商行政管理部门进行管理。鉴于当时有些私营企业投机倒把、唯利是图,而另一些有利于国计民生的私营企业却面临倒闭、难以为继的局面,除社会上开展了"三反"、"五反"运动加以整治以外,为了协调公私关系,促使当事人按照国民经济恢复时期的要求和社会主义经济合同制的有关规定,确定各自的权利,履行自己的义务,国家采取了两项办法:第一,加工订货的加工费或货价,按照同一地区一般工厂在合理经济条件下的中等标准计算。这一标准同样适用于公私合营工厂。订立加工订货合同的价格和交货条件,要经过双方协商同意,成交与否,悉

听自愿。第二,凡是政府有关部门和各国营企业的加工订货单,均需经过当地工商行政管理局的统管分配,并由当地工商联、总工会、同业工会、产业工会协助,保证合同履行,按时、按质、按量实行货款两清。这两项办法,明确了订立加工订货合同要遵循自愿协商原则和工商行政管理部门负有合理分配加工订货任务及监督当事人严格履行合同的职责。

各级工商行政管理部门,为了加强对加工订货合同的管理,统一了加工订货的审核工作。私营企业订立经济合同,要经工商行政管理局批准。审核的内容除合同的条款外,还包括合同保证人的情况,防止同业作保及互相作保。审核保证人在当时十分必要,否则会给投机商人以可乘之机。为此,上海、天津、北京、重庆、大连等一些大中城市纷纷成立了合同专管机构。例如,上海市工商行政管理局成立了辅导处,并与工商联、工会等共同建立了工商联络委员会,下设行业审核小组。到1950年7月全市已建立了贷款、花纱布加工、重工业订货等10个审核小组,负责审核批准加工订货合同。此外,还设立了6个巡回稽查小组,具体负责了解厂商资金、原料、生产能力、劳动关系等情况,随时对厂商进行监督检查。由于有机构、有人员、有办法,使上海市的工商行政管理部门对加工订货合同的管理落到了实处。同年12月底,上海市工商行政管理局总计审核加工订货合同15 000份,总金额约1.2亿元,占全市加工订货总数的80%,签订合同的私营厂商有1 300多家。同时对加工订货合同加强了检查和监督。协助国营企业确立了全局观点,纠正了公私关系中无组织无计划的偏向,对私营经济给予必要的指导,减少了私营厂商在加工订货中投机和倒账、呆账等问题,保证了加工订货合同的顺利履行。同时,也促进了纺织、水泥、橡胶、钢铁等主要工业品的生产,保证了军需民用的物质供应。

工商行政管理部门在管理加工订货合同的同时,也管理了各类物资交流会上签订的部分购销合同。管理工作集中于一些大

中城市，范围比较窄。

1953 年，随着国民经济的恢复和发展，国营经济领导力量的加强，私营企业加工订货数量不断增加，产值迅速提高，范围逐步扩大。根据对上海市的百货、花纱布、交电、五金、化工、医药、贸易 7 个公司加工订货收购包销总金额分析，加工订货的比重 1951 年为 53.9％，到 1953 年上半年上升为 61.8％。大连市 1953 年上半年接受的加工订货总值比 1952 年同期增加 89.7％。加工订货产值在全国私营工业产值中所占比重，1952 年为 56％，到 1953 年提高到 81％。其范围也从重点行业发展到一般行业，从大厂发展到中小厂。大连市的电线、棉织等行业全部实行了加工订货。但在加工订货方面，也存在着限制与反限制的斗争。有的私营企业主在生产经营困难重重，甚至濒临倒闭的情况下，欣然接受国营经济加工订货的任务，但当国家经济状况好转、自己也渡过了难关时，就想摆脱国营经济的领导，提出零星的不干，精密的不干，期限短的不干，利润少的不干，不接受加工订货任务，拒绝签订加工订货合同。在承做加工订货任务时，有的将加工订货总值由大化小，由整化零；有的以多报工数，少报产量定额，多报原材料价格，多报原材料使用定额的方法提高加工成本；有的偷工减料，粗制滥造。因此，加强经济合同的管理，运用行政力量制止少数人的不法行为，依法签订和履行加工订货合同，成为保证国家加工订货任务顺利完成的重要环节。

这一时期的经济合同管理，有两个特点：其一，通过加工订货签订经济合同的形式，把私营企业的经济活动纳入国家计划。因此，管理加工订货合同兼有实现国家计划的作用，加工订货合同的履行与否，对国家计划能否完成具有很大影响。其二，加工订货也是对私营工商业进行社会主义改造的一种形式。通过它，使社会主义经济成分与资本主义经济成分在一定时期和一定条件下联系与合作，体现了公私双方领导与被领导的关系。加强对加工订货合同的行政管理，不但保证了加工订货任务顺利完成，而且推动了私营企业向公私合营的方向发展。

（三）工商行政管理部门在加强管理加工订货合同中，采取的措施和取得的效果

工商行政管理部门在加强管理加工订货合同中，采取了以下措施：

1. 统一合同条文，指导合同签订。开始工商行政管理部门管理经济合同往往从某一局部入手，方法比较简单，缺乏连续性，签订的加工订货合同问题较多。如有的合同条文过于草率，被资本家钻了空子；有的合同只规定单方面的义务，不符合公私兼顾的原则；有的合同不顾私营企业的技术设备条件，主观地提出过苛过严的要求；有的在合同中规定的品种、数量由委托加工的一方随时通知，而不是事先在合同中确定；也有的已经在合同中明确规定了品种、数量，却附注了委托加工方有随时变更权利的内容等，致使承担加工任务的私营工厂心中无数，不好有计划地安排生产，造成损失和浪费。工商行政管理部门针对这些混乱现象，从合同签订入手，协助双方制定统一合同条文，监督当事人按照国家政策全面具体地在合同中表达自己的意愿，做到要求具体，责任明确，公平合理。这样做不但便于当事人认真执行，而且也有利于管理部门监督检查，一旦发生纠纷，便于调解和仲裁。

2. 采用不同方法对合同进行严格审核。审核是合同管理中的重要一环。通过审核，使国家政策得到贯彻，使公私双方利益公平合理，使合同条文符合实际，切实可行。审核主要包括三种方式：

批准，即当事人依据有关规定将签订的加工订货合同送到工商行政管理部门，经审查批准后成立。有些地方并非所有的加工订货合同都要经过工商行政管理局批准。如天津市规定，凡军事加工订货 1 万元以上，基本建设 5 万元以上，以及紧急重要的军事、基建加工订货合同，均应事先报工商行政管理局批准。

备案，即当事人双方将订立的加工订货合同副本送工商行政管理局，并接受工商行政管理局的监督检查。上海市人民政府 1953 年 8 月发布的《上海市加工订货管理暂

行办法》规定,甲乙双方签订加工订货合同、协议书或成交单,应以副本送工商行政管理局备案。天津市规定,加工订货 10 万元以上者,报工商行政管理局备案。

鉴证,即当事人双方将订立的加工订货合同送到工商行政管理局,由工商行政管理局对合同条文审查鉴别,看是否全面、准确、具体,是否公平合理,是否反映双方的意愿,是否符合国家政策、法规,对符合条件的办理鉴证手续。

实践证明,对关系国计民生的加工订货合同进行审核是十分必要的。它对于保护当事人的合法权益、减少合同纠纷起到了一定积极作用。当然,审核合同不能代替合同管理,这一方法有一定的局限性,它只在合同的签订阶段直接发挥作用。

3. 检查合同的履行情况。检查的目的是为了掌握合同执行过程中的各种情况,及时解决出现的问题,以保证合同的兑现。检查方法各地也不尽相同。天津市工商行政管理局根据合同性质按军事、基建、贸易的次序有重点地进行监督检查,并创造了"卡片制",按户进行监督检查。哈尔滨市工商行政管理局采用了对合同备案的检查和从生产到产品验收全过程的检查方法。大连市工商行政管理局从边查边改的原则出发,在查成本、查质量、查管理的基础上,推动车间建立原始记录,把对合同执行情况的检查落实到企业的生产经营活动中。此外,不少地方工商行政管理局还会同工会及有关部门进行联合检查、重点抽查。

4. 调解仲裁合同纠纷。调解仲裁合同纠纷是合同管理的重要组成部分。从管理范围看,工商行政管理部门主要受理公私之间的合同纠纷。解决纠纷的程序是,先由当事人双方协商解决,并报工商行政管理局备案。双方不能协商解决,报请工商行政管理局仲裁。对工商行政管理局的仲裁有异议,任何一方均可向人民法院起诉。天津市工商行政管理局解决合同纠纷的一般做法是,在经过实地调查,听取承制厂工人们的意见和资方人员陈述后,再根据合同条文及该局规定的《核算工料成本意见》和各业务公司

的《处理违约内部掌握意见》,结合有关政策作出裁定。1955 年,该局共受理加工订货合同纠纷案 22 694 件,其中延期交货为最多,占半数以上;其次是规格质量不符合规定。

这些管理措施在当时是行之有效的,工商行政管理部门通过对加工订货合同的管理,可以发挥私营企业的积极性,限制其违反政策和计划的行为,使私营企业的生产经营听从政府安排。这也体现了国家对私营企业的利用、限制和改造的政策,推进了私营企业走向公私合营。

随着国家对工商业管理的不断加强,增产节约运动逐渐开展,工会组织日趋健全,职工的群众性监督日益加强,保证制度的作用逐渐消失。到 1955 年,国务院对天津市关于担保问题的请示批复:"国营、地方国营、合作社企业都是社会主义企业。这些企业所签订的合同(包括公私之间的合同),不需要具保;公私合营企业属于社会主义性质的经济,社会主义成分已在企业中居于领导地位。对外签订合同,亦可不具保。"至此,经济合同的保证制度被取消了。

工商行政管理部门管理加工订货合同取得的效果:

1. 对维护国家计划,改善市场供应起到了一定的保证作用。经济合同不仅是保证完成国家计划的重要手段,而且对国家计划起间接补充作用。通过经济合同,可以将非计划产品纳入国家计划轨道,可以使一些企业的生产经营活动避免盲目性。

2. 贯彻价格政策,稳定市场物价,对抬价、乱涨价等非法行为起到了一定的限制作用。工商行政管理部门在对经济合同的审查及检查过程中,一旦发现价格不符合国家物价政策和规定的,立即督促当事人予以纠正。

3. 对改善企业经营管理起到了一定的促进作用。不少企业逐渐体会到,签订经济合同,可以使自己有计划地安排生产和销售,避免造成积压和浪费,在客观上促进了企业经营管理水平的提高。

4. 对提高企业产品质量起到了一定的监督作用。经济合同中产品的技术标准和

质量要求,是需方验收时的主要依据。需方严格按照规定标准验收,不合格的有权拒收或按质论价,特别是对没有国家规定的技术标准和专业标准的产品,经济合同具有更重要的监督意义,这就要求生产单位必须不断提高产品的质量。

5. 对解决企业之间的合同纠纷,密切工商关系起到了一定的协调作用。

二、1956年到十一届三中全会召开期间的经济合同管理

1956年,国家对农业、手工业和资本主义工商业的社会主义改造基本完成以后,社会经济关系发生了重大变化。广大个体农民和手工业者走上了合作化道路,私营工商业实现了全行业公私合营。社会经济成分和经济关系发生了很大的变化,私营经济成分已不存在。因此,工商行政管理部门原来对私营企业与国营企业之间的加工订货合同和购销合同的管理任务,也随之结束。当时,经济合同法律关系的主体为国营企业、集体企业。对这些企业之间以及这些企业与国家机关、社会团体、事业单位之间签订的经济合同,主要由各级财经委员会和有关业务主管部门分工管理。

对农村的购销合同、加工合同、运输合同、预购合同、预售合同、技术支援合同、产品包销合同、部门之间的协作合同等,由地方政府设专门机构进行管理,以保证国家对农业生产的计划指导,协调和密切工农关系,促进当事人正确地订立和履行经济合同。有的地方,县一级设立合同委员会,吸收有关部门的负责人参加;区、社也成立合同委员会,下设办公室,配备1名至3名专职干部;各管理区(生产大队)设合同小组,定期召开会议,检查合同执行情况。

1958年的"大跃进"和1959年的反右倾斗争,把高指标、瞎指挥、浮夸风和"共产风"推向新高峰,使国民经济的重大比例关系严重失调,陷入了极大的困境。有些部门和地区否定商品交换,实行无偿调拨,使合同管理处于无所作为的状况。1961年9月,中共中央对国民经济提出了以调整为中心的"调整、巩固、充实、提高"的八字方针,使

国民经济有了转机。为了贯彻这个方针,改善市场供应状况,增加货源,不少地方的国营商业对部分日用工业品、一部分手工业品通过签订加工订货合同,将生产与收购衔接起来,改进了收购工作。因此,有少数大城市的政府授权工商行政管理部门继续管理加工订货合同,确保加工订货合同的订立和履行。

针对经济调整时期一度出现的市场比较混乱、违法行为猖獗的状况,工商行政管理部门在合同管理中,采取了许多措施,及时发现和制止违法行为,保障社会经济活动的正常进行,从而达到稳定市场、确保调整方针顺利贯彻的目的。武汉市工商行政管理局会同有关业务主管部门经多次研究,于1962年1月制定了《关于加工、订货、包销合同管理的暂行规定》以及《关于加工、订货、包销合同违约处理试行办法》,对签订合同的原则、工缴货价、原材料使用、产品验收和监督检查、仲裁纠纷及违法案件的处理等都有明确的规定,并于1962年1月在《关于鉴证管理中有关问题的说明》中,对鉴证任务、鉴证程序、鉴证原则以及鉴证后督促检查等都作了较详细的规定。该局在1963年8月颁布的《关于加工、订货、包销合同违约处理试行办法》中规定了仲裁程序及违约罚则,要求在处理合同纠纷中贯彻以"教育为主,处罚为辅"的原则。这些合同管理规定不仅便于工作的开展,而且也保护了当事人的合法权益。

鉴于这个时期加工订货合同管理的对象是全民所有制或集体所有制单位,数量大、涉及面广,而当时的工商行政管理部门人力有限,只能集中力量加强对金额较大、对稳定市场作用较大的加工订货合同的管理。各地工商行政管理局从本地区实际出发,以合同金额为标准,明确了管理范围。武汉市规定:订货产值在1 000元以上,加工费在300元以上,工业性修理费在500元以上以及包销等合同,经甲乙双方主管部门审查同意后,承接方为市属工厂,报市工商行政管理局鉴证备案,承接方为区属工厂,报送工商行政管理局(科)鉴证备案,并经常会

同有关部门检查督促企业履行合同,及时处理合同纠纷,协调了工商关系。

在"文化大革命"十年动乱期间,在极"左"路线的作用下,更加强化了计划经济、统购包销,经济合同这种商品经济的产物及经济合同管理工作,被视为"国营企业与集体企业之间都是公对公,没有存在的必要",进而受到批判和抛弃,被带上"资本主义管、卡、压"等帽子而"靠边站"。因此,这一时期经济合同制度和管理工作日益淡化。仅有的少数大城市工商行政管理部门管理加工订货合同的工作,也难以为继,名存实亡。

三、1978年十一届三中全会召开到1982年《经济合同法》颁布施行期间的经济合同管理

1978年12月中共十一届三中全会以后,全党全国的工作重心从以阶级斗争为纲转移到以经济建设为中心的轨道上来,实行对外开放、对内搞活经济和进行经济体制改革,大力发展有计划的商品经济,推广合同制,从而给经济合同管理工作带来了新课题。

(一)工商行政管理部门管理经济合同的职能

1978年4月,《中共中央关于加快工业发展若干问题的决定(草案)》规定,企业"协作双方必须签订经济合同,稳定协作关系,要逐步向签订长期合同的方向发展。合同一经签订,必须严格执行,破坏协作,破坏合同,就是破坏社会主义计划经济。"

1978年8月,国务院在关于成立工商行政管理总局的通知中规定,工商行政管理部门的主要工作之一,是管理全民所有制企业和集体所有制企业的购销合同、加工订货合同,调解仲裁合同纠纷。国务院的这一决定,第一次明确恢复了工商行政管理部门管理上述经济合同的职能。为了迅速地开展工作,从中央到地方各级工商行政管理部门,逐步设立了专门的合同管理机构。工商行政管理总局下设合同局(1982年改为合同司),省级工商行政管理局设合同处,地区级工商行政管理局设合同科,县级工商行政管理局设合同股。到1981年底,全国有26

个省、214个地市和1 076个县设立专门的合同管理机构,共有专职合同管理人员4 160人,兼职人员1 620人,在全国形成了一个较为完整的合同管理系统。

但考虑到企业的购销合同和加工订货合同种类多、数量大、涉及面广、业务性强,在当时条件下,由一个部门统一管起来确实有很大困难,特别是工商行政管理部门机构正在恢复,没有能力完全承担这一任务,从实际情况出发,工商行政管理总局经与有关部门协商,提出分工管理经济合同的建议,并于1979年4月得到国务院的正式认可。所谓分工管理,就是由若干有管理权的行政部门划分出各自的管理范围。在这个范围内,根据国家授权,结合本部门特点,制定政策,建立制度,发布规章,进行监督。分管部门之间相互合作,但互不隶属。根据国务院有关规定,按照经济合同主体所属行业不同分工如下:

工业与商业部门、农业与商业部门之间的合同由工商行政管理部门管理;

工业、物资和商业部门本系统内的合同,由各业务主管部门自行管理;

不同的工业部门、工业与物资部门、工业与农业部门以及工农商业与交通运输部门之间的合同,由各级经济委员会管理。

至此,工商行政管理局、经委和业务主管部门分工管理经济合同的格局基本形成。到1979年8月,工商行政管理部门除了管理工商、农商之间的合同外,在上述分工的基础上又增加了管理不同商业部门之间(简称商商)的合同。

对经济合同实行分工管理,不仅有现实的原因,也是历史的习惯。早在20世纪50年代对私营工商业改造时期、60年代经济调整时期,就曾采用过这种方法,并取得一定成效。在统管经济合同的时机、条件尚不成熟的情况下,实行分工管理的优点在于:(1)有利于集中力量,提高管理效果;(2)有利于发挥业务主管部门懂专业、熟悉业务的特长,使其对经济合同的管理与对其他项目的管理结合起来;(3)业务主管部门掌握本系统的计划、财权、物权,便于管理和执行。

当然,分工管理体制也有一定的弊病,主要表现在政出多门,适用政策、法规不统一,跨部门、跨地区、跨行业的经济合同纠纷不易秉公解决,往往偏重于本部门的局部利益等问题。但从当时的情况看,利大于弊,是加强经济合同管理工作的有效办法。

(二)通过试点积极推行经济合同制

1. 经济合同管理试点工作有序展开。中共十一届三中全会以来,根据改革、开放、搞活的方针,农村经济体制改革正在逐步推行,城市体制改革开始试点,社会主义商品经济方兴未艾,市场机制作用扩大,工商行政管理部门的经济合同管理工作,包括工业部门与商业部门之间,农业部门与商业部门之间,不同商业部门之间的购销合同,数量多,金额大,管辖范围涉及工业、农业、商业各个部门,从生产到流通,从城市到农村,遍及全国,任务很重。面临这种新的形势和新的任务,需要进行认真的调查研究,通过试点,边实践,边总结,边提高,逐步摸索出管理经济合同的办法。

在任务重、困难大、人员少、人手新的条件下,工商行政管理总局和各地工商行政管理局的合同管理人员,分别对一些省、部分县、几个行业的工商企业和农村生产队进行了调查研究,有计划地对购销合同进行试点管理。到1979年12月,仅一年时间,就有24个省、自治区、直辖市的352个市县的工商行政管理部门展开了合同管理试点工作。到1980年底,开展这项工作的市县已达1 348个,占全国市县总数的58.5%。到1981年底,全国200多个大中城市和近60%的县,都开展了经济合同管理的试点工作。

2. 初步打开了推行经济合同制的局面。在试点过程中,各级工商行政管理部门广泛深入地宣传实行经济合同制度的重要意义。通过各种会议和讲座等形式,反复向企业的领导、业务、财会等有关人员进行辅导,让他们了解实行经济合同制的作用和好处,提高法制观念,增强依法签订和履行经济合同的自觉性,掌握签订和履行经济合同应该遵守的基本原则,学会运用法律手段管理企业的

经济活动,加强经济核算,改善经营管理,提高经济效益。同时通过培训不断提高广大工商行政管理干部的思想认识和理论政策水平,坚定信心,克服困难,树立管好经济合同的责任感。1979年3月,国务院批准的关于全国工商行政管理局长会议的报告指出:"合同管理是一项新的工作,需要经过认真的调查研究,会同有关部门着手制定统一的管理办法"。根据国务院指示精神,各级工商行政管理部门在试点阶段,认真进行了调查研究,摸清有关经济合同的基本情况和主要问题,做到心中有数。然后本着先易后难的原则,选择一些产销情况比较正常的行业或企业进行试点,取得经验,再逐步推广。并且把推广经济合同制作为工作重点,采取"以推广为主,先推广后管理,推广和管理相结合"的办法,打开了推行经济合同制的局面。

3. 发布实施《关于管理经济合同若干问题的联合通知》。为了适应试点的需要,加强经济合同的管理工作,工商行政管理总局会同国家经济委员会、中国人民银行,针对经济合同管理工作中亟待解决的一些重要问题,共同起草了《关于管理经济合同若干问题的联合通知》,于1979年8月发布实施。《联合通知》规定,对供货、产销、加工、运输等经济合同按以下分工进行管理:工业、农业、物资、交通运输、商业(包括外贸、粮食、供销合作社,以下同)等部门本系统内的经济合同,由各业务主管部门自行管理;不同工业部门之间,工业与物资、建筑、农业部门,工、农、商、物资、建筑与交通运输部门以及机关、团体、部队、事业单位与工业、交通运输部门之间的经济合同,由各级经济委员会或相应的机关管理;不同商业部门之间,工业、农业部门以及机关、团体、部队、事业单位与商业部门之间的经济合同,由各级工商行政管理局管理。有关单位在签订经济合同时,必须根据国家的政策、法令和计划安排,本着按需生产,保证供应,促进国民经济发展的原则,以平等的地位,实事求是地进行充分协商。合同的主要内容应包括:产品的名称、品种、规格、质量,产品的数量

和计量单位,工业品的技术标准,包装要求和包装物的供应与回收,交货方法和地点,运输方式,交(提)货日期,产品的价格、结算方式,结算银行、单位账号,经济责任等。在文字上要写得具体、明确和清楚。合同签订后,即具有法律效力,双方必须恪守信用,严格执行。任何一方不认真履行合同,给对方造成损失时,应承担经济的和法律的责任。如需要修改或终止时,应经双方协商同意,签订修订或撤销合同的协议书。其中属于国家计划管理的重要产品报送业务主管部门备案;鉴证的合同报送鉴证机关备案。协议书未签订之前,原合同继续有效,任何一方不得借口拒绝执行。因修改或撤销合同所造成的损失,要本着公平合理的原则,由提出修改或撤销合同的一方负责赔偿。合同管理机关有权查阅企业的有关资料,检查合同执行情况,督促企业认真履行合同。如发现有碍合同执行的问题时,要提请有关部门采取有效措施,及时解决。对于偷工减料、转包渔利、倒卖合同或有意逃避监督管理等违法行为,提交工商行政管理部门查处,情节严重的,交由司法机关依法惩处。这个《联合通知》是一系列经济合同立法工作的开始,为开展试点,推行经济合同制,加强经济合同管理工作,明确了一些政策界限,解决了一些实际问题,在合同管理史上具有承前启后的意义。

根据《联合通知》精神,工商行政管理总局按照分工权限,于1980年5月又发布了《关于工商、农商企业经济合同基本条款的试行规定》和《关于工商行政管理部门合同仲裁程序的试行办法》。前者是工业、农业企业与商业企业签订和履行合同时的行为准则,分别就《联合通知》规定签订经济合同的主要内容,作了详细规定。后者是合同管理机关在调解仲裁经济合同纠纷时应遵循的基本规则,分别就仲裁机关、仲裁组织、案件受理、仲裁的调查和取证、一级仲裁、二级仲裁、仲裁的生效和执行、复查及案件归档等作了具体的规定。《试行规定》和《试行办法》是《关于管理经济合同若干问题的联合通知》的发展和具体化,成为工商行政管

理部门在合同管理试点工作期间的主要法律依据。在部门立法的同时,有些地区结合本地具体情况制定了地方性合同法规。

所有这些规定,都强调要求签订经济合同的双方或多方,必须是根据国家规定,经过审查批准并领到正式《营业执照》的单位,其代表人真正具有代表资格。签约双方或多方必须具备实现合同的物质条件,如厂房、设备、技术、资金及其他固定资产等。生产的产品要质价合理,适销对路,并要考虑到市场需求量的变化和原辅材料、燃料、动力等供应情况。签约双方或多方经过充分协商,力求把矛盾解决在合同签订之前,使合同的签订最大限度地建立在合法、合情、合理而且能行得通的基础上。

对履行经济合同中发生的纠纷,各级工商行政管理部门贯彻了调解为主、裁决为辅的原则,力求把矛盾解决在萌芽之中,尽力减少经济损失,维护当事人的合法权益。为此,在调解纠纷时要认真地听取双方意见,做好调查研究,彻底弄清问题的原因和关键所在,多做说服教育工作,公正合理地解决问题,使有关各方从中吸取教训,提高认识,更好地贯彻经济合同制。对于调解无效的纠纷,仲裁时要做到有理有据,经得起时间的考验。《联合通知》规定:"在合同执行中,如发生纠纷,签约双方应主动进行协商,尽量求得合理解决。协商不成,任何一方均可按照合同管理分工,向对方所在地的县(市)和大中城市的区经委(或相应机关)、工商行政管理局申请调解仲裁,如一方不服,可在接到仲裁决定书的次日起10天内向上一级管理合同机关申请复议。如对复议仍然不服,则可在接到复议仲裁决定书的次日起10天内向人民法院提起诉讼。"上述规定,为两级仲裁制奠定了基础。

工商行政管理总局根据《联合通知》制定的《关于工商行政管理部门合同仲裁程序的试行办法》,于1980年5月发布实施。《办法》第一条规定,工商行政管理部门对合同纠纷实行二级仲裁办法。县(市)、省辖市的区和直辖市的区工商行政管理局负责一级仲裁;省辖市、地区和直辖市工商行政管

理局负责二级仲裁。省辖市、地区和直辖市工商行政管理局对认为有必要直接受理的由下级工商行政管理局移送的合同纠纷案件,只实行一级仲裁。第十六条规定,当事人对一级仲裁不服时,可在接到一级仲裁决定书的次日起 15 日内,向上一级工商行政管理局申请二级仲裁。第二十条规定,当事人对二级仲裁不服时,可在接到二级仲裁决定书的次日起 15 日内向人民法院起诉。

工商行政管理部门对经济合同纠纷实行二级仲裁制,是借鉴了人民法院二级终审制和经委系统二级仲裁制的做法。实行两级仲裁,有利于及时纠正仲裁工作中出现的偏差,既保护了当事人的合法权益,又加强了上级仲裁机关对下级仲裁机关的业务指导和监督。

1980 年 8 月 8 日,最高人民法院经济审判庭在《关于人民法院经济审判收案办法的初步意见》中规定:“应当经过仲裁的案件,一般应经终局仲裁,如对终局仲裁不服,可予收案,由于仲裁机关工作尚未开展而直接向法院起诉的经济纠纷案件,也可酌情受理。”这一规定,使负责经济合同仲裁工作的行政部门和司法部门相互衔接起来,更重要的是明确了工商行政管理部门的仲裁成为合同纠纷当事人向人民法院起诉的必经程序。在一般情况下,凡属于工商行政管理局管辖范围内的经济合同纠纷,必须先经过工商行政管理局的仲裁,未经仲裁的合同纠纷,人民法院不予受理。这样就形成了两裁两审制度。

工商行政管理系统的二级仲裁制度,发挥了一定作用。随着经济体制的改革,合同制的推行,合同管理工作的加强,企事业单位越来越重视自身的经济利益,经济合同纠纷日益增多。工商行政管理部门受理的合同纠纷,1979 年寥寥无几,1980 年就有 4 877 件,1981 年达到 9 487 件。合同仲裁使大量的合同纠纷及时地在行政程序中得到解决,保护了当事人的合法权益,维护了社会经济秩序,避免了合同纠纷都涌向人民法院的情况。

4. 经过 3 年时间的合同管理试点工作,

促进了经济合同制度的广泛实行,使经济合同的积极作用得到了较好的体现。第一,落实了国家的有关计划,并为制定新的计划提供了可靠的信息。企业根据上级下达的生产、销售计划指标,将品种、价格、数量、质量等方面的要求,在经济合同中体现出来,把履行经济合同与完成国家计划紧密地联系在一起。通过经济合同的订立和履行,可以检查计划制订得是否符合实际,为制订新的计划或修改原来的计划提供了信息。第二,促使企业关心市场,按市场需要组织生产,及时调整产品结构,取长补短。过去单凭计划安排生产,企业只注重完成产量、产值、利润,不关心产品销路。因此,产品结构不合理,花色品种单调,更新换代缓慢,供求关系失调。通过签订经济合同,把社会需要和社会生产紧密地结合在一起,克服了上述弊端。第三,加强了由市场调节的那部分商品的生产和销售的指导,贯彻“以销定产”或“按需生产”的原则,减少了盲目性。第四,由于加强了经济合同管理工作,合同双方增强了履约的责任感,守信誉,重效益,促进企业提高经济管理水平。经济合同的核心是责任制,为了避免承担因违约而产生的法律责任,做到全面履约,企业必须加强内部的经营管理,健全各项制度。第五,维护了企业的合法权益,使企业之间的权、责、利以法律的形式固定下来。第六,密切了工、农、商之间的关系,加强了社会主义协作,减少了扯皮现象。在大中城市的蔬菜生产和供应上,出现了品种比较齐全,均匀上市,劣质、烂菜大为减少,农商双方皆受其利的新局面。

第二节　1982 年到 1993 年《经济合同法》颁布实施期间的经济合同管理

一、《经济合同法》的制定颁布

从 20 世纪 50 年代初到 80 年代初,我国调整经济合同关系的规范,以国家政策为其主要表现形式,对国民经济的恢复和发展,起过重要作用。但随着党和国家工作重点向经济建设的转移，原有的经济合同政策、法规日益暴露出与经济改革的不相适应性，迫切需要制定一部比较系统、全面的经济合同法，以规范日趋复杂的经济关系。特别是中共十一届三中全会以后，在改革、开放方针的深入贯彻，社会主义商品经济迅速发展的新形势下，经济合同数量日益增加，对经济合同的监督与管理也需要相应地作出统一的规定。

1979年6月，在五届人大二次会议上，许多代表提出了加快经济立法的建议。全国人民代表大会常务委员会副委员长彭真在五届人大二次会议上讲话中提到："今后随着经济调整和体制改革工作的进展，需要进一步加强经济立法工作，特别是工厂法、合同法等，必须抓紧拟订。"根据这些要求，1980年10月，在全国人民代表大会常务委员会的主持下，由工商行政管理总局、国家经济委员会牵头，包括国家计划委员会、国家基本建设委员会、国家农业委员会、国家进出口委员会、国务院财贸小组、国防工业办公室、物资管理总局、商业部、外贸部、铁道部、中国人民银行、最高人民法院等14个单位组成了经济合同法起草小组，从中央各部委抽调154名干部，组成15个调查组，分赴全国16个省、自治区、直辖市，在16个地（市）县召开各种类型座谈会600多个，听取2 500多个单位的领导干部、工作人员近6 000人次的意见，广泛地进行调查研究。起草小组在总结新中国成立30多年来各方面的经济交易活动经验基础上，根据中国的经济制度和经济政策，特别是中共十一届三中全会以来的新情况，并借鉴外国有关合同立法的经验，写出了《经济合同法》草稿，经过反复讨论、修改，征求法学专家的意见，先后易稿20多次，最后提交全国人民代表大会常务委员会审议。

1981年12月13日，五届全国人大四次会议审议通过了《中华人民共和国经济合同法》，从1982年7月1日开始实施。这是我国改革开放以后，第一部专门调整经济领域内各种经济交易活动关系的重要法律，是我国第一部比较完整系统的经济合同法，是正确处理我国经济合同关系的主要准则，它标志着我国以经济建设为中心的改革开放开始步入法制轨道。它的颁布实施，对于保护经济合同当事人的合法权益，维护社会经济秩序，提高经济效益，促进社会主义现代化建设的发展，具有重要意义。

二、经济合同管理体制上的改革

五届全国人大四次会议通过的《中华人民共和国经济合同法》共7章57条，对经济合同的订立、履行、变更、解除、管理以及违约责任和纠纷处理等，作了原则规定，对购销、建设工程承包、加工承揽、货物运输、供用电、仓储保管、财产租赁、借款、财产保险、科技协作等10种经济合同的订立、履行、违约责任，作了比较具体的规定。它是调整企业、国家机关、事业单位、社会团体等法人之间，以及法人和个体经营户、农村承包户之间的经济合同关系的行为准则，也是在经济领域内加强社会主义法制的一项重大措施。

《经济合同法》明确规定：订立经济合同，必须遵守国家的法律，必须符合国家政策和计划的要求。任何单位和个人不得利用合同进行违法活动，扰乱经济秩序，破坏国家计划，损害国家利益和社会公共利益，牟取非法收入。订立经济合同，必须贯彻平等互利、协商一致、等价有偿的原则。任何一方不得把自己的意志强加给对方，任何单位和个人不得非法干预。经济合同依法成立，即具有法律约束力。当事人必须全面履行合同规定的义务，任何一方不得擅自变更或者解除合同。经济合同发生纠纷时，当事人应及时协商解决。协商不成时，任何一方均可向国家规定的合同管理机关申请调解或仲裁，也可以直接向人民法院起诉。各级业务主管部门和工商行政管理部门应对有关的经济合同进行监督检查，建立必要的管理制度。各级业务主管部门还应把企业经济合同的履行情况，作为一项经济指标进行考核。人民银行、专业银行、信用合作社应通过信贷管理和结算管理，监督经济合同的履行。对于订立假经济合同，或倒卖经济合同，或利用经济合同买空卖空、转包渔利、非法转让、行贿受贿，以及其他危害国家利益和公共利益的违法行为，由工商行政管理部门负责处理，需要追究刑事责任的移送司法机关处理。

根据《经济合同法》的有关规定，1982年4月，国务院批转国家经济委员会、国家工商行政管理局、国务院经济法规研究中心《关于对执行经济合同法若干问题的意见的请示》，明确了从中央到地方各级工商行政管理部门统一管理经济合同。其主要任务，一是指导和督促检查有关部门与当事人管理好本单位本系统的经济合同；二是确认无效经济合同，查处利用经济合同进行违法活动的案件；三是调解、仲裁经济合同纠纷。在合同管理体制上进行了重大改革：

（一）改变了分工管理体制，实行国家和地方各级工商行政管理局统一管理的体制

工商行政管理部门根据国家赋予的职能，从总体上制定合同管理的方针、政策和有关法规。各业务主管部门仍负有管理好本系统内的经济合同的责任，包括建立制度，监督检查，考核所属企业等，同时接受工商行政管理部门的监督检查。

（二）对无效经济合同和利用经济合同进行违法活动的，工商行政管理部门有确认权和查处权

随着经济政策逐步放宽，有些不法分子趁经济搞活的时机，以订立假合同、倒卖经济合同、利用经济合同等手段进行买空卖空、转包渔利、行贿受贿以及其他危害国家利益和社会公共利益的违法活动，干扰和妨碍了改革的顺利进行。针对这些问题，国家授权工商行政管理部门对上述违法行为进行查处，并把行政查处权、确认权以及仲裁权统一起来，加强了经济合同的管理工作。

（三）1983年8月，国务院发布了《中华人民共和国经济合同仲裁条例》，重新划分了仲裁权限

《经济合同仲裁条例》进一步规定，经济合同仲裁机关是国家工商行政管理局和地方各级工商行政管理局设立的经济合同仲裁委员会。各级经济委员会和有关业务主管部门负责对本系统本部门经济合同的监督检查，但不能仲裁经济合同纠纷。

（四）仲裁不再成为诉讼的必经程序

诉讼权是公民或法人的基本权利，为保证这一权利的充分行使，原来对当事人发生合同纠纷后，必须先向仲裁机关申请仲裁，对终局仲裁不服的，才能向人民法院起诉的规定，根据《经济合同法》和《经济合同仲裁条例》，改为当事人既可向仲裁机关申请仲裁，也可直接向人民法院起诉，不再把行政仲裁作为解决合同纠纷向人民法院起诉的必经程序。这种"裁审自择"的规定，既考虑了中国的传统习惯，即当事人怕撕破脸不愿意到人民法院起诉，而愿由行政解决的心理状态，又保证了当事人向法院起诉的基本权利，使其有广泛的选择余地，同时也兼顾了一些地方仲裁机关与经济审判机构都不健全，工作人员不足的实际情况。

（五）简化裁级，缩短解决经济合同纠纷的时间

《经济合同法》颁布实施前，经济合同纠纷的处理实行两裁两审制度，即仲裁机关两级仲裁和人民法院两级审判，共4级。实践证明，这种制度层次多、时间长、效率低，不利于生产和流通，有时还会增大经济损失。《经济合同法》颁布实施后，改为一裁两审制。即当事人对仲裁机关的仲裁不服，不必再向上级仲裁机关申请二次仲裁，可直接向人民法院起诉。1983年《经济合同仲裁条例》的颁布，使一裁两审制更加具体和完备，从而在一定程度上减少了诉讼程序，缩短了大量经济合同纠纷的解决时间。

三、建立多层次的合同管理结构

随着改革、开放方针的深入贯彻，国家指令性计划的范围缩小，市场机制作用的扩大，企业的横向经济来往日益增多，商品经济迅速发展，经济合同不仅大量增加，而且也为科学技术、文化教育、卫生部门广泛采用。经济合同的主体，除全民所有制单位、集体所有制单位外，还有具有中国法人资格的中外合资经营企业、中外合作经营企业、外商独资企业和大量的与法人签订经济合同的城乡个体经营户。在农村，由于家庭联产承包责任制的推行和完善，各种形式的专

业户、承包户迅速发展,国家对部分农副产品及粮棉油统派购制度改为采用合同定购的办法,使广大农民同国家之间的经济联系,纳入了经济合同轨道。由于不同地区、不同行业、不同形式的经济联合体的发展,出现了为经济联合体服务的不同内容的经济合同。再加上价格体制改革,出现了国家统一价格、浮动价格、工商协商定价、企业自行定价、议购议销等多种价格形式。所有这些,都给各级工商行政管理部门管理经济合同,带来了许多新情况和新任务。

工商行政管理部门对经济合同的统一管理,并不等于也不可能把所有的合同管理工作统统包下来。所谓统管,主要是指从政策上、制度上加强集中统一性,避免多头管理时出现不协调,甚至相互矛盾和适用法律不一致的情况,以消除管理工作中的混乱现象,理顺各种经济合同关系。根据《经济合同法》和国务院的有关文件精神,从中央到地方,从部门到企业,逐步建立起多层次网络式的合同管理结构。概括地讲,大致可分为三个层次:

第一层,各级工商行政管理局,负责监督经济合同的订立和履行,经济合同纠纷的调解和仲裁,确认无效合同,查处违法合同以及督促检查各业务主管部门管好本系统的经济合同。

第二层,有关业务主管部门,负责管理本系统的经济合同。建立制度,审查合同文本,考核履约情况等,并相应地设置了本部门的合同管理机构。

业务主管部门的合同管理,是合同管理工作的重要环节。它们针对本系统本部门的实际情况,采取灵活多样的管理形式。有的成立合同管理领导小组,有的由主管领导人直接负责。行政性公司一级的合同管理,是从业务主管局派生出来的,管理范围小一些,专业性强一些,任务更具体一些。它是介于基层单位与业务主管部门之间的一级管理机构,起着承上启下的作用,就其性质而言,与业务部门基本相同。

第三层,直接从事生产经营活动的基层企业的合同管理,与企业的生产和其内部各项管理密切结合,同提高企业经济效益挂钩。企业管好自身的合同,是搞好全社会经济合同管理工作的基础。大量的合同管理工作要靠企业本身去完成。因此,在企业建立合同管理机构,制定合同管理办法,已逐渐为多数企业所重视。

自1982年《经济合同法》实施以来,我国的经济合同管理结构由传统的各自为政的格局,转为各级工商行政管理机关统一管理、业务主管部门和金融部门协同管理、企业进行自我管理的全方位、多层次的"三位一体"管理体系。

四、1982年至1993年间工商行政管理部门的合同管理工作

《经济合同法》实施后,工商行政管理部门的经济合同管理工作任务加重。为了适应工作的需要,从上至下,健全了经济合同管理机构,充实了经济合同管理人员,建立了各级经济合同仲裁委员会。在加强经济合同管理工作上,各级工商行政管理部门与有关部门密切配合,做了许多工作。

(一)开展《经济合同法》和有关法规的宣传和咨询服务工作

《经济合同法》是一部重要的法律,确定了经济合同是具有独立民事行为能力的当事人之间为了实现一定的经济目的,明确相互权利和义务关系的协议,并对签订经济合同的若干问题作了规定。我国绝大多数的企业在开展横向经济联系时,已采用签订经济合同的方式来进行。至1992年底,全国每年签订的经济合同有8亿多份,合同总金额超过1万亿元,经济合同的履行率基本稳定在签约数的三分之二以上。为此,各级工商行政管理部门将开展经济合同的法制宣传和培训作为合同管理工作中一项长期性的工作任务,在各级人大和政府的支持下,通过各种会议、专业训练班等形式,结合推行经济合同制的实际,特别是结合一些单位和工作人员由于不知法、不懂法、不守法、不能运用法律维护自身利益,给本单位造成经济损失的典型事例,大力宣传《经济合同法》和有关法规。通过广泛深入地开展《经济合同法》和有关法规的宣传教育工作,普及了

经济合同法律常识，提高了广大经济工作者的法律意识，为实施《经济合同法》打下了良好的思想基础和社会基础。

（二）参与经济合同管理有关法规、规章的起草和制定工作

为了更好地贯彻执行《经济合同法》，在国务院的领导下，国家工商行政管理局会同有关部门，起草了《经济合同仲裁条例》，国务院于1983年8月发布了《中华人民共和国经济合同仲裁条例》，从仲裁程序方面保证了《经济合同法》的执行。为了更好地调整各类经济合同关系，自1983年至1986年期间，国务院先后发布或批准发布了《建设工程勘察设计合同条例》、《建筑安装工程承包合同条例》、《财产保险合同条例》、《工矿产品购销合同条例》、《农副产品购销合同条例》、《加工承揽合同条例》、《借款合同条例》、《仓储保管合同实施细则》、《水路货物运输合同实施细则》、《公路货物运输合同实施细则》、《铁路货物运输合同实施细则》、《航空货物运输合同实施细则》，初步构成了比较完整的经济合同法规体系。国家工商行政管理局还根据国务院的授权，制定了《经济合同仲裁委员会组织规则（试行）》、《经济合同仲裁委员会办案规则》、《关于确认和处理无效合同的暂行规定》。有些地方工商行政管理局在当地政府的职能范围内，也制定一些地方性的经济合同管理的具体办法。

（三）经济合同鉴证工作

各地工商行政管理部门在《经济合同法》实施以后的试点工作中，对经济合同的鉴证采取了不同的做法。实践证明，根据本地区的实际情况，对经济合同实行部分鉴证、自愿鉴证的做法是可行的。全国人民代表大会常务委员会法制委员会在五届人大四次会议全体会议上关于《中华人民共和国经济合同法（草案）》的说明中提出："鉴于鉴证只是经济合同的一种行政管理办法，而且经济合同面广、量大，不可能也没有必要全面鉴证"。国家工商行政管理局根据试点经验和《经济合同法》的基本原则，于1983年8月同司法部发布了《关于经济合同鉴证与公证问题的联合通知》，规定鉴证采取自愿原则。1985年8月，国家工商行政管理局又发布了《关于经济合同鉴证的暂行规定》，明确了"鉴证是经济合同管理机关根据双方当事人的申请，依法证明经济合同的真实性和合法性的一项制度"，"经济合同的鉴证实行自愿原则"，从而统一了全国鉴证工作的做法。此外，《暂行规定》对鉴证机关、鉴证原则、鉴证内容、鉴证条件、鉴证手续等均做了明确规定。

鉴证是经济合同管理的一项内容，鉴证工作的开展有利于指导合同当事人依法签约，防止违法、无效合同的产生，提高签约质量和履约率，减少"三角债"。至1992年底，全国各级工商行政管理部门共鉴证的经济合同6 005万份，合同金额7 865亿元，经工商行政管理机关鉴证的经济合同，其履约率一直稳定在95%以上。实践证明，经济合同鉴证是一种行之有效的合同管理方式。

（四）推行经济合同示范文本制度

《经济合同法》自1982年实施以来，经济合同在我国城乡经济生活中得到了广泛应用。到1992年，经测算全国每年签订的书面经济合同在8亿份以上，经济合同制度在我国社会主义经济中发挥着愈来愈重要的作用。但是，多年来的实践也暴露出签订经济合同中存在的一些问题，主要是一些当事人签订的经济合同不规范，条款不完备，漏洞、问题较多，给经济合同履行带来很大困难。其结果不仅影响了经济合同的履约率，而且还导致合同纠纷增多，解决经济纠纷的难度增大。造成上述问题的原因很多，其中很重要的一点，就是对经济合同文本缺乏规范的、有效的指导和管理。

国家工商行政管理局自1986年以来，根据《经济合同法》及有关法规的规定，从调查研究入手，先后设计出几种合同文本，拟定实施办法和方案，并征求有关业务主管部门和地方工商行政管理局的意见，经修改、充实后，形成一套经济合同示范文本和管理办法的草案，并于1990年2月报请国务院批示。同年3月，国务院办公厅批转了国家工商行政管理局《关于在全国逐

步推行经济合同示范文本制度的请示》（国办发［1990］13 号），指出："推行经济合同示范文本制度，是贯彻《经济合同法》、提高经济合同履约率、整顿流通秩序的一项重要措施。"

1990 年 8 月 20 日，国家工商行政管理局发布《经济合同示范文本管理办法》。对经济合同示范文本的制订和发布，作了如下规定：一是购销合同、建设工程承包合同、加工承揽合同、财产租赁合同、仓储保管合同的示范文本，由国家工商行政管理局发布，或由国家工商行政管理局会同国务院有关业务主管部门联合发布。二是借款合同、财产保险合同的示范文本由中国人民银行制订；电、水、热、气供用合同示范文本由能源部、建设部制订。国家工商行政管理局对上述经济合同示范文本审定、编号后，会同各制订部门联合发布。三是联营、企业承包经营、企业租赁经营等合同的示范文本，由国家工商行政管理局会同国务院有关业务主管部门根据实际需要制订发布。

1990 年以来，各级工商行政管理机关根据国务院的决定，在企业中开展了推行经济合同示范文本制度的工作。到 1992 年，国家工商行政管理局已经单独或与有关部委联合发布了 7 大类 28 种示范文本，全国有 70% 的企业开始使用示范文本签订合同。示范文本条款完备，内容严谨，有利于规范企业的签约行为。据普遍反映，广大企业作为实施合同示范文本的主体，已成为该项制度的直接受益者。推行经济合同示范文本制度，统一经济合同文本，一方面有助于当事人了解、掌握有关法律和法规，使经济合同的签订规范，避免缺款少项和当事人意思表示不真实、不确切，防止出现显失公平和违法条款；另一方面便于合同管理机关加强监督检查，有利于合同仲裁机关和人民法院及时解决合同纠纷，保护当事人的合法权益，保障国家和社会公共利益。从而进一步贯彻治理整顿和深化改革的方针，完善经济合同制度，规范合同当事人的行为，维护了正常的经济秩序。

（五）仲裁经济合同纠纷

这是 1993 年前工商行政管理部门管理经济合同一项重要工作。自 1983 年起，各级仲裁机关受案数量逐年增加。至 1992 年底，全国各级工商行政管理仲裁机关共仲裁经济合同纠纷案件 212 万起，合同金额 468 亿元，解决争议金额 208 亿元。仲裁的结案率常年保持在 98% 以上，调解结案率保持在 91% 以上。

根据日益繁重的仲裁任务的需要，工商行政管理部门在加强仲裁机构建设，制定规范的办案规则，提高办案质量等方面，做了大量的工作。

1. 设立经济合同仲裁委员会。1983 年《经济合同仲裁条例》发布后，国家工商行政管理局发布了《经济合同仲裁委员会组织规则（试行）》。至 1986 年在国家、省、地、县四级工商行政管理局共设立了仲裁机构 2 892 个，占应设机构的 95.6%，配备专职仲裁员 8 426 人，到 1990 年，全国各级仲裁委员会已经有 3 456 个，专职仲裁员 11 398 人，兼职仲裁员 4 758 人。至 1992 年底，我国县级以上经济合同仲裁委员会已近 4 000 个，派出仲裁庭达 4 000 余个，自上至下形成了较为完整的仲裁体制。

各级仲裁委员会受同级工商行政管理局和上级仲裁委员会的领导与监督。仲裁委员会处理经济合同纠纷案件，由仲裁委员会主任或副主任指定一名首席仲裁员和两名仲裁员组成仲裁庭进行。仲裁委员会与仲裁庭既相互联系又有区别。仲裁委员会是处理经济合同纠纷的常设机构，是固定的仲裁组织，其仲裁职能的实现，除个别疑难案件由仲裁委员会讨论处理外，一般通过仲裁庭完成。而仲裁庭则是处理合同纠纷临时设立的具体办事组织，遵循一案一设原则，案件处理完毕，仲裁庭随之撤销。仲裁庭受仲裁委员会领导。

仲裁委员会主任由工商行政管理局局长或副局长担任，副主任和委员由工商行政管理局有关人员担任。而仲裁员则必须具备能独立办案的各种条件。在《经济合同仲裁委员会组织规则（试行）》中对仲裁员、书记员的条件，都有明确规定。仲裁委员会成员同时又是仲裁员而具有双重身份时，可直接参加办案工作。

2. 制定规范化的办案规则。各级仲裁委员会成立初期，从实践中总结经验，针对办案中存在的问题，制定了一些规章制度。各地工商行政管理局经济合同仲裁委员会，对其下级仲裁委员会处理的案件，采取逐卷调阅，逐项登记，逐案评查，然后从处理结果、办案程序、文书档案等方面进行综合分析、评议和检查。从评查结果看，多数案件事实清楚，责任分明，适用法律正确，证据齐全，文书完善，卷宗整齐，处理恰当。但也查出一些问题：主要是适用法律不当；不符合仲裁程序；文书制作欠妥，卷宗混乱；有的案件办理时间过长等，为此，国家工商行政管理局在总结各地工作经验的基础上，于1985年发布了《经济合同仲裁委员会办案规则》，共10章，分别对申述和受理、诉讼参加人、庭审准备、庭审、简易程序、送达、仲裁监督、仲裁协助、归档、回访等十个方面问题作出了较为明确的具体规定。

3. 不断提高办案质量。各级仲裁委员会在实践中摸索创造出一些提高办案质量的有效办法。（1）案例分析。不少地方仲裁委员会经常搜集具有典型性、针对性、代表性的案例，以会议的形式将仲裁人员召集在一起，深入细致地研究、剖析，从而得出比较一致、正确的结论。通过灵活多样的案例分析，一方面提高了仲裁人员的业务素质，加深了对经济法规的理解，增强了实际运用能力，提高了办案质量。另一方面，统一了政策、思想和工作步骤，沟通了仲裁工作信息，密切了上下级仲裁机关之间的关系。（2）案件互审。上级仲裁委员会，以召开互审会的形式，组织下级仲裁机关相互之间交换各自已经办理结束的案卷，相互审查对方的办案质量。

保证办案质量，是仲裁工作的一贯指导思想。1986年的泉州会议，突出讲了提高仲裁办案质量问题。1987年的沈阳会议和1990年的北京会议，再次强调了要把质量第一作为合同管理和仲裁工作长期的指导思想之一。多年来，这一指导思想已见成效，办案质量普遍有所提高。

4. 派出仲裁庭，扩大仲裁工作的服务面。派出仲裁庭，就是指由县工商行政管理局经济合同仲裁委员会按照经济区域，向工商行政管理所驻在地派出的仲裁组织。

随着农村经济体制改革的深入进行，农村商品经济日益发展，经济合同纠纷日益增多，基层仲裁委员会的承受能力与社会需要不相适应，如何妥善解决农村一些小的合同纠纷问题，已成为工商行政管理部门在新形势下，更好地为农村改革服务的重要课题。国家工商行政管理局对河北等地派出仲裁庭的经验予以了肯定，在浙江、山东、湖南、河南、江西、江苏、湖北等省陆续推广了这一经验。到1989年6月底，全国各地已建立派出仲裁庭3 678个，专、兼职仲裁人员达9 976人。

派出仲裁庭，是在临时仲裁庭的基础上，逐渐演变成的一种常设的仲裁组织形式。派出仲裁庭是按照"一案一庭"原则设立的临时办案组织，在县工商行政管理局经济合同仲裁委员会领导下开展工作。其成员由县仲裁委员会任命。派出仲裁庭的主要任务是：受理案情简单、争议金额较小的合同纠纷案件；办理县级工商行政管理局经济合同仲裁委员会交办的案件；协助上级仲裁委员会的文书送达、调查取证、开庭审理、仲裁回访、仲裁建议等项工作；向县级工商行政管理局移交无效经济合同和利用经济合同进行违法活动的案件。

派出仲裁庭，增强了基层仲裁委员会的办案力量。1988年，全国派出仲裁庭共办案15 000余件，占全国仲裁机关受案总数的32%。由于县仲裁委员会的人员有限，致使一些该办的案件无力受理，派出仲裁庭的成员都是从驻地工商行政管理所干部中任命的，增加了办案力量。由于派出仲裁庭是在驻在地工商行政管理所管辖区内办案，情况熟悉，结案率高，缩短了办案时间，节省了人力和办案经费，提高了办案效率，具有简易、及时、节约、便民的特点。

5. 解决了一些新的合同纠纷。在经济体制改革中出现了一些新的合同，如联营合同、企业承包经营合同、企业租赁经营合同等。1987年,科技协作合同又从经济合同中分离出去。1988年,国务院关于《国家工商行政管理局"三定"方案》中将企业承包经营合同、企业租赁经营合同和技术合同纠纷的仲裁纳入工商行政管理机关的职能。这些合同虽然部分采用了经济合同的基本原则,但又具有独特的法律性质和特征,对其纠纷处理难度较之经济合同更大。对此,各地仲裁机关做了许多有益的探索。以办理企业承包经营、租赁经营合同纠纷为例,在国务院《全民所有制工业企业承包经营合同和企业责任制暂行条例》和《全民所有制小型工业企业租赁经营暂行条例》发布以后,国家工商行政管理局于1988年发布《关于加强企业承包经营合同、企业租赁经营合同管理的通知》,全国仲裁机关已受理这类合同纠纷2 967件,为推进改革做出了努力,得到当地政府的好评。

6. 开展仲裁建议。仲裁建议是指仲裁机关在处理经济合同纠纷案件过程中,发现企事业单位、国家机关、社会团体等当事人在合同的签订、履行及管理中存在的问题,及时地、实事求是地向他们提出建议,以使他们吸取教训,采取措施,堵塞漏洞,改进工作,减少纠纷,提高经济效益。仲裁建议大致包括三个方面内容:一是在审理纠纷过程中发现的问题;二是产生问题的原因;三是改进意见。

7. 加强仲裁监督。仲裁监督是加强业务指导,提高办案质量的重要保证,主要包括两个方面:一是各级仲裁委员会定期地、有重点地检查本会办理审结的案件,对重大疑难案件由仲裁委员会讨论决定。二是上级仲裁机关经常检查下级仲裁机关已处理的案件,如发现在认定事实,适用法律、政策,执行程序和制作仲裁文书等方面确有错误,及时依法纠止。

(六)确认无效合同,查处利用经济合同进行的违法活动

无效经济合同是违反经济合同法律、法规、政策和计划的合同,它与有效经济合同要求的国家法律规定背道而驰。因此,无效经济合同从订立时起就是无效的,不具有法律效力,不受国家法律的承认和保护,且要受到法律、法规的监督和制裁。违法合同,也是无效的,确切地说,它是当事人规避法律、法规和政策,利用经济合同进行违法行为,以达到牟取非法收入目的的合同。

由于一些单位合同签订人员不懂法、不知法、不守法,缺乏签订合同的经验;由于在改革的过程中,新旧体制并存和逐步转换,在经济工作中存在一些漏洞;也由于一些违法分子利用不正之风,钻改革的空子,甚至是知法犯法,因此在经济合同中,出现了一批无效合同和违法合同。

《经济合同法》第七条规定,下列经济合同为无效:(1)违反法律和国家政策、计划的合同;(2)采取欺诈、胁迫等手段所签订的合同;(3)代理人超越代理权限签订的合同或以被代理人的名义同自己或者同自己所代理的其他人签订的合同;(4)违反国家利益或社会公共利益的经济合同。无效的经济合同,从订立的时候起,就没有法律约束力。确认经济合同部分无效的,如果不影响其余部分的效力,其余部分仍然有效。《经济合同法》第四条规定:任何单位和个人不得利用经济合同进行违法活动,扰乱社会经济秩序,破坏国家经济计划、损害国家利益和社会公共利益,牟取非法收入。

《经济合同法》实施后,国务院赋予工商行政管理部门确认无效合同和查处违法合同的职责和任务。各级工商行政管理部门在对经济合同的监督、检查、鉴证、仲裁过程中,确认了一批无效合同,查处了一批利用经济合同进行违法活动的案件,而且查处的案件在数量上呈现上升趋势。1983年至1992年,各级工商行政管理部门共确认无效合同65 793件,其中1983年1 473件,1984年1 550件,1985年3 720件,1986年4 464件,1989年高达15 383件。另外,各级工商行政管理部门查处利用签订合同的手段进行违法活动的案件,从1983年到1992年共有26 159件。其中1983年668件,1984年627件,1985年1 079件,1986年1 386件,1990年多达6 629件。通过经济合同管理,自1982年至1992年间,工商行政管理机关

共为当事人挽回经济损失达177亿元。

鉴于经济体制改革不断深入,经济关系十分复杂,经济法规尚待逐步完善的实际情况,为避免滥用、误用、错用无效经济合同确认权,国家工商行政管理局提出:确认经济合同无效,要持慎重态度,必须在查明事实、分清责任的基础上,依照国家法律、行政法规和政策,实事求是地处理。并于1985年7月,制定和发布了《关于确认和处理无效经济合同暂行规定》,为开展这项工作提供了法律依据。

(七)开展"重合同、守信用"活动

"重合同、守信用"一词来自周恩来总理生前的指示。邓小平同志曾指出,一切企业要做到信誉高于一切。国务院1982年第73号文件也强调了"重合同、守信用"的问题。开展"重合同、守信用"活动,是在企业依法签订和履行合同、加强自我约束、搞好经济合同管理工作的基础上,由当地政府或工商行政管理机关,按照统一的标准和程序,对企业履行合同的信用程度及予以考核、评估,确认和授予荣誉称号的活动。

为了适应改革开放、搞活经济的需要,深入贯彻执行《经济合同法》,加强经济合同管理,维护社会经济秩序,一部分省、市、县先后开展了"重合同、守信用"活动,开拓了经济合同管理的新路子。国家工商行政管理局于1986年8月,在辽宁省抚顺市召开了经验交流会,总结推广了统一部署、统一标准、统一考核验收程序、统一命名的"重合同、守信用"活动的经验。到1986年底,全国已有辽宁、江苏、四川、天津、湖北、广东、河北、山东、吉林、内蒙古、青海、安徽等20个省(市、区)开展了这项活动。申请参加这一活动的有72 233个企业,合格企业被命名为"重合同、守信用"单位,收到较好的经济效益和社会效益,受到各级政府的重视和支持。

为推动"重合同、守信用"活动向广度和深度发展,各级工商行政管理部门在各级政府的领导下,主要做了以下几项工作:

1. 加强组织领导,统一考核标准。各地工商行政管理部门都把"重合同、守信用"活动作为普及《经济合同法》、提高经济合同管理水平的一项重要工作,纳入议事日程,加强组织指导。针对各地区和各行业的实际情况,会同计委、经委、科委、农委和业务主管等部门,制定、印发了"重合同、守信用"的评定标准,一般是如下六条:(1)企业领导人带头并组织有关人员认真学习经济合同法规,增强法律意识,依法签订和履行合同;(2)有专管、兼管组织和人员管理经济合同,并有切实可行的合同管理制度;(3)企业对外签订的经济合同,除不可抗力和对方违约,以及发生争议经双方当事人协商解决者外,合同的履约率达到100%;(4)对外合同的签约率在同行业中较高;(5)没有违反国家法律、法规、政策和计划的行为与后果;(6)在同行业中经济效益较好。同时,还相应地制定、印发了"重合同、守信用"单位考核、评定、命名等一些措施和办法,对"重合同、守信用"活动的发展起到了积极的指导作用。

2. 开展宣传工作,提高思想认识。为引导广大企事业单位自觉参加"重合同、守信用"活动,各地工商行政管理部门与业务主管部门密切配合,采取多种形式向企业领导和有关人员宣传开展这一活动的积极意义,提高思想认识,激发和调动参加这一活动的积极性。对"重合同、守信用"活动中涌现的先进企业和先进事迹,通过报社、电台、电视台发布"重合同、守信用"单位的光荣榜,召开不同类型的座谈会和典型经验交流会,举办小型展览,汇编并宣传"重合同、守信用"单位的具体做法和取得效果的经验材料等,进行广泛深入的宣传工作,扩大影响,提高"重合同、守信用"企业在经济活动中的知名度。

3. 进行监督检查,实行分类指导。为保证"重合同、守信用"活动健康的发展,各业务主管部门推动企业开展"自查"、"互查"活动,按照评定标准找差距,制定改进措施,明确创建"重合同、守信用"单位的方向。在企业"自查"、"互查"的基础上,各级工商行政管理部门会同业务主管部门抽调专人深入企业进行抽查,针对发现的问题,帮助企业健全制度,改善合同管理工作。同时采取典型引路、分类指导、重点培养的方法,既巩固提高已被命名的企业,又及时发现新的典型,推动"重合同、守信用"活动不断发展。

4. 坚持评定标准,做好考核工作。为保证被命名企业的质量,各级工商行政管理部门密切配合业务主管部门坚持了评定标准,本着不分指标、不定比例、不搞平衡、不搞照顾、不搞终身制的原则,确定考核的重点和考核的具体要求,通过听企业介绍、看合同登记卡、找有关人员座谈、访问企业用户等方法,对申报企业进行严格考核评定,然后命名表彰。命名表彰有三种情况:一种由工商行政管理局命名;一种由工商行政管理局、计委、经委和有关业务主管部门联合命名;一种是以地方政府名义命名。命名单位召开表彰大会,公开宣传,表扬被命名的"重合同、守信用"先进企业,并授予"重合同、守信用"证书或牌匾。

开展"重合同、守信用"活动,适应了改革开放和经济发展的客观要求,因而深受企业的欢迎。1984 年以前,只有极少数地、市开展"重合同、守信用"活动,申报参加和被命名的企业很少。至 1992 年,全国各地都开展了这项活动,申报的企业达 30 多万家,被命名的 10 多万家,这一活动已取得了明显的效果。

1. 提高了企业的法制观念,增强了企业的经济法律意识和依法经营的自觉性,提高了企业自我约束的能力,初步形成了依法治厂、依法治店的良好风气。

2. 增强了依法签订和履行经济合同的自觉性,强化企业经济合同管理,完善生产经营机制,提高了企业的经营管理水平。

3. 为企业在自主发展生产和开展经营活动等方面创造了有利条件,为企业在市场竞争中取得信誉提供了必要的保证。

开展"重合同、守信用"活动,对于贯彻执行十二届三中全会精神有着重要意义。党的十二届三中全会提出治理经济环境、整顿经济秩序、全面深化改革的指导方针和改革措施。整顿经济秩序,就是要整顿目前经济生活中特别是流通领域中出现的各种混乱现象;全面深化改革,特别要注重深化企业改革,推动政企分开,使有条件的企业在依法经营、照章纳税、履行合同的原则下真正自主经营,自负盈亏,自我约束,提高经济效益。这些都与企业信守经济合同密切相关。

由于"重合同、守信用"活动显示了明显的效果,所以,这一活动从一开始就受到了有关方面的重视。各级工商行政管理局一直很重视这一活动,并为此做了大量的工作。国务院有关部门、地方各级人民政府以及业务主管部门也很重视和支持这一活动。据不完全统计,全国有 20 多个省、自治区、直辖市及计划单列市制定了有关开展"重合同、守信用"活动的规定、办法,或发出了开展这一活动的通知。很多省、自治区、直辖市及计划单列市的党政领导同志,还亲自参加"重合同、守信用"活动的动员会、命名会和座谈会。多数"重合同、守信用"企业是由省、地、县人民政府命名的。

"重合同、守信用"活动,是合同管理部门、业务主管部门和企业相结合,以企业为主体的管理经济合同的好办法,它使合同管理机关与企业之间建立了新型关系,把行政管理与企业管理密切结合起来,把管理与服务密切结合起来,摆脱了单一的管理方式,促进企业信誉和经济效益同步增长,对避免、减少纠纷起到一定作用,使合同管理工作向前迈进了一步。

第三节　1993 年《经济合同法》修改到 1999 年《合同法》颁布实施期间的合同管理

一、《经济合同法》的修改过程

《经济合同法》是 1981 年 12 月 13 日由五届全国人大第四次会议通过,1982 年 7 月 1 日起实施的。十多年来,《经济合同法》对保障经济合同当事人的合法权益,维护社会经济秩序,促进社会主义商品经济的发展,起到了重要的作用。但是,这部法律毕竟是改革开放初期制定的。随着改革开放的发展和深化,《经济合同法》中的有些规定已不适应形势发展的要求。特别是党的"十四大"把建立社会主义市场经济确定为经济体制改革的目标,八届全国人大第一次会议通过宪法修正案以后,问题更加突出,《经济合同法》必须进行修改。

根据国务院1987年的立法计划,《经济合同法》修订工作小组于1987年11月11日成立。参加修订小组的单位有:国家工商局、国务院法制局、国家经委(后改为国家体改委)、国家物资局、商业部、全国人大法工委、最高人民法院、中国社会科学院法学研究所、中国政法大学。修订小组成立后,分6个调查小组,分别赴东北、西北、华东、华北、中南、西南地区的19个省的50个市、县进行调查研究,重点调查经济合同法适用范围;国家计划与经济合同的关系;违约责任;违约纠纷的处理和经济合同管理等问题,并多次召开专家论证会,广泛征求各方面的意见,形成了修改方案。国务院总理李鹏于1993年6月10日向全国人大常委会提出了"关于提请审议《中华人民共和国经济合同法修正案(草案)》的议案"。八届全国人大常委会第二次会议、第三次会议经过两次审议,于1993年9月2日作出了《关于修改〈中华人民共和国经济合同法〉的决定》(以下简称《决定》)。

《经济合同法》的修订工作由国家工商局、国家体改委牵头,并由国家工商局具体执笔起草。修订期间,国家工商局、国家体改委在北京、山东、河北等地组织召开了十几次专家论证会、研讨会,在此基础上,形成了《经济合同法》的修改稿,并前后八易其稿。1990年7月26日,国家工商局和国家体改委联合向国务院报送了《经济合同法》修订送审稿。《经济合同法》主要在五个方面作了修改:一是为了适应社会主义市场经济的发展,对不适应市场经济要求的规定进行修改。二是为了处理好计划与市场的关系,对不适于计划体制改革实际的规定进行修改。三是为了协调好《经济合同法》与其他法律的关系,对不符合国际惯例的规定进行修改。四是为了有利于转变政府职能,对过多的行政干预合同的规定进行修改。五是其他方面的修改。

为了贯彻落实《经济合同法》的规定,早在"八五"初期,北京、黑龙江、四川、甘肃、安徽、广州等地工商行政管理局,就结合当地实际,通过地方人大或政府,制订了合同管理条例,明确了合同管理的职责、权限和程序。《经济合同法》修订后,安徽、辽宁、贵州、山东、山西、宁夏、天津、广州等地又制订或修改了合同管理条例。至1998年底,大部分省市已制订了合同管理法规,有力地保障了合同监督工作的开展。

二、《经济合同法》修改后,工商行政管理部门经济合同监督管理的职能调整和工作开展

1992年,党的"十四大"明确提出我国经济体制改革的目标是建立社会主义市场经济体制。"十四大"以后,我国的改革向更深的层次发展,不仅涉及经济领域,而且涉及为经济基础服务的上层建筑。国家工商行政管理局确立工商行政管理改革和发展的目标是:建立有中国特色的工商行政管理新体制。新的工商行政管理体制,要有登记注册市场主体和规范市场行为的基本规则;要有监督管理和参与组织发展社会主义统一大市场的有效功能和科学手段;要有一支精通业务、高效廉洁、统一的行政执法队伍。要求各级工商行政管理部门必须从经济发展的实际需要出发,认真转变职能,深化自身改革。

国家工商行政管理局对经济合同司1993年的工作职责规定为:"继续配合做好经济合同法修订工作。草拟经济合同法实施办法。分别不同情况指导合同仲裁工作,并抓好仲裁改革试点。复议省级工商行政管理局查处的利用经济合同损害他人利益和国家利益、社会公共利益的违法案件。指导全国经济合同管理工作。"

修改后的《经济合同法》,将"无效经济合同的确认权,归合同管理机关和人民法院"修改为"经济合同的无效,由人民法院或仲裁机构确认"。工商行政管理部门对无效经济合同的确认权,随着修改后的《经济合同法》的施行而终止。

1994年，国家工商行政管理局进行机构改革，将内设机构的经济检查司和经济合同司合并成立公平交易局，同年1月5日，国务院对国家工商行政管理局下达的"三定"方案规定经济合同管理职责为："依法监督管理经济合同，指导合同仲裁机构的工作"。

1998年6月17日，国务院对国家工商行政管理局下达了新的"三定"方案，规定经济合同管理的主要职责为："组织实施经济合同行政监管，组织查处合同欺诈行为，组织管理动产抵押物登记，组织监管拍卖行为。"

随着社会主义市场经济体制逐步确立，经济合同已渗透到各类市场，通过经济合同监管工作参与这些市场的监督管理，已成为工商行政管理部门全面监管社会主义统一大市场的基本职能。

（一）查处利用合同进行的违法行为

从某种意义来说，市场经济是一种契约经济，合同是广大市场主体第一的和最基本的行为。企业的产供销要靠合同来衔接，社会资源的配置也要通过合同来实现和落实。合同秩序混乱，势必直接影响市场经济的有序进行。可以说，没有规范有序的合同行为，就没有健康的市场经济。修改后的《经济合同法》明确规定："县级以上各级人民政府工商行政管理部门和其他有关主管部门，依据法律、行政法规规定的职责，负责对经济合同的监督。""对利用经济合同危害国家利益、社会公共利益的违法行为，由县级以上各级人民政府工商行政管理部门和其他有关主管部门，依据法律、行政法规规定的职责负责处理；构成犯罪的，依法追究刑事责任。"

1993年以后的几年中，我国的市场交易秩序曾出现混乱现象，突出地表现为合同履约率低，利用合同进行欺诈的情况严重。据统计，至1994年底，全国仅工业企业合同拖欠总额已经超过4 000亿元。另一方面，利用合同进行违法活动的情况也十分猖獗。为此，1995年3月，国家工商行政管理局发布《关于依法严厉查处利用经济合同进行欺诈的违法行为的通知》，通知要求：各级工商行政管理部门要从维护社会主义市场经济秩序的高度出发，转变合同管理观念，探索社会主义市场经济条件下合同管理工作的新路子，把查处利用经济合同进行欺诈的违法行为作为今后一个时期工作的重点，作为一项长期的任务，依照法律、法规赋予的职责和权限，积极、稳妥地抓紧抓好。

1995年11月17日，为了维护社会主义市场经济秩序，维护国家利益和社会公共利益，保护合同当事人的合法权益，国家工商行政管理局根据《经济合同法》和有关法律、行政法规发布了第38号令《关于查处利用合同进行的违法行为的暂行规定》，对利用合同骗取财物，侵占损害国有资产，危害国家利益、社会公共利益和他人利益的违法行为作出明确界定，并对利用合同进行违法行为的处罚作了相应规定。第38号令的发布，促进了打击合同欺诈工作的规范化、法制化，使查处违法合同有章可循、有法可依。

1996年6月14日，国家工商行政管理局发布《打击合同欺诈专项执法行动方案》的通知，决定全国各级工商行政管理局集中力量于1996年9月1日至12月31日进行一次打击合同欺诈的专项执法行动。在合同类型方面，重点打击利用购销合同、建筑合同、信贷合同、加工承揽合同和农资合同进行的欺诈行为；在作案主体方面，重点打击利用合同进行欺诈的"三无"企业和多次进行欺诈的单位和个人。按照国家工商行政管理局的部署，各地工商行政管理部门组织力量开展了打击合同欺诈专项执法行动，把查处合同欺诈作为重点来抓，迅速制订方案，成立领导小组，有的地方市长、县长亲自挂帅，大大推动了这项工作的开展。1996年，全国工商行政管理部门共查处经济合同违法违章案件3.3万件，涉及合同金额77.1亿元，罚没金额4 178万元，分别比1995年增长175.73%、194.5%和55.4%。通过查处利用合同进行违法行为工作的深入开展，切实有效地净化了合同交易环境，提高了合同履约率，规范了市场交易秩序。

除将打击合同欺诈工作列为重点之外，

工商行政管理部门还将打击利用合同的违法行为延伸到建筑、房地产、金融等合同领域。1990年1月5日,国家工商行政管理局与建设部联合发布《关于加强建筑安装工程承包合同管理的通知》;1991年11月21日,建设部、国家工商行政管理局发布《建筑市场管理规定》;1996年4月9日,国务院转发建设部、监察部、国家计委、国家工商行政管理局《关于开展建设工程项目执法监察的意见》;1996年7月25日,建设部、国家工商行政管理局发布《建设工程勘察设计合同管理办法》。这一系列规章发布实施后,工商行政管理部门积极参与建设工程项目执法检查,严厉查处违法建设工程承包合同。1997年全国工商行政管理部门共查处违法合同13 957件,涉及违法合同金额61.8亿元,罚没金额4 783万元。其中,查处违法建设工程承包合同4 407件,涉及违法金额39.8亿元,罚没金额2 351万元,分别占全年查处案件总数的31.58%、涉案金额总数的64.4%、罚没金额总数的49.15%。

截至1998年底,全国各级工商行政管理部门共查处违法合同279 893件,涉及违法金额945.23亿元,罚没金额达14 431万元。在一定程度上遏制了合同欺诈势头,有力地打击了各种利用合同进行的违法行为,提高了合同监管的权威,维护了竞争有序的市场交易秩序。

(二)加强合同鉴证工作

1993年以来,全国各级工商行政管理部门继续积极开展合同鉴证工作,认真审查合同的合法性和真实性。通过深入开展合同鉴证,减少合同纠纷,为当事人避免了大量经济损失。1995年、1996年,天津、山东、江苏等省市在地方政府和有关行业主管部门的支持下,对建筑等行业重要合同进行了鉴证,收到了较好的效果。1996年国家工商行政管理局与国家计委等有关部门一起制订了《全国棉花交易会实施办法》,开始对棉花交易合同实施鉴证。1996年4月,为了加强农作物种子管理,规范农作物种子生产经营行为,维护农作物种子生产者、经营者和使用者的利益,促进农业生产发展,农业部、国家工商行政管理局联合发布《农作物种子生产经营管理暂行办法》,加强对农作物种子合同的监管,对省际之间的杂交水稻和杂交玉米种子购销合同实行鉴证。为确保鉴证质量,各地工商行政管理部门在鉴证过程中,严格审查当事人的主体资格和履约能力,防止合同欺诈。对鉴证后的农作物种子合同实行跟踪监督,督促当事人依法履行合同,提高合同履约率,保护了农业生产的正常进行,维护了农民的合法权益。

1997年11月,国家工商行政管理局发布第80号令《合同鉴证办法》,使合同鉴证工作更加规范化。1993年至1998年间,全国工商行政管理部门共鉴证合同3 477万份,鉴证金额20 797亿元。同时,组织检查合同2 031万份,督促当事人履行合同金额10 490.7亿元。这一段时期的合同鉴证侧重于建筑工程承包合同、农作物种子生产预订购销合同等合同的鉴证。通过检查、鉴证、资信调查等合同监督管理手段,为企业避免经济损失达502.6亿元,较好地维护了市场交易秩序。

(三)开展企业动产抵押物登记

1995年6月30日,第八届全国人大常委会第十四次会议通过《中华人民共和国担保法》(下称《担保法》),并于同年10月1日施行。该法规定:当事人以财产抵押的,应当办理抵押物登记,抵押合同自登记之日起生效。抵押物登记,就是由办理抵押物登记的部门对抵押物依法进行审查和登记的一项抵押制度,是抵押合同生效的法定程序。其目的是为了防止重复抵押,保障抵押权的实现。

《担保法》规定工商行政管理部门为企业动产抵押的登记部门。

为了贯彻执行《担保法》,加强对企业动产抵押物的登记管理,1995年10月,国家工商行政管理局发布第35号令《企业动产抵押物登记管理办法》,该《办法》对办理抵押物登记的程序、审查内容,以及违反登记有关规定的处罚作出了具体规定。依照《担保法》和国家工商行政管理局第35号令的规定,全国工商行政管理部门从 1995 年 10 月起逐步开展了企业动产抵押物登记工作并卓有成效:1997 年共办理抵押物登记 12.5 万份,抵押物价值 4 417 亿元,比 1996 年分别增长 58.23% 和 65.21%,1998 年共办理抵押物登记 15.55 万份,抵押物价值 4 929.33 亿元,分别比 1997 年增长 24.4% 和 11.6%,至 1998 年底,全国已有 27 个省、自治区、直辖市的部分市、县工商行政管理局取得当地政府依法指定,开展了房地产抵押登记,同年共办理房地产抵押登记 4.1 万份,金额 838.98 亿元,分别比 1997 年增长 28.1% 和 12.1%。

1998 年 12 月 3 日,国家工商行政管理局令第 86 号重新修订了《企业动产抵押物登记管理办法》。1999 年 8 月 16 日又下发了工商市字[1999]第 212 号文件《关于贯彻实施〈企业动产抵押物登记管理办法〉若干问题的意见》,进一步完善和规范了抵押登记工作。

据 2001 年底统计,全国各级工商行政管理机关共办理企业动产抵押物登记 91 239 份,抵押物价值 4 667.2 亿元。其中国有企业 12 042 份,集体企业 17 623 份,私营企业 25 714 份,混合所有制企业 21 352 份,外商投资企业 5 527 份。房地产抵押登记 24 501 份,抵押物价值 527.5 亿元,债权金额 332.4 亿元。其中国有企业 1 758 份,集体企业 2 295 份,私营企业 3 795 份,混合所有制企业 4 386 份,外商投资企业 479 份。

(四)对拍卖企业的行为进行监督

新中国成立后,随着计划经济体制的确立,特别是 1958 年国家对资本主义工商业的社会主义改造的完成,拍卖市场在中国逐渐消失,拍卖这种交易方式被中断了 30 年。

20 世纪 80 年代中期,随着中国经济体制改革的不断深化,国家确立了社会主义市场经济的发展方针,商品流通体制向多元化发展,拍卖业得以恢复和发展,在经济发达地区工商行政管理机关的积极扶持和培育下,拍卖企业相继建立。

1985 年 8 月,天津首次拍卖外轮;1986 年 9 月,沈阳拍卖中国第一家破产企业资产;1986 年深圳、广州拍卖行成立;1987 年 12 月,深圳首次拍卖国有土地使用权。

1988 年是中国拍卖企业全面复兴的一年。上海、北京、天津、成都、哈尔滨、太原、郑州、大连等大城市和中心城市相继成立了拍卖行。1988 年底,全国拍卖企业多达 2 000 余家。

1997 年 1 月 1 日《中华人民共和国拍卖法》正式实施。《拍卖法》规定了工商行政管理机关的法律监督职责:

1. 拍卖企业可以在设区的市设立。设立拍卖企业必须经所在地的省、自治区、直辖市人民政府负责管理拍卖业的部门审核许可,并向工商行政管理部门申请登记,领取营业执照。

2. 拍卖人及其工作人员不得以竞买人的身份参与自己组织的拍卖活动,并不得委托他人代为竞买。参与竞买或者委托他人代为竞买的,由工商行政管理部门对拍卖人给予警告,可以处拍卖佣金一倍以上五倍以下的罚款;情节严重的,吊销营业执照。

3. 拍卖人在自己组织的拍卖活动中拍卖自己的物品或者财产权利的,由工商行政管理部门没收拍卖所得。

4. 委托人参与竞买或者委托他人代为竞买的,工商行政管理部门可以对委托人处拍卖成交价百分之二十以下的罚款。

5. 竞买人之间、竞买人与拍卖人之间恶意串通,给他人造成损害的,拍卖无效,应当依法承担赔偿责任。由工商行政管理部门对参与恶意串通的竞买人处以最高应价百分之十以上百分之三十以下的罚款;对参与恶意串通的拍卖人处最高应价百分之十以上百分之五十以下的罚款。

6. 未经许可登记设立拍卖企业的,由工商行政管理部门予以取缔,没收违法所得,并可以处违法所得一倍以上五倍以下的罚款。

1997 年 1 月 22 日,国家工商行政管理局下发了工商公字[1997]第 25 号《关于贯彻实施〈中华人民共和国拍卖法〉的通知》。各级工商行政管理部门认真贯彻《拍卖法》,依法认真清理原有的拍卖企业。

（五）合同争议行政调解

合同争议行政调解，是指第三人（工商行政管理部门）主持的调解。由于工商行政管理部门担负着工商企业、个体工商户的登记、抵押物登记、合同管理等工作，对企业和个体工商户的经营状况较为清楚，又熟知合同法律有关规定，因此由其进行调解有利于合同争议的解决。实践证明，由双方当事人信任的第三人主持调解，由于调解人比较超脱、公正，不致因某种利害关系而偏袒一方而损害另一方的合法利益，所以成为解决合同纠纷的一种有效途径。1997 年 11 月 3 日，国家工商行政管理局发布第 79 号令《合同争议行政调解办法》，《办法》规定了调解必须坚持自愿、合法的原则，调解不成的，当事人应及时依据仲裁协议向仲裁机构申请仲裁，没有仲裁协议的，可向人民法院起诉。该《办法》发布后，1998 年，全国各级工商行政管理部门逐步开展合同争议行政调解工作，并取得一定的成果。

（六）继续推行经济合同示范文本制度

随着我国经济体制改革日趋深入和新旧经济体制的转变，经济生活非常活跃，合同关系日趋复杂化，合同类型也日趋多样化。《经济合同法》修改后，各级工商行政管理部门继续推行经济合同示范文本制度。1993 年以来国家工商行政管理局又单独或与有关部委联合发布了 18 种合同示范文本，并对已经发布的部分合同示范文本进行了修改和补充。截至 1998 年底，国家工商行政管理局单独或与有关部委联合发布了 7 大类 46 种合同示范文本，进一步完善了经济合同示范文本制度，规范了合同当事人的签约行为，维护了正常的经济秩序。

（七）深入开展"重合同、守信用"活动

1993 年以来，全国各级工商行政管理部门继续广泛深入地开展"重合同、守信用"活动，促进企业强化了合同法制意识，使广大企业依法签约、履约，社会效益和经济效益得到了同步提高。1997 年，沈阳市工商行政管理局对 97 户"重合同、守信用"企业进行了调查，全年经济往来 21.8 亿元，1997 年签订各类合同 5 843 份，合同金额 17.5 亿元，合同签约率达 80%，签约率、履约率和经济效益明显高于其他企业。"重合同、守信用"已成为企业的一种无形资产。全国不少地区努力提高"重合同、守信用"企业质量，对获得"重合同、守信用"称号的单位开展了合同管理情况的专项检查，对照"重合同、守信用"标准，对不符合标准的企业给予撤销，从而将"重合同、守信用"活动引向深入，推动该项活动迈上新台阶，为促进两个文明建设发挥了积极作用。截至 1998 年底，全国各级工商行政管理机关共命名"重合同、守信用"企业 9.1 万家，其中一至两年 2.8 万家，二至四年 2.5 万家，五年以上 3.8 万家。江苏省工商行政管理局于 1994 年在全国率先开展市级信用企业"升级"评定确认活动，对大中型企业符合条件、效益突出的市级"重合同、守信用"企业，确认为省级"重合同、守信用"企业。此项活动每两年进行一次，至 1999 年，全省共命名"升级"的省级"重合同、守信用"企业 395 家。

（八）综合运用合同监管职能，积极推行"合同解忧工程"

1999 年，江苏、安徽、北京等省市，综合运用工商行政管理部门合同监管职能，积极开展"合同解忧工程"，走出了一条合同监管的新路子，受到了当地政府的充分肯定。1999 年 1 月，江苏省工商局在肯定常州市实施"合同解忧工程"做法的同时，在全省推行"合同解忧工程"，为帮助企业解决在改革和发展中遇到的具体问题，支持企业搞好经营管理，发挥了积极的作用。实施"合同解忧工程"的主要内容是：针对企业防骗难、追债难的问题，充分运用资信审查、合同调解、监督履约等职能手段，使企业避免和挽回经济损失；针对企业资金短缺而又难以筹措的问题，积极运用抵押物登记等手段，为企业引进资金，注入活力；针对当时经济秩序比较混乱，企业信誉度较低的问题，大力开展打击合同欺诈专项斗争和"重合同、守信用"活动，为企业创造良好的市场交易环境；针对企业内部合同管理薄弱，影响生产经营活动的问题，帮助企业加强合同管理，提高企业管理水平。至 8 月中旬，全省为企业提供资信调查 1 656 件,使帮扶对象避免经济损失 4.54 亿元;帮助企业追讨拖欠款 210 笔,金额 2 285 万元;调解合同争议 273 件,涉案金额 2 221 万元;为企业办理抵押物登记2 558件,帮助企业引入资金 75.06 亿元;查处侵害帮扶企业合法权益案件 251 件,挽回经济损失 2 131 万元;举办企业合同管理培训班 1 157 期,培训人员 52 509 人(次)。"合同解忧工程"得到国家工商局领导的高度重视和充分肯定,向全国工商系统推广。

三、仲裁制度的改革

1991 年 4 月,《中华人民共和国民事诉讼法》颁布实施,确立了协议仲裁原则,标志着我国仲裁改革的开始。

自 1983 年国务院发布《经济合同仲裁条例》至 1995 年 8 月,工商行政管理部门为保护当事人的合法权益,维护社会经济秩序,认真贯彻《经济合同法》和《经济合同仲裁条例》做了大量工作,取得了显著成绩。十二年来,各级工商行政管理用经济合同仲裁委员会共解决各类合同纠纷 250 多万起,合同金额达 564 亿元,解决争议金额 250 亿元。仲裁的结案率常年保持在98%以上,调解结案率保持在 91% 以上。当事人不服仲裁向人民法院提起民事诉讼的有 4 251 起,占受理案件总数的 0.17%。

1994 年 8 月 31 日,第八届全国人大常委会第九次会议审议并通过《中华人民共和国仲裁法》(下称《仲裁法》)。该法是适应社会主义市场经济发展的需要,与国际上通行的仲裁制度接轨,解决经济纠纷的又一部重要法律。其主要内容是:重新组建仲裁机构,仲裁委员会可以在直辖市和省、自治区人民政府所在地的市设立,也可以根据需要在其他设区的市设立,不按行政区划层层设立。仲裁机构独立于行政机关,与行政机关没有隶属关系;平等民事主体的公民、法人和其他组织发生的合同纠纷及其他财产权益纠纷可以仲裁,仲裁机构由当事人选择,仲裁员也由当事人选择,仲裁不实行级别和地域管辖;仲裁由依法组成的仲裁庭独立进行,不受行政机关、社会团体和个人干涉;仲裁实行一裁终局制度。

1994 年 11 月 24 日,国家工商行政管理局在武汉召开贯彻《仲裁法》工作会议,会议要求各级工商行政管理部门深入学习《仲裁法》,转变观念,统一认识,顾全大局,全力以赴,做好仲裁工作。1995 年各级经济合同仲裁委员会忠于职守,努力站好最后一班岗,一方面依法积极受理新的仲裁申请,集中办案力量,迅速结案;另一方面全面清理历年办理的仲裁案件,整理案件档案,做好各项收尾工作,并协助有关部门组建新的仲裁机构,保障了《仲裁法》的实施和仲裁制度的平稳过渡。

1995 年 9 月 1 日《仲裁法》施行,根据国务院《关于做好重新组建仲裁机构和筹建中国仲裁协会筹备工作的通知》的规定,全国各级工商行政管理部门的经济合同仲裁委员会的工作于 1995 年 9 月 1 日起终止。

第四节　1999 年《合同法》颁布实施以来的合同管理

一、《中华人民共和国合同法》的制定颁布

随着我国经济体制改革的进一步深入和对外开放的不断扩大,我国合同立法也随之发展。到 1997 年,我国除《民法通则》、《经济合同法》、《涉外经济合同法》和《技术合同法》对合同作了专门规定外,还在《商标法》、《专利法》、《著作权法》、《铁路法》、《海商法》、《担保法》、《保险法》和《民用航空法》等法律中对有关合同作出了规定。实践证明,《民法通则》和《经济合同法》、《涉外经济合同法》、《技术合同法》规定的原则是正确的,具体规定总的来说也是切实可行的,对保护当事人的合法权益,维护社会经济秩序,推进改革开放,保障社会主义建设事业的顺利进行,发挥了重要作用。但是,随着经济贸易的发展和合同纠纷的增多,我国在合同法律制度上存在的问题也日益暴露出来:一是国内经济合同、涉外经济合同和技术合同分别适用不同的合同法,有些共性问题不统一,三个合同法在合同订立、合同的效力、违约责任等方面的某些规定较为

原则,在合同形式、违约金、诉讼时效上某些规定也不尽一致。根据发展社会主义市场经济的要求,需要制定统一的合同法。二是近年来在市场交易中利用合同形式搞欺诈,损害国家、集体和他人利益的情况较为突出,在防范合同欺诈,维护社会经济秩序方面需要作出补充规定。三是调整范围不能完全涵盖现实生活中的合同关系,如近年来出现的融资租赁、委托、行纪等合同,需要作出相应规定。

为此,全国人大常委会法制工作委员会根据第八届全国人大常委会的立法规划,从1993年10月着手进行《中华人民共和国合同法》的起草工作,1997年5月起向全国征求意见,1998年完成了《合同法(草案)》并提请九届全国人大常委会审议。九届全国人大常委会在第四、五、六、七次会议上,对《合同法(草案)》进行了4次审议。1999年3月15日,九届全国人民代表大会第二次会议通过了《中华人民共和国合同法》。《合同法》的制定和实施,有利于进一步完善我国的合同法律制度,更好地规范社会主义市场经济的交易行为,有力地促进社会主义现代化建设的发展。

《合同法》的特点是:

第一,完成了合同法的法典化。在总结《民法通则》和三个合同法的实践经验的基础上,根据改革开放的需要,对有关合同的共性问题作了统一规定,对涉外合同等一些特殊问题作出专门规定,并把近十年来行之有效的有关合同的行政法规和司法解释的规定尽量吸收进来,将原来比较原则、笼统的规定具体化。

第二,对现行有关合同的法律规定,既要考虑规范化的需要,又要注意保持法律的连续性和稳定性。

第三,根据经济贸易活动中以及审判中出现的新情况、新问题,借鉴国外的有益经验,在《民法通则》和三个合同法的基础上,对需要增加规定的内容,尽可能作出规定,使《合同法》更具有可操作性。

第四,建立了适应市场经济体制的制度和规则。如合同订立中的要约和承诺、有关电子商务合同的规定、采用格式条款和示范文本订立的合同、缔约过失责任、违反保密义务责任等规定;合同效力中的表见代理、行使撤销权的期间等规定;合同履行中的向第三人履行债务以及由第三人履行债务,同时履行抗辩权、不安抗辩权、代位权、撤销权等规定;合同转让中的债权转让的方式、限制、债务人的抗辩、抵消以及债务承担的范围等规定;合同终止中的抵消、提存、免除以及有关解除的规定;违约责任中的预期违约、强制履行合同、赔偿可得利益等规定。

第五,调整的范围扩大。不论是中国的,还是外国的自然人、法人、其他组织之间订立的合同都是合同法调整的范围;同时合同种类扩大,不仅包括原经济合同和涉外经济合同以及技术合同,而且包括了有关债权债务的民事合同。

在《合同法》制定期间,工商行政管理部门广泛开展调查研究,收集第一手资料,反映合同监管工作中出现的新情况、新问题,并多次召开研讨会,参加汇报会,为正在起草的《合同法》献计献策,提供了很多有价值的参考材料。1996年7月3日,国家工商行政管理局、北京市、上海市、甘肃省工商行政管理局从事合同管理工作的同志,向全国人大法工委民法室汇报了合同监管工作情况,并就工商行政管理部门为什么要监督管理合同行为、管什么、怎么管,合同法如何进行规定等方面的内容提出了意见和建议。1996年8月13日,大连市工商局、大连市企业合同管理协会共同主办了"'96'大连合同法理论与实务研讨会",国务院法制局、国家工商行政管理局、部分省市工商局、大连市一些著名企业以及社科院法学所、人民大学、全国人大法工委民法室的同志参加了会议,就合同监督管理问题进行了深入的讨论,对市场经济体制下合同行政监管的必要性有了进一步清晰的认识。与会代表认为,在我国市场经济不发达,企业自律意识能力比较薄弱的情况下,更应当把行政监管放在重要的位置。1996年9月、1997年9月,由华北、东北、西北地区工商局为主要成员的第十次、第十一次三北地区经济合同监督管理工作协作会,再次论证了加强合同监管的重要性。在各级工商行政管理部门的共同努力下,1997 年 3 月,第八届全国人民代表大会第五次会议上,32 件由代表团提出的重要议案中,共有 7 件,加上 1996 年全国人代会上,湖南代表团和甘肃代表团提出的 2 份议案,共 9 件是关于在《合同法》中应当写入工商行政管理机关对合同行为的监督管理职权的内容,充分体现了人民代表迫切要求加强合同监管的共同心声。

二、《合同法》颁布后的合同监管工作面临的形势

（一）开展调查研究,分析合同监管的形势,对贯彻实施《合同法》存在的问题有了比较清醒的认识

1. 合同信用低下,利用各种手段通过合同损害对方利益现象严重

合同履约率下降。据不完全统计,近年来,我国年均签订合同总量约 42 亿份,涉及总金额超过 140 万亿元,而合同的履约率只有 60% ~70%,其中违法合同的查处比例约占 0.12%（约 120 万份）。据有关专家分析,我国每年因逃避债务造成的直接损失约 1 800 亿元;由于合同欺诈造成的各种损失约为 55 亿元,产品质量低劣和制假售假造成的各种损失至少有 2 000 亿元;由于"三角债"和现款交易增加的财务费用约有 2 000 亿元,可以说,信用的缺失、合同履约率下降以及利用合同进行违法行为已成为社会主义市场经济健康发展的障碍。

2. 企业之间交易手段退化,合同违约、违法现象普遍,严重破坏经济秩序,直接威胁社会稳定

由于合同欺诈和社会信用程度低下,使得许多企业不敢用合同进行正常的交易活动,只能通过现金直接进行。据调查,有的企业当年通过书面合同完成的商品购销活动仅占全部商贸活动的 1% ~2.5%。甚至有不少企业全年没有签订过一份书面合同。

3. 企业合同管理制度不健全,合同意识淡薄,直接影响了合同的正常签订和履行

企业主要领导人思想上不重视;合同管理制度不健全,漏洞百出;合同管理人员工作责任心差,个别人甚至内外勾结,侵吞企业的财产。通过抽样调查发现,74% 的个体工商户和私营企业没有明确的合同管理人员,58% 没有制定合同管理制度,经常发生企业公章、介绍信和空白合同等重要法律文书被盗的现象。在抽查的 600 份合同中有421 份不合格,存在合同要约目的不明确、合同条款不完善、责任与权利不明、意思表示模糊、手续不完备等问题,占被抽查合同总数的 70%。

4. 格式合同中"霸王条款"现象突出,严重损害合同当事人和消费者的合法权益

市场经济要求产品与服务流通快捷、交易便利。由于合同格式条款具有内容规范、使用简便等特点,其在经济生活中扮演着越来越重要的角色,许多行业中格式条款的使用率已高达 100%。在便利交易的同时,格式条款引发的负面问题也日渐凸显出来。据统计,目前商品服务类纠纷中因格式条款引起的纠纷在总纠纷数中所占比例平均已达 41%。在国内外旅游、家庭装饰装修、汽车租赁、房屋租赁、汽车贷款、供用水电气、电信行业、金融、保险等行业中,由于企业和消费者之间的信息严重不对称,造成了许多"霸王条款"的产生,违反了合同自治和公平公正的原则,严重损害了消费者的合法权益。

5. 合同行政监督管理有所放松,难以遏制各种违法违章行为

由于对合同行政监督管理认识的不一致,合同监管立法迟迟不能纳入立法日程,合同管理工作队伍不断削弱,因此合同监督管理工作有所放松,对企业签订履行合同缺乏有力的监督和指导,对合同欺诈行为打击力度不够,开展守合同、重信用活动不够深入广泛等。

6. 合同立法、管理都面临现代化的挑战

社会经济的现代化、信息化发展,促使企业间的经济交往也发生了极大的变化,传统的商业模式已经难以适应信息技术的发展,同样给合同立法、合同管理提出了新的课题。比如委托生产、贴牌加工、加盟连锁、产权式酒店商铺、分时度假等合同形式中出

现大量问题,而现行法律法规似乎无法予以规范,带来许多社会问题,干扰了市场经济秩序。另外,互联网的迅猛发展,网络购物急剧上升,虽然《合同法》对合同的数据电文形式给予了认可,2004 年全国人大通过了《电子签名法》,确认了电子签名的法律效力,但是仍有很多问题需要明确,对电子合同如何签订、如何认证、如何履行、如何监督管理都需要认真研究。

(二)更新观念,充分认识新时期合同监管的重要意义,开创合同管理的新局面

面对上述情况,各地积极学习领会《合同法》的立法精神,提高对加强合同监督管理重要性的认识。

1. 合同监管是现代市场经济中政府行使经济职能的一个重要方面,是维护市场经济秩序,促进市场经济健康发展的需要

自资本主义生产方式在国家政权的强力扶持下得以建立起,到十九世纪末,自由竞争形成的垄断已经严重破坏了经济秩序,并导致了严重的经济危机。资本主义各国不得不重新使用国家调节干预经济生活。

我们建设社会主义市场经济,必须吸取资本主义市场经济发展的教训,在改革和改善政府管理经济的方式的同时,避免矫枉过正,不能片面强调市场的作用而否定政府的作用。同时,不能仅仅强调国家对经济的宏观调控,政府对经济的微观管理也是必要的;合同监管就是微观管理的一个重要方面。

在市场经济条件下,合同的作用越来越重要,合同已经成为企业之间经济交往必不可少的工具。也可以说,没有合同,企业间的各种各样的经济往来都无法实现。合同监督管理的责任就是如何指导当事人依法签订履行合同,打击利用合同从事违法活动,扰乱社会经济秩序的行为。一方面,通过各种形式帮助、指导当事人签订履行合同;另一方面,通过制止和打击各种违法行为,保护合同能够正常签订和履行,建立一个良好的交易秩序,为经济发展创造必备的外在条件,这也是对经济发展的促进。可见,合同监管工作与生产力的发展紧密相关。

2. 合同监管是建立企业信用体系、保障市场交易正常进行的重要手段

合同是建立企业信用体系的基石,离开合同,企业信用无从谈起。因此,合同签订履行的好坏直接关系到企业信用度的高低。合同监管工作在监督指导企业依法签订履行合同的过程中,能够帮助企业树立诚信形象,逐步提高企业的信用度,促进企业信用体系的建立和完善。

市场经济是法治经济,同时,市场经济也是信用经济,要建立与市场经济相适应的商业道德规范。党中央则提出了"以德治国",把思想意识形态建设、经济文化建设提到了新的高度。事实上,目前经济领域出现的大量问题,特别是企业交易行为的不规范、签订履行合同行为失常现象,不仅损害了企业的利益,造成大量的损失,而且更重要的是造成对社会经济秩序的冲击,给人们的思想带来极大的混乱。人们往往把不正当、非法的交易行为,看成是正当的、合法的东西,把"坑蒙拐骗"看成是市场交易必须采用的合理手段。这种现象继续下去,必然导致经济的滑坡、倒退。合同管理工作与重建市场经济不可缺少的信用观念,维护市场交易行为诚实信用原则是十分重要的。要在指导企业签订履行合同中,帮助企业树立诚实信用观念,不仅仅是学会掌握签订履行合同的具体方法。在建设一个以诚实信用为原则的市场交易环境中,合同管理工作大有作为。

3. 合同监管是维护社会主义法制、保护合同当事人合法权益、建设和谐社会的必要保障

胡锦涛同志在省部级主要领导干部提高构建社会主义和谐社会能力专题研讨班开班式上的重要讲话,深刻阐述了构建社会主义和谐社会的重大意义,明确提出了社会主义和谐社会的基本特征是:民主法治、公平正义、诚信友爱、充满活力、安定有序、人与自然和谐相处。概括地说,和谐社会主要表现为人与人,人与社会,人与自然关系的和谐。

在当前的形势下,我国社会基本上是和谐的,但社会中也确实存在着种种不和谐的因素,主要的表现就是利益分配上的不平衡,尤其是弱势群体的利益难以得到有效的保护。合同是市场交易不可或缺的工具和手段,同时,合同法律关系也是民事法律关系中最重要的组成部分,合同监管就是政府采取必要的手段,指导、帮助那些弱者依法保护自己,维护合法权益,抵制他人强加的不公平、不合理的待遇;打击合同欺诈活动,纠正损害当事人的违规行为,维护企业和经营者的合法权益,维护法律的尊严,从而构建社会主义和谐社会。

三、开展培训和宣传,贯彻实施新《合同法》

(一)大力宣传培训《合同法》,为执法工作打好基础

由于新颁布的《合同法》增加了许多新规定、新制度,为了及时学习并正确理解《合同法》,做好合同监管工作,国家工商行政管理局于1999年4月举办了两期以合同监管处长、科长、业务骨干、工商行政管理学校老师为培训对象的培训班,培训人数达1 000余人。地方各级工商行政管理部门从学习和培训《合同法》入手,制定培训计划,抓重点、抓落实,把学习与宣传《合同法》作为一项日常工作常抓不懈。到1999年底,基本上完成了对合同监管人员的第一轮培训。与此同时,采取积极措施,把《合同法》的学习培训工作向企业延伸,深受企业的欢迎。在《合同法》的宣传活动中,采取撰写宣传文章,印发宣传提纲,在电台、电视台、报纸杂志上进行专题宣传,开展合同法宣传月或宣传日活动,组织知识竞赛,张贴宣传画等多种形式向广大人民群众广泛深入地宣传合同法与合同监管。通过宣传培训,提高了合同监管干部特别是中层合同管理人员的业务水平,增强了企业的合同法律意识,为贯彻实施《合同法》打下了良好的基础。

(二)制定法规,完善规章制度

为了落实合同监管职能,2000年12月1日,国家工商行政管理局第97号令对1995年11月17日发布的《关于查处利用合同进行的违法行为的暂行规定》重新进行了修订。全国各省市工商行政管理机关在加强调查研究的基础上,积极协助地方人大、政府制订合同监管实施办法等地方性法规、规章制度。如甘肃、辽宁、浙江、江苏、山西、山东、湖南、湖北、河南、广东、安徽省及上海市都制定了有关合同监督管理法规规章等。到2007年年底,全国已有18个省市区制定了合同监督管理法规、规章和规范性文件。

这些地方性合同监管法规中,许多规定体现了在合同监管方式上的创新:《上海市合同格式条款监督条例》规定了需要到工商机关办理备案手续的合同种类,并规定工商机关可以向格式合同提供方提出修改意见,拒不修改的,工商机关可以将有关情况向社会公告。同时,规定了合同条款备案、督促修改、公示曝光、监督纠正等新的监管方式,特别是以听证制度来保障行政措施的科学性,可以说是对传统行政监管模式的重大突破。《江苏省合同监督管理办法》列举了格式条款中不得具有的10种情形,并规定了对违反者的惩罚。

(三)展开对合同的日常监管,指导企业完善合同管理,为当事人挽回和避免经济损失

《合同法》颁布后,各级合同监督管理部门积极开展"合同解忧工程"、"合同帮扶工程",通过合同鉴证,调解合同争议,引导企业加强合同自律,防止和减少合同争议和违法合同行为的发生。1999—2001年,全国合同监督管理部门共办理合同鉴证1 098.2万份,鉴证合同金额17 140.5亿元;受理合同争议案件165 263件,争议金额54.8亿元,调解成功163 542件;占受理案件数的99%,解决争议金额50亿元;检查合同1 467.5万份,金额29 931.7亿元。通过合同监管,为当事人挽回和避免经济损失215.1亿元。

四、加强合同行政监管,维护社会主义市场经济秩序

(一)严厉打击合同欺诈,努力维护良好的市场交易秩序

为了配合《合同法》的实施,针对当时合

同欺诈等违法合同行为较多的状况,国家工商行政管理局于 1999 年 9 月 7 日发出了《关于严厉整治合同欺诈、维护市场交易秩序的通知》,通知对整治的重点和目标、时间与步骤、办法与措施作了全面部署,要求各级工商行政管理合同监管部门从 9 月中旬开始,到 12 月底前,集中力量开展一次合同欺诈专项整治工作,强化市场监管,整顿交易秩序。根据国家工商行政管理局的布置,各地积极开展了打击合同欺诈的专项执法行动。许多地方对合同方面存在的问题做了认真的调查摸底,精心组织,周密安排,在此基础上制订打击合同欺诈的行动方案,增强了工作的针对性,有力地推动了这项工作的开展,取得了较好的效果。1999 年,全国工商行政管理机关查处欺诈等违法合同案件 22 939 件,涉及违法合同金额 58.2 亿元,罚没金额 5 072 万元,分别比上年增长 77.3%、35.36% 和 76.7%。

2000 年 5 月 29 日,为了切实贯彻执行《合同法》,加大合同监管力度,严厉整治合同欺诈,维护良好的市场交易秩序,国家工商行政管理局在安徽合肥召开了全国合同监管工作会议。会上,对加强合同监管及打击合同欺诈的经验、做法进行了交流总结,并部署了今后的合同监管工作。7 月 6 日,根据全国合同监管工作会议精神,国家工商行政管理局发出了《关于严厉打击合同欺诈、切实维护市场交易秩序的通知》,此次打击的重点是:在合同种类方面,重点打击利用买卖合同、承揽合同、居间合同、技术转让合同、建筑工程合同进行的欺诈行为;在违法主体方面,重点处罚利用合同进行欺诈的"三无"企业、中介服务企业、无照经营企业,特别是屡教不改的单位和个人;在地域方面,重点整治合同欺诈多发区;在案件方面,重点查处利用合同诈骗国有资产的行为和重大案件。2000 年全国查处合同欺诈案件 30 076 件,比 1999 年增长了 31.11%;罚没金额 8 490 万元,比 1999 年增长了 67.39%。2001 年查处 36 019 件,比 2000 年增长了近 20%;从 2002 年开始逐年下降,2002 年查处 33 264 件,比 2001 年减少了 2 755 件,下降

了 8%,但罚没金额下降的比例并不大;2003 年全国查处合同欺诈案件 19 706 件,比 2002 年下降了 40% 多,违法金额为 30.85 亿元,没收非法所得和罚款共 9 408 万元,下降的比例都比较高。2004 年查处合同违法行为 26 430 件,违法金额 45.33 亿元,没收非法所得和罚款共 17 172.44 万元,比上一年有较大幅度的提高。

2005 年全国工商行政管理工作会议提出,要严厉打击包括合同欺诈在内的商业欺诈行为,进一步整顿和规范市场经济秩序。2 月,国家工商行政管理总局发布《关于开展打击合同欺诈专项执法行动的通知》,全国各地工商机关根据通知精神,积极开展了打击合同欺诈的专项执法行动,结合当地经济发展中的热点环节,制定工作方案,明确专项执法行动的工作任务,严厉打击利用买卖重要生产资料、农副产品订购、承揽、医疗医药、旅游、中介服务、房地产开发、商品房买卖产权交易等合同进行欺诈的违法行为;利用"订单农业"坑农、害农的案件;企业改组、改制中的利用合同造成国有资产流失和被侵吞的合同案件以及外贸合同进行欺诈的违法行为。各级工商机关针对已经明确的重点地区、重点行业的合同欺诈行为分阶段进行坚决打击,确保了此次专项执法行动的顺利进行。2005 年全国开展的打击合同欺诈专项执法行动收到了很好的效果,全年共查处合同违法行为 26 574 件,违法金额 28.88 亿元。为整顿和规范市场经济秩序,依法保护合同当事人和消费者的合法权益,有力震慑利用合同违法和犯罪发挥了积极作用,在一定程度上遏制了合同欺诈蔓延的势头。

2006 年 11 月 16 日国家工商行政管理总局在广西桂林召开了全国工商系统打击合同欺诈工作研讨会,会议期间,有 31 个省、市、区工商局提交了会议材料,会议还特别邀请了国务院法制办领导到会听取意见,代表们交流了各地打击合同欺诈的工作情况,总结了经验,研究了打击合同欺诈中的问题和对策。

会议提出今后一段时期合同监管工作

的任务是：

1. 充分认识合同行政监管的现实意义，尽快完善执法依据。会议代表一致认为，根据我国的国情和市场监管的实际情况，开展合同行政监管十分必要。要妥善处理好合同监管与合同自治的关系，监管并非是对合同自治的干预，而是一种有效的调节。完善合同监管法律法规，是解决各级工商部门合同行政监管实践的关键。当务之急是将法律法规没有规范而现实中普遍存在的合同违法行为列入法规的调整范围，如伪造合同，虚构主体、标的等合同主要条款，利用欺骗手段引诱对方签订合同，利用合同格式条款扰乱社会经济秩序，利用中介合同欺诈等，以增强执法依据，提升执法效力。同时，增设查封冻结违法行为当事人银行账户或财产的强制性措施，对拒绝接受检查的合同欺诈嫌疑人进行行政处罚，为工商部门查处合同欺诈违法行为提供法律武器。

2. 探索建立治理合同欺诈等合同违法行为的长效机制，不断拓宽合同行政监管领域。探索建立打击合同欺诈等合同违法行为的预防、预警机制。通过宣传、培训，继续增强企业预防合同欺诈等合同违法行为的专业知识，继续加强对农民群体法制观念和合同意识的宣传和教育，提高防骗意识和辨别能力；通过新闻媒体公布典型案例，对合同欺诈行为和惯用方式进行揭露，向社会发布预警，提高全社会的防范意识；落实对格式条款的监督检查，铲除合同欺诈等合同违法行为苗头，遏制合同欺诈等合同违法行为的发生。以"守合同、重信用"活动为依托，开展诚信教育，增强市场交易主体诚实守信意识。积极深入开展"守合同、重信用"公示活动，提高企业的法律意识和诚信经营意识，帮助企业建立各项合同管理制度，提高企业防范合同欺诈的能力，使企业合同的签订规范化、法制化。保持对传统的利用合同进行欺诈违法行为打击力度的同时，注意研究社会热点行业和新兴领域出现合同欺诈违法行为的新情况、新问题，运用现代监管手段，实现合同行政监管执法领域的拓展和深化。

3. 加强职能保障，强化部门、区域间的沟通协作，形成监管合力。加强合同监管队伍建设，特别要重视解决部分地方省市工商机关合同监管部门人员编制少、任务量大的矛盾，加强合同监管部门机构和人员队伍建设。落实工商所辖区合同行政管理责任制。强化合同签订方资信调查协作，重点对合同欺诈异地发案较多的合同、大宗异地农业订单合同进行审查，了解其签约资格，履约能力，及时向合同当事人反馈情况，发现疑点，加强重点检查。制定完善协助办案和移交办案的办法和依据，在系统内逐步建立一套纵向督办指导、横向协作配合的工作机制和职责权限分明、分工协作明确的合同监督检查责任制度，有效保护当事人合法权益，提升行政执法效能。各级工商行政管理部门要切实加强与公安、检察、法院等部门之间的相互协作，争取建立合同案件的情况通报制度，实现快速反应、资源共享，该行政处罚的予以行政处罚，该依法移交的坚决移交，不能以罚代刑。

（二）以继续深入开展"守合同、重信用"活动为切入点，积极建立和完善企业"信用工程"

"守合同、重信用"活动是工商行政管理机关根据我国《民法通则》和《合同法》中规定的诚实信用原则，依据企业合同履约的客观记录，经过严格评价，对合同履约信用程度达到规定标准的企业，向全社会予以公示、予以表彰，是弘扬企业诚信守约的行为，促进全社会良好信用观念的形成，推动社会信用机制建立的一项重要措施。

深入开展"守合同、重信用"活动，有利于增强企业的法律意识、信用意识和自律能力，有利于增强企业的市场竞争力，对推动社会信用体系的建设，营造良好的市场环境，维护生产经营者和消费者的合法权益，促进社会经济和谐发展具有重要的现实意义。

据23个省、自治区、直辖市工商行政管理局的统计，截至2000年底，共认定"守合同、重信用"企业100 476家，其中省级认定的16 372家，地市级认定的49 259家，县级认定的 34 845 家;国营企业 37 901 家,集体企业 22 707 家,私营企业 14 471 家,股份合作企业 12 330 家,中外合资企业 3 490 家,外商独资企业的 266 家,其他企业 9 311 家;连续 10 年以上被认定为"守合同、重信用"的企业 17 834 家,6—9 年的 29 356 家,2—5 年的 40 350 家,1 年的 12 936 家。这项工作的开展,增强了企业的法律意识、信用意识,提高了企业的自律能力,增强了企业的市场竞争力,对改善中国市场和企业的信用状况,提升企业的经济效益,促进经济发展都发挥了积极的作用。

2001 年 4 月,国家工商行政管理总局与国家经贸委等十部委联合下发了《关于加强中小企业信用管理工作的若干意见》。2001 年 8 月 7 日,国家经贸委、国家工商行政管理总局等 10 部委召开了新闻发布会,公示了 100 家连续 10 年以上由省人民政府或省工商局授予"守合同、重信用"称号的中小企业名单。2001 年 12 月 26 日,国家工商行政管理总局召开新闻发布会,公示了第一批 520 家连续 8 年以上由省人民政府或省工商局授予"守合同、重信用"称号的企业名单。2003 年 1 月 28 日,国家工商行政管理总局公示了第二批 1 058 家连续 5 年以上由省人民政府或省工商局授予"守合同、重信用"称号的企业名单,并在《人民日报》、《经济日报》、《法制日报》、《中国产经新闻》、《中国工商报》、《中国消费者报》等新闻媒体予以宣传。

2004 年国家工商行政管理总局公示了第三批全国"守合同、重信用"企业 1 329家。

2004 年 7 月全国第一届企业诚信工作联席会议在河南郑州召开。

2005 年 4 月 19 日全国第二届企业诚信工作联席会议在江苏南京召开。

2006 年 1 月 24 日国家工商行政管理总局发布了"守合同、重信用"活动的指导性、规范性的文件——《关于深入开展"守合同、重信用"活动的若干意见》。《若干意见》总结了工商行政管理系统多年来开展"守合同、重信用"活动的经验,进一步明确提出了"守合同、重信用"活动应遵循的原则:1. 自愿原则:倡导广大企业守合同重信用,以自愿为原则,不搞强制。是否申报参加"守合同、重信用"活动,由企业自主决定。2. 公开、公正、公平原则:在整个过程中,都要坚持"三公"原则,严格把握标准,增加透明度,不搞暗箱操作。3. 不搞终身制原则。对获得"守合同、重信用"称号的企业,要实施动态管理,建立退出机制,不符合"守合同、重信用企业"标准的,取消荣誉称号。这些原则明确了"守合同、重信用"活动的性质,将保障"守合同、重信用"活动在全国范围内规范有序地开展。

《若干意见》在听取各地意见的基础上,提出了新的"守合同、重信用"企业的标准:1. 申请参加"守合同、重信用"活动的企业,应是企业信用分类监管中的守信企业,且无不良信用记录。2. 企业领导法律意识强,重视商业信誉和合同管理工作,坚持诚实信用的经营理念,具有较强的合同管理水平,了解本单位合同订立、履行状况。企业领导、专(兼)职合同管理人员和有关业务人员,熟悉与本企业生产经营有关的法律法规、制度。3. 企业建立了科学合理的合同信用管理机制,有专(兼)职合同信用管理机构和人员,并有企业领导负责日常合同信用管理工作。有比较系统、完善、适合本企业特点的合同信用管理制度,并抓好检查落实。合同档案、用户档案保存完整、齐全,能及时、准确地提供统计数据和有关资料。4. 企业合同的订立应符合有关法律法规,签订合同应采用书面形式,自觉使用合同示范文本。格式合同不得含有不公平或歧视性的条款、内容。5. 企业签订的合同,除不可抗力、对方当事人违约以及依法变更、解除外,按照约定全面履行合同,合同履约率达到 100%。6. 企业在订立和履行合同中遵纪守法、诚实守信,能够运用法律手段解决合同纠纷,自觉执行仲裁机构或人民法院已生效的法律文书,自觉接受工商行政管理等有关部门的监督。7. 企业通过加强合同信用管理工作,在维护自身合法权益,提升经营管理水平、经济效益和社会效益等方面取得较好效果。

为体现"守合同、重信用"企业"不搞终身制"的原则,《若干意见》提出:对"守合同、重信用"企业要加强动态管理,加强监督指导,发现"守合同、重信用"企业有与"守合同、重信用"企业标准不符情形的,工商行政管理机关应责令其限期整改;如发现"守合同、重信用"企业有严重违法行为的,由公示的工商行政管理机关应撤销其"守合同、重信用"企业的名单。

为鼓励、引导更多的企业参加"守合同、重信用"活动,《若干意见》规定:对符合标准的企业,在广泛征求有关部门和社会有关方面的意见后,由工商行政管理机关对"守合同、重信用"企业进行公示。国家工商行政管理总局对连续三年以上的省级"守合同、重信用"企业应适时择优公示。这一规定,有助于提高"守合同、重信用"活动的权威性和扩大"守合同、重信用"活动的社会影响,有利于调动广大企业参与该项社会公益活动的积极性,推动全社会企业诚实守信的形成。

《若干意见》还要求各级工商行政管理机关要把"守合同、重信用"活动作为加强企业经营行为监管的重要措施,抓紧抓好,抓出成效,不断提高监管水平和效能,真正实现工商行政管理工作为经营者和消费者服务、为促进改革发展服务的根本目的。

《若干意见》对全国"守合同、重信用"工作的公示、监督、管理、宣传等方面进行了进一步规范,使之做到有章可循,保证此项工作的规范性和连续性,将对我国市场经济秩序的进一步规范完善,诚信守约的信用社会的建立,起到积极的作用。

2006 年 7 月 18 日至 21 日全国第三届企业诚信工作联席会议在辽宁沈阳召开。全国各地工商行政管理部门和企业信用协会代表 150 多人参加了会议。会议期间广泛交流了提高合同履约率和企业诚信工作经验。

2007 年 7 月 19 日国家工商行政管理总局发布了《关于公示第四批(2006 年度)全国"守合同、重信用"单位的通知》,该通知公示了"守合同、重信用"企业 1 178 家。截

至 2007 年底,全国共有"守合同、重信用"企业 139 500 家;省级"守合同、重信用"企业 24 100 家;地(市)级 71 200 家;县级 2 414家。

2007 年 9 月第四届全国企业诚信工作联席会议在湖北武汉召开。

(三)制订和发布合同示范文本,规范合同签约行为

《合同法》在第十二条第二款首次做出倡导性规定:"当事人可以参照各类合同的示范文本订立合同"。这是对工商行政管理机关从 1990 年开始推行合同示范文本制度工作的充分肯定。

根据《合同法》的这一规定,1999 年 5 月 25 日,国家工商行政管理总局在四川成都召开了合同示范文本研讨会。会上,初步确定需要制订、修改的合同示范文本的种类。

1999 年国家工商行政管理总局与建设部联合发布《城市供用水合同》、《城市供用气合同》、《城市供用热力合同》示范文本。

2000 年国家工商行政管理总局与建设部联合发布《建设工程委托监理合同》示范文本。2000 年 10 月国家工商行政管理局与国土资源部联合发布《国有土地使用权出让合同》示范文本。

2001 年国家工商行政管理总局发布《化肥买卖合同》、《地质机械仪器产品买卖合同》、《建筑施工物资租赁合同》示范文本。与建设部联合发布《商品房买卖合同示范文本》,商品房销售合同示范文本的发布,对房地产商不正当销售、不平等条款起到了约束作用,保护了消费者的合法权益。

2002 年国家工商行政管理总局与国家人防办联合发布《人民防空工程租赁使用合同》示范文本。

2003 年国家工商行政管理总局与建设部联合发布《建设工程施工专业分包合同》、《建设工程施工劳务分包合同》示范文本。

2004 年国家工商行政管理总局与教育部联合发布了《出国留学委托合同示范文本》,受到了广大留学生和家长的欢迎,在社会上受到了广泛的好评。

2005 年国家工商行政管理总局与国家电监会联合发布的《购售电合同》和《并网调度协议》(示范文本)推行之后,对规范电力市场秩序和电力调度行为,维护市场主体的合法权益,促进电力系统安全稳定运行,都发挥了很好的作用。2005 年,国家电监会和国家工商行政管理总局联合发出通知,在全国开展两个合同示范文本的监督检查。从检查情况看,这两个文本的实施,在电站和电网之间确立了用法律手段维护双方的权利义务,比过去用行政手段更加有效。

2007 年 3 月国家工商行政管理总局与国家旅游局联合发布了《中国公民出境旅游合同》示范文本。该合同示范文本的发布可以切实维护旅游消费者和出境旅游组团社的合法权益,优化旅游发展环境,规范出境旅游行为,促使经营者诚信经营、旅游者诚信消费,减少旅游合同纠纷,维护旅游市场的良好秩序。

2007 年国家工商行政管理总局发布了《二手车买卖合同》示范文本。

2008 年初,为了贯彻实施落实《物权法》和《国务院关于促进集约节约用地的通知》,规范国有建设用地使用权出让合同管理,在 2000 年国家工商行政管理局与国土资源部联合发布《国有土地使用权出让合同》示范文本以及 2006 年发布的《国有土地使用权出让合同补充协议》基础上,国家工商行政管理总局与国土资源部联合发布了《国有建设用地使用权出让合同》示范文本。

2008 年,为了适应形势的需要,陆续会同国家旅游局制定发布了《大陆居民赴台湾旅游合同(示范文本)》。与此同时,会同电监会制定了《居民供用电合同示范文本》;与水利部联合发布了《水利工程监理合同示范文本》;与建设部重新修订发布《建设工程施工合同示范文本》、发布了《工程总承包合同示范文本》;会同国家邮政总局修订发布了《快递服务合同示范文本》。

四川汶川地震之后,为做好灾后重建工作,国家工商行政管理总局下发了《关于加强建材市场合同监管、保障灾区重建工作的通知》,通知要求各地工商行政管理部门认真履行职责,加强建材市场合同监管工作,积极支援灾区恢复重建工作,保障灾区建设有力、有序、有效地开展。随该通知还公布了《建材买卖合同》、《钢材买卖合同》、《水泥买卖合同》、《木材买卖合同》等合同示范文本。

至 2008 年上半年,由国家工商行政管理总局制订、修订发布或由国家工商行政管理总局与国家建设部、国防科工委、水利部、国土资源部、国内贸易局、国家煤炭局、国家林业局、国家人防办、国家电力公司等部门联合制订、修订发布的合同示范文本 14 类 90 余种,即:买卖合同类 31 种,供用电、水、气、热力合同类 5 种,赠与合同类 1 种,租赁合同类 6 种,承揽合同类 7 种,建设工程合同类 16 种,运输合同类 5 种,保管合同类 1 种,仓储合同类 1 种,委托合同类 4 种,行纪合同类 2 种,居间合同类 3 种,特许经营合同类 5 种,其他合同类。这些合同示范文本,对规范各类商事主体的合同签约行为,有效维护合同双方当事人的合法权益,减少合同纠纷,促进《合同法》的贯彻执行,起到了非常重要的作用。

全国许多地方,如北京、辽宁、安徽、上海、广东、浙江、武汉等地陆续发布了很多合同示范文本,包括商品房买卖合同、留学中介合同、旅游合同、房屋装修合同、农副产品购销合同等各种各样的示范文本,起到了规范企业签约履约行为,维护当事人权益的重要作用。实践证明,通过各类合同示范文本,可以促使各行各业的合同签订规范起来,大量减少合同纠纷的隐患。

(四)加强对格式条款的监督管理

合同格式条款具有内容规范、使用简便等特点,但是引发的负面问题也日渐凸显。据北京市工商局"12315 消费者投诉举报中心"2002 年 1—5 月的统计,目前商品服务类纠纷中因格式条款引起的纠纷在总纠纷数中所占比例平均已达 41%。格式条款发展至今,已呈现出行业惯例化或为行业制定"规则"的阶段,格式条款往往披上了"合法"的外衣,这些都使得格式条款具有了更大的强迫性、欺骗性和危害性。

实践中合同格式条款容易出现合同内容不平等、不公平的现象,迫切需要行政部门进行监管。各地根据实际情况广泛开展了对格式合同及格式条款的监督,上海率先制订了格式合同监管条例,建立了格式合同的监管制度,2000年7月13日,上海市第十一届人民代表大会常委会第二十次会议通过颁布了《上海市合同格式条款监督条例》,首次以地方法规的形式对合同格式条款进行规范。甘肃省工商行政管理局也发布了《甘肃省合同格式条款管理办法》。2002年4月25日,浙江省人大制定了《浙江省合同行为管理监督规定》,其中第二章对格式合同条款的监督作了详细规定,进一步加强了这项工作的社会化监督。其他省市如辽宁、江苏等地也陆续出台了合同监管条例和办法,对格式合同的监管有了明确的规定。这些条例、办法的出台,对加强合同格式条款的监管,保护当事人的合法权益,维护市场交易秩序起到了积极的作用。

为搞好格式合同的监管,浙江在格式合同备案过程中,2004年针对14家省级银行80份消费贷款合同存在的不平等、不合理的内容,逐一发出了《格式条款修改通知》,要求各银行根据法律规定修改这些不合理的条款。2005年又开展了保险格式合同的备案工作,对省内20多家保险公司使用的保险合同进行了备案、审查,共查出保险条款中涉及不适当免除保险人责任、加重保险人主要权利等共性问题20多个,涉及具体问题2 100多条。然后召开了备案审查通报会,针对20家保险企业577份保险合同存在的不平等、不合理的内容,逐一发出了《格式条款修改通知》,要求各保险公司根据法律规定修改这些不合理的条款。这一举措在社会上引起了强烈的反响,得到了社会各界的广泛支持。

(五)提高对农业合同的认识,深入开展合同帮农工作,促使涉农合同按照法律规范签订履行,维护农民权益、促进农民增收

党中央、国务院对农村、农业、农民问题高度重视,有关涉及农村、农业和农民问题的重要文件都提到了订单农业。如中共中央、国务院[2002]中发第(2)号《关于做好2002年农业和农村工作的意见》中再次指出:"鼓励工商企业采取公司加农户和订单农业等方式投资农业,带动农户发展生产。"根据党中央、国务院一系列指示精神,各地积极开展了合同帮农工作。

2006年6月国家工商行政管理总局在山东省烟台市召开了部分省市推进订单农业工作研讨会。会议指出,近年来,各地工商行政管理机关按照国家工商总局的统一部署,充分发挥合同监管职能作用,以订单农业为抓手,为发展现代农业,促进农村经济发展,做了大量的探索和实践。各地采取各种措施,通过订单兴农、订单助农、订单富农,为夯实建设社会主义新农村的经济基础,做出了一定成绩,积累了不少好的经验。会议认真分析了当前推进订单农业工作中存在的问题,提出了今后推进订单农业工作的意见。

2006年国家工商行政管理总局专门下发了《关于充分发挥工商行政管理职能作用、扎实开展推进社会主义新农村建设工作的通知》,连续召开了推进社会主义新农村建设有关工作会议。

2007年,为了更好地推动合同帮农工作,国家工商行政管理总局又下发了《关于认真做好涉农合同帮扶工作、维护农民权益促进农民增收的指导意见》,各地积极贯彻实施这个文件精神,取得了突出的成绩,收到了明显的效果。

2007年12月国家工商行政管理总局在山西省太原市召开全国工商行政管理系统合同帮农经验交流会。

会议总结了近年来,全国工商行政管理系统在合同帮农工作中取得的成果:

1. 合同法律意识、信用观念提高,企业和农民对实行农业合同制度的积极性十分高涨。农业合同制更加普及,合同签约数量和金额不断增加,合同履约率普遍提高,农业合同监管工作在全国全面展开。据不完全统计,截至2007年底,全国合同帮扶涉农企业83.37万户,签约农户876多万户,签订合同927万份,金额达1 760亿元。

2. 减少农户生产盲目性,提高了农业市场化程度。过去农户种植、养殖农产品,主要根据市场价格高低来决定生产,往往是某一品种农产品市场价格高了,大家一哄而上,大量生产,等到上市时往往出现供大于求,价格下滑,产品过剩,农民损失惨重。现在通过签订农业合同,农户以合同组织生产,大大减少了生产的盲目性,使农产品生产更加适应市场的需求。

3. 合同帮农取得了农民增产增收,企业做大做强,保障农业生产稳步发展的效果。农业合同不但使农户种养的农产品不愁销路,还得到了实实在在的增收。浙江某竹业公司生产竹胶板产品,原先总担心收不到竹子或质量不符要求,自实行合同收购以来,省内 16 县市有 8 600 余农户为公司提供原材料配套加工服务,不仅保障了公司原材料的优质供给,降低了财务成本,并实现了原材料零库存,大大地提高了经济效益。

4. 工商监管职能延伸,服务经济发展,形象提升,得到政府的肯定、企业和农民的欢迎。合同帮农工作促进了工商职能到位,提升了工商部门的权威和形象。工商系统通过加强合同信用管理、合同帮农工作,进一步拓宽了监管服务领域,既为政府分忧,也为农民解愁,实现了政府满意、企业支持、农民欢迎的多赢局面,提升了工商部门的执法权威和形象。

会议分析了当前农业合同及合同帮农工作存在的主要问题:一是农业合同信用低,风险高,容易发生争议。二是农业合同内容不完善,缺乏约束力。三是农业合同的形式不规范。四是不法分子以农业合同名义实施坑农骗农行为。五是签订农业合同的一方不具备主体资格。

会议提出了今后一个时期合同帮农工作的目标和任务:各级工商行政管理机关在推进社会主义新农村建设工作以及推进合同农业的发展中,要紧紧围绕当地党委、政府的总体部署,按照总局提出的工商行政管理工作要做到监管与发展、监管与服务、监管与维权、监管与执法相统一的指导原则,与地方有关部门密切配合,开展合同帮农工

作,建立合同法律知识培训工作制度,提高监管人员与涉农企业、农业专业合作社和农户的执法能力与法律意识;逐步建立和完善信用监督制度;建立基层合同指导服务机构;制定和推广涉农合同示范文本;加强对农业合同争议的行政调解工作;严厉查处涉农企业合同中的违法行为,维护市场交易秩序,努力推进社会主义新农村建设。

(六)积极开展合同纠纷行政调解工作,化解交易矛盾,稳定社会经济秩序

党的十六届六中全会的《决定》提出,"建立党和政府主导的维护群众权益机制,实现人民调解、行政调解、司法调解有机结合,更多采用调解方法,综合运用法律、政策、经济、行政等手段和教育、协商、疏导等办法,把矛盾化解在基层,解决在萌芽状态。"这为我们充分发挥合同争议行政调解职能,维护交易秩序和交易安全,促进社会和谐提供了重要理论依据,也为合同行政调解工作指明了工作方向。

多年来,各地工商行政管理机关根据国家工商行政管理总局颁布的《合同争议行政调解办法》,对法人、个人合伙、个体工商户、农村承包经营户以及其他经济组织相互之间发生的以实现一定经济目的为内容的合同争议,即经营者之间的合同争议,进行及时、方便、低成本、高效率的解决,发挥了重要作用。

调解可以尽快解决企业之间的纠纷,使企业恢复正常的经济交往和交易活动;化解社会矛盾,为构建和谐社会提供良好的基础;帮助农民等弱势群体及时解决经济交往中的难题和障碍,支持农民发展生产,提高经济效益。我国在仲裁法修改之后,实际上合同纠纷的处理主要是通过民事诉讼和仲裁的方式。行政调解这种方式已经逐步弱化,但实际上调解工作可以化解大量的合同纠纷。从更广更深的角度看,它对缓解社会矛盾,化解纠纷,构建和谐社会,促进经济发展都具有重要意义。

从实践情况来看,调解是具有中国特色的解决合同争议的有效途径之一,工商部门开展合同争议调解具有五大优势,一是工商

部门有国家法律、法规赋予的监管合同的职责,开展合同调解有法律依据。二是工商部门不是某种行业的主管部门,其经济、行业利益超脱,立场公正;同时工商部门长期从事市场执法,积累了市场主体在交易行为中形成的各类信用资料,为实行行政调解提供了可靠条件。三是调解工作是国家赋予的职能,开展合同调解工作责无旁贷。四是工商部门具有监管各类市场的职能,开展合同纠纷调解能灵活运用各种行政手段,负责调解工作的大多是合同监管人员,在程序规则的运用上,可以根据实际情况随时进行调整,如采取"面对面"、"背靠背"的方法,以及对这两种方式的交叉运用,能够促使合同争议当事人双方做出适当让步,达成调解协议。五是工商部门有一支经验丰富的合同管理队伍。各级工商部门由于负有监督管理市场交易中合同违法行为的职责,长期以来,储备了一大批合同法律法规方面的专业执法骨干,为进行合同争议的行政调解打下了人员基础。

全国工商行政管理部门自 2001 年至 2006 年,共受理合同争议 26 万件,解决争议 25 万件,调解成功率 96% 以上,解决争议金额 85.4 亿元,充分利用合同行政调解手段,及时解决经济纠纷,为构建和谐社会、促进当地经济又好又快地发展,做出了积极贡献。

2004 年受理合同争议 32 099 件,解决合同争议 30 292 件,解决合同争议金额 275 589 万元,调解成功率 94.37%。2005 年受理合同争议 30 624 件,争议金额 19.91 亿元;解决合同争议 29 192 件,解决合同争议金额 11.72 亿元,调解成功率 95.32%。

2007 年最高人民法院为贯彻落实党中央提出的构建社会主义和谐社会的重大战略部署,根据中央政法委的要求,将建立和完善多元化纠纷解决机制列为 2008 年重点改革项目。6 月中旬,最高人民法院邀请中央政法委、全国人大法工委、司法部、国家工商行政管理总局等有关部门召开会议,讨论"关于建立和完善多元化纠纷解决机制改革项目工作方案"。该工作方案中,主要涉及国家工商总局两项内容:合同争议行政调解和消费争议调解。根据该工作方案要求,国家工商行政管理总局成立了调研课题组,负责消费争议和合同争议行政调解专题调研报告及建议,并制定了《合同争议行政调解专题调研工作计划》,开始了调研论证工作。2007 年 9 月 5 日国家工商行政管理总局在重庆召开合同争议调解调研课题组成员第一次工作会议。

(七)贯彻实施《物权法》,开展物权抵押登记工作

工商行政管理部门根据《担保法》的规定,负责企业动产抵押登记工作以来,取得了突出成绩。

(1)建立了完善的登记制度。1995 年 6 月《担保法》发布,1995 年 10 月总局就发布了第 35 号令《企业动产抵押登记管理办法》,1998 年 12 月又修订了该办法,1999 年下发了《关于贯彻实施〈企业动产抵押登记管理办法〉若干问题的意见》,为建立企业动产登记制度奠定了基础。

(2)培养了高素质的登记队伍。

(3)出色地完成了《担保法》赋予的任务。

(4)盘活了企业资金,促进了企业经营发展。1997—2006 年全国动产抵押登记数量:登记合同份数 89.76 万份;抵押物价值 60 459 亿元,房地产抵押登记份数:26.33 万份;抵押物价值 6 328 亿元。为大量企业融通资金提供了可靠的支持,帮助企业解决了经营活动中的困难,促进了企业的发展。

2007 年 3 月 16 日十届全国人民代表大会第五次会议上通过了《中华人民共和国物权法》,并且于 2007 年 10 月 1 日开始实施。这部有关物权的法律是明确物的归属,发挥物的效用,保护权利人的物权的基本法律,该法还明确了工商行政管理部门是动产抵押登记机关,因此也是调整物权登记的根本法,正确理解和适用《物权法》是搞好动产抵押的首要问题。

《物权法》对动产抵押登记做出了新的规定,主要体现在:

(1)动产抵押登记的主体扩大。原来

《担保法》规定的动产抵押登记的主体仅限于企业，而《物权法》扩大了主体范围，除了企业之外，还扩大到个体工商户和农业生产经营者，这样登记机关面对的登记主体有了大幅度的增加。

（2）动产抵押登记的动产范围增加。《物权法》不仅保留了《担保法》中规定的固定抵押，同时还增加了浮动抵押。不仅"现有的"生产设备、原材料、半成品、产品规定可以用来抵押，同时把"将要有"的也规定可以用来抵押。同时，抵押也不受抵押物的变化或转让的影响。

（3）动产抵押登记的登记地点。《物权法》第189条规定，企业、个体工商户、农业生产经营者以本法第一百八十一条规定的动产抵押的，应当向抵押人住所地的工商行政管理部门办理登记。而过去《担保法》则规定以企业的设备和其他动产抵押的，为财产所在地的工商行政管理部门。

（4）动产抵押登记的登记机关。《物权法》对于动产抵押登记机关沿用了《担保法》的规定，规定工商行政管理部门为动产抵押登记机关。

（5）动产抵押登记的登记效力。动产抵押都是从抵押合同生效时即设立了抵押权，与登记并无关系，登记仅产生对抗善意第三人的效力。动产抵押登记的主要目的，在于将物权设立和变更的事实予以公示，以便让公众了解物权的实际状况，防止自身的权益受到损害。

根据《物权法》的新规定，国家工商行政管理总局于2007年10月12日发布了第30号令《动产抵押登记办法》，这个办法与1995年10月发布的第35号令《企业动产抵押登记管理办法》比较，有了很大的变化，主要体现在：

（1）登记范围的扩大，从固定抵押扩大到浮动抵押。

（2）登记主体的增加，从企业扩大到企业、个体工商户和农业生产经营者。

（3）登记地点的改变，从财产所在地变为抵押人住所地。

（4）登记效力的变化，从抵押合同生效的条件变为对抗善意第三人。

（5）审查性质更加明确，动产抵押登记实行的是形式审查，不是实质审查。

（6）登记程序更加简便。

（7）查询系统完全开放。

为了贯彻落实《物权法》和《动产抵押登记办法》，总局于2007年12月在北京举办了"动产抵押登记培训班"，全国各地合同管理干部100多人参加了培训，为更好地贯彻执行《动产抵押登记办法》奠定了基础。

2007年底，全国共办理企业动产抵押登记6.68万份，比上年减少2 795份，下降4.02%；抵押物价值11 535.13亿元，比上年减少2 311.39亿元，下降16.69%。从全国各地区办理动产登记情况来看，发展也不平衡，江苏、山东、河北、四川、辽宁、广东、安徽、福建等九省办理的动产抵押登记合同份数占动产抵押登记总份数的69.67%。

（八）加强拍卖监管，维护拍卖市场秩序

拍卖法实施过程中，各地感到拍卖监管工作难度较大，不少地方感觉无从下手，监管工作难以到位。根据这种情况，2001年1月22日国家工商行政管理局第101号局长令公布了《拍卖监督管理暂行办法》，并于2001年3月1日起施行。为了更好地贯彻实施这个办法，国家工商行政管理局于2001年4月在山东烟台举办了全国拍卖监督管理培训班，有各地100多人参加。培训班期间，邀请了有关拍卖的专家学者讲解了拍卖基本原理、《拍卖法》有关规定以及贯彻实施拍卖监管办法的具体问题，对学员提出的有关问题也给予详细的解答，使各地拍卖监管工作人员明确了监管目标，树立了工作信心，掌握了具体方法。自拍卖监管办法发布之后，各地有了监管依据，开始结合本地实际情况，制定了贯彻实施的具体意见，使拍卖监管工作逐步走上了正轨。各级工商行政管理部门全面建立了拍卖企业异地拍卖经营登记制度，建立了拍卖活动备案制度，加强现场监督以及委托竞投席的监督，同时规范委托拍卖合同，并积极协助行业协会建立健全行业自律制度，依法维护了拍卖交易秩序，使拍卖市场的状况有了明显改善。

2001 年底,全国依法注册登记的拍卖企业 1 740 家,年交易额 460 亿元,从业人员 2 万余人,其中注册拍卖师 2 665 人,拍卖行业协会 11 个,依法取得文物拍卖资格的企业 199 家,具有公物拍卖资格的企业 187 家,罚没机动车拍卖企业 5 家。拍卖企业经工商行政管理部门备案的拍卖活动 15 189 次,其中工商行政管理机关的执法人员到现场监督 9 081 次,依法查处拍卖企业的违法案件 206 件,违法金额 24 905 万元,罚款 1 378.26万元,吊销营业执照企业 8 家。

2004 年共备案 40 828 次,现场监督 18 959次,查处违法拍卖案件 174 件,违法金额 31 894 万元,罚没金额 386 万元。

2005 年底,全国共有拍卖企业 4 275 户,比上一年的 4 075 户增长 4.9%;有拍卖师 6 297 人,比上一年 5 740 人增加了 557 人,增长了 9.7%。拍卖确认书 324 812 份,比上一年的 316 952 份,增长 2.5%;拍卖确认金额 3 063 亿元,比上一年的 1 112 亿元,增长 175%。

2006 年有些地方根据新的公司法开始对拍卖公司进行清理整顿,取得了较好的效果。特别对那些严重违法、从未或长期未开展拍卖业务、已经停业、拍卖师没有达到规定人数的企业严格把关,严格依法予以清理整顿,按照有关法律法规操作。

截至 2007 年底,全国共有拍卖企业 5 558家,其中有文物拍卖资格的企业 411 家,全国共有拍卖师7 772 人。拍卖委托书 237 275 份;金额5 482.45亿元,拍卖确认书 757 485 份;金额 2 978.74亿元。全国各地工商行政管理机关备案的拍卖活动共56 074 次,现场监督20 914次。查处拍卖违法案件 227 件,违法金额9 667 万元,罚没金额 621 万元,吊销营业执照 19 家。

(执笔人:张　经　黄晓军　徐永杰 黎晓宽)

第九章　广告监督管理

第一节　概　述

广告业是创意经济中的重要产业,伴随着商品经济的发展而兴起,在服务生产、引导消费、推动经济增长和社会文化发展等方面,发挥着重要的作用,其发展水平直接反映一个国家或地区的市场经济发育程度、科技进步水平、综合经济实力和社会文化质量。

一、我国广告业的发展历程

新中国成立之前,商品经济不发达,广告没有规模,更没有形成全国性的行业,只在工商业比较集中的沿海城市和内地一些大城市有一些从事广告经营的公司和个人,广告宣传形式也仅限于路牌、报刊、广播、橱窗、招贴等。

1949 年新中国成立后,随着国民经济的恢复和发展,广告业有所发展,但由于政治、经济、社会诸方面的原因,广告业经历了坎坷不平的发展历程:在新中国成立初期的一段时间里,由于人民政府采取的各项扶持措施,广告业得到一定程度的恢复和发展;在我国完成对资本主义工商业的社会主义改造,实行全行业公私合营后,工业企业的很多产品由国营商业包销,广告因需求骤减而逐渐萎缩;在"文化大革命"十年动乱中,广告被斥为"替资本主义服务的宣传工具"加以全盘否定,使本来为数很少的报纸、电台经营的商业广告全部停止,商业的橱窗广告基本消失,各种户外广告则被"红海洋"的政治标语和语录所代替,广告业的发展陷于一片空白。

1978 年 12 月,党的十一届三中全会作出了把党和国家的工作重点转移到社会主义现代化建设上来和实行改革开放的战略决策,我国广告业从此得到迅速恢复和发展。经过改革开放三十年的不懈努力,在党中央、国务院制定的一系列方针、政策指引下,我国广告业取得了巨大成就。其发展历程,概括起来分为以下几个阶段:

(一)以十一届三中全会为标志,我国广告业进入恢复和初步发展阶段(1978—1991年)。1978 年底,党的十一届三中全会确定改革开放政策,全党工作重心转移到经济建设上来,我国广告业获得了新生。1979 年 1 月 14 日,上海《文汇报》发表了《为广告正名》的文章,为广告业的恢复作了舆论准备。1979 年 1 月 28 日,上海电视台率先发布电视广告,带动了广告业在全国各地的恢复。1981 年开始,我国广告业得到初步发展,并显示出强劲的活力。1981 年至 1991 年,全国广告营业额平均每年递增 41%。广告管理机构、行业组织逐步建立起来。1987 年,国务院颁布了《广告管理条例》,将广告业纳入了依法管理轨道。

(二)以邓小平南方谈话和社会主义市场经济体制目标确立为标志,我国广告业进入快速发展阶段(1992—1997 年)。1992年,邓小平南方谈话和党的"十四大"明确建立"社会主义市场经济体制"的目标,促使中国广告业进入快速发展的高峰期。1992 年,我国广告业年增长率达 93.42%;1993 年,年增长率达 97.57%,成为改革开放以来增长速度最快的两年,涌现出一批有实力的广告公司和大量专业技术人才,大大提升了广告行业发展水平,为推动地方经济的发展做出了积极贡献。1993 年 7 月,国家工商行政管理局、国家计划委员会联合印发了《关于加快广告业发展的规划纲要》，进一步明确了中国广告业在经济社会发展中的重要地位。1994 年 10 月，《中华人民共和国广告法》(以下简称《广告法》)正式颁布，我国广告法律体系初步形成。在此期间，我国的广告教育也得到蓬勃发展，全国相继有近 200 所高校开办了广告专业。

(三)以中国加入 WTO 为标志，我国广告业进入多元发展阶段(1998—2001 年)。这一阶段，经济全球化步伐加快。2001 年，我国加入世界贸易组织，中国广告业进一步融入国际广告市场。按照我国对 WTO 的承诺，加入 WTO 两年后允许外资广告公司控股，四年后，外商可以完全独资。截至 2001 年底，在中国注册的外商广告企业已有 329 家，著名跨国广告企业已基本进入中国市场。中国广告业的开放，使广告活动主体日益多元化，广告企业组织形式多元化，竞争方式呈现多元化、国际化趋势，本土公司选择股份化、集团化转型。广告产业改变自我积累的增长模式，开始资本经营之路，经营模式也从单纯的广告转向整合营销。

(四)以党的"十六大"召开为标志，我国广告业以科学发展观为指导，进入持续稳定发展阶段(2002 年至今)。党的"十六大"以来，以胡锦涛同志为总书记的党中央，提出了科学发展观和构建社会主义和谐社会等一系列重大战略思想，为我国广告业的发展指明了方向。广告业不仅在社会经济文化中发挥着日益重要的作用，而且广告业本身也是构建和谐社会的重要组成部分。广告创意更加关注和谐主题、突出中国传统和现代文化元素的自我表现意识。伴随科技进步，网络等新兴媒体迅猛发展，中央电视台率先提出"绿色广告"概念，在行业中引起良好反响。广告业更加关注公益事业，公益广告有了长足发展，涌现了一批主题鲜明、内涵深刻、生动传神的公益广告作品。2005 年，《行政许可法》实施，政府部门大幅度削减行政审批项目，为广告业发展营造更为宽松的环境，进一步促进了

我国广告业的发展。

二、我国广告管理机构的设置与职能调整

伴随着广告业的恢复、发展、壮大，我国的广告管理机构也经历了几次调整和变化，并不断得到充实和加强。

1949 年至 1966 年，对广告的监督管理主要由地方政府承担。"文化大革命"十年动乱中，广告管理工作受到冲击，处于停滞状态。

1981 年，为了加强广告管理，工商行政管理总局设立了广告处(直属处)。

1982 年 2 月，国务院颁布《广告管理暂行条例》，7 月，国务院批复同意"国家工商行政管理局机构编制方案"，设立广告司，并明确其职责是：贯彻执行广告管理的方针、政策和法令，草拟广告管理法规、办法，指导各地的广告管理工作，查处违法广告；研究外国来华广告的方针、政策，拟定管理办法；审查广告经营单位(包括兼营)的登记发证工作，研究广告发展规划；组织协调广告行业、部门和各单位之间的关系，研究管理各类广告的收费标准，组织经验交流，提高广告服务质量和经营管理水平；积累整理国内外广告方面的法规、政策和资料；指导广告协会、广告学会的工作。

1988 年 7 月，国家机构编制委员会批准《国家工商行政管理局"三定方案"》，下设广告司，其职责是"指导全国的广告管理工作，调查研究广告事业的发展状况和问题"。

1994 年 1 月，经中央机构编制委员会办公室核准，国务院批准《国家工商行政管理局职能配置、内设机构和人员编制方案》，下设广告监督管理司，其职责是：研究制定广告业的方针、政策和发展规划，制定各类广告的发布标准，制定或参与制定广告管理法规、规章；监督管理广告发布及其他各类广告活动，负责广告经营审批；依法查处虚假广告；指导本系统广告管理工作，指导广告行业组织的工作。

1998 年 6 月，国务院批准《国家工商行政管理局职能配置、内设机构和人员编制规定》，下设广告监管司，其职责是：研究拟定

广告业监督管理规章制度及具体措施、办法;组织实施对广告发布及其他各类广告活动的监督管理;组织实施广告经营审批及依法查处虚假广告;指导广告审查机构和广告行业组织的工作。同时,国务院明确将国家工商行政管理局承担的指导广告业发展的职能交给国家经济贸易委员会。

2001年8月,国务院批准《国家工商行政管理总局职能配置、内设机构和人员编制规定》,下设广告监管司,其职责是:研究拟定广告监督管理规章制度及具体措施、办法;组织实施对广告活动的监督管理;依法查处虚假广告等违法行为;指导广告审查机构和广告协会的工作。

2002年8月,经国务院和中央机构编制委员会领导同志同意,中央机构编制委员会办公室发出《关于广告业管理职能调整的通知》,明确将原国家经济贸易委员会承担的指导广告业发展的职能,交由国家工商行政管理总局承担。

2008年7月,国务院批准《国家工商行政管理总局主要职责、内设机构和人员编制规定》,下设广告监督管理司,其职责是:拟定广告业发展规划、政策措施并组织实施;拟定广告监督管理的具体措施、办法;组织、指导监督管理广告活动;组织监测各类媒介广告发布情况;查处虚假广告等违法行为;指导广告审查机构和广告行业组织的工作。

经过多年的实践,尤其是改革开放以来30年的艰辛探索,我国已基本建立了适应社会主义市场经济监管的广告法律法规体系,建立了与中国国情相适应的政府主导型广告监管体制和政府监管、行业自律、社会监督三位一体的管理模式。

第二节　1949—1978年广告业发展和监督管理

一、地方政府对广告的监督管理

1949年新中国成立后,为了发挥广告活跃城乡物资交流、促进工农业生产恢复和发展的积极作用,一些大城市如上海、天津、广州、重庆、武汉、西安等地,相继建立广告管理机构,制定并颁布了一些地方性的广告管理法规,对广告宣传和广告经营活动加以管理。例如,上海市人民政府于1949年12月颁布了《广告管理规则》,规定了广告由上海市公用局管理,随后于1950年5月改由上海市工商行政管理局管理,同年8月上海市工商行政管理局印发了《防止利用广告欺骗顾客的办法》。1951年重庆市人民政府成立了广告管理所,颁布了《重庆市广告管理暂行办法》。同年,西安市工商行政管理局发布了《关于印刷厂商管理暂行办法》,对印刷广告作了具体规定。各大城市制定的一些广告管理法规,归纳起来,有以下主要内容:

(一)规定了广告管理的范围。当时各大城市制定的广告管理办法,对广告管理的范围都作了明确规定。如上海市1949年12月颁布的《广告管理规则》指出:"凡在本市区内,以含有招徕或宣传性质之文字、图画等用各种方法揭布者,概以广告论,由公用局以本规则管理之。"1954年3月广州市人民政府修订公布的《广告管理暂行办法》指出:"凡在广州市内以文字、图画、电影、广播、模型等各种宣传方式,揭布广告,概由工商行政管理局依本办法管理之。"

(二)经营广告必须申请登记,发给证明后方可开业,无证不得经营。如天津市1949年颁布的《广告管理规则》规定:"凡在本市营业之广告商,持营业执照填具申请表,包括资本额、经营何项广告、副业营业概况、经理人姓名等,呈请公用局登记审查合格发给登记证后,始得申请广告业务。"同年上海市《广告管理规则》也规定:"凡在本市经营广告业务之广告商,应有固定的场所及经营业务,并应向公用局领取许可证,凭此向工商局请领工商登记证,方可营业。"

(三)广告内容不得虚伪夸大,并须符合国家政策、法令。有下列情况的,不得发布:

1. 与政府政策、法令有抵触者;

2. 滥用国徽、国旗、革命领袖肖像、革命名词等作商业性宣传者；

3. 有欺骗或妨害正当工商业之发展者；

4. 窃用他人商标、版权者；

5. 事涉迷信、有伤风化或足以引起其他不良影响者；

6. 妨碍行政、交通、消防、市容者；

7. 使用他人肖像，未经得本人同意者。

（四）广告客户刊播广告，需要出具证明：

1. 私营企业刊播广告，需出具同业公会的证明；

2. 国营企业的产品广告，需出具行政主管部门的证明；

3. 有关医药的广告，需出具卫生部门的证明；

4. 学校招生广告，需出具教育部门的证明；

5. 出版物广告，需出具主管机关的证明；

6. 戏剧、电影广告，需出具文化部门的证明；

7. 有关车船交通方面的广告，需出具公用局或港务局的证明。

（五）通过广告同业公会，加强行业管理。1956 年全行业公私合营前，一些大城市都有广告行业同业公会，协助广告行政管理部门管理广告。有些大城市制定的广告管理办法，对此还作了规定。如 1951 年上海市工商行政管理局制定的《电台广播广告及报刊商业性广告管理办法》规定："广播广告内容，应由电台负责人签名盖章，送经广播电台商业同业公会初审，汇送工商行政管理局审核许可后，方可发布。"1950 年 8 月该局制定的《防止利用广告欺骗顾客的办法》中规定："凡商业广告传单，必须经由各该业同业公会出具证明，连同全部广告传单，向工商行政管理局登记。"也就是通过同业公会，核实广告的真实性，由同业公会作出保证。当时，各大城市制定的广告管理法规，由广告管理机关通知工商业联合会，包括各工业、商业公会和广告业同业公会，组织各会员单位学习、贯彻，效果比较显著。

二、中央有关主管部门对广告的监督管理

1949 年至 1978 年地方政府管理广告期间，中央有关主管部门也曾对本系统的广告进行管理。如 1952 年 9 月，根据中央广播事业管理局的指示，华北五省二市（北京市和天津市）在天津召开了一次广播广告经验交流会。会议总结了新中国成立以来广播广告的经验，并指出了当时广播广告存在的不问政治、违背国家政策、对广告内容不加审查以及单纯盈利观点等错误倾向。如有的电台为了招揽广告，竟播放一些低级庸俗的评书。因此，会议要求各广播电台要加强对广播广告内容的审查，建立严格的监督制度，使广播广告的经营方针，既符合国家的政策、法令，又适合广告客户和群众的需要，并要求要保持节目的完整性，尽量不插播广告。这次会议首次提出了广播广告的经营方针和具体要求，对加强广播广告的管理，推动广播广告的发展，起了很好的作用。

1958 年 1 月，商业部和铁道部联合发出通知，要求利用火车站、候车室、车厢以及列车内的用具作为媒体，开展广告业务。根据对外经济贸易发展和对 45 个城市开放的需要，同年由外贸部、商业部、文化部、中央工商行政管理局联合发出了《关于承办外商广告问题的联合通知》，确定"外商广告由上海市广告公司、天津市广告美术公司、广州市美术广告装饰公司承办。在地方，由商业局、工商行政管理局领导广告公司的业务活动。各报刊停止直接对外。"

1959 年 8 月，在新中国成立十周年之际，商业部在上海召开了 21 个开放城市的"商业广告会议"。会议肯定了广告在发展国民经济中的积极作用，指出：在社会主义制度下，商业广告是经常向人民群众如实地介绍商品，指导人民消费的基本方法之一，是社会主义文化领域中一种美术形式，运用广告扩大城乡内外交流，对促进商品生产和改善企业经营，组织人民经济、文化生活是有益的。商业广告应当体现社会主义思想性、政策性、真实性、艺术性和民族风格。同时，会议还提出了商业广告要为生产、为消

费、为商品流通、为美化市容服务的方针。会议提出的管理商业广告的方针、政策、措施,加强了对商业广告的管理,推动了全国各大中城市商业广告的发展。

三、对私营广告商的改造

1953 年,我国开始执行第一个五年计划,从事大规模的经济建设,与此同时,开展了对资本主义工商业的社会主义改造。由于当时国家对私营工商业实行加工订货、统购包销的经济政策,广告公司的业务量骤减。同时,为配合对私营工商业的社会主义改造运动,在工商行政管理部门的支持下,对广告公司进行了大规模的改组,在一些工业比较集中、经济发达的城市,建立了国营广告公司。

1956 年社会主义改造高潮中,各大中城市对私营广告商都进行了改造,把分散经营的私营广告商,改造为集中经营的广告公司或广告社。有的改组合并为国营广告公司,有的改造为公私合营企业,有的组成合作社,划归国营广告公司领导。如上海市将私营荣昌祥广告公司和全市 100 多户私营广告商(主要搞广告设计、制作和为广告媒介单位承揽广告业务),按经营范围改组合并为 5 个公私合营广告公司和一个公私合营广告美术社。同时,还成立了由市文化局领导的上海美术设计公司。天津市早在 1951 年就把全市广告行业调整合并为天津市广告总店,下设 5 个门市部,先由市商业局领导,后划归市工商行政管理局领导,1956 年又划归市文化局领导,并更名为天津美术设计公司。1956 年北京市成立了北京美术广告公司,由市文化局领导。广州市成立了美术广告公司,由市工商行政管理局领导。

全行业公私合营后,工业企业的很多产品由国营商业包销,从而导致广告业务的剧减。在当时,已很少再有做广告的企业。在这一时期的后期,报纸广告版面的减少,一些城市的商业电台被取消,使广播广告日益萎缩。这些情况持续了数年之久,直到 1957 年在布拉格召开了国际广告大会,我国商业部派员参加后,情况才有所改变。

四、参加国际广告会议

1957 年 12 月,在捷克斯洛伐克首都布拉格召开了社会主义国家广告工作会议,有苏联、阿尔巴尼亚、保加利亚、南斯拉夫等 13 个国家的代表参加。我国商业部派出代表,以观察员的身份参加了会议。会上各国代表交流了广告工作的经验,互换了资料,会议作出了题为"从人民利益出发,发展社会主义商业广告"的决议。布拉格社会主义国家广告工作会议,使中国广告工作者开阔了眼界,受到了启发。

第三节　1978—1991 年广告业发展和监督管理

一、广告市场发展概况

1978 年 12 月,党的十一届三中全会确定将党和国家的工作重点转移到社会主义现代化建设上来,实行改革开放的方针。从 1979 年起,广告在全国范围内,特别是大中城市开始恢复。与此同时,外商来华广告大量出现,使广告宣传、广告经营活动遇到了新的课题,广告工作受到中央和各级政府部门的重视。

1979 年 11 月,中央宣传部发出了《关于报刊、广播电台、电视台刊登和播放外国商品广告的通知》,要求"调动各方面的积极因素,更好地开展外商广告业务",有力地推动了广告行业的恢复和发展。此后,各地的广播、电视和报纸恢复了广告业务,广告公司(社)相继成立,广告业进入了恢复和初步发展阶段。1980 年 1 月,中央人民广播电台开办《广告节目》;1981 年 12 月,中央电视台播放了美国威斯汀·豪斯电器公司的广告等。

1979 年以前,全国经营广告的公司不过 10 家,报刊、广播电台、电视台基本上不经营广告业务。1981 年底,全国经营广告的公司已有 60 多家,报刊 1 000 多家,广播电台和电视台 100 多家,广告从业人员 16 000 余人,并开展了外贸广告业务。全国广告经营单位的营业额达 1.1 亿元,其中外汇人民币 1 100 万元。1991 年底,全国广告经营单位已达

11 769家,广告从业人员13.45万人,全年广告营业额为35.1亿元,与1981年相比,分别增加9.1倍、7.4倍和30.9倍。

1987年6月,第三世界广告大会在北京隆重召开,来自世界50多个国家和地区的865名代表和国内580名代表出席会议,国务院副总理万里出席开幕式并发表重要讲话,国家主席李先念为大会致辞并接见了全体中外代表,对促进我国广告业的发展产生了深远的影响。

二、建立广告行业组织

经国务院批准,1983年12月,中国广告界在北京召开了第一次全国代表大会,成立了中国广告协会,制定了中国广告协会章程。中国广告协会成立后,各省、自治区、直辖市也相继成立了地方性的广告协会。广告协会的建立,在宣传和贯彻广告政策法规、交流广告工作经验、开展广告咨询服务、培训广告人才、参加国际广告交往活动、加强行业自律等方面,都发挥了积极的作用。同时,一些专业性的广告报刊陆续创刊,一些经济、新闻、艺术类院校开设了广告专业或广告课程。

三、广告立法与监督管理

(一)《广告管理条例》奠定了依法监管的基础

1980年,国务院责成国家经委、工商行政管理总局就广告经营活动进行调研,提出加强广告管理的意见,并代国务院起草《广告管理暂行条例》(以下简称《暂行条例》)。1982年2月,国务院审议通过了《暂行条例》,决定自5月1日起施行。《暂行条例》是新中国成立以来第一个全国性广告管理法规,其中明确规定:"广告的管理机关是工商行政管理总局和地方各级工商行政管理局。"《暂行条例》的制定贯彻了对内搞活经济、对外实行开放的政策和"管而不死、活而不乱"的精神,受到中外有关方面的关注。

1982年4月,工商行政管理总局在北京召开全国广告工作会议,会议提出了贯彻《暂行条例》的措施,制定了《实施细则》(内部试行),讨论了《关于整顿广告工作的意见》。会议要求各地在整顿广告工作过程中,要广泛深入地宣传《暂行条例》和《实施细则》,加强调查研究,采取切实措施,纠正违反《暂行条例》的一切不良倾向,支持广告经营单位做好广告工作,促进广告业的繁荣。

通过贯彻《暂行条例》和《实施细则》,各级工商行政管理机关对广告经营单位进行登记,核发营业执照,开展经常性的监督检查,有针对性地对广告行业进行清理整顿,初步克服了广告管理和经营中的某些混乱现象。但随着形势的发展,广告管理也遇到了很多新情况、新问题。主要表现在以下方面:首先是外商来华广告大量增加,由于法规不完善,对广告内容、代理费标准等都无法控制。其次是我国企业的广告意识增强,但由于广告费不能列入生产和销售成本,只能由企业自有资金支付,因此,无法通过广告占领市场。第三,烟草、烈性酒有害消费者的身体健康,国际上禁止利用广播、电视、报刊等主要媒体刊播烟草和烈性酒广告。外国烟酒商利用我国法规的不完善,大量在主要媒体刊播烟草和烈性酒广告(也包括我国的一些烟草企业)。第四,利用传统媒体以外的形式发布广告的现象大量涌现,诸如文化、教育、卫生、医疗、有奖销售、赞助、挂历、展览以及混淆广告与新闻的区别、以新闻形式发布广告等。

1987年10月,在补充、修改和完善《暂行条例》的基础上,国务院发布了《广告管理条例》(以下简称《条例》),并决定自1987年12月1日实施。1988年1月国家工商行政管理局发布了《广告管理条例施行细则》(以下简称《细则》),并在以后的几年时间里,单独或会同有关部门修改、完善和制定了一大批与《条例》、《细则》相配套的行政规章和规范性文件。和《暂行条例》相比,《条例》最大的特点是突出了"宏观管住,微观搞活"。

"宏观管住"具体体现在:(1)进一步明确了广告管理范围。《暂行条例》的条款局限于经济广告,而随着各类市场相继出现,广告应用的范围越来越广泛,内容涉及各个方面。《条例》把凡通过各种媒介或其他形式,在中华人民共和国境内刊播、设置、张贴广告,均列入管理范围。这样,既包括广告宣传、广告经营,也包括经济广告、非经济广告及外商来华广告。(2)把打击虚假广告和非法经营广告业务活动列为检查、监督和管理的重点。《条例》把"广告内容必须真实"放到显著位置,并规定"不得以任何形式欺骗用户和消费者"。《条例》对刊播广告必须提交的证明,比《暂行条例》的规定更具体、更明确,更有利于保证广告的真实性和合法性。对于违反广告管理法规的行为,《条例》规定了更加严格的法律责任,对利用虚假广告给用户和消费者造成经济损失的,除要承担赔偿责任、给予经济或行政处罚外,还必须发布更正广告。(3)明确了应当禁止的行为和内容。广告经营活动中的垄断和不正当竞争行为,以新闻报道形式刊播广告、收取费用以及新闻记者借采访名义招揽广告,都明确被列为禁止的范围。对有损国家和社会公共利益以及含有虚假等内容的广告,《条例》也做了明确的规定。

"微观搞活"具体体现在:(1)按照自主管理、自主经营的原则,《条例》对刊播广告的版面、时间不再限制。(2)广告的收费标准由广告经营者自行制定,工商、物价管理机关只保留检查、监督权。(3)允许获国优、部优、省优奖的烈性酒,经过批准可以做广告。(4)对卷烟,只禁止利用报刊、广播、电视刊播广告。(5)对具备经营广告业务能力的个体工商户,经过核准后,可以经营广告业务。

(二)制定单项规章和规范性文件,增强广告监管力度

《条例》(包括之前的《暂行条例》)及其《施行细则》的颁布实施,对规范广告市场,保护合法经营、取缔非法经营,维护消费者权益等方面起到了重要作用。但是,随着经济体制改革的不断深入和社会主义商品经济的发展,广告市场新情况、新问题不断出现。为此,国家工商行政管理局依据有关规定,单独或会同国务院有关部门先后制定了一批单项广告管理规定,以不断完善对广告市场的监管。

1982年10月,国家工商行政管理局发出《关于外商广告经营单位审批权限和佣金问题的通知》,规定"申请代理或承办外商广告,由省、自治区、直辖市工商行政管理局审查,核发营业执照。为了贯彻统一对外的方针,经营单位付给外商的佣金不得超过广告费的15%"。

1983年10月,国家工商行政管理局会同财政部印发《关于企业广告费用开支问题的若干规定》,确认广告费用可以列入成本从销售费用中开支。这项规定后来纳入国务院1984年3月发布的《国营企业成本管理条例》。从此,工商企业广告费用的开支被纳入正常渠道并加强了监督管理。

1984年3月,国家工商行政管理局发出《关于烟酒广告和代理广告业务收取手续费的通知》,规定"禁止利用广播、电视、报纸、书刊、路牌、灯箱、霓虹灯、招贴等媒体做卷烟和40度以上(含40度)烈性酒的广告"。

1984年4月,国家工商行政管理局会同文化部、教育部、卫生部发出《关于文化、教育、卫生、社会广告管理的通知》,进一步明确了文化、教育、卫生、社会广告的管理范围。

1985年4月,国家工商行政管理局会同文化部、商业部、中国人民银行、国家体育运动委员会联合发出《关于加强对各种奖券广告管理的通知》,规定"禁止刊播产品有奖销售广告",对有奖集资、有奖储蓄、奖券广告采取了限制的政策。

1985年4月,国家工商行政管理局、广播电视部、文化部发出《关于报纸、书刊、电台、电视台经营刊播广告有关问题的通知》,规定"禁止以新闻名义招揽所谓'新闻广告',新闻和广告两者不得混淆,在新闻单位内部,只允许经过申请登记,领有兼营广告许可证的单位经营广告"。刊播新闻体裁的广告,必须有明显的标志和说明。

1985年8月,国家工商行政管理局会同卫生部发布《药品广告管理办法》,加强对药品广告(不包括兽药和农药)宣传的管理。办法规定:药品广告的管理机关是各级工商行政管理局,药品广告内容的审查批准机关

是省、自治区、直辖市卫生厅（局）。广告客户必须持有省、自治区、直辖市卫生主管部门审查、批准的"药品广告审批表"，方可发布药品广告。经批准发布广告的药品，应根据批准的内容刊播广告，不得擅自更改。

1985年9月，国家工商行政管理局与财政部联合印发了《关于加强赞助广告管理的若干规定》，划清了赞助与赞助广告的界限，要求赞助广告必须申报计划，财务计划需报省一级行政主管部门审定；赞助广告的内容和收费标准，应由地方广告管理机关审批。

1986年11月，国家工商行政管理局发出《关于经济特区广告宣传的几点意见》，对深圳、汕头、珠海、厦门等经济特区开展广告宣传提出四点意见：一是加强对外国卷烟赞助、馈赠广告的管理。二是在经济特区范围内，允许使用路牌、灯箱、电视三种媒介刊播国产名烟、名酒和外国烟酒广告。三是加强对外商来华广告的管理，严格审批程序。四是加强广告工作的规划和管理。

1986年11月，国家工商行政管理局会同国家体育运动委员会发出《关于加强体育广告管理的暂行规定》，明确"凡为国际、国内体育活动提供资金、器材、产品用以开展广告宣传的，均属体育广告""举办赞助性体育广告活动，属全国和国际性的，须纳入国家体委年度体育比赛计划，经国家工商行政管理局批准。体育活动结束六十天内，主办单位应将广告费收支结算报送财政审计机关"。

1987年3月，卫生部、国家工商行政管理局、广播电影电视部、新闻出版署联合发出了《关于进一步加强药品广告宣传管理的通知》，规定食品和药品的广告内容，都必须经当地省、自治区、直辖市卫生厅、局的药政部门审查批准，方可在本省、自治区、直辖市范围内进行广告宣传。

1987年3月，财政部、新闻出版署、国家工商行政管理局联合发出《贯彻国务院关于坚决制止国内互赠挂历通知的意见》，指出除三资企业外，经广告管理机关审查批准，允许印刷单张广告年历。

1987年4月，国家工商行政管理局会同

卫生部发布《食品广告管理办法（试行）》，加强对食品广告的管理。办法对食品广告的管理机关、审查机关、审查程序、发布原则、禁止事项等作了明确规定。

1987年9月，国家工商行政管理局制定并下发《广告经营单位年检注册书》、《一次性广告经营单位年检注册登记表》、《赞助广告申请表》和《广告经营单位变更登记申请书》，加强了对广告经营活动的管理。

1987年9月，国家工商行政管理局发出《关于电视节目播出时禁止叠现广告字幕和画面的通知》，加强了对电视广告发布的规范管理。

1987年12月，国家工商行政管理局会同国家医药管理局发出《关于加强五种医疗器械产品广告管理的通知》，对人体增高器、磁疗器、丰乳器、近视治疗器、A氏治疗机五种医疗器械产品的广告宣传作出规定。

1987年12月，国家工商行政管理局会同农牧渔业部发出《关于做好农药广告管理工作的通知》，明确规定了农药广告的管理机关、审查机关、审查程序、发布原则等，加强了对农药广告的管理。

1988年9月，国家工商行政管理局会同对外经济贸易部发出《关于举办来华经济技术展览会等经营广告审批办法的通知》，明确规定：有举办来华展览会经营权而无广告经营权或有广告经营权但经营范围中不含展览广告业务项目的，在举办来华展览会期间，利用展出场地、会刊、画册等媒介或其他形式为非参展企业设置、刊登来华广告收取广告费用的，国务院所属单位事先应征得经贸部同意，报国家工商行政管理局批准；地方单位举办的，事先征得各省、自治区、直辖市经贸厅（委、局）同意，报所在省、自治区、直辖市工商行政管理局批准。

1989年10月，国家工商行政管理局发出《严禁刊播有关性生活产品广告的规定》。规定指出，性生活产品向社会宣传，有悖于我国的社会习俗和道德观念。因此，无论这类产品是否允许生产，在广告宣传上都应当严格禁止。

1990年3月，国家工商行政管理局会同

新闻出版署发出《关于报社、期刊社和出版社刊登、经营广告的几项规定》。指出：在全国公开或内部发行的报刊，为正式刊物。出版这类出版物的报刊社，可根据广告管理法规的规定，持报刊登记证向工商行政管理机关申请，经批准后，可利用正式出版物经营广告业务。对由各省、自治区、直辖市新闻出版局批准，领取内部报刊准印证的报刊，不得进行包括广告业务的任何经营活动，也不得在其他媒介上为自己刊登出版、发行广告。经新闻出版署批准成立的出版社出版的公开或内部发行的图书为正式出版物；经工商行政管理机关批准，出版社可以利用公开发行的年鉴类工具书经营各类广告，其他公开发行的图书，只准用来经营书刊的出版、发行广告。不得利用在指定范围内发行或标有"内部发行"字样的图书经营广告，也不得在其他媒介上为其刊登出版、发行广告。

1990年5月，国家工商行政管理局会同对外经济贸易部发出通知，对台湾企业商品广告和台湾同胞寻亲广告作出规定，并指定全国10家广告公司代理台湾企业商品广告业务。

1990年10月，针对有关部门非法经营广告及在广告经营活动中以行政手段向企业摊派造成广告经营混乱等现象，国家工商行政管理局制定了《关于实行广告业务员证制度的规定》。广告业务员证是专职从事承揽、代理广告业务人员外出开展广告业务的有效凭证。凡经批准经营广告业务的单位或个体工商户，其广告业务人员都必须按照本规定领取广告业务员证后，方可从事广告业务活动。

1990年10月，国家工商行政管理局会同财政部、国家税务局、审计署发出通知，决定自1991年1月1日起，在全国范围内实行《广告业专用发票制度》。明确规定：凡经工商行政管理机关批准登记经营广告的单位和个体工商户，在开展广告业务收取费用时，一律使用税务机关统一监制的"广告专用发票"，并套印税务机关发票专用章，其他发票均不得用于广告业务收费。"广告专用发票"是广告经营者与广告客户进行广告业务财务往来的凭证，也是工商企业广告费列入销售成本的唯一合法凭证。没有使用"广告专用发票"的广告费用，一律不准列入成本和营业外支出。对经过批准可以从事广告业务的外商投资企业，由各地工商行政管理、税务机关按照国家税务局《关于外商投资企业和外国企业发票管理的暂行规定》并参照"广告专用发票"式样，制定具体管理办法。

（三）起草制定《广告法》进入议程

1991年，在广泛征求意见，深入调查研究，初步掌握广告宣传和广告经营活动中存在的主要问题的基础上，国家工商行政管理局成立了《广告法》起草小组，集中时间研究了《广告法》大纲，初步确定了立法宗旨、调整对象、篇章布局以及各章节的主要内容。

《广告法》立法背景主要有以下几点：一是公众对违法广告反响强烈。一些企业法律意识淡薄，没有认识到发布广告应当承担相应的法律责任；有的企业（包括大中型企业）为了追求经济效益，在广告中采取虚假、欺骗手法误导消费者；有的贬低对手，进行不正当竞争，有的内容有悖于社会善良习俗、损害公德。二是广告经营活动不规范。广告主、广告经营者、广告发布者各自的法律责任不明确，运作程序不合理，相互之间缺乏相应的制约机制，存在着诸如请客送礼、竞相压低价格、支付高额回扣、垄断媒体资源等种种不正当竞争现象。凡此种种，不仅影响了我国广告业健康发展，还干扰了社会主义市场经济秩序，损害了国家、社会公共利益。三是广告法律、法规不健全。1987年10月26日国务院颁布的《广告管理条例》及其随后国家工商行政管理局颁布的《广告管理条例施行细则》，以及国家工商行政管理局单独或会同有关部门先后出台的十几个单项规章，由于立法层次低，执行操作中力度不够，监管处罚依据不足。

四、开展广告清理整顿

1982年，根据第一次全国广告工作会议的部署，各级工商行政管理机关对广告进行了一次全国性的整顿，整顿的重点是清理无证经营。经过清理整顿，对符合条件的

1 627家广告专营和兼营单位,颁发了营业执照和许可证。

1984年上半年,国家工商行政管理局两次发出通知,要求各地对虚假广告进行检查和清理。

1985年11月,国务院办公厅向各省、自治区、直辖市人民政府,国务院各部委、各直属机构发出《关于加强广告宣传管理的通知》,要求各级人民政府加强对广告宣传工作的领导,督促和支持工商行政管理机关加强对广告宣传的管理,对广告进行一次清理和检查。1986年1月,国家工商行政管理局根据《通知》精神,发出《关于清理广告宣传、整顿广告经营的几点意见》,明确清理重点是虚假广告,清理范围包括各种广告媒介以及各类形式的广告,如赞助广告、新闻广告和带广告的名录、画册、挂历等。同时,要求对专业广告公司、广告兼营单位、临时经营广告业务的单位和个体工商户进行一次全面的清理和整顿,发现问题后区别情况及时做出处理。严重违法违章案件追究广告刊户和广告经营单位的责任,触犯刑律的,交由司法机关依法惩处。通过清查、整顿,广告市场混乱的状况有所好转,各地也认真总结了广告管理的经验,出台了一些广告管理制度和办法。

1988年12月,为贯彻落实《中共中央、国务院关于清理整顿公司的决定》精神,国家工商行政管理局决定对广告经营秩序和广告宣传中有关的问题进行清理整顿。整顿的内容包括:广告经营中的思想不端正、经营手段不正当、经营范围不明确、内部管理混乱及不具备经营条件等;取缔非法经营活动、超越经营范围从事经营活动、新闻单位非广告部门从事广告经营业务以及通过给个人回扣拉广告等;查处各类违法广告(重点是虚假广告),以及通过搞临时性广告经营活动,强行向企业摊派从中渔利等。

1990年,全国整顿经营广告的报社、期刊社和出版社4 000多家,取消了其中400多家的广告经营权。经过整顿,全国广告经营单位有10 951家,从业人员12.5万人,均比上年有所下降,但营业额大幅度上升,全年达到23亿多元,比1989年增加16.2%。一些虚假广告多发地区,歪风已基本刹住。

1991年,广告管理把重点放在"控制数量、提高质量"上,取得了明显成效。到年底,全国共有广告经营单位1.2万家,从业人员13.7万人。广告经营额继续上升,达到32.2亿元,比1990年增长28%。在控制广告经营单位增长的同时,工商行政管理机关继续深入治理虚假广告,指导各级广告协会开展"重信誉、创优质服务"活动,建立了以广告内容审查为主的审查制度,结合实施《广告业务员证制度》和《广告业专用发票制度》,在全国范围内开展了对广告业务人员、企业广告人员的法制培训。各地还采取不同的措施,对户外广告进行了清理和规划,进一步规范了广告宣传行为和广告经营行为,涉及数省的恶性虚假广告明显减少,广告经营秩序进一步好转,较好地发挥了广告在经济发展中的积极作用。

五、公益广告初步发展

改革开放后,一些地方媒体等单位根据当地工作需要,零星发布了一些公益广告。这些公益广告大多是提倡家庭和睦、尊老爱幼、友爱互助等中华民族传统美德的。其间,1984年7月5日,由《北京日报》、《经济日报》、《工人日报》、《北京晚报》、八达岭特区办事处等单位配合"爱我中华、修我长城"赞助宣传活动发布的公益广告,影响遍及全国各省、市、自治区及港澳地区,乃至美国、英国、法国、苏联、日本、瑞士、希腊和巴基斯坦等国家,收到修复长城的赞助款项达数千万元;1986年,贵州电视台推出的"节约用水"公益广告,是我国第一则经专业设计制作的电视公益广告,被誉为我国电视公益广告的"第一支报春花"。

1987年10月26日,中央电视台开辟我国公益广告历史上第一个电视公益广告栏目——"广而告之",并成立了广而告之广告公司,专门从事公益广告制作。此后,公益广告如雨后春笋般发展成为全国性活动。从1989年起,第四届全国电视广告"印象奖"将公益广告单独作为一个类别开展作品评奖活动。

第四节 1992—1997 年广告业发展和监督管理

一、广告市场发展概况

1992 年,以邓小平同志南方谈话为标志,我国改革开放进入新的发展阶段,广告业也进入了一个快速增长、全面发展的新时期。到 1997 年底,全国广告经营单位共有 5.7 万家,比 1991 年增加 4.5 万家,增长 3.8 倍;全国广告从业人员共有 54.6 万人,比 1991 年增加 41.1 万人,增长 3.1 倍;全国广告经营额约 462 亿元,比 1991 年增加 427 亿元,增长 12.2 倍。

广告业的快速发展对广告监管提出了新的要求。1992 年 12 月,全国工商行政管理工作会议提交了《关于改善广告管理,促进广告事业健康发展的意见》。《意见》全面系统地提出了到 20 世纪末,我国广告业改革与发展的总体目标、主要任务、改革重点、改革措施等,标志着广告业的改革与发展进入了一个目标明确、重点突出、综合系统配套的新时期。在广告管理方面,《意见》强调要按照政府部门转换职能的要求,强化统筹规划、制定政策与法规以及协调服务和检查监督职能,建立起既有利于增强广告企业活力,又利于广告业有序运行的宏观调控体系、指导服务体系和监督保障体系。

二、广告法制建设取得重大进展

(一)《中华人民共和国广告法》颁布实施

《中华人民共和国广告法》(以下简称《广告法》)是保障我国广告业健康发展,有效服务于社会主义市场经济的基本法律之一,同时也是工商行政管理机关依法监督管理广告的首要依据。对《广告法》的出台,全系统、全行业、全社会都盼望已久,并给予了极大关注。为了保证该法按照 1994 年全国人大立法项目如期出台,全国工商行政管理系统在时间紧、任务重、要求高的情况下,集中主要力量,投入最大精力,加紧工作,在有关部门的配合下先后召开各种类型的专题会议,广泛征求了法律专家、国务院有关部门、广告公司、媒介、广告主的意见,反复对《广告法》草案进行了逐条逐句的论证修改,并在全国工商局长会议上进行了讨论。通过认真、周密、细致的准备,圆满完成了向国务院常务会议和人大常委会的汇报。

1994 年 10 月 27 日,八届全国人大常委会第一次会议举行全体会议,表决通过了《中华人民共和国广告法》。同日,国家主席江泽民签署第 34 号主席令,予以公布,自 1995 年 2 月 1 日起施行。

《广告法》是我国历史上第一部规范广告内容和广告活动的法律。《广告法》的颁布实施,对于规范广告活动,促进广告业健康发展,保护消费者合法权益,维护社会经济秩序,充分发挥广告在社会主义市场经济中的积极作用,具有重要的现实意义和深远的历史意义。

(二)进一步加快制定广告管理规章及规范性文件

1992 年 6 月,国家工商行政管理局会同卫生部、国家医药管理局发布了《药品广告管理办法》和《医疗器械广告管理办法》。7 月和 8 月,国家工商行政管理局又先后发出《关于坚决制止利用广播、电视、报纸、期刊刊播烟草广告的通知》和《关于对非法使用党和国家领导人的名义、形象、言论进行广告宣传的情况进行一次全面检查的紧急通知》。

1992 年 9 月,国家工商行政管理局发布《关于实行广告发布业务合同示范文本的通知》,决定从 1993 年 1 月 1 日起向全国推行广告发布业务合同示范文本,要求广告发布单位与广告客户或广告客户代理人签订广告发布业务合同,使用广告发布业务合同示范文本。1993 年出台的单项规章和规范性文件还有《食品广告管理办法》、《化妆品广告管理办法》、《医疗广告管理办法》、《关于加强融资广告管理的通知》、《广告经营者资质标准》、《广告经营范围核定用语规范》、《关于在部分城市进行广告代理制和广告发布前审查试点工作的意见》等。

《广告法》颁布施行后,国家工商行政管理局单独或会同有关部门抓紧制定了一系列与《广告法》相配套的规章和规范性文件，仅1995年就发布规章和规范性文件15件，包括对药品、医疗器械、农药、兽药的审查办法和发布标准，户外广告登记管理规定，烟草、酒类广告管理办法等。1996年又发布了《广告显示屏管理办法》、《广告语言文字管理规定》、《临时性广告经营管理办法》、《印刷品广告管理暂行办法》、《食品广告发布暂行规定》、《房地产广告发布暂行规定》、《广告审查员管理办法》、《广告投诉举报处理工作规定》等。

（三）开展《广告法》的宣传和培训工作

1995年，国家工商行政管理局和国内主要新闻媒体共同组织策划了多种形式的宣传报道，广泛宣传实施《广告法》的重要意义和主要内容。全国绝大部分地方的省市电视台、广播电台、报纸都对《广告法》进行了宣传报道。国家工商行政管理局为了配合《广告法》的宣传工作，还专门编写了《广告法释义》，并录制了《广告法》讲座录像带下发各地。通过开展《广告法》的宣传，为贯彻实施《广告法》营造了良好的舆论氛围。

在大力宣传《广告法》的同时，各级工商行政管理机关积极抓好广告监管干部以及广告行业有关人员的培训。1995年上半年，全国工商行政管理机关广告监管干部以及广告经营单位的业务骨干，都经过了不同形式的培训。通过培训，广告监管人员熟练掌握了《广告法》的有关条文，提高了执法水平；广告经营单位和人员增强了法制观念，为《广告法》的执行和落实打下了良好的基础。

（四）制定《关于加快广告业发展的规划纲要》

1992年下半年，根据国务院办公厅指示精神，国家工商行政管理局会同国家计划委员会起草拟订了《关于加快广告业发展的规划纲要》，并于1993年7月10日联合发布实施。《纲要》首次提出广告业属于知识密集、技术密集、人才密集的高新技术产业，认真总结了改革开放以来我国广告业所取得的成绩和存在的问题，对广告业的改革与发展作出了基本规划。《纲要》主要由三部分构成：一是我国广告业发展的状况和主要问题；二是我国广告业发展的目标和重点；三是加快我国广告业发展的主要政策措施。这是新中国成立以来第一部广告业发展的规划纲要，成为20世纪90年代我国广告业发展的重要指导性文件。

（五）建立广告审查员制度

为加强对广告发布活动的管理，严格执行各类广告发布标准，从1995年末开始，国家工商行政管理局根据《广告法》有关规定，经过调查研究，学习借鉴发达国家的经验，结合我国广告业的实际，积极探索建立广告经营单位和发布单位自我约束、守法经营的广告审查员制度。广告审查员制度旨在实现广告经营单位的自我约束，它必须解决三个环节或三个方面的问题：一是要有一支具有专业的广告法律知识和较好素质的合格的审查员队伍，胜任广告审查员工作；二是审查员要有确定的职权、工作程序、审查标准；三是要有健全的管理制度和相应的管理措施。以此为框架，1996年7月2日，国家工商行政管理局依据《广告法》第28条的规定，制定下发了《广告审查员管理办法》，并于1997年1月1日起施行。广告审查员制度的建立，对于提高广告审查质量，防止和减少违法广告发生，发挥了重要作用。

三、广告执法工作逐步走上规范化轨道

《广告法》颁布施行后，以贯彻落实《广告法》为契机，各级工商行政管理机关把查处广告违法案件作为一项重要的日常工作来抓，特别是严厉查处群众反映强烈的虚假广告和扰乱社会经济秩序、社会稳定的违法广告案件，广告日常监督管理力度不断加大。

1995年，国家工商行政管理局对各地电视广告、户外广告、报纸广告进行了3次执法检查。第一次是3月份，派出6个检查组，对各省、市、自治区和主要城市电视台2月1日、2日播出的5 002条广告进行了检查，查出违法广告1 336条。经各地认真严肃查处，电视广告得到较大程度的净化。第二次是6月份，组织12个城市对口互查户外广告，共检查户外广告5 469条，其中发现违反《广告法》规定的有 199 条。最后将检查结果向全国通报,督促各地对检查出的问题作出处理,并通过检查摸清了户外广告管理的薄弱环节。第三次是 8 月初,组织对全国省(含省会城市)及计划单列市 180 家报纸广告进行了互查,检查的重点是药品、医疗器械、农药、家用电器以及致富信息、出国留学、移民广告等,共检查广告 4.4 万条,查出虚假违法广告1 683 条。各地对检查出的违法广告进行了查处。上述三次有目标、分层次的全国性执法检查,在社会上引起了较大反响,取得了较好的社会效果。

1997 年,国家工商行政管理局针对广告市场存在的一些倾向性、苗头性问题,又组织了 5 次专项执法检查。一是开展了广告经营资格专项检查。共检查广告经营单位 5.3 万户,其中暂缓通过检查4 098 户,取消经营资格6 239 户。二是元旦、春节期间,组织各地对广告显示屏资质条件、发布内容、设计状况进行了检查,对一些不符合规定的单位提出限期整改的要求。三是开展酒类广告执法检查。对于某些重点媒介违反规定发布酒类广告的问题,进行了严肃处理;对于问题较多的地方,提出了针对性监管意见。四是开展医疗广告执法检查。各地按照医疗广告管理规定,统一对违法医疗广告进行了集中清理,全国共检查广告经营单位 1.1 万余家,检查医疗广告 15.3 万条,查处违法医疗广告9 000 余件,收缴、销毁违法医疗广告印刷品 230 余万张。同时,对发现的问题制定了加强监管的措施。五是对中央在京直属广告经营单位和发布单位的广告服务收费备案工作进行了集中检查。共有 205 家单位履行了备案手续,广告收费符合备案规定。另外,浙江、辽宁、江苏、青海、天津、河北、北京、深圳、内蒙古等地工商行政管理局也分别开展了印刷品广告、房地产广告执法检查。

为了推动各地广告执法工作,1997 年,国家工商行政管理局召开了全国广告执法办案工作座谈会。会议进一步明确了广告监管工作在两个文明建设中的地位和作用,明确了广告执法的重点和任务,在指导思想和工作方法上统一了认识。这次会议,是近 10 年来首次召开的广告执法办案工作会,各地充分交流了综合执法、专项治理及办案的体会,有力地促进了广告监管职能到位和办案水平的提高。

日常监督管理工作的不断加强,有效地防止了严重危害社会、危害消费者利益的恶性广告案件的发生,广告监管执法工作逐步走上规范化轨道。

四、推动公益广告事业发展

1996 年 6 月,国家工商行政管理局发出《关于开展"中华好风尚"主题公益广告活动的通知》,要求各地工商行政管理机关紧紧围绕"中华好风尚"这一主题,采取多种形式,利用电视、广播、报纸、期刊及路牌、显示屏、各种招贴等户外媒介,进行综合性、立体化的公益广告宣传,并动员辖区内广告量较大的广告主,积极出资制作、发布主题公益广告,树立关心公益的良好形象。

1997 年 8 月,中央宣传部、国家工商行政管理局、广播电影电视部、新闻出版署联合发出《关于做好公益广告宣传的通知》,明确了各类媒体刊播公益广告的责任,规定广播、电视、报纸、期刊等媒介发布公益广告的时间和版面应不少于全年发布商业广告时间或版面的 3%,电视媒介在 19 点至 21 点时间段每套节目发布公益广告时间应不少于该时段发布商业广告时间的 3%。这一文件的发布,标志着我国公益广告活动进入党和政府有关部门倡导、推动发展的新阶段。

1997 年 8 月,国家工商行政管理局组织开展了"自强创辉煌"公益广告月活动,支持指导广告行业开展创建精神文明行业活动,全国有 103 家先进单位受到表彰。

第五节　1998—2001 年广告业发展和监督管理

一、广告市场发展概况

1998 年以后,经济全球化步伐加快,我国广告业积极融入世界经济的大潮之中,进入多元发展阶段。特别是 2001 年 9 月 17 日,我国加入世界贸易组织的所有法律文件在日内瓦获得通过,长达15年之久的入世谈判宣告完成,从而给我国广告业的发展带来新的机遇和挑战。按照《服务贸易减让表》的规定,我国加入世界贸易组织两年后,允许设立外资控股的广告公司;加入世贸组织四年后,允许设立外资独资广告子公司。我国广告业的对外开放提高到了一个新的水平。截至2001年底,全国广告经营单位共有7.8万户,从业人员70.9万人,2001年广告营业额79.5亿元,分别比1997年增加37.4%、29.9%、72.1%。

二、加强广告监督管理工作制度化、规范化建设

2000年1月,国家工商行政管理局发布《印刷品广告管理办法》,加强对印刷品广告经营活动与发布内容的监管。

2001年1月,国家药品监督管理局、国家工商行政管理局联合下发《关于加强处方药广告审查管理工作的通知》,规定:"国家药品监督管理局明确的必须凭医生处方才能在社会药店销售、购买和使用的粉针剂类、大输液类和已经正式发文明确的其他品种以及抗生素类的处方药,自2001年2月1日起停止受理和审查在大众媒介发布广告的申请。上述品种广告只能在医药专业媒介发布。"并公布了第一批停止在大众媒介发布广告的处方药。

2001年10月,国务院就加快推进行政审批制度改革工作作出了部署。根据国务院开展行政审批清理工作的要求,国家工商行政管理总局对涉及广告行政审批的19个项目认真进行了清理,将外国广告企业设立常驻代表机构审批、白酒类广告发布审批、广告显示屏设立审批、境内企业在香港发布广告指定代理广告公司审批4项广告行政审批项目列入国务院第一批废止的行政审批项目中。

2001年11月,为贯彻实施新修订的《药品管理法》,国家药品监督管理局、国家工商行政管理总局联合下发《关于加强药品广告审查监督管理工作的通知》。规定:自2001年12月1日起,各省、自治区、直辖市药品监督管理局停止受理和审批非抗生素类抗感染处方药,激素类处方药,用于治疗心绞痛、高血压、肝炎、糖尿病的处方药申请在大众媒介发布的广告。

这期间,各地还颁布了一大批地方性法规、规章及规范性文件,内容涉及户外广告、经营单位资质标准、印刷品广告、招工、招聘广告等多个方面,为完善我国广告法律体系作出了积极的贡献。

三、强化广告监管职能,加大执法力度

1998年8月,国家工商行政管理局召开全国广告监管工作座谈会。会议提出,要以体制改革为契机,切实转变观念,深化职能认识,将工作的着力点准确定位到市场监管和行政执法上来,切实履行广告监管工作职能。从过去注重广告经营单位的发展数量转变为营造公平竞争、规范有序的广告发展环境,把广告监管和执法提高到一个新的水平。

（一）开展印刷品广告、电视直销广告执法检查

1999年,国家工商行政管理局针对印刷品广告、电视直销广告存在的问题,组织了两次广告执法检查:

一是对药品、保健食品等违法印刷品广告进行集中检查。全国共检查商场、药店、街道和居民小区61 173处,出动执法人员53 823人次,没收违法印刷品广告2 025万份,捣毁非法印刷品印制窝点98个,立案查处2 471件,罚没款271.76万元。在这次检查中,各地采取有效措施,充分借助新闻媒体开展广告法规宣传,加强与有关部门的协作配合,充分发挥基层工商所作用,建立重点时段巡查制和义务广告监督员制度,提高了监管执法的效果。

二是对电视直销广告进行集中检查。全国共检查电视台、有线电视台、电视直销公司358家,电视直销广告9 239条次,限期整改3 219条,停止发布62条,立案286件。通过这次检查,对全国经营电视直销广告业务的电视台、有线电视台、主要电视购物公司,普遍进行了一次广告法律法规宣传教育,使电视直销广告活动纳入法制化管理。

(二)开展药品、医疗、食品广告集中整治

2000年,国家工商行政管理局组织对药品广告、医疗广告、保健食品广告进行了为期3个月的集中整治。据统计,集中整治期间,全国工商行政管理系统共收缴违法印刷品广告3 075.2万份,抽查广告260万条。其中,责令停止发布22 097条,限期整改18 332条,立案查处4 706件,罚没金额1 666.24万元。同时,对6月、7月广告违法率前10名的《四川日报》、《陕西日报》、《山西日报》、《河南日报》、《湖北日报》、《海南日报》、《河北日报》、《黑龙江日报》、《广西日报》、《江西日报》、《云南日报》、《浙江日报》等12家报纸进行了通报。经过9月份的集中整改,10月份报纸监测情况显示,被通报的10家报纸广告违法率明显下降,其中《湖北日报》、《黑龙江日报》、《广西日报》的广告违法率降至4%以下。

(三)开展"反误导、打虚假"专项整治

2001年1月12日,国家工商行政管理局下发《关于开展"反误导打虚假"广告市场治理专项行动的通知》,决定在全国范围内,对社会反映强烈的特殊商品和服务广告进行集中整治。上半年集中治理药品、医疗、保健食品广告。重点查处药品广告中含有不科学地表示功效的断言和保证,严重干扰人们合理安全用药的行为,清理未经药品监督部门审查和超出审查范围发布广告的行为;重点治理和打击弄虚作假、夸大诊疗效果的"特色门诊"广告,清理未经卫生部门出证和超出出证范围发布广告的行为;重点清理保健食品广告宣传治疗作用的行为,查处宣传增强和改善性功能的作用,格调低下、庸俗淫秽的广告,加大对宣传补钙、减肥、增高、益智的保健食品广告的检查力度。同时严肃查处以人物传记、专题报道等新闻报道形式发布药品、医疗、保健食品广告的违法行为。第三季度,集中治理房地产广告和"致富信息"广告的行为,清理房地产广告中含有风水、占卜等封建迷信,以及其他有悖社会良好风尚的内容;依法规范和清理对产权、位置、交通、商业和文化设施、建筑面积、物业等表示含糊、引人误解的房地产广告。重点查处利用"致富信息"广告行骗的违法行为,特别要对"小报、小刊"发布的"致富信息"广告进行集中检查,问题严重的,要停止其发布此类广告的资格。第四季度,利用一个月的时间集中整治电视直销广告欺骗消费者的行为,对含有政治性错误和不符合社会主义精神文明建设的内容,坚决予以清理和查处。

各地按照国家工商行政管理总局的统一部署,把医疗、药品、保健食品广告作为整顿治理的重点,除坚持日常的执法检查工作外,还多次开展药品、医疗、保健食品广告专项执法行动。2001年,全国工商系统共查处广告违法案件79 236件,罚没款1.58亿元,责令停业整顿664户,吊销执照860户。经过近一年的专项整治,重点商品(服务)、重点媒介、重点地区违法广告问题得到有效治理。

另外,针对核酸类保健食品广告虚假夸大的问题,国家工商行政管理总局在全国范围内组织开展了专项检查,查处保健食品广告夸大宣传功能和治疗作用等违法行为,规范了保健食品广告的发布,保健食品广告市场秩序有所好转。

(四)开展广告监测执法行动

2001年,国家工商行政管理总局在全国组织了3次广告监测执法行动,曝光了一批违法广告案例。3次监测分别抽查了全国41家晚报药品、保健食品广告发布情况、全国卫星电视频道广告发布情况和全国57家都市报广告发布情况,并将监测结果向社会公布。通过监测发现的违法较普遍的商品(服务)广告,及时提醒社会公众注意识别,加强监督执法,遏制蔓延势头。对于违法率较高的单位实施行政告诫,对于严重违法的广告,在全国范围内责令停止发布,部署统一查处。同时,加大曝光力度,全年曝光了4批违法广告案件,震慑了违法广告制作者和发布者,产生了良好的社会反响。

通过以上措施,广告违法率有所下降。据对全国60家报纸的监测,8月、9月、10月的广告违法率比6月、7月分别有不同程度的

下降。其中,10月份的监测数据表明,医疗服务、药品、保健食品等广告违法率分别比7月、8月、9月份下降了32.38%、21.8%和12.36%。其中,医疗服务违法广告数量比9月份下降了23.81%,比8月份下降了36.28%,比7月份下降了51.84%;药品广告违法数量比9月份下降了8.3%,比8月份下降了6.8%,比7月份下降了16.7%。

四、公益广告主题宣传活动持续开展

1998年,中央文明办、国家工商行政管理局以"抗洪抢险"、"下岗职工再就业"为主题,开展了"服务全国大局,关注社会热点"公益广告宣传活动;1999年,支持中央电视台推出了"知识改变命运"系列公益广告宣传活动;2000年,开展了"迈向新世纪"公益广告宣传活动;2001年,开展了思想道德公益广告作品征集活动。

从1999年开始,在开展公益广告主题宣传活动的基础上,国家工商行政管理局、中央文明办将全国优秀公益广告评选和表彰工作制度化、规范化,固定为每两年举办一次。

第六节　2002年—2008年6月广告业发展和监督管理

一、广告市场发展概况

2002年以来,受益于国民经济持续快速增长,我国广告业进入持续稳定发展阶段。截至2007年底,全国共有广告经营单位17.3万户,从业人员111.3万人,年广告经营额1 741.0亿元,分别比2001年增长120.34%、56.90%、119.02%。

广告业发展呈现以下特点:(1)广告公司保持快速发展势头。2007年全国共有广告公司11.3万户,广告公司从业人员76.2万人,广告公司广告经营额688.5亿元,分别比2001年增长141.23%、62.51%、85.59%。(2)国有广告企业相对稳定,个体、私营广告企业持续高速增长。在国家大力鼓励个体、私营经济发展优惠政策的影响下,个体、私营广告经营单位在广告业中的比重继续大幅度增加。截至2007年底,实有国有企、事业广告经营单位共14 678户,

占广告经营单位总数的8.5%;从业人员15.6万人,占从业人员总数的14%;广告经营额902.89亿元,占广告经营额总数的51.86%。个体私营广告经营单位13.5万户,占广告经营单位总数的78.05%;从业人员77.2万人,占从业人员总数的69.38%;广告经营额510.6亿元,占广告经营额总数的29.33%。(3)在媒介方面,电视、报纸、广播、期刊等传统媒介广告经营额均有较快增长。但就增长速度而言,传统媒体广告增速减缓,互联网市场份额有加速扩大的趋势。(4)行业广告投放热点随消费升级发生转移。从行业投放广告额前五位排名看,2002年是房地产、药品、食品、家用电器和化妆品,2007年是房地产、药品、食品、汽车和化妆品。广告投放额增长最快的行业是金融保险业,2007年比2006年增长42.9%,连续三年保持高增长。(5)广告业区域发展仍不平衡。截至2007年底,东部地区共有广告经营单位12.3万户,占广告经营单位总数的71.21%;广告经营额1 414.9亿元,占广告经营额总数的81.27%。中部地区共有广告经营单位2.7万户,占广告经营单位总数的15.43%;广告经营额199.9亿元,占广告经营额总数的11.48%。西部地区共有广告经营单位2.3万户,占广告经营单位总数的13.36%;广告经营额126.2亿元,占广告经营额总数的7.25%。

二、加强法制建设,进一步完善广告监管法律体系

(一)积极做好修订《广告法》的准备工作

《广告法》是全面规范广告内容及广告活动的法律,自1995年实施以来,在规范广告市场行为,维护广告经营秩序,保护消费者合法权益,促进广告业健康发展方面,发挥了重要作用。但是,随着我国改革开放的不断深入,我国的经济、社会、法律环境等发生了巨大变化,广告活动主体、经营方式、媒介形式日益多元化和多样化,广告业出现了很多新情况、新问题,现行《广告法》已不适应广告业发展和广告监管的需要,修订《广告法》势在必行。

2003 年以来,国家工商行政管理总局为修订《广告法》做了大量准备工作。一是制订《广告法》修订工作计划,成立了工作小组。二是多次组织召开座谈会,广泛征求地方工商部门、广告主、广告公司对《广告法》的修订意见,系统梳理和分析现行广告法律存在的问题,进行深入调研论证。三是结合虚假违法广告专项整治工作,为修订《广告法》积累执法实践经验。四是部署地方工商部门在当地有关单位的协助下开展《广告法》修改课题的调研工作,形成有关专题报告等。2008 年初,国家工商行政管理总局广告监督管理司提出了《广告法》修订提纲。

（二）贯彻落实《行政许可法》,积极推进行政审批制度改革

自 2001 年 10 月国务院开展行政审批制度改革以来,经国家工商行政管理总局研究并报国务院批准,于 2002 年、2003 年、2004 年、2007 年分 4 批共取消广告行政审批项目 12 项,保留 7 项。

取消的广告行政审批项目是:外国广告企业设立常驻代表机构审批、白酒类广告发布审批、广告显示屏设立审批、境内企业在香港发布广告指定代理广告公司审批、海峡两岸广告发布前集中审批、店堂牌匾广告登记、店堂广告登记、因私出入境中介活动广告审批、自费出国留学中介服务广告审批、临时性广告经营资格审批、境外就业中介服务广告审批及企业广告经营资格审批。

保留的行政审批项目是:烟草广告审批、户外广告登记、固定形式印刷品广告登记、外商投资广告企业项目审批、外商投资广告企业设立分支机构审批以及事业单位广告经营资格审批(含广播电台、电视台、报刊出版单位)及无烟草广告城市认定,其中无烟草广告城市认定为非行政许可项目。

为了加强对各地广告行政审批工作的监督指导,国家工商行政管理总局对已经宣布取消的原行政审批项目,健全后续监管措施,做到放而不乱;对批准保留的行政审批项目,通过修改相应的广告监管规章和建立健全监督制度,做到依法规范审批。截至 2008 年 6 月底,除外商投资广告企业立项审批工作仍由工商行政管理总局直接负责外,其他 5 项行政审批项目的审批权已全部下放到地方工商行政管理局。

（三）结合行政审批制度改革和广告市场整治工作,制定或修订了一批广告监管规章

2004 年,国家工商行政管理总局会同商务部修订了《外商投资广告企业管理规定》,对我国境内的外商投资企业及其分支机构设立广告企业的条件、报送材料、办理程序、经营范围以及企业的变更、购并等内容作了明确规范。《规定》明确,自 2004 年 3 月 2 日起允许外资拥有中外合营广告企业多数股权,但股权比例最高不超过 70%;2005 年 12 月 10 日起,允许设立外资广告企业,外商投资广告企业的经营范围经国家工商总局及其授权的省级工商行政管理局依据《广告经营者、广告发布者资质标准及广告经营范围核定用语规范》予以核定后,可以经营设计、制作、发布、代理国内外各类广告业务。

2004 年,国家工商行政管理总局制定了《广告经营许可证管理办法》,首次以行政规章的形式对广告经营许可证进行规范。该办法依据《中华人民共和国行政许可法》、《中华人民共和国广告法》和《广告管理条例》的有关规定,对《广告经营许可证》的申领单位范围、申请条件、许可管辖、许可程序、监督管理以及处罚措施等作了明确规定。

2004 年,国家工商行政管理总局修订了《广告管理条例施行细则》(以下简称《细则》)。《细则》依照《行政许可法》规定、我国加入 WTO 的承诺以及有关法律法规规定和实际情况,对原有条款作了必要调整。一是根据国务院行政审批清理结果以及《行政许可法》规定,取消了个体工商户需经考试审查合格方可经营广告业务、举办临时性广告经营活动需经工商部门批准以及烈性酒广告需经工商部门批准等规定。二是根据我国加入 WTO 的承诺,修订了相关条款,规定广告服务中的跨境交付和境外消费应当委托在中国注册的、具有广告经营资格的企业代理,并且明确了相关罚则。三是按照现行规定和实际情况对有关条款作了必要修

改。(1)对关于广告经营单位条件的条款进行了修改。(2)对关于广告经营登记程序和经营范围核准的条款进行了修改。(3)对关于发布广告应提交证明文件的相关规定进行了修改。(4)对无证、照或超范围经营广告业务的罚则进行了修改。(5)删去了外资企业、外资企业代表机构违反《广告管理条例》处理程序的规定。另外,为使条文简洁、准确,删去了关于《细则》解释权的规定,对个别条文的文字作了调整。

2004年,国家工商行政管理总局修订了《印刷品广告管理办法》。与修订前相比,新的《印刷品广告管理办法》有以下变化:一是取消了对发布含有药品、医疗器械、农药、兽药、医疗、房地产、保健食品、化妆品内容的八类印刷品广告实行事前登记的规定。二是增加了固定形式印刷品广告登记及管理的有关规定,明确:(1)固定形式印刷品广告登记许可的条件,申请、受理、许可的程序以及实施机关;(2)固定形式印刷品广告名称、式样、内容要求、登记证的有效期限以及申请延续的期限;(3)固定形式印刷品广告的监管手段和措施;(4)相关罚则。三是进一步明确《办法》的调整范围,对个别条款的文字作了修改,使条文表达的意思更清楚、准确。

2006年,国家工商行政管理总局修订了《户外广告管理规定》,主要作了如下修改:一是调整了工商行政管理机关户外广告登记范围。工商行政管理机关只对利用户外场所、交通工具等形式发布的4类户外广告实行发布前登记。除地方法规、规章另有规定外,自设性户外广告不再纳入工商登记范围。二是将户外广告内容纳入登记范围,加强广告内容监管。三是明确了户外广告登记类别,完善了户外广告登记申请和审批程序。四是增加了户外广告监督管理的有关规定。五是删去不适应实际需要的条款,对保留的条款进行了完善。

2006年,国家工商行政管理总局会同卫生部修订了《医疗广告管理办法》,修订的主要内容有三个方面:一是明确了医疗广告发布前的审查制度,由省级卫生行政部门对广告内容进行成品审查,取得《医疗广告审查证明》后方可发布。二是限制了医疗广告内容。三是加大了对违法医疗广告的处罚力度,对于发布严重违法广告的广告主和广告经营单位,工商行政管理机关可以在经济处罚的同时并处暂停发布医疗广告,直至取消广告经营单位的医疗广告经营和发布资格的处罚,卫生行政部门和中医药管理部门可以责令医疗机构停业整顿、吊销有关诊疗科目,直至吊销《医疗机构执业许可证》。

2007年,国家工商行政管理总局会同国家食品药品监督管理局修订了《药品广告审查发布标准》和《药品广告审查办法》。修订后的《药品广告审查发布标准》,进一步规范了药品广告内容和发布活动。新标准对药品广告的内容要求更加严格,增加了处方药不得在大众传播媒介发布广告或者以其他方式进行以公众为对象的广告宣传;不得含有军队单位或者人员的名义、形象,不得利用军队装备、设施从事药品宣传;不得涉及公共信息、公共事件或与公共利益相关联的内容;不得在未成年人出版物和广播电视频道、节目、栏目发布药品广告;不得含有与医疗机构有关的医疗服务内容。新标准还加大了广告监督管理机关对发布违法药品广告的行政处罚力度。新修订的《药品广告审查办法》重点增加和明确了以下规定:第一,篡改经批准的药品广告内容进行虚假宣传的,撤销广告所涉及的药品品种的所有广告文号,并在一年内不受理该药品广告批准文号申请;第二,将药品广告与产品挂钩,对任意扩大产品适应症范围、绝对化夸大药品疗效、严重欺骗和误导消费者的违法广告,将对其产品实行强制控制措施,暂停该产品的销售,并责令其消除影响。此外,新办法还明确了对提供虚假材料申请药品广告文号行为的处罚措施,强化了申请人的义务和审批机关的职责。

(四)针对广告监管中发现的突出问题,及时制定规范性文件

2002年以来,国家工商行政管理总局单独或会同有关部门,下发规范性文件50多个。其中,较为重要的文件有:

2002年1月,国家工商行政管理总局下发《关于查处部分违法药品广告的通知》,要求北京、上海、辽宁、吉林、黑龙江、江苏、浙江、福建、河南、湖北、贵州、广西壮族自治区等地工商行政管理局,根据国家药品监督管理局《关于收回药品广告审查批准文号的通知》、《关于部分药品广告主发布违法药品广告问题的通报》以及有关违法药品广告的材料,依法查处辖区内违法广告的广告主、广告经营者和广告发布者。

2002年3月,国家工商行政管理总局会同建设部下发《关于进一步加强房地产广告管理的通知》,把加强房地产广告的管理列入整顿和规范房地产市场和集中整治广告市场秩序的重要内容,集中力量对房地产广告特别是房地产网络广告进行一次全面检查和清理,加强对预售商品房广告的管理,禁止在房地产广告中出现各类乱评比、乱排序等对房地产项目进行综合评价的内容。

2002年6月,国家工商行政管理总局下发《关于规范声讯服务广告的通知》,规范声讯服务广告的管理。

2002年8月,国家工商行政管理总局会同卫生部下发《关于建立违法食品广告联合公告制度的通知》,进一步整顿和规范食品广告,对食品广告宣传疗效、非保健食品宣传保健功能、保健食品超出批准功能范围夸大宣传等违法广告加大曝光和查处力度。

2002年9月,国家工商行政管理总局会同国家药品监管局下发《关于药品广告受理审批有关问题的通知》,要求自2002年11月1日起,停止受理和审批含有"中药保护品种"、"GMP认证"、"GSP认证"、"国家基本药物品种"、"医疗保险用药目录品种"、"急诊用药品种"等不确切地证明药品功效内容的广告,进一步规范药品广告发布行为。

2002年12月,国家工商行政管理总局会同中央宣传部、中央文明办、国家广电总局、新闻出版总署下发《关于进一步做好公益广告宣传的通知》,要求各有关单位要充分认识公益广告宣传的重要意义,把公益广告宣传作为促进社会主义物质文明和精神文明建设事业的一项重要工作来抓,统筹合理安排好公益广告的制作和发布,并进一步明确了公益广告的发布时段、时长等。

2003年1月,国家工商行政管理总局会同卫生部、国家中医药管理局联合下发《关于规范医疗广告活动、加强医疗广告监管的通知》,对医疗广告活动加以规范,明确规定医疗广告禁止事项和发布医疗广告应遵循的程序与规则,并暂停发布性病、艾滋病等8类疾病医疗广告。

2003年2月,国家工商行政管理总局会同卫生部下发《关于印发全国无烟草广告城市认定实施办法的通知》,对全国无烟草广告城市组织认定机构、认定条件及监测指标、申报与认定管理程序以及表彰与处罚办法作了明确规定。

2003年5月,国家工商行政管理总局会同国家食品药品监督管理局下发《关于禁止以注册商标企业名称等形式变相发布处方药广告的通知》,明确要求:药品生产、经营企业在广告中宣传的企业名称中含有处方药通用名称或者商品名称,或者是广告中含有以处方药商品名称注册的商标内容的,属于药品广告的表现形式,必须经过药品广告审查机关批准。药品生产、经营企业的注册商标与处方药的商品名称(包括曾用名,下同)相同,企业字号与处方药通用名称或者商品名称相同时,不得使用该注册商标、企业字号在指定的医学、药学专业刊物之外进行广告宣传。以处方药通用名称或者商品名称、处方药的注册商标作为企业字号成立的各种咨询服务机构或者医疗服务机构,不得在大众传播媒介发布广告。

2003年8月,国家工商行政管理总局下发《关于加强林木种子广告管理的通知》,首次就林木种子广告监管作出专门规定。通知要求,凡林木种子生产、经营者,利用各种媒介和形式发布林木种子广告,必须遵守《广告法》、《种子法》及有关法律、法规的规定。

2003年9月,国家工商行政管理总局会同文化部、公安部联合下发《关于制止在公众聚集场所进行裸体的人体彩绘表演活动的通知》,明确规定:禁止任何单位和个人在商场、广场、公园、展览会、展销会、娱乐演出场所、公共文化设施等公共场所进行裸体的人体彩绘活动;禁止在娱乐演出场所,或者在影剧院、美术馆、文化馆、图书馆、博物馆等公共文化设施内组织裸体的人体彩绘活动;严禁任何单位和个人以裸体、半裸体、三点着装等形式的人体为媒介发布广告。

2004年4月,国家工商行政管理总局下发《关于禁止在商业广告中使用国家机关名义的紧急通知》,严禁任何单位和个人在商业广告中使用国家机关的名义(含简称),包括使用党和政府及其工作部门的名义,使用人大、政协的名义,使用审判机关、检察机关的名义,使用军队、武警的名义,以及使用其他国家机关的名义发布广告。

2004年6月,国家工商行政管理总局会同国家广电总局发出《关于加强影片贴片广告管理的通知》。这是对电影广告市场首次发布的规范性文件。通知规定:影片贴片广告必须严格执行广告管理的有关规定,内容要真实合法,符合社会主义精神文明建设的要求,不得欺骗和误导消费者。未经工商行政管理机关登记取得相应广告经营资格的,不得设计、制作、代理、发布影片贴片广告。未经影片版权方同意,任何单位不得搭载、删减贴片广告。影片贴片广告一律加在《电影片公映许可证》画面之前,不得占用电影放映时间。电影院线公司、发行公司要规范操作贴片广告业务,电影院要对放映的影片贴片广告时间予以公告。

2004年8月,国家工商行政管理总局下发《关于查处以电视短片形式发布违法医疗广告的通知》,要求各级工商行政管理机关对违反现行法律及有关规定,继续以电视短片形式发布违法医疗广告的,要在责令停止发布的同时,依法予以严肃处理。

2005年1月,国家工商行政管理总局下发《关于商品包装物广告监管有关问题的通知》,规范和加强对商品包装物广告的监管。通知对包装物广告认定予以明确,对包装物广告违法案件的定性、处理和管辖作了原则规定。

2005年1月,国家工商行政管理总局会同信息产业部下发《关于禁止发布含有不良内容声讯、短信息等电信信息服务广告的通知》,规范声讯、短信息等电信信息服务广告的发布活动。

2005年11月,国家工商行政管理总局会同国家发展改革委印发《广告服务明码标价规定》,规范广告经营单位的价格(收费)行为。规定:所有广告经营单位向广告主提供服务,必须公开明示广告服务价格以及收费等相关内容。实行优惠条件的,还应当标明收费的优惠条件(时段、版面、频次等)和标准,或者免费服务的项目和范围。广告经营单位不得利用虚假的或者使人误解的标价内容、标价方式进行价格欺诈。不得在标价之外收取任何未予标明的费用。对广告经营单位不按规定明码标价,或者利用标价进行价格欺诈的,由政府价格主管部门依照法律法规和规章实施行政处罚。

2006年4月,国家工商行政管理总局会同商务部下发《关于外国投资者通过股权并购举办外商投资广告企业有关问题的通知》,对外国投资者通过股权并购举办外商投资广告企业的条件和程序作了进一步的明确。

2006年7月,国家工商行政管理总局会同国家广电总局下发《关于整顿广播电视医疗资讯服务和电视购物节目内容的通知》,对广播电视医疗资讯服务和电视购物节目进行整顿和规范。通知要求:(1)医疗资讯服务节目应侧重介绍疾病预防、控制和治疗的科学知识。以医生、药师、专家等专业人士作为特约嘉宾进行健康讲座的,不得在此类节目中宣传治愈率、有效率;不得宣传未经医疗界普遍认定和采用的医疗方法;不得播出专家或医生与患者或家属现场或热线沟通、交流的内容。(2)电视购物节目内容,应当真实、合法,标明推销产品的经营、销售企业名称及有关产品审查批准文号。自8月1日起,所有广播电视播出机构暂停播出介绍药品、医疗器械、丰胸、减肥、增高产品的电视购物节目。

2006年8月,国家工商行政管理总局下

发《关于对广告中使用党和国家领导人名义的违法行为进行检查的通知》，明确规定：各类商场、专卖店、特许经营店、餐饮店及其他销售点均不得摆放领导同志题词、照片，不得利用党和国家领导人名义进行广告宣传。

2006 年 10 月，国家工商行政管理总局会同新闻出版总署下发《关于禁止报刊刊载部分类型广告的通知》，对报刊广告进行整顿。通知要求所有报刊暂停发布性病、艾滋病、无痛人工流产等 12 类医疗广告，禁止刊载含有淫秽、迷信、色情内容或格调低下的广告；禁止刊载传播不健康内容的声讯台广告；禁止刊载介绍赌博技术的广告；禁止刊载介绍汽车解码器、万能钥匙、麻醉专用药等各种可用于犯罪技术的广告等。

2006 年 11 月，国家工商行政管理总局下发《关于印发〈停止广告主、广告经营者、广告发布者广告业务实施意见〉的通知》，依法规范广告主、广告经营者、广告发布者的行为，建立健全广告市场退出机制。实施意见明确了停止广告主、广告经营者、广告发布者广告业务的具体范围，明确了广告活动主体被停止广告业务的七种具体情形，明确了工商行政管理机关作出停止广告业务处罚的相关程序。

2007 年 2 月，国家工商行政管理总局会同国家新闻出版总署下发《关于加强固定形式印刷品广告监督管理工作的通知》，界定了固定形式印刷品广告和非法出版物的政策界限，明确了工商行政管理部门与新闻出版部门的职责分工，建立了协调机制，为加强固定形式印刷品广告日常监督管理提供了有力的依据。

2007 年 6 月，国家工商行政管理总局下发《关于禁止利用党和国家领导人的形象作商业促销宣传的通知》，禁止在商品及其包装物上使用和出现党和国家领导人（包括已离职或已故党和国家领导人）的形象、题词以及任何涉及党和国家领导人名义的表现形式；禁止企业利用党和国家领导人的名义和形象进行任何形式的商业宣传促销活动，不得使用党和国家领导人（包括已离职或已故）的形象、题词或利用特型演员以领导人形象推销产品或者服务。

2007 年 8 月，国家工商行政管理总局会同人事部下发《广告专业技术人员职业水平评价暂行规定》和《助理广告师、广告师职业水平考试实施办法》，并明确广告专业技术人员职业水平评价工作，在人事部、国家工商行政管理总局指导、监督下，由人事部人事考试中心和中国广告协会按职责分工组织实施。

2007 年 9 月，国家工商行政管理总局会同国家邮政局下发《关于加强集邮票品广告管理有关问题的通知》，对集邮票品广告进行规范。

2007 年 11 月，国家工商行政管理总局会同银监会、国家广电总局、新闻出版总署发出《关于处置非法集资活动中加强广告审查和监管工作有关问题的通知》，就处置非法集资活动中涉及广告审查和监管工作作出明确规定。

三、加强制度建设，建立健全广告监管长效机制

（一）建立联席会议制度

2005 年，根据《国务院办公厅关于开展打击商业欺诈专项行动的通知》要求，国家工商行政管理总局、中央宣传部、公安部、监察部、国务院纠风办、信息产业部、卫生部、国家广播电影电视总局、新闻出版总署、国家食品药品监督管理局、国家中医药管理局 11 个部门建立了整治虚假违法广告专项行动部际联席会议制度。各地也相应建立了部门联席会议制度。工商行政管理部门发挥牵头作用，定期组织召开联席会议，通报整治情况，研究广告市场中存在的重点、难点问题，对广告专项整治工作进行部署，充分发挥联席会议各成员单位的职能优势，积极落实广告发布审查制度、广告监测制度、新闻媒体单位领导责任追究制度、违法广告公告制度、广告活动主体退出广告市场机制等一系列监管制度和措施，增强了监管的合力与实效。

（二）完善广告监测制度

为推进广告监测工作的规范化、制度化建设，2004 年 10 月，国家工商行政管理总局

下发了《关于规范和加强广告监测工作的指导意见》（试行），要求省及省以下广告监管机关对在本辖区发布的广告进行监测，并就建立广告监测工作制度提出明确要求。

（三）落实广告审查员制度

自1997年1月1日《广告审查员管理办法》施行以来，各地根据管理办法有关规定，建立并实行了广告审查员制度。2004年10月，国家工商行政管理总局下发《关于广告审查员管理工作若干问题的指导意见》（试行），明确指出：根据《广告法》第二十七条、第二十八条之规定，广告经营单位对其设计、制作、代理、发布的广告进行审查，是一项基本的法定义务，也是一项法定的制度；各级工商行政管理机关应当根据《行政许可法》的要求，指导广告经营者、广告发布者健全广告审查管理制度。各级工商行政管理机关根据指导意见精神，加强了对广告审查员的培训和管理工作，指导广告经营者、广告发布者不断完善广告审查工作制度和措施。

（四）建立广告执法办案协调工作制度

2004年10月，国家工商行政管理总局根据《广告法》、《行政处罚法》和《工商行政管理机关行政处罚程序暂行规定》，下发了《关于加强广告执法办案协调工作的指导意见》（试行），进一步明确了各级工商行政管理机关查办广告违法案件的职责与分工：（1）国家工商行政管理总局负责组织、指导、协调和督办跨省（自治区、直辖市，以下简称省）广告违法案件的查处工作，直接或者参与办理全国性重大违法虚假广告案件。（2）省级工商行政管理机关负责本辖区内广告违法案件查处的组织、指导、协调和督办工作，直接或者参与办理本辖区内的重大违法虚假广告案件。（3）工商行政管理机关在本辖区内对查处异地广告主、广告经营者确有困难的，可经由省级工商行政管理机关移送广告主、广告经营者所在地省级工商行政管理机关处理，并报国家工商行政管理总局备案。（4）工商行政管理机关在行政处罚中，发现广告主或广告经营者在其他地区从事违法广告活动的，应当通知有管辖权（违法行为发生地）的工商行政管理机关予以查处，并抄报上级工商行政管理机关。对属于外省工商行政管理机关管辖的广告违法案件，应当经由省级工商行政管理机关通知有管辖权的省级工商行政管理机关予以处理，并报国家工商行政管理总局备案。（5）两个以上工商行政管理机关因管辖权发生争议的，报请共同上一级工商行政管理机关指定管辖。（6）国家工商行政管理总局对同一广告主跨省发布同一商品或者服务违法广告的，可以根据实际情况进行协调，部署各地对广告主、广告经营者、广告发布者予以查处。必要时可以指定广告主所在地工商行政管理机关或者违法行为发生地工商行政管理机关对广告主进行查处。省级工商行政管理机关对同一广告主在本辖区内多个地区发布相同违法内容的广告，应当及时部署各地对广告主、广告经营者、广告发布者予以查处。必要时可根据实际情况指定一地工商行政管理机关对广告主进行查处。（7）各级工商行政管理机关在执法办案中遇到的对案件管辖、同一违法行为的认定、案件定性、法规适用、处罚幅度等有争议的，应当逐级向各自的上级机关报告。（8）上级工商行政管理机关对下级工商行政管理机关在执法中的行政处罚畸轻畸重、执法不到位等不规范执法行为，应当责令其予以改正。

（五）建立违法广告公告制度

2006年11月，为进一步加大对严重虚假违法广告的曝光力度，充分发挥社会舆论对广告违法者的监督作用，国家工商行政管理总局、中央宣传部、公安部、监察部、国务院纠风办、信息产业部、卫生部、国家广播电影电视总局、新闻出版总署、国家食品药品监督管理局、国家中医药管理局联合制定了《违法广告公告制度》。该制度对部门联合公告、广告监督管理机关公告和广告审查机关公告作了明确界定，对违法广告公告的刊播渠道、媒体刊播违法广告公告相关信息的要求，以及广播影视行政部门、新闻出版行政部门对相应媒体执行《违法广告公告制度》的监督检查等方面，也都作出了明确规定,并要求各地参照本制度建立本地区的违法广告公告制度。国家工商行政管理总局定期对传播范围广、社会影响大的省级电视台卫视频道、省会城市晚报、都市类报纸广告进行集中监测,向社会公告严重违法广告及发布违法广告的媒体。

(六)建立广告案件查办落实情况报告制度

为促进依法行政、执法到位,2007 年 10 月 23 日,国家工商行政管理总局下发了《关于印发〈广告案件查办落实情况报告制度〉的通知》,规定对上级交办的案件、有关部门转办的案件、检查监测发现的案件和消费者投诉举报的案件、省级工商机关之间转办的广告案件、其他需要报告的广告大要案件等实行查办落实情况报告制度,并对报告的内容、形式、时限作出了明确规定。国家工商行政管理总局对广告案件查办落实情况实行通报制度。对执行报告制度好的单位给予表扬;对迟报、漏报的单位予以批评,并要求查找原因,提出整改措施。对因迟报、漏报造成损失或重大影响,以及推诿不办、压案不查的,追究相关人员责任。制度要求,各地要建立健全广告案件查办落实情况档案,指定专人管理,并按照有关规定要求做好保密工作。

四、加大执法力度,有效遏制广告违法行为

(一)突出重点,强化广告市场日常监管

2003 年 1 月,国家工商行政管理总局会同卫生部、国家中医药管理局下发《关于规范医疗广告活动、加强医疗广告监管的通知》,对医疗广告活动加以规范,明确规定医疗广告禁止事项和发布医疗广告应遵循的程序和规则,并暂停发布性病、艾滋病等 8 类疾病医疗广告。5 月,会同国家食品药品监督管理局下发《关于禁止以注册商标企业名称等形式变相发布处方药广告的通知》,加强处方药广告管理。7 月,国家工商行政管理总局、国家食品药品监督管理局、公安部、农业部、商务部、卫生部、质检总局、海关总署共同制定《食品药品放心工程实施方案》,并组织开展了食品、药品、医疗器械广

告专项整治。各级工商机关会同卫生、药监等部门,对电视、报刊等主要媒体进行专项检查的同时,还对小市场等偏远地区散发的印刷品、店堂广告进行拉网式检查,对发布医药广告的医院、药店、商场等场所进行经常性检查,果断采取停、禁措施,遏制了虚假广告蔓延的势头。

2004 年,按照国务院开展食品安全专项整治的统一部署,国家工商行政管理总局组织开展了食品广告整治。一是对食品广告发布情况进行集中监测。二是重点督办查处一批虚假违法保健食品广告案件。4 月,国家工商行政管理总局会同中央宣传部、国家广播电影电视总局、新闻出版总署联合下发《关于清理不良广告内容的通知》,对格调低下、内容粗俗、滥用成语、虚假误导等不良内容广告实施综合治理。会同国家林业局联合开展林木种子广告专项检查行动,6 月中下旬组成联合执法检查组,赴吉林、黑龙江、广东、海南、河南、安徽等地,检查各地林木种子广告发布情况,依法打击林木种子虚假广告。12 月,国家工商行政管理总局组织开展"打虚假、树诚信"广告专项整治行动,严厉打击欺骗和误导消费者的保健食品、药品和医疗广告。各级工商行政管理机关根据总局统一部署,加强与宣传、新闻出版、广播影视、药品监督、卫生、中医药管理等部门的协调配合,重点查处以新闻报道形式发布广告,使用消费者、患者、专家的名义和形象作证明,保健食品广告宣传治疗作用或者夸大功能,药品广告夸大功能疗效,医疗广告宣传保证治愈等严重违法行为。

(二)持续深入开展虚假违法广告专项整治

2005 年,根据国务院关于打击商业欺诈专项行动的部署和要求,国家工商总局、中央宣传部、公安部、监察部、国务院纠风办、信息产业部、卫生部、国家广电总局、新闻出版总署、国家食品药品监督管理局、国家中医药管理局 11 个部门,在全国范围内,联合组织开展了虚假违法广告专项整治行动,以惩治虚假违法广告为重点,严厉打击欺骗和误导消费者的商业欺诈行为,特别是保健食

品、药品、医疗、化妆品、美容服务等五类虚假违法广告,以及利用互联网发布的虚假违法广告。重点查处下列虚假违法广告行为:一是以新闻报道形式发布的广告。二是在保健食品、药品、化妆品和医疗服务广告中使用消费者、患者、专家的名义和形象作证明。三是保健食品广告宣传治疗作用或者夸大功能。四是药品广告夸大功能、保证疗效。五是医疗广告夸大功能,宣传保证治愈。六是化妆品和美容服务广告夸大功能,虚假宣传。在专项整治行动中,各级工商行政管理机关认真履行职责,加强与联席会议成员单位的协调配合与联动,健全工作程序和工作制度。一方面以规范医疗广告为突破口,加大执法力度,查处虚假违法广告,集中力量查办大案、要案;另一方面,通过实施广告监测和违法广告公告制度,震慑虚假违法广告发布者。全国工商系统共监测广告500余万条次,日常抽查检查广告130余万条次,责令限期整改违法广告10万余条次,责令停止发布违法广告近5万条次,曝光典型虚假违法广告案件2 300件。全年共查处违法广告案件67 676件,其中违法医疗广告案件6 376件,依法停止广告业务167户,吊销广告经营许可证6户。

2006年至2008年,继续深入开展虚假违法广告专项整治行动,按照当年整治虚假违法广告专项行动部际联席会议工作要点的总体部署和要求,分阶段、分重点地整治医疗、药品、保健食品广告。如2006年上半年集中整治医疗广告,下半年集中整治药品、保健食品广告,2007年9月至12月,国家工商行政管理总局联合国家食品药品监管局、卫生部对药品、保健食品、医疗广告进行了集中整治。联席会议成员单位,按照分工要求,不断创新监管方式方法。卫生、药监部门等广告审查机构出台了许多新的举措,依法延伸对医疗机构和药品生产企业的监管,加大了源头治理的力度。广电、新闻出版等部门进一步强化对媒体单位的管理,严格医疗、药品广告发布前审查制度。工商部门积极发挥牵头作用,积极推动专项整治工作向纵深发展:一是认真落实整治虚假违法广告部际联席会议制度,定期组织成员单位召开整治虚假违法广告部际联席会议,及时沟通情况,协调行动。二是及时采取措施,打压虚假违法广告蔓延的势头。三是认真落实广告监测制度和违法广告公告制度,对虚假违法广告问题突出的重点地区、重点媒体、重点企业实施重点监测、重点治理。四是开展联合执法检查,确保专项整治措施落实到位。

（三）集中整治网上非法"性药品"广告和性病治疗广告

针对网上发布非法"性药品"广告和性病治疗广告的突出问题,2007年11月,国家工商行政管理总局、中央宣传部、国务院新闻办公室、公安部、监察部、国务院纠风办、信息产业部、卫生部、新闻出版总署、国家广播电影电视总局、国家中医药管理局、国家食品药品监督管理局等12部门联合下发了《关于进一步治理整顿非法"性药品"广告和性病治疗广告的通知》,决定用3个月时间集中整治网上非法"性药品"广告和性病治疗广告。在集中整治行动中,各部门加强协作配合,对网上非法"性药品"广告和性病治疗广告采取了删除、屏蔽和过滤措施,查处并清除了一大批非法"性药品"广告和性病治疗广告。经过集中整治,网上非法"性药品"广告和性病治疗广告蔓延的势头得到有效控制。

（四）围绕重大和突发事件,加强广告监管工作

2003年春"非典"疫情发生期间,工商行政管理机关积极贯彻落实党中央、国务院的一系列重大决策和部署,严厉打击利用防治"非典"名义发布虚假违法广告的行为。一是会同卫生、药监部门及时发布涉及防治"非典"的商品或服务广告的规范意见,明确广告发布标准,禁止利用广告宣传引发社会不安情绪,哄抬预防"非典"商品价格,误导公众的违法行为。二是从重从快地查处了一批利用"非典"进行虚假宣传的大要案。4月至5月全国工商系统共查处利用"非典"名义进行虚假宣传的广告案件3 735起。三是及时收集整理28个典型案例公开曝

光。其中，西安市临潼区工商行政管理局查处的临潼养生神醋厂宣传神醋可以预防"非典"的违法广告案件，被国家工商行政管理总局定为"非典"期间十大违法案件向社会公布。

2008 年，春季雨雪冰冻自然灾害和"5·12"四川汶川地震发生后，工商行政管理机关积极贯彻落实党中央、国务院的一系列重大决策和部署，加强"冰冻灾害"和"汶川地震"等重大自然灾害发生后的市场秩序维护工作，对灾后救助和灾后重建工作中涉及的药品、医疗器械、医疗服务、消毒用品、防疫用品、食品以及建材、机械等商品、服务广告加大监管力度，严禁利用各种媒介和形式借灾后重建的名义发布推销商品、服务的广告，规范相关公益广告内容，严厉查处扰乱社会秩序的虚假违法广告。

（五）加强对固定形式印刷品广告的监管

2007 年 2 月，工商总局会同新闻出版总署联合下发《关于加强固定形式印刷品广告监督管理工作的通知》，加强对固定形式印刷品广告经营、发布活动的监督管理，打击利用固定形式印刷品广告从事非法出版活动的行为。2007 年 3 月，国家工商总局下发《关于进一步规范固定形式印刷品广告经营发布行为的通知》，要求各地工商机关开展全面清理检查，依法规范固定形式印刷品广告经营发布活动，严厉查处非法转让经营发布权的行为，完善制度、密切配合，强化监督管理工作。

五、继续组织开展公益广告活动，促进社会主义和谐社会建设

2002 年以来，国家工商总局与中央文明办等部门组织开展了多种形式的公益广告活动，向社会推出一大批主题鲜明、创意新颖、内涵深刻、制作精美的公益广告作品，进一步提高公益广告的社会影响力。影响较大的公益广告活动主要有：

（一）全国优秀公益广告作品评选

由国家工商行政管理总局、中央文明办组织发起的两年一度的全国优秀公益广告作品评选已开展了七届。2001—2002 年度，

全国共推荐 529 件公益广告作品，其中影视类作品 173 件，平面类作品 249 件，广播类作品 107 件，73 件优秀作品获奖。其中，《升旗篇》、《2050 年的种子》、《中秋节系列公益广告——门对门篇》3 件作品分获影视类、平面类、广播类作品金奖。2003—2004 年度，全国共推荐 486 件公益广告作品，其中影视类作品 126 件，平面类作品 253 件，广播类作品 107 件，77 件优秀作品获奖。其中，《修表》获广播类作品金奖。2005—2006年度（第七届），全国共推荐 526 件公益广告作品，其中影视类作品 158 件，平面类作品257 件，广播类作品 111 件，77 件优秀作品获奖。其中，《母亲的"谎言"》、《奥运宣传片—婴儿篇》、《声音与和谐》3 件作品分获影视类、广播类作品金奖。

（二）全国思想道德公益广告征集比赛

2005 年 3 月，为认真贯彻党的"十六大"和十六届三中、四中全会精神，深入落实《公民道德建设实施纲要》和《中共中央国务院关于进一步加强和改进未成年人思想道德建设的若干意见》，充分发挥公益广告对于弘扬社会正气、倡导文明风尚的重要作用，大力推进全社会思想道德建设，中央文明办、国家工商总局、国家广电总局、新闻出版总署决定在全国开展思想道德公益广告征集比赛。2006 年 5 月，四部门决定在 2005 年成功举办全国思想道德公益广告征集比赛的基础上，举办以倡导社会主义荣辱观为主题的全国电视公益广告征集比赛。2006 年 8 月，为促进思想道德公益广告制作、发布进入良性循环，形成长效机制，使优秀思想道德公益广告更加广泛地传播，更好地服务于社会主义精神文明建设，四部门决定建立"全国思想道德公益广告作品库"。作品库坚持面向社会和公益性原则，在确保相关权利人法定权益的基础上，由相关权利人自愿授权将其作品申请无偿列入作品库，各级媒体可向作品库申请无偿播放、传输、刊登、展示。

（三）"主题"公益广告征集比赛

2007 年 4 月，为充分发挥公益广告在传播奥运精神、倡导社会新风中的重要作用，

中央宣传部、中央文明办、国家工商总局、国家广电总局、新闻出版总署、北京奥组委决定举办全国"迎奥运、讲文明、树新风"公益广告征集比赛。2008年4月，中央纪委、中宣部、国家工商总局、国家广电总局联合开展"扬正气、促和谐"全国廉政公益广告创作展播评选活动。2008年5月，中宣部、中央文明办、国家工商总局、国家广电总局、新闻出版总署联合开展"我们心连心、同呼吸、共命运，夺取抗震救灾的伟大胜利"主题公益广告制作刊播活动，依托《人民日报》、《光明日报》、《经济日报》、中央人民广播电台、中央电视台等中央主要媒体，高质量、高频度地制作、刊播了一批优秀公益广告，大力弘扬中华民族在灾难面前不屈不挠、团结奋斗的光荣传统，热情讴歌众志成城、顽强拼搏的民族精神，鼓舞和激励广大干部群众投入到抗震救灾的伟大斗争中去。

与此同时，在党和政府部门的倡导、推动下，媒体、企业等各方面对公益广告的参与度不断提高。如2003年在抗击"非典"斗争中，中央电视台联合企业、广告公司集中播出抗击非典公益广告，上海文广集团下属的11家电视频道先后播出"守望相助，共抗非典"，共计20部系列公益广告片，形成了公益广告和新闻报道首度组合播报，取得良好社会效果。2006年，茅台酒厂出资举办的中国首届"国酒茅台杯"中华好风尚公益广告，制作刊播了一批主题鲜明、导向正确、寓意深刻的公益广告，产生了广泛的社会影响。

六、加强对广告业发展的指导，促进广告业又好又快发展

改革开放以来，我国广告业得到快速发展，已成为具有一定规模、推动民族品牌创建和创意经济发展的重要产业。但是，制约广告业健康发展的矛盾和问题也很突出，特别是多年来我国广告业总体规模持续扩展，但具有综合实力和国际竞争力的广告企业不多；广告业发展存在区域性不平衡，中西部地区与东部地区差距明显；广告从业人员中，高端专业人才较少，缺乏国际广告运作经验；公益广告事业发展缓慢，缺乏有效的鼓励措施和激励机制；广告诚信度不高，市场秩序有待进一步规范等。国家"十一五"规划纲要明确提出，加快发展服务业，推动广告业发展。2007年，《国务院关于加快发展服务业的若干意见》把广告业列为重点发展的行业。

2006年底，为进一步加强对广告业的宏观指导和产业政策扶持力度，国家工商行政管理总局就促进广告业发展工作，开展调查研究。一是组织召开了由广告业界资深专家学者参加的研讨会，讨论和分析我国广告市场现状、存在的突出矛盾和问题，以及解决的措施与办法；二是与中广协、江苏省政府共同组织举办了"2007中国广告业发展高层论坛"，邀请国内外知名专家学者就广告业的定位、发展方向、监管策略建言献策；三是委托中国工商学会和华中科技大学开展了中国广告业发展和监管战略课题研究，在全面总结和系统分析我国广告业发展状况的基础上，对广告业发展的战略任务、发展目标等进行深入探讨，并从理论和实证方面提出了论证意见和建议。

在反复论证、广泛征求社会各方面意见的基础上，2008年4月，国家工商总局、国家发展和改革委员会，共同制定了《关于促进广告业发展的指导意见》。《指导意见》由"促进广告业发展的重要意义，促进广告业发展的指导思想、主要目标和任务，促进广告业发展的政策措施"三部分构成。主要内容包括：（一）阐述促进广告业发展的重要意义，明确"知识密集、技术密集、人才密集的广告业，属于现代服务业，是第三产业的重要组成部分"，是"直接服务于经济社会发展的新兴产业"。（二）分析广告业发展状况、面临的发展机遇以及存在的严峻挑战，提出了促进广告业发展的指导思想、主要目标和任务。（三）根据促进广告业发展的指导思想，提出了实现广告业发展目标和任务的十四项政策措施。这些政策措施基本覆盖了广告业发展的各个方面，成为各地研究制定促进广告业发展具体措施的重要依据。（四）明确了广告业管理职能部门、政府相关部门、广告行业组织的职责，特别是按照国务院关于加快推进行业协会商会改革和发

展的要求,赋予了广告行业组织协助政府部门贯彻产业政策、落实行业规划、完善行业管理等职能,为《指导意见》的贯彻落实提供

了有力的组织保障。

（执笔人：王树军　侯超杰　刘　晶）

第十章　商标注册与管理

　　商标是用来区别商品或服务来源的标志。中国具有悠久的商标历史。

　　在中国出土的陶器、铜器、铁器等文物上，可以看到工匠、作坊的名称、符号或者标记。唐代《唐律疏议》已有"物勒工名，以考其诚，功有不当，必行其罪"的记载。北宋时期（公元960年至1127年），山东济南一家专门制造细针的刘家针铺所使用的"白兔"商标，既有白兔图形，又有"兔儿为记"字样。它是中国至今发现的较早的比较完备的商标。

　　十九世纪时，随着资本主义经济的迅速发展，一些资本主义国家如英、美、法、德等先后将商标权纳入法律调整范围，对商标权给予法律保护。随着国际贸易的广泛开展，在世界范围内逐步形成了包括保护商标权在内的国际保护知识产权制度。中国使用商标虽有悠久历史，但因为那段时期商品经济发展缓慢，尚未形成商标法律制度。鸦片战争以后，帝国主义入侵中国，清政府与外国列强签订的通商条约中，加入了保护外国商标的条款。1904年清政府颁行的《商标注册试办章程》，是中国历史上的第一部商标法规。1923年，北洋政府颁布《商标法》，并设立商标局办理商标注册。1930年，国民党政府另行颁布《商标法》，并进行了多次修订。从1904年到1949年的45年间，由于整个中国的不统一、帝国主义列强的侵略以及长期的内战，在中国注册的外国商标占了相当数量，中国的商标法制建设步履维艰。

　　新中国成立之前，解放区人民政府本着保护工商业、促进生产的宗旨，制定并公布有关的商标注册办法，办理地方性的商标注册。新中国成立以后，政务院于1950年7月28日颁布了《商标注册暂行条例》。它是新中国最早的经济立法之一，规定了保护商标专用权的原则，实行全国商标统一注册制度，各项程序、手续也比较规范，为中国的商标法制建设奠定了一个较好的基础。生产资料所有制的社会主义改造基本完成以后，社会经济情况发生了巨大变化，从1957年开始，商标注册与管理工作走上了一条曲折的道路。实行商标全面注册，不再提及商标专用权，废止商标审定程序等措施，后来以法规的形式固定下来，载入了国务院1963年4月10日公布的《商标管理条例》。"文化大革命"时期和其后两年期间，我国的商标注册与管理工作遭到了严重的破坏，国家商标主管机构被撤销，我国外贸商标和外国商标的注册事宜由中国国际贸易促进委员会办理，国内商标注册权限下放地方，商标不再实行统一注册与管理。

　　中共十一届三中全会以后，我国开始实行对内搞活、对外开放的方针政策，大力发展社会主义商品经济，从此，我国商标注册与管理工作步入了一个新的历史时期。1978年中央工商行政管理总局恢复建制后，立即对全国商标进行清理登记，并于1979年11月恢复全国商标统一注册，及时处理了全国商标清理登记中存在的"混同商标"，妥善解决了历史遗留的"两本账"商标的归属问题，为改革开放后的商标工作奠定了良好的基础。1982年8月23日，第五届全国人民代表大会常务委员会第二十四次会议审议通过了《中华人民共和国商标法》（以下简称《商标法》），并决定从1983年3月1日起施行。《商标法》实施以后，国家工商行政管理局先后完成了商标注册用商品和服务分类由国内分类向国际分类的转换、商标申请递交形式由核转制向代理制的转变、商标审查方式由手工作业向计算机检索查询的过渡,不仅大大提高了商标注册工作的质量和效率,而且进一步厘清了关于商标的民事与行政的法律关系。1980年我国加入世界知识产权组织(WIPO)之后,先后加入了《保护工业产权巴黎公约》(以下简称《巴黎公约》)、《商标国际注册马德里协定》(以下简称《马德里协定》)、《商标注册用商品和服务分类尼斯协定》(以下简称《尼斯协定》)、《商标国际注册马德里协定有关议定书》(以下简称《马德里议定书》)等商标国际条约,积极发展与其他国家在商标领域的交流与合作,广泛开展商标国际交往,树立了我国在世界知识产权界的良好形象。

为适应我国市场经济发展和保护商标专用权的需要,1993年2月22日,第七届全国人民代表大会常务委员会第三十次会议对《商标法》作了九条修订,并颁布了《关于惩治假冒注册商标犯罪的补充规定》。1997年,新修订的《中华人民共和国刑法》将假冒商标罪纳入其中。为适应我国加入世界贸易组织的需要,全面履行《与贸易有关的知识产权协议》(以下简称TRIPs协议)规定的义务,2001年10月27日,第九届全国人民代表大会常务委员会第二十四次会议审议并通过了《关于修改〈中华人民共和国商标法〉的决定》,对我国《商标法》再次进行了修改。这次《商标法》的修改,进一步完善了我国的商标法律制度,履行了我国对有关国际协议的承诺,标志着我国商标注册与管理工作在新世纪步入了一个新阶段。

《商标法》实施以来,我国商标法律制度日益健全,全社会商标法律意识明显增强,商标注册和申请量逐年稳步增长,商标行政执法队伍逐步壮大,商标专用权保护工作卓有成效,我国的商标注册与管理工作取得了举世瞩目的成就,在世界知识产权界的地位日益提高。

第一节　商标注册与管理制度的建立和发展(1949—1956年)

新中国的商标制度是在独立自主的基础上建立起来的,它完全摆脱了旧中国半封建半殖民地商标制度的影响。新中国成立不久即设置了商标管理机构,先是在中央贸易部设商标局,1950年底划归中央私营企业局,设商标处。各项规章制度以至商标档案、商标注册簿、检索卡片等,从无到有,逐步完善,保证了新中国成立初期商标注册与管理工作的顺利开展。

一、新中国建立前解放区的商标制度

中华人民共和国成立以前,在人民解放战争时期,一些老解放区即已开始办理商标注册,并订有商标注册管理办法。例如,苏皖边区政府1946年4月13日发布的《商品商标注册暂行办法》;晋冀鲁豫边区政府1946年8月23日发布的《商标注册办法》;陕甘宁边区政府1949年7月18日发布的《商标注册暂行办法》;华北人民政府1949年1月8日发布、同年6月11日经修订颁布的《华北区商标注册办法》等。当时,解放战争还在进行,各个解放区还没有连成一片,各解放区的商标注册办法只适用于本地区范围。这些注册办法的内容虽不尽相同,但其主要原则精神是一致的,即,(1)宗旨都是为保护生产,发展经济,保障供给;(2)明确规定对商标专用权给予保护;(3)采用注册原则,经核准注册的商标享有商标专用权,未注册的商标不享有商标专用权;(4)商标注册由解放区人民政府工商局(厅)办理。

在各解放区制定的商标注册办法中,华北人民政府制定的《华北区商标注册办法》(共20条)和《华北区商标注册办法施行细则》(共11条并附商品分类表)较为完整。这个办法的主要规定有:(1)工厂生产之商品以及商号加工、拣选、拟售之商品,欲专用商标者应呈请注册。(2)商标自注册之日起由注册人取得商标专用权。商标专用权以呈准注册之图样及其所指定之商品为限。

（3）商标专用期，自注册之日起，以20年为限。（4）商标专用权可以与营业一并移转他人，也可以随使用该商标之商品分开移转。（5）商标专用期间废止其营业时，商标专用权因之消失。（6）自行变换注册商标；注册后无正当理由未使用满1年或者使用后又停止使用满2年；商标权移转已满1年未呈请注册；均得撤销其商标专用权。（7）呈请注册之商标，经审定后刊载商标公报，公告期间无异议或异议经辨明不能成立后，始行注册。（8）商标注册由华北人民政府工商部办理。商标注册人可向各行政公署工商处或相当于行署之市工商局呈请，报工商部门核准。

华北人民政府工商部在《关于执行商标注册工作的指示》中明确指出："商标注册的目的主要是保护商标专用权，注册者予以保护；不注册者不予保护，并不能直接保证或提高商品的质量。因为商品质量的提高或降低和商品市场的竞争有关。工商业者有经营的自由，商标注册与否没有直接的关系。因此，商标注册与否，应本其自愿，不加限制。"

二、新中国成立初期的商标制度

（一）商标注册暂行条例

新中国成立初期，解放战争尚未完全结束，全国政令尚未统一，少数新解放的省、市曾制定临时性的商标注册办法。如上海市人民政府1949年10月11日公布的《上海市厂商商标临时使用办法》；河南省人民政府1949年12月公布的《商标注册暂行办法》；福州市人民政府1949年12月公布的《福州市厂商商标临时使用办法》等。这样，全国的新、老解放区同时存在着分散办理商标注册的一些地方性商标法规。全国解放之后，这种状况不能适应保护商标专用权的需要。为此，当时主管商标工作的中央贸易部于1949年12月31日发出通令，明确商标注册与管理必须全国统一办理，各地颁布的商标注册办法停止实行，并着手拟订新的全国性的商标法规。

1950年7月28日，政务院第43次政务会议批准《商标注册暂行条例》，并于8月28日公布。同年9月29日，中央人民政府财政经济委员会制定颁布了《商标注册暂行条例施行细则》（共23条并附商品分类表）。在此期间，中央私营企业局商标处从1950年9月4日起，开始受理商标注册申请，办理全国商标统一注册工作。

《商标注册暂行条例》是新中国第一部商标法规，也是新中国成立后最早的经济立法之一。它是在老解放区商标法规特别是《华北区商标注册办法》的基础上，结合当时国民经济存在着多种经济成分的实际情况，根据《中国人民政治协商会议共同纲领》确定的公私兼顾、内外交流的政策拟订的。《商标注册暂行条例》分总则、申请、审查、注册、异议、附则六章，共三十四条，其主要规定如下：（1）立法宗旨是"保障一般工商业专用商标的专用权"。（2）实行自愿注册，即，"一般公私厂、商、合作社对自己生产、制造、加工或拣选的商品，需专用商标时"，应向政务院财政经济委员会中央私营企业局申请注册。（3）规定了商标禁用条款。除禁用国旗、国徽、军旗、勋章等一般性规定外，还包括："在同一类商品上所使用的商标，与他人已经申请审定或已经核准注册的商标相同或近似的（包括文字、图形、名称、读音）"，不能核准注册；"用外国文字作为商标的"不能核准注册，"但运销国外或由外国进口的商品不在此限"；"与一般公用的标章相同的（如合作社、电信及铁路标志等）"商标，"与久为人所使用或一般商业上所使用的名称、符号标记相同的"商标，不得作为商标申请注册；"与政府或展览会所颁发的奖章、奖状相同或近似的"商标，不得作为商标申请注册，但"以自己所受奖的奖章、奖状作为商标之一部分时，不在此限"；"用他人姓名、肖像或企业、团体等名称的"商标，禁止作为商标申请注册，但"已得对方承认时，不在此限"。（4）外国人在中国申请商标注册，限于"已与中华人民共和国建立外交关系、订立商约之国家的商民"。（5）没有取得工商业营业登记证的，不能申请商标注册。（6）两人以上在同一类商品上分别申请注册相同或近似的商标，应核准最先申请的注册；同一日申请的,则核准使用在先的注册。(7)一人在同一商品上申请两个以上近似商标时,应制定一个为正商标,其他作为联合商标。(8)申请人对被驳回商标注册申请不服,可以在接到核驳通知书40天内,请求再审查;如再被驳回,即为终结。(9)经审定的商标,刊登《商标公告》,满4个月无人提出异议,或提出异议,经审查异议不能成立,始予注册。(10)已核准注册的商标,发给注册证。从注册之日起,注册人取得商标专用权,期限20年,期满可以申请继续专用。(11)已审定的商标在公告期内,或已注册的商标注册未满1年,他人认为与自己已注册或审定的商标相同或近似,均可提出异议。对异议的审定不服,可以在40天内提出再异议。对再异议的审定仍不服,仍可在40天内向中财委申请裁决,经裁决后即为终结。(12)已申请注册或已经核准注册的商标,可以转让,但转让人和承受人应共同申请,核准转移后方为有效;连同营业一并转让者,应附转让营业的证明。已申请注册或已经核准注册的商标,也可以作为遗产由继承人继承,但继承转移,必须申请核准,并附合法继承的证件。(13)自行变换注册商标的,或停用注册商标满1年的,或转让注册商标满6个月未申请转移的,均撤销其注册商标。(14)在商标专用期间歇业或转业,商标专用权即随之消灭。(15)对"伪造、仿造已注册的商标"、"未经注册的商标,冒称已经注册"、"用欺骗方法取得商标的注册"的行为,要依法惩处。(16)商标专用权所有人认为其专用权被侵害时,可以向当地人民法院起诉。

《商标注册暂行条例》是适应国民经济恢复时期的经济状况而制定的。无论从保护商标专用权的宗旨来说,还是从商标的申请、审查、公告、异议、注册、申请再审查等程序来说,都是比较完备的。尽管从法律诉讼程序来说还有欠缺,罚则也没有作具体规定,但它为新中国成立后的商标注册与管理制度的建立和发展打下了良好的基础。

(二)重新注册和换发《商标注册证》

贯彻实施《商标注册暂行条例》,首先遇到的一个问题是如何处理解放前已经注册的商标。这些商标一部分是解放区各地方人民政府工商厅、局注册的商标;另一部分是国民党政府商标局注册的商标。《商标注册暂行条例》规定,凡各地方人民政府注册的商标,均须换证;前国民党政府商标局注册的商标,应重新申请注册。根据《商标注册暂行条例》规定,1950年9月29日,中央人民政府财政经济委员会对这些商标制订了两个具体处理办法,即《各地方人民政府商标注册证更换办法》和《前国民党反动政府商标局注册商标处理办法》。

1.《各地方人民政府商标注册证更换办法》

《各地方人民政府商标注册证更换办法》规定,对各地方人民政府注册的商标,承认注册人的商标专用权,要求在本办法公布之日起4个月内向中央私营企业局换领新的《商标注册证》,过期不换的不保障其专用权。虽经各地方人民政府审定但尚未公告的商标,由中央私营企业局重新审查,刊载《商标公告》4个月后,发给《商标注册证》。各地方人民政府注册或审定的商标,如与他人的商标发生相同或近似,可提出异议。对此类异议按使用先后的原则进行裁定,即准许使用在先的商标换证或注册。据统计,当时换发《商标注册证》的商标共有579件。

2.《前国民党反动政府商标局注册商标处理办法》

《前国民党反动政府商标局注册商标处理办法》规定,对国民党政府商标局注册的五万多件商标,不承认其商标专用权。原商标使用人应自本办法公布之日起6个月内呈缴旧《商标注册证》,重新申请注册。重新申请注册的商标,如违反《商标注册暂行条例》规定,不予注册;如与他人商标发生相同或近似,可提出异议,并按使用先后原则进行裁定,即准许使用在先的商标注册;"如系以外国文字为之者,除运销国外的商品外,须一律更换中国文字。但为照顾厂商起见,其原商标从核准发证之日起,暂准专用二年。"据统计,当时重新注册的商标有4 182件。该办法还规定,对未与新中国建立外交关系的国家，其国民持有前国民党政府商标局注册证而重新申请注册的，不予受理。由此，未与新中国建立外交关系的国家，在国民党政府商标局注册的约2万多件外国商标，均未重新注册，其在中国的商标专用权亦随之消失。

从1950年10月至1952年12月，重新注册的商标和换领新《商标注册证》的商标共有4 761件，其中仅上海就有3 567件。从商品看，商标较多的有：棉布商标897件，中西药商标517件，颜料染料商标494件，卷烟商标289件，袜子商标230件，化妆品商标191件，火柴商标147件，针织品商标136件，肥皂商标109件，棉纱商标102件。其中有不少是传统名牌，沿用至今，声誉不衰。

（三）对商标进行清理整顿

对国民党政府商标局注册的商标办理重新注册时，考虑到有些商标已经使用多年并在市场上有一定信誉，当时在审查时放宽标准，暂准注册使用。商标注册与管理工作初步转入轨道后，中央工商行政管理局于1953年对带有表现帝国主义及殖民地思想的、表现封建残余思想意识的以及政治上有不良影响的注册商标进行清理整顿。首先是将使用于牙膏、牙粉、化妆品等商品上的23个"黑人"注册商标予以撤销，停止带有种族歧视的"黑人"商标的使用。之后发出了《关于撤销注册商标的决定》，规定了处理原则和处理方法。对注册商标进行清理整顿、停止使用的范围包括：（1）宣传殖民地思想的，如花旗、白宫、海盗、金镑、爵士、美琪、奇异等。（2）无原则搬用外国人名、地名及其他名词（包括外文译音）的，如威廉士、夏威夷、好莱坞、夜都会、苏格兰、茄立克、劳逸尔、派拉蒙、道奇、爱皮西、派克、凯丝玲、红士、邮差、老司令等。（3）带有反动事物形象的，如童军、元首、童子军、银圆、双洋、民国、四维、民军等。（4）宣传封建、迷信思想的，如二十四孝、财神、招财进宝、状元及第、荣华富贵、天官、富贵、财童、贤孝、万宝聚来、金玉满堂、耄耋富贵等。但与中国古代神话和宗教有关的人物，如观音、达摩、罗汉等，可以使用。商标图样可用但名称不妥的，要

改换商标名称。商标名称可用但图样不妥的，要改换商标图样。不正确使用五角星，在五角星内刊印动物，如星蛙、星猫、蝠星等，或者改变五角星形态的，"有失严肃"，均应改换图样。按照上述处理原则，1953年在已注册和审定的16 662件商标中，清查出542件商标，予以公告撤销，缴销商标注册证。与此同时，一些地方工商行政管理局对未注册商标也参照上述原则进行了清理整顿。到1954年，对商标的清理整顿工作基本结束。在清理整顿商标工作中，对使用外国文字作商标或者在商标上附注外文的现象也进行了制止。除对申请注册含有外文的商标，在审查时依《商标注册暂行条例》的规定予以驳回外，对未注册的商标，经中央人民政府财政经济委员会批准，发出布告：为肃清殖民地思想，在中国所有厂商使用未注册商标含有外文者，一律限期取消。在清理整顿商标中，清理了一些具有不良影响的商标，如"童子军"、"银圆"、"德孝双全"等商标，但也撤销了诸如"红人"、"状元红"、"统一"、"神鸽"、"可口可乐"、"华旗"、"派克"、"亚林"等商标。

（四）制止商标侵权行为，加强商标管理工作

《商标注册暂行条例》规定，对伪造、仿造已注册商标的行为，要依法惩处，以保护注册商标的专用权。在国民经济恢复时期和社会主义改造时期，存在着多种经济成分，商标侵权行为时有发生，不但私营企业仿冒国营企业的商标，有些国营企业由于缺乏商标法律意识也去仿冒私营企业的商标。由于当时法律没有明确规定法律诉讼程序，因此对商标侵权行为一般采用行政办法进行处理。极少数情节特别严重的，送司法机关判处。例如，（1）1953年4月，上海恒义升两合公司认为山东周村福记、鸿记两家商号和北京东晓市场摊贩李梅青仿冒其公司注册的"蜘蛛"、"蝴蝶"商标，由侵权人所在地的工商行政管理部门取缔了仿冒商标，并对侵权人进行批评教育。（2）1953年2月，唐山市复兴堂药房的"婴儿粉"商标仿冒天津广辉药厂注册的"双婴"商标，由唐山市工

商行政管理局给予唐山市复兴堂药房以行政处罚。(3)1955 年,国营大连化学制药厂使用的"三工"商标仿冒天津伟迪氏化学制药厂使用的"三鱼"商标,由当地工商行政管理部门给予制止。(4)上海星光厂在雪花膏上使用的商标仿冒上海丽来化工厂注册的"白熊脂"商标。丽来化工厂已向法院起诉,而星光厂却仍以欺骗手段申请注册其仿冒的商标,上海市人民法院对星光厂有关当事人进行了判处。

为了适应保护商标专用权的需要,对商标的行政管理工作也逐步有所加强。中央工商行政管理局于 1953 年发出《关于商标管理的几点意见》,另外对一些有关商标行政管理的问题还作了若干单项规定。主要措施有:(1)卷烟商标必须注册。无论公私厂商产制的机制、半机制卷烟使用的商标都必须注册,否则一律不准制销。(2)实行商标印制管理。严禁印刷业代人印制假冒商标,或随意印售商标。规定印制商标必须凭持核准注册证件或当地工商行政管理部门批准的文件。(3)制止滥用缝纫机商标。规定完全使用新零件装配的缝纫机可以使用商标,贩卖商不能使用商标,全能厂或接近全能厂在缝纫机上使用的商标必须申请注册。(4)取消"合作"商标。作为合作社系统标志的握手图形,不宜专用,决定公私厂商一律停止使用"合作"商标,已注册的 14 个"合作"商标予以公告撤销。(5)废除在面粉上使用商标。粮食统购统销以后,面粉不再使用商标。开始除暂时保留"富强"、"生产"、"建设"3 个面粉商标外,其余公私厂商注册的 352 个商标一律公告撤销。以后保留的 3 个商标也停止使用,"富强"变成了区别面粉档次的通用名称。(6)处理外资企业的商标。经外交部、轻工业部、商业部、中央工商行政管理局会商决定:已为中华人民共和国国营企业接收的外资企业,其商标一并接收并可酌情使用,但属国际垄断组织的商标和有殖民地色彩或不良影响的商标除外;未被接收的外资企业的商标,无论公私厂商均不得使用;进口商品的商标,无论属何国籍及是否核准注册,均禁止仿冒

使用。

(五)未注册商标暂行管理办法

新中国建立以后几年间,商品经济虽然有一定的恢复和发展,但总的来说还是不发达的,与商品经济相联系的商标在社会上还没有受到广泛的重视。加上对商标知识的宣传不够,形成一些企业特别是国营企业对商标权益的观念淡薄,只使用商标,不注册商标。一些不法厂商乘机仿冒名牌,欺骗顾客,以致继续使用含有封建迷信、带有殖民地色彩和政治上有不良影响的商标。针对这种情况,中央工商行政管理局于 1954 年 3 月 9 日发出了《关于未注册商标的指示》和《未注册商标暂行管理办法》,要求各地工商行政管理部门参照执行。主要内容是:(1)为了防止滥用商标和仿冒商标,凡未注册商标均应向当地工商行政管理部门申请登记。核准登记的商标并无专用权,而且不能转让。(2)经中央工商行政管理局撤销或驳回的商标,违反商标禁用条款的商标以及与他人在同一种商品上已登记的商标相同或近似的商标,均不得申请登记。(3)登记的商标,应刊明商标名称、厂名、地名,但不得印有"注册商标"字样。(4)申请登记成药商标应缴验当地卫生机关许可证件,成药名称不能作为商标申请登记。(5)核准登记的商标,如发现与中央工商行政管理局在同一类商品上已注册或审定的商标相同或近似,即予撤销登记。(6)《未注册商标暂行管理办法》不适用于外商商标。

在对未注册商标开展登记管理时,中央工商行政管理局还要求:对国营、地方国营、公私合营企业及合作社使用的商标,应尽量动员申请注册,以免私商以相同或近似的商标抢先注册;规模较大、产量多、销售广的私营企业的商标,也要动员申请注册;习惯上不使用商标的商品,不强制使用商标。对未注册商标进行登记,先在北京、上海、天津、沈阳、武汉、广州、重庆、西安、鞍山、抚顺、本溪、旅大、长春、哈尔滨等城市施行,其他则由省级工商行政管理部门选择重点市、县施行。由于未注册商标的登记,并不能取得任何权利,而且一旦发现与已注册的商标混

同,就要撤销登记,法律上没有任何意义,对商标使用人不具有吸引力。加上当时地方工商行政管理机构不健全,商标管理人员少,无力办理繁复的登记工作。因此,对未注册商标的登记管理,除少数城市进行过一次性的普查登记外,在大多数地方实际上并未开展。

社会主义改造逐渐深化以后,通过加工订货、统购包销逐步切断了私营工业与市场的直接联系,工商关系、城乡关系都发生了很大变化,商标注册开始逐年下降。1954 年为 828 件,1955 年减少为 666 件,1956 年再减为 575 件。

第二节　商标注册与管理工作的偏离和中断（1957—1977 年）

1957 年以后,政治运动基本成为我国社会生活的主旋律,甚至一度成为社会生活的全部内容,尤其是"大跃进"和"文化大革命"运动,使我国社会主义建设遭受严重创伤。生产资料所有制的社会主义改造基本完成以后,实行集中统一的计划经济。与商品经济密切联系的商标,一旦失去了赖以生存的土壤,商标的区别功能难以发挥出来,人们漠视商标也就成了必然,商标注册与管理工作自然会步入一条漫长的曲折道路。1957 年实行商标全面注册后,商标注册工作离开了保护商标专用权,商标管理成了监督产品质量的手段,有关的规章、制度、程序、手续等也随之不断改变。随着"左"倾思想的影响日趋严重,商标管理也为"以阶级斗争为纲"所笼罩,商标法制遭受了严重的损害。"文化大革命"时期和其后两年期间,商标工作甚至一度中断。

一、实行商标全面注册

生产资料所有制的社会主义改造基本完成以后,中国的经济情况发生了很大变化,多种经济成分并存的状况已经改变,逐渐形成了单一社会主义公有制经济,并且实行集中统一的计划经济。统购包销、计划调拨改变了原来的商品流通形式。市场上缺乏竞争,商标逐渐失去在市场上用于开展竞争的作用,难以唤起社会对它应有的重视。1956 年商标注册仅 500 多件,比注册最多的 1951 年的 11 000 多件减少了 95%。商标全面注册的规定就是在这种情况下提出的。

实行商标全面注册的规定,即凡是在商品上使用商标的都必须申请注册,也就是实行强制注册。当时的根据是:(1)有些企业的负责人对商标的作用、意义认识不足,对动员注册置若罔闻;(2)未注册商标的登记管理执行得不好,滥用商标和仿冒商标的行为时有发生;(3)全面注册可以防止企业频繁更换商标,降低商品质量,损害消费者的权益。另外,还参考了苏联商标制度中的强制注册办法。

1957 年 1 月 17 日,国务院转发了《中央工商行政管理局关于实行商标全面注册的意见》,同意试行。《意见》的主要内容是:(1)各企业、合作社产制商品使用的商标,必须注册。未注册的限于 1957 年 6 月 30 日以前完成申请手续,以后未经核准的商标不能使用。(2)为实行商标全面注册,照顾一般小型企业、手工业合作社的负担能力,商标注册费由每件 50 元减为 20 元。(3)各企业、合作社要提高产品质量,固定使用注册商标,不准随意增添或者改换商标。(4)各企业、合作社申请商标注册应当按照规定的质量标准,填报商品质量规格表,并经业务主管部门盖章证明。(5)为明确产品质量责任,应根据需要和可能,在某些商品包装上或包装内附加商品的质量、规格、性能和使用保管方法的说明,便于消费者监督。上述规定中,一个明显缺陷就是没有提及商标专用权。实践证明,不考虑企业是否有专用的需要和申请注册的愿望,一律强制注册,并不能提高企业对商标的认识。相反,有许多企业还把商标注册视为负担。因此,执行全面注册并不顺利。原定 1957 年 6 月 30 日限期内没有完成全面注册的工作,后又将限期延至 1957 年 12 月底。1957 年注册商标虽有较多的增加,全年有 11 000 多件,大体相当于 1951 年的注册量,以后却逐年减少。实际上并不是所有商标都注册了,根据 1959

年上半年调查,上海实际使用的3 754件商标中,未注册的有1 608件。重庆125个工厂使用的362件商标中,未注册的有190件。河北省保定、石家庄等6个城市使用的389件商标中,未注册的有130件。

从1957年1月开始实行商标全面注册,到1966年止,10年共注册商标29 100余件,平均每年不到3 000件,相当于1951年至1953年年平均注册商标6 000件的半数。未注册商标仍有相当数量,实行商标全面注册的目标并未实现。

二、通过商标管理监督商品质量

1957年1月17日,国务院转发《中央工商行政管理局关于实行商标全面注册的意见》中指出:"通过商标管理也是有助于督促企业注意改进产品质量的一个办法。因为在市场上凡是品质优良享有盛誉的商品,消费者往往指认商标要求供应,这就很清楚地看出商标是代表商品质量的一种标志。"当时,还没有明确地把监督商品质量置于商标工作的首位。但后来有所发展,在实际工作中不适当地强调了商标管理监督商品质量的作用。1958年12月,中央工商行政管理局在广州举行的商标工作专业会议上提出:"在社会主义国家,商标不是互相竞争的手段,而是代表商品一定质量和规格的标志。商标注册的目的,不是单纯为了保护'专用权',而是为了促使生产企业保证和提高商品质量。"1959年5月在上海召开的全国商标工作现场会议上,重点研究了结合商标管理监督商品质量的问题,介绍了上海市工商行政管理局协同有关工业部门对其所属企业的产品质量进行重点检查的经验。1963年10月在北京召开的商标工作座谈会上,又过分地肯定了商标监督商品质量在商标管理中的突出地位和作用。座谈会纪要提出:"商标管理是手段,促使企业保证和提高产品质量是目的,商标管理的各项政策和措施,都是为了达到这个目的而制定的","管理商标如果离开了监督产品质量,就没有灵魂,就失去了实际意义"。在这里,把商标专用权否定了,商标不再是工业产权,而只是"代表商品一定质量的标志",监督商品质量

成为商标工作的"中心"、"目的"、"灵魂"。商品质量,涉及生产体制、经营管理、原材料供应、成本核算以及商品检验等一系列问题,十分复杂。从商标管理这一侧面去促进商品质量提高,能起一定的有益作用,但作用是有限的。而要求商标管理部门去监督产品质量,必然力不从心,所以当时很多地方工商行政管理部门是在工业和商业主管部门的大力协助下来监督商品质量的。一旦把监督商品质量作为商标管理的主要任务,改变了保护商标专用权的固有性质,取消了商标权的法律内涵,就显然偏离了商标管理工作的轨道。

对资本主义工商业的社会主义改造完成以后,对于单一的社会主义公有制经济成分的工商企业,在计划经济体制下如何进行商标注册和管理,是当时遇到的一个前所未有的问题,但又必须为此寻找答案。另外,当时对资产阶级法权思想进行全盘否定和批判,人们普遍认为,在资本主义制度下,商标是一种私有权,所以国家采取"注册与否听其自便",注册的商标就给予专用权,并加以保护;而社会主义商标管理与资本主义完全不同,商标是为生产、为消费、为外贸服务的,因此国家对商标实行全面注册,通过商标管理促使企业保证和提高产品质量。在这样的历史背景下,试图否认保护商标专用权这一商标法律的核心来为商标工作寻找一条新的出路,自然而然就有了通过商标管理监督商品质量这一提法,这正是特定历史条件下孕育的"新生事物"。

三、废止商标审定程序

《商标注册暂行条例》规定,对申请注册的商标,先要经过审定,经过审定同意的商标,刊载《商标公告》,自公告之日起满4个月无人提出异议或者提出的异议经裁定不能成立,才将该商标给予注册,并再次刊登《商标公告》。1957年后商标实行全面注册,工作重点逐渐从保护商标专用权转移到监督商品质量上来,商标专用权不再受到重视。对申请注册的商标,办理审定和注册两次公告的程序,失去了原有的意义,反而变成了"负担"。再加上"大跃进"时期"多快

好省"思潮的影响,中央工商行政管理局于1958年4月发出《关于废止商标审定程序的决定》,决定指出:"为了简化手续,节约人力、物力,提高工作效率,决定自1958年5月1日起,废止商标的审定程序。申请注册的商标,一经核准,即予公告注册,并发给《商标注册证》。1958年5月1日以前审定而未公告期满注册的商标,一律提前予以注册公告,并发给注册证。"商标审定程序的废止,进一步导致生产企业对商标权益的漠不关心,法制观念更加淡薄。尽管规定了废止审定程序后,商标注册人如认为他人注册的商标与自己注册在先的商标相同或近似时,仍可提出异议,实际上,已经很少有人再提出商标异议了。当时尽管实行全面注册,但申请注册的商标却日趋减少。废止商标审定程序以后,在"大跃进"时期"多快好省"思潮的影响下,中央工商行政管理局商标管理处"大搞商标注册工作的'技术革新'运动",1959年使商标注册周期由12个月压缩到1个月,终于在1960年3月"大鸣大放"出一颗"大卫星"——申请商标注册7天内就能批复。

废止商标审定程序以后不久,由于《商标公告》内容不多,发行面窄,除分送地方工商行政管理部门外,生产企业极少自费订阅,入不敷出,1960年8月《商标公告》也停刊了,改为在报纸上分批发布商标公告。《商标公告》自1950年10月创刊,截至1960年7月,共出版120期,至此中断。《商标公告》停刊后,由于报纸限于版面,无法刊登商标图样,影响商标管理,地方工商行政管理部门反应强烈,商标注册申请人也有意见。因此,《商标公告》又于1961年4月复刊。但是,1966年2月,《商标公告》再次停刊,改为出不定期的商标图样集刊,专选设计图案比较好的,政治性、思想性、艺术性比较强的商标,作为样版,供各地设计人员参考。

四、商标管理条例

1957年以后,商标工作陆续采取了一些行政性措施,如对商标实行全面注册、通过商标管理监督商品质量、废止商标审定程序等。在一段时间内,商标工作主要是依据这些行政性的规定来进行,1950年颁布的《商标注册暂行条例》实际上已停止执行。直到1963年才产生了新中国第二部商标法规,即《商标管理条例》。

《商标管理条例》于1963年3月30日经第二届全国人民代表大会常务委员会第九十一次会议批准,由国务院于同年4月10日公布施行。同年4月25日中央工商行政管理局公布了《商标管理条例施行细则》(共21条并附商品分类表)。《商标管理条例》共14条,条文十分简单,主要是把自1957年以来商标工作的重大变动,用法律的形式固定下来。其主要内容如下:(1)立法宗旨是"为了加强商标的管理,促使企业保证和提高产品的质量"。(2)实行全面注册即强制注册,"企业使用的商标,应当向中央工商行政管理局申请注册"。(3)把"商标是代表商品一定质量的标志"写进条文之中,并要求"工商行政机关应当会同有关部门对商品的质量进行监督和管理"。(4)申请注册的商标,同其他企业已经注册的同一种商品或者相类似的商品的商标,不得混同。(5)经核准注册的商标即予公告,并发注册证。既无商标审定程序,也无商标异议程序。申请注册的商标未被核准,申请人如果对驳回不服的,可以自接到通知之日起一个月内申请再审查;经再审查后,如仍未被核准,即为终结。(6)注册商标的使用期限,自核准之日起至企业申请撤销时止。(7)粗制滥造降低商品质量的商标,或自行变更商标名称、图形的商标,或停止使用满1年未经核准保留的商标,或人民群众、机关、团体、企业提出意见要求撤销的,由中央工商行政管理局予以公告撤销。(8)外国企业申请商标注册,申请人的国家应与中国达成商标互惠协议,并要求该商标已用申请人的名义在其本国注册。外国注册商标的有效期限,由中央工商行政管理局另行核定。后来核定为10年。

《商标管理条例施行细则》共21条,并附商品分类表,此分类表一直沿用至1988年10月底。《商标管理条例施行细则》将此前在实际工作中采用的核转制作了明确规定:"企业申请商标注册、变更注册事项、转移注册、撤销注册和补发注册证,都应当报所在市、县工商行政管理部门核转中央工商行政管理局。"国内企业申请商标注册实行两级核转,核转制一直到 1990 年开始试点建立商标事务所后逐步废止。

《商标管理条例》及《商标管理条例施行细则》中,都没有涉及保护商标专用权的问题。尽管规定了申请注册的商标不得与同一商品或类似商品的已注册商标发生混同,但这只是为了便于监督商标注册人的商品质量,并不意味对商标专用权的保护。既然谈不到专用权,注册商标的有效期限也就失去意义,自然可以无限期使用。对企业来说,使用商标就要注册,只是一种义务,得不到什么权利,商标注册也就成为企业的负担。即使注册商标已停止使用,企业也从不主动申请撤销注册。

《商标管理条例》虽然强调加强商标管理,监督商品质量,但是却没有明确规定罚则,在商标管理的具体工作中,很难引为处罚依据。对有关商标管理的具体操作问题,还是要靠另行采取行政措施来处理。

五、对出口商品商标的管理

新中国建立初期,国营外贸机构初建,没有自己的商标,根据出口计划统一安排在组织出口的商品上一般均使用私营厂商的商标。当时,对厂商的商标权还是尊重的。需要时,可以与厂商协商,或者将其商标转让给国营外贸企业,或者借用。外贸公司组织的出口联营组织,可以统一使用商标。

1956 年社会主义改造完成以后,在出口商品使用商标的问题上,工业企业和外贸公司之间出现了矛盾。一方面,外贸公司为了增加出口商品的货源,完成出口任务,就要把工业企业的注册商标特别是在国际市场上受欢迎的名牌,由外贸公司统一掌握组织出口;另一方面,一些拥有名牌商品商标的工业企业则不愿把自己的注册商标由外贸公司交给其他企业共用,影响自己商标的信誉。此外,为了维护出口商品商标的权益,避免国外不法商人在其他国家抢先注册,就必须及时向输销国申请注册。国外注册用

什么名义申请,由工业企业办理还是由外贸公司办理,都需要加以解决。

针对以上问题,1956 年 3 月 24 日中央工商行政管理局和对外贸易部联合发出《关于出口商标应注意事项的通知》,规定:(1)出口的工业产品,必须使用商标。各产制单位,除已经向中央工商行政管理局注册的以外,没有注册的,都必须由各中国进出口公司先在国内办好注册手续。(2)原由各产制单位在国内注册的商标,根据出口需要,需向国外申请注册时,为使出口商标在国内外的注册人名义一致,各产制单位原在国内注册的商标,可经协商转让给有关的中国进出口公司,并向中央工商行政管理局变更注册人名义后,再向国外办理手续。但某些已经在国际市场树立相当信誉的商标,如中华牌、双喜牌烟等,也可用产制单位的名义在国外注册,中国进出口公司作为它的代理人。1957 年 11 月 18 日中央工商行政管理局和对外贸易部又发出《关于修正出口商标注意事项的联合通知》,规定:(1)出口的工业产品应使用商标,此商标应由产制单位在国内办好注册手续。(2)各产制单位在国内注册的商标,根据出口需要,须向国外申请注册时,应以产制单位的名义去申请注册,还是以各中国进出口公司名义去申请注册,可由各中国进出口公司根据具体情况确定。如需以产制单位名义到国外申请注册时,产制单位应根据需要出具委托书,由各中国进出口公司向国外办理商标注册。1958 年 10 月 9 日中央工商行政管理局和对外贸易部再次发出《关于出口商品的商标问题的联合通知》,进一步确认了外贸公司在注册和使用出口商品商标上的主动地位。通知认为,"随着对外贸易业务的开展,在国际市场斗争中必须重视商标工作。为使商标进一步为对外出口贸易服务,应该加强政策领导,统一步调。"主要内容是:(1)各外贸公司使用的出口商品商标,尚未在国外注册的,应分别不同情况,向输销国申请注册。(2)出口商品所使用的商标,无论在国内或向国外注册时,统一由外贸公司掌握办理。(3)出口商品的商标向输销国申请注册,用

生产单位名义还是用外贸公司名义,由外贸总公司根据具体情况决定,因为有的国家只限生产单位才可以申请注册商标。(4)不同生产单位在产制出口商品时共用同一个商标问题,由各外贸总公司根据国外市场情况,联系生产单位的主管部门研究解决。(5)生产企业专用于内销商品的注册商标,兼用于外销时,应报中央工商行政管理局备案。

上述三个联合通知,实际上逐步强化了外贸公司在出口商标问题上的主动地位,于是出现了一个商标两个注册人的现象。如"梅林"原是上海梅林罐头厂注册的,但1959年又核准中国粮油食品进出口总公司注册了"梅林"商标。这样,在商标注册中出现了"两本账"同时并存。一本是内销商品商标的档案;另一本是外销商品商标的档案,"两本账"可以相互冲突,互不相关。"两本账"商标是特定外贸体制下"商标为外贸服务"的产物,在对外贸易完全由外贸公司垄断的体制下,工业企业和外贸企业分别在国内、国外市场上经营能遵守内外销商品使用同一商标而互不干扰的规则。一旦经济体制发生变革,内销商品和外销商品不可能依主观愿望加以划分,不可能不在市场上碰头,工业企业和外贸企业的矛盾会日益激化,"两本账"商标所有权归属问题会成为工贸双方争执的焦点。

六、商标清理整顿

从1960年到1965年,为了督促企业合理使用商标,制止滥用商标的现象,曾经进行过几次商标整顿工作。以后又对《商标管理条例》施行以前注册的商标换发《商标注册证》。

(一)整顿食品罐头商标

在"大跃进"以后,商品供应紧张,市场上罐头商品供不应求,食品罐头上出现了大量不贴或乱贴商标标贴的情况。如商业部门从生产厂家购进的罐头,商标标贴上标明的是橘子,内装的却是菠萝;消费者买猪肉罐头,买回家时却发现是酸黄瓜;零售商店出售既无商标标贴又无其他任何标志的白听罐头,造成错买错卖。据北京市食品公司

1960年下半年不完全统计,从长沙、重庆、哈尔滨、青岛等地调来21批肉类罐头,共计2 041 466听,其中没有商标标贴的258 079听,发货时只附商标纸而未贴的618 997听。针对此情况,1961年4月21日,国务院批转了《中央工商行政管理局关于食品罐头上不贴或乱贴商标情况的报告》。"从这份报告中可以看出我们的经济工作做得如何的粗枝大叶,这简直是乱办,是对人民不负责任的一种表现。"国务院要求各地轻工业部门会同商业部门进行一次全面检查,凡未贴商标标贴的食品罐头应一律设法补贴,今后贴有商标标贴的食品罐头才准许在市场上出售,并对罐头食品厂进行一次重视商标的政策教育,使其认识到:"食品罐头上贴用商标,不是可有可无的,而是必不可少的。贴用商标就是对消费者负责,对产品质量负责,这一道工序是必不可省的。凡未贴商标的产品不得出厂。更不得以节约或废物利用为名滥贴旧商标。"后来,轻工业部、商业部发出了《关于改进罐头商标工作的联合通知》,要求在生产、批发、零售环节开展商标教育,彻底扭转不贴或乱贴商标标贴的混乱情况,没有商标标贴的罐头不许出厂。经过各地检查整顿,食品罐头上不贴或乱贴商标标贴的情况很快得到了纠正。

(二)整顿卷烟商标

中国卷烟生产分布面广,烟厂遍及全国,卷烟使用的商标也比较多,20世纪60年代初期时达900多个。有些烟厂利用更换商标,扩大销售,以至市场上卷烟商标名目繁多,消费者往往受骗。针对上述情况,在中国烟草工业公司成立后,即对卷烟商标进行了初步整顿,使卷烟商标由原来900多个减少为400多个。1965年5月5日,第一轻工业部、商业部、中央工商行政管理局联合发出《关于同意中国烟草工业公司继续整顿卷烟商标的通知》,要求各烟厂之间逐步实行统一配方、统一牌号,分期分批地将全国卷烟商标进一步精简到200个以下。1965年12月7日,第一轻工业部、商业部、中央工商行政管理局再次发出《关于整顿卷烟商标的联合通知》,责成中国烟草工业公司根

据原料有保证、产品有信誉、国家有积累并有利于生产发展、适合市场需要的原则，分期分批地将卷烟商标由400多个精简到154个，进一步对卷烟商标进行整顿。整顿卷烟商标的工作，开始是比较顺利的，成效也是比较显著的，但"文化大革命"开始以后，这项工作自然就流产了。

（三）任意改换和撤销注册商标

1957年以后，"左"倾思想日趋严重，大搞"移风易俗"，认为商标的图形、文字"在商品流通中会发生政治宣传作用"，都是"意识形态领域内阶级斗争的一个方面"，一些商标受到责难，要求进行整顿。在整顿中，有些地方对整顿商标的政策界限不清，把群众喜闻乐见的一些商标图案和名称，一律斥之为封建迷信、资本主义，处理方法过于简单化，一些商标被随意撤销。例如，将"凤凰"、"敦煌"、"飞天"、"嫦娥奔月"、"双喜"、"寿"、"古鼎"之类的商标当作带有"封建迷信色彩"，将"双妹"、"夜来香"等商标视为"资产阶级情调"，把"和平鸽"、"白鸽"商标当作"世界和平运动的标志"等，轻率地责令撤换。有些地方无限"上纲上线"，甚至还提出，商标必须符合"三性"（革命性、阶级性、现实性）的要求，对于所谓"四个主义"（封建主义、资本主义、和平主义、大国沙文主义）的商品和所谓"中性"（即指长江、黄河、白山、三羊、熊猫、牡丹、孔雀等）商标的商品，不准进货，或者进货后要退货，或者商品不准出售，甚至作为废品报废。

商标主管机关也难以摆脱"左"倾思想的影响。早在1962年3月10日，中央工商行政管理局发出《关于今后不要再用龙作商标的通知》，认为"龙是中国封建统治的象征，它的形象很难看，帝国主义常常利用龙的形象和传说中龙的可怕来影射和污蔑我国。用龙作商标，尤其是作为出口商品的商标，在政治上会产生不良的影响。因此，我国各企业今后在设计新商标时，一律不要再采用龙的名称和龙的形象。"

但是，对于日益严重的任意改换和撤销注册商标的错误倾向，中央工商行政管理局当时还是有所察觉，并试图纠正。1965年3月25日发出的《1965年全国工商行政管理工作会议纪要》指出："现有商标中，发现有政治上明显反动内容的，要坚决取缔。对于历史上沿用已久的名牌，或者群众已经习惯了的商标，基本上不要改动。有些需要改革的商标，要会同主管生产部门研究，制订方案，有领导、有步骤地进行整理，不要随意改动，避免影响商品的生产和流通。撤销商标要经过中央工商行政管理局批准"。然而，由于"左"的思潮的泛滥，随意改换和撤销注册商标的错误倾向，并没有得到纠正。

（四）换发《商标注册证》

1965年3月召开的全国工商行政管理工作会议决定，对《商标管理条例》施行以前注册的商标，要有步骤地换发《商标注册证》。通过换证，督促企业合理使用商标，保证产品质量。同年4月13日，中央工商行政管理局发出了《关于换发商标注册证工作中一些问题的处理办法》，规定：凡是1963年5月1日以前注册的商标，经过清理整顿后继续使用的，一律换发新的《商标注册证》。换证的商标，都按照新商品分类表归类。换发《商标注册证》，不收换证费。换证掌握的尺度比较宽，例如，自行改变商标图形、颜色、文字的，如商标名称未变，准用改变了的图样换证；已经自行移转的商标，不需申请商标移转注册，可按变更注册人名义办理换证。这是因为，商标专用权的概念已经淡薄，核定的图形、文字以及商标的归属都已不是主要问题。

各地通过换证，对商标进行了清理，整顿了使用不合理的商标，撤销了600多件政治上有不良影响的商标。截至1966年初，全国有121个市、县完成了换证工作，共换发了3 636件《商标注册证》，撤销了5 338件商标。撤销的商标大多数是企业已废弃不用的商标，这说明，企业已停止使用但又不主动申请撤销注册的"死"商标，在商标档案中占有很大比重。原来要求换证工作在1966年基本完成，由于"文化大革命"的到来，换证工作停顿下来，遂不了了之。

七、下放商标注册权

从1965年起，就开始酝酿改变新中国

成立以来实行的商标统一注册制度,将商标注册权下放给地方,把集中注册变为分散注册。当时的理由是:集中注册与生产形势不适应,办理商标注册手续多、时间长,影响商品及时投放市场;集中注册不利于商标管理工作面向生产,面向基层,更好地为生产和消费服务;监督商品质量是商标工作的中心,主要由地方工商行政管理局去做,把注册权力下放给地方,有利于调动地方管理商标的积极性;特别是强制注册制度的实行遇到了一定困难,让地方注册可以更好地实现全面注册。

　　商标注册权的下放工作先于1965年下半年在天津、哈尔滨、南京进行试点。试点后认为下放的好处有三:(1)简化了手续,缩短了注册时间,方便了企业,有利于生产。(2)有利于辅导企业合理使用商标,生产企业感到满意。(3)加强了商标、厂名、简单记号管理,有利于监督产品质量。而根本的好处是能使"商标管理工作更好地面向基层、面向生产"。接着,制定下放方案:第一步,内销商品的商标注册,下放给地方注册发证,商标的名称、图形可先向中央工商行政管理局查询;出口商品商标、中央托拉斯企业商标和外商商标,仍由中央工商行政管理局注册发证。第二步,内销商品的商标注册完全由地方办理,不再向中央工商行政管理局查询,如发生混同需要处理,由企业双方协商解决;协商不成,由地方工商行政管理局会同有关部门解决。中央托拉斯企业的内销商标,由各专业总公司登记管理。出口商品商标和外商企业申请注册的商标,由对外贸易部直接管理。这个方案,经征求有关部门、企业和地方工商行政管理局的意见,大都表示赞同,仅上海市、天津市、河北省工商行政管理局不同意将出口商品商标交给外贸部门归口管理。

　　经过研究,中央工商行政管理局上报了《关于改进商标管理工作的报告》,并经国务院于1966年4月7日批转试行。根据报告所确定的下放办法,先采取了第一步方案,主要是:(1)内销商品的商标,划归直辖市、省辖市(包括委托专署管的市)工商行政管

理部门审定注册。为避免商标仿冒混同,各市在办理注册商标时,应先向中央工商行政管理局查明申请注册的商标的名称是否与已注册的商标混同,然后再决定是否发给注册证。县级以下企业的商标,总数不多,暂时仍由中央工商行政管理局审定注册。(2)出口商品的商标、外商商标、中央托拉斯企业的商标,仍由中央工商行政管理局统一注册。(3)一部分使用商标作用不大的商品,可以不用商标,由地方因地制宜,灵活掌握。

　　中央工商行政管理局于同年4月11日又发出通知,要求第一批北京、上海等33个市在1966年6月底以前开始办理商标注册,第二批在9月底以前开始办理。通知还附有《关于各市工商行政管理部门办理内销商品商标注册的几项规定》,确定地方工商行政管理部门可以自行设计印制商标注册证,商标注册费列入地方财政收入。

　　商标注册的"下放",因"文化大革命"的到来而没有完全实行。

八、"十年动乱"中的商标管理工作

　　1966年至1976年"文化大革命"时期,我国商品经济遭到极其严重的破坏,商标工作也遇到了空前的灾难。

　　1966年6月1日,《人民日报》发表"横扫一切牛鬼蛇神"的社论,提出了破"四旧"(旧思想、旧文化、旧风俗、旧习惯)的号召。扫"四旧"之风迅速蔓延全国,许多有名的商标被"横扫"殆尽。"张小泉"剪刀、"同仁堂"中成药、"六必居"酱菜、"白敬字"眼膏、"季德胜"蛇药、"王麻子"刀剪、"内联升"布鞋等,都是"为资本家树碑立传"。"嫦娥奔月"、"敦煌飞天"等则是"宣传封建迷信"。"长命"牌被认为"宣传活命哲学"。在"封、资、修"帽子的压力下,一些名牌被迫改换商标。如"回力"胶鞋改为"前进"牌,"梅林"罐头改为"红梅"牌,"绿宝"香皂改为"体育"牌等。

　　在极"左"思潮的冲击下,对一个商标可以任意罗织罪名,无限上纲,从而使正常的商标注册与管理工作无法进行。1966年8月27日,中央工商行政管理局发出《关于商

标改革的通知》,提出:为了使商标管理适应"文化大革命"的形势,促进商标工作革命化,对原来"下放"商标注册的"改革",作出了如下规定:(1)"文化大革命"期间,经工厂广大职工群众充分讨论同意,报业务主管部门和当地工商行政管理部门备案后,即可废除旧商标,并开始印制使用新商标,商标的混同问题待以后解决。(2)"文化大革命"期间,暂不办理商标查询、注册、发证、变更和撤销手续。原拟"下放"给地方工商行政管理局办理的内销商品商标的注册,也可以暂不办理。(3)要认真抓紧商标设计工作,推动设计人员破旧立新,灭资兴无。上述通知正式宣布了中国商标注册与管理工作的中断。1969年6月又发出通知,将出口商品商标和外商商标的注册工作移交对外贸易部办理,对外贸易部又把商标注册工作交中国国际贸易促进委员会办理。

　　"文化大革命"中,新中国成立以来的商标档案和有关资料,有的被销毁,有的流失。在这前后,地方工商行政管理机构也有很大变化,或合并,或撤销。因此,在一个较长的时期内,在全国范围内,商标无统一注册与管理机构,商标使用陷入严重混乱状态。

　　1975年商业部虽通知各地自订注册办法,管理当地商标,但只有极少数恢复了工商行政管理机构的地方,如上海、天津、黑龙江等,着手办理地方注册,而且无法解决商标混同问题。在绝大部分地区,商标工作仍无人管理,商标使用混乱的局面日益严重。这种情况在"文化大革命"结束以后的两年仍然没有改变。

第三节　商标注册与管理工作的恢复和整顿
（1978—1982 年）

　　1978年党的十一届三中全会召开以后,我国的工作重点转移到社会主义经济建设上来,国民经济实行"调整、改革、整顿、提高"的方针,贯彻执行"对内搞活经济、对外实行开放"的政策,大力发展社会主义商品经济。从此,我国商标工作逐步摆脱了旧的经济体制和"文化大革命"带来的影响,步入恢复和整顿阶段,为新时期商标工作的繁荣发展奠定了良好基础。

一、商标工作的恢复

　　1978年9月25日,国务院发出《关于成立工商行政管理总局的通知》,确定商标注册与管理是工商行政管理部门的主要工作之一。中央工商行政管理总局成立后,即设立商标局。1979年4月9日,国务院批转中央工商行政管理总局关于全国工商行政管理局长会议的报告中明确指出:"在商标管理方面,要在清理整顿的基础上,从速恢复统一注册制度。"

　　1979年9月16日至26日,中央工商行政管理总局在杭州召开了"文化大革命"后的第一次全国商标工作会议。这次会议坚决贯彻了十一届三中全会的精神,认真总结了商标管理工作正反两方面的经验,摒弃了否定商标专用权、只把商标作为商品质量标记的做法,为开创新时期商标工作的新局面奠定了思想和理论基础。

二、全国商标的清理和整顿

　　（一）全国商标的清理登记

　　1978年中央工商行政管理总局重新组建后,根据国务院加强商标管理的指示,即着手恢复全国商标统一注册工作。要恢复统一注册,首先要清理全国工商企业商标注册（包括"文化大革命"前在中央注册和"文化大革命"中在地方注册）和使用的情况,以便重新建立商标档案。

　　1978年10月,中央工商行政管理总局召集16个省、自治区、直辖市的商标工作座谈会,研究了恢复统一注册的具体办法和步骤。

　　1978年11月20日,中央工商行政管理总局发出《关于清理商标的通知》。《通知》规定了清理的内容、工作程序,提出了处理混同商标的原则,并统一制定了各式表格,要求自下（县）至上（省）,逐级上报,逐个审查,最后上报中央工商行政管理总局商标局。

　　清理商标是一项艰苦、细致的工作,工作量大,业务性强,时间紧迫,商标局又刚刚设立,而各地工商行政管理机关的商标管理机构还不健全,干部配备不齐。为了克服上述困难,广东省采取了全省商标管理工作人员集中办公、集体会审的办法。商标局在总结广东省的经验基础上,先后组织了华北、东北、西北、西南、华东五个地区的集体会审,到1979年5月,全国商标清理工作任务基本完成。

在这次全国商标清理登记中,填写的商标档案和各种卡片达10多万份。经过县、省两级清理、审查、汇审、淘汰,全国报送商标局的清理登记商标5万余件。在商标局组织的五地区集体汇审后,根据有关原则,又淘汰了1.5万余件。最后,商标局清理登记予以编号的商标32 589件,其中国内商标27 459件,国外商标5 130件。

（二）处理混同商标

在清理登记编号的32 589件商标中,其中21 892件商标没有争议,商标局于1979年10月31日发放了《商标注册证》,其余10 697件商标则为混同商标,即在相同或者类似商品上使用的相同或者近似商标。

1980年10月24日,中央工商行政管理总局发出《关于调查处理混同商标的通知》,并提出了混同商标处理原则,将各省混同商标列出清单,先请地方依照原则规定提出处理意见。

1981年4月20日至5月5日,中央工商行政管理总局在江西省九江市召开混同商标处理工作会议。经过与会代表的充分酝酿,积极协商,10 697件混同商标确定保留4 140件,不予保留6 427件(包括已停止使用和企业同意放弃的),另有130件商标由于情况复杂,争议较多,一时难以确定,暂缓处理。

1983年4月7日,商标局发出《关于收缴不保留的混同商标注册证的通知》,要求不保留商标的原注册人交回《商标注册证》,由商标局予以注销。至此,混同商标的处理工作结束,基本上解决了长期以来我国商标的混乱局面,为新时期商标注册和管理工作奠定了良好的基础。

（三）恢复全国商标统一注册

1979年11月1日,中央工商行政管理总局商标局开始办理全国商标的统一注册工作。全国商标统一注册制度虽然已经恢复,但当时仍然沿用1963年的《商标管理条例》和《商标管理条例施行细则》,保持全面注册和监督产品质量的办法,实行简化的注册程序。

（四）首次整顿酒类商品商标

改革开放初期,我国企业在商标使用方面,忽视商标作用,却突出使用商品特定名称的情况十分普遍。这种情况在酒类商品商标使用上更为严重。既表现了人们商标意识的淡薄,又不利于商标法制建设。当时在酒的瓶贴上,商标往往不醒目而其所用的特定名称却非常显著,导致消费者只认酒的特定名称,而商标却起不到区别不同酒的来源的作用。如贵州茅台酒使用"金轮"、"飞天"商标,五粮液酒使用"交杯"、"长江大桥"商标,汾酒使用"古井亭"商标,张弓大曲使用"跃进"商标,等等。实际上,这些酒的特定名称起着商标的作用。河南省工商行政管理局和人民法院处理的"张弓"大曲案件,是开展全国酒类商品商标整顿的起因之一。由于有些酒的特定名称被人仿冒,甚至有些名酒的特定名称被外国人作为酒的商标在国外注册,为了防止假冒名酒,有效地保护生产者和消费者的利益,中央工商行政管理总局、商业部、轻工业部于1980年10月11日发出了《关于改进酒类商品商标的联合通知》,指出:

（1）酒的商标应当同其特定名称统一起来,如青岛啤酒,"青岛"既是这种酒的特定名称,又是这种啤酒的商标。（2）企业如要继续使用已注册的商标,应当去掉原来酒的特定名称,如原"跃进"牌张弓大曲,应为"跃进大曲",不能再用"张弓"字样作酒的特定名称。（3）企业如不再继续使用已注册的商标,而要以原来酒的特定名称作商标时,应当以该名称申请商标注册,并申请撤销原注册商标。如原"跃进"牌张弓大曲,可以用"张弓"申请商标注册,应为"张弓大曲",并申请撤销"跃进"商标。（4）两家或两家以上企业用相同的酒的特定名称申请商标注册的,由省轻工部门会同省级有关生产主管部门协商或由轻工业部提出意见,并于1980年12月底以前提出商标注册申请,经中央工商行政管理总局核准一家企业注册专用。(5)为避免影响出口的名酒在国际市场的销路,在这些名酒的特定名称作为商标注册申请后,可允许同时使用原注册商标。(6)今后酒类商品不要再用地名作商标。

三、对注册商标进行保护

随着商品经济的发展,仿冒、伪造他人知名商标的行为时有发生,如河北邢台地区的广宗、平乡发生的两县假冒"飞鸽"自行车案,安徽、河南交界的沈丘、临泉等县发生的假冒"大前门"卷烟案,浙江省温州市发生的假冒"上海"、"双菱"手表案,河南省宁陵县发生的假冒"张弓"大曲酒案,东南亚国家的不法商人假冒中国的"海鸥"、"钻石"、"凤凰"等手表走私入境,等等。仿冒、伪造他人知名商标的行为,败坏了知名商标的信誉,损害了消费者的利益,严重危害社会主义经济秩序。

由于《商标管理条例》未对保护商标专用权作出规定,所以当时对假冒注册商标的处理无法可依。为此,中央工商行政管理总局多次发出通知,要求地方工商行政管理机关会同有关部门,采取行政措施,加强监督管理,对仿冒、伪造他人知名商标的非法行为,进行严肃处理。对涉嫌触犯刑律的直接责任人员,由司法机关依照《刑法》判处。

1979年以后,广东、福建、广西等地区发现大量走私入境的假冒中国名牌手表,经海关查处后,又流入我国城乡市场出售,引起被假冒企业和消费者的强烈不满。为此,中央工商行政管理总局、商业部于1982年发出《关于严格禁止出售冒牌走私手表的联合通知》,规定:(一)海关、公安、工商等有关部门查获的冒牌走私手表,应遵照有关规定,交指定单位收购,任何单位不得擅自处理。(二)指定单位收进的冒牌走私手表,必须在表壳上刻上"假冒"字样,或拆零件后,交当地旧货商店或委托商行处理,其他国营商业和集体商业一律不得经营。(三)非指定单位和个人,一律不得经营冒牌走私手表。违者没收物品,有的要处以罚款;情节严重、构成犯罪的,交当地司法机关依法处理。(四)工商行政管理机关会同有关部门严格检查、监督执行。对违反规定的执法单位或个人应从严处理。

在海关、商业及其他部门的共同配合下,各地工商行政管理机关严肃查处了冒牌走私手表案件,遏制了冒牌走私手表泛滥的势头,得到企业和消费者的普遍好评。

第四节 开创商标注册与管理工作的新局面(1983—1992年)

全国商标统一注册制度恢复后,我国仍依据1963年颁布的《商标管理条例》开展商标注册与管理工作,可是随着改革开放以后我国经济体制改革的深入和企业自主权的扩大,《商标管理条例》已明显不能适应经济发展的要求,制定一部新的商标法律已是大势所趋。

一、改革开放初期商标法律体系基础的建立

(一)1983年《商标法》的制定

1979年5月,根据发展社会主义商品经济和健全社会主义法制的要求,中央工商行政管理总局决定成立《中华人民共和国商标法》(以下简称《商标法》)起草小组。起草小组广泛征求全国各地和国务院有关部门的意见,收集了美国、日本、欧洲多个国家的商标法律资料,参考了有关国际条约,并与世界知识产权组织进行了联系。在《商标法》起草过程中,对许多存在分歧的问题进行深入的研讨,虽然一度争论十分激烈,但是从改革开放的大局出发,取得很好的一致意见。一是保护商标专用权问题。《商标法》确立以保护商标专用权为中心环节,并作为《商标法》的立法宗旨之一。二是强制注册与自愿注册问题。《商标法》采用自愿注册原则,但对"国家规定必须使用注册商标的商品"实行强制注册,即人用药品和烟草制品实行强制注册。三是监督商品质量问题。《商标法》规定了通过商标管理监督商品质量的内容,制止使用商标的商品粗制

滥造的行为。四是商标注册程序问题。《商标法》规定商标注册程序采用先公告后注册的办法,即对申请注册的商标,经审查后刊登《商标公告》征询公众意见,在三个月内无异议或者虽有异议但异议不成立的予以注册。此外,《商标法》还规定,当事人对驳回申请、异议裁定不服以及对注册商标有争议的,可以向商标评审委员会申请复审,商标评审委员会作出终局裁定。

《商标法》草案进行了十八次认真细致地修改,经国务院审批,提交全国人民代表大会常务委员会审议。1982年8月23日,第五届全国人民代表大会常务委员会第二十四次会议审议通过了《中华人民共和国商标法》,并决定从1983年3月1日起施行。

《商标法》是适应我国改革开放形势的需要,在总结我国商标工作正反两方面历史经验的基础上,借鉴不同社会制度国家商标立法的有益经验,并结合我国经济发展的实际情况制订的第一部知识产权法律,是一部既适应中国国情,又符合国际惯例的现代法律。其基本原则为:保护商标专用权的原则,自愿注册的原则,判定商标专用权归属的申请在先原则,实行统一注册、分级管理的原则,对商标侵权行为采用行政处理和司法审判的双轨制原则,商标确权纠纷的评审终审制原则。同时,按照我国加入《巴黎公约》的承诺,我国对外国商标注册申请实行国民待遇原则和优先权原则。《商标法》的颁布实施,开辟了我国知识产权立法的先河,成为我国知识产权法律体系的重要支柱和商标事业的重要里程碑,对于保护注册商标专用权,维护市场秩序,鼓励公平竞争,保护消费者的合法权益,促进我国商品经济的发展,发挥了重要的作用,开创了我国商标工作的新局面。

（二）《商标法实施细则》的制定和修订

在《商标法》起草过程中,中央工商行政管理总局即着手对《商标法实施细则》进行调研论证。1980年底完成最早的草拟稿,前后经过八次重大修改,国家工商行政管理局于1983年2月11日上报国务院审核。1983年3月10日,国务院批准并颁布《商标法实施细则》,规定从即日起开始实施。

《商标法实施细则》根据《商标法》有关规定制定了实施《商标法》的注册程序、手续、书件及一些具体要求,不分章节,共三十四条。其主要内容为:一是取消了《商品质量规格表》,但要求在申请书中填写商品的质量标准,分国标、部标、行标、自定标准四类。二是把监督商品质量仍作为商标管理的一项重要任务,但主要在商品流通领域内配合有关部门进行。三是商标注册的申请日期,以商标局收到申请书件的日期为准,申请手续不齐备的,予以退回,申请日期不予保留。四是对商标局驳回申请、异议裁定、撤销注册商标决定不服的,或对地方工商行政管理机关罚款、处理商标侵权决定不服的,因特殊原因不能在15天期限内提出复审或诉讼的,可以两次申请延期,但每次延期不得超过30天。五是取消《核准商标通知书》,经过审定的商标,在《商标公告》上刊登初步审定公告。六是规定药品必须使用注册商标,申请注册的应附送省、自治区、直辖市卫生厅、局批准生产的证明文件。七是地方工商行政管理机关在受理侵犯注册商标专用权的案件时,对构成侵权的,责令立即停止侵权行为,封存或收缴商标标识,消除现存商品或包装上的商标,根据情节予以通报;被侵权人要求赔偿损失的,依法责令赔偿;对情节严重的,可以并处五千元以下的罚款。八是对假冒他人注册商标的,包括擅自制造和销售他人注册商标标识的,情节严重构成犯罪的,被侵权人或机关、团体、企业、事业单位和公民可以直接向检察机关控告和检举,由检察机关处理;向地方工商行政管理机关控告和检举的,由地方工商行政管理机关移送检察机关处理。

1985年下半年,商标局在山东莱阳和四川成都分片召开商标工作会议,讨论和研究《商标法》贯彻执行中出现的有关问题。会上提出了三个主要问题:一是商标使用许可混乱,不签协议、不备案的现象比较普遍;二是对商标侵权行为的处罚力度不够;三是商标注册禁用条款规定不够严密,禁止行政区划名称作商标在商标注册审查中不好把关。

会后，国家工商行政管理局就有关问题向国务院法制局和全国人大法工委做了汇报和请示。1986 年 12 月，商标局开始讨论修改《商标法实施细则》，1987 年 5 月 5 日，国家工商行政管理局将《商标法实施细则》修改稿上报国务院。1988 年 1 月 3 日，国务院批准第一次修订《商标法实施细则》，同年 1 月 13 日，国家工商行政管理局发布实施。修订后的《商标法实施细则》与《商标法》对应，分七章，共四十九条，比 1983 年的《商标法实施细则》增加十五条。

1988 年修改的《商标法实施细则》，对以下内容作了规定和完善：一是对商标申请主体资格进一步明确，企业和个体工商户须是依法登记而且能够独立承担民事责任，事业单位须是依法登记而且具有法人资格。二是增加商标代理制的规定，即国内申请人办理商标注册事宜，可以由申请人所在地的县级以上工商行政管理机关核转，或者由国家工商行政管理局指定的组织代理。三是禁止县级以上（含县级）行政区划和公众知晓的外国地名作为商标，但已经核准注册的商标继续有效。四是增加申请商标要求优先权的规定。五是规定任何人不得非法印制或买卖商标标识，对违反者予以制止，收缴商标标识，并根据情节处以罚款；如销售自己注册的商标标识，商标局可以撤销其注册商标。六是增加了当事人对工商行政管理机关的处理决定不服的行政复议程序。七是加大了对商标侵权行为的处罚力度，对商标侵权案件的罚款额度由五千元以下提高到"非法经营额 20% 以下或者侵权所获利润两倍以下"。八是增加商标评审委员会对驳回商标续展、驳回商标转让案件的复审和注册不当商标撤销的裁定。

二、大力宣传商标法律法规，商标申请与注册量逐年增加

（一）商标法制宣传

1.《商标法》颁布实施以来，各级工商行政管理机关通过发放宣传材料、举办广播电视讲座、出动宣传车辆、悬挂宣传标语、开辟广告宣传栏、开展现场咨询活动、举办假冒商标商品展览、拍摄电视专题片、举办文艺晚会等多种形式开展宣传活动，向全社会普及商标法律和商标知识，使商标法制理念逐步深入人心。

2. 各级工商行政管理机关与新闻单位密切合作，举办各类商标知识竞赛，吸引社会公众广泛参与和关注，提高全民的商标法律意识。商标局先后与中央电视台、法制日报社、中国工商报社等新闻媒体合作，参与并协助有关单位举办了全国首届商标法知识竞赛、全国知识产权法律知识竞赛、商标法律知识竞赛、国际商标知识大赛、"商标好新闻、好论文"评选活动等。山东、湖北、黑龙江、内蒙古等省、自治区工商行政管理局先后举办了大规模的商标法律知识竞赛。自 1989 年以来，国家工商行政管理局先后多次举行关于查处假冒商标和侵权案件新闻发布会：查处"IBM"计算机商标案等七件商标侵权大要案新闻发布会、商标法制建设新闻发布会、中国保护外国企业在华注册商标专用权记者招待会、1995 年第四次市场专项治理成果通报会等。各地工商行政管理机关也就有关商标案件的查处情况及时通报新闻媒体，通过具体案件的报道来宣传商标法律。

3. 国家工商行政管理局分别于 1982 年、1991 年在北京召开《商标法》实施座谈会，邀请有关政府领导、相关部门负责人、企业的厂长经理及新闻单位记者参加会议。

4. 我国加入《巴黎公约》后，出于履行有关承诺和适应经济发展的需要，即开始对中外驰名商标加以保护，并且逐步完善驰名商标的认定程序和加强保护力度。商标局于 1991 年积极参与并协助法制日报社、中央电视台和中国消费者报社主办"首届中国驰名商标消费者评选活动"，对驰名商标事实的调查和确认方式进行了有益的探索，并通过评选活动宣传商标法律。各省、市工商行政管理机关也开展了著名商标评选活动，引导企业争创驰名商标、著名商标，增强企业注册商标和保护商标的法律意识。

（二）加强企业商标工作

改革开放以来，随着我国经济的发展，我国企业的商标法制观念和商标意识有了明显增强。但由于我国长期实行计划经济体制，大多数企业对商标缺乏足够认识，不能制定正确的商标战略和运用商标参与竞争、开拓市场。而且与发达国家相比，我国的商标数量较少，竞争力较差，在国际上享有盛誉的驰名商标很少。为尽快改变我国企业商标工作的落后局面，1989年，由商标局长率团、数个国内著名企业负责人参加的中国商标代表团赴日本考察企业商标工作。在回国后的考察报告中，提出应当采取措施，转变我国企业在商标工作中处于被动接受管理的状况，应当促使企业正确制定和运用商标战略。1990年5月18日，国家工商行政管理局发出《关于大力加强企业商标工作的通知》，要求各级工商行政管理机关要：（1）把加强企业商标工作作为一项重要任务来抓，应当在保护注册商标专用权、查处商标侵权假冒案件的同时，下大力气指导和帮助企业搞好商标工作。（2）理论联系实际，结合企业的实际情况和典型案例，深入进行商标法制宣传教育，促使企业建立和完善商标工作机制。（3）深入到大中型企业中去，帮助分析解决商标工作中存在的问题，具体指导，搞好大中型企业的商标工作。（4）对商标工作薄弱或商标使用混乱、商品与国计民生关系重大的重点行业，如医药、机电等行业，要进行整顿和指导。（5）指导企业做好到国外注册商标的工作。（6）鼓励企业争创驰名商标。该《通知》的下发，推动了企业商标工作的发展。

通过以上努力，我国国内商标年申请量从1983年只有19 120件，1984年达到26 487件，1985年为43 445件，1992年更增至79 837件。同时，随着我国改革开放的深入和投资环境的改善，国外企业在中国申请商标注册的数量也迅猛增长。1982年国外商标申请量仅为1 565件，1992年达到8 367件（不包括通过《马德里协定》提出的领土延伸申请）。1989年10月4日，我国正式成为《马德里协定》成员国后，开始办理来自《马德里协定》其他成员国商标所有人在中国的领土延伸申请。1990年马德里商标国际注册领土延伸申请为2 048件，1992年达

到2 591件。这充分表明我国的投资环境越来越好，我国潜在的大市场吸引越来越多的外商来华投资。1982年之前我国核准注册商标总数仅为84 047件，到1992年底，我国累计核准注册商标已达37万多件，十年间增长了三倍多。

三、加强商标监督管理工作，有效保护注册商标专用权

（一）保护注册商标专用权

我国《商标法》对注册商标专用权作了两方面规定：一是限制性规定，防止商标权人利用商标权的独占性来滥用权利，即我国《商标法》规定，注册商标专用权，以核准注册的商标和核定使用的商品为限。二是禁止性规定，阻止他人在相同或类似商品上使用和注册与注册商标相同或近似的商标，以保护商标权人的注册商标专用权，即我国《商标法》规定，在相同或类似商品上申请注册与他人已注册商标相同或近似的商标，商标申请将被驳回；在相同或类似商品上使用与他人已注册商标相同或近似的商标，构成侵犯注册商标专用权行为，将会受到法律制裁。

1983年《商标法》对属于侵犯注册商标专用权的行为作了规定：（1）未经注册商标所有人许可，在同一种商品或者类似商品上使用与其注册商标相同或者近似的商标的；（2）擅自制造或者销售他人注册商标标识的；（3）给他人的注册商标专用权造成其他损害的。

1988年修改的《商标法实施细则》，对《商标法》中规定的"给他人的注册商标专用权造成其他损害的"的行为加以明确：（1）经销侵犯他人注册商标专用权商品的；（2）在同一种商品或者类似商品上，将与他人注册商标相同或者近似的文字、图形作为商品名称或者商品装潢使用，并足以造成误认的；（3）故意为侵犯他人注册商标专用权行为提供仓储、运输、邮寄、隐匿等便利条件的。

1983年《商标法》实施之后，各级工商行政管理机关从改革开放和经济建设的大局出发，以保护注册商标专用权为核心，认真贯彻执行《商标法》及商标法规和规章，积

极履行行政执法职责,严厉查处商标侵权假冒行为,查办了一大批有影响的商标大要案件,有效地保护了国内外商标权人的注册商标专用权,切实维护了消费者的合法权益,改善了我国的投资环境,树立了我国保护商标专用权的良好国际形象,为建立和维护统一、开放、竞争有序的社会主义经济秩序做了大量卓有成效的工作。

(二)对商标使用行为的监督管理

注册的商标必须依法使用,违法使用会受到行政处罚,甚至会导致商标专用权的灭失。我国《商标法》规定,在使用注册商标时,下列行为是违法的:

(1)自行改变注册商标的文字、图形或者其组合的;

(2)自行改变注册商标的注册人名义、地址或者其他注册事项的;

(3)自行转让注册商标的;

(4)连续三年停止使用的;

(5)使用注册商标,其商品粗制滥造,以次充好,欺骗消费者的。

前四种违法行为,只是违反了法律对注册人规定的义务,其违法行为只对权利人本身的权利有效与否产生影响,不直接涉及第三者的利益和消费者的利益,因此在处理上一般采用责令限期改正的强制措施。只有拒不改正时,才由商标局撤销其注册商标。地方工商行政管理局在对注册商标进行管理时,不能直接决定撤销注册商标,必须报请商标局撤销。第五种违法行为由于违背了《商标法》有关商标使用人应当保证商品或服务质量和保障消费者利益的立法宗旨,侵害了消费者利益,除了对情节轻微者责令限期改正外,对情节严重的,还要予以通报、罚款、销毁有毒有害商品,直至撤销其注册商标的处罚。

商标权是注册人的一项民事权利,因此,我国商标法律规定,注册商标权人可以许可他人使用自己的注册商标,以此来获得一定的商业利益,但许可人与被许可人应当履行相关的义务:商标许可人应当与被许可人签订商标使用许可合同,并自签订合同之日起三个月内将合同副本报送商标局备案

和当地工商行政管理机关备查,同时,商标许可人应当监督被许可人使用其注册商标的商品或服务质量;被许可人应当保证使用注册商标的商品或服务的质量,并在被许可使用的注册商标的商品或服务上标明被许可人的名称和商品产地。

我国商标注册除个别商品外实行自愿注册的原则,未注册商标允许使用,但不受商标法律的保护。这并不意味着未注册商标可以游离于《商标法》之外,完全不受商标法律的规制,恰恰相反,未注册商标可以使用,但使用未注册商标应严格遵守商标法律的有关规定。未注册商标的使用行为违反商标法律的,同样会受到法律制裁。我国《商标法》对未注册商标的使用作了禁止性规定,规定下列行为是违法的:

(1)冒充注册商标;

(2)违反《商标法》有关绝对禁用条款规定的;

(3)商品粗制滥造,以次充好,欺骗消费者的;

(4)不得侵犯他人注册商标专用权。

冒充注册商标是指在未注册商标上标明"注册商标"字样或者加注 ⊛或® 注册标记的行为。对冒充注册商标和违反《商标法》有关禁用条款规定的使用者,工商行政管理机关可以禁止其广告宣传,封存或收缴商标标识,责令限期改正,并可根据情节予以通报、罚款。使用未注册商标的商品粗制滥造,以次充好,欺骗消费者的,工商行政管理机关可以予以制止,除了对情节轻微者责令限期改正外,对情节严重的,还要予以通报或者处以罚款。使用未注册商标的,在相同或类似商品或服务上不得与他人已注册商标相同或近似,这是使用未注册商标的基本前提条件。如在相同或类似商品或服务上使用与他人已注册商标相同或近似的商标,则构成侵犯他人注册商标专用权的行为,侵权者要承担相应的侵权责任。如使用的未注册商标构成假冒他人注册商标的违法行为,情节严重的,则构成商标犯罪,要依法追究使用者的刑事责任。

对于国家规定必须使用注册商标的人

用药品和烟草制品,使用者不得使用未注册商标。在国家规定必须使用注册商标的商品上不使用注册商标的,由地方工商行政管理机关责令限期申请注册,并可以处以罚款。

（三）商品交易会、商品展销会、商品交易市场、专卖店、专修店、专营店的商标监管

随着我国经济的发展,商品交易会、商品展销会、商品交易市场、专卖店、专修店、专营店的商标侵权假冒行为日趋增多。对此,各级工商行政管理机关适时拓宽商标监管领域,加强对商品展销会和商品交易市场的商标监管,加大行政执法力度,有力地净化了流通领域的市场环境。

（四）商标印制管理

商标印制是商标使用的前提,因此,商标印制是商标侵权假冒活动的一个重要环节,是商标侵权假冒行为发生的源头。加强对商标印制的管理,必将有助于从源头上遏制商标侵权假冒行为的发生,可以有效保护注册商标专用权。《商标法》颁布以来,国家工商行政管理局先后发布了四个商标印制的行政规章。1983年2月23日,国家工商行政管理局制定并发布《商标印制管理规定》,加强商标印制管理,规范商标印制行为。其主要内容为:商标印制实行定点印制,定点印制商标标识的单位由县级以上工商行政管理局根据实际情况核准;非经定点的单位,不得印制商标标识;印制注册商标的,应凭《商标注册证》,出具印制委托书,到定点印制单位印制;印制未注册商标的,应凭《营业执照》,出具印制委托书,到定点印制单位印制;定点印制单位应建立商标印制登记制度,将印制商标委托书、商标墨稿、印制商标的商品和印制数量等事项登记存查,并接受当地工商行政管理局的检查;商标标识只准使用人委托定点印制单位印制,任何人不得滥印或进行买卖;对违反规定的,各地工商行政管理局可以责令停止,没收商标标识和印版,并可予以通报。由于《商标印制管理规定》仅有七条,内容过于简单,1985年12月21日,国家工商行政管理局发布《商标印制管理暂行办法》,其主要内容为:

印制商标标识的,应凭《商标注册证》或《营业执照》或商标使用许可合同,到所在地工商行政管理局开具注册商标印制证明或未注册商标印制委托书,凭印制证明或委托书到印制企业印制;工商行政管理机关出具印制证明时,应查验有关证明,审查有关内容;商标印制企业由工商行政管理机关在《营业执照》中核定商标印制业务,承揽商标印制业务时应收取、审查印制证明或印制委托书,对不符合规定的印制应予以拒绝;商标印制企业要建立印制登记簿,将印制证明或印制委托书、印制后的商标标识样品存放备查,且存放期不得少于一年;严禁商标印制企业买卖商标标识,印制过程中的废次商标标识必须销毁;对外国企业和个人在我国印制商标标识作了特别规定;对违反商标印制规定的,各级工商行政管理机关可以给予批评、通报,收缴商标标识及印版模具,情节严重的没收非法所得并处以两千元以下罚款,造成他人经济损失的要责令赔偿,对擅自制造或销售他人注册商标标识构成假冒商标罪的直接责任人员要移送司法机关追究刑事责任。

1988年修改后的《商标法实施细则》增加了有关商标印制的规定,“任何人不得非法印制或者买卖商标标识。”对非法印制或者买卖商标标识的,工商行政管理机关予以制止,收缴其商标标识,并可根据情节处以非法经营额20%以下的罚款;销售自己注册商标标识的,商标局还可以撤销其注册商标;侵犯注册商标专用权的,依法予以处理。1990年8月8日,国家工商行政管理局制定并发布《商标印制管理办法》,并决定从同年10月1日起施行。其主要内容是:对商标印制单位实行指定印制商标单位资格审查制度,对符合规定条件的发给《指定印制商标单位证书》,证书由国家工商行政管理局统一印制,省、自治区、直辖市及计划单列市工商行政管理局或其授权的工商行政管理机关核发;印制商标时,委托人应向商标印制单位出示相关证明文件,印制单位应核查有关证明文件;商标印制单位应建立健全登记建档、商标标识出入库、废次商标标识销毁

等商标印制管理制度,并且商标印制档案存放不得少于两年;商标印制委托人违反规定的,工商行政管理机关视其情节严重,予以通报、封存或收缴商标标识;商标印制单位违反规定的,工商行政管理机关视其情节严重,予以通报、封存或收缴商标标识及印版模具,情节严重的收缴《指定印制商标单位证书》;没有取得指定印制商标单位资格的,不得承接印制商标业务。该《办法》发布后,国家工商行政管理局专门下发通知,要求各级工商行政管理机关认真贯彻落实,并对商标印制单位进行全面检查清理,重新核定商标印制单位。

四、进一步整顿商标,完成商品分类转换

(一)进一步整顿酒类商品商标

1986年1月,获国家优质产品奖金奖的全国十三家名白酒厂厂长在安徽省合肥市召开了座谈会。会上反映,市场假冒、仿制"茅台"、"五粮液"、"西凤"等十余种名优白酒的情况很严重,败坏了名优白酒的声誉,损害了消费者的利益,也引起了外商的不满。新华社记者以《各地不断发现假冒的名优白酒,十三名酒厂厂长强烈要求保护名优白酒声誉》为题进行了专题报道,国务院副总理田纪云对此作了重要批示:"这个问题已到了下决心整顿的时候了,请尽快提出整顿措施。"遵照这一批示,国家工商行政管理局会同国家经委、轻工业部、商业部、农牧渔业部、中国食品工业协会、中国白酒专业协会等部门就酒类商品使用商标情况交换了意见,并就保护国家名酒商标专用权问题进行了研究,针对各白酒商标不显著,而在使用中突出酒的特定名称和装潢的情况,采取了四项措施:

1. 严格执行《商标法》,加强商标印制和商标使用许可的管理,保护注册商标专用权,促使企业重视产品质量,禁止不合格产品出厂、销售,坚决打击假冒商标活动,严惩违法犯罪分子,保护消费者利益。

2. 对酒类商品使用的商标进行整顿,重点解决商标和商品名称使用混乱的问题。继续抓紧解决酒类商品商标使用纠纷和历史遗留问题,特别是对当前矛盾较大的"五粮液"、"竹叶青"商标注册及使用问题,尽快调查研究,拿出解决办法。

3. 为了有效地保护名酒商标,在年内首先对十三家名酒厂的名酒的瓶贴装潢作为商标予以注册,并在报纸上公布。以后再对获得国家质量金、银奖的名优酒,实行瓶贴装潢注册。

4. 建议由中国食品工业协会会同有关部门对酒类商品的名称统一审定、公布。

为搞好这次整顿工作,国家工商行政管理局报经田纪云副总理同意,决定成立整顿酒类商品使用商标工作领导小组。整顿酒类商品使用商标工作领导小组于1986年6月26日至30日在北京召开十三家名酒厂厂长座谈会,对保护名酒商标制定了如下办法:一是十三家名白酒厂获金奖的瓶贴(实际使用图样)可作为商标注册,但应以1984年国家公布获金奖酒的商标名称和企业上报的瓶贴图样为基础,以这次会议确定的瓶贴(实际使用图样)为准,不得超越当时公布的获金奖酒的商标名称范围。为便于区别,在报纸上公布获金奖的商标图样和这次会议确定作为商标注册的瓶贴图样。二是优质标记不能作为商标的一部分注册,已在瓶贴图样上使用的应剔除。在实际使用中可以保留,但不属注册商标保护范围。对随意加注优质标记欺骗消费者和使用优质标记不规范的,有关部门要加强管理。三是"五粮液"和"泸州"虽然是用五种粮食酿成的寓意和行政区划地名,但作为特例予以保护。四是新注册的商标和瓶贴(除出口商品外),不再保留双重商标。一个瓶贴只准使用一个注册商标名称。为切实保护获国家金奖酒的商标专用权,商标局决定从1986年9月1日起开展清理酒类商品的《商标注册证》工作。这次清理范围主要是白酒。凡商标所有人持有的《商标注册证》上,商标图样以十三家名白酒厂获金奖酒的注册商标作为商品名称使用的,一律收回;《商标注册证》上核定使用商品以金奖酒的注册商标为商品名称使用的,一律收回。经过一年时间的整顿,初步解决了获金奖酒的瓶贴作为商

标注册的问题。商标局对十三家名酒厂获金奖酒的二十四个瓶贴（实际使用图样）进行审查，核准注册，专用期自1987年4月20日起，并于1987年4月27日在《人民日报》、《中国法制报》、《中国消费者报》发布了通告。

为了坚决贯彻执行党中央、国务院关于治理经济环境、整顿经济秩序的指示，切实保护商标注册人和消费者的合法权益，国家工商行政管理局于1989年发出《关于继续开展整顿酒类商标工作的通知》，要求各地工商行政管理机关要在认真总结前一阶段工作经验的基础上，对本地企业的酒类商标使用问题普遍进行一次整顿，并通过整顿纠正当前酒类商标使用混乱的状况，指导企业依法正确使用商标。禁止使用酒的别名，在酒的瓶贴或包装上使用商标的同时使用酒的别名的，应当去掉别名，只使用商标。如"平泉"牌八珍御酒，应去掉"八珍御酒"称为"平泉"酒。要求将酒的别名转变为商标使用的，应当将别名作为商标申请注册，同时撤销原注册商标。如"郎泉"牌郎酒，去掉"郎泉"商标，将"郎"申请注册，称"郎"酒。商标在酒的瓶贴或包装上应居于显著位置。酒的原料名称、产地名称应当真实，并且酒的装潢、原料名称、产地名称不得比商标更突出或使人误认为是商标。使用注册商标的，应在商标旁边明显标明注册标记。自1990年1月1日起，酒的生产企业不得使用违反本通知规定的商标和瓶贴包装。在1989年前已经进入流通领域的酒，使用违反本通知规定的商标和瓶贴包装，但未违反其他商标管理法规的，原则上准许售完为止。

在整顿酒类商标工作中，各地发现有的《商标注册证》中商标图形、商品名称不规范。为进一步搞好酒类商标整顿工作，纠正历史遗留问题，商标局发出《关于清理酒类〈商标注册证〉有关事宜的通知》，清理核定使用商品为原国内商品分类第36类的《商标注册证》。凡商标所有人持有的《商标注册证》有下列现象之一的，一律统一上报商标局予以更换。一是1979年10月31日颁发的《商标注册证》将酒的瓶贴作为商标粘贴在《商标注册证》上，或商标图形与商标局《商标公告》不符的；二是《商标注册证》上核定使用的商品名称不规范，如商品名称与他人注册商标相同的。各地在清理《商标注册证》的过程中，要严格把关，上报商标局的《商标注册证》其商标图样必须剔除不规范的部分，而不得改变原核准注册的商标。

1989年8月2日，商标局对一些省、市工商行政管理局来文反映整顿酒类商标工作中遇到的问题作了答复：

1. 商品通用名称问题。商品通用名称不仅是在整顿酒类商标过程中，而且是在日常商标管理工作中，经常遇到的概念。商标局认为，商品通用名称是指为国家或某一行业所共用的，反映一类商品与另一类商品之间根本区别的规范化称谓。商品通用名称的确定，主要源于社会的约定俗成。既要得到社会或某一行业的广泛承认，又要规范化。这是商品通用名称概念的最本质特征，也是我们判定是否是商品通用名称的主要依据。商品通用名称的构成是多层次的和多元的，既有商品总类别的通用名称，又有具体商品品种的通用名称。如酒类商品总的通用名称是酒，按品种又可以分为白酒、黄酒、啤酒、果酒、露酒等，又有曲酒、窖酒、山楂酒、苹果酒等。总之，对是否是商品通用名称必须具体问题具体分析，一个个地去认定，很难笼而统之地框定。商标局认为，除商标注册用商品分类表中明确规定的以外，各地来文提到的下列名称亦应属于酒类商品的通用名称：曲酒、特曲、大曲、二曲、三曲、窖酒、烧酒、二锅头、酿、米酒、高粱酒、山楂酒、苹果酒、梨酒、黑加仑酒、猕猴桃酒、人参酒、威士忌酒、白兰地等。"全粮液"与"五粮液"近似，不能视为商品通用名称。"香槟"是法国原产地名称，不得作为商品通用名称。

2. 使用多个商标问题。部分酒的瓶贴上同时使用两个注册商标，这种情况以出口酒居多，其商标分别为生产企业和进出口公司所注册，应该允许使用。使用中可以突出两个注册商标，但两个注册商标都要分别标明注册标记。

3. 整顿酒类商标工作的完成时限问题。整顿酒类商标工作的完成时限,原则上仍以国家工商行政管理局《关于继续开展整顿酒类商标工作的通知》规定为准,于1989年底完成。自1990年起酒类生产企业不得继续使用与此通知规定不符的商标与瓶贴;个别企业如确实印制有大量的使用不正确,但未构成侵犯他人注册商标专用权的商标标识,原则上可以延长使用,但最迟不得超过1990年底。

(二)解决"两本账"商标

"两本账"商标是20世纪50年代原中央工商行政管理局根据当时我国工业企业没有出口经营权,只有外贸公司有出口经营权的外贸体制,并考虑到外贸企业在国外申请注册商标时,一些国家要求其必须先在原属国注册该商标的实际情况,而在商标注册上采取的一项相应措施形成的。即对于同一商标使用在相同商品上而在国内外销售的,可以核准工贸双方注册,分别使用于内、外销商品。于是就出现了一个商标两个注册人的情况。这种"两本账"商标数量较少。

1966年11月,由于受到"文化大革命"的冲击,商标注册工作瘫痪。出口商品商标和外商商标的注册工作移交对外贸易部,由中国国际贸易促进委员会办理。在商标注册没有审查资料的特殊情况下,造成有的外贸公司将工业企业1966年11月以前已在中央工商行政管理局注册的商标另行注册;有的外贸公司为便于其到国外注册,将工业企业同意放弃出口商品商标权的商标在国内注册;有的外贸公司将工业企业仅同意转让国外注册商标权的商标自行在国内注册。大部分"两本账"商标是在这个时期产生的。

1979年全国商标清理登记和1981年处理混同商标时,急需解决"文化大革命"中地方注册造成的大量混同商标,再加之当时外贸体制尚未改革,"两本账"商标确定的工贸双方分别在内外销商品上享有专用权的原则,工贸双方均能遵守,矛盾并不突出,故未对"两本账"商标加以清理。遗留的"两本账"商标涉及26个省、自治区、直辖市的49家外贸公司和近200家工业企业,商品分布于原国内商品分类78类商品中的44个类别,情况十分复杂。

1980年以后,随着我国对外开放和经济体制改革的进一步深入,外贸体制也发生了根本性的变革:一是口岸分家(原仅有上海、广州、天津、青岛、大连等口岸),新口岸纷纷成立;二是企业的自主权扩大,不少工业企业有了独立的商品出口权;三是外贸公司也可以经营商品以内销补充外销。因此,工贸双方注册同一商标引起的商标纠纷日益增多,严重影响了工业生产和外贸出口的发展。

1986年4月16日,国务院副总理姚依林在中央财经领导小组办公会议讨论自行车、缝纫机、钟表等商品扩大出口问题时指示:关于出口商品商标,由于历史原因,比较混乱,需要进行整顿,商标的权益最终还是要给创出这个名牌的生产企业。根据国务院领导的指示精神,商标局从1986年开始,组织力量对全国"两本账"商标进行调查研究。经与有关部门会商,并经全国商标工作会议讨论,1990年6月13日,国家工商行政管理局发出《关于解决工贸双方注册同一商标问题的意见》(工商〔1990〕165号),对"两本账"商标提出了六条处理意见:

1. 1966年11月以前注册的商标,依据当时的商标法规,谁注册在先,该商标归谁所有,注册在后一方,不再享有该商标所有权。

2. 在1966年11月至1979年10月期间注册的商标,谁先使用归谁所有,使用在后的,不再享有该商标所有权。

3. 注册商标曾经由转让人和受让人依法申请转让注册并经核准的,该商标专用权归受让人所有。如当时未经原注册人同意,只由受让人或某个组织单方面将该商标办理转让的,均视为无效,商标专用权仍归原注册人所有。

4. 工贸双方注册的同一商标,其中一方多年来确实未使用,或基本不使用,或经营管理不善、经济效益很差的,应放弃该商标,将商标专用权归属于多年来一直使用的或经营管理能力强、经济效益好的另一方。

5. 在确定某一商标归一方所有后,另一方应将其在国内外注册的相同商标一并转让,不能因国内注册商标转让导致国外注册商标权的丧失(个别不再用于出口商品的商标除外)。

6. 商标归一方所有后,应允许另一方继续使用两年,作为过渡;也可以由双方协商共同使用商标的期限,但应签订商标使用许可合同报商标局备案。

1990年12月29日,国家工商行政管理局发出《关于重申工贸双方注册同一商标使用原则的通知》。通知指出:工贸双方在相同商品上注册同一商标,与我国《商标法》规定的注册商标确权原则有冲突。对于这一历史遗留问题,应采取必要的行政手段妥善处理。为了维护企业的正当权益,维护社会经济秩序,保障我国出口贸易的顺利发展,现将工贸双方注册同一商标的使用原则重申如下:

(1)外贸企业拥有出口商品商标专用权,只能用于安排出口货源、经销出口商品时使用,不得用于内销商品的生产和销售,也不得擅自许可他人在内销商品上使用;工业企业拥有内销商品商标专用权,不得擅自用于出口商品。

(2)外贸企业需要将出口商品转内销,或工业企业需要将内销商品转外销时,双方必须签订商标使用许可合同。若一方未经对方许可,超越自己商标专用权范围使用商标的,属于侵犯对方商标专用权行为,应比照《商标法》第三十九条的规定予以处理。

为加快解决"两本账"商标的工作进度,促进跨地区之间"两本账"商标问题的解决,1991年8月12日至19日在新疆乌鲁木齐市召开了全国解决"两本账"商标协调会,各省、自治区、直辖市、计划单列市工商行政管理局负责商标工作的同志和商标局解决"两本账"商标工作小组的同志参加了会议,经贸部和轻工业部的同志也应邀参加会议。经与会代表的充分讨论,对"两本账"商标的历史和现状、解决"两本账"商标的原则和处理程序以及有关问题取得了共识,并进一步细化了第165号文件的有关规定:

(1)根据文件第一条规定,1966年11月以前注册的商标,谁注册在先,该商标归谁所有。至于1966年以后,他人又再次注册的,按照这一条的规定,商标所有权亦应归在先注册的一方所有。

(2)根据文件第二条规定,在1966年11月至1979年10月期间注册的商标,谁先使用归谁所有,使用在后的,不再享有该商标所有权。商标使用是指将商标有效地使用在商品上,其证据可以是商品销售单、发货票、印刷商标凭证、商标广告、交易会或订货会的样品等。有关证据应是原件,有异议的证据,应经过公证。

(3)根据文件第三条规定,注册商标曾经由转让人和受让人依法申请转让注册并经核准的,该商标归受让人所有。如当时未经原注册人同意,只由受让人或某个组织单方面将该商标办成转让的,均视为无效,商标仍归原注册人所有。关于注册商标是否属于依法转让,应分别为:商标注册人同意转让注册商标,与受让人共同向商标主管机关提出申请并经核准的,商标权归受让人所有;商标注册人仅同意另一方将商标到国外办理注册,而对方却在国内办理注册的,商标权仍归原注册人所有;商标注册人仅同意将出口商品商标权转让的,商标权归原注册人所有;未经商标注册人同意办理转让手续的,商标转让无效,商标权归原注册人所有;在同一种商品或类似商品上几个相同或近似的商标未一并转让的,转让无效,商标权归原注册人所有。

(4)根据文件第四条规定,工贸双方注册的同一商标,其中一方多年来确实未使用,或基本不使用,或经营管理不善、经济效益很差的,应放弃该商标,将商标归属于多年来一直使用的或经营管理能力强、经济效益好的一方。各地工商行政管理机关对于工贸双方商标使用情况及经济效益的认识,存在明显差距的,须认真做好协调工作,促使工贸企业从国家整体利益和大局出发,将商标权归属多年来一直使用该商标且经济效益显著的一方。

(5)本着文件要求的既兼顾工贸双方的

利益,又维护国家整体利益,具体问题,具体处理,不搞"一刀切"的精神,会议补充了对"两本账"商标可以实行"商标分割"、"商品分割"的意见。由文字和图形组成的商标,若文字和图形没有必然的联系,经工贸双方协商,商标可以分割,一方享有图形商标权,一方享有文字商标权;由中外文组成的商标,如外文有多种含义的,经双方协商,分别享有中外文商标权。对商标实行分割的,须换发商标注册证。工贸双方注册商标核定使用的商品,一方为一种或少数几种商品,另一方为大类或多种商品,经双方协商,在不发生权利冲突的前提下,商品可以分割。商品分割后,商品多的一方须办理变更手续,即缩小商品使用范围。

(6)根据文件第五条规定,在确定某一商标归一方所有后,另一方应将其在国内外注册的相同商标一并转让,不能因国内注册商标转让导致国外注册商标权的丧失(个别不再用于出口商品的商标除外)。在执行这一条时,对商标权归属工业企业的,应分别两种情况:对有出口经营权的工业企业,国内商标权归属它后,应一并受让国外商标权;对没有出口经营权的工业企业,商标权归属它后,应长期许可外贸一方使用该商标,或向外贸一方提供使用该商标的商品用于出口,以免丧失国外商标权或造成经济损失。

(7)根据文件第六条规定,商标归一方所有后,应允许另一方继续使用两年作为过渡;也可以由双方协商共同使用商标的期限,但应签订商标使用许可合同报商标局备案。这一条应理解为,享有商标权的一方至少应允许另一方在两年内无偿地使用该商标,如果另一方自愿缩短使用期限的,可以自行协商。

(8)解决"两本账"商标时,要注重协商。工贸双方自行协商,就商标权归属达成一致意见的,可以不受上述原则的限制。若经双方协商,按文件原则应享有商标权的一方自愿转让的,或将国外注册商标转让的,可以有偿转让,但转让费不能漫天要价。对漫天要价的,工商行政管理机关应进行必要的干预和调解。

由于全体代表既做到顾大局、识大体,又做到畅所欲言、求同存异,所以解决得比较顺利。会议对 195 件"两本账"商标权归属问题逐一进行研究讨论,其结果为:128 件商标归工业部门,55 件商标归外贸部门,5 件商标自行协商解决,6 件商标需进一步查证,1 件商标待定。

此次会议还确定了解决"两本账"商标的下一步具体工作程序:

(1)各地工商行政管理局要认真贯彻乌鲁木齐会议精神,将会议情况和关于本地"两本账"商标的意见向地方政府汇报,并向有关工贸企业传达,召集工贸双方协商,深入细致地做好这项工作。

(2)除暂不解决的商标外,原则上"两本账"商标要在 1991 年底前解决完毕。各地工商行政管理局在 1991 年 10 月底以前,将解决本地"两本账"商标的书面意见上报商标局,并附每个商标的调查材料、证据和工贸协调情况。有关证据应是原件。

会后,各地根据 165 号文件精神,做了大量的调研和协调工作,提出了解决方案,并由工贸双方办理了相应的法律手续。至此,"两本账"商标的归属权基本得到解决。

(三)完成国内商品分类向国际商品分类的转换

商标注册用商品分类是商标注册工作的基础。在我国商标发展史上,先后使用过五个商品分类表。第一个是北洋政府时期由英国驻华大使代拟的,1923 年 5 月 8 日公布;第二个是国民政府于 1931 年 1 月 1 日实施的,共 70 项 234 类,1932 年又作了适当修改,共 70 项 293 类,并于同年 9 月 3 日公布实施;第三个是华北人民政府制定的,共 29 项 148 类,1949 年 6 月 11 日实施的;第四个是新中国成立后于 1950 年在第二个商品分类表的基础上修改制定的,与《商标注册暂行条例施行细则》同时公布,共 66 项 254 类;第五个是与 1963 年《商标管理条例》同时公布的,共 78 类 581 组。

1979 年恢复全国商标统一注册后,商标注册仍沿用 1963 年公布的《商品分类(组别)表》。随着我国经济的恢复和发展,商品品种不断增加,商品类似关系组别也应随之变化,1980 年和 1981 年先后对分类表的组别作了补充和修订,并于 1981 年正式公布。

《商标法》颁布实施后,随着我国经济的发展,国际经济贸易往来的扩大,特别是我国在 1985 年成为了《巴黎公约》成员国,并且要为加入《商标国际注册马德里协定》做好基础工作,原来我国使用的国内商品分类表已不能适应商标注册和管理的需要。1987 年,国家工商行政管理局决定于 1988 年开始采用商标注册用商品国际分类。

为实现商品分类的转换,商标局做了充分的准备工作:(1)资料准备。先后组织翻译、编印了《商标注册用商品和服务国际分类》(按类别排列)、《商标注册用商品和服务国际分类》(按字母排列)、《商标注册用商品国内—国际分类对照表》、《类似商品区分表》、《商标图形要素国际分类》等工具书。(2)检索标准化设计。制作商标名称检索卡片和图形检索卡片。(3)人员培训。对商标局、商标设计研究所、商标代理机构及工商行政管理系统内的商标工作人员进行培训,使其掌握国际商品分类的划分、类似商品群的区分、维也纳图形要素分类的划分。

商品分类向国际商品分类的转换采用商标检索用卡片一次性转换,《商标注册簿》、《商标注册证》在办理注册商标续展时分别逐一转换的原则。从 1988 年 5 月 18 日开始,商标局工作人员经过七个月的艰苦奋战,制成商标名称检索卡片 305 691 张,图形检索卡片 194 891 张,完成了 21 万余件注册商标从 78 个类别的原商品分类向 34 个类别的国际商品分类的转换工作,并于 1989 年 1 月建立商标注册用商品、图形要素国际分类检索系统。检索系统的建成,为科学管理商标档案、建立计算机自动化检索系统打下了坚实的基础。

1988 年 11 月 1 日,我国开始实行商标注册用商品国际分类。1993 年新增加的服务商标注册也相应地采用了国际分类,至此,我国向商标注册与管理的国际化、科学化迈出了关键的一步。

五、商标核转制向代理制的转轨

自 20 世纪 50 年代至 90 年代末期,我国涉外商标代理事宜先后由国务院或国家工商行政管理局指定的商标代理组织代理。国务院于 1957 年 1 月 21 日批准中国国际贸易促进委员会商标代理处为我国第一家开展涉外商标代理业务的代理机构,代理外国人、外国企业及港澳企业和个人的商标事宜。至 1985 年 10 月国家工商行政管理局指定中国专利代理(香港)有限公司为第二家开展涉外商标代理机构,改变了中国国际贸易促进委员会商标代理处为我国唯一一家涉外商标代理机构的状况,以避免出现原先单一代理人在涉外商标案件中同时代理双方当事人的情况。

而自 1956 年由上海市工商行政管理局首先实行并由中央工商行政管理局在全国推行核转制,国内企业申请办理商标注册等事项,由申请人所在地县(市)级工商行政管理局将申请书件向省级工商行政管理局报送,再由省级工商行政管理局将申请书件向中央工商行政管理总局核转。

1979 年恢复全国商标统一注册工作后的一段时期,国内企业申请商标注册仍实行核转制。在我国实行计划经济的特定历史时期,核转制是适合当时的经济特点的,便于地方工商行政管理机关加强商标管理,在当时起到了重要的作用。但随着我国商品经济的迅速发展,尤其是市场经济的确立和发展,商标申请量日益增多,核转制已不能适应商标工作发展的需要。同时,工商行政管理机关是政府的行政管理部门,不能集商标管理和商标代理人双重身份于一体,核转制已不能适应商标法制建设的需要。为完善我国的商标法律制度,实现行政职能与服务职能的分离,进一步与国际惯例接轨,国家工商行政管理局决定逐步推行商标代理制。

实行商标代理制,是我国商标工作体制的一次重大改革。为积极稳妥地推行商标代理制,1990 年 5 月 22 日,国家工商行政管理局发出《关于试点建立商标事务所,推行商标代理制的通知》,决定在上海、江苏、福建、湖北、广东、四川、沈阳、广州、重庆、南京、成都、长春、珠海等 13 个省、市试点建立商标事务所，推行商标代理制。在试点的基础上，逐步推开，在各省、自治区、直辖市建立商标事务所。

为了做好试点工作，商标局于 1990 年 9 月在广州市召开了有 13 个省、市试点单位参加的"首届商标代理工作座谈会"，研究了商标代理制试点工作中的问题及解决办法。结合试点工作进展情况，商标局于 1991 年 5 月在北京召开了"商标代理制试点工作调研会"，有关的六家基本完成筹备工作的试点单位参加了会议。经过研讨，进一步明确了商标事务所的性质、职能、任务等。1991 年 5 月 20 日，国家工商行政管理局批准湖北省、上海市、沈阳市、成都市、南京市、常州市 6 家商标事务所为首批国内商标代理机构，开展国内商标代理业务。

1991 年 5 月 22 日，国家工商行政管理局根据前一阶段试点工作的实践情况，发出《关于建立试点商标事务所，推行商标代理制的补充通知》，对商标事务所的性质、代理内容、代理范围及其他有关问题进一步明确：(一)商标事务所是专门从事商标代理业务的机构，属事业单位，实行自收自支，独立承担民事责任，其主管机关是有关工商行政管理局。(二)商标事务所在试点期间代理国内商标申请注册及其他有关事宜，包括以下内容：1. 申请商标注册；2. 申请商标续展、转让、变更、补证及注销注册商标；3. 商标异议和商标评审；4. 商标案件；5. 商标使用许可合同备案；6. 商标设计和商标咨询；7. 依有关规定确定的其他有关商标事宜。(三)关于代理区域范围问题。在商标代理制试点期间，原由当地工商行政管理机关核转的商标事宜，转为由商标事务所代理，但不得跨地区代理。省会所在市的商标事务所代理本市范围内的商标事宜。对《商标法》规定不需经过当地工商行政管理机关核转的商标事宜，如异议、评审、诉讼案件等，商标事务所可以跨地区进行代理。(四)试点建立商标事务所的省、市在由核转制向代理制过渡时，有关工商行政管理机关要统筹安排，做好衔接工作。正式开展商标代理制的省、市，原由工商行政管理机关进行的商标核转工作应停办。

1990 年全国商标工作会议确定经济比较发达的江苏省作为全国推行代理制的试点地区，先在江苏省范围内推行代理制。在江苏省全面推行商标代理制的进程中，根据党的"十四大"提出的建立社会主义市场经济的理论，经过充分调研，江苏省提出跨地区代理的设想。江苏省的这一设想得到了国家工商行政管理局的批准，从 1993 年 5 月 1 日起，在江苏省内实行跨地区代理。在总结试点经验基础上，1993 年在全国全面推行商标代理制。

第五节　商标注册与管理工作的快速发展(1993—1999 年)

1992 年春邓小平同志的南方谈话和党的"十四大"将建立社会主义市场经济体制确定为经济体制改革的目标，指引中国经济进入新的经济振兴时期，中国的商标事业也进入快速发展阶段。1993 年中国商标申请量突破 10 万件，达 13.232 3 万件，比 1992 年增加 3.893 7 万件，增长 41.7%。在此之后，中国商标年申请量均保持在 10 多万件的水平上。到 1999 年，年申请量达到 17 万件，累计核准注册商标达到 115 万件，比 1992 年增加了近两倍，比 1979 年增加 34 倍。

一、《商标法》的修改和《商标法实施细则》的修订

(一)1993 年《商标法》的修改

为适应我国市场经济的发展和保护商标专用权的需要，《商标法》实施十年后，1993 年 2 月 22 日，第七届全国人大常委会第三十次会议审议并通过了《中华人民共和国商标法修正案》，对《商标法》作了九条修改，并颁布了《关于惩治假冒注册商标犯罪的补充规定》。本次主要的修改内容体现在：

1. 扩大了商标保护的范围，增加了对服

务商标的注册和保护。

2. 加大了对商标侵权行为的打击力度。一是明确规定了商标侵权行为的内容,加大行政处罚力度,划清了罪与非罪的界限;二是对于假冒注册商标罪作了明确规定,并把责任主体扩大到自然人,最高刑期从三年提高到七年;三是对于伪造、擅自制造他人注册商标标识或者销售伪造、擅自制造的注册商标标识,以及销售明知是假冒注册商标的商品,规定了相应的刑事处罚内容;四是对于那些支持、纵容、袒护、包庇假冒注册商标犯罪行为的国家工作人员,也规定了刑事责任。这些规定加大了对商标侵权行为的打击力度,惩治了假冒注册商标的犯罪分子,进一步加强了对注册商标专用权的保护。

3. 增加地名不得作为商标注册的规定。禁止县级以上行政区划的地名或者公众知晓的外国地名作为商标注册,但地名具有其他含义的除外。

4. 增加商标使用许可的规定。经许可使用他人注册商标的,必须在使用该注册商标的商品上标明被许可人的名称和商品产地。

5. 明确了注册不当商标包括以欺骗手段或者其他不正当手段注册商标的行为,细化了有关的撤销规定。

(二)《商标法实施细则》的修订

1993 年 7 月 15 日,国务院批准《商标法实施细则》第二次修订,同年 7 月 28 日,国家工商行政管理局发布实施。修改后的《商标法实施细则》,对以下内容作了修改和完善:一是放宽了对申请人主体资格的限制;二是将集体商标和证明商标纳入商标法律保护范围;三是取消商标核转制,引入商标代理制;四是增加对"公众熟知的商标"的保护规定;五是增加申请补正程序;六是增加审查意见书程序;七是明确了商标注册各项程序的期限;八是增加了商标局撤销注册不当商标的规定;九是加强对《商标注册证》使用的监管;十是加强对注册商标使用许可的管理,加大对商标使用许可违法行为的处罚力度;十一是具体规定了工商行政管理机关在查处侵犯注册商标专用权案件时行使的

职权以及制止侵权行为采取的措施。

1995 年 5 月 12 日,经国务院批准国家工商行政管理局以局令发布,对《商标法实施细则》关于办理注册商标变更、转让手续的有关规定进行了修改,改变了原来对《商标注册证》加注发还的做法,并决定从 5 月 15 日起实施。即商标注册人办理注册商标变更、转让等事项的,不再附送原《商标注册证》。商标局核准该变更、转让事项后发给注册人相应证明。

1999 年 4 月 30 日,国家工商行政管理局又发布局令对《商标法实施细则》中有关续展规定作了相应修改,同年 5 月 5 日,商标局下发《关于办理商标续展注册有关问题的通知》,对 1988 年 11 月 1 日后递交申请并取得专用权的注册商标,以及 1988 年 11 月 1 日后曾续展的注册商标,申请续展时不再附送《商标注册证》,商标局核准后发给注册人相应证明。此项规定既很大程度的便利了当事人,又使得商品分类转换之前的商标注册证有关的商品类别正确标注,确保了改革工作积极稳妥的实施。

二、商标代理体制的确立与改革

1993 年 6 月 24 日,国家工商行政管理局发出《关于申请商标注册有关问题的通知》,规定从 1993 年 7 月 1 日起,商标当事人可以直接向商标局申请商标注册及办理其他商标事宜,也可以自愿选择国家工商行政管理局认可的商标代理组织办理;从 1993 年 7 月 1 日起,商标代理组织的代理业务不受行政区划的限制,地方工商行政管理机关的商标核转工作同时停止。至此,商标核转制向商标代理制的转轨工作基本完成。

1994 年 6 月 29 日,国家工商行政管理局发布《商标代理组织管理暂行办法》,对代理组织设立条件、指定或认可程序、业务范围、法律责任等作了明确规定,实现了商标代理组织及其业务的规范化管理,标志着我国商标代理制的正式确立。

自 1990 年开始由有关的地方工商行政管理局调出工作人员并给予资金和业务指导,试点建立商标事务所,推行商标代理制,经过十年的发展,取得了明显的成绩,但是

由于当时的商标代理制度尚处于初建阶段，国内商标代理机构曾经普遍挂靠在相关的工商行政管理部门，涉外商标代理机构的数量过少，而且国内与涉外商标代理之间，业务不许交叉，缺乏市场经济所必需的良性竞争机制，制约了我国商标代理工作的进一步发展。因此，商标代理体制改革已势在必行。1999年，国家工商行政管理局确立了改革的总体思路，决定逐步向社会放开商标代理市场，并且要求商标代理机构与挂靠的工商行政管理局脱钩。

1999年2月10日，国家工商行政管理局批准7家涉外商标代理机构开展国内商标代理业务；3月15日，批准成立了16家工商行政管理系统外的商标代理机构；12月30日，又批准成立了20家工商行政管理系统外的商标代理机构。截至1999年底，国家工商行政管理局共批准136家机构开展商标代理业务，形成了较为完善的商标代理服务体系。

1999年12月2日，国家工商行政管理局公布了《商标代理管理办法》，并于2000年1月1日起正式实施。新的《商标代理管理办法》，面向社会放开商标代理业务，取消了涉内、涉外代理业务的区分；改革了商标代理机构的审批程序，由原来的"先登记后特许"改为"先特许后登记"；建立了"两证执业"制度，将商标代理人的执业证书和资格证书相分离；健全了监督机制，对商标代理人和商标代理机构的违法违纪行为加大了处罚力度。

三、商标注册与管理自动化系统一期工程投入运行

20世纪90年代初期以前，我国商标注册审查工作一直采取手工翻阅卡片进行检索，是原始的手工操作模式。随着我国改革开放的不断深入和市场经济体制的逐步确立，我国的商标注册申请量逐年大幅度增长，商标注册的周期越来越长，不利于维护商标当事人的合法利益。在商标申请量迅猛增长与落后的商标审查工作方式之间的矛盾日益突出的情况下，需要充分利用现代化的手段技术，加快商标注册与管理自动化建设。

1993年，国家工商行政管理局决定建设商标注册与管理自动化系统，分三个阶段进行开发建设：第一阶段即一期工程，其目标是建立商标基础数据库系统和局域网络检索系统，实现商标信息"检索"自动化管理；第二阶段即二期工程，其目标是实现商标注册与管理业务"流程"自动化管理，大幅度提高商标注册与管理的质量和效率；第三阶段即三期工程，其目标是在全国范围内基本实现远程联网。

1993年1月，商标局成立自动化工作小组，开始一期工程建设。在自动化工作小组的领导下，开发单位经过一年多的开发和建设，一期工程于1994年11月竣工并投入运行，1995年2月28日通过验收。

一期工程的投入运行，实现了利用计算机进行商标检索和查询的目标，结束了我国商标注册人工翻阅卡片采集数据的历史，大大提高了商标注册工作的效率和质量。

四、对服务商标进行注册和保护

1993年修改后的《商标法》增加了对服务商标进行注册保护的规定。对服务商标实行注册和保护，一方面会促进我国第三产业的迅速发展；另一方面有利于我国履行已参加的《巴黎公约》和《马德里协定》规定的义务。由于服务商标申请和注册在我国尚属首次，为保证修改后《商标法》关于服务商标的规定能及时贯彻实施，1993年2月商标局组建了服务商标处，即当时的审查二处，主要负责服务商标的实质审查工作。在深入了解国外服务商标注册的经验，并对我国服务商标进行广泛深入调研的基础上，1993年5月24日，国家工商行政管理局发出《关于受理服务商标注册申请的通知》，决定从当年7月1日起受理服务商标注册申请。通知指出：(1)受理服务商标注册申请在我国尚属首次，为顾及服务商标的使用现状，使确权工作尽量做到公正、合理、合法，自1993年7月1日至1993年9月30日提出的服务商标注册申请，均视为同一天申请。(2)在1993年7月1日至1993年9月30日提出的注册申请，凡属已经使用的服务商

标,在提交申请的同时,应提交在中国的有效使用证明。(3)自1993年10月1日起收到的服务商标注册申请,按照申请在先的原则进行审查。在1993年7月1日至9月30日的过渡期内,共受理国内外申请约1.2万件,其中国内申请件约占65%,国外申请约占35%;疑难申请件约2 000件,约占总申请量的17%。处理过渡期申请注册商标的确权遵从以下四个原则:(1)两个或两个以上相同或近似的服务商标申请,均未使用的,申请人协商解决;在限期内协商未成,由商标局主持抽签决定。(2)两个或两个以上相同或近似的服务商标申请,核准已使用的一个商标。(3)两个或两个以上相同或近似的服务商标申请均已使用的,核准最早使用的一个服务商标;其他可以在其服务商标上增加足以区别的文字或图形后,予以核准。(4)两个或两个以上相同或近似的服务商标申请,核准比较知名的一个服务商标。依照上述原则,顺利解决在过渡期申请注册的服务商标,一是解决了我国多年来在相同服务行业使用相同或近似商标的混乱局面,使服务商标所有人能通过法律来有效保护其商标权益;二是为今后服务商标的注册工作打下了良好的基础。

为充分保障服务商标注册人的合法权益,同时充分考虑到有关服务商标使用人的利益,平衡服务商标注册权与服务商标在先使用权的关系,1993年修改的《商标法实施细则》第48条规定:"连续使用至1993年7月1日的服务商标,与他人在相同或者类似的服务上已注册的服务商标(公众熟知的服务商标除外)相同或者近似的,可以依照国家工商行政管理局有关规定继续使用。"为此,1994年8月12日,国家工商行政管理局发出《关于服务商标继续使用问题的通知》,对服务商标的继续使用作了如下规定:(1)连续使用至1993年7月1日的服务商标,是指在该日前已经开始使用,且在该日仍使用在同一服务项目上的服务商标,但在该日前3年一直未使用的除外。(2)连续使用至1993年7月1日的服务商标,虽与他人在相同或者类似的服务上已注册的服务商标(公众熟知的服务商标除外)相同或者近似,仍可由其使用人继续使用。(3)使用人继续使用服务商标时,不得扩大该服务商标的使用地域;不得增加该服务商标使用的服务项目;不得改变该服务商标的图形、文字、色彩、结构、书写方式等内容,但以同他人注册的服务商标相区别为目的而进行的改变除外;不得将该服务商标转让或者许可他人使用。(4)可以继续使用的服务商标连续3年停止使用的,则原使用人不得再继续使用。(5)服务商标的注册人同继续使用人发生纠纷时,使用人应当向处理该纠纷的工商行政管理机关或者人民法院提供其在1993年7月1日前实际使用该服务商标的证据;1993年7月1日以后使用的服务商标,使用在同种或类似的服务项目上,与他人注册的服务商标发生相同或近似,按侵犯商标专用权行为处理;继续使用与注册人的使用发生实际混淆,造成消费者误认的,继续使用人应在使用服务项目时,增加地理名称标志,以便于与注册人使用的服务商标相区别。

1994年10月,商标局核准首批服务商标注册。针对服务商标的特点,为深入贯彻执行《商标法》,切实保护服务商标专用权,1999年3月10日,商标局制定了《关于保护服务商标若干问题的意见》,对服务商标的定义、近似服务商标、类似服务、服务商标侵权行为、服务商标的使用、非法经营额的计算等问题作了明确规定,对于指导各级工商行政管理机关保护服务商标专用权、促进我国第三产业健康发展具有重要意义。

五、对集体商标、证明商标进行注册和保护

1993年修改的《商标法实施细则》将集体商标和证明商标纳入保护范围。1994年12月30日,国家工商行政管理局发布了《集体商标、证明商标注册和管理办法》,并于1995年3月1日开始受理集体商标、证明商标的注册申请,依法保护集体商标、证明商标。集体商标和证明商标注册之后,各级工商行政管理机关采取积极措施,加大对集体商标和证明商标的保护力度。尤其针对证明商标被假冒和侵犯现象日益严重的情况,各级工商行政管理机关加大对证明商标的保护力度,切实保护证明商标注册人及依法使用人和消费者的合法权益。2000 年 6 月 6 日至 8 日,商标局在河南郑州召开证明商标注册与保护问题座谈会,中国绿色食品发展中心等 17 家证明商标注册人、北京等六省市工商行政管理局以及部分商标代理机构的代表参加了会议,对证明商标注册与保护的有关问题进行了广泛深入的讨论。2000 年 8 月 31 日,商标局下发《关于集中开展证明商标专用权专项保护工作的通知》,决定利用三个月时间在全国范围内集中开展证明商标专用权专项保护工作,并列出 35 家注册人的 120 件已注册的证明商标清单一同下发,要求各级工商行政管理机关加强对使用证明商标的商品或服务的监管,依法查处各种侵犯证明商标专用权的行为。

对集体商标、证明商标进行注册和保护,适应了国际商标保护的发展趋势,顺应了我国市场经济发展的客观要求,在一定程度上解决了对一些应予保护的客体难以保护的缺陷,如当时我国还没有地理标志方面的法律法规,但可以通过证明商标予以保护。

六、对特殊标志进行登记管理

1996 年 7 月 13 日,国务院发布《特殊标志管理条例》,同日起施行。《特殊标志管理条例》把经国务院批准举办的全国性和国际性的文化、体育、科学研究及其他社会公益活动所使用的由文字、图形或者其组合构成的名称及缩写、会徽、吉祥物等标志纳入法律保护的范围,明确规定了特殊标志取得法律保护的条件、特殊标志的登记程序、特殊标志的使用与保护等。特殊标志的核准登记由国家工商行政管理局商标局负责。

《特殊标志管理条例》的颁布实施,既促进了我国社会公益活动的开展,也扩大了企业产品的宣传和销售,具有良好的社会效益和经济效益,这是我国商标管理工作的一个创举,具有中国特色。据统计,1996 年至 1999 年商标局共核准登记 544 件特殊标志,2000 年至 2007 年共核准登记 2 840 件。

七、依法认定和保护驰名商标

中国于 1985 年 3 月 19 日正式成为《保护工业产权巴黎公约》成员国后,即履行承诺,在商标注册和商标管理领域,由工商行政管理部门实施对国内外的驰名商标予以保护。

1996 年 8 月 14 日,国家工商行政管理局发布《驰名商标认定和管理暂行规定》,使我国驰名商标认定和管理工作从此步入了法制化、规范化的轨道。

根据《驰名商标认定和管理暂行规定》,按照个案认定、被动保护的原则,商标局先后于 1997 年 4 月 9 日、1999 年 1 月 5 日、1999 年 12 月 29 日三次依法认定了 134 件中国驰名商标,加上以前认定的 19 件,共认定 153 件驰名商标。

认定的目的在于保护。依照《驰名商标认定和管理暂行规定》有关规定,驰名商标除依法享有商标注册所产生的商标专用权外,还有权禁止他人在相关联的非类似商品或服务上注册或使用其驰名商标。在其驰名商标具有较强显著性的情况下,还有权禁止他人将其驰名商标作为企业名称的一部分使用。

八、启动国内商标的续展工作

在 1984 年 3 月 1 日《商标法》实施以前,按照当时适用的《商标管理条例》的规定,外国企业或个人在我国注册的商标有效期为 20 年,而国内注册商标有效期限自核准之日起至企业申请撤销时止,没有明确的有效期限。1983 年《商标法》实施后,规定国内外注册商标有效期一律为 10 年,因此,需要按照《商标法》的要求,对《商标法》实施后注册的国内商标进行首次续展注册。

1988 年 11 月 21 日,商标局发出《关于注册商标有效期计算方法的通知》,内容为:(1)根据《商标法》第 43 条规定"本法自一九八三年三月一日起施行","本法施行以前已经注册的商标继续有效";(2)《商标法》实施前所注册的商标(不包括外国注册商标),其有效期自《商标法》施行之日起算;(3)《商标法》施行后所注册的商标,按核定的有效期计算;(4)外国在中国所注册的商标,不分《商标法》施行前和后,一律按原注册商标核定的有效期计算。

1992年5月6日,国家工商行政管理局发布《关于修改商标续展注册申请书的通知》,启动了国内商标的续展工作;5月18日至6月8日,商标局先后在西安、南京、青岛举办了商标续展工作培训班,对各省、市、自治区的工商行政管理部门的有关人员及商标事务所的工作人员进行商标续展业务培训,同时发布了《商标续展注册指南》,为即将开始的国内商标续展工作做好准备;8月10日,根据国家工商行政管理局办公会议的决定,商标局正式成立商标续展小组,进行商标注册的续展工作;9月1日,商标局开始受理国内商标续展注册申请,国内商标的续展注册工作全面展开。

按照商品国内分类向国际商品分类的转换工作中关于《商标注册簿》、《商标注册证》在续展时转换的原则,在商标续展注册工作中,需要根据续展申请人的申请,将注册证上的核定商品转换为相应的国际分类;同时对于注册证上标注有未包含在商标图样中的商标名称等文字予以规范,续展申请人可通过将该文字补加在商标图样中成为组合商标申请续展,或将文字另行申请续展注册。这两项工作一直延续至2000年左右才全部完成。

第六节　商标注册与管理工作的高速发展(2000年—2008年6月)

从2000年开始,随着我国进入完善社会主义市场经济体制阶段,我国的商标事业也步入高速发展时期,商标申请量和注册商标数量大幅上升,商标法律制度进一步完善,商标行政执法力度不断增强,商标注册与管理工作的深度和广度得到了前所未有的发展。2000年我国商标年申请量突破20万件,达22.3万件,比1999年增加5万多件,增长30.7%;2001年申请量达到27万件,2002年则飙升至37.2万件,2003年为45.2万件,2004年为58.8万件,2005年为

66.4万件,2006年为76.6万件,2007年为70.8万件。自2002年开始,我国的商标注册申请量已连续六年居世界第一。截至2007年底,中国累计核准注册商标已达303.8万件,是1979年的近93倍,是1999年年底之前累计核准注册商标数的2.64倍。中国商标申请量和注册商标数量的大幅上升,一方面反映了中国经济的持续快速健康发展;另一方面也反映了中国商标事业的蓬勃发展和全社会商标意识的日益提高。

一、《商标法》修改和《商标法实施条例》颁布实施

(一)2001年《商标法》的修改

2000年下半年,根据我国加入世贸组织的新形势,立法机关决定加快《商标法》的修改进程。2001年10月27日,第九届全国人民代表大会常务委员会第二十四次会议审议并通过了《关于修改〈中华人民共和国商标法〉的决定》,对我国《商标法》作了重大修改,并决定从12月1日起实施。

此次修改《商标法》,是为适应我国加入世界贸易组织的需要,全面履行TRIPs协议的承诺而作的修改,是我国颁布《商标法》以来的第二次修改。修改后的《商标法》共8章64条,其中新增23条、修改23条。这次修改的《商标法》有两个突出特点:一是商标权的确立更加公正、合理。修改后的《商标法》扩大了商标权的主体和客体,自然人可以申请商标注册,立体商标可以作为商标申请注册,地理标志可以通过商标制度获得有效保护,禁止恶意将他人已经使用并具有一定影响的商标抢先注册,商标确权程序增加司法审查。二是对商标权的保护更为充分、有效。取消了商标侵权行为的"明知或应知"的构成要件,明确规定"反向假冒"属于商标侵权行为,赋予工商行政管理机关查封、扣押侵权物品的权力,增加诉前申请财产保全、证据保全等救济措施。《商标法》主要增加了以下一些内容:一是放开了商标权利主体,赋予自然人申请商标注册的权利,同时允许权利人共有其商标。二是扩大了商标保护客体,将立体商标和颜色组合商标

纳入商标保护范围,同时,增加有关地理标志保护的规定,将地理标志纳入商标保护范围。三是完善了商标注册的禁用条款,将绝对禁用条款和相对禁用条款分别单列,并增加官方标志和检验印记保护的内容。四是增加优先权和展览会商标临时保护的规定。五是增加禁止代理人或代表人抢注商标所有人商标的规定。六是明确规定异议不成立的商标、转让商标的权利生效日期,明确规定:"经裁定异议不能成立而核准注册的,商标注册申请人取得商标专用权的时间自初审公告三个月期满之日起计算"、"转让注册商标经核准后,予以公告。受让人自公告之日起享有商标专用权"。七是延长注册商标争议申请期限,将商标争议申请裁定期限由一年改为五年。八是商标行政确权增加司法审查程序。九是增加行政查处手段。十是强化了商标保护力度。十一是增加对驰名商标保护的规定。十二是增加临时禁令、财产保全、证据保全的规定。十三是加强对商标注册、管理、复审工作人员的监管。

2001年修改后的《商标法》,进一步完善了我国的商标法律制度,适应了我国市场经济发展的需要,实现了与TRIPs协议的接轨,对于保护国内外商标权人合法权益、维护公平竞争的市场经济秩序、促进我国经济的健康发展具有重大而深远的影响,标志着我国商标工作在新世纪步入了一个新阶段。

(二)《商标法实施条例》的颁布实施

根据修改后的《商标法》,国家工商行政管理总局对《商标法实施细则》提出了修改建议,上报国务院审议。根据《立法法》和《行政法规制定程序条例》的有关规定,修改后的《商标法实施细则》改名为《商标法实施条例》,2002年8月3日由国务院公布,于9月15日开始实施。

《商标法实施条例》共8章59条,比原来的《商标法实施细则》多一章,增加10条,是1983年《商标法实施细则》颁布实施以来修改幅度最大的一次。《商标法实施条例》主要增加了以下内容:一是规定地理标志可以作

为证明商标注册,也可以作为集体商标注册;二是设立部分驳回程序;三是专门设置商标评审一章,进一步完善了商标评审程序;四是加大对商标侵权行为的处罚力度,罚款额度由原来的"非法经营额50%以下"提高到非法经营额三倍以下,对无法计算非法经营额的规定了10万元以下的罚款额度;五是增设了回避制度,商标局、商标评审委员会工作人员是当事人或者当事人、代理人的近亲属的,或与当事人、代理人有其他关系可能影响公正的,或与申请商标注册或者办理其他商标事宜有利害关系的,本人应当主动回避,当事人或者利害关系人可以要求其回避;六是进一步增加驰名商标认定和保护的规定,商标所有人认为他人将其驰名商标作为企业名称登记,可能欺骗公众或者对公众造成误解的,可以向企业名称登记主管机关申请撤销该企业名称登记;等等。

二、其他行政规章、制度

(一)颁布施行《驰名商标认定和保护规定》

2003年4月17日,国家工商行政管理总局发布《驰名商标认定和保护规定》,并决定自2003年6月1日起施行。《驰名商标认定和保护规定》是与新修订的《商标法》、《商标法实施条例》相配套的行政规章,对1996年制定的《驰名商标认定和管理暂行规定》作了较大幅度的修改。《驰名商标认定和保护规定》明确了驰名商标的认定主体,完善了驰名商标的认定程序,加大了对驰名商标的保护力度,进一步完善了我国驰名商标保护的法律制度,为有效保护驰名商标注册人的合法权益提供了法律依据。

(二)颁布实施《集体商标、证明商标注册和管理办法》

2003年4月17日,国家工商行政管理总局发布《集体商标、证明商标注册和管理办法》,并决定自2003年6月1日起施行。根据新修订的《商标法》、《商标法实施条例》的有关规定,国家工商行政管理总局对1994年发布的《集体商标、证明商标注册和管理办法》作了相应的修改。新发布的《集

体商标、证明商标注册和管理办法》对集体商标、证明商标的申请主体、注册程序、使用规则等作出明确规定,还对地理标志作为集体商标或证明商标注册的程序作了具体规定,不仅进一步完善了集体商标、证明商标的法律制度,而且进一步完善了我国的地理标志保护制度。

(三)颁布实施《马德里商标国际注册实施办法》

2003 年 4 月 17 日,国家工商行政管理总局发布《马德里商标国际注册实施办法》,并决定自 2003 年 6 月 1 日起施行。《马德里商标国际注册实施办法》是与新修订的《商标法》、《商标法实施条例》相配套的行政规章,对 1994 年制定的《马德里商标国际注册实施办法》作了适当的修改。新颁布的《马德里商标国际注册实施办法》明确了马德里商标国际注册的具体实施办法,既符合有关国际条约的原则规定,又结合我国实际适用了例外规定,使马德里商标国际注册程序更加清楚、流畅。

(四)出台《工商行政管理部门商标注册、管理和评审工作守则》

根据《商标法》第 60 条、第 61 条和第 62 条的有关规定,国家工商行政管理总局于 2003 年 4 月 15 日印发了《工商行政管理部门商标注册、管理和评审工作守则》,并决定自 5 月 1 日开始施行。该《工作守则》对从事商标注册、管理和评审工作的国家机关工作人员行为规范作了明确规定,进一步健全和完善了商标管理的监督制度和监督程序,有助于监督、约束商标工作人员,从制度上保证商标行政执法的公正性。

(五)颁布实施《商标印制管理办法》

2004 年 8 月 19 日,国家工商行政管理总局发布《商标印制管理办法》,并决定自 2004 年 9 月 1 日起施行。此次公布实施的《商标印制管理办法》与 1996 年公布实施的《商标印制管理办法》相比,主要是删除了有关行政审批的规定,增加了与《商标法》、《商标法实施条例》和《印刷业管理条例》相衔接的内容,对在新形势下加强商标印制管理、有效制止违法印制注册商标标识行为、

维护社会主义市场经济秩序提供了必要的法律保障。

(六)颁布实施《奥林匹克标志备案及管理办法》

根据《奥林匹克标志保护条例》,2002 年 4 月 22 日,国家工商行政管理总局以第 2 号局长令的形式公布了《奥林匹克标志备案及管理办法》,对奥林匹克标志及其许可合同的备案和管理工作做了细化规定,并于 2002 年 6 月 1 日起实施。《奥林匹克标志备案及管理办法》的公布实施,为规范奥林匹克标志的使用、加强奥林匹克标志的保护、维护奥林匹克标志权利人的合法权益提供了有效的保障,对 2008 年北京奥运会的顺利召开具有重大意义。

(七)颁布《世界博览会标志备案办法》

根据《世界博览会标志保护条例》,2004 年 12 月 24 日,国家工商行政管理总局公布《世界博览会标志备案办法》,对世界博览会标志的备案程序作了具体规定,并于 2005 年 1 月 24 日起施行。《世界博览会标志备案办法》的公布实施,对于加强世界博览会标志的保护,维护世界博览会标志权利人的合法权益,保障 2010 年上海世界博览会的顺利召开具有重大意义。

三、商标注册与管理自动化系统工程

(一)商标注册与管理自动化系统二期工程顺利实施

从 1997 年 7 月开始,经过四年的开发建设,商标注册与管理自动化系统二期工程于 2001 年 6 月开始进入商标局内联调,10 月 22 日,二期工程系统进入一期向二期转移数据阶段,从即日起商标注册申请按照二期工程流程受理。12 月,二期工程进入试运行阶段,2002 年 3 月正式运行。

在一期工程实现商标检索和查询环节自动化的基础上,二期工程建立了标准的商标数据管理系统,使所有商标注册与管理的业务流程基本实现自动化管理。二期工程是我国商标发展史上具有重要意义的系统工程,它的的正式运行结束了我国商标注册工作手工抄写的历史,使我国商标注册流程进入无纸化办公的新阶段,大大提高了商标

注册与管理工作的质量和效率。

（二）商标注册与管理自动化系统三期工程稳步推进

为了进一步提高商标局办公自动化的整体水平，争取在电子政务上尽快达到世界同行的先进水准，二期工程顺利实施后，2003 年商标局即与国家工商行政管理总局信息中心一起完成了商标注册与管理自动化系统三期工程立项报告的起草工作，确定三期工程的目标是实现网上公告、网上查询、网上申请和网上付费，并全面提高商标注册与管理自动化水平。

经过认真准备，商标局于 2003 年 11 月 12 日开通了"中国商标网"。该网站一开通即成为热门网站，点击数迅猛增长，2004 年超过 1 亿人次，2005 年达到 1.7 亿人次，2006 年猛增至 10.4 亿人次，2007 年则达 11 亿人次。自开通以来，商标局以"中国商标网"为宣传平台，不断丰富栏目，及时更新内容，发布有关商标工作信息，在提高商标工作透明度的同时，也不断提升对外宣传和社会服务的力度和水平。目前，该网站已成为我国知识产权领域的重要门户网站，作为商标局一个重要的对外窗口和沟通桥梁，极大地方便了国内外公众了解中国的商标法律制度、商标注册程序和商标工作状况，在对外宣传和社会服务方面发挥着日益重要的作用。

在开通中国商标网的基础上，商标局于 2003 年 12 月 26 日开始在网上滚动发布处于三个月异议期内的 12 期《商标公告》，包括全部初步审定公告的商标和有关商标的注册、变更、续展、转让、异议、注销、撤销、评审、商标使用许可合同备案、送达公告等信息。《商标公告》在网上的发布，为商标注册人维护自己的商标权益提供了便利，同时也增强了公众对商标注册工作的监督力度。

2005 年 12 月 26 日，商标局通过"中国商标网"向社会开通商标注册信息网上查询系统。自此，任何人均可登录"中国商标网"在线免费查询商标注册信息。这是商标局于 2003 年向社会开通商标工作信息查询后的又一重要举措，标志着我国商标工作自动化水平、政务公开程度和社会服务水平迈上

一个新台阶，也标志着我国商标注册与管理自动化系统已进入世界先进国家行列。而截至 2005 年底，世界上仅有 20 多个国家开通了商标注册信息网上查询系统。

在国家工商行政管理总局的高度重视和大力支持下，商标局和国家工商行政管理总局信息中心于 2006 年完成了商标网上申请系统的设计、论证和前期开发工作，并于 2006 年 12 月选择了 12 家北京的商标代理机构作为第一批试用单位开始试用商标注册网上申请系统。2007 年，商标局按季度分三批逐步扩大了试用商标代理机构的数量后，全国已有近 300 家商标代理机构成为商标注册网上申请系统的试用单位，覆盖了全国除台、港、澳以外的 31 个省、自治区、直辖市。截至 2007 年 12 月中旬，实际在网上递交申请的商标代理机构已达 110 家，累计递交网上申请近 1.6 万件。

向商标代理机构全面开放商标注册网上申请试用，将进一步方便申请人和商标代理机构提出商标注册申请，这对于幅员辽阔的中国，具有十分重要的现实意义。下一步，待条件成熟后，商标局还将向所有商标申请人直接开通商标注册网上申请和网上缴费。商标网上申请进入全面实施阶段，是商标局继 2005 年底向社会开通商标注册信息查询后，积极推进商标注册与管理自动化建设取得的又一重大成果，标志着商标注册与管理自动化系统三期工程确立的部分总体目标（即实现网上公告、网上查询、网上申请和网上缴费）初步实现，也标志着我国商标工作自动化水平、政务公开程度和社会服务水平又迈上了一个新台阶。

四、商标注册工作的质量和效率逐步提高

2000 年以来，商标局在严格执行商标审查准则、不断完善商标注册流程的基础上，实施审查员岗位责任制，坚持商标审查复核制度、商标异议合议制度，充分发挥局、处两级审查业务会议制度，对重大疑难案件召开专家咨询会征询意见，使得商标注册质量有了显著提高。特别是在商标审查工作中进一步增强政治敏锐性和社会责任感，依法驳

回含有反动政治内容、消极政治影响、封建迷信色彩、腐朽文化糟粕和违反社会道德内容的商标,认真清理商标中的不良文化现象,避免不良影响商标获准注册,积极为建设社会主义和谐社会服务。

（一）修订《类似商品和服务区分表》

根据2002年1月1日生效的尼斯联盟发布的第八版《商标注册用商品和服务国际分类》,在1998年版《类似商品和服务区分表》的基础上,结合我国商标审查工作的实际经验,商标局对部分商品和服务的名称及类似群进行了调整、增补、删减,修订出版了新的《类似商品和服务区分表》。与旧版相比,新版增加了三个服务类别,商品和服务国际分类由原来的42类增加到45类。

2007年,商标局又根据2007年1月1日生效的第九版《商标注册用商品和服务国际分类》,对2002年版《类似商品和服务区分表》进行了修订。

根据尼斯联盟的规定并结合我国商标审查工作的实际情况,及时修订《类似商品和服务区分表》,使得商品和服务项目的名称更加规范,类似商品和类似服务的划分更加科学,为我国商标申请、审查、检索奠定了坚实的基础。

（二）发布《商标审查及审理标准》

为进一步规范和做好商标审查和商标审理工作,根据2001年修改后的《商标法》及2002年颁布的《商标法实施条例》的规定,在商标局1994年制定的《商标审查准则》（未公开发布）和商标评审委员会2001年制定的《商标评审基准（试行）》的基础上,结合多年的商标审查和审理实践,借鉴国外的商标审查标准,商标局和商标评审委员会制定了《商标审查及审理标准》。经国家工商行政管理总局批准,商标局和商标评审委员会于2005年12月31日联合发布了《商标审查及审理标准》,并在"中国商标网"上予以公布。

（三）制定并公布《商标实质审查工作规程》

为了进一步保障商标实质审查质量,规范商标实质审查工作程序,依据《商标法》及《商标法实施条例》的有关规定,从合法性、合理性及可操作性的原则出发,在总结多年来商标实质审查工作经验的基础上,商标局制定了《商标实质审查工作规程》并于2006年12月31日对外公布。该规程分为商标实质审查规程、商标注册同日申请实质审查规程、商标实质审查追回规程、商标实质审查纠错规程和商标实质审查中更正有误商标数据规程五个部分。该规程在系统地规范商标实质审查工作全过程的基础上,进一步完善了商标审查工作程序,强化了分工协作,明确了责任范围。制定并公布《商标实质审查工作规程》,是继《商标审查及审理标准》之后,商标局在加强商标审查制度建设方面的又一重要举措。

（四）建设商标注册受理大厅服务质量评价系统

2007年初,经过认真研究,商标局提出了《商标注册大厅服务质量评价系统指标需求》方案。5月,该方案经报国家工商行政管理总局批准后正式立项开发。至2007年底,商标注册受理大厅服务质量评价系统的各项建设工作完成,并投入试运行。商标注册受理大厅服务质量评价系统的建成运用,使每一位工作人员自觉接受所在部门的内部考核和服务对象的外部监督,有利于进一步加强商标注册申请受理环节的廉政建设和队伍作风建设,展现工商队伍的新面貌;有利于调整和用好现有人力资源,维护商标注册受理大厅良好的办公秩序,为商标申请人提供一个有序的办公环境;有利于增强工作人员的服务意识,规范服务行为,提高服务质量,进一步提高商标注册大厅的整体服务水平。

（五）遏制商标恶意申请、恶意异议和恶意转让初见成效

2001年《商标法》允许自然人作为注册商标主体,实现了国内外商标主体的同等待遇。可是,近几年来,自然人恶意申请、恶意异议和恶意转让注册商标的行为屡屡发生,并有愈演愈烈的趋势,既损害了他人的合法权益,又影响了我国商标注册与管理工作的良好形象和正常经济秩序。2007年,商标局

采取有力措施遏止商标恶意申请、恶意异议和恶意转让,已初见成效。在制止恶意申请方面,2007 年 2 月 6 日,商标局发布《自然人办理商标注册申请注意事项》,对不从事生产经营活动的国内自然人申请注册商标进行了限制;对申请受理环节发现的以具有不良影响的文字作为商标的注册申请,提前进行审查并予以驳回,使恶意申请现象有所减少。2007 年商标局共受理商标注册申请 70.8 万件,比 2006 年减少 5.8 万件,降幅为 7.6%;其中受理国内商标注册申请 60.5 万件,比 2006 年(66.9 万件)减少 6.4 万件,降幅为 9.6%。商标注册年申请量和国内商标注册年申请量自 1997 年以来首次出现下降。在制止恶意异议方面,2007 年,商标局加快审理涉嫌恶意的商标异议申请案件 1 300 多件;全年共受理商标异议申请 17 747 件,比 2006 年(16 879 件)增加 868 件,增幅为 5.1%,与 2006 年异议受理量增长 11.7% 相比,增幅明显趋缓;2007 年初步审定公告商标被提出异议的比例也从 2006 年的 7.59% 降为 6.44%,降幅达 15%。在制止恶意转让方面,商标局将受理商标转让申请的情况及时通知商标转让人,避免了他人假冒该商标权人的名义进行欺诈性的恶意转让商标,进一步完善了商标转让审查程序。2007 年,商标局共发出转让补正通知书近 6 000 件,对于商标权人及利害相系人关于转让争议的书面反映及时暂缓办理或经过查证停止办理相关转让手续,防止发生恶意转让商标权的案件共计 190 余件。

(六)积极采取措施,解决商标注册审查案件积压问题

2001 年加入世界贸易组织后,我国的商标注册申请量连年大幅度增长,其中 2002—2006 年平均每年增长 10 万件,2006 年商标注册申请达到 76.6 万件,2007 年略有下降但也达到了 70.8 万件。2002 年至 2007 年 6 年的商标注册申请总量达到 355 万件。在商标事业取得可喜成绩的同时,也带来新的问题,就是现有人员编制形成的商标审查能力无法适应商标注册申请量快速增长对商标注册审查工作提出的要求,商标注册周期不断延长。

为了加快商标注册审查工作的进度,商标局自 2001 年底以来不断加强思想政治工作,大力推行绩效管理,提高商标审查工作的办公自动化水平,在基本没有增加工作人员的条件下,商标注册申请的年总审查能力从 2001 年的 10 多万件,提高到 2002 年的 20 多万件,并自 2003 年起连续四年保持在每年 30 万件以上。尽管如此,由于商标注册年申请量成倍于商标年总审查能力,致使商标注册申请件大量积压,商标注册周期刚性延长。2004 年商标注册周期为 26 个月,2005 年为 32 个月,2006 年又延长到 36 个月。截至 2006 年底,我国的商标注册申请积压已达到 162 万件。

商标注册周期延长问题引起了国家工商行政管理总局党组的高度重视。2006 年 12 月 1 日,国家工商行政管理总局党组书记、局长周伯华到国家发改委、人事部、中编办汇报加快商标审查需要解决的问题,得到有关部委领导的理解和支持。2007 年 3 月,国家工商行政管理总局党组决定将解决商标注册周期延长问题列为总局事关大局、涉及长远的八项重点工作之一,并提出了"更新观念,创新机制,依法办事,加强廉政,提高效率"和"一个依靠"(依靠商标局和商标评审委员会的领导班子和全体干部)、"四个借助"(借助全国工商系统的力量,借助商标代理机构的力量,借助社会力量,借助现代信息化手段)的总体改革思路。随后,商标局和商标评审委员会按照总局的要求,不断解放思想,更新观念,广泛征求意见,认真研究论证,形成了《商标局加快商标注册工作改革方案》和《商评委关于加快商标评审工作进度的改革方案》,制定了加快商标注册工作的 25 项具体措施和加快商标评审工作的 15 项改革措施,并报经国家工商行政管理总局批准。商标局和商标评审委员会认真落实各项改革措施,进一步强化绩效管理,全体干部努力加快商标注册审查和商标评审工作,至 2007 年底取得了初步成效。2007 年,商标局共审查商标注册申请 40.5 万件,比 2006 年(31.3 万件)增长 9.2 万件,

增幅为29.3%,商标注册申请年审查量首次突破40万件;发出商标异议裁定书7 627件,比2006年(4 057件)增加3 570件,增幅为88%。2007年,商标评审委员会共审结商标评审案件12 799件,同比增长约200%。

2008年,国家工商行政管理总局党组更加重视和进一步强调加快商标注册审查和商标评审工作,努力解决商标注册审查和评审积压问题。在国家工商行政管理总局党组会上,周伯华局长明确提出,要把加快商标审查和商标案件评审作为八件大事之首继续抓紧抓好。国家工商行政管理总局党组明确了3年解决商标审查和评审积压、5年达到国际水平的工作目标。国家工商行政管理总局分管商标工作的领导提出了"多措并举,远近结合,提高效率,注重质量"的要求。为落实国家工商行政管理总局党组和总局领导提出的要求,商标局局长在2008年2月26日召开的全体干部大会上,提出要树立"三个意识":不推不拖、主体责任意识,不怕困难、勇挑重担的意识,勤奋工作、坚决完成任务的意识;明确"三年任务":2008年争取完成商标审查70万件、商标审查周期由36个月缩短到30个月,2009年争取完成商标审查130万件、商标审查周期由30个月缩短到19个月,2010年争取完成商标审查140万件、商标审查周期由19个月缩短到1年之内;完成"三五目标":用三年时间解决商标注册审查积压问题,五年时间使商标工作达到国际水平。商标局积极采取以下措施,加快商标审查:一是大力加强领导班子和队伍建设,调整和增设内部机构。2008年初,在国家工商行政管理总局党组的重视关心下,针对商标局的工作任务和工作特点,选拔副司级领导干部充实加强领导班子,提拔正副处级干部(含非领导职务)39名。指定了27位负责人、副负责人,调整了8名处长、副处长的工作。商标局的各级领导班子得到充实加强,形成一个团结、务实、勤政、廉政的领导集体。2008年5月,经国家工商行政管理总局批准,商标局增设4个审查处(含地理标志审查处)和1个异议裁定处,同时,调整了47位工作人员的工作

岗位,使人员的安排更为合理。二是完善激励机制,进一步加强绩效管理。根据国家工商行政管理总局《关于商标局商标评审委工作人员实行绩效考核完善激励机制的意见(试行)》的要求,制定了以完成年度工作定额量为依据,效率和质量并重,以精神奖励为主、物质奖励为辅、奖惩结合的《关于商标局工作人员实行绩效考核完善激励机制的实施方案》,明确了奖惩措施。三是充实商标审查力量。为解决商标审查和评审积压问题,国家工商行政管理总局党组决定通过通达商标服务中心面向社会招聘商标审查辅助人员300名、商标评审辅助人员100名,并于2008年3月26日研究通过了招聘方案。2008年4月至5月,经过组织报名、资格审查、笔试、面试、体检、政审工作,共招聘了300名商标审查辅助人员和100名商标评审辅助人员。2008年6月,为全面提高新录用商标审查辅助人员思想素质、业务能力和工作作风,帮助他们顺利走上工作岗位适应商标审查辅助工作,商标局专门成立了培训工作领导小组和培训办公室,制订了《商标审查辅助人员培训方案》,采取统一授课、问题解答、定期测试、上机操作、审查员传帮带以及模拟审查等方法,对新录用商标审查辅助人员进行为期3个月的集中强化培训。为加强对新招聘人员的管理工作,按照国家工商行政管理总局党组确定的商标局现有人员与新招聘的商标审查辅助人员不混岗、不混编的原则,经人事教育司审核同意,商标审查辅助人员分为12个商标审查辅助部、1个商标国际注册辅助部、3个商标异议裁定辅助部、1个计算机系统管理辅助部和1个申请受理划分卡辅助部,由相关处对应负责管理或选派干部进行管理。同时,商标局制定了《商标审查辅助人员管理试行办法》,从考勤、请假与休假、绩效和质量、工作纪律、廉政等八个方面对商标审查辅助人员进行严格管理。通过采取以上措施,商标审查能力大幅度提高。2008年上半年,审查商标注册申请23.5万件,比2007年同期增长58.3%;裁定商标异议案件5 209件,比2007年同期增长63.9%;裁决

商标评审案件5 873件，比2007年同期增长58%。

五、农产品商标和地理标志注册保护工作成效显著

2004年以来，商标局认真贯彻落实《中共中央、国务院关于促进农民增加收入若干政策意见》的精神，把农产品商标和地理标志作为增加农民收入的重要工作来抓，大力推进农产品商标注册和地理标志保护工作，取得了明显成效。

（一）农产品商标和地理标志的注册

据统计，截至2007年底，我国农产品商标注册数量达到50万件，约占注册商标总量的16.5%，地理标志注册总数达到301件。在国家工商行政管理总局已认定的1 004件驰名商标中，有涉农产品商标246件和地理标志10件，其中"绍兴黄酒"、"盘锦大米"、"泰和乌鸡"、"平和琯溪蜜柚"、"南丰蜜橘"、"浏阳花炮"都是2007年新获认定的地理标志驰名商标。2008年3月国家工商行政管理总局公布的商标局在商标管理案件中认定的136件驰名商标中，又有"迁西板栗"、"漳州水仙花"、"古田银耳"、"安吉白茶"被认定为驰名商标，使我国地理标志驰名商标总数增加到了14件。

（二）发布《地理标志产品专用标志管理办法》

2007年1月24日，商标局提请国家工商行政管理总局公布地理标志产品专用标志，同时发布《地理标志产品专用标志管理办法》，自2007年1月30日起施行。该办法明确规定，凡经国家工商行政管理总局商标局依法核准注册的地理标志的注册人的集体成员或经注册人许可的地理标志产品生产者、经营者均可使用该标志，该标志与地理标志一同使用，使用者无需缴纳任何费用。办法指出，地理标志产品专用标志属于官方标志范畴，按照官方标志进行保护，对于擅自使用地理标志产品专用标志或者擅自使用与地理标志产品专用标志近似的标志的单位和个人，工商行政管理部门可依据《商标法》和《商标法实施条例》的有关规定予以查处。地理标志产品专用标志的使用，便于消费者识别地理标志产品，更加有利于保护消费者的合法权益和地理标志注册人的商标专用权，也使我国的地理标志保护工作进一步规范化。

（三）举办世界地理标志大会

2007年6月26日至28日，国家工商行政管理总局与世界知识产权组织在北京联合举办"世界地理标志大会"，来自美国、欧盟、南非、韩国、印度等30多个国家和地区，世界知识产权组织、世界贸易组织等国际组织、驻华使领馆、我国有关部门、全国副省级以上地方工商行政管理局及部分县市人民政府、地理标志企业或协会的代表和专家共300多人参加了会议。在本次大会期间举办了地理标志产品的展览，并参观了北京郊区有关的地理标志产品的产区。此次大会的成功举办向世界宣传了我国以商标法保护地理标志的法律体制和我国政府保护地理标志所做的努力及取得的成绩，有力地推动了我国的地理标志保护工作，进一步树立了我国保护知识产权的国际形象，加强了我国与世界知识产权组织和世界各国之间的友好合作关系，为推动全球知识产权保护工作、促进和谐世界的构建作出了积极贡献。

（四）召开全国工商行政管理系统"一所一标"工作现场会

为促进全国各地工商行政管理机关进一步交流商标富农经验，提高有关的商标执法水平，2008年4月6日至7日，国家工商行政管理总局在陕西省汉中市召开了全国工商行政管理系统"一所一标"工作现场会，推广陕西省工商行政管理系统"一所一标"工作经验。国家工商行政管理总局领导出席会议并发表重要讲话。汉中市委、市政府有关领导，国家工商总局商标局、商标评审委员会、中华商标协会负责人出席了会议，来自全国各省、自治区、直辖市及计划单列市、副省级市工商机关的商标工作负责人、商标干部共计300余人参加了此次会议。

"一所一标"是指自2007年初开始，陕西省工商行政管理局创造性开展的一项商标富农工作，即一个工商所每年至少引导、帮助辖区内一个农产品申请注册商标；每年

在辖区范围内确定至少一个已有的农产品注册商标,扶持其成为当地特色农产品商标,鼓励支持其争创著名商标和驰名商标,提高当地农产品商标注册积极性,带动品牌经济的发展,进而推动地方经济的发展。

国家工商行政管理总局领导对此项工作给予了充分肯定,要求全国各级工商机关行政管理要按照总局党组的安排部署,学习陕西省工商系统“一所一标”工作经验,将商标富农工作进一步推向深入,为促进农村经济社会发展作出更大的努力,为全面推进社会进步和经济发展作出新的更大的贡献。

六、驰名商标认定和保护工作得到加强

（一）依法认定驰名商标

按照根据1996年8月14日颁布施行的《驰名商标认定和管理暂行规定》,遵循“个案认定、被动保护”的原则,商标局于2000年9月29日、2002年2月28日分别认定了43件、97件驰名商标。截至2002年底,商标局先后认定293件驰名商标,为对具有较高市场信誉并为相关公众熟知的商标进行特殊保护奠定了法律基础。

依照2001年《商标法》、2002年《商标法实施条例》以及2003年6月1日起施行的《驰名商标认定和保护规定》,商标局先后于2004年、2005年、2006年、2007年及2008年3月在商标管理案件和异议案件中分别认定了131件、151件、149件、148件、169件驰名商标,加上同期商标评审委员会在商标争议案件中分别认定的22件、26件、31件、51件、59件驰名商标,截至2008年6月底,国家工商行政管理总局商标局和商标评审委员会已累计认定了1 234件驰名商标。

（二）加大了对驰名商标的保护力度

对驰名商标依法保护是保护注册商标专用权的一项重要内容。长期以来,各级工商行政管理机关将驰名商标保护作为工作重点,加强与有关部门协作,严厉打击侵犯驰名商标专用权的违法行为,对涉及驰名商标的犯罪案件的依法移送司法机关惩处。各级工商行政管理机关对于故意将他人驰名商标的文字作为自己企业名称的显著部分,通过注册企业名称方式,侵犯驰名商标权益的案件进行摸底排查,对侵害驰名商标权益、引起公众误认的企业名称,依法予以纠正;通过整治,有力地维护了驰名商标所有人的合法权益。

（三）加强对驰名商标认定和保护工作的研讨、规范

2004年7月13日至14日,商标局在天津召开了驰名商标认定和保护工作研讨会,会议对《驰名商标认定和保护规定》实施以来驰名商标申请受理和认定工作情况进行了总结,就进一步改进和完善驰名商标案件的受理、审查以及驰名商标的申请、认定和保护工作进行了深入研讨,统一了各地对驰名商标法律法规的理解和对驰名商标认定工作的认识,切实加强了驰名商标认定和保护工作。同年6月9日至10日,商标局与欧洲内部市场协调局联合在北京举办了欧盟驰名商标和声誉商标研讨会,邀请欧洲内部市场协调局的两位专家介绍了共同体保护驰名商标和声誉商标体系以及欧盟10个国家国内保护驰名商标的情况,为我国加强驰名商标认定和保护工作提供了有益的借鉴。

按照国家工商行政管理总局《2005年保护注册商标专用权行动方案》的部署,商标局于2005年9月16日、9月27日分别在浙江杭州、江西南昌召开驰名商标案件处理研讨会,听取了各地对驰名商标案件处理情况的汇报,对驰名商标案件处理工作的经验和做法进行了交流。会议强调,驰名商标案件处理在驰名商标认定和保护工作中具有重要意义,它既是驰名商标认定和保护工作的重要环节,也是保护驰名商标权利人的切实利益的重要体现,同时还是促进商标执法工作依法行政的重要推动力。各地工商机关商标管理部门要高度重视,认真、规范、及时地做好驰名商标案件处理工作,并对驰名商标认定和保护的有关法律法规和实务加强调查研究。加强驰名商标案件处理工作,有利于及时维护驰名商标权利人的合法权益,有利于规范驰名商标认定保护工作的程序。

七、商标行政执法工作成绩突出

（一）加大注册商标专用权保护力度

近年来，全国各级工商行政管理机关认真贯彻落实国务院和国家工商行政管理总局的工作部署，充分发挥职能作用，创新监管机制，提高服务水平，加大注册商标专用权的保护力度，为维护统一开放竞争有序的市场环境和公众放心满意的消费环境，构建社会主义和谐社会，促进经济社会又好又快发展做出了积极贡献。全国各级工商行政管理机关依法严厉查处了一批性质恶劣、情节严重、影响面广的商标大要案件，有力地保护了中外商标注册人和广大消费者的合法权益，维护了良好的市场经济秩序。据统计，2000 年至 2007 年全国各级工商行政管理机关查处各类商标违法案件总计达 35.8 万件，其中商标一般违法案件 10 万件，商标侵权假冒案件 25.8 万件。同时，各级工商行政管理机关加大了对各类商标违法行为的处罚力度，共处罚款累计 20.27 亿元，收缴和销毁违法商标标识累计 8.66 亿件，没收、销毁侵权商品 3 万多吨，收缴专门用于商标侵权的模具、印版等工具 35.4 万件，移送司法机关涉嫌商标犯罪案件 1 003 件，移送司法机关商标犯罪嫌疑人 1 051 人。2008 年上半年，全国工商行政管理机关共查处商标违法案件 2.1 万件，其中一般违法案件 3 048 件，侵权假冒案件 1.8 万件，涉外商标案件 4 383 件，案值 3.97 亿元，罚款 1.75 亿元，移送司法机关处理的涉嫌犯罪案件 50 件、犯罪嫌疑人 53 名。

2000 年以来，商标行政执法活动主要有以下几个突出特点：

1. 积极开展专项执法行动

在加强日常监管的同时，全国工商行政管理部门根据商标保护工作形势的变化，积极开展了一系列专项执法行动，形成了打击商标侵权行为的声势。

2000 年，工商行政管理部门集中开展汽车行业商标整治专项执法行动和证明商标专用权专项保护工作。5 月 6 日，商标局在北京召开汽车行业商标整治工作协调会。从 2000 年 9 月起在全国集中开展了为期三个月的证明商标专用权保护工作，对 35 家注册人的 120 件证明商标进行专项保护。10 月 26 日，商标局在武汉市主持召开证明商标案件协调会。同年 12 月，商标局派专人前往浙江省温州市，组织浙江省、温州市、苍南县三级工商行政管理机关根据举报线索查处假冒碘盐证明商标案件。

2001 年，全面清理整顿商标印制行业，严厉打击非法印制和买卖商标标识的行为，从源头上遏制商标侵权行为的发生。结合开展中央六部门组织的"百城万店无假货"活动，加强商品流通领域监管。商标局参加了成都糖酒交易会、郑州糖酒交易会、大连国际服装节商标监管工作，并专门发文要求相关地方工商行政管理机关对涉嫌侵犯他人商标专用权的参展企业进行重点监管。自 2001 年起，商标局开始派专人进驻历届广交会，开展商标监管工作。

2002 年，以打击食品、药品、汽车零配件、服装、化妆品等商品上发生的商标侵权假冒行为为重点，积极开展集贸市场专项整治，依法查处了一批案值较大、影响恶劣、危害严重的商标侵权假冒案件。

2003 年，严厉查处食品、药品、交通运输工具及其零配件等关系人民生产和生活安全的商品上发生的商标侵权行为，重点保护驰名商标权、奥林匹克标志专有权，大力开展商标行政执法工作。切实加强对大型商业企业和大型商品交易市场商标监管，有效遏制了流通领域的商标侵权假冒行为。

2004 年，商标局于 3 月 22 日下发《关于开展打击制假售假、保护知识产权专项行动的通知》，统一部署北京、上海、河北、山东、江苏、浙江、广东七省（直辖市）工商行政管理机关在 3 月 20 日至 4 月 10 日间开展打击制假售假保护知识产权专项行动，重点打击生产和销售假冒驰名商标商品以及非法印制驰名商标标识等严重侵犯注册商标专用权的行为，严厉查处食品、药品、服装、日用化学品、电子产品和交通运输工具零配件等商品上发生的涉外商标侵权案件。6 月 28 日，国家工商行政管理总局制定并公布了《开展保护注册商标专用权行动方案》，并分别以查处食品、药品商标案件和涉外商标案件，查处侵犯驰名商标和证明商标、集体商标专用权案件，查处非法印制及购买使用假包装、假标识、假商标违法案件为重点，深入开展了三次保护注册商标专用权集中整治行动。据统计，在三次集中整治行动中，全国各级工商行政管理机关共出动执法人员99.1万人次，查处商标侵权案件2.4万件，罚款1.6亿元，移送司法机关案件75件，移送司法机关涉嫌犯罪的个人43人。

2005年，根据国务院的要求，工商行政管理系统继续开展保护注册商标专用权行动。全国各级工商行政管理机关分别以查处侵犯食品和药品商标案件，查处侵犯涉农商标案件，查处以企业名称侵犯驰名商标权益案件，查处侵犯农产品商标和地理标志商标案件为重点，先后开展了4次专项整治行动。据不完全统计，在为期一年半的专项行动期间，全国各级工商行政管理机关共出动执法人员3 037 845人次，查处商标违法案件87 352件，罚款5.12亿元，向司法机关移送涉嫌商标犯罪案件309件、涉嫌犯罪人员273人。2005年全国工商行政管理机关会同有关部门联合开展整顿和规范盐业市场秩序专项整治，强化对盐业市场商标印制环节的监管。

2006年，全国工商行政管理系统集中整治商品批发零售市场中的商标侵权假冒行为。2月17日，国家工商行政管理总局发出《关于对有关商品批发零售市场继续进行整治的通知》，要求切实加大对北京的秀水豪森市场、上海的襄阳服饰礼品市场以及深圳的罗湖商业城等市场的监管力度。4月10日，国家工商行政管理总局商标局发出《关于对广州、深圳市有关商品批发零售市场迅速组织开展集中整治行动的紧急通知》，要求对有关的20多家市场迅速开展集中整治行动。北京、上海、广东等地工商部门集中力量采取有效措施，加大整治力度，中外关注的商品批发零售市场的治理取得突破性进展。

2007年，继续加强对重点批发零售市场的专项整治，大力推行商标授权经营制度。

北京市工商局在全市180余家市场推行商标授权经营管理制度，并开发相关软件系统，运用信息化手段提高商标行政执法效能。上海市工商行政管理局发布第二号《禁售通告》，涉及瑞士、意大利、美国和英国等4个国家8家公司的20件高知名度商标，明确规定凡在该市服饰和小商品市场销售"禁售商标商品"的，工商行政管理部门将以涉嫌假冒商标行为立案处理，对构成犯罪的依法移送公安机关追究刑事责任。

2008年深入开展保护奥林匹克标志专有权的专项行动，为奥运会的顺利召开营造良好的知识产权保护环境。

2. 不断创新商标管理方式

建立商标执法联系点制度和维护商标专用权企业联系点制度。2000年4月，商标局在江苏召开全国商标执法工作联系点暨工商所商标办案工作座谈会，商标执法联系点制度正式建立。2001年，商标局会同中华商标协会在上海召开了维护商标专用权企业联系点工作会议，维护商标专用权企业联系点制度得以推进。商标局于2001年和2002年先后在广东省东莞市和新疆乌鲁木齐市召开了全国商标执法工作联系点工作交流会。

建立商标授权经营管理制度。北京市行政管理工商局改进对北京秀水豪森市场的商标使用监管方式，将工作重点由过去的以核查商户为主改变为对市场经营单位加强监管，通过推行商标授权经营管理制度，明确市场经营单位在管理市场内商户使用商标情况和打击商标侵权行为方面的责任，提高市场经营单位保护知识产权的自觉性和主动性。2006年，秀水豪森市场的主办方转变经营观念，调整定位，思想认识从过去的认为"商标专用权保护与市场经营效益相对立"，从而对商标保护工作持抵触情绪，转变为认为"商标保护为市场的长远健康发展保驾护航"，从而主动建立3 000万元"知识产权保护专项基金"、鼓励商户转型经营国内商标和授权商标商品，与外国商标维权人的关系从相互对立转为相互理解与配合和支持，从过去的与（法国）路易威登马利蒂公司等 5 家欧盟公司在法庭上唇枪舌剑,转变为与欧盟 23 家国际品牌的代表签署《关于加强市场管理、及时有效制止售假行为的谅解备忘录》,共同合作联手打假。北京市工商行政管理局还应当事人的要求,于 2004 年 7 月和 2005 年 3 月先后两次发出《通告》,对美国、法国、英国、德国、意大利、瑞士、荷兰、卢森堡 8 个国家 17 家企业的 48 件高知名度商标进行强力保护。上海市工商行政管理局应当事人要求,于 2004 年 10 月发出《通告》,对法国、荷兰、瑞士、卢森堡、英国、德国 6 个国家 10 家企业的 40 件高知名度商标进行强力保护。

华东六省一市商标执法协作网建立了商标侵权案件网上移送系统和商标交易运作平台,积极利用计算机和网络技术加强区域商标执法和管理协作。浙江苍南建立商标印制企业信用监管系统,开发了电子数据库收集和向社会公布商标印制企业的信用信息,根据信用状况对商标印制企业严格实行激励和惩戒措施,并加强了动态巡查,有力地遏制了商标印制违法行为。河南省工商行政管理局按照"服务型工商"的要求,制定了《工商所商标监管工作规范》,进一步增强了管理力量,拓宽了监管领域。江苏省工商行政管理局于 2004 年底建立了涉外商标案件快速立案查处机制,并于 2005 年开始在全省范围内全面实施。

3. 不断加强协作与配合

商标行政执法区域协作形式多样,内容丰富,泛珠三角区域九省区、华东六省一市、北方九省(直辖市)二市、西部十二省(自治区)市、东北三省四市和淮海经济区等地方商标保护协作网使商标行政执法区域合作进一步加强。全国已有 30 个省、自治区和直辖市参加了多种形式的区域性商标保护协作网。华东六省一市商标保护协作网在建立商标管理信息通报制度、加强对驰名商标和著名商标的保护、完善驰名商标异地申报制度、开展专项联合执法行动等方面拥有较为具体的协作内容,并在全国率先建立"商标侵权案件信息网上移送和信息交换系统"。泛珠三角区域九省(自治区)在泛珠三角区域工商行政管理合作协议框架下开展商标行政保护合作,签署了《泛珠三角区域工商行政管理合作协议》和《泛珠三角区域工商行政管理服务区域经济合作发展的工作意见》以及《关于商标行政保护合作的工作方案》等 5 个专题工作方案。

工商行政管理部门与其他部门在知识产权执法中的协作日益增多。2001 年 5 月 23 日,商标局会同国家工商行政管理总局公平交易局、公安部经济犯罪侦查局、国家知识产权局协调管理司在北京召开第一次联席工作会议,就进一步加强各部门之间在保护知识产权方面的协作配合达成共识。同时,商标局与海关总署积极沟通,就双方在查办商标案件时的协调与配合等问题进行了商讨和研究。2002 年,商标局会同国家工商行政管理总局公平交易局、公安部经济犯罪侦查局、国家知识产权局协调管理司建立了联席会议制度,在办案协作、案件移送、打击地方和部门保护主义、加强对侵犯知识产权违法犯罪问题研究、促进队伍建设与培训等方面起到了推动作用。2004 年,商标局多次以派员参加会议、参加督查组和参加案件督办组等形式加强与国务院有关部门的沟通与协作,开展商标保护相关工作。2005 年,国家工商行政管理总局与公安部共同起草了《关于在打击侵犯商标权犯罪工作中加强衔接配合的试行规定》,与商务部等部门共同起草了《展会知识产权保护办法》。各地工商行政管理机关也积极加强与公安、海关等部门的协作,共同打击商标侵权假冒行为。2001 年,广东省工商行政管理局与海关总署广东分署联合下发《关于加强对出口商品商标专用权保护的通知》,建立联络员制度,切实加强对出口商品商标专用权的保护。

(二)切实加强对奥林匹克标志的保护

为加强对奥林匹克标志的保护,2002 年 2 月 4 日,国务院颁布了《奥林匹克标志保护条例》,并将保护奥林匹克标志的重要职责赋予工商行政管理机关。根据《奥林匹克标志保护条例》的有关规定,2002 年 4 月 22 日,国家工商行政管理总局制定并公布了

《奥林匹克标志备案及管理办法》。4月29日,国家工商行政管理总局下发了《关于贯彻落实〈奥林匹克标志保护条例〉有关事项的通知》,对贯彻落实《奥林匹克标志保护条例》作了统一部署。11月19日至20日,商标局在山东省青岛市召开了全国保护奥林匹克标志工作座谈会,对进一步加强奥林匹克标志保护工作进行了部署。

2003年8月3日,北京奥组委公布2008年奥运会会徽,商标局随即发出《关于保护第29届奥运会组委会徽记的通知》,对会徽的保护提出了专门要求。

2007年7月20日,随着奥运会召开临近,国家工商行政管理总局制订了《保护奥林匹克标志专有权行动方案》,决定从2007年8月至2008年底,在全国开展保护奥林匹克标志专有权的专项行动。2007年8月至11月,国家行政管理总局商标局先后在青海西宁、山东青岛、浙江杭州举办三期奥林匹克标志保护培训班,对全国31个省级工商行政管理局、15个副省级工商行政管理局和250个地(市)级工商行政管理局商标管理部门负责人和业务骨干进行培训。

2008年4月10日,商标局与北京奥组委法律部在北京召开奥林匹克标志保护专题研讨会。4月24日,商标局下发《关于保护北京2008年奥运会火炬接力活动标志的通知》,要求各地结合本地实际,有针对性地开展保护奥运会圣火标志的专项整治行动。4月29日,为配合奥运会倒计时100天,商标局下发《关于进一步加强保护奥林匹克标志专有权专项整治的通知》,要求集中展开保护奥林匹克标志专有权专项整治,制定相关预警和应急方案,建立信息月报制度,及时汇报专项整治工作的进展情况。

截至2008年6月30日,商标局已对198个奥林匹克标志进行备案并公告;8个特殊标志予以登记;在44个类别上核准注册会徽商标;对包括奥林匹克全球合作伙伴、北京2008年合作伙伴、北京奥运会赞助商、独家供应商和供应商等共605家北京奥运会市场开发参与企业使用奥林匹克标志合同予以备案。

随着2008年北京奥运会的日益临近,全国各级工商行政管理机关进一步加强奥林匹克标志保护工作,积极为2008年北京奥运会的召开创造良好的知识产权保护环境。2007年7月20日,国家工商行政管理总局印发了《保护奥林匹克标志专有权行动方案》,决定从2007年8月至2008年底,以北京、青岛、天津、上海、沈阳、秦皇岛等奥运赛场城市为重点地区,以奥运特许商品生产领域、流通领域和商标印制领域为重点环节,以带有奥林匹克标志的纪念币、纪念章、玩具、运动服装、鞋帽、文具等为重点商品,在全国范围内开展为期一年半的保护奥林匹克标志专有权行动。为提高基层执法人员保护奥林匹克标志专有权的执法水平和能力,自2007年8月至12月底,商标局与北京奥组委在青海西宁、山东青岛和浙江杭州联合举办了三期针对全国工商执法人员的培训班,共培训工商执法人员近600人,收到了明显的效果。2004年至2008年上半年,全国工商行政管理机关认真贯彻执行《奥林匹克标志保护条例》,共查处侵犯奥林匹克标志专用权案件2 882件,案值3 397万元,罚款2 064万元。

（三）中国保护知识产权成果展览会在北京成功举办

2006年4月16日至23日,在北京军事博物馆首次举办了以保护知识产权为内容的大型展会——中国保护知识产权成果展览会。此次展会由国家工商行政管理总局等11个部门共同主办,分为部门、地方和企业三大片展区。部门展区主要展示知识产权总体情况、保护商标权、保护专利权、保护著作权、海关知识产权保护、其他领域知识产权和司法保护共7个方面的内容。"保护商标权"专区紧随"综合"专区之后,为整个展览的第二展厅。"保护商标权"专区以"保护商标权,促进经济发展"为主题,分"商标——商品和服务的身份证","完善的商标保护体制","专项行动,效果显著","立足商标,服务经济"四个部分,全面介绍了中国的商标保护工作情况。

据不完全统计,为期8天的展览,共接待

参观者 3 万余人，商标局印制发放了 2 万多份宣传商标知识的印刷品。商标部分的展览收到了良好效果，充分展示了中国保护商标专用权的成果，展示了中国保护知识产权的坚强决心。商标部分的组展工作也得到了成果展组委会的肯定，被授予最佳设计奖。

八、实施商标战略

（一）国务院颁布《国家知识产权战略纲要》

为提升我国知识产权创造、运用、保护和管理能力，建设创新型国家，实现全面建设小康社会目标，2008 年 6 月 5 日，国务院颁布《国家知识产权战略纲要》（以下简称《纲要》），提出了完善知识产权制度，营造知识产权良好环境，大幅提升我国知识产权创造、运用、保护和管理能力的总体指导思想，到 2020 年，把我国建设成为知识产权创造、运用、保护和管理水平较高的国家的战略目标。《纲要》明确了商标的专项任务为："切实保护商标权人和消费者的合法权益。加强执法能力建设，严厉打击假冒等侵权行为，维护公平竞争的市场秩序。支持企业实施商标战略，在经济活动中使用自主商标。引导企业丰富商标内涵，增加商标附加值，提高商标知名度，形成驰名商标。鼓励企业进行国际商标注册，维护商标权益，参与国际竞争。充分发挥商标在农业产业化中的作用。积极推动市场主体注册和使用商标，促进农产品质量提高，保证食品安全，提高农产品附加值，增强市场竞争力。加强商标管理。提高商标审查效率，缩短审查周期，保证审查质量。尊重市场规律，切实解决驰名商标、著名商标、知名商品、名牌产品、优秀品牌的认定等问题"。《纲要》提出了九项战略措施，即提升知识产权创造能力，鼓励知识产权转化运用，加快知识产权法制建设，提高知识产权执法水平，加强知识产权行政管理，发展知识产权中介服务，加强知识产权人才队伍建设，推进知识产权文化建设，扩大知识产权对外交流合作。

2008 年 6 月 13 日，国家工商行政管理总局领导出席了国务院新闻办公室举行的《纲要》相关情况新闻发布会，并回答了记者的提问。

（二）国家商标战略专题研究

国家知识产权战略制定工作于 2005 年开始启动，历时 3 年，其中，商标战略研究专题的牵头单位为国家工商行政管理总局，责任单位为最高人民法院、农业部、商务部、财政部等 9 个部门。

商标战略研究专题小组十分注重进行国内外的实证研究。在国内，开展了全国驰名商标企业和著名商标企业调查、全国商标行政执法机构调查、地理标志使用效果普查、定牌加工状况抽样调查等工作，组织了地理标志保护、商标行政保护与司法保护的关系等专题研讨会，全面分析和深入研究我国商标事业取得的成就和面临的问题。对国外，通过参团和单独组团的方式，分别赴日本、韩国、英国、美国、欧盟等国家和地区进行调研，重点了解上述国家 20 世纪 90 年代以来在商标法律修改、商标行政和司法体制改革等方面的情况、现状和发展方向，并对国外相关资料进行了搜集、整理、分析和研究。

《商标战略研究报告》依据国家"十一五"规划纲要和建设创新型国家的目标，紧密联系当前经济社会发展实际，围绕解决影响我国商标事业发展的突出问题，着重研究了如何提高商标审查能力、缩短商标注册周期和如何更好地发挥商标作用、推动经济社会发展，提出了促进我国从商标注册申请大国向商标竞争力强国迈进的总体规划。研究报告分为 5 个部分，即我国商标事业取得的成就、国外商标制度的变革和发展方向、我国商标事业发展面临的问题、商标战略的总体规划（包括指导思想、基本原则、战略目标）以及实施商标战略的主要措施。主要措施有 9 个方面，包括完善商标法律法规体系，建立能适应我国经济又好又快发展需要的商标管理体制和机制，加强商标行政执法和司法保护力度，加快商标代理监管的立法，指导企业利用商标走出去参与国际市场竞争，充分发挥农产品商标和地理标志在建设社会主义新农村中的作用，建立功能强大的商标自动化技术支撑体系和公共服务平台,加大商标对外宣传和对内教育的力度以及积极开展商标国际交流与合作等共40余条。

（三）国家工商行政管理总局商标局制定《纲要》实施方案

为贯彻落实《纲要》及总局党组的重要部署,大力推进商标战略的实施,商标局及时对工作进行了调整,即从重商标审查贯彻落实《纲要》的高度注重商标战略实施并做好商标注册与管理工作,组织制定商标战略实施方案,确定了贯彻落实商标战略的指导思想,成立领导机构,提出了商标战略具体目标,明确了商标战略任务,制定了商标战略步骤,提出具体工作要求并将战略任务层层细化、分工落实。

（四）支持地震灾区实施商标战略

2008年5月12日,四川汶川大地震给四川省及周边地区带来了巨大的人员伤亡和财产损失。帮助灾区尽快恢复重建成为举国上下的重大政治任务。国家工商总局积极响应党中央、国务院的号召,坚决贯彻落实党中央、国务院的决策部署,先后出台了《关于支持地震灾区恢复生产搞活市场重建家园的若干意见》和《关于进一步加强市场监管、切实维护地震灾区市场秩序的通知》。在支持地震灾区实施商标战略方面规定了四项具体措施:一是对灾区商标注册申请已受理但未发布初审公告的,该商标的注册对恢复生产、重建家园确有必要的,由省级工商局签署意见后,可提前审查,对符合法律规定的及时予以初审公告;对因地震灾害影响,当事人不能依法及时办理商标续展注册、商标异议答辩、三年不使用注册商标提供证据等相关手续可能导致商标权利丧失的,由当事人所在地的县级以上(含县级)工商行政管理局出具证明,并报省级工商局签署意见后,依法办理相关手续。二是对地震灾区的当事人在法定期间就有关商标驳回复审、撤销商标复审、商标异议复审、商标争议申请、答辩、补正等有关事宜不能做出反应的,在受灾期间时限中止,待灾区秩序恢复正常后顺延。

三是凡灾区申请农产品商标,尤其是地理标志注册,符合法律规定的,应及时受理、及时审查、及时发布初审公告、及时核准注册,并在加快审查方面给予照顾,以支持灾区农业生产的恢复和发展,促进农民增收致富。四是灾区企业申请认定驰名商标,凡符合驰名商标认定和保护条件的,优先予以认定。对四川灾区的驰名商标认定的数量,适当予以增加,提高灾区企业市场竞争力和占有率。

九、商标代理体制的重大变化

（一）商标代理机构脱钩改制

根据2000年5月29日《国务院清理整顿经济鉴证类社会中介机构领导小组关于经济鉴证类社会中介机构与政府部门实行脱钩改制意见的通知》及2000年8月20日《关于进一步明确经济鉴证类社会中介机构清理整顿范围的通知》的规定,各商标代理机构应按规定的时限与所属或挂靠的单位脱钩,并实行改制。2002年1月22日,国家工商行政管理总局发出了《关于商标代理机构脱钩改制工作的通知》,对商标代理机构脱钩改制的范围、时间、步骤及有关问题做了具体规定,要求各级工商行政管理机关制定切实可行的脱钩改制方案,保证脱钩改制工作按期完成。经过各方面的努力,到2003年底,原先挂靠在工商行政管理机关的商标代理组织已全部顺利完成脱钩改制工作。

（二）商标代理体制的重大变化

为适应我国改革开放和经济发展的新形势,进一步推进行政审批改革,国务院于2003年2月27日作出《关于取消第二批行政审批项目和改变一批行政审批项目管理方式的决定》,取消了商标代理组织审批和商标代理人资格核准的行政审批,使我国实行十多年的商标代理管理体制发生了重大变化。

商标代理组织审批和商标代理人资格核准的行政审批取消之后,我国暂时没有商标代理管理方面的法律法规,而2002年颁布施行的《商标法实施条例》第五十五条规定:"商标代理的具体管理办法由国务院另行规定。"针对这种情况,为全面贯彻落实国务院关于行政审批取消后加强后续监管和衔接的要求,确保商标注册工作和商标代理工作的有序进行,维护商标申请人的合法权益,国家工商行政管理总局于 2003 年 4 月 30 日制定并下发《关于商标代理行政审批取消后有关工作的通知》,对新设立的商标代理机构的设立、组织形式、业务范围、备案等问题作了具体规定。2004 年 2 月 13 日,国家工商行政管理总局下发《关于新设商标代理机构由省级工商行政管理局备案的通知》,规定自 2004 年 3 月 1 日起,新登记注册的商标代理机构由各省、自治区、直辖市工商行政管理局每月一次将名单抄送国家工商行政管理总局商标局备案。

自 2003 年国务院取消商标代理组织审批和商标代理人资格核准的行政审批以来,全国商标代理机构的备案数量不断增加。截至 2007 年底,全国的商标代理机构总数已达 3 352 家。据统计,自 2002 年至 2007 年,通过商标代理机构代理的商标申请量为 316.6 万件,占同期商标申请总量的 89.19%。这充分表明,商标代理机构已发展成为我国商标事业的一支不可缺少的力量。与此同时,随着商标代理行业竞争的加剧,商标代理机构注销或者停止开展代理业务造成商标被代理人损失的现象时有发生。商标局及时将已经注销或者停止开展代理业务的商标代理机构在"中国商标网"商标代理栏目中予以公布,以提醒相关委托人注意及时维护自身权益。

第七节　商标领域的国际交流与合作

党的十一届三中全会以前,中国在商标领域与其他国家和政府间国际组织的交往仅限于相互注册商标优惠方面,交往的范围和规模十分有限。改革开放为中国在商标领域的国际交流与合作提供了契机,中国以积极的姿态,广泛开展商标领域的国际交往,加入商标领域的国际组织和有关的国际条约,保持同世界知识产权组织的友好合作关系,加强同其他国家商标主管部门的国际交流与合作,提高了我国在商标领域的国际地位。

一、中国加入的有关商标的国际组织和条约

(一)1980 年 3 月 3 日,中国向世界知识产权组织总干事递交了《建立世界知识产权组织公约》加入书,同年 6 月 3 日生效,中国正式成为世界知识产权组织成员国。世界知识产权组织(WIPO)是联合国十六个专门机构之一。

(二)1984 年 12 月 19 日,中国向世界知识产权组织总干事递交了《保护工业产权巴黎公约》加入书,于 1985 年 3 月 19 日生效,中国正式成为《巴黎公约》成员国。《巴黎公约》是工业产权领域确立国际保护的一个最重要的国际公约。

(三)1989 年 7 月 4 日,中国向世界知识产权组织总干事递交了《商标国际注册马德里协定》加入书,同年 10 月 4 日生效,中国正式成为马德里联盟成员国。这是中国加入的第一个有关商标的专门的国际条约。中国进入马德里商标国际注册体系,开通了商标国际注册渠道,使国内外商标申请人,获得了高效率、低费用、便捷的国际间商标注册的途径,进一步体现了中国加大改革开放的力度。

(四)1994 年 5 月 5 日,中国向世界知识产权组织总干事递交了《商标注册用商品和服务国际分类尼斯协定》加入书,同年 8 月 9 日生效,中国正式成为尼斯联盟成员国。这是中国加入的第二个有关商标的专门的国际条约。加入《尼斯协定》,使一些具有中国特色的商品和服务进入国际分类成为可能,有利于国内的商标所有人到国外申请商标注册,以维护其在特有商品和服务上的商标权利。

(五)1995 年 9 月 1 日,中国向世界知识产权组织总干事递交了《商标国际注册马德里协定有关议定书》加入书,同年 12 月 1 日生效,中国正式成为马德里议定书成员国。这是中国加入的第三个有关商标的专门的国际条约。《马德里议定书》是在《马德里协定》的基础上发展而来,它与《马德里协定》

有着密切的关系。尽管《马德里协定》以方便、快捷当事人到国外注册商标而著称,但其自身有一定的局限性,使一些国家(如美国、日本等)难以适应其要求。《马德里议定书》在吸收《马德里协定》优点的基础上,对有关方面作了重要修改,如放宽了申请商标国际注册的条件、延长了商标审查时限、增加了工作语言、申请的确立更具有灵活性等,吸引更多的国家加入到马德里国际商标注册体系中来,也使我国商标权人从中得到更多的便利。

(六)2001 年 12 月 11 日,中国正式成为世界贸易组织成员国,开始行使和履行《与贸易有关的知识产权协议》(TRIPs 协议)规定的权利和义务。

(七)2007 年 1 月 29 日,中国签署《商标法新加坡条约》。

二、中国与世界知识产权组织的友好合作

1980 年 6 月 3 日我国正式成为世界知识产权组织成员国后,同世界知识产权组织进行了真诚而又卓有成效的合作,出席了世界知识产权组织召开的一系列商标会议,如成员国大会、领导机构会议、马德里联盟会议、尼斯联盟会议、维也纳联盟会议、协调商标保护法律专家委员会会议、解决国家间知识产权争端会议、驰名商标专家委员会会议、商标使用许可专家委员会会议以及商标、工业品外观设计和地理标志法律常委会会议等;参加了世界知识产权组织在澳大利亚、斯里兰卡、伊朗、日本、美国、加拿大等国举办的各种类型的商标培训班;与世界知识产权组织联合举办了多次商标研讨会、商标培训班;国家工商行政管理局的领导及商标局的领导多次访问世界知识产权组织;邀请世界知识产权组织专家来中国讲课或进行工作访问。世界知识产权组织在中国商标法律制度的建立、商标注册体系的完善及人员的培训等方面,都给予了中国大力支持和帮助。

世界知识产权组织与国家工商行政管理局联合在中国举办的有关商标会议有:1982 年 5 月 11—20 日在北京举办的商标法律培训班;1983 年 10 月 24—28 日在北京举办的商标分类与审查培训班;1984 年 8 月 13—16 日在北京召开的亚洲地区商标研讨会;1992 年 1 月 15—17 日在北京举办的商标国际注册马德里协定制度应用培训班;1992 年 1 月 18—20 日在武汉举办的商标国际注册马德里协定制度应用培训班;1993 年 3 月 8—10 日在北京召开的亚洲地区企业商标战略与管理研讨会;1996 年 3 月 7—8 日在深圳举办的中国和商标国际注册系统培训班;1996 年 3 月 11—14 日在北京举办的中国和商标国际注册系统培训班;1998 年 12 月 16—18 日在北京召开的商标法律研讨会;2000 年 6 月 8—9 日在成都召开的 WIPO 亚洲地区商标国际保护研讨会;2005 年 11 月 8—10 日在北京举办的战略性利用商标促进经济暨农村发展国际研讨会;2006 年 11 月 22—24 日在东莞举办的商标国际注册国际研讨会;2007 年 6 月 26—28 日在北京举办的世界地理标志大会;2007 年 7 月 2 日、9 月 27 日、29 日分别在济南、长春、合肥举办的农产品出口企业商标及地理标志国际注册培训班。

三、中国与其他国家和地区组织在商标领域的交流与合作

在独立自主、平等互利的原则基础上,中国积极发展与世界各国及地区组织商标主管机关的交流与合作。1985 年,商标局与法国工业产权局达成共识,建立中法商标工作组,每年定期举行一次中法商标工作组会议,到 2007 年底共举行了 19 次中法商标工作组会议;1995 年,商标局与泰国智慧财产厅签订《中泰两国商标领域双边合作备忘录》,并于 1996 年共同草签了《商标合作活动计划》,2004 年 8 月在北京共同签署《中国商标局与泰国智慧财产厅商标合作活动计划》,2005 年 12 月签署了《中华人民共和国国家工商行政管理总局商标局与泰国商务部智慧财产厅关于地理标志活动的专项行动计划》;1996 年,商标局与日本特许厅同意建立中日商标首脑会谈机制,并于 1996 年 12 月、1998 年 4 月、1999 年 5 月、2001 年 3 月、2003 年 11 月、2007 年 10 月在北京和

东京举行了六次中日商标首脑会谈;1999年,商标局展开与欧洲内部市场协调局(负责欧盟的商标和工业品外观设计注册)的合作,2002年启动中欧知识产权合作垂直项目(商标和地理标志),从2003年3月正式开始到2004年7月结束,共举办了15次活动,取得了良好的效果。商标局先后多次派团访问了法国、德国、美国、英国、日本等国的商标主管机关,就有关商标事宜举行会谈或磋商;同时,法国、德国、日本、泰国等许多国家的商标主管机关代表团来访商标局,了解中国的商标发展情况。通过与其他国家的交流,使中国了解了世界商标领域的最新发展动态,也使国外了解了中国的商标立法、司法、行政执法等方面的情况,增进了相互了解,加强了双边合作。我国还邀请外国商标专家来华讲学,派出数十批商标工作人员出国考察、学习,极大地推动了我国商标事业的发展。

近几年来,商标局进一步巩固和发展与世界知识产权组织、世界贸易组织等国际组织以及美国、日本、欧盟、法国等国家及地区商标主管机关之间的友好合作关系,积极拓宽交流渠道,丰富合作内容,商标领域的国际交流与合作进一步加强。世界知识产权组织副总干事和美国专利商标局局长、欧洲内部市场协调局局长、德国专利商标局局长、法国工业产权局局长、意大利专利商标局局长、日本特许厅长官和泰国智慧财产厅厅长等外国商标管理机构负责人先后来访商标局。同时,商标局组团或派员参加其他单位团组,先后赴日本、比利时、保加利亚、罗马尼亚、意大利等国家,积极宣传我国在商标保护方面做出的努力和取得的成效,取得了积极成果。此外,商标局积极参加世界知识产权组织、世界贸易组织、亚太经合组织等国际组织的各种会议及活动,继续派员参加世界知识产权组织、日本特许厅、日本国际协力机构(JICA)等组织的各种知识产权培训。据统计,仅2000年至2007年底,八年间商标局共接待来访团组368个,派出292个代表团组。

通过商标领域的国际交往,进一步加强了中国与世界知识产权组织的联系,增进了与世界各国在商标工作和商标法律方面的交流与合作,提高了我国在世界知识产权界的国际地位,扩大了我国在世界知识产权领域的影响。

回顾新中国成立以来我国的商标工作,真正取得辉煌成就的还是改革开放以来的三十年。特别是《商标法》实施以来,我国商标法律制度日趋健全,全社会商标法律意识不断增强,商标行政执法队伍逐步壮大,我国在世界知识产权界的地位日益提高,商标注册与管理工作取得了举世瞩目的成就。但我们也必须清醒地认识到,虽然目前我国已经成为一个商标大国,但是尚未成为商标强国,与经济发达国家相比,我国的商标工作仍处在发展阶段。同时,经济全球化的发展趋势和商标制度的国际协调,使我国商标工作也面临许多新情况、新问题,我国的商标工作任重道远。

(执笔人:彭新民　陈晓华　曹新伟　戎　华)

第十一章 商标评审

商标评审制度是我国商标法律制度的重要组成部分。新中国建立初期,我国商标评审制度已具有雏形,可是,在"文化大革命"及其后两年,商标评审制度陷入了停滞阶段。自实行改革开放以来,我国的商标评审制度经历了建立、逐步发展、健全完善几个阶段,已取得了长足的进步,形成一套既与国际通行做法相适应、又具有中国特色的商标评审法律制度和工作体系。商标评审制度对于依法保护商标专用权,制止商标确权领域的不正当竞争行为,保护消费者及相关公众的利益,促进社会主义市场经济健康快速发展,具有重要意义。

第一节 商标评审制度的雏形及商标评审工作的停滞阶段(1949—1977 年)

一、商标评审制度的雏形期

1950 年 7 月 28 日,我国政务院批准《商标注册暂行条例》,并于 8 月 28 日予以公布。作为新中国第一部商标法规和新中国成立后最早的经济立法之一,《商标注册暂行条例》规定了商标驳回的再审查制和对商标异议案件实行两级三审制。即:"申请人对驳回商标注册申请不服,可以在接到核驳通知书 40 天内,请求再审查;如再驳回,即作终结。"关于商标异议的规定为,对已审定的商标在公告期内,已注册的商标未满一年,他人如认为与其已注册或审定的商标相同近似,均可提出异议。对异议的审定不服,可申请再异议,如对再异议的审定不服仍可在 40 天内向政务院财政经济委员会申请裁决,经裁决后即为终结。

为适应国民经济恢复时期的经济发展和法制状况,《商标注册暂行条例》对商标的申请规定了进行再审查、异议和再异议的程序,应当说是比较完备的。尽管从法律程序而言尚有欠缺,特别是应当属于商标评审范畴的,即对商标驳回不服的再审查,与不服商标异议审定的再异议,均由原审理机构(商标局)进行再审查,并非为严格的法律意义上的商标评审,但《商标注册暂行条例》的实施还是形成了商标评审制度的一个雏形,为今后商标评审制度的建立和发展打下了比较好的基础。

二、商标评审制度的停滞阶段

1963 年颁布实施的《商标管理条例》第八条对商标的再审查问题进行了规定:"申请商标注册的商标未被批准,申请人如果不同意,可以自接到通知之日起,在一个月内申请再审查。经再审查后,如果仍未核准,即作为终结。"

由于该条例制定时受到浓重的计划经济体制的影响,认为商标的主要作用是监督商品质量,忽视了商标权人应有的民事权利。因此,虽然规定了申请注册商标未被核准,可以申请再审查,经再审查,即为终结,也增加了注册商标可以予以撤销的条款,但是,其再审查与撤销均是在原注册机关进行,特别是取消了商标异议及再异议等复审程序,从法制建设上讲《商标管理条例》的出台,不利于保障当事人的合法权利,是一种退步。而且,由于取消了对注册商标专用权的保护,商标当事人不再积极主张商标复审的权利。"文化大革命"爆发后,全国商标工作陷于瘫痪,商标评审工作无从谈起。

第二节　商标评审工作的筹备阶段与商标评审制度的初步建立阶段(1978—1991年)

一、商标评审工作的初创阶段

1978年秋,工商行政管理机构恢复组建。在党的十一届三中全会精神指引下,我国经济和法制领域都面临着一场巨大而深刻的改革。商标作为一项重要的民事权利,具有促进生产力发展的作用得到重视,修改原有的商标法规,健全完善商标注册和保护的法律体系,确立商标评审制度等立法事宜被提到议事日程。尽管在这个阶段仍施行的是1963年的《商标管理条例》,但是国家工商行政管理局在恢复组建之初即广泛汲取国外的有益经验,妥善调整我国商标工作的做法,一方面在参与《商标法》起草的研讨工作中积极主张确立商标评审制度;另一方面,在恢复组建商标局时,在仅设置四个业务处的情况下,设置了商标评审处,调配具有数十年商标审查工作经验的同志负责商标评审工作,将负责商标再审查和撤销注册商标的业务及其人员,与商标局审查处相互分离,并且对有关的商标复审申请案件不再采取审查员个人审查的办法,而是采取小组会议合议的形式,通过该小组依法独立行使裁决权以尽可能地维护当事人的合法权益,为商标评审制度的建立打下良好的基础。

二、《商标法》的颁布实施与商标评审程序的确立

1982年8月第五届全国人民代表大会常务委员会第二十四次会议通过了《中华人民共和国商标法》(以下简称《商标法》),这是新中国第一部商标法律。在这部法律中不仅加强了商标确权制度建设,而且明确了商标复审程序。《商标法》第二十条明确规定:"国务院工商行政管理部门设立商标评审委员会,负责处理商标争议事宜。"依此,成立了直接隶属于国务院工商行政管理部门的商标复审机构——商标评审委员会,成为我国商标法制建设的一个重要里程碑。

《商标法》第二十一条、第二十二条、第二十七条、第二十八条、第二十九条对驳回复审、异议复审及注册商标争议的裁定进行了规定,从而明确了对所有涉及商标注册申请人、商标权利人、商标权利取得与丧失的评审程序,而且明确了分别由两个法律地位平等的机构——商标局和商标评审委员会承担与实施,这就从法律形式上为充分保障当事人合法商标权益,保证执法的公平、公正,提供了重要保证。同时,在《商标法实施细则》中,也明确规定了商标评审委员会受理驳回商标复审与异议商标复审案件的程序和做法。

三、商标评审委员会的建立

商标评审委员会成立于1983年8月11日。最初商标评审委员会实行委员制,由6人组成,主任委员由国家工商行政管理局分管该项工作的局领导担任。商标评审委员多数为兼职,每周召开一次评审会议。商标评审委员会对商标评审案件的裁决等日常工作由两至三位资深的审查员完成。

第一届商标评审委员会成立后,为了适应形势的发展和工作的需要,商标评审委员会又进行了两次换届工作。1985年组成第二届委员会,评审委员9人。1987年,组成第三届商标评审委员会,评审委员12人。

四、商标评审委员会建立初期的案件审理情况

改革开放初期,由于受商品经济发展水平和企业商标意识的局限,商标评审案件较少,1983年商标评审委员会仅受理商标评审案件396件。由于商标评审委员会承担着商标确权纠纷案件终局裁决的重任,因此,委员会建立初期即十分重视理论研究的深化和商标审查标准的科学性。

(一)注重调研,公正审理了"氟利昂"商标和"吉普"商标等案件

商标评审委员会通过对国内外情况的深入调研,查阅多种文字和版本的字典,走访专家并会商行业主管部门,对社会上一些人将"氟利昂"、"吉普"当作商品通用名称的习惯予以纠正,客观、公正地裁决了"氟利昂"、"吉普(jeep)"、"雀巢咖啡"、"大众汽

车"等多起外国商标驳回复审申请案。与此同时,将情况通报国家化学工业部和汽车生产的行业主管部门,由其发布通知,将有关的商品分别正名为"氟制冷剂"和"越野汽车";对于"雀巢咖啡"、"大众汽车"等公众熟知商标,按照国际通行做法,允许其组合注册,整体保护,对其商标显著部分施以强保护,对其商品通用名称部分,视为放弃专用权。这些评审案件的裁决,丰富了我国的商标理论与实践,扩大了我国对外开放的影响,对吸引外商投资加强国际间的经贸合作起到了很好的作用。

（二）履行加入国际公约的承诺,保护驰名商标

1986 年,商标评审委员会对澳大利亚某企业在中国抢注"PIZZAHUT"商标的行为作出了撤销该注册商标的裁决,使得著名的必胜客国际有限公司的驰名商标"PIZZAHUT"在中国获准注册,成为我国认真履行《保护工业产权巴黎公约》的义务、切实保护驰名商标的典型案例之一。

（三）首次对涉及我国台湾地区企业的商标注册不当案进行裁决

在 1988 年《中华人民共和国商标法实施细则》修正并增加撤销注册不当商标的规定之后不久,台湾川奇机械股份有限公司提出撤销注册不当商标申请,认为台湾某企业在大陆注册"黑奇及 CM 图形"商标,其中的"CM 图形"是台湾川奇机械股份有限公司1980 年在台湾注册的商标。台湾川奇机械股份有限公司被台湾列为外销绩优厂商,为"CM"商标做过大量广告,加之产品质量优异,使带有"CM 商标"的产品在国际制鞋机械市场享有良好信誉。对方显然是了解"CM"商标的信誉而在大陆抢先注册。

商标评审委员会裁定认为根据本案的证据,足以证明川奇机构股份有限公司的"CM"商标在台湾注册并在制鞋、机械行业享有较高知名度,作为同行业的对方台湾企业理应知晓"CM"商标的权利归属及该商标的知名度,其抢前申请注册商标的"CM 图形"与川奇机械股份有限公司"CM"商标毫无二致,无疑属抄袭,对该商标裁决予以撤销。本案的裁决体现了商标法规制止不正当抢注他人商标的立法精神,对于吸引港、澳、台企业到大陆投资和开办企业起到了积极促进作用。

（四）依法裁决"金羊"商标驳回复审案

1983 年 3 月,上海第五皮件厂在皮衣商品上申请注册"金羊"商标,商标局以"该商标表示了本商品原料"为由予以驳回。申请人向商标评审委员会申请复审,认为"申请人曾在同一种商品上注册'金羊'商标,再次申请注册的'金羊'商标,只是商标图样略有变更"。商标评审委员会经复审认为:申请人在先注册的"金羊"商标,属于全国清理整顿商标期间上报的商标,鉴于清理整顿时期的标准及商标实际使用状况,准予"金羊"商标注册。重新申请注册的"金羊"商标,是在《商标法》实施之后,并变更了商标图样,因此与原注册的"金羊"商标无关,应根据现行规定另案审查。"金羊"商标使用在羊皮服装上,直接表示了本商品原料;若使用在其他皮制服装上,则易使消费者对商品原料产生误认。据此,商标评审委员会终局决定,新申请的"金羊"商标不予核准注册。

这个案例体现了在新《商标法》实施后,在法律规定有调整的情况下,商标评审委员会既依法办事,又尊重历史事实的办案原则。

（五）"SHERWOOD"商标注册不当案

"SHERWOOD"商标是商标评审委员会依照 1988 年 3 月修改的《商标法实施细则》关于撤销注册不当商标的规定,裁定撤销的第一件注册商标。广州市某电子厂（以下称"电子厂"）1987 年 5 月 11 日在组合音响商品上申请注册"SHERWOOD"商标,并于1988 年 3 月 30 日获准注册。域雄有限公司于 1989 年 4 月 12 日对"SHERWOOD"商标提出注册不当撤销裁定申请。其主要理由为,"'SHERWOOD'商标系美国 SHERWOOD 电子实验室有限公司的驰名商标,域雄有限公司根据授权使用、保护和注册'SHERWOOD'商标。域雄有限公司 1987年 4 月 11 日与该电子厂签订协议,使用'SHERWOOD'商标组装 1 000 套音响设备。

电子厂在协议期间,擅自以该厂名义申请注册'SHERWOOD'商标,采取不正当手段取得了商标权"。电子厂答辩理由为"根据《巴黎公约》第六条规定,在联盟成员国注册商标具有独立性,中国法律对驰名商标未作具体规定,故'SHERWOOD'商标应予注册"。

商标评审委员裁定,根据"SHERWOOD"商标的知名度及使用、注册情况,该商标属于驰名商标。我国作为《巴黎公约》成员国,应按《巴黎公约》第六条第二款的规定给予保护。电子厂在与域雄有限公司签订组装协议期间,以自己的名义申请注册"SHERWOOD"商标,已构成以不正当手段抢注他人驰名商标行为,其注册的第310986号"SHERWOOD"商标予以撤销。

第三节　商标评审各项制度逐步健全阶段（1991—1994年）

一、逐步健全商标评审委员会的机构

（一）商标评审委员会的换届与日常工作模式

1991年8月第四届商标评审委员会组成,主任由国家工商行政管理局分管商标工作的副局长担任,副主任由商标局一位副局长兼任,并同时兼任商标评审委员会办公室主任。另外,本次换届中负责商标评审案件审理日常工作的专职人员8人成为委员。1993年,国家工商行政管理局任命原商标评审委员会的兼职副主任为专职副主任,免去其商标局副局长职务,商标评审委员会主任由国家工商行政管理局局长刘敏学兼任。商标评审委员会下设办公室,负责审理商标评审案件。商标评审委员会在人员隶属关系上与商标局完全分开,同时取消了过去沿袭的部分商标评审案件会商商标局意见的做法。至此,商标评审委员会成为独立行使商标评审案件终局裁决权的行政执法机构。1991年后,商标评审委员会案件评审会议每周多达三次。机构的调整和人员的加强,使商标评审委员会基本适应了商标评审案件

逐年增多的形势。

（二）首次将商标评审委员会纳入国家工商行政管理局"三定"方案

1994年,根据国务院"三定"方案,国家工商行政管理局在工商人字[1994]第128号文件中第一次明确规定了商标评审委员会的人员、机构和职能。虽然在人员编制上仍使用商标局的编制,但在机构设置方面已将商标评审委员会作为一个独立的司局级单位列编,并设置了专职副主任委员,主任由国家工商行政管理局局长兼任。

根据国家工商行政管理局"三定"方案,商标评审委员会作为行政执法机构,内设综合处和案件审理处两个处。主要职责是依据《中华人民共和国商标法》的规定,负责对商标评审案件作出终局裁决。其中包括:

1. 当事人对商标局驳回商标注册申请不服的复审;

2. 当事人对商标局异议裁定不服的复审;

3. 当事人对商标局驳回注册商标转让申请不服的复审;

4. 当事人对商标局驳回注册商标续展申请不服的复审;

5. 当事人对商标局撤销注册商标不服的复审;

6. 当事人对商标局撤销注册不当商标不服的复审;

7. 在先商标权利人对注册商标提出争议申请;

8. 任何单位或个人对认为注册不当商标提出撤销的申请;

9. 法律、法规规定的其他商标确权事宜。

综合处的主要任务是:依法对申请书件进行形式审查,并作出受理或不受理决定;承担对外联系、学术交流和商标理论研究工作;承担案件统计工作,编撰商标评审案例;承担商标评审委员会文秘、人事、行政、内部文档管理及综合性事务;承担商标评审规费的收缴与管理工作。案件审理处的主要任务是:依法对案件进行实质性审查;对重大案件组织调查听证会;承担案件调研工作;

对商标驳回复审、异议复审案件进行合议，通过决定，并办理案件裁定书；对商标争议、注册不当案件，商标局撤销注册不当商标复审案件，商标局撤销商标复审案件，商标局驳回续展、转让案件作准备，提交商标评审委员会例会讨论，并拟定裁决书。

二、商标评审工作快速发展

（一）商标评审案件的审理工作

20 世纪 80 年代末至 90 年代中期，我国商标评审案件申请迅速增长，由 1989 年1 000件左右，增长到 1994 年的近4 000件。1983 年至 1987 年 5 年间商标评审委员会共裁决商标评审案件 1 417 件，而 1991 年一年就裁决了商标评审案件 1 510 件。在这个时期，我国的商标评审的理论和实践也得到极大的丰富。

1. 在审理过程中，注意将审理与调解相结合

在严格依法作出终局裁决的同时，注意尊重并引导当事人妥善协商解决双方的商标纠纷，对蚌埠市制钉厂与天津五金矿产进出口公司的"金杯"商标争议等案件，以双方签订并递交"被争议人注销与争议人'金杯'商标使用商品相同和类似的商品（保留其余的大多数商品），争议人相应撤回对被争议人'金杯'商标的争议裁定申请"的协议而告结。在维护法律严肃性的前提下，减少了企业和国家的损失，实现企业协商共济，发挥了商标促进经济发展的作用。

2. 对通过长期使用获得显著性的商标核准注册

对"两面针"牙膏商标、"前列康"药品商标等原本具有一定描述性的商标，根据其所提供的充分证据证实其通过长期使用和大量广告宣传后，起到了区别商品出处的作用，成为了具有显著特征的商标，商标评审委员会予以核准注册。这种做法所遵循的原则不仅符合商标法律制度发展的趋势和国际惯例，也使我国商标评审的审查理论得到进一步发展。

（二）商标评审工作会议首次召开

1994 年 5 月，商标评审委员会在成都召开了首届商标评审工作会议。中心议题是为保证办案质量，提高执法水平，做到办案有法可依，有章可循，既要规范当事人的行为，又要规范商标评审委员会的行为，以最大限度减少案件审理工作中的随意性。为此，会议对"商标评审准则"和"商标评审标准"两个草案征求了意见，为进一步修改和今后颁布实施奠定了基础。

（三）出版《商标评审案例选编》一书

1994 年首次出版《商标评审案例选编》，该书从商标评审委员会裁决的各类商标评审案例中挑选编辑了 100 个比较有代表性的案例。这本书出版发行后，受到了企业和法律工作者的普遍欢迎，不仅仅是对商标评审委员会一个阶段工作的总结，也是对企业维护自身商标权利的一种启迪，很好地发挥了宣传《商标法》的作用。

三、成立商标评审专家咨询组

根据《商标法》的规定，商标评审委员会是商标确权纠纷案件的终局裁决机构，新裁决的案件包括涉及除商标权以外的其他合法在先权利。为保证办案质量，提高商标评审委员会裁决案件的权威性，商标评审委员会于 1994 年 10 月设立了专家咨询组，就商标评审事宜中涉及有关其他法律疑难问题征求专家意见。商标评审委员会的专家咨询组，聘请了国内法律界、知识产权界著名专家学者 16 人。专家咨询组的咨询会议根据办案需要适时召开，对商标评审委员会在审理商标确权纠纷中涉及著作权、专利权、企业名称权、姓名权、肖像权、继承权等商标权以外的其他民事权利的重大疑难案件提供咨询意见，使商标评审委员会在疑难案件裁决前能有一个广泛听取各个领域法律专家意见的机会和场所，提高了商标评审办案质量，促进了商标评审委员会的建设。

第四节 商标评审制度的进一步完善阶段（1995—2001 年）

1995 年至 2001 年是商标评审制度和机构大力发展、进一步健全完善的阶段。在此期间，1995 年 11 月以国家工商行政管理局

局长令发布的《商标评审规则》将商标评审案件的审理原则和程序进一步规范化,并增加了透明度;1998年国家工商行政管理局的"三定"方案,第一次明确了商标评审委员会的编制,商标评审委员会进一步完善各类工作制度,公平公正地审结了大量的商标评审案件,其中包括一些国外有影响的商标评审案件。

一、《商标评审规则》的制定

1995年11月国家工商行政管理局发布了《商标评审规则》。这是继《商标法》及其实施细则之后商标工作的又一重要制度规范,它是商标评审工作的一件大事,标志着我国商标评审法制化建设又向前迈进了重要的一步。

《商标评审规则》的发布进一步明确了商标评审工作在商标法律体系中的地位与作用,有利于提高商标评审工作的权威性;进一步明确了商标评审委员会的职能,完善了商标评审工作程序,有利于增加商标评审工作的透明度,并与国际惯例接轨;进一步规范了当事人的权利与义务,有利于充分保障当事人的合法商标权益;进一步强化了商标评审委员会的自我约束机制,有利于保障执法公正。

1. 《商标评审规则》产生的背景

我国商标评审制度的建设起步较晚,在相当长的历史时期内几乎是一片空白。但是,自改革开放以来,随着社会主义市场经济体系的逐步建立以及企业市场竞争的需要,商标战已成为现代经济社会市场竞争的一个重要方面,反映到商标评审工作上,表现为每年受理的案件申请越来越多,而且越来越复杂。1990年商标评审委员会受理各类商标评审案件1 200件;其中,涉及双方当事人的案件仅为10件。1995年3 500件,其中,涉及双方当事人案件450件。2002年受理撤销注册不当商标申请等涉及双方当事人案件572件。这些涉及双方当事人案件不仅涉及商标权,有的还涉及其他民事权利,处理难度很大,对商标评审工作提出了更高的要求。

商标评审委员会依据《商标法》及其《实施细则》处理评审事宜,由于历史原因不能完全适应新的经济形势下商标评审工作的需要。同时,商标评审委员会通过对成立十几年来新做大量工作经验的总结,形成很多好的工作制度和做法,需要以一种形式规范起来。因此,出台一部《商标评审规则》显得十分必要,使之与法律、法规、规章配套,组成一个完整的商标评审法律体系。

2. 《商标评审规则》的主要特点

《商标评审规则》是以局长令的形式于1995年11月发布的,它是对现行法律、法规的细化、完善与补充。在这个前提下,原先不明确的地方予以明确,原先未作规定的,在与法律原则不冲突的基础上作了一些新的规定,并且吸取了民法、民事诉讼法的一些原则。主要有以下几个特点:

(1)明确了商标评审在商标法律体系中的地位与作用

《商标评审规则》明确了三点:一是明确商标评审委员会依法保护当事人合法权益,维护和监督商标局依法行使职权;二是明确商标评审委员会是负责商标确权的终局行政机构;三是明确商标评审委员会独立行使裁决权。这样,在《商标法》及其实施细则规定的框架下,明确表述了商标评审的地位和作用,以及商标评审委员会与商标局的关系,有利于商标评审委员会的依法行政。

(2)明确了商标评审委员会的机构、委员组成以及评审原则等,增加了评审工作的透明度,并与国际惯例进一步接轨

关于商标评审委员会的机构,在《商标评审规则》第二条和第三条中明确规定,国家工商行政管理局商标评审委员会是国家工商行政管理局设定的负责商标确权的行政机构,依法对商标评审事宜行使终局裁决权。

关于商标评审委员会委员组成,在《商标评审规则》第十一条和第十三条明确规定,商标评审委员会由主任委员、副主任委员、委员组成,其中委员为十五至十七人。商标评审委员会主任委员、副主任委员和委员由国家工商行政管理局任命。

关于商标评审委员的条件,在《商标评审规则》第十二条明确规定,一是熟悉商标

法律;二是从事商标审查工作满三年或者从事其他法律事务工作满五年;三是国家工商行政管理局的公务员。

关于商标评审委员会评审原则,在《商标评审规则》第七条、第八条明确规定,商标评审委员会处理商标评审事宜,采取委员投票表决制,遵循少数服从多数的原则。商标评审委员会对商标评审事宜实行书面审理。

关于专家咨询组也写入了《商标评审规则》,其第十二条明确规定,商标评审委员会设立专家咨询组,就商标评审事宜中的有关问题征求意见。

(3)规范了当事人的权利与义务

参照民事诉讼法的一些原则,结合商标评审工作的特点,主要增加了以下内容:一是经商标评审委员会许可,申请人、被申请人(含代理人)可以阅卷。二是案件作出裁决前,当事人可以撤回评审申请。三是商标评审委员会委员认为自己与本案有利害关系或者其他关系的,应当申请回避。当事人认为商标评审委员会委员与本案有利害关系或者有其他关系可能影响公正处理的,在评审裁决作出前,有权申请商标评审委员会委员回避。四是对复杂案件,商标评审委员会可以进行调查,必要时可以举行听证调查会。听证调查会可以是双方的,也可以是一方的,给当事人当面陈述的机会。

(4)增加了重新评审程序,强化了自我约束机制,有利于保证公正执法

关于加强自我约束机制的建设方面,设立了重新评审程序。设立这个程序是基于以下考虑:一是实行两审终结制是我国诉讼法的基本原则,两审后仍有一个审判监督程序,而《商标法》未做相应规定;二是由于种种原因商标评审委员会裁决的案件也有发生过错的可能,而一旦裁决有误,应该有一种补救程序;三是当事人重新申请与现行法律规定未有直接抵触;四是对重新申请范围做了明确限制,不会冲击终局裁决的效力。

因此,《商标评审规则》第三十四条规定:"当事人提出证据证明已经发生法律效力的裁决有下列情形之一的,可以向商标评审委员会重新提出申请,但不停止裁定的执行:(1)裁决的事项不属于商标评审委员会的评审范围的;(2)评审程序违反《商标法》及《商标法实施细则》的;(3)裁决所根据的证据是当事人伪造的;(4)对方当事人隐瞒了足以影响公正裁决的证据的。当事人重新提出评审申请,应当在裁决发生法律效力后一年内提出。"

重新提出评审申请是具有严格条件的,只有具备足以证明商标评审裁决存在《商标评审规则》第三十四条所列四项情形之一的充分法律依据和确凿证据的情况下,才可以对已生效的商标评审裁决重新提出评审申请。对于缺乏法律依据和事实证据的重新评审请求,商标评审委员会将不予受理,在保证当事人合法权益的同时,维护商标评审裁决的严肃性。

二、加强商标评审委员会的自身建设

(一)机构设置和工作制度的不断健全

根据国家工商行政管理局1998年的"三定"方案(工商人字[1998]第214号),商标评审委员会下设3个职能处,即综合处、审理一处、审理二处。编制40人,其中主任1人,副主任2人,三个处各设正处长1人,副处长2人。

商标评审委员会建立了一系列规章制度,明确了商标评审委员会主任职责、综合处处长职责、案件审理处处长职责以及委员(办案人员)工作职责。同时制定了会议制度,对会议的类型和内容、会议的组织和要求进行了相关的规定。严格规定了当事人的阅卷制度、文件管理的有关规定、考勤制度及案件当事人的接待制度。

作为国家工商行政管理局的窗口单位,一言一行直接关系到工商执法部门的形象。为认真贯彻落实党中央、国务院关于反腐、倡廉的各项任务和要求,落实国家工商行政管理局关于机关工作人员廉政方面的"两个规定",商标评审委员会制定了本部门的"九不准"廉政公约,并进行定期的督促检查。

(二)出版《商标评审指南》

通过长期的办案实践,商标评审委员会在1996年出版了《商标评审指南》一书,以加强商标评审的法制宣传。作为对十几年

办案工作的总结,书中通过普及商标评审知识,讲解商标评审法律程序,并对"商标显著性的一般标准","商标禁用的文字、图形","判断商标相同或近似的一般标准"及"是否构成注册不当商标行为的标准"等进行了规定和总结,从而丰富了商标评审案件审理理论研究的成果,也直接反映出我国商标评审工作的水准。《商标评审指南》一书列举了商标评审 8 种案件类型的 63 个典型案例。通过评析有关案例,不仅提高了商标工作者和企业的商标法律意识与运用法律的能力,也使相关公众对商标评审工作有一个整体的了解,因此也受到企业与商标工作者的欢迎。

三、商标评审案件的审理概况

(一)不断完善商标评审案件的审理制度

1. 严格执行商标评审案件的形式审查程序

依照《商标法》及其《实施细则》和《商标评审规则》的有关规定,商标评审委员会对申请评审的案件进行形式审查,内容包括:

评审申请是否属于商标评审委员会受理范围;申请人是否具备合法的主体资格;申请人是否在法定期限内提交评审案件申请;申请评审的书件是否齐备;申请人是否有具体的评审请求和事实依据;申请人是否交纳评审规费等。

商标评审委员会制作了有关的说明性文件,告知商标评审案件的当事人,对当事人如何依照《商标法》及其《实施细则》和《商标评审规则》的有关规定提交商标评审申请或予以答辩,怎样才符合形式审查的内容,提出了明确要求。

2. 合议组的组成及委员会的表决制

商标评审委员会对商标评审案件的裁决采取合议和委员会表决制。每个案件均需经过集体讨论,以多数委员的意见形成决定。对意见分歧较大的案件,则要评议多次。对于商标评审案件涉及其他法律法规的,商标评审委员会根据案情和审理案件的需要,邀请有关部门及专家咨询组成员听取

意见。出于对案件评审的慎重,商标评审委员会曾一度实行复审案件评议前转送商标局原审理部门签署意见的做法,后来考虑此种做法不尽合理。为切实体现商标评审委员的独立办案原则,自 1990 年以后,除个别案件涉及的事实需要进一步确认、证实的以外,已不再将复审案件转送商标局有关部门签署意见。对于案件的重要事实依据或者双方当事人陈述的事实出入较大的,商标评审委员会酌情或者派员进行调查、核实,或者要求当事人对其所陈述的事实提供证据,个别案件根据需要举行听证会,由双方当事人及有关人员进行面对面的陈述答辩。对于涉及双方当事人的评审案件,商标评审委员会原则上将当事人陈述的事实和理由,均向对方当事人公开,并规定凡是涉及双方当事人的案件,如商标异议复审、商标争议和撤销注册不当商标通知对方当事人答辩时,应将申请人陈述的事实和理由提供给答辩人。对于因某些客观原因造成的商标确权纠纷,商标评审委员会视情况和当事人的意向及社会效果,适当进行调解,以促成双方当事人通过协商达成协议。但是否协商及达成协议,完全取决于案件双方当事人,商标评审委员会不作任何要求。

上述评审案件审理的方式方法,为公正合理的裁决商标评审案件提供了保障。商标评审委员会还就各项具体的商标评审程序,分别制定了审理规则及工作程序,更大程度上维护了当事人的合法权益。如对于驳回商标的复审,商标评审委员会是在原申请商标和指定使用的商品或者服务的基础上进行复审,若申请复审的商标或指定使用的商品或服务与原申请的商标或指定的商品或服务不符,商标评审委员会将不受理其复审申请。对于复审商标与在先申请、注册商标相同或近似的,商标评审委员会是在原驳回理由的基础上进行复审,而不再重新进行检索引证新的商标予以核驳;对于复审商标违反《商标法》禁用条款或缺乏显著性的,商标评审委员会将不局限于原驳回理由及原引用的法律条款进行审理。

1999 年以后,面对商标评审案件年申请

量达到六千多件和商标评审委员人员不足的压力，为了既保证办案公正，又提高办案效率，商标评审委员会改革了由全体商标评审委员会定期集体评审同一案件、举手表决的审理办法，组成了若干合议组。对一般案件实行合议组评议审理，对于疑难和重大的案件，则由商标评审委员会主任、副主任和合议组的负责人以及案件承办人组成大合议组进行评审，大大提高了审理案件的进度和数量，同时对疑难和重大案件进行深入研究确保了办案质量。

3. 调查听证会的召开

商标评审委员会坚持以事实为依据，以法律为准绳审理商标评审事宜。在审理案件中，一般采用书面审理原则。随着企业商标意识的提高，特别是涉及双方当事人的案件逐年增多，案情越来越复杂，审理案件的难度越来越大。因此，在采取书面审理原则的同时，为准确办案，商标评审委员会按照《商标评审规则》的规定，对个别复杂案件进行公开审理，即应当事人的请求或视案情所需召开调查听证会。

1995年2月24日，商标评审委员会对"一杯半图形"商标驳回复审案举行了听证。该商标被驳回的理由是商标局认为其为一种食品的广告宣传图形，且为食品的包装装潢，缺乏商标应有的显著性。商标复审申请人英国吉百利史威士公司通过代理人向商标评审委员会提交了听证请求。经研究，商标评审委员会同意对该案举行听证会。作为本案申请人，世界四大糖果公司之一的吉百利史威士公司对此听证会非常重视，派员专程由澳大利亚到北京，并为听证会准备了大量的实物证据和充分的书面材料，将有关的证据及文字材料，制作成投影胶片和录像片。听证会上，吉百利史威士公司介绍了该公司简况和其在中国的投资情况，以及"一杯半图形"商标的历史和知名度等情况。经过听证，商标评审委员会深入了解了"一杯半图形"商标，取得了基本一致的意见，对客观公正的裁决该案，核准"一杯半"商标予以注册，起到了重要的作用。

1996年5月9日，商标评审委员会组成临时合议庭，对涉及科研成果的"天成金芝"（醋蛋液）商标异议案和注册不当案合并进行了公开审理。通过召开听证调查会，既改革了评审办案方式，又提高了评审委员会的办案能力，对今后公平、公正处理复杂案件起到了很好的指导作用。

（二）健全商标评审的审查标准

商标评审标准是审理商标确权案件须把握的重要尺度。由于商标案件情况千差万别，相关法律规定得比较抽象，不易操作，即使细化也不可能面面俱到，商标评审案件总体上遵循"个案审查原则"。

1. 理顺商标评审标准与商标审查标准的关系

商标评审委员会审理案件的评审标准与商标局的审查标准在本质上是一致的、统一的，其依据都是《商标法》。因此，不应该将评审标准与审查标准对立起来。但是，评审标准与审查标准在实际操作中确实存在一定差异，造成差异的主要原因在于：商标评审委员会在审理复审案件时，办案人员面对的案件事实与证据可能与商标局不同。评审时，当事人可以提供较当初向商标局申请时评审商标的更为详尽的事实和证据。诸如：商标的创意、商标的使用情况、商标的知名度以及双方当事人的竞争关系和行为等，供评审委员会作出判断。

为了确保案件裁决的公平公正，商标评审委员会在充分了解和尊重商标局审查标准的同时，摸索和建立商标评审标准，并且本着与时俱进的精神加以完善。

2. 遵循个案审查原则

商标评审委员会在审理案件时，遵循个案审查原则这一原则实际上是要求在处理具体商标评审案件中，要做到具体问题具体分析，具体问题具体对待，讲事实，重证据，充分考虑商标案件的个案差异。

（三）案件审理

1995年，商标评审委员会对"多田"、"云丝被"、"老婆饼"、"鲜得来"、"海棠图形锁"商标等疑难商标评审案件进行调查研究，听取当事人与地方有关部门的意见，掌握充分的事实与证据，做到商标核准或驳回都有充分的依据。

1996 年,商标评审委员会通过召开座谈会和专家咨询会,对"乡下佬"、"黑五类"、"酸妞"、"余仁生"、"魏记"、"武松打虎图形"及"VALENTINO"等商标评审案进行讨论,对上海两个锁厂"海棠图形"商标争议案与广东中山和福建"灭害灵"商标争议等案件进行协调,有效解决了一批商标评审疑难案件。

1997 年,商标评审案件的特点是复杂案件越来越多、案情越来越复杂,案件审理难度加大。为慎重办好复杂案件,对"华伦天奴"、"打虎图形"商标,多次征求专家咨询组意见,并多次走访有关的人民法院,形成统一认识。

1998 年商标评审委员会对中国(深圳)某外贸公司注册的 9 件商标作出撤销注册的终局裁定。9 件商标中,"中侨"、"富岛"、"江铃"、"广夏"、"宝恒"、"中富"、"华强"7 件为上市公司简称,"佳宁娜"、"特发"为广东、港、澳地区知名企业的商号。深圳经济特区发展(集团)公司等 9 家公司依据《商标法》有关规定,分别向商标评审委员会提出撤销注册不当商标申请。

商标评审委员会认为:中国(深圳)某外贸公司注册的上述 9 件商标,均为上市公司名称或在广东等地区具有一定知名度的企业名称的简称,在相关经济领域有一定影响,该外贸公司对此理应知晓,却将上述名称以服务商标申请注册,将对社会公众产生误导作用,并对有关公司的合法权益构成侵害,造成不良的社会影响。其行为已构成《商标法》所指以欺骗手段或是其他不正当手段取得商标注册的行为,注册的 9 件商标予以撤销。这批案件的裁决被新闻单位广泛报道,对制止抢注他人商标起到很好的警示作用。

1999 年商标评审委员会裁决,撤销了深圳某公司抢注的日本日立万胜株式会社的"万胜"商标,在驳回复审案件审理中,核准了美国通用汽车公司的"通用汽车"、"GM"商标。对于法国伊夫圣洛朗公司注册的"鸦片 OPIUM"商标,按照注册不当商标予以撤销,不仅树立中国知识产权的良好形象,也为制止商标领域的不正当竞争行为、改善外商投资环境起到了积极作用。

2000 年慎重审理并依法裁决了一批有影响的重大疑难案件。如"联通"商标注册不当案、"田码及图形"异议复审案、"PDA"撤销复审案、"小秘书及图"商标注册不当案异议复审等案件,有力地维护了当事人的合法权益。

2001 年依法裁决了"SELEVA"商标转让注册不当案等案件,进一步扩大了商标评审工作的影响面。

(四)历年裁决的典型案例

1."牛奶公司"商标驳回复审案

1995 年香港牛奶有限公司对其被商标局驳回的"牛奶公司"商标申请复审。该公司认为,申请人企业名称是"牛奶有限公司"。无论在商品上、广告上,都很清楚地表明"牛奶公司"是商标,而且"牛奶公司"是驰名商标,为消费者所熟悉,因此,不会将其与同行业者的商品混淆。商标评审委员会裁决认为我国商标法虽没有明文规定企业名称能否作为商标注册,但法律明确规定注册商标使用的文字、图形及其组合,必须具有显著特征。申请人是一家以生产奶制品为主的公司,而"牛奶"、"公司"两词又是同行业使用最普通的词汇,以其组合作为奶制品(冰淇淋等)上的商标,不足以使消费者将其与其他奶制品公司相区别,因此,不具备商标应有的显著特征,申请注册的"牛奶公司"商标予以驳回。

2."ERB 及图形"商标注册不当商标案

"ERB 及图形"商标是广东东莞某公司于 1994 年 10 月注册的商标,美国通用电气公司于 1996 年 7 月对该商标提出注册不当撤销申请,商标评审委员会终局裁定认为:申请人引证商标"GE 及图形"组合具有独创性。该商标已使用近百年,并在 100 多个国家和地区获准注册,成为世界及中国公众熟知的商标。被申请人的商标虽由 E、R、B 三个字母组成,但其字体设计风格及背景图案组合与申请商标基本相同,整体结构、视觉效果极为近似。被申请人在其黏合剂系列产品简介中,可以清楚地看到带有"GE 图形"商标的商品彩色图样。事实证明,被申请人对申请人的商标是知晓的。被申请人的"ERB 及图形"商标已构成对申请人"GE 及图形"知名商标的抄袭和模仿,属注册不当商标,应当予以撤销。

3. "STIGA"商标注册不当商标案

1997 年 11 月商标评审委员会就"STI-GA"商标注册不当案依法作出终局裁定,认为:该商标案是违反诚实信用原则,以复制、模仿、翻译等方式将他人公众熟知商标进行注册的典型案例,对"STIGA"商标依法予以撤销。

"STIGA"商标是天津某公司于 1996 年 11 月申请注册的,1997 年 5 月瑞典乒乓球有限公司对该商标提出商标注册不当撤销申请。商标评审委员会查明法律事实为:瑞典乒乓球有限公司的 STIGA 乒乓球器材生产始于 20 世纪 40 年代,自 20 世纪 50 年代起,该产品被指定为许多届乒乓球世界杯赛用品。在第 33 届世界乒乓球锦标赛上,STI-GA 乒乓球产品被组委会授予"运动员及大会组织者认为最满意的产品"称号,"STI-GA"商标被欧洲乒乓球联盟和国际乒乓球联合会认定为知名商标。瑞典乒乓球队所穿服装及使用的球拍等均为申请人提供的"STIGA"产品。STIGA 乒乓球产品已具较高知名度。被申请人天津某公司负责人曾在由 STIGA 公司提供赞助的 ESKILSTUNA 乒乓球俱乐部任乒乓球教练,并与申请人公司总裁有来往,对"STIGA"商标知名度理应知晓。被申请人将"STIGA"商标在中国申请注册,已构成以不正当手段取得注册的行为。"STIGA"商标依法予以撤销。

4. "三毛及图形"商标注册不当案

1997 年 12 月,张乐平先生遗孀冯雏音女士对江苏某集团公司注册的 6 件"三毛及图形"商标提出了注册不当申请。商标评审委员会 1998 年依据法律和事实作出终局裁定认为:张乐平先生于 1947 年创作的《三毛流浪记》是国内家喻户晓的连环漫画,其中三毛为公众熟知的具有三根头发的儿童艺术形象,张乐平对其享有版权。1992 年,张

乐平先生去世后,其妻冯雏音女士依法继承。被申请人在印刷品、布等 6 个商品类别上申请注册的"三毛及图形"商标,未经版权所有人同意,亦未依法签订使用许可合同,擅自将申请人享有版权的"三毛及图形"申请注册商标,其行为侵犯了申请人依法受到保护的版权。被申请人将"三毛及图形"商标申请注册,已构成《商标法》第 27 条及其《实施细则》第 25 条第 4 款所指以不正当手段取得注册的行为,"三毛及图形"商标属注册不当商标。被申请人注册的 6 件"三毛及图形"商标依法予以撤销。

5. "VALENTINO 华伦天奴"商标注册不当案

1996 年 7 月,(荷兰)华伦天奴环球有限公司对香港某制衣公司申请注册后转让给另一家香港公司的"VALENTINO 华伦天奴"商标提出注册不当商标撤销申请。商标评审委员会作出终局裁决认为:(荷兰)华伦天奴环球有限公司是华伦天奴·格拉瓦尼先生拥有控股权的华伦天奴公司集团中的一家企业,华伦天奴公司集团已在 50 多个国家和地区注册了以华伦天奴·格拉瓦尼先生本人的名字"VALENTINO"构成的商标,其中许多商标是以(荷兰)华伦天奴环球有限公司的名义所有。华伦天奴·格拉瓦尼先生是世界上最著名的时装设计大师之一,在国际上享有很高的威望。"VALENTI-NO"服装商标,正如华伦天奴·格拉瓦尼先生的名字一样,拥有世界性的声誉,在中国大陆已成为具有很高知名度的商标。

"VALENTINO"英文商标于 1959 年 5 月 6 日在香港由他人在衬衫商品上注册,1977 年 5 月 27 日(荷兰)华伦天奴环球有限公司受让该商标。至于"华伦天奴"中文商标,该公司于 1977 年即在香港开始使用。由于"华伦天奴"一直与"VALENTINO"商标一并使用,因此消费者了解华伦天奴中文商标时装即 VALENTINO 时装。香港作为亚洲制衣行业的中心,当初在大陆注册并转让该商标的香港制衣企业,理应知晓"VALENTI-NO"是世界服装界的驰名商标,"VALENTI-NO 华伦天奴"商标当初在中国大陆注册即

属于违反诚实信用原则抢先注册他人商标的不正当竞争行为,虽然其续展注册但仍是这种不正当竞争行为的延续,因此,对该商标予以撤销注册。

6.“国旅大荣”商标注册不当案

日本某企业分别于 1996 年 6 月和 1996 年 3 月在国际分类第 36、39 类申请注册“国旅大荣”商标。1997 年 3 月,中国国际旅行社对该两商标提出注册不当撤销申请,请求商标评审委员会予以裁定。

依据事实和法律,商标评审委员会终局裁决认为,中国国际旅行社成立于 1954 年,简称“国旅”,并在全国 12 个城市同时成立了国旅分社。1992 年以中国国际旅行社为核心的中国国际旅游集团成立,该集团为中国最大的旅游企业。由于国旅几十年的辛勤努力,大量而广泛的广告宣传,以及广大公众对旅游业的关注与积极参与,使得“国旅”在中国已成为公众熟知的商标。

该日本企业于 1994 年曾与中国国际旅行社有过合资意向,并签署了成立国旅大荣有限公司的合资合同。虽双方合作由于某种原因而中止,但由此可以认定株式会社大荣对中国国际旅行社有充分的了解,知晓“国旅”是其服务标志,知道“国旅”在中国公众中具有良好的声誉及很高的知名度。

因此,株式会社大荣申请注册的“国旅大荣”商标已构成违反诚实信用原则,对公众熟知的“国旅”商标的模仿和抄袭,对其注册的“国旅大荣”商标予以撤销。

(五)专家咨询组的作用得到充分发挥

自 1995 年至 2001 年,商标评审委员会共召开了 10 余次专家咨询会,咨询了“贵州”酒商标和“口子”酒商标续展注册不当案;“银河”商标注册不当案;“道口”商标注册不当案;“老白魁”商标异议复审案;“小马驹”商标撤销复审案;“避风塘 BFT”商标注册不当重新评审案及“国防”商标转让注册不当案等 20 余件评审案件,内容涉及诸多法律、法规。通过听取专家们的意见,不断提高商标评审工作的执法水平。

根据工作需要,商标评审委员会于 2000 年 10 月调整了专家咨询组成员,组成了第二届专家咨询组。由 17 位专家组成了第二届专家咨询组,任期为三年。专家咨询组成员来自于最高人民法院、中国社会科学院、北京大学法学院、中国人民大学法学院等单位。

四、举办多种类型的研讨会和培训班

商标评审委员会先后于北京、成都、黄山、中山、厦门、大连等地组织召开了多次商标评审工作研讨会,并对各商标代理组织、地方工商行政管理部门、企业代表进行了培训。会上也对一些典型的商标评审案例进行了广泛而深入的研讨,在与会者中产生了良好的反响,从而对了解和加强商标评审工作、提高商标代理水平起到了积极的推动作用。

(一)安徽省黄山市商标评审案件研讨会

1995 年 5 月,商标评审委员会在安徽省黄山市召开了全国商标评审案件研讨会。部分省、市工商行政管理局商标处处长和商标代理组织负责人共 50 余人参加了会议。这是商标评审委员会首次召开全国性的商标评审案件研讨会。会议就涉及商标显著性、商标禁用条款、商标近似的判断,抢注商标案件中的继承权、名誉权、老字号问题等类型的 17 个案件进行了深入讨论。与会者对这种会议方式表现出浓厚兴趣。这次会议以案说法,以案学法,对于提高认识,统一思想,加深对评审案件标准的掌握与理解,准确办案,提高工作质量以及增加商标评审工作的透明度起到了良好作用。

(二)厦门商标评审工作座谈会

1996 年 6 月,在厦门召开由部分省、市商标管理部门和商标代理组织参加的商标评审工作座谈会。会议主要是宣传贯彻《商标评审规则》,同时,对受理的一些商标评审案件进行研讨。与会代表对《商标评审规则》颁布的重要性给予了很高的评价。一致认为它既使得商标评审工作有章可循,有利于保障当事人的合法商标权益,又增加了办案的公开性和透明度;既明确了评审机构的地位和作用,又强化了商标评审委员会的自我约束机制,从而推动了商标制度的完善。

在商标评审案件讨论中,通过对“乡下

佬"、"黑五类"等几十个商标的讨论,使与会代表取得共识:商标也是一种文化,它反映出一个民族或一个国家的文明程度。如果任封建糟粕、庸俗腐朽的词汇作商标注册,广泛流入社会,不利于我国精神文明建设,也有损国家的政治形象。

（三）北京商标评审制度研讨会

1997年4月,商标评审委员会在京召开了商标评审制度研讨会,会议就我国商标评审制度的健全、完善、改革、发展进行了充分讨论,提出了许多有益的建议。

参加会议的来自不同领域的知识产权工作者,虽然对商标确权纠纷案件的终局裁决权是否应当设置在人民法院争论激烈,但是一致认为,即使终局裁决权归属了法院,行政程序内仍应设立复审程序,而且仍以设立两个行政地位平行,甚至在干部配备上更高一些的机构模式为好,即维持目前商标局与商标评审委员会这样一种模式,在干部配备上加强商标评审委员会。与会者认为商标局是商标专用权的行政授权部门,商标评审委员会是对确权争议进行行政复审的部门,人民法院则是对当事人对行政裁决不服进行司法救济的部门,三个部门的分工与职能不同,是不可替代的。

（四）服务商标、集体商标和证明商标研讨会

1997年11月,商标评审委员会在广东省中山市召开了服务商标、集体商标和证明商标研讨会。会议期间,采取大会发言、案例讨论和问卷调查等多种方式,对如何进一步规范服务商标、集体商标和证明商标的评审标准,做好商标确权工作进行了广泛而深入地研讨。研讨会发言和讨论的题目分别为服务商标与商品商标注册标准是否有所区别;判定服务商标相同或近似时,是否考虑服务商标使用的地域性;含有地名、国名、本行业通用词汇的服务商标是否可以注册;银行、航空和广播电视等服务项目的服务商标,其显著性的判定是否与一般服务商标有所区别以及集体商标、证明商标申请人的主体资格等问题。一些地方工商行政管理局、商标代理组织及企业代表也作了发言,对进

一步规范评审标准,使其更加符合服务商标实际使用状况和服务商标保护的客观需要,具有重要的参考价值。

会议期间,与会人员还就商标评审委员会提供的50件具有典型性的案例进行了研讨。大家踊跃发言,各抒己见,争论激烈。与会人员虽然在一些具体问题上意见分歧较大,但多数人认为,商标局的审查标准和商标评审委员会的评审标准总的是一致的,但商标局审查阶段主要是根据申请书件,而评审阶段当事人提出了大量的证据和理由。因此,两者往往会有所不同。

会议还对50件商标评审案例的准与驳的问题进行了问卷调查。与会人员表示,这次会议开得圆满成功,理论研讨、案例分析和问卷调查相结合的方式非常好,是一种值得提倡的好形式。通过研讨,更深刻地认识到商标评审工作的重要性,同时也加深了对服务商标、集体商标和证明商标的了解。

（五）组织商标评审培训、研讨班

商标评审委员会还通过举办多期商标代理人培训班,在提高商标代理人素质的同时,加强了与商标代理人的沟通,听取他们关于商标评审工作的意见和建议,进一步提高了商标评审工作的水平和完善了商标评审制度的建设。

1. 2000年5月在北京举办了商标评审培训班。来自全国各地的150余名商标代理人参加了培训。在培训班中,指出了目前商标评审代理工作中存在的问题,如某些商标代理机构以行政手段从事商标代理,搞不正当竞争;有的商标代理机构不够重视人员素质,工作质量多次发生问题,给商标评审案件的审理造成困难,延误了案件审理的进度;有的商标代理机构甚至对商标评审法规、程序知之甚少,损害了当事人的权利。商标评审委员会领导在充分肯定近年来商标评审代理工作的成绩的同时,对各商标代理机构如何提高代理工作水平提出了建议性意见。同时,综合多年来积累的大量商标工作资料,系统介绍了商标档案,商标公告,商标注册号,商品分类,注册不当案的申请时效,注册证上商标名称问题、地名问题,类

似群名和类名,商标评审再审查等方面的沿革和逐步完善的历史。

在培训课程的安排上,不仅有商标评审委员会的同志为学员们讲授商标评审程序及相关问题、商标评审掌握的一般标准及个案处理原则、商标评审中涉及的国际注册问题,还邀请了北京市高级人民法院知识产权庭的法官作了中国知识产权司法保护的最新发展的讲演,增进了学员们对我国知识产权保护和商标理论的认识,还请大连市商标事务所介绍了通过加强商标法制宣传和深入企业免费进行咨询服务等活动,得到当地政府的支持,大大增加了商标代理的案件来源,受到企业普遍好评的经验。请中国国际贸易促进委员会商标专利事务所介绍了重视机构建设,严把进人关和加强人员培训及素质提高,确保代理工作质量的经验。通过研讨、沟通,为代理组织拓展了思路,促进其提高代理水平。

2. 2000年9月商标评审委员会在大连市召开了商标评审工作研讨会。来自全国26家商标代理机构的所长和代理人40余人参加了会议。会议研讨了依法加快审理商标评审案件的措施和有关商标评审案例,并听取了大连市商标事务所关于转变观念,开拓思路的经验介绍。

3. 2001年5月,商标评审委员会在北京举办了为期三天的商标评审培训班,以适应我国即将加入世界贸易组织和《商标法》的修改。

面对修改后的《商标法》将把商标确权案件终审权纳入司法程序,商标评审案件裁决将面临司法的监督的新形势变化,商标评审委员会把提高商标办案人员素质,提高办案质量放到十分重要的位置。所以,对此次培训班的内容、重点和培训对象进行了认真研究,决定将提高商标评审办案质量与商标评审案件司法审判的关系作为培训的主要内容,并且针对当前商标评审工作中的薄弱环节,把证据学,特别是案件审理中的举证责任、质证与证据的采信等作为培训的重点。商标评审委员会的同志讲授了商标评审的形式审查、实质审查和国际注册的商标

评审等课程,还特别邀请了最高人民法院知识产权庭及北京市高级人民法院知识产权法官做讲座。

五、对外交流工作

1995年,商标评审委员会首次组织赴日商标评审考察团,对日本商标评审制度进行了为期12天的考察。了解了日本商标审判制度的起源以及演变历史,日本现行审判制度、体制、标准以及涉及驰名商标的认定、日本商标法的修改动向等问题。经过考察,对进一步搞好商标评审委员会的建设很有启发。赴日期间,应日本方面之邀,还举办了中国商标评审制度报告会,向日本众多人士及大企业宣讲了中国的商标法律制度,并回答了他们关心的问题。

1998年,商标评审委员会先后派人出席了国际商标协会在美国召开的年会,赴欧洲瑞士、法国等国以及香港特别行政区进行了工作考察,并首次参加了由国家工商行政管理局组织的赴日研修团。在出席会议和考察期间,介绍了中国评审机构设置、作用和工作情况,对这些国家的商标评审制度机构、设置、工作方式、审判标准进行了了解。应美国方面之邀,向美国部分商标代理机构及大企业宣讲了中国的商标评审制度,回答了他们关心的问题,产生了很好的反响。在赴日研修中,学习了日本反垄断法的立法及执法情况,以及日本商标审判制度的行政程序、司法程序、机构设置和运转情况。通过参观、学习和考察收获很大,增进了中国和各国知识产权界的相互了解,对今后进一步搞好我国商标评审工作,改进工作方式具有参考价值。

2000年11月20日至12月2日,为了学习借鉴国外的经验,以适应我国即将加入WTO及《商标法》修订后商标评审工作所面临的新的执法形势的需要,经国家工商行政管理局领导批准,组成商标评审工作考察团(以下简称"考察团"),赴法国和西班牙进行了考察。

考察团走访了欧共体内部市场协调局、法国工业产权局、法国巴黎上诉法院、国际知识产权研究中心、西班牙专利商标局等机

构,受到了热情的接待和礼遇。欧共体内部市场协调局对此次来访非常重视,不仅派多位专家、七个部门的负责人和十几位专业人员与考察团进行了两天的座谈,而且该局局长伍波·德·波埃先生和副局长卡萨多先生还亲切地会见了考察团。考察团此行任务的重点是,考察国外在商标确权案件由司法机关进行终审的法律制度条件下,商标复审机构的设置、职能及应诉,国外有关机构商标审查和商标复审掌握的标准,商标审查和复审的工作流程及不同层次工作人员的配置与分工、商标信息的发布与社会化利用,商标复审人员的素质要求与人才培训等问题。由于商标评审委员会领导班子对此次考察工作十分重视,切实贯彻国家工商行政管理总局领导的指示,该考察团在出访前认真拟定了考察计划,与接待方以文件商定了考察的具体议题、座谈出席的人员及交换的文字资料等;在出访中,认真落实考察计划,严格遵守外事纪律,充分发挥团组每位同志的专业特长和能动作用,使得本次考察进展顺利,工作效率较高,交流信息量较大,取得了令人满意的成果。

六、商标评审工作的自动化建设

1993年3月,国家工商行政管理局开始着手于商标注册与管理自动化系统工作。经过一年多的开发,1994年第一期工程竣工,并于1995年2月通过验收。借助于一期工程,商标评审委员会可以查询商标数据库,了解有关商标的状态。

商标注册与管理自动化系统二期工程于1997年启动,并于2001年12月投入试运行阶段。由于商标评审业务较为复杂,尤其是商标评审申请案卷较厚,证据材料较多,有些证据属于非纸质件,难以形成二期工程所要求的"无纸办公"流程,因此,商标评审委员会自动化办公手段实现的重点在于各类评审案件的收发文管理和对形式审查的支持,以及在案件审理中对商标档案的检索与拟定裁决文书及发文的支持,而对评审案件的实质审理仅起辅助作用。

根据商标评审委员会的业务性质,商标评审委员会是一个相对独立的子系统,设置相对独立的入口和出口,能完成评审申请书件主要信息的录入、查询、统计,能够全面实现从形式审查、任务分配、实质审理到最终裁决发文、公告等各环节的自动化流程控制,最后将案件的裁决结果归入设定的案例库。

商标评审委员会与商标局对于商标数据信息的共享主要体现在以下几方面:一是收文时,商标评审委员会需及时了解商标局各种发文的发文编号、发文时间,商标的审查、异议、变更、续展等详细信息;二是在收文后,评审信息及评审状态应及时、详细地加注到商标数据库中;三是评审规费兑款;四是在商标评审委员会作出裁决后,评审电子档案归入商标局主数据库,纸件档案归入商标局档案处。

二期工程的实施,全面实现对评审申请件加工和处理的自动化流程控制。由于工作对象是商标评审案件,这一特殊性导致不能完全严格按照流程进行自动化作业,而且在形式审查、实质审查阶段都比较注重人的因素,如时限判断仅是提示功能,个别案件可以提前审理等,因此,在二期工程商标评审子系统运行中很难实现"无纸办公"流程。

二期工程是基于电子数据的自动化系统,商标评审工作人员的工作方式将由手工转向计算机操作。其变化主要体现在两方面:一方面,审查员的信息源由主要来自纸件转变为主要来自计算机,即每个审查员的待审案件通过计算机自动得到分配;与形式审查或实质审理相关的其他处室的信息(如申请件兑款信息,引证商标是否正在办理变更、续展、转让等业务)可以直接在计算机系统中得到,而不必通过人工询问或纸件交接;基础数据可以在计算机中通过查看原始档案的扫描件得到确认,而不必到档案处调卷以确认。另一方面,审查员的审查信息存储在计算机中,即答辩通知书、补正通知书等各种通知,驳回申请通知书、裁决书等各种审查结果通知等都保留在计算机系统中,保证了审查信息的完整性和可检索性,可以准确地反映出案件审理的各种流程状态。

鉴于二期工程复杂,短期内难以实现,

为了及时解决商标评审形审工作完全手工操作、查询困难的燃眉之急,商标评审委员会于1998年初开发了商标评审案件信息管理系统(相对于二期工程,以下简称为小系统),其主体是初步建立商标评审案件数据库,以便在二期工程实施之际,形成完整的国家工商行政管理局商标数据库系统。

商标评审委员会启动对小系统的升级开发。在确保与二期工程相衔接的技术前提下,小系统升级开发后,完善了查询功能,建立了驳回复审案件图形库以及裁文库,商标评审工作的自动化建设有了进一步的提高。

自2001年12月1日修订的《商标法》实施后,商标评审案件审理的工作手段由过去基本上以手工操作,即依靠收发簿登记并进行统计分析,转变为利用先进的计算机技术和设备,自动生成各种评审信息的自动统计,提高了办公自动化水准。由于商标评审案件审理程序复杂、案卷材料繁多等特点,商标评审工作模式在商标自动化办公系统中仍在一定程度上需依赖于纸质件,尚不能做到无纸办公。尽管如此,商标评审工作流程自动化工作已经产生了质的飞跃,商标评审工作在计算机信息化建设方面迈进了一大步。

第五节 全面推进商标评审制度 实现科学发展 (2002年—2008年6月)

2001年12月1日修订的《商标法》实施后,商标注册审查的程序条款和实体条款得到进一步完善,商标评审委员会不再对商标确权纠纷案件行使终局裁决权,当事人如对裁决不服可以向人民法院提起行政诉讼,商标评审制度的这一重大变化,对评审工作在程序上和实体上都提出了更高更新的要求。2002年以来,随着中国经济建设的发展和商标权利人自我保护意识的提高,商标评审案件申请量逐年迅速增加,2002年商标评审委员会受理的案件为6 228件,2007年受理的案件则快速增长至17 071件,增长了174%,

迅速增长的案件申请量导致了评审案件审理周期过长和案件积压严重。大量新增的商标评审案件申请和各种原因所致的案件积压给商品评审委员会带来了严峻的挑战和巨大的压力,在保证商标评审案件裁决公平、公正的前提下,如何提高行政裁决效率,进一步加快案件审理速度,成为摆在面前的首要问题。目前商标评审委员会正在通过申请增加人员编制、提高计算机信息化水平、加强评审员队伍建设、简化案件文书格式等多种有力措施提高案件审理效率,实现公正与效率的有机统一,以保证完成"三年内解决商标评审案件积压,五年内商标评审工作达到国际水平"的目标。

一、进一步加强商标评审委员会的自身建设

2001年8月,国务院办公厅印发了《国家工商行政管理总局职能配置、内设机构和人员编制规定的通知》(国办发〔2001〕57号)。根据国办的通知精神,国家工商行政管理总局研究制定了《各司(厅、局)职能配置、内设机构和人员编制规定的通知》(工商人字〔2002〕第134号),商标评审委员会下设4个职能处,即综合处、审理一处、审理二处、案件应诉处。编制40人,其中主任1人,副主任2人。在商标评审委员会的编制规定中,两个审理处除原有职能外,还增加了"依照人民法院的裁决,对本处已作出的决定、裁定重新做出决定、裁定"及"组织双方当事人或单方当事人参加的调查听证会"职能。同时,《商标法》修改后,商标评审案件的最终裁决权已纳入司法程序,因而商标评审委员会增设了案件应诉处以适应人民法院的司法监督。

2004年12月,商标评审委员会增设案件受理处、案件审理三处,案件应诉处更名为法律事务处。2008年3月26日,商标评审委员会撤销法律事务处,改为案件审理四处,增设案件审理五处、案件审理六处。编制为70人。

随着社会经济的不断发展,商标评审案件数量逐年增加,为了尽快消化积压案件,在2008年,商标评审委员会又向社会公开

招聘了 90 名商标评审辅助人员。这些工作人员目前已开始逐渐承担商标评审案件的审理辅助工作。

二、《商标评审规则》的修订

（一）2002 年第一次修订情况

2001 年初，为适应我国加入世界贸易组织及新《商标法》的颁布实施，商标评审委员会着手对《商标评审规则》的修订进行了一系列的准备工作。

2002 年 8 月 11 日，国务院以第 358 号令公布了《中华人民共和国商标法实施条例》（以下简称实施条例），并决定于 9 月 15 日予以实施。根据修改后的《商标法》及其实施条例，商标评审制度发生了重大变化。作为与商标法及其实施条例配套实施的行政规章，国家工商行政管理局 1995 年制定的《商标评审规则》（以下简称原规则）也必须作相应的修改。为此，在总结经验、借鉴国内有关法律制度，尤其在与人民法院进行协商的基础上，根据修改后的商标法及其实施条例的有关规定，修订了《商标评审规则》。

1. 关于司法审查

在修改《商标法》及其实施细则之前，商标评审委员会对商标争议案件行使终局裁决权。商标法及其实施细则修改后，商标评审委员会作出的决定、裁定必须接受司法审查，当事人不服的，可以向人民法院起诉。因此，新修订的《商标评审规则》删除了原规则关于商标评审委员会"依法对商标评审事宜行使终局裁决权"的规定。鉴于修改后的《商标法》及其实施条例对当事人可以向人民法院起诉的各种情形已作了明确规定，因此，未对司法审查的具体情形再作直接规定。但《商标评审规则》具体规定和增加的许多条款都充分体现了适应司法审查的要求，使商标评审委员会作出的决定、裁定经得起法院的审查。

2. 关于职权范围

按照原规则第十条的规定，商标评审委员会受理的案件范围共有 8 项，其中第（一）、（二）、（六）、（七）项是修改前商标法及其实施细则有明确规定的，第（五）项涉及的案件一部分有规定，一部分没有规定，第（三）、（四）项则都没有明确的规定，第（八）项属于弹性条款。修改后的《商标法》和实施条例，对商标评审委员会受理案件的范围作了限制，强调了法定审理案件的职责范围。按照实施条例第二十八条的规定，受理案件的范围仅限于依据《商标法》第三十二条、第三十三条、第四十一条、第四十九条的规定提出的商标评审申请。因此，新修订的《商标评审规则》在第二条规定商标评审委员会受理案件的职能范围时是以实施条例第二十八条的规定为基础的，并使之具体化、明确化。原规则中已不属于商标评审委员会法定受理范围的案件不再纳入商标评审委员会的职权范围。

3. 关于回避制度

修改前的《商标法》及其实施细则均无有关回避的规定，但实施条例增加了这方面的规定。原规则虽然在第二十四条做过原则规定，但没有规定具体操作程序予以落实。新修订的《商标评审规则》以商标法实施条例第九条的规定为基础，对当事人提出回避申请的方式、时间和商标评审委员会处理回避问题的时间、方式等方面均作了比较全面的规定。

4. 关于合议制度

按照原规则第七条的规定，商标评审委员会处理商标评审事宜采取委员投票表决制，遵循少数服从多数的原则。实践表明，在当初商标评审案件较少的情况下，实行委员表决制是比较合适的。但随着全社会商标意识的提高和商标注册申请量的大幅度增长，我国商标评审案件的数量在不断上升，2001 年的申请量已超过 6 000 件，今后仍呈上升趋势。在此情况下，继续实行委员表决制既不现实，也必定影响评审工作的效率。事实上，近几年来的评审实践实行的已不是委员表决制，而是按照合议制方式进行的。实践证明，实行合议制可以提高商标评审工作效率，增加透明度，也符合国际惯例。因此，新修订的《商标评审规则》中明确规定，商标评审委员会审理商标争议案件实行合议制度，并规定在事实清楚、案情简单的情况下还可以采取独任审理制。实行合议制既是适应司法审查的重要内容之一,也是增加办案人员的责任和提高办案人员的水平及素质的重要措施。

5. 关于公开评审

大多数国家对商标争议案件都以书面审理为主,公开庭审只是在少数情况下进行。修改前的《商标法》及其实施细则一直没有规定公开审理的方式,原规则也只是规定商标评审委员会在必要时可以召集双方当事人举行听证调查会。在过去的几年间,商标评审委员会曾经根据该规定举行过一些调查听证会。这次国务院发布的实施条例增加了与书面审理相对应的公开评审方式。公开评审增加了商标评审委员会的工作量,也对评审工作提出了新要求。为贯彻实施条例,保证公开评审在程序上不出问题并经得起司法审查,新修订的《商标评审规则》在借鉴专利复审委员会和法院庭审经验的基础上,设专章对公开评审的程序作了详细规定。

6. 关于证据规则

从司法审查的角度看,商标评审案件最容易在程序和证据上出现问题。"以事实为根据"的法律原则也完全依赖于对证据的判断。尽管商标争议案件的审理有其特殊性,但也必须遵循与其性质相适应的基本证据规则。国外也对证据规则有完善的规定。原规则仅在第二十一条和第二十五条涉及了举证期限、证据交换和证据收集问题,远远不能适应商标评审工作和司法审查的需要。新修订的《商标评审规则》在总结我国商标评审工作经验的基础上,结合商标评审工作的特殊性,充分考虑最高人民法院对证据规则的规定和司法审查对证据的具体要求,相应对商标争议案件评审中的证据规则作了具体明确的规定。证据规则主要集中在第五章,第二章和第四章对证据有特殊要求的,也作了相应规定。

7. 关于新旧法和实施条例过渡期的问题

新修改《商标法》及其实施条例使商标评审工作发生了重大变化。修改后的《商标

法》及其实施条例均未对已经受理的大量待审案件在过渡时期的处理问题作出规定。新修订的《商标评审规则》在参考最高人民法院关于商标法的司法解释的基础上,经与法院研究,在附则中对过渡时期新旧法的适用问题、已不属于商标评审委员会审理的案件的处理问题、已受理的再评审案件的审理问题、当事人提出评审申请时限的法律适用问题作了具体规定。

8. 2002年修改的主要内容及特点

修订后的《商标评审规则》贯彻了《商标法》和《实施条例》修订的精神,本着"公开、公正、公平"的基本原则,以《商标法》和《实施条例》的规定为蓝本,强调了对商标评审案件当事人知情权、参与权和辩论权的充分尊重,适应了商标评审工作法律化、制度化、规范化发展和接受司法监督的要求。这次修改《商标评审规则》考虑到商标评审工作程序既不适用《行政复议法》,也不适用《行政处罚法》,而是适用《商标评审规则》的特殊性,将《商标评审规则》定位于商标评审工作的程序性规定。因此,新规则着重从程序方面对商标评审案件从申请、受理到审理、结案的全过程进行了科学、严密的构建。具体来说,新商标评审规则从以下几个方面发展和完善了原规则:

(1)内容更为翔实,结构更加合理。原评审规则制定于1995年,由当时《商标法》及其实施细则的规定和商标评审工作实际所决定,条文较少,规定也较为原则、笼统。新《商标评审规则》在条文数量上达到了107条,并根据内容分为总则、申请与受理、审理、公开评审、证据规则、期间、送达、附则等七章,符合规范性法律文件在内容、结构上的基本要求,基本做到了逻辑严密、内容翔实、结构合理。

(2)贯彻职权法定原则,进一步明确了商标评审委员会受理案件的范围。原规则规定的商标评审委员会的受案范围中,有一些是修改前的《商标法》及其实施细则没有明确规定的。新修订的《商标评审规则》以实施条例第二十八条的规定为基础规定了商标评审委员会受理案件的职能范围,并使

之具体化、明确化，排除了原规则中不属于商标评审委员会法定受理范围的案件。

（3）以《商标法》和实施条例的规定为前提，科学构建了商标评审的工作程序。商标评审是商标评审委员会依照法律授权对当事人商标争议进行裁决的行政程序，既要致力于保护商标专用权人和其他当事人的合法权利，又要注重发挥行政机关专业性强、效率高的优势，因此，在程序设计上既吸收了司法程序和一般行政程序的优点，又有自身的特色。新修订的《商标评审规则》在评审案件的申请、受理、补正、撤回、驳回、补充材料、答辩、审理、终止评审、决定、裁定的作出等环节的构建和具体规定上，体现了上述特点。与以前相比，新修订的商标评审程序更为细致，对商标评审人员和商标评审案件的当事人都具有了更强的可操作性，有利于提高商标评审案件审理的质量和效率，充分保护商标评审当事人的合法权益。

（4）在总结评审实际工作经验的基础上，对有关评审制度进行了发展。在评审案件的审理制度上，新修订的《商标评审规则》规定，商标评审案件的审理实行合议制和独任制，并对独任评审的条件、评审人员的告知等作了具体规定，从而改变了原规则委员会投票表决的规定。在评审案件的审理方式上，原规则规定，对评审事宜实行书面审理；新评审规则在书面审理之外，又增加了公开评审制度，并专设"公开评审"一章，对公开评审的条件、提出、决定、过程进行了规范。原规则关于回避制度的规定过于原则，而新规则对实施条例第9条有关回避的规定作了细化，明确了回避申请提出的期限，回避申请对评审人员和评审决定、裁定的影响，回避决定的作出，复议等具体规定。关于证据制度的规定，也是新修订的《商标评审规则》的一个重大发展。原规则仅在第21条和第25条涉及了举证期限、证据交换和证据收集问题，远远不能适应商标评审工作和司法审查的需要。新规则在第五章"证据规则"和其他有关条文中，以先进的证据理论为指导，对评审案件的举证责任、证明要求、各种证据的提供规格、证据证明力的认

定、质证等作了非常详尽的规定，为商标评审案件审理中的事实认定提供了明确的依据。

（5）立足商标评审实际，着力解决评审工作中的实际问题。针对《商标法》新增的关于共有商标的规定以及商标评审实践中的代理、阅卷、期间、送达等实际问题，新修订的《商标评审规则》分别作了明确的规定。对驳回商标注册申请复审案件，商标异议复审案件，不服商标局依据《商标法》第41条第1款规定作出撤销注册商标决定的复审案件，不服商标局依据《商标法》第44条、第45条作出撤销注册商标决定的复审案件以及依据《商标法》第41条请求裁定撤销注册商标案件的审理范围分别作了限定，使商标评审人员的审查工作有了更为明确的尺度。针对《商标法》修订前后因新旧法规定不一致而产生的法律适用问题，新修订的《商标评审规则》在"附则"一章中区别不同的情况进行了规定，这对于解决"过渡"时期的特定问题是非常必要的。

（二）2005年第二次修订情况

在2005年随着商标评审申请量的巨增和新问题的不断出现，原有的评审规则已经不能适应实践需要，因此商标评审委员会对《商标评审规则》进行了第二次修改。在此次修订中，增加了通过调解处理商标确权案件和商标评审委员会转换法律适用条规的规定，明确了当事人变更后评审权利义务的承继关系及起诉信息及时反馈的时限，修改了证据规则中不符合商标评审委员会工作实践要求的条款。

1. 鼓励通过和解、调解方式处理商标确权纠纷

和解、调解均是很实用的解纷手段，在我国有着悠久的历史传统。鼓励和解，提倡以调解方式解决纠纷，既是对党中央关于建设和谐社会这一大政方针的积极响应，也有利于提高评审效率。如果和解、调解方式运用得当，完全可使相当数量的商标确权案件得以快速合理的解决。当然，商标权作为知识产权具有不同于一般民事权利的特点，以和解、调解方式解决商标纠纷，应"在顾及社

会公共利益、第三方权利的前提下"进行。新规则对此作出了明确规定。

2. 关于举证期限和证据交换问题

按照修改前的规则,申请人享有两次举证、一次质证的机会,而被申请人仅享有一次举证、质证的机会,二者机会不均等,有显失公平之嫌;另外,修改前的规则对在法定期限内提供证据应发送给对方当事人进行质证不够明确。因此,新规则规定,对当事人在法定期限内提供的证据,有对方当事人的,商标评审委员会应当将该证据材料发送给对方当事人,限其在指定期限内进行质证。针对修改前的规则关于补充证据材料的期限及逾期举证的法律后果的规定易引起歧义的情况,新规则特别对逾期举证及其例外情形如何处理做出规定:除非基于新的事实形成的证据或者确有其他正当理由,期满未提交或者逾期提交的证据,一律视为放弃补充提交证据材料。

3. 关于回避告知问题

修改前的规则规定,商标评审人员确定后,商标评审委员会应当告知有关当事人。但因评审案件数量多,审理周期长,评审机构和人员调整等问题,为执行该规定往往需要进行多次审理人员告知,在一定程度上影响了评审效率。考虑到商标评审案件审理的合议制与法院合议庭负责制不尽相同,且有关法律并未规定商标行政确权程序中必须向当事人发送回避告知书,在与有关法院会商之后,决定采取"事后救济"措施来替代"事先告知"。这意味着商标评审委员会今后可不再向当事人发送回避告知书。如遇到商标评审人员确有应当回避而未回避的情形,当事人既可在评审程序中向商标评审委员会提出,也可在司法程序中向法院提出,从而获得"事后救济"。

4. 关于转换适用法律条款问题

在审理驳回复审案件时,商标评审委员会发现个别属于商标法明确规定的禁用、禁注标志的案件,存在法律适用不准确或者不够全面的情形。在广泛征求意见并作深入研究的基础上,新规则规定在保障当事人行使申辩权的前提下,商标评审委员会对上述情形可直接转换适当的法律条款做出决定。做这样的规定,是考虑到商标局、商标评审委员会都负有维护社会公共利益和严肃执法之法定职责,对申请商标是否属于商标法规定的禁用、禁注标志均应负有主动审查义务。对此类商标,如已发现存在不合法之处,仍然予以初步审定,留待后续程序解决,难免会造成不良影响,有损于商标确权机关的社会形象。

5. 关于当事人变更问题

在商标评审程序中,因有关权利发生转让、移转而导致有关当事人变更的情形时有发生。如何处理有关权利受让人或者承继人在评审程序中对有关评审权利义务的承继关系,事关当事人切身利益,需在规则中予以明确。在充分听取专家学者及业界人士意见后,新规则明确规定:"在商标评审程序中,当事人的商标权发生转让、移转的,受让人或者承继人应当及时以书面形式声明承受转让人的地位,参加后续评审程序并承担相应的评审后果。"

6. 关于起诉信息的及时反馈问题

从法理上讲,如果当事人不服商标评审委员会的裁决向法院提起诉讼,有关裁决就应中止执行。但在实践中,因缺乏相应的法律规定,当事人在向法院起诉后,由于立案日期及法院通知应诉日期具有一定的滞后性,商标评审委员会很难及时获取有关案件的起诉信息。计算机程序将评审案件起诉信息的反馈期限设定为60天,逾期未收到起诉信息的已裁决案件将自动进入执行程序。60天的待诉期限是符合国际惯例的,然而,被起诉到法院的商标评审案件绝大多数都超过了60天才收到应诉通知。因此,大多数评审涉诉案件当事人因未及时获知起诉信息而进入执行程序,甚至已经执行完毕。让已经执行完毕的案件再退回到待诉状态是一项很烦琐的工作,如果该案的处理结果要作为其他案件的处理依据则尤为复杂。有鉴于此,新规则规定凡当事人不服商标评审委员会的决定、裁定,向法院起诉的,应当在向法院递交起诉状的同时或者至迟15日内将该起诉状副本抄送或者另行书面告知商标评审委员会。商标评审委员会自所作出的决定、裁定发出之日起 60 日内未收到来自法院或者案件当事人任何有关该决定、裁定之起诉信息的，视为有关当事人未向法院起诉，该决定、裁定移送商标局执行。

7. 关于公开评审问题

按照国际惯例，商标评审案件的审理主要以书面形式进行。修改前的规则虽专章规定了公开评审，但很少适用。考虑到完善的公开评审程序远比已有规定复杂，因此新规则在保留公开评审框架性条款的情况下，不再作专章规定，同时又明确公开评审的具体程序由商标评审委员会另行规定。这样既保障了当事人要求公开评审的基本权利，同时也符合目前商标评审案件的审理现状，还为将来评审方式的发展留有余地。

8. 关于证据规则问题

关于提交证据原件与复印件问题。修改前的规则对于证据原则上要求提供原件，同时又规定当事人确有困难时，可以提供"核对无误"的复印件。实践中"核对无误"究竟是当事人的义务还是商标评审委员会的职责，易引起误解，因此新规则不再强调这一点。鉴于复印件的可靠性和证明力均低于原件，一旦其真实性遇到合理怀疑的挑战，就应该要求有关当事人出示相关原件，以便对复印件进行核对。为此，新规则增加了这方面的内容。

关于域外证据公证认证问题。按照国际上对商标案件域外证据的认识，修改前的规则关于域外证据公证认证的规定，对域外当事人似过于苛刻，同时也增加商标评审委员会的工作量。鉴于商标案件的域外证据有其一定的特点和属性，新规则作了变通性规定，除非对方当事人对域外证据的真实性有合理怀疑并提供了相应证据，或者商标评审委员会认为有此必要，原则上不再要求公证认证。

三、制定《商标审理标准》

2001 年现行《商标法》实施以来，商标评审委员会不再拥有案件的终局裁决权，而《商标法》中有关法律规定又过于原则，在行政诉讼的过程中，常会出现人民法院与商标评审委员会对于同一法律条款如何适用产生不同理解的情形。随着商标评审实践不断丰富，商标评审委员会内部对于商标理论的研究能力也逐步加强，从商标评审工作自身以及接受司法审查的情况看，有关法律条文具体适用的问题日益突出，很需要结合商标评审案件审理操作实务，总结审理经验，统一审理标准。

2005 年 6 月，商标评审委员会抽调业务骨干成立了《商标审理标准》制定小组，在此后的半年时间里，小组成员在广泛搜集国内外资料、深入了解商标确权领域最新研究成果的基础上，撰写了《商标审理标准》的草案。在制定过程中制定小组拣选、整理了大量典型案例，先后召开了 20 余次会议讨论、修改标准草案，对于争议较大的问题反复研讨，并充分征求了商标局、人民法院、商标代理组织等各方面的意见，最终形成了《商标审理标准》正式文本，于 2005 年底对外公布。《商标审理标准》共分 8 个部分，分别是：复制、模仿或者翻译他人驰名商标审理标准、擅自注册被代理人或者被代表人商标审理标准、损害他人在先权利审理标准、抢注他人已经使用并有一定影响商标审理标准、以欺骗手段或者其他不正当手段取得商标注册审理标准、撤销注册商标案件审理标准、类似商品或者服务审理标准、经使用取得显著特征的标志审理标准。各部分审理标准均由引言、适用要件构成，并且对于每一个适用要件的内容逐一详细阐述。

《商标审理标准》的正式公布，是商标评审委员会历史上的第一次。它规范了商标确权案件审理工作，增加了商标评审工作的透明度，对于案件审理标准，促进商标行政主管机关、人民法院与商标法律服务工作者之间的良性互动，都具有重要而深远的意义。

四、加强商标评审理论研究

（一）开展风景区名称注册商标问题调研

我国的自然和人文景观资源非常丰富，这些自然文化遗产资源可以分为风景名胜区、森林公园、地质公园、水利公园、自然保护区、历史文化名城、文物保护区等多个种类。近几年来风景区名称被注册为旅游服务商标而引起纠纷的情况屡屡发生,在审理商标评审案件时已遇到数起因风景区名称被该风景区内某企业注册垄断使用,遭当地企业反对,或者被异地主体注册而发生的争议。旅游风景区名称作为服务商标可不可以取得注册、应该由哪种主体注册等问题都值得探讨,社会各界对案件审理结果也非常关注。商标评审委员会为此在2006年组织了专题调研,其后制定了《关于涉及旅游风景区名称商标案件的审理意见》。

　　该意见认为:旅游风景区名称的基本功能是代表该景区所有的自然文化遗产资源,具有地名的含义,而商标的基本功能是区别不同商品或服务来源。将旅游风景区名称注册在第39类3911组的旅行安排等服务项目上,易使消费者将该名称与其所指示的旅游景区相联系,而不作为商标识别,该名称不能起到区分不同旅游服务提供者的作用,并且旅游风景区名称在旅行安排等服务项目上应视为一种公共资源,不宜为个别主体所独占,故将旅游风景区名称注册在旅行安排等服务项目上,缺乏商标应具有的显著性,应适用《商标法》第十一条第一款第(三)项的规定,不予核准注册或予以撤销。在审理商标争议案件过程中,为了维护社会关系的和谐稳定,对于目前在商品和服务分类表3911组服务项目上已获准注册的景区名称商标,注册人未妨碍其他主体对该景区名称正当使用的,可以维持该商标的注册。对于商标注册人利用已注册的景区名称商标限制他人正当使用的,该景区名称商标应予以撤销。旅游风景区名称同时又是寺庙观堂等宗教活动场所名称的,将该类旅游风景区名称在第39类3911组的旅行安排等服务项目上申请注册,如有害于宗教信仰、宗教感情或者民间信仰的,可同时适用《商标法》第十条第一款第(八)项的规定,认定该商标具有不良影响,不予核准注册或予以撤销。旅游风景区名称同时又是县级以上行政区划名称的,以该类旅游风景区名称在

第39类3911组的旅行安排等服务项目上申请注册的,应适用《商标法》第十条第二款的规定不予核准注册或予以撤销。但旅游风景区名称作为自然景观或人文景观的含义强于其地名含义的,不适用《商标法》第十条第二款的规定,而直接适用本意见第1条的规定,不予核准注册或予以撤销。在第39类3911组的旅行安排等服务项目上申请注册的商标,除包含旅游风景区名称外还含有其他部分,如该商标整体上仍易使相关公众理解为旅游景区名称的,则该商标应被认定为不具有显著特征,适用《商标法》第十一条第一款第(三)项的规定,不予核准注册或予以撤销。将旅游风景区名称在除第3911群组以外的商品与服务项目上申请注册时,对于该商标的可注册性,应依据《商标审查标准》的规定,予以个案认定。

　　(二)2007年《商标评审案例精选》出版

　　2007年商标评审委员会在总结新《商标法》实施后商标评审工作实践的基础上出版了《商标评审案例精选》,该书收集了三十余个典型案例,依照《商标审理标准》的体系予以编辑。而且该书不仅收录了商标评审委员会的裁定文书,也收录了人民法院对于商标评审委员会裁定所作的行政审判文书,充分体现了商标评审工作的最新研究成果。

五、商标评审工作的新进展

　　(一)创新工作机制,提高案件审理效率

　　商标评审委员会受理的案件申请量的迅速增长导致了评审案件审理周期过长和案件积压严重。面对这一严峻挑战,商标评审委员会确立了自2008年起"三年内解决商标评审案件积压,五年内商标评审工作达到国际水平"的工作目标,制订了分"三步走"的工作规划,通过合理设置机构和配备人员、坚持制度创新、裁决文书规范化、格式化、招聘辅助工作人员、加强思想政治工作等多项措施,确保完成以上工作目标。

　　(二)参与行政诉讼工作

　　自2002年至2007年,商标评审委员会共参与行政诉讼一审案件921件,二审案件341件。通过参与应诉工作,商标评审委员会工作人员提高了职业能力,同时也有利地

维护了案件当事人的合法权益。应诉处（法律事务处）还负责编辑《商标法务通讯》，将商标评审的典型案例以及在行政诉讼中遇到的法律适用问题加以整理归纳。对于涉及商标评审审理标准的行政诉讼案件，通过提出上诉、申诉等方式，达到行政机关与司法机关在法律适用标准上的统一。

（三）制定并落实了商标评审案件审理的内部工作制度和流程，规范了对当事人和商标评审委员会内部运行各项文书格式，并予以公开

目前商标评审委员会已制定了《案件受理处工作制度》、《商标评审案件审理工作制度》、《关于商标评审案件提前审理范围的规定》等多个工作制度，合理分配处室职能，简化工作流程。坚持重大案件集体讨论制度，即对涉及驰名商标认定、评审标准统一、有重大社会影响及其他疑难案件，均需经委务会集体讨论决定。商标评审委员会坚持勇于创新，大胆改革，形成了一套运行顺畅、富有效率的工作机制。

（四）探索运用调解方式处理评审案件

2005 年新修订的《商标评审规则》增加规定商标评审委员会具有调解职能，鼓励当事人通过和解、调解等方式解决纠纷，以达到案结事了的目的。商标评审委员会至今已成功调解处理了多件案件。"西泠印社"、"箭镞"、"美丽"等商标争议案件是调解成功的典型案件，以通过调解工作使双方当事人握手言和而告终，法律效果与社会效果得到有机统一。在调解工作中，商标评审委员会依靠当地工商行政管理部门，提高了调解工作的成效。同时坚持以客观、公正为原则开展调解工作，使当事人信服，增强商标评审委员会处理商标确权争议事宜的权威性。

（五）召开多次专家咨询会

2002 年以来，商标评审委员会为了对《商标法》修改后评审工作出现的新问题进行深入研究，进一步提高商标评审案件的审理质量，召开了多次专家咨询会，将在案件审理过程中遇到的法律适用疑难问题加以整理，问计于专家咨询组。通过与各位专家研讨，对商标评审工作以及与相应的司法审查衔接程序中遇到的疑难问题进行了深入研究，这对于正确理解和恰当适用《商标法》的有关规定，加强商标行政确权机关与有关司法机关的密切配合起到了很好的效果。涉及的法律适用问题包括：关于在先申请商标权的保护；关于著作权的保护；关于《商标法》第十五条中"代理人"范围的界定；关于《商标法》第四十一条第一款中"以欺骗手段或者其他不正当手段取得注册"情形的法律适用；关于商标评审案件的主体问题；关于《商标法》第十三条与第三十一条的关系；关于共有商标问题；关于《商标法实施条例》第三十二条"补充有关证据材料时限"规定的理解与适用；关于与显著性有关的转换适用法律条款问题；关于驰名商标保护问题；关于撤销三年不使用商标案件中有效使用商标的判定问题。

（六）加强对外交流工作

2004 年 10 月，为更好地做好我国商标确权司法审查工作，由商标评审委员会组团、有关人民法院参加的商标司法审查制度考察团，对德国、英国和欧盟的商标确权司法审查制度进行了考察。考察团在调查研究的基础上，对德、英、欧盟等国家的商标确权司法审查制度进行了深入的分析，就关于我国今后在商标行政确权和司法审查工作中，如何充分体现对商标权作为私权的保护，以及在商标行政确权和司法审查中如何正确处理效率与公正的关系等问题提出了很好的分析与建议：1. 为充分体现对商标权作为私权的保护，应合理界定商标评审委员会在我国商标确权司法审查中的地位。2. 正确处理效率与公平关系，进一步完善商标行政确权与司法审查的程序设置。3. 采取多种息诉解讼的方法解决商标争议，切实维护当事人的权益。4. 采取限制上诉措施，有效遏制当事人的缠诉、累诉现象，节约执法成本。5. 建立科学合理的审查官制度，建设一支稳定、高水准的商标审查专业队伍。

（七）信息化建设工作

商标评审委员会的信息化建设工作与目前提高案件审理效率的急迫要求仍有较大差距，计划进一步加强计算机系统和信息化建设，短期内的目标是通过信息化建设解

决同类案件的并案问题,中长期目标是建立依托高科技和信息化的商标评审系统,实现商标评审信息化由低端向高端转变。

(八)组织商标评审业务培训

2002年10月,为了使商标评审工作更好地适应新形势和新任务的要求,以规范商标代理组织为重点,举办了商标评审培训班。为适应新《商标法》的商标评审程序、规章和审查,熟悉知识产权司法保护的新发展及诉讼实务打下了基础。

2006年11月,为了宣传落实《商标审理标准》,商标评审委员会在厦门市召开了商标评审培训研讨会,全国120多位商标代理专业人员参加了培训。此次研讨会重点就《商标审理标准》的适用与商标评审案件的形式审查、行政诉讼等问题展开培训研讨。

(九)依据自身职能,为四川地震灾区的经济发展服务

在2008年"5·12"汶川大地震后,全国各行各业都在为灾区奉献爱心。商标评审委员会立足自身职能,把服务灾区体现在了实际工作中。

在商标评审案件形式审查中,存在个别四川灾区当事人提交的评审申请超过了法定期限的情形,商标评审委员会经过讨论研究后认为,灾区当事人虽未能按期提交评审申请,但由于地震不可抗力的因素,不应剥夺当事人复审权利。在充分考虑灾区当事人合法利益和现行法律规定后,依法受理了此类特殊的案件,共计9件。

同时,为了加快四川地震灾区的恢复和经济发展,在审查四川灾区当事人提出的案件提前审理申请时,商标评审委员会从促进灾区经济发展、稳定灾区经济秩序的角度出发,给予重点关注,目前有"东方电气"等13件涉及四川灾区的评审案件进入提前审理程序。

六、典型案件的审理

(一)"头包西灵 Toubaoxiling"商标争议案

商标评审委员审理本案的关键问题是对《商标法》第十五条的"代理人"的含义做出合理界定,通过最高人民法院的再审判决,统一了商标行政确权机关和司法机关对于《商标法》第十五条的理解。

此案中,重庆正通药业有限公司(以下称正通公司)在经有关部门审批取得兽药商品名称"头孢西林"后与四川某动物药业有限公司(以下称动物药业公司)签订了《关于专销"头孢西林"产品的协议书》(以下称专销协议),授权动物药业公司在全国区域内专销"头孢西林"粉针产品,由动物药业公司负责该产品的包装设计、销售宣传策划和产品定价等。在专销协议有效期内,动物药业公司未经正通公司授权申请注册了与其商品名称相近似的"头包西灵 Toubaoxiling"商标,后双方专销协议终止,正通公司向商标评审委员会提出争议申请,请求撤销该商标注册。商标评审委员会经审理认为,《商标法》第十五条中的"代理人"包括基于商事业务往来而可以知悉被代理人商标的经销商,正通公司与动物药业公司基于专销协议形成代理关系,动物药业公司未经授权申请注册争议商标违反了本条规定,裁定撤销争议商标。动物药业公司不服提起诉讼,一审法院经审理判决支持了商标评审委员会对《商标法》第十五条的理解与适用,维持了商标评审委员会裁定。动物药业公司不服提起上诉,二审法院经审理认为,《商标法》第十五条的"代理人和代表人"仅指"商标代理人和商标代表人",动物药业公司与正通公司基于专销协议形成生产销售合作关系,而非代理关系,动物药业公司通过履行专销协议的包装、宣传、销售等行为使"头孢西林"商品名称商标化,"头孢西林"应当被视为动物药业公司的未注册商标,并判决撤销一审判决和商标评审委员会裁定。

商标评审委员会经认真研究认为,二审判决对《商标法》第十五条中"代理人和代表人"的解释过于狭义,既与《商标法》的立法意图、商标评审委员会的《商标审理标准》、《最高人民法院关于审理国际贸易行政案件若干问题的规定》第九条有关法条解释规定的精神不符,也与《巴黎公约》(《商标法》第十五条源自该公约第六条之七)及国际惯例不符。二审判决作为终审判决对"代理人"所

做解释已不是个案问题,而是直接影响到《商标法》第十五条的正确实施和商标评审委员会今后此类案件审理的重大问题。因此,商标评审委员会经审慎考虑决定依法向最高人民法院提起再审申请,这是商标评审委员会自实行商标确权司法审查制度以来的首次再审申请。正通公司也向最高人民法院提出再审申请。最高人民法院决定提审,并在审理过程中将本案焦点问题归纳为:《商标法》第十五条规定的"代理人"的范围问题;正通公司与动物药业公司是否存在代理关系问题;"头孢西林"商品名称的归属问题。

关于《商标法》第十五条规定的"代理人"的范围问题。最高人民法院认为,为制止因特殊经销关系而知悉或使用他人商标的销售代理人或代表人违背诚实信用原则、抢注他人未注册商标的行为,对《商标法》第十五条规定的代理人应当作广义的理解,不只限于接受商标注册申请人或者商标注册人委托、在委托权限范围内代理商标注册等事宜的商标代理人、代表人,而且还包括总经销(独家经销)、总代理(独家代理)等特殊销售代理关系意义上的代理人、代表人。

最高人民法院认为,动物药业公司因专销关系而使用正通公司构成未注册商标的"头孢西林"商品名称,其自行注册与该商品名称近似的争议商标"头包西灵 Toubaoxil-ing",违反了《商标法》第十五条的规定,并判决撤销二审判决,维持一审判决。根据再审判决,商标评审委员会的争议裁定也得到了维持。

再审判决关于《商标法》中"代理人"的范围界定与商标评审委员会《商标审理标准》的规定基本一致,统一了对"代理人"的认识,对于《商标法》第十五条的正确实施具有积极意义。再审判决关于基于专销协议形成销售代理关系以及为履行协议而宣传、使用协议另一方构成未注册商标的商品名称的行为不能改变其商标权利归属的认定,对于今后适用《商标法》第十五条审理类似案件具有示范意义。

(二)"汝阳杜康"商标争议案

这个案件本身涉及历史遗留问题,案情

比较复杂,根源在于 20 世纪 80 年代初我国商标法律制度还不健全,由于不存在商标共有的法律机制,只能在地方政府协调下三家生产杜康酒的企业达成了由一家注册,其他两家企业永久无偿使用的协议。这个案件的审理必须尊重历史,全面考虑案情,追求法律效果与社会效果的统一。

申请人河南省伊川杜康实业有限公司称被申请人汝阳杜康(集团)总公司注册的"汝阳杜康"商标系对于其在先注册的"杜康"商标的复制、模仿,属于不正当取得注册的情形。被申请人则答辩称,"杜康"商标问题属于历史遗留问题,应本着尊重历史的态度进行处理。

针对本案焦点问题,商标评审委员会认为:申请人引证的第 152368 号"杜康"商标注册过程中的历史背景是本案中应加以考虑的因素。在判断商标是否近似时,应以普通消费者的一般注意力为标准,综合考虑商标的形、音、义及商标的实际使用等因素。商标的本质功能是区别不同商品的来源,如果两个商标不会导致消费者对商品来源产生混淆误认,则不应将两商标判为近似商标。本案被申请人依据《"杜康牌"商标使用许可合同》有权在标示"汝阳"字样的情况下,使用"杜康"商标,经过汝阳杜康酒厂及本案被申请人长期在酒类商品上使用"汝阳杜康"商标,具有了较高的知名度,加之,依据《"杜康牌"商标使用许可合同》伊川杜康酒厂和本案申请人在使用"杜康"商标时也负有标示"伊川"字样的义务,消费者可以凭借"汝阳"和"伊川"字样区别不同生产者的商品,争议商标与申请人的引证商标在市场上共存,不会导致消费者产生混淆误认。

由于历史因素,"杜康"商标形成了由伊川杜康酒厂注册,汝阳杜康酒厂在商标有效期内无偿使用的状态,双方在实际使用中各自标注"汝阳"、"伊川"字样以示区别,经过长期使用,双方亦各自形成了自己的市场和不同的销售对象,本案被申请人在酒商品注册争议商标,将更有利于消费者对双方商品的区分,也更有利于双方形成各自的市场,加之,争议商标与申请人的引证商标在市场上共存,不会导致消费者产生混淆误认,因此,被申请人的注册行为难谓具有不正当竞争的恶意。综上,争议商标的注册未构成抄袭、复制、模仿驰名商标的情形,也未构成以不正当手段取得注册的情形。申请人所提撤销理由不成立。被申请人的第 915686 号"汝阳杜康"商标的注册予以维持。

(三)"惠尔康"商标争议案

本案的关键问题是要准确认定驰名商标。"惠尔康"是商标评审委员会在 2001 年商标法第二次修订后,依据《商标法》第十三条第一款认定的第一件未注册的中国驰名商标。

申请人厦门惠尔康食品有限公司称被申请人福州某营养食品有限公司(以下简称"福州公司")注册的"惠尔康"商标系对其在饮料、八宝粥商品上长期使用的驰名商标"惠尔康"抄袭、模仿,要求撤销争议商标。

商标评审委员会认为:经过长期、广泛的使用与宣传,申请人使用在饮料等商品上的"惠尔康"商标在相关公众中已具有很高的知名度,属于《商标法》第十三条第一款规定所指的驰名商标。

本案争议商标的文字与申请人的字号、商标文字相同,字体与申请人在先使用的商标字体近似。1994 年 4 月 30 日,申请人的法定代表人向中华人民共和国专利局申请了名称为"饮料包装罐"的外观设计专利,并于 1995 年取得了外观设计专利权。福州公司商标使用的字体与其享有外观设计专利权的饮料包装罐上使用的字体相近似,特别是其中的"尔"字均使用了在现代社会生活中已不常用的繁体字。

被申请人与申请人同处于福建省。被申请人曾于 1995 年 2 月 16 日申请注册与申请人在先使用的商标文字、图形相同的"惠尔康及图"商标,商标局于 1998 年 11 月 12 日作出异议裁定,被申请人福州公司的"惠尔康及图"商标不予核准注册。

其后,被申请人曾经受让注册了"惠尔康 HEK"商标。"惠尔康 HEK"商标原注册人于 1993 年 3 月 25 日向商标局提出"惠尔康 HEK"商标注册申请,于 1994 年 8 月 14 日经商标局核准注册,指定使用商品为第 32 类商品豆乳。根据申请人提交的证据材料表明,该商标原注册人在转让行为发生之前,已于 1996 年 4 月 30 日注销,被申请人受让注册"惠尔康 HEK"商标的行为存在着明显的法律上的瑕疵。而且"惠尔康 HEK"商标已被商标局以连续三年停止使用为由撤销注册。被申请人不能以"惠尔康 HEK"注册为由,注册"惠尔康"商标。商标评审委员会依照《商标法》的规定,认定"惠尔康"商标为驰名商标,对福州公司注册的"惠尔康"饮料商标予以撤销。

(四)雀巢产品有限公司的第 G 640537 号三维标志商标驳回复审案

本案的关键是对三维标志商标的显著性要做出准确认定。

申请人雀巢产品有限公司在食用调味品商品上申请注册三维标志商标,被商标局以缺乏显著性为由,予以驳回。申请人复审时称,其"MAGGI 美吉"瓶形通过长期使用已具有了商标的显著性。

1997 年商标评审委员会作出决定认为:申请人通过在指定商品上的长期使用,已使该三维标志具有了区别商品来源的作用,申请商标指定使用在第 30 类食品香料商品上在中国的领土延伸保护申请,予以核准。

(执笔人:姚旭祺　史新章)

第十二章　法　制　建　设

工商行政管理是国民经济管理的重要组成部分,是随着国家政权和商品经济的出现而产生,为贯彻执行国家政策法律服务的。工商行政管理的基本任务和主要工作随着国家政治经济社会的发展变化而不断发展。工商行政管理机关是国家行使工商行政管理职能的重要部门,六十年来,工商行政管理部门通过执行国家法律、法规、规章和党在新中国各时期的路线、方针、政策,对国家工商业经济和市场经济活动依法进行监管,为保护广大消费者合法权益,维护市场公平竞争秩序,促进国民经济的健康发展作出了重要贡献。

第一节　新中国成立后不同时期的立法工作

一、国民经济恢复时期工商行政管理立法(1949—1952年)

1949年,中华人民共和国建立后,经济形势十分严峻。工农业生产由于国民党政府的反动统治和长期战争,受到极大破坏。帝国主义封锁禁运,导致城乡之间、地区之间物资流通阻塞,市场严重匮乏,物价上涨,投机倒把活动猖獗,民族资产阶级中一部分人对共产党和人民政府的政策持怀疑态度,将资金抽逃国外,导致很多工商企业停工歇业,工人失业。由于一些地区尚未解放,战争正在迅速推进,财政负担很重,收支不平衡,财政经济很困难。因此,当时国家首要任务是恢复和发展生产,争取财经状况好转。1949年10月至1952年底,中华人民共和国成立的三年中,工商行政管理机关积极扶持私营工商业恢复发展生产经营,并对私营工商业进行改组和调整,对一些不利于国计民生的行业进行限制和禁止;对一些直接服务于生产建设和人民生活的行业大力扶持。为巩固和加强国营经济也做了很多工作,私营工商业对国民经济的依附进一步增强。当时工商行政管理在立法立规方面的主要工作是:

(一)扶持私营工商业恢复和发展生产经营活动政策

1949年新中国成立前夕,党中央在天津召开了工商界代表人物座谈会,中共中央书记刘少奇对中国共产党"发展生产、繁荣经济"的总方针和"公私兼顾、劳资两利"政策及社会发展规律与资本界的前途等问题,进行了深刻的阐述。会议后,私营工商业者深受鼓舞。各地工商行政管理机关也进一步加强了政策宣传工作,号召私营工商业者积极恢复和发展生产经营活动,并配合劳动部门解决了一些劳资关系问题,促进复工复业。

(二)保护私营工商业的工商行政管理立法

1950年12月,政务院颁布了《私营企业暂行条例》,明确了企业登记的具体办法,还明确了工商业者的合法权益。条例中明确规定企业的财产和生产经营受法律保护,经营管理权属于投资人,属于公司组织的企业应以股东会为最高权力机关,对负有限责任的股东就其出资额对公司负责。这些规定受到私营工商业者的拥护。为了使私营企业的经营配合计划生产,并便利于工商行政管理,《私营企业暂行条例》第十一条规定,企业于筹设前应先报请核准。因此,各主管业务机关在处理上,除应注意该企业本身经营是否具备一定条件外,尤其要顾及市场供求与地区的需要。

1951年1月,政务院发布了《企业中公股、公产清理办法》。办法中规定工商行政管理机关负责调整公私关系。各地工商行政管理机关贯彻规定,认真落实保护民族工商业的政策,对于官僚资本和民族资本共存的企业,只没收官僚资本部分,保护民族资本。

在商标注册方面,1950年7月,政务院发布了《商标注册暂行条例》,中财委制定了《商标注册暂行条例施行细则》,这是新中国在工商行政管理方面最早的法规。这部条例确立了全国商标统一注册制度。《商标注册暂行条例》规定公私厂、商、合作社对自己所生产、制造、加工或拣选的商品,需专用商标时,应向国家工商行政管理机关申请注册,经核准注册的商标,由国家工商行政管理机关发给注册证。商标从注册之日起,注册人取得专用权,专用权的期限是二十年,期满申请续展。商标专用权人认为专用权被侵犯时,可以向当地人民法院起诉。《商标注册暂行条例》第五条还规定:已与中华人民共和国建立外交关系订立商约之国家的商民,如需专用商标时,得在订立条约的规定范围内,依本条例申请注册。中央私营企业局依此开始办理商标注册。中央私营企业局除对已经审定或注册的商标予以检查纠正外,并分函各地工商行政管理机关,通过工商业联合会或同业公会,对厂商进行宣传教育,以注意改进商标的内容,如商标的名称或图形带有封建迷信色彩或在政治上有不良影响的,则必须加以纠正。

1951年2月,《政务院关于没收战犯、汉奸、官僚资本家及反革命分子财产的指示》发布。同年3月,政务院财政经济委员会又发布了《私营企业暂行条例施行办法》,6月,公布了《政务院财政经济委员会关于国营企业清理资产核定资金的决定》。1952年8月,政务院公布了《工商业联合会组织通则》。此外,各大中城市人民政府也根据当地情况制定了一些地方法规,如《广告管理办法》等。

国家工商行政管理法规的制定和公布,提高了私营工商业者对国家保护民族工商业的信任,增强了他们恢复和发展生产经营的信心。

（三）加强市场管理,取缔投机商业

1950年11月,中央贸易部发出《关于取缔投机商业的几项指示》。指示下达后,各地制定了相关法规,如《加强市场及其交易管理,取缔投机商业办法》、《取缔市场投机商暂行办法》、《加强市场管理,取缔投机暂行办法》等。这些规定主要对以下行为进行了规范:超工商行政管理机关批准的经营范围经营的;假冒、伪造、掺杂、使假,以及其他用欺骗行为牟取非法利益的;不依法办理开业、停业、复业等企业登记手续或以虚设字号出面经营业务的;囤积、抢购、哄抬物价的等。

二、社会主义改造时期工商行政管理政策及立法（1953—1956年）

1952年底,中国完成了恢复国民经济的艰巨任务,财政经济状况根本好转,工农业生产全部恢复。社会主义国营经济迅速壮大,在整个国民经济中起到主导作用。资本主义工商业和个体手工业、小商小贩也有较大发展,对国民经济恢复和发展起到积极作用。由于生产资料私人所有制比重比较大,它同国营经济、集体经济公有制之间的矛盾越来越突出,与国家迅速发展生产力发生矛盾。1953年,中共中央公布了由新民主主义向社会主义过渡的总路线:"从中华人民共和国成立,到社会主义改造基本完成,这是一个过渡时期。党在这个过渡时期的总路线和总任务,是要在一个相当长的时期内,逐步实现国家的社会主义工业化,并逐步实现国家对农业、手工业和资本主义工商业的社会主义改造。"在过渡时期总路线的方针政策指导下,个体农业、个体工商业也走上了合作化的道路,使资本主义工商业逐步纳入了各种形式的国家资本主义,到1956年基本完成了生产资料所有制方面的社会主义改造。

管理私营工商业是这一时期工商行政管理机关的主要任务。工商机关运用企业登记管理、市场管理、经济合同管理、指导工商联和摊贩联合会,统筹安排加工订货、协调公私关系等职能,在促使私营工商业社会主义改造顺利进行上发挥了重要职能作用。

（一）解决粮食等重要产品购销矛盾,确定购销政策

1953 年 11 月,政务院发布了《关于实行粮食的计划收购和计划供应的命令》;同时,中共中央作出了《关于在全国实行计划收购油料的决定》;1954 年 9 月,政务院发布了《关于实行棉布计划收购和计划供应的命令》及《关于棉花计划收购的命令》。在当时条件下,国家对粮食等重要农产品实行计划收购和计划供应即统购统销政策,方便于处理好国家与农民的关系,国家与消费者的关系,国家与私商的关系,在经济上巩固了工农联盟。根据国家方针政策,各地工商行政管理机关对粮、棉、油、布行业停止办理私人开业登记。

（二）有计划、有步骤地辅导私营批发商转业

根据过渡时期的总路线,在对私营商业进行社会主义改造中,须按照其在国民经济中的作用区别对待。对私营商业的改造,批发商与零售商是不同的。由于国营经济的发展壮大和对市场计划供应的逐步加强,批发商在商品流通过程中的作用已日益削弱,因此,中央对于批发商的方针是从批发市场上逐步把他们排除出去,并辅导其转向有利于国计民生的生产事业。

对批发商的处理,牵涉面很广,是一件复杂而艰巨的工作,也是对私营商业资本改造中重要的一环。当时改造与反改造的斗争很激烈。这项工作是在各级党委和财委统一领导和部署下进行的。国营商业、合作社、工会、税务、劳动等有关部门分工协作,协力进行。工商行政管理机关负责调查有关行业的情况,指导工商联和同业公会做好对批发商的政策宣传和思想教育工作,处理违法行为,研究各种政策问题,掌握转业、歇业、变更经济性质等企业登记工作和市场管理工作等。

（三）根据中央指示及有关法规,把私营工商业纳入国家资本主义轨道

1952 年 8 月,中财委发布了《关于企业订购货物预付定金的指示》,指示规定国营企业向私营企业加工订货,原则上凡是属于加工方面,不应再预付工缴费;属于订货方面,预付定金最高不得超过货价的 25% 。由于各地对指示执行不坚决,发生了一些混乱情况,有些私营厂商要求多付预付定金,以预付定金的多少作为承接任务的条件,也有些急需订货的单位,为了抢先完成任务,多付定金,对此,工商行政管理机关进行了检查,除认真贯彻《关于企业订购货物预付定金的指示》外,还明确私营工厂不得将预付定金挪作他用。通过这些工作,保证了加工订货任务的按时完成,并且基本上把私营工业引导上了国家资本主义道路。

1953 年 9 月,毛泽东主席和工商界部分代表谈话时提出:中国共产党在过渡时期对私营工商业的方针是,经过国家资本主义,逐步完成对私营工商业的社会主义改造。国家资本主义在工业方面,有公私合营、加工订货或统购包销和收购经销三种形式。1956 年 2 月,国务院全体会议第二十四次会议通过了《国务院关于目前私营工商业和手工业的社会主义改造中若干事项的决定》。同年 7 月,国务院在关于对私营工商业、手工业、私营运输业社会主义改造中若干问题的指示中,对私营工商业和手工业的社会主义改造作出了重大决定。

国民经济恢复时期,国家对私营工业的加工订货,由工商行政管理机关统一管理。加工订货是国家资本主义的中级形式,是国家在过渡时期对资本主义工业贯彻利用、限制、改造政策的一种方式,同时也是使私营工业向高级国家资本主义形式发展的一个准备阶段。在加工订货工作中,工商行政管理机关的主要任务,首先是结合各种社会主义性质的政治和经济力量,加强对加工订货的领导工作,逐步实行行政上的统一管理,以保证加工订货任务能够按时、按质、按量完成,并促使其改善经营管理,提高生产能力,以进一步利用资本主义工业有利于国计民生的积极作用;其次,加强对资本家爱国守法的教育,正确贯彻各项政策,通过各种方式,创造条件,有计划地稳步地领导其向

高级形式的国家资本主义发展。实行生产监督,通过加工订货实现国家对资本主义工业的领导与改造。合理调节产供销,以稳定市场;工商行政管理机关加强加工订货合同的审核工作,切实监督其执行。工商行政管理机关不仅要加强对合同的审核,还要对合同监督检查,对违反合同的现象严肃处理,并合理调节仲裁合同执行过程中公私双方不能解决的纠纷与争议。社会主义改造时期加工订货有很大发展,仍然由工商行政管理机关负责安排私营工业的生产、管理合同和预付定金等项工作。

(四)社会主义改造时期公私合营的工商法规

公私合营是中国对资本主义工商业进行社会主义改造的一种过渡性质的经济,是国家资本主义的高级形式。1954年,国家加强了对资本主义工商业的社会主义改造,提出了有计划地扩展公私合营的方针。1954年9月,政务院公布了《公私合营工业企业暂行条例》,条例是根据国家在过渡时期的总任务制定的,对公私合营工作中的重要政策问题作了具体规定,为积极而稳步地将资本主义工业基本上纳入公私合营的轨道创造了有利条件,为公私合营企业的经营管理指出了社会主义方向,为资本主义企业和资产阶级的社会主义改造规定了切实可行的办法。在条例中规定了工商行政管理机关的职能及工作任务,例如私营工业企业进行合营前的情况调查、合营方案的制定、合营时的清产定股、人员安排、合营后有关重大问题的协商盈余分配等公私关系的问题。条例规定了国家对资本主义工业实行公私合营的具体政策,包括资本主义工业实行公私合营,应当根据国家的需要,企业改造的可能及国家的需要;企业的清产核资,包括企业的全部实有财产;公私合营企业受公方领导,由政府主管业务机关所派代表同私方代表负责管理;私股股东分得的股息、红利、酬劳金由他们自行支配。

为了满足广大私营企业的工人、店员、工程技术人员、手工业者和工商业者加速社会主义改造的热烈愿望,许多城市的人民委员会对于私营工商业和手工业的社会主义改造工作,已经不是分期分批的进行,而是采取了一次批准私营工商业全业公司合营和手工业产业合作化的办法。这种办法,在有了准备工作的地方是可以采用的,因而也是正确的。但是,因为在批准合营和合作化之后,时间太短,私营工商业和个体手工业的数量又大,有关产供销的安排和企业改造等各项工作还来不及进行,因此在工商业和手工业某些方面,就出现了一些产供销脱节的现象。为了改变这些现象,1956年,国务院制定了若干公私合营的法规及法规性文件,主要有:《国务院关于目前私营工商业和手工业的社会主义改造中若干事项的决定》、《国务院关于在公私合营企业中推行定息办法的规定》、《国务院关于私营企业实行公私合营的时候对财产清理估价几项主要问题的规定》和《国务院关于私营企业实行公私合营的时候对债务等问题的处理原则的指示》,这些规定消除了资本家的疑虑,推动了公私合营工业的发展,使资本主义工业中的大中企业,在较短时期内基本上扩展为公私合营企业。

(五)个体工商业社会主义改造有关法规及规范性文件

在国民经济恢复时期,个体工商业每年都有所增加,到1953年城镇达到838万人。1953年中共中央公布过渡时期总路线以后,一些个体工商业者开始组织起来,参加各种形式的合作组织;1955年冬到1956年春社会主义改造高潮中,城乡个体工商业基本上走上了合作道路,农村的基本上加入了农村生产合作社,城镇的则组织成各种形式的合作组织。这些规定消除了资本家的疑虑,推动了公私合营工业的发展。到1955年,资本主义工业中的大中企业,已基本上扩展为公私合营,保持个体经济的所剩无几了。据统计,1956年底,全国城镇个体工商业只剩下16万人。

通过合作化把个体工商业者组织起来,改变个体所有制为集体所有制,是过渡时期总路线和总任务的组成部分,是一次深刻变革。

工商行政管理机关在国民经济恢复时期，负责对个体工商业的管理和监督。在社会主义改造时期，除了日常的监督管理外，主要广泛宣传党在过渡时期总路线、总任务，进行调查研究，反映情况，提出可行的政策性意见，引导他们走合作化道路。1956年1月，中央手工业管理局、中华全国手工业生产合作社联合总社筹备委员会发出《关于在集镇和农村发展手工业合作社的通知》，通知在引导个体工商业社会主义改造工作中发挥了重要作用。

中国对资本主义工商业和个体工商业的社会主义改造，是通过国家资本主义和合作化的途径实现的。在社会主义改造中，工商行政管理机关发挥了重要职能作用。

（六）社会主义改造时期的商标注册管理立法

由于这个时期实行的《商标注册暂行条例》规定商标注册与否听由厂商自便，因此有许多商标未经中央国家行政管理局注册。对未注册的商标除个别城市已经进行管理外，大部分城市多放任不管，一些不法厂商投机取巧，或仿冒他人著有信誉的商标，以欺蒙顾客，或使用带有封建、迷信色彩及政治上不严肃的商标，造成对人民群众的不良影响。中央国家行政管理局不断接到群众反映，要求对未注册商标加以管理，于是中央国家行政管理局制定了《未注册商标暂行管理办法》。办法规定在进行登记管理时，应注意凡国营、公私合营企业及合作社使用的商标，应尽量动员其向中央国家行政管理局申请注册，以免私商以相同或近似的商标抢先注册，影响其产品销路。私营企业规模较大、产量较多且销售范围较广的，也应动员其向中央国家行政管理局申请注册。

几年来，国营商业在加工订货中，对若干工业、手工业商品，采取使用商业公司专用商标或加注商业公司监制字样，以代替工业、自用商标。这种做法，在统一规格质量、简化厂牌、便利经营管理，以及配合加工订货、统购包销，督促工业提高商品质量及在群众中建立商品信誉等方面，均起到过一定作用。但另一方面，由于对某些产品统一使用商业公司商标的结果，也使某些工厂关心自己产品质量、创立商品信誉受到一定影响；同时，还使某些为部分消费者喜好的名牌产品在市场上消失了，消费者有意见；并且资本主义工商业已实现了全行业合营，为鼓励生产单位积极提高商品质量，创立自己产品的商标信誉，经有关部门研究，决定原则上停止使用商业商标和监制字样。1956年12月，商业部、纺织工业部、食品工业部、轻工业部、对外贸易部、中央手工业管理局、中华全国供销合作总社、中央国家行政管理局发布了《关于对工业、手工业产品原则上停止使用国营商业专用商标及监制字样的联合通知》。

三、社会主义改造基本完成后工商行政管理立法立规（1957—1965年）

从1949年到社会主义改造基本完成，工商行政管理机关工作对象主要是资本主义工商业和个体工商业。社会主义改造完成后，在开始全面建设社会主义时期，工商行政管理机关应承担什么新的任务，无可借鉴，只能是在长期工作实践的探索中逐步转移。这是1957年到1965年工商行政管理政策和立法的基本特点。在这一时期，经济工作中"左"的思想逐步发展，工商行政管理机关受国家这一时期总任务、总方针的制约，执行了"左"的政策，使这一时期的工商行政管理工作走上了一条徘徊、起伏、曲折中前进的历程。

（一）城乡集市贸易管理规定

1956年10月，国务院发出《关于放宽农村市场管理问题的指示》。根据这一指示，各地区先后恢复了农村集市贸易，并取得良好成果。1957年1月，中央工商行政管理局召开工商行政管理局长会议，对市场管理要求做到"管活不管死"。1958年1月，国务院批转中央工商行政管理局《关于工商行政管理部门1958年主要工作安排的报告》中，把"管活不管死"发展为"管而不死，活而不乱"。这一原则对促进农村集市贸易的发展起到了积极作用。1957年9月国务院发出《关于由国家计划收购（统购）和统一收购的农产品和其他物资不准进入自由市场的规定》,具体地规定了集市贸易实行上市商品分类管理的办法,并公布了上市商品分类目录,再一次提出粮食、棉花、油料全部由国家收购,烤烟等22种土产品及38种中药材以及供应出口的苹果、柑橘等由国家委托国营商业和供销合作社统一收购,不准进入集市。凡采购允许上市的供应紧张的商品,要到工商行政管理机关登记,再统一分配货源。中央工商行政管理局召开的会议和国务院发布的文件都肯定了集市贸易应继续存在,规定了集市贸易上市商品的范围,以及必要的管理办法。

(二)城市市场管理规定

1956年12月下旬,中央工商行政管理局召开了北京、天津、上海、广州、武汉、西安、济南、青岛等十几个城市的工商局长座谈会,着重对当前城市市场管理工作进行了讨论。会议认为,当前市场管理的方针,总的说来应当是需要管理,但又不要管死。一切措施和办法都要有利于生产,有利于流通。

对于城市管理工作的范围,中央工商行政管理局提出建议:1.根据需要管理又不管死的精神和当前市场新的情况,市场管理部门应该审查、修订或拟订新的《市场管理办法》,报省、自治区、直辖市人民委员会批准实行;加强对市场管理政策、法令、办法的宣传教育工作,处理市场上的投机违法事件。2.会同有关部门领导和管理交易所和交易市场。3.管理个体工商户和其他自产自销工业户的市场购销活动,加强对摊贩、行商、中间人的管理工作。

1957年2月,国务院批转中央工商行政管理局《关于城市市场管理的意见的通知》,明确同意中央工商行政管理局关于当前城市市场管理工作的意见,要求对市场要管,但不要管死,要根据新情况审查和修订《市场管理办法》。

1957年10月,国务院批转中央工商行政管理局《关于当前城市市场管理工作若干问题的报告》,内容涉及对商品的管理,对外地采购、小商贩、行商和经纪人与关于自发工业户的管理问题;关于行栈和交易市场问题;关于开放商品的市场价格管理问题;关于市场投机违法行为的处理问题。规定重点对投机行为严厉打击,凡属市场投机违法行为,统一由市场管理部门负责处理。

中央工商行政管理局还制定了一些有关市场管理的规范性文件,比如1964年11月,商业部、中央工商行政管理局、卫生部、全国供销合作总社《关于加强中药材市场管理的通知》,1965年7月中央工商行政管理局、中华全国供销合作总社《关于加强耕畜市场管理、搞好耕畜调剂的联合通知》,1965年8月,中华全国供销合作总社、中央工商行政管理局《关于加强对土纱土布管理的几项试行规定》等。

(三)商标注册和管理规定

1957年11月,中央工商行政管理局、对外贸易部发出《关于修正出口商标注意事项的联合通知》,规定出口工业产品应使用商标,此项商标应由产制单位在国内办好注册手续。但出口商品不准用于外国制造字样;各产制单位在国内注册的商标,根据出口需要,须向国外申请注册时,是以产制单位的名义去申请注册还是以各中国进出口公司名义去申请,可由各中国进出口公司根据情况确定。各产制单位应根据需要出具委托书,由各中国进出口公司向国外办理商标注册;出口商标所用文字,中外文可以并用,应尽可能适合国外消费者的使用习惯。

由于在实行商标全面注册以后,申请注册的商标数量大增,为了解决现行条例和当前实际情况的矛盾,1957年8月,中央工商行政管理局发布了关于《商标注册暂行条例》中"同一类商品"改按"同一类中的相同或者类似的商品"办理的通知,通知报国务院备案。通知规定:除商品单纯的类仍作为相同的商品处理外,对商品复杂的类,两个企业以相同或者近似的商标分别申请注册,只要双方使用的商品不同也不类似即予以核准。今后企业申请商标注册,必须详细列出具体商品名称。如果使用的商品不属于同一类,仍须按照现行条例施行细则"同一申请人以一种商标,使用于不同类的商品,须按类分别缴纳费用,申请注册"规定办理。

1958 年 12 月,中央工商行政管理局在广州召开商标工作专业会议,讨论《商标注册条例修改草案》。千家驹局长在总结报告中指出,现行《商标注册暂行条例》是在 1950 年公布的,其中许多规定早已不适合当前我国形势发展的要求,几年以来在执行中已经作了大部分修改。这次讨论新条例涉及问题主要包括以下几个方面:一是做好商标工作要政治挂帅;二是商标必须由中央集中审查,统一注册,而申请商标注册一律由当地主管机关核转中央工商局;三是有关出口商品的商标问题;四是通过商标注册管理商品质量问题。

1959 年,中央工商行政管理局根据各地正在加强商标管理工作情况,发出《关于地方核准商标注册工作的注意事项》,对审核申请手续、变更和撤销等问题作出明确规定。1963 年 4 月,国务院以第 23 号令将《商标管理条例》公布施行。1963 年 4 月,中央工商行政管理局根据《商标管理条例》制定了《商标管理条例施行细则》,并在细则后附注《商品分类表》。

此外,1962 年,国务院还颁布了《工商企业登记管理试行办法》。

1966 年 5 月至 1976 年 10 月,中国进入"文化大革命"时期,工商行政管理机关受到"造反"派冲击,工商行政管理立法工作陷入停滞状态。1970 年 2 月,中共中央在《关于反对贪污盗窃、投机倒把的指示》中规定:"除了国营商业、合作商业和有证商贩以外,任何单位和个人不准从事商业活动","一切地下工厂、地下商店、地下包工队、地下运输队、地下俱乐部,必须坚决取缔"。1971 年 9 月,周恩来总理主持中共中央日常工作以后,一些地方特别是一些大中城市,陆续恢复了工商行政管理机构,打击投机倒把工作逐渐恢复正常,处理了一些大案要案。总的来说,"文化大革命"时期,工商行政管理的法律法规和规范性文件形同虚设,基本上得不到应有的执行。

四、改革开放前期工商行政管理立法 (1978—1991 年)

"文化大革命"结束后,尤其是 1978 年 12 月中国共产党十一届三中全会召开后,中国政治经济生活中出现具有深远意义的伟大转折。十一届三中全会确定了四项基本原则和"改革、开放、搞活"的大政方针,对经济工作先后作了一系列符合中国实际情况的重大决策,社会生产力以及社会主义商品经济得到了发展,国民经济出现了前所未有的欣欣向荣的新局面。

在十一届三中全会召开之前,国务院于 1978 年 9 月就发出了《关于成立工商行政管理总局的通知》,要求县和县以上设工商行政管理局,县以下设工商行政管理所;规定工商行政管理部门主要工作为"四管一打",即集市贸易管理、工商企业登记管理、经济合同管理、商标注册管理和打击投机倒把。至此,工商行政管理机构得到了恢复和健全,人员逐渐增加;各项主要工作蓬勃开展。此后,随着对外开放、对内搞活经济政策的贯彻,城乡经济体制改革的广泛深入开展,工商行政管理工作进一步得以充实和加强。除了"四管一打"外,新增加了个体工商业管理、广告管理和监督检查商品流通中不正之风等项工作,并且在深度上也有很大突破:由管理和维护单一经济成分、单一经营方式,逐步向管理多种经济成分、多种经济形式、多种经营方式延伸;由着重对流通领域的管理,逐步向生产中的某些环节的监督延伸;由着重对城乡集市贸易的管理,逐步向整个社会市场的一些活动的管理延伸;由着重监督纵向经济活动,逐步向横向经济活动的监督延伸;由国营、集体企业的登记管理,向外商投资企业的登记管理延伸。

十一届三中全会以后,工商行政管理法制建设有了很大加强,各项工作逐步纳入法制轨道,工商行政管理部门起草和参与起草了一系列法律、法规和规章。到 1991 年底,颁布实施的法律、法规和规章达 321 件。其中以工商行政管理机关为主要执法机关的法律有两件,即《经济合同法》和《商标法》;国务院公布施行或国务院批准由国家工商行政管理局发布施行的行政法规和法规性文件有 67 件,其中现行有效的有《城乡集市贸易管理办法》、《城乡个体工商户管理暂行条例》、《企业法人登记管理条例》、《私营企业暂行条例》、《广告管理条例》等44件;根据法律、法规或国务院规定,由国家工商行政管理局单独发布或与有关部门联合发布的工商行政管理规章有252件。《行政诉讼法》实施前,经过认真清理,宣布废止的有92件,现行有效的有160件,逐步做到了有法可依,依法管理。

(一)履行市场监管职责,健全市场管理法律法规

十一届三中全会以后,中国经济出现了多种经济形式、多条流通渠道和多种经营方式。同时生产资料市场、资金市场、技术市场也有步骤地开拓和建立起来,市场形势发生了很大变化,工商行政管理部门市场管理范围扩大,任务加重。在此期间,出台了以《城乡集市贸易管理办法》为主的一系列相关政策法规,很好地完成了国务院赋予工商行政管理部门的职责。

1.《城乡集市贸易管理办法》促进城乡集市贸易迅速发展

1978年召开的十一届三中全会肯定了集市贸易的地位和作用,并在公报中明确提出:"社员自留地、家庭副业和集市贸易是社会主义经济的必要补充部分,任何人不得乱加干涉"。十一届四中全会通过的《关于加快农业发展若干问题的决定》进一步指出:"社员自留地、自留畜、家庭副业和农村集市贸易,是社会主义经济的附属和补充,不能当作所谓资本主义尾巴去批判。相反的,在保证巩固和发展集体经济的同时,应当鼓励和扶持农民经营家庭副业,增加个人收入,活跃农村经济。"

1983年2月,国务院发布了《城乡集市贸易管理办法》。作为新中国成立以来第一个市场管理行政法规,它总结了30多年来集贸市场管理正反两方面的经验,把开放城乡集市贸易这一长期的经济政策用法规形式确定下来。《办法》对上市物资和参加集市活动的范围在原有政策上作了进一步放宽,对自1956年以来就加以限制的私人贩运活动也作了进一步放宽。此后国务院又发布了一系列政策法规,包括1984年《关于合作商业组织和个人贩运农副产品若干问题的规定》和1984年《关于做好夏季粮油征购和销售工作的通知》。通过以上各项政策,私人贩运活动迅猛发展,活跃于城乡、地区之间,成为商品流通的一条重要渠道。

2. 通过制定一系列市场监管规章,加强市场监管工作

随着经济体制改革的深入,市场调节范围的扩大,为了维护市场秩序,需要工商行政管理部门加强对社会主义统一市场的监督管理,扩大市场管理的范围。

(1)参与生产资料市场管理,特别是对汽车、钢材等交易中心进行监管。1981年3月,国务院批转国家计委、国家经委、工商行政管理总局、国家物资总局《关于工业品生产资料市场管理暂行规定》,规定工商行政管理部门负责对生产资料交易活动进行监督管理,从而明确了工商行政管理部门参与管理工业生产资料市场,特别是对汽车、钢材等交易中心进行监督管理。

1985年9月,国务院办公厅转发了国家工商局《关于汽车交易活动管理暂行规定》,授权国家工商部门对汽车交易活动进行监督管理。据此,1985年9月,国家工商局发布了《关于认真贯彻〈关于汽车交易市场管理暂行规定〉的通知》,并和国家物资局联合发出了《关于汽车交易市场管理的补充规定》。

(2)配合有关部门,共同管理文化市场。为有效管理文化市场,工商行政管理部门先后与有关部门制定了多部规章,主要有1984年3月与广播电视部、商业部联合制定的《关于进一步加强录音录像制品产、销以及市场管理的通知》,1985年2月与文化部和公安部联合制定的《关于加强报、刊出版发行管理工作的通知》,1985年9月制定的《关于禁止私人从事营业性录像放映的通知》。

(3)通过市场管理开展对市场上工业产品质量的监督检查。1986年4月,国务院发布《工业产品质量责任条例》,明确了生产企业的质量监督机构,确立了对产品质量实施国家监督的制度,明确规定:"质量监督机构、工商行政管理机关必须对产品质量进行监督,维护用户的利益。"全国工商行政管理局长会议明确提出,各地要按照《工业产品质量责任条例》精神,与质量监督机构密切配合,切实展开工业产品质量监督检查工作。

(二)打击投机倒把活动,维护市场秩序立法

随着经济体制改革的深入和对外开放的不断发展,旧的计划经济管理体制越来越不适应经济发展的需要,围绕着新旧经济体制的转换,一些违法行为不断发生,并呈现出一些新的特点:一是规模大、范围广、暴利多;二是倒卖重要生产资料和紧俏耐用消费品行为突出。制造推销假商品、冒牌商品和劣质商品行为也不断发生。为了及时有效地解决上述问题,更有利于打击投机违法活动,1987年9月,国务院颁发了《投机倒把行政处罚暂行条例》。

《投机倒把行政处罚暂行条例》的制定与颁布是经济体制改革和社会主义法制建设日臻完善的必然产物。《条例》明确规定了工商行政管理机关是查处投机倒把行为的主管机关,界定了投机倒把的性质,同时规定了查处投机倒把的职权范围和行政处罚的种类及执行程序。《条例》是新中国成立以来第一部比较全面和完备的查处投机倒把活动和行为的法规,为工商行政管理机关查处投机倒把活动提供了法规依据,为工商行政管理经济检查工作向着系统化、法制化建设前进奠定了坚实的基础。

1990年8月,经国务院批准,国家工商局发布了《投机倒把行政处罚暂行条例施行细则》,对正确理解投机倒把行为的定义,严格把握行政处罚的幅度,正确实施行政行为作出了明确规定,从而也揭开了查处投机倒把违法违章案件的新篇章。

此外,为了更好地贯彻《条例》,国家工商局还先后研究制定了一些新规定,如《关于调整禁止转手倒卖的重要生产资料和紧俏耐用消费品的品种范围的通知》、《关于投机倒把违法违章案件非法所得计算方法问题的规定》、《关于处理就地转手倒卖案件几个问题的通知》、《关于个人随身携带零星自用的限制进口商品的品种和数量的规定》、《关于违法企业终止后违法所得追缴的规定》等有关统配物资管理、进口商品管理和有关查办经济违法违章案件的规范性文件。

(三)企业登记管理立法

中共十一届三中全会以后,企业登记管理工作得到全面恢复和加强,同时开展了对外商投资企业的登记管理。根据改革、开放、搞活的新情况,制定了一系列对工商企业包括外商投资企业以及外国企业常驻代表机构的登记管理法规,为国家控制宏观经济,维护社会主义经济秩序,发挥了重要作用。

1.加强企业登记管理,贯彻落实《工商企业登记管理条例》

十一届三中全会以后,中国工农业生产有了较快发展,整个国民经济活跃起来了。同时,城乡出现了许多新的经济组织形式和多种经营方式,给企业登记管理工作带来了许多新的问题。1962年国务院发布的《工业企业登记管理试行办法》已经不能适应新经济形势和管理工作的需要,急需制定新登记管理法规以适应形势的发展。为此,1982年8月,国务院发布了《工商企业登记管理条例》。同年12月,国家工商局根据《条例》又制定了《工商企业登记管理条例施行细则》。

与《工商企业登记管理试行办法》相比,《工商企业登记管理条例》扩大了企业登记管理的范围,规定了企业申请开业的具体审批程序和手续。按照《工商企业登记管理条例》的要求,工商行政管理部门要通过企业登记,全面建立起工商企业登记档案制度,为社会主义经济建设提供有关的准确数据和资料,并对企业生产经营活动进行有效的监督管理。

《工商企业登记管理条例》是新中国成立以来第一个比较完善和系统地针对企业登记管理工作而制定的行政法规,它把新中国成立以来沿用的企业登记管理办法用法律形式固定下来,是所有工商企业从事生产经营活动必须遵循的准则,也是工商行政管

理部门对企业进行监督管理的依据。

2. 加快了外商投资企业登记管理法制建设的步伐

十一届三中全会以后,随着改革开放政策的实行,引进外资工作的开展,对外商投资企业的登记管理工作从无到有,逐渐成为工商行政管理部门一项重要工作。1978 年至 1991 年,工商行政管理部门进行了外商投资企业登记管理制度的探索,参与制定了大量有关外商投资企业的法规,使外商投资企业有了一定发展,外商投资企业登记管理立法工作取得了一定经验,基本形成了外商投资企业登记管理制度。

1979 年 7 月,全国五届人大二次会议通过《中外合资经营企业法》,明确规定了外商投资企业的设立程序和组织原则等。该法规定:"合营企业经批准后,向中华人民共和国工商行政管理总局登记,领取营业执照,开始营业。"这表明,国家以法律形式规定了工商行政管理部门负有对外商投资企业行使登记管理的职权。

为做好合资企业登记管理,保障合法经营,国务院于 1980 年 7 月颁布了《中外合资企业登记管理办法》,对合资企业的开业、变更、注销登记都作了明确规定。据此,1981 年 4 月,工商总局又制定了《中外合资经营企业登记审批程序》,对中外合资经营企业申请登记时所应提交的文件、核准登记的程序、办理变更和注销登记的要求等做出具体规定。上述规定与 1982 年国务院颁布的一般企业登记管理的《工商企业登记管理条例》同时执行,形成全民所有制和集体所有制企业与外资企业依照不同行政法规开展登记管理的态势,直到 1988 年,《企业法人登记管理条例》颁布后,上述《办法》和《工商企业登记管理条例》两个行政法规才停止执行。此外,随着外国企业在我国设立常驻代表机构增多,国务院还于 1980 年 10 月颁布了《关于外国企业常驻代表机构的暂行规定》。1983 年 3 月,经国务院批准,国家工商局又发布了《关于外国企业常驻代表机构登记管理办法》。

1986 年,全国人大制定的《民法通则》

明确规定:"在中华人民共和国领域内设立的中外合资经营企业、中外合作经营企业和外资企业,具备法人条件的依法经工商行政管理机关核准登记,取得中国法人资格。"到了 1986 年和 1988 年,全国人大先后制定了《外资企业法》和《中外合作经营企业法》。为外商投资企业的设立和登记管理提供了完备的法律依据,为外商投资企业的发展和外商投资企业登记管理工作的发展奠定了法律基础。1986 年 10 月,国务院又颁布了《关于鼓励外商投资的规定》,将外商投资企业优惠政策法规化。

1988 年国务院颁布《企业法人登记管理条例》,确立了企业法人登记管理制度。随后,国家工商行政管理局又制定了《企业法人登记管理条例施行细则》。这些法律、法规和规范性文件的制定,促使外商投资企业登记管理工作向规范化发展,基本形成了外商投资企业登记管理制度。此外,《企业法人登记管理条例》还明确了外商投资企业的授权登记管理制度。

3. 制定名称管理法规,保护企业名称权

1985 年至 1986 年,国务院先后批准了《工商企业名称登记管理暂行规定》、《公司登记管理暂行规定》、《关于外国企业、外商投资企业名称登记问题的通知》等有关名称登记管理的文件。各地工商行政管理部门加强了对工商企业名称的审核和管理工作,并且对现有企业的名称进行了清理整顿,纠正了过去有些小厂、小店冒用大字号,一些企业任意冒用和擅自使用企业名称的混乱状况。

4. 整顿药厂和小水泥厂,严禁党政干部经商

为配合有关部门整顿制药、小水泥厂等企业,工商行政管理总局先后与相关部门联合发出了《关于贯彻执行国务院批转卫生部等单位关于在全国开展整顿药厂工作的报告的实施细则》和《关于颁发制药厂营业执照的通知》等规范性文件。针对搞活经济和深化经济体制改革新形势下出现的党政机关和干部经商办企业的不正之风,国务院于 1984 年 12 月作出了《关于严禁党政机关和

党政干部经商、办企业的决定》。1986 年 2 月,中共中央和国务院又联合发出了《关于进一步制止党政机关和党政干部经商、办企业的规定》。为了从企业登记管理方面贯彻落实中共中央、国务院的决定,国家工商局于 1985 年 2 月发出了《关于认真清理党政机关和党政干部经商、办企业问题的通知》,对已登记发照的党政机关和干部办的企业进行清理检查。

（四）个体私营经济监管立法

1. 在改革开放初期,制定或参与制定恢复和发展个体经济的政策

早在十一届三中全会召开不久的 1979 年 3 月,国家工商总局在全国工商行政管理局长会议上就首次提出恢复和发展个体经济。1981 年 6 月,国务院转发《工商行政管理总局向国务院的汇报提纲》时明确提出:"城镇集体和个体经济是我国多种经济成分的组成部分,恢复和发展个体经济,是搞活经济的一项重大措施,是社会的需要,是一项长期的经济政策,也是安排城市就业的一个途径。"1981 年 7 月到 1984 年 2 月间,国务院先后下发了由国家工商总局起草或参与起草的《国务院关于城镇非农业个体经济若干政策性规定》、《国务院关于城镇非农业个体经济若干政策性规定的补充规定》和《国务院关于农村个体工商业的若干规定》,对全国城乡个体经济发展与管理做出了政策性规定,建立起了改革开放初期发展个体经济的政策框架。这些政策的基本点是鼓励、扶持城乡个体经济的发展。由于受当时历史条件的局限,也对个体经济的发展规定了一些框框,如不准雇工等。

2. 制定《城乡个体工商户管理暂行条例》等,初步形成相关法规体系

我国经济体制改革经历了由计划经济体制向社会主义市场经济体制转变的渐进过程。由这种改革的进程决定,关于个体私营经济的政策、法律、法规也非一步到位,而是先后形成了两套体系:一是与转轨时期相适应的、以所有制为标准的体系;二是与社会主义市场经济体制相适应的、以财产组织形式为标准的体系。在这两套体系形成的

过程中,工商行政管理部门都做了大量工作,起了重要作用。

（1）制定《城乡个体工商户管理暂行条例》及《实施细则》。在个体经济恢复和发展过程中,国务院先后出台了一系列具有法规性质的政策、规定,例如《国务院关于城镇非农业个体经济若干政策性规定》,这些规范性文件主要由国家工商局起草或参与起草。国家工商局和有关部门也先后对个体经济发展与管理的一些具体问题制定了一些规定。这些政策规定的颁布,对促进个体经济健康发展起到了巨大作用,但无论从形式上还是从内容上,都与个体经济作为公有制经济有益必要补充的地位不相称。党的十二大召开和新《宪法》公布后,这种不适应就更加明显了,个体经济快速发展的客观形势,要求有一个城乡统一、系统、权威的法规来调整个体经济,从整体上协调有关部门和全国各地的政策。在此情况下,国家工商局1986 年开始起草《城乡个体工商户管理暂行条例》,1987 年由国务院正式颁布。《条例》全面系统总结了前几年对个体经济的政策并有新的发展,成了发展和管理个体私营经济的基本政策和法规依据。《条例》的颁布既促进了个体经济的进一步发展,又加强了对个体经济的管理和监督,从扶持和规范两个方面保障了个体经济的持续、快速、健康发展。

（2）制定《私营企业暂行条例》及其《施行办法》。1987 年,党的"十三大"从理论和基本政策上对私营经济实行什么政策、如何管理的问题作出了回答。1988 年,《宪法修正案》从根本大法上确立了私营经济的合法地位。在此基础上,国家工商局受国务院委托,于 1987 年着手起草《私营企业暂行条例》,并于 1988 年 6 月由国务院发布。《暂行条例》明确了国家对私营经济的基本政策;规定了工商行政管理机关及有关政府部门的职责。《暂行条例》体现了社会主义初级阶段以公有制经济为主体的多种经济成分并存的格局和鼓励、引导私营企业健康发展的指导思想,是我国经济体制改革进一步深化的结果。

为实施《私营企业暂行条例》,国家工商局还制定了《私营企业暂行条例施行办法》,对私营企业的登记和管理做出了具体规定。

（五）广告监督管理立法

1. 制定《广告管理暂行条例》,统一管理广告

十一届三中全会后,广告事业兴起,得到迅速发展。由于专营和兼营广告的单位多头领导,各自为政,全国缺乏统一规章可循,曾出现一些问题。

1980年,工商总局向国务院报告,提出了加强广告管理的意见。国务院指定国家经委和工商总局代国务院起草了《广告管理暂行条例》,于1982年2月发布,5月实施。为了更好地贯彻执行《暂行条例》,工商总局根据《暂行条例》的规定,制定了《广告管理暂行条例实施细则》。

《暂行条例》是新中国成立以来第一个全国性综合广告管理法规,是根据国民经济发展需要而制定的,贯彻了国家对内搞活经济、对外实行开放的政策和"管而不死、活而不乱"的精神,受到了中外有关方面的关注和肯定。通过《暂行条例》及其《实施细则》的贯彻和对全国广告行业的整顿,初步克服了广告管理和经营中某些混乱现象,开始树立了广告要为搞活经济、促进经济效益服务的思想,保证了广告事业的健康发展。为进一步加强对广告的统一管理,截至1986年,国务院和经国务院批准由国家工商局以及有关部门先后发布了3个广告法规和13个广告管理规章,初步做到了对广告的统一管理。

2. 起草《广告管理条例》,实现宏观"管住"、微观"搞活"

《广告管理暂行条例》的实施,为促进我国广告事业的健康发展发挥了重要作用。但是,随着形势的发展,《暂行条例》必须加以补充、修改和完善。1987年10月,国务院发布《广告管理条例》,自1987年12月1日起实施。

与《暂行条例》相比,《广告管理条例》进一步明确了广告管理范围,既包括广告宣传、广告经营,也包括经济广告、非经济广告及外商来华广告。《广告管理条例》把打击虚假广告和非法经营广告业务活动列为检查、监督和管理的重点。对于违反广告管理法规的行为,《条例》也规定了更加严格的法律责任。

3. 制定一系列单项广告规章,为《广告法》起草工作做准备

1988年到1991年四年中,我国广告业又向前迈了一大步。为了解决广告宣传、经营中存在的问题,促进广告管理法制化、规范化、科学化,工商行政管理局在与有关部门协商的基础上制定了《药品广告管理办法》、《技术贸易广告管理暂行规定》、《食品广告管理办法》、《外商投资广告企业审批管理规定》、《新闻出版单位广告宣传、广告经营管理规定》等单项规章,为《广告法》的起草做了必要的准备。

（六）商标注册及商标保护立法

"文化大革命"期间,商标管理工作遭到极大破坏。十一届三中全会以后,在全面清理"文化大革命"期间的混同商标及其遗留问题基础上,恢复了商标统一注册。同时,根据新情况,制定了《商标法》,对商标注册管理进行了改革,从而使我国商标工作有了新的发展。

1. 制定相关文件对商标予以清理、处理混同商标

1978年9月,工商总局成立后,即着手恢复全国商标统一注册工作。1978年11月,工商总局发出了《关于清理商标的通知》,首先对全国工商企业的商标注册和使用情况予以清理。针对清理出来的混同商标,工商总局又于1980年10月发出了《关于调查处理混同商标的通知》,提出了混同商标的处理原则。

2. 恢复全国商标统一注册管理,制定《商标法》及其施行细则

1979年11月,工商总局商标局开始办理全国商标注册工作。随着商标注册数量逐年上升,现实中出现了许多仿冒、伪造他人商标标识,牟取非法利润的现象。由于《商标管理条例》没有保护商标专用权的条款,使得对假冒注册商标的处理无法可依。

为此,工商总局于 1980 年与商业部、轻工业部联合发出《关于改进酒类商品商标的联合通知》,又与商业部于 1982 年发出《关于严格禁止出售冒牌走私手表的联合通知》,对假冒商标的非法活动进行严肃处理。

实践证明,《商标管理条例》已经无法适应新时期的要求。工商总局决定成立商标法修订起草小组,开始起草《商标法》。修订起草小组在广泛征求全国各地和中央各有关部门的意见和借鉴国际经验基础上,从 1979 年 5 月开始,历时三年零三个月时间,完成了起草工作,经国务院审议后提交全国人民代表大会常务委员会,于 1982 年 8 月在第五届全国人大常委会上获得通过,并自 1983 年 3 月 1 日起施行。随后不久,国务院又颁发了《商标法实施细则》。《商标法》及其实施细则的施行,标志着我国商标保护工作进入了一个崭新的历史阶段。

（七）经济合同管理立法

1978 年,国务院在关于成立工商总局的通知中指出,工商行政管理部门主要工作之一是管理全民所有制企业和集体所有制企业的购销合同、加工订货合同,调解仲裁合同纠纷。通知第一次明确恢复了工商行政管理部门管理上述经济合同的职能。

1. 积极开展试点,推进经济合同立法工作

工商部门管理部分经济合同之初,对于如何管好经济合同是从先行试点开始的。为了适应试点的需要,工商总局曾会同国家经济委员会、中国人民银行,针对经济合同管理工作中亟待解决的一些重要问题,共同起草了《关于管理经济合同若干问题的联合通知》,于 1979 年 8 月发布实施。《联合通知》是一系列经济合同立法工作的开始,在合同管理史上具有承前启后的意义。根据《联合通知》精神,工商总局按照分工权限,于 1980 年 5 月又发布了《关于工商、农商企业经济合同基本条款的试行规定》和《关于工商行政管理部门合同仲裁程序的试行办法》,对《联合通知》予以发展,使之具体化,成为工商行政管理部门在合同管理试点工作期间的重要法律依据。

2. 参与起草《经济合同法》,确立经济合同由工商统一管理体制

从 20 世纪 50 年代初到 80 年代初,我国调整经济合同关系的规范以国家政策为其主要表现形式,对国民经济的恢复和发展起过重要作用。但随着党和国家工作重点向经济建设转移,原有经济合同政策、法规日益暴露出不相适应性,迫切需要制定一部比较系统、全面的经济合同法,以规范日趋复杂的经济关系。

1980 年 10 月,在全国人大常委会主持下,由工商总局、国家经济委员会牵头,包括国家计划委员会等 14 个单位组成了经济合同法起草小组。起草小组在广泛征求意见和总结新中国成立 30 多年来各方面经验基础上,根据中国的经济制度和经济政策,特别是十一届三中全会以来的新情况,并借鉴外国有关合同立法经验,拟定了《经济合同法》草稿,经反复讨论和 20 多次认真细致修改,经国务院审议后提交全国人大常委会。1981 年 12 月,五届全国人大四次会议审议通过了《经济合同法》,并决定从 1982 年 7 月 1 日开始实施。《经济合同法》是我国改革开放以后第一部专门调整经济领域各种经济交易活动关系的重要法律,是我国第一部比较完整系统的经济合同法,是正确处理我国经济合同关系的主要准则,它标志着我国以经济建设为中心的改革开放开始步入法制轨道。对于保护经济合同当事人的合法权益,维护社会经济秩序,提高经济效益,促进社会主义现代化建设的发展,具有重要意义。

根据《经济合同法》有关规定,1982 年 4 月,国务院批转国家经济委员会、国家工商局、国务院经济法规研究中心《关于对执行经济合同法若干问题的意见的请示》,明确了从中央到地方各级工商行政管理部门统一管理经济合同。

3. 制定《经济合同仲裁条例》,完善经济合同法制

为了更好地贯彻执行《经济合同法》,在国务院领导下,国家工商局会同有关部门起草了《经济合同仲裁条例》,由国务院于 1983

年8月发布。自1983年至1986年,国务院先后发布或批准发布了一系列行政法规,初步构成了比较完整的经济合同法规体系。国家工商局根据国务院授权,还制定了《经济合同仲裁委员会组织规则(试行)》、《经济合同仲裁委员会办案规则》和《关于确认和处理无效经济合同的暂行规定》。

在全国逐步推行经济合同示范文本制度,是贯彻《经济合同法》,完善经济合同管理的一项重要措施。国家工商局自1986年以来根据《经济合同法》及有关法规的规定形成了一套经济合同示范文本和管理办法草案,1990年2月报请国务院批示,并于同年8月发布了《经济合同示范文本管理办法》,对经济合同示范文本的制定和发布作出了明确规定。截至1992年,国家工商局单独或与有关部委联合发布了7大类28种合同示范文本,全国有70%的企业使用示范文本签订合同。

五、工商法律法规制度体系基本建立时期(1992—2007年)

1992年初,邓小平巡视武昌、深圳、珠海、上海等地,发表南方谈话,提出了著名的"三个有利于"理论。明确指出,计划多一点还是市场多一点,不是社会主义与资本主义的本质区别。计划经济不等于社会主义,资本主义也有计划;市场经济不等于资本主义,社会主义也有市场,计划和市场都是经济手段。同年10月,中国共产党第十四次全国代表大会在北京举行。江泽民作了《加快改革开放和现代化建设步伐,夺取有中国特色社会主义事业的更大胜利》的报告。大会确立邓小平建设有中国特色社会主义理论在全党的指导地位,概括了建设有中国特色社会主义理论的主要内容,明确建立社会主义市场经济体制的改革目标,要求全党抓住机遇,加快发展,集中精力把经济建设搞上去。大会通过了《关于十三届中央委员会报告的决议》等重要文献。南方谈话和党的"十四大"决议,对我国经济改革、社会进步和法制建设,起到了关键的促进作用。在此背景下,我国工商行政管理法制建设朝着服务于社会主义市场经济发展方向大步推进。

为社会主义市场经济建设服务是这一时期工商行政管理立法工作的主旋律,所有法律、法规和规章的制定、修改与废除,无不体现这一特色。

在这一阶段,国家工商行政管理总局积极参与《反不正当竞争法》、《消费者权益保护法》、《经济合同法》、《广告法》、《合同法》、《商标法》、《反垄断法》、《公司法》、《合伙企业法》、《个人独资企业法》、《企业破产法》等法律和《公司登记管理条例》、《合伙企业登记管理办法》、《商标法实施条例》、《无照经营查处取缔办法》、《农民专业合作社登记管理条例》、《禁止传销条例》、《直销管理条例》等法规的制定和修订工作,制定发布了《工商行政管理暂行规定》、《药品广告审查发布标准》、《药品广告审查办法》、《企业动产抵押登记办法》和《工商行政管理机关行政处罚程序规定》、《工商行政管理机关行政处罚案件听证规则》等部门规章。其中,《公司法》、《合伙企业法》、《个人独资企业法》和《农民专业合作社法》等法律,确认各类市场主体的合法地位,保障其公平参与市场竞争。新修订的《公司法》和《公司登记管理条例》确立了有限责任公司和股份有限公司等基本制度,完善了公司治理结构,为建立现代企业制度、保障公司投资者和利益相关人的合法权益奠定了制度基础。《企业破产法》建立了规范市场主体退出的破产制度。《反不正当竞争法》、《反垄断法》等规范了市场竞争行为,促进了垄断行业的改革,加强了政府监管和社会监督,并相应地确立了民事赔偿和行政赔偿并存的法律救济制度。《消费者权益保护法》、《广告法》等有力地规范了经营者的行为,保护了消费者的合法权益,维护社会经济秩序。《直销管理条例》、《禁止传销条例》、《商业特许经营管理条例》等法规有效规范了直销市场行为。《商标法》和《商标法实施条例》、《奥林匹克标志保护条例》进一步加大了保护注册商标专用权等知识产权的力度。

(一)加强市场准入立法立规工作,健全各类市场主体登记管理法律制度

1.《公司法》的起草和修订工作

（1）公司法的起草工作。《公司法》是一部重要的经济法律。制定公司法对我国建立规范的公司制度,保障公司的合法权益,维护社会经济秩序,保障和促进社会主义市场经济的健全发展,具有重要的作用。1979 年我国实行改革开放以后,公司数量逐渐增多,对发展经济发挥了越来越重要的作用,同时也出现了一些问题,迫切需要制定《公司法》。全国人大常委会和国务院都确定要抓紧制定《公司法》。1983 年由国家经委、国家体改委开始起草公司法,1986 年改为分别起草有限责任公司条例和股份有限公司条例,1992 年由国家体改委制定了有限责任公司规范意见和股份有限公司规范意见,1992 年 8 月国务院提请全国人大常委会审议有限责任公司法草案。全国人大常委会委员们在审议有限责任公司法草案时提出,为适应社会主义市场经济发展的需要,应当制定一部覆盖面更宽一些、内容比较全面的《公司法》。根据全国人大常委会委员长会议的决定,法制工作委员会在国务院和国务院有关部门拟订的上述条例、规范意见和法律草案的基础上,汇总起草《公司法（草案）》。《公司法》于 1993 年 12 月 29 日八届全国人大常委会第五次会议通过,1994 年 7 月 1 日起施行。

（2）《公司法》的修订工作。《公司法》的公布施行对规范公司的组织和行为,保护公司、股东和债权人的合法权益,推动国有企业改制和经济体制改革,促进社会主义市场经济发展发挥了积极作用。随着经济体制改革的不断深化和社会主义市场经济体制的建立与逐步完善,公司法已经不能完全适应新形势的需要:一是公司设立门槛过高,难以满足社会资金的投资需求。二是公司治理结构不够完善,股东会、董事会、监事会、经理层的权利义务需要进一步明确。三是对股东尤其是中小股东合法权益的保护机制不够完善,对公司债权人、其他利害关系人和社会公众利益也缺乏有效的保护手段。四是关于股份发行、转让和上市的规定已经不能完全适应公司投融资活动的实际需要。五是对上市公司监管中出现的新情况、新问题缺乏有效的应对手段。六是缺少对公司以及董事、监事、高级管理人员诚信义务及其法律责任的规定,等等。根据全国人大常委会和国务院 2004 年立法工作计划,2004 年初,国务院法制办邀请全国人大财经委、全国人大常委会法工委、国资委、工商总局、证监会、发展研究中心、全国总工会等有关部门和单位的负责同志成立了公司法修改领导小组,并从上述部门和单位抽调有关人员组成工作小组。修改主要体现在以下几个方面:一是修改公司设立制度,广泛吸引社会资金。例如降低了有限责任公司的最低注册资本,允许公司在一定期限内分期缴清出资,提高无形资产的出资比例等。二是完善公司法人治理结构,健全内部监督制约机制。例如,健全了董事会制度,强化了监事会作用,并对董事、监事、高级管理人员的义务和责任作出了规定。三是健全股东合法权益和社会公共利益的保护机制。例如完善股东了解公司有关事务的措施和方法,完善股东会召集程序和议事规则,防止股东滥用有限责任损害债权人和社会公共利益等。四是规范上市公司治理结构,严格上市公司及有关人员的法律义务与责任。五是完善公司管理和运营制度,健全公司融资制度,调整公司财务会计制度。六是对一人有限责任公司和国有独资公司作出了特别规定。2005 年 10 月,第十届全国人民代表大会常务委员会第十八次会议对公司法作了重大修改,新修订的《公司法》于 2006 年 1 月 1 日起施行。

2.《商事登记法》起草工作

随着社会主义市场经济的日益发展,特别是经济体制改革的日益深入,客观上要求各类市场主体进入市场,参与公平竞争,以适应市场经济条件下各类市场主体的发展要求。1987 年以来,为了规范各类市场主体,国务院先后颁布了《城乡个体工商户管理暂行条例》、《私营企业暂行条例》和《企业法人登记管理条例》。随着现代企业制度的完善,为与《公司法》和《合伙企业法》相配套,国务院又先后颁布了《公司登记管理条例》和《合伙企业登记管理办法》。为了与

《个人独资企业法》相配套,国家工商总局以总局令的形式出台了《个人独资企业登记管理办法》。至此,我国企业登记制度的基本框架已经形成,各类市场主体均可按相应的登记程序进入市场,从事合法经营活动。在建立一套完善的市场主体法律制度体系的同时,客观上也要求建立相配套的统一的市场主体登记程序法律制度。正是基于上述要求,九届、十届全国人大提出要制定一部统一的《商事登记法》,以解决当时实体法与程序法脱节的问题。由于各类市场主体依据不同的法规和规章进行登记,不可避免地存在以下一些问题需要解决:一是企业类型存在着既有按所有制形式划分也有按财产归属、出资方式、组织形式、责任形式进行登记的问题。二是调整范围交叉的问题。如《公司登记管理条例》和《私营企业暂行条例》的交叉;《私营企业暂行条例》、《城乡个体工商户管理暂行条例》同《公司法》、《合伙企业法》的交叉。三是登记适用部门规章,与实体法配套层级低的问题。四是法律责任不统一的问题。由于适用登记管理法规的不同,导致企业法人对同样的违法行为承担的法律责任标准不统一。五是登记程序设置不统一的问题。六是登记事项设置不统一和营业执照多样化的问题。

2000年,根据国务院法制办关于先草拟《商事登记条例》的意见,总局成立了《商事登记条例》起草领导小组和工作小组,经过大量调研论证和反复修改,2002年7月形成了《商事登记条例(第六稿)》(以下简称《第六稿》)。根据十届全国人大常委会立法规划,2007年将安排审议《商事登记法》。为此,2006年,法规司对《第六稿》进行了修改、补充,形成《商事登记法(第七稿)》(以下简称《第七稿》)。《第七稿》沿用了《第六稿》的立法思路,保留了其立法体例和主要内容,并根据新《公司法》、《行政许可法》的规定,修改、补充了有关内容。按照总局2008年工作安排,《商事登记法》列入2008年的立法计划,起草工作由法规司牵头,相关业务司局参加,并成立了相应的领导小组

和工作小组。

3.《公司登记管理条例》的起草和修订工作

《公司登记管理条例》是依据《公司法》制定并与公司法同时施行的。1994年国家工商局完成了《公司登记管理条例》起草工作。该条例是对《公司法》的重要补充,对完善我国公司制度,促进企业转换经营机制起着重要作用。1994年6月,国务院第156号令公布《公司登记管理条例》,自1994年7月1日起施行。为了配合新修订的公司法的施行,国务院法制办会同国家工商总局在广泛征求意见的基础上,起草了《国务院关于修改〈公司登记管理条例〉的决定(草案)》。2005年12月,国务院第451号令对《公司登记管理条例》作出相应修订。修改后的《公司登记管理条例》于2006年1月1日起施行。

4. 其他相关法规的起草和修订工作

1992年以来,国家工商行政管理总局参与制定和修订的行政法规还有:

(1)与企业登记管理有关的法规。1998年2月22日国务院批准,1998年4月7日国家工商行政管理局令第85号公布,1999年6月12日国务院批准修订,1999年6月23日国家工商行政管理局令第90号公布的《企业法人法定代表人登记管理规定》。

(2)与外资企业登记管理有关的法规。1990年10月28日国务院批准,1990年12月12日对外经济贸易部发布,根据2001年4月12日国务院令第301号公布的《国务院关于修改〈外资企业法实施细则〉的决定》修订的《外资企业法实施细则》。1983年9月20日国务院发布,1986年1月15日、1987年12月21日国务院两次修订,根据2001年7月22日国务院令第311号公布的《国务院关于修改〈中外合资经营企业法实施条例〉的决定》修订的《中外合资经营企业法实施条例》;1995年8月7日国务院批准,1995年9月4日对外贸易经济合作部令第6号公布的《中外合作经营企业法实施细则》。

(3)与个体私营经济监督管理有关的法规。1997年11月19日国务院令第236号

发布,根据 2007 年 5 月 9 日国务院令第 497 号公布的《国务院关于修改〈合伙企业登记管理办法〉的决定》修订的《合伙企业登记管理办法》。2002 年 12 月 18 日国务院第 67 次常务会议通过,2003 年 1 月 6 日国务院令第 370 号公布的《无照经营查处取缔办法》。2007 年 5 月 28 日国务院令第 498 号公布的《农民专业合作社登记管理条例》。

5. 相关规章的制定和修订工作

1992 年以来,国家工商行政管理总局制定和修订的规章主要有:

(1)与企业登记管理有关的规章。1988 年 11 月 3 日国家工商行政管理局令第 1 号公布,1996 年 12 月 25 日国家工商行政管理局令第 66 号修订,2000 年 12 月 1 日国家工商行政管理局令第 96 号第二次修订的《企业法人登记管理条例施行细则》。1996 年 12 月 13 日国家工商行政管理局令第 61 号公布,1998 年 12 月 3 日国家工商行政管理局令第 86 号修订,2006 年 2 月 24 日国家工商行政管理总局令第 23 号第二次修订的《企业年度检验办法》。1999 年 12 月 8 日国家工商行政管理局令第 93 号公布,2004 年 6 月 14 日国家工商行政管理总局令第 10 号修订的《企业名称登记管理实施办法》。2004 年 6 月 10 日国家工商行政管理总局令第 9 号公布的《企业登记程序规定》。2004 年 6 月 14 日国家工商行政管理总局令第 11 号公布,2005 年 12 月 27 日国家工商行政管理总局令第 22 号修订的《公司注册资本登记管理规定》。2004 年 6 月 14 日国家工商行政管理总局令第 12 号公布的《企业经营范围登记管理规定》。

(2)与外资企业登记管理有关的规章。1992 年 8 月 15 日国家工商行政管理局令第 10 号公布的《外国(地区)企业在中国境内从事生产经营活动登记管理办法》。2002 年 12 月 10 日国家工商行政管理总局令第 4 号公布的《外资投资企业授权登记管理办法》。2004 年 3 月 2 日国家工商行政管理总局、商务部令第 8 号公布的《外商投资广告企业管理规定》。

(3)与个体私营经济监督管理有关的规

章。1987 年 9 月 5 日工商个字[1987]第 231 号公布,1998 年 12 月 3 日国家工商行政管理局令第 86 号修订的《城乡个体工商户管理暂行条例实施细则》。1989 年 1 月 16 日国家工商行政管理局令第 2 号公布,1996 年 12 月 17 日国家工商行政管理局令第 64 号修订,1998 年 12 月 3 日国家工商行政管理局令第 86 号第二次修订的《私营企业暂行条例施行办法》。1997 年 1 月 22 日国家工商行政管理局令第 74 号公布,1998 年 12 月 3 日国家工商行政管理局令第 86 号修订的《旅游景区个体工商户监督管理办法》。2000 年 1 月 13 日国家工商行政管理局令第 94 号公布的《个人独资企业登记管理办法》。2004 年 7 月 23 日国家工商行政管理总局令第 13 号公布的《个体工商户登记程序规定》。

(二)强化市场规范管理,不断完善市场监管法律法规

1.《经济合同法》的修订工作

《经济合同法》的草拟工作,是从 1980 年 10 月开始的。在全国人大常委会法制委员会主持下,由国家经委、工商行政管理总局牵头,会同有关部门成立了经济合同法起草小组。1981 年 12 月 13 日《中华人民共和国经济合同法》在全国人大常委会通过。为适应市场经济发展的需要,总局配合全国人大常委会和国务院有关部门对《经济合同法》进行了修订。1993 年 9 月 2 日第八届全国人大常委会通过《关于修改〈中华人民共和国经济合同法〉的决定》,对经济合同法进行了重要的修改。对《经济合同法》的修改涉及问题较多,主要包括以下九个方面:(1)关于经济合同法的适用范围问题;(2)关于经济合同与计划的关系问题;(3)关于购销合同与国家物价管理的关系问题;(4)关于上级机关过错造成违约的责任问题;(5)关于企业关闭、停产、转产是否允许变更或解除经济合同的问题;(6)关于无效合同的确认问题;(7)关于解决经济合同纠纷的制度问题;(8)关于对经济合同的行政管理问题;(9)关于经济合同法的实施条例问题。之所以要修改,主要是考虑到这部

法律毕竟是在改革初期制定的,随着改革的不断发展和深化,有些规定与现实经济生活已经越来越不相适应;在一些重要问题上,同后来制定的民法通则、民事诉讼法、涉外经济合同法、技术合同法也存在若干不协调、不一致的情况。修改经济合同法势在必行,也是各方面的普遍要求,因而具有重要现实意义。

2.《合同法》的起草工作

党的十一届三中全会以来,我国先后制定了《经济合同法》、《涉外经济合同法》和《技术合同法》三部合同法。这三部合同法对保护合同当事人的合法权益,维护社会经济秩序,促进国内经济、技术和对外经济贸易的发展,保障社会主义建设事业的顺利进行,发挥了重要作用。但是,随着改革开放的不断深入和扩大、经济贸易的不断发展,这三部合同法的一些规定不能完全适应形势了,存在的主要问题是:第一,国内经济合同、涉外经济合同和技术合同分别适用不同的合同法,有些共性的问题不统一,某些规定较为原则,有的规定不尽一致;第二,在市场交易中利用合同形式搞欺诈,损害国家、集体和他人利益的情况较为突出,在防范合同欺诈、维护社会经济秩序方面,需要作出补充规定;第三,调整范围不能完全适应,出现了融资租赁等新的合同种类,委托、行纪等合同也日益增多,需要相应作出规定。统一《合同法》是从1993年开始起草的,随后国家工商行政管理局参与了《合同法》草案的有关论证工作,该法于1999年3月15日在第九届全国人民代表大会第二次会议通过,自1999年10月1日起施行。《中华人民共和国经济合同法》、《中华人民共和国涉外经济合同法》、《中华人民共和国技术合同法》同时废止。《合同法》第一百二十七条规定:"工商行政管理部门和其他有关行政主管部门在各自的职权范围内,依照法律、行政法规的规定,对利用合同危害国家利益、社会公共利益的违法行为,负责监督处理;构成犯罪的,依法追究刑事责任。"

3. 相关法规的起草和修订工作

1992年以来,国家工商行政管理总局参与起草和修订的与市场规范管理有关的规章主要有:1994年4月15日国务院令第153号公布《种畜禽管理条例》。1997年5月8日国务院令第216号发布,根据2001年11月29日国务院令第326号公布的《国务院关于修改〈农药管理条例〉的决定》修订的《农药管理条例》。1997年7月3日国务院令第223号公布的《烟草专卖法实施条例》。同年12月19日国务院令第238号公布,2007年12月19日国务院第201次常务会议修订通过的《生猪屠宰管理条例》。2000年9月25日国务院令第292号公布的《互联网信息服务管理办法》。2001年6月16日国务院令第307号公布的《报废汽车回收管理办法》。2001年8月3日国务院令第314号公布,根据2006年7月4日国务院令第470号公布的《国务院关于修改〈棉花质量监督管理条例〉的决定》修订的《棉花质量监督管理条例》。2004年4月9日国务院令第404号公布的《兽药管理条例》。2004年5月26日国务院令第407号公布的《粮食流通管理条例》,等等。

4. 相关规章的制定和修订工作

1992年以来,国家工商行政管理总局制定和修订的与市场规范管理有关的规章主要有:1990年8月20日国家工商行政管理局令第4号公布,1998年12月3日国家工商行政管理局令第86号修订的《经济合同示范文本管理办法》。1995年10月26日国家工商行政管理局令第36号公布,1998年12月3日国家工商行政管理局令第86号修订,2004年8月28日国家工商行政管理总局令第14号第二次修订的《经纪人管理办法》。1997年10月31日国家工商行政管理局令第77号公布,1998年12月3日国家工商行政管理局令第86号修订的《商品展销会管理办法》。1997年11月3日国家工商行政管理局令第79号公布的《合同争议行政调解办法》。1998年12月3日国家工商行政管理局令第86号公布的《关于修改〈经济合同示范文本管理办法〉等33件规章的决定》。2001年1月15日国家工商行政管理局令第101号公布的《拍卖监督管理暂行办法》。2007年10月12日国家工商行政管理总局令第30号公布的《动产抵押登记办法》。

（三）加大反不正当竞争和反垄断立法力度，优化公平交易管理法律规范

1.《反不正当竞争法》的起草和修订工作

早在1987年，国务院法制局和国家工商行政管理局等有关部门就曾组成联合小组，开始起草制止不正当竞争法。1992年初，根据全国人大常委会的立法计划，国家工商行政管理局承担反不正当竞争法的起草任务，为此成立了专门的起草小组，在原有工作的基础上，收集和研究国内外的有关法律资料，进行调查研究，分析国内外的大量案例，并派人赴美、韩等国考察，起草了《反不正当竞争法（征求意见稿）》。1993年初，国家工商行政管理局组织召开专家论证会，邀请在京部分知名法学专家和全国人大常委会法工委、国务院法制局以及有关部门的同志对征求意见稿进行了论证。会后，起草小组又广泛征求了中央有关部门、地方和法学研究机构、大专院校的意见，与国务院法制局和全国人大常委会法工委等部门共同进行研究、修改，形成草案，于1993年9月在第八届全国人民代表大会第三次会议获得通过。在党的"十四大"已经明确地把建立社会主义市场经济体制确定为经济体制改革目标的形势下，为了维护社会主义市场经济秩序，鼓励和保护公平竞争，制止不正当竞争行为，保障经营者的合法权益，制定《反不正当竞争法》具有十分重要的现实意义。

《反不正当竞争法》于1993年9月2日公布，1993年12月1日起施行。十五年来，随着我国市场经济的不断发展和市场竞争的日趋激烈，现行反不正当竞争法已不适应当前市场经济发展的需要，为了进一步提高《反不正当竞争法》适应市场竞争形势发展的要求，更好地促进新形势下反不正当竞争工作，有效维护公平竞争秩序，推动统一开放竞争有序的现代市场体系的建立，必须加快修订《反不正当竞争法》。一是随着我国市场经济的不断发展和市场竞争的日趋激烈，出台于我国确立市场经济模式初期的现行《反不正当竞争法》已不能很好地适应我国市场经济日益发展的需要，法律的滞后性越来越突出，给执法工作带来很大难度。二是《反不正当竞争法》与《反垄断法》作为维护市场竞争秩序的两部重要法律，二者互为补充、互相关联，关系十分密切。由于《反垄断法》已出台并于2008年8月1日实施，需要对《反不正当竞争法》的相关内容作出相应的调整。三是在中央部署的治理商业贿赂专项工作中，中央领导多次强调，要把加快《反不正当竞争法》的修订工作作为建立和完善治理商业贿赂工作的长效机制。四是在近年来召开的全国人大和政协会议上，许多代表和委员都提出了修改《反不正当竞争法》的建议和提案，这也反映了社会各界对修改该法具有较高的呼声和要求。

修订《反不正当竞争法》要解决的主要问题：一是现行法律的适应性不强，对市场上出现的一些新的不正当竞争行为缺乏调控力的问题；二是现行法律对有关不正当竞争行为的规定内容涵盖不完整，比较原则，可操作性差的问题；三是现行法律赋予执法机关对不正当竞争行为进行监督检查的权限较为软弱，不适应有效打击不正当竞争行为需要的问题；四是现行法律对法律责任制度的规定不完善，不利于有效遏制不正当竞争行为的问题。

在做好反不正当竞争执法工作的同时，工商行政管理部门对《反不正当竞争法》的修订工作也十分重视。1997年国家工商行政管理局就《反不正当竞争法》存在的问题向国务院作了专题汇报，并提请对该法进行修改。随后，按照国务院法制办的要求，开始了《反不正当竞争法》修订的前期准备工作。2003年十届全国人大常委会将修订《反不正当竞争法》列入五年立法规划，国务院也将修订《反不正当竞争法》列入当年立法计划，国家工商总局受国务院的委托，承担了具体修订任务。2003年8月，国家工商总局专门成立了修订《反不正当竞争法》的组织机构。之后，国家工商总局分别于2003

年、2004 年、2005 年多次召开工商系统座谈会、企业座谈会、专家学者座谈会，广泛征求社会各界对《反不正当竞争法》的修改意见。2006 年 7 月，在《反垄断法（草案）》上报全国人大常委会审议后，又对《反不正当竞争法（修订稿）》的内容进行了调整、完善。在上述工作的基础上，先后八易其稿，形成了《反不正当竞争法（修订稿）》。此后，该修订稿在国家工商总局和全国工商系统中广泛征求意见和开展研究讨论。2008 年 4 月、5 月，国家工商总局分别在江苏、浙江、山东召开了工商系统座谈会和企业座谈会，根据征求到的建议和意见，又形成了一些新的思路和想法。

2.《反垄断法》的起草工作

《反垄断法》是保护市场竞争，维护市场竞争秩序，充分发挥市场配置资源基础性作用的重要法律制度，素有"经济宪法"之称。同时，《反垄断法》也是市场经济国家调控经济的重要政策工具。特别是在经济全球化的条件下，世界各国普遍重视利用反垄断法律制度，防止和制止来自国内国外的垄断行为，维护经营者和消费者合法权益，促进技术创新和技术进步，提高企业竞争力，保证国民经济的健康、持续、协调发展。随着我国经济体制改革的继续深入和对外开放的不断扩大，我国《反不正当竞争法》、《价格法》、《招标投标法》、《电信条例》等有关法律、行政法规中一些防止和制止垄断行为的规定，已经不能完全适应我国发展社会主义市场经济和参与国际竞争的需要。一是经营者滥用市场支配地位垄断价格、掠夺性定价、强制交易、搭售和附加不合理交易条件，或者相互之间达成价格联盟、划分市场、限制产量等各种形式的垄断协议，直接危害市场竞争，损害消费者和其他经营者的合法权益，妨碍了全国统一、竞争有序的市场体系的建立。此外，行政机关和法律、法规授权的具有管理公共事务职能的组织滥用行政权力，排除、限制竞争的现象还不同程度地存在，反垄断法对此也需要明确予以制止。二是随着经济全球化的加剧和我国对全球经济影响力的提高，国内国际经济结构调整

不断加快，企业间的合并、重组日趋活跃。同时，在有的地区、有的行业中，垄断的苗头也已开始显现，迫切需要引导和规范，以避免产生严重限制甚至排除竞争的后果。三是我国作为市场经济国家，需要通过建立并实施较为完善的反垄断法律制度给市场经营者以公开、透明并可预期的行为准则，规范市场经济秩序。因此，有必要制定一部专门的反垄断法，为进一步深化改革开放，营造公平有序的市场竞争环境，促进国际贸易和经济技术合作，保持我国经济活力，加强国家宏观调控，提供法律保障。

《反垄断法》的起草工作历经十余年，2004 年 2 月商务部将与工商总局共同起草的《中华人民共和国反垄断法（送审稿）》报国务院。鉴于《反垄断法》的重要性，国务院法制办邀请全国人大财经委、全国人大常委会法工委、最高人民法院、发展改革委、商务部、工商总局、国务院发展研究中心、中国社科院的负责同志成立了反垄断法审查修改领导小组，并由上述有关部门、单位指派专人参加工作小组。该法于 2007 年 8 月 30 日第十届全国人民代表大会常务委员会第二十九次会议通过，自 2008 年 8 月 1 日起施行。

3. 相关法规的起草和修订工作

1992 年以来，国务院工商行政管理部门参与起草和修订的与反不正当竞争有关的行政法规主要有：1995 年 1 月 11 日国务院批准 1995 年 1 月 25 日国家计划委员会令第 4 号公布的《制止牟取暴利的暂行规定》。1999 年 7 月 10 日国务院批准，1999 年 8 月 1 日国家发展计划委员会发布，根据 2006 年 2 月 21 日国务院令第 461 号公布的《国务院关于修改〈价格违法行为行政处罚规定〉的决定》第一次修订，根据 2008 年 1 月 13 日国务院令第 515 号公布的《国务院关于修改〈价格违法行为行政处罚规定〉的决定》第二次修订的《价格违法行为行政处罚规定》。2001 年 4 月 21 日国务院令第 303 号公布的《关于禁止在市场经济活动中实行地区封锁的规定》等。

4. 相关规章的制定和修订工作

1992年以来，国家工商行政管理总局制定和修订的与反不正当竞争有关的规章主要有：1993年12月24日国家工商行政管理局令第19号公布的《关于禁止有奖销售中不正当竞争行为的若干规定》。1993年12月24日国家工商行政管理局令第20号公布的《关于禁止公用企业限制竞争行为的若干规定》。1995年7月6日国家工商行政管理局令第33号公布的《关于禁止仿冒知名商品特有的名称、包装、装潢的不正当竞争行为的若干规定》。1995年11月23日国家工商行政管理局令第41号公布，1998年12月3日国家工商行政管理局令第86号修订的《关于禁止侵犯商业秘密行为的若干规定》。1996年11月15日国家工商行政管理局令第60号公布《关于禁止商业贿赂行为的暂行规定》。1998年1月6日国家工商行政管理局令第82号公布《关于禁止串通招标投标行为的暂行规定》。

（四）拓展执法领域，做好规范直销和打击传销立法立规工作

1.《禁止传销条例》的起草工作

20世纪90年代初，一些国外直销公司开始进入中国。由于我国正处于社会主义市场经济发展的初级阶段，市场发育程度较低，有关管理法规不够完善，直销逐渐发展成为各种形式的传销活动。一些不法的单位和个人打着"快速致富"的旗号，诱骗群众参与传销，利用虚假宣传、组成封闭人际网络，收取高额入门费等手段敛取钱财，还有一些人利用传销从事迷信、帮会、价格欺诈、推销假冒伪劣产品等违法犯罪活动，不仅干扰了正常的经济秩序，严重损害人民群众的利益，还严重影响了我国的社会稳定。针对上述情况，1998年4月，国务院发出了《国务院关于禁止传销经营活动的通知》（国发〔1998〕10号，以下简称《通知》）。《通知》明确指出，传销经营不符合我国现阶段的国情，已造成严重危害，对传销经营活动必须坚决予以禁止。2005年8月10日，国务院第101次常务会议通过了《禁止传销条例》，以行政法规的形式进一步明确对传销活动予以禁止，加大打击力度。该条例自2005

年11月1日起开始施行。

自1998年国务院颁布《通知》全面禁止传销以来，在国务院的统一部署下，工商、公安等部门认真履行职责，对各种传销活动进行了严厉打击，取得了显著成效，大规模、公开化的传销活动得到了有效遏制。近年来，传销进一步发展为以"拉人头"欺诈等为主要形式的违法犯罪活动。为了逃避打击，传销活动也由公开转入地下，采取更为隐蔽、更为恶劣的手段进行不法活动，且近年来有愈演愈烈之势，不仅严重扰乱正常的市场经济秩序，也直接危害人民群众的生命财产安全，破坏社会稳定。有鉴于此，为了维护广大人民群众的切身利益和市场经济秩序，国务院要求各级人民政府和执法部门要严格执法，对传销活动一经发现，坚决取缔。为了进一步加大对传销的打击力度，防止欺诈，保护公民、法人和其他组织的合法权益，维护社会主义市场经济秩序，保持社会稳定，构建和谐社会，国务院颁布了《禁止传销条例》，从法律上明确禁止任何单位和个人从事传销，并对传销的定义、表现形式，打击传销的工作机制、措施和程序、法律责任等作出了明确规定。

2.《直销管理条例》的起草工作

国务院制定出台《直销管理条例》（以下简称《条例》）的原因主要有两个。首先，是正确引导和规范我国直销业发展的需要。直销是众多现代经销模式中的一种，这种经销模式可以有效地降低企业的运营成本，对促进市场经济条件下商品流通的发展有着积极作用。但是，由于这种经销模式在交易过程中存在很大程度的信息不对称性，直销人员也具有分散性的特点，所以，极容易引发一些不规范，甚至是违法行为的发生，进而损害广大消费者和直销从业人员的切身利益。加之直销这种经销方式进入我国的时间不长，公众对直销的认识也还存在着一定程度的偏差，区别合法直销和非法传销的能力相对薄弱。因此，制定一部能够使消费者的权益得到充分保障，既符合我国国情，而又内外一致的直销法规，对直销业正确引导、趋利避害、稳步开放、规范发展，是十分

必要的。其次,是履行"入世"承诺的需要。根据"入世"承诺,我国应当在2004年底取消对外资在无固定地点的批发或零售服务领域设立商业存在方面的限制,并制定与WTO规则和中国入世承诺相符合的关于无固定地点销售的法规。这里所称的"无固定地点销售",其主要形式之一就是直销。

为了加强对直销业的监管,防止以直销为掩护进行各种违法行为,条例专设一章,明确了工商行政管理部门实施日常监督管理可以采取的手段和措施。根据条例规定,工商行政管理部门在进行现场检查时,可以采取进入企业、询问当事人以及查阅、复制、查封、扣押有关材料和非法财物等措施。同时,为了及时查处直销活动中的违法行为,防止直销演变为多层次传销,条例还规定,工商行政管理部门发现企业有涉嫌违反本条例的行为,可以责令其暂时停止经营活动。为保证管理相对人的合法权益,条例对工商行政管理部门采取上述监管手段和措施的程序,都作了明确而严格的规定。条例还与《禁止传销条例》作了必要衔接,规定:违反本条例的违法行为同时违反《禁止传销条例》的,依照《禁止传销条例》的有关规定予以处罚。也就是说,如果借直销之名行传销之实,执法部门将会根据《禁止传销条例》予以处罚。

（五）加强流通环节产品质量监管立法立规工作,保护消费者合法权益

1.《消费者权益保护法》的起草和修订工作

为了起草好《消费者权益保护法》这部法律,早在1985年,国家工商行政管理局即组织力量着手进行研究。起草小组收集和分析了国内外的有关立法资料和典型案例,进行调查研究,广泛征求了国务院各有关部门、最高人民法院、最高人民检察院以及地方工商行政管理局、消费者协会和有关专家的意见,召开了四次较大规模的论证会,并派人赴美国、英国、荷兰等国考察。在此基础上,经过认真研究,反复修改,数易其稿,于1993年3月底报请国务院审议。国务院法制局又书面征求了中央、地方有关部门和

部分法学专家的意见,并召开论证会,反复与国家工商行政管理局研究、修改,形成草案。1993年10月,《消费者权益保护法》在第八届全国人大常委会第四次会议上获得通过。这部法律的颁布与实施为保护消费者的合法权益,维护社会经济秩序,促进社会主义市场经济健康发展,发挥了十分重要的作用。

《消费者权益保护法》(以下简称《消法》)于1993年10月31日公布,1994年1月1日实施。颁布实施以来,在规范经营行为、提高消费者依法维权意识、保护消费者合法权益、维护社会经济秩序、促进社会主义市场经济健康发展等方面发挥了重要作用。但是,《消法》制定于我国实行社会主义市场经济体制初期,受制于当时的经济发展水平和对社会主义市场经济发展规律的认识水平,许多问题没有在《消法》中反映出来;同时,十几年来,我国经济、社会各方面发生了巨大变化,人们的消费水平和消费结构也发生了深刻变化,消费领域出现了许多新情况、新问题。《消法》已不适应我国消费维权实践和社会主义市场经济发展需要,亟须通过修订予以解决。一是《消法》滞后于消费维权实践,与社会主义市场经济发展需要不相适应的问题日益突出。在近几年来的人大代表建议和政协委员提案中,这些问题都多次被提出来,涉及《消法》调整范围和消费者权利保护范围、对经营者履行义务的监督和对消费者的救助、举证责任和不公平格式合同条款监督纠正等众多方面,需要通过修改《消法》得到解决。二是完善社会主义市场经济体制需要进一步完善我国消费者权益保护法律制度。三是落实科学发展观、构建和谐社会和促进经济社会又好又快发展的需要。消费者利益是人民群众利益在消费领域的直接体现,消费者权益保护关乎市场秩序、社会稳定和经济发展。落实科学发展观,构建和谐社会,对消费者权益保护工作提出了更高要求。修改《消法》,完善我国消费政策和消费者保护政策的综合协调机制,加强消费者权益保护工作,提高我国消费者权益保护水平,将进一步改善消费

环境,增加消费信心,刺激消费需求,有利于促进我国经济社会步入科学发展轨道、实现又好又快发展,有利于构建社会主义和谐社会。

通过修订《消法》解决的主要问题是:一是扩大调整范围。进一步明确和扩大《消法》的适用范围、消费者的权利范围和经营者的义务范围。二是完善监督程序。进一步补充、完善经营者的特定义务,如消费安全义务、格式合同义务、损害赔偿义务,补充和完善行政监督与司法裁判相衔接的对经营者违法行为的纠正和监督程序,使法律规定的经营者义务和应承担的赔偿责任能得到切实执行。三是明确举证责任。按照举证责任与举证能力相适应的原则,确立体现保护弱者、倾向消费者的举证责任制度。四是对小额消费纠纷提供有效救助。实践中,大量的消费纠纷是小额纠纷,普通的仲裁和诉讼途径,时间、精力等耗费超过小额纠纷的标的额,对解决小额纠纷作用不大。修改《消法》,建立以行政裁决为主导、司法执行为后盾的小额消费纠纷解决机制。五是完善立法机制和行政保护机制。消费者权益涉及众多消费领域,涉及相关政府部门职责和众多法律,为使消费者保护在立法、政策和执法方面保持统一协调,在修改《消法》时,应建立消费者权益保护的综合协调机制,明确协调部门及相关职责。

2. 相关法规的起草工作

1992年以来,国家工商行政管理总局参与起草的与消费者权益保护有关的行政法规主要有:2007年7月25日国务院第186次常务会议通过,2007年7月26日国务院令第503号公布的《国务院关于加强食品等产品安全监督管理的特别规定》,等等。

3. 相关规章的制定和修订工作

1992年以来,国家工商行政管理总局制定和修订的与消费者权益保护有关的规章主要有:1996年3月15日国家工商行政管理局令第50号公布的《欺诈消费者行为处罚办法》。1996年3月15日国家工商行政管理局令第51号公布,1998年12月3日国家工商行政管理局令第86号修订的《工商

行政管理机关受理消费者申诉暂行办法》。1997年3月15日国家工商行政管理局令第75号公布的《工商行政管理所处理消费者申诉实施办法》。

(六)不断修订和完善广告监管法律法规,加强对重点广告的监管力度

1. 《广告法》的起草和修订工作

(1)《广告法》的起草工作。党的十一届三中全会以来,我国的广告业有了迅速恢复和发展。广告营业额年平均增长率达40%以上。1993年,全国广告营业额134亿元,广告从业人员31万人,已经初步形成具有一定规模、服务门类和媒介种类比较齐全、能够为社会提供系列化信息服务的产业。国家十分重视广告业的发展。1982年和1987年,国务院先后发布了《广告管理暂行条例》和《广告管理条例》,对于保证广告业的健康发展,发挥了积极的作用。1993年国务院批转的国家计委《关于全国第三产业发展规划基本思路》,把广告业正式列为第三产业中的一个行业。广告业在社会主义市场经济中的作用和地位日益重要。我国广告业在快速发展的同时,也存在一些问题,突出表现在两个方面:一方面,利用广告推销假冒伪劣产品,贬低竞争对手,进行不正当竞争,在广告中夸大产品、服务的功效,欺骗和误导消费者,有的广告甚至有悖社会善良习俗,损害社会公德。另一方面,广告主、广告经营者、广告发布者的权利、义务责任不够明确,行为不够规范,在广告活动中出现了许多违法广告和违法行为。这些问题,不仅影响广告业的声誉,妨碍广告业的健康发展,也严重干扰了社会主义市场经济秩序,损害国家利益、社会公共利益。上述问题表明,随着广告业的发展,《广告管理条例》已经不能适应广告管理和广告活动的需要。因此,尽快制定广告法是十分必要的。国家工商行政管理局从1990年开始着手起草《广告法》。在起草过程中,多次征求了国务院有关部门,一些企业、广告经营者、广告发布者、专家以及地方工商行政管理机关的意见并研究、借鉴了国外有关广告立法的经验。在此基础上,经多次论证和修改,形成

了《中华人民共和国广告法(草案)》。1994年10月27日中华人民共和国第八届全国人民代表大会常务委员会第十次会议通过《中华人民共和国广告法》,自1995年2月1日起施行。

(2)《广告法》的修订工作。《广告法》自1995年2月1日施行至今,在规范广告市场行为,维护广告经营秩序,保护消费者合法权益,促进广告业健康发展方面,发挥了重要作用。但是,由于《广告法》施行十多年来,我国的经济政策、法律环境等已经发生了巨大变化;《行政处罚法》、《行政许可法》等一系列重要法律陆续出台,国家法律制度得到了进一步完善;我国加入世界贸易组织,广告市场已对外全面开放等,现行《广告法》已不能应对各方面情况的变化和适应监管执法的需要,修订《广告法》势在必行。首先,整治虚假违法广告,规范广告市场秩序,迫切需要修订《广告法》。现行《广告法》存在的欠缺,如法律空白点多、操作性不强、处罚力度弱等,是虚假违法广告屡禁不止的重要原因之一。要建立广告监管的长效机制,健全和完善法律是治本之策。其次,加入世界贸易组织后广告市场环境发生的重大变化,需要修订《广告法》与之相适应。修订《广告法》,增加反垄断、反不正当竞争的有关条款,使之符合世界贸易组织规则,建立公平、统一、开放、竞争有序的广告市场秩序,既是我国履行入世承诺的要求,也是维护我国企业合法权益的需要。第三,修订《广告法》并附设施行细则,有利于进一步完善我国广告法律体系。由于《广告法》调整和规范的是商业广告,因此《广告法》颁布后,1987年国务院发布的《广告管理条例》仍在同时施行。两个法律、法规调整的范围既存在差异,又有交叉重合,而对同一问题作出的规定往往又不尽一致,这既不利于保持执法的统一性,也不利于维护法律的权威性。此外,由于《广告法》未设立施行细则,致使一些原则性规定得不到细化而难以适用,一些违法行为得不到应有的惩处。因此,需要修订《广告法》,并附设施行细则,全面整合现有广告法规,将《广告管理条例》及其施行细则、各项单项规章的有关内容写进《广告法施行细则》)。

通过修订《广告法》解决的主要问题:一是法律空白点多的问题。随着广告业的飞速发展,广告活动主体、经营方式、媒介形式、广告内容日益多元化和多样化,现行《广告法》囿于当时的广告业发展程度和水平,在一些方面未能作出规定。二是内容缺失的问题。现行《广告法》的各章都不同程度存在内容不够完备的问题,如:广告审批只有原则规定,对广告经营活动主体权利义务没有明确规定等。其中,对规范广告市场秩序影响最大的是广告监管环节规定的缺失。现行《广告法》既没有对广告监管机关和其他相关管理部门的职责作出规定,也没有对广告监管的方法和手段加以明确,更没有赋予广告监管机关对广告违法行为采取强制措施的权力。另外,行业自律规则是规范广告市场的重要手段,也是解决行业发展深层次问题的重要途径。现行《广告法》没有规范行业自律的条款,为此有必要研究行业自律问题,在《广告法》中作出相应的规定。三是条款可操作性不强的问题。现行《广告法》有些规定不够明确和完善,缺乏可操作性,影响了《广告法》的执行效果。例如,《广告法》虽然提出"真实、合法"的要求,但未规定判定广告真实性的具体标准。《广告法》中规定了发布虚假广告应承担的法律责任,但没有明确规定认定虚假广告的具体标准和程序等。四是处罚力度过弱有待加强。按照现行《广告法》规定,执法人员对违法行为人拒绝调查、转移违法物品、证据、银行存款等逃避制裁的行为,既无力制止,也难以追究其法律责任;《广告法》规定对违法广告经营者处以广告费用一倍以上五倍以下的罚款,此项规定对性质严重的违法广告不仅处罚过轻,缺乏威慑力,而且在部分媒体单位与广告主、广告公司相互串通,故意开具小额发票,隐瞒真实广告费用时,广告监管机关以广告费用为基数处罚违法广告,根本无法达到惩戒违法者的目的。

2. 相关规章的制定和修订工作

1992年以来,国务院工商行政管理部门

制定和修订的与广告监管有关的规章主要有:1988年1月9日工商广字〔1988〕第13号公布,1998年12月3日国家工商行政管理局令第86号修订,2000年12月1日国家工商行政管理局令第99号第二次修订,2004年11月30日国家工商行政管理总局令第18号第三次修订的《广告管理条例施行细则》。1993年7月13日国家工商行政管理局令第12号公布,根据2005年9月28日国家工商行政管理总局令第21号公布的《关于按照新修订的〈广告管理条例施行细则〉调整有关广告监管规章相应条款的决定》修订的《化妆品广告管理办法》。1993年9月27日国家工商行政管理局、卫生部令第16号公布,根据2005年9月28日国家工商行政管理总局令第21号公布的《关于按照新修订的〈广告管理条例施行细则〉调整有关广告监管规章相应条款的决定》修订,2006年11月10日国家工商行政管理总局、卫生部令第26号第二次修订的《医疗广告管理办法》。1995年3月3日国家工商行政管理局令第23号公布的《医疗器械广告审查标准》。1995年3月8日国家工商行政管理局、国家医药管理局令第24号公布的《医疗器械广告审查办法》。1995年3月28日国家工商行政管理局令第26号公布的《兽药广告审查标准》。1995年3月28日国家工商行政管理局令第28号公布《农药广告审查标准》。1995年4月7日国家工商行政管理局、农业部令第29号公布,1998年12月22日国家工商行政管理局、农业部令第88号修订的《兽药广告审查办法》。1995年4月7日国家工商行政管理局、农业部令第30号公布,1998年12月22日国家工商行政管理局、农业部令第88号修订的《农药广告审查办法》。1995年11月17日国家工商行政管理局令第39号公布,根据2005年9月28日国家工商行政管理总局令第21号公布的《关于按照新修订的〈广告管理条例施行细则〉调整有关广告监管规章相应条款的决定》修订的《酒类广告管理办法》。1995年12月8日国家工商行政管理局令第42号公布,1998年12月3日国家工商行政管

理局令第86号修订,2006年5月22日国家工商行政管理总局令第25号第二次修订的《户外广告登记管理规定》。1995年12月20日国家工商行政管理局令第46号公布,1996年12月30日国家工商行政管理局令第69号修订的《烟草广告管理暂行办法》。1996年12月30日国家工商行政管理局令第71号公布,1998年12月3日国家工商行政管理局令第86号修订的《房地产广告发布暂行规定》。1996年12月30日国家工商行政管理局令第72号公布,1998年12月3日国家工商行政管理局令第86号修订的《食品广告发布暂行规定》。1997年11月3日国家工商行政管理局令第78号公布,1998年12月3日国家工商行政管理局令第86号修订的《广告经营资格检查办法》。1998年1月15日国家工商行政管理局令第84号公布,1998年12月3日国家工商行政管理局令第86号修订的《广告语言文字管理暂行规定》。2000年1月13日国家工商行政管理局令第95号公布,2004年11月30日国家工商行政管理总局令第17号修订的《印刷品广告管理办法》。2004年11月30日国家工商行政管理总局令第16号公布的《广告经营许可证管理办法》。2005年9月28日国家工商行政管理总局令第21号公布的《关于按照新修订的〈广告管理条例施行细则〉调整有关广告监管规章相应条款的决定》。2007年3月3日国家工商行政管理总局、国家食品药品监督管理局令第27号公布的《药品广告审查发布标准》,等等。

(七)完善商标注册管理法律法规,加大对注册商标、驰名商标、奥林匹克标志管理和保护力度

1.《商标法》的修订工作

(1)《商标法》的前两次修订工作。《商标法》自1983年3月1日施行以来,对于保护商标专用权,保障消费者利益,促进经济发展,发挥了重要作用。为适应形势发展的需要,工商总局积极配合立法机关分别于1993年和2001年对《商标法》进行了两次修订。1993年9月第八届全国人大常委会对《商标法》进行了修改,主要是考虑到随着

改革开放的不断深化,实践经验的不断积累,而我国又先后于 1985 年和 1989 年加入《保护工业产权巴黎公约》和《商标国际注册马德里协定》,从进一步完善我国商标制度和与国际通行做法相衔接以及适应我国发展社会主义市场经济的需要,修改的主要内容包括:一是将服务商标纳入保护范围;二是增强规定不得以地名作为商标;三是简化商标注册的申请手续;四是增加了对商标使用许可的要求;五是延长了对注册商标提出争议的期限;六是增加了撤销欺骗性注册商标的规定。2001 年 10 月 27 日第九届全国人大常委会第二十四次会议通过《关于修改〈中华人民共和国商标法〉的决定》,对商标法进行了第二次修正。此次修正主要是为了完善我国的商标制度,进一步加强对商标专用权的保护,并适应我国加入世界贸易组织进程,从而对《商标法》中与世界贸易组织规则(主要是《与贸易有关的知识产权协议》)存在差距的条款作出相应修改。主要体现在:对驰名商标、集体商标、证明商标的保护作出了明确规定,禁止以官方标志、检验印记作为注册商标,禁止代理人或者代表人恶意注册商标,对商标注册申请的优先权作出了规定,强化了工商行政管理部门对商标专用权的保护,同时增加了当事人对于商评委的决定、裁定可以向人民法院提起诉讼的规定等。

(2)《商标法》第三次修订工作。2008 年,国家工商总局正在积极进行《商标法》第三次修订工作。这次修订《商标法》主要是全面解决社会经济发展给商标法律制度所带来的突出问题,改革目前不适应我国经济发展的商标工作的机制和体制,进一步促进我国商标事业的繁荣发展,从而为我国经济可持续发展创造良好的商标法制环境,使《商标法》在保护商标专用权、促进国家经济发展、扩大产品出口等方面发挥其应有的作用。其一,2001 年的修改仅为适应加入世界贸易组织的需要,不是全面修改,遗留下来的问题现在更为突出。2001 年的修改使我国《商标法》符合了世界贸易组织《与贸易有关的知识产权协议》的要求,但只是部分

采纳了当时商标局的意见,而在简化注册程序、明确法律概念、严格法律时限、理顺法律关系、优化逻辑结构等方面没有涉及。如任何人都可以提出异议申请问题,当时商标局认为有必要按照异议理由区分申请人资格,避免恶意提异议,但实际修改没有涉及这一问题。这些问题现在显得更为突出,因而迫切需要再次对《商标法》进行修改。其二,近年来,我国商标申请量、异议申请量和评审申请量的连年大幅度跃升,给商标注册工作带来巨大压力和严峻挑战。2001 年《商标法》的修改引入司法审查制度,一件商标从提出申请到最后是否注册,可能要走完行政两级、司法两极程序,加之商标审查程序烦琐,审查周期越来越长。同时,随着中国经济的高速发展,商标申请量逐年递增。目前冗长的审查周期以及烦琐的审查程序已经造成了商标申请的大量积压。其三,为了开拓市场,促进产品出口,在世界商标法律领域发挥更大的作用,我国需要尽早加入世界知识产权组织的《商标法新加坡条约》。《商标法条约》是世界知识产权组织管理的与商标有关的国际条约,于 1994 年签署,至 2008 年有 33 个成员国。其主要目的是统一和简化各成员国的商标注册制度,为当事人在成员国注册商标提供最大方便。2006 年,世界知识产权组织对《商标法条约》进行了修改,制定了《商标法新加坡条约》。我国是上述条约的签字国,但截至 2008 年我国还没有加入上述条约。随着我国经济逐步融入全球经济体系,必然要求我国的商标注册程序进一步与越来越多的国家趋同,使外国当事人能便利地来华申请商标注册,同时使我国的当事人也能比较便利地到国外申请商标注册。因此,有必要参考该条约的有关规定,进一步完善和简化我国的商标注册程序。

此次修订《商标法》所要解决的主要问题:一是关于缩短审查周期。主要包括如何进一步完善异议程序等内容。二是关于简化确权程序。主要包括是否从总体上简化行政、司法确权程序和是否重新确定行政确权机关的诉讼地位两方面问题。三是关于

加大商标权保护力度。主要涉及是否进一步完善商标侵权类型和是否进一步完善和加大行政处罚两方面问题。四是关于提供更好服务。主要涉及是否简化商标注册程序中的有关手续，是否完善更正错误程序、转让程序、共同注册程序、地理标志的保护等和研究许可合同备案的必要性以及程序的优化三方面问题。五是关于与《商标法新加坡条约》接轨。主要包括增加驳回前的意见表达程序、允许一标多类申请、给予当事人错过时限的救济措施、允许电子申请等问题。

2.《商标法实施条例》的起草和修订工作

1983 年 3 月 10 日国务院发布《商标法实施细则》。1988 年 1 月，经国务院批准，国家工商局对《商标法实施细则》进行了第一次修订。1993 年 7 月，经国务院批准，国家工商局对《商标法实施细则》进行了第二次修订，取消了商标注册申请由工商局办理的二级核转制，实行商标代理制和申请人直接递交制；明确了对集体商标、证明商标的法律保护；进一步明确并加强了工商行政管理机关的职能。2001 年 10 月 27 日，九届全国人大常委会第二十四次会议通过《全国人民代表大会常务委员会关于修改〈中华人民共和国商标法〉的决定》。《中华人民共和国商标法实施细则》作为商标法的配套法规，有必要根据修改后的商标法作相应修改。为此，国家工商总局在认真调查研究、总结实践经验的基础上，草拟了《中华人民共和国商标法实施细则（修订草案）》（以下称送审稿），于 2001 年 12 月 29 日报送国务院审批。随后国务院法制办会同工商总局在综合汇总、研究各有关方面意见的基础上，对送审稿反复研究、修改，形成了《中华人民共和国商标法实施条例（修订草案）》。草案的内容主要有：一、加强商标专用权保护，维护商标专用权人的合法权益。一是规范驰名商标保护制度；二是增加规定申请商标注册的部分驳回程序和注册商标部分撤销程序；三是增加规定公开评审方式。二、遏制和打击商标领域违法犯罪，维护商标使用秩

序。一是加强商标管理，加大对侵犯注册商标专用权的打击力度；二是要求及时清理应当变更、注销的注册商标。三、完善对商标行政执法的监督，建立回避制度。《商标法实施条例》于 2002 年 8 月 3 日由国务院令第 358 号公布，自 2002 年 9 月 15 日起施行。

3. 其他相关法规的起草工作

1992 年以来，国务院工商行政管理部门参与起草的与商标管理有关的行政法规还有：1996 年 7 月 13 日国务院令第 202 号公布的《特殊标志管理条例》；2002 年 1 月 30 日国务院第 54 次常务会议通过，2002 年 2 月 4 日国务院令第 345 号公布的《奥林匹克标志保护条例》，2004 年 10 月 13 日国务院第 66 次常务会议通过，2004 年 10 月 20 日国务院令第 422 号公布的《世界博览会标志保护条例》。

4. 相关规章的制定和修订工作

1992 年以来，工商行政管理部门制定和修订的与商标管理有关的行政规章主要有：1995 年 11 月 2 日国家工商行政管理局令第 37 号公布，2002 年 9 月 17 日国家工商行政管理总局令第 3 号第一次修订，2005 年 9 月 26 日国家工商行政管理总局令第 20 号第二次修订的《商标评审规则》。1996 年 9 月 5 日国家工商行政管理局令第 57 号公布，1998 年 12 月 3 日国家工商行政管理局令第 86 号修订，2004 年 8 月 19 日国家工商行政管理总局令第 15 号第二次修订的《商标印制管理办法》。2002 年 4 月 22 日国家工商行政管理总局令第 2 号公布的《奥林匹克标志备案及管理办法》。2003 年 4 月 17 日国家工商行政管理总局令第 5 号公布的《驰名商标认定和保护规定》。2003 年 4 月 17 日国家工商行政管理总局令第 6 号公布的《集体商标、证明商标注册和管理办法》。2003 年 4 月 17 日国家工商行政管理总局令第 7 号公布的《马德里商标国际注册实施办法》。2004 年 12 月 24 日国家工商行政管理总局令第 19 号公布的《世界博览会标志备案办法》。

（八）认真开展法规清理工作，保持工商行政管理法律法规制度体系和谐统一

1. 为适应我国加入世贸组织需要开展

法规清理工作。2001 年,为适应我国加入世界贸易组织的需要,根据国务院法制办公室的要求,认真进行了工商行政管理规章、规范性文件的清理工作。经过清理,废止规章、规范性文件 12 件,修改规章、规范性文件 9 件。

2. 为适应行政审批制度改革和《行政许可法》实施需要开展法规清理工作。2003 年和 2004 年,为适应行政审批制度改革和《行政许可法》实施的需要,参与进行了工商行政管理行政审批(行政许可)项目的清理工作;认真组织对 1 233 件规章、规范性文件进行了清理,废止了总局发布及与有关部门联合发布的 356 件规章、规范性文件。其中,规章 10 件、规范性文件 346 件。

3. 为更好地适应加快建设法治政府的要求开展法规清理工作。2007 年根据《国务院办公厅关于开展行政法规规章清理工作的通知》(国办文[2007]12 号)要求,参与了对工商行政管理行政审批的再次清理,并认真组织进行了工商行政管理法规清理工作。总局为国务院清理行政法规工作的两个重点联系单位之一,认真制定了清理工作方案,进行认真清理。在形成初步清理结果的基础上,组织召开了清理法规座谈会,就清理情况认真听取了管理相对人、基层执法人员的意见,取得了比较好的效果。其间,国务院法制办公室多次派人参加总局的清理工作座谈会,两次在国务院法制办公室门户网站上转发总局的清理工作经验和做法,总局还作为清理工作先进典型在国务院有关部门行政法规规章清理工作现场会上作了大会典型发言。

4. 根据《国务院关于废止部分行政法规的决定》废止了一批规章和规范性文件。2008 年 1 月 15 日,国务院公布了《国务院关于废止部分行政法规的决定》(国务院令第 516 号),宣布废止 49 件行政法规,宣布失效 43 件行政法规。其中,由工商行政管理部门作为主要执法机关的行政法规有四项,分别是:《投机倒把行政处罚暂行条例》、《投机倒把行政处罚暂行条例施行细则》、《关于申请商标注册要求优先权的暂行规定》和《关

于汽车交易市场管理的暂行规定》。此外,《外商投资企业清算办法》等行政法规也涉及工商行政管理部门职能。鉴于上述行政法规已自 2008 年 1 月 15 日起停止执行,总局在进行规章和规范性文件清理工作中,将依据上述法规制定的《工商行政管理机关对走私贩私行为处罚的暂行规定》等 2 部规章和《关于投机倒把违法违章案件非法所得计算方法问题的通知》等 77 件规范性文件宣布废止。

(九)加强规范执法程序和执法行为的立法立规工作,深入推进"四化"建设,努力落实"四个统一"

1. 积极参与《行政处罚法》、《行政复议法》及《行政复议法实施条例》等法律法规的起草工作。1996 年国家工商局参与了《行政处罚法》草案的论证工作。同年 3 月 17 日第八届全国人民代表大会第四次会议通过了《行政处罚法》,这是我国行政法制建设中的一件大事,也是加强社会主义民主政治建设的一个重要步骤。行政处罚法的制定,对于规范行政机关有效地依法行政,改进行政管理工作,加强廉政建设,维护社会秩序和公共利益,保护公民的合法权益,促进社会主义市场经济的健康发展,都将起到重要作用。1990 年 12 月 24 日,国务院发布《行政复议条例》,在我国建立了统一的行政复议制度。1998 年国家工商局参与了《行政复议法》草案的论证工作。《行政复议法》于 1999 年 4 月 29 日第九届全国人民代表大会常务委员会第九次会议通过。行政复议是以具体行政行为为审查对象的行政审查制度,是解决行政争议的一种行政方法,它可以使合法、正确的行政决定得以贯彻执行,使违法、不当的行政行为得以撤销或者废止,使公民、法人或者其他组织的合法权益受到的损害得以恢复,从而为公民、法人或者其他组织提供良好的救济。对于维护行政活动的严肃性和权威性,保障行政活动顺畅进行,提高行政效率,具有重要作用。2005 年国家工商总局参与了《行政复议法实施条例》的论证工作。《行政复议法实施条例》于 2007 年 5 月 23 日在国务院第 177

次常务会议通过,自 2007 年 8 月 1 日起施行。该条例进一步规范了行政复议行为,有利于发挥行政复议制度在解决行政争议、建设法治政府、构建社会主义和谐社会中的作用。

2. 认真做好《工商行政管理机关行政处罚程序规定》等规章的制定工作。为进一步规范工商行政管理机关行政处罚行为,1996 年 10 月国家工商行政管理局以第 58 号、第 59 号令公布了《工商行政管理机关行政处罚程序暂行规定》和《工商行政管理机关行政处罚案件听证暂行规则》,其中《工商行政管理机关行政处罚程序暂行规定》于 2000 年 12 月经国家工商行政管理局令第 100 号修订。2007 年 9 月,国家工商总局第 28 号、第 29 号令公布《工商行政管理机关行政处罚程序规定》、《工商行政管理机关行政处罚案件听证规则》,自 2007 年 10 月 1 日起施行,同时废止了《工商行政管理机关行政处罚程序暂行规定》和《工商行政管理机关行政处罚案件听证暂行规则》。《工商行政管理机关行政处罚程序规定》分为 9 章共 90 条。其亮点主要有:授权省级工商局根据本地区实际情况确定工商所依法以自己名义实施行政处罚的具体权限;增加了告知投诉人、申诉人、举报人处理结果的规定;进一步完善调查取证程序的具体规则;确立符合执法实际的核审制度;增加了关于案件办理期限的规定;明确要求各级工商机关应当建立健全罚没物资的管理、处理制度;规范行政处罚案卷的制作;加强对行政处罚的监督。与现行的《工商行政管理机关行政处罚听证暂行规则》相比,《工商行政管理机关行政处罚案件听证规则》降低了听证申请的门槛,扩大了接受听证的范围,充分体现效率原则。此外,为进一步规范工商行政管理规章的制定程序,保证规章质量,提高立规效率,促进依法行政,根据《立法法》、《规章制定程序条例》等法律法规的有关规定,国家工商总局制定了《工商行政管理规章制定程序规定》。为规范和保障工商行政管理机关行政执法人员依法履行职责,加强工商行政管理行政执法证使用管理,根据《中华人民共和国行政处罚法》等法律、法规的有关规定,国家工商总局制定了《工商行政管理机关行政执法证管理办法》。上述规章的制定出台,有力地规范了行政执法行为,推进了执法工作制度化、规范化、程序化、法治化建设,为落实监管与发展、监管与服务、监管与维权、监管与执法"四个统一"发挥了应有的作用。

自 1978 年至 2008 年,工商行政管理部门恢复建立 30 年来,从无到有,从不完善到逐步完善,工商行政管理法制建设取得了重大进展,基本建立了工商行政管理法律法规制度体系。截至 2008 年 6 月,共有 100 部法律和 203 部行政法规赋予工商行政管理部门监管执法职责,总局单独制定的规章 56 部,与有关部门联合制定的规章 48 部,以反不正当竞争法、广告法、商标法、消费者权益保护法和产品质量法等法律为基础,以公司登记管理条例、合伙企业登记管理办法等企业登记管理法规和商标法实施条例、广告管理条例、禁止传销条例等市场监管法规为延伸,以总局单独制定的行政规章为补充的工商行政管理法律法规制度体系已基本形成。这个法律、法规制度体系,涵盖了企业登记管理、公平交易、直销监管、广告监管、市场规范管理、商标管理、消费者权益保护和流通领域商品质量监管等多个领域,为工商行政管理部门依法行政提供了比较完备的法律依据,确立了工商行政管理部门作为综合性市场监管部门的法律地位。

第二节　工商行政管理法制机构建设与普法工作

一、法制工作机构建设

（一）总局法制工作机构建设

1988 年,国家工商局单独设立法制工作机构,名称为政策法规司,其前身为政策研究室。政策法规司的主要职责是:研究工商行政管理政策;组织草拟工商行政管理法规;协调业务司、局的法规拟订工作;调查研究工商行政管理工作中出现的新问题和新情况;编辑《工商行政管理简报》;组织宣传报道；协调有关司、局对外单位送交的法规草案提出修改意见。

1990年5月，国家工商局对原政策法规司进行了调整，设立条法司，下设3个处，分别为综合处、法规处、复议应诉处。条法司的主要职责与原政策法规司的主要职责相同。

1994年1月，根据国务院办公厅《关于印发国家工商局职能配置、内设机构和人员编制规定的通知》（国办发〔1994〕4号）规定，国家工商局条法司改为法制司，下设3个处，分别为综合处、法规处、复议应诉处。主要职责是：研究制定工商行政管理立法规划，组织和承担工商行政管理法律、法规、规章制度的制定、协调和发布工作；承担工商行政管理规章的清理、编纂工作；组织开展工商行政执法监督检查工作，指导本系统法制工作；参与行政案件的复议工作；组织、指导、协调应诉工作；具体承担局案件复议委员会的日常工作。

1998年6月，根据国务院办公厅《关于印发国家工商局职能配置、内设机构和人员编制规定的通知》（国办发〔1998〕62号）规定，国家工商局将法制司改为法规司，在编制压缩的情况下，加强法制机构建设，增加了案件核审听证处。法规司下设4个处，分别为综合处、法规处、复议应诉处、案件核审听证处。主要职责是：研究拟定工商行政管理立法规划，组织和承担工商行政管理规章制度的拟定、协调和发布；组织开展工商行政执法监督和听证工作，承担或参与行政复议、应诉和赔偿，组织法制宣传培训，指导本系统法制工作。

2001年8月，根据国务院办公厅《关于印发国家工商总局职能配置、内设机构和人员编制规定的通知》（国办发〔2001〕57号）规定，国家工商总局升格为正部级单位仍设立法规司，其主要职责与原国家工商局法规司主要职责一致。

2008年7月，根据国务院办公厅《关于印发国家工商行政管理总局主要职责、内设机构和人员编制规定的通知》（国办发〔2008〕88号）规定，国家工商总局仍设立法规司，下设4个处，分别为综合处、法规处、复议应诉处、执法监督处。主要职责是：组织起草有关法律法规草案和规章；组织开展工商行政执法监督和听证工作，承担或参与有关行政复议、行政应诉和赔偿工作；承担指导本系统行政执法行为监督工作。

（二）地方法制工作机构建设

1990年后，尤其《行政诉讼法》和《行政复议条例》颁布实施之后，各地工商行政管理机关纷纷成立法制工作机构。许多地方增设了法制工作机构并明确了法制工作的职责，已经设立专门机构的地方也程度不同地充实了力量。1991年4月23日至26日，全国工商行政管理法制工作会议在安徽庐江召开之后，更多的地方开始设立法制机构，全国46个省、自治区、直辖市、计划单列市和经济特区工商行政管理局中，已有41个设立了专门的法制机构。在5个未设专门机构的地方，也都配备了专职的法制工作人员。到1994年底，全国30个省、自治区、直辖市工商行政管理局中，除西藏还未完全建立法制机构、山东省是调研办公室在承担法制工作外，其他的28个均建立了法制处。10个副省级城市、6个计划单列市以及珠海、汕头2个经济特区，也都成立了专门的法制机构。1995年，全国工商行政管理系统法制机构建设、人员配备有了新进展，大部分省、自治区、直辖市形成了省、地、县三级法制机构网络。1996年，各级工商行政管理机关为了适应《行政处罚法》的要求，进一步健全了法制机构。许多地方在编制少人员紧的情况下设立了法制机构，一些地方在机构改革中保留了法制机构，充实了人员，为做好法制工作打下了基础。到1996年底，全国30个省、自治区、直辖市，6个计划单列市，10个副省级市以及珠海、汕头2个经济特区工商行政管理局都设立了法制机构。约80%的地市级工商行政管理局、59%的县级工商行政管理局设立了法制机构。1998年至2008年，随着整个社会法制环境的好转、依法治国方略的贯彻实施和依法行政工作的全面推进，各级工商行政管理机关的领导对法制建设重要性的认识不断提高，法制机构得到了进一步充实和加强，也进入到了一个相对稳定的时期。到 2008 年 6 月，全国 31 个省、自治区、直辖市，5 个计划单列市，10 个副省级市工商行政管理局都设立了法制机构，地市级、县级工商行政管理局也普遍设立了法制机构。

1991 年 4 月 23 日至 26 日，国家工商局在安徽庐江县召开了全国工商行政管理第一次法制工作会议。会议比较系统地、全面地总结了国家工商局恢复组建以来，全国工商行政管理法制工作所取得的主要成绩，认真总结交流了经验，部署了 1991 年和"八五"时期的工商行政管理法制工作，研究讨论了工商行政管理统一办案程序和"八五"时期法制工作要点。局长刘敏学在会上做了题为《总结经验，加快立法，强化执法，开创工商行政管理法制工作新局面》的工作报告，副局长曹天玷在会议结束时作了小结。在这次会议上，国家工商局将工商行政管理法制机构的性质定为：工商行政管理法制机构是工商局内部统管法制工作的综合职能部门，其职能是：组织、协调、监督、把关。

1994 年 4 月 20 日至 22 日，国家工商局在海南省海口市召开了全国工商行政管理法制工作会议。局长刘敏学到会做重要讲话。会议总结了 1990 年以来特别是 1993 年全系统法制工作情况，交流了法制工作经验，研究部署了此后一个时期的工商行政管理法制工作。

1999 年 4 月 14 日至 15 日，全国工商行政管理法制工作会议在江苏省无锡市举行，各省、自治区、直辖市、计划单列市及副省级市工商局法制机构的负责人及主管局长参加了会议，局长王众孚出席会议并作了重要讲话，副局长李建中作了工作报告。

二、工商行政管理"一五"、"二五"普法

1978 年以后，我国法治建设进入了全新发展阶段，中国共产党总结历史经验，特别是汲取"文化大革命"的惨痛教训，作出把国家工作中心转移到社会主义现代化建设上来的重大决策，实行改革开放政策，并明确

了一定要靠法制治理国家的原则。1985 年，全国人民代表大会常务委员会做出了第一个在全民中普及法律知识的决定。

自 1978 年工商行政管理机关恢复建制以来，各级工商行政管理机关把法制宣传培训当作工商行政管理法制工作的一项重要任务来抓，增强全社会尊重法律、遵守法律的观念和意识，积极引导公民、法人和其他组织依法维护自身权益，逐步形成与建设法治工商相适应的良好社会氛围。

（一）国家工商局"二五"普法工作

1989 年，国家工商局为配合、指导宣传培训工作，编写了《行政诉讼与实践》一书作为教材，并进行全系统培训。

1993 年，国家工商局分别与司法部、全国普法办、中消协以联合发文的形式下发了关于在"二五"普法中认真组织学习和宣传《反不正当竞争法》、《消费者权益保护法》的通知，对"两法"的学习宣传提出了明确的要求。条法司还先后在南京、北京和沈阳举办了工商系统内部的干部培训班。除此之外，条法司在《法制日报》、《经济日报》、《工商行政管理》（半月刊）、《中国工商报》、《中国消费者报》上举办了系列讲座。

1995 年，国家工商局法制宣传工作重点抓了两件事。一是与司法部、中国消费者协会一起，组织了一次全国范围内的知识竞赛。全国共印发试卷 1 200 多万份，回收 700 多万份。3 月 15 日，举办了电视现场决赛。这次知识竞赛是全国"二五"普法中规模最大的一次。二是在内蒙古自治区举办了有 120 名全系统法制机构负责同志参加的"法制干部培训班"，聘请法学界知名专家和局领导作了系列市场经济法律讲座。

（二）地方工商行政管理机关"二五"普法工作

上海市工商局从 1981 年《经济合同法》颁布到 1987 年的 6 年时间里，共举办报告会、讲座 550 多次，参加人数达 11 万人次，举办培训班 4400 多期，参加者 22 万人次，印发图书资料 70 余种、36 万余册，发放经验交流材料近百种、10 万多（份）册，在报纸杂志上发表文章 90 多篇。浙江省工商局报经

省政府办公厅下达文件,在全省范围内开展工商法规宣传,统一编写了《工商行政管理法规宣传大纲》、《个体经济法规宣传提纲》、《商标法宣传提纲》等进行宣传。

1992 年,各级工商行政管理机关以《经济合同法》实施十周年、《工商行政管理所条例》实施一周年为契机,积极开展工商行政管理法制宣传培训活动。西安市工商行政管理局围绕《经济合同法》、《工商行政管理所条例》及贯彻《行政诉讼法》、《行政复议条例》等共举办各种形式的宣传活动 400 余次,宣传面达到 32 万人次。

各地对《反不正当竞争法》、《消费者权益保护法》的宣传培训工作给予了高度重视。许多地方成立了专门的领导小组,对宣传和培训的具体步骤和方式提出要求。在有些地方,人大、政府或领导以及工商局的主要负责同志亲自在电台或电视台发表讲话,并上街开展咨询宣传。河南省工商局领导在"两法"宣传活动中,除出差在外的,均上街进行宣传。青岛市工商局围绕《反不正当竞争法》的宣传,起草文件、领导讲话,召开全市系统的座谈会 16 次,印发传单 13 万份,发放法规学习材料 1.2 万册。

1994 年,云南全省共举办培训班 1 500多期,培训法定代表人和营销人员 16 多万人次,个体工商户和私营企业职工 40 余万人次。江苏省、安徽省工商行政管理局还与电视台、广播电台联合举办经济法律法规广播教学,各培训了近 5 万名学员。

三、工商行政管理"三五"普法

"三五"(1996—2000 年)普法期间,根据中央宣传部、司法部关于在公民中开展法制宣传教育的第三个五年规划的要求和全国第四次法制宣传教育工作会议的安排,全系统坚持以邓小平建设有中国特色社会主义理论和"依法治国"方略为指导,以提高干部职工的业务素质和管理相对人的法律意识为目的,围绕增强法制观念,推进"依法行政"的总体目标,开展"内强素质、外树形象"全方位、多形式的法制宣传活动。

（一）国家工商局"三五"普法工作

1996 年,国家工商局的法制宣传工作主要是围绕《行政处罚法》的宣传贯彻而进行的。《行政处罚法》颁布后,法制司编写印发了行政处罚法宣传提纲并印发各地,还分别就行政处罚法学习贯彻中的有关问题,撰写文章作了讲解。《工商法制动态》及时刊登了国务院副秘书长兼法制局局长杨景宇在国务院部门政府法制工作会议上就《行政处罚法》的贯彻实施所作的重要讲话,对各地学习贯彻《行政处罚法》起到了一定的指导作用。

1997 年,国家工商局的法制宣传工作主要是围绕《行政处罚法》和《合伙企业法》的深入宣传贯彻而进行的。《合伙企业法》颁布后,法制司编写印发了合伙企业法宣传提纲,还分别就合伙企业法学习贯彻中的有关内容撰写文章作了讲解。应地方工商局的要求,国家工商局法制司还派人参加了吉林、内蒙古、安徽等一些工商局的法律法规培训教育的授课工作,取得了较好的效果。国家工商局法制司还进行了多次的系统法制宣传培训,专门就法律法规及工作中出现的新规定、新制度专题进行研讨,并举行了法律、法规知识竞赛。

1998 年,国家工商局法规司与中国工商报社联合举办了"工商局长谈法制"征文活动,共收到各地工商局长来稿 200 余篇,经过筛选,在《中国工商报》刊发稿件 40 余篇。同时,编发《工商法制动态》12 期,交流了开展法制工作的经验,推动了各地,特别是基层工商行政管理机关的法制工作。应地方工商局的要求,国家工商局法规司还派人参加了一些地方工商局的法律法规培训教育的授课工作。

1999 年,为深入开展工商法规的宣传培训,国家工商局与司法部联合组织工商法规知识竞赛工作。同时,进行了《合同法》、《行政复议法》的宣传和培训工作,举办了由省、自治区、直辖市工商局法制机构负责人及联系点的法制业务骨干参加的两期培训班。

2000 年,国家工商局与司法部联合开展了全国工商行政管理法规知识竞赛总决赛。全国 30 个省(自治区、直辖市)的代表队参加,经过预赛、复赛、决赛,决出一等奖 1 名、二等奖 2 名、三等奖 3 名。国家工商局局长王众孚、司法部副部长刘扬现场观看了最后的决赛并为获奖者颁奖。包括《人民日报》、中央电视台在内的在京 18 家新闻单位专门作了报道。

（二）地方工商行政管理机关"三五"普法工作

1996 年，各地工商行政管理局纷纷制定了"三五"普法计划，采取普及与专题研究相结合、集中与分散相结合、街头宣传与新闻媒体宣传相结合的方法，突出宣传重点，广泛开展了系统内外的法制宣传工作。河北省各级工商行政管理局坚持深入机关、企业、学校和街道宣讲工商法规，接受宣传教育的达 2 万多人次。吉林、广东、内蒙古、辽宁、河南、湖北等地都以学习贯彻《行政处罚法》为重点，结合学习贯彻《公司法》、《反不正当竞争法》、《消费者权益保护法》、《商标法》、《广告法》，大张旗鼓地进行了普法宣传教育工作。宁夏自治区各级工商行政管理机关开展法律宣传共发放资料 7 万份，在系统内办培训班 110 期，培训人员 1.5 万人次；系统外举办培训班 170 多班，培训人员 2.2 万次。

1998 年，山东省工商局等市地先后建立了"领导干部集体学法日"制度，从领导干部抓起，带动全系统学法。

1999 年，各地工商行政管理机关根据实际情况，认真进行了《合同法》、《行政复议法》的宣传和培训工作。

2000 年，各地工商行政管理机关为参加国家工商局与司法部联合开展的全国工商行政管理法规知识竞赛总决赛，高度重视，大多数省级工商局都在本地进行了选拔赛，许多省级工商局还对参赛队员进行了 3 个月以上的集训。

四、工商行政管理"四五"普法

"四五"（2001—2005 年）普法期间，工商行政管理机关根据全国"四五"普法规划的要求，按照全国普法办的统一部署，坚持以"三个代表"重要思想为指导，全面落实科学发展观，服务于社会主义和谐社会建设，以提高工商执法人员的业务素质和管理相对人的法律意识为目的，紧紧围绕依法行政、执政为民的总体目标，广泛深入、形式多样地开展法制宣传教育活动。

（一）国家工商总局"四五"普法工作

2001 年，国家工商总局总结了"三五"普法工作，交流了"三五"普法经验，制定了全国工商行政管理系统法制宣传教育第四个五年规划，并下发各地贯彻实施。参加了全国普法办组织的第五次全国法制宣传教育工作会议。会上，国家工商总局的"三五"普法工作经验材料被指定为大会典型经验交流材料，受到了与会代表的重视和好评。

2002 年，国家工商总局积极参加了全国普法办组织的中央和国家机关法制宣传教育工作座谈会、全国领导干部学法用法工作电视电话会议，认真贯彻会议精神，进一步交流了法制宣传教育的工作经验。组织举办了全国工商行政管理法制建设培训班，甘国屏副局长到班并作重要讲话，各省、自治区、直辖市、计划单列市及副省级市工商行政管理局法制机构主要负责人及部分基层法制工作联系点工商行政管理局的主要负责人参加了培训。

2003 年，国家工商总局结合核发工商行政管理行政执法证、规范执法人员主体资格，组织指导对执法人员的法律知识学习培训工作。以新颁布的《行政许可法》为重点，总局组织举办了法制处长培训班，各省、自治区、直辖市、计划单列市及副省级市工商行政管理局法制机构主要负责人参加了培训。

2004 年，以《行政许可法》为重点，总局组织举办了两期法制处长培训班，邀请了国务院法制办、高校等单位专家进行了授课，各省、自治区、直辖市、计划单列市及副省级市工商行政管理局法制机构主要负责人及部分地市级工商行政管理局主管法制工作的领导参加了培训。

2004 年，为贯彻国务院《全面推进依法行政实施纲要》，总局法规司编写了《工商行政管理系统全面推进依法行政实施纲要读本》，并以《全面推进依法行政实施纲要》和切实提高工商行政管理行政复议应诉水平，全面推进依法行政工作为重点，总局举办了由各省、自治区、直辖市、计划单列市及副省级市工商行政管理局法制机构负责人和部分地市级工商行政管理局行政复议、行政应诉工作的负责人参加的全国工商行政管理系统依法行政暨行政复议应诉培训班，邀请中央党校、最高人民法院、国务院法制办和相关高校的教授为培训班授课。

2005年，以《公司法》、《反垄断法》、《反不正当竞争法》、《行政复议条例》、《直销管理条例》、《禁止传销条例》等为重点，总局组织举办了全系统法制培训班，邀请了国务院法制办、高校等单位专家进行了授课，各省、自治区、直辖市、计划单列市及副省级市工商行政管理局法制机构主要负责人及部分地市级工商行政管理局主管法制工作的领导参加了培训。

（二）地方工商行政管理机关"四五"普法工作

2001年，各地工商行政管理机关也都纷纷总结"三五"普法工作，积极部署"四五"普法规划，为进一步做好工商行政管理法制宣传工作打下了良好的基础。各地结合执法资格证件的考核和培训，加大执法干部的培训力度。

2002年，一些省市工商局为了提高依法行政水平，推行了执法人员职位等级考试制度，对未能达到等级考试要求的调离执法岗位。

2003年，许多地方工商局建立健全了干部"一月一法一考试"制度、"学法日"制度，结合实际学习法律，分析执法案例，以案说法，不断增强依法行政的能力。

2005年，北京市工商局结合各业务专业，在全系统开展"岗位大练兵、专业大比武"活动。

五、工商行政管理"五五"普法

"五五"（2006—2010年）普法期间，工商行政管理机关为贯彻落实中共中央、国务院批转的《中央宣传部、司法部关于在公民中开展法制宣传教育的第五个五年规划》和全国人大常委会《关于加强法制宣传教育的决议》，做了大量工作。

（一）国家工商总局"五五"普法工作

2006年，国家工商总局主要开展了以下四项工作：

一是认真进行了"四五"普法总结验收和"五五"普法的安排部署，总局制定下发了《全国工商行政管理系统第五个法制宣传教育规划》。

二是于2006年6月27日、7月5日，总局分别在宁夏银川、黑龙江哈尔滨举办了由各省、自治区、直辖市及计划单列市、副省级市工商行政管理局法制处长参加的全国工商行政管理系统普法工作座谈会。总局副局长李东生参加了在宁夏召开的会议并作重要讲话。会议总结了全系统"四五"普法工作，研究部署了"五五"普法工作，表彰了全系统"四五"普法工作中涌现的先进单位和先进个人。

三是以法理学、民法通则、物权法、行政法、知识产权法、证据学等有关内容为重点，总局组织举办了全系统法制培训班，邀请了中央党校、全国人大法工委及清华大学、北京大学、中国人民大学、中国政法大学等单位的专家进行授课，各省、自治区、直辖市、计划单列市及副省级市工商行政管理局法制机构主要负责人及部分地市级工商行政管理局主管法制工作的领导参加了培训。

四是在《禁止传销条例》和《直销管理条例》实施一周年之际，全国普法办、司法部法制宣传司、国家工商总局法规司、国家工商总局直销监管局、中国工商报社等单位联合主办《禁止传销条例》、《直销管理条例》知识竞赛活动。除工商部门和直销企业积极组织人员参加外，此次知识竞赛参赛人员还有来自公安机关、法院、检察院、部队、银行、税务、电信等多个部门的人员，涉及有学生、医生、教师、律师、农民、退休人员等，共有来自全国31个省、区、市的25万余人积极参加。在公证人员的公证下，经现场抽奖，抽取了一等奖10名、二等奖20名、三等奖50名、鼓励奖100名。

2007年，国家工商总局主要开展了三项普法工作：

一是法规司组织编写了《工商行政管理机关行政处罚程序规定解释与适用》，局长周伯华亲自为该书作序。

二是举办了以《物权法》、《行政复议法实施条例》、《工商行政管理机关行政处罚程序规定》和证据制度等为重点内容的法制宣传培训班,各省级工商机关法制机构的负责人和部分地市级工商机关分管法制的局长参加了培训。副局长李东生到班并作了题为《深入贯彻"四个统一"要求　全面推进工商行政管理行政复议工作》的重要讲话。

三是法规司积极进行了以行政复议工作为重点的专项法制宣传,及时在《工商行政管理》(半月刊)上对全国行政复议工作座谈会的召开情况和会议的主要精神进行了介绍。同时,在《中国工商报》和工商行政管理法制网上,进行了广泛宣传。

2008 年,国家工商总局主要开展了四项普法工作:

一是总局举办了以学习依法行政理论、了解宏观经济等为重点的专项法制宣传培训班。国家工商总局副局长付双建在培训班上作了题为《提高认识　开拓创新　努力开创工商行政管理法制工作新局面》的重要讲话。培训班邀请了全国人大法工委、国务院法制办、国务院发展研究中心、中国人民大学等单位的负责人和专家、学者进行了授课,各省、自治区、直辖市及计划单列市、副省级市工商行政管理机关的法制机构负责人及法制业务骨干参加了培训。

二是为纪念我国改革开放 30 周年和工商行政管理系统恢复建制 30 周年,国家工商总局与全国普法办联合主办了全国工商行政管理法律知识竞赛。具体由总局法规司、司法部法制宣传司、中国工商报社联合承办,《法制日报》、《中国消费者报》协办。全国工商行政管理系统干部职工和企业、个体工商户及社会各界参加了竞赛。

三是总局向全系统发文,部署开展全系统"五五"普法中期督导检查工作。

四是创刊《工商法制通讯》,送总局各位领导、各司局,发各省、自治区、直辖市、计划单列市、副省级市工商行政管理局及各全国工商行政管理法制工作基层联系点工商行政管理局、相关部委法制机构。

(二)地方工商行政管理机关"五五"普法工作

2006 年,各地工商行政管理机关也都纷纷总结"四五"普法工作,积极部署贯彻落实"五五"普法规划的具体实施工作,为进一步做好工商行政管理法制宣传工作打下了良好的基础。

2007 年,各地工商行政管理机关以《物权法》、《行政复议法实施条例》、《工商行政管理机关行政处罚程序规定》为重点,认真开展了形式多样的法制宣传培训活动。

2008 年,为纪念我国改革开放 30 周年和工商行政管理系统恢复建制 30 周年,各地工商行政管理机关根据国家工商总局的部署,积极组织系统干部职工和企业、个体工商户及社会各界参加竞赛。

2008 年 7 月,根据总局部署,各地积极开展了工商行政管理"五五"普法中期督导检查的有关工作。

(执笔人:刘永娥　王铁军　杨一平　刘　辉　文秀梅　白谨毅　卢均晓)

第十三章　人事教育工作

加强人事教育工作,建立一支政治过硬、作风过硬、业务过硬的干部队伍,是推动工商行政管理事业健康发展的根本保证。自1978年工商行政管理机关恢复建制以来,国家工商局(总局)领导十分重视人事教育工作,在不同历史时期,人事教育工作始终围绕中心,服务大局,不断加强各级领导班子建设和干部队伍建设,加强干部教育培训工作,大力推进党风廉政建设,努力提高工商队伍的政治素质和业务水平,为推动工商行政管理事业持续发展打下了坚实基础。

第一节　工商行政管理体制改革

所谓工商行政管理体制,主要是指工商行政管理机关的领导体制,即各级工商行政管理机关隶属关系的组织形式和制度。工商行政管理机关领导体制的核心问题,一是归谁领导,二是以何种领导方式为主。随着社会主义市场经济体制的逐步建立,工商行政管理体制经历了一个不断完善的改革过程。

一、传统的"条块结合,以块为主"体制

自1978年各级工商行政管理部门重新恢复以来直至1995年,工商行政管理系统基本上采用的是"条块结合,以块为主"的领导体制。按照当时国务院的有关规定,国家工商行政管理局是国务院的直属机构,受国务院直接领导。地方各级工商行政管理机关是地方各级人民政府的职能机构,受地方各级人民政府直接领导,同时接受国家工商行政管理局及上级工商行政管理局的业务指导。这种既要向地方人民政府负责,又要向国家工商行政管理局及上级工商行政管

理局负责,以地方领导为主,以国家工商行政管理局及上级工商行政管理局领导为辅的双重领导体制,是当时我国工商行政管理体制的显著特征。

上述体制,在当时的历史条件下,对于促进社会经济的发展,建立正常的经济秩序,曾经起过很大的促进作用。但在由计划经济体制向市场转轨的新的历史条件下,工商行政管理部门所承担的任务越来越重,这种体制日益暴露出与社会主义市场经济体制不相适应的问题,制约和影响了工商行政管理职能到位和执法效能提高。就地方工商行政管理部门而言,多头领导和政令不统一现象的普遍存在,使基层工商行政管理机关在执行政策、法规的过程中出现困难甚至偏差。这就在一定程度上影响了工商行政管理机关对市场经济活动的监督、控制的效果,降低了其行政权威性。具体表现在:

(1)不利于社会主义市场经济体制的建立和完善。经济体制改革的目标,是要建立社会主义市场经济体制,培育和完善社会主义市场体系,促进统一市场的形成,促进市场经济的发展。而这种按行政区划进行管理的体制,却把已经形成的区域性市场人为地分割成条条块块,使得市场的功能遭到破坏,发挥不了正常的作用。一些地方工商行政管理机关在经济监督和行政执法的过程中,有意识地保护本地区的利益,排斥外来的竞争势力,从而在一定程度上强化了市场割据,维护了地区封锁,保护了不公平竞争。

(2)不利于工商行政管理职能到位。由于地方工商行政管理部门是各级政府的职能部门,它的人、财、物关系由地方政府管理,因此,它必须向地方政府负责。这样,它

就很难超脱于地方利益之上,在代表国家行使监督管理职能时,也就容易发生偏差。在对商品生产者和经营者的市场经济活动实施监督管理的过程中,常常受到地方政府的干扰和来自各方面的压力,不能更好地做到依法、公正、准确、及时地实施行政监管权,从而严重地削弱了工商行政管理机关的监督和控制职能。

(3)不利于工商行政管理干部队伍建设。在这种体制下,工商行政管理机关没有相对独立的人事权,无法抗拒地方政府的不合理的人事安排,造成"管人的不管事、管事的管不了人"的局面,严重地影响了工商行政管理干部队伍建设,不利于提高工商行政管理干部的素质和工作效率。

总之,随着改革的逐步深入和市场经济体制的建立和发展,必须改革这种条块分割的工商行政管理体制,以促进工商行政管理职能转变。

二、国务院调整大中城市工商行政管理体制

为适应建立社会主义市场经济体制的要求,改善和加强大中城市工商行政管理部门对市场的监督管理,建立权威的、统一的执法机构,经中央机构编制委员会办公室审核并报国务院批准,1994年5月23日,国务院办公厅下发了《关于调整大中城市工商行政管理体制的通知》(国办发[1994]67号文件)。《通知》的中心内容是:全国大中城市(设区的市)区工商行政管理局,一律改为市工商行政管理局的分局,作为市局的派出机构,由市局统一领导,统一管理。这一调整可简称为"区局改分局"。针对体制调整工作涉及的问题,《通知》同时指出:

关于大中城市所辖县的工商行政管理体制问题,各地可以结合实际情况,选择少数有条件的地方,进行市工商行政管理局对县一级工商行政管理局直接领导的试点,以取得经验,逐步完善。

关于省工商行政管理局对市、县工商行政管理局领导体制是否改变问题,因各地情况不一,由中央机构编制委员会办公室和国家工商行政管理局会同有关部门进行调查研究后,提出具体方案,报国务院审定。

为确保体制调整工作的落实,《通知》要求:各省、自治区、直辖市人民政府,国家工商行政管理局和各大中城市人民政府要加强领导,稳定队伍,切实做好大中城市区工商行政管理局管理体制的调整工作。要注意协调理顺各方面的关系,充分发挥区人民政府的积极性,确保大中城市工商行政管理体制改革的平稳过渡和顺利进行。

《通知》下达以后,大多数城市市委、市政府对国办发[1994]67号文件精神认真进行了传达和贯彻,及时冻结人、财、物,并制订实施方案。在体制调整过程中,大多数地方理顺了分局、工商所与市局在人、财、物等方面的隶属关系,分局自觉服从和维护市局领导,保证执法统一,同时注意正确处理好与当地党委、政府的关系。但"区局改分局"的体制调整工作发展较不平衡,到1995年8月底,在全国206个大中城市中,有185个进行了体制调整,占90%,还有21个城市改革工作没有到位。

"区局改分局"的体制调整过程中,一些地方提出:区工商行政管理局变为分局后,能否继续行使原有的执法权限,能否以自己的名义做出具体行政行为。对此,国办发[1994]67号文件中没有明确,按照最高人民法院《关于贯彻〈行政诉讼法〉若干问题的意见》第十八条规定:"公民、法人或者其他组织对行政机关的派出机构做出的具体行政行为不服,向人民法院起诉的,应该以该行政机关为被告,但法律、法规对派出机构有授权的除外。"国务院办公厅做出《关于大中城市工商行政管理分局执法权限问题的复函》(国办函[1995]59号),明确指出,大中城市区一级工商行政管理局改为市工商行政管理局的分局,属于工商行政管理机关内部管理关系的调整。原区(县)工商行政管理局改为市工商行政管理局的分局后,不改变其依照有关法律、法规享有的行政管理职权,可以其名义做出具体行政行为。

"区局改分局"使区局由原来独立的一级工商行政管理机关变为市工商局的派出机构,这就要求对原有管理方式进行必要调整，其中很重要的一个方面就是理顺干部管理上的主管与协管关系，实行统管体制。市局对分局干部管理由协管变为主管，从干部的考核任命、干部交流、干部培养等环节加强管理。

"区局改分局"的实践证明，工商行政管理体制的这种调整是市场经济条件下强化工商行政管理，促进依法行政、职能到位的必然，是大势所趋。统管后体制运行更加顺畅，有效地克服了地方保护主义的干扰，促进了执法到位。

各地普遍反映，"区局改分局"理顺了工商行政管理系统内部体制，较好地解决了市局与分局以及分局之间的纵向与横向关系问题，增强了内部执法合力，增强了一线力量，为优化人员结构、改善执法装备和提高市场监管水平奠定了更为坚实的基础。新体制的积极作用，一是执法的统一性、权威性得到增强，能够冲破地方保护主义的压力，查处了一批过去难以查处的案件，形成以法治市的局面；二是内部关系基本理顺，区、县局自觉接受市局领导，主动向市局汇报工作；三是把住了进人关，加强了班子建设，促进了干部交流，具备了统一组织全员培训的条件，队伍建设进入新的发展阶段。

三、党中央、国务院决定改革工商行政管理体制

为进一步理顺和完善工商行政管理体制，强化对社会主义大市场的监管，适应发展社会主义市场经济的需要，根据党的"十五大"提出的深化行政体制改革、加强执法监管部门、健全宏观调控体系的要求，1998年，国务院下发了《批转国家工商行政管理局工商行政管理体制改革方案的通知》（国发〔1998〕41号）。《通知》指出：改革现行工商行政管理体制，实行省以下工商行政管理机关垂直管理，是党中央、国务院加强工商行政管理的一项重大措施，对于建立健全适应社会主义市场经济的工商行政管理新体制，进一步加强市场监管和行政执法，维护良好的市场秩序，促进国民经济健康发展，具有十分重要的意义。国家工商行政管理局要努力做好改革方案的有关工作，各有关

部门要积极配合工商行政管理机关做好有关干部管理、机构设置、人员编制、经费保障等方面的落实工作。

（一）体制改革的指导思想和基本原则

改革的指导思想是：按照党的"十五大"提出的推进政府机构改革的要求，改革现行工商行政管理体制，实行省以下工商行政管理机关垂直领导，强化市场监管和行政执法，更好地维护市场秩序，促进社会主义市场经济健康发展。

工商行政管理体制改革要坚持精简、统一、效能的原则。通过改革，转变职能、强化监管，精简机构、提高效能，增强执法的统一性、权威性和有效性，逐步建立办事高效、运转协调、执法统一，与社会主义市场经济相适应的工商行政管理新体制。

（二）体制改革的具体方案

1. 关于机构管理

（1）省、自治区、直辖市工商行政管理局（以下简称省级工商行政管理局）为同级人民政府的工作部门。主要职责是：领导省以下工商行政管理机关正确执行国家有关工商行政管理的法律法规和方针政策，履行法定职责规定的工商行政管理职能。

（2）地（市）和县（市）工商行政管理局为上一级工商行政管理局的直属机构（市辖区工商行政管理局仍为市工商行政管理局直接管理的分局）。主要职责是：负责本行政辖区内的市场监管和行政执法工作，领导下属机构开展各项工商行政管理业务。

（3）工商行政管理所为县（市、区）工商行政管理局（分局）的派出机构，按经济区域设置。主要职责是：在《工商行政管理所条例》规定的授权范围内，履行工商行政管理的综合职能。省、地、市、县（包括县级市，下同）工商行政管理局内设机构和工商行政管理所的设置、变更和撤销，由省级工商行政管理局提出意见，省级机构编制管理部门审核报批。内设机构的级别，参照当地人民政府所设同级机构的有关规定执行。上级工商行政管理局对下级工商行政管理局的机构设置情况进行监督检查。

2. 关于编制管理

省级工商行政管理局的编制及领导职数,由省级机构编制管理部门核定和管理;地、市、县工商行政管理局的编制及领导职数,由省级机构编制管理部门会同省级工商行政管理局统一核定和管理。省、地、市、县工商行政管理局编制核定后,不得自行扩大或者改变使用范围。地、市、县工商行政管理局可根据核定的编制,制定年度增人计划,报省级工商行政管理局审核。省级工商行政管理局根据工作需要和编制空缺情况,商同级机构编制管理部门同意后,逐级下达增人计划和指标,经严格考试考核后录用。上级工商行政管理局对下级工商行政管理局的编制使用情况进行监督检查。

省以下工商行政管理机关实行垂直管理后,有关人员编制的管理权限上收到省一级,即,县以上工商行政管理局按目前实有编制数上划;工商行政管理所编制按1996年中央机构编制委员会办公室下达各地工商行政管理所的编制数上划。编制上划后,由省级工商行政管理局根据工作需要和编制空缺情况,提出所需人员编制的具体意见,经省级机构编制管理部门审核报批后,会同省级工商行政管理局统一下达。为严把人员素质关,自1998年7月16日起,至重新统一核定编制之日止,省以下工商行政管理机关冻结进人。在此期间,除国家指令性接收的军队转业干部和按计划接收的大学毕业生外,调入工商行政管理系统的其他人员一律不予承认。

3. 关于干部管理

省级工商行政管理局正、副局长仍按现行办法,实行双重管理,以地方为主。地、市、县工商行政管理局正、副局长(包括同级非领导职务干部,下同),经征求地方党委意见后,由上一级工商行政管理局作出决定并办理任免手续。

经党中央批准,省级工商行政管理局设党组,党组正、副书记和成员,征求国家工商行政管理局党组意见后,由省、自治区、直辖市党委审批任免;地、市、县工商行政管理局党组的设置,由所在地方党委审批,其党组正、副书记和成员,以及纪检组长,征求地方党委意见后,由上一级工商行政管理局党组织审批任免。地、市、县工商行政管理机关党的关系,实行属地化管理。具体管理办法,按规定另行制定。

4. 关于财务经费管理

实行垂直管理体制后,省级工商行政管理局按照收支两条线原则,对全省(自治区、直辖市)工商行政管理系统财务经费实行统一管理。省以下各级工商行政管理机关的行政性收费和罚没收入,统一由省级工商行政管理局汇缴省级财政或纳入财政预算外资金专户,其中涉及中央财政收入部分,由省级工商行政管理局统一上缴;省级财政部门根据全省(自治区、直辖市)工商行政管理系统的业务支出范围,对人员经费、公用经费、办案经费、装备经费及基础设施经费等,纳入省级财政支出预算,统一核定和拨付,切实予以保障。

计划单列市、副省级市工商行政管理局干部管理、财务经费管理按现行办法不变。所辖县、区工商行政管理局(分局)为其直属机构。

(三)改革方案的组织实施

工商行政管理体制改革方案在国务院的统一领导下,由各省、自治区、直辖市人民政府负责组织实施。有关干部管理、机构设置、人员编制、经费保障等落实问题,由国家工商行政管理局会商中组部、中编办、财政部等部门制定管理办法,尽快下发执行。

各级工商行政管理机关在各级人民政府的领导和有关部门的大力支持下,认真实施改革方案。结合管理体制改革,在与所办市场实行机构、职责、财务、人员"四分离"的基础上,按照市场投资主体划归产权,全面完成市场产权、债权债务及经营服务人员的移交工作,彻底解决明脱暗不脱、藕断丝连问题。通过整顿队伍,优化结构,大力提高干部队伍的政治素质和业务素质。促进职能转变,实现监管到位,加大执法力度,提高执法水平。坚持积极稳妥的方针,妥善处理好各方面的问题,保持正常的工作秩序,确保国有资产不流失,保证体制改革工作取得应有的成效。

省以下工商行政管理机关实行垂直管理体制的工作,在1999年6月底前完成。

为贯彻落实经中央政治局常委会议讨论同意并由国务院转发的《工商行政管理体制改革方案》,国家工商局于1998年12月1日至2日在北京召开了全国工商行政管理体制改革暨工作会议。国务委员吴仪出席会议并做重要指示,国家工商局局长王众孚在会上作工作报告,中央组织部副部长李铁林、中央机构编制委员会办公室副主任顾家麒、财政部副部长张佑才分别在会上讲话。

党中央、国务院作出省以下工商行政管理机关实行垂直管理的决定后,国家工商行政管理局党组把推进体制改革作为一项重要任务,加强领导,狠抓落实。各地工商行政管理机关按照党中央、国务院的部署和国家工商行政管理局的要求,在当地党委、政府的领导和有关部门的支持配合下,精心组织,稳妥实施。截至1999年底,体制改革取得重大突破:分级管理的工商行政管理体制彻底改变,省以下工商行政管理机关实行垂直管理的机构上收、编制上划、干部交接、经费统管等工作基本完成,新的工商行政管理体制基本建立。

各地在积极推进工商行政管理体制改革的过程中,努力实现了四个"结合":

一是体制改革与市场办管脱钩相结合,推动市场办管脱钩工作加快了进度。市场办管脱钩工作一直是几年来工商行政管理系统下大力气解决的重点问题。体制改革前,虽然绝大多数工商行政管理机关与所办市场实现了机构、职责、财务、人员"四分离",但在个别地方还存在"明脱暗不脱"的现象。根据国务院国发[1998]41号文件精神,各地在体制改革中高度重视这一问题,根据市场的具体情况,采取有力措施,以多种模式与所办市场彻底脱钩。

二是体制改革与推进"收支两条线"管理相结合,促进了"收支两条线"工作的深入开展。体制改革为全面落实"收支两条线"管理创造了有利条件,各地在推进体制改革的同时,努力落实"收支两条线"工作。为此,国家工商局制发了《工商行政管理系统实施收支两条线管理细则》等规范性文件,全国各级工商行政管理机关普遍成立了"收支两条线"管理领导小组,狠抓落实工作。"收支两条线"管理真正从源头上预防和治理腐败行为,对于有效制止"三乱",促进依法行政和廉政建设,具有重要意义。

三是体制改革与提高队伍素质相结合,精干了队伍,进一步加强了各级领导班子建设。各地工商行政管理机关在进行体制改革的同时,狠抓人员素质提高、队伍建设和领导班子建设工作。严格执行纪律,认真解决突击进人的问题。全国工商行政管理体制改革暨工作会议之后,几乎所有的省(自治区、直辖市)先后发了有关冻结人员的文件。有些地方还对在干部冻结后突击超编进人问题进行了严肃处理,给予有关方面负责人党纪政纪处分,在社会上产生了积极影响。

四是体制改革与稳定相结合,保持了人心稳定,各项工作有序进行。国家工商行政管理局要求各级工商行政管理机关在体制改革过程中,既要大胆积极,又要谨慎稳妥。对改革的每一步,都要坚持做到深入调研、细致分析、把握尺度、稳步推进。对于人员分流等敏感问题,要求各地积极做好分流人员的思想工作,帮助他们解决后顾之忧,不能简单地一推了之,努力做到思想不散、秩序不乱、工作不断。各级工商行政管理机关按照"三个不变"的原则,注意处理好与地方党政机关的关系,即依靠地方党委、政府的领导不变,为地方经济发展服务的思想不变,与地方各个部门长期协作、密切配合的关系不变。由于采取了较得力的措施,工商行政管理体制改革工作从总体上看进展比较顺利和平稳。

从体制改革实施过程和新体制运行情况来看,工商行政管理机关实行省以下垂直管理体制的优越性和改革的成果已经逐步显示出来。

一是政令得到畅通,整体合力明显增强。实行垂直管理体制后,由于坚持了"三个不变",不少工商行政管理机关与地方关系进一步加强,各级工商行政管理机关行政执法得到有关部门较好的配合。同时,省级局对系统的人、财、物、事进行集中统一的管理,保证了系统机制顺畅,指挥有力,上下一盘棋,整体合力明显增强,使以往存在的政令不畅、指挥不灵的情况得到极大改善。这一成效在当时的粮食市场专项整治管理上显得尤为突出。据各省普遍反映,体制改革后,工商行政管理机关在立案查处非法收购、运销粮食案件,没收违法收购、运销的粮食等方面的工作力度大大加强。各地工商行政管理机关服从调度,听从指挥,使非法收购、贩运粮食的现象初步得到遏制,粮食市场监管得到明显加强。

二是执法力度有所加强。实行垂直管理体制后,各级工商行政管理机关摆脱了许多不属于职责范围内的事情,集中精力执法,执法力度得到加强。在行政执法力度加强的同时,各级工商行政管理机关普遍加强了收费管理,对收费行为进行了严格的监督检查,较好地纠正了过去长期存在的滥收费、代收费等问题,受到企业和个体工商户的普遍欢迎。

三是机构管理有所加强。在一定程度上纠正了随意设置工商行政管理机构、随意改变隶属关系、随意下放管理权限等问题,改变了一些工商行政管理机构与物价、技术监督等机构合署办公的状况,一些地方对重叠的机构和职能进行了撤并。一些地方工商局按照"精简、统一、效能"的原则和"小局大所"的思路,重新调整工商所布局,改变工商所点多、人散、力量薄弱的状况。同时,调整了工商所职能,把企业初审权、案件查处权、片区监管权下放到工商所,变"驻场式监管"为"巡查式监管",进一步加大了工商所的市场监管和行政执法力度。一些地方在如何通过管好基层工商所辖区内的"经济户口",改革工商所日常监管机制,加强基层监管执法工作,确保职能到位方面也做了许多有益的探索。

第二节 工商行政管理机关干部队伍建设

随着社会主义市场经济的发展,工商行

政管理部门责任更大,任务更重,对干部队伍素质要求更高。加强干部队伍建设,建设一支作风过硬、忠于职守、公正执法、廉洁自律,高水平、高素质的干部队伍,是圆满完成党和国家赋予工商行政管理机关各项职能的必然要求。

一、国家工商行政管理局(总局)机关干部人事工作

国家工商行政管理总局把加强局机关队伍建设作为各项工作的重中之重,从严把人员"进口"关入手,积极推行"逢进必考";严格干部考察考核,抓领导班子和队伍建设,积极开展干部交流;建立监督制约机制,加强制度建设,促进机关各项工作的开展。

(一)人员录用

改革开放初期,国家工商行政管理局机关的人员录用,主要是按国家计划接收军队转业干部和高等院校毕业生。1989年和1990年面向社会招录了一批干部,但尚未建立严格规范的考试录用制度。1996年后,根据《国家公务员暂行条例》有关规定,为了保证新录用人员素质,选拔优秀人才进入公务员队伍,进一步改善干部队伍结构,加强机关干部队伍建设,国家工商行政管理局机关在公务员录用、军转干部接收、直属单位接收应届毕业生工作中,积极推行"逢进必考",严把人员"进口"关,坚持通过考试、择优选人的"逢进必考"制度。通过考试录用工作人员是人事工作制度改革的重要内容,也是干部管理制度的重要组成部分。

根据《国家公务员录用暂行规定》,在公务员录用工作中,坚持"公开、平等、竞争、择优"原则,严格按照公布空缺职位、公开报名、笔试、面试、考核、体检、报批等工作程序和步骤进行。1996年制定了《面向社会公开招录公务员实施方案》、《从应届高校毕业生中择优考录公务员实施方案》、《笔试工作计划》、《面试工作计划》等相应的规范性文件,进一步明确考录工作各环节的有关要求,做到有章可循。

"逢进必考"一定程度上打破了传统的统包统配等定向用人机制,拓宽了选才视野和用人渠道,也充分体现了机会均等、一视

同仁的原则。在公务员录用工作中,严格执行有关考录工作原则和程序。

1. 严格标准和条件

把资格审查和面试作为考录工作的重点。按照公布的资质条件和职位需求,对报考人员学历、专业、年龄、户籍(进京指标)等方面进行审查,对不符合报名资格和条件的,注意做好工作,这样既是对报考者负责,也有利于保证报考质量,把住了考录工作的第一关。

2. 严密组织考试面试

严格按照人事部划定的范围从高分到低分按序划定一定比例的面试人选,围绕面试题本的内容,对面试人选的各要素进行测评。针对军转干部人数较少和一般工作阅历比较丰富的情况,将公务员考官集体面试改为个别谈话方式。直属单位新收应届毕业生的面试,由用人单位自行组织,最后按照双向选择的原则确定人选,报局人事部门审批。

3. 严格组织考察考核

在确定考核人选时,不简单地以分数取人,而是把笔试、面试成绩作为重要参考因素。同时结合笔试、面试成绩和专业特长,按一定比例综合研究确定考核人选。由人事部门组织对确定的考核人选进行实地考察考核,到其原所在单位了解被考核人选的德、能、勤、绩及人际关系等方面的情况,同时注意查阅档案,并形成材料。之后由局里统一组织到区级以上医院进行身体检查,检查内容按照人事部的规定项目进行,检查结果需经局医务室核对。由于在"逢进必考"工作中较好地贯彻了"公开、平等、竞争、择优"原则和执行了一套比较科学、规范、严密的考录制度,使考录工作逐步走向了制度化、规范化。

为了保证考录工作的严肃性、公正性,对考录工作中的出题、监考、阅卷、制定面试题本和评分标准等有关环节,最初由国家工商局组织进行,后改由请人事部考试中心统一组织进行,一定程度上避免了可能产生的随意性和人为因素,杜绝了"说情风"和"递条子"等不正之风,也促进了党风廉政建设

和机关作风建设。

实行"逢进必考",改善了干部队伍结构,促进了机关和直属单位队伍素质的提高,成效明显。1996年实行"逢进必考"制度以来,截止到2008年6月,根据工作需要和岗位空缺情况,按照"公开、平等、竞争、择优"的原则和工作程序,国家工商行政管理总局机关先后录用公务员近330人,接收军转干部和直属单位接收应届毕业生160余人。由于在录用人员工作中,积极推行逢进必考,达到了择优选人的目的,使干部队伍的知识结构、专业结构和年龄结构有了较大改善。

(二)干部考察考核和选拔任用

1. 干部年度考核

根据《国家公务员暂行条例》和《国家公务员考核暂行规定》,国家工商行政管理局于1995年下发了《关于印发国家工商行政管理局公务员考核实施办法的通知》,对公务员年度考核有关具体内容进行了详细规范。一是加强组织领导,制订计划。根据工作要求下发年度考核工作通知,组成由局领导为组长,纪检、机关党委和人事部门等部门负责人参加的年度考核领导小组,同时由人事部门制订周密的年度考核工作计划。二是抓住考核重点,促进考核效果。在年度考核工作中,把司级领导班子作为考核重点,制定了《司级干部年度考核的重点内容》,明确了司级领导班子建设、工作业绩和领导干部素质及德、能、勤、绩等几个方面考核的具体内容,使考核工作目标明确、操作性更强,也使司级干部考核更具有针对性,同时也有利于提高考核工作的效果。三是坚持民主测评和述职相结合,保证考核质量。为了保证考核效果和严肃性,每年年度考核时,国家工商行政管理局领导都参加其分管单位领导班子的考核(包括民主测评和述职),听取领导班子及成员述职。局领导在听取述职后,针对存在的问题,提出意见和建议。这种面对面的考核方式,有利于局领导全面了解分管单位领导班子状况及工作情况,提高考核的效果,对被考核单位的工作也能起到一定的推动作用。四是注意

考核材料汇总,提出对考核结果的使用意见。在每年司级领导班子考核工作完成后,人事部门将对各单位班子及成员的考核情况进行汇总,形成班子及成员的考核材料,人事部门在对考核材料汇总研究后,向局党组提出对各单位班子的调整使用意见。这样有利于局党组了解和掌握各单位班子及成员状况,对促进司级领导班子建设起到了较好的推动作用。

2. 以总局机构升格为契机,加强司局级干部队伍建设

2001年4月30日,国务院决定,将国家工商行政管理局调整为国家工商行政管理总局,升格为正部级的国务院直属机构(国发[2001]13号)。这是为了建立和完善社会主义市场经济监管体制,增强市场监管执法的权威性和有效性,强化对社会主义统一市场监管而做出的重大决策。为了圆满完成党中央、国务院赋予的重要职责,适应机构升格对机关干部队伍,特别是司局级领导班子建设提出的新要求,总局党组研究决定,按照《党政领导干部选拔任用工作暂行条例》对原国家工商局机关和直属单位司局级干部进行重新考核任命。

2001年6月5日,国家工商行政管理总局召开处以上干部大会,党组书记、局长王众孚就考核选拔总局机关和直属单位司局级干部工作作了动员讲话。王众孚强调指出:搞好司局级干部考核选拔工作,是完成组建国家工商行政管理总局的重要任务,关系到充分发挥工商行政管理的职能作用,关系到开创工商行政管理工作的新局面,也是加强干部队伍和领导班子建设的重要环节。司局级干部考核选拔工作,总的要求是:要以邓小平理论和"三个代表"重要思想为指导,严格执行《党政领导干部选拔任用工作暂行条例》。要用好的作风选人,选作风好的人,要坚持五湖四海,公道正派。要坚持干部队伍"四化"方针和德才兼备的选人标准,把政治标准放在首位,特别要注意把努力实践"三个代表"重要思想,与党中央保持高度一致,全心全意为人民服务,群众公认,工作实绩突出的干部选拔上来。要正确处理好"水涨"和"船高"的关系,水涨和船高、船不高都要按《条例》规定的标准、条件和考核结果来衡量,考核工作不能走过场。既要保持干部队伍的相对稳定,同时也要加强干部交流,增强干部队伍活力。要正确处理好选人和用人的关系,为每一个岗位选出最佳人选,为开创工商行政管理工作新局面提供组织保证。王众孚还指出:这次干部考核选拔工作是一项严肃的政治任务,全局广大干部要以高度的政治责任感,积极参与和支持干部考核选拔工作。要正确对待自己、正确对待同志、正确对待组织;要科学安排计划,做到业务工作和考核选拔两不误。要严格遵守干部人事工作纪律,防止选人用人上的不正之风。

按照总局党组要求,根据《党政领导干部选拔任用工作暂行条例》的规定和干部工作程序,人事教育司制定了《国家工商总局考核选拔司局级干部工作实施方案》,《方案》就考核选拔工作的指导思想、基本原则、基本条件、组织领导等提出了明确要求。一是编制出详细的人员情况分析表,对全局司局级干部情况进行摸底、分析。二是按照《方案》要求,成立了由人事教育司、纪检监察部门和机关党委有关干部组成的考察小组,制订了周密的考察计划,并进行了明确的工作分工。三是在全局司局级干部范围内和各司局范围内组织进行了民主推荐。四是在民主推荐的基础上,考察小组分别与机关和直属单位373名处以上干部进行了考核谈话,并对每个司局级干部的考察情况逐一进行了分析和研究,形成了考察材料。五是人事教育司组织查阅了干部本人档案,进行了严格的审查,同时听取了纪检监察和机关党委的意见,结合民主推荐、考察情况和工作需要,人事教育司司务会对司局级干部的调整配备进行了认真研究,并将考察情况向总局党组进行了详细汇报,同时形成了司局级干部的任免交流建议名单。六是总局党组成员在对建议名单进行了充分酝酿后,进行了集体讨论,作出了任用决定。

此次对原国家工商行政管理局机关和直属单位的72名司局级干部中的71名同

志进行了重新任命,同时根据工作需要,调进了5名司局级干部,共计选拔配备司局级干部76名,其中,调整交流任职的司局级干部25名。

3. 推进党政领导干部选拔任用制度改革

《深化干部人事制度改革纲要》(以下简称《纲要》)下发后,总局在领导干部选拔配备工作中,积极引入竞争机制,扩大民主,坚持把推行竞争上岗作为深化干部选拔任用制度改革的重点,努力建立能上能下、能进能出、竞争择优、充满活力、促使优秀人才脱颖而出的选人用人机制,进一步深化干部人事制度改革。2001年,根据《党政机关推行竞争上岗工作暂行办法》,总局在全国工商系统组织开展了新组建的外商投资企业注册局处级领导职位的竞争上岗工作;2003年,根据职位空缺情况和工作需要,总局再次分别组织了司处级领导职位的竞争上岗工作。通过两次竞争上岗,使一大批具有高学历、实绩突出的优秀年轻干部走上了司处级领导岗位,进一步优化了干部队伍结构,初步形成广纳群贤、人尽其才、能上能下、充满活力的选人用人局面。2005年和2006年,根据总局党组通过的《选拔配备司处级干部工作实施方案》,通过竞争上岗,分别开展了司处级领导职位和非领导职位的选拔配备工作。

2007年12月28日,总局党组研究决定,2008年在总局机关和直属单位开展司处级领导干部交流工作。同时,根据工作需要,对干部交流后空缺的司处级职位,进行必要的补充调整配备。人事教育司研究制定了《司处级领导干部交流工作意见》和《司处级领导干部交流空缺职位补充调整配备工作实施方案》,并认真组织实施。这次司处级领导干部交流和空缺职位补充调整配备工作,始终贯彻党的干部路线方针政策,严格执行中央有关干部工作规定,在总局党组的统一领导下,按照干部管理权限,坚持在规定的编制限额和领导职数内,采取调任与转任相结合、竞争上岗和选任相结合的方式进行。2008年1月3日至2月4日,

完成了司处级领导干部交流和补充调整配备工作;2月下旬至3月中旬,完成了处级非领导职务的选拔配备工作。司处级领导干部交流和空缺职位补充调整配备工作始终坚持党管干部原则,认真贯彻执行干部队伍"四化"方针,坚持德才兼备、注重实绩、群众公认的原则,严格执行《干部任用条例》的基本条件,始终坚持"民主、公开、竞争、择优"的原则,从德、能、勤、绩、廉五个方面考察干部,努力做到全面、客观、准确地评价干部,树立正确的用人导向,进一步促进了干部工作制度化、规范化、程序化。始终按照《干部任用条例》规定的原则、程序、步骤进行,从部署动员、公布职位、组织报名、资格审查、民主推荐、组织笔试面试、考察预告、组织考察、提请干部监督工作联席会议讨论、党组会议集体研究、任职公示,到向中组部备案等各个工作环节,切实做到"坚持程序一步不缺,履行程序一步不错"。始终坚持发扬民主,进一步增强干部工作的透明度。坚持从实际出发,在全局范围内采取适当方式,把干部交流工作意见公开、补充调整方案公开、空缺职数公开、资格条件公开、程序步骤公开、符合竞争上岗条件人员名单公开、阅卷标准公开。通过民主推荐票,将符合条件人员基本情况公开;通过书面考察预告,将考察对象人选公开;通过任职公示,将竞争结果(拟任人选)公开,努力营造公开、公平、公正的选人用人环境,提高选人用人公信度。始终接受群众监督,认真落实总局干部监督工作联席会议制度,在形成干部交流名单、确定符合竞争上岗条件人员名单、参加考试人选名单、确定考察对象建议人选名单、形成拟任人选建议名单之前,都要经总局干部监督工作联席会议讨论研究。建立健全了人事教育司与纪检监察、机关党委、纪委的协调沟通机制。设立干部交流配备工作意见箱,公布举报电话。进一步畅通民意表达渠道,强化群众参与,自觉接受监督。司处级领导干部交流和空缺职位补充调整配备工作取得的成效主要体现在:一是总局机关和直属单位主要领导干部交流轮岗或提任到位后,在新的领导岗位上开拓进取,

奋发有为,迅速打开了工作局面。二是机关和直属单位司处级领导班子基本配齐,优化了领导班子结构,进一步加强了领导班子建设。三是一批优秀的中青年干部脱颖而出,走上司处级领导岗位,为今后培养造就高素质领导干部队伍,加强机关长远建设奠定了良好基础。四是进一步激发了干部队伍活力,推动了和谐机关建设和党风廉政建设。五是以改革创新精神积极探索干部工作新机制,推进了干部工作科学化、民主化、制度化建设。

（三）干部交流

根据《国家公务员暂行条例》、《党政干部交流工作暂行规定》和《国家公务员职位轮换（轮岗）暂行办法》,国家工商行政管理局于1995年制定下发了《国家工商行政管理局机关干部职位轮换暂行办法》,为开展干部交流工作打下了基础。

1. 以司处级领导干部交流为重点,充分发挥班子整体效能

在干部选拔任用工作中,把调整配备好司处级领导干部作为工作重点,本着有利于开拓工作局面、有利于培养锻炼干部、有利于促进机关廉政建设的原则,充分考虑干部的专业和特长,考虑司处级班子结构和职位空缺情况,采取交流的方式调整任用干部,努力使司处级干部的调整交流和班子配备做到结构合理,优势互补,从而发挥每个干部的优势和班子的整体功能。1996年国家工商行政管理局机关在选拔任用干部时,共调整交流司级干部12人,处级干部46人。1998年国家机关机构改革中,国家工商行政管理局把按照"三定"方案对司处级干部进行调整交流、定编定岗,作为加强干部队伍建设和领导班子建设的好时机。在机构改革和人员定编定岗中,对机关151名司处级干部进行了重新任命,共调整交流司级干部15名、处级干部37名。为了进一步推动干部交流工作,1999年结合干部选拔配备,根据干部自身特点和岗位情况,在调整任免83名处级干部中,共交流、调任和转任干部20人次。2000年到2004年,总局共调整交流司级干部62人,处级干部91人。在2008年

司处级领导干部交流和空缺职位补充调整配备工作中,交流正司局级干部12人,副司局级领导干部13人,处级领导干部20人。从调整交流干部的总体情况看,效果比较好,做到了充分发挥每个干部的特长,使调整交流的干部心情愉快,进一步增强了机关活力,提高了工作效率,也培养锻炼了干部,开发了人才潜力,同时也促进了干部队伍建设和党风廉政建设。

2. 以挂职扶贫为契机,加强对干部的培养锻炼和交流工作

根据国家扶贫开发工作总体部署,国家工商行政管理局结合扶贫工作把选派干部参加扶贫工作与培养选拔年轻干部工作结合起来,把选派挂职扶贫干部作为培养锻炼干部的有效途径,以选派干部参加扶贫为契机,不断提高队伍素质。在认真落实扶贫工作的同时,注意选派一些各方面表现较好、政绩突出、基本素质好,又是单位骨干,但缺乏地方和基层实际工作经验的有一定发展前途的优秀年轻干部参加扶贫工作,在实践中发现、培养和选拔人才。这样不仅能培养干部良好的工作作风和积累丰富的工作经验,提高组织领导和协调能力;同时,也是培养锻炼提高干部的有效措施和考察识别干部的重要途径。1995年至2001年,国家工商行政管理局机关按计划安排了5批22名干部参加挂职扶贫,其中机关处级干部7人,一般干部9人,事业单位干部6人。另外,按照中组部要求,安排了6名同志到对口单位或贫困地区挂职(其中有4人挂任厅级领导岗位,2人挂任处级领导岗位)。

（四）干部管理制度建设

为了切实加强机关和直属单位队伍建设,国家工商行政管理局还结合实际制定和完善了一套干部管理制度,进一步促进了干部工作规范化建设。

为了规范干部考核工作,准确地评价干部的德才表现和工作实绩,为干部奖惩、培训、辞退以及调整职级和工资等工作提供依据,1995年国家工商行政管理局根据《国家公务员暂行条例》、《国家公务员考核暂行规定》,制定下发了《公务员考核实施办法》,强

调考核要坚持公正、民主、公开和注重实绩的原则,考核的重点是司处级领导干部,考核内容包括德、能、勤、绩,重点考核工作实绩。并就新录用、转任、调任、挂职锻炼、派出学习培训人员以及被立案审查尚未结案人员的考核问题提出了有关处理意见。同时,就考核工作的组织领导、考核等次和标准、方法和程序、考核结果的使用等作出了相应规定。结合《公务员考核实施办法》,制定了《公务员年度考核的重点内容》和《干部谈话制度》,针对不同级别层次干部的理论水平、责任、能力等和干部的考核、任免、轮岗、退休、奖惩等情形,分别就司处及处以下干部考核的重点内容和与不同情形人员的谈话的组织、形式、对象、内容和时机等作了相应规定。为了加强和规范干部交流和辞职辞退工作,国家工商行政管理局还制定下发了《机关干部职位轮换暂行办法》、《辞职辞退暂行办法》,就职位轮换的目的、组织和形式、对象和条件、辞职辞退的原则、规定情形、办理程序等作出了明确规定,对加强队伍建设,推动机关和直属单位各项工作的开展起到了重要作用。

为了加强直属单位干部管理工作,规范用人办法,加强宏观管理,1995 年国家工商行政管理局按照"简政放权、转换机制、政事分开、提高效率、加强服务"的改革思路,制定印发了《所属事业单位聘任干部备案管理暂行办法》,明确直属单位聘任部门负责人实行备案管理制度,强调直属单位聘任干部要坚持和维护民主集中制,要按照党管干部的原则,按程序聘任干部,并进行备案管理;要建立公开、平等、竞争、择优的用人机制,促进干部队伍革命化、年轻化、知识化、专业化建设。并强调了聘任备案工作应注意的问题,一是要不断完善干部聘任制度和建立自我约束机制、公众监督机制等配套办法,保证备案管理工作正常进行;二是聘任干部要在核定的机构、编制职数、职务名称范围内进行;三是对直属单位聘任不当的干部,局人事部门有权建议聘任单位重新审议。同时就聘任干部的备案范围、程序和材料等做了规定,进一步规范了直属单位干部聘任

工作。1996 年国家工商行政管理局根据党的十四届四中全会、五中全会精神,制定下发了《关于进一步加强和改进局直属事业单位人事管理工作的意见》,强调直属单位要充分认识领导班子建设的重要意义,认真学习邓小平理论,坚决贯彻执行党的路线方针政策。要注重培养、选拔优秀中青年干部,加强后备干部队伍建设。要加强领导班子思想作风建设,坚持民主集中制,坚持领导干部参加双重组织生活制度,加强制度建设,健全议事规则,强化监督机制,切实搞好领导班子建设。并就直属单位干部考核、聘任(聘用)、机构编制管理、人员调配辞退、工资管理、专业技术职称管理、退休和人事档案管理等工作提出了具体意见。为进一步加强和改进直属单位人事管理工作,提高队伍整体素质,促进直属单位的改革和各项任务的完成起到了重要的推动作用。

(五)贯彻实施《公务员法》

《公务员法》颁布实施后,根据中共中央、国务院《关于印发〈中华人民共和国公务员法实施方案〉的通知》(中发〔2006〕9 号)和全国贯彻落实公务员法实施方案工作会议的部署,总局研究制定了《国家工商行政管理总局贯彻实施〈中华人民共和国公务员法〉工作方案》,并报人事部备案,向人事部报送了《关于国家工商行政管理总局商标局、商标评审委员会(商标评审局)参照公务员法管理的请示》。根据总局贯彻实施公务员法工作方案明确的公务员登记的对象和条件,截至 2006 年 6 月 30 日,确定登记对象569 人,暂缓登记对象 70 人(主要是试用期间的 2005 年和 2006 年新录用公务员)。2006 年 8 月,人事部批复同意商标局参照公务员法管理;此后批复商评委参照管理。公务员登记是实施公务员法的基础工作,是实施工作的关键环节,涉及机关每一名工作人员的切身利益。在总局党组的领导下,人事教育司严格掌握登记标准和条件,认真按照规定程序进行登记,实行逐级把关,精心组织,周密安排,密切配合,以对组织、对干部负责的精神,顺利完成了公务员登记工作,为在总局顺利实施公务员法提供了重要保

证。另外,还制定出台了《国家工商总局公务员退休办理工作暂行办法》等,进一步规范了总局公务员退休办理工作。这些工作的进展和完成,标志着总局的公务员法实施工作迈出了实质性步伐。人员身份的确定,也为依法加强和规范总局机关公务员管理工作奠定了坚实的基础。

二、干部双管工作

1978 年恢复组建工商行政管理机关后,1979 年 4 月 9 日,国务院下发了《国务院批转工商行政管理总局关于全国工商行政管理局长会议的报告》(国发〔1979〕102 号),明确:省、市、县工商行政管理局受地方和上级工商行政管理局双重领导,以地方为主。主要干部的任免调动,应当事先与上级工商行政管理局商量。

1988 年 5 月 4 日,国务院办公厅下发了《国务院办公厅转发国家工商行政管理局关于加强工商行政管理几个问题报告的通知》(国办发〔1988〕21 号)。《通知》规定,为保持工商行政管理干部的相对稳定,有利于秉公执法,地方各级工商行政管理局正副局长的任免、调动,需在征得上一级工商行政管理局的同意后,再按干部管理权限办理手续。

1991 年中共中央组织部《关于干部双重管理工作若十问题的通知》(组通字〔1991〕35 号)下发后,国家工商行政管理局党组认真贯彻落实中组部〔1991〕35 号文件精神,工商行政管理系统干部双重管理工作在原有基础上进一步深入。1994 年 12 月 20 日,国家工商行政管理局党组向中共中央组织部报送了《关于加强地方各级工商行政管理机关干部双重管理工作的请示》(工商党字〔1994〕第 14 号),建议中央组织部正式明确工商行政管理机关双重管理,具体工作按国办发〔1988〕21 号文件和组通字〔1991〕35 号文件执行,即,地方各级工商行政管理局的正副局长的任免、调动,应在征求上一级工商行政管理局的意见后,再按干部管理权限办理手续,上一级工商行政管理局参与对下一级机关领导班子的考核工作,干部任免通知抄送上一级工商行政管理局备案。

1995 年 1 月 5 日,中共中央组织部以干办字〔1995〕2 号批复,同意国家工商行政管理局党组关于地方各级工商行政管理部门(除西藏自治区工商系统和大中城市的工商分局外)领导干部的任免、调动,应事先征求上一级工商部门意见的请示,干部双重管理工作中的职责权限和任免程序等有关事项,按照组通字〔1991〕35 号文件有关规定执行。

为了贯彻落实中组部〔1995〕2 号文件精神,进一步加强干部双重管理工作,1995 年 1 月 8 日,国家工商行政管理局党组下发了《关于加强地方各级工商行政管理机关干部双重管理工作的通知》(工商党字〔1995〕第 1 号),要求认真执行中央组织部干办字〔1995〕2 号文件,提高对新形势下加强干部双重管理工作必要性的认识,主动与党委组织部门取得联系,尽快做到职能到位。严格按照中央组织部组通字〔1991〕35 号文件规定的职责权限和程序开展工作。经常了解下一级工商行政管理机关领导班子的情况,积极开展正常的考核工作。主动参与党委组织部门对下一级工商行政管理机关领导班子的考核,适时提出领导班子配备、调整的意见和建议。对党委提出的领导班子配备、调整意见要及时研究。建立工商行政管理系统各级领导班子基本情况年报制度。下级工商行政管理机关要定期向上级工商行政管理机关报告领导班子情况,并在向同级党委组织部门报送后备干部时,亦报上级工商行政管理机关备案。

1995 年 6 月 1 日,国家工商行政管理局党组结合工商行政管理系统的实际情况,制定下发了《关于印发工商行政管理机关党组(党委)协助地方党委管理干部实施办法的通知》(工商党字〔1995〕第 13 号)。《通知》规定:工商行政管理机关党组(党委)协助地方党委管理干部的工作原则是:坚持党管干部的原则和德才兼备的用人标准,严格履行干部选拔任用工作程序。地方各级工商行政管理机关的领导干部实行双重管理,以地方党委为主的管理体制。地方党委在任免、调动工商行政管理机关领导干部时,应事先征求上一级工商行政管理机关党组(党委)

的意见。工商行政管理机关党组(党委)积极协助地方党委做好管理范围内的干部管理工作,工商行政管理机关党组(党委)协助地方党委管理干部的管理范围是:国家工商行政管理局党组负责省、自治区、直辖市工商行政管理局正副局长及同级别其他领导干部的管理;省、自治区、直辖市工商行政管理局党组负责地(市)工商行政管理局正副局长及同级别其他领导干部的管理;地(市)工商行政管理局党组(党委)负责县(市)工商行政管理局正副局长及同级别其他领导干部的管理。国家工商行政管理局党组负责全国工商行政管理系统干部协管工作的指导和检查;省、自治区工商行政管理局党组负责本地区工商行政管理系统干部协管工作的指导和检查。《通知》还对工商行政管理机关党组(党委)协助地方党委管理干部的内容和程序、工作中应注意的几个问题进行了明确。

国家工商行政管理局工商党字〔1995〕第 13 号文件下发后,工商行政管理机关在地方党委组织部门的重视和大力支持下,积极参与对下一级机关领导班子的考察考核,加强协管的基础性工作,使协管工作在原有基础上取得了明显进展,有力地促进了工商行政管理系统各级领导班子建设,提高了领导干部队伍素质,保证了工商行政管理各项任务的完成。

为了进一步推动工商行政管理系统干部双重管理工作,1996 年 4 月 26 日,国家工商行政管理局下发了《关于检查总结 1995 年以来干部双重管理工作的通知》,决定对 1995 年以来全国工商行政管理系统干部双重管理工作进行一次检查总结。检查总结的内容是:(一)本地区贯彻中央组织部干办字〔1995〕2 号和国家工商行政管理局工商党字〔1995〕第 13 号文件情况,在开展干部双重管理方面采取的措施、办法和取得的效果。(二)参与地方党委对下一级工商行政管理局领导班子和领导干部进行考察、考核的情况。(三)参与地方党委对下一级工商行政管理局领导干部的调整、任免,积极做好干部推荐和办理征求意见的情况。

(四)协助地方党委对下一级工商行政管理局领导班子进行管理,搞好领导班子思想作风建设的情况。(五)协助地方党委做好下一级工商行政管理局后备干部队伍建设和开展干部双重管理基础性工作的情况。检查总结采取本单位自查与上级机关组织进行抽查相结合,以自查为主的方法。具体工作分两步实施:1996 年 4 月下旬至 6 月下旬,各省、自治区、直辖市工商行政管理局按照文件规定的内容进行检查总结,并就检查总结情况写出专题报告与检查统计表一起报国家工商行政管理局人事司;从 7 月份开始,国家工商行政管理局组织对各省、自治区、直辖市工商行政管理局的干部双重管理工作进行抽查,并汇总全系统的干部双重管理工作情况,报告中央组织部。各省、自治区、直辖市工商行政管理局按照《通知》要求,对干部双重管理工作进行了认真检查总结,取得了较好效果,为即将召开的全国工商系统干部双重管理工作座谈会奠定了基础。

为深入贯彻中组部组通字〔1991〕35 号和干办字〔1995〕2 号文件精神,进一步加强国家工商局与各省、自治区、直辖市党委组织部门的联系,共同推动工商行政管理系统干部双重管理工作在原有基础上向深层次发展,1997 年 8 月 28 日、29 日,国家工商局在山西省太原市召开了全国工商系统干部双重管理座谈会。应邀参加座谈会的有北京、上海、山西、辽宁、湖北、四川、新疆等 8 个省、自治区、直辖市党委组织部门分管工商系统干部工作的负责人,中组部调配局的负责人到会指导。座谈会上,国家工商局领导从宏观上介绍了工商行政管理工作的基本情况;国家工商局人事司负责人系统介绍了工商行政管理系统干部双重管理工作情况;山西省工商局党组和晋中地区工商局党组分别介绍了干部双重管理工作的做法和经验;中组部调配局负责人介绍了全国干部双重管理工作情况及中组部对做好干部双重管理工作的设想;讨论修改了国家工商局《关于进一步做好工商行政管理机关党组(党委)协助地方党委管理干部工作的意见》，交流了在新的历史条件下如何做好干部双重管理工作的体会。通过这次座谈会，加深了地方党委组织部门对工商行政管理工作职能、作用和地位的认识，增强了对工商行政管理系统干部双管工作情况的了解，主管、协管双方在干部双重管理工作问题上形成了共识，为进一步做好工商行政管理系统干部双重管理工作创造了条件。

为了进一步做好协管工作，1997年10月7日，国家工商行政管理局党组下发了《关于进一步做好工商行政管理机关党组（党委）协助地方党委管理干部工作的意见》。《意见》要求各级工商行政管理机关党组（党委）要不断深化对协管工作重要性的认识，切实加强对协管工作的组织领导；加强与地方党委组织部门的联系，积极主动地开展协管工作；积极参与地方党委对下一级工商行政管理机关领导班子和领导干部的考察考核；严格程序，认真做好干部调整配备征求意见的回复工作；把后备干部协管工作当作领导班子建设的重要任务认真抓好；进一步完善协管工作制度，充实协管工作力量，尽快做到职能到位。

工商行政管理体制改革，实行省以下工商行政管理机关垂直管理后，为了适应工商行政管理体制改革的需要，中共中央组织部于1998年11月30日下发了《关于工商行政管理体制改革后干部管理有关问题的通知》（组通字〔1998〕53号）。《通知》规定：（1）省、区、市工商行政管理局领导干部，仍按现行办法实行双重管理，以地方党委为主，国家工商局党组协助管理。即，局长、副局长的任免，地方党委在作出决定前，征求国家工商行政管理局党组的意见。（2）地、市、县工商行政管理局领导干部，以上级工商行政管理局党组为主，地方党委协助管理。即，局长、副局长（包括同级非领导职务）的任免，上一级工商行政管理局党组作出决定前，征求地方党委的意见。（3）省、区、市工商行政管理局设立党组，其党组书记、副书记、党组成员的任免，由省、区、市委征求国家工商行政管理局党组意见后审批；地、市、县工商行政管理局党组的设置，

由所在地方党委审批，其党组书记、副书记、党组成员的任免，由上一级工商行政管理局党组征求地方党委意见后审批。（4）副省级城市工商行政管理局领导的管理，维持现状不变。（5）地、市、县工商行政管理机关党的关系，实行属地管理。（6）工商行政管理机关干部双重管理工作中职责权限和任免程序等有关事项，按照中发〔1995〕4号、组通字〔1991〕35号文件有关规定执行。

为进一步完善社会主义市场经济体制，整顿和规范市场经济秩序，加强宏观调控，2001年9月7日，中共中央组织部下发了《关于调整省级工商行政管理部门领导干部管理办法有关问题的通知》（组通字〔2001〕39号）。《通知》规定：省级工商行政管理部门领导干部仍实行双重管理，以地方党委为主，国家工商行政管理总局协助。省级工商行政管理局局长、党组书记职务的任免，由地方党委征求国家工商行政管理总局党组的意见，改为征得国家工商行政管理总局党组同意。省级工商行政管理部门其他领导干部的管理办法不变。省级工商行政管理部门主要领导干部管理办法作上述调整后，各省、自治区、直辖市党委和国家工商行政管理总局党组要严格按照《党政领导干部选拔任用工作暂行条例》（中发〔1995〕4号）和《关于干部双重管理若干问题的通知》（组通字〔1991〕35号）的有关规定，认真履行各自的工作职责，加强协商配合，共同做好干部管理工作，切实加强省级工商行政管理部门领导班子建设。

2007年，按照总局党组关于"建立省级工商局局长在全国工商局长分片座谈会上述职述廉汇报制度"的要求，在7月13—14日召开的全国工商行政管理局长座谈会上，8个省（区、市）工商局局长在会上作了述职述廉汇报。9月底，总局正式印发了《关于建立省、自治区、直辖市工商行政管理局主要领导干部述职述廉汇报制度的实施意见》。这是总局党组落实党风廉政建设责任制，加强队伍建设的一项工作制度，是交流工作情况，总结推广经验，各地互相学习借鉴，推动全国工商行政管理系统各项工作任

务落实的一项具体措施。这项制度的落实，进一步推动了省、自治区、直辖市工商行政管理局领导班子的思想政治建设、作风建设和党风廉政建设，增强了各级领导干部的责任感和使命感，促进了领导干部更加奋发有为地做好新形势下的工商行政管理工作。

三、工商所实施公务员制度

根据中共中央《关于党政机构改革方案》和国务院有关文件精神，1996年，国家工商行政管理局和人事部共同制定了《工商行政管理所推行国家公务员制度实施方案》(工商宣字[1996]第188号)。实施的单位是已取得工商所初级规范合格证，并已完成市场管办脱钩任务的工商所；实施对象为除临时工、协管员以外的工商所正式职工。其目的是要按照公开、平等、竞争、择优的原则，结合工商行政管理所的工作特点和队伍现状，在全国工商所初步建立国家公务员制度，并逐步加以完善，促进队伍结构的完善和素质的提高，努力造就一支适应市场经济要求的、有权威的基层执法队伍。

上述文件要求，工商所推行国家公务员制度，要结合机构改革和工资制度改革，有计划、有步骤地进行，整个工作分三个阶段进行：

第一，准备阶段。重点是明确工商所实施国家公务员制度的步骤、程序和方法，明确实施过程中各个管理层次的工作任务。人事部和国家工商行政管理局负责制定有关政策及总体工作部署；各省、自治区、直辖市人事厅(局)和工商行政管理局负责制定本省、自治区、直辖市的具体实施计划和工作措施，并进行具体工作协调，各市(县)人事局、工商行政管理局负责具体实施。此阶段的主要任务是组织工作班子，宣传《国家公务员暂行条例》，拟订本单位的具体实施意见，培训工作骨干。

第二，实施阶段。重点把握实施国家公务员制度培训、职位分类、人员过渡和考试录用工作。紧紧围绕提高工商所国家公务员整体素质的目标，抓紧做好各项工作。(1)以提高工商所全员素质为目的，结合实施国家公务员制度，分期开展全员培训。

(2)开展职位分类工作。各地结合实际情况，以省、自治区、直辖市为单位，统一组织进行。在人事部门的指导下，认真制订职位分类实施计划，科学设置职位，拟订职位说明书，明确每个职位的职责、工作任务和任职条件。(3)人员过渡工作。对工商所现有干部身份的人员，在培训合格的基础上，经考核，根据任职条件，选择配备人员，并按规定的程序，分期分批完成向国家公务员的过渡。(4)分批开展国家公务员考录。对在公务员职位上工作的工人身份的人员，在国家年度增干计划的统筹安排下，区分不同情况，通过考试考核，分批将合格人员录用为国家公务员。

第三，检查验收阶段。检查验收的重点是实施工作的质量。因此，必须在检查验收中严把质量关。检查将采取一般检查和重点检查相结合的办法进行，在各地自查、省内组织互查的基础上，人事部、国家工商局将有重点地进行抽查。

在工商所推行国家公务员制度，要统筹规划、分步进行。要坚持必要的标准和条件，履行法定程序，确保公务员的优良素质和合理结构。要认真做好各类人员的思想工作，稳定队伍，实行平稳过渡。各地要根据人事部和国家工商行政管理局的统一部署和计划的整体安排，结合地方机构改革，以省、自治区、直辖市为单位，制订具体的实施计划，分期培训，分批过渡，分批考录，有计划、有步骤地实施，积极、慎重、稳妥地推进。

文件印发以后，各地工商行政管理机关进行了认真的准备工作，并按要求完成了人员培训和过渡工作。为集中力量推行全国工商行政管理体制改革，此项工作暂时停了下来。直至1999年7月，在全国工商行政管理体制改革工作取得阶段性成果时，人事部、国家工商行政管理局联合印发了《关于做好工商行政管理所录用国家公务员工作的通知》(人发[1999]71号)，决定通过考试考核，从在工商所公务员职位上工作的工人身份的人员中，录用一部分为国家公务员。文件的主要内容是：

（1）工商所录用国家公务员，必须在核定编制、职位分类和现有干部向国家公务员过渡完成之后进行。录用工作要按照《国家公务员录用暂行规定》（人录发〔1994〕1号）的要求，坚持公开、平等、竞争、择优的原则，采取考试考核相结合的办法。

（2）人事部、国家工商行政管理局将在编制数额内下达专项增干指标。在专项增干指标内，录用计划由地市级工商行政管理部门根据有关规定填报，省级工商行政管理部门审核，省级政府人事部门批准。

（3）1995年12月31日前已在工商所干部岗位上工作，且实施国家公务员制度后，仍被确定在公务员职位上工作的工人身份的人员，符合《国家公务员录用暂行规定》第十四条的基本条件的，可参加报名考试。在工商行政管理岗位上工作10年以上的；担任正副所（队）长职务的；按照人事部的有关规定取得中级以上专业技术职称的；在老少边穷地区工作的，报考时可在文化程度和年龄方面适当放宽限制。各地聘用的协管员、临时人员及事业单位、社团组织的人员以及在处分期内的人员和1995年以来年度考核被确定为不称职的人员不得报考。

（4）考试以笔试为主，考试内容为国家行政机关公共基础知识以及拟任职位所需专业知识，并可依据工作需要，进行面试或专业技能测试。考试教材为人事部、国家工商行政管理局联合编写的"全国工商行政管理所国家公务员录用教材"。笔试时间由省级政府人事部门和工商行政管理部门研究确定。考点设置应相对集中，各地不得在地市级以下城市设置考点。

考核主要以1995年以来年度考核结果为依据。考核的重点是考察被考核者的现实表现和是否符合拟任公务员职位的要求以及《国家公务员任职回避和公务回避暂行办法》（人发〔1996〕48号）中关于任职回避的规定。

（5）1995年12月31日前任命至今仍担任正副所（队）长职务的；受到省部级以上表彰的；受到记二等功以上奖励的；在工商行政管理岗位上因公致残尚有工作能力的；民族自治地区的少数民族报考人员，在录用时可在笔试总成绩上予以加分照顾，加分幅度由省级政府人事部门和工商行政管理部门研究确定。

（6）地市级工商行政管理部门确定拟录用人员后，报省级工商行政管理部门审核，省级政府人事部门批准。

（7）各省、自治区、直辖市政府人事部门会同工商行政管理部门根据上述精神和当地机构改革及实施国家公务员制度的进度，制订具体方案，分别组织实施，并将具体实施方案报人事部和国家工商行政管理局备案。

（8）从工商所工人中录用国家公务员的工作政策性强，涉及面广，各级人事、工商行政管理部门要从维护稳定的大局出发，密切协作配合，周密安排部署，以高度的政治责任感审慎细致地做好这项工作。要严格按照政策规定，加强对考录工作全过程的监督，增加工作透明度，做到报考条件公开，报名人员公开，考试成绩公开，照顾情况公开，保证录用工作的公正性。参加考录工作的人员，要严格遵守人事工作纪律和回避制度，对徇私舞弊、弄虚作假的，要严肃处理，并追究有关人员的责任。各地在实施工作中遇到问题，应及时向人事部和国家工商行政管理局反映。

（9）对未能录用为国家公务员的人员，要做好耐心细致的思想政治工作，并予以妥善分流。今后录用国家公务员，要严格按照《国家公务员录用暂行规定》进行，绝不允许非国家公务员身份的人员在国家公务员职位上工作。

各地按照《关于做好工商行政管理所录用国家公务员工作的通知》要求，开展了工商所公务员考录和人员分流工作。这是工商行政管理系统优化队伍结构，全面实施公务员制度的重要举措。2000年4月，在9个省（区、市）工商局完成笔试工作之际，国家工商局召集部分省市人教处长召开了考录工作座谈会，认真总结各地的经验教训，研究考录工作的焦点和难点问题。会议提出，做好工商所公务员考录工作，一定要严格按照人事部和国家工商行政管理局文件要求，坚持公平、公正、公开的原则，增加全部工作的透明度，增加群众参与度，在报名资格审查、考试成绩、录用审批等环节层层推行公示制度。会议纪要以简报形式下发各地，对考录工作起了积极的推动作用。

这项工作关系到广大干部职工的利益，涉及许多历史遗留问题，开展起来难度很大。但由于各地工商局的领导对此予以高度重视，精心组织，认真制定出符合本地实际的考录政策，并采取有效措施，严格执行政策，加强和改进思想政治工作，认真细致地做好考试和录用各个环节的工作，扎实有效地推进了工商所公务员考录和人员分流工作，确保了此项工作的平稳进行。

第三节　工商行政管理
基层建设工作

作为工商行政管理部门的基层执法机构，工商所是整个工商行政管理工作的基础，国家有关工商行政管理的法律、法规和政策，主要依靠工商所去贯彻落实，工商所直接面向广大经营者、消费者，代表政府行使市场监管和行政执法的职能，是党和政府联系人民群众的桥梁和纽带；工商所监管水平的高低，直接关系到广大经营者、消费者的切身利益和国家利益，关系到市场经济秩序和社会的稳定，关系到党和政府的形象和威望。因此，大力加强工商所建设，是提高工商行政管理队伍素质，树立良好工商形象的一项重要措施。

一、《工商行政管理所条例》颁布实施与基层规范化建设

（一）《工商行政管理所条例》的颁布实施

长期以来，由于缺少法律法规明确规定工商所的管理体制、设立原则、职责权限、工作制度等，给工商行政管理工作带来了一些问题和矛盾，例如，在工商所的设立问题上存在随意性，把工商所下放到乡镇、街道管理，改变其作为区、县工商局派出机关的性质，造成机构盲目增加、乱进人、管理混乱；

相当一部分工商所权责不明，该管的没管好，不该管的却管得太多太滥，甚至超越职权，严重削弱了工商行政管理的职能作用。为了解决这一问题和矛盾，使工商所的各项工作有所遵循，逐步实现规范化、制度化和科学化，国家工商行政管理局从 1989 年开始组织有关人员，以国家工商局"三定"方案中确定的工商行政管理机关的职责为依据，参考有关法律、法规，结合全国工商行政管理系统的实际，开始了草拟《工商行政管理所条例》工作。在起草过程中，广泛征求了各级工商行政管理机关的意见，于 1990 年把《条例》（送审稿）上报给国务院，经国务院批准，于 1991 年 4 月 23 日发布施行。

作为经国务院批准的第一个基层执法机构的组织法规范，《工商行政管理所条例》发布施行以来，对于工商行政管理机关更好地履行监管社会主义大市场的职责、严格依法行政、促进基层组织建设和队伍建设起到了重要的促进作用。在国家日益加强宏观调控和市场监管的今天，该《条例》对于促进工商行政管理所工作的制度化、规范化建设，仍具有十分重要的意义，发挥着重要的作用。

（二）《条例》的主要内容

《条例》共 19 条，其主要内容有工商所的基本任务、法律地位、设立程序、职责、具体行政行为的归属、适用范围等。

工商所的基本任务是指工商所担负的基本工作或承担的基本责任。《条例》第三条规定，工商所的基本任务是：依据法律、法规的规定，对辖区内的企业、个体工商户和市场经济活动进行监督管理，保护合法经营，取缔非法经营，维护正常的经济秩序。从《条例》的规定中可以看出，工商所在实现其基本任务时，必须依照法律、法规的规定。法律、法规没有规定的职权，工商所不能行使，更不能超越法律、法规规定去行使职权。

工商所的法律地位：《条例》规定，工商所是区、县工商局的派出机构。《条例》从法律上明确了工商所的隶属关系和地位，表明它不是政府的一级职能部门，而是代表派出它的工商行政管理机关行使某些方面职权

的机构,是工商行政管理机关的组成部分。

工商所的设立原则:《条例》第四条规定,工商所按经济区域设立。作出这样的规定,是由其派出机构的性质、监督管理的需要及工商行政管理执法的特点决定的。首先,工商所不是乡镇政府和街道办事处的职能部门,而是区、县工商局的派出机构。其次,从监督管理工作的需要看,一乡一所或一街道一所的状况,不便对跨乡镇、街道的违法违章案件进行查处。

工商所的职责:《条例》第六条规定的工商所九个方面的职责,是根据工商行政管理的有关法规确定的,是工商所作为区、县工商局的派出机构进行工作所不可缺少的。包括办理辖区内由区、县工商局登记管理的企业的登记初审和年检、换照的审查手续,并对区、县工商局核准登记的企业进行监督管理;管理辖区内的集贸市场,监督集市贸易经济活动;宣传工商行政管理法律、法规等职责。

工商所具体行政行为的归属:工商所作为派出机构,其具体行政行为应是区、县工商局的具体行政行为。同时,从有利于工作出发,工商所也应有一定的权限以自己的名义作出具体行政行为。理由是:工商所的管理和执法是非常具体、经常和大量的,如果只能以区、县工商局的名义作出具体行政行为,将给工商所的工作带来不便。

《条例》的适用范围:《条例》主要适用于区、县工商局设立的工商所。但除了区、县工商局设立的工商所外,地方各级工商行政管理机关还根据某些管理任务和行政执法任务的需要设立了专业所、站、队。这些机构也是工商局的派出机构,除了工作任务有所不同外,其他方面与工商所的要求是一致的。因此,《条例》规定:工商行政管理系统的其他专业所、队、站,参照本条例规定执行。

(三)《条例》实施的成效

《条例》颁布后,各级工商行政管理机关组织全体干部认真学习,正确确定工商所的工作范围,严格规范工商所的具体行政行为,大力加强人员管理,取得很好的成效。

(1)理顺隶属关系,使工商所的设立趋于合理。坚持按经济区域设立的原则,基本上解决了一乡一所、一个街道一个工商所的弊端,以利于行使行政执法和市场监管职能。

(2)工商所的职责清晰,促进了职能到位。《条例》发布后,大部分区、县局根据《条例》的规定,对所辖工商所赋予职责权限,明确了工作范围。大多数工商所通过充实人员、提高工作人员素质,把各项管理工作逐步开展起来,改变了过去只管集贸市场的状况,促进了工商行政管理职能的到位。

(3)工商所的工作制度得到进一步建立和完善,加强了工商所人员的管理。《条例》发布后,各地本着切合实际、便于操作的原则,对工商所的规章制度进行了一次清理,进一步建立健全工作制度和工作程序,使工商所的工作有章可循,运行有序,从而加强了人员的管理。

(4)规范了执法行为。《条例》明确了工商所的职责权限和具体工作范围,解决了职权不明的问题,使工商所以自己的名义作出的具体行政行为符合有关法律法规的规定。

(四)《初级规范》与基层规范化建设

为了促进《条例》的贯彻落实,全面提高工商所的整体素质和监督管理水平,加快基层制度化、规范化建设的步伐,根据《条例》,结合各地的实际情况,国家工商局于1992年制定了《工商行政管理所初级规范(试行)》。《初级规范》要求各地理顺工商所的隶属关系、加强人员管理、规范行政行为、完善规章制度、改善办公条件。

(1)理顺隶属关系。统一工商所的名称,明确工商所的法律地位,坚持按经济区域设立的原则,纠正以任何形式将工商所下放到乡、镇、街道的做法,以利于行使行政执法和经济监督职能。

(2)加强人员管理。调整、充实人员,保证队伍素质,逐步改变人员数量、素质和职责、任务不相适应的状况。

(3)规范行政行为。明确职责权限和具体工作范围,解决职权不明的问题,使工商所以自己的名义作出的具体行政行为符合《条例》和有关法律、法规的规定,保证执法质量。

（4）完善规章制度。本着切合实际、便于操作、行之有效的原则，对工商所现有的规章制度进行一次清理，进一步建立健全各项工作制度和工作程序，使工商所的工作有章可循，运行有序，提高办事效能。

（5）改善办公条件。要从整顿所容所貌入手，在环境卫生、办公条件、装备、场所等方面，努力创造条件，积极采取措施，力争在原有的基础上有所改善。

在《初级规范》中要求各地工商局统一机构名称，还对工商所的设置原则、管理体制、人员配置、上岗资格、职责权限、工作程序、工作制度、办事公开、办公条件等提出了具体要求。

（1）机构名称。综合所名称统一为：××县（市、区）工商行政管理局××（地名，不得冠以"乡"、"镇"、"街道"等字样，下同）工商所；××市工商行政管理局××（地名）分局××（地名）工商所。专业所名称统一为：××县（市、区）工商行政管理局××（专业或市场名称）管理所（站、队）；××市工商行政管理局××（地名）分局××（专业或市场名称）管理所（站、队）。

（2）设置原则。工商所按经济区域依法定程序设立。

（3）管理体制。工商所的人员编制、经费开支、干部管理和业务工作由派出它的工商行政管理局直接领导和管理。

（4）人员配置。人员数量与工作职责、管理任务相适应，必须配备所长和专职财务人员，其他正式人员不少于三人。

（5）上岗资格。工作人员经岗位职务培训合格，取得《岗位培训证书》；新调入人员经过岗前培训。

（6）职责权限。工商所的具体工作范围，由派出它的工商行政管理局依据《工商行政管理所条例》确定；工商所能够履行相应的职责，以自己的名义作出的具体行政行为，符合《工商行政管理所》和有关法规的规定。

（7）工作程序。依据职责权限，建立了监督管理和行政执法的工作秩序，按程序办事。

（8）工作制度。建立并执行岗位责任制、学习制度、内勤工作制度、财务管理与监督制度、廉政制度、考核奖惩制度。

（9）按照国家工商行政管理局发布的《工商行政管理机关办事制度公开要则》的要求，公开办事制度和办事结果，接受群众监督。

（10）办公条件。有固定的办公场所，标志醒目，环境整洁；有与管理任务相适应的通信、办公设备和执行公务所需的交通工具。

《初级规范》下发后，各地工商行政管理机关，普遍结合本地区和本单位的实际情况，将人、财、物重点向基层投入，工商所初级规范实施工作开展得比较扎实，全系统工商所的基础设施、办公条件得到明显改善，各项工作初步规范化、制度化。工商所的规范化建设对于贯彻执行《条例》，培养高素质的工商行政管理队伍，探索科学化的管理方法，起了很大作用。工商所的设置更趋合理，进一步明确了法律地位。建立、健全内部管理制度，明确了职责，提高了办事效率。依法履行职责，加强了行政执法力度。完善监督制约机制，促进了廉政建设。改善基层办公条件，增强了基层工商所的凝聚力和战斗力。

二、第一次基层建设工作会议与《全国工商行政管理系统基层建设纲要（试行）》

（一）第一次基层建设工作会议情况

随着市场经济的发展，市场经济体制的建立，工商行政管理工作的地位和作用越来越重要，监管的领域更宽，层次更高，建设一支政治素质强，作风品德好，懂现代管理，懂市场运行规则的现代化工商行政管理队伍，已经成为一项十分重要的战略任务。1997年6月18日至20日，全国工商行政管理系统基层队伍建设工作会议在陕西西安召开。会议就贯彻落实江泽民总书记和国务院领导关于建设高素质干部队伍的一系列指示精神，总结交流了几年来工商行政管理系统提高队伍素质的经验。西安市等7个省、市工商局的代表在会上发言，介绍探讨了培训模式、落实系统干部双重管理等方面的做法。

国家工商行政管理局局长王众孚在会议开幕式上做重要讲话，强调了加强队伍建设的极端重要性和紧迫性，明确了队伍建设的总目标和要求，提出了进一步加强队伍建设的措施。会议提出，工商行政管理队伍建设的总体目标和要求是：紧密团结在以江泽民同志为核心的党中央周围，高举邓小平建设有中国特色社会主义理论的伟大旗帜，坚持党的基本路线和基本方针，坚持两个文明一起抓，紧紧围绕维护社会主义市场经济秩序，履行市场监管执法职能，建设一支政治坚定、业务精通、执法严格、作风优良的工商行政管理队伍。

（二）《纲要》主要内容

为进一步贯彻落实江泽民总书记建设高素质干部队伍的要求，国家工商局在西安会议总结交流各地提高队伍素质经验的基础上，研究制定了《全国工商行政管理系统基层建设纲要（试行）》，提出了今后一个时期基层建设的指导原则、标准及工作任务。《纲要》提出，基层建设的指导原则是：着眼于提高效能，注重提高队伍整体素质，坚持从实际出发，树立长期建设的思想。基层建设必须做到：政治思想坚定、监管职能到位、业务素质优良、作风纪律严格、行政保障有力。

维护正常的市场秩序，促进社会主义市场经济健康发展，是国家赋予工商所的基本职能，围绕这一基本职能，工商所主要承担以下几个方面的工作任务：

（1）抓好思想政治教育，保持坚定正确的政治方向；

（2）增强廉政勤政意识，培养优良作风；

（3）规范行政行为，严格依法行政；

（4）强化市场监管，促进职能到位；

（5）加强业务培训，提高监管水平；

（6）严格内部管理，建立良好工作秩序；

（7）提高所长素质，带出一流队伍；

（8）加强党支部建设，充分发挥战斗堡垒作用；

（9）加快科技投入，实现管理方式和管理手段现代化；

（10）巩固规范化建设成果，不断提高基层建设水平。

加强基层建设也是各级工商行政管理机关的共同责任，通过科学地制订计划，实行分级领导，认真开展考核、评比和表彰工作，扎扎实实地为基层服务。

（三）《纲要》的实施情况

《纲要》是一个时期内基层建设的基本准则和依据，为此，国家工商局做出了《关于认真贯彻〈纲要〉，学习推广西安等地经验，切实加强工商行政管理系统队伍建设的决定》。

《纲要》及《决定》发出后，各省及时传达文件，组织学习，并结合实际情况制定实施意见、计划、办法，从思想政治、业务水平、制度建设、班子和队伍建设等方面抓好贯彻落实。大部分地方根据《纲要》制定了各自的队伍建设纲要，一些地方还分别制定了县级局和工商所的建设规范，并提出了具体的实施步骤、标准和时间，组织了相应的评优活动。

《纲要》的贯彻实施，使基层队伍建设有了具体的标准和目标，进一步深化了系统内机制、机构和干部人事制度改革，加快了工商所规范化建设，推进了《工商行政管理所条例》的落实，使一部分工商所得以按经济区域设置，基层所布局趋于合理，严格了工商系统内部管理机制，综合职能和办案能力进一步增强。

三、第二次基层建设工作会议与基层监管方式改革

（一）第二次基层建设工作会议情况

为了进一步加强工商行政管理队伍建设，深化体制改革，促进职能到位，更好地指导和推进基层建设，增强全系统改革的活力，国家工商局于1999年10月26—28日在陕西省西安市召开了全国工商行政管理系统第二次基层建设工作会议。

这次会议是在工商行政管理系统体制改革初步到位的时候召开的。为开好这次会议，国家工商局党组高度重视，会前进行了认真研究，并由办公室和人事教育司与陕西省工商局一道做了充分的准备。党组书记、局长王众孚与其他局领导自始至终出席了会议，中组部、人事部、中编办、中央精神文明办等有关部门负责人应邀出席了会议。陕西省委、省政府和中央国家机关有关部门对这次会议予以大力支持，陕西省省长程安东、省委副书记艾丕善、副省长赵德全到会祝贺。各省、自治区、直辖市和副省级市工商局负责人、人教处长及做典型发言的代表共120多人作为会议代表参加了会议。会议圆满完成了各项议程，达到了预期的目的。

会议总结交流了18个单位开展基层建设工作的经验，其内容大体可分为三类：一是实现职能到位，监管辖区"经济户口"。二是落实《纲要》，促进规范化建设；抓队伍建设和廉政建设，提高人员素质。三是发挥基层党支部战斗堡垒作用。

（二）基层监管方式改革

第二次基层建设工作会议在总结各地经验基础上，提出要紧紧抓住工商行政管理体制改革和职能转换的契机，改革工商所的现行监管模式，大力推进由驻场管理制向辖区管理制转变，由"守株待兔"式的静态管理向动态的综合监管转变，由经验、粗放型管理向科学、规范化监管转变。要实行工商所辖区经济管理责任制，加强对"经济户口"和市场秩序的管理。总的原则是，除国家法律法规明确的分级管理领域外，其他市场主体都要归属到基层工商所的管辖范围。西安会议以后，各地普遍认识到，进行基层监管方式改革非常必要，是新形势新体制下提出的新要求，国家工商局提出抓工商所机构建制和监管方式改革的时机好，路子对。许多地方工商局组织专门人员到西安、济南等地参观学习，并按照"改革监管方式、促进职能到位"的总体要求，通过先试点后推广的方式，采取措施，合理调整工商所机构建制，全面启动了监管方式改革工作。

一是坚持按照以经济区域设所的原则，规范工商所机构设置。按经济区域设立工商所，是《工商行政管理所条例》规定的设所原则。《条例》颁布实施以来，各地认真落实

工商所初级规范的要求，曾下大力气试图解决这个问题。但由于当时管理体制尚未理顺，受地方行政干预过多，再加上其他一些因素的影响，工商所设置不规范不合理的问题没有从根本上解决。在体制改革实施过程中，各地普遍认识到这个问题的重要性，重申了设所原则及设所审批权限和程序，明确了工商行政管理所的设置、变更和撤销，由省级工商局提出意见，省级机构编制管理部门审核报批。2000年以来，注意发挥省以下实行垂直管理体制的优势，加大了规范工商所设置的力度，对设置不合理的工商所进行了撤并。有的地方撤并率达到20%～30%。如湖北全省撤并工商所477个，将工商所数量由1999年的2 068个缩减为2000年3月的1 591个。广西对不按经济区域设置的工商所进行撤并，共撤并406个工商所，使工商所总数由1 408个减少为1 002个。浙江提出要通过缩减市场管理专业工商所，撤并乡镇小型工商所，重组中心集镇工商所，优化城区工商所的结构等办法缩减工商所。江苏提出除有大型专业市场和市场较多的经济区域可保留专业所外，取消按业务条线设置的专业所。吉林、重庆、宁夏等地也都提出了对设置不合理的工商所进行撤并调整的意见。

二是按照"小局大所"的思路，加强基层一线监管执法力量。北京市局在提出要撤销专业性工商所的同时，还按照"小局大所"的思路对基层工商所人员合理配备进行了规范，规定城市近郊区、远郊区县城关地区工商所人数要在20人以上，远郊区县农村地区工商所人数在12人以上。上海市局根据各分局所处的地理位置和地区经济发展、人口密度等综合因素，将各分局管辖区域划分为中心城区、次中心城区、城乡结合区和郊区四类地区，规定四类不同地区的工商所人数分别不少于20人、18人、16人、12人，以增强一线监管执法力量。福建、内蒙古、沈阳等地提出，为确保一线执法力量的稳定和充实，一般按每个工商所10～12人配备人员，城区、城关综合所、副科级分局按20人左右配置。各地的实践证明，根据经济发

达程度和监管任务的大小,采取有效措施,控制工商所的合理规模,加强一线执法人员的配备,可以有效地提高监管执法效能,降低管理成本。

三是积极探索工商所监管方式改革的途径和办法。体制改革后,不少地方工商局积极调整转变工商所职能,强调要从主要对个体私营企业监管向对多元化市场主体的监管转变;从主要监管集贸市场向对各类市场的监管转变;从主抓市场建设、搞好服务向专司市场监管职责方面转变;从主要监管市场内经营活动向监管辖区内经营活动转变;从以收费为主向全面履行各项监管职能转变。针对工商所要履行"经济户口"监管职能,对市场行为的监管由驻场式改变为巡查制的需要,各地在推行新的运行机制的过程中,注意不断总结经验,积极探索行之有效的办法。

四是按照管理"经济户口"的要求,调整工商所内部分工。各地普遍感到,改革监管方式,就要改革沿用多年的区、县工商局和基层工商所上下对应的条线管理方式,变被动的、静态的管理为主动的、动态的管理。不少地方按照监管方式改革的要求,对工商所内部人员分工进行了相应调整。虽然各地的模式不完全相同,但总的思路是一样的,都是根据本地情况不断总结、归纳,逐步形成的。这些模式按照人员分工和职能配置,可以归纳为三种,即内勤—外勤模式,内勤—外勤—综合管理模式,综合管理—登记初审—巡查办案—权益保护模式。

五是加强对工商所执法办案工作的监督,促进工商所依法行政。作为基层执法单位,工商所自身要不断改进工作方法,提高执法水平,同时也要有相应的外部制约机制及时进行督导,以利于执法办案工作健康开展。一些地方在这方面做了有益的探索和尝试,如广西武鸣县工商局摸索出一套"塔式"管理模式:县局成立巡查队、督察组,通过日常巡查监督检查工商所的工作漏洞,及时反馈,提出补救措施,同时协助工商所开展专项治理活动等,并根据检查结果对工商所及其人员进行奖惩。这些措施通过充分

发挥县工商局职能,实现局所联动,强化了县局对工商所执法行为的协调与监管。

四、基层建设与人才工作会议

2006年9月16—18日,总局在山东组织召开了全国工商系统基层建设和人才工作会议。这是继1997年和1999年总局先后两次召开全系统基层建设工作会议之后召开的第三次重要会议。会议总结交流了前些年来各地基层建设和队伍建设的成功做法和经验,研究部署了"十一五"时期基层建设和人才工作。会议要求全系统要以科学发展观为统领,大力加强基层建设和人才工作。"十一五"时期基层建设和人才工作要围绕实施人才强国战略和努力建设法治政府、服务政府、责任政府与效能政府的目标任务,以提高监管执法能力为重点,以提高教育培训实效为基础,全面加强人才队伍能力素质建设、人才工作机制建设、信息化建设、基础设施建设、规范化建设和党风廉政建设,为建设信用工商、法治工商、信息工商提供强有力的人才支持、智力保障和组织基础。会议提出了基层建设的主要任务,即,基层建设整体水平进一步提高,执法资源进一步整合,工商所人员占县级工商局全体人员的比例不低于70%,每个工商所70%以上人员具备执法办案能力;基础设施和工作条件明显改善,信息化建设水平不断提高;制度建设逐步完善,党风廉政建设进一步加强,先进的工商文化深入人心。

会后,总局印发了《关于加强工商行政管理系统基层建设的意见》,进一步明确了新时期基层建设的指导思想、基本原则和主要目标任务,提出要科学整合执法资源,提高监管服务效能;全面推进依法行政,严格规范市场监管执法行为;加强人才队伍建设,提升队伍能力素质;巩固基层规范化建设成果,提高监管执法的现代化水平;加强思想政治建设和党风廉政建设,树立良好的工商形象;要求各级工商行政管理机关切实加强组织领导,保证基层建设各项任务的全面完成。各省(区、市)工商局结合实际情况认真学习贯彻会议精神,更加广泛深入地推进基层监管制度改革创新,企业信用分类监

管、"金信"工程建设、实施商品市场准入制度、"12315"行政执法体系建设、个体工商户分层分类登记管理等改革措施不断取得新的成效，向基层监管执法布局更加合理、管理更加规范的方向又迈进了一步，促进了基层监管执法效能的提高。

会后，各地按照总局的要求，结合实际开展了基层基础建设年等活动，大力推进新时期基层建设工作。

2007年，总局研究制定了总局领导联系基层制度暂行办法。总局领导每人联系一个基层工商所，带动和激励各级领导干部重视基层、关心基层，促进了基层全面建设，也促进了各级领导干部深入群众，深入实际，关心基层疾苦，倾听基层呼声，提高了工作指导的预见性和前瞻性，提升了决策的科学化、民主化水平。为广泛听取各地对基层建设、队伍建设及教育培训工作的意见和建议，加强对基层联系点工作的指导，总局人事教育司在杭州萧山召开了第二次基层联系点工作座谈会。2007年7月，总局组织全国工商系统先进模范人物代表到北戴河休假疗养。局长周伯华亲临北戴河看望代表，并发表热情洋溢的讲话，体现了总局党组对先进模范、对基层干部的关心和爱护，进一步鼓舞了全系统的士气，增强了全国工商系统的凝聚力和战斗力。

第四节　干部教育培训

教育培训工作是干部队伍建设的重要组成部分，是提高干部队伍素质的基本途径和重要环节。1979年以前，由于体制等多方面的原因，工商行政管理系统的干部教育培训工作没有很好地开展。十一届三中全会以后，各级工商行政管理部门认真贯彻执行中共中央、国务院关于加强教育培训工作的一系列指示精神，不断加深对干部教育培训工作重要性和紧迫性的认识，从实际出发，加强领导，创造条件，克服种种困难，教育培训工作取得了显著成绩，尤其是近年来，通过实施工商行政管理系统"八五"、"九五"、"十五"、"十一五"教育培训规划和"十一

五"人才队伍建设规划，有效地提高了全系统干部的整体素质，对工商行政管理机关加快改革、实现职能转变，起到了积极的推进作用。

一、改革开放初期的干部教育培训工作

（一）从无到有，扎实起步

改革开放初期，工商行政管理干部队伍的特点是：人员分散，文化程度偏低，业务素质较差，全系统50%以上的人员是十一届三中全会后新增加的，缺乏实际工作经验和系统的专业知识，即使是原有人员，在改革、开放、搞活的新形势下，也面临着重新学习的问题。因此，加强对干部队伍的管理和教育，补习文化知识，提高队伍的政治素质、业务水平，适应改革开放形势的需要，是当时摆在工商部门面前的首要任务。

针对人员新、任务新、政策新的情况，各级工商行政管理部门采取多种形式和方法，对干部进行教育培训，提高干部的政治业务素质。尤其是《中共中央组织部关于印发〈全国干部培训规划要点〉的通知》（中组发［1983］15号）下发后，工商行政管理系统按照"干部队伍在革命化前提下，分两步（到1985年为第一步，到1990年为第二步）实现知识化、专业化"的要求，统筹规划干部教育培训工作，使之得到快速发展，并逐步走上正轨。这一时期干部教育培训工作的重点之一是干部轮训。轮训的内容包括马克思主义经济理论、经济法理论和工商行政管理专业知识，以专业知识为主。根据国家工商行政管理局的要求，轮训是分级组织实施，即国家工商行政管理局负责轮训地（市）级工商行政管理局正副局长、省级工商行政管理局正副处长；省级工商行政管理局负责轮训县级工商行政管理局正副局长、地（市）级工商行政管理局正副科长；地（市）级工商行政管理局负责轮训县级工商行政管理局正副股长、所长和主要业务骨干；县级工商行政管理局负责轮训一般干部。

为保证培训工作的顺利实施，1981年工商行政管理总局在山东省青岛市崂山县建立了工商行政管理干部学校，1982年正式开学。干校除培训地级局局长和省级局处长

外,还举办了工商行政管理专业师资班、专业干部培训班,推动了全系统干部轮训工作的全面开展。各地也相继采取多种形式建立干部学校或干部培训班,有计划有组织地培训在职干部。到 1986 年底,全系统轮训干部 15 万多人次,占当时干部职工总数的 56%;到 1990 年底,全系统 37 万多干部职工基本轮训一遍。

另一项重点工作是补文化、补业务知识的"双补"教育,这是国家在这一时期的一项特定的任务,是为了给在"文化大革命"十年动乱期间耽误了学习的中青年干部补上文化和业务课。要求全系统年龄在四十五岁以下,只有初中文化水平的干部,必须接受中专(高中)教育,学习本职工作需要的专业知识;不足初中文化程度的,首先要学习初中文化再参加中专培训。文化补课工作一般是从 1982 年开始的,基本上以市辖区和县级工商行政管理局为主组织培训,由教育部门考试发证。到 1990 年底,共有约 5.2 万人参加了初中文化补课,4.3 万人参加了职业高中或高中文化学习。业务知识补课工作,一般也是由市辖区和县级工商行政管理局组织,主要是利用业余时间学习专业知识及经济法规,并组织参观实习等。

此外,工商行政管理系统还组织开展了专业培训和岗前培训。

在抓好对干部队伍基础教育的同时,工商部门还逐步发展高等教育和中专教育,使这一时期工商行政管理高等教育和中专教育也得到了很快发展。1979 年教育部把工商行政管理专业列入《全国高等财经院校专业(文科)设置目录(草案)》,1981 年工商行政管理总局在北京财贸学院设立了工商行政管理系,后又相继在武汉大学、四川大学、东北财经大学设立了工商行政管理专业。北京、河北、吉林、上海等 12 个省、市工商行政管理局也分别在有关高等院校开设了工商行政管理专业或专修科。1985 年起,委托有关普通高等院校举办了工商行政管理大专函授教育。中专教育是从 1981 年山东省工商行政管理局建立全系统第一所工商行政管理中等专业学校开始起步,迅速发展起

来的,到 1990 年底,全系统共建立普通中专学校 14 所,职工中专、干部中专 13 所。这些学校在全系统教育培训工作中发挥了重要作用,10 年间共培养普通本专科毕业生 1 850 人,中专毕业生 4 346 人,培养大、中专层次的成人学历教育毕业生 9 270 名,并以各种形式培训系统在职干部十几万人次。

教材建设方面,国家工商行政管理局 1980 年组织编写了《工商行政管理基础知识》,在此基础上,为适应中专教育发展的需要,又组织编写了一套较为系统的中专教材。

工商行政管理教育培训工作在起步晚、条件差的情况下,经过十多年的努力,有了长足进步,为此后开展大规模、规范化的教育培训奠定了较好的基础。十多年间,干部队伍的素质有了一定程度的提高,到 1990 年,全系统大专以上学历的干部达到 49 729 人,占总人数的 13.3%,中专及高中学历 201 228 人,占 53.8%。但由于队伍发展较快、把不住进人关等原因,全系统仍有初中文化程度 102 660 人、小学及以下文化程度 20 124 人,分别占总人数的 27.5% 和 5.4%。

(二)以岗位培训为重点,干部教育培训工作稳步发展,初步形成体系

1991 年后,工商行政管理教育培训工作依据国家教育发展总体规划的要求,从工商行政管理的实际和需要出发,以学历教育为基础,以岗位培训为重点,突出以宪法为核心、以专业法为主体的法制教育,推进引进国外智力工作健康开展,开始逐步走入制度化、规范化的轨道。

这一时期教育培训工作的基本任务之一是岗位培训,包括岗前培训、岗位职务培训和专业培训三种类型,重点是岗位职务培训。岗位职务培训是在定职能、定机构、定编制基础上开展的全员培训,对全系统教育培训工作产生了深远影响。为做好这项工作,国家工商行政管理局先后单独或与人事部联合印发了《关于加强工商行政管理干部岗位培训工作的通知》、《关于实施岗位职务培训的若干意见》等近 10 个文件,比较全面、系统地提出了全系统干部岗位培训的目

标和工作任务,并建立了一整套包括组织管理、课程设置、考核考试、经费管理及教学评估等的规章制度。同时,建立了8个序列、3个层次、24种岗位职务规范,编制了24种适应不同岗位职务干部培训的教学计划、教学大纲,组织编写了一套12本共315万字的培训教材和教学录像片,全系统培训了近5 000名专、兼职师资和负责培训管理工作的骨干等。在充分准备、搞好试点的基础上,从1991年下半年开始,全系统根据"三级培训、分级负责、分类指导"的原则,全面开展了岗位培训工作。在培训中,始终抓住工商行政管理是市场监督管理和行政执法这一特点,把"二五"普法培训与岗位培训结合起来,寓法制教育于岗位培训中,将法制教育纳入岗位培训的轨道。

为完善岗位培训条件,提高培训管理水平,国家工商行政管理局于1992年在全系统进行了培训条件评估,促使各地进一步加强了培训基地建设,改善办学条件,提高培训质量。邓小平同志南方谈话和党的"十四大"后,我国改革开放和经济建设进入了一个新的发展阶段,工商行政管理工作的重点也发生了深刻的变化。国家工商行政管理局不失时机地改革培训内容,组织编写了《社会主义市场经济理论》等四本书,组织广大干部全面、系统地学习了社会主义市场经济理论,进一步解放思想,更新观念,提高认识,并以此为契机,将岗位培训与建立社会主义市场经济体制的需要紧密地结合起来,将新出台的《反不正当竞争法》、《消费者权益保护法》、《公司法》、《商标法》等一系列法律法规充实到培训内容中去,形成了以社会主义市场经济理论、法律法规为重点的具有工商行政管理特色的培训内容体系,使全系统岗位培训工作进入到一个新阶段。1994年下半年,各地岗位培训工作进入补课扫尾阶段并陆续完成。1995年下半年,国家工商行政管理局又组织全系统进行了一次以效果评估为重点的综合评估,全面检查系统岗位培训工作情况。1991—1995年,全系统共培训各级各类干部50多万人次,培训率超过95%,培训合格率98%,大多数省份都在保质保量前提下,提前完成了岗位培训任务,达到了预期目标。

在下大力气搞好岗位培训的同时,各级工商行政管理机关针对工商行政管理系统干部队伍学历层次普遍不高的情况,积极采取措施,将成人学历教育和后备力量培养结合起来,将加强学历教育作为提高干部队伍整体素质的一项基础性工作来抓。在成人学历教育方面,各地依托自办的中专、干校,组织开展了成人中专、高中学历教育,并广开学路,主要采取联合办学、委托培养的方式,在设有对口或相应专业的普通高校和干部管理学校、广播电视大学、函授院校等成人高等院校开设干部专修科、夜大班、函授班、自学考试等。据不完全统计,1991—1995年,全系统成人学历教育共培养6万多名中专生,5万多名大专、本科生,有些地方还开始了在职培养研究生的试点工作。在后备力量培养方面,各地主要是充分利用和挖掘系统内部现有普通中专学校的潜力,发挥工商行政管理中专学校的重要作用。在国家教委和省级教育行政部门的指导下,各地学校对中专教育改革和发展进行了许多有益的探索,扩充专业设置,逐渐改变学校规模小、专业单一、发展缺乏灵活性的状况,提高办学效益,进一步完善学校的基础设施,走融普通中专、职工中专和干部培训于一体的综合型办学道路,五年中为基层工商行政管理部门输送了一大批合格的后备人才。河南、山东、湖北三所学校还被国家教委评为省部级重点中专。

这一时期,工商行政管理系统还积极稳妥地开展了引进国外智力工作。以前,全系统引进国外智力工作虽有起步,但思路上不够开阔,渠道没有疏通,制度尚未建立,仅仅停留在外出参观、考察的层次上。1992年8月,在国务院引进国外智力领导小组办公室的大力支持和帮助下,经国家工商局党组研究决定,成立了"国家工商局引进国外智力领导小组"及办公室,正式启动引进国外智力工作。各省(区、市)及计划单列市工商局也陆续成立了引进国外智力工作机构,确定专人负责,制定各项规章制度,按照"统一规划、归口管理,按需立项、讲求实效,两级实施、条块结合"的原则,组织决策层领导干部和业务骨干赴国外培训。1991—1995年,国家工商行政管理局共组织10多个团组近300人次分赴美国、新加坡、日本、法国、德国、英国、加拿大等国培训,各省级工商行政管理局也组织了几十个团组上千人次出国培训。同时,重视培训成果的积累、推广、转化和应用,编辑出版了《借鉴》等系统介绍国外市场经济管理经验和法规的小丛书,编印《引进国外智力简报》,及时反映系统引进国外智力工作情况。通过开展引进国外智力工作,使一批领导干部和业务骨干走出国门,开阔了眼界,对国外市场经济及其管理有了纵横多方面的比较,转变了思想观念,并在实际工作中吸收借鉴了国外市场经济管理通用的、行之有效的管理方法和方式,促进了工商行政管理法制建设和各项业务改革。

经过这一时期的发展,全系统教育培训组织机构进一步健全,各省级工商行政管理局和80%的地(市)级工商行政管理局组建了人事教育工作部门,配备了专职培训管理人员;充实和新建了一批教育培训基地,其中省级工商行政管理局中专和干部学校、培训中心近40所,有条件的地(市)、县级工商行政管理局也建立了基地;拥有了一支5 000多人的专兼职教师队伍;建立了一套比较完备的教育培训制度;在培训管理、教材建设、培训评估等方面,也都形成了自己的特色,初步建立起上下协调、功能多样、机制灵活的教育培训工作体系。

(三)适应形势任务需要,提高干部文化层次与提高履行职责能力并重

1996年以后,工商行政管理系统按照中组部、人事部的部署和要求,紧紧围绕工商行政管理中心工作,全面实施"红盾人才计划",积极努力、扎实有效地开展了多层次、多形式的教育培训活动,进一步提高了全系统干部的整体素质,为实现工商行政管理工作跨世纪的战略转变打下了良好的队伍基础。

随着社会主义市场经济体制的逐步建立,工商行政管理的职能发生了很大转变,

工商行政管理机关监管市场的视野和范围不断拓宽,监管的理性和科技含量不断提高,监管执法的难度也在不断加大,客观上对工商行政管理人员的素质要求越来越高。但从总体上看,全系统干部文化层次普遍偏低,高级专门人才数量偏少,干部队伍的知识结构难以适应新形势下监管执法任务的需要。因此,国家工商行政管理局在1996年制定的"九五"教育培训规划中,提出全面实施"红盾人才计划",主要包括两个方面的任务:一是加速大专以上层次专门人才的培养,努力提高广大干部的文化水平;二是开展岗位必备专业知识和技能的培训,提高广大干部履行岗位职责的素质和能力。为此,国家工商行政管理局先后下发了《关于"九五"期间面向在职干部开展大专以上层次学历教育的意见》、《关于工商行政管理中等专业教育改革与发展的意见》、《关于"九五"期间开展干部培训工作的意见》、《关于加强工商行政管理系统计算机技术培训工作的意见》、《工商行政管理系统处级干部知识更新培训实施方案》等一系列配套文件,指导全系统教育培训工作规范有序地开展。

开展大专以上层次在职学历教育,走的是"内涵式"发展与"外延式"发展相结合的道路。一方面,依托已开办工商行政管理专业的有关高等院校,加强联系与合作,充分挖掘潜力,扩大培养规模;另一方面,积极拓宽办学渠道,扩大合作范围,将一些普通高等院校具有一定水平的财经、政法、管理类办学点,以适当形式纳入工商行政管理教育培训体系;同时,在具备条件的工商行政管理中专学校、干校,积极试办相当于大专学历的高等职业教育班,或与有关高等院校联合,建立高等教育函授站(点)等。在学习形式上,以在职业余学习为主;同时,各地根据实际需要和客观条件,选送了一些优秀年轻干部到高等院校脱产进修。经过全系统上下的共同努力,几年中,干部的整体学历层次有了大幅度提高,并初步形成了一支精通工商行政管理业务、熟悉法律和现代经济管理知识、具有较高政策理论水平的高层次复合型专门人才队伍。到1999年底,加之工

商行政管理部门机构体制改革、人员分流等因素，全系统在职人员508 145人中，大专以上学历的人员已达226 053人，占在职人员总数的44.5%，比1995年底增加了107 743人；其中本科学历人员达到32 386人，研究生820人，本科以上学历的人员比1995年底增加20 760人，提前全面完成了"九五"教育培训规划提出的"全系统培养500名研究生、5 000名本科生、50 000名大专生"的学历教育任务。

1996年后，工商行政管理系统按照《国家公务员暂行条例》、《国家公务员培训暂行规定》的要求，规范有序地开展了各类公务员的初任培训、任职培训、更新知识培训和专门业务培训，提高了广大干部履行岗位职责的素质和能力。其中，更新知识培训是全系统"九五"培训的重点，培训的主要内容包括新出台或修订的工商行政管理法律法规、现代经济和管理知识、现代科技知识等。国家工商行政管理局在规划初期，及时组织有关专家、学者编写了四本更新知识培训教材，各省级工商行政管理局在此基础上，结合当地实际情况组织编写了必要的补充教材和辅导教材。在培训中，始终坚持以提高干部队伍的整体素质，特别是思想政治素质和市场监管执法能力为核心，紧紧抓住市场监管和行政执法工作中提出的重大问题，按照"要精、要管用"的原则设计培训课程，并及时调整培训内容，努力使教育培训与执法实践相结合，增强了教育培训的系统性、针对性和适用性。在普遍开展更新知识培训的同时，各地从实际情况出发，结合不同岗位的特点，大力开展了岗位必备知识与基本技能的培训，一些大中城市突出抓了公务员计算机应用技能的培训。到1999年底，全系统50多万名干部基本已全部参加过一次更新知识培训，各地培训合格率都在97%以上。

在搞好轮训的基础上，各地还抓住工商所监管模式改革的契机，突出抓了基层工商所长的培训。大多数省份都是由省级工商行政管理局直接组织工商所长的培训，着重提高工商所长的思想政治素质、业务执法水平和指挥、管理、协调等能力，将其培养成为熟悉工商行政管理各项业务、能够带领全体干部出色完成市场监管执法任务的复合型人才。

二、体制改革以后的干部教育培训工作

（一）积极探索，干部教育培训工作重点全面转向加强能力建设

工商行政管理省以下垂直体制改革基本完成后，全系统结合干部人事制度改革，积极探索新形势下教育培训工作的新路子，工作重点逐步由提高干部文化素质转移到加强干部能力建设，更加注重加强理论武装和提高干部依法行政、履行岗位职责的能力，干部教育培训力度和规模明显加大。

过去由于缺乏必要的制度制约，培训经历和培训成绩没有真正成为干部考核使用的依据，一些干部对参加培训重视不够，自觉性不强，往往把参加培训当作一种软任务，影响了培训的效果。为从制度上保证培训工作取得实效，变"软培训"为"硬培训"，国家工商行政管理局在广泛调查论证的基础上，拟在全系统逐步实行岗位资格证书制度，推行持证上岗。为了积极稳妥地推进这项工作，从1998年起，国家工商行政管理局选择浙江等地开始进行岗位资格证书制度试点，按照统一规划、统一标准、统一考核、统一认证的原则，分级部署实施，分期分批进行。浙江省工商行政管理局成立了执法资格等级考试评审委员会，制订了详细的实施方案，组织编写了培训教材和考试大纲，建立了试题库。培训辅导工作由省、地、县工商行政管理局负责组织，考试出题和监考、阅卷工作则委托浙江省自学考试办公室组织，严格按照高等教育自学考试的要求进行。从试点的情况看，基本达到了预期的目标，初步形成了教育培训工作的内在动力机制。随后，有10多个省市开展了岗位资格培训，积累了一些经验。

到1999年底，全系统基本完成了"九五"教育培训规划提出的各项目标和任务。国家工商行政管理局及时对各地教育培训情况和干部队伍的素质现状进行了广泛调研，总结经验，发现问题，2000年4月，下发了《关于进一步加强和改进工商行政管理系统教育培训工作的意见》，指导全系统教育

培训工作在第三次全国教育工作会议精神指导下，深化改革，全面推进素质教育。2000年7月，国家工商行政管理局下发了《关于进行工商行政管理所国家公务员初任培训的通知》，部署各地对经过渡考核和考试录用到工商所工作的国家公务员，普遍进行一次初任培训，以切实提高他们的政治、业务素质，建设一支符合国家公务员素质要求的工商行政管理基层队伍。

2000年7月底，根据工作需要，国家工商行政管理局举办了"全国工商行政管理局长研修班"，国务委员吴仪参加了开学仪式并作了重要讲话。来自全国各省、自治区、直辖市、计划单列市和副省级城市工商行政管理局的44名局长、副局长参加了为期14天的培训研讨。培训内容包括国际商贸法律制度与WTO、市场准入法律制度、竞争法律制度、中国"入世"与知识产权保护等方面，并围绕如何实现工商行政管理监管职能到位、实行省以下垂直管理体制后如何加强班子建设和队伍建设等课题进行了研讨。这次培训是多年来首次省级工商行政管理局长正规培训，国家工商行政管理局党组高度重视，精心策划，邀请国内知名专家教授授课，取得了很好的培训效果。

教材建设方面，国家工商行政管理局按照局长王众孚关于"要制定基本课程、编写基本教材、建立基本师资队伍"的重要指示，从1998年下半年开始，组织有关专家、学者和业务骨干反复研究、讨论、修改，历时一年半左右时间，编写出版了《工商行政管理业务培训大纲（试行）》，拟以此为基点，组织编写相应的配套教材，逐步形成科学规范的教材体系和课程体系。在培训基地建设等方面，各级工商行政管理机关在市场"办管脱钩"和财政上实行"收支两条线"，各项经费都比较紧张的情况下，仍加大了对教育培训的投入，新建和改建了一批教育培训基地，进一步完善了培训基地的硬件设施，到2000年，全系统拥有省、地级教育培训基地260余个，初步形成了覆盖全系统、功能多样、布局合理的培训网络，为规范有序地开展教育培训工作创造了较好的基础条件。

同时，各地进一步充实和加强了教育培训力量，完善了组织管理机构，加强了培训基地领导班子建设和师资队伍建设，逐步建立起精干、高效的教育培训管理体系。

工商行政管理中等专业教育在1996年后处于调整时期，总体上工商行政管理专业普通中专教育和成人中专教育的规模都在逐步压缩。原有的中专学校积极探索全方位发展的办学思路，立足工商，面向社会，一些条件较好的学校努力提高办学层次，拓宽办学空间。其中，原浙江省工商行政管理学校升格为浙江省广播电视大学工商学院，河南省工商行政管理学校被教育部评为首批国家级重点中专学校；其他一些学校按照教育部门的要求进行了调整、合并、转制，承担了更多的干部培训任务。

2001年，国家工商行政管理总局印发了《2001—2005年全国工商行政管理系统教育培训规划》。规划回顾总结了改革开放以来特别是"九五"期间工商行政管理教育培训工作的成绩和经验，分析了当前教育培训工作面临的新的机遇和挑战，明确了"十五"期间的指导思想和基本原则，提出要经过五年时间的努力，进一步优化队伍结构，使干部队伍整体素质明显增强；进一步完善人才结构，高层次、复合型人才队伍明显壮大；进一步更新知识结构，履行岗位职责的能力和管理的专业化水平显著提高。为此，规划期内要在全国工商行政管理系统实施"红盾素质工程"，包括五个方面的主要任务：一是开展岗位专业知识与技能的培训，提高监管执法水平；二是开展知识更新培训，开阔视野，拓宽知识面，提高创新能力；三是开展各级领导干部的综合素质培训，提高各级领导干部的政策水平、管理水平和决策能力；四是开展大专以上层次学历教育，进一步提高干部文化素质；五是开展反腐倡廉教育、作风素质教育和依法行政培训，增强依法行政意识，树立良好执法形象。规划下发后，各省、自治区、直辖市工商行政管理局按照规划精神，结合本地区工商行政管理事业发展实际和人员素质现状，迅速制订下发了本地"十五"教育培训规划,对总局"十五"教育培训规划确定的各项目标和任务进行了分解和细化,提出了更具体的任务、措施和实施步骤,并以此为契机,进一步规范培训行为,加强归口管理,推进教育培训工作全面展开。各级领导高度重视教育培训工作,全系统形成了空前浓厚的学习氛围。

为应对加入世界贸易组织给工商行政管理工作带来的新的机遇和挑战,扎实有效地做好各项准备工作,国家工商行政管理总局党组审时度势,决定2001—2002年举办六期"WTO与工商行政管理"专题系列培训班,对全系统领导干部特别是厅局级领导干部普遍进行培训。总局党组对这次培训高度重视,多次进行专题研究,并在人力、物力、财力上给予充分的保证,拨出专款给予支持。总局党组书记、局长王众孚在第一期培训班开班式上作了题为《端正学风、求真务实,建设一支高素质的工商行政管理队伍》的重要讲话,对培训班做了总动员。各地工商局领导对此次培训也非常重视,有20个省级局和计划单列市、副省级市工商局的"一把手"带队参加了培训。六期专题培训班共培训学员542名,其中省级局领导114名,计划单列市、副省级市工商局领导48名,总局司局级干部69名,地市工商局正副局长309名。培训班聘请中国"复关"、"入世"谈判的主要成员,国内WTO研究领域的著名专家、学者,以及一些具有较强理论功底和丰富实践经验的政府官员授课。为加强培训的针对性,增强培训效果,国家工商行政管理总局组织编写了《WTO与工商行政管理读本》作为培训教材,并将授课教师的讲义整理汇编成《WTO与工商行政管理理论与实务》,与精选的部分有关WTO基础知识的书籍一起作为辅助教材。通过培训,使各级领导干部充分认识到我国加入世界贸易组织的重大战略意义,进一步认清了形势,增强了使命感、责任感和紧迫感;强化了WTO规则意识,提高了依法行政的自觉性;找出了差距,加深了对工商行政管理职能的认识;增强了信心,初步理清了应对思路。这次"WTO与工商行政管理"专题培训班,

为全系统加强教育培训工作作出了表率,为开展WTO知识的培训起到了示范作用。各地工商行政管理局加大了干部培训力度,把WTO知识的培训作为更新知识培训的重要内容,按照培训对象的不同确定不同的培训重点,提出不同的学习要求,分期分批组织处级干部、工商所长、科长和一般干部学习WTO基础知识,使他们了解掌握WTO基本规则及我国政府承诺中与工商行政管理相关的内容,加深对新形势下工商行政管理职能的认识,努力做到熟悉规则,熟练运用规则,把握工作的主动性。

开展岗位专业知识与技能的培训,提高干部队伍的业务素质和监管执法水平,是"十五"教育培训工作的一个重点。各地采取多种形式,力求培训工作取得实效。如一些地方在工商系统干部中开展"每月一法"、"一日一题"学习活动,组织编写了"一日一题"教材,要求全体干部结合"一日一题"答题,学习题目的内涵和外延知识,并以此为契机建立健全学习制度,保证每周集中组织学习的时间不少于4小时。有的地方从营造全员学法氛围、构建学用结合机制入手,不断探索岗位资格认定工作新路子,将岗位类别划分为行政执法和综合业务两大类共六小类,确定一级、二级两个等级标准,以工商行政管理法律法规为主要内容,统一进行考试和资格认定。到2002年,有10个省进行了岗位资格证书制度的试点。

工商行政管理事业要发展,要完成监管社会主义统一大市场的任务,必须采取多种形式培养造就一批执法监管骨干和专家型人才。各地对人才培养的模式和方法进行了积极有益的探索,如一些省市工商局每年选拔一批优秀中青年干部赴境外进行中、长期培训,使学员比较系统地学习了解国外相关管理制度和经验,并就有关专题进行深入的研究探讨;不少省局将专家型人才培养与干部学历教育结合起来,与高等院校合作举办研究生进修班,根据工作需要培养法律、管理、计算机、外语等方面的专门人才。

2002年,总局党组从工商行政管理改革和发展全局出发,作出了在改革开放的前沿

城市深圳建立总局行政学院、推进干部教育培训工作规范化的重要决策。按照党组的部署和要求,总局专门成立了行政学院筹备工作领导小组,开始进行行政学院的各项筹备工作。

(二)大规模培训干部,大幅度提高干部队伍素质

党的"十六大"以后,党中央提出了大规模培训干部、大幅度提高干部队伍素质的战略任务,干部教育培训工作进入新的发展阶段。按照中央的部署和要求,工商行政管理系统以邓小平理论和"三个代表"重要思想为指导,适应监管统一的社会主义大市场的需要,紧紧围绕工商行政管理工作大局,以学习贯彻"三个代表"重要思想为首要任务,以全面提高队伍整体素质为目标,以提高干部依法行政能力为重点,扎扎实实地开展大规模培训干部工作。按照总局党组的部署和要求,各级工商行政管理机关普遍成立了以主要领导挂帅的干部教育培训领导小组,进一步完善了教育培训组织管理机构,建立健全了教育培训的各项制度和相关措施,进一步完善了"三级培训、分级负责、归口管理"的培训体制。

在大规模培训干部工作中,全系统始终坚持把"三个代表"重要思想的学习摆在首位,组织广大干部深入学习、全面领会"三个代表"重要思想,树立科学的发展观和正确的权力观、政绩观。2003 年,为了贯彻落实《中共中央关于在全党兴起学习贯彻"三个代表"重要思想新高潮的通知》精神,总局按照中央组织部《关于印发〈关于今年下半年对县处级以上领导干部进行"三个代表"重要思想轮训的实施意见〉的通知》的要求,精心组织、统筹安排"三个代表"重要思想轮训工作,保证了轮训任务的顺利完成。先后举办了全国工商行政管理系统领导干部、地市级工商局长、总局机关和直属单位处级干部、基层工商所党支部书记学习贯彻"三个代表"重要思想培训班,紧扣学习贯彻"三个代表"重要思想这一主题组织培训,使广大干部特别是领导干部进一步增强了学习和实践"三个代表"重要思想的自觉性和坚定性,增强了做

好工商行政管理工作的责任感和使命感。总局举办的其他培训班也都把学习贯彻"三个代表"重要思想作为重要培训内容。

2004 年,按照把兴起学习贯彻"三个代表"重要思想新高潮的活动不断引向深入的要求,重点加强了党的十六届三中全会和四中全会精神的培训,教育广大干部以科学的发展观指导工商行政管理工作,认真落实"立党为公、执政为民"的要求,深入整顿和规范市场经济秩序,不断推进工商行政管理工作的改革和创新,为国民经济持续快速协调发展营造良好的市场环境。为提高干部思想政治素质,在各类培训中都把廉政教育作为培训的重要内容,发挥反腐倡廉教育的基础性作用,切实增强广大干部反腐倡廉意识,筑牢拒腐防变的思想道德防线。同时,大力加强诚信教育,增强广大工商行政管理人员的诚信意识,转变队伍作风,树立良好政风,增强执法的统一性、权威性和有效性,促进公正执法、廉洁执法、文明执法。坚持培训为监管执法实践服务,重点围绕维护食品安全、加大商标保护力度、惩治虚假违法广告、打击商业欺诈行为等整顿和规范市场经济秩序的重点工作,以及建立企业信用监管体系、实施商品准入制度、建立以"12315"为基础的工商行政管理执法综合网络、推行个体工商户分层分类登记管理等市场监管制度的改革,来确定培训班次和培训课程,针对市场监管和行政执法中遇到的实际问题设计培训内容,教育广大干部正确认识工商行政管理在抓好发展这个执政兴国第一要务中的职能定位,充分发挥市场监管执法的职能作用,尽职尽责加强监管执法,尽心尽力促进改革发展。以新出台和新修订的工商行政管理法律法规为重点,紧密结合执法实践,进一步加强了法律法规培训,使广大干部熟悉掌握法律法规的新要求,切实增强依法行政意识,提高履行岗位职责的能力和行政执法水平。

据统计,2001—2005 年全系统省、地两级工商行政管理局共组织举办各类培训班123 622 个,培训干部 1 703 950 人次,其中初任培训 51 286 人次,任职培训 46 284 人次,

专门业务培训 137 499 人次,更新知识培训 569 994 人次;全系统还有 443 479 人次参加了地方人事部门的培训。干部队伍的文化素质也得到进一步提高,截止到 2005 年底,全系统大专以上学历的干部所占比例由 2000 年底的 49.74% 提高到 80.35%,其中本科以上学历干部所占比例由 2000 年底的 8.15% 提高到 27.84%。

2006 年 9 月,在广泛开展调研的基础上,国家工商行政管理总局制定印发了《2006—2010 年全国工商行政管理系统人才队伍建设规划》和《2006—2010 年全国工商行政管理系统干部教育培训规划》,明确了"十一五"人才队伍建设和干部教育培训工作的指导思想、工作原则、主要目标任务和具体措施。2006—2010 年,工商行政管理干部教育培训工作的总体目标是:大规模培训干部的战略任务全面落实,5 年内将全国工商行政管理系统干部普遍轮训一遍。全系统广大干部的思想政治素质、科学文化素质和业务素质明显提高,依法行政能力和公共服务能力显著增强。教育培训基础建设进一步加强,以总局行政学院为龙头,以各地干部学校、培训中心为依托,充分利用社会优质教育资源的培训网络逐步形成,培训资源得到合理配置和有效利用。适应监管执法需要的课程体系和教材体系逐步形成,教育培训的质量和效益全面提升。干部教育培训工作制度进一步完善,干部教育培训工作走上科学化、制度化、规范化轨道,分层次、分类别、多渠道、大规模、重实效的干部教育培训格局更加完善。主要任务是:根据"十一五"时期经济社会发展和工商行政管理改革发展需要,按照分级分类和全员培训的要求,以培训提高执政能力为重点,努力培养造就一支领导人才队伍;以培训提高监管执法能力为重点,努力培养造就一支基层复合型执法人才队伍;以培训专业化行政执法人才为重点,努力培养造就一支高层次、专家型执法人才队伍。为保证培训任务的完成,要切实做好四个方面的重点工作:一是实施"领导人才培训工程",进一步加强对各级领导干部的教育培训;二是实施"基层执法人才培训工程",进一步加强对基层执法干部的培训;三是实施"高层次执法人才培训工程",进一步加强对高层次、专家型执法干部的教育培训;四是进一步加强反腐倡廉和社会主义荣辱观教育培训。

为加强干部教育培训工作,2007 年 9 月 22—23 日,总局在新疆乌鲁木齐市召开了全国工商行政管理系统干部教育培训工作会议。这是总局党组以实际行动迎接党的"十七大"胜利召开,进一步落实中央大规模培训干部战略任务的一次重要会议。总局党组书记、局长周伯华出席会议并讲话,会议对党的"十六大"以来全系统干部教育培训工作进行了全面总结,对学习贯彻党的"十七大"精神、进一步加强理论武装进行了动员,对今后一个时期干部教育培训工作进行了部署,强调要把学习贯彻党的"十七大"精神作为"十一五"时期干部教育培训工作的重中之重,坚定不移地用党的"十七大"精神武装干部头脑,统领工作全局。这次会议的召开,对于进一步推进全系统干部教育培训工作,努力开创干部教育培训工作新局面,具有十分重要的意义。

2008 年 3 月 28 日,总局行政学院落成暨开学典礼上,总局党组书记、局长周伯华作重要讲话,对学习贯彻党的"十七大"精神,全面落实中央新一轮大规模培训干部的战略任务作出部署,要求全系统大力加强理论武装和干部教育培训工作,努力建设政治上过硬、业务上过硬、作风上过硬的干部队伍。总局行政学院落成并正式启用,使全国工商系统干部培训有了稳固的基地,为大规模、正规化培训干部奠定了条件,标志着全系统学习贯彻"十七大"精神集中轮训和新一轮大规模培训干部工作全面启动。

(执笔人:方跃林　黄建成　刘晓东　陈家顺)

第十四章　机关党的建设

第一节　新中国成立初期至十一届三中全会前的工商行政管理机关党的建设（1949.10—1978.12）

新中国成立以来,工商行政管理机关的名称几经变化,先后经历了中央私营企业局时期(1949 年 10 月至 1952 年 11 月),中央工商行政管理局时期(1952 年 11 月至 1970 年 7 月,由中央私营企业局与中央外资企业局合并成立中央工商行政管理局),并入商业部时期(1970 年 7 月至 1978 年 9 月,中央工商行政管理局、商业部、粮食部、供销合作总社正式合并为商业部),工商行政管理总局时期(1978 年 9 月至 1982 年 8 月),国家工商行政管理局时期(1982 年 8 月至 2001 年 4 月)和国家工商行政管理总局时期(2001 年 4 月至今),无论机构名称如何变化,局党组一直注重加强机关党的建设和干部队伍思想政治建设,为推动工商行政管理事业建设与发展奠定了思想基础和政治保证。

一、国民经济恢复时期和社会主义改造时期机关党的建设（1949.10—1956.12）

1949 年 11 月,中共中央发出《关于在中央人民政府内建立中国共产党党组的决定》。《决定》指出:为了实现和加强中国共产党中央对中央人民政府的领导,以便统一并贯彻党中央的政治路线和政策的执行,特依据党章规定在中央人民政府中担任负责工作的共产党员组成党组。中央要求:在中央人民政府工作的党员,除中央允许者外,必须一律参加支部组织,过党的组织生活。

按照中央要求,在政务院政治法律委员会、财政经济委员会、文化教育委员会及人民监察委员会成立分党组,在分党组内可设分干事会,并依所属各部、会、院、署、行及直属的重要局划分小组。由于当时中央私营企业局隶属于政务院财政经济委员会,1950 年,中央私营企业局机关党的工作由政务院财政经济委员会分党组领导。

为了克服和纠正党内存在的不良思想倾向、工作作风,提高党员的素质,纯洁党的组织,增强党的战斗力,1950 年 5 月 1 日,中共中央发出《关于在全党和全军开展整风运动的指示》。1950 年 5 月,中央私营企业局按照《指示》要求,在政务院财政经济委员会分党组统一领导下,结合本局实际,总结工作,学习文件,开展批评和自我批评,克服领导干部中存在的骄傲自满情绪、官僚主义和命令主义的作风,以及少数党员干部政治上和思想上存在的一些问题,改善党和群众的关系。中央私营企业局认真制定了这次整风运动的具体步骤,首先是对本局各级领导干部进行思想动员,明确这次整风的意义、目的和要求。认真总结工作,检讨对中央方针、政策的执行情况和经验教训及工作作风。至 1950 年底,整风运动基本结束,在这次整风中,中央私营企业局广大党员干部认真学习,提高了认识,检查了思想、工作和作风等方面的不良倾向。

1951 年 2 月中旬,中共中央政治局扩大会议上作出决定,对党的基层组织有计划、有准备、有领导地进行一次普遍的整顿。决议指出,我们的党是伟大的、光荣的、正确的,这是主要方面,必须加以肯定;但是存在的问题,也必须加以整理。为此,中央决定从 1951 年至 1954 年,用三年时间进行整党。为了贯彻和落实中央政治局扩大会议关于整党的决议,1951 年 3 月 28 日至 4 月 9 日,中共中央在北京召开了第一次全国组织工作会议。会议通过了《关于整顿党的基层组织的决议》和《关于发展新党员的决议》,对整党和建党工作进行了具体部署。

中央私营企业局对这次整党工作高度重视,对整党工作作了明确部署:通过党的基层组织,普遍地对共产党员进行一次关于党纲和党章的教育,着重认识共产主义社会的前途和做一个共产党员所必须具备的条件,要求这次整党是通过每一个基层党支部来进行的。各支部的整党工作,要经过学习、登记、审查和组织处理四个阶段,对每个阶段都作了详细的安排,提出了明确的要求。

学习阶段:组织党员学习列宁、斯大林和毛泽东关于党的建设的著作,以及中共中央整党文件,听取专题报告,联系思想和工作实际,进行对照检查,开展批评和自我批评。

登记阶段:通过学习,使每个党员在提高认识的基础上,认真考虑是否能够按照党员所必须具备的条件,继续做一个党员。在规定时间内,凡愿意继续做党员者,自行进行登记。

审查阶段:党员登记以后,运用批评与自我批评的方法,对党员进行审查和鉴定。

处理阶段:根据对党员的审查和鉴定,发动党员进行讨论,本着"与人为善"、"治病救人"、"思想检查从严,组织处理从宽"的原则,把党员分成四部分,分别作出不同的处理。

在开展整党的第二年,即在 1952 年 11 月,中央人民政府国家计划委员会成立后,政务院财政经济委员会的组织机构进行了调整,中央私营企业局与中央外资企业局合并,成立了中央工商行政管理局,作为政务院的直属局。中央工商行政管理局局长由政务院第六办公室副主任、中央统战部副部长许涤新担任,并同时成立中央工商行政管理局党组,党组书记由许涤新担任。

在开展整党运动中,局党组对全体党员进行了共产党员八项标准的教育,对党的基层组织进行了一次普遍的整顿,有效地提高了党员和干部的思想政治水平,进一步纯洁了党的队伍,增强了党的战斗力。

在这次整党中,中央私营企业局还认真贯彻落实 1951 年 12 月党中央作出的在党政军机关内部开展以反贪污、反浪费、反官僚主义为内容的"三反"运动的指示,并认真贯彻落实 1952 年 2 月和 5 月中共中央先后发出的《关于"三反"运动应和整党运动相结合的指示》和《关于在"三反"运动的基础上进行整党建党工作的指示》精神,将整党与工商行政管理业务工作相结合,取得了明显效果,推动了业务工作的顺利开展。

1953 年 11 月,中共中央作出了《关于加强干部管理工作的决定》。局党组按照中央的要求,深入系统地考察、了解干部的政治品质和业务能力,并以此作为正确挑选和提拔干部的依据。

1956 年 9 月 15 日至 27 日,中国共产党第八次全国代表大会在北京召开。大会一致通过了《关于政治报告的决议》,通过了新的《中国共产党章程》,通过了《发展国民经济第二个五年计划(1958—1962 年)的建议》。局党组迅速组织全体党员干部传达学习和贯彻,教育全体党员干部明确大会的目的和宗旨,要求全体党员要继承党的优良传统,反对主观主义、官僚主义和宗派主义。

二、社会主义建设探索时期机关党的建设(1957.1—1966.4)

从 1957 年 5 月开始,中共中央根据"八大"提出的关于全面加强执政党建设的要求和精神,决定在全党范围内开展以正确处理人民内部矛盾问题为主题,以反对官僚主义、主观主义和宗派主义为内容的开门整风运动。1957 年 5 月,局党组按照中共中央《关于整风运动的指示》精神,结合工商行政管理机关党员思想和工作实际,制定了中央工商行政管理局的整风运动安排,要求全体党员干部要正确地分析形势,充分认识整风的必要性。规定全体党员干部要把正确处理人民内部矛盾作为整风的主题。同时,局党组还认真制定了这次整风运动方针、方法和步骤。提出了结合整风解决领导干部参加集体劳动等问题,整风运动一直到1958年7月胜利结束。

1961年9月15日,中共中央发出《关于轮训干部的决定》。决定对全党各级各方面的领导干部,采取短期训练班的方式,普遍进行一次轮训。局党组把这次干部轮训工作当成提高干部队伍素质,加强工商行政管理业务建设的一个重要手段,认真制定轮训计划,帮助干部进一步认识和掌握社会主义建设的客观规律,克服某些片面性的认识和在实际工作中右的或"左"的错误;帮助干部自觉地掌握毛泽东一贯提倡的、成为我们党的传统的马列主义作风,克服干部中脱离实际、脱离群众、违反政策、违反纪律的错误倾向,努力提高干部的思想政治水平,增强党性,多快好省地进行社会主义建设。经过干部轮训,帮助干部克服了主观主义、分散主义,改进了机关的工作作风,健全了党内民主生活,健全了党的民主集中制,对加强机关党的建设起到了重要的推动作用。

在轮训干部的同时,1961年11月8日,中央组织部向中央作了关于加强对党员的教育管理的报告。1961年冬季,局党组按照中央的要求,开始教育训练工作。这次教育训练以党的基本知识和党的优良传统为主要内容,以使每个党员懂得,什么是共产党,什么是共产主义和社会主义,什么是党的优良传统,怎样做一个共产党员;并将中央组织部和中央宣传部编写的《做一个好的共产党员》作为训练教材。

1963年5月29日,周恩来在中共中央和国务院直属机关负责干部会议上,对党员干部提出了过好"五关"的要求。过五关,就是过思想关、政治关、社会关、亲属关和生活关。

1963年6月起,局党组在全体党员干部中进行了过五关对照检查:过思想关,要求党员干部加强思想改造,解决世界观和人生观的问题,树立马列主义的世界观和人生观;过政治关,要求党员干部坚定立场;过社会关,要求党员干部面对纷繁复杂的社会,积极参与改造社会的任务;过亲属关,要求党员干部检查与亲属之间,到底是你影响他还是他影响你,领导干部首先要回答和解决这个问题;过生活关,要求党员干部要经受物质生活的考验,使艰苦朴素成为美德。

1960年由于严重的自然灾害等影响,中央对全党进行了自力更生、艰苦奋斗的教育,局党组按照党中央的要求,认真组织全体党员干部学习贯彻中央发出的一系列要求干部发扬艰苦奋斗、克服困难的规定和文件精神。在局机关大力减少会议,压缩差旅费的开支,在用车、用水、用电和用煤等方面,做到精打细算,减少浪费、节约开支。

1962年10月25日到12月8日,中央组织部召开了组织工作会议,会议提出了必须永远注意加强执政党的建设,加强党对基层组织的整顿和建议,对党员进行重新登记;加强党的干部队伍的建设;加强对党的建设的领导,提出党要管党。1963年,局党组认真贯彻落实会议精神,从下半年开始,认真做好党员登记工作,并把登记党员的过程,作为继续教育党员的过程。通过登记本身,既对党员进行了一次最广泛、最深刻、最实际的教育,又对党的基层组织进行了一次全面的和细致的大整顿。通过这次登记,按照共产党员条件,对党员的政治面貌、思想品质和工作表现普遍地进行一次认真的审查。在加强党的干部队伍建设方面,局党组要求对每一个干部,特别是各级领导干部的思想、工作和生活,施以系统的监督,使监督干部成为风气,成为制度。在使用机关干部方面,逐步形成一套比较完备的制度。

三、"文化大革命"时期和其后两年机关党的建设(1966—1978)

1966年6月,"文化大革命"开始,受极"左"思想和政策的影响,给工商行政管理部门带来极大的混乱和破坏。运动开始不久,工商行政管理部门受到"造反"群众的冲击。工商行政管理工作一度被迫停顿,中央工商行政管理局业务工作处于瘫痪、半瘫痪状态,党的建设处于停顿状态。

1967年1月,中央财贸学院学生冲到中央工商行政管理局,局领导机构被夺权,局党组陷于瘫痪。

1967年12月,"文化大革命"动乱波及全国,中央工商行政管理局进驻军代表。

1969年9月,工商行政管理部门从中央到地方,机构相继被撤并。中央工商行政管理局虽与商业部、粮食部、供销合作总社合署办公,实际与撤并无异。

1970年7月至1978年9月,中央工商行政管理局、商业部、粮食部、供销合作总社正式合并为商业部,工商行政管理工作由商业部商管组负责,原有机关工作人员几乎全部下放辽宁盘锦"五七干校"劳动。

第二节　十一届三中全会至十三届四中全会时期的工商行政管理机关党的建设(1978.12—1989.6)

1978年9月25日,国务院下发国发〔1978〕187号文件,决定成立中华人民共和国工商行政管理总局,直属国务院,由国务院财贸小组代管。工商行政管理工作进入新的发展时期,工商行政管理机关党的建设也进入新的历史阶段。

一、党的十一届三中全会召开至十二大召开前(1978.12—1982.8)

在这个时期,我们党的历史上有许多重大事件。1978年12月18日至22日,十一届三中全会在北京举行,实现了党在政治路线、思想路线上的拨乱反正。1979年1月18日至4月3日,中央召开党的理论工作务虚会,提出了对新时期党的思想建设有重大意义的"四项基本原则"。1980年2月23日至29日,党中央在北京举行十一届五中全会,会议的主题是加强和改善党的领导,提高党的战斗力,会议讨论通过了《关于党内政治生活的若干准则》。1980年8月18日至23日,党中央召开政治局扩大会议,对党的领导制度的改革问题作专题研究,随后出台了一系列废除干部领导职务终身制,培养选拔中青年干部的决定,党的组织建设得到充分加强。1981年6月27日至29日,党的十一届六中全会在北京举行,通过了《关于

新中国成立以来党的若干历史问题的决议》,对新中国成立32年来党的重大历史事件作出了正确的总结,科学地分析了在这些事件中党的指导思想的正确和错误,分析了产生错误的主观因素和社会原因,实事求是地评价了毛泽东在中国革命中的历史地位。

在这样一个波澜壮阔的历史时期,新成立的工商行政管理总局党组认真学习贯彻党的各个重要会议精神,在加强机关和全系统党的建设方面开展了一系列卓有成效的工作。

实现工作重心转移。工商行政管理总局成立的时候,工商行政管理工作是作为无产阶级在经济领域跟资产阶级进行斗争的重要战线、经济领域无产阶级专政的工具而存在的。加强工商行政管理工作,是为了打击资本主义势力,堵塞资本主义道路,坚持不懈地长期同资本主义势力和资本主义倾向作斗争。这是当时的历史条件所决定的。十一届三中全会召开以后,总局党组认真组织学习贯彻中央精神,按照党中央确定的解放思想、开动脑筋、实事求是、团结一致向前看的思想路线和把全党工作重点转移到社会主义现代化建设上来的重大战略部署,要求总局机关和全系统把工作重心转移到经济建设上来。1979年9月20日,为推动城乡经济发展,总局转发了北京市工商局关于加强城区农副产品市场管理和增设场点的意见。1980年2月21日,又向全系统下发了工商总字第18号文件,号召全系统工商干部开展社会主义劳动竞赛运动,为实现全国工作重点转移、实现四个现代化建设的伟大事业而奋斗。1980年8月29日,总局再次发出通知,进一步推动社会主义劳动竞赛运动,评选全系统先进个人和先进单位。

开展平反冤假错案的工作。对包括时任工商行政管理总局党组副书记、副局长管大同,党组成员、总局副局长夏如爱等一批同志在"反右"和"文革"期间所受处分进行了审查并纠正。从1978年11月开始,按照中央37号、42号文件精神的要求,对建局以来处理的投机倒把案件、违章案件情况进行复查,纠正了一批错案和处理畸重的案件。

整顿党风,严肃党纪,恢复和发扬党的优良传统和作风。"文革"时期,党的优良传统和作风受到严重的破坏,十一届三中全会强调了实事求是的原则和民主集中制的原则,选举产生了中央纪律检查委员会,并在健全党规党纪,整顿党风、严肃党纪,恢复和发扬党的优良传统和作风等方面开展工作。此外,党中央领导同志在党风建设方面作了许多重要讲话,中央和有关部门颁发了许多有关党的作风建设的重要文件,强调必须认真抓好执政党的党风建设。总局党组认真贯彻中央精神,在总局机关和全系统开展整顿党风、严肃党纪,恢复和发扬党的优良传统和作风的工作。1978 年 11 月 3 日,总局下发了《关于进一步贯彻落实中央转发湘乡县委和陕西省委两个报告的批示的通知》(工商总字第 17 号),要求切实解决落实党的政策问题和干部作风问题,明确指出,要通过贯彻落实两个文件,使工商行政管理部门的干部和职工受到一次集中的党的传统教育、政策教育和社会主义发展教育,以提高认识,改进工作,转变不良作风。指出,这些年来工商系统党的优良传统受到破坏,有的干部甚至认为工商管理工作不打不骂是右倾,市场管理政策不能很好地贯彻落实,把农村集市贸易当资本主义尾巴,还程度不同地出现了贪污谋私、罚没私分等现象。通过学习文件,全系统干部职工提高了思想认识,全面落实党在农村的经济政策,进一步调动广大人民群众的积极性,转变干部作风,密切了党群关系。同时,对违反党纪的干部作了处理。

加强和改善政治思想工作。党的十一届五中全会和六中全会召开以后,总局党组认真组织学习贯彻《关于党内政治生活的若干准则》和《关于建国以来党的若干历史问题的决议》等中央重要文件,认真贯彻中共中央[1981]30 号文件精神,切实加强和改善工商系统的政治思想工作。1981 年 12 月21 日,总局下发《关于转发辽宁省工商局〈关于加强政治思想工作的几点意见〉的通知》(工商总字第 211 号),肯定了辽宁省工商局同年 10 月份召开思想政治工作座谈会时归纳出的"弄清队伍现状,认识自身特点,明确工作难点,解决问题的关键"的几个意见。指出,在党的十一届三中全会精神指引下,全系统干部职工通过真理标准大讨论和思想上拨乱反正,通过学习《关于党内政治生活的若干准则》和《关于建国以来党的若干历史问题的决议》,贯彻管好搞活的方针,队伍精神面貌总体上是好的,但也存在许多问题。如班子涣散、一切向钱看、违法乱纪等现象依然存在。《通知》指出,那种认为工作重点转移了,政治思想工作过时了,应该集中精力抓业务的看法是错误的。工商行政管理部门存在人员少、素质差、点多分散、管理面广、政策性强、责任重大的特点。随着"两个调节"、"三个多种"基本经济政策的实行,随着经济调整和改革的深入,工商行政管理部门作为综合性经济监督管理机关,在工作的指导思想上、管理目的上、监督范围上都发生了新的变化。工商行政管理部门由过去管理单一的小市场,转变为管理广义范围的多条流通渠道的大市场。这一变化了的工作任务要求工商行政管理部门要担负起对整个流通领域购销活动和经营活动的经济监督、搞好管活社会主义统一市场这样一个中心任务。《通知》还指出,抓好问题的关键是抓好领导班子。各级领导干部一是要开展批评与自我批评;二是要改进工作作风,全国工商行政管理机关各级局都要有一名领导同志分工负责本机关和系统的思想政治工作,要把思想政治工作同纪律监察工作同时担当起来;三是要建立切实可行的政治工作制度;四是各级领导班子要起模范带头作用。

实现领导班子新老交替。1978 年 9 月,国务院决定成立国家工商行政管理总局时,由魏今非任局长、党组书记。1981 年 8 月18 日,中央调中共湖北省委副书记任中林任工商行政管理总局局长、党组书记,魏今非改任顾问。

二、党的十二大至"十三大"召开前(1982. 9—1987. 9)

1982 年 9 月 1 日至 11 日,党的第十二次全国代表大会在北京召开,提出了党在新时期的总任务和总路线,第一次把经济建设、政治建设和思想文化建设三个方面同时并列为建设社会主义的目标。通过了新的《中国共产党章程》,为进一步整顿党的组织和转变党风,为把党建设成为领导社会主义现代化事业的坚强核心提供了有力的思想武器和指针;1983 年 10 月 11 日至 12 日,十二届二中全会作出了《中共中央关于整党的决定》;1985 年 9 月 18 日至 23 日,召开党的全国代表会议,强调加强党的作风建设。随后,党中央为党风的好转采取了一系列措施,党中央、中纪委发布了一系列重要规定;1986 年 9 月 28 日,十二届六中全会召开,通过了《中共中央关于社会主义精神文明建设指导方针的决议》。

在这个历史时期,根据 1982 年 8 月 23 日《关于批准国务院直属机构改革实施方案的决议》,中华人民共和国工商行政管理总局更名为中华人民共和国国家工商行政管理局。局党组带领局机关和系统的全体干部职工,认真贯彻党中央一系列重大决定,在机关党的建设方面取得了新的成果。

加强党的思想建设和组织建设。局党组认真贯彻党的十二大和历次重要会议精神,组织全体党员干部认真学习新《党章》,强调深刻理解把马克思主义的普遍真理同我国的具体实际相结合的重要论断,明确提出要加强机关党的建设,发扬党的优良传统,保持在思想上政治上的高度一致,全心全意为人民服务,坚持民主集中制等,进一步加强机关党的思想建设。按照新《党章》对党的组织制度等方面的要求,局党组加强了党组和局机关党的组织建设。1982 年 7 月 13 日,报送了《工商行政管理总局机构编制方案》(工商总字第 95 号),工商行政管理部门恢复建制以来第一次增设了机关党委,编制 6 人,负责机关党的工作和群众工作,设一名专职党委书记。机关党的建设得到进一步加强。1985 年 3 月 26 日,按照中央实现干部队伍革命化、年轻化、知识化、专业化的要求,局党组报送了《关于我局领导班子调整的报告》([1985]工商党字第 9 号),并获中央组织部批准(中组部组任字[1985]

6 号),任甘国屏为副局长、党组成员。免去李衍授的副局长、党组副书记职务,免去史敏的顾问职务。

认真进行整党。《中共中央关于整党的决定》下发以后,局党组及时发出通知,号召全体党员积极参加整党,正确运用批评和自我批评的锐利武器,执行党的纪律,揭露和解决党内存在的思想、作风和组织严重不纯的问题,实现党风的根本好转,努力把各级党组织建设成为领导工商行政管理事业健康发展的坚强核心。从 1983 年 11 月开始,局机关按照中央整党的统一安排,参加了第一期整党。全体党员严肃认真,积极投入,按照"统一思想、整顿作风、加强纪律、纯洁组织"的整党任务要求,经过动员学习阶段、对照检查阶段、深入整改阶段、组织处理和党员登记阶段几个环节,根据工商行政管理机关的实际情况,认真学习文件,进一步提高思想认识,开展批评和自我批评,分清是非、纠正错误,认真清查"三种人",纯洁组织,郑重地进行党员登记。1984 年初召开全国工商局长会时,局党组书记任中林在报告中特意说明,局机关已经开始整党,诚恳希望各地的同志提出批评、意见和建议,帮助局机关把整党搞好。

切实转变机关党的作风。全国党的代表会议召开以后,党中央为党风的好转采取了一系列措施。局党组认真学习贯彻"全国端正党风工作经验交流会"精神,特别强调抓好社会主义精神文明建设,端正党风。中央机关召开 8 000 人干部大会,要求中央党政机关的全体党员、干部在端正党风中做全国的表率,局党组及时在机关部署贯彻落实。之后,按照党中央、中纪委颁布的端正党风的一些重要规定,采取有力措施,进一步做好端正党风的工作,如按照中纪委向全国党政机关、企业事业单位各级领导干部的公开信,坚决制止建房分房中的不正之风;认真落实党中央、国务院《关于党政机关在职干部不要与群众合办企业的通知》、《关于严禁党政机关和党政干部经商、办企业的决定》、《关于禁止领导干部的子女、配偶经商的决定》、《关于坚决查处共产党员索贿问题的决定》、《关于严格控制党政机关干部出国问题的若干规定》等重要文件精神,在清理机关干部及其配偶、子女经商问题,严肃查处经济交往中的受贿行为,打击干部出国问题上的不正之风等方面开展端正党风的工作,取得了较好的成效。

开展清理整顿公司工作。根据工商行政管理局的职能,党中央、国务院要求工商行政管理部门在抓好对党政机关和党政领导干部经商办企业的清理整顿工作的同时,开展对各类公司的清理整顿。1985 年 2 月,召开了全国工商行政管理局长会,对该项工作进行了部署,部署北京市工商局负责起草了《关于公司企业登记管理暂行规定》,4 月,由北京市政府颁布施行;6 月,中共中央办公厅转发了北京市的相关规定;之后由国家工商行政管理局起草了《公司登记管理暂行规定》,8 月 25 日国务院批准公布施行。1985 年下半年,中共中央进一步提出,要把清理整顿公司工作同整党、纪检工作结合起来,通过清理整顿公司进一步端正党风,保证经济体制改革顺利进行。时任国务院总理赵紫阳委托薄一波主持清理整顿公司工作,薄一波要求国家工商行政管理局起草清理整顿公司的初步方案。1985 年 11 月 2 日,国家工商行政管理局给中央整党工作指导委员会办公室报送了《关于成立清理整顿公司工作领导小组开展工作的方案》(工商 224 号)。强调重点做好四项工作:一是党政机关和党政干部利用公司以权谋私,特别是领导干部利用职权在公司中谋取私利的问题。二是干部子女在经商中严重违法乱纪的问题。三是一些单位钻对外开放的空子,慷国家之慨,内外勾结,中饱私囊的问题。四是领导干部利用职权,干扰行政执法和行政管理部门独立行使职权的问题。按照这个方案的安排,工商行政管理部门有效地开展了对各类公司的清理整顿工作,成效很大。

三、党的“十三大”至十三届四中全会召开前(1987. 10—1989. 6)

1987 年 10 月 25 日,党的“十三大”在北京举行,大会系统地阐明了社会主义初级阶段的理论,提出了党在这个阶段的基本路线。明确提出了包括“党政分开”、加强党内民主制度建设等重要内容的政治体制改革的措施,强调了党必须经得起执政和改革开放两个考验,进一步转变不适应新形势需要的观念和做法,切实加强党的建设,党的自身建设也必须进行改革的新要求。“十三大”之后,深化改革,扩大开放取得了不少新成果,但体制改革也出现了新旧体制交替中的不少难题。由于国际大气候和国内小气候的共同作用,1989 年春夏之交发生了政治风波。

在这个历史时期,国家工商行政管理局党组和各级党组织坚决贯彻执行党中央、国务院的各项方针政策,带领全体党员自觉地同党中央在思想上政治上保持一致。认真学习关于社会主义初级阶段的理论,加强党内民主制度建设,坚持从严治党,机关党的建设得到进一步加强。

分清党政职责。按照中央〔1988〕3 号文件精神,国家工商行政管理局进一步分清党政职责,理顺党政关系。本着精干、高效的原则,局直属机关党委完成了定职责、定机构、定编制的“三定”任务,合理设置党群机构,机关党委原来承担的一些行政工作,移交到了有关行政部门。同时,联系本部门实际,认真研究和探讨在实行行政首长负责制的情况下,如何做好机关党的工作问题。在当时要撤销各部委党组的形势下,机关党委适应中央国家机关工委新的领导体制和方式,为党组撤销后独立负责地做好党的工作积累经验。

加强组织建设。进一步健全和完善党委工作制度,使机关党的工作制度化、规范化。1988 年 10 月 15 日,国家工商行政管理局机关党委第 10 次全委会通过了《国家工商局直属机关党委工作规则》,对机关党委的职责、会议制度、文件审批制度、坚持民主集中制等问题作出了具体规定。同时,加强党的基层组织建设。1988 年召开了机关党的基层组织建设座谈会,总结推广先进经验,形成《加强机关党的基层组织建设座谈会纪要》。在基层组织中开展“创先争优”活动,进一步增强了基层党组织的活力,1989年6月对"创先争优"活动进行了总结评比。

严格对党员的教育管理。局党组和各级党组织坚决贯彻执行党中央、国务院的各项方针政策,带领全体党员自觉地同党中央在思想上政治上保持一致。1988年开展了以党在社会主义初级阶段的基本路线为核心的党员教育,使广大党员干部进一步深化了对社会主义初级阶段理论的认识,提高了坚持党的基本路线的自觉性。开展了加强党的纪律维护改革大局的教育,广大党员干部进一步端正了对价格、工资改革的认识。1988年初成立了中央党校进修班,对处以上干部进行轮训,加强马克思主义基本理论教育,加强党性修养,提高干部政策理论水平。1989年开展了做新时期合格党员教育,进一步提高党员的政治素质。强调严格组织生活,认真坚持党的生活制度。

开展民主评议党员。1989年元旦前后,国家工商行政管理局党组和直属机关党委根据《中共中央批转中央组织部〈关于建立民主评议党员制度的意见〉的通知》(中发[1988]13号)和中央国家机关党的工作会议精神,结合年终"创先争优"检查,开展了民主评议党员活动。评议活动采取党员教育与党员管理、监督相结合,民主评议与组织考察相结合,自我评价与群众评议相结合,党内评议与党外评议相结合的方法进行。学习党章,重温党员标准,对照党员标准对个人的思想、工作、学习,特别是坚持改革、遵纪守法、清正廉洁等方面进行回顾、检查,最后由支委会对党内外评议意见进行汇总、分析,形成组织考察的意见。通过评议,广大党员重温了党对党员的要求,进一步增强了党的观念,受到了一次党性锻炼;推动了党内批评与自我批评的开展,增强了民主空气,活跃了党的组织生活;检验了党员队伍,考察了党员素质,考核了基层支部的凝聚力和战斗力。

加强廉政建设。局党组和机关党委把保持党和国家机关的廉洁,反对腐败作为新形势下机关党的建设的重要问题,把廉政建设作为一项重要任务摆上议事日程。组织

全体党员学习中共中央《关于党和国家机关必须保持廉洁的通知》,引导党员从党和政府的性质、地位,从当前党政机关出现的腐败现象,从工商行政管理机关担负经济监督、行政执法的职能作用等方面看保持廉洁、反对腐败的必要性。向全国工商系统发出了《关于工商行政管理机关保持廉洁的通知》,制定了《国家工商行政管理局机关关于保持廉洁的规定》。对机关党员干部中发生的违纪问题进行了认真的调查核实和处理。

进一步密切党群关系。国家工商行政管理局党组和机关党委积极支持和推动机关青年组织和群众组织按照各自特点开展工作。1988年9月,局机关工会正式成立。进一步加强和改善对共青团组织的领导,1988年初召开了青年座谈会,机关青年代表同局领导和有关行政部门领导进行了对话。

第三节　十三届四中全会至"十六大"前的工商行政管理机关党的建设(1989.6—2002.10)

一、经济体制改革全面展开时期机关党的建设(1989—1991)

党的"十三大"以来,全国人民在党的领导下深化改革,扩大开放,取得了不少新的成果。然而,体制改革也出现了新旧体制交替中的不少难题,由于忽视党的自身建设和社会主义精神文明建设,思想政治工作受到削弱,少数干部中滋生了相当严重的腐败现象,损害了党在群众中的威信和社会主义在人们心目中的形象,致使一度收敛的资产阶级自由化思潮再度泛滥。

1989年春夏之交的政治风波中,在国家工商行政管理局党组的坚强领导下,机关各级党组织和广大干部与党中央保持一致,立场坚定,旗帜鲜明地反对动乱、暴乱,顶住了谣言的冲击,团结一致,排除干扰,坚定不移地开展工作,经受了考验和锻炼。全系统安定团结,致力于工商行政管理事业,满腔热忱地开展工作,表现了高度的政治觉悟和强烈的事业心。机关党组织不断坚持政治学

习制度,加强思想政治工作,开展社会主义教育,不断提高政治觉悟,牢记全心全意为人民服务的宗旨,树立顽强拼搏、乐于奉献的精神。转变作风,深入基层,勤政廉政,真心实意、扎扎实实为经营户和消费者做好事、办实事。

"八九"政治风波以后,国家工商行政管理局党组和机关各级党组织进一步加强了思想政治教育和党建工作,出现一派喜人的新气象:一是健康正确的政治观念普遍为广大干部职工所接受,积极上进,要求入党的人数逐年增多。二是读马列著作和学习党章的热情较高,利用课余时间学习马列主义和党章,丰富自己的马列主义理论素养、了解党的性质和基本知识,关心党的事业和党的前途命运。三是进行了干部考察、党员重新登记、党员评议,坚持正常的民主生活会制度,党员的先锋模范作用和党组织的战斗堡垒作用得到进一步加强。同时,按照中央要求,明确了机关党组织的主要职责是:抓好党的思想建设和组织建设,加强对党员的教育监督,发挥党支部的战斗堡垒作用和党员的先锋模范作用;组织干部、职工学习党的路线、方针、政策和理论,保证党的路线、方针、政策和国家的法律政令的贯彻执行;参与干部考察工作,并提出使用建议;密切联系群众,经常了解、掌握职工的意愿、要求和思想情况,主动做好群众工作。在局党组的领导和带领下,全局干部职工思想稳定,政治坚定,方向明确,机关党建呈现出蓬勃向上的新气象。

1991年,机关各级党组织认真贯彻党的十三届七中全会精神,以加强机关党组织建设,保持干部职工队伍思想稳定为重点,紧紧围绕工商行政管理的各项任务来进行,取得了比较明显的成绩。

开展社会主义思想教育,坚定社会主义信念。机关党组织和各级行政领导,坚持不懈地抓党员和干部职工队伍的思想教育,用党的路线、方针、政策统一思想,提高认识。这些教育以坚持党的领导,坚定社会主义信念为核心,主要内容有:继续组织党员和干部职工认真学习《关于社会主义若干问题学习纲要》,在普遍轮训的基础上,进行了学习《纲要》论文评选和考试;结合纪念中国共产党成立七十周年,大力宣传党的光辉历史和丰功伟绩,开展了多种形式的纪念活动;认真组织学习江泽民同志在庆祝中国共产党成立七十周年大会上的重要讲话,联系苏联"8·19"事件后的剧变,突出进行了反对"和平演变"的教育。此外,还及时组织学习贯彻了党的十三届七中全会、八中全会、七届全国人大四次会议和中央工作会议精神。广大党员、干部和职工坚持理论联系实际,紧紧围绕增强党性,坚定理想和信念等问题,认真开展学习和讨论,着重解决深层次的思想问题,对加强机关党员、干部、职工队伍的思想建设产生了积极影响。1991年,国际风云急剧变幻,苏联演变和解体,世界社会主义事业遇到严重挫折。在这种情况下,机关各级党组织显示了较强的凝聚力,思想政治工作发挥了重要作用。广大党员、干部和职工进一步坚定理想和信念,经受考验,在以江泽民同志为核心的党中央领导下,坚持四项基本原则,坚持改革开放,对建设有中国特色的社会主义信心更足,决心更大。

加强机关党组织建设,提高党组织的战斗力。1991年,机关各级党组织集中主要精力,开展了对党支部和党员队伍状况的调查摸底工作,基本摸清所属29个党支部和党员队伍的状况。加强党支部领导班子建设,培训党支部书记、副书记和支部委员112名,通过换届改选、充实调整,基层党组织的领导班子进一步健全和加强,党支部的战斗力有所提高,多数党支部的工作有了新气象。集中精力狠抓党支部整改,通过召开党内民主生活会,特别是通过年终民主评议党员,开展批评与自我批评,党员队伍素质有了提高。1991年,全局发展党员11名,预备党员转正1名。

动员和组织干部职工立足本职建功立业,保证工商行政管理任务完成。1991年,机关党组织和各级行政领导,紧紧围绕工商行政管理工作的中心任务,动员和组织全体党员,带领干部职工,积极投身于实现第二步战略目标的实践中去。为贯彻中央关于坚持

"两手抓"的方针,局党组召开了局直属机关第二次思想政治工作会议。会议坚持和强调,越是改革开放越要加强思想政治工作,机关思想政治工作要紧紧围绕实现发展社会生产力这个根本任务来进行。会议表彰了 5 个思想政治工作先进单位和 18 名先进思想政治工作者。在完成各项工作任务中,机关党组织的凝聚力、战斗力和共产党员的先锋模范作用得到了进一步加强和发挥。广大党员、干部和职工立足本职,勤奋工作,为进一步深化改革,扩大开放,巩固和发展治理整顿的成果,特别是十三届八中全会以后,广大党员和干部职工在局党组的领导下,认真贯彻会议精神,为支持搞好国营大中型企业,支持农村经济发展,做出了积极的努力。

做好机关统战和群众工作,密切了党同群众的关系。机关党组织加强对党的统战方针政策的宣传教育,重点做好民主党派成员的工作,认真听取他们的意见和建议,注意发挥民主党派成员的监督作用。工会组织充分发挥联系群众的纽带和桥梁作用,紧紧围绕和配合党的中心任务,协助党组织和行政领导开展思想政治工作。根据机关特点,经常组织文化体育活动,丰富了机关职工的文化生活。机关党组织进一步加强对共青团工作的领导,把培养接班人,做好机关青年工作列入了重要议事日程,机关团组织把加强对青年的政治思想教育摆在首位,正确引导和帮助青年树立正确的人生观。下半年,开展了"建设合格团委、合格团支部"活动,团组织的自身建设得到了进一步加强。

1991 年夏季,我国安徽、江苏等地遭受了历史上罕见的严重洪涝灾害,机关党组织积极开展向灾区捐赠活动。据统计,全局共向灾区捐赠人民币 263 168 元,捐赠衣被 7 876 件,为支援灾区人民战胜灾害,恢复生产,重建家园,作出了贡献。在这次捐赠活动中,广大干部职工表现出高度的社会主义思想觉悟,"一方有难,八方支援"的精神风貌得到了充分展现。

二、建立社会主义市场经济体制时期机关党的建设(1992—1994)

1992 年,是我党历史上非常重要的一年,在国家工商行政管理局党组领导下,各级党组织和局机关广大干部认真学习和贯彻邓小平同志视察南方重要谈话和党的"十四大"精神,围绕建立社会主义市场经济体制,进一步解放思想,更新观念,促进工商行政管理事业各项工作顺利开展。

学习贯彻邓小平同志南方重要谈话和党的"十四大"精神。机关各级党组织和行政领导,把学习贯彻邓小平同志南方重要谈话和党的"十四大"精神,作为机关思想政治工作的中心任务,坚持用邓小平建设有中国特色社会主义理论武装全体党员和干部的思想。年初,中共中央《关于传达学习邓小平同志重要谈话的通知》下发后,局党组首先在司局级干部中进行了传达。从 3 月初开始,又组织全体党员干部进行传达学习和贯彻。党的"十四大"召开后,机关各级党组织和行政领导,认真组织党员和干部职工,原原本本学习了"十四大"文件。机关党组织多次组织汇报会,交流学习情况和经验,指导各司(局)室、事业单位搞好学习。机关各级党组织和行政领导在学习贯彻邓小平同志重要谈话和党的"十四大"精神中,十分注意联系实际,解放思想,转变观念,促进工商行政管理事业的改革和发展。7 月 31 日,党组书记、局长刘敏学在机关处以上干部会议上提出,工商行政管理工作在指导思想上要实现四个转变,即,从主要服务于计划经济转到服务于社会主义市场经济;从侧重于监督管理集贸市场转到监督管理社会主义统一大市场;从局限于国内传统的监督管理方式转到更多地借鉴国际通用的管理方式;从侧重于具体业务管理转到运用法律的和行政的手段进行宏观监督管理。这"四个转变"完全符合工商行政管理部门的实际,对今后一个时期的工商行政管理工作有着重要的指导作用。年底召开的全国工商行政管理工作会议,明确了工商行政管理改革的总体思路和目标,提出了各项业务工作的改革目标和任务,充分体现了全局干部职工深入学习贯彻邓小平同志重要谈话和党的"十四大"精神,进一步解放思想、转变观念取得的积极成果。

党的十四届四中全会召开后，机关党组织迅速向全体党员传达了会议精神，认真组织党员学习了《中共中央关于加强党的建设的几个重大问题的决定》和全会公报，领会精神实质，制定并印发了《国家工商局直属机关党委关于认真贯彻落实十四届四中全会决定精神，努力加强机关党的建设的措施》，并举办了四期司局级领导干部读书班和四期处级干部培训班，收到了较好效果。认真贯彻党的十四届三中全会、四中全会精神，坚持"两手抓、两手都要硬"的方针，根据部署，结合工商行政管理工作在建立社会主义市场经济体制中遇到的新问题，扎扎实实地学习了三中全会、四中全会《决定》和以《邓小平文选》（第三卷）为基本内容的建设有中国特色社会主义的理论。通过学习，广大党员提高了认识，统一了思想，更加明确了建设有中国特色社会主义理论的指导地位，广大党员的思想政治素质有了明显提高，在各项工作中发挥了积极作用。

深入开展思想政治工作，协助行政领导完成工作任务。机关各级党组织和行政领导，积极开展思想政治工作，经常了解、掌握和分析党员、干部和职工的思想情况。从机关实际出发，重点做好化解矛盾，理顺情绪，增强团结的工作，保持和促进了机关的稳定，调动了党员、干部和职工的工作积极性。工会组织紧紧围绕党的中心任务，努力做好职工的思想政治工作。大力开展适合机关特点的文体活动，协助行政领导关心和改善职工的物质文化生活，密切了党同群众的联系。团组织开展"双合格"建设，加强青年工作，广大党员立足本职、建功立业，充分发挥了先锋模范作用，"七一"前夕，机关党组织表彰了3个先进基层党组织，39名优秀共产党员和18名优秀党务工作者。广大干部职工团结协作，积极开拓，无论在培育、发展市场体系方面，还是在促进企业转换经营机制方面；无论在发展公有制经济方面，还是在发展个体、私营经济，外资企业方面；无论是在促进经济发展方面，还是在维护市场经济秩序方面，都做了大量工作，取得了显著成绩。

机关党风和廉政建设取得了新成绩。加快改革开放和经济建设步伐，给党风廉政建设提出了更新更高的要求。局机关党组织年初就作出了加强党内监督工作的安排。认真贯彻落实中办发〔1991〕17号、中办发〔1992〕5号、中纪发〔1992〕3号文件精神，继续组织学习中纪委颁发的九个条规，进行党风党纪教育，增强党内监督意识。按中央文件的要求，协同行政监察部门开展了党风和廉政建设情况调查，各单位就机关是否存在从事经商和以权谋私等问题进行了自查。通过这次调查，不仅明确了存在的薄弱环节和问题，而且使广大党员明确了有关政策界限。认真开展了加强党内监督研讨活动。各单位党组织认真总结了机关党内监督的经验，结合本单位的实际，检查在党风和廉政建设上存在的薄弱环节和问题，许多单位撰写了论文。8月，召开了加强党内监督研讨会，局领导出席会议并讲话，6个党支部作了发言。通过研讨，进一步明确了加强机关党内监督的重点、对象、内容、方法、措施和各级党组织、行政领导的职责，党员、干部增强了党内监督意识，加强了党内监督。

整顿机关作风、纪律，工作效率有了提高。从5月初开始，机关党组织用半年时间，协助行政领导，以提高工作效率、转变工作作风、为基层服务为重点，进行机关作风、纪律整顿。各单位主要行政领导，结合本单位的实际亲自抓作风、纪律整顿，管好自己的人、办好自己的事，一级抓一级，层层负责。重点抓好副处以上干部，注意发挥领导干部的模范作用。通过整顿和教育，全体干部职工进一步增强了组织纪律观念，批评和纠正了一些不良风气和问题，对个别违犯党纪政纪的人和事进了查处，维护了纪律的严肃性。

1993年，在国家工商行政管理局党组领导下，各级党组织和局机关广大干部把深入贯彻党的"十四大"精神，用邓小平同志建设有中国特色社会主义理论武装全体干部、职工作为机关思想建设的首要任务来抓，机关党的建设再上新水平。

学习邓小平同志建设有中国特色社会

主义理论,重点抓好处以上领导干部,继续组织广大干部、职工深入学习了"十四大"报告精神、八届全国人大一次会议和全国政协八届一次会议精神,组织处以上党员、干部学习《邓小平同志关于建设有中国特色社会主义的论述专题摘编》,一般干部学习《建设有中国特色社会主义的学习资料选编》,全体干部、职工通读了《邓小平文选》第三卷。采取专题讲座形式,邀请有关专家、学者给处以上干部讲课,组织收听收看有关各个专题的录音、录像报告;加强对学习的督促检查,组织处以上干部撰写论文,进行论文评选,深入进行理论研讨;继续办好中央党校中央国家机关分校工商局班,共办两期,12名司、处级干部参加了党校学习。局党组还采取中心组学习方式,抓好机关及直属事业单位司(局)级以上干部的学习。同时,根据形势和任务的要求,局机关党员、干部重点学习了社会主义市场经济理论;另外,还学习了股票、期货等市场经济常识。

加强廉政教育。开展反腐败斗争。国家工商行政管理局各级党组织和行政领导,围绕加强机关党风建设,继续组织党员、干部,深入学习贯彻中纪委颁发的9个党纪条规,落实《关于加强党内监督的规定》,利用典型案例和录像资料进行教育,开展了机关党风党纪情况调查,还根据新形势下党风党纪方面出现的新情况,制定了"十不准"规定,并认真查处了机关工作人员中出现的违法违纪问题。中纪委第二次全体会议后,局领导和机关党组织,迅速向广大党员、干部传达会议精神,认真部署开展反腐败斗争工作,成立了以党组书记、局长刘敏学为组长,党组副书记、副局长杨培青为副组长的反腐败斗争领导小组,统一领导局机关和指导全国工商系统的反腐败斗争。机关各单位成立了反腐败斗争三人清理小组,负责本单位的反腐败斗争日常工作。各级党组织和行政领导,反复组织党员、干部,认真学习了中纪委第二次全体会议精神和江泽民同志在中纪委第二次全体会议上的重要讲话,明确了开展反腐败斗争的重要意义。机关党组织多次召开党支部书记会议、处以上干部会议和党支部大会,进行思想动员,在各单位动员教育的基础上,局机关召开全体党员、副处以上干部和机关团委委员、团支部委员大会,刘敏学亲自进行了动员部署。反腐败斗争中,重点抓了处以上领导干部的自查自纠。处以上干部采取专题民主生活会形式,以党中央对县(处)以上领导干部在党风和廉政方面提出的5条规定为主要内容,普遍进行了对照检查。这次反腐败斗争促进了机关党风和廉政建设。各单位针对自查自纠中检查出的问题,进一步修订或重新制定了有关规章制度。中央调查组对国家工商行政管理局的反腐败斗争工作进行了检查,肯定了局机关开展反腐败斗争的成绩。

1994年,局党组认真贯彻中纪委第三次全体会议精神和国务院反腐败工作会议精神,坚持"标本兼治,综合治理"的方针,认真抓好"预防教育"和"严肃执纪"。组织学习了《中共中央关于党和国家机关必须保持廉洁的通知》和中纪委颁发的有关党纪条规,观看了党风党纪教育录像片,对社会上和机关内部发生的一些典型案例进行剖析,通报表彰了机关党员中秉公办事、模范执纪的好人好事。成立了反腐败斗争调研协调小组,各单位成立了反腐败斗争三人领导小组,明确了责任,加强领导。召开处以上干部专题民主生活会,按照中央"两个五条"规定,进行对照检查,自查自纠。根据上级要求,检查了局领导的"车子、票子、房子"问题。加强了廉政制度建设,健全了五个方面的制度,即领导班子思想作风建设措施、机关工作人员廉洁自律的有关规定、工作人员工作程序规范、接待外来办事人员的有关规定、新闻工作者职业道德规定,加强了群众来信来访的接待处理工作。

探索加强机关党的工作的新路子。党的"十四大"修改的党章赋予机关党组织协助行政领导完成工作任务的重要职能。局机关各级党组织,把探索新时期如何协助行政领导完成各项工作任务,作为机关党的建设的一项重要任务来抓,并在参与、协助、宣传和配合方面进行了一些尝试,采取多种形式积极参与业务活动,了解和掌握业务活动基本情况。坚持了机关党委主要负责同志列席局党组会议和行政重要会议制度。局内重要业务活动，一般机关党委派人参加，并安排机关党委的同志参加业务部门召开的专业会议和工作检查。机关各级党组织紧紧围绕机关业务中心工作，通过采取各支部自查，机关党委重点查的方法对各支部领导班子情况、组织建设情况和党员队伍思想进行了全面调查，摸清了党支部建设的底数。这些工作和活动，有力地加强了党组织同行政业务部门的联系，促进了机关党的工作与行政业务工作的结合。针对党支部建设中存在的内在动力和自身活力不够的问题，机关党组织组织了"新时期共产党员形象"的讨论和试行党支部建设目标管理。这次讨论，经过动员学习、对照检查、民主评议、总结提高四个阶段，把对党员的教育、管理和监督融为一体，把赞扬身边的共产党员同批评纠正党内存在的各种不良倾向，开展讨论同搞好本单位的改革、完成各项工作任务结合起来。把试行党支部建设目标管理，作为基层党支部建设的一个重要课题，深入进行了研究，制定下发了《党支部建设目标管理规定》和《党支部建设目标管理考评细则》，提出了党支部建设的具体目标和开展达标活动的具体要求，将党支部建设纳入了规范化、经常化和科学化管理轨道。

加强组织建设。1994年，机关各级党组织从巩固党的执政地位的高度，充分认识加强基层党组织建设的重要意义，认真抓出成效。修订了《机关党的组织生活制度》，督促各支部严格党的组织生活制度，定期召开党内民主生活会，开展批评与自我批评。坚持民主评议党员制度，定期分析党员队伍状况，有针对性地做好工作。督促到届党总支、支部按时改选。根据上级有关规定，在设立党委、总支的单位，配备了专职或兼职党务干部，协助行政领导做好思想政治工作。对基层党组织建设实行了分类指导，要求机关职能司（局）的党组织，充分发挥保障、监督和协调、服务作用，直属事业单位的党组织，充分发挥政治核心作用，切实履行自己的职责。针对基层支部工作面临的新

情况、新问题，采取了以会代训、办培训班、举办专题讲座、听辅导报告、外出参观学习等多种方法，帮助支部班子成员提高思想理论水平和工作能力。结合机构改革、落实"三定"方案、干部交流和支部改选，积极配合人事部门考核干部，对培养、选拔、使用干部提出意见和建议，按照"坚持标准，保证质量，改善结构，慎重发展"的方针，认真做好党员发展工作。

结合中心任务开展机关党的工作，机关各级党组织紧密结合实际，采取多种形式，积极参与改革和业务活动。针对机关实行"三定"方案出现的思想波动，组织人员深入基层，调查研究，向党组、局领导反映党员、群众的思想动态和愿望、要求，提出解决问题的意见、建议。6月下旬，协助党组召开了局直属机关第三次思想政治工作会议，表彰了4个先进基层党组织、41名优秀党员和17名优秀党务工作者。为不断改进机关作风，提高工作质量，机关党委按照局党组的要求，牵头组织有关业务司局的同志到江苏等地，学习了基层工商所加强规范化管理的经验，并向局党组、局领导提出了加强局机关规范化管理、促进机关建设的意见和建议。针对不同时期党员、干部的思想实际，进行了形势政策、职业道德、行为规范和"二五"普法教育。

发挥群众组织作用，加强党的凝聚力。各级党组织和行政领导，重视加强对机关工会、共青团和妇女工作的领导，指导机关工、青、妇群众组织围绕党的中心工作和机关中心任务，独立自主地开展各项活动，发挥了党联系群众的桥梁和纽带作用。1994年，机关工会、团委、妇工委先后举办了学习《邓小平文选》（第三卷）和《反不正当竞争法》、《消费者权益保护法》知识竞赛；读《宋庆龄传》、《邓颖超传》演讲比赛；职工书画展和摄影展；局机关第二届职工运动会；在中央人民广播电台、中国青年报进行工商行政管理法规宣传咨询系列报道活动；开展为贫困地区失学儿童自愿捐献书籍文具、衣物以及向安徽、江苏、广西等洪涝灾区，老、少、边、山、穷等贫困地区和"希望工程"捐钱捐物等活

动,进行多种形式的爱国主义、社会主义、集体主义教育;从重视、关心、改善群众的物质文化生活入手,积极配合、支持行政后勤部门,搞好生活服务,办好职工福利,活跃了机关的文化生活。

三、建立社会主义市场经济体制时期机关党的建设(1995—2002)

1995年,在国家工商行政管理局党组的领导下,机关各级党组织继续做好机关党的建设工作,在思想政治建设、组织建设、作风建设和反腐倡廉建设方面,取得了新的成绩。

加强政治理论学习,为局中心任务和业务工作提供有力的思想政治保障。局直属机关党委进行了换届改选工作。在中央国家机关工委的领导和局党组的指导下,机关党组织组织全体党员干部,认真学习《建设有中国特色社会主义理论学习纲要》、《党章》、《党的十四届四中全会决定》和五中全会《关于"九五"计划和2010年远景目标规划的建议》及江泽民同志的重要讲话,在贯彻执行党的十四届四中、五中全会精神中,采取统一内容、统一要求、统一检查、分层负责的方法,从"三深入、两结合"入手,即从掌握邓小平同志建设有中国特色社会主义理论的科学体系和精神实质上深入;从突出重点,搞好专题学习上深入;从正确认识改革开放以来的大好形势,切实解决工商行政管理改革与发展中遇到的新情况、新问题上深入。把学习理论、统一思想、提高认识与学习宣传工商行政管理改革和发展思路结合起来,与学习宣传英雄模范人物和先进典型事迹结合起来,发挥各级党组织的积极性和主动性,利用多种渠道,采取多种形式,广泛进行学习宣传和教育。通过举办知识竞赛;开办理论学习园地;组织党员、干部参观"纪念世界反法西斯战争、中国抗日战争胜利50周年"展览,请老八路讲革命史,开展爱国主义和革命光荣传统教育;对"二五"普法期间,学习、宣传、普及法律知识的情况进行总结,评选先进;开展向领导干部的楷模孔繁森同志学习和向工商系统经济执法卫士范宗平同志学习等活动,增强了宣传教育的针对性和时效性,推动政治理论学习不断深入。在抓好面上普遍学习的同时,重点抓了处级以上党员领导干部的培训,举办处级以上干部脱产轮训班6期,120人参加;办党校班两期,培训司局级干部3名,处级干部12名。局直属机关党校班被中央党校国家机关分校评为三里河先进片区,为局中心任务和业务工作提供了有力的政治思想保证。

紧紧围绕局中心任务和业务工作开展机关党的工作。1995年初,机关党组织明确提出了紧密围绕局中心任务和业务工作开展机关党的工作的基本思路,转变观念,拓宽思路,改变就党建抓党建,就党务工作论党务工作的习惯,把党务工作转到全面围绕局中心工作规划党务工作,落实工商行政管理改革与发展的任务方面上来,为中心任务的顺利完成提供组织保证和服务,以完成业务工作的实际效果检验党组织工作的成效,思想政治工作的活力和效力得到增强;选好结合点,思想政治工作的结合点和着力点放在了局党组和各级行政领导最关心、最操心,如转变工作作风、提高办事效率和工作水平,加强机关规范化建设等问题上,积极提建议,搞设想,努力多做一些工作。抓党员教育,着力抓好基层党组织教育党员、监督党员,党员模范作用的发挥,推动机关规范化建设;增强参与意识,主动搞好服务。对于局里重要的业务工作、重大改革举措,机关党组织注意从自身职责出发,主动向中心任务靠拢,积极开展思想政治工作,如1995年国家工商局提出了工商行政管理部门与所办市场脱钩的重大改革任务,机关党组织马上做出反应,及时组织党员干部认真学习李鹏总理、李岚清副总理关于工商行政管理机关与所办市场尽快脱钩的重要指示和讲话,认真贯彻全国工商局长会有关办管脱钩工作的精神,通过各种渠道,主动收集各方面信息,为局领导决策提供参考。利用宣传栏加强对"办管脱钩"工作意义的宣传,参加局"办管脱钩"工作组的工作,使机关党的工作跳出单纯党务工作的小圈子,融进局机关整体工作的大范围,为局中心任务和业务工作提供了良好的服务。

加强基层党组织建设。按照《党的十四届四中全会决定》关于下工夫把党的基层组织建设好的要求,重点抓了以下工作:健全完善党的组织,为党的组织吸收新鲜血液,在局机关落实新的"三定"方案,对机构、人员进行调整后,按照有关规定,及时进行党委换届和新建单位基层党支部的建立、单位到届党组织的改选、委员缺额单位的委员补选工作,为了充实加强支部力量,增强行政与党务工作的融合度,对新建或换届的支部,都要求单位的主要行政负责同志进入党支部,从而使基层党组织工作得到加强。按照"积极、慎重、稳妥"的方针,认真做好党员发展工作,为党的组织不断充实新鲜血液。在党员发展工作中,坚持从严治党、从严要求的指导思想,严格审批手续,严格按程序办事,提高了发展质量,全年发展新党员8名,预备党员转正16名,局机关党员总数达到670名,占干部、职工总数的63.5%;重视廉政建设,继续认真开展反腐败斗争,加强党内监督,严格党内民主生活制度,先后安排了两次党内民主生活会。利用局内外正反两个方面的典型,教育党员干部廉洁自律,多次组织广大党员认真学习中央关于加强廉政建设的有关规定和局廉政规定。用王宝森案件、陈希同问题和局机关四名干部因受贿而被追究刑事责任并被开除党籍的事例对党员进行反腐倡廉教育,使广大党员认清反腐败斗争的迫切性和加强自身世界观改造的重要性,不断增强拒腐、防腐能力;坚持"党要管党,从严治党"的方针,重视党员的党性教育。针对有的新党员对党的知识学习掌握得不够和党性观念淡薄的问题,在"七一"前后对43名新党员进行了重温党章和入党誓词教育,通过组织参观展览、召开座谈会,举办党旗下宣誓等活动,使党员的党性观念有所增强。加强了统战工作。认真贯彻中央统战工作会议精神,对做好新时期统战工作,给予了高度重视,与民主党派人士开展了联谊、谈心交友、召开茶话会等活动,听取他们对机关党组织工作的意见和对局工作的建议,使他们感受到共产党的组织对他们的重视,体会到共产党与民主党派肝胆相照的政治关系。

发挥工、青、妇群众组织的作用,机关群众工作迈上一个新台阶。机关党组织把指导好群众组织开展别具特色的工作,作为党的工作的重要组成部分,从组织建设到活动的设计都给予大力支持和帮助。机关工会按照工会章程和《工会法》,在认真履行参与、维护、监督、教育的职能,团结教育职工、维护职工切身利益、活跃机关文体生活方面发挥了积极的作用。全年组织各类文体活动15次,计5 000余人次参加,想方设法办好职工福利,帮助职工解除后顾之忧。1995年10月,局直属机关工会顺利完成了换届改选工作。1995年5月,局直属机关团委进行了换届改选工作,从加强组织建设入手,健全团的组织,对团干部进行了集中培训,召开机关团员青年表彰大会,表彰奖励了13名青年活动积极分子和2名先进个人,使基层团组织作用得到了较好发挥;与此同时,注重结合团员、青年特点,扎扎实实开展丰富多彩的文化娱乐活动;开展"学雷锋,树新风"活动,组织团员、青年开展工商行政管理业务咨询活动,受到了大家的欢迎;妇女组织充分发挥女职工在各项工作中的"半边天"作用,鼓励广大女同志发扬"自尊、自强、自信"的精神,维护她们的合法权益,得到广大妇女的大力支持与合作。通过工、青、妇开展生动活泼的活动,丰富了职工精神文明生活,使大家在愉悦身心中陶冶了情操,对机关团结向上的良好风气的形成,起到了积极推动作用。

1996年,机关党组织在中央国家机关工委的指导和局党组的领导下,紧紧围绕推进市场办管脱钩,开展"公平交易执法"年和"工商形象建设"年活动,从党的工作职责出发,加强思想政治工作。以加强党员领导干部的思想政治建设和基层党的组织建设、提高干部素质为重点,注重用"四有精神"(全心全意为人民服务的精神、忘我工作的精神、开拓创新的精神、团结协作的精神)团结教育党员,通过各级党组织的积极工作和共同努力,使党组织的战斗堡垒作用和党员的先锋模范作用得到较好发挥,保证了党的路线、方针、政策的贯彻,促进了各项业务工作任务的完成。

重视理论学习,加强宣传教育,党员队伍的思想政治素质有所提高。加强了政治理论学习,重视用正确的理论武装人。认真组织广大党员、干部学习贯彻党的十四届五中、六中全会精神,中纪委六次全会和八届人大四次会议精神,结合国家近期和中长期国民经济和社会发展规划,深入进行了党的基本理论、基本路线、基本方针教育。结合实际,学习了邓小平同志关于加强精神文明建设的理论,充分认识到工商行政管理工作在社会主义现代化建设和精神文明建设中的地位、作用、职责。加强了处以上党员领导干部政治立场、政治素质、政治纪律的教育。各级党组织认真组织处以上党员领导干部学习了江泽民同志关于"三讲"(讲学习、讲政治、讲正气)的有关文章和讲话精神,学习江泽民同志"七一"重要讲话,认真贯彻局党组关于《努力建设高素质的工商行政管理干部队伍》的通知精神,将处以上党员领导干部"三讲"情况纳入党员领导干部民主生活会的重要内容;继续通过党校班,有计划地组织 24 位处以上党员干部,分两期进行脱产理论学习、培训各基层党组织,自觉把讲政治的要求贯彻到本职岗位中去,结合工商行政管理工作实际,配合单位主要行政领导,在打私、扫黄、打非、清理不良政治倾向和不良文化影响,严把市场准入关,切实履行市场监管和公平公正执法的职责,维护正常的市场秩序等方面,充分发挥了党组织的战斗堡垒作用和广大党员特别是党员领导干部的先锋模范作用。紧紧围绕局中心工作搞好宣传工作,努力营造有利于局中心任务完成的氛围。机关党组织在做好党的路线方针政策、国内国际重大问题宣传的同时,结合具有重要革命传统意义的纪念日进行热爱党、热爱祖国的宣传教育,如在纪念建党 75 周年之际,组织了新党员入党宣誓、新党员座谈会和民主生活会等系列活动;各基层党组织也以不同形式组织了重温党章、重温入党誓词和参观、走访、书法比赛等活动;"十一"前夕,举办了局机关和直属事业单位纪念红军长征胜利 50 周年、庆祝新中国成立 47 周年大型歌会。还特别重视紧紧围绕局中心工作搞好宣传,配合局年初和半年全国工商行政管理工作会议,着力宣传了李鹏、李岚清同志对工商行政管理工作的指示,宣传局全年工作的指导思想、目标任务和措施要求;配合局每季度的处以上干部会议,宣传了各个阶段的工作思路和主要任务;配合公平交易执法年和普法教育,对工商行政管理机关的主要法规进行了宣传,对执法年中六大专项治理的成果进行了宣传;配合"工商形象建设"年活动,组织了全国工商行政管理系统"模范工商所长"景志刚和"模范工商所"南京东路工商所先进事迹的宣传;大力表彰局机关和直属事业单位 7 个先进基层党组织、34 名优秀共产党员、11 名优秀党务工作者,在局机关范围内掀起"学英模、学先进,树形象、比贡献"的热潮。

加强基层组织建设。机关党组织以进一步规范党务工作制度为突破口,以贯彻党员领导干部坚持"两手"抓为关键,认真抓了基层党组织建设,具体做了以下几项工作:以增强基层党组织实际能力和在单位中的作用为目标,认真进行了基层党组织的换届工作。针对局机关和直属事业单位因行政班子和人员的较大调整要建支部的情况,机关党组织在认真调研基础上,根据国家机关的工作特点和贯彻领导干部要"两手抓"的要求,统一部署了换届工作。在换届工作中,明确提出单位主要行政领导要进支部班子的要求,从而明确了党员领导干部必须坚持"两手抓"的责任,同时也进一步增强了思想政治工作和行政业务工作的融合度,使思想政治工作为经济工作和为本单位中心任务完成提供保证奠定了组织基础。

进一步规范党务工作制度,做好党员发展工作。通过认真组织党员学习《党章》和《党的基层组织工作条例》,积极做好思想政治工作,使党的组织真正发挥了统一思想、化解矛盾、凝聚人心、推动各项工作全面开展的作用。侧重抓了党务工作制度建设,进一步明确并规范了党员发展、转正,党费的交纳、管理,党员组织关系的接转,党内民主生活会和基层组织换届工作的程序和要求，使党务工作走上规范化、制度化的轨道。按照"坚持标准，保证质量，改善结构，慎重发展"的方针，开展了由局直属机关团委推荐优秀团员作为党组织发展对象的工作。全年共发展新党员 18 名，预备党员转正 15 名，党员总数达到 600 名，占干部、职工总数的 58.2%；按照现代管理模式与上级党组织的要求，还着手进行了党务工作数据统计的计算机管理。

认真贯彻中纪委六次全会和国务院第四次反腐败工作会议提出的各项任务，本着抓巩固、抓落实、抓深入的要求，继续推进反腐倡廉工作。开展了以学习党纪政纪条规为中心内容的党风党纪教育。转发中央国家机关工委《关于党组织加强对领导干部监督的若干意见》，提出了贯彻落实措施。组织党员参加了中纪委举办的"党纪政纪条规知识竞赛"，并荣获中央国家机关赛区组织奖，机关的党风廉政建设和反腐败斗争继续保持了健康发展的良好势头。企业注册局党支部在中央国家机关纪工委召开的党风廉政建设经验交流会上介绍了严格执行各项制度，建设廉洁高效的干部队伍的经验。

重视并改进了统战工作，加强了同民主党派人士合作共事的政治联系。通过座谈会、结联系对子、交友谈心等方式，随时听取民主党派人士的意见和建议。在局党组民主生活会前，专门向民主党派人士通报情况征求意见，1995 年全国"两会"（人大和政协会议）期间，专门组织民主党派人士旁听了全国政协会议开幕式和大会发言。沟通了感情，增进了团结，为更好地发挥民主党派人士作用创造了良好的氛围。

关心老党员，重视老干部工作。机关党组织和老干部党总支按照局党组的要求，在努力解决好老同志实际问题的同时，更注意从政治上关心老干部。及时向老干部传达中央和上级有关文件，经常了解老同志的情况和反映；结合"七一"建党 75 周年，集中开展了"给老同志送温暖"系列活动。局党组和直属机关党委向全体老党员发出慰问信，对他们为党的事业、为工商行政管理事业作出的贡献表示敬意和感谢；给全体离退休老同志赠发《忆毛主席》和《我的父亲邓小平》两本书；走访了抗战前参加革命的老同志；给生活困难的老党员遗属发放补助金；到医院去看望生病的老党员等。老干部党总支本着"亲、实、勤、优"四字工作方针，做了大量具体的工作，把局党组和全局同志对老同志的关心送到他们身边。

加强对青年、妇女群众组织的领导，有力地促进了机关精神文明建设。指导工青妇组织根据各自的特点，以多种形式开展思想政治工作，增强党组织的吸引力和凝聚力，在加强机关精神文明建设中发挥作用。机关工会按照局党组的要求，把工作重点放在基层，以活动为载体，团结、教育职工，服务工作大局，建立健全了各级工会组织，全年新成立基层工会 3 个，基层工会经济审查委员会 7 个，基层工会和分工会 31 个。通过培训，提高了工会干部开展工作的能力。开展了多种形式的爱国主义和革命传统教育，全年共组织迎春联谊、交谊舞比赛、女职工联欢、棋牌比赛、群众歌会、知识竞赛等各种文体活动 10 余次，促进了精神文明建设，同时，注意为职工办实事，解决职工的实际困难，尤其注意帮助老干部、困难户解决具体问题，利用节假日对困难的职工进行慰问；对特困户进行补助；为 47 岁以上的在职干部、职工投了人身意外保险。机关团委在"跨世纪青年文明工程"和"跨世纪青年人才工程"中发挥了积极作用，全年共 4 次组织团员、青年同志向社会提供义务咨询服务，组织青年参加计算机班、英语班 2 期。在团员、青年中开展了爱国主义、集体主义教育和"岗位学雷锋，行业树新风"活动；为推动青年同志健康成长，鼓励他们政治上积极上进，开展了推荐优秀团员作为党员发展对象的工作，全年共向党组织推荐了两名优秀团员作为党组织发展对象，对鼓励团员、青年积极向党组织靠拢起了一定的推动作用。妇委会通过开展宣传《妇女权益保护法》，"巾帼建功，巾帼成才"活动，使广大女职工在工商行政管理工作中充分发挥了"半边天"作用。另外，受局党组委托，协助举办

"首届全国工商行政管理系统摄影书画作品展"。

1997年，国家工商行政管理局机关党的工作在中央国家机关工委的指导和局党组的领导下，紧紧围绕改革、发展、稳定的大局，突出迎接香港回归、庆祝党的"十五大"召开两件大事，围绕全国工商行政管理工作会议确定的"一深入、两提高、三规范"的工作重心，充分发挥各基层党组织的作用，认真组织党员深入学习邓小平理论，努力加强党的组织、思想和作风建设，积极开展文明机关创建活动，有力地配合了局中心工作和各项业务工作的全面完成。

深入学习邓小平理论，加强党员队伍的思想理论建设。以学习江泽民总书记在中央党校省部级干部进修班毕业典礼上的讲话和党的"十五大"召开为标志，党的理论建设取得更大成果，把邓小平理论确立为党的指导思想。组织广大党员认真学习领会这些重要理论成果，成为机关党的工作的重要任务。各级党组织在搞好日常学习宣传的基础上，集中进行了"四项"学习活动：1.组织"邓小平光辉伟大一生"的学习活动。邓小平同志逝世后，根据党中央的通知精神和局党组的安排，下发了《关于学习邓小平同志的伟大业绩、思想和风范，深入进行建设有中国特色社会主义理论学习的通知》。各基层党组织按照统一安排，认真组织有关重要文献的学习和观看大型电视文献纪录片《邓小平》；组织处以上党员干部学习《邓小平经济理论学习纲要》。2.组织对江泽民同志三篇重要讲话的学习活动。根据局党组的要求，机关党组织组织党员干部认真学习了江泽民同志在中纪委八次全会、中央党校省部级干部进修班毕业典礼和首都各界庆祝香港回归祖国三个会上的重要讲话，各级党组织把学好三篇讲话作为"十五大"召开前政治理论学习的重要内容，坚定了高举邓小平理论旗帜不动摇的信心。3.学习"十五大"文件，认真贯彻"十五大"精神。在"十五大"精神的学习宣传活动中，注意加强组织领导，做到"四抓"：一是抓思想动员。二是抓处以上干部培训。三是抓宣传。四

是抓落实。为了保证学习内容、时间和人员的落实，各单位结合实际，提出了贯彻落实"十五大"精神、加强改善本单位工作的具体措施，建立了学习考勤和补课制度，狠抓了制度的落实。4.开展以"三讲"为主要内容的党风党纪教育活动。主要采取自学、集中办班、组织收看反腐倡廉教育片、办党校培训班、召开民主生活会、评议党员领导干部等方式，收到比较好的效果；全年共举办两期党校进修班，培训了21名处以上党员干部。党员干部的廉政勤政作风、思想政治素质得到提高。

加强基层党组织建设，充分发挥党组织在机关建设中的作用。继续组织安排好基层党组织换届工作，在换届工作中，根据内部机构的调整和党员的分布情况，对党组织的设置进行了部分调整，新增加了1个党总支、7个党支部，基层党组织建设得到进一步加强。根据中央、中央国家机关工委的部署，认真组织了"十五大"代表候选人的推荐工作和参加中央国家机关党代表大会代表的选举工作。按照"坚持标准、保证质量、改善结构、慎重发展"的方针，全年共发展新党员21名，转正27名，为87名党员干部调动办理了有关手续。为支持各基层党组织开展工作，按有关规定，向基层党组织划拨了党费。实行"一岗双责"制，加强支部领导班子建设。以行政业务工作要依靠党的建设、机关党的建设要紧紧围绕中心业务作为指导思想，经党组同意，机关党组织在安排支部换届工作时，推行了"一岗双责"制，即各单位主要党员行政领导同志进入支部班子，按照工作分工，对本部门的行政业务和党的工作、精神文明建设同时负起责任，以保证行政业务工作和党的工作有机结合、互相促进。促使各基层党组织普遍实行了"一岗双责"制。在28个党委、总支和直属支部中，行政"一把手"担任书记的已达19个，"一岗双责"制的推行，使坚持"两手抓、两手都要硬"的工作要求有了机制上的保证，促进了行政业务工作与党的工作同时研究、同时安排、同时检查、同时总结的"四同时"方法的实现。"一岗双责"制的落实，为机关党的组

织协助行政领导完成工作任务创造了条件，加强了机关党的工作力度，促进了支部班子建设。

大力开展"三优一满意"活动。年初，中央国家机关工委提出了关于开展以"创优质服务、优良作风、优美环境的文明机关，做人民满意的公务员"为主要内容的群众性精神文明创建活动的要求。各级党组织结合实际，将"三优一满意"活动与"工商形象建设"年活动紧密结合起来，把组织开展创建文明机关活动作为党的工作与单位建设的一个结合点，对党员、干部进行了职业道德教育和党的优良传统教育，在开展文明窗口、达标办公室评比等活动中，办公环境明显改善，各种制度进一步完善，窗口单位服务态度有所好转，有力地促进了机关工作作风的转变和服务质量的提高。

认真贯彻中纪委会议精神，加强廉政建设。认真组织学习中纪委、监察部"5·15"和"10·15"电话会议精神，把提倡厉行节约，制止奢侈浪费行为当作反腐倡廉工作的重点，提出了具体要求。各级党组织结合实际组织学习，对照"八条"逐项进行检查。充分发挥廉政监察员的作用，建立了较完整的检查制度，即民主生活会对照查、重大节日专门查、年终总结普遍查、举报线索重点查，真正做到人人自律，互相监督，使党风廉政建设和反腐败工作落到实处。

重视并继续做好统战工作。坚持向民主党派人士通报局内重大工作，在年初召开的民主党派人士茶话会上，向民主党派人士通报了开展"两年"活动情况及开展"三优一满意"活动的安排，听取了他们对机关党的工作和局工作的意见和建议。"两会"期间，组织他们4次旁听了全国政协会议的大会发言，为他们提供了参政议政的机会。还结合学习"十五大"报告，组织部分民主党派成员到天津考察了经济开发区的发展和私营企业的状况。统战工作得到进一步加强。

加强对群众组织的工作指导，积极开展适合机关特点的群众工作。各级党组织在进一步加强自身建设的同时，注意做好群众工作，使生动活泼的群众活动，成为机关精神文明建设的重要内容，成为思想政治工作的有效载体。配合香港回归，机关党、工、青、妇组织联合举办了丰富多彩的系列活动，组织参观"迎回归香港博览会"和"洗雪百年国耻，喜迎香港回归"大型展览，举办香港问题报告会，开展香港回归百题知识竞赛，组织"迎七一、庆回归"文艺演出，激励了全体职工爱国热情；为提高干部职工工作技能，举办了计算机中文录入比赛和互联网知识讲座。在重大节假日，适时举办了棋牌比赛、跳绳比赛、乒乓球等比赛，活跃了机关职工生活。关心职工身心健康，对全体职工进行了体能测试、健康检查、减肥指导及定期对女职工进行专科检查等一系列有益活动；为指导职工科学育儿，"六一"前夕向全局职工赠发了《写给年轻的妈妈》一书，组织读书活动，并向职工子女（14岁以下）赠送学习用具；为了解掌握大家的真实想法和需求，团委和妇工委分别开展了"青年问卷调查"和"女职工问卷调查"工作；组织为贫困地区和灾区"献爱心"活动，共为贫困地区失学儿童募资23 806元，募集文具、书籍1 500件（册），为灾区募集衣物2 900件。

1998年是贯彻落实党的"十五大"精神的第一年，是高举邓小平理论伟大旗帜，经受亚洲金融危机的考验、战胜百年不遇洪灾、全面深入推进改革的一年。按照中央国家机关工委的部署和局党组的要求，机关党的各级组织围绕贯彻落实"十五大"精神和工商行政管理"两加强、两提高"（加强和改进党的领导，提高党的领导水平；加强和改进党的自身建设，提高党的自身建设水平）工作要求，深入学习邓小平理论，加强机关党的思想、组织和作风建设，为保证局机关队伍建设、机关机构改革和加强执法力度等重要任务的完成作出了努力。

认真组织理论学习，加强党员队伍政治思想建设。"十五大"后，党中央对加强理论学习十分重视，发出了《关于在全党深入学习邓小平理论的通知》；江泽民总书记发表了一系列讲话，对全党深入学习邓小平理论进行了全面部署。根据中央的部署和上级党组织的要求，机关各级党组织把加强理论学习作为机关党的工作的重要任务,制订了切实可行的学习计划,加强党员干部理论普及,结合工作实际有重点地开展了专题研讨,重点抓了处以上领导干部的理论学习,结合党的十五届三中全会精神的传达、学习,组织了两期理论学习班,150 名处以上干部参加了学习。继续办好党校班,两期班共19 名处以上干部参加了脱产学习。离退休干部党总支分两批举办了邓小平理论学习班,共有 90 位离退休同志参加了学习。在理论学习中坚持做到了三个结合:一是同贯彻"十五大"精神和党的重要会议、文件精神结合起来,提高贯彻落实党的决议的自觉性;围绕贯彻"十五大"精神,中央理论工作座谈会精神,十五届三中全会精神和中央经济工作会议精神学习邓小平理论,提高贯彻落实中央精神的自觉性。二是同工商行政管理工作结合起来。年初,山西假酒案震动全国,江泽民总书记就此案作了重要批示。按照局党组要求,各基层党组织及时进行了学习、讨论,使广大干部对新形势下加强市场监管、严格执法的重要意义有了更深的认识,增强了打击假冒伪劣,维护正常市场秩序的使命感和责任感。结合贯彻落实打击走私会议精神、加强粮食市场监管、禁止传销以及开展"扫黄"、"打非"斗争等工作学习邓小平理论。各级党组织坚持以邓小平理论为指导,努力做好本职工作,在实践中理解和贯彻邓小平理论,促进了各项工作任务的完成。三是同加强思想道德修养,改造主观世界结合起来,提高党员干部的思想政治素质;结合学习贯彻中纪委二次全会和国务院第六次反腐败工作会议精神,机关党组织利用典型事例,进行人生观、价值观的教育,组织纪念刘少奇主席和周恩来总理百年诞辰的活动,缅怀伟人业绩,学习伟人品德,进一步树立公仆意识。

加强思想政治工作,保证机关稳定。1998 年是改革攻坚年,思想政治工作的任务较重,各单位党组织在机构改革和局重要工作中积极开展工作,保证了机关的稳定。按照国务院机构改革方案,国家工商行政管理局精简的任务繁重;各级党组织把做好机构改革中的思想政治工作作为一项突出的政治任务进行了安排。认真组织党员、干部学习《政府工作报告》等有关文件,正确认识和对待机构改革中个人利益与国家利益的关系。及时召开支部书记会,要求各级党组织加强领导,充分发挥党组织的作用,做好机构改革中的思想政治工作。召开专题组织生活会议,掌握思想动态,发现问题及时解决,保证机关稳定。全面、细致的思想政治工作,使机关绝大多数党员干部提高了对机构改革的认识,为实现在机构改革中工作不断、不乱、不散,打下了比较扎实的思想和组织基础。

加强组织建设,不断提高党组织战斗力。年初,中央颁布了《中国共产党党和国家机关基层组织工作条例》,各级党的组织结合工作和机构改革的实际,认真学习贯彻条例,使党的组织工作保持良好状态。一是及时调整,补充党的基层组织,做到机构改革中机关党的工作不间断。局党组认真贯彻落实国务院关于机构改革的一系列指示精神,明确提出,保证机关党的工作要做到思想不散、秩序不乱、工作不间断,要保证党组织在机构改革中充分发挥作用。机关党组织采取措施,认真落实局党组的指示,这次机构改革中,有半数以上的司级干部和几十名处级干部工作岗位做了调整。随着机构改革和定编定岗工作的逐步到位,在这次调整中,继续坚持了党员行政领导"一岗双责"的工作制度。局直属机关党委也按照机构改革要求,组、宣、办合并组建新的办公室,保留了群工处,编制由原来的 13 人减少为 8 人。二是严格组织生活和组织发展,加强专、兼职党务干部培训,做好日常党务工作,按照《基层组织工作条例》规定,各级党组织加强党员管理,严格组织生活。1998年,党员转正 42 名,批准新党员 9 名,各单位党组织普遍加强了对入党积极分子培养工作。为使党务工作进一步规范化,举办了组织委员培训班,起草了《基层党组织党务工作程序》。向中央国家机关工委等有关部门递送反映机关党的工作情况稿件 25 篇,其中被工委直接采用 13 篇,被《紫光阁》杂志采用两篇,上稿数量在中央国家机关排名第三,出板报28期,宣传了党的路线、方针、政策,国家大事和局工作重点,努力推进机关精神文明建设,继续开展了以争创文明机关为主要目标的"三优一满意"活动,积极推进机关精神文明建设,各单位围绕"三优一满意",开展了形式多样的活动,取得了积极成效。1998年,我国遭受了百年不遇的大洪灾,在各级党组织的努力下,机关共为灾区募集捐款141 903元,衣物5 000余件,这是历年捐助最多的一次,充分体现了广大党员、干部、职工对抗洪救灾的重视和心系灾区、关心国事的爱国精神,是机关精神文明建设的集中体现。工、青、妇群众组织开展了多项有益的文体活动,活跃机关文化生活。中央国家机关团工委在我局召开了"青年文明号"座谈会,机关团组织召集了优秀青年座谈会,对于引导青年努力学习、工作,在岗位上建功立业,起到了很好的推动作用,工会、妇工委随着机构改革及时调整、补充了各基层干部,举办了工会财务和妇女干部培训班,组织了围棋、乒乓球等爱好小组,开展了多项有益于干部职工身心健康的文体、娱乐活动。1998年,推选惠鲁生为全国妇联"十四大"执行委员,推选许瑞表为全国工会十三大执行委员,推选曾向实为全国总工会第十四次代表大会的代表。

1999年是党和国家历史上具有特殊意义和极不平凡的一年,按照中央国家机关工委的部署和国家工商局党组的要求,机关党的工作以搞好"三讲"教育为中心,深入学习和贯彻落实党的"十五大",十五届三中、四中全会精神,紧紧围绕党和国家工作大局,在三场政治斗争(美国轰炸我驻南使馆、"法轮功"、李登辉分裂祖国图谋)和新中国成立五十周年庆典、澳门回归等重大事件中,开展了多种形式的形势教育、政策教育和爱国主义教育,进一步加强基层党组织建设和思想政治工作,机关党的工作继续取得进展。

认真开展"三讲"教育,加强干部队伍建设。按照中央的安排,国家工商行政管理局作为第二批开展"三讲"教育的部门,从1999年7月初到10月,进行了"三讲"教育

工作;为加强领导,局党组成立了局"三讲"教育领导小组;在领导小组的带领下,机关各级党组织积极投入"三讲"教育工作。一是结合"三讲"教育,深入开展邓小平理论学习,相继下发了《关于认真学习"三讲"教育必读篇目的通知》和《关于进一步抓好"三讲"教育有关教材学习的通知》,局领导率先垂范,静下心来带头读书,每位局领导都写了上万字的读书笔记,有的达到了三四万字,在局领导的带动下,各司局和直属单位的领导也都注意发挥带头作用,处理好工作和学习的关系,合理安排时间,许多司局领导还在本单位学习讨论中、全机关学习交流会上结合自己的工作实际和学习体会作了专题发言,起了很好的示范作用。二是积极推动"三讲"教育深入展开,参加"三讲"教育的处级以上党员干部在提高思想认识的基础上,高标准、严要求,广泛开展谈心活动,深入进行自我剖析,主动查摆存在问题,在"三讲"教育中,基层党组织的战斗堡垒作用得到充分发挥。参加"三讲"教育的处以上党员干部普遍受到了一次深刻的马克思主义基本理论教育、党的优良传统和作风教育,受到了一次严格的党内政治生活的锻炼;讲学习、讲政治、讲正气的意识普遍得到增强,抓大事、议大事,认真贯彻执行党的路线、方针、政策的自觉性得到了提高,达到了思想上有明显进步、政治上有明显提高、作风上有明显改进、纪律上有明显增强的目标,有力地推动了机关建设和各项业务工作的开展,干部职工的精神面貌焕然一新。

在三场大的政治斗争中经受住了锻炼和考验。1999年5月,以美国为首的北约悍然用导弹袭击我驻南使馆,造成我人员伤亡,馆舍严重毁坏。事件发生后,各单位党组织按照国家工商局党组的要求,认真学习"两办通报",组织收听、收看胡锦涛同志发表的电视讲话。同时,纷纷召开座谈会,坚决拥护我国政府的严正声明,有的协会还以社团组织的名义发表抗议和严正声明,局属新闻单位还专门编发了新闻稿,以各种方式愤怒声讨以美国为首的北约的暴行,沉痛哀悼我不幸遇难的同胞。在这场斗争中,广大

党员、干部表现出了强烈的爱国主义激情，更加清醒地认清了西方少数霸权主义者亡我之心不死，千方百计制造混乱，企图颠覆我国政权的险恶用心，增强了更加紧密地团结在以江泽民同志为核心的党中央周围的凝聚力，纷纷表示一定要从国家的根本利益出发，自觉维护国家大局，坚守岗位，立足本职，以高质量地做好工商行政管理工作的实际行动，回击以美国为首的北约的暴行。在这场政治斗争中，广大党员受到了一次活生生的爱国主义教育。

在同李登辉抛出"两国论"、加紧大搞"台独"的斗争中，各单位党组织按照中央的部署和要求，组织党员干部认真学习有关文件、文章，结合正在进行的"三讲"教育的学习，认真思考如何更加紧密地团结在以江泽民同志为核心的党中央周围，以做好自己本职工作的实际行动，捍卫祖国的统一和尊严，回击李登辉分裂祖国的图谋。

认真开展揭批"法轮功"，崇尚科学、破除迷信，树立马克思主义的科学世界观的学习教育活动。按照中央的统一部署和中央国家机关工委的要求，机关党组织把坚决贯彻中央关于处理"法轮功"问题的决定，在全体党员、干部、职工中大力开展马克思主义科学世界现的教育活动作为重要的政治任务，先后下发了《关于迅速传达中共中央关于共产党员不准修炼"法轮大法"的通知》、《关于贯彻落实中央在党内抓紧处理和解决"法轮功"问题部署的安排》，针对"法轮功"所宣扬的唯心主义、有神论，否定一切科学真理的言论，组织广大党员学习《中国共产党章程》、江泽民同志重要讲话和中央有关文件精神，以及共产党员为什么不准修炼"法轮大法"等材料。机关党组织还购买了一批揭批"法轮功"的书籍，录制《共产党员不能信仰宗教》电视政论片发给各支部作为党课教育材料，编发了《法轮功就是邪教》的宣传教育手册给全局每个职工。请中国社科院研究员李申博士来局作了"破除迷信"的报告，使广大党员、干部、职工普遍受到了一次马克思主义唯物论和无神论的教育，进一步认清了我们党反"法轮功"组织斗争的

性质，认清了"法轮功"的危害，保证了全局党员、干部、职工在思想上与党中央保持一致；各单位党组织认真落实责任制，积极做好思想政治工作，按照中央和上级党组织的要求，采取有力措施，认真做好"法轮功"练习者的教育转化工作，严格掌握政策，使不明真相、参加"法轮功"练习的同志思想得到转化，回到正确的立场上来，得到了解脱。

认真做好机关党的日常工作，充分发挥党组织和广大党员在机关建设中的作用。开展的主要工作有：一是各基层党组织及时进行换届和支部(总支、党委)委员的调整工作。1999年有两个基层组织进行了换届工作，两个基层组织由于人员变化，适时进行了支部委员的增补工作，使党的工作有序进行。机构改革后，各单位党的组织进行了一些调整，认真落实中央国家机关工委关于党员行政负责人担任支部(党委、总支)书记的"一岗双责"党建责任制度。这一制度有效地保证了党员领导干部"两手抓"、"两手都要硬"的要求落到实处，进一步加强党务工作规范化建设；根据1999年起草的《基层党组织党务工作程序》，结合有关文件规定，机关党组织完成了《组织委员工作手册》编印发放工作，其内容包括基层党的组织工作程序和党的组织工作有关问题问答，为基层党的组织工作提供了依据。从1999年初开始，在各基层党组织的积极配合下，进行了全机关的党员库建设。为提高党员数据管理自动化，更好、更全面地掌握全局党员情况提供了帮助，全局党员情况已进行微机管理。二是加强对入党积极分子的培养和党费管理等工作。1999年新发展党员3名，转正6名，机关党组织还对新发展的党员进行有关《党章》等党的基础知识方面的考试，督促新党员加强学习，更全面地了解党的性质、路线、宗旨和纪律，增强全心全意为人民服务的意识，树立马克思主义的世界观、人生观、价值观。三是重新进行了党费的核定工作。1999年7月工资调整后，机关党组织及时布置了重新核定党费的工作，并要求每个支部将每个党员新的党费收缴标准通知本人，重申了党员定期交纳党费是每个党员

应尽的义务。四是注重加强宣传工作，及时向全机关宣传党的路线、方针、政策和报道有关活动情况。其中向中央国家机关工委等有关部门报送稿件23篇，其中在工委《信息交流》上被采用7篇（次），被《紫光阁》杂志采用1篇。五是充分发挥工青妇群众组织在机关精神文明建设中的作用。为活跃机关的文化生活，局机关工会积极开展"建设职工之家活动"，开放文体活动室，举办形体健美班、交谊舞培训班，进行文体健身活动；还成立了乒乓球队、篮球队、足球队、合唱队、摄影兴趣小组；为迎接澳门回归，举办了知识竞赛、摄影书画展，活跃职工的业余文化生活，为提高工会干部业务水平和自身素质，举办了基层（分）工会主席培训班和妇女干部培训班，局机关团委在"五四"期间召开座谈会并组织全体团员开展了"保护母亲河，奉献赤子情"的捐献活动。机关妇工委还特别重视女职工的健康状况，积极配合有关部门对女职工进行了妇女专科体检，并为女职工和十四岁以下职工子女投了保险。机关党组织为加强对党员的教育，组织参观了"辉煌的五十年"和"为了新中国"等展览，在国庆五十周年庆祝活动中，参加了中央国家机关工委组织的公务员游行方队。

2000年，在中央国家机关工委的领导和局党组的指导和支持下，机关各级党组织认真组织广大党员干部学习贯彻江泽民同志关于"三个代表"的重要思想，开展"三讲"教育回头看、"两整顿"、警示教育、形势教育以及唯物论、无神论教育等活动，积极探索新形势下开展思想政治工作的新方法，机关党的各项工作继续取得进展。

认真学习"三个代表"的重要思想，加强党的基本理论学习和教育，做好"三讲"教育回头看工作。按照局党组的部署，各单位党组织结合"三讲"教育回头看活动，在认真组织学习中央有关文件精神的同时，对江泽民同志关于"三个代表"的重要论述，进行了重点学习、讨论。与此同时，认真组织党员干部研读《毛泽东、邓小平、江泽民论干部监督》等学习材料。"回头看"工作领导小组还通过上党课、办讲座和看影视材料等方式，深入进行理想信念教育和党的基本理论、基本路线教育，进行马克思列宁主义的唯物论、无神论教育和科学精神教育，进行党风廉政教育和形势教育。按照局党组关于做好"三讲"教育回头看工作的要求，机关各级党组织认真进行了自查和落实、完善整改措施等工作，"回头看"活动取得预期成效。

加强理论学习教育，努力提高对"法轮功"斗争意识。加强马克思主义唯物论和无神论教育，努力提高对"法轮功"的斗争意识。在理论学习各项活动中，重视加强对马克思主义唯物论和无神论教育，强化对"法轮功"斗争意识，特别是国庆节期间"法轮功"出现新一轮反弹后，按照党中央和中央国家机关工委的要求，各级党组织进一步加强对"法轮功"斗争的宣传和教育。积极开展查缴"法轮功"非法宣传品的专项行动；加强对本单位干部职工的教育和管理，确保本单位人员不参与任何非法活动；严格对计算机、传真机、复印机和网站使用管理，防止传播非法信息。配合北京市和有关部门对在国家工商局附近发放"法轮功"非法宣传品的人员依法进行了处理，这些工作对进一步提高机关党员干部政治敏锐性，保障首都社会政治的稳定起到了积极作用。

加强党校培训工作，进一步探索适应新条件下的办学思路。为深入贯彻《中共中央关于面向21世纪加强和改进党校工作的决定》（中发〔2000〕10号），机关党组织对适应新条件下开展党校培训工作进行了积极探索。由人事教育司、机关党委、培训中心三家联合办学，招生工作由人教司、机关党委负责，日常教学管理工作由机关党委、培训中心负责；在各单位党组织的大力协助下，与人教司一起制订了党校培训5年（10期）培训规划，并报局党组原则同意实施。

认真组织"依法行政"专题培训。为深入贯彻党中央关于"依法治国"的要求，中央国家机关工委部署了处级领导干部"依法行政"专题系列培训。2000年共安排局机关21名处级干部参加了5期培训，对于深入了解我国当前法制工作状况、提高依法行政意识等方面起到了积极作用。

积极推进机关党的工作。2000年初,随着局党组对司局干部进行交流、调整,基层党组织结构状况发生比较大的变化,按照《党章》等有关文件规定,下发了《关于做好基层党组织换届选举工作和补充班子成员工作的通知》,认真做好换届工作或补充班子成员工作,为进一步增强基层党组织的凝聚力和战斗力,打下了比较好的基础。加强社会团体的党建工作,机关党委与人教司一同向中国工商学会、中国个体劳动者协会、中国消费者协会、中国广告协会、中华商标协会转发了中组部《关于加强社会团体的党的建设工作的意见》,《意见》进一步明确了社会团体党组织的主要职责,将对建立健全社会团体党的组织、理顺党组织的隶属关系、做好社会团体党员的教育管理等工作起到积极作用。开展表彰先进活动,推动机关党的建设。"七一"前夕,对一批近年来在贯彻落实党的"十五大"精神和加强党的基层组织建设中涌现的先进基层党组织、优秀共产党员和优秀党务工作者进行了表彰,按照"创先争优"评选文件的有关要求,向中央国家机关工委推荐了由工委表彰的先进基层党组织1个,优秀共产党员1名,优秀党务工作者1名。2000年,局机关及直属单位共发展党员14名,党员转正25名。

加强党风廉政制度建设,努力促进作风转变。以整顿队伍作风为重点,采取措施,积极促进"两整顿"工作开展;发出《关于认真学习贯彻江泽民同志"三个代表"重要思想,在机关深入开展队伍作风整顿工作的通知》,明确指出,机关各单位除了要认真落实局党组关于抓紧、抓好系统"两整顿"工作要求外,更要搞好机关作风整顿工作,使局机关能够真正成为全系统的表率,推动了有关部门对"两整顿"工作的指导和督促检查工作,对进一步转变观念、加强机关干部队伍建设、改变机关作风起到了积极作用。认真落实党风廉政建设各项措施,努力推动队伍作风建设。做好地(厅)级领导干部配偶、子女个人经商办企业或在外商独资企业、中外合资企业任职情况摸底登记工作。对贯彻落实纪工委"三项制度"情况进行了全面检查。按照中央国家机关工委、纪工委的要求,对工委、纪工委近几年下发的《关于实施纪律检查建议书制度的暂行办法》、《关于党组织加强对党员领导干部监督若干意见》和《关于建立和实行谈话提醒制度的意见》的贯彻执行情况,进行了一次全面检查,并修订了廉政建设的有关制度措施,认真开展"警示教育"活动,努力构筑党风廉政建设的思想道德防线。按照局党组《关于在全国工商行政管理系统开展利用胡长清、成克杰等重大典型案件对党员干部进行警示教育的意见》,局机关广泛深入地开展了警示教育。各单位党组织组织党员干部特别是处级以上党员干部,严格保证学习时间,认真学习有关学习材料,组织党员干部观看了《胡长清案例警示录》(电视片)、《生死抉择》(电影);参观了"北京市打击预防经济犯罪展览";邀请中纪委北京培训中心主任刘春锦和中纪委第七检查室主任王莉莉作了反腐败斗争形势报告和案例剖析报告,对9个以局党组、国家局、局纪检组监察局名义下发的党风廉政建设制度进行了整理、修订,下发了《国家工商行政管理局党风廉政建设责任制实施细则》,新细则将对进一步加强党风廉政建设制度建设,推动机关队伍作风整顿工作深入开展起到积极作用。

加强对群众工作指导,努力探索群众工作机制。在机关党组织的指导下,工、青、妇等群众组织积极开展各种健康的文化娱乐活动,局机关妇工委在"三八"节期间,开展了参与中央国家机关妇工委组织的文艺演出、妇女工作知识讲座等活动,举办局机关纪念"三八"国际劳动妇女节时装表演比赛。为了积极贯彻落实党中央、国务院提出的实施西部大开发战略,响应全国妇联的号召,开展向西部地区捐款捐物的活动,动员全局干部职工积极参与,共捐款26 947元,捐衣物2 011件。按照有关规定,局机关和直属单位基层(分)工会进行了换届,为进一步提高工会及妇女干部的业务工作水平,举办了工会、妇女干部培训班,进行了基层团组织的换届改选工作。

2001年,在中央国家机关工委和总局党组的领导下,总局机关各级党组织以认真学习和努力实践"三个代表"重要思想为重点,深入学习贯彻江泽民同志"七一"重要讲话和党的十六届六中全会《决定》精神,大力加强机关党风和作风建设,较好地完成了机关党的工作任务,促进了各项业务工作的开展。

认真抓好党的基本理论和基本纲领学习,用"三个代表"重要思想武装头脑。总局各级党组织认真贯彻落实中央国家机关工委部署和总局党组要求,以认真学习江总书记在庆祝中国共产党成立八十周年纪念大会上发表的重要讲话精神为中心,大力加强党的基本理论、基本纲领教育,努力用"三个代表"重要思想武装党员干部头脑,提高广大党员干部实践"三个代表"重要思想的自觉性。通过开展多种形式的理论学习教育活动,广大党员干部对"三个代表"重要思想的精神实质和深刻内涵有了比较全面的把握,对新形势下建设一个什么样的党和怎样建设党的重大理论问题有了比较深刻的认识,政治意识、大局意识明显提高。学习中,广大党员干部紧密联系思想和工作实际,深刻认识工商行政管理机关肩负着维护市场经济秩序的重大责任,以学习贯彻《讲话》为契机,自觉实践"三个代表"重要思想,全力投入整顿和规范市场经济秩序,大力开展调查研究,进一步加强内部管理,各项工作呈现蓬勃向上的良好局面。在强化基础理论教育的同时,各级党组织深入贯彻中央领导同志讲话精神和党组要求,积极推进各项工作。2001年7月7日,中共中央政治局常委、国务院总理朱镕基等国务院领导同志到国家工商总局考察工作,朱镕基总理发表了重要讲话。按照总局党组要求,机关党组织对传达、学习朱镕基总理的讲话进行了部署。各单位以国务院领导同志来总局考察为动力,在总结成绩的同时找差距,在受到鼓舞的同时加压力,按照朱镕基总理等国务院领导同志的指示和总局党组的要求,紧紧围绕转变观念、转变职能,进一步加大整顿和规范市场经济秩序工作力度,有力地推动

了总局中心工作的开展。

在加强理论、政策学习教育过程中,各级党组织积极探索有效途径,结合开展纪念建党八十周年等活动,加强党章和党的优良传统教育,努力提高党员干部党性修养,增强党的意识。机关党组织在"七一"前后积极开展了"五个一"活动:组织了"颂歌献给党"摄影、书画、诗歌作品展;举办了"有意义的党支部活动"征文;开展了纪念中国共产党建党80周年知识竞赛;各支部(党委、总支)举办了一次党课教育;各级党组织认真召开了一次民主生活会。"五个一"活动的开展,使机关广大党员普遍受到了一次党章、党史和党性教育,宣传和歌颂了党的丰功伟绩,进一步提高了广大党员的自豪感和使命感,增强了党组织的吸引力、凝聚力和战斗力。

进一步加强党的组织建设和思想政治工作,努力维护机关稳定。国家工商局升格为总局后,总局对内设机构及领导班子进行了调整,基层党组织班子成员发生了相应的变化。机关党组织及时开展换届或补充班子成员工作,确保组织健全,为充分发挥基层支部战斗堡垒作用创造了条件。已有两个基层党组织进行了换届,有10个基层党组织增补了支部(党委、总支)成员。按照成熟一个发展一个的方针,积极稳妥地做好党员发展、转正等工作。2001年,新发展党员21名,党员转正21名;按照工委和总局党组部署和要求,认真组织了工商总局出席党的"十六大"代表候选人和出席中央国家机关党代会代表的推选工作。在加强组织建设的同时,各级党组织始终把深化思想政治工作、维护机关稳定作为工作重点,认真落实。各级党组织认真组织干部职工深入学习党中央关于同"法轮功"邪教组织作斗争的指示精神和剖析"法轮功"邪教组织的材料,组织收听、收看电台、电视台等媒体播出的揭露"法轮功"邪教本质的节目,参观"崇尚科学、反对邪教"巡回展,组织局级以上领导干部参观"9·20"展览等,使广大党员、干部、职工进一步认清了"法轮功"反社会、反人类的本质,提高了党员领导干部对与"法轮功"斗争的长期性和复杂性的认识,坚定了同

"法轮功"邪教组织斗争的必胜信心。按照工委、总局党组的指示,对已解脱的原"法轮功"练习人员的现实表现,进行了重新了解,对各单位情况再次进行了摸底排查,对个别又有反复的人及时开展工作,做了处理。

深入学习贯彻十六届六中全会精神,大力推进机关作风建设。机关各级党组织认真学习贯彻十六届六中全会和《中共中央关于加强和改进作风建设的决定》(以下简称《决定》)精神,大力加强和改进机关作风建设,取得了明显成效。按照党组要求,各单位党组织集中时间和精力,采取分散学习和集中学习、讨论相结合等方法,分别在司局级领导、处级以上党员干部和党员干部(以支部为单位)三个层面深入、细致地开展六中全会和《决定》学习教育活动,总局各单位干部职工对照"八个坚持、八个反对"的要求,从加强学习、健全制度、加强管理等方面入手,制定了贯彻《决定》的具体措施,促进作风转变。办公厅,人教司、机关党委等部门按照党组要求对机关和直属单位学习、贯彻六中全会情况进行了全面检查,促进了各项措施的落实,推动了作风建设。机关党组织把加强制度建设和严格执行党风廉政规定作为重点,积极推进机关作风转变。修订了《国家工商行政管理局党风廉政建设责任制实施细则》,进一步细化了落实党风廉政建设的"三项制度";认真执行党员领导干部廉洁自律的有关规定,对处级以上领导干部私人护照进行了摸底登记;认真落实工委"谈话提醒"等党内监督制度,提高了党员干部反腐、防腐的自觉性。

积极指导工青妇等群众组织开展工作。积极与办公厅、服务中心等部门协调,组织全局职工进行了体检;组织开展了飞镖,保龄球比赛,观看富有教育意义的影片、展览等丰富多彩的文体活动,丰富了干部职工的业余生活。工会、妇工委通过组织新《婚姻法》知识竞赛等活动,积极宣传法律、健康知识。加强分工会干部业务培训,促进了机关工会和妇女工作的开展。2001 年,国家工商总局被全国妇联城镇妇女"巾帼建功"活动领导小组正式吸收为成员单位。机关团委

适应形势要求,积极引导各支部开展适合团员青年特点的文化活动,组织了优秀共青团员、共青团干部评选等工作。

2002 年,机关各级党组织以迎接党的"十六大"召开、深入贯彻党的"十六大"精神为主线,认真学习和努力实践"三个代表"重要思想,大力加强机关党的思想、组织、作风和制度建设,机关党组织的战斗力得到加强,党员干部整体素质有了显著提高,在履行工商行政管理职责,贯彻落实党的路线方针政策和党中央、国务院重大决策部署中发挥了有力的政治保证作用。

认真学习贯彻党的"十六大"精神,努力实践"三个代表"重要思想,党员干部的思想政治素质和理论素养进一步提高。各级党组织把学习贯彻"三个代表"重要思想作为机关党的思想政治建设的首要任务来抓,组织广大党员深入学习江泽民同志"七一"重要讲话、"5·31"重要讲话和《江泽民论有中国特色社会主义》等重要文献,深刻认识"三个代表"重要思想的科学内涵,认真领会精神实质,全面把握根本要求。党的"十六大"召开后,认真组织学习贯彻"十六大"精神。结合工商行政管理工作实际,积极举办党员领导干部学习班和"十六大"精神宣讲报告会,推动了总局机关学习贯彻"十六大"精神活动的开展。通过系统、深入的理论学习和培训,广大党员干部对贯彻"三个代表"重要思想,关键在坚持与时俱进,核心在坚持党的先进性,本质在坚持执政为民的根本要求有了比较全面的把握,运用"三个代表"重要思想指导实践的能力进一步提高,与时俱进、不断更新观念的意识进一步增强,促进了市场监管制度的改革和队伍建设。机关党组织坚持把党建与业务工作一起研究部署、同步落实,有力地保证了各项任务的顺利完成。各单位紧紧围绕整顿和规范市场经济秩序中心任务,按照党组统一部署,深入基层调查研究、督促指导工作,保证了市场整顿和基层建设顺利开展;结合开展思想、纪律和作风教育,加强内部管理,推行首办负责制、办公公示制等工作制度,提高了工作效率和服务水平;认真抓好经常性的思

想政治工作,及时了解和把握干部职工的思想动态,有针对性地开展工作,认真梳理思想,化解矛盾,有力地保证了党的路线、方针、政策及总局党组要求的贯彻执行,有力地调动了广大干部职工的积极性和主动性。经与有关部门协调,确定了每年为干部职工进行体检的工作制度,设立了机关干部健身房,完善了阅览室等文化设施,使大家切实感受到了党组对干部职工工作、生活的关怀。

　　大力加强基层党组织建设,党组织的凝聚力和战斗力显著增强。一是认真贯彻落实民主生活会的各项要求。各级党组织按照民主集中制原则,在广泛听取意见、认真查摆问题的基础上,组织召开了民主生活会。在民主生活会上,党员领导干部深入剖析,坦诚开展批评与自我批评,针对存在的问题和不足,认真查根源、定措施,真正拿起批评与自我批评的武器,收到了较好的效果,增强了基层党组织自主活动和解决自身问题的能力。二是着力抓好党支部建设。全面贯彻落实党员司、局长"一岗双责"制,对总局社会团体的党组织建设情况进行了认真调研。三是大力宣传优秀党员、先进党支部事迹和经验。广泛深入开展向胡学勤同志学习活动,发挥先进典型的示范作用,教育机关广大党员干部正确认识管理与服务的关系。激励广大党员干部"忠于职守,勇于负责,清正廉洁,执法如山",形成了比先进、学优秀的好风气;在中央国家机关工委组织开展的"一次有意义的党支部活动"征文中,公平交易局、广告监管司党支部的经验材料被工委汇编成书,并在中央国家机关系统进行介绍,展示了总局机关基层党支部在活动内容、形式和载体方面所做的新探索、新实践,推广了经验,扩大了影响。四是积极搞好党员发展、转正及党内统计工作。新发展党员 15 名,党员转正 24 名,党内统计年报工作在中央国家机关工委组织的评比中获得优秀奖,受到通报表扬。

　　认真贯彻落实执政为民的要求,大力推进机关作风建设,认真贯彻落实十五届六中全会《决定》和中纪委七次全会、国务院第四次廉政会议精神,在总局党组的领导下,集中开展了思想、纪律和作风教育(简称"三项教育")活动,有力地推动了机关作风转变。一是狠抓工作作风的转变,提高了服务意识。各级党组织在深入学习、努力提高认识的基础上,动员和组织机关党员干部通过多种形式和渠道深入基层、深入群众,认真加强调查研究,提高工作的针对性和实效性;大力精简会议和文件,转变工作方式,减少行政审批,实行政务公开,干部职工正确对待权力、为市场经济发展服务、为企业服务等观念进一步深化。二是狠抓监督检查,强化整章建制。各单位自觉按照要求自纠自查,对需要完善和改进的制度、措施进行了认真清理,全局 28 个单位共查找不足 62 项,提出整改措施 78 条共 104 项;对照"八个坚持、八个反对"的要求,围绕加强工作规范化管理、强化纪律措施、改善服务等 5 个方面,修订各种制度 29 件,新制定各种制度 40 余件,进一步强化了内部管理,推进了作风建设的规范化和制度化。三是狠抓党风廉政建设,积极开展示范教育和警示教育。在机关广泛宣传学习胡学勤等模范人物的先进事迹,充分发挥典型的示范教育作用,同时抓住反面典型案件进行剖析,认真开展警示教育,总局机关广大党员干部执政为民的思想觉悟有了提高,促进了依法行政、文明执法、廉洁执法。精神文明建设取得新的进展。四是指导工青妇等群团组织围绕大局开展适合自身特点的各种活动。机关工会、妇委会积极与办公厅、服务中心等部门协调,组织全局职工进行体检;组织开展了飞镖、保龄球、卡拉 OK 歌曲比赛、舞会、健康知识讲座、观看富有教育意义的影片、展览等丰富多彩的文体活动,丰富了干部职工的业余生活;机关团委适应形势要求,积极引导各支部开展适合团员青年特点的文化活动,组织了优秀青年评选,举办了青年团员"十六大"精神学习班、英语学习班等,促进了青年干部理论知识和业务能力的提高。

第四节 "十六大"以来的工商行政管理机关党的建设
(2002.10—2008.6)

2003 年,机关各级党组织以"三个代表"重要思想为指导,深入学习贯彻党的"十六大"精神,认真贯彻落实党中央、国务院的重大决策部署,扎实推进兴起学习贯彻"三个代表"重要思想新高潮,以"建设一流队伍、培育一流作风、创造一流业绩"为目标,紧紧围绕总局的中心任务,大力加强机关党的思想、组织、纪律和作风建设。

以胡锦涛总书记"七一"重要讲话为指导,兴起学习贯彻"三个代表"重要思想新高潮。按照中央《关于在全党兴起学习贯彻"三个代表"重要思想新高潮的通知》精神,机关各级党组织扎实兴起学习贯彻"三个代表"重要思想新高潮,组织广大党员认真学习"十六大"报告、胡锦涛总书记"七一"重要讲话和在省部级主要领导干部学习贯彻"三个代表"重要思想专题研讨班上的重要讲话以及在西柏坡考察时的重要讲话,认真研读江泽民同志《论"三个代表"》、《论社会主义(专题摘编)》等一系列重要著作,学习《"三个代表"重要思想学习纲要》、党的十六届三中全会精神和《中共中央关于完善社会主义市场经济体制若干问题的决定》等内容,围绕主题,把握灵魂,狠抓落实,努力在认识上达到新高度,在把握上达到新水平,在工作上取得新成效。

充分发挥共产党员的先锋模范作用,总局抗击非典工作取得了胜利。在抗击非典的战斗中,各级党组织坚决贯彻执行党中央、国务院的部署和总局党组要求,积极动员、组织广大党员和干部职工,坚持"一手抓防治非典工作不放松,一手抓经济发展不动摇",严格落实责任制、"零报告"、离京请假等制度,做到令行禁止,自觉遵纪守法,不听信、传播谣言和各种虚假信息,严守岗位,服从命令,听从指挥,认真组织开展向中日友好医院等先进党组织、优秀共产党员和广大医务工作者学习的活动,并把开展学习活动与促进工作相结合,及时制定防治"非典"措施,保证市场经济秩序稳定,保证国民经济的持续、快速、健康、协调发展。各级党组织充分发挥核心保障作用,积极协助行政领导认真做好本单位防治"非典"工作,坚持领导在一线、党员行动在前,在服务窗口和工作一线树立起党员干部吃苦在前、奉献在前的良好形象,涌现了许多无私奉献、可歌可泣的感人事迹,展现了共产党员英勇奋斗、不怕牺牲的崇高品质,保证了总局抗击非典工作取得阶段性成果。"七一"前夕,总局机关有两名同志被中央国家机关工委授予中央国家机关防治非典型肺炎工作优秀共产党员称号;机关服务局党总支和两名同志被北京市授予首都防治非典型肺炎先进集体和先进个人称号;63 名一线工作人员受到北京市的通报表彰。

围绕中心,把握大局,促进总局各项任务的落实。各级党组织紧紧围绕总局党组"两项改革"工作大局,及时开展形势任务教育,统一干部思想认识,抓好发展这个党执政兴国的第一要务,带领广大党员干部深入分析建立完善社会主义市场经济体制对市场监管执法工作提出的新要求,认真研究、推广推进企业信用建设、实施商品准入制度的经验、措施和制度,努力实现由侧重对市场主体准入行为的监管向强化对市场主体准入行为、经营行为和退出行为全过程监管。按照干部人事制度改革的总体要求,总局机关处以上干部实行全面竞争上岗。在干部竞争上岗工作中,各级党组织及时了解和把握干部职工的思想动态,有针对性地开展工作,确保了竞争上岗工作的顺利进行。同时,重视和认真解决干部职工工作、生活中的实际问题,积极听取干部职工对机关建设的意见和反映,认真做好经常性的思想政治工作,有力地调动了广大干部职工的积极性和主动性。

抓好党组织自身建设,进一步增强基层党组织的凝聚力和战斗力。机关各级党组织认真贯彻落实民主生活会制度,按照民主集中制原则,在充分发扬民主、广泛听取意见基础上,认真组织召开民主生活会。民主生活会上,党员领导干部围绕学习贯彻"三个代表"重要思想,紧密联系工作实际和思想实际,深入剖析,开展批评与自我批评,收到了较好的效果,增强了基层党组织自主活动和解决自身问题的能力。同时,为提高党务干部综合素质,举办了组织委员培训班,对各支部的组织委员进行系统的党务知识培训,选派部分支部负责同志参加中央国家机关工委举办的支部书记培训班,促进了学习交流,推动了基层支部建设。认真落实党章关于党员发展的各项规定,进一步规范党员发展工作,开展对新党员入党前的测试和专门培训,党员发展和管理进一步科学化、规范化。全年新发展党员19名,党员转正16名。

落实新的职能分工,完善党风廉政建设工作机制。根据中央对派驻总局纪检监察机构实行统一管理试点方案要求,党组调整了总局的党风廉政机构设置和职能分工。根据新的工作安排,机关纪委增设纪检处,承担总局机关和直属单位党风廉政建设与反腐败日常工作。针对新的形势和任务,机关党委抓紧对总局近年以来党风廉政建设的各项制度进行了清理,修订了《国家工商行政管理总局党风廉政建设责任制实施细则》。逐步完善了领导干部任前廉政谈话制度、领导干部报告个人重大事项制度、领导干部述职述廉制度、纪委负责人和下一级党政主要领导干部谈话制度、诫勉谈话等制度规定。认真开展以郑培民,抗击"非典"中涌现的先进个人和本系统的先进典型何付凯、胡学勤等为榜样的示范教育,以刘方仁、马德等为反面教材的警示教育,从正反两个方面教育引导党员干部。同时,围绕落实党组"五抓"要求和"五项治理"任务,结合学习贯彻"三个代表"重要思想,深化理想信念教育、"三观"教育和示范警示教育,组织党员干部积极参加中纪委组织的"党员领导干部廉洁从政知识测试"答题活动,提高党员干部廉洁勤政的自觉性;加强了对办公楼装修、局域网建设和"金信工程"招标过程的监督;坚决落实中央关于坚决刹住用公款大吃大喝歪风的紧急通知要求,认真贯彻落实总局党组关于工商行政管理人员依法行政的"六项禁令"。

工青妇组织积极开展活动。工青妇群团组织举办了工会、团干部和妇女干部培训班,围绕认真落实工会"十四大"、团"十五大"及妇女九大精神,加强自身建设,增强工青妇组织的活力。工青妇群团组织结合自身特点积极开展工作,为职工配发了体育器材和健身"抗非"读物,提高大家"防非"意识和"抗非"能力;慰问抗非典一线人员家属,组织大家积极为抗击非典捐款,营造了团结一致抗"非典"的良好氛围。组织慰问生活困难及患重大疾病的职工,发放慰问补助金数千元;协助有关单位落实职工体检,解决干部职工子女就近入托入学及课余、假期托管等问题;开展健康知识讲座、观看富有教育意义的影片、展览等文体活动,把党组的关怀落到实处,丰富了干部职工的业余生活,较好促进了机关文明建设。有1名同志被评为全国优秀共青团员;两名同志被评为中央国家机关优秀共青团员;1名同志被评为中央国家机关优秀团干部。

2004年机关各级党组织以"三个代表"重要思想为指导,深入学习贯彻党的"十六大"和十六届三中、四中全会精神,认真贯彻落实科学发展观,坚持以人为本,努力构建和谐机关,紧紧围绕总局的中心工作,扎实开展工作,机关党的建设取得了新的成效。

狠抓政治理论学习,进一步提高全体党员干部的理论素养。按照总局党组把2004年作为"三个代表"重要思想"深入学习贯彻"年的要求,各级党组织坚持把学习贯彻"三个代表"重要思想和党的"十六大",十六届三中、四中全会精神作为理论学习的首要任务,根据总局党组的统一部署,精心组织,结合实际,狠抓落实。理论学习中,把树立落实科学发展观和提高党的执政能力建设作为重点,采取个人自学与集体讨论、交流心得体会相结合,认真学习原著与进行辅导、培训相结合,加强理论学习与深入实际调研相结合的办法,努力增强学习效果。机关党委通过编发《情况交流》,及时沟通情况,交流学习经验,推动学习全面深入开展。广大党员干部普遍感到学有所获,研有所得,理论学习取得了较好的效果。

召开总局机关第一次党代表大会,进一步加强机关党的组织建设。根据总局党组的部署,2004 年 12 月,总局机关召开了第一次党代表大会,选举了新一届机关党委和机关纪委,并对今后一个时期机关党的建设提出了加强和改进的具体措施,对更好地发挥党组织的核心保障作用和党员的先锋模范作用作了全面安排部署。党组织努力加强自身建设,认真做好支部换届和缺额增补工作,及时调整充实支部班子,配齐人员,从组织上保证了党的工作正常开展。全年新发展党员 9 名,党员转正 16 名。

认真做好保持共产党员先进性教育活动的各项准备工作。根据中央国家机关工委的要求和总局党组的部署,结合总局机关实际,机关各级党组织以高度的政治责任感和良好的精神状态,精心组织,周密安排部署,扎实细致地做好各项准备工作。在认真组织全体党员干部继续深入学习"三个代表"重要思想的同时,组织学习中组部《关于认真做好保持共产党员先进性教育活动准备工作的通知》等中央有关文件和中央领导同志的重要指示,学习《中国共产党党内监督条例(试行)》和《中国共产党纪律处分条例》,运用行业报刊、局域网等,积极开展先进性教育活动的学习宣传教育,努力营造良好的氛围。通过学习教育,广大党员对开展先进性教育活动的基本要求有了了解,提高了对开展先进性教育活动的认识。在此基础上,积极开展调查研究,采取座谈和问卷等方式,对各单位党组织和全局党员情况进行了调查了解,对于党员、干部和群众对开展先进性教育活动的意见和建议等,进行了初步分析,明确了教育活动要解决的主要问题和达到的目标要求,为开展先进性教育活动打下了良好的基础。

进一步加强机关党风廉政建设,大力推进队伍教育整顿。认真落实中纪委三次、四次全会和国务院第二次廉政工作会议精神,认真组织广大党员干部重点学习《中国共产党章程》、《中国共产党党内监督条例(试行)》、《中国共产党纪律处分条例》、《中国共产党党员权力保障条例》,积极开展"正确

行使党和人民赋予的权力"专题教育,以树立正确的权力观、严格依法行政为主要内容的专题教育讨论。组织观看郑培民、任长霞等模范人物先进事迹宣教片,组织参观纪念邓小平同志 100 年诞辰展览和"延安精神永放光芒"图片展览以及观看《王怀忠的两面人生》录像,开展正反两方面的典型教育。机关纪委协助党组对《国家工商行政管理局党风廉政建设责任制实施细则》进行了修改。各单位结合本单位实际和队伍教育整顿工作修订完善了本单位党风廉政建设责任制的具体措施和廉政守则。加强了对领导干部配偶、子女个人经商办企业的情况监督检查,对新调整、任命的 193 名处级以上干部配偶、子女从业情况进行了登记清理。对党政领导干部在企业兼职情况进行了清理。完成了对党政机关用公款为干部职工购买个人商业保险、党政领导干部拖欠公款或利用职权将公款提供给亲友问题的清理。按照总局党组关于在全系统开展以树立正确权力观、严格依法行政为主要内容的队伍教育整顿工作部署,扎实抓好机关和直属单位的队伍教育整顿工作,积极开展"五项清理"工作,确保队伍教育整顿工作取得实效,为系统做出了表率。

工青妇组织积极开展工作,促进和谐机关建设。工青妇等群众组织在各级党组织的重视和支持下,围绕机关党的工作,充分发挥优势和作用,广泛开展健康向上的活动。积极帮助有困难的干部职工解决实际问题。坚持广泛开展"送温暖"活动,关心有特殊困难的干部职工,及时给予困难补助,解决双职工小孩假期无人看管问题,解除干部的后顾之忧。同时,组织了总局春节团拜会、总局机关职工首届"红盾杯"乒乓球比赛和全局干部职工摄影展等文体活动,活跃机关生活,丰富了机关生活,增强了机关的凝聚力,对加强和谐机关建设起到了积极的促进作用。有 1 个单位被评为中央国家机关"五一劳动奖章"先进集体、1 名同志被评为中央国家机关"五一劳动奖章"先进个人。

2005 年,机关各级党组织在中央国家机关工委和总局党组领导下,以邓小平理论和

"三个代表"重要思想为指导,深入学习贯彻党的"十六大"和十六届三中、四中、五中全会精神,全面落实科学发展观和构建和谐社会的要求,认真开展保持共产党员先进性教育活动,积极探索建立健全保持共产党员先进性的长效机制,继续深入开展队伍教育整顿,努力构建和谐机关,不断加强机关党的思想、组织、纪律作风和制度建设,认真贯彻中央关于反腐倡廉的重大决策和部署,大力推进惩防体系建设,全面推进机关党风廉政建设和反腐败工作。

扎实开展保持共产党员先进性教育活动,全面加强机关党组织和党员队伍建设。按照中央的统一部署和要求,总局机关认真开展了以实践"三个代表"重要思想为主要内容的保持共产党员先进性教育活动。在总局党组领导下,总局机关各级党组织把先进性教育活动作为一项重大的政治任务,不折不扣地贯彻执行中央确定的指导思想、目标要求、指导原则和方法步骤,紧紧抓住学习实践"三个代表"重要思想这条主线,坚决落实胡锦涛总书记"关键是要取得实效"和"真正成为群众满意工程"的重要指示,切实做到"六个贯穿始终",高度重视,精心组织,措施有力,保证了先进性教育活动各项任务的完成。全局先进性教育活动工作实、效果好,取得了实效,受到了广大党员群众以及服务对象的充分肯定。

积极探索并努力建立健全保持共产党员先进性的长效机制,把先进性教育活动的成果固定下来、坚持下去。保持共产党员先进性教育活动集中学习教育结束后,各级党组织认真总结学习教育活动中的有效做法和成功经验,在建立健全保持共产党员先进性的长效机制上,积极进行探索和实践。机关党委按照总局党组《建立健全保持共产党员先进性长效机制的实施意见》,研究制定了《建立健全保持共产党员先进性长效机制的具体措施》。各级党组织建立健全了党员学习培训机制、党内组织生活机制、党建工作督导机制等制度规范。通过各级党组织的共同努力,机关党的建设工作制度进一步加强和完善,党建工作水平有新的提高。在

"七一"前夕,机关党委评选表彰了43名优秀共产党员,营造了"学习先进、争当先进"的浓厚氛围。集中教育结束后,各单位新发展党员20名。同时,机关党委要求各单位建立定期分析研究党员干部思想状况制度,每年召开专题会议进行分析,进一步加强对党员的教育管理工作。有的党组织建立了党员行为约束、思想交流、组织监督等机制,在教育管理党员方面发挥了很好的作用。

以贯彻落实惩治和预防腐败体系《实施纲要》为重点,加强制度建设,扎实推进党风廉政建设。机关纪委积极参与起草了《国家工商行政管理总局党组关于落实〈建立健全教育、制度、监督并重的惩治和预防腐败体系实施纲要〉的具体意见》及《任务分工方案》,修订完善了《党风廉政建设责任制的具体措施》,制定了《工作人员廉政守则》或《工作纪律》。深入开展队伍教育整顿"五项清理"工作,对执法案件、行政收费、消费者申诉的处理情况,对工商人员举报处理情况,机关录用人员情况进行了清理。同时,开展了"三办清理检查",对机关和直属单位办会、办班、办节的情况进行了检查。配合有关单位进行了党政领导干部拖欠公款的清缴工作。通过清理检查,堵塞了漏洞,促进了党员领导干部廉洁从政。各党支部紧密结合党员干部实际,突出抓好《建立健全教育、制度、监督并重的惩治和预防腐败体系实施纲要》的学习贯彻,把反腐倡廉工作与保持共产党员先进性教育活动相结合、与队伍教育整顿活动相结合,积极落实总局党组《具体意见》,及时按照总局党组《任务分工方案》,对所牵头的工作提出实施意见,进行具体布置,做到了抓组织领导到位,学习教育到位,工作落实到位,总局机关党风廉政建设和反腐败工作取得了明显成效。

工青妇组织依照各自章程积极开展工作,进一步促进了和谐机关建设。机关工会对全局生活困难的职工情况进行了调查,慰问患重大疾病及生活困难职工,及时发放困难补助金,积极帮助职工子女解决入学、入托等困难,广泛开展"送温暖"活动。组织干部职工参与各项公益活动,向社会献爱心,为东

南亚受灾国人民捐款。认真落实胡锦涛总书记和温家宝总理批示精神,积极响应"送温暖、献爱心"的号召,为贫困及受灾地区捐款,捐棉衣被2 067件。机关妇工委广泛开展"巾帼建功"活动,充分发挥妇女同志在工商行政管理各项事业中的"半边天"作用。总局机关有两个单位被全国妇联授予"巾帼文明岗"荣誉称号,1个单位被中央国家机关妇工委评为"巾帼建功"先进集体,1名同志被全国妇联授予"五好文明家庭"荣誉称号,1名同志被中央国家机关妇工委评为"巾帼建功"标兵。机关团委及时落实总局党组关于加强机关青年工作的整改措施,认真组织各团支部调查统计全局团员青年情况,并按照中央国家机关团工委的要求,认真学习、借鉴保持共产党员先进性教育活动的成功经验,积极推进党建带团建的贯彻落实,在总局机关组织开展了以学习实践"三个代表"重要思想为主要内容的增强团员意识主题教育活动,并取得了突出成效。同时,工青妇组织广泛组织全局干部职工参加中央国家机关第二届职工运动会,举办第二届机关职工"红盾杯"乒乓球赛等文体活动,活跃机关精神文化生活。增强了机关的凝聚力,对加强和谐机关建设起到了积极的促进作用。

2006年,机关各级党组织以邓小平理论和"三个代表"重要思想为指导,全面落实科学发展观,深入学习贯彻党的"十六大",十六届三中、四中、五中、六中全会精神,以加强党的执政能力建设和先进性建设为重点,巩固和扩大先进性教育活动成果,积极推进长效机制的建立完善和巩固落实,大力加强机关党的思想、组织、纪律作风和制度建设,努力建设和谐机关,努力实现监管与发展、与服务、与维权、与执法"四个统一",精心建设"政治过硬、业务过硬、作风过硬"的工商行政管理队伍,始终做到忠于党、忠于祖国、忠于人民、忠于工商事业,确保总局中心任务的顺利完成。

大力加强理论学习和思想教育,不断提高广大党员干部贯彻落实科学发展观的能力。各级党组织把加强理论建设,坚持用正确的理论武装思想,以邓小平理论和"三个代表"重要思想为指导,贯彻落实科学发展观、构建社会主义和谐社会等马克思主义中国化的最新理论成果作为首要政治任务,全面领会、准确把握精神实质和科学体系,并努力在武装头脑、指导实践、推动工作上狠下工夫。深入开展专题理论学习,不断深化对党中央提出的一系列重大战略思想的理解和把握。在理论学习中,注重邓小平理论和"三个代表"重要思想的深入学习,突出对"十六大"以来党中央提出的一系列重大战略思想的理解和把握,先后组织开展了胡锦涛同志"七一"重要讲话、科学发展观、社会主义荣辱观、党章、构建社会主义和谐社会、《江泽民文选》等专题学习。在理论学习中,坚持理论武装工作的基本格局,突出以司处级干部为重点,高度重视青年干部教育。各级党组织在认真组织理论学习的同时,深入开展纪念中国共产党成立85周年、红军长征胜利70周年和新中国成立57周年、回顾"十五"辉煌成就、展望"十一五"美好前景等主题教育活动。通过组织参观、召开座谈会和茶话会等多种形式,回顾党的历史,热情歌颂党领导全国各族人民进行革命、建设和改革开放事业等各方面取得的辉煌成就,弘扬伟大的长征精神,抒发热爱党、热爱祖国、热爱社会主义的情怀,进一步坚定了广大党员干部跟党走中国特色社会主义道路的信念,进一步夯实了谋科学发展、促社会和谐的思想基础。

深入总结和运用先进性教育活动经验,不断加强党组织和党员队伍建设。认真组织落实中组部《关于加强党员经常性教育的意见》、《关于做好党员联系和服务群众工作的意见》等4个保持共产党员先进性长效机制文件精神,按照中央国家机关工委《关于加强和改进中央国家机关党的建设的意见》要求,各级党组织认真总结先进性教育活动的成功经验,认真落实中央先进性教育活动领导小组关于开展"保持共产党员先进性教育活动与党的先进性建设"理论研讨活动的通知精神,积极开展理论研讨和征文活动。机关党委与研究中心代党组起草了《加强党的先进性建设是推进工商行政管理工作改革创新的强大动力》的理论研讨文章,并上报中央先进性教育活动办公室；与工商学会在全系统组织开展了征文活动，共收到理论文章200余篇，其中部分优秀文章在《中国工商行政管理研究》进行了刊发。积极参加中央国家机关工委组织开展的"巩固和扩大先进性教育成果——创建学习型党支部"征文活动。在活动中，总局推荐的两篇文章分获一、二等奖，受到中央国家机关工委的通报表扬。同时，紧密结合工商行政管理工作实际，努力探索加强党的先进性建设的规律，进一步推进党组织和党员队伍建设。充分发挥全委会的集体领导作用，进一步完善了机关党委全委会审批党员发展工作办法，施行各支部直接向全委会报告新发展党员情况的制度，严把审批关。全年新发展党员14名，党员转正29名。"七一"前夕，总局有1名同志被中组部和中央国家机关工委评为"全国优秀党务工作者"、"中央国家机关优秀党务工作者标兵"；1个党支部被评为"中央国家机关先进基层党组织"；1名同志被评为"中央国家机关优秀共产党员"。

　　大力推进惩防体系建设，不断深化党风廉政建设和反腐败工作。认真组织贯彻落实中纪委六次全会、国务院第四次廉政工作会议以及全国工商系统党风廉政工作会议精神。机关纪委及时组织广大党员干部认真学习领会会议精神，同时紧密结合工作实际，对开展党风廉政建设和反腐败工作进行部署，并对各单位的学习贯彻情况进行了检查。组织开展了学习宣传工商系统先进典型黄振磊、杨宽德活动，组织参观《伟大壮举，光辉历程》——纪念中国工农红军长征胜利70周年大型主题展览，弘扬长征牺牲奉献、艰苦奋斗精神。运用总局机关发生的典型案件，对党员进行警示教育。针对机关个别人员贪污犯罪案例，印发通报，开展警示教育，使大家汲取教训，强化党员干部廉洁自律、依法行政意识。积极开展廉政文化建设活动。采取典型引路，逐步推广的办法，确定办公厅、信息中心作为廉政文化建设试点单位，并积极沟通、研究，制订了初步开展工商廉政文化建设活动的试点方案。在机关干部职工和家属中，开展了家庭助廉活动，在工商行政管理网机关党委网页上开辟了机关廉政文化专栏，开设"家庭助廉论谈"、"廉政法规"、"反腐倡廉警句箴言"、"五好文明家庭光荣榜"、"警示案例"等栏目，较好地促进了家庭助廉活动的深入开展，收到了良好的宣传教育效果。

　　坚持以人为本，和谐机关建设和精神文明创建活动不断深化。机关党委认真贯彻落实国务院领导同志关于加强中央国家机关精神文明建设的重要批示、中央国家机关精神文明建设经验交流会精神和总局党组要求，协调有关单位召开了总局精神文明建设协调领导小组全体成员会议，印发了总局精神文明建设协调领导小组成员名单和工作任务分工，进一步明确了各有关单位的工作职责。积极组织开展"创建文明机关、促进政风建设，坚持执政为民、争做人民满意公务员"以及"迎奥运、讲文明、树新风"活动。总局工青妇组织在各级党组织的指导下，充分利用直接联系群众的有利条件，深入实际，了解和掌握干部职工的思想状况、工作情况、生活情况和心理需求，并及时准确地向有关部门反映，协助党组织和行政领导做好思想政治工作。组织召开了"国家工商总局工青妇新春联欢会"，成立了文体兴趣小组，定期开展活动，举办了"庆祝三八，展示风采"纪念活动，组织开展了第三届"红盾杯"乒乓球赛，举办了纪念中国共产党成立85周年、新中国成立57周年和红军长征胜利70周年书画摄影展。通过积极开展丰富多彩的群众性文体活动，活跃了机关精神文化生活。总局机关和直属单位全体团员，认真落实中央国家机关团工委的统一部署和要求，开展了以学习实践"三个代表"重要思想为主要内容的增强共青团员意识主题教育活动，较好地完成了各项任务，取得了预期成效，达到了"增强意识、健全组织、活跃工作"的预期目标。

　　2007年，机关各级党组织以迎接党的"十七大"胜利召开和学习贯彻"十七大"精神为主线，以加强党的先进性建设，大力提高广大党员干部落实科学发展观、构建和谐社会的能力和水平为重点，以建设和谐机关和"三个过硬"的队伍为目标，围绕落实总局党组提出的"四个统一"和"四个忠于"的要求,全面加强机关党的思想、组织、纪律作风、工作作风、制度和党风廉政建设,确保了总局中心任务的圆满完成。

用马克思主义中国化最新成果武装头脑,认真学习贯彻党的"十七大"精神,提高党员干部的政治素质和理论水平。"十七大"胜利召开后,总局党组及时下发了关于认真学习贯彻党的"十七大"精神的决定和通知,对全局学习贯彻"十七大"精神提出了明确要求。各单位党组织按照总局党组的要求和部署,以学习贯彻"十七大"精神为重点,通过宣传栏、学习园地、局域网、展板等形式,交流学习经验,介绍学习体会,迅速掀起了学习贯彻"十七大"精神的高潮,努力把党员干部的思想和行动统一到"十七大"精神上来,把智慧和力量凝聚到实现"十七大"确定的目标任务和要求上来,以"十七大"精神为指导,进一步开拓工作新局面。同时,认真组织党员干部学习经济管理、现代科技、法律知识,抓好青年学习教育。通过认真的理论学习,广大党员干部的政治理论水平有新的提高,学习成效比较明显,形成了有一定指导意义的理论学习成果。局长周伯华《维护市场经济秩序,为构建和谐社会提供保障》和《深入学习贯彻党的"十七大"精神,努力为市场主体创造良好的发展环境》等数篇理论文章,分别在《求是》杂志、《人民日报》、《学习时报》、《经济日报》和《法制日报》等报刊上刊载。其他总局领导的理论文章也在有关报刊上发表。各单位党组织和不少同志写的理论文章和经验材料,分别被中央有关部门报刊和总局刊物以及工委编辑的《"十六大"以来全国机关党的建设文集》采用,其中有 3 名同志的调研成果被评为中央国家机关优秀调研报告。这些理论成果,对推进全局的学习,促进业务工作起到了积极作用。

圆满完成了总局出席党的"十七大"代表候选人和工委党代会代表推选工作。各级党组织按照中央和工委的统一部署,组织全体党员认真传达学习和领会有关文件精神,从党和国家全局的战略高度,充分认识做好推选党的"十七大"代表工作的重要意义,周密部署,精心组织,严格按照文件规定的工作程序,认真贯彻民主集中制原则,采取自下而上、上下结合、反复酝酿、逐级遴选的方法,充分发扬党内民主,广泛征求意见,使每个党员都积极参加到这项工作中来。经过两轮推荐提名、征求意见、考察和公示,顺利推选出了总局出席党的"十七大"代表候选人,圆满完成了总局出席党的"十七大"代表候选人推荐提名工作。通过推选工作,总局广大党员受到了一次很好的党性和民主集中制教育,得到了一次很好的党性锻炼。这项工作也受到了工委领导的充分肯定。

认真开展"迎接党的'十七大'胜利召开、保持共产党员先进性"主题党日活动,为党的"十七大"胜利召开营造了良好氛围。"七一"前夕,各单位党组织以迎接党的"十七大"胜利召开为主题,认真开展了回顾党的"十六大"以来取得的丰功伟绩活动、专题组织生活、重温入党誓词、党课辅导、主题大讨论、服务群众、社会实践、专题调研、参观党史展览、先进事迹交流、走访慰问和"迎接党的'十七大'胜利召开、保持共产党员先进性"主题党日活动,组织党员干部观看了"复兴之路"大型主题展览等,为迎接党的"十七大"胜利召开营造了良好的氛围。

认真完成了贯彻落实保持共产党员先进性四个长效机制文件的自查工作,基层党组织和党员队伍建设进一步加强。各单位党组织认真按照中央和工委《关于对保持共产党员先进性四个长效机制文件精神贯彻落实情况进行检查的通知》精神,认真开展自查工作。通过开展自查,进一步巩固和发展了先进性教育活动的成果,深化了建立健全保持共产党员先进性长效机制工作,推动了先进性教育活动整改提高后续工作的深入开展,促进了机关党的基层组织建设和党员队伍建设。进一步加强了党支部班子建设,实行了由各支部直接向党委全委会报告新党员发展情况的制度,使委员们对各支部党员发展工作有了全面的了解和掌握,严把审批关,确保新党员质量。全年共批准发展党员 20 人,按期转正 37 人。

以纪律作风和制度建设为重点，深入开展反腐倡廉各项工作。结合工商行政管理机关握有的行政审批权、行政执法权和队伍管理权的特点，在全局干部职工中开展了以"我们手中的权力是谁赋予的，怎样为人民用好权"为主题的大讨论教育活动。进一步修订完善了《廉政守则》。结合庆祝"三八"妇女节，以机关妇女同志为主开展了以"权力·人民·发展"为主题的讨论活动。认真开展先进人物事迹教育、典型案例警示教育和党纪国法教育。组织总局机关党员干部职工观看了展现工商行政管理系统优秀模范人物黄振磊先进事迹的话剧《苍天有泪》，并结合黄振磊先进事迹，认真开展学习讨论，进一步激发了广大党员干部以更加昂扬的精神面貌和饱满的工作热情干好本职工作，努力做合格的工商行政管理干部，成为让人民群众满意的公务员。同时，运用郑筱萸严重违纪违法案件，进行警示教育。召开以警示教育为主要内容的专题民主生活会和组织生活会。按照中央关于陈良宇严重违纪问题审查情况和处理决定的通报精神，各级党组织以陈良宇案件为反面教材，以案明纪，以案说法，认真组织召开了一次以警示教育为主要内容的专题民主生活会和组织生活会。通过教育，党员干部的党员意识、纪律观念进一步增强。认真完成了筹备和组织落实总局各单位主要负责人述职述廉汇报会的工作，起草了"总局党员领导干部廉洁从政若干准则"和"总局机关和直属单位加强党内监督的实施办法"。认真学习贯彻中纪委落实《中共中央关于严格禁止利用职务便利谋取不正当利益若干规定的通知》会议精神，结合机关实际，研究制定了贯彻落实措施，下发了《关于认真学习贯彻〈中共中央纪委关于严格禁止利用职务上的便利谋取不正当利益的若干规定〉的通知》和《关于在"七一"前后开展主题党日活动中深入学习贯彻落实〈若干规定〉的通知》，印制下发了《落实中纪委7号文件规定个人报告事项登记表》。认真贯彻落实《国务院办公厅转发监察部等部门关于清理评比达标表彰活动意见的通知》和全国清理评比达标

表彰活动工作电视电话会议精神，制定下发了《关于落实〈国务院办公厅转发监察部等部门关于清理评比达标表彰活动意见的通知〉的实施方案》。

以建设和谐机关为目标，机关精神文明建设和群众工作取得新成绩。认真开展了"为民、务实、清廉"主题教育实践活动，进一步深化了"创建文明机关、争做人民满意公务员"活动。组织广大党员学习党中央、国务院关于加强政府自身建设、推进政府管理创新的一系列重要精神，深刻认识加强总局机关党员干部作风建设，努力解决人民群众切身利益问题，建设法治、服务、责任和效能机关的重要性和紧迫性，积极转变机关作风，努力提高行政效能。从做好"实施城乡环境综合改善工程"、深入开展"文明优质服务活动"、广泛开展"全民健身与奥运同行"活动、认真开展"建设优美环境"活动和积极开展"文明交通伴我行"活动五个方面，认真开展了"迎奥运、讲文明、树新风"活动。积极为干部职工办实事，组织开展了"送温暖、献爱心"捐助活动。举办了2007年总局新春团拜会，健康知识、家庭教育等专题知识讲座，开展了第四届"红盾杯"暨月坛社区迎奥运乒乓球赛，积极组织单身干部职工参加了中央国家机关"央务鹊桥"活动和北京电视台《今晚我们相识》玫瑰之约联谊会，组织干部职工参加了工委举办的"人文奥运，和谐机关"摄影比赛和"公仆杯"乒乓球比赛。通过积极开展丰富多彩的群众性文体活动，扩大了活动参与面，极大地鼓舞了全局干部职工的工作热情，凝聚了人心，锻炼了身体，陶冶了情操，展现了风貌，使大家以饱满的精神投入工作，促进了和谐机关建设。同时，召开了机关团员大会，选举产生了共青团国家工商总局直属机关第一届委员会，加强了基层团组织建设，完成了基层团组织换届选举工作。2007年，机关工会、妇工委和两个单位获得中央国家机关工会联合会、妇工委、全国妇联的表彰和荣誉称号，6名同志被评为先进。

（执笔人：金树泳　李艳明　盛保晨
闫卫国）

第十五章　国际交流与合作

工商总局1998年设立国际交流与合作司，2001年更名为外事司，2008年更名为国际合作司(港澳台办公室)。主要职责为开展工商行政管理方面的国际合作与交流，承担涉及港澳台的合作与交流事务，承办机关和直属单位的外事工作。

10年来，伴随着工商事业的改革和发展，工商总局的国际合作工作立足国内国际两个大局，立足我国国情和市场监管工作实际，着眼建立完善现代市场监管法律体系和执法体系，着眼有效监管日益融合的国内国际市场，积极推进市场监管领域的对外交流合作。特别是2002年以来，工商总局国际合作工作全面贯彻落实中央提出的"改善和发展同发达国家的关系""加强睦邻友好，坚持与邻为善、以邻为伴，加强区域合作，把同周边国家的交流和合作推向新水平""增强同第三世界的团结和合作，增进相互理解和信任，加强相互帮助和支持，拓宽合作领域，提高合作效果""积极参与多边外交活动""广泛开展民间外交"的指示、精神，始终坚持"服务国家总体外交，服务总局中心工作"的职能定位，紧紧围绕国家总体外交和总局的中心工作，充分发挥职能作用，切实加强和改进外事工作，国际合作工作呈现出在巩固中有发展，在发展中有突破的良好局面。

第一节　总局外事工作的思路与特点

一、明确外事工作指导思想

1998年工商行政管理局外事工作提出"以借鉴国际通行规则和惯例为中心，以积极开展国外智力引进为重点"。2002年总局外事工作进一步提出"以应对WTO，服务工商行政管理工作为目标，以加强国际间交流与执法合作为重点，以借鉴国外经验，培养复合型人才为基础，以建立高效外事工作运行机制为保障"的工作思路，随着中央外交战略的调整，随着总局对外交流合作的拓展，2004年总局外事工作明确定位于"服务国家总体外交，服务总局中心工作"，2005年根据中央"大外事"的工作理念，在"两服务"的基础上，进一步提出"构建大外事"格局的工作思路。随着经济全球化和国际协调合作的发展，国内国际两个市场日益融合，市场监管执法的涉外因素不断增加，新形势对工商行政管理国际交流合作工作提出了新的更高的要求。2008年总局新"三定"，明确外事司更名为国际合作司(港澳台办公室)，进一步明确了总局涉及港、澳、台方面的协调联系等有关事宜统一由国际合作司(港澳台办公室)负责，进一步明确了国际合作司是工商行政管理方面对外交流的主管单位，进一步明确国际合作司要积极协调总局各司局开展对外交流与合作的职能定位，国际合作工作的指导思想更加明确。

二、扩展新的工作领域

(一)以与国际、区域性组织的合作为主要内容的多边交流领域取得突破

总局代表国家执行着世界知识产权组织的5个国际条约，同时，与联合国贸发会议、世界贸易组织、经济合作与发展组织、亚太经合组织等14个国际、区域组织建立了联系机制，2002年以来，随着我国完全市场经济地位的逐渐确立，随着我国商标知识产权保护国际化进程加快，总局先后派出人员参加各类国际会议、国际磋商和国际研讨，代表国家阐

述立场,参与有关国际规则的制定与修改,有效维护了国家利益,提高了我国在相关领域的国际地位。2001年始,总局作为国际卫生组织控烟多边框架谈判组成员,参加了历次多边谈判与磋商,2006年我国签署《烟草控制框架公约》,总局完成了国务院领导交办的谈判任务。2007年国务院授权总局作为中国政府代表签署了《新加坡商标法条约》。

根据"为我所用,于我有利"的原则,主动开展多边合作项目,在多边舞台上的活动不断深入并取得了明显成效。10年来,在多边舞台上逐渐呈现出两大特点:由多边交流到多边合作;多边合作由被动开展到有重点、有选择地主动开展。特别是2004年以来,总局先后与亚洲开发银行、经济合作与发展组织等国际、区域组织签署合作协议,在竞争政策、商标知识产权保护等领域开展了实质性合作。

同时,总局所属各协会也积极发挥主体作用,积极争取并成功举办了"第39届世界广告大会"、"国际联消理事会"等重要国际会议。2005年总局被国际消费者保护与执法网络(ICPEN)接纳为观察员后,认真履行观察员义务,积极参与了ICPEN组织的"2006网络清理日"和"2006反欺诈月"活动,得到ICPEN成员的普遍赞赏。2006年10月,总局被接纳为ICPEN正式成员。此外,2006年总局成功举办了第二届中日韩三国消费者政策磋商会,三方就《消费者政策领域合作谅解备忘录》文本进行了磋商并达成共识,实质性的区域性多边合作正式启动。

(二)在双边交往领域里开辟新的对外交往资源和渠道

根据不断变化的国际形势,2002年以来,国际合作工作不断调整工作突破口与着眼点,分大国、周边国家、发展中国家三个层面,积极开拓新的交流渠道,扩展交往空间。

深化了同俄罗斯、美国、法国、欧盟等大国(地区)竞争、消费者保护、知识产权保护机关的实务交流和高层对话。围绕执行《中华人民共和国政府和俄罗斯联邦政府反不正当竞争与反垄断领域合作交流协定》2006—

2007年备忘录,派团与俄罗斯反垄断局进行了高层会谈,就双方交流合作中共同关注的问题进行了深入探讨。2006年,与美国市场监管机构的交流合作取得重要进展,加强了同美国司法部、联邦贸易委员会的交流和高层对话,美国联邦贸易委员会主席成功访问总局,就深化竞争执法、消费者权益保护领域的长期合作关系达成共识。同时,中美商标领域的合作得到进一步发展,共同召开了"中美地理标志保护研讨会"。与法国商标领域的合作稳步发展,2006年双方在加强工作层面交流合作的同时,加大了高层互访的力度,中法食品安全、消费者保护领域的交流合作也得到拓展。此外,加强了与欧盟在竞争、消费者保护、商标领域的对话和沟通。

加大了对周边国家和发展中国家市场监管机关的工作力度。几年来总局先后以与俄罗斯、哈萨克斯坦、韩国、日本等国家在竞争执法、消费者权益保护、广告监管、市场主体准入、商标注册与保护等领域签订了双边执法合作交流协议。此外,在认真执行双边政府间协议的同时,继续与东盟国家保持友好往来,中泰、中新商标领域的合作不断深入、拓展,东亚地区消费者保护合作日益加强。

继续把发展中国家作为新重点,拓展和深化相互交流与合作。主动与埃及、南非、土耳其等国的竞争和消费者保护机关进行业务交流并适时举行了部长级会谈,讨论双边合作的有关问题,加强相互交流和借鉴,就一些市场监管领域国际问题交换了意见并达成一致立场。

三、加强对地方工商行政管理机关开展国际交流与合作工作的指导

2008年始,总局加大了对黑龙江、吉林省工商行政管理机关开展国际合作工作的指导。2008年6月,总局国际合作司指导黑龙江省工商局,经与俄罗斯联邦反垄断局反复磋商,促成了《黑龙江省工商行政管理局和俄罗斯联邦反垄断局边境机构关于反不正当竞争、反垄断和广告监管领域交流合作纲要》的签署。俄罗斯联邦反垄断局哈巴罗夫斯克、滨海边疆区和阿穆尔州分局与黑龙江省工商局签署了合作纲要。该合作纲要是根据 2007 年总局与俄罗斯联邦反垄断局《关于实施中俄反不正当竞争与反垄断领域合作协定谅解备忘录(2008—2009 年度)》的有关约定,经过反复磋商后签订的,旨在进一步促进两国边境地区有关机构在反不正当竞争、反垄断、广告监管等领域的执法合作深入开展。黑龙江省在我国 8 个边境省区中,口岸数和边贸额居首位,其边境执法交流合作具典型意义,这是我国与周边国家市场监管部门签署的第一个共同维护边境贸易秩序的合作协议,具有典型意义。

黑龙江省工商局与俄罗斯有关机构的合作收到了良好效果,也引起了俄方扩大与我国合作的意愿。2008 年 9 月,俄联邦反垄断局专程由莫斯科赶赴勘察加州,与到访的中方代表团举行了专门会谈,并向总局国际合作司面交了俄联邦反垄断局起草的《吉林省工商行政管理局和俄罗斯联邦反垄断局边境机构关于反不正当竞争、反垄断和广告监管领域交流合作纲要(草案)》,同时表示希望与中国吉林省工商局尽快签署该合作协议。

总之,随着工商行政管理领域的国际交流与合作不断加强,国际交流合作的层次、领域、广度和深度不断扩展,为工商行政管理改革与发展提供了不可缺少的国外先进经验借鉴和国外智力支持,为工商行政管理部门监管现代化、规范化、国际化的社会主义大市场发挥了应有的作用,为 30 年来我国工商行政管理事业取得的辉煌成就作出了重要贡献。

第二节　十年来总局国际合作工作取得的成绩

一、搞好市场监管领域的双边多边交流合作,努力服务国家总体外交

"大国是关键、周边是首要、发展中国家是基础、多边是重要舞台。"这是中央提出的外交布局。按照这一要求,多年来工商总局积极搞好市场监管领域的双边多边交流合作,维护我国发展利益,维护我国主权和统

一。截至 2008 年 6 月,总局已与 45 个国家(地区)的市场监管机关和 10 多个相关国际、区域性组织建立工作联系,开展了交流合作。

总局负责执行和参与执行的国际条约共计 5 个,政府间双边协议 9 个,部门间多边、双边协议 5 个。

我国加入的与总局有关的国际公约、协定共计 5 个。分别是:

《保护工业产权巴黎公约》

《商标国际注册马德里协定》

《商标注册用商品和服务国际分类尼斯协定》

《商标国际注册马德里协定有关议定书》

《与贸易有关的知识产权协议》

总局签订和加入的对外合作协定共计 14 个,分别是:

《中华人民共和国国家工商行政管理局泰王国商业部内贸厅、商务注册厅、知识产权厅合作交流计划备忘录》

《中华人民共和国政府和俄罗斯联邦政府关于反不正当竞争与反垄断领域合作交流协定》

《中华人民共和国国家工商行政管理总局和俄罗斯联邦反垄断局关于实施中俄反不正当竞争与反垄断领域合作协定谅解备忘录》

《中华人民共和国国家工商行政管理总局和冰岛商务部关于消费者权益保护领域信息交流谅解备忘录》

《中华人民共和国国家工商行政管理总局和美利坚合众国联邦贸易委员会关于消费者权益保护合作谅解备忘录》

《中华人民共和国政府和哈萨克斯坦共和国政府关于反不正当竞争与反垄断领域合作协定》

《中德法律交流与合作协议两年实施计划(2008—2009 年)》

《中华人民共和国国家工商行政管理总局日本国内阁府、大韩民国财政经济部消费者政策领域合作谅解备忘录》

《中华人民共和国政府和俄罗斯联邦政

府关于在知识产权保护领域合作的协定》

《中华人民共和国政府与乌克兰政府知识产权合作协议》

《中华人民共和国政府与意大利共和国政府知识产权合作协定》

《中华人民共和国政府和秘鲁政府知识产权合作协议》

《中华人民共和国政府和蒙古国政府知识产权合作协议》

《中华人民共和国政府与吉尔吉斯共和国政府知识产权合作协定》

（一）按照中央的外交布局，做好市场监管领域的双边多边交流合作

在双边交流中，总局按照中央外交布局的要求，深化了同美国、欧盟、日本、德国、法国、俄罗斯、南非等多个国家（地区）竞争、消费者保护、知识产权机关的高层对话，认真执行1996年代表中国政府签署的《中华人民共和国政府和俄罗斯联邦政府反不正当竞争与反垄断领域合作交流协定》,1998年签署的《中华人民共和国政府和哈萨克斯坦共和国政府反不正当竞争与反垄断领域合作协定》以及中法、中日商标保护备忘录等政府间及部门间双边协议。其中，中俄竞争、消费者保护、广告监管领域的合作于2004年纳入《〈中华人民共和国和俄罗斯联邦友好合作条约〉实施纲要（2005年至2008年）》,2005年总局同俄罗斯联邦反垄断局在第10次两国总理定期会晤的框架下，签署了中俄竞争领域、广告监管领域2006—2007年谅解备忘录，中俄消费者领域的双边交流与合作也正在积极推进；2008年10月，在经过多轮磋商的基础上，总局与美国专利商标局签署了《中华人民共和国国家工商行政管理总局和美国专利商标局战略合作谅解备忘录》,备忘录为双方进一步加强商标领域的合作提供了依据和基本框架。中法商标领域的合作从1985年开始实施，几年来得到进一步深化。

与此同时，总局加大了对周边国家和发展中国家市场监管机关的工作力度。一方面，继续与东盟国家保持友好往来，中日韩三国消费者保护政策磋商机制正常运行，并充分发挥了中、日、韩三国在区域消费者权益保护领域的龙头作用，加强了与泰国、朝鲜、蒙古和越南相关机构的交流。与泰国、新加坡、越南等东盟国家市场监管机构的友好往来和务实合作深入开展，与新加坡律政部实现了部长级会谈，与越南在商标领域的交流合作趋于机制化；对东盟、南盟自贸区以及大湄公河次区域发展中的市场监管问题和其他周边有关的跨境热点问题，予以了积极的关注。另一方面，对发展中国家则继续保持积极交往的势头，先后与巴西、智利、阿根廷、埃及等国的竞争和消费者保护机关举行了部长级会谈，讨论双边合作的有关问题，与阿联酋、匈牙利、波兰、越南、埃及、印度等发展中国家开展了进一步的交流借鉴和友好合作，同发展中国家在市场监管领域的交流对话和合作得到加强。

在多边舞台上，国家工商总局国际合作工作紧紧抓住两个重点：

一是代表中国政府活跃在市场监管领域的各种多边场合，广泛宣传我国竞争、消费者保护、知识产权保护、中小企业发展等方面的政策、法律及其实施成效。总局定期派人参加联合国贸发会议、世界贸易组织、世界知识产权组织、亚太经合组织、国际消费者保护与执法网络等相关国际组织的各种会议和活动，积极参与竞争、消费者保护、商标专用权保护等方面的国际磋商、研讨，阐述观点，施加影响，争取发展中国家支持，努力与发达国家在焦点问题上达成共识。在国家授权范围内，广泛参与了联合国贸发会议、世界贸易组织、世界知识产权组织等国际和区域性组织的会议和工作，在竞争、商标、消保等领域参与国际规则制定的广度和深度都显著提高，代表国家签署了《新加坡商标法条约》,积极支持中国消费者协会参加国际消联理事竞选工作；更加积极地参与联合国贸发会议、国际消费者保护与执法网络等国际、专业性组织的国际执法合作和协调；在交流对话的同时，与世界知识产权组织、欧盟等合作举办了世界地理标志大会、中国广告业高层论坛（2007）、《中国反垄断法》执法国际研讨会等，加强了与相关国

际组织的交流与合作,增强了在相关国际事务中的影响力。同时参与有关国际规则的制定与修改,参与多边公平交易、消费者保护、知识产权保护执法合作,不断扩大我国的影响,保护我国企业和消费者的权益。

二是主动搭建平台,宣传我国市场监管的做法与成绩。2004 年以来,总局先后成功举办或承办了第 39 届世界广告大会(2004)、国际消联理事会年会(2005)、竞争政策与立法国际研讨会(2005)、世界知识产权组织战略性利用商标促进经济及农村发展国际研讨会(2005)、第一届中国国际商标节(2005)、第二次中日韩消费者政策磋商会议(2006)、世界地理标志大会(2007)、反垄断执法国际研讨会(2007)、中国国际广告节(2008)等重大国际会议和活动。通过这些国际会议和活动,不仅学习了其他国家的经验和做法,也宣传了中国相关领域的政策、立法和执法成果,提升了我国的对外形象,促进了国内相关领域工作的开展。

(二)大力宣传我国完全市场经济地位

作为配合国家总体外交的一项重要任务,宣传中国完全市场经济地位,争取更多国家承认,是 2002 年以来我国总体外交中的一件大事。总局把结合工商行政管理职能,积极宣传我国完全市场经济地位,作为本部门外事工作配合国家总体外交的一个重要任务,无论是组织出访还是接待来访都积极利用外方对我国经济发展和改革开放的关注,抓住机会,大力宣传我国完全市场经济地位。近几年,总局部级代表团把宣传我国完全市场经济地位作为工作访问的重要内容,在出访日本、韩国、美国、巴西、智利、阿根廷、埃及、南非、澳大利亚、芬兰、瑞典、德国、法国、意大利等国家时都积极介绍我国改革开放政策和发展市场经济的辉煌成就,结合工商行政管理工作,用事实说话,着力宣传我国完全市场经济地位,取得了积极的回应和成效。

(三)协助解决双边贸易争端

随着我国出口贸易的增长,特别是我国贸易顺差日益扩大,双边贸易纠纷及消费纠纷也呈上升趋势,并备受关注。总局

与外方举行的部长级高层会谈中,也屡屡涉及此类问题。对外方提出的问题,总局妥善应对,积极做工作,努力澄清事实,消除误会,化解矛盾。特别是 2005 年总局领导出访埃及、希腊、葡萄牙,针对对方提出的中国产品的质量问题,2006 年出访芬兰、瑞典、冰岛,针对中欧纺织品贸易争端和中国鞋反倾销案,做了许多工作,使外方相关机构、当地媒体和群众了解我国的立场,取得了良好的效果。

(四)宣传我国商标知识产权保护工作

以美国为首的一大批西方发达国家,对我国知识产权保护法律制度和执法工作,提出了许多疑问和责难,既影响了我国经济贸易的发展,也有损于我国整体形象和声誉。为此,我国政府在加紧与美国等国家进行相关谈判、交涉的同时,要求做好知识产权保护对外宣传工作。为了配合这项工作,总局把商标宣讲作为对外交流合作的一个重点,一方面,派员参加国家知识产权局组织的知识产权综合宣讲团,另一方面,多次组团前往美国、澳大利亚、新加坡、新西兰、欧盟、法国、意大利等国家(地区)进行宣讲和对话,向当地的企业界、法律界介绍中国商标保护法律制度,并就如何加强双边合作,减少商标领域纠纷与摩擦等问题,与当地立法、司法、行政执法部门交换意见。通过宣讲,使对方了解了我国保护商标专用权的现状,消除疑虑,增进理解,增强了与我国开展经贸往来的信心。

(五)妥善做好市场监管领域国际交流合作中的涉港澳台工作

支持在工商行政管理职权内,认真落实 CEPA,制定落实有关配套制度,加强与港澳地区的沟通与联系。妥善做好市场监管领域中的涉港澳台工作是"新三定"履行国际合作司的重要职责。加强与港澳地区在商标等其他领域的交流和合作。截至 2008 年 6 月,国际合作司正进一步深化与港方的合作内容,探讨建立与包括香港地区等在内的受理旅游消费投诉等在内的执法合作机制。同时总局与香港各有关机构在企业注册、商标注册保护、消费者权益保护等多个领域的

交流进一步加强。与香港经济发展局和香港财经事务局的合作协议正在抓紧研究磋商中。配合涉台工作，积极支持海峡两岸的交流合作，支持商标协会与台湾海峡两岸商务协调会签署并执行合作协议，派员赴台参访，加强沟通交流。妥善处理多边交流中的台湾问题，努力维护国家主权和统一。

（六）支持开展民间交流合作

对外民间交流是我国总体外交的一个组成部分。总局所指导的各协会对外民间交流活跃，从数量上约占总局对外交流合作活动的1/7，中国消费者协会、中华商标协会、中国广告协会、中国个体劳动者协会四个协会，根据各自的职责范围，积极参与国际消费者联盟、国际商标协会、国际广告协会、世界中小企业协会等相关国际组织活动，出席相关国际会议、参加或举办有关国际展览、就自身发展改革中的具体问题开展对外交流合作，充分发挥了民间外交的灵活性和特有的作用。

二、学习借鉴国外先进的监管理论和执法经验，努力服务市场监管中心工作

30年来，我国市场经济迅速发展，改革开放不断深入，工商机关面临的形势不断发生深刻的变化。为适应时代的要求，国家工商总局在认真总结系统内经验做法的同时，也把目光投向了世界，学习借鉴国外先进的经验，为促进全系统积极履行市场监管职能、努力实现"四个统一"提供了有力的支持。多年来，总局通过组织专项考察、涉外培训，结合国外经验认真研究市场监管与经济发展的关系，密切关注不同国家以及同一国家不同时期为适应经济社会发展需要而进行的竞争、消费者保护、商事登记及知识产权保护政策。根据我国国情的需要，把国外有益的经验应用到市场监管立法和执法工作中，为我国相关政策、法律的制定及调整提供了参考。

（一）根据我国国情的需要，把国外有益经验应用到我国市场监管立法和执法工作中

重视结合国外经验，认真研究市场监管与经济发展的关系，密切关注不同国家以及

同一国家不同时期为适应经济社会发展需要而进行的竞争、消费者保护、商事登记及知识产权保护政策、法律改革，为我国相关政策、法律的制定及调整，提供参考。仅近几年来，总局围绕《反垄断法》、《反不正当竞争法》（修订）、《直销监管条例》、《禁止传销条例》、《公司法》（修订）、《公司登记管理条例》（修订）、《商标法》（修订）等立法项目，以及竞争、消费者保护、商标专用权保护等重点领域的执法工作，通过出访考察、派员培训、召开国际研讨会等多种方式，提供国外经验借鉴和国外技术、资金支持，解决重点、难点、焦点问题，有力地促进了上述立法项目的顺利进行和有关执法的有效实施。

（二）学习研究国外经验，促进市场监管改革发展

为市场监管制度改革提供国外借鉴。近年来，重点围绕企业登记制度改革、企业信用体系的建立完善、个体工商户分层分类登记管理制度改革、流通领域商品质量监管制度改革等，进行了深入的考察和比较研究，努力探寻行之有效的市场监管工作理念、思路和方法，推进我国市场监管制度改革，提高我国市场监管的有效性和整体水平。

以信息化建设为核心，促进市场监管方式、手段改革。为配合金信工程建设、"12315"执法网络功能整合工程建设、企业信用分类监管基础平台建设以及商标信息化系统工程建设等项目，先后组团赴国外考察学习国外利用计算机系统和高科技手段，改革执法方式、提高执法效能的有益经验，并开展计算机硬件和软件方面的技术交流、培训，努力促进市场监管方式、手段从传统到现代化的转变。

研究国际趋势、借鉴国外做法，积极推动所属事业单位改革，促进其更好地发挥各自的职能作用，与业务部门互相配合，形成合力，推动完善行政执法、行业自律、舆论监督、群众参与的市场监管体系。

（三）借鉴国外经验，为市场经济秩序整顿和规范行动提供智力支持

从2001年开始，我国开展了大规模的整顿和规范市场经济秩序行动。为搞好专

项治理工作,国家工商总局有针对性地开展国际交流与合作工作。

为配合食品安全专项整治,考察了德国、法国、意大利和欧盟等世界消费者保护和食品安全最发达地区的食品安全管理先进理念、法律制度、执法体制和具体做法,与对方有关机构达成了交流合作意向,为加强国际合作,共同解决全球性的产品安全问题打下了基础。

为配合开展保护注册商标专用权行动,对大洋洲、美洲、欧洲有关国家实施商标专用权保护特别是驰名商标、地理标志保护、打击假冒方面的法律规定,以及实际操作程序和有效措施进行考察研究,为完善我国商标法律制度、提高商标注册效率、进一步加大商标执法力度提供了参考。

为配合开展虚假违法广告专项整治,考察了欧洲、拉美国家的广告监管制度和做法,特别了解了欧盟及其成员国对药品、化妆品、食品、医疗广告的监管经验,比较发展中国家与发达国家的差异,探索改革我国广告监管体制和制度。

(四)利用对外交流合作平台,推动市场监管队伍建设

为队伍建设服务,是总局外事工作的一个重点。几年来,根据中央和国务院领导同志关于加强工商队伍建设的要求,结合落实《依法行政实施纲要》和《建立健全教育、制度、监督并重的惩治和预防腐败体系实施纲要》,着重从加强执法人员行为规范和监管的角度,支持开展对外交流合作,提供国外借鉴。重点就竞争执法人员、商标注册管理及执法人员的规范与监督进行考察研究,提出了很好的工作建议,对加强工商队伍建设,特别是规范专业执法人员行为,确保行政执法公正、廉洁、高效,提升素质,改善形象,起到了一定的促进作用。同时,进一步学习考察了国外公务员培训与管理的有关问题和做法,为进一步加强和改进工商行政管理系统的培训工作做出了努力。

(执笔人:周国红)

第二部分

第十六章　经济信息中心

概　述

为了适应改革开放对工商行政管理工作提出的新要求,加速实现工商行政管理现代化,1988 年 9 月 28 日,国家工商行政管理局向人事部提交了《关于组建国家工商行政管理局经济信息中心的报告》。1988 年 11 月 1 日,人事部正式批复同意国家工商行政管理局设立经济信息中心。经济信息中心的职能确定为:统一规划全国工商行政管理经济信息系统,负责经济信息的收集、录入、传送、编辑、处理和分析及为社会提供咨询服务。负责工商行政管理局办公自动化的规划与管理(包括企业登记、市场管理、经济检查、经济合同、商标注册档案的自动化),逐步建立健全各类经济监管信息数据库,为强化职能,改善管理,形成完整有效的工商行政管理监管体系服务。关于机构设置与编制,明确经济信息中心是国家工商行政管理局的直属事业单位。经费从财政拨款;司(局)级机构,下设五个处,编制 60 人(含行政编制 10 人)。1990 年,国家工商行政管理局将统计和档案业务划归经济信息中心,同年 6 月,经济信息中心独立办公。

1995 年 1 月,国家工商行政管理局实行新的三定方案,统计、档案划归局办公室。同年 4 月,经济信息中心按新三定方案调整了内设机构,下设四个处,即综合处、技术处、计算机网络处、应用开发处。1996 年 1 月 22 日,经国家工商行政管理局批准,经济信息中心注册成立了"红盾信息技术开发中心"。

1995 年 4 月 6 日,国家工商行政管理局(工商人字[1995]第 71 号)确定经济信息中心的主要职能是:负责全国工商行政管理经济信息系统技术工作,组织全国工商行政管理经济信息系统网络和数据中心建设,对各省市工商行政管理经济信息系统建设进行业务指导,为市场监管与行政执法工作提供技术支持和技术保障;研究、制定并组织实施全国工商行政管理经济信息系统建设的规划、计划、技术方案、标准、规范和编码;负责国家工商行政管理局机关业务管理自动化系统的建设和应用开发工作;负责计算机网络及相关设备的选型、配置和维护;组织开发、验收、推广工商行政管理系统应用软件;受行政部门委托,承担经济信息的收集、整理及处理工作,承担信息技术人员和应用人员的业务培训及技术交流工作;面向社会提供经济信息咨询和技术服务。

2007 年 12 月 23 日,根据人事部《事业单位岗位设置管理试行办法》的要求,国家工商行政管理总局人事教育司批复了信息中心新的岗位设置。信息中心编制 50 人,为局级单位,下设 5 个处级内设机构、1 个企业单位。其中:主任 1 名,副主任 3 名,总工程师(司局级副职)1 名。经济信息中心的主要职能是:负责全国工商行政管理信息系统技术工作,组织全国工商行政管理信息系统网络和数据中心建设,对各省、自治区、直辖市工商行政管理信息系统建设进行业务指导,为市场监督管理与行政执法工作提供技术支持和技术保障;研究、制定并组织实施全国工商行政管理信息系统建设的规划、计划、技术方案、标准、规范和编码;负责国家工商行政管理总局机关业务管理自动化系统的建设和应用开发工作;承担信息技术人员和应用人员的业务培训及技术交流工作;面向社会提供信息咨询服务等。

为加强工商行政管理系统信息化工作的领导,指导、协调全国工商行政管理信息化工作,充分利用信息技术提高市场监管执法效能和公共服务水平,1996年国家工商行政管理局专门成立了信息化工作委员会,国家局领导任主任;国家局升格为总局后,2002年成立了"国家工商行政管理总局信息化领导小组",党组书记、局长王众孚任组长;2008年6月16日,总局发文决定成立国家工商行政管理总局信息化领导小组及其办公室(工商办字〔2008〕126号),总局领导任组长。办公室设在总局经济信息中心,作为总局信息化领导小组的办事机构,具体负责承办总局信息化领导小组的日常工作。信息化领导小组办公室的主要职责是:负责总局信息化领导小组决定事项的组织实施和督促检查,协调总局机关信息化建设和管理工作;负责研究拟订工商行政管理信息化发展规划、年度计划、总体技术方案和标准;负责拟订工商行政管理信息化管理制度及相关管理办法;指导全国工商行政管理系统信息化建设、管理和应用推广工作;参与国家信息化相关工作,承办总局信息化领导小组交办的其他事项。总局信息化领导小组办公室主任由经济信息中心主任兼任。

第一节　工商行政管理信息化的历程

工商行政管理信息化工作是伴随着我国改革开放的进程而起步,在社会主义市场经济体制建立中工商行政管理部门地位的日益提高、队伍不断壮大而发展的,并伴随着技术的发展和应用的深入而提高。1984年,地处改革开放前沿的深圳市工商行政管理局率先在企业登记管理方面引入计算机,拉开了计算机在工商行政管理中应用的序幕。截至2008年6月,大致经历了三个发展阶段。

一、起步阶段(1984—1995年)

计算机应用开始只限于企业登记业务,且主要是打印执照以及部分文字处理。1988年国家工商行政管理局经济信息中心成立后,即开始调研着手制订工商行政管理信息化总体规划(1991—1993年),并于1990年下发执行。此后工商行政管理系统的信息化开始起步并在探索中前进。人们对计算机的认识随着应用范围的扩大而深入;计算机应用领域随着工作的需要而拓展;专业技术人员随着现代化技术的引入而增加,也培养了一批能够操作计算机的人员;领导的信息化工作重要性认识在提高,工作人员的观念在转变。同时国家工商行政管理局组织开发了一些业务软件,统一组织购置了一批微机、小型机,尝试联网应用,开通了点对点通信,使计算机应用从单纯打印执照发展到处理其他业务,取得了积极进展,工商行政管理系统信息化基础设施每年以25%左右的速度增加。但受当时信息化发展水平的限制,应用效果不够明显,硬件设备发挥作用不够充分。

二、基础建设阶段(1995—2003年)

1995年,全国工商行政管理工作会议提出建立工商行政管理计算机网络和数据中心。据此,经济信息中心拟制并经国家工商行政管理局局长办公会审议通过,下发了《工商行政管理数据处理网络建设方案》,1997年又下发了《工商行政管理数据处理网络建设方案技术平台选择的补充意见》,系统地提出了工商行政管理信息化的指导思想、建设原则、建设目标、主要任务、保障措施、标准规范等,为统一规划、统一组织、统一标准、统一管理信息化工作提供了依据和指导。方案下发后,各省市局也纷纷制定本地区的建设方案,成立专门的信息化管理机构,信息化工作逐渐深入开展;随着信息技术的不断发展和应用范围的不断扩大,信息化设备量增长迅速;软件开发全面铺开,国家工商行政管理局先后组织开发了内资、外资、私营、个体、广告、公平交易等基础规范性软件,并在全国推广应用,各级工商行政管理局数据库建设粗具规模;制定、下发了多项技术标准和业务处理数据标准;开展了工商企业卡(IC 卡)的发行与应用试点工作,初期还以点对网方式连通了国家局和省市局,使应用向纵深发展。

1998 年,党中央、国务院决定省以下工商局实行垂直领导,这对于进一步搞好全系统的信息化工作提供了组织保证。各地工商局克服资金短缺和人才匮乏的困难,加大对信息化的投入,工商行政管理系统信息化基础建设得到进一步加强。同时国家工商行政管理局还发文提出建立工商行政管理信息网与红盾信息网,这两个网络的建设,将进一步提高工商行政管理现代化水平。

为适应全球信息化和监管社会主义大市场实际工作的需要,国家工商行政管理局还采取了一系列重要举措。一是 1999 年 12 月 22 日,国家工商行政管理局局长办公会议决定,由国家工商行政管理局统一投资并组织建设工商行政管理内部业务网络系统。所建网络系统是以国家工商行政管理局为主节点,连接 46 个副省级市以上工商行政管理局,由通信线路、网络系统、服务器与应用软件三个主要部分构成,总投资预算 4 700万元。二是于 2000 年 7 月中旬在北京召开了"全国工商行政管理系统信息化工作会议",出席会议的有 46 个副省级市以上工商行政管理局主管局长和信息中心主任。局长王众孚出席会议并作了题为《加快推进工商行政管理信息化迎接新世纪的挑战》重要讲话,主管局长作了《明确任务抓住机遇提高工商行政管理信息化水平》的工作报告。三是下发了一系列关于加快工商行政管理信息化建设的文件等,工商行政管理系统的信息化驶入快车道。2002 年 3 月底,总局与 46 个省、自治区、直辖市、计划单列市、副省级省会城市工商局之间的主干网络全部建成。

三、发展阶段(2003—2008 年)

2003 年 8 月,总局以改革企业监管方式,在全系统推行企业信用分类监管,利用信息技术整合工商职能,提高执法效能,确

立了"金信工程"建设的总体思路和五年工作目标,至此,工商行政管理信息化进入快速发展和全面应用阶段。信息化在企业信用分类监管、个体工商户分层分类监管、公平交易执法、"12315"行政执法体系建设、商品质量管理等领域广泛应用。外商投资企业网上年检全国推开,内资企业网上名称核准、网上年检和网上登记范围进一步增加,商标注册实现了网上公告、网上查询,网上申请系统试用范围逐步扩大,总局政务信息系统和视频会议系统开始试运行。信息化正广泛地应用于工商行政管理业务的各个方面。

第二节 工商行政管理 信息化工作成果

二十多年来,从国家工商行政管理总局到地方各级工商行政管理局,都非常重视信息化工作,总局和大部分地方工商局都成立了信息化领导小组,由局领导担任领导小组组长,并把信息化建设列为"一把手"工程。各地工商局按照总局的部署和要求积极有序推进信息化建设,特别是中、西部地区,克服资金紧张、人才缺乏等困难,因地制宜,多方筹措资金,创造条件,加大对信息化建设的投入,扎扎实实开展信息化工作。"十五"期间,全国工商系统在信息化建设方面的投资近 30 亿元。全系统信息化工作管理人员和专业技术人员爱岗敬业,开拓奉献,刻苦钻研,勤奋工作,在设备购置、安装调试、网络构建、软件开发、运行维护,以及应用指导和技术培训等方面,做了大量艰苦的工作,工商行政管理信息化整体工作取得了明显成效。为促进工商行政管理监管手段和方式的改革创新,促进工商行政管理工作制度化、规范化、程序化、法治化建设,构建长效监管机制,进一步做到监管与发展、监管与服务、监管与维权、监管与执法的统一提供了有力的技术支持和保障。

一、基本建立了信息化专职工作机构

截至 2008 年 6 月底,全国 31 个省、自治区、直辖市工商行政管理局有 30 个成立了

信息化专职工作机构。其中部分工商行政管理局信息中心已列为行政机构编制,如福建省工商行政管理局成立了信息分局,浙江省工商行政管理局成立了信息办,天津市、甘肃省、新疆自治区等工商行政管理局成立了信息化管理处等,进一步强化了信息化建设的统筹协调能力。

二、基本建立了覆盖全国工商行政管理系统的信息化网络

以工商行政管理网为依托,基本实现了总局、省级局、地市级局、县级局和工商所的五级联网。截至 2007 年底,所有省级局均实现了与总局的联网,已联网地市级局 410 个、县级局 2 982 个、工商行政管理所20 965 个,分别占应联网单位总数的 89.72%、98.03%、90.15%。

三、基本建立了信息化标准规范体系

在工商行政管理信息化建设中,始终坚持统一规划,标准先行,夯实信息化基础工作。编制了工商信息化"十五"、"十一五"规划和"金信工程"总体技术设计方案,制定了包括总体技术、安全系统、基础数据、网络建设、公文传输等信息化标准规范,进一步促进了全国工商行政管理系统互联互通和信息共享。

四、基本实现了信息化对工商主要业务的覆盖

各级工商行政管理机关不断加强信息技术在各个业务领域的运用,全系统工商业务已经基本实现计算机管理,既规范了工作,也提高了效率。特别是企业信用分类监管联网应用、"12315"信息系统建设等重点应用的推进,使90% 左右的地方局信息化应用推广到了工商行政管理所。

五、基本建立了对社会公众的服务平台

1997 年总局建立了政府网站,各省级局,以及大部分地市级局也都建立了政府网站,并以网站为依托,创新服务方式,扩大服务范围,不断提高服务水平。在地方政府组织的网站绩效评比中,北京、浙江、重庆等许多地方工商局连续多年位居前列。

六、基本形成了一支适应工商信息化建设的骨干队伍

各地高度重视信息化队伍建设,积极落实有效的人才管理机制,加强教育培训和实践锻炼,信息化工作队伍整体素质不断提高。截至 2008 年 6 月底,全系统信息化建设队伍达 6 000 人左右。

七、总局机关信息化建设快速发展

总局机关的信息化对总局机关建设至关重要,对全系统的信息化工作有着重大影响。正是由于总局机关对信息化工作的重视,有力地推动了地方工商信息化的发展。特别是总局提出建设"金信工程"以来,总局机关信息化意识普遍加强,投资空前加大,信息化基础建设和各类应用快速发展,整体工作上了一个新台阶,达到了一个新水平。

（一）各类应用全面推进

——在业务流程方面。开发使用了内外资企业登记管理、不冠行政区划企业名称网上核准、企业登记电子档案管理系统,企业动产抵押登记管理系统等。

——在联网应用和数据分析方面。开发使用了企业信用分类监管联网应用系统,个体工商户分层分类登记管理联网应用系统,公平交易执法办案联网应用系统,外资登记管理数据监测分析系统,以及总局"12315"消费者申诉举报数据分析系统和流通领域商品质量检测软件等。

——在办公和廉政建设方面。开发使用了总局机关政务信息系统、文件收发管理、政务信息直报、专项调查统计系统等,以及企业注册大厅和商标注册大厅服务质量评价系统;商标局还建立了独立的商标审查网;总局视频会议系统已开始运行。

——在对社会公众服务方面。在互联网上建立了总局为社会公众和企业服务的政府网站,在总局政府网站下,机关各业务司局还建立了自己的子网站。在总局政府网站上实现了总局政务网上公开,内外资企业登记信息和商标注册信息的网上公告、网上查询(咨询),以及申请文书表格的下载。开通了政府网站英文版(其中外资、商标的英文信息服务达到适时更新),基本形成了总局电子政务对外服务的平台和总局政府信息公开平台。网站日点击数平均达 600

多万次,日登录人数近 7 万人次,访问者遍布世界 100 多个国家和地区。

特别是在 2008 年春季雨雪冰冻自然灾害和"5·12"四川汶川地震突发事件中,总局政府网站及时开设专栏,第一时间发布总局重要部署、工作动态、活动简报等,增强了总局应对突发事件的快速反应能力和政府公信力。2008 年 5 月 13 日,开通了"万众一心　众志成城　全国工商系统抗震救灾特别报道"专栏,通过 24 小时网站信息宣传发布全天候工作机制,全力保障总局及全国工商系统抗震救灾各类信息在第一时间上网。截至 2008 年 6 月底,共收集、整理、发布各类文字、图片信息 848 篇,其中新闻信息 593 篇,图片新闻 255 篇,为抗震救灾提供了有力支持。

截至 2008 年 6 月底,总局机关投入建设的主要信息化项目还有:总局综合业务系统、数据中心建设、公共服务系统建设、商品交易市场信用分类监管、商标自动化系统三期工程、商品质量和食品安全监管等。

(二)信息化基础建设得到加强

——完成了总局信息中心计算机房和商标局计算机房改造工程,实施了总局机关第二套网络系统综合布线和商标审查网络改造工程。

——建立了网络安全保障体系。2005 年,按照国办的统一标准,完成了总局政务外网的"安全支撑平台"建设,2006 年又组织专业安全机构对网络系统进行了安全评估,根据评估发现的安全薄弱环节对网络安全系统进行加固,截至 2008 年 6 月底,总局的网络系统中安装有防火墙、基于主机和基于网络的入侵检测、网络隔离与单向数据交换、安全审计、过滤控制、网络防病毒和邮件防病毒、防病毒网关、Web 信息防篡改、拒绝服务攻击等安全设施近 50 台(套),具备了基本的安全防护能力,为系统运行提供了安全、稳定的基础环境。

(三)信息资源建设取得积极进展

总局和各地工商行政管理机关非常重视信息资源的建设工作,以企业信息为核心内容的经济户口数据库也已达到一定规模。

截至 2008 年 6 月底,全部外商投资企业、绝大部分的内资企业和私营企业的开业、变更、年检、日常监督等信息已经入库,企业信用监管全国联网目标基本实现。通过联网,总局共汇总 992.3 万户企业基本信息,321.88 万户吊销企业信息,496.5 万户注销企业信息。

同时,总局经过多年努力,已经基本建立了商标数据库,包括注册商标信息与档案扫描电子影像信息两部分,共 277.4 万件,在总局政府网站上免费向社会公众提供查询服务。

第三节　工商行政管理信息化效益显著

经过二十多年建设,信息技术已经融入到工商行政管理各项业务工作之中,电子政务效能初步显现。

一、进一步提高了监管执法效能

实行企业信用分类监管,各级工商行政管理机关根据企业不同的信用等级,有针对性地开展市场巡查工作,促进监管方式由原来的分散管理向综合管理转变,由单一管理向全面管理转变,由无重点的管理向主动有针对性的管理转变,由突击式监管向长效监管转变,由经验粗放型管理向科学规范化管理转变,由静态管理向动态管理转变,由封闭式管理向公开管理转变,大大提升了监管效能。

二、促进了监管执法的规范化

各地按照分类监管的要求,对原有的各类业务处理软件系统进行修改、补充和完善,充分运用信息技术来规范工作流程,减少执法的随意性,有力地促进了自身监管执法行为的规范。

三、促进了工商资源整合

实施企业信用分类监管,要求有效地整合企业登记信息、各类监管信息、"12315"消费者申诉举报信息,能够比较全面地反映企业的遵章守法情况,为依法监管提供了可靠的依据,全国联网信息共享,延伸和扩大了监管范围,特别是依法应当限制的,不仅被所在地登记机关限制，在其他登记机关也同样被限制，有效发挥了工商行政管理机关综合监管的整体合力。

四、推动了社会信用体系建设

实施企业信用分类监管，提供企业信息查询，对企业违法记录予以披露，对吊销企业进行公示，既服务了社会，降低了交易风险，又强化了社会对企业的监督，加大了企业违法成本，促进了社会信用体系建设，为促进地方经济健康发展发挥了作用，受到了地方党委、政府的普遍认可。截至 2008 年 6 月底，全国有 10 个省（含直辖市）的政府把企业信用体系建设工作交由工商部门牵头承担。承担地方政府企业信用体系建设工作的地市级工商局有 78 个、区县级工商局有 532 个。江苏、浙江、重庆等地还建立了信用体系建设行业协会。

五、提高了消费维权的水平和工作效率

"12315"消费者申（投）诉举报网络系统为加强市场监管力度，有效预警和处置突发事件发挥了重要的作用，在抗击"非典"、清查"苏丹红（一号）"和防控市场"猪链球菌"、"禽流感"等事件中，特别是对一大批消费侵权违法案件的查处，有效地保护了消费者合法权益，进一步提高了消费维权的能力。"十五"期间，依托全国工商行政管理系统建立的 25.7 万个各类"12315"消费者维权联络点或投诉站网络，共受理消费者申诉 361 万余件，为消费者挽回经济损失 32.7 亿元，有效地保护了消费者的合法权益。"12315"消费者申（投）诉举报网络系统为保护经营者、消费者合法权益，打击违法违章经营行为，提供了一条快速、可靠的通道，已经成为各地政府的民心工程。

六、促进了政府部门之间的信息共享

税务、海关、质检、劳动保障、公安、新闻出版等部门以及法院主动要求与工商部门联网共享信息。工商部门与税务部门实行企业基础信息交换后，税务部门通过数据比对，发现了未办理税务登记的企业，对堵塞税源监管漏洞，增加税收发挥了积极作用。工商行政管理部门与海关的电子口岸系统实现了进出口企业基本信息共享，对遏制、打击走私、骗汇骗税等违法犯罪活动发挥了积极作用。

第四节　"金信工程"概况

1999 年 12 月，国家工商行政管理局局长办公会研究决定：投资建设全国工商行政管理内部业务网络工程，简称"红盾工程"，连接总局和全国 46 个副省级以上工商行政管理局，实现网络互联、信息互通、资源共享，2002 年完成了联网目标。

2003 年 8 月，国家工商行政管理总局在京召开规范市场秩序，推进企业信用建设经验交流会，吴仪副总理出席会议。会议决定对企业监管方式进行重大改革，从企业信用入手，实行分类监管，实现对企业准入行为、经营行为和退出市场行为的全过程监管，从各环节上有效遏制企业的违法行为，并提出了"金信工程"建设的总体思路和五年工作目标。会后，总局制定下发了《关于对企业实行信用分类监管的意见》，至此，总局的信息化建设正式更名为"金信工程"，并进入了全面推进、快速发展阶段。

2005 年，总局向国家发改委报送了"金信工程"一期项目立项申请，2006 年 6 月国家发改委批复同意立项，2007 年 9 月批复同意初步设计方案。截至 2008 年 6 月底，总局正按批复要求抓紧组织实施。

"金信工程"一期项目建设目标：通过建设和完善工商总局企业信用监管业务系统，进一步提高工商总局市场监管、行政执法和综合服务能力，并为相关国家电子政务工程提供可靠的数据支持，为构建我国社会信用体系奠定基础。

"金信工程"一期项目建设内容：在现有资源的基础上，通过购置必要的软硬件设备，主要完成以下建设任务：

一是制定统一的指标体系和统一的技术标准；二是建设完善工商总局办公局域网，依托国家电子政务网络，实现工商总局与十一个试点省/市局（辽宁、湖北、浙江、江苏、福建、甘肃、北京、上海、重庆、西安、成都）网络连接；三是建立工商总局数据中心，

建设和完善全国企业身份基础信息、全国黑牌企业及负责人、全国外商投资企业管理、商标服务、"12315"消费者申（投）诉汇总统计分析、全国动产抵押物和总局注册企业等七个数据库；四是建设和完善市场准入与退出管理、行政执法案件管理、企业分类监管、"12315"行政执法四个业务应用系统，以及面向政府和社会的企业信息公共服务系统；五是建设相应的安全保障系统和相关的配套环境。

"金信工程"一期项目建设期：18个月。

信息化建设是发展电子政务、实现现代管理的必然要求。经济信息中心自成立后，致力于利用现代信息技术，为市场监管和行政执法工作提供技术支持，实现工商行政管理业务工作信息化，为完善监管服务手段，实现管理现代化，提高监管服务效能，促进市场经济健康发展作出了突出贡献。

（执笔人：王子献）

第十七章　中国工商报社

概　述

《中国工商报》是由国家工商行政管理总局主管的经济法制类报纸,它的前身是1984年10月1日创刊的《中国广告报》。1987年2月14日,经中共中央宣传部批准,《中国广告报》更名为《中国工商报》,并于当年7月3日正式出版发行。6月26日,《中国工商报》创刊招待会在北京饭店举行,朱学范、胡子昂、王首道、刘澜涛等领导同志和首都各界人士300多人出席。7月3日,由老一辈无产阶级革命家陈云同志题写报名的《中国工商报》正式面世。时任中顾委副主任的薄一波同志为本报创刊题词:"全心全意地为生产者、经营者、消费者服务,为加强社会主义两个文明建设服务。"1987年9月1日,国家工商行政管理局发出《关于成立中国工商报社的通知》,明确指出:中国工商报社是隶属于国家工商行政管理局的事业单位,实行单独核算。

《中国工商报》创刊时,欣逢国家建设步入飞速发展的时期,改革开放的步伐加快,商品经济更加活跃,城乡市场欣欣向荣。在社会和经济生活发生巨大变化的同时,工商行政管理工作也面临着新的形势、任务和新的情况,客观上需要进一步加强研究、探索和宣传,越来越迫切地需要有一张专业性强的报纸,来宣传工商行政管理的政策法规,传播信息,交流经验,讨论研究工作中的有关问题。正是基于这些需要,《中国工商报》应运而生。

创刊伊始,《中国工商报》就确立了其经济法制类报纸的基调。20多年来,中国工商报社在国家工商行政管理总局党组的正确领导下,在主管业务部门的具体指导下,在全国工商行政管理系统的大力支持下,艰苦创业,奋力开拓,始终围绕中心,服务大局,在宣传报道中坚持正确的政治方向,牢牢把握正确的舆论导向,为人民服务,为社会主义经济建设服务,为全党全国工作大局服务,为工商行政管理事业服务,逐步走出了一条具有自己特色的发展之路,报纸的覆盖面和影响力日益扩大。

《中国工商报》坚持"立足工商,面向市场"的办报宗旨,始终从工商行政管理的视角,折射社会经济法治的进程,反映中国特色社会主义经济建设的发展。《中国工商报》以全面反映工商监管执法、维护市场经济秩序为报道主线,传递执法信息,交流监管经验,指导系统工作,宣传工商法规,维护企业和消费者权益,促进信用建设,是全国工商行政管理系统新闻宣传的主舆论阵地,是展示工商形象和推进工商文化建设的平台,是各类市场主体和社会团体、中介机构了解学习工商法规,指导经营和规范管理的园地,也是广大经营者、消费者、社会各界人士洞察社会、感受时代、获取经济执法信息、维护合法权益的窗口。

第一节　发展概况

《中国工商报》创刊时为周二刊,每周二、五出版,对开四版。创刊后,报社根据形势发展的需要和读者的需求,在刊期和内容上适时进行调整,不断增扩版。1992年,《中国工商报》由周二刊改为周三刊,每周

二、四、六出版。1995 年 1 月,《中国工商报·非公经济》专刊正式创刊。1999 年 1 月,《中国工商报·时代广告》和《中国工商报·商标世界》两个专刊与读者见面。1999 年底,开通了中国工商报网站(网址:http://www.cicn.com.cn)。2000 年 1 月,《中国工商报·大潮》周刊创办,2007 年 1 月,大潮周刊更名为《现代公平》专刊。2000 年,《中国工商报》改为周五刊,每周二、三、四、五、六出版,每周 32 个版。

截至 2008 年 6 月,《中国工商报》已形成了"一报四刊一网站"的格局。"一报"指《中国工商报》正报。《中国工商报》正报为对开四版,每周二、三、四、六出版。《中国工商报》正报以全国工商行政管理系统主舆论阵地和宣传主渠道为立足点,以及时、准确、全面、深入反映工商监管执法,维护市场经济秩序为报道主线,以各级工商行政管理人员为基本读者群,是一张立足工商、指导工作的专业性报纸。在宣传报道上,《中国工商报》正报突出政策法规的权威性、指导性和服务性,紧紧围绕国家工商行政管理总局的中心工作和系统内的大事进行报道,加强对基层工商行政管理工作经验和信息的交流反馈,强化正报作为总局上情下达、下情上传的喉舌作用。坚持"立足工商,面向市场"的办报宗旨,多年来在传递执法信息、交流监管经验、指导系统工作、宣传工商法规、维护企业和消费者权益、促进信用建设等方面发挥了积极作用,日益成为工商行政管理工作的专业性、权威性报纸。

《中国工商报·非公经济》专刊是国内创办最早、唯一以专门报道个体、私营、外资等非公有制经济发展为主要内容的报纸。专刊以宣传党和国家对非公有制经济的有关政策、工商行政管理机关服务和监管非公有制经济的工作部署为己任,全面报道我国非公有制经济的发展,及时发布国家和工商行政管理部门对非公有制经济的有关政策,宣传推介非公领域的优秀人物,积极维护非公企业的合法权益,逐渐形成了以维护市场经济秩序中非公有制经济自我规范、成长壮大为主线的专刊特色,成为社会各界了解非公有制经济面貌的窗口。

《中国工商报·时代广告》专刊是全国首份以广告业发展为报道内容的专业报纸,是全国唯一由国家广告管理机关主管的权威性报纸。专刊适时发布国家广告政策法规,反映广告行业热点与动态,提供市场营销理念和案例,展示广告公司及广告人风采,评析广告人物及作品得失,引导广告从业者做精明广告主,成专业广告人。以促进中国广告业繁荣发展为己任,对广告业的发展秩序进行规范性引导,诠释《中华人民共和国广告法》等法律法规精神,宣传工商机关依法监管,是该刊的突出特色。

《中国工商报·商标世界》专刊是国内第一张报道商标领域新闻的专业报纸,是工商系统内指导商标工作的主要舆论工具,也是向社会展示工商机关落实国家知识产权战略、推进商标事业发展的窗口。它宣传《中华人民共和国商标法》等有关法律法规,展示工商部门运用商标战略促进经济社会发展的工作成果,全程追踪商标局督办的大案要案、商标评审委员会裁定的商标争议案件,及时发布商标法律法规和商标注册及识别信息,帮助读者了解国内外商标发展的最新态势,维护企业商标权益、实施商标战略的现代经营理念和方法,引导优秀品牌走向国际市场。专刊以其专业性、权威性赢得了业内读者的关注和好评。

《中国工商报·现代公平》专刊从"大潮"新闻周刊创办时就确立了以反映维护市场公平、反不正当竞争为主线的经济法制类专刊的定位。它以倾听消费者呼声,依法维护企业权益,仗义执言,打假扶优,在市场经济大潮中倡导诚信、创造良好法治环境为己任,其对打击传销与规范直销、反不正当竞争、反垄断、打击商业贿赂、打击"傍名牌"等的报道,都是准确、及时、全面反映工商部门工作部署,具有专业性、权威性的独家特色报道。

中国工商报网是《中国工商报》向现代化报业发展迈进的重要一步。网站于 1999 年 12 月 28 日正式开通,2000 年 5 月 18 日依法取得网络广告经营权,是全国取得此经营权的第一批报网之一。网站开通以来,点击量不断提高,已成为工商系统及社会各界阅读《中国工商报》的重要途径。

《中国工商报》自创刊以来发行量基本保持稳定。中国工商报社在全国各地设有记者站33个,通联站172个,通联网络稳定、健全,覆盖了全国绝大部分地区。

第二节　编制机构

创刊初期,根据国家工商局《关于成立中国工商报社的通知》(工商党字〔1987〕第5号)规定,"中国广告报社与工商出版社合并,组成中国工商报社,编制90人"。

1997年报社与出版社分立,报社人员编制定为60人。2003年,根据总局《关于调整中国工商报社内设机构的批复》(工商人字〔2003〕第141号)核定,中国工商报社内设机构为14个,即办公室、总编室、财务处、要闻部、专题部、大潮周刊部(2007年更名为现代公平专刊部)、非公经济专刊部、商标世界专刊部、时代广告专刊部、记者部、网络技术部、通联发行部、广告部、经济信息部。2008年,根据总局人事司《关于同意中国工商报社岗位设置方案的批复》,确定中国工商报社人员编制为89人,内设机构为16个,在原14个的基础上增设两个中心,即劳动服务中心、企业维权宣传策划中心。

中国工商报社成立之初,报社成立了中国共产党中国工商报社总支部委员会。1993年,根据国家工商行政管理局直属机关党委《关于组建中国工商报社党委的批复》,中国共产党中国工商报社委员会正式成立,下设4个党支部。

中国工商报社人员梯次、知识结构和专业技术结构趋于合理。全社大专以上学历人员占在岗总人数的86%,其中:本科39人,研究生以上13人。现有专业技术人员59人,其中:高级编辑记者4人,主任编辑记者17人,中级专业技术职务16人,初级专业技术职务22人。

第三节　主　要　成　果

多年来,中国工商报社在国家工商行政管理总局党组的正确领导下,以邓小平理论和"三个代表"重要思想为指导,以科学发展观统领全局,坚持正确的舆论导向,按照"立足工商,面向市场"的办报宗旨,紧紧围绕国家工商总局的总体部署和中心工作,积极发挥工商系统主舆论阵地的作用,宣传党和国家的路线方针政策,宣传工商行政管理的改革发展,弘扬讴歌工商行政管理战线的成就和先进典型,宣传普及工商法律法规知识,帮助各级工商行政管理机关培养宣传骨干,为促进工商行政管理事业的全面发展营造良好的舆论氛围,发挥了作用,作出了贡献。

一、坚持党的办报方针和正确的舆论导向,报纸特色与风格日益形成,报纸质量不断提高

(一)积极服务全党全国工作大局,服务工商系统改革发展,以深入反映工商监管执法、维护市场经济秩序为主线,在重大战役性报道中发挥了报纸的喉舌作用

报社成立以来,《中国工商报》始终坚持正确的舆论导向,高扬新闻事业的党性大旗,牢记为工商行政管理改革和发展服务的宗旨,准确及时地传播党和国家的方针政策,传播工商行政管理部门落实党和国家方针政策的工作部署,在"宣传工商法规,指导系统工作,交流监管经验,传递执法信息"方面发挥了积极的舆论导向作用。自1987年成立至2008年,《中国工商报》反映的历史正是市场法治不断进步,市场交易日趋规范的历史。作为市场监管体制、机制、方式不断演变完善的见证者和记录者,《中国工商报》关注社会主义市场经济发展的进程,参与工商系统改革发展的进步,始终站在工商行政管理的角度,以纸为镜,折射社会经济法治的变化,以笔传声,倡导市场竞争的公平与诚信。

近年来,《中国工商报》积极贯彻落实国家工商总局深入推进制度化、规范化、程序化、法治化建设的精神,加强对全系统全面落实科学发展观、努力做到"四个统一"、不

断开创新形势下工商行政管理工作新局面的报道力度，加强专题策划，整合报道资源，通过开专栏、辟专版、办征文等形式，运用消息、通讯、综述、系列评论等手段，及时传达总局的新思路、新要求、新部署，反映各级工商机关扎实、有效开展工作的新做法、新体会、新动态，充分发挥了《中国工商报》作为全系统主舆论阵地的功能和作用。

与此同时，《中国工商报》密切关注社会主义事业发展的大事，敏锐地把工商行政管理工作融入祖国改革开放的大格局中进行报道，忠实地履行党的新闻工作职责。2008年5月，汶川大地震发生后，中国工商报社准确把握这一突发重大事件，以高度的政治责任感和特有的新闻敏感性，迅速作出反应，及时调整版面，开辟专栏、专版，推出抗震救灾特别报道。报社先后派出4批、8名记者赴灾区前线进行采访报道。在抗震救灾报道的一个多月时间里，有关部门每天加班加点至凌晨，先后以100多个整版篇幅集中报道了总局抗震救灾的总体部署和总局领导视察灾区的指示要求，突出反映了灾区工商干部不屈不挠、奋力抗灾，在废墟上、在帐篷中坚守岗位救助群众、监管市场、维护灾区群众利益和稳定市场秩序的感人事迹，反映了全国工商系统全力支援灾区的情况和进展，以通讯、综述、消息、图片等体裁向读者推出了一批有影响、有深度的报道，形成了强大的视觉冲击力和宣传震撼力，在读者中引起了强烈的反响，充分发挥了新闻媒体弘扬正气，振奋精神，引导舆论的良好作用。

（二）发挥媒体优势，加大对法律法规和系统内先进典型的宣传力度

《中国工商报》牢记媒体责任，透视各类纷繁复杂的市场现象，为建立健全健康的市场秩序鼓与呼。为维护公平竞争的市场环境，深入宣传《中华人民共和国反不正当竞争法》，《中国工商报》率先发起开展"反不正当竞争神州行"大型宣传报道活动，开创了首都产业报刊联合行动的先河；为提高企业商业信誉，《中国工商报》广泛宣传"守合同重信用"活动，并先后举办了《中华人民共

和国商标法》、《中华人民共和国广告法》、《中华人民共和国公司法》等法律法规知识竞赛，其中《中华人民共和国公司法》、《中华人民共和国反垄断法》知识竞赛参与者多达百万人，为普及工商法律法规发挥了积极的作用，受到了读者的好评。多年来，几十万工商执法人员在市场监管过程中，作出了巨大贡献，涌现了一大批先进集体和模范人物。《中国工商报》积极贯彻落实新闻宣传"三贴近"宗旨，关注基层，深入一线，始终重视对先进典型的宣传报道，对重要典型多层次、多角度进行深度报道，先后组织了对上海南京东路工商所和范宗平、景志刚、强自喜、何付凯、胡学勤、黄振磊、杨宽德、张玉梅等先进典型的报道，塑造了一批在执法一线英勇奋战、毕生奉献的英雄群体，反映出新时期工商队伍"国徽头上戴，责任肩上扛"的精神，在系统内外引起了强烈的反响。

（三）发挥舆论监督作用，面向社会宣传力度加大

多年来，《中国工商报》对社会经济生活中的一些不正当竞争、侵害消费者权益等热点问题，及时给予关注和报道。乐普生商厦拒售索尼产品的报道、网吧专项治理系列报道、"花都机事件"的报道、汾西县消防中队强制推销消防器材的报道等，在社会上产生了强烈的反响，促进了问题的圆满解决。《中国工商报》最早追踪经济活动中对名牌的"搭车"侵权现象，称为"傍名牌"，持续不断对"傍名牌"行为进行披露报道，引起了全社会的关注。《中国工商报》关注企业发展、关注百姓利益，较早报道的下岗再就业、非公经济党建、驰名商标反淡化、网络傍"3·15"等，通过专业独家报道宣传了党的方针政策，宣传了工商法律法规，受到广大企业和读者的欢迎。1999年，《中国工商报》开通了消费者投诉热线、企业投诉服务热线，同时，报纸加大了维护企业、消费者权益宣传报道的力度，《中国工商报》在面向市场、密切与企业界的联系方面向前迈进了一步。2002年，《中国工商报》关于"陈化粮"的报道，中共中央政策研究室专门刊发了简报，国务院领导作了批示，进一步提高了报纸的影响力。

2004 年，《中国工商报》关于网吧专项治理的系列报道，对国家工商总局领导掌握全面情况、指导推动这项工作起到了重要作用。

在办好报纸的同时，报社全体员工不忘向社会献出一份爱心。1997 年 7 月，在纪念《中国工商报》创刊 10 周年之际，报社将计划用于举办庆祝活动的 20 万元资金节省下来，捐赠给云南丽江彝族山村，在当地建立了一所希望小学——永胜县落雪坪工商希望小学。2007 年 7 月，在纪念《中国工商报》创刊 20 周年之际，开展了"我们都是一家人"慈善募捐公益活动，资助了 10 位贫困基层工商干部。在华东抗洪救灾、汶川抗震救灾中，报社员工积极捐款捐物，表现了"一方有难，八方支援"的社会责任感。

多年来，《中国工商报》有数以百计的文章、摄影作品获得各类新闻奖项。在产业新闻奖、中国新闻奖等评选中，《中国工商报》的许多作品入选并获奖，显示出了较强的业务实力。一批优秀编辑记者受到表彰。1991 年，许步伟获得"全国优秀新闻工作者"称号；1995 年，禹凯锋被评为"全国集中打击生产和经销假冒伪劣商品违法行为先进个人"；1997 年，苏菲获"第二届全国百佳新闻工作者"称号；1998 年，李秀明被评为"全国知识产权工作先进个人"；2004 年，刘忠学获"第六届全国百佳新闻工作者"称号；2006 年，喻山澜获"全国优秀新闻工作者"称号。2008 年，报社要闻部被中宣部、新闻出版总署、广电总局、中国记协评为"新闻宣传先进单位"。

二、坚持社会效益与经济效益并举，依托优势，突出特色，经营创收稳步提升

中国工商报社是自收自支、自负盈亏、独立核算的事业单位，经营效益直接影响着报纸的生存与发展。创刊以来，工商报人发扬"团结奋进、社兴我荣"的精神，经过长期努力，在改革、探索与实践中打造出了一支逐步走向成熟的经营团队，创造出了有力支撑《中国工商报》健康发展的经济效益。报纸发行稳中有升，广告经营已逐步成为报社经济效益的支柱。

（一）坚持正确的指导思想与方针原则，有力地促进了经营工作的开展

一是在经营战略上以科学发展观为指导，贯彻求真务实、分步稳妥走向市场的战略决策。广告客户的拓展，有了较大的发展空间，重要经济增长点地位得以巩固。整合资源、拓展优势项目呈现良好开端。二是在经营指导思想上，紧密结合本报宗旨和特色，坚持发展主题，强化市场意识，不断深化改革，提高经营能力，在依托优势规模化、规范化经营上提高效益。三是在总体要求和具体方针原则上，始终坚持"两个效益"并举，坚持全社一盘棋的思想，坚持依法经营、规范管理，恪守职业道德，强化成本核算、狠抓增收节支，实行了有效经营的方针。

（二）调整结构，整合资源，保证经营工作的稳健发展

面对社会主义市场经济改革大潮中的机遇与挑战，《中国工商报》从单一的依靠政策扶持、依靠公告生存的经营模式中，艰难地走向了市场，报社公广告经营结构、经营项目、经营规模逐步适应了市场的选择。特别是近年来，在注意学习借鉴相关新闻单位改革经验和成果的基础上，先后对报社经营实体、经营资源进行适时调整和整合。从规范管理入手，健全激励机制，完善经营政策，突出创意策划，强化协调配合，有效保证了经营工作的稳健发展。

（三）经营工作取得新的成绩，经济效益稳步提高

多年来，报社始终注意走符合自身发展特点的经营之路，为了强化《中国工商报》企业品牌宣传和企业维权宣传的优势，报社提出了"提高企业商誉度、维护企业商誉权"和"实施商标战略，打造驰名品牌"宣传理念，努力拓展广告业务，经济效益稳步增长。同时，报社坚决落实有关规定，坚持编采与经营分离的原则，积极探索报业发展与市场相适应的经营体制改革，取得了较好的成绩。2000 年，广告部主任张卉琳被新闻出版署、中国报业协会评为 1998—1999 年度全国报业先进经营管理工作者。

三、加强思想政治工作,强化内部管理,提高综合保障能力,确保报社持续健康发展

（一）加强党组织建设,开展生动活泼的思想政治工作

中国工商报社按照国家工商行政管理总局的统一部署,始终重视抓好党组织建设。通过开展"三讲"教育、党员先进性教育等,使广大党员提高了政治素养,坚定了理想信念,积极发挥先锋模范作用。报社重视在青年、业务骨干中培养入党积极分子,一批优秀分子加入了党组织。根据党中央、国务院和国家工商行政管理总局的统一部署,报社在全体党员、员工中,持续开展了党的宗旨教育、反腐倡廉警示教育、新闻战线"三项学习教育"等活动。通过学习理论、组织讨论、参观先进基层工商所、制定反腐败措施,强化了员工的廉洁自律意识,取得了明显成效,加强了报社的廉政建设。1996年,中国工商报社党委被授予"中央国家机关先进基层党组织"称号;2008年,中国工商报社党委被中央国家机关授予"抗震救灾先进基层党组织"称号。

在加强党员教育、加强党组织建设的同时,报社注意进一步发挥工、青、妇组织的作用,开展积极活跃、形式多样的思想政治工作。如针对报社深化改革,结合业务工作,开展了"为报社发展献计献策"活动;在我国首届记者节时,组织编辑、记者座谈、深入一线采访等活动。员工关心报社发展,热爱报社事业,努力工作,开拓创新,精神面貌焕然一新。1997年,中国工商报社被授予"中央国家机关文明单位"称号;2007年,中国工商报社团支部被国家工商总局授予"先进团支部"称号。

（二）班子建设和干部队伍建设进一步加强

近年来,国家工商行政管理总局对报社领导班子进行了调整充实。在坚持党的政治核心和监督保证作用的前提下,报社严格实行社长负责制,新闻宣传、经营业务、党政后勤各方面的管理进一步明晰到位。报社先后适时对部门负责人进行了调整和补充,一批新的中层干部,特别是一些年轻同志走上了部门领导岗位,为报社干部队伍建设的长远发展奠定了基础。

（三）全力推行聘任、聘用制,人事制度改革积极稳妥

按照中组部、人事部关于加强推进事业单位改革的精神,中国工商报社进行了积极有效的探索,推进了用人机制、分配机制和管理机制改革的进程。近年来,中国工商报社继续深化聘任、聘用和双向选择、竞争上岗的用人机制,面向高等院校公开招聘,从应届毕业生中择优聘用,使报社员工队伍增加了"新鲜血液"。在完善分配机制上,逐步建立了绩效挂钩,重实绩、重贡献,形式灵活的分配激励机制。在管理机制上,建立完善了一套符合新闻单位工作任务、性质、特点和要求,与用人机制、分配机制相匹配的管理机制。多年来,中国工商报社始终注重建章立制工作,随时根据报社发展变化的实际,及时修订完善各项管理制度,有效保证了报社事业的发展,起到了规范行为、凝聚人心的积极作用,确保了各项工作的有序进行。

（四）加强基础设施建设,提高了综合保障水平

为保障办报质量,提高工作效率,不断提高现代化办公水准,从创刊初期的铅字制版到现在的激光照排,再到现代化新闻采编平台的建立和编采设备的升级换代,中国工商报社办公的软硬件设备逐步适应现代化办报的要求。中国工商报网、《中国工商报》电子版报刊全文检索和繁体版上网已经完成,为广大读者更快阅览《中国工商报》、了解工商工作提供了新的渠道。

（执笔人:刘亦工）

第十八章　中国工商出版社

概　述

中国工商出版社(原名:工商管理出版社、工商出版社)是国家工商行政管理总局直属的中央级专业出版社,创建于1980年,其间于1987年7月与中国工商报社合并,1997年7月两社分立。建社28年来,中国工商出版社认真贯彻党的出版方针,遵循国家出版法规,坚持为人民服务、为我国改革开放和社会主义现代化建设事业服务、为工商行政管理工作服务的方向,按照既定的办社宗旨,编辑出版《工商行政管理》(半月刊)、工商行政管理专业图书及相关法律类、经济类等图书,还出版《中国工商行政管理年鉴》和《商标公告》。28年来已累计出版各类图书、期刊2600余种(期),为宣传党的改革开放政策,推动工商行政管理系统更好地履行维护市场秩序、促进经济发展的基本职能,繁荣社会主义出版事业,发挥了积极的作用,取得了良好的社会效益和经济效益,社会影响和知名度不断扩大。

第一节　发展概况

中国工商出版社自1980年成立以来,大致经历了四个发展阶段,1980年至1987年为创建及初步发展阶段,1987年至1997年为合并及平稳发展阶段,1997年至2001年为分立及调整阶段,2001年至2008年为规范运营、健康发展阶段。

一、创建及初步发展阶段(1980—1987年)

1980年8月20日,工商行政管理总局

向国家出版事业管理局递交报告[(80)工商总字第118号],申请"成立工商行政管理出版社",作为工商行政管理总局直属的独立核算的事业单位,并拟定"出版社的具体任务:(一)编辑出版《工商行政管理》半月刊;(二)出版有关工商行政管理的国家法律、法令、条例、办法的汇编或单行本;(三)出版培训工商行政管理干部的教材;(四)出版《商标公告》,工商企业动态及经济预报;(五)出版有关工商行政管理工作经验汇编,以及管理理论、书籍资料"。同年9月17日,国家出版事业管理局复函[(80)出版字第664号]"同意建立工商管理出版社,编号为246号"。1981年3月11日,工商行政管理总局又向国家出版事业管理局递交报告[(81)工商总字第35号],申请"将'工商管理出版社'名称简化为'工商出版社'"。同年3月28日,国家出版事业管理局复函[(81)出版字第226号]"同意工商管理出版社改称工商出版社"。

工商出版社成立后,紧紧依靠工商行政管理总局及其各业务司局以及全国工商行政管理系统的大力支持,按照为工商行政管理工作服务的办社宗旨和国家出版事业管理局核定的出版范围,编辑出版《工商行政管理》半月刊和工商行政管理类及相关图书,圆满完成了既定的出版计划和任务,呈现出良好的发展势头。

《工商行政管理》原名《工商行政通报》,于1953年1月创刊,是原中央工商行政管理局的机关刊物,编辑部设在中央工商行政管理局政策研究室。著名经济学家、原中央工商行政管理局局长许涤新、副局长管大同等领导都是《工商行政通报》的创始人,并曾长时间亲自担任主编。1966 年"文化大革命"开始后《工商行政通报》被迫停刊，1979 年 5 月复刊。1980 年工商出版社成立，《工商行政通报》纳入工商出版社，刊名改为《工商行政管理》，1981 年由月刊改为半月刊。复刊后，《工商行政管理》发行量逐年增加，每年约以 2 万~2.5 万份的速度递增，1987 年发行数量达 25 万份，成为全国性大型刊物之一。

在图书出版方面，工商出版社紧紧围绕工商行政管理系统的工作需要，编辑出版工商行政管理方面的教材、工具书，以及有关专业书籍、工商史料和商标、广告、企业名录等，并翻译出版有关工商行政管理书刊，介绍国外有关知识与成果，等等。至 1987 年，共出版工商行政管理专业书籍、教材和有关经济类书籍 350 余种，基本上满足了全系统学习理论和业务知识的需求，有力地促进了工商行政管理干部业务水平的提高。

二、合并及平稳发展阶段（1987—1997年）

1987 年 7 月，国家工商行政管理局决定工商出版社与中国工商报社合并。1988 年 9 月 28 日，国家工商行政管理局向国家人事部递交了《关于填报中央国家机关直属事业单位编制审批报表的说明》（工商人字〔1988〕第 227 号），同年 11 月 1 日，人事部下发《关于国家工商行政管理局所属事业单位机构和编制的批复》（人中编发〔1988〕23 号），规定"同意你局设立事业单位 6 个，共核定事业编制 282 人"，其中"中国工商出版社（含中国工商报社），事业编制 90 人，经费自理"。此后，工商出版社与中国工商报社进入了"两块牌子、一个机构"的 10 年发展阶段。

《工商行政管理》半月刊作为国家工商行政管理总局的机关刊物，坚持既定的办刊宗旨，刊物的出版发行长盛不衰。1988 年发行数量达 26.5 万份。进入 20 世纪 90 年代后，在全国报刊行业竞争日趋激烈的形势下，仍保持 20 万份左右的发行量。

两社合并后，工商出版社的图书出版工作进入了平稳发展的状态，出版了一批为工商行政管理工作服务、社会效益和经济效益都比较好的优秀图书。1995 年，国家工商行政管理局增强了工商出版社的领导力量，在图书编辑部门开始实行内部管理机制的改革，试行了目标定额管理责任制和图书出版发行一体化运营，逐步形成了快速发展的崭新局面。

1992 年，经国家工商行政管理局和新闻出版署批准，工商出版社成立年鉴编辑部，开始编辑出版每年一卷的《中国工商行政管理年鉴》。《年鉴》的内容包括党和国家领导人及总局领导关于工商行政管理工作的重要讲话精神、全系统工作概况、理论成果集萃、典型案例精选、法律法规规章要览、大事记、统计资料、工商系统机构名录等，其宗旨是为各级领导提供决策依据，为社会各界提供信息资料。自 1992 年以来，《年鉴》每年一卷顺利出版发行，发挥了较好的存史和资政作用。

三、分立及调整阶段（1997—2001 年）

1997 年 7 月，根据国务院《出版管理条例》的有关规定和新闻出版署的年检登记要求，国家工商行政管理局党组决定工商出版社与中国工商报社分立经营（人函字〔1997〕第 8 号）。7 月 14 日，正式宣布两社机构、业务、人员、财务分离。此后，工商出版社再次成为具有独立法人资格的直属于国家工商局的司局级事业单位，按照出版规律和既定任务，自主经营、自负盈亏、自我约束、自我发展。分立初期，工商出版社面临资金和人员短缺的暂时困难，但全社员工精诚团结，同心同德，经过半年多的艰苦努力很快渡过了难关，逐步走入良性循环轨道。

工商出版社分立后，根据国家工商局的要求，建立了五个职能机构：办公室、财务处、期刊编辑部（含期刊征订科）、图书编辑一部（含图书发行部）、图书编辑二部（含年鉴编辑部）。出版社下辖翌新工商印制公司。同时，建立了中共工商出版社总支委员会及其下设的三个支部，以及工青妇等群众组织。机构设置的特点是，充实和加强业务第一线人员，使其承担编辑和经营两副重担；党政后勤人员满负荷上岗，一人兼多职。

在其后的五年中，又根据实际工作需要，对职能机构进行了局部调整：成立了（图书）发行部，将图书编辑一、二部合并为图书年鉴编辑部，增加了总编室和期刊发行部两个内设机构。

为了实现稳步发展，工商出版社从强化管理入手，努力使各项工作按照出版规律运转，逐步建立了关于人事管理、考核聘任、财务管理、生活保障、党内制度等 20 多项制度，初步形成了有章可循、依法治社的局面。在开展各项出版业务活动中，工商出版社坚持贯彻党的出版方针，严格遵守《出版管理条例》等出版法规的各项规定，严格按专业分工出书，坚持"立足工商，面向社会"的服务方向，坚持社会效益第一的原则，严禁"买卖书号"等违法违规行为，逐步建立了书刊选题策划论证、稿件审读、出版流程、发行财务管理各关键业务环节的规章制度，并狠抓落实，保证出版业务活动全过程合法合规。

1998 年起，工商出版社制订并实施了《目标定额管理责任制方案》，明确了各部门及全体员工的岗位目标责任并加以量化，明确依绩奖惩办法，打破级别界限，最大限度地激励采编人员和发行人员出版发行社会效益好、经济效益高的书、刊，激励行政、财务等部门人员满负荷上岗，为出版工作提供优质服务和有效保障。在此基础上，建立了科学的用人、分配机制。用人上坚持依绩聘用、双向选择、竞争上岗、一年一聘、灵活高效；分配上坚决贯彻绩效挂钩、按劳分配的原则。这些制度保持了全社员工健康、良好的竞争从业状态，促进了全社出版物质量和两个效益的不断提高。

《工商行政管理》半月刊始终坚持紧密配合国家工商局中心工作，发挥其固有的权威性、指导性和实用性的特点，并不断加强对热点问题的深度报道，努力扩大刊物信息量。2000 年成功地实现了一次改版。在图书出版工作中，注重不断提高主动研发选题产品及适应市场的能力，这一时期组织出版了一系列社会效益和经济效益俱佳的图书，实现了图书品种、规模、质量、效益的历史性跨越。同时，《中国工商行政管理年鉴》的编辑出版工作有了新的发展，加大了开拓社会市场的力度，广告征集工作取得明显成效。

工商出版社分立后，注重强化基础设施建设，努力改善办公条件，为各业务部门配备了工作用车、电脑及通信设备，改建了员工活动室、食堂和卫生间等。不断创造条件，逐步提高了员工的工资和福利待遇，为多数员工改善了住房条件，促进了全体员工的安居乐业。

四、规范运营、健康发展阶段（2001—2008 年）

2001 年 4 月，国家工商行政管理局升格为总局，工商出版社也迎来了发展的新阶段。2001 年底，国家工商行政管理总局致函新闻出版总署（工商办函字［2001］第 463 号），申请将"工商出版社"更名为"中国工商出版社"。2002 年 8 月 27 日，新闻出版总署复函（新出图［2002］1073 号）"同意工商出版社更名为中国工商出版社"。

8 年来，中国工商出版社坚持以邓小平理论、"三个代表"重要思想为指导，全面贯彻落实党的"十六大"、"十七大"精神，深入学习实践科学发展观，扎实开展保持共产党员先进性教育活动，以及开展落实惩防腐败体系《实施纲要》学习教育、职业道德教育等活动，全社的思想政治建设、业务建设、廉政建设、作风建设不断加强。2001 年 9 月和 2005 年 12 月出版社两次调整领导班子。两届社领导班子都十分注重抓好自身建设，努力构建和谐出版社。认真贯彻执行总局党组的各项决定部署，率先垂范，讲学习、讲政治、讲正气、讲团结、顾大局，深入调查研究，真抓实干，全社人员思想稳定，各项工作有序运转。注重加强领导班子内部团结协作，坚持民主集中制和办事程序，重要问题由社委会和办公会集体研究决定，实现了决策的科学化、民主化。2006 年以来，新一届领导班子按照"总体稳定，个别调整，逐步规范，稳步推进"的工作思路，不断加强规范管理，稳步推进改革，发挥各部门职能作用，保证各项工作有序运行，努力实现内部管理的制度化、规范化、程序化、法治化。

在业务工作方面，出版社牢牢把握正确

的舆论导向和出版方向,围绕"四个统一"目标任务,开拓创新,扎实工作,为总局机关和工商系统做好服务。《工商行政管理》半月刊顺利完成改版工作,实现了突出专业化特色以增加刊物的信息含量、通过开设亦精亦深的各类专栏和专题以提升刊物的内容质量的新目标,得到总局领导和基层读者的广泛好评。图书年鉴编辑出版发行工作持续稳定运行,成立了社委会领导下的图书编辑委员会,加大了图书选题策划、开拓出版资源和市场营销渠道的力度,图书出版结构趋于合理,品种质量效益显著提高,二十多种图书和《工商年鉴》分别获得多个国家级奖项。

在内部管理方面,出版社建立健全了各项规章制度,从行政管理、出版管理、财务管理、廉政制度等方面完善原有制度,建立新的制度,逐步形成适合出版社工作规律和特点的一整套管理制度,并加强引导和督查,确保各项制度落到实处。健全完善了出版社职责范围和岗位设置方案,促进了人事管理的规范化。加强了书刊质量管理,除了严格执行出版总署规定的八项基本制度外,还实行了质量责任追究机制,定期进行书刊质量抽查评比,奖优罚劣。加强了财务管理,进一步完善"以书立账"的核算体系,适时调整升级财务管理系统,充分发挥财务预算、财务分析和财务监督的作用。加强了生产作业管理,规范原材料、办公用品采购、出版物成本支出,厉行勤俭节约。严格生产作业程序,做到安全生产。

在队伍建设方面,出版社按照总局建设"三个过硬"干部队伍的要求,狠抓人力资源的整合开发。在重视关心员工政治进步和通过出版发行实践培养锻炼干部的同时,积极开展全员岗位培训,分层次、分专业、分阶段参加出版总署等部门举办的各类培训,社内不定期举办业务讲座和考核;还加强与业界同仁的沟通和联系,相互学习借鉴;选派业务骨干出国考察交流,逐步提高了广大员工的政治业务素质。近年来,出版社从工作需要出发,通过多种方式面向社会招聘了一批年轻的优秀专业人才,队伍的年龄结构、

素质结构不断优化,一支政治坚定、业务精通、锐意进取的编采发行队伍正在形成,为出版社的长远发展奠定了基础。截至2008年6月,中国工商出版社各业务部门负责人均为大学本科以上学历,均具有高级职称,均取得了新闻出版总署颁发的岗位培训合格证书。全社专业技术人员共24人,全部是大专以上学历,其中副高以上职称6人,中级职称13人,初级职称5人。

与此同时,出版社十分注重强化基础设施建设,不断改善办公条件和员工生活待遇。中国工商出版社具有与其规模、业务要求相适应的资金与办公场所,自有办公楼建筑面积908平方米,租用办公楼建筑面积800平方米,印刷厂建筑面积560平方米。出版社各业务部门交通、通信条件进一步改善,并逐步实现了信息化办公。员工待遇方面除收入水平逐年有所提高外,医疗保险、福利保障体系也逐步健全完善;出版社还每年组织干部职工春秋郊游、体育竞赛、文艺联欢和体检等文体福利活动。

中国工商出版社的建设和发展,始终得到总局机关和全系统的关心和支持。历任总局主管领导除日常关怀外,每年都专程来出版社指导工作。2006年11月10日,局长周伯华上任伊始就亲自视察出版社并作了重要讲话,充分肯定出版社"为全系统履行职责、依法行政作出了重要贡献",并殷切地从三个方面提出了希望和要求:1. 政治上要强,方向明确;2. 要办出自己的特色;3. 高素质的队伍,出高水平的出版物。2006年12月,局长周伯华欣然为《工商年鉴》创刊15周年题词:"记载工商成就,见证历史进程"。2007年底,局长周伯华又为《工商行政管理》半月刊创刊55周年题词:"传承光荣历史,推动机制创新,服务基层建设,做出更大贡献"。局长周伯华的重要讲话和题词,给了出版社全体干部职工极大的鼓励和鞭策,他们决心更加努力地做好工商出版事业,为总局机关和全系统提供更多更好的优秀书刊出版物。

第二节　55 年长盛不衰的《工商行政管理》半月刊

一、刊物发展历程

中国工商出版社现存早期《工商行政通报》（1953—1966 年）影印本 15 卷，是新中国成立初期工商业发展和政府行政管理的珍贵资料。老一代革命家、经济学家许涤新、薛暮桥等参与过杂志的创建工作。1956 年以前，杂志着重报道工商行政管理系统利用多种形式对资本主义民族工商业利用、限制、改造的工作，宣传"公私兼顾，劳资两利"政策。1956 年以后，主要报道各地通过流通领域调整各种横向经济关系，宣传统购统销政策，取缔投机违法活动，加强集市贸易管理。十年动乱以前的《工商行政通报》，每期 16 页左右，页数不固定，期数也不固定，常有合刊。1956 年以前的杂志，没有独立的封面，封面与文章、目录混排，且为竖排格式。1960 年以后的杂志开始有了独立的装饰性的封面。十年动乱开始后，工商行政管理工作瘫痪，《工商行政通报》于 1966 年 7 月被迫停刊。停刊前共连续出版了 313 期。

1978 年 9 月 25 日，工商行政管理总局恢复建制。1979 年 5 月，《工商行政通报》复刊，1980 年工商出版社成立，刊物从 1981 年第一期开始更名为现在的《工商行政管理》，刊期改为半月刊。复刊以后的杂志逐步定型，每期从不定页数变为固定页数，从每期 32 页变为 40 页、48 页。1983 年开始有了图片报道、漫画报道。1988 年，每期半月刊刊登文章在 15 篇左右，1994 年增加到 25 篇左右，到 2000 年，每期刊登文章经常在 50 篇左右。

1992 年初，著名学者和书法家赵朴初先生为本刊第二次题写刊名（第一次为 1983 年），沿用至今的刊名现在已经成了整个工商系统视觉识别的重要组成部分。自 1979 年复刊以后，刊物发行量每年约以 2 万 ~ 2.5 万份的速度递增，最高时达到 28 万份。20 世纪 90 年代，在社科类刊物如同雨后春笋发展时，半月刊的发行量一直保持在 20 万份左右。进入新世纪以来，仍保持在 15 万份左右。

随着工商事业的改革发展经历了两次飞跃（第一次飞跃是工商部门经过十几年努力，完成从监管集贸市场转向监管大市场；第二次飞跃是在我国入世后的过渡期，工商系统从监管相对封闭的国内市场转向监管国际化的国内市场），取得了"四个基本建立"的伟大成就，忠实记录、贴近服务的半月刊也经历了三次改版。1994 年，第一次改版，页码增至 48 页，目录上标注为内部发行。2000 年，第二次改版，页码增至 56 页，刊物变为公开发行。2006 年，第三次改版，页码增至 80 页，还增加了 4 个彩插，此时的半月刊早在 2002 年作为新闻出版总署认定的"双效期刊"，光荣步入中国期刊方阵，2003 年荣获"第二届国家期刊奖百种重点期刊"的称号。

与工商事业共同走过 55 年的半月刊，在记录工商发展历史的同时，也融入了工商事业。和工商事业一起成长壮大的《工商行政管理》杂志，完整书写了工商行政管理的历史，准确传递了国家工商总局的权威声音，清晰表达了工商部门的主流观点；在广大读者心目中，半月刊构筑了一片工商人的天地，是培育了几代工商人的摇篮，是工商人的精神家园，积淀、传承着工商文化。国家工商总局历届领导和系统广大读者都曾高度评价《工商行政管理》杂志，为促进工商事业的发展壮大发挥了重要影响，是广大工商干部的"加油站"。

二、刊物 55 年来长盛不衰的几条经验

《工商行政管理》半月刊是工商系统内辐射面最广的专业媒体，具有典型的工作指导类刊物的特点：权威、专业、实用、朴实。1953 年创刊时，杂志即明确定位为"宣传党中央和国务院有关工商行政管理方面的方针政策，宣传中央工商行政管理局党组的工作部署，交流各地工商工作的情况和经验，阐述和研究工商理论与实践问题，辅导工商系统干部的学习，力求发挥刊物对工商工作的组织、鼓舞、激励、推动作用"。

进入 20 世纪 90 年代尤其是新世纪以

来,随着我国经济飞速发展和文化的日益繁荣,社科类刊物的发展如同雨后春笋,但是,即使面临日益加剧的报刊竞争、信息时代网络崛起和政府信息公开潮流的挑战,半月刊的发行量仍一直保持在 15 万份左右,在全国行业杂志中堪称翘楚。到 2008 年 6 月,刊物已出版发行了 1000 期,发行总量超过 1 亿册,是为数不多的全国性大型专业刊物之一。

总结半月刊长盛不衰的基本经验,归纳起来有几条:

（一）服务总局和系统,与工商事业一起发展壮大

改革开放以来,杂志的快速稳定发展的最重要原因,是工商部门恢复建制以来的不断改革发展。改革开放 30 年,国家发生了翻天覆地的变化,工商系统也发生了翻天覆地的变化,与商品经济息息相关的工商行政管理活动,是任何时代政府管制的一项重要内容,只是在封建社会里是巩固封建统治为目的的重农抑商的手段,在计划经济时代成为限制竞争维护计划秩序的工具,在社会主义市场经济时代里变成了有效市场监管的重要力量。1978 年工商部门恢复建制以来,不断解放思想,与时俱进,工商职能从建市场到管市场,在不断地转变。因此,经过 6 轮政府机构改革,在改革开放之初的 100 个国务院工作部门一次次撤、转、并、新设中,在政府从计划经济管理者一步步脱胎换骨到市场经济培育者、公共服务供给者的过程中,工商部门的职能一直得到不断的加强,地位在不断地提升。

与工商改革同行的杂志,作为最早的完整书写工商部门发展历史的媒体,一直坚持以服务总局党组为中心,坚持面向基层不动摇,为"三个过硬"队伍建设提供高质量的专业信息服务,历史地记录了工商部门实现两次飞跃的艰难历程,工商干部改革创新的不懈努力,在服务、推进工商事业发展的过程中,得到了上至总局领导下至广大读者的喜爱。

（二）坚持改革创新,走专业化办刊之路

历经 55 年的半月刊,作为书写工商部门发展历史的媒体,在资讯非常发达的信息时代里,记录历史的媒体多了之后,如何更好地记录呢? 在仔细研究系统内众多媒体后,面对信息发布的时效性问题日益突出、信息容量不足和刊物服务基层的方式单一等问题,半月刊应强化机关刊的特色,突出为系统服务,为基层服务的宗旨,要继续发挥为全体工商干部提供业务综合信息服务的传统优势,顺应体制垂直和机构改革后系统内综合执法的历史潮流,集众家之长,朝专业化的精品刊物努力。而且,通过不断努力,半月刊可以成为工商系统与社会对话交流的一个最佳平台,即半月刊可以为部分企业、学界提供权威的政策法律信息服务。

1. 加强各类专题建设,突出专栏的专业性

20 世纪 90 年代以前,半月刊对于编辑技巧不甚讲究,每期常设栏目只有五六个,如"近期文件"、"经验做法"、"工作研究"、"问题解答"、"基层建设"、"调查报告"等,每个栏目下汇总六七篇文章。20 世纪 90 年代以来尤其是进入 21 世纪,半月刊在栏目设置上,突出了专题的地位。据统计,杂志自 2003 年以来,刊发了包括会议、条线工作研究、地方经验等专题 300 余个。有近百个会议专题,对于及时传递总局工作部署的精神和主要内容发挥了重要的作用。近百个条线工作研究专题,抓住了各个时期的重热点工作,进行较深入的探讨。近百个地方经验专题,则较系统地总结了地方创新经验,加强了对基层工作的指导。最近几年,为更好地服务总局中心工作,刊物还开辟了党风廉政建设专栏、服务新农村建设专栏、治理商业贿赂工作专栏、打击传销规范直销专栏等专业性较强的专栏。

2. 加强了作者队伍建设

围绕半月刊的机关刊指导工作的特色,要提高刊物质量,增强刊物可持续发展的能力,建立优秀的作者队伍,开展各种研讨活动成为编辑部每年的一项重要工作安排。半月刊举办的研讨活动多半是紧密依托总局业务司局和地方局,跨条线、跨地区进行。自 2001 年 9 月举行山西笔会以来,到 2008

年底,半月刊已经组织了 14 次业务研讨活动,受到与会作者的广泛好评。围绕部分优秀作者,杂志还开辟了个人专栏,如"小江小议"专栏,以平白浅近的文风,与工商干部探讨机关工作应该具备的良好心态、行为准则和职业操守。"鲁夫札记",通过讲述公平交易执法过程中遇到的生动案例,论述基层工商干部执法中应该注意的问题。"札记"组织编发的时候,正逢全国工商系统办管脱钩转变职能,众多基层工商部门处于想执法、怕执法的两难困境中,因此"札记"的刊登,在全国引起很大反响。之后,又推出了广受欢迎的"王晓林办案经验谈"、"荆璞谈执法"和"学习《农民专业合作社法》体会"等专栏。

3. 加大对基层双先的报道力度

半月刊的订户和服务对象 70% 在基层工商所。近些年来,刊物进一步向基层贴近,专门开设了几个面向基层的常设栏目:"工商所专页"、"基层局链接"、"执法卡片"等,侧重反映基层的生活和动态,解决基层执法中遇到的难题。这些栏目的开设,使基层工商干部也有了直接与国家级刊物交流的窗口。2003 年以来,杂志加大了对基层双先的报道力度,先后对 20 余家荣获全国工商系统先进集体等称号的集体和 20 余位荣获中国优秀(杰出)青年卫士、全国五一劳动奖章、模范公务员等称号的先进个人进行了专门的实地采访和图文报道,改进基层双先报道方式,增强报道的感染力,扩大了宣传效果,总局领导机关和基层读者均给予较高的评价。

(三)加强自身建设,努力提高办刊水平

作为全国工商系统的工作指导性期刊,半月刊权威性、指导性和实用性强。它帮助广大工商干部了解把握新情况,学会解决新问题,理解适用新法规,被读者誉为工商干部的"加油站"。许多基层读者(还有不少领导干部)多年养成将每年杂志汇编成册个人收藏的习惯,有的甚至自费拿到装订厂精心装订……对此,几代编辑部保持清醒认识,认为广大读者厚爱半月刊主要的原因是,杂志记录了伟大的改革创新事业和凝聚

了广大工商人心血、智慧和感情的工作成果。为更好地履行半月刊的使命,服务"三个过硬"队伍建设,努力提供专业的工商行政管理信息服务,深度发掘转型时期工商工作的经验和社会意义,充分展示新时期的红盾风采,编辑部还必须不断加强自身建设,提高专业化办刊水平,提高办刊质量。

1. 注重政治理论学习,坚持正确的舆论导向

以促进先进生产力和先进文化的发展为己任,坚持正确的政治方向,坚持以科学发展观为指导,为人民服务、为社会主义服务,为工商系统的大局服务。在具体编辑出版工作中,编辑部各个环节都将总局党组的中心工作和工作部署作为审稿用稿的首要标准。

2. 完善编辑部内部管理制度建设,加强廉政建设

为了保证刊物的专业性和维护编辑工作的纯洁性,编辑部严格执行选题和文章的三审制度,制定了工作守则、文章分类标准和工作考核办法等,坚持较高的发稿标准,杜绝发"人情稿",严格实行广告代理制,禁止编辑参与广告经营活动。实行出差申请和出差报告制度,严格编辑出差管理。因为加大基层报道力度,编辑部 2003 年出差人次为近 50 人次,到 2007 年以后上升为近 70 人次,而且出差很多时候是单独行动,因此编辑部在部门会议上经常强调编辑要遵守工作守则,下基层严禁吃拿卡要,从各个渠道的反馈看,半月刊编采人员在基层的形象是敬业、专业、朴实和廉洁的,拥有良好的口碑。

3. 注重跟踪传媒发展潮流,稳步推进传统媒体的信息化现代化

从 2008 年 8 月底开始,半月刊网站(www.byaic.cn 和 www.gsxzgl.cn)投入试运行。作为半月刊纸质媒体的有益补充,试运行中的网站将本着服务作者、服务读者的宗旨,充分发挥网站组稿作用,扩大刊物选稿范围,及时传递刊物动态,增强编采互动联络。这是有着 55 年历史的刊物迈向信息化的重要一步。从此,编辑工作可以在网上平

台实现,这对于规范编辑流程,加强各方监督,增强与作者互动,提高工作效率等有着重要意义。

半月刊的 55 年,是脚踏实地的 55 年,是不断改革创新的 55 年。在全面贯彻落实科学发展观、构建社会主义和谐社会的新的历史时期,在下发新"三定"、停收"两费"的新形势下,各级工商机关将在"四个统一"和"四高"目标的指引下,在不断推进"四化"建设中服务经济社会又好又快地发展,杂志也将与时俱进,正视网络媒体的飞速发展和政府信息公开的时代潮流,努力提高专业化办刊水平,努力为广大工商干部提供高质量的专业信息服务,为开创工商工作新局面服务。

第三节　方兴未艾的工商图书出版事业

中国工商出版社成立于 20 世纪 80 年代初,当时正值改革开放后国内出版行业的第一个发展高峰,但竞争形势尚不激烈,工商出版社抓住机遇,出版了一系列直接为刚刚恢复起来的工商行政管理工作服务,社会效益和经济效益都比较好的优秀图书,如《工商行政管理法规汇编》、《工商行政管理人员工作手册》、《工商行政管理史料》、《外国在华注册商标集》、《中国优质产品》等,不仅满足了当时的急需,而且在装帧设计方面,也达到国内先进水平。

1987 年工商出版社与工商报社合并后,图书出版事业的发展进入了一个相对平稳的时期,图书出版范围与发行渠道主要面向工商系统,这一时期出版了一批适应工商行政管理系统工作需求的图书,如工商行政管理法规汇编、专业教材、工作手册等。但从整体上说,图书出版的品种、规模和质量、效益都处在较低层次上。

1995 年,国家工商行政管理局增强了工商出版社的领导力量,1996 年,图书编辑部门开始实行内部管理机制的改革。试行了目标定额管理责任制和图书出版发行一体化运营,遵循"立足工商、面向社会"的宗旨,积极开拓稿源,拓展出书范围和发行渠道;

同时强化内部管理,狠抓出书质量,当年即初见成效,出书品种、规模比上年增加 1 倍以上,达 70 种;效益翻了两番多;图书质量也出现飞跃,并首次参加了全国图书订货会,开始迈入社会图书市场。

1997 年工商出版社分立尤其是 2001 年更名为中国工商出版社以来,一直把图书出版工作作为重中之重,通过理顺管理体制,强化内部管理,实现了图书出版品种、规模、质量、效益的全面突破和历史性飞跃。

一、注重图书选题策划工作,提高市场拓展能力

中国工商出版社始终注重图书选题策划工作,成立了由社领导挂帅,编辑部、发行部、总编室主要负责人组成的图书编辑委员会,负责图书选题的决策把关和重点选题的策划论证工作。图书编辑部门坚持立足工商,面向社会,牢牢抓住为工商行政管理工作服务的主要出版方向,紧紧围绕国家工商总局中心工作和阶段性工作重点,深入国家工商总局各业务司局,研究、洽谈适应本系统工作需要的图书选题,逐步形成一支高素质的作者队伍,积累完善选题和作者资源信息库。还充分利用开会、出差机会,或通过通讯、函调等方式,深入各级基层工商部门进行调研考察,了解掌握系统读者对书刊出版发行工作的需求和意见。同时,编辑人员还经常深入社会图书市场调研,了解市场动态、行情,策划出版了一批适合社会市场需求的法律类、经济类以及社会文化类图书。截至 2008 年 6 月,出版社自行策划组织的选题已占年出书品种的 60% 以上,工商行政管理专业图书占60% 以上,彻底扭转了过去坐等书稿上门的被动局面,市场拓展能力大大增强,现已基本形成了以培训教材、实务指导、普法读物、学术专著四大系列的工商行政管理专业图书为主体,兼涉相关法律、经济、文化生活类读物的较为完备的图书结构体系。

二、实施精品战略,适度把握出书品种规模,狠抓图书的质量效益,不断提高集约化经营水平

根据自身的实际,中国工商出版社每年

新出书品种数量掌握在 100 种左右，而致力于严格优化选题，挖掘单品种图书最大效益，反复开发每一品种图书的市场需求。同时，始终将质量作为出版物的生命线来抓，严格按照国家有关出版管理规定，建立健全了 8 项质量管理制度：选题集体论证制度、选题报请审核备案制度、三级审稿责任制度、责任编辑制度和编辑持证上岗制度、责任校对制度和三校一读制度、印刷质量标准和委托书制度、样书检查和评审制度、出版社与作者读者的联系制度。严格遵循国家在出版物内容和编校质量上涉及政治性、思想性、科学性、知识性、艺术性、结构合理性、语言文字规范性的规定，在形式上涉及整体设计、印制、材料的要求，全面抓好内容、编校、设计、印制质量，从而使图书重印率、精品率和集约化经营水平逐年提高。2003 年以来，中国工商出版社有 20 余种图书分别荣获"全国优秀畅销书"、"社科类优秀图书"、"中国优秀法律图书奖"、"全国图书装帧设计奖"、"文化部财政部送书下乡工程专用图书"等称号和奖项，《工商年鉴》荣获"中国年鉴奖提名奖"、"中央级年鉴综合二等奖"、"框架设计特等奖"、"装帧设计一等奖"等奖项。

三、全力抓好重点图书的编辑出版和发行工作，开发两个效益俱佳的名牌产品

1998 年 11 月工商出版社出版了国家"九五"重点图书《工商行政管理法律理解与适用丛书》，后多次重印并两次修订再版，总发行达 4 万余套。2001 年后，又相继策划出版了《现行工商行政管理法规汇编》和《工商行政管理案例精评》两个系列的配套丛书，形成较为完备的工商行政管理法律丛书体系。1999 年《中华人民共和国合同法》（以下简称《合同法》）出台，出版社发挥自身优势，适时组织出版了《合同法》系列图书，发行 10 余万册。2000 年底，出版社主持策划、组稿的国家工商局重点图书项目《中国工商行政管理二十年》大型图书，历时三年顺利出版。2002 年，围绕中国加入 WTO 和工商行政管理部门职能的进一步转换，出版社适时策划出版了一系列精品图书，如

《WTO 与工商行政管理》、《工商行政管理行政执法手册》等。《工商行政管理干部新知识读本》、《个体工商户法律知识读本》被列为国家"十五"重点图书，发行 10 余万册。2002—2004 年，连续编辑出版了 3 卷《中国守合同重信用企业光荣榜》。2003—2005 年，编辑出版了《工商行政管理业务培训大纲》、《工商行政管理岗位资格培训参考问答》、《行政许可法培训读本》、《农民农资实用手册》、《法律实务与案例评析丛书》等。2006—2008 年，编辑出版了《现行工商行政管理执法依据全书》、《工商行政管理执法办案指引》、《流通环节食品安全监管丛书》（发行 3 万余套）、《国家工商总局竞争领域对外交流与合作》、《全国工商系统贯彻惩防腐败体系〈实施纲要〉资料文集》（第一卷至第三卷）、《工商信息化手册》、《禁止传销与规范直销知识问答》、《经纪人执业培训系列教材》等。《工商行政管理史料》、《新中国工商行政管理史志》两部大型图书，既是总局的重点项目，又被列入国家"十一五"重点图书，均历时数年完成出版。这些重点图书的出版，为出版社创造了良好的社会效益和经济效益，为推进全国工商系统的行政执法工作、队伍建设和文化建设都发挥了重要作用。

四、努力开拓图书市场，实现了历史性跨越

中国工商出版社始终把为总局机关和工商系统做好服务作为主要工作目标，在图书发行工作中努力满足系统需求，加强系统发行渠道和网点建设，一是定期编发《工商图书快报》和重点书征订单；二是发挥半月刊发行面广量大的优势加大图书宣传力度；三是依托总局机关开展宣传征订；四是利用总局红盾网页及时发布新书信息，取得了很好的效果。中国工商出版社的工商专业图书在系统内的发行量和影响力稳步递增。2001 年以来，还举办了"送书到基层"活动，建立了"工商读者俱乐部"，截至 2008 年 6 月会员已达 3 000 余人，受到基层读者的欢迎。同时，随着多年不懈的拓展和积累，中国工商出版社在社会图书市场的营销能力

也逐步增强,已同全国1 000多家专业书店建立了稳定的合作关系,并加入了全国法律图书发行联合体,图书发行覆盖面已达全国3 000多家基层书店。在图书销售中,坚持"以销定产、试探市场、稳步推进、合理库存"的原则,既积极又稳妥。还注重抓好服务质量和回收书款。2001年以来,中国工商出版社年图书发行总码洋达到2 000万～3 000万元,实现了历史性的跨越。

中国工商出版社分立12年来,共出版图书1 200余种,总印数1 000余万册。其中,属于工商行政管理专业的培训教材、实务指导、普法读物、学术专著,约占全部出版品种的60%;其他相关法律类、经济类、社会文化类图书品种,约占40%。重印书品种约占30%。销售收入和利润,以平均每年10%的速度递增。中国工商出版社的图书出版工作已走上了稳定、健康的良性发展轨道。

五、近十年来,中国工商出版社出版的部分书目

(一)工商行政管理类图书

《工商行政管理法律理解与适用丛书》、《现行工商行政管理法规汇编》(丛书)、《工商行政管理案例精评》(丛书)、《工商行政管理法规汇编》(编年本)、《现行工商行政管理执法依据全书》、《工商行政管理业务知识》、《工商行政管理业务题库》、《工商行政管理执法办案知识》、《工商行政管理监管与执法知识》、《工商行政管理业务培训大纲》、《工商行政管理岗位资格培训参考问答》、《工商机关行政指导》、《工商行政管理干部新知识读本》、《WTO与工商行政管理读本》、《工商行政管理走进网络经济》、《工商行政管理文书大全》、《工商行政管理机关整顿和规范市场经济秩序行政执法手册》、《工商行政管理执法办案必读》、《工商行政管理执法办案指引》、《工商行政管理机关执法办案操作规程系列丛书》、《工商行政管理行政处罚手册》、《工商行政管理行政处罚文书手册》、《工商行政管理机关办案查账方法与技巧》、《工商行政管理执法实务与技巧》、《工商行政管理案件调查必读》、《基层

执法疑难问题研究》、《中国工商行政管理二十年》、《工商行政管理史料》、《新中国工商行政管理史志》、《市场管理史略》、《工商所规范化建设与综合执法》、《工商所办案手册》、《公平交易执法手册》、《公平交易执法典型案件100例》、《公平交易执法前沿问题研究》、《国家工商总局竞争领域对外交流与合作》、《禁止传销与规范直销知识问答》、《企业登记管理规范》、《企业年检手册》、《外资登记英语》、《企业信用监管理论与实务》、《个人独资企业登记管理问题解答》、《个协工作手册》、《合同法实用释解》、《合同法与合同管理》、《中国最新合同范本》、《最新合同法全书》、《企业合同300问》、《中国守合同重信用企业光荣榜》、《农民农资实用手册》、《订单农业理论与实践》、《红盾护农工作手册》、《经纪人执业培训系列教材》、《行业协会概论》、《商标注册理论与实务》、《商标评审指南》、《商标侵权典型案例评析》、《商标监管以案说法》、《中国商标荟萃》、《广告审查问答》、《违法广告案例选编》、《广告法律实务新论》、《广告与营销大辞典》、《中国广告业监管与发展研究》、《基于公众利益的中国广告监管》、《消费者保护理论与实务》、《中国消费者权益保护法律工具书》、《消费者权益保护案例选编》、《消费合同法律知识问答》、《新编假冒伪劣商品鉴别手册》、《流通环节食品安全监管丛书》、《工商行政管理政务信息工作手册》、《信用工商理论与实务》、《工商信息化手册》、《工商行政管理实用英语》、《全国工商系统惩防腐败体系资料文集》等。

(二)法律类图书

《企业法定代表人必读》、《个体工商户法律知识读本》、《行政复议法条文释义》、《新产品质量法释义与问答》、《国家赔偿法学》、《婚姻家庭法律问题答疑与案例点评》、《WTO法律知识读本》、《税务法律手册》、《公民民事诉讼常用法律手册》、《帮您打官司丛书》、《中小企业政策法规指导与实践》、《法律实务与案例评析丛书》(第一辑至第三辑)、《经济法教程》、《行政许可法培训读本》、《新公司法教程》、《新公司法实务丛

书》、《公司法及公司登记管理条例新旧条款比较与适用》、《劳动合同法解读与适用》、《反垄断法解读》、《2008 国家司法考试应试指南》等。

（三）经济类图书

《跨世纪中国经济系列丛书》、《企业市场化经营指导全书》、《中国企业家世纪论坛系列丛书》、《著名经济学家谈中国经济改革》、《双赢之路——中国与 WTO》、《知识经济经典案例》、《开普斯顿商务百科》、《中国投资报告》、《投资项目 88》、《与 100 名老板对话》、《老板百日谈》、《家族经营成功启示录》、《破解家族企业成长的烦恼》、《广告中国》、《炒股跟我来》、《养老·医疗·社会保险最新知识问答》、《百姓百问住房公积金》、《中国企事业单位工商税务优惠政策指导全书》、《税收征收管理》、《个人所得税改革研究》、《2006 企业会计准则》、《新编会计基本业务疑难问题解答》、《新编财务管理疑难问题解答》、《会计人员继续教育培训教程》、《商业银行操作风险管理实务》、《企业管理》、《市场经营之道》、《转型经济》、《进攻跨国公司》、《战略决定成败》、《现代推销理论与技术》、《体验营销新论》、《中国商品交易市场统计年鉴》、《绿色消费丛书》、《科学消费丛书》、《"傍名牌"现象与反思》、《城市发展论》等。

（四）社会文化类图书

《中国皇帝全传》、《中国王侯全传》、《中国将帅全传》、《中国宰相全传》、《一分钟名著——中国文学卷》、《一分钟名著——外国文学卷》、《文心雕章——文章写作实务全书》、《网络雕章——网络写作实务全书》、《北京通趣说老北京》、《古今中外小神童》、《脑力体操》、《21 世纪教子方法》、《呆伯特系列》、《史努比系列》、《美国生活拾零》、《万国幽默大观》、《古今中外道德箴言》、《3KM 我的幸福生涯设计》、《好好活着》、《活得更好》、《受益一生的习惯》、《成败在我》、《每天都在感悟》、《最佳职工工作与生存质量丛书》、《高职大学生创业与创新能力训练》、《计算机基础教程》、《帮您控制糖尿病》、《中国结编结技法》、《靓丽服饰女装》等。

在我国改革开放 30 周年暨工商行政管理系统恢复建制 30 周年之际，中国工商出版社坚持以邓小平理论、"三个代表"重要思想为指导，全面落实科学发展观，坚持"立足工商、面向社会"的办社宗旨和服务方向，坚持解放思想，与时俱进，求真务实，正在实现以深化内部改革，主动开拓市场，优化出版结构，提高质量效益为主线的战略性转变。"十一五"出版蓝图已经绘成，"书刊出精品，事业创一流"，是中国工商出版社全体员工努力的方向。

（执笔人：李富民　李轶群）

第十九章　中国消费者报社

概　述

《中国消费者报》是伴随着改革开放的大潮应运而生的一张以广大消费者为读者对象的全国性报纸,它是我国改革开放和社会主义市场经济的产物,是我国亿万消费者的喉舌和维权武器,它的产生也适应了我国消费者权益保护运动的需要。

1981 年,我国政府首次派团参加国际消费者组织于当年 6 月在曼谷召开的"保护消费者磋商会"。这次会议的目的是推动保护本国消费者利益的活动,中心议题是:在保护消费者活动中,各国政府应采取怎样的政策和措施? 有关国际组织怎样协助? 我国代表通过参加这次会议,大开眼界,不仅懂得了消费者运动是在商品经济条件下消费者为维护自身权益、争取社会公正、自发或有组织地同损害消费者利益行为进行斗争的社会运动,还看到,在世界各国,"保护消费者的旗帜,政府要抓,民间团体也要抓","保护消费者的活动将有较大发展"。回国后在向国务院写的报告中,根据我国经济体制改革和商品经济发展的新形势,正式提出了在我国建立消费者组织、保护消费者利益的建议。同时,在党的十一届三中全会决议和党的十二大决议的指引下,我国的改革开放深入进行,现代化建设生机勃勃,社会政局稳定,人民生活显著改善。但是,我国社会经济领域中也出现了许多新的问题和矛盾,特别是保护消费者权益问题被提到了议事日程。正是在这种国际国内双重背景下,1984 年 12 月 26 日,经国务院批准,中国消费者协会正式成立。在中国,保护消费者权益工作是一项崭新的事业,需要各级政府和各界人士的大力支持,更需要强有力的舆论力量来动员和组织广大消费者积极参加到保护自身权益的活动中来,这就需要创办一张以广大消费者为读者对象的报纸,配合消费者协会开展工作。

1984 年下半年,国家工商行政管理局就开始酝酿创办一张属于消费者自己的报纸,并向中宣部提出申请。1984 年 11 月 16 日,中宣部下发 231 号文件正式批准创办《中国消费者报》。经过 1985 年 5 月和 7 月两次试刊,同年 10 月 7 日《中国消费者报》正式创刊。根据国家工商行政管理局决定,《中国消费者报》以中国消费者协会名义主办,报社定为司局级事业单位,社长、副社长、总编辑、副总编辑由国家工商行政管理局党组任命。中国消费者协会会长李衍授发表了《祝贺与希望》的代发刊词,祝贺《中国消费者报》的诞生。

《中国消费者报》从创刊就受到党和国家领导同志的重视和关怀。当时担任全国人大常委会委员长的彭真同志欣然为本报题写了报名,并经常阅读本报。全国人大常委会副委员长、中国消费者协会名誉会长王任重同志先后两次会见首任总编辑胡本英,并提出办好这张报纸的意见:《中国消费者报》要根据自己的读者对象,办出特色来;要敢于同损害消费者利益的错误行为作斗争,只要事实准确,符合法律规定,你们就不要怕,要旗帜鲜明地维护消费者的合法权益。中共中央政治局委员胡乔木同志题词:"作为一个普通公民和消费者,热烈希望《中国消费者报》坚决勇敢地维护广大消费者群众的利益,并且向消费者提供更多更好的服务和指导。"陈慕华、王汉斌、王光英、郝建秀、荣毅仁、周谷成、布赫、孙起孟、万国权等领导同志都曾先后接受采访或题词,鼓励报社办好报纸。国务院经济法规研究中心总干事顾明同志接见本报记者时说:《中国消费者报》的诞生是时代的进步。一个婴儿呱呱坠地就要吃、要喝、要穿,他就是一个小小的消费者;一个劳动者晚年退出生产、工作领域,但还是一个消费者。所以说,全国10亿人民都是消费者。作为他们的喉舌,你们的责任多么光荣啊!

中国消费者报社在认真学习和领会中央领导同志一系列指示精神的基础上,根据《中国消费者报》的性质、任务和作用,并结合当时国内的经济生活实际,确立了"维护消费者合法权益、引导消费者合理消费"的办报宗旨。具体地说,就是以党和国家各个时期的总方针、总政策为指导,积极宣传国家的经济方针政策,特别是有关消费者方面的政策;及时反映各地执法部门和消费者组织开展保护消费者权益工作的情况;反映广大消费者的意见、呼声和要求;发挥舆论监督作用,促进工商企业根据消费者需求调整产品结构,提高产品质量和服务质量;针对消费者普遍关心的热点问题和日常消费需求,进行思想教育和各种知识宣传;充分报道市场动向和各种商品与服务信息,引导消费者适度、合理、科学消费。

经过23年的发展,《中国消费者报》的报纸质量不断提高,社会影响越来越大,发行数量稳定增长。报纸版面经历了由创刊时的周一刊发展到日报,再由日报调整为周三刊的过程。1985年报纸创刊初期,由于受各方面条件的限制,暂定为周一刊,对开4版。1987年1月,报纸改为周二刊。1992年1月改为周三刊。1995年改为周四刊,其中周末为8个版。1996年改为周五刊,每周出对开20个版,1997年改为24个版。1998年改为周六刊,每周出32个版,1999年改为40个版。2000年改为完全的日报,每周出56个版。2004年适应总局宣传工作和市场形势的需要,按照将报纸变脸、变厚、变深、变特、变威、变近的思路,调整了版面设置,

重新改为周三刊,在增加市场热点专刊的基础上,创新办报思路,使报纸的特色更加突出,形象更加新颖,新闻更加深入,受到了广大读者的好评。随着报纸影响的扩大,报纸发行量稳步增长。

第一节 办出了一张有较高质量、层次、在全国有较大知名度和影响力的报纸

23年来,《中国消费者报》高举"维护消费者合法权益、引导消费者合理消费"两面大旗,在维护消费者权益、打击假冒伪劣、宣传法律知识、强化维权意识、引导合理消费、促进扩大内需和为我国社会主义市场经济快速、健康、平稳发展等方面的工作中,做出了应有的贡献。在办报过程中,报社坚持不懈地狠抓报纸质量,努力实现报纸由信息量小向信息量大转变,由时效性差向时效性强转变,由浅层次的一般性动态报道多向大量增加深度报道转变,由偏重于消费监督向监督和引导并重转变,由偏重于商品消费报道向商品和服务消费并重转变,由图片报道薄弱向图文并茂转变,由版式呆板向版式生动活泼转变。坚持从以下四个方面强化报纸的可读性:一是高举舆论监督和维权旗帜,强化报纸的权威性;二是狠抓时效性和独家报道,强化报纸的新闻性;三是进一步拓宽报道领域,强化报纸的信息性;四是大量增加对消费者真正有用的信息和知识,强化报纸的实用性。通过上述努力,使《中国消费者报》逐步成为一张在消费领域信息量较大、时效性较好、权威性和指导性较强,比较贴近人民群众生活的具有较高品位的报纸。

一、坚持正确的办报方针,充分发挥正确的舆论导向作用

在宣传报道中,《中国消费者报》始终高举邓小平理论伟大旗帜,始终坚持"三个代表"重要思想,始终贯彻落实科学发展观,坚持围绕大局抓新闻,围绕市场抓热点,围绕消费者抓服务的办报方针,用政治家办报的高标准严格要求,紧紧把握正确的舆论导向,积极宣传党和国家的路线、方针、政策,

特别是经济和消费方面的新政策。深入工商工作第一线，深入市场第一线，及时反映工商工作的突出成绩和典型经验。掌握和反映市场经济和消费领域中的热点和难点问题，大力反映消费者的呼声，大胆揭露和批评生产、流通领域中制售假冒伪劣商品、缺斤短两、假冒商标、虚假广告等损害消费者利益的行为，旗帜鲜明地同损害消费者权益的现象和行为作斗争。充分发挥自身优势和特色，做到观念到位、策划到位、采访到位、写作到位和编排到位，采编报道了大量有影响力和冲击力的新闻稿件。许多稿件受到了中央领导和各级政府部门的高度重视，引起了广大消费者和读者的热切关注，在全社会引起了强烈反响。23 年来，中国消费者报有 200 多篇作品获得各种全国性新闻奖。

二、在围绕大局抓新闻方面，突出宣传好党和政府制定的有关政策和法律法规，积极配合党和政府的中心工作

一是重视反映工商系统维护市场秩序方面的思路、措施与成效，特别是近年来在宣传报道工商行政管理工作"四个统一"要求和"四化"建设方面，紧紧把握总局中心工作主线，在宣传报道中抓重点、抓亮点、抓系统、抓深度，对工商行政管理部门加大执法力度，更好地维护市场秩序，树立工商行政管理的良好形象起到了积极作用。2007 年全国产品质量与食品安全专项整治工作前两次现场会分别在浙江、山东召开，而浙江、山东的典型经验《中国消费者报》是中央媒体中唯一一家曾事先下工夫做过公开深度报道的，得到较高评价，收到较好效果。特别是山东农村食品安全"四项制度"的长篇通讯，不仅帮助省局做了整理提高的工作，而且成为后来其他媒体宣传山东经验的蓝本。长篇通讯《猪肉市场"检查官"郑子信》和《我们有许许多多个郑子信》的报道，有力地反映了工商队伍在严把猪肉质量关的工作中所表现的突出成绩。为迎接党的"十七大"胜利召开，推出了"经典中国、辉煌成就——百姓消费生活可喜变化"一组 10 篇系列报道，反映改革开放特别是"十六大"以

来经济发展带来消费结构的种种变化，百姓消费生活的日益丰富多彩，烘托科学发展、共建和谐的氛围。新开辟的《新型消费文化大家谈》专栏以《一个中学生的消费困惑》的读者来信实现了消费文化宣传教育的精彩开头，出报当天中央电视台《朝闻天下》作了重点介绍，使这个专栏受到社会较大关注。

二是注重经济领域的法律宣传报道和教育工作。在宣传《消费者权益保护法》、《反不正当竞争法》、《产品质量法》等法律法规中发挥了重要作用。1998 年发表了《杨剑昌查要案反成被告，"保护神"遭索赔法理何在》、《维权硬汉杨剑昌》的长篇报道，树立了被广大消费者誉为"杨青天"、"保护神"的无私无畏、刚正不阿，尽心尽力维护市场秩序，维护消费者合法权益的工商干部形象。1993 年 11 月，广大消费者盼望已久的《中华人民共和国消费者权益保护法》诞生，为了贯彻、执行好这部法律，《中国消费者报》有计划、有步骤地开展了大量有效的宣传普法教育活动，掀起了全国范围内认真学习宣传和贯彻执行《消费者权益保护法》的高潮。通过发表评论员文章、答记者问、法律讲座、纪实通讯、案例剖析等形式开展宣传教育，充分发挥报纸的宣传优势，起到了良好的宣传教育效果。其中《"金龙"入海——大连市百货大楼落实"消法"纪实》的长篇通讯，记述了大连市百货大楼在学习贯彻《消费者权益保护法》中，不满足于一般号召，不停留在熟记条文上，而是针对该店实际，推出了家电退还、维修等全过程服务 15 个"一条龙"的做法，在社会上引起了很大反响。全国有 17 个省市的 25 个参观团到大连百货大楼参观学习，该店负责人到各地作专场报告 15 次。部分人大代表也组团到大连实地考察。全国 80 多家新闻单位报道了"15 条龙"的做法。各级政府和有关部门对此次报道给予了高度重视和很高的评价。《中国消费者报》注重开展多种形式的宣传教育活动，1991 年与中国消费者协会和中央电视台联合主办了首届"3·15"晚会，2006 年与中国消费者协会和中国曲艺家协会联合主办了首届"3·15"曲艺晚会，开辟了消

费维权和消费文化宣传的新领域、新形式，活跃了消费维权宣传的内容和形式，收到了良好效果，获得了广大消费者的广泛好评。2005 年《中国消费者报》走过了 20 个年头，在创刊 20 周年庆祝大会暨 3·15 文化高层论坛上，总结了中国 20 多年消费维权运动的实践和经验，首先提出了以维护消费者权益为核心、以公平诚信等为主要内容的"3·15 文化"概念，把消费维权事业向前推进了一大步。

三是在抓市场热点的报道中，抓住了大量消费者普遍关心、引起社会震动的重大选题，较好地发挥舆论监督作用。社会中的热点问题往往也是涉及消费者切身利益的问题。在热点问题的报道中，《中国消费者报》在坚持正面报道的同时，积极开展新闻监督，通过批评报道促进社会主义市场经济健康发展。批评报道是本报的一大特色，为了维护消费者的合法权益和社会经济秩序，促进国家法制建设，推动经济发展的需要，《中国消费者报》遵循以事实为根据、以法律为准绳的原则，对严重损害消费者合法权益的重大事件进行旗帜鲜明的揭露批评，如长篇通讯《"特效生发灵"问世前前后后》，揭露和批评了北京某厂在"特效生发灵"广告宣传上的弄虚作假的做法，使北京某厂纠正了错误，在社会上引起强烈反响。

三、积极参与"中国质量万里行"活动，发挥舆论监督作用，抓好深度报道

在参加"中国质量万里行"活动中，注意抓住损害消费者利益最突出、消费者反映最强烈的问题，连续组织系列报道，其中对燃气热水器质量不好和缺乏安全装置造成数百人死亡的报道，引起了很大震动。1992 年发表了通讯《生命在呼唤——来自热水器使用事故的死亡报告》后，新华社发了通稿，被《人民日报》、《经济日报》、《经济参考报》、《中国青年报》和中央电视台等 10 多家中央新闻单位转载转播。在中央领导同志过问下，国务院生产办很快召集有关部门进行协调，责令有关部门 15 天内拿出整改措施。很快，全国燃气热水器质量安全紧急会议在

北京召开。这篇通讯被评为"中国质量万里行"好新闻一等奖和全国维护消费者权益好新闻一等奖。1993 年先后发表了《阳光下的罪恶》、《假药劣药泛滥成一大公害》和北京国贸中心非法搜身事件的连续报道等，都在社会上引起了强烈反响。1994 年发表的《上海向"多层次传销术"开战》、《"老鼠会"踪影屡见端倪"传销网"管理迫在眉睫——关于多层次传销的再思考》等报道，引起了中央领导同志的重视。1995 年独家新闻《是刁民还是聪明的消费者》、《论王海现象》率先披露了"王海现象"。1996 年发表《"回扣"注射器祸及常德》、《昧心赚钱，无辜受难，不法注射器肆虐常德》的报道，揭露了全国打击药品回扣工作开展后的第一大案，被全国打假办列为年度全国十大假冒伪劣侵害案件之一。1997 年发表《制止服务领域欺诈行为》的报道引发了司法、行政部门和新闻单位的热烈讨论，把反对欺诈行为推向了服务领域。1999 年举办的"市场条件下医患纠纷"研讨会，推动了医疗服务领域的法制建设。2000 年举办了"电子商务立法暨消费者权益座谈会"，参加研讨的有来自全国人大、最高人民检察院、信息产业部、中国人民银行、中国社会科学院、国家工商总局、中国消费者协会的代表，以及产业界、金融界的专家学者，促进了电子商务的健康发展。由于在舆论监督方面发挥了重要作用，《中国消费者报》1995 年被国家经贸委和国家工商局联合授予"打击假冒伪劣商品先进单位"称号。随着市场新热点的不断产生，紧跟市场发展形势不断加强报道力度，如《液晶屏大战 模糊了谁的视线?》、《忽悠中国消费者的洋品牌应付出代价》、《购房参谋是耶非耶》以及对数码产品水货的调查、手机辐射问题、网吧等问题的报道等，都受到了相关领导关注和消费者的赞扬。

《中国消费者报》用自己的行动证明，她没有辜负中央领导和广大消费者的期望，她已真正成为亿万消费者的喉舌，并逐步成为消费者不可缺少的维权工具，她已经深深扎根于人民群众的心中。

四、在抓为消费者服务的报道中，摸索出了一条引导消费者科学、合理、文明消费的路子

引导消费者科学合理消费，为消费者服务是社会主义市场经济条件下出现的新课题。《中国消费者报》多年来始终坚持做到正确引导，反对"误导"，对企业的宣传广告要严加鉴别，避免广告虚假，同时要坚决反对有偿新闻，更不得出卖版面。在具体工作中从以下几个方面引导消费者合理消费：一是政策引导，宣传国家的消费政策，结合政策引导消费；二是观念引导，从理论上阐析消费现象，宣传正确的消费观念，引导消费者克服不正确的消费观，避免陷入消费误区；三是信息引导，向消费者提供消费信息，帮助消费者进行选择；四是知识引导，向消费者提供各种商品知识，帮助消费者提高识别商品质量和识别假冒伪劣商品的能力。在抓好引导消费的过程中，特别注意对消费者进行消费教育，帮助消费者增强自我保护意识，提高自我保护能力。

五、拓展宣传报道领域，进一步增强宣传效果

在稳定提高报纸质量的同时，近年来，《中国消费者报》适应网络快速发展的形势，不断加强所属《中国消费网》建设，加大人员、技术、设备等方面的投入力度，通过技术改造，提高了网上浏览速度。按照市场热点对版面进行了科学设置，不断丰富版面内容，与报纸内容相互协调、相互配合，大大增强了宣传效果，点击率逐年上升，截至2008年6月，已经与10多个门户网站链接。为适应网上读者的要求，还加强了网上投诉、消费维权工作，方便了消费者投诉咨询，提高了咨询投诉效率，受到了消费者的好评。《中国消费网》突出办网特色，以消费者特有的视角配合主报宣传报道工作，扩大了报纸的影响。

第二节　努力建立培养一支政治强、业务精、纪律严、作风硬的人才队伍

一切事业都是靠人干出来的。报社要生存、要发展就必须有一支适应报业竞争要求的人才队伍。所谓人才，一是要愿干、真干，二是要能干、会干。人才也不是一两个就行，而是要有一批高素质的人才队伍。特别是一定要建立一支包括驻站记者在内的具有强烈事业心和较高专业水平的采编队伍，建立一支懂经营会管理、具有开拓精神和运作能力的经营队伍。报社坚持高标准、严要求，走实事求是的道路，在实践中总结出了适合报社实际情况和特点的人才培养与选拔机制。在人才队伍建设中，坚持"输血"和"换血"相结合、"换血"和"造血"相结合的原则，在积极引进人才的同时淘汰不称职人员，加强在职人员培训，为年轻人创造良好的成长环境。在引进人才的工作中，坚持严格的考核制度，特别是在录用采编人员时，坚持硬条件，一是最低应当具有大学本科学历；二是必须经过国家工商行政管理局和报社的业务考试和考评；三是实行试用期制度，对不符合要求的坚决不予录用。在人才培养工作中，利用多种多样的形式开展思想教育和业务培训，如政策法规讲座、时事形势报告、新闻业务专题讨论、经营工作情况交流会、编前会、选题会等，大大提高了干部职工的素质。经过23年的发展，报社逐步培养建立起了一支人员配备合理、梯次搭配适当的人才队伍。报社干部职工已由原来的20余人增加到现在155人，大学以上学历129人占职工总数的83%，其中研究生以上学历18人。采编人员共101人占职工总数的65%，其中高级职称27人，中级职称28人，初级职称46人。

第三节　科学规划、整体运作，形成了比较稳定的经营收入

1995年，一场突如其来的新闻纸大涨价风暴几乎将家底本来就很薄的《中国消费者报》摧垮。由于新闻纸涨价，每月亏损十多万元，报社一度陷入严重的困境和危机。这种困境和危机使领导班子和全体员工统一了认识，作为一个全额自收自支、自负盈亏和实行企业化管理的报社，在激烈的市场竞

争面前,必须有一个较强经济实力,否则很难完成自己担负的宣传使命。报社要生存要发展,必须按新闻规律办报,按市场规律抓经营,通过办好报纸,扩大社会影响来带动经营,再用较好的经济效益促进办报,扩大报纸的社会效益。在统一认识的基础上,报社根据报业发展规律、市场经济形势,并结合报社的实际情况制订了经营工作发展规划。把报纸作为两次出售(发行和广告)的商品,进行整体运作。一方面,以广告经营为中心,在统一管理的前提下,下大工夫调整和增加力量,组织报纸广告,并且引进竞争机制,激发广告经营人员的工作热情,同时利用报纸优势开展信息服务经营和实体经营,从而使报纸发行之外的经济收入形成一定规模。另一方面,通过实行财务统一管理,精心核算和降低成本,搞好市场预测,准确把握报纸定价、扩版数量、发行数量和经济效益相互关系的"度",努力追求在规模经营中产生的最高利润率。经过多年的探索和实践,报社逐步建立和完善了一整套规范有序的广告经营管理制度和行之有效的运作模式,使报社的广告收入稳步增加。

第四节　大胆创新、不断实践,摸索并建立了一套适合本报发展实际的运作机制

《中国消费者报》自创刊开始财政就没有给过开办费、人头费等,而是全额实行自收自支、自负盈亏。可是在管理上仍然沿用全额拨款报社的模式,由此出现了很多问题和弊端。报社从1993年开始实行内部改革,但思想阻力很大,改革实施艰难,直到1995年报社陷入经济困境时,员工思想观念有了较大转变,改革的力度也加大了。经过多年的不断实践,报社逐步建立并完善了一套适应市场经济要求的报业运作机制。

一、改革领导体制,建立与办报和经营一起抓相适应的领导机构

报社要适应报业发展的要求,必须在强调社会效益的同时,重视抓经济效益。办报

和经营是两个既互相联系又有所不同的问题,报社采取了集中领导、分别指挥的办法,成立了社委会统一领导报社全面工作,在社委会领导下,建立采编工作指挥机构和经营工作指挥机构,分别组织、策划和协调采编与经营工作。这种领导体制较好地发挥了集中有效的作用。

二、调整经营机构,加强经营创收力量

报社在工作中逐步树立了经营上的产业观念和规模经营的思想,并提出了以报业为主、多种经营的思路,形成了"三位一体"的产业结构:一是广告和报纸发行经营。增设了广告经营机构,成立了广告公司,建立了专门的报纸发行机构,培养充实了一批广告经营和发行骨干人员。二是信息经营。专门注册了信息服务中心,通过提供咨询服务进行创收。三是工商实体经营。报社成立了实业发展有限责任公司,并创办工商实体,开展多种经营。这些机构的设置打破了原来经营结构单一、效益较差的状况,较大幅度地增加了报社的经济效益。

三、改革用人制度和分配制度,建立与市场经济相适应的竞争机制、激励机制和制约机制

(一)用人制度改革

一是对各部门领导骨干实行竞争上岗的聘任制,一年一聘,在群众参与评议下公开考核,根据工作实绩选贤任能。内部选不出优秀骨干,就向社会公开招聘,优进劣下。二是对职工实行聘用制,双向选择,原部门领导不聘的可以调整岗位,各部门都不聘的作下岗待岗处理。三是对经营部门给人事自主权,允许其自主地向社会招聘人才,试用合格后由经营部门推荐给报社人事部门考核,经社委会研究正式调入。四是实行内部职称聘任制,对工作实绩突出的采编人员和其他专业技术人员,可以在内部提前晋升职称级别。

(二)分配制度改革

报社提出"不养闲人、不养懒人、不养庸人、不养浑人"的原则,坚决打破"大锅饭",实行工效挂钩的分配制度和有奖有罚的激

励制度。对采编人员基本实行按工作实绩分配,完不成基本工作量要倒扣重罚。对行政后勤工作人员实行按岗位定人员,按岗位责任和任务大小难易定工资。对经营部门实行在财务统管前提下的承包经营,报社对其规定应该完成的创收额度,同时从中划给部门一定比例的包干经费,部门内部基本实行按效益拿提成工资为主的分配办法。无效益的经营部门不设,无效益的经营人员不养。

四、引进现代企业管理方法,规范报社运作行为

报社注意引进现代企业管理原则和方法,逐渐形成了以经济手段为主、行政和经济手段有机结合的有效管理体制。

（一）计划控制机制

一是每几年都要制订中期发展规划,每年都要提出具体目标、任务,并分解到各个部门、各个月份。二是日常工作都要按计划办事,财务没有预算,一般不得开支。

（二）成本核算机制

全报社财务集中管理,加强成本核算工作,统一财务开支、统一物资管理、统一票据管理、统一废品处理,做到精打细算、勤俭办事,降低成本、增加利润。

（三）承包经营机制

在财务统一管理的基础上,实行承包经营,对经营部门明确责、权、利,调动经营部门的积极性。

（四）监督机制

科学严格的监督能够保障报社运作的正常进行。各部门逐步形成一种互相制约的机制,强化了决策监督、财务监督和生产过程监督等。

五、建立健全报社内部各种规章制度

报社要发展不仅要遵守国家法律法规,还要依靠报社自身建立的各种规章制度来管理,并以此作为报社运行的保障。这套规章制度大致可分为三类:一是关系报社全局的根本性规章;二是工作制度,即各部门员工遵守的工作准则;三是责任制度,即各类工作岗位职责,日常行为规范等。这套规章制度的管理逐步细化到了每一个岗位、每一

个环节。各个岗位和环节体现了既有竞争又有协作,既有激励又有制约,既有平衡又有倾斜,既重精神又重物质,让全体员工都大体上能各司其职、各负其责、各得其所。

第五节　基础建设成果显著,为大发展奠定了坚实的基础

《中国消费者报》自成立那天起一直靠租房借房办公,办公条件很差。为了促进长期稳定发展,报社必须首先拥有稳定的办公环境。1996年,报社经过反复思考和论证,决定"借地垒窝",建造自己的办公楼。经过运作,报社与北京轻工业学院签订联合建造办公楼的协议,这样既利用了大学享受的优惠政策,大幅降低了建设成本,又解决了建楼期间的办公周转房。同时,报社采取了依靠职工内部集资和房产经营的运作模式解决了资金问题。经过3年的运作,终于建成了一座有现代化通信设备、自动消防监控系统、全套计算机新闻采编系统的现代化智能型的办公大楼。这座大楼不仅为报社增加了数千万元的固定资产,更重要的是为报社进一步发展打下了重要基础。为了解决职工住房困难,1998年,报社开始筹划职工住宅楼建设。在广泛听取群众意见和建议的基础上,报社通过职工内部集资和贷款解决了建房资金困难,与首钢钢丝厂联建职工住宅楼。2000年10月职工住宅建成后,报社同时进行了内部房改,一举解决了长期困扰报社的职工住房难问题。办公环境和住房条件的改善,为报社吸引和留住了一批优秀的人才,也为报社的大发展奠定了坚实的基础。

第六节　文化建设继往开来,消报文化成为各项工作发展的核心动力

《中国消费者报》在创业和发展20多年艰难历程中,在全社职工共同奋斗中,逐渐凝聚和形成了大量具有本社特色的精神、理念、观点和道德规范、传统作风等精神成果,

包括全社职工共同遵循的"团结、拼搏、求真、创新"的精神追求;包括具有本报特色的"维护消费者合法权益、引导消费者合理消费"、"围绕大局抓新闻、围绕市场抓热点、围绕消费者抓服务"等一整套办报宗旨和理念;包括"铁肩担道义、妙手著文章"、"敢为消费者鼓与呼"的职业精神;包括按党性要求办报,遵循公正、客观、真实的基本原则和不搞有偿新闻的职业道德观念;包括公平竞争、不吃大锅饭的用人和分配机制理念;包括"报社是我的、我为报社干"、"群策群力共渡难关"、"社兴我荣、社衰我耻"的主人翁精神和荣誉感;包括"树正气、讲团结、比实干、看奉献"的优良风尚等,这些都是报社宝贵的精神财富,是消报文化的主要内容,是推动工作、约束行为、端正风尚,营造和谐的文化氛围的动力。

适应社会主义文化建设的不断发展,本报在文化建设工作中坚持继往开来、不断创新,始终坚持以邓小平理论和"三个代表"重要思想为指导,深入落实科学发展观,学习和实践以"八荣八耻"为核心的社会主义荣辱观,大力开展构建和谐报社活动,在实践中不断丰富和发展消报文化,在继承和发展过去优秀的传统文化和作风的基础上,提出了"珍爱团队,敬重职责,服务大局,精耕细作"十六字消报文化。珍爱团队,敬重职责,是思想行为的价值取向,就是团结上以十当一,工作上以一当十;服务大局,精耕细作,是对工作的总体要求,在思想要跟上中央和总局党组的工作部署,跟上形势的变化,跟上人民群众的要求和愿望,在把握导向、服务大局的问题上,要全面理解、全面把握、全面把关,做到精益求精。"珍爱团队,敬重职责,服务大局,精耕细作"具有世界观和方法论的意义,四个方面形成一个统一的不可或缺的整体,形成文化管事、制度说话的思想理念。消报文化的不断创新和发展,使消报文化更加贴近干部职工的思想实际,更加深入人心,消报文化的精神内涵正逐步化为干部职工的自觉思想和实际行动,初步体现出用文化凝聚人心、规范行为、激励干劲的强大力量,推动报社各项工作平稳持续发展。

(执笔人:董祝礼)

第二十章　中国工商行政管理学会

概　述

中国工商行政管理学会(以下简称中国工商学会)是国家工商行政管理总局直属事业单位,是围绕工商行政管理职能,研究中国特色社会主义市场监管和行政执法理论与实践的非营利性的全国性学术团体。中国工商学会自1991年成立以来,以邓小平理论和"三个代表"重要思想为指导,深入贯彻落实科学发展观,在国家工商行政管理总局党组的领导下,紧紧围绕工商行政管理部门的中心任务,积极开展工商行政管理理论研究和学术交流活动,普及和宣传工商行政管理法律法规知识,协调指导各地工商行政管理学会工作,编辑出版《中国工商管理研究》,为繁荣工商行政管理理论,创新工商行政管理方式方法,提高干部队伍理论水平发挥了重要作用。

第一节　成立背景及组织发展概况

一、成立背景

党的十一届三中全会以来,随着社会主义商品经济的迅速发展和经济体制改革的逐步深入,新形势给工商行政管理工作提出了许多新的理论和实践问题。为了适应加强工商行政管理理论研究的客观需要,从1984年起,许多地方工商行政管理部门陆续成立工商行政管理学会。各地工商学会针对工商行政管理工作中出现的新情况、新问题,积极开展调查研究和学术交流,为领导决策、指导工作发挥了参谋、咨询作用,在全系统形成了重视理论工作和学术研究的氛围,初步建立了一支从事理论研究的队伍。各地工商学会工作的开展,为中国工商学会的成立奠定了群众基础,创造了有利条件。

二、组织发展状况

中国工商学会现有理事103人,其中常务理事39人,单位会员56个,个人会员23名。组织发展状况如下:

(一)召开成立大会

1991年7月9日,中国工商学会成立大会在北京召开。全国人大常委会副委员长彭冲出席会议并作了重要讲话。他指出,随着经济体制改革的深入和有计划商品经济的发展,工商行政管理工作越来越重要,国家政治生活中的一些重大问题都与工商行政管理工作有着非常密切的关系。中国工商学会的成立必将推动我国工商行政管理理论研究的开展,提高工商行政管理工作水平,更好地为建立有中国特色的工商行政管理体系、调控经济运行服务。

国家体改委、劳动部、人事部、国务院法制局、国务院研究室等有关部门的领导同志应邀出席了会议。中国工商学会一届一次理事会通过了《中国工商行政管理学会章程》,选举产生了理事108人,常务理事34人,选举国家工商行政管理局局长刘敏学为学会会长,并选举产生了副会长、秘书长、名誉会长、名誉顾问、顾问等职务。

(二)召开一届二次常务理事会

1992年9月21日,中国工商学会在北京召开一届二次常务理事会。会议增选了副会长,并批准通过如下事项:

1. 成立《中国工商管理研究》编辑委员会。

2. 成立中国工商学会优秀论文评审委

员会。

3. 通过《关于建立中国工商行政管理学会专业委员会的意见》，并于 1993 年 11 月 24 日，在北京成立了中国工商学会市场专业委员会。委员会由 59 名委员组成，主要从事研究专业市场日常监督管理理论与实践问题。

4. 吸收武汉大学管理学院工商管理系为中国工商学会团体会员。

（三）召开一届三次常务理事通讯会议

1996 年 6 月 19 日，中国工商学会召开一届三次常务理事通讯会议。会议通过了吸收首都经济贸易大学工商系、东北财经大学工商学院、杭州大学工商研究室、四川大学工商系为中国工商学会团体会员的议案。

（四）召开二届一次理事会

1997 年 1 月 25 日，中国工商学会二届一次理事会在北京召开。国家工商局的有关领导、二届理事会理事出席了会议。中国工商学会各团体会员的秘书长列席会议。国家工商局局长王众孚到会并作了重要讲话。

会议通过了中国工商学会二届一次理事会理事名单，选举产生了新一届常务理事会。会议选举产生了会长、副会长、秘书长和副秘书长等职务。

会议审议通过了一届常务理事会工作报告、《中国工商行政管理学会章程修改草案》及《中国工商行政管理学会会费暂行管理办法》等。会上表彰了 18 个先进团体会员和 33 名优秀学会工作者。

（五）完成社团整顿工作

1997 年下半年，根据《国务院办公厅转发民政部关于清理整顿社会团体意见的通知》（国办发［1997］11 号）的要求，按照民政部规定的清理整顿工作内容，在国家工商局人事教育司的统一安排下，中国工商学会进行了自我检查整顿，顺利通过了社团整顿工作。

（六）召开二届二次常务理事通讯会议

1998 年初，中国工商学会召开了二届二次常务理事通讯会议。会议审议并通过石家庄、呼和浩特、合肥、福州、贵阳市工商行政管理学会的申请，正式批准吸收上述五家单位为中国工商学会团体会员，并完成了增补五位常务理事的后续工作。

（七）召开二届三次常务理事通讯会议

2000 年 5 月，中国工商学会召开二届三次常务理事通讯会议。会议通过如下决定：

1. 经国家工商局党组及学会会会长提名，重新选举产生中国工商学会秘书长、副秘书长。

2. 2000 年 6 月在京召开中国工商学会在京理事会暨专题理论研讨会。

3. 吸收 23 位同志为中国工商学会个人会员。

（八）召开在京专家学者二届二次理事会

2000 年 6 月 7 日，中国工商学会在京专家学者二届二次理事会在北京召开。在京专家学者理事及特约嘉宾参加了会议，各团体会员的秘书长列席了会议。国家工商局局长王众孚到会并作了重要讲话。会议审议并通过《中国工商行政管理学会章程（第二次修订草案）》。

第二节　课题研究及学术交流活动

一、课题研究

中国工商学会自成立以来，紧密围绕工商行政管理部门的中心任务，认真开展专项课题研究活动。

1991 年 11 月，中国工商学会会同上海、四川、青岛、无锡等省、市工商学会在江苏无锡组织了专题调研活动，完成了《关于无锡市国营大中型企业发展情况的调查报告》。

1993 年 6 月至 9 月，中国工商学会作为国家工商局牵头单位之一，参加了中央财经领导小组领导，由国内贸易部和国家工商局联合组织的《市场体系与运行机制》调研组，完成了分报告《关于广州市培育市场体系与运行机制的调研报告》。同年，完成了《我国社会主义市场体系与运行机制的研究报告》。年底又承接了"工商行政管理与社会主义大市场监管体系"的课题研究任务。

1994 年初，中国工商学会牵头，国家工商局有关业务司局、国家计委技术经济研究所、国家经贸委、四川大学工商系、北京财贸学院、上海市工商学会、重庆市工商学会、沈阳市工商学会、广州市工商学会等单位组成课题组，通过调查和召开小型座谈会等形式，于同年12月完成了《关于我国市场统一监管研究》的课题研究报告。有关专家学者认为，该报告比较系统地总结了我国市场培育、运行及监督管理的现状，分析了存在的问题和原因，探讨了工商行政管理机关在市场监督和行政执法过程中，建立有权威的执法机构的必要性，对实际工作具有一定的指导作用。

1995年，以国家工商局的名义向中央机构编制委员会办公室申报了《关于成立研究中心的方案》。认真完成了局部署的研究任务：一是赴海南、广东进行市场秩序的调研工作；二是完成"中国市场体系发展的监测、研究报告"；三是完成"中国非国有经济发展状况"的有关报告；四是提出"深化我国市场监管体系改革思路"；五是进行"关于中国市场体系发展的缺陷及对策"的研究；六是进行关于"行政执法与工商行政管理关系"的研究；七是与市场司合作完成"中国市场秩序现状研究报告"。

1995年，中国工商学会代表国家工商局参加了中国科协组织的"全国性学会改革与发展调查研究组"，形成了"全国性学会发展现状和趋势"、"全国性学会改革与发展政策"建议报告。

1997年，按照国家工商局《关于清理市场中介组织的通知》（工商企字〔1997〕第76号）精神，中国工商学会组织会员单位开展了"我国营利性市场中介组织"课题研究活动，形成了课题研究成果。

1998年，中国工商学会开展了"工商行政管理与宏观调控体系关系"研究和"工商行政管理体制、方式、方法改革"研究两项课题的调研工作，形成了相关调研报告。

1999年初，根据国家工商局局长王众孚的指示精神，中国工商学会组织首都经济贸易大学、东北财经大学、浙江大学、武汉大学、四川大学等单位开展了关于我国市场监督管理理论体系课题研究。完成了"我国市场监督管理理论体系的基本框架、结构和建构模式"、"我国市场监督管理体制建构的目标模式"等六项课题的研究任务。2000年底，研究工作顺利完成。2001年10月，中国工商学会将课题研究成果进行整理，编辑出版了《市场监管理论与实践——来自行政执法的调研报告》一书。书中收集了课题组和中国工商学会以及沈阳、哈尔滨等地工商学会的22篇研究论文，许多观点具有创新性及指导意义，得到了国家工商总局领导及许多专家学者的肯定。

2000年，为充分发挥参谋、咨询作用，调动各单位会员及系统内外理论工作者和实际工作者的积极性，深化工商行政管理理论研究，使理论研究工作逐步走上科学化、规范化和制度化的轨道，中国工商学会制订并下发了《中国工商行政管理学会2000—2002年课题研究规划》，成为学会课题研究活动的指导性文件。2001年，共有5个国家工商总局业务司局、6家科研院所、36个地方工商局申报了课题研究项目。

根据课题研究规划，2001年学会确定并重点开展了与中国社会科学院、首都经济贸易大学、东北财经大学、浙江大学、武汉大学、四川大学6家科研院所合作研究的"入世：中国反不正当竞争面临的机遇与挑战"、"我国广告业发展及对策"、"我国市场秩序的现状及规制对策"、"中国市场交易秩序"、"中国市场竞争秩序"、"中国市场监管秩序"6项课题研究任务，于2001年底完成研究成果，分别形成专题研究（调研）报告，约计14万字。为完成收尾工作，请周叔莲等6位专家学者分别对课题成果进行了系统评估。同时，将各课题报告摘编成册，于2002年6月上报总局及业务司局领导参阅。

2002年，中国工商学会根据新时期工商行政管理工作的中心，提出了"经济户口管理：现实与前瞻研究"和"工商行政管理对电子商务有效监管的途径和对策"两项课题研究。组织以专家学者为主的课题组，分别于4月、5月在四川、浙江宁波召开了破题会。随后，两个课题组由学会秘书长带队，于7

月、8 月开展了"纵"、"横"两向的课题调研活动。经济户口课题组赴新疆、陕西、西安、重庆、江西、上海等省市开展横向系统调研;电子商务课题组赴福建、福州、广东、广州、湖南、湖北、武汉、河南、北京等省市开展纵向系统调研活动。11 月底,两个课题组在北京组织了课题成果座谈、调研会。会后,学会及时将座谈、研讨会成果整理出来,以"简报"形式提交总局领导、业务司局领导及在京专家学者常务理事参阅。

2004 年,确定了"信息化建设与工商行政管理制度创新"立项课题。将课题内容分成"信息化与市场日常监管制度创新"等九个相互独立的分课题,分别进行研究。2 月底,召开了由国家工商总局相关业务司局,部分省、市工商局和特邀专家学者参加的课题破题会,拟定了分项研究的调研方案和研究提纲。组织课题组成员分别赴山东、上海、江苏、浙江、广东、广西、贵州、内蒙古、山西开展调研,收集了大量第一手材料。8 月初,在北京召开了课题执笔人座谈会。

2005 年,中国工商学会协助国家工商总局广告司完成了"中国广告业发展与监管战略研究"课题的立项准备工作。并配合商标局开展"保护农产品地理标志,加大支持三农力度"课题研究;在此基础上与中国人民大学应用统计研究中心合作,抓紧完成课题具体研究工作。

2005 年 9 月中旬,国家知识产权战略制定工作领导小组办公室(以下简称"知战办")给国家工商总局下达了"商业秘密相关问题研究"专题研究工作任务,国家工商总局安排学会配合公平交易局开展此项研究。学会积极开展专题研究筹备工作,搜集有关资料,联系专家学者,配合公平交易局完成了"商业秘密相关问题研究"工作,获得"知战办"专家组的好评。

2005 年 9 月,为了适应新时期、新阶段工商行政管理理论与实践工作的需要,实现课题研究工作的前瞻性、指导性和应用性的紧密结合,中国工商学会制定下发了《中国工商行政管理学会课题管理办法》,用以进一步指导、规范学会课题研究工作。

2006 年,中国工商学会贯彻实施《课题管理办法》,围绕"充分发挥工商职能,促进社会主义新农村建设"等 10 项课题,进行 2006 年度课题研究的立项、选题、申报、审核、课题任务下达、监督课题进展、指导中期成果完成等一系列工作,各项课题组织进展顺利。并分别配合公平交易局、广告司、商标局开展了"商业秘密相关问题研究"、"中国广告业发展与监管战略研究"、"保护农产品地理标志,加大支持三农力度"专题研究工作。

2007 年 4 月,中国工商学会在北京召开了"2007 年度立项课题工作会议"。中国工商学会课题管理委员会委员共 14 人到会;与会人员经过认真研究、讨论,拟定了 2007 年度立项课题;截至 8 月底,共收到上海市工商学会等 24 个单位的课题申报材料,涉及 2007 年度 10 个立项课题;经认真研究、讨论,最终核准同意 24 个单位的课题申报,并决定给予上海市工商学会等 10 个单位适当的课题经费资助;10 月下达立项课题研究任务。并配合国家工商行政管理总局有关业务司局完成了 2006 年开展的课题研究收尾工作。

2008 年 6 月,认真回顾总结改革开放 30 年来,工商行政管理部门在中国特色社会主义建设中发挥的积极作用和取得的成就,中国工商学会充分发挥自身优势,积极组织专家学者和挖掘内部潜力,对工商行政管理理论和实践进一步研究,形成了"中国特色社会主义工商行政管理理论体系框架"。在此基础上,由中国工商学会牵头会同国家工商总局行政学院和研究中心一起开展《中国工商行政管理概论》编写工作。《概论》系统总结 30 年工商实践经验并上升为理论,对于指导工商行政管理工作,深化对学习实践科学发展观的认识,提高干部队伍整体素质,推动系统理论研究和理论创新,更好发挥工商行政管理的职能作用具有重要意义。

二、学术交流

1991 年 7 月,在中国工商学会成立之初,召开了以"加强和改进工商行政管理,更好地为调控经济运行服务"为主题的第一次理论研讨会。9月,在北京组织有关经济学家举行座谈,就工商行政管理机关如何充分发挥职能作用,支持搞好国营大中型企业的问题进行了探讨。11月,召集部分省市工商行政管理学会理论骨干在无锡召开理论研讨会,深入研讨有关搞好国营大中型企业问题。

1992年9月,中国工商学会在北京市召开常务理事会,研究在新形势下如何加强工商行政管理工作。会议提出并明确了在当时形势下工商行政管理需要着重研究的重大课题。

1993年5月,中国工商学会开展第一次优秀论文评选活动。各地共推荐论文180篇,最终有169篇文章获"优秀论文",其中一等奖1篇,二等奖6篇,三等奖8篇,鼓励奖13篇,特别奖2篇。此项活动的开展,有力地促进了各地理论研究和学术交流活动的进一步开展。

1994年9月,中国工商学会在甘肃省酒泉市组织召开"社会主义市场经济与个体私营经济的发展"专题研讨会,重点探讨我国西北、西南等经济不发达地区个体私营经济发展中存在的问题和对策。11月,在厦门召开"建立现代企业制度与企业登记管理制度的改革"、"双生市场的监管模式"和"我国中介机构的发展和经纪人规范管理"的第二次专题研讨会。

1995年5月至8月,中国工商学会举办了第二次优秀论文评选活动。共收到来自全国32个省市工商行政管理系统、8所大专院校的论文、调查报告179篇,内容涉及工商行政管理的各个方面。本次活动共评选出一等奖5篇,二等奖6篇,三等奖14篇,鼓励奖22篇,其他132篇文章均获优秀论文提名奖。次年8月,学会将获奖论文汇编为《工商行政管理论集》出版发行。这次活动是对工商行政管理研究成果的一次大检阅,对提高系统内广大工作人员的理论素质,为全社会进一步认识工商、了解工商起到了积极作用。

1995年11月,中国工商学会与国家工商局培训中心在广西自治区北海市共同举办了"全国工商行政管理学会秘书长工作研讨班"。

1996年10月,为了提高各级工商学会工作者的理论素质和工作水平,加强各地学会之间的联系和交流,中国工商学会在湖南省张家界市举办了"全国工商行政管理学会秘书长研讨班"。

1997年12月,根据国家工商行政管理局《关于清理市场中介组织的通知》精神,中国工商学会组织团体会员开展了"我国营利性市场中介组织"课题研究活动。并于12月在广东顺德召开《我国营利性市场中介组织》课题调研成果交流会。会议共收到论文、调查报告29篇,整体质量较高,资料翔实,分析透彻,从多角度对我国市场营利性中介组织进行了理论分析。

1998年,中国工商学会举办了第三次优秀论文评选活动。活动共收到参评论文(含调查报告)179篇,评出一等奖9篇,二等奖19篇,三等奖39篇和优秀论文提名奖112篇。

1998年10月,中国工商学会在福建省福州市召开了"全国工商行政管理学会秘书长研讨班"。国务院发展研究中心、国家行政学院、福建省政法干部管理学院、福州市社会科学院等单位的专家分别就"当前我国宏观经济分析"、"政府行政体制改革"、"我国经济法制建设"、"知识经济"等四个专题开展讲座,受到与会代表的好评。

1999年初,中国工商学会在北京市召开了部分省市工商局领导和专家学者参加的"加强市场秩序监管、提高行政执法水平"专题研讨会。与会者围绕"加强市场秩序监管、提高行政执法水平"展开了热烈的讨论,提出了许多很有见解的观点、意见和建议。

为了更好地开展学术交流工作,从1997—2000年四年间,中国工商行政管理学会组织大庆、丹东等20个地级市工商学会分A、B组各召开了四次专题研讨活动,加强了与基层学会的联系,扩大了学会交流阵地,提高了理论研讨水平。

2000年6月6日,中国工商学会在北京市召开了"加入WTO后,我国反不正当竞争、反垄断面临的新形势、任务及对策"专题研讨会。在京专家学者理事及特邀专家、单位会员秘书长等99人参加了研讨。中国经济体制改革基金会秘书长、国民经济研究所所长樊纲等9位专家学者做了专题发言。与会者围绕中国反不正当竞争、反垄断的现实情况,加入WTO后面临的机遇和挑战,我国反不正当竞争、反垄断的应对策略等问题进行了深入的研讨,提出了许多创造性的理论观点。

2001年10月,为配合国家工商总局举办的"WTO与工商行政管理"专题培训班的工作,纪念中国工商学会成立十周年,中国工商学会在京举办了"加入WTO后,我国市场监管形势、任务及对策"专题研讨会。江平、王家福、周叔莲、范恒山、朱少平等近40位法学、经济学界知名专家学者及国家工商总局部分司局领导应邀参加了会议。与会者围绕加入WTO后,工商行政管理部门如何更好地履行市场监管职责问题进行了广泛深入的讨论。此次研讨活动的召开,对指导工商行政管理部门为迎接入世做好准备,对履行党中央、国务院赋予工商行政管理部门的神圣职责,把市场监管工作提高到一个新的水平,具有重要的指导意义。

2002年4月,中国工商学会在湖北省武汉市召开"全国工商行政管理学会秘书长工作会议",对鼓舞和推动理论研究的深入开展及研讨活动的顺利进行起到了很大的促进作用。

2002年,为进一步总结过去,开拓未来,中国工商学会组织单位会员编纂《辉煌的足迹灿烂的明天——工商行政管理学会历程》一书。

2003年9月,中国工商学会在湖南省岳阳市组织召开了20个地级市学会参加的"工商行政管理职能发挥与推进企业信用建设"专题理论研讨会。与会代表围绕企业信用监管的职能定位、存在的问题、实现途径等议题,结合工商行政管理工作的实际,提出了许多新思路、新建议。

2003年10月,中国工商学会在海南省海口市举办了"全国工商行政管理学会秘书长研讨班"。100多名出席代表就"工商行政管理制度创新及监管方式、方法变革"、"工商行政管理信息化建设"、"工商行政管理企业信用体系建设"、"监管前移、后延及企业监管制度创新"等专题进行了广泛的研讨和交流。

2004年2月,中国工商学会召开了"全国工商行政管理学会秘书长工作会议",交流了各地工商学会工作经验,表彰了1997—2003年度全国工商学会先进单位和优秀学会工作者。北京等24个单位会员和李俊等35名优秀学会工作者受到表彰,激发了全系统学会干部的工作热情,调动了各级学会做好本职工作的积极性。

2004年7月,中国工商学会在宁夏自治区、银川市举办了"全国工商行政管理学会秘书长研讨班"。邀请国务院研究室专家就现代信用体系建设的有关问题进行专题讲座。来自全国各级学会的140余名代表参加了会议,并就企业信用分类监管的理论与实践等问题进行了广泛的交流。

2004年10月,中国工商学会与浙江省工商局在杭州市联合举办"加快企业信用监管体系建设"专题研讨会,集中讨论了建立、完善企业信用监管体系的基本思路和对策。中央党校、国务院研究室、国资委、商务部、北京大学、中国金融学会等单位的专家、学者应邀出席会议并发言,来自全国16个省市工商系统的80余名代表参加会议。10月底,在山东省淄博市召开了"地级市工商行政管理学会专题理论研讨会",包头、无锡、盐城、温州、蚌埠、淄博、襄樊、岳阳、肇庆、昌吉等10个地级市的代表参加会议,就"基层工商部门如何创新市场监管机制"等问题开展专题研讨和交流,提出了许多有针对性的意见和建议。

2005年7月,中国工商学会在黑龙江省牡丹江市召开"2005年度地级市工商学会专题理论研讨会"。牡丹江市、无锡市等12个地级市工商学会的代表参加了会议。与会代表围绕"如何构建'12315'工商行政管理行政执法网络"这一中心议题进行了广泛、深入的探讨,为"'12315'行政执法网络"建设提出了积极的意见和建议。

2005年9月,中国工商学会在新疆自治区乌鲁木齐市召开"全国工商学会秘书长专题研讨暨发行工作会议"。来自全国40多个单位会员的100余名代表参加了会议。与会代表围绕"提高工商行政管理市场监管和行政执法能力"主题进行了广泛而深入的研讨和交流。

2006年3月,中国工商学会在四川省成都市召开了"2006年度全国工商学会工作会议暨全国工商学会秘书长专题理论研讨会"。会议以开展保持共产党员先进性教育活动的经验做法及取得的成绩为基础,紧紧围绕工商行政管理工作的实际,就新时期有关党的建设问题进行专题研讨。通过研讨,与会代表交流了保持共产党员先进性教育的成果,总结了各地好的经验和做法。同时,学会及时编辑了各地工商局保持共产党员先进性教育理论研究成果集(上、下册),报国家工商总局机关党委。

2006年3月,中国工商学会开展了第四次全国工商行政管理优秀论文评选活动。此次活动共收到51个单位提交的参评文章426篇。通过初评、二评、三评,按照论文类、调研报告类和课题报告类分别评出获奖文章。通过这次优秀论文评选活动,进一步激发了工商系统的理论研究和创新工作的热情,形成了工商系统重视坚持调研和研究解决实际问题的工作学习氛围,取得了积极成效。

2006年8月,中国工商学会在内蒙古自治区赤峰市召开了"全国工商学会秘书长理论研讨会暨《中国工商管理研究》发行工作会议"。会议围绕"充分发挥工商职能,为落实科学发展观和建设和谐社会做贡献"为主题进行了研讨。会上对第四次全国工商行政管理优秀论文评选活动和2006年度《中国工商管理研究》发行工作进行了总结,并对优秀论文获奖者和2006年度《中国工商管理研究》发行工作成绩突出的单位会员进行了表彰。

2006年10月,中国工商学会在广东省肇庆市召开了"2006年度地级市(区)工商学会专题理论研讨会"。会议围绕"发挥工商行政管理职能,促进社会主义新农村建设与发展"这一主题,从"红盾护农"、"经纪活农"、"合同帮农"、"商标富农"、"权益保农"、"政策爱农"和"市场助农"等七个方面进行了研讨。

2007年4月,中国工商学会在浙江省温州市召开了"全国工商行政管理学会工作会议暨专题理论研讨会"。会上,对系统内学会的群众性理论研讨和调查研究工作作了认真的安排和部署;与会代表围绕"发挥工商行政管理职能作用,为建设社会主义和谐社会服务"主题,进行了广泛而深入的讨论。

2007年6月,中国工商学会在北京市召开"工商行政管理改革与发展高层论坛"。邀请王家福、王保树、周天勇等10名专家学者就工商行政管理近三十年来的发展轨迹、当前面临的形势以及未来发展方向进行了研讨。

2007年8月,中国工商学会在黑龙江省哈尔滨市召开了全国工商学会调研报告会。与会代表围绕"以科学发展观为指导,充分发挥工商行政管理职能"这一主题,结合各地调研情况,进行了广泛的交流。

2007年10月底,中国工商学会在河南省郑州市召开了"全国地级市工商学会调研报告会"。来自郑州、唐山、淄博等18个地级市工商学会的50余名代表参加了会议。会议代表围绕"加强流通领域食品安全监管长效机制"主题开展了广泛的交流和研讨。

2008年5月,为宣传工商系统贯彻落实党中央、国务院对推进农村改革发展作出的各项部署,在服务"三农"、建设社会主义新农村所作的工作,在国家工商总局市场司和研究中心的协助下,中国工商学会在北京成功举办了"中国农村市场发展高层论坛"。中央和政府有关部门的领导、部分专家学者和工商系统的代表出席论坛,并就工商系统在支持和服务三农发展中的成功经验做法,农村市场发展的重大理论与实践问题和下一步工商部门如何充分发挥职能作用,更好地推进社会主义新农村建设作专题发言。这次活动提高了各部门对工商系统在服务

"三农"、建设社会主义新农村工作中职能作用的认识。

第三节　编辑出版会刊《中国工商管理研究》及学术资料

一、编辑出版会刊《中国工商管理研究》

（一）会刊成立及发展

《中国工商管理研究》（月刊）是国家工商行政管理总局主管，中国工商行政管理学会主办的公开发行的社科类理论刊物，是专门研究工商行政管理理论与实践的学术刊物。

中国工商学会成立后，为更好地推动理论研究和开展学术交流工作，开辟工商行政管理理论与实践研讨、交流、宣传的窗口，起到工商行政管理与学术理论界等社会各界联系的纽带作用，经国家工商局同意，于1991年6月向新闻出版署申请创办会刊。新闻出版署于1992年1月正式批准学会创办会刊《中国工商管理研究》（月刊）。1992年7月，经过试刊两期，《中国工商管理研究》杂志正式创刊，田纪云副总理为会刊题写了刊名。会刊的出版发行为广大工商行政管理人员和经济理论界开辟了一个新的理论探讨和学术交流的阵地。

（二）会刊编辑出版及相关工作

1995年5月，中华新闻工作者协会工商分会在北京成立。《中国工商管理研究》当选为工商记协的副会长单位。6月，会刊申请加入了中国期刊协会，为进一步拓展横向交流创造了条件。

2002年9月，会刊在河北省承德市举办了撰稿人研习班。

2003年，围绕"学习贯彻'三个代表'重要思想和'十六大'精神的体会思考"、"创新企业登记制度、努力实现六个转变"、"工商执法与服务经济发展"、"推进企业信用建设"、"实施商品监管关口前移"等专题举办了三次座谈会，编辑出版了座谈会实录。6月，在安徽省黄山市举办了第二期撰稿人研习班。

2006年8月，在山西省运城市举办了第三期撰稿人研习班。

《中国工商管理研究》自1992年创刊以来，始终坚持以马列主义、毛泽东思想和中国特色社会主义理论体系为指导，发扬理论联系实际的学风，本着服从、服务于工商为宗旨，紧密围绕国家工商行政管理局的中心工作，以市场监督和行政执法为主线，开展工商行政管理理论研讨、学术交流和国家政策、法律法规宣传，为工商行政管理系统与社会各界搭建了交流沟通的平台，对推动工商行政管理理论研究工作，提高工作水平以及干部素质起到了重要作用。

二、编辑出版学术资料

1991—1994年，不定期编印《学会简报》，及时反映中国工商学会工作动态，广泛宣传各地工商学会组织的理论研讨、培训、服务咨询等活动。

1991年9月，整理编辑出版了以"加强和改进工商行政管理，更好地为调控经济运行服务"为主要内容的学会第一次理论研讨会文集《工商行政管理理论探索》。

1992年，为促进工商行政管理与国际惯例接轨，编印了两期《参阅资料》。第一期主要内容是《台湾地区外国人投资条例》和《台湾地区外国商标授权处理准则》；第二期主要内容是中国工商学会一届二次理事会上专家学者座谈记录。

1993年10月，编辑出版了《日本、韩国、台湾（地区）市场监管法规选编》一书。

1996年8月，将1995年举办的第二次优秀论文评选活动中的获奖论文汇编为《工商行政管理论集》出版。同年，编辑出版《市场中介组织研究》一书。

2001年10月，将"我国市场监督管理理论体系的基本框架、结构和建构模式"等六项课题研究成果进行整理，编辑出版《市场监管理论与实践——来自行政执法的调研报告》一书。

2003年2月，召开2002年课题成果座谈会，按计划完成了"经济户口：现实与前瞻研究"和"工商行政管理对电子商务有效监管研究的途径及对策"两项课题研究工作，并于6月将这两项课题同2001年研究的六项课题及地方工商学会相关课题成果汇编成《市场监管理论与实践研究》一书出版。同年,围绕国家工商总局提出的对市场主体实行信用分类监管的思路,组织编写了《企业信用监管理论与实务》一书。

2004年,完成了《辉煌的足迹 灿烂的明天——全国工商行政管理学会历程》大型纪念册的编辑、出版工作。

2005年,编辑出版了《信用工商理论与实务》、《市场监管理论与实践研究(2005卷)》、《信息化建设与工商行政管理制度创新》课题成果集和理论研究专著。

2006年,编辑整理了"第四次全国工商行政管理优秀论文评选活动"中的获奖论文,出版《工商行政管理理论探索》一书。

2007年,对"工商廉政文化建设"和"保持共产党员先进性教育"两个有奖征文进行了评选,并将"工商廉政文化建设"征文获奖论文编辑加工,汇集成册。

第四节 干部培训及对外交流

一、干部培训

1994年7月至1996年6月,中国工商学会与国家工商局培训中心合署办公。在"三定"方案尚未确定,内部机构没有正式设立的情况下,利用现有人员保证了国家工商行政管理局下达的培训任务的顺利完成。

1994年共举办了一期英语培训班、四期公文写作班、四期地市局长岗位培训班,培训系统人员近500名。

1997年10月,根据国家工商局有关领导的指示,中国工商学会在北京市举办了"社会主义市场经济秩序及监督管理"讲习班。

1999年11月,中国工商学会与国家行政学院在海口市举办了"办公室主任行政管理研讨班",国家行政学院张德信教授、薄贵利教授就"办公室行政管理的科学化、规范化"等问题进行了专题讲座。

二、对外交流

1992年至1993年,中国工商学会与北京市开达经济学家咨询中心联合举办了4次"中国市场经济论坛",深入探讨中国经济改革的方向和发展的理论与实践问题。

1994年12月,中国工商学会与国家计委技术经济研究所、西北大学中德企业研究所联合举办了"中国非国有经济的发展问题及战略国际研讨会"。

1995年8月,第四届世界妇女大会在北京召开,中国工商学会派员作为非政府组织代表和非政府组织的观察员参加了大会,并受到了全国妇联的表彰。

1999年7月,为配合课题研究工作,组织部分省、市工商学会秘书长赴英、德开展学术交流和考察活动。

2001年,为配合课题研究工作,组织十多个省、自治区、直辖市工商学会秘书长赴德国考察电子商务及其监管。考察团于2002年3月成行,形成考察报告"德国电子商务发展与监管"。

2002年11月,中国工商学会组织福建等10个单位会员秘书长赴美国开展"企业信用体系"的相关问题考察活动。

2004年2月,会同研究中心一起组团赴北欧考察。12月,组织相关课题参与单位赴澳大利亚、新西兰开展有关市场监管体制及法律制度的考察活动。

2005年12月,组织北京等6个单位会员负责同志赴加拿大、墨西哥,开展"经纪人在市场经济体制中的作用,特别是农村经纪人的组织机构设置、职能和运作方法"的考察活动。

2007年11月由会长韩新民带队赴埃及、印度,就农村市场发展状况、农村经纪组织发展状况、农村市场监管体制机制等开展考察。

第五节 常设机构自身建设

中国工商学会的常设机构在秘书长的领导下负责学会日常工作。1997年,国家工商局人事司正式批复了中国工商学会《关于职能、机构设置和编制的意见》,设办公室和编辑部两个部门,编制18人。2003年,为了将学术理论工作和办公室工作分开,需要成立一个内设专门的理论学术部,国家工商行政管理总局人事教育司正式批复(人字[2003]7号),同意将《中国工商管理研究》编辑部改为《中国工商管理研究》期刊社;内设机构为理论学术部、办公室。

中国工商学会领导十分重视干部职工政治思想及制度建设。在"三讲"教育活动中,处级以上党员干部进行了深刻的自我剖析,发现问题,解决问题。在全国工商行政管理系统"两整顿"活动中,学会领导要求每个干部职工培养良好的工作作风,认真做好工作作风整顿工作。在警示教育活动中,深挖腐败的思想根源,取得了良好的效果。在开展保持共产党先进性教育活动中,中国工商学会党支部严格按照中央确定的指导思想、目标要求、基本原则和总局党组部署的方法步骤,结合中国工商学会的实际,高标准、高质量地开展了保持共产党员先进性教育活动。认真贯彻落实中央《建立健全教育、制度、监督并重的惩治和预防腐败体系实施纲要》,制定了《学会党风廉政责任制》和《廉政守则》,完善了中国工商学会的各项规章制度,形成了以制度管人、以制度管事的工作机制,提高了中国工商学会的整体素质和工作水平,全体党员干部和工作人员廉洁自律的自觉性进一步提高。2006年,进一步完善了各项规章制度,年初将中国工商学会30项制度汇集成册,印制了《学会规章制度汇编》。2007年,加强自身组织建设和队伍建设,进一步加强行政、财务及后勤事务管理,切实抓好制度落实,增强了干部的积极性、主动性和创造性,推动了学会工作。2008年,加强内部管理,健全完善各项制度。进一步修订和完善岗位聘用、学习制度、差旅费报销等各项规章制度,实现工作的制度化、规范化管理。加强学习,进一步提高工作人员素质。加强班子建设和队伍管理,健全完善了支部班子,完成了中国工商学会人员岗位聘用工作,工作人员的精神面貌一新,充分调动全体人员的工作积极性。加强党风廉政建设,领导干部带头,严格遵守中央纪委、国务院、总局制定的廉洁从政的各项规定,为继续推进党风廉政建设工作的深入开展,按照总局的要求,认真查找廉政风险点,加强廉政风险点管理。

(执笔人:栾复武　张武纲)

第二十一章　行政学院

概　述

加强干部队伍培训,提高队伍政治素质和业务水平,是做好工商行政管理工作的重要保证。1978年,国家工商行政管理机关恢复建制以来,一直十分重视系统队伍建设。为适应当时形势的发展和需要,1980年,国家工商行政管理局在青岛崂山建立了国家工商行政管理局干部学校,成为行政学院的前身。干部学校成立以后,为工商行政管理系统培养造就了一大批专业人才和业务骨干,为工商行政管理事业的发展做出了很大的贡献。1993年,干校从青岛迁回北京,与工商行政管理学会合署办公。为适应工商行政管理队伍建设的需要,加强干部教育培训工作,1995年根据中编办[1995]94号文件精神,国家工商行政管理局干部学校更名为国家工商行政管理局培训中心。1996年7月,国家工商行政管理局党组决定将培训中心与中国工商行政管理学会从管理体制上分离,独立设置。2002年9月,中央编办复字[2002]140号文件批复同意国家工商行政管理总局培训中心(以下简称原培训中心)更名为国家工商行政管理总局行政学院。2008年3月28日,行政学院在深圳举行落成暨开学典礼。国家工商行政管理总局行政学院的成立,充分表明国家工商行政管理总局重视和加强干部教育培训工作,把加快培养工商行政管理人才,提高队伍素质作为事关全局的基础工程来抓的决心。

国家工商行政管理总局行政学院是国家工商行政管理总局的直属司局级事业单位,编制50人,内设院务部、教研部、培训部、总务部和联络部。作为干部教育培训机构,行政学院办学的指导思想和目标是:高举中国特色社会主义伟大旗帜,坚持以马克思列宁主义、毛泽东思想、邓小平理论和"三个代表"重要思想为指导,全面贯彻落实科学发展观,坚持党的基本路线和干部教育培训工作方针,紧紧围绕工商行政管理工作大局,按照努力做到"四个统一"的要求,贯彻理论联系实际、学用一致、按需施教、讲求实效的原则,深化培训改革,实行开放办学。以提高思想政治素质为核心,以提高领导能力和监管执法能力为重点,切实增强培训的针对性和实效性,努力实现培训规模和质量、效益的统一,实现干部教育培训的科学化、制度化和规范化。充分发挥行政学院在全系统干部教育培训中的龙头和表率作用,努力把行政学院建设成为全系统领导人才培训、高层次执法人才培养的主要基地,总结和推广工商行政管理改革发展成果、推进工商行政管理理论研究的重要基地,开展干部教育培训工作的示范基地,学习借鉴国外市场监管先进经验的重要窗口、为建设一支政治上、业务上、作风上过硬的高素质、专业化工商行政管理干部队伍服务,为进一步开创工商行政管理工作新局面提供人才保障和智力支持。其主要任务是:(1)根据工商行政管理中心工作需要,适时举办各省、自治区、直辖市及计划单列市、副省级市工商行政管理局领导干部专题研修班;(2)承担地市工商行政管理局领导班子成员,县级工商行政管理局主要负责人轮训,举办优秀基层工商所长(示范)培训班;(3)承担总局司处级领导干部和系统内处以上优秀中青年干部、业务骨干等管理和执法人才的培训;

(4)承担总局机关司处级领导干部任职培训和新录用公务员初任培训;(5)承担系统内干部培训师资队伍的培训;(6)开展工商行政管理理论研究,与总局有关部门一起积极推进工商行政管理理论体系建设。在完成以上主要任务的同时,行政学院积极协助总局人事司制订全系统干部教育培训规划、计划,组织编写与汇辑学院培训教材资料,深化培训工作研究,组织开展合作办学和教育培训交流与合作,努力形成鲜明的办学特色。

第一节　工商行政管理系统公务员培训

为了提高公务员的政治和业务素质,以适应工商行政管理机关高效能管理的需要,必须有目标、有计划地开展培训工作。在1997—2007年期间,原国家工商行政管理总局培训中心依据《国家公务员培训暂行条例》,在开展培训工作中坚持理论联系实际、学用一致、按需施教、讲求实效的原则,在提高培训质量上下工夫,不断增强培训的针对性和实用性,在课程设置、教学手段等方面进行大胆的探索和尝试,取得了一定的成绩。对系统内公务员展开各类培训活动,包括新录用公务员初任培训、公务员知识更新培训、行政执法业务培训及其相关培训。截至2007年底,共组织实施各类培训班175期,培训人数达两万余人次。2008年3月,国家工商行政管理总局行政学院正式落成暨开学以来,根据中央《干部教育培训工作条例(试行)》和总局党组继续大规模培训干部、大幅度提高干部素质的要求,国家工商行政管理总局行政学院全力开展了系统干部的教育培训工作。到2008年6月底,共举办研修班、培训班12期,培训干部955人。通过培训,大力提高了全系统干部的整体素质和履行岗位职责的能力,为基本建立适应社会主义市场经济体制的工商行政管理干部队伍做出了应有的贡献。

一、新录用公务员初任培训

1997年初,国家工商行政管理总局商标注册中心面向社会和应届毕业生招录了一百多名公务员,为使他们顺利上岗工作,根据《国家公务员条例》的有关规定,原总局培训中心配合人教司、商标局、商标注册中心进行公务员考录工作,并承担新录用人员的初任培训。在考录工作中,原培训中心负责专业知识和外语两部分试题的设计、命题印制、组织阅卷和评分汇总等工作,共组织阅卷4 000多份。完成考录之后,随即对新录用人员进行了初任培训。在培训中,首先,帮助新录用人员了解党和国家的方针、政策和自己将从事的工作内容,懂得自身的使命和责任,具备担任职务应有的工作态度,熟悉任职的环境和工作的行为准则,初步掌握工作的一般方法和程序,为正式上岗做好准备;其次,根据新录用人员将要从事的工作特点,将培训内容分为公务员必修课和专业必修课,其中包括:邓小平理论、社会主义市场经济法律知识、国家公务员和工作人员行为规范、公文写作、国家工商行政管理总局机构设置及主要司局基本情况、工商行政管理基础知识、商标法及商标的申请、审查、注册、管理等。同期参加培训的学员还包括事业单位新录用人员及军转干部,总计118人。通过培训,使学员得到了比较全面、系统的学习,收到了良好的培训效果。以后每年,根据《公务员法》的规定,与人事教育司一起对总局新录用的公务员进行了初任培训,为他们尽快适应工作岗位奠定了良好的基础。

二、公务员知识更新培训

为了对在职人员更新、补充、拓宽相关知识,1997—2002年间,原培训中心在全系统开办了多期处级干部的知识更新培训班、省部级领导干部研修班、领导干部入世思想教育和知识储备培训班等。

(一)对处级干部的知识更新培训

1997年,按照《1996—2000年全国工商行政管理系统干部教育培训规划》的要求,在人事教育司(原宣传教育与国际合作司)的指导下,原培训中心设计、制定了《全国工商行政管理系统处级干部知识更新培训实施方案》。根据实施方案制订函授、面授教学计划,于同年10月先进行函授培训。为确保函授培训工作的顺利进行,在各地共建立函授工作站 33 个,组织编写了约 50 万字的函授辅导教材,及时完成教材的寄发、报名汇总等各项准备工作。全系统处级干部共有近 3 900 人报名参加了函授培训。函授培训工作的顺利实施,为 1998 年、1999 年两年开展知识更新面授工作奠定了良好的基础。

1998 年,根据国家工商行政管理局《关于"九五"期间开展干部培训工作的意见》和《全国工商行政管理系统处级干部知识更新培训实施方案》的要求,经过认真调研、周密准备,在 1997 年全面开展函授的基础上,1998 年全国工商行政管理系统处级干部知识更新面授培训工作全面启动。1997—1999 年 3 年间,共举办知识更新培训班 16 期,参训学员近 1 805 人次。

为使处级干部知识更新培训切实达到提高政治思想水平、专业知识水平和管理水平及实际工作能力,适应现代行政管理的需要,在知识更新的培训中,始终根据形势的需要及中央和总局对干部教育培训工作提出的新要求,紧密结合当时重点及热点问题及时调整、充实课程内容,把邓小平理论、党风廉政建设、工商行政管理新职能作为重点内容讲授。在教学方式上采用集中授课、分组讨论、大会交流等形式,并运用现代化教学设备作为教学辅助手段,取得了较好的培训效果。培训结束后,通过对调查问卷的统计分析证明,在课程设计、教学组织等方面得到了学员的认可。主要体现在:师资层次高,邀请的授课教师来自中共中央政策研究室、国务院研究室、中共中央党校、国家行政学院、中国人民大学等单位,具有较高的理论水平;内容新颖,传递信息量大;在培训内容上,除全面讲授国家工商行政管理总局统编的四本知识更新教材外,还根据处级干部的特点和要求,增设相关专题讲座,使培训更具针对性、有效性;注重教与学之间的沟通;培训期间,专门安排有关业务司局专题讲座,及时解决学员在工商行政管理实践中的问题和困难。

(二)对省局领导干部的研修培训

为认真学习邓小平理论和江泽民总书记关于"三个代表"的重要思想,围绕工商行政管理机关主要职责和任务,加强干部教育,提高领导干部政治业务素质,进一步解放思想、转变观念,更好地履行新时期监管社会主义统一大市场的职责,经过近一年的酝酿、论证,于 2000 年 7 月 20 日至 8 月 2 日在人教司、机关服务中心等共同努力下,举办了一期全国工商行政管理局长研修班。

研修班学员为全国各省、自治区、直辖市、计划单列市及副省级市的工商行政管理局局长(副局长、纪检组长等),共 44 人。时任中共中央政治局候补委员、国务委员吴仪出席了研修班开学典礼并作了重要讲话,对新形势下的工商行政管理工作提出了更高的要求。她强调:要以江泽民同志"三个代表"重要思想为指导,建立一支高素质的面向新世纪的工商行政管理队伍。时任总局党组书记、局长王众孚在研修班结业总结中,对这次研修班给予了肯定,提出要进一步规范教育培训工作,并要求今后主要抓法律法规、体制改革、干部队伍这三个基本建设,促进工商行政管理机关的改革和发展。时任国家人事部部长宋德福、最高人民法院副院长曹建明等领导,著名法学家江平、郑成思等专家学者就人事制度改革、经济形势走向、工商行政管理的职能和法律、法规等做了专题讲座。国家工商行政管理局机关副处以上干部、事业单位班子成员也一同听课。

研修班的举办,是对工商行政管理干部教育培训向正规化、高层次转变的一次有益的探索和尝试,对进一步改进教育培训方式、方法,切实提高培训的针对性、实效性等方面都有着十分重要的意义。

(三)对领导干部入世的思想教育和知识储备培训

为适应中国加入 WTO 的形势需要,国家工商行政管理总局党组研究决定在全系统举办"WTO 与工商行政管理"专题培训班。原培训中心在总局人教司的指导下,于 2001 年 10 月至 2002 年 6 月在京成功举办了 6 期"WTO 与工商行政管理"专题培训班。在受训的 544 名学员中有总局司局级领导 69 人，省局领导 146 人，计划单列市局、副省级市局领导 48 人，大中城市局领导 281 人。局长王众孚亲自在第一期专题培训班的开学式上进行了动员，要求学员适应 WTO 形势和任务的需要，储备知识，积极应对。为保证教学质量，特选聘了中国复关/入世谈判主要成员和国内的著名专家学者授课，授课内容涉及：经济全球化与中国复关/入世；中国入世的权利与任务；入世与市场经济、入世与社会主义法制建设；入世对我国经济深层次影响；WTO 与知识产权保护；WTO 与竞争行为规范；应对入世加强和改进工商行政管理等。围绕着教学主题而开展的研讨专题有：入世给工商行政管理带来的机遇与挑战的认识及思考；如何应对入世，加强和改进工商行政管理工作。通过培训，为工商行政管理应对 WTO 奠定了良好的基础。

三、省市县三级工商局"一把手"轮训

为深入学习贯彻党的"十七大"精神，进一步落实中央关于大规模培训干部、大幅度提高干部素质的战略部署，总局在 2008 年全国工商行政管理工作会议上明确提出，从 2008 年开始用一年多的时间，把全系统县工商局以上一把手轮训一遍。2008 年 3 月 14 日，总局党组会议通过了 2008 年干部培训计划。

根据总局局长周伯华的指示和总局的部署，行政学院把全系统省市县三级工商局"一把手"培训作为主体班次，全面落实总局党组关于实施"一把手"轮训工程的决定。从 2008 年 3 月 28 日行政学院开学到 2008 年 6 月底，在短短三个月的时间里，行政学院先后举办了 1 期省局局长研修班、3 期地市局长培训班、3 期县局局长培训班，共培训省市县三级工商局"一把手"684 人（其中省局局长 44 人，地市局长 202 人，县局局长 438 人）。

四、行政执法业务培训

1997 年，根据《国家工商行政管理局关于加强机关培训管理工作的意见》要求，国家工商行政管理局机关的培训工作由人教司、原培训中心按各自的职责进行管理和实施。培训工作"归口"管理后，业务司局各类培训班均由原培训中心负责制定实施方案和组织实施。1997—2008 年间，共举办行政执法业务培训班 100 多期，培训人数达 1.4 万多人次。内容涉及工商行政管理法律法规、公平交易、消费者权益保护、市场监管、企业注册登记监管、广告监管、个体私营经济管理、商标管理、纪检监察等。通过开展形式多样的培训，增强了干部履行岗位职责的能力，提高了监管执法水平。

在办好面向全系统干部特别是副处级以上干部专题业务培训的同时，总局重点加大了三个方面的培训力度：一是加大了对西部地区人才培养的力度。根据国家西部大开发和人才培养的要求，总局从 2003 年起，每年专门举办 1～2 期西部地区执法培训班，为西部地区工商局培养了一批业务骨干，并在培训经费、教材等方面给予了一定的支持，受到了西部地区广大干部的广泛欢迎。二是加大对基层工商所党支部书记（所长）的培训力度。1997 年 3 月，为贯彻党的十四届六中全会和全国工商行政管理工作会议精神，鼓励先进，培养典型，发挥基层工商所所长的骨干作用和模范带头作用，进一步加强精神文明建设，推动"工商形象建设年"和"公平交易执法年"活动的深入开展，由国家工商行政管理局人教司牵头，原培训中心组织实施的两期全国工商行政管理系统先进工商所所长培训班在北京举办。来自全国各地的 236 名先进工商所所长参加了培训。在课程设置上主要以社会主义市场经济理论、工商行政管理业务知识及行政管理与国家公务员制度基础知识为重点，采取集中授课与自学讨论相结合的方式，在讲授工商行政管理业务知识课程时，专门邀请了部分司局领导授课，帮助学员解决实际工作中遇到的疑难问题，培训收到良好的效果。为体现总局党组对基层建设的重视、关心和支持，充分发挥基层党组织的战斗堡垒作用，从 2001 年开始，总局每年举办 1 期基层工商所党支部书记（所长）示范培训班。培训期间，总局领导都专门看望学员，既激发了学员们的学习热情，

又体现了总局党组对基层同志们的关心。三是加大了援藏培训力度。2002年以来，总局先后四次组织讲师团入藏，举办了4期援藏培训班，为西藏工商系统培训干部860多人次。培训的所有费用都由总局承担，并且支援了5 000多册培训教材和部分计算机、投影仪、摄像机等培训设备，有力地支援了西藏自治区工商系统的干部教育培训工作。

五、总局机关公务员培训

随着工商行政管理工作任务的不断拓展，机关工作人员对外交往、交流、学习的机会明显增多，2000年初，原培训中心对国家工商行政管理局机关公务员培训的个人需求进行了一次全面调查，其结果显示：机关公务员对英语、计算机技能学习的需求较为高涨。在被调查人员中，有74%的人希望以一定的方式加强这两方面的学习。根据这一实际情况，2000—2007年度针对工作技能需求，有计划、分类别地对机关公务员开办了素质技能培训班。其中，机关英语培训班共举办11期，培训人数400多人次。内容包括：首次聘请外教授课的英语口语班；为参加全国统一考试的"BFT"辅导班；"新概念"英语学习班和"国际音标"课堂。计算机技能培训班共举办8期，共有学员109名，内容包括：2期文字录入班，培训了25名学员，其中司级干部1人，处级干部9人；6期文件编辑班，培训了84名学员，其中司局级干部1人，处级干部29人。

在加强总局机关公务员技能培训的同时，根据总局党组的统一部署，与机关党委、人事教育司等联合举办了专题培训班和任职培训班等。如，2003年总局举办了三期总局机关和直属单位处级干部学习贯彻"三个代表"重要思想研修班，有330多名处级干部参加了为期4天的集中学习和研讨，对全局处级干部普遍轮训了一遍。另外还与外事司、人事教育司等联合举办了外事培训班和劳资管理培训班等。

六、涉外培训

随着国际经济全球化进程的加速发展，加强各国家间的工商业务交流是很有必要的。1999—2002年间，结合国际合作项目举办了6期国际研讨培训班。例如，1997年，参与了人教司举办的"97中国青岛——政府行政管理人员行为规范国际研讨会"的组织管理工作及UNDP援助国家工商行政管理局项目第一阶段的评估工作；在国家工商行政管理局与法国财政工业部竞争、消费者事务和反欺诈局的合作项目成果的基础上，1999年10月举办了中法消费者保护培训班；1999年举办了北京中澳竞争与消费者研讨班（2期）围绕竞争与消费者保护主题；2000年4月和2002年10月举办了"中法消费者保护"培训班，对促进中国消费者权益保护法的日益完善和规范起到了积极的推进作用。

第二节　加强干部教育培训基础建设

总局行政学院在圆满完成总局交办的各项培训任务的同时，十分重视干部教育培训的基础建设。1998年，时任国家工商行政管理局局长的王众孚提出"要把国家工商行政管理局培训中心按干部管理学院的要求来办，要制定基本课程、制定基本教材、建立基本师资队伍，由现在的讲习班逐步实现正规化的培养教育"。为认真贯彻落实王众孚局长"三基"建设的指示精神，充分发挥在全系统教育培训工作中的应有作用，原培训中心及时理清思路，调整方向，通过扎实有效的工作，努力推进培训工作的规范化、正规化建设。

一、加强培训需求调研，制定切实可行的教学方案

多年来，原培训中心以问卷调查、召开座谈会、走访、实地调研等各种形式，采取积极措施，了解和分析了参训学员的培训要求。在全面了解和分析培训要求的基础上，根据工商系统教育培训规划和总局党组的工作要求和部署，制订年度培训计划，并根据不同的培训类型、培训对象，制定较为切实可行的培训班实施方案，科学合理的设置培训课程，围绕总局的中心工作，重点强化政治理论、工商行政管理基本职能、法律法

规等业务知识。领导能力及党风廉政教育等方面内容的培训。切实提高培训的针对性和有效性。

二、组织编写工商行政管理教育培训辅助教材

(一)编制《工商行政管理业务培训大纲》

根据国家工商行政管理总局新的"三定"方案,围绕工商行政管理业务,配合人教司编写了《工商行政管理业务培训大纲》(以下简称《大纲》)。《大纲》作为工商行政管理干部全面了解和掌握履行岗位职责必备的基础知识和基本技能的依据,同时又具有广泛的适用性,既作为工商行政管理培训机构制订教学计划,编写统一工商行政管理专业教材的依据,也可作为社会各界了解工商行政管理业务的参考书。

(二)编制基础教材

为配合工商行政管理教育培训工作的开展和教学的需要,结合干部教育培训工作的重点,在总结几年来处级干部知识更新培训的基础上,邀请部分专家、学者组织编写了一些培训试用教材,包括《邓小平理论简明教程》、《现代法学基础教程》、《现代经济学教程》、《现代管理学教程》、《学习与思考——全国工商行政管理局长研修班文集》、《WTO 与工商行政管理基础知识》、《WTO 与工商行政管理理论与实务》、《工商行政管理领导干部基础知识》、《工商行政管理依法行政基础知识》、《工商行政管理监管与执法知识》、《工商行政管理业务知识》、《工商行政管理业务题库》、《工商行政管理执法办案知识》、《行政许可法培训读本》、《行政许可法知识问答》、《公司法教程》、《工商行政管理干部培训教材》、《公共经济理论与实践》、《公共行政理论与实践》、《依法行政理论与实践》等。这些教材对提高广大工商行政管理干部市场监管和行政执法能力发挥了重要作用。

随着高科技手段在教学方面的应用,把光盘技术也引进了教材制作工艺中尝试制作电子音像教材等形式,一定程度上满足了干部培训学习的需要。将每期的录音、录像进行整理编辑,制作成 VCD 发行到地方工商局,使教学资源辐射到全国工商系统,扩大了培训的覆盖面,实现了培训资源的有效共享。

三、积极探索远程教育培训新的方式方法

为进一步推进教育培训信息化和教学手段现代化的建设,节约培训成本,提高培训规模和效率,专门组织电化小组,对远程教育方式的内涵、实现途径、模式、应用范围、效果、建设、运行、管理等方面进行了认真的调查研究和大量的前期论证工作,并形成了初步的远程教育论证报告、设计方案和预算报告,为将来开展远程教育打下良好的基础。

四、注重加强对教师的选聘与管理

为提高培训质量,行政学院不断拓宽师资的选聘渠道,根据不同的授课内容及培训对象的特点,坚持高水平、高层次选聘教师,并建立了一支结构合理、规模适当的兼职教师队伍。选聘的兼职教师主要有三部分组成:一是中央党校,国家行政学院等院校和科研机构的学者;二是有关部委的领导和专家;三是总局机关和系统内的领导与业务骨干,基本上能满足培训的需要。每次培训班结束后,根据学员对教学效果的反馈意见,将教学效果好、教学经验丰富的教师资料输入电脑,建立了基本的师资库。通过优胜劣汰的教师选聘机制,使授课老师的层次及授课水平有了明显提高,教学效果也得到了相应的保证。

五、积极开展培训的理论研究

为进一步促进工商行政管理教育培训的规范化建设,行政学院积极开展调研和课题研究,用科学的理论指导培训实践。2003 年,联合北京师范大学等单位,开展了"工商行政管理领导干部培训课程体系及其应用模式研究"。该课题针对工商行政管理干部教育培训急需解决的问题共同协作攻关,主要探讨了培训什么、怎么培训的问题,使培训在内容上更加科学合理、在模式上更加规范有效。课题所提出的"宽基础、深专业、活模块"的课程体系在各地得到了广泛应用。2004 年,又

与北京市工商干校等单位合作开展了"工商行政管理培训体系研究"课题,提出了干部培训要以"知识为基础,能力为重点、素质为核心"的培训目标,并围绕该目标构建培训的支撑体系和保障机制。2006年以后,又开展了"工商行政管理培训质量评估研究"、"案例教学在工商行政管理培训中的应用"、"网络教学在工商行政管理培训中的应用"等应用性课题,并在培训实践中得到较好的运用。2008年,行政学院按照总局党组的统一部署,与工商学会、市场研究中心一起开展了工商行政管理理论体系的研究工作。

六、加强培训的交流与合作

为学习和借鉴现代培训理论与方法,提高培训的策划和组织管理能力,行政学院还特别注重对年轻干部的培养,支持参加与岗位职责有关的培训,并积极创造条件,选派赴境外学习培训,先后赴美、法、日、英、瑞典、加拿大、韩国等发达国家学习和借鉴先进的培训经验。通过学习,对国外公务员培训情况有了更多更广泛的理解,为进一步改进工商行政管理干部教育培训方式、方法提供了实践经验。

为及时传递党中央、国务院、国家工商行政管理总局的有关政策及重要指示,通报国家工商行政管理总局的工作安排、培训、教研动态,反映各地培训情况及学员的要求,介绍其他部委公务员培训方面所做的成功的尝试与努力,借鉴世界其他国家先进的培训经验,探索现代培训的新方法、新思想,1998年创办了《工商行政管理培训简讯》。《简讯》的创办,对于加强与系统培训机构的联系,促进经验交流,借鉴、推广系统内外干部教育培训好的经验做法,探索现代培训的理论与方法,搞好以后的培训规划,更好地指导系统内培训机构开展工作有着十分重要的作用。

七、全面完成教育培训基地建设的论证和筹建工作

随着工商行政管理地位和作用的逐步加强,职能范围的不断拓宽,监管的理性和科技含量的日益提高,全系统干部教育培训的要求日益强烈,迫切要求通过建立一个功能齐全、具有现代化水平、高层次的全国工商行政管理干部教育培训基地作为保障。为此,按照总局领导的批示,于2001年5月,通过调查研究和实地走访,以及邀请专家召开选址论证会的形式,开展了建立全国工商行政管理干部教育培训基地的可行性研究工作。此工作所提交的论证报告涉及基地的地址、基地的定位、基地的经费来源等内容,该报告得到总局领导的高度重视。2002年开展了对行政学院初期的实地调查研究。调研报告的结论得到总局领导的认同。2002年10月16日,总局向国家计委报送了《关于建设国家工商总局行政学院的报告》(工商办字〔2002〕第248号),经国务院批准同意,国家计委于2002年12月19日下达了《国家计委关于国家工商行政管理总局行政学院项目有关问题的批复》(计投资〔2002〕2788号),同意总局行政学院选址深圳,至此行政学院建设项目正式依法立项。

总局党组对建设行政学院高度重视,专门成立了以总局领导为组长,中纪委(监察部)驻总局纪检组(监察局)、人教司、办公厅等部门负责同志为成员的筹建领导小组。领导小组下设办公室,专门负责行政学院建设工作。

行政学院项目施工分为两个阶段:第一阶段,用了半年多的时间对用地和边坡地质灾害进行先期整治;第二个阶段为工程建设。到2006年底各项建设基本完工;2007年工程建设进入全面收尾和竣工验收阶段,并开始进行学院所需设备、用品及物业管理服务筹备工作。到2007年底,行政学院的服务和管理保障体系已全面落实,基本具备了培训和接待条件,开始了试运行。

2008年3月28日,行政学院举行落成暨开学仪式,总局局长周伯华作了重要讲话。行政学院的建成和启用,标志着工商行政管理干部教育培训工作进入到一个新阶段。

(执笔人:顾　伟　刘兴昌)

第二十二章　市场经济监督
管理研究中心

概　述

国家工商行政管理（总）局市场经济监督管理研究中心（以下简称研究中心）是直属于国家工商行政管理总局的全额财政拨款事业单位，是从事市场监督管理和行政执法理论研究的专门机构。自 1996 年成立以来，研究中心在国家工商行政管理（总）局党组的领导下，在总局各业务司局、系统内各单位的大力支持、配合下，紧紧围绕总局的中心工作，认真贯彻执行党的路线、方针、政策，围绕积极开展工商行政管理理论研究、编辑出版内部刊物、认真做好网站推进信息化建设等职能，做了大量卓有成效的工作，充分发挥了理论支持和咨询参谋作用，为加强工商行政管理理论建设、提升工商行政管理系统理论研究水平、推动工商行政管理工作迈上新的台阶做出了积极的贡献。

研究中心是在新的历史条件下应运而生的。随着改革开放的不断深入和社会主义市场经济体制的逐步确立，市场主体多元化格局逐步形成，市场竞争日益加剧。作为国家市场监管和行政执法的工商行政管理部门，在经济改革和社会发展中的作用日益凸显，管理范围逐步拓宽，对管理的职能、手段、机制、水平等要求越来越高。为了适应工作需要，加强对社会主义市场经济规律的探讨，深入开展市场监管和系统自身建设的理论研究，组织与协调全系统研究工作，进一步促进工商行政管理部门更好地发挥职能作用，扭转工商行政管理理论研究相对滞后于市场监督管理工作实践的现状，国家工商行政管理局决定组建市场经济监督管理研究中心（工商人字［1995］第 174 号）。1995 年 12 月 29 日，中央机构编制委员会办公室正式批复同意成立（中编办字［1995］180 号），并核批事业编制 40 人。1996 年 7 月 20 日，国家工商局党组宣布任命了研究中心领导班子，标志着研究中心正式组建并开始运作。研究中心下设办公室、研究处、情报编辑处 3 个处级工作机构。

研究中心的职能主要有 6 项：（1）研究、设计工商行政管理系统的中、长期发展规划及步骤；（2）发挥参谋咨询作用，为国家宏观调控、局领导及各职能部门决策提供超前性论证、分析和评价；（3）对工商行政管理系统的研究工作在学术上加以组织和指导；（4）负责对外协调、联系及提供有关工商行政管理问题的咨询服务；（5）开展国内外有关市场管理的学术研究和交流；（6）培养工商行政管理方面的高级研究人才。任务主要有 8 个方面：（1）研究社会主义市场经济条件下工商行政管理的重大理论问题和实践问题；（2）接受国家工商局机关及国务院有关部门委托的研究项目，从事对策性研究，为工商行政管理重大决策提供理论依据和政策咨询；（3）对国外市场管理进行比较研究，研究国外市场管理的方法、手段及可供我们参考借鉴的成功经验；（4）对我国市场体系的发展进行评价和咨询；（5）制订全国工商行政管理系统科研计划，并指导、组织实施，推动系统内研究的规范化；（6）编辑出版有关中国市场监督管理方面的出版物，发布市场监督管理方面的最新动态;(7)承接国外合作研究项目、国家"五年计划"重点研究项目、国家社会科学基金项目等;(8)逐步建立研究生培养制度,申报建立硕士生培养点,争取建立博士生培养点。

为了加强理论研究工作,研究中心认真学习国务院领导关于工商行政管理工作的指示精神,深刻领会局领导关于工商行政管理系统理论研究工作的讲话和要求,广泛收集行政执法和市场监管方面的有关信息资料,明确提出了"紧紧围绕总局中心工作开展对策性研究"的工作思路,并根据研究中心的职能和任务,将研究工作的重点放在社会主义市场经济条件下对社会主义大市场监督管理工作中急需解决的重大理论问题和现实决策问题上,突出课题计划的应用性、针对性、前瞻性和系统性。成立以来,向局领导及职能部门提供了许多有价值的课题调研报告;编辑出版了内部刊物《市场监督管理参考》近百期;在知名报纸、刊物上发表文章若干篇。在系统内外产生了一定程度的影响,为加强工商行政管理工作做出了积极的贡献。

第一节　围绕中心,开展课题研究,为工商行政管理实践提供理论依据

研究中心成立以来,在(总)局党组的正确领导下,紧密联系工商行政管理实践,围绕"三个坚持":即坚持紧扣总局党组的中心工作,紧紧围绕全国工商行政管理工作会议精神;坚持联系工商行政管理实际工作,注重课题的应用性和实践意义;坚持课题的前瞻性,遵循工商行政管理规律,精心安排,周密策划,在诸多领域进行了深入研究,并取得了丰硕成果,为工商行政管理实践提供了理论支撑和行动向导。

一、深入研究工商行政管理部门与其他部门的职能交叉问题

工商行政管理工作涉及面广,市场监管和行政执法情况复杂、职能交叉等问题。针对这种现象,1997 年,研究中心配合人事司,

在北京市工商局和有关区局进行了深入调查和研究分析,并走访了有关业务司局和基层单位,完成了《正确解决工商行政管理部门职能交叉问题》的调研报告。报告以翔实的资料、大量的数据和严格的论证,充分说明了工商行政管理部门是市场监管和行政执法领域唯一综合执法机关的地位,并就合理划分工商行政管理部门与其他部门的职能分工,进行了探讨,提出了一系列的建议,为深化工商行政管理体制改革,提供了具有一定参考价值的建设性意见。

二、深入基层调查研究,为工商行政管理体制改革提供建设性意见

随着市场经济的深入发展,工商行政管理体制的改革成为急需解决的问题。如何理顺体制、创新机制,更好地适应社会主义市场经济条件下的市场监管和行政执法工作,需要进行深入的探索。1997 年,研究中心派出调研组,两次赴江苏省锡山市就"基层工商所监管方式方法改革"进行调研,并撰写了题为《来自基层的启示——锡山市工商所实行"两分离"改革调查》的调研报告(同步刊登在《工商行政管理》1997 年第 8 期),为提高监管水平和队伍素质,进一步把在全系统范围内开展的"公平交易执法"年、"工商形象建设"年活动推向深入,为深化工商行政管理体制改革提供了建设性意见和建议。

三、加强前瞻性研究,为搞好邮购邮销市场监管提供理论依据

经济的快速发展,邮购邮销市场日渐繁荣,但同时也出现了法律法规滞后、监管手段不足、市场无序发展等问题。针对国内邮购邮销市场发展较快、问题较多、监管力度不足的特点,结合国际无形市场的发展趋势,1998 年,研究中心与国家局公平交易局联合组成"邮购邮销市场监督管理"研究课题组,并由研究中心派出调研小组赴佛山、广州、上海等地进行调查研究,在此基础上撰写了调研报告,为工商部门监管我国无形市场提供了一些超前性理论研究成果。

四、适应社会发展的需要,探讨外商投资农业企业的现状与前景

改革开放以来,外商投资企业在我国逐

步发展壮大，如何把握外商投资企业发展规律，科学合理地利用外资，引导其向农业领域流动，提高我国农业产业化水平，是需要重点关注的问题。1998年，根据国家工商局领导的批示，研究中心与国务院发展研究中心合作开展了"我国外商投资农业企业的现状与前景"课题调研活动。为此，研究中心与企业注册局联合发出通知，组织安排了福建省外商投资农业企业问卷调查；并利用国家工商总局统计资料优势，撰写了关于我国外商投资农业企业基本情况的分析报告和课题总报告。为研究我国外商投资农业企业规律，进一步扩大对外开放提供了科学依据，也为充分利用工商部门企业信息资料优势建立一种与系统外科研单位联合开展研究的工作模式，进行了有益的探索。

五、紧跟市场经济发展形势，深入开展对市场发展中的问题及监管策略研究

随着社会主义市场经济体制的逐步确立，出现了一系列阻碍市场经济健康发展的制度性、规则性问题。为打破阻碍市场发展的障碍，保障市场经济健康发展，1999年，研究中心根据"十五大"报告关于"健全市场规则，清除市场障碍"精神，开展了"我国市场经济发展过程中的障碍"课题研究，研究报告系统论述了我国社会主义市场经济发展中面临的四大障碍：市场主体不成熟形成的素质性障碍；市场发育程度不平衡导致的结构性障碍；市场运行法则不健全形成的机制性障碍；市场监管体制不顺导致的体制性障碍。在指出市场障碍存在的危害的同时，课题也提出了清除市场障碍的方法，即从宏观和微观相结合的角度加快市场监管体系的建设；从统一市场的角度，明确划分市场监管各有关部门的职能；从依法行政的角度，加强法制建设，将重点执法与日常执法结合起来；从队伍建设的角度，提高科学监管和依法行政的水平。

六、深入探讨股份合作制企业登记管理中若干理论与实践问题

股份合作制是在中国经济体制改革中出现的一种新的企业组织形式。1999年，研究中心开展了"股份合作制企业登记管理中若干理论与实践问题"研究，从理论上论述了股份合作制的基本性质是劳资联合，是当代世界科技革命时代生产力迅速发展在生产关系上的反映，是中国经济体制改革的必然产物，它可能成为社会主义市场经济的微观基础。同时结合工商行政管理实际，具体论述了股合制企业设立登记操作中的有关事宜。

七、加强市场监管体制和机制研究，为提高监管水平、转变监管方式提供理论支持

1998年的"三定"方案赋予了工商行政管理机关主管市场监督管理和行政执法工作的重要职能，这就要求工商行政管理部门要进一步提高监管水平，加大执法力度，促进职能到位。课题认为，只有建立和完善市场监督管理机制，才能更好地完成"三定"方案赋予的各项任务。1999年，研究中心开展了"建立和完善市场监督管理机制　提高市场监督管理水平"课题研究，课题从市场监管机制的概念、市场监管体系中的重要环节、提高市场监管水平的重要途径等角度论述了建立和完善市场监管机制的重要意义，同时具体提出了六大监管机制，即监管动力机制、快速反应机制、有效惩戒机制、整合机制、防范化解机制、监督约束机制，并指出了建立和完善市场监管机制的具体措施。1999年，又开展了"落实'三定'方案　深化监管方式、方法改革"的研究，课题将市场机制、政府干预、制度建设的理论引入工商行政管理改革，提出了具体的改革措施，包括转变观念，建立市场监管和执法回应制度，建立科学的市场监测管理网，变经验性管理为系统化的科学管理，并提出了具体的监测内容。2000年，进行了"转换监管机制　创新监管模式"的课题研究，本课题的研究目的是大力推进工商行政管理事业的改革和发展，改革监管体制，转换监管机制和创新监管模式，建立与市场经济体制相一致的市场监管体制与机制。课题紧紧抓住工商行政管理机关实行省以下垂直领导管理体制这一有利条件，围绕工商行政管理部门如何转换监管机制，创新监管模式，真正实现监管职能到位，进行了大胆探索。研究内容包

括转换监管机制,创新监管模式的重要意义;与市场经济体制相适应的市场监管体制与机制的目标模式;转换监管机制,创新监管模式的途径。

与此同时,还开展了"市场秩序评价体系"课题研究,通过探索建立具有中国特色的社会主义市场秩序评价体系,以准确及时反映市场秩序的真实状况,在科学评价的基础上,为工商行政管理部门加强市场监管、明确监管重点、正确评价市场秩序、强化市场监管提供了依据。

八、紧跟国内外经济发展趋势,适时开展相关问题研究

随着经济全球化趋势的不断加强和中国加入WTO,工商行政管理机关要对社会主义大市场实施全面有效的监管,必须适应国际贸易惯例,借鉴国际监管规则,积极探索对新的经营领域的监管方式。从2001年开始的两年时间里,研究中心开展了"电子商务监督管理"课题研究。研究报告认为,在新的形势下,发展电子商务已成为必然选择,必须加强对网络交易的监督管理,既是工商行政管理机关提高监管水平,强化执法职能的需要,也是网络交易现状对工商行政管理的迫切要求。并结合部分省市工商行政管理机关的实践,从工商行政管理机关实施网络交易监督管理的重要性和迫切性、网络交易监管的切入点及与网络交易特点相适应的监管方式等几个方面问题进行了论证,为工商行政管理部门在监管电子商务、加强网络交易管理等方面提供了参考。

为按照WTO的规则规范国内市场秩序,在新形势下加强对市场主体和市场交易行为监管,健全和完善相关法律法规,维护公平竞争的市场环境,建立起适应WTO规则要求的、统一、规范、便捷、高效的登记注册体制。2001年,研究中心开展了"WTO相关问题研究",课题重点围绕以下内容开展了相关研究:WTO的规则与我国现行维护市场经济秩序的法律法规的比较;如何与WTO规则接轨,建立与市场经济体制相适应的市场监管体制;如何按照WTO的规则调整工作重点,改革监管体制,转换监管机制,创新监管模式,强化国内市场秩序规范和监管;市场准入方面的法律法规统一和完善;行政审批制度改革;推动国有企业建立现代企业制度等。为工商行政管理机关适应加入WTO后的形势要求,加强国内市场秩序的规范与监管,健全市场准入制度提供了借鉴和参考。

九、适应市场经济发展要求,积极推进新的监管方式研究

整顿和规范市场经济秩序要标本兼治,其中一条就是要建立社会信用体系。工商行政管理机关要充分利用掌管企业"经济户口"这一条件,探索建立企业信用体系的模式,创新监管方法,实现职能到位。2002年和2003年,研究中心连续两年将"经济户口"相关课题列为年度课题,积极开展研究,按照建立和完善企业信用体系的要求,着重研究了实施经济户口管理在实现工商行政管理职能到位中的作用和意义;经济户口管理的主要内容和基本特征;建立、完善经济户口管理的方法和途径等。

随着我国社会主义市场经济体制的不断发展和完善,作为现代市场经济重要基石的诚信体系,成为当今社会普遍关注的焦点问题。为认真贯彻落实党的"十六大"和中央经济工作会议精神,进一步整顿和规范市场经济秩序,建立长效监管机制,创造良好的市场经济环境,根据局长王众孚的指示,研究中心将"积极发挥工商行政管理职能作用,大力推进诚信体系建设"作为2003年研究的重要课题。研究内容包括诚信体系建设在整顿和规范市场经济秩序中的重要作用、工商行政管理机关在诚信体系建设中的地位和作用、当前诚信体系建设中存在的主要问题、工商行政管理机关推进诚信体系建设的主要措施和途径等。课题的成果为工商行政管理机关应当发挥怎样的职能作用,推进诚信体系建设服务,提供了积极的指导作用。

十、加强市场主体研究,完善市场主体监管机制

市场主体是社会主义市场经济的细胞,加强对市场主体的监管,建立市场主体退出

机制和市场清除制度,实现优胜劣汰,是维护社会主义市场经济体制健康运行的前提和基础。2002年,研究中心开展了"健全市场主体退出制度研究",研究内容包括建立健全市场主体退出制度的必要性和重要性,市场主体退出标准、分类及程序;对以逃避债务、规避责任等为目的恶意退出市场行为的监管及处罚;市场主体法人资格与经营资格关系问题的理论研究及实践;市场主体退出相关制度设计。课题研究为促进市场主体的规范发展提供了理论指导作用。

同时,为更好地推动市场主体健康发展,2002年,配合全系统企业信用分类监管工作深入有序地开展,根据"整顿和规范市场经济重大问题及对策"课题计划的总体安排部署,研究中心联合企业注册局共同开展了"企业信用分类监管研究"研究中心在全面了解各地情况的基础上撰写了研究报告,介绍了各地在开展企业分类监管工作取得的成功经验,分析了存在的问题,并有针对性地提出了建议性意见。

十一、结合工商行政管理体制改革新形势,加强相关保障制度研究

工商行政管理体制改革后,如何充分发挥新体制的优势和效能,成为各级工商行政管理机关面临的重要问题。"落实经费保障"是2004年研究中心与国务院研究室继续联合开展课题研究的两项重大课题之一,这个课题也是局长王众孚亲自交办的重大课题。为此,研究中心与部分省市工商局开展了联合调研,在充分论证的基础上,形成《关于四川、陕西两省工商系统经费保障情况的报告》、《中西部地区基层工商所经费保障问题严峻》和《关于工商管理系统经费保障问题的调研报告》,总结了中西部地区当前经费保障的现状及存在的困难和问题,针对进一步落实收支两条线,做好经费保障工作提出了建设性意见和建议,得到了国务院研究室和总局领导的肯定。

同时,为了解工商行政管理体制改革后面临的执法环境,为加强行政执法创造条件,配合中共中央办公厅秘书局开展了"当前扰乱市场经济的主要问题及防治对策"课题研究。2004年,研究中心贯彻局长王众孚在全国工商行政管理工作会议上提出"正确认识和处理促进发展与整顿规范的关系"的要求,组织开展了"推进行政执法环境研究"课题,并在认真调研的基础上撰写了调研报告,全面分析了当前市场现状、存在的问题并建设性地提出了应该采取的措施,得到了总局领导的首肯。

十二、紧紧围绕市场经济发展要求,不断拓宽研究领域,及时开展重大理论和热点问题研究

进入21世纪,随着我国社会主义市场经济的不断发展和全球经济逐步一体化,新的市场主体、经营业态不断涌现,工商行政管理机关监管任务越来越重,研究中心紧密结合监管出现中的难点、热点和重点问题,及时开展重大理论和实际应用问题研究,为总局领导科学决策提供了依据和参考,为市场监管和行政执法工作提供了理论指导与技术支持。

(一)开展了"建立健全食品安全长效监管机制"研究

食品安全关系广大人民群众的身体健康和生命安全,关系经济健康发展和社会稳定。党中央、国务院历来对食品安全高度重视,建立健全食品安全的长效监管机制,是整顿和规范市场经济秩序工作中迫切需要解决的一个重要课题,加强食品安全管理也是一项长期的、艰巨的任务,必须立足当前、着眼长远。2004年,研究中心进行了此项课题研究,内容包括工商行政管理部门目前对流通领域食品安全进行监管的一般模式、方法及成效;工商部门在流通领域食品安全监管中遇到的主要问题和困难;建立健全食品安全长效监管机制的措施和办法等。

(二)加强"惩治虚假违法广告对策研究"

虚假广告充斥市场,是市场经济秩序混乱的重要表现之一,也是广大消费者反映强烈的突出问题。虚假广告的存在严重损害了消费者合法权益,破坏了市场经济公平竞争的基本原则,必须尽快加以规范。2005年开始的此项研究内容包括当前制造发布虚假违法广告的新动向、新特点;如何强化对广告主、广告经营者和发布者的全方位、全过程监管;如何建立虚假广告违法行为的有效惩戒机制等。

(三)开展"商标知识产权保护研究"

随着经济体制改革的深入以及经济全球化和贸易自由化,知识产权已成为重要的产业竞争工具。改革开放以来,我国逐步建立起比较完整的知识产权保护体系,知识产权保护工作取得了明显进步。2004 年 12 月,中国迎来加入 WTO 以来的第三次"年审",而作为中外经贸关系中的焦点问题,知识产权保护问题再次成为焦点。作为知识产权的重要组成部分之一的商标保护也越发重要。2005 年,配合总局的工作重点,研究中心围绕本课题开展了研究,内容包括保护知识产权的国际规则和我国国情;如何做好农产品商标和地理标志的审查工作;如何更好地保障商标所有人的合法权益等。

(四)开展"商业欺诈的现状及治理对策研究"

随着整顿和规范市场经济秩序工作的深入开展,商业欺诈已成为突出问题之一。各种商业欺诈行为屡禁不止,严重影响了市场经济的正常运行。副总理吴仪在全国工商行政管理工作会议上讲话指出,国务院将把打击商业欺诈行为作为当前整顿和规范市场经济秩序工作的一项重点工作,各级工商行政管理机关要切实履行职责,重拳出击,打击商业欺诈行为。2005 年,配合总局此项工作的开展,研究中心开展了此项课题研究。研究内容包括当前各种商业欺诈行为的种种表现及成因、新形式的商业欺诈行为表现及查处办法、如何更好预防商业欺诈行为的发生。

(五)推动"建立健全服务业保护消费者权益机制研究"

2006 年,为落实局长王众孚关于"特别要突出抓好重点商品和服务行业保护消费者权益工作,进一步提升消费维权水平"的重要指示,将"建立健全服务业保护消费者权益机制"列为研究中心年度重点课题。通过开展课题研究,深入分析服务业消保维权工作中存在的问题及产生的原因,进一步理清工作思路,明确工作重点,采取有力措施,建立健全有效的监督管理机制,全面提升服务行业保护消费者权益工作水平。研究内容包括工商行政管理部门依法监管的服务行业及其特点、工商行政管理部门实施服务行业保护消费者权益中出现的问题及其原因、全面提升服务行业保护消费者权益水平的对策措施。

(六)开展"培育和规范农村经纪人研究"

农村经纪人是市场经济发展的必然产物,培育和发展农村经纪人,对于促进农产品流通和农民增收,加快社会主义新农村建设都有着重要的意义,国务院副总理回良玉对这一工作做出了一系列重要批示。多年来,在工商行政管理部门和政府有关部门的共同努力下,农村经纪人队伍迅速发展,经纪业务量明显增长。但是,当时农村经纪人发展中也存在一些问题:地区发展很不平衡;整体素质亟待提高;信息交流比较落后。2006 年,根据总局副局长刘凡关于"各地工商行政管理机关要进一步采取切实措施,培育和规范农村经纪人"的指示,开展了课题研究。研究内容包括培育和发展农村经纪人在解决"三农"问题中的地位和作用、推进农村经纪人健康快速发展的对策措施、完善农村经纪人法规建设中需要重点解决的问题。

(七)开展"充分发挥工商职能,推进社会主义新农村建设"研究

建设社会主义新农村,是构建和谐社会的具体要求,支持和服务"三农",是工商行政管理机关的重要职能。2004 年以来,全国工商行政管理系统以推进社会主义新农村建设为宗旨,认真落实科学发展观,整合工商职能,创新工作机制,服务农村经济发展,有力地促进了社会主义新农村建设。2007 年,为了进一步贯彻落实党中央、国务院关于社会主义新农村建设和大力发展现代农业的总体部署,进一步发挥工商行政管理职能,努力营造公平竞争的繁荣的农村市场环境,开展了课题研究。研究内容包括提高服务水平,促进农村经济发展;建立健全农资市场监管长效机制;强化农村日用消费品市场监管;强化农村消费维权工作,依法保护农民合法权益研究。

（八）开展"加强基层队伍建设,提高新时期监管服务能力研究"

基层工商队伍处于监管执法第一线,是维护市场秩序的主力军和展现工商形象的重要窗口。如何建立一支作风优良、素质过硬的基层执法队伍,为充分发挥工商职能作用提供坚强有力的组织保障,是事关整个工商事业发展的大事。2007年,根据局长周伯华关于要加强基层队伍建设调查研究的指示,开展了课题研究。研究内容包括新时期对基层工商队伍建设提出的要求;如何进一步强化和规范工商所属地综合管理和执法办案职能,合理规范工商所职责权限;整合基层执法资源,提升基层监管执法能力的有效途径;加强基层工商队伍业务素质,提高服务能力的新措施。

（九）开展"建立健全打击传销长效机制研究"

为有效解决工商行政管理机关在打击传销工作中遇到的困难和问题,构建起打击传销的长效机制,有效地维护市场秩序和社会稳定,研究中心于2007年开展了课题研究。研究内容包括工商行政管理机关打击传销工作开展的基本情况和主要成效;当前传销活动发展的新趋势、新特点及查处中遇到的主要问题和困难;建立健全打击传销长效机制的措施和建议。

（十）开展"治理商业贿赂问题研究"

治理商业贿赂是深入整顿和规范市场经济秩序的一项重要内容。配合此项工作的开展,围绕发挥工商职能,2007年,研究中心就治理商业贿赂行为开展课题研究。研究内容包括正确界定和把握商业贿赂的概念;商业贿赂案件的特点、规律及查处手段研究;治理商业贿赂的难点问题与治理对策研究;建立长效监管机制的意见和建议。

（十一）开展推进"制度化、规范化、程序化、法治化"建设专题研究

贯彻落实科学发展观,进一步实现"四个统一",推进制度化、规范化、程序化、法治化建设,努力构建长效机制,是2008年全国工商系统工作重点,也是研究中心2008年的一项重点调研课题。配合课题开展,研究中心与中国工商报社合作,在全系统开展了"四化"建设征文活动,取得了很好的成效。

此外,为积极反映工商行政管理部门政策理论研究和工作实践的新经验新成果,推动研究成果的运用,研究中心围绕不同阶段和时期的主题和重点,不定期编辑出版《研究与探索》丛书,截至2008年6月,共编辑出版《研究与探索》五辑。系列图书比较全面地展现了当时工商行政管理领域的热点理论和实践问题;集中体现了研究中心在总局党组的领导下,在地方工商行政管理机关配合下,课题研究工作所取得的新成果。图书的内容和风格得到了读者的充分肯定。

第二节　创新研究机制,建立和完善调研网络

研究中心组建以来一直存在自身研究力量不足,在系统内没有对口单位,难以有效开展研究工作的问题。为了开创研究工作新局面,在加强干部自身学习、提高理论研究水平和能力的同时,积极研究探索建立适应研究中心开展政策理论工作研究的工作机制。

一、建立健全特约研究员和研究工作联系点制度,组织、指导系统开展研究工作

（一）建立完善特约研究员制度

为了进一步推进工商行政管理研究工作的深入开展,密切与地方工商行政管理部门的信息沟通与交流,及时把握各地工作动态,探索建立全国性工商行政管理政策理论研究网络,1998年6月,研究中心制定了《关于聘请特约研究员并开展研究工作的办法》,将工商行政管理系统内有一定理论研究水平的工商行政管理人员聘为研究中心的特约研究员,建立了特约研究员制度,并分期分批开展了聘任工作。截至2008年6月,研究中心已在系统内聘请特约研究员70多人。除了正式下发聘书,研究中心还在"工商研究工作网"上为全部70余位特约研究员设置了专用

用户名。以特约研究员网络为依托,从1999年至2008年6月,研究中心围绕各个阶段工作重点,组织了四届以特约研究员论文为主的优秀论文评选活动,在此基础上编辑出版了四辑《研究与探索》,调动了特约研究员的积极性,活跃了系统理论研究氛围,在一定程度上提升了工商行政管理系统理论层次。

（二）探索建立研究工作联系点制度

作为总局专门的政策理论研究机构,为及时掌握了解基层工商机关的工作动态,推动工商行政管理系统研究工作的深入开展,进一步促进工商行政管理系统研究工作的规范化和制度化,2008年,研究中心开创性地在工商行政管理系统创设了研究工作联系点制度,以及时了解各地市场监管和行政执法的新成果、新举措、新经验和新问题,增强研究工作的针对性、时效性和预见性,充分调动系统内理论研究骨干和积极分子参与和开展工商行政管理理论研究的积极性,推进系统开展研究工作。截至2008年6月,在地方工商行政管理局的大力支持和积极响应下,在综合考虑各地实际情况的基础上,研究中心研究确定了北京市工商局朝阳分局、福建省厦门市工商局等69家工商行政管理（分）局为研究中心首批研究工作联系点单位。

（三）加强与总局各业务司局的联系与沟通

与业务司局建立联络员制度。在课题的选题、立项、组织、结题等方面积极加强与相关业务司局和直属单位的联系,尤其密切关注工商系统市场监管和行政执法、体制改革和机制创新过程中遇到的热点、难点问题,配合业务司局工作需要,开展相关专题调研。

二、探索与相关部委、研究机构合作模式,发挥系统外研究力量的作用

（一）深入开展与国务院研究室相关司局的合作

多年来,研究中心与国务院研究室工交贸易司开展了成功合作,并联合推出若干有价值的课题研究报告和多篇有价值的理论文章,其中2004年8月,研究中心出国考察报告《美国公司解散制度分析》（刊于当年的《国务院研究室研究报告》总181号上）;

2006年,研究中心与国务院研究室合作撰写的调研报告《济南市工商局"经济片警责任制"情况调查和几点启示》,首次提出"经济片警责任制"的新思路,得到了国务院研究室主要领导的充分肯定,刊发在国务院研究室《送阅件》总1555号;2007年,研究中心与国务院研究室工交贸易司联合撰写的专题调研报告《南京市推动非公有制经济又好又快发展》,总结了南京市采取"五个着力"推动非公有制经济又好又快发展的经验,受到了国务院研究室领导的好评,刊发在《国务院研究室送阅件》第[48]号。

（二）加强与从事工商行政管理研究的高等院校、研究机构合作

初步探索了工商行政管理有关的高等院校、研究机构开展合作研究的模式和方法,发挥专家学者在工商行政管理各项研究中的作用,提高研究工作的层次与质量,努力营造专门研究的工商行政管理学术氛围。

研究中心先后与国务院发展研究中心、中国社会科学院财贸所、中国人民大学、国家邮政局等单位进行了联络、沟通,并就合作开展课题研究的方式、成果分享等进行了多次协商。合作关系不仅拓宽了研究视野,也使得研究中心能够从更加宏观的角度进一步把握和研究工商工作。

三、借鉴国外监管经验,认真开展比较研究

吸收、借鉴国外先进经验和成功做法,有条件地开展比较研究,积极开展对外交流合作,是研究中心推进理论研究工作的重要方式之一。2002年以来,研究中心根据课题开展的需要,围绕发达国家公司解散制度、市场监管的非行政手段、广告业长效监管机制、治理商业贿赂等课题,精心组织筹划,认真考察论证,有计划地组织了对美国、加拿大、意大利、瑞士、芬兰、瑞典、挪威等若干国家的7次出国考察,并于考察结束后撰写了考察报告,上报总局领导及国务院研究室,在研究中心内部刊物和网站进行了刊登,为工商行政管理实践提供了有益探索。

第三节　认真办好"一刊一网"，促进研究成果转化

一、认真办好《市场监督管理参考》

《市场监督管理参考》（以下简称《参考》)是研究中心创办的唯一一份内部刊物，宗旨是研究社会主义市场经济条件下工商行政管理的全局性重大理论问题和政策问题，配合总局中心工作，为局领导重大决策提供理论支持，汇集、分析国内外关于市场经济监督管理的研究动态，介绍国内外市场经济监督管理经验等。侧重反映工商行政管理理论研究的最新成果，以及社会主义市场经济监督管理重大理论问题的研究动态，反映工商行政管理机关在社会主义市场经济整体推进中出台的重大决策、法规的理论分析，反映我国政府有关部门和学术机构对中国市场经济改革形势的分析与预测，反映对工商行政管理全局性重大问题的调研与分析。

《参考》自创办以来，坚持"以应用研究为主，力戒脱离实际"的办刊宗旨，确立"围绕中心，服务大局，突出重点，提高质量"的工作思路，紧紧围绕"四个突出"（突出为总局中心工作服务的主题，突出提供决策咨询服务的宗旨，突出解决热点问题的针对性，突出对研究中心研究工作成果的及时反映)，精心组稿，认真编辑，截至 2008 年 6 月，共编发《参考》90 余期，刊载了各地工商行政管理部门在市场监督管理工作中具有普遍意义的成功经验和做法、遇到的难点和热点问题，系统内外对工商行政管工作的意见、建议和评价，以及有关市场监管的最新理论成果。编辑过程中，由于注重收集反映了各地工商管理部门在市场监督管理中的典型经验、热点难点问题、改进工作的意见和建议以及一些最新理论成果，《参考》初步形成了自己的办刊特点，可读性和影响力大大提高，较好地起到了研究中心向总局领导、各单位及地方工商部门提供信息、当好参谋的作用，获得了国务院研究室领导、总局领导和系统内人员的好评。

二、建立和完善"工商研究工作网"

2004 年，在总局信息中心的大力支持和配合下，历经论证筹备、开发设计及调试运行 3 个阶段，耗时半年多时间，开发建设了"工商研究工作网"（以下简称"研究网")。该网是总局"红盾信息网"的政策理论研究业务子网。"研究网"的正式开通使研究中心在信息化建设方面走在了总局各直属事业单位的前列。"研究网"设有《权威观点》、《研究动态》、《特约论坛》、《热点问题》、《精华文摘》、《工作探讨》、《中心简介》7 个一级栏目，22 个二级栏目。截至 2008 年 6 月底，刊载的文章字数近 300 多万字，网页的浏览人数 22 万多人次。同时，在"研究网"上以设立专栏、开展征文活动为内容，活跃系统研究氛围。为真正发挥"研究网"的"窗口"作用，几年来，研究中心以网站为依托和平台，设立了"个体工商户分层分类登记管理"、"打击虚假广告"、"工商系统反腐倡廉"、"贯彻十七大、落实四个统一"等专栏，开展了"努力做到'四个统一'、'推进四化建设'"征文活动，在系统内反响强烈。几年来，"研究网"全面展示了总局、研究中心及全系统的理论研究动态和成果，及时反映了学术界在市场监督管理领域的最新理论，丰富了总局"红盾信息网"理论研究方面的内容，活跃了工商系统研究氛围。

第四节　尽心尽力，认真做好总局交办的各项工作

自研究中心成立以来，始终围绕全局中心工作，服务大局，在完成自身工作任务的基础上，和相关业务司局密切配合，认真完成总局领导交办的各项工作任务。

一、克服困难，完成了从《辉煌的二十世纪新中国大纪录·工商行政管理卷》到《新中国工商行政管理史志》的编撰工作

（一）组织编撰《辉煌的二十世纪新中国大纪录》

1999 年，根据中共中央求是杂志社《辉煌的二十世纪新中国大纪录》大型丛书编委会的要求，为充分反映新中国成立 50 年工

商行政管理部门所取得的巨大成就,国家工商局成立了《辉煌的二十世纪新中国大纪录·工商行政管理卷》(以下简称《大纪录》)编辑委员会,并将编辑部设在研究中心,由研究中心具体负责组织编撰各项事宜。

一是认真全面细致,收集整理资料。作为一部大型丛书,《大纪录》总字数达四五百万字。为了做好编辑工作,圆满完成局领导交办的任务,《大纪录》编辑部首先开展了大量前期资料的收集和整理工作,包括新中国成立以来党的历次代表大会的报告和有关决议,特别是党的十一届三中全会以来的重要会议的决议、政府工作报告、《中国共产党新时期历史大事记》、中央领导对工商行政管理工作的重要批示、重要通知和规范性文件、新中国成立以来国家工商局机关刊物、部分省市地方工商行政管理志、相关法律法规等,为写真写实写好《大纪录》打下了坚实的基础。

二是积极提出建议,认真修改大纲。结合工商部门实际,在深入调查研究的基础上,对《〈大纪录〉编写纲要目录》进行了修订,将工商行政管理发展历程按照历史重大事件和党的路线方针、政策的发展变化来划分,以更加准确、清晰地反映工商行政管理的工作思路。纲要目录修订后,研究中心制定下发了关于编撰《大纪录》的通知,对有关写作要求和进度作了详尽的布置,全面组织实施编撰工作。

三是深入调研学习,明确撰写思路。研究中心除了全面负责《大纪录》的组织实施工作外,还承担《大纪录》第一篇即“工商行政管理发展历程”部分近30万字的撰写任务。为保证撰写质量,研究中心组织召开了座谈会,就如何把握工商行政管理发展历史的重大变革、重大时期的划分等问题虚心向老干部和有关专家请教。在此基础上进行了研讨,明确了撰写的基本思路:紧紧围绕贯彻执行党的路线、方针、政策,来展示各个历史时期工商行政管理工作;坚持实事求是,即依据历史资料,真实地记录工商行政管理发展的历程;密切联系职能转变,即按照改革的思路,反映工商行政管理工作不断

改革、开拓进取的过程。

四是严格把好“三关”,精心撰写文稿。《大纪录》第一篇共分为九章,包括了从1949年到2002年工商行政管理发展历程,大约30万字。编辑部经过研究讨论,精心安排和合理地分配工作,把30万字的写作任务,分配到个人,并对质量和进度明确了要求。在撰写过程中,坚持文稿标准,严格把好“三关”:首先是方针政策关,即围绕党的路线、方针、政策来叙述工商行政管理发展历程;其次是历史史实关,即实事求是,真实准确记录历史史实;最后是语言文字关,即使用标准规范的语言文字,做到用词准确、文字通畅。

五是积极组织协调,全面推进工作。通过向业务司局提供前期收集到的资料等方式,有力地支持和配合了业务司局的编撰工作。同时,认真组织和协调省、自治区、直辖市的编撰工作。在起草和下发关于编撰《大纪录》的通知后,主动联系,确定各地工商局编委委员、特约撰稿人,并对写作要求和进度作详尽的布置。在编写过程中,加强联系,了解进度,及时向局领导汇报。研究中心还积极与承印出版社联系,认真做好上传下达工作的同时,就纲要目录、出版要求、出版合同等重要事项进行反复研究与磋商。

(二)重新启动编撰工作,全面组织编撰《新中国工商行政管理史志》

2001年以后,由于种种原因,《大纪录》编撰出版工作一度陷于停滞,其间虽又于2002年重新启动,但因受一些客观因素制约,编撰工作最终未取得进展。2008年是改革开放30周年和工商行政管理机关恢复建制30周年,为全面、系统、客观地再现新中国成立以来,特别是改革开放以来工商行政管理事业的发展历程和光辉业绩,总结历史经验,推进工商行政管理事业的不断发展,国家工商行政管理总局决定编撰《新中国工商行政管理史志》(以下简称《工商史志》)。研究中心作为编辑部成员单位,继续承担《新中国工商行政管理史志》(以下简称《工商史志》)部分文稿编辑工作和几乎全部组织编撰及联络工作。

根据总局《工商史志》编委会要求,《工

商史志》内容以原《大纪录》为基础,仍由九部分组成,文稿截止时间由《大纪录》的2002年底调整为2008年6月底,即在原书稿的基础上,各单位增补2003年至2008年6月底的相关内容,书稿体例、格式等均参照《大纪录》。研究中心对此工作很重视,专门成立了编撰工作领导小组,制定了编撰工作方案,制发了通知,抓紧落实了相关文稿的撰稿任务,积极协调指导有关单位编撰工作,保证了相关编撰工作有序开展。

二、积极开展工商行政管理理论体系研究,参与组织编写《工商行政管理概论》

新中国成立以来,特别是改革开放、工商行政管理机关恢复建制以来,工商行政管理工作走过了不平凡的历程,取得了巨大成绩,在经济社会发展中发挥了越来越重要的作用,自身的改革发展也取得了巨大突破,基本建立了适应社会主义市场经济监管的法律法规,基本建立了适应社会主义市场经济监管的体制、机制,基本建立了适应社会主义市场经济监管的工商行政管理干部队伍。但对长期实践探索所形成的监管经验缺少总结提升,未能有效发挥理论对实践的指导作用。总局领导对创建工商行政理论体系非常重视,部署研究中心与中国工商行政管理学会、总局行政学院开展研究。为完成总局领导的重托,2008年3月以来,研究中心围绕工商行政管理理论体系框架的构建,探讨如何在"三个基本建立"的保障条件下进一步加强理论研究,建立起基本适应社会主义市场经济监管的工商行政管理理论体系。为推动工作取得实效,研究中心采取组织召开系统内外研讨会、赴基层工商部门开展调研活动、走访专家和资深的工商实践者等方式,多方论证,几易其稿,最终形成了一万两千多字的《工商行政管理理论体系框架研究报告》,从工商行政管理的基本概念、监管的必要性和客观性、监管内容理论、监管机制理论、体制理论、法治理论、队伍建设理论和文化建设理论等几个方面对工商行政管理理论体系进行了系统阐述和探讨,取得了工商行政管理理论研究的初步成果,得到了党组的肯定。

在工商行政管理理论体系框架研究已取得初步成效的基础上,编撰《中国工商行政管理概论》意义重大。2008年6月,根据总局党组决定,研究中心与工商学会、行政学院一道,承担了组织编撰的重任。在广泛听取全系统意见的基础上,坚持用中国特色社会主义理论为指导,总结适应社会主义市场经济监管的工商行政管理理论,全面、系统、历史地反映了工商行政管理30年来的方方面面工作。

三、开展网络商品市场监管调研,组织起草网络商品市场监督管理办法

为拓展工商行政管理职能空间,探索建立完善网络市场监管长效机制,2008年3月,根据总局领导的指示,研究中心作为牵头单位承担了具体组织起草网络市场监督管理办法的任务。为此研究中心指定专人负责,抽调人员组成专门班子,精心组织、全面收集国内外有关资料,广泛开展调研,听取有关部门、网络企业、地方各级工商行政管理机关、专家、消费者的意见和建议。在形成初稿后,又全面征求了总局机关各司局、有关事业单位和地方工商行政机关的意见,为最终形成完善的网络商品市场监督管理办法打下了坚实的基础。

四、认真组办"中国农村市场发展高层论坛"

自2004年国家工商行政管理总局部署开展"红盾护农"行动以来,工商行政管理机关在建设社会主义新农村这个伟大工程中,不断整合工商职能,创新监管和服务机制,积累了宝贵的经验,取得了明显的成效。根据总局领导的指示,2008年5月,研究中心与总局市场司、工商学会共同组办"中国农村市场发展高层论坛",并具体负责会议相关材料。围绕全面反映工商部门发挥职能作用、服务社会主义新农村建设取得的成功经验和有效举措,深入研究探讨农村市场发展的重大理论与实践问题,组织撰写了《工商行政管理系统服务"三农"建设综合材料》、《国家工商行政管理总局部署开展工商系统服务"三农"建设大事记》,并向七个省市工商行政管理局局长约稿,以《市场监督管理参考》的形式编发了八万多字的专辑。在编写工作中,总局领导给了研究中心大力支持,并专门为专辑撰写了专文。会议材料受到了与会有关部门领导和专家学者的好评。

第五节　切实加强队伍建设,提高干部素质

培育一支素质高、能力强、业务精的队伍,是做好研究工作的重要保证。自研究中心成立后,研究中心领导班子始终坚持以人为本,大力加强领导班子、干部队伍和党风廉政建设。

一、以增强凝聚力战斗力为核心,不断加强领导班子建设

新时期工商行政管理理论研究工作要求一支能够担当重任、团结进取的领导干部队伍。研究中心从全面履行职责的需要出发,在努力提高领导水平和驾驭能力上下工夫,把加强班子自身建设摆在突出位置,采取有效措施,切实抓紧抓好。重点强化领导班子思想政治建设和作风建设,进一步搞好班子团结,完善集体领导和个人分工负责相结合的制度,坚持重大事项集体讨论,消除"一言堂",做到事事有人管、人人有专责。

二、以加强研究能力建设为核心,不断加强队伍建设

高素质的干部队伍是做好各项研究工作的前提和基础。努力实现思想观念、工作方式方法、人员素质和工作作风的与时俱进是加强队伍建设,不断提高研究中心人员素质的核心。适应形势发展的需要,研究中心通过开展形式多样的学习和实践活动,组织全体人员学习好、领会好党的历次重要会议精神,认真学习中国特色社会主义理论,全面领会科学发展观精神实质和深刻内涵,用科学发展观指导研究工作,提升研究层次和水平。在此基础上,不断加强研究中心的政策研究能力建设,探索建设学习型队伍,不断提高研究队伍把握大局的能力,不断增强发现问题的敏锐性、分析问题的透彻性和提出政策建议的前瞻性,求真务实地做好工商行政管理政策研究工作,为更好地发挥参谋和助手的作用提供人力资源上的保障。

三、以防微杜渐重在落实为核心,认真抓好党风廉政建设

加强党风廉政建设和反腐败工作,是工商行政管理部门提高市场监管能力、促进各项任务完成的重要保障。研究中心党支部认真贯彻党中央、国务院和总局党组关于加强党风廉政建设的各项决策部署和要求,进一步强化措施、完善制度,将履行职能与廉洁自律有效结合起来,以思想政治建设、执政能力建设、党风廉政建设为重点,以建立廉政建设风险点防范机制为切入点,切实开展权力观教育、党章教育等集中教育活动,不断加强党员干部思想作风、工作作风和生活作风建设,真正做到政治上过硬、业务上过硬、作风上过硬。干部思想素质和政治觉悟不断提高,防腐倡廉能力不断增强。

十三年来,研究中心在工商行政管理政策理论研究方面做了大量工作,得到了总局党组的肯定和系统的好评。研究中心紧紧围绕总局中心工作,全面履行研究中心职能,不断加强研究能力建设,推进理论研究信息化建设,强化中心组织建设和队伍建设,不断拓展工作领域,努力搭建系统内外有志之士广泛参与的工商行政管理理论研究工作平台,不断取得工商行政管理政策理论研究的新成果,为推进工商行政管理改革发展作出了应有的贡献。

（执笔人：刘凤双）

第二十三章　中国个体劳动者协会

概　述

中国个体劳动者协会(以下简称中国个协)是由全国个体工商户、个人独资企业、合伙企业等组织和个人自愿组成的全国联合性非营利的社会团体,是在党的十一届三中全会以后,伴随着个体经济的恢复和发展而产生的一个新型的社团组织,成立于1986年12月5日。

中国个协的宗旨是:高举中国特色社会主义伟大旗帜,以邓小平理论和"三个代表"重要思想为指导,贯彻落实科学发展观;遵守国家宪法、法律、法规和政策,毫不动摇地巩固和发展公有制经济,毫不动摇地鼓励、支持、引导非公有制经济发展;遵守社会道德风尚,促进社会和谐发展;组织会员进行自我服务、自我教育、自我管理、自我发展;团结、教育、引导会员爱岗敬业、守法经营、诚信服务、奉献社会,坚定不移地走中国特色社会主义道路,促进个体私营经济的健康发展。

中国个协是党和政府联系广大个体劳动者的桥梁纽带和主要渠道;是进行经营自律,维护市场公平竞争秩序的有力助手;是服务会员生产经营活动,维护会员合法权益,引导会员促进经济社会全面发展的重要力量。

中国个协的最高权力机构是个体劳动者会员代表大会。理事会是代表大会的执行机构,在代表大会闭会期间领导协会开展日常工作。理事会设日常办事机构。目前日常办事机构设立了办公室、组织联络部、宣传教育部、经营指导部和《光彩》杂志社、光彩经济服务中心,成立了餐饮行业工作委员会。

中国个协自成立以来,在国家工商总局的领导下,认真贯彻落实党和国家鼓励、支持和引导个体私营经济发展的路线方针和政策,积极履行自我教育、自我管理、自我服务的基本职能,努力发挥群众自治、桥梁纽带、监管助手、中介组织作用,始终坚持为政府服务、为会员服务、为社会服务的工作方针,大力加强组织建设、业务建设、规范化建设,在宣传教育、发展引导、协调服务、规范自律等方面做了大量富有成效的工作,为促进个体私营经济的健康发展作出了积极贡献。

第一节　围绕党和政府的工作大局,努力发挥协会组织的职能作用

多年来,中国个协坚持围绕党和政府的中心工作,把促进个体私营经济健康发展作为协会工作的出发点和立足点,把政府关注的重点、社会关心的热点、会员面临的难点作为协会工作的重要内容,努力做好各方面工作,取得了明显的社会效益。

一、加强政策解读,注重思想引导

个私协会是适应个体私营经济发展需要应运而生的社会组织,是改革开放和中国特色社会主义理论的产物,有其特殊的社会功能。中国个协自成立以来,就把宣传贯彻党和国家有关个体私营经济的方针政策,引导个体私营经济健康发展放在重要位置。在改革开放初期,个体私营经济发展的社会环境不够宽松,会员中不少人对党和国家鼓

励个体私营经济发展的方针政策心存疑虑。中国个协编发了《党和国家关于个体私营经济的方针政策》的宣传材料，下发了有关文件，多次召开会议，大张旗鼓地宣传党和国家鼓励个体私营经济发展的方针政策，引导广大会员消除思想顾虑，坚定从事个体私营经济的信心。社会上曾经一度对个体工商户收入过高产生种种议论，中国个协专门组织了对个体工商户收入问题的调研，得出了较为科学的结论，为有关部门制定政策提供了依据。在历次涉及个体私营经济发展的重要时刻，中国个协都及时利用各种手段和途径大力积极宣传党和国家的方针政策，先后印发了《关于认真学习贯彻党的"十四大"会议精神的通知》、《关于认真学习贯彻党的"十五大"精神的通知》、《关于认真宣传贯彻江泽民总书记"七一"重要讲话精神的通知》、《关于认真学习贯彻党的"十六大"精神的通知》、《关于积极发挥个协私协组织职能作用，促进个体私营经济健康发展的通知》、《关于认真学习贯彻党的"十七大"精神的通知》等文件，引导广大会员加深对党的路线方针政策的理解，激发了会员走中国特色社会主义道路的信心和为全面建设小康社会作贡献的热情。

二、围绕中心工作，促进经济发展

多年来，就业再就业问题一直是党和政府着力解决的一件大事。中国个协积极配合政府有关部门做好有关工作，先后下发了《关于协助有关部门做好国有企业下岗职工再就业工作的通知》、《关于充分发挥个协私协组织的职能作用 大力促进就业再就业工作的通知》等，加强宣传和服务，指导地方协会参与再就业工程，通过召开再就业洽谈会、组织培训和采取结对帮扶、技能扶助、资金支持等多种形式，安置和吸纳了大量的就业人员，使个体私营企业成为就业再就业的重要渠道。中国个协将各地安置下岗职工情况编写了《情况反映》，新华社据此发了通稿，《人民日报》等新闻媒体也多次报道个体私营企业和协会组织协助做好就业再就业的情况。据统计，仅2007年个体私营企业就吸纳下岗职工366.81万人。

中国个协响应党和国家区域经济协调发展的重大战略决策，组织了"光彩之星西部行"活动并召开了"光彩之星西部行"座谈会，多次组织会员赴新疆、内蒙古、四川、宁夏、贵州等地进行商务考察，还为西部严重缺水地区捐建"光彩水窖"；参与了"中国东西部合作与投资贸易洽谈会"、"中国东部企业参与西部结构调整投资贸易洽谈会"、"中国兰州投资贸易洽谈会"、"厦门贸易洽谈会"、"中国中小企业博览会"、"中国中部贸易投资博览会"等展会的组织工作，积极组织和动员会员企业参展，为区域经济协调发展服务。各级协会还引导和鼓励会员通过项目开发、资金援助、技术支持等多种形式，积极参与和支持新农村建设，为加强农业、繁荣农村、富裕农民作出了贡献。

三、加强政治建会，推进党建工作

中国个协和地方各级个私协会积极配合各级党委及组织部门，对个体私营企业和市场中党员情况进行调查统计，积极建立党的组织，扩大党组织的覆盖面，按照加强党的先进性建设的要求，充分发挥党组织和党员的积极作用，为巩固党的阶级基础和扩大党的执政基础做出了努力。为了总结推动工作，2007年6月国家工商总局和中国个协组织召开了党建工作座谈会。据中国个协统计，1987年各地在个体劳动者中建立的党支部只有1 460个，到2007年底，在全国个体劳动者中建立党支部11 899个，比1987年增长7.15倍；在私营企业中建立党支部71 595个，还建立工会228 947个。

四、配合政府部门，做好相关工作

中国个协积极配合政府有关部门连续多年在会员中组织开展禁毒宣传教育工作，国家禁毒委员会在《禁毒白皮书》中对中国个协在广大会员中开展的禁毒教育工作给予充分肯定。认真抓好会员的计划生育工作，国家计生委用简报通报了中国个协召开计划生育工作座谈会的有关情况。近年来，在会员企业农民工中广泛开展了"防艾"宣传教育，印发了《关于做好农民工预防艾滋病宣传教育工作的通知》，发送了上百万元的宣传材料，还专门组织了培训，得到了国务院"防艾办"的好评。

五、履行社会责任,参与抗震救灾

"5·12"四川汶川特大地震发生后,中国个协迅速作出反应,向各省(区、市)个私协会发出《关于立即动员全国个体工商户和私营企业会员踊跃捐款投入抗震救灾工作的紧急通知》,各级协会和广大会员积极响应,慷慨解囊,热心相助,以实际行动支援灾区,捐款捐物的热情空前高涨。各级个私协会会员通过各种渠道捐款捐物,汇集到中国个协的赈灾款达 3 900 万元。中国个协为了将各地捐助的资金管理好、使用好,成立了领导小组,制定了专门的制度,并及时将捐款通过中华慈善总会全部捐给灾区,送去了全国个私协会组织和会员的一片爱心。国家工商总局机关党委的《情况通报》对中国个协在抗震救灾工作中的突出表现予以通报。各新闻媒体对中国个协抗震救灾工作进行了广泛的报道,中央人民广播电台以现场电话连线的形式作了报道,中央电视台先后 5 次进行播报,其他报刊、网站等媒体刊发有关消息 700 余篇次。中国个协还编发了 3 期"抗震救灾专题简报",《光彩》杂志社派记者深入灾区一线采访,及时组织了一期抗震救灾专题报道。

第二节　努力做好宣传思想工作, 提高会员队伍的整体素质

如何引导个体私营经济从业人员这支庞大的队伍始终沿着党指引的社会主义道路前进,是中国个协领导班子高度重视的问题。多年来,中国个协把加强会员队伍的思想道德建设作为重要的工作任务,持之以恒,常抓不懈,为个体私营经济的健康发展提供了强有力的精神动力和思想保证。

一、宣传社会主义核心价值体系,加强思想政治教育

针对个体私营经济从业人员队伍人数众多、成分复杂的状况,中国个协把培养"爱国敬业,守法经营,诚信服务,奉献社会"的新型个体劳动者作为精神文明建设的重点。在会员中广泛开展了形势政策教育、爱国主义教育、法制教育、职业道德教育、社会主义荣辱观教育等;根据国家普法规划精神,制订了在个体工商户、私营企业中开展普法教育的计划,与国家工商总局、司法部联合编写了《个体工商户法律知识读本》和《私营企业经营者法律知识读本》;组织了普法知识竞赛和学习《劳动法》知识竞赛;开展了"致富思源、富而思进"活动并召开了"双思"教育座谈会;在中共中央印发《公民道德建设实施纲要》后,中国个协及时下发了《关于贯彻〈公民道德建设实施纲要〉的意见》,并专门召开会议进行学习贯彻。中国个协每年都组织召开全国个私协会系统宣传思想工作会议,先后两次召开宣传思想工作研讨会,还专门召开了职业道德教育、法制教育经验交流会等,增强了宣传思想工作的主动性、针对性和时效性。

二、注重职业道德建设,开展群众性精神文明创建活动

为规范会员的职业行为,开展了"户户讲道德,店店无假货"活动、争创"光彩之星"活动,自 1996 年起每年 9 月都组织开展以优质、优惠、义务服务为基本内容的"光彩服务周"活动。这三项活动连续开展数年社会效益明显,已成为个私协会系统在社会上较有影响的精神文明创建"品牌"活动。创建"青年文明号"活动和"重操守、讲诚信、创光彩业绩"等活动也在持续深入开展。中国个协采取寓教于乐的形式,丰富宣传思想工作的内容,举办了全国个体劳动者书画摄影大赛及作品展,先后两次组织了全国个私协会系统文艺汇演。

三、发挥先进典型的示范作用,塑造个体工商户私营企业良好的群体形象

中国个协注重发挥先进典型的示范和导向作用,大力宣传会员中的典型人物和先进事迹,先后两次与国家工商局联合命名表彰了 1 000 名全国先进个体劳动者;与共青团中央、国家工商局联合表彰了 207 名全国先进青年个体劳动者,共青团中央授予其中12 人为"全国新长征突击手";先后表彰了900 多个全国"光彩之星",命名了 400 多个全国"青年文明号";中国个协向全国妇联推

荐了 6 名全国"巾帼建功标兵"和 1 名"巾帼文明示范岗"受到通报表彰。2007 年,人事部、中央文明办、国家工商总局、中国个协联合组织开展了全国文明诚信个体工商户评选活动,表彰了 100 名全国文明诚信个体工商户。中国个协组织的"光彩的足迹"巡回演讲报告活动,中央电视台在新闻联播节目中报道了在北京进行的演讲,收到良好的社会效果。

四、注重舆论引导,营造健康和谐的思想舆论氛围

为了拓宽宣传思想工作的渠道,扩大个体私营经济的社会影响,中国个协 1992 年创办了工作指导性内部刊物——《个协工作通讯》,2006 年起改版为《中国个协私协工作通讯》,累计出刊 120 多期;1994 年创办了全国首家个体私营经济杂志——《光彩》杂志,累计出刊 168 期。近年来先后编印了《全国个体劳动者思想政治工作研讨文集》、《个体劳动者职业道德读本》、《寸草报春晖——光彩人物集》、《中华创业女性》、《光彩的十年》、《光辉的历程》等书籍。中国个协与新闻媒体加强合作,多次开办宣传专栏;先后举办了 7 期通讯员培训班,培养了个私协会的宣传骨干队伍。

五、责任意识不断增强,社会公信力明显提升

通过深入持久地开展宣传思想工作,广大会员的爱国热情、法制观念、敬业意识和奉献精神明显增强,整体素质不断提高,涌现出辛福强、赵道云、张锦辉、但召仁等一大批英模人物;有 10.72 万名会员骨干当选为县级以上人大代表和政协委员。广大会员以实际行动回报社会,为第十一届亚运会捐款 2 050 万元,在北京建造了"光彩体育馆",为"希望工程"捐款 1 125 万元,这两项捐款均居当时国内各捐款单位之首;为支持革命老区的教育事业,在延安地区援建了两所希望小学;为西部严重缺水地区援建"光彩水窖"捐款 550 多万元。在 1998 年的抗洪救灾工作中,中国个协与中华慈善总会联合组织募捐,会员捐款 3 亿多元,中国个协直接收到的捐款达 780 万

元;在 2008 年 5 月的抗震救灾工作中,会员通过中国个协捐助给中华慈善总会的捐款就达 3 900 多万元。

第三节　强化服务意识,为个体私营经济健康发展服务

多年来,中国个协紧紧围绕经济建设这个中心,把服务会员作为立会之本、生存之基,着力为会员办实事、做好事,提供多层次、全方位的服务,先后多次召开经营指导服务工作经验交流会,还召开了个协兴办经济实体经验交流会、职业技能培训工作经验交流会等,不断推动服务工作向深度和广度发展。

一、加强调查研究,做好发展引导工作

中国个协针对个体私营经济发展中出现的新情况、新问题,加强调研工作,先后参与了劳动部、共青团中央、中国企业联合会等单位组织的调研等,积极与有关部门协调解决个体私营经济发展中存在的突出问题。通过为会员提供产业政策、市场信息,组织学习培训、出国考察,举办产品展销会、贸易洽谈会等形式,引导个体私营经济根据国家产业政策和市场需要有序发展。为提高个体私营企业的经营管理水平,组织开展"5—1 培训工程",与中央党校联合举办了 36 期会员高级经济管理研修班,培训学员 3 500 多人,受到会员好评。中国个协因在促进中小企业发展方面成绩突出,在第 12 届世界中小企业大会上,被授予"团体荣誉"勋章。

二、解决重点问题,为会员参与市场竞争提供支持

在改革开放初期,出国护照难办的问题一直影响着会员的对外经贸活动。中国个协积极做好协调工作,促成国家工商局、公安部联合下发了《关于个体工商户、私营企业人员出国(境)申办护照问题的通知》,解决了困扰会员多年的"出国难"问题。中国个协还与劳动部、国家工商行政管理局联合下发了《关于个体工商户、私营企业从业人员职业技能培训及职业技能鉴定(考核)问题的通知》,促进和规范了各级个协、私协的

职业技能培训工作。

三、搭建服务平台,支持会员企业做强做大

中国个协着力引导会员以市场为导向,不断提高竞争力和影响力,为广大会员参与市场竞争积极创造条件,先后在广州和成都举办了全国个体私营企业产品展销会,在长春举办了首届"中国国际小商品交易会",在广州组织了全国个体私营企业发型化装大赛,还多次与中国烹饪协会等单位联合举办全国烹饪技术大赛;中国个协创办的"光彩经济服务中心"也为个体私营经济发展和广大会员提供了多方面的服务。

四、反映会员诉求,维护会员合法权益

中国个协抓住会员反映强烈的"三乱"问题,在会员中广泛推行了"交费明白卡"的做法,有效地抵制了"三乱"行为;举办的全国个私协会系统信访维权工作培训班,为信访维权工作培养了骨干力量。中国个协还指导地方个协、私协积极建立法律服务机构,为会员提供法律援助。到2007年底,各级个私协会建立的法律服务机构有6 749个,仅2007年就协调解决侵权纠纷45 898起。中国个协还先后就个体工商户的经营场地、社会保障、计划生育、工龄等问题向有关部门提出建议,反映广大会员的合理意见和要求。

第四节　开展自我管理,当好政府部门的得力助手

中国个协积极发挥政府有关部门监督管理个体私营经济的助手作用,协助工商行政管理等政府部门做了大量的工作,通过下发文件、宣传典型、推广经验、召开会议等多种形式,指导地方协会和引导会员积极发挥自律作用。

一、抓好会员队伍的行业自律和职业道德规范

中国个协制定并印发了《个体劳动者和私营企业经营者职业道德规范》,明确了不同行业的职业道德标准,用制度规范会员的生产经营行为,引导会员加强行业自律,并

在调查研究的基础上进行了修订和完善。坚持在会员中开展诚信建设活动,加强职业道德建设,有效地增强了会员的自我约束能力。指导地方协会建立自我管理组织,制定自我管理制度,完善自我管理机制,使自律组织作用日益明显。

二、协助做好整顿和规范市场经济秩序工作

在整顿和规范市场经济秩序工作中,中国个协积极配合工商等政府部门做好有关工作,先后印发了《关于贯彻落实全国整顿和规范市场经济秩序工作会议精神的通知》、《关于在集贸市场专项整顿工作中开展会员自律教育活动的通知》等有关文件,配合做好"扫黄打非"、食品安全检查、校园周边环境治理、网吧专项整治和社会治安综合治理等工作,引导会员维护正常的市场经济秩序。

三、为构建平安和谐的社会环境作贡献

中国个协发挥社团组织开展群众工作的优势,积极化解各种矛盾,努力营造和谐稳定的社会氛围,在会员中组织开展了平安建设活动,开展了崇尚科学、反对迷信的教育,引导会员坚决抵制法轮功等邪教,还直接出面协调解决了多起集体上访、罢市等群体事件,为维护安定团结的大局作出了贡献。

第五节　全面加强组织建设,为履行职能提供坚实的组织保证

多年来,中国个协的工作始终得到国家工商总局的重视和支持。1996年国家工商局下发了《关于加强个体劳动者协会工作的若干意见》,1999年又下发了《关于进一步加强对个体劳动者协会、私营企业协会工作指导的通知》。在各级工商行政管理机关强有力的支持下,个私协会在改革和创新中工作不断取得新进展,组织基础日益巩固,组织活力不断增强,会员队伍逐步壮大,已发展成为组织机构健全、会员人数众多、行业覆盖广泛、社会作用显著、具有广泛群众性和代表性的联合性社会

团体。

一、组织机构逐步完善，队伍建设不断加强

截至 2007 年底，全国 31 个省（区、市）全部建立了个协私协，其中个协私协"合牌合署"办公的 17 个；建立地（市）级个协 416 个，县（市）级个协 2 987 个，基层协会 23 895 个，会员小组 158 048 个；个协私协"合署"办公的地（市）级 331 个、县（市）级 2 304 个；私协单独设立的地（市）级 78 个、县（市）级 576 个。在各级个私协会中还建立行业组织 12 158 个。全国省、地、县三级个私协会大部分设立了部、室机构，共有工作人员 54 600 多人，形成了一个较为完整的组织机构体系，为协会开展工作提供了组织保证。为提高协会工作人员的思想政治水平和业务能力，中国个协制订了全国个协系统干部教育培训计划，先后举办了 7 期地市个私协会秘书长培训班；分别于 1995 年、2002 年和 2006 年对个私协会系统的先进单位和先进工作者进行了评选表彰。

二、理事会建设进一步规范，会员队伍日益壮大

中国个协积极发挥理事会在决策、议事、监督等方面的作用，制定了理事会工作制度、理事替补增补等制度，通过不定期召开会长会、及时通报工作情况等形式，积极探索理事会闭会期间发挥理事作用的方法和途径，促进理事会工作的科学化和规范化，保证理事能够有效行使参与协会政务、管理协会事务的职能，提高了理事会的领导能力。截至 2007 年底，全国个体工商户已达 2 741.52 万户、5 496.17 万人，加入个协组织的有 2 186.72 万户，占个体工商户总户数的 79.8%；全国私营企业为 551.31 万户，加入私协有 378.69 万户，占总户数的 68.7%；会员单位的从业人员总数达到 1.1 亿人。在会员队伍不断壮大的同时，会员的年龄结构、文化程度、专业技能、政治素养也在改善，整体素质明显提高。

三、基础性工作得到加强，机关工作效能不断提高

中国个协着力加强组织基础建设，制定

了《县级个协规范化建设办法（试行）》和《省、自治区、直辖市及计划单列市个体劳动者协会工作目标考核办法（试行）》，建立了基层工作联系点，成立了餐饮行业工作委员会，每年都召开个私协会工作会议。对基层情况加强调查研究，对组织机构、党组织建设、服务工作和信息化建设等情况专门作了书面调查，还召开了专门研究协会改革和发展的座谈会。中国个协日常办事机构建立健全了会议、人事、财务、公文、档案等方面的规章制度，加强对会费收支的管理。按照"办公自动化、管理规范化"的要求，积极推进个私协系统的规范化、制度化和信息化建设，还通过会议专门研究财务、统计、信息化建设、办公室业务等工作，提高了协会的工作效能。

四、对外交流与合作不断加强，社会影响日益扩大

中国个协作为世界中小企业协会的会员，每年都组团参加世界中小企业协会组织的会议和活动，还与香港和澳门地区的有关社团保持经常性的往来。自 1989 年以来，先后 26 次组团出国（境）参加国际会议进行工作考察等，多次派员随团出访，并接待国外有关组织的来访，1993 年作为协办单位参与了在北京举办的世界中小企业大会，对外交流合作的渠道不断拓展。中国个协还与国内一些职能相近的社团和单位建立了良好的工作关系，共同组织开展了一些有影响的活动，社会影响不断扩大。

中国个协立足当前、着眼长远，提出全面、协调、可持续发展的方针，并将发展目标确定为：着力把协会建设成为党和政府信任、会员满意、社会认可，充满生机与活力、有持续发展能力和社会影响的社团组织。在为实现这一目标而奋斗的过程中，不断探索和加深了对建设一个什么样的个私协会组织、怎样建设个私协会组织的认识，并积累了十分宝贵的经验。这些经验择其要点主要有：一是必须坚持高举中国特色社会主义伟大旗帜，以邓小平理论和"三个代表"重要思想为指导，全面落实科学发展观，保持正确的发展方向；二是必须坚持在工商行政

管理机关的指导下,积极主动、独立负责地按照协会章程开展工作;三是必须坚持以发展为主题,以服务为宗旨,围绕中心,服务大局,面向会员,立足基层,全面提高履行职责的能力;四是必须坚持为政府、为社会、为会员服务,加强协会的组织建设、业务建设、规范化建设,打下坚实的发展基础;五是必须坚持科学办会、民主办会、依法办会,不断完善协会的体制和机制,着力增强创造力、凝聚力和影响力;六是必须坚持改革和创新,用发展的办法解决前进中的问题,确保协会全面协调可持续地科学发展。这些主要经验,是推进个私协会事业发展的基本指导原则,必须在实践中继续坚持并不断丰富和完善。

(执笔人:刘莉莉　丁律林)

第二十四章　中国消费者协会

第一节　概　　论

中国消费者协会（以下简称中消协）是政府部门主导发起、经国务院批准成立的对商品和服务进行社会监督的保护消费者合法权益的社会团体。1981 年，联合国亚洲及太平洋经济社会委员会在泰国曼谷召开保护消费者问题磋商会，国家商检局的领导同志参加会议后向国务院呈送报告，建议成立消费者组织，由"工商行政管理局负责协调，对外挂保护消费者利益委员会的牌子，由有关部门参加"。时任国家进出口管理委员会副主任的江泽民同志签报了这个报告，国务院六位副总理——谷牧、薄一波、方毅、余秋里、陈慕华、姬鹏飞等同志圈阅并同意了报告内容。其后，国家工商行政管理局、国家标准局、国家商检局两次联名给国家经委写报告，提出成立全国消费者协会的意见，国家经委于 1984 年批复同意成立中国消费者协会，并且"协会挂靠在国家工商行政管理局，业务上接受国家工商行政管理局、国家标准局和国家商检局的指导。"此后，三家发起单位又联名向国务院呈送了"成立中国消费者协会"的报告。经国务院批准，1984 年 12 月 26 日，中消协在北京成立。1987 年 9 月中消协加入国际消费者联盟（Consumers International），成为正式会员。

《中华人民共和国消费者权益保护法》（以下简称《消法》）第 31 条规定，消费者协会是依法对商品和服务进行社会监督的保护消费者合法权益的社会团体。中消协的宗旨是高举中国特色社会主义伟大旗帜，以邓小平理论和"三个代表"重要思想为指导，深入贯彻落实科学发展观，依据国家有关法律法规和政策，对商品和服务进行社会监督，保护消费者的合法权益，引导消费者科学、合理、健康、文明消费，维护社会主义市场经济秩序，为促进国民经济又好又快发展和构建社会主义和谐社会服务。

依照《消法》第 32 条规定，消费者协会履行下列职能：1. 向消费者提供消费信息和咨询服务；2. 参与有关部门对商品和服务的监督、检查；3. 就有关消费者合法权益的问题，向有关行政部门反映、查询，提出建议；4. 受理消费者的投诉，并对投诉事项进行调查、调解；5. 投诉事项涉及商品和服务质量问题的，可以提请鉴定部门鉴定，鉴定部门应当告知鉴定结论；6. 就损害消费者合法权益的行为，支持受损害的消费者提起诉讼；7. 对损害消费者合法权益的行为，通过大众传播媒介予以揭露、批评。

依照《中国消费者协会章程》，中消协领导机构是理事会，由国家各有关部门，各有关人民团体（社会团体），各有关新闻媒介，各省、自治区、直辖市及副省级市消费者协会组织推举的理事组成。理事会的职权是：1. 制定和修改章程；2. 选举和免去会长、副会长、秘书长和常务理事；3. 审议常务理事会议工作报告；4. 决定其他重大事宜。在理事会闭会期间，常务理事会行使理事会职权，并对理事会负责。常务理事会的职权是：1. 执行理事会决议；2. 筹备召开理事会并向其报告工作；3. 审议理事的调整增补事宜；4. 对会长、副会长、秘书长和常务理事单位因任免原因调换人选及时进行审议；5. 决定设立本会的办事机构、分支机构、代表机构，领导相应机构开展工作；6. 决定副秘书长和分支机构、代表机构主要负责人的聘任与解聘,审定内部管理制度;7. 讨论决定其他重大事项。

中消协常务理事会办事机构为秘书处,秘书处在秘书长领导下处理日常工作。下设办公室、消费指导部、商品和服务监督部、投诉部、法律与理论研究部、信息部、组织联络部、新闻与公共事务部、《中国消费者》杂志社共9个部门。

第二节　发展概况

中消协成立20多年来,依据《消法》赋予的职能和《中国消费者协会章程》,特别是近年来按照"一三三五"的主要工作目标和要求,即树立"一个理念"(牢固树立"以人为本,依法维权"的理念),构筑"三大体系"(构筑消费者教育和咨询服务体系、构筑对商品和服务的社会监督体系、构筑保护消费者合法权益的救助体系),推进"三项工程"(推进消费维权理论建设工程、推进消费维权信息化建设工程、推进消协组织建设工程)建设,正确处理好"五个关系"(正确处理好继承与创新的关系、正确处理好当前与长远的关系、正确处理好突出重点和统筹兼顾的关系、正确处理好自身建设与业务工作的关系、正确处理好内部与外部的关系),积极开展各项保护消费者合法权益工作,取得显著成效。

一、建立和完善消费者协会组织网络,更好为广大消费者服务

中国的消协组织是自上而下、逐级建立起来的。中消协成立后积极推动各地建立和发展消协组织。据统计,截至2007年底,全国共有县以上消协组织3 279个;消协分会29 243个;投诉站262 094个;设立基层联络站116 091个。全国各级协会现有理事107 453名,在岗工作人员26 603人,志愿者138 362名,已基本形成了从城市到农村、纵横交错的消费者协会社会监督网络。

加强培训工作和协作。多年来,中消协先后多次举办秘书长培训班,多次举办消费指导、社会监督、受理投诉等业务交流培训班,提高消协组织的维权能力和水平。同时,中消协与各地消协组织之间、各地消协组织之间以共同的维权事业为基础,以年主题活动和受理投诉为纽带,以杂志联办和"3·15"网盟为两翼,加强了资源整合和协作。

在全国消协系统开展了"工作创新奖"评选工作。自2005年开始,中消协已连续三年开展了"工作创新奖"评选工作,激励了大家的创新意识,促进了各地消协消费维权工作的创新。中消协还召开了消费维权能力建设研讨会,总结了经验,进一步明确了消协组织消费维权能力建设的六项任务。

积极推进消协系统消费维权"三大体系"建设。2006年组织召开经验交流会,浙江、江苏、上海、甘肃、深圳等地消协组织介绍了加强消费者教育和咨询服务、对商品和服务进行社会监督、保护消费者合法权益的救助三大体系建设的经验和做法,明确了工作思路和要求,推动了各地消费维权工作的开展。中消协还在江苏省苏州市召开了全国消协推进消费者权益救助体系建设工作会议。

中消协秘书处还进一步建立健全了人事、经费、内部管理等一系列制度,使各项工作逐步走向了规范。此外,中消协还编制《中国消费者协会2006—2010年五年发展规划》,对消协组织的未来发展提出系统、全面的规划意见,有计划、有步骤地推动全局工作。

二、推动和参与制定有关保护消费者权益的法律法规,发挥桥梁和纽带作用,反映消费者的意见和呼声,为促进经济又好又快发展和构建和谐社会服务

从1985年起,中消协就积极呼吁并配合有关部门制定《消法》,经过八年的努力,《消法》于1993年10月31日八届人大常委会第四次会议全票通过,并于1994年1月1日实施。《消法》的颁布是中国消费者运动史上的里程碑,标志着我国保护消费者权益事业进入了依法维权的新阶段。此后,中消协指导各地消协积极参与制定、修订地方《保护消费者合法权益条例》或《〈消法〉实施办法》,宣传、推广各地立法中的先进经验,如精神损害赔偿、医疗消费纠纷、商品房买卖、垄断行业的监督、格式条款的规制、保护消费者的隐私权等,增强《消法》的保护力度和可操作性。近年来,中消协还分别参与了《中华人民共和国产品质量法》、《中华人民共和国反垄断法》、《中华人民共和国电信法》、《中华人民共和国食品安全法》、《中华人民共和国保险法》、《中华人民共和国电子签名法》、《中华人民共和国广播影视传输保障法》、《中华人民共和国电力法》、《中华人民共和国道路交通安全法》、《营业性演出管理条例》、《供电服务监管办法》、《农业机械产品修理、更换、退货责任规定》、《欺诈消费者行为处罚办法》、《租赁柜台管理办法》、《展销会管理办法》等一系列法律、法规、规章的制定、修订工作,提出了许多有利于保护消费者权益的意见和建议。据不完全统计,各级消协共推动和配合有关部门制定涉及保护消费者权益的行政规章和单项管理办法等近 1 000 个。此外,还就国家《社区服务指南》、《国家食品安全“十一五”规划》以及《快递服务标准》等多个国家标准、行业标准的制定、修改提出意见。

注重发挥桥梁和纽带作用,反映消费者的意见和呼声,建言献策。中消协和各地消协组织十分注意把工作中了解和掌握的重大、带有普遍性的情况和问题向政府和有关部门反映。1998 年,中消协召开高层研讨会,建议采取刺激和扩大消费的政策,通过稳步发展消费信贷、加快住房商品化、推动汽车消费、扩大农村工业消费品市场等措施,拓宽消费领域、创造有效需求、引导合理消费,促进经济发展。对此,时任国务院总理的朱镕基同志亲笔批示,并在总理办公会议上进行专题研究。2004 年,针对“消费储值”涉嫌非法敛财问题,中消协联合山东省消协组织有关专家进行研究,并开展“‘消费储值’是非谈”网上讨论,编报消费警示、情况反映,有关部门采取了果断的处理措施。2005 年,中消协组织召开“商品房销售模式研讨会”,就房屋销售各环节中存在的风险及其产生根源和解决方法进行深入研讨,呼吁宏观调控政策应细分购房群体,完善商品房预售制度,取消不合理的房贷强制险等建议,社会反响强烈,促使部分银行取消房贷强制保险,并不再收取律师费和公证费。同时,中消协还就建立预付费风险管理制度、耐用消费品退市制度、危险玩具报告和召回制度向有关政府部门提出了建议。

中消协还组织召开“构建社会主义和谐社会与消费维权”座谈会,围绕消费者权益保护工作在构建社会主义和谐社会中的地位、作用以及消费领域现存的问题及对策等进行了深入讨论。

2008 年,中消协参加了关于降低移动电话国内漫游通话费上限标准方案的听证会,提出了让消费者得到实实在在的实惠、让消费者明明白白消费、有利于电信事业持续健康发展的意见,得到了有关部门的重视和支持。

三、受理消费者投诉,化解社会矛盾,维护社会稳定

从 1985 年至 2008 年 6 月底,全国各级消协共受理消费者投诉 1 099.43 万件,为消费者挽回经济损失 88.74 亿元,消费者共获加倍赔偿 1.52 亿元。同时,通过调查调解,公开曝光,反映建议,支持起诉等综合职能的运用,不仅为消费者挽回了损失,而且有力地维护了社会稳定。为更好地服务消费者,中消协和许多地方消协还设立了法律援助机构、律师团或律师志愿者组织,支持消费者向人民法院起诉,帮助有困难的消费者诉讼;有的还与仲裁机构合作,建立消费者争议仲裁中心,与司法机关协商成立消协组织人民调解委员会,解决调解未果的消费者权益争议。

积极推动建立消费争议和解机制。2007 年,中消协组织召开了中消协投诉和解联络单位“做好投诉和解,完善售后服务”经验交流暨培训会议,进一步推进建立消费投诉和解机制。

切实规范投诉受理工作。2007 年中消协印发了《消费者协会受理消费者投诉工作导则》、《消费者协会法律支持办法》、《消费者协会投诉披露制度》三个规范性文件及 17

个格式化文书。

四、做好保护消费者权益宣传，大力开展"年主题"活动，提高消费者的法治观念和意识，营造良好的舆论氛围

每年举办"3·15 国际消费者权益日"宣传活动。在此期间，全国 3 000 多个县以上消费者协会及一些乡镇分会，都要举办大规模的宣传咨询服务活动。各级党委、人大、政府、政协领导和企业、消费者，都热情支持，积极参与，声势浩大、影响广泛。"3·15"已经成为中国消费者保护工作的象征和代名词。

组织《消法》普法宣传。各级消协把《消法》的宣传作为一件大事来抓，采取多种形式，大造声势，广泛宣传。1995 年，中消协与司法部、国家工商行政管理局共同举办了"全国《消法》知识竞赛活动"，全国 30 个省、自治区、直辖市的 1 200 万人直接参加了竞赛答卷。中消协又与媒体联合组织了《消法》第 49 条"加倍赔偿"问题的大讨论，使《消法》更加为广大消费者所了解和熟悉。此外，各级消协组织还通过与媒体合办专栏、举办好新闻评选、开展知识竞赛、送法到农村、进社区等多种形式进行宣传，增强了社会各界的法治观念和维权意识。

开展年主题活动。从 1997 年起，中消协每年推出一个主题，即突出一个方面的内容进行宣传教育并作为全年开展活动的主线，使之更深入、更深刻，社会反响更大。至 2008 年，已推出"讲诚信、反欺诈"、"为了农村消费者"、"安全健康消费"、"明明白白消费"、"绿色消费"、"科学消费"、"营造放心消费环境"、"诚信·维权"、"健康·维权"、"消费与环境"、"消费和谐"、"消费与责任"共 12 个年主题。仅 2002—2007 年六年中，"3·15"期间全国各地消协共组织大型室外宣传咨询活动 56 924 次，平均每年 9 488 次，召开新闻通报会 11 707 次。2007 年中消协组织召开了"消费和谐"与企业社会责任高层论坛，发布了《良好企业保护消费者利益社会责任导则》，得到了多家企业的积极响应。2008 年"3·15"期间，中消协继续与新华社、人民日报、中央电视台、搜狐网站等新闻媒体和网站合作，组织开展了 2007 年"十大不良消费行为"、"十大消费维权难点"、"十大消费维权事件"、"十大消费维权建议"、"十大消费维权亮点"和 2008 年"消费维权十大举措"六项评选和点评活动，在社会上产生了很好的反响。据不完全统计，仅平面媒体报道就达 132 828 篇，进一步营造了全社会共同参与保护消费者合法权益的良好氛围。中消协组织召开了"消费与责任"高层论坛暨迎奥运大型承诺活动启动仪式，承诺活动得到了中国电信集团公司等 36 个大中型企业的积极响应。中消协还发出倡议，倡导消费者从我做起，科学消费、文明消费、环保消费，为我国成功举办一次有特色、高水平的奥运会作贡献。

五、开展消费教育和消费指导，传播科学消费知识，提高消费者的维权水平和能力

1998 年和 1999 年，中消协连续两次召开了国民消费教育研讨会，就国民消费教育的概念、内容、方式、方法进行了深入探讨，为今后开展工作提出了指导性意见。此后，中消协积极推动各地进行试点，通过创办消费教育学校、开办专题讲座、举行文艺演出、组织案例评说形式，深入院校、部队、工厂、农村、社区广泛开展消费教育。特别是针对消费热点与消费者权益容易受到侵害的问题发布消费警示。仅 2002—2007 年的六年中，中消协和全国各地消协共发布消费警示 112 574 条（次），平均每年 18 762 条（次），帮助消费者提高防范消费陷阱和避免消费误区的能力。2005 年有关"小型杯装果冻易致儿童窒息死亡"的警示，引起强烈社会反响，促使有关部门加快对果冻生产标准的修订。2008 年上半年，针对消费热点与消费者权益容易受到侵害的问题，先后发布了"先交钱后领奖的'中奖'活动都是骗局"、"中消协新春消费特别警示"等警示和提示。还与国家环保总局环境认证中心等有关部门共同发布"倡导健康消费　警惕'绿色'欺诈"的消费警示。2004 年，中消协还组织开展了"温情护驾，真挚随行"五城市汽车消费指导与消费体验活动；2005 年在上海、成都等七城市开展了美容化妆品消费教育活动，并与知名商场合作,推出"数码相机周末讲座"、"家庭装修课堂"等,邀请专家与消费者进行现场互动教育,揭露市场中存在的各种陷阱,传播科学消费知识,倡导正确的消费观念。2007年黄金周在央视一套开办了《消费者学校》节目,受到广大消费者的好评。此外,中消协还邀请有关专家、权威人士、相关机构,共同编写《购房置业手册》、《一桶乳胶漆里有什么》、《保险知识手册》、《汽车消费 ABC》、《移动通信消费常识》等系列消费教育手册,免费赠发广大消费者,受到普遍欢迎和好评。1994年,中消协创办《中国消费者》(月刊),近年来重点抓了选题质量和采编工作,开设了"本刊警示与忠告"等新栏目,刊物质量进一步提高。

中消协和各地消协组织还通过各种方式向消费者提供消费信息,加强消费指导。

一是组织商品比较试验。自1995年首次开展酸奶比较试验以来,共开展电池、保暖内衣、化妆品、强化地板、手机等商品比较试验近千次,涉及品牌上万种。仅2002—2007年六年中,中消协和全国各地消协共进行商品比较试验6 544次,平均每年约1 091次。在公布比较试验结果的同时,中消协还就测试过程中发现的问题,向政府有关部门反映、建议,推动了有关问题的解决。此外,还编辑下发了《家庭生活消费丛书》等教育书籍。

二是开展商品和服务调查。中消协共组织商品房、保险、家电售后服务、手机质量与服务、电信服务、煤、水、电供应服务及收费等方面的调查数百次。2004年,中消协在全国范围内开展的"农资质量和售后服务状况调查",分析了造成原因,提出了解决建议;2005年,中消协联合京、津、沪、渝、川五地消协组织对航空服务中存在的问题及消费者的意见进行了调查,提出了进一步规范服务的建议,调查结果及有关建议得到国家有关部门的重视和肯定。

三是举办大型消费品博览会。2001年,中消协与黑龙江省人民政府、中国绿色食品发展中心联合举办绿色食品博览会,向消费者推介黑龙江省的绿色食品及生产基地,帮助消费者认识和选购绿色食品;2004年,又与山东省工商局、省消协合作举办了3·15名优商品(服务)博览会,并为消费者现场检测、答疑,取得了很好的效果。各地协会也结合当地情况,举办各种类型的消费品展览会,为消费者提供消费指导。

六、强化对商品和服务的监督,及时制止损害消费者权益行为,维护社会经济秩序,为营造良好的市场环境服务

一是对损害消费者合法权益的行为,通过大众传播媒介予以揭露批评。中消协于1994年、1995年、2006年先后举办三次损害消费者权益十大案件评选活动,案件涉及燃气热水器不合格导致多人死亡;啤酒瓶、电视机爆炸和烟花爆竹伤人;电冰箱起火燃烧;伪劣药品致人伤残;假农药、假种子、假化肥严重坑农;食品变质严重危害消费者健康安全等诸多方面,在社会上产生了极大反响,震慑了损害消费者权益的不法经营者。在处理投诉过程中,中消协也及时通过大众传播媒介予以揭露批评,促进问题的解决。

二是组织和参与有关行政部门对商品和服务的监督检查。1987年,中消协与国家工商局联合举办了"全国打击假冒行为,保护名优商品展览会",集中展示了监督检查的成果;2004年至2005年,为配合政府部门对食品市场、月饼市场的检查,以及对商业欺诈的专项治理,中消协在全国部署"食品生产经营与诚信·维权"季度主题活动,开展"月饼市场消费状况网上调查",举办"消费者眼中的促销"网上调查和讨论,受到有关部门的充分肯定。据不完全统计,2002—2006年,中消协和各地消协共组织或参与对商品服务的监督检查188 214次,平均每年37 643次;开展消费调查51 287次,平均每年8 638次;参与有关部门组织的听证会19 565次,平均每年3 913次。

三是组织开展对不平等格式合同条款点评活动。从2003年开始,中消协和各地消协组织先后组织了对电信、金融、保险、邮政、交通运输、商品房、物业旅游、中介服务、教育、商品、农资销售以及水、电、气、暖等公用服务行业的不平等格式条款系列点评活动，通过消费者提供案源，专家点评，社会公布，反映建议，敦促整改等方式进行。从2002年至2006年，中消协联合各地消协组织安排部署了对不平等格式条款点评及"回头看"工作，重点对通信、房地产、金融、商业、农资、公用服务等领域开展了点评及"回头看"活动，同时与有关行政主管部门密切协作，纠正了一批明显的不平等格式条款。2003年至2006年，共点评不平等格式合同条款9 641件，显失公平的行业惯例3 069件，点评后移交行政部门1 341件，曝光1 473件，反映建议7 140件。点评活动受到社会的广泛好评和认可，中消协因组织对不平等格式条款点评活动被中央电视台评为2004年"十大法治人物"、"十大经济人物"。

四是组织商品和服务评议活动。2000年，中消协联合北京、重庆、浙江、沈阳、成都等地消协组织对保健食品、药品、移动电话、农药、化肥、化妆品、空调器七大类产品说明书进行了评议；2000年至2002年，中消协在全国范围内组织消费者开展了"慧眼识广告"、"揭谎月"和"广告评议"活动，动员消费者大胆揭露虚假广告，净化消费环境。至2008年，这类评议活动涉及的领域已从最初的商业，扩展到医院、宾馆（饭店）、电信、旅游、银行、保险、交通运输、物业服务等多个领域，对提升企业的诚信经营水平，创造和谐良好的消费环境，起到了很好的效果。

五是组织开展了系列消费体察活动。中消协于2006年8月联合全国各地消协组织开展了民航服务、旅游服务、医疗服务、商业服务系列消费体察活动，并就消费体察中发现的问题向企业反馈，督促企业进行整改，同时建议有关部门加强监管，有效地促进了上述行业服务水平的提高和市场秩序的好转。针对公用服务业存在的问题，中消协在全国24个省市启动了消费者评议活动，涉及银行、电力、保险、通信、快递、有线电视、供暖、医疗、公交等行业，涉评企业323家，参与评议的消费者268 239人。

六是开展全国消费维权状况调查。2007年初，中消协组织全国45个省市消协组织开展了"全国城镇消费维权状况调查"，

其中，"消费领域三大突出问题、消费者十大心声"等报道在两会期间引起各方面高度关注。同年7月，中消协又部署全国九个省份开展了农村消费维权状况调查，《人民日报》等首都各大媒体进行了广泛报道。此外，中消协连续三年与全国整规办、中宣部、国家工商总局等11个单位联合开展"诚信兴商宣传月"活动，并组织消协系统积极发挥作用。

七是加强经营者教育，推广依法维权的先进典型。近几年，中消协通过组织商业企业落实《消法》经验交流会，评选诚信单位，开展法规培训，不断深化经营者教育，帮助其树立诚信观念，强化社会责任，切实保护消费者合法权益。

七、积极推进消费维权信息化建设，开发利用好消协系统信息资源

一是大力推进消费维权信息化建设。2002年，中消协召开全国消协组织互联网工作研讨会，对做好消协组织的信息化建设做出了部署，提出建立"网上消协"的任务和要求。2002年底，中消协网站（www.cca.org.cn）正式开通，截至2008年6月30日，首页总访问量达3 351 058次，而且逐年上升。

二是进行了消费者投诉咨询受理系统平台的开发调研工作，为咨询受理系统平台的论证和建设工作做了准备。经国家工商总局和有关部门同意，全国消协系统咨询投诉统计分析工作正式纳入"12315"综合执法体系信息化系统，完成了全国百地消协投诉信息直报网建设方案草案。

三是加强中消协网站（CCA）正常运行维护工作，进一步发挥了网站的"窗口"作用。通过组织"两会代表话消费"、"网上3·15系列访谈"等专题，开展了"网上3·15"系列活动，举办"企业社会责任与消费环境"高峰论坛等。

四是注重网站在整合全国消协组织信息交流方面的作用。中消协先后通过网络进行了"组织建设"和"树立科学发展观、开创消协新局面"讨论交流会，积极开展网上消费调查。一些地方消协组织还开通了"网上和解平台"以及"消费者网上投诉"，为消

费者投诉开辟了新渠道。至 2008 年，中消协已着手开始实施办公自动化，努力提高办公效率和水平。

八、积极推进农村消费维权工作，为建设社会主义新农村服务

一是着力解决涉农投诉。各地消协组织加大力度解决涉农投诉，同时积极尝试建立农资先行赔付、专家鉴定制度等，推动涉农投诉的解决。

二是积极开展农村消费调查。中消协先后开展了两次大型"农村消费及消费环境状况调查"和九省市"农村化肥消费情况问卷调查"等，深入了解农村消费及消费环境状况和保护趋势，指导农村消费维权工作。

三是继续推进消协基层组织"一会两站"建设。据不完全统计，截至 2008 年 6 月，全国各级消协组织已在农村村民委员会建立消费者投诉站（监督站）201 726 个。同时，中消协下发了《关于建立义务监督员队伍的指导意见》，推动全国消协基层组织建设。据不完全统计，截至 2007 年底，全国共聘请义务监督员 200 443 人。义务监督员已经成为农村开展社会监督的重要力量之一。

四是召开农村消费维权经验交流会，推动农村消费维权工作的深化。2007 年 11 月，中消协在青岛市召开全国消协组织农村消费维权经验交流会，进一步明确了推进农村消费维权工作的八项任务，继续推进农村消费维权工作。

九、积极开展对外交流，学习和借鉴其他国家和地区做好保护消费者权益工作的经验

一是积极开展对外交流。中消协已与美国、英国、日本等近 20 个国家或地区建立了工作联系。中消协协助国际消费者联会在北京召开了理事会，召开了消费者权益保护国际研讨会。中消协先后派员参加消费维权国际研讨会，多次派员到美国、日本、德国、英国、荷兰、挪威、韩国、印度、马来西亚、新加坡等国考察访问，先后接待美国、德国、新加坡、日本、丹麦以及联合国相关组织的来访。中消协多次组团参加国际消联会员大会，举办了"投诉与法律国际培训班"，邀

请外国专家来华访问、授课，学习、借鉴国外先进经验。2001 年，中消协与联合国亚洲及太平洋经济社会委员会共同组织了"东北亚可持续能源利用和消费者教育论坛"，与国际消联亚太办事处共同组织了"粮食安全与消费者保护"研讨会。此外，中消协还高度重视与港、澳、台地区的消费者组织开展合作。

二是加强国际消费维权合作。中消协和新加坡消协签署了《合作备忘录》，加强人员互访、信息交流和投诉处理。妥善解决了国际消联网站台湾问题和国际消联世界大会关于美泰玩具中国制造问题，维护了我国产品在国际上的声誉。

三是加强对外宣传。中消协每年都完成"3·15 活动"特别报告，及时发送至国际消联，完成国际消联调查问卷。

十、关注冰雪灾害和四川汶川大地震，积极服务北京奥运会

一是有针对性地发布消费提示。2008 年初，当南方遭受冰雪影响时，中消协及时发出"共同面对恶劣天气"等消费提示，帮助广大消费者理性消费、理性维权。奥运期间，中消协及时发出相关消费提示，为北京奥运会顺利召开服务。

二是有针对性地做好灾区消费维权工作。四川汶川大地震发生后，中消协第一时间致电四川消委会，向震区和四川消委会的同志及家属表示慰问。四川省消委会及灾区消费者组织在特大地震灾害面前，一方面积极参加抗震救灾，一方面不忘消费维权的职责，适时发布消费警示或提示，积极调查了解各地灾情和人民群众生活消费的问题，向政府和省工商局等有关部门反映情况，提供建议，并积极参与对灾区有关商品和服务的市场检查，发挥了很好的作用。

三是全力做好迎奥运及奥运会期间的消费维权工作。制定中国消费者协会奥运会期间投诉处理规定。下发了奥运会期间投诉处理指导性意见。

按照国家工商总局原则批准同意的换届方案，2008 年 6 月 26 日，中消协召开了第四届理事会换届大会。新一届理事会在代

表性、人员结构方面有了进一步提高,更能适应新形势下消费维权工作的需要。同时对《中国消费者协会章程》进行了修订。中消协秘书处认真组织学习周伯华局长关于"四化"建设的重要讲话,开展了"四化建设与消费维权工作"的大讨论。结合工作实际,对协会现有制度进行了梳理,并在此基础上,制订了制度化建设工作方案,提出了加强自身和业务"四化"建设的 12 个方面的内容,共 39 项制度规定。在加强协会"四化"建设中一方面注意抓建章立制,另一方面更注重抓好落实。2008 年,重点抓了内部工作目标责任的管理、项目经费的管理、新闻发布制度的管理等,注重用制度管人、管事、管财,使协会各项工作在制度化、规范化、程序化、法治化的道路上迈出了新的一步。

二十多年来,中消协和各地消协组织在保护消费者权益方面努力工作,成为党和政府联系群众的一条重要渠道;成为对商品和服务进行社会监督,维护社会经济秩序,促进市场经济健康发展,增强社会安定团结的一支重要力量;成为贯彻党和政府为人民服务宗旨,反映群众呼声,全心全意为消费者服务的一个重要社会组织。中消协和各地消协组织的工作得到了党和政府的充分肯定,得到了社会各界的广泛好评。

(执笔人:马守献　吕金波)

第二十五章　中国广告协会

概　述

中国广告协会,简称中广协,英文译名 CHINA ADVERTISING ASSOCIATION,英文缩写 CAA。

中国广告协会由中华人民共和国国家经济委员会于 1982 年 12 月 25 日批准,成立于 1983 年 12 月 27 日,是经民政部注册登记的全国性社会团体,是国家工商行政管理总局的直属事业单位。

一、协会宗旨

高举中国特色社会主义伟大旗帜,以马克思列宁主义、毛泽东思想、邓小平理论和"三个代表"重要思想为指导,坚持四项基本原则,坚持改革开放,全面贯彻落实科学发展观,遵守宪法、法律、法规,代表和维护行业的合法权益,为行业服务,加强行业自律,促进广告业健康、和谐发展。

二、协会职能

"提供服务、反映诉求、规范行为"。在国家工商行政管理总局的领导下,为广告业提供专业技术培训、企业资质认定、法律咨询、广告审查、国际交流等服务工作,引导推动广告业的发展;向政府有关部门及相关行业反映广告业的诉求,维护行业的利益;制定、落实自律规则,规范竞争行为,维护广告市场秩序。

三、协会主要任务

(一)学习、宣传、贯彻《中华人民共和国广告法》和有关广告管理的法规、规章,协助政府做好行业管理,同时向政府有关部门反映行业的意见和建议,充分发挥政府与行业沟通的桥梁和纽带的作用。

(二)开展广告业发展状况的调查研究,积极参与广告行业的相关法律、法规和产业政策的研究、制定,接受委托参与、制订、修订广告行业标准、发展规划、准入条件,完善广告行业管理,促进广告行业发展。

(三)开展广告业企业资质认定工作,促进企业向专业化、集约化、品牌化、规模化发展,提高经营管理水平和核心竞争力,增强企业的社会责任感,积极宣传并向社会推荐资质优秀的广告企业。

(四)开展国内国外培训、学术论坛、经验交流等活动,加强广告理论研究。进行广告专业技术人员职业水平评价,努力提高从业人员的业务能力、法律素质、道德品质。

(五)拓展信息资源渠道,建立信息网络。进行行业统计、分析、整理、发布,收集与广告业有关的国内外信息,为行业和会员单位提供信息服务。出版行业图书、杂志、内部刊物等,办好协会网站。

(六)举办全国性、国际性的行业展会,推广先进的广告制作技术、设备、材料、工艺。举办全国广告作品比赛,促进广告的创意、设计、制作、发布水平的提高。

(七)开展国际交流与合作。积极与国际广告组织以及各国、各地区广告组织建立联系,探讨促进业务合作,代表和统一组织中国广告界参加国际广告活动。积极支持广告企业走向国际市场,在企业参与国际竞争等方面发挥作用。

(八)加强行业自律。做好广告发布前的咨询审查工作,依据授权和行业内的需要开展广告内容和形式的合法性审核。建立广告监测、劝诫机制和广告投诉处理机制,对于严重违法违规广告通报批评,报请政府有关部门处理。组织制定行规、行约,推动企业依法、诚信经营、公平竞争。开展行业文明单位、优秀工作者的评选、表彰活动,逐步完善行业信用体系,努力构建和维护良好的广告经营秩序。

(九)有效地开展行业维权工作。开展行业法律事务咨询服务,调解行业内、外部纠纷,针对事关行业发展的重大问题进行调研,积极反映行业的诉求,维护行业的权益。

(十)承办政府部门授权或委托的有关事项。

四、协会组织机构

中广协的最高权力机构是会员大会,在会员大会闭会期间由理事会和常务理事会执行大会决议,行使大会职权,指导办事机构开展工作。

中广协办事机构:设有综合事务部、会员管理部、学术培训部、对外联络部、信息咨询部、《现代广告》杂志社和中广协广告信息文化传播有限责任公司。

中广协分支机构:分会、专业委员会。按照会员所属的专业领域中广协先后设立了广告公司、报刊、广播、电视、公交、铁路、民航、电力、户外广告、霓虹灯广告、烟草、学术、法律咨询、互动网络分会和广告主委员会。分会、专业委员会负责在本专业领域内在中广协的领导下开展活动。

第一节　发展概况

自成立以来,中国广告协会立足自身,抓住广告业突飞猛进发展的大好机遇,不断发展。截至 2008 年 6 月,全国已形成了以中国广告协会为龙头、遍布各省市的三级广告协会网络体系,拥有涉及广告产业各专业领域的 14 个分会和 1 个专业委员会,600 多家单位会员和 280 余名个人会员,体系完整、机构健全、会员众多、作用显著。

中国广告业是在党的十一届三中全会以后恢复和真正发展起来的。中国广告业的发展历程是和社会主义市场经济体制建设息息相关的。改革开放三十年来,广告业经历了恢复和初步发展、快速发展、多元化发展和持续稳定发展等四个发展阶段。中国广告业恢复和发展的轨迹与中国改革开放发展进程基本同步;中国广告业发展水平同国民经济整体发展水平,在世界上的排名相近似;中国广告业同中国经济整体发展水平仍存在一定的不适应;中国广告行业仍有相当大的发展空间。如何充分认识中国广告业在整个社会发展尤其是经济发展中所处的地位,对增强行业的使命感和责任感显得尤为重要。广告业是国民经济的重要组成部分,广告业的发展水平是衡量现代社会经济发达程度的重要标志,加快中国广告业的发展具有重要意义。中国广告业是个令人尊敬的行业,发展广告业是完善市场经济体制的需要,是促进扩大内需的需要,是构建和谐社会的需要,是促进先进文化建设的需要,是建设创新型国家的需要。中国广告业随着中国的改革开放而逐渐恢复发展起来。可以说是从无到有,从弱到强。一是广告营业额保持着每年两位数的增长率,从 1979 年 1 000 万元到 2008 年 2 000 亿元;广告经营单位从十几户增加到 18 万户,从业人员已达到 120 万人。二是中国已有 250 多所大学开设了传播、设计内容的广告专业课程,每年可为广告行业输送大批专业技术人才,为中国广告行业的发展提供了坚实的专业基础。三是中国的民族广告企业和民族控股的广告企业经过 30 年市场历练,尤其是在外资不断扩张挤压下,表现了顽强的生命力。有 100 多家企业在全行业已经具有了带领性作用和相当的影响力。四是中国广告媒体的市场化经营,品牌化经营取得一定成效,独立、强势的地位、作用明显有效。五是中国现代广告业从一开始就是在开放的环境中成长发展,大量外资企业的进入和中国广告人积极主动地参与国际广告交流活动,使中国广告人的经营理念,广告活动运作模式,创意及作品的质量水平很快地接近于发达国际水平。随着科技的不断发展,互联网广告已经成为广告主的普遍选择,中国广告业进入下一个由资本和技术启动的稳健性增长新阶段。在这一过程中,中国广告协会始终积极拓展职能,充分发挥桥梁和纽带作用,积极协助政府部门贯彻产业政策、落实行业规划、完善行业管理。

第二节 发展成就

一、推动国家广告法制建设、完善行业自律管理

改革开放以来,我国广告法制建设取得了突出成绩,有了实质性进展。1987年10月,国务院颁布了《广告管理条例》,广告业开始纳入规范化管理轨道。1993年3月,《全国第三产业发展规划基本思路》首次把广告业正式列为第三产业中的重要行业。同年7月,国家工商行政管理局与国家计划委员会联合颁布《关于加快广告业发展的规划纲要》。1994年10月27日第八届全国人大第十次会议审议通过《中华人民共和国广告法》(以下简称《广告法》),标志着广告管理真正纳入了法制化轨道。2008年4月,《关于促进广告业发展的指导意见》指出"知识密集、技术密集、人才密集的广告业是现代服务业的重要组成部分,是创意经济中的重要产业,在服务生产、引导消费、推动经济增长和社会文化发展等方面,发挥着十分重要的作用"。

在国家广告法制建设不断健全和完善的过程中,中国广告协会积极把宣传、学习、贯彻广告法规的内容列入工作重点,研究制定贯彻方案和落实措施,组织广告经营单位学习,并通过开展培训班和各种会议的形式,把广告法律法规尤其是《广告法》贯彻到基层,使广告主、广告经营者、广告发布者有法可依,依法经营,使整个行业朝着健康有序的方向发展。

当国家制定产业政策时,中国广告协会积极配合相关国家机关工作,深入开展行业调查研究,积极提出意见和建议。2008年,在国家发展和改革委员会协同国家工商行政管理总局酝酿出台《关于促进广告业发展的指导意见》的过程中,中国广告协会三次组织业界代表进行座谈,提出大量建议,得到政策制定部门的重视、理解和支持。2008年度,根据国家立法计划的安排,针对国家

工商行政管理总局广告监督管理司起草的《〈广告法〉修订提纲》,中国广告协会分别征求法律咨询分会委员、广告主、广告经营者和广告发布者的意见;同时,接受广告监督管理司的委托,中国广告协会负责《化妆品广告管理办法》的调研修订工作,积极投身广告相关法律、法规的起草修订工作中去。在完善行业自律管理的过程中,中国广告协会针对广告主、广告公司、媒体、消费者等主体提出的广告投诉以及涉及合同纠纷、户外广告经营、商标侵权和不正当竞争方面的争议纠纷,进行调查、调解,并提出处理意见和建议。

二、广泛开展广告培训、交流活动

中国广告协会十分注重对广告从业人员的培训工作,与有关院校共同推出培养高级广告人才的举措,开办广告研究生班、电视大学广告专业、广告函授大专班等,加速高级技术管理人员的培养进程,受到广告界一致赞扬。同时,全国各地广告协会也结合当地实际情况,开办了不同形式的学习班、辅导班、培训班。1986年2月,中国广告协会主办的中国广告函授学院开学;接着又与北京广播学院(现中国传媒大学)合办专业证书班。中国广告协会广告公司委员会与天津工艺美术设计院合办设计大专班,报纸委员会与北京商学院(现北京工商大学)合办大专班,各地广告协会组织举办"高级广告人员培训班"和各类"专业培训班",为行业培育高、中级人才达数万人。2002年、2003年两年间,围绕国家工商行政管理总局的工作要求,开展了广告专业技术岗位资格培训及广告审查员培训,使全国8万余人获得上岗资格证书和审查员资格。从2005年举办"中国广告论坛",至2008年,已成功举办四届。

在加强国内培训的同时,为适应中国广告业飞速发展的需要,1995年5月,国家外国专家局认定中国广告协会"具有派遣团组和人员出国(境)培训工作资格"。经国家工商行政管理局和国家外国专家局审批,中国广告协会于1995年派出首批培训团赴美国纽约时装与广告设计技术学院、芝加哥伊利

诺斯大学管理学院进行为期 28 天的专业培训和考察。此后，每年组织赴广告业发达国家进行培训和考察，十三年来共组织 20 多个团组，近 600 人次，赴美国、德国、澳大利亚等国家进行培训。中国广告协会的积极努力和不断取得的工作成效，2006 年，中广协再次获得外专局每五年颁发的具有组织派遣团组和人员赴境外培训机构资格认定证书，并于 2002 年获得了外专局给予参加或者组织的境外培训人员 30% 的经费资助，从而使更多的业界人士得到了学习提高的机会。另外，与日本株式会社电通合作，举办两届"中日企业广告研讨会"，累计 4 000 余人参加，受到业界欢迎。2001 年至 2006 年，与日本吉田秀雄纪念事业财团合作，从高校选拔广告专业教师赴日本研修，累计 21 人。这些工作的开展，对于提高我国广告从业人员的专业水平和经营管理水平，开拓广告人才的国际视野，均取得了积极的效果。

三、加强广告理论研讨，发行广告出版物

中国广告协会积极推进学术交流和理论研究工作。自 1983 年以来，学术委员会每年举办一次全国性学术讨论会，每年出版一本学术论文集。以提升广告理论研究水平为宗旨，每年中国广告协会还组织几次高水平的广告专题讲座和国际广告节获奖作品巡回展，受到广大广告工作者与广告爱好者的关注与欢迎。

中国广告协会主办的《现代广告》杂志自 1994 年创刊以来，始终坚持用正确的舆论引导行业健康发展，办刊质量不断提高，发行量不断增加，已经成为行业认可的专业性广告杂志，2007 年荣获"中国新闻传播类核心期刊"。杂志社自 2002 年起开始的"中国广告业生态年度调查报告"，至今已经运作七年，成为行业里产、学、研各界了解中国广告行业的重要平台。

中国广告协会定期向会员提供《时事经济》、《国际广告动态》和《国内广告动态》等电子刊物，把能够反映社会经济和国内外广告市场动向的重要内容，快速地集中呈现在会员面前，努力满足会员单位了解行业信息的需求。

1994 年以来，中国广告协会每年面向全国广告经营单位开展广告经营情况的统计、分析工作，发布"广告经营单位广告营业额和营业收入前 100 名排序"及分析报告。此项工作为政府部门掌握广告业发展情况和制定行业发展政策，提供了参考，成为衡量我国广告经营单位规模实力的重要参考指标，定量地显示了我国广告业成长的轨迹。另外，地方广告协会和各专业分会的自办刊物，及其他广告专业类杂志也纷纷办出了特色，办出了水平。

四、加强国际间联系与合作，促进中国广告业与国际广告业接轨

改革开放三十年来，中国广告协会本着重在参与、相互交流、开展合作、增进友谊等原则开展对外交流。经过二十几年的发展，中国广告协会已与 20 多个国家的广告组织建立了联络及合作关系，开展信息交流、访问考察，加快了我国广告业的国际化步伐。十三年来中国广告协会组织 50 多个出国团组共计 1 400 余人，参加亚太广告节、法国戛纳广告节、美国艾菲广告效果奖、英国伦敦广告节、IAA 世界广告大会等国际著名广告活动，并组织我国广告经营单位精选优秀的广告作品参加国际赛事的评比。

1987 年 5 月，中国广告协会加入国际广告协会，成立了国际广告协会中国分会。

2004 年 9 月，由中国广告协会承办的第 39 届世界广告大会在北京隆重举行。国务院副总理吴仪接见了参加大会的国际广告协会主席及执委会成员、工商总局领导和中方广告业界代表。在国务院和国家工商行政管理总局领导的关心和大力支持下，在业界同仁的共同努力下，会议取得圆满成功，赢得了国际广告协会和来自 38 个国家和地区 1 100 多名参会代表的高度赞赏，成为世界广告大会有史以来，规模最大、内容最为丰富、形式最为多样化的一届大会，对增进中外广告业之间的交流与合作发挥了重要而积极的作用。

2008 年 6 月，中国广告协会成功在戛纳广告节上举办"盛世中国年"的系列活动，让

戛纳广告节成为展示中国形象和中国广告业形象的大舞台。戛纳广告节是国际最大广告盛事，每年的戛纳广告节举办6天，每届都有上万人参会。十几年来中国每年组团几十人到上百人去戛纳，主要是去听、去看、去学。2008年经与戛纳广告节主席多次协商，首次在戛纳广告节增加了"盛世中国年"广告系列活动，并取得了圆满成功。活动的主要内容是三项：一是中国广告论坛；二是中国广告创意人与国际广告评委交流会；三是沙滩晚宴。主要目的是加强交流，扩大影响，缩短差距。2008年"中国"成为本届戛纳节最被关注的热点；中国人第一次站到戛纳的讲台上，发出了"中国的声音"；中国摘得了第一个戛纳"金狮奖"。这是中国广告人"营销中国"的一个划时代事件，也是中国广告业融入国际市场的一个重要转折。中国广告人通过自己的努力，消除了海外对中国的一些误解。戛纳广告节上的中国活动，让戛纳广告节评委对中国广告业有了感性的认识，对中国广告参赛作品有了进一步认知，也间接地影响了评委对中国广告作品的印象。与会代表一致认为，中国广告业早该做这样的活动；这是中国广告界、中国人面对世界的一次完美的公关。

五、开展公益广告宣传，促进社会主义精神文明建设

公益广告是社会主义精神文明的一部分，是中国广告业奉献给社会的一朵奇葩。中国广告协会多次组织举办公益广告宣传推广活动，使一大批主题鲜明、内涵深刻、充分反映时代精神的优秀公益广告作品推向社会，不断促进公益广告事业的发展和完善，取得了很好的社会效益，同时也积极推动了中国广告事业的健康发展。

1986年9月，贵州电视台播发一则较为有影响的公益广告，它告诉人们"水是人类赖以生存不可替代的有限资源……"并从世界性水源危机和贵州实际水源匮乏的情况入手，告诫"请君注意，节约用水"。这则广告播出后，社会反响热烈并收到实际效果，贵阳市民节约用水形成风尚。1987年10月26日，中央电视台本着"提醒、规劝、批评"

六字方针，开始播出《广而告之》公益广告系列栏目，二十多年来备受群众青睐，也引起了国内外舆论的关注，多家电视台竞相效仿。在1996年和1997年国家工商行政管理局开展的"中华好风尚"和"自强创辉煌"为主题公益广告月活动中，中国广告协会多次向广告行业发出通知，要求会员单位带头刊播和创意、设计、制作高水平的公益广告。

2008年中国广告协会主办的第十五届中国国际广告节中，增设了"公益广告黄河奖"，目的是增强全社会对公益广告事业的广泛关注与参与，增强企业特别是广告主的社会责任意识，推动公益广告创意制作水平的不断提升，使公益广告对传播先进文化、塑造高尚精神、引领文明风尚的积极作用得到更好的发挥。在公益广告黄河奖的评选活动中，涌现出大量反映人民子弟兵和普通百姓英勇抗击2008年春季雨雪冰冻自然灾害和参加"5·12"四川汶川地震抢险工作的优秀作品。例如上海广告有限公司制作的《四川人篇》广播稿（抗震救灾）、四川广电集团广告经营中心制作的《舞动人生，精彩依然》、广而告之合众国际广告有限公司制作的《抗震救灾——大眼睛篇》等作品分别获得"国酒茅台杯"黄河奖金奖。

六、积极反映行业诉求，维护行业权益

反映行业诉求，维护行业权益，是行业协会的重要职责，也是形成行业凝聚力的重要基础。2000年，国家税务总局发布了《企业所得税税前扣除办法》，规定"纳税人每一纳税年度发生的广告费支出不超过销售（营业）收入2%"。在北京、上海、哈尔滨等广告协会的大力支持下，中国广告协会进行了广泛、深入的调查研究，就执行该政策中的具体问题，向国家税务总局详细反映，最终使部分行业广告费税前扣除标准由2%调整至8%，广告经营单位的生存条件得以改善。2008年，针对国务院《企业所得税法实施条例》所规定的企业广告费和业务宣传费支出15%扣除比例的事宜，中国广告协会再次积极开展调研工作，了解部分行业的特殊需求，并起草了给国家税务总局的书面建议。

2005年，针对各地开展户外广告整治的

问题,中国广告协会组织实施了《中国户外广告整治问题及发展状况专业调查》,并邀请政府、法律、企业、新闻等各界人士,召开户外广告整治研讨会。上海市、重庆市、江苏省、湖北省、武汉市等广告协会也围绕户外广告整治问题,深入调查研究,积极向政府反映客观情况,为制定户外广告相关法规提出合理化建议。

七、加强行业自律,规范企业行为

1994年12月以来,中国广告协会先后颁布了《中国广告协会自律规则》、《广告宣传精神文明自律规则》、《广告行业公平竞争自律守则》、《城市公共交通广告发布规范(试行)》、《中国互动网络广告行业自律守则》等自律性文件,并于2008年发布《中国广告行业自律规则》、《广告自律劝诫办法》、《奶粉广告自律规则》、《卫生巾广告自律规则》,为维护广告行业秩序和促进发展起到了积极作用。

2008年6月3日,中国广告协会、第29届奥运会组委会市场开发部在北京奥运新闻中心召开新闻发布会,向广告行业及全社会发出防范奥运隐性市场广告行为倡议书;并发布《关于积极营造和谐有序的奥运广告市场环境的通知》,积极维护奥林匹克知识产权人和赞助企业的合法权益,切实履行举办一届"有特色、高水平"的奥运会和残奥会的承诺。

2008年,中国广告协会在北京召开涉嫌违法违规广告公开点评和加强行业自律工作相关规定的发布会,介绍协会关于切实加强行业自律工作的若干举措,对排油素、全息自灸贴、十八掌热磁带三则违规电视购物节目广告进行点评,并对播出以上广告的11家电视台发出《关于播出涉嫌违法违规广告的劝诫函》。点评之后,社会反映强烈,涉嫌违法违规广告被及时停播。通过公开点评,中国广告协会严抓行业自律的形象在公众中开始树立起来。

基于互联网广告的蓬勃发展,中国广告协会互动网络分会在2008年发布了中国第一部互联网广告标准,《中国互联网广告推荐使用标准》的发布,引起国内外互联网行业的广泛关注,将率先促使中国互联网广告在规范的轨道上发展。

八、开展有效的服务活动,促进行业发展

(一)积极开展广告赛事活动

努力办好行业的各项赛事活动,注重社会效益,使各项赛事真正成为广告人交流、沟通的桥梁。

1981年,中国广告协会举办了"第一届全国广告优秀作品展",1989年、1992年、1995年、1997年、1999年成功举办了六届。随着中国广告业的迅猛发展,自2000年起,正式将"全国广告优秀作品展"更名为"中国广告节",并且由两年以上举办一次改为一年一次,时间固定在每年10月的第三周,到2007年已成功举办了十四届。2008年,经国家工商行政管理总局批准,从第十五届起"中国广告节"正式更名为"中国国际广告节",于10月20—23日在安徽合肥举行。

经过二十多年的培育发展,广告节在不断总结历年经验的基础上,努力突出行业特色,力求年年有所突破、届届有所创新。现在的广告节形式更加丰富、内容更多创新,运作日益规范。在作品的奖项设置上,广告节在原有长城奖的基础上,引进了(美国)艾菲奖,增设黄河奖公益广告大赛、中国广告摄影大赛、中国网络广告大赛、中国元素国际创意大赛等多项全国性的广告赛事;广告获奖作品展的内容也从长城奖作品展扩展为长城奖、黄河奖、媒体企划奖、网络奖、中国元素、艾菲奖、汽车、诚信广告主、激情24等9个自办奖项、法国戛纳广告节、美国纽约广告节、日本电通赏、英国伦敦广告节、亚太广告节、ONE SHOW(金铅笔)、台湾时报世界华文奖等多个国际著名广告赛事获奖作品展。高峰论坛由比较单一的内容逐步发展到6个不同专业领域的论坛;专业展览和商务交流活动的规模逐年扩大,2007年在青岛举办的第十四届中国广告节的展览面积达到3万多平方米;广告节的国际影响力也日益增强,国际演讲专家、国外注册代表人数在广告节中的比重不断提高。发展到"第十五届中国国际广告节"已逐步呈现出

许多新的特点:一是国际特色更加明显。增加了"激情24中国国际青年创意大赛"。有21对中外年轻广告人参加比赛,24小时创意作品,现场评比颁奖,并组织参赛选手与中国年轻广告人召开联谊会。国际广告协会、美国4A广告协会派领导参加广告节。外国参会演讲嘉宾明显增多,日本广告业协会、日本电通、吉田秀雄纪念事业财团及国外著名广告公司等国际广告界的权威人士均来参会,对扩大广告节的国际影响有积极作用。二是继续探索其他工商业行业整体介入"中国国际广告节"的路子,促进广告业与其他工商企业高端人才的交流,促进广告活动朝着更加适应广告主的需求的方向发展。继续与汽车行业携手,在广告节中组织开展"汽车品牌广告展"、"汽车广告论坛"、"汽车品牌发展论坛"、"汽车品牌交流会"四项活动。三是把公益广告大赛提上更加突出的位置,把公益广告的评比与商业广告评比完全分开,颁奖也独立进行,同时在广告节论坛中安排企业社会责任论坛,积极引导行业树立社会责任意识。四是进一步增加一级广告企业在广告节上的活动,在广告节上安排"中国一级广告企业优秀案例分享会",主要目的是加大对一级广告企业宣传的力度,发挥一级广告企业在行业建设中的引导作用。

中国国际广告节已成为广告业发展历程的缩影,成为国际化、专业化的交流互动平台,更成为广告业影响力持续增长的新亮点。

(二)开展广告专业技术人员职业水平评价工作

为提高广告专业技术人员素质,维护广告行业人才市场秩序,肯定广告从业人员的专业地位,中国广告协会一直在为实现从业人员的职业资格评定而不懈努力。2007年8月30日,人事部、国家工商行政管理总局联合印发了《广告专业技术人员职业水平评价暂行规定》、《助理广告师、广告师职业水平考试实施办法》(国人部发〔2007〕116号)。中国广告人第一次有了自己的专业技术资格评审制度,广告行业进入了国家专业

技术人员的职业资格评定序列,并且成为人事部从专业技术职称制度向职业水平评价制度改革的首批专业领域之一。

(三)开展"争创广告行业精神文明先进单位"活动

为了加强广告行业精神文明建设,树立良好的职业道德,促进广告行业健康发展,1997年初,中国广告协会经四届三次理事会讨论,决定开展"争创广告行业精神文明先进单位"活动,并制订了《争创广告行业精神文明先进单位活动方案》和《广告行业宣传精神文明自律规则》。1997年以来,在全行业内,中国广告协会每两年开展一次"争创"活动。经地方广告协会和专业委员会共同努力,评选出的"全国广告行业文明单位"在诚信经营、品牌建设、制作发布公益广告以及促进精神文明建设等方面,为全行业树立了榜样,对提高广告行业的社会公信力发挥了重要作用。

(四)开展中国广告业企业资质认定工作

为顺应行业发展的迫切需求,促进广告企业向规模化、专业化方向发展,以优化产业结构、提升企业核心竞争力、推动产业升级为出发点,自2003年以来,中国广告协会开展了"中国广告业企业资质认定"工作。在操作过程中,坚持公开、公平、公正和不营利的原则,努力做到组织严密,程序规范,标准严格,收费合理。截至2008年6月,已被认定的171家"中国一级广告企业"具有较高的综合实力和公信力,是促进我国广告业健康发展的主力军。为了扶植优秀广告企业的发展,中国广告协会还以不同形式,加强对一级企业的宣传工作。通过印制宣传册、举办一级企业形象展、签署发布《中国一级广告企业(青岛)宣言》等活动,提升了一级企业在社会上的认知度和影响力,并且引起了国内外广告主的关注。认定工作建立了广告企业标准,对增强企业核心竞争力和社会责任感,提高广告企业的品牌价值,促进产业升级,产生了积极的效果,得到行业的普遍响应。

(五)开展广告发布前的咨询审查工作

1995年《广告法》正式实施后,为了满

足广告主和广告公司的业务需要,中国广告协会于 1996 年成立了信息咨询部。为了扩大信息咨询审查工作在行业中的影响,保证工作的准确性和可靠性,做好法规咨询工作,十几年来一直积极与政府有关部门和媒体建立联系,如国家经贸委企业司、国家工商行政管理总局广告监督管理司和有关省市广告主管机关,以及人民日报社、中央电视台等媒体,通过经常性联络,扩大影响,争取支持。咨询工作开展十几年来,从开始的每年 200 多条广告咨询,发展到现在的每年 2 000 余条。通过为会员和广告经营单位提供广告发布前法规方面的咨询服务,已接待各类广告发布前咨询 2 万多件。这项工作的开展,不仅在一定程度上减少了违法、虚假广告的发布,而且宣传了广告法规,增强了自律的力度;不仅体现了广告经营单位法律意识的大大增强,更有力地证明了咨询审查工作在业界具备了一定的信誉度和影响力。

(六)开展国际广告优秀作品巡回展

为使国内众多广告人一睹世界最高创意制作水平的广告作品,获得一次学习、观赏、借鉴的机会,中国广告协会从为广告行业服务的角度出发,从 1996 年至 2008 年,在全国几十个省、市、区开展第 43 届至第 53 届戛纳广告节获奖作品和第 1 届至第 9 届亚太广告节获奖作品巡回展 50 多个场次,共计 5 万余人次参观。巡展活动的举办为国内媒体打开了宣传国际高水平广告作品的窗口,广大从业人员对以上国际广告节有了深入了解,在广告创意与制作方面借鉴学习了许多具有国际水平的方法。

(七)开展"中国广告三十年突出贡献奖"评选活动

1. 评选人物

改革开放三十年,全社会都在用不同的方式纪念这波澜壮阔的三十年。三十年来,中国广告业从一个封闭的行业,逐步走上完全开放之路,这是所有伴随中国改革开放三十年恢复发展起来的行业。中国广告协会有责任、有义务对中国广告三十年的发展历史,对三十年历史中重要的人和事,进行一

次完整细致的梳理,给历史一个交代,给后来者一份历史文献,为中国改革开放三十年添加一份珍贵的广告历史记录。"中国广告三十年突出贡献奖"评选工作自 2007 年 7 月正式启动,2008 年 4 月 18 日举行了隆重的颁奖典礼,1 600 多位广告界人士共同见证 42 个团体和个人分别获得"突出贡献奖"、"历史贡献奖"、"终身成就纪念奖"。颁奖活动引起了行业内外的强烈反响。这是中国广告三十年的大事之一,这一评选活动也成为中国广告三十年的历史性总结。

2. 出版《影响中国广告三十年杰出人物》

为了对历史负责,也是为了固定住这一历史时刻,现代广告杂志社用学术版两期合刊的超豪华文本,刊登这些三十年历史人物和事件的专访,将成为后来者研究中国广告三十年历史的重要参考文献。通过这些文本,可以重温中国广告三十年中那些左右历史进程的关键事件,并和那些时代风流共同感受峥嵘岁月的彷徨和欣喜。经过近 6 个月的努力,终于向行业、向社会交了一份满意的答卷。中国广告业恢复发展的三十年,以此次大开大合的书写方式,彰显了发展的成就和殊荣。

九、贯彻落实科学发展观,不断加强组织建设

2008 年 1 月,在总局党组的正确领导下,在人事司的具体指导和大力帮助下,成功召开了"中国广告协会第五次会员大会",讨论通过了工作报告、章程修改报告等文件,选举产生了新一届理事会,健全完善了组织,进一步增强了协会的凝聚力。大会的成功主要表现在:一是参会人数多,中广协开会没有行政手段,全靠一家一家与会员沟通,最后达到 380 人,充分说明了协会的凝聚力。二是会议气氛热烈隆重,议程安排比较周密,论证工作报告、选举程序都很正规。三是会议材料准备比较充分。四也是最主要的,总局在京的领导全部出席了会议,这是中广协多年来难得的一次,充分体现了总局领导对中广协的重视、支持。与会代表对大会均给予了较高的评价。

为了充分发挥行业组织的职能，便于组织会员活动，中国广告协会根据会员的数量以及不同的专业特点设立分支机构，先后组建15个专业委员会（2008年经民政部批准，将14个专业委员会更名为分会）。1998年8月西藏自治区广告协会的成立，标志着全国（不含港、澳、台）31个省、自治区、直辖市、计划单列市和副省级市的地方广告组织的组建工作全部完成。省辖的地、市也相继成立了广告协会。中国广告协会不断加强协会的组织建设、队伍建设，创新机制，增强活力。

（一）加强团体会员的组织建设，相互配合，形成合力

经过二十多年的发展，中国广告协会已经形成了健全的组织体系。地方广告协会作为社会团体会员，是中国广告协会的纵向组织体系，是中国广告协会各项工作在全国范围内得以深入开展的坚实基础。与各级广告协会团结协作、统一协调，是协会生命力的重要保证。

（二）完善协会分支机构的运作机制，加强指导，凝聚力量

各分会、专业委员会是中国广告协会的分支机构，是中国广告协会的横向组织体系，为壮大各专业领域的会员力量发挥着重要作用。在新的发展时期，围绕行业的整体利益，在《中国广告协会章程》和行业自律条款的规范下，各分会、专业委员会要进一步加强自身建设，坚持非营利的原则，紧紧围绕协会的中心工作开展活动。

（三）加强协会办事机构的自身建设，做好广告业的职业服务员

随着我国广告业的持续发展，党和政府对行业组织的要求越来越高，行业的期望也越来越大。新形势下，"三个更新"摆在面前：一是知识更新、开拓视野。要深刻理解党和国家的大政方针，对广告业发展的重要意义。深入了解政府部门制定的与广告业发展相关的法律法规和政策文件，熟悉宏观环境。学习广告运作的理论知识、业态信息和实践经验，加强服务工作的专业性和科学性。二是理念更新。要努力实现两个转变，即从生存意识向服务意识转变；从一般性服务意识向责任意识转变。时刻思考如何为行业更好的服务。三是作风更新。保持良好的学风，树立密切联系会员的优良职业作风。敢于否定自我，努力提高自身素质，找准工作定位——做好广告业的职业服务员。

改革开放三十年，面临我国广告业发展的机遇、挑战，中国广告协会始终坚持以履行协会职能为先导，积极构建广告业与政府、与社会的长效沟通机制，当好行业代言人；逐步健全中国广告业企业资质认定制度和广告专业技术人员职业水平评价制度，形成良好的运作模式，促进服务工作的持续化发展；力争建立广告职业培训中心、信息服务中心和行业的法律服务中心三个中心体系，促进服务工作的系统化建设；努力搭建产学研一体化平台，促进广告业良性发展；搭建广告业学习展示与商务交流的平台，为推动产业升级积累资源、整合力量；搭建广告业国际交流合作平台，提高广告业的国际竞争水平与能力；大力宣传贯彻《中华人民共和国广告法》，制定《中国广告行业自律规则》等自律性文件，配合政府广告监管部门，规范广告市场；积极开展"争创广告行业精神文明先进单位"活动。成立以来，中国广告协会在提供服务、反映诉求、规范行为方面发挥着积极的作用。

新形势下广告行业的发展对协会工作提出了新的要求，中国广告协会把服务于广告行业的建设与发展作为一切工作的出发点和着眼点；牢固树立政治意识和社会责任意识，服务于国家发展、社会和谐的大局，推动中国广告业又好又快发展。

（执笔人：李　红　刘晓琴）

第二十六章　中华商标协会

概　述

　　中华商标协会成立于 1994 年,是由享有较高声誉的企业、商标代理机构和商标法律专家自愿参加并依法组成,开展有关商标自我保护、自我完善、自我发展和自律活动的专业性、全国性、非营利性的具有法人资格的社团组织。接受国家工商行政管理总局的直接领导。协会自成立以来,坚持"遵守国家宪法、法律、法规和政策,遵守社会道德风尚,依法维护会员的商标权益,协助会员创立驰名商标,增强全社会的商标意识,提高商品和服务质量,促进经济发展与繁荣"的办会宗旨,积极宣传、贯彻国家商标法律、法规和政策;指导和协助会员企业运用商标战略,创立驰名商标;依法维护会员企业的商标权益,为会员企业提供法律咨询服务,对工商行政管理机关和司法机关查处商标违法行为进行举证;协调会员间的关系,促进交流与合作,举办学术活动,开展商标知识培训,传播国内外商标信息,推广先进的理论和成功的经验,提高企业的商标管理水平;调查研究国内外商标发展趋势、中国的商标发展战略和重大问题,向政府有关部门反映情况并提出工作建议,举办有关社会活动;开展商标领域国际交流与合作;出版发行商标专业资料、刊物。协会成立十五年以来,各项工作稳步推进,较好地发挥了政府和企业之间的桥梁和纽带作用,在国内外知识产权领域产生了一定的影响。

第一节　中华商标协会发展概况

一、中华商标协会的成立

　　1993 年 9 月 7 日,国务院副总理李岚清在接见台湾自创品牌协会理事长施振荣先生时,根据施振荣先生的建议,责成国家工商行政管理局做好成立商标协会的工作,并要求"下大力气促进企业创立世界驰名商标"。

　　1994 年 5 月 18 日,中华商标协会筹备组成立,国家工商行政管理局局长刘敏学任组长。浙江玉立电器集团公司、上海协昌缝纫机厂、三九企业集团、北大方正集团公司等企业为发起单位。

　　1994 年 5 月 27 日,国家工商行政管理局作出《关于成立中华商标协会的批复》(工商标字〔1994〕138 号),同意成立中华商标协会。

　　1994 年 7 月 19 日,中华商标协会依法在中华人民共和国民政部办理注册登记,并领取《中华人民共和国社团登记证》。

　　1994 年 9 月 9 日,在北京人民大会堂召开"中华商标协会成立大会暨第一届会员大会"。全国人大常委会委员长乔石、国务院副总理李岚清、国务委员宋健为协会成立题词;中共中央书记处书记、中央政法委书记、最高人民法院院长任建新等领导到会并做重要讲话。世界知识产权组织、日本商标协会、台湾自创品牌协会等派代表出席大会并致贺词。

　　大会聘请薄一波为荣誉会长,聘请张劲夫、吕东、袁宝华、邹瑜、曾宪梓为顾问,选举刘敏学为会长,选举中国粮油食品进出口总公司、熊猫电子集团公司、扬子电气（集团）公司、三九企业集团为副会长单位。

第一届会员代表大会期间，陆续增补刘葆孚为个人副会长、中国绿色食品发展中心、上海家化联合股份有限公司、步森集团有限公司、波司登股份有限公司、中国中旅（集团）公司、北京燕京啤酒集团公司、正泰股份有限公司、椰树集团有限公司、恒源祥集团有限公司、中国国际贸易促进委员会专利商标事务所有限公司、北京中北商标专利事务所有限公司、上海专利商标事务所有限公司为副会长单位。

1995年3月，会长办公会通过了中华商标协会会徽。

二、中华商标协会的组织机构

会员大会（会员代表大会）为协会的最高权力机构。

理事会为会员大会的执行机构，秘书处负责日常工作。

协会秘书处工作机构：办公室、会员部、法律咨询部。

协会秘书处直属机构：《中华商标》杂志社、中企商标鉴定中心、中企商标发展中心。

三、中华商标协会的会员构成

中华商标协会的会员分为团体会员和个人会员。

团体会员为商标知名度高和经济效益好的企业、地方商标协会、商标代理组织。个人会员为对商标理论及实务有较高造诣、经验丰富的专家或法律工作者。

四、中华商标协会第二届会员代表大会

2004年11月5日，在北京召开了中华商标协会第二届会员代表大会，来自全国各地的会员代表参加了会议，国家工商行政管理总局副局长李东生出席会议并做重要讲话。

会议充分肯定了第一届会员代表大会十年来的工作，进行了换届选举。大会选举李建中为中华商标协会第二届会长，选举沈仁干、郑成思、刘春田为个人副会长，选举中粮集团有限公司、中国中信集团、中国扬子集团公司、中国绿色食品发展中心、中国中旅（集团）公司、上海家化联合股份有限公司、步森集团有限公司、波司登股份有限公司、北京燕京啤酒集团公司、正泰股份有限公司、椰树集团有限公司、恒源祥集团有限公司、中国商标专利事务所有限公司、中国国际贸易促进委员会专利商标事务所有限公司、北京中北商标专利事务所有限公司、上海专利商标事务所有限公司为副会长单位。

自第二届会员代表大会之后，根据会员的申请，并按照《章程》规定履行程序，增补中国中化集团公司、海信集团有限公司、德士活有限公司、七好集团有限公司、联想集团、中国专利代理（香港）有限公司、永新专利商标代理有限公司为副会长单位。

第二节　充分发挥中华商标协会的职能作用，积极开展工作

中华商标协会成立以来，在国家工商行政管理总局的直接领导和会员的积极参与下，积极发挥商标协会的职能作用，为促进中国商标事业的发展做出了突出贡献。

一、积极宣传商标法律法规，普及商标知识，为提高全社会的商标意识服务

为适应社会主义市场经济发展的需要，推动各界，特别是企业的商标意识的提高，中华商标协会充分发挥宣传商标法律、普及商标知识的职能，积极开展了各种形式的宣传活动。

（一）致力于《中华人民共和国商标法》的宣传和商标知识的普及

1. 充分发挥全国性商标社团组织的优势，积极组织大型中外商标交流活动

为适应社会主义市场经济的发展要求和加入WTO以后国际经济环境的重大变化，宣传贯彻新修订颁布的《中华人民共和国商标法》（以下简称《商标法》），2000年至2003年，经国家工商行政管理总局批准，在商标局和商评委的指导下，与中国贸促会、中国报协行业报委员会、中央电视台、新华社共同成功举办了三届"中国商标知识大赛"，其间组织了"中国商标战略有奖征文"、"中国商标高层论坛"、"《商标法》知识竞赛

及商标问卷调查"、在中央电视台举办了"点击商标"、"以标为证"节目和商标知识大赛、制作纪念《商标法》实施20周年纪念邮票等活动。此项活动受到了社会各界的广泛关注,吸引了政府、企业、知识产权界同仁和多家新闻媒体的踊跃参加,世界知识产权组织发来贺信。

2004年9月10日,在北京人民大会堂举行"庆祝中华商标协会成立十周年座谈会"。局长王众孚题词:"发展商标事业,推动经济发展",刘敏学会长题词:"与时俱进,推动中国商标事业发展",世界知识产权组织、日本弁理士会、马来西亚品牌协会、台湾自创品牌协会及各地商标协会发来贺信。

同年12月8日,与中国社会科学院知识产权中心举办"纪念中国商标制度100周年商标发展论坛";12月9日至11日,参加"全国行业协会成就汇报展览会",首次向社会展示中国商标发展成就。

经国家工商行政管理总局批准,在全国工商系统的大力支持和社会各界的积极参与下,2005年和2007年分别在广东省深圳市和湖南省长沙市成功举办了两届"中国商标节"。商标节主要开展了中国商标年会、中外商标文化博览会、中国消费者喜爱的商标调查、中国商标知识大赛、"加强商标保护,促进和谐发展"文艺晚会等活动。商标节宣传了中国商标工作成就,商讨了中外商标保护等专题,交流了商标管理经验。全国人大、全国政协和国家工商行政管理总局领导出席商标节并做重要讲话。国家工商行政管理总局相关司局负责人、全国各地工商行政管理系统商标工作人员、知识产权专家学者、商标法律服务机构和中外知名企业的代表、来自世界知识产权组织、欧洲内部市场协调局、国际商标协会、世界主要国家和地区商标主管部门的官员和有关人士,参加了商标节的各项活动。两届商标节在国内外产生了积极影响,促进了社会公众商标意识的普及。

2. 出版商标刊物和书籍

1995年2月27日,国家新闻出版署对国家工商行政管理局《关于申请创办〈中华商标〉杂志问题的函》作出批复,同意创办《中华商标》。6月《中华商标》杂志创刊号出版。中央政法委书记、最高人民法院院长任建新为创刊题词:"依法保护商标专用权,促进社会主义经济发展。"世界知识产权组织总干事鲍格胥发来贺信。

《中华商标》杂志问世以来,以"立足商标、面向社会、服务企业"为宗旨,充分发挥全国唯一公开发行的商标专业性刊物的作用,多次改版创新,积极组织知识产权专家开展商标专题研讨活动,为宣传中国商标法律和商标制度做出了贡献。

1995年3月首发的《会员通讯》、2002年开通的"中华商标网"、陆续出版发行的《中国商标报告》、《商标法25年》、《中国驰名商标、省(自治区、直辖市)著名商标名录》等书籍,充分发挥各自优势,积极宣传商标法规,报道商标管理经验,传播国内外商标信息,受到会员和社会各界的好评。

(二)为推动《商标法》的完善和实施搭建平台

1997年,为配合《商标法》颁布十五周年的宣传,《中华商标》杂志与《中国工商报》、《工商行政管理》杂志共同举办了商标法律知识竞赛,数以万计的读者积极参与。

在《商标法》实施二十年之际,2003年2月28日,由中华商标协会和商标局、商标评审委员会承办,国家工商行政管理总局在北京召开了"纪念《商标法》实施二十周年座谈会"。全国人大副委员长蒋正华为《商标法》实施20周年题词:"宣传贯彻商标法律、支持推动企业发展"。国家工商行政管理总局局长王众孚、全国人大法工委副主任卞耀武、国家版权局副局长沈仁干、会长刘敏学以及来自各界的近200名代表出席。总局领导在会上作了题为《全面建设小康社会,开创商标工作新局面》的主题发言。

2007年8月23日,由全国人大财经委、全国人大法工委、最高人民法院、国务院法制办和国家工商行政管理总局联合主办,中华商标协会承办的"纪念《商标法》颁布25周年座谈会"在北京人民大会堂举行。全国人大常委会副委员长乌云其木格出席座谈会并作重要讲话。主办单位领导和企业代表作了主题发言。会议认真总结了25年来贯彻执行《商标法》取得的成就，并对下一步《商标法》的修改和执法提出了意见和建议。副委员长乌云齐木格为纪念日活动题词："实施商标法律，促进经济发展"。局长周伯华题词："增强全社会商标意识，促进经济又好又快发展"。

（三）举办"中国商标年会"和专题论坛，为维护企业商标权益保驾护航

自2005年以来，协会与博鳌亚洲论坛合作，成功举办了三届"中国商标年会"。年会邀请国家知识产权局、商标局、商标评审委员会、最高人民法院、公安部、海关总署、世界知识产权组织、欧盟的官员以及国际反假冒联盟、美国专利商标局、国际商标协会、中外著名知识产权专家和中外知名商标企业的代表围绕商标战略的运用等专题做演讲；与日本弁理士会共同召开"中日商标代理人工作经验交流会"；设置"模拟法庭"，展示中国知识产权审判程序以及法律的适用。国家工商行政管理总局领导出席年会并作重要讲话。"中国商标年会"为营造有利于我国企业发展的良好环境，扩大商标领域的中外交流搭建了平台。

2005年2月24日，由中华商标协会主办、海信集团协办的"中国商标海外维权研讨会"在北京召开。会议邀请政府官员、商标专家和新闻媒体就西门子在海外抢注海信、厦门东林电子等7家中国企业商标及知识产权保护等问题进行了深入剖析。中央电视台、凤凰卫视等六家电视和多家媒体做了报道。经协会与国家有关政府部门的共同努力，中国海信集团与德国博世——西门子公司就双方存在的商标争议达成和解协议，海信集团等企业在德国、欧洲的商标权益得到了保护。为此，海信集团给协会发来了感谢信，厦门东林电子有限公司向协会赠送了锦旗。总局领导给予了充分肯定。

二、开展商标理论研究，为完善我国商标法律制度和政府决策服务

十四年来，中华商标协会紧密联系国家经济发展的中心任务，围绕中国商标事业和企业商标管理工作中的突出问题，调查研究国内外商标发展趋势、中国的商标发展战略和重大问题，为国家商标法律制度的完善提供了有力的支持。

（一）围绕国家经济发展战略，积极开展商标理论研究

为落实国务院和国家工商行政管理总局关于加强知识产权保护的工作部署，协会多次邀请司法部门、行政机关、企业及学术界专家学者进行商标理论研究。组织了"中国商标战略研讨会"、"药品商标与药品通用名称问题研讨会"、"商标与企业名称问题研讨会"、"驰名商标与商标自我保护论坛"、"保护企业商标专用权座谈会"、"西部大开发中资本运作及风险防范高级研讨会"等活动。

为配合中国加入世界贸易组织，引导企业增强市场竞争能力，2001年12月18日在北京举办了"中国企业品牌战略研讨会"，全国政协副主席任建新发来了贺信。全国人大常委会委员、中国复关谈判第二任首席谈判代表、中国世界贸易组织研究会会长佟志广和国家计委宏观经济研究院院长、国家计委原副主任余建明及企业代表，就入世后我国企业面临的形势及对策作了专题报告。

2005年，委托常务理事单位万慧达知识产权代理有限公司代表中华商标协会参与国家知识产权战略研究中第8项专题"商标战略研究"中的部分内容的调查研究、课题的开题准备及论文撰写。

（二）在商标法律的修订过程中，充分发挥协会的桥梁和纽带作用

协会多次接受政府部门的委托，就《商标法》和相关法律的修订进行专题调查研究。召开"驰名商标司法保护座谈会"，就相关司法解释文稿进行讨论；与北京市高级人民法院联合举办"商标法律实务问题研讨会"；参与《商标法》、《商标代理条例》和《商标评审规则》的调研与修改工作；召开专家会议，就国家质检总局制定和实施《地理标志产品保护规定》，提出了应依法行政的意见。

（三）落实总局关于加强商标代理行业管理的要求，对商标代理现状进行调查研究

针对取消商标代理人和商标代理组织资格行政审批后商标代理行业的新情况，总局提出加强商标代理行业管理的要求。为此，协会多次召开商标代理组织座谈会，讨论商标代理行业的发展和有关立法问题。2003年11月，为起草《商标代理条例》，邀请国务院法制办、总局法规司和商标局组成考察团前往西班牙、德国就商标代理工作进行考察访问；2006年4月，倡议开展了"诚信承诺，推动商标代理行业自律活动"，制定了《商标代理诚信自律公约》，发出了《倡议书》；2008年，代总局起草了《关于贯彻落实"四个统一"，进一步规范商标代理市场秩序的通知》，并积极筹备成立商标代理分会，加强商标代理行业的规范管理。

三、加强对会员商标工作的指导，为维护企业的商标权益服务

坚持正确的办会方向，为会员提供全面、高质量的服务，是协会生存和发展的基础。十四年来，协会坚持"会员为本、服务兴会"的理念，较好地发挥了在商标保护领域中的优势和为会员服务的职能。

（一）深入会员开展调研，指导企业商标管理工作

1. 为提高企业商标专用权的自我保护能力，分门别类举办企业商标战略研讨会

开展了"关于企业商标在国外被抢注情况"的调查，召开了"保护企业商标专用权座谈会"；为指导企业争创驰名商标，举办了"驰名商标与商标自我保护论坛"；组织专家走访了解企业发展与商标管理情况，指导企业制定和实施商标战略；召开"维护商标专用权企业联系点工作会议"。

2. 针对企业商标维权中出现的问题，召开个案分析研讨会

对"上海恒源祥集团公司商标战略的深化与完善"进行深入研讨；召开了"天津津美饮料有限公司打假维权研讨会"；对广州轻工业品进出口公司多年遗留的"钻石"商标问题进行分析，并报商标局，使之得以解决；向政府反映广西柳州牙膏厂"两面针"商标

被侵权问题，促使有关部门加强对其商标专用权的保护；对"五星"啤酒商标国有无形资产流失问题进行调查，并撰写了咨询报告；针对青岛啤酒股份有限公司与青啤（香港）股份有限公司商标纠纷案的情况，查阅商标档案进行分析，并及时向商标局反映；协助亳州古井酒厂解决"古井"商标图形被其他企业抢注问题；调解玉立公司被富达电器股份有限公司兼并后，有关"玉立"商标的转让事宜；召开"保护前列康商标专用权座谈会"，就如何解决"前列康"商标与药品名称分离后的善后问题进行协调与讨论，使其商标问题得到妥善解决；协调解决了广东丽珠集团公司与浙江康恩贝集团的"前列安"药品名称与注册商标的纠纷，并对完善商标审查和药品名称审查程序提出了建议；就同仁堂、片仔癀、云南白药等驰名商标在印度尼西亚被经销商抢注问题提出解决方案；召开"服装行业商标整治工作协调会"，集中打击服装行业市场商标侵权行为；为解决香港鳄鱼恤有限公司与法国拉科斯特有限公司、上海东方鳄鱼国际服饰有限公司在"鳄鱼"商标上的纠纷，协会多次与三家企业进行协调，并向商标局、商评委提出了"关于请求审查香港鳄鱼恤有限公司鳄鱼恤商标的建议函"，为妥善解决历史遗留问题探索了新的途径。

3. 协助企业解决商标被抢注问题

协会及时向国家工商行政管理局反映"熊猫"等一批商标被中国（深圳）对外贸易中心有限公司恶意抢注的事件，并于1998年5月22日在京召开了由政府官员、专家学者、企业和新闻单位的代表参加的"商标注册不当问题座谈会"。座谈会建议商标行政管理机关采取措施，撤销注册不当商标，并就《商标法》的修改提出了建议。商标局于当年7月依法撤销了中国（深圳）对外贸易中心有限公司以不正当手段注册的67件商标。9月份，商标评审委员会对该公司注册的"江铃"等九件商标作出撤销注册的终局裁定。

2006年，就深圳博朗文科技开发有限公司在香港地区抢注内地知名商标问题，协会

及时发出了《通知》,提醒会员通过法律途径主张自己的商标权利。通过《会员通讯》、"中华商标网"刊登了被抢注商标的相关信息,为维护会员的商标权益出谋献策。同时,及时与相关省市商标协会进行沟通,积极联系本地企业,协调好有关工作。

（二）举办"商标知识培训班",交流商标维权经验

配合《商标法》的实施,先后举办了"商标法律务实培训班"、"企业商标管理高级人才培训班"、"商标异议与商标评审制度培训班";通过"商标与广告"、"商标与互联网络"、"商标战略与市场竞争"、"世界经济与国际市场竞争"、"驰名商标的国际保护及驰名商标的认定"、"资本结构与运营问题"等专题讲座,比较系统地组织会员学习商标法律和商标知识;多次举办"全国商标代理人培训班";与国家工商行政管理总局公平交易局联合举办了"《反不正当竞争法》实务培训班"。参会人员系统学习了《反不正当竞争法》,了解我国工商行政管理机关维护公平竞争秩序、查处不正当竞争行为的程序;举办了"2008中国旅游城市'一城一标'商标(品牌)研讨会"和"中国企业走出去商标保护研讨班"。

2006年在山东省青岛市、2007年在江苏省无锡市分别举办了两届"中国企业走向世界商标战略经验交流会"。会议在听取了青岛啤酒、海尔、海信、波司登、红豆、华西村、海澜等驰名商标企业介绍商标管理经验的同时,组织与会人员到企业参观厂区、生产流水线及博物馆。这种经验介绍与实地考察相结合的学习方式,探索了交流商标管理和维权经验的新模式。

多次与司法部门共同举办"商标国际注册与行政诉讼实务培训班",通过法官授课、庭审观摩,使学员进一步了解和掌握了商标行政诉讼案件的诉讼程序、审理原则及法官审理思路等诉讼实务。

（三）提供商标法律咨询、商标监测服务,协助会员解决商标侵权问题

1998年2月,协会获悉天津狗不理包子饮食集团公司总经理为保护其商标专用权遭毒打的消息,迅即派人前往天津慰问,与天津市工商局共同对该事件进行了调查,并上报国家工商行政管理局。《法制日报》等媒体进行了连续报道,从舆论上给会员以强有力的支持。

中企商标鉴定中心为企业提供咨询服务,共受理各类知识产权鉴定及咨询案件80余件。一是通过专家鉴定,为委托人在打假维权案件和商标争议案件中提供法律依据;二是接受人民法院委托,进行司法鉴定,为疑难案件的审理提供理论依据;三是通过专家研讨会论证,为当事人商标权遗留的历史问题及疑难案件的解决提出意见和建议。

从2002年1月1日起,协会根据国家工商行政管理总局商标局出版的《初步审定商标公告》为会员企业在中国内地和港、澳地区免费进行商标监测,并将商标监测的结果及时通报各有关单位,指导其采取相应的保护措施。

2005年11月,针对有人在美国、欧盟、德国等官方网上申请注册"NOT MADE IN CHINA"(非中国制造)商标问题,协会委托副会长单位、北京中北知识产权代理有限公司利用国际会议,向美国专利商标局提出交涉,并先后向欧盟商标局和德国专利商标局提出异议和撤销其注册商标的申请。2008年4月在上述地区均取得了成功,有效地遏制了对中国歧视性商标的蔓延。

（四）指导企业运用商标战略,争创驰名商标

协会对会员企业申报认定的驰名商标材料进行具体指导,并向国家工商行政管理局提出书面推荐意见;为熊猫集团公司制定"熊猫"商标发展战略;组织了"驰(著)名商标问题研讨会"、"驰名商标再认定工作座谈会"、"步森商标战略研讨会"等活动,引导企业正确运用法律武器,保护驰名商标专用权。

（五）开展商标评估业务

中企商标发展中心与国内其他资产评估机构合作,完成了22件商标评估。在评估中坚持客观、公正、准确的原则,评估报告得到了专家委员会和企业的认可。

（六）加强会员管理工作

及时掌握会员的发展动态；利用网站宣传会员；及时发布协会工作动态；在《中华商标》杂志上《保护会员企业商标专用权声明》公告中免费为新会员刊登注册商标和反假冒监督电话；建立会员档案；做好催缴会费工作；积极发展新会员。

四、加强与各地商标协会的联系与合作，共同促进我国商标事业的发展

在中华商标协会辐射和带动作用下，各省、自治区、直辖市纷纷成立了地方商标协会。协会和各地商标协会加强合作，互相支持，其职能也在与各级工商部门和地方商标协会的相互合作、资源共享中得到了延伸。

1999年，由中华商标协会牵头召开首届"全国商标协会秘书长联席会"。之后，每年召开各地商标协会工作联席会，交流经验，共商发展大计。

多次与地方商标协会联合举办《商标法》宣传活动和商标知识讲座。协助新疆自治区工商局举办了"98企业争创中国驰名商标战略研讨会暨西北五省区商标管理年会"；参与河北省工商局召开的"全省工商机关与企业联手打假研讨会"，举办了"企业实施名牌战略研讨会"；与上海市、青岛市商标协会合作，对企业进行商标管理知识和法规培训；与上海市商标协会联合举办了"日企商标真假辨别说明会"；与义乌市人民政府共同召开了"中国义乌知识产权保护与市场品牌发展"论坛；派专家参加上海同济大学等单位举办的商标论坛；参与敦煌市旅游商标战略纲要的制订；与安徽省政府举办"知识产权专题培训班"；与宁波市知识产权局和工商局共同举办"知识产权高级培训班"；赴西藏调研，并为其安装了商标电子公告。

2000年8月4日至9月23日，举办了"大宝杯"著名品牌中华世纪行宣传展示活动。在国家工商局行政管理局和各省工商部门的大力支持下，该活动由云南省昆明市开始，途经16个省、直辖市，行程16 000多公里。

加强与相关行业协会的合作。1995年12月，召开联席会共同商讨商标发展战略等问题；2004年1月，由协会主办、中国外商投资企业协会优质品牌保护委员会协办的"知识产权新春交流会"在北京召开，政府官员及外商投资企业代表出席了会议；派出专家为中国科协、北京市律师协会、中国专利管理学院、中国机电商会等单位举办企业管理人员和律师培训班，讲授商标法律知识。

五、动员会员支持灾区建设，积极履行协会的社会责任

2008年，我国先后发生雨雪冰冻和地震等严重自然灾害，使人民生命财产遭受了重大损失。在自然灾害面前，特别是在四川省汶川地区发生强烈地震之后，协会认真落实国家工商行政管理总局的部署，迅速行动起来，及时研究和调整工作计划，将支持受灾会员企业恢复生产、保护和发展其商标工作列为重中之重，并抓紧研究和实施了支援灾区的一系列具体措施。协会及时与灾区会员取得联系，了解受灾情况；向灾区会员发出慰问信，表达协会的亲切慰问；发出通知，免收其2008年会费；利用《中华商标》杂志、"中华商标"网和《会员通讯》，及时发布支援抗震救灾工作的信息，宣传灾区会员自强不息的精神和广大会员积极支持抗震救灾的感人事迹。《中国工商报》几次刊登了协会支援抗震救灾的先进典型和事迹；向各地商标协会和广大会员发出《关于支持地震灾区恢复重建工作倡议书》；认真落实国家工商行政管理总局《关于组织参加第九届中国西部国际博览会的通知》，派专人赴有关省市直接参与"西博会"招商工作。

危难中，震区会员发扬中国人民百折不挠、自强不息的精神，积极组织生产自救，重建家园，早日恢复生产；协会秘书处全体工作人员踊跃为灾区捐款，全体党员还以"特殊党费"的形式向灾区捐款；各地商标协会充分发挥自己的优势，动员本地区会员支援灾区建设；广大会员发扬"一方有难、八方支援"的精神，全力支援灾区抗震救灾工作，踊跃为灾区人民奉献爱心。据不完全统计，会员向灾区捐款捐物达几十亿元。

六、加强与港澳台地区的商标交流与合作

中华商标协会自1994年创会以来一直

与台湾地区相关组织保持着良好的合作关系,积极开展海峡两岸商标领域交流,妥善解决两岸商标纠纷,维护商标权所有人的正当权益,促进两岸经济互惠发展。

（一）积极开展海峡两岸商标领域的交流

2002年1月15日,与国台办海峡经济科技合作中心在北京召开了由台资企业和部分台湾法律事务所共同参加的"《商标法》辅导座谈会"。

应台湾自创品牌协会的邀请,中华商标协会代表团分别于1999年、2004年两次赴台访问,在台湾举办了"两岸知识产权实务比较研讨会";2002年4月21日,接待了以施振荣为团长的"台湾自创品牌协会大陆贸易投资参访团"。在北京召开了"两岸品牌行销策略研讨会"、"华人自创品牌如何行销世界座谈会"。

2006年5月22日,协会与海峡两岸商务协调会在北京举行了"合作协议签字仪式"。举行了两岸商标专家会议,就联合筹组两岸商标专家咨询小组的相关事宜交换了意见;2006年11月,由协会主办的"首届海峡两岸商标品牌论坛"在福建省厦门市举办,海峡两岸商务协调会代表团出席了会议;应海峡两岸商务协调会的邀请,由国家工商行政管理总局领导为团长的中华商标协会代表团于2007年1月15日至22日赴台,参加在台北举办的"2007年海峡两岸商标论坛"。就两岸民众关心的商标权保护、农产品地理标志、企业名称和商标权利的冲突与保护、台湾果农权益保护等问题召开研讨会、专业交流会和座谈会,进一步推动两岸经贸合作关系向前发展。

（二）妥善解决两岸商标纠纷,维护商标所有人的合法权益

协会充分发挥作为民间社团组织在沟通两岸商标领域合作、协调解决两岸商标保护方面具有的特殊优势。2002年,撰写了《大陆企业商标在台湾地区保护问题的方案》,提出解决大陆企业持有台湾地区的商标注册证的使用、管理问题的意见。协助商标局、商评委解决台湾金门酒业股份有限公司"金门"商标在大陆注册问题。

在2007年赴台访问期间,代表团详细了解和实地考察了"日月潭"、"阿里山茶"、"古坑咖啡"等产地名称在大陆被一些企业或个人抢注问题。代表团回大陆后,商标评审委员会依法审理了"日月潭"、"阿里山茶"商标抢注案件,在最短的时间内将两个案件裁定完毕。代表团就大陆的"茅台酒"等地理标志在台湾被作为商品通用名称使用问题,与台湾地区有关方面探讨了保护大陆地理标志的解决办法;2007年,协助会员——河南新郑奥星实业有限公司解决其使用在"红枣"饮料上的"好想你"5个商标被台湾某公司抢注的问题,台湾地区商标主管部门作出了撤销裁定。局长周伯华对此批示"两岸开展商标民间交流合作意义重大,请继续做好此项工作"。

接待了台湾省智慧产权协进会代表团,该团向协会赠送了"智慧之光"纪念牌;接待了台湾自创品牌协会、台湾工业总会、台湾保护智慧财产权协会、台湾金商标协会、台湾金门酒业股份有限公司代表团。

（三）积极开展与香港地区的商标交流与合作

协会三次赴香港参加"最佳创建品牌企业奖（大中华区）颁奖典礼"及研讨会。《中华商标》杂志对该项活动进行了及时报道,邀请大陆有关专家担任评委会委员,对内地优秀企业进行了推荐;2008年2月,首次组织培训团赴香港学习考察。

接待了香港知识产权署、香港生产力促进局、香港商标协会等政府和团体的来访。

七、加强国际领域的商标合作与交流

协会自创立以来,受到国际知识产权界的广泛关注,协会也以积极的姿态和稳步措施,开展对外交往,扩大了协会和中国商标事业在国际上的影响,促进了国际商标交流合作和协会自身的发展。

（一）加入世界知识产权组织,积极参与商标领域的国际事务

2005年4月18日,世界知识产权组织（WIPO）商标、工业品外观设计和地理标志法律常委会（SCT）第十四次会议上,接纳中

华商标协会作为观察员。副会长单位——中国商标专利事务所有限公司和中国中信集团公司代表协会参加了 11 月底在瑞士召开的该委员会的第 15 次会议。2006 年派员参加了该委员会第 16 次会议。

2005 年 11 月,与世界知识产权组织合作,在北京举办"商标保护与马德里国际注册体系专题讲座"。

2006 年 3 月,协会派团出席了世界知识产权组织(WIPO)在新加坡举行的修订《商标法条约》外交会议。在中国驻新加坡使馆、外交部条法司、商标局的指导和全力支持下,在世界知识产权组织的充分理解和配合下,协会提出的三项预案得到了全面实现。

2006 年 6 月,会长李建中率团首次访问世界知识产权组织。

2007 年 2 月,参加国家工商行政管理总局代表团,赴位于瑞士的世界知识产权总部访问。总局领导代表中国政府签署《商标法新加坡条约》。

(二)加强商标领域的国际合作与交流

1. 与法国商标组织的合作

1999 年 4 月 13 日,会长刘敏学与法国国际保护工业与艺术产权制造商联合会会长伊丽莎白女士在北京签订了备忘录;2002 年 3 月,在北京共同举办了"立体商标及颜色组合商标注册与保护培训班";2002 年至 2005 年,中华商标协会代表团三次应邀赴法国考察访问;赴法国访问期间多次拜访法国工业产权局。

2000 年 12 月,应中国法国工商会、法国驻华使馆的邀请,派人参加"法中法律经济日",介绍中国法律对分销问题的保护情况。接待了法国科尔贝大项委员会和法国香水美容化妆品工业联合会技术委员会、法国科尔贝委员会代表团。

2. 与美国商标组织的合作

协会多次对美国专利商标局进行考察;1994 年 12 月,在北京梅地亚中心举办"中美知识产权研讨会"。

自 1999 年开始,应国际商标协会(IN-TA)的邀请,每年组团参加国际商标协会年会。双方多次在北京共同举办"商标法律与实务国际研讨会"、"域名和商标保护研讨会"、"国际商标事务管理讲座"、"管理国际商标事务"等活动。接待了美国专利商标局官员、国际商标协会代表团、美国知识产权法律协会代表团;接待了"中国外商投资企业协会优质品牌保护委员会"法制小组、美国 LHGB 律师事务所等。

3. 与日本商标组织的合作

1995 年 6 月 2 日,国家工商行政管理局通达商标服务中心与日本商品资料中心共同创办、中华商标协会主办的《中日商标与商品通讯》在人民大会堂举行了首发式,全国人大常委会副委员长王光英,中日政府官员、企业代表出席会议。

2002 年 11 月 25 日,与日本弁理士会签署了合作备忘录。2002 年至 2006 年,中华商标协会代表团三次赴日访问,对日本特许厅、知名企业进行考察;双方多次在日本或中国共同举办"中日商标研讨会"、"中日商标代理人经验交流会"等活动。

2002 年 8 月,与隆天国际专利商标代理有限公司和(日本)恩田国际专利事务所在杭州市举办"品牌战略与企业发展国际研讨会"。

自 2003 年起,协会与日本海外技术者研修协会、中国国际人才交流协会合作五次组团赴日本东京和大阪,参加"商标注册审查与评审"培训。来自政府、法院、商标协会、企业和商标代理机构近 150 人参加了培训;2006 年 8 月,与日本海外技术者研修协会在北京共同举办了"漫画、卡通人物造型业务开发及知识产权讲座"。接待了来访的日本知识产权协会代表团、日本商标协会代表团、日本弁理士会代表团。

4. 与欧洲内部市场协调局的合作

2005 年 11 月,中华商标协会代表团赴西班牙和英国访问。

2007 年 10 月 17 日,与欧洲内部市场协调局签订了双方谅解备忘录,就 2007 年至 2008 年度在商标领域中的合作达成了一致意见。2007 年协会派员赴欧洲内部市场协调局进行了为期五个月的商标业务培训;实现了欧盟内部市场协调局的网站链接；2008年在上海共同举办了"商标国际研讨会"。

多次接待欧盟商标专利局、欧洲内部市场协调局代表团。

5. 与泰国商业部和泰中法学会的合作

2000 年 8 月，应泰国商业部的邀请，会长刘敏学率团访问了泰国，与泰国知识产权界、企业界进行了广泛的交流；2001 年 3 月，在北京召开了"保护著名商标——中泰两国经济交流演讲会"。接待了泰国商业部访华代表团。

6. 与英国商标律师协会的合作

分别于 2005 年、2006 年，共同在北京召开了"欧共体商标及外观设计法律和实务研讨会"、"欧共体商标和外观设计研讨会"。

7. 与澳大利亚的合作

2002 年 12 月，应澳大利亚专利商标代理人协会的邀请，组团赴澳大利亚访问。对澳大利亚司法部、中心区最高法院、澳大利亚专利商标代理人协会、澳大利亚知识产权局商标局进行考察。同年，接待了澳大利亚中文化科技促进会代表团来访。

8. 与马来西亚的合作

接待了马来西亚自创品牌协会代表团。

9. 与韩国的合作

2005 年 10 月，会长李建中率团赴韩国访问。

接待了韩国特许厅商标国际审查组、韩国弁理士会、三星电子株式会社代表团等。

10. 与新加坡的合作

接待了新加坡专利代理人协会代表团。

第三节　加强协会自身建设，不断完善协会运行机制

协会认真贯彻党中央、国务院的中心工作精神和总局党组的工作部署，不断加强自身建设，努力建设一支思想过硬、业务过硬、作风过硬的协会秘书处工作队伍，为协会发展提供坚强的组织保证。

一、定期召开理事会

按照《章程》和民主建会的原则，每年召开理事会，审议《理事会工作报告》、《协会

财务决算与财务预算的报告》，审议修订《中华商标协会章程》，审议协会规章的制定及重大活动的筹备，增补副会长、常务理事、理事。

二、拓展新的工作领域

1996 年 4 月 4 日，根据国家工商行政管理局《关于中华商标协会申请成立"中企商标评估中心"的批复》（工商人字［1996］第 86 号），中企商标评估中心正式成立。2004 年 3 月 2 日，经国家工商行政管理总局企业注册局批准登记"中企商标评估中心"变更名称为"中企商标发展中心"。除保留了原有的商标评估和广告业务外，新增了举办国际和国内研讨会、培训班；承办国内展览会、展销会；商标交易中介；商标设计、软件开发等业务。

2002 年 5 月 23 日，根据国家工商行政管理总局《关于〈中华商标〉杂志社的批复》（人字［2002］第 11 号），《中华商标》编辑部正式改为《中华商标》杂志社。

根据国家工商行政管理总局《关于同意成立商标司法鉴定机构的批复》（人字［2003］2 号），2003 年 4 月 18 日"中企商标鉴定中心"成立，并设有专家委员会；2003 年 11 月 27 日，经最高人民法院审核批准，并向社会公布；2007 年 8 月 3 日，最高人民法院发出《通知》，将"中企商标鉴定中心"列入最高人民法院司法技术专业机构名单；2008 年 5 月 28 日，根据北京市司法局《关于批准成立中企商标鉴定中心司法鉴定所的决定》（京司发［2008］97 号），中企商标鉴定中心司法鉴定所正式挂牌。该机构受工商行政管理机关、司法机关、企业、商标代理组织等单位委托，对涉及司法鉴定的商标争议案件和其他疑难案件进行评议，出据司法鉴定和法律咨询意见书。

根据国家工商行政管理总局的指示，积极筹备成立中华商标协会商标代理分会。中国商标专利代理有限公司等五家商标代理机构为发起人。国家工商行政管理总局于 2007 年 6 月 27 日发文《关于同意中华商标协会成立商标代理分会的批复》（人字［2007］第 9 号），批准成立中华商标协会商

标代理分会。民政部于 9 月 20 日正式下达《社会团体分支(代表)机构登记通知书》，确认商标代理分会符合有关规定，准予登记。2008 年 11 月 18 日，召开了中华商标协会商标代理分会成立暨第一届会员代表大会。

筹备专家委员会，充分发挥商标局，商评委商标审查和评审资深人员、知识产权专家学者、法院知识产权法庭法官的作用。

三、不断加强协会内部制度建设

制定了《中华商标协会秘书长办公会议制度》等 13 项管理规定，促进了协会工作的规范化、程序化、制度化。

2001 年完成协会"社团清理整顿"工作。经民政部检查验收合格，并办理了重新注册登记。

四、加强党支部和反腐倡廉建设

在国家工商行政管理总局党组和总局机关党委的领导下，协会党支部认真学习贯彻党中央、国务院重要文件，开展了"三讲"教育和保持共产党员先进性教育，制定了《党支部工作制度》和反腐倡廉工作制度，加强了秘书处领导班子建设，保证了协会发展的政治方向。

中华商标协会以维护商标权人的权益、推动中国商标事业发展为己任。在政府与会员之间发挥桥梁和纽带作用，为政府和会员提供有效服务是协会一切工作的出发点和落脚点。协会将认真贯彻党的"十七大"精神，努力学习和实践科学发展观，落实国家工商行政管理总局的工作部署，在新的起点上，准确把握所面临的新机遇，坚持办会宗旨，勇于创新，扎实工作，推动协会工作迈上新台阶。

(执笔人：刘　静)

第四篇

全国各地工商行政管理发展及其成就

第一章　北京市工商行政管理局

第一部分　（1949—1978）

第一节　机构与职能沿革

1949 年 2 月 4 日,北平市军事管制委员会接管原北平市社会局。2 月 6 日,北平市人民政府(以下简称市政府)工商局成立。内设三科两室(秘书室、资料室),一科管理工商业登记、商标注册以及对工商业同业公会的管理和指导;二科管理市场、摊贩、交易所,检查取缔投机活动;三科管理、指导私营工商业和手工业。同年 10 月,市政府机构调整,撤销工商局,工作分别交给新成立的商业局、工业局。

1950 年 12 月,工业局对私营工业的行政管理和生产指导职能被划出与商业局合并,成立北京市工商局。内设秘书室、登记科、市场管理科、国营贸易指导科、调研科和人事科。

1951 年,市工商局开始设处一级机构,设有二室(办公室、人事室)、四处(行政处、市场管理处、业务处、计划处);并在处级机构内设科,如市场管理处设有城乡贸易指导科、市场管理科、摊贩管理科。直属单位有国营贸易公司、粮食交易所、纱布交易所、屠宰管理处、各类专业市场和各区摊贩管理处等共 24 个。

1952 年 6 月,市工商局取消处级机构,改设一室九科,即办公室、国营贸易科、工业指导科、加工管理科、手工业指导科、市场管理科、行政科、调查统计科、人事科、总务科。

1953 年 4 月,市政府决定撤销工商局,成立商业局主管国营商业;另成立北京市工商管理局。

1956 年 1 月,公私合营后,企业实行行业归口管理,市工商管理局的多数干部调往工业局和商业局。

1957 年 4 月,市工商管理局机构再次缩编,只设秘书科、行政科和市场管理科。

1958 年 10 月,北京市人民委员会(以下简称市人委)决定撤销工商管理局,其工作分别交商业局、文化局、外贸局负责。

1959 年 12 月,市人委决定恢复北京市工商行政管理局。内设秘书室、市场管理科、商品质量管理科、行政科。

1968 年 11 月,北京市革命委员会决定,市工商行政管理局与市财税局、中国人民银行北京分行合并,成立北京市财金局。下设的业务组只有 3 人负责工商行政管理工作。

1973 年,市财金局分设为市财税局和中国人民银行北京分行。市财税局设工商行政管理处,对外用北京市工商行政管理局的名义和公章。

1976 年 8 月,恢复北京市工商行政管理局建制。内设办公室和业务一、二、三、四处,分别主管商标、企业登记、市场管理和查处投机违法重大案件方面的工作。

第二节　主要业务工作

1949 年 1 月北平解放到 1978 年改革开放之前的近 30 年间,北京市工商行政管理的机构、职能和任务是随着党和政府不同历史时期的中心工作以及国家政治经济形势的变化而变化的,职能曾多次调整,机构也曾多次撤并、恢复,走过了一段曲折而又不平凡的历程。

经济恢复和社会主义改造时期,工商局贯彻"发展经济、保证供给"的方针,组织私营工商业复工复业,扶持和指导其恢复和发展生产经营;改造旧交易市场,建立新市场,组织物资交流,活跃城乡市场,促进国民经济的恢复和发展;加强市场管理,取缔无照商贩,打击囤积居奇、哄抬价格等商业投机活动,严肃查处粮食、纱布等关系国计民生的商品交易中的违法行为,维护市场秩序,稳定市场物价,对巩固新生的人民政权、保障统购统销政策的顺利实施发挥了重要作用;管理私营工商业,统筹安排加工订货,协调公私关系,推动私营工商业的社会主义改造顺利进行。

在完成生产资料私有制的社会主义改造以后,基本形成单一的社会主义公有制经济,生产经营活动全部纳入国家计划,工商行政管理工作一度处于停顿状态。1959年12月恢复工商行政管理机构,特别是随着"调整、巩固、充实、提高"八字方针的深入贯彻,工商行政管理工作才得以恢复和发展。工商行政管理机关开始对工商企业进行全面登记;清理整顿商标和办理商标注册;打击投机倒把,取缔黑市交易;整顿农村集市贸易,加强市场管理,为维护国家统购统销政策和计划经济发挥了重要作用。

"文化大革命"时期,工商行政管理工作受到严重冲击,陷于瘫痪、半瘫痪状态。工商行政管理机关一度被视为无产阶级专政的工具,把打击投机倒把作为阶级斗争来抓。在极"左"思想和政策指导下,错误地把集市贸易、个体经营视为"资本主义尾巴",予以取缔;打击投机倒把也有扩大化的倾向。

一、企业登记管理

1949年5月,北平市人民政府发布"工商字第一号"通告,决定对全市公私工商业进行普遍登记。《北平市工商业申请营业登记补充办法》规定,凡开设私营工商业,均须向工商局申请登记。至年底,共办理开业登记的私营工商业10 401户,其中工业7 758户,商业2 643户。1950年底,全市登记的私营工商业40 570户,从业人员153 173人;其中工业13 997户,从业人员54 023人;商业26 573户,从业人员99 150人。私营工业户数比1949年底增长了近一倍,私营商业户数增长了9倍,促进了生产的发展和经济的恢复。

1951年,市财经委员会就本市国营、地方国营和公私合营企业开歇业审核、批准的权限作出规定,凡市级和外埠的公营企业在本市设立生产、采购、推销等机构,均由市工商局审核批准登记。年底,全市登记的国营工商企业437户,从业人员36 790人。

1952年,根据《私营企业暂行条例实施办法》,由工商、税务、统计、人民银行、保险等部门和同业公会共同组成工作组,对全市私营企业开展了重新登记换证工作。至1953年,全市私营工商企业共登记51 786户,其中工业27 739户,商业15 595户,其他企业8 452户。

1953年10月,国家开始对资本主义工商业进行社会主义改造。1955年,北京市成立了对资本主义工商业社会主义改造领导小组,办公室设在市工商管理局。根据"统一领导、归口安排、按行改造、全面规划"的方针,由市工商局制定提出按行业归口的意见和按行业编制公私合营的规划。1956年1月10日,北京市召开资本主义工商业公私合营大会,市工商管理局局长丁铁峰宣布全市35个私营工业行业3 990家工厂和42个私营商业行业13 973户坐商全部实行公私合营。在全国第一个实现了工商业的全行业公私合营。

社会主义改造完成以后,企业由行业主管部门自行决定企业的开业、歇业、合并、迁移和调整经营范围,工商管理局的企业登记工作基本停止。

1962年12月,国务院颁布《工商企业登记管理试行办法》,对登记的范围和企业登记事项作出了明确的规定。1963年3月,市工商局根据该试行办法印发了《关于工商企业登记管理工作的意见》,明确了具体的登记范围。同时,在宣武区选择了不同经济性质和不同行业的企业进行登记试点工作。1964年底,全市核发营业执照的企业共

20 852 户,其中中央直属企业 165 户,市属国营、公私合营企业 7 079 户,供销社企业 2 988 户,城市人民公社企业 1 791 户,农村人民公社企业 2 591 户,合作社、合作商店 5 969 户,合作小组 269 户。

"文化大革命"开始以后,企业登记工作停止。当时,不少商店纷纷更名,以有革命意义的政治名词或口号作为商店名称。企业公章、发票、牌匾不一致的情况很多。1971 年底,对前门大街北段的商店进行了整顿名称的试点。此后,市革委会决定在全市开展对商店名称的整顿。整顿的范围主要是滥以政治名词命名或带有"封、资、修"色彩的商店名称等。重点对王府井、前门、西单、大栅栏、朝外大街等主要街道及远郊城关的 1 470 余户商店名称进行整顿,设置了新的牌匾。许多在"文革"初期更改名称的老字号商店,1978 年后,都陆续到工商行政管理机关办理名称变更登记,恢复了原来的老字号名称。

1973 年底,北京郊区农村社队企业达 4 116 户,103 083 人。1975 年 1 月,市革委会颁发《北京市郊区农村工副企业登记管理暂行规定》,对登记范围、登记项目、审批权限及程序、登记主管机关、处罚等都作了明确规定。农村社队企业的开业、变更、撤销,一律向所在区县工商行政管理部门申请办理登记。郊区社队企业登记中清理了无照经营 1 012 户,对近千户已歇业或自行停产的企业,办理了注销手续。通过登记摸清了底数:全市郊区社队企业 7 904 户,从业人员 252 431 人,当年社队企业总收入约 9 亿元。

二、市场管理

北平解放后,工商局接管了全市原有的各类市场 19 个,其中粮食、蔬菜市场各 4 个,纱布、干鲜果、油酒杂货市场各 2 个,百货、肉类、水产、牲畜、煤炭市场各 1 个。位于宣武区的四面钟粮食市场,上市粮商有 2 400 多户,每天成交量五六十万公斤。工商局在各市场建立市场管理处,指导私商正当经营,组织物资交流。同时加强管理,查处奸商投机违法活动,稳定物价。工商局还先后设立 15 个摊贩市场,把影响市容交通的流动摊贩集中到场内经营。

1949 年 5 月,北平市人民政府公布《管理摊贩暂行办法》。7 月下旬,全市整顿摊贩工作结束。有 4.5 万余户摊贩进行了登记,1.1 万余户就地整顿或择地迁移。同时,工商局整顿四面钟粮食市场,改为"北平市粮食交易所",对粮商实行登记发证和徽章管理,凭证、章入场交易;查处奸商囤积居奇,严惩哄抬粮价等不法行为。

1950 年,北京市人民政府、市工商局先后公布了《北京市粮食交易所管理规则》、《北京市纱布交易所管理规则》、《北京市各牙行店栈管理暂行办法》、《北京市各业交易员管理暂行办法》、《北京市骡马交易市场管理暂行规则》等规章,彻底废除市场的封建把头制度,实行买卖双方自由交易;废除"牙帖"封建制度,改革不合理的佣金陋规,扼制行栈和经纪人的巧取盘剥。

1953 年,国家实行粮食、棉布计划收购和计划供应的统购统销政策。北京城区原有的各类集中交易市场先后被撤销、关闭。

1956 年至 1957 年初,农民和商贩进城出售农副产品的逐渐增多,自发形成了一些自由市场。1957 年 2 月,已经有 47 处,以天桥、东单、朝内等处的规模较大,出售的商品有干鲜果品、蔬菜、鸡鸭蛋、豆制品、烟叶以及小百货、小食品等。1957 年 3 月,市人委作出《关于加强对自由市场的领导和取缔无照摊贩的决定》,成立由工商管理、公安、税务、商业等有关部门组成的市、区市场管理委员会,对自由市场进行整顿。关闭了影响市容交通的市场 14 处,保留了 33 处为政府指定的交易市场。同时规定:严禁私自贩运国家统购统销物资(粮食、油料、棉花)和统一收购物资(蔬菜、生猪等);取缔无照商贩;严禁场外交易等。

1958 年,原属河北省的通县、顺义、大兴、良乡、房山、怀柔、密云、平谷、延庆等县和通州市先后划归北京市管辖。这些地方有农村集市 31 个。1959 年,国务院发布《关于组织农村集市贸易的指示》。1960 年,郊区农村集市增加到了 56 个。1965 年,各县对农村集市进行整顿,多数被关闭,只有大兴、延庆、通县、密云保留了 16 个农村集市。此后,时有恢复,又有限制、关闭。到 1978 年,仅剩 34 个农村集市。

1961 年,市委决定城近郊区不再开放自由市场,并立即进行取缔。一直到 1978 年,城近郊区没有了集中交易的自由市场。

三、商标注册与管理

1950 年 7 月,政务院颁布《商标注册暂行条例》。明确商标注册实行企业自愿,取消商标代理,申请注册改由地方工商机关承转。这期间,工商局主要进行了商标重新注册和换发商标注册证工作。至 1951 年 11 月,北京市商标注册、换证 372 件,取缔了带有封建迷信及政治上有不良影响的商标图文,商标近似、仿冒和伪造现象也有所减少。

1957 年 1 月,国务院批转中央工商行政管理局《关于实行商标全面注册的意见的通知》,要求企业使用商标必须注册。经调查,全市共使用商标 437 个,其中未注册商标 223 件,占 51%。在已注册的 214 个商标中,尚有 40 个应变更注册人的名称。

1962 年 5 月,市人委批转市工商行政管理局的《关于使用商标、厂名、记号的界限和管理意见的报告》中明确:商标一律由生产企业向市工商行政管理局申请注册;厂名、记号由生产企业向区、县主管商标部门登记。对全市区、县、公社的工业、手工业产品使用商标情况进行了全面检查,共检查 1 139个企业、5 472 个品种,应使用商标、厂名、记号的 5 152 个品种,实际使用 4 914 个,占 95.4%。

1963 年 4 月,国务院发布《商标管理条例》,规定"企业使用商标,应当向中央工商行政管理局申请注册"。当年,市人委批准并转发了《北京市商标管理暂行办法》。暂行办法明确了工业、手工业产品使用商标、厂名、记号的界限:凡在商品或商品包装上能够使用商标的,必须使用商标;远郊区县和人民公社属企业生产并在本区县范围内销售的商品,可以使用厂名和记号。当年注册商标 226 个,比上年增加 17.9%;依法撤销 33 个注册商标。年底,全市共有注册商标 1 270 个。

1966 年 8 月,中央工商行政管理局发出《关于商标改革的通知》,明确"文化大革命"期间,暂不办理商标查询、注册、发证和变更撤销手续。

1970 年 10 月,北京市试行由市属各局(处)负责审定本系统工商企业使用的商标,全市不再集中统一办理注册发证。1972 年 11 月,市财金局革命领导小组向市革委会报送《关于加强工商管理工作的请示》,提出"本市工商企业使用的商标,仍应通过工商行政管理部门统一审批、注册",程序是"先经市和各区县主管局审查提出意见,由市工商行政管理处核批,发给注册证"。1974 年 3 月,市革委会印发《关于加强商标管理的通知》,规定"本市各企业使用的商标,由市工商行政管理局统一管理。企业使用商标须向工商行政管理局申请注册。"1974 年 6 月,市工商行政管理局印发《北京市商标管理试行办法》,规定"本市企业使用商标须向北京市工商行政管理局申请注册,未经注册的商标不得使用"。至 1976 年,全市生产企业内销商品经审核使用的商标共有 953 个。

四、广告管理

北平解放后,设置或发布工商业广告要向北平市人民政府工商局申请登记,缴纳登记费。如设广告牌,还要向公安、建设两局申请,并由工商局审核、颁发广告登记证。

1949 年 7 月,北平市人民政府颁布《北平商业广告管理规则》。1950 年,北京市人民政府制定广告管理暂行办法。明确"公私营工厂、商店、影剧院或其他营业场所等,在外部两旁道路上、墙壁上、屋顶上、空地内,树立固定标牌、揭布、图画、文字或以音乐、旗牌、灯箱、车辆、映片、广播、牲畜、人物、游行等方法,以广告营业宣传,及在书报、杂志内宣传商业性质之文字、图画均为广告。"决定本市街头广告牌的建立和管理由建设局、工商局、都市计划委员会等单位分头负责。广告牌的建立由建设局负责办理;设立广告牌地点,由都市计划委员会、公安局研究;广告内容事后管理,如自愿事前审查者,可向工商局申请;广告内容反动及私自设立广告牌者由公安局取缔。1950 年,登记广告业

43 户；1952 年有 78 户。在对私营工商业进行社会主义改造中，78 户私营广告业全部归入北京市美术公司。

1956 年 11 月，市人委决定，"本市广告管理工作由工商管理局负责。"市工商管理局首先对街头装设的广告牌、画廊进行登记。1957 年底，登记广告牌 1 413 面。为加强户外广告管理，市工商管理局与公安局在《北京日报》刊登通告。要求"凡粘贴纸制广告，均应一律整齐顺序地贴在公共广告牌内；不论公私，凡在户外设立广告牌均须事先向北京市工商管理局申请。"从 1956 年至"文革"前，全市户外广告内容以文化广告居多，如戏曲广告、电影广告、书刊广告等，商业广告很少。"文化大革命"期间，商业广告就销声匿迹了。

五、经济合同管理

解放初期，普遍由国营企业和政府有关部门委托私营工厂加工或向私营工厂订货。市工商局对私营企业加工订货的合同进行监督管理。对加工订货计划和收购订单、生产合同实行审核，并要求将签订的加工订货合同报工商局备案。把少数重要的经济合同，特别是军需品加工订货合同作为管理重点，由市工商局审核，并直接对企业的签约、履约情况进行监督。

1952 年，市工商局设立加工管理科，负责审核北京市及外地的机关、部队、团体和国营企业向北京市私营工厂加工订货的计划、分配和成本；审批、监督双方签订的协议、合同；解决和处理加工订货中发生的问题。当年，工商局会同国营北京市花纱布公司、百货公司等商定加工订货合同样本。1954 年，公布了《北京市加工订货管理暂行办法》，对加工订货合同内容应具备的 10 项主要条款作出了较详细的规定。

1956 年，企业之间的经济合同由各业务主管部门管理，工商管理机关对加工订货管理的职能相应缩小，仅限于对签订的加工、订货、经销、批购合同的执行情况进行监督检查。

1961 年，市工商行政管理局虽然曾提出"监督、检查工业与商业之间购销合同执行情况，仲裁工商之间的纠纷"的意见，但由于受人员、编制的限制，以及后来"文化大革命"的影响，一直到 1978 年，对经济合同的管理工作基本处于停滞状态。

六、打击投机倒把

北平刚解放时，面临商品匮乏、金融混乱、投机猖獗、物价上涨的状况。一些私营工商业中的投机商在粮食、纱布等交易上从事投机违法经营，囤积居奇，牟取暴利，加重了经济困难程度。北平市人民政府组织公安、工商等部门严厉打击违法经营活动。1949 年 3 月，公安局、人民银行、工商局联合行动，取缔了前门、廊坊头条一带集聚倒卖黄金、白银、银元的黑市。据统计，当年先后查处倒卖金银的案件 1 522 件，查获黄金 816 两，白银 2 683 两，银圆 4 896 枚。同年 11 月，针对物价特别是粮价暴涨的情况，全市工商机关对粮食、副食等重点行业进行检查，公开处理了 82 户违法经营户；严厉查处囤积居奇、哄抬粮价的不法粮商。

1950 年 1 月，北京市人民政府公布《取缔非法商业行为暂行办法》，对囤积拒售商品、哄抬物价、偷工减料、掺杂使假等非法行为作出了处罚规定。抗美援朝期间，又有一些不法投机商利用某些物资供应紧张之机，抢购重要商品，哄抬价格。全市工商机关对纱布、煤炭等重点行业的私商进行检查，查处投机违法案件 85 件。1951 年至 1952 年间，查处私营工商业投机倒把等违法经营案件 413 件。对当时稳定物价、安定人心、恢复经济起到了重要的作用。

第一个五年计划期间，市工商管理局把打击破坏统购统销、危害计划经济的违法活动作为查处经济违法的重点，1954 年查处经济违法案件 419 件，1955 年查处 235 件，投机违法行为明显减少。

三年困难时期，北京出现了倒卖各类商品和计划供应票证的非法交易。经济检查工作的重点转向查处套购倒卖、长途贩运紧缺商品，以及黑市倒卖各种票券等投机倒把活动。1961 年，在北京站、永定门、西直门、广安门、丰台等火车站，由所在区工商部门设立工商检查组，加强查处工作。从 1960

年到 1962 年,全市工商行政管理机关查处套购倒卖、长途贩运,以及黑市高价倒卖紧缺商品、各种票券等违法违章问题和投机倒把案件 12 万多件(其中大部分还是属于倒卖数量较少的一般性问题)。

1963 年 3 月,国务院公布《关于打击投机倒把和取缔私商长途贩运的几个政策界限的暂行规定》,具体规定了属于投机倒把活动的 8 种行为和处理界限。工商、公安、税务等部门联手在全市范围内开展打击投机倒把工作。查处投机倒把案件 23 784 件,没收非法所得和罚款 86 万元;情节严重的 2 400 余人,交由公安、司法部门处理。1964 年,查处投机倒把案件 6 156 件,比上年减少 74%,投机倒把活动有所收敛。

1968 年 2 月,北京市从工商、公安、税务等部门抽调干部,成立"打击投机倒把办公室",负责管理查处投机倒把案件。

1973 年 10 月,在城区的王府井、西单、前门大街、大栅栏等商业集中地区,由所在区工商行政管理处设立 8 个工商行政管理组,开展查处投机倒把工作。1974 年,以倒卖重要生产资料、计划分配商品为重点,查处投机倒把案件 2 006 件,其中查获大案和集团性案件 38 件。1976 年 8 月,北京市工商行政管理局恢复建制以后,设立了专事查处投机倒把案件的"四处",打击投机倒把工作进一步加强。1977 年,市工商行政管理局向市委财贸部报送了《当前市场投机倒把活动情况和今后意见的报告》。当年查处投机倒把案件 4 893 件,比上年增加 76%;其中查获套购倒卖钢材、煤炭、水泥、化肥、塑料、橡胶、木材等重要生产资料的大案 137 件。1978 年 10 月 30 日,市工商行政管理局在劳动人民文化宫举办"北京市打击投机倒把展览",受到社会各界的普遍关注。

第二部分 (1979—2008.6)

第一节 机构与职能沿革

1978 年 10 月,市革委会转发《国务院〈关于成立工商行政管理总局的通知〉的通知》指出:"工商行政管理部门是国家行政管理机关,任务是保卫社会主义公有制,维护国家计划,保护正当的经济活动,打击资本主义势力";"本市工商行政管理工作由市工商行政管理局和各区、县革命委员会双重领导,业务指导以市工商局为主"。区、县工商行政管理处改为工商行政管理局。

1979 年底,市工商局一处改为商标管理处,二处改为企业登记管理处,三处、四处合并改为市场管理处;增设合同管理处。

1980 年 7 月,市场管理处改为市场管理一处,增设市场管理二处,二处专门负责打击投机倒把工作。

1983 年,市工商局内设机构调整,设秘书室、政策研究室、企业登记管理处、市场管理处、经济检查处、外商登记管理处、经济合同管理处、商标管理处、广告管理处、个体登记管理处、人事教育处。

1987 年 6 月,市政府办公厅印发常务会议同意的《关于向街道办事处放权工作座谈会纪要》。根据纪要精神,城区、近郊区 8 个区工商局的工商所下放街道,并按街道设立个体市场管理所。区工商局按经济区划设立企业监督管理所。1990 年,根据市政府同意的《关于调整和理顺工商所领导关系座谈会纪要》精神,城区、近郊区 8 个区的街道个体市场管理所统一调整收归区工商局,并重新按经济区划设立工商行政管理所。

1988 年,撤销政策研究室,增设企业监督管理处;商标管理处和广告管理处合并为商标广告管理处。

1995 年 7 月,市政府批准《北京市工商行政管理局职能配置、内设机构和人员编制方案》,明确北京市工商局是市政府主管市场监督管理和行政执法的职能部门。

1998 年 12 月 24 日,按照国务院关于省以下工商行政管理机关实行垂直领导的决定,市委、市政府批转了市委组织部、市编办、市财政局、市人事局和市工商局等五部门制定的《北京市工商行政管理体制改革方案》。12 月 25 日,市委、市政府召开北京市工商行政管理体制改革会议。从 1999 年 1 月 1 日起,区、县工商局改名为"北京市工商行政管理局××分局"，人、财、物由市工商局统一管理；市财政局开始统一拨付经费。

2000年6月，根据市政府办公厅《关于印发北京市工商行政管理局职能配置、内设机构和人员编制规定的通知》精神，市工商局进行机构改革，内设机构为：办公室、人事处、机关党委（教育与基层建设处）、计划财务处、法制处、登记注册处、企业与个体私营经济监督管理处、市场监督管理处、合同监督管理处、商标监督管理处、广告监督管理处、经济检查处、消费者权益保护处、特殊交易监督管理处；纪检、监察机构按有关规定派驻。

2001年，区、县工商分局进行机构改革。

2003年12月，北京市人民政府食品安全监督协调办公室（简称市政府食品安全办公室）设在市工商局，增设了食品安全协调处、食品安全监察处。

2006年9月13日，市编办同意为工商行政管理系统设立食品质量监督管理机构。市工商局增设食品质量监督管理处；18个区县分局及燕山分局增设食品质量监督管理科。

第二节　主要业务工作

1978年10月，北京市革委会转发国务院《关于成立工商行政管理总局的通知》以后，各区、县相继设立工商行政管理局，并建立工商行政管理所。工商行政管理各项业务全面恢复，主要职能是"四管一打"，即集贸市场、企业登记、经济合同、商标注册管理和打击投机倒把。

改革开放初期，市和区县工商局推动恢复和开放农村集市贸易；从自建自办市场到联建联办市场，积极推进城乡市场建设；大力发展各类个体工商户，扶持私营企业和集体经济发展；为市场化改革和所有制改革进行探索并作出了贡献。

1984年10月，以城市为重点的经济体制改革全面展开。工商行政管理机关调整企业登记政策，放宽审批条件，简化办照手续；在全国率先进行企业监管和登记分开、市场监管与经营服务分离两项改革，更好地

发挥了工商行政管理对市场和市场主体的监管职能作用。在市场整治中"甘当主力、甘当苦力"，严厉打击制售假冒伪劣商品、走私贩私和倒买倒卖重要生产资料、紧俏耐用商品等经济领域严重违法活动；先后两次清理整顿公司，保障了改革开放的顺利进行。

1992年，邓小平南方谈话之后，党的"十四大"确定建立社会主义市场经济体制，改革开放进入新的阶段。工商行政管理机关进一步解放思想，相继推出一系列重大改革举措：改革企业登记制度，改善投资环境，率先实行"一审一核"制度；支持国有企业改革，促进多种经济成分共同发展；加快城乡集贸市场建设，支持企业"退二进三"开办市场；加强商标专用权保护；规范广告经营，促进广告事业发展；加大经济合同管理力度；深入开展消费者权益保护；加强法制建设，规范行政行为；工商行政管理各项职能工作都迈上了一个新的台阶。

1999年1月开始，工商行政管理系统实行垂直管理。1999年6月，工商行政管理机关与所办市场、经营单位彻底脱钩，资产、债权、债务、人员一并移交出去，将主要精力转到监管社会主义大市场，推进市场监管职能到位。通过不断改革完善，逐步形成确立了"三大格局、六大体系"的总体工作思路：深化登记制度改革，营造科学、便捷的市场准入环境；以信用监管为治本之策，打造诚信、公平的市场竞争环境；加强流通领域商品质量监管，构筑更加放心的消费环境。建立并不断完善食品安全监管体系和机制，推动首都食品安全工作，为奥运食品安全保障奠定了基础；以有效控制辖区市场秩序为目标，改革监管方式，全面提升了市场控制力和整体工作水平。全系统大力倡导以"胸怀大局甘当主力，勇挑重担甘当苦力"为核心的首都工商职业价值观，在全市行政机关中率先创建了"文明行业"。

面对奥运保障工作的严峻考验，工商行政管理干部发扬为国争光、艰苦奋斗、精益求精、勇攀高峰、团结协作的首都工商精神，用坚强的意志、顽强的作风、出色的专业能力，创造了一流的工作业绩，向全国人民交

出了满意的答卷。

一、企业登记与登记制度改革

改革开放初期，市工商局与市经委、市商业局、市农办在全市范围先后开展了工业企业和商业企业的普查登记。普查登记分登记填表、汇总统计、核发营业执照和建立企业"经济户口"四个阶段进行。对部分特殊行业进行了专项整顿，关、停、并、转了近百户重复建设、耗能大、污染和亏损严重的企业。通过普查登记，摸清了全市企业的底数，为工商业的调整提供了翔实的数据资料。

1983 年，首先对企业的经营范围和开办审批条件等作了调整，并简化了审批手续，取消了申请登记表必须经主管部门签署盖章的规定。1987 年 11 月，市工商局出台了《关于加强社会集资兴办的集体所有制企业登记管理的暂行规定》，对没有上级主管部门的集体所有制企业和名义上有主管部门、实际与主管部门没有隶属关系的集体所有制企业的登记管理做出规范。为了减少企业登记的审核程序，市工商局决定基层工商所不再进行登记初审。

1980 年 4 月，经工商总局核准，全国第一家中外合资企业——北京航空食品有限公司开业。同年 12 月，工商总局授权北京市工商局对外国企业常驻代表机构办理登记，英国米色银行驻北京办事处和美国国际集团驻北京办事处最早获得核准。1982 年 1 月，工商总局授权北京市工商局受理外商投资企业的登记申请，并由市工商局代行发照。1983 年，市工商局设立外商登记管理处。1985 年第一家外商独资企业——爱德康时装（北京）有限公司办理设立登记。年底有外商投资企业 89 户。1987 年，国家工商局授权北京市工商局直接受理、核准外商投资企业登记。当年底，外商投资企业达 233 户。

1988 年，开发编制企业登记程序，使企业开业、变更、注销登记资料的处理和查询、统计、打印执照等全部应用计算机管理。1989 年，在换发营业执照工作中，依法重新审核企业登记事项，准确核定企业名称和经营范围。

1992 年，市工商局先后两次发文调整企业登记的有关规定，对上级主管部门审批、经营范围核定、经营场所使用证明、企业名称及社团法人办企业等规定都作了调整，如企业法人申请变更原登记事项，可不再提交上级主管部门批件；企业法人可申请冠用"北京市"而不带区县行政区划名等。

1993 年 8 月出台的《北京市股份合作制企业登记管理暂行办法》，对股份合作制企业的经济性质、注册资本、股东出资比例、无形资产的作价及投资比例、原有企业的资产归属、设立和改制登记应提交的文件及证件、股份合作制企业的登记管辖等作出规定，促进了城乡股份合作制企业的健康发展和规范管理。

1994 年 7 月，《中华人民共和国公司法》和《公司登记管理条例》施行后，市工商局制发《关于改革企业登记制度若干问题的通知》。主要的改革措施是：取消主管部门审批，支持企业发展；进一步放宽经营范围；改革企业登记的前置审批和许可证制度；改革企业名称登记办法，扩大企业名称权保护范围等。同时，市工商局率先试行企业登记"一审一核制"，减少审批环节。

1998 年 2 月，市工商局组建企业改制登记注册中心；印发了《北京市原有企业改建为公司登记试行办法》。对原有企业登记为有限责任公司或股份有限公司的法律程序进行了规范。各区、县工商局也设立了改制窗口。截至 2002 年底，全市共完成企业改制登记 10 339 户。

1999 年，市工商局设登记注册处，各分局设登记注册科，将内外资企业登记、个体、市场、广告等登记注册工作集中，初步形成了统一的登记注册体系，并通过网络实现了登记程序和条件的统一规范。5 月，制定了《关于改进企业登记工作，促进高新技术企业发展若干问题的意见》。对企业注册资本（金）、企业名称、企业人员（股东）、企业住所以及高新技术企业改制登记等方面作出了具有突破性的规定。如首次提出注册资本担保的概念，高新技术企业可以采取注册资本担保方式进行登记注册。

2000年4月,市政府同意市工商局制定的在中关村科技园区进行企业登记注册前置审批制度改革试点的方案,确定保留12类73项,其余均改为后置审批。2001年3月,市政府以第70号令发布了《中关村科技园区企业登记注册管理办法》,对企业经营范围的核定,除国家法律、法规规定应当进行专项审批的经营项目外,不再审核具体经营项目。年内,核准中关村园区"不核定具体经营项目"的企业达14 945户,注册资本(金)总额420.8亿元。

2001年5月,市政府同意并批转了市工商局提出的《关于实行企业登记互联审批的意见》,利用互联网HD315网站实现"一家承办,转告相关,互联审批,限时完成"。

2002年,市工商局、分局、工商所三级公众服务平台陆续改造建成,为建立科学规范、高效便捷的市场准入服务体系,营造了人性化的环境。

2004年2月,市政府批准市工商局提出的《改革市场准入制度,优化经济发展环境若干意见》。包括改革名称登记注册程序、内资企业注册资本(金)缴付方式及验证办法、企业经营范围核定方式、企业章程审查制度等十一项重大改革措施实施后,企业名称核准登记时限由3天缩短为2小时;发照时限由法定的30天缩短到5个工作日;88%的新设立企业不需核定具体经营项目;当年仅简化验资手续一项即为58 123户新设立企业节约入市成本11 492万元。

2005年,深化互联审批制度,联通了456个市、区县两级政府部门,实现了行政审批"一网式"服务,累计发送前置审批项目7 685项,后置审批项目77 397项。开发了网上登记服务系统和计算机辅助登记系统,全市60%的企业应用网上登记服务系统实现全程代办;70%的申请人享受到网上预约、电话预约等服务带来的便利;76.5%的企业名称通过网上申请核准;开通了"北京企业信息公众查询服务系统",为申请人提供了更多方便。

2006年,市工商局起草了《关于贯彻修订后的公司法,进一步完善市场准入制度的意见》,经市政府批转执行。同时,详细制定了具体操作方案,调整了登记程序和登记文书,保证了新旧登记制度的平稳过渡。截至2008年6月,全市各类市场主体总计1 283 372户,其中内资企业150 224户,外商投资企业13 398户,私营企业331 252户,农民专业合作社1 772户,城乡个体工商户742 491户。

二、企业监督管理

建立"经济户口"制度。1980年,企业普查登记工作结束后,市工商局印发了《关于建立健全工商企业"经济户口"的通知》。1983年,全市完成建立"经济户口"工作,基本做到登记企业一户一档。为了解决"有人登记、没人监管"的问题,改变"重登记、轻管理"的状况,1988年初,市工商局实行企业监管与登记职能分开的改革,成立企业监督管理处,区、县工商局设企业监督管理科。工商所企业专管员按地域分片监管,对"经济户口"进行检查核对,逐步形成企业"经济户口"管理数据库。2001年,市工商局又制定了《北京市经济户口管理办法》,对相关部门的职责和工作衔接提出了新的要求。

建立企业年检制度。1982年3月,市工商局决定建立工商企业年度检验报告制度。规定所有登记企业每年要填报《工商企业登记项目年检报告书》,送到所在区、县工商局。1988年,建立企业监督管理机构以后,加强了对工商企业年度检验的审查工作。通过逐份逐项审查企业的年检资料,确定合格企业、不合格企业,并在营业执照副本上注明。1989年全市参加年检的企业76 219户,46 257户合格,发现各类问题19 136户次,以实有资金与注册资金不符、未办理变更登记、超范围经营居多。

1991年2月,根据《企业法人登记管理条例》的有关规定,市工商局制定了《年度检验制度实施规程》,使年检工作更加规范。

1993年,国家工商局颁发《企业法人年度检验办法》。当年,市和区、县工商局都制订了年检工作方案。全市应参加年检企业170 579户,实际参检149 469户;暂缓通过

的 997 户;予以警告的 8 219 户;经济处罚
289 户;责令停业整顿 61 户。

2001 年至 2004 年,市工商局先后研发
了"网上年检数据申报系统"、"北京市企业网
上年检系统",为企业和管理部门搭建了集年
检信息承载、交换、查询、公示为一体的操作
平台,方便了企业,提高了效率。据 2007 年
度企业年检情况统计显示,全市内资企业年
检率达 90.67%,网上年检占 99.57%;外资企
业年检率达 91.81%,网上年检占 100%。

两次清理整顿公司。1985 年,第一次清
理整顿公司时,北京市政府成立了清理整顿
公司领导小组,办公室设在市工商局;制定
了工作方案和《关于整顿"公司"、"中心"企
业的意见》。清理整顿的重点是不具备开办
条件、从事违法经营的公司和党政机关经商
办企业。先后清理党政机关经商办企业 231
户,学会、协会等社团办企业 206 户;对从事
违法经营的 359 户公司进行了立案检查,依
法罚没 1 112 万元;为企业和银行追回货款
和贷款 7 000 多万元。

第二次清理整顿公司从 1988 年 8 月开
始。根据中共中央、国务院《关于进一步清
理整顿公司的决定》精神,北京市采取"条块
结合、按条分块"和"三审定案"的办法,撤
并了一批不符合需要、重复设置、不具备开
办条件、严重违法乱纪的公司和长期经营不
善、资不抵债的公司。由北京市直接清理整
顿的公司 4 249 户,撤销了 1 164 户,占
27.4%。工商行政管理机关依据撤、并、留
方案,逐一办理了重新登记或注销手续;立
案查处公司违法案件 592 起,罚没非法所得
7 159 万元。

企业信用监管改革。把构建企业信用
监管制度作为建立和完善长效监管机制的
治本之策,进行了有益的探索。2001 年 7
月,在全国率先启动市场主体不良行为警示
记录系统。限制被锁入的企业或自然人,不
得出资办企业或当股东;锁定期限为 1 年至
10 年不等。"警示系统"运行一年,先后锁
定了违法失信企业 784 家和 116 个自然人,
有百余家违法企业被迫退出市场。

2002 年 3 月,市政府办公厅印发《北京

市企业信用信息系统实施方案》,明确该系
统"以本市工商行政管理部门的企业登记注
册信息和日常监督管理信息为基础";"市工
商局负责建立企业信用信息系统操作平
台"。8 月 31 日,市政府第 106 号令公布了
《北京市行政机关归集和公布企业信用信息
管理办法》,进一步明确了企业信用信息系
统由四类信息即身份信息、提示信息、警示
信息、良好信息构成;明确了行政机关提交
信息的标准及要求;以及对违法失信企业、
企业法定代表人及其负责人的限制等。
2003 年,市政府将企业信用信息系统建设列
入市政府折子工程和 60 件实事之一,加大
了工作力度,基本形成了"三网两库"的基础
框架,联通了 45 个市政府部门,储存了 51
万户企业及 52 万名法定代表人、企业高层
管理人员的信用信息 250 万条,有 39 275 户
企业和 27 876 名自然人被锁入警示系统。
同时,试行企业信用修复机制,被记入"警示
信息系统"的违法违规企业,主动整改,纠正
违法失信行为,经工商行政管理机关审查,
可以提前解除警示限制,重新建立社会信
用。当年,有 22 户被吊销企业办理了信用
修复手续。

2003 年 8 月 1 日,吴仪副总理视察北京
市工商局,对推进企业信用建设、建立市场
秩序长效监管机制的做法给予了充分肯定。
并要求北京创建市场秩序的首善之区,为全
国做出表率。8 月 6 日,国家工商总局在北
京市工商局召开现场会,推广北京市工商局
推进企业信用体系建设的做法和经验。

2005 年,18 个区、县都在工商分局建立
了企业信用信息平台,实现了市、区(县)行
政机关信息互联和共享。截至 2007 年底,
企业信用信息系统共录入各类信息 1 133.21
万条。其中市级系统录入信息 426.18 万
条,有 6.57 万名法定代表人被录入"警示信
息系统";区县系统录入信息 707.03 万条。

创新监管方式。2003 年,市工商局印发
了《关于深化企业监管方式改革的若干意
见》,全面推行企业"分类分级"和"网格化"
管理。企业"经济户口"按行业和所在地域
的风险度分 A、B、C 三类,按企业信用度分

Ⅰ、Ⅱ、Ⅲ、Ⅳ四级,将辖区划分为若干网格作为责任区,分局、工商所、网格责任人,层层分解监管责任。根据辖区市场秩序的实际情况,按照"违法失信严查,守法诚信宽待"的原则,确定巡查重点和频率周期,对"经济户口"实行动态管理。2005 年,市工商局又出台了《关于完善网格化监管的若干意见》,进一步明确三级网格责任,建立辖区市场秩序日常监管评价和预警制度,提高监管效能和科学水平。

2007 年,新研发的市场主体监管系统投入使用。该系统包括户口管理、日常管理、专项管理、调度指挥、统计分析、信息发布六大功能模块,实现了与内网、外网和市政府、国家工商总局专网的信息对接和系统之间的信息共享。移动执法终端利用无线网络连接技术,实现对各类商事主体的数据检索与统计,完成巡查结果等信息的记录,提高了基层执法的效率和质量。

三、个体私营经济的发展与监督管理

个体登记与发展。1979 年,市工商局制定了《关于审批个体工商业户的意见》,恢复对个体工商户的申请登记。1980 年 10 月,市政府批转了市工商局《关于允许个体户从事饮食小吃和小商品经营的请示》。年底时,全市个体工商户已达 2 834 户、3 018 人,比上年净增 2 440 户、2 612 人。

1981 年,市政府决定进一步放宽个体经济管理政策。市工商局设立了个体经营处。同时与一商局、二商局、粮食局等部门多次联合发文,解决个体工商户的货源供应等经营中遇到的问题和困难,并允许个体工商户批零兼营、破墙开店、租柜经营。

1983 年,市委、市政府要求扭转"重全民、轻集体、排斥个体"的错误倾向,大力发展城乡个体经济。工商局和有关部门采取现场办公、联合审批的办法,简便手续,加快办理。大量的城镇待业人员和农村剩余劳动力加入到个体劳动者的队伍中。到年底,全市个体工商户达 36 563 户,从业人员53 410人。

八十年代中后期,市工商局把饮食、修理、服务、副食、日用小商品等便民的第三产

业和商品经济不发达的远郊区作为扶持、引导个体发展的重点,进一步放宽政策。允许个体户开办旅店、从事客货运输;允许个体服装加工户自产自销;允许偏远山区个体开办综合商店;允许饮食业经营不同品种的食品;允许离退休和停薪留职人员从事个体经营;刑满释放、解除劳教人员只要有经营能力,都可以申请从事个体工商业。1991 年,全市个体工商户已达 14.076 1 万户,从业人员 20.488 2 万人;对缓解当时北京吃饭难、住店难、做衣难、乘车难等"几难"问题发挥了重要作用。

1992 年,各级工商机关进一步解放思想,简化登记手续,提高办事效率,许多适合个体经营的新行业随之诞生和发展起来。到 1994 年底,全市个体工商户达27.334 5万户,从业人员 38.460 7 万人。三年的发展几乎比前 13 年翻了一番。从此,北京市的个体经济走上了持续、稳定发展的道路。2001年 8 月,市人大常委会公布《北京市促进私营个体经济发展条例》。根据市政府《关于鼓励支持和引导个体私营非公有制经济发展的意见》精神,市工商局决定从 2006 年 4月 1 日起,全面停止收取个体工商户管理费和集贸市场管理费。2008 年 6 月底,全市有个 体 工 商 户 74.249 1 户,从业人员102.086 7 万人;注 册 资 金 达 123.884 3亿元。

私营企业登记与发展。改革开放以后,在饮食业、建筑业等逐渐出现了一些"个体大户",雇工经营,超过了请"一二个帮手",带"三五个学徒"的规定。市工商局采取变通的办法,先允许其存在,发给临时营业执照,或按"个人集资"性质发给营业执照,这对当时的非公经济发展起到了非常重要的作用。

《私营企业暂行条例》发布实施后,市工商局制发了《关于私营企业登记注册有关政策问题的通知》和《关于加强私营企业登记管理工作的通知》,开始私营企业登记工作。重点鼓励、扶持生产加工、饮食、服务、修理等行业,采取市和区县工商局共同审核的办法,保证登记质量。1989 年底,登记发照的

私营企业 123 户，户均注册资金 12.4 万元，户均雇工 16 人。

1992 年 5 月，市工商局印发了《关于鼓励私营经济发展的若干政策的通知》，放宽登记政策和条件，简化登记手续。一是对名为集体、实为私营的企业，重新办理私营企业登记；二是将具备条件的"个体大户"转为私营企业；三是支持私营企业跨地区、跨行业、跨所有制的横向经济联合，或租赁、承包经营；四是鼓励私营企业向生产型、科技型、外向型发展。1994 年《公司法》颁布后，自然人组建的有限责任公司迅速发展。年底，私营企业达 7 376 户，户均雇工 12 人，户均注册资金 34.5 万元。2008 年 6 月底，全市私营企业 33.125 2 万户，注册资金 4 353.38 亿元，户均注册资金 131.42 万元。

个体私营经济监督管理。1981 年，工商局在基层普遍设立了个体专管员，实行定期的检查和管理，及时发现问题，查处违法行为。如最初的"三亮一明"、"黄牌警告"、评选守法户等。到九十年代实行巡查制，以及现在实行的网格化管理，日常监督管理制度不断深化、创新；监管对象不再按所有制性质分工，实行综合管理；监管手段越来越先进，科技含量越来越高。

实行年度验照和检验制度。1984 年，对个体工商户开始实行年度验照制度；私营企业从 1989 年起开展年度检验。重点查验是否按核准的经营范围、经营方式从事经营活动；有无出租、转让、出卖营业执照的违法行为；以及注册资金、从业人员及雇工人数的变化情况等。

开展专项整治和取缔无照经营。根据不同时期、不同形势的要求，或者针对某个时期、某个地区存在的突出问题，以"经济户口"管理为基础，集中开展专项整治、整顿、取缔无照经营，不断规范个体工商户和私营企业的经营行为。

充分发挥协会的作用。市、区（县）私营个体经济协会以及分会坚持贯彻"自我服务、自我教育、自我管理"的指导思想，围绕"服务、教育、宣传、协调、监督、创文明、促发展"的十六字方针，开展富有成效的工作，服务会员的领域不断拓宽，水平不断提高；深入开展精神文明建设活动，为首都私营个体经济健康发展发挥了重要作用。

四、市场管理

市场的恢复、建设与发展。1978 年底，在海淀区北太平庄和朝阳区水碓子最早形成了市场。1979 年 1 月，市工商局向市革委会报送《关于恢复和开放郊区农村集贸市场及市区边沿市场的请示》，突破了市区不准开办集贸市场的限制。经批准，先后在朝阳、海淀、丰台、石景山、燕山等 5 个区开放了 12 个集贸市场。当年底，全市已有集贸市场 93 个，其中城近郊区 34 个，远郊县 59 个。

1983 年，市工商局提出增设农副产品批发、小商品、花鸟鱼虫等各类集贸市场的意见，放宽了集贸市场经营范围，允许国营、集体办市场，也允许民办或联办。同时，还出现了各具特色的专业市场，如建材、家具、服装等市场，以及方便群众的早市、夜市，集贸市场交易日趋活跃。

1985 年，北京市对菜、肉、蛋、禽、鱼等价格全部放开。市工商局本着"先成市、后管理，先经营、后规范"的思路，放宽市场设置条件，鼓励发展市场；拓宽蔬菜、瓜果流通渠道，对外埠农副产品"打开城门"，推动了首都"菜篮子"工程建设。

同年 7 月，北京市第一家旧机动车交易市场诞生。此后，又陆续开放了旧农机具、钢材、煤炭、木材等生产资料市场。1992 年 1 月，市工商局成立市场管理二处，专门负责"双生"市场的培育和管理。到 2002 年底，各类"双生"市场 165 个，其中生产资料市场 151 个，生产要素市场 14 个。

1992 年，市政府下发了《关于加快集贸市场建设的决定》。各级工商机关进一步解放思想，"瞄准全国的菜园子，调动各地的菜贩子，满足首都的菜篮子"；提出了"一大、八中、一百小"的市场建设规划；采取有力措施，支持企业利用闲置厂房、场地开办市场。1998 年底，企业"退二进三"（退出第二产业，进入第三产业）开办市场 206 个，开办职工自立市场 20 个，在集贸市场优先安置下岗职工 3 万多人。截至 2002 年底,各类市场总数达 1 292 个,年成交额亿元以上的消费品市场 26 个。

2005 年,市工商局与市商务局、发改委、规划委等部门协调,制定了《迎奥运有形市场行动计划》《北京市农副产品市场设施建设标准》,全面开展市场升级改造和规范化管理工作。三年来,共投资 27.280 5 亿元,647 个市场进行了升级改造。截至 2008 年 6 月,全市有消费品市场 993 个,其中消费品综合市场 200 个,农副产品市场 530 个,工业消费品市场 187 个,基本形成了与首都经济发展相匹配、大中小结合、高中低档并存、综合市场与专业市场并举、消费品市场与生产资料市场共同发展的市场网络格局。

市场监督管理。1981 年,市政府转发了市工商局《城市农贸市场管理试行办法》和《农村集市贸易管理试行办法》。工商部门本着"既要搞活,又要管好"的精神,加强集贸市场的管理,在市场内实行亮照经营,明码标价,优质服务,文明管理,保证市场交易活跃有序。

1988 年,市工商局在自建的沙板庄市场进行市场管理体制改革试点。市场经营服务与监督管理相分离,实行承包责任制。此后,部分区县工商局也进行了类似的加强市场监管的改革试点。

1990 年,为迎接第十一届亚洲运动会的召开,全市工商系统以 100 条重点大街、109 个重点地区、27 个比赛场馆周围和 37 个旅游场所为重点,集中力量,进行了全面、持久的整治规范。更新设施,净化街面,强化管理,为举办亚运会创造了良好的市场环境。

1995 年,以迎接世界妇女大会的召开为契机,市、区(县)两级政府和工商行政管理机关加大了"三边"市场"退路进厅"的力度。怀柔、密云、大兴等远郊区县的政府所在地全部撤销了马路市场。城近郊八区的"三边"市场由 80% 下降到 30%。截至 2002 年底,全市撤销"三边"市场 1 207 个,拆除摊棚 16 306 个,其中城八区撤销 193 个市场,拆除摊棚 11 315 个。

1998 年,市工商局结合市场"管办脱钩",改"驻场制"管理为"巡查制"管理。市和各区、县工商局及工商所实行了三级巡查制度,加强对市场主办单位和市场服务管理机构的监督管理。以"让首都市场干净文明起来"为目标,积极推进市场"升级改造工程"、"文明家园工程",进一步促进了有形市场的规范管理。

2002 年,市工商局推行了市场分类管理、索证索票和"场厂挂钩"、"场地挂钩"等制度,进一步强化了对市场和市场主办单位的监管。当年,对违规市场发出警示通知书 166 份、限期改进通知书 308 份,给 7 个市场悬挂警示黄牌。

2003 年,面对"非典"疫情的严峻考验,市工商局制定了《应对"非典"突发情况紧急工作预案》,做到"干部不倒,工作不断,秩序不乱"。在全市 21 个农副产品批发市场、50 家商场超市建立消费信息监测点,每天向市政府报送粮油、蔬菜、肉蛋奶、消毒液等主要商品的销售量和价格动态,为领导决策提供可靠依据。坚持打击违法经营活动,立案查处 302 起;查扣假冒伪劣口罩 13.14 万个、手套 14.898 万副、防护隔离服 3.28 万套、消毒液 10.327 吨、罚没款 278.89 万元。

2005 年,市工商局会同市发改委编制完成《北京市"十一五"时期市场监管规划》,提出了今后五年北京市场监管的工作目标、重点任务和政策措施,并第一次纳入全市五年规划体系之中。根据各类市场的专业特点,制定出台了鲜肉、蔬菜、建材、服装、小商品、汽车配件等十三类市场管理规范,推进市场管理专业化、标准化进程。2006 年至 2007 年,加大市场管理规范的落实力度,规范市场 984 个,调整迁移市场 46 个,撤销拆除市场 106 个,依法取缔 12 个非法市场,为建立市场长效监管机制,全面提升首都市场现代化水平奠定了基础。

2008 年初,我国南方发生特大冰冻雨雪灾害,为支援灾区,北京的各大农副产品批发市场设立"爱心橙"等推介销售专区,帮助推销灾区水果等农产品,并对运送水果、蔬菜车辆进场费予以减免。从 2008 年 1 月 26 日至 3 月 31 日,全市批发市场共减免340 188辆运送水果、蔬菜车辆进场费2 341.558 8万元。

2008年5月12日,四川汶川发生特大地震灾害,全系统干部职工积极捐款支援灾区,至5月19日,共捐款83.711 5万元。市场协会组织会员单位捐款近4 000万元。

五、商标注册与监督管理

商标注册管理。1978年,根据工商总局《关于清理整顿商标的通知》精神,市工商局在整顿中取缔仿冒商标,整顿商标混同现象,撤销了停用满一年的注册商标。清理整顿后,全市有注册商标1 199件。对同一商品文字、图形相同或近似、互相混用的状况进行清理,共清理混同商标612个。

1979年11月,工商总局发出《关于恢复全国商标统一注册的通知》。北京市当年注册商标391件,年底全市拥有注册商标1 590件。1981年,工商总局商标局确定在北京进行商标注册实行两级核转的改革试点。

1982年,《中华人民共和国商标法》和《商标法实施细则》先后颁布。1983年,区、县工商局先后设立商标管理机构,配备了专职人员。工商机关采取凭证印制和定点印制的办法,加强商标印制管理;建立商标使用许可制度,规范商标使用许可行为;指导企业进行商标注册。1989年,新核转1 196件商标,其中"三资"企业申请61件,个体工商户申请27件。1991年,全市有4 650家企业和生产单位注册有效商标8 300件。

1992年,北京市商标事务所成立,商标注册开始由核转制向代理制过渡。从1993年7月1日起,商标当事人可以直接向国家工商局商标局申请商标注册,也可以自行选择商标代理组织办理。截至2008年6月,全市拥有有效注册商标13.7万件。

北京市著名商标。1980年,市工商局制发了《北京市著名商标评定办法》。首次评定牡丹牌收音机、星海牌乐器、五星牌啤酒等10个产品商标为北京市著名商标,并登报公布。到1987年,共评定著名商标142个。

1992年,在《商标法》颁布十周年之际,市工商局与市经委、市消费者协会共同举办了第一次由消费者投票评选著名商标的活动。全市有211家企业申报238件商标参加评选;有62万多名消费者参与投票,评选出"牡丹"、"同仁堂"、"四通"、"联想"等著名商标80个。从1996年开始,市工商局和市商标协会、广告协会连续举办了三届北京广告博览会暨著名商标展示会。

2001年,市工商局印发《北京市著名商标认定和保护办法(暂行)》,对著名商标的条件、认定程序和有效期做了调整,并第一次对著名商标保护作出规定。截至2008年6月,有效著名商标320件,其中2005年60件、2006年58件、2007年202件。经国家工商总局商标评审委认定"联想"、"同仁堂"、"燕京"等驰名商标71件。

商标专用权保护。改革开放以来,市工商局多次制发关于坚决制止经营冒牌商品的通知,部署打假专项行动,查处商标侵权案件。各级工商机关查获的假冒名牌商品从手表、自行车、电视机到名烟、名酒、名牌服装等。1987年,全系统查处商标侵权案804件,罚款400多万元;查获的假冒商品有:电视机3万多台、电冰箱6 711台、录像录音带77万多盒、酒18万瓶、服装2.7万件等。1992年至1994年,市工商局先后两次大规模地公开处理销毁假冒伪劣商品,有效地遏制了制假售假活动。同时,工商机关也注重对外国企业商标专用权的保护。如1984年,一次查扣假冒TDK录音磁带67 490盒,假冒SONY磁带1 000盒。1998年2月,市工商局抽调城八区的工商干部对中关村电子一条街的数十个经销点进行突击检查,查获假冒"MAXELL"磁盘3万余张。

2004年以来,商标监管方式改革,注重采取"治本"的措施:一是市工商局两次发布禁售品牌通告,在全市168个有形市场禁止销售LV、登喜路、爱马仕等48个国际知名品牌,强化了对国际知名品牌的保护。二是在全市221家市场推广实行商标授权经营制度,以商品批发零售市场为重点,规范商标授权经营行为,有37 000多商户建立了商标登记和索证索票制度。2004年至2008年

6月,共查处商标侵权案件7 817件,罚没款5 391.82万元。

奥林匹克标志保护。2001年,北京申奥成功以后,市工商局认真贯彻《奥林匹克标志保护条例》,先后印发了《保护奥林匹克标志专有权行动方案》和《奥运知识产权保护工作方案》,实行辖区责任制,各分局将奥运产品定点制造商和特许销售商名单纳入网格化管理。从2002年至2008年6月,全系统共查处侵犯奥林匹克知识产权案582件(其中互联网上侵犯奥林匹克标志专有权案件11件),罚没款609万元,有效地保障了奥林匹克标志权利人的合法权益。

六、广告监督管理

1979年,北京恢复商业广告。北京市美术公司改为北京广告艺术公司。年初,北京羊毛衫厂率先在街头竖起"雪莲羊毛衫"的广告牌。3月6日的《北京日报》首次刊登商品广告启事。4月17日,《人民日报》刊登了第一条商品广告;年末,北京电视台播出第一个商品广告片。

1982年,国务院颁发《广告管理暂行条例》,明确了各级工商机关为广告管理主管机关。市工商局依法对全市广告企业进行登记注册,当年登记191户,从业者1 510人,营业额3 131万元。1984年,市政府发布《北京市广告管理试行办法》,规定"一切专营、兼营广告业务的单位,必须经工商局核准登记"。1986年,市工商局制定《广告经营单位审批程序》,明确规定广告经营单位须办理广告经营许可证,并对以前颁发的许可证进行清理。年底,共登记广告经营单位518户,从业人员3 211人,营业额达14 535万元。

1992年,市工商局印发了《关于广告经营登记审批若干政策的通知》,放宽了广告经营单位审批政策,允许工业、商业、集体企业、事业单位、新闻媒体申请兼营广告和开设广告公司。1994年底,登记的广告经营单位达2 797家,从业人员32 929人,营业额26.5亿元。《中华人民共和国广告法》颁布实施以来,到1998年底,全市广告经营单位达3 824户,从业人员32 870人,经营额近

80亿元,广告业真正成为首都经济发展的重要产业。

1997年,市工商局开展了对房地产广告的专项检查,抽查广告2 700余条,查处有问题的广告800余条。会同市卫生局,对医疗广告进行专项检查,并开始实施医疗广告备案制度。市工商局严格审查把关,禁止非法刊播烟草广告,严厉打击擅自发送烟草宣传品行为。是年,北京市被评为"无烟草广告城市"。

实行广告刊样备案制度,全市对107家重点媒介实行重点监测,并对13种全国性媒介实行市区两级监测,严厉打击虚假违法广告。1983年至1998年,共查处虚假违法广告大、要案1 900余件,罚没款2 000多万元。

2002年,检查广告经营单位5 286家,通过5 221家。对未通过的65家单位发出限期整改通知书;注销12家;变更登记事项344项。监测广告经营单位1 410家,监测广告20 000余条。对148家违法单位进行了处罚,收缴非法印刷品78万份。全年查处违法广告案件2 003件,罚没款1 138.31万元,促进了广告市场的健康发展。

2004年,市工商局新研发的智能化广告监管系统开通运行,对北京地区26套电视节目、13套广播节目、60家报纸和50家网站的广告发布情况进行监测,实现了对违法广告从发现到查处全过程控制。全年监测广告16.89万条,发现违法广告4 742条,都及时分派处理。查处违法广告案件2 056件,罚没款1 727.04万元。

2005年,市工商局印发了《关于改革广告监管工作的意见》,建立了广告监测信息定期发布制度,实施信用监管,有效促进了广告业信用水平的提高和广告市场秩序的持续好转。监测广告的涉嫌违法率从2004年的2.81%逐步下降到2008年上半年的0.33%。以医疗广告为重点深入开展"打虚假、树诚信"广告专项整治行动,加大了医药、保健品、房地产等虚假广告的打击力度,查处了央视披露的"欧典地板"、"藏秘排油减肥茶"等一批影响较大的虚假广告案。

2005 年至 2007 年,共查办广告违法案件 2 793件,罚没款 5 300.37 万元。2007 年查办各类网络广告案件 216 件,罚没款 397.024 万元。2008 年上半年,对 15 383 家网站进行集中检查整治,有效遏制了网上违法广告的蔓延。

七、合同监督管理

1978 年 10 月,市革委会在转发国务院成立工商行政管理总局的文件通知中,明确管理经济合同是工商行政管理部门的职责之一。主要是监督检查合同的执行情况,调解和仲裁合同纠纷,查处违法合同。工商机关开始全面介入合同监管。

规范经济合同管理。1982 年对经济合同的签订与履约情况进行检查,共检查各类经济合同 283 万份。1985 年又对工业、商业系统购销合同的执行情况进行检查,共检查 180.17 万份。通过两次检查,基本掌握了北京市各类经济合同的执行情况及存在的问题。1986 年,市政府制定《北京市经济合同管理办法》,进一步规范经济合同管理。1988 年市工商局制定《北京市经济合同鉴证试行办法》,规范鉴证。到 1998 年,共鉴证经济合同 10.2 万份。1990 年,开始推行经济合同示范文本制度,市工商局先后制定了《北京市商品代销合同》、《北京市家具买卖合同》、《北京市家庭居室装饰装修工程施工合同》等合同文本。

《经济合同仲裁条例》公布实施后,市、区(县)工商局先后成立经济合同仲裁委员会。对辖区内的经济合同纠纷案件实行"一裁两审制"。部分区县还在乡镇设置"派出仲裁庭",方便企业就近解决争议金额较小的合同纠纷。从 1980 年至 1994 年,市和各区、县工商局经济合同仲裁委员会共受理各类经济合同纠纷案件 7 426 件,办结 7 307 件。其中调解 4 241 件,仲裁 2 048 件,确认无效合同 397 件;解决争议金额 9.58 亿元,为当事人挽回经济损失 5.6 亿元。1995 年,仲裁法实施,工商局经济合同仲裁委员会撤销。

开展"重合同、守信誉"活动。从 1988 年开始,至 2002 年底,共有 1 373 家企业被授予"重合同、守信誉"称号。

查处利用合同进行的违法行为。主要对利用买卖、加工承揽等合同骗取财物的案件和利用合同侵占、损害国有资产,危害国家利益、社会公共利益和他人利益的案件进行了查处,截至 2002 年底,共结案 1 460 件,罚没款1 008.8万元,维护了经济秩序和社会稳定。

1997 年《担保法》实施后,市工商局制定了企业动产抵押物登记工作程序。截至 2002 年底,共办理抵押合同登记 3 217 件,担保总金额 137.661 亿元,为债权的实现起到了重要作用。2005 年至 2007 年,共办理企业动产抵押登记 2 609 件,为企业盘活资产 222.32 亿元,融资 182.47 亿元,支持了企业的投资和发展。

1997 年 1 月,《拍卖法》颁布实施,市工商局履行对拍卖行为的监管职能,加强部门协调,制定相应规范,并实施了拍卖企业备案制、拍卖活动备案制等一系列管理制度,拍卖监管工作初步形成了体系。

从 1999 年起,市工商局以体育经纪人为突破口,对从事居间、行纪、代理业务的人员进行经纪人资格认定工作。2006 年,制定了《关于促进和规范北京市经纪人发展的若干意见》。到 2007 年底,全市共有文化、商业、房地产等各类备案经纪人 9 550 户,经纪执业人员 25 920 名,促进了北京市经纪行业健康发展。

2003 年开始,在原有工作基础上,加大了推行合同示范文本的力度。同时,建立合同文本论证制度,完善示范文本的制定程序,提高了示范文本的严谨性、实用性和社会认知度。到 2007 年,共制定了食品买卖、豆制品"场厂挂钩"、房屋租赁、国内旅游、商品房预售、种养产品收购、家政服务、电话入网等 78 种合同文本。通过"首都之窗"、"北京工商"网站向社会提供各种合同文本的网络版,方便企业和市民上网查询、下载使用。2007 年的下载量达 57.5 万份次。

2003 年至 2005 年,经 164 个行业协会推荐,公示了北京城建集团、联想控股有限公司、诺基亚(中国)投资有限公司等 9 665 家"守信企业",既促进了企业诚信经营,又丰富了企业信用信息资源,推动社会信用体系建设。

以打击合同欺诈为重点,加大对技术转让、连锁加盟、中介服务等领域中利用合同进行欺诈的案件查处力度。2003 年至 2007 年,共查处合同违法案件 2 856 件,罚没款 2 099.63 万元。

八、消费者权益保护

1987 年 1 月 21 日,北京市消费者协会成立。1988 年初,市工商局成立企业监督管理处,消费者权益保护工作是其重要职责之一。向社会公布举报电话,直接受理消费者的投诉和举报,查处侵犯消费者合法权益的违法行为。

1995 年 9 月 1 日,《北京市〈实施中华人民共和国消费者权益保护法〉办法》颁布实施,市工商局把消保维权工作当作"民心工程"来抓,广泛深入地宣传《消费者权益保护法》和《实施办法》,每年"3·15"期间,在全市城乡开展大规模的宣传、咨询、现场办公活动,收效明显。全市有 7 056 户大中型商业服务企业与各级工商机关签订了《共同维护首都经济秩序,保护消费者合法权益责任书》,普遍设立售后服务部,自觉做好售后服务,解决消费争议;开展创建"消费者购物放心街"活动,王府井、西单、朝外等城区的八条"购物放心街",起到了很好的示范作用。仅 1997 年,因消费者投诉、申诉而立案查处的案件就达 12 408 件,罚没款 82 167 万元,为消费者挽回经济损失 362 万元。

1998 年,市工商局成立消费者权益保护处,全市 19 个分局也相继组建了消费者权益保护科。3 月 11 日,市工商局建立消费者投诉服务台,开通了投诉专线电话"63150000",同时在 18 个区、县工商局设立分台,全天受理消费者投诉,实现了"有诉必查、有查必果"。方便了消费者投诉和举报,被列入市政府为市民办实事的项目之一。

1999 年 7 月 31 日,市工商局建立投诉举报中心,将"63150000"改造成全国统一的投诉专线"12315",开通了 10 条专线。配备设备,计算机录入相关数据,消费者投诉更加畅通。当年受理消费者投诉 2 065 件,解决消费争议 2 003 件,为消费者挽回损失 104 万元;2000 年至 2002 年,受理消费者投诉 44 554 件,调解争议 42 217 件,为消费者挽回损失 6 497.84 万元。

2003 年,市工商局对"12315"投诉举报中心进行了全面改造,电话线路增加到 30 条,电话接通率达到 72.2%;开发应用新版软件,建立完善工作制度,大大增强了信息归集和处理能力。同时,应用先进的卫星定位、地理信息、数字移动通信和网络技术,强化了"12315"的调度指挥功能。全年处理各种信息 17.9 万余条,工商局对市场秩序的控制能力显著增强。当年,全系统共受理消费者申诉、投诉 29 016 件,为消费者挽回经济损失 4 108 万元。

2004 年以来,信息搜集、整合分析、调度指挥、督查督办的功能进一步完善,19 个分局全部开通了尾数为"12315"的申诉举报专线电话,进一步拓宽了社情民意的反映渠道,初步建立起以"12315"信息调度指挥为基础,集信息汇集与处理、任务分派、流程监控、效能监察、考核评价为一体的综合执法平台,有效提升了信息处理水平。国家工商总局召开现场会,在全国工商系统推广北京市局"12315"综合执法平台建设的经验。2004 年至 2008 年 6 月,"12315"共处理各种信息 214.24 万条;受理消费者申诉 97 502 件,成功调解纠纷 72 703 件,为消费者挽回经济损失 6 752.57 万元。

加强流通领域商品质量监管。全面落实市场准入制度,实现了从准入、监管到退市的流通领域商品质量全程监控,研发了流通领域商品质量监控系统,全面提升了监管水平。2004 年,重点对家用电器、汽车配件、装饰装修材料等涉及公众消费安全的产品进行了质量监督抽检,共抽查样本 1 271 个,查出不合格样本 383 个,并定期公布检测结果,引导群众安全消费。2006 年,以通信器材、儿童用品、服装等六大类商品为重点,抽检样本 2 500 个,对 395 种不合格商品实施全市下架。

社会化消保体系不断完善。在全市建立 509 个工商工作站,延伸了工商职能,更好地服务百姓。充分发挥消费者协会的作用。开通"北京消协"网站；建立京、沪、港、澳四地消费维权联合工作机制；开展消保进"六区"活动；对电信资费、商场打折返券、不平等合同条款、名人广告等社会热点问题的点评活动，推动了相关领域的改革，提高了消协的社会影响力。

九、食品安全监督管理

"肉菜放心工程"。2002 年 3 月，市工商局制定了《关于加强本市流通领域食品管理的若干意见》，第一次提出要在流通领域建立食品准入制度。制定了北京市"肉菜放心工程"实施方案。改革外地农产品进入北京市场的管理办法，实行标准准入、警示和退出制度，通过定点、发放市场准入证的办法，推行猪肉"场厂挂钩"、蔬菜"场地挂钩"制度。市政府成立了由市商委、农委、工商局、质检局、农业局和卫生局组成的"肉菜放心工程"协调小组，小组办公室设在工商局。4 月底，全市 22 个鲜肉批发市场全部实现"场厂挂钩"，378 个零售市场全部经营定点屠宰场的鲜肉。8 月初，常务副市长孟学农与协调小组成员单位领导一起赴河北、山东考察生猪屠宰厂和蔬菜生产基地，签订定点协议。北京实施"肉菜放心工程"工作得到了国务院主要领导的充分肯定。

"食品放心工程"。2002 年 11 月 1 日，市政府召开北京市"食品放心工程"通报座谈会。市委书记兼市长刘淇出席，邀请国家有关部门和部分省市领导参加。全市 40 个市场与来自 20 个省市的 500 多个生产基地及屠宰企业签订了 600 多份蔬菜"场地挂钩"协议和 251 份鲜肉"场厂挂钩"协议。市政府决定把"肉菜放心工程"上升为"食品放心工程"，从 2003 年 1 月 1 日起全面启动。"食品放心工程"以"坚持标准，严格准入；开放市场，强制退出"为指导思想，以"政府规范市场、市场引导企业、企业依法经营、政府执法监督"为原则。在管理模式上着眼于建立长效监管机制；在管理方法上由事后查处为主变为事前监督为主；从进入市场、市场交易、退出市场三个环节保障流通领域的食品安全，创造安全、健康的消费环境。有关部门的监测结果表明，2003 年 7 月，肉品的不合格率由 2001 年初的 28% 降低到 2% 左右，蔬菜的农药残留超标率由 38% 下降到 4% 以内。国家有关部门认为这是解决我国食品安全问题的一种有效形式。

食品安全监管。2003 年 12 月 19 日，市政府食品安全办公室在市工商局正式挂牌，进一步明确了市工商局承担食品安全监管的职责。

2004 年，建立起"食品安全办"牵头、统一协调，各部门分工负责的食品安全监管体制。加强了对重点食品的监控和检测。依据抽查结果，先后 34 次对 487 种存在安全隐患的食品采取了全市下架措施；对山东昌邑鸡肉、天津宝坻猪肉和蓟县牛肉实施了区域性退出；责令多次抽检不合格的 23 家食品生产企业退出北京市场；对不合格食品进行了追溯，查处案件 3 276 件，震慑了违法经营者。

2006 年，启动了首都食品安全监控系统，实现了市、区（县）两级食品安全监管部门之间的互联互通、资源共享，覆盖食品生产、流通和消费的各个环节。拓宽了社会公众参与食品安全监管的渠道，健全了社会三级监控网络。与周边省市建立了食品安全联动工作机制，加强协调配合，使食品安全突发事件应急处理机制更趋完善。在处理"苏丹红"、陈化粮、注水肉、福寿螺、"红心"鸭蛋、"纸箱馅包子"等突发食品安全事件中，迅速启动应急预案，利用专业技术手段，快速处置，最大限度地减少了不利影响。

2007 年，市人大常委会通过《北京市食品安全管理条例》，为进一步提升首都食品安全和奥运食品安全监管水平提供了法律保障。食品安全监管"三大体系"、"六项机制"进一步完善。食品安全监管专业化水平和技术含量明显提高。技术中心实验室环境、硬件设施以及分析评估能力均已达到国内先进水平。

首都食品安全监控系统录入 42 348 家企业信息，对 5 239 种食品进行备案，通过该系统发布不合格食品信息 52 次，对 457 批次不合格食品实施了全市下架。首都食品安全追溯系统正式启用，归集了 76 895 条可追溯数据记录。奥运食品安全追溯系统投入使用,实现了对奥运食品生产、配送的全过程控制。

奥运食品安全保障。2005年,及早筹划奥运食品安全保障工作,组建了由国内外15名专家组成的奥运食品安全专家委员会并成功召开了第一次会议。组织起草了《2008年北京奥运食品安全行动纲要》经市长办公会审议通过。

2006年,奥运食品安全保障工作全面推进。确定了10大类345个品种的奥运食品安全主体标准,对奥运食品和奥运餐饮供应企业进行备案。在全国范围内遴选出296家专供奥运会的优质食品原材料生产基地,涉及23个省市,覆盖了20大类800余个奥运食品原材料品种,建立了奥运食品的国内供应网络,对奥运食品实行"点对点"供应和全程监控。制订并实施了奥运食品安全监控方案和测试赛食品安全保障方案,提前两年开展动态监控。

2007年,组建了高水平的食品安全保障团队,设立奥运食品安全指挥中心、奥运保障前沿指挥中心,圆满完成"好运北京"体育测试赛食品安全保障工作,实现了"六个确保"的工作目标,为奥运食品安全保障积累了经验。对奥运食品供货全过程与安全质量要求相关的状况进行持续监控,共监测相关样本7 819个,形成奥运食品安全监控和风险评估数据库,切实强化了奥运食品备选供应基地和企业的食品安全控制能力。建立了移动实验室,可在奥运会期间对食品农药残留、兽药残留等进行精确的检测。针对可能会故意投放在食品中的20余种毒物和其他40余种有害物质,开发了便携式快速检测箱,提升现场毒物甄别和应急处置能力。2008年6月20日,国家工商总局局长周伯华考察北京市工商系统奥运市场秩序和食品安全保障工作后,得出的结论是:"北京市工商局建设了一支高素质的队伍,运用了高科技的手段,实现了高效能的监管,达到了高质量的服务。"

十、查处经济违法

改革开放初期,以非法倒卖走私进口物品为主的投机倒把活动抬头并蔓延。1981年,市政府制发了《关于打击投机倒把的暂行规定》。工商机关重点打击倒卖进口物品、外汇券、珠宝、金银制品、贵重中药材以及代开发票、提供银行账户等违法行为,查获千元以上大案329件,罚款158万元。

1982年,工商机关按照市委、市政府关于打击经济领域中严重犯罪活动的部署,查办各类经济违法案件9 339件,其中千元以上大案570件,罚款500万元,移送公安部门处理26人。

1984—1992年间,重点打击利用"价格双轨制"倒卖重要生产资料、紧俏耐用消费品和制售冒牌商品、走私贩私等活动。1985年查办案件3 700件,其中大案要案586件,并公开处理了一些重大的典型案件。随着市场化进程的加快,假冒伪劣商品、走私物品冲击市场,倒买倒卖等投机倒把活动活跃。1987年,国务院颁布《投机倒把行政处罚暂行条例》。随后,市工商局制定了"关于执行《投机倒把行政处罚暂行条例》量度的意见",具体规定了对各种投机倒把案件经济处罚的额度,避免畸轻畸重。依法严厉查处扰乱社会经济秩序、破坏经济改革的违法案件,仅1991年就查处案件1 283件,罚没款1 475.5万元。1993年,在查处长城机电公司非法集资特大诈骗案中,抽调600名干部,监督清退工作,先后两期为北京2万名参加集资的群众,退还集资款2亿多元。几次较大规模的打击投机倒把行动,对维护市场秩序和社会稳定、保证经济改革的顺利进行发挥了积极的作用。

1993年以后,《反不正当竞争法》和《北京市反不正当竞争条例》先后实施,工商系统加大了打击假冒、查处经济违法的力度。1994年,查获大案1 261件,罚没款2 387万元。从1979年至1998年20年间,全市工商机关共查处投机倒把、走私贩私、销售假冒商品大案21 030件,罚没金额16亿多元。维护了首都市场秩序。

2000年至2002年,加强对传销、变相传销、不正当竞争等违法案件的查处和对房地产、医药、商业等行业的专项整治,查处不正当竞争及其他违法案件15 121件,罚没金额

16 022 万多元。

2003 年以来,通过建立"三级情报网络系统",进一步扩大了案源;与公安、检察院、法院建立协作查处经济违法案件制度和情报互通机制,搭建起跨部门的执法平台,加大了经济违法案件的查办力度。以打击商业欺诈为重点,对"消费储值"、"合作造林"、"加盟连锁"等社会反映强烈、严重危害经济秩序的商业欺诈行为进行严厉打击,查处了一批有影响的大要案件。如查处北京月球村航天科技有限公司销售月球土地的行为,及时制止了出售没有所有权的"财产"的非法经营活动,避免了更多人上当受骗;查处了"胡师傅"不粘锅等商业欺诈案件,以及查办金口电子商务、大众邮购等 16 起传销案件,罚没款 455.75 万元,取缔传销窝点 221 个,遣散传销人员 3 139 人次。以医药购销、图书出版领域为重点,查处了涉及人民医院、外研社等单位的 15 件商业贿赂案件,罚没款 310 万元。从 2003 年至 2008 年 6 月,共查处经济违法违章案件 13 181 件,案件数呈现逐年减少的趋势,罚没款 26 086.66 万元。

十一、特殊交易监督管理

2000 年 6 月,市工商局成立"特殊交易监督管理处",开始对网络市场实施监管。当年 9 月,市工商局发布了《经营性网站备案登记管理暂行办法》、《网站名称注册管理暂行办法》,对经营性网站备案登记和网站名称进行注册。

2002 年以来,起草了《电子商务监督管理暂行办法》。在市局、分局、工商所三级分别建立了经营性网站的数据库,覆盖全市 2 084 个网站。实现了与市通讯管理局的管理数据共享,督促 342 家网站补办了经营许可。组织了网上经济户口的清查和网上化妆品市场的专项整治,发现和纠正网上违法违章问题 105 件,立案查处 4 件,罚没款 21 万元。同时,市工商局利用已备案登记网站的基本信息,将 2 560 家北京以外地区网站的基本信息书面移送各省、自治区、直辖市工商机关,以便于各地对辖区内网站实施属地监管。在"非典"期间,为保证网上交易秩序,发布了《关于加强网站经营者自我管理

和规范的公告》,并对以预防"非典"名义促销商品的"800buy"、"乐友"、"七彩谷"等网站进行了查处。改革对电子商务的监管方法,积极探索将以审批、备案为主的静态式监管方法,转变为以交易行为监督为主的动态型监管方法。研发了企业网站定向搜索系统,初步搜索、筛选出北京辖区的电子商务网站 6 万多个,为电子商务监管奠定了重要的基础。以科技和信息为依托,将工商管理资源和互联网信息充分融合,电子商务监控平台系统开通运行。2006 年,办结涉及互联网网上交易违法案件 153 件,比上年增长 2.1 倍,虚假宣传的案件占 62%;罚没款 588.82 万元。2007 年,通过电子商务监控数据应用和网络违法线索筛查,发现涉及网络违法线索 2 141 件,立案查处 619 件,是上年的 4.05 倍;罚没款 1 209.85 万元,是上年的 2.05 倍。查办案件中,通过实地检查、网上巡查发现、办结的案件有 547 起,占 88.37%,比上年提高了 38.67%。电子商务监管取得了突破性进展,在全国率先实现了对互联网交易秩序的有效规范。

十二、法制建设

围绕改革发展,加强立法立规。1987 年,市工商局成立法规处,1989 年改为法制处。工商行政管理法制工作从加强立规入手,推进建立和完善市场规则;从规范自身做起,促进依法行政。九十年代初,明确提出了法制工作的基本原则和方法,即立法—宣传培训—执法—执法监督—调查研究—再立法。从健全和完善工商行政管理法规,加强监督管理出发,积极参与有关法规、规章草案的起草和协调工作。九十年代,参与起草《北京市城乡集市贸易管理规定》及其《实施办法》、《北京市反不正当竞争条例》、《北京市实施〈消费者权益保护法〉办法》、《北京市外地务工经商人员管理条例》、《北京市生活消费品、生产资料市场管理条例》、《北京市经济合同管理条例》、《北京市广告法实施办法》等地方法规和规章,增强可操作性。加强了执法监督,开展了案件审核、行政复议和行政诉讼应诉工作,并建立健全了相关法制工作制度。垂直管理以来,市工

商局围绕企业登记制度改革、促进私营个体经济发展、企业信用信息系统建设以及食品安全监管等方面,不断加强立法立规工作,先后起草地方性法规《北京市促进私营个体经济发展条例》、《中关村科技园区条例》、《北京市广告管理试行办法》、《北京市食品安全条例》及政府规章《中关村科技园区企业登记注册管理办法》、《北京市行政机关归集和公布企业信用信息管理办法》、《北京市著名商标认定保护办法》、《北京市食品安全监督管理规定》等。

做好法规和规范性文件清理工作。1990年,清理规范性文件867件,其中市工商局153件。同时清理具体行政行为,清理执法组织和执法主体资格。1996年,以贯彻行政处罚法为契机,清理改革开放以来制发的1 000多个规范性文件,除了自行失效的以外,废止了33个,修改了16个。特别是《行政许可法》颁行后,对涉及工商职能的法律法规进行大规模清理。全系统行政执法主体执行的现行有效的法律法规共计357部,其中法律74部,行政法规103部,部门规章125部,地方性法规23部,政府规章32部;涉及具体行政行为891项。

加强规范性文件备案审查工作。重新修订了《北京市工商行政管理局行政规范性文件备案办法》。依据法律、法规,结合实际,制发的规范性文件,对充分发挥职能作用,支持改革开放,服务首都经济起到了十分重要的作用。

规范执法行为,促进依法行政。1992年,制定了《行政处罚案件复审办法》,复审案件486件,一次合格346件,合格率71%。1995年,结合贯彻《行政处罚法》,建章建制,规范执法,制定了《北京市工商行政管理机关行政处罚程序暂行规定》、《北京市工商行政管理机关行政处罚听证暂行规定》以及《案件复议工作程序》、《规范性文件制定程序暂行办法》等,强化执法监督,规范执法行为。当年,复审案件3 190件,一次合格2 880件,合格率90%。1999年,推行行政执法责任制,制定统一的《北京市工商行政管理机关行政执法错案追究办法(试行)》,

对错案的认定和追究、对责任人的处理设定了统一的标准。2000年,建立行政处罚和行政许可案卷检查制度,制发了《北京市工商行政管理机关行政处罚案件评查标准》,加强对行政处罚和行政许可行为的监督,有效地规范了全系统的执法行为。2004年,下发了《北京市工商行政管理局行政许可监督检查及责任追究办法》,规定了行政许可的监督检查方式、内容及责任追究办法,指导全系统正确实施行政行为。《北京市工商行政管理局相关违法行为行政处罚裁量权执行标准》,规定了统一的裁量标准。《北京市工商行政管理局行政审批程序及行政责任追究规则(试行)》和《北京市工商行政管理局行政执法行为与行政执法过错行为责任追究办法(试行)》,规定了各类执法责任及其追究办法,对于规范执法行为、促进依法行政发挥了重要作用。

1998年,在全系统推行行政执法公示制度,18个区县工商局、225个工商所全部实行。《行政许可法》实施后,进一步将有关行政许可、行政收费等内容以及行政处罚决定书等予以公开,增强了工作的透明度。

2006年6月1日,《行政执法案件管理系统》正式开通运行。实现了从案源管理、立案审批、核审、审批、结案到业务指导、数据统计报表等各环节的"数字化管理",并与北京工商"金网"系统有效链接,实现信息共享。截止到2008年5月,已发放案件登记编号246 944个,其中:简易程序案件3 718个,一般程序案件45 208个,成批吊销营业执照案件198 018个。已结案并发放行政处罚决定书的案件238 911个。

开展普法教育。坚持执法人员岗前培训、岗位培训制度,有针对性地开展业务、法规、办案技能培训。1990年至1994年,仅举办《行政诉讼法》、《反不正当竞争法》培训班就达150多期,培训10 000多人次。在全系统多次开展工商行政管理法律法规知识竞赛和岗位大练兵、业务大比武活动,提高干部的执法能力。2000年率先在全国工商系统组织全员执法资格考试。截至2008年6月,有5 555名公务员取得了执法资格证书。

九十年代,本着"面向社会、服务企业"的原则,配合企业主管部门,开展企业法定代表人工商行政管理法律法规培训8万多人次。"四五"普法期间,共举办各类培训班326期,参训企业1 100多家,发放宣传材料6万余份,培训人员17 532名,有效地提高了经营者的自律意识和守法意识。

2006年6月,市工商局下发了《关于进一步加强行政指导规范行政执法行为的意见》,建立主体事项提示制、轻微问题告诫制、突出问题约见制、管理责任建议制、典型案例披露制等五项制度,切实解决以罚代管的问题。

十三、信息化建设

1993年,市工商局开发"九三工程",建立了市局和区、县工商局两级网络,实现了企业名称远程查重和数据传输功能。工商系统的信息化建设迈出了重要的一步。1995年,首先开发并推广使用企业登记管理系统,实现了企业登记业务的计算机管理。

1996年至2002年,市工商局投入大量人力、财力,开发"金网"工程,加快信息化建设,建成了市局—分局—工商所三级网络架构,形成了"金网"、"北京工商网"和"政府办公专网"三网一体的信息化建设格局,提高了全系统的现代化办公水平、工作效率和质量,为建设首都"数字工商"奠定了基础。

2003年,研究制定了全系统2003—2006年信息化发展规划,以推进"金网"二期建设、加快信息化改造进程为重点,进一步优化和完善技术支撑保障体系,形成业务主导、整合互通、安全可靠、运行规范的信息化应用与管理格局。

2004年以来,市工商局印发了《关于进一步推进信息化建设的若干意见》;全面启动了"金网"二期核心改造工程,并成功实施了核心设备和数据库的移植工作;区县分局"金网"核心设备升级,保证了系统运行的稳定性。数据刷新速度提高了40%,名称查询时间由几分钟缩短为1~2秒,提高了业务处理效率。依托"金网"搭建了四个全市性的信息工作平台,即,互联审批、企业信用信息、食品安全管理、企业年检工作平台。市工商局还陆续研发、完善了网上登记注册系统、企业信用信息系统、网上年检系统、"12315"信息整合分析系统、广告监管系统、行政执法案件管理系统、流通领域商品质量监控系统、电子商务监控系统、移动执法终端应用系统以及首都食品安全监控系统、食品安全追溯系统,实现了主要业务流程的电子化和网络化,提升了工商行政管理现代化水平。

附:

北京市工商行政管理局历任局长

程宏毅,1949年2月至1949年9月任局长;彭城,1950年12月至1953年3月任局长;王云,1953年4月至1955年2月任局长;丁铁峰,1955年2月至1958年10月任局长;刘殿臣,1964年6月至1968年任局长;范寿三,1976年11月至1983年1月任局长;于春开,1983年5月至1987年2月任局长;孟学农,1987年2月至1993年3月任局长;王纪平,1993年12月至2001年8月任局长;张志宽,2001年8月至2008年6月任局长。

(执笔人:齐卫和)

第二章　天津市工商行政管理局

第一部分　（1949—1978）

第一节　天津市工商行政管理发展概况

1949 年 1 月 15 日天津解放。17 日，中国人民解放军天津市军事管制委员会接管国民党天津市政府社会局。18 日，天津市人民政府工商局成立。1949 年至 1956 年期间，天津市工商局管理的主要对象是资本主义工商业。在发展生产、繁荣经济方针的指导下，对资本主义工商业实行利用、限制和改造政策。从 1956 年起到 1966 年，生产资料所有制的社会主义改造基本完成后的 10 年间，重点是围绕市场管理、打击投机倒把等方面开展工作，并继续处理对私营企业改造的遗留问题。"文化大革命"开始至 1976 年，工商行政管理工作几乎陷于停顿状态。直至 1978 年恢复建局。

一、新中国成立初期

天津市人民政府工商局成立初期，主要任务是稳定市场秩序，平抑物价，复工复业，恢复国民经济，安定人民生活，有步骤地把私人资本主义工商业纳入计划经济的轨道。1949 年，全市个体工商户和私营企业共有 43 700 户，从业人员 150 000 人。为了促使私营工商业朝着有利于国计民生、有利于生产的方向发展，天津市工商局向工商界广泛宣传和阐明政策，制定有关规定，采取保护工商业措施，取缔投机商人，稳定市场物价；团结并组织广大的工商界人士，协助改组同业公会 138 个（工业 53 个，商业 85 个）；对工商业面临的困难，配合有关部门给予必要

的扶持，帮助它们复工复业。私营工商业于 1949 年 3 月底以前即大部分复工复业，工业复工的达 89.5％，商业复业的达 92.8％。为争取天津工商业的根本好转做了大量的工作。

1950 年 3 月，根据中央贸易部的指示，工商局的任务由单纯的工商管理转移到兼管业务工作方面上来。为适应工作的需要，市工商局机关设置了登记、商业指导、工业、生产改进、市场、保卫、总务等七科和办公、秘书、计划研究、业务、人事、会计等六室。在领导全市 12 个工商分局工作的同时，管辖天津市粮食公司、天津市花纱布公司、天津市煤建公司、天津市工业器材公司、天津市信托公司、天津市零售公司、天津市水产公司等内贸专业公司。1953 年 6 月，发展到管辖 14 个公司、4 个批发站和 1 个医药供应站。

二、国民经济调整时期

1953 年，第一个五年计划开始执行。为了加强对私营工商业的社会主义改造，当年 4 月，市人民政府决定组建国营商业局，原隶属于市工商局领导的各个专业公司和市工商局的有关业务职能处室，同时划归国营商业局领导。工商局的主要任务是，对私营工商业进行行政管理并指导公私合营企业的工作。

1956 年，国家对私营工商业实行了全行业的公私合营，公私合营后的工商业分别归口各业务局领导。工商局的机构随着变化而缩编。同年，天津市人民政府工商局更名为天津市工商局，其间主要工作是参与全行业公私合营改造、研究对私改造政策、处理有关问题等。在基本上完成对私改造的历

史任务后，天津市工商局重新管理交易市场，并对残存的私营工商业户进行内部登记和清理整顿。1957 年，由于"反右"等一系列政治运动，以及受 1958 年"大跃进"的影响，工商行政管理工作再次走入低谷。

1958 年 2 月，天津市改为河北省省辖市，市工商局受市人民委员会和省工商局的双重领导。同年 9 月，市工商局与市物价委员会合并，成立天津市市场物价委员会，工商行政管理工作由市场物价委员会中的市场行政处负责，编制 13 人。工作重点是清理无照经营，整顿市场秩序，并配合进行物价检查。

1960 年 7 月，天津市人民委员会财粮贸办公室与天津市市场物价委员会合并，成立天津市财政贸易委员会，工商行政管理工作由财委中的市场行政处负责。国民经济困难时期，市场供应紧张，投机商贩乘机扰乱市场。为加强工商行政管理工作，1962 年 7 月，市区工商局从财委中划出，单独设立区工商局。1963 年 5 月，河北省天津市人民委员会决定，市工商局不再与市财委合署办公，单独设立机构，设一室三处。主要任务是对工商企业进行登记管理；通过商标管理监督检查产品规格质量；对个体商贩进行管理；打击投机倒把活动和管理城乡集贸市场。1964 年，天津市工商局更名为天津市工商行政管理局。

三、"文化大革命"时期

1966 年，"文化大革命"开始不久，市工商行政管理局受到严重冲击，工商行政管理工作处于半瘫痪状态。1967 年 1 月，中共中央决定，天津市改为直辖市，市工商行政管理局受天津市革命委员会和中央工商行政管理局的双重领导。1970 年 10 月，市工商行政管理局与市财政局合并，在天津市财政局办事组内设两人负责工商行政管理工作。这期间，工商行政管理机构和队伍力量已被严重削弱。1972 年 4 月，市革委会转发市财政局《关于加强工商行政管理工作的意见》，在市、区（县）财政局内设立工商行政管理组，负责工商行政管理工作。市财政局工商组编制 28 人。1974 年，市财政局工商组改

为工商行政管理处，编制 35 人，对外称天津市工商行政管理局。

第二节　天津市工商行政管理工作成就

一、查处经济违法违章案件

解放初期，天津市工商局从稳定市场物价出发，重点查处了粮食、纱布、金银等重要商品的囤积居奇、买空卖空、哄抬物价、投机倒把等非法活动，取缔非法交易点。在"抗美援朝"和"五反"运动中，主要查处偷工减料、粗制滥造等违法活动，打击不法资本家的"五毒"行为。1958 年以后，主要是围绕维护公有制经济开展经济监督检查。

二、内资企业监督管理

解放初期，天津市经济成分复杂，民族经济比重较大，国营经济相对薄弱。在此时期，天津市工商局贯彻执行党在过渡时期的路线、方针和政策，积极参与没收官僚资本和肃清帝国主义在华经济势力，将原来被国民党反动政府和官僚资本家所有的工厂、矿山、交通运输、邮电银行、商店、农牧场以及其他企业，全部收归国家所有；协同有关部门搞好清产定股、审定股息以及安排资方人员等项工作；指导工商业联合会的工作，有力地推进对资本主义工商业的社会主义改造。"三大改造"完成以后，由于管理对象的变化，企业登记管理工作基本停顿。1961年，国民经济调整时期，国务院颁发了《工商企业登记试行办法》，重新恢复了企业登记管理工作。根据国务院的规定，对国营、集体企业进行了清理整顿和全面登记，并与计划部门和业务主管部门共同研究，核定了各类企业的生产经营方式和范围，颁发了营业执照。"文化大革命"时期，企业登记管理工作受到严重干扰，致使对企业的"开、歇、变、停"失去控制，重复建厂、重复生产现象十分严重。

三、个体私营经济监督管理

解放初期，天津私营工商业处在不稳定状态，停工停业现象十分严重。对此，天津市工商局采取多种形式，大力宣传发展生

产、繁荣经济和保护民族工商业政策,帮助私营工商业解决各种实际问题。同时,对私营企业和个体工商户进行登记管理。1949年,全市经工商局注册登记的私营企业和个体工商户共4.37万户,从业15万人。五十年代,国家对私营工商业进行社会主义改造,实行全行业公私合营,至1956年底,小商小贩大部分转为合作商店、合作小组,少部分转为国营,94 375名手工业者加入合作社。至"文化大革命"初期,个体经营基本上被取消。

四、商标注册与监督管理

从1963年开始,天津市工商行政管理部门对全市商标注册和使用情况进行全面普查和清理。1966年,由于不适当地将商标注册批准权下放,致使不用商标或乱用商标情况比较突出。为了扭转这种局面,1973年制定并实施了《天津市商标管理暂行办法》,并依此进行整顿。

五、市场监督管理

1949年,天津解放后,市工商局为了繁荣经济、活跃市场,因地制宜地在市内11个区建立了28个临时摊贩市场。随着经济的发展,1963年,根据中央"加强管理,缩小范围,逐步代替,区别对待,因地制宜"的方针,关闭了城市自由市场,至1978年,全市只剩农村集市49处,同时,对集市贸易上市的商品、交易价格等方面规定了很多限制。

第二部分　(1979—2008.6)

第一节　天津市工商行政管理发展概况

党的十一届三中全会以来,在全党工作重点转移到以经济建设为中心的新时期,工商行政管理工作得到迅速恢复和发展。特别是在建设社会主义市场经济体制时期,工商行政管理工作出现了前所未有的大好局面。

一、改革开放初期

为适应新时期经济建设的需要,根据国务院的要求,1978年6月15日,经中共天津市委批准,市财政局工商行政管理处从该局分离出来,重新组建天津市工商行政管理局,设置一室三处,市局机关工作人员35人。市属各区县也相继成立了工商行政管理局。1983年,市局调整设置了四室九处,同时,成立了工商行政管理干部训练学校和中等专业学校。1985年6月,在天津市经济技术开发区成立了天津市经济技术开发区工商行政管理局。1991年12月,在天津港保税区成立了天津港保税区工商行政管理局。随着对外开放、对内搞活经济政策的贯彻落实,城乡经济体制改革的逐步深入,天津市工商行政管理工作进一步得到充实和加强,主要工作不仅涉及市场管理、企业登记管理、经济合同管理、商标管理、打击扰乱经济秩序的违章违法行为,同时管理领域不断向外拓展,增加了外商投资企业登记管理、广告管理,以及监督检查商品流通领域中的不正之风等项工作内容。在工作深度上也有了很大突破,由管理和维护单一经济成分,单一经营方式,逐步向管理多种经济成分,多种经营方式延伸;由重点对城乡集贸市场管理,逐步向管理社会主义统一大市场延伸;由注重对国营集体企业登记管理,逐步向非公有制企业登记管理延伸。

二、建立社会主义市场经济体制时期

1992年,以邓小平同志南方谈话和党的"十四大"为标志,我国改革开放和现代化建设事业进入了一个新的发展阶段。"十四大"明确提出建立社会主义市场经济体制,对于我国现代化建设事业具有重大而深远的意义,也给工商行政管理工作提出了更新更高的要求。天津市各级工商行政管理部门解放思想,转变观念,积极推进自身改革,紧密结合本地区经济建设的实际,加强行政执法职能,依法行政,在促活市场主体、搞活国有大中型企业、发展非公有制经济方面,在培育市场体系、积极促进消费品市场、生产资料和生产要素市场发展方面,在维护市场秩序、打击制售假冒伪劣商品行为、取缔非法经营、制止不正当竞争行为等方面取得了显著的成绩。为适应建立社会主义市场经济体制的要求,充分发挥工商行政管理职

能作用,以促进天津经济的发展,1998年2月,成立了天津市高新技术产业园区工商行政管理局。同年9月,天津市委、市政府批准了《天津市工商行政管理局职能配置、内设机构和人员编制方案》,确定天津市工商行政管理局编制196人,并设置了办公室、人事教育处、监察室、行政财务处、法制室、调研室、企业登记管理处、外资企业登记管理处、个体私营经济监督管理处、市场监督管理处、经济监督检查处、商标监督管理处、广告监督管理处、经济合同监督管理处、消费者权益保护处等十五个职能处室。其主要职责是:宣传、贯彻党和国家以及市委、市政府有关工商行政管理的方针、政策和法律、法规;主管全市工商企业和从事生产经营活动的事业单位、社会团体、公民个人的登记注册,依法确认其企业法人资格,并对其登记注册事项依法监督管理;依法监督检查市场主体的交易活动,查处垄断、不正当竞争、侵害消费者权益和其他市场交易中的违法违章案件;依法监督管理消费品市场、生产资料市场,参与监督管理生产要素市场和期货市场;依法监督管理个体工商户、个人合伙和私营企业;依法对全市商标进行监督管理;依法监督管理广告发布和广告经营活动;依法监督管理经济合同。

根据党的"十五大"提出的深化行政体制改革、加强经济行政执法监管部门、健全市场宏观调控体系的要求,1998年底,中共中央、国务院决定改革现行的工商行政管理体制,在省、自治区、直辖市以下工商行政管理机关实行垂直领导。在中共天津市委、市人民政府的领导下,天津市工商局积极主动与各有关部门协商,在广泛调研论证的基础上,草拟了《天津市工商行政管理体制改革方案》,并制定了与之相配套的编制管理、人事管理、党组织设置、财务管理及市场办管脱钩等文件。1999年6月28日,经中共天津市委、市政府批准,天津市工商行政管理系统实行垂直管理体制,原21个区县工商局分别改为工商分局。

为建设一支政治坚定、业务精通、执法严格、作风优良的工商行政管理干部队伍,天津市工商局坚持"围绕业务抓队伍,抓好队伍保业务"的工作思路,把队伍建设放到重中之重的位置。从1985年开始,每年坚持召开一次全系统思想政治工作会议,不断加强思想和廉政建设,以思想政治工作和队伍建设的全面上水平,保证全市工商行政管理各项工作全面上水平。为了适应新时期发展的需要,市工商局充分发挥所属干校培训基地的作用,每年坚持举办处级领导干部研修班、科所长培训班、政策法规学习班、计算机应用班以及全员知识更新培训班。此外,积极创造条件,鼓励和支持干部职工参加高层次的学历教育,不断优化干部队伍文化知识结构。

多年来,天津市工商行政管理部门把握"标本兼治,重在治本"的原则,针对市场经济秩序中存在的突出问题,坚持不懈地开展各项整顿和规范活动,有效地维护了正常的市场经济秩序。在不断总结工作经验的基础上,始终坚持"放管结合"的工作思路,充分发挥职能作用,积极营造通畅的市场准入环境、宽松的工商政策环境、公平的竞争交易环境、高效的优质服务环境,为促进天津经济的发展作出了应有的贡献。

第二节　天津市工商行政管理工作成就

一、查处经济违法违章案件

党的十一届三中全会以来,为了更好地为社会主义经济发展保驾护航,全市各级工商行政管理机关加强了对经济违法违章行为的查处。据统计,1980年至2008年6月底,共查处经济违法违章案件49 962件,罚没金额2.7亿元。

为了维护市场经济秩序,天津市工商行政管理机关按照"打防结合,预防为主,综合治理"的原则,实行"标本兼治、重在治本"的方针,重点查处了制售假冒伪劣商品、走私贩私、不正当竞争等行为,加强了进口商品在流通领域中的监管,针对社会存在的热点问题及时组织力量对节日市场、农资市场、家电市场、饮料保健品市场以及非法传销等行为进行了专项治理。共端掉制假窝点4 528个，查处制售假冒伪劣商品的案件6 203件，查获假冒商品价值4.3亿元。在严厉打击制假售假行为的同时，还帮助一些厂家和商家建立健全了有关的管理制度，保护了名牌产品的信誉，促进了生产的发展。在打击走私贩私和对流通领域进口商品的监督管理工作中，1993年至2008年6月底，共查处走私贩私和无合法来源的汽车442辆，罚没金额980余万元。同时，还依法查处了一批假种子、假农药、假化肥等坑农害农案件，切实维护了农民的合法权益，保障了农业生产的顺利进行。1996年，天津市工商行政管理局被国家工商行政管理局评为全国打假先进集体。此外，在建立和维护社会主义市场经济秩序过程中，积极贯彻执行《反不正当竞争法》，1994年以来共查处不正当竞争案件2 799件，罚没金额6 010万元，有效地制止了仿冒、虚假宣传、商业贿赂和侵犯商业秘密等不正当竞争行为。

为促使企业和广大消费者懂法、守法和利用法律武器保护自己的合法权益，在全市广泛深入地开展了《消费者权益保护法》、《反不正当竞争法》等一系列与企业和人民群众密切相关的法律法规的宣传活动，适时召开销毁假冒伪劣商品和假冒商标标识现场会，并注意结合典型案例，通过新闻媒体向社会曝光。从而教育了广大群众，震慑了不法分子，树立了工商行政管理的执法权威。

二、内资企业监督管理

改革开放以来，企业登记管理工作得到了迅速恢复和发展，逐步形成了一套完整的企业登记管理制度，促进了各类企业的健康发展。截至2008年6月底，天津市内资企业登记总数已达35 697户，其中国有企业6 428户，集体企业11 926户，公司15 457户，股份合作制企业1 631户，其他企业255户。

天津市工商行政管理机关坚持"放管结合"的工作思路，本着"非禁即入、非禁即可"的原则，以促进生产力发展为标准，把催生育强市场主体、支持国有企业特别是国有大中型企业放开搞活、建立现代企业制度、支持各类企业扭亏增盈、扩大经营自主权作为工作的重中之重，充分发挥职能作用，适时地调整和放宽登记政策。1993年7月，起草了《放宽企业登记政策，提高登记工作效率的若干规定》，以市政府令发布实施。该《规定》取消了国有非法人企业和集体企业设立由主管部门审批的环节，减少了部分行业的前置审批，取消了经营范围主、兼营的划分，放宽了对冠"天津市"名称的企业登记的资金限制，缩短了颁发执照时限。针对现代企业制度试点中企业合作伙伴难寻、改组费用过大等问题，1995年8月，出台了支持现代企业制度试点的七条措施，为企业提供了方便；为了促使中小企业顺利转制，1995年2月，制定了《股份合作制企业登记管理办法》。与此同时，积极参与全市现代企业制度试点工作，逐户参加试点方案的论证，保证了企业改革试点的进行。自2007年起，围绕促进滨海新区开发开放这一重点工作，天津市工商局在促进内资企业发展方面，制定了一系列支持措施。2008年，国家工商总局专函批复同意天津市工商局拟定的《天津市工商行政管理局关于促进滨海新区开发开放的意见》，从支持创新登记注册制度、支持放宽市场准入条件、支持提升行政服务效能等三个方面，对滨海新区的开发开放予以支持。根据滨海新区综合配套改革试验区的要求，天津市工商局先后制定了《关于支持东疆保税港区企业发展的意见》、《关于支持中新天津生态城企业发展的意见》、《关于支持服务外包企业发展的意见》、《关于降低门槛放宽市场准入的实施细则》。制定并实施了《关于私募股权投资基金私募股权投资管理公司（企业）进行工商登记的意见》，解决了私募基金公司和合伙企业的注册与管理问题。截至2008年6月底，全市注册登记股权投资基金和基金管理企业72户。为支持、服务市、区（县）政府确定的重大重点项目，连续制发了《关于做好全市重大重点项目服务工作的通知》和《对重大重点项目实行全程服务的意见》，按照"提前介入、及时注册、重点指导、全程服务"的要求开展工作,为滨海新区、中心城区、其他区县三个层面统筹协调、联动发展作出了贡献。为积极支持"三农"发展、推进新农村建设和增加农民收入,制定了《关于支持"三农"发展的若干意见》。结合天津市农村的实际情况,为规范利用庭院、湖泊、果园、林地等自然条件,开展旅游服务企业登记管理,制定下发了《天津市农家院旅游企业注册登记管理暂行规定》。2007年,推行了"一照全市通行"制度、先行确认企业主体资格等改革措施,为催生育强各类市场主体创造了宽松环境和有利条件。把深入企业"问需解难"作为经常工作,对关系全市经济发展大局的项目,坚持急事急办、特事特办,为促进全市经济发展发挥了重要的作用。在年检验照工作中,推行"网上年检"、免审免检、分类年检等方式,推出"上门年检"、"分类集中年检"、"延时年检"、"预约年检"多项服务措施,降低行政成本,减轻企业负担。努力实现由承诺式服务向需求式服务的转变、由被动式服务向主动式服务转变、由普遍性服务向个性化服务转变,受到了企业和社会的普遍赞誉,对引导企业诚信经营,培育市场信用体系起到了积极的推动作用。

在全方位支持企业发展的同时,进一步严格规范企业登记程序,不断推进企业登记管理制度的改革和完善,努力提高行政审批效率。为了理顺公司登记体制,根据《公司登记管理条例》和国家工商总局的有关规定,1996年5月,制定了《关于公司登记管理权限的规定》,明确了公司登记管理的职责和范围;在日常企业登记管理工作中,进一步加强了企业名称的规范和管理,制定了相应的查询管理办法;广泛开展了清理不良文化活动,对含有不良文化影响的企业名称不予核准;制定了营业执照缮写、经营范围核定等具体规范办法,并对法律、法规等规定的照前审批项目进行了多次清理。2002年9月,会同天津市政府有关部门共同起草了《天津市企业注册登记并联审批试行办法的通知》,并以天津市政府文件形式下发。为贯彻该文件,于2003年印发了《关于并联审批试点工作若干问题的意见》,在天津市政府组织协调下,积极会同有关部门试行"工商受理、抄告相关、并联审批、限时办结"的企业注册并联审批制度。在总结经验的基础上,于2004年初在全市推行"并联审批"制度。这一制度的实施,简化了行政审批程序,提高了行政审批效率,推动天津市行政审批制度改革工作迈出了新的步伐。在减少和规范内部审批环节方面,于2004年2月下发了《关于印发〈天津市企业登记注册"一审一核"试行办法〉的通知》,在全市范围内实行企业登记注册"一审一核"制度,进一步减少了审批层级。并于当年4月经培训考核,任命了全市第一批企业登记注册核准员、受理审查员。2005年,下发了《关于对部分企业登记注册实行一人核准的通知》,对部分企业登记注册实行一人核准,进一步推进了我市企业登记制度改革,简化了程序,提高了效率。2007年在全国率先开通了全市范围内的内资企业"企业名称网上核准"系统和"企业网上登记"系统。2007年底,在总结"并联审批"工作经验的基础上,按照天津市政府《天津市联合审批办理工作方案》的要求,依照"工商牵头、抄告相关、并联审批、限时办结"的联合审批模式,办理涉及天津市许可权限范围内前置许可项目的企业登记注册,从而把天津市行政审批制度改革工作进一步推向深入。

与此同时,天津市工商行政管理部门不断加大企业登记监管力度。在历年企业年检工作中,注重搞好宣传,加强审核,强化处罚力度,坚持管理与服务并举,提高了执法的权威性,增强了企业主动参检的思想意识。2003年,结合年检验照工作,开展了查处"两虚一逃"和中介机构出具虚假报告或代垫资金等违法行为的活动,共查处"两虚一逃"案件98件,擅自变更登记事项1 270件。在日常管理工作中,贯彻落实《对企业的回访试行办法》,推动回访工作的开展,通过回访,解决了企业的一些实际问题,进一步规范了市场主体,增强了企业的守法意识。为培养和造就一支高素质的企业监管队伍,加强与企业的沟通和联系,适时地推广了企业专管员和企业联络员制度,经常向企业宣传有关政策、法规,督促企业守法经营,维护企业的合法权益,强化监督管理工作。推行属地化年检验照。积极开展无照经营查处取缔工作。大力推行市场主体信用分类监管,努力转变监管方式,建立健全分级分类监管体系,提高监管效能。

随着企业登记管理工作任务的拓宽,注意进一步加强干部队伍建设和窗口建设,建立健全干部培训制度。1996年,编写、推广了《企业登记管理工作文明用语规范》,加强了企业登记管理工作的内部考核。自2003年起,为保证企业登记注册"一审一核"、"一人核准"制度的顺利实施,配合企业登记注册审批权限的下放,进一步加强了对企业登记注册干部的业务培训和考核,坚持企业登记注册岗位持证上岗制度。至2008年6月底,共计培训企业登记注册受理审核员、核准员346人次。此外,结合企业登记注册相关法律法规的出台和修定,及时组织培训学习,保证全系统企业登记注册工作人员业务水平的不断提高。在窗口建设工作中,大力推行"全天候"、"零距离"、"首办(问)责任"等服务措施,开展延时服务、预约服务、绿色通道等特色服务,方便企业和群众办事,受到了企业和社会各界的广泛好评,为促进天津经济社会又好又快发展作出了贡献。

三、外资企业监督管理

改革开放以来,天津市工商行政管理部门认真贯彻市政府积极、合理、有效利用外资的方针,使得外商投资企业迅速发展。截至2008年6月底,登记注册的外商投资企业已达10 325户,其中中外合资经营企业3 336户,中外合作企业290户,外商独资企业6 689户,外商投资股份有限公司10户。投资额887.44亿美元,注册资本504.56亿美元(其中外方427.76亿美元,占注册资本的84.78%)。外商投资企业在津设立分支机构3 655户,外国(地区)常驻代表机构3 419户。来天津投资的外商投资企业主要来自香港、美国、日本、台湾、韩国、新加坡、加拿大、英国、澳大利亚等97个国家和地区。目前,落户天津的外商投资企业投资总

额户均859.51万美元,注册资本户均488.68万美元。投资总额在500万美元以上的大企业有2 109户,投资总额830.06亿美元,注册资本458.31亿美元,其中外方392.51亿美元,分别占登记注册户数的20.43%、93.53%、90.83%、91.76%。近年来,天津优良的投资环境吸引了许多跨国公司和国际知名企业竞相来津投资。据统计,目前已有近129家国际知名大公司(全球500强)来津投资建厂366家,如美国的摩托罗拉、埃索、百事、哈沃斯,法国空中客车飞机制造公司,日本的丰田、三菱、松下,韩国的三星电子、大宇等公司。这些大企业投资项目资金密集、生产规模大、产品技术含量高、市场前景好,极具竞争力。天津港的南疆港区以其优越的地理环境、宽松的招商政策,吸引了美孚、埃索等14家国际著名石油化工企业,在该区域购地73.2万平方米,建起石油化工储存企业、运输基地。天津市经济技术开发区、天津港保税区和天津高新技术产业园区利用外资持续快速发展。截至2008年6月底,"三区"登记注册外商投资企业5 103户,投资总额504.86亿美元,注册资本289.94亿美元,其中外方250.04亿美元,分别占全市登记注册的49.42%、56.89%、57.46%、58.45%,天津经济技术开发区经过十多年的建设,已初步形成了汽车、电子、化工、冶金四大支柱产业,奠定了天津市现代化工业的基础。天津港保税区区域经济总量高速增长,主要指标在全国保税区中持续领先。

天津市工商行政管理部门在外商投资企业登记管理工作中,认真贯彻国务院及国家工商总局、市政府有关文件精神,结合工作实际,曾先后出台了《支持外商投资企业发展的若干规定》、《天津市关于外商投资企业按期缴清注册资本的暂行规定》、《天津市外商投资企业审批程序》、《关于执行〈关于外商投资的公司审批登记管理法律适用若干问题的意见〉的补充意见》等一系列规定,并派员进驻"天津市外国投资服务中心",参与招商引资的前期工作。在贯彻市政府关于《天津市提高外商投资企业审批工作效率

的若干规定》的过程中，工商行政管理部门树立了积极的工作意识，坚持快节奏、高效率、求实干、务实效，为改善天津市投资环境做好服务工作。几年来，结合工作实际，不断增强服务意识，正确处理好发展与管理、局部与全局、一般工作与重点工作、简化手续与严格把关、促进招商引资与执行产业政策的关系，进一步提高了外商投资企业登记注册工作的质量和效率，把原来办照时间十个工作日缩短到七个工作日，对本市利用外资的重点项目，只要文件材料齐备，做到急事急办、特事特办、加快核准。严格规范外资企业登记执法行为。为外资企业提供"一站式"审批服务，将外资企业登记事项、登记依据、登记条件、登记程序及期限、提交申请材料目录、登记收费标准及依据等公示上网。严格规范前置审批许可项目。严格外资企业登记程序。按照《关于贯彻国家工商总局企业登记程序规定的暂行意见》，严格落实申请程序、告知程序、决定程序，严格遵守法定时限，统一登记标准、统一登记程序、统一登记要求，规范内部运作。深化外资登记制度改革。在严格外资登记人员上岗资格的基础上全面实行"一审一核"制度。

全市工商行政管理机关重点对外商投资企业的注册资本投入情况进行了监督检查，实行了动态管理。对违反合同不能按期缴齐注册资本的企业，下达限期缴齐通知书，对 5 544 户违反规定没有出资的企业，吊销了其营业执照，净化了天津市的投资环境，有力地促进了外商投资企业出资率的提高。强化对重点大户、重点行业的出资检查催缴，实行外商投资企业登记管理情况月通报制度，开展以检查出资为重点的清理"三无企业"专项工作等。2003 年至 2007 年，连续五年超额完成外资资金到位任务。截至2008 年 6 月底，外商投资企业外方（累计）注册资本实际到位 281.66 亿美元。

年检工作中，重点严格审查出资行为，把好主体资格关，严格审查外资企业注册事项执行情况，把好经营行为规范关，严格审查行政许可行为，把好继续经营资格关。2003 年至 2008 年，共查处虚报、虚假、抽逃出资行为 23 件，其他违反登记管理法规行为 89 件，查处吊销"三无"企业 2 314 户，罚没金额 432 万元人民币。努力推进分类监管，促进外资企业信用体系建设。按照"统一规划，分步实施"的原则，制定了外资企业分类监管规定，建立了相关制度，初步实现了对外资企业的分类管理，形成了行为规范、运转协调、廉洁高效的监管机制。

四、个体私营经济监督管理

党的十一届三中全会以来的 20 多年间，天津市的个体、私营经济大体上经历了恢复发展、迅速发展和稳定发展三个阶段，目前仍然保持稳定、持续、健康发展的态势。在发展过程中，经营领域不断拓宽，技术含量明显增加，总体规模日益扩大。随着个体私营经济的不断发展壮大，其社会地位和作用也发生了明显的变化。为了引导和促进个体私营经济健康发展，天津市工商行政管理局做了大量工作。一是优化舆论环境，提高认识，重视发展。广泛宣传个体私营经济的地位、作用，充分认识发展个体私营经济的重要意义，消除社会上对发展个体私营经济的偏见和模糊认识，引导和改变人们的择业观念，鼓励和支持更多的社会剩余劳动力从事个体和私营经营。每年以市政府名义召开天津市个体私营工作会议并表彰"天津市百强私营企业"。二是优化政策环境，放宽政策，引导发展。经市委、市政府批准，先后出台了《关于加快发展个体私营经济的若干意见》和《关于进一步加快个体私营经济发展的决定》、《关于促进我市个体私营经济发展的若干意见》、《转发市计委等十三部门〈关于进一步加快个体私营经济发展若干意见〉的通知》、《关于促进个体私营经济和中小企业发展的意见》、《关于鼓励支持和引导个体私营等非公有制经济发展若干问题的意见》等一系列规范性文件。三是优化经营环境，加强管理，促进发展。为了净化市场环境，始终坚持严把市场准入关，坚持依法规范管理，维护正常的市场交易秩序。不断改进工作方法和提高工作效率，深入个体私营企业，进行调查研究，开展现场办公，帮助协调关系，解决场地、资金等生产经营中的实际问题,为个体私营经济发展做好服务工作。建立了市工商局、区(县)分局和工商所三级定点联系制度,分别与116个重点非公有制企业制定了定期走访、重点服务等措施,深受企业欢迎。个体工商户登记注册实行"一审一核"制度。下发了《关于个体工商户登记注册实行"一审一核"暨对工商所个体登记工作人员培训考核的通知》,进一步深化了个体工商户登记制度改革。2007年和2008年,为促进个体私营经济发展,在全市范围内先后停止收缴个体工商户管理费和个体工商户登记注册费,此项工作走在了全国的前列。

截至2008年6月底,天津市个体工商户已达188 294户,从业人员290 464人,注册资金88.60亿元,产值109.98亿元,营业额303.25亿元,消费品零售额199.86亿元;私营企业106 548户,投资者人数185 327人,雇工人数798 410人,注册资本(金)2 795.15亿元,产值286.12亿元,营业额424.88亿元,消费品零售额234.71亿元。私营企业集团已经发展到185户,其中11户进入全国私营企业500强的行列。

目前,全市各级工商行政管理机关继续解放思想、转变观念,进一步加大监督管理力度,采取有力措施,重点扶持一批生产型、科技型、外向型的私营企业,引导其求快、求新、求高,向规模型、质量型、效益型方向发展,促使全市个体私营经济在质和量上跃上新台阶。

五、商标注册与监督管理

1983年,随着《中华人民共和国商标法》的实施,天津市工商局采取有效措施,注重提高企业和社会商标意识,使商标管理工作取得了明显成效。

一是健全机构。自1982年起,市工商局及各分局相继成立商标管理部门,并对商标管理人员普遍进行了业务培训,提高了管理能力和办事效率。二是加强宣传。1992年开展了天津市著名商标评选活动;1999年至2008年6月底,认定了9批天津市著名商标;1994年、1996年举办两届"企业与商标论坛"研讨会。与此同时,帮助3 000余户企业建立了商标管理机构,并深入企业送法上门,帮助企业解决在商标使用、印制、许可、续展等方面的问题。1997年,"灯塔"商标被国家工商局商标局认定为驰名商标,实现了天津市驰名商标零的突破。至2008年6月底,全市共拥有"灯塔"、"夏利"、"狗不理"、"王朝"、"蓝天"、"郁美净"、"鸵鸟"、"大桥"等25件驰名商标。自2003年以来,结合"4·26世界知识产权日"连续六年开展"商标法宣传月"活动;每年结合天津市著名商标认定和驰名商标申报工作,在全国及本市相关媒体集中宣传本市驰名、著名商标企业,扩大驰名、著名商标的社会影响,六年来,共刊登宣传报道近百篇。三是严格执法。1979年至今共办理商标违法案件6 894件,其中1989年以来查处商标违法案件6 486件,罚没金额2 892.83万元,责令赔偿418.15万元,收缴标识3 633.85万件(套),有力地保护了商标注册人的合法权益,净化了市场经济秩序。其中,1991年查处的假冒LEVI'S牌牛仔裤一案成为中美知识产权谈判的典型案例;1992年查处假冒"长城"牌清蒸牛肉罐头案,责令赔偿被侵权人164万元,是全国最大的商标侵权赔偿案之一。四是建章立制。1993年以来,天津市相继出台了《关于加强企业商标工作的意见》、《天津市商标印制管理办法》、《在企业改组改制过程中将注册商标按有价资产进行处置的若干意见》、《天津市著名商标认定和管理暂行办法》、《天津市保护注册商标专用权专项行动方案》、《关于印发"奥林匹克标志专有权行动方案"的通知》、《关于进一步加强保护奥林匹克标志专有权专项治理的通知》、《关于保护北京2008年奥运会火炬接力活动标志的通知》、《关于女足世界杯保护奥林匹克标志及合作伙伴商标权益专项治理安排意见》、《关于开展涉外商标、食品商标专项治理工作的通知》、《关于加强商标和域名工作的意见》、《天津市著名商标认定和保护办法》、《关于建立商标服务制度的通知》、《关于加强农产品地理标志保护与商标注册工作的通知》、《加强商标印制单位监督管理工作的安排意见》等一系列规章和文件,为依法加强管理,规范企业商标行为和保护企业商标专用权奠定了基础。

截至 2008 年 6 月底,全市拥有注册商标 46 410 件,比 1979 年增加 44 721 件,增长了 26.5 倍;共有中国驰名商标 25 件,全市著名商标达到 422 件。

六、广告监督管理

1982 年,天津市广告经营单位有 66 户,从业人员约 800 人,年广告经营额不足 1 000 万元。党的十一届三中全会以来,广告行业有了长足的发展,截至 2008 年,天津市已有广告经营单位 9 472 户,从业人员 39 997 人,广告经营额达 73.71 亿元。26 年间,天津市广告经营单位增加了 142 倍,从业人员增加了 49 倍,广告经营额增长约 736 倍。特别是 1993 年以来,广告经营额每年以 20% ~ 30% 的速度递增,目前仍呈健康发展的态势。

（一）建立健全广告管理机构和行业自律组织

1982 年,市工商局和各区县工商局相继设立了商标广告管理部门,并制定了广告管理工作的有关规章制度。1985 年 4 月,又筹建了天津市广告协会,为广告监督管理和行业自律提供了组织保证。

（二）依法规范广告市场,促进广告业健康发展

1992 年《广告法》实施以来,各单项广告管理法规相继出台,规范广告的法律体系逐渐形成,依照法律、法规的规定和要求,天津市广告管理部门主要做了以下几个方面的工作。一是在广告经营单位内部建立了广告合同管理、广告档案管理、广告法规学习等制度,促进了广告经营主体的规范化程度。二是建立了广告经营单位年检制度。从 1995 年起,每年对广告经营、发布单位的经营资格和守法情况进行年检。1995 年至 2008 年,共取消 1 000 余家不符合广告经营资格企业的经营资格。净化和规范了广告经营主体,提高了广告队伍的整体素质。三是建立新闻媒体广告监测制度。至 2008 年 6 月底,天津市发布广告的有 24 家报刊、131 家杂志、21 家电视台、1 家广播电台,这些新闻媒体是广告的发布窗口,广告集中,发布量大,加强对媒体广告的日常监督检查十分必要。为此,市工商局及各分局相继建立了媒体广告监测制度,对电视、广播播发的广告进行不定期集中录制抽查;对报纸、期刊广告,实行样报样刊备案审查,并指定专人逐日检查。四是建立了户外广告登记管理制度。依照国家工商局《户外广告登记管理规定》,自 1996 年起,对发布户外广告实行登记管理,建立了专项管理制度,规范了广告发布行为。五是建立广告审查员制度。为提高广告从业人员的整体素质,按照国家工商局的要求,自 1994 年起,对广告从业人员进行岗位资格培训。截至目前,广告从业人员持证上岗率已达 100%。培训广告经营单位审查员 2 160 人,并取得了合格证书。

（三）查处广告违法行为,维护消费者合法权益

多年来,天津市广告监督管理部门坚持接受举报和主动出击相结合、日常监督和专项治理相结合的原则,按照重视大要案件、严打虚假误导广告、坚决查处违禁广告、管住与群众生活密切的商品广告的思路,不断加大执法力度。1992 年以前,查处广告案件为零。自 1993 年至 2008 年 6 月底,共查处广告违法案件 6 063 件,罚没 2 475 万元。监管力度逐年增强,查处案件数量和罚没金额逐年增大,维护了广告市场秩序和消费者的合法权益。

（四）开展公益广告活动

自 1996 年开始,组织了"中华好风尚"和"自强创辉煌"主题公益广告月发布活动,1996 年发布公益广告 3 000 余条,1997 年发布万余条。1998 年以后,把公益广告的发布纳入了广告经营单位的一项日常工作任务。公益广告主题鲜明、形式多样,切实起到弘扬民族精神、树立社会良好风尚、促进精神文明建设的效果,得到了社会和群众的认同和好评。全市先后有十余幅作品和 9 户（次）广告经营单位、9 名个人荣获国家工商总局公益广告活动政府奖。

七、市场监督管理

党的十一届三中全会以来,天津市的市

场建设得到迅速发展。截至 2008 年 6 月底，全市共有各类市场 738 个，其中，消费品市场 592 个，生产资料、生产要素市场 146 个。基本形成了以国家级市场为龙头，以地域级大市场为骨干，以区域级市场为基础的市场体系格局。在对市场监督管理中，全市各级工商行政管理部门不断解放思想，积极探索和实践，强化监督管理，走出了一条依法管理和规范管理的新路子。

（一）强化监督管理，维护消费者合法权益

在市场监管中坚持两手抓，一手是深化监管，全面推行市场巡查制。市工商局在吸收和借鉴兄弟省市推行市场巡查制经验的基础上，结合实际情况，制定了《市场巡查管理工作规定》、《市场巡查管理工作程序及细则》，使这一工作基本达到有章可循。目前全市已形成了各分局领导包面，市场科和有关科室包段，各工商所、中队包点的三级巡查网络。积极推进市场信用分类监管工作，出台了《商品交易市场信用分类监管实施办法》（试行）、《商品交易市场经营者信用评价实施办法》（试行）、《天津市市场信用监管评价标准及评分细则》（试行）。坚持依法护权，打击制售假冒伪劣商品、缺斤少两等违法违章行为，发挥了工商部门的整体功能，提高了监管效能，实现了监管方式的创新。另一手是主动出击，追根挖源，认真实施市场专项治理。根据时令、节令特点，全市每年都安排元旦、春节等节令市场专项治理，夏季市场专项治理等活动，治理环境卫生，打击假冒伪劣商品、缺斤少两等侵害消费者合法权益的行为。同时，还紧紧围绕国家有关棉花、粮食、生猪等重要商品的流通体制改革部署，适时组织了全市性的市场专项治理活动，维护了市场稳定，为保证人民群众生活作出了贡献。

（二）依靠社会力量共同管理

一是注意营造宣传氛围。通过社会传媒和市场内开辟宣传栏、举办真假商品鉴别等多种形式，宣传市场管理法律法规，教育经营者守法经营，引导消费者依法维护自身合法权益。二是发挥消费者协会的护权作用。配合消协建立投诉网，处理消费者投诉。三是发挥个体劳动者协会的行业自律作用，教育经营者严格自律，以更好地规范经营者行为。四是与公安、文化、物价、市容等有关部门主动配合，通力合作，共同维护市场秩序。五是发挥社会监督作用。聘请人大代表、政协委员、社区代表为义务监督员，对市场定期不定期进行检查，监督管理人员依法行政。

（三）有效地介入"双生"市场管理

在对生活资料市场进行监管的同时，还以汽车市场的监管为切入点，有效地介入了汽车、煤炭、建筑、房地产、人才劳务和经纪人等生产资料和生产要素市场的监管，并以严格市场主体资格、完善交易规则、整顿流通秩序、规范市场行为为重点，完善了汽车等生产资料市场的监督管理办法，强化了经营资格的认定工作。在监督管理生产要素市场中，以强化对中介组织和经纪机构的监管为突破口，以《天津市经纪人管理办法》为基础，会同有关部门，确定 8 大行业 13 个经纪资格培训单位，严格培训考试，强化经纪资格换证，从严查处非法经纪行为，促进了本市生产要素市场的发展，实现了监管领域的新突破。

（四）加强规范管理，创造良好的购物环境

为提高市场规范化管理水平，主要抓了三个环节。一抓市场登记，严把市场开办关，不符合规定的不予登记。同时做好年检和负责人培训，实行持证上岗制度。二抓队伍管理，提高管理人员素质。加强管理人员的政治学习和廉政建设，强化业务知识培训，促使管理人员"执法懂法，秉公办事，清廉从政，文明管理"。三抓市场规范。制定了合格、达标、规范三类市场标准，结合创建文明市场进行专项检查评比。

（五）加强法制建设，完善市场管理法规

先后代起草并由市人大常委会颁发了《天津市商品交易管理若干规定》、《天津市实施〈消费者权益保护法〉办法》，由市政府颁发了《天津经纪人管理办法》、《天津市集贸市场管理办法》以及《关于取缔无照经营通告》、《关于综合治理占路集贸市场的通告》、《天津市集贸市场管理规范》等一系列市场监督管理方面的地方性法规、规章和规范性文件，为依法行政奠定了基础。

（六）扎实开展市场办管脱钩工作

为切实担负起监管社会主义统一大市场的职责，维护好公开、公平、公正的社会主义市场经济秩序，1995 年根据国务院办公厅国办发〔1995〕40 号文件精神，天津市工商行政管理系统进行了市场办管分离工作，工商行政管理部门所办市场与工商管理机关实现了机构、职能、资产、财务、人员编制、办公地点的"六分离"。1997 年按照国家工商局《关于对市场办管脱钩工作进行复查的通知》精神，天津市工商行政管理系统对办管分离工作进行了复查，并针对存在的问题进行了认真的整改。1998 年党中央、国务院决定省以下工商行政管理机关实行垂直领导、工商行政管理机关与所办市场彻底脱钩，天津市人民政府转发了《市体改委、市商委、市工商局关于我市工商行政管理机关与所办市场实行办管脱钩实施意见的通知》，就实施市场办管脱钩的具体办法、完善市场管理的措施、做好市场移交工作的要求等做出了明确规定。按照市政府的文件精神，工商行政管理系统原市场建设服务中心所办市场的产权、涉及的债权债务、经营服务人员等一并移交市场所在区县人民政府，1999 年底基本完成了市场办管脱钩工作。2004 年 7 月 1 日，根据《行政许可法》的规定，全市停止核发《市场登记证》，新登记市场转入企业登记。2007 年 1 月 1 日起停收市场管理费。

八、经济合同监督管理

1982 年，天津市工商局设立合同管理机构，全面管理商业购销、工程承包、加工承揽、货物运输等方面的经济合同行为。多年来，天津市工商局充分发挥职能作用，依法加强经济合同监督管理，为维护社会主义市场经济秩序发挥了积极作用。

（一）发挥服务指导职能

为增强企业的合同意识，提高合同管理人员素质，规范合同签约行为，全市各级工商行政管理人员经常深入企业，采取多种方式，宣传经济合同法律、法规，指导帮助企业规范内部合同管理，严格依法履行合同。为企业避免经济损失 86 749.8 万元，解决合同纠纷 2 431 件，追回货款 62 316 万元，保护了企业合法权益。同时，组织开展了 1 873 期企业培训班，参加企业 29 325 家，培训人员达 128 230 人，有 93 228 人获得合格证书。此外，依据《担保法》规定，还开展了企业动产抵押物登记管理工作，1996—2008 年 6 月底共办理登记 31 169 件，抵押物价值 9 307 932 万元，贷款额 9 099 176 万元。避免了 90 多件重复、虚假抵押现象的发生，维护了全市的金融秩序。

（二）发挥监督检查职能

全市各级工商行政管理机关依照有关法律、法规，相继开展了企业经济合同执行情况，建筑市场、中介市场、房地产市场情况，经济合同文本印制、发放情况等专项检查。同时，主动介入商品交易会、企业订货会，现场进行经济合同法律咨询、经济合同鉴证、查询交易主体资格等项服务，为企业创造了良好的交易环境。依据《拍卖法》对全市拍卖活动实行了备案制、登记制、现场监督制，规范了拍卖市场和拍卖行为。此外，积极探索研究经济合同违法行为的新动向、新特点，重点打击利用购销合同、建筑合同、加工承揽合同、中介合同和农资合同进行欺诈的行为，严厉查处利用合同欺诈的"三无"企业和多次进行欺诈的单位和个人，共办结违法案件 683 件，涉及违法金额 64 209 万元。

（三）发挥规范管理职能

自 1982 年至 2004 年，全市共办理各类经济合同鉴证 385 783 份，合同金额 5 045 286 万元，通过鉴证规范了合同当事人的签约行为。1982 年至 1993 年仲裁各类经济合同纠纷案件 3 132 件，解决合同争议金额 68 857 万元。1985 年以来，还在全市开展了"重合同、守信誉"活动，累计 7 796 家（次）企业被天津市人民政府命名为"重合同、守信誉"单位，累计 114 家企业被国家工商总局命名为"重合同、守信用"企业。近年来，针对合同行为向多元化、复杂化发展的趋势，深入推行了经济合同文本制度，制定并执行了《建筑工程施工合同》、《中介合同》、《商品房销售合同》、《委托拍卖合同》等二十八种合同规范文本,制定了《天津市种养殖产品收购合同》、《天津市种子买卖合同》、《天津市化肥(农药、饲料)专卖合同》、《天津市饲料订购合同》等四种指导性合同文本,并在全国率先推出了《天津市婚姻介绍服务合同》示范文本,目前全市合同文本普及率达90%。此外,依据有关法律、法规,在有关部门的支持下,先后制定了《天津市经济合同管理若干规定》、《天津市经济合同监督管理办法》、《天津市拍卖市场监督管理规定》、《天津市重合同、守信誉单位考核命名办法》等规章、制度。2008年,对全市726家房地产企业和457家旅行社(含分支机构)开展了合同签约履行专项执法检查,起到了制定并推广一份合同文本,促进一个行业规范的作用。

九、消费者权益保护

工商行政管理机关是《中华人民共和国消费者权益保护法》所明确的主要行政执法机关之一。天津市工商行政管理局认真履行《消法》赋予的各项职责,努力维护消费者的合法权益,严厉打击侵害消费者权益的违法行为,有效地维护了天津市的经济秩序。

(一)受理消费者的申诉、投诉,为消费者排忧解难

多年来,天津市各级工商行政管理机关在消费者权益保护工作中坚持“四个一样”,即信件投诉与电话投诉一个样,生人熟人一个样,外地人与本地人一个样,投诉金额大小一个样。积极受理消费者的申诉、投诉,建立健全必要的规章制度,大力支持消费者协会开展各项保护消费者合法权益的工作,严厉查处各类侵害消费者合法权益的案件。共受理消费者申诉、投诉42 000余件,为消费者挽回经济损失4 600多万元,有力地推动了消费者权益保护工作的深入开展,并得到社会各界的支持、配合与肯定。至2008年6月底,全市消费者投诉举报系统累计受理消费者申诉21 489件。办结21 276件,其中调解成功19 361件,占办结总数的

91%,为消费者挽回经济损失1 454万多元。2007年,发起设立了津、深、港、澳四地合作维权协作机制,着力解决消费者异地投诉难的问题。

(二)依法打击查处侵害消费者合法权益的违法行为

天津市各级工商行政管理机关依据法律赋予的职责,按照有关法律、法规的规定,制止和查处侵犯消费者合法权益的行为。

一是推行市场巡查制,强化维权工作。各级工商行政管理机关普遍把市场巡查制作为强化日常监管的主要手段,制订了具体方案,强化对各类市场的监管力度。针对群众反映的热点问题,积极开展治理整顿。特别是进一步整治了与人民群众生活密切相关的猪肉、煤炭、药品、保健品市场,净化了消费市场环境。努力搞好流通领域食品质量监管。2004年,流通领域商品质量监督检查职能划转到工商部门,全市各级工商机关把密切关系人民健康和生命财产安全的商品作为重点监测目标。尤其针对流通领域食品质量,以农村、城乡结合部为重点监测区域,以安全性能、有毒有害物质含量等为重点检验指标,认真履行监管职能,建立健全了监测机制,实行按月多品种多批次监测,不断强化后处理环节和源头监管,全力加强流通领域商品质量监测工作。自2004年7月至2008年6月底,全市累计实施商品质量监测257次,对3 132家企业生产经营的各类食品、服装、化妆品、玩具、平板电视、珠宝玉石等151个品种、3 530个批次商品进行了检测,其中食品监测占商品监测总量的65.7%。依法处理了1 423家企业生产经营的1 513个批次不合格商品。在工商红盾网和主要媒体发布消费警示132期,曝光了982家企业生产经营的1 064个批次质量严重不合格商品。对季节性、区域性消费特点明显的商品,消费者申诉举报集中的商品,以及与群众生活密切相关的重点商品,坚持集中开展产品质量和食品安全专项整治。对节日市场、移动电话机售后服务市场、农村食品市场开展专项整治行动。积极有效地应对禽流感、苏丹红、孔

雀石绿等突发事件。累计捣毁制假售假窝点190多个，查获各类假冒伪劣食品450多吨。同时，坚持速查快办、依法严惩，累计立案查处各类违法侵权案件4 000多件，切实维护了市场经济秩序和广大消费者合法权益。

二是进一步完善执法检查、企业自律和消费者举报三位一体的工作机制，从源头上打击、查处侵害消费者合法权益的生产经销行为。全市各级工商行政管理部门认真贯彻全国工商行政管理机关保护消费者合法权益工作会议精神，开展了与企业"联手打假维权"，天津灯塔涂料、大桥集团、蓝天集团、天磁公司等92家名优产品的大中型企业成为天津市首批"打假维权"成员单位。这些企业与工商部门密切配合联手打假，取得初步成效。

三是建立健全食品安全快速检测机制。2006年为市内六区工商分局配备了商品（食品）质量监测车，启动流通环节食品质量快速检测机制。2007年为全市143个工商所共计配备了308个便携式食品安全快速检测箱，制定了工商部门食品质量快速检测的管理办法，构建了以快速检测车和检测箱为载体，市局集中速检、分局重点速检和工商所常态速检相结合，覆盖全市流通领域的食品质量快速检测体系。积极组织开展速检练兵比武考核，切实提高基层执法人员速检技能。累计对商场、超市等销售的水发产品等百余种11 739个批次食品进行集中快速检测，对速检发现的148个批次348.5公斤不合格食品，监督经营者自行下架退市。2008年"3·15"前夕，市局首次向社会发布流通领域食品质量快速检测报告，并确定了每月10日定期发布速检结果的月报告制度。

（三）健全消费者组织，依法履行职能

建立健全各级消费者协会是消费者权益保护工作的基础和组织保障，指导和支持消费者协会履行职能是法律赋予工商行政管理部门的职责。一是组织支持。自1990年以来，全市各区县相继成立了消费者协会。各消费者协会还配备了专职秘书承担日常的消费纠纷调解工作，使消费者组织延伸到市场、街道、乡镇，把工商行政管理保护消费者合法权益的职能通过与社会组织的合作延伸到消费者最需要的地方。二是经费支持。各级消协组织所需经费在未列入地方财政预算开支的情况下，每年业务经费全部由工商行政管理局拨付，有效地保障了消协组织发挥职能作用。三是开展"受侵害，找工商"活动。为充分发挥工商部门在消费者权益保护方面的职能作用，自1998年在全市工商管理系统开展了"消费者，当您的合法权益受到侵害时，请找工商"活动。在活动中建立起了市局、分局和工商所三级受理消费者申诉网络，并购置和开通了流动受理投诉车，提高了依法维权的组织保障力度。

聘用年龄适当、身体健康、素质较好的下岗人员对商品质量和食品安全情况进行暗访。基层工商所按管辖逐步在主要食品经营网点设立食品质量联络员，在社区、乡镇和行政村等设立消费者投诉站，在学校、社区、村镇等设立食品安全监督员，并不断完善相应工作机制。发动全社会广泛参与食品安全监管，初步形成了食品安全的社会监督机制。

（四）完善立法工作，加强法制建设

1989年10月，天津市工商行政管理局参与起草了《天津市保护消费者权益条例》，报经市人大常委会审议通过并颁布实施，对全市的消费者权益保护工作发挥了有效的法律保障作用。《中华人民共和国消费者权益保护法》颁布实施后，结合天津的实际，1996年5月，参与起草了《天津市实施〈中华人民共和国消费者权益保护法〉办法》，经市人大常委会审议通过并颁布实施。针对消费者投诉反映的热点问题，会同有关部门制定了《天津市鞋类商品三包规定》、《天津市洗染服务管理办法》、《瓶装啤酒爆炸伤人赔偿办法》等地方规定，使国家的法律法规更加具体化，更具可操作性，有效地保护了消费者的合法权益。自行制发了《流通领域食品质量信息公示制度》、《流通领域食品安全监督检查制度》、《流通环节重大食品安全事件应急预案》、《流通领域食品质量快速检测管理办法（试行）》《关于建立食品索证索票制度和进货台账制度的指导意见》等规范性文件。

（五）提升食品安全监管的信息化水平

2006年启用了企业信用监管平台，以食品行业为先导，通过在企业数据库中对食品单位分四类加注特殊识别标记，并及时录入巡查等监管信息，实现了对食品经营者有针对性的动态监管，受到国家工商总局的高度评价并在全国推广。2007年进一步调整完善经营主体数据库系统，将全市食品单位又细分成六类分别加注标记，为食品安全监管提供了有力的技术支撑和网络保障。

（六）强化督导，推动食品经营自律进程

引导督促食品经营者建立健全进货检查验收、购销台账、质量承诺、协议准入、质量自检、不合格食品退市等经营自律制度。累计检查超市、食品店经营的米、面、油、醋、酱油等16大类4 000多种食品的索证索票情况，并向社会公布检查结果。推行索证索票、进货台账两项制度检查三级签章制度，促进监管到位。督促656家商场、超市100%建立了索证索票制度，10 596家食杂店100%建立了进货台账制度。2007年，在《今晚报》开设工商"红盾在行动"曝光台，分五批实名曝光了近100个企业的违法案例，有效地震慑了流通领域中的不法行为，强化了企业的诚信意识。

（七）力保奥运食品安全监管万无一失

2008年北京奥运会及残奥会期间，全市开展了奥运食品安全专项整治行动，实施分级分类监管，确定监管区域类别，实现对重点监控地区的全覆盖巡检；制定了市局、分局两级奥运食品安全事件应急预案，组建食品安全快速反应执法队伍，开展了应急模拟演练，提高了突发事件应急处置能力。

十、积极开展抗震救灾工作

2008年5月12日四川汶川等地发生特大地震灾害，5月14日上午9时，天津市工商局党组以全市工商系统全体干部职工的名义向四川省工商局发出慰问信，并将第一批捐款50万元汇往四川省工商局，对口支援汶川震区工商部门抗震救灾工作。同日，市局党组印发了《关于向汶川地震灾区献爱心支援救助的通知》，号召系统干部职工积极行动起来，踊跃捐助善款，要求全系统恪尽职守，加强食品安全和救灾物资质量的监督管理，以实际行动支援抗震救灾活动。5月19日，市局决定采取五项措施，继续加大对四川震区的支援力度：一是号召全体党员缴纳"特殊党费"，用于抗震救灾工作。二是自5月21日至7月1日，在全市工商系统开展"红盾爱心援建捐款"活动，所募集的款项集中用于支援地震灾区重建一个现代化工商所，以帮助灾区工商行政管理工作尽快步入正轨。三是视四川省工商局需要，随时准备派出相关工商行政管理干部对口支援震区工商行政管理工作。四是收集、整理全市个体户和民营企业捐款、捐物赈灾情况，以市政府个体私营经济办公室和市个体私营企业协会名义发布通报，对相关企业予以表彰和鼓励，倡导抗震救灾、团结互助、回报社会的精神。五是5月19日至21日全国哀悼日期间，全系统停止一切公共娱乐活动，哀悼在地震中遇难的同胞们。同时，压缩行政经费开支，严格控制接待、出国、出差等。在此次抗震救灾活动中，全市工商系统捐款以及个体劳动者协会、私营企业协会号召个体劳动者和私营企业捐款共计500多万元。

附：

天津市工商行政管理局 历任局长、党组书记

郝生德，1978年4月至1979年8月任局长、党组书记；刘文田，1979年8月至1990年2月任局长、党组书记；鲁永廉，1990年2月至1993年3月任局长、党组书记；石栋，1993年3月至2007年3月任局长，1993年3月至2008年3月任党组书记；王海福，2007年3月至2008年6月任局长，2008年3月至2008年6月任党组书记。

（执笔人：徐景军）

第三章　河北省工商行政管理局

第一部分　(1949—1978)

第一节　河北省工商行政管理机构沿革

新中国成立初期,河北省的工商行政管理工作分属于省工业厅行政处、省商业厅行政科、省财经委员会私营企业管理处三个部门。1954年2月,河北省工商行政管理局正式设立,设4科1室,编制50人,全面负责河北省的工商行政管理工作。1958年5月,河北省人民委员会决定撤销省工商行政管理局,工商行政管理工作由省财政贸易委员会负责,各专署、市、县的工商行政管理工作先是由工商科(局)负责,后又转为当地商业局负责。1963年2月,河北省工商行政管理局恢复建制。随后,各市相继建立了工商行政管理局,各专署和县建立市场物价管理委员会。到1965年,全省工商行政管理机构基本健全起来,干部职工人数达5 061人,另有长期协助员1 267人。在"文化大革命"时期,各级工商行政管理机构陷于瘫痪,人员减少。河北省革命委员会成立后,工商行政管理工作由省革命委员会生产指挥部财贸组负责,工商行政管理局的建制随之撤销。

第二节　河北省工商行政管理部门的发展成就

一、查处经济违法违章案件

新中国成立以来,河北省各级工商行政管理部门按照党委和政府的部署,坚持不懈地开展打击投机倒把活动,为维护社会主义经济秩序,促进国民经济的发展作出了积极贡献。

1949年底至1950年初,河北省解放不久,处于国民经济恢复时期,不少工商业停工歇业,城乡地区之间物资流通阻塞,市场物资严重匮乏,物价上涨,人民生活十分困难。在这种经济形势下,一些不法资本家和投机商利用他们手中占有的资本,控制社会闲散资金,大搞囤积居奇,哄抬物价,牟取暴利等投机倒把活动,造成河北省物价严重不稳。在此期间,各级工商行政管理部门在各地政府的领导下,采取坚决措施严厉打击投机倒把活动。随着打击投机倒把活动的深入开展,河北省各地物价普遍稳定和下落,以唐山、保定、石家庄、邯郸四市为代表,各地物价平均下降15.47%。

1951年至1952年,河北省各级工商行政管理部门积极参加"三反"、"五反"运动,认真开展打击投机倒把活动,支援抗美援朝。当时不法资本家趁市场供应比较紧张之机,抬高物价,不愿接受加工订货,对已经签订的合同不认真履行,甚至采取行贿、偷税、漏税、偷工减料、盗骗国家财产、盗窃经济情报等手段,破坏经济恢复和抗美援朝。这次运动为河北省完成第一个五年计划扫清了前进的障碍。

1959年至1966年,由于工作中的失误和严重的自然灾害,国民经济遇到严重的困难。国民经济比例失调,生产和生活资料供应奇缺,商品的可供量急剧下降,人民生活困难,市场物价上涨。河北省社会上的一些投机商贩,采取行贿拉拢、内外勾结、城乡串联等手段,大肆进行贩卖主要农副产品,套购工业品,倒卖金、银、票证等违法活动,加剧了当时的经济困难,给社会带来了严重的危害。为了稳定市场物价,中共中央、国务院采取经济措施,对主要商品实行计划供应,对几种特定商品实行高价政策,敞开供应,回笼货币的同时,运用行政手段,充分发挥工商行政管理部门的职能作用,深入开展了打击投机倒把的斗争。到1965年底,全省共查获投机违法案件21.9万起,其中属于群众揭发的案件有6.8万起,占总数的32.30%。对情节恶劣,危害严重的大犯、惯犯和集团头子,进行大张旗鼓的处理,逮捕法办153人,戴投机倒把分子帽子292人,没收罚款、补税233万元。

二、内资企业监督管理

新中国成立后,河北省的企业登记管理工作经历了曲折的发展过程。解放初期,对工商企业的开业、歇业进行了临时登记,对稳定经济秩序、恢复生产起到了积极作用。在社会主义改造时期,工商行政管理部门开展了对企业的普查登记和清产核资,并组织小型企业联营,将一部分商店进行合并和迁移,认真办理了企业的转业、歇业和换发营业执照工作。1956年,社会主义改造基本完成以后,所有的企业按行业实行了归口管理,企业登记管理工作被削弱。20世纪60年代初,河北省工商行政管理部门运用企业登记管理,对国营企业、合作社和其他集体所有制企业以及个体工商业进行了清理整顿和全面登记,配合有关部门重新划分各行业企业的经营范围,调整网点布局,推动了国民经济调整。"文化大革命"期间,企业登记管理工作陷入停顿。

三、个体私营经济监督管理

新中国成立后,河北省个体私营经济的发展经历了一个曲折的历程。国民经济恢复时期,全省的个体工商业数量很大,1953年,个体商户达到19.2万户,加上个体手工业,个体工商业从业人员达到34.47万人;手工业合作组织及个体手工业总产值达到4.28亿元,私营商业零售额达到8.17亿元。1953年以后,国家引导个体私营业者走合作化的道路,绝大多数个体工商业者参加了合作商店、合作小组,或者进入国营、公私合营企业。到1957年,河北省个体工商业只剩下7.7万户,8.6万人。从1958年到1966年底,全省合作商店只剩下1 856户,从业人员4.53万人;合作小组及个体商贩1.87万户,从业人员2.03万人。"文化大革命"开始后,个体工商业被当作"资本主义尾巴",进行了清理,到1978年底,全省个体工商业仅剩下4 788户,9 995人,私营企业基本绝迹。

四、商标监督管理

新中国成立后,河北省认真贯彻实施政务院1950年7月颁布的《商标注册暂行条例》和《商标注册暂行条例施行细则》,一方面对老解放区地方政府注册的商标准予优先换发新证,另一方面促使国营、公私合营企业凡使用未注册商标的,积极申请注册。河北省商标注册管理有了一定发展。1966年,国务院决定商标注册工作下放到省级管理。"文化大革命"期间,河北省工商行政管理局停止办理商标注册,仅石家庄、邯郸、唐山、秦皇岛4市办理部分商标注册手续。由于商标管理工作被削弱,市场上出现了许多仿冒、伪造、混同、滥用商标的问题,商标使用极其混乱。1974年,《河北省内销商品商标管理试行办法》公布后,对内销商品的商标实行重新审定注册,各级工商行政管理部门协同企业主管部门,对企业已经注册和自行使用的商标进行了全面清理登记。到年底,共批准内销商品注册商标788件,对企业提高产品质量、保障商品信誉起到了促进作用。

五、广告监督管理

新中国成立以后,河北的广告事业发展很快,广告媒介多种多样,除报纸广告、杂志广告、书籍广告外,还有邮政广告、露天广告、交通广告、店内广告、电影广告等。1953年对资本主义工商业实行社会主义改造过程中,对资本主义广告商也进行了改造。在广告管理上,强调广告要为社会主义服务,做到真实、美观、经济、实用。但是以后的广告管理比较薄弱,在"文化大革命"时期,广告行业停业,广告事业出现空白。

六、市场监督管理

1949 年至 1978 年的市场建设大体可分为 4 个时期:(一)国民经济恢复时期(1949 年至 1952 年)。新中国成立后,1949 年 10 月,河北省人民政府颁发《关于当前市场管理工作的意见》,放宽了市场管理中的一些限制措施,简化管理手续。从 1950 年初起,全省各地逐步恢复、改造旧的集贸市场、山会和庙会,利用它们组织商品、物资交流会,沟通地区间的商品、物资交流,疏通农副产品进城的渠道。在一些农产品集中地开辟新市场,到 1952 年底,河北省以农产品为主要交易对象的城乡集贸市场已恢复和发展到 2 802 个。(二)社会主义改造时期(1953 年至 1956 年)。1953 年,政务院发布了《关于实行粮食的计划收购和计划供应的命令》等一系列文件,先后对粮食、棉花及生猪、皮革、烟叶、蛋品等重要农产品实行了统购、派购。从 1954 年初开始,河北逐步整顿了农产品批发市场。同时,为满足城乡广大群众对各类商品消费需求,保留和建立一批农产品零售市场,这些市场是在政府管理下,由农村生产者和消费者直接调剂供求的交易场所,粮食等各类重要农产品在统购任务完成后允许上市。经过整顿,到 1956 年,河北省共有 2 661 个城乡集贸市场,当年成交额为 9 826 万元。(三)社会主义改造基本完成后(1957 年至 1965 年)。1957 年,河北省农业合作化和对私营工商业社会主义改造基本完成后,由于对社会主义历史阶段还需要发展商品生产、还需要市场调节等特点认识不足,对城乡集贸市场时而肯定其积极作用,承认它和利用它;时而又强调其消极作用,严加限制甚至予以关闭。特别是由于 1962 年党的八届十中全会提出了"以阶级斗争为纲"的指导思想,对集贸市场的限制越来越严。这种"左"的思想严重影响着河北省的市场建设,致使城乡集贸市场由 1956 年的2 661个减少到 1965 年的 1 944 个,给广大城乡人民的生活消费带来不便。(四)"文化大革命"时期(1966 年至 1978 年)。"文化大革命"开始后,城市中的集贸市场被列为"旧事物",是"走资本主义道路当权派复辟资本主义的产物",对其加以批判、限制,直至强行关闭。在广大农村,虽然没有提出取消农村集市,但是由于取消社员自留地和家庭副业,使农村集市贸易丧失了存在的前提条件。各地对农村集市,在政策上严格限制,在管理上管严管紧,农村集市交易范围逐渐缩小,数量急剧减少。到 1976 年底,河北省仅存有 1 118 个集贸市场。城乡集贸市场急剧萎缩,城乡间物资交流受到严重限制。

工商行政管理部门的市场管理任务,早在全国解放前各解放区就已形成,随着各大中城市的解放和各级工商行政管理局的设立,市场管理任务也延续下来。市场管理工作经历了巨大的曲折,但市场管理成为各级工商行政管理部门重要任务之一,从未间断过。解放初期,国家的根本任务是迅速恢复和发展生产。为此,市场管理工作紧紧围绕恢复和发展生产这一中心任务,适时采取了打击投机倒把、稳定市场物价、组织物资交流等一系列措施,疏通旧有的流通渠道,开辟新的渠道,搞活了商品流通,扩大了商品销售,对恢复和发展生产起到了促进作用。社会主义改造时期(1953 年至 1956 年)的市场管理任务是稳定市场,维护市场秩序,维护国家收购和供应计划,取缔投机倒把违法活动,为促进社会主义改造服务。市场管理工作着重为壮大国营经济服务,确保社会主义商业在市场的领导地位,从而保证了全省社会主义改造的顺利进行。在社会主义改造基本完成后(1957 年至 1965 年),受"左"的思想影响,市场管理工作管理范围缩小,局限于非计划流通渠道的购销活动,其任务基本上是管理城乡集市贸易和计划外的采购,而且在政策上时严时宽,摇摆不定。河北省集市贸易在曲折的道路上艰难发展。"文化大革命"时期(1966 年至 1978 年),由于推行极左路线,市场管理工作深受其害。河北省通过采取取缔城市集市、管死农村集市、取缔城乡之间和地区之间的计划外采购活动等一系列强制性措施,堵塞了流通,管死了市场,造成了严重后果。

第二部分　（1979—2008.6）

第一节　河北省工商行政管理机构沿革及发展情况

1979年4月,河北省工商行政管理局再次恢复建制。随着形势的发展,工商行政管理机构和人员陆续增加,到1998年底,省工商行政管理局共设13个处室,干部职工编制122人,全省各市、县（市、区）工商行政管理机构4 082个,其中省辖市局11个,县（市、区）级局207个,工商行政管理所1 621个,经济检查队（站）94个。工商行政管理工作人员共34 693人,其中行政编制9 691人,事业编制11 422人,其他人员13 580人。

2000年,河北省政府进行了省直部门机构改革,河北省工商行政管理局从内设机构到人员编制进行了调整,合同管理处与市场管理处合并,外资企业登记管理处与企业登记管理处合并,新增设了教育处和老干部管理处,机关公务员编制82人。此后,河北省工商行政管理局对内设机构及职能又进行了调整,2003年,外资企业登记管理处与企业登记管理处分离。2005年,增设消费者权益保护处,撤销了基层教育处,将基层教育处职能划归人事处,人事处改为人事教育处。2006年,撤销个体经济监督管理处,增设企业监督管理处,企业登记管理处改为企业注册处,对两个处的职能进行了调整。

1998年,国务院决定省以下工商行政管理部门实行垂直管理。河北省工商行政管理局积极运作体制改革,彻底实现了管理职能的转变和公务员考试考核过渡。截至2008年6月,省局设机关处室14个,直属单位10个。全系统设11个市工商行政管理局,172个县（市、区）工商行政管理局,37个管理区（开发区）分局,经济检查总队1个、支队11个、大队172个,1 052个工商分局（副科级）,公务员22 750人,事业编制5 713人。

多年来,河北省工商行政管理局十分注重队伍建设和法制建设,自工商行政管理部门恢复建立以来,全省工商行政管理系统紧紧围绕培养和建设一支思想过硬、纪律严明、业务精通、廉洁勤政、依法管理的新型执法队伍,大力开展了基层规范化建设、廉政建设,"三型工商"（法治型、数字型、和谐型）建设,实施了"工商形象建设年工程",创建"文明行业"活动,提高了队伍整体素质和行政执法水平。狠抓基层规范化建设。各地认真贯彻落实《工商行政管理所条例》和《工商行政管理所初级规范》,规范了工商行政管理所的设置原则和隶属关系,理顺了工商行政管理所的管理体制,明确了工商行政管理所的管理权限,规范了行政行为,强化了工商行政管理所人员的依法行政意识;建立和完善了各项规章制度,规范了工作程序,强化了内部约束和外部监督机制,并加强了基础设施建设,工商行政管理所队伍的整体素质明显提高。实施"红盾人才工程"。抽调大专以上文化程度的业务骨干到大专院校进修学习,培养工商专门人才;多渠道办学,提高大专以上文化程度的干部比例。办好中等专业学校,培养初级人才,鼓励支持干部职工参加各类成人大、中专学习和深造,先后有4 000多人取得了大、中专学历;2002年,先后改建、新建了北戴河、杏花湾、石家庄三处培训中心。全省系统实行岗位培训,统一教材、统一组织进行全员培训,举办岗位职务培训班426期,培训近3.6万人次,基本做到持证上岗。2005年,对新任职的350名副科级以上干部和1 000余名股级干部进行了任职培训。目前,全系统已形成高、中、初级人才的合理分布,队伍文化素质明显提高。2002年,全省工商系统新增专科学历人员4 931人,本科学历人员349人,研究生学历人员118人。2003年新增研究生65名,大专以上学历人员1 934名。实施政务公开,加强行风廉政建设。各级工商行政管理局全面规范,全方位公开,把工作职责、办事依据、办事条件、办事程序和时限、办事结果、收费依据、收费标准、承诺内容和责任全部公开;针对热点突出重点,加大窗口单位的公开力度。为解决利用"案、费、证、照、位"以权谋私、吃拿卡要等热点、难点问题,各级工商行政管理局普遍建立企业登记注册大厅,实行办照"三卡一条龙"服务(即咨询明白卡、流程责任卡、意见反馈卡和一门进、一门出的一条龙服务),方便群众,防止以照谋私不正之风。并针对系统实际,采取新举措,加强党风廉政建设,开展了"基层窗口单位和一线执法人员面向监管对象述职述廉活动"。在全省民主"行风评议"活动中,河北省工商行政管理局被省委、省政府列为 2006 年、2007 年"行风评议"免评单位。加大工商行政管理所的政务公开力度,实行结果公开、摊位安排实行招标制、抓阄制、拍卖制、轮换制;公开办案结果,防止以案谋私。通过实施政务公开,提高了权力运行透明度,密切了干群关系,提高了队伍素质和工作效率,促进了经济发展。《人民日报》、《河北日报》、《中国工商报》、河北电视台等新闻媒体先后报道了河北省工商行政管理局实施政务公开的经验。

2002 年,河北省工商行政管理局在全系统推行"一站式"首办责任制,坚持落实"五个一"制度,即各县(区、市)以上工商行政管理机关设立首办责任厅,将工商行政管理局的主要业务移至大厅集中办理。制定了一套管理制度和业务程序。设立了导办监督台,负责接待企业、群众咨询、引导服务。设立了局长值班岗,及时协调、处理各项业务工作。对所有工作实行一次性告知,方便群众办事。"首办责任制"实行以来,取得了明显效果,提高了工作效率,转变了工作作风,树立了良好的机关形象。

2003 年以来,河北省工商行政管理局在全系统狠抓提高行政能力和依法行政水平。按照免评不免建("行风评议"免评,行风建设和机关效能建设紧抓不放)的原则,狠抓行风建设和机关效能建设,全面推行行政权力公开透明运行工作,梳理执法依据,列出权力清单,将法定职权分解到具体的执法机构和岗位,明确具体的标准和要求,并将权力运行的各个方面、各个环节置于阳光之下,广泛接受监督,有效规范了广大干部的行为。在提高依法行政水平上,完善了行政执法考核评议办法、行政执法监督办法、错案和执法过错责任追究办法等行政执法责任制度,建立了领导干部学法用法长效机制。2006 年,在全系统推行了领导干部任前考试制度,制定实施了《河北省工商行政管理系统关于选拔任用干部任前法律法规知识考试的暂行办法》,对任前法律考试的内容、范围、程序以及考试结果、使用等进行了具体规定。并为每一位执法办案人员建立了电子档案,2006 年首次在全系统评选出了14 位执法办案能手。全系统的行政执法监督考核和奖惩机制不断完善,依法行政的意识和水平明显提高。

河北省工商行政管理局于 1990 年正式成立政策法规处。十几年来,全省工商系统下大力抓立法,抓法制制度建设,抓执法监督,抓法律、法规培训,使队伍法律素质和执法水平迈上新台阶。

1991 年以来,在省人大常委会先后颁布的六部地方性法规、省政府先后颁布的六件地方性规章的过程中,省工商局发挥了积极的推动作用。

1990 年以来,省工商行政管理局先后印发了六个规范性文件,对法制机构设置,执法监督职责、内容、形式,案件审核程序及法制工作制度等方面提出了具体要求。截至1999 年底,全省 11 个市工商行政管理局已全部建立了专门法制机构,73% 的县(市、区)局建立了专门法制机构,27% 的县(市、区)局配备了法制工作专职人员。到 2008 年 6 月,全省县(市、区)工商行政管理局全部建立了专门法制机构,配备了法制专职人员。

坚持法律法规学习制度,实行分级培训,统一组织法律考试和竞赛。1993 年 1 月至 2002 年底,省、市级工商行政管理局先后举办各种法律培训班 205 期,培训 2.4 万人次。2004 年,以贯彻实施《行政许可法》为契机,全面推进依法行政。全系统共举办《行政许可法》培训班 282 期,培训人员 3 万人次。2005 年,开展了大规模的法律法规培训活动。按照分层培训、分级管理的原则,全方位进行法律法规知识培训。共举办法律知识培训班 286 期,培训科以上干部1 200

余人、工商行政管理所长 520 人、执法人员 2.59 万人，全系统行政执法人员基本轮训一遍，对全省 1.04 万名从事登记注册的审查员、核准员进行了资格考评。2006 年共举办法律知识讲座 6 期，培训执法人员 2 100 余人次。2007 年分别就《当前行政执法中存在的问题及对策》《行政处罚法》和《行政赔偿法》等内容，专门对各市局法制科（处）长、经济检查支队法制骨干、各县（市、区）局法制科（股）长以及部分工商行政管理所法制员共 275 人进行了培训。2008 年上半年，组织了全系统经济检查机构执法资格和法制员资格考试，报名参考人员共计 2 212 人，成绩合格者 2 001 人，合格率 90.5%。

省工商行政管理局组织各级工商行政管理局以现行工商行政管理的法律法规和规章为依据，制定了执法职责、执法程序、执法标准、执法制度等 4 个方面 19 种执法行为规范，强化了内部执法监督，保证了行政执法工作规范、高效、快捷地开展；坚持做到了狠抓案件审核，强化同级日常监督。实行行政处罚案件审理、审核、审批三分离制度，避免了不当执法行为的发生，促进了依法行政。

为了适应"入世"和经济发展需求，2002 年对现行工商行政管理的行政审批事项进行了全面清理，取消行政审批事项 5 项，改变 6 项，下放 10 项，清理省工商行政管理局制定的规范性文件 247 件，取消 176 件，修改 5 件。2003 年参与修订《河北省著名商标认定和保护条例》。对涉及工商行政管理的 23 项行政审批事项进行了清理，对 1979 年以来省工商行政管理局制定的 2 000 多件规范性文件进行了清理，废止了 165 个。2004 年贯彻实施《行政许可法》，清理行政许可规范性文件 321 件，其中废止 142 件。2006 年，结合行政权力公开透明运行工作，对行政职权进行了全面清理，共清理出现行有效的行政职权 8 类 771 项，其中行政许可权 50 项，行政处罚权 665 项，监督检查权 24 项，行政强制权 14 项，行政确认权 1 项，行政征收权 2 项，行政裁决权 1 项，其他权力 14 项。2007 年，对原有工商部门起草，现行有效的省政府规章，省政府、省政府办公厅规范性文件进行了立法后评估。经过评估，对 4 件省政府规章和 7 件省政府、省政府办公厅规范性文件提出了修改、废止和继续有效的处理意见。

第二节　河北省工商行政管理局的发展成就

一、查处经济违法违章案件

1979 年全省各级工商行政管理部门对"文化大革命"中处理的大案要案进行复查，共纠正错案 2 027 起，向当事人退款 77 万多元。

1980 年至 1981 年，中国共产党十一届三中全会召开以后，随着对外开放对内搞活方针的深入贯彻，河北省商品经济得到迅速发展。但由于经济立法和管理工作一时没有很好跟上，一些单位和个人利用某些商品供求之间的矛盾，打着改革、开放的旗号，钻改革和价格"双轨制"的空子，大搞投机倒把活动。特别是 1980 年，广东、福建、浙江三省沿海地区走私活动波及河北，一些犯罪分子直接从沿海窜入河北省出售走私物资，有的与河北的一些走私、贩私人员相勾结，倒卖黄金、白银、珠宝、玉器、文物和贵重药材。参与走私活动的有个人，也有国营、集体企业。据此，河北省工商行政管理局于 1980 年 9 月印发《关于打击投机倒把工作的意见》，次年 4 月，河北省人民政府又作出《关于检查处理投机倒把活动的暂行规定》，省政府成立打击走私活动领导小组，各级工商行政管理机关集中开展了以缉私为重点的打击投机倒把的斗争。1981 年底全省共查获投机违法违章案件 7.77 万起，其中投机倒把案件 1.38 万起，投机倒把大案 1 591 起，分别比 1980 年增加 5.24%、24.7% 和 81.21%。罚没金额 342.7 万元，比 1980 年增加 1.8 倍。从而使市场物价得到稳定，保障了改革、开放的顺利进行。

1982 年至 1983 年，走私贩运，投机倒把活动由南向北、由沿海向内地，不断蔓延扩大。为了打击走私贩运、投机倒把和其他各种经济犯罪活动,河北省各级工商行政管理部门认真贯彻 1982 年 3 月 8 日全国人民代表大会常务委员会通过的《关于严惩严重破坏经济的犯罪的决定》和 1982 年 4 月 13 日中共中央、国务院发布的《关于打击经济领域中严重犯罪活动的决定》。到 1982 年底,河北省共查处投机违法违章案件 7.2 万起,其中投机倒把大案 2 221 起,罚没金额达 758.9 万元,分别比 1981 年增加 39.6% 和 1.3 倍。

　　1984 年第四季度到 1985 年底。从纠正不正之风、清理党政机关、干部经商办企业,以及整顿"公司"、"中心"入手,河北省各级工商行政管理部门狠抓大案要案的查处工作。全省 1985 年共查处违法违章案件 6.22 万起,其中投机倒把案件 4 906 起,分别比 1984 年增加 52.88% 和 31.88%。罚没金额 886.9 万元,比 1984 年增加 3.46 倍。

　　1987 年,《投机倒把行政处罚暂行条例》及其《施行细则》颁布实行。全省工商行政管理部门依法查处了大量的投机倒把案件,为经济体制改革的顺利进行提供了重要保障。1990 年以来,全省工商行政管理部门充分发挥市场监督管理中的综合执法作用,努力实现职能到位,大力查办经济违法违章案件,为维护市场经济秩序、保护生产经营者和消费者的合法权益作出了积极贡献。1. 查处投机倒把案件和走私贩私案件。1987 年《投机倒把行政处罚暂行条例》的颁布施行,成为工商行政管理部门履行监督管理职能的重要依据。各级工商行政管理部门查办了大量投机倒把案件,维护了良好的经济秩序,并一直把打击走私贩私作为一个工作重点,加强对进口商品市场的监督检查,坚决取缔私货交易,严厉查处走私贩私大案要案,取得了显著成绩。2. 突出打击重点,从以查处投机倒把案件为主转移到查处不正当竞争案件上来。1993 年以来,全省各级工商行政管理部门狠抓了《反不正当竞争法》的学习、培训和贯彻执行,查处了大量不正当竞争案件,有力地维护了市场经济条件下的公平交易秩序。3. 打击制假售假工作常抓不懈。1993 年到 2008 年上半年,在连续 15 年的打假斗争中,组织开展了多次市场专项整治,依法查处了大批假冒伪劣商品案件。为保护生产经营者和消费者的合法权益作出了重要贡献,受到各级政府和广大人民群众的好评。1996 年,在全国打假工作会议上,河北省人民政府被评为全国打假先进,河北省工商行政管理局代表全国工商系统作大会发言。1997 年,为推动打假工作深入开展,根据一些企业的要求,河北省建立了与企业联手打假协作网,对入网企业实行重点和全面保护,首批入网企业达 100 多家,探索出了一条与企业联手打假,更好地保护企业品牌的新路子。

　　从 2001 年开始,按照国务院统一部署和省政府、国家工商总局的工作安排,开展了整顿和规范市场经济秩序工作,当年开展了取缔拼装机动车市场,整顿烟花爆竹、易燃易爆物品市场,整顿市场主体准入行为,整顿日用品市场,打击不正当竞争等五项专项战役,维护了市场经济秩序的稳定。2002 年,紧紧围绕开展集贸市场专项整治这项中心工作,突出重点,标本兼治,下大力量开展了整顿和规范市场经济秩序工作,共查处各类违法违章案件 1.65 万起,端掉制假售假窝点 526 个。同时,采取有效措施,实施治本之策,建立和完善长效监管机制。2003 年,全省各级工商行政管理部门加强市场监管,大力整顿和规范市场经济秩序,扎实有效地完成了市场专项整治任务;严厉打击制假售假、传销、不正当竞争等违法活动。共查处各类经济违法违章案件 10.09 万起,案值 5.6 亿元,分别比上年增长 20.5% 和 12%。2004 年到 2007 年,全省各级工商行政管理部门突出重点,主要围绕"食品消费安全、消费者合法权益保护、维护公平竞争秩序、打击传销、红盾护农"等进行专项整顿,同时加强了粮食、棉花、成品油、汽车、煤炭等重要商品市场的监管,以及"扫黄"、"打非"、"打私"、取缔"黑网吧"等集中行动,在不断加大执法力度的同时,各级注重长效机制建设。2008 年集中精力全力开展"迎奥运、保安全"流通环节食品安全整治行动,取得了明显成效。一是以奥运赛场及周边和游客集中场所为重点,集中开展食品市场主体资格专项执法检查,大力取缔无照经营,确保经营主体资格合法有效。截至2008年6月30日,检查经营户22万户次,检查市场7 060个次,取缔无照经营3 438户,吊销营业执照24个。二是以奥运期间消费集中的食品为重点,集中开展食品质量专项执法检查,加大重点食品质量监测和快速检测力度,加强不合格食品退市监管,严厉查处制售假冒伪劣、有毒有害及不合格食品等违法行为。截至2008年6月30日,开展质量监测和快速检测8 954个批次,总体合格率有所提高;查处制售假冒伪劣食品案件734起,端掉制假售假窝点38个,销毁假冒伪劣及不合格食品2.7万公斤。三是以奥运食品专营专供流通企业为重点,督促食品经营者全面建立落实索证索票和购销台账等自律制度,建立完善流通环节奥运食品安全监管链条和质量责任追溯机制。在2007年实现两个100%的基础上,相关自律制度正在稳步向所有食品经营者全面推进,有望按期实现预定目标。四是重新确定了174个县级地方特色食品品种,采取摸清经营者底数、取缔无照经营、加大快速检测力度、搞好引导服务,大力开展"一县一品"整治。五是大力规范原料奶市场秩序。截至2008年6月30日,取缔无照奶制品经营户21户,查获劣质奶制品1 523公斤,查处制售奶制品假冒案件15起。

二、内外资企业监督管理

(一)内资企业监督管理

1979年,河北工商行政管理工作恢复了建制,企业登记工作得到了恢复和加强。1980年,开展了全省工业普查登记;1981年至1982年,开展了对商业、饮食等行业的登记,全省共登记注册工商企业12万户。1988年6月,国务院颁布《中华人民共和国企业法人登记管理条例》后,全省开始建立和实行企业法人登记管理制度。到1989年底,全省批准登记各类企业24.75万户,其中企业法人16.45万户,非法人企业8.3万户,注册资金达到756.9亿元。1994年7月,《中华人民共和国公司法》、《中华人民

共和国公司登记管理条例》开始施行。全省各级工商行政管理部门充分发挥职能作用,积极推进企业建立现代企业制度。截至2007年12月31日,全省注册登记的各类内资企业及农民专业合作社共有31.1万户,注册资本(金)8 294亿元,全省呈现出各类市场主体健康有序发展的良好态势。

1988年以来,河北省工商行政管理局结合企业登记工作,对全省各类企业进行了数次专项清理整顿,严把市场经营主体准入关,促进了市场经济健康发展。

1. 清理整顿公司。从1988年10月开始,对全省1.38万家各类公司进行了清理整顿。到2002年底,共撤、并、改各类公司3 477户,占公司总数的28%;党政机关在职干部和离退休干部在公司兼职、任职的问题得到解决;全省659户政企不分的公司,有382户将经营权和行政管理权分开,占这类公司总数的58%;查处违法案件2 984起,罚没款35.7万元。经过清理整顿,改变了公司过多、过滥、经营混乱的状况。

2. 清理"三无企业"。1994年起对无资金、无场地、无组织机构的"三无"企业进行了清理,共清理"三无"企业2 861户,除159户限期整顿保留外,其余2 702户全部吊销了营业执照。

3. 清理带有不良文化倾向的企业名称、牌匾。1996年结合企业年检对全省所有企业名称和牌匾进行了清理。共拆除494块有不良文化倾向的企业牌匾,责令625户企业限期变更企业名称,促进了河北省的形象建设。

4. 清理整顿传销企业。根据《传销管理办法》及有关规定,对传销企业及其分支机构进行了重新核准登记。经过清理整顿,保留省内单层次直销企业1家,省外直销企业在河北设立的分支机构9家,从而有力地打击取缔了非法传销企业,保护了合法直销企业的利益。

5. 清理市场中介组织。根据1996年对全省市场中介组织的调查摸底,全省共有中介组织5 364户。1997年,重点对313家验资机构、74家资产评估机构、25家企业登记

代理机构、1 690 家职业介绍机构进行了清理整顿。经过清理整顿，共取缔 199 家非法中介机构，吊销了 6 家中介机构营业执照，对 43 家有问题的中介机构进行限期整顿。从而促进了市场中介机构规范、健康有序发展。

6. 整顿小煤矿。2005 年，根据国家工商总局等五部委和省政府的要求，开展了对整顿验收小煤矿营业执照的收缴工作，共收缴集体煤矿营业执照 369 户。对政府实施关闭及许可证件已过期的小煤矿坚决予以吊销，2006 年，共吊销不符合国家法律规定的小煤矿 142 户，2007 年，共吊销小煤矿 39 户。

在搞好专项治理工作的同时，还加强了对企业的日常监督管理、对新设立企业的定期回查工作及提供优质政务环境，支持经济发展的有关工作。1996 年企业年检率达 95.4%，高于全国平均年检率近 8 个百分点，居全国第四位，比上年度前移两位。结合年检查处违法违规企业 3.8 万户，罚没金额达 280 万元；吊销各类企业 28 705 户，加强了对企业的监督管理力度。1999 年以来，河北省工商行政管理局制定相关政策，创造一种适应国有企业改革和发展的政策环境，努力为国企报告改革和发展创造宽松的政策环境。2000 年，制定了河北省《关于支持国有企业改革和发展的若干政策意见》，从 16 个方面为国有企业改革放宽了政策，也确保了国有资产不流失。如在企业名称方面，规定国有企业改建为公司，原企业名称属于老字号、知名度较高确需保留的，经省工商行政管理局批准，可以作为企业的从属名称予以保留。在经营范围方面，公司的经营范围中有属于法律、行政法规限制的项目，如果原国有企业已取得专项审批，只要在有效期内，申请公司登记时可不再重新办理审批手续。这些规定为国有企业改制提供了宽松的环境。为保证国有资产不流失，河北省工商行政管理局规定了"防止企业以改建公司为名，逃废金融债务，造成银行债务悬空"的政策，得到了国家工商行政管理局的肯定。2000 年，制定了河北省工商行政管理系统《关于对大中型骨干企业实施红盾帮扶工程的意见》。要求各市工商行政管理局在本辖区内确定 20 至 50 家大中型骨干企业作为帮扶对象，在优化企业结构、支持企业发展、打击不法行为、指导签约履行等方面，搞好帮扶工作。2003 年，制定河北省《国有企业改革 30 条意见》，在政策上放开、放宽、放活，大力促进国企改革发展。2005 年度选择了 10 多户大型国有改制企业进行重点服务，加强政策咨询和指导，采取预约、跟踪、上门等多种形式主动介入，并及时开展了回访企业活动，由主管局长带队上门对企业实施回访，征询对工商部门的意见，进一步解决企业遇到的注册登记方面的问题，同时搜集企业新的服务需求。

2003 年以来，河北省各级工商行政管理部门普遍建立了首办责任大厅，推行了首办责任制、局长带班制、现场办公制、跟踪办理制、限时办理制等服务措施，支持经济发展。2007 年，全省各级工商行政管理登记机关以服务全省经济发展为核心，不断改进服务观念，强化服务意识，提升公共服务水平，受到了各级政府和群众的一致好评。省工商行政管理局率先对自身的注册大厅进行了全面改造升级，大厅配备了电子排队叫号系统、工作质量绩效考核与电子评价系统、影音监控管理系统、政务公开、公示电子显示系统、企业注册登记事项查询系统、金信工程网上登记系统、外网预审系统等七大管理系统和现代化办公设备，建立健全了各项规章制度，为各市、县注册大厅建设起了带头示范作用。各级工商行政管理登记机关按照省工商行政管理局要求相继加强了各级注册大厅建设，全面改善和提高了注册登记服务环境。深入实施企业登记绿色通道工程，为企业提供方便快捷、优质高效的登记服务。各级登记机关坚决执行"一审一核"，简单的审批事项实行了审核合一，积极实施预约服务、跟踪服务、定期走访等服务方式，开通了企业登记服务热线，开辟了"绿色通道"，即预约办事制、跟踪服务制和对重点企业、改制企业、涉农组织或有特殊困难的企业实行上门服务，改进企业登记工作。全省各级工商行政管理局无论是在行政审批中心还是在注册大厅,企业注册全部实行了"一条龙"服务,即一次告知、当场登记、限时办结、公示公告等制度,使办事人员一看便知、一问便明、一查便懂、一办便成,切实提高了注册登记工作的效率和服务水平。廊坊、邯郸、邢台、秦皇岛等市工商行政服务区被评为全市的"五星级"或"优秀"服务窗口,展示了工商行政管理部门的良好形象。

2008 年上半年,河北省工商行政管理局制定了《关于鼓励全民创业支持市场主体发展的通知》《充分发挥职能作用 促进全民创业的意见》,出台了支持市场主体发展的 3 条措施和 26 条意见,进一步加大了对全民创业的政策扶持力度,降低了市场经营主体的准入门槛,简化了注册登记审批程序。政策出台后各级工商行政管理部门认真落实省工商行政管理局决定,并结合当地实际情况出台了进一步优化环境、促进全民创业的具体措施,在推进全民创业、支持当地经济发展等方面发挥了重要作用。特别是认真落实注册登记审批制度改革,注册登记进一步提速提质,受到了当地政府的肯定和表扬。

(二)外资企业监督管理

新中国成立至 1979 年,河北省没有外商投资企业。党的十一届三中全会确定对外开放政策后,河北省开始迈开利用外资发展经济的工作步伐。1990 年以前是起步阶段。截至 1990 年底,全省登记外商投资企业 368 户,投资总额 44.8 亿元人民币,注册资本 25.4 亿元人民币;1991 年至 1993 年是飞速发展阶段。1991 年登记 283 户,1992 年登记 1 295 户,是改革开放 14 年登记户数之和的两倍,1993 年又登记了 1 879 户,到 1993 年底,全省外商投资企业实有户数已达 3 798 户,初具规模。1994 年后发展势头逐渐放慢,但户均投资规模增大。1996 年同 1995 年相比,户均注册资本增加 31.99%,且投资企业大、项目增多。1996 年,登记注册投资额在 1 000 万美元以上的企业 86 户,其中 3 000 万美元以上的 10 户。2005 年,全省共登记注册外商投资企业 541 户,投资总额 37.78 亿美元,注册资本额 21.78 亿美元,其中外方认缴出资额 16.68 亿美元,外商投资企业户数、投资额、注册资本和外方认缴出资额比上年同期分别增长 4%、9.39%、17.21% 和 20.54%。2006 年,全省共登记注册外商投资企业 410 户,投资总额 23.99 亿美元,注册资本额 14.4 亿美元,其中外方认缴出资额 10.22 亿美元。2007 年,全省新设立外商投资企业 1 496 户,投资总额 49.49 亿美元,注册资本额 23.65 亿美元,其中外方认缴出资额 17.68 亿美元。截至 2007 年底,在河北省投资注册的外资企业 9 760 户(其中:法人 3 696 户、分支机构 6 064 户),投资总额 291.13 亿美元,注册资本额 160.6 亿美元,外方认缴出资额 104.69 亿美元。在外商投资企业登记管理方面,全省工商行政管理部门做了下列卓有成效的工作:(1)圆满完成了全省外商投资企业登记注册任务。严格按国家法律和产业政策办事,确保登记注册事项的合法性;营造高效、快捷的办事机构,将一个月的受理期改为 5 天;在全省工商行政管理系统推行公示制度,公开办事程序、公开岗位责任、公开收费标准,增加登记行为的透明度,改善办公条件,一条龙办公全面落实。围绕服务外资企业发展,2003 年,河北省工商行政管理局制定了《优化外商投资企业登记管理服务环境 22 条》,在政策上放开、放活、放宽,促进外资企业发展。2005 年,按照省政府"优化发展环境"的要求,对登记条件、登记程序、管理方式、办事效率等方面进一步放宽政策。制定了《关于提高外商投资企业登记管理工作服务水平,创建优质工程的意见》,就做好外商投资企业注册前、注册中、注册后的各项工作,为外商投资提供方便、快捷、高效的全程式服务,做出了明确的要求。2007 年 3 月,国家工商行政管理总局对三河、涿州、霸州三个县级工商行政管理局的外商投资企业批准给予核准登记权,河北省外商投资企业核准登记工作向前迈进了一步。(2)加大了出资管理力度。2002 年前外商投资企业出资率低,是河北省利用外资工作存在的主要问题之一。1992 年,全省出资率只有 57.4%。针对这一问题,河北省工商行政管理局采取多种措施,督促合资双方按合同章程的约定缴清注册资本,建立健全资本催缴制,建立出资台账及时掌握企业出资情况,制定出资管理办法,推行按出资期核发有效营业执照的做法。通过这些措施,2001年全省外商投资企业出资率达到79%。(3)狠抓年度检验工作。狠抓企业年检率,彻底摸清底数,全面掌握企业发展情况,并认真做好统计分析工作。全省外商投资企业的年检率一直保持在90%以上,连续六年保持全国第一。2006年对外资企业实现了网上年检,提高了现代化办公水平。落实了外资企业的属地管理,受到了国家工商行政管理总局外资局的高度评价。(4)大力清理三无"企业"和长期出资不到位企业。2002年前,累计吊销、注销外商投资企业2 589户,占全部登记注册企业的34.46%,累计吊销、注销外国企业常驻代表机构89户,占全部登记注册户数的32.36%,从根本上改善了外商投资企业和常驻代表机构的秩序,对防止诈骗活动起到了重要作用。2006年通过年检,加大对外商投资企业的清理,注销22户,吊销183户,转内资11户;分支机构注销26户,吊销202户,维护了外商投资企业正常秩序。

三、个体私营经济监督管理

　　1978年以后,河北省个体私营经济的发展经历了三个阶段:第一阶段是恢复发展时期。根据中央关于个体经济发展的方针政策,从1979年开始开放集贸市场,明确指出发展个体工商业势在必行,同时加强了引导和管理。到1986年底,全省个体工商户达到86.89万户,发展数量居全国第二位。1988年从业人员达到10年来的最高点259.8万人。这一时期个体私营经济发展较快,数量增加较多。第二阶段是徘徊下降时期。受社会政治、经济形势影响,从1989年到1991年,全省个体私营经济处于徘徊下降势态,特别是私营企业由1988年的近万户下降到1991年的4 928户,个体工商户也由92.6万户减少到85.1万户。第三阶段是迅速发展时期。从1992年开始,党和国家对个体私营经济发展的方针更加明确和

具体,全省发展个体私营经济的社会环境有很大改善,个体私营经济出现了超常跳跃式发展。1992年到1997年,个体工商户的数量平均每年以23.8%的速度增长,私营企业的数量平均每年以60%的速度增长。个体私营经济的发展增加了国家财政收入,促进了农业产业化进程,增加了就业机会,尤其是个体私营经济已成为特色产业的主体,并促进了一批小城镇的兴起、繁荣。个体私营经济的迅猛发展,一方面得益于各级政府放手为个体私营经济的发展创造一个良好的社会环境,从1979年至2007年,河北省政府制发了多个文件支持、鼓励个体私营经济的发展。特别是1992年以后,省政府连续出台了五个关于个体私营经济方面的政策规定。1994年,省人大颁布实施了《河北省个体工商户条例》、《河北省私营企业条例》,是全国较早对个体私营经济进行地方立法的省份之一。另一方面,各级工商行政管理部门积极支持,加强管理,促进个体私营经济健康发展。2003年,河北省工商行政管理局制定了《鼓励支持个体私营经济发展19条意见》,在政策上放开、放宽、放活,大力促进了个体私营经济的发展。2005年按照国务院《关于鼓励、支持和引导个体私营经济等非公有制经济发展若干意见》,制定了40条实施意见,进一步放宽经营范围、注册资本、经营场所、私营企业集团的设立条件和企业名称的限制等,支持和鼓励个体私营企业积极参与电力、电信、铁路、民航等垄断行业和领域的投资和经营。截至2008年6月,全省共有个体工商户122万户,从业人员276万人,资金数额371亿元。私营企业18.8万户,注册资本(金)2 962亿元。

　　为了充分发挥个体私营经济的积极作用,使它们沿着健康的轨道发展,各级工商行政管理部门认真执行国家政策,既鼓励个体私营经济发展,又加强了管理教育。一是把好准入关。认真做好个体工商户、私营企业的开业登记审查,严把市场进入关。二是加强对个体私营从业人员的教育和培训。对他们进行法制教育、职业道德教育和各种职业技能培训,促使其守法经营,照章纳税,

提高经营水平,塑造个体私营业者的新形象。三是加强监督管理。认真做好个体工商户验照贴花和私营企业年检工作,同时对个体私营经济的日常经济活动进行监督检查。取缔无照经营,对生产制售假冒伪劣产品等损害国家和消费者利益的各种违法、违章行为及时作出处理。

四、商标监督管理

1979年,在全省范围内对商标进行了一次全面清理,查处了一批假冒、侵权、滥用商标的案件,解决了混同商标298件,重新建立了商标档案。与此同时,全省商标注册数量也日渐增加。截至1982年底,注册商标达1590件。

从1983年3月起,《中华人民共和国商标法》正式实施,河北省认真执行并广泛宣传《商标法》,商标管理工作也在全省进一步加强,越来越多的企业申请商标注册。2006年11月,河北省商标协会成立,在广大企业中宣传普及《商标法》,协助企业实施商标战略。随着改革开放和《商标法》的普及宣传,商标注册工作取得突破性进展,到2007年底,全省的有效商标注册累计达到8.3万件。

全省各级工商行政管理部门加强了对商标侵权案件的查处工作,仅1995—2002年间,查处各类商标一般违法案件1.8万起,商标侵权假冒案件5700起,收缴违法商标标识近2亿张(套),罚没款3763万多元。2005年,按照国家工商行政管理总局保护注册商标专用权行动方案的统一部署和要求,集中开展了保护注册商标专用权行动,共出动执法人员19.26万人次,检查经营户10.57万户,检查各类商品交易市场4465户,端掉制假售假窝点26个,查处侵犯商标专用权案件1289起,没收侵权商标标识480万件(套),没收销毁侵权商品96万件(套),罚没款4925万元。2006年,在总结2005年开展保护注册商标专用权专项行动经验的基础上,全年继续深入开展打击侵犯注册商标专用权违法行为,有力地巩固了专项行动成果。全系统共出动执法人员5.58万人次,检查经营户3.28万户,检查各类商品交易市场4129个,查处侵犯商标专

用权案件1537件,没收侵权商标标识13万件(套),罚没款1195万元。

指导企业开展"重商标、创名牌"活动,1992年、1995年,两次组织了河北省著名商标评选认定工作,共认定160件河北省著名商标,140件河北省优秀商标。1997年开始每年向国家工商行政管理局推荐著名商标参加全国驰名商标的认定。2004年,河北省认定著名商标133件,著名商标总量达到516件;有7件商标被任定为中国驰名商标,全省已拥有驰名商标20件。2005年,河北省认定著名商标149件,总数达到665件;7件商标被认定为中国驰名商标,总数达到27件。2006年,全省共延续认定河北省著名商标830件,新认定著名商标237件,省著名商标总数达到830件;有4件商标被认定为中国驰名商标,全省驰名商标达到32件。截至2008年6月,河北省拥有37件全国驰名商标,1043件河北省著名商标。通过实施商标战略,促进了企业的发展和经济腾飞。

五、广告监督管理

1978年以后,河北广告事业得到恢复和发展。1981年,全省广告经营单位发展到62个,从业人员299人,营业额达到155万元。1982年,国务院发布《广告管理暂行条例》,河北省工商行政管理局正式成立了商标广告管理处,在基层也陆续建立了相应机构,全省形成了完整的广告管理网络。1987年,国务院颁布了《广告管理条例》,进一步完善了广告管理的法制体系。为贯彻《条例》,河北省工商行政管理局加强了广告管理。在1986年对全省广告宣传和广告经营进行清理与整顿的基础上,从1988年7月1日起,对全省广告经营单位进行了一次大检查,处理违法违章广告233起,立案查处23起,吊销营业执照4起。通过清理整顿和大检查,提高了广告从业人员的法制观念,推广和完善了广告审查制度、编审制度、档案制度、统计上报制度,使广告管理走上规范化轨道,并使广告事业得到进一步发展。到1991年全省广告经营单位发展到511户,从业人员4208人,营业额8921万元。1992

年，邓小平南方谈话后，广告业进入迅速发展时期，到1997年底河北省广告经营单位达1 760户，从业人员16 700人，年广告营业额6亿元。各级工商行政管理部门严格监督管理，大力查处虚假违法广告，将日常监管和集中执法检查相结合，每年至少进行一次全省性集中广告执法检查。1995年对全省的报纸、电视广告，1996年对广播、印刷品广告，1997年对医疗广告，1998年对店堂、印刷品广告进行执法大检查，全省查处虚假违法广告案件6 900件，罚没款1 134万元，维护了广告经营秩序。2005年开展了以"打虚假、树诚信"为主题的虚假广告专项整治，制定了《河北省虚假广告专项整治工作方案》，牵头组织了以医疗、药品、保健食品、化妆品、美容服务广告为重点的虚假广告专项整治，共查处各类广告违法案件3 698件，罚没款金额1 080.14万元。

进一步加大广告监测力度，在全省建立了对电视、广播、报纸、户外广告监测制度。2001年，河北省工商行政管理局成立了广告监测中心，对全省电视、广播、报纸、户外广告进行全天候、全方位的监测，2007年，共监测广告120万条，2008年上半年共监测广告70万条，有效地为广告监管单位提供了执法依据。

在经营单位中普遍推行了联络员、审查员、送审员制度，1994年起实行了广告审查和广告代理制度改革的试点，1996年，率先推行了广告审查员资格证书制度，推进广告管理职能到位。2005年，全省改革广告监管方式，进一步探索广告监管的新路子。由固定监管、分割监管变为指定监管、轮换监管和联合监管，省、市、区局联合办案，把石家庄市工商行政管理局监管的"燕赵晚报"由省局监管，将省直辖媒体指定市局和分局负责监管，排除了执法办案过程中的各种外部干扰，提高了办案效率和执法效能。4月份省局抽调石家庄市工商行政管理局及长安、裕华两分局组成专案调查组，对省会8家主要媒体展开了一对一跟踪式查处行动，共立案86起，涉案金额785万元。加大了对省会媒体的查处力度。2006年，全省各级工商

部门共检查广告10.39万条次，发现涉嫌违法广告3.2万条次，违法率3.1%，查处各类广告违法案件4 698件，罚没款金额1 280.14万元。

六、经济合同管理

1981年以前，河北省对经济合同的管理，实行的是部门管理制。管理部门多，但管理不规范。特别是有的部门虽有管理合同的职责，但一无编制，二无专人负责，实际上没有把经济合同管理起来，严重影响着经济合同的执行，为了加强经济合同管理工作，河北省根据中央有关指示精神，从1981年开始逐步划归工商行政管理部门专门管理。1982年，河北省政府发布的《关于执行〈中华人民共和国经济合同法〉的暂行规定》明确规定，经济合同的统一管理机关是各级工商行政管理部门，签订经济合同的当事人或各签约单位都必须服从工商行政管理部门对经济合同的全面管理。

对经济合同实行统一管理后，河北省工商行政管理局在做好《经济合同法》宣传工作的同时，加强了各级经济合同管理的组织建设。到1984年，全省各级工商行政管理部门全部建立起合同管理机构。为了发挥各经济业务主管部门的作用，1985年还在2 610个业务主管部门和所属2.04万个企业建立了合同管理机构，配备专职和兼职合同管理人员3.1万人，形成主管部门、公司和基层三级合同管理网络。

河北省工商行政管理部门对经济合同实行统一管理，特别是2000年合同处合并到市场处后，合同管理工作在以下几方面作出了卓有成效的工作。（一）开展经济合同鉴证，有效防止了盲目签约和无效合同的发生。（二）大力查处合同违法、打击合同欺诈行为。（三）自1984年开始广泛开展"守合同、重信用"活动。到2007年，全省"守合同、重信用"企业已发展到1 100家，国家级"守合同、重信用"企业30家，这项活动深受企业的欢迎，对提高企业信誉和知名度，促进企业生产经营活动的开展起到重要作用。（四）从1995年10月开始积极开展企业动产抵押物登记工作。为促进企业资金融通

和商品流通,防范和化解金融风险,防止国有资产流失,促进以资本为纽带的现代企业制度的建立发挥了重要作用。2006 年,河北省工商行政管理局积极走访企业,共免费为企业办理动产抵押物登记 2 010 件,帮助企业融资 178.3 亿元。

七、市场监督管理

十一届三中全会以来商品市场建设大体可划分为 3 个时期:

(一)1979 年到 1983 年为恢复开放时期。1979 年,河北省工商行政管理局正式成立,下设市场管理处,负责全省集贸市场的培育建设和监督管理工作。这一时期主要是恢复和发展农村集市贸易,开放城市集贸市场,放宽上市商品的范围,准许农民和商贩从事贩运活动。全省集市贸易迅速得到恢复,集市贸易的成交额以平均每年 50% 的速度迅速增长。到 1983 年,全省市场个数已发展到 1 902 个,成交额达 17.4 亿元。

(二)1984 年到 1990 年是发展提高时期。1984 年,河北省人民政府批准了河北省工商行政管理局起草的《关于我省市场建设情况和今后意见的报告》,河北省工商行政管理局继续抓好市场建设,在全省掀起了第一次市场建设高潮。这一时期全省共投入市场建设资金 6.7 亿元,拆改扩建市场 1 085 个,使全省市场硬件设施得到了很大改善。随着市场规模、上市商品、交易范围的不断扩大,到 1990 年,全省共有各类市场 3 042 个,市场年成交额达 100.2 亿元,首次突破了百亿元大关。

(三)1991 年开始是迅速全面发展时期。这一期间,邓小平同志南方谈话发表,改革开放步伐进一步加快,发展社会主义市场经济成为新时期的主要任务和目标。河北省把建立和培育全省市场体系作为一项战略大事来抓。1991 年初,省政府转发了省工商行政管理局起草的《关于加快全省城乡集贸市场建设的报告》,全省掀起了第二次市场建设高潮,市场建设资金投入加大,市场布局进一步趋于合理,市场档次和效益进一步提高,出现了一批在全国有影响、辐射国内外的大型商品市场,如安国东方药城、

蠡县留史皮毛市场等。同时,生产要素市场从无到有,已培育建设金融、技术、劳动力等市场 148 个,并表现出强劲的发展势头。经过近 30 年的发展,河北省的市场工作已达到一个较高的水平,步入全国的前列。全省已初步形成了大中小型、高中低档并存,多层次、多门类、网络化的市场格局,对促进全省经济发展发挥了重要作用。

1978 年,党的十一届三中全会纠正了"左"的错误,提出了恢复集市贸易"管而不死,活而不乱"的管理方针,市场管理工作进入了一个新的时期。

(一)管理工作法制化。1983 年,国务院发布了《城乡集贸市场管理办法》。这是新中国成立以来第一部市场管理法规,对上市物资和参加集市活动的范围在政策上做了进一步放宽。根据这个办法,结合河北省的实际,1993 年以来,河北省先后出台了《河北省市场登记管理规定》和《河北省商品市场监督管理条例》等一系列市场管理条例、规定和规范性文件,确定了商品市场的范围、市场主管部门、监督管理的基本内容、监督管理的手段,从而真正将全省的市场管理工作纳入了法制化轨道。

(二)市场管理范围不断扩大。随着改革开放的不断深化,生产资料市场、生产要素市场(合称双生市场)不断涌现出来,市场管理的范围已不再是单纯的集贸市场,对双生市场的管理成为市场管理工作的重要组成部分。同时,全省各级工商行政管理部门还积极配合有关部门,介入文化、娱乐等市场的管理,市场管理范围得到了进一步的扩大。

(三)市场管理队伍日益壮大。1979 年,河北省正式成立河北省工商行政管理局,下设市场管理处,负责对全省集贸市场的进度管理工作。1983 年,在许多城镇及较大市场上建立了工商行政管理所(或市场管理所)负责市场管理工作。1995 年,为进一步强化市场监督管理、加大市场执法力度,国务院办公厅下发了《国务院办公厅转发国家工商行政管理局关于工商行政管理机关与所办市场尽快脱钩意见的通知》,按照《通知》要求,河北省对全省工商行政管理部门

所办市场实现了办管分离,成立了一批巡查队、市场分局、稽查队等组织,使工商行政管理部门有了一支精干的市场监督管理队伍。

(四)完成办管脱钩市场任务,开展创建"文明市场"活动。河北省文明市场的创建活动是随着各类商品市场不断发展而发展起来的。1982 年,河北省工商行政管理局下发《关于在城乡集贸市场开展"全民文明礼貌月"活动的通知》,倡议在全省所有集贸市场上认真开展"五讲四美"文明礼貌活动。1985 年,河北省工商行政管理局在对各地市场评比、筛选的基础上,评定 30 个集贸市场为"文明市场"。1986 年,河北省工商行政管理局下发《关于创建"文明集贸市场"的通知》,规定了文明集贸市场的标准以及评比方法,指出创建文明集贸市场是全省市场管理工作的重点。文明市场创建活动,对提高市场管理工作水平起了积极的推动作用。1987 年,国家工商行政管理局总结了各地的做法、经验,下发《关于开展创建文明集贸市场活动的通知》,决定在全国开展创建活动,并统一规定了"文明集贸市场"的标准。由于全省市场管理工作成效显著,1995 年,河北省共有 46 个市场被评为国家级"文明集贸市场",数量居全国第 6 位。

1996 年上半年,河北省按照国务院和国家工商行政管理局的部署,开始筹划市场管办分离工作,到 2001 年 12 月,这项工作全部完成。全省 11 个市、152 个单位将 702 个市场全部移交当地政府,共移交人员 4 686 名,脱钩市场总资产原值 11.32 亿元,其中移交市场资产 11.17 亿元,移交市场债务 1.9 亿元。工商行政管理部门完成了市场建设的历史使命,开始改革监管模式,全力投入对市场的监督管理这一职责上来,针对不同时期的重点工作严格加强管理。1998 年,国务院推行粮食流通体制改革,河北省工商行政管理局按照国务院、国家工商行政管理局和省政府的工作部署,狠抓落实,市场管理力度进一步加大,基本管住河北省粮食收购市场。全省共取缔非法收购点 1 100 个,查处非法收购和倒卖粮食案件 8 635 起,没收粮食 4 494 万斤,罚款金额 2 893 万元,有

力地推动了粮食流通体制改革的顺利开展。2003 年,全省各级工商行政管理机关进行了汽车市场专项整治活动,查处证照不全的经营户 5 301 户,查处罚没款在 5 000 元以上的大要案件 142 起,取缔了 45 个非法回收拆解摊点,收缴报废汽车 69 辆,查处汽车维修行业资质不达标和无证上岗的 1 044 户,查处经营假冒汽车零部件经营户 1 352 户。净化了汽车市场。开展了节日市场专项整治活动,共查处假冒伪劣案件 11 270 起,查获假冒伪劣商品标值 8 460 万元。2004 年至 2008 年上半年,分别开展了食品市场、红盾护农等专项整治活动。并在日常市场监管改革中进行了新探索,一是在 18 个重点市场实行了信息联网,探索推行市场主体违法记录公示制度和违法行为预先警示制度。二是进一步完善市场巡查制,制定并实施了《工商行政管理所市场巡查办法》。三是启用了省、市两级办公自动化系统,推广了基层工商行政管理所软件,信息化建设取得新的进展。四是根据河北省实际和全系统特点,提出了市场监管"一体两翼"新的指导理念,"一体"即以企业和个体工商户信用分类监管体系建设为主体,全面整合登记和监管数据,对企业和个体工商户实施分类管理;"两翼",一翼是完善商品准入制度,强化流通领域商品质量监管,实施事前、事中监管,另一翼是加强"12315"申诉举报指挥系统和农村"一会两站"建设,构筑消保维权体系,实施事后监管。在这一理念的指导下,不断改革监管方式,监管效能进一步提升。信用分类监管体系建设取得了阶段性成效。制定推行了企业信用分类监管实施办法,强化了属地监管责任,统一了巡查文书,完善了巡查协调机制,实现了巡查结果及时录入。各级工商部门依托注册登记数据库、经济户口数据库和市场巡查监管数据库,积极推行企业信用分类监管体系建设,有力推行了监管工作的信息化、现代化。截至 2008 年 6 月,全省已有 1.56 万家农资经营企业被评定为诚信农资企业。其中 A 级 4 213 家,AA 级 7 826 家,AAA 级 2 614 家,AAAA 级 927 家。通过信用分类监管体系建设,有效地净

化了市场。准入制度进一步完善。严把市场主体准入关,认真贯彻执行注册登记法律法规,严格登记程序,规范市场主体资格。对小煤窑、非煤矿山、易燃易爆、危险化学品等高危行业加大审查力度,严把准入关,有效消除了安全隐患。强化年检。利用年检严格审查各类市场主体的前置审批,对不符合条件的,不予通过年检。完善商品市场准入制度。对重点商品(食品、农资)和重要市场(大型集贸市场和超市)实施了质量监管制度改革,制定实施了重要商品市场准入备案、商品质量检测、不合格商品退市、商品质量信息公示和索证索票等制度。大型商场(超市)实行协议进入的食品种类达85%以上;在农资经营单位中推行了"两账两票、一卡一书"制度,普及率达95%以上,加大了源头治理力度。

2007 年,河北省工商行政管理局制定了河北省《流通环节食品安全监管领导小组成员、职责及责任追究办法(试行)》,明确了省局食品安全监管领导小组成员和有关处(室)、直属单位的职责;市、县级局根据总局、省局要求,实行了辖区监管责任和岗位责任,将监管目标和任务层层分解,层层签订了责任书,落实到具体机构、岗位和人员,使监管责任得到强化。制定下发了《河北省工商系统流通环节食品安全管理制度规范(试行)》、《督促食品经营者自律落实制度的指导意见》等一系列文件,规范了食品安全监管行为。全面规范工商行政管理所日常监管工作。规范了食品经营主体档案资料,实行了经济户口管理,建立了经营者台账和电子档案,实现了系统内部联网,实施了企业和个体工商户信用分类分级监管。全省各级工商部门开展了节日食品市场监管等一系列专项整治执法行动,清理了食品经营主体资格。全系统共出动人员 30 多万人次,检查经营单位 28 万户次,取缔无照经营 8 000 余户,端掉制售假冒伪劣食品窝点 596 个,查处各类食品违法案件 1 万余起,有力地打击了销售假冒伪劣食品等违法违章行为,维护了食品市场秩序。2007 年,全省累计投资 1 000 余万元,初步建设了食品安

全快速监测体系。省局投资 340 多万元为各市局配备食品监测车,市、县局为工商行政管理所配备食品快速监测箱。帮助、督促 100 多家食品超市购置快速监测装备,培训操作人员,提高了企业食品质量自检能力,初步形成了以工商质量监测为主、企业自检为辅、消费者送检为补充的流通环节食品质量监测体系。并在全省范围开展了"食品规范经营示范店"创建活动,树立典型,以点带面。创建了 2 000 多家示范店。省局筛选了 20 家有代表性的大型商场、超市、市场,在省级媒体上刊发食品经营企业《自律经营倡议书》。2008 年,河北省工商行政管理系统按照省政府的安排部署,高度重视,迅速行动,认真开展流通环节食品安全专项整治。截至 2008 年 5 月 28 日,共出动执法人员 15.81 万人次,检查经营户 7.52 万户,检查市场2 325 个,取缔无照经营 1 143 户,吊销《营业执照》20 个,捣毁制假售假窝点 21 个,查处制售假冒伪劣食品案件 326 起,查获假冒伪劣食品 3.33 万公斤(其中,农产品 300 公斤、畜产品 150 公斤、粮食 1 300 公斤、食用油 1 260公斤、奶制品 5 641 公斤、豆制品 1 143 公斤、禽蛋 952 公斤、饮料饮品 1.2 万公斤等),销毁假冒伪劣等不合格食品 1.29 万公斤,收缴罚没款 91.59 万元,受理申诉举报 5 475 件,为消费者挽回经济损失 392.63 万元。

2008 年初的南方冰冻雨雪灾害和 2008 年"5·12"汶川大地震期间,河北省工商行政管理系统在加大市场监管力度的同时,积极组织干部职工向灾区捐助财物。

八、消费者权益保护

中国基层第一家消费者协会最早诞生于河北省新乐县。为了保护广大消费者的合法权益,经河北省政府批准于 1986 年成立了河北省消费者协会。河北省各级人民政府和有关部门,十分重视保护消费者的合法权益,并把保护消费者合法权益的工作纳入法制化轨道。1988 年,河北省人民代表大会常务委员会通过并颁布了《河北省保护消费者合法权益条例》,对各级人民政府在维护消费者权益方面的任务,消费

者协会的职责，消费者的权益、义务以及生产、经营者的责任等，都作了明确规定。1994年，《中华人民共和国消费者权益保护法》实施后，省人大分别在1995年及1997年对上述条例进行了两次修改，使之更加符合河北省实际。1997年，河北省消费者协会对原定的《河北省消费者协会受理消费者投诉暂行办法》进行了修改，并制定了《河北省受理消费者投诉规范建设标准要求》，使处理消费者投诉的工作规范化、程序化，提高了受理质量和工作效率。河北省各级消费者组织，自成立以来，在各级政府的领导下，认真执行有关政策、法规，积极开展了保护消费者合法权益的工作，取得了显著成效。

省消费者协会成立后，加强了基层组织建设。1997年底，全省所有县区以上行政区全部成立了消费者组织，并在乡镇、街道、企业建立了分会和联络站、投诉站等基层网络组织7 785个，聘请社会义务监督员达到万人以上，生产企业、商业企业自行设立受消费者协会指导的自律组织1 118个，全省已初步形成了一个比较健全的保护消费者合法权益的工作机构。2004年，为服务"三农"，加强农村维权工作，全省共建立乡镇消协分会2 293个，消费者投诉站和"12315"联络站4.8万个，建成率占全省乡镇、行政村总数的98.8%和91.8%。2005年"一会两站"受理投诉4.3万多件，调解处理3.9万件，为农民挽回经济损失1 800多万元。6月份，国务院办公厅《政务情况交流》对河北省"一会两站"建设情况予以刊载。2006年，进一步巩固、深化"一会两站"成果，新增消协分会61个，消协分会总数达到2 354个。新增两站1 399个，在市场、商场、超市建立"两站"1 578个，全省"两站"总数达到5万多个，覆盖全省。河北省"一会两站"经验，被国家工商行政管理总局推广。2007年，"一会两站"工作认真抓落实，抓规范，抓创新，抓服务，抓发展。全省消协分会达到了2 344个，"两站"达5.03万个。2007年分会及"两站"受理消费者投诉7.12万件，比2006年增长了68%；调解处理5.93万件，比2006年增长了72%；为消费者挽回损失1 096万元，比2006年增长了45%；受理举报案件1 894件，比2006年增长了46%。"一会两站"维护消费者合法权益的职能作用正逐步发挥。

1998年3月15日，全省11个市工商行政管理局和100多个县（市、区）工商行政管理局建立了"3·15"申诉、投诉服务台，形成了全省工商行政管理系统"3·15"申诉、投诉服务网络，专门受理消费者申诉、投诉和举报的案件。这一做法受到国家工商行政管理局高度评价并在全国推广。2004年，河北省工商行政管理局加大了对"12315"申诉举报系统建设，全省10个市局的"12315"申诉举报指挥中心开通试运行。2005年，"12315"申诉举报系统实现了工商行政管理所、县（市、区）、市、省局和国家工商总局的五级联网。2006年，大力推进"12315"行政执法体系建设，完善了网络，制定了工作制度、行为规范和绩效考核办法，整体效能明显提升。到年底，共受理各类投诉35万件，其中申诉2.4万件、咨询30万件、建议3 524件。根据群众举报共立案1.72万件，案值4 000余万元，查处1.2万件，查处率达73%。根据群众申诉，成功为消费者调解消费纠纷近2万件，为消费者挽回经济损失近亿元。2007年"12315"规范化、制度化建设迈出新步伐。对《河北省工商系统"12315"绩效考核办法（试行）》进行了修改和完善，依据新的绩效考核办法，完成了对各市局工作的考核。各市局指挥中心结合本地实际，研究制定了本市的内部绩效考核办法。"12315"申诉举报咨询数量大幅度增长。全省"12315"系统共接到各类投诉、申诉、咨询等涉及消费者权益保护的事项149.85万件，其中申诉4.82万件、举报4.81万件、咨询139.52万件、建议7 063件；日均受理各类投诉4 486件，与2006年相比日均增长69.6%（2006年日均2 645.6件）。根据群众的申诉举报共立案3.57万件，查处2.40万件，罚没金额7 165万元；按照受理条件受理消费者申诉4.46万件，成功调解消费纠纷4.20万件，调解成功率达94.6%，为消费者挽回经济损失8 100万元。

2008 年 3 月 10 日,经过专家评审组的严格审核,河北省工商行政管理局"12315"指挥中心通过了 ISO 9000 国际质量体系标准认证,被中质协质量保证中心授予"质量管理体系认证获证单位",标志着河北省"12315"指挥中心在内部管理方面率先与国际接轨,为河北省"12315"消费者申诉举报指挥系统内部管理步入规范化建设轨道奠定了基础。截至 2008 年 6 月 30 日,全省"12315"消费者申诉举报指挥系统共接到各类投诉49.82万件(日均 2 750 件),其中申诉1.58万件、举报2.37万件、咨询45.63万件、建议 2 380 件。根据群众的申诉举报共(转)立案1.14万件,已查处 5 918 件,适用简易程序查处案件1.74万件,罚款金额 1 673.5万元;按照受理条件受理消费者申诉1.34万件,成功调解消费纠纷1.22万件,调解成功率达90.7%,为消费者挽回经济损失7 015 万元。

附:

河北省工商行政管理局 历任局长、党组书记

纪心泉,1954 年 2 月至 1958 年 5 月和1963 年 2 月至 1968 年 11 月任局长;曹子栋,1979 年 4 月至 1983 年 7 月任局长;石新英,1983 年 7 月至 1991 年 6 月任局长、党组书记;傅亮,1991 年 6 月至 1996 年 11 月任局长、党组书记;谢建增,1996 年 11 月至2003 年 3 月任局长、党组书记;钱晓钟,2003年 3 月至 2008 年 6 月任局长、党组书记。

(执笔人:赵紫鹏)

第四章　山西省工商行政管理局

第一部分　(1949—1978)

第一节　山西省工商行政管理发展概况

一、机构沿革及其职能变化

1949 年 8 月,在筹备省人民政府工作中,原华北、西北区所辖各行署、专署、县,除雁北 14 市县外,均已恢复战前建制。9 月 1 日,山西省人民政府正式成立时,将原来统一的工商行政管理工作,分解为工业、商业、合作等多个部门管理。只将私营工商企业的行政管理列入商业厅行政科管辖。全省辖 1 个市局、7 个专署、92 个县工商科。省商业厅行政科设市场管理、市场指导、工商企业登记 3 个股,股长 3 人,干事 7 人。1951 年,阳泉、长治由工矿区改设为市。1952 年 12 月 13 日,大同市及雁北 13 县划入山西省建制,全省共有 4 个市商业局,8 个专署、103 个县工商科,后工矿业务大部分改称商业科,仍兼办对私营工商业的行政管理。1953 年 9 月,省财政经济委员会设工商行政管理处。

1954 年 1 月 10 日,省人民政府将财经委工商行政管理处、工业厅行政处、商业厅行政科和税务局土盐管理科合并,成立山西省财政经济委员会工商行政管理局。编制 70 人,设秘书室、工业科、矿业科、手工业科、商业科、市场安排科、统计科。1 月 15 日正式对外办公。主要职能是:在省委、省人民政府领导下,掌握全省私营工商业以及手工业的发展情况,制定过渡时期改造计划,并负责私营工商业的开业、歇业、转业登记,安

排与管理市场。3 月 9 日,中央人民政府政务院批准山西省人民政府下设工商行政管理局。编制 80 人。设 1 室 4 科:秘书室 8 人,主管人事、党务、秘书、文书、行政、收发、文印、财务、档案等工作;工商行政科 10 人,负责土盐管理、度量衡管理、市场管理、工商企业登记、商标注册核转等工作;矿业管理科 8 人,负责私人矿业管理等工作;计划统计科 8 人,负责报表与计划安排等工作。9 月,省人民政府决定太原、大同、阳泉市政府设工商行政管理局;雁北企业公司矿业科划入雁北专署直属;长治专署商业科改为工商科。多数地、市、县撤销工商科,设商业局,个别地、市、县由工商联协商办理工商行政管理事项。

1955 年 5 月 14 日,国务院批准撤销山西省工商行政管理局。商业厅设市场管理处,兼管集市贸易;设私改处,分管城市商业、饮食业、服务业的安排与改造;工业厅负责工业、矿业的管理;供销社负责乡村商业、饮食业、服务业的管理;手工业管理局负责乡村手工业及矿业的管理;交通厅负责交通运输业的管理;建设局负责建筑业的管理;文化局负责文化艺术业的管理;卫生厅负责医疗业的管理;医药公司负责医药业的管理。工商行政管理职能分解。1955 年 2 月,成立省国家资本主义办公室。1956 年 2 月 17 日,改称对资改造组,8 月 8 日,改称对私营工商业改造办公室。1958 年 11 月 24 日办公室撤销。

1957 年 8 月 8 日,国务院通知各级人民委员会设立物价委员会,统一领导市场物价。省物价委员会于 9 月 25 日成立,下设市场处,监管全省工商行政管理工作。

1958 年 5 月 28 日,省物价委员会并入商业厅,设市场物价管理局,下设市场管理科,编制 5~6 人,负责市场管理、商标管理等工商行政管理工作以及对私营工商业改造遗留问题的处理。全省各地、市、县均设。1962 年 8 月,物价委员会分出,不再兼管工商行政管理工作。省商业厅设置工商行政管理处,基本任务是:管理城乡市场,检查督促有关市场政策、法令的执行情况,维护国家计划,保护合法贸易,限制资本主义自发势力,制止投机倒把活动;会同有关部门监督检查国家价格政策的执行情况及集市贸易、货栈贸易、合作商店(小组)和手工业自销产品的价格,指导同行议价和产销双方议价,正确处理计划价格和自由价格的关系;会同有关部门组织和管理农村集市贸易和城乡货栈贸易;检查监督工商、农商之间加工、订货、议购、包销合同的执行、调解,仲裁合同中的争议和纠纷;对资产阶级分子、小商小贩进行社会主义教育和改造,研究和处理对私改造工作中有关政策性问题,指导工商业联合会工作;会同有关部门研究和处理手工业合作社、合作商店、合作小组与国营、合作社经济之间在生产经营上的有关问题;管理商标的注册、使用,制止假冒行为。并根据规定标准,检查商品规格、质量,防止掺杂使假和不卫生现象发生,保证质量;根据国务院颁布的《工商企业登记管理试行办法》,办理工商企业登记、发证,并对其进行监督管理。

1963 年 2 月 14 日,省人民委员会批转商业厅《关于工商行政管理任务和机构设置意见的报告》,首次要求各地、市、县配备一定人员进行工商行政管理工作,并要求进一步健全各级市场管理委员会,各地、市、县从此陆续设置工商行政管理局或工商行政管理组,隶属于商业局,对外称市场管理委员会。10 月,太原、大同、长治 3 市已设局。大部分专署、县设市管会。年末,52 个县由商业局或市场物价局兼管工商行管理工作,42 个县设市管会,全省工商行政管理人员 1 384 人,其中专职人员 361 人,占 26%。

1964 年 8 月,根据国家工商行政管理局

7 月 27 日通知,全省在车站、码头等交通要道或者其他必要地方,始设检查站,使物资流通受到限制。

1965 年 5 月,省人民委员会发出《关于充实和加强工商行政管理机构的通知》,要求各专区配备 4~5 人,各县配备 3~4 人,负责工商行政管理工作。

二、"文化大革命"时期的机构及其职能变化

1966 年 5 月,"文化大革命"开始。全省工商行政管理工作瘫痪,1967 年 1 月后,全系统除 4 市 14 县专设机构外,89 个专区和县级单位在商业局内设代管代办机构。全省专职人员 338 人,比 1963 年提出再设机构时少 23 人。

1968 年 3 月,省革命委员会决定在全省各级设打击投机倒把办公室。山西省打击投机倒把办公室以原商业厅工商行政管理处人员为主,从有关部门抽调人员组成,5 月 16 日开始办公。全省有 58 个地、市、县建立"打办"开展工作。12 月 9 日"打办"撤销。1969 年"七二三"布告以后,山西省商业厅(包括工商行政管理处)人员除已到新机构者外,其余编成三个大队,赴北京中央办的学习班学习,返回后全部下放农村劳动。

1970 年 7 月,省革命委员会生产组财贸办公室改组,设商业局,内设工商行政管理办公室。10 月,据商业部、财政部通知,全省将市场管理人员列入国家行政编制,市场罚没款全部上缴财政部门。市场管理人员的主要任务是进行"一打三反"。年末,全省共有工商行政管理人员 1 239 人,其中列入行政编制的 712 人。

1973 年,"一打三反"工作结束,全省工商行政管理系统主要任务为旺季市场管理,限制小生产,清理所谓盲流人员。

1975 年 7 月,中共山西省委决定设立山西省工商行政管理局,与商业局一套机构两块牌子,工作仍由工商行政管理办公室(处级)承担。对外称工商行政管理局。

1976 年 10 月,"文化大革命"结束,一些地、市、县也在商业局内设工商行政管理局。

第二节　工商行政管理工作情况

中华人民共和国成立初期,山西省对国营企业基本不登记,1962 年 12 月 30 日,国务院发布《工商业登记管理试行办法》,要求于 1963 年 9 月底以前"对已经开业的城乡工商企业立即进行一次全面登记"。从此,开始了对国营、集体企业的全面登记。1964 年 4 月,全省登记注册工作基本结束。据已报送数据的 79 市县统计,共批准登记发照 25 638 户,占申请登记总户数的 85%。1966 年,"文化大革命"开始,企业登记管理工作一度中断。

从新中国建立到 1952 年底,全省手工业发展到 45 403 户,210 635 人;行商、摊贩达到 55 706 户,65 351 人;资金 754 960 万元。1961 年,山西省根据中央的指示精神,于 1961 年 7 月 28 日召开专署、市县商业局长会议,讨论《关于恢复合作商店、合作小组的试点意见》。截至年底,全省恢复合作商店 296 个,合作小组 261 个,小商小贩共计 7 722 人。1962 年到"文化大革命"前,对于农村集市贸易的管理更加"左"倾化,1963 年底,全省小商小贩零售额仅 7 668 万元。1966 年"文化大革命"开始,所留的少量手工业和小商贩被当作"资本主义的尾巴"割掉。到 1978 年底,山西省城镇从事个体商业、饮食业、服务业的个体劳动者只剩下 204 人。

新中国成立初期,全省私营工业为 2 651 户,职工 32 389 人,产值 3 231 万元;私营商业(含饮食业、服务业)达 82 124 户,职工 163 427 人,社会商品零售总额 13 896 万元。1950 年 2 月 27 日,山西省人民政府发出《关于工商业登记工作的指示》,决定在同年 3、4 月,普遍进行工商业登记换照。4 月 1 日,山西省人民政府制定《工商业登记工作具体办法》及《工商业划分草案》,全省限期进行工商业登记工作。1950 年 6 月,8 个专署、市登记机器工业 430 户,手工业 13 642 户,坐商 18 066 户,行商 903 户。1951 年 4 月 1 日,山西省人民政府发出《关于进行全省工商业普查登记工作指示》,要求从 5 月 1 日开始对工商业进行普查登记,6 月底完成。普查登记结果表明,私营企业户数、人数、资金均较上年增加。经普查,有私营工业 3 162 户,人数 93 893 人,资金 2 279 亿元(旧人民币)。1956 年,私营工商业基本上实现了社会主义改造。从此,在 20 多年中限制了私营经济的发展,私营工商业基本不复存在。

1976 年 12 月 20 日,山西省商业厅工商行政管理办公室制发《山西省商标管理试行办法》,要求省内各企业使用的商标,自 1977 年 1 月 1 日起,需向所在地的工商行政管理局申请注册。

新中国成立初期,国营、地方国营、供销社、合作社的广告经营各由其主管部门管理;私营、公营、公私合营企业的广告由工商行政管理部门管理。后来广告经营受到控制,开支不能列入成本,很长一段时间,广告被视为资本主义的产物而受到排斥。

1952 年底,山西省人民政府财政经济委员会于 12 月 5 日发布了《关于国、省营企业合作社签订合同契约的指示》,对国、省营企业、合作社的合同契约的签订,合同书的内容、合同的批准权与报告制度及合同违约的处理办法作了明确的规定。20 世纪 60 年代初期,国家进行了国民经济调整工作,逐步恢复了经济合同制。1965 年,山西的合同经营曾在工商、农商、商商之间逐步推行开来,作为有计划地发展工农产品交换、加强城乡联系的重要措施。1966 年,"文化大革命"开始后,各地实行经济合同制的工作受到严重干扰,山西省十余年内停止使用经济合同,管理亦随之中断。

从新中国建立到"文化大革命"期间,经济检查工作主要是限制上市物品,取缔长途贩运,维护统购统销政策。

第二部分　(1979—2008.6)

第一节　改革开放新时期的机构沿革

1978 年 9 月 25 日,国务院颁发《关于成立工商行政管理总局的通知》,要求在地方设立和充实工商行政管理机构,统一名称,县和县以上各级均设工商行政管理局,作为同级革命委员会领导下的直属单位;县以下设工商行政管理所。中共中央十一届三中全会以后,全省工商行政管理工作逐步加强,工商行政机构日益健全、队伍逐步壮大。

1979年10月9日,经省编制委员会批准,全省县以下基层所2 080人列入事业编制。

1979年12月14日,省工商行政管理局为省人民政府一级局。

1980年3月1日,省工商行政管理局正式脱离商业厅,独立办公。编制50人。设4处1室。即,市场管理处,负责城乡市场管理,打击投机倒把活动,维护经济秩序;企业登记管理处,负责办理工商企业开业、歇业登记,并进行监督管理;商标管理处,负责核转商标注册申请,维护商标专用权;经济合同管理处,负责对合同的监督管理;仲裁委员会办公室,负责文秘、行政、人事、党务、综合协调等工作。

1980年8月30日,省编委将国家拨给山西省基层所(站)的70名新增事业编制分配各市。10月6日,又将300名招工指标分配到10个地市。年末,全省实有人员3 052人。

1981年11月,省工商行政管理局增设调查研究室、人事教育处。1982年2月,国务院颁布《广告管理暂行办法》,工商行政管理部门增加管理广告职能,1983年8月省工商行政管理局将原商标管理处改为商标广告管理处。1983年全国首届广告研讨会在太原晋祠宾馆召开。1982年,全省局级机构125个,基层工商行政管理所518个,工作人员4 362人,其中,干部2 025人。1983年,国务院批准山西省党政机关机构改革方案,省工商行政管理局为省人民政府直属局,是综合性的经济行政管理部门和行政执法机关。其基本职能是:贯彻执行党和国家的经济政策、法律、法令;研究拟定本省有关工商行政管理的地方性法规、规章和制度;监督工商企业;保护合法经营,取缔非法经营,维护社会经济秩序;促进生产,活跃流通,繁荣经济,保证国家计划的实施。其主要职责有:

(1)维护城乡市场经济秩序,对市场物价、交易活动进行监督管理,查处违法经营活动,管理城乡集市贸易和三类工业品、旧货等专业市场。(2)组织办理工商企业的登记和中外合资企业、外国企业常驻代表机构的登记,核发营业执照,建立经济户口,监督其生产经营活动。(3)管理经济合同,监督和检查经济合同的订立和履行,调解仲裁经济合同纠纷,确认无效经济合同,查处违法经济合同,督促、检查各有关部门管理本系统经济合同情况。(4)核转商标注册,查处商标侵权、假冒案件,通过商标管理监督商品质量,保护商标专用权和消费者合法权益。(5)管理经济广告,查处违法广告案件,对广告经营单位进行监督、指导广告协会的工作。(6)管理个体经济、对城乡个体工商业户进行登记,核发营业执照,建立经济户口,通过登记进行监督管理,研究拟定管理城乡个体经济的具体政策和办法,指导个体劳动者协会工作。(7)打击投机倒把。(8)监督检查机关、团体、部队、企业、事业等单位的经济违法活动,制止商品流通中的不正之风。

1983年,全省工商行政管理工作人员共4 815人。

1984年2月,省工商行政管理局增设个体经济管理处。当年,省工商行政管理局编制59人,设9处室。省编委等6部门发文,全省工商行政管理系统增加事业编制1 620人。年末,有人员6 720人,其中,干部4 475人。

1984年10月,山西省个体劳动者协会成立。

1984年12月,山西省广告协会成立,当年全省广告经营额200万元。

1985年12月,省纪检委在省工商行政管理局设纪检组。省局处室机构共10个,编制61人。年末,全省地市县工商行政管理局共141个,基层所783个,共有7 324人。

1986年6月,省工商行政管理局增设经济检查处和财会统计处,处室机构增至12个,人员增至103人,其中所增42人充实到省个体劳动者协会、广告协会、消费者协会和工商行政管理学会。并在临汾成立山西省工商行政管理学校。年末,全省工作人员8 161人。

1987年2月,省编委为省工商系统增加基层事业编制2 000人,以加强工商行政管理所力量。2月6日,省工商行政管理局调查研究室改称政策研究室。5月,省工商行政管理局增设外资企业登记管理处。10月,省工商行政管理局开办山西省商标证照印刷厂。年末,省工商行政管理局在编112人,全省在编9 157人。地市局11个,县区局119个,基层所880个。同年6月,山西省消费者协会经山西省人民政府批准成立。8月,山西省工商行政管理学会成立。

1988年7月7日,依据《国家工商行政管理局三定方案》,省人民政府确定,工商行政管理部门的主要职责是:

(1)主管工商企业和从事生产经营活动的事业单位、科技性社会团体的登记注册,依法确认其企业法人资格或合法经营地位,核发《企业法人营业执照》或《营业执照》,监督其生产经营活动。(2)统一管理城乡集市贸易,依法查处集市交易中的违法违章行为,依法监督管理农副产品市场,农副产品批发市场、小商品市场和各种专业市场。(3)参与生产资料市场以及资金、劳务、技术、信息、房地产等生产要素市场的监督管理,指导省消费者协会工作。(4)监督检查经济合同的订立和履行,调解、仲裁经济合同和企业承包经营合同、企业租赁经营合同、技术合同纠纷,确认无效经济合同,查处违法经济合同。(5)办理城乡个体工商户和个人合伙的登记注册,核发《营业执照》,依法监督管理其生产经营活动,保护他们的合法权益,指导省个体劳动者协会工作。(6)办理私营企业登记注册,核发《企业法人营业执照》和《营业执照》,依法监督管理其生产经营活动,鼓励、引导私营经济健康发展。(7)根据国家工商行政管理局授权,办理中外合资经营企业、中外合作经营企业、外资企业和外国企业常驻代表机构、华侨、港澳企业常驻代表机构等的登记注册,核发

《中华人民共和国营业执照》、《外国企业常驻代表机构登记证》或《华侨、港澳企业常驻代表机构登记证》,依法监督它们的生产经营或经济活动。(8)负责商标注册的核转和管理,保护注册商标专用权,查处假冒侵权行为。(9)管理经济广告、社会广告和文化广告,查处广告经营和广告宣传中的违法违章行为,并指导省广告协会工作。(10)检查处理经济违法违章行为,打击投机倒把、走私贩私活动,对违法单位和个人执行行政处罚。(11)研究工商行政管理方针、政策,拟定有关工商行政管理地方性法规、规章和制度,指导工商行政管理学会工作。(12)承办省政府交办的其他工作。

1988年10月10日,省工商行政管理局设监察室,与纪检组合署办公,并设立《山西工商行政管理》编辑部。年末,省工商行政管理局在编123人,当年行政编制63人,事业编制57人,超编23人。全省共有工作人员10 161人。

1990年本年全系统干部职工11 466人(其中离退休628人),临时聘用2 659人,其中协管员1 738人。

1991年4月,省局个体经济管理处改为个体私营经济管理处。4月22日,国务院批准颁发的《工商行政管理所条例》规定:工商行政管理所是区、县(含县级市)工商行政管理局的派出机构,按经济区域设立。其基本任务是:依据法律、法规的规定,对辖区内的企业、个体工商户和市场经济活动进行监督管理,保护合法经营,取缔非法经营,维护正常的经济秩序,其职责包括:

(1)办理辖区内由区、县工商行政管理局登记管理的企业登记初审和年检,审查换照的手续,并对区、县工商行政管理局核准登记的企业进行监督管理。(2)管理辖区内的集贸市场,监督集市贸易经济活动。(3)监督检查辖区内经济合同的订立及履行,调解经济合同纠纷。(4)受理、初审、呈报辖区内个体工商户的开业、变更、歇业的申请事项,对个体工商户的生产经营活动进行监督管理。(5)指导辖区内企业事业单位、个体工商户正确申请商标注册,并对

其使用商标进行监督管理。(6)对辖区内设置、张贴的广告进行监督管理。(7)按规定收取、上缴各项工商收费及罚没款物。(8)宣传工商行政管理法律、法规和有关政策。(9)法律、法规规定的其他工商行政管理职责。

1991年12月,省工商行政管理局政策研究室更名为政策法规处。年末,全省干部职工12 070人。

1992年,省工商行政管理局编制120人,其中行政编制71人,事业编制49人,实有131人(含离退休人员)。有职能处室13个,挂靠协(学)会5个。下属企事业单位4个。年末,全省有工商行政管理机构1 434个(省局1个、地级市局6个、地区局6个、县区局120个、基层所1 092个),人员13 035人。

1993年,省工商行政管理局内设职能机构13个,编制133人(行政84人,事业49人)。全省机构1 443个(基层所1 109个),人员14 161人。11月,山西省私营企业协会成立。

1994年1月,国家工商行政管理局按照《中共中央关于建立社会主义市场经济体制若干问题的决定》中关于改善和加强对市场的管理和监督,建立有权威的市场执法和监督机构的要求,提出实现职能转变,据此,制发了《国家工商行政管理局职能配置、内设机构和人员编制方案》。同年8月,山西省工商行政管理局据《山西省省级党政机构改革方案》要求,参照国家工商行政管理局《方案》,制定了《山西省工商行政管理局职能配置、内设机构和人员编制方案》。规定"山西省工商行政管理局是山西省人民政府主管市场监督管理和行政执法的职能部门"。其主要职责是:

(1)研究工商行政管理方针、政策,制定地方性工商行政管理法规、规章和规范性文件并督促检查落实。(2)主管全省工商企业和其他从事生产经营活动的事业单位、社会团体、公民个人的登记注册工作,核发有关证照,依法确认其企业法人资格和合法经营地位,并对其登记注册行为进行监督检查,

依法核定登记注册单位的名称。(3)依法监督检查全省市场主体的交易活动。制止和查处市场交易活动中的垄断和不正当竞争、侵犯消费者权益和其他市场交易中的违法违章案件。依法或经省人民政府授权,组织开展全省性的市场监督与行政执法活动。(4)监督管理消费品市场、生产资料市场,参与监督管理金融、劳动力、技术、信息等生产要素市场和期货市场,参与市场体系的培育、发展,参与论证、规划全省市场布局,开展各类交易市场登记及统计工作。(5)依法监督管理经济合同,指导合同仲裁机构的工作。(6)制定本省商标发展战略。依法对省内商标实行统一管理。认定著名商标,推荐驰名商标,查处商标假冒侵权行为,保护注册商标专用权,依法对商标评审作出裁定,指导商标代理机构工作。(7)依法确认广告经营资格,查处虚假广告,监督管理全省境内的广告发布和广告经营活动,指导广告业发展。(8)依法监督管理全省个体工商户、个人合伙和私营企业,规范其生产经营行为,引导个体、私营经济健康发展。(9)制定并组织实施全省系统教育发展规划,指导全省系统基层建设工作。(10)指导挂靠在工商行政管理部门的学会、协会和社会团体的工作。(11)完成省人民政府交办的其他工作。

1994年,基本完成省工商行政管理局公务员制度试点任务。原有职能机构13个,减到12个,省工商行政管理局内设:办公室、人事教育处、财务统计处、法制处、公平交易处(对外称公平交易局)、企业登记管理处、外资企业登记管理处、个体私营经济管理处、市场管理处、商标广告管理处、直属机关党委、监察室(与纪检组合署办公)。原有人员130人,减到90人。成立了山西商标事务所,工商企业咨询服务中心安排了部分工作人员,到学会、协会任职,离退休、外调等共分流40人。年末,全省工商管理机构1 515个,其中基层所1 135个。干部职工14 861人,其中基层所7 702人。

1995年,省工商行政管理局在职人员96人,全省在职人员14 925人。

1998 年 12 月召开的全国工商行政管理体制改革暨工作会议,部署了党中央、国务院关于工商行政管理机关实行省以下垂直管理的新决定,这是工商行政管理发展史上的一件大事。

1999 年,经省编办核实,省局外资企业登记管理处并入企业处,人员保留。全省 11 个地市工商行政管理局和 120 个县(市、区)工商行政管理局(分局)机关编制共 3 176 人,基层工商行政管理所公务员编制 9 562 人。垂直管理后,省工商行政管理局的主要职责是:

(1)贯彻执行国家有关工商行政管理的方针、政策和法律、法规,拟定、协调工商行政管理地方性法规、规章,承担工商行政管理规范性文件的审核、备案和清理工作,组织开展工商行政管理法律、法规和规章的行政执法检查工作。(2)组织管理全省企业(含内外资企业、个体经营户,下同)和其他从事经营活动的单位、个人的登记注册工作,依法核定其登记事项,审定、批准、颁发有关证照并对其注册行为实行监督管理。(3)组织监督检查市场竞争行为,查处垄断和不正当竞争案件,依法打击流通领域的走私贩私行为和其他各类经济违法违章行为。(4)组织保护消费者合法权益,组织查处侵犯消费者权益案件,组织查处市场管理和商标管理中的经销掺假及假冒产品行为。(5)组织实施各类市场经营秩序的规范管理和监督,参与全省市场的布局和规划,开展各类交易市场注册登记工作。(6)组织管理经纪人、经纪机构。(7)组织实施合同行政监督管理,组织查处合同欺诈行为,组织管理动产抵押物登记,组织监督管理拍卖行为。(8)宣传贯彻商标法律知识,依法查处商标侵权及假冒案件。(9)组织管理全省境内的广告发布与广告经营活动。(10)组织管理个体经营户、个人合伙和个人独资企业的经营行为。(11)负责全省工商行政管理业务工作。(12)负责全省工商行政管理系统的人事、劳资、财务、统计、纪检、监察、离退休人员、国有资产管理等工作。(13)指导工商行政管理部门主管的协(学)会的工作。

(14)承担省人民政府交办的其他工作。

2003 年初,新一届山西省工商行政管理局领导班子根据党的十六大精神和"三个代表"重要思想,结合工商工作实际,提出了"增强五种意识,创造五个环境,促进经济发展"的工作主题。"五增"就是增强大局意识、创新意识、服务意识、法制意识、责任意识;"五创"就是创造公平竞争的发展环境、创造规范有序的市场环境、创造诚信守约的信用环境、创造公正廉洁的执法环境和公开高效的办事环境。2003 年 10 月,党的十六届三中全会《决定》明确提出:"切实把政府经济管理职能转到主要为市场主体服务和创造良好发展环境上来",山西省工商行政管理局进一步坚定了实施"五增五创"工作主题的信心和决心,采取了一系列有效措施,推动了全省工商行政管理事业的进一步发展。

2003 年 8 月,成立了"信用山西"建设领导小组,领导小组办公室设在山西省工商行政管理局,由山西省工商行政管理局牵头组织开展社会信用体系建设工作。其职责是:负责统一规划、组织协调、督促检查全省社会信用体系建设;承办有关信用体系建设的规划制定、法规起草;负责信用信息平台搭建、日常维护管理;负责信用信息归集、整理、发布和查询服务;负责征信机构的监督管理。信用信息系统的建立和不断完善,有力地推动了信息化手段在企业登记、市场监管、行政执法以及人事、财务、固定资产管理等方面的广泛运用。

2004 年 6 月,省编制管理部门发文,同意省局恢复外资企业登记管理处,按照国家工商行政管理总局《授权办法》规定,核定了人员编制,其主要职责是:承担国家工商行政管理总局授权山西省工商行政管理局登记管辖范围内的外商投资企业、港澳台商投资企业以及在山西省境内从事经营活动的外国(地区)企业和外国(地区)企业常驻代表机构的设立、变更、注销、登记、年检以及监督检查等工作。

2005 年 6 月 25 日,山西省信用企业协会正式成立,至 2006 年底,全省 11 个市都相继成立了信用企业协会。截至 2008 年 6 月底,会员企业已发展到 8 000 余家。通过协会的自我教育、自我规范,促进了企业诚实守信经营理念的形成,为全社会信用体系建设作出了积极贡献。

2006 年 8 月,省局建立了"12315"消费者举报指挥中心,全省 11 个市局相继建立受理调度中心,县局成立快速反应执法队,工商行政管理所设立消费维权站,并推进工商行政管理所进企业、进农村、进社区、进市场、进商厦、进机关、进旅游景点,初步形成了消费申诉和维权的网络机制。

截至 2008 年 6 月底,全省工商行政管理系统共有 11 个市局、120 个县区局、17 个开发区分局和 584 个基层工商行政管理所,干部职工 22 668 人。省局机关设有办公室、人事处、财务处、机关党委、执法督察室、法制处、企业注册监督管理处、外资企业注册监督管理处、经济检查处、市场规范管理处、合同与信用监督管理处、消费者权益保护处、商标监督管理处、广告监督管理处、离退休人员管理处、基层教育处、直销监督管理处等 17 个职能处(室),1 个经济检查总队、15 个直属事业单位,干部职工 360 人,其中,机关公务员编制达到 152 人。

第二节 工商行政管理队伍的建设与发展

改革开放以来,全省工商行政管理机关把加强自身建设,努力建设一支适应社会主义市场经济需要的工商行政管理队伍,作为一项战略任务来抓,经过不懈的努力,取得了显著成效。在队伍建设方面,1979 年,全省系统只有 1 800 余人,1985 年增加到 7 324 人,并设立各类机构 924 个。到 2008 年,全省系统工作人员已达 22 668 人,其中行政人员 9 745 人、事业人员 1 097 人、离退休人员 5 998 人、提前离岗人员 1 611 人。同时,工商行政管理队伍结构渐趋年轻化、合理化,截至 2008 年 6 月,全省系统 35 岁以下的干部职工已占到总人数的一半以上。在干部教育方面,山西省工商行政管理局坚持不懈

狠抓干部培训和学历教育,先后制定了"七五"、"八五"、"九五"、"十五"、"十一五"干部教育培训规划,建立健全了干部培训机构,加强了培训基地建设。1985 年,投资 350 万元在临汾改建了一所工商行政管理中等专业学校。1988 年,山西省工商行政管理局自筹资金 520 万元新建了省工商行政管理局培训中心。随后,各地也相继新建、改建了干部培训中心,这些培训基地的建设,为逐步实现干部人事教育正规化提供了可靠的依托。

2003 年以后,省工商行政管理局采取有力措施,对县局局长、市局科长、工商行政管理所长在临汾工商学校进行业务培训,通过岗位职务培训、岗前培训、短期业务培训等形式共举办了各类业务培训班 450 期,培训 35 000 人次,全省工商系统的干部职工通过考核、考试基本达到了岗位要求。在学历教育方面,先后与首都经济贸易大学、东北财经大学、山西师范大学、山西财经大学、山西省财贸学校和山东工商学校、运城会计学校等院校联合办学,举办了大中专函授班、脱产班、自学考试班和专业证书班,有效地提高了全系统干部职工的素质和文化程度。大专以上学历的比例由 1980 年的 1.2% 上升到 36.6%,中专学历比例由 1980 年的 3.8% 上升到 22.2%,高中学历由 1980 年的 15% 上升到 28.1%,初中及其以下学历由 1980 年的 80% 下降到 13.1%。2003 年以后,山西省工商系统涌现出以全国"模范公务员"黎城县工商行政管理局局长杨宽德为代表的一大批先进典型。省工商行政管理局和 7 个市局先后被授予省级"依法治理"示范单位。省工商行政管理局被中宣部、司法部和全国普法办授予"全国法制宣传教育先进单位"。2007 年全系统表彰了 25 名优秀县局领导干部和百名执法一线"办案能手"。国家工商行政管理局、人事部和省人民政府、省劳动竞赛委员会共表彰山西省工商系统先进集体 40 个,先进工作者、优秀管理人员、劳动模范 51 人次;省局共表彰全省系统先进集体 387 个,先进工作者 622 人次。

2008 年春季,我国南方发生严重雨雪冰

冻灾害后,山西省工商行政管理局机关 339 名干部职工开展了"为南方灾区送温暖献爱心"捐助活动。仅 2 月 15 日一天时间,就捐款 29 300 元,全部上缴山西省社会捐助事务管理中心,转送南方受灾地区,为灾区人民抗击冰雪、重建家园献出了一份爱心。

2008 年 5 月 12 日下午 2 时 28 分,四川汶川发生了我国历史上最大的地震,突如其来的惨重灾难降临。灾情就是命令,时间就是生命,山西省工商行政管理局在第一时间迅速行动起来,充分发挥党组织核心领导作用,组织省局机关和全系统党员干部积极投身于抗震救灾工作,为地震灾区奉献爱心、党心、真情。5 月 13 日上午不到 15 分钟,省局机关捐款就达 5.1 万元,当天就将捐款交到省红十字会。据当天晚上山西卫视新闻联播报道,在山西省直机关中省工商行政管理局捐助行动属第一家。5 月 16 日省局向四川省工商行政管理局发出慰问信,又对口捐助 50 万元。5 月 22 日,省局根据中组部、省委和省直工委组织部关于党员交纳"特殊党费"的通知要求,组织开展了省局机关及直属单位、协(学)会全体党员交纳"特殊党费"活动,共有 318 名党员交纳"特殊党费"291 650 元。据统计,全省工商行政管理系统广大党员和干部职工缴纳"特殊党费"与捐款捐物总计 523.6 万元。

与此同时,省局机关党委会同省个体劳动者协会和私营企业协会,动员全省个体工商户和私营企业及组织向地震灾区捐款捐物折合人民币达 24 085 万元。弘扬了中华民族"一方有难,八方支援"的优良传统,彰显党性,发挥了全省个体工商户、私营企业组织党员的先锋模范作用,使党的凝聚力得到进一步加强。

第三节　山西省工商行政管理工作成就

一、加强和改进企业登记管理,促进企业深化改革和现代企业制度的建立

1978 年 12 月,党的十一届三中全会后,山西省的企业登记管理工作逐步恢复并加强。这一时期,各级工商行政管理机关认真贯彻执行《企业法人登记管理条例》、《合同法》等法律、法规,不断加强和改进企业登记管理,努力为国有、集体企业的发展和改革服务。依据法律、法规,结合山西省实际,及时制定实施了《关于深化企业登记改革、促进现代企业制度建立的意见》、《山西省股份合作制企业登记注册暂行办法》、《山西省企业职工合股基金会设立登记暂行办法》、《山西省企业集体基金会设立登记暂行办法》等规范性文件,积极参与企业改革政策、规划、方案的制定,及时为改组、改制、改建企业办理登记注册,适应了企业改革的需要。在清理整顿公司和党政机关办企业,以及对石油、煤炭、粮食市场经营主体进行清理整顿工作中,多次被评为模范单位。在登记管理中逐步实现工作程序规范化,企业登记档案管理微机化。同时,狠抓企业年检,实行企业回查制,清理无资金、无场地、无机构的"三无"企业,规范市场主体和经营行为。2002 年底,全省注册登记内资企业有 10.3 万户,其中有限责任公司 2.7 万户,国有企业 3.03 万户,集体企业 4.1 万户,股份合作制企业 0.36 万户。

2006 年,为积极贯彻落实省政府确定的国有企业"发展壮大一批、转制搞活一批、破产关闭一批"的改革决策,山西省工商行政管理局制定了《关于山西省国有企业深化改革登记注册的实施意见》27 条,以晋政办发〔2006〕33 号文件颁发实施。截至 2008 年上半年,全省注册登记内资企业有 75 012 户,比 2002 年底的 102 574 户下降了 27 562 户。

二、正确引导,加强监管,促进个体私营经济快速健康发展

1988 年以前,私营企业虽已出现,但管理仍按个体工商户登记。1989 年,山西省贯彻《私营企业暂行条例》,开展对私营企业的登记工作。到年末,全省登记私营企业 2 496 户,投资者 6 422 人。

党的十一届三中全会以来,全省各级工商行政管理机关认真贯彻党和国家关于个体私营经济的一系列方针政策,积极采取措施,

大力支持发展,不断强化管理,使全省个体私营经济得到快速健康发展,成为国民经济的重要组成部分,在物质文明和精神文明建设中发挥着越来越重要的作用。2002 年底,全省个体工商户有 34.9 万户,从业人员 67.1 万人,注册资金 56.4 亿元,年产值 33.1 亿元;私营企业有 34 013 户,从业人员 42.9 万人,注册资本(金)314.9 亿元,年产值 61.3 亿元。全年向国家纳税 20 多亿元,占全省财政收入的 11%,占到全省税收的 12.89%。

2003 年 10 月,按照党的十六届三中全会精神,山西省工商行政管理局起草并经省政府批准下发了《关于放宽市场准入条件,创造公平竞争发展环境的实施意见》27 条,主要内容是"三放宽、二允许、一改革":即放宽民间资本进入市场的领域、放宽企业集团登记注册的条件、放宽高新技术成果作价出资的比例;允许 50 万元以下的有限责任公司注册资本分步到位,允许企业经营范围按大类申请核定;改革企业登记管理,提高服务的质量和效率。其中规定,"允许民间投资 50 万元以下的有限公司注册资本分步到位,首期注入可放宽到法定注册资本最低限额的 10%,最低不少于 3 万元"。

通过放宽市场准入条件,创造了良好的发展环境,有力地促进了山西经济社会又好又快发展。2005 年 2 月,国务院下发了《关于鼓励、支持和引导个体私营等非公有制经济发展的若干意见》。山西省工商行政管理局提出了《关于促进个体私营等非公有制经济快速健康发展的实施意见》的新 27 条,同年 9 月,省政府批准颁发实施。其主要内容可概括为"五个四":一是四个放宽。放宽非公有制经济对垄断行业的投资经营限制;放宽知识产权、非专利技术出资比例限制;放宽私营有限公司的对外投资比例限制;放宽公司登记中出资方式的限制,股权等其他财产权依法可以作价用于出资。二是四个允许。允许注册资本分期缴纳;允许无具体经营范围的公司注册登记,按大类核定;允许对合法经营的农村流动性小商贩施行备案制,免于工商登记;允许农民进入集贸市场销售自己生产的农副产品,不进行登记,不

收管理费。三是四个支持。支持下岗职工、高校毕业生、退役军人、港澳居民依照国家规定优惠政策从事个体经营;支持非公有制企业参与国有企业改造;支持非公有资本进入文化产业;支持个体私营企业组建职工工会联合会。四是四个引导。引导农民成立专业合作经济组织;引导个体私营企业大力发展第三产业;引导非公有制市场主体推进企业信用自律建设;引导非公有制经济主体实施品牌战略。五是四个推行。推行审核合一,简化登记程序;推行并联审批,鼓励集中登记;推行依法行政,实行当场登记;推行滚动年检,简化营业执照年检的内容和程序。通过放宽准入领域,降低准入门槛,提高准入效率,有力地促进了山西个体私营经济的发展。截至 2008 年 6 月底,全省私营企业户数由 2002 年底的 34 013 户发展到 113 343 户,增长 2.3 倍,私营企业占全省各类企业总数的比重,也由 2002 年底的 25% 提高到 59%。全省个体工商户由 2002 年底的 349 210 户增加到 622 626 户,增加 78.3%。

三、加强和改进外资企业登记管理,促进山西对外开放

1979 年 7 月 1 日,《中华人民共和国中外合资经营企业法》公布施行。山西省外商投资企业登记工作,始于 1984 年,至年底,共注册合资企业 3 户,注册资本总额 291 万元人民币,35 万美元。改革开放 20 年来,按照国家和山西省鼓励外商投资企业的有关规定,加强和改进外商投资企业登记管理,积极提供优质服务,引导外资合理投向,有力地促进了外商投资企业的发展。截至 2007 年底,全省实有外商投资企业 784 户,投资总额 178.6 亿美元,注册资本 88.4 亿美元,其中外方认缴出资额 55.2 亿美元。分支机构 1 381 户、常驻代表机构 83 户。同时,山西省工商行政管理局充分发挥职能作用,全方位、多层次扩大对外开放,实行登记注册公示制度,通过年检和回查,对企业经营行为进行了规范,强化了对外商投资企业的监督管理,为扩大对外开放,促进加快经济发展起到了积极作用。

为了进一步促进山西扩大开放、招商引资工作，2005年8月，山西省工商行政管理局结合本省实际，研究制定了《关于进一步改进外商投资企业登记管理，创优发展环境，促进对外开放和招商引资的实施意见》27条，当年10月，省政府批准颁发实施。该《意见》在改进外商投资企业登记管理、优化政务服务环境等方面，提出了一系列创新性的意见。同年，共登记外商投资企业125户，比上年增长81%，全省外资企业达899户。

四、强化商标管理力度，努力维护商标专用权，促进品牌战略的实施

党的十一届三中全会以来，全省商标管理工作得到了长足的发展。2002年底，全省有效注册商标达14 600余件，是工商行政管理局组建前三十年的7倍多。"杏花村"、"奇强"、"天脊"、"水塔"四件注册商标被国家工商行政管理局认定为中国驰名商标。省工商行政管理局把2004年确定为"商标注册推进年"，把2005年和2006年确定为"商标战略推进年"，深入企业，深入农户，宣传商标知识，帮助注册商标，引导企业争创著名、驰名商标。2007年6月，成功举办"首届山西品牌节暨信用·品牌与山西科学发展高层论坛"。到2008年6月底，山西省拥有中国驰名商标达到29件，比2002年增长6倍，山西省著名商标达到591件，比2002年增长1倍，省政府对获得中国驰名商标的企业分别给予100万元的奖励，有力地促进了全省品牌战略的实施。同时，省工商行政管理局认真贯彻《商标法》，维护注册商标专用权。以查处侵犯全国驰名商标和山西省著名商标专用权案件为重点，严厉打击假冒侵权行为，开展了对商标印制环节的专项整治，2004年全系统重点开展了"打商标侵权，保知识产权"执法行动，全年共立案查处7 406件，占到当年全国同类案件总量的近八分之一，国家工商行政管理总局在山西省召开全国查处商标侵权案件现场会，推广了山西省的经验。

五、运用广告管理职能，促进广告业健康发展

改革开放后，山西省广告管理工作取得

了令人瞩目的成绩。2002年底，全省广告经营单位达2 060户，年营业额6.09亿元。广告公司与媒介相互配合、优势互补、共同发展的良好局面已经形成。同时，全省广告专业教育与法制教育日益加强，举办培训班22期，培训广告审查员1 790人，培训广告岗位技术人员2 680人，有1 680人持证上岗，极大地提高了广告创作水平。建立了省市两级广告监测中心，强化对广播、电视、报刊等媒体广告的跟踪监测，虚假违法广告得到有效遏制，据统计，2007年全省共查处广告违法案件4 800件，罚没款共969万元，全年广告经营额18.6亿元。

六、经济合同管理工作成绩显著

改革开放后的1980年，随着省工商行政管理机关的成立，经济合同监管工作也得到全面恢复。全省合同管理部门一手抓合同监管，一手抓经济仲裁，合同监管工作取得了一定成效。在《合同法》、《担保法》、《拍卖法》等法律法规相继实施后，1995年9月21日，省人大通过了《山西省经济合同监督管理条例》，2002年9月28日，省人大修订出台了《山西省合同监督管理条例》，依据法律和地方性法规，省工商行政管理局先后制定了《山西省守合同重信用企业认定管理暂行办法》、《山西省申请抵押物登记程序》《山西省实施〈动产抵押物登记办法〉暂行规定（试行）》、《合同鉴证办法》、《统一文本管理办法》、《企业信用与合同管理指南》等有关规范性文件，加强了合同监管力度；同时大力开展法律、法规的宣传培训，增强了全社会的合同法律意识。

1984年起，山西省开展了"守合同、重信用"活动，截至2007年底，全省共认定"守合同、重信用"企业16 930家，其中国家工商行政管理总局认定155家，省工商行政管理局认定1 930家，市县工商行政管理局认定14 845家。在"守合同、重信用"企业年度复查、认定工作中推行了企业合同信用等级计算机数学模型评价体系，提高了认定工作的科学性和有效性；重点对建设工程承包、重要农业生产资料、加工承揽和委托拍卖等合同进行了鉴证，避免或减少了无效合同、违

法合同和合同纠纷的发生,提高了合同履约率;依法受理各种经济合同纠纷案件1.3万起,其中调解9 498起,裁决1 544起,确认无效1 866起,移送司法机关141起;依法检查各类合同3 609万份,合同金额达6 869亿元;开展"打合同欺诈、保交易安全"执法行动,查处合同违法案件28 342件,违法金额239 880万元,罚款4 729万元,打击了合同欺诈行为,提高了企业、自然人的反欺诈能力,维护了市场交易秩序;建立合同长效监管机制,针对社会反应强烈的热点、难点问题,发布了《山西省医疗机构药品集中网上竞价采购合同示范文本》、《山西省家庭居室装饰装修工程施工合同示范文本》、《山西省二手车买卖合同示范文本》、《山西省二手车行纪合同示范文本》、《山西省市政工程施工合同示范文本》等多种与人民群众利益密切相关的合同示范文本,规范了合同当事人的签约、履约行为;服务社会主义新农村建设,培育涉农龙头企业162家,制定订单农业合同文本116种,2007年12月,国家工商行政管理总局在山西省召开全国工商行政管理系统合同帮农经验交流会议,推广了山西省工商行政管理系统的经验;同年,依法办理抵押物登记9 795件,抵押物价值3 099亿元,依法办理注销登记2 148件,主债权金额为1 889亿元;拍卖监督管理申请备案登记2 901件,现场监管2 450次,拍卖确认书17 819份,金额达833 718万元;推行合同示范文本35 380份,办理合同专用章备案30 089次。

七、规范管理各类市场,培育完善市场体系

改革开放后,山西省工商行政管理系统充分运用市场监督管理职能,大力推进市场体系的建设,取得了巨大成果。

全省市场体系建设大体经历了三个阶段:1978年12月党的十一届三中全会召开到1983年,大力恢复传统的城乡集市贸易,方便群众日常生活,同时开始建设有固定场地的集贸市场;1984年至1988年,全省形成了第一次市场建设高潮,一大批楼层式、庭院式、棚顶式集贸市场在城市、城镇拔地而起,上市商品也由农副产品扩展到日用工业品和小商品,并探索出一套行之有效的城乡集贸市场监督管理的方式方法;1992年,邓小平南方谈话后,全省掀起了规模更大的第二次市场建设高潮,把市场建设作为改革开放的重要环节来抓,开展了"学习侯马市场经验,掀起市场建设热潮"活动,市场建设由工商行政管理机关主办,发展到厂矿、企业、乡(镇)、村和个人开办,由消费品市场推进到生产资料、生产要素市场,由较发达地区扩展到边远山区,并消除了有形市场空白县。第三阶段,在"八五"市场建设规划任务超额完成后,全省贯彻"边发展边规范"的工作思路,加强了市场的规范化监督管理。全省市场由1978年的300个发展到2002年的1 786个,其中消费品市场1 645个,生产资料市场129个,生产要素市场12个;市场成交额由1978年的7 000万元增加到1999年的300余亿元,累计税收达到30多亿元。

粮食市场管理是工商行政管理部门市场监管的一个重点,基本上保持了"三不变"态势,即粮食市场管理作为工商行政管理工作的重中之重的突出位置不变,一把手总负责的责任制不变,粮食市场管理的重点不变。在加强粮食收购市场管理的同时,有针对性地对粮油零售行业进行了全面的清理整顿。同时还清理规范了粮食经营主体,清理整顿个体、私营粮食经营企业,推行了粮食购销合同制度。据统计,1999年,全系统查处粮食违法违章案件883件(其中万元以上案件743件),案值1 300万元,没收粮食9 290吨;2002年查处非法收购棉花案件111起,有效地遏制了不法粮商、棉商违法收购的势头,粮棉收购市场基本管住,为促进粮棉流通体制改革发挥了重要作用。

在搞好粮棉市场监管的同时,还继续加强了对成品油、化肥等关系国计民生重要商品市场的监管,加强了对生猪、农药、种子、汽车、房地产、期货和消费品市场的监管,配合有关部门加强了对烟草市场、药品集贸市场的日常监管。

广泛深入地开展了创建文明市场活动,在地(市)、县评选文明市场的基础上,全省

表彰命名文明市场 138 个，有 22 个市场进入全国文明市场行列。截至 2008 年 6 月，全省消费品市场形成网络，生产资料市场初具规模，生产要素市场表现出强劲发展势头。各类市场在资源配置中发挥着越来越重要的作用。2001 年 11 月，按照国务院关于工商行政管理部门与所办市场限期脱钩的文件精神和省政府电视电话会议精神，根据省政府"政府领导、分级负责、积极推进、确保稳定"的总体原则，因地制宜，分类指导，采取整体移交、解除代管、整体出售和先移交、再清理、后处理的具体办法，同年 12 月 15 日，全省市场办管脱钩任务基本完成，共计打捆签字移交市场 132 个，资产 39 125.5 万元，债权 911.5 万元，债务 7 601 万元，市场服务机构 55 个、编制员额 756 个、人员 1 480 名。

八、强化经济监督检查，严厉查处经济违法行为

党的十一届三中全会后，山西省的经济监督检查工作认真贯彻了"两手抓，两手都要硬"的方针，紧紧围绕国家的经济建设和改革开放，围绕山西省各个时期的中心工作，加大执法力度，强化对市场交易行为的监管，严厉查处了经济违法行为，为维护正常的经济秩序作出了重要贡献。

党的"十四大"以前，全省经检工作主要是围绕维护国家计划经济的运行，积极开展对投机倒把、走私贩私和制售假冒伪劣商品等违法行为的查处。据不完全统计，从 1981 年至 1990 年，全省共查处投机倒把违法违章案件 176 842 起，严厉打击了倒卖重要生产资料和紧俏耐用消费品的违法行为。90 年代以来，全省经济工作紧紧围绕社会主义市场经济体制的建立，围绕创建公平、公正、平等的市场竞争环境，对不正当竞争、损害消费者权益、走私贩私等经济违法行为进行了坚决查处。1995 年，全省查处假冒伪劣商品案件 6 612 起，其中不正当竞争行为案件 684 起，损害消费者权益案件 749 起。1997 年，查处假冒伪劣商品案件 2 372 起，查处走私贩私案件 68 起，对消费者申诉案件 5 043 起进行查处和调解，查处贩私购私案件 189

起，购私案总值 1 838 万元。1998 年，共立案查处制假售假案件 5 290 起，查获假冒伪劣商品 18 类 80 个品种，案值 6 805.7 万元，罚没款 471.5 万元。1999 年，共查处制售假冒伪劣商品违法案件 6 973 件，案值 5 564.83 万元，罚没金额 831.51 万元，查获制假窝点 326 个；查处走私贩私案件 90 起；查处不正当竞争行为案件 553 起。2000 年，共查处假冒伪劣等各类违法案件 13 024 起，涉案值 1.6 亿元。2001 年，查处制假售假案件 2 073 起，不正当竞争案件 591 起。2002 年，查处制假售假案件 4 079 起，不正当竞争案件 1 363 起、非法传销案件 38 起。

为集中力量有效打击市场各种经济违法活动，全省每年都要开展元旦、春节市场整治，春季开展农资市场专项整治，夏季开展食品饮料市场整治，秋季开展国庆、中秋节日市场整治，涌现出许多敢查敢管的优秀经检干部。1989 年，山西省工商行政管理局经检处被评为全国办案先进集体，受到国家工商行政管理局表彰。1995 年被国家工商行政管理局授予"公平交易执法先进集体"，1995 年 8 月，山西省工商行政管理局被全国"打假办"授予"打假先进单位"。

针对市场秩序存在的突出问题和人民群众关心的热点问题，全省工商行政管理系统开展了一系列执法行动。2003 年，山西省工商行政管理局重点开展了"查无照，重拳出击"、"反垄断，拆除藩篱"、"打假劣，放心消费"、"查广告，净化视听"四大执法行动。当年查处无照经营 49 981 户，取缔 17 547 户。国家工商行政管理总局为山西省此项行动向首都新闻媒体发了通稿。当年共立案查处垄断案件 361 件，占到全国同类案件总量的近三分之一。2004 年，重点开展了"打非法传销，保社会稳定"、"打商标侵权，保知识产权"、"打合同欺诈，保交易安全"的"三打三保"行动。其中打合同欺诈执法行动共查处违法案件 8 190 件，相当于历年来同类案件总和的两倍。太原市工商行政管理局组织起草，经市人大通过、省人大批准的《太原市查处传销和变相传销管理办法》，成为全国第一部打击传销的地方性法规。

2005年和2006年,省工商行政管理局开展了煤炭市场专项整治和治理商业贿赂执法行动。截至2008年6月底,全省工商系统共查处各类经济违法案件32.3万件,平均每年8万件,罚没款达4.9亿元。

在加强市场监管中,山西省工商行政管理局注重建立和完善维护市场秩序的长效机制,实施市场巡查制、执法联动制、预案预警制、商品市场准入制和"12315"维权网络制。特别是推行商品准入制度,引导和监督商品经营者建立和落实进货查验、索证索票、购销台账、质量承诺、不合格商品退市等制度,这些制度的建立健全,有力地维护了市场秩序。

九、积极开展依法护权,维护消费者合法权益

1987年6月18日,山西省消费者协会成立后,仅半年时间就受理省内外消费者投诉92件,接待来访者125人次,经过协调处理的达80%,为消费者排忧解难,挽回经济损失11万多元。1990年7月19日,山西省人民代表大会常务委员会通过、颁布了《山西省保护消费者合法权益条例》,是山西省各级消协的工作走向法治化的主要标志。1994年,对群众反映强烈的假冒伪劣商品采取断源截流、端窝打点的方法,开展打假治劣的专项斗争,截至7月份,全省共查假冒伪劣商品总值1471万元,端掉窝点52个。至年末,共受理消费者投诉6 634件,已解决6 316件,解决率95%,为消费者挽回经济损失500万元。1995年,各级消协进一步加强对商品和服务的监督,对1992年重新评选出的228家"全省消费信得过单位",进行了检查验收。取消了一批不合格单位,重新评选出444家"消费者信得过单位",有力地推进了工商企业自觉维护消费者合法权益活动的深入开展。1999年,各级消费者协会围绕"安全健康消费"年主题,积极开展依法护权工作,共受理消费者投诉11 701件,解决率97%,为消费者挽回经济损失925万元。2002年,开展了10余项规模较大的打假治劣专项执法行动,立案查处侵犯消费者权益案件3 220起,捣毁制假售假窝点549个,为

消费者挽回经济损失1 813万元。开展流通领域商品的质量抽检,抽查经营单位1 813个,合格率74.9%。

十、实施"五农工程",推进新农村建设

工商行政管理部门在培育和监管城乡集贸市场中起步,在引导和支持个体私营经济发展中壮大,在服从和服务经济建设中规范,其发展历程与农村有着天然联系,对于新农村建设,有着义不容辞的责任,且大有作为。2006年中央一号文件下发后,山西省工商行政管理局制发了《实施"五农工程",促进新农村建设的意见》。实施"红盾护农",坚决打击坑农、害农的行为,查处案件1 547件,为农民挽回经济损失1 508万元。实施"商标兴农",走品牌之路,扬富民之帆,农副产品注册商标达2 624件,其中著名商标188件,驰名商标5件,实施"合同帮农",规范发展"订单农业",制定合同示范文本114种,规范涉农企业3 609户,联及农户55万家,合同金额75.4亿元。实施"经纪人活农"和"经济组织强农",促进农村市场流通,提升农业产业化水平。特别是针对农民专业合作经济组织登记注册无章可循的情况,省工商行政管理局研究提出并由省政府出台《促进非公有制经济快速健康发展的实施意见》明确规定:只要有五个农民自愿组成专业合作经济组织,出资在1万元以上,就可以登记注册为具有法人资格的经济组织。这样就有效地解决了农民专业合作经济组织的注册登记和法人地位问题。山西省农民专业合作经济组织呈现出蓬勃发展的态势,已登记注册10 251户。山西省工商行政管理局实施"五农工程"的探索与实践,在国家工商行政管理总局召开的全国会议上作了经验介绍,中央党校《思想理论内参》专题刊发,直报中央政治局、书记处。

十一、加强"信用山西"建设,推进信息化手段在工商行政管理工作中的应用

信用是市场经济的灵魂,是社会和谐的体现,提升信用就是强固发展与和谐的基石。信用体系建设是整顿和规范市场秩序的治本之策,也是工商行政管理部门改变监管方式,实施科学监管的战略性工程。2003

年,省委、省政府做出了建设"信用山西"的战略决策,提出"经过3到5年的努力,力争建成我省社会信用体系的基本框架,达到从根本上规范市场经济秩序、优化发展环境的目的"。当年8月成立了"信用山西"建设领导小组,领导小组办公室设在省工商行政管理局,由山西省局牵头组织开展社会信用体系建设工作。

按照国家工商行政管理总局"金信工程"建设的要求和省委、省政府"信用山西"建设的总体部署,把"信用山西"建设与"金信工程"建设相结合,把思想认识统一到国家工商行政管理总局"四个统一"和"四化"建设上来。按照"统一规划、统一标准、统一平台,高起点起步、高标准建设、高效能服务"的建设原则,加强领导、严密组织,勇当主力、甘当苦力,尽职尽责不辱使命,尽心尽力加快推进,组织完成了山西省社会信用体系建设的规划制定、法规起草,搭建信用信息系统平台,开发建设"信用山西"网站,征集相关信用信息,基本建成了信用信息的征集、披露、服务系统,取得了阶段性成果。

一是不断建立和完善"信用山西"建设的规范化制度。山西省工商行政管理局起草并由省人民政府印发了一系列"信用山西"建设的规范性文件。2006年8月3日,颁布了《山西省行政机关归集和公布企业信用信息管理办法》,同年11月15日印发了《山西省社会信用体系建设"十一五"规划》。2007年6月8日,出台了《山西省企业信用信息归集记录办法》和《山西省企业信用信息公布办法》,同年9月5日,印发了《关于加快"信用山西"建设,努力创造诚信守约的信用环境的意见》,9月18日,印发了《"信用山西"建设领导组第一批成员单位向省信用信息系统提供信用信息目录》。

二是实现了省、市、县、工商行政管理所四层三级联网和48个政府部门联网。完成了省局及11个市局信用信息数据中心机房建设。于2006年底实现了省、市、县、所四层三级联网以及与国家工商行政管理总局的联网。全省11个市局、134个县区局、584个工商行政管理所能够向省工商行政管理局数据中心实时传输、更新企业的登记信息和监管信息。并按时向国家工商行政管理总局上报企业数据,全国黑牌企业数据在全省各级登记机关实现了联网应用。2008年7月底完成了与省政府48个部门间的联网,为实现"数据互通、信息共享、业务联动、综合监管"奠定了网络基础。

三是开发建设了应用系统。经过软件开发、先行试点、本地化修改、推广、完善等环节,开发建成了工商综合业务系统、企业信用分类监管系统、企业档案电子化系统、"12315"申诉举报网络系统、广告监测系统、红盾网站和"信用山西"网站。

四是不断完善数据库建设。建成了省、市两级信用信息数据中心。建成了企业基本信息数据库、被吊销企业的黑名单数据库、一人有限责任公司数据库。截至2008年6月,已完成对全省企业信用信息的录入、清理、整合工作,已集中了全省各类市场主体共计1 095 440户,其中:正常经营的内资企业205 160户,外资企业2 383户,个体工商户627 638户,吊销企业69 333户,注销企业190 926户。共扫描入库企业档案3 500多万页,全省企业档案实现了电子化。按企业信用等级划分,全省有A类201 241户、B类5 069户、C类236户、D类69 333户。在国家工商行政管理总局2007年11月份组织的全国企业信用分类监管数据质量考核中取得了95.501 9分的成绩,名列第三。在全国工商行政管理系统信息化知识竞赛中荣获三等奖。

五是建成开通了"信用山西"网站。"信用山西"网站按照政府门户网站进行设计,下辖11个市级网站。由山西省人民政府信用山西建设领导小组办公室主办,山西省工商行政管理局承办。其目标是:建立覆盖全省范围系统化、多功能的信用信息发布网络系统,实现"数据互通、信息共享、业务联动、综合监管"。截至2008年6月,"信用山西"网站已归集了各类市场主体登记信息和监管信用信息共301.9万条,点击率已达27万余次。诚信公示栏目已向社会公布了工商、环保、税务、质监、海关五部门发布的企业业绩信息共2 470条;失信曝光栏目已向社会公布了工商、环保、食药监部门发布的企业警示信息共 4 123 条。

十二、围绕市场监管和行政执法职能，工商行政管理所"六有功能"基础建设取得显著成效

从 1985 年开始，特别是 1992 年以来，山西省按照国家工商行政管理局部署，认真贯彻落实《工商行政管理所条例》，重点抓了基层工商行政管理所初级规范达标工作。经过多年的抓规范、促管理，工商行政管理所 9 项职责落实到位，由过去只管集贸市场转向社会主义统一大市场，全方位、多角度地实施管理职能。

1998 年，制定了《山西省工商行政管理局贯彻〈全国工商行政管理系统基层建设纲要〉（试行）实施意见》，有力地推进了基础工商行政管理所规范化建设。通过收缩战线、调整布局，整合执法资源，工商行政管理所数量由 960 个压缩到 584 个。

2005 年 9 月，省工商行政管理局在黎城县召开了"弘扬'太行精神'、推进基层基础建设"现场会，以黎城县工商局长杨宽德为榜样，艰苦创业，举全系统智力、人力、财力，对工商行政管理所实施有办公场所、有服务大厅、有集体宿舍、有食堂澡堂、有文化活动室、有完备管理制度的"六有功能"基础建设，到 2006 年 6 月，584 个工商行政管埋所全部建成，彻底改变了基层基础设施落后的面貌。同时，还通过政府集中采购，一次性为工商行政管理所配备了 630 辆执法用车、584 套食品质量快速检测设备、1 931 台计算机，初步实现了信用体系和"12315"投诉举报中心联网到所，有效地提高了工商行政管理所执法的信息化水平和快速反应能力。在此基础上，围绕工商行政管理所监管职能到位，2006 年 11 月，省局党组适时提出了推进工商行政管理所"五项规范化建设"包括：设备齐全、功能完备的基础建设；政治过硬、素质优良的队伍建设；监管到位、公正规范的执法建设；有诺必践、办事公开的效能建设；责任强化、作风务实的形象建设。并层层签订责任状，确保工作目标如期实现。经过一年多的努力，全省各市局如期实现了省局提出的目标任务，基层工商行政管理所的市场监管能力、执法办案能力、服务经济发展的能力进一步增强。

十三、加强法制建设，规范执法行为，全面推进依法行政取得实效

2001 年以来，随着国家加快"推进政府工作法治化"进程，依法行政日益成为政府机关及其各职能部门的工作主旋律。山西省局从依法治国和建设社会主义法制国家的高度出发，不断加强法制建设，推行依法行政取得实效。2001 年省工商行政管理局被省政府命名为全省"依法行政先进单位"，2003 年省工商行政管理局被省委依法治省领导小组确定为全省首批"依法治理示范单位"。2006 年省工商行政管理局被中宣部、司法部命名为"全国法制宣传教育先进单位"；在省委、省政府召开的"山西省依法治省工作会议"上，作为全省行政机关唯一一代表做了先进典型发言。2007 年省局又被山西省推行行政执法责任制领导小组评为"山西省推行行政执法责任制先进单位"，被山西省人民政府办公厅评为"2007 年度政府法制工作目标责任制考核先进单位"。截至 2007 年底，全省各级工商机关共计 20 个单位荣获省级依法治理示范单位称号。

一是积极起草法规规章草案，配合省政府、省人大建立和完善本省工商行政管理地方立法体系。主要有 1993 年省政府颁布了《山西省经纪人登记管理办法》，1994 年省人大颁布了《山西省个体经营户和私营企业管理条例》，1995 年省人大颁布了《山西省经济合同监督管理条例》，1996 年省人大颁布了《山西省反不正当竞争条例》和《山西省消费者权益保护条例》，2002 年省人大废止《山西省经济合同监督管理条例》，颁布了《山西省合同监督管理条例》，2006 年省政府颁布了《山西省行政机关归集和公布企业信用信息管理办法》，为全省工商行政管理执法行为提供了法律依据。

二是出台了《山西省工商行政管理机关推行行政执法责任制实施方案》，梳理出法律、法规、规章等执法依据 380 余件，并将执法依据和职责分解到各执法单位和执法岗位,整理出《山西工商行政管理行政执法职责汇编》,为全省推行行政执法责任制奠定了基础。根据 WTO 规则和国家行政审批制度改革精神,积极开展规范性文件清理工作,废止 80 件,修订 6 件,废止、修订率达 78％以上。取消了与国家行政审批制度改革方向不符的省局所有自设审批项目和部分地方法规、规章设定的审批项目,规范和指导了全省系统的执法行为。

三是建立健全执法监督机制,确保依法行政的落实。省工商局先后制定了《山西省工商行政管理机关案件评审委员会工作规程》、《山西省工商行政管理机关行政处罚听证规程》、《山西省工商行政管理机关行政处罚案件核审办法》、《山西省工商行政管理局工商行政管理所办案程序规定》、《关于进一步加强涉嫌犯罪案件移送工作的通知》、《山西省工商行政管理局行政执法证件管理规定》、《山西省工商行政管理机关规范性文件制定与备案办法》、《山西省工商行政管理机关行政执法评议考核办法》、《山西省工商行政管理机关行政职责争议协调制度》、《山西省工商行政管理机关行政执法监督检查办法》等一系列法制监督制度,建立起一套完整的事前、事中、事后执法监督体系,与行政复议、行政诉讼一并成为规范执法行为,强化依法行政的有力保障。

四是落实国家普法规划,加强队伍法制教育。建立领导干部学法制度,工商行政管理所每天两小时学法制度。同时将临汾工商学校作为干部教育培训基地,对县局长、科所长进行依法行政理论体系和工商行政管理法律法规培训。树立先进典型,表彰百名办案能手。在全系统评选出一百名政治素质高,业务能力强,依法办案成绩突出的人员,省局授予"全省工商行政管理依法办案能手"称号,并在全系统通报表彰,带动全系统执法人员人人学法、人人讲法、以案说法、以学法指导执法。

十四、加大内部制约和外部监督力度,在构建教育、制度、监管三位一体的惩防体系上推进了廉政建设

多年来,山西省工商行政管理局把廉政建设作为一项重要任务常抓不懈。努力在构建教育、制度、监管三位一体的惩防体系上下工夫。积极构建"五不为"惩防体系,即狠抓反腐倡廉教育,构建"不愿为"的自律机制;创新和完善廉政制度体系,构建"不准为"的防范机制;强化对权力运行的制约和监督,构建"不能为"的监督机制;加大惩治腐败力度,构建"不敢为"的惩治机制;加强队伍建设,构建"不乱为"的督察机制。多年来,特别是 1993 年以来,始终坚持反腐败斗争三项工作格局,突出纠正行业不正之风。1997 年,为了进一步加大内部制约和外部监督力度,推行了行政执法公示制度,并以此为龙头建立健全各项制度,坚持开展"双廉"活动,大力表彰和弘扬勤政廉政先进人物,揭露和惩戒违纪违法的消极腐败行为,有效地遏制了个别基层单位存在的乱收费、乱罚款、乱摊派,以及吃拿卡要等行业不正之风。全系统依法行政、廉洁奉公的执法形象逐步树立。2005 年以来,全省工商系统广泛开展工商廉政文化建设工作,深入开展了"五廉"(倡廉、助廉、育廉、督廉、促廉)、"五上"(上墙面、上桌面、上讲台、上舞台、上网络)和"五进"(进机关、进基层、进岗位、进家庭、进市场)活动,省工商局及时确定了娄烦县工商行政管理局等 26 个工商行政管理局(所)为全省工商系统廉政文化建设示范点,有效地促进了全系统廉政文化建设的扎实推进。全省系统的工商廉政文化建设得到国家工商总局和省纪委的高度重视和肯定。2006 年 10 月,国家工商行政管理总局在山西省召开了全国工商系统廉政文化建设工作座谈会,来自全国 46 个省市自治区、计划单列市、副省级市的 120 多名工商系统领导和相关工作负责人参加了会议,省委领导会见了参会代表。2006 年 11 月,省委常委、纪检委书记金道铭专程考察了娄烦县工商行政管理局开展工商廉政文化建设的工作情况,给予了充分肯定和赞扬。2007 年以后,为进一步深入开展工商廉政文化建设,在全系统开展了"工商行政管理人员职业道德规范"活动,并在此基础上,经过认真充分的修订论证,起草了"工商行政管理人员职业道德规范"讨论稿。2006年在省政府组织的52个部门参加的政风行风评议中获得执法监督类第一名，2007年被评为政风行风先进部门。2007年在全省文明和谐行业创建活动中，群众满意度在20个参赛行业中位居第一，全系统荣获"山西省文明和谐行业"称号，省局被省劳动竞赛委员会记集体一等功。

附：

山西省工商行政管理局
历任局长、党组书记

栗券,1954年1月至1955年3月任局长;杜任之,1955年4月至1955年8月任局长;杜文彬,1979年12月至1983年4月任局长、党组书记;李秀林,1983年4月至1991年5月任局长、党组书记;赵承亮,1991年5月至1995年7月任局长、党组书记;薛延忠,1995年7月至1998年4月任局长、党组书记;刘增民,1998年4月至2000年5月任局长、党组书记;李鹏,2000年5月至2003年1月任局长、党组书记;王虎胜,2003年1月至2008年6月任局长、党组书记。

（执笔人：武晓勤　官　频　薛宝元）

第五章　内蒙古自治区工商行政管理局

第一部分　(1949—1978)

第一节　内蒙古自治区工商行政管理发展概况

一、新中国成立初期

内蒙古自治区于 1947 年 5 月 1 日在王爷庙(今兴安盟乌兰浩特市)宣告成立,是我国成立最早的少数民族自治区。在自治区成立之初,为加强对工商业的管理,于 1948 年 12 月成立了内蒙古自治区工商部(后改为内蒙古自治区贸易部),内设工商行政管理科,负责全自治区的工商行政管理工作。

1949 年到 1952 年底,国家进入国民经济恢复时期。在这一时期,遵照"发展经济,保障供给"的方针,内蒙古自治区的工商行政管理工作主要是宣传党和政府对私营工商业的政策,贯彻有关工商法规,组织开展集市贸易,沟通城乡物资交流,恢复生产,发展经济。同时,根据国家颁布的有关法令、法规以及内蒙古自治区人民政府颁布的《内蒙古自治区交易市场管理办法》、《内蒙古自治区皮毛管理办法》、《内蒙古自治区粮食管理办法》和内蒙古自治区人民政府贸易部制定的《内蒙古自治区旗、县、市交易市场暂行规则》等,对市场交易活动进行管理,稳定市场物价,维护交易秩序,打击经济领域的投机倒把活动。

1953 年,国家制定了关于发展国民经济的第一个五年计划。同年,党中央提出了对农业、手工业和资本主义工商业进行社会主义改造的过渡时期的总路线。这一时期,管理私营工商业的生产经营活动是全区工商行政管理工作的主要任务。

1954 年 1 月,经中央人民政府政务院批准,内蒙古自治区人民政府与绥远省政府合署成立内蒙古自治区人民政府,原内蒙古自治区人民政府贸易部与绥远省工商厅合并成立内蒙古自治区商业部(1955 年改为内蒙古自治区人民政府商业厅)。在区商业部内设立工商行政管理处,指导全区工商行政管理工作。通过行使企业登记管理、市场管理、商标管理、经济合同管理以及协调公私关系、安排加工订货等行政管理职能,贯彻党在过渡时期的总路线。落实对粮食、油料、皮毛、棉布等重要工农业产品的统购统销政策,实现对手工业和资本主义工商业的社会主义改造。

1956 年后,随着社会主义三大改造的基本完成,社会经济组织形式主要以国营和集体所有制为主,主要工农业产品按照国家的计划生产和分配,内蒙古自治区工商行政管理工作的机构、职能和作用也发生了较大的变化。为适应这种变化的要求,1957 年 6 月,内蒙古自治区人民委员会决定成立内蒙古自治区市场管理委员会,负责指导全区的工商行政管理工作,核定 3 名工作人员。之后,全区各地的工商行政管理职能相继划归当地市场管理委员会或物价委员会。

1960 年 3 月,内蒙古自治区工商行政管理局成立,仍与内蒙古自治区物价委员会合署办公,主要行使并强化统购统销、打击投机倒把等市场管理职能和企业登记、商标注册等职能。

二、国民经济调整时期

1962 年 7 月,根据内蒙古自治区人民委员会的决定,内蒙古自治区工商行政管理局改与内蒙古自治区商业厅合署办公,对外称内蒙古自治区工商行政管理局,对内称内蒙古工商行政管理局办公室。当时,自治区工商行政管理局仅有 5 名工作人员。全自治区 7 盟 2 市的工商行政管理局都与当地物价委员会合署办公,共有工作人员 38 人;82 个旗、县、市中,有 42 个局与同级商业局合署办公,有 27 个局与同级物价委员会合署办公,有 6 个局与同级供销社合署办公,有 3 个局与同级计划委员会合署办公。只有 3 个旗县单设工商行政管理局,全自治区共有工商行政管理工作人员 289 人。

1964 年 6 月,为加强工商行政管理工作,经内蒙古自治区人民委员会批准,全区各级工商行政管理局开始从商业局、物价委员会、供销社等部门分出单独设立,行使职能。

这一时期,按照党的社会主义总路线的要求和 1961 年中央提出的"调整、巩固、充实、提高"的八字方针,内蒙古自治区工商行政管理工作以贯彻落实保障计划经济和统购统销政策为重点,先后颁布施行了《内蒙古自治区市场管理暂行办法》《内蒙古自治区工商企业登记管理试行办法》等地方性规章,加强了对城乡集市贸易、市场物资采购和推销、商标和商品质量的管理以及工商企业证照的登记管理,虽然机构、职能、人员几经调整,但在打击投机倒把行为、维护社会经济秩序等方面仍然发挥了应有的积极作用。

三、"文化大革命"时期

1966 年 4 月,内蒙古自治区人民委员会根据精简改革行政机构的要求,决定撤销原内蒙古自治区人民委员会直属的工商行政管理局,其职能合并到内蒙古自治区财贸委员会下属的内蒙古自治区商业局内。但随着"文化大革命"的开始,自治区人民委员会关于精简改革行政机构的决定未能落实。

1968 年 9 月,内蒙古自治区革命委员会生产建设指挥部决定,内蒙古自治区工商行政管理局停止行使职能。1970 年 7 月,将工商行政管理职能划归到生产建设指挥部下属的内蒙古自治区革命委员会商业局内。

1973 年,经内蒙古自治区革命委员会同意,在内蒙古自治区商业局内设立工商行政管理处,对外挂内蒙古自治区工商行政管理局的牌子。与此同时,全区各盟市、旗县相继开始建立和充实工商行政管理机构。

"文化大革命"期间,内蒙古自治区工商行政管理工作的主要任务是,强调维护国家统购统销的计划政策及公有制经济的利益的权威,限制小商小贩等个体私营经济,限制计划外的商品流通,扩大打击投机倒把的范围。在此期间,全区工商行政管理机构几经撤并,人员思想涣散,职能受到严重削弱。

第二节　内蒙古自治区工商行政管理发展成就

一、查处经济违法违章案件

新中国成立以来,打击投机倒把和查处经济违法违章行为,维护社会经济秩序,一直是内蒙古自治区工商行政管理工作的主要任务之一,在不同的历史时期,各有其不同的特点。新中国成立初期,全区查处经济违法违章案件工作以打击金融投机、维护统购统销政策、打击各种投机倒把活动为侧重点,运用行政职能,重点打击囤积居奇、买空卖空、哄抬物价以及擅自收购、买卖牲畜和粮油等违法行为,为内蒙古自治区经济的迅速恢复并顺利进行有计划的经济建设扫清了障碍。1960 年后,内蒙古自治区的国民经济出现了严重困难,社会上的投机倒把活动猖獗起来,工商行政管理部门查处经济违法行为的工作也随之转向以查处套购、倒卖生产和生活资料、倒卖各种票证等为重点,配合有关部门对投机倒把的首要分子进行严厉打击,对一般违法投机行为本着"教育为主,惩罚为辅"的原则进行处理。仅 1963 年,全区工商行政管理机关共查获投机倒把案件11 833起,罚款入库额达 40 多万元,使投机违法行为得到有效遏制,市场秩序有所好转。"文化大革命"期间,打击投机倒把行为仍是查处经济违法工作的重要内容,并陆续增加了打击私包工程、私设工厂、走私行贿等违法行为的内容。到 1977 年,全区工商行政管理系统共查处各类经济违法违章案25 804件。

二、内、外资企业监督管理

(一)内资企业监督管理

全区各级工商行政管理机关主要是通过登记注册的形式,对企业的开、歇、并、转等经营活动进行监督管理,引导企业向有利于国家产业政策方向发展,限制其不利于国计民生因素的产生,从而实现对企业进行监督管理的职能。

新中国成立初期,企业登记管理的主要任务是对私营企业进行登记,计算掌握公有经济和私营经济比重并开展对私营企业进行改造。随着生产资料的社会主义改造基本完成,1956年以后,全区所有企业都实行了按行业归口管理,企业的登记管理职能转由各归口主管部门行使。1963年,内蒙古自治区工商行政管理局参与制定了《内蒙古自治区工商企业登记管理试行办法》,并在全区组织对工商企业进行全面登记,加强对工商企业的登记管理和经常性管理工作。"文化大革命"中,企业登记管理工作一度中断。

(二)外商投资企业监督管理

新中国成立初期,内蒙古自治区只有少量外商投资企业,多为外国侨民投资兴办,主要从事皮革、服装、肥皂制造及服务行业,规模都很小。1956年,生产资料的社会主义改造全面开展后,许多外国侨民纷纷回国,这些外商投资企业也随之消失。

三、个体私营经济监督管理

新中国成立初期,内蒙古自治区工商行政管理部门根据国家"在国营经济领导下,鼓励并扶持有利于国计民生的私营企业"发展的政策,按照内蒙古自治区人民政府发布的《私营工商业管理暂行五种办法》,在搞好普查摸底的基础上,重新换发了个体私营业户的营业证照,重点处理调整公私关系,扶持发展个体私营企业。到1953年,全区个体私营业发展到36 619户,从业人员64 660人。其中个体商业29 245户,从业人员47 282人;饮食业3 667户,从业人员8 203人;服务业3 707户,从业人员9 175人。从1956年私营工商业的社会主义改造完成后,

特别是60年代国民经济调整和"文化大革命"期间,对个体私营经济的管理主要是限制其经营范围、经营方式和经营规模等,并通过安排生产、平衡产销、掌握货源等措施,对其进行调整限制,使全区个体私营经济的发展受到严重制约。到1978年,全区个体工商户已减少到不足1 000户,比新中国成立初期减少了35 000户。

四、商标监督管理

新中国成立时期,内蒙古自治区的商标监督管理工作主要以清查整顿和规范商标的使用及核转注册商标为主。1957年后,重点督促引导企业对使用商标实行全面注册。"文化大革命"期间,商标改由地方注册,使商标的管理体系和程序被打乱,全区各地商标管理工作陷入混乱。

五、市场监督管理

新中国成立初期,内蒙古自治区工商行政管理部门主要通过对全区城乡的集市贸易进行监督管理,打击市场投机行为,稳定物价,组织和活跃物资交流,以增强社会主义经济对市场的领导权,保证国民经济的迅速恢复和发展。随着生产资料的社会主义改造基本完成,贯彻统购统销政策,维护国家计划,特别是加强对粮食、油料、皮毛、棉花、牲畜、食糖等物资以及各种票证的管理,成为全区各级工商行政管理部门进行市场管理的主要任务。到1962年,全区固定的集市贸易点有289处,上市商品种类近1 000种,年成交额达1.3亿元。"文化大革命"中,集市贸易作为"资本主义尾巴"被取缔,这一阶段,市场管理工作的主要职能是取缔黑市,查堵非法采购、贩运农副产品和畜产品,制止游街叫卖等行为。1975年,全区固定的集市贸易点仅剩18处,年成交额只有265万元。

六、经济合同监督管理

内蒙古自治区工商行政管理部门对经济合同的监督管理,在新中国成立初期主要是通过对私营工商业的加工订货合同进行管理,促进资本主义工商业和个体手工业的生产经营积极性,并逐步将其纳入国家计划的轨道。国民经济调整时期,通过加强合同

鉴证管理,促进工商企业之间保证完成计划,提高产品质量,改善和协调合作关系。固定的集市贸易点有289处,上市商品种类近1 000种,年成交额1.3亿元。

第二部分　(1979—2008.6)

第一节　内蒙古自治区工商行政管理发展概况

一、改革开放初期及经济体制改革全面展开时期

"文化大革命"后,全区各项工作拨乱反正,逐步走上正轨。特别是党的十一届三中全会以后,实现了党的工作重心的转移,内蒙古自治区的工商行政管理工作也随之得到了恢复和加强。

1979年3月,经内蒙古自治区革命委员会批准,内蒙古自治区工商行政管理局从内蒙古自治区商业局中分离出来,成立了内蒙古自治区历史上第一个单独设立的自治区级工商行政管理机构——内蒙古自治区革命委员会工商行政管理局。1980年7月,更名为内蒙古自治区人民政府工商行政管理局,成为内蒙古自治区人民政府的一个职能部门,内设办公室、企业处、市场处、经济合同处等4个处室,共有40名工作人员。同年,全区各盟市、旗县工商行政管理处(局)作为各级政府的职能机构,也逐步建立健全。作为旗、县(市、区)工商行政管理局派出机构的工商行政管理所,按照各地的经济区划陆续开始组建。这一时期,全区工商行政管理工作的主要任务是恢复、重建机构,培育、建设并管理集市贸易,对企业进行重新登记建户,监督管理经济合同,鉴证经济合同,开展商标注册,打击投机倒把行为等。

随着改革开放的不断深化,内蒙古自治区的工商行政管理事业进入了历史上前所未有的快速发展时期,机构逐步建立与完善,队伍得到补充加强,地位日趋重要,职能不断拓展。

1983年8月,内蒙古自治区党委办公厅《关于自治区工商行政管理局内设机构的批复》,同意内蒙古自治区工商行政管理局设立办公室、人事教育处、市场管理处、经济合同管理处、个体私营经济管理处和企业处等6个处室。之后,随着社会经济快速发展的要求和工作职能的不断扩展,又相继增设了审计处(后改为审计统计处)、经济检查处、商标广告管理处、经济检查大队等内设职能机构。1986年5月,内蒙古自治区纪律检查委员会在内蒙古自治区工商行政管理局设立并派驻纪检组。1992年2月,内蒙古自治区工商行政管理局设立外商投资企业登记管理处,同年5月,国家工商行政管理局正式授权内蒙古自治区工商行政管理局代行外商投资企业登记注册权,内蒙古自治区工商局开始了对外商投资企业的登记注册审批工作。在此期间,全区各级工商行政管理机构逐步建立健全,按照《工商行政管理所条例》的规范要求,工商行政管理所和各种专业管理所的建设也得到了全面加强。

为适应工商行政管理工作职能不断扩大、任务不断增加、使命不断增强的需要,内蒙古自治区工商行政管理局所属事业单位和有关机构也在这一期间相继建立,并成为全区工商行政管理事业的重要组成部分。1984年1月,隶属于自治区工商行政管理局的内蒙古自治区第一家商标广告设计公司成立。3月,内蒙古自治区人民政府决定,成立内蒙古自治区经济合同仲裁委员会,其日常办事机构设在内蒙古自治区工商行政管理局。6月,内蒙古自治区工商行政管理干部中等专业学校在呼和浩特市成立。12月,内蒙古自治区个体劳动者协会第一届代表大会召开,并通过了《内蒙古自治区个体劳动者协会章程》。1988年1月,《内蒙古个体经济报》更名为《内蒙古工商报》,成为内蒙古自治区工商行政管理局的机关报,随后,成立了内蒙古工商报社。8月,内蒙古自治区工商行政管理学会成立。1991年3月,内蒙古自治区消费者协会成立,其日常办事机构由内蒙古自治区工商行政管理局领导和管理。9月,内蒙古自治区广告协会成立,日常办事机构设在内蒙古自治区工商行政管理局。1992年9月,成立内蒙古自治区商

标事务所,全区商标注册管理工作开始由核转制转变为代理制。

这一时期,内蒙古自治区工商行政管理工作的主要职能是全面贯彻执行党的改革开放、大力发展社会主义商品经济的路线、方针、政策,严格按照工商行政管理法律、法规和规章,进一步加强企业登记管理、市场管理、个体私营经济管理、经济合同管理、商标管理、广告管理,坚决打击投机倒把活动和经济领域的其他违法行为。同时,积极培育各类市场,扶持发展个体私营经济,为国有企业的改革保驾护航。

二、建立社会主义市场经济体制时期

1993 年 11 月,党的十四届三中全会通过了《中共中央关于建立社会主义市场经济体制若干问题的决定》。为适应建立社会主义市场经济体制的要求,内蒙古自治区工商行政管理工作从机构设置到职能任务都进行了相应的调整。

1994 年 2 月,内蒙古自治区广告审查委员会成立,同年 5 月,又成立了内蒙古自治区广告事务所,为内蒙古自治区广告审查委员会的日常办事机构,由内蒙古自治区工商行政管理局管理和领导。同时,为加强对市场经济条件下各类广告的审查和监督,杜绝虚假广告,在全区逐步推行了广告发布前审查制度,开始对各类广告的形式、内容进行审查。

1994 年 10 月,呼和浩特、包头、乌海和赤峰等四个市的工商行政管理局,按照国务院的要求进行了体制改革,实行了市局以下垂直管理的新体制,从管理体制上为统一执法、强化管理奠定了基础。

1995 年 5 月,内蒙古自治区人民政府批准了内蒙古自治区工商行政管理局机构改革"三定"方案。机构改革后,内蒙古自治区工商行政管理局机关共设办公室、人事教育处、法制处、企业登记管理处、外商投资企业管理处、个体私营经济管理处、公平交易局(处)等 10 个职能处室以及机关党委和纪检组等机构,行政编制定额为 92 人。另外成立了机关事务服务中心和信息中心。之后,全区各级工商行政管理机关又相继按照新

的"三定"方案完成了机构改革任务。

1998 年 11 月,按照国务院的统一要求和国家工商行政管理局的部署,在内蒙古自治区党委、政府的领导和有关部门的配合下,内蒙古自治区工商行政管理局开始着手研究和实施全区工商行政管理体制改革工作。1999 年,开始实施对全区工商行政管理机关实行垂直管理体制改革,由内蒙古自治区工商行政管理局组织对全区 12 个盟市、2个计划单列市、99 个旗、县(市、区)的工商行政管理机构、编制人员、财务和资产进行上划接收,到 7 月底,基本完成上划接收任务,实现了自治区以下工商行政管理系统垂直管理体制的改革。

2000 年是内蒙古自治区工商行政管理系统实行自治区以下垂直管理的起步之年,内蒙古自治区工商行政管理局全面推行了目标管理,筹建了稽查分局,对各级领导班子和领导干部实行了 A、B、C、D 四个等级的评价体系,按照"精简上层、充实基层、执法前移、强化一线"和"大局小所"的原则,加强了基层工商所建设。自治区工商局机关机构改革圆满完成,重新任用了 29 名处级干部,67 名工作人员,对 15 名干部实行了离岗、分流;对 21 名领导干部实行了异地交流,下派 9 名处级、科级干部到盟市、旗市工商局挂职,上调 21 名干部到自治区工商局挂职锻炼。为服务内蒙古自治区西部大开发服务,一方面开展了整顿市场经济秩序,强化了行政执法力度;另一方面开展了整顿队伍作风工作,加强了队伍作风建设。同时,与北京市工商局建立了对口交流合作关系。

2001 年,结合在基层开展"三个代表"重要思想学教活动和整顿规范市场经济秩序工作,围绕"内抓建设、外树形象、强化管理、争创一流"工作思路,以"创建文明行业"为主要内容,在全系统"窗口"部门和执法一线单位,组织开展了"规范化服务达标"活动。认真开展整顿和规范市场经济秩序工作,尝试与国际惯例接轨,经内蒙古自治区政府批准实行了《企业独立注册试行办法》,简政放权,促进自治区经济结构的调整,维

护自治区良好的市场经济环境。

2002 年,结合学习贯彻中共十五届六中全会《决定》,以"转变作风年"为主要内容,在局机关组织开展了创建"文明机关"活动;在基层组织开展了创建"先进旗县(市、区)工商局"和"五好工商所"活动。

2003 年,结合自治区党委、政府"优化开放环境"主题教育,以"建设服务型工商"为主要内容,在全系统组织开展了"塑造执法为民新形象"活动。

2004 年,结合自治区党委、政府"执政为民、加快发展"主题教育,以"公正执法、文明执法、廉洁从政、务实创新"为主要内容,在全系统组织开展了"建设信用工商、促进经济发展"教育活动。

2005 年,以科学发展观为统领,以先进性教育为动力,以"两创"(自治区工商局从 2002 年提出在全系统创"先进旗县工商局"和"五好工商所"的"两创"活动)活动为载体,在全系统继续深入开展了"整顿规范市场秩序和队伍教育整顿"活动,巩固政治、物质、精神"三个文明"建设的成果。

之后,工商系统不断加强干部队伍建设,社会公信力进一步提升。全面推行了以综合稽查、重点督查、专项抽查、执法检查和财务审计为主要内容的"四查一审"考核模式,使考核工作更贴近于基层实际,更具针对性和实效性;全面加强了干部教育培训工作。通过业务知识网上培训、案例分析、理论研讨、素质测试等多种形式,提高了干部队伍素质,基层队伍建设进一步加强。阿拉善盟对基层工商所实行了经费拨付比例、干部待遇、人员配备均高于机关的措施,充分调动了基层人员的工作积极性。呼伦贝尔市工商局在地处偏远、管辖范围广、市场主体少的地区建立了流动工商所,实行移动巡查、现场执法、快速检测、及时处理,使监管触角延伸到农牧区的市场主体,降低了监管成本,推进了职能到位;进一步加强了政风行风建设。自治区工商局下发了全系统政务公开实施办法,并全面推行了旗县工商局履职履责通报和工商所向监管服务对象述职述廉制度,促进了政风行风的根本好转。

呼和浩特、鄂尔多斯市工商局分别被当地确定为反腐倡廉教育和阳光行政典型单位。此外,部分地区还开展了"百企千商评工商"、"做人民满意的廉洁工商干部"等活动,形成了良好的系统风尚。2008 年上半年,全系统获得了各级授予的食品安全、"12315"行政执法、优化环境、服务发展、政务公开等方面的多项荣誉。各级工商部门在行风评议中全部位居当地前列,有 5 个盟市局名列第一,1 个盟市局进入免评行列。

2008 年以来,自治区工商系统还在以往扶贫、共建、送温暖的基础上,积极参与四川等省抗震救灾,通过组织捐款捐物、节约经费、减少会议和外出考察、协助落实救灾急需物资、加强市场监管等措施,体现了自治区工商系统较强的政治敏锐性和大局意识,充分展现了"一方有难、八方支援"的人道主义精神和"全国工商是一家"的系统精神,同时也锻炼了队伍、增强了凝聚力。全系统干部职工已为灾区捐款 248 万元,捐物 2 517 件,系统党员共缴纳特殊党费 53.7 万元;组织个私企业捐款 4 691 万元,捐物总价值 130 万元,为抗震救灾作出了应有的贡献。

这一时期,内蒙古自治区工商行政管理工作的职能进一步拓宽,逐步由重点管理集贸市场向监督管理社会主义大市场转变,从侧重管理微观经济向参与对宏观经济的调控和管理转变,管理手段也逐步从行政、经济、法制并重向依法监督管理为主转变。为适应监督管理和行政执法的需要,全区各级工商行政管理机关狠抓了法制建设,在建立健全法制机构的基础上,加强法规宣传,强化有关工商行政管理法律法规的学习,建立严格的行政执法程序和执法监督机制,实行统一法律文书,推行行政处罚听证制度,全面规范行政执法行为,并通过市场监督管理、企业登记监督管理、个体私营经济监督管理、商标监督管理、广告监督管理、经济合同管理、查处经济违法行为和保护消费者合法权益等职能,不断提高行政执法水平,强化对市场监督管理的力度,为促进自治区经济的繁荣和发展服务。

到 2008 年 6 月,全区盟市级机构达 14

个(含两个计划单列市,不含内设机构),旗县级机构 101 个(不含内设机构),工商行政管理所 1 149 个;工作人员也从不足 10 人发展到13 720人,其中具有大中专以上学历的超过80%。特别是通过组织"基层工商所建设年"、"公平交易执法年"、"工商形象建设年"以及"争当人民满意公务员,创建文明机关","两创"等活动,不仅使全区工商行政管理系统在基础设施、办公条件、办案手段等物质方面的现代化建设有了长足发展,而且在依法行政、依法管理和廉洁文明执法等方面也有了明显提高,全面推动了自治区工商行政管理系统的队伍建设,促进了内蒙古自治区工商行政管理事业的发展。

第二节　内蒙古自治区工商行政管理发展成就

一、查处经济违法违章案件

党的十一届三中全会以后,随着改革开放的深入,市场调节范围日趋扩大,商品经济不断发展,查处经济违法案件的任务越来越重,为维护社会主义市场经济秩序,促进经济体制改革的顺利进行,全区各级工商行政管理机关结合各个时期的特点,采取有力措施,狠抓了经济违法违章案件的查处工作,有力地打击了投机倒把以及各种经济违法行为,维护了正常的市场经济秩序。改革开放初期,全区各级工商行政管理机关陆续成立经济检查机构,重点查处了一批国营、集体企事业单位及机关团体与社会违法分子内外勾结,非法倒卖木材、钢材、化肥、有色金属、化工原料、摩托车、彩色电视机及其他家用电器等重要生产生活资料、牟取暴利的大案要案。1990 年以后,查处无视国家法律法规,明目张胆地在生产、储运、销售领域掺杂使假的假冒伪劣违法行为,成为全区工商行政管理机关查处经济违法违章案件的重点工作和一项长期任务。随着社会主义市场经济体制的逐步建立,打击走私贩私、查处非法传销活动、打击制黄贩黄和非法出版活动,开展公平交易执法等,相继成为查处经济违法行为的新内容。与此同时,全区

各级工商行政管理机关建立完善了一整套执法办案程序,使监督管理水平和办案效率不断提高。为适应西部大开发和加入 WTO 形势的需要,全区工商行政管理系统按着"执法前移,强化一线"的工作思路,以整顿和规范市场经济秩序为主线,进一步加大执法力度,层层落实执法责任制,拓展了监管领域,市场监管和行政执法水平不断提高,维护了正常的市场经济秩序。仅 2007 年末,全区共查处各类经济违法违章案件56 258件,案值 1. 11 亿元。

至 1997 年开始,开展食品安全专项整治成为自治区工商系统的一项新任务。2000 年,自治区工商局印发《关于加大行政执法办案力度,促进工商行政管理职能到位的实施意见》,要求"继续做好各类市场的专项整治和假冒伪劣商品的日常监督检查"。在节日市场专项大检查中,查获假劣食品27 003公斤、饮料31 837瓶、假酒45 781瓶、假冒中药材2 000公斤、食盐331.5 吨。2001年,自治区工商局在下发的《自治区工商系统开展整顿规范市场经济秩序专项行动实施方案》中规定:重点排查制售假冒伪劣食品、饮料(矿泉水、纯净水)、烟、酒、肉制品(生肉)、食盐等行为,细查严打制售假冒伪劣产品的地下工厂、窝点和仓储、批发集散点。2003 年 9 月,自治区工商局发出《关于印发内蒙古自治区工商行政管理局食品药品放心工程实施方案的通知》,要求落实"标本兼治,着力治本"的工作方针,进一步建立和完善长效的监管机制,打击制售假劣食品药品的违法活动,取缔无照经营食品药品的行为,确保人民群众饮食用药的安全放心。2004 年 4 月,自治区工商局印发《内蒙古自治区工商行政管理局食品放心工程实施方案》,到 6 月 23 日,全区各级工商行政管理机关在食品放心工程的专项整治工作中,共出动执法人员39 616人次,检查各类食品交易市场1 138个,检查食品经营主体5 764户(摊点),取缔无照经营 474 户,依法查处食品违法违规案件 624 件。

安徽省阜阳婴幼儿奶粉事件公布后,自治区工商局立即行动,从网上及时下载涉及

55 个劣质奶粉品种,并将假冒涉及自治区 6 个乳品厂家、10 个产品的情况,迅速向全区工商部门发出"对奶粉市场进行检查的紧急通知",检查各类经营主体61 812户,查缴假劣奶粉14 000公斤。之后,系统重点认真开展进销货台账和索证索票制度建立情况专项检查,全面建立食品安全电子监管系统,确保"两个100%"的目标不反弹。推进实现监管重点向健全完善市场准入相关制度拓展,监管范围向农村牧区或城郊结合部的小摊点、食杂店延伸,监管方式向完善质量监测、责任保障、监管执法和应急处置体系转变,全面建立食品安全监管长效机制。

二、内、外资企业监督管理

（一）内资企业监督管理

党的十一届三中全会以后,全区各级工商行政管理机关陆续恢复了对各类工商企业的登记管理,重点抓了建立企业登记管理基础档案;放宽登记条件、支持大中型企业搞活;简化登记手续,加快办照速度,结合年检验照,规范企业经营行为,清理整顿公司;整顿批发环节和清理假集体等工作,为进一步加快自治区改革开放的步伐,促进各类企业的健康发展和经济繁荣,作出了积极的贡献。1979 年,全区有登记注册内资企业9 475户,到 1988 年,已发展到56 125户。

进入建设社会主义市场经济体制时期,改革开放更加深入,对内资企业的登记领域不断拓宽,要求也不断提高,这一时期,全区企业登记管理逐步走向制度化、程序化,并向规范化方向迈进。在企业登记管理上,一是确立了依法登记制度,进一步完善了行政执法公示制,实行"政策、权限、程序、收费"四公开,为企业办照提供规范、便捷的服务;二是扩大了登记领域,对实行企业化管理的事业单位,如银行、保险、铁路、邮电、民航等也纳入了登记管理;三是放宽了经营方式,经营范围以中类、大类核定,依照法律、法规确定了限制的行业和商品;四是严格按照《公司法》的要求,区别法人企业与非法人企业的法律地位,促进了现代企业制度的建立;五是积极与有关部门协调,帮助国有企业理顺产权关系,选择转制方案,为国有企

业转制提供"一条龙"服务;六是明确了以年度检验为重点的监督管理形式,强化企业照后监督管理,对已登记企业实行定期回访和检查,保障企业的合法权益,查处虚假出资、抽逃注册资本、擅自变更注册登记事项等违法行为,取缔非法经营。为适应社会主义市场经济发展和加入 WTO 的需要,2001 年,经内蒙古自治区人民政府批准,在全区实行了《企业登记独立注册试行办法》,对企业登记和审批制度进行了改革,简化登记注册程序,方便各类市场主体的准入,促进了全区内资企业的健康快速发展,到 2001 年,全区共有登记注册内资企业61 489户,注册资本1 030.3亿元,其中按现代企业制度建立的有限责任公司和股份制公司发展到15 053户,注册资本 643.1 亿元。

2003 年以来,全区工商部门全面推进和完善市场主体分类监管改革,不断提高监管水平。制定了《企业信用分类办法》和《企业信用分类监管应用管理办法》,并开发应用了与之相配套的软件系统,实现了企业信用分类监管与市场监管、登记注册、执法办案工作的有效衔接,推进了企业信用体系建设。以基层工商所和各级登记部门为重点,加强了登记和监管工作的衔接,进一步规范了各类市场主体相关数据的采集、分析、录入和内部通告等环节的工作。各级工商部门按照企业分类监管的要求和划分标准,建立了全面反映市场主体信用状况的动态数据库。对信用好的企业实行远距离监管,以服务为主;对有轻微违法行为的企业实行有距离监管,以指导为主;对失信企业实行近距离监管,以纠正为主;对严重失信企业实行零距离监管,以严查为主,从而大大降低了违法失信行为的发生率,促进了监管职能到位和社会信用体系建设。

同时,全区工商系统全面推进了登记注册"一审一核"制度改革,制定了《关于加强全区企业登记管理工作规范化建设的意见》及与之相配套的 10 项规范准则,促进了登记管理工作朝着组织机构合理化、干部队伍专业化、内部事务制度化、日常管理正规化的方向稳步推进。不断提高服务水平,努力

营造有利于市场主体发展的准入环境。以建立公开透明的办事制度、统一开放的服务平台和便捷高效的服务环境为重点，以登记程序化、查询信息化、办事制度化、服务人性化为目标，不断推进登记注册窗口规范化建设，提高了依法行政能力和公共服务水平。全系统85%的登记窗口单位降低了办事柜台，设置了服务评价系统，并适时更新设备，强化作风建设，规范登记人员的仪表言行，取得了较好的效果。新《公司法》颁布后，结合自治区实际，起草并经自治区政府批转了《进一步完善市场准入制度　促进自治区经济快速发展的意见》，为各类市场主体创造了更为便利的准入和发展环境。在促进国有、集体企业发展方面，积极为国有、集体企业的改革和发展提供优质高效的登记服务，截至2008年6月底，全区实有内资企业32 583户，注册资本2 665.21亿元。

(二)外商投资企业监督管理

党的十一届三中全会以后，随着内蒙古自治区对外开放的不断扩大，投资环境不断改善，外商投资企业开始落户内蒙古。1984年，全区第一户外商投资企业建成开业。1992年，国家工商局授权内蒙古自治区工商行政管理局进行外商企业注册登记工作后，内蒙古自治区工商局在坚持履行受理、审查、核准、发照、公告等审批登记程序，依法严把开业关的基础上，积极改善管理工作，增强服务意识，按照国家产业政策，通过开展政策引导、法规咨询、前期论证和现场办公等工作，创造良好的投资环境，为外商投资企业提供服务。同时，以年检和换照为主要手段，加强对外商投资企业的照后管理，促进了外商投资企业的快速健康发展。到2001年末，全区已有来自美国、日本、韩国、澳大利亚、俄罗斯、蒙古、加拿大以及香港、澳门、台湾等40个国家和地区的外商投资企业778户，投资总额22.17亿美元，注册资本15.38亿美元。其中中外合资企业572户，中外合作企业76户，外商独资企业126户，中外股份公司4户。主要集中在制造业、餐饮业、房地产业、农林牧渔业、采掘业和社会服务业等产业，成为促进自治区经济

发展的重要组成部分。

2002年4月，自治区工商局印发《关于改善投资软环境支持外商投资企业发展的意见》。在《意见》中，对工商行政管理机关发挥职能作用，做好外资企业登记管理工作，提出如下要求：(1)转变作风，提高办事效率；(2)强化服务，为外商投资企业在我区发展创造条件；(3)整顿规范，净化市场环境；(4)深入调查，为外商投资企业排忧解难；(5)密切协调，改进监督管理工作。

2004年3月，自治区工商局根据国家工商行政管理总局等五部委下发《外商投资创业投资企业管理规定》和《外国投资者并购境内企业暂行规定》和业务管辖的要求，报经自治区机构编制委员会批准，在呼和浩特市工商行政管理局、包头市工商行政管理局、赤峰市工商行政管理局、呼伦贝尔市工商行政管理局分别设立外商投资企业登记管理科。2006年，自治区鄂尔多斯市、通辽市、满洲里3个盟市取得了外资企业委托登记权，方便了外资企业登记，为促进外商投资企业发展创造了有利条件。

从产业结构上看，第二产业仍是自治区外商投资的重点。亚洲国家作为全区主要投资来源地，在自治区投资来源中仍占较大比重，且比重进一步上升。亚洲各国(地区)中，香港地区投资占绝对优势，新登记26户，占新登记亚洲投资总数的78.79%。

三、个体私营经济监督管理

党的十一届三中全会以后，内蒙古自治区工商行政管理机关根据党和国家关于鼓励和支持个体私营经济发展的方针、政策，在加强依法管理的同时，对个体私营经济的发展数量、规模、对象以及经营范围、经营方式等方面予以放宽，并在核准登记时改变了要求过严、限制过多、手续烦琐的状况，正确引导，简化手续，提供方便，有力地促进了全区个体私营经济的恢复和发展。1981年，全区个体工商业迅速恢复发展到25 701户，从业人员32 196人，年营业额1 749.98万元。到1985年，全区个体工商业发展到193 781户，从业人员287 713人，注册资金5.57亿元，年营业额达到9.84亿元。

进入社会主义经济建设时期,内蒙古自治区个体私营经济的监督管理工作认真贯彻党和国家对发展个体私营经济的方针、政策,结合实际,坚持以"三个有利于"为标准,一手抓扶持发展,一手抓监督管理,制定实施了一系列优惠政策和鼓励措施,大力扶持发展个体私营经济。内蒙古自治区工商局积极参与制定了以内蒙古自治区党委、政府名义作出的《关于进一步加快个体私营经济发展的决定》,起草了《内蒙古自治区个体工商户条例》,并于1997年8月由自治区第八届人民代表大会常务委员会第二十七次会议通过实施。在此基础上,各级工商行政管理机关进一步认清发展个体私营经济对于促进全区经济发展的重要作用以及工商行政管理部门的职责,增强责任感和紧迫感,不断加强和改善监督管理工作,简化办照手续,加快办照速度,并在商标注册和使用、合同鉴证、参与国有集体企业改革、广告运用、扩大经营规模、引进技术和人才、进行技术培训、鼓励农牧民从事个体私营经济等方面,依法为个体私营经济的发展提供整体性服务,制定规划,不限比例,不限速度,不限范围,不限规模,大力发展个体私营经济,使全区个体私营经济的发展步伐不断加快,经营规模逐步扩大,行业结构日趋合理,经济效益和社会效益明显提高。

2000年12月,自治区工商局下发了《内蒙古自治区工商行政管理局关于进一步加快个体私营经济发展的意见》,要求全区各级工商行政管理部门提高认识,增强大力发展个体私营经济的责任感;加强领导、密切配合,进一步加大工作力度;强化服务意识,提高办事效率,促进个体私营经济快速发展;转变观念,确定个私协工作新基点,推动个体私营经济持续发展;抓住机遇,采取措施,积极引导个体私营经济向纵深发展;进一步加强监管力度,确保个体私营经济健康发展。同年,自治区人民政府批转自治区工商局《关于进一步改进工商行政管理工作,为西部大开发提供优质服务若干政策意见的通知》,要求为兴办个体工商户、个人独资企业、个人合伙企业、有限公司的投资人提

供良好的政策服务。2001年4月,自治区工商局提出了贯彻落实《关于进一步加快个体私营经济发展的意见》的具体措施:要求放宽登记注册条件,允许企业资金分期注入,减少审批环节,放宽企业名称、企业集团登记条件、经营范围的限制;放宽经营主体,除已允许从事个体、私营经济的人员外,鼓励行政事业单位工作人员离职从事个体经营或兴办私营企业;强化监督管理,放宽市场准入条件,为个体私营企业创造公平竞争的市场环境;公开办事程序,严格执行公示制度,简化办事程序,推行"一厅式"注册,提高办事效率。

从2001年4月开始,个体工商户的注册登记全部下放到基层工商所。

2003年6月,自治区工商局转发《关于2003年普通高等学校毕业生从事个体经营有关收费优惠政策的通知》,规定:凡高校毕业生(含大学专科、大学本科、研究生)从事个体经营的,除国家限制的行业(包括建筑业、娱乐业以及广告业、桑拿、按摩、网吧、氧吧等)外,自工商行政管理机关批准其经营之日起,1年内免交个体工商户登记注册费(包括开业登记、变更登记、补换营业执照及营业执照副本、个体工商户管理费、集贸市场管理费、经济合同示范文本工本费)。

2004年6月,自治区工商局下发《关于支持鼓励第三产业发展的意见》,就从事第三产业的减免收费作出规定:对旅游专业村和农牧民以农家乐、牧户游为主题开发旅游项目的,免收工商行政管理各项行政事业性收费;对从事第三产业月营业额在1 000元以下的个体工商户,免收工商行政管理各项行政事业性收费;下岗失业人员新办的服务企业(除广告业、桑拿、按摩、网吧、氧吧外),当年招用下岗失业人员达到职工总数的50%以上(含50%),并与其签订3年以上期限劳动合同的,经劳动保障部门认定,5年内免收工商行政管理各项行政事业性收费;下岗失业人员从事第三产业个体经营的,自领取营业执照之日起,5年内免收工商行政管理各项行政事业性收费。

2002—2004年,按照国家有关规定,自

治区工商局着力抓了下岗失业人员再就业工作,普通高校毕业生从事个体经营收费优惠政策,鼓励、扶持、引导农牧民务工经商并创造宽松环境。截至 2004 年底,全区有60 443 人持《再就业优惠证》,并申办了个体工商户营业执照,实现了再就业;按照政策规定,全区工商系统共免收各项费用 2 961万元,引导私营企业吸纳下岗职工259 514 万人;为 759 名普通高校毕业生办理了个体工商户登记,免收各种费用919 997万元。

2005 年,自治区工商局在全区推行个体工商户分层分类登记管理。对个体工商户的市场准入、经营行为、市场退出等信息进行内部信用评价,按不同评价划分为守信、警示、一般失信和严重失信四个类别,实行分类管理的监管方式。个体工商户信用记录是建立"经济户口"的重要内容。市、县工商行政管理局以及大中城市工商行政管理分局及其派出机构在日常工作中,要按照"谁登记、谁录入;谁检查、谁录入;谁处罚、谁录入"的原则,及时、准确、完整地记录个体工商户的各种信用信息,并通过录入计算机,实行网络化管理。

2005 年 10 月,自治区工商局下发《关于支持鼓励少数民族群众经商办企业的意见》,就少数民族群众经商办企业减免行政事业性收费提出具体意见:在少数民族聚居地区(苏木、乡,下同),少数民族群众进行个体经营(除事关人身安全、财产安全和公共安全的行业外),允许其试营业 1 至 3 个月,试营业期限不超过 4 个月,免收各种行政事业性收费;由于草原围封、生态移民等原因,进城经商的少数民族群众进行个体经营的,持身份证明可在属地工商所进行工商登记,免收各种行政事业性收费;支持和鼓励少数民族群众利用当地资源兴办合伙企业、个人独资企业,免收行政事业性收费;支持和鼓励少数民族聚居地区的少数民族群众兴办特色旅游业,免收各种行政事业性收费;支持和鼓励少数民族聚居地区的少数民族群众从事为当地农牧民互通有无、增效、增收的经纪人业务,或兴办经纪人机构。允许经纪人或经纪人机构试营业 1 至 6 个月,6 个月之内进行工商登记,免收各种行政事业性收费。

截至 2008 年 6 月底,全区实有个体工商户 54.60 万户,从业人员 102.70 万人,注册资金 134.63 亿元。实有私营企业68 299户,注册资本(金)2 139.55亿元。从业人员97.55 万人。在私营企业户数快速增长的同时,全区私营企业资金实力显著增强,大项目企业实现了较快增长。第三产业因其投资少、见效快等优势,一直受到个体、私营投资者的青睐,在个体、私营经济发展中占据绝对优势。特别是近几年,自治区为支持第三产业发展出台了一系列政策和措施,个体、私营经济第三产业得到了较快发展。到2008 年 6 月底,全区个体工商业从事第三产业514 760户,占总户数的 94.28%;私营企业从事第三产业57 138户(包括分支机构、分公司),占总户数的比重为 81.82%,第三产业成为自治区个体、私营经济发展的主要力量。

2007 年,国家颁布实施了《中华人民共和国农民专业合作社法》,农民专业合作社作为新型市场主体形式,相对个体、私营企业,具有办理手续简便,具有法人资格,不收取管理费用,经营风险低、享有政策扶持等诸多优点,吸引了大批从事种养殖及相关购销、加工、经纪行业的农民,特别是一些农林牧渔业大户、技术能手登记为农民专业合作社成员,形成集群优势,提升市场竞争力。自 2007 年 7 月 1 日《农民专业合作社法》实施到 2008 年 6 月底,全区共登记413 户农民专业合作社,其中分支机构 20 户,成员5 204人,出资额 3.52 亿元。

四、商标监督管理

党的十一届三中全会以后,全区商标监督管理工作在全面清理商标的基础上,主要依照"分级管理、统一注册"的要求实行两级核转注册商标,同时加强了取缔假冒商标、制止商标侵权行为的工作。1983 年,《中华人民共和国商标法》颁布实施后,全区商标监督管理工作逐步走上法制化轨道,保护注册商标专用权、打击仿冒、滥用注册商标违法行为的职能得到进一步增强。

进入社会主义市场经济体制建设时期，按照国家工商局的统一要求，全区商标注册工作逐步由核转制转变为代理制。全区的商标监督管理工作也随之转变为以指导企业做好商标工作为重点，以保护注册商标专用权为核心，坚持开展严厉打击商标侵权和假冒仿冒商标违法行为活动，逐步建立健全行政保护、司法保护、企业自我保护和社会保护的注册商标专用权保护机制。1989 年以来，全区各级工商行政管理机关共查处商标假冒侵权案21 000余件，其中移送司法机关878 件，销毁假冒商标标识 920 多万件（套）。与此同时，全区各级工商行政管理机关还在3 100多家企业建立了商标工作联系点，帮助企业做好商标管理工作。到 2001 年，全区共有有效注册商标10 928件。全区工商行政管理机关还精心组织推进"名牌战略"，引导帮助企业争创名牌，先后认定了 144 件内蒙古自治区著名商标，其中"鄂尔多斯"、"伊利"、"仕奇"、"鹿王"、"河套"、"草原兴发"、"蒙牛"等 7 件商标被国家工商局认定为中国驰名商标，增强了企业的市场竞争力，促进了自治区经济的发展。

1987 年，全区注册商标为 1 842 件，到 1995 年末，全区注册商标达 4 750 件，比 1987 年增加近 2.6 倍。1995 年开始，内蒙古就把"实施名牌推进战略"确立为内蒙古发展的五大战略之一。伴随着内蒙古名牌推进战略的实施，作为商标监督管理的职能部门，内蒙古工商局始终把商标战略作为振兴地区经济的重要措施来抓，连续六年以目标管理制的形式把商标战略工作向各盟市工商局层层落实，并每年进行阶段考核稽查。2000 年 3 月，自治区工商局转发了《国家工商行政管理局关于进一步加强商标管理工作的通知》。10 月 10 日，自治区工商局向全区印发了《内蒙古自治区著名商标认定和管理办法》征求意见稿。

2001 年 8 月，自治区工商局受国家工商行政管理总局商标局的委托，在满洲里市举办了全国企业商标管理人员培训班，全国有 90 多家驰名、著名商标企业的有关人员参加了培训，内蒙古自治区拥有驰名和著名商标的企业也应邀参加。9 月 25 日—10 月 7 日，自治区工商局在北京人民大会堂承办举行了"内蒙古绿色（特色）产品展销暨洽谈发布会"，在北京民族文化宫举办了"内蒙古绿色（特色）产品展销暨经贸洽谈会"。在短短 9 天的时间，成交额就达 1.77 亿元。当年，全区认定内蒙古著名商标 27 件。

2002 年 2 月，自治区工商局向国家工商行政管理总局商标局上报推荐"河套"酒、"草原兴发"、"河套"面粉等 15 件商标的认定材料，经审核，内蒙古草原兴发股份有限公司的"草原兴发"商标、内蒙古蒙牛乳业公司的"蒙牛"商标、内蒙古恒丰食品工业（集团）股份有限公司的"河套"面粉商标被认定为中国驰名商标。

2003 年，自治区工商局继续推进全区的名牌战略，向全区各盟市工商局发出通知，要求积极为申请注册商标的企业提供咨询服务，并且开通了"绿色通道"，促进全自治区农副产品和原产地证明商标的注册工作。当年，全区认定内蒙古著名商标 83 件。

2004 年 2 月，内蒙古河套酒业（集团）股份有限公司的"河套"商标，包头华资实业股份有限公司的"草原（糖）"商标和内蒙古塞飞亚有限责任公司"塞飞亚"商标，被国家工商行政管理总局认定为中国驰名商标。9 月 22 日，内蒙古自治区人民政府审议通过了《内蒙古自治区著名商标认定和保护办法》，自治区工商局组织成立了由 40 名经济、法律、科技等方面专家组成的内蒙古自治区著名商标认定委员会。

2005 年 10 月，内蒙古自治区著名商标认定委员会依法认定全区 78 件内蒙古著名商标，并隆重举行了企业负责人参加的授匾大会，借此进行了商标法律知识培训。同年，自治区工商局起草的《内蒙古自治区人民政府关于实施商标战略工作的意见》，由自治区人民政府批转各地执行。

到 2005 年末，全区各级工商行政管理机关共查处商标假冒侵权案5 414件，其中移送司法机关 22 件，罚没款 940.4 万多元，收缴和消除商标标识148 293件，没收销毁侵权商品 135.39 吨。与此同时，全区各级工商行政管理机关还同3 000多家企业建立了商标工作联系点，帮助企业搞好商标内部管理。为积极推进自治区党委、政府制定的"名牌发展战略"，1992—2005年共组织认定了内蒙古自治区著名商标401件。截至2005年末，鄂尔多斯、仕奇、伊利、鹿王、草原兴发、河套（酒）、蒙牛、河套（面粉）、草原（糖）、小肥羊、塞飞亚、科尔沁（牛业）、维信等13件商标被国家工商总局认定为中国驰名商标。为培育和扶持驰名商标的后续力量，2005年，自治区政府下发了《内蒙古自治区著名商标认定和保护办法》，促使内蒙古著名商标的认定迈向了法制化轨道，在此基础上，内蒙古工商局还指导各盟市工商局结合实际开展了知名商标认定工作，为驰名商标和著名商标提供了源源不断的后继力量。截至2008年上半年，全区有效依法认定著名商标182件，有力确保了商标事业的有效梯队运行，驰名商标总数达到20件。在2006年世界品牌实验室发布的《中国500最具价值品牌》排行榜中，内蒙古7个品牌上榜，其中伊利以152.38亿元的价值荣登全国食品行业榜首。在扬州举行的第五届城市竞争力国际论坛发布的全球经济增长前20名的城市排行中，中国城市占了七成半，来自内蒙古呼和浩特市、包头市的7个品牌更是助推两市成为全球经济增长最快的城市之一。

为帮扶农牧民创立自有品牌，把利用商标战略带动农村牧区经济发展作为一项重要工作来抓。各级工商行政管理部门以服务地方经济为己任，有计划、有步骤大力扶持发展农副畜产品注册商标。为把此项工作落到实处，还建立了目标责任考核制，下达了具体考核指标，层层落实到基层工商所，要求基层工商所结合实际培育"一村一品"、"一乡一品"，促进地方经济的发展，在具体实施中，采取依托农村牧区产业优势，引导农村经济向品牌化方向发展，同时进一步拓展农牧民经纪人发展空间，在促进和加快农畜产品流通的同时，有计划、有重点地扶持地方特色品牌商标。2007年上半年，有关盟市工商局就为道德红干椒、大榆树富硒大米、十里香小杂粮等农副产品申请注册了四十余件商标，并为农村牧区经纪人在当地媒体上发布信息广告提供特办优惠政策。截至2007年6月，已注册农牧畜副产品商标7 000多件。据不完全统计，从1999年到2008年6月，全区共查处商标假冒侵权案件3 654件，没收、收缴销毁侵权商品206.13吨，罚没款达932.95万元。

五、广告监督管理

十一届三中全会后，1980年下半年开始，自治区各级工商行政管理部门依照国务院《广告管理暂行条例》规定，对广告实行了统一管理。1981年，全自治区广告经营单位发展增加到178个；从业人员890人，营业额89万元。1982年，《广告管理暂行条例》发布后，全区工商行政管理机关开始全面行使对各类广告的监督管理职能。主要通过大力宣传广告管理法规，开展审批登记、年检注册等手段，对广告经营单位进行管理。为符合经营条件的经营单位颁发《广告经营许可证》，为广告从业人员颁发《广告业务员证》，对不符合条件的则取消其广告经营资格。同时加强了对户外广告的监督管理力度，指导帮助广告经营单位建立健全广告发布审核制度，杜绝出现误导、虚假等违法广告，使全区的广告经营秩序得到有效治理，广告事业也有所发展。1982年，广告经营单位发展到231个；从业人员发展到2 198人。1983年7月，自治区工商局针对广告中出现的弄虚作假、欺骗用户等问题，对全区各广告经营单位进行了检查，要求广告专营单位，除必须符合国家颁发的《工商企业登记管理条例》、《公司登记管理暂行规定》和《广告管理暂行条例实施细则》规定的条件外，还应具备自治区工商局增设的条件：必须是政企分开、事企分离的经济实体；必须有可行性报告和企业章程；必须有固定资金、场地、人员（包括管理和财会、技术人员）；必须具备一定量的流动资金，实行独立核算、自负盈亏，依法纳税。

1988年4月，自治区工商局召开全区广告工作会议，提出了在全区放宽广告经营条件，允许有条件的国营、集体单位以及个人经营广告业务,经营广告业务的个体工商户必须具有一定的设计制作能力;要有与经营范围相应的场地、资金和设备。在核准前要对其进行技术考试。为进一步理顺广告宣传和经营秩序,促进广告业的健康发展,于1989年4—6月,对全区广告经营单位进行一次全面的清理检查和整顿,换发了广告经营许可证和广告业务员证。1994年1月,为促进全区广告业的健康发展,自治区工商局提出在有条件的盟市成立广告审查事务所,加强对广告业的监督管理。2月3日,在呼和浩特市召开了内蒙古直属广告经营单位座谈会,会上通报了全国及全自治区广告业发展情况。12月25日,自治区工商局对广告经营单位进行资质论证,并确认了内蒙古虹桥广告公司、内蒙古广告公司等9家广告经营单位为自治区第一批广告全面代理公司。

1997年,元旦、春节期间,自治区工商局组织全区各盟市工商执法人员开展打击假冒伪劣商品专项治理活动,各级广告监督管理机构积极配合,严厉打击利用虚假广告坑害消费者的行为。10月,自治区工商局组织了全区"自强创辉煌"公益广告作品的评选工作,向国家工商局报送参评作品10件。

2000年12月,自治区精神文明建设委员会办公室、自治区工商局作出对2000年度优秀公益广告获奖作品先进单位、先进个人的表彰决定。共评选出优秀广告作品一等奖1件,二等奖2件,三等奖6件;评选出公益广告活动先进单位8个、先进个人99名。

2005年,自治区工商局在全区组织开展以"严厉打击商业欺诈和虚假违法广告"为重点的"打虚假、树诚信"专项整治行动。6月9日,自治区工商局组织召开全区打击虚假违法广告电视电话会议。会议传达了全国部分省市广告监管工作座谈会议精神,安排部署全区虚假广告专项整治工作。在专项治理整顿中,各盟市注重发挥部门联席会议、媒体宣传、广告协会"三个作用",紧紧抓住预警、监测、教育、处罚"四个环节",整顿规范广告市场秩序。

在广告整治方面,1982—1994年,全区工商行政管理系统广告管理工作的重点是发展广告业,同时规范各类广告经营主体的经营行为。随着社会主义市场经济体制的逐步建立和《中华人民共和国广告法》的颁布实施,全区广告监督管理工作在认真宣传贯彻《广告法》的基础上,进一步加大了执法力度,严格组织查处虚假违法广告、误导广告,取缔非法印刷品广告,全面整顿广告经营秩序。在做好广告经营单位登记注册和年检换证工作的同时,加强了广告经营资格的审查和广告监测工作,并结合实际情况建立了全区性广告发布监督管理工作制度:一是使用全区统一的《违法广告查处通知书》;二是在《内蒙古广告监管动态》上定期公布全区报纸广告监测情况;三是对违法广告数量较多、性质严重的单位,由工商行政管理部门进行查处;四是采取有力措施,严肃查处各类违法广告;五是对全区广告从业人员普遍进行有关广告法律法规及专业知识培训,全面提高广告从业人员的政策、法律和业务素质,促进了全区广告事业的健康发展。2001年,全区广告经营单位已发展到1 068户,从业人员7 056人,广告年经营额1.8亿元。

2005年,自治区工商局与相关的11个部门建立了治理虚假广告联系会议制度,建立了广告监测体系,强化了对广告主、广告经营者和广告媒体的监管执法。共查处虚假广告1 910件、责令停止发布违法广告142件、曝光26件。之后,全区开展了大规模的虚假违法广告专项整治工作,重点解决盟市、旗县违法广告发布率高,而整改率和查处率低的问题。要进一步完善虚假违法广告专项整治联席会议制度,推进建立治理虚假违法广告的长效机制。继续加大执法力度,严肃查处群众反响强烈的虚假违法广告案件,有效净化自治区广告市场环境,虚假违法广告蔓延的势头得到有效遏制。自治区工商局的广告监测系统现已投入使用。

六、市场监督管理

党的十一届三中全会后,随着国家政治、经济生活逐步走向正常,全区集市贸易也迅速得到恢复和发展，到 1979 年，全区城乡集贸市场发展到 333 处，年成交额达8 654 万元。全区各级工商行政管理部门以提高市场监督管理水平，促进市场建设和繁荣为目标，坚持一手抓市场监督管理，一手抓市场建设，促进了全区各类市场的繁荣和发展。一是重视集贸市场建设。提出市场建设规划，强化组织实施，按照"谁投资、谁受益"的原则，多渠道筹集资金，调动各方面的积极性，共同建设市场。到 1993 年，全区累计市场建设投资达64 159万元，先后建成了通辽露天市场、包头向阳市场、临河金川市场、东胜民生市场等一大批大型骨干市场。彻底改变了市场单一从事农副产品和小商品交易的初级形式，逐步形成了以中心城市和经济发达地区为依托，以农副产品和工业品批发市场为重点，专业市场和综合市场相配套，批发与零售相结合，包括生产资料、科技、文化、劳务等市场组成的多功能、多层次、多形式的市场体系，出现了一批年成交额达亿元的市场。二是加强对各类市场的监督管理。严厉查处掺杂使假、以次充好、以劣充优、假冒他人商标等违法行为；严厉打击制售损害人体健康、危害人身安全的假冒伪劣食品、药品、家用电器和农业生产资料的违法行为；严厉查处走私物品、违禁物品；打击骗买骗卖、哄抬物价、欺行霸市、操纵市场等不正当竞争行为；查处乱收费、乱罚款和擅自设卡的违规违章行为。同时配合有关部门对粮食、绒毛、食盐和文化市场进行监督检查，积极参与"扫黄打非"活动，确保全区市场的繁荣和有序、健康发展。三是各级工商行政管理部门结合"五讲四美"、"全民文明礼貌月"、"精神文明建设"等内容，组织开展创建文明市场活动，促进"两个文明"建设。

进入建设社会主义市场经济体制时期，全区各级工商行政管理部门重点加强了对生产资料市场、生产要素市场建设的引导和监督管理工作，促进了以地区经济特点和产业为依托的"双生"市场的快速发展，形成了市场主体多元化、市场种类多元化、市场经营方式和流通渠道多元化的开放、竞争、发展格局。在推动企业走向市场，促进资源优化配置，提高社会经济运行效率等方面发挥出越来越显著的作用。同时，按照监管社会主义统一市场的职能要求，认真组织落实市场"办管脱钩"工作，全区工商行政管理部门已全部完成了兴办市场与监督管理市场职能上的分离和人员的脱钩。

2000 年，根据国务院的统一部署，在全区范围开展了整顿规范市场经济秩序工作，并在全区工商行政管理已系统实行的"经济户口"管理的基础上，对市场的监督管理方式进行了改革，实现了静态的驻场制管理向动态的巡查制管理的转变。同时，以粮食收购市场、农资市场、成品油市场、房地产市场、中介市场等重要生产资料市场和生产要素市场为重点，加强监管执法力度，进行规范化管理和专项治理整顿，收到显著效果。

2000 年 8 月，自治区工商局下发了《关于大力推行执法巡查拓宽市场监管领域实施意见的通知》，在系统中推行了盟市、旗县级工商局和工商所三级执法巡查机构并明确了职能职责。盟市工商局市场巡查机构的主要职能是：参与组织、协调、指挥完成盟、市党委、政府和本局交办的有关市场管理的紧急任务；检查本局业务科室布置的工作任务在基层的落实情况；检查旗县（市、区）执法巡查制的落实情况；组织联合检查和年检评比表彰活动。旗县（市、区）工商局市场巡查机构的主要职责是：完成上级巡查组织交办的任务；督查各业务科室完成任务情况；检查工商所执法巡查制落实情况；搞好巡查制的总结评比工作。工商所巡查组的主要职责是：检查经营主体及从业人员的资格，规范经营行为；查处无照经营，查处各类市场主体经营活动中违法违章行为；了解经营者商品的来源和流通渠道，查处制售假冒伪劣商品的行为；受理消费者投诉、调解交易纠纷等。

2001 年 3 月，自治区工商局下发《关于进一步强化市场巡查工作的通知》，为推进市场巡查工作制度化、规范化，建立了强化市场巡查工作的四项制度。即，建立三级市场巡查领导机构;建立三项市场巡查监督机制,其包括内部监督、群众监督和制度监督;巡查当场处罚制度;巡查联系、通报奖励制度。同年,中共中央、国务院作出整顿和规范市场经济秩序的决定后,自治区工商局成立了整顿和规范市场经济秩序领导小组,制发了《自治区工商系统整顿和规范市场经济秩序专项行动实施方案》。4月17日召开了全区工商系统整顿和规范市场经济秩序专项工作电视电话会议,传达了全国整顿规范市场经济秩序工作会议精神,专门部署了自治区工商系统的整顿规范工作。截至2001年6月30日,全区各级工商行政管理机关共出动执法人员185 780人(次)、车辆26 050台(次),检查各类市场主本137 187个,受理举报2 030件,受理消费者申诉6 417件,立案查处违法违章案件33 441件,总案值16 236万元,罚没款2 051万元,铲除制售假冒伪劣商品黑窝点742个,销毁假冒伪劣商品总标值523.7万元。2001年8月,自治区工商局制定下发了《关于工商行政管理机关与新办市场尽快脱钩的意见》。据此,自治区工商局成立了脱钩工作领导小组,各级工商行政管理机关成立了相应的组织领导机构。8月30日至10月10日,对自治区各类市场的属性调查,确定脱钩对象,对脱钩市场进行资产清查、产权界定和登记;10月11日至11月30日,各盟市组织实施脱钩方案并完成脱钩工作。市场管办脱钩采取了五种形式。即:①拍卖,拍卖后工商局收回产权拍卖收益;②置换,将原属工商行政管理机关产权的经营性资产,置换成非经济性资产用于解决工商行政管理机关办公条件;③带资分流,把现产权属于工商行政管理机关的市场资产,分配给部分职工,随资产脱离工商机关;④股份转让,把工商行政管理机关原投资或投资形成的资产,以股份形式转让给需要者,收回股份转让的收益;⑤移交,由工商行政管理机关代替地方政府或其他部门管理的市场,无偿整体移交给原委托方。通过上述五种脱钩形式,12月,自治区各级工商局与所办的149处市场彻底脱钩。到2007年,全区消费品市场已发展到1 292个,其中,生产资料市场240个,生产要素市场62个。

七、经济合同监督管理

党的十一届三中全会以后,全区工商行政管理部门相继设立经济合同管理机构,开始对全区和集体所有制企业的购销、加工订货、建筑安装、加工承揽等合同进行鉴证管理,对合同纠纷进行调解仲裁。同时,在全区建立合同管理网络,实行凭《法人资格委托书》、《法人授权委托书》签订经济合同制度,保证合同履约率。《中华人民共和国经济合同法》实施后,全区经济合同监督管理范围不断拓宽,已发展到对建设工程承包、加工承揽、货物运输、供用电、仓储保管、财产租赁、借款、财产保险、企业承包经营、企业租赁经营以及技术等10多种合同进行监督管理。

进入建设社会主义市场经济体制时期,针对经济合同管理领域不断扩大,任务不断加重的情况,全区经济合同监督管理工作在抓好《经济合同法》及有关法规宣传贯彻的基础上,认真履行经济合同管理职能,积极采取有效措施,维护国家和集体利益,保护经济合同当事人的合法权益。一是指导建立全区范围内的经营合同管理网络,增强经济合同管理工作力度;二是推行经济合同示范文本制度,指导监督经济合同当事人依法订立合同,确保合同的真实性与合法性,坚决打击利用合同进行诈骗的违法行为;三是认真办理经济合同鉴证,减少合同纠纷和合同欺诈案件的发生;四是加强对已签订经济合同的监督检查,督促当事人依法履行合同;五是指导企业深入开展"重合同、守信用"活动,强化企业的合同法制意识;六是开展办理动产抵押合同登记工作,并逐步实行规范化管理。

2001年,全区各级工商行政管理机关共检查经济合同30 090份,检查合同金额54.24亿元;鉴证金额58.57亿元;办理动产抵押合同登记873份,抵押物价值95亿元;查处违法合同245件,涉及合同金额0.49亿元;协助合同当事人挽回和避免经济损失284万元。

2001年4月,自治区工商局对全区工商

系统在打击合同欺诈专项行动中作出贡献的 5 个合同管理机构和 16 名先进个人给予通报表彰。2000 年,全国推行使用新的《合同示范文本》制度后,自治区工商局负责对《合同示范文本》的监制和发放工作,并在全区范围内监督施行。

2003 年 5 月,自治区工商局印发《内蒙古自治区"守合同重信用"公示暂行办法》规范命名程序。12 月,自治区工商局举办了全系统合同管理人员培训班,对盟市和市辖区及部分旗县工商局的科股长进行了培训。

截至 2005 年底,全区"守合同、重信用"单位 1 916 家,其中连续保持荣誉 1—2 年的 475 家、3—4 年的 1 015 家、5—9 年的 297 家、10 年以上的 92 家。在"守合同、重信用"单位中,自治区级 506 家(其中有 50 家"守合同、重信用"单位被国家工商行政管理总局公示),盟市级 806 家,旗县级 604 家。之后,依据《格式合同条款监督条例》,加强合同监管,制止霸王条款,打击设置合同陷阱、骗取合同保证金等违法行为。2004 年以来,自治区各级工商机关注重运用合同监管职能,大力服务"红盾护农",仅 2008 年上半年,共查处不合格农资总价值 1 437 万元。鄂尔多斯市工商局还深入开展合同帮农"五个一"(确定一名合同监管员,帮扶一户农户,修订一份合同文本,检查一次格式条款,查办一起合同案件)活动,帮助农民签订订单合同 8 800 份,涉及金额近 1 亿元。

八、消费者权益保护

内蒙古自治区各级工商行政管理机关对消费者权益保护工作十分重视。特别是 1991 年消费者协会成立以来,全区各级工商行政管理机关和保护消费者权益组织广泛宣传《消费者权益保护法》、《产品质量法》、《商品"三包"规定》等法规,认真受理消费者投诉,为消费者排忧解难。同时,举办由工商行政管理人员、消协工作人员、工商企业负责人参加的《消费者权益保护法》培训班 100 多期,近万人参加了培训。内蒙古自治区消协还先后举办了 5 届全区维护消费者权益好新闻评选活动,调动了广大新闻工作者为维护消费者权益开展舆论监督的自

觉性。1996 年,内蒙古自治区工商局和消费者协会在内蒙古自治区法制局和人大财经委的指导下,起草了《内蒙古自治区实施中华人民共和国消费者权益保护办法》,经内蒙古自治区八届人大常委会第二十次会议审议通过,为全区深入贯彻落实《消费者权益保护法》奠定了基础。1997 年,内蒙古自治区消费者协会被中国消费者协会授予"全国保护消费者权益成绩显著单位"荣誉称号。

为加大执法力度,切实维护消费者的合法权益。依据《消费者权益保护法》赋予的职能,1999 年 4 月,内蒙古自治区工商局成立了消费者权益保护处,加强了全区消费者投诉网络建设,在全区城市和集镇建立消费者投诉站 700 多个,配置流动投诉车,并要求基层工商所所长直接受理消费者投诉,为消费者解决投诉难题。同时,积极协调电信部门,开通了 83 部"12315"投诉电话,方便了消费者投诉;协调自治区高级法院推广呼市新城区法院建立消费者投诉法院的经验,为消费者提供法律帮助。在此基础上,围绕"3·15"国际消费者权益保护日,广泛宣传消费者权益保护法律法规,积极调解消费纠纷,查处侵害消费者权益案件,维护消费者合法权益。2000 年以来,全区各级工商行政管理机关加快了"12315"消费者申诉举报指挥中心及三级执法网络建设,推动了消费者权益保护工作的开展。2001 年,全区共受理消费者申诉 11 066 件,调解 9 862 件;查处侵害消费者权益案件 4 856 件,案件涉及金额总值 2 128.34 万元,为消费者挽回经济损失 803.4 万元,净化了消费环境,为促进自治区社会稳定和经济发展作出了贡献。

2001 年 11 月—2002 年 2 月,自治区工商局在全区范围内组织开展以"群众反映强烈、关系人民群众生命健康和安全的生活必需品、食品"为重点,"确保安全过冬安全过节"打假专项执法行动,在专项行动中查处欺诈消费者行为案件 60 件,案值 20.4 万元。

2002 年,自治区工商局将全区 21 条街命名为"打假维权满意街"。同时,在全系统

组织开展了"反欺诈、打假维权"专项整治活动。年内，全区共查处制售假劣消费品案件21 601件，其中欺诈行为案578件，案值达207.4万元，占侵害消费者权益案件的85.8%；在捣毁的制假售劣窝点中食品类占93.7%。2003年，自治区工商局印发《关于全系统流通领域产品监督管理实施意见》，在全系统开始组织实施"食品、药品放心工程"。全年共检查食品、药品经营主体27 942户，抽查食品、药品1 184批次，查出不合格的食品、药品106批次，查处违法案件297件，将抽查结果向社会公布；以全区674个集贸市场为重点，在边整顿边规范的同时，对全区60户知名企业建立了打假维权网络。2004年，自治区工商局印发《工商所市场巡查制度实施细则》，在全区重点地区和市场、较大农资批发市场中实行建立购销货查验、进货台账、重要农资入市索证索票、质量承诺信用公示、不合格产（商）品退市和先行赔付制度。在深入农村牧区开展市场巡查活动中，全系统发挥职能优势，从诚信建设入手，进一步规范农资商品经营主体行为，为农牧民挽回经济损失2 300万元。2005年，自治区工商局制定下发了《企业信用分类监管应用管理办法》和《商品准入管理制度规范》，推进了市场主体分类监管改革，进一步完善了守信企业激励、警示企业预警、失信企业惩戒、严重失信企业淘汰机制，实施流通领域商品质量监管关口前移，对经营重要商品的企业在网上开始监控工作。按照食品安全专项整治的方案，全系统对食品经营主体共检查69万户次，查处食品生产经营违法案件5 554件，其中制售假劣食品占59.8%。在部分省市食品中含有"苏丹红"事件发生后，自治区工商局立即部署全系统开展专项检查，全区共查获含有"苏丹红"成分的蒜蓉黄瓜、八宝菜等150件产品，价值上万元。

　　在执法网络建设方面成效显著。2000年，自治区工商局把"12315"消费者申诉举报工作、网络信息工程建设作为"民心工程"来抓，在工作步骤上采取边工作边建设的方式，先后组织人员赴北京、上海、福建、山东等先进发达地区学习取经，结合自治区的实际，拟定了《全区工商行政管理"12315"消费者申诉举报网络信息工程建设方案》，并于2001年9月上报国家工商总局。2000年当年就受理"12315"消费者申诉举报4 806件，经调解为消费者挽回经济损失576.72万元。2001年，自治区工商局印发《关于规范"12315"消费者申诉举报服务网络工作的意见》，在设立申诉举报专用电话的基础上，建立了"12315"服务网络，盟市局为指挥中心，满洲里、二连浩特市和旗县（市区）局为举报中心，各工商所为举报站。2002年，自治区工商局印发《关于规范"12315"消费者申诉举报指挥中心（站）有关工作的通知》，对"受理申诉举报范围"、"值班员管理制度"及带班员、值班员、调解员和网络设备维护员的职责作出具体规定。2003年，在全区共建立1 175个消费者申诉举报网站（点）。"12315"申诉举报网络在履行规定职责的同时，还协助当地政府及其有关部门做了有益的工作，如在抗击"非典"期间，包头市工商局申诉举报指挥中心以快讯的形式，把当日重点市场粮食、蔬菜等日用必需品价格提供给市政府有关部门；呼和浩特市工商局"12315"申诉举报电话实行24小时值班制，随时受理广大市民的投诉和求助，成为当地防控"非典"时期群众救助热线；通辽市工商局从"12315"网上获得消费者申诉举报后，快速严厉查处防控"非典"期间发不义之财的违法经营行为。2005年，全区工商行政管理系统"一个中心、三级网络""12315"行政执法维权体系基本建成，解决了消费者特别是农村牧区消费者申诉难的问题。之后，自治区工商局充分发挥"12315"数据分析网络的作用，建立自治区工商局商品质量数据直报点，全面建立消费者权益保护数据分析平台。进一步健全工商监管、行业自律、社会监督相结合的消费维权体系，把监管执法触角向城镇、乡村、社区、企业、市场等全面延伸。建立健全了"12315"企业联手打假协作网，充分利用企业信息资源和企业打假积极性，有效保护生产经营者和消费者的合法权益。进一步健全规范了流通领域商品经营者进货检查验收、不合格商品退市及市场开办者责任制等自律制度,扩大商品准入制度的实施范围,扎实推进流通领域商品质量监管工作。逐步实行了"12315"网络和各级消协组织定期发布消费警示制度,加强消费教育和引导,倡导科学消费、节约消费、文明消费、成熟消费、绿色消费,提高消费质量和效益。同时以推进"两个延伸"为重点,加强了对农村牧区市场薄弱环节的监管,进一步拓展了监管领域。

2008 年上半年,共查处侵害消费者权益案件2 547件,案值844 万,查处制售假冒伪劣案件1 117件,案值692 万元。受理消费者申诉案件8 748件,调解成功7 848件,为消费者挽回经济损失1 401万元。

2008 年,内蒙古工商系统全体干部与全国人民团结一心,众志成城,奉献爱心,积极参与南方低温雨雪冰冻灾害和四川等省特大地震抗震救灾,组织系统干部职工为灾区捐款 163 万元,为四川省工商局捐款 50 万元,系统党员缴纳特殊党费 54 万元,组织个体私营企业捐款 4 721 万元。为赢得对每一场突发灾难的胜利付出了艰辛的努力。

附:

内蒙古自治区工商行政管理局 历任局长、党组书记

高敬亭,1979 年 10 月至 1983 年 9 月任局长、党组书记;色音满达,1983 年 6 月至 1985 年 8 月任副局长、党组书记(主持工作);赵真北,1985 年 8 月至 1989 年 6 月任局长、党组书记;巴图苏和,1989 年 6 月至 1996 年 4 月任局长、党组书记;旺其嘎,1996 年 4 月至 2000 年 2 月任局长、党组书记;崔国柱,2000 年 2 月至 2001 年 12 月任局长、党组书记;王玉英,2002 年 2 月至 2008 年 6 月任局长、党组书记。

(执笔人:桑　洁　康　毅　封　迅　王　敏)

第六章　辽宁省工商行政管理局

第一部分　（1949—1978）

第一节　辽宁省工商行政管理发展概况

一、工商行政管理机构沿革

（一）新中国成立初期的机构

1949 年 10 月 1 日，中华人民共和国成立后，辽宁地区普遍建立工商行政管理机构，辽东省和辽西省由商业厅分管全省工商行政管理工作，商业厅下设商政科负责管理与指导私人商业经营及开业、转业，掌握私人商业情况，调整公私关系，组织加工订货等工作；东北区直辖市和各市工商局、通化专署商业局及各县工商科负责领导本地区的工商行政管理工作。1951 年，商政科改名为工商管理科，内设工商管理股及统计研究股。1954 年 8 月，撤销了辽东、辽西两省的行政建制，建立了辽宁省。辽宁省在商业厅内设私营商业管理处，具体负责全省工商行政管理工作。辽宁省共辖 10 个市，其工商行政管理工作均由市商业局内设商政科（处）或工商科（处）负责；其中仅旅大市于 1952 年 6 月成立了旅大市工商行政管理局，统一管理旅大市的工商行政管理工作。许多市、县在集贸市场设立了市场管理所、对市场的经营活动进行管理，但工商所时建时撤，很不稳定。1957 年，辽宁省成立了市场管理委员会，下设办公室，统一领导市场管理工作。1958 年，辽宁省商业厅内设商政处负责工商行政管理工作。此时，城乡集贸市场基本关闭，市场管理所随之撤销。

（二）国民经济调整时期的机构

1963 年 2 月 4 日，辽宁省工商行政管理局成立，下设办公室、工商处、市场管理处。在原有职责中，增加了保护合法贸易、打击投机倒把、取缔黑市贸易、整顿工商业户等职能。1966 年 1 月，辽宁省工商行政管理局与辽宁省物价委员会合署办公，内设办公室、工商行政管理处、市场管理处。

在此期间，辽宁省 10 个市的工商行政管理工作由市物价管理局和市工商行政管理局共同负责；各县（区）的工商行政管理工作由县（区）物价管理局或市场管理委员会负责；地区行政专署所辖各县（区）的工商行政管理工作均由工商行政管理局负责，过去设市场管理委员会的县，市场管理委员会同工商行政管理局合署办公，市场管理所也逐步恢复。

（三）"文化大革命"时期的机构

"文化大革命"时期，辽宁省工商行政管理机构变化频繁。1966 年，辽宁省财贸委员会兼管工商行政管理工作，对外只保留辽宁省工商行政管理局的牌子。其具体职责是：担负市场管理、对私改造、工商企业登记管理和商标管理等工作。1968 年，辽宁省工商行政管理局撤销，各市的工商行政管理工作大都由各市革命生产委员会指挥部或委员会下设的工商行政管理组或者财贸组负责。同年，辽宁省革命委员会在生产指挥组内设专人负责工商行政管理工作。1969 年，辽宁省革命委员会决定恢复市场管理所。1972 年，辽宁省商业局设立工商处负责工商行政管理工作。1973 年，经辽宁省革命委员会批准，重新成立辽宁省工商行政管理局，与辽宁省商业局合署办公，内设工商物价处，行使辽宁省工商行政管理局职权。

二、工商行政管理队伍发展

1958 年,辽宁省商业厅内设商政处,共 8 人。1963 年 2 月 4 日,辽宁省工商行政管理局成立,编制 18 人。各市也相继成立了工商局或工商物价局。1964 年 5 月 19 日,辽宁省人民委员会转发了《国务院批转中央行政管理局关于工商行政管理机构编制问题的报告》,明确了列入行政编制的有关内容,提出要充实必要的骨干力量。到 1964 年底,全省的市、县工商行政管理局实有工商行政管理人员 2 638 人。1966 年 1 月,辽宁省工商行政管理局与辽宁省物价委员会合并,对外两个牌子,人员编制 43 人。

1968 年,设在辽宁省商业局内的工商行政管理人员有 6 人,1972 年增加到 10 人,辽宁省各地根据省的机构设置相应地建立了工商行政管理机构,工商行政管理队伍不断发展壮大,县以上的工商行政管理机构的干部比 1971 年增加了 40%,基层市场管理干部增加将近 50%。1974 年,辽宁省编制委员会核定给辽宁省工商行政管理基层工商所编制为 2 575 人。

在当时的特定历史条件下,因为机构撤并和人员调整十分频繁,行政体制和工作职能的不稳定性使队伍建设工作无法形成长期规划,教育形式和内容也多停留在"政治压倒一切"的层面,对工商行政管理工作的理论研究基本处于空白,工商行政管理干部队伍建设滞后于经济形势的发展及其实际需求。1965 年,针对如何认清市场上的阶级斗争形势,正确处理两类不同性质矛盾和如何打击投机倒把等工作方法对工商行政管理人员进行了培训。

第二节　辽宁省工商行政 管理工作

一、查处经济违法违章案件

新中国成立初期,根据东北人民政府制定的《东北区工商业非法行为取缔暂行办法》,辽东、辽西两省及各市(直辖市和特别市)的各级工商行政管理部门,在整顿和改造市场过程中,查处了囤积居奇、投机取巧、哄抬物价等大批经济违法违章案件,给不法资本以沉重打击。1950 年,仅锦州市工商局就查处了 12 起重大投机违法案件,其中有 6 起案件移交司法机关处理。抗美援朝战争爆发后,一些不法资本家拒不接受政府的加工订货,并利用当时市场上一些物资供应紧张的机会,大肆进行以次充好,以假充真,偷工减料,抬高物价,骗取国家财产,扰乱市场秩序等投机违法活动。辽宁地区大中城市的工商行政管理机关借此开展了大规模的"反行贿、反偷税漏税、反盗骗国家资财、反偷工减料和反盗窃国家经济情报"的专项斗争(简称"五反斗争"),限制粮油、纱布、杂货贸易,取缔私商黑市交易,对奸商和投机倒把、哄抬物价者进行了严惩。1952 年,根据中共中央发出的消灭"五毒",消灭投机商业的指示,辽东、辽西两省及各市的各级工商行政管理部门,重点打击私商垄断套购粮食、抬高物价、以次充好、掺杂使假等各类扰乱经济秩序的投机倒把行为。仅安东(丹东)市查处的私商垄断套购粮食、抬高物价和不法资本家行贿、偷工减料、以次充好、掺杂使假等投机违法案件就达 342 起,其中移交司法机关处理的有 7 起。抚顺市清查出严重违法与完全违法户 64 户,清查出资本家违法侵吞盗窃国家财产 750 余万元。通过对投机违法案件的查处,严厉地打击了不法资本家和投机商的投机违法活动,使辽宁地区的市场物价得到稳定,国民经济得到了迅速恢复和发展,并有力地支援了抗美援朝战争。

第一个五年计划时期,随着国家大规模经济建设的开始,市场日趋活跃,不法奸商的投机违法活动又有所抬头,大量套购、倒卖国家计划物资和重要工农业生产资料,破坏生产。为了保证国家征购和统一收购任务的完成,辽宁省各级工商行政管理部门重点查处倒卖、贩运粮、油、棉花等农副产品的投机违法案件。1957 年,仅阜新市查处的各种投机违法案件就有 1 360 起。

国民经济困难时期,由于生产和生活资料供应紧张,国家对人民生活必需品采取了计划供应,即凭证、票供应的办法。此间,辽宁省各地出现了一些乘机进行套购倒卖计划分配的工业品和倒卖票证的投机倒把活动。为了打击投机倒把活动，维护正常的市场秩序，全省各级工商行政管理部门对以行贿拉拢、内外勾结、城乡串联等手段进行贩卖主要农副产品，套购工业品，倒卖金、银、票证等投机违法案件进行了查处。1960 年，锦州市工商局仅 10 天就查处各种投机倒把案件 839 起。1963 年至 1965 年，全省各级工商行政管理部门认真贯彻中共中央、国务院《关于严格管理大中城市集市贸易和坚决打击投机倒把的指示》和国务院《关于打击投机倒把和取缔私商长途贩运几个政策界限的暂行规定》，查处了一大批投机违法案件。仅 1964 年 11 月至 1965 年 3 月，全省查处的投机违法案件就达 1.3 万多起，其中涉案金额千元以上的大要案就有 520 起，对维护社会主义经济秩序和市场秩序起到一定积极作用。但是，当时由于受"左"的思想影响，各地在查处投机违法案件时，存在宁"左"勿"右"的错误倾向。这种倾向到"文化大革命"时期，又有了恶性发展，带来了严重后果。

"文化大革命"时期，在工商行政管理工作遭到严重破坏的情况下，辽宁省查处投机违法案件的工作并没有停止，各市成立了由公安、工商、粮食、税务、交通、劳动局、供销社、银行等部门人员组成的打击投机倒把办公室，负责这项工作。当时，由于"左"的错误，在查处投机违法案件工作中出现了严重的扩大化问题，另外，在派性的掩护下，使一批应该受到打击的投机倒把分子没有得到应有的惩处。1972 年以后，全省一些大中城市恢复了工商行政管理机构，查处投机违法行为，工商部门逐渐得到了加强。但是，在"以阶级斗争为纲"的思想指导下，查处投机违法案件工作，宁"左"勿"右"仍是主要倾向，扩大化问题依旧很严重。据统计，1971—1977 年，全省查处的投机违法案件总共 32.11 万起，其中 1975—1977 年所谓"赶社会主义大集"期间，查处的案件就有 28.57 万起（其中投机倒把案件 23.67 万起），占 91.3% 的案件都被定为违反市场管理规定，

而这些案件大多数都属于正常的交易活动。

二、市场监督管理

国民经济恢复时期，辽东、辽西两省及各市遵照东北人民政府关于市场管理的各项指示，整顿市场秩序，统一加强市场监管，取缔了各种投机违法活动，稳定了市场物价，并通过采取组织私商下乡推销贩运、恢复农村集市、建立粮谷交易市场等措施，使集市贸易得到了较快的恢复和发展，为辽宁地区工农业生产的恢复和支援抗美援朝战争作出了贡献。1951 年，仅辽东省就有各类市场 221 处。

第一个五年计划时期，为保证国家有计划进行大规模的经济建设和顺利实施对农业、手工业和资本主义工商业的社会主义改造，自 1953 年国家实行统购统销政策时起，辽东、辽西两省先后取消了与粮、棉、油有关的自由市场，限制了私商的投机活动，保证了国家粮食收购任务的完成。据统计，仅辽西省就取消粮谷交易市场 191 处。在自由市场取消后，国营和供销合作社商业还不能完全担负起商品供应、交换和调剂任务的情况下，1954 年，两省又相继恢复或建立了国家粮食初级市场，对减轻国家供应负担，满足城乡之间、农民之间互通有无、调剂余缺起到了积极作用。据统计，到 1954 年 6 月，辽西省恢复或建立的粮食初级市场有 119 处。1956 年，社会主义改造基本完成以后，为了解决由于集市贸易受到限制，在商品流通领域出现的"大通小塞"问题，根据国务院发出的关于放宽农村市场管理的指示精神，1956 年 12 月 13 日，中共辽宁省委、省人委发出了正确开放国家领导下的自由市场的紧急指示，在开放范围、交易价格等方面放宽了对农村市场的管理政策，使全省各地农村集市贸易趋于活跃。截至 1956 年末，全省农村集市成交额已达到 3 372 万元。农村市场的开放对于促进全省工农业生产的发展、活跃城乡物资交流和满足人民生活的多种需要起到了积极作用。1957 年，根据国务院批转的《中央工商行政管理局关于城市市场管理的意见》，辽宁省又在一些城市开放了自由市场。城市市场开放后，交易活跃，

上市的小土副产品品种繁多,商品价格回落,在一定程度上满足了城市居民生活的需要,深受群众欢迎。

"大跃进"时期,受"左"的思想影响,在商品流通领域限制、排斥集市贸易,致使全省集贸市场出现衰落。在国民经济遭到破坏、自然灾害严重、人民生活发展发生困难的情况下,为克服国民经济出现的暂时困难,根据中共中央、国务院关于组织农村集市贸易的指示精神,1959 年 11 月 26 日,中共辽宁省委、省人委决定恢复和建立农村集市贸易,开放过去农民有进城赶集习惯的市郊区和县城以下（包括县城）的交易市场。1959 年末,辽宁省城乡集贸市场有 516 处,其中农村 456 处,县城 36 处,市郊区 24 处。1960 年 11 月,中共中央发出《关于农村人民公社当前政策问题紧急指示信》（十二条）后,辽宁省农村集市贸易恢复很快。到 1961 年 1 月中旬,全省就恢复农村集市 495 处,新发展 25 处,总计达到 520 处。

国民经济调整时期开始后,辽宁省进一步放宽了对集市贸易的管理政策,使全省的集市贸易得到迅速的恢复和发展。到 1962 年末,全省集贸市场总数已达到 637 处,商品成交总额 4.1 亿元,比 1961 年增长 13.9%。中共八届十中全会后,在"以阶级斗争为纲"的思想指导下,辽宁省对集市贸易,特别是城市的集市贸易采取了进一步限制的政策,关闭了一些集贸市场,减少了集日,使刚刚恢复发展起来的城乡集市贸易再度出现萧条。全省集市贸易年成交额逐年下降。到 1965 年,已下降为 1.2 亿元。

"文化大革命"时期,辽宁省推行极左路线,关闭城市集贸市场,管死农村集市,特别是 1975 年 1 月,"四人帮"反革命集团在辽宁的代理人炮制的"哈尔套经验",即用所谓的"社会主义大集"取代农村集市贸易的做法推广后,不仅使辽宁省的城乡集市贸易遭到了空前的摧残和破坏,而且在全国也造成了极坏的影响。1975 年,辽宁省的集日比 1974 年减少了 2/3,赶集人数比 1974 年减少了 61.7%。截至 1976 年"文化大革命"结束时,辽宁省的城乡集贸市场已经所剩无几。

新中国成立初期,辽宁地区对市场交易对象管理比较宽松,没有具体限制;上市物资除迷信品和违禁品外,其他物资均可进入集市交易。1953 年以后开始严格限制私商活动,按照国家对粮油、棉花等主要农产品实行统购统销的政策,不允许私商进入市场从事粮油贸易,但允许农民自有剩余粮油进入市场。1956 年以后,对参加集市交易对象的管理日益宽松,对非统购统销的鸡鸭鱼蛋等小土副产品均开放自由购销。但从 1962 年起,开始限制在职职工、干部和在校学生参加集市贸易,对进市商品需凭"完购证"和"自产证明"进行交易。"文革"期间,集市贸易只允许生产者和消费者直接交易;1970 年在极"左"思潮影响下,又明确规定除国营商业、合作社商业和有证商贩以外,任何单位和任何个人一律不许从事商业活动,对上市物资的管理实行了更加严格的限制政策。自此,辽宁省的市场管理工作走向左的极端时期,全省粮食油料市场关闭,一些主要农副产品均以国家收购为主,严禁进入集市。

三、个体私营经济监督管理

新中国成立初期,辽东、辽西两省及各市认真贯彻党对个体工商业采取的允许存在和适当管理的方针政策,只要行商和摊贩无害于国计民生,一般不加以限制,并废除了过去规定的年龄限制。经过清理整顿、登记注册和扶持安置,使其有了较快的恢复和发展。到 1952 年末,辽宁地区个体工商业从业人员已达到 36.9 万人,比 1949 年新中国成立时增加了约 2 倍。

第一个五年计划时期,辽宁省采取按行业归口的办法,对个体工商业进行了社会主义改造,使绝大多数个体工商业者走上了合作化道路。到 1956 年末,全省未参加合作形式的小商小贩只有 2 348 人,并且只允许从事商业、饮食业和服务业,后来由于社会主义改造的基本完成,这部分个体工商业者主要从事三类小商品的购销和修鞋、磨刀剪、理发等修理服务业的经营。但是由于当时对个体工商业的社会主义改造存在"要求过急、工作过粗、改造过快和形式过于简单"

的错误倾向,也给经济发展和人民生活带来了一些不良影响。1957 年,由于辽宁省根据国务院的指示在全省各地开放了国家领导下的自由市场,使全省的个体工商业(包括饮食、服务业)户增加到 1.4 万户,从业人员增加到 1.47 万人,比 1956 年社会主义改造基本完成时期增加了 5.3 倍。

"大跃进"时期,在"左"的思想影响下,根据党中央"关于继续加强对残存的私营商业、个体手工业和小商小贩进行社会主义改造"的指示精神,辽宁省对合作商店、合作小组和小商小贩进行了两次"升级"、"过渡",使全省的小商小贩基本上过渡为国营。到1960 年末,辽宁省的个体工商户仅剩 28 户,从业人员 78 人。

国民经济调整时期,根据党的国民经济调整方针,1962 年,全省各地商业部门认真开展了调整小商小贩,恢复合作商店、合作小组工作。经过调整,辽宁省重新恢复了合作商店、合作小组经营。但是,由于当时对合作商店、合作小组采取控制工资福利以及调整出来的小商小贩不得恢复为个体商贩的严格管理政策,这一时期的个体工商业并没有得到真正恢复。

1963 年以后,根据中共中央和国务院有关文件精神。全省各地工商行政管理机关对合作商店、合作小组进行了社会主义教育,并结合打击投机倒把活动,对自发个体工商户进行了清理整顿,各地对个体工商业者的经营范围进行了更为严格的限制,致使全省个体工商户再度减少。

"文化大革命"时期,受"左"的影响,辽宁省对个体工商业进行了全面整顿,全省个体工商业几乎全部被取缔,仅有刻字、修表等技术性较强的行业中尚有极少数个体工商业者从事经营;辽宁省停止了个体工商业的登记发照工作。据统计,截至 1978 年 10 月,全省仅有个体工商户 200 户,从业人员 200 人。

四、商标监督管理

新中国成立到 1956 年末,辽宁省认真贯彻执行政务院颁布的《商标注册暂行条例》,实行商标全国统一注册制度,并采取"自愿注册"原则。1954 年,辽宁省商业厅依据《未注册商标暂行管理办法》制定了实施细则及办法,要求公私合营、合作社经营和私营大中企业使用商标并先行注册,小企业的商标实行当地登记备案制度。同时,"保障一般工商业专用商标的专用权",对伪造、仿造已注册商标、冒充注册商标实际未注册商标、用欺骗方法取得商标注册等违法行为进行了认真查处。1957 年到党的十一届三中全会前的二十年间,辽宁省的商标管理工作经历了曲折的发展过程。1957 年以后,全国实行商标全面注册制度,不再提商标专用权。辽宁省工商行政管理部门只负责注册商标核转工作,商标的监督管理工作离开保护商标专用权,过分强调监督商品质量在商标管理工作中的地位和作用。

"文化大革命"期间,辽宁省的商标管理工作遭到严重破坏,商标管理处于无政府状态,商标查询、注册、变更、撤销等工作完全停止,商标混同、仿冒、伪造、滥用现象大量出现,商标专用权得不到任何保护。1972年,全省商标审定注册工作开始陆续恢复,并于 1974 年开始走入正轨,对商标使用与管理情况开始进行大规模的清理登记。仅抚顺市就有注册商标 1 029 件,比 1964 年增加了 76.1%。1975 年,全省各级工商行政管理机关根据省革命委员会公布的《内销商品商标管理暂行办法》和其他有关规定,开始对商标进行管理,并于 1976 年在全省组织了商标管理工作大检查,制止了一些违法违规行为,保护了注册商标专用权,但商标使用混乱状况未能从根本上得到扭转

五、广告监督管理

新中国成立初期,辽宁省的广告经营活动仅限于几个主要城市,大多属于招贴广告,内容也只是提供商品信息。1956 年公私合营之后,辽宁地区的广告业有所发展,报纸、电台、路牌、橱窗的广告宣传也具有一定的规模;1957 年,辽宁省对户外广告管理作出规定,使橱窗广告开始形成独立的广告系统;报纸广告尽管发展缓慢,但在"文革"之前全省各大报纸也都开设了广告栏目;沈阳、鞍山、丹东、抚顺等市的广播电台也在新中国成立后先后播出广告节目,1955—1956

年陆续停播。1957 年,辽宁省对户外广告的管理做出了具体规定,明确了内容和管理上的一些要求;1958 年 11 月,辽宁省按照国务院办公厅《关于加强广告宣传管理的通知》精神,对全省广告内容进行了明确规范,要求广告内容必须科学真实。1959—1963 年,户外广告在宣传商品的同时,政治作用日益突出,被要求结合政治宣传,突出思想性、政策性、真实性、艺术性和民族风格。

总之,计划经济条件下的辽宁省广告业发展缓慢。特别是"文化大革命"期间,在"左"的思想影响下,广告被视为"替资本主义服务的宣传工具",商业橱窗广告基本消失,从而使本来为数不多的经济广告全部停止。1978 年之前,沈阳市仅有一家兼营广告单位,担负全市的广告宣传、设计和制作工作,经营项目仅有路牌广告一种媒介,形式较为单一。这一时期,广告由地方政府和国务院有关部门分别管理,辽宁省没有设置专门的广告管理机构,也没有开展广告经营单位的登记工作。

六、经济合同监督管理

新中国成立初期,为了迅速恢复生产,稳定经济,国家及时地颁布了经济合同法规,建立起经济合同管理制度,调整了多种经济成分并存的复杂的经济关系。1950 年10 月,东北人民政府就发布了《东北区公私间加工、订货管理暂行办法》,就相关合同内容作了明确规定。针对当时经济合同数量多、范围广、内容复杂、政策性强等情况,根据中央人民政府和东北人民政府有关部门关于经济合同管理的文件精神,辽东、辽西两省及各市重点管理对发展、稳定经济有决定意义的社会主义公有制经济之间的经济合同和私营企业与国营企业或政府有关部门之间的加工订货和购销合同。1950 年 12月,旅大市就制定并实施了《旅大市加工订货管理办法》,明确提出了向当地工商行政管理部门的登记备案制度;1951 年 6 月和 8月,鞍山市和辽阳市相继制定并实施有关管理办法、实施细则和实施规程,进一步明确了工商行政管理部门在合同监督管理工作中的权力和作用。在管理上,社会主义公有

制经济之间的经济合同,由当地政府的财经委员会和各业务主管部门管理;私营企业与国营企业之间或政府有关部门之间的加工订货和购销合同,则由工商行政管理部门管理。1953 年,辽宁省在推行经济合同制的同时,已经开始对合同的格式、条款和内容进行规范。在这一时期,工商行政管理部门主要通过规范合同文本,指导合同签订,对合同进行审核鉴证,检查合同履行情况,调解仲裁合同纠纷等措施对公私间的加工订货合同和购销合同进行监督管理。通过合同管理,安排私营工商业的生产经营,调整公私关系,发挥了私营工商企业的积极作用。另外,通过对加工订货合同的管理,不但保证了国家加工订货任务的顺利完成,而且还推动了私营企业向公私合营方向发展。

1956 年,社会主义改造基本完成以后,辽宁省私营企业实现了全行业公私合营。由于所有制结构发生了变化,全省绝大多数的经济合同由各级政府的经济委员会、业务主管部门、地方的合同管理委员会或领导小组分工管理,工商行政管理部门基本上不再管理经济合同。"文化大革命"时期,由于"左"的错误,使经济合同管理无从谈起。1956—1977 年的 21 年间,单一的计划经济成为国民经济的唯一形式,工业生产和商业销售完全受计划所控制、安排,分配调拨单使经济合同被淡漠,合同是否有效、是否合法无人管理,经济合同管理进入了较长的空白时期。

七、企业监督管理

新中国成立初期,为了恢复经济,发展生产,辽东、辽西两省及各市分别制定了工商企业登记办法,积极开展了工商企业的登记管理工作,保护私营工商业的合法权益,有力地促进了辽宁地区工商业的迅速恢复和发展。当时工商企业监督管理工作的重点是围绕对私营工商业的利用、限制和改造,重点对囤积拒售军需民用物资、哄抬物价、蒙混诈欺等违规行为进行查处。

在社会主义改造时期,企业登记管理转到资本主义工商业和手工业以及运输业的社会主义改造上来,加强了对私营工商企业

经营范围、注册资金、从业人员以及歇业的登记管理，对不法资本家投机违法、抽逃资金、解雇工人、逃避改造等违法行为进行了严厉查处，保证了私营工商业改造工作的顺利进行。社会主义改造基本完成以后，公有制经济在全省国民经济中已占有相当大的比重，特别是私营经济成分较大的工商企业实现了全行业公私合营。当时曾错误地认为对工商企业进行登记管理已无必要，于是全省工商企业登记管理工作停顿下来。

在"大跃进"和国民经济调整时期，辽宁省对小商小贩、合作商店进行改造"升级"和"过渡"，造成全省工商企业急剧减少，给群众生活带来很多困难。1962 年，全省开展了从国营、公私合营商业中调整出小商小贩，恢复合作商店和合作小组工作；1963 年，根据国务院颁布的《工商企业登记管理试行办法》，恢复了工商企业的登记管理工作，共核发营业执照 93 001 户，其中国营、公私合营工商企业 4 811 户。

"文化大革命"时期，工商企业登记管理工作遭到严重破坏，正常的工作秩序被打乱或停顿，企业登记管理被诬蔑为"资产阶级法权"，是修正主义的"管、卡、压"。全省工商企业的开业、停业、合并、转业、迁移和生产经营项目的变更都失去了控制，登记和违章查处工作处于停顿状态，严重影响了国民经济各部门之间的协调发展。

第二部分 （1979—2008.6）

第一节 辽宁省工商行政管理发展概况

一、工商行政管理机构沿革

（一）十一届三中全会后改革开放时期的机构

1979 年 1 月 1 日，辽宁省工商行政管理局从辽宁省商业局划出，列入政府序列，内设工商处、市场处、仲裁处、专案处、办公室。所辖 14 个市，100 个县、区陆续建立了工商行政管理机构，县（市）为工商行政管理局，各市辖区为工商行政管理科或分局，按经济区域设立综合工商所，根据业务需要设立专业工商所。1981 年 6 月起，辽宁省工商行政管理局先后增设个体经济管理处、基层工作处、经济检查队（处级建制）、外资企业登记管理处、企业管理二处、政策法规处、信息中心和《工商行政管理研究》编辑部。截至 1993 年底，辽宁省工商行政管理系统共有各级机构 2 091 个。其中，省局 1 个，市（地）级局 14 个，县级局 147 个，工商行政管理所 894 个，专业管理所 633 个，经济检查队（站）、缉私队（站）76 个，干部学校、中等专业学校 5 个，学会、协会、报社 321 个。

（二）建设社会主义市场经济体制时期的机构

1994 年 9 月，辽宁省工商行政管理局按照"三定"方案重新设置了 10 个职能处（室）和机关党委。1999 年，工商行政管理系统实行省以下垂直管理。辽宁省工商系统的 3 610 个机构、23 655 个编制全部上划到省。

2001 年省局机构改革完成后，重新核定省以下工商行政管理人员编制 18 605 名，并开始市县机构改革。到 2002 年 5 月，精简直属分局 17 个、工商所 493 个、编制 4 653 个，剥离、分流人员 4 000 多人。

截至 2008 年，全省工商系统各级局 213 个，行政机构 1 679 个，工商所 1 366 个，另设有消费者协会、个私协会、工商学会等事业单位。

二、工商行政管理队伍发展

（一）编制情况

1979 年 1 月 1 日，辽宁省工商行政管理局人员编制为 45 人。此后，为加强市场管理，辽宁省编委又增拨基层工商行政管理所人员编制 525 人，编制总数为 3 100 人。1983 年，国家和省分配给辽宁省工商行政管理系统事业编制 3 230 名，省局面向社会招录 3 049 名，占招录指标的 94.4%。

1984 年 8 月 3 日，辽宁省工商行政管理系统行政编制重新核定为 1 140 人。其中，省局 53 人，市（地）级局 456 人，县（市）级工商行政管理部门 631 人。

1995 年，根据辽宁省政府的"三定"方案，省局人员编制由 115 人减到 100 人。2002 年，经过机构改革后，全省工商系统共有内设机构1 464个，工商所1 356个，人员编制18 697人，实有17 692人。

到2008年，全省工商系统共有人员编制18 784个。

（二）队伍建设

辽宁省各级工商行政管理机关普遍重视干部教育培训工作。通过开展两年一度的先进集体、先进个人评选表彰活动，树立争先创优的良好风气；通过两年一届的系统职工篮球锦标赛，丰富职工文化生活，培养职工生动活泼、健康向上的精神风貌和集体主义精神。在全系统实行了以执法公示为主要内容的政务公开，规范工作流程和标准。省工商行政管理局还特别注重对干部职工的业务和文化培训，成立了辽宁省工商行政干部学校、培训中心。省局鼓励各地工商行政管理部门，充分利用当地大专院校的资源，不断改善干部的知识结构。全省参加在职学历教育的有5 282人，2002年到2008年6月底，共培训6 489人次，全系统公务员大专以上学历占总数的90%以上。全省工商干部的知识结构不断优化，队伍素质有了明显提高。省工商局连续多年被省委、省政府评为"文明机关"，各市工商行政管理系统所获得的各类殊荣不胜枚举。

（三）公务员制度建设

1994—1996年，辽宁省工商行政管理局先后在省局机关、市、县（区）局机关和基层工商行政管理所（队、站）推行国家公务员制度。

1999年1月，工商行政管理系统实行省以下垂直领导体制后，全省工商行政管理系统的人事管理工作由省工商行政管理局垂直管理。年底，辽宁省工商行政管理系统公务员过渡工作进入筹备阶段，通过省、市、县三级机构改革后，全省工商行政管理系统的公务员全部纳入公务员管理范畴。

第二节　辽宁省工商行政管理发展成就

一、内、外资企业登记与监督管理

党的十一届三中全会以后，辽宁省重新恢复了工商企业的登记管理工作。1993年，《中华人民共和国公司法》颁布后，全省各级工商管理部门运用企业登记职能，支持国有企业深化改革，促进公有制实现形式多样化，针对企业改革不同阶段出现的新情况、新问题，立足职能，积极探索、制定了一系列支持国有企业改制、支持乡镇集体企业产权制度改革的登记政策和办法，为国有企业和乡镇集体企业改革提供了有效服务，有力地推动了全省企业改组、联合、兼并、租赁、承包经营、股份合作、出售等形式的改革和健康发展。2003年以来，中央提出振兴老工业基地发展战略，按照省委提出的加快推进国企改革的重要部署，先后出台了《关于充分发挥职能作用营造经济发展良好环境若干意见的通知》（50条，后经省政府转发）、《关于进一步发挥职能作用营造支持辽西北地区经济发展良好环境若干意见》（30条）、《关于贯彻执行省政府关于深化国有企业改革的政策意见的通知》（20条）、《辽宁省工商行政管理系统与企业联系制度》等一系列更加宽松的政策措施。大力支持国企改革。采取"重点介入、参与论证、政策引导、跟踪服务"等方式，积极帮助其解决改制过程中涉及的名称、前置审批、资产属性认定等方面问题，以东北特钢集团为例，从省内"大钢"、"抚钢"的联合，到跨省重组；从改组方案的制定和优化到集团名称的进京协调，省工商部门给予了全过程、全方位的支持与服务。目前该集团已成为国内最大的特钢企业之一。2000年来，仅省工商局就为60余户重点国有企业改组改制进行了现场办公和跟踪服务，使其顺利完成了公司制改造任务。按照"统一登记、登管分离、归口指导、分级管辖"的原则，整合重组了市、县局登记管理机构，建立登记事权相对统一、集中的新体制。在全系统全面推行了"一审一核"制，简化内部审批环节。建立和完善了政务公开、首问责任、岗位职务代理、限时办理、预约登记、"绿色通道"、收费明示等七项高效便民制度。改革了企业年检办法，实行"滚动年检"、"预约年检"和"上门年检"，对信誉良好的企业实行免检。到2008年6月底,全省登记注册的内资企业 11.49 万户,注册资本 7 811亿元。其中国有企业 2.51 万户,集体企业 4.38 万户,股份合作制企业9 573户,公司制企业 3.58 万户。

在党的"对内搞活,对外开放"方针指引下,1981 年,辽宁省开始对外资企业进行监督管理。全省各级工商行政管理机关认真贯彻积极、合理、有效利用外资的原则,积极引导和支持国有企业利用外资进行改革、改组、改造,调整产业结构和产品。2006 年,对外资企业较多的 10 个县(市)局及开发区等分局下放了登记初审权,实行属地化管理。积极向国家工商总局汇报,争取对 7 个符合标准的县(市)局授予外资登记权,进一步改善当地投资环境,促进县域经济发展。到2008 年 6 月底,全省登记注册外资企业14 265户,其中中外合资企业 6 528 户,中外合作企业 719 户,外资企业 7 274 户,中外股份公司 14 个。累计投资总额 1 105 亿美元,注册资本 705 亿美元(其中外方注册资本561 亿美元)。

二、个私经济发展与监督管理

党的十一届三中全会的召开,结束了辽宁省个体私营经济发展的坎坷历史。辽宁省工商行政管理机关为恢复和发展个体私营经济不断推出新举措。1986 年,辽宁省发布了《个体工商户管理暂行条例》。1987年,省工商局比较集中地调整了管理政策,对个体工商业的登记范围、从业人员、开办条件、经营形式等作了新的规定;省工商局和各地还对全省私营企业状况做了大量调查,制定了《辽宁省关于私营企业登记管理若干问题的暂行规定》。1988 年,进一步调整和放宽管理政策,允许个体开办公司;允许同国营、集体企业联合经营;允许同外商合营、合作生产和开展"三来一补"业务。特别是 1992 年,邓小平同志南方谈话后,各级党委、政府把发展个体私营经济作为新的经济增长点,放宽政策,积极扶持发展。省政府下发了《关于加快发展个体私营经济的通知》,各地把发展个体私营经济作为调整经济结构,完善市场机制,发展第三产业的重要措施来抓,及时调整放宽了政策,取消了

不合理的限制,为个体私营经济发展创造了较好的外部环境。1996 年,省局要求各地工商行政管理机关要支持个体、私营企业与国有、集体企业联营合作;支持购买、兼并、租赁国有小型企业和集体企业;支持国有、集体企业下岗职工再就业,从事个体、私营经济。2001 年,省工商局代起草并经辽宁省委、省政府下发了《关于加快发展民营经济的决定》,提出扶持民营经济发展的政策措施,省工商局也相应制定了 43 条加快发展的具体的实施意见,各市工商局也出台了相关政策。到 2002 年,提前实现辽宁省政府确定的个体私营经济发展翻一番的目标。个体私营经济已涉足各行各业、各个经济领域,并成为全省国民经济的重要组成部分。

一是数量迅速增加,经济实力不断增强,公司化、规模化趋势明显。1983 年至1985 年的三年间,辽宁省个体工商业总户数分别以 90%、63%、73% 的速度递增。到2008 年 6 月底,全省个体工商业总数已达到130 万户,从业人员 305 万人,注册资金1 218亿元;全省私营企业已达23.12 万户,从业人员 237 万人,注册资金 4 301.74 亿元,总产值 1 945.64 亿元,销售额 93 785.30亿元。全省私营企业中有限责任公司达到17.83 万户,占私营企业总数的 77.1%。二是经营范围拓宽,行业结构趋于合理。1979—1985 年间,个体私营经济处在恢复和高速发展阶段,第三产业发展较快,所占比重高达 81%。随着市场经济的发展,第一产业发展迅速,增幅大大高于第二、第三产业。到 2008 年,除极少数国家控制的行业外,绝大多数的领域个体私营经济逐步介入,并发挥越来越重要的作用。

目前,个体私营经济已成为促进辽宁省经济发展和社会稳定的重要力量。第一,促进了生产力的发展,方便了人民生活。2008年,创产值已达 655.43 亿元,其中,营业收入 2 632.53 亿元,社会商品零售额 1 907.91亿元。第二,开辟了一条劳动就业途径,促进了社会稳定。全省不仅有大批待业青年、社会闲散人员和农村剩余劳动力先后从事个体经营,走上了自谋职业的道路,而且个

体工商户、私营企业还吸纳安置了大量下岗职工。据统计,到 2007 年底,全省个体私营经济累计安置下岗职工达 156.42 万人。第三,促进了市场机制的发育和市场体系的完善。一方面,个体工商户、私营企业在生产经营过程中,以市场为导向,遵循价值规律,闯出了一条适应市场经济要求的生产经营之路。另一方面,又同国有、集体企业相依存,促进国有、集体企业上规模、上水平、上档次。

省工商行政管理局在大力发展个私经济的同时积极探索个私经济监督管理工作的新路子,在个体劳动者协会、私营企业协会的配合下,坚持在个体工商户、私营企业中开展法制教育、职业道德教育和理想信念教育,广泛开展了以文明经营、礼貌服务为主要内容的各项评比竞赛活动,全省累计有159 910 人次被评为先进个体劳动者,有10 497 人被评为县级以上劳动模范,有 99 人次被评为全国劳动模范或先进工作者。

三、市场建设发展与监督管理

党的十一届三中全会结束了辽宁省集市贸易发展起伏坎坷的历史,使其步入了迅速发展、繁荣兴旺的新时期,辽宁省工商行政管理机关为市场的建设和发展作出了巨大贡献。1978 年,在改革开放方针指引下,辽宁省发布了《关于加强农村集市贸易的管理布告》,允许粮、油、肉进入集市,首先使农村集市贸易迅速恢复发展起来。1979 年,在全国率先开放了城市农副产品市场——沈阳北行农副产品市场,打破了几十年来不准在城市开放集贸市场的禁区。1985 年,在经济体制改革全面展开、以钢材为主要标志的生产资料开始进入流通领域的情况下,沈阳市建立了全国最大的生产资料市场——沈阳物资贸易中心。随之,汽车、煤炭、木材等重要生产资料市场也都陆续建立起来,从而打破了辽宁省单一消费品的市场格局。1989 年,省工商局代省政府起草并以省政府名义发布了《加快全省集贸市场建设的决定》。1992 年,又代省政府起草并以省政府名义发布了《关于加快商品交易市场建设的决定》,实行"谁投资、谁所有、谁受益"的原

则,鼓励企事业单位、社会团体以及城乡其他经济组织和个人兴办市场。1993 年 11 月26 日,辽宁省人大常委会制定了《辽宁省城乡集贸市场管理条例》,全面规范辽宁省各类市场建设和市场监管工作,促进了辽宁省商品交易市场的大发展。到 2007 年末,全省商品交易市场已达 2 778 处。全省已有沈阳五爱小商品批发市场、海城西柳服装市场、北宁蔬菜批发市场等一批具有较高档次、较大规模、较强集散能力,并在全国有一定影响的大型商品交易市场,形成了大中小相结合,批发与零售相结合,专业与综合相结合,服务与生活相结合,遍布城乡的多种类、多层次、多功能的商品市场网络。城乡市场的恢复和发展,最大限度地满足了人民群众日益增长的物质文化生活需要,最大限度地解决了城市就业和农村剩余劳动力的安置。

在加快市场建设的同时,辽宁省各级工商行政管理机关不断强化市场管理,拓展管理职能。为组织各类市场有序运行,依法打击各种违章违法活动,保护合法经营、公平竞争,1988 年至 1998 年,辽宁省连续 10 年开展了创建文明市场活动,1998 年全省有159 处市场被评为省级文明市场。

党的"十四大"以后,全省各级工商行政管理机关,认真贯彻国办[1995]40 号文件精神,与所办市场实现全部脱钩。同时,还加强了对粮食收购市场的监管,共查处粮食违法案件 2 018 件。2001 年后,全省工商机关对市场进行专项整治,严厉打击制售假冒伪劣行为,查处各类案件 1.2 万件,捣毁制假黑窝点 780 处,移送司法机关 18 件。市场经营主体得到进一步规范,制假售假活动得到有效遏制,市场交易秩序明显好转,促进了全省集贸市场的繁荣和稳定。

自 2003 年始,辽宁省工商系统在集贸市场中全面开展"消费安全工程",实施市场主体和上市商品准入制度,大力开展放心肉市场和放心肉柜台建设,向社会推荐的"放心肉示范市场" 204 处,放心肉摊床、柜台5 815 处,并在 254 处市场设立了绿色或无公害蔬菜销售摊区、专柜。2004 年起,深入开

展"红盾护农"行动,全省共完成农资抽检5 340个批次,查办案件5 500多件,总案值6 000多万元,查扣不合格化肥6 400吨,假劣种子150多万公斤,收缴罚没款2 690万多元。自2004年以来,省工商局与省科技厅开展农民科技经纪人培训示范工程,先后培训农民科技经纪人7 800多人。2007年,辽宁省工商系统全力实施农村大集食品安全监管工作,制定了《辽宁省农村大集食品经营行为规范》,得到国务院产品质量和食品安全专项整治领导小组和国家工商总局领导的高度重视和充分肯定。同时,在全省商品交易市场中实施信用分类监管制度,建立健全市场信用分类监管体系,全面提升了商品交易市场监管水平和工作效能,积极推动了各类商品交易市场的繁荣和有序发展。

四、商标发展与监督管理

党的十一届三中全会后,辽宁省重新恢复了商标统一注册制度,改变了全省商标使用混乱的局面。1979年11月以前,辽宁省只有2 723件注册商标。1983年《中华人民共和国商标法》颁布实施以来,辽宁省的商标注册工作蓬勃发展。到2008年6月,全省累计注册商标已达8万件。为了把商标管理工作逐步引向深入,全省各级工商行政管理部门大力加强商标管理建章立制工作,先后制定了各类地方法规100多件,逐步形成了国家与地方法规相配套、商标注册与使用相结合的商标管理法规制度体系。各级工商行政管理机关还不断加强和充实商标使用的监督力量,把保护注册商标专用权作为商标管理的中心环节,对市场上存在的各类商标侵权案件进行查处,查处了大量非法印制或买卖商标标识,擅自改变注册商标文字、图形和擅自转让许可注册商标等其他商标违法案件,有效地保护了注册商标专用权。

为了提高企业和广大群众对注册商标的使用和保护意识,自《商标法》颁布以来,全省各级工商行政管理机关大力开展了《商标法》的宣传工作。先后在企业法人代表和商标管理人员中进行了普及教育,通过组织座谈会、电视讲座、商标知识竞赛等多种形式,广泛开展对社会的宣传。仅1993年《商标法》颁布十周年时,全省在新闻媒体上发表的纪念文章就有200多篇,印发的各种宣传材料17万多份。2001年,《商标法》及其《实施条例》修订后,通过大力宣传,使企业和广大群众的品牌意识逐步增强,维护商标合法权益的自觉性明显提高。

为了推行辽宁省政府制定的实施名牌战略,依据省政府制定的《辽宁省著名商标认定保护办法》,省工商行政管理局积极开展了辽宁省著名商标认定工作,1996年以来,开展了6次著名商标认定工作,累计认定省著名商标902件。"大商"、"萃华"等商业企业商标,"盘锦大米"等农产品著名商标,为提升辽宁省商品品牌的知名度和市场竞争力发挥了重要作用。到2008年6月底,辽宁已经拥有中国驰名商标48件。

五、广告发展与监督管理

党的十一届三中全会以来,辽宁省的广告业迅速恢复和发展起来,广告监督管理工作不断加强。1982年,辽宁省的广告经营单位只有90户,从业人员1 108人,年营业额707.2万元。到2008年,全省广告经营单位已发展到3 775户,从业人员2.859万人,年广告营业额39.96亿元。广告的设计、制作技术和表现形式不断革新和提高,一个门类齐全、布局合理的广告信息网络基本形成。电视、广播、报纸广告的思想性、真实性、艺术性和趣味性进一步提高,广告经营方式不断改进,经营水平日益提高,广告的社会意识普遍增强。全省的广大工商界人士,已经把广告作为参与市场竞争的重要经营战略,愈加重视增加广告投入和谋求最佳的广告策划。辽宁的"红梅"牌味精、"盼盼"牌防盗门等一批重点企业每年广告费都投入近亿元。这些企业正是借助广告的作用如虎添翼,使企业和产品的知名度大增,迅速打入国内和国际市场,取得了明显的经济效益。

全省工商行政管理部门不断加强对广告的监督管理工作。建立广告管理机构,从1982年开始,辽宁省各市和大部分县都建立了广告管理机构;培训广告管理干部,积极开展广告管理法规宣传工作,成立广告协会,建立和完善广告企业内部的自我约束机制,健全广告登记制度,签订合同制度,广告档案制度,实行《广告业务员证》、《广告审查资格证》制度和广告监测制度等,从而加强了对广告业的指导、控制、监督和管理;查处各种广告违法行为,制定了一批地方性法规,1998年省工商局协助省人大制定了《辽宁省广告监督管理条例》,各市也结合本地实际制定了相应的广告管理法规。全省工商行政管理系统建立了审查、审批、监测、查处、自律等一整套广告管理制度,使全省广告监督管理工作日趋规范。

六、经济合同发展与监督管理

党的十一届三中全会以来,辽宁省的经济合同管理工作取得了显著成就。一是以合同立法为契机,广泛深入地宣传合同法律知识。深入企业举办《合同法》学习班、培训班和合同法律知识讲座30万人次。二是举办展览和开展咨询服务活动,用正反两方面事例对企事业单位进行生动具体的法制教育。三是利用报刊、电台、电视台及有线广播等新闻媒体宣传合同法律知识。通过广泛深入地宣传合同法律知识,使企业增强了法律意识,不仅能够运用法律武器维护自身的合法权益,而且能够自觉地做到守法经营。仅1985年,沈阳市工商局举办的"贯彻经济合同法案例展览",在全市11个县、区进行了巡回展出,有7 000多家企业的1.3万名厂长、经理和业务管理人员通过参观、座谈受到了教育。

从1984年开始,辽宁省在全国工业企业中率先开展了"重合同、守信用"活动,于1985年在全国范围内推广。到2008年6月底,全省有179户企业被评为全国"守重"企业,有2 628户企业被评为省级"守重"企业。新的《合同法》出台后,根据本省的客观实际,辽宁省于2001年对《辽宁省经济合同管理条例》进行修订,颁布新的《辽宁省合同监督条例》,以适应市场经济条件下的合同监管工作。全省还积极开展经济合同纠纷的调解仲裁工作。仅从1986—1996年,全省共调解仲裁各种合同纠纷案件2.91万

起,为企业和当事人挽回经济损失(不含1987、1988年)26.6亿元,有效地保护了合同当事人的合法权益。全省还积极推行合同示范文本制度,防范合同违法和化解合同纠纷。到2007年末,工商行政管理部门对为买卖、建筑工程、租赁、承揽、居间等合同制定的13类200余种示范文本已在全省推行。全省还加强对合同的鉴证和监督检查,到2000年全省共鉴证合同601.85万份,合同金额达2 145.38亿元,确保了合同的真实性和合法性。1997年以来,全省先后进行了3次大范围的专项整治活动,重点整治了房地产市场、建设市场和技术市场,还把严厉打击合同欺诈作为一项重要工作来抓。全省共查处利用合同从事违法活动的案件2.81万件。2004年以来,以保险、通信、供水、供电等公用企业为重点,检查各类格式合同36.2万份。全省还开展抵押物登记和拍卖活动监管工作,共办理抵押物登记5.68万件,实现融资金额1 661多亿元。

七、行政执法工作

党的十一届三中全会以来,市场监管与行政执法不断得到加强。特别是2000年以来,国务院决定在全国范围内整顿和规范市场经济秩序,按照国务院、国家总局和省委、省政府的部署,全省各级工商机关认真履行职责,按照全面展开、突出重点、标本兼治、重在治本的工作方针,全面开展了整顿和规范工作,较好地完成了工商部门牵头的粮食市场整顿、集贸市场整顿工作,配合有关部门开展的文化市场、印刷市场、加油站、旅游市场等专项整治,也取得较好效果。共查处各类违法违章案件近30万件,为促进当地的经济秩序根本好转发挥了重要作用。

在全面加强对各类市场监管的同时,集中力量开展了经济违法违章案件查处工作。1980—1985年,根据国务院的统一部署,辽宁省各级工商行政管理部门在有关部门配合下,集中力量和时间,进行了3次经济大检查,重点打击了走私贩私、倒买倒卖重要生产资料和紧俏耐用高档消费品等投机违法行为,为稳定辽宁地区改革开放初期的市场秩序作出了贡献。1986—1992年,全省共

查处各类违法违章案件 4.9 万起,其中投机倒把案件 1.2 万起,罚没款 2.2 亿元,维护了国家利益,保护了消费者、经营者的合法权益。1993 年 9 月 2 日,全国人大颁布了《中华人民共和国反不正当竞争法》。全省工商系统依法对一些公用企业限制竞争、医药行业的商业贿赂等案件的处理取得突破性进展。全省工商行政管理机关还开展了商标侵权、虚假广告宣传、打击传销和变相传销、食品安全等案件的查处工作,有力地维护了公平竞争的市场经济秩序。

消费者权益保护工作,是党的十一届三中全会以来,国家赋予工商行政管理部门的一项新的工作职责。1993 年《中华人民共和国消费者权益保护法》颁布以来,全省各级工商行政管理部门把保护消费者权益作为一项"民心工程"来抓,认真把消费者的各项权利规定落到实处。全省各级工商行政管理机关成立消费者权益保护机构。还普遍建立了消费者协会。全省以商品质量监督抽查为重点,认真履行流通领域商品质量监督职能,对食品、饮品、农资、服装、成品油等商品和品种进行了商品质量监督抽查,共抽查各类商品 1.63 万批次;以食品、过冬商品、农资、装饰材料、建筑材料、汽车配件等为重点,开展了"打假保两节"、"红盾护农"等系列专项整治行动,累计查处制售假冒伪劣商品案件 6.47 万件。加强"12315"投诉举报网络建设,到 2008 年 6 月底,省、市、县(区)三级执法维权网络基本形成,14 个市级"12315"申诉举报中心、89 个县区"12315"工作中心、700 多个工商所"12315"工作站相继建成并投入使用,为打假维权、发现案源发挥了积极作用。到 2008 年 6 月底,全省各级工商行政管理机关累计查处侵犯消费者权益案件 6.42 万起;受理消费者申诉、投诉 87 万人次,为消费者挽回经济损失 4.5 亿元。

八、"执法服务环境年"活动

随着政府职能的转变,行政审批制度的改革,工商行政管理在体制、机制和监管方式等方面,已明显暴露出很多不适应新形势发展的矛盾和问题。2003 年,辽宁省委、省政府开展了以"与时俱进求发展,开拓创新建小康"为主题的学习实践活动。在活动中,辽宁省工商局为创造良好发展环境,从解决干部队伍的精神状态、思想观念、发展思路、工作作风等问题入手,结合工商职能,针对实际问题,在全省工商行政管理系统开展"执法服务环境年"活动,以此为老工业基地振兴提供优质服务,不断塑造一个党和政府满意、社会满意、人民群众满意的工商新形象。"执法服务环境年"不是一个年度的概念,它形成的指导思想贯穿于振兴辽宁老工业基地的始终。

(一)发挥职能作用营造良好发展环境

省工商局出台了《关于充分发挥职能作用营造经济发展良好环境若干意见》。一是放宽政策,促进市场主体健康发展。本着凡法律没有禁止的一律放开,凡国企退出的行业领域和允许外资进入的领域都允许个体私营经济进入的原则,进一步优化投资和准入环境,先后出台一系列更加宽松的政策措施。还放宽了企业出资额限制,注意发挥集团优势,增强企业竞争力,鼓励以管理股、技术股和商标等知识产权出资,吸纳人才,鼓励弱势群体投资创业。为促进对外开放,省局对外资企业较多的 10 个县(市)局及开发区等分局下放了登记初审权,对 7 个符合标准的县(市)局授予登记权,进一步改善当地投资环境。二是简化准入程序,优化服务环境。在全系统全面推行了"一审一核"制,简化内部审批环节。建立和完善了政务公开、首问责任、岗位职务代理、限时办理、预约登记、"绿色通道"、收费明示等七项高效便民制度。改革了企业年检办法,减少申报材料,实行"滚动年检"、"预约年检"和"上门年检",信誉企业免检。三是实施名牌战略,拉动经济发展。按照"申报一批、准备一批、培育一批"的原则,建立了争创驰名商标的战略梯队,积极推进争创驰名商标工作,2008 年荣获全国驰名商标总数达到 12 件。同时,为加快企业商标价值的公开化、市场化、资本化,组织实施商标价值评估与公示活动,使企业充分认识到了商标的价值含量,注重商标价值运用,在增强企业市场竞争力的同时,也拓宽了投资、合资及融资渠道。四是利用综合职能,为农村经济和县域经济发展服务。实施"品牌兴农"战略,引导具有地区特色的农产品进行商标注册,全省农副产品商标达到4 700件。组织完成了"盘锦大米"、"东港草莓"、"东港大米"等地理标志的申请注册工作。开展"红盾护农"行动,坚持常年开展农资打假保农业安全专项执法行动。通过规范农业订单内容,制定示范文本,促进订单农业发展。五是推进信用体系建设,增强企业诚信意识。全力推进企业信用体系建设。实行信用分类监管,制定了《辽宁省工商行政管理系统企业信用分类监管办法》。对近21万户企业在经济户口基础上,按照A、B、C、D四个信用等级,初步实行了分类监管,目前已列入全国首批15个省、市联网单位。认真开展"守合同、重信用"活动,新发展"守合同、重信用"企业310户,全省各级"守合同、重信用"企业已达到7 000户。六是落实优惠政策,促进再就业。仅2007年,全省工商系统安置下岗失业人员13.2万人。

(二)关注民生,营造安全消费环境

食品安全关系到广大人民群众的身体健康和生命安全,按照"强化监管、企业自律、社会监督、群众参与"的工作思路,全省确实加强了食品安全监管工作。

一是食品安全监管责任制度落实到位。为加强食品安全监管工作,全省工商系统深入推行"一岗三责"责任制,明确了省、市、县、工商所四级机构的监管责任和监管重点,逐步形成以基层工商所为依托、划分责任区,明确管辖区域、对象以及责任人的网格化监督格局,初步形成了一整套食品安全监管体制和监管模式。各工商所普遍实行食品安全责任追究制度,食品市场主体准入制度,食品市场主体信用分类监管制度,食品市场巡查制度,食品质量监测和不合格食品信息通报、退市制度,食品案件快速反应和处理制度、食品安全信息报告制度,以及"12315"进企业及"两站"建设为重点的处理消费者对食品的申诉举报制度,完善了食品安全监管体系,努力建立长效监管机制。

二是加强行政指导,努力规范经营行为。在食品经营户中,建立了进货验收制度、购销台账制度、"诚信承诺"制度、协议准入制度、不合格食品退市制度等五项制度。实行食品安全电子网络化指导,对突发食品安全事件和不合格食品的快速反应机制落实到位。运用电子网格,省局对下指导工作实现了网络化,极大地提高了行政效率,实现了系统对食品安全的快速反应。近年对苏丹红、工业玉米淀粉、东方牌不合格奶粉、含碱性橙辣椒面、含有苏丹红红心鸭蛋等都使用该系统。

三是加强基础建设,使食品监管的组织机构、人员力量落实到位。针对食品安全监管工作社会关注程度高、责任大的实际情况,2005年10月份制定了《全省工商系统事权调整意见》,成立消费者权益保护分局,全面加强食品安全监管工作。由于强化了机构,理顺了职能,配备了人员,使食品安全工作在组织和人员上有了根本保证。从2007年起,商品质量监测经费纳入预算管理,食品检测经费为162万元,占总检测经费的56%。针对食品安全监管领域新、食品知识匮乏、法律法规不熟悉等实际,各地都有针对性地开展基层执法人员业务知识和基本技能培训。2007年,省局投资840万元,为全省12个市配备了检测设备,实现了市、县(区)、工商所三级配备,具有食品安全检测职能的570多个工商所都配上了检测设备,大大提高了食品安全监管能力。

(三)全面开展"五大建设",努力夯实工作基础

虽然"执法服务环境年"建设的初期工作取得了很大成绩,但是辽宁省工商行政管理局党组认为工商部门面临的体制障碍和内部矛盾还难以从根本上解决,必须主动寻求破解之道,在巩固成果的同时,细化工作,拓展延伸,走自主创新之路,开展以信息化建设、基层建设、财务建设、党风廉政建设、班子队伍建设为重点的"五大建设"。

1.实施"一号工程",加强信息化建设。

省局提出以信息化推进管理手段现代化,通过规范全系统的业务制度、业务流程,整合事权、调整机构、提高素质、强化制约机制等工作,实现业务工作流程化、规范化管理,促进工作公开、透明。经过大量调研,调整了软件,更新硬件和网络,建立了数据库,确保了"一号工程"高起点开局,高质量推进。全省工商系统的"经济户口"不仅为工商部门应用现代化的手段进一步提高工作水平提供了技术支持,也成为省政府构建的企业信用体系的重要基础数据。"一号工程"提高了队伍素质,提升了监管的科技含量,为工商行政管理事业未来的发展提供了一个高端的发展平台。

2. 提升整体素质,加强基层建设。基层是履行市场监管职能的一线力量,是服务发展、树立形象的窗口,是工商行政管理队伍的基础。省工商局提出了"五个一流"的基层建设工作目标:即"一流作风、一流执法水平、一流服务能力、一流工作环境、一流工作保障"。从 2006 年起,全省开展了等级工商所建设,从硬件设施、人员素质、执法水平等各个方面进行评选一、二、三级工商所。开展了各种业务培训和岗位练兵比武活动,评选出一批模范所长、标兵管理员和办案能手等。还开展了工商所向地方政府述职、利用民心网征求意见、相对人评议工商所等措施,促进基层执法服务水平不断提高。

3. 以抓规范为重点,全面加强财务效能建设。全省工商系统认真执行行政性收费和罚没收入"收支两条线"管理的规定,坚持"依法理财,规范管理"。一是严格预算执行,严肃财经纪律,切实加强财务规范化建设。二是认真做好收支分类改革。做好有利于工商当前和未来发展、稳定的具体、基础性工作。三是做好系统工资统发。进一步夯实基础,规范细节,对全系统工资进行统发,保证队伍稳定。四是建设节约型机关。从节约几度电、几滴水、几升汽油做起,从严控制办公费用支出,严格招待费支出。五是做好综合预算平衡。

4. 坚持惩防并举,加强党风廉政建设。

坚持把党风廉政建设贯穿于各项工作的始终,坚持抓党风、促政风,抓廉政、促发展,使党风廉政工作不断取得新进展。全系统把坚持廉政教育与公务员培训相结合,把党风廉政教育作为业务培训、岗位培训、任职培训的必要教育内容。重点围绕如何树立正确的权力观、政绩观、荣辱观和利益观,加强党纪国法、传统作风和廉洁自律教育,提高廉政意识。还坚持开展示范教育与警示教育相结合,组织收听收看系统内外先进人物事迹报告,进行典型示范教育;参观反腐败教育基地,进行警示教育。在纪律约束环节,制定了"六条禁令",设置"高压线"。在杂志和网站上开辟专栏、采用演讲征文、知识竞赛、开辟文化长廊、定期向干部推荐一本好书或一篇文章等形式,不断创新廉政文化建设的载体,将廉政教育日常化。

全系统加强了廉政监督工作,努力构建上下内外、纵横交错的监督网络。一是强化法制监督。规定从立案调查到结案后的所有环节发现违法行为,法制机构都可启动执法监督程序进行纠正,并追究责任。二是全面开展政务督察。在省、市、县(区)工商机关层层组建政务督察队,采取机动灵活的方式,对干部执法情况进行动态监督。三是聘请特邀监督员。从社会各界聘请知名人士为工商特邀监督员,加大反馈信息的调查处理力度。四是畅通社会监督渠道。设立群众意见箱、公开举报电话,拓宽"12315"投诉举报电话的受理范围,积极参加"行风热线"、"走进直播间"、《民心网》评议等活动。五是自觉接受人大、政协、社会各界和司法的监督。坚持每年向人大、政协汇报工作,走访各市五大班子听取意见,向社会各界发征求意见函,对发现的问题及时整改。

5. 提高领导能力,加强班子建设。队伍建设的关键在于班子,核心在班长。近年来,全省工商系统努力加强班子建设,不断提高班子的理论素养和科学决策能力,努力把班子建设成为政治坚定、开拓创新的表率,善于谋全局、抓大事,立足职能服务发展的表率,妥善处理复杂矛盾,成为凝聚力量、团结和谐的坚强核心。一是配强市级工商局"一把手",先后将省局的 3 位处长下派市局任党组书记、局长,特别是针对历史遗留问题比较突出的两个市局,将两位省局的局长派下去兼任局长。二是建立异地交流制度,先后对 7 个市局 11 名领导班子成员进行了异地交流。三是注重后备干部的培养,先后下派了 13 名年轻干部到基层任职或挂职。

全系统开展的五大建设,使干部的精神状态、思想观念明显转变,服务意识、队伍素质明显提高,省局连续多年被评为省文明机关、省直机关目标责任制先进单位,在全省政府民主评议政风行风活动中被评为政风行风建设先进单位;全省 14 个市行风评议中,有 13 个市局被当地评为先进单位。时任辽宁省委书记的李克强对省工商局批示:"在市场经济发展过程中,工商行政管理部门的作用愈显重要。辽宁要实现振兴,很重要的是要有良好的经济发展环境和规范的市场经济秩序。工商局所确定的工作重点明确,符合大局需要。望继续加强服务,完善监管,营造良好的发展环境,建设规范的市场秩序。尤其是要强化队伍建设的各项措施,努力提升工商队伍形象,为完成各项任务提供保障。"

(四)齐心协力打捆攻关,努力提高工作效能

振兴辽宁老工业基地的目标不断把工商行政管理工作推向一个新时期。针对任务重、要求高、压力大、人手少等困难,省局党组针对班子建设、财务建设、品牌战略、信息化建设、信用体系建设、机关建设、消保维权、规范执法、基层建设等事关工商事业长远发展的关键问题,提出并实施了"打捆攻关"战略。

"打捆攻关"是工作方式方法的重大创新。实施"打捆攻关"方略,集中时间、整合力量、齐心协力解决带有方向性、普遍性、关键性的问题,实现管理职能优化,目标同向,工作同步,大大提高了管理效能,使行政管理方式开始从简单的、粗放式向科学的、集约化转变,促进了工商行政效能的最

大化。通过实践,"打捆攻关"已经成为辽宁省工商行政管理系统今后相当长一个时期内处理和解决问题与矛盾的主要工作方法。

"执法服务环境年"活动是辽宁工商发展的里程碑,开启了辽宁工商事业发展的崭新篇章,给辽宁工商工作带来了巨大变化。一是"执法服务环境年"活动为工商工作打开了一个新视野。从振兴辽宁老工业基地的大局出发,研究全省工商工作,举全系统之力,集全系统之智,承载振兴大业。这一举措不仅体现出工商宏观管理的地位和作用,从一个侧面也体现出垂管的优势所在。它实现了从法权定位到主动站位的升华,从微观到宏观的飞跃。二是"执法服务环境年"活动确立了工商工作的长期指导思想。是伴随辽宁老工业基地振兴全过程的一项战略工程,确立了围绕发展这一执政兴国第一要务,以整顿和规范市场秩序为重点,以改革创新为动力,以提升队伍素质和执法水平为基础,努力营造统一、开放、竞争、有序的市场环境和安全健康的消费环境,为提前实现辽宁省全面建设小康社会的宏伟目标做贡献的指导思想。三是"执法服务环境年"树立了全新的执法理念。实现了从管制型向管理服务型的转变,通过不断提高执法水平来丰富行政的内涵;通过不断增强服务本领来拓展行政的外延。四是"执法服务环境年"提供了强大的发展动力和发展空间。执法作风明显改观,队伍素质明显提高,服务能力明显增强,执法服务环境年实现了"四个统一"。五是"执法服务环境年"是落实科学发展观的具体体现。从内容上看,注重了"全面",执法与服务全面发展,各项工作齐头并进,队伍素质普遍提高;从内在机制上看,注重了"协调";从长远目标上看,注重了"可持续",为进行班子队伍建设、财务建设、信息化建设、基层建设、党风廉政建设,筑牢根基,夯实基础,不断增强可持续发展能力,保持后劲,推动整体工作。

在汶川大地震发生后,辽宁省工商局通过"两协"积极组织个体、私营企业捐款捐物共计 9 070 万元,组织干部职工捐款共计

165 万元。

附：

辽宁省工商行政管理局
历任局长、党组书记

孙静涵,1979 年 1 月至 1983 年 6 月任局长、党组书记;孙静,1983 年 6 月至 1984 年 12 月任局长、党组书记;李宝森,1985 年 9 月至 1995 年 5 月任局长、党组书记;尉端恩,1995 年 5 月至 2002 年 12 月任局长、党组书记;李铁民,2002 年 12 月至 2008 年 6 月任局长、党组书记。

（执笔人:宋文波）

第七章　吉林省工商行政管理局

第一部分(1949—1978)

第一节　吉林省工商行政管理发展概况

一、组织机构沿革

吉林省工商局成立于解放战争中期。1947 年 7 月 2 日,在中国共产党领导下的解放区,根据吉林省政府下发的《关于调整财经部门机构的决定》,将全省各级贸易局改为工商局。省称吉林省工商局,各专区称吉林省工商局××分局,各县、市依实际条件设县、市工商局。同年 12 月,省工商局改称省贸易管理总局。1949 年 9 月,中共吉林省委、省人民政府决定,取消各级贸易管理局,在省商业厅内设商政科。并先后改称省商业厅工商管理处、商政处、服务事业管理处、市场管理处、商政处。1965 年 6 月,吉林省人民委员会决定,由省商业厅兼管工商行政管理工作,启用省工商行政管理局公章并对外挂牌。1968 年 8 月,吉林省商业厅撤销,同时撤销吉林省工商行政管理局。1969 年 8 月,成立吉林省商业局,下设商管组。1973 年 6 月改称工商行政管理处。

二、职能转变

1947 年吉林省工商局组建时,确定的职能主要有四项:1. 扶植合作社;2. 发展纺织生产和副业生产;3. 调剂物资;4. 对公私营工商业登记管理。新中国成立后到"文化大革命"前,工商行政管理部门的职能又陆续进行了一些调整,主要职能有:管理私营工商业登记和监督检查;管理小商小贩和集市贸易;管理商标注册;打击投机倒把活动;负责公私合营企业的有关政策协调工作。

第二节　吉林省工商行政管理发展成就

一、打击投机倒把活动

在国民经济恢复时期,重点是打击买空卖空、囤积居奇、哄抬物价以及商业欺诈等投机活动。从 1953 年至 1966 年,重点是打击盗卖国家资财、伪造或倒卖票证、贩卖黄金白银等投机违法行为。1961 年,全省工商行政管理部门共查处投机违法案件 165 296 件,其中:罚款、没收处理的 22 301 件,收购处理的 59 805 件,教育的 83 190 件。1964 年,全省共查处投机违法案件 45 116 件,其中:投机倒把案件 10 884 件,没收、罚款、补税 57 万元。1965 年,全省查处投机违法案件 36 596 件,其中:投机倒把案件 8 284 件,收缴罚没款 67 万元。1966 年上半年,全省工商行政管理部门查处投机违法案件 7 379 件。"文化大革命"时期,在"以阶级斗争为纲"的指导思想支配下,工商行政管理政策、法规不能正确地反映客观实际情况,查处经济违法工作偏离了正确方向,把一些属于从事正当经济活动的个体商贩,也列为违法之例,加以取缔和打击。在处理投机违法案件上,把一般违法、违章活动上升到阶级斗争的高度进行处理,扩大了打击投机违法面。1974 年,全省查处投机违法案件 81 106 件,其中:投机倒把案件 8 889 件,收缴罚没款 1916 805 元;1975 年,全省查处投机违法案件 80 713 件,其中:投机倒把案件 6 991 件,收缴罚没款 1 380 610 元;1976 年,全省查处投机违法案件 75 302 件,其中:投机倒把案件 7 478 件,收缴罚没款 1 146 651 元。

二、内资企业监督管理

1955 年以前,吉林省少数部分私营企业实行公私合营。在 1956 年的私营工商业改造过程中,工商行政管理部门对私营工商业生产、经营进行调查,认真制订方案,进行试点,配合主管部门,做好公私合营清产核资工作。1957 年至改革开放前,主要是做工商企业登记审查、发证和经常性管理工作。

三、个体私营经济监督管理

新中国成立初期,本着有利于国民经济恢复的原则,吉林省对个体工商业采取了扶持保护的政策,准予发展。到 1954 年末,全省个体工商业户为 91 667 户。但自 1955 年至"文化大革命"结束,吉林省对个体工商业则主要是限制、改造。在社会主义改造期间,由于改造要求过急、工作过粗、改变过快、形式过于简单划一,全省城镇个体商业的 91.4%,农村个体商业的 89.26%,全省个体手工业的 99.8% 走上合作化道路,到 1960 年全省个体工商业仅剩 2 660 人。经过"文化大革命",全省个体工商户所剩无几。

四、商标注册与监督管理

1950 年,吉林省工商行政管理部门根据政务院颁布的《商标注册暂行条例》规定的注册范围,督促吉林省公私厂、商、合作社对商标进行注册。到 1960 年,全省共注册商标 396 件。1960 年,吉林省人民委员会下发了《批转省商业厅关于加强商标管理工作的报告的通知》,商标注册工作有所加强,不合理的商标被撤销,注册商标明显增加。1961 年新注册商标 100 件,1962 年末,全省商标实有数 529 件。截至 1979 年 2 月中旬,吉林省注册商标为 1329 件,未注册商标为 124 件。

五、市场监督管理

1947 年,吉林省人民政府工商局成立,开始对解放区集市贸易进行监督管理。1951 年,根据中央人民政府贸易部《关于加强市场管理的通令》,各市、县又进一步整顿了市场,建立了固定市场,减少了场外交易活动。整顿市场过程中,全省处理违法案件 787 件,罚款 9.1 亿元(东北币)。社会主义

改造时期,加强了对行商的监督管理。1953 年 10 月,省商业厅制定了《关于对行商经营地域业务范围管理办法》,并发出了《对外埠行商、厂商、创牌商的销售商品应加强监督管理的通知》。全省各级工商行政管理部门从 1954 年 6 月开始,在全省范围内实施上述《管理办法》和《通知》,清理整顿了行商的经营区域和业务范围,对进入本省进行交易的外埠行商作了适当限制。60 年代初,吉林省城乡市场物资短缺,一些不法分子大量倒卖生产资料和生活资料,严重地影响了主要农副产品的收购计划和重要工业品的计划供应。为确保国民经济"调整、巩固、充实、提高"八字方针顺利贯彻执行,1963 年,全省各地工商行政管理部门多次清理整顿市场秩序,使市场上的无证商贩和违法活动逐步减少。据统计,无证商贩由 1962 年的 14 000 人减少到 4 200 人,减少了 70%。1966 年至 1976 年,吉林省的城乡集市基本上被关闭和取缔,工商行政管理机构被撤销,人员被下放,少数保留的自由市场也处于无人管理的状态。

第二部分　(1979—2008.6)

第一节　吉林省工商行政管理发展概况

一、组织机构沿革

1979 年 6 月,吉林省革命委员会决定,成立各级工商行政管理机构,省编制委员会下发了《关于省工商行政管理局人员编制及内设机构的通知》,确定省工商行政管理局行政编制 35 名,内设办公室、市场管理处、工商企业管理处、合同管理处。1980 年 1 月 1 日,吉林省工商行政管理局正式挂牌对外办公。在以后的十几年中,全省各级工商行政管理机构随着改革开放和经济发展不断扩大和完善,人员数量逐步增加。到 1993 年底,全省工商系统设地级局 9 个,县级局 59 个,基层分局(所)717 个。全系统共有工作人员 13 598 人。

1994 年 8 月,根据党中央、国务院批准

的《吉林省党政机构改革方案》,保留省工商行政管理局,内设 10 个处室和机关党委,13 个事业单位。省工商局行政编制 72 名,机关工勤人员事业编制 6 名。

2000 年吉林省机构改革后,省工商局内设办公室、法规处、公平交易处、消费者权益保护处、市场规范管理处、企业注册处(外资企业注册处)、广告监管处、个体私营经济监管处、人事处、基层工作处、财务审计处、老干部处、机关党委、纪检组等 14 个处室;合同分局、省直企业注册分局、经济违法稽查分局、市场管理分局等 4 个派出机构;商标监管中心(按公务员序列管理)、吉林省工商行政管理职工中等专业学校(2001 年,经省编委同意,职工中专转制为吉林省工商行政管理局干部培训中心)、吉林省工商行政管理咨询信息中心(2008 年,经省编委同意,吉林省工商行政管理咨询信息中心更名为吉林省工商企业档案管理服务中心)、吉林省工商行政管理研究所(吉林省工商行政管理学会)、吉林省消费者协会、吉林省商标广告设计研究所(吉林省商标事务所)、吉林省广告审查事务所、吉林省工商行政管理报刊编辑部(2001 年,经省编委同意,吉林省工商行政管理报刊编辑部更名为市场与消费导报社;2004 年,经省编委同意,市场与消费导报社更名为吉林省工商行政管理宣传中心)、吉林省广告协会、吉林省个体劳动者私营企业协会、吉林省工商局机关服务中心等事业单位。2002 年,经省编委同意,成立吉林省消费者申诉投诉举报中心(2006 年,经省编委同意,撤销吉林省消费者申诉投诉举报中心,将编制和人员整建制划入吉林省消费者协会)。2003 年,经省编委同意,成立吉林省工商行政管理信息化建设中心。2004 年,经省编委同意,单独设立外资企业注册处。2007 年,经省编委同意,成立吉林省个体私营经济发展服务中心。

2001 年,根据《中共吉林省委办公厅、吉林省人民政府办公厅转发〈市(州)机关机构改革定岗定员和人员分流指导意见〉的通知》和《吉林省人民政府办公厅关于印发吉林省市州、县(市)工商行政管理局机关机构改革方案的通知》的要求,市州、县(市、区)工商行政管理局(分局)进行了机构改革。经过改革后,在人员编制上,全省市、州、县(市、区)工商行政管理局(分局)机关行政编制 1 160 名,机关离退休干部工作人员行政编制 117 名,机关工勤人员事业编制 120 名。市辖区工商行政管理分局由原配备的 800 名专项事业编制减为 400 名,精简比例为 50%;基层专项行政编制由 9 681 名减为 7 745 名,精简比例为 20%;基层工商所(分局)工勤事业编制 1 000 名保持不变。在机构设置上,市州工商局一般设置办公室、法规科(处)、公平交易科(处)、市场规范管理科(处)、企业注册科(处)、商标广告监管科(处)、个体私营经济监管科(处)、人事教育科(处)、财务审计科(处)等。县(市)工商行政管理局内设机构一般设置办公室、法规科、公平交易科(经济违法稽查分局)、市场规范管理科(个体私营经济监管科、商标广告监管科)、企业注册科(注册分局)、人事教育科、财务审计科等。市辖区工商行政管理分局内设机构参照县(市)工商行政管理局设置。2006 年 4 月,经省编委同意,成立长白山工商行政管理局。截至 2008 年 6 月底,全省工商系统共设地级局 10 个,县级局 60 个,基层工商分局(所)865 个。

二、职能转变

1979 年吉林省工商局重新组建后,主要担负 8 项职能:1. 管理城乡集市贸易,对交易活动进行监督,维护城乡市场秩序;2. 办理工商企业、中外合资(合作)企业及外国经济组织常驻代表机构的登记、发放营业执照,建立经济户口并对其实行监督管理;3. 管理经济合同,监督经济合同的订立与履行,确认无效合同,处理违法合同,调解仲裁合同纠纷;4. 管理商标,办理商标注册,保护注册商标专用权,查处商标违法活动;5. 管理广告,查处违法广告,指导广告协会工作;6. 管理个体工商户,研究制定城乡个体经济政策,指导个体协会工作;7. 打击投机倒把活动,查处经济违法案件;8. 检查机关团体、部队、企业事业单位所办企业的经济活动,制止商品流通中的不正之风。

1994年8月,吉林省人民政府办公厅《关于印发吉林省工商行政管理局职能配置、内设机构和人员编制方案的通知》明确转变工商行政管理职能,改革企业登记管理制度,将现行的审批设立制度逐步过渡为工商行政管理机关依法核准登记注册制度。从侧重于监督管理集贸市场和工业品市场,拓宽到监督管理和参与监督管理各类市场;从重点查处投机倒把活动转变为依法规范市场交易行为,保护公平竞争;从侧重于具体业务管理转变为运用法律和行政手段进行宏观监督管理。

2000年,按照《吉林省工商行政管理局职能配置、内设机构和人员编制规定》,将指导广告业发展的职能交给省经济贸易委员会,将引导个体、私营经济发展的职能交给省乡镇企业局。取消市场规划、培育、建设的职能,将市场监督管理处改为市场规范管理处。理顺内设处室的职能分工,将指导合同监管职能,从公平交易处划转到市场规范管理处;把企业、个体、广告登记注册职能统一归到企业注册分局;将查处案件职能统一归到经济违法稽查分局。这样调整后,既有利于业务处室集中精力做好全省系统的业务指导工作,又有利于解决编制少、人员打不开点的问题;既有利于方便经营者办事,又有利于廉政建设。

三、体制建设

一是稳定基层工商分局(所)派出机构的体制。1984年,在下放经营管理权的改革中,有的地方擅自改变了工商所的隶属关系。省工商局向省政府领导汇报了有关情况,取得支持,与省编办、省人事厅联合下发文件,制止工商所下放风的蔓延。1986年,以省政府名义下发相关文件,重申工商所作为工商局的派出机构,决不能下放给乡镇或街道管理。省工商局会同省编办的同志组成联合工作组,一个县一个县做工作,经过半年多的艰苦努力,除扶余的三岔河、桦甸的红石两个所以外,其余全部收回。1992年,在简政放权、经济开放中,省、地、县三级工商局反复向党政领导汇报中央领导有关保持工商所稳定的讲话精神和国家工商局

关于制止工商所下放的通知精神。省工商局用大量事实说明工商所下放带来的诸多问题。通过基层工商分局(所)重新核编和推行公务员制度,将全省隶属乡镇管的13个工商分局(所)全部收回。

二是城区工商局实行分局体制。在1980年,长春市工商局重新组建时,就对四个城区局实行统管的体制。1982年,在区委、区政府的强烈要求下,长春市政府将这四个区工商局放给区政府领导。1984年12月,为适应城市经济改革的需要,市政府又决定将城区工商局改为市工商局直属分局。省工商局将长春市的做法推广到了全省,到1986年10月,全省16个城区工商局全部变为市局统管的体制。在1989年又出现了反复。省体改委决定,将长春市宽城区、吉林市昌邑区的两个区工商分局下放给区政府,作为城区机构改革的试点。1992年,长春市委、市政府决定,将其他各城区工商分局也都下放区政府管理。吉林市政府也于1993年1月作出将城区工商局下放给区政府管理的决定。1994年5月,国务院办公厅《关于调整大中城市工商行政管理体制的通知》下发后,省工商局抓住这个有利契机,几次向省政府领导汇报省工商局的贯彻意见,并代省政府办公厅拟定《转发国务院办公厅关于调整大中城市工商行政管理体制的通知》,明确由区政府管辖的工商行政管理局(含郊区、经济技术开发区),一律改为市工商局的分局;各市、州要选择一两个县(市)工商局实行统管的试点,由省工商局和省编办协助四平市对所辖县工商局实行市局统管的试点。按照省政府办公厅通知的要求,松原市于1994年9月将扶余区工商局变为分局,吉林市于1994年10月将所属的4个城区工商局变为分局,长春市于1995年12月将所属的6个城区工商局变为分局。至此,全省8个市所属19个城区工商局全部改为分局体制。

三是推行市局统管县局体制。在调整城区工商行政管理体制的同时,省工商局还重点抓了市局统管县局的试点。省工商局领导亲自到四平市,同市委、市政府主要领

导商谈,达成共识。四平市委、市政府决定实行市工商局统管县级工商局的体制。为把市局统管县局的试点工作推开,1994 年 8 月,省工商局在四平市召开了现场工作会,四平市工商局介绍了实行市管县体制的经验和体会,使与会者开阔了视野,明确了思路,学到了具体做法。在四平市的带动和影响下,白山市、通化市、松原市、白城市先后实行市局统管县局的领导体制。到 1995 年末,全省有 5 个市局实行统管县(市)局的体制,占全省 9 个市(州)的 56%。这为实施省以下统管迈出了重要一步。

四是对市、县局领导干部实行下管一级。根据国办发[1988]21 号文件的规定,为了对领导干部实行双重管理,省工商局征得省委组织部同意,下发了《关于市、地、州工商局正副局长任免、调动有关问题的通知》。通过贯彻执行中组部同意将工商部门列为干部双重管理部门的[1995]2 号文件和国家工商行政管理局党组《关于加强地方各级工商行政管理机关干部双重管理工作的通知》,省委常委会将其作为一项议题进行讨论,明确实施意见。省工商局与省委组织部联合下发文件,把干部双重管理工作纳入轨道,对下级局正副局长的任免、调动,提出意见和建议,协助组织部门进行考核、把关。

五是坚持查办案件以条条领导为主。为贯彻国办[1988]21 号文关于查办经济违法案件以条条领导为主的精神,省工商局实行案件审批制和备案制,各级工商局重大案件必须及时上报省工商局审批或备案,上级工商局有权直接查办下级工商局管辖的案件,修正下级工商局的不当处罚。

六是推行财政管理体制改革,完善经费保障机制。1984 年以前,工商系统的财务收支实行以地方财政管理为主的预算外资金管理体制。1984 年至 1985 年,根据国务院关于加强预算外资金收支管理的部署,在全省工商系统开始实行"统一领导、统一计划、分级管理"的财务管理体制。1986 年,财政管理逐步细化,形成"有固定来源和指定用途的专项资金,采取自设账户、计划管理、专

项审批、银行监督的方式,以系统管理为主"的专户存储管理模式。1996 年下半年,工商部门企业登记费的 5 项收入开始实行按月汇缴省工商局,由省工商局统一上缴省财政厅。市场、个体管理费解缴当地财政专户存储。1998 年,根据党中央和国务院的要求,全省工商系统开始全面推行"收支两条线",全省系统收费全部上缴省工商局,由省工商局统一上缴省财政,各级罚没收入直接由银行按月上缴至省财政国库。同时实行收费和罚款决定与缴款相分离的管理办法。1999 年,为适应省以下工商系统垂直管理体制的要求,全省系统财务实行统管,各市(州)、县(区)工商局的财务收支统一纳入省财政管理。2003 年,按省财政要求,工商部门的所有收费和罚没款全部由预算外资金管理转变为预算内资金管理。2006 年,省财政对工商部门进行非税收入"收支脱钩"改革试点,将行政性收费和罚没收入与财政核拨的行政经费脱钩,改变了过去工商系统"以收定支"的管理模式。各级工商部门组织的非税收入每月全额上缴省财政,人员经费及基本公用经费由省财政按部门预算及国库集中支付的要求,直接拨付至市(州)、县(区)局,同时根据工商部门市场监管的实际需要拨付一定的项目经费。在新的财务管理体制下,全省系统加大财务管理力度,每两年开展一次大规模的内部审计,同时建立领导干部离任审计制度,及时制止并查处违反财经纪律行为,从源头上制约了腐败问题的发生,为全省工商系统提供了有力的经费保障。

七是实施省以下垂直管理体制。为贯彻《贯彻国务院批转国家工商行政管理局工商行政管理体制改革方案的通知》(国发[1998]41 号),省工商局拟定的《吉林省工商行政管理体制改革实施方案》,经过充分听取系统内外上上下下的意见,省政府于1998 年 12 月 15 日召开的第 15 次常务会讨论通过,印发全省实施。省、市(州)工商局对下级局领导干部的任免,从 1999 年 1 月 1日起执行。编制部门核定的编制数及占编人员名单、核定的领导职数及占职数的领导

干部名单,于1998年12月31日前,由市、州局汇总报省工商局。省工商局对全省工商系统财务经费实行统一管理。市场产权、债权债务及市场服务中心的经营服务人员移交出去。

四、队伍建设

一是执法队伍不断壮大。为与我国的经济体制改革发展相适应,工商行政管理的职责范围在不断拓宽,人员编制也在大幅度增加。建局初期,全省工商系统仅有人员编制1 500名。到1988年底,国务院、省政府先后6次为工商行政管理部门增加编制,全省工商系统共有人员编制6 395名,其中行政编制688名,事业编制5 707名。由于集贸市场成倍增加,个体经济大量发展,增编的速度仍适应不了开展监督管理工作的需要。在这种情况下,各地为缓解编制与任务不相适应的矛盾,开始超编招用一批工人顶岗。到1997年底,全省工商系统共有人员编制10 732名,在职人数则达到14 452人,其中干部12 965人,工人1 487人。1998年,按照国家工商局的要求,重新核定基层工商分局(所)公务员编制9 681名,工勤事业编制1 800名,并全面推行公务员管理制度,定岗定编,解决了长期存在的混岗混编问题。截至2008年6月末,全省共有人员编制12 222名,其中行政编制数9 509名,事业编制数1 586名,工勤编制数1 127名。

二是坚持开展教育培训。1984年以前,主要是对"文革"期间初高中毕业的35岁以下的职工进行文化补习。1986年至1988年,对以工代干人员普遍进行了初高中文化教育,使职工的文化素质有了较为明显的提高。坚持开展岗位业务知识学习活动。为使岗位培训做到全员参加,各级工商行政管理局都把参加培训作为一项重要工作纳入领导干部的岗位责任制之中。积极开展法律法规培训、知识更新培训、计算机操作培训等活动。到1995年末,全省各级工商行政管理局对在岗管理人员基本上轮训一遍。支持干部职工上学深造。1985年,选派299名干部职工参加北京财贸学院举办的工商行政管理专业函授大专班,学制3年。1986

年开办的吉林省工商行政管理职工中等专业学校,招收在职的工商行政管理人员脱产学习,学制2年,为全省工商系统培训了4 000多人。同年,吉林财贸干部学院开设工商大专班,为工商系统输送高级人才。截至2008年6月末,全省工商系统大专以上学历的有8 628人。2002年至2004年,会同省人事厅,组织全省工商系统开展国家公务员岗位资格培训,组织两次"万人大会考"。吉林省工商局从工商行政管理队伍的现状和执法实践的需要出发,将培养专家型、复合型工商执法人才作为战略目标,开展了一系列"精英化"培训,全省抽调27名人员,组织外资英语强化培训班;与吉林大学法学院合作举办了由81名人员参加的"宪法学和行政法学"研究生课程进修班。从2003年至2008年,省局举办了两轮共14期科(处)级干部培训班,共有1 000多人次参加培训。开展准军事化训练。2006年,全省工商系统以换发新式工商制服为契机,开展了以队列训练为内容的准军事化训练,集结4 000多名工商执法人员,隆重举行队列训练汇报表演,充分展示广大工商执法人员积极进取、昂扬向上的精神面貌。

三是大力推进廉政建设。认真落实党风廉政建设责任制度,将全年党风廉政建设重点任务细化分解,明确责任内容,完善责任考核,加大责任追究,层层签订党风廉政建设责任书。切实加强政风行风建设,认真解决损害群众利益的突出问题。每年年初,都提出年度行风建设具体目标,突出要解决的问题,并融于各项业务工作之中,分解细化。大力推进政务公开,加大行政执法公开的力度。各级局将行政审批、行政处罚、行政收费的依据、标准、结果公开,使公开的内容不断完善、范围不断拓宽、载体不断丰富。积极参加政风行风热线直播节目,回答听众提出的问题。各级工商局普遍设立行风投诉台,由纪检监察部门认真受理信访举报,对违纪问题严肃查处。为接受社会监督,全省工商系统积极开展"万人评工商"、"基层评议机关"等活动,聘请各级人大代表、政协委员、企业和个体工商户代表4 000多人为行风监督员，召开各种座谈会 2 000 多次，发测评票 30 多万张，以民主评议方式征求社会各界意见。贯彻落实"六项禁令"，开展"五项治理"，开展"队伍教育整顿"，进一步严肃干部人事纪律、依法行政工作纪律和收支两条线财经纪律。以行政执法权、审批权、干部人事权和案、费、证、照为重点，制定下发了全省工商系统《建立健全教育、监督、制度并重的惩治和预防腐败体系实施意见》，使反腐倡廉的目标、任务更加明确。狠抓《惩防实施纲要》的落实，教育、制度、监督、改革、纠风、惩处各项工作取得扎实进展。

五、推进监管执法改革创新

（一）创新监管执法理念，形成服务发展的政策支持体系

破解长期困扰工商部门如何处理监管与发展的关系这道历史性课题，推进了由计划经济的监管理念向执法为发展服务理念的转变。以科学发展观为统领，跳出工商看全局，明晰为发展服务的思路，找准为发展服务的定位，明确为发展服务的责任，树立起崭新的工商行政执法新形象。省工商局先后出台了《关于振兴吉林老工业基地，优化经济发展环境若干意见》等 17 份文件，放宽政策、破除羁绊、降低门槛，全省工商系统共制定出台支持发展的政策措施 800 多条，放宽政策涵盖了各个层面的各类市场主体，成为历史上支持经济发展出台政策最密集、支持力度最大的时期。2008 年 5 月，在全省"继续解放思想，推动吉林振兴"大讨论活动中，省工商局出台了《关于进一步促进民营经济发展的 25 条政策》，得到吉林省委、省政府主要领导的高度重视和媒体的广泛关注。王珉书记、韩长赋省长都作出重要批示。

（二）创新监管制度，建立科学合理的执法机制初成框架

通过开展专项市场整治和大量监管执法实践，创新五项基本制度。创新了登记管理制度。减少登记环节，改革登记流程，实行登记提速，全面推行"窗口一站式、示范一文本、告之一口清、一审一核制、注册一周清"的市场准入"一字工作法"，为各类主体

进入市场创造了方便、快捷的条件。创新了执法办案制度。推行预警告诫制，念好"三轻三重"、"三宽三严"、"三先三后"的"三字经"，即，对涉"安"、涉"农"、涉"名"的违法经营行为从重查处，对国企改制过程中出现的、下岗职工再就业中发生的、外来投资者因合理原因导致的一般违法违章行为从轻处理；对情节严重的从严，情节轻微的从宽，危害严重的从严，尚未造成危害或危害轻微的从宽，屡犯从严，初犯从宽；做到宣传教育在先，检查处理在后，预警警示在先，行政处罚在后，当事人陈述申辩在先，处罚决定在后。创新了商品准入制度。监督市场经营者通过索证索票和建立进货台账，把住入市商品质量关。普遍配备商品质量检测设备，对上市商品的质量检测经常化。创新了企业信用分类监管制度。以登记资料和监管记录为依据，建起企业信用信息数据库，将企业划分为守信企业、警示企业、失信企业和严重失信企业，实行不同距离监管。坚持开展企业信用创建活动，认定一批"守合同、重信用"企业和广告信誉单位。创新了"12315"行政执法网络制度。整合受理消费投诉举报机构，统一受理消费投诉，统一受理对违法经营的举报，统一监督相关部门办理，统一向投诉人、举报人反馈。省局、市州局及部分县级局已建起自动化程度较高的"12315"平台，实现联网，有序运作。

（三）创新监管方法、手段和设施，向实现便民高效执法迈出重要步伐

建立企业经济户口并在实施中不断完善。以企业登记静态资料、以日常监管动态资料为内容的企业经济户口已普遍建立起来，并实现从书式档案向电子档案过渡，市、县局和基层工商分局（所）之间还实现电子档案联网，做到经济户口资源各级共享。推行市场巡查制在实施中不断规范。制定实施《全省工商系统基层工商分局（所）市场巡查办法》，明确市场巡查的重点、内容、方式、记录、责任。对有违法失信记录的经营主体经常巡查，及时发现和查处违法经营行为。推进执法公开在实施中不断发展。界定对外公开和对内公开的内容，运用政务信息网

公开执法事项成为重要形式。监管执法手段的科技含量水平有很大提升。通过实现信息化建设三年规划，建成省市县三级局域网、广域网，各级局实现联网，与总局提前一年实现联网。省市县三级局建立企业信息数据中心（库），共录入包括注销、吊销企业和个体工商户在内的 93.2 万户各类市场主体的资料；企业登记、收费、经济户口管理等业务系统得到广泛应用，网上核名、网上注册、网上年检、网上查询已经启动；电子政务、无纸化办公稳步推进；省市两级局已运用建成的视频会议系统召开相关会议。信息技术在监管执法和服务发展中的应用越来越广泛。基层办公条件和办公设施按照规范化的要求有很大改进。从 2003 年起通过实施基层建设三年规划，投入 2 亿多元，新建 2 个市州局、16 个县级局、129 个工商分局（所）的办公楼（用房），改建 4 个市州局、20 个县级局、121 个工商分局（所）的办公楼（用房），基层工商分局（所）执法装备水平不断提高。全省基层规范化建设三年规划全面实现，90% 以上的基层工商分局（所）达到了规范化建设标准。

第二节　吉林省工商行政管理发展成就

吉林省工商系统自 1979 年 6 月重新组建以来，伴随改革开放、市场经济发展而发展，走过了 30 年不平凡的历程。特别是步入新世纪、新阶段，全省工商行政管理机关，在为党委政府分忧、为人民群众负责、为经济发展尽力、为市场秩序好转尽责过程中，依法行政的权威进一步确立，服务发展的实践得到社会的公认，是重新组建以来发展加快、改革加速、建设提升、作用凸显的重要时期。

一、整顿规范市场秩序，严厉查处经济违法违章案件

（一）全力开展流通环节产品质量和食品安全专项整治，坚决打击制售假冒伪劣商品行为

组织大规模的专项整治行动。每年都制发整治方案，确定整治的重点品种、重点市场和重点区域，明确整治措施和要求。集中对食品批发市场、大型商场、集贸市场、城乡结合部食品摊点销售的粮、肉、蔬菜、水产品、奶制品、饮品、儿童食品、保健食品等进行了专项执法检查。1998 年，对流入吉林省的山西假酒，省工商局领导带队深入重点地区，夜以继日，全力追缴，经过两个月的奋战，查扣、追缴假酒 3 300 多箱，得到国家工商局和省委、省政府的充分肯定。2003 年，组织实施食品、药品放心工程。对 10 934 处市场、商场、超市、集市以及经营摊点进行了全面检查，查处食品违法案件 241 件，查扣假冒伪劣食品标值 120 多万元。清理取缔毒鼠药销售摊点 468 家，收缴各类别毒鼠药 5 063 公斤，移交公安机关 12 件，毒鼠药专项整治工作受到国务院督查组的肯定和表扬。查处各类侵农害农违法案件 473 件，检查大中型装修材料市场 15 处，收缴假劣装饰装潢材料标值 100 多万元。2004 年，全省工商系统对各类市场销售的奶粉进行拉网式检查，清出有问题奶粉 4 000 多袋。2004 年至 2008 年 6 月末，全省工商系统食品安全专项整治共出动人员 22 万人次，检查市场、商场等经营场所 1 200 多个，检查食品经营主体 3.6 万个，查处无照经营业户 1 645 户，查扣假冒伪劣食品 18 大类，80 多个品种，立案 258 件。2006 年，集中主要精力整治流通领域食品安全。针对不同季节食品安全存在的带有普遍性的问题，适时组织开展专项食品执法行动。共检查市场、商场等经营场所 1 200 多个，检查食品经营主体 1.3 万户次，查扣假冒伪劣食品，标值达 510 多万元。商品质量检测 3 270 余批次，对畜禽肉食品进行专项检查，收缴过期食品 6 801 公斤，不合格肉制品 360 公斤，未检疫肉品 680 公斤。2007 年，集中组织开展大规模的专项整治行动，共检查市场 3 475 个，收缴假冒伪劣及不合格食品 31 423 公斤，查处食品案件 231 件。

（二）大力整治农资市场

加强对农资经营主体资格的审查，取缔无照经营，清理超范围经营、一证多点经营

和挂靠经营。

推行"两账两票一书一卡"（进销货台账、进销货发票、农资商品质量责任书、销售企业农资商品质量信誉卡）制度、经营者承诺制度、消费信息公示制度、种子留样备查制度、不合格农资产品退市制度、预先赔付制度，规范农资经营行为。

组织对种子、化肥、农药、农机具等重点农资产品质量的抽检，收缴劣质和不合格产品，并发布消费警示。

组织春季大规模"红盾护农"行动。受理举报投诉咨询，发放宣传单，聘请专门机构现场检测和技术指导，组织名优企业优惠销售质优农资产品，组成"红盾护农特别执法队"深入农村田间地头，受理农民投诉，查处坑农害农案件。

2004 年，从连云港进入吉林省 13 车皮780 多吨假化肥，全省系统紧急行动，公布举报电话，查阅铁路货单，仅 20 多天就将流入吉林省的假化肥基本追回，避免了 6 万亩农田绝收的严重后果。近几年，全省农资市场整治共出动执法人员 1.2 万人次，依法查处农资案件 465 件，查扣假劣化肥 900 多吨，伪劣种子 17 万公斤。

（三）严厉打击走私贩私活动

1980 年至 1985 年，查缴走私电视22 211台，录音机 3 004 台，黄金 11 129 克，白银 126 601 克，麝香 39 626 克。"八五计划"期间，检查经销进口商品的国有、集体企业和个体工商户 15 000 户（次），对较大的汽车交易市场进行了经常性检查，共查处走私贩私案 651 件，查扣各种非法走私汽车1 742台，走私旧服装 12 万件。在 1998 年全国打私工作会议结束后，全省工商系统以"两车"（汽车、摩托车）、"两油"（成品油、石油）、"两料"（化工原料、感光材料）、香烟和通信器材为重点检查商品，坚决取缔私货交易市场；以来料加工企业、"三资"企业，特别是"三来一补"贸易企业为重点检查对象，打击利用加工贸易进行走私的活动；以延边、白山、通化等沿边地区及大中城市为重点检查地区，充分发挥各级工商局设在码头、民航、铁路等地的派驻机构的职能作用，配合

海关、公安部门切断走私、贩私运输渠道，查扣走私汽车 44 辆，照相机 95 部，摩托车 67台，香烟 24 500 条，取缔 3 处非法烟草市场。

（四）制止不正当竞争，推进反垄断执法工作

以查处行业部门垄断、公用事业单位利用独占地位排斥他人等不正当竞争行为为重点，从 1994 年以来，对铁路、邮电、卫生等部门所办企业进行了检查，每年查处的不正当竞争案件都有 100 多件。1998 年，根据群众举报，对沈阳铁路局长春站强制提供服务获取违法所得 800 万元的不正当竞争行为进行了查处，罚款 20 万元。2002 年，全省共查处不正当竞争案件 225 件，案值 3 484 万元。2005 年，以与人民群众生活密切相关的行业为重点，严厉查处滥用垄断地位强制交易、强制服务等行为；积极运用行政建议和行政告诫等方式，制止行政性垄断行为。立案查处各类限制竞争、强制交易（服务）、滥收费案件 35 件，下达行政建议和行政告诫书 21 件。

（五）严厉打击传销活动，进一步规范直销行为

对传销和变相传销加大打击力度。2003 年，共打掉传销团伙 30 个，捣毁窝点662 个，驱散传销人员 21 585 人。2004 年，打击传销和变相传销工作由部门行为上升到政府行为。重点打击以"拉人头"为主的传销和变相传销活动，取缔窝点，教育群众，规范、监控转型企业的经营行为。重点查处了"武汉新田"、"美国远程教育"等一批活动猖獗、影响大的传销案件，遏制了传销和变相传销在吉林蔓延的势头。全省共查办传销案件 290 多件，端掉传销窝点 1 400 多个，遣散传销人员 2.7 万人，移送公安机关91 人，刑事拘留 56 人。2005 年，继续对传销保持了高压严打态势，端掉传销窝点 98个。2006 年，以贯彻实施《禁止传销条例》和《直销管理条例》为主线，形成政府统一领导、地方管辖、相关部门各负其责、联打联防的工作格局，向社会公开曝光八大传销案例，全省取缔传销组织 7 个，捣毁传销窝点1 107个，驱散参与传销活动人员 28 367 人

次,查处传销案件 251 件,移送公安机关案件 23 件,拘留 59 人,逮捕 38 人。2007 年,组织开展了三次大规模集中打击行动,摧毁传销窝点 987 个,教育遣散传销人员 34 584 人次,立案查处 143 件,其中 63 件涉嫌传销犯罪的案件移交公安司法机关,追究刑事责任 180 人。四平市工商局领导和执法人员勇于执法,不畏强暴,维护了法律的尊严,在打击非法传销的工作中分别荣立了二等功和三等功。2008 年上半年,全省共查处传销案件 69 件,取缔传销窝点 225 个,教育遣返传销人员 7 329 人次,依法移送司法机关传销案件 9 起,批捕传销头目和骨干分子 13 人,劳动教养 241 人。进一步规范直销行为。对直销企业及其分支机构招募、培训、计酬等重点环节进行检查规范,严厉查处未经批准擅自从事直销和打着"直销"旗号从事传销活动的行为。

（六）加强重要商品市场监管

对陈化粮市场开展专项整治,严打倒卖陈化粮的不法行为,有效防止陈化粮流入口粮市场。2003 年,全省工商系统查扣陈化粮 38 672 吨。2004 年,加强粮食收购市场管理,结合企业年检换照和日常监督,对粮食收购企业、个体户进行普遍清查,对不具备经营条件的及时予以变更。督促企业建立粮食购销台账。共查扣陈化粮 1 230 吨。2005 年,查办 1 000 吨以上的陈化粮案件 20 件,取消 12 户企业购买陈化粮资格。2006 年,取消有倒卖陈化粮行为的 64 户企业的购买资格,查处陈化粮违法案件 15 件,查扣陈化粮 3 876 吨。2007 年,对全省 54 万吨陈化粮拍卖进行全程监督,与粮食部门联合对 38 家企业的购买资格进行严格审查,全省核准 12 家,查扣陈化粮 810 吨。

加强对成品油、车用乙醇汽油市场的监管。2005 年,对车用乙醇汽油等成品油市场实施了"百人百日大检查",检查成品油经销企业 1 351 家,查处违法加油站 258 家,查扣伪劣汽油 722 吨。2006 年,取缔非法加油站 21 个,责令 78 个加油站变更或注销登记。2007 年,组织对全省 385 个加油站进行抽检,检测乙醇汽油油样 896 个,对 472 个不合格油样当事人进行了处罚。

参加对 720 家药品投标主体资格的审查工作,取消了 11 家的竞价资格。

（七）治理商业贿赂

2006 年,全省工商系统共查处金融、保险、医药、教育、大型商业企业等领域商业贿赂案件 69 件。2007 年,以医药流通领域"带金促销"、大宗医疗机械购销中财物贿赂、出版物市场收受回扣、广告经营中非法提成、酒类市场贿赂促销、建筑材料市场高额回扣等行为为重点,排查涉嫌商业贿赂案件 123 件,立案 31 件,结案 28 件。

此外,还组织开展或参与配合了扫黄打非、防艾禁毒、反洗钱、网吧、校园周边环境、不良政治出版物、盗版音像制品、旅游市场、有形建筑市场、文化市场、娱乐场所、野生动物、拆解拼装汽车市场、汽车摩托车配件市场、车辆超载超限、自行车市场等专项整治行动,认真履行了职责。

二、内资企业监督管理

从 1979 年到 1992 年,吉林省的企业登记工作经历了三个阶段。1979—1981 年,着重对全省企业进行普查登记,摸清底数,为国民经济的合理调整服务。省工商局对全省各种经济形式的工业、交通运输业、建筑业、商业、饮食业、服务业企业进行了全面的普查登记,逐步建立经济户口。全省普查登记的企业共有 34 635 户,其中全民所有制企业 8 093 户,集体所有制的企业 26 542 户。在此基础上,开始对一些行业进行了清理整顿。1980 年,会同省卫生厅、省医药局、省商业厅、省畜牧局对全省的制药行业进行了清理整顿,原有的 145 家药厂仅保留 74 家。1982—1987 年,主要是贯彻执行《工商企业登记管理条例》,加强对企业的外部监督管理。这一期间进一步加强对企业的监督检查,检查工商企业 90 590 户,发现违反条例规定的有 17 853 户,其中吊销营业执照 813 户;没收非法所得、责令赔偿经营损失的 3 741 户,罚没款 362 万元;批评教育 9 509 户;冻结银行账户 104 户。严格按照国家规定的法律法规对工商企业进行登记注册,并加强了对企业名称、章程等的监督管理。

1988—1991 年,实施《企业法人登记管理条例》,确认企业的法人资格和合法经营权。企业登记管理由营业登记转为法人登记。这一期间加强了对重要生产资料、紧俏耐用消费品和专营商品的登记管理,开展了清理整顿公司工作,调整了 401 户公司的经营范围。

从 1992 年开始,按照构建社会主义市场经济的要求,全省工商行政管理部门为促进企业成为独立的法人实体和市场主体,进一步改进登记管理,为企业发展创造良好环境。一是立足扶持,积极为企业提供服务。各级工商行政管理机关深入企业帮助理顺登记法律关系,从设立企业到投资主体、企业名称、企业类型、企业章程等方面给予具体指导,并依法予以登记。结合企业年检、登门服务、现场办公,对企业的组织结构、经营状况、市场环境等情况进行综合分析,从登记的角度提出了促进企业转换经营机制的意见。二是全面支持和促进国有企业建立现代企业制度。省工商局先后下发了国有企业"抓大放小"十三项政策、八条措施和《关于为吉林工业效益攻坚战创造良好环境的意见》,对国有企业组建集团、划小核算单位和产权出售积极予以支持。由于市场准入政策的改革突破,2004 年省直登记的各类股份制企业劲增 40.7%。2005 年,省工商局出台了《支持国企改制的若干意见》,省、市、县三级局对全省 816 户重点改制企业和各市州重点改制企业实行包保责任制、定期联系制、跟踪服务制,普遍设立国企改制登记窗口,公开办事电话,先后到 300 多户改制企业现场办公,逐户帮助解决增加经营范围、新组建分公司、破产重组、外资并购、主辅分离等问题。三是加强监督管理。坚持严格按照法定程序、依法认真审查企业提出申办的各类企业经营资格的真实性和合法性。加大了企业年检工作力度,把年检与查处虚假出资现象、严厉打击抽逃出资等违法、违规行为结合起来,与进一步清理和规范市场中介组织结合起来,与清理"三无"企业结合起来。

截至 2008 年 6 月末,全省共有内资企业 47 336 户,注册资本 2 560.75 亿元,其中国有企业 11 263 户,集体企业 14 955 户,股份合作企业 1 272 户,公司 19 755 户(其中有限责任公司 17 261 户、股份有限公司 2 494 户),其他企业 91 户。

三、外商投资企业登记监督

从 1984 年全省登记注册第一家外商投资企业起,经过缓慢发展,1992 年出现了申办热潮,当年就注册登记 627 户,1993 年注册 1 304 户,比上年多 677 户。在这个时期全省各级工商行政管理机关把优化外商投资登记环境作为工作重点,普遍做到"受理快、审查快、发照快、服务态度好"。进入 1995 年以后,申请登记注册的外商投资企业的户数开始逐年减少,当年新登记注册的外商投资企业为 533 户,1996 年盲目投资热潮减退,新登记户数减到 424 户,但是登记注册的外商投资企业的质量在逐年提高。一是虚假现象在减少,利用国家免税政策的假合资问题有所解决;二是成功率在提高,新登记的企业更加务实,重视考察论证,抓紧投产开业;三是投资大户增多,特别是 2000 年以后,投资亿元以上的大项目增多,这些大型外商投资企业带动了吉林省外商投资企业向上规模上档次的方向发展;四是外商投资企业并购国内企业成为外资企业新的增长点。从 2005 年 4 月 7 日至 2008 年 6 月底,已有 76 户国内企业被外商收购后转入正常生产经营。2005 年,省工商局出台了《进一步改进外资登记服务工作》的通知,各地认真贯彻落实,在促进外商投资企业发展方面,提前介入,同步审批,主动服务,全省外商投资企业达到 2 488 户。

截至 2008 年 6 月底,全省各级工商行政管理机关登记注册的外商投资企业 1 934 户,投资总额 163 亿美元,注册资本 92.7 亿美元。

四、个体私营经济监督管理

党的十一届三中全会以后至 1997 年之间,吉林省个体私营经济又开始恢复和发展,经历了一个较快而曲折的发展过程。大致可分为四个阶段:第一阶段,1979 年至 1982 年,为恢复发展阶段。主要是解决城镇待业青年和社会闲散人员就业问题。1981年,国务院发布了《关于城镇农业个体经济若干政策性规定》,为个体经济的存在和发展提供了政策依据,全省个体工商户由1979年的1.1万户、1.2万人,发展到1982年的7.5万户和8.9万人,年均增长速度为105.3%和119.7%。第二阶段,1983年至1985年,为稳定增长阶段。由于国家对个体经济在生产经营行业、发展对象、经营范围、经营方式、价格和审批手续等6个方面放宽了限制,到1985年,全省个体工商户累计发展到27万户、从业人员发展到37万人,年均增长分别为54.4%和62.4%。第三阶段,1986年至1991年,为徘徊发展阶段。这一时期,国家对个体私营经济进行整顿,个体商户优胜劣汰,出现新的组合。1986年全省个体经济第一次出现下降,户数和人数分别比1985年底下降4%和5.4%。党的十三大以后,个体工商户有所回升,发展到30万户,从业人员发展到45万人,分别增长11.1%和18.4%。私营企业也开始出现,1987年中央5号文件提出了对私营经济"允许存在、逐步引导、加强管理、兴利抑弊"的16字方针,要求私营经济从个体经济中分离出来,开始对私营企业登记注册。到年底,全省私营企业发展到973户、1.3万人。1988年国务院发布了《私营企业暂行条例》,进一步阐明了发展私营企业的政策。这一年,全省私营企业户数和人数比上年增长了2.2倍和2.4倍。到1991年底累计,个体工商户发展到31万户、44万人,比上年增长6.2%和1.9%。第四阶段,从1992年至1997年,为快速发展阶段。邓小平南方谈话和党的"十四大"以后,各地按照"三个有利于"标准,冲破了姓"资"姓"社"的束缚,为个体私营经济发展创造了更为有利的外部环境和社会条件。省政府适时制定了《关于加快发展个体私营经济的若干规定》和《若干具体问题的补充规定》(共51条),简化了登记手续,放宽了经营范围、经营方式等方面的政策,使全省个体私营经济出现了蓬勃发展的势头。1992年底,全省个体工商户发展到34.8万户、49万人,分别比上年增长

11%和11.4%。1994年个体工商户猛增到75.3万户、107.9万人,比上年增长203%和162%。截至1997年底,注册资金达115亿元,总产值达168亿元,营业收入达579亿元,社会消费品零售额达366亿元。

党的"十五大"以来,全省工商系统认真学习"十五大"精神,放胆放手发展个体私营经济。统一思想,形成发展共识;出台政策,加大扶持力度;加强领导,落实发展责任;抢抓机遇,拓宽发展渠道。全省各级工商部门引导个体私营企业抓住所有制结构调整的机遇,参与国有企业的战略性改组,实现资金、技术、所有制的优势互补。1998年,全省个体工商大户、私营企业共租赁、兼并、购买国有小企业1 432户,其中租赁447户、兼并288户、购买559户、联合138户。全省私营企业共吸纳下岗职工4万多人。抓住体制改革和转换机制的机遇,调动社会力量从事个体私营经济,提高从业人员的素质。在发展私营企业的浓厚社会舆论氛围中,全省机关干部、科技人员兴办、领办私营企业240户,从事个体私营3 385人;私营企业聘用大、中专毕业生5 199人。抓住全国开放和产业梯度转移的机遇,大力招商引资,兴建私营企业园区。1998年,境外资本来吉林省开办个体私营企业的有9 000户,引进资金36亿元。全省共兴建私营企业园区179个。

2005年,省工商局制定了《支持个体私营等非公有制经济发展的政策措施》和《关于支持民营经济发展的若干意见》,进一步降低民营经济市场准入门槛,大大激发了全民创业的热情。全省各级工商部门为1 434户私营企业按注册资本可以分期注入政策办理了登记注册,为168户企业核发了6个月筹备期营业执照,为5户企业以高新技术成果为注册资本办理了登记注册。2005年年底,全省私营企业达到60 007户,个体工商户达到44.7万户。2006年,经全省工商行政管理机关登记注册的私营企业70 241户,个体工商户492 205户。2007年,全省个体工商户、私营企业保持了10%左右的增长速度。2008年上半年,省工商局出台的《关于进一步促进民营经济发展的25条政

策》,进一步放宽了政策,加大了扶持力度。截至 2008 年 6 月底,全省个体工商户520 291 户、从业人员 1 011 290 人,户均资金数额 2.9 万元;私营企业 88 836 户,从业人员 161.5 万人,注册资本 1 294 亿元;私营有限公司 7.5 万户,注册资本 1 098.9 亿元;私营独资企业 1.27 万户,注册资本40.2 亿元。

在支持个体私营经济发展的同时,全省各级工商行政管理机关加强了对个体工商户和私营企业的监督管理,切实加强个体工商户和私营企业精神文明建设。各级工商行政管理部门在全省个体工商业广泛开展做有理想、有道德、有文化、有纪律的社会主义经营者的教育活动和"户户讲道德、店店无假货"、做"光彩之星"等评比竞赛活动,评选文明业户。制定了名称、档案、经营范围核定、行业守则等规范性文件,使管理工作走上法制化、制度化、规范化的轨道。各地对个体私营企业的经营活动,定期进行检查,随时重点抽查。针对每个时期存在的倾向性问题,会同有关职能部门进行专项治理,对违法违章问题依法予以查处。

五、商标注册与监督管理

为引导企业树立商标意识,增加注册商标数量,吉林省工商行政管理部门坚持利用报纸、刊物、广播、电视宣传,印发各种资料,举办商标知识竞赛,组织培训班,广泛深入地宣传普及《商标法》。1997 年,认定了"解放"、"东宝"、"敖东"、"皇封"等 139 件吉林省著名商标。1998 年,举办了有 11 个省市参加的延吉商标转让洽谈会,成功转让、续展闲置商标 81 件。截至 2002 年底,全省注册商标发展到 20 000 多件。

2003 年,全省各级工商行政管理机关引导企业申请认定驰名、著名商标,共认定著名商标 195 件。2005 年 11 月,省工商局代省政府起草并发布的《吉林省"十一五"期间培育认定驰名商标、著名商标工作推进方案》,规划了发展目标,协调 11 个部门制定了包括对获得驰名商标企业奖励 100 万元等 8 项鼓励政策。与有关部门联合开展农产品地理标志商品调查研讨,对"饮马河大米"等 31 个申请的证明商标进行了论证。

新认定"东北虎"等 27 件商标为吉林省著名商标。2006 年,各级工商局以政府名义提出"十一五"争创驰名、著名商标工作目标,制定出台扶持政策和推进方案;被推荐的"喜丰"、"皓月"、"修正"、"长白山"(卷烟)商标被认定为中国驰名商标;新认定吉林省著名商标 212 件,全省各地实施商标兴企、商标兴农、商标兴市(县)战略的积极性空前高涨。2007 年,全省有"温馨鸟"、"长白山"、"德大"、"感康"4 件商标被认定为中国驰名商标,121 件被认定为吉林省著名商标。2007 年 9 月 28 日,省人大常委会通过了《吉林省著名商标认定和保护条例》,11 月 1 日施行。2008 年 3 月,"解放"、"红旗"、"鼎鹿"、"成"、"铸诚"、"一正"6 件商标被认定为驰名商标,截至 6 月,全省共拥有驰名商标 22 件,吉林省著名商标 383 件。

为保护商标专用权和本省新兴知名度较高的商标及老字号合法权益,省工商局 1997 年制定了《吉林省著名商标认定和管理试行办法》和《"吉林省著名商标"标志使用管理试行办法》。2003 年 8 月 22 日,省政府通过了《吉林省著名商标认定和保护办法》,自 11 月 1 日施行。指定商标印制单位,加强复核换证管理,从源头上遏制非法印制商标的势头。建立健全商标执法机构,开展保护商标专用权专项整治。2004 年,以保护驰名商标、著名商标为重点,集中开展三次统一行动,严厉查处食品、药品、农产品商标侵权假冒案件和非法印制使用假包装、假商标等一些大要案件,以及涉外商标侵权案件。全省共查处商标侵权案件 231 件,收缴侵权商标标识 11.6 万件(套)。2005 年,保护商标专用权整治重点突出对驰名商标、著名商标的保护,发布全省 10 大商标侵权案件,查处侵犯"洮儿河"、"长白山"、"感康"、"螨婷"等 541 件注册商标案件,保护了吉林省知名品牌。2006 年,以保护驰名商标、涉外商标,查处食品、药品商标侵权案件为重点,严厉打击侵权"五粮液"、"感康"等驰名著名商标和"耐克"等涉外商标的违法行为,共查处各种商标违法案件 305 件,案值 535 万元,收缴侵权商标标识 14 万件

（套）。2007 年,实行商标侵权易发地区重点监管责任制,重点加强对驰名、著名、涉外商标和奥林匹克商标标志的日常保护,严厉打击商品批发零售市场商标假冒侵权行为,开通"吉林商标网",公布《2006 年吉林省商标领域 10 件大事》。30 年来共查处商标违法案件 4 309 件,收缴和销毁假冒商标标识 1 790.9 万件(套),罚款 1 588.67 万元,责令赔偿损失 11.4 万元,移交司法机关追究刑事责任 18 人。"新开河"、"皇封"、"李连贵"、"斯达舒"、"长白山"、"洮儿河"、"感康"、"蟆婷"等一批省内著名商标专用权在国内外得到有效保护,"回宝珍"等一批被抢注的老字号商标得以撤销,省内外侵犯一汽汽车零配件"解放"商标、葡萄酒"通化"商标等吉林省的驰名、著名商标案件得到了严肃查处。"新开河"商标保护的经验被国务院新闻办公室写进了《中国知识产权保护状况》一文。

六、广告监督管理

1984 年,省工商行政管理局内设商标广告管理处,主管全省广告监督管理工作。截至 2007 年底,全省共有广告经营单位 1 680 户,从业人员 5 780 人,广告经营额 16.5 亿元。

在广告日常监督管理方面,监督、指导广告经营单位建立和完善广告管理和自律机制,普遍建立了广告审查、登记和存档制度。从 2005 开始,每年都对在大型商场、药店、医院等场所散发的印刷品广告进行集中检查清理,对散发内容虚假、影响恶劣的违法印刷品广告的单位和个人进行严肃处罚,对典型案件,通过新闻媒介予以曝光。2005 年—2007 年,共立案查处违法广告案件 1 200 余件。2005 年,集中整治虚假违法医疗药品广告,在全国首创《吉林省广告监管与发展联席会议制度》,明确各部门的职责,形成对虚假违法广告齐抓共管的局面。对 1 254 件未经审批、未按审批内容发布的广告坚决停刊、停播,对 1 万多条广告进行严格审查,对电视、报刊广告展开监测,对 335 件虚假违法广告进行严肃查处,有效遏制了虚假违法广告泛滥的势头。2006 年,以省政府办公厅名义发布实施《药品医疗保健类广告监督管理实施办法》,坚持推行一般违法广告警示制度、严重违法广告"下架"制度,及时发布警示,停止刊播一批违法广告。分阶段、分品种对药品、医疗、保健食品以及涉黄涉色的违法广告联合整治。查处广告违法案件 836 件。出台了《吉林省广告发布单位信用等级监督管理实施办法》,把媒体广告发布情况分为守信、基本守信、失信、严重失信四个等级,会同有关部门进行严格检查评定,每两年评定一次,大大激发了荣誉意识、自律意识。2007 年,坚持和完善三项制度,把对违法药品、医疗、保健食品广告为主的违法广告整治作为长期重要的工作,保持严管态势,向媒体下发违法广告警示 3 000 多条次,立案查处 549 件严重违法广告案件,对 180 条虚假违法广告"下架"处理。首次介入网络广告的监管,会同有关部门组织开展了打击网上违法"性药品"性治疗广告专项斗争。建立全省统一的广告监测网络,2008 年,市、州局普遍配备监听监视设备,建立广告监测档案,逐级明确监测责任,查处违法广告。

七、市场监督管理

党的十一届三中全会重新确认了集市贸易的地位和作用,全省工商部门因势利导,恢复了农村的传统大集,开办街路市场。为改善市场经营条件,增强服务功能,进一步扩大市场投资主体,于 1986 年、1992 年两次在全省掀起市场建设热潮,市场建设投资达 9.1 亿元,扩建和改建各类市场 497 处,建起楼层和室内市场 168 处,棚顶市场 124 处,使全省有了一大批档次较高、功能较全、辐射面较广的集贸型商品市场。党的"十五大"以后,以公主岭市中国北方温州商城为代表的大型消费品批发市场迅速崛起,掀起新一轮市场建设热潮。这些市场用优惠的政策招商引资,坚持走工贸连体的路子,逐步成为具有区域特点、辐射全国、面向世界的大型市场。截至 2007 年底,全省消费品市场已达到 726 处,其中:消费品综合市场 223 处,农副产品市场 337 处,工业消费品市场 134 处,其他市场 32 处。随着市场调节范围的扩大,吉林省的生产资料市场从无到有,从小到大,逐步发展,2002 年,全省共有生产资料市场 126 处。其中:辐射力较强的汽车、钢材、煤炭、汽车配件等生产资料市场初具规模,成交额较大的有东北木材市场、长春汽车贸易城、长春生产资料综合市场。各类生产要素市场正在加快发展。各有关行业主管部门兴办市场的积极性很高,立足发挥行业特点和产业优势,在政府统筹规划下,兴办了一批具有一定规模,辐射面较广的生产要素市场。现在,全省共有生产要素市场 18 处。其中:房地产市场 1 处,金融市场 4 处,劳动力市场 7 处,技术市场 1 处,产权市场 1 处,其他要素市场 4 处。这些生产要素市场在实现国有企业产权置换、加快就业等方面起到了相当重要的作用。

各级工商部门冲破单一渠道、多层批发、独家经营的传统流通体制,实行经营主体、物流渠道、经营方式和市场价格的"四放开",积极组织长途贩运,上市商品迅猛增加,蔬菜和主要副食品绝大部分已靠集贸市场供应。1995 年,全省集市贸易成交额达 251 亿元,比 1978 年的 2.3 亿元增长了 124 倍,占社会商品零售总额达 52%,比 1978 年提高了 48 个百分点,为全省居民提供的商品价值人均已达 1 004 元。全省成交额超亿元的市场达 16 处。

1995 年,根据国务院办公厅转发国家工商局等部委《关于工商行政管理机关与所办市场尽快脱钩的意见》精神,吉林省工商行政管理机关开展与所办市场脱钩工作,各级局识大体、顾大局,在当地政府的领导下,在各有关部门的支持下,到 2000 年底,全省系统办管脱钩工作全面完成,全省 297 处需要脱钩的市场,移交给政府或政府指定的国有资产管理公司的有 123 处,组建股份公司或有限责任公司的有 56 处,整体出售的有 56 处,抵偿市场建设债务的有 6 处,转让给联办方的有 2 处,因城市规划拆迁而关闭的有 54 处。从此,吉林省工商机关市场监管工作翻开了新的一页。

市场办管脱钩前,吉林省工商部门主要是采取传统的驻场静态方式管理市场。随着社会主义市场体系的发展,沿用已久的这种方式已经不能适应新形势的需要。从 1998 年开始,吉林省工商机关在市场监管中,积极探索和推行市场巡查制、网格责任制、信用分类监管制,监管方式越来越科学,越来越有效。

市场办管脱钩后,吉林省工商行政管理机关进一步加强了对市场的规范管理。依法开展市场登记,核发市场登记证 1 300 个;在全省大中型市场普遍推行"公平秤"、"信誉卡"、"黄牌警告"等监督制度,实行"假冒伪劣找工商"、"短斤少两找工商"的承诺;组织创造文明市场和星级市场,全省涌现出国家级文明市场 27 处、省级文明市场 168 处,2000 年,吉林省工商局命名长春市华正批发市场等 72 处市场为全省第一批星级文明市场,对促进市场服务设施的完善,文明经营风气的培育,文明管理水平的提高,发挥了积极作用。

根据国务院的要求,1998 年,吉林省人民政府办公厅转发省工商局等部门《关于加强全省粮食市场管理意见》,全省工商系统加大对粮食收购市场的管理,严格执行粮食批发准入制度,清理不具备粮食收储资格的企业 759 户;严厉打击非法收购粮食行为,查处案件 1 021 起,收缴罚没款 859.19 万元;配合有关部门规范粮食批发市场,初步形成覆盖全省、辐射全国的三级粮食批发市场网络。

2002 年,为使集贸市场规范化管理提高到一个新水平,吉林省工商局制定了《吉林省集贸市场管理规范(试行)》,对市场经营主体、市场交易行为、上市商品、市场管理等各方面进行了全面规范。组织开展了集贸市场专项整治工作。全省对 927 处县以上集贸市场的主办主体和市场经营主体进行了全面清理,清出无《市场登记证》或手续不全的集贸市场 91 处,清出各类无照经营业户 10 327 户,业户的办照率达到 95% 以上;扣缴假冒伪劣商品 130 多个品种,案值 3 000 多万元;除掉了一批扰乱市场秩序的"场霸"、"市霸"。大部分集贸市场建立起比较规范的规章制度。

2007年,在流通环节食品安全专项整治中,认真组织落实国务院提出的"两个100%"和"一个彻底解决"的整治目标。制定了《食品安全监管七项制度》和《食品经营者自律七项制度》,通过市场巡查、集中检查,逐个市场、逐个业户地检查规范,印制全省统一的进货台账免费发放给经营者,推进两个100%的落实;通过登记年检、验照和市场巡查,集中清理主体资格,建立食品经营企业业户档案,大力取缔无照经营。经国务院联合检查组的检查验收,吉林省在规定时间内实现了"两个100%"和"一个彻底解决"的整治目标。

加强检查指导。推广了舒兰市一民营企业在200多家连锁超市中采取"统一采购、统一配送、过期食品统一召回处理"的管理方式,确立了农村食品安全示范店的主要模式。目前,全省运用现代物流配送的流通方式,在农村发展连锁经营网点2 000多户,初步形成以批发超市为龙头、乡镇店为骨干、村级店为基础的县、乡、村三级农村食品经营网络,从源头上规范了农村食品进货渠道。

各类市场的发展,对改革流通体制起到了突破作用,对供应群众"菜篮子"起到了丰富作用,对振兴地域经济起到了带动作用,对安排社会就业起到了稳定作用,对创造社会财富起到了积累作用,形成"建一处市场、活一片经济,兴一批产业、富一方群众"的共识。

八、经济合同监督管理

深入开展重合同守信用活动。1985年,吉林省工商行政管理局会同计划经济委员会、轻工业厅、商业厅等有关部门,联合开展"重合同守信用单位"活动,由符合条件的企业申报,业务主管部门审查,工商行政管理机关考核,报省政府批准命名101个"重合同、守信用单位"。1999年,在各地已命名的"重合同守信用"单位中,采取企业自愿申报,各级工商部门逐级推荐,严格把关,省工商局组织考核的方式,命名了80户企业为首批"吉林省重合同、守信用单位"。2007年,改进"守合同重信用"企业评价操纵方式,将"守合同重信用"工作纳入市场化运

作。截至2007年底,共命名577个企业为"吉林省守合同重信用单位"。吉林省第一建筑公司等32户企业被国家工商总局命名为全国守合同重信用企业。

开展合同鉴证。1979年,吉林省工商行政管理部门开始介入经济合同鉴证管理,并逐步从最初的鉴证工业与商业之间,机关、团体、部队、事业单位与商业之间订立的工商、农商以及不同商业部门之间订立的商商合同、加工订货合同,逐步扩展到整个合同领域。2002年,全省各级工商机关共办理合同鉴证1 383份,是1979年的146倍;鉴证合同金额44.8亿元,是1979年的114倍。

实施动产抵押登记管理和对拍卖监督管理。1996年,根据《中华人民共和国拍卖法》、《中华人民共和国担保法》和国家工商局颁布的《企业动产抵押登记管理办法》,对动产抵押实施登记管理,对拍卖实施备案制监督管理,1997年到2007年,办理动产抵押242件,主债权125.043亿元,抵押值270.85亿元。1997年到2007年办理拍卖备案4 200余份,委托金额42亿元,成交金额34亿元。

仲裁调解合同纠纷。1979年到1982年,吉林省工商行政管理部门依据国家工商行政管理总局颁发的《关于工商行政管理部门合同仲裁程序的试行办法》,开始受理经济合同纠纷。为加强调解仲裁工作,吉林省工商行政管理局于1983年成立了经济合同仲裁委员会,制定开庭程序和办案规则,加大了调解力度。1995年,经济合同纠纷仲裁工作结束。从1983年至1995年共调解仲裁经济合同纠纷22 249件,争议金额12 271万元。

查处违法合同行为。依据1982年颁布的《中华人民共和国经济合同法》有关规定,吉林省工商行政管理部门开展查处违法经济合同工作。1993年,参加省政府的检查组,进驻长春长城科技产业总部,牵头对长春长城科技产业总部以年息24%的高息为诱饵,以签订"技术转让合同"为名,非法集资大案进行查处。先后对北京长城机电科技公司在吉林省设立的11个分支机构进行了调查,对长春长城科技产业总部非法集资问题和资产、债权债务进行了全面清查,并进行资金归

位、处理资产,对非法集资款进行清退。经过
4 个月的清查清退工作,查明长春长城科技产
业总部非法集资额达 6 965.1 万元,涉及出资
的个人 7 334 人,单位 36 个,分两批予以全
部清退。1997 年至 2007 年底,立案查处违
法合同案件 3 000 余件。

九、消费者权益保护

一是组织开展消费者权益法律法规宣
传活动。从 1987 年起,坚持集中组织开展
"3·15"国际消费者权益日宣传咨询活动,
充分利用广播、电视、报刊等传播媒介,宣传
普及有关消费方面的政策、法规,指导消费,
提高消费者依法维权意识,共开展各类宣传
活动上万次,举办各类消费者权益成果展
7 000 余次,印发宣传材料 1 000 多万份。从
2002 年开始,年年举办送法、送消费知识下
乡活动,将 3 万多册《消费者权益保护法》送
到农民手中,并举办《消费者权益保护法》、
《产品质量法》知识竞赛活动,吸引上百万名
消费者参加,取得了良好的社会效果。

二是严厉查处侵害消费者权益行为。
1988 年,《吉林省保护消费者合法权益条
例》出台,对保护消费者的合法权益,加强商
品生产、销售和服务的社会监督等作出明确
规定。1994 年,《中华人民共和国消费者权
益保护法》正式颁布。全省工商系统认真履
行职责,紧紧围绕"讲诚信、反欺诈"、"受侵
害、找工商"的主题,组织开展"松辽万里
行"、"3·15"特别执法行动、"商品比较实
验"等活动,采取查市场、端窝点、办大案等
措施,严厉打击制假、售假、损害消费者权益
的行为。在 1997 年的"3·15"特别宣传月
活动中,省工商局专门抽调执法干部组成
"特别执法行动队",深入全省各地,行程
5 000 多公里,历时 22 天,在各地工商部门的
配合下,现场查处、曝光侵害消费者权益典
型案件 30 多件。2007 年,对房地产交易中
侵害消费者利益的行为进行了集中整治,召
开了有 60 家房地产企业参加的全省房地产
交易秩序整顿和规范会议,设立举报专线电
话,对 50 家房地产销售行为进行了规范,查
处了一批房地产交易侵权案件。

三是加大流通领域商品质量监测力度。
从 2001 年开始,按照《商品质量监督抽查暂
行办法》和《流通领域商品质量监测办法》要
求,逐年加大对流通环节商品质量的监测力
度。仅 2007 年,就按季度计划,依据定项监
测的产品项目,集中对 245 个批次的食品等
产品、1 000 多个样品进行抽检,并委托质量
监督检验部门进行质量检测,检测结果在新
闻媒体进行公示。对不合格商品,监督其经
销商全部下架,并进行相应处罚,起到了教
育、震慑不法经营者的作用。

四是开展消费维权调查。通过问卷、热
线、网络、短信等多种形式,开展对物业、医
疗等 13 个行业消费满意度调查,推动服务
行业提高服务、产品质量。针对消费者投诉
的热点、难点问题开展消费体察和比较试
验,发布消费提示、警示 586 条。省消协在
大型企业中建立的 20 家直属联络站,调解
各类投诉近 3 000 件。

五是受理消费者申诉、投诉。"12315"
综合执法网络已基本建成。经过各级局的
努力,截至 2008 年 6 月底,全省 7 个市州局
开通"12315"申诉举报网络平台,建成市、
县、工商分局(所)三级申诉举报数据采集
点;在乡镇、街道和工商所设立消协分会 625
个,占乡镇、街道总数的 79.5%;在社区、行
政村、大型商业企业设立消协投诉站和
"12315"举报站 7 521 个,占社区和行政村
总数的 69.8%;全省"12315"申诉举报中心
接待咨询 54 300 件,受理申诉举报 4 563
件,办结率达 98.5%,为消费者挽回经济损
失 134 万元。全省各级消费者协会共受理
投诉 20 400 件,解决率 97%,为消费者挽回
经济损失近千万元。

十、法制建设

一是积极参与立法立规工作。根据经济
形势发展的变化以及监管社会主义统一大市
场的需要,适时起草、修改了《吉林省城乡集
贸市场管理条例》、《吉林省反不正当竞争条
例》、《吉林省个体工商户私营企业合法权益
保护条例》等 6 部地方法规和《吉林省外商投
资企业审批管理办法》、《吉林省机动车交易
市场管理办法》、《企业名称中使用吉林省、吉
林字词的若干规定》等 5 部规章,坚持做到有

法可依,有法必依,依法行政。坚持为推动本省经济加快发展服务,以"三个有利于"为标准,对有碍进一步解放和发展生产力的 200 多件规范性文件进行及时清理,提出废止的意见或建议,为创造良好的经济发展软环境作出了贡献。从改革发展的全局出发,对立法机关和有关部门起草的相关法律、法规、规章等几百部规范性文件进行认真审核,有理有据地提出修改意见 2 000 余条。

二是广泛开展普法宣传活动。认真落实"二五"、"三五"、"四五"普法规划的要求,结合市场监管和行政执法工作的需要,针对干部队伍的现状,健全普法领导机构,制定普法方案,采取集中学习与个人自学相结合的方式,重点学习了《公司法》、《商标法》、《合同法》等工商法律法规和《国家赔偿法》、《行政复议法》等相关法律知识。共举办各类培训班 500 多期,培训人员达 20 000 多人次。积极开展社会法制宣传,通过组织各企业负责人和业务骨干学习工商行政管理有关法律法规,培训各类人员达 10 万人次。组织了千名法制员培训、万名执法人员大会考等大型活动。各地普遍开展的"一周两题"、每月"一法一考"等学法活动,体现了灵活、多样、管用的特点,成为岗位学法的主要形式。

三是健全执法监督制约机制。不断拓展执法监督的形式和途径。在坚持和改进案件核审、执法检查、复议听证等规定的执法监督工作的基础上,通过规范性文件检查、备案,定期查阅登记许可档案,评议考核执法责任制度等,推进执法监督到位,不断增加监督的范围和内容。把行政处罚行为、行政强制措施行为、行政许可行为、行政收费行为、行政不作为行为、抽象行政行为逐步纳入执法监督的范围,有计划、有重点、有步骤地实行。并在执法检查中,把贯彻落实《行政处罚法》、《行政许可法》等法律法规情况作为重点,进行了全面检查。不断加大监督措施和力度。把发现和解决问题作为衡量和检验执法监督力度的标准,逐步建立包括行政和经济追究在内的违法责任追究制度。对出现问题的,逐级追究当事人、法制机构、分管领导和主要领导的相关责任。认真纠正解决执法当中存在的问题。省工商局对在内部执法检查和省人大、政府、政协对省工商局工商系统执法视察、检查中发现的主体、实体和程序违法问题做了认真纠正,较好地发挥了执法监督制约机制的规范提高、制衡约束、服务指导作用。随着各级工商局法制监督工作的进步,执法水平也逐步提高。

十一、积极支持服务新农村建设和再就业

省工商局制定了《关于推进社会主义新农村建设的实施意见》,从"准入便农"、"红盾护农"、"合同帮农"、"商标兴农"、"流通富农"等 8 个方面制定了 30 条政策措施,在促进农村市场主体发展上加大扶持力度,在营造良好市场地理环境上加大整治力度,在促进农业增产、农民增收上加强服务力度,认真落实农民工进城从事个体经营和农民流动销售自产农产品的费用减免政策,积极引导农民从事农产品加工业、种养业、特产业,支持农村个体私营企业参与农副产品批发市场和集贸市场的经营,稳步推进订单农业,积极培养农村经纪人和农村经济合作组织,引导农产品和地理标志商品商标注册,鼓励发展特色农业。深入开展"红盾护农",加大监管力度,曝光坑农害农典型案例。2006 年,整顿农资市场 108 家,检查农资企业及个体工商户 2.3 万户,查处农资违法案件 3 841 件,查扣假种子 1.2 万公斤,查封不合格化肥 718 吨,为农民挽回经济损失 1 739 万元。2007 年,培育多元化农村市场主体,为部分涉农企业办理试营业执照,新登记农村个体工商户 5 万户,登记农民专业合作社 256 户。农村经纪人已发展到 9 万多人。制定并推行了玉米、饲料等 5 种合同示范文本,签约农户达 38 万户、农田 31 万亩,金额 160 亿元。向国家工商总局商标局申报地理标志证明商标、集体商标 6 件,核准注册和初步审定证明商标 3 件,结束了吉林省没有证明商标的历史。

各级局认真贯彻落实就业再就业相关扶持政策,2003 年,减免相关收费 1 770 多万元,帮助 48 296 名下岗职工从事个体私营经济。2004 年,共为 41 963 名下岗失业人员、大中专毕业生、复转军人和进城农民从事个体经营减免行政性收费 3 130 万元。2006 年,减免行政性收费 1 945 万元,引导 23 871 名下岗失业人员、复转军人、应届毕业生通过从事个体私营经济实现了再就业。2007 年,为享受优惠政策人员减免登记费 40.9 万元,管理费 1 900 万元。

十二、支援四川地震灾区抗震救灾

(一)迅速安排部署抗震救灾工作

2008 年 5 月 12 日汶川大地震发生后,吉林省工商局党组高度重视,迅速安排部署全省工商系统抗震救灾工作。5 月 14 日以明传电报紧急通知全省工商系统,要求按照国家工商总局的统一部署,迅速采取三项措施。一是加大市场监管力度,积极防范各类市场突发事件,严厉打击假冒伪劣商品,加强食品安全监管,确保市场稳定。二是要求各级工商部门在当地党委、政府的统一领导下,积极组织职工和个私协会会员捐款,尽力帮助受灾群众解决实际困难。三是加强值班值宿和支援灾区抗震救灾、食品安全监管、打击假冒伪劣商品等政务信息的报送工作。同时及时向四川省局党组发去慰问电,并从省局办公经费中挤出 10 万元作为慰问金,支援四川省局抗震救灾工作,体现了全国工商干部血浓于水的兄弟情谊。

(二)干部职工为受灾群众纷纷捐款

各级局积极响应当地党委、政府号召,按照省局党组的部署,对向灾区捐款献爱心工作进行了组织动员和安排落实。全省各级工商机关干部职工捐款 1 300 045 元,其中省工商局机关捐款 76 750 元,长春市工商局捐款 249 935 元,吉林市工商局捐款 212 480 元,四平市工商局捐款 103 900 元,辽源市工商局捐款 70 350 元,通化市工商局捐款 103 930 元,白山市工商局捐款 77 700 元,松原市工商局捐款 131 700 元,白城市工商局捐款 111 200 元,延边州工商局捐款 151 810 元,长白山工商局捐款 10 300 元。

(三)新老党员踊跃交纳特殊党费

在中组部发出鼓励党员通过党组织表达支援灾区的心愿,接受党员以党费捐款,作为特殊党费转送灾区的通知后,全省工商系统广大党员干部响应号召,以交纳包含特殊意义的特殊党费再次向灾区人民捐款,全力支持灾区抗震救灾和灾后重建。省局领导带头交纳特殊党费都在千元以上,省局机关离退休党员、老干部找到老干部处,主动要求交纳特殊党费。全省各级工商机关党员干部交纳特殊党费 1 163 588 元,其中省工商局机关 138 830 元,长春市工商局 380 758 元,吉林市工商局 191 648 元,四平市工商局 128 000 元,辽源市工商局 39 210 元,通化市工商局 78 772 元,白山市工商局 46 130 元,松原市工商局 53 700 元,白城市工商局 47 640 元,延边州工商局 56 450 元,长白山工商局 2 450 元。

(四)个私协会组织会员为灾区献爱心

省个体私营企业协会及时下发通知,要求全省各级个私协会紧急行动起来,发挥桥梁纽带作用,通过多种形式,积极鼓励、引导、组织广大会员开展抗震救灾捐助活动,广大个私协会会员有钱出钱、有力出力,为灾区人民献爱心。全省各地组织私营企业、个体工商户捐款合计 22 664 475 元,其中长春地区 4 776 910 元,吉林地区 8 125 200 元,四平地区 4 160 000 元,辽源地区 471 614 元,通化地区 850 115 元,白山地区 1 397 403 元,松原地区 567 325 元,白城地区 1 023 175 元,延边地区 796 000 元,长白山保护开发区 496 733 元。

吉林省工商系统坚持以服务大局为中心,转变监管执法理念,推进科学、合理、公正、高效、廉洁执法,得到了各级党委、政府的肯定和经营者、消费者的认可。省工商局先后被评为全省服务型政府建设先进单位、服务国企改革攻坚优胜单位、省级文明单位、创建学习型机关优秀单位、依法行政先进单位,被中宣部、司法部授予全国"三五"、"四五"普法先进单位,2005 年至 2007 年连续三年被评为省政府法制工作综合评比优秀单位。在 2007 年全省民主评议软环境和政风行风测评中,省局排名第一,全省 69 个市县工商局有 6 个市县局免评,23 个市县局排名第一,47 个市县局进入前三名。截至 2008 年 6 月底,有 16 个单位被评为全国工商系统先进集体,有 6 名同志被评为全国工商系统先进工作者,有 18 名同志被评为吉林省"杰出青年卫士"和"优秀青年卫士",有 26 个市县局被省委、省政府命名为省级精神文明先进单位。

附:

吉林省工商行政管理局
历任局长、党组书记

于诚,1979 年 11 月至 1982 年 10 月任副局长(主持工作);张云,1982 年 12 月至 1985 年 3 月任局长,1982 年 12 月至 1985 年 1 月任党组书记;王本录,1985 年 3 月至 1989 年 5 月任局长、党组书记;胡春周,1990 年 4 月至 1996 年 5 月任局长,1990 年 4 月至 1996 年 4 月任党组书记;宋寰,1996 年 5 月至 2001 年 9 月任局长,1996 年 4 月至 2001 年 8 月任党组书记;王宪林,2001 年 9 月至 2008 年 6 月任局长,2001 年 8 月至 2008 年 6 月任党组书记。

(执笔人:荆霁钧　王野秋)

第八章　黑龙江省工商行政管理局

第一部分　(1949—1978)

第一节　黑龙江省工商行政管理发展概况

一、工商行政管理机构沿革及职能变化

新中国成立初期,黑龙江省的工商行政管理工作没有设立专门机构。当时,对私营工商业、手工业和小商小贩的管理,由省商业厅商政科负责,主要是管理与指导私营商业经营及开业、转业,掌握私人工商业情况,调整公私关系等项工作。工商行政管理工作紧紧围绕贯彻执行党和国家关于过渡时期总路线及对资本主义工商业"利用、限制、改造"的政策,在经济活动中,同资本主义势力作斗争,促进国营经济的巩固、壮大以及对手工业和资本主义工商业的社会主义改造。1952 年初,根据中央精神在私营企业工商业中开展了"五反"运动,打击了私营工商业中不法资本家的不法行为,取缔了一些严重违法经营者。1956 年,根据中共黑龙江省委的指示:按照不同行业、不同情况,根据自愿的原则,分别以各种不同的组织形式,把资本主义工商业逐步引上公私合营和合作化的道路。并通过对企业登记、集贸市场、经济合同管理等,促进私营资本主义工商业社会主义改造的顺利进行。

1958 年,商业、服务、供销"三合一",全省工商行政管理工作归属商业部门负责。在"大跃进"、"人民公社化"运动中,许多地方在取消社员自留地和家庭副业的同时,关闭了城乡集贸市场。1963 年 12 月,根据国务院批准,将黑龙江省市场物价管理局改为黑龙江省物价局,同时成立黑龙江省工商行政管理局(以下简称省工商局),两局合署办公。

1966 年"文化大革命"开始不久,黑龙江省工商行政管理机构被"砸烂",市场管理和打击投机倒把工作被新成立的商业公司和"打击投机倒把办公室"所取代,承担"经济领域阶级斗争"的任务,农村集贸市场被"严格限制"。1967 年 3 月,省革命委员会成立,工商行政管理工作由生产委员会财贸金融组负责,主要任务是打击投机倒把。1973 年 5 月,经省革命委员会批准,成立黑龙江省工商行政管理局,与商业局合署办公,省商业局内设工商物价处,行使省工商行政管理局的职权。

1978 年 11 月,省革命委员会按照国务院关于各省、市、自治区也要成立相应的工商行政管理机构的指示,将省工商行政管理局从省商业局划出,列入政府系列,单独办公,内设办公室、市场管理处、合同管理处和企业登记管理处。此后,全省各行署、省辖市、县(区)相继单独设立了工商行政管理机构。全省工商行政管理部门在总结经验教训,纠正和克服"左"的错误过程中,逐步把工作重点转移到为社会主义现代化建设服务的轨道上来。并按照国务院赋予工商行政管理部门对集贸市场、工商企业登记、经济合同、商标等项管理任务的要求,积极开展工作。

二、工商行政管理队伍发展

全省工商行政管理队伍不断发展壮大,人员素质不断提高。1959 年,全省共有工商行政管理人员 1 146 人,大都是小学或小学以下文化程度。到 1964 年底达 1 526 人,具有初中、高中文化程度的占 40%。1970 年

以后具有初中、高中文化程度的已占职工总数的 50% 以上。

第二节　黑龙江省工商行政管理发展成就

一、认真查处经济违法案件

解放战争时期,省工商行政管理工作主要是围绕支援解放战争,保护军需民用,发展生产,保护合法工商业经营,开展查处投机违法活动。新中国成立初期,全省工商行政管理工作主要是重点打击垄断、套购、倒卖、哄抬重要工农业生产资料和供应紧张消费品的投机违法行为。

"文化大革命"期间,全省各级工商行政管理部门查处投机违法案件的职能机构被撤销,人员下放,查处投机违法活动由各级革命委员会的打击投机倒把办公室负责。"文化大革命"期间,一些投机违法分子利用派性浑水摸鱼,采取内外勾结,城乡串通,骗买骗卖的手段,大量套购国家计划内的工农业生产资料和紧缺的生活必需品。1967 年,哈尔滨市一年查处 14 起诈骗倒把案,投机违法分子以给农村社队代买办厂、办电物质为名,骗走 49 个社队企业的资金 30 万元。1968 年 10 月绥化地区突击检查 3 天,查处贩运粮油案件 485 起,查获粮食 4.9 万公斤,粮票 1 600 公斤。桦南县与鸡西市的马贩子,1969 年一年共倒卖耕马 36 匹,非法获利 1.1 万元。

1973 年至 1975 年末,全省重点打击了倒卖工农业生产资料和统购统销物资及严重冲击国家计划和破坏工农业生产的不法行为。1976 年全省共查处投机违法案件 118 877 件,其中投机倒把 31 451 人,获利千元以上大案 870 件,罚没金额为 438 万元。倒卖粮食 135 万公斤、油脂油料 6.5 万公斤、粮票 2.6 万公斤、钢材 3 400 吨、各种机床 660 台、有色金属 148 吨、水泥 1 304 吨、煤炭 1 万吨、化肥 93 吨、耕畜 716 头(匹)。

改革开放初期,全省各级工商行政管理部门针对倒卖各类紧缺物资,倒卖票证现象突出等问题,重点打击了非法倒卖票证、倒卖紧俏商品、哄抬物价、欺行霸市、掺杂使假、以次充好等投机倒把行为。

二、内资企业登记管理

1950 年,黑龙江省工商行政管理机关按照国家发布的《私营企业暂行条例》的规定,组织开展了对私营企业的登记工作。1963 年,黑龙江省根据《工商企业登记管理试行办法规定》,各市、县的登记主管机关对工商企业实行了登记管理。

1962 年 12 月 30 日,国务院发布《工商企业登记管理试行办法》,将工业、手工业、交通运输业、建筑业、商业、饮食业、服务业的生产经营单位列为登记范围。即国营、地方国营、公私合营的工商企业;合作社经营和其他集体所有制的工商企业;外地的工商企业派驻的推销、采购机构;工商企业的附属工厂、门市部等,都应依照《试行办法》的规定办理登记。但国防工业、国营交通运输和公用事业不进行登记。1963 年 4 月,省市场物价管理局在全省物价工作会议上部署了企业登记工作。同时还根据省内实际情况将常年从事养蜂、养蚕、养奶牛的饲养业,中西医院、产院、诊所、牙社、保健站等医疗业和说书馆、曲艺班、杂技、小人书等文化娱乐业列入了登记范围,并将各企业、单位办的附属企业和农村社、队办的企业作为登记的重点。1963 年底,黑龙江省工商企业登记总户数是 18 968 户。其中,工业手工业 10 095 户,交通运输业 340 户,建筑业 94 户,商业 5 491 户,饮食业 812 户,服务业 2 136 户。

1978 年底,黑龙江省恢复企业登记注册管理机构,结束了十年动乱造成的企业登记工作陷于停顿及企业的关、停、并、转和开业自作主张、自行其是的状态。

三、个体私营经济监督管理

解放战争时期,随着黑龙江各级民主政权的建立,为减少失业,繁荣经济,各地相继实行了保护私营工商业发展的办法,从而促进了私营工商业的迅速恢复与发展;到 1949 年末,黑龙江省私营商业中属个体范畴的工商业户总计 13.5 万户。新中国成立以后到"文化大革命"结束,黑龙江省个体工商业经历了发展利用、限制改造、逐步代替的曲折发展过程。到 1978 年末，全省有证个体工商业户仅剩 5 200 户。

四、商标广告监督管理

1950 年，按照中央人民政府颁布的《商标注册暂行规定》，黑龙江省开展了商标注册工作。到 1965 年，全省注册的商标共 1 398 件。"文化大革命"期间，商标管理工作遭到严重破坏。1978 年后，商标管理工作得到恢复和发展。全省各级工商行政管理机关积极宣传商标法律法规，引导企业实施商标战略，帮助未注册商标企业及时办理商标注册，提示企业及时续展注册商标，深入开展著名商标的认定工作，严厉打击商标侵权、假冒违法活动，使全省注册商标数量逐年增长，商品商标在国内外的竞争力不断增强，有效地发挥了商标在经济发展中的积极作用，为黑龙江省的经济建设作出了应有的贡献。一是商标管理机构逐步健全。全省 14 个地、市工商局均设立了商标管理机构；67 个县（市）中有 57 个县（市）设立了商标管理机构，全省基本形成了较完整的商标保护网络。二是积极推行商标注册代理制。

1958 年 11 月 15 日，国务院办公厅发出的《关于加强广告宣传管理的通知》要求：广告的内容必须真实、科学。在各类广告中，不得包含违反国家政策、法令的内容，诽谤性宣传的内容，有损我国民族尊严的内容以及反动、淫秽、丑恶、迷信的内容。广告宣传不得使用有损国格的语言，不能迎合庸俗低级趣味。凡属违背上述规定的广告，必须立即停业刊播、设置、张贴。

直到 1981 年，经省政府批准将广告统一归口黑龙江省工商行政管理部门管理。

五、市场监督管理

1947 年黑龙江省解放后，按照《东北解放区境内贸易自由》的方针，积极实行贸易自由政策。1950 年，城乡集贸市场达到 550 处，成交额达 5 500 万元。1956 年社会主义改造基本完成后，在流通领域逐步形成了以公有制为主体的社会主义统一市场，城乡间、地区间商品流通主要靠国营商业和供销合作社两条渠道，城乡集市贸易受到一定的

限制，商品流通出现了"大通小塞"的现象。为了疏理商品流通阻滞问题，黑龙江省人民委员会决定于 1956 年秋开放农村小土特产品自由市场；1957 年 2 月开放在国家领导下的大中城市自由市场。实施后，农副产品的上市量增加，城乡物资交流趋于活跃，促进了农副产品生产的发展，改善了国营商业和合作商业的经营管理。1958 年下半年，全省实行"人民公社化"，自留地和家庭副业被取消，城乡集市贸易失去了存在的基础，陷于停滞萎缩。1959 年 9 月中共黑龙江省委和省人民委员会贯彻中共中央、国务院发出的《国营组织农村集市贸易的指示》，对集市贸易的作用予以肯定，认真执行对集市贸易"活而不乱、管而不死"的方针，并有组织有领导地扶植集市贸易。在 1959 年末，全省恢复和建立农村集贸市场 390 处。

1963 年 3 月，省人民委员会贯彻执行中共中央、国务院《关于严格管理大中城市集市贸易和坚决打击投机倒把的指示》，对大中城市的集市贸易提出了加强管理、缩小范围、逐步代替、区别对待、因地制宜的方针。对城乡集市管理强调"管理宜紧不宜松、范围宜小不宜大"的原则，致使集市贸易日益萎缩。到 1965 年全省城乡集贸市场已减少到 230 处。"文化大革命"期间，全省城市集贸市场被强行关闭，农村集市贸易受到严格限制。1976 年，全省城乡集贸市场下降到 204 处。

1978 年，全省恢复和发展了城乡集市贸易。各级工商行政管理机关坚持把发展城乡集市贸易、培育集贸市场作为活跃商品流通，促进经济发展的工作重点，在人力、财力、物力十分紧张的情况下进行了艰苦的集市建设工作。

第二部分　（1979—2008.6）

第一节　黑龙江省工商行政管理发展概况

一、工商行政管理机构沿革及职能变化

1980 年中共中央 64 号文件给各省工商

行政管理部门增加了管理城乡个体工商业户的任务。同年,国务院200号文件增加了管理中外合资企业的任务;1981年国务院3号文件增加了查处走私贩私的任务;同时在114号文件中又增加了对机关团体、企事业单位、经济单位的经济活动的监督和检查,制止商品流通领域中不正之风的任务。1981年1月,省人民政府常务会议决定,赋予工商行政管理部门监管个体工商业的职能。1981年3月,省工商行政管理局增设稽查处和个体工商业管理处。1981年6月,将广告管理任务交由工商行政管理部门负责。1983年8月,稽查处改名为经济监督检查处,增设商标广告管理处和基层监察处。至此,黑龙江省工商行政管理的任务为"六管一打",即监管集贸市场、工商企业登记、个体工商业、经济合同、商标、广告管理及打击投机倒把。1983年12月24日,省人民政府批准省工商行政管理局内设省经济合同仲裁委员会,行使国家授予的经济合同纠纷仲裁权。

1985年9月,黑龙江省工商行政管理局决定撤销基层监察处,增设人事教育处。同年12月,增设中外合资企业登记管理处。

1991年7月,为适应建设有中国特色社会主义市场经济的需要,更好发挥工商行政管理机关的行政执法和监督管理职能,根据省委、省政府《关于改革我省大中城市城区工商行政管理体制的通知》,将我省大中城市工商行政管理"以块为主,条块结合"的体制,改为由市工商行政管理局统一领导的管理体制。

1998年7月,按照党中央、国务院批转《国家工商行政管理体制改革方案》的要求,省以下工商行政管理机关实行垂直领导。国务院批转国家工商行政管理局新的"三定方案"明确了工商行政管理机关为政府主管市场监督管理和行政执法的部门,强化了工商行政管理机关监管社会主义大市场的职能,形成较为完善的工商行政管理体系。

2000年6月,省编委印发《黑龙江省工商行政管理局职能配置内设机构和人员编制规定》,将工商行政管理机关指导广告业发展的职能交给省经济贸易委员会;将原省粮食厅承担的粮食收购市场的管理职能交给省工商行政管理局,取消工商行政管理机关市场培育建设、全省市场布局规划、开展各类交易市场登记的管理职能;取消审批传销经营的职能;取消审批有奖销售的职能。将下列事项由审批变为核准:1.核发印刷商标单位证书;2.企业及个体工商户注册登记;3.商品展销会开办注册登记;4.国内汽车(不含小轿车)经营资格;5.印刷品广告、店堂广告。同年12月21日,根据国家工商行政管理局关于进一步规范工商行政管理机关"12315"消费者申诉举报工作的意见,省工商行政管理局规定由公平交易(消费者权益保护)处负责组织、指导、协调全省"12315"消费者申诉举报服务网络工作。

2001年1月,撤销黑龙江省商标事务所,将其改制为企业单位。同月,根据省编委黑编〔2001〕18号文件规定,设立黑龙江省发展个体私营经济工作领导小组办公室,与个体私营经济监督管理处合署办公,负责全省发展个体私营经济情况的综合;协调解决发展个体私营经济工作中遇到的问题;指导和推进全省发展个体私营经济工作。2002年12月,该机构撤销。

2001年10月,根据省编办、省工商行政管理局联合下发的《黑龙江省省以下工商行政管理机构职能配置、内设机构和人员编制方案的通知》要求,将省以下工商行政管理机关指导广告业发展的职能划出;划入粮食收购市场的管理职能;取消市场培育建设、市场布局规划、各类交易市场登记的管理职能;取消审批有奖销售的职能。将下列事项由审批变为核准:1.核发印刷商标单位证书;2.企业及个体工商户注册登记;3.商品展销会开办注册登记;4.国内汽车(不含小轿车)经营资格;5.印刷品广告、店堂广告。

2003年4月,省工商行政管理局增设基层教育处,原人事教育处更名为人事处。将系统职工教育培训、精神文明建设、队伍建设、基层工商行政管理所建设及表彰先进等职责划归基层教育处。

2004 年 6 月,省工商行政管理局直属管理所由事业单位改为省工商行政管理局直属行政机构,并更名为工商行政管理局直属分局。更名后,其机构规格、人员编制、工作职责不变。内设 6 个职能科(室)和两个工商行政管理所,分别是:振龙商厦小商品批发市场管理所、旧机动车交易市场管理所。

2005 年 1 月,省编委下发《黑龙江省机构编制委员会关于进一步明确食品安全监管部门职责分工有关问题的通知》,按照《国务院关于进一步加强食品安全工作的决定》提出的一个监管环节由一个部门监管的原则,确定工商行政管理部门负责食品流通环节的监管。主要职责为:认真做好食品生产经营企业及个体工商户的登记注册工作,取缔无照生产经营食品行为,加强上市食品质量监督检查,严厉查处销售不合格食品及其他质量违法行为,查处食品虚假广告、商标侵权的违法行为。同年 9 月,根据省委办公厅、省政府办公厅转发《省纪委、省委组织部、省编办、省监察厅关于对省纪委监察厅派驻机构实行统一管理的实施意见》的通知精神,省纪委监察厅对派驻省工商行政管理局的机构实行统一管理。

2006 年 2 月,根据《国家工商行政管理总局职能配置、内设机构和人员编制规定》和《国家工商行政管理总局职能配置、内设机构和人员编制规定》的精神,将原来由省质量技术监督局承担的流通领域商品质量监督管理的职能,划归省工商行政管理局。省工商行政管理局负责流通领域的商品质量监督管理,省质量技术监督局负责生产领域的产品质量监督管理。省工商行政管理局在实施流通领域商品质量监督管理中查出的属于生产环节引起的产品质量问题,移交省质量技术监督局处理。省工商行政管理局不再重新组建检测检验机构。按照这一分工,两部门要密切配合,对同一问题不能重复检查、重复处理。

2006 年 8 月省编委发文,同意省工商行政管理局市场监督管理处(市场治安民警队工作指导处)更名为市场与合同监督管理处(市场治安民警队工作处)。其主要职责、人员编制及领导职数不变。

二、省局机构及基层机构

(一)省局机构

1981 年后,省工商行政管理局陆续增设了个体工商业管理处、经济检查处、商标广告管理处、基层监察处、经济合同仲裁委员会办公室、人事教育处、中外合资企业登记管理处、法制处和财务审计处等职能处室。

1998 年实行省以下垂直管理体制后,省局除对哈尔滨市工商行政管理局实行协管外,直接统管 11 个省辖市工商行政管理局、1 个行署工商行政管理局和 1 个垦区工商行政管理局,67 个县(市)工商行政管理局,79 个工商行政管理分局。全省各市、县(区)工商行政管理局共设立 1 561 个工商行政管理所,为市、县(区)工商局的派出机构。

1998 年,按照省政府企事业单位公安机构体制改革领导小组工作会议的决定,将市场治安民警队正式纳入地方公安序列,实行双重领导体制。全省市场治安民警队设置机构 72 个,设编制 525 人。

1999 年省直机构改革新“三定”方案规定,省工商行政管理局设有办公室、人事教育处、财务审计处、法制处、公平交易处(消费者权益保护处)、企业登记管理处、外资企业登记管理处、商标监督管理处、广告监督管理处、市场监督管理处(市场治安民警队工作指导处)、个体私营经济监督管理处以及机关党委、纪检监察室、老干部工作处等 14 个职能处室和一个直属企业登记管理所。

黑龙江省工商行政管理局恢复后,相继成立了省工商行政管理干部学校(与省工商行政管理局职工中等专业学校合署办公)、省工商行政管理研究所(与省工商行政管理学会合署办公),省工商行政管理局招待所(后为省工商行政管理局培训中心),省消费者协会,省个体劳动者协会、省私营企业协会,省工商行政管理局装备站、省工商行政管理局服务公司、《工商向导》杂志社,省商标事务所,省工商行政管理局信息中心等直属事业单位与挂靠单位。后来,按照有关政策,分离省工商行政管理局服务公司和省商标事务所,作为独立企业法人,与省工商行政管理局实行了脱钩。

2000 年,省工商行政管理局设 11 个职能处(室),分别是:办公室、人事教育处、财务审计处、法制处、公平交易处(同为消费者权益保护处,合署办公)、企业登记管理处、外商投资企业登记管理处、商标监督管理处、广告监督管理处、市场监督管理处(同为市场治安民警队工作指导处,合署办公)、个体私营经济监督管理处。另设离退休干部工作处、机关党委。同年 8 月,省工商行政管理局进一步明确市场治安民警队的管理体制。规定各市、县市场治安民警队应在大队(支队)和当地公安部门的领导下开展市场治安工作。各县市场治安民警队可参照公安派出所权限执法。

2003 年 4 月,省工商行政管理局增设基层教育处,原人事教育处更名为人事处。

2004 年 6 月,省工商行政管理局直属管理所由事业单位改为省工商行政管理局直属行政机构,并更名为黑龙江省工商行政管理局直属分局。

2005 年底,全省有市场治安民警队 73 个,干警编制 525 人,实有 388 人。

2006 年,省局内设 16 个处室:办公室、人事处、财务审计处、法制处、公平交易处、消费者权益保护处、企业登记管理处、外资企业登记管理处、商标监督管理处、市场监督管理处(含市场治安民警队工作指导处)、广告监督管理处、个体私营经济监督管理处、基层教育处、离退休老干部工作处、纪检监察室、机关党委;1 个直属分局,7 个直属事业单位。

(二)基层机构

1999 年 1 月 1 日起,经省政府批准,全省实行省以下工商行政管理机关垂直管理。市、地工商行政管理局为省工商行政管理局的直属机构(不含哈尔滨市);市辖区工商行政管理局仍为市工商行政管理局的分局;县(市)工商行政管理局为上一级工商行政管理局的直属机构。原隶属于省农垦总局的黑龙江省垦区工商行政管理局为省工商行政管理局的直属机构。

2000 年,省工商行政管理局决定在市、地和垦区工商行政管理局分别设立经济检查大队,与公平交易处(科、股)合署办公。市、地工商行政管理局的"12315"申诉举报中心,设在公平交易(消费者权益保护)部门。

哈尔滨市工商行政管理局内设机构为 11 个,其他省辖市工商行政管理局内设机构为 10 个。齐齐哈尔、牡丹江、佳木斯、大庆、鸡西、绥化、双鸭山、伊春、七台河、鹤岗和黑河市局原设外资企业登记管理机构保留,另设机关党委和纪检监察机构,齐齐哈尔、牡丹江、佳木斯、大庆、伊春和鹤岗等市工商行政管理局设离退休干部工作科。大兴安岭地区和省垦区工商行政管理局内设机构为 9 个。垦区工商行政管理局另设价格管理科、经营收费管理科、物价检查所、价格认证中心、价格调节基金办公室和成本调查队,具体负责垦区物价管理工作。

2002 年,哈尔滨市工商行政管理局经济检查大队更名为哈尔滨市工商行政管理局经济检查支队。

2003 年 1 月,省编委下发通知,同意省工商行政管理局的请示,将省垦区物价局物价检查所更名为垦区物价局监督检查分局,将垦区 9 个管理局所在地物价局物价检查所更名为监督检查分局,更名后,其单位性质、机构规格、人员编制、经费渠道不变。

2004 年,省工商行政管理局决定在市、地工商行政管理局,省垦区工商行政管理局机关增设基层教育科。哈尔滨市工商行政管理局可设立基层教育办公室,为临时机构。各市、地工商行政管理局人事教育科同时更名为人事科。同年,决定在市、行署工商行政管理局、省垦区工商行政管理局设立执法执纪稽查大队。并决定市、地工商行政管理局,省垦区工商行政管理局公平交易科与消费者权益保护科分设办公(2001 年设立时为合署办公)。

2004 年 8 月,根据哈尔滨市行政区域调整,撤销太平区,成立松北区。原道外区一部分划为松北区,一部分与原太平区合并成立道外区。呼兰县工商行政管理局更名为哈尔滨市工商行政管理局呼兰分局,升格为哈尔滨市城区分局,机构规格为正处级,内设机构 13 个。同时,进一步调整全省工商行政管理所设置,由 1 561 个整合为 1 269 个。投入资金 4 000 多万元,新增建筑面积 36 000 平方米。

2005 年底,全省工商行政管理系统共有市、地级工商行政管理机构 14 个,分别为:哈尔滨、齐齐哈尔、牡丹江、佳木斯、大庆、鸡西、鹤岗、双鸭山、七台河、黑河、绥化、伊春市工商行政管理局、大兴安岭地区工商行政管理局和垦区工商行政管理局。市、地局内设机构 220 个,设分局 130 个,工商行政管理所 666 个,经济检查队 30 个;全省县级(含县级市)工商行政管理局 54 个,内设机构 509 个,工商行政管理所 648 个。

截至 2006 年底,全省工商行政管理系统有 12 个省辖市工商局、一个行署工商行政管理局、一个垦区工商行政管理局。有 65 个县(市)工商行政管理局,80 个城区分局,1 269 个工商行政管理所,"AAA 级规范化工商行政管理所"401 个。现有编制 19 168 名。

2007 年 1 月,阿城市工商行政管理局更名为阿城分局,升格为哈尔滨市城区分局,机构规格为正处级,内设机构 11 个。

三、工商行政管理队伍建设与发展

(一)全面加强新型工商行政管理队伍建设

1982 年,全省有工商行政管理人员 4 722 人,具有大专文化程度的 99 人,中专和高中文化程度的 1 482 人,初中文化程度的 2 688 人。

1992 年全省工商行政管理系统有大专以上文化程度的人员 4 257 人,占全系统人员总数的 27.2%;1999 年全省工商行政管理系统共有人员 21 811 人。其中大专以上文化程度的人员已达到 8 651 人,占全系统人员总数的 39.6%,比 1992 年增长 10 个百分点。

2000 年以来,积极稳妥推进了工商行政管理体制改革和市、地、县工商行政管理局机关机构改革,顺利完成了全省工商行政管理系统国家公务员过渡、考试、录用工作,实施了工勤、事业编制人员定岗定编和富余人员安置分流,全系统有 10 800 名干部过渡为国家公务员,7 078 名以工代干人员参加了工商行政管理所公务员录用考试,有 4 090 人被录用为国家公务员。目前,全系统共有干部职工 16 666 人,其中行政编制 13 101 人,事业编制 1 612 人,工勤编制 1 416 人,市场治安民警队专项编制 412 人。有中共党员 8 166 人,占 49%;大专以上文化程度 8 283 人,占 49.7%。

2004 年,开展工商行政管理所星级达标活动,AAA 级工商行政管理所达到 121 个。

2005 年,省局采取"自下而上、分级组织、条块结合、对口实施"的方法,分层次、多形式、全员性地开展了全省工商行政管理业务大练兵大比武活动,全系统 8 000 多名干部职工分别参加了 16 个专业的练兵比武活动。

2008 年上半年,省局在市地、县区两级工商行政管理局班子中深入开展了"学理论、学业务、学法律、学微机"活动。省局制定了《2006—2010 年全省工商系统干部教育培训工作规划》,举办各类培训班 4 期,培训 591 人,委托党校培训副处级以上干部 48 人。组织集中培训工商行政管理所长、副所长和拟竞任所长人选 8 期,培训 1 136 人。经测试合格后颁发了所长上岗资格证书。

(二)深入开展政风行风建设

2000 年,省局荣获全省党风廉政建设先进集体;在省委开展的"为经济建设服务、树行业新风"活动中,连续两年荣获最佳单位第一名。

2003 年,"两风"建设中省局共查摆出 1 083 个问题,并得到较好解决。积极参与省纪委组织的"行风热线"节目。2003 年 5 月 31 日,孟祥君局长与全体领导班子成员及各处室主要领导、哈尔滨市工商行政管理局主要领导走进"行风热线"直播间,直接与群众交流,听取群众的意见和建议,这次"行风热线"节目现场受理咨询和举报 47 个,均给予了满意答复。

2004 年,以"正行风、促发展"民主评议行风活动为载体,进一步强化行业作风建设,认真解决人民群众反映的以权谋私、奢侈浪费、弄权勒卡和"三乱"(乱收费、乱罚款、乱摊派)等热点问题45个;全系统共走访企业、个体业户71 495户,召开各类座谈会526次,发征求意见信101 783件,征求意见建议1 783条,为群众办好事实事4 539件。

2005年,省委、省政府《2005年"端正政风行风、优化发展环境"最佳最差单位评议活动工作方案》下发后,省工商行政管理局结合系统实际,制定下发了《2005年全省工商行政管理系统"端正政风行风、优化发展环境"最佳最差单位评议活动实施方案》,对全系统开展最佳最差单位评议活动进行了深入动员和全面部署。大力开展"万户企业评工商"活动。向国有企业、集体企业、外资企业、私营企业及个体工商业者印发征求意见信,活动中共向全省各类企业和个体工商业者发征求意见信共两批计10 000封。

2008年上半年,省局制定了《党组成员抓党风廉政建设工作责任制度》等5项制度,严格执行领导干部个人重大事项报告、民主评议、诫勉谈话、回复组织函询、述职述廉等制度。省工商行政管理局在省委、省政府开展的政风行风评议活动中连续8年进入最佳单位行列,2007年被列为免评单位。加大违法违纪案件查处力度,全系统成立执法执纪稽查队14个,查办案件11件,处分16人。

(三)大力加强法制建设

1990年,省工商行政管理局设立了法制处,标志着全省工商行政管理系统法制机构建设工作开始起步。截至2000年底,全省161个地、市、县(区)局,全部设立了法制机构,并在基层工商行政管理所设立了专兼职法制员负责法制工作。

1996年起,省工商行政管理局在全系统推行了"一把手"抓法制的工作机制和行政执法目标责任制,使全系统执法工作做到有章可循,杜绝了随意处罚、超越管辖、乱管乱罚的现象发生。

2000年,全省工商行政管理机关共查处各类违法违章案件22 384件,其中一般程序案件17 339件,全部通过了法制机构审核,有力地树立了工商行政管理部门的社会地位和执法权威。

2002年,实施红盾人才计划,举办各类培训班178期,广泛开展了"三手"岗位练兵活动,提高了干部履行职责的能力。共查处一般程序案件26 419件,审核率达到100%,行政诉讼案件审结32件,胜诉率93.8%。制定案件主办人制度、法制机构提前介入等8项行政执法监督制度,开展执法大检查和执法案卷评查。加强案件审核把关,1 296个工商行政管理所配备了专兼职法制员。

2004年,进一步推进落实行政执法责任制,基层工商行政管理所均设立了专(兼)职法制员,建立了自上而下的法制工作组织网络。深入推行案件主办人和专(兼)职法制员制度,加强案件审核把关,2004年核审案件13 284件,核审率100%;行政复议案件19起,行政诉讼案件12件,未有败诉,确保了发布文件和做出决定的合法公正。

2005年,进一步推进落实行政执法责任制,组织开展了全系统的行政执法监督检查。根据《黑龙江省规范性文件备案办法》的规定,上报省政府法制办备案规范性文件35件。

2007年,注重发挥法制机构案件核审监督和行政复议的层级监督作用,组织开展了执法大检查,核审行政处罚案件16 640件,办理行政复议案件20件。

2008年上半年,大力强化执法监督。强化法制机构案件核审监督和行政复议的层级监督作用,核审案件2 530件,办理行政复议案件4件。完善了《工商行政管理机关办案程序规定》、《定案委员会议事规则》等14项执法监督制度。

(四)大力开展精神文明建设

在1998年抗洪抢险中,全系统有24个市、县工商行政管理局和工商行政管理所被各级党委、政府授予抗洪抢险先进单位称号,175名工商行政管理干部被评为先进个人。

2000年,全系统相继涌现出一大批先进集体和模范人物。其中:被国家工商行政管理局授予"模范工商行政管理干部"并追认为烈士的 1 人;被国家工商行政管理局和人事部评为先进集体 8 个,先进个人 3 名;被国家工商行政管理局评为先进工商行政管理所 13 个,优秀工商行政管理人员 16 名。

2001 年,省工商行政管理局被中央组织部授予"全国先进基层党组织"称号;被黑龙江省文明办评为"省级文明单位";并在黑龙江省 25 个参评部门中连续两年取得"双评"(正行风、树新风、最佳最差单位评议活动)第一名。

2002 年,以塑造仪表形象为重点,从擦亮每个"窗口"做起,处处体现形象,事事显示形象,人人讲求形象;从文明办公做起,重新完善文明办公设施,美化办公环境,优化服务条件,做到条条有要求、事事有规矩,使教育活动收到了明显成效。

2003 年,采取多种有效措施,大力实施以"内强素质、外树形象"为主要内容的"红盾形象"建设工程。组织开展了向汪洋湖、李庆长、何付凯、马驰、方德莲等不同层面的先进模范人物学习。在帮扶解困工作中,省局为贫困地区捐款、捐物和投资累计资金 200 余万元。

2003 年,省工商局被省文明办评为"省级文明单位标兵";被省委、省政府授予"全省抗击非典型性肺炎工作先进集体";被省委、省政府纠正行业不正之风办公室授予"2002 年为经济建设服务、树部门行业新风最佳单位"。

2004 年,省工商局在全系统深入开展了"五满意"活动。省局被国务院授予"全国再就业工作先进单位"称号;被省委、省政府评为"2003 年的省直机关党政工作部门责任制优秀单位";被省委、省政府评为"正行风、促发展民主评议活动先进单位"。

2005 年,各级工商行政管理局积极开展具有工商行政管理特色的文明行业创建活动。黑龙江省工商行政管理局被中央精神文明建设指导委员会评为"全国文明单位";被国家工商总局授予"2005 年红盾护农行动先进单位";被全国毒鼠强专项整治工作小组授予"全国毒鼠强专项整治工作先进集体";被省委、省政府纠正行业不正之风办公

室评为"2004 年度正行风、促发展民主评议行风先进单位";被黑龙江省人民政府授予"国企改革工作先进单位"。

2006 年,黑龙江省工商行政管理局被中国哈尔滨国际经济贸易洽谈会组委会授予第 17 届中国哈尔滨国际经济贸易洽谈会突出贡献奖;被省委、省政府授予"2005 年端正政风行风、优化发展环境最佳单位"。

2007 年,黑龙江省工商行政管理局被省委、省政府评为"2006 年度目标责任制"良好单位。省局被评为省级"文明行业建设先进系统"。全系统所有地市级工商行政管理局全部获得"省级文明单位"以上荣誉称号。省局和哈尔滨、大庆市局还被评为"全国文明单位"。共有 26 个市、县区工商行政管理局获得了"省级文明单位标兵"荣誉称号。

2008 年,黑龙江省工商行政管理局被省委、省政府评为"2007 年度目标责任制"良好单位;被省委、省政府评为"2007 年度中省直单位帮建新农村工作先进单位";省工商行政管理局机关党委被省直机关工委评为"先进基层党组织"荣誉称号。

第二节　黑龙江省工商行政管理发展成就

党的十一届三中全会以来,黑龙江省工商行政管理职能、范围、对象、要求发生了深刻变化,已由单纯直接管理向既直接管理,又间接管理转变,由单纯微观管理向既有微观管理,又有宏观管理转变,由简单的行政管理向运用法律、经济、行政综合管理转变,由管理消费品市场向监管社会主义大市场职能转变。

一、认真查处经济违法案件、维护市场的公平交易

在 20 世纪 80 年代中期,针对走私贩私、就地转手倒卖重要生产资料等问题,黑龙江省工商行政管理局相继开展了多次专项重点打击,查处了一大批大案、要案。1990 年以来,针对制售假冒伪劣商品违法行为已成为社会公害的问题,连续开展了"节日市场"、"农资市场"、"夏季饮料市场"、

"重要商品市场"等专项整治活动。

1993年,《反不正当竞争法》颁布实施,工商行政管理机关公平交易执法的主要工作是制止和查处公用企业限制竞争,非法高额有奖销售,仿冒知名商品的名称、装潢,地区封锁,侵犯商业秘密,商业贿赂等不正当竞争行为。全省各级工商行政管理机关建立了打击走私领导小组及其办事机构,针对不同地区、不同情况确定了工作重点,查缴了大量汽车等走私物品。

2000年开始,党中央、国务院部署在全国范围内开展整顿和规范市场经济秩序工作,全省各级工商行政管理机关组织开展了"红盾打假护农"专项整治行动,"反封锁、反壁垒"等不正当竞争和欺诈行为的专项整治行动,"反误导、打虚假"专项整治行动,"商品市场整顿"专项整治行动,对煤炭等涉及安全生产经营企业的专项清理整顿行动等一系列专项整治活动。

2002年,开展以反假冒、反误导、反欺诈、反垄断为重点的7项专项整治活动,查处不正当竞争案件339件、投机倒把案件637件,扣缴违法经营物资总价值2 974万元,查禁传销活动14起,移送司法机关3起,取缔传销窝点14个。

2003年,严厉查处医药、民航、旅游、房地产等领域的回扣和商业贿赂行为,打击欺骗性有奖销售、变相巨奖销售行为,共查处不正当竞争案件430件。重点整治供水、供电、供气等行业限制交易行为以及涉及化肥、农资、酒类、烟草等产品的地区封锁和地方保护行为,共查处案件15件。强化对外商投资转型企业监管,坚决遏制传销和变相传销案件13件,涉案人员800余人,取缔传销窝点12个。

2004年,省工商局研究制定了《黑龙江省工商机关监管外商投资传销转型企业暂行制度》。保持对武汉新田、王牌88等非法传销活动的高压态势,查处传销和变相传销案件35件,捣毁取缔传销窝点109个,清查遣散传销人员7 630人,将一批主要非法传销组织者移交司法机关惩处。认真落实国家和省紧急部署要求,开展以对山东众旺公司及类似"消费储值"活动企业的取缔行动,清查分支机构2个,特许代理商31个,特许加盟商4 260个,有效遏制了"消费储值"欺诈活动蔓延。坚决查处水、电、煤气、通信、运输等公共企业及其他具有独占地位的经营者强制交易、强制服务的限制竞争行为,查处妨碍公平竞争、设置行政壁垒、排斥外地商品和服务的各种分割市场行为。开展以打破酒类市场为重点的地方保护整治行动,共查处垄断和地区封锁案件23件。加大对商业贿赂行为的打击力度。组织开展了纠正医药购销和医疗服务不正之风专项整治工作,全系统共出动执法检查人员1.2万人次,检查医疗卫生机构、药品及医疗器械生产、经销企业7 000余户次,查处商业贿赂等违法行为910起,端掉造假黑窝点12处。

2005年,认真开展整治公用企业限制竞争行为,查处经济违法案件6 106件,案值6 953.77万元。检查食盐批发企业和代批发点487户、食盐零售经营者3万多户、食盐批发市场和集贸市场917个,检查餐饮服务业和食品加工业经营者1.3万户,检查铁路货运站、公路货运站和水运码头货场321个。

2006年,全系统共组织开展了"十大红盾执法行动",在治理商业贿赂红盾执法行动中,建立了部门协作机制和大案联办机制,共查办案件109件。在打击传销和规范直销红盾执法行动中,坚决查禁"拉人头"、"团队计酬"和利用互联网进行传销的行为,重点惩处以介绍工作、从事经营活动等名义欺骗他人离开居所地非法聚集、限制人身自由打着职业介绍、招聘兼职等幌子诱骗学生参加传销的违法行为。共查处案件36件,取缔窝点135个,清查遣散13 803人次,移交司法机关案件3件,移交240人。

2007年,全省工商行政管理部门深入开展整治"傍名牌"专项执法行动,查处案件10余起。构建"打防控"体系,查处非法传销案件26件,收缴罚没款432万元,捣毁传销窝点90个,驱散传销人员1.96万人,移送司法机关73人。进一步加强了对直销企业的检查指导，规范了企业的直销行为。

2008 年上半年，按照"标本兼治、重在治本"的要求，省局制定了辖区监管责任制，完善了市场突发事件应急预案，深入开展了"十大专项整治行动"，加大整治农资市场、治理商业贿赂、打击限制竞争和垄断行为、打击非法传销、取缔无照经营、保护注册商标专用权等执法力度，共查处各类违法违章案件 2 345 件，案件总值 2 317.75 万元，罚没金额 1 762.2 万元。

二、内资企业登记管理

1979 年，黑龙江省工商行政管理局在全国率先开展了工业企业普查登记，企业登记管理工作开始起步。接着对党政机关干部经商办企业进行了清理，开始整顿各类公司和"中心"。

1988 年，《企业法人登记管理条例》颁布实施后，企业法人制度正式确立。

1993 年，《公司法》颁布实施，企业登记行为和登记内容不断拓展。省工商行政管理局集中力量参与了清理党政机关办企业、抑制公司热、整顿期货市场、扫除不良文化企业名称、规范中介机构、全面禁止传销行为、整顿粮食批发企业等工作；配合有关部门开展了对金融、煤炭、采矿、成品油、农资、医药、印刷市场的清理整顿工作，参与了清理整顿军队、武警部队和政法机关与所办经营实体脱钩等项工作。仅 1996 年至 1998 年，共查处违反企业登记管理法规行为 42 307 件，罚款 497 万元，清理各类无机构、无资金、无场地（简称"三无"）企业 23 228 户。

2001 年，省工商行政管理局开展了严格规范市场主体准入行为工作，认真执行国家工商局关于"三严格三禁止"的规定，共清理规范不符合前置审批条件的企业 7 132 户，取缔"三无"企业 7 582 户，无照经营 29 143 户。并对涉及安全重点企业、文化娱乐公众场所开展了专项整治，共检查各类经营单位 31 722 户，依法取缔、责令停业整顿 461 户，吊销小煤矿营业执照 132 户，注销 96 处；清理规范"网吧"597 户，取缔歌舞、桑拿、电子游戏等娱乐场所 2 563 个；查封取缔存在消防隐患场所 1 237 处；整顿了经济鉴证类中介机构以及"五小"企业，即小炼油、小火电、小玻璃、小造纸、小轧钢企业，有力地规范了市场准入行为。

围绕支持国有大中型企业建立现代企业制度，全省各级工商行政管理机关坚持"放而有度、活而有序、管而有法"的方针，支持大中型国有企业按《公司法》要求，改制、改组、改造，支持帮助国有企业实行一企多制，设立分支机构，积极支持企业设立从事第三产业为主的生产经营机构。

2002 年，全省工商行政管理系统严把市场主体准入关，查补市场主体登记要件 6 013 件，清理"三无"企业 4 328 户，取缔无照经营 6 333 户。支持国有企业深化改革，现场办公 1 790 次，建立联系点 1 961 个，为国企改组、改制和改造提供辅导咨询 1 802 次，支持国有企业改制 912 户，规范企业集团 87 户，为企业节省验资等相关费用 309 万元。引导 3 626 户个体私营企业参与国有企业改革，盘活国有资产 29 亿元。深入开展对安全生产企业和公共聚集场所的专项清理，对小煤矿重新登记并现场发照 367 户。检查文化娱乐场所 9 113 处，收缴非法出版物 21 759 册。检查网吧 4 648 户，重新登记 3 231 户。新登记注册外商投资企业 172 户，投资总额 5.76 亿美元，外方认缴出资额 2.48 亿美元。

2003 年，在支持老工业基地调整改造和国有企业改革方面，省局进行了重点突破。降低市场准入条件，实行注册资本实缴制和分期到位相结合；对国有企业改制中的国有资产部分只要办理了国有资产产权登记手续，不再要求进行评估。

2004 年，全省工商行政管理系统认真履行法定前置审批和登记注册程序，坚持依法登记，规范操作规程，认真审查市场主体的准入资格，新办企业合格率达 100%。重点查处危害人民群众身体健康的行业、文化娱乐场所的无照经营活动，清理无照经营行为 18 402 起，限期办理营业执照 12 234 户，立案查处 2 658 户，使城镇无照经营行为得到有效遏制。

2005 年,全省工商行政管理系统以推进六大基地和哈大齐工业走廊建设为重点,制定《关于发挥工商行政管理职能支持服务哈大齐工业走廊建设的若干措施》。

同年,省局下发了《关于全省工商行政管理系统成立企业信用建设推进和企业信用分类监管工作机构的通知》,建立了基础信息数据库,推行了工商行政管理所网上认领、属地巡查和网络化监管,除基础设施薄弱的林区、边远地区和垦区工商行政管理局外,全部实现企业信用分类监管。全省有 A 类企业 52 331 户,B 类企业 6 500 户,C 类企业 6 222 户,D 类企业 11 117 户,已实行分类监管企业为 76 170 户,占企业总数的 48%。

2006 年,全省各级工商行政管理机关认真贯彻执行《公司法》和《公司登记管理条例》,规范登记行为。开展中介机构专项整治,加大对虚报注册资本、虚假抽逃出资、骗取登记、擅自改变经营项目等违法行为的查处打击力度。检查清理煤矿登记档案 1 378 户,对政府明令关闭的矿井中已在工商行政管理部门登记注册的煤矿企业,履行了吊销营业执照程序;对省煤炭工业管理局暂扣煤炭生产许可证、矿井中已登记注册的煤矿企业,下达责令停止生产通知书。

2006 年,省局大力推进工商行政管理监管改革创新。深入推进企业信用分类监管。全省实行分类监管企业(内资企业、外资企业和私营企业)168 962 户,占企业总数的94.7%,有 A 类企业(守信企业)79 750 户,占47.2%;B 类企业(基本守信企业)63 022户,占 37.3%;C 类企业(失信企业)12 672户,占 7.5%;D 类企业(严重失信企业)13 516户,占 8%。

2007 年,全省工商行政管理机关大力加强煤矿等安全企业监管,严格登记审查,落实巡查责任,依法吊销了省政府明令关闭的224 户小煤矿营业执照。配合政府有关部门开展了整治非煤矿山、小化工、土炼油、废品收购企业专项行动,检查相关企业 1 048 户。新登记企业(不含私营企业)6 119 户,累计达到 9.55 万户,注册资金总额 3 962 亿元,其中国有企业和集体企业 59 678 户,股份合作企业 6 883 户,公司 28 709 户。

2008 年上半年,省工商行政管理局紧紧围绕黑龙江省哈大齐工业走廊、东部煤电化基地、沿边对外开放带和大小兴安岭生态经济区等"四大经济板块"建设,打破行政区域限制,建立工商行政管理区域合作机制,统一政策尺度,统一服务标准,统一工作要求,推进一体化服务,对入驻企业和建设项目实行首问负责制。工商行政管理部门在哈大齐工业走廊内开设了专门服务窗口 30 个,为入驻企业提供政策咨询 820 次,免收企业登记费用 65 万元。

同时,积极构建诚实守信的社会诚信机制,推进了企业信用分类监管,建立健全了信用信息采集、录入、更新和维护制度,全省共录入内资企业 98 390 户,在全国企业信用分类监管数据质量和联网应用检查验收中被评为优秀。

三、外商投资企业登记管理

为适应改革开放发展形势的要求,1985年,省工商行政管理局成立了外资企业登记管理处,负责全省外商投资企业的登记管理工作,并积极参与省政府组织的各种境内、境外招商活动。积极与有关部门配合,坚持实行"一条龙"审批政策,授予 11 个大中城市行使外商投资企业登记权,为外商投资企业就地就近登记注册提供便利。

从 1997 年开始,全省各级工商行政管理部门实行了行政执法"公示制",将办照程序、办理时限、收费项目及标准、违示责任追究等有关规定向社会公开明示,自觉地接受外商投资企业和社会公众的监督。

1998 年,省局组织召开外国(地区)企业常驻代表机构首席代表座谈会,扩大了对外影响,提高了知名度。《外商投资企业登记注册操作规范》,对各类登记管理事项做了较为详细的规范。全省外资登记管理工作初步形成了工作步骤统一、工作程序统一、管理考评统一、档案管理统一、数据库标准统一、证照管理使用统一的管理格局。对资金不到位的企业,根据具体情况区别对待,限期出资,提高资金到位率,促进了外商投资企业快速增长。

2003 年,全省新设立外资企业 204 户,投资总额 12 亿美金,外方认缴出资额 4.3 亿美元。

2004 年,省工商行政管理局认真落实"招商引资年"的要求和省委、省政府招商任务,组织召开外商投资企业常驻机构代表座谈会,推荐本省的招商项目和优惠政策。省工商局成功举办了"黑龙江民营企业资本(项目)香港市场推介会",组织 60 多户民营企业参加了香港国际现代化中医药及健康产品展览会及香港美食博览会,接待香港及海外客商 8 600 多人次,合作金额 1.5 亿元。组织 30 多户民营企业参加了"2004 年黑龙江(韩国)经贸活动周",促成了 4 户民营企业与韩国企业合作,有 10 多户企业在食品、中医药等领域与韩方达成了合作意向。组织 40 多户香港企业参加了"2004 年黑龙江(香港)活动周",引导一批香港客商加入了龙港(港龙)经济合作促进会,正式签约合作项目 3 个,合作金额超过了 10 亿元人民币;积极同香港证券商沟通联系,为民营企业在港融资上市创造条件,使乌苏里江药业有限公司等三家企业与香港凯基证券有限公司签订了资本融资上市协议。当年共引进外资 3 100 万美元,新设立外商投资企业 212 户,投资总额 10.3 亿美元,外方认缴出资额 5.9 亿美元,新设立外国(地区)企业常驻代表机构 65 户。

2005 年,为进一步落实省委、省政府"招商引资"要求,省工商局组团参加香港中医药展览会、中国中小企业商品博览会,组织部分企业家赴上海、江苏、浙江开展考察和项目对接,积极参与哈洽会商贸洽谈活动,与 60 家外国客商签订贸易合同,贸易金额 2 100 美元,合作金额 1.5 亿元,全系统引进外资 4 525 万美元,全省外资企业发展到 2 287 户,注册资本 65.6 亿美元。

2006 年,省工商局按照省委、省政府招商引资工作的总体部署和要求,组织 22 户企业赴香港参加药博会,参展商品 9 大类 180 多个品种,接待香港及海外客商 6 000 余人次,有 183 位客商与黑龙江省参展企业就产品代理、投资和共同开发进行了合作洽谈,与 20 多家客商达成了合作意向。组织本省民营企业参加 2006 年黑龙江(韩国)活动周,14 户企业与外商达成合作意向 15 个。

2007 年,新登记外商投资企业 219 户,投资总额 21.38 亿美元,注册资本 11.85 亿美元,全省外商投资企业发展到 2 464 户,投资总额 144.89 亿美元,注册资本 88.92 亿美元;新登记私营企业 22 079 户,总数达到了 98 554 户,注册资本 1 121.69 亿元。

2008 年上半年,全省外资企业发展到 2 170 户,注册资本 86.91 亿美元;《外商投资企业登记注册操作规范》积极构建诚实守信的社会诚信机制。加快推进了企业信用分类监管、个体工商户分层分类登记管理和商品市场信用分类监管,建立健全了信用信息采集、录入、更新和维护制度,共录入外资企业 2 170 户。

四、个体私营经济监督管理

党的十一届三中全会以来,在以公有制为主体,多种经济成分共同发展的方针指引下,黑龙江省的个体私营经济经历了从无到有,从小到大,从单一经济到多元经济,从解决个人温饱到成为新的经济增长点的发展历程。改革开放以来,个体私营经济的快速发展,不仅为全省 300 多万人创造了直接就业机会,而且吸纳了众多的下岗职工。

2002 年,全省个体工商户发展到 102 万户,私营企业 404 万户;注册资金总额达到 584 亿元,产值 430 亿元,实现销售收入 1 177亿元。

2004 年,全省工商行政管理机关主动降低个体私营企业进入市场准入门槛,进一步放宽经营范围和拓宽经营领域,支持个体私营企业进入基础设施、公共事业以及法律、法规没有禁入的行业和领域。积极加强农副产品专业市场建设,重视发挥农村经纪人队伍作用,全省农村经纪人发展到 2 200 人,促进了农产品流通销售

2005 年,省工商局制定了《关于发挥工商行政管理职能作用促进个体私营经济等非公有制经济发展的实施意见》,确定了 35 条具体优惠扶持政策。对改制企业和招商引资企业实现现场办公全程服务;对个体私

营等非公有制企业大户实行专人联系重点服务。全省个体工商户发展到 72 万户,私营企业 6.46 万户,私营企业集团 73 户,为非公有制经济发展作出了重要贡献。

2006 年,省工商局对改制企业和招商引资企业实行现场办公全程服务,对个体私营企业大户实行专人联系重点服务。鼓励支持非公有制企业参与国有企业改革,帮助引导龙头企业进行制度创新,完善法人治理结构,扶持做大做强。全省个体工商户有 72.49 万户,从业人员 155.96 万人,私营企业达到 7.79 万户,注册资金 1 019.63 亿元,注册资本 1 000 万元以上的达到 1 495 户,其中注册资金亿元以上的私营企业 34 户,私营企业集团 80 户。

2007 年,全省共新登记个体工商户 11.56 万户,累计达到 76.3 万户,从业人员 162.73 万人。

2008 年上半年,私营企业 101 658 户,注册资本 1 419.78 亿元;个体工商户 76.94 万户,从业人员 163 万人。同时,省局研究制定了《个体工商户分类监管实施办法》、《个体工商户分层登记实施办法》。积极构建诚实守信的社会诚信机制。加快推进了企业信用分类监管、个体工商户分层分类登记管理和商品市场信用分类监管,建立健全了信用信息采集、录入、更新和维护制度,共录入个体工商户 76.9 万户。

五、商标监督管理

1979 年到 1985 年,省工商行政管理局以行政评选的方式,颁发了 433 件"黑龙江省著名商标"证书。

1992 年 7 月,省工商行政管理局、省消费者监督联合会组织消费者历时 90 天,以 23.8 万名消费者推荐方式,选出著名商标 50 件,消费者喜爱产品 70 个。同年 10 月,组织全省 50 家著名商标企业,出动 50 辆彩车和两架飞机,沿着哈尔滨市主要街道大张旗鼓地宣传全省著名商标和创著名商标的意义,引起社会各界强烈反响,增强了全社会的商标意识,提高了著名商标商品的市场竞争力。截至 1992 年底,以消费者推荐的方式,评选了 60 件"黑龙江省著名商标"。

1993 年 3 月,省商标事务所、哈尔滨市商标事务所相继成立,商标注册工作由核转制发展为代理制。

1996 年 8 月,省政府办公厅转发了省工商行政管理局制订的《黑龙江省著名商标认定方案》。《方案》将凡设在全省境内的企、事业单位和个体工商户的注册商标列入认定范围,同时还规定申请认定的商品商标必须是 1995 年 5 月 1 日前核准注册的国内有效注册商标。服务商标的注册日期可延至 1995 年 12 月 1 日。为引导、扶持全省企业早日创出一批经久不衰的著名商标,对 1992 年被推选为省著名商标的,将在与其他参加认定商标同等得分条件下,予以优先认定。此次认定的省著名商标,可在商品及其包装和广告宣传中使用黑龙江省著名商标称号,其商标专用权由全省各级工商行政管理机关给予重点保护,并有资格推荐到国家工商行政管理局,被认定为"中国驰名商标"。著名商标要依法正确使用,如有违法行为,省工商行政管理局有权撤销其著名商标称号。经过 4 个多月的工作,1996 年以消费者推荐与各主管部门认定相结合的方式,认定"世一堂"、"光明"等 100 件为黑龙江省著名商标,其中生产资料商标 29 件,服务商标 1 件,普通生活消费品商标 70 件,涉及医药、机械、建材、纺织、酒、烟草、乳品、家具、石油化工等 20 个行业,分布在全省 12 个地、市。

1999 年 6 月,省工商行政管理局下发了《黑龙江省著名商标认定和保护暂行办法》。此《办法》规定了申请认定著名商标应具备的条件:申请人必须是黑龙江省境内的注册商标所有人;该商标的注册和连续使用时间均须满三年以上;该商标必须是依法正确使用的等等。经市(地)级工商行政管理局对企业的著名商标认定申请初审,符合认定条件的,签署意见后向省工商行政管理局推荐。省工商行政管理局对推荐上报的材料进行复审和必要的调查,并征求省级行业主管部门(或行业协会)、消费者协会等有关单位意见后进行综合认定,并颁发《黑龙江省著名商标证书》。其自认定公告之日起,有效期为三年。期满后欲继续保留著名商标称号的,其所有人应申请复审认定。著名商标注册人可以在该商标核准使用的商品及其包装、装潢、说明书、广告上使用"黑龙江省著名商标"称谓,并择优推荐认定"中国驰名商标"。此《办法》规定有七种情形,省工商行政管理局可撤销其著名商标资格。

2001 年,全省共有注册商标累计 16 760 件,共认定"黑龙江省著名商标"197 件,争创全国"驰名商标"1 件,协助办理国际商标注册 14 件。

2002 年,全省共查处侵犯商标专用权违法案件 1 167 件,收缴和销毁违法标志 1 777 万件。引导企业增强商标意识,帮助企业申请注册商标,认真开展了著名商标复审工作,全省累计共有注册商标 18 760 件,驰名商标 2 件,著名商标 199 件,知名商标 219 件。引导注册"农字号"商标 366 件,绿色食品标志使用许可 11 件。

2003 年,省工商局加大对驰名商标、著名商标的保护力度。重点打击侵犯绿色食品标志、奥林匹克标志专用权的违法行为。严厉查处边贸市场和展销会及商标印制环节的违法行为,规范商标使用行为,切实加强对服务商标领域的监管工作。查处侵犯商标专用权违法案件 934 件,收缴和销毁违法标志 270 万件。截至 2003 年底,全省累计有效注册商标 2 万余件,其中驰名商标 2 件,著名商标 215 件。

2004 年,省工商局在争创"完达山"、"红星"驰名商标的基础上,又成功争创"三精"为驰名商标,实现了黑龙江省作为药业大省驰名商标零的突破。积极推动"农字号"商标注册,倡导走品牌农业发展之路,全省"农字号"商标已发展到 1 万多件,仅大米一类就申报了 30 多件,并成功注册了"小兴安岭大森林"、"林都北药"两件集体商标和"庆安大米"证明商标,实现本省集体商标零的突破,认定了"翠花"、"圣泰"、"华义"、"黑天鹅"等 23 件省著名商标。成功举办了《商标之星》中国驰名商标暨黑龙江省著名商标颁奖授牌文艺晚会,省政府奖励给获得驰名商标企业 50 万元奖金。

2005 年,黑龙江省"飞鹤"、"哈药"、"希

波"三枚商标被国家工商总局认定为中国驰名商标,全省获中国驰名商标增至 6 件。省工商行政管理局对 180 件省著名商标进行了全面复审,并认定 56 件,省著名商标总数达 278 件。2006 年,又有"北大荒"、"红光"、"世一堂"和"龙江龙"4 件商标被认定为中国驰名商标,使全省获得中国驰名商标总数达到 10 件。全省著名商标累计达 329 件。

2007 年,全省工商行政管理系统大力实施商标发展战略,帮助农民和涉农企业申报地理标志证明商标 12 件,集体商标 5 件,全省农产品注册商标达到 1 万多件;完善了《黑龙江省著名商标认定和保护暂行办法》,新认定省著名商标 59 件,总数达 388 件,全省新获得中国驰名商标 9 件,总数达到 19 件;全方位做好"哈洽会"、"中国糖酒博览会"、"齐齐哈尔绿博会"等监管服务,高标准完成了"中国知名品牌馆"的布展工作,为哈洽会增添了新亮点;认真开展保护商标专用权执法行动,查处商标违法案件 569 件,收缴罚没款 322 万元,销毁假冒、侵权商标标识 21 万件。

2008 年上半年,省工商局采取有效措施,大力支持企业自主创新,鼓励发展具有龙江特色的地理标志。参加了第十九届哈洽会"中国品牌馆"的布展筹备工作,组织参展省内外知名企业 40 余户,展示中国驰名商标 15 件、省著名商标 25 件。新修订了《黑龙江省著名商标认定和保护暂行办法》,积极做好中国驰名商标推荐、协调工作。全省新认定黑龙江省著名商标 78 件,新获得中国驰名商标 9 件,总数达到了 28 件。

六、广告监督管理

1981 年,黑龙江省工商行政管理局发布了《关于加强经济广告管理的暂行规定》,全面开展了广告管理工作。全省各级工商行政管理局机关深入开展"红盾彩桥"活动,协调并鼓励媒介单位为企业提供优质价廉的广告服务,培养了一批具有龙头作用的广告主和有先进技术设备、有竞争力的广告经营单位。进一步建立健全了广告监测网络,对群众反映强烈,侵害消费者

利益的药品、医疗、化妆品、印刷品、养殖业等虚假违法广告开展了专项整顿,对发布虚假违法广告的广告主、广告经营者进行了严厉打击。

1992 年至 2001 年,全省广告经营单位从 433 家发展到 2 095 户,经营额达 12.8 亿元,从业人员发展到 12 050 人。广告涉及商品、科技、教育、医疗、服务等各个领域。广告宣传形式也由传统的平面、静态、单一的表现形式向立体、空间、动态多功能的方面发展。

2002 年,全省工商行政管理机关依法共查处虚假等违法广告 2 198 件,收缴非法印刷品广告 122 万份。同时,强化服务职能,开展咨询服务活动,帮助企业提高广告策划水平,广告经营单位发展到 2 179 户,年经营额 14 亿元,有 36 件广告作品分别获得国家级的奖项。

2003 年,全省广告经营单位已达 2 350 户,年经营额 12 亿元。依法查处虚假违法广告 2 188 件。

2004 年,省工商局建立健全了广告监测网络,进一步强化了对广告发布活动的监管力度,对媒体广告发布活动进行两次集中监测,并将典型违法广告在全省进行通报,要求有关市地局认真进行查处,对 28 家违法广告发布者和广告主下发了《违法广告停播单》。同时下发《加强春耕期间种子、化肥、农药广告监管工作方案》,检查种子、化肥、农药等农资广告 860 条,清除违法路牌广告 11 块,收缴违法农资印刷品广告 3 600 份,停播和纠正违法农资广告 40 余条,立案 5 起。截至 2004 年底,全省共查办各类广告违法案件 2 136 件。此外,与省纪检委共同举办了黑龙江省首届反腐倡廉公益广告大赛,省局选送的作品《青瓷碗、白米饭》荣获一等奖。同年,黑龙江省工商行政管理局在中国广告协会举办的第十一届广告节上荣获金奖 1 名、银奖 1 名、铜奖 2 名。

2005 年,省工商行政管理局制定了《全省开展"打虚假、树诚信"广告专项整治行动方案》和《开展"诚信广告建设年"活动方案》,召开了全省"打虚假、树诚信"广告专项整治行动动员大会,建立了黑龙江省整治虚假违法广告专项行动联席会议制度。全省共查处各类违法广告案件 2 645 件,收缴违法印刷品广告 94 万份。深入开展"诚信广告建设年"活动,组织全省 46 家主流媒介建立"广告诚信联盟",制定服务标准,倡导诚信经营。组织开展全省首届公益广告以及"十佳诚信广告单位"、"龙江十佳经典广告"评比活动,全省广告经营单位发展到 2 687 户,经营额 17.2 亿元,促进了广告业快速健康发展。

2006 年,全省各级工商行政管理机关大力开展"打虚假、树诚信"广告红盾执法行动。以保健食品、药品、医疗、化妆品和美容服务广告为重点,加强广告市场诚信建设,规范广告市场经营秩序。加大广告监测力度,堵住违法广告发布源头,共监测全省报纸、电视、广播等新闻媒体发布的广告 24 696 条,下发《违法广告停止发布通知书》294 件。

2007 年,认真落实广告整顿联席会议、违法广告联合公告、广告活动主体市场退出等制度,引导行业自律,推动广告业诚信建设,全省广告经营单位达 2 760 户,广告经营额 19 亿元。同时,加大广告专项整治力度,积极贯彻落实《医疗广告管理办法》和《药品广告审查标准》,开展对药品、医疗、保健食品的清理整顿,下发违法广告停播单 150 件,查处案件 1 365 件,收缴罚没款 487.4 万元;牵头开展了非法性药品广告和性病治疗广告的专项执法行动,检查互联网站 3 000 余户,进一步规范了互联网广告发布秩序。

2008 年上半年,全省各级工商行政管理机关大力整治虚假违法广告。开展了对药品、医疗、保健食品广告的清理整顿,共监测广告 74 906 件,查处违法广告案件 531 件。牵头开展了非法性药品广告和性病治疗广告的专项执法行动,检查互联网站 3 000 余户,关闭发布违法广告网站 7 户,进一步规范了互联网广告发布秩序。

七、市场与合同监督管理

1983 年以后,黑龙江省集贸市场得到迅速发展,全省各级工商行政管理机关积极开辟多条筹集资金渠道,动员社会各界力量建设市场,把市场建设和管理工作着眼点放在完善市场功能上。

1986年,全省各级工商行政管理机关逐步由重点培育管理集贸市场转向全面介入生产市场的培育和监管。支持从生产要素行业主管部门分离出来的事业单位进行市场化经营,使全省生产资料市场、生产要素市场得到长足发展。在全省范围内开展了"十大工业品专业市场"、"十大农副产品批发市场"、"十大生产资料市场"、"十大生产要素市场"、"十大农村大集"和"十大乡镇市场"的六类十大市场的评比活动。相继推广了哈尔滨市道外区南十六市场和化家村、哈尔滨国贸城和服装城、集贤商贸城、绥芬河青云市场等典型。

1987年成立了黑龙江省市场治安民警队,打击偷窃、斗殴和妨碍公正执法等不法行为,有效地维护了集贸市场的交易秩序。1988年开始了文明市场规范工作,1991年省工商行政管理局制定了《黑龙江省小型市场达标规范》,开展了小型市场达标竞赛活动。1993年,省工商行政管理局提请省人大常委会把创建文明市场纳入了《黑龙江省城乡集市贸易条例》,在全省各类市场中全面开展了创建文明市场活动。

1996年,在全省市场管理工作中逐步推行巡查制管理,使市场管理工作走上规范化、制度化轨道。1996年底,全省各级工商行政管理机关对自办联办的273处集贸市场,实行了办管脱钩,各市、地、县工商行政管理局组建了市场服务中心。

1998年,全省省级文明市场标兵已达67处,省级文明市场148处。

2001年,全省各类市场已发展到2 669处,比1978年增长10多倍;各类市场商品成交额达到6 107亿元,比1979年增长500多倍;集市商品零售额占社会商品零售额也由1979年的1.56%上升到44%;各类经纪人从无到有,发展到近8 000人。市场建设呈现起点高、规模大、专业性强、特色突出等特点;成交额超亿元的市场已达54处,超10

亿元的达7处,业已形成布局比较合理、门类比较齐全的商品市场网络;金融、信息、人才、劳动力、技术、房地产等要素市场也不断发展完善,一个省内外通开、内外贸结合的市场体系框架初步形成,对拉动全省经济发展发挥着越来越大的作用。

2001年,按照党中央、国务院的决定,全省工商行政管理机关与所办市场进行彻底脱钩,到2001年12月27日,全省工商行政管理系统自办、联办的289处市场全部实现脱钩,移交总资产88 697万元,移交债务36 417万元,分流安置人员3 385人。

2002年,开展集贸市场专项整治活动,全系统采取"十查十看"方法,共检查市场2 208个(次),取缔经销假冒伪劣商品摊位2 118个,查封制假窝点694个,查处违法违章经营案件25 293件。加强了粮食市场的监督管理,规范了旅游、成品油、房地产市场,取缔私货交易9起。认真查禁了非法拼装车行为,收缴报废汽车及配件1 545件(套)。查处合同欺诈行为219起,鉴证合同12 258份,办理抵押登记1 329件,抵押物价值144.4亿元,现场监督拍卖102次。加强了市场治安管理。全省各类商品市场达到2 091处,生产要素市场60处,农副产品市场672处,农村大集985处,各类经纪人8 000多人。

2003年,全省工商行政管理机关加强粮食市场管理,共查处粮食市场掺杂使假、以假充真案件709起、倒卖陈化粮案件32起。加大对旅游市场监管力度,从严规范经营行为,严厉查处欺诈行为。加强节日市场监管,严厉打击扰乱市场经营秩序行为,营造安全放心的消费环境。坚决打击非法拼装汽车行为,严防死灰复燃,检查拆解报废车相关场点1 508家,收缴报废拼装车29辆、五大总成98件、报废车配件34吨。巩固成品油市场整治成果,继续打击成品油市场的违法活动。与此同时,在防治"非典"期间,省工商行政管理局先后下发了《关于在防治非典期间强化市场监管的紧急通知》等7个明传电报,集中力量对防治"非典"商品市场进行专项检查,重点检查利用防治"非典"名义制售假冒伪劣商品、超范围经营和无照经营、发布虚假广告以及囤积居奇、欺行霸市、哄抬物价等违法行为。开展"毒鼠强"专项整治活动,重点对城乡结合部、农村集贸市场、乡村大集、农贸市场、农药生产经营企业、粮库及周边、日杂商店、早晚摊区和边境口岸等重点部位进行反复突击性检查和拉网排查,共检查市场和生产企业 4 887 个,鼠药经营户 22 766 户,取缔非法经销户 1 219 户,收缴毒鼠强等违禁鼠药 9 150 公斤。从建立完善进销台账登记制度入手,及时掌握和了解鼠药进货和销售去向,实施可追溯管理,切实从进货环节堵住毒鼠强进入流通领域的渠道。

2004 年,黑龙江省工商行政管理局按照建设"诚信龙江"的要求,不断推进企业诚信建设,从维护"守合同、重信用"、"文明诚信市场"活动权威性和信誉度入手,严格标准,严格把关,全省有国家级"守合同、重信用"企业 123 户,省级"守合同、重信用"企业 376 户。为加强高致病性禽流感防治工作,切实维护禽类及产品市场秩序,省工商局成立了防治高致病性禽流感工作领导小组,确定了全省工商行政管理系统高致病性禽流感防治的监督范围和重点监管品种,制定了对白条禽、活禽、分割禽监管措施,全省共出动检查人员 46 643 人次,出动车辆 13 326 台次,检查各类市场、商场(店)等 11 249 处,查处各类案件 373 件,查扣未检疫禽类及其产品 8 611 公斤。此外,加强了陈化粮销售加工全过程的监督管理,从"把好三关"(即资格认定关、竞价交易关、履约审查关)、"管住四个环节"(即管住陈化粮出库环节、运输环节、入库环节、加工环节)入手,严防陈化粮流入口粮市场。及时查处粮食市场违法行为,严厉打击非法倒卖加工陈化粮案件,检查各类企业、经营户 6 194 家,查处案件 64 件。

2005 年,全省工商行政管理系统认真开展清查含有苏丹红成分食品的专项执法行动,取缔无照经营食品业户 2 282 户,取缔食品黑加工点 164 个,查处食品安全案件 4 371 起,案值 1 102 万元,收缴罚没款 512.11 万

元,为消费者挽回经济损失 864 万元。严格执行《省工商局贯彻落实〈黑龙江省调配和销售车用乙醇汽油暂行规定〉的实施意见》规定,全省工商机关实行辖区巡查监管,查处了 146 家违法加油站,收缴罚没款 200 多万元,有力地维护了车用乙醇汽油市场秩序。开展打击合同欺诈专项执法行动,认真开展格式条款备案监督工作,共受理合同备案一千多份。通过备案监督,一些垄断行业、具有优势地位的经营者的"霸王合同"得到遏制,从加强事前防范方面保护了广大消费者的合法权益。重点打击了利用买卖合同、重要生产资料、农副产品订购合同、加工承揽合同违法违章行为,共查处各类合同违法违章案件 11 件,收缴罚没款 3.45 万元。深入开展以文明诚信为主题的"守合同、重诚信"和"文明诚信"市场创建活动,全系统将文明诚信市场创建活动纳入全省精神文明建设的范畴,进一步提高了"文明诚信"市场的社会地位和影响,形成社会化、科学化、规范化的活动机制。

2006 年,黑龙江省工商行政管理部门深入开展打击合同欺诈红盾执法行动,对各大中型商场、超市、酒店、饭店、洗浴、影楼等服务业进行检查,制止和纠正"霸王条款"10 000 余条;集中清理了旅游、电信行业的"霸王条款",检查旅行社、电信公司的营业网点 365 个,纠正"霸王条款"500 多条,备案旅游合同、电信合同 383 份。通过媒体公布了"旅游行业十大霸王条款"和"电信行业十大霸王条款"。

2007 年,认真履行监管执法职能,整顿规范市场经济秩序,全省共查处各类行政处罚案件 36 052 件,收缴罚没款 8 990.6 万元。

2008 年上半年,省工商局制定下发了《关于农资经营主体登记管理有关问题的通知》,从"经济户口"管理入手,全面开展了农资经营主体资格清理整顿。扎实推进了红盾护农保春耕执法行动,加强种子、化肥、农药、农机具及配件、成品油、农机润滑油等农资市场监管,严厉查处制售假冒伪劣农资坑农害农违法行为。全省共检查农资经销业

户 50 400 户次,抽检农资商品 2 362 个批次,取缔无照经营农资业户 473 户,查处案件 1 926 件,查扣假劣种子、农药、化肥等农资 1 815.15 吨,农机具及配件 7 357(台件),为农民挽回经济损失 3 038.14 万元。

同年,成立了黑龙江省企业合同信用协会,积极开展了"守合同、重信用"企业、"文明诚信市场"创建活动。有 29 户企业获全国"守合同、重信用"企业殊荣,公示省级"守合同、重信用"企业 611 户;新命名五星级文明诚信市场 40 处,四星级文明诚信市场 64 处,文明诚信经营业户 506 户。发挥合同的深度管理作用,推广使用 25 类合同示范文本 32.6 万份,清理"霸王条款" 1 260 条。

八、消费者权益保护

2000 年,省直机关机构改革中,省工商局设立了消费者权益保护处,与公平交易处合署办公,重视并加大了对保护消费者合法权益工作的力度。针对群众反映强烈的热点和重点问题,集中时间,集中力量开展了食品、药品、医疗器械、防寒商品等打假专项行动,检查品种 9 大类 1 200 余种,查扣销毁伪劣商品标值近 1 000 万元,捣毁黑心棉等制假窝点 160 处。根据职能调整,以食品、家用电器、肉制品为重点,开展了商品检查抽查工作,查处了全国最大注水肉案,封存注水肉 288 吨。

2002 年,省工商局加强流通领域商品质量监督管理,集中开展重点商品、重点市场专项打假斗争和"红盾打假护农"行动,共查处假冒伪劣商品案件 6 498 件,查获伪劣农资 900 余吨,为农民挽回经济损失 670 万元。开展"科学消费"年主题活动和消费者权益保护宣传教育活动,进一步健全企业联手打假机制,推进了"12315"网络建设,完善了打假维权网络。受理申诉举报 23 350 件,为消费者挽回经济损失 906 万元。

2003 年,省工商局突出"查伪劣、反欺诈、抓大案、促维权"四大主线,组织开展了"确保消费者过好两大节日"、"打假护农"、"手机市场"、"重点服务行业"和"食品药品市场"等多次专项执法行动,加强对城市出租房、城乡结合部等重点区域巡查,坚决清除制假售假窝点,共查处经销假冒伪劣商品案件 743 件,受理消费者申诉举报咨询 58 670 件,查处侵害消费者权益案件 2 617 件,为消费者挽回经济损失 968 万元。以食品、化妆品、农资、建材、汽配、通信器材为重点,认真开展质量抽查工作。

2004 年,全省各市、地局分设了消保机构,培训了执法人员。大力推进"12315"消费者申诉举报网络建设,使"12315"开通、受理、服务、处理、回复等更加统一规范。全省共设立 2 100 个申诉举报服务站,扩大了消费者申诉举报受理覆盖面。开展打假维权"五下乡"(即送法律知识、送农业知识、送咨询服务、送名优商品、送文艺节目下乡)活动,定期发布消费警示,通报了打假维权十大案例,开展了复混(合)肥料、葡萄酒、果冻、奶粉、农机配件商品质量抽查,组织开展餐饮、修理、美容美发等服务行业的维权活动,建立和完善假冒伪劣商品大案要案线索通报和报告制度,狠抓大案要案的查处。全省共受理消费者申诉举报 23 197 件,受理消费者申诉解决率达到了 98%。

2005 年,省工商行政管理局在全省范围内开展了"3·15"食品安全专项检查,对查获的无使用价值的假冒伪劣商品进行了集中销毁,在主要繁华商业区开展了有关消费者权益保护的大型宣传咨询活动,并在全省挑选经营面积较大、经销信誉较好的 100 家商场超市,开展全省百家超市"健康维权、倡导诚信"行动。

2006 年全省工商行政管理部门加大流通领域商品质量监测工作力度,对 14 个品种,534 个批次的商品进行了抽样检测。深入实施食品放心工程,完善食品市场准入、退出制度和信息公示制度,引导企业加强自律,开展了"流通领域消费安全百日红盾执法行动"和"2006 年夏季全省流通领域食品质量与安全专项整治行动",查处制售假冒伪劣食品案件,积极维护广大消费者的合法权益。深入开展了"12315"消费者维权站点进乡镇、进村屯、进商场、进市场、进社区的活动,在乡镇和村屯分别建立了消费者申诉举报联络点 310 个和 1 300 个,总量比上年增加了 21.7%。全年共受理消费者申诉 9 759件,办结率达95.9%。

2007 年,省局召开了"12315"维权网络建设齐齐哈尔现场会议,统一规范了全省"12315"消费者申诉举报机构环境建设标准,建立市地级"12315"消费者申诉举报中心 13 个,县区级"12315"消费者申诉举报中心 145 个,在工商行政管理所建立"12315"消费者申诉举报站 960 个,在社区、村镇、商场、市场、企业、学校、旅游景点等建立"12315"联络点 19 180 个,受理消费者申诉举报13 956件,为消费者挽回经济损失 588 万元。围绕"消费·和谐"年主题,认真做好消费指导和消费宣传,广泛开展了"三下乡"(即送法律知识下乡、送科学知识下乡和现场受理投诉、咨询)和"消费维权进校园"活动,对五大通信公司、21 家保险企业进行了评议。

2008 年上半年,省工商局按照国家工商总局提出的"两个 100% 和一个彻底解决"(即县城以上城市的食品市场、超市 100% 建立进货索证索票制度;乡镇、街道和社区食杂店 100% 建立食品进货台账制度;彻底解决乡镇政府所在地及县城以上城市小食杂店、小摊点无照经营问题)的要求,加强食品安全监管,进一步完善了食品市场准入机制,全面推行"两图一书"(即工商所辖区食品经营布局图、监管人员责任区分布图和工商所与食品经营者签订的食品安全责任书)、"六查六看"(即查经营资格,看食品经营者证照是否齐全和按要求悬挂,是否出租出借证照,是否超范围经营;查进货票证,看食品经营者在进货时是否履行了检查验收责任,是否索取了供货有关资质、发货票等票证;查经销食品,看是否有质量合格证明、检验检疫证明,是否掺杂使假、以假充真、以次充好、以不合格食品冒充合格食品,是否为国家明令淘汰、失效、变质的食品;查包装标识,看食品标示内容是否虚假,是否有产品名称、厂名、厂址,是否标明食品主要成分和含量,是否标明生产日期和有效期限;查商标广告,看食品商标是否有侵权和违法使用行为,食品广告是否有虚假和误导宣传的内容;查市场开办者责任,看食品市场开办者是否履行了对进场经营者资格审查的义务,经营场所内部质量管理制度是否健全和落实)等日常规范监管模式,针对重点品种、重要时节和重点部位组织开展专项整治。制定了《流通领域食品安全快速检测办法》,为全省 14 个市、地局 1 005 个工商所配备了食品安全快速检测车 30 台,食品检测箱 2 038套。推进食品安全示范店建设,培育评定"农村食品安全示范店"1 000 多个。进一步规范了省、市、县三级"12315"信息受理、分流、转办以及信息报送等流程规定,制定了相关工作制度 13 项。建立了市地级"12315"消费者申诉举报中心 13 个,县区级"12315"消费者申诉举报中心 145 个,在工商行政管理所建立"12315"消费者申诉举报站 960 个。大力推进"12315"进商场、进市场、进学校、进社区、进村屯,在社区、村镇、商场、市场、企业、学校、旅游景点等建立"12315"联络点19 180个。上半年共受理消费者申诉举报和投诉 6 941 件,为消费者挽回经济损失 639.5 万元。

九、支援灾区

2008 年 5 月 12 日汶川大地震发生后,省局党组迅速在全系统广大干部职工和个私协会会员中组织开展了自愿为灾区捐款献爱心活动,全省工商系统干部职工和各级个私协会会员向灾区捐款总计 2 058 万元。

5 月 14 日上午,省工商局就积极支援灾区抗震救灾工作迅速做出三项决定:一是迅速组织省局机关干部职工为四川地震灾区自发捐款;二是立即组织系统干部职工和广大个私协会会员为灾区捐款捐物献爱心;三是要求全省各级工商机关加强抗震救灾期间市场监管工作,保证市场交易秩序稳定。省工商局在经费比较紧张的情况下,第一时间向兄弟单位四川省工商局捐助了第一笔援建款 10 万元,随后又分别汇出 20 万元、30 万元支援四川震区工商部门。5 月 14 日当天,省工商局机关干部职工踊跃捐款,仅 1 个小时,就收到捐款39 000 元。5 月 21 日,省工商局各党支部积极响应中组部发出的交纳特殊党费支援灾区建设的号召,全局275名党员和2名入党积极分子自愿交纳特殊党费10万元。

　　各市、地工商局积极响应当地党委、政府号召,按照省工商局的部署紧急行动起来,全省工商系统仅干部职工个人向灾区捐款达133.7万元。全省各级个私协会也紧急行动起来,积极组织广大会员投身于抗震救灾之中,截止到5月23日,全省广大会员已为四川地震灾区捐款1 105.9万元。5月13日21时,大庆市粮食综合批发市场个体工商户周家代,把300桶豆油、2 000斤挂面、2 500斤大米、2 500斤白面装满一辆大货车,日夜兼程赶赴灾区,把粮油送到了四川地震最前线阿坝州汶川县救灾指挥部。哈尔滨市道外区个私协会向全区会员发出了为灾区捐款献爱心的倡议,仅5月15日、16日两天,就向灾区捐款232.5万元;南岗区个私协会组织会员捐款42万余元,并去家中看望慰问了四川老家遭受严重灾害的在哈市从事个体经营的业户蒋祖康。伊春铁力市个私协会会员、私营企业家高春得知汶川地震的消息,委托家人把20万元捐款送到区民政局。齐齐哈尔市工商局、个私协会、市消费者协会联合在《齐齐哈尔日报》上发出《倡议书》,并积极为灾区捐款献爱心,干部职工共捐款17.5万元。绥化市工商局在干部职工已经为地震灾区捐款13.4万元的基础上,再次组织干部职工为灾区捐款10万余元,总计向灾区捐款23.4万余元。哈尔滨市工商局及时向成都市工商局致电慰问,并捐助20万元用以灾区工商局的建设。

附:

黑龙江省工商行政管理局
历任局长、党组书记

　　秦益,1978年11月至1983年4月任局长、党组书记;张仁德,1983年4月至1991年6月任局长、党组书记;张立德,1991年6月至1994年11月任局长、党组书记;赵锐,1994年12月至2000年2月任局长、党组书记;胡世英,2000年2月至2002年4月任局长、党组书记;孟祥君,2002年10月至2008年6月任局长、党组书记。

　　(执笔人:张立新　李秀华)

第九章　上海市工商行政管理局

第一部分　（1949—1978）

第一节　上海市工商行政管理机构与职能发展历程

1949年5月28日，上海市军事管制委员会财政经济接管委员会工商处接管了上海市社会局人事室、秘书室、第一处及其附属机构——度量衡检定所和全国供销合作社物品供销总处。工商处设顾问室、秘书室、人事室、会计室、工商登记科、物价管理科、商业管理科、工业管理科、调查研究科，共有工作人员213人。同年9月1日，工商处改建为上海市人民政府工商局，业务上受中央经济委员会私营企业局领导，内设秘书室、人事室、调查研究室、工商管理处、市场管理处、工商登记处、敌伪资产清理处。基本任务是：管理及改造上海市私营企业；协助国营经济加强对私营经济的领导，调整国营、合作、公私合营、私营、个体5种经济关系；推动及协助组织城乡与内外物资交流，稳定上海市场；领导市级国营商业公司；向上级报告上海工商业情况。具体工作业务为：调整私营、国营、公私合营工商业比例；调整公私关系；加强物价和各市场交易所的组织管理；推动和组织城乡、内外物资交流；审核分配电力和物资原料；监督与执行分配加工订货任务；掌握供应军需物资；组织与推动工商业联营；对私营工商业的转业辅导、贷款的审核与指导；公私企业的登记审查；配合管理公私合营企业；外商企业的管理；行商的登记与管理；摊贩与菜场管理；广告、商标的审查与管理；敌伪财产及公股公

产的清理；私营企业财产的重估和盈余分配；中小工商业户的组织教育；工商业同业公会的领导；度量衡的检定；上海市工商业情况调查研究等。9月13日，市人民政府工商局在上海市工商业联合礼堂召开成立大会。

1950年1月2日，根据中央贸易部关于工商局必须直接掌握物资供应的决定，市人民政府工商局增设企业管理处，并于4月1日组建上海市粮食零售公司（后改称上海市零售公司）。经华东区财政经济委员会决定，市人民政府工商局于当年9月1日接管了中国土产公司上海市公司、中国百货公司上海市公司、中国煤业建筑器材公司上海市公司；1951年5月22日，接管了中国盐业公司上海市公司，7月21日，接管了上海市贸易信托公司；接着又先后接管了中国粮食公司上海市公司、中国油脂公司上海市公司、中国专卖事业公司上海市公司、中国医药公司华东区公司上海市公司、中国土产公司华东区公司猪业运销部；1952年6月，接管了上海联合征信所；1953年2月，接管了国营上海鱼市场。为加强专业公司的行政管理，市人民政府工商局于1950年8月设置了工商辅导处，全局干部编制增加到789人。

1950年6月，上海市各区建立人民政府，到年底，各区人民政府相继建立工商科，受市人民政府工商局和区人民政府双重领导，主要任务是加强对私营工商业和摊贩的开业、歇业登记管理，协助对私改造，并对私营工商业违法违章行为给予行政处罚。

1952年末，为了加强对私营企业的社会主义改造和市场管理，经华东区财政经济委员会和上海市人民政府决定，1952年11月

10 日,中国粮食公司上海市公司从市人民政府工商局划归市人民政府财政经济委员会。1953 年 2 月,中国土产公司华东区公司猪业运销部从市人民政府工商局划归华东区食品进出口公司;3 月,属于工商局领导的其他有关专业公司全部划归商业局。

　　1953 年 3 月,上海市人民政府决定,上海市人民政府工商局改建为上海市人民政府工商行政管理局,专司工商行政管理,干部编制为 600 人。上海市人民政府工商行政管理局的职责有:1. 综合掌握私营工商业基本情况,配合统计部门进行私营工业的综合统计;2. 会同有关部门协调私营工商业和国家资本主义工商业的公私关系(如任务分配、上缴利润、经营比重、经销差额、代销费用、合营企业的清产核资等方面);3. 监督、检查公私合约的履行,对合约纠纷进行调处、仲裁,并对违法行为进行行政处理;4. 管理国营、公私合营、私营工商业开业、歇业、转业登记及商标注册工作,并对违反登记法令的行为进行行政处理;5. 掌握资本主义工商业及公私合营企业的盈余分配;6. 指导工商联及同业公会的工作,对资本家进行爱国守法教育,推动私营企业改善经营管理;7. 指导各区工商科的工商行政管理工作。

　　1955 年 4 月,上海市人民政府工商行政管理局更名为上海市工商行政管理局。1956 年 3 月,根据市人民政府调整专业局建制的决定,市工商行政管理局有关业务处和干部,分别划归专业管理部门领导,干部编制减到 60 人,内部机构设置秘书处、行政处、辅导处、计量处和资料研究组。市工商行政管理局的工作任务改为协助有关部门管理自由市场,对投机违法行为进行行政处理;整理与研究对资本主义工商业改造的历史资料;加强对新开业(包括自发户)、中间商、行商的登记、管理、辅导、教育工作;对外商、商标、广告进行行政管理;对检量器具的检定、监督和行政管理。1956 年 1 月,公私合营后,各区县政府工商科转向对尚未登记、合营的自发工业户进行调查登记。

　　1956 年下半年至 1957 年初,市工商行政管理局的主要工作是协同市人民政府第八办公室开展对私改造和研究对私改造政策,指导和加强行业归口领导管理。根据工作职责,市工商行政管理局机构设置改为市场管理处、物价管理处、工商行政管理处、商业辅导处、工业辅导处、度量衡管理处、调查研究室和秘书室。

　　1958 年 8 月 28 日,市工商行政管理局与服务局、粮食局、供销合作局合并,成立上海市第二商业局,在第二商业局内设一个工商行政管理处,对外仍挂上海市工商行政管理局牌子,实际工作人员不足 20 人。其中,工商行政管理局度量衡管理处划归上海市经济计划委员会,物价管理处划归市计划委员会。1958 年,由于市工商行政管理局变动,各区、县工商科(股)也大部分被并入区、县商业局或供销社,作为区、县商业局或供销社的一个职能机构。1959 年 4 月 1 日,工商行政管理处又从第二商业局划归上海市第一商业局。

　　1959 年下半年开始,国民经济出现了暂时困难,一些投机商贩乘机扰乱市场,至 1962 年 5 月,全市倒卖工业品、票证的非法市场已有 20 余处,农副产品市场 200 余处,无证商贩 9 万余人。为加强市场管理,1962 年 8 月,中共上海市委和市人委决定工商行政管理处从上海市第一商业局划出,恢复上海市工商行政管理局独立建制,内部机构设办公室、行政管理处、市场处,干部编制为 50 人。市工商行政管理局恢复独立建制后,各区、县又相继设立工商行政管理科(股)。

　　1966 年 6 月 14 日,中共上海市委财贸政治部宣布成立上海市工商行政管理局文化革命领导小组。1967 年 1 月 8 日,市工商行政管理局“机关造反队”“夺权”,于 5 月 19 日成立上海市工商行政管理局革命委员会。“文化大革命”中,全市工商行政管理机构大都被撤并,干部被下放劳动。市工商行政管理局只设秘书组、行政组和市场组,工作人员最少时只剩下 8 人。全市 20 个区、县工商行政管理机关有 14 个被撤并,职能被削弱,有的改称为“打击投机倒把办公室”或“市场管理办公室”,有的与财税部门合并,有的被并入"文攻武卫指挥部"。1976年,"文化大革命"结束,上海市工商行政管理机构逐步得到恢复。

1978年6月,市工商行政管理局机构恢复办公室、行政管理处、市场处建制。1978年9月25日,国务院发布《关于成立工商行政管理总局的通知》,10月28日,经上海市革命委员会财贸办公室批准,市工商行政管理局机构调整为市场管理处、合同管理处、商标管理处、企业登记处、行政管理处、办公室,干部编制增加到70名。同时,全市22个区、县又相继建立了工商行政管理局,各区、县工商行政管理局内设市场管理、经济合同管理、企业登记管理、商标广告管理、人事科(股)和办公室等部门。

第二节　上海市工商行政管理工作

一、公有制企业登记管理

解放初期,为恢复经济,增加生产,减少失业,上海市军事管制委员会财政经济接管委员会工商处在督促各行各业复工复业的同时,于1949年6月开始对新开业户办理临时登记。到1949年底,共有6 758户登记开业(其中一部分是已开业户补办登记手续)。1950年3月底,上海市人民政府发布《上海市工商业登记暂行办法》,开始实施解放后的首次工商业总登记。到1951年2月,全市登记企业数为131 287户。

1956年私营工商业公私合营后,随着上海市工商行政管理局职责转变,企业登记管理工作停顿。1963年9月,上海市工商行政管理局恢复全民、集体所有制工商企业的登记工作,并对生产流通类企业的经营范围作了适当调整。1963年底,全市核准登记各种经济类型的企业30 069家,附属生产经营单位58 086家,其中全民、集体所有制工商企业17 981家,附属生产经营单位45 998家。

1966年至1976年"文化大革命"中,上海市的企业登记工作完全停止。1978年底党的十一届三中全会召开之后,上海开展了全市性的工商企业普查登记,为企业建立"经济户口",并统一对企业进行年检。

二、外商投资企业登记管理

解放初期,上海市有外商企业910户,分属英、美、法等34个国家(地区),并有少量无国籍的企业。上海市人民政府以清除敌对经济势力为重点,采用军管、征用、收购和转让等措施,将关系国计民生的美、英、法等外商企业改造为国营企业。1950年6月,上海市人民政府工商局对全市尚存的684家外商企业进行了调查登记。1951年8月,针对当时在沪外商企业常有未经核准而开业、歇业、转让等行为,上海市人民政府工商局发布布告,明令上述行为必须事先呈请市人民政府工商局批准后方能进行。随后,由于国际和国内形势的变化,上海对部分外商企业采取了征用、军管、接管、代管、租用、收购等办法,至1956年,上海共清理外商企业676家,仅余8家从事牛奶零售的外商。至1960年7月底,在沪外商企业有18家,至1962年底,外商企业还有8家个体小户和4家外资、侨资银行。1966年至1976年,上海的外商企业登记工作停顿。

三、个体私营经济监督管理

上海解放后,上海市公安局于1949年6月公布《管理摊贩暂行规则》,对马路摊贩进行登记,核发许可执照。1950年9月,上海市人民政府成立以市人民政府工商局为主的摊贩管理委员会。同年11月底,市人民政府发布《上海市摊贩管理暂行办法》,规定摊贩须先向所在区政府申请登记,经审查合格转报市人民政府工商局核发营业许可证后始得营业,之前已领有市公安局许可证者,应自1951年1月起重新登记,换发营业许可证。

1951年8月,上海市人民政府工商局发布公告,规定新创私营企业应先向所在区政府提出筹设申请,经区政府审核并转市人民政府工商局核准后始得筹设;筹设完成,再申请登记核准后始得开业。

1953年开始,上海市组织个体经济走合作化道路,至1956年完成社会主义改造,施行按行业归口管理。1957年9月,市人委会发布《上海市管理自发工业户的几项暂行规定》，规定凡在本市有固定场所、从事经常性生产的自发工业户，均应向所在区人委会（工商科）办理登记，经审查核准后始得经营。1958 年，上海市停止个体工商户的申请登记，至 1963 年恢复，但以限制、压缩为主。1965 年底，全市个体工商户有 3.6 万人。1966 年"文化大革命"开始以后，再度停止个体工商户登记。

四、批发市场监督管理

上海解放后，所有物品交易所和茶会市场均由上海市军事管制委员会财政经济接管委员会工商处和有关单位进行整顿，工商处派员进驻棉纱棉布、粮食、煤、油、糖、火柴、纸张、西药等市场，掌握市场动态，监督交易，及时处理违法行为，并实行场内统一发票，统一交易时间、来货登记和成交登记等制度。1949 年 7 月 1 日，先在棉纱棉布市场推行。

1950 年 1 月 30 日，市人民政府工商局批准火油茶会市场迁至安乐宫集中交易，又合并南北米市场，统一卷烟、皂烛、火柴业市场。此后，还派员参与市场管理，改组旧市场管理机构，由公私企业和有关行业公会推派代表组成新的市场管委会，保证国营经济在新市场组织中的领导作用。1951 年 3 月，新建了纸、西药、化工 3 个交易所。

1954 年 6 月，上海市工商行政管理局等部门联合成立市茶楼交易管理联合办公室，整顿了 14 个茶楼 29 个茶会市场，解散了 12 个居间人联谊会，规定居间人只准介绍交易，并在成交后向卖方收取规定的佣金。随着国营专业公司直接统购统销，1954 年下半年，上海市各类批发交易市场逐渐自行消失。此后一直到"文化大革命"结束，上海市批发交易市场活动全部停止。

五、集贸市场监督管理

1950 年 8 月，上海市人民政府成立了以工商局为主的上海市摊贩管理委员会，根据限制发展、逐步改造的方针，对市场摊贩进行整顿管理。

1957 年 2 月，上海市自由市场管理委员会成立。3 月 27 日，市工商行政管理局联合有关部门制定了《上海市自由市场管理办

法》，规定凡属国家商业公司的物资或委托供销社统一收购的物资，不准流入市场；对小土特产品，以及虽属统购物资，但属于农民完成交售后的剩余产品，则允许农民和小商小贩进入市场交易。

1958 年，上海市郊县取消了农民自留地，城乡集贸市场逐步萎缩，市区集贸市场一一关闭，数十个家禽等交易市场撤销，仅剩 3 个副食品市场和 1 个药材市场。

1963 年，上海市人民委员会制定了《上海市管理集市贸易暂行办法》，集市贸易被严格限制，市区农副产品市场关闭，农村集贸市场萎缩。1966 年至 1976 年，集市贸易被当作"资本主义尾巴"，市区内已不存在。

六、经济监督检查

1949 年 5 月 28 日，上海解放，但是经济形势十分严峻，各种投机活动猖獗。上海市军管会首先对金融投机进行了取缔，军管会工商处参与了整治活动。针对棉纱等市场的投机行为，1949 年 11 月 25 日，市人民政府工商局处罚了 42 户投机商。

1950 年 3 月，工商业调整，市场渐渐繁荣。1950 年 12 月，市军管会、市人民政府发布《加强市场管理取缔投机暂行办法》，使打击投机、保障合法经营有了比较全面的法令依据。1953 年，工商行政管理部门查处投机违法案件 1 711 件，1954 年查处 1 826 件。

1956 年至 1965 年的大部分时间内，尤其是三年经济困难时期，物资供应比较紧张，一些人趁机倒卖重要工农业生产资料、票证，甚至进行黄金、钻石的非法交易。对此，上海市人委会于 1963 年 3 月发布《关于对获得暴利的投机商贩进行罚款、补税的规定》，并批准上海市工商行政管理局《取缔非法买卖购货票证和工业品暂行办法》，对维护经济秩序起到了积极作用。1963 年查处投机倒把案件 149 338 件，1964 年为 80 387 件，1965 年为 37 648 件。"文化大革命"期间，打击投机倒把进一步扩大化，将社员种植瓜果、捕鱼捉蟹、编制芦竹制品等正当家庭副业当作资本主义"尾巴"进行割除。1978 年 6 月举办了"打击投机倒把展览

会",当年查处投机违法案件 62 096 件。

七、商标监督管理

1949 年 10 月,上海市人民政府工商局发布《上海市厂商商标临时使用办法》。1950 年 7 月起,实行商标统一注册。至同年底,全市新申请注册商标 2 000 件,占全国总数的 75.44%。1954 年 10 月,上海市人民政府工商局发布《上海市未注册商标登记暂行办法》。至 1957 年上半年,全市共登记注册商标 6 169 件。1958 年起,上海市对有注册商标的商品实行质量监督管理。1963 年 4 月,国务院公布《商标管理条例》后,上海市工商行政管理局会同各工业局采取多种办法,推动商标管理工作,一定程度上改变了一些企业产品不用商标或用了商标不办注册手续的现象。

1966 年至 1976 年"文化大革命"期间,商标注册工作遭到破坏,许多传统名牌商标被说成"封、资、修"而停止使用,商标图案设计强调符合"革命性"、"阶级性"、"现实性",脱离了商品经济的要求。1975 年,因外销商品需用注册商标,经批准,上海市开始办理商标地方注册。

八、广告监督管理

解放初期,上海市广告管理由上海市公安局负责。1950 年 5 月,广告管理职能移交上海市人民政府工商局。同年 10 月,上海市人民政府工商局发布《霓虹灯广告使用办法及登记要点》。1951 年 8 月,市人民政府发布《上海市广告管理办法》,明确"凡在上海市区内以文字、图画、电映、广播等方式传播于众之各种广告,概由工商局依本办法管理之。"1956 年 1 月,上海私营广告业全行业公私合营。同年 2 月,上海市人民政府工商局把戏剧演出广告与其他广告管理工作分别移交市文化局与市贸易信托公司。当年 10 月,中国广告公司上海市公司成立,统一管理全市广告管理工作,并于 1958 年开始代理外省市及海外报刊广告。此后,由于受"左"的思想影响,广告工作被视为资本主义工具而受到排斥。

九、经济合同监督管理

解放初期,上海市经济合同管理工作由各业务主管部门负责,工商行政管理机构只对企业承担加工订货业务的合同进行监督管理。1950 年 6 月,上海市人民政府工商局和市总工会、市工商联成立工商辅导联络组,统一审核私营企业加工订货合同,并盖章鉴证。重要的军工产品加工订货合同则由人民法院公证,并组织公私企业参与监督检查。企业发生合同纠纷时,先由工商局调解,当事人对调解不服可再向法院起诉。1956 年之后,全面否定商品经济,企业之间的经济合同为国家计划调拨所取代,工商行政管理机关监督经济合同职能弱化。1966 年到 1976 年的"十年动乱"时期,经济合同处于无人管理的状况。

第二部分 (1979—2008.6)

第一节 上海市工商行政管理 机构与职能发展历程

1980 年 9 月,上海市工商行政管理局建立物价检查处,各区、县工商行政管理局相应建立物价检查科(股)。1983 年初,商标管理处改名为商标广告管理处,建立了干部轮训班。1984 年 8 月 1 日,物价检查管理工作划归市物价局,上海市工商行政管理局撤销物价检查处,各区、县工商行政管理局也相应撤销物价检查科(股)建制。

1985 年 9 月,上海市工商行政管理局内部机构设置调整为 8 处 2 室 1 班,即政治处、市场管理一处、市场管理二处、企业登记管理处、个体经济管理处、外资企业登记管理处、经济合同管理处、商标广告管理处、办公室、政策研究室、干部轮训班。12 月,建立上海市工商行政管理局检查大队(处级建制)。1986 年 2 月,政治处改为人事处;11 月,干部轮训班改建为上海市工商行政管理局干部学校(处级建制);12 月,建立上海市工商行政管理档案馆(副处级建制)。1987 年 4 月又增设监察处,与人事处合署办公;12 月建立上海市商标事务所(副处级建制)。1988 年 3 月,市场管理一处改名为市场管理处、市场管理二处改名为经济检查处;4月,政策研究室改名为政策法规研究室;8月,个体经济管理处改名为个体私营经济管理处。

至1990年底,上海市工商行政管理机构基本健全。全市工商行政管理机构312个,其中区、县工商行政管理局22个,工商行政管理所163个,专业管理所16个,经济检查队(站)39个,干部学校1个,还有挂靠的市、区(县)两级工商行政管理学会、消费者协会、个体劳动者协会、私营企业协会、广告协会及报纸、杂志社等70个。全市工商行政管理人员5 000人,其中行政、事业编制4 771人。市工商行政管理局内设办公室、人事处、监察处、企业登记管理处、外资企业登记管理处、个体私营经济管理处、经济合同管理处、商标广告管理处、市场管理处、经济检查处、政策研究室、检查大队等12个职能处(室、队)和干部学校、工商行政管理档案馆、商标事务所3个直属单位,以及挂靠在市工商行政管理局的上海市工商行政管理学会、上海市消费者协会、上海市个体劳动者协会、上海市广告协会等4个社会团体。全局在编干部319人,其中各处室行政编制204人,事业编制115人。各区、县工商行政管理局设办公室、企业登记管理、市场管理、经济检查、个体私营经济管理、商标广告管理、经济合同管理、人事、监察、法制科(股)等。区、县工商行政管理局在编干部4 683人,其中区、县工商行政管理科(股)室1 436人,工商行政管理所2 210人,专业市场管理所、经济检查中队和检查站(所)751人,挂靠在区、县工商行政管理局的工商行政管理学会、个体劳动者协会、消费者协会等在编干部157人。

1996年2月,上海市人民政府办公厅印发了《上海市工商行政管理局职能配置、内设机构和人员编制方案》,明确市工商行政管理局是市政府主管市场监督管理和行政执法的职能部门。要求市工商行政管理局改革和完善企业登记管理制度,将现行的审批设立制度逐步过渡为依法核准登记注册制度;从侧重于监督、管理集贸市场和消费品市场,拓宽到监督、管理和参与监督、管理

各类市场;从重点查处投机倒把活动,转变为依法规范市场交易行为,制止垄断,保护公平竞争;从侧重于具体业务管理,转变为具体业务管理与运用法律和行政手段进行宏观监督管理。

1998年,工商行政管理机构与所办市场脱钩。同年12月,中共中央、国务院决定省级以下工商行政管理机构实行垂直管理。1999年1月18日,上海市人民政府召开上海市工商行政管理体制改革会议,宣布市以下工商行政管理机关实行垂直管理,浦东新区和各区、县工商行政管理局成为市工商行政管理局直接管理的分局,工商行政管理所(队、站)是各分局的派出机构。同年3月26日,上海市工商行政管理局举行20个区、县分局授牌仪式。

至1999年底,上海市工商行政管理系统共有在职干部4 873人。其中,大专以上文化学历2 468人(其中研究生34人,本科526人),中专学历1 775人,高中学历1 057人,初中以下297人。

2000年,根据市委、市政府批准的"三定"方案,市工商行政管理局机关内设机构调整为14个,设办公室、法制处、企业注册处、企业监督管理(个私经济管理)处、市场监督管理处、经济检查处、消费者权益保护处、商标监督管理处、广告监督管理处、合同监督管理处、干部人事处、宣传教育处、财务处、监察室,行政编制由257人精简为210人。2001年,各分局机构改革全面展开,全市工商所干部编制从4 522人减少到4 092人。

继2001年与214个所办市场在产权上彻底脱钩以后,2002年7月底,上海市工商行政管理系统又与26个企业登记代理事务所和3个商标事务所彻底脱钩。

随着上海市工商行政管理体制的理顺和中共十六大提出深化改革开放,不断完善社会主义市场经济体制的要求,上海市工商行政管理工作进入了历史上最好的发展时期。上海市工商行政管理的机构和人员基本保持稳定,但是职能却不断扩展。

2002年4月,根据上海外资经济发展的

需要,上海市工商行政管理局恢复设立外商投资企业注册处,内设机构调整为 15 个职能处室。为了进一步加强基层建设,提升市场监管效能,2002 年,宣传教育处更名为基层工作指导处,上海市工商行政管理系统的基层建设工作进入了新一轮大发展时期。2003 年 4 月,经济检查处更名为公平交易处,更加凸显了工商行政管理部门反不正当竞争,维护公平竞争市场秩序的行政执法职能。此后,上海市工商行政管理局的机构设置稳定下来。2007 年 1 月,监察室恢复为监察处,不再作为上海市监察委员会的派驻机构。

至 2008 年 6 月底,上海市工商行政管理局共有 20 个直属分局,1 个检查总队,7 个直属事业单位,市局机关内设 15 个职能处室,全局共有 202 个工商行政管理所,20 个检查支队,全市工商行政管理系统共有公务员 5 131 人。

第二节 上海市工商行政管理工作发展成就

一、公有制企业登记管理

1984 年下半年起,上海市出现了一股办公司热,半年时间里,新办各种公司达 3 868 户。此外,还有党政机关办的企业 628 户。市工商行政管理局通过清理整顿,停办党政机关办的企业 122 户,其余则要求与党政机关脱钩。1989 年 7 月至 1990 年 3 月,市工商行政管理局又清理各类公司 5 288 家。

1992 年,上海市工商行政管理局简化登记注册手续,并在企业名称、经营范围等方面适当放宽。1994 年,上海市工商行政管理局与区、县工商行政管理局先后设立注册大厅,名称查询实行电传,并贯彻落实《公司法》和《公司登记管理条例》,依法办理各类内资企业 268 970 户,其中国有企业 68 359 户;各类公司 56 497 户,其中有限责任公司 10 598 户、股份有限公司 487 户。支持 140 户企业改制试点,并开展 46 029 户老公司的改制工作,至 1995 年底,全市企业集团公司达 153 户。

1998 年,上海市各级工商行政管理机关大力支持和推动企业改制工作,全市共有 12 403 户老企业改制为有限责任公司。同年底,外省市在沪设立的企业为 2 355 户,其中注册资金超过亿元的 24 户。至 1999 年底,上海市共有公有制企业总数 216 361 户,注册资本(金)达到 73 353 430 万元。

2000 年,上海市工商行政管理局对 687 件规范性文件、237 件涉及前置审批的法律文件和本局的 15 个行政审批项目进行了清理,在全市推广《上海市企业注册登记并联审批办法》,在浦东新区试行企业设立"告知承诺"办法等。2000 年底,全市共有公有制企业 191 821 户,注册资本 8 654 亿元。2001 年底,全市共有公有制企业 174 020 户,注册资本 9 604 亿元。2002 年底,全市共有公有制企业 155 980 户,注册资本 10 827 亿元。2003 年底,全市共有公有制企业 138 744 户,注册资本 12 739 亿元。

2004 年,上海市工商行政管理局认真实施《行政许可法》,依照"流程再造、过程透明、全程高效"的原则,梳理企业登记注册前置许可事项,进一步规范了行政许可行为,构建了行政许可的便捷通道。同时,大力支持国有企业的改制改组、战略重组。支持上汽集团、电气集团、世博集团、燃气集团、农工商集团完成改制工作。对洋山深水港、临港新城、上海化工区、张江高科技园区等区域的企业登记注册工作给予全力支持和配合。

2005 年 3 月,上海市工商行政管理局在浦东新区试点"企业注册资本分缴办法、人力资本出资办法和企业年检申报备案办法"等三项促进企业发展新政策,即企业年检申报备案办法根据企业的守法情况进行分类,对无违法记录的一类、二类企业免予审查、当场备案,同时免予提交年度审计报告;对违法企业重点检查,针对违法行为予以限期整改或立案查处。人力资本出资办法对人力资本较为集中、科技含量较高的先进制造业、现代服务业和创新创意产业企业,允许其人力资本出资入股可达到公司注册资本的 35%。企业注册资本分缴办法允许有限责任公司，不受行业限制、不受区域限制、不受分缴次数限制，只要首次出资额不低于公司注册资本的 30%（同时不低于 3 万元），注册资本其余部分可在 2 年内分步到位。三项政策进一步降低了市场准入门槛，减少了企业的商务成本，促进了知识和科技转化为生产力，也体现了"守法受益，违法受制"的信用原则。当年共有公有制企业 111 853 家，其中企业法人 73 749 家，营业单位 38 104 家，注册资本（金）总额 14 329.9 亿元。

2006 年 10 月，上海市工商行政管理局制定出台了《知识产权作价投资入股登记办法》，促进知识产权通过法定程序转化为资本，帮助原创型、高科技企业解决创业资金不足的问题。出台了支持浦东综合配套改革的四项措施，包括《扩大浦东新区分局登记管辖权试行办法》、《浦东新区商标专用权出资试行办法》、《浦东新区进一步改进部分外商投资企业审批登记试行办法》、《企业不良记录相关责任人员的信息纳入个人征信系统的试行办法》，在社会上产生了良好的反响，吸引了一批主业突出、有核心竞争力的企业集团、研发型企业以及跨国公司地区总部落户浦东，促进了浦东新区外贸型企业的快速增长，推动了社会诚信体系建设。截至年底，全市公有制企业 10.14 万户，注册资本总额 1.47 万亿元。

2007 年，上海市工商行政管理局开通"可选用企业名称查询服务系统"，基本解决了企业起名难、查名难的问题。出台了支持浦东综合配套改革"工商八项政策"，得到了时任上海市市委书记习近平的批示肯定。"工商八项政策"主要包括：支持外商投资产业结构优化升级，不断提升浦东产业的国际竞争力；支持浦东要素市场机制体制创新，促进金融辅助产业、金融衍生产业健康发展，推进上海国际金融中心建设步伐；鼓励以多种出资方式在浦东投资设立企业，放手让一切劳动、知识、技术、管理和资本的活力竞相迸发；鼓励企业做大做强，支持浦东在更深程度、更广领域融入世界经济舞台；支持浦东实施商标发展战略，推动上海品牌运作中心建设，联合全国各地工商行政管理部门共同加强对世博标志的保护；支持浦东大力推进服务型政府建设，不断强化社会管理和公共服务职能；支持浦东新区推进政府行政管理体制改革，进一步推动社会诚信体系建设；加快职业化、专业化工商行政管理干部队伍建设步伐，推进公务员分类管理改革进程。7 月 2 日，上海市工商行政管理局颁发了首批农民专业合作社营业执照，至年底，设立及转制农民专业合作社 500 多户。截至 2007 年底，全市公有制企业 9.49 万户，注册资本总额 1.56 万亿元。

2008 年上半年，上海市工商行政管理局出台了股权出质登记办法，试点推出了以"私募股权基金"作为注册名称的新举措，进一步完善企业名称网上预约查询服务系统。截至当年 6 月底，全市共有公有制企业法人 59 133 户，注册资本总额 15 868.35 亿元，共有公有制企业分支机构 32 423 户。

二、外商投资企业登记管理

1984 年 11 月，国家工商行政管理局授权上海市工商行政管理局核发外商投资企业营业执照及外国（地区）企业常驻代表机构登记证。

1988 年 6 月，上海市政府设立市外国投资工作委员会。经国家工商行政管理局和上海市人民政府同意，上海市工商行政管理局于 1990 年 10 月在虹桥开发区设立外资企业注册登记窗口。1993 年，上海市工商行政管理局把外商投资额在 1 000 万美元以下项目的法人资格初审权下放给区、县工商行政管理局。

1994 年，上海市工商行政管理局建立了外商出资台账制度。1996 年，建立市工商行政管理局、区、县工商行政管理局、基层工商所三级年检工作网络。至 1998 年底，世界最大的 100 家工业公司有 59 家在沪投资。1999 年 5 月，为鼓励和规范设立外商投资企业集团，上海市工商行政管理局等制定了《外商投资企业集团审批登记程序规定》。1999 年，上海外商投资企业的总数达 14 967 户。

2000 年底，上海市共有外商投资企业

15 930 户。其中中外合资企业 6 460 户,中外合作企业 3 040 户,独资企业 6 373 户,中外股份公司 57 户。2001 年,全市外商投资企业总数达到 18 160 户,投资总额为 1 170 196 万美元,注册资本为 567 470 万美元。2002 年,上海市共有外商投资企业 20 963 户,同比增长 15.44%;投资总额 1 279.64 亿美元,注册资本 691.61 亿美元,分别同比增长 13.56%、13.54% 和 14.96%。

2003 年初,国家工商行政管理总局将注册地在上海的投资总额 3 000 万美元以上和属于外商投资导向限制类企业的注册管理以及外资银行支行、保险机构、证券公司分支机构的注册登记特别授权给上海市工商行政管理局。2003 年,全市共有外商投资企业 24 133 户,同比增长 15.1%,注册资本 804 亿美元,同比增长 16.3%。

2004 年,上海市工商行政管理局获得国家工商行政管理总局授权,扩大对外商投资企业的登记管理权限,将 169 家外国(地区)企业常驻代表机构、保险公司、广告公司以及银行分行等迁入上海登记,对在沪外资金融公司以及外国银行分行进行直接登记和管理。

2005 年,上海市工商行政管理局建立了企业登记审查辅助系统,统一了全市外资登记要求。截至年底,全市共有外商投资企业 28 978 家,外商投资企业投资总额 2 006.78 亿美元,注册资本 1 086.11 亿美元,外国(地区)企业常驻代表机构 10 091 家,外国(地区)企业承包、开发 611 家。

2006 年,上海市工商行政管理局出台支持浦东综合配套改革的四项措施,在社会上产生了良好的反响,吸引了一批跨国公司地区总部落户浦东,当年底,全市外商投资企业 4.19 万户,投资总额 2 254.78 亿美元,注册资本 1 212.39 亿美元。

2007 年,上海市工商行政管理局获得国家工商行政管理总局授权,可以登记注册外资法人银行,极大地推进了上海外资银行法人化改制工作。3 月 29 日,汇丰、渣打、东亚、花旗等 4 家国际著名银行成为全国首批改制外资法人银行,获得了《企业法人营业执照》。全国 20 个省(市)工商行政管理部门信息共享,使 4 家银行遍布全国的 97 家分支机构在同日挂牌,成为外资法人银行的分支机构。2007 年底,全市有外商投资企业 4.7 万户,投资总额 2 570.32 亿美元,注册资本 1 450.25 亿美元。

2008 年上半年,上海市工商行政管理局大力参与上海世博会筹备工作,制定了《上海世博会官方参展者从事商业活动的登记管理办法》,为规范世博会官方参展者的商业行为提供了政策依据。截至 6 月底,全市共有外商投资法人企业 35 243 户,外商投资企业投资总额 2 648.61 亿美元,注册资本 1 516.32 亿美元,外方认缴 1 226.6 亿美元,共有外商投资企业分支机构 13 639 户。

三、个体私营经济监督管理

1980 年 4 月,上海市恢复个体工商户的申请登记。1981 年 5 月,允许个体工商户租房开店或借柜经营,可以雇帮工、带学徒。1982 年 5 月,上海市工商行政管理局发布《关于扶持城镇个体经济若干规定》,放宽个体工商户经营方式,允许其向私营企业过渡。

1988 年 4 月,上海市第一家私营科技企业登记开业。同年 6 月《私营企业暂行条例》公布后,上海把生产型、科技型和外向型私营企业作为发展重点。1998 年 8 月,上海市出台《关于本市鼓励和引导非公有制经济健康发展的若干意见》。至 1999 年底,全市有个体工商户 188 810 户,从业人员 233 844 人;私营企业 109 974 户,从业人员 1 162 677 人。

2000 年,上海市工商行政管理局以实施《个人独资企业法》为契机,推动私营企业的设立和发展,当年全市新设私营企业 44 409 户,新增注册资本 423.2 亿元,全市共有私营企业 138 189 户,同比增长 25.66%。全市新增个体工商户 49 521 户,个体私营企业全年新增就业人员 34.65 万名,其中吸纳下岗职工 14.5 万名。

2001 年,上海市私营企业达 176 384 户,从业人员 1 978 872 人;个体工商户 221 118 户,从业人员 272 057 人。2002 年,上海私营经济继续快速发展,私营企业224 662户,从业人员2 506 434人同比分别增长27.4%和26.7%。全市个体工商户256 800户,从业人员305 083人,同比分别增长16.1%和12.1%。

2003年,上海市工商行政管理局制定实施《关于在登记注册中扩大出资者范围的试行意见》,突破了企业登记中投资者的身份限制,改变了政府对投资人资格的审查方式,变形式审查为告知承诺,使除法律明文禁止以外的在职人员均可以合理正当地投资企业,成为股东。当年底,全市私营企业291 711户,同比增长29.8%,注册资本4 174亿元,同比增长53.1%;个体工商户267 751户,从业人员314 278人。

2004年,上海市工商行政管理局实施"分类管理,距离监管",按照"界定距离、分类监管、突出重点、强化效能"的原则,对无违法记录和仅有轻微违法记录的一类、二类企业实行"远距离"监管;对于重点、热点行业及预警企业实行"近距离"监管,在一定范围内指导、监督;对三、四类等经常违法违规的企业实行"零距离"监管,加强指导检查,及时掌握企业动态,一旦发现违法行为及时制止并依法处理。2004年,全市私营企业共384 927家,个体工商户275 082户,从业人员334 120人。

2005年,上海市新设立私营企业129 921家,比2004年度净增89 022家,新增注册资本1 527.8亿元,增长幅度分别为23.1%和26.9%。截至当年底,全市共有私营企业473 949家,总注册资本为7 209.3亿元。1月24日,上海第一家香港居民个体工商户在静安区诞生。经营饰品和工艺品的香港居民胡虹翔女士从静安分局领到了"上海市静安区虹翔轩商行"的个体工商户营业执照,成为上海第一家香港居民个体工商户。

2006年,上海市共新设私营企业80 198户(含各类企业和分支机构),同比减少了38.27%,注册资本882.66亿元,同比下降32.71%;共新设个体工商户45 270户,同比上升了7.79%;共有私营企业总数568 531

户,其中各类企业506 626户,注册资本8 139.69亿元,同比分别增长了6.89%和12.91%,私营企业分支机构61 905户,同比减少了0.02%;共有个体工商户288 353户,同比略增1.95%。

2007年,上海市新设私营企业56 161户,新增注册资本676.5亿元,同比分别减少29.97%和23.36%。新设个体工商户45 763户,同比上升1.09%。当年底共有私营企业561 671户,同比减少1.21%,其中各种企业498 905户,企业分支机构62 766户,注册资本8 755.93亿元,同比增长7.57%。共有个体工商户294 282户,同比增加2.06%。

2008年上半年,上海市工商行政管理局积极参与上海市委、市政府牵头的"促进上海非公有制经济发展"、"完善扶持创业带动就业"、"转变经济发展方式"等重大课题的调研,提出了促进上海非公经济发展的新思路和新对策。截至6月底,全市共有私营企业498 156户,注册资本总计9 144.67亿元,共有私营企业分支机构61 343户。

四、市场监管与查处经济违法活动

上海市于1979年开放市区农贸市场,1980年开放工业品市场。针对各类新的经济违法活动,上海工商行政管理机构将工作重点放在打击贩私、制假售假及贩卖淫秽黄色音像制品等违法行为上。

1982年,上海市成立市整顿市场秩序取缔无照经营办公室。1986年下半年,市与区、县工商行政管理局分别成立经济监督检查大队和检查中队,并在市境内10个公路道口设工商行政管理检查组。1989年上半年,成立市、区整顿个体经营领导小组和办公室,重点整顿个体饭馆、酒吧、咖啡馆、书店、服装店、百货店、旅社等,查处炒卖外汇和倒卖黄金、卷烟、票证等非法交易。

1991年后,上海市工商行政管理机构不断开展专项活动,打击走私贩私、制假售假等违法行为,保护消费者合法权益。1993年,开展"打假、打私、打骗、打非"。1994年11月和12月,整治农贸集市、交易点经营秩序和市区农副产品交易点。1995年,上海市工商行政管理机构开始试行违法案件公告、抄告制度。

1997年，上海市在生产资料市场管理方面推行现货交易确认书制度。在市场监管模式上尝试以"巡查制"替代"驻场制"，全年开展专项"红盾行动"10次，整治邮币市场、无照发廊，打击制假售劣，取缔非法传销，查处药品回扣。

1998年，上海市工商行政管理局共查处各类经济违法违章案件20 073件。积极整顿酒类市场，严防假劣酒流入上海；追踪查处剧毒农药，收缴甲胺磷18吨；开展让市民吃放心肉、放心菜、放心豆制品的"三放心"活动。查处走私贩私案件280件；把18家传销企业转制为店铺式经营；对全市各类发廊、酒吧、洗脚屋、网吧进行集中清理，共检查企业8 000多户；开展粮食市场专项整治活动，查处违法经营粮食行为。

1999年，上海市工商行政管理局检查各类理发美容业经营户8 264户，取缔了1 598个无照经营户。开展粮食市场整治，检查各类粮食经营户11 400户，取缔无证843户，查扣粮食658.58吨，没收粮食283吨，立案150件。开展肉食品市场专项治理，取缔非法屠宰点20个，检查各类市场127个，摊点1 850个，取缔非法市场6个。上海市工商行政管理局检查总队被评为1999年度上海市社会治安综合治理先进单位。

2000年，上海市工商行政管理局开展了对有毒有害、易燃易爆、走私贩私、非法传销、无照经营的专项整治，对娱乐服务及电子游戏经营场所、中介验资机构、单体超市、粮食销售市场的秩序进行了规范。全年共查处各类违法违章案件24 433件，案值36.54亿元，罚没金额1.96亿元。

2001年，上海市工商行政管理局整顿各类市场6 146个（次），取缔无照经营15 726户，清理市场主体46 976户，铲除地下制假窝点310个，查处各类经济违法案件32 123件，总案值14.24亿元。

2002年，上海市工商行政管理局落实"一个主体、两个环节、三项工作"（即市场主办者主体、进货和销售环节）长效监管机制，对1 569家集贸市场进行整顿规范，取缔无照经营11 882户，注销有场无市、经营不规范或者不符合开办条件的市场320家。查处各类经济违法案件42 700件，罚没款2.87亿元。在房地产中介领域全面推广"五公示、两示范"活动，全市房地产经纪企业达标率超过92%。

2003年，上海市工商行政管理局开展了"防非典"期间的市场整治工作、"毒鼠强"专项整治食品市场规范管理专项整治行动和打击走私交易行为，整顿市场5 499个（次），取缔无照经营10 019户，清理市场主体19 271户，查处各类经济违法案件48 401件，查处反不正当竞争案件2 409件，同比上升43.6%。

2004年，上海市工商行政管理局共查处各类经济违法违章案件44 760件，罚没金额2.76亿元。其中，查处反不正当竞争案件3 325件，查处贩私案件278件。对12万户从事食品经营的企业进行了普查，对其中食品经营许可证已经失效、过期、注销或吊销的企业加强监控并责令整改，捣毁地下食品加工窝点949个，累计查获假冒伪劣食品约378吨。

2005年，上海市工商行政管理局查处无照食品经营户7 119户，取缔地下食品加工窝点787个，查获假冒伪劣食品79万多公斤；开展市场防控禽流感监管工作，制止非定点市场销售活鸡的行为，取缔地下活禽屠宰加工窝点；配合有关部门整顿和规范盐业市场，收缴、查扣私盐及非法经营的工业盐740余吨；开展社会治安突出问题专项整治，取缔无照经营3 316户，立案查处448户；开展废旧金属收购行业及铁路沿线废旧金属收购站点专项整治，取缔无照经营872户。全年共查处各类经济违法案件6.67万件，罚没款3.45亿元。

2006年，上海市工商行政管理局共查处取缔无证无照经营1.82万户，引导符合条件的无照经营办理营业执照1.34万户。积极参与"上海平安"建设，牵头完成全市蔬菜批发市场专项整治工作；开展以"一次专项清理规范和五次专项执法检查"为主要内容的食品安全监管,取缔无证无照食品生产加工窝点353个,查处制售假冒伪劣食品案件613件;查处各类经济违法违章案件4.31万件,案值33亿元,立案查处传销案件42件,及时阻止了客登庸实业(上海)有限公司近2 000人参加的年度经销商峰会,查处各类商业贿赂案件176件。

2007年,上海市工商行政管理局开展4个月的产品质量和食品安全专项整治,全市农副产品批发市场、集贸市场、商场、超市100%建立食品进货索证索票制度;乡镇、街道、社区食杂店都100%建立了食品进货台账制度;销售的肉类商品100%来自定点屠宰企业;场内经营户有照率、亮照率均实现100%。全面完成了2007年"上海平安"建设实事项目,全市42个农副产品批发市场经营秩序明显好转。全年共整治无照市场90个,查处不正当竞争案件3 877件,查办商业贿赂案件173件,查处传销案15件。

2008年上半年,上海市工商行政管理局深入开展"迎奥运,保安全"市场监管集中执法行动,开展兴奋剂生产经营专项治理工作、成品油及易燃易爆危险化学品、废旧金属收购等专项整治工作,确保上海市场秩序稳定有序。查处取缔无证无照经营户1.05万户,疏导办照6 570户;取缔"四小"行业(小美容、小美发、小沐浴、小足浴)无证无照经营872户;整治无照市场及非法交易点70个;查处各类经济违法案件1.02万件,其中商业贿赂案件124件,传销案件8件,查获非法农资产品1.85万公斤。对违法使用"世纪华联"牌匾(店招)的违法行为开展专项检查,取缔无照经营112户,立案查处96户。

五、商标监督管理

1979年11月,上海停止商标地方注册。1986年12月市工商行政管理局实行商标注册二级核转制。1987年12月,筹建市商标事务所,商标注册工作从二级核转制过渡到注册代理制。1991年,上海市有4个商标入选中国十大驰名商标,34个商标获得提名奖。同年9月,上海市商标事务所成立,浦东新区也开始筹建东方商标事务所。

1997年起,上海开展著名商标认定工作。通过对商标印制业务员培训以及对商标印制企业换发《商标印制单位证书》,强化商标印制管理。

1998年,上海全市共查处商标违法案件487件,其中假冒侵权案件370件、非法印制案件117件。至年底,全市共有注册商标41 623件。

1999年1月21日,上海市工商行政管理局会同市商业委员会制定了《上海市商业企业经销商品商标管理办法》,1999年共查处商标假冒侵权案650件,商标一般违法案件152件,非法印制或买卖商标标识案件133件。至1999年底,上海共有著名商标105件,中国驰名商标18件。

2000年,上海市工商行政管理局认定64件商标为上海市著名商标,"老凤祥"等6件商标获得中国驰名商标称号,使上海的驰名商标总数增加至24件。

2001年,开展了以保护驰名商标、著名商标、高知名度涉外商标及APEC标志为重点的全市性商标执法检查,对襄阳服饰市场售假行为开展了10多次集中整治,共查处商标违法案件956件。

2002年,对星级宾馆、小商品市场、印刷企业等行业开展了"讲诚信、查欺诈"、"打假治劣"等专项整治行动,全年共查处商标侵权假冒案件716件,共处罚款648.6万元。在194家大中型商业企业中推广应用了《上海市商业企业经销商品商标管理软件》。当年新增著名商标44件,著名商标总数达235件;新增驰名商标6件,总数达30件。

2003年,上海市工商行政管理局实施"上海市著名商标展示街"的建设工程,开展了打击商标假冒侵权行为专项整治,查处商标违法案件1 049件,以重点商标保护、重点区域整治、重点环节监管为核心开展三大战役,取缔地下制假窝点106处,查获商标假冒侵权商品43万余件。

2004年,共查处商标侵权案件1 010件,没收、销毁侵权商品84.28吨,收缴和销毁侵权商标标识150万余件。在全市服饰和小商品市场开展了禁售40件涉外高知名度商标商品工作。全年新申请注册商标数达到 25 458 件,全市累计有效注册商标数达到 87 886 件。认定第八批"上海市著名商标"43 件,并有"东方明珠"等 4 件商标被国家工商行政管理总局认定为"中国驰名商标",上海"中国驰名商标"累计达 34 件。

2005 年,开展了 5 次全市性集中整治行动,共查处商标违法案件 1 227 件,没收、销毁各类侵权商品 6.51 吨,收缴和消除侵权商标标识 161 万多件。全市累计有效注册商标数达到 9.85 万件,上海市著名商标总数达到 380 件,上海市中国驰名商标总数已达 40 件。开展了"上海老商标重塑辉煌推展活动"。

2006 年,上海市工商行政管理局配合市政府顺利关闭了襄阳服饰礼品市场,成功关闭了"网上襄阳路"网站,组织开展了"端窝点,防扩散"、"查售假、净环境"、"打制假,断源头"和"春秋行动"等商标专项执法行动,当年共查处商标违法案件 2 217 件。开展上海服务商标推展活动。上海累计有效的注册商标已超过 11 万件,认定上海市著名商标 440 件,培育推荐并被认定中国驰名商标 48 件。

2007 年,上海市工商行政管理局发布第二号市场禁售涉外高知名度商标《通告》,加强对服饰和小商品市场、外贸商店、名牌特卖场及宾馆内设商场的整治,共查处商标违法案件 3 031 件。组织召开了上海商标发展工作推进大会。至年底,全市累计有效注册商标数为 13 万件,中国驰名商标 53 件,上海市著名商标 498 件。在"12315"投诉中心增设了"12312"知识产权保护热线。

2008 年上半年,共查处商标侵权案件 1 073 件,查获侵权商品 32.6 万余件,移送涉嫌商标犯罪案件 2 件。集中力量开展奥林匹克标志专有权保护工作,查获侵犯奥林匹克标志专用权案件 30 件。

六、广告监督管理

1979 年初,上海美术公司改为市广告装潢公司,恢复广告业务。1979 年 1 月,上海电视台播出第一个电视广告,《解放日报》恢复报刊广告。1982 年 2 月,国务院颁布《广告管理暂行条例》,上海工商行政管理机关对广告经营户进行登记整顿。1986 年 3 月,上海市广告协会成立。1987 年 10 月国务院发布《广告管理条例》,上海市工商行政管理局制定了有关广告管理的规范性文件,加强了对虚假广告的查处。

1991 年,上海市批准两家外商投资广告公司。同年,实施广告业专用发票制度、收费专用章制度、广告审核制度和广告业务员持证制度。1992 年,上海市开始执行《广告经营单位资质批准(试行)》。1995 年 2 月《广告法》实施,上海市工商行政管理机构大力开展广告整治工作。1998 年,对医疗广告、房地产广告、"三招"(招工、招生和人才招聘)广告、店堂广告、印刷品广告等进行重点整治,全年共查处违法违章广告 761 起。至年底,全市共有广告经营单位 2 449 户,其中经营外商广告业务的 188 户。

1999 年 1 月,《上海市户外广告设置规划和管理办法》发布,明确工商行政管理部门是上海市广告业的主管部门和户外广告管理的综合协调部门。同年 4 月,上海市工商行政管理局等部门联合印发了《上海市户外广告设置的技术标准》。同年,上海市工商行政管理局会同市文明办、市广告协会开展了全市优秀公益广告征集评选活动,最后在 653 件作品中评出 38 件(系列)获奖作品。

2000 年,上海市共有广告经营单位 2 397 户,广告公司共 1 854 户。上海市工商行政管理部门全年共监测报刊广告 304 827 条,涉嫌违法率为 0.57%。共查处各类违法广告案件 1 085 件。

2001 年,上海市共有广告经营单位 2 656 户,上海市工商行政管理部门以医疗广告为重点,对医疗、药品、保健品、房地产、因私出入境服务等关系人民群众身体健康和财产安全的违法广告开展了大规模整治活动。以整治户外广告为抓手,以配合申办 2010 年世界博览会为中心,组织发布公益广告 12 587 件。

2002 年,上海市共有广告经营单位 2 918 户,全年广告经营额达 145.5 亿元。

2003年，上海市工商行政管理局建立评估制度和信息披露制度，对医疗广告实行分类管理，使媒体医疗广告违法行为发生率降低了26.3个百分点。建立违法广告警示公示和提示制度，查处广告违法案件1 339件。

2004年，上海市工商行政管理局对涉嫌违法的广告分为严重违法、一般违法和轻微违法，实施不同方法的管理，加大对严重违法广告的查处力度，较好地遏制了大众媒介违法广告的发生，全市各类广告涉嫌违法率为2.73%，同比下降2.11个百分点。

2005年，上海市建立了整治虚假违法广告专项行动联席会议制度，初步形成了"政府监管、行业自律、舆论监督、群众参与"的综合治理机制。上海市工商行政管理局全年共查处各类违法广告案件1 546件，监测各类广告45万多条，发现违法广告5 273条，全年广告平均违法率下降至1.17%。

2007年，上海市工商行政管理局以医疗、药品、医疗器械、保健食品广告为重点，开展虚假违法广告整治，全年共监测本市主要媒体发布的各类广告154万余条，监测量是2005年的3.28倍，主要媒体违法广告发生率降至0.81%。上海市再次被国家部际联席会议列为全国广告整治督查的免检地区。

2008年上半年，上海市工商行政管理局继续以药品、医疗器械、医疗服务、保健食品、房地产、化妆品和投资理财等领域为重点，加大虚假广告整治力度，同时加强奥运会期间户外广告监管。上半年共监测主要媒体广告85.7万条，监测违法率0.4%。

七、经济合同监督管理

1981年12月全国人大通过《经济合同法》后，上海市工商行政管理部门及时配备了经济合同管理人员，建立了经济合同档案及管理制度。1983年后，市、区、县工商行政管理局依据《经济合同仲裁条例》开展了经济合同纠纷仲裁工作。1988年，上海市全面开展"重合同、守信用"活动，达标企业经所在地工商行政管理机构审核认可，由区、县政府批准授予"重合同、守信用"证书。1995年8月，上海仲裁委员会依法成立，市、区、县工商行政管理局原有的经济合同纠纷仲裁职能移交上海仲裁委员会。

1996年，依据《担保法》和《企业动产抵押登记管理办法》等，上海市工商行政管理机构开始办理企业动产抵押登记，全年共办理1 251件，并为企业鉴证各类经济合同5 260份。为防范合同欺诈，追究侵权行为，上海市工商行政管理局还会同有关部门推广各种规范化合同文本，至1997年，共制定商品房销售、民用建筑装潢、家具销售、拍卖等20种规范合同文本。

1997年，上海市工商行政管理局将打击合同欺诈行为作为红盾执法行动的重点，同时深入开展"重合同、守信用"活动，全年获"重合同、守信用"称号的企业达2 007户。

1998年，上海市工商行政管理局对房地产市场中的商品房预售、出售合同开展专项检查，共检查274家房地产公司合同5 568份。

1999年12月7日，经上海市工商行政管理局"重合同、守信用"活动评审委员会评定，上海宝钢（集团）公司等100家企业被评为1999年上海市"重合同、守信用"百家优秀企业。

2000年，上海市工商行政管理局共查处违法合同案件36件，办理企业动产抵押登记1 021件，审查鉴证各类合同2 149份，行政调解合同争议212件，检查4 264个企业的合同签订履行情况，立案查处2起违法拍卖案件。

2001年，上海市工商行政管理局全面贯彻实施《上海市合同格式条款监督条例》，全市六大类合同格式条款备案共3 170份，组织开展了摄影、洗染2个行业合同格式条款专项检查，检查两个行业的企业共2 719户，制发《修改建议书》132份；全年查处违法合同案件28件，开展了1999—2000年度的"重合同、守信用"评比活动。

2002年，上海市工商行政管理局探索建立了工商行政管理部门规制监督、企业自律参加、行业协会推荐、中介机构评估、企业合同信用自律组织认定公布的企业合同信用评价体系。

2003 年,上海市工商行政管理局向社会公示了"重合同、守信用"企业 2 583 户。会同有关部门、行业协会制定合同示范文本 11 份,全市合同格式条款备案率 90%,全市"购物放心街"格式条款合法率近 100%,对合同争议行政调解 125 件,办理动产抵押登记 1 105 件。

2004 年,在全市 19 个区(县)成立合同信用促进会的基础上,上海市工商行政管理局指导成立了上海市合同信用促进会,标志着上海企业合同信用评价体系全面建成,上海企业合同信用评价工作初步实现了社会化、市场化。

2005 年,上海市工商行政管理局以房产市场、食品市场、中介市场为重点,开展了打击合同欺诈专项执法行动,制定和修改了《上海市食用农副产品流通安全合同》、《上海市商业特许经营合同》等 11 份合同示范文本,出台各类合同示范文本 60 多份;办理合同格式条款备案 678 份。

2006 年,上海市工商行政管理局在全市推广使用食品流通安全合同示范文本,共有 577 家农贸市场推广使用了《食用农副产品流通安全合同》示范文本。

2007 年,上海市工商行政管理局对全市拍卖行业开展了《拍卖法》实施后的首次专项检查,检查拍卖企业 126 户,现场监管拍卖活动 348 场。开展了移动电话机售后服务、电视电话直销专项检查,以及旅游、婚庆、快递服务等合同格式条款专项检查。

2008 年上半年,上海市工商行政管理局在全市 1 300 余家商品和农产品交易市场,累计推广使用新版《商品交易市场进场经营合同》《食用农副产品流通安全合同》15 万份,依合同约定累计销毁不合格食品 300 余吨,清理退场经营户 150 余户。

八、消费者权益保护

1986 年 2 月 15 日,上海市消费者协会成立,至 1990 年 9 月,全市 22 个区县都成立了消费者协会。

1987 年 12 月 22 日,上海市第九届人大常委会第五次会议正式通过《上海市保护消费者合法权益条例》。这是上海市第一部保护消费者合法权益的地方法规。

1994 年,上海市设立消费者投诉监督站 366 个,在宣传《消费者权益保护法》方面加大力度,进一步增强了消费者自我保护意识。

1997 年,针对上海市有上百人集体投诉商品房质量虚假及违约等问题,上海市工商行政管理局把商品房问题列为"红盾行"专项执法内容,解决了一大批消费者的投诉问题。1998 年至 1999 年,上海市工商行政管理局重点检查《上海家具买卖合同》执行情况和上海家具质量状况等内容,开展了酱油、消毒产品的质量监督检查,并开展了蔬菜瓜果、豆制品、冷冻食品、部分建筑材料、面粉和啤酒、啤酒瓶的质量测试。

1998 年,上海市工商行政管理局成立了上海市消费者投诉中心,开通了全市联网的"88315"投诉热线,并在全市 200 多个工商行政管理所设立了投诉分站。同年,上海市工商行政管理局还新装备了 21 辆流动投诉受理车,配合"88315"投诉热线,及时赶赴现场处理紧急消费投诉。

1999 年 8 月 18 日,按国家工商行政管理局统一部署,上海开通了"12315"消费者投诉服务专用电话,原"88315"热线过渡到年底并网。

2000 年 9 月,上海市工商行政管理局专门设立了消费者权益保护处,同时在全市各分局相应设立了消费者权益保护科。

2001 年,上海市工商行政管理局以红盾维权进社区为基础建立了快速发现机制,制定了《上海市居(村)委员"消费者权益保护联络点"工作规则》,以"12315"投诉热线为基础,基本建立了快速处理机制。当年受理消费者投诉、咨询 33 万人次,为消费者挽回经济损失 1 300 多万元。

2002 年,上海市工商行政管理局整合了消费者协会、信访、"12315"投诉中心的功能,建立了"一口受理、分类处理、落实责任"的保护消费者权益工作机制。当年共接受消费者投诉、申诉、举报、咨询达 170 万人次,为消费者挽回经济损失 2 763 万元,加倍赔偿 358.6 万元。快速反应队伍及时处置和化解重大、突发事件和群体投诉 167 件。全市居(村)委会消费者维权联络点达到 5 438 个。同年,上海市人大常委会通过了《上海市消费者权益保护条例》,自 2003 年 1 月起施行。

2003 年,上海市工商行政管理局积极开展流通领域商品质量监测工作,抽检流通领域 49 类共计 2 877 种商品,检测合格率为 81.8%。在全市建立 5 304 个"居(村)委会消费者权益保护联络点",社区综合维权网络基本成型;以"12315"消费者申(投)诉热线为依托,与市价格举报中心等 7 家单位实现网络互联,提高投诉处理效率。全年共计受理消费者申(投)诉、举报 64 875 件,为消费者挽回经济损失 4 812 万元。

2004 年,上海市工商行政管理局在全市居(村)委会建立消费者权益保护联络点累计 5 410 个,共查处侵害消费者权益案件 828 件,查处制售假冒伪劣商品案件 4 638 件,"12315"热线共受理消费者申(投)诉 58 013 件、举报 13 607 件,为消费者挽回经济损失 2 382 万余元。指导市消费者协会完成了改制工作。改制后的上海市消费者权益保护委员会得到各相关部门和单位的大力支持。同时指导全市区(县)消协完成了改制任务。

2005 年,上海市工商行政管理局共查处侵害消费者权益案件 632 件,制售假冒伪劣商品案件 4 353 件。"12315"热线全年共受理消费者申(投)诉 7.07 万件、举报 1.44 万件,为消费者挽回经济损失 2 378 万元。逐步建立了比较完善的流通领域商品质量监管体系,对流通领域中 55 类 1 685 种商品进行了质量监测。

2006 年,上海市工商行政管理局在全市共创建了 5 487 个消费者权益保护联络点,开展了消费者权益保护示范联络点创建活动,首批 39 个居(村)委会获得了"上海市消费者权益保护示范联络点"的称号。全年共对本市流通领域与群众日常生活、生产密切相关的 36 类 1 558 种商品进行了质量监测,并对经销不合格商品的企业进行了及时查处,查处制售假冒伪劣商品案件 5 189 件,受理消费者申诉案件 2 321 件。

2007 年,上海市工商行政管理局共查处侵害消费者权益案件 753 件,查处制售假冒伪劣商品案件 4 666 件,指导相关企业建立无理由退货、问题产品召回、内部监督等制度,加强流通领域商品质量监测工作,尤其是防盗安全门、电动跑步机、儿童用品等监测结果经媒体披露后,在社会上引起了较大反响。不断扩大"12315"维权热线的社会影响,优化"12315"消费者申(投)诉举报系统,全年共受理消费者申(投)诉、举报 10.63 万件,为消费者挽回经济损失 3 750 万元。

2008 年上半年,共对本市流通领域的奥运金银纪念品、电线电缆等 17 类 681 个批次的商品进行了质量监测。查处商品质量案件 332 件,受理消费者申诉 1 056 件,为消费者挽回经济损失 176.63 万元,受理消费者举报立案 2 732 件,处理服务领域消费者申诉 365 件。

九、工商行政管理信息化建设

从 1997 年开始,上海市工商行政管理局以工商行政管理业务为主线,以企业和社会公众为服务对象,以实现工商行政管理业务计算机化、管理计算机化、辅助决策计算机化和信息网络化为目标,建设上海市工商行政管理计算机信息系统,简称"金管工程"。"金管工程"是上海市电子政务重点应用系统之一,2000 年 10 月验收通过,2001 年被评为上海市科技进步一等奖。2007 年,"金管工程"更名为"金信工程"。

金信工程包括上海市局、分局和工商行政管理所以及国家工商行政管理总局联网应用的四级网络,并建立了市、区两级集中与分布相结合的数据库[市级数据库主要是发挥数据汇总整合的功能;区(县)级数据库主要是发挥联机应用的功能]。同时,还开发建立了 19 个业务工作系统以及办公自动化、信息服务、政务门户网等各项应用系统。金信工程已经实现了工商行政管理信息化的全面覆盖:从区域上覆盖了全市所有 20 个分局、167 个工商行政管理所和 21 个检查支(大)队;从业务上覆盖了注册登记、案件处理、广告监管、商标监管、合同监管等全部工商行政管理工作。

金信工程由管理业务网、电子政务网和社会服务网三大部分组成，主要有业务处理、办公自动化和网上办事三大功能。到2008年，金信工程积累了全市所有企业和个体工商户大量的数据信息。既有市场准入的基础信息，又有日常监管的管理信息，分为登记类信息、管理类信息、信用类信息、司法类信息、全国工商行政管理系统联网信息等五大部分。

登记类信息主要包括市场主体的注册登记信息、广告登记信息和经纪人登记管理信息等三个部分。金信工程保存有146万户企业和68.7万户个体工商户的注册登记信息，34.9万条广告登记信息和3.4万条经纪人登记管理信息。

管理类信息主要包括市场主体的年检验照信息、日常巡查信息、专项检查信息、申投诉信息和行政处罚信息等。金信工程保存有752.2万条年检验照信息，126.5万条日常巡查信息，19.6万条专项检查信息，51.4万条申投诉信息和56.9万条行政处罚信息。

信用类信息主要包括企业的不良记录信息和荣誉信息。金信工程保存有86.9万条企业不良记录信息和1.3万条企业荣誉信息。

司法类信息主要是按照法院的司法判决结果和协助执行工作要求，由工商行政管理部门协助法院对涉案企业的股权实施冻结的有关信息。金信工程保存有4517条司法信息。

工商行政管理系统联网信息主要包括全国工商行政管理系统企业注册登记及信用分类监管联网应用信息和长三角工商行政管理共享信息。金信工程保存有1189万条全国工商行政管理系统企业信用分类监管联网应用信息和150万条长三角工商行政管理共享信息。

十、队伍建设及其他

上海市工商行政管理局始终坚持从转变观念、更新理念、创新实践入手，从2002年以来，在实践中探索，在探索中实践，提炼总结了"三个理念"、"四个提升"、"四个有机统一"和"三种精神"，并最终汇聚形成了以"三四四三"为主要内容的上海工商行政管理部门的共同语言。"三个理念"是指"积极行政"、"分类管理"、"制度治本"的理念。"四个提升"，即提升工商行政管理部门在经济发展中的推动地位、提升工商行政管理部门在政府部门中的诚信地位、提升工商行政管理部门在管理对象中的服务地位、提升工商行政管理部门在百姓生活中的卫士地位。"四个有机统一"是指坚持依法行政与积极行政的有机统一；坚持规范服务与优质服务的有机统一；坚持行政执法合法性与合理性的有机统一；坚持当好市场监管主力军与协调配合各方、形成整体合力的有机统一。"三种精神"是指"说到做到，力争最好"的诚信精神、"不畏艰辛，勇于拼搏"的进取精神、"心往一处想，劲往一处使"的团队精神。

上海市工商行政管理局坚持执法为民的思想，致力于为社会提供优质服务，逐步提高工商行政管理部门的社会满意率。2003年，上海市工商行政管理系统在全市政风行风测评的成绩总体评价为85.57分，社会满意率为89.13%。2004年，上海市工商行政管理局首次召开面向社会、面向市场的上海市工商行政管理工作会议，开历史之先河，此后每年都召开公开的工商行政管理工作会议。在2004年全市政风行风社会测评中，工商行政管理部门总体评价分为88.71分，在参加测评的行政部门中名列第四，群众满意率达到94.3%。2005年8月以"内练作风，外树形象"为主题，开展了全员队列训练活动。为期100天的队列训练结束后，举行了队列训练汇报表演。2005年全市政风行风测评中，上海市工商行政管理局第一次在行政部门中获得第一名，此后，2006年和2007年，上海市工商行政管理局连续获得全市政风行风测评第一名。2007年，获得了"上海市文明行业"称号。2008年被列为政风行风免测评单位。

上海市工商行政管理局着力推进工商行政管理干部队伍职业化、专业化建设，在全国率先试点企业注册官制度。企业注册官是指具备专业资格，经过考评和聘任，在工商行政管理机关企业登记注册岗位依法行使注册核准权的行政执法类公务员。企业注册官制度的核心是"考聘结合、分级管理、责任到人、权责统一、能上能下"。经人事部和国家工商行政管理总局批准，上海市工商行政管理局作为全国唯一试点单位，2004 年正式开展企业注册官制度试点工作。同年 11 月 4 日，全国首批企业注册官在上海诞生。

上海市工商行政管理局坚持加强国际国内交流合作。2003 年举办了"商标与城市发展"国际研讨会，2004 年举办了"公平竞争与市场经济"国际研讨会，2005 年举办了"市场准入与公平竞争"国际研讨会，2006 年举办了"市场监管与行政执法"高级专家咨询会。2007 年 12 月，围绕长江三角洲区域联动发展，构建合作交流机制，会同江苏、浙江两省工商行政管理部门，在上海召开了苏浙沪工商行政管理促进长江三角洲联动发展合作会议，并联合签署了《苏浙沪工商行政管理联席会议备忘录》，建立了联席会议制度，发布了"长三角工商一号、二号文件"。

2008 年 5 月 12 日，四川汶川发生特大地震后，上海市工商行政管理局在第一时间向四川省工商行政管理局发去了慰问信，捐款 50 万元，并开展多种形式的支援捐助活动，上海工商行政管理系统个人自发捐款共 118 万元，党员缴纳特殊党费 212 万元，捐赠 150 套制服运往四川省工商行政管理局。同时，向甘肃省、陕西省工商行政管理局发送慰问信，并向两地工商行政管理局分别捐赠 50 万元。

附：

上海市工商行政管理局
历任局长、党组书记

石英，1949 年 5 月至 1949 年 6 月任局长；刘益洲，1949 年 9 月至 1951 年 9 月任党组书记；许涤新，1949 年 6 月至 1953 年 4 月任局长，1951 年 9 月至 1952 年 12 月任党组书记；蔡北华，1953 年 4 月至 1955 年 4 月和 1962 年 8 月至 1967 年 7 月任局长，1953 年 1 月至 1955 年 4 月和 1962 年 8 月至 1966 年 5 月任党组书记；杨延修，1955 年 12 月至 1957 年 12 月任局长，1955 年 4 月至 1958 年 10 月任党组书记；张子源，1966 年 7 月至 1970 年 9 月任局长；陈明栋，1970 年 9 月至 1978 年 4 月任局长；丛烈光，1978 年 4 月至 1982 年 8 月任局长、党组书记；朱刚，1982 年 10 月至 1983 年 10 月任局长，1982 年 9 月至 1983 年 11 月任党组书记；满建华，1983 年 11 月至 1987 年 9 月任局长，1983 年 11 月至 1987 年 8 月任党组书记；朱崇彬，1987 年 9 月至 1992 年 11 月任局长，1987 年 8 月至 1992 年 11 月任党组书记；崔善江，1992 年 11 月至 1997 年 3 月任局长、党组书记；甘忠泽，1997 年 3 月至 2001 年 7 月任局长、党组书记；张文蔚，2001 年 7 月至 2003 年 5 月任局长，2001 年 7 月至 2004 年 6 月任党组书记；方惠萍，2003 年 5 月至 2008 年 6 月任局长，2004 年 6 月至 2008 年 6 月任党组书记。

（执笔人：苏宗文）

第十章 江苏省工商行政管理局

第一部分 (1949—1978)

第一节 江苏省工商行政管理发展概况

1949 年新中国成立后至 1979 年，江苏工商行政管理工作，主要由商业管理部门兼管，并无专门的独立的管理机构。江苏解放后，在解放区工商行政管理工作的基础上，全省各地相继成立了工商行政管理机构，对巩固人民民主政权，建立社会主义基本制度，促进国民经济发展发挥了积极的作用。

1949 年至 1952 年，在苏北、苏南行政公署和南京市人民政府领导下，各地工商行政管理部门努力贯彻"发展生产，繁荣经济，公私兼顾，劳资两利"的方针，积极扶持私营、个体工商业，改造旧交易市场，建立新交易市场，取缔黑市，打击投机，制止违法行为，促进了国民经济的恢复和发展。1952 年 11 月，苏北行政公署与苏南行政公署、南京市人民政府合并，江苏省人民政府成立。此后，在省人民政府商业厅内设商政处负责工商行政管理工作。省以下各专署设立工商科，省辖市设工商局，专署辖市与县设工商科或工商股，主管工商行政管理工作。

从 1953 年开始，江苏和全国一样进入了对农业、手工业和资本主义工商业的社会主义改造时期，工商行政管理部门的主要任务是管理私营工商业，通过运用企业登记管理、市场管理和经济合同管理等职能，促进对私营、个体工商业社会主义改造的顺利进行。1955 年经普查，全省有个体、私营商业、饮食业 334 272 户，资本额达 1 亿余元。到 1956 年底，全省有 98％ 的个体手工业从业人员加入了手工业合作社。到 1957 年底，90％ 以上的摊贩改造为合作小组、代购代销小组，90％ 以上的坐商改造为合作商店或公私合营商店，8 638 户资本家商店全部改造成为公私合营商店。

1956 年，江苏对农业、手工业、资本主义工商业的社会主义改造基本完成，国家原来赋予工商行政管理部门的主要任务也随之基本结束，公私合营与合作企业实行按行业由业务部门归口管理，各地工商行政管理机构处于被撤销或并入商业部门的状态。原省商业厅商政处撤销后，工商行政管理工作先后由商业厅商业组织技术处、市场物价处兼管。

1964 年 4 月，江苏省人民委员会印发国务院批转中央工商行政管理局《关于工商行政管理机构和编制问题的报告》，要求各地根据实际工作需要，逐步建立与健全工商行政管理机构。同年 6 月，江苏省人民委员会批准建立江苏省商业厅工商行政管理局，其基本任务是：根据党和国家的路线、方针、政策，通过无产阶级专政的国家政权，通过行政管理方式，维护社会主义经济，维护国家的统一计划和统一市场，支持和促进正常的城乡物资流通；管理和改造城乡工商业者，特别是小工商业者；制止和取缔资本主义自发势力，打击投机倒把及其他破坏社会主义的经济活动；为促进社会主义工农业生产的发展服务。

"文化大革命"时期，江苏工商行政管理工作受到了极大的干扰和破坏，全省工商行政管理机构陷于瘫痪、半瘫痪状态，商标注册和工商登记管理工作被迫停止，一些有名的商标和标识被作为"封、资、修"而加以抛弃,集市贸易被视为"农村中的资本主义自发势力"而不断地加以限制甚至关闭,到1976年全省只有农村集市2 071处。个体工商户被视为必须割掉的"资本主义尾巴",动员城镇个体工商户下乡安家落户,致使个体工商业濒临绝境,经营者所剩无几。到1978年底,全省个体工商户仅有23 907户。

1975年9月江苏省革命委员会签发了《关于建立各级工商行政管理机构的通知》。《通知》规定,省、地两级在商业厅(局)内设工商行政管理处(科),对外挂省、地革命委员会工商行政管理局的牌子。1978年3月,江苏省工商行政管理局向省革命委员会递交《关于请予批准恢复工商企业登记管理的报告》,要求年内恢复国营企业的登记工作。同年7月,省革命委员会批复同意先在常州进行试点,取得经验后再全面推开。

第二节　江苏省工商行政管理发展成就

一、查处经济违法违章案件

新中国成立初期,保护合法经营,取缔违法经营行为,维护正常的市场秩序,是工商行政管理的一项重要职能。20世纪五六十年代,江苏省严肃查处了一批贩卖粮棉、偷工减料、破坏抗美援朝战争和社会主义计划经济的违法行为。

二、企业监督管理

解放初期,全省在原解放区公营工商业基础上,通过没收官僚资本和创办新的公营企业,建立起初具规模的国营经济,并同时进行了登记管理。1956年对私营企业改造结束后,国有经济成为江苏经济活动的主体,登记管理工作的重心相应转变。1958年至1960年间,国营企业数量因"大跃进"激增,变更频繁,企业随意开歇、迁移、合并,但登记管理工作并没有跟上,甚至遭到削弱和破坏。1961年开始整顿,是年10月,江苏省商业厅下发《关于开展商业、饮食、服务业换证登记工作意见的通知》,部署上述行业的换证登记工作。

"文化大革命"期间,企业登记管理工作再度停止。1970年11月,省商业厅向省革命委员会递交报告称,因工商行政管理部门撤销,今后企业不再办理开歇业登记,工商企业的新建与撤销,由专区、市、县革命委员会或工业主管部门批准,商业企业的新建与撤销、调整,由上述各级革命委员会或商业主管部门批准。

三、个体私营经济监督管理

新中国成立后,江苏的个体私营经济和全国一样经过恢复、发展、走合作化道路、逐步淘汰和与公有制经济并存发展的曲折过程。1953年恢复建省时,全省个体工商业有156 654户、225 956人。1962年有小商小贩65 824人。经过"文化大革命"到1978年,全省仅有个体工商业户23 907户、从业人员30 247人,且基本分散在农村,多为老、弱、病、残等照顾对象,不仅经营范围受到严格限制,更谈不上规模和层次。1978年党的十一届三中全会后,全国进入了以经济建设为中心的历史新时期,逐步实行了经济体制改革和对外开放,并提出在发展社会主义公有制为主体的前提下发展多种经济成分的方针,国家政策逐步明确个体经济是社会主义公有制有益的必要的补充成分,排除了长期以来存在的"左"的干扰,从而使江苏个体工商业进入了新的发展时期。

四、商标注册与监督管理

1976年,江苏省在全国率先恢复商标注册工作,实行地方注册。1979年根据国家工商总局的决定,停止地方商标注册工作,开始全面清理商标,其时全省注册商标只有4 574件。

五、市场监督管理

新中国成立以后,江苏市场管理的任务和要求屡经变化,但作为工商行政管理部门的重要任务之一,则从未间断,且不断得到强化和规范。

国民经济恢复时期,江苏在对私人资本主义商业利用与限制并举的同时,采取了有利于私营商业发展的措施。1953年至1957年,江苏市场管理围绕有计划进行经济建设和对非社会主义经济成分实行社会主义改造,采取稳定市场、活跃流通、限制城乡资本主义发展的措施。1958 年至 1965 年,江苏各地虽然曾一度限制、关闭集市和限制计划外物资的采购,但主要还是贯彻"活而不乱、管而不死"的市场管理原则,恢复、搞活和管好城乡市场。"文化大革命"期间,集市贸易被看成"资本主义尾巴",市场建设限于停顿,交易量大幅萎缩。党的十一届三中全会以后,江苏省的城乡集市贸易开始恢复和开放,并逐步得到发展。

第二部分 (1979—2008.6)

第一节 江苏省工商行政管理 发展概况

1978 年底,党的十一届三中全会胜利召开,揭开了我国改革开放和现代化建设的新纪元,江苏工商行政管理事业由此获得了新生,进入了逐步发展、壮大的新阶段。1979 年 6 月,江苏省工商行政管理局正式成立,全省工商行政管理工作开始由商业部门兼管转变为依法独立开展工作,从此翻开了全省工商行政管理工作新的篇章。

建局以后,全省工商系统紧紧抓住党委政府重视、人民群众关心、社会各界关注的重点、热点问题,对严重扰乱市场秩序、危害生命健康安全、影响社会和谐稳定的市场违法行为进行重点整治,努力实现职能到位。围绕"服务和促进经济发展"这一立业之本,积极探索支持私营个体经济发展、推进国有企业改革改制、引导和支持社会力量建设市场、实施"名牌战略"、引导安置下岗职工再就业的有效途径,在全国率先开展了乡镇企业注册登记工作,小平同志南方谈话和党的"十四大"召开以后,该省又率先改革企业登记制度,改审批制为直接登记制,将 100 多种行业许可减少为不到 20 种,《公司法》颁布实施后,该省工商部门先后制定 21 个配套文件,组织 600 多期培训班,帮助企业规范运行机制,推动建立现代企业制度。突出监督管理职能,着力打好向"假冒伪劣"宣战、严惩走私犯私、"扫黄打非"等"长期战

役",80 年代中期以来,江苏工商机关先后三次在国家治理经济环境中发挥特殊作用,为了净化市场竞争环境,把好市场主体准入关口,工商部门还对经济发展过程中出现的无资金、无机构、无场地的"三无"企业进行清理,积极推动建立"政府牵头组织、部门分工负责,坚持疏堵联动、实施综合治理"的清理无照经营工作机制,形成了查处取缔无照经营的工作合力。

1999 年,江苏圆满完成工商行政管理体制改革,全面推行了省以下垂直管理体制。实行省以下垂直管理以来的十年,是该省工商行政管理职能转变、体制创新、改革深化、发展加快的重要时期。十年来,全省各级工商行政管理机关在省委、省政府和国家工商局的正确领导下,在社会各界的大力关心和支持下,始终围绕党和政府的中心工作,坚持促进经济发展不动摇,坚持强化监督管理不动摇,坚持狠抓队伍建设不动摇,坚持改革创新不动摇,不断加大市场监管和行政执法力度,积极履行市场监督管理主力军职责,大力促进统一、开放、竞争、有序的现代市场体系的建立和完善,为江苏改革开放和经济建设的顺利进行提供了可靠的保证,工商行政管理各项工作取得了重大的成就,工商行政管理跃上了一个新的台阶。

一、积极推进职能转变,市场监管执法工作不断强化和深化

坚持在转变职能中强化职能,大力推进市场监管执法工作,切实整顿规范市场秩序。在整体工作的推进上,大体经历了两个阶段:第一阶段,从 2000 年开始,坚持以执法办案工作的重点突破,带动各项监管工作的深入开展,努力实现"三个转变",即从监管集贸市场和小商小贩向监管社会主义统一市场转变,从监管个体工商户向监管各类市场主体转变,从监管比较单一的国内市场向监管日益国际化的市场转变。省局通过开展"红盾经济卫士杯"执法竞赛活动等举措,充分调动全系统执法办案工作积极性,激励全系统执法人员敢于"亮剑",积极查办各类案件。同时,重点针对各种制假售假、走私贩私、不正当竞争等严重破坏市场经济

秩序的违法行为,组织开展了"万人百日执法"、"打假大扫荡"、取缔非法拆解拼装汽车市场、"红盾春雷"、"红盾霹雳"、"红盾闪光"等一系列大规模的专项执法行动,在全系统不断掀起执法办案工作的高潮。全系统罚没款入库额大幅增长,1999 年仅为 1.8 亿元,自 2004 年以来则每年稳定在 5.2 亿元至 5.5 亿元,居全国第二位。全省一度涌现了数十个全年罚没款达到或超过百万元的工商所。执法领域不断拓展,办案水平不断提高,为更好地监管社会主义统一市场,树立执法权威拓开了道路。第二阶段,从 2004 年以来,针对全国范围内发生的一系列市场监管突发事件,特别是 2006 年涉及该省工商部门的"齐二药事件",各级工商机关进行了认真的总结反思,全系统进一步增强了职能和责任意识,把坚持依法行政,从严监管执法,推进职能全面到位摆在更加重要的位置,实现了执法监管工作指导思想的进一步升华和深化。

二、坚持围绕中心、服务大局,服务型、监管型、法治型工商建设取得明显成效

始终把服务大局、服务发展、服务市场主体和消费者作为工商行政管理工作的出发点和落脚点,扎实推进服务型、监管型、法治型工商建设。在职能定位上,提出要在依法行政、加强监管、为经济发展营造良好市场环境的同时,充分发挥主动性、积极性和创造性,积极运用和适当延伸工商职能为地方发展服务,切实解决群众最关心、最现实、最直接的利益问题,努力做到"政府有所呼,工商有所应;企业有所求,工商有所帮;群众有所需,工商有所为";在推进措施上,充分运用并适当延伸工商职能,积极为地方经济和市场主体发展办实事、做好事。先后围绕支持现代服务业和高新技术企业发展、支持企业改革改制,支持全省区域经济协调发展、支持私营个体经济发展、推进实施商标战略、推进社会主义新农村建设、促进就业和再就业制定出台了一系列鼓励、扶持政策,极大地促进了市场环境的改善和各类市场主体的蓬勃发展。截至 2008 年 6 月底,全省实有内资企业 15.53 万户,外资企业

4.93 万户,私营企业 76.33 万户,个体工商户 203.97 万户。全省外资企业实有投资总额 4 002.16 亿美元,注册资本外方认缴 1 818.71 亿美元。全省已有"驰名商标"103 件、"江苏省著名商标"1 617 件,高知名度商标数量和质量在全国均位居前列。与此同时,还以各类服务窗口建设为载体,进一步改进工作作风,提高办事效率,不断提升为市场主体和人民群众服务的水平。根据总局的统一部署,江苏工商部门从 1996 年起,先后投入数百万元资金,开展了对口支援三峡库区云阳工商局工作,近年来,又相继开展了支援新疆、西藏和青海藏区工商系统工作。

三、适应形势任务需要,全省工商行政管理体制机制创新取得了突破性进展

实行省以下垂直管理以来,江苏工商系统根据国务院的决策部署和国家工商总局、省政府的具体要求,坚定不移推进市场办管脱钩,积极实施机构改革,努力完善省以下垂直管理新体制。2002 年,省工商局对省、市、县、所四级工商机构的职责权限重新予以调整,并按照以经济区域设置工商所的原则,将全省 1 094 个工商所调整为 756 个基层工商分局(所),并赋予其属地监管职权,在此基础上,全系统积极推行市场巡查制、经济户口管理、企业信用分类监管、市场商品准入管理、个体工商户分层分类监管、"12315"行政执法体系建设、市场标准化管理等改革措施,初步形成了以信息化建设为依托、经济户口管理为平台、市场主体分类监管为手段的科学监管体系。着力打造现代管理技术平台,信息化建设实现了跨越发展。2000 年以来,全省工商系统累计投入信息化建设资金近 4 亿元,建成了工商内部业务网、外部服务网和部门协作网,实现了省、市、县(区)、工商分局(所)四级网络的互联互通,开发并推广运行了 30 多个业务软件,完成了经济户口信息的采集、存储和应用,建立了分布与集中相结合的省市两级数据库和数据中心,初步形成了科学高效的监管执法平台和电子政务平台。不断完善经济户口管理,联动监管模式逐步建立。从 2001

年开始,通过数据初始化录入和业务软件的推广使用,为全省 278 万户市场主体逐一建立了经济户口。在此基础上,全面推行了以"属地监管"为主要内容的经济户口管理制度,按照登记集中、监管下移的原则,赋予基层工商分局(所)对辖区市场主体的日常检查权,并由其根据检查情况,随时更新经济户口数据。经过近年来的工作磨合,全省工商系统已在经济户口的建立、检查任务的下达、监管结果的反馈等方面实现了登记机关与基层工商分局(所)的上下联动;在通过动态户口数据库在信息共享方面实现了工商机关内部各业务部门之间的横向互动;在根据市场主体的监管信息依法限制企业的登记行为、采取相应监管措施方面实现了省内不同区域工商机关的联动监管。认真落实市场主体分类监管措施,监管效能不断提升。利用经济户口动态数据库,以企业的行业类别为基础,结合企业是否有侵犯知识产权、制假售假、商业欺诈、偷逃税款、抽逃资金、逃废债务等违反工商法规的行为,对市场主体的信用等级和监管等级进行了适时划分,将全省企业划分为 A、B、C、D 四类监管等级,并分别落实了不同程度的监管措施。从 2005 年开始,又组织开展了个体工商户分层分类登记监管工作,在市场准入、交易、退出三个环节逐步实现对个体工商户的立体化、全方位的综合监管。另外,近年来,依托省政府电子政务内网和数据交换系统,积极参与构建全省公共信用信息平台,并与有关部门密切配合开展信用联动监管,对因失信违法需要联合惩治的企业、投资人、法定代表人,在对外投资、证照管理等方面实施了联动制约。

四、以队伍建设为重点,工商行政管理全面建设不断加强

注重以人为本,队伍整体素质和形象不断提升和改善。多年来,全系统通过引进人才,一大批优秀的高校毕业生、军队转业干部和社会人才进入工商行政管理机关,队伍的文化结构、专业结构和年龄结构进一步优化,活力进一步增强。突出加强领导班子建设,大力推进干部人事制度改革,省局出台

了党组讨论干部任免事项投票表决制度,岗位绩效考核制度,不称职、不胜任现职干部的认定标准和调整办法以及事业单位干部公开招聘办法等四项制度,全系统广泛开展了干部竞争上岗、公推公选等活动。深入开展"树典型、学先进、争一流"活动和各类业务培训、技能竞赛、岗位练兵活动,干部队伍政治思想素质和履行岗位职责的能力不断提高。坚持从严治队,大力加强党风廉政建设和纪律作风建设,加快构建具有江苏工商特色的惩治和预防腐败体系,扎实推进工商廉政文化建设,有力地整肃了行风,提升了形象。全省工商系统各级机关在地方党委政府组织的历次各类作风建设评议活动中均取得了较好的成绩。推进依法行政,法治工商建设取得明显进步。在全系统推行了行政争议案件质量考核评价制度,完善了局依法行政领导小组领导下的工作机制,以考评行政复议、行政诉讼及信访等三类案件的质量为着力点,将激励机制与约束机制相结合,构建了横向到边、纵向到底的预防与治理违法和不当行政行为体系,对推进依法行政产生了较强的制度倒逼、压力传递效应。建立了行政执法监督责任制度,进一步落实了内部监督和层级监督措施。大力推进执法规范化建设,严格规范执法主体、执法程序和自由裁量权的行使,努力以严格执法、公正执法的成效取信于民。近两年来,省局及所属大多数直属局实现了诉讼无败诉、复议无撤销、信访检查无错案的"三无"目标。重视加强基层建设,基层基础工作面貌焕然一新。积极调整优化工商所布局,在 2002 年机构改革中全省基层工商分局(所)从原有的 1 094 个撤并为 756 个,基层人员数量由原来的每个所 4~5 人增加到 10 人以上;着力改善基层的办公条件和执法装备,自 2001 年以来全系统累计实施投资 100 万元以上的基层工商分局(所)基建项目 82 个,现每个基层工商分局(所)有执法车辆一两部、电脑六七台;不断推进监管执法重心下移,合理扩大基层管理权限,积极探索优化基层工商分局(所)内部分工运作模式,全面推行区域巡查、网格化监管,基层的综合监

管执法能力明显提高。从 2006 年开始，全省开展了创建"文明工商所"活动，并以此为载体全面加强基层能力素质建设、监管效能建设、行为规范建设、管理基础建设和工商形象建设，力争通过五年的努力，使全系统 80% 的基层工商所建成省级文明工商所。截至 2008 年 6 月，全省工商系统有副省级市工商局 1 个，地级市工商局 12 个，县(市、区)工商局 124 个，基层工商分局(所)768 个，全省工商系统具有公务员身份的 16 294 人，事业单位人员 1 016 人。

多年来，江苏省工商行政管理工作一直得到各级领导的高度重视和充分肯定，2007 年初，时任省长的梁保华同志专门对全省工商行政管理工作作出批示："近年来，全省工商行政管理部门认真贯彻省委、省政府的工作部署，切实履行市场监管执法职能，整顿规范市场秩序，服务经济发展，做了大量工作，取得了明显成效。"

第二节　江苏省工商行政管理发展成就

多年来，全省各级工商行政管理部门不断适应新形势的要求，坚持以经济建设为中心，充分发挥职能作用，工商行政管理各项工作均取得了显著的成效。

一、查处经济违法违章案件

1978 年以后，随着江苏经济体制改革的发展与深化，以及对外开放的扩大、国民经济的发展，全省工商行政管理机关查处经济违法违章案件工作逐步加强。自 1986 年开始，全省各省辖市工商局和大部分县(市)工商局先后成立了经济监督检查大队(中队)，并严格按照国家法律、法规的要求，制定完善了案件审批程序、办案工作纪律、查扣财物保管办法等。同时，各地加大财力投入，逐步改善了办案条件，更好地维护了社会经济秩序。

积极配合党和政府的中心工作，强化经济监督检查。1982 年，党中央决定在全国范围内开展打击经济领域中严重犯罪活动的斗争，全省工商行政管理机关一年共查处投机倒把案件 18 582 起，其中非法牟利在千元以上的大案、要案 4 354 起。1985 年党中央做出清理整顿公司决定以后，全省查处机关、部队、企事业单位违法办企业案件 793 起，占全省查处大要案件总数的 70%。1988 年 10 月，党中央作出了治理整顿的决策，全省工商行政管理机关紧紧围绕治理整顿开展经济监督检查工作，到 1989 年底，全省共查处各类投机违法案件 112 120 起，罚没款 2.36 亿元，其中移送司法机关处理 580 起，追究刑事责任的有 1 472 人。邓小平南方谈话以来，全省各级工商行政管理机关把"围绕经济建设中心，查处违法活动，保护合法经营，支持改革开放，促进社会主义市场经济发展"作为经济检查工作的指导思想，以创造公平、竞争、有序的市场环境为目标，逐步拓宽监管领域，加大执法力度，取得了显著成效。与此同时，经济监督检查工作的重点转向打击制售假冒伪劣商品、走私贩私、制黄贩黄、侵害消费者合法权益、不正当竞争等违法行为上来。全省工商系统每年都要针对季节、市场等变化特点，采取各种方式开展系列打假专项活动，如"打假保节日"、"打假保农业"、"打假保健康"、与企业联手"打假保名牌"及全省集中打假等专项整治行动。1990 年全省查处各类违法违章案件就达 11 303 件，其中投机倒把案 3 741 件，罚没金额 3 142.45 万元；1992 年全省查处案件 6 815 件，其中投机倒把案 3 055 件，罚没金额 3 518 万元。1993 年《反不正当竞争法》实施以后，江苏各级工商行政管理机关每年都有重点地对"仿冒、虚假宣传、虚假表示、限制竞争、商业贿赂、侵犯知识产权"等开展专项检查整顿。1998 年，全省工商行政管理系统紧紧围绕"行政执法年"，进一步加大执法力度，全省共查处经济违法违章案件 85 400 件，其中查处投机倒把案 8 043 件(含走私贩私 491 件)，损害消费者权益案 2 126 件，不正当竞争案 1 273 件，制售假冒伪劣商品案 7 332 件，总计罚没金额达 2.09 亿元。2001 年至 2002 年，全系统坚决贯彻落实国务院关于"整顿和规范市场经济秩序"的工作要求，部署开展了十项专项执法和管理行动,组织严密,措施有力,重点突出,整体推进,在规范市场主体准入、规范市场经营行为等方面取得显著成效。两年中,全系统共查处各类经济违法违章案件19.46万件,案件总值78.63亿元,罚没款入库总额10.19亿元。2003年以来,全省工商系统又着重针对扰乱市场秩序的经济违法行为,进一步加强了对市场交易和竞争行为监管,抓住工程建设、产权交易、医药购销和政府采购等重点领域,重拳打击商业贿赂,自开展专项治理工作以来已立案查处了商业贿赂案件851件,涉案金额达3.41亿元,无论是办案数量还是质量,都在全国居于领先地位;深入开展虚假违法广告专项整治,进一步健全了省、市、县三级的广告监测网络,建立落实了广告监管部门联席会议、新闻单位领导责任追究、媒介广告信用评价管理等综合治理工作机制,使虚假违法医疗、药品广告的高发态势得到有效遏制;深入开展打击传销专项执法行动,近年来共捣毁传销窝点947个,驱散涉嫌传销人员20 326人次,解救传销被控人员179人次,移送司法机关追究刑事责任43人。

二、内、外资企业监督管理

1979年4月,国务院转发国家工商局的报告,要求所有企业向工商行政管理部门登记领照,没有证照不准开业,银行不予开户,并要求通过登记建立企业的"经济户口"。江苏省工商局按照文件精神,狠抓了落实工作,全省陆续开展国营企业登记工作,建立"经济户口"。至1979年底,全省申请登记的达44 658家,其中大多数发给了证照。

随着经济体制改革的深化和国民经济的稳定发展,企业登记管理的法律地位越来越重要。在企业登记注册工作中,全省各级工商行政管理机关根据经济发展的需要,积极采取措施支持企业发展,切实加强登记管理,依法确立市场主体的合法地位,着力推动国有、集体企业改革、改制。国有企业从1980年的5.65万户减少到2008年6月底的2.73万户,集体企业从1980年的12.56万户减少到2008年6月底的5.33万户,分别减少了51.68%和57.56%。全省企业登

记管理工作从1978年开始试点,经过不断完善和发展,到2008年6月底,江苏省登记内资企业共15.53万户,其中国有企业2.73万户、集体企业5.33万户、股份合作企业1.31万户、公司6.08万户。伴随着经济体制改革的逐步深入,企业登记管理工作也被赋予新的要求和新的内容,登记管理领域不断拓宽。1993年颁布的《中华人民共和国公司法》为现代企业制度的建立提供了法律依据,产权明晰、管理规范的公司制企业有了很大的发展。到2008年6月底,江苏省按《公司法》登记注册的内资公司制企业已达6.08万户;私营公司制企业55.41万户(均包括分支机构)。江苏工商部门积极响应"长三角一体化"的国家战略,2007年会同浙江、上海两省市工商局联合出台"以股权作为出资"的政策规定,有效降低了企业重组的财务成本。

江苏企业登记管理工作还积极参与宏观调控,为经济结构调整服务。根据国家和省政府的部署,1981年对全省工业企业进行了普查;1985年对全省党政机关和党政干部经商、办企业清理整顿,撤并了一大批党政机关办的企业和各类公司。各地还通过组织理论学习和业务培训,提高了广大工商干部对企业登记与监督管理重要性的认识。同时,组织企业法定代表人进行企业登记管理知识的培训,增强了企业接受监督管理的意识。90年代中期以后,江苏工商系统按照建立现代企业制度的要求和抓大放小的改革思路,全面落实国家的宏观调控政策,主动服务国企改革、经济结构调整、节能减排和加快现代服务业发展等中心工作。2007年5月,太湖蓝藻事件发生后,无锡、苏州、常州等地工商部门积极配合有关部门,坚决关停了一批违反规定的小化工企业,为促进江苏经济社会率先发展、科学发展、和谐发展发挥了重要作用。

在改革开放方针指引下,江苏省的外商投资企业从无到有,逐步发展,登记和管理机构逐步完善,干部管理水平逐步提高,为全省外商投资企业的发展作出了积极贡献。从1981年登记注册第一家外商投资企业

起,到 1990 年底,全省登记注册的外商投资企业逾 1 000 家;到 1992 年底,全省外商投资企业发展到 8 898 户,投资额 159.6 亿美元,遍及全省 11 个省辖市;至 2008 年 6 月底,江苏省实有外商投资企业 3.86 万户,投资总额达 4 002.2 亿美元、注册资本 2 112.9 亿美元,外方认缴 1 818.7 亿美元。外商投资经济已成为江苏经济发展的重要组成部分。

多年来,江苏省工商行政管理机关以改善外商投资软环境为着眼点,努力提高办事效率。1986 年,省工商局会同省经贸委制定了联合审批外商投资企业合同、章程等制度后,核准登记工作不断改善,既缩短了核准时间,又保证了登记质量,为引进外资提供了方便。同时在解决省辖市局的外资登记授权、建立全省外资登记管理网络体系方面做了大量卓有成效的工作,适应了江苏外商投资企业的大发展。经过省工商局的努力,国家工商局于 1989 年授予了南京、无锡、苏州、常州四市外资登记管理权。至 1992 年,全省原 11 个省辖市工商局皆获得了外资登记管理授权。2003 年以来,省工商局抓住国家工商总局对被授权局外商投资企业核准登记权进行重新确认的契机,积极指导各直属局、县级局申请外商投资企业核准登记权,截至 2008 年 6 月底,全省共有 14 个直属局和 16 个县级局获得总局授予的外商投资企业核准登记权,极大地便利了外资企业的注册登记,为全省进一步扩大对外开放、引进外资提供了良好的条件。2007 年 3 月开始,省工商局又在全省范围内集中开展了外商投资企业出资情况专项检查,全省共对 1 435 户企业发出责令变更通知书,对 3 986 户违规出资企业的股东发出责令改正通知书。共催缴到位注册资本 48.36 亿美元,办理减资 5.38 亿美元,进一步提高了外商出资的到位率。

三、个体私营经济监督管理

江苏省个体私营经济随着国家改革步伐的逐步加快而不断发展,经历了从少到多、从小到大、从小摊小贩到目前具有一定规模、一定质量、逐步成为地方经济重要组成部分的发展历程。全省工商行政管理机关为改善个体私营经济发展环境,引导个体私营经济健康发展做出了积极努力,有力地促进了江苏个体私营经济的迅速恢复和蓬勃发展。

1978 年党的十一届三中全会后,全国进入了以经济建设为中心的历史新时期,逐步实行了经济体制改革和对外开放,并提出在发展社会主义公有制为主体的前提下发展多种经济成分的方针,国家政策逐步明确个体经济是社会主义公有制有益的必要的补充成分,排除了长期以来存在的“左”的干扰,从而使江苏个体工商业进入了新的发展时期。1981 年,中共江苏省委、江苏省人民政府发布了《关于发展城镇集体与个体经济的若干规定》,为恢复和发展江苏个体经济作出了具体政策规定。到 1981 年底,全省个体工商户已发展到 9.25 万户,从业人员 9.9 万人。

1982 年,江苏省广大农村普遍推行家庭联产承包责任制,农村个体经济也随之得到迅速发展。1984 年,省工商局进一步放宽政策,允许并鼓励农民自理口粮到城镇务工、经商、办服务业,鼓励农民从事贩运活动,并简化登记手续,随到随批,常年性的、季节性的不限,经营范围不限,运输工具不限,运销地点不限,数量不限,放手发展。1985 年,全省个体工商户得到迅猛发展,达 79.8 万户,从业人员 108.78 万人,1981 年至 1985 年间平均增长达 83.6%。1992 年,在邓小平同志南方谈话精神鼓舞下,江苏省各级党委、政府以“三个有利于”为标准,进一步解放思想,转变观念,放宽政策,采取多种措施发展个体私营经济。同年 10 月,省政府专门下发了《关于鼓励支持我省个体私营经济进一步健康发展的意见》,全省个体私营经济再度出现了蓬勃发展的好势头。1997 年 9 月,党的“十五大”充分肯定了个体私营经济是我国社会主义市场经济重要组成部分,从而揭开了个体私营经济迅猛发展的新的一页。江苏省政府以党的“十五大”精神为指导,于当年 11 月份及时召开了全省个体私营经济工作会议,号召全省进一步解放思想,抢抓机遇,采取措施大力发展个体私营经济。2000 年,江苏省委、省政府召开全省私营个体经济工作会议,旗帜鲜明地提出了鼓励私营个体经济发展的"放心、放胆、放手、放开、放宽、放活"的"六放"方针。江苏工商系统迅速行动,努力增强促进私营个体经济发展的工作实效,各地工商部门进一步强化日常监管,推行了网格化、责任区、片长制等新的监管模式,使民营企业发展过程中一些不规范、不合法的行为在萌芽状态得到及时纠正。切实加强政策引导,组织全省万名工商干部深入十万家私营企业,帮助协调解决企业在动产抵押、信用管理、知识产权保护等方面的问题。认真落实就业、再就业优惠政策。创新工作载体,全面开展民营企业党建工作,省工商局率先推行的"登记申报、年检年报"制度得到中组部和国家工商总局的充分肯定。到 2008 年 6 月底,全省个体工商户发展到 157.32 万户,注册资金 270.9 亿元,分别是 1978 年的 86 倍和 39 038 倍;私营企业从无到有,总户数 69.55 万户,注册资本 14 011.32 亿元。江苏的个体私营经济从无到有、从弱到强,逐步发展壮大,已成为地方经济发展的强大生力军。

四、商标注册与监督管理

1982 年《中华人民共和国商标法》公布以后,省工商局在全省各地进行了广泛宣传,增强了企业的商标意识。此后,全省商标注册得到较快发展,商标监督管理工作也逐步走上了法制化轨道。1989 年,全省注册商标数已达 24 454 件,比 1979 年增加了 5.3 倍;1992 年达到 34 563 件;到 2002 年,全省注册商标总数达 9.4 万件,比 1979 年增长 11.1 倍。

全省各级工商行政管理机关认真贯彻实施江苏省委、省政府提出的名牌工程战略,不断加大对商标专用权的保护力度。一是积极开展了驰名、著名商标的申报、认定工作。1992 年,江苏省工商局报经省政府批准,再次认定了"江苏省著名商标"289 件,为树立江苏商标整体形象、推进名牌工程的实施作出了应有的贡献。为进一步给予名牌商标以优于普通商标的保护,到 2008 年 6

月底,全省已拥有熊猫、常柴等"驰名商标"103 件、"江苏省著名商标"1 617 件,均位居全国前列。自 1997 年起,由江苏省工商局牵头,先后成立了苏、浙、皖、沪三省一市和苏、鲁、豫、皖边界 14 地(市)的淮海经济区以及省内"宁、镇、扬、苏、锡、常"六市"商标保护协作网络",对保护驰名商标、著名商标专用权发挥了积极的作用,取得了良好的社会效益。二是严肃查处商标假冒侵权行为,保护了商标专用权。近年来,该省工商系统相继组织开展了"红盾秋风"保护注册商标专用权专项行动等一系列专项执法活动,进一步完善了涉外商标快速立案查处、商业企业和印制企业商标自律、部门知识产权保护协作等长效管理机制,基层工商部门对日常监管中发现的假冒"花旗参"、"土家人"、"大地红"注册商标专用权等大案、要案和涉外商标案件进行了集中查处。针对假冒"老干爹"等侵权严重、涉案范围广、社会影响面大的商标案件,组织了全省统一的专项执法行动,对侵权人依法从严、从重查处。针对假冒"尚德"、"五彩"、"三房巷"等省高知名度商标跨类遭受侵权的情形,主动帮助企业向国家商标局争取在案件中认定驰名商标。2007 年,全省工商系统查处商标侵权假冒案件 1 519 件,案值 1.64 亿元,收缴和消除侵权商标标识 189.99 万件。2008 年,为了迎接奥运会的召开,省工商系统切实加强对奥林匹克标志专有权的保护,对非法使用奥林匹克标志的行为进行了集中清理,在奥运会倒计时 200 天和 100 天之际,全省联动开展了集中整治,共没收侵权标识 1.33 万件。

五、广告监督管理

改革开放以来,随着广告业的迅速发展,江苏省广告监督管理工作逐步加强。1982 年至 2007 年间,全省广告经营额从 650 万元增至 130.54 亿元;广告经营单位从 99 户发展到 11 679 户。全省查处各类违法广告案件从 1986 年的 347 件,罚没款 15.93 万元上升到 2007 年的 1 721 件、1 571.27 万元。1982 年,省工商局设立了商标广告处,开始行使广告监督管理职能。随着经济体制改革的逐步深入,广告监督管理领域不断拓宽,全省工商行政管理机关分别对户外广告、出口商品和外商来华广告、药品广告以及赞助、挂历广告等加强了管理。1985 年 3月,徐州市率先规定发布户外广告由工商局审查,从此以后全省开始实行户外广告发布审查制度。同年,省工商局对举办赞助活动发布广告及展览、体育比赛、文艺演出发布广告作出规定,由工商局一次性审批或颁发临时营业执照。至此,广告审批登记初步形成制度,江苏广告业逐步纳入依法经营轨道。

1987 年 10 月,江苏省广告协会成立。此后十年间,逐步形成了政府监督、行业自律、企业内部管理三位一体的广告监督管理格局。《中华人民共和国广告管理条例》及其《实施细则》颁布后,省工商局组织各地宣传地方名、特、优产品,并开始加强农村广告管理工作,促进农村经济发展。

随着市场经济的蓬勃发展,全省广告业也迎来了发展的春天。在全省广告市场迅速膨胀的同时,虚假违法的医疗、药品、保健品广告也开始出现。省工商系统敏锐地捕捉到广告市场出现的不和谐音符,集中力量加强了广告市场监管。一是有序开展日常监管。对户外广告、固定印刷品广告、烟草广告和广告公司相关业务进行了专项检查。二是强化对广告发布环节的监管。对违法率居高不下、发布违法广告情节严重的媒体,及时采取告诫、限期整改、立案查处等处罚措施。坚决打击严重违法广告特别是首发的严重违法广告。三是突出整治重点。始终保持对虚假违法广告的高压态势,逐年开展各类专项整治行动,集中力量抓好药品、医疗、保健食品、化妆品、美容服务等整治重点,2007 年以来,又进一步加大对涉嫌奥运侵权广告的查处。四是完善广告长效综合管理机制,2005 年省工商局牵头成立由省委宣传部、省卫生厅等 11 个相关部门组成的虚假广告专项整治联席会议,2007 年以来,又先后增加省政府新闻办公室、省建设厅、农林厅、教育厅参加虚假广告专项整治联席会议,进一步加强了对房地产、教育和农资等广告发布的综合监管。五是努力提

高广告监管的科技含量。2004 年以来,省和各市工商局相继成立广告监测中心,开展广告监测。2008 年 5 月,江苏省工商局广告监测中心建成多媒体监测系统,实现了对南京地区 39 套广播电视节目的 24 小时自动监测、自动统计分析,2008 年 5 月 8 日,总局周伯华局长来江苏视察时亲自点击开通了这一系统。

六、市场监督管理

党的十一届三中全会以后,江苏省的城乡集市贸易开始恢复和开放,并逐步得到发展。1980 年,全省各地认真贯彻国务院批转的《全国城镇规划工作纪要》,着手建设城乡集市场地。至 1981 年,各地已把集市场地建设列入重要议事日程,制订市场建设规划,分期分批组织实施,仅一年多的时间,全省城乡集市就发展到 2 915 个。1985 年 3月,省政府召开了第一次全省集市建设经验交流会,有力地推动了各地的市场建设。1987 年,全省在大力推动各类集市发展的同时,注意加强专业批发市场建设,当年用于市场建设的资金就达 7 383.3 万元,新建市场 475 个,全省市场年成交额达 70.47 亿元。进入 90 年代后,随着改革开放的进一步深入和经济的快速发展,全省集市贸易日趋繁荣。到 1992 年,全省城乡集贸市场总数达 4 510 个,其中专业市场 1 498 个,年成交额 243.68 亿元。近几年来,根据江苏省委、省政府提出的市场建设"以商品市场为基础,以要素市场为支柱"的方针,工商行政管理机关坚持"统一规划、多方兴建、合理布局、工商执法"的原则,加大市场培育力度,促进全省市场体系不断完善,基本形成了一个城乡互为依托,综合与专业配套,批发与零售结合,集贸市场与生产资料、生产要素市场相互促进的多类型、多层次、多渠道的市场网络。截止到 2002 年底,全省已有各类市场 6 077 个;年成交额达 4 898.23亿元。

多年来,江苏省工商行政管理机关在积极培育各类市场的同时,不断强化对市场的监督管理工作,严格核准经营主体资格,把好市场准入关。各地在大力培育市场、推动

多种经济成分进入市场的同时，严格按规定条件核准入场经营主体资格，促进了市场秩序稳定和健康发展。对部分重要商品，如农资、棉花、蚕茧等，严格按国家指定的经营和收购主体核准。对要求从事商品批发的，特别是粮食、烟、酒、盐、药品批发的经营主体，必须具备一定的条件方予核准。对生产要素市场，因其行业特殊性，则会同主管部门共同审核入场经营主体资格。

与此同时，各地工商部门注意针对市场经营行为中存在的突出问题以及群众关心的热点问题，狠抓市场整治，实行长效管理。对市场存在的销售假冒伪劣商品坑骗、坑害消费者的行为，各地在加强日常监督管理的同时，每年都按季节、分品种进行集中整治，加大打击力度。各地还重点对烟、酒、饮料、畜禽肉及其制品以及家电、化肥、农药、种子、农机配件等进行检查，保证消费者在市场上购买到放心的商品。1998年5月国务院作出深化粮食流通体制改革决定以来，各地始终坚持把粮食市场监管当作工商行政管理的一项重要工作，加大执法力度，对粮食收购、批发、零售、加工、兑换、运输等各个环节进行严格监管，加大市场稽查力度，严厉惩治各种不法经营行为。共检查各类粮食经营主体77 343个，立案查处4 538件，查扣非法购销粮食29 195吨，案值5 400万元，保证了粮食流通体制改革的顺利进行。2001年，为切实贯彻落实国务院、省政府整顿和规范市场经济秩序工作精神，从根本上扭转市场秩序比较混乱、违法违章经营时有发生的现状，全省各级工商行政管理系统在商品交易市场集中开展了"三整顿三满意"活动，即通过"整顿市场交易秩序、整顿市场购物环境、整顿经营户经营作风"，实现"让政府满意、让消费者满意、让经营户满意"的工作目标。按照省局的统一部署和要求，各地按照各阶段的工作任务，突出市场消防安全专项检查、节日市场综合执法以及"开门评市场"等系列活动，精心组织，周密安排，共出动检查人员600 142人次，检查经营户277 019户次，发出预警整改通知书19 363份，查处违法违章案件28 274件，

受理消费者投诉25 757件，罚没款3 021万元。使全省商品交易市场面貌焕然一新，初步形成了运作规范、交易有序、透明公正的市场格局。

2001年，为贯彻落实国务院、省政府、国家工商总局关于工商部门与所办市场彻底脱钩的重要批示和具体部署，深入推进工商行政管理体制改革，全省各级工商行政管理机关紧密结合市场实施，采取积极措施，积极稳妥地开展脱钩工作。截至2001年12月底，全省564个应脱钩市场分别采取移交政府、改制、出售等方式，完成了市场管办脱钩工作。

实行市场管办脱钩以后，江苏工商部门加快推进职能转变，以推进市场标准化管理为抓手，积极探索新形势下加强商品交易市场监管的方式方法。在先行试点取得经验的基础上，2006年以来，江苏在全省商品交易市场中全面推行以市场主客体准入、市场开办者与经营者行为、市场监管行为等"3项准入"，索票索证、先行赔偿、市场检测、信用记录、市场巡查、市场预警等11项管理制度为主要内容的市场标准化管理，通过制订创建标准、加强典型引路、完善管理制度、落实创建责任，有力地推动了农贸市场的升级改造和规范管理。南京、苏州、徐州、盐城、宿迁、苏州工业园区等局在当地党委、政府的统一领导下，以文明、卫生城市创建为契机，积极推进各类商品交易市场的升级改造工程，无锡、常州、扬州、镇江等市政府把农副产品市场改造升级列为政府为民办实事项目。到2007年底，全省已有3 534个市场推行标准化管理，推进面达到83.6%；实施升级改造的市场有504个，改造面达到11.9%，涌现出一批设施完善、管理规范、诚实守信、交易繁荣的市场典型。为逐步实现行政职能的转变，2007年7月28日，由省局倡议的江苏省市场管理协会成立。

2001年10月26日，江苏省人大常委会通过了江苏省首部有关经纪人的地方性法规——《江苏省经纪人条例》，标志着江苏的中介服务机构的活动有法可依，对中介机构的管理体系更为完善，促进了全省的

经纪业发展再上新台阶。截至 2008 年 6 月底，全省经工商部门注册登记的各类经纪人已达 35 万户，经纪人活动范围已从普通商品流通领域扩展到房地产、文化、体育、人才、劳务、技术、企业产权等领域，成为社会经济、文化生活中的一个重要部分。1999 年 4 月，省工商局倡导成立了江苏省经纪人协会。

七、经济合同监督管理

江苏省的经济合同管理从 1978 年开始试点，并逐步开展起来。1981 年《经济合同法》颁布后，江苏省各级工商行政管理机关广泛开展了宣传活动，并组织对企业法定代表人、经营管理人员进行了培训。1983 年 5 月，江苏省政府明确规定由工商行政管理机关统一管理经济合同，全省各级工商机关相继建立机构、调整人员，依法开展了合同鉴证、备案、检查等监督管理工作。

1982 年，该省泰县和射阳县工商局依据《经济合同法》率先在全省组织开展了"重合同、守信用"活动，1985 年，省工商局发出了《关于开展"重合同、守信用"企业评定活动的通知》，正式部署在全省范围内开展这一活动，并于当年评定出"重合同、守信用"企业 2 153 家。到 1987 年，全省所有市、县都展开了"重合同、守信用"活动，是年申报参评的企业共 396 742 家，经评定命名 6 503 家。1995 年，江苏省人民政府命名了第一批 117 家省级"重合同、守信用"企业。经过 26 年的不懈努力，全省的"守合同、重信用"活动不断深入，"重守企业"队伍不断壮大，至今已发展到 40 415 家，其中全国重合同守信用企业有 267 家，省级重合同、守信用企业有 1 005 家，涵盖内资、外资和私营企业等全部市场主体。"守合同、重信用"活动的开展，增强了企业自我约束、自我管理、自我发展的能力，提高了企业的知名度。

1993 年，在"企业合同自律，政府不要干预"思想的影响下，全国合同监管自上而下出现了弱化和淡化的倾向。江苏省工商局及时提出，江苏的合同监管工作绝不能削弱，要求全系统思想不乱，队伍不散，机构不撤，人员不减。使全省的合同监管工作得到

延续和发展，为维护全省健康稳定的经济秩序做出了贡献。

1995 年 6 月，《中华人民共和国担保法》的颁布，赋予了工商行政管理部门合同监管工作以新的职能，初步扭转了合同监管工作的困难局面。1996 年 7 月，《中华人民共和国拍卖法》颁布和同年 11 月 21 日江泽民总书记在中央经济工作会议上关于"继续整顿市场秩序，规范市场行为，特别要严格履行合同、诚信守约"的重要讲话，进一步促进了江苏省合同监管工作的深入开展。全省各级工商行政管理机关在认真做好原有的合同法律、法规培训，咨询资信，鉴证，合同检查，查处违法合同，积极组织开展"重合同、守信用"活动和其他合同法律事务服务工作的同时，进一步依法做好企业抵押物登记、拍卖监管以及建筑、粮食、棉花等有形市场的合同监管，强化合同争议的行政调解工作。1997 年 2 月在全国率先成立了第一家省级"重合同、守信用"企业协会（现更名为江苏省企业信用管理协会），使全省合同监督管理工作向更深层次开展。

1999 年开始，江苏工商行政管理机关还在全省开展旨在为国有大中型企业排忧解难的"合同解忧工程"，并确定首批 1 580 家大中型企业作为重点帮扶对象，以合同监管职能为企业生产经营排忧解难，取得了较好的成效，得到国家工商局的充分肯定，也赢得了各级人民政府和广大国有大中型企业的高度赞扬。

2001 年 1 月，省政府颁布施行《江苏省合同监督管理办法》，利用政府规章的形式，进一步明确了工商部门开展合同监管工作的职责。全省工商系统充分发挥合同监管职能，认真抓好动产抵押登记、拍卖监管、促进订单农业发展、推进"重合同、守信用"活动、制定推广合同示范文本等工作，取得了积极成效。2006 年以来，省工商局积极推动做好《江苏省合同监督管理办法》的修订工作，首次明确规定合同文本提供方对大众的服务承诺自动成为格式合同的一部分，进一步拓展了合同监管工作的广度和深度。省和各市相继制定推广了规范房地产买卖、

住宅装修、服装洗染等行业的合同示范文本。针对优势企业利用不公平合同格式条款侵害消费者合法权益等突出问题，省局组织对群众反映大、纠纷较多的供水、供电、供气、房屋买卖、装修、物业管理、医疗、电信等民生领域的合同格式条款全面实行强制备案管理，依法查处了一批利用虚假合同、虚假承诺、虚假表示或利用不平等合同格式条款损害消费者利益的违法行为。全省各级工商行政管理机关积极采取措施，不断强化合同监管中的执法办案工作。仅 2007 年，就查处合同违法案件 1 537 件，涉案金额 3.21 亿元；为企业办理抵押物登记 15 196 件，抵押物总价值 15 420.1 亿元；为企业调解合同争议纠纷 1 092 件，合同争议金额 1.25 亿元。

八、消费者权益保护

随着社会和经济的不断发展与进步，江苏的消费者权益保护工作逐步展开。1986 年 7 月经省人民政府批准，江苏省消费者协会正式成立。此后在各级工商行政管理部门的关心和大力支持下，全省 13 个省辖市、106 个县（市、区），都相应成立了消协组织，近年来，各级消协组织进一步延伸组织网络，已组建乡镇（街道）基层消协分会 730 个，并在有关行业主管部门、企业设立了投诉（联络或监督）站 11 177 个，全面推广了人民调解委员会工作模式，有力地推动了江苏消费者权益的保护工作。

1988 年 7 月，《江苏省保护消费者权益条例》实施以后，全省工商行政管理机关紧密结合实际，积极开展维护消费者权益工作。特别是 1994 年 1 月施行的《消费者权益保护法》及 1996 年由江苏省人大制定的配套实施办法，为消费者权益保护工作提供了强大的法律保障。从 1986 年到 2001 年，全省各级消协共受理消费者投诉 44.43 万件，通过调解等工作，帮助消费者挽回、避免损失 20 868 万元；向工商行政管理机关提供案情，并由其实施处理罚没款达 2 593 万元。2002 年 5 月，江苏省工商行政管理局消保分局正式挂牌成立，迅即组织开展了"红盾维权"和"红盾青少年维权"专项执法行动，组织了两次全省性的大规模市场商品质量抽检，共抽查了食品、珠宝、农资、成品油、装饰材料等 19 个品种 2 625 个批次的商品。当年，全省消保机构全年共受理各类咨询、投诉、举报 49 874 件，现场受理、调解消费争议 710 次，立案查处侵害消费者合法权益和制售假冒伪劣商品案件 3 119 件，为消费者挽回经济损失 8 484.26 万元。工商消保机构成立以后，着力突出"保健康、保安全"主题，以食品安全监管为重点，大力推进流通领域商品质量监管关口前移工作，全面推进了经营者自律制度、社会监督网络和食品安全检测体系建设。2007 年 8 月份开始，集中 4 个月的时间，又围绕"两个 100% 和一个彻底解决"的阶段性目标，在全省范围内集中开展了"流通环节产品质量和食品安全专项整治"，截至 2007 年底，全省县城以上城市的食品市场、超市和商场 100% 建立进货索证索票制度；乡镇、街道和社区食杂店 100% 建立食品进货台账制度，全省共查处取缔乡镇政府所在地和县城以上城市无照经营的小食杂店、小摊点 5 046 户，顺利通过了国务院对江苏整治工作的考核和验收。

2007 年开始，省工商局在总结苏州经验的基础上，在全省范围内启动实施了以提高消费环境安全度、经营者诚信度和消费者满意度为主要内容的"放心消费"创建活动，这项工作已被列入今后 3—5 年的全省"整规"工作重点。创建活动开展以来，各地围绕营造创建氛围，整合创建资源，增强创建合力，先后组织开展了"诚实守信在江苏、放心消费在江苏"主题教育活动，全面启动了"放心消费行业"创建，目前，通信、盐业、农机、农资、旅游等十多个行业的先行试点已经取得积极成果。通过创建活动的开展，有力地提升了监管部门、行业协会和消协组织在消费维权方面的工作合力，得到了各级领导和人民群众的肯定。2008 年 7 月，江苏省省长罗志军专门作出批示："开展放心消费创建活动，是贯彻落实科学发展观，规范市场经济秩序，打造'诚信江苏'，扩大消费需求，促进经济社会又好又快发展的一项重要举措。在苏州市率先开展'消费放心城市'创建工作的基础上,2007年以来,各地按照省政府统一部署,全面开展放心消费创建活动,积极优化市场消费环境,基本实现了创建工作阶段性目标,取得了明显成效。"

2008 年 5 月 12 日,四川汶川发生特大地震后,省局在第一时间向四川省工商局捐款 50 万元,积极协助省政府做好救灾帐篷、活动板房的生产协调工作。全系统干部职工发扬"一方有难、八方支援"的精神踊跃捐款,仅个人向绵竹市定向捐款就达 336 万元,广大党员还缴纳特殊党费 420 万元支援灾区。同时,广大干部职工努力做好本职工作,切实维护市场秩序稳定,以实际行动全力支持抗震救灾工作。

附:

江苏省工商行政管理局
历任局长、党组书记

陈少瑞,1979 年 6 月至 1983 年 11 月任局长、党组书记;张恒芳,1983 年 11 月至 1985 年 7 月任代局长、党组副书记;曹顺霖,1985 年 7 月至 1986 年 7 月任代局长、党组书记,1986 年 7 月至 1993 年 6 月任局长、党组书记;周桂根,1993 年 6 月至 2000 年 5 月任局长、党组书记;王德超,2000 年 5 月至 2006 年 5 月任局长、党组书记;佘义和,2006 年 5 月至目前任局长、党组书记。

（执笔人:丁兆平　方　方）

第十一章　浙江省工商行政管理局

第一部分　（1949—1978）

第一节　浙江省工商行政管理发展概况

新中国成立后到 1978 年间,浙江工商行政管理机构及其职能几经变化。具体可分为如下四个阶段:

一、国民经济恢复、对资本主义工商业社会主义改造与"一五计划"时期（1949—1957）

这一时期,按照中央规定,杭州、宁波、温州三市设有工商行政管理局,省级机关未设立单独的工商行政管理机构。1950 年,在省商业厅内增设工商室,1953 年更名为工商行政室(处),各专署和县设工商行政管理科,行使工商行政管理职能。其时,工商行政管理机关所担负的主要任务是:贯彻中央人民政府政务院发布的《私营企业暂行条例》等政策规定,全面进行工商企业登记,办理私营企业的开业、歇业、增资、减资、迁移、转业、合并、改变经营范围、增减分支机构等登记核准手续,对私营企业的盈余分配进行审查和控制;推动资本主义工商业接受国家的加工订货、经销代销和公私合营,制止资本家抗拒社会主义改造的各种违法行为,指导工商业联合会的工作,团结教育资本家接受社会主义改造;教育、管理小商小贩和个体手工业者,推动他们通过合作的道路实现社会主义改造;清理旧中国遗留下来的商标,办理商标注册,保护商标专用权;实行物资集中交易,打击市场投机,稳定金融物价,整顿和维护市场秩序,树立和巩固国营经济在市场上的领导地位,促进计划经济建设的顺利进行。需要说明的是,这一时期的市场管理,城市和农村并非统一于工商行政管理机关,农村的商业和手工业主要由省供销合作总社与农经部门管理,而工商行政管理机关集中于管理城市的工商企业和市场。

二、"大跃进"和三年困难时期（1958—1962）

这一时期,随着对资本主义工商业的社会主义改造的完成,形成了公有制经济占绝对优势的高度集中的计划经济管理体制,市场机制基本上被排挤出经济生活之外。原先以管理私营工商业为主要职能的工商行政管理机关,失去了原有的管理对象,虽然还有些遗留问题需要处理,但基本上改由政府的各个行业归口部门去解决。在此情况下,工商行政管理机关到底应当行使何种职能,怎样发挥自己的作用,甚至对工商行政管理机关有无存在的必要,也都产生了不同认识和意见。于是,在这一时期,大部分地方的工商行政管理机构被精简或合并,以致整个工商行政管理职能被严重削弱。加上在"大跃进"和"人民公社化"运动中,经济管理体制又发生很大变动,企业登记等管理业务一度被迫处于停止状态,以致出现了企业设置的某些混乱状况。

三、国民经济调整时期（1962—1965）

在此期间,浙江的工商行政管理机构及其职能有所恢复和加强。1961 年 12 月,正式成立了浙江省工商行政管理局(二级局),与省商业厅合署办公,原商业厅行政物价处主管的市场管理、工商登记等工作转由工商行政管理局管理。1963 年初,杭州、宁波、温州三个市,舟山专署以及嘉兴、金华、绍兴等

7 个县也设立了工商行政管理局,嘉善、武义、奉化等 12 个县设立了工商行政管理科,其他县的工商行政管理工作仍由商业局兼管。到当年 9 月底,全省有 38 个市、地、县建立了工商行政管理局,3 个县设立工商行政管理科。其时,工商行政管理机关的主要任务是为国民经济的调整服务。具体的管理职责为:贯彻工商行政管理的有关政策法令;管理城区市场,贯彻稳定市场物价方针,保护合法交易,取缔投机活动;会同有关部门督促了解对原私营工商业主、小商小贩和手工业者进行社会主义改造中有关政策的执行情况;指导工商团体的活动;统一管理工商企业登记。各级工商行政管理部门围绕着贯彻实施国民经济调整的八字方针,根据中共中央和国务院提出的"管而不死,活而不乱"的原则,做了许多工作,对促进国民经济的调整和发展作出了一定贡献。1965 年 10 月,省商业厅、粮食厅、供销社、对外贸易局统一合并为商业厅,省工商行政管理局的印章被停止使用,有关业务改由省商业厅行政物价处负责。至此,工商行政管理工作再次被置于无足轻重、可有可无的地位。

四、"文化大革命"时期（1965.10—1978）

浙江省政府机关普遍瘫痪。1967—1970 年期间,省里成立打击投机倒把办公室,单独管理打击投机倒把工作,各市、县的工商行政管理机关多数合并到商业局,也有的合并到财政局。机构撤并后,绝大多数工作人员被下放到"五七"干校或者农村插队接受"再教育"。市场管理和打击投机倒把的工作虽没完全停止,却被新成立的机构如"生产指挥部",甚至被某些群众组织如"民兵指挥部"、"群众专政指挥部"所取代和把持。1975 年 7 月,省革命委员会发出《关于建立和健全工商行政管理机构的通知》,重新启用浙江省工商行政管理局的印章(仍与商业厅合署办公),但职能没有从商业厅划出,实际上继续由省商业厅行政物价处负责。1971—1975 年,在周恩来总理和邓小平先后主持中央日常工作期间,工商行政管理工作曾两度出现好的转机,但很快又被"江青反革命集团"所干扰和破坏,以致在整个"文化大革命"期间,除了"打击投机倒把活动"这项工作被别的机构所取代而且被严重扩大化之外,整个工商行政管理工作都处于停顿、取消状态。"文化大革命"结束后两年,工商行政管理工作虽然有所开展,但终因受"左"的指导思想束缚,起色不大。

第二节 浙江省工商行政管理发展成就

一、经济监督检查

浙江省工商行政管理机关的经济检查,在 1949—1978 年计划经济时期,可分为三个阶段:

1949—1956 年。这一时期经济检查的主要任务是打击不法资本家的投机倒把活动。主要由省商业厅工商行政室和杭州、宁波、温州市工商行政管理局和各专署、县的工商行政管理科担负任务。1951 年 11 月,根据中央人民政府政务院发布《关于取缔投机商业的八项规定》,省商业厅积极组织各地工商行政管理机关开展市场大检查,打击和取缔投机违法行为,使猖獗一时的投机倒把活动有了明显的收敛。从 1953 年 12 月开始,又根据中央的指示,先后对粮食、油料、棉花、棉布等商品实行统购统销或计划收购和计划供应,不仅从根本上打击了不法资本家的投机倒把行为,更重要的是使市场物价得到稳定,保障人民基本生活必需品的需要,确保国民经济的迅速恢复和发展。从 1955 年底到 1956 年初,通过对私营工商业的全行业公私合营,将小商小贩组成了合作商店,基本上完成了对私营经济的社会主义改造。同时,取消了城市自由市场和农村集市贸易,使国家的经济结构基本上形成了以公有制为主体附有少量个体经济的经济体制。

1957—1965 年。这一时期从事投机倒把活动的对象,主要是无照工商户和社会上的闲散人员。1961 年 1 月,浙江省人民委员会发布《关于市场管理的若干规定》,决定取缔 8 种投机违法活动:伪造、买卖、涂改各种票证;套购商品转手贩卖;买空卖空;哄抬物价;偷漏国家税收;以伪充真,短秤缺尺;出售危害人民身体健康的商品;非法买卖黄金、白银,扰乱金融市场。1963年3月起,贯彻执行中共中央、国务院的有关指示和规定,结合开展社会主义教育运动,查处了大批投机倒把案件。

1966—1978年。这一时期,打击投机倒把工作出现了严重扩大化的倾向,打击面过宽,处理过严,以致把一些一般违反市场管理的经营活动也上升为投机倒把活动予以打击。在邓小平主持中央工作后,浙江省革命委员会于1975年7月发出《关于建立和健全工商行政管理机构的通知》,使得全省的工商行政管理机构及其职能一度有所恢复,并把工作重点放在对过去查处的投机倒把案件进行复查处理上,纠正了一批冤、假、错案。"文化大革命"结束后,工商行政管理工作逐步得到恢复。1977年,查获投机倒把违法案件达219 150起,罚没款437万元。

二、企业登记管理

新中国成立后,浙江的企业登记管理工作进入了一个全新时期。但由于历史原因,在其后的28年时间里,走了一条起伏曲折的路。主要分为三个阶段:

国民经济恢复和对资本主义工商业的社会主义改造时期(1949—1956年)。这一时期的企业登记管理工作主要从四个方面展开:第一,解放初期的工商企业登记。1950年11月和1951年3月,省人民政府分别颁布《浙江省工商企业登记暂行办法》和《私营企业暂行条例施行办法》。浙江省各市县依此全面开展了对不同所有制工商企业的登记。杭州、湖州、绍兴等地区专门成立工商登记处或工商企业登记工作队,分期分批办理登记手续。到1951年底,全省经登记的各种类型工商企业共有272 519家。这是新中国成立以来首次大范围的企业登记。第二,重估财产,调整资本。1951年3—6月,根据《私营企业重估财产调整资本办法》,在省财政经济委员会的统一部署下,杭州、宁波、温州等7市人民政府分别制定实施办法,以工商部门为主,会同税务局、民政局、工商联、总工会等部门联合组成私营企业财产重估评审委员会,分批开展此项工作。私营企业在财产重估以后,经财产重估委员会评审通过,发给财产重估通知书,然后向工商行政管理部门申请登记或变更登记。第三,举办行商登记。全省各地工商部门于1951年、1953年两次对代理商、行商进行整顿、登记和换证。至1953年底,全省登记行商4 317户,代理商826户,大多从事批发业务,主要集中在土特产和百杂货行业。第四,推动私营工商业的社会主义改造。这期间,企业登记管理工作始终为贯彻对私改造政策服务。经过1956年的公私合营高潮,初步形成统一的社会主义市场,并对企业进行大幅度撤并。

全面建设社会主义时期(1957—1965年)。这一时期的企业登记管理工作,前后有很大起伏。1957年,开展了商业换证工作;后因"大跃进",企业登记管理工作陷于混乱;1962年后,企业登记管理工作重新走上正轨。

"文化大革命"时期(1966—1978年)。这一时期的企业登记管理工作遭受了严重的破坏,陷于瘫痪。各级工商行政管理局被撤并,归商业局管辖。一些工业、建筑、交通企业,借混乱之机摆脱商业局的企业登记工作,任意开业、歇业、转产、改行或撤并的情况盛行。1974年以后,有些地区(如杭州市)恢复工商行政管理局,逐步开展了企业登记等项工作。1976年5月,根据商业部通知,省工商行政管理局要求各地对军人服务社要发给新营业许可证,以利其凭证向商业批发部门进货,未发新营业许可证的,各地商业部门要停止供货。"文化大革命"结束至1978年底中共十一届三中全会前,企业登记管理工作逐步得到恢复。

三、市场监督管理

1949—1978年,浙江的市场管理可分为三个阶段:

国民经济恢复时期和"一五"计划期间(1949—1957年)。在此期间,全省各级人民政府以及工商行政管理部门,认真执行中共中央和政务院(国务院)的社会经济政策和法令,制定了一系列相应的地方法规和政策措施,在比较短的时间内,形成了以国营经济为主的多种经济成分、多种流通渠道、多种经营方式的市场格局。各级政府健全市场管理机构,整顿市场秩序,组织物资交流,从而活跃了城乡市场,促使市场走向稳定和繁荣,促进了全省国民经济的迅速恢复和发展。主要表现在:打击投机倒把活动,恢复发展各类市场,稳定市场秩序;加强对行商、代理商、摊贩的管理;对粮食、棉布、棉花、茧丝、茶叶、络麻和晒烟实行计划管理;组织物资交流,活跃市场,繁荣经济;适度调整集贸市场的管理政策。

"大跃进"和国民经济调整时期(1958—1965 年)。这一时期,我国的社会主义建设正处于探索阶段。因为缺乏经验,加之指导思想上发生了"左"的偏差,以致国民经济发生很大曲折,市场及其工商行政管理也是如此。1956 年,对资本主义工商业的社会主义改造基本完成之后,形成了高度集中的计划经济管理体制。市场机制受到排斥,市场管理范围缩小,市场管理政策时严时宽,摇摆不定,市场的整体状况渐趋萎缩。这一期间市场管理的政策措施主要有:对农副产品实行分类管理;强化粮、棉、油的计划管理;加强农村集市贸易的领导和管理。

"文化大革命"期间及其后两年(1966—1978 年)期间,浙江的国民经济受到了严重破坏,几乎濒临崩溃的边缘,市场及其工商行政管理工作也深受其害。"文化大革命"结束后两年间,浙江市场虽有所恢复,但"左"的指导思想未能得到根本清除,起色不大。

四、个体私营经济监督管理

1949—1978 年,浙江省的个体私营经济监督管理主要抓了以下几方面工作:

新中国成立初期的个体工商业的登记管理。在 1949—1952 年的三年国民经济恢复时期,全省各地积极组织、扶持城镇个体经济,使其迅速恢复和发展。1950 年 11 月,根据浙江省人民政府公布的《浙江省摊贩管理暂行办法》,各地工商部门对商贩重新进行登记发证,到 1952 年底,全省经登记的商贩共有 19.6 万余户。1953 年 8 月,根据《浙江省小手工业简易登记管理暂行办法》,对小手工业者进行了登记发证。1955 年下半年,省商业厅会同省工商联等部门对全省的私营工商业和个体工商业作了一次普查。结果表明,到 1955 年底,全省经登记的个体工商业者共有 38.23 万户。

小商小贩的改造与管理。1956 年 7 月,根据国务院《关于对私改造中若干问题的指示》精神,省商业厅在开展小商贩改造试点的基础上,对小商小贩的合作化问题作了具体补充。同时规定,小商贩合并组织合作商店、合作小组后,各原有店、摊均需办理歇业登记并撤销原登记证,新建的合作商店、合作小组均需办理企业登记手续。1958 年 4 月,全省在清理整顿的基础上,对残存的小商小贩继续组成合作商店、合作小组或者改造成为国营商业的代购供销点。经过将原来下伸农村的合作商店、合作小组及个体商贩统统纳入人民公社,又改为国营商业的基层供销机构和将一批城镇合作商店、合作小组并入国营企业,到 1959 年末,全省从事个体商业者只剩下 4 032 人。从 1961 年下半年起,刚成立的浙江省工商行政管理局会同省商业厅、省供销社着手把过渡到国营商业、供销社的一部分小商小贩调整出来,重新组织合作商店或合作小组,并在绍兴县柯桥镇进行试点。同年 10 月,省人民委员会颁发《浙江省商贩管理暂行办法》,各地城镇也把一些适宜分散经营的小商小贩从国营、供销社中退出来,由工商部门给他们重新进行登记发证。据统计,到 1962 年底,全省小商小贩共有 15.1 万人,其中组织合作商店的占 66.07%,组织合作小组的占 21.72%,个体经营的占 12.21%。全年营业额为 5.54 亿元,占社会商品零售额的 26.57%。全省个体商贩 13 461 人。1963—1965 年间,全省合作商店、合作小组和个体商贩的总数仍大体维持在 15 万人的水平。

手工业合作化。自 1949 年 12 月,全省第一个手工业生产合作社——温州市粗篾篓生产合作社建立以来,全省手工业合作化运动有了很大发展。1956 年 1 月,浙江省首次手工业生产合作社代表大会召开后,全省手工业社会主义改造很快掀起了高潮,以个体所有制为基础的手工业供销合作社绝大多数过渡到生产资料集体所有、共同劳动、统一核算、按劳分配的手工业合作社。到1956年底,全省手工业合作社(组)发展到13 056个,从业人员97万余人,占手工业从业人员总数的90%。其中有手工业生产合作社6 919个,从业人员51.9万余人;手工业供销合作社3 335个,从业人员41.9万余人;手工业生产合作小组2 802个,从业人员3.2万余人。至此,除某些边远山区外,全省基本上实现了手工业合作化。1961年8月,中共中央发布《关于城乡手工业若干政策问题的规定》后,省商业厅对前几年过渡、合并到国营商办工业的部分小商贩和手工业进行了一次整顿。1963年3月,省委发出《浙江省个体手工业管理办法(试行草案)》,明确规定个体手工业的登记工作,一般由工商行政管理部门办理。

“文化大革命”期间,浙江的个体工商业基本消失。在极“左”思潮的影响下,许多地区把合作商店、个体商贩当作“资本主义尾巴”来割,以致个体商贩逐年减少。据统计,1970年,全省合作商店、合作小组还有25 757个,从业人员13.22万人;1974年减至23 889个,从业人员12.21万人;到1977年,只剩下近5万人。有证个体商贩更是所剩无几,1970年,全省尚有个体户13 997人,到1978年末,只剩下2 086人。

五、商标监督管理

新中国成立后,经政务院批准,中央私营企业局于1950年8月28日发布了《商标注册暂行条例》及《商标注册暂行条例施行细则》《各地方人民政府商标注册证更换办法》《前国民党反动政府商标局注册商标处理办法》,开始受理全国商标注册申请,并对民国时期的商标进行清理。1954年,中央工商行政管理局发布《关于未注册商标管理暂行的指示》。1955年1月,为了加强对未注册商标的管理,防止商标的滥用、仿冒,浙江省人民政府商业厅发布了《浙江省未注册商标暂行管理办法》,对未注册商标的使用作

了规定。1957年1月,国务院批转中央工商行政管理局《关于实行商标全面注册的意见》,对商标管理机构及其任务、要求等作出规定。1962年5月30日,浙江省人民委员会转发省工商行政管理局《关于加强商标登记和管理的报告》。1963年4月10日,国务院公布了《商标管理条例》。同年4月25日,中央工商行政管理局公布了《商标管理条例施行细则》。1963年8月14日,省人民委员会批转省工商行政管理局草拟的《浙江省商标管理具体办法》,对商标申请条件、商标使用、商标印制等作出规定。要求凡工业品和手工业品能够使用商标的,均应使用商标;地产地销产品,应尽可能使用标记。规定:商标向中央工商行政管理局申请注册,标记向当地县、市商标主管部门申请登记。1966年4月,中央工商行政管理局发出《关于各市工商行政管理机关办理内销商标注册工作的通知》,规定内销商品商标由所在市工商行政管理机关批准注册,发给商标注册证。受理商标注册的市分两批进行:第一批由中央工商行政管理局决定,第二批由各省、自治区的有关部门决定。杭州市为中央工商行政管理局决定的首批办理内销商品商标注册的城市。由此,商标注册下放到地方。

1966年8月,中央工商行政管理局发出《商标改革通知》,主要内容有:凡经本厂广大职工群众充分讨论同意,并转报业务主管部门和当地工商行政管理部门备案后,即可废除旧商标,开始印制使用新商标。对商标混同问题,待以后逐步解决;“文化大革命”期间,中央工商行政管理局暂不办理商标的查询、注册、发证和变更、撤销等手续,换发商标注册证工作也暂停进行,各地工商行政管理部门认为需要对内销商品的商标注册、发证工作暂停办理的,也可以暂不办理,但出口商品的商标注册工作,仍应坚持按原规定办理,即由中国国际贸易促进委员会办理。

六、广告监督管理

解放初期和“一五计划”时期,浙江的广告业一度有所发展,较好地体现了其服务于

经济的功能；对资本主义工商业的社会主义改造完成以后，广告业逐步趋向萎缩，直至改革开放以后才得以重新恢复和发展。

1949年10月，杭州市人民政府制定《杭州市广告及广告商管理暂行规则》，将广告种类分为建筑广告、油漆广告、霓虹灯广告、灯片广告、车辆广告、船舶广告、游行广告、揭贴广告、传单、市招以及含有招徕营业性质之文字图画。并规定：广告审查发证及广告费征收标准订定由市建设局办理；保护及取缔事项由市公安局及各区政府协助。

1954年12月，省人民政府发出通知，确定全省的广告管理工作从1955年1月起划归各级工商行政管理部门［省级为省商业厅，市、县级为商业局（科）或工商行政管理局（科）］统一掌管，并要求工商行政管理部门在审核广告登记时，须会同有关部门研究同意后批准。此后，宁波、温州市人民政府相继颁布了《广告管理暂行规定》，部分县也制定了广告管理规则，杭州市则对原规则进行了修订。

1956年，对资本主义工商业的社会主义改造基本完成后，国家建立了高度集中的计划经济体制，工农业产品均实行统一收购和计划供应，广告的作用被忽视。1957年中央商业部发出通知，要求全国商业系统认真做好广告宣传工作，并提出了商业广告的具体任务。1959年6月，为了迎接中华人民共和国新中国成立10周年庆典，宣传社会主义的优越性，反映新中国成立10年来经济文化建设的成就，中央商业部发出《关于加强广告宣传和商品陈列的通知》，并在上海召开了全国广告宣传工作会议。会议肯定了广告在国民经济中的积极作用。接着，省商业厅召开全省广告宣传会议，强调广告宣传要贯彻"为生产、为消费、为商品流通、为美化市容"服务的"四为"方针，广告内容要讲究思想性、政策性、真实性、艺术性和民族风格，商品广告要体现政策、真实、美观、经济实用的原则，做到生动活泼、健康美观、鲜明乐观和通俗易懂。随后，各地商业部门普遍对橱窗商品陈列广告的设计、制作、布局等作了改进。

"文化大革命"期间，广告被视为"资本主义产物"加以全盘否定，广告业处于被取消的状态，报刊、电台的经济广告被迫取消，许多传统老字号牌匾被当作"封、资、修黑货"砸烂，各种户外广告被"红海洋"式的政治口号所代替。

七、经济合同监督管理

在1949—1952年的国民经济恢复时期和1953—1956年的对资本主义工商业的社会主义改造时期，合同管理由几个政府部门分别进行，工商行政管理部门只负责管理全民所有制企业和集体所有制企业的购销合同和加工订货合同。1950年9月，在颁布和下达《国家机关、国营企业、合作社签订合同契约暂行办法》、《关于认真订立与严格执行合同规定的通知》后，浙江便开始在国营商业与私营工商业之间推行合同制，签订加工、订货、收购和经销代销等合同；供销社与农民签订茶、棉、麻、猪、禽、蛋等农产品预购合同，并频繁举办各类城乡物资交流大会。1952年，全省国营商业与私营商业在各类物资交流中签订的合同就达186 617件，金额44.1亿元。至年底，已履行和正在履行的合同占到期合同的91.6%。1954年，平湖县新仓供销社首创与农业生产合作社订立"购销结合合同"。在对资本主义工商业的社会主义改造期间，私营工业的生产通过合同管理纳入国家计划。国营企业与私营企业之间的加工订货、收购包销、代购代销等业务，均通过签订合同来实现，并由工商行政管理部门和业务主管部门监督检查合同的履行情况，负责处理违约行为。

1956年，对资本主义工商业的社会主义改造基本完成后，全国上下建立起高度集中的计划经济体制。商业内部各专业公司批发站与批发企业之间，批发企业与零售企业之间的商品买卖，也都不使用成交合同或供应合同，而是通过分配调拨来实现。工业企业与商业企业之间，采取"产、供、销一条龙"或"要货通知单"来组织产销。农副产品的采购，由供销社用"包购包销"或"统购派购"的办法，来代替购销合同。

在1959—1961年三年困难时期和

1962—1965 年国民经济调整时期,为调动农民的生产积极性,保护农民的经济利益,合同制曾一度得到恢复。1961 年 4 月,浙江省人民委员会发布《关于农产品收购和农村集市贸易几个政策问题的规定(草案)》,要求对重要的出口物资、工业原料、副食品和其他重要农产品等,分别与生产大队、生产队、社员个人通过合同进行统购统销,实行有计划的收购和分配。1962 年 2 月,省商业厅、供销合作社联合下发《关于在农村推行"购销结合合同制"的实施办法(草稿)》,对农业生产的恢复与发展起到了一定的积极作用。但在"文化大革命"中,合同制度及其管理又被完全否定。

第二部分　(1979—2008.6)

第一节　浙江省工商行政管理发展概况

一、浙江工商行政管理机构设置

1981 年 4 月,经浙江省委批准,单独成立浙江省工商行政管理局,为省政府一级局。1994 年,省编委批准设置浙江省个体私营经济管理局,为省工商行政管理局隶属的正处级单位。各市(地)、县(市、区)政府都设有工商行政管理局。1994 年以后,大、中城市的区工商行政管理局改革为市工商行政管理局的分局。1998 年,经省委批准,设立浙江省工商行政管理局直属市场管理分局,为正处级机构,分局下设消费品市场管理所和生产资料与生产要素市场管理所。

1999 年开始,省以下工商行政管理机关实行垂直管理。在机构管理方面,省工商行政管理局为省人民政府主管市场监督管理和行政执法的职能部门,市(地)和县(市)工商行政管理局为上一级工商行政管理局的直属机构,工商行政管理所为县(市、区)工商行政管理局(分局)的派出机构。在编制管理方面,各地工商行政管理局编制及领导职数由省编委办会同省工商行政管理局统一核定和管理,有关人员编制上划至省。在干部管理方面,各市(地)、县(市、区)工

商行政管理局领导班子,经征求地方党委意见后,由上一级工商行政管理局作出决定并办理任免手续。县(市、区)工商行政管理局党委书记、局长的任免,需经省工商行政管理局党委审批同意。在财务经费管理方面,全省工商行政管理系统财务经费按照收支两条线的原则和统一管理、分级核算的办法进行管理。

2000 年至 2001 年,根据省政府的部署,省、市、县(市、区)工商行政管理局实施机构改革。改革后,市、县(市、区)工商行政管理局设立注册分局,为同级工商行政管理局的直属机构,负责各类工商企业和从事经营活动的单位、个人的注册,核定注册单位名称,审定、批准、颁发有关证照等工作。为加快工商行政管理系统的信息化建设,经省机构编制委员会同意,于 2002 年 8 月在市、县(市、区)工商行政管理局设立工商信息管理办公室,为同级工商行政管理局的直属机构。

2003 年,省局直属市场管理分局更名为直属分局;

2003 年,省局个体私营经济监管局增挂企业监管处牌子;

2004 年,全省各市工商行政管理局注册科增挂外商投资企业登记管理科牌子;

2004 年 12 月,全省市、县(市、区)工商行政管理局设立"12315"举报申诉中心,为同级工商行政管理局的直属机构,省局设立"12315"举报申诉指挥中心,为省局直属机构;

2005 年 5 月,省纪委对省直单位监察派驻机构实行统一管理,人员编制上收到省纪委;

截至 2007 年底,浙江省工商行政管理系统共有 1 个省级局,11 个市局、61 个县(市)局、50 个分局和 602 个工商行政管理所,共有在职公务员 13 508 人。

二、工商行政管理队伍建设

(一)认真开展基层工商行政管理所(局)的规范化建设。1980 年起,浙江各市(地)、县级工商行政管理局相继建立基层工商行政管理所,将机构下延到农村乡镇。为

全面加强基层工商行政管理所(局)的政治思想建设、组织建设、作风建设和基础设施建设,浙江省工商行政管理局先后组织开展以规范化工商行政管理所(局)、文明规范工商行政管理所(局)和星级文明规范工商行政管理所为主要内容和载体的创建活动,取得明显成效。

规范化工商行政管理所(局)的创建活动从1992年初开始启动,至1997年结束。5年多来,全省工商行政管理系统的工作逐步走上制度化、规范化的轨道,多数工商行政管理所(局)的领导班子得到加强,队伍素质有了提高,基础设施有所改善,工商行政管理各项业务工作渐趋规范,工商职能进一步得到发挥。全省有一半以上的工商行政管理所被当地党委、政府评为先进集体。

文明规范工商行政管理所(局)的创建活动从1997年开始启动,到2001年底,全省已有80个市、县(市、区)局和495个所被命名为省级文明规范工商行政管理所(局),分别占全省工商行政管理所(局)总数的67.8%和81.8%。

2006年,省局提出整合、巩固和深化"红盾风采——文明规范工商行政管理所"命题,并于2007年初制定出台"浙江省星级文明规范工商行政管理所认定管理办法及考评标准"。全省各地以星级试点示范所为引领,通过试点、扩点、推开的方式,有序推进星级文明规范工商行政管理所创建工作。至2008年上半年,已命名3个工商行政管理所为五星级文明规范工商行政管理所、14个工商行政管理所为四星级文明规范工商行政管理所、92个工商行政管理所为三星级文明规范工商行政管理所和222个工商行政管理所为二星级文明规范工商行政管理所。同时,下发《关于认真抓好"群众满意工商行政管理所(办事窗口)"创建工作的通知》。其中,绍兴县福全工商行政管理所被省纪委、省监察厅、省政府纠风办评为"全省群众满意基层站所(办事窗口)示范单位",萧山经济开发区工商行政管理所、温州龙湾永中工商行政管理所被评为全省群众满意基层站所先进单位,全系统有24名同志被

评为全省群众满意基层站所(办事窗口)创建先进个人,还有8家单位被评为全省工商行政管理系统的先进单位。

(二)深入开展"红盾工程"系列创建活动。2002年5月,浙江省工商行政管理机关在充分肯定以往文明规范工商行政管理所(局)建设、廉政行风建设和班子建设取得成绩的基础上,提出整合职能、凸显载体、强化凝聚、抓队伍促业务的新思路,决定在全系统组织实施"红盾工程"。9月中旬,下发《关于全面实施"红盾工程"切实加强工商行政管理队伍建设的决定》,对今后一个时期队伍建设进行总体规划和全面部署,全国工商行政管理系统惩防体系座谈会在浙江召开。在全系统部署开展效能监察、开通末位"1212"投诉电话、推行电子监察、开展工商廉政文化建设等。几年来,浙江省各级工商行政管理机关坚持不懈地围绕"红盾工程"这一有效载体和总抓手,始终坚持政治思想建设和业务建设两手抓,全面加强队伍建设,取得显著成效。到2008年6月止,全系统有23个单位、10名个人被人事部、国家工商行政管理总局评为全国先进集体和先进工作者;4个集体被评为"全国精神文明建设先进单位";已命名表彰"红盾风采——优秀领导班子"90个,其中市局3个、县(市、区)局87个;"红盾风采——文明规范工商行政管理所"530个,"红盾风采——文明规范窗口"166个,其中文明规范注册窗口103个、文明规范消费维权窗口63个,"红盾风采——经济卫士"179名,树立了全国劳动模范、全省群众满意公务员裴逸平等一批先进典型,成为全体工商人学习的标兵和楷模。

(三)狠抓干部教育培训。这项工作起步于20世纪80年代,全省各级工商行政管理机关坚持以思想教育为核心,以学历教育为基础,以业务培训为重点,实行多形式、多渠道、多层次地开展干部教育培训工作,促使干部队伍的政治、业务素质不断提高。按其发展轨迹和特点,可分三个阶段:一是20世纪80年代,这一阶段的重点是突出干部的业务知识培训和学历教育。二是90年

代,这是大发展时期,其工作重点是有计划地开展岗位培训,并主要抓了以中专层次为主的专业教育和以《行政诉讼法》为主的法律知识培训。为健全工商行政管理执法人员的法律法规培训制度,浙江于1998年11月率先在全国各省市工商行政管理系统中推出行政执法资格等级制度。省工商行政管理局下发了《浙江省工商行政管理系统实施执法资格等级制度试行方案》,旨在通过执法资格的等级认定,在全省工商行政管理系统形成学法、用法的激励机制,培养和造就一支多层次、专业化、高素质的行政执法队伍,全省初级执法资格考试认定工作基本结束,有90%以上干部通过合格认定工作。三是2000年以来,重点加强了干部队伍的能力建设,目标定位在有能作为、有序作为、有限作为上,设立能力特训营和交换站,坚持一手抓普训,一手抓特训,提高干部队伍的基本能力,培养造就高素质人才。

第二节 浙江省工商行政管理发展成就

一、经济监督检查

党的十一届三中全会以来,浙江省经济检查工作大致可分为四个阶段:

第一阶段(1979—1987年):20世纪70年代末80年代初,浙江省工商行政管理机关成立市场管理机构,主要负责市场管理、集贸市场管理和打击投机倒把行为。以后逐步扩大到保护合法经营、取缔非法经营,维护经济秩序,保证国家计划实现,活跃流通,繁荣经济的职能。各级工商行政管理机关以打击倒卖重要生产资料和高档消费品为重点,加强市场管理,严厉打击各类投机倒把违法行为和走私贩私活动。1985年至1987年,共查处经济违法案件13.15万起,罚没金额达4 800余万元。

第二阶段(1988—1991年):1988年初,根据国家工商行政管理局和省政府的要求,在省、市、县(市)建立工商行政管理经济检查队标志着浙江省工商行政管理机关的经济检查工作进入一个新的历史阶段。之后,结合整顿市场秩序和清理整顿公司,把工作重点迅速转移到治理经济环境、整顿经济秩序,加强宏观调控上来。一是重点查处公司和"三部一办"倒卖重要生产资料和紧俏耐用消费品的违法活动。查处案件7 400余起。二是对经营卷烟和农资行业进行检查整顿。查获走私贩私卷烟案件6 800余起、违法经营农资案件6 360余起。三是加强对蚕茧、鳗苗、茶叶等重要农副产品的管理。四是严厉打击制售假冒伪劣商品违法活动,查处假冒案件9 500余起。各地突出重点,综合治理,严厉打击制售假冒商品和虚假广告,打击走私贩私和抬价抢购重要农副产品等违法活动。共查处案件9.8万起,万元以上案件4 015起,罚没款达2.25亿元。

第三阶段(1992—2002年):这一阶段,全省工商行政管理机关抓住经济发展中的重点、热点问题,积极开展打假、打私、打骗与扫黄打非工作和整治地域性、行业性违法活动,以查处假冒名优产品为重点,抓好综合治理。1994年,《中华人民共和国反不正当竞争法》和《中华人民共和国消费者权益保护法》实施,各地工商行政管理机关大胆执法,积极探索,严厉查处了一批商业欺诈、串通投标、商业贿赂等不正当竞争行为和各类欺诈消费者的行为。2001年以来,在全省范围内组织开展工商"整顿大会战",积极参与打造"信用浙江",取得较好成效。据统计,这一阶段全省共查处各类经济违法违章案件71.45万起,大要案4.37万起,罚没总金额达17.24亿元。

第四阶段(2003年迄今):一是打击制售假冒伪劣商品的违法行为。全省各级工商行政管理部门继续加大流通领域专项整治力度,严厉打击制售伪劣食品和涉及人身健康安全产品的行为,积极创建"食品安全无忧"市场环境。2007年,深入开展流通环节产品质量和食品安全专项整治行动,快速反应、冷静沉着地正确应对了一系列突发性的食品安全事件。全年共查处流通领域产品质量方面案件3 347起,案值6 738.35万元。其中,大要案1 134起,罚没款共3 681.1万元;50万元以上重大案件7起,移送案件 6 起。二是查处不正当竞争行为。近年来，省局连年开展垄断性行业不正当竞争行为的专项整治。从 2006 年起，全省工商行政管理部门将治理商业贿赂列为整顿和规范市场经济秩序的重点，积极稳妥地开展专项治理，突破了一批重大商业贿赂案件，成效显著。同时，继续把查处商标侵权案件作为强化知识产权保护工作的重点，不断加大对商标侵权假冒、仿冒知名商品特有名称包装装潢、仿冒知名企业名称等违法行为的查处力度，构架起商标、商品、商号三位一体的知识产权保护体系。三是查处传销活动。近年来，在全省范围内开展了多次严厉打击传销活动的专项斗争，并取得明显成效。2006 年，宁波市工商行政管理局和海曙分局协同公安部门侦破了浙江宁波澳州联球公司特大传销案，此案波及全国 22 个省区市，非法经营总额达 12.4 亿余元，并被国家工商总局列为全国打击传销重大典型案件之一。2008 年，全省各地继续严厉打击传销，规范直销，并部署开展禁传社会劝化工作，收到良好的效果。四是积极参与打击走私贩私违法活动。近年来，全省工商部门依法履行陆上缉私职责，严厉打击走私贩私活动，取得较明显成效。五是配合有关部门开展扫黄打非工作。近年来，全省各地继续加强文化市场管理，部署开展无照经营网吧和游戏机房、非法出版物和音像制品、违法卫星电视接受设施等"扫黄"、"打非"专项执法整治行动，为净化文化市场、维护文化市场秩序贡献了力量。

二、消费者权益保护

2004 年底，经省编委批准，全省县级以上工商行政管理局单设"12315"举报申诉机构，共核准行政编制 586 名，作为同级工商行政管理局的直属机构，并将消费者权益保护处牌子从经检处移至"12315"举报申诉机构。从 2005 年上半年起，全省各级"12315"举报申诉指挥机构陆续成立。3 年多来，浙江省消费者权益保护工作取得明显成效：

（一）"12315"行政执法体系建设取得阶段性成果。3 年来，全省各级"12315"中心共接听电话 1 044 915 个，其中申诉

201 476 个、举报 77 543 个、咨询 757 721 个，消费申诉举报处理成功率为 98.3%，为消费者挽回经济损失 15 835.48 万元。在每年的"3·15 国际消费者权益保护日"期间，各级工商机关均围绕年主题开展形式多样的宣传咨询服务、执法维权活动。其中，2008 年组织了浙江消费维权历史上首次真假商品比对宣传展览。2006 年，浙江省工商行政管理局建立"12315"预警平台。2007 年，按照"统一标准、整合资源、扩大功能、优化流程、信息共享"的原则，与电信部门签订合作框架协议，建立全省统一"12315"行政执法体系网络平台，全面推进以市为平台的相对集中受理机制。到 2008 年初，全省已基本实现统一的"12315"行政执法系统。

（二）"12315"基层组织网络建设进一步巩固和深化。从 2005 年起，根据浙江特点和实际，全面推进农村消费维权监督网络建设，率先完成"12315"进乡镇、进农村工作。从 2006 年起，全省"12315"消费维权联络站（点）进一步向社区、企业、市场（商场）、学校延伸。到 2007 年底，全省"12315"消费维权联络站、点进社区和农村均达到 100%，全省在商场、市场、企业、旅游点建立"12315"举报申诉联络站（消费维权监督站）2 662 个，在乡镇所在地和城市社区建立"12315"联络站（消费维权监督站）2 544 个，在行政村一级设立"12315"联络点（消费维权监督点）16 225 个，共聘请群众监督员 39 096 名。2008 年，根据新的形势发展，浙江省工商行政管理局开展"12315"基层网络组织规范化建设，全面实行"六个一"（一块牌匾、一套制度、一个标识、一本台账、一项承诺、一块形象标牌）标准。

（三）食品安全监管工作。2004 年，浙江省工商行政管理部门率先在全国推行商品准入工程，在大型商场超市实行索证索票制度，实现关口前移，从流通环节源头加强食品安全监管。2005 年起，正式在农村全面开展"万村放心店"工程建设。2006 年，大力开展专项整治，抓好索证索票和进货台账两项制度的全面落实。2007 年，认真开展产品质量和食品安全专项整治。在全国食品

产品质量专项整治现场会上,浙江的食品安全监管工作经验得到与会代表的充分肯定。省工商行政管理局推出《食品销售者经营行为规范指引》,相继指导企业建立《不合格食品就地销毁制度》、《无理由退换货制度》和《商品食品质量信息公示制度》。2008 年,以推行三项制度为重点,推动经营者自律。是年 5 月起,为巩固上年专项整治成果,在省政府的统一部署下,开展为期三年的"十小行业质量安全整治与规范"工作,省工商行政管理局负责农村小食杂店、小菜场的专项整治。

(四)"百县万村放心店"工程建设。2004 年 8 月,浙江省工商行政管理局启动"百县万村放心店"工程试点,即用三年时间在每个符合条件的行政村创建一家以经营食品为主的放心示范店。2005 年起,该项工作连续 3 年被省政府纳入为民办实事工程之列。至 2007 年,全面提前完成省政府下达的创建任务,全省已累计创建放心店 28 110 家,覆盖全省 26 000 多个应建放心店的行政村。全省对放心店业主进行轮训共计超过 7 万人次,并已成立放心店协会 15 家。

(五)商品质量监测工作。2005 年以来,全省各级工商行政管理机关共监测各类商品 49 240 批次,其中省本级监测 4 002 批次。监测的品种主要包括食品、农资等 9 种大类商品。2005 年,省工商行政管理局积极构建省级监督抽查和市、县专项抽查"三级联动"的流通领域商品质量抽查网络。2006 年,根据国家工商总局的统一部署,开展监测主体资格的认定工作,有效地规范了全系统商品质量监测工作。2007 年,浙江省工商行政管理局制定下发《浙江省工商系统流通领域商品质量监测工作规范》,对监测计划制定、监测活动开展、监测后处理程序的规范及监测文书的统一等全过程作了明确规定。此外,积极探索监测结果通报制度,推动行政监督与行业自律的有效结合,为消费者创造一个优质、安全的消费环境。在商品质量监测中,浙江省坚持一体化监管理念,从社会化、专业化、系统化创新要求出发,先

后查出一批洋品牌商品质量不合格案。重大案件有:2005 年的雀巢奶粉碘含量超标案、索尼 6 款数码相机不合格案;2006 年的国际品牌服装质量不合格案,惠普、东芝、富士通、NEC 等品牌电脑质量不合格案、进口皮鞋质量不合格案;2007 年的进口保健食品质量不合格案;2008 年的路易威登(中国)商业销售有限公司杭州大厦店销售的背提包不合格案。由于监测工作成绩显著,2006 年 3 月,浙江省工商局荣获由国家工商行政管理总局、国家质监总局、国家食品药品监督管理局、中国消费者协会和中央电视台联合颁发的"2005 年度质量先锋人物奖"和全国质量先锋(集体)奖;2007 年,又荣获由最高人民法院、最高人民检察院、国家工商行政管理总局、国家质监总局等 11 个单位联合颁发的"3·15 特别贡献奖"。

三、内外资企业登记管理

改革开放 30 年,企业登记管理工作取得很大发展。截至 2008 年 6 月底,全省内资企业总数达 54.1 万户,注册资本(金)18 683.02 亿元。其中,私营企业 46.2 万户,注册资本(金)10 008 亿元。从企业类型看,公司制企业 36.1 万户。其中,有限责任公司 36 万户,股份有限公司 1 066 户,国有企业 0.57 万户,集体企业 1.9 万户,股份合作企业 1.94 万户,个人独资企业 11 万户,合伙企业 2.2 万户。全省外商投资企业总数达 2.82 万户,投资总额 1 537.9 亿美元,注册资本 886.2 亿美元,外方认缴 660.4 亿美元。其中,中外合资经营企业 1.13 万户,中外合作经营企业 289 户,外资经营企业 1.02 万户,中外股份公司 64 户。回顾浙江省企业登记管理工作,主要经历了七个阶段:

1979 年至 1982 年为企业登记管理恢复阶段。因"文化大革命"而停顿十多年后,各级工商行政管理机关对全省工业企业进行了全面普查,对其他各类企业进行了整顿,核发营业执照,重新进行登记管理。

1983 年至 1984 年为企业登记管理的改革和开拓阶段。主要任务是调整企业登记管理政策,修改制定企业登记管理法规,放宽有关登记政策,大力支持多种经济成分和

各类工商企业的发展，开拓企业登记管理工作的新领域。

1984年至1988年为企业登记管理走向依法管理阶段。主要任务是为保证改革的顺利进行，正确处理搞活与管好的关系，从支持微观搞活逐步转到加强宏观管理上来。同时，建立和完善企业登记管理制度，促进企业登记管理规范化、制度化建设。

1989年至1991年为企业登记管理的调整整顿阶段。工作重点由登记转到清理整顿公司。主要任务是贯彻落实《关于清理整顿公司的决定》。

1992年至1995年为企业登记管理的发展阶段。主要任务是紧紧围绕经济建设中心，以"三个有利于"为标准，进一步解放思想，放宽政策，简化手续，促进企业快速发展。1995年底，全省内资企业总数达494 781户，其中企业法人314 808户，营业单位179 973户，分别比1991年底全省累计登记注册内资企业增加61.2%、89.2%和28%。

1996年至2002年为企业登记管理的规范阶段。主要任务：一是贯彻执行《中华人民共和国公司法》、《中华人民共和国公司登记管理条例》和党的"十五大"精神，进一步完善企业登记程序，全面推行注册登记"一审一核"制，坚持依法登记，严把市场主体准入关；二是改善服务态度，提高服务质量，实行"企业登记前置并联审批"、"告知承诺制"等审批制度改革举措，积极支持企业改革、改制；三是强化对企业的监管力度，加强对公司注册资本（金）的检查，清理"三无"企业和企业不良文化名称，维护经济秩序。

2003年至2008年为企业登记管理的提升阶段。主要工作：一是贯彻落实《行政许可法》、新《公司法》、《中华人民共和国合伙企业法》、《中华人民共和国农民专业合作社法》等法律法规，放宽市场准入门槛，规范登记审查程序；二是各项创新性工作取得突破：及时推出股权出质、股权出资登记举措，颁发全国第一张港澳个体户营业执照、第一张农民专业合作社法人营业执照和第一张一人有限责任公司营业执照，出台全国首部

企业商号地方性法规——《浙江省企业商号管理和保护规定》；三是加强注册窗口和登记队伍建设，完善告知服务、礼仪服务、咨询服务、政务公开、查询服务，实行登记审查员、核准员年度培训考核制度；四是改革传统登记模式，推行网上登记、远程审批，提高登记效能，方便企业准入。提高企业登记数据质量，强化登记数据分析利用，定期推出市场主体分析报告。

四、市场监督管理

（一）浙江省市场的发展历程

浙江省商品交易市场是在集市贸易基础上发展起来的。党的十一届三中全会后，浙江省各级工商行政管理部门根据浙江实际，充分发挥工商职能作用，积极培育建设各类市场。至1984年，全省集贸市场已有2 241个，年成交额26.9亿元，比1978年分别增长近1倍。1985年，全省各级工商行政管理部门积极支持乡镇企业发展，大力培育发展市场，带动了全省兴办市场的第一个热潮，一批工业品和农副产品专业市场迅速崛起。到1990年底，全省各类市场已达3 797个，成交额达161亿元，分别比1984年增长50%和600%。1992年后，随着邓小平同志南方谈话的发表和社会主义市场经济体制的确立，工商行政管理部门积极当好政府参谋，为省人民政府起草《关于进一步办好城乡市场的通知》，在全省再一次掀起多方投资办市场的热潮。到1995年底，全省新建和扩建各类市场2 092个，总面积1 313万平方米，在省外开办分市场17个，一批全国性大型专业市场脱颖而出。1996年以来，为适应"两个根本转变"，全省商品交易市场在做好"管办脱钩"的基础上，提出市场发展要从量的扩张转到质的提高上来。1997年，经省政府同意，工商行政管理部门在全省商品交易市场中开展星级文明规范市场创建活动。1998年，省工商行政管理局为省政府起草《关于促进商品交易市场持续健康发展的通知》，进一步明确全省市场发展走质的提高道路。2000年，省工商行政管理局为省政府起草《浙江省商品交易市场发展"十五"规划》，确定全省商品交易市场五年发展计划。

2002 年,为省人民政府起草《关于规范商品交易市场管理的意见》,按照"政府引导、统一规划、多方投资、加强监管"和"以管助办、以管促兴"的思路,全面实施市场"二次创业"。为引导市场改造,探索创新,推动市场融入现代流通业态,省工商行政管理局于 2003 年出台了《关于推进市场流通现代化全面提升我省商品市场的意见》和《关于印发促进商品交易市场发展电子商务接轨现代物流若干意见的通知》,2004 年下发了《关于推进农贸市场改造提升的意见》。2006 年,省工商行政管理局牵头起草了《浙江省"十一五"商品交易市场发展规划》,明确了下步发展的总体思路、发展原则、发展目标、发展重点和保障措施。同年,省政府转发了省工商行政管理局的《关于加快推进商品交易市场提升发展的若干意见》,提出推进市场提升发展的目标、主要任务和措施,今后市场发展将围绕"整合、改造、创新、提升"主线,进一步调整市场结构,改善硬件设施,增强整体实力,提升经营业态,促进传统市场向新型、现代化市场转型,努力构建具有现代流通特征的商品交易市场体系。到 2007 年底,全省共有各类商品交易市场 4 096 个,比 1978 年底增加了 3 045 个;商品交易市场成交额达 9 325 亿元,比 1978 年底增长 1 083 倍。全省年成交额超亿元市场达到 574 家,超十亿元市场 133 家,超百亿元市场 15 家。浙江商品市场成交额和成交超亿元市场个数多年来连续居全国首位。

（二）商品交易市场管理

1983 年,国务院发布《城乡集市贸易管理办法》,各级工商行政管理部门作为集市贸易的行政主管机关,大力开展文明市场评选活动。从 1993 年下半年起,全省在原来开展文明市场评选活动的基础上,开展规范化管理达标活动。1994 年 10 月 29 日,省人大通过并颁布实施《浙江省商品交易市场管理条例》,全省各级工商行政管理机关进一步加强市场管理工作。1995 年,国务院批准国家工商行政管理局"三定方案"后,各级工商行政管理机关及时转换职能,适时调整力量,把工作重点转到依法履行监督管理社会

主义大市场上来。2004 年,省人大重新修订并颁布了《浙江省商品交易市场管理条例》;进一步规范了市场举办行为;强化了市场举办者第一责任人的责任和经营者的行为规范;将商品准入制度、快速定性检测制度、总经销总代理备案制度等一系列保证商品质量的内容列入法规。

浙江省市场监督管理着重抓了以下三个方面工作:

1. 依法加强市场监管,促进市场规范运行。按照"以管助办、以管促兴"和商业文明助推市场提升的方针,各地工商行政管理部门逐步构建起以信用建设、商品准入、定性检测、巡查办案、责任考核为基本内容的商品市场长效监管体系。围绕信用浙江建设,广泛开展市场经营者信用监管,对经营者进行诚信宣传教育,积极倡导"诚信兴商"和现代"商业文明"理念,逐步在市场内形成"守信者光荣、失信者可耻"的良好氛围。到 2007 年底,全省已在 1 246 家市场的 20 888 户经营者中采集信息并进行信用分类监管。2008 年,义乌中国小商品城被国家工商行政管理总局授予全国首个"全国信用监管示范市场"。同时,开展商品准入工作,构筑安全防线。目前,食品副食品市场、农产品批发市场和农贸市场已全部开展食品准入工作。全省工商行政管理系统逐步构建了检测中心（中队）、检测点、检测车、检测箱四位一体的快速定性检测体系,开展对农批市场和农贸市场等场所的检测。到 2007 年底,全省已设检测中心 68 个,检测点 610 个,配置检测车 80 辆,检测箱 511 个。2007 年,共快速检测各类食品 380.43 万批次,销毁和处理各类问题食品 129.63 万公斤。此外,市场里还设立消费者投诉台,开通"12315"消费者举报投诉电话,建立市场预赔基金,确保消费者合法权益得到保障。

2. 开展专项整治,严厉打击制售假冒伪劣商品行为。自 1996 年开始,全省工商行政管理机关每年坚持开展"红盾打假行动"、"打假净市场"、"全省专业市场打假执法行动"等执法工作,严厉打击制售假冒伪劣商品和严重扰乱市场秩序等不法行为,查处了

一大批案件,有效地维护市场的正常交易秩序。

3. 积极开展星级文明规范市场创建活动。从1987年开始,全省在各类集贸市场开展创建"文明集贸市场"评比活动。1994年,又开展"市场规范化达标"活动。1997年,经省政府同意,在开展星级文明规范市场创星活动中,根据市场的硬件、业态和管理等方面的水平将市场分别认定为1~5个星级,实行市场自愿申报、动态管理和每三年延续确认等创建导向。10年来,全省各级工商行政管理部门引导市场改造硬件设施,发展新型业态,开展信用建设,加强规范管理,并将星级市场创建列入全省文明、卫生城市考核指标体系,有效推进全省商品市场的提升发展。到目前为止,全省共创建星级文明规范市场1 065个,占全省商品交易市场的26%。其中,五星级2个、四星级55个、三星级234个、二星级475个、一星级299个。

五、个体私营经济监督管理

改革开放后,个体私营经济得到恢复和发展,并且成为发展最快、最具活力的经济成分之一,成为浙江经济快速发展的一大特色和优势。截至2007年底,全省私营企业已达45.03万户,同比增长10.81%;投资者102.34万人,注册资金8 663.86亿元,雇工656.74万人,同比分别增长10.52%、24.9%和29.12%。个体工商户达180.74万户,从业人员391.3万人,注册资金654.84亿元,同比分别增长0.53%、7.26%和5.46%。其中,产生了一大批规模型、实力型私营企业,全国民营企业500强中,浙江省有203家企业入围;中国社会科学院公布的全国民营企业综合竞争力50强中,浙江省占23席。浙江省被誉为"个体私营经济大省"。

全省工商行政管理机关在各级党委、政府的正确领导下,充分发挥职能作用,一手抓鼓励和引导,一手抓教育和监管,为促进个体私营经济健康发展做了大量工作:

(一)加强调查研究,主动当好党委政府参谋。党的"十五大"后,浙江省委、省政府出台《关于大力发展个体私营等非公有制经济的通知》,全省各级工商行政管理机关及时制定配套措施,结合当地实际,狠抓落实;加强组织协调,搞好服务;加强对《通知》贯彻落实情况的监督检查,向省委、省政府递交专题报告,并建议召开全省个体私营经济工作电视电话会议,进一步抓好落实;组织开展与周边省个私经济发展环境的对比调查,向省委、省政府提交专题调研报告,提出促进个体私营经济进一步发展的对策建议。同时,举办个体私营经济20年发展成就暨精品展示会和全省个体私营经济跨世纪发展理论研讨会,连续举办由国内著名经济学家主讲的个私经济发展高层论坛,组织了"发展个私经济、再创浙江优势"专题广播讨论,广泛宣传,积极为个体私营经济营造良好发展氛围。建立了个体私营经济季度运行形势分析制度,定期向省委、省政府上报。建立个体私营经济发展情况通报制度和重点个体、私营企业联系点制度,对个私经济发展中出现的问题和困难及时予以引导和帮助。2007年,省工商行政管理局和省个体劳动者协会联合召开全省个体劳动者创业大会,全面总结各地扶持创业创富的经验,表彰创业先进典型,并向全省个体劳动者发出《自觉践行科学发展观做"创业富民、创新强省"的先行者倡议书》。近年来,全省工商行政管理部门注重从民营经济的可持续发展出发,把推动民营经济新飞跃摆到经济工作的重要位置,出台激励政策,强化政府引导。根据全省民营经济发展的特质和形势,先后组织开展全省个私经济发展状况调研、周边省市发展环境对比调研、在外浙江人经济调研、品牌发展及品牌战略调研、非公经济发展"36条"和全省民营经济工作会议的督查调研,为省委、省政府出台文件和重大决策提供充分、科学的依据。

(二)充分发挥工商行政管理职能,大力促进个体私营经济快速发展。一是加强领导,明确责任。各地把引导、扶持个体私营经济发展作为工商行政管理服务经济建设的重要内容,主要领导亲自抓。每年召开个体私营经济工作会议,定期研究和部署工作任务,制定目标责任制,把任务分解到基层,落实到人。全省工商行政管理系统自上而下建立了专门服务、管理个体私营经济的机构,逐步形成一支5 000人的个体私营经济监管队伍。二是制定发展规划,明确发展思路。在广泛调研的基础上,制定全省个体私营经济发展五年规划纲要,提出今后一个时期个体私营经济在大提高中实现大发展的指导思想、发展重点、主要措施及工作要求。三是推出助动扶持措施,加快个体私营经济发展。制定出台包括促进个私企业做强做大、产业调整、制度创新、品牌经营、外向发展、投资扩张以及营造公平环境、引用环境等十方面的助动措施,全面助推个体私营经济快速发展。四是突出重点,扶优促强。引导企业优化组合,壮大规模,组建私营企业集团;组织个私企业参加各种形式的科技贸易洽谈会、人才交流会,引导私营企业加大技术改造;通过多种形式组织和帮助私营企业开拓国际市场。引导个私企业以市场为依托,向集中连片专业化经营发展。从2007年开始,在全省组织实施"五个一万"工程(组织一万家民营企业联村帮扶、推动一万家民企安置失业人员、培育一万家民企自主出口品牌、扶持一万家成长型民营企业、培植一万家诚信民营企业)积极架构民营经济发展的新平台。五是运用综合职能,搞好服务。运用商标、广告管理职能,积极引导个私企业实施名牌战略,强化质量管理。发挥登记管理职能,引导私营企业建立现代企业制度,鼓励企业积极投身证券市场。认真贯彻《中华人民共和国担保法》,开展抵押物登记工作,帮助个体私营企业解决贷款困难等。六是树立典型,表彰先进。会同有关部门开展五好经营户、百佳私营企业、十佳个体私营经济专业村、百强科技私营企业、纳税大户、吸纳下岗职工再就业、热心公益事业等多项先进表彰活动,有效激发了个体私营业主的创业激情。七是加强职业技能培训,提高经营者素质。会同省劳动厅等部门对从事烹调、美容美发、家电维修等13个工种的个体工商户、私营企业从业人员实行凭职业资格证书上岗制度;积极商请科委、劳

动人事、商业等主管部门在个私企业中开展科技、财会、统计等专业职称的评定,为个体私营经济的发展提供良好的技术支持。

(三)着眼经济一体化发展,构架国际化交流和创新服务桥梁。近年来,省工商行政管理局、省民企协会加大与在外浙商的联系与交流,围绕民企与政府的良性互动,着力建设浙商对外交流和服务平台。组织浙江民企参加"香港浙江周"、"澳门浙江周"、"美国浙江周"活动,与港澳中华总商会、港澳厂商联合会等组织签订建立企业国际化双向合作协议,支持企业外向拓展。专门邀请由香港原律政司司长梁爱诗带队的专家团来浙举办民企一体化提升发展论坛,为浙江企业家提供指导。

(四)依法维护个体工商户、私营企业的利益,保障其合法权益。推行个私企业收费卡登记制度,帮助减轻其负担;发挥个私协会作用,开展法制培训,提高个私企业依法维权意识;成立个私经济维权中心,接受会员投诉,为其提供法律援助和政策咨询,为个体私营经济发展营造良好的环境和氛围。

(五)强化教育、监管,促进个体私营经济健康发展。一是加强对个私企业思想、法制和职业道德教育,在广大个私经营者中广泛开展争创"五好经营户"、"青年文明号"的活动,引导个私经营者参与"户户讲道德、店店无假货"、创造"文明一条街"、"我为九五作贡献"、"学雷锋、树新风"等活动,持续开展"致富思源、富而思进"、"三个代表"重要思想等主题教育活动,以提高个体私营业主的政治思想素质。二是坚持依法登记,认真开展每年一度的个体工商户验换照和私营企业年检工作,清理无照经营和"三无"企业。同时,个私经济的良性发展为下岗职工提供新的就业岗位,并为社会富余人员提供创业机遇。三是围绕打造"信用浙江",促进企业诚信建设。在全省全面实施"百万企业信用工程",建立企业信用平台,健全市场主体信用信息档案、信用失范惩罚和警示机制、信用激励引导机制、信用保障机制,实施经济户口制度和工商巡查,努力构建企业信用体系。积极推行以行业企业信用评价、信

用奖惩为核心的行业(区域)监管新机制,有效解决集群企业恶性竞争、侵犯知识产权等顽症。充分发挥浙江省企业信用促进会作用,指导企业参加"信用管理示范"活动,建立企业信用自律机制。加大市场整治和规范力度,打击不正当竞争行为,营造公平、公正、有序、和谐的创业、竞争环境。四是规范经营行为,对重点行业进行重点监管,对重要商品的个体私营企业进行清理整顿,严厉打击制售假冒伪劣商品活动。五是结合文明城市创建,在全省县以上城镇开展个体私营行业经营规范管理和创建"文明一条街"活动。六是全面开展安全生产教育和管理活动,层层落实安全生产责任制,加强对个体私营企业安全生产管理工作的指导和监管,有效促进了个体私营经济健康稳定发展。

六、商标监督管理

党的十一届三中全会后,随着我国经济的不断发展进步,浙江省工商行政管理局坚持把"实施商标战略,推进品牌建设,努力营造商标发展和保护的良好氛围环境"作为商标工作的指导原则。1992年,省工商行政管理局评选出第一批"浙江省著名商标",拉开浙江省品牌公众认定的序幕。1995年,"玉立"商标被国家工商行政管理局商标局认定为中国驰名商标,成为浙江省的第一件中国驰名商标。近10年来,全省工商行政管理机关在省委、省政府和国家工商行政管理总局的领导下,紧紧围绕服务经济建设的中心,不断加深对品牌建设工作的认识,加大工作力度,积极主动地推进全省的品牌建设工作,取得了显著成效。

(一)注册商标数量位居全国前列,品牌大省建设基础扎实。随着自主知识产权意识增强,浙江省品牌建设的基础和环境不断改善。1979年,全省有注册商标494件,截至2008年6月底,全省累计注册商标31万余件,占全国注册商标总量的9.7%。多年来,浙江省注册商标申请量每年以8万件上升,核准注册数每年以2万件上升,企业萌发出极大的创牌积极性。据国家工商总局商标局统计资料表明,浙江省商标的年申请量和注册量已连续10年位居全国第二,全省的商标注册数量与经济发展保持了同步增长的水平,约占全国注册商标总量的1/8。注册商标为浙江省的品牌建设奠定了坚实的基础。

(二)商标国际注册迅速发展,品牌国际化迈出坚实步伐。随着社会主义市场经济的深入发展和品牌国际化的不断加强,浙江省的商标国际注册发展十分迅猛。目前,企业申请国际商标注册积极性很高,每年以40%以上的幅度增长。截至2008年上半年,全省国际商标注册累计2.4万件(以每个国家或地区注册每件商标计),商标注册类达42大类,涉及全球200多个国家和地区,是全国境外商标注册最多省份之一。很多出口企业做到了"产品出口到哪里,商标先注册到哪里","国际贸易、品牌先行"的理念日益得到认同和推广。

(三)中国驰名商标总数位居全国前列,浙江经济迈入品牌建设时代。截至2008年6月底,全省共有经国家工商总局认定的中国驰名商标112件(涉及企业110家,其中两家企业同时拥有2件驰名商标,一件商标被两次认定为驰名商标)。这些驰名商标为浙江省企业运用知识产权制度参与市场竞争,发挥浙江省资源优势,促进经济社会发展树立了良好的典型。

(四)农产品商标和证明商标总数均位居全国第一,品牌富农助推新农村建设成效突出。近年来,浙江省农产品注册商标每年以40%的速度增长。截至目前,全省共有农产品注册商标6.5万件,农产品中国驰名商标6件,浙江省著名商标近200件,均位居全国前列。全省各地以农产品品牌为纽带,统一生产技术、统一销售、统一服务、统一标准,"公司+基地+农户+品牌"的现代农业生产经营方式成为主导。同时,农产品商标国际注册势头很好,全省约有农产品国际商标注册1 000余件,处于全国领先地位。在近几年新申报省著名商标的企业中,农产品企业100%是当地农业龙头企业。农业品牌与产业升级收到了互为作用、互为因果的良好效果。截止到目前,全省地理标志总数达57件,占全国总数的五分之一,位居全国第一。其中农副渔类 39 件,茶叶类 11 件,千年历史文化工艺品类证明商标 7 件。目前,全省农产品类证明商标使用范围涉及全省 56 个县、519 个乡镇,直接从事证明商标产品养殖、种植农民达 87.9 万户、151 万人,直接受益农民达 189 万人。其中地理标志被认定为浙江省著名商标的 22 件。浙江省的证明商标都是具有百年以上历史的原产地产品,有效集聚固化了浙江历史人文优势。

(五)省著名商标、品牌基地全国首创,品牌载体创新成绩突出。专业商标品牌基地建设作为一项创新性工作,从 2003 年开始进行试点探索。当年 6 月,浙江省工商行政管理局和省商标协会根据省委、省政府关于"打造先进制造业基地"的要求,提出在全省范围开展授予"专业商标品牌基地"工作。2004 年 1 月,首次批准设立 10 家。截止到目前,全省共有专业商标品牌基地 55 家,其中,中国商标协会认定的 2 家。

(六)品牌企业领军浙江经济发展,浙江经济显现质的突破。品牌企业在经济总量中的比重不断上升,越来越多的品牌企业成为浙江省经济发展的骨干和先导力量。据初步统计,2007 年全省 1 886 多家浙江省著名(包括中国驰名)商标企业产值(销售额)为 5 809 多亿元,占到全省生产总值 11 243 亿元的 39.6%,其中工业类著名商标企业 1 000 余家,产值 4 501 亿元。2007 年全国民营企业自主创新 50 强中,浙江省占 21 席。品牌企业领军浙江经济发展、促进浙江经济质的提高已成现实。

(七)商标监管力度不断加强,品牌发展环境日益改善。近十年来,驰、著名商标企业请求工商行政管理等部门查处的假冒侵权案件逐年增加。2002 年以来,全省工商行政管理部门共查处各类商标违法案件 44 949 件(其中涉外商标案件 11 692 起),居全国首位;全省工商行政管理部门共移交司法机关涉嫌犯罪案件 409 起、420 人,约占全国工商机关移送司法机关总数的 50%。目前,一个政府重视、支持、扶持品牌,企业主动创品牌,职能部门助动创品牌,全社会关注品牌以及反对假冒、侵权、欺诈,自觉维权

的良好品牌发展环境正在形成。

七、广告监督管理

自 1996 年 8 月始,浙江省工商行政管理局将商标和广告管理机构分设,为进一步加强广告管理工作创造了条件。目前,全省已有 106 县(市)建立科(股)室,广告管理人员达到 248 人。《中华人民共和国广告法》实施以来,全省各级工商行政管理机关积极探索,勇于创新,逐步摸索了一套行之有效的广告监管工作方法。据统计,1983 年,全省广告经营额 425.8 万元,广告经营单位 130 家,广告从业人员 1 025 人。到 2006 年,全省广告经营额首次超过 100 亿元。至 2007 年,三项指标分别达到 124.6 亿元、10 671 家、76 711 人。其中,广告经营额多年名列全国第四位。同时,全省工商行政管理系统秉承"攻大奸、戒小过"的执法理念,广告执法力度不断增强。仅 2007 全年,全省共查处违法广告案件 5 498 起,罚没款 4 675 万元,其中虚假广告数 2 642 起。

(一)广告法制体系日趋健全。形成以《广告法》为核心和主干,以国家工商行政管理总局单独或会同有关部门制定的行政规章和规定为具体操作依据,以地方行政规定为实际针对性措施,以行业自律规则为司法行政措施的重要补充等多层次的法律体系。特别是《浙江省广告管理若干规定》、《宁波市户外广告管理办法》等地方性行政法规、规章的出台,标志浙江省广告法制建设迈入新的阶段。同时,省工商局还组织力量,成立地方广告立法课题组。先后完成《广告监管方式和手段研究》、《广告出证管理研究——以医疗广告出证制度为中心》和《广告行业自律调研报告》三个重点调研报告,并在广泛调研的基础上,形成了《浙江省广告管理条例(草案)》。经审议,《浙江省广告管理条例》于 2007 年 9 月 28 日经浙江省人大常委会通过并施行,为加强广告管理提供有力的法律武器。

(二)广告执法力度持续加大。多次组织开展医疗、药品广告整治、媒介广告整治等执法行动。尤其是从 2003 年开始至今,坚持标本兼治、打防并重的方针,与各部门

协调配合,努力构建政府监管、行业自律、舆论监督、群众参与的综合治理机制。一是组织开展虚假违法广告整治。以与人民群众身心健康关系密切的医疗服务、药品、医疗器械、保健食品等的违法广告为重点,通过"打虚假、树诚信"行动,加大广告监管力度,全省广告市场秩序得到明显的好转,这四类违法广告占全部违法广告的比例逐年下降。同时,为突破虚假广告的难题,2005年成立了虚假广告专家咨询组,先后认定十类虚假广告。2006年,又先后认定和叫停了四类虚假广告。在此基础上,先后召开虚假广告查处情况通报会,公布2005年、2006年工商行政管理部门查处的十大虚假广告案。二是严厉查处广告主虚假违法广告行为。根据监测掌握的情况,列出屡教不改的重点违法广告主名单作为各地重点监管对象,实施对广告主一对一、零距离重点监管,加大查处力度。2006年,浙江省工商行政管理局将杭州某医院发布虚假医疗广告案移送公安部门查处,某医院状告省工商行政管理局,最终败诉,成为全国虚假医疗广告罪第一案。该案在社会上产生积极影响,有力地震慑了肆意发布虚假违法医疗广告的广告主、广告经营者和发布者。三是查处虚夸洋广告。在广告专项整治行动中,根据广告监测、检查情况和违法广告的动向,查处了一些严重误导消费者的虚夸洋广告。2005年,在全国率先叫停宝洁公司发布的涉嫌违法宣传的"潘婷日光护理系列洗发露"广告;率先立案查处了麦当劳在浙江发布的有损消费者尊严的"下跪乞求打折"广告,有效制止了跨国公司的广告违法行为。四是加强网络等新媒体广告监管。从2004年起,将加强网络广告监管作为广告监管的重点之一,并积极开发软件,提高监管效能。2007年,由省工商局统一支付费用的网络广告智能监测软件在全省11个市工商行政管理局全部安装完毕,并投入使用,取得显著成效。当年,全省共查处违法网络广告案件1 629起,罚没款1 236万元,比上年同期分别增长26.08%和24.22%。该软件直接将在网络上发布广告信息的市场主体列为监管对象,

打破了以前广告监管更加注重广告发布者而忽略了广告主的现象,起到源头管理的效果。五是组建社会监督网络。如宁波市工商行政管理局江东分局开展的"广告监管进医区"活动;台州市工商行政管理局聘请广告协查员,协助开展广告监管进社区工作,等等。

(三)广告监测基础日益夯实。1998年,浙江省工商行政管理局成立省广告监测中心。近年来,省工商局不断加强基础建设,增添监测设备,加强监测软件开发,完善内部制度,优化人员结构,规范工作程序,提高监测工作效率。在此基础上,不断扩大广告监测面,增强监测频率,对全省主要媒介开展全天候监测,全面掌握媒介广告发布情况。从2003年起,为实现监管手段的对称性,建立以信息化为基础的网上提示、反馈制度。通过省广告监测咨询中心网站,将监测发现的一般违法违规广告即时公布,督促各媒介自觉整改,并通过网络及时反馈整改情况,对不及时整改的及严重违法广告实施立案查处。2005年,省工商局对广告监测机构的广告监测设备进行大规模的数字化改造,实现省级和杭州市媒介广告的24小时全天候监测,并将市级电视、电台广告和网络广告列入抽查监测的范围。各地工商行政管理局也全部建立市级广告监测机构,从而形成较完善的广告监测网络。据省广告监测中心监测数据显示,2007年,共监测媒体户数121家,监测广告总量582万次,违法广告量3.52万次(违法率0.6%),为广告监管执法提供了可靠的信息。

(四)广告监管机制不断健全。2002年以来,省工商行政管理局积极探索监管新思路,着力构建广告监管的共管、自律、长效制度,制定《加强媒介广告监管若干规定》,并全面加强新举措的落实。一是建立信息化为基础的网上反馈制度;二是建立反映动态监管的信用评价体系;三是实施三级通报制度。同时,全省还积极采取多种形式,督促媒介单位建立和落实严格的广告承接登记、验证、审核、档案管理制度,落实广告审查员,切实承担广告发布的把关责任,加强媒

介自律。

（五）广告监督力量密切协作。2005年，根据国家工商行政管理总局等11个部委《关于印发〈虚假违法广告专项整治工作方案〉的通知》精神，省工商局和省委宣传部等10个厅局迅速建立虚假违法广告专项行动厅局联席会议制度。同时，会同省食品药品监督管理局联合下发《关于建立药品、医疗器械广告协查机制的通知》和《关于加强保健食品广告审查工作的通知》，加大对虚假违法药品、医疗器械、保健食品广告的监管力度。当年，省食品药品监督管理局共向省工商局移送了86批次的违法广告案件，全省各级工商行政管理部门分别依法进行处理，并专门发出《行政建议书》。2006年，省工商局专门与省卫生厅、省药监局联合印发《虚假违法医药广告专项整治工作方案》，合力开展医疗、药品、医疗器械、保健食品等广告的执法整治活动。全省各地工商行政管理部门也在监管中普遍加强与兄弟部门的联系，有效整合执法力量，使广告监管执法力度大大增强。

八、合同监督管理

1978年，国务院明确国家工商行政管理局的主要职责之一就是对经济合同进行监督管理。从此，经济合同监督管理工作被摆上重要位置，并逐步走上法制化、规范化的轨道。浙江省的经济合同行政监管工作大致从1979年开始，总体可分为四个阶段：

1979—1983年为第一阶段，是经济合同行政监督初始时期。当时只有少数几个市、县工商行政管理局有专人从事经济合同监督管理工作，大部分地区处于无管理机构、无专职管理人员的状况。

1984—1992年为第二阶段，是经济合同行政监管发展较快时期。1983年11月，省工商行政管理局成立经济合同管理处。1984年1月成立经济合同仲裁委员会。全省各市、地、县工商行政管理局也相继建立经济合同管理机构和仲裁委员会，配备专职的管理干部。1987年，省人民政府发布《浙江省经济合同管理试行办法》，为经济合同行政监管提供具体的法律依据。1988年，省

人民政府决定对1986年、1987年两年企业签订的经济合同进行一次全面检查。1989年，全省共办结经济合同仲裁案件10 455件，案件执行率超过90%，居全国首位。

1993—2001年为第三阶段，是合同行政监管调整、重组时期。1993年，随着国家对《经济合同法》进行修订和1994年《仲裁法》颁布，对工商行政管理机关确定无效合同、合同纠纷仲裁以及合同行政监督等行政行为作了重大调整。不少地方的合同监管机构被合并，部分人员被调离从事其他工作。1995年《担保法》的出台和1997年1月1日《拍卖法》的实施，使经济合同行政监管获得了新的内容。1999年3月《合同法》的颁布，使合同行政监管制度再次得到肯定。

2002年以来为第四阶段，是合同行政监管拓展领域时期。2002年4月25日，省人大通过《浙江省合同行为管理监督规定》，明确浙江省工商行政管理部门行政监管合同的地位和职责，并将房屋买卖、物业管理、旅游、供用电水热气、电信、消费贷款、保险、旅客运输等八大类与消费者利益关系密切的格式条款纳入了工商行政管理机关监管范围，实行备案制度。《规定》实施后，省工商行政管理部门先后对八大类企业使用的格式条款进行备案，依法规范企业的格式条款，促使企业遵循公平原则确定双方的权利和义务。6年来，已累计对18 731家企业、28 931份合同进行备案，共核发格式合同备案号26 982个。目前，格式合同备案工作已成为全省工商行政管理部门合同监管的重要工作，也成为工商行政管理部门拓展市场监管的重点领域。

30年来全省工商行政管理部门在经济合同行政监管方面主要做了以下工作：

（一）发挥工商行政管理职能作用，大力推行经济合同制度。全省各地工商行政管理机关广泛宣传经济合同法规，积极推行经济合同制度。1987年，在全省工商行政管理系统开展经济合同法律知识竞赛；1988年，对企业签订联营合同情况进行调查，收集各种联营合同文本，提出加强联营合同管理的意见；1989年，对企业承包、租赁经营合同进

行调查,并会同省建设厅制定"浙江省建筑安装工程承包合同"示范文本;1999 年,对全省"公众合同意识"和"合同行政监管及地方立法问题"两大课题进行调研,起草《关于制定合同行政监管地方性法规必要性的报告》,并专题向省政府法制局和省人大法制委员会进行汇报,引起省人大和政府的重视。

(二)开展经济合同鉴证和检查工作,依法监管经济合同的签订和履行。1985 年,省工商行政管理局制定《经济合同鉴证的暂行办法》。1988 年,省工商行政管理局、省建设厅明确国家预算内建筑项目的合同以及建筑面积在 3 000 平方米以上或工程总造价在 50 万元以上项目的合同,必须经工程所在地工商行政管理机关鉴证,保证经济合同的真实性和合法性。同时,各级工商行政管理机关还组织企业清理合同纠纷,帮助企业解决"三角债"、"连环债"。据 1987 年至 1988 年,全省工商行政管理系统共帮助企业解决合同纠纷 18 855 起,收回逾期应收款 3.41 亿元。在国务院开展的清理"三角债"和省政府开展的清仓清欠工作中,工商行政管理机关充分发挥职能作用,取得较好的效果。

(三)认真做好经济合同争议仲裁调解工作,保护当事人的合法权益。为大力开展仲裁工作,浙江省工商行政管理机关采取的措施主要有:一是制定《经济合同仲裁简易程序暂行规定》,凡事实清楚、情节简单、争议不大的经济合同纠纷案件,适用简易程序办理;二是在经济较发达地区的工商行政管理所建立派出仲裁庭;三是开展评比先进仲裁委员会、先进仲裁庭和优秀仲裁员、书记员活动;四是抓好培训和案件质量,开展仲裁案件互查互学活动,编辑经济合同仲裁案例。1994 年,仲裁职能从工商行政管理部门分离出去以后,各级工商行政管理部门就主动承担起行政调解职能。特别是 2005 年后,在合同帮农中,全省各地工商行政管理部门在基层工商行政管理所、乡镇建立订单农业指导服务站,为广大订单农户提供合同纠纷行政调解服务。近几年来,全省共调解

订单农业纠纷 359 件,金额 1 189 万元。

(四)开展合同帮农工作,支持社会主义新农村建设。2005 年以来,全省工商行政管理系统开展合同帮农工作:一是实行分段式指导服务。在订单签订前,重点做好开展订单农业的宣传和培训;在订单签订中,重点帮助涉农双方审查订单农业条文,依法指导涉农双方签约;在订单签订后,根据订单农业履行的进度,重点实行动态跟踪监管。二是建立三项合同帮农制度。即制定规范订单农业文本制度、订单农业纠纷调解制度和"信用"公示制度。三是加强农村市场的维权力度。重点对利用"订单农业"设置合同陷阱、骗取定金、保证金,以及回收农产品为借口,高价向农民推销劣质种子、假劣农资等坑农、害农、损农的行为,进行及时严厉打击查处。3 年来,各级工商行政管理部门共制定、规范涉农合同文本 1 200 多种,指导 15 000 多家涉农企业与近 100 万农户签订了 135 万余份订单合同,订单金额超 200 亿元。

(五)积极开展企业动产抵押物登记工作,确保实现债权。1995 年以来,根据《担保法》的规定,全省普遍开展企业动产抵押物的登记工作。据 2007 年底统计,全省共办理企业动产抵押物登记 138 100 余件,主债权金额 2 860 亿元。《中华人民共和国物权法》实施后,全省工商行政管理部门还积极为个体工商户、农业生产经营者办理动产抵押登记。

(六)开展对拍卖企业及拍卖活动的监管工作。1997 年,《拍卖法》实施后,根据浙江实际情况,建立拍卖企业设立、变更登记审核制度、拍卖活动备案制度、拍卖活动现场监督制度,促进全省拍卖市场的快速发展。截至 2007 年,全省共有拍卖企业(含分支机构)514 家,年平均拍卖备案 8 060 余次,拍卖金额达 250 亿元。同时,各级工商行政管理机关还加强对拍卖违法行为的查处。2000 年以来,全省共查处竞买人之间、竞买人与拍卖人之间恶意串通等案件 235 起,违法金额 16 890 亿元,罚没款近 2 470 万元。

（七）严厉查处利用合同进行的违法行为，维护社会经济秩序。1997年、1999年两年在全省开展打击合同欺诈专项执法行动，效果较好。1994年以来，全省共查处各种利用合同进行的违法行为案件6 730起，罚没款7 650万元，为企业避免或挽回损失近50亿元。

（八）认真开展"守合同、重信用"工作，指导企业提高信用水平。从1985年起，浙江省工商行政管理部门就开展"重合同、守信用"认定工作。1992年，正式发布《浙江省"重合同、守信用"单位考核命名办法》。2005年，重新制定《浙江省工商企业信用等级"守合同、重信用"单位认定管理办法》，实行省、市、县（区）三级认定，并首先在AAA级"守合同、重信用"认定中启用企业合同信用测评系统。2006年开始，在全省A、AA级中逐步推广使用企业合同信用测评系统。截至2008年6月底，全省现共有"守合同、重信用"企业12 882家，其中AAA级1 056家、AA级3 836家、A级7 990家。

九、信用管理

在浙江省委、省政府的领导下，浙江工商行政管理机关以企业信用监管为抓手，以建立企业信用体系、维护消费市场信用为重点，积极推进"信用浙江"建设，努力为社会信用体系建设贡献力量。

（一）企业信用监管体系的形成。从1985年起，浙江省工商行政管理局就组织开展以省、市、县各级政府名义命名的"重合同、守信用"单位活动。2002年，在"信用浙江"建设理念指导下，开展"百万企业信用工程"，对企业实施信用监管。2003年至2005年，根据国家工商行政管理总局要求，对企业实施信用分类监管，初步构筑起"以市场主体为对象，以经济户口为基础，以信息化为手段，以信用评价为杠杆，以培植信用资产为目标"的工商企业信用监管体系。近年来，浙江工商行政管理机关围绕治理产业集群、食品安全等重点领域的信用问题，以信用预警和信用指导为切入口，巩固工商信用监管阵地；以行业（区域）信用监管、"信用管理示范企业"试点工作为突破口，加快信用监管的社会化进程。通过与社会、企业的互动，创新信用监管机制，努力构建社会化的失信惩戒机制。一是加强信用工作指导。建立一支遍布各工商行政管理所、职能处室的企业信用指导员队伍。温州瓯海、嘉兴秀洲等部分市县工商行政管理局还联合相关部门，形成企业信用指导员团队。二是突出信用典型引路。邀请国内外知名专家、教授，多次举办"企业信用风险管理"等培训，开展"浙江省企业信用管理示范企业"认定活动，引导全省企业走信用管理之路。三是实现信用预警制度化。在第一时间向社会公示可能影响社会公共利益以及市场交易安全的失信信息。目前，全省已有38个县（市、区）根据本地实际出台信用预警制度，公示违法失信企业。四是强化企业信用信息的综合分析工作。积极探索"企业信用报告"制度，进一步服务于执法部门间的联合、联动监管，发布了《企业信用监管报告》、《经济主体信息报告》、《信用指数白皮书》、《信用指数排行榜》为市场主体、投资者及政府领导提供决策支持。

（二）行业信用监管的探索。2005年，浙江工商行政管理机关就开始探索行业信用监管。结合浙江特色，联合其他行业主管部门或行业协会，开展行业企业信用评价、分类监管等。并在实践中不断加以完善，推动关系民生、惠及广大消费者的重要行业的发展。其主要经历了三个阶段：第一阶段是以工商信用监管等级评价为基础，探索行业信用监管；第二阶段是以行业协会为评价主体，工商部门主导、其他部门及组织参与的行业信用监管方式；第三阶段是逐步向以社会信用咨询中介服务机构为评价主体过渡。2007年底，全省已有35个县（市、区），57个行业开展行业信用监管，义乌小商品、绍兴轻纺行业等具有代表性的浙江大型产业集群，都已深入开展行业信用监管工作，成效凸显，受到多方好评。

（三）参与政府信用建设的实践。2005年以来，各地工商行政管理部门纷纷从本地实际出发，积极向地方政府建议，整合政府有关部门的信用数据，建立公共信用信息平台,得到了普遍认可和授权。2005年,浙江省工商行政管理局组织开发了一套政府企业信用监管平台通用软件。经过多年的探索与创新,一个以工商经济户口数据库为核心、以工商企业信用监管体系为基础、以信息化为手段、以政府部门间信用数据共享和协同联动监管为目标、以信用资本培育为目的的企业信用综合监管体系已粗具雏形。2006年第9期新华社内参《动态清样》(专供省部级领导参阅)上、下两篇详细报道了浙江政府企业信用监管体系的探索与实践,时任浙江省省委书记的习近平同志专门批示给予充分肯定,并要求在相关部门予以推广。2007年以来,浙江工商行政管理机关继续推进和完善政府企业信用监管体系建设。一是强化信用信息互通共享机制,扩大参与的政府部门,不断提高信息的准确性、及时性。二是以整治无照、食品安全监管、农资行业监管等为切入口,探索部门间的联合监管机制。三是把信用指导、信用预警、行业信用监管、信用披露、信用评价、荣誉认定与政府信用监管平台运用有机结合起来,使其他部门也运用这个平台开展信用工作。四是鼓励社会中介机构利用政府信用平台开展信用评估、调查、管理咨询等服务。同时,适时利用信用信息为企业及社会公众提供查询服务。通过深化对信用信息的加工和运用,实现了对企业信用的联合监控及社会化监管。目前,全省110个市、县(市、区)政府已有75个正式发文授权工商行政管理部门牵头承担政府企业信用监管工作。

十、信息化建设

浙江工商行政管理信息化建设从无到有,从小到大,取得了可喜的成果,已逐渐成为优化和创新工商行政管理监管、服务工作的强大支撑平台。

(一)构建高位态势平台。一是信息化装备水平显著提升。全省各级工商行政管理部门建成覆盖省、市、县、所的广域网和局域网,广泛配备办公、办案设备。2000年以来,全系统共投入信息化建设资金5.5亿元,建成纵向贯通省、市、县、所四级工商行政管理机关,横向连接各级政府的广域网

络,并与国家工商行政管理总局实现互联。全省统一建设了视频会议系统,据不完全统计,累计召开视频会议350次,参会人员2.7万人,大大节省会议支出。二是省、市两级数据中心基本建成。全省以地级市为单位的数据大集中工作有序推进,大部分市局已完成,实现了省市二级数据中心的数据交换。全省数据汇总周期从一个月缩短为一天,全省经济户口数据得到共享,建立全省统一的数据共享查询平台。三是标准和制度建设有序推出。自2000年以来,按照"统一领导、统一规划、统一标准、统一建设"的"四统一"建设原则,陆续出台一批技术规范性文件,有力保证全系统网络建设、数据建设和应用建设的规范统一,也是各地信息化建设重要的指导性文件和技术参考书。

(二)构建内部管理格局。一是省工商局和11个市工商局均建立功能完备的内网网站。经过数年实践,省工商局政务内网运转机制顺畅,内容丰富,信息及时,每天更新内容30篇以上,日访问量超万人次。二是在全省范围内推行OA系统。实行公文网上交换,规范全系统公文管理,提高公文流转速度和行政效率,节约行政成本;目标责任制考评系统使年终工作考评公平、公开、公正;推进数字工商行政管理所建设,提升信息化装备水平,全面应用工商行政管理所综合管理系统,用于内务管理的有476个工商行政管理所,用于绩效管理的有438个工商行政管理所,工商行政管理所的内部管理与绩效考核水平得到较大提高。三是统一建立网上教育培训平台。实现远程培训、网上学习、网上考核。四是实施电子监察系统。将行政流程监控同步植入工商行政管理业务系统,对工作流程进行动态实时的自动监督,是工商行政管理系统反腐倡廉领域的一大创新。

(三)构建工商行政管理监管与发展统一格局。在省、市两级数据中心建立的基础上,各地积极开展数据分析与应用。从2004年开始,浙江省工商行政管理局与国税、地税、质监等部门开展部门基础信息交换。近3年来,税务部门利用工商数据发现漏征漏

管户 2.4 万余户,补缴税款 9.7 千万元。2/3以上的市县工商行政管理局与其他部门开展数据交换与共享,涉及税务、法院、银行、统计等 10 余个部门,有利支持地方经济发展。2008 年 3 月,浙江省工商行政管理局被评为 2003—2007 年"数字浙江"建设先进集体。

(四)构建工商行政管理监管与服务统一格局。全省共有 87 个工商行政管理局建立政务外网,82 个工商行政管理局开通网上表格下载,77 个工商行政管理局实现网上政务咨询。省工商局门户网站在省政府网站评比中连续四次获得优秀等次,宁波、舟山等工商行政管理局网站多次在政府网站评比中名列前茅。按照省政府门户网站建设技术规范和统一标准,以"公开透明,快捷便民"为宗旨,以"政务公开,网上办事,咨询投诉"为主题,开通"网上办照,网上查询,网上投诉,网上交流,网上咨询,网上年检"六大网上功能,稳步推进门户网站建设。2006 年 3 月,开通网上年检、网上注册登记两项业务,采用一条龙服务的方式,提高行政效率。2007 年 3 月起,率先在全省全面实行企业网上年检,为全国首创。受省政府委托,浙江省工商行政管理系统承担了全省企业数据证书的发行工作。2004 年 4 月 26 日,成立由省工商行政管理局主要领导和 17 个业务处室及各地工商行政管理局一把手为成员的企业数字证书运用发行工作领导小组。是年 8 月 24 日,联合省信息产业厅召开《全省企业数字证书应用与推广》新闻发布会,正式启动数字证书在全省范围内的发行工作。到目前为止,全省企业数字证书累计发行量 45 万张,占全省注册企业的 90%。同时,数字证书在工商行政管理系统的各项应用进一步深化,在企业网上年检中采用企业 CA 证书作为企业身份认证,通过 CA 证书登录的企业可在年检材料上直接盖章,不需再提供书面材料。2006 年,杭州市工商行政管理局开展网上年检的试点应用,2007 年全省证书在网上年检应用率 16%,到 2008 年达到 38%,企业数量达 17 万家。浙江工商行政管理机关还结合企业数字证书以开展网

站身份认证为突破口,对网站的所有者资格进行身份认定,实现在企业网站上"亮照经营"。利用"网络服务监管综合平台",推进工商行政管理机关网络服务与监管工作,在高效、快捷地对辖区的网络经济进行全方位信用监管的同时,对网络违法行为进行取证,并在网上反馈相关单位。营业执照网上标识企业已达 2 万家。

(五)构建工商行政管理监管与维权统一格局。2006 年 11 月,在全国率先建立"消费安全 315 预报台",覆盖全省 100 个工商行政管理机关、716 个监测点和 39 910 个消费维权点(员)。自开通以来,累计发送预警信息 35 万余条。率先启用"12315"手机短信举报系统,有效拓宽群众举报的渠道。嘉兴、湖州等地依托信息化网络,开发食品安全综合监管系统,初步建立辖区食品安全防控体系。根据"相对集中受理、分工协作办理、应急指挥调度、进行消费提示"的原则,建立以市级为受理中心,集"申诉举报、执法调度、质量监控、统计分析、预警防范、应急处置"于一体,实现省—市—县—所四级信息贯通的"12315"信息化行政执法系统。

(六)构建工商行政管理监管与执法统一格局。通过对工商行政管理市场主体准入、监管职能的整合,建立一套以全省工商行政管理专网为基础,以经济户口数据库为核心,以信用信息联动提示为特色,以信用分类与日常监管相结合的《浙江省工商行政管理业务系统》。全省各级工商行政管理机关全面应用综合业务系统,提高业务流程的规范化和科学化。全省 125 个超 10 亿的专业市场全部完成信用评价,实行分类监管。全省共有 41 个市县获得授权牵头政府信用工作,23 个工商行政管理局正式搭建企业信用信息平台。同时,全省各级工商行政管理机关按照省工商局的统一规范,结合当地实际和创新需求,积极开展地方性软件开发工作。累计投入 1 018 万元,开发 100 个地方性软件,涉及网络监管、企业注册、巡查办案、物资罚没等 20 余个领域,取得良好的监管效益。

十一、支援灾区

2008 年 5 月 12 日汶川特大地震发生

后，为尽快帮助灾区群众战胜困难，浙江省工商行政管理局机关党委立即发出《为灾区人民"重建家园"捐款倡议书》，号召机关各党支部开展捐款活动，全系统上下掀起赈灾捐助的高潮，省局机关迅速将 104 830 元的爱心捐款交给省民政厅救灾办。各市县局班子成员带头，全员踊跃捐款，还通过手机短讯、献血、缴纳特殊党费等形式，为抗震救灾再献自己的一份爱心。据不完全统计，截至 2008 年 5 月 19 日，各地工商系统内部捐款超过 300 万元。汶川大地震期间，全系统干部职工满怀对灾区人民的深情厚谊，在省局政务内网发表了一篇篇饱含深情的文章。浙江省工商行政管理学会还在网上及时组织"工商人情系汶川作品展播"，发表文章 42 篇；开展"工商人在汶川大地震后应该做些什么？"的大讨论，网上跟帖近 300 条。

为动员广大个私业主向灾区人民奉献一片爱心，浙江省个私协、浙江省市场协会也及时向全省会员发出倡议，号召各级协会及会员，积极开展抗震救灾捐款捐物活动。各地工商部门还有针对性地对四川籍经营人员进行安抚。据不完全统计，截至 2008 年 5 月 19 日，全省各地商品交易市场共为灾区人民捐款 3 554 万元，企业和个私业主捐款捐物达数亿元。5 月 21 日，浙江省工商局召集浙江省私营（民营）企业协会、浙江省市场协会、浙江省民企不动产专业委员会三大协会负责人会议，共商救灾援建行动计划：一是"浙川家园"援建行动。帮助灾区援建 150 000 平方米"浙川家园"安居工程以及学校、医院等配套设施。二是"农贸市场"援建行动。为灾区对口援建专业农贸市场

30 个，保障"菜篮子"供应，促进物资流通。三是"抚养成人、培育成才"援助行动。启动 3 年灾区劳动技能与创业人才培养计划，免费为灾区培训 3 000 名创业人才和职业技工，做好经营人才和技能人才储备；资助灾区失学孤儿来浙江上学读书，完成学业。四是恢复生产援建行动。开展结对帮扶活动，实现信息互通、对口支援，尽快帮助恢复生产。鼓励和发动浙江民营企业以直接投资、合作合资的方式到灾区投资经营，参与重建。

附：

浙江省工商行政管理局历任局长、党组（党委）书记

刘川，1981 年 12 月至 1983 年 7 月任局长、党组书记；王洪良，1983 年 7 月至 1985 年 12 月任局长、党组书记；曹天玷，1985 年 12 月至 1990 年 6 月任局长、党组书记；金连庆，1991 年 4 月至 1995 年 5 月任局长、党组书记；孙忠焕，1995 年 5 月至 1996 年 8 月任局长、党组书记；金德水，1996 年 8 月至 2000 年 4 月任局长、党组书记；李强，2000 年 4 月至 2002 年 5 月任局长、党委书记；郑宇民，2002 年 5 月至 2008 年 6 月任局长、党委书记。

（执笔人：郭锦荣　赵卫红　徐金英　马丹　胡振华　黄平　王玉才　张维　王刚　季东海　金晖　厉敏）

第十二章　安徽省工商行政管理局

第一部分　（1949—1978）

第一节　概　　述

安徽是个近海内陆省份，东界江苏，西邻湖北、河南，南连江西、浙江，北接山东。地跨淮河、长江、新安江等三江流域。省内江河交错，风光秀丽，气候温和，物产丰富。全省土地面积 13.96 平方公里，截至 2007 年，人口 6 675.7 万。

新中国成立初期，安徽为皖北、皖南行署建制，两个行署先后成立了工商处，省辖市设立工商行政管理局，地、县设工商科。工商行政管理部门为恢复地方经济、稳定社会秩序、巩固人民民主政权、完成第一个五年计划做出了贡献。1956 年社会主义改造基本完成之后，安徽工商行政管理开始步入低谷，直到 1978 年党的十一届三中全会召开后，全省工商行政管理工作从组织上得到恢复和组建，自身队伍得到充实和加强，政策法规逐步建立完善，这标志着全省工商行政管理工作步入一个崭新的发展时期。

第二节　安徽省工商行政管理机构沿革及发展概况

一、省工商行政管理局机构沿革

安徽省工商行政管理机构设置经历了一个复杂的发展变化过程。新中国成立初期，安徽省即出现了工商行政管理机构。1949 年皖北地区解放后，于同年 4 月 15 日正式成立皖北人民行政公署，行政公署内设有工矿处，工矿处下设 6 个科室，其中有工商管理科。1950 年 3 月，皖北行署"工矿处"改名为"工商处"，下设 6 个科室不变。1949 年，皖南全境解放，同年 5 月 13 日成立皖南人民行政公署，署内设有工商处，下设工业科、商业科等 6 个科室。1952 年 8 月，安徽省人民政府成立，撤销皖南、皖北行政公署，工商处机构不复存在，由安徽省商业厅设置工商处负责全省工商行政管理事宜，当时工商行政管理部门主要是对市场和私营企业进行管理。工商行政管理与各行业配合，为恢复安徽经济、稳定社会秩序、巩固人民民主政权，做出了积极的贡献。

1956 年社会主义改造基本完成后，工商行政管理的对象、任务发生了很大变化。此时工商机构被撤并，地方工商行政管理分属工业科、商业科、手工业管理科归口管理，并按城乡市场分工原则，商业行政部门管理和安排县城以上市场；农村市场安排和管理，则由供销合作社负责。随着国家"调整、巩固、充实、提高"方针的贯彻执行，1958 年后，全省进入国营商业、合营商业和供销社的小商小贩被调整出来，并恢复了合作商店、合作小组，由工商部门按行业重新组织发给营业执照。被精简的职工投向市场从事个体经济，小商小贩数量开始回升。国民经济调整时期，根据当时商品经济发展情况，中共安徽省委于 1963 年 6 月 24 日决定成立安徽省工商行政管理局，各专、市、县相继恢复工商行政管理建制。但在"左"的思想影响下，1965 年 8 月，省工商行政管理局又与商业厅合并，内设工商处，保留工商行政管理局名称，两块牌子一套机构，合署办公。有的专、市、县工商行政管理机构也相继撤销或与商业局合并，未合并的，机构缩编人员减少,工商行政管理工作开始走下坡路。1968 年全省成立打击投机倒把专门机构,但打击投机倒把工作被扩大化,正常的工商行政管理工作受到了严重干扰。

1970 年 5 月 13 日,成立"安徽省革命委员会商业局",其业务范围包括原商业、供销、外贸、工商行政管理等工作。商业局内部设置政工组、工商行政管理组等 6 个组。但总体来说,"文化大革命"时期,工商行政管理从组织上、思想上、政策上都遭到了严重的冲击和破坏,原已削弱的机构,全部陷于瘫痪;工商行政管理干部或被下放,或被调离工作岗位;积累或整理好的工商行政管理档案有的被查抄,有的被销毁,剩余的也散失殆尽。

二、县级机构及工商行政管理所的设置与调整

1952 年 8 月,皖北、皖南行署合并,成立安徽省人民政府。下设的各专区(专员公署)、县有的成立工商税务局,有的成立工商科,1956 年与商业局合并,1963 年各专、县大部分单独成立了工商行政管理局,不久便与新成立的标准计量局合署办公。1965 年大部分专、县工商行政管理局与计量局分开,并入商业局;1968 年,各地成立"打击投机倒把办公室";1974 年,各地、县先后陆续成立工商行政管理局,县以下成立工商行政管理所。1980 年前后,县工商局仍与商业局合署办公,先后分离出来,单独成立地、县工商行政管理局。全省县及县以上工商行政管理机构 88 个,到 1988 年底,全省县以上工商行政管理机构增加到 131 个。

新中国成立初期,农村由供销社代行市场和小商小贩管理职能。1957 年始,全省农村相应建立市场管理委员会机构,挂靠基层供销社并确定专职人员管理市场。市场管理委员会组织机构一直保留到 1976 年。粉碎"四人帮"后,开始组建工商行政管理所,正式编入地、市、县工商行政管理序列。1979 年,全省已建立工商行政管理所(含检查站)751 个。

三、工商行政管理队伍建设

自皖北、皖南行署先后成立的工商处,到 1963 年 6 月安徽省工商行政管理局成立,全省工商行政管理人员不足 300 人,其中合肥、蚌埠、安庆、淮南工商行政管理局各 20 人;铜陵、马鞍山工商行政管理局各 12 人。1971 年,安徽省革命委员会发出关于将市场管理人员列入国家行政编制的通知,陆续调配人员,建立机构。据安徽省商业厅 1974 年 7 月统计,全省建立工商行政管理机构 88 个。1981 年安徽省工商局成立时定编 35 人,1983 年增至 60 人。全省工商行政管理系统采取有效措施,大力加强队伍建设,促进了工商行政管理队伍发展。

第三节　工商行政管理主要发展成就

一、查处经济违法违章案件

新中国成立初期,由于物资短缺,市场不稳,投机商趁机抢购商品,囤积居奇,为已经上涨的物价推波助澜,严重干扰了新经济秩序的稳定。当时刚建立的工商行政管理机构,主要是围绕稳定市场物价,开展打击投机违法活动。蚌埠市建立粮盐市场、牲畜市场、煤油市场等。芜湖市 1950 年成立粮棉市场、茶叶市场、木材市场、棉纱市场等,取缔场外交易及黄牛掮客。1951 年,皖南区成立茶叶收购委员会,统一价格,按比例分配,保证茶叶市场经营活动有序进行。

建立公有制为基础的社会主义经济后,查处投机违法活动主要是围绕维护公有制经济进行,以维护国家计划和稳定市场秩序。到 1963 年底,徽州全区查处各类投机倒把案件 1 193 件,涉及 1 379 人。据蚌埠市管委会统计:1961 年 1—9 月,共查出投机者 18 546 人,查获米面杂粮 6 966 斤等。

"文化大革命"十年间,工商行政管理从组织上、思想上、政策上都受到严重冲击和破坏,机构和人员陷于瘫痪和解散,城乡贸易受到较大的冲击。1978 年,安徽全省开始对"文革"以来处理的投机倒把案件进行清理和纠偏工作。

二、内、外资企业监督管理

1949 年底,皖北行政公署和皖南行政公署先后颁布《工商登记办法》,对工商企业登记范围、登记事项、审批手续均作了明确规定。1952 年成立安徽省人民政府后,省商业厅下发《私营企业登记工作方案》,对工商企业全面实施登记管理。1953 年底,首次在全省范围内统一了私营企业统计报表制度,经登记的私营工商企业约 22 万～25 万户,从业人员 52 万人,资本约 2 100 万元。

1955 年,国家统计局、工商局、商业部等 5 个部门联合召开全国私营商业及饮食业普查工作会议。安徽省按照中央部署,对全省私营商业及饮食业进行情况调查登记。经登记,全省私营商户 131 585 家,其中,城镇 66 291 户、农村 65 294 户。

1963 年 12 月国务院发布《工商企业登记管理试行办法》,次年,安徽省工商行政管理部门根据国务院指示对全省工商企业进行全面登记。1966 年"文化大革命"开始,工商企业登记管理工作中断。

1978 年 8 月,安徽省工商行政管理局发出《关于开展工商企业登记管理工作的意见》,恢复对企业的登记管理。

三、个体私营经济监督管理

新中国成立后,安徽省政府对个体工商业和私营企业全面实施登记管理。1953 年开始对个体工商业和私营企业进行社会主义改造,一批个体手工业组织成立手工业生产合作社和手工业生产合作小组;小商小贩组织合作商店和合作小组;私营企业全面实行公私合营。截至 1953 年底,全省个体商业、饮食业、服务业 172 908 户,个体手工业 187 580 户。新中国成立初期,安徽个体私营经济的恢复和发展,对解决人民生活需求,解决失业人员就业,稳定社会秩序,促进国民经济的恢复和发展起到重要作用。

到 20 世纪 50 年代末期,个体工商业和私营企业的生产经营活动基本停止。1961 年根据安徽省人民委员会发布《关于清理无证商贩和个体手工业管理试行办法》,结合社会主义教育运动,打击投机倒把,进行市场整顿和登记发证。1966 年开始"文化大革命",个体工商户被清除和取消。

1978 年,党的十一届三中全会以后,实行改革开放政策,发展社会主义商品经济,个体工商业重新受到重视和鼓励。

四、商标监督管理

商标在安徽历史悠久,早在西周时期全省境内就出现了某产、某记等字样的原始形式的商标。几千年来,商标随着时代的变迁而不断演进,它印证着全省商品经济发展的轨迹。安徽对商标的管理始于晚清时期,但当时全省工商界大多数不重视商标的作用,因而商标注册极少。1949 年中华人民共和国成立以后,国家和安徽省各级政府对与商品经济发展密切相关的商标管理工作逐渐重视起来,颁发了有关商标管理的法规和文件,并加强了商标注册登记管理,保护注册商标专用权,至 1966 年"文化大革命"前,全省已逐步建立起较为完善的商标管理制度。至 1959 年底,芜湖市有注册商标 112 件、蚌埠市有 57 件、合肥市有 70 件。同时,各市都初步建立了商标档案。

"文化大革命"期间,安徽省的商标管理工作受到极"左"思潮的冲击,商标注册登记被迫中断。

党的十一届三中全会召开以后,随着改革开放和商品经济的迅速发展,国家恢复并加强了商标注册登记管理,安徽省商标管理工作开始走向正常轨道,全省工商行政管理系统大多数单位都建立了商标专职管理机构,逐步形成了一支具有较高素质的商标管理队伍。

五、广告监督管理

1949 年中华人民共和国成立后,安徽省首先对旧社会遗留下来的广告业进行了整顿和改造,广告开始了为社会主义商品经济服务的新历程。但由于当时对广告的作用并没有充分重视和认识,甚至认为广告是资本主义的东西,加上当时安徽经济又十分落后,因而广告的发展在很大程度上受到了遏制。1957 年,中国参加了社会主义国家 13 国的国际广告会议,并在会议决议上签了字,国家开始重视广告工作。安徽省根据国家规定,将各广告公司纳入工商行政管理部门和商业部门的监督管理之下,使广告事业在健康和法制的轨道上发展,广告事业逐渐有了起色。但是后来由于种种原因,安徽的广告事业长期停滞不前。

六、市场监督管理

新中国成立后，安徽贯彻国家经济政策，扩大城乡物资交流，恢复和发展集市贸易，建立新的市场经济秩序。1953年国家提出过渡时期总路线，开始对私营工商业进行社会主义改造。随着国家对粮、棉、油统销政策的贯彻实施，安徽开始加强对粮食市场管理，不准粮食自由上市，经营粮食的私商一律纳入国家计划管理。

1956年以后，国家实行计划经济管理体制，安徽也不断扩大统派购和计划收购农副产品范围；工业品和工业生产资料亦进行分类管理，统购包销，统一定价，禁止自由流通。1961年，开始进行国民经济调整，开放集市贸易，有限度地放宽市场管理政策，商品流通逐渐活跃，这对改善城市农副产品供应起到了重要作用。

1963年后，开展"四清运动"，接着是"文化大革命"，市场管理越来越死，集市贸易市场几乎处于关闭状态。

七、经济合同监督管理

1950年9月，国务院财经委员会颁布了《机关、国营企业、合作社签订合同签约办法》，这是新中国成立后第一个关于经济合同方面的立法。1950年月10月贸易部颁发《关于认真订立和严格执行合同的规定》，合同订立后，必须严格执行，保障其法律效力。1952年安徽省商业厅通过各地商业部门对全省经济合同执行情况进行全面检查，合同的履约率在90%左右，同1951年合同完成30%对比，履约率有较大幅度的提高，对推动国民经济迅速恢复和稳定市场经济秩序起了重要作用。1956年社会主义改造完成后，市场结构发生根本变化。1958年8月，中共八届六中全会作出的《关于人民公社若干问题的决议》中指出，为了保证交换计划的实现，要在国家和公社之间、公社和公社之间，广泛推行合同制。20世纪60年代初，国家对国民经济实行"调整、巩固、充实、提高"的方针，并逐步恢复了经济合同制度，合同制度在全省得到较快的发展。

在"文化大革命"期间，安徽省经济合同制度遭到破坏，经济合同制度被当作管、卡、压的资本主义工具被完全否定，合同成为一纸空文，并给安徽省的经济秩序带来极大混乱。

第二部分 （1979—2008.6）

第一节　概　　述

党的十一届三中全会确定了党的工作重点转移到社会主义现代化建设上来的战略决策，社会、经济各方面都发生了巨大的变化。安徽工商行政管理也经历着几个发展阶段：从恢复组建、开拓和发展各类专业市场并加强管理，到全面实行法制化、规范化的市场监管。1988年国家机构编制委员会审议通过的国家工商行政管理局"三定"方案下发和1999年工商行政管理体制改革实行省以下垂直管理后，进一步确定了新时期工商行政管理机关的新任务。多年来，安徽省工商行政管理局认真履行职责，狠抓规范化、制度化建设，开拓创新，各项工作呈现出良好的发展势头，市场监管效能和水平不断提高，工商行政管理系统自身建设取得明显成效，服务经济发展的能力显著增强，在加强市场监管水平、推动长效机制建设、服务地方经济发展等方面做出了新的贡献。2007年，全省工商系统食品安全整治工作受到国务院产品质量和食品安全检查组的充分肯定；打击传销工作和信息化建设工作得到国家工商总局的充分肯定；治理自行车被盗专项行动受到中央综治办、国家工商总局等六部委局办的联合表彰；发展"订单农业"、创新监管模式等业务工作被国家工商总局作为经验在全国工商系统进行了推介。六安市、蚌埠市工商局的清理整顿劳动力市场秩序工作受到了劳动保障部、公安部、国家工商总局和人事部四部委的联合表彰。

第二节　安徽省工商行政管理机构沿革及发展概况

一、省工商行政管理局及内设机构的设置及调整

党的十一届三中全会召开以后，全省工

商行政管理工作经过拨乱反正,组织机构得到了恢复。1981年2月,安徽省人民政府批准单独成立安徽省工商行政管理局,标志着安徽工商行政管理步入了健康发展的新时期。省工商行政管理局内设办公室、企业登记商标管理处、经济合同处、市场管理处等处室。1983年,中共安徽省委、安徽省人民政府进行机构改革,省工商行政管理局内设机构又调整为办公室、人事教育处、市场管理处、经济合同处、企业登记管理处、商标广告处、调研处等。1986年,省工商行政管理局又增设外资处、经济检查处。通过改革,转变职能,强化监管,提高效能,增强执法的统一性、权威性和有效性,逐步建立了办事高效、运转协调、执法统一、与社会主义市场经济相适应的安徽省工商行政管理新体制。至2008年6月,安徽省工商行政管理局局机关下属17个处室,5个事业单位,17个市工商分局。

在建设社会主义市场经济体制的新时期,工商行政管理机构和职能得到进一步强化。1996年,根据《安徽省工商行政管理局职能配置、内设机构和人员编制方案》,省工商行政管理局设置的职能处室有:办公室、人事教育处、监察室、机关党委、法制处、市场监督管理一处、市场监督管理二处、商标监督管理处、广告监督管理处、经济合同管理处、公平交易局、企业注册处、外资企业注册处、个体私营经济管理监督处、直属分局等。省工商行政管理局的职能也发生了重要转变:改革企业登记制度,将现行的审批设立制度逐步过渡为依法核准登记注册制度;拓宽监督管理范围,从侧重于监督管理集贸市场和工业品市场,拓展为监督管理和参与监督管理全省各类市场;调整行政执法对象,从重点查处投机倒把活动转变为依法规范市场交易行为,保护公平竞争;提高管理层次,运用法律及行政手段进行监督管理。1997年,省工商行政管理局又增设财务装备处,并把市场监督管理一处、市场监督管理二处合并为市场监督管理处。1999年工商行政管理体制改革、实行省以下垂直管理后,安徽省工商行政管理局内设机构保持不变,但职能得到进一步强化。

2000年8月,安徽省人民政府实行机构改革,对省工商行政管理局的职能配置、内设机构和人员编制又进行了规定。省工商行政管理局的内设机构有办公室、政策法规处、公平交易局(消费者权益保护处)、企业注册处、市场规范管理处、合同监督管理处、广告监督管理处、个体私营经济监管处、财务装备处、人事处、综合处等11个处室(局),此外还有商标管理局、直属局两个派出机构以及按有关规定设置的离退休干部管理、纪检监察、机关党委等机构。

挂靠在省工商部门的各级学会、协会和直属机构等单位,积极发挥自身职能作用,在行业自律、理论研究、干部培训、优化服务等方面做了大量工作,取得了新的成绩。

同时,县级机构及工商行政管理所的设置也进行了调整。1979年全省建立751个基层工商行政管理所,到1988年底,按经济区划设立了874个工商行政管理所、1个检查站。1988年,全省9个省辖市、7个行署和114个县(区)设立了工商行政管理局,至2008年底,全省市、县(市、区)均设立了工商行政管理机构,设立1 200个工商所。

二、工商行政管理队伍建设与发展

1978年党的十一届三中全会后,安徽省工商行政管理系统的干部、职工队伍发展迅速,由1981年建局之初的3 427人,经过多次增编,到1988年已扩大为11 418人,增加了7 991人,到2008年底,安徽省工商局全面完成公务员登记工作,全系统12 930名公务员通过省人事厅审核并予以登记。

安徽省工商行政管理局把干部教育作为一项长期的战略任务,结合工作和每个人的实际情况,广开教育之门,因人施教。1984年2月,安徽省工商行政管理局建立了省工商行政管理学校,1986年6月和1987年4月先后经省编委、省教委批准建立了干部学校和中专学校,并在干校内设职工中专班和中等教育函授站。安徽省工商行政管理学校与安徽省工商行政管理干部学校是两块牌子,一套班子,县级建制。全省各市工商局也相继建立起干部培训班和各种形式的干部培训中心,在全省工商行政管理系统内形成了形式多样的教育工作新局面。省工商学校(干校)先后开办和联办了电视大学班、武汉大学函授班、中专函授班,省及市、县工商行政管理局同时还输送一批干部、职工到四川大学、上海财经大学和当地党校大专班、中专班、业余高中、各类业余大专、中专函授班学习。至 2008 年 6 月,全省工商行政管理系统(不包括所属事业单位、社会团体及其他机构)大专以上文化程度的干部达 11 181 人,占总人数的 84.46%,与新中国成立之初相比,文化程度、人员素质、政策业务水平都有很大提高。

2001 年 9 月,根据安徽省人民政府领导的要求,省工商行政管理局在省直单位率先制定下发了《关于创建人民满意工商行政管理所活动的决定》,在全省工商行政管理系统广泛开展了创建"人民满意工商行政管理所"活动,省、市、县三级工商行政管理局领导班子成员在基层建立了"创建人民满意工商行政管理所"联系点近 400 个,省工商行政管理局领导和机关各处、室(局)分别在全省建立了活动联系点 25 个,已涌现出一批由各级党委、政府和工商局命名的"人民满意工商行政管理所"。

为认真贯彻《党政领导干部选拔任用工作条例》,深化干部人事制度改革,大力加强各级班子建设,2002 年,省工商行政管理局下发了《关于对市工商行政管理局领导班子成员及同级非领导职务干部实行 2001 年度考核的通知》,制定了考核标准,规定了考核程序,明确了具体要求。

近年来,省工商行政管理局每年抓住一个契机和载体,大力加强队伍建设,大力加强党风廉政建设。2000 年以"整顿市场秩序,整顿队伍作风"为契机,在整顿和规范市场经济秩序的同时,大力整顿队伍作风,全省工商行政管理系统查处了 513 名干部职工的违纪违法问题;2001 年,以迎接省人大开展的对省工商行政管理局市场监督管理工作进行上下联动的评议为载体,大力加强纪律作风整顿。为适应新形势、完成新任务,实现全省工商行政管理系统规范化、现

代化的建设,省工商行政管理局组织编写了《县级工商行政管理局工作规程》和《工商行政管理所工作规程》,对工商行政管理工作人员的工作职责、事项、原则、方法和管理依据、程序、标准以及岗位职责等方面都作出了规定,为县、所两级工商行政管理工作提供了一个系统的、可操作的规范程序。2007 年,安徽省工商局以科学发展观为指导,树立科学监管新理念,以强化制度建设为着力点,积极推进市场监管长效机制建立,工商系统自身建设也取得明显成效。在制度建设中,先后修订出台了 29 项管理制度,内容涵盖日常工作行为、干部选拔、队伍教育培训、财务管理、工作作风等环节,做到了有章可循,有据可依。

为建立一支高素质的执法队伍,切实担当起主管市场监管和行政执法职责的要求,省工商行政管理局还大力加强了法制建设,起草并提请省人大、省政府颁布实施了《安徽省经济合同管理办法》、《安徽省市场登记管理办法》、《安徽省户外广告监督管理办法》、《安徽省保护消费者合法权益条例》、《安徽省反不正当竞争条例》、《安徽省城乡集贸市场管理条例》、《安徽省经纪人管理暂行办法》、《安徽省著名商标认定办法》、《安徽省股份合作制企业登记管理办法》及《安徽省个体工商户和私营企业权益保护条例》等一系列地方性法规和规章。近年来,进一步修订完善了《安徽省工商行政管理机关行政处罚自由裁量权适用规则(试行)》等规范性文件,对于保证工商行政管理机关依法行政起到了较好的作用。

近年来,省工商行政管理局连续在省政府目标考核中获得"优秀"等次,2001 年,省工商行政管理局在省人大组织的对市场监督管理工作评议中获得了好评;在安徽省人民政府省直目标管理单位年度考核中名列前五名,创造了历史佳绩;省工商行政管理局机关还获得"安徽省文明单位"荣誉称号。同时,何付凯同志被人事部、国家工商行政管理总局追授为"模范公务员"。广德县工商行政管理局李迪江同志被团中央等单位授予第三届"中国优秀青年卫士"称号;天长

市工商行政管理局被省政府记集体一等功；太和县工商行政管理局被党中央授予"全国农村'三个代表'重要思想学教活动先进集体"荣誉称号；宣城市工商行政管理局宣州分局被中宣部、国家工商行政管理总局确定为全国创建文明行业先进集体候选单位；马鞍山市龚玉枝等5位同志荣获第三届"安徽省杰出（优秀）青年卫士"光荣称号。2004年，合肥市工商局庐阳分局长江中路工商所等14个工商所、合肥市工商局城隍庙分局局长杨锐等18人获得国家工商总局"全国工商行政管理系统先进工商所"和"优秀工商行政管理人员"称号并受到表彰。

第三节　安徽省工商行政管理发展主要成就

一、查处经济违法违章案件

　　党的十一届三中全会以后，经济监督检查工作发生了较大变化，以经济建设为中心，支持改革开放，保护合法经营，维护社会主义经济秩序，促进商品流通。随着商品经济的发展与市场交易的活跃，经济检查工作越来越重要。1989年5月，安徽省工商行政管理局与安徽省编制委员会联合下发了《关于各县（市）工商行政管理局设立经济检查分局的通知》，各市局经济检查分局一般配备15至20人，县局经济检查分局一般配备8至12人。到1989年底，全省已有44个市、县建立经济检查分局，占应建总数的52%，还有31个县局成立检查队或经检股，占41%；4个行署局成立经检科，全省配备经济检查干部550人。到2002年底，全省各市、县工商行政管理局都设立了公平交易局或经济检查科、股（分局），已有经济检查队（站）110个，在职公务员741人，占全省在职人员的4.49%。安徽省工商行政管理局还于1987年2月发布了《安徽省工商行政管理机关查处投机违法案件程序暂行规定》，为各级工商行政管理部门所遵循。

　　多年来，安徽省工商行政管理机关切实履行职能，以打击假冒伪劣、走私贩私、欺诈交易以及不正当竞争行为为重点，采取日常检查和集中整顿相结合的方法，积极拓宽执法范围，突出办案重点，进一步强化公平交易执法力度，严厉打击经济违法违章活动，有力地维护了市场秩序。为切实维护农民利益，全系统积极开展红盾护农行动，仅2007年，就检查各类农资经营主体2万余户次，检查各类农资市场530余个次，查获假劣化肥2 276余吨、种子54吨、农药32余吨。近年来，安徽省工商行政管理机关积极开展流通领域商品质量和食品安全等专项整治行动，在规范市场秩序上取得新成效。在2007年，各地集中开展了近4个月专项整治行动，全面完成了"两个100%"和"一个彻底解决"的目标任务。全省清理规范食品生产经营主体15.2万户，取缔无照经营6 350户，立案查处制售假冒伪劣食品案件1 186个，查获不合格食品9.8万公斤，进一步净化了市场环境。据统计，2003年至2007年，全省工商系统共查处经济违法违章案件87 171件，总案值18.85亿元。

　　禁止传销和查处各种形式的变相传销活动，维护市场秩序和社会稳定。1998年《国务院关于禁止传销经营活动的通知》及国家工商行政管理局《关于贯彻落实〈国务院关于禁止传销经营活动的通知〉的通知》下发后，全省各级工商行政管理机关态度坚决，认真组织开展了禁止传销经营活动专项治理工作。在国务院《通知》规定的期限内，全省13家传销企业进行了转制，其中11家变更经营方式，2家办理注销。全省各级工商行政管理机关共查处国务院《通知》下发后继续从事传销或变相传销案件10多起，涉案人员1 000余人，涉案金额97.2万元。2007年，全系统深入开展商业贿赂专项治理，加大打击传销力度，全年共立案查处商业贿赂案件277起，案值3 084万元；共查处传销案件16起，与公安等相关部门配合取缔传销窝点1 542个，清查遣散涉嫌传销人员3.49万人次。由于各地高度重视、措施得力、工作细致，成绩显著，消除了危害社会稳定的隐患，维护了社会主义市场秩序。

　　查处不正当竞争案件取得突破性进展。据统计，从1995年至1999年，全省共查处不正当竞争案件 2 094 起。特别是 1998 年《安徽省反不正当竞争条例》颁布实施后，弥补了《中华人民共和国反不正当竞争法》操作性不强的缺陷，全省工商行政管理机关查处不正当竞争案件的力度加大，查处案件数明显上升。从 1998 年至 2002 年，全省共查处不正当竞争案件 5 629 件，罚没款 3 338 万元，案件总值达 26 291 万元。同时，对侵犯商业秘密、商业贿赂、串通投标招标和不正当有奖销售等难点案件的查处也有了突破。2006 年至 2008 年上半年，全省各级工商部门深入开展商业贿赂专项治理行动，共查处案件 845 件，涉案金额达 13 244.6 万元。

二、内、外资企业监督管理

1979 年颁发《安徽省关于工商企业登记管理的暂行规定》，对企业名称、经济性质、经营范围和经营方式均作了详细规定。1983 年为贯彻国务院《工商企业登记管理条例》和国家工商行政管理局制定的《工商企业登记管理条例施行细则》，省工商行政管理局经省人民政府批准制发《安徽省工商企业登记管理具体施行办法》，企业登记管理工作重点转入对企业经常性的监督管理。1985 年，为适应新形势下的工商企业登记管理需要，省工商行政管理局制定了《安徽省工商企业名称登记管理暂行实施办法》和《关于当前工商企业登记管理工作中几个问题的意见》，对企业名称、经营范围等重新做了规定。1986 年 11 月，省工商行政管理局还就企业法定代表人的登记事宜，制定了《企业法定代表人登记办法》，规定企业法定代表人必须办理登记手续。随着外商投资企业的发展，1987 年省工商行政管理局制发了《关于外商投资企业登记注册后有关事项管理的通知》，加强了对外商投资企业登记监督管理。1988 年底，省工商行政管理局制发《安徽省企业法人登记审批程序》，建立健全企业法人登记审批制度，使企业登记管理工作趋于完善。

近年来，全省各级工商行政管理部门，认真贯彻《中华人民共和国公司法》、《中华人民共和国公司登记管理条例》和《中华人民共和国企业法人登记管理条例》，在推进建立现代企业制度，推进国有企业改革、改组和改造等方面，根据国际惯例进行了一系列企业管理制度改革，逐步简化前置审批，初步建立起以"准则登记为主，审批设立为辅"的新体制，向着国际惯例接轨迈进。

支持企业转换经营机制成效突出。制定下发了《安徽省股份合作制企业登记管理办法》和《关于进一步支持国有企业改革，切实做好下岗职工再就业工作的意见》、《改进企业登记工作促进国有企业发展的若干意见》、《关于贯彻落实中共十五届四中全会和省委六届九次全会精神的意见》，支持发展企业集团和国有中小型企业的改组、改制、改造；提前介入企业改制工作。以上举措，有力地推动了全省国有企业改革，特别是《安徽省股份合作制企业登记管理办法》作为安徽省关于企业登记管理方面的第一个省政府规范性文件出台后，有力地推动了全省股份合作制企业的健康发展。

为认真贯彻落实《中共安徽省委、安徽省人民政府关于整治和改善经济发展环境的实施意见》，改善省内经济发展环境，全省各级工商行政管理机关围绕市场准入，积极改革，努力创新，推行了"工商受理、转递相关、并联审批、审核登记"的企业登记审批制度，有效地缩短了行政审批和企业登记的时间，在一定程度上防范了行政审批中的不正之风，增强了行政审批的透明度。按照省委、省政府的要求，省工商行政管理局在芜湖市开展了企业设立由审批制改为登记制的试点，规定了登记制试点企业的条件、范围，提出了"工商登记、转告相关、限时办理、反馈工商"的登记程序和操作办法，为企业登记管理和行政审批制度改革摸索出了好的思路、办法。近年来，全省大力推进信息化建设，为创新监管和服务方式提供技术支撑。目前，全省大部分工商机关实现了国家、省、市、县、所五级工商业务专网互联互通。全省企业"经济户口"数据库基本建立。全省工商业务专网已基本建成，启用了新工商业务软件、OA 办公自动化系统。省、市视频会议系统已经投入运行。各级工商机关基本建立企业信用分类监管体系。全省工商系统集中力量,对全省各类企业信用数据进行了认真整理、补录、入库。经过国家工商总局检测,全省数据库数据完整率达99.81%,数据准确率达99.54%,各项指标均达到或超过国家工商总局检查验收标准。同时,初步建立了近3万余户农资经营者信用分类监管制度。安徽省工商系统信息化建设取得了量的突破、质的提升,由全国工商系统后进位置跃升至先进行列。

产业内部结构逐步升级,工业内部结构加速调整,传统产业改造取得成效,高新技术产业发展加快。到2002年底,第一、二、三产业所占的比重分别为1.02%、24.11%、74.87%。机械、电子、家电、汽车、能源原材料等行业主导作用日益增强,海螺、奇瑞、丰原、江汽、华茂等一批优势企业脱颖而出,带动了整体工业经济的快速增长。三产中新兴服务业发展势头良好,通信、旅游、房地产、连锁经营、社区服务等新兴服务业呈现快速发展态势,在第三产业中的比重不断提高,其中交通运输、仓储及邮电通信业由1992年底的4 671户发展到2002年底的7 042户,增长50.76%;房地产和社会服务业由1992年底的12 337户发展到2002年底的12 432户,增长0.77%。截至2007年底,全省实有国内工商企业85 361户,注册资本3 256.56亿元。尤其是《中华人民共和国公司法》颁布实施后,作为现代企业组织形式的公司增长显著。

在内资企业健康发展的同时,全省工商行政管理机关加大对外商投资企业的登记管理力度,使外商投资企业不断发展,使之成为安徽外向型经济的重要组成部分。外商投资企业规模不断扩大。1984年,安徽省创办新中国成立后第一家中外合资企业——中国安利人造革有限公司,到1984年底全省仅有3家外商投资企业登记注册,投资总额447万美元,注册资本201万美元。经过发展,到1992年底,全省实有外商投资企业880户,投资总额129 210万美元,注册资本93 318万美元。2007年底,全省外商投资企业已发展到2 637户,投资总额562 533.58万美元。仅2007年,全省新登记外商投资企业502户、投资总额56.3亿美元、注册资本35.3亿美元、外方认缴28.2亿美元。其中,投资总额、注册资本、外方认缴比上年同期分别增长50.6%、61.7%、59.3%,都创历史新高。

加强对外商投资企业的监督管理。按照国家工商行政管理总局和省人民政府的部署,安徽省工商行政管理部门和有关部门一道,对外商投资企业实施联合年检,加强监督管理。通过实施联合年检,确保了年检的质量,也提高了利用外资的质量。外商投资企业中,亚洲国家和地区所占比重较大,投资领域几乎遍及国民经济第一、二、三产业的各个行业,并遍布全省各地。

三、个体私营经济监督管理

党的十一届三中全会以后,实行改革开放政策,发展社会主义商品经济,个体工商业重新受到重视和鼓励。1980年9月,安徽省工商行政管理局、商业厅、供销社联合发出《关于活跃经济生活,恢复和发展个体工商业的通知》,全面恢复对个体工商业的登记管理。1982年,省工商行政管理局根据国务院颁布的《关于城镇非农业个体经济若干政策规定》,发出《关于发展城镇个体经济意见的通知》。1998年,省委下发了关于加快个私经济发展的2号文件。2000年7月,省委、省政府召开了全省个体私营经济工作会议,相继,省人大颁布了《安徽省个体工商户和私营企业权益保护条例》,省委、省政府印发了《关于进一步加快发展个体私营经济的若干意见》,省工商行政管理局制定了关于行业准入、注册资本逐步到位等五个方面突破性的意见,为安徽个体工商业的发展创造了宽松的外部环境。近年来,全省各级工商行政管理机关进一步解放思想,开动脑筋,采取措施,正确引导,鼓励发展,依法管理,各市都建立了行政服务中心和个私企业、外来企业投诉举报中心,推行"一站式"服务和办事限时制,进一步规范市场经济秩序、优化经济发展环境;各地还大力实施"550工程"、"6100帮扶工程"、"七帮扶"活动,建立了私营企业信贷担保体系,解决了个私企业融资难、贷款难的问题。2002年,全省工商行政管理系统进一步改革行政审批制度,简化登记程序,为投资者提供了优质、高效的服务。至 2007 年底,全省个体工商户总量为 112.5 万户,从业人员 267.3 万人,注册资金 201 亿元;私营企业 144 901 户,雇工人数 182.7 万人,注册资金 1 879.4 亿元。近年来,各级工商部门认真落实促进个体私营经济发展政策,大力促进非公经济发展,仅 2008 年上半年就新增个体工商户 9.86 万户,私营企业 1.8 万户,分别比上年同期增长 55.6% 和 22.45%。

个体私营经济成为吸纳剩余劳动力的重要渠道。全省各级工商行政管理机关把实施再就业工程和发展个体私营经济结合起来,通过引导、鼓励国有企业下岗职工从事个体私营经济,鼓励个体私营企业安排国有企业下岗职工再就业。至 2002 年,全省个体私营经济从业人员已达到 422.77 万人,个体私营经济从业人员与全省总人口和全省从业人员的比重分别达到 6.67% 和 12.08%。从 1998 年到 2002 年,全省个私经济共安置国有企业下岗职工 41.25 万人,对支持国有企业改革脱困、维护社会稳定发挥了重要作用。近年来,全系统优化服务,积极促进各类经济主体快速、健康发展。截至 2007 年底,全省下岗失业人员持《再就业优惠证》申办个体工商户的有 2.58 万人,工商部门免收各类收费 4 086 万元;引导高校毕业生从事个体经营的有 2 274 人,免收费 170.25 万元。全系统以产权制度改革为中心,积极推动国有骨干企业的资本重组,帮助企业做大做强。

科技型私营企业异军突起,投资市场化和外向型发展趋势明显,已成为个私经济发展的新亮点。到 2002 年底,全省科技型私营企业 4 542 家,从业人员 12 万人,年技工贸收入 207 亿元,技工贸收入超千万元以上的有 242 家,超亿元的有 26 家,经营领域涉及机电、电子、电脑软件开发、化工、食品、医药和农业"三高"等新兴行业,已成为该省技术创新的生力军。随着市场经济的进一步完善和发展,各地打破市场垄断和地区封锁,投资市场化的趋势初步形成,跨地区投

资的企业也愈来愈多。到 2002 年底,全省有出口创汇私营企业 294 户,获得外贸自营进出口权的私营企业首次突破 100 户,达到 123 户,形成了一批在国内外具有一定影响力的外向型私营企业集团,产品涉及电子、服装、食品、机械等 10 多个行业,销往 10 多个国家和地区,2001—2002 年出口创汇折合人民币 22 亿元。被列为全省 50 户重点骨干工业企业的有 3 户,安徽鸿运集团产品 2002 年出口英、美、法、德等国,出口创汇 2 407 万美元,较上年增长 18%,成为继蚌埠丰原、马钢国贸之后的第三大出口生产型企业。

个体私营经济逐步成为县域经济的主体。目前全省县域规模以上工业中,以非公有制经济为主的非国有工业已占据三分之二左右的比重,远高于全省平均水平。一批县市通过加大改革力度,全面引入激励机制,收到了明显的效果。非公有制经济的发展打破了传统的产业结构,培育了一批块状特色经济,加快了农民奔小康的步伐。随着农村个体私营经济的发展,农村产业结构得到调整,经营特色农业、高效农业,发展一村一品、一镇一品、城乡一体化等特色经济已成为农村非公有制经济发展的主流,相当一部分乡、镇从传统的种植业中走出来,变本地资源优势为商品和经济优势,大力开展以种植、养殖业为主体的农副产品深度加工、开发和销售,以不断完善的农村市场体系为依托,加速推进农业产业化进程,使农村专业化生产的经济效益不断提高,农业综合开发收入已成为乡、镇、村的主要财政来源。

非公有制企业党建工作取得显著成效,党支部的战斗堡垒作用和党员的先锋模范作用得到充分发挥。随着个私经济的迅速发展,全省各级工商行政管理机关一直将非公有制经济党建工作放在重要的议事日程上,切实加强领导。在各级党委的领导下,采取灵活多样的方式开展活动,积极开展党建工作,紧紧围绕生产经营活动,认真开展了"党员示范岗"、"共产党员经营户"、"党员责任区"等活动,开展结对帮扶、捐资助学等公益事业,增强了党组织的凝聚力,树立

了党员的良好形象,涌现出一批先进党组织和优秀党员,使全省非公有制经济党建工作得到长足发展。

四、商标监督管理

1978 年以来,国家恢复并加强了商标注册登记管理,安徽省商标管理工作开始走向正常轨道,全省工商行政管理系统大多数单位都建立了商标专职管理机构,逐步形成一支具有较高素质的商标管理队伍。

1982 年,《中华人民共和国商标法》颁布,安徽省各级工商行政管理部门在商标注册的申请、核转、商标的使用、印刷、档案管理以及保护全省注册商标专用权、打击假冒商标等方面做了大量的工作。1988 年底,全省注册商标达到 4 453 件。一批企业的产品在全国获得了各种质量奖,安徽省的商标管理工作取得了显著的成效。尤其是《中华人民共和国商标法》颁布实施以来,全省各级工商行政管理机关,以保护注册商标专用权为中心,加大商标行政执法力度,依法查处商标违法案件,努力创造良好的市场环境。全省商标事业蓬勃发展,突飞猛进,为我省经济建设发挥了重要作用,注册商标成倍增长。截至 2008 年 6 月,安徽省著名商标已达 699 件,中国驰名商标已达 22 件。

1992 年,省工商行政管理局在全省广泛开展了首届消费者评选著名商标活动,评选出 50 件“安徽省著名商标”,1997 年、1998 年又先后认定了 221 件商标为“安徽省著名商标”。2001 年,省工商行政管理局又认定了 28 件“安徽省著名商标”,并对 1997 年认定的 91 件省著名商标办理了延续手续。

近年来,各地申请、利用商标主动性高涨,商标申请量逐年递增,地理标志证明商标也有多项申请成功。继泾县宣纸成功申报原产地产品保护后,2002 年砀山酥梨、口子窖酒、黄山毛峰、滁菊、古井贡酒五个产品成功申报原产地产品保护。名牌战略的实施,给这些企业带来勃勃生机,使之成为安徽产品开拓市场,参与竞争的有力武器。2007 年,全省工商系统帮助“丰乐”、“司尔特”、“鸿润”等商标成功申报中国驰名商标,帮扶“祁门红茶”、“九华佛茶”、“太平猴魁”等成功申报地理标志。

保护商标专用权成效明显。各级工商行政管理机关在加强发展注册商标工作的同时,加强了对商标违法案件的查处工作,有力地维护了商标所有者的合法权益和消费者的利益。从 1994 年到 2002 年,全省各级工商行政管理机关共查处各类商标违法违章案件 11 340 件,收缴和消除商标标识 6 167.35 万件,罚款金额达 3 944 万元。1998 年 3 月,省工商行政管理局支持美国诺克罗斯公司向国家工商行政管理局商标评审委员会提出撤销香港芬港有限公司抢注其“NORTHERNER”和“SERVUS”两件商标,并获成功。此事在社会上产生了良好影响,增强了外商投资的信心。2001 年 2 月,省工商行政管理局立案查处了安徽立阳药业有限公司侵犯日本尤妮佳株式会社的“苏菲”及“SOFY”商标专用权的案件,制止了商标侵权行为,保护了外商合法权益,日本企业非常满意,派专人从日本赶到合肥,向省工商行政管理局赠送了“商标卫士,执法先锋”的牌匾。2007 年,全系统认真组织开展了保护注册商标专用权专项执法行动,查处各类商标侵权案件 2 591 起。2008 年上半年,全省奥运标志保护工作取得明显成效,查处侵犯奥林匹克标志专有权案件数 200 余起;拆除非法设置的奥运倒计时设施 6 处,没收侵犯奥林匹克专有权的各类物品 3 万多件(套)、销毁各类宣传单 10 万多份,为北京奥运会成功举办做出了积极贡献。

五、广告监督管理

党的十一届三中全会以后,商品流通日益活跃,广告事业开始摆上重要位置,并蓬勃发展起来。为了加强对广告的管理,1982 年,国务院发布了《中华人民共和国广告管理暂行条例》,1987 年又发布了《中华人民共和国广告管理条例》。安徽省各级工商行政管理部门认真贯彻执行国家有关广告管理法规,并制定出一系列广告管理措施,使广告管理工作逐步规范化,促进了安徽省广告事业的健康发展。

2002 年底,全省广告经营额已达 17.24 亿元,是 1982 年 150 万元的 1 149 倍;广告经营单位为 2 537 户，是 1982 年 51 户的 49.75 倍；广告从业人员 23 416 人，是 1982 年 315 人的 74.34 倍。在现有的广告经营单位中，国有、集体、个体私营和股份制企业共同发展，初步打破了所有制、地区与部门的界限，尤其是个体私营企业和股份制企业，近年有了迅速的增长，使安徽省广告业呈多元化趋势。

全省已涌现出一批素质较好、标准较高、代理能力较强，很有发展前途的公司。如金鹏国际广告公司、安徽省广告公司、合肥中策广告公司、宁国装饰广告公司、池州震天广告公司、黄山纵横广告公司等已成为全省广告行业的佼佼者，构成了安徽广告行业的骨干支撑力量，也为推行广告运营的全面代理制打下了基础。初步形成了一个门类齐全、媒体多样化、发展技术较为先进的广告宣传网络。到目前为止，全省广告发布的媒体已有电视、报刊、电台、有线广播以及户外广告群等，有影视广告、平面广告、印刷品广告、电子大屏幕广告、户外广告牌（架）等各种门类广告，也有像电脑设计制作、彩色喷绘、大型霓虹灯管（架）、高架灯箱、飞艇气球升空广告等较为先进的广告制作与发布技术。

广告质量和公益广告有了新突破。为提高广告策划、创作、制作水平，推动广告事业的健康发展，全省共开展了四届"安徽省广告优秀作品评选活动"。1997 年，省广告协会从第四届活动获奖作品中推荐 23 件参加 1997 年中国（广州）广告节组委会展评，其中《见义勇为》（公益电视广告）获金奖，另有 4 件作品获入围奖。1998 年，省工商行政管理局和省委宣传部联合开展了以"自强创辉煌"为主题的公益广告评选活动，全省共发布公益广告 26 100 条。

依法查处广告违法案件，加强广告监管力度。全省广告监督管理部门认真贯彻落实《中华人民共和国广告法》，有计划、有步骤地开展广告执法检查，对广告市场秩序进行整顿，重点对虚假广告、违禁广告、无证明或证明不全广告及非法经营广告案件进行查处，有力地净化了广告市场秩序，推动了

广告业健康发展。2007 年，全省深入开展虚假违法广告专项整治，共查处各类违法广告案件 2 790 件。

六、市场监督管理

1978 年以后，我国恢复集市贸易，发展个体私营经济，改革商品流通体制，调整商业购销政策，建立了多种经济成分、多种经营方式、多条流通渠道并存的市场体系。安徽省工商行政管理局编印了《市场管理手册》、《市场管理与实践》、《市场管理理论研究》以及《市场统计资料》等书籍，供各地工商行政管理人员学习。

近年来，全省各级工商行政管理机关拓宽市场监管领域，加大市场监管力度，完善市场交易规则，变革市场监管方式，规范市场交易行为，大力推行市场巡查制，为维护社会主义市场经济秩序，推动全省经济发展发挥了重要作用。经过改革开放 20 多年的培育，安徽省城乡各类市场正在迅速发展，呈现出良好的发展势头。省委、省政府《关于加快市场建设的决定》，进一步调动了各地和社会方方面面建设市场的积极性，全省累计投入市场建设资金 53.4 亿元，建设总面积 1 978 万平方米，形成了大批的永久性、半永久性市场。到 2002 年，全省共有商品交易市场 3 943 个（其中消费品市场 3 494 个），比 1980 年的 2 301 个增加了 1.71 倍；全省各类市场年成交额达 1 044.33 亿元，年成交额亿元以上的市场 139 个，其中超十亿元的市场 11 个。全省涌现出如亳州中药材市场、安徽大市场、合肥城隍庙市场、合肥长江农贸批发市场、安徽刘渡木材市场等一批全国闻名的市场，一个跨地区、跨行业、门类齐全、大中小结合、专业结合协调、批发零售配套的多种类、多功能、多层次、多种经济成分并存的市场格局已基本形成，"建一处市场、活一片经济、兴一批产业、富一方群众"已成为社会各界的共识。截至 2007 年底，全省工商机关登记注册的农村经纪人达 1.15 万户，比上年同期增长 41.7%；经纪业务总量达 60.2 亿元。

市场监管范围逐步扩大。随着市场经济的不断发展，安徽省工商行政管理部门积

极转变职能,从侧重于监管集贸市场和工业品市场,转变为监管社会主义大市场。省工商行政管理局出台了《关于加强生产资料市场和生产要素市场监督管理工作的决定》后,各地积极创造条件,克服畏难情绪,主动介入运输、农资、劳动力、经纪人等"双生"市场的监督管理,促进了"双生"市场的发展。据统计,截至2002年底,全省共有"双生"市场449个,其中生产资料市场323个,生产要素市场126个。

加强粮食市场监管,保证粮食流通体制改革顺利进行。国务院颁布《中华人民共和国粮食收购条例》以来,全省各级工商行政管理机关切实履行职责,强化粮食市场监管,查处了一大批非法收购粮食的案件,有效地遏制了非法收购粮食的势头,为推动粮食流通体制改革做出了积极贡献。从1998年到2002年,全省共查处非法收购粮食案件8 183件,罚没款3 193万元。

进一步清理整顿文化市场。按照国家工商行政管理局和省"扫黄打非"领导小组的统一部署,全省工商行政管理机关多次开展"扫黄打非"专项活动。从1998年到2002年,全省工商行政管理系统共出动检查人员44 914人(次),收缴非法音像制品25万余盒(张)。通过整顿,清除了文化垃圾,促进了精神文明建设。

净化农资市场环境,切实维护广大农民的利益。根据国家工商行政管理总局有关文件要求,按照"抓源头、端窝点、查办大要案件"的原则,全省工商行政管理机关开展了多次农资市场专项检查治理工作,重点查处了制售假种子、假农药、假化肥等违法行为,维护了广大农民的合法权益。从1998年至2002年,全省工商行政管理系统共检查农资生产、经营户64 344户,查处违法经营案件2 755件。2007年,全省共检查农资经营主体2万余户次,检查各类农资市场530余个次,查获劣质化肥2 270余吨、种子54吨、农药30余吨。

积极开展成品油市场专项整治,规范经营行为。根据国务院办公厅和国家工商行政管理总局关于开展加油站专项整治工作

的有关通知精神,全省各级工商行政管理机关按照省政府的要求,与有关部门密切配合,开展了成品油市场专项整治。2002年,全省工商行政管理系统共检查成品油经营主体4 085户,变更成品油经营主体433户,注销成品油经营主体394户,依法取缔或关闭了232座加油站,停业整改了83座加油站。查处违法经营成品油1 377吨,罚没款162万元。同时,以整顿和规范市场经济秩序,规范市场主体准入行为、市场竞争行为、市场交易行为为重点,在加强监督管理工作中,对关系国计民生的重要商品交易市场进行了整顿,开展了集贸市场、"两节"市场、肉食品市场、旅游市场、棉花市场等专项治理,促进了各类市场健康有序的发展,营造了良好的市场购销环境和运行机制。2007年,全系统主动强化对涉及安全生产和环境资源保护企业监管,组织开展了对涉油企业、煤矿、非煤矿山、烟花爆竹、危险化学品的生产销售和高能耗、高污染企业的专项清理整顿活动。其中,对86家年产3万吨以下小煤矿及时办理营业执照的注销或吊销手续;配合国土资源部门取缔1 354起无证(含持证过期)采矿行为。

七、经济合同监督管理

党的十一届三中全会后,安徽省恢复了经济合同管理。1979年全省开始经济合同试点。根据国务院关于经济合同管理工作由中央和地方各级工商行政管理部门统一管理的文件精神,安徽省人民政府于1982年专门下发文件,要求全省各级工商行政管理机关,广泛宣传贯彻《中华人民共和国经济合同法》和国务院有关文件。1985年,安徽省人民政府又批转省工商行政管理局《关于贯彻执行经济合同法的情况和意见的报告》。全省开始全面实施《中华人民共和国经济合同法》,积极开展经济合同鉴证工作;对有争议的经济合同进行调解和仲裁,同时进行经济合同检查,中止无效合同,查处利用经济合同进行投机违法活动。从1985年开始,全省开展了"重合同、守信用"活动。一系列经济合同管理制度的制定和实施,使安徽省经济合同管理工作开始走向规范化、

制度化的轨道。

改革开放以来,全省各级工商行政管理机关以强化经济合同监督管理为中心,以经济合同鉴证、抵押登记及违法合同查处等工作为重点,不断拓宽经济合同监管工作领域,加大查处经济合同欺诈行为力度,维护了社会主义市场秩序,促进了全省经济健康发展。

严厉打击经济合同违法行为,保护当事人合法权益。全省各级工商行政管理机关与公安、司法部门密切配合,协同作战,把查处利用经济合同进行欺诈的违法行为作为重点,通过设立经济合同欺诈举报电话,建立违法单位档案等措施,严厉打击经济合同欺诈等利用经济合同进行的违法行为。从1994年至2002年,全省各级工商行政管理机关共查处违法经济合同案件15 035件,违法经济合同金额达15.34亿元。2007年,全系统认真贯彻执行《安徽省合同监督条例》,重点对房地产、电信类合同以及群众反映强烈的"霸王条款"进行了整治,共查处合同违法案件1 604件,违法金额1.99亿元。

积极改进鉴证方法,努力拓宽经济合同鉴证领域。全省工商行政管理部门对依法必须鉴证的经济合同,要求必须鉴证到位;对其他经济合同,本着为企业和经济建设服务的精神,主动提供咨询服务,防患于未然。从1990年到2002年,全省工商行政管理部门鉴证各类经济合同1 692 666份,金额达1 489.12亿元。目前全省鉴证经济合同已达21种。自2007年7月1日起施行《中华人民共和国农村专业合作社法》以来,安徽省工商行政管理局全力推进这项工作的展开,截至2008年6月底,全省共发展农村专业合作社1 974户,成员2.03万人,出资总额16.76亿元。同时,积极推进"订单农业"工程,不断完善合同帮扶长效机制。全省农业订单达51.76万份,涉农企业2 328户,签约农户128.36万户。

认真开展抵押物登记工作,扩大经济合同监管领域。自《中华人民共和国担保法》颁布实施以来,安徽省各级工商行政管理部门加强了与相关部门的联系,尤其是与金融部门密切合作,进一步规范和完善了企业办理抵押物登记的程序,使企业抵押登记工作走上规范化的轨道。从1996年到2002年,全省共开展抵押物登记32 861份,抵押物价值998.31亿元。

广泛深入地开展"重合同、守信用"活动。从1985年开始,安徽省各级工商行政管理部门在企业中广泛开展了"重合同、守信用"活动,目前全省已有5 272户企业被命名为"重合同、守信用"企业。其中1999年,省政府首次命名表彰了30家安徽省"重合同、守信用先进企业",2001年,有60家"重合同、守信用企业"被省政府命名,2002年,安徽飞彩(集团)有限公司等22家企业被国家工商行政管理总局命名为全国"重合同、守信用企业",标志着该省开展的"重合同、守信用先进企业"活动进入更高的层次、更广阔的领域。"重合同、守信用"活动的开展,促进了企业自我约束、自我管理、自我发展的经营机制的建立,也提高了企业的竞争能力和经济效益。2007年全省认定863户省级"重合同、守信用"企业。

八、消费者权益保护

自《中华人民共和国消费者权益保护法》颁布实施以来,安徽省各级工商行政管理机关积极处理消费者投诉举报,建立和完善消费者投诉举报网络。近年来,各地工商行政管理机关把建立消费者投诉举报服务网络作为加强消费者权益保护工作的重要措施来抓,投诉举报网络建设有了较大发展。继1998年淮北、滁州市工商行政管理局开通"98315"消费者举报专线电话,成立消费者举报投诉中心,建立"3·15"巡查大队后,合肥市、宿州市工商行政管理局在1999年3月15日也开通了"98315"消费者投诉专线电话,并建立了举报投诉中心。在省邮电管理局的积极配合和支持下,1999年9月1日,安徽省正式开通了全省统一的"12315"消费者投诉举报电话,全系统初步形成了纵向到底、横向到边、覆盖城乡、受理迅速、处理及时的消费者投诉举报服务网络,极大地方便和满足了消费者投诉举报及维护自身合法权益的需要,也为工商行政管理部门开展行政执法提供了许多线索。

近年来,全省工商系统进一步加快了市场监管制度改革,实施了企事业和个体工商户监管,深化了流通领域商品监管制度改革,推进了"12315"行政执法网络建设,在农村加快了"一会两站"建设步伐。截至2007年底,全省消费者协会分会已发展到1 200个,消费者投诉站、"12315"申诉举报联络站已发展到1.8万个,消费维权工作有较大的发展。

积极查办案件,保护消费者合法权益。多年来,全省各级工商行政管理机关强化行政执法监督,建立和完善打假机制,开展了"百城万店无假货"和创建"购物放心店","打假"维权、消费者服务满意街等一系列活动,切实维护消费者合法权益。认真查处侵害消费者合法权益的案件,在查处掺杂使假、以次充好及以不合格商品冒充合格商品案件方面成绩突出,在对消费者提出修理、更换、退货等正当需求得不到满足或拒绝案件的查处方面,也做了大量卓有成效的工作。

加大宣传力度,增强守法意识。为了促进广大生产者、经营者遵纪守法,增强消费者的法律意识、自我保护意识和识假辨假能力,在开展"打假"及消费者权益保护工作中,各地工商行政管理部门都非常重视消费者权益保护宣传工作,以"3·15国际消费者权益日"为契机,组织开展多种形式的宣传活动。如在1998年"3·15"纪念活动期间,安徽省工商行政管理局根据国家工商行政管理局的统一部署,在确定了"消费与安全"的主题之后,向社会公布了1997年全省查处的12起制假售假和侵害消费者权益的典型案例,举办了"全省工商行政管理系统打假暨保护消费者权益成果展";2002年,以"科学消费"为主题,在全省范围内组织开展了声势浩大、内容丰富的"3·15国际消费者权益保护日"活动,举办了"打假维权成果及消费精品展",展示了各级工商行政管

理机关在"打假保优",保护消费者权益方面所取得的成果。目前,全省工商行政管理机关基本形成了定期公布查处典型案例制度,同时通过在《安徽日报》、《安徽消费者报》等报刊上开辟专版,在安徽省电视台和安徽经济广播电台制作专题节目等活动,使社会各界充分认识和了解《中华人民共和国消费者权益保护法》及配套法规,既教育了广大消费者,也树立了工商行政管理机关的良好形象,为工商行政管理机关执法创造了良好的社会氛围。

与名优企业联手打假保优。针对市场上假冒"名优"商品日益严重的形势,安徽省各级工商行政管理机关积极与名优企业联手,建立打假协作网络,开展联合打假行动,把打假与扶优、保名牌结合起来,通过与企业联手查办案件,进行市场检查,做到优势互补,有力地打击了制假售假违法行为,有效地保护了名优企业的合法权益。1998年,安徽省工商行政管理局与广西某食品集团公司、河北旭日升集团、安徽省农科院植保所等企业(单位)开展了联手打假行动。目前,省内外已有25家企业加入了华东地区"打假保优"安徽省协作网,蚌埠卷烟厂等5家名优企业进入了全国工商行政管理机关与百家企业"打假维权协作"网络,这些企业的产品将在全省和全国范围内受到工商行政管理部门的重点保护。近年来,全系统加大消费维权力度。2007年,全省"12315"中心共受理消费者申诉1.5万件,为消费者挽回经济损失1 608万元。

加强与消费者协会及有关部门的配合,共同做好保护消费者权益工作。全省各级工商行政管理机关除定期、不定期地与消费者协会召开有关联席会议外,还主动与有关部门联系,共同做好消费者权益保护工作。如安徽省工商行政管理局分别与省委宣传部、省技术监督局联合下发了《关于深入开展"百城万店无假货"活动的通知》,与团省委联合下发了《关于在全省工商系统开展创建优秀"青少年维权岗"活动的通知》,与省妇联联合下发了《关于在全省开展对部分妇女卫生用品进行专项检查的通知》等。通过

协调配合,促进了安徽省消费者权益保护工作向纵深发展。

附:

安徽省工商行政管理局
历任局长、党组书记

倪柏年,1963 年 6 月至 1965 年 8 月任局长;陈治祥,1981 年 4 月至 1983 年 9 月任局长、党组书记;殷树勋,1983 年 9 月至 1986 年 7 月任局长、党组书记;罗林发,1986 年 7 月至 1987 年 10 月任副局长(主持工作),1987 年 10 月至 1996 年 11 月任局长、党组书记;戈世平, 1996 年 11 月至 1997 年 1 月任副局长、党组副书记(主持工作);王盛榜,1997 年 1 月至 2000 年 4 月任局长、党组书记;吴子波,2000 年 4 月至 2003 年 4 月任局长、党组书记;严桂夫,2003 年 4 月至 2007 年 4 月任局长、党组书记;金启建,2007 年 4 月至今任局长、党组书记。

(执笔人:张明胜　周建岚)

第十三章 福建省工商行政管理局

第一部分 （1949—1978）

第一节 福建省工商行政管理发展概况

1949 年 12 月 1 日，根据《福建省人民政府组织规程》，成立福建省人民政府工商厅，颁布《福建省人民政府工商厅组织规程（草案）》和《福建省人民政府工商厅办事通则》，下设工商行政管理处，办理工商行政管理等事项，确定了中华人民共和国成立后福建省第一个工商行政管理机构及其职能范围和办事细则。1950 年，福建省工商厅改称福建省商业厅，下设工商行政管理科，具体负责全省工商行政管理事务。

1952 年，中央私营企业局改为中央工商行政管理局，福建省商业厅除受省政府领导外，有关工商行政管理工作受中央工商行政管理局指导。1957 年，福建省人民委员会下发《关于成立各级工商行政管理局的通知》。同年，福建省工商行政管理局成立。1958 年，福建省直属机关进行机构调整，福建省工商行政管理局又合并到省商业厅，有关工商行政管理工作由商业厅下设工商行政管理处负责。1959 年，中共福建省委决定重新单独设置福建省工商行政管理局，同时将商业厅下属的物价局拆出，与福建省工商行政管理局合署办公。1966 年，受"文化大革命"的冲击，全省各级工商行政管理机关有的地方机构被撤销，有的与商业部门合并，有的将工商行政管理职能交打击投机倒把办公室，有的即使勉强保留，也是名存实亡。1973 年 12 月，省商业厅向省革命委员会提交《关于建议成立福建省工商行政管理局的报告》。省革委会同意商业厅建议，将工商行政管理局与商业厅合署办公。其主要职责：打击投机倒把、管理集市贸易、配合商业部门加强对小商小贩的管理改造、组织有关部门开展对城镇街道企业和农村社队企业的登记管理以及商标管理等。1975 年，省革委会下发《关于省级机关设置的通知》，再次明确福建省工商行政管理局与省商业厅合署办公，为一级局机构。

第二节 福建省工商行政管理发展成就

一、经济检查

中华人民共和国成立以来，随着党和政府在不同时期经济政策的变化，福建省各级工商行政管理机关履行经济监督检查职能，在稳定市场物价、打击投机倒把、打击走私贩私、制止不正当竞争、维护市场秩序上做出显著的成绩。主要体现在：

（一）严厉打击投机倒把等各类经济违法违章案件，维护正常的经济秩序

从 1949 年至 1958 年的十年间，由于城乡之间物资流通阻塞、市场物资严重匮乏、囤积居奇、抢购套购、哄抬物价、买空卖空等投机违法活动猖獗，当时各地工商管理部门依照工商法令与政策，开展了为稳定金融、稳定物价、稳定市场的一系列市场检查与执法活动，积极取缔投机违法行为，通过连续几年的努力，投机违法活动有所收敛，物价得到控制、市场日见平稳，有力地促进了国民经济的迅速恢复和发展。从 1959 年至"文革"结束期间的 20 年间，为维护社会主

义计划经济体制,各地工商部门积极开展打击各类黑市票证交易、长途贩运、贩卖黄金和白银、扰乱金融等非法交易,并在交通要道设立检查站,强化对市场的监督检查,查处了一大批投机倒把大要案,对于维护社会主义经济秩序起到了积极的作用。

（二）积极开展反走私斗争,严惩走私贩私违法行为,维护国家的经济利益

福建省地处东南沿海,反走私的任务比较艰巨,从 20 世纪 50 年代开始全省各级工商部门历年来均布置开展一系列的反走私斗争,打击走私贩私违法活动。1957 年,福建省工商行政管理局针对走私活动日益猖獗,开展了一次全省性的反走私行动。当年,仅厦门、晋江、同安查获的走私案件共达 324 起,价值 67.56 万元。1958 年,福建省委要求全省各地在各级党委统一领导下,成立反走私领导小组,福建省工商行政管理局确定了福州、厦门、晋江、长乐、福清、同安、惠安等市、县为打击走私贩私的重点,开展有领导、有组织、有计划的群众性反走私行动,打击走私犯罪行为。1959 年后,由于国内市场供应严重不足,一度有所收敛的走私贩私活动又活跃起来,各有关部门虽加强查缉和打击,但在沿海地区走私现象仍屡禁不止。

二、内资企业登记管理

1949 年 12 月 1 日,福建省人民政府成立商业厅,下设工商管理处,其工业科、商业科分别执掌全省工业和商业的登记管理工作。1950 年,省工商厅改为商业厅,设工商管理科,行使企业登记等工商行政管理职权。1951 年后,福建省人民政府颁布《福建省工商登记暂行办法》及《福建省工商登记暂行办法实施细则》,对工商业进行清理,核定企业资本,并进行企业登记。截至 1953 年,全省注册登记的商业企业类有 20 231 户,工业企业类有 20 701 户,农业企业 7 户,以及小型商业 61 361 户。1954 年,企业登记管理工作从对私营企业的注册登记转到对私营、合营企业的社会主义改造。至 1957 年,社会主义改造基本完成,经济管理体制发生根本变化,所有企业都按行业实行归口管理,许多县(区)工商行政管理机关职能被

削弱。1958 年的"大跃进",打乱了工商企业生产经营的正常秩序,企业登记工作陷于停顿状态。1962 年,恢复对城乡工商企业的管理,保护合法经营,取缔非法活动,维护社会主义生产与市场秩序。1963 年,福建省人民委员会发出《关于在全省范围内开展工商企业登记的通知》,要求全面开展工商企业登记工作,并指定专门部门负责。"文化大革命"开始后,企业登记管理工作陷于瘫痪。70 年代初,农村社队和城镇街道创办的企业有所发展。1972 年,全国计划会议提出整顿"五小"企业,要求重新进行工商业登记。福建省也对这些企业进行了全面整顿,可继续经营者,予以登记发给营业证,未经登记的一律不许擅自经营。1976 年"文化大革命"结束后,各级工商行政管理职能开始逐步恢复。

三、外资投资企业登记管理

1949 年福建解放后,外资企业纷纷撤离,福州的洋行仅剩下美孚、德士古、亚细亚、怡和、天祥 5 家。不久,怡和、天祥自动停业。福州市政府接管美国的美孚、德士古洋行。1951 年 4 月,又奉令征收英国亚细亚火油公司。1952—1956 年,福建境内仅有少量海外华侨集中在厦门、晋江和龙溪投资办企业,投资额约 5 700 万元(人民币)。其中1952 年成立的福建华侨投资股份有限公司,在 15 年的时间里,依靠国外华侨华人和港澳同胞募集资金 7 250 万元(人民币),兴建造纸、罐头、蜜饯、糖果和煤矿等 10 个工矿企业。

1966—1976 年"文化大革命"期间,基本上没有外商投资企业,更未开展外资企业管理,唯有 1972 年,长泰县一位华侨创办一家来料加工厂,即华泰塑料厂。

四、市场监督管理

中华人民共和国成立以来,福建省市场发展过程,大致可分为两个阶段。第一阶段(1949—1962 年),是市场平稳发展阶段。市场监督管理任务主要是支持集市贸易,稳定物价,活跃城乡物资交流,整顿市场交易秩序,打击投机倒把,严禁场外交易和黑市买卖,促进国民经济恢复和社会主义改造。

1951年,福建省工商行政管理部门积极组织货源,稳定市场物价,开辟交易场所,建立新的市场秩序,并组织私营企业复工复业,参与各种形式的物资交流,先后到上海、浙江、江西举办交易会,还开展代客买卖,代办储运,提供信息等服务,使各类市场迅速恢复生机,渐趋稳定。1956年,福建省人委作出开放城市集贸市场的决定,并改造大市场,继续增设分散供应点。福州市原有菜市场34个,1956年8月,新增中、小型菜市场18个。在"一五"计划和"大跃进"时期,集贸市场曾一度遭到禁止。截至1961年,全省集市总数达997个,比1948年增加297个。第二阶段(1963—1977年),是集市贸易停滞阶段。1963年,全省仍有集贸市场980个。"文化大革命"时期,全省全面取缔集市贸易和自由市场,取消农村传统墟集。直到1975年后,"三小"市场(小蔬菜、小水产、小杂果)才有所恢复。1977年,集贸市场有852个,较1962年减少145个。

五、个体私营经济监督管理

中华人民共和国成立初期,福建省对个体私营经济就推行注册登记制,并对私营工商业户财产进行清产核资。1951年4月,福建省组织工商界学习《私营企业重估财产调整资本办法》,各地相继成立评审委员会,对私商财产据实盘估。当年,个体私营工商业产值比1950年增加31.32%。1952年,全国开展"五反"运动,全省个体私营工商业减少。至年底,公私营业额比重由1951年的1.5∶8.5变为3∶7,市场营业亦由上年的2∶8变为3.5∶6.5。1953年,福建省人民政府制定《主要物品交易所管理办法》,当年,全省城乡个体工商户总数达24.75万户、34.48万人,占当时人口的2.6%,私营工商业达20 326户。1957年,全省个体工商业户仅剩1.74万户,从业人员1.8万人,人数占当时人口总数和0.13%,约为1953年的1/20。1958年后,个体户生产经营积极性受挫,至1959年,在统计报表上能反映出来的全省个体工商业者还不到100户。1960年,全国各地积极贯彻党的"调整、巩固、充实、提高"方针,全省部分有经营特色的小商贩从国营和合作商店中分离出来,省政府采取各种措施调动其经营积极性,鼓励其发展。1963年初,个体工商户恢复到5.37万户,5.43万人。但"文革"期间,全省个体工商业再次陷入低谷。

六、商标、广告、合同监督管理

商标管理。1950年,政务院颁布《商标注册暂行条例》,福建省开始执行全国商标统一注册制度。"文革"期间,商标注册工作停止,直到1978年恢复。

广告管理。新中国成立以来,福建省广告业经历了萎缩、恢复、停办到复兴的曲折道路。1958年,福州市广告美术公司、厦门市广告公司等相继成立,成为解放后福建省第一批专业广告公司。"文革"至1979年以前,由于国民经济停滞,广告业几乎销声匿迹。据统计,至1979年全省仅有4家广告公司和3家省级新闻媒体经营广告业务,年营业额仅180万元。

经济合同监督管理。新中国成立初期,按照国家颁布的经济合同法规,全省各地普遍推行经济合同制。在管理上,社会主义公有制企业之间的合同由各业务主管部门管理;私营企业与国营企业或政府有关部门之间的加工订货和购销合同,则由工商行政管理部门管理。1952年,全省各地实行全面鉴证,强制鉴证,明确规定,不经鉴证,合同不能生效,银行不予结算。1953年,随着国民经济的恢复和发展,全省各级工商行政管理部门在加强合同管理的过程中,从签订合同入手,协助双方制定统一合同条文,同时严格审核程序,由工商行政管理部门对合同条文进行审查鉴别,批准成立,并将不再管理经济合同。1961年,中央提出"调整、巩固、充实、提高"的方针。1956年,社会主义改造基本完成,全省私营企业全行业公私合营,所有合同都由各业务主管部门管理,工商行政管理部门立即加强合同管理,对部分日用工业品和手工业品重新采取签订加工订货合同的办法,改进收购工作。"文化大革命"期间,合同管理工作基本停滞。

第二部分 （1979—2008.6）

第一节 福建省工商行政管理发展概况

"文化大革命"结束后,工商行政管理工作进入了一个新的历史时期。1978年9月,国务院设立中央工商行政管理总局,要求各省、直辖市、自治区建立相应机构。据此,福建省工商行政管理局进一步明确了职能范围。二十多年来,福建省工商行政管理工作在邓小平理论的指引下,在各级党委、政府的领导下,努力适应形势发展的要求,围绕经济建设中心,积极发挥职能作用,服务经济发展,加强监督管理,强化执法力度,拓宽执法领域,各项工作取得长足进展,地位、作用不断提高,为维护公平有序的市场环境,推进全省经济持续、快速、健康发展做出了重要贡献。主要表现在:

履行职能,制定有效措施,服务经济发展,地位、作用不断提高。企业登记注册管理工作,采取放宽条件、简化手续、简政放权等一系列灵活措施,促进了各类市场主体的蓬勃发展。顺利完成商标核准制向代理制的转变,实施商标品牌战略,促进了全省商标、广告事业的发展。充分发挥在市场建设中的宣传、组织、协调和规划的作用,培育建设了一大批市场,走出了一条多元化投资建市场的新路子,为培育福建省市场体系,搞活商品流通做出了突出贡献。

市场监管的思想观念、认识层次有了根本性转变,市场监管职能不断拓宽。市场监督管理逐步从侧重于培育、建设、管理集贸市场向监督管理社会主义统一大市场,向加强行政执法与市场规范化管理转变。积极参与生产资料市场的培育、规划、论证,介入了汽车、成品油、农资、建材等生产资料市场的监督管理。全面落实市场巡查制,加强了对集贸市场的日常监督管理,集贸市场的规范化管理水平显著提高,促进了集贸市场的繁荣稳定。积极参与经纪人、劳动力、建筑、房地产、金融等生产要素市场以及医药、文化、旅游等各类市场的监督管理,市场监管职能进一步到位。

执法力度、执法水平有了长足提高,法制建设不断加强。行政执法重点逐步从打击投机倒把为主向查处各类违法违章行为、保护消费者权益为主转变,执法方式从上路设站设卡,查、扣、罚为主向规范执法和综合执法方式转变,从专项治理为主向日常监督管理为主转变,从单项分散监管向综合监管转变,从驻场式的静态管理向分类巡查、动态监管转变。率先在全国开通"12315"消费者投诉服务专线,积极探索开展综合执法,主动巡查和动态监管的模式改革,开辟了新形势下保护消费者权益和开展陆上缉私工作的新路子。深入开展了整顿和规范市场经济秩序工作。基层法制机构逐步建立,法制宣传力度不断加大。经省工商局起草并经省人大常委会审议通过的地方性法规有5部、由省政府颁布的行政规章有4部,执法监督制约机制逐步由复议、应诉为主向案审、听证、执法检查等为主转变,办案质量不断提高。

自身改革迈出较大步伐,队伍建设成效显著。全省各级工商行政管理局机关完成了国家公务员入轨工作,顺利实施了城区体制调整、市场办管脱钩,完成了省以下工商行政管理垂直管理等体制改革工作。队伍素质明显提高,自身建设有很大发展。全省各级工商行政管理机构共621个,在职干部职工9 659人。积极实施干部发展教育规划,通过岗位培训、学历教育、知识更新等手段使队伍的文化结构、专业结构有了明显改善,具有大中专以上学历的人员已占总数的84%;同时,通过深入开展精神文明建设、效能建设、行风建设和工商形象建设活动,不断改进工作作风,提高办事效率,队伍综合素质有了明显提高。全省工商行政管理信息系统建设初具规模,各类市场主体电子数据库已基本建立,福建省工商红盾信息网已向全社会开通。在履行职能作用、服务经济发展的过程中,涌现出"全国杰出青年卫士"李建强等一大批先进英模人物,使工商行政管理的执法形象有了很大改善。1998年,全省工商行政管理系统被省政府评为全省创建精神文明活动先进行业。1999年，全省工商行政管理系统被省政府评为行风建设优良等级。同年，福建省工商行政管理局被评为全省党建先进单位。2001年，全省工商行政管理系统被省委、省政府授予第二届"创文明行业、建满意窗口"竞赛活动一级达标行业，福建省工商行政管理局及45个市、县（区）工商行政管理局被省委、省政府授予第七届"省级文明单位"。2002年，福建工商行政管理局被评为"全国精神文明建设先进工作单位"。2003年，福建工商行政管理局被福建省委授予"党建工作先进单位"。2006年，福建省工商行政管理局被评为"全国法制宣传教育先进单位"。

第二节　福建省工商行政管理发展成就

一、经济检查

（一）严厉打击投机倒把等各类经济违法违章案件，维护正常的经济秩序

党的十一届三中全会后，随着改革开放的深入，不法分子利用国家经济立法的滞后和管理上的漏洞，打着开放、搞活的旗号，大搞投机倒把活动，从1978年以来，各地工商行政管理部门针对投机倒把违法主体、内容和手段的变化，精心组织，主动出击，严厉打击以就地转手倒卖重要生产资料和紧俏耐用消费品、倒卖黄金和外汇为重点的执法活动，强化陆上市场的监督检查，取得了很大成绩。全省各级工商行政管理机关共查处投机倒把案件91万余起，罚没金额超过14亿元。

（二）积极开展反走私斗争，严惩走私贩私违法行为，维护国家的经济利益

1979年后，境外走私集团利用我国实行对外开放的政策，与国内一些不法分子相勾结，大肆从事走私贩私活动，对福建省的经济秩序和社会安定造成了极大的破坏。从80年代初开始，全省各级工商行政管理部门组织了规模空前、尖锐复杂的反走私斗争：一是在全省沿海沿边地区县市工商行政管理局组建陆上缉私队，并在各内陆主要交通要道设立缉私检查站，增设经检机构，全省组建了42支缉私队，配备专业缉私人员600多人。二是严厉打击陆上走私违法行为。工商行政管理部门除了重点担负查处全省各地的交通要道与市场的走私贩私大要案外，还负责未设海关地区的走私案件的查处，并组建了6个海上缉私队。三是与公安、海关等部门密切配合，协同作战，开展集中联合打击行动，取缔私货市场等专项斗争，取得了显著的战果。截至1988年底，全省工商行政管理部门惩治了一大批走私贩私分子，基本刹住了猖獗一时的走私活动。90年代以后，明目张胆的走私活动大为收敛，但更趋隐蔽，而且呈现团伙化趋势，走私物品多以香烟、生产原辅材料、汽车、家用电器为重点。针对走私活动的新特点与新动向，全省工商缉私队伍在治理公路"三乱"、撤销缉私队检查站的条件下，积极转变观念，适应新形势的要求，建立缉私情报网络，及时掌握走私活动的规律，集中力量，查处大要案，特别是1995年至1998年连续4年缉私罚没金额超亿元，实现了打击走私贩私与治理公路"三乱"两不误，开创了陆上缉私工作的新局面。

（三）制止不正当竞争，维护市场公平交易秩序

从1993年我国颁布《中华人民共和国反不正当竞争法》以来，全省各级工商行政管理部门将此项工作同打假保名优、同保护消费者权益、同保护知识产权等工作结合起来，采取先易后难、逐步推进的办法，陆续查处了一批不正当竞争案件，查处案件的数量逐年上升，查处案件的种类涉及了《反不正当竞争法》中所规范的所有类型。1996年6月，积极促成福建省人大通过了《福建省实施〈反不正当竞争法〉办法》，有效解决了《反不正当竞争法》中认定和操作等有关问题。至2008年6月，共查处各类反不正当竞争案件6 928起，案值1.8亿元。尤其是在查处滥用商业优势、限制竞争等疑难案件上取得了不少可喜的突破。

二、内资企业登记管理

从历史上看，福建省企业登记管理适应

并且符合各个时期经济政策的要求,为国民经济的发展发挥了重要的作用。改革开放30年,福建省登记管理工作取得了长足的进步,逐步实现了从服务计划经济体制向服务市场经济体制转变;从维护单一的公有制经济向促进多种所有制经济平等竞争、共同发展转变;从传统型管理向规范化、法制化、秩序化方向转变。截至 2008 年 6 月底,全省共注册登记内资企业 26.22 万户,注册资本7 149.43亿元。

(一)登记规章制度不断健全,登记管理水平不断提高

为适应建立社会主义市场经济体制的要求,提高登记工作效率,确保登记质量,改革开放以来,福建省加大了建章立制的步伐。1989 年,为配合福建省股份制试验,福建省工商行政管理局制定了《福建省股份制企业法人登记管理暂行办法》。1992 年,为促进各类企业发展,制定了《福建省股份有限公司登记管理暂行规定》、《福建省企业集团登记管理暂行办法》、《福建省群众集资兴办集体所有制企业登记管理暂行规定》。1993 年,出台了《福建省工商行政管理局股份合作制企业登记管理暂行办法》,1997年,根据形势发展的需要,对《福建省股份合作制企业登记管理规定》进行了修订,并制定了《福建省企业筹建登记管理暂行办法》、《福建省冠省名企业名称的管理规定》。在全省登记系统内推行《内资企业登记管理政务承诺制度》,倡导企业登记管理文明用语,杜绝企业登记管理服务忌语,下发《企业登记管理工作考核实施办法》等,使全省登记管理水平不断提高。2004 年,省政府办公厅批转《福建省工商行政管理局促进和服务我省企业发展的若干意见》,推出精简前置审批、试行承诺登记、注册资本分期到位等 35条改革措施,进一步优化了市场主体的准入环境。2005 年,福建省工商行政管理局开始实行企业注册官制度,制定并下发了全省工商行政管理系统企业注册官配套制度,改多层审批为直接核准,提高了服务水平,并于2006 年 6 月 1 日起在全省全面实行。2006年底,国家工商行政管理总局出台了《关于

支持海峡西岸经济区建设的意见》(以下简称《意见》),福建省工商行政管理局以此为契机,依法规范市场主体资格和经营行为,促进了福建省内资企业的健康、有序发展,全省市场主体总量不断增长,结构不断优化,发展水平不断提高,呈现良好发展态势,得到了国家工商行政管理总局、省委、省政府领导的高度好评。

(二)依法行政,严把市场主体准入关

一是加大对企业登记管理法律法规的宣传力度,有效地提高了企业法制观念和对登记机关依法行政实施监督的意识。

1989 年,福建省工商行政管理局、省司法厅联合摄制发行了十集电视剧《企业法人》,拍摄了《企业法人登记注册程序录像片》。1994 年,《公司法》、《公司登记管理条例》颁布实施后,全省统一行动开展了形式多样、内容丰富多彩的宣传活动,取得良好的效果。2006 年《意见》出台后,全省通过新闻通报会、企业座谈会、上门服务指导等多种形式、多种渠道、全方位组织展开宣传报道,向各级地方党委、政府、企业、个体工商户和社会各界广泛宣传《意见》的各项政策措施和重要意义。

二是抓好企业年度检验等日常的监督管理工作。

采取措施认真纠正企业擅自改变企业登记事项、抽逃出资等违法行为。仅 2008年上半年,全省通过加强市场巡查共查处取缔无照经营案件 6 167 件,案值总计5 768.38万元。其中查处违反企业登记管理法规案件674 件;查处私营企业违反登记管理法规案件1 212件;查处个体工商户违反登记管理法规案件484 件;立案查处"三虚一逃"案件99 起,涉案金额6 765.58万元,罚没金额81.07 万元。

三是积极参加专项清理整顿工作。

按照党中央、国务院、国家工商行政管理总局、福建省委、省政府的部署,积极参加各个时期的专项清理整顿工作。1989 年,根据中共中央、国务院《关于清理整顿公司的决定》,重点开展了对政企不分、党政机关经商办企业、党政机关干部兼职的清理工作,

全省共撤并公司2 610户。同时开展"挂靠"集体企业的调查,清理纠正经济性质混淆的集体企业4 078户。1991年,针对一些公司被撤销后不按规定办理注销登记的突出问题,制定了《关于处理企业法人不按规定办理注销登记的暂行规定》,以加强监督。1996年,根据国家工商行政管理局的部署,开展了清理具有不良文化色彩的企业名称的活动。1997年,开展了对市场中介组织的清理整顿,对全省验资机构、资产评估机构、代理机构、经纪人机构、职业介绍所、拍卖行、信息咨询机构、交易所等中介组织3 453家进行全面清理,依法处理了263家非法组织。1998年7月至1999年,根据党中央的部署采取措施,积极督促和帮助军队、武警和政法机关所办的企业办理脱钩手续,保证党中央作出的关于军队、武警和政法机关不再从事经商活动重大决策得以贯彻落实。通过专项清理整顿,对国家加强市场宏观调控政策的落实,维护市场秩序,促进经济发展和树立工商行政管理机关执法形象、社会形象都起到积极的作用。

(三)运用登记管理职能,支持国有企业深化改革

1991年,为增强企业活力,增进横向经济联合,报省政府批转了《关于运用工商行政管理职能,进一步支持工商企业搞活流通,启动市场的若干措施》。1992年,全省各级工商行政管理部门进一步解放思想,更新观念,从实际出发,制定一系列支持企业深化改革、扩大开放的措施。为了减轻企业负担,有利于企业转换经营机制,全省对各类许可证和专项审批进行了清理,对164种中的72种予以保留、16种予以变通、76种不予执行,经省政府办公厅同意后执行,在全省引起了很大反响。1995年,为支持具有一定规模的国有企业组建集团公司,报请省政府办公厅出台《企业集团申请报批登记注册有关问题的批复》。1996年,按照"抓大放小"的发展战略,提出支持国有企业深化改革的若干意见,积极参与企业改制论证,促进改制工作顺利进行。1997年,企业登记管理工作继续围绕支持国有企业这一中心工作,提出《关于运用工商行政管理职能促进我省国有企业改革和发展的若干意见》,由省政府批转各地贯彻执行,支持企业抓大放小,规范筹建,争创名牌。1998年,为进一步支持国有企业改革,建立了与部分国有企业定点联系服务制度,更加细致深入地为企业改制提供咨询和登记服务,有效地促进了全省大中型国有企业现代企业制度的建立。1999年,为贯彻落实党的十五届四中全会精神,制定了《福建省工商行政管理系统贯彻党的十五届四中全会精神的若干意见》,从8个方面提出48条措施,进一步支持服务国有企业改革和发展,取得良好成效。2007年3月,福建省工商行政管理局以重点产业、重点区域、重点企业为着力点,制定了支持产业集群和高技术产业发展的若干意见,支持高技术产业发展和服务产业集聚培育产业集群。2007年8月,为贯彻落实省委、省政府关于进一步促进国有企业改革与发展若干意见工作方案,福建省工商行政管理局从工商行政管理职能角度,从放宽国有企业集团登记条件、放宽国有企业名称登记条件、支持国有企业改制为公司、简化国有企业住所使用证明手续四个方面提出了支持促进我省国有企业改革发展的措施。

三、外商投资企业登记管理

党的十一届三中全会以后,福建作为综合改革试验区,在全国率先开展利用外资工作,充分运用政策优势和发挥区域优势,抓住机遇,大力吸引侨资、港资、台资和外资,努力发展外向型经济,取得了显著成效。

1979—1984年是福建省外商投资企业发展的摸索起步阶段,这个阶段全省共登记注册外商投资企业82户,主要开展对外商投资企业登记注册的初审和监管工作,并通过初审,帮助企业出谋献策,充实和完善设立条件,为企业向国家工商行政管理局申请登记做好前期准备工作。

1984—1987年是福建省外商投资企业发展的启动成型阶段,外商投资企业发展开始走上轨道,外资投向开始向生产型转变,投资区域开始趋向沿海地区全面开放的态势。福建省工商行政管理局及福州市工商

行政管理局、厦门市工商行政管理局先后获得了国家工商行政管理局授予的外商投资企业登记权。随着外商投资企业登记注册工作的正式开展,制定了外商投资企业登记须知、登记程序、年检办法等一系列可操作性规定,明确了企业办理登记需提交的材料和具体程序,为外商投资企业办理执照提供了简单明了、切实可行的办事指南。

1988—1991年,福建省外商投资企业进入加速发展阶段,随着外商投资企业发展的加快,外商投资企业发展中存在的一些问题陆续出现。根据这一情况,这一期间工作的重点开始从重登记逐步向登记、管理并重转变,制定了有关加强外商投资企业监督管理的规定,建立了企业联络员制度、年检五结合制度和定期检查出资情况制度等一些监管制度,强化了对外商投资企业的后期跟踪监管,对外商投资企业抽逃资金和虚假出资等违法现象进行了有效防范。

1992—2002年,福建省外商投资企业进入稳步发展阶段。福建省工商行政管理局从自身职能出发,制定和出台了一系列规范登记管理的规定和支持外商投资企业发展的措施,全面调整和改善了外商投资企业登记管理政策,深化了登记管理制度改革。1992年,为推动福建省对外开放从沿海向内地山区延伸,福建省工商行政管理局采取了灵活处理办法,对宁德、三明、南平、龙岩四地市工商行政管理局实行了委托登记,并通过争取,漳州、泉州、莆田三地市局也先后得到了国家工商局的授权。同时,还先后两次共提出了十六条支持福建省外商投资企业快速发展的改革措施,取消了对名称、经营范围、经营方式等方面的种种不必要限制,大大改善了外商投资的软环境。1993年,为了简化手续,方便企业,福建省工商行政管理局还根据省政府试行外商投资企业改审批制为直接登记制的决定,制定了实行登记制的具体贯彻意见和实施办法,先在福州市技术开发区进行试点,然后在全省扩大试点范围,使登记管理工作逐步向工商行政管理机关依法独立核准登记转变。1992年、1993年两年福建省外商投资企业发展速度创历

史最高水平。1994年后,福建省外商投资企业发展,开始从量的扩张进入质的提高的稳步发展阶段,外商投资开始趋向规模化。为了切实落实中央两个根本性转变的方针,促进福建省外商投资企业向规模化、集约化、规范化发展,1994—1995年,又先后制定了《关于组建外商投资企业集团若干问题的通知》、《福建省中外合资股份有限公司登记试行办法》、《福建省外商投资企业名称登记管理规定》、《关于加强外商投资企业分支机构管理的意见》、《福建省外商投资企业缴清注册资本的规定》等。与省国税局、福州海关、厦门海关等部门联合开展了评选表彰"百佳"外商投资企业的活动。1996年,福建省工商行政管理局以开展工商形象建设年活动为动力,自我加压,率先实行外商投资企业登记管理政务承诺制。同时,还根据海峡两岸的局势,出台了6条鼓励支持台资企业发展的特殊政策,稳定和增强了台商来闽投资的信心。1997年,为了促进闽西、闽北地区外向型经济的全面发展,积极协助龙岩、三明、南平三市工商行政管理局获得国家工商行政管理局的授权。1998年,制定了12条鼓励支持外资企业发展的政策。在总结和归纳历年外商投资企业登记管理工作的基础上,形成了场地勘查、董事会成员字迹备案、企业对提交文件真实性承诺、分期核缴出资、逐年处理未按期出资企业、AB级企业公示、行政处罚备案十项规定,并在全省范围内全面推行。同时,还建立了福建省外商投资企业登记管理"红盾"信息网络。至此,福建省外商投资企业登记管理工作走上了规范化、制度化、科学化的轨道。2000年,全省各级外商投资企业登记管理部门参照国际通行规则,提出外商投资项目、经营范围、组织形式、审批登记程序四个方面的调整措施,促进外商来闽投资。同年下发了《关于国有企业利用外资进行资产重组和结构调整登记注册若干实施意见的通知》,对国有企业利用外资进行改组改造各种登记方式的区别、内外资转换程序、中方股东以及技术入股的比例等十六个方面问题进行了明确,为国有企业利用外资提供了完善的

登记操作依据。2001年,为适应加入世界贸易组织的要求,省政府批转了福建工商行政管理局《关于改进外商投资企业登记注册前置审批工作若干意见》,对环保、卫生许可、文化娱乐、消防等前置审批项目进行改革,进一步改善了外商投资软环境。

2005年,福建工商行政管理局制定了支持和促进外资企业发展的13条意见。2007年,福建省6个台资企业相对集中的县(市、区)工商局获得国家工商行政管理总局的授权,全省县(市、区)市工商局外资注册登记授权工作取得突破性进展,进一步推进县(市、区)市投资软环境的优化。

三十多年来,全省各级工商行政管理部门始终围绕中央积极、合理、有效利用外资的方针,以解放思想、更新观念为先导,以促进福建省外商投资企业快速健康发展为目标,以创造优质、高效、宽松的投资环境为己任,以依法登记、规范管理为根本,按照国家和福建省不同时期利用外资的方针政策,不断调整工作思路,探索和完善工作方法、方式,适时采取有效措施,促进福建省外商投资企业的发展。截至2008年6月,全省实有外商投资企业1.85万户,注册资本594亿美元,投资总额1 071亿美元。

四、市场监督管理

改革开放后,伴随着对集贸市场性质、地位和作用认识的不断深化,随着党和政府在不同时期经济政策的变化,全省市场经历了一个几经波折、蓬勃发展、成就辉煌的发展过程,市场监督管理职能也在不断调整和转变。全省各级工商行政管理部门贯彻"政府领导,统一规划,合理布局,多方兴建,工商监管"的方针,坚持"谁投资,谁所有,谁受益"的原则,加强市场培育建设和规划登记工作,鼓励和支持全社会集资兴办市场,建立健全福建省市场体系,加强市场监督管理,促进商品交易的繁荣活跃和国民经济的持续发展。1980年后,尤其是1984年、1991年两年,全省集贸市场培育规划建设工作快速向前推进。在这个阶段,市场监督管理职能也经历了深刻调整和转变,由管理集市贸易、保护正当交易、取缔黑市交易活动、打击投机倒把、培育建设市场转变到加强市场规范化管理,平抑市场价格,查处违章违法行为。1995年后,市场监督管理职能经历了工商行政管理机关与所办市场脱钩的重大调整和转变,此后,全省工商行政管理部门不再承担投资建市场,转向市场建设的组织、宣传、规划、登记和协调工作,提高市场规范化管理水平,加强对包括消费品、生产资料市场等商品市场的监管,以经纪人管理为突破口,探索介入生产要素市场监管,推行市场巡查制,促进职能到位。

(一)大力促进市场体系的培育和发展

1985年,福建省工商行政管理局下发《关于当前集贸市场建设和管理的意见》,有效解决当时盲目建设集贸市场的问题,保证了市场建设的稳步健康发展。1991年,又向省政府申请批转了《关于进一步建设和发展集贸市场的请示》,加快了全省市场建设步伐,促进了集贸市场建设上新台阶。截至1995年底,全省1 953个市场中,属工商行政管理部门自建自办的市场858个,占43.9%;工商行政管理部门与其他单位联办的市场183个,占9.4%,工商行政管理部门为福建省商品市场体系的形成及繁荣市场,搞活流通,促进经济发展做出了突出的贡献。经过多年的发展,全省已初步形成以县城市场为主体,高中低,大中小,批零兼营,门类齐全,城乡贯通,内外对接,统一开放、竞争有序的商品市场体系,市场种类齐全,层次分明,分布合理。市场发展还呈现出专业化、规模化的特点。全省年成交额超亿元市场从无到有逐年增多,并出现一批超大规模市场。目前,全省年交易额超亿元的市场有75个。福州市钢材市场销售量占全市的60%,辐射8省1市,是全国五大钢材现货市场之一;福州市南方建材市场辐射全国11个省(市、区)。

(二)扎实完成市场办管脱钩工作

1995年,《国务院办公厅转发国家工商行政管理机关与所办市场尽快脱钩意见的通知》下发后,福建省工商行政管理局即报请省政府批转了《我省工商行政管理机关与所办市场办管分离的实施意见》，扎扎实实地推进市场办管脱钩工作，相继出台了《福建省市场服务机构人事管理暂行办法》、《福建省市场服务机构财务管理暂行办法》等，至1996年6月，全省80个应设立的市场服务机构全部挂牌成立，符合分离条件的171个市场全部实施了分离，并于同年7月通过检查验收，80个市场服务机构和793名人员的事业编制也得到批准落实。此后，福建省工商行政管理局又下发了《工商行政管理部门对已办管分离市场的监督管理职责》和《市场服务机构工作职责》，适时指导促进市场服务机构职责到位，巩固分离成果。1999年，根据党中央、国务院和国家工商行政管理局作出的改革工商行政管理体制的决定和部署，以及省政府批转的《福建省工商行政管理体制改革实施方案》的要求，全省各级工商行政管理部门有条不紊地扎实开展了工商行政管理机关与所办市场彻底脱钩的各项工作。2000年3月23日，省政府转发福建省工商行政管理局会同省委编办、省人事厅、省财政厅等部门联合上报的《关于请求批转福建省工商行政管理机关与所办市场脱钩的实施意见的请示》。福建省工商行政管理局根据实施意见制订了具体的实施方案，并积极解决办管脱钩中存在的实际困难和问题，加大指导和督办力度。截至2001年11月30日，全省应脱钩的584个市场全面完成了市场产权移交、债务移交和人员分流，共移交分流人员5 558人，其中移交当地政府5 211人。

（三）提高市场规范化管理水平

全省各级工商行政管理部门在培育建设市场、促进市场繁荣发展的同时，不断深化文明市场建设。特别是实施工商行政管理机关与所办市场办管脱钩后，市场监督管理逐步从侧重于培育、建设、管理集贸市场向监督管理社会主义统一大市场，向加强行政执法与市场规范化管理转变。全省各级工商行政管理部门以开展精神文明创建活动为契机，大力开展"让市场干净起来"活动和创建"十佳"、"十优"文明市场和省级规范化管理达标市场活动，全省涌现出福州市省府路市场等10个"十佳"文明市场，漳州市闽南商业批发市场等10个"十优"文明市场，福州市台江集贸市场等30个省级规范化管理达标市场等一批经济社会效益好、规范化管理水平较高的市场。同时，大力改革市场监管方式，全面施行市场巡查制，建立了动态管理、预防为主的日常监管机制，对市场等各种交易和经济活动场所进行全方位的流动检查，市场规范化管理水平大大提高。

（四）努力拓宽市场监管领域

一是加大粮食市场监管力度。

福建省工商行政管理部门认真落实国务院和国家工商行政管理局的部署和要求，认真组织清理了粮食经营渠道，加大了对粮食市场监管力度。1998年至1999年两年间，全省各级工商行政管理机关共出动检查人员6.34万人次，组建3 000多个巡查队（组），检查各类粮食经营加工企业4.90万户（次），查处各类粮食案件1 643起，没收或暂扣粮食4 732.99吨，罚没金额395.58万元，有力地维护了粮食收购秩序，保障了粮食流通体制改革顺利进行。此后，福建省工商行政管理局积极配合粮食等有关部门，严格执行粮食收购资格准入制度，加强粮食交易市场监管，切实维护粮食市场秩序。仅2008年上半年查处非法收购粮食案件6件，案值5.14万元，罚没金额3.25万元。

二是加大对房地产、技术和劳动力等要素市场的监管。

福建省工商行政管理部门以经纪人管理为突破口，积极介入房地产、技术和劳动力等要素市场的监管，福建省工商行政管理局与省科委、建委等部门分别制定下发了《关于进一步加强技术经纪人管理工作的通知》和《福建省房地产经纪人管理办法》，进一步明确经纪人管理的有关要求，加强经纪人培训、考核和经纪资格认定、发证、年检等有关工作。

三是加大对其他市场的监管。

福建省工商行政管理部门积极参与生产资料市场的培育、规划、论证，介入了汽车、成品油、农资、建材等生产资料市场的监督管理。并与有关部门配合,参与了旅游、文化、医药等市场的监督管理。

五、个体私营经济监督管理

1978 年党的十一届三中全会后,通过拨乱反正,重新肯定了个体私营经济的地位,个体工商业如雨后春笋,迅速恢复和蓬勃发展。1979 年,福建省工商行政管理局下发了《关于个体工商业者进行登记管理的若干问题的通知》。1980 年,颁发《关于对个体工商业监督管理的暂行规定》,对个体工商业实行按行业归口管理。1983 年,进一步放宽政策,简化审批手续,在经营范围、方式、经营者条件等方面进行调整,进一步调动个体工商业者的经营积极性。1984 年,经过深入调查研究,向省政府呈报《我省个体工商户合法权益受到严重侵犯的报告》,披露了"三乱"问题,提出对策意见,引起了福建省委、省政府领导关注,省政府办公厅及时把"报告"批转到地、市贯彻执行。1989 年 5 月,召开了"全省发展山区个体私营经济经验交流会",认真总结改革开放十年来发展个体私营经济的工作经验,讨论和研究了进一步引导和鼓励个体私营经济发展的意见和措施。1991 年,根据国家工商行政管理局关于"八五"时期工商行政管理工作要点,注意从多方面鼓励个体私营经济发展,帮助其解决贷款、租用场地、产品销售和资金拖欠等"四难"问题。同时,本着"先放开、后引导,先发展、后规范"的原则,大力扶持发展。1993 年,在调查研究的基础上向省政府报送了《加快我省个体私营经济发展的报告》,提出引导和鼓励个体私营经济发展的意见,得到省委、省政府的采纳。同年,省政府颁布《福建省加快个体私营经济发展的暂行规定》,实行"七个放宽"政策,使个体私营经济取得突破性发展。1998 年,认真贯彻落实"十五大"精神,向省委、省政府呈报了《关于贯彻落实"十五大"精神,进一步促进个体私营经济发展的报告》,提出了 27 条政策措施,引起了省委、省政府主要领导的高度重视,出台了《关于加快我省个体私营经济发展的若干意见》,进一步推进我省个体私营经济量的继续扩展、质的不断提高。2003 年,制定并下发了《促进我省个体私营经济发展的意见》,更好地服务和促进个私经济发展。2004 年,实行委托工商所行使个体工商户、个人独资企业、合伙企业的登记审批权和"注册官制"等改革,构建工商行政管理事务的便捷通道,提高服务水平。

全省个体私营经济经过三十多年的发展,已成为全省国民经济重要增长点,成为国民经济的重要组成部分,对增加全省经济总量,促进社会生产力的发展、促进城乡商品流通、方便人民生活、扩大劳动就业、推动国有企业改革和调整、安置下岗职工、完善全省经济结构、促进脱贫致富、增加人民收入等各个方面都发挥了积极作用。其发展特征表现为:

(一)个体私营经济队伍不断壮大,整体素质不断提高

截至 2008 年 6 月底,全省共登记个体工商户 53.89 万户,从业人员 131.95 万人,登记资金数额为 281.47 亿元;私营企业从无到有发展到 19.96 万户,从业人员 227.02 万人,注册资金 5 256.76 亿元。

(二)经济实力不断增长,经营规模逐步扩大

2008 年上半年,私营企业户均注册资本(金)达 263.39 万元,私营企业实力的增强,提高了企业的市场竞争和抗风险能力。从行业分布来看,私营企业进入产业结构调整期,主要集中在生产制造、商贸餐饮、社会服务等行业,同时信息传输、计算机服务及软件业等科技含量较高的高新技术产业保持高速发展,截至 2008 年 6 月底,批发和零售业 50 712 户,占总数的 33.40%;制造业 44 805 户,占 29.51%;社会服务业 21 592 户,占 14.22%。以上行业私营企业户数之和占私营企业总户数的 77.13%。随着《公司法》的深入人心,公司治理结构日益被投资者接受,促进私营中小企业由传统的家族式管理向建立现代企业制度转变。截至 2008 年 6 月,独资企业、合伙企业、公司企业分别为 31 906 户、6 346 户、161 328 户,本期独资企业、合伙企业、公司企业比重分别为 15.99%、3.18%、80.83%;注册资本(金)独

资企业、合伙企业、公司企业比重分别为2. 17%、1. 00%、96. 83%。

（三）经营领域不断拓展，经济增长方式逐步由粗放型向集约型转变

全省个体私营经济从解决城乡人民群众买难卖难、制衣难、住旅店难、乘车难、修理难的零售商业、饮食业、服务业、修理业发展到农业综合开发、采掘业、制造业、建筑业、交通运输业、商业批发、社会服务业、高新技术业，经济增长方式由发展初期的粗放型、分散型逐步向集约型、质量型转变。

（四）促进农村产业结构调整，加快农村脱贫致富奔小康的步伐

目前，全省农村剩余劳动力从事个体私营经济使农村改变了单一的产业结构，培养出一大批有技术、会经营、懂管理的人才，形成了农、工、商比翼齐飞，科、工、贸共同发展的格局，推动了农村经济向专业化、社会化发展，加快农村脱贫致富奔小康的步伐。

（五）促进国有企业改革和发展，缓解就业压力，促进社会稳定

全省个体私营经济通过股份合作、联合兼并、承包租赁、买小建大等形式，其租赁、承包、购买、兼并国有亏损的小型企业共500多家，仅1998年就安置了待岗、下岗职工2万多人。通过对这些改制的企业进行改组、改造和改善经营管理，提高国有资产经营效益，促进国有资产向高效益领域转换，实现优势互补，共同发展。同时，设立了与国有企业生产的产品相配套的加工、销售网点2 000多个，更好地为国有企业产前、产中、产后提供服务，为推进经济体制改革和社会稳定做出贡献。

六、商标监督管理

从1978年至1988年的十年间，全省商标工作主要处在恢复时期，商标注册实行核转制度。从1988年至1998年的十年间，福建的商标工作处在飞速发展时期。1992年下半年，商标注册由核转制向代理制转变，1993年至1994年，全省相继成立福建省、福州、厦门、泉州四个商标事务所，1994年，厦门商标事务所在全国范围内较早取得了涉外商标代理资格。改革开放以来，福建省商

标管理主要有以下几个方面的发展：

（一）在建章立制方面

福建省工商行政管理局根据国家政策法规，结合全省经济发展的需要，适时制定颁布了《福建省商标专用权保护网》等几十部商标管理规定，逐步形成具有时代与地方特色的商标监管体系。2006年，福建省政府办公厅下发了《关于推进实施商标品牌战略的工作意见》，2007年上半年全省各市、县、区政府全部出台了实施商标品牌战略的具体工作意见，形成了更加重视商标工作的氛围。2007年，省政府出台《福建省著名商标认定、管理和保护办法》，为培育、扶持和保护我省高知名度商标营造了良好的法律和政策环境。

（二）在保护注册商标专用权方面

打击假冒侵权注册商标行为一直是省商标行政主管机关的工作重点，打击的注册商标侵权范围随着市场经济的建立过程而不断扩大。90年代以来，每年各类注册商标侵权违法案件都在千件以上。查处万元以上商标侵权案件逐年增多。2008年上半年全省各级工商行政管理机关共查处商标违法案件1 647件，案值1 595. 63万元。收缴和消除违法商标标识2. 35万件，销毁违法物品35. 48万件，罚款总额922. 25万元，移送司法机关追究刑事责任3人。

（三）在涉外商标管理方面

在理顺了工商、外贸两个主管部门的商标管理体制后，80年代初，全省涉外注册商标达107件，涉及20个国家和地区。截至2008年6月，福建省企业已通过马德里协定进行国际注册取得专用权的商标共600件，占全国总量的8. 6%，位居全国前列。全省工商行政管理系统通过"三书"指导出口型企业申请商标境外注册463件。改革开放造就三资企业，也丰富了商标市场行为。注重对三资企业商标的保护，查处了一大批涉及三资企业的商标侵权案件。柯达、雷保、耐克、可口可乐、百事可乐、鳄鱼、金利来等一大批在国际上享有盛誉的商标在福建省都得到有力的保护。

（四）在指定商标印制管理方面

80年代根据《商标印制管理规定》，对

全省上千家印刷企业,按照"技术水平、设备条件、人员资格"状况实行定点管理,严格控制商标印制单位,督促印制企业加强内部管理,建立制度,健全档案,加强了对印制行为的监督检查。近几年,每年收缴、消除非法印制商标标识达数百件,收缴模具、印板等工具上千件,较好地防止了商标假冒行为在源头的发生。

商标管理工作的全面展开有力地促进了全省商标事业发展。商标注册数从新中国成立初几十件上升到现在 12 万多件,位居全国第五。截至 2008 年 6 月底,我省经国家工商行政管理总局认定的驰名商标总数达 77 件,位居全国第五;全省地理标志证明商标、集体商标总量达 40 件,位居全国第二,进一步促进了全省名牌规模的形成,加速了无形资产增值,增强了全省一批企业和产品在市场的竞争能力,带动了一大批相关产业,提高了全省名牌经济效益。

七、广告监督管理

改革开放后,随着经济建设的恢复与发展,福建省广告业也得以健康发展。1981 年 5 月福建广告公司成立,首家对外开展广告业务,标志着福建省广告业的兴起。1990 年 3 月,福建广告公司组织闽东电机在台湾《自立晚报》上刊播,结束了几十年台湾无大陆广告的历史。从 1992 年起,福建省评选出的广告作品在全国第三届、第四届广告作品评展中共有 37 件作品分别获银奖、铜奖、优秀奖、佳作奖,其获奖率高出全国平均水平。1993 年至 1995 年福建省广告公司、福建广播电视广告总公司、福建日报广告总公司分别跻身"中国广告公司综合实力 50 强"的行列。1981 年至 2007 年的 26 年间,全省广告经营单位从 7 家发展到 4 593 家,广告经营额从 239 万元上升到 49.74 亿元,至此,全省广告业已初步形成具有一定质量和规模、服务门类和媒介种类较为齐全,为企业及社会提供全方位服务的新兴产业。广告业整体素质有了明显提高,广告媒体趋于多元化,广告形式丰富多彩,广告经营者市场调查、产品宣传、策划创意、广告制作、广告发布和广告效果测定能力都上了一个新台阶。

随着福建省广告业的发展,全省广告管理体系逐步建立。1981 年 8 月,福建省工商行政管理局商标广告管理处成立,并设立了商标广告设计研究所,继而全省各地县均设立了商标广告管理科、股,到 1995 年底,省、地(市)、县三级广告管理机关配备了广告管理人员 250 多名。1999 年,全省基本上实现了每个广告经营单位均配备有广告审查员。这些举措有效规范了广告活动的主体资格,促进广告业整体素质的提高,推动了广告行业的健康发展。30 年来,全省各级工商机关在促进全省广告业快速、健康发展,规范广告经营行为,维护社会主义精神文明方面做了大量卓有成效的工作:

(一)加强对广告业的扶持力度

针对福建省广告业发展起步晚、底子薄的状况,全省各级广告监管部门加强了对广告业的扶持,进行广告法律意识的宣传和广告专业技术培训。1998 年 5 月,为促进福建省广告业持续、快速、健康地发展,由福建省工商行政管理局和省计划委员会联合制定下发了《福建省广告业 1998—2000 年发展的若干意见》,就全省广告业的整体素质、整体框架、广告市场秩序及广告对实施当地名牌工程、广告对社会发展的作用提出了具有建设性的意见,为推动全省广告业的发展起到了积极的作用。

(二)积极引导企业实施名牌战略

运用广告监管职能,积极引导企业运用广告实施名牌战略,促进经济发展,推动精神文明建设。多年来,全省各级工商行政管理机关积极引导企业运用广告策略创品牌开拓市场,引导企业与广告公司结成对子,鼓励广告公司参与企业形象设计和产品宣传策划,帮助企业培育了如片仔癀、富贵鸟、安尔乐、万利达等一批在全省乃至在全国享有盛誉的名牌产品,深受企业好评。大力开展公益广告活动,为弘扬社会主义精神文明,宣扬社会良好风尚发挥了积极作用。1997 年,厦门市推出了包括 FUN 杯公益广告设计大赛、作品展览、公益广告冠名权拍卖等系列活动,提高了民众的文明意识,在社会上产生了轰动效应。

（三）加强广告动态监管

健全广告监测机制,实现对广告的动态监管。1996年初,福建省工商行政管理局制定了《福建省广告监测网络实施方案》,建立了省、地两级广告监测网络。1997年,指定专人对全省主要大众媒介的16种报刊、6家电视频道进行日常监测。1998年,福建省工商行政管理局又拨出专款,建立了在全国工商行政管理系统具有先进水平的现代化全计算机广告监测系统。2006年,制定了《福建省媒体广告信用评分管理办法》,促进媒体诚信自律,维护媒介广告市场秩序。仅2008年上半年,就监测各类广告54.95万条次,发现涉嫌违法广告5 012条次,充分发挥了预警作用,有效加强了对媒体广告的日常监管。

（四）严厉打击广告违法行为

加大广告监管力度,严厉打击广告违法行为。根据国家工商行政管理局有关通知要求,1987年起全省广告经营单位实行年检制度,从而有效把住了广告市场准入关,规范了广告活动的主体资格,促进广告业整体素质的提高,推动了广告行业的健康发展。针对不同时期广告市场存在的问题,全省各级工商行政管理机关适时进行了医疗、药品、保健品、口服液、食品、化妆品、房地产、烟草、酒类等广告的治理整顿,对印刷品广告、电视直销广告等媒介进行了多次整顿,严厉打击各类广告违法行为。从1995年至2008年上半年,全省共查处各类违法案件27 393起,罚没3 515.41万元。通过集中治理整顿,2007年来,全省各类媒体总体违法率大幅下降,违法率在0.94%以下,严重虚假违法广告基本上得到抑制,广告市场秩序得到有效规范。

八、经济合同监督管理

党的十一届三中全会以后,商品经济重现生机,工商行政管理部门又担负起经济合同管理任务,与经济委员会及其他业务主管部门分工负责。工商行政管理部门主要管理工业与商业及农业与商业的经济合同。1982年,我国《经济合同法》颁布实施,明确了各级业务主管部门和工商行政管理部门对有关的经济合同进行监督管理的职责。1999年,我国《合同法》被审议通过,进一步明确工商行政管理部门依法监督处理利用合同危害国家利益、社会公共利益违法行为的职责。全省各级工商行政管理部门认真贯彻执行《合同法》,合同监督管理工作取得较大成效:

（一）大力宣传《合同法》

据不完全统计,从1982年《经济合同法》的颁布至1988年底,全省各级工商行政管理机关共印发宣传材料29.8万份,举办各种学习班、培训班、演讲会2 902期,参加学习、听讲人员18.4万人次,接受经济合同法律咨询近3万人次。1999年,修订后的《合同法》颁布一年间,全省共举办各类培训班、培训讲座、座谈会514场,参加人数达到3.8万余人次。通过大力宣传《合同法》,有效提高了全社会的合同意识,为合同监管创造了良好的外部环境。

（二）开展合同鉴证工作,从1978年到2002年,合同鉴证工作一直是各级工商行政管理机关合同监管的一项重点工作

1990年在全省推行经济合同示范文本制度,并加强了建筑安装合同和借款合同的鉴证备案工作。1991年,组织全省开展了合同鉴证的达标考核。1994年,进一步改进经济合同鉴证方法,将鉴证审查的重点放在当事人的主体资格、履约能力和内容合法性上来,不断提高鉴证合同的履约率,减少合同纠纷,防止合同欺诈。1978年至2002年,全省共鉴证合同近100万份,金额达1 000多亿元。2004年,为了指导规范合同中的格式条款,防止滥用格式条款获取不正当利益,制定了《福建省合同格式条款监督办法》,保护合同当事人的合法权益。

（三）认真开展合同监督检查,严厉打击合同欺诈等违法行为,积极运用合同监管职能为企业服务

仅1989年至1999年全省共清理合同拖欠款6.68亿元。1991年,福建工商行政管理局以抓建安合同管理为试点,与省建委、省建行联合下发《关于加强建设工程承

包合同管理的暂行规定》,编辑建安合同管理文件选编,全面介入建安合同的管理,推动合同管理工作上一个新层次。2006 年,为了切实保护消费者合法权益,在 1 月 1 日—10 月 15 日期间在全省开展了整顿治理房地产交易合同不平等格式条款专项执法行动,共查办违法合同案件 803 件,罚没款 113.6 万元,分别比上年同期上升 8.8 倍和 14.4 倍;查处房地产交易中利用不平等格式条款侵害消费者合法权益的案件 102 件,罚没款 33.8 万元;纠正不平等格式条款 210 条,撤销不平等格式合同条款 38 条,督促 263 家企业进行了整改;有效地促进了房地产市场的规范发展。近年来,全省各级工商行政管理机关加大了对合同欺诈等违法行为的打击力度。仅 2008 年上半年全省共查处合同违法案件 757 件,案值 628.94 万元,罚没款 244.52 万元。

（四）认真履行调解仲裁职责

1995 年仲裁制度改革以前,经济合同纠纷的调解仲裁一直是工商行政管理部门的一项重要职责。全省各级工商行政管理机关也为此做了大量认真细致的工作,取得了较大成绩。至 1990 年,全省 417 个工商所中已有 123 个设立派出仲裁庭,全省当年办结案在 3 500 件以上县工商局有 2 个,办结案在 1 000 件以上的派出仲裁庭有 3 个。从 1989 年至 1995 年,全省共办结案件 18.1676 万件,争议金额 6.9 亿元,执行率达 90%。

（五）积极开展"守合同、重信用"单位的认定

据统计,1988 年至 2008 年,全省共评选"守合同、重信用"单位 4.534 万户,其中,连续五年获此称号的达 39%,并多次以各级政府名义在报刊上公布,不断推动此项活动广泛深入开展。在 2001 年国家经贸委等 10 个部门联合公布的全国 100 家连续 10 年以上"守重"企业中,福建省企业有 10 家,居全国首位。在国家工商行政管理总局首次公布全国的 520 家"守重"企业中,福建省有 18 家。利用"守合同、重信用"认定工作这一契机,加强对企业监督检查,指导企业签

约行为。在推行经济合同示范文本中,"守合同、重信用"企业使用率达 100%。

（六）积极推动拍卖活动健康发展

福建省工商行政管理局先后下发了《关于贯彻实施〈中华人民共和国拍卖法〉的通知》、《关于印发〈福建省拍卖活动监督管理规定〉的通知》、《关于公物处理实行公开拍卖的通知》等文件,适时指导全省拍卖活动监管工作稳步、全面地开展。各地举办拍卖企业和执法人员参加的《拍卖法》及有关法律法规培训班、研讨会近 50 场（次）,参训人员达 1 000 多人次,在省、地各类刊物上发表监管拍卖活动的经验、信息和案例分析文章 60 多篇。2008 上半年全省拍卖企业总户数为 152 家,其中国有拍卖公司 38 家,私营拍卖公司 65 家,混合所有拍卖公司 49 家,共备案 876 次,现场监拍 535 场,成交金额 588 341.74 万元;共受理合同争议 76 件,调解合同争议 55 件,成功率达 72.3%。

九、消费者权益保护

保护消费者权益是工商行政管理部门的一项重要职责。从 1996 年 5 月份开始,漳州市工商行政管理局在全国率先组建及时受理、快速反应的"消费者投诉服务台",探索保护消费者权益工作的新路子,收到良好的效果。从 1997 年开始,福建省工商行政管理局部置各地工商行政管理局在全省范围内统一开通"96315"消费者投诉电话,统一设立消费者投诉服务台,全面开展消费者权益保护工作。全省建立了以市、县、区工商行政管理局投诉台为中心,涵盖工商所、各类市场投诉站的三级投诉服务网络。1998 年下半年以后,全省在消费者投诉服务台的规范化建设方面又迈出了新步伐。在投诉服务台的形象设计、主要任务、主要装备做到"三统一",而且在其工作程序、网络建设、联动机制上做到"三规范"。同时还为全省"96315"消费者投诉服务台配置了 82 辆崭新的专用车辆,进一步提高了装备水平。通过规范化建设,逐步建立起一支保护消费者权益的高效执法力量,形成整体协同的综合执法机制,并与公安"110"联动,有力地促进工商行政管理职能的延伸。在短暂

的三年时间里，"96315"消费者投诉服务台经历了从创立普及到网络化、规范化发展的三个阶段，实现了三次大飞跃，使全省工商行政管理部门充分发挥职能作用，依法保护消费者权益工作进入一个新阶段。2000年按国家工商局的部署，消费者投诉服务电话统一改为"12315"。当年全省工商行政管理系统共受理消费者申诉3.69万件，查处侵害消费者权益案件0.55万件，总案值3 706.67万元，罚没款360.85万元。2005年9月1日起，修订后的《福建省实施〈消费者权益保护法〉办法》正式实施，福建省工商行政管理系统依法加大了对侵害消费者权益违法行为的查处力度。2006年，国家工商行政管理总局在《意见》中专门制定了支持福建省消费者保护工作的相关规定。2007年，福建省政府办公厅下发了《关于加强"12315"消费维权工作的意见》，"12315"消费维权网络建设被列入了当年省委、省政府为民办实事项目，当年建成从福建省工商行政管理局到工商所四级纵向贯通、横向联结的"12315"信息化网络系统，开通了"福建'12315'消费维权短信平台"和"福建'12315'消费者权益保护网"，同时，将"12315"电话专线由原来的25条增加到58条，有力推进了该省"12315"消费维权工作深入发展。2007年来，福建省工商行政管理局积极建立覆盖全省的"12315"消费维权网络，至2007年底，全省设立"12315"消费维权服务站、点22 083个。2008年，进一步延伸拓展"12315"消费维权网络，大力推进在商场、超市、企业等经营场所设立"12315消费维权服务站点"，截至2008年6月底，全省已在各类经营场所设立"12315"消费维权服务点4 999个，其中商场和超市比例最大，占经营场所服务点总数的35.79%。仅2008年上半年，全省工商行政管理系统共查处消费者权益案件563件，案件总值644.43万元，没收金额25.13万元，罚款251.83万元；共受理消费者申诉28 727件；受理举报案件总数7 341件，案件总值972.89万元，罚款金额为252万元；受理消费者咨询182 374件，其中涉及消费者权益保护的为131 688件，占咨询总量的

72.21%。2008年5月，全国工商行政管理系统"12315"行政执法体系建设暨经验交流会议在福建福州召开，会议总结了近两年来全国"12315"行政执法体系建设工作情况，交流各地在完善行政执法监管体系、健全行业和经营者自律维权体系、扩大社会监督维权体系和加快"12315"信息化网络建设等方面的经验做法，研究"12315"行政执法体系长效监管机制建设的措施，得到了国家工商行政管理总局、省政府领导和与会400余名代表的肯定和好评。

消费者权益保护组织是开展消费者权益保护工作的另一支重要力量。改革开放初期，福建省作为实行特殊政策的实验区，承担先行探索的使命，福建省保护消费者权益事业正是在这种特定的历史条件下起步的。1985年9月3日，福建省消费者委员会正式成立。在各级工商行政管理部门的大力支持下，经过几十年的发展，全省各级消费者委员会已发展成为不可替代的对市场进行社会监督的力量，主要表现在：

（一）消费者权益保护组织迅速健全

在1985年省消委会成立后的五年左右的时间里，全省9个地市84个县（市、区）全部建立了消委会；又经过十年的巩固发展，在全省856个乡镇（街、居）建立了分会，在2 943个行政村建立了"消费者监督站"，在230个厂矿企业和103个行业系统建立了消费者监督组织。省消委会还组织了一批热心社会公益事业的著名律师和法律专家组建"法律支持中心"，无偿支持和帮助那些合法权益受到侵害，又长期得不到解决且没有经济能力的消费者，全省各地区也都建立了不同形式的志愿者队伍。目前，福建省已形成了覆盖全省，延伸到各行业，以多种形式存在的消费者基层组织网络和由专业人员、兼职人员、志愿者三个层次构成的维权队伍以及由司法、行政、消费者组织和新闻舆论监督四位一体，相互配合，协同工作，共同保护消费者权益的社会保护监督机制。

（二）将消费者权益保护工作列入法治化轨道

1987年9月4日，福建省六届人大常委

会第 27 次会议通过了《福建省保护消费者权益条例》(以下简称《条例》),标志着福建省消费者权益保护开始纳入法制轨道,进入依法保护的阶段。1990 年 7 月,省人大常委会第十五次会议审议修改了《条例》,把农民购买、使用农业生产资料和接受相应的服务列入保护范围,同时将省消委会的《小额投诉仲裁办法》、《代表起诉办法》、《质询办法》列为《条例》的附件,赋予了消委会以小额纠纷仲裁权、消费者权益质询权和代表起诉权,这在当时立法上也是一大突破。《条例》的实施,有力地推动了消费者权益保护工作的开展,促进了全国保护消费者权益立法步伐的加快。《中华人民共和国消费者权益保护法》颁布后,福建省人大常委会又出台了《〈消法〉实施办法》,进一步细化了有关规定,增加了许多"操作"手段。1995 年 7 月 5 日,省八届人大常委会第 18 次会议通过了《福建省保护农民购买使用农业生产资料权益若干规定》,这是我国第一部专门保护农民消费者的地方法规。2005 年 6 月 2 日,经福建省第十届人大常委会第 17 次会议审议通过了《福建省实施〈中华人民共和国消费者权益保护法〉办法(修正案)》,由此形成了较为完善的保护消费者合法权益的法律体系。

(三)强化舆论监督

省消委会通过报纸、广播、电视等及时反映消费者的呼声,公开揭露、批评各种损害消费者权益的行为,并创办了《福建消费者报》。从 1987 年开始,每年的 3 月 15 日国际消费者权益保护日到来时,全省各地都由工商行政管理局、消委会牵头举办,由三十多个部门共同参与的大规模的宣传咨询服务活动。通过街头宣传、现场解决投诉、咨询服务、散发宣传品、举办优质商品或假冒伪劣商品展览、专题讲座、专题论坛、法律法规培训、文艺汇演、消费知识竞赛、印发消费指导系列资料等广泛深入地开展法律知识、消费知识的宣传普及,并围绕中消协的年度主题,城市与农村同时联动。

(四)规范消费者投诉受理

全省各级消费者组织为增强社会监督的力度,积极联合有关部门对与消费者日常生活密切相关、问题较多的商品和服务如夏季冷饮、食用油、儿童食品、酒类、液化气等开展专项监督检查,对经营者的欺诈行为进行曝光。有的地方通过开设投诉流动车、设置投诉告示牌等多种形式,进一步落实《消法》赋予消委会的 7 项职能。省消委会一方面重点抓好一些危害大、涉及面广或具有代表性的典型案件、复杂案件和疑难案件以及损害消费者权益情节严重而又久拖不决的重要投诉的调解处理工作,不断拓宽受理投诉的领域。另一方面则注意加强对消费者投诉信息的整理、反馈工作,除每年开展大规模的年主题专项社会调查外,还对每季度出现的热点、重点问题进行综合评价和总结分析,针对一些投诉热点组织开展专项调查,及时将有关情况反馈给有关部门以及企事业单位,为它们制定有关措施或为提高商品、服务质量提供有效信息,并通过制定如"洗涤行业服务质量和消费者权益争议解决办法"、"部分通信终端设备修理更换退货责任规定"等规定措施,有效地处理消费纠纷。

附:

福建省工商行政管理局历任局长、党组书记

畅乙萍,1976 年 1 月至 1981 年 7 月任局长、党组书记;李邦英,1983 年 2 月至 1986 年 5 月任局长、党组书记;张华,1987 年 3 月至 1993 年 3 月任局长、党组书记;苍震华,1993 年 2 月至 1998 年 2 月任局长、党组书记;赵觉荣,1998 年 2 月至 2003 年 1 月任局长、党组书记;周金伙,2003 年 7 月至 2006 年 6 月任局长、党组书记;詹毅,2006 年 8 月至 2008 年 4 月任局长、党组书记;陈乙熙,2008 年 4 月任局长、党组书记。

(执笔人:李绍萍)

第十四章　江西省工商行政管理局

第一部分　(1949—1978)

第一节　江西省工商行政
　　　　管理发展概况

1949 年 6 月,江西省人民政府成立,即设工商厅。1950 年 1 月更名为商业厅,下设工商行政管理处。在南昌等 7 个主要城市设立了工商局,赣西南行政公署设立工商处,各专区、县设立工商科,直接管理国营商业公司的行政业务。并通过开展工商业登记,指导工商联和改组同业公会,动员组织私营工商业恢复发展生产经营,引导调整行业结构,调整公私关系;贯彻内地贸易自由政策,搞活农村初级市场,沟通城乡物资交流;打击私商投机倒把、囤积居奇、哄抬物价、扰乱市场的违法行为等。对恢复发展城乡经济,巩固壮大国营经济发挥了作用。

社会主义改造基本完成以后,国民经济实行计划管理和按部门分工管理体制,工商行政管理被削弱。1957 年,省商业厅工商行政管理处改名商业行政管理处,仅兼管对私营工商业的改造和市场管理两项工作。各地、市、县的工商科(局)先后解体,被新成立的工业局、商业局取代。

20 世纪 60 年代初,为贯彻"调整、巩固、充实、提高"的方针,1963 年 12 月,在省商业厅内恢复了省工商行政管理局,各地、市、县也先后恢复了工商行政管理局或工商行政管理科。南昌市设立了有 49 个行政编制的独立的工商行政管理局,其他市、县设立的工商行政管理局均与商业局合署办公,"两块牌子,一套人马"。组织开放集市贸易,活跃城乡物资交流;开展工商业登记,清理整顿企业。关、停、并、转了一批在"大跃进"期间发展的企业;继续处理对私营工商业改造的遗留问题;打击倒卖生产和生活资料的投机倒把活动等工作。南昌等城市还开展了商标管理工作。但由于全省除南昌市外,各级政府均未单独设立工商行政管理机构,影响了工作的正常开展。1965 年 2 月,全省仅有专职工商行政管理人员 497 名,兼职人员 548 名。

"文化大革命"初期,工商行政管理机构撤并,人员下放,工作基本停顿。1968 年 10 月,省革委会决定将工商行政管理业务并入省财政局,各地、市、县也先后并入当地财政局。工商行政管理被作为阶级斗争和两条道路斗争的工具,把集市贸易作为"资本主义尾巴"而强行关闭,影响了农副业生产,给城乡居民生活带来诸多不便。1972 年后,在市、县革委会恢复建立了独立的工商行政管理局,在有墟镇的公社设立了基层工商所,进行恢复集市贸易、维护市场秩序等工作,部分市、县还对集体企业进行登记管理。但因当时执行"左"的路线,对市场限制过严,把一些正当的交易活动当作违法违章行为处理,加之机构不健全(省、地工商局都是设在商业厅、局内的二级机构),人员少(到1978 年底,全省共设工商行政管理机构 728 个,总人数 3 404 人),难以发挥综合性监督管理和行政执法的作用。

第二节　江西省工商行政
　　　　管理工作发展成就

一、经济监督检查

新中国成立伊始,国家经济体系尚不健

全,一些不法私商利用其掌握的资金、物资扰乱经济正常运行。这一时期江西省查处经济违法违章工作重点在扰乱金融、哄抬物价、贩卖粮油棉纱等生活必需品及偷工减料等破坏抗美援朝战争的案件。

1957年以后,社会主义改造基本完成,国家实行了全面的计划经济,查处经济违法违章案件的工作集中在取缔自由市场、管制价格、打击长途贩运,以及查禁粮、油票证的倒卖活动,维护国家计划。三年自然灾害时期,由于物资短缺,供应紧张,投机商贩活动猖狂。这一时期,全省共查处投机倒把行为21 587人次,对倒卖工业品和票证,贩卖黄金、白银,投机积蓄暴利的不法分子进行了重点打击。"文化大革命"期间,打击投机倒把的工作得到强化。仅1972年,全省工商行政管理部门共查获较大的投机倒把案件达17 576件。

二、内、外资企业监督管理

(一)内资企业监督管理

江西省人民政府成立后,在1949年8月发出《关于目前工商贸易工作的指示》,旋即在南昌市进行私营工商业登记试点工作。随后,在九江、景德镇、上饶、赣州、吉安、临川、宜春7个主要城市进行了私营工商业的调查摸底和登记工作。上列8个主要城市到1949年底,共有私营工商业25 826户。1950年6月,依照《中南区工商业登记暂行办法》,在全省开展了工商业登记工作。至年底,各县均完成对私营工商业的登记发照工作。

1953年后,工商企业登记工作主要是为实现对私营工商业进行社会主义改造任务而服务。全省各市、县工商局先后于1954年、1955年开展年度换发营业执照工作,摸清私营工商业的情况,为当地政府制定对私营工商业改造的工作提供依据。1958年,由于国民经济管理体制实行按行业归口管理,工商行政管理机构职能有所变动,除南昌市以外,其他各地、市、县的企业登记管理工作基本停顿。

60年代初,在调整国民经济"八字方针"的指导下,对城乡工商企业进行了一次全面登记。1963年3月,江西省人民委员会发出《关于贯彻执行〈国务院工商企业登记管理试行办法〉的通知》,各业务主管部门对所属企业填写的登记表进行审核后,提出开业、歇业、转业的具体意见,报经市、县人民委员会批准,由工商行政管理部门统一发给或收缴吊销营业证照。在登记审查过程中,各地结合贯彻精减机构、压缩城镇人口的原则,对现有企业进行清理整顿,关、停、并、转了一批"大跃进"期间发展的企业。到1964年底,全省通过登记发照的有:国营、地方国营、公私合营企业4 182户,生产经营单位7 883个;供销合作社1 523户,生产经营单位7 435个;其他全民所有制(民政、学校办)企业306户,生产经营单位498个;其他合作社(店)16 636户,生产经营单位20 308个;社队(街道)办企业7 176户,生产经营单位8 669个。"文化大革命"前期,全省企业登记管理工作中断。1972年9月,省革委发出《关于进一步加强市场管理的指示》后,开始恢复城乡工商企业登记管理,除国防工业、国营交通运输和公用事业以外,都要进行全面登记。

(二)外商投资企业登记管理

新中国成立后,一直到党的十一届三中全会期间,江西省利用外资几乎是空白,也没有外资管理机构。

三、个体私营经济监督管理

在新中国成立初期,江西省对个体私营经济实行利用、限制、改造的政策。江西省人民政府成立后,在没收官僚资本,建立国营经济的同时,大力推行保护民族工商业的政策。到1950年8月,南昌等8个城市登记发照的私营工商业达31 414户,比解放前增加41.1%。但一些不法商人见利忘义,在南昌等7个城市的26 154户私营工商业户中,有"五毒"行为的就有17 457户,1952年上半年,全省各市(镇)工商行政管理部门成为"五反"的主力军。1953年,开始对私营工商业进行社会主义改造。1956年春,掀起了全行业公私合营为中心的对私改造高潮,到年底基本完成。全省纳入公私合营的私营工商业共32 843户,直接转为国营供销社的有2 950户。三年自然灾害期间，随着对集市贸易的开放，经商的人员迅速增加，到1964年底，全省有证个体工商业者达59 073户。

"文化大革命"期间，个体工商户被强制下放农村，城镇个体商贩一度绝迹。1978年底，全省城乡个体业者约有7 000户，其中，县城以上所在地的个体商贩仅270户。

四、商标注册与监督管理

新中国成立伊始，江西省商标监督管理工作主要是放在取缔旧社会遗留下来的，带有封建迷信、淫秽、反动及有殖民地色彩的商标。

1953年，南昌市工商局开始对未注册商标进行管理，出台了《南昌市不注册商标临时登记办法》。1954年开始，全省各地均按中央工商行政管理局《关于未注册商标暂行管理办法》管理未注册商标。

1957年开始，全省贯彻执行中央工商行政管理局《关于实行商标全面注册的意见》，改变商标注册由地方核转的办法，由企业直接向中央工商行政管理局申请，不允许使用未注册商标。这一时期，因国家实行计划经济，商标的作用不明显，商标的注册量很少。至"文化大革命"开始前，南昌市实际使用的商标有142个，宜春地区仅有2个注册商标。"文化大革命"期间，停止了商标注册工作。

五、广告监督管理

1949年，新中国成立后，国民经济迅速恢复，城乡市场日趋活跃，江西省的产品、医药、文艺等广告迅速增加，广告监督管理成为工商行政管理的一项重要工作。1952年后，南昌等一些主要城市都制定了地方性的广告管理暂行办法，提出广告业要为生产、为消费、为商品流通、为美化市容服务的"四为方针"；广告的内容要符合思想性、政策性、真实性、艺术性和民族风格的要求。但由于当时对大部分产品实行统购统销政策，企业不必为产品的销路担心，因此广告业发展仍然很缓慢。三年严重自然灾害时期，国民经济发生严重困难，商品奇缺，广告业处于萎缩状态。

"文化大革命"开始后，把广告视为"封资修"的产物进行批判，广告业全面停滞。

六、市场监督管理

江西省人民政府成立后，多次发出指示和通令，强调贯彻国内贸易自由政策，发展城乡贸易，沟通物资交流，以促进国民经济的恢复与发展。对进入集市交易的对象和上市商品范围不加限制，并在各地、市、县广泛组织物资交流大会。1952年12月，在省政府召开的财经会议上，强调要贯彻中南军政委员会发布的《关于活跃初级市场六项措施的布告》，取消对交易活动的各种限制，并针对已成立的各种交易所（172个）、交易市场（134个）所规定的粮、油、纱布、百货等都要进所、进场交易的情况，采取除主要城市的粮食交易所外，其他交易所一律取消，交易市场也不必设立，并坚决取消一切有碍物资交流的烦琐手续，使全省初级市场大都活跃起来。"一五计划"期间，为适应对粮、棉、油实行统购统销和对猪肉、禽、蛋等农副产品实行统一收购（派购）的形势需要，各地对集市贸易加强了管理和限制，以保证统派购任务的顺利完成。

1957年3月，省人民委员会在转发《国务院批转中央工商局〈关于城市市场管理工作的意见〉的通知》中指出，对市场需要管理，但不要管死。同年4月，省人民委员会发出《关于加强国家领导下的农村自由市场工作的指示》，允许在国家完成统购和统一收购任务后，开展农民贸易，产销见面，自由交易。但自由交易开放后，许多农民把未完成国家任务的统购物资拿到自由市场出售，私商小贩乘机套购倒卖，冲击计划市场。针对这种情况，省人民委员会于同年9月发出《对计划收购（统购）和统一收购（派购）物资不准进入自由市场的指示》规定，凡属国家计划收购（统购）和统一收购（派购）的农副产品，一律不开放自由市场，其余如鸡、鸭、蛋品、仔猪、蔬菜等及零星细小的农副产品，应继续开放国家领导下的农村自由市场。但上市商品的品种、数量很少，直至1958年"大跃进"和人民公社化高潮中自然消失。

1961年，在调整国民经济体制中，恢复

国营、供销社和集市贸易3条流通渠道。为了有利于城乡居民克服三年自然灾害所造成的物资供应困难，江西省组织恢复集市贸易，1963年根据中央对大中城市集市贸易提出"加强管理，缩小范围，逐步代替，区别对待，因地制宜"的方针，对各个城市的集市贸易成交额所占社会商品零售总额的比例提出了要求。

"文化大革命"前期，城乡集市贸易被取消、关闭。1972年9月，省革命委员会发出指示，要求各地恢复农村集市贸易，开放地、市所在地集市贸易，但在管理上要紧，开放范围要小。同年12月，省工商局发布《加强集市贸易管理，坚决打击投机倒把的布告》，对进入集市贸易的对象、上市商品范围、管理措施等做了具体规定。

七、经济合同监督管理

新中国成立初期，在废除过去一切不合理的契约的同时，人民政府在群众中推行平等互利的新型经济合同关系。

1950年10月，中南区军政委员会颁布了《机关、国营企业、合作社签订合同契约暂行办法》，对经济合同的签订进行了规范。1952年10月，江西省人民政府第139次行政会议通过并成立了江西省物资交流合同执行检查处理委员会，负责监督和检查省内地市县的或与外省在各种物资交流会上签订的合同执行情况，受理有关合同纠纷事件，协助双方调解仲裁，以保证合同的执行。到年底，南昌、上饶、九江、吉安、赣州等13个专区、市和重点县成立了合同检查机构，负责所在地市县物资交流合同检查工作。1953年1月，中南区物资交流合同执行检查处理委员会发布《中南区关于商业合同纠纷申请处理试行程序》及《中南区商业合同纠纷处理办法试行草案》后，合同管理工作开始走向正轨。1956年，生产资料所有制社会主义改造完成后，国家实行统购包销、高度集中的计划经济管理体制，经济合同制未能有效推行，经济合同管理工作也未能有效开展。

"文化大革命"期间，经济合同被视为"资本主义管、卡、压"而"靠边站"，经济合同制度被废止，经济合同管理工作随之停顿。

第二部分　(1979—2008.6)

第一节　江西省工商行政管理发展概况

一、江西省工商行政管理机构沿革

改革开放的30年间，江西省工商行政管理事业发生了翻天覆地的变化。

1979年4月后，工商行政管理工作的重点转移到以经济建设为中心，由着重打击投机倒把转移到支持生产、促进流通、协调关系、服务群众方面来。

1981年11月，省政府决定将原属省商业厅二级机构的省工商局确定为省政府直属局，成为省政府的一个综合性经济行政管理部门。此后，各地区工商局也先后从商业局划出，单设为一级局。县（市）局以下按经济区划陆续设立基层工商所。到1982年底，省工商局内设置办公室和市场管理、工商企业登记管理、经济合同管理、商标广告管理4个业务处，人员30人；全省共设工商行政管理机构870个，总人数5 177人。

1983年，江西省进行各级行政机构改革，省工商行政管理机构普遍得到加强，人员逐年增加。到1992年底，省工商局内增设了个体私营经济管理、外商投资企业登记管理、经济检查、人事教育、政策调研（政策法规）、纪检监察6个处（室）和机关党委，人数增至105人。全省共设立工商行政管理机构1 334个，总人数达12 344人，比1978年增加2.63倍。并先后成立了各级个体劳动者协会（后改为个体私营经济协会）、消费者协会、广告协会、工商行政管理学会等社团组织，挂靠于各级工商局开展工作。

随着国家和省有关法律、法规、规章的颁布实施，工商行政管理手段由单纯的行政管理手段逐步转变为行政管理手段与法律手段相结合。市场管理、企业登记管理、广告管理、个体私营经济管理、外商投资企业登记管理、经济合同管理、商标管理、经济检

查等"七管一打"工作全面展开。

为提高队伍的业务素质，1984年4月兴办了江西省工商行政管理干部学校和江西省工商行政管理中等专业学校（两块牌子、一套人马）。并先后与武汉大学、南昌大学、首都经贸大学等高校联合办学，培训工商行政管理专业人员。1989年1月创办了《江西省工商行政管理》（后改名为《江西工商》）月刊。

1992年春，邓小平同志发表南方谈话。同年，党的"十四大"确立建立社会主义市场经济体制后，工商行政管理被赋予培育发展和监管各类市场等新职能。此后，江西省工商行政管理事业的发展在"量"增长的同时，注重了"质"的提高。

1995年，在江西省省直机关机构改革中，进一步强化了工商行政管理工作，省工商局被确定为省政府主管市场监督管理和行政执法的职能部门，设置办公室、人事处、基层与教育处、财务审计处、政研法规处、企业注册监督管理处、外资企业注册监督管理处、市场监督管理处、公平交易局（内称公平交易处）、个体私营经济监督管理局（内称个体私营经济监督管理处）、商标监督管理处、广告监督管理处等12个职能处室，以及机关党委、纪检、监察、工会与老干部管理等机构，直属事业单位6个，共定编制121人。

1998年底，党中央、国务院决定将省以下工商行政管理部门实行垂直管理后，江西省立即成立了以蒋仲平副省长为组长的江西省工商行政管理体制改革领导小组。省政府于1999年初批转了省工商局关于全省工商行政管理体制改革方案，下发了赣府发（99）第2号文件。自此，江西省工商行政管理体制改革全面展开。1999年1月，全省工商行政管理部门实行了财务垂直管理。1999年6月，对省以下工商行政管理部门的机构编制进行了上划，共上划机构数123个（含设区市局11个），上划机关编制数2 466个（其中行政1 928个、事业310个、工勤228个），3个协会（个协、消协、广协）编制数955个，其他事业单位（培训中心、服务中心、工商〈商标〉事务所）编制数97个。1999

年12月，对全省工商行政管理所机构编制进行重新核定，全省共设置1 177个工商所（其中公平交易执法队设置111个），比原有总数减少149个。核定全省工商所行政编制数10 860个，下达9 774个。

2000年9月，江西省政府对省工商局的职能、内设机构和人员编制进行了调整。赋予省工商局对省以下工商行政管理系统的机构编制、人、财、物和业务工作实行垂直管理；贯彻执行国家有关工商行政管理的法律、法规、方针和政策，拟定、发布全省工商行政管理的规章制度，负责全省工商行政管理系统行政执法的组织实施、协调和监督等十项职责。设置办公室、计划财务处、政研法规处、市场规范监督管理处、商标广告监督管理处、个体私营经济监督管理处、人事处、基层与教育处8个处室及机关党委、纪检组（监察室），配置编制数64名；成立省工商行政管理局直属处级行政机构3个：企业注册监督管理局，核定行政编制16名；公平交易局，核定行政编制12名；直属分局，核定行政编制10名；成立省工商行政管理局机关后勤服务中心，为省工商局下属相当于处级事业单位，核定事业编制14名。管辖11个设区市、112个县（市、区）工商局和829个工商分局、29个工商所。

截至2008年12月，江西省工商行政管理局共有内设机构数999个，管辖设区市工商局11个，管辖县（市、区）工商局119个，工商分局841个，工商所机构数28个；实有在职人员数13 030人，其中公务员10 287（含省局87人）人，事业编制2 743人（含省局直属事业100人）。

二、市场"办管"脱钩、人员分流工作如期完成

与所办市场办管脱钩和人员分流是工商行政管理部门体制改革的难点。1999年5月江西省政府批转省工商局关于江西省工商行政管理系统市场办管脱钩和移交工作实施意见的通知，先后下发了赣府发［1999］第17号等3个重要文件，召开了3次重要会议，有力地推动了市场办管脱钩工作。到2001年12月7日，全省应脱钩的806个市

场按照"机构、职责、财务、人员"四分离的原则，全部按时办理了脱钩移交。移交市场资产7.67亿元，市场债务2.59亿元，分流人员3 321人。至此，全省工商行政管理部门体制改革全面完成。

三、省工商系统基层建设、人员培训、党风廉政建设取得的成绩

自改革开放以来，全省各级工商部门坚持不懈地抓党风廉政建设和纠正行业不正之风。20世纪90年代以后，强化队伍建设，采取由推行"两公开、一监督"，到推行"执法公示制"，开展"公平交易执法年"、"工商形象建设年"，以及"工商所初级规范"和《工商系统基层建设纲要》达标等活动，倡导公正执法、文明管理。及时刹住了乱设卡、乱收费、乱罚款的"三乱"现象，有力地遏制了凭"案、费、证、照"，搞"吃、拿、卡、要"的行业不正之风，涌现安玉爱、王建辉等一批模范人物。特别是工商行政管理部门实行垂管以后，全省各级工商行政管理部门以"三讲"、"三个代表"学教活动为契机，按照"八个坚持、八个反对"的要求，全面加强了班子和队伍建设。以"忠于职守、勇于负责、清正廉洁、执法如山"为行动准则。省工商局党组为此先后制定下发了《关于加强全系统领导班子建设的意见》、《干部管理暂行规定》、《关于加强培养选拔优秀年轻干部和女干部工作的意见》等文件，使班子和队伍的建设目标明确，措施落实。局领导班子带头，严格要求、严格管理、严格监督，坚持定期召开党组民主生活会，坚持民主集中制原则，集思广益，加强团结，形成合力，增强了班子的凝聚力和战斗力。近年来，通过推行干部竞争上岗和公开选拔干部等制度，进一步优化了领导班子结构，充实加强了领导力量。全系统范围内的干部任职交流，使一批德才兼备、富有朝气的年轻干部走上了领导岗位。

廉洁是加强队伍建设的基础。加强党风廉政建设，深入开展反腐纠风，从源头预防和治理腐败，是树立江西省工商新形象的重要举措。近年来，全省工商行政管理部门层层签订了党风廉政建设责任状，建立了干部廉政监督档案，开展了以法纪教育为中心的队伍作风整顿，在全系统集中开展了向何付凯、胡学勤等先进人物的学习活动，深入开展争当人民满意的公务员活动。经常对在职人员深入进行法纪和作风教育，全面推行行政执法公示和服务承诺制，公开监督电话并设置举报箱，建立了岗位执法责任制和执法责任追究制。全系统还聘请了4 050名义务监督员，形成了一个广泛有效的对滥用权力者的内外监督网络。工商行政管理部门对于群众的信访高度重视，不但有专人负责，而且要求件件有着落，有信必复，有案必查。据统计，近四年来全省工商行政管理部门受理的群众来访就有1 085件次，立案查处案件248件，有222人经查实后分别给予了党纪政纪处分，30件案件移交司法机关处理。

省工商局把基层建设作为队伍建设的重中之重，坚持以人为本，提出了"抓基层，在基层狠抓；抓基础，从基础抓起；抓重点，从重点突破"的工作思路。2000年被定为"基层建设年"，全省工商行政管理部门全面实施"33410"工程（"三项改革"、"三个加强"、"四件实事"、"十项工作"）。现在，全省基层工商所都建立了党支部，党的建设为加强工商行政管理队伍的建设提供了最有力的保证。在各个基层工商所，利用"班前班后两个半小时"学习政策法规、现代市场经济和现代管理知识，已经成为制度。"一日一题"、"每月一法"的学习活动，也在基层普遍开展起来，逐步营造起浓厚的学习氛围，增强了工商行政管理人员学法懂法、依法行政的自觉性。面临新的形势、新的要求和新的挑战，每个工商行政管理人员都在向自己提出如何适应市场的新课题，在全系统倡导大兴学习之风、调查研究之风。每遇改革必先调研，每需调研必先下基层。省局机关身体力行，多次派出调研组深入基层，就工商行政管理体制改革中遇到的各种新问题与基层的人员一起磋商，广泛听取意见，写出调查报告，形成了一个良好的调查研究制度。近四年来，省工商局先后投资近5 000万元。为市、县工商局和各工商所改

善执法、办公和学习条件，安排新建或改建的工商所就有 121 个。为加强工商干部的教育和培训，制定并实施了《2001—2005 年江西省工商行政管理系统干部教育培训规划》，近四年来仅省局就举办了 19 期干部培训班，全省有三分之二以上的工商所长接受了培训，2002 年 4 月还选送了 30 位年轻干部到高校脱产进修英语，掌握窗口所需英语技能。仅 2001 年、2002 年两年，全省工商行政管理部门就有 7 510 人次参加了各类教育培训，工商队伍的文化业务素质有了大幅提高。1982 年底，全省在岗人员，具有大专文化程度的有 58 人，仅占总人数的 1.12%，中专、高中文化程度的有 1 458 人，占总人数的 28.16%。到 2002 年底，在全省 14 441 名在职人员中，大专以上文化程度的有 6 825 人，占总人数的 47.26%，中专、高中文化程度的有 7 089 人，占总人数的 49.09%。

强化队伍建设出硕果，仅 2001 年度，全省工商行政管理部门就有 6 个单位被人事部、国家工商总局授予"全国工商行政管理系统先进集体"荣誉称号，3 名同志被评为"全国工商行政管理系统先进工作者"荣誉称号；13 个基层工商所获国家工商总局授予"全国工商行政管理系统先进工商所"荣誉称号，16 名同志被评为"全国工商行政管理系统优秀工商行政管理人员"。江西省工商局、抚州市工商局、横峰县工商局、吉州区工商局被省委、省政府授予"文明单位"荣誉称号，省工商局还被评为全省招商引资、粮食市场监督管理、经协工作和查办大案要案工作先进单位。

党的十六大以来，全省工商系统紧紧围绕以经济建设为中心和江西省实施中部地区崛起战略，按照江西省委、省政府和国家工商总局的要求，切实增强大局意识、责任意识、法治意识、服务意识，切实履行市场监管、行政执法职能，坚持做到对法律负责与对市场主体负责、对消费者负责的统一，市场监管与服务的统一，全力服务我省科学发展、加快崛起、富民兴赣，各项工作取得较大成效。

不断解放思想，强化了服务全省发展的大局意识。积极参加和开展解放思想、科学发展、富民兴赣主题教育活动，不断解放思想，统一认识，正确处理局部与整体、眼前与长远的关系，跳出本部门、本地区，在与中部地区其他省份比较中，不断增强广大工商干部的全局观念、进取精神，实施了推动全民创业"20 条措施"、服务新农村建设"10 条措施"、和谐社会建设"9 条措施"等一系列措施。江西省工商局起草的《江西省发展个体私营经济条例》、《江西省著名商标认定与保护办法》等 7 件法规获准颁布实施。全面落实了各项优惠政策，减免规费 2.8 亿元，促进了下岗失业等人员就业再就业；在企业注册、登记等方面提供了高效、简捷的服务，为优化江西省投资环境、推动全民创业做出了应有贡献。

积极履行职责，促进了市场秩序的稳定和规范。全系统严格履行职责，突出重点，明确目标要求，坚持以治本为主，深入整顿和规范市场经济秩序。江西省市场经济秩序逐年好转，没有出现大的问题。流通领域商品质量监管进一步强化，食品安全监管日益加强，"12315"已成民心工程，消费者权益得到有效保护，群众消费安全感增强；"红盾护农"积极推进，农资市场秩序明显好转；虚假违法广告得到遏制，广告违法率明显下降；取缔无照经营、治理商业贿赂、查处传销和变相传销、整治商业欺诈等社会热点工作扎实推进；探索构建工商监管、经营者自律、社会监督"三位一体"的长效监管体系，企业信用分类监管等规范、科学监管的制度逐步建立。

发挥职能作用，推动了市场主体的发展、壮大。按照"非禁即入"的原则，把好准入关，保障市场主体准入机会均等；同时，严格遵循"三个坚决不搞"。大力推行"阳光审批"、"阳光执法"；全面实行"一审一核"等制度，减少审批环节，落实了重大项目跟踪服务、上门服务、免检制度等措施，降低了行政成本和企业办事成本。大力实施商标战略，保护商标专用权。扩大了服务平台，省工商局和 11 个设区市局都获得了外企登记授权；加入了泛珠三角、长三角等区域工商部门合作。促进了市场主体总量快速发展和实力显著增强，特别是个私经济发展取得历史性突破，增幅持续居全国前列。全省中国驰名商标由 3 件增加到 22 件；国家级"守合同、重信用"企业达 93 户。

改善执法条件，优化了市场发展环境。深入贯彻实施《全面推进依法行政实施纲要》，以执法责任制为基础的法制工作制度体系已经建立，加强法治工商建设，行政执法行为越来越公平公正、文明规范。行政执法中没有出现因工商部门失职造成客商投诉的情况，群众反映的执法不规范问题明显减少，工商系统工作得到各级党委政府和群众的认可，政风行风评议取得了较好成绩，省工商局还被评为省依法行政示范单位。以信息化建设为依托，大力推进监管创新，完成金信工程框架建设目标任务，实现了四级联网，加强了网站应用，全面推广了涵盖各类工商业务的综合业务系统，建立了全省数据中心，为推进信用监管、规范执法行为提供了技术支撑，促进了"信用江西"建设。

加强队伍建设，提升了服务发展的水平。注重提高队伍素质，积极开展干部教育培训，教育培训面达 100%，取得了良好效果。注重以县级工商局班子建设为重点，加强领导班子和领导干部的管理，对 1 027 名基层分局长全部实行了竞争上岗，提高了带队伍促发展的能力。注重改善事业发展基础，积极争取上级和有关部门的支持、帮助，稳妥处理体制改革、公务员考录、人员分流等遗留难点问题，完成了全部基层单位的公务员录用工作和省以下工商局机构改革，维护了队伍稳定。加强资金调控，省工商局安排资金 1.9 亿元投入基础设施、执法装备建设，改善了系统的面貌。注重加强党风廉政建设，明确了"把住一根主线，抓住两头，做到两个确保"的工作思路，认真贯彻《实施纲要》，扎实推进惩防体系建设，反腐倡廉工作有特色、有亮点并取得了新成效，政风行风建设有新的进步并受到表彰。

第二节　江西省工商行政管理成就

一、经济监督检查

党的十一届三中全会后，国家的工作重心虽然转移到以经济建设为中心上来，但打击投机倒把仍是查处经济违法违章工作重点。1976 年至 1981 年 6 年间，全省共查处投机违法案件 233 901 件，罚没金额 142.43 万元。随着对外开放的不断扩大，打击走私贩私成为查处经济违法违章的重要工作。1982 年以后，全省工商行政管理部门加强了对进口商品的管理，查处了一批走私汽车、摩托车、电视机等案件。仅赣州市工商局在 1984—1985 年的两年间，就查获走私进口小汽车 79 辆、彩电 184 台、录像机 37 台、录音机 87 台、照相机 501 台、复印机 100 台。1985 年至 1988 年，国家经济高速发展，原材料供应紧张，查处生产资料领域的制劣贩假、哄抬物价是工商行政管理部门的重要工作。仅 1988 年，全省查处的假劣化肥、农药就达 10 594.9 吨。江西省政府在 1988 年下达《关于严厉打击掺杂使假伪造食品非法活动的通知》后，1989 年 2 月 3 日，又率先在全国出台了《江西省制止不正当竞争试行办法》。全省工商行政管理部门根据经济领域出现的新的违法违章现象，从 1989 年至 1992 年间，先后进行了对虚假广告、金饰品市场、计划外棉花运输、废旧金属收购、生产经营伪劣一次性输液器等的专项查处整顿工作。

党的"十四大"确立建立社会主义市场经济体制后，经济建设迅猛发展，但经济领域的不正当竞争行为日益凸显，严重影响了市场经济的健康发展。1998 年，江西省又及时地制定了《江西省反不正当竞争条例》。全省工商行政管理部门，在各级政府的领导支持下，反不正当竞争执法工作全面展开并引向深入。

1992 年，江西省工商局制定了《防治假冒伪劣商品十四条措施》，1994 年又及时下发了《关于整顿医药市场、打击假冒伪劣药品和劣质一次性输液器的通知》,提出了打假重点:一是抓好商业企业的自查为主的"清柜台"活动;二是有重点、有计划、有步骤地抓好医药、食品、烟草、眼镜四类市场的整顿;三是抓好农资产品、药品、食品、烟酒、食盐、建筑材料、棉花、煤炭、伪劣机械及电器产品,假冒进口产品的专项"打假";四是对大案要案进行重点查处和公开曝光;五是实施"打假"保名牌工程。同年 11 月,江西省工商局在南昌市人民广场召开了声势浩大的全省工商行政管理系统"打假"、销毁假冒伪劣商品现场会。至 1995 年底,江西集中开展"打假"工作三年来,共立案查处假冒伪劣案件 10 764 起,查获假冒伪劣商品总标值 2.80 亿元,罚没款总额 3 598 万元,捣毁制售假冒伪劣商品窝点 1 014 个。

1995 年,江西省工商行政管理局设立公平交易局。全省各级工商行政管理部门立足职能,创新监管,切实履行公平交易执法职能。深化打假护优工作,加强"12315"消费者举报投诉网络建设,制止不正当竞争行为。严厉打击贩私行为,取缔报废汽车回收拆解市场。坚决查禁传销及变相传销违法行为,探索流通领域商品质量监管新途径,进一步完善和创新市场监管各项制度与措施。积极维护社会主义市场经济秩序。紧紧围绕各个时期的中心工作任务,认真贯彻,狠抓落实,有重点、有步骤、分阶段地稳步推进。至 2002 年底,全省工商行政管理机关共查处各类经济违法违章案件 56 950 起,案值 5.80 亿元,罚没金额 5 585 万元。查处违法经营物质标值 2.43 亿元,销毁假冒伪劣物品标值 3 720 万元。查处商标侵权假冒案件,销毁侵权物品 118 743 件。查处和驱散传销与变相传销参与人员 73 240 余人次,查处走私贩私案件 227 起,移送司法机关处理的案件 122 起。受理各类举报 24 681 件,受理消费者申诉 37 757 件,为消费者挽回经济损失 6 150 万元。为创造良好的市场交易和市场竞争环境做出了贡献。

1996 年,对赣南稀土流通市场进行了整顿,对 206 家稀土经营单位核查,除 8 家外,其他予以了取缔。

1997 年,省工商局制定了《江西省工商行政管理机关案件质量评查办法》和《江西省工商行政管理机关"办案能手"评选办法》。全省工商行政管理部门开展了案件评查、办案先进单位和办案能手的评选活动。查处了广西南珠集团公司江西销售分公司非法开展多层次传销"华珠"系列保健品、吉安医药公司收受生产厂家和药品经销商回扣款等 30 多起大案。围绕省委、省政府提出"主攻工业"的主题,省工商局制定了《江西省工商行政管理系统"打假保名优"名牌产品备案实施办法》,将打假工作与保护江西省名优产品相结合,将打击制售江西省名优产品的假冒行为作为专项整治的重要内容。

1998 年 4 月,国务院发布《国务院关于禁止传销经营活动的通知》后,省工商局先后下发了《关于严厉打击传销活动的紧急通知》、《关于查禁传销及变相传销活动的紧急通知》等一系列文件,并组织了三次打击传销及变相传销的专项行动。近年来,全省工商系统查处了广东海思特实业有限公司、江西兴康经贸有限公司等 92 起传销或变相传销的案件,使传销、变相传销这一违法行为在江西始终没有形成区域性的气候。

安全生产关系到人民群众生命财产安全,关系到改革开放和经济建设的顺利进行,关系到社会的稳定。全省工商行政管理部门从讲政治的高度,严格前置审批条件,紧紧抓住涉及人民生命财产安全的行业和项目的登记审查。1999 年,对全省 101 个县(区)中的 20 247 个行政村开展了"不漏一村、不漏一户"的安全生产检查,取缔无照经营 14 588 户,全面清理企业档案,对烟花爆竹、煤矿等涉及公共和人民生命财产安全的四个行业的 33 173 个企业进行了全面检查和复查。2001 年以来,又对上述四个行业进行了清理,进一步严格市场准入条件,在全系统开展了"回头看"督促检查。依据"四个一律关闭"的原则,对小煤矿进行了严格的审查,制定了监管台账,纳入工商所"经济户口"管理,发照与监管同步进行。同时,建立了高危行业注册登记报上一级备查制度。

整顿和规范市场经济秩序是保证国家经济正常运行,完善社会主义市场经济体制的重要举措。2001 年 4 月 11 日,江西省成立了由黄智权省长任组长的省整顿和规范市场经济秩序工作领导小组。同年 5 月 11 日,省委、省政府下发《江西省整顿和规范市场经济秩序工作总体实施方案》。全省各级工商行政管理部门在省委、省政府的领导下,按照"依法整治,把握长远,抓紧当前,全面推进,突出重点,标本兼治"的原则,全力整顿和规范市场经济秩序。2001 年,全省工商行政管理机关在整顿和规范市场经济秩序工作中共组织了 10 次全省统一行动,开展了 8 次专项整治活动。受理各类举报案件 4 613 件,受理消费者申诉案件 11 807件;查处各类经济违法违章案件 11 790 起,案值 1.16 亿元,罚没金额 1 117 万元;查处违法经营主要物资总标值 4 323 万元,销毁假冒伪劣商品标值 720 万元,销毁侵权商标标识 91 134 套;出动执法人员 66 425 人次,清理整顿市场主体 47 000 余户;清理各类市场 8 206 个,查处"三无"企业 715 户,取缔无照经营 1 778 户,取缔制假售假窝点 186个。此外,省工商局召开了 4 次新闻发布会,开展了 3 次大型宣传活动,编发整顿和规范市场经济秩序工作简报 44 期,并对查处的十大典型案件向社会公开曝光。

2002 年,全省工商系统以治本为主线,以实现职能到位为导向,以提高队伍素质为核心,解放思想,与时俱进,大力推进监管创新,全面加强新时期工商行政管理工作,深化打假护优工作,加强"12315"消费者举报投诉网络建设,制止不正当竞争行为,严厉打击贩私行为,坚决查禁传销及变相传销违法行为,认真开展集贸市场专项整治工作,探索流通领域商品质量监管新途径。省工商局制定下发了《江西省工商行政管理局关于开展集贸市场专项整治工作的实施意见》和《关于进一步深入开展集贸市场专项整治工作的通知》,将南昌市洪城大市场、赣州市赣南贸易广场等 12 个辐射力强、影响面大的集贸市场作为全省整治的重点市场,将南昌市、九江市、赣州市 3 个城市确定为全省

重点整治的地区。按照"五个 100%"(市场开办主体办证率 100%,市场内固定摊位经营户发照率 100%,亮照经营率 100%,对发现的违法行为处罚率 100%,市场开办主体单位建立责任制和市场管理制度率 100%)的整治要求,开展了以清查市场经营主体为重点的专项整治。全省共清理各类市场 2 180 个,清理整顿市场主体 63 432 个,取缔无照经营 4 284 户,变更 3 340 户,注销 1 529 户,吊销 1 573 户。

2003 年,全省工商系统全面贯彻落实党的十六大精神,认真实践"三个代表"重要思想,按照全国、全省整顿和规范市场经济秩序工作会议工作部署和全国、全省工商行政管理工作会议精神,一手抓抗击"非典",一手抓整顿规范,深入开展整顿和规范市场经济秩序工作。全省工商系统共查处各类经济违法违章案件 18 623 起,案件总标值 1.59 亿元,罚没金额 3 081 余万元。在严厉打击利用"非典"名义从事违法经营活动中,共出动执法人员 61 106 余人次,出动执法车辆 9 812 台次,检查市场主体 174 766 户次,查处违法案件 576 件。其中销售假冒伪劣商品消毒用品、卫生清洁用品案件 184 件;超经营范围案件 207 件;无照经营案件 135件;虚假广告宣传案件 62 件;囤积居奇、欺行霸市、哄抬物价案件 65 件,标值 156.93万元;移送司法机关案件 1 件。

2004 年,全省工商系统以"三个代表"重要思想为指针,继续深入贯彻党的十六大精神,认真履行职能,狠抓监管创新,全力整顿和规范市场经济秩序,部署开展了"元旦"、"春节"两节市场专项整治行动、打击传销和变相传销专项整治行动、农资打假专项整治行动、打击制售假冒禽流感疫苗专项整治行动、流通领域贩私违法活动专项整治行动、奶粉市场专项整治、"五一"黄金周节日旅游市场专项整治、夏季食品安全专项整治行动、中秋国庆节日市场专项整治等九次专项整治行动;一次国家级流通领域食品质量监督抽查;三次省级流通领域商品质量监督抽查。全省各级工商部门共查处各类经济违法违章案件 21 916 起,案件总标值 2.63

亿元,罚没款入库数 5 651.75 万元,案件总标值数和罚没金额数分别比 2003 年同期增长 134% 和 68%,移送司法机关处理案件 9 件。

2005 年,全省工商系统先后部署开展了"元旦"、"春节"两节市场专项整治,"红盾护农"农资市场专项整治,打击传销和变相传销专项整治,流通环节食品安全专项整治,"五一"黄金周旅游市场专项整治,盐业市场专项整治,糖精和含糖食品市场专项整治,月饼市场专项整治,"中秋"、"国庆"旅游市场专项整治,纠正医药购销及医疗服务中不正之风专项整治,对垄断性行业限制竞争行为专项整治等十一次专项整治行动,一次省级农资质量监督抽查、五次省级流通环节食品质量监督抽查。全省共查处各类经济违法违章案件 21 021 件,案件总标值 3.34 亿元、罚没款入库数 7 289.67 万元。

2006 年全省工商系统先后组织开展了"制止欺诈月"活动、治理商业贿赂专项工作、打击走私贩私专项工作、打击传销专项工作、车辆非法改装整顿工作、查办医药购销领域商业贿赂案件专项工作、反垄断专项执法检查等七次全省专项整治行动;四次省级流通领域商品质量监测。全省公平交易系统共查处各类经济违法违章案件 18 310 件,其中大要案件 661 件,案件总标值 4.29 亿元、罚没款入库 9 367.33 万元。共查处传销案件 58 件,取缔传销窝点 586 个,清查遣散传销人员 12 156 人次,移送司法机关追究刑事责任 15 件、50 人。全省立案查处商业贿赂案件 890 件,移送司法机关处理案件 20 件,涉案金额 9 000 余万元,罚没款入库 1 500万元。

2007 年,全省公平交易执法工作以"依法行政、和谐监管、营造宽松、规范有序的市场环境"为目标,不断强化法治理念,拓宽执法领域,创新监管方式,推行阳光执法。全省系统共查办各类经济违章案件17 069起,案值 2.39 亿元,罚没款入库 1.07 亿元。草拟了《省工商局、省公安厅打击传销专项行动实施方案》,由江西省政府办公厅下发,开展了为期一个月的打击传销专项整治行动,

共出动执法人员 6 432 人次,捣毁取缔传销组织、窝点 208 个,遣返人员 3 579 人。至 11 月中旬,工商、公安协同作战,共取缔传销窝点 760 个,驱散、遣送传销人员 18 803 人次,立案查处传销案件 65 起,移送司法机关处理案件 33 起,处理犯罪嫌疑人 84 人,共出动"打传"宣传车 540 车次,在媒体刊登打传新闻宣传文章 210 篇,张贴标语、悬挂横幅 3 200条,散发资料 50 000 余份,曝光典型案例 5 起,举办讲座 12 场。进一步加大治理商业贿赂专项执法力度。全年共立案查办商业贿赂案件 330 起,案值 3 129.12 万元,罚没款入库 1 135.82 万元。全省各级工商行政管理机关立案查处"傍名牌"不正当竞争案件 384 起。

2008 年 1—6 月,全省工商行政管理部门深入贯彻党的十七大精神,全面贯彻落实科学发展观,按照江西省政府和国家工商总局的工作部署,着力组织开展整顿规范市场经济秩序有关工作,着力深化监管执法制度改革,着力加强对全省系统业务口的监督、指导、协调,为全省经济社会发展服务。全省工商系统公平交易执法业务口共查处各类经济违法违章案件 6 095 件,案件总标值 1.30 亿元,罚没款入库 3 606.36 万元。大力整顿和规范市场经济秩序,做好打击传销、规范直销工作,确保北京奥运会安全顺利举办。1—6 月,全省工商系统共查处传销案件 12 件,取缔传销活动场所 302 个,清查教育遣散传销人员 5 628 人次,解救受害人员 162 人,移送司法机关追究刑事责任案件 6 起,共 32 人。进一步深入开展治理商业贿赂专项工作,到 6 月底,全省工商机关共立案查处商业贿赂案件 62 件,案值 481.69 万元,罚没款 195.54 万元,涉案金额 5 万元以上的案件 15 件。继续开展以打击"傍名牌"为重点的保护知识产权专项执法工作,2008 年上半年,全省各级工商行政管理机关继续积极组织开展保护知识产权,打击侵权仿冒行为专项执法工作,加大对仿冒、"傍名牌"、"搭便车"等影响恶劣的不正当竞争行为的查处力度。1—6 月,全省各级工商行政管理机关在保护知识产权专项

执法行动中共立案查处违法案件 95 件。组织开展反垄断专项执法工作,1—6 月,全省工商行政管理机关共立案查处垄断企业限制竞争行为案件 5 件。开展打击商业欺诈专项执法行动。2008 年 1 月 25 日起在全省范围内开展了为期一个月的专项执法行动,共出动执法人员近 7 507 人次,检查经营企业和个体工商户 16 979 户,检查批发市场、集贸市场等各类市场 450 余个。查处无照经营 20 户,捣毁制假售假窝点 2 个。立案查处各类违法违章案件 63 件。开展成品油市场专项整治,共出动执法人员 3 986 人,检查成品油经营户 1 517 户,抽查成品油 221 个批次,查处各类违法违章案件 22 起。

二、内、外资企业监督管理

(一)内资企业监督管理

党的十一届三中全会后,特别是在 1982 年江西省工商行政管理局重新恢复为独立的执法部门后,企业登记监督管理工作逐步规范和完善。1980 年 6 月,开始对全省工业企业进行普查登记工作。到年底,全省经普查登记发照的工业企业(不包括建筑业)总户数为 17 280 户。1981 年秋,又开始对商业、饮食业、服务业、交通运输业的登记工作。全省经这次登记发照该 4 个行业的企业共 21 364 户。1982 年下半年,《工商企业登记管理条例》及其施行细则颁发,江西省各级工商行政管理部门认真贯彻实施,全面恢复和拓宽了对工商企业的登记管理工作,并加强了监督管理。从 1983 年起,对所有工商企业实行年度检验制度。到 1984 年 3 月,全省共有登记发照的工商企业 51 173 户。自 1985 年 1 月 1 日起,在全省使用全国统一的《营业执照》,到年底,共有 105 318 户企业换发了新的《营业执照》。1985 年 3 月,在江西省委、省政府转批省工商局《关于进一步清理党政机关和党政干部经商、办企业的决定》后,对全省政企不分和"四无"企业进行了为期 7 年的清理整顿,共取缔"四无"企业 2 546 户,清理党政机关所办企业 558 户,政企脱钩企业 8 421 户,歇业 262 户。1988 年,全省又进行了清理"假集体"企业工作。

党的"十四大"确立了我国建立社会主义市场经济体制,特别是《中华人民共和国公司法》颁布后,江西省企业登记监督管理工作向法制化、规范化、程序化迈出了一大步。将审批设立制度逐步过渡为工商行政管理部门依法核准登记注册制度,监管与服务并举,为建立现代企业制度,支持国有企业深化改革,促进全省经济发展创造了良好的外部环境。

《公司法》出台前,江西省在落实企业经营自主权和对企业依法独立登记注册的企业登记制度改革时,采取开放经营范围、注册资金、经营方式、企业组织和经营形式的"四个放开"和弱化部门审批权的措施。

1993 年,以《公司法》的实施为契机,推进企业登记注册制度改革,配合有关部门对国有企业实行公司制试点以及乡镇企业推行股份合作制。为适应市场经济发展的要求,1995 年,江西省人大通过了《江西省股份合作企业条件》,省工商局同时制定下发了《江西省股份合作企业登记暂行办法》,有力地促进了符合市场经济的股份合作制企业和无主管企业的发展。

1996 年,在全省实行了企业名称预先核准制度,组织进行了两次企业登记代理人员资格考试,全省共有 199 人取得了企业登记代理人员资格证书。

1997 年,省工商局下发了《江西省企业集团登记管理暂行规定》,重新登记规范原有股份有限公司 20 户,通过组建一批大型企业集团和股份有限公司,带动了一批企业的改制、改组和发展,提高了国有资产营运效率和效益;规范了旅游、邮电、电力企业特殊行业企业的登记管理。对商业连锁店的组建与登记、外贸企业内部职工持股等与有关部门下发了规范性文件。1998 年后,以工商行政管理部门垂管为契机,全省各级工商行政管理部门普遍设立了企业注册大厅,对企业注册登记等事项实行"流水"式作业、"窗口式"服务,对企业档案进行了彻底的改造,实行了"集装箱柜式"与计算机储存查询相结合的档案管理制度。

2001 年后,全省工商行政管理部门按照

"三个有利于"的要求,不断创新监管机制,出台了转变职能、力促经济发展的"二十条"。结合全省开展的"塑造江西人新形象"主题教育活动,联系实际制定了"十五条"具体措施。结合学习浙江经验,又制定了进一步创新监管机制的"二十六条意见"。对原有的工商注册登记制度全面创新,降低市场主体的准入门槛,向所有正当的投资经营者敞开大门。全省各级工商行政管理部门都下放了管理权限,为方便企业进入市场,省工商局主动对原有的 31 项行政审批事项进行认真清理,经上报批准后取消了 23 项,所占比重高达 74.5%。对有关工商行政管理的地方性法规、规章及省工商局下发的一些规定和文件,也进行了全面认真的清理,其中有 205 件经过清理废止。制定了《关于改革企业注册登记管理制度的意见》,进一步明确了各级工商行政管理局的首办负责制,规定了企业登记注册必须实行"一站式服务、一条龙审批",从而为更多的企业进入市场打开了方便之门。各级工商行政管理部门的服务意识进一步强化,变"业主上门"为"工商到位",仅 2001 年 8—12 月四个月时间,全省登记的预备期企业就有 125 户,登记注册资本 50 万元以下分期注入的企业有 566 户,核发母公司注册资本在 5 000 万元以下的集团有限公司有 18 户。取消公司冠以省名这一限制后,核准冠省名的企业名称就有近 600 个。

党的十六大以来,特别是党的十七大后,全省工商行政管理部门服从和服务于经济和社会发展的大局,不断规范登记程序,创新服务手段,推行和谐执法理念和人性化监管,致力于创造公开、公平、公正的市场主体准入环境和规范有序的市场竞争环境,为全省经济持续、健康的发展做出了新的贡献。

依法规范企业登记行为,严格登记程序。企业注册监督管理局认真执行企业登记管理法律法规的规定,按照统一的登记标准、登记程序和登记要求,为各类市场主体营造公平公正的准入环境。凡是法律、行政法规未禁止的行业和经营项目,只要符合科学发展观要求、有利于经济社会发展的,都允许登记,积极支持;凡是法律、行政法规未禁止非公有制经济进入的领域和行业,都积极支持私营企业进入。截止到 2008 年上半年,全省内资企业总数为 77 600 户,注册资本总额为 2 285.80 亿元。

优化服务措施,践行服务承诺。企业注册监督管理局不断推进注册登记窗口作风建设,在全省各级企业登记机关扎实推行"一审一核制"、"首问负责制"、"一次性告知制"、"限时办结制"等各项工作制度,坚持公开办事程序、公开办事时限、公开收费标准,服务手段不断改善,服务措施不断创新,切实履行了各项服务承诺。2006 年底,各设区市、县级工商局的企业注册窗口已经全面入驻当地政府设立的统一审批办证中心(行政服务中心),实现了当场登记的要求,为优化地方政务环境、促进地方经济发展做出了贡献,受到了各级政府和社会各界的充分肯定。

企业注册监督管理局不断强化登记审查和监督检查,维护国家利益和社会公众利益,依法保护企业、投资人、债权人的合法权益。

通过多年建设,江西省工商系统各级企业登记机关信息化水平不断提高,信息化平台的功能不断优化,内容不断丰富,功能不断完善,现已基本实现企业登记所有业务全过程无纸化办公,通过信息化平台实现功能。2008 年起,在登记业务办理上,实现了全省联网;在信息查询上,实现了全国联网。

企业注册监督管理局充分利用信息化平台,加强数据质量建设,强化联网应用,扎实推进企业信用分类监管。首先是从数据上确保企业信用分类的针对性、准确性;其次是制定《江西省工商行政管理系统企业信用分类监管办法》,从体制上确保企业信用分类监管工作的长效运行;最后是以强化应用为重点,推动企业信息跨区域、跨部门联网应用,为政府决策、有关部门监管和社会公众提供服务。

企业注册监督管理局大力支持深化企业改革,为国有集体企业实施股份制改造、资本重组和组建企业集团做好登记指导工作。大力支持打破行业垄断,促进竞争,发展混合所有制经济,实现投资主体多元化。

认真落实国家宏观调控政策,积极促进经济结构调整和增长方式转变。企业注册监督管理局大力支持先进制造业、高新技术产业、现代服务业和新兴行业的发展,不断优化产业结构。在企业登记审查过程中,严格限制涉及产能过剩、技术落后、破坏资源、污染环境、高安全事故风险的企业设立。不断加大对"十五小"、"新五小"企业和无照经营的查处工作,切实做好对小砖窑、小煤矿、小炼钢、小发电、小玻璃、小水泥、小制革、小染料等企业的清理整顿工作,使这些企业数量在该省呈逐年减少趋势。

(二)外商投资企业登记管理

国家实行对外开放的政策后,江西省利用外资工作迅速发展,对外商投资企业登记监督管理工作也迅速展开。

自1984年5月江西省落户第一家外商投资企业后,全省外商投资企业的发展开始了历史新进程。1998年5月,江西省工商局单独设立外资企业登记处,使江西省有了从事外商投资企业登记管理工作的专职机构,专职人员编制5名。1998年10月7日,国家工商局下文授权江西省工商局直接核准登记外商投资企业。此后,南昌、九江、景德镇市相继设置机构,配置专职工作人员。1996年至2000年,萍乡市、赣州市、新余市工商局相继获得国家工商局的授权。

自1984年至今江西省外商投资企业的发展经历了四个阶段,即起步阶段、快速发展阶段、调整发展阶段、恢复发展阶段。

起步阶段(1984年至1991年)。这一阶段是我国对外开放的初期,全国的外商投资企业处于萌芽状态。江西是一个农业老区,经济在全国比较落后,外资企业发展缓慢。1988年5月江西省外资企业登记处的设立进一步简化了审批手续,缩短了审批时间,提高了外商投资企业登记注册管理工作效率。1988年到1991年间江西省外商投资企业出现了新的发展势头,各地立项、签约、申请开业的不断增多。全省共登记外商投

资企业168户;投资总额2.42亿美元;注册资本1.98亿美元;其中,外方认缴额1.04亿美元。同时,全省各级工商局在中共中央[1992]2号文件和全国七届人大五次会议精神的鼓舞下,进一步提高了对改革开放重要性和紧迫性的认识,增强开放意识和服务理念;学习、掌握涉外工商法规和政策,开展法规政策宣传,为政府有关部门及企业提供政策服务。

快速发展阶段(1992年1月至1994年12月)。1992年邓小平南方谈话后,改革开放和引进外资掀起了一个新的高潮。江西省各级政府重视招商引资工作。号召各部门加大招商引资力度,进一步招展利用外资的广度和深度,迎来了江西省吸收外商来赣投资的最高潮。1992年全省共核准登记外商投资企业1 210户,相当于此前历年注册登记数总和的一倍多。投资总额达到20.13亿美元,为历年累计投资额的115%;注册资本15.04亿美元,其中外方投资8.86亿美元,分别是历年注册资本总量、外方认缴资本总量的109%和118%。

调整发展阶段(1995年1月至1999年12月)。1995年是"八五计划"时期的最后一年,也是深化改革的关键一年。省工商局遵照省政府"积极参与招商引资,支持兴办'三资'企业,通过登记和监督管理,促进'三资'企业稳步发展",在积极参与招商引资的同时,进一步加强和完善对外商投资企业的设立审查、出资检查、违章违法行为查处等工作,使江西省的外资企业健康发展。

但1995年到1999年的五年中,江西省的外商投资企业发展处于低谷,每年外商投资企业的发展户数都呈持续下降趋势,每年递减10%左右。5年中全省共登记外商投资企业571户。

恢复发展阶段(2000年至2008年6月)。跨入21世纪,江西省各级工商行政管理机关按照全国工商行政管理工作会议的部署,围绕经济结构调整、西部大开发等中心工作,严格依法行政,增强服务意识,改革和完善外商投资企业登记管理的规范化措施,进一步加强登记管理。按照省委省政府

新一届领导班子工作要求,全省各部门相续制定鼓励政策,降低投资门槛,改善投资环境,支持外商投资企业增加投资规模、调整投资方向,促进了外商投资企业的健康发展。由此,外商投资企业迈出新的步伐,进入了一个新的发展时期。截止到2008年6月底,全省实有外资企业4 654户,其中:合资企业1 965户,合作企业112户,独资企业2 569户,股份有限公司8户,投资总额5 000万美元以上的有53户,累计注销企业825户。投资总额312.55亿美元;注册资本199.98亿美元;其中:外方认缴出资额168.36亿美元;累计登记外国及港澳台地区企业常驻代表机构178家。

三、个体私营经济监督管理

党的十一届三中全会以后,江西省个体私营经济经历了恢复发展阶段、持续稳定发展阶段和迅速发展阶段,成为省内国民经济的重要组成部分。

1979年至1982年,江西省个体私营经济逐步得到恢复,特别是1981年10月省政府发出《关于贯彻执行〈国务院关于城镇非农业个体经济若干政策性规定〉的通知》及随文下发的《江西省城镇非农业个体工商业管理试行办法》后,个体私营经济得到迅速恢复。到1982年底,全省城乡有个体工商户58 929户。从业对象仅局限于"家住城镇、吃商品粮、无其他生活出路"的城镇待业青年及社会闲散人员。1983年,开始允许农村剩余劳动力从事个体经营,大大加快了个体经济的恢复发展速度。到1984年底,全省个体从业人员已恢复到接近1949年的26万人的水平。

1985年6月,江西省政府颁发《关于保护城乡个体工商业户合法权益的暂行规定》,使城乡个体工商业户从事正当经营所获合法收益和资产得到法律的保护。

1987年5月,江西省政府发出《批转〈省工商局关于全省个体工商业情况的报告〉的通知》。1988年9月1日起,制定并施行《江西省加快发展城乡个体工商户和私营企业的暂行规定》,及时制止了向个体工商户和私营企业主乱摊派、乱收费等不良行为,并要求各级政府为个体私营企业解决经营场地等扶持措施,为个体私营经济的稳定发展提供了良好的社会环境。1988年,全省个体私营经济向国家纳税1.77亿元,成为江西省的创税大户。到1991年底,全省共有个体工商户和私营企业412 334户,从业人员860 652人,占当时全省总人口的2.23%。1991年,全省个体工商户和私营企业纳税达4.37亿元。

1992年,确定建立社会主义市场经济体制后,个体私营经济从"有益的补充"成为"国民经济的重要组成部分"。江西省把发展个体私营经济作为加快本省国民经济发展的一条重要途径,使江西省个体私营经济进入一个新的快速发展时期。

1992年9月,江西省委、省政府发出《关于继续鼓励发展个体和私营经济的决定》,对大力发展和加强管理全省个体私营经济作了17条具体规定。1994年,颁布了《江西省个体工商户、私营企业条例》。省政府成立了由省工商行政管理局等17个部门参加的个体私营经济领导小组。省工商局为扶持私营经济的发展,下发了《关于私营企业登记管理有关问题的通知》文件。年底,省政府首次召开了由省委、省政府重要领导出席的全省个体私营经济工作暨表彰会,使全省个体私营经济,特别是私营企业的发展,出现了前所未有的好势头。

全省各级工商行政管理部门根据不同阶段江西省经济发展的需要和党政方针的要求,对个体私营经济也由单一的监管,向监管与服务、引导、扶持并举发展。

1995年至1997年,江西省工商局先后下发《私营企业组建集团有限责任公司暂行办法》等文件,加强了对从事文化娱乐、美容美发、书摊、饮食、旅店等行业的个体私营企业的管理,并在全省个体户中广泛开展了"户户讲道德、店店无假货"的活动。积极鼓励私营企业向生产型、科技型、外向型发展,引导私营企业经营上规模、管理上水平、产品上档次,支持私营企业兴办中外合资、合作企业。在边远山区,引导个体工商户、私营企业面向市场,利用本地资源优势,从事加工业、种养业，鼓励个体私营企业走公司加农户、农工商一体化的经营之路。在城市，围绕国有、集体企业转换经营机制，引导个体私营企业参与国有、集体企业的改革，购买、租赁、承包国有、集体小型企业。到1997年底，全省私营企业与国有、集体企业联营、合作的企业有2 000多户，以资本为纽带，私人与国有、集体企业共同设立有限责任公司的有1 000多户，私营企业与外商合作合资企业也发展到50多户。随着个私经济的大发展，其作用、贡献也越来越大。1997年，全省个私企业上交税收20.55亿元，比上年增长16.1%，是增长最快的经济成分之一。全省已有三分之一的县、市个私企业上缴的税收占当地财政收入的三分之一，有的占税收总额的一半以上。

1998年以后，全省各级工商行政管理部门加强了无照经营和从事粮食批发、娱乐服务、电子游戏、互联网经营场所的个体私营企业的管理。仅1998年，全省共清理无照经营户14 527户，补办证照6 007户。2000年，全省共查处取缔娱乐服务场所和电子游戏经营场所2 628家。

全省各级工商行政管理部门认真贯彻省委、省政府关于下岗失业人员再就业工作的方针政策，充分发挥职能作用，将扶持和安置下岗失业人员再就业与发展个体私营经济有机地结合起来。1998年，省工商局下发了《关于发挥工商行政管理职能作用，为下岗职工排忧解难，积极扶持"再就业工程"的若干意见》。各地市工商局在省工商局提出的二十八条帮扶意见的基础上，进一步制定了适合本区的办法、措施，积极鼓励下岗失业人员更新择业观念，引导和扶持他们在个私经济领域实现自谋职业，全省个体私营经济已成为安置下岗失业人员再就业的主要渠道。

2000年3月，中共江西省委、省政府作出《关于进一步加快全省个体私营经济发展的决定》，2002年7月，省政府又下发了《关于进一步促进民营经济发展的若干意见》，全省各级工商行政管理部门加大了从政策上扶持的力度，努力提高服务质量和执法水平，并坚持实行办事程序公开、国家有关扶持政策公开。同时，积极主动地介入横向经济协作，穿针引线、牵线搭桥，想方设法争取更多的省外资金投入江西建设，吸引更多的客商来江西省兴业办厂。对于私营企业中有进出口经营条件的，工商部门积极予以协调，支持其申办进出口自营权。鼓励有实力的私营企业按照《公司法》，以兼并、收购、合作等多种方式，积极参与国有企业的资产重组。鼓励个私企业扩大生产经营规模，抓住机遇做大做强，并积极为其提供咨询、融资等社会服务。工商行政管理部门与业主的关系，不再是单一的管与被管的关系，而是在发展当地经济的共同目标下携手合作的共建关系。全省各级工商行政管理部门都建立了自己的私营企业联系点，经常调查了解其经营和发展情况，帮助其排忧解难，依法保障、维护其合法权益，并且通过加强对个体私营业主的教育，逐步提高其素质，促进全省个私经济持续健康地向前发展。

党的十六大后，特别是2005年7月江西省委、省政府提出"推动全民创业、加快富民兴赣"的战略决策以来，全省各级工商行政管理部门紧紧围绕省委省政府战略目标，找准服务创业这一着力点，积极发挥工商行政管理职能，在推动全民创业、服务个私经济发展、促进就业再就业、构建和谐社会方面取得了良好成效。

2003—2006年，全省个私经济安置下岗失业人员48.05万人，占全省下岗失业人员再就业总数的47.81%；2003—2007年，全省各级工商行政管理部门为96 008名持《再就业优惠证》的下岗失业人员核发了个体工商户营业执照，免收有关登记类、证照类和管理类各项工商行政管理规费2.24亿元。

2002年至2006年，在全国个体工商户持续下滑的状况下，江西省个体工商户数量逆势而上，持续增长并创造了江西省历史上最快的增长速度，5年来净增10.03万户，年均增长6.25%。至2008年6月底，全省个体工商户达688 693户；全省私营企业持续高速发展，5年来净增4.34万户，年均增长21.52%。至2008年6月底，全省私营企业达 97 500 户。

四、商标注册与监督管理

党的十一届三中全会后,全省开始清理商标,恢复商标注册管理工作。到 1979 年 12 月,全省仅有 697 个有效注册商标。1982 年,《中华人民共和国商标法》颁布后,商标的注册管理走向法制化的轨道。1984 年,全省 11 个地、市工商局开始推行建立商标档案制度。在加强国内商标使用管理的同时,根据我国加入的一些国际商标保护的公约,查处了侵害法国香槟 Campagne、美国百事可乐等一些国际知名商标的侵权行为。

1989 年,全省商标管理按国际标准分类的要求,对全省商标管理干部进行了培训,并顺利地将江西省现有注册商标按国际分类进行转换,把原按中国分类(即 78 类)表进行分类的几千个商标全部换到国际 34 类表上,开始全面实行按 34 类表进行商标注册。1993 年,又按照增设服务商标的要求,受理服务商标注册工作。同年 9 月,举办了首届江西省著名商标评选工作,鸭鸭等 30 件商标被评为江西省著名商标。1994 年按照《商标代理组织管理暂行办法》组建了江西省商标事务所与南昌市商标事务所,完成了商标注册申请二级核转制向商标注册申请代理制的转变,进一步按照国际惯例办理商标申请注册。到 1995 年底,全省共有 5 312 个有效注册商标。

1996 年后,江西省商标管理工作以《商标法》等法律法规为依据,以保护商标专用权为核心,以服务企业为中心,以企业商标工作为重点,加强宏观指导,引导企业和个体工商业者充分运用商标策略,实施名牌战略,为振兴江西省经济服务。到 2002 年,每年商标申请量与注册量都保持在 1 000 件以上,增长率达 10% 以上。2002 年商标注册申请量达 3 000 余件,是历年来申请量最多的一年。到 2002 年,全省有效注册商标为 11 000 余件。

1996 年 7 月,江西省工商行政管理局下发《关于对擅自使用他人注册商标的专营专卖店进行清理的通知》、《江西省著名商标认定与保护暂行办法》、《关于帮助企业加强商标自我保护工作的通知》、《关于加强流通领域商品商标监管工作的通知》、《关于江西省农产品创名牌的工作意见》、《关于大力支持江西省烟酒工业加快发展的意见》、《关于加强江西省商标工作的报告》等大量规范性文件,使商标的监管工作有法可依,有章可循。

2000 年后,特别是党的十六大以来,全省各级工商行政管理机关,充分履行职能,采取多种形式,大力推进全省商标战略的实施,全省商标事业得到了长足发展,取得较好的成就,为促进地方经济发展作出了积极的贡献。通过实施商标战略,注重提升全社会的商标与商标法律意识,积极帮助、指导商标注册,依法加强商标监管,坚决保护商标专用权,努力营造公平、公正的市场环境。全省各级工商行政管理机关健全了商标监督管理机构并配备了专业人员。通过加强业务培训,商标监督管理人员的综合素质普遍提高。采取多种形式向社会各界,特别是广大企业经营者宣传商标法律知识。利用每年的"3·15 消费者权益保护日"和"4·26 知识产权活动周",组织人员到各城镇的主要街道、人员集散地开展商标法律知识咨询活动。同时,在全省各地举办各类商标法律知识培训班、研讨班。2000 年至 2007 年全省工商行政管理机关参与现场咨询 15 万人次,向社会发送商标法律宣传材料 30 多万册(份),培训商标监管人员 2 000 多人次,培训企业商标业务管理人员 5 500 多人次。加强商标监管,坚决打击假冒商标等侵权行为,保护注册商标专用权,保护企业和消费者的合法权益,维护市场公平竞争秩序。尤其是近年来开展的保护注册商标专用权专项整治行动期间,全省各级工商行政管理机关认真履行职能,以食品商标、药品商标、涉农商标为重点,严厉查处各类商标违法行为,对侵犯驰名商标、著名商标权利和地理标志商标的案件分阶段进行了集中专项整治,取得了明显的成效。近 3 年来,全省工商行政管理部门共出动检查人员 83 269 人次,检查经营户 87 765 户,检查市场 2 600 个,查处商标违法案件 2 433 件,罚没款 1 136 万元,有效地遏制了各种商标侵权行为,维护了市场经济秩序,保护了商标注册人的合法权益。加强服务,热情帮助、指导企业正确运用商标战略,争创江西省著名商标和中国驰名商标,提升江西省商标的知名度,增加产品附加值,提高江西省产品市场竞争力。近年来省商标注册申请量与注册量大幅度上升,每年都以20%以上的速度递增。2006年商标注册申请量首次突破1万件。截止到2007年底,江西省累计注册商标4万余件,获国家工商总局认定的中国驰名商标22件,江西省著名商标502件,证明商标13件、集体商标1件,农产品商标3 000余件。

五、广告监督管理

党的十一届三中全会后,广告业逐步得到恢复。1982年,江西省工商行政管理部门依据《广告管理暂行条例》,在省、市(地)工商行政管理局设立处、科级的广告管理机构,部分县级工商局亦有广告管理股或指定专人管理广告工作。省工商局还制发了《贯彻〈广告管理暂行条例实施细则〉的具体办法》,加强了对广告业的监管。仅1986年,省工商局查处了18家出版刊物无证照经营广告业务。全省查处了"超型辣椒种子"、"微型打气筒"等虚假广告。进入20世纪90年代后,江西省广告业逐步形成了有一定质量和规模、服务门类和媒介种类较为齐全、专门为社会提供经济信息服务的持续稳定发展的新兴产业。与此相适应,江西省广告监督管理工作也完成了从无到有、从简单粗放到全面科学管理的转变。

1990年,省工商局代省政府草拟的地方性规章《江西省户外广告管理办法》实施,为户外广告的规范发展提供了依据。并组织了全省800名广告从业人员的业务培训,颁发广告从业人员资格证书,首开全国广告从业人员资格证明制度。1992年省工商局与省广告协会承办了第三届全国优秀广告作品展。展览会上呈现的广告新视角、新观念、新技术,对江西省的广告业主、广告经营单位及消费者的广告意识带来了促进和转变。同年,在全省推行广告市场主体准入"试营运制",极大地促进了江西省广告业的

发展。1993年,在广告发布集中的南昌市,由省工商局与南昌市工商局共同筹建了南昌市广告审查委员会,开展针对性的广告发布前的审查、咨询和发布过程中的监测工作,至1997年底,共对6 000余条广告进行了发布前的审查,对净化广告市场,维护公平竞争秩序起了明显的作用。

自2000年以来,江西省广告业在激烈的市场竞争中不断发展壮大,从一个新生产业逐步成长为一个服务功能完备、媒体种类齐全、专业水平精湛、综合实力雄厚的朝阳产业。截止到2007年,全省共有广告经营单位3 042户,广告从业人员29 445人,广告经营额达21.29亿元,成为江西省文化产业中的重要组成部分。

2000年以来,江西省电视、报纸、广播三大媒体找准自身定位,立足传统媒体优势,不断优化经营观念,坚持以市场为导向,勇于探索和创新,积极推行媒体广告代理制,利用媒体优势拓展广告经营领域,通过广告经营理念丰富媒体产业化经营的思路,进一步提升媒体品质,强化和发展媒体产业优势,形成更加专业和精细的社会化分工,在管理、价格、合同、财务结算上形成"四统一",广告业绩屡创新高。2007年,全省各媒体单位广告经营额达11.15亿元,占全省广告经营份额的53%。

2000年以来,全省广告公司在数量迅速增长的同时,质量也快速提升,众多广告公司在借鉴外来先进管理模式和经验的基础上,立足本土化、坚持走特色化,人文化和专业化道路,积极融入和推进地方经济建设的发展与繁荣,形成业内竞争优势,使之在激烈的市场竞争中脱颖而出。网络和其他可视性媒体的出现极大地丰富了广告的载体,新技术、新材料、新工艺在广告中的广泛运用,为城市建设增添了一道道亮丽的风景线。2007年,全省共有专业广告公司2 102户,广告从业人员达20 583人,广告经营额达7.59亿元,占全省广告经营份额的36%。

2000年以来,省工商局坚持以人为本的科学发展观,着眼于广告业的未来,着力于对广告队伍的建设和对专业人才的培养,共

组织全省广告从业人员 4 000 余名参加全国广告专业技术岗位资格培训,1 000 余名参加广告大专班、本科班的学历教育,省内部分高校还开设了广告研讨专业,为社会各界精英提供了学习进修的平台,以保证江西省广告业的可持续协调发展。

2000 年以来,江西省广告人在服务经济的同时,孜孜不忘精神文明建设,充分张扬红土地"物华天宝、人杰地灵"的个性,展示江西人的精神风貌。自开展公益广告活动以来,共有 3 000 余家单位积极投身社会公益广告宣传活动,发布公益广告 2 万余条(次);共选送 100 多件作品参加全国优秀公益广告作品评选活动,涌现了一批主题鲜明、富于艺术感染力的作品,有 14 件作品被评为全国优秀公益广告,12 家单位和 11 名个人被评为先进单位和个人,20 余家单位被授予全国精神文明单位称号。

2000 年以来,全省各级工商部门广告监管部门认真履行职责,创新监管模式,努力维护广告市场秩序。一是建章立制,完善广告监管法制环境,先后制定了一系列广告监管规范,规范了江西省广告业的发展。二是改革广告行政许可审批制度,精简审批事项,简化程序,减少环节,清理规范性文件,促进了向"有限政府"和"无限服务"观念的转变,进一步优化江西省经济发展环境。三是改革创新广告监督体制和方式,提高行政监管效能。建立广告监测责任制,对重点广告专项监测;城区媒介广告实行网络化监管,不留监管盲区;对户外、印刷品、店堂广告推行市场巡查制,及时发现和制止违法宣传行为;广告监管重心下移,发挥基层工商分局点多面广优势,做到广告监管横向到边、纵向到底,上下联动。四是加大执法力度,严厉打击虚假违法广告,对趋势性违法广告、阶段性违法严重的广告进行专项监测,统一组织查处;对重大、典型虚假违法广告案件进行曝光。2007 年,全省共查处各类虚假违法广告案件 1 822 起,罚没款达 532 万元。

六、市场监督管理

党的十一届三中全会后,市场管理的重点转移到搞活管好市场,促进商品经济的发展方面上来。从 1979 年到 1982 年这段时期,江西省各级工商行政管理部门积极贯彻国家工商行政管理局召开的全国农村集市贸易座谈会议、全国城市农副产品批发市场现场会议,以及全国小商品市场现场会议 3 个会议精神。1981 年 5 月,省政府发出《关于加强市场管理,打击投机倒把的暂行规定》,调整保护合法与打击非法的政策界限。从 1983 年后,又认真实施国务院颁布的《城乡集市贸易管理办法》,解放思想,放宽管理政策,积极恢复发展城乡集市贸易,到 1984 年底,全省城乡集市个数已恢复到历史最好水平,集市贸易交易额则成倍超过历史最高水平。此后,市场管理职能亦由单纯管理农贸市场逐步延伸到与工商行政管理部门的其他管理职能相配合,综合性地监督管理各类商品交易市场。

1984 年,在全省范围内开展创"五好集市"活动。1985 年 8 月,省工商局在总结创"五好集市"活动经验的基础上,向各地、市、县、区工商局发出《关于深入开展创建"文明市场"和争做"优秀市管员"评比活动的通知》,要求各级工商行政管理部门把开展创建"文明市场"和争做"优秀市管员"活动作为一项经常性的重要工作来抓,以促进提高市场管理工作水平。

1985 年江西省取消农产品统购派购制度后,各地先后大抓"菜篮子工程",全省各级工商行政管理部门对集市的管理开始逐步由单纯用行政手段转向经济手段与行政手段相结合,着重于提供服务设施、开展咨询等服务,活跃商品流通,以调节市场的供求关系,保持市场的基本稳定。省政府取消农产品统派购销制度后,省内产棉区一度开放了棉花市场,出现了所谓的"棉花大战",造成棉花市场秩序的混乱。针对这种情况,江西省工商行政管理部门根据省政府的指示,从 1987 年开始,加强了对棉花市场的管理。

从 1987 年起,按照国家工商局规定的条件和部署,在全省范围开展创建"文明贸易市场"活动,培育出一批管理规范、设施完善、经营文明、交易兴旺、效益良好的集贸市场。全省荣获国家工商局授予"全国文明集贸市场"称号的,1987—1988 年度有九江市浔阳区堤外农贸市场等 14 个,1989—1990 年度又有进贤县文港毛笔皮毛市场等 14 个。至 20 世纪 80 年代末,江西省工商局将打击投机倒把活动(经济检查)从市场管理职能中分离出来,单独设立经济检查职能机构开展工作,使市场管理侧重于培育发展市场体系,搞好管理与服务,制止市场上出现的短斤少两、掺杂使假、欺行霸市、出售腐烂变质商品等违法违章行为,保证市场活而不乱。

1990 年全省各级工商行政管理部门投入集贸市场管理的干部、职工为 1 892 人,占当年工商行政管理干部、职工总数的 15.2%,另雇请协管员 2 313 人协助管理市场。

1992 年党的"十四大"确定建立社会主义市场经济体制后,培育和监管市场的任务更加繁重,管理领域进一步拓宽,不仅要监督管理商品交易市场中的消费品交易市场和生产资料市场,还要参与监督管理生活要素市场。

1993 年,国家工商局发布《商品交易登记管理暂行办法》后,省工商局结合江西省的实际情况提出了具体实施意见。1994 年 11 月,省政府批复省工商局《关于设立棉花临时检查站的报告》,同意在主要产棉区和一些交通要道设立 30 个棉花临时检查站,加强了管理棉花市场的力度。南昌洪都集贸市场等 25 个市场被国家工商局授予 1993 年至 1995 年度"全国文明市场"。

1995 年后,江西省工商行政管理部门不仅在管理的粮棉市场、文化市场、农资市场、副食品市场等传统的项目上有新举措,还将管理内容延伸到金融、电信、电力等行业。粮食市场管理自 1998 年粮改以来,全省共建各类粮食批发市场 69 个,全省工商行政管理部门按照国家工商局和省政府的要求,管住列入保护价收购范围的粮食品种,把好市场准入关,扶持合法的中介机构和经纪人从事粮食代购代销等活动,结合全省建立的 80 个粮食联系点工作,加强对粮食市场的监管和调查研究,促进搞活粮食流通,规范粮食市场秩序。截至 2008 年 6 月底,省工商局批准可收购保护价粮食的企业 125 家,收购退出保护价范围粮食的企业 2 319 家,可从事粮食市场交易的 1 322 家。在此期间,重点加强了对陈化粮的监督管理工作。在国家工商总局的领导下,省工商局及时指导参与陈化粮竞价销售企业所在地工商局追踪监管和及时查处。为此,省工商局下发了《关于加强对陈化粮追踪监管的通知》,要求做到监督到户、责任到人,确保陈化粮按照国家政策规定的用途使用,坚决杜绝陈化粮回流和冲击粮食市场。国家工商总局对江西省工商局积极、及时查处倒卖陈化粮工作给予了充分肯定。江西省工商行政管理局还加强了对省内陈化粮拍卖市场的监督管理。

党的"十六大"以来,全省工商行政管理部门不断健全市场规则,深入开展集贸市场专项整治活动,强化对重要商品市场的监管,全力维护"非典"、高致病性禽流感、雨雪冰冻灾害期间的市场稳定,创新"红盾护农"工作。

在江西省委、省政府的高度重视,各级党委、政府的有力领导和有关部门的积极支持下,全省工商系统通过大量艰苦细致的工作,于 2001 年 12 月 7 日,全省工商系统市场办管脱钩工作按期顺利完成,应脱钩的 806 个市场全部移交给地方政府管理,移交市场资产为 7.67 亿元,市场债务 2.59 亿元,分流人员 3 321 人。

2002 年,国务院办公厅下发《关于开展集贸市场专项整治工作的通知》,要求集中时间,集中力量,重拳出击,彻底整顿一些危险性大、群众反映强烈的集贸市场。各地工商部门按照国务院、省政府有关集贸市场整治要求,认真开展了以清查市场经营主体为重点的专项整治,对各类集贸市场主办单位和市场内的经营主体进行了拉网式的清理检查,重点抓好市场内亮证亮照经营到位,先行赔偿到位,投诉台设立到位工作,切实加强市场监管。严格按照企业和个体工商户登记管理的有关规定,审核其主体资格,对不符合条件的,限期办理变更或注销登记;对违法经营的,依法进行查处。对全省 2 540个集贸市场进行了检查,清理整顿各类市场经营主体63 432户,其中内资企业5 319户,外资企业391户,私营企业3 979户,个体工商户51 932户,其他1 811户;取缔无照经营4 284户,注销1 529户,吊销1 573户。

2003年,省工商局和省粮食局联合下发《关于省内用粮企业购买陈化粮资格审定的通知》,就陈化粮用粮企业的购买资格条件作出了具体的规范性要求,严把陈化粮市场准入关,分三批共计核定了69家企业作为江西省具有陈化粮购买资格的企业。为加强对在九江拍购陈化粮企业的追踪监管,省工商局和省粮食局联合下发了《关于加强对九江南方粮食交易市场竞价销售的陈化粮跟踪监管的通知》,要求购粮的26家企业从购进到使用的全过程建立台账,接受所在地工商局、粮食局的监督检查。并下发了《关于加强对全省购买陈化粮企业跟踪监管的通知》,要求购买陈化粮企业所在地工商分局做到"跟踪监管,监督到户,责任到人"。2004年,全省工商行政管理部门集中时间、集中力量开展了一次粮食市场专项整治,对省内粮食批发市场、粮食加工企业、陈化粮使用单位进行拉网式的检查,依法查处违法违规行为。全省工商行政管理机关共检查粮食批发市场35个;粮食经营户4 312户;粮食加工企业2 730户;查处倒卖陈化粮案件125件;罚款154.9万元;没收陈化粮7 253.97万公斤。省工商局派出检查组对全省76户具有陈化粮购买资格的企业进行督导检查。经和省粮食局重新认定45家企业为继续具备陈化粮购买资格的企业,取消31家。至2008年7月底止,全省具有购买使用陈化粮资格的企业共43家。

2001年,全省各级工商行政管理部门按照"一放二分三加强"等棉花体制改革政策的要求,规范棉花市场的资格准入,把好市场主体准入关。对全省已经取得棉花收购加工资格的企业开展了一次彻底的清理整顿,切实做到把不合格的市场主体清除出棉花收购加工领域,坚决打击无照经营棉花的行为;严厉打击棉花交易中的违法经营行为;坚决打击囤积行为,严防市场炒作。坚决取缔未经批准的棉花交易市场和地下市场。进一步开展打击清理小轧花机、土打包机违法经营活动;严厉打击掺杂使假、以次充好、加工销售棉花中混等混级及严重违法经营棉花的行为,切实维护良好的棉花市场交易秩序。经省发改委、省工商局、省技术监督局、省经贸委联合审核,到2005年,全省共核发"江西省棉花收购加工资格证"200份。

2002年,全省各级工商行政管理机关按照国务院办公厅《关于开展加油站专项整治工作的通知》精神,在全省范围内开展加油站专项整治工作。配合有关单位对全省2 025个加油站(点)的经营主体资格进行了重新审核,对全省成品油市场整治情况进行全面的检查,共检查成品油经营单位1 561余家,取缔无证无照经营单位133家。2003年,根据"大江网"登载的《长江干堤边水上加油站问题多》的情况,有关市、县的工商行政管理部门及时开展专项整治。共检查加油站(船)60户,责令停业整改13户,取缔32户,封存柴油38吨,封存润滑油和机油171桶,查封无证油船4艘,收缴抽油机10台,有效地规范了成品油市场秩序,专项整治工作得到国家工商总局的充分肯定。2006年3月,国家工商总局下发《关于进一步加强成品油市场监管工作的意见》,全省各级工商行政管理机关结合实际,深入开展成品油市场专项整治,全省共开展成品油市场专项整治70余次,检查成品油企业、加油站832家,查处无证经营6家,查处掺杂使假、使用不合格计量衡器等违规行为企业52家,罚款117万元。

2003年初,"非典"爆发后,各级工商行政管理部门迅速在全省开展了严厉打击利用防治"非典"名义从事违法经营活动专项整治行动。加大市场巡查力度,积极开展整治。重点查处利用防治"非典"名义出售假冒伪劣药品、医疗器材和相关商品;重点查处超范围经营和无照经营防治"非典"药品和相关商品的行为;加强对有关预防"非典"

商品广告的监督检查,严厉查处虚假广告等违法行为;积极配合物价部门加强价格监督检查,严厉打击囤积居奇、欺行霸市、哄抬物价等违法行为;重点检查集贸市场、集市摊点,督促市场主办单位和生产经营单位强化防治"非典"的卫生、消毒工作。

2004年,首例高致病性禽流感病案公布后,全省各级工商行政管理部门按照国务院、国家工商行政管理总局和省政府办公厅关于加强高致病性禽流感防治工作的有关文件精神,做好相关市场监管工作,严把市场准入关,切实保护江西省家禽业的安全生产和人民身体健康。对不具备合法手续进行禽类加工的一律予以取缔;对利用病死家禽加工熟食品的行为依法严厉打击;对未经检验检疫或检验检疫不合格的禽畜类及其产品一律不准上市经营;严禁销售病死禽畜类。据统计,这一期间全省各级工商行政管理机关共召开动员大会239次、参加动员大会人数9 265人次;出动检查人员15 228人次、出动车辆1 086台次;非疫区检查禽类及其产品市场2 531个次;南昌、抚州、鹰潭三地停止禽类及其产品交易活动的市场160个,停止销售禽类及其产品的经营户1 453户。

2008年初,江西省遭遇历史上罕见的雨雪冰冻灾害,为保证省政府、国家工商总局能够及时了解全省粮油肉菜等主要副食品供应及价格等市场动态和全系统工商干部市场监管、抗灾救灾情况,省工商局下发了《关于启动全省市场监管情况日报制度的通知》,从1月30日起启动全省市场监管情况日报制度,要求各设区市工商局每天上午11:40前将前一天下午和当天上午市场监管情况向省工商局上报,遇紧急事件或突发事件随时上报。雨雪冰冻灾害期间,省工商局编发《全省市场监管动态》信息10期,及时将全省主要城市、农村市场粮、油、肉、菜等与老百姓生活密切相关的主要副食品价格、品种及供应等市场动态、市场灾情、全系统工商干部抗灾救灾、维护市场秩序情况向省政府、总局和省局领导报告,为领导决策提供参考。

为认真贯彻落实2008年1月14日全国"保障市场供应、稳定市场价格"电视电话会议和总局有关文件要求,省工商局及时制定下发了《关于加强粮油等重要商品市场监督、维护市场稳定的通知》和《关于转发〈关于进一步加强鲜活农产品市场监管、维护市场交易秩序的紧急通知〉的通知》,要求全省各级工商机关积极应对雨雪冰冻灾害,切实履行职责,加大监管力度,认真抓好保障市场供应、维护市场稳定的工作,进一步加强粮油等重要商品市场的监管,严厉打击各种违法经营行为,为人民群众过上一个欢乐祥和的春节营造良好的市场环境。各级工商行政管理机关以"两会"、春节为重点时节,粮、油、肉为重点产品,城乡结合部为重点地区,集中开展粮油等重要商品市场专项执法检查,加大对各类批发市场、超市和农副产品市场的巡查力度,对本辖区的粮油加工、批发、零售企业的经营情况加强监管,严厉查处以假充真、以次充好、短斤少两、欺行霸市、囤积居奇、散布虚假信息等扰乱市场秩序的行为。全省工商系统共出动执法人员33 514人(次),出动执法车辆7 698台(次),检查各类市场2 970个(次),检查商场、超市3 665个(次),检查食品经营户110 200户(次),取缔无照经营户549户,吊销营业执照36户,捣毁制售假冒伪劣食品窝点6个;查获假冒伪劣食品数量21 839.8公斤;查处制售假冒伪劣食品案件153件,案值为94.88万元,受理消费者申诉举报333件,为消费者挽回经济损失128.77万元。

结合江西省是个农业省份,"红盾护农"工作纳入全省各级工商行政管理部门重要的议事日程。

通过"狠抓四个重点、紧扣三个环节、严把两个关口、实现一个目标"来实现对农资市场的长效监管。即狠抓重点品种、重点季节、重点市场、重点地区四个重点;紧扣源头治理、市场监管、建立机制三个环节;严把市场准入、商品质量两个关口;实现工作重点由农资打假为主向建立健全农资市场长效监管机制,提高执法效能转变。

依法对农资经营主体资格进行清理规范,重点清理整顿了政企不分、乱挂钩、乱挂靠的农资经营企业,依法取缔无证照经营农资行为,对不具备条件的,依法停止其经营活动。到 2008 年 6 月底,全省共有农资商品市场 10 个;农资商品经营户 16 045 户,其中:种子经营户 2 237 户,化肥经营户 3 171 户,农药经营户 1 799 户,饲料经营户 1 611 户,农机具经营户 769 户,综合农资商品经营户 6 458 户。有 13 816 户已建立比较完善的索证索票、购销台账制度,目前农资市场监管基本做到分类监管和可追溯管理。

组织开展了对种子、肥料、农药、农机具以及农机配件等流通领域农资商品质量的定向监测工作。2005 年到 2008 年 6 月底,全省共抽查农资商品 10 828 批次,其中种子 894 批次,平均合格率 94.83%;化肥 7 506 批次,平均合格率 77.16%;农药 1 297 批次,平均合格率 78.926%;2008 年抽检合格率已达到 88.43%,并适时在各类媒体上发布抽检信息。2005 年到 2008 年 7 月底止,全省各级工商行政管理机关在"红盾护农"行动中共检查农资经营户 56 031 户(次),取缔非法农资经营户 1 702 户,查处非法经营农资案件 4 461 件,案值 5 524.92 万元,罚没款 2 247.48 万元,为农民挽回经济损失 2 985.05 万元。

目前全省各设区市局普遍建立了市、县(区)、乡(镇)三级红盾维权网络,90% 以上的行政村设立了红盾维权站(点)。进一步完善了工商分局(所)经济户口档案管理,建立农资经营者档案及市场巡查监管动态资料,实现对农资经营者市场准入、交易和退出的全程监管。开展对农资经营企业的信用等级分类评定,至 2007 年底,全省各设区市工商局完成了对辖区内 9 354 户农资经营户信用等级类别的评定,共评出 A 类企业 6 225 户,B 类企业 2 356 户,C 类企业 582 户,D 类企业 191 户。在县城、乡镇建立农资示范店 741 家。

按照国家工商总局《关于建立商品交易市场信用分类监管制度的指导意见》的要求,省工商局及时下发了在全省范围内开展商品交易市场信用分类评定及监管工作的实施意见。各级工商局迅速组织实施,对辖区内的商品交易市场开办单位和场内经营者的信用状况、日常经营活动及违法经营记录等情况进行了一次全面摸底,严格按照认定标准评定市场信用类别,实施分类监管。全省共有各类消费品市场 2 419 个,其中消费品综合市场 1 023 个,农副产品市场 1 023 个,工业消费品市场 89 个,其他消费品市场 110 个;生产资料市场 110 个;生产要素市场 65 个。至 2007 年 12 月底,全省首批 527 个商品交易市场信用评定和录入工作已经完成,共评出 A 类市场 83 个,B 类市场 372 个,C 类市场 70 个,D 类市场 2 个。并向国家工商总局推荐"南昌市墩子塘集贸市场"等 16 个 A 类信用市场,作为国家工商总局重点联系的市场。

七、经济合同监督管理

党的十一届三中全会以后,经济合同制度的推行及其管理工作迅速得到恢复和发展。根据国家工商行政管理局的有关文件和会议的精神,江西省从 1979 年下半年到 1980 年底,有 60 个市、县工商局开展了经济合同管理的试点工作。其间,鉴证经济合同 6 562 份。1981 年 3 月,省政府批转省工商局《关于加强工商、农商经济合同管理意见的报告》,指出实行合同制是维护国家计划的一项有效措施,各级政府要加强领导,大力推行,工商行政管理部门要配备人员抓好合同管理工作。

1982 年 5 月,国务院在批转《国家经委、国家工商局、国务院经济法研究中心〈关于执行经济合同法若干问题的意见的请示〉的通知》中,确定各级工商行政管理部门统一管理经济合同。1984 年 4 月成立江西省工商行政管理局经济合同仲裁委员会,负责受理经济合同纠纷的调解、仲裁工作。截至 1984 年上半年,省、地(市)、县(市)全部设立了工商局经济合同仲裁委员会和合同管理机构,经济合同纠纷的调解仲裁工作和合同管理工作在全省范围内展开。

1985 年 5 月,江西省政府批转省工商局《关于加强经济合同管理工作的报告》。同年8月,省政府办公厅转发《关于办理经济合同鉴证和公证若干问题的意见》,提出经济合同依法订立,经济合同的管理和调解、仲裁由省工商行政管理部门负责。1986年后,省工商局先后转发或与有关部门联合下发了《建筑安装工程总分包实施办法》、《江西省专利许可合同管理暂行办法》、《关于加强企业承包(租赁)经营合同管理的通知》等文件,扩大了经营合同监管的范围,强化了监管的力度。1989年9月,省人民政府第27次省长办公会议同意《省经委、省工商局关于要求以省政府名义授予"重合同、守信用"企业称号的报告》,对连续5年被县级以上人民政府授予"重合同、守信用"的企业,以省政府名义授予其"重合同、守信用"企业称号。1986—1990年,全省共帮助企业建立合同管理机构26 541个,配备合同管理人员32 554人(其中专职8 767人),初步形成了合同管理网络。1985—1990年,以省经委、省工商局名义命名的"重合同、守信用"称号企业107家,以省政府名义命名的"重合同、守信用"称号企业25家。

到1990年底,全省共建立专业仲裁庭15个,派出仲裁庭400余个。据统计,自1983年至1995年9月1日13年间,全省共仲裁合同纠纷21 520件,合同争议标的金额16.58亿元;确认无效合同9 150件,合同金额12.3亿元;查处违法合同2 735件,合同金额9.38亿元;鉴证合同680万份,合同金额973.88亿元,并避免和减少了大量无效合同的产生,为合同当事人避免和挽回经济损失32.78亿元。1995年9月1日,按照有关法律的规定,工商机关的经济合同仲裁机构撤销,退出合同仲裁职能。1995年底,江西省工商局机构改革,经济合同管理机构被撤并到新组建的公平交易局,随后,部分地市合同管理机构也出现了相应的撤并。1999年12月合同行政监管工作又合并在市场规范监督处,但合同监管工作始终没有放松。自1996年至2002年,全省合同管理干部认真执行《经济合同法》、《合同法》、《担保法》、《拍卖法》,使合同监管工作继续保持了良好的发展势头。2004年国家工商总

局废止了合同鉴证办法后,江西省各级工商行政管理局停止了所有经济合同的鉴证工作。打击利用经济合同进行欺诈是这一时期合同监管的重要工作。1996年至2002年的7年间,全省各级工商行政管理部门共查处1 288件利用经济合同进行欺诈的案件。其中,查处了九江市金旭实业有限公司与香港顺辉贸易公司利用虚假广告骗取中介费的松木箱加工合同欺诈,《江西科技报社读者服务部》利用虚假广告签订合同,欺诈消费者等大案要案。

1996年,由江西省工商行政管理局牵头,会同有关部门联合下发了《关于实施〈江西省企业动产抵押物管理办法〉的通知》,开拓了江西省企业动产抵押管理工作。至2002年底,共办理抵押登记13 740件。

1996年,省工商局改革了"重合同、守信用"企业评选方式。本着"守精勿滥、保证质量、健康发展"的原则,在总结十年来开展"重合同、守信用"活动的基础上进行了重大改革。到2002年底,全省共评出省级"重合同、守信用"企业1 053家,10年以上的"重合同、守信用"企业有295家。2001年,省工商局对全省历年"重合同、守信用"企业进行了一次全面清理。同时与省经委联合下发了《关于实施〈江西省重合同、守信用企业认定管理暂行办法〉的通知》,对原有的评比条件作了调整和补充,提出了"重合同、守信用"企业的认定标准。2001年江西省认定的省级"重合同、守信用"企业81户,并向国家工商总局推荐认定"重合同、守信用"企业16家。2002年江西省工商局公示的省级"守合同、重信用"企业35家。向国家工商总局推荐公示的"守合同、重信用"企业25家。2004年后继续开展"守合同、重信用"企业认定工作。

江西省拍卖活动起步较晚,2000年,全省工商行政管理部门采用事前备案、进场监拍、对违规活动进行查处等方法,开始对拍卖活动全面进行监管。至2002年底,江西省拍卖企业到各级工商行政管理部门备案达491起,各级工商行政管理部门进场监拍427次,查处违法违规拍卖案件26件。

省工商局从 1995 年开始逐步开展培育发展经纪人工作。1996 年 6 月,省人大通过了由省工商局起草的《江西省经纪人条例》。2002 年,为了加快发展农业经纪人,尽快解决农产品买难卖难问题,省工商局下发了《关于加快发展农副产品经纪人工作的通知》,要求降低农副产品经纪人准入门槛,免费培训农副产品经纪人。5 年内共培训各类经纪人 12 363 名。

2003 年,为进一步推动江西省社会信用体系建设,提高"守合同、重信用"企业的质量,省工商局对参加认定的企业在纳税、贷款、资源、安全生产、劳动用工、民工工资发放及经营行为等方面进行了广泛征求相关管理部门意见的工作。为了加快经纪人发展工作,省工商局下发了《关于进一步加快发展农业经纪人工作的通知》,要求各地围绕发展农业经纪人,深入开展各种宣传引导工作,降低农业经纪人准入门槛,积极开展农业经纪人的培训发展工作。省内贸易办、省公安厅、省工商局三家联合下发了《江西省拍卖管理办法(暂行)》的通知,对江西省拍卖市场的监管进行了细化。省体改办、省工商局联合下发了《关于印发〈江西省产权经纪机构管理办法〉的通知》,对江西省产权经纪机构的资格认定、经营活动、监督管理作了明确规定。省体改办、省工商局举办了江西省首期产权交易经纪人培训班,参加学习培训人员达 368 人。

2004 年,国家工商总局公布了新修订的《经纪人管理办法》,江西省工商局及时下发了《关于认真落实〈经纪人管理办法〉的通知》,要求全省认真做好对经纪人的备案工作;监督经纪人做好从业的明示工作;建立经纪人及经纪执业人员的档案管理制度;对辖区内经纪人从业情况进行全面检查,对违反《经纪人管理办法》的行为按规定予以查处。

2005 年,全省各级工商行政管理部门开展打击合同欺诈专项执法活动。全省共检查企业合同 1 700 件,查处合同欺诈行为案件 35 件。

2005 年,江西省工商行政管理部门将发展农村经纪人作为服务经济发展的一项重要举措,专门下发了《关于大力发展农村经纪人工作的通知》,并选择南昌县、丰城市等 24 个县(市)为农村经纪人帮扶点,充分发挥以点带面的作用。到 2005 年底,全省从事农村经纪人行业的有 6 499 户,农村个体经纪执业人员 17 116 人。

2006 年,全省各级工商行政管理部门结合农业大省的实际,围绕支持"三农"发展,服务社会主义新农村建设工作大局,把推进"订单农业"作为合同管理工作的重点,积极开展涉农合同帮扶活动,加强了对农业订单合同的指导和规范,通过"订单农业",促进农产品流通,保护农民的合法权益。在广泛征求各部门、农户意见的基础上,拟定下发了涉及生猪、禽蛋、牛、羊、家禽、棉花、粮食、化肥、农药、木材(毛竹、木炭)、水产品、水果、蔬菜等农副产品的 15 个涉农合同示范文本,并在省工商红盾网上公布,供全省推广使用。

自 2003 年至 2008 年,全省工商部门共推荐国家级"重合同、守信用"企业 95 户,认定省级"重合同、守信用"企业 628 户。发放各类经济合同 11 万余份,其中涉农经济合同 2 万余份。发展各类经纪人 3 万余人,其中农村经纪人 2 万余人。办理动产抵押登记 1 万余件,为企业办理担保金额 10 亿元。全省拍卖企业 133 家,到工商部门进行拍卖备案的达 6 500 件。

八、消费者权益保护

江西省保护消费者权益的工作,是进入 20 世纪 80 年代后期,随着市场经济的发展逐步开展起来的。

1989 年 6 月 30 日,经江西省人民政府批准成立了江西省消费者协会,到 1994 年 9 月,全省有 110 个地(市)县(区)建立了消费者协会,成为全国第一个完成县级消协组织建立的省份。为适应消费者权益保护工作的深入发展,随后又在城市街道、农村、乡、镇建立消协基层组织,到 1999 年底已达 1 722 个,在大中型商贸企业建立的监督站、投诉站已达 938 个。基本形成覆盖全省的保护消费者权益的社会基层网络体系,方便了消费者投诉,加强了对商品和服务的社会监督,为消费者权益保护工作的深入营造了重要的组织保证。

1999 年,在全省 11 个区市成立了"12315"消费者举报申诉指挥中心,94 个县(区、市)设立了"12315"消费者举报申诉中心,各基层工商所设立了"12315"消费者举报申诉站,形成了一个贯穿于市、县(区、市)、所的三级执法维权网络,当年 7 月 28 日全省各级工商行政管理部门开通"12315"消费者举报申诉电话,并配备了"12315"专用车辆,从而进一步方便了消费者的申诉、举报,促进了各级工商行政管理机关举报申诉受理、处理工作规范化、制度化,切实保护了消费者和经营者的合法权益。据统计,2002 年全省"12315"受理消费者举报申诉共计 11 807 件,调解处理 10 280 件,占总受理件数的 87.1%;调解成功 9 019 件,占调解总数的 87.7%;立案调解 634 件,为消费者挽回经济损失 1 550 万元,加倍赔偿金额 11 万元。全省工商行政管理部门根据"12315"举报申诉线索立案 1 182 起,案值 621 万元,罚没款 71 万元。2002 年在全省评出了 100 个消费者满意一条街。

为不断提高消费者的自我保护意识,全省各级工商行政管理部门和各级消协广泛宣传国家有关法律法规,帮助广大消费者提高自我保护意识,宣传消费者协会为消费者服务的宗旨;并大力宣传各种消费知识,引导消费者适度、合理、科学、健康消费,提高自我保护的能力。1989 年,江西省颁布了《保护消费者合法权益条例》,1995 年 6 月 30 日,江西省又制定实施《中华人民共和国消费者权益保护法办法》,各级消保部门会同有关部门和新闻单位密切配合,通过各种渠道,采取多种形式,特别是每年的"3·15 国际消费者权益纪念日",广泛开展宣传活动。据统计,到 1999 年底,全省各地(市)县(区)举办各类培训班、学习班 1 136 期,培训骨干 24 677 人,开展法律法规宣传咨询服务活动共 2 035 次,印发各地宣传材料 159 万份,在报刊、广播、电视上举办《消费者之声》、《消费者之窗》、《消费者之友》、《3·15

服务台》等专栏专题节目 2 037 次。仅 2001 年,先后组织开展了"3·15 国际消费者权益日"、"千万个绿色消费志愿者在行动"、"揭谎月"等大型活动,广泛发动全社会共同参与消费者权益保护事业。

2005 年底,全省在省、市、县三级工商局成立消费者权益保护局,在组织上强化了对消费者权益保护工作。全省各级消保组织以流通领域商品质量监管、食品安全专项整治、"12315"行政执法体系建设和消费维权机制创新为主线,大力推进消保维权工作的制度化、规范化、程序化、法治化建设,切实履行维护市场竞争环境和消费者合法权益的职责,促进和谐平安消费环境建设,取得了阶段性成效。

全国产品质量和食品安全专项整治工作电视电话会议召开后,省工商局制定下发了《关于贯彻〈全国工商行政管理系统流通环节产品质量和食品安全专项整治行动方案〉的实施意见》,全省工商系统紧紧围绕"两个 100%"和"一个彻底解决"的目标,思想高度重视,工作精心组织,广泛宣传动员,坚持标本兼治,狠抓各项措施落实,如期完成了工作任务。在动态监管中,全省 2 954 个县城以上城市的食品市场和超市 100% 建立了进货索证索票制度;68 479 个乡镇、街道和社区食杂店 100% 建立了食品进货台账制度;乡镇政府所在地及县城以上城市小食杂店、小摊点亮证亮照经营已达 100%。全省工商系统共出动执法人员 89 451 人次,检查经营企业和个体户 220 706 户次,检查批发市场、集贸市场等各类市场 8 479 个次,整治重点区域 3 886 处次,取缔无照经营 1 625 户;立案 542 起,案值 248 万元,罚没金额 181.4 万元;受理消费者申诉举报 2 966 件,为消费者挽回经济损失 229 万元。流通环节产品质量和食品安全状况进一步好转。

截至 2008 年 6 月底,全省消保系统共查处侵害消费者权益案件 6 393 起,案值 7 313 万元,罚没金额 2 315 万元;受理消费者申诉 35 977 件,为消费者挽回经济损失 3 673 万元。

九、抗击雨雪冰冻灾害和支援地震灾区

2008 年 1 月 12 日以来，江西省持续遭遇了有气象历史记录以来最严重的雨雪冰冻灾害，全省交通严重受阻，电力设施严重损坏、供电困难，农业生产严重受损，给群众生活带来较大影响。面对严重雨雪冰冻灾害，全省工商系统干部职工增强责任感和使命感，按照党中央、国务院和国家工商总局、省委、省政府的部署，在当地党委、政府统一领导下，以高昂斗志，积极投身于全省抗灾救灾中。

灾情发生后，省局党组迅速召开专题会议进行研究，成立由局长任组长的省工商局抗灾救灾领导小组，并紧急启动"江西省工商系统市场监管应急预案"，各级工商局都成立了由局长任组长的抗寒救灾市场监管应急工作领导小组，分级组建了突发事件应急分队，并按照统一指挥、属地管理、快速反应、加强协作的工作原则，制定了应急措施。

雨雪冰冻灾害期间，全省工商系统按照总局《关于进一步加强鲜活农产品市场监管、维护市场交易秩序的紧急通知》和省委、省政府"九保一平安"的要求，加强市场监管，保障市场供应，全力维护市场稳定。共出动执法人员 4.45 万人次、执法车辆 7 698 次，检查各类市场 8 000 余个，检查经营户 11.9 万户；共减免市场管理费、个体工商户管理费 520.83 万元。

5 月 12 日汶川地震发生后，江西省工商系统发扬"一方有难、八方支援"的精神，以"特殊党费"等多种形式向四川灾区累计捐款 157 万余元，组织广大私营企业、个体工商户捐款 1 379 万余元，以实际行动支援灾区恢复重建，得到了省委试点工作领导小组的充分肯定。

附：

江西省工商行政管理局 历任局长、党组书记

李立超，1982 年 2 月任副局长，主持工作；宁子明，1983 年 3 月至 1986 年 11 月任局长、党组书记；华桐，1988 年 3 月至 1988 年 9 月任局长、党组书记；郭建章，1988 年 9 月至 1994 年 7 月任局长、党组书记；戴子钧，1994 年 7 月至 1998 年 9 月任局长、党组书记；殷国光，1998 年 9 月至 2003 年 2 月任局长、党组书记；朱张才，2003 年 2 月至 2007 年 2 月任局长，2003 年 2 月至 2006 年 11 月任党组书记；邝小平，2007 年 3 月至 2008 年 6 月任局长，2006 年 11 月至 2007 年 2 月任党组书记；王可忠，2007 年 2 月至 2008 年 6 月任党组书记。

（执笔人：唐锋锋）

第十五章 山东省工商行政管理局

第一部分 (1949—1978)

第一节 山东省工商行政管理概况

一、工商行政管理机构沿革

（一）国民经济恢复时期至社会主义改造时期

1. 国民经济恢复时期

1949 年 10 月 1 日，中华人民共和国成立后，山东省工商管理工作由省政府工商部统一管理，各市设立工商局，行署设工商处，专署、铁道沿线城市与较大市镇以及沿海或内地商业繁荣地区设工商科，县以下依经济区域设工商事务所，形成了统一的工商管理系统。1950 年 7 月，省政府工商部改组为省政府商业厅，各市、专署、县仍为工商局。9 月 20 日，省政府商业厅正式成立，内设工商管理处，处内配处长 2 人，干部 6 人。

2. 社会主义改造时期

1953 年 7 月，省政府商业厅工商管理处改为商政处。1954 年 6 月又设立私商改造办公室。1955 年初，省政府商业厅改称省商业厅；3 月，商政处与私商改造办公室合并办公，处内配备干部 13 人，设秘书 1 人。1956 年社会主义改造完成后，各市、县工商局（科）改为商业局（科），各专员公署仍保留工商科。

（二）社会主义建设探索时期至"文化大革命"时期和其后两年

1. 社会主义建设探索时期

1957 年 11 月，山东对国营商业体制进行调整，各级行政机构与企业管理机构合并，省商业厅内设商政物价处等 12 个处室，编制 379 人。1958 年 8 月，省商业厅、省供销社、省外贸局合并为省商业厅，分设商政处、物价处等处室。

1963 年 8 月 6 日，省工商局正式成立，与省商业厅合署办公，一个机构两块牌子。10 月 14 日，省工商局内设办公室为办事机构，编制 15 人。专署、市、县均成立了工商局。专署、市工商局与商业厅（局）合署办公（济南、青岛两市单设），县（市）设立市场物价委员会（工商局），公社（区）设立市场管理所。至此，从省到基层形成了统一的工商行政管理系统。

2. "文化大革命"时期和其后两年

1966—1970 年，工商行政管理机构随商业机构一起受到严重冲击。1970 年 11 月，省商业厅改称省革命委员会商业局。1971 年 1 月，省工商局办公室改为工商组，次年 1 月，改为商政组。

1975 年 6 月，经省生产指挥部批准，成立省革命委员会工商局，仍与省商业局合署办公，下设办公室。

二、工商行政管理职能、地位及作用

（一）国民经济恢复时期至社会主义改造时期

1. 国民经济恢复时期

1950 年 9 月，省政府商业厅工商管理处负责私人商业的登记、统计和管理；负责市场管理、商标注册、度量衡管理等。这一时期，山东省工商行政管理部门围绕国家恢复国民经济这一中心，在没收官僚资本，清查私营企业中敌伪财产，建立和壮大国营经济，对私营工商业者进行爱国守法教育，扶持和指导其恢复和发展生产经营，并组织物资交流、稳定物价、活跃城乡市场、管理度量衡器等诸方面做了大量工作。

2. 社会主义改造时期

1953年,山东省进入社会主义改造时期,开始实行第一个五年计划。1952年,山东省工商行政管理机关运用企业登记、市场管理、经济合同管理等行政管理职能,安排加工订货、协调公私关系,并使之与工商联、摊贩联合会的活动以及工人群众的监督紧密联系起来,较好地完成了对私营工商业的社会主义改造。

(二)社会主义建设探索时期至"文化大革命"时期和其后两年

1. 社会主义建设探索时期

1956—1966年大体可分为两个阶段:第一阶段是1956年社会主义改造基本完成至1961年"大跃进"时期,工商行政管理工作在"左"的错误影响下,处于徘徊状态。当时不少地方关闭了集市,绝大部分物资由国营商业统一收购调拨,工商行政管理局仅负责办理商标注册等少数几项工作。第二个阶段是从贯彻"调整、巩固、充实、提高"八字方针至1966年"文化大革命"前。这一阶段,中共中央、国务院相继发出《农村人民公社条例》、《关于严格管理大中城市集市贸易和坚决打击投机倒把的指示》、《工商企业登记试行办法》、《商标管理条例》等文件,工商行政管理的职能作用有所强化,各项工作都取得进展。

2. "文化大革命"时期和其后两年

1966年5月至1976年10月"文化大革命"时期,山东省各级工商行政管理机关受到冲击,陷入瘫痪状态。由于受"左"的错误影响,集市贸易受到限制,商标注册工作全部停止,企业登记管理被说成"管、卡、压",许多地区完全停止了企业登记管理工作。与此同时,打击投机倒把工作出现扩大化,农村副业和一些正常的交易活动也被视为投机倒把,造成了严重的消极后果。

第二节 山东省工商行政管理工作所取得的成就

一、查处经济违法违章案件

(一)国民经济恢复时期至社会主义改造时期

这两个时期,主要是与不法资本家和投机商的投机违法活动作斗争,斗争的目的是打退不法资本家和投机商向社会主义的进攻。打击投机违法行为工作主要是以经济手段为主,辅之以宣传教育和行政法律手段。通过对囤积居奇、操纵市场等不法行为的查处,遏制投机分子破坏经济的活动,对稳定市场物价,促进国民经济的迅速恢复和发展,发挥了重要作用。

(二)社会主义建设探索时期至"文化大革命"时期和其后两年

1. 社会主义建设探索时期

这一时期,山东省物资供应比较紧张。特别是三年自然灾害,致使国内物资供应严重困难,一些不法商贩乘机大搞投机倒把活动。工商行政管理机关充分发挥职能作用,在全省掀起了打击投机倒把高潮,1963—1965年,共查处投机倒把案件40多万起,仅1963年就逮捕重大投机倒把分子886人,对维护社会经济秩序起到了积极作用。当时,受"左"的思想影响,工商行政管理机关被视为无产阶级专政的工具,各项工作都"以阶级斗争为纲",宁"左"勿"右",宁严勿宽,打击面过大,管理过死,正常的集市贸易和经营活动受到限制。

2. "文化大革命"时期和其后两年

山东省各级工商行政管理机关都受到冲击,陷于瘫痪状态,但打击投机倒把工作始终没有停止。"以阶级斗争为纲"的"左"的错误逐步升级,把查处投机倒把等违法行为当作政治斗争的重要方面去进行"无产阶级专政",造成了打击投机倒把工作的扩大化。据对1977年山东省查处的619 300件案件分析,属于投机倒把案件的只有52 977件,且违法主体85%以上是农村社员。

二、企业登记管理

(一)国民经济恢复时期至社会主义建设探索时期

1949—1963年,因历史的原因,公有制企业在国民经济中占的比重很小,山东公有制企业登记管理较弱。1964年,公有制企业在国民经济中已占绝对优势,企业登记管理逐步加强,其主要任务是负责对国营企业、公私合营企业、合作经营企业和其他集体所有制企业的登记管理。1964年底，山东省共登记工商企业196 730户，经营单位227 179个。

（二）"文化大革命"时期和其后两年

1966年"文化大革命"开始后，工商行政管理机构被成建制取消，并入商业部门，企业登记管理处于停顿状态。

三、个体私营企业登记管理

（一）各时期主要职责与任务

1. 国民经济恢复时期至社会主义改造时期

山东省各级工商行政管理部门主要是扶持、指导私营工商业者恢复和发展生产经营，对个体私营工商业实行社会主义改造。

2. 社会主义建设探索时期至"文化大革命"时期和其后两年

对个体工商业进行限制和清理整顿。"文化大革命"时期，对个体工商业进行限制、取缔，个体私营经济濒于灭绝的境地。

（二）各时期工作内容

1. 国民经济恢复时期至社会主义改造时期

新中国成立初期，通过清查私营企业中敌伪财产，对私营工商业者进行爱国守法教育，扶持指导其恢复和发展生产经营，取缔投机违法经营，为国民经济的恢复和发展做出了重大贡献。1953年开始，对私营工商业、手工业、运输业开展有计划的社会主义改造，采取了生产合作社、经销、代销、联购联销、联购分销等形式，引导其走合作化道路。

2. 社会主义建设探索时期至"文化大革命"时期和其后两年

（1）社会主义建设探索时期

1957年，贯彻国务院发出的关于放宽农村市场管理问题的有关指示，在一定程度上开放了国家领导下的自由市场，个体工商业有所发展。1958年后，继续对个体工商业进行社会主义改造，个体工商业数量下降。从1963年开始，开展了国营熟食、肉食业代替私商工作，同时开展了对有证个体工商户、自发工商户的清理整顿工作，对批准发证的个体工商户，由归口主管部门进行教育、管理和改造。

（2）"文化大革命"时期和其后两年

开展"不在城里吃闲饭"运动，把大批个体工商户赶到农村；1970—1971年，开展整顿财贸队伍、进行"商业改革"运动，清理了一批个体工商户。

（三）各时期工作成就

1. 国民经济恢复时期至社会主义建设探索时期

通过扶持、指导个体工商业恢复和发展生产经营，省个体私营经济得到较快发展，至1953年底，山东私营工商业户共有478 182户，从业人员303 444人，资金17 364亿元（旧币）。国民经济调整时期，对个体工商业、商贩进行登记，1962年依据国家规定，山东省开展了对个体工商业、商贩的登记工作，批准登记了少部分有照个体工商户，至1962年底，山东省有证商贩10万人，无证商贩20万人。1964年2月减少到不足2万人。

2. "文化大革命"时期和其后两年

"文化大革命"时期，先后三次对个体工商业进行大规模地清理取缔，全省个体工商业户所剩无几。

四、商标监督管理

（一）国民经济恢复时期至社会主义建设探索时期

这两个时期，由于全国性的商标注册工作已经停顿了近20年，商标使用与管理极为混乱，主要任务是根据政务院颁布的《商标注册暂行条例》及其《施行细则》，开展商标注册工作，恢复对注册商标的管理和保护，并逐步加强了对未注册商标的管理。同时，对国民政府注册的商标进行全面清理，在规定期限内依法重新申请注册，凡是有反动内容、图案不健康、带有封建色彩的商标均不予注册。商标注册采取自愿原则。这一时期，只有济南、青岛、潍坊等地开展了商标注册工作。1950年山东省注册商标只有2件；对解放前注册商标重新换证的只有33件。1951年有较大增长，山东省共注册商标507件。1952—1965年，全省共注册商标427件。在商标的印制上，规定凡企业印制商标一律到工商局开具证明，未经工商局批准，印刷厂不得承印商标，否则以违法论处。

进入社会主义建设探索时期,商标监督管理的主要任务是加强对商标注册和使用的监督管理,通过对注册商标的管理,加强对产品质量的监督管理。商标注册采取全面注册原则,未注册商标不能使用。在注册方式上,除部分市、地由当地工商局办理商标初审和核转工作外,大部分地方都是由企业直接向中央工商局办理注册。1957—1960年,山东省共注册商标1 640件。1964年,山东省对注册商标进行换证。1965年起,要求凡新注册的商标必须报省工商局备案。这一时期,山东省的注册商标数量有所上升。在注册商标的使用方面,要求必须标注"注册商标"字样,并且必须加注商标的汉语拼音。在对商标注册和使用的监督管理方面,重点是查处商标设计和使用上存在的问题。据1959年统计,山东省共调查清理了1 284件商标。在商标印制管理方面,主要是查处未经工商局批准擅自印制注册标和印制有严重政治问题的商标行为。

(二)"文化大革命"时期和其后两年

"文化大革命"开始后,商标的注册、核转、发证、变更、撤销和注册证的换发等工作全部停止。1974年,根据山东省商业厅的指示,济南、青岛两市工商局开展了商标地方注册工作,由于当时没有开展全国注册商标查询工作,两市注册的商标只能保证在本市不混同。1974—1979年,济南、青岛两市分别注册了204件和337件商标,其中,与全国商标混同的分别为72件和117件。

这一时期,商标使用严重混乱,只要不仿冒他人的厂名,工商行政管理部门便不追究。商标管理工作主要是根据国务院的要求,对山东省的商标进行审查,凡商标名称、图案在政治上有反动政治内容的,宣传封建思想的,名称不够严肃的,都予以撤销或责令修改。山东省共审查注册商标1 200件,被认为有问题的471件。对有问题商标的商品,有的可以除掉商标或涂抹商标后出售,并责令企业立即改换新的商标;有的责令现有存货售完为止,新产品更换商标;有的直接作销毁处理。

五、广告监督管理

国民经济恢复时期,山东省各级人民政府开始重视广告管理工作。1951年,济南市人民政府颁布了《管理广告暂行规则》。各地工商部门主要对原有的广告行业进行规范,开展了广告宣传登记工作,查处乱张贴、乱设置广告行为,对原有广告行业进行整顿和改造,解散了一批经营作风不正、业务混乱的广告社,规范了商人广告行为。当时,山东广告业曾一度繁荣。1953年,在对资本主义工商业的改造中,山东广告业出现了萎缩,至社会主义改造基本完成后又重新发展起来。

"文化大革命"期间,广告被斥为资本主义的产物而被禁止,广告管理工作陷入瘫痪状态。

六、市场监督管理

(一)各时期主要职责与任务

1. 国民经济恢复时期至社会主义改造时期

山东省各级工商行政管理部门的主要职责和任务是,打击各种市场投机活动和场外交易行为,控制集市交易。

2. 社会主义建设探索时期至"文化大革命"时期和其后两年

1959年至1962年,贯彻"管活不管死"的方针,促进了集市贸易的发展。从1963年开始,根据中共中央、国务院和省委、省人委的指示,全省开始对集市贸易进行整顿。"文化大革命"时期,限制甚至关闭集市贸易。

(二)各时期工作内容

1. 国民经济恢复时期至社会主义建设探索时期

新中国成立初期,山东省在各地设立了专业或综合性的交易所,在所外或场外交易视为非法,在农村一般集市组织集市管理委员会,对市场进行管理。1950年,集市贸易发展比较缓慢,全省约有集市3 200个。1957年,贯彻国务院发出的关于放宽农村市场管理问题的有关指示,在一定程度上开放了国家领导下的自由市场,集贸市场有了较大的发展,至1957年底,全省集市发展到4

500 个。1962 年底,自由市场被视为两个阶级、两条道路、两条路线斗争的反映,受到限制或禁止。1963 年,全省各地先后成立集市贸易整顿班子,在农村建立群众性的"市场管理小组"和市场管理委员会,对集贸市场进行全面整顿。经过整顿,全省集市贸易范围大幅度缩减,城市集市大量减少。

2. "文化大革命"时期和其后两年

"文化大革命"时期,取缔了城市集市及山会、古会、庙会。为了极大地限制集市贸易的发展,彻底取缔商贩的贩运活动,减少社员赶集时间,使集市仅仅成为社员群众互通有无、调剂余缺的场所。

（三）各时期工作成就的定性概括

1. 国民经济恢复时期至社会主义建设探索时期

新中国成立初期,国家尚未完全控制有关国计民生的重要物资,各种投机活动猖獗,集市贸易的发展比较缓慢,全省各级工商部门通过控制市场、限制私商的贩运经销活动,对建立和维护社会主义的经济秩序起到了积极作用。1956 年以后,对市场的控制有所放开,随着"管活不管死"方针的落实,集市贸易逐渐得到恢复和发展。1962 年底,按照中央指示,山东省出台了一些限制集市贸易发展的政策,各地也都成立了集贸市场整顿班子,经过整顿,全省集贸市场大量减少,集市贸易额从 1962 年至 1965 年平均下降30%。

2. "文化大革命"时期和其后两年

"文化大革命"时期,将集市作为"四旧"进行限制和取缔,集贸市场进一步萎缩,仅 1966 年至 1967 年一年时间,全省集贸市场就减少了近 1 000 个。

（四）主要工作统计数据

1. 国民经济恢复时期至社会主义建设探索时期

国民经济恢复时期,山东省约有集市 3 200 个,至 1957 年底,全省集市已发展到 4 500 个,1959 年全省集市减少到 3 700 个左右。至 1962 年集市贸易得到恢复和发展,全省集市恢复到 4 200 多个。1963 年,国家采取限制集市贸易发展的政策,集市贸易萎缩,全省集市贸易成交额为 10.3 亿元,比上年减少30% 左右。

2. "文化大革命"时期和其后两年

"文化大革命"时期,集市贸易大幅度下降,1966 年有集市 4 340 个,至 1967 年减为 3 427 个,1976 年减为 3 036 个。

第二部分 （1979—2008.6）

第一节 山东省工商行政管理概况

一、工商行政管理机构沿革

（一）改革开放初期至经济体制改革全面展开时期

1. 改革开放初期

1979 年 2 月,山东省革命委员会工商局成立,暂与省商业局合署办公,一个机构两块牌子,内部增设市场管理、行政管理两个处,配备专职副局长 2 人,编制 30 人,实有 21 人。同年 12 月 25 日,省革命委员会工商局改为省工商局。

1980 年 2 月 28 日,与省商业厅分设,编制增至 40 人。6 月 25 日,省工商局内设办公室、市场管理处、企业登记管理处、合同管理处、人事处 5 个处室。8 月,山东省工商行政管理学校成立（省局直属事业单位,于 2001 年 4 月整建制划归省直机关工委管理）。11 月 12 日,省编委批准设立省个体劳动者协会（省局直属事业单位）。至 1981 年,山东省各市、地陆续成立工商局。

1983 年 5 月,省工商局行政编制 70 人。6 月,省工商局增设商标广告管理处、个体经济管理处、基层教育处。

2. 经济体制改革全面展开时期

1985 年 11 月,设立山东省工商行政管理检查所（1998 年 4 月更名为省工商局公平交易局,由事业编制改为行政编制）。6 月,省广告协会成立。同年 9 月,省商标广告设计服务中心成立（省局直属事业单位,1993 年 6 月更名为省广告事务所）。

1986 年 3 月,增设外资企业登记管理处;10 月,增设质量管理处。

1988 年 7 月,撤销质量管理处,外资企业登记管理处与企业登记管理处合署办公,一个机构两个牌子,并增设行政财务处、法规政策调研室;行政编制 80 人,其中干部编制 72 人,工勤编制 8 人。同月,省编委批准设立省消费者协会(省局直属事业单位);10 月,省工商行政管理学会成立。

1990 年 9 月,省工商局干部培训中心成立(省局直属事业单位)。至 1990 年底,省工商局内设 10 个行政处室,编制增至 93 人;8 个事业单位。

(二)建立社会主义市场经济体制时期

1992 年 11 月,省商标事务所成立(省局直属事业单位)。

1993 年 5 月,山东省实行县乡机构改革,将工商行政管理与物价管理合在一起,成立新的工商行政管理局。至 1996 年,大部分县(市、区)将两个部门分开,少数地方在 1999 年工商行政管理体制改革中将工商、物价分设。

1994 年 5 月,按照国务院要求,调整大中城市工商行政管理体制,山东省将 14 市的区工商局改为市工商局的分局,由市工商局垂直领导,统一管理。

1996 年 5 月,山东省级机关机构改革后,山东省工商局设办公室、人事处、基层教育处、法制处、企业登记管理处、外资企业登记管理处、商标管理处、市场管理处、个体私营经济管理处、广告管理处、合同管理处、财务装备处等 12 个职能处室和机关党委;机关行政编制总额为 110 人。1997 年 12 月,根据国家有关规定,将工商所人员编制改为行政编制,统一实行国家公务员制度。全省工商系统共核定基层专项编制 27 515 名。1998 年 8 月,15 449 名工商所干部身份的人员过渡为国家公务员。

1998 年 12 月 4 日,国务院决定省以下工商行政管理局实行垂直管理。1999 年 3 月,山东省政府召开会议,部署体制改革工作,对全省工商行政管理系统(济南、青岛市除外)的机构、编制、干部、财务经费实行垂直管理。同年 6 月起,省人事厅、省编办、省工商局对山东省工商行政管理系统的机构、编制、人员进行了上划交接。同年 2 月,成立省工商信息咨询服务中心和省企业登记代理中心,一个机构两块牌子(省局直属事业单位)。同年 4 月,消费者文摘报社成立(省局直属事业单位,2004 年 12 月撤销)。

2000 年 8 月,山东省级机关机构改革后,省工商局设办公室、人事处、法制处、企业注册处、外资企业注册处、个体私营经济监管处、市场管理处、广告管理处、合同管理处、财务装备处、政治工作处 11 个职能处室和离退休干部处、机关党委,机关行政编制总额为 82 人;商标管理处改为商标处,使用事业编制 8 人。12 月,省工商局公平交易局专项编制由 61 人增至 76 人,并于 2001 年 3 月,增挂省工商局消费者权益保护处牌子。

2001 年,山东省县乡机构改革。11 月,省编委批复《山东省市和县(市、区)工商行政管理局机构改革实施意见》,明确了市、县级工商局职能调整和配置、机构设置和精简人员编制的具体要求,市工商局下设副处级的企业注册局、公平交易局,县(市、区)工商局下设副科级的企业注册局、公平交易局。

2002 年,全省市和县(市、区)工商局机关机构改革全面展开,这是实行省以下工商行政管理机关垂直管理以来第一次机构改革。年内市、县工商局机构改革完成。全省工商系统共设置各类机构 2 493 个,其中设置基层工商所 1 964 个,分别比改革前减少 560 个和 742 个。截至 2002 年底,山东省工商行政管理系统行政、事业单位机构共有编制 36 869 人,其中行政编制 29 900 人,事业编制 6 969 人;实有工作人员 34 648 人。

(三)完善社会主义市场经济体制时期

2003 年 7 月,山东省人事厅调整省工商局及直属机构非领导职务的设置,批准省工商局机关及直属机构(不含济南市、青岛市)设调研员职位 24 个,助理调研员职位 54 个。12 月,组建省工商局消费者权益保护处,配备工作人员 9 人。同年 12 月 15 日,省商标事务所脱钩改制,原有人员划归省工商信息咨询服务中心管理。

2004 年 6 月,山东省人事厅调整省工商局厅级非领导职务的设置,省工商局机关及直属机构设置巡视员职位 1 个,助理巡视员 3 个。同年,市、县级工商局所属事业单位调整规范工作结束。全省市以下工商系统共规范登记事业机构 338 个,编制 5 394 名。

2005 年 6 月 10 日,省人事厅批准省工商局增设助理调研员职位 1 个,助理调研员职数增至 55 个。11 月,省纪委、省监察厅对派驻省工商局的纪检监察机构实行统一管理。年底,省工商局编制总额 177 名,实有公务员 174 人。同年 5 月,经济促进报社与省工商局脱钩。

2006 年,经省编办同意在政工处加挂宣传处牌子,核增处级领导职数 1 名,省局内部设立宣传处。11 月 3 日,省编办将省工商局 5 名从事离退休干部管理工作的人员编制改为行政编制,机关行政编制由 82 名调整为 87 名;为商标处核定行政编制 8 名,原核定的 8 名事业编制全部核销。至年底,全省工商系统"小局大所"改革工作基本完成,初步构建了"小局大所"的执法格局。

2007 年 2 月 1 日,省以下工商系统 299 名从事离退休干部管理工作的人员编制改为行政编制。省以下工商系统行政编制由 27 077 名调整为 27 376 名。4 月 9 日,省工商局机关及直属机构设置公务员处级非领导职位 79 个。

截至 2008 年 6 月 30 日,省工商局机关设置 17 个单位,即,办公室、人事处、法制处、企业注册处、外资企业注册处、个体私营经济监管处、市场管理处、广告管理处、合同管理处、财务装备处、政治工作处、宣传处、离退休干部处、机关党委、商标处、公平交易局、消保处,核定行政编制 171 名;设置直属事业单位 9 个,即,省个体劳动者协会、省消费者协会、省工商局机关服务中心、省工商局幼儿园、省工商信息咨询服务中心、省工商局干部培训中心、省工商局印刷所、省商标事务所、省广告事务所;派驻单位 1 个,即,省纪委、省监察厅驻省工商局纪检组、监察室;管理 15 个直属市级工商局,即淄博、枣庄、东营、烟台、潍坊、济宁、泰安、威海、日照、莱芜、临沂、德州、聊城、滨州、菏泽市工商局,对济南、青岛市工商局进行业务领导。

全省设置 169 个县(市)局、分局,1 969 个基层工商所。

二、工商行政管理职能、地位及作用

(一)改革开放初期至经济体制改革全面展开时期

1. 改革开放初期

这一时期,工商行政管理工作得到迅速恢复和发展。1979—1984 年,山东省各级工商行政管理部门逐步恢复和健全了机构,主要任务是:贯彻党和国家的经济政策、法律、法令,研究拟定有关工商行政管理的法律、法规和规章制度,对工商业实行经济监督,保护合法经营,取缔非法活动,维护社会经济秩序,促进生产,活跃流通,保证国家计划的实现。具体职责是:市场管理、工商企业登记管理、经济合同管理、商标管理、广告管理、个体私营经济管理、打击投机倒把和制止商品流通中的不正之风。

2. 经济体制改革全面展开时期

这一时期,全省工商行政管理工作进入快速发展阶段。1984—1992 年,随着经济体制改革的不断深入及商品经济的快速发展,工商行政管理职能范围不断扩展,任务越来越重,各项业务工作逐步细化和深化。企业登记由确定企业合法经营地位延伸到依法确认主体资格;市场管理由管理集贸市场、农副产品批发市场、小商品批发市场延伸到管理生产资料市场和生产要素市场;经济合同管理由管理经济合同延伸到管理企业承包、租赁合同和技术合同;个体经济管理由管理个体工商户延伸到管理私营企业;商标、广告管理和打击投机倒把工作也逐步规范化、法制化。

(二)建立和完善社会主义市场经济体制时期

1992 年底至 1998 年,按照建立社会主义市场经济体制的要求,工商行政管理局作为政府主管市场监督管理和行政执法的工作部门,职能有了较大转变:改革企业登记管理制度,将现行的审批设立制度逐步过渡为依法核准登记注册制度;拓宽监督管理范围,从侧重于监督管理集贸市场和工业品市场,转变为监督管理和参与监督管理各类市场;调整行政执法对象,从重点查处投机倒把活动转变为依法规范市场交易行为,保护公平竞争;提高管理层次,从侧重于具体业务管理转变为运用经济、法律和行政手段进行宏观监督管理。

1998年底至2008年上半年,随着社会主义市场经济体制的建立和完善,工商行政管理的监管范围越来越宽,责任越来越重。工商行政管理工作得到全面加强,省以下实行了垂直管理,工商行政管理的职能重点也由微观、具体业务管理向宏观、综合行政执法转移。取消了市场培育建设、市场布局规划、引导个体私营经济发展和经济合同仲裁、鉴证职能,加强了对拍卖、抵押行为的登记管理;增加了对租赁柜台经营活动、商品展销会监管和打击传销、制止不正当竞争、流通领域商品质量监督管理、打击走私贩私、查处假冒伪劣违法行为等职能。逐步介入对文化市场、资本市场、技术市场、房地产市场、经纪人市场等生产要素市场的监督管理,组织管理经纪人、经纪机构;依法监督管理经济合同,帮扶"订单农业";组织管理动产抵押物登记工作,监督拍卖活动;依法组织对商标、广告进行监督管理,保护商标专用权,指导企业利用商标、广告战略,搞活企业经营;组织全省工商系统创造性地开展"红盾护农"、"红盾帮扶"、"招商引资"等项工作,同时,对系统人、财、物实行垂直管理,实施"小局大所"改革。在维护公平竞争的市场经济秩序,支持企业改革改制,保护消费者合法权益,推进市场经济体制不断完善和发展等方面发挥了重要作用。

三、工商行政管理队伍发展

(一)队伍发展基本状况

中共十一届三中全会前,山东省工商行政管理系统人员队伍的基本状况是机构不健全,层次较低,职能单一,主要承担管理农贸市场、打击投机倒把等项工作,工商行政管理人员长期处于不稳定状态。特别是"文化大革命"期间,由于"割资本主义尾巴",许多地方的农贸市场被取消,工商行政管理机构大部分被撤并,人员所剩无几。中共十一届三中全会以后,随着工商职能的不断强化,全省各级工商机关编制逐步增加,干部队伍不断扩大。

1. 队伍数量迅速增加,人员素质不断提高

1979年底,山东省工商行政管理系统共有干部职工7 603人。1983年和1985年,按照国家工商局的统一部署,进行了两次大规模的增编招干工作,共增加事业编制8 000个,从军队转业干部、大中专毕业生、社会待业青年和其他部门中考录和招收了大批新干部,充实到基层工商所和各级事业单位。之后,每年都按计划吸纳一定数量的军队转业干部和大中专毕业生。至1989年底,全系统干部、职工达23 754人,是1979年底的3.1倍。至2002年底,山东省工商行政管理系统干部职工总数达34 648人。截至2007年底,全省工商系统共有公务员25 049人。1982年,山东省工商行政管理系统具有大专以上学历的仅有62人,占总人数的0.66%;中专学历的235人,占总人数的2.5%。新手多,骨干少,业务素质差,中高级人才匮乏,人员素质与工作任务的矛盾十分突出。1989年,具有大专以上学历的增至2 407人,占总人数的10.1%;中专学历的增至4 571人,占总人数的19.2%。至2002年底,全省工商系统行政在职人员中具有大专以上学历的达18 678人,占行政在职人数的67.4%。与此同时,40岁以下的干部达到19 291人,占总人数的比重上升到63.3%。队伍文化层次的提高,年龄结构的优化,为更好地履行市场监督和行政执法职能奠定了较好的基础。2005年底,全省工商系统有公务员24 533人,其中,研究生学历的86人,占总人数的0.4%,大学本科学历的7 757人,占31.6%,大专学历的12 267人,占50%。三者占总人数的82%,比1991年上升了68个百分点。中专及高中文化程度的4 279人,占17.44%,初中及以下文化程度的144人,占0.6%。2007年底,具有研究生学历的151人,占总人数的0.6%;大学本科的10 031人,占40.1%;大专学历的10 097人,占43.9%;中专文化程度的2 189人,占8.7%;高中文化1 485人,占5.9%;

初中及以下学历 196 人,占 0.8%。从改革开放至 2008 年上半年,各级工商行政管理机关高度重视人员素质的提高。通过加强业务培训、成人教育学历升级、吸收高学历人才、注重引进年轻干部等措施,使干部的文化、年龄结构发生了很大变化,综合素质显著提高。省工商局不断加强对全省干部职工政治思想和特色理论的学习与教育。尤其是进入 21 世纪,在全省工商系统组织开展了"执法能力建设年","建设和谐工商、展示良好形象",岗位资格达标,岗位大练兵,创建档案、统计和平安系统(三创建)等项活动,推进了全省工商系统班子和队伍建设,广大干部职工的政治思想和业务素质有了显著提高,政治意识、责任意识、纪律意识和大局意识不断增强,为不断适应市场经济发展要求,强化市场监管,服务经济发展提供了保障。2008 年春季,在南方部分地区遭受雨雪冰冻自然灾害期间,省工商局作出紧急部署,各级工商机关积极做好保障南方灾区商品供应和支持灾后恢复重建工作。5 月 12 日,四川汶川大地震发生后,全省工商系统全力支援灾区抗震救灾。6 月,省工商局组成慰问团赴四川省北川县工商局,紧急支援执法车辆、通讯器材、生活用品及 5 万元慰问金。据统计,全省各级工商机关及广大干部职工共捐款 1 692.7 万元;各级个私协会、消费者协会、企业信用协会以及其他协会积极组织会员奉献爱心,共捐款捐物合计 10.9 亿元。

2. 作风纪律建设和文明单位创建

(1)作风纪律建设

1985 年,省工商局认真贯彻中共中央和山东省委关于端正党风、纠正行业不正之风的指示精神,在全省工商系统开展了作风纪律和收费整顿工作。1986 年,各市(地)全面推行了"两公开、一监督"制度,即,公开工商行政管理法律、法规和办事程序、手续、时限、结果,公布有关行政收费标准及机构设置、主要职能等;设立政务公开宣传栏、举报箱和举报电话,实行挂牌服务,从群众中聘请逆向监督员,邀请人大代表、政协委员和民主党派人士进行监督,形成了全方位监督

网络。1987 年,省工商局制定下发了《工商行政管理人员十不准》等一系列规范性文件,强化了内部制约机制。1995 年,全省各级工商机关围绕树立良好的执法形象、廉政形象、办事形象和仪表形象,积极开展"工商形象建设年"活动和思想、作风、工作、纪律四整顿。1996 年,省工商局总结了济南、烟台两市局的典型经验,在全省系统推行市场巡查制、政务承诺制和禁酒令("两制一令"),解决了一些地方和单位监管不到位、服务不规范和执法不严格的问题,得到了中纪委、国务院纠风办和国家工商局的充分肯定。

2003 年,省工商局为贯彻落实好《五项禁令》,成立实施"五项禁令"督察组,采取随机抽查、督察暗访等方式,检查各地执行情况。10 月 27 日,国家工商总局在烟台市召开全国部分省(市、区)工商行政管理局纪检组长座谈会,推广了山东省工商局实施《五项禁令》的经验及做法。2004 年,省工商局在全省工商系统开展了"行风建设年"活动。年内,省政府纠风办对省直机关 35 个部门和行业开展行风评议,工商系统总评满意率排名首位,16 个市工商局行风评议进入当地行政执法部门行风评议前三名,6 个市工商局被授予"2004 年全省部门和行业作风建设先进单位"。2005 年,在省政府纠风办组织的民主评议政风行风活动中,有 16 个市工商局进入当地行政执法部门行风评议前三名;其中,11 个市工商局获当地行政执法部门行风评议第一名,5 个市工商局被授予"2005 年政风行风建设先进单位"。2006 年,全省工商系统以"建设和谐工商、展示良好形象年"主题活动为动力,认真落实惩防体系《实施纲要》和党风廉政建设责任制,在全省工商系统组织开展了民主评议行风,工商廉政文化建设,"学党章、守纪律、正行风"教育等项活动,充分发挥行风督察队、行风监督员及社会监督和舆论监督的作用,落实两个"禁令",严厉查处各种行政不作为、乱作为等违法违纪行为,全系统政风行风进一步好转。2007 年至 2008 年 6 月 30 日,省工商局加强了对全省工商系统行政审批、行政

执法和队伍管理权的监督和制约。认真落实党风廉政建设责任制,组织党风廉政建设先进事迹报告团赴各市巡回报告,召开了工商廉政文化建设现场经验交流会,设立了行风巡视督察办公室,成立了督察队,开展了基层执法人员向监管服务对象代表述职述廉试点工作。部署了廉政文化进机关活动,在全系统纪检监察部门开展了"做党的忠诚卫士、当群众的贴心人"主题活动。

(2)文明单位创建

1997年5月,省工商局开展了创建文明行业活动,在全省工商系统倡导文明行政,文明执法,文明服务;树立忠于职守、公平公正的执法形象,甘为公仆、廉洁自律的廉政形象,勤政高效、文明礼貌的办事形象,着装整齐、举止端庄的仪表形象。在文明单位创建活动中,全省工商系统有189个单位被确定为精神文明示范窗口单位,其中高密市工商局、青岛市工商局四方分局宣化路工商所分别被评为全国创建文明行业工作先进单位、全国工商系统精神文明示范点,并涌现一批先进典型人物,如舍生忘死、勇斗持刀歹徒的刘学府;身患癌症、坚守岗位、自强不息的陶志捷等。2001年9月,省工商局召开全省工商行政管理系统创建文明经营区工作现场会,总结推广青岛市工商局创建文明经营区的经验,进一步推动了全省工商系统的精神文明建设。2003年4月,山东省文明办与山东省工商局在淄博市召开第二次创建文明经营区经验交流会,命名35个单位为"文明经营区",204个单位为"创建文明经营区先进单位"。2006年度,市、县两级工商局中,有39个单位被评为"省级文明单位",省工商局机关和23个地方工商局机关被评为"省级文明机关"。

从2006年3月至2008年6月3日,省工商局组织开展了山东工商行政管理发展史上第一次大规模的修志工作,仅用两年多时间,圆满完成了《山东省志·工商行政管理志》(1991—2005)和由1部《省工商志》、17部《市工商志》组成的《全省工商志系列丛书》,尚有54部县(市、区)工商志正在编纂过程中,有力地推进了山东工商文化建设。《山东省志·工商行政管理志》被省政府办公厅授予2007年全省唯一"优秀省志分志"奖,省工商局作为省直部门唯一代表在全省地方史志会议上做了典型发言。

3. 干部业务培训和学历教育

山东各级工商行政管理机关把干部培训摆到重要位置,采取多形式、多渠道、多层次地开展干部学历教育,不断提高干部队伍的综合素质。

(1)开办中专学历教育,培养工商行政管理系统后备人才

省工商局于1980年建立了全国第一所工商行政管理学校。当时学校在校生450人,教职工编制80人。至2000年,有教职工编制154人,设工商行政管理、经济合同管理、市场营销、文秘、财会、广告装潢等10个专业,在校生达1 700人。学校共招生、毕业6 969人,为山东省工商行政管理系统输送了一大批合格的中等专业人才。2001年,山东省工商行政管理学校改制为山东省委党校省直分校。

(2)多形式、多层次地开展干部学历教育

1984年,省工商局建立了省工商行政管理职工中专学校(与省工商学校一个机构两块牌子),设立了函授部,开办了全国首家工商专业中专函授教育。1985年,学校在各市地工商局设立了14个函授站。至1990年共招收脱产生336人,函授生1 296人。省工商职工中专学校自1985年起,先后受黑龙江、江西等外省工商局的委托,招收上述省份的函授生,并加强了函授、面授、考试等工作,修完规定的课程,发给山东省工商职工中专学校的毕业证。当时,在全国工商系统尚属首家。1985年至1999年,省工商学校采取与北京财贸学院、省经济管理干部学院、省政法干部管理学院等大专院校和省委党校联合办学的方式,培养工商行政管理专业大专生5 500余人。另有3 384人次报考了工商行政管理中专自学考试。在依靠系统内办学的同时,各级工商局还按照学以致用、专业对口的原则,组织干部职工参加其他专业的电大、夜大、函大、干部专修科和自

学考试。

（3）按照各个时期的干部教育规划开展干部培训工作

"六五"期间,各市地工商局重点抓了"文化补课"工作,全省工商系统有 3 500 名"文化大革命"期间毕业的初高中生,95%取得了初高中文化补课合格证书。为了适应改革开放新形势的需要,按照分级培训的原则,开展了全员轮训工作,全系统有 6 800 多人参加了各类培训。"七五"期间,按照国家工商局的要求,开展了普及干部中专学历教育工作。5 年内,全省工商系统 45 岁以下的干部基本达到了中专学历。"八五"期间,全省工商系统重点开展了岗位职务培训,共培训 3.8 万人次。"九五"期间,各级工商行政管理机关开展了更新知识培训。"十五"的前两年,各级工商行政管理机关重点开展了普及 WTO 知识全员培训、公务员初任培训、领导干部任职培训和引进国外智力培训。全省工商系统共举办 WTO 知识培训班 233 期,培训 18 948 人。2001 年,省工商局对全省系统新任职的县级局领导干部进行了任职培训,共培训县级局长 328 人;各市工商局按照省工商局的要求组织了工商所长任职培训,举办所长培训班 31 期,培训工商所长 3 871 人;组织开展了公务员初任培训,共举办培训班 115 期,培训公务员 8 535 人;2001 年,省工商局组织全省工商系统 141 名处科级干部分三批赴香港培训,2002 年又组织 42 名处科级干部赴英国培训。各级工商局还普遍进行了计算机操作技能培训,提高办公自动化水平。2002 年,省工商局教材编审委员会组织力量编写了一套工商行政管理业务培训教材,组织全系统公务员、事业单位的专业技术人员和管理人员,开展 WTO 知识普及、培训。全系统共举办 233 期,18 948 人次参加了培训。2001 年至 2003 年,省工商局举办县级工商局局长任职培训班 4 期,每期 14 天,共培训 386 人;各市工商局举办 131 期,培训工商所长 3 871 人。同时,省工商局组织了行政执法资格考试,全省工商系统 2.4 万人参加考试。2004 年,省工商局组织开展了岗位资格达标活动,全省

基层工商所在公务员岗位上的人员全部参加。2005 年,省工商局举办 4 期县级局局长计算机与网络操作知识培训,共培训 164 人。2006 年,开展了岗位大练兵活动,全系统在职人员共 33 177 人（公务员 23 913人）,参加练兵的达 28 782 人。年底,全省 17 个代表队进行了专业技能比武。2007 年至 2008 年 6 月 30 日,组织开展了全省工商所长培训和专业培训工作。从 2007 年 4 月 7 日开始至 8 月,共举办 10 期工商所长培训班,培训工商所长 1 603 名。2008 年 4 月 11 日至 5 月 28 日,省工商局分 4 期组织举办了县级局长、纪检组长培训班,参加培训人员 367 名。各市工商局按照分级分类培训的原则组织对基层干部队伍进行培训。

（二）基层工商所建设

1978 年 9 月,国务院决定恢复和加强工商行政管理机构,将基层市场管理所统一改称为"工商行政管理所"。此后,全省各地工商系统逐步加强了基层工商所建设。

1979 年,全省共有 1 902 个工商所,干部职工 5 704 人,平均每所 3 人,约有五分之一的工商所是一人所、两人所。工商所大都沿用传统的集贸市场管理方法和模式,实行一场一所、一乡（镇）一所。工商所的制度不健全,工作带有随意性,人员素质和队伍作风不能适应新形势新任务的需要,工商所的办公和生活条件普遍较差,约有四分之一的工商所没有固定的办公用房,大部分工商所没有机动车辆和电话。1983 年,省工商局制定下发了《山东省工商行政管理所暂行条例》,对全省工商所的职责、任务、作风、纪律等作了初步规定,各地结合实际建立了以工商所岗位责任制为主要内容的规章制度。1985 年,按照省工商局的统一部署,各市地按经济区域对原有工商所进行了调整,设立了一批中心所,撤并了一些分散的小所,使基层工商所的设置趋于合理。1987 年,省工商局组织在全省开展了"创建文明工商所活动",至 1990 年,全省有 1 286 个工商所被命名为县级文明单位,占工商所总数的 54%。1991 年,国务院《工商行政管理所条例》颁布后,各级工商行政管理机关深入学习贯

彻,工商所建设走上了法治化、规范化、制度化的轨道。1992 年,按照国家工商局的部署,各地积极推行工商所初级规范化管理工作,全省各级工商行政管理局累计投资 2 亿多元,基本消除了无房所和危房所,80% 以上的工商所配备了机动车辆和通信器材,经济发达地区开始在工商所配备计算机、传真机等办公自动化设施,工商所所容所貌和办公条件得到初步改善。1997 年,围绕贯彻国家工商局制定的《全国工商行政管理系统基层建设纲要》,广泛开展了工商所创优质服务、优美环境、优良秩序的"三优"活动,进一步加强了工商所基础设施建设。1999 年,根据全国工商行政管理系统基层建设会议精神,各地积极探索工商所监管模式改革。济南市工商局推行了一站式服务制、流动式巡查制、监督式督查制的"三式三制"工商所综合监管模式。青岛市工商局创立了"经济片警"管理模式,促进工商所职能到位。

2002 年底,全省有工商所 1 964 个,基层工商行政管理人员 19 580 人。2003 年 7 月,启动了全省工商所建设和改造工程,至 2005 年 7 月,全省共投入资金 33 423 万元,新建工商所 652 个,改造工商所 545 个,建筑面积 60 多万平方米,平均每个工商所达 550 平方米,基层工商所的所容所貌发生了巨大的变化。同时,不断加大对基层交通通信及现代化办公设施的投入,2002 年 7 月,省工商局为工商所配发首批行政执法车 150 辆。2003 年,为基层工商所购置交通装备价值 4 000 余万元。至 2005 年底,1 649 个基层工商所共配备各种机动车 3 564 辆,配备计算机 6 845 台,复印机 314 台。至 2008 年 6 月 30 日,全省工商系统实现了省局、市局、县(市、区)局(分局)、工商所四级联网,提高了基层工商所办公自动化水平,基层执法装备和办公条件得到较大的改善。从 2005 年 3 月开始,省工商局在全省工商系统实行"小局大所"改革,合理划分县以上工商局与基层工商所的职责权限,调整优化工商所布局,落实属地监管责任制,拓宽工商所监管职能,推进监管职能到位。2006 年底,省工商局对全省各地工商机关"小局大所"改革

情况进行检查验收,改革任务基本完成。2007 年至 2008 年 6 月 30 日,继续加大和完善"小局大所"改革措施,取得明显成效:一是拓展了工商所的监管范围;二是推行了"经济户口"属地管理,建立了以工商所执法责任制为基础,以巡查制与信用建设有效结合为主要内容的监管机制,基本实现了对市场主体行为的全方位动态监管;三是配备了现代化的执法装备,初步建立起了执法快速反应机制;四是实现了培训持证上岗,提高了工商所人员综合监管、执法办案和服务发展的能力;五是普遍实行了政务公开和政务承诺,广泛开展了"红盾帮扶"、"红盾护农"活动,服务了社会主义新农村建设和地方经济发展,改善了工商所的社会形象。

四、工商行政管理法制建设

中国进入建立和完善社会主义市场经济体制时期后,山东省工商行政管理法制工作逐步深入。1992 年,省工商局设复议应诉处(内设机构)。1996 年 5 月,设法制处。至 1998 年,全省 17 个市地工商局全部成立了法制科(处)。1997 年 4 月 26 日,全省工商行政管理法制工作会议明确提出法制工作是工商行政管理工作"生命线"、"总抓手"的理念。1998 年 6 月,全省工商行政管理法制工作经验交流会首次提出"依法行政,建设行政法治系统"的系统法制建设奋斗目标。2001 年,省工商局印发《关于加强法制建设推进依法行政的决定》,进一步确立"依法行政,建设行政法治系统"为全省工商系统法制建设的总体奋斗目标。2005 年,省工商局根据国务院《全面推进依法行政实施纲要》和国家工商总局建设"法治工商"的目标要求,将"建设行政法治系统"与"建设法治工商"并提。

(一)法制工作制度创新

1. 行政执法资格认定制度

2000 年 5 月 30 日,省工商局印发《山东省工商行政管理执法资格认定管理办法》,规定工商行政管理执法人员实行执法资格认定制度。当年,济南市工商局在天桥分局进行试点,推行行政执法人员资格等级制

度。根据工商执法人员熟悉和掌握法律法规的程度,将执法资格划分为一、二、三级三个等级资格,将执法资格等级与职务任免、先进评比、奖金数额等直接挂钩,并制定了相应的管理办法。

2002 年 8 月 1 日,省工商局印发《〈工商行政管理行政执法证〉核发工作实施方案》,规定参考人员经考试考核合格,取得行政执法资格,核发《中华人民共和国工商行政管理行政执法证》。8 月下旬,全省工商系统组织了系统机构改革后首次全省性执法资格考试。全系统应参加考试的人员 23 920 人,实际参考 23 845 人,参考率达 99% 以上,及格率达 99.9%。12 月 11 日,省工商局下发通知,自 2003 年 1 月 1 日起,在全省工商系统统一启用《工商行政管理行政执法证》。

2. 案件主办人与法制员制度

(1)案件主办人制度

2002 年,烟台市工商局首次实行"案件主办人"制度。2005 年 5 月,山东省工商局在全省全面推行烟台的"案件主办人"制度。6 月 13 日,省工商局印发《山东省工商行政管理机关案件主办人暂行规定》,明确案件主办人,是指工商行政管理机关在查办一般程序行政处罚案件过程中,对违法行为依法进行调查、取证、采取行政强制措施、定性、处罚和执行时,拥有首席建议权和相应决定权,负责组织、协调和指挥案件查处工作,并对案件质量负首要责任的办案人员。案件主办人实行资格确认制度,未取得案件主办人资格的,不得主办案件。案件主办人资格确认办法,由各市工商局制定。

(2)法制员制度

1998 年 6 月,全省工商系统法制工作经验交流会明确提出基层工商所应设立专职或兼职法制员。当年,全省工商系统 800 多个工商所设立了法制员。2001 年 8 月 20 日,省工商局印发《关于加强法制建设推进依法行政的决定》,规定工商所要配备专职法制员,法制员由所级干部或具有较高法律专业知识水平的公务员担任。2005 年 6 月,省工商局印发《山东省基层工商行政管理所法制工作暂行规定》,要求各工商所应根据

需要设 1 名以上法制员,由县级局统一考核确定。

至 2008 年 6 月 30 日,全系统各工商所已至少配备 1 名法制员,全省工商所共配备法制员 2 239 人。

3. 一票否决制与过错追究制

1997 年 5 月 28 日,省工商局印发《关于在全省工商行政管理系统实行法制工作"一票否决制"的决定》,明确规定:"一票否决制",是指上级机关对下级机关进行年度工作考核时,凡法制工作不合格或出现严重问题的,取消其评选先进和获得奖励的资格。单位不得评为系统综合性先进集体,单位主要负责人和分管负责人不得在公务员年度考核中定为"优秀"等次和获得"嘉奖"以上奖励。1998 年 12 月 24 日,某县工商局因某工商所违规上路查车被山东电视台曝光,而被其上级工商局"一票否决",这是全省工商系统实施法制工作"一票否决制"后的首起案例。

1998 年 5 月 21 日省工商局印发的《山东省工商行政管理机关行政执法过错责任追究办法(试行)》首次明确,对在工商行政执法中有过错的工作人员追究行政和经济责任。2001 年 8 月 20 日省工商局印发的《关于加强法制建设推进依法行政的决定》提出,要全面落实法制工作一票否决、执法过错责任追究和年度执法检查等"两制一查"制度。自执法责任制和执法过错追究制实行至 2008 年 6 月,全省共有 56 个市、县级工商局被"一票否决",75 名过错当事人受到党纪、政纪处分或被追究刑事责任。

4. 执法办案"四化"

2004 年 11 月 29 日,省工商局转发烟台市工商局《关于推行执法办案规范化、加强法制建设的报告》,提出在全省推广"一制四化"经验。"一制"即案件主办人制度;"四化"是指执法程序程式化、执法文书格式化、执法档案标准化、执法监督流程网络化,进一步加强了全系统办案规范化建设,提高了办案质量,促进了依法行政。

(二)推动法规创制

1978—1990 年,由省工商局起草、省人

大或省政府颁布的地方性工商行政管理法规、规章 7 件,经清理继续施行的 4 件。1991 年至 2008 年 6 月,省工商局和有立法权的济南、青岛、淄博 3 市的工商部门共参与起草、调研的地方性法规和规章 45 部。1996 年 9 月,省工商局对 1963 年以来所有的地方性法规和规范性文件进行了彻底清理,共清理文件 2 600 多件,确立继续有效的 1 700 件,废止的 500 件,急需修改的 56 件。2001 年,省工商局对近几年接受省人大、省政府委托起草、制定的 21 部地方性法规规章进行了清理,并报请省人大、省政府废止 4 部,修改审查 5 部。2003 年,对国务院取消的 24 项涉及工商行政管理的行政审批项目进行审查清理,逐项落实。按照《行政许可法》的规定和省政府的要求,对行政许可事项进行认真清理,全系统行政审批事项精简了 46%。2007 年,省工商局草拟了《山东省消费者权益保护条例》(草案),山东省第十一届人大常委会第 5 次会议于 2008 年 8 月 1 日通过。

(三)法制监督检查

1998 年,山东省工商局提出加强对抽象行政行为、具体行政行为、"窗口部位"和"一线"管理执法人员的监督。2001 年,省工商局提出实现执法监督"四个延伸",即从对案件处罚结果一个环节的核审监督向立案、采取强制措施、执行等各个主要环节的检查监督延伸,实现行政处罚案件的全过程监督;从对单一行政处罚案件的监督向对登记、许可、管理、收费等各种行政行为的监督延伸,实现工商行政管理的全方位监督;从对具体行政行为的监督向对抽象行政行为的监督延伸,实现虚实并举的立体化监督;把监督的重点从机关延伸至基层,实现对执法者的全员监督。2005 年 5 月,省工商局提出在当前和今后一个时期,各级工商机关法制监督的总体要求是,实现"全领域、全过程、全方位监督",确保依法行政、建设"法治工商"长远目标的实现。全领域监督,是对行政收费、行政许可、行政监管、行政执法等具体行政行为及抽象行政行为实行全面的综合监督。全过程监督,是实现对行政行为

事前、事中、事后整个过程的法制监督。全方位监督,是实行系统内的监督和系统外的监督并举。

1. 案件核审

1994 年,山东省工商局推行案件受理、调查、处罚、审核四分离制度,有条件的工商法制机构承担对同级行政处罚案件进行审核的职责。10 月 17 日,国家工商局颁布施行《工商行政管理机关行政处罚程序暂行规定》。全省各级工商机关的法制机构积极履行职责,严格审核把关。1996 年,省工商局把案件审核率作为执法监督检查考核的重点,督促全省案件审核工作的全面开展。当年底,全省 171 个工商局均全面开展了审核工作。全系统全年审核案件 17 311 件,占适用普通程序办理行政处罚案件的 73%。

1997 年 3 月 5 日,省工商局印发《山东省工商行政管理机关案件核审暂行办法》,就法制机构对行政执法案件进行核审作出具体规定。当年全系统核审案件 48 753 件,占行政处罚案件的 98%。1998 年,全系统核审案件 38 961 件,占行政处罚案件的 100%,提出补正意见 11 216 条,均被办案机构采纳。1996 年至 2008 年 6 月,全省工商系统法制机构共核审行政处罚案件 1 337 799件。

2. 案件听证

1996 年 10 月《行政处罚法》实施后,全省各级工商机关在法制机构内配置听证人员,完善听证制度。省工商局举办了由听证工作人员参加的听证培训班和研讨会,各地工商局结合实际,制定了一些规范性文件。1997 年 7 月 22 日,山东省工商局对山东省某健身娱乐有限公司未按规定参加年检一案进行公开听证,这是山东省工商局自《行政处罚法》实施以来举行的首起听证会。截至 2008 年 6 月,全省各级工商行政管理机关共举办听证会 1 203 次。

3. 行政复议

1991 年 6 月,省工商局印发《山东省工商行政管理机关行政复议规则》,进一步创新行政复议的方式方法。对受理的重大、疑难复议案件由以往的"书审"改为"庭审"。

在学习、借鉴人民法院司法建议书制度的基础上,实行行政复议建议书制度。1991年至2008年6月,全省工商系统共办理行政复议案件1 887件。

4. 行政应诉

1989年4月4日,《行政诉讼法》颁布。省工商局分两期对本局机关全体干部进行封闭式培训,统一考试平均成绩90分,合格率100%。

1991年9月3日,全省工商行政管理法制工作会议要求各级工商机关研究制定应诉工作制度化、规范化措施,力求全年复议案件不超过办案总数的3%,复议案件变更数不超过办案数的0.8%,确保应诉行政案件不败诉或少败诉。1991—1995年,省工商局通过制定应诉规则,在全系统内统一做法,规范程序。各地工商机关把应诉工作重点放在提高应诉人员的业务水平、工作能力和保证复议应诉案件的质量上。1994年,全系统共发生行政诉讼案件15件,占行政处罚案件总数的0.025%;经人民法院审理判决维持工商行政管理机关具体行政行为的8件,占53%;原告撤诉的5件,占33%;撤销工商机关具体行政行为的2件,占14%。

1996年5—10月,为贯彻实施《行政诉讼法》和《国家赔偿法》,省工商局分15期对市地工商局全部行政执法人员和县级工商局科以上行政执法人员进行集中培训,受训人数2.5万余人。省工商局通过清理执法主体,全面整顿执法队伍,要求除原设区城市的区工商局改为工商分局的可以继续以自己的名义实施行政处罚外,其他分局和内设机构,自1996年10月1日起均不得以自己的名义实施行政处罚。基层工商所行政处罚权限,除《工商行政管理所条例》规定的情形外,实施其他种类和范围的行政处罚,必须以派出工商行政管理机关的名义作出。

2000—2002年,全省工商系统通过举办各类法制培训班、案例评析会以及处罚案卷评比等形式,强化行政执法人员的能力素质培训。

2004年,省工商局在全省工商系统法制工作会议上要求,各县级工商局局长对人民法院受理的行政案件,要直接出庭应诉;对人民法院依法作出的生效的行政判决和裁定必须自觉履行。当年,全省工商系统行政诉讼案件66件,比上年减少31件,下降32%。

2005年,全省工商系统行政应诉案件81件,比上年增加15件,增长22.73%。原告中公民41件,法人或其他组织40件;以上行政应诉案件经人民法院审理、判决无一败诉,也未发生行政赔偿案件。2006年、2007年行政应诉案件分别为85件、103件,分别有1起案件被撤销。2008年上半年行政应诉案件50件。

5. 执法检查

1996年11—12月,省工商局派出8个工作组对全省工商系统依法行政工作进行检查验收。1997年5月28日,省工商局印发《山东省工商行政管理法制工作考核标准(试行)》。2002年,按照国家工商总局《关于组织开展2002年度行政执法检查工作的通知》,省工商局成立行政执法检查工作领导小组,对全系统和省工商局各执法处室的执法情况和自查情况进行抽查。2005年,省工商局根据国家工商总局开展"五项清理"(清理执法案件、清理行政性收费、清理消费者投诉处理情况、清理对工商执法人员举报办理情况、清理执法队伍)工作部署,组织开展执法案件的清理工作,全系统清理2003年1月1日至2004年6月30日查办的执法案件共计227 082件。2007年,配合国家工商总局的执法检查,对全系统开展了以行政复议为重点的专项执法检查,总结推广先进经验,研究解决存在的问题。

第二节 山东省工商行政管理工作取得的成就

一、查处经济违法违章案件

(一)改革开放初期至经济体制改革全面展开时期

这一时期,山东省各级工商行政管理部门执法办案工作的重点,始终放在打击走私贩私、制售假冒伪劣商品、倒卖计划物资、倒卖重要生产资料和紧俏耐用消费品等投机倒把和其他违法违章案件上。1981 年至 1984 年第三季度,山东省各级工商行政管理部门对各种投机倒把行为进行严厉打击。1984 年第四季度至 1988 年间,开展了查处就地转手倒卖重要生产资料和紧俏耐用消费品,查处无"准运证"或者利用假"准运证"非法倒卖限制进口的机电产品,查处制售假冒伪劣商品违法行为,打击将国家计划内平价物资转议价倒卖违法违章行为。为保证打击违法行为工作有法可依,省政府分别于 1987 年和 1988 年先后颁布《查处投机倒把活动的暂行规定》和《查处制造销售假冒伪劣商品暂行规定》。1988 年至 1991 年,省工商局针对假冒伪劣活动的季节性特点,统一组织开展打击假冒伪劣商品专项斗争,对农资市场、节日市场和夏季饮料市场进行治理。

(二)建立社会主义市场经济体制时期

1992 年至 2008 年上半年,山东省工商行政管理执法办案工作不断适应改革开放和社会主义市场经济发展需要,执法的重点从过去以打击投机倒把为主转向打击假冒伪劣、打击走私贩私、打击非法传销、扫黄打非、反不正当竞争、查处严重侵犯消费者合法权益的案件上,职能明显拓宽,查处案件的范围明显扩大。

1. 打击走私贩私

1992—1993 年,山东境内陆上贩私购私活动猖獗,工商行政管理部门不畏艰难,认真履行职能,采取果断措施予以打击,共查处贩私购私和贩卖国家限制进口商品案件 6 475 起,罚没金额 8 643 万元,查获各类进口汽车 7 135 辆,进口香烟 10 万条以及彩电、摩托车等价值达 20 多亿元。1994—1997 年,重点对利用假发票、假货物进口证明以及套牌、非法拼(组)装车辆行为进行严厉打击。1998 年 7 月,全国打私工作会议确定了"联合缉私、统一处理、综合治理"的缉私体制,工商行政管理机关负责打击流通领域中的私货交易,主要是查处无合法来源的进口商品。2002 年至 2008 年上半年,此类案件逐渐减少。

2. 打击制售假冒伪劣商品违法行为

1992 年,全省工商系统与商业、供销部门联合开展以抓大案、挖黑窝、断流截源、综合治理为重点的打假清劣专项斗争,对假冒伪劣商品进行清理。全年共立案查处假冒伪劣商品案件 5 899 件,比上年增长 38.4%,罚没款 1 380.9 万元。

1993—1995 年,全省工商系统将查处制售假冒伪劣商品活动作为行政执法的重点,实施"三二三工程",即突出重点地区、重点商品和重点案件"三个重点",整治生产加工和商标印刷"两个环节",管好专业批发市场、城乡贸易市场和综合市场"三个领域"。1993—1994 年,查处假冒伪劣商品案件 14 966 件,其中移交司法机关处理 101 起,捣毁制假窝点 807 个,销毁假冒伪劣商品货值 5 722 万元。

1995 年,全省工商系统共查处假冒伪劣商品案件 12 655 件,罚没金额 2 008 万元,查获假劣物品货值 15 631 万元,捣毁制假窝点 1 392 个。

1996 年,组织开展了全省性统一执法活动,采取政企联手打假护优和开展创建"打假维权、消费者满意街(区)"活动等项措施,形成了社会各界联动、政企联手打假保名优的新格局。2000 年,全省查处制售假冒伪劣商品案件 31 313 件,捣毁制假窝点 927 个,查获假劣商品货值高达 1 亿多元。2001 年开始,经过大规模的整顿和规范市场经济秩序工作,市场经济秩序明显好转,2002 年查处制售假冒伪劣商品案件同比减少 16 032 件。2003 年,以营造安全健康的消费环境为主题,组织开展"打假保春耕"、"打假保安全消费"和吸收省政府公布的 200 家大型企业集团参加"打假冒、保名优"等统一执法活动,开展以餐饮、旅游、修理等为重点的"维权反欺诈"专项检查活动。全年共查处制售假冒伪劣商品案件 8 061 件,罚没金额 3 859 万元,案值 1.71 亿元。2005 年,先后对粮、肉、奶制品等 11 大类重要商品开展了 12 次专项整治行动。集中开展了以"打假保春耕"为主题的种子、化肥市场和农药商品检测专项整治活动。2006 年,加大对假冒、仿冒省内知名企业注册商标和知名商品特有名称、包装、装潢违法行为的打击力度。全省共查处不正当竞争案件 2 383 件。2007 年至 2008 年 6 月 30 日，全省各级工商机关对性质恶劣、影响范围广、具有典型性的"傍名牌"案件进行了重点调查和查处，共查处不正当竞争案件 18 395 件。

3. 制止、查处不正当竞争违法行为

1993 年 9 月《反不正当竞争法》颁布，山东省工商行政管理机关开展了声势浩大的普法教育活动。1994 年，查处不正当竞争案件 422 起，主要集中在传统的、容易认定的假冒、仿冒虚假宣传和不正当的有奖销售等违法行为上。1996 年，查处不正当竞争案件 782 起，比 1995 年增长 69.6%，其中查处商业贿赂、回扣和侵犯商业秘密案件 111 起。德州市工商局查处德州某地毯厂等 7 单位侵犯美国某地毯公司商业秘密案件，美方总裁专门向山东省省长李春亭写了感谢信。1998 年，以整治药品回扣为重点，全省共立案查处药品回扣违法案件 175 起，移送司法机关案件 25 起。其中，查处的某电力医院收受药品回扣 21 万元大案，被国家工商局作为十大案例向全国公布。2001—2002 年，结合整顿和规范市场经济秩序活动，重点对供电、供水、保险等企业，尤其是基层供电企业借农网改造之机限制竞争、垄断经营、强制交易等妨碍公平竞争的行为进行查处。自《反不正当竞争法》实施至 2002 年，全省各级工商机关共查处各种不正当竞争案件 8 801 起，罚没款 10 304 万元。2003 年，开展了打击假冒、欺诈行为和反商业贿赂执法行动。2004 年，全省工商系统开展制止仿冒、误导、欺诈行为和加强信用监管的"反不正当竞争执法年"活动，共查处不正当竞争案件 1 555 件，案值 3 406.01 万元。2005 年，开展了以打击商业贿赂、垄断行业限制竞争和假冒仿冒等为重点的专项治理行动。2006 年，贯彻国家及省关于开展治理商业贿赂专项工作的部署，省工商局制定下发了"实施方案"、"举报奖励办法"、"考核办法"，各级工商机关相继公布了投诉举报电话和网站，省和部分市局设立了举报奖励

基金，充分发动社会各界举报商业贿赂行为。全年共立案查结各类商业贿赂案件 1 061 起，案值 8 808 万元，罚没款 6 313 万元，分两次曝光了 20 起典型案件。2007 年至 2008 年 6 月 30 日，省工商局召开了全省工商系统治理商业贿赂经验交流会，并对重点案件实行督办制度。全省工商系统立案查处各类商业贿赂案件 1 511 起，涉案金额 8 492 万元，罚没款 7 133.62 万元，其中，2008 年上半年查处 234 起，案值 1 135 万元，罚没款 944 万元。3 月，曝光了 10 起典型案件。4 月，在国家工商总局召开的全国工商系统治理商业贿赂专项工作会议上，山东省工商局作了典型发言。

4. 查禁传销和变相传销

1996 年 9 月至 2000 年，全省各级工商机关从讲政治、促安定的高度，加大对非法传销活动的打击力度。1997 年，查处非法传销案件 263 件，取缔非法传销活动 66 件；1998 年，国务院关于禁止传销经营活动的通知下发后，完成了山东省内 29 家传销企业的转制；1999 年，率先在全国对以高额回报为诱饵的变相传销进行了严厉打击；2001 年，集中开展了打击传销的"秋风行动"，省局 3 次专门下发文件，会同公安厅下发了《关于禁止传销和变相传销活动的通告》，与团省委联合开展对青少年的反欺诈、反传销教育，提高青少年的自我防范意识。全省共制止、取缔传销培训活动 50 次，遣散传销人员 4 400 多人，查处案件 12 件，端掉传销窝点 46 个，7 名传销骨干分子被移送公安机关处理。2002 年，全省共查处传销案件 22 件，案值 373 万元，取缔传销培训活动、窝点 69 起（个），遣散人员 2 000 余人，有效遏制了传销和变相传销在省内的蔓延，受到了时任省委书记吴官正的表扬。2003 年，国家工商总局把山东省列入传销重点整治地区之一，山东省工商局确定了"始终保持高度警惕、始终保持高压态势、坚持露头就打"的工作方针，依靠"12315"申诉举报三级执法网络，与公安部门建立联动机制，对从事传销的主要头目和组织者予以严厉的打击。依法处置"消费储值"，至 2005 年底，基本实现稳妥

处置目标。2004 年将打击传销纳入"平安山东"建设和社会治安综合治理工作,形成了打击合力。2005 年,进一步加大了打击力度,省工商局、省公安厅联合召开《禁止传销条例》情况通报会,曝光了 17 起典型案例,有效遏制了传销活动在全省内滋生蔓延。2006 年 2 月,省综治办牵头召开了第二次省打击传销工作联席会议,研究确定了各成员单位的职责分工。各市、县(市、区)也相继建立健全了打击传销工作组织领导机构,打击传销被纳入全省各级党委、政府整顿规范市场经济秩序、"平安山东"建设专项考核指标。9 月 13 日,省政府召开全省打击传销工作电视会议,省政府领导到会讲话,对全省打击传销专项行动作出具体部署,各级工商机关进一步健全了打击传销快速反应机制。年内,全省工商系统立案查处传销案件 84 起、涉案金额 2 661 万元。同时,开展了建立基层防控机制的试点工作,12 月,在青岛召开了全省创建"无传销社区"工作现场会。2007 年至 2008 年 6 月 30 日,继续加大打击传销工作力度,取得显著成效,在国家工商总局举办的全国工商系统打击传销规范直销培训班上,省工商局作了典型发言。2007 年,省工商局在潍坊、烟台、威海市召开了全省创建无传销社区流动调度观摩会,截至 2008 年 6 月 30 日,全省各地已经普遍展开试点和推广工作,开展"无传销社区(村)"活动的社区数量达 4 783 个。据统计,2007 年至 2008 年 6 月底,全省工商系统共立案查处传销违法案件 78 件,案值 3 782 万元,取缔传销窝点 1 600 多个,驱散传销人员 5 万多人次。

5. 建立和完善"12315"申诉举报网络

1996 年 12 月,全国第一个"3·15"消费者申诉举报电话在淄博市工商局张店分局开通。1997 年,山东省工商局推广了张店分局的经验,并在全省开始建立消费者申诉举报网络,至 2002 年底,山东省开通"12315"消费者投诉举报服务专用电话 176 部,设置尾数为"315"的申诉举报电话 2 130 部,在乡镇、村居设立申诉举报站 2 267 个,部分市工商局实现了网上自动受理、网上投

诉举报,使"12315"迈上了更高的层次。"12315"网络体系形成后,受理消费者投诉、查处侵害消费者利益的案件大幅度上升。1997 年,全省共受理消费者申诉 1 071 件,查处侵害消费者权益案件 403 件,至 2002 年,山东省工商系统共受理消费者申诉 39 742 件,立案查处侵犯消费者权益案件 5 253 件,为消费者加倍赔偿和挽回损失 4 003 万元。"12315"已经成为党和政府联系群众的"民心工程"。2003 年以后,消费者权益保护工作行政职能划归省工商局消费者权益保护处。

二、企业登记管理

(一)改革开放初期至经济体制改革全面展开时期

1978 年,中共十一届三中全会确立把党和国家的工作重点转移到社会主义现代化建设上来和实行改革开放的战略决策。山东企业登记监督管理开始步入法制化、规范化的轨道。省工商局于 1979 年开始恢复和开展企业登记管理工作。主要任务是对工业、商业、交通运输业、饮食业、建筑业等登记注册。1979 年山东共登记工商企业 90 997 户(含个体工商户)。

1988 年以后,全省各级工商机关认真贯彻落实《企业法人登记管理条例》和国家工商局发布的《企业法人登记管理条例实行细则》,全面实行企业法人登记制度。为配合新条例的实施,省工商局先后制定了《企业法人申请营业登记注册书》等 11 项配套规范性文件。同时,对企业监督管理的主要职责重新进行了调整,积极把企业推向市场。截至 1992 年底,山东省工商局登记发照的企业 37.5 万户,从业人员 143.9 万人,注册资金总额 2 095.6 亿元。

(二)建立和完善社会主义市场经济时期

1992 年至 2008 年上半年,是山东省内资企业改革、提高和快速发展的时期。截至 2002 年底,山东省内资企业 23 万户,注册资本(金)6 662 亿元,户均 290 万元;第三产业企业 18.4 万户;企业集团 1 050 户。全省新登记公有制企业 2.2 万户,其中高新技术类

企业 0.62 万户,占 32%。山东省的青啤、海尔、海信、浪潮、重汽等集团公司稳占国内市场,并走向国际市场。

自 2001 年上半年开始,各级工商机关加大了对市场主体的监管力度,一方面通过完善企业登记注册程序,严把市场主体"准入关";另一方面,通过年检和市场秩序整顿,清理了一批"三无"(无资金、无场地、无人员)企业、"六小"(小煤矿、小炼油、小水泥、小玻璃、小火电、小炼钢)企业,查处无下落,歇业的企业和"假集体"、"假国有"企业。2002 年山东省工商系统共查处违反企业登记管理法规行为企业 3.53 万户(次),2.5 万户严重违法违规企业被吊销营业执照。全省清理检查前置审批许可企业 13.8 万户,检查易燃易爆生产经营企业 4 795 户,关闭"六小"企业 303 户,清理化学危险品经营企业 3 322 户,清理娱乐服务、电子游戏场所 2 679 户。全省查处"两虚一逃"(虚假股东、虚假出资、抽逃出资)案件 252 件,吊销企业 176 户,6 起案件依法移交公安机关处理。为落实国有企业改制,建立现代企业制度,山东省工商行政管理登记机关完成了 3 860 户国有企业改制后的登记工作,重组的注册资本达 118 亿元;办理国企债转股登记 18 户,转股的资本 68 亿元;登记股份公司 693 家,位居全国前列。1999 年 5 月,认真贯彻落实国家工商局《关于军队、武警部队、政法机关与所办经济实体脱钩的意见》,完成了 1 474 户移交地方和脱钩企业的登记注册工作,与有关部门联合制定了 218 个科研机构和 65 家勘察设计等单位的转制、改革方案,完成了 167 个科研机构、勘察设计等单位的企业化改革的登记注册工作。

2003 年,山东省工商局降低企业登记门槛,放宽企业名称登记管理,出台了《关于鼓励支持地方企业冠省行政区划名称和组建集团的实施意见》,截至年底,冠省行政区划名称的核准登记 30 992 户;全省实有登记注册的企业 21.8 万户。全省国有集体企业注册资(本)金 7 229 亿元。2004 年,国有集体企业降至 20.2 万户,将被吊销营业执照的企业和负有清算义务的投资人纳入企业信

用警示系统。2005 年,全省国有、集体、公司等类型的企业实有 18.3 万户,其中法人企业 8.5 万户,全省国有集体企业实有 4.4 户和 7.2 万户。全省累计发起设立股份有限公司 441 户,注册资金 4 041 321 万元,募集设立股份有限公司 185 户,注册资金 2 197 555 万元。对 2005 年 12 月 31 日前登记的 28 776 户有限责任公司、582 户股份有限公司及其分公司全面换发了新版《营业执照》。

从 2002 年开始,开展了企业登记管理方式创新工作。2002 年 9 月、2005 年 1 月和 2007 年 4 月三次召开现场会,在全省工商系统推广先进经验,结合"小局大所"改革,明确职责,健全制度,建立起企业"经济户口"管理制度,实施企业属地监督管理。至 2005 年底,全省 17 个市工商局和 168 个县级工商局、1 744 个工商所实现了三级联网。从 1999 年开始,逐步推行和完善"经济户口",至 2005 年底,全省 17 个市工商局、168 个县级工商局、1 964 个工商所建立了"经济户口"档案和数据库。

2006 年,全面实施了"经济户口"信用分类、风险分级、警示信息和重点经营区域"四位一体"管理,推进了监管职能到位。积极服务招商引资,在落实好前三年(2003—2005 年)招商引资成果的同时,举办了鲁台浙高新技术和农业产业化合作洽谈会、鲁浙民营企业菏泽投资发展洽谈会,组织了省政府经贸考察团赴浙经贸考察活动。截至年底,全省除青岛外的 16 个市局、77 个县级局进入了当地政府的行政审批中心。2007 年至 2008 年 6 月 30 日,全省企业登记管辖机关从规范登记审查、登记程序、登记管辖权限、登记行为、政务公开、创新登记管理方式六个方面,不断完善市场主体准入机制,确保了合格市场主体的输送。截至 2007 年底,全省共办理新设立企业登记 7 346 户,注销登记 9 940 户,审查各类前置审批证件 18 564 件。年内,积极开展"两虚一逃"专项整治,加大查处力度。全省查处各类违反企业登记管理的案件 1.8 万件,罚没款 2 189.9 万元;同时,大力支持国有企业改革,积极引

导、帮助企业设立冠省名和免冠行政区划企业集团。截至 2007 年底,全省内资企业集团总数达 345 家。省政府授予省工商局工商业务大厅 2007 年度"省直机关第三届职业道德建设先进单位"荣誉称号。2008 年上半年,全省累计登记内资企业158 367 户,注册资本(金)8 600 多亿元。开展了企业以股权等非货币财产出资的登记试点工作,制定了《股权出资登记管理暂行规定》,推进了国有企业的改制、改组,截至 5 月底,共为山东钢铁集团有限公司等国有大型企业办理了股权出资登记。同时,对煤矿、非煤矿山、危险化学品、烟花爆竹、民用爆破以及人员密集场所等重点行业、重点区域进行了专项检查,共检查各类涉及安全生产的企业6 000多户。

三、外商投资企业登记管理

（一）外商投资企业的发展

改革开放后,山东省工商局认真贯彻落实国家和省委、省政府以及国家工商总局一系列对外开放政策,采取优惠措施,促进外商投资企业快速、健康地发展。

山东省外商投资企业的发展主要呈现三个特点:

1. 发展速度不平衡。从 1980 年山东省登记第一户外商投资企业至 1991 年,为外商投资企业的起步阶段。11 年登记 1 654户,平均每年仅 100 余户,发展比较缓慢。1992—1996 年为快速发展阶段,5 年共登记19 141 户,平均年登记 3 800 余户。1997—2001 年为平稳发展阶段,共登记 9 011 户,平均每年 1 800 余户。2002 年,受中国"入世"及各地政府大量招商引资的影响,外商投资企业发展速度加快,至年底,实有外商投资企业 14 741 户,投资总额 470.9 亿美元,注册资本282.2 亿美元,外方认缴182.3亿美元。新登记企业 3 221 户,达到 1997 年以来的最高数。2006 年,外商投资企业发展速度减缓。全年新登记外商投资企业 2 852户,同比减少 21.0%;但实有户数总量保持了平稳增长,至 2007 年底,全省外商投资企业 20 084 户,比 2002 年增加 5 343 户,年平均增加 1 068 户。到 2008 年上半年,全省外商投资企业实有户数30 935 户(包括法人企业和分支机构),其中,法人企业 19 799 户,投资总额 1 020.77 亿美元,注册资本567.66 亿美元。

2. 地区间发展不平衡。外商投资企业主要集中在东部沿海城市,2002 年,仅青岛、烟台、威海、潍坊市就实有外商投资企业10 681 户,占全省总户数的 72.5%。2007年,青岛市达 8 059 户,占全省外商投资企业总数的 40.13%。其次为烟台、威海、潍坊、济南 4 市,共有外商投资企业 7 715 户,占全省外商投资企业总数的 38.41%。

3. 大项目增多,质量不断提高。随着投资环境的不断改善,越来越多的外国大公司、大财团前来山东投资,兴办了一批规模大、技术含量高的项目。全球五百强跨国公司中共有 81 家在山东投资设立了 182 户外商投资企业。至 2002 年底,投资总额 1 000万美元以上的项目 1 088 户,其中 3 000 万美元以上的项目 124 户。截至 2008 年 6 月 30日,山东外商投资企业户均投资规模达 515.57万美元;上千万美元的企业达 2 206 户。

（二）外商投资企业登记管理主要工作

1984 年,全国 14 个沿海开放城市中的青岛市以及烟台市,在山东省率先被国家工商行政管理局授予外商投资企业核准登记权。1987 年 7 月 25 日,省工商局获得国家工商局授权。至 2002 年 12 月,经省工商局呈报、国家工商总局批准,济南、淄博、潍坊、威海、东营、泰安、济宁、枣庄、临沂、德州、日照、莱芜、聊城、滨州、菏泽等 15 个市局先后获得授权。2003 年,国家工商总局对已获得授权的登记机关重新确认授权,全省 18 个授权工商局(包括省工商局)全部通过检查验收。2007 年,有 16 个县级市工商局和开发区分局获得国家工商总局外商投资企业核准登记权。

2004 年,在全省企业登记管理系统实行"三统一"(统一登记规范、统一登记程序、统一登记要求)、"五个规范"(规范受理企业和个体工商户申请方式、规范审查方式、规范格式文本、规范推出机制、规范内部工作程序)。全省有 15 个市工商局的企业登记业务进入当地政务审批中心,通过放权、授权等形式,建立起适应当场登记要求的登记注册新机制,做到审批事项当场办结,全部登记业务在5日内办理完毕。按照国家工商总局的要求,在全省工商系统建立和完善企业信用管理体系。全省17个市工商局、168个县级工商局、1 964个工商所建立了经济户口档案和数据库。同年,按照省工商局《关于进一步加强外商投资企业出资管理的通知》,重点查处"两虚一逃",全省共向1 233户外商投资企业发出限期出资通知,1 123户企业补办了出资过户手续。至2008年上半年,全省各级外商投资企业登记机关按照国家工商总局的要求,完善了外资企业登记管理数据库,建立健全了外资企业登记管理数据采集、更新、维护工作机制。全省外商投资企业呈现户数略降、规模扩大、整体运行质量提高的优化调整态势。

四、个体私营企业登记管理

（一）各时期主要职责、任务

1. 改革开放初期至经济体制改革全面展开时期

国家确立了个体私营经济在国民经济中的地位和作用。山东省各级工商行政管理机关积极培育和扶持个体私营经济发展,对个体工商户、私营企业依法进行登记注册和监督管理。

2. 建立社会主义市场经济体制时期

全省各级工商行政管理机关进一步贯彻落实党和国家以及省委、省政府、国家工商总局一系列发展个体私营经济的优惠政策,充分发挥职能作用,一方面积极扶持、引导和培育个体私营经济发展;另一方面,创新监管方式,强化监管,确保个体私营经济健康发展。尤其是从改革开放到20世纪末,省工商局认真落实省委、省政府大力发展民营经济的重大战略部署,采取"政策引导扶持,综合职能促进,协会服务帮助"的工作措施,大力促进个体私营经济发展。2002年,省工商局向社会各界作出六项承诺,即,改革和精简企业登记注册前置审批;降低企业准入门槛,放宽经营范围;简化登记程序,缩短办事时限;实行"四项制度"强化服务工

作;规范执法行为,提高执法水平;严格责任,狠抓落实。

3. 完善社会主义市场经济体制时期

2003年,在全省工商系统普遍推行了首办负责制、一次讲清和AB角工作制(每项业务都明确两个承办人,保证工作不空岗),开展了"红盾帮扶"活动。2006年至2008年6月30日,在全省工商系统实行了"经济户口"信用分类、风险分级、警示信息、重点经营区域"四位一体"管理,推行了个体工商户分层分类监管。

（二）各时期工作内容

1. 改革开放初期至经济体制改革全面展开时期

省工商局有计划地开展了指导个体私营经济发展的工作。1988年,省工商局推广不同经济区域发展个体私营经济的经验,形成了山东个体私营经济发展的第二个高潮。针对1989年山东省个体经济出现的大滑坡,省委、省政府多次强调鼓励、支持个体私营经济发展的方针、政策长期不变,并于1990年3月召开个体私营经济新闻发布会。同时,各地也积极采取鼓励扶持措施,个体私营经济滑坡局面很快得到扭转。

2. 建立社会主义市场经济体制时期

1993年至2000年初,省委、省政府分七次召开个体私营经济工作会议,总结经验,部署工作,进行动员。1994年6月至1999年10月,省委、省政府六次出台培育和发展个体私营经济的文件,省政府成立了省个体私营经济工作领导小组及办公室。市、地、县(市、区)党委、政府先后多次召开会议,表彰先进,制定优惠政策,狠抓政策落实。工商行政管理机关紧紧围绕党委、政府的中心工作,充分发挥职能作用,有力促进了个体私营经济的发展。2000—2002年,省委、省政府多次召开个体私营经济工作会议,出台优惠政策,加大措施,大力促进个体私营经济发展。2002年,山东省委、省政府召开全省民营经济工作会议,出台了《关于进一步促进民营经济发展的决定》,省工商局制定出台了34条实施意见,从降低门槛、放宽领域入手,提出"五放宽"(放宽经营范围、投资

人资格、注册资本认缴期限、冠省名私营企业条件、私营企业设立条件）和"十六项支持措施"，大力促进个体私营经济发展。在发展职能移交给省中小企业办后，明确以监管促发展的工作思想，充分发挥工商职能，提高工作效率，支持个体私营经济快速、健康发展。

3. 完善社会主义市场经济体制时期

2003 年至 2008 年 6 月 30 日，省工商局制定出台了一系列优惠政策，加大对个体私营企业扶持和服务的力度。从 2003 年 6 月底开始，在全省工商系统逐步开展了"红盾帮扶工程"，山东省 50 家大型民营企业被省工商局、省私营企业协会确定为第一批帮扶联系企业，并签订了帮扶协议书。全省各级工商机关按照省工商局《关于实施红盾帮扶工程、促进民营企业做大做强的意见》要求，落实帮扶任务。全省共选择 6 000 多家民营企业实施重点帮扶。同年 6 月，省工商局按照省委、省政府的部署，赴浙江开展经贸考察活动，当年，招商引资工作取得了重大成果。1997 年，省工商局印发《关于进一步支持企业做好下岗职工再就业和深化改革的意见》，出台了 28 条鼓励政策措施。2002年，认真贯彻国家工商总局《关于贯彻落实中共中央国务院〈关于进一步做好下岗失业人员再就业工作的通知〉的通知》，除国家限制的行业外，自发照之日起 3 年内免收个体工商户登记费、管理费、集贸市场管理费等项规费。2005 年，省工商局继续贯彻落实下岗失业人员就业再就业优惠政策，全省工商系统 1997 年协助安置下岗职工 13.8 万人。2005 年，全省下岗失业人员持《再就业优惠证》兴办个体工商业 25 474 户；1998 年 7 月至 2002 年 6 月底，下岗职工兴办私营企业达 1.6 万人，个体工商户、私营企业吸纳下岗职工从业的达 18.4 万人。2003—2006年，全省工商系统按照省委、省政府的部署和要求，连续组织了赴浙、赴粤、赴闽等一系列经贸考察和服务招商引资活动。共计签约合同项目 904 个，引进资金 1 189 亿元。2008 年 5 月，为推进新农村建设，省工商局出台了《关于充分发挥工商行政管理职能作

用积极培育大力支持农民专业合作社发展的意见》，至 6 月底，全省已登记农民专业合作社 4 323 户，出资总额 27.1 亿元，成员 5.7万人。

（三）工作成就

在建立和完善社会主义市场经济体制时期，个体私营经济组织形式和从业人员发生了很大的变化。截至 1997 年底，山东个体工商户发展到 253.6 万户，私营企业达7.7 万户，从业人员 652.9 万人，个体私营经济注册资本（金）424.9 亿元，GDP 为 445 亿元，占当地生产总值的 6.7%，工业产值512.5 亿元，占当地工业产值的 5.1%，税收29.5 亿元，占当地税收 5.5%，出口创汇13 374万美元。1999 年底，全省个体工商户发展到 299.5 万户，从业人员 671.9 万人，注册资金 230.9 亿元。2000 年，因统一换发《个体工商户营业执照》，剔除了以往统计中的水分，全省个体工商户统计数量大幅下滑。到 2000 年底，全省实有个体工商户 132万户，从业人员 275.5 万人，分别比 1999年底下降 56% 和 59%。2001 年至 2005 年稳步增长，户均注册资金达 2 万元。至 2000年 5 月，全省按新的《个人独资企业法》登记个人独资企业 1 004 户。至 2005 年底，全省共有合伙企业 5 833 户，其中，按《合伙企业法》登记的有 2 953 户。1996 年，全省对1994 年 6 月 30 日以前登记注册的私营有限公司依照公司法进行规范和重新登记。全省应规范的私营有限公司 8 301 户，重新登记为有限公司的 4 687 户，变更为其他类型的 1 110 户，办理注销登记的 976 户，吊销营业执照的 1 093 户。1997 年底，有限责任公司达 2.6 万户，至 2005 年底，全省私营有限公司 230 137 户，注册资本（金）3 842.8 亿元；全省第一家私营股份有限公司于 1999年在淄博市成立，注册资本 1 673 万元，至2005 年底，全省实有私营股份有限公司 79户，注册资本 356 225 万元；1993 年，全省私营企业成立集团公司 4 户，当时，青岛国泰工贸集团公司成为全省最大的私营企业。1994 年 8 月 1 日施行的《山东省私营企业管理暂行规定》，明确了私营企业按照法定程

序申办企业集团或集团公司,由集团所在地工商局初审,经市、地工商局批准,按照分级登记发照的原则,由相应的工商局核发营业执照,报省工商局备案。1994年底,全省私营企业集团发展到15户,至2005年底,全省私营企业集团达619户。2006年,对全省各类私营企业和个体工商户进行了年检、验照。全省个体工商户应验155.5万户,实验130.9万户,验照率为84%;私营企业应检32.1万户,实检26.7万户,年检率为83%。2007年底,全省实有个体工商户180.7万户,从业人员399.8万人,注册资金447.5亿元;实有私营企业37.1万户,从业人员522.7万人,注册资本(金)6 173亿元。同年,落实"一审一核制",实施行政许可"窗口式"办公;落实属地管理,下放省局直接登记的53户商标中介服务公司,将省属私营企业注册资本300万元以下的1 326户企业下放到有关市局管理。

五、商标监督管理

(一)改革开放初期至经济体制改革全面展开时期

山东的商标监督管理工作得到重视和加强,各市、县工商局都配备了专人负责商标注册和管理工作,商标监督管理工作逐步走向规范化,特别是《商标法》的颁布实施后,全省工商机关认真贯彻落实《商标法》,把商标监督管理工作纳入法制化、制度化、经常化的轨道。一是清理整顿。1979年,中央工商行政管理总局恢复商标全国统一注册之后,山东对商标进行了清理整顿。经清理,山东共有商标30 000余件,初审后报中央工商行政管理总局的商标有1 731件,经中央工商行政管理总局查对,共有542件为混同商标,只有其中168件被保留,其余混同商标全部撤销。二是加强商标核转工作。在核转体制上,除济南、青岛、淄博、枣庄四市为一级核转外,其余均实行二级核转。1986年7月1日开始,山东统一实行二级核转,至1993年停止核转时止,山东有效注册商标达29 286件,其中1993年当年注册商标3 237件。三是整顿商标使用秩序。仅1991年,山东查处商标一般违法案件和商标

侵权、假冒案件2 296件,收缴、消除商标标识1 580万件(套),罚没款178.4万元。四是加强商标印制管理。1978年9月,省工商局下发《关于加强商标印制管理的通告》,查处了一些违反印制管理规定的案件。随着国家工商局《商标印制管理办法》等有关规章的发布实施,商标印制管理逐步走上了规范化的轨道。

(二)建立社会主义市场经济体制时期

随着社会主义市场经济体制的建立和完善,商标监督管理进入一个崭新的时期。主要任务是以保护驰名商标、著名商标和重点保护商标为重点,促使企业加快实施名牌战略,更好地利用商标树立企业形象,拓展产品市场。

1.理顺管理体制,保护商标专用权

1993年《商标法》修改后,商标核转制改为代理制,山东的商标工作从以商标核转为主转为以商标办案为中心,把打击侵权、假冒违法行为,保护注册商标专用权作为商标管理的核心工作。2001年,山东查处各类商标案件2 821件,收缴和消除商标标识3 473.1万件(套),罚没款1 261万元。2002年,全省开展保护奥林匹克标志所有权,规范标志使用权行为的专项行动。查处涉嫌侵犯奥林匹克标志专有权案件345起,对情节较重的78件进行立案查处,罚款38万元,收缴侵权标志5 700件。2004年,按照国家工商总局的部署,在全省开展以侵犯食品、药品商标,驰名、证明商标,以及非法印制假包装、假标识、假商标等违法行为为重点的三次集中整治行动,共查处商标侵权违法案件2 032件,罚款674.78万元,没收商标标识89.5万件。2005年,继续开展保护注册商标专用权行动,省工商局重点对侵犯食品、药品、农产品、地理标志商标、驰名商标、涉外商标专用权的违法行为进行专项整治。全省工商系统共查各类商标案件2 482起,没收侵权商标标识179.5万件,罚没款1 081.2万元。2006年,共查处侵犯食品、药品商标案件326起;查处侵犯涉农商标、农产品商标、地理标志商标专用权案件74起;查处侵犯驰名商标案件182件;涉外商标案

件 99 起。2007 年,全省工商行政管理机关共查处各类商标违法案件 3 147 件,没收侵权商标标识 46 万件,没收制假工具 223 件(套)。2007 年,先后开展了以保护"神农丹"注册商标专用权为重点的打假护农专项行动和依法保护奥林匹克标志专有权,协助省内皇明、古贝春等 10 多家驰名、著名商标企业在协作网其他省市开展维权打假活动,查处侵犯"神农丹"商标专用权商品 1 109 箱,案值 260 多万元;查处奥林匹克标志违法案件 33 起;依法处理协作网内其他省份转来投诉案件 21 件。2008 年上半年,全省工商行政管理机关查处商标违法侵权案件 1 411 起,收缴和消除商标标识 12.64 万件(套),罚没款 917.88 万元。

2. 加强商标印制管理

对符合商标印制条件的单位,经审核发给《印制商标单位证书》,其中印制烟草制品和人用药品商标的单位,由省工商局审核发证。至 2002 年底,山东共核发《印制商标单位证书》4 771 个。采取专项检查与日常监督管理相结合的方法,对商标印制单位进行监督。2003 年,按照国务院取消行政审批项目的有关规定,取消"商标印制业务管理人员资格核准"和"印制商标单位审批"项目。2004 年,按照国家工商总局修订颁发的《商标印制管理办法》规定,全省工商机关由对资格审核转向行为监管。2005 年,加强与新闻出版部门协作配合,加大对商标印制企业的监督管理,全省共检查商标印制单位 13 266 家,查处非法印制案件 100 余起,规范商标印制行为 1 000 余次。

3. 大力实施名牌战略

至 2002 年底,山东省拥有全国驰名商标 29 件,居全国第二位。1992 年,山东省进行了第一届著名商标评选,评选出省著名商标 100 件、著名商标提名奖 100 件;1998 年 3 月,开展了第二届省著名商标认定工作,认定第二届省著名商标 200 件。1999 年,省工商局制定了《山东省著名商标认定和保护暂行办法》。当年,认定全省著名商标 56 件;2001 年,认定省著名商标 66 件。省著名商标有效期为三年,三年期满要重新认定,否

则自动失效,年内对认定时间已满三年的 160 件省著名商标予以确认并续延。2002 年,认定省著名商标 105 件。截至 2002 年底,有效的山东省著名商标共 387 件。2003 年 4 月,根据新《商标法》和《商标法实施条例》规定,国家工商总局颁布实施了《驰名商标认定和保护规定》,2003—2005 年,全省经国家工商总局认定的中国驰名商标 23 件,仅 2005 年,全省被国家工商总局认定的驰名商标达 14 件。截至 2005 年底,全省拥有山东省著名商标 989 件。国家工商总局 2005 年下半年认定山东省驰名商标 6 件。2006 年 2 月 6 日,山东省人民政府第 63 次常务会议通过了《山东省著名商标认定和保护办法》,为保证该办法的实施,经省政府批准,同年 6 月 30 日,省工商局公布实施了《山东省著名商标认定标准》、《山东省著名商标认定程序》、《山东省著名商标认定规则》等规范性文件,为山东省著名商标的认定和管理奠定了法律基础。至 2006 年底,注册农产品商标 1.9 万件,约占全省注册商标的 14%,其中涉农驰名商标 10 件,占全省驰名商标总数的 15%;涉农著名商标 226 件,占著名商标总数的 22.9%;集体商标 4 件;地理标志商标 12 件。同年 8 月 15 日,省著名商标认定委员会认定 279 件山东省著名商标,续展 307 件。2007 年重点推进农产品商标战略,促进社会主义新农村建设。6 月,省工商局组织"章丘大葱"和"苍山大蒜"参加国家工商总局和世界知识产权组织联合主办的世界地理标志大会。其中,苍山大蒜参加了世界地理标志大会中国地理标志特色产品展览。至 2007 年年底,全省已有"崂山茶"、"大泽山葡萄"、"莱芜生姜"、"威海无花果"以及"峄城石榴"5 件地理标志商标被初审公告,创历年新高。截至年底,全省共有农产品注册商标 2 万多件,约占全省注册商标总数的 13.2%,其中全省涉农驰名商标 24 件,占全省驰名商标的 17.6%;涉农著名商标 347 件,占全省著名商标的 24.1%;集体商标 4 件;地理标志商标 12 件。年内,省工商局组织全省 52 家驰名、著名商标企业以及全省 12 家地理标志单位参

加了 2007 年中国商标节,并荣获"最佳组织奖"。2008 年 3 月,"润洁"等 14 件商标被国家工商总局认定为中国驰名商标。2008 年上半年,新认定中国驰名商标授牌仪式暨新闻发布会在济南举行。5 月 7 日,"海阳白黄瓜"地理标志证明商标成功注册,全省共有 6 件地理标志获准注册。

六、广告监督管理

(一)主要职责及任务

1978—2001 年,广告管理逐步走上法制化轨道。山东陆续研究拟定了贯彻落实国务院《广告管理暂行条例》和《广告法》的具体办法和措施,工商行政管理机关行使国家赋予的职责,依法确认广告经营资格并核发广告营业证照,强化日常监督管理,查处广告违法行为,引导行业自律,广告业得到较大的发展。

2002 年至 2008 年 6 月,继续履行广告经营活动的监督管理、广告违法活动的查处,以及虚假违法广告的专项整治等项职责。2004 年 11 月,根据国家工商总局《广告经营许可证管理办法》,调整《广告经营许可证》核发范围,对广告经营企业不再核发《广告经营许可证》。从 2005 年开始,放开对外商独资广告经营的限制,开展对外商独资广告经营的登记管理工作。

(二)主要工作内容

1978—1993 年,山东采取鼓励、扶持的宽松政策,加强宏观调控,推动了广告业的发展。同时,以管理促规范、促发展,先后开展了六次全面的清理整顿,重点治理了虚假广告以及印刷品、赞助等类的广告违法行为,采取措施,督促广告经营单位建立健全经营机构和广告管理制度。从 1987 年开始,强化了广告经营单位的年度检查工作,确保广告业的健康、有序发展。随着社会主义市场经济体制的建立,加大广告法规宣传力度,广告管理日趋法制化、规范化;严格对酒类、烟草、药品、食品、医疗等特殊商品和服务广告的日常监督管理,及时查处广告违法行为;强化广告审查员队伍建设,健全广告发布、监测机制;引导行业自律,扩大交流,抓好培训等工作,使山东广告业走上了良性发展的轨道。

(三)发展及管理历程

改革开放 30 年来,山东省广告业经历了从小到大的发展过程。1979 年,山东省仅有 2 家专业广告公司,主要从事户外、印刷品广告的设计、制作。1980 年,山东省各大媒体相继开办了广告栏目。至 1982 年,山东省广告经营单位共 125 家,从业人员 1 012 人,年经营额 408 万元。20 世纪 90 年代,广告业成为山东省经济领域中发展最快,生命力最强的行业之一。截至 1999 年底,山东广告经营单位达 4 424 家,居全国第四位,比开始统计数字的 1982 年增长 34 倍;广告从业人员 45 402 人,居全国第二位,比 1982 年增长 44 倍;广告经营额迅速增长,达 38.1 亿元,居全国第七位。山东省年人均广告额达 43 元。其中,个体私营广告经营单位表现出强劲发展势头,达 1 886 户,从业人员 19 038 人,年经营额 8.5 亿元。

进入 21 世纪,全省广告业保持了稳步发展的良好势头。至 2002 年底,全省广告经(兼)营单位达 6 090 户,从业人员 5.9 万人,实现广告经营额 48.2 亿元。2007 年,全省实有广告经营单位 9 504 户,从业人员 7.6 万人,实现广告经营额 69 亿元。

在监督管理方面,1982 年以后,广告管理逐步开展并日趋完善,山东省各级工商行政管理机关严格执法、依法办案,及时查处广告违法行为。1984—2002 年,全省共查处广告违法案件 32 000 余件。2001 年,国务院作出整顿和规范市场经济秩序的决定后,在全省组织开展了"反误导、打虚假"广告市场专项治理行动,加大对药品、医疗、保健食品的监管力度,查处并曝光了一批典型违法广告案件,规范了党报、生活类报纸、电视台、广播等大众传播媒介的广告发布行为,广告市场得到进一步净化。据统计,2001 年,共查处各类广告违法案件 5 702 件,罚没款 1 062 万元,比上年翻了一番;2002 年查处各类违法广告案件 5 237 件,罚没款 1 105 万元,办案力度继续加大。2007 年,查处广告违法案件 3 805 件,罚没款 1 525 万元。

从 1991 年开始,省工商局每年都组织开展专项治理活动。1991年,规范广告经营行为;1992年,推广济宁市工商局对全市广告经营单位进行整顿、验收的经验;1994年,在全省范围内开展以电视台、报纸、户外广告为重点的广告内容全面检查;1995年,以《广告法》及其各项单项法规颁布实施为契机,对省内刊号报纸、杂志广告经营进行清理整顿,撤销78家报刊的广告经营资格;1996年,对100余家广告公司和广告投入较大的广告主进行检查,规范广告主行为;1997年,对含有"第一品牌"、"最佳"及相同含义的广告用语的广告予以检查纠正;1998年,对医疗、药品、医疗器械广告进行全面检查,对电视直销广告进行检查清理;1999年,对电视直销广告、自费出国留学中介服务广告、印刷品广告、烟草、药品、医疗服务、医疗器械广告进行专项检查;2000年,暂停一切含有宣传性病、泌尿系统疾病内容医疗广告的审核、审批、发布;2001年,开展"反误导、打虚假"广告市场专项整治行动;2002年,在全省继续开展"揭谎治谎"活动,两次组织对全省18家生活类报纸、18家电台和18家电视台广告发布情况进行检查,查处172条典型违法广告;2003年,就防"非典"广告宣传作出要求和部署,加强防治"非典"期间的广告管理,省工商局向社会公开曝光10起涉及防"非典"典型虚假违法广告;2004年,依法立案查处22家新闻媒体广告和39家医疗机构,公开曝光19起典型虚假违法广告;2005年,省工商局、省食品药品监督管理局、省卫生厅等部门联合公开曝光50多起典型虚假违法广告案例;2006年,省工商局先后两次对全省党报和生活类报纸发布药品、医疗、保健食品、化妆品、美容服务五类广告情况进行监测检查,通报了检查结果,曝光了20件典型虚假违法广告,指定查处了102起虚假违法广告。全省组织查处各类虚假违法广告案件2 700余起,罚没款1 100余万元;2007年,狠抓了新修订的《医疗广告管理办法》的贯彻落实,省工商局先后向社会公告了13家省属媒体单位、67家医疗机构的违法行为,曝光了30件典型虚假违法药品、保健食品和医疗广告;2008年

上半年,以与人民群众切身利益相关的广告、铁路沿线的户外广告和利用奥林匹克标识宣传的广告为重点,开展专项执法活动,强化了对虚假违法广告的整治力度,净化了奥动信息环境。

(四)重要举措及成效

中共十一届三中全会以后,广告业开始复苏,广告管理工作逐步成为工商行政管理工作的一项重要内容。面对广告业起步晚、基础差的情况,山东省把提高全社会的广告意识,推动广告业发展作为广告管理工作的首要任务。在法规不健全、无经验可借鉴的情况下积极探索与实践,扶持有条件的单位开办广告公司或兼营广告业务,使山东广告业迅速恢复和发展起来。

1982年,《广告管理暂行条例》实施后,山东省对广告业进行了第一次清理整顿,并对具备条件的广告经营单位全部核发了《营业执照》和《广告经营许可证》。

1984年,适当放开了对广播、电视播放广告时间及对报纸刊登广告的版面限制,允许私人试办广告业务,给予外资或合资企业与国内客户同等的广告发布权。

1985年12月10日,省广告协会成立后,依照章程,充分发挥作用,扩大宣传,培训专业人才,开展理论研究,增强交流,强化自律,协会的凝聚力不断增强。山东已连续举办了八届广告作品展,在促进交流,展示形象,提高广告的设计和制作水平,推动广告业快速发展等方面,起到了积极促进作用。其中,山东省第八届广告节首次交由地方政府承办,较好地完成了广告与学术、文化和经贸活动的有机结合,在规模、水平、社会影响等各方面都超过以往各届。

1988年,山东省对广告经营者内部机构及人员予以规范。规定广告经营者必须建立相应的组织机构,配备相应的专业人员,并建立验证、审查、合同、复审、存档等业务管理制度。该办法受到国家工商局的充分肯定,并向全国工商系统推广。

1992年后,山东省广告管理机关加强对广告业的宏观调控,确立了"巩固提高,适当发展,合理布局,强化管理"的指导思想,严

把市场准入关,严格资格检查,重点整治,加强监督,并扶持了一批经营水平高、法律意识强的广告经营单位。

1996年始,山东省逐步推动主题公益广告宣传。每年都组织主题公益广告宣传活动,发挥广告在社会主义精神文明建设中的积极作用。

1988—2005年,在广告监督检查中采取了两项举措:一是建立广告发布前行政审查制度。根据国务院颁布的《广告管理条例》和国家工商局《广告管理条例施行细则》,对药品、医疗、农药、兽药、大专院校招生等广告,发布前由工商部门审查备案。1993年,青岛等市工商局开展了广告发布前审查试点工作。1997年以后,对其他商品在媒体发布广告,由事前审查逐步过渡到事后监管。2002年,重点抽查监测各地级市报纸广告发布情况,通报广告监测情况,发布广告监测信息。年内,共检查广告2 158条次,指定查处172条典型违法广告。2004年7月,《行政许可法》实施后,省工商局仅对固定形式印刷品和烟草广告进行发布前的登记审查。二是开展广告监测。1991年,全省共发布各类广告20.3万条,1992年下半年开始,全省地市以上工商行政管理机关开始逐步配备广告监视机、录像机、录音机等初级广告监视、监听设备,实施对广播、电视等重点媒体单位广告发布的监测。2001年加大投入,进一步提高广告监测工作水平。2003年,组织3次较大范围的广告监测活动,组织监测全省39家媒体单位发布医疗、药品两类广告情况,36家媒体单位发布的招生广告;监测29家媒体单位发布医疗、药品两类广告情况,共检查广告1.8万条。2004年,省工商局在淄博市召开会议,提出有条件的市建立广告监测机构,青岛、淄博市工商局率先成立广告监测中心,投资选配较为先进的监测设备,实现了对省属及济南市媒体单位广告发布的全过程监督,并逐步建立健全数据采集、监测报告、监测档案、监测信息发布等相关配套工作制度。同年,分别对省属媒体广告发布情况进行大规模监测、检查,共检查药品、医疗广告12 817条(次)。从2005年

起,省工商局每季度统一部署监测一次重点领域和服务类别广告,年内全省工商机关进行广告监测268万条。2006年,全省进行广告监测84.7万条次。2007年,坚持广告日常监测和暗查相结合,突出对重点媒体的广告监管,省工商局坚持每季度至少统一暗查一次重点媒体单位、重点领域和服务类别广告的制度,先后8次组织对省属重点媒体发布广告情况进行暗查。2008年上半年,以加大广告监测力度,落实违法广告公告制度为重点,组织开展了迎奥运专项执法活动,以利用奥林匹克标识宣传的广告为重点,强化对虚假违法广告的整治力度。

七、市场监督管理

(一)各时期主要职责、任务

1. 改革开放初期至经济体制改革全面展开时期

为适应开放搞活的经济政策,各级工商行政管理部门着重抓了集市的恢复和开放工作,在恢复的基础上大力发展,改变了长期以来只使用不建设的局面。从党的十一届三中全会至1995年,工商行政管理部门一直肩负着规划建设和培育市场的职能,为市场的繁荣和发展奠定了坚实的基础,做出了突出的贡献。

2. 建立和完善社会主义市场经济体制时期

随着市场经济的发展,各级政府越来越重视市场的建设与培育。1995年,市场办管脱钩后,工商行政管理部门主要是通过规范市场开办者的开办行为和进场经营者的经营行为,整顿市场秩序,加大对市场的调控力度,继续支持各类市场建设上档次,上水平,进一步加快市场建设的速度。各级工商行政管理部门由以规划建设各类市场,培育市场体系为重点逐步转向强化市场监管上来。1996年,在开展工商形象建设年和公平交易执法年活动的推动下,济南市工商局创新市场监管方式,率先在全市推行了市场巡查制,烟台市工商局率先在全市推行了政务承诺制,省局及时总结两市工商局的成功经验,在全省推行了"两制一令",即,"市场巡查制"、"政务承诺制"和"戒酒令";其中,山

东省工商系统市场巡查制的经验在全国工商系统进行推广。从1991年开始,全省各级工商行政管理机关从粮食市场监管入手,逐渐加大对粮食、棉花、农资、成品油、机动车以及蚕茧、棉纱、煤炭、药材等重要商品市场的管理。同时,加大对生产要素市场、经纪人等市场的管理。探索完善"五制一化"(市场准入制度、市场巡查制度、市场预警制度、市场属地监管责任制度、市场信用管理制度和流通现代化)长效监管机制,确立市场管理的规范,打击各种市场违法行为,拓展市场监管领域,逐步从管理有形市场拓展到管理无形市场,从监管集市贸易拓展到监管重要生产资料及新兴流通业态。

2004年,全省各级工商行政管理机关开始对市场农产品和农资产品进行检测。2005年至2008年上半年,省工商局把深化"红盾护农行动",推进社会主义新农村建设确定为全省工商工作的重中之重,出台了40条扶持"三农"发展的政策措施,进一步强化对涉农商品和农产品市场的监管,加强成品油、机动车、粮、棉、蚕等重要商品市场监管。培育和发展农村经纪人。2007年,进一步规范和优化农资经营主体,集中开展农资打假专项治理行动,加强流通领域农资商品质量监测,不断完善"红盾护农"长效监管机制等措施,在全省范围基本实现了"农资经营主体合格,农资经营行为规范,农资商品质量安全"的目标。2008年上半年,继续开展"红盾护农行动"打假保春耕等专项治理活动。

(二)各时期工作内容

1. 改革开放初期至经济体制改革全面展开时期

全省各级工商行政管理机关纠正了"文化大革命"以来限制、取缔集市贸易的做法,逐步放开对集市贸易的限制,扩大了商品上市范围,开放了工业品、家具花鸟鱼虫、小商品等专业市场。1983年,放开了农副产品批发市场、农机市场。至1985年,集市贸易空前活跃。1987年,全省采取多方筹集资金、多种形式建设市场的做法,初步摆脱了市场由工商局一家办,资金一家出,缺场地、少资

金的困难局面,加快了市场建设的步伐。1990年,市场管理工作发生了较大的变化:一是市场卫生面貌明显好转,县城以下市场的"脏、乱、差"问题得到了治理;二是市场经营秩序明显好转;三是市场设施不断完善。全省开展了创建文明集贸市场活动,有2 171处集贸市场达到了"五好"(管理好、宣传好、服务好、卫生好、秩序好)要求,其中被评为"全国文明集贸市场"的有34处,省级的有207处。

2. 建立社会主义市场经济体制时期

1993年至2002年,全省工商行政管理机关除认真抓好对消费品市场和生产资料市场的管理外,还会同有关部门强化对粮食、棉花、成品油、机动车、农资、种子、烟草、食盐等重要商品市场的管理,同时,积极拓展新的监管领域,对各类无形市场的管理进行了广泛的探索与实践。2001年,省工商局会同省精神文明建设指导委员会办公室开展了规范化文明市场的评选活动。至2002年底,全省共有70处市场被评为"山东省规范化文明市场"。

3. 完善社会主义市场经济体制时期

2003—2005年,全省工商系统开展集贸市场占道经营专项整治活动,取缔了一些违法违章市场。为打造山东省市场名牌,2004年底,省工商局、省文明办、省经贸委、省市场与经纪人协会联合开展"山东省三十强市场"评选活动。从2002年开始至2005年,积极推进农贸市场升级改造工作,2002年、2003年东营、烟台市率先开展了此项工作。2004年,省工商局分片召开了全省市场监管与升级改造现场会,作出统一部署,各地普遍对农贸市场进行摸底调查,找出重点,引导市场开办单位和省内外资金投资市场升级改造。在此基础上,抓好市场登记管理、市场长效管理制度建设、规范化文明市场创建、市场监督检查等项工作,强化商品交易市场管理。2005年底,对各类市场实行登记管理,登记各类市场(含生产要素市场)9 241处。从2003年起,在全省重点推行商品交易市场信用管理制度和市场属地监管责任制、市场预警制,同已推行的市场巡查

制、市场准入制和流通现代化等,共同构成山东省工商系统"五制一化"长效管理制度,并对各类市场实行了定岗位、定人员、定责任的全方位目标管理。2004年开始,重点推行市场农产品准入制度,建立起高致病性禽流感应急处理机制,开展了市场农产品统一监测工作和"红盾护农行动",并在全国首创了农资商品质量责任书制度和农资商品留样备案制度,全面实行了农资经营者信用管理制度,省工商局先后三次在国家工商总局召开的有关"红盾护农"会议上介绍经验。同时,在全省开展了以化肥、农药等农资商品检测为重点的农资市场专项整治,继续开展规范化文明市场创建活动,截至2005年底,山东省规范化文明市场总数达214处。

2006年,组织召开了全省工商系统推进社会主义新农村建设工作电视会议,省工商局制定印发了《关于充分发挥工商行政管理职能作用积极、推进社会主义新农村建设的意见》,从十个方面出台了40条扶持"三农"发展的政策措施。省政府领导参加会议并作了重要讲话。至年底,省工商局采取督导考核等措施,狠抓落实,全省工商系统服务"三农"工作取得显著成效,受到省委、省政府和国家工商总局领导的充分肯定。年内,将农资经营者信用管理在试点的基础上全面推开,在全国率先实行了"农资商品留样备查制度"。省工商局先后在国家工商总局举办的全国工商系统市场规范管理培训班和推进社会主义新农村建设经验交流会上做了典型发言。培育和发展农村经纪人工作取得新的进展,全省共发展各类农村经纪组织1.3万余户,农村经纪执业人员近2万人,年经纪业务量达270亿元。

2007年,省工商局举办了全省工商系统推进社会主义新农村建设成果展。继续深入开展"红盾护农行动",采取集中开展农资打假专项治理行动、加强流通领域农资商品质量监测和不断完善"红盾护农"长效监管机制等项措施,"红盾护农行动"得到较好的落实。同时,加大市场农资和食用农产品质量检测力度。先后于4、7、9月份,在全省范围内分别开展了农资、茶叶商品质量定向监测和对蔬菜、肉类及水产品等4大类农产品的抽样快速检测。通报了农资监测情况,曝光了48个不合格产品和2007年以来全省工商系统查处的"打假护农保春耕"十大典型案例,并向广大消费者发出消费警示。10月,省工商局下发《关于加强流通领域食用农产品质量安全监管的意见》,提出建立完善流通领域食用农产品质量安全监管"五项机制",即准入机制、预警机制、信用机制、整治机制和责任追究机制。

2008年上半年,全省工商系统根据总局和省工商局部署,积极开展"红盾护农保春耕"专项行动,严厉查处制售假冒伪劣农资坑农害农行为。省工商局开发了"流通领域农资、成品油及食用农产品质量监管预警系统",并选择潍坊、莱芜、聊城进行了试点。通过这一系统整合农资质量监测、信用记录、预警警示和市场巡查等信息,实现了农资市场监管的规范化、动态化和智能化。4月底,省工商局在全国工商系统"红盾护农"与抗灾减灾保春耕工作会议上介绍了经验。截至4月底,全省工商系统在专项行动中共取缔无照经营农资业户676户,捣毁制假售假窝点14个,查处农资案件1 583件,案值2 570.75万元,查获不合格化肥124吨、农药8 389瓶、种子39 448公斤、农膜403公斤,受理农资销售投诉388件,为农民挽回经济损失2 570万元。截至5月底,全省农村经纪人发展到12.8万户,从业人员15.6万人。

(三)各时期工作成就

1. 改革开放初期至经济体制改革全面展开时期

各级工商行政管理机关积极兴办和鼓励兴办农村集贸市场和专业批发市场,至1990年,全省已有各类市场6 674个,开办市场已经成为部分市、地的支柱产业。

2. 建立和完善社会主义市场经济体制时期

山东省各级工商行政管理机关解放思想,更新观念,正确引导,强化管理,采取一系列鼓励扶持政策,市场建设和发展都上了一个新台阶。1996年后,面对新的市场发展形势,全省各级工商行政管理机关不断探索新的管理方式,先后建立并不断完善了市场巡查制、行政不作为追究制、市场预警制、肉类市场管理"一证一卡"制(肉类市场准入证、肉类商品准入卡),其中,市场巡查制、行政不作为追究制作为山东首创,在全国进行了全面推广;开拓了要素市场和特种市场管理空间。充分利用工商行政管理机关的登记、办案等多种职能,监管要素市场。规范了对经纪人的培训与管理;对市场秩序进行了整顿。1999年后,全省工商行政管理机关加大了对市场的整治力度,先后开展了"两整顿"、整顿和规范市场经济秩序、集贸市场专项整治、加油站专项整治工作,取得了明显的成效;探索实施了市场长效管理制度建设的经验,开展了"五制一化"建设,在防"非典"和高致病禽流感期间,强化市场监管,在全省推行市场农产品准入制度,加大对食用农产品的监测力度,在全省工商系统建立完善市场重大突发事件应急处置运行机制,推进了市场规范化管理的深入开展;探索实施了农资市场管理新举措,如"两账两票、一卡一书一留样"制度(农资商品信用卡、农资商品质量责任书、农资商品留样备查),国家工商总局在全国予以推广。截至2006年,全系统共投资1 900多万元,配备农产品质量监测车61辆、检测仪器700多套,建立农产品质量检测室76处,引导617处市场建立了农产品检测室或简易速测点,全省所有的大型商场和超市、90%以上的大中型食品经营企业,都建立了各种自律制度。

(四)主要工作统计数据

进入建立社会主义市场经济体制时期,市场的数量、规模和效益迅速增长,截至1997年底,山东省的市场数量达8 970个,排名全国第一;超亿元市场总数293处,列全国第一;农村市场总数7 357处,列全国第一;消费品市场总数8 497处,列全国第一;城市商品市场成交额1 548亿元,列全国第一。另外,超10亿元的市场25处,超100亿元的市场2处。在全国43项统计指标中,山东省进入前三名的共23项,其中市场11

项。1997年,山东省消费品零售额944.5亿元,占社会商品零售总额的41.1%,1997年商品交易市场为广大消费者提供的主要农副产品达3 438万吨。至2002年底,全省的商品交易市场达9 595处,成交额4 021亿元;经纪机构15 768户,30 072人获得经纪人资格,经纪业务量75亿元。2005年底,临沂批发城、寿光蔬菜批发市场等30处市场被命名为"山东省三十强市场"。至2005年底,全省商品交易市场达9 184处,年成交额超亿元市场386处,其中,消费品市场283处,生产资料市场103处。超10亿元的64处,超20亿元的29处。全省登记各类经纪人15 727户,持证经纪从业人员26 455人,年经纪业务量161.5亿元,其中,各类农村经纪组织1.1万户,农村经纪执业人员1.6万人,年经纪业务量66亿元。2005年,全省共查处农资市场违法案件2 433件,案值4 542万元,罚没款755万元。2007年,全省共查处各类市场违法违章案件59 690件,罚没款2 839万元。2008年上半年,全省共查处各类市场违法违章案件18 475件,罚没款1 216.51万元。

八、合同监督管理

(一)监督管理概况

1979年,山东省各级工商行政管理机关恢复对经济合同的管理。主要任务是:对工业部门与商业部门之间、农业部门与商业部门之间、不同商业部门之间的合同进行管理。

1982年7月1日,《经济合同法》开始实施。根据国务院批转的《国家经委、国家工商局、国务院经济法规研究中心关于对执行经济合同法若干问题的意见的请示》的规定,山东省各级工商行政管理机关开始对各类经济合同进行统一管理。主要任务是:指导和督促有关部门管理好本系统的经济合同,监督、检查经济合同的订立和履行,确认无效经济合同,查处违法经济合同,调解、仲裁经济合同纠纷。1995年开始,对抵押合同进行登记管理。

20世纪80年代至90年代前期,经济合同监管工作主要是围绕帮助企业走上市场而开展的,整个监管工作一直处在发展时期。1993 年,国家工商局撤销合同司,但山东省克服了职责调整、机构变化等一系列困难,通过加强地方立法等措施,保留了经济合同管理机构,稳定了队伍,使合同监管工作保持了总体平稳局面,为稳定山东的经济秩序做出了应有的贡献。

20 世纪 90 年代后期至 2008 年 6 月,合同管理重点围绕"守合同、重信用"活动的开展、企业抵押物登记、拍卖活动监管、企业信用管理、合同帮扶以及"订单农业"的推行等项内容开展工作。

（二）主要工作和成就

1. 重视加强地方立法,促进合同监管的法制化

1988 年 4 月,省政府颁布《山东省经济合同管理暂行规定》,这是山东省有史以来第一个经济合同管理的地方性规章,该《规定》确立了经济合同管理体制和凭《法定代表人证明书》或《法人授权委托书》签订经济合同等经济合同管理制度。1993 年 9 月2 日,新修订的《经济合同法》颁布实施,省工商局积极争取合同监管地方立法,1994 年6 月,经省人大常委会通过并颁布了《山东省经济合同管理条例》。1996 年,省工商局又按照立法程序,协助省人大对原《条例》进行了重大修改,省人大常委会通过了新修订的《山东省经济合同监督管理条例》,为山东的合同监督管理提供了重要的法律保证。此《条例》已于 2002 年经省九届人大常委会第二十六次会议废止。1997 年 5 月 19 日,省工商局下发《关于〈山东省企业财产抵押登记档案管理办法（试行）〉的通知》;2003年 7 月 24 日,省工商局印发《山东省企业动产抵押登记档案管理办法》,进一步规范了企业财产抵押登记档案的管理。

2. 不断加大合同监管力度

《合同法》颁布前,除国家统一的示范文本以外,山东自行统一合同文本 20 余种。《合同法》颁布后,鉴证各类合同 2 603 余万份,鉴证金额 10 181 亿元,为企业避免经济损失 80.3 亿元。查处违法合同案件 6 750余件,违法金额 15.6 亿多元,罚没金额 762

万元。至 2008 年,全省推行的国家工商总局单独或联合有关部门发布的示范文本 40种,由省工商局和有关部门联合发布的全省统一合同文本 6 种。自 1996 年 7 月《拍卖法》颁布实施后,全省工商系统开始逐步加强拍卖交易活动的监管,担负起拍卖主体注册登记、对拍卖交易行为实行监督管理、查处违法拍卖行为的职责。1997 年,在全省范围开展了拍卖企业清理整顿工作,至 2005年底,全省共有拍卖企业 226 家。自 1995年 10 月 1 日颁布实施的《担保法》,赋予工商机关登记企业动产抵押物的职责,全省各级工商行政管理机关不断加强企业动产抵押物登记工作。2006 年,为避免涉农企业利用优势地位,制定不平等条款损害农民利益问题的发生,各级工商机关严格把关,认真审查,把涉农企业承诺的各项服务性内容全部纳入合同文本中,有效制止了"霸王合同"的发生。全省工商系统加大了对合同示范文本的规范,特别是对蚕茧收购、蔬菜收购、粮棉收购合同文本进行了规范。年内共规范检查涉农合同 86.54 万份,保护了"订单农户"合法权利,提高了合同履约率。全省工商系统加大了对"订单农业"合同监管的力度,全年共查处涉农案件 276 起,为农民挽回损失 704 万多元,罚没款 76 万元,保护了广大农民的合法权益。全省共查处合同案件 1 076 件,违法金额 5 949.94 万元。2007 年,加大了查办合同违法案件的力度,全省共查处合同案件 1 016 件,违法金额1.04 亿元,其中罚没款金额 469.94 万元。2008 年上半年,全省查处合同违法案件 311件,罚没款金额 156.45 万元;对"订单农业"中使用的各类格式合同存在的条款不规范、不统一的问题进行了规范,共规范格式合同文本 16 个种类,防止"霸王合同"损农害农;共指导农民签订订单 282 700 份,调解涉农合同纠纷 360 起,涉案金额 2 252 万元。

3. 加强对企业合同管理的指导,规范企业的签约行为

一是重视加强对行业主管部门的业务指导。省工商局坚持每年召开 1 ~ 2 次省直业务主管部门会议和合同管理现场会,研究

部署任务,推广先进经验。各地工商行政管理机关也利用多种形式与当地业务主管部门建立业务指导关系。二是不断推动企业的合同管理。1993 年以后,省工商局在继续强调合同管理机构、人员和制度三落实的基础上,又对企业提出了实现经济往来合同化,订立履行程序化,合同文本统一化,纠纷处理法律化,管理制度标准化,合同管理与生产经营管理一体化,台账、档案规范化,管理手段现代化等"八化"要求。三是广泛开展对企业合同管理人员的法律法规知识培训,实行凭合同管理资格证书上岗制度。1992 年开始,山东省各级工商行政管理机关一直重视对企业合同管理人员的知识培训工作,仅 1999 年就举办培训班 400 多期,培训企业法定代表人、经理及合同管理人员达 55 067 人次。2000 年至 2005 年,全省各级工商机关每年都举办企业法定代表人、经理及合同管理人员合同法律法规培训班。2007 年,全省共举办省、市两级"守合同、重信用"企业法律、法规培训班 128 场次,培训企业经理和企业合同管理人员 32 400 多人次。

4. 开展"守合同、重信用"活动,加强企业信用管理

1985 年,省工商局等七个部门联合下发了《关于开展重合同、守信用企业活动的通知》,从此,山东各地开始进行"重合同、守信用"企业评选活动。1991 年后,全省各级工商行政管理机关对该活动不断加以改进、完善。截至 2002 年底,全省共有全国"重合同、守信用"企业 29 家,省级和市地级"重合同、守信用"企业约 1 万家。至 2005 年底,拥有全国"守合同、重信用"企业 210 家,省级"守合同、重信用"企业 2 870 家,市级"守合同、重信用"企业 6 773 家。2006 年,完成了省、市两级"守合同、重信用"企业的年审工作。参加年审的 2 883 家省级"守合同、重信用"企业中,有全国"守合同、重信用"企业 210 家。2 779 家通过年审保留了"守合同、重信用"企业称号,其中全国"守合同、重信用"企业 209 家。同时,推行了企业信用建设试点,引导帮助企业建立和完善内部信用管理制度。加强企业信用信息档案及数据库建设,实行企业信用信息记录制度和披露制度。2007 年至 2008 年上半年,向国家工商总局推荐并公示了 69 家全国"守合同、重信用"企业。在 2007 年年审中,根据《山东省守合同、重信用企业认定管理办法》,撤销了 149 家企业的"守合同、重信用"企业荣誉称号。2008 年上半年,对原有的 3 383 家省级"守合同、重信用"企业进行了年审,同时新认定 393 家省级"守合同、重信用"企业。

5. 广泛推行农副产品购销合同制,帮扶"订单农业",促进农业市场化

根据 1993 年中央农村工作会议精神,为加快山东农业市场化的进程,省工商局先后推广了泰安市郊区,潍坊市诸城、安丘,临沂苍山等地推行农产品购销合同制,帮助农民走向以经济实体为龙头、以农业产品合同为纽带的"公司＋农户"的农副产品购销合同流通体制。2003 年初,省工商局开始在全省工商系统提出发挥工商机关"合同帮扶"职能,大力发展"订单农业"的工作思路,全省各地工商机关积极探索发展"订单农业"的新路子。2004 年 12 月,省工商局在诸城市召开了全省实施"合同帮扶"工作,促进订单农业发展经验交流会,全面部署了"帮扶订单农业"的工作目标、任务和落实措施。2005 年,省工商局采取培育扶持一批具有竞争优势和较强带动能力的农业龙头企业,引导龙头企业利用广告、商标战略提高市场竞争力,开展"守合同、重信用"活动,实施"红盾护农"行动等项措施,推进"订单农业"的顺利发展。2006 年,继续帮扶"订单农业"发展,服务社会主义新农村建设,年内,加强对涉农订单的咨询服务和签约指导,全省工商系统为涉农企业和农户举办法律法规培训班 1 053 期,培训 7.7 万多人次,同时,各级工商机关在"订单农业"相对集中的乡镇设立了合同调解委员会,在种植、养殖基地配备了专(兼)职合同调解员,及时调解和化解涉农合同纠纷,促进了"订单农业"的顺利发展。全省工商系统共调解农产品合同纠纷 1 701 起,涉及金额 3 204 万元。年内,全省工商系统确定了 480 多家规模较大的涉农龙头企业作为帮扶对象,通过重点帮扶,发挥典型示范效应,带动千家万户走上"订单农业"之路。6 月,国家工商总局在烟台市召开了全国部分省市推进"订单农业"工作研讨会,推广了山东的经验。截至年底,全省"订单农业"种植面积发展到 2 400 多万亩,订单农户发展到 286.6 万户,涉农龙头企业发展到 2.7 万多家,签订各类农业合同订单 180 多万份,涉及经营额 563.43 亿元,履约率达 86%。对此,省政府领导在省工商局"关于发挥工商职能作用积极帮扶订单农业发展的情况报告"上作出批示:"我省工商系统开展的帮扶'订单农业'活动,对促进农业市场化进程,促进农民增收,对密切城乡关系、干群关系都发挥了很好的作用。同时,也提升了工商系统的形象,是各级政府满意、农民欢迎的好事。希望继续发挥工商系统的职能作用,进一步提高活动的实效。"2007 年至 2008 年上半年,规范了"守合同、重信用"农户的认定标准。截至 2007 年 11 月底,全省共认定"守合同、重信用"农户 1 331 户;规范格式合同文本 16 个种类。开展了涉农合同纠纷的调解工作,为"订单农业"的发展保驾护航。年内,共指导农民签订订单 532 759 份,调解涉农合同纠纷 736 起,涉案金额 7 652.5 万元。2008 年上半年查处合同案件 311 起,罚没款 123.26 万元。

6. 开展经济合同纠纷仲裁工作,解决了大量纠纷

山东省各级工商行政管理机关从 1980 年底开始行使合同仲裁职权。各级合同仲裁机构调解仲裁了大量的合同纠纷,为保护当事人的合法权益,维护市场经济秩序做出了贡献。1989 年,山东的经济合同仲裁件数出现历史性突破,居全国之首。至 1994 年 9 月 1 日《仲裁法》实施止,各级工商行政管理机关仲裁委员会共处理合同纠纷案件 19 万多件,解决争议金额 31 亿多元。按照《仲裁法》的规定,各级工商行政管理机关仲裁委员会积极配合政府进行了仲裁制度改革,保证了仲裁工作的平稳过渡。至 1995 年 9 月

1 日,山东省各级工商行政管理局所设仲裁委员会全面终止工作,圆满完成了历史使命。

7. 开展抵押合同登记管理

1995 年,山东省各级工商行政管理局依法和授权,开始对企业动产和厂房等建筑物进行抵押登记。仅 2001 年,山东省通过抵押登记就为企业获得了 500 多亿元的资金。1997 年至 2002 年,全省共办理抵押合同登记 93 553 份,抵押物价值 3 623.1 亿元。自 1999 年至 2002 年,动产抵押登记金额连续 4 年列全国第三位。2003 年至 2005 年,全省共办理企业财产抵押合同登记 20 018 份,抵押物价值 2 784.9 亿元。2003—2005 年,抵押物登记合同数量列全国第四位。2006 年,全省共办理企业动产抵押物登记 6 395 份,抵押物价值 193.98 亿元,主债权 97.6 亿元。2007 年,全省共办理动产抵押登记 6 023 件,抵押价值 1 224.3 亿元。截至 2008 年 5 月底,全省共办理动产抵押登记 2 111 件,抵押价值 410.78 亿元,主债权 198.22 亿元。

8. 加强拍卖企业的监管,规范拍卖市场秩序

2001 年,国家工商总局发布了《拍卖监督管理暂行办法》,截至 2004 年底,山东省各级工商行政管理机关监督委托拍卖 24 208 份,拍卖金额 291.96 亿元。2005 年,全省拍卖企业平均拍卖金额达 1 916.2 万元,查处违法拍卖案件 7 件,违法金额 119.1 万元。2006 年 11 月 10 日起,将在省工商局登记的 57 户拍卖企业委托所在地市工商局实施拍卖活动属地监督管理。截至年底,全省共有拍卖公司 247 户。2007 年,全省共监拍 1 863 场次,成交金额 16.3 亿元。2008 年上半年,全省共监拍 878 场次,成交金额 3.56 亿元。

九、消费者权益保护

1986 年 9 月 23 日,山东省消费者协会成立。此后,各地消费者组织不断发展壮大。省和各地消协紧紧围绕消费者普遍关心的热点和难点问题,大力宣传普及与消费相关的法律法规,积极引导科学合理消费,省消协作

为全国消协系统唯一单位,获得由农业部等四部门授予的"共筑诚信——维护农民消费权益·特别贡献"奖,并在中消协组织的"工作创新奖"评选活动中荣获一等奖。

2004年5月,省工商局消费者权益保护处成立,同时挂"12315"申诉举报中心的牌子,负责指导全省工商系统"12315"申诉举报中心的建设、日常运转和数据汇总分析。全省各级工商行政管理机关先后建立了消费者权益保护机构。2005年1月,省工商局在即墨市召开全省工商系统"12315"进农村工作现场会,推进全省工商系统农村"12315"申诉举报联络站建设,在全省统一了联络站名称、标牌式样、工作职责、文书格式(四统一)。至2008年6月底,全省农村基本实现了农民小额消费申诉不出村。

(一)明确职责和任务,确立消费者权益保护的工作方向

1994年1月1日《消费者权益保护法》实施前,山东省各级消协的任务和职责主要依据《山东省消费者协会章程》和《山东省保护消费者合法权益条例》。《消费者权益保护法》实施后,消费者协会依照法律赋予的职责、任务开展各项工作。

2002年至2008年6月30日,按照国家赋予的职能,全省各级工商机关以流通领域商品质量监管为主线,以食品安全为重点,逐步建立起工商监管、企业自律、社会监督三位一体的流通领域商品质量监管体系和食品安全保障监控体系。

(二)积极推动建立各级组织,在山东省形成遍布城乡的消费者保护组织网络和行政监督管理机构

山东省消费者协会成立后,积极指导和推动各地建立健全消协组织。1988年7月20日,省编制委员会批准省消协机构单列,编制15人。1994年,省政府将省消协划定为全额拨款事业单位。截至2001年底,山东17个市(地)、157个县(市、区)均成立了消协,并在乡镇、街道建立消协分会2 500个,在农村、市场、企业、学校等建立消费者指导站、联络站、投诉站2.95万个,设联络员2万多人,形成了遍布山东城乡的保护消

费者合法权益的组织网络。为更好地发动广大消费者投身保护消费者合法权益工作,省消协自1993年开始发展会员,全省发展会员总数由1994年的6万人(户)增至2000年的450万人(户);1999年,在省直单位建立了22个会员工作站,发展会员3 500人。在发展会员的过程中,全省涌现一大批保护消费者合法权益的志愿者。2001年,全省志愿者达1 468名。其中,省消协在省人大代表、省政协委员中发展志愿者32名,改善了志愿者队伍的人员构成。2003年,省工商局设定省消协机构为"六部一中心",即,综合保障部、组织联络部、宣传教育部、消费指导部、投诉事务部、信息咨询部和法律支持中心。2005年3月,省消协成立"省消协律师团",聘请26名优秀律师为律师团成员。

2002年至2008年6月30日,省工商局及全省各市、县(市)局、分局,陆续成立了消费者权益保护机构,建立健全了"12315"农村申诉举报联络站,至2006年9月底,全省共有5.6万多个行政村、4 300多个社区、2 300多个商场、1 100多个学校、200多个景点建立了"12315"申诉举报联络站(点)。从2005年5月开始,全省大力加强流通领域的食品安全保障监控网络建设,至2005年底,全省各级工商机关设立(市、县〈市区〉的重点名优食品生产企业、县级以上食品批发市场和城乡结合部等重点区域的食品经营场所分级建立食品安全保障监控点)三个层面的食品安全监控点1 700余个。截至2008年6月30日,在健全"一会两站"(消费者协会、消费者申诉举报站和消费者投诉站)的基础上,全省各级消协组织在监测检验机构设立了消协投诉站。

(三)认真受理消费者申诉、举报和投诉,保护了广大消费者的合法权益

1995年10月14日,省消费者协会成立了受理消费者投诉中心,共设立2 000余部尾数为"315"的投诉举报电话,推行了受理投诉服务承诺制度。至1995年底,遍布城乡的"315"投诉举报网络形成。1999年开始,先后在省农业厅、省农机局、济南市电信局成立了电信、农机、种子投诉站。全省各

级消协共建立专业投诉站 24 个。2001 年，帮助有关市在消协成立了消费争议仲裁机构，全省成立消费仲裁机构 11 个。2001 年 9 月 28 日，省消协会同省法律援助中心成立了山东省消费者法律支持中心。至此，五条解决消费争议的途径在全省全部畅通。2000 年至 2005 年，全省各级消协受理消费者投诉 44.26 万件；为消费者挽回经济损失 4.02 亿元。2006 年，全省各级消协受理消费者投诉 7.15 万件，处理投诉 6.73 万件，为消费者挽回经济损失 3 380 万元。2007 年，全省各级消协受理消费者投诉 6.3 万件，为消费者挽回经济损失 4 512 万元；2008 年 1—6 月，全省各级消协受理消费者投诉 29 683 万件，为消费者挽回经济损失 1 897 万元。

截至 2005 年底，全省各级工商局消保机构共受理消费者申诉 261 161 起、举报 3 万起，为消费者挽回损失 1.9 亿元。2006 年，加强了"12315"申诉举报网络平台建设，受理消费者咨询、申诉、举报 2 400 余件，在各大媒体发布消费警示 82 篇。2007 年，全省各级工商机关"12315"机构共受理消费者咨询、申诉、举报 281 934 件，其中咨询 236 918 人次，申诉 33 966 件，举报 11 050 件。受理申诉案件中，争议金额 1 733 万元，加倍赔偿金额 7 123 万元；为消费者挽回经济损失金额 2 418 万元。2008 年上半年受理申诉案件 18 919 件，为消费者挽回经济损失金额 2 736 万元。

（四）深化对商品和服务的社会监督，积极为消费者营造良好的消费环境

省消费者协会主要采取以下几种方法开展社会监督：1. 对日常生活用品进行经常性检查；2. 对节假日、季节性商品进行超前检查；3. 对消费者反映强烈的问题进行重点检查；4. 组织消费者对商家、厂家进行评议。2001 年，省消协将"揭谎治谎月"活动作为一项制度固定下来，将每年的 8 月确定为"揭谎治谎月"，发动全省消费者对虚假违法宣传予以揭露，并提请有关部门予以治理，推动了广告市场秩序的好转。从 1995 年开始至 2006 年，省消协会同省工商局、省技术监督局等有关部门开展了六届消费者满意单位评选活动。

（五）广泛开展宣传教育，努力提高广大消费者的自我保护能力

1. 大力开展"3·15"国际消费者权益日纪念活动

山东省从 1991 年开始每年都开展"3·15"国际消费者权益日纪念活动。从 1997 年起，全省各级消协按照中消协确定的年主题加大宣传力度，"3·15"纪念宣传由初期的咨询服务活动发展为气势恢宏的年主题活动。

2. 充分发挥新闻媒体的宣传优势

通过在报刊、电视台、电台等开办专题讲座，开设专门栏目，开辟投诉热线，设立投诉窗、曝光台等形式，广泛宣传保护消费者权益的法律法规和消费知识。

3. 编写有关书籍

省消费者协会先后组织编写了《吃穿用——消费品的选用与鉴别》、《保护消费者合法权益基本知识问答》、《生活方式红绿灯》、《生活中的 1000 个小窍门》等十几本书籍。

4. 开展形式多样的消费教育

1989 年，滕州市消协西岗分会在全国率先建立了第一批农村消费者指导站，并很快在山东范围推广开来。1992 年，乳山县消协在全国率先开办了农村消费夜校，省消协及时总结推广，《中国消费者报》等报刊作了详细报道。至 1999 年底，山东有 30 多个县级消协在中小学校开办了消费教育课。至 2008 年上半年，全省各级消协普遍开展了消费教育进学校、进商场、进农村、进社区活动。

5. 组织评选"3·15"好新闻

自 1997 年起，省消协、省记协每年都开展"3·15"好新闻评选活动，对评为山东省"3·15"好新闻的作品及作者进行大张旗鼓地表彰奖励，有力地调动了新闻工作者保护消费者合法权益的积极性。

6. 大力表彰先进，树立维权典型

2004 年 5 月，省消协开展"山东省 3·15 奖章"评奖活动，30 人被授予"山东 3·15 金质奖章"，150 人获"山东 3·15 荣誉奖章"。2005 年 2 月，省消协开展"优秀 3·15 志愿

者"评选活动,表彰了 17 名全省"优秀 3·15 志愿者"。2007 年 10 月 15 日,省人民政府表彰了 60 个保护消费者合法权益先进单位。

7. 开展商品比较试验,引导科学消费

2001 年,省消协把国际消费者组织惯用的引导消费手段——商品比较试验工作引入到工作中。截至 2008 年 6 月 30 日,分别开展了对牛奶、面粉、啤酒、洗发水和火腿肠、蜂蜜等商品的比较试验,受到消费者的好评。同时,省消协加强消费警示制度建设,通过各类媒体向广大消费者发布消费警示。仅 2006 年,全省各级消协发布消费警示就达 300 余条。

(六)加强流通流域商品质量监管

2003 年 12 月,根据国务院文件精神,省编委批准省工商局负责流通领域商品质量监督管理,自此,全省各级工商行政管理机关依法履行流通领域商品质量的监督管理职能。2004 年,省工商局在淄博市召开全省流通领域商品质量监管工作现场会,确定了"突出重点、创新模式、关口前移、依法监管"的流通领域商品质量监管工作思路,在全省陆续开展了食品安全监管和商品质量监测工作,加强了食品安全监管组织制度和食品安全社会监督网络建设,组织开展了食品安全专项整治和商品质量监测。至 2007 年底,全省各级工商机关建立起 16 项食品安全监管和企业自律制度,查处无照经营户 9 000 余户,捣毁制假售假窝点 443 个,查处制售假冒伪劣食品案件 3 224 起,案值 925 万元,罚没款 452 万元。2006 年,全面开展了食品经营行为和主体资格专项整治工作,全省系统共检查食品经营主体 18 万余户,查处无照经营 3 065 户,查处制售假冒伪劣食品和无证无照违法经营案件 2 258 件。年内,在全省县级以上食品批发市场、县级以上名优食品生产企业和城乡结合部等重点区域的食品经营场所建立了 3 000 余个食品安全保障监控点。截至 2006 年,选择与农村群众日常生活密切相关的酱腌菜、酱油、葡萄酒和干制水产品等 10 多个商品进行了三次质量检测,并将检测结果通过各种媒体向社会公示。2007 年,深入贯彻落实温家宝

总理批示精神和国家工商总局关于开展农村食品市场整顿年的工作部署,在试点的基础上推行农村食品市场"四项制度",即,一户多档制、实名登记制、证明登记制、标牌公示制,并取得显著成效。7 月 18 日,温家宝总理对山东省工商局的"四项制度"做出重要批示,予以肯定。9、10 月份,国家工商总局周伯华局长等有关领导先后对山东省农村食品市场监管"四项制度"推行情况给予了高度评价。按照国务院和国家工商总局领导的指示精神,省工商局制定了《山东省工商系统食品市场监管"四项制度"工作规范》,10 月,经省政府同意,印发山东省各市、县级政府,将"四项制度"在全省城乡食品市场全面推开。年内,全省各级工商机关进一步加大流通领域商品质量监测力度。1—10 月,全省工商系统共开展各类商品质量监测 60 余次,共监测商品 3 625 个批次,合格商品 2 682 个批次,总体合格率为 73.99%。共查处制售假冒伪劣和侵害消费者权益案件 2 416 件,案值 2 507 万元。同时,突出重点区域、重点市场和重点品种,有针对性地部署市场专项检查。截至 10 月底,全省工商系统共检查各类市场 1.6 万处,查处制售假冒伪劣商品案件 1 150 件,解决无照经营 1.1 万户,其中取缔乡镇政府所在地及县城以上城市无照经营食品的小商店、小食杂店、小摊点 5 800 余户,捣毁制假售假窝点 122 个,销毁不合格和假冒食品 14 600 余公斤。2008 年上半年,"12315"申诉举报网络建设取得新进展,在全省工商系统推行了"12315"申诉举报指挥中心集中受理工作机制,9 个市实现了集中受理模式。全省各级消保机构查处侵害消费者权益案件 1 199 件,罚没款 598 万元;查处制售假冒伪劣商品案件 1 225 件,罚没金额 694 万元,其中查处流通领域涉嫌食品安全违法案件 450 件。

附:

山东省工商行政管理局
历任局长、党组书记

王逸民,1979 年 12 月至 1981 年 4 月任

党组副书记、副局长（主持工作）；韩西琦，1981年4月至1986年12月任局长、党组书记；黄克仁，1986年12月至1992年2月任局长、党组书记；成希瑛，1992年4月至1996年6月任局长、党组书记；宋君美，1996年6月至1996年12月任党组成员、副局长（主持工作）；张仁敬，1996年12月至2003年4月任局长，1996年12月至2002年12月任党组书记；李华理，2003年4月至2008年6月任局长，2002年12月至2008年6月任党组书记。

（执笔人：段连友）

第十六章　河南省工商行政管理局

第一部分　（1949—1978）

第一节　河南省工商行政管理发展概况

1949 年 5 月,河南省人民政府成立,原中原临时人民政府财经部第三处(工商处)改为河南省人民政府工商厅,为全省工商贸易合作的领导机构。内设行政科,负责工商行政与市场管理。1950 年 10 月,成立商业厅,内设行政科,主管工商管理工作。1956年,商业厅内设机构改科为处,设市场管理处负责工商管理工作。

1963 年 4 月,河南省人民委员会第 27 次会议决定成立河南省工商行政管理局,局内设办公室、市场管理处、对私改造处、商标管理处(后改称企业行政处)。从当年开始,河南省各级工商行政管理机构陆续建立。

1969 年,受"文化大革命"影响,河南省工商行政管理局被撤销,业务交由河南省革命委员会商业局管理。各地、市、县的工商行政管理机构分别并入商业局、财税局、供销社等单位。没有撤并的改为市场管理委员会或市场物价科。

1978 年 9 月,国务院决定恢复工商行政管理总局,同时要求地方建立各级工商行政管理机构。河南省各地、市、县陆续恢复与建立工商行政管理局。

中华人民共和国成立后的国民经济恢复时期,河南省工商行政管理的主要任务是管理私营工商业,以行政手段稳定市场物价,打击投机商业;调整公私关系,恢复发展生产;组织物资交流,活跃城乡市场;没收官僚资本,壮大国营经济。社会主义改造时期,河南省工商行政管理的主要任务是贯彻党在过渡时期的总路线,运用企业登记、市场管理、经济合同管理、指导工商业联合会及摊贩联合会、统筹安排加工订货、协调公私关系等行政职能,促进对私营工商业社会主义改造的进行。

1956 年以后,社会主义公有制经济已确立,实行行业归口管理,统一计划指导,河南省工商行政管理的监督管理作用逐渐减弱。1961 年国民经济贯彻"调整、巩固、充实、提高"的方针后,工商行政管理工作有了新发展,河南省放宽政策,活跃市场,恢复城乡集市贸易和个体经济,整顿经济秩序,加强市场管理,保护正当生产经营,打击投机倒把活动。

"文化大革命"期间,河南省工商行政管理机构相继撤并,企业登记和商标注册工作停止,市场管理和打击投机倒把工作被"群众专政"或"民兵指挥部"代替,在全省用阶级斗争的方法管理市场,个体商贩作为"资本主义尾巴"被割掉。工商行政管理工作陷于瘫痪。

第二节　河南省工商行政管理局工作成就

一、查处经济违法违章案

新中国成立初期,河南省政府采取措施稳定物价,打击从事投机倒把活动的私营工商业资本家,安定了民心,保证了国民经济的恢复与发展。1953 年,为促进对私营粮、油行业的社会主义改造,全省各级工商行政管理部门取缔私商粮行 9 044 个,设立粮食交易所 115 个,服务部 1 992 个。同时加强了对棉花、油料、烟叶、畜产品的管理。1955年,为促进对资本主义工商业改造的顺利进行,省人民政府规定对 14 种破坏国民经济、扰乱市场秩序的行为,按投机倒把论处。

1958—1963 年,一些不法分子利用"大跃进"和自然灾害造成的经济困难,大量倒卖生产和生活资料的投机倒把活动急剧增加。1961 年 4 月,河南省人民委员会发布《河南省关于处理违反集市贸易管理的暂行办法》,对投机违法分子分别予以处理。1962 年,全省查处经济投机违法案件166 719起,罚没款28.9万元,送司法机关依法惩处 390 人。1963 年 6 月,贯彻中共中央、国务院《关于严格管理大中城市集市贸易和坚决打击投机倒把的指示》精神和全国工商行政管理工作会议精神,中共河南省委、省人委制定了《加强集市贸易领导和管理的若干规定》,确定了经济检查工作打击的重点。1963 年,全省查获投机倒把案件145 103 起,非法获利 2 548 万元,补税罚款1 162.5 万元,送司法机关依法处理 347 人。1964 年全国开展"社会主义教育"运动以后,省内大多数县、市都成立了以县、市委书记为首的打击投机倒把领导小组,大规模处理典型案件。1966 年,投机违法活动有很大收敛,但正当的经营活动受到了较多限制。据全省 31 个重点集市统计,当年上半年查处投机违法案件 14 359 起,较 1965 年同期减少 46.4%,其中投机倒把案件 2 065 起,较 1965 年同期下降 61.8%。"文化大革命"期间,各级工商行政管理机关被撤并,许多地方成立了打击投机倒把办公室或"群众专政指挥部",管理过严、限制过死、打击过宽的现象相当严重。

二、内资企业监督管理

1949 年 6 月,河南省人民政府发布《营业证领取暂行办法》。1950 年 6 月,对 14 个市、县进行了城镇工商业普查登记,普查结果:工业企业 136 户,手工业 11 767 户,商业17 736 户。

1953 年 7 月,为配合私营工商业的社会主义改造,对全省私营工商业进行了普查登记。普查结果:河南省有私营工业 3 390 户,从业人员 47 575 人;各类私营商业 300 675户,从业人员 437 634 人;独立手工业、农业兼手工业和 10 人以下小型工业从业人员共计 1 171 846 人;私营运输业从业人员约 9万人。根据国家严禁私商私自经营统购统销商品的政策规定,普查登记中,河南省各级工商行政管理部门通过企业登记,大力限制私商的发展。1956 年河南省社会主义改造基本完成之后,建立了社会主义公有制为主的经济基础,国营、集体工商业实行行业归口管理,工商企业一般不再登记,多数地方将工商行政管理部门进行撤并。这时的工商业登记只限于少量的个体工商业。

1962 年国务院发布了《工商企业登记管理试行办法》。1963 年 8 月,根据河南省人民委员会制定的《关于加强工商企业登记管理工作的几项规定》,市、县工商行政管理部门以市人委的名义颁发证照,全面开展工商企业登记工作。采取先个体、再集体、后全民的步骤,1963 年底基本结束。据全省13 个市的统计,共有工商业 22 895 户,从业人员 503 408 人。其中全民工商企业 1 939户,从业人员 341 060 人;集体企业 5 747户,从业人员 145 566 人;个体工商业 15 209户,从业人员 16 782 人。这次登记,巩固了国民经济调整的成果,明确了企业的生产经营范围,限制了生产经营上的盲目性,把各类工商企业的发展服从于国民经济规划的总体要求。同时,规定消防器材、无线电通信器材、电器、中药、西药、饮食、旧货、寄卖、旅馆等生产经营企业列为特种行业,开业须经公安、卫生等相关部门核准,发给许可证。

三、个体私营经济监督管理

1950 年 6 月,河南省对 14 个市、县进行了城镇工商业普查登记,有个体工商业35 327 户,从业人员 77 046 人。1953 年,为配合私营工商业的社会主义改造,对全省私营工商业进行了普查登记,全省共有个体手工业 13.5 万户,从业人员 428 547 人,农业兼营手工业者 73 万人,个体商业 197 075户,从业人员 220 147 人。

随着党在过渡时期总路线的贯彻执行，开始了对个体工商业的改造，部分个体手工业逐渐被淘汰；农业兼营手工业者，一部分改行专营农业，一部分被合作社吸收；个体商业中也有一部分停业转入农业。1954年底，河南省个体手工业为119 899户，367 724人。

1956—1958年，社会主义改造完成之后到"大跃进"期间，河南省残留少量的个体工商业，1959年仅有26 865人。"三年自然灾害"时期，放宽政策，开放集市贸易，个体工商业稍有恢复，数量开始逐年增加，1962年为62 957人，1963年为73 566人。

1964年在城乡开展清政治、清经济、清组织、清思想的"四清"运动，虽未直接把个体工商业列入"四清"范围，却被视为资本主义范畴，个体工商业又随之减少。1965年河南省个体工商业由1964年的21 437人减少为16 064人。

"文化大革命"期间，个体工商业者被勒令停业。少量为生活所迫，冒险无证经营，时干时停。

四、商标广告监督管理

1950年，河南省注册商标共计91件。1957年，河南省人民委员会要求企业不论经济性质，凡使用商标的一律注册，当年注册商标共74件。1965年底，全省有注册商标207件。"文化大革命"期间，商标注册工作中止。

新中国成立初期和第一个五年计划时期，广告业一度有所发展，体现了服务于经济的功能。社会主义改造基本完成后，工农业产品均实行统一收购和计划供应，广告的作用被忽视。直至20世纪60年代，专业性的广告单位在河南省基本上是空白，广告管理处于放任自流状态。"文化大革命"中，广告被视为"资本主义产物"加以全盘否定，河南省的广告宣传工作完全停顿。

五、市场监督管理

1951年，河南省人民政府成立河南省物资交流筹备委员会，加强对集市贸易和物资交流的领导，下半年，河南省各级物资交流办公室设于工商行政管理部门，由工商行政管理部门直接领导。1953年、1954年，国家对粮食、油料、棉布、棉纱统购统销，对棉花实行统购，河南省政府发布《河南省市场采购管理暂行办法》，加强对统购统销商品的管理。1955年，河南省人民委员会分别制定了对土布、皮毛、木材、棉花、油料、油品等单项市场管理办法，对集市上的各类交易进行严格限制，有些地方甚至关闭了集市。

1956年以后，形成了以国营、集体商业为主体的社会主义统一市场，城市集贸市场消失。1956年下半年，国务院发出《关于恢复国家领导下的自由市场的指示》，河南农村集市有所恢复。1957年9月，国务院发出《关于由国家计划收购(统购)和统一收购的农产品和其他物资不准进入自由市场的规定》，明确粮食、棉花、油料、烤烟等22种农产品和38种中药材不准进入集市。1958年农村实行人民公社化，商业部门提出"大购大销"政策，出现了取缔、限制农村集市的现象。1959年9月，中共中央、国务院联合发出《关于组织农村集市贸易的指示》，一些地方恢复了农村集市。据1959年7月对河南省64个县的统计，共恢复农村集市1 169个，占公社化前的73.16%。但从全省看，集市贸易仍未放开。1960年10月，中共中央发出《关于农村人民公社当前政策问题的紧急指示信》(即12条)，允许和鼓励社员发展家庭副业，有领导有计划地组织集市贸易，从而推动了集市贸易的恢复和发展，促进了农副业生产，有利于克服自然灾害造成的经济困难。1962年，城市一度恢复集贸市场，但规模较小，限制较多，全省农村集市上市商品总值为22亿元。1963年6月，河南省政府召开全省第一次工商行政管理工作会议，制定了《关于加强集市贸易领导和管理的若干规定》，明确农村集市坚决贯彻执行中央提出的"管而不死，活而不乱"的方针，在政策上做了具体调整，把上市范围、成交对象压缩在中央、省委要求的水平上。1963年全省集市上市商品总值16亿元，集市价格总水平较1962年下降41.5%。1965年8月，河南省人民委员会发布《关于农村集市贸易市场管理的几项暂行规定》，提出对农村各类作坊加强管理,只能由社队经营,社队各类副业生产要经登记核准;鲜活、零星土特产品,在不妨碍集体生产的条件下,允许社员肩挑贩运,国营合作商业不便经营的零星三类小商品,允许持证明到人员集中的集市贸易上销售;农村集市统一由工商行政管理部门管理,各类集市收费要整顿。

"文化大革命"开始以后,城市集市贸易全部被取消,农村集市贸易受到强烈冲击,长途贩运农副产品也被列为投机倒把行为予以严厉打击,给城乡物资交流和人民生活造成很大困难。

第二部分　(1979—2008.6)

第一节　河南省工商行政管理发展概况

1979 年 6 月,河南省工商行政管理局恢复建制,与商业厅合署办公,由商业厅代管。当年底,全省县以上工商行政管理部门基本恢复。核拨行政编制 2 163 名,核拨基层工商所事业编制 5 858 名。当时全省从事工商行政管理工作的人员 8 346 人。

1981 年 4 月,河南省政府决定,河南省工商行政管理局与商业厅分开办公,作为省政府直属机构。1982 年底,河南省工商行政管理局内设 5 个处室,全省地、市级工商行政管理局 18 个,县(市)级工商行政管理局 155 个,工商所(站)1 755 个。

1985 年底,河南省工商行政管理局内设 9 个处室,全省地、市级工商行政管理局 17 个,县级工商行政管理局 166 个,工商所 2 144个。

根据国务院办公厅调整大中城市工商行政管理体制的要求,从 1994 年 7 月开始,河南省在省辖市实施了城区工商行政管理体制改革,到 1995 年底,除原已实行市工商行政管理局直管城区分局的 6 个省辖市外,其余 7 个省辖市的城区工商行政管理局改为市工商行政管理局的分局,由市工商行政管理局直接管理。

1995 年 5 月,国务院对工商行政管理机关的管理职能进行战略调整,要求与所办市场彻底脱钩。9 月,河南省政府办公厅转发了河南省工商行政管理局实施市场管办脱钩的意见。1996 年末,全省各市(地)、县(市)政府成立了在同级工商行政管理局领导下的市场发展服务中心(局),全省有 535 个应脱钩的市场,初步实现了机构、职责、财务与机关的分离。

1998 年 11 月,国务院决定改革工商行政管理体制,实行省以下垂直管理。1999 年 1 月,河南省政府印发全省工商行政管理体制改革方案,规定体改分四步进行,依次是接收市(地)、县(市)工商局领导班子;重新核定机构编制,过渡、考录公务员;完成市场管办彻底脱钩任务;理顺财务管理关系。成立了由常务副省长和一位副省长牵头、省直有关党政部门参加的联席办公会。在全国工商行政管理系统中,河南省工商系统人员最多、任务最重、困难最大、稳定压力最重。为积极稳妥地推进改革,河南省提出了政府领导、分级负责、积极推进、确保稳定的指导思想;明确了先移交、后清理、再处理的移交程序;提出了因地制宜、分类指导,整体移交为主,拍卖、置换、公司制改造为辅的脱钩方式;建立了政府主要领导为第一责任人的维护稳定工作地方负责制和领导责任制;提出除行政、事业编制人员外,其余市场经营服务人员和混岗人员全部移交的人员范围。

1999 年 3 月底,基本完成接收市(地)、县(市)工商局领导班子和领导干部任务。12 月 31 日,省以下各级工商行政管理机构全部上划,共有行政机构 3 298 个,暂时上划在职人员 52 953 人。2000 年 4 月,完成市(地)以下工商行政管理人员向国家公务员过渡工作,过渡公务员 12 411 人。在录用公务员考试中,参考人员资格审定实行县(市)、市(地)、省三级工商局和三级人事部门"三审制",每审张榜公布。查处了 389 件涉及考录的信访举报,取消了 946 人的考录资格。从出题到分数公布,组织严密、纪律严明、措施过硬,做到了万无一失。2000 年 4 月 23 日,进行了考试。2001 年 3 月,考录工作结束,在参考的 3 万多人中,有 18 909 人被录用为国家公务员。

2001 年 12 月,河南省工商行政管理部门向地方政府移交市场 664 个,资产 13.45 亿元,市场债务 6.39 亿元,市场中心工作人员 21 000 人。至此,彻底实现了市场管办脱钩,河南省工商行政管理体制改革任务基本完成。

截至 2001 年底,河南省工商行政管理系统共有干部职工 33 882 人,其中行政编制 31 699 个,事业编制 2 183 个。

2008 年 6 月底,河南省工商行政管理系统有各类人员 44 109 人,其中行政编制 27 297 人,事业编制 2 380 人,离退休 14 432 人。省辖市工商行政管理局 18 个,县(市)工商行政管理局 108 个,市辖区工商行政管理分局 50 个,其他工商行政管理分局(专业分局、大型市场分局、特殊区域分局)58 个,工商所 2 750 个。河南省工商行政管理局内设 18 个处室:办公室、法制处、计财处、审计处、公交处、消保处、市场处、注册处、监管处、外资处、广告处、商标处、人事处、机关党委、机关纪委、宣教处、监察室、离退休处。2 个直属行政单位:经检总队、"3·15"投诉中心。另外根据工作需要,设 2 个常设性工作机构:巡视办和行风办。下属 8 个事业单位:河南省消费者协会、河南省个体私营经济协会、河南省市场发展服务中心、河南省工商行政管理培训中心、河南省工商咨询服务中心、河南省工商行政管理局信息中心、河南省工商行政管理局机关服务中心、河南省工商行政管理学校。

改革开放初期,河南省工商行政管理机构全面恢复,主要职能是集市贸易管理、企业登记管理、商标注册管理、合同管理和打击投机倒把。随着经济体制的改革,河南省工商行政管理工作又增加了个体经济管理、广告管理、外资企业管理,扩大了经济合同的管理范围。

1984 年以后,经济体制改革全面展开,河南省工商行政管理工作重心由为计划经济服务,向为社会主义有计划商品经济服务转变,以发展个体私营经济和建设集贸市场为重点,在培育市场、培育商品经济方面发挥了独特的作用。

党的"十四大"决定建立社会主义市场经济体制之后,工商行政管理职能进一步转变。河南省工商行政管理机关工作重点由市场培育转向市场监督,直接支持、建设集贸市场不再是工商行政管理的首要任务。市场管理由侧重于有形市场向有形与无形市场相结合转变,经济检查工作从重点打击投机倒把行为转向重点查处不正当竞争和损害消费者合法权益的违法行为,从单纯依靠政策和行政手段管理转向依法行政。执法手段从以前单纯的罚款没收财物为主转向打击各种不正当竞争、维护良好的经济秩序为主。这一时期,维护经济秩序的任务异常繁重。

国务院决定实行省以下工商行政管理机关垂直管理后,河南省工商行政管理机关彻底实现市场管办脱钩,工商行政管理工作进入了一个新的发展阶段。全省工商行政管理机关以服务经济发展为中心,大力支持市场主体发展,以反不正当竞争和反垄断为重点,进一步规范市场经济秩序,保护经营者和消费者的合法权益,维护全省经济持续、健康、稳定地发展。

随着国家行政法制建设的不断加强和完善,工商行政管理部门行政执法机关的地位逐渐确立,河南省工商行政管理局对法制工作越来越重视,先后代表河南省人大、河南省政府参与起草、制定了《河南省消费者权益保护条例》、《河南省经纪人管理条例》、《河南省反不正当竞争条例》、《河南省公司登记管理办法》、《河南省户外广告管理办法》、《河南省商品交易市场管理条例》以及《河南省查处生产销售假冒伪劣商品违法行为条例》、《河南省医疗广告管理办法》等 30 多部地方性工商行政管理法规和规章,不断加强了工商行政管理法制建设。

2007 年初,河南省工商行政管理局党组结合贯彻落实国家工商行政管理总局提出的"四个统一",在深刻把握科学发展观的精神实质,深入分析河南省实施由经济大省向经济强省、文化大省向文化强省"两大跨越"的新形势基础上,确立了"立足工商抓工商,跳出工商抓工商"的工作理念,提出了"实施'两大工程',营造'五个环境',夯实'三大基础',抓好一支队伍"的工作思路,主动把工商行政管理工作融入到服务河南经济社会发展的大局,得到河南省委、省政府和国家工商行政管理总局的充分肯定和人民群众的满意评价。河南省委书记徐光春2007年以后先后9次对工商行政管理工作做出重要批示,肯定河南省工商行政管理局"2007年工作有板有眼,有声有色,围绕中心,服务大局,有力地促进了全省经济社会的健康发展"。2007年4月27—29日,国家工商行政管理总局局长周伯华考察河南省工商行政管理工作,称赞"河南省工商行政管理局提出的'立足工商抓工商,跳出工商抓工商',实施'两大工程',营造'五个环境',夯实'三大基础',抓好一支队伍的思路很好,贯彻落实了'四个统一',开创了工商行政管理工作新局面"。

（注:"两大工程"是指兴企强省、兴农富民工程。"五个环境"是指:1. 认真开展食品安全专项整治,营造安全放心的消费环境。2. 开展"红盾护农"行动,营造规范有序的农村市场环境。3. 建立打击传销"三个机制",营造和谐稳定的社会环境。4. 大力整治虚假违法广告,营造文明诚信的商业宣传环境。5. 深入开展商业贿赂专项治理,营造公平竞争的经营环境。"三大基础"是指基层工商所建设、信息化建设、推行行政执法责任制。）

第二节　河南省工商行政管理局工作成就

一、队伍建设

1978年以后,河南省各级工商行政管理局全面恢复与建立,为提高全省工商行政管理队伍素质,1981年10月,河南省工商行政管理局举办了全省第一期县级工商行政管理局长业务培训班,同时要求地(市)、县工

商行政管理局对全体人员进行培训。1982年,全省各级工商行政管理局举办各类培训班218期,参加培训的干部、职工5 200多人,占全省工商行政管理总人数的50%。1985年1月,经河南省政府批准,河南省工商行政管理局从思想、组织、纪律、作风、财务5个方面整顿机关、整顿队伍。"第六个五年计划"期间,全省三级工商行政管理局共培训干部、职工17 000人。"七五"期间,基层工商所人员基本培训一遍。1988年,河南省工商行政管理局主动请求省人大组织、全省各级人大层层评议工商行政管理工作,这项活动持续了4年时间。

1990年9月,省政府印发了《关于洛阳市上海市场工商所所长刘金星同志的嘉奖令》,号召全省广大干部、职工向刘金星同志学习。河南省工商行政管理局组织全省工商行政管理系统开展了"学习刘金星活动"。1991年国家工商行政管理局、人事部授予刘金星全国工商行政管理系统先进工作者称号,号召全国工商行政管理系统的干部、职工向刘金星学习。1995年,河南省工商行政管理局在全省工商行政管理系统组织开展了"双十佳"争创活动。1996年,树立、宣传了"爱岗敬业、秉公执法、热情服务、无私奉献"的先进典型强自喜(河南省社旗县工商行政管理局干部)。1996年12月,河南省委做出《关于向强自喜同志学习的决定》,1997年12月,中宣部、中直机关工委、中央国家机关工委、国家工商行政管理局、河南省委在北京联合举办了"强自喜同志先进事迹报告会"。1997—1999年,开展了"为人民服务、树行业新风"活动,"理想、信念、宗旨"大讨论活动,争创"五好工商局(所)"和"人民满意的工商行政管理干部"活动,全省工商行政管理系统涌现了一大批强自喜式的先进集体和先进个人。

2001年,河南省工商行政管理局组织开展了"正行风、树形象"集中教育活动。在2002年整治企业经营环境工作中,坚持把查处违法违纪案件贯穿于整治工作的全过程,全省工商行政管理系统共立案查处58人,其中开除2人,辞退2人,党内严重警告4

人,领导班子集体免职 5 人,在社会上引起了强烈反响。2005 年以后,河南省工商行政管理局深入开展了权力观教育、先进性教育和"讲正气、树新风"主题教育活动;开展了"五好"公务员和"五好"工商所、"人民满意的工商行政管理干部"评选活动;开展了"文明示范窗口(标兵)"创建和争当"办案能手"、"维权能手"、"服务标兵"等活动,大力营造学先进、重实干、比奉献的氛围,推进了工商行政管理的各项工作。

2007 年,河南省工商行政管理局制定了局机关处室及行政事业单位、省辖市工商行政管理局绩效管理考核办法,对 18 个省辖市工商行政管理局、省局机关处室和行政事业单位进行了从第一到末位的排名,评选出在政风行风建设、"两大工程"建设、食品安全专项整治、信息化建设、行政执法责任制等 6 个方面的先进典型。

2008 年,河南省工商行政管理局从清理社团收费入手,主动斩断各级工商行政管理部门与所属社团的经济利益联系,全省工商行政管理系统 2 695 名国家公务员辞去了兼任职务,237 名临时聘用人员被全部清退;所属社会团体为 103 万名会员完善了会员手续,办理退会会员 5 万多名,全系统所属社团收费活动已全部停止,彻底解决了混编混岗、职责不清、政事不分、政企不分等问题。国务院纠风办向全国转发了河南省工商行政管理局的做法。同时,积极深化干部人事制度改革,在稳妥推进干部调整交流基础上,拿出 24 个处级岗位推行竞争上岗,一批思想好、作风正、能力强的干部被选拔到了领导岗位,在机关和系统形成了"心齐、气顺、风正、劲足"的良好局面,营造了干事创业的良好氛围。

在党风廉政建设方面,先后制定了河南省工商行政管理系统工作人员违反行政纪律处分暂行办法、调查处理政纪案件暂行办法、党风廉政建设责任制暂行规定等一系列制度,全系统各级领导干部层层签订了目标责任书。同时,加强了对各级领导干部的廉政教育。2007 年以后,建立实施了省辖市工商行政管理局长向省工商行政管理局述职述廉汇报制度和基层工商所长向监管服务对象述职述廉制度。全系统有 1 318 个工商所 5 604 名正、副所长向辖区企业、商户代表进行了述职述廉。

基层建设方面,改革开放以来,河南省工商行政管理局十分重视工商所建设。1986 年,提出了解决工商所的办公及生活用房、办公桌椅、办案交通工具问题的"三年规划"。到 1989 年,90% 以上的工商所达到了建设目标,75.2% 的工商所成为县或县级以上"文明单位"。省工商行政管理局又提出了新的"三年规划",目标是大部分所要实现"三机一车"(电视机、电话机、对讲机、摩托车),工商所不仅要建成单门独院,还要学习周口地区的经验,努力实现所有"五小"(小食堂、小花园、小浴室、小娱乐室、小图书室)。从 1992 年 8 月开始,河南省工商行政管理部门按照国家工商行政管理局的统一标准,用 3 年时间,完成了全省工商所的初级规范达标。全省投入工商所建设资金 1.1 亿元,新建工商所用房 8 500 多间,为做到"持证上岗",3 万多名工商所人员参加了岗位职务培训。到 1995 年底,全省达到初级规范标准的工商所有 2 435 个,占工商所总数的 85%。

省以下垂直管理后,河南省工商行政管理局不断加大基层建设力度。2000 年,制定了基层基本建设五年规划。2001 年,拨款 2 500 万元,新建、改建工商所 200 个,为基层配发执法车辆 212 辆。此外,全省有 1 638 个工商所建立了"经济户口",落实了工商所的属地管理权、执法检查权和经济处罚权。2003 年,制定了推进工商所执法职能到位的实施意见。2004 年,安排和追加基层建设经费 1.3 亿元,新建和改建了 100 多个工商所,安排 3 000 万元资金用于工商所的信息网络建设和执法装备改善,追加 2 000 万元专项资金用于市场监管。同时,整合了一批力量薄弱、功能不全的工商所。2005 年,全年累计投入 8 229 万元,用于工商所的基础设施建设和信息网络建设。从 2007 年开始,制定了加强基层建设的实施意见和建设规划等,整体规划,统一布局,停建缓建省辖市工商行政管理局办公楼。投入资金 2 亿多元,打破按行政区划设置农村工商所的格局,整合基层执法力量,新建改建 900 多个基层中心工商所,建立了一厅一室一队(综合服务厅、法制室、市场巡查队)运行机制,为省辖市工商行政管理局配备食品检测车,为每个县工商行政管理局和工商所配备食品快速检测设备。完善的工作、学习和生活设施配置后,解决了长期存在的"吃不上、住不下、待不住"等问题,为加快职能转变奠定了坚实基础。

河南省工商行政管理系统加强队伍建设的做法得到了地方党委政府和社会各界的一致好评。2000 年全省工商行政管理系统行风评议中,对参评工商行政管理部门的满意率平均在 95% 以上。2002 年河南省人大组织的依法行政工作评议工商行政管理工作中,满意率在 90% 以上。在 2006 年、2007 年河南省政府纠风办组织的行风评议中,河南省工商行政管理局先后以综合评定第 2 名、第 1 名的成绩,荣获全省政风行风建设先进单位;2007 年,被河南省政府评为目标管理优秀单位和党风廉政建设责任制考评优秀单位。

2008 年"5·12"汶川大地震发生后,河南省工商行政管理局党组高度重视,要求全省各级工商行政管理机关立即行动起来,积极投身抗震救灾活动。第一时间在河南省直厅(局)中率先为灾区募集捐款 1 975.82 万元,其中河南省工商行政管理系统干部职工直接捐款 258.93 万元,交纳"特殊党费"576.89 万元,以对口支援的形式向四川、甘肃省工商行政管理局捐助 60 万元,组织个私协会成员捐款及捐物折价 1 080 余万元。

二、查处经济违法违章案件

1978 年以后,由于政策放宽,查处的投机倒把案件明显减少。1978 年查处投机违法案件 67 598 件,较 1977 年下降 51%。1980 年,河南省政府颁布《关于加强市场管理、打击投机倒把的暂行规定》,明确 13 种行为属于投机倒把活动。1981 年投机违法案件数量猛增,河南省工商行政管理机关共查处违法违章案件 119 731 件,国营、集体企业、事业单位从事投机倒把的案件占大案的比例达 40%。1982 年以后,重要生产资料和紧俏耐用消费品成为投机倒把活动的重点,中共中央、国务院先后做出决定,打击经济领域中严重犯罪活动,坚决制止就地转手倒卖活动。河南省工商行政管理机关普遍加强了办案力量。1985 年,国家工商行政管理局、商业部、物资部联合发出通知,禁止 25 种重要商品就地转手倒卖。当年查处倒卖生产资料大案 834 件,比上年上升 257.9%,倒卖紧俏耐用消费品大案 556 件,比上年上升 208.8%。没收钢材 14 828 吨、有色金属 12 361 吨、水泥 14 758 吨、化肥 31 089 吨、彩色电视机 7 345 台、木材 10 018 立方米。

1987 年,根据国务院统一部署,河南省政府在全省开展了"整顿市场物价、打击制售假冒商品"活动。1988 年,河南省工商行政管理机关查处倒卖重要生产资料大案 2 350 件、生活资料大案 1 527 件,两项合计占大案的 91.98%。

1990—1992 年,河南省工商行政管理机关继续对制假售假、倒卖重要生产资料和紧俏耐用消费品等投机倒把活动不断查处,投机倒把违法违章案件呈下降趋势。在经济检查工作中,各地既坚持打击各种违法行为,又重视保护合法生产经营,支持企业搞活。河南省工商行政管理局召开了"查假冒、保名优"座谈会,针对假冒伪劣充斥市场,国营大中型企业利益和名优产品屡受侵害,企业和广大消费者反映比较强烈等问题,在全省范围内开展了打击制售假冒劣质商品,保护名优产品的专项斗争。

1993 年以后,《中华人民共和国反不正当竞争法》、《中华人民共和国消费者权益保护法》、《河南省反不正当竞争条例》、《河南省消费者权益保护条例》以及《河南省查处生产销售假冒伪劣商品违法行为条例》颁布实施,河南省工商行政管理机关的行政执法对象开始逐步转向依法规范市场交易行为,保护公平竞争。1995 年,河南省政府批转河南省工商行政管理局制定的"95 打假打诈中原行"活动方案,并直接组织领导了全省统一行动,突出重点地区、重点商品和重点问题，一个战役接着一个战役，一个环节紧扣一个环节，参与人数众多，声势浩大，成效显著，社会反响强烈。1996 年，按照河南省政府打击制售假劣药品违法犯罪活动的部署，河南省工商行政管理机关牵头开展了药品回扣专项治理，初步刹住了药品回扣之风。

1997 年，河南省政府统一部署，全省开展了"打击假冒伪劣、合同欺诈，整顿治理市场秩序"专项活动，全省工商行政管理机关查处各类经济违法案件15 873 起，其中万元以上的案件 14 066 起，案件总值69 244 万元，罚没金额 14 643 万元。查处的案件中，假冒伪劣商品品种增多，数量增大，名优商品成为造假主要目标。作案方式现代化程度大为提高，案件查处难度增大。

1997 年下半年，传销活动开始泛滥，严重扰乱了正常的经济生活和社会治安，国家工商行政管理局紧急部署全国打击非法传销活动，全省工商行政管理机关共查处非法传销案件 61 起，没收非法所得 160 多万元。1998 年 4 月，国务院发出禁止传销经营活动的通知，省政府成立了禁止传销领导小组，河南省工商行政管理局抽调人员进驻传销企业，传销企业全部被取缔。

1999—2000 年，对公用企业限制竞争行为进行了专项整治。其间，非法传销和变相传销活动在一些地方又开始出现，各地工商行政管理机关开展了多次专项整治活动。在一定程度上遏制了非法传销活动的蔓延，对非法传销活动形成了高压态势，取得了很大成绩，得到了地方党委和政府的肯定与支持。在全国开展的联合"打假"行动中，河南省工商行政管理系统重点打击了非法收购粮食，医药购销中的不正之风，走私贩私等其他非法经营活动。

2001 年、2002 年，全国范围内整顿和规范市场经济秩序，河南省工商行政管理机关围绕整治重点地区、重点市场、重点商品，开展了十项专项治理和六次集中统一行动。据 2001 年的统计，共查处各种经济违法案件 11.1 万件，总案值 8.6 亿元，捣毁制假窝点 1 289 个，移送司法机关处理 106 起。其中，在"查拼装保安全"专项执法行动中，短短一个多月的时间，全省 9 个报废车辆拼装市场按照"人走、房拆、场清、复耕"的要求全部被取缔。在"查传销保稳定"工作中，查封传销企业 7 家，清除传销窝点 661 个，没收传销物品 10 661 件，价值 1 583 万元，遣送传销人员 4 万多人，移送司法机关 608 人，公开化、规模化的传销活动被遏制。

2003 年，河南省工商行政管理机关经受住了"非典"的严峻考验，先后开展了打击假冒、仿冒、欺诈，整治节日市场，打击传销，禁毒，反走私等一系列专项执法行动。查处利用防"非典"名义经销假冒伪劣防非典药品、器械的违法案件 9 531 起，移交司法机关处理 12 起，吊销营业执照 52 家，取缔无照经营 2 400 多户。

在打击违法行为的同时，河南省工商行政管理机关坚持打防结合、标本兼治的原则，推行了各界联手、优势互补的打假模式，把打假冒与保名优相结合，与企业及新闻单位联手打假相结合。在全国率先实施了"知名商品保护工程"，建立了省、市（地）两级名牌保护网络，先后开展了对"颍松方便面"、"民权葡萄酒"、"澳的利饮料"等专项保护；建立了企业信用公示制，公布守信"红名单"，曝光违法"黑名单"，警示违法企业，维护交易安全；推行市场预警制，加强对各类市场主体的教育，提高市场主体的自律意识，促进依法经营、诚实守信观念的形成。

2006 年，按照国家工商行政管理总局的部署，以打假维权为重点，开展了一系列专项执法行动，全系统共查处各类经济违法违章案件 21.5 万件，案值 8.13 亿元，移送司法机关处理 51 起 537 人。

2007 年，积极争取河南省政府的重视和支持，河南省工商行政管理局召开了全省打击传销工作会议，确定了地方政府为打击传销第一责任人的组织领导机制和联席会议制度，变部门负责制为政府负责制；与相关部门建立打击传销协调机制，河南省综治办把打击传销纳入社会治安综合治理考核范围，形成了协同作战、齐抓共管的局面；构建打击传销长效机制，广泛开展创建"无传销社区、无传销村镇"活动,建立了突发性事件快速反应和应急处理工作制度,做到早发现、早控制、早处理。全省工商行政管理机关查处传销案件655件,取缔传销窝点4 928个,清查遣散传销人员15.2万人,移送司法机关处理41件、704人,从根本上扭转了打击传销工作的被动局面,河南省不仅跳出了全国传销重灾区的"黑名单",而且一举跃入全国打击传销工作先进行列,国家工商行政管理总局先后5次推广河南经验。在治理商业贿赂专项治理工作中,全系统共排查案件线索533个,查处商业贿赂案件418起,并在全国工商行政管理系统介绍了经验。

2008年上半年,在农资打假执法行动中,全省工商行政管理系统共监测化肥、农药、种子966个批次,检查农资经营企业、商户43 539个,查处假冒伪劣农资案件1 097件,查扣假劣肥料369.5吨、假劣农药4 017公斤,假劣种子53 891公斤。

三、内、外资企业监督管理

1979年,河南省各级工商行政管理机关陆续恢复建立,重新开始对工商企业登记和管理。当年,河南省共登记工商企业28 674户。1980年7月,根据全国青岛工业普查登记工作会议精神,着手在全省开展大规模工业普查工作,当年省内共有工业企业25 449户。根据中央工商行政管理总局的统一部署,1981年8月至1982年3月,又对全省商业、饮食业、服务业及交通运输业进行全面普查登记。截至1982年底,全省工商企业总户数81 280户。

1985—1986年,国家统一部署对公司(中心)进行清理整顿工作。两年间,经过清理,河南省各类公司(中心)由17 000多户减少为8 000多户。1987—1988年,河南省工商行政管理局制定了企业一次性经营管理办法,进一步放宽乡镇企业登记注册条件的规定,对承包、租赁小型企业进行登记管理的意见,并与有关部门联合制定了组建企业集团的规定,为企业,特别是国营大中型企业和乡镇企业的搞活、发展创造条件。1988年,河南省新增乡镇企业10 418户,工商企业发展到1 345 704户。

1988—1989年,全国清理整顿公司。河南省对18 182个公司进行清理整顿,保留了11 696个,清理党政机关在职和离退休干部在公司兼职的1 966人。当时除11名在职干部暂时保留其中外合资企业的兼职外,其余人员全部辞去公司的兼职。立案查处严重违法违规案件173件,涉案金额9 147万元,涉及国家干部、职工277人,对问题公司罚款3592万元。

1989—1991年,按照《企业法人登记管理条例》的规定,河南省工商行政管理机关对1988年以前登记的34.5万户企业,确认法人、非法人,分别核发企业法人营业执照或营业执照。1991年,河南省工商行政管理局制定了搞活国营大中型企业的意见,在争取国家工商行政管理局批准的基础上,开展组建企业集团试点工作,帮助多家国营大中型企业组建了中国神马帘子布集团、新飞电器集团等5家企业集团。

1992—1993年,按照河南省委、省政府的要求,坚持放开、放权、搞活、管好的原则,河南省工商行政管理局相继印发了进一步支持农村经济发展,下放管理权限支持改革开放,促进河南经济再上新台阶,改革工商行政管理工作,简化企业登记管理等方面的文件。1993年,根据国家工商行政管理局部署,河南省工商行政管理机关清理整顿了房地产开发经营企业和国有商业银行开办的非金融机构。认真开展企业年检工作,当年企业年检率达到97%,有3万多户企业变更了登记事项,处理虚报注册资金、抽逃注册资金等违规企业524户,罚款38万元。

《中华人民共和国公司法》及其《条例》实施后,1995年,河南省政府发布了《河南省公司登记管理办法》。从1995年起,河南省工商行政管理机关用4年时间对《公司法》颁布前登记的6万多户公司进行规范、重新登记。对不符合条件的公司(约4.5万户)作了变更或注销处理,河南省登记公司法人共计23 378户。同时,还与有关部门一起,对国有企业进行公司制改造,做好全省100家企业建立现代化企业制度的试点工作;对国有中小企业实行的承包、租赁、股份合作、出售、兼并、破产等多种资产经营方式的产权制度改革提供帮助、指导和服务；集中力量对原有限责任公司、股份有限公司和邮电、电力、银行、保险、铁路等国家垄断部门及工会组织进行了规范化登记。

1995—1999 年，按照国家工商行政管理局部署，河南省工商行政管理机关开展了对"三无"（无资金、无场地、无机构）企业、不良市场主体、军队和政法机关开办的经济实体的清理，取缔严重污染环境的"五小"（小水泥、小造纸、小化工、小化肥、小皮革）企业。通过年检排查、上门核查、发动群众举报等方式，查出"三无"企业 2 100 多户，全部吊销了营业执照。1999 年，配合环保部门，吊（注）销了 2 000 多个被当地政府关闭的"五小"企业营业执照，并监督其停止生产、拆除设备。据统计，1995—2000 年，通过年检，全省查处违规企业 67 595 户（次），吊销、注销企业执照 37 236 户，罚款1 760.42万元。

2000 年，贯彻河南省委会议精神，河南省工商行政管理局制定了《关于改进企业登记工作，大力支持国有企业改革的若干意见》，为国有企业改组、改制后的市场主体准入提供方便快捷的"绿色通道"。

2001 年，全国开展整顿和规范市场经济秩序，河南省工商行政管理机关复查企业档案 17.61 万份，注销、吊销企业 53 212 户，清理无照证经营 8 737 户。2002 年，河南省工商行政管理局提出在全省工商行政管理系统建设"服务型工商"的要求，推出了一系列服务新举措，如实行政务公开、一审一核、限时办理、文明服务、重点外企跟踪服务等。

2003 年，贯彻河南省委、省政府进一步深化国有企业改革的决定，河南省工商行政管理局与 12 个省直部门联合提出了深化国有企业产权制度改革的试行意见。2004 年，河南省政府颁发了《关于改革市场主体准入制度、加快我省经济发展的意见》，河南省工商行政管理机关大力推行市场主体准入制度和监管机制的改革。

2007 年以后，全省工商行政管理机关实施兴企强省、兴农富民"两大工程"，促进企业自主创新，支持设立工业企业 4 800 多家，支持组建企业集团 141 家。省工商行政管理局从健全市场准入体系入手，制定了 16条措施，积极促进产业结构优化升级。按照国家淘汰落后生产能力和实现节能减排、安全生产等目标要求，依法限停和淘汰了一批生产工艺落后及高污染企业。

2008 年，省工商行政管理局改革审批体制，合并企业、个体两个登记机构，建立登记注册处和监督管理处，实现审批与监管的分离。把原来管辖的 1 万多家企业下放到省辖市工商行政管理局管辖，省工商行政管理局只管辖中央驻豫企业、全国 500 强企业、上市公司、外资企业和注册资本 1 亿元以上的民营企业五类企业，总数不超过 1 000 家。组建省工商行政管理局"窗口办"，统筹负责行政审批工作，规范与外资、企业、监管 3 个业务处室的关系，实现一个窗口对外。广泛开展争创"优质服务窗口"活动，全面推行政务公开，落实首问负责制、限时办结制、服务承诺制和责任追究制，缩短办事时限，办理注册登记时限由法定 30 天缩短到 7 天，企业变更登记、名称预先核准、企业年检实行即时办结。这些做法深受社会各界好评。

截至 2008 年 6 月，河南省内资企业191 057户（其中企业法人 73 149 户），企业注册资本金 4 846.7 亿元。

河南省外商投资企业是在党的十一届三中全会以后，从无到有，由小到大，由弱到强，不断发展起来的。1983 年，河南省仅有外商投资企业 1 户，1986 年发展为 20 户。1987 年 2 月，河南省政府制定了《河南省鼓励外商投资优惠办法》，给予外商投资企业14 个方面的优惠待遇。1989 年，河南省外商投资企业达到 135 户，外方认缴出资金额突破 1 亿元。1992—1993 年，贯彻邓小平南方谈话和党的"十四大"精神，河南省出台了一系列鼓励外商投资的优惠政策及改善投资环境的措施，全省工商行政管理机关积极参与外商投资企业项目的前期审查论证，促进外资企业的发展。1993 年，全省新登记外商投资企业 1 778 户，是全省前 10 年登记的外商投资企业的 1.5 倍，外方认缴出资额也是前 10 年累计认缴出资额的 1.5 倍。1994 年 6 月，省人大常委会颁布了《河南省鼓励外商投资条例》，7 月，河南省委做出了全面实施"开放带动战略"的重大决策，河南省工商行政管理机关积极协助当地政府招商引资，主动参与引进大财团、大项目和高新技术项目的前期论证，跟踪检查外方资金到位情况，提高资金到位率和项目开工率。1995 年国家对外商投资企业实行"国民待遇"后，外商投资企业发展步伐放缓。1997 年，为保证外商投资企业的质量，省工商行政管理局在全省实行外商投资企业申报登记材料承诺制，严把登记关。1998 年 5 月，河南省委、省政府颁发了《关于提高利用外资水平，进一步扩大对外开放的意见》，9 月，省政府发布了《河南省鼓励外商投资办法》，对外商投资交通能源基础设施、农业综合开发、旅游资源开发以及从事国际经济、科技、环保、信息等项目，给予税收等方面的优惠。当年省工商行政管理局制定的《外资并购国内企业登记暂行办法》，被国家工商行政管理局向全国转发。2003 年、2004 年，河南省委、省政府相继印发了《关于加快发展开放型经济的若干意见》《关于改革市场主体准入制度、加快我省经济发展的意见》，全省进一步改善外商投资环境，加大招商引资力度。省工商行政管理局加强了省、市两级工商行政管理局外商投资企业登记管理机构的硬件建设，大力提高登记管理工作人员的政治和业务素质，改进工作作风，创新工作方法，促进外商投资企业的发展。2005 年，新登记外商投资企业超过 400 户，年吸引外资超过 15 亿美元。

在监督管理方面，从 1998 年起，省工商行政管理局进一步加大了监管力度，不断清理假冒"洋企业"和投资不到位的"空壳企业"，据统计，1988—2000 年，吊销、注销外商投资企业 2 108 户。

截至 2008 年 6 月，全省外商投资企业 9 966 户（含分支机构 7 170 户），投资总额 273.17 亿美元，注册资本 148.11 亿美元，其中外方认缴注册资本 105.48 亿美元。

四、个体私营经济监督管理

十一届三中全会以后，全党工作重点转移到经济建设上，把适当发展个体经济作为一项长期的经济政策，个体工商业很快恢复和发展。1979 年，河南省个体工商业 45 966 户，1982 年达到 279 006 户，从业人员 369 110 人，年营业额 5.43 亿元，居全国第二位。

1982—1986 年，中共中央连续下发了 5 个一号文件，为发展农村经济出台了一系列政策，城乡个体经济进一步发展。1985 年河南省个体工商业 733 651 户，比 1979 年增加 16 倍，全省个体商业、饮食业、服务业、修理业网点达 547 662 个，从业人员 796 443 人，相当于国营和集体网点的 3.5 倍。个体及联户从事运输的 6 683 户，比 1983 年增长 6.6 倍，大大弥补了国营、集体运力的不足，在网点布局、经营品种、服务项目、营业时间方面都发挥了个体工商业的优势。这一时期，对个体工商业的管理，主要是各级政府、工商行政管理机关及个体劳动者协会在个体劳动者中开展思想、法制、职业道德教育，促使他们文明经商、优质服务。1987—1989 年《城乡个体工商户管理暂行条例》《私营企业暂行条例》相继颁布，对个体工商户、私营企业的管理，开始走上法制化轨道，主要内容是登记管理和查处违法违章行为。

1991 年 1 月，河南省政府发出《关于促进我省个体私营经济健康发展的通知》，要求各地政府及有关部门，适度放宽个体工商户和私营企业的经营范围，主动为个体工商户、私营企业解决困难和问题，积极引导个体、私营经济向社会需要的行业发展。全省工商行政管理机关采取积极措施，落实省政府通知精神，个体工商户于当年恢复增长。

1992 年，在邓小平南方谈话和"十四大"精神鼓舞下，广大群众投资办厂、发展经济的积极性高涨。河南省委、省政府做出《关于进一步加快个体私营经济发展的决定》，在经营范围、经营形式、经营环境、从业人员、简化手续等方面对个体私营经济发展予以宽松的规定。全省工商行政管理机关以"三个有利于"为标准，解放思想，支持个体私营经济的发展，到年底，全省个体工商户达到 785 119 户，从业人员 1 270 024 人，私营企业4 873家，投资人数10 775人，职工103 490人。个体、私营商业服务网点41.9万个，约占社会商业网点的80%。有个体运输车辆7.2万辆，饮食摊点10.6万个，修理摊点4.7万个，服务摊点4.3万个。群众生活中所需的肉、禽、蛋、菜及水产品、干鲜果品等，大部分由个体工商户、私营企业提供，一些小修理、小服务几乎全是个体户经营。各种适合个体经济经营的新型行业应运而生，个体工商户所从事的行业已从商业、饮食、修理等行业向工业制造加工、交通运输、建筑等行业发展。

据统计，1986—1992年，河南省个体工商户、私营企业共纳税44.2亿元，认购国库券3.8亿元。1992年，全省个体工商户、私营企业中，当选为县级以上人大代表的388人，县级以上政协委员的597人，被选为共青团、工商联、妇联等县级以上群众团体的领导成员的456人，被评为县级以上劳动模范的1 925人，被评为先进个体劳动者的23 862人。1993年10月，河南省政府召开全省个体私营经济工作会议，隆重表彰了100名模范个体工商户、50家先进私营企业和一批发展个体私营经济的先进单位。

1995年，河南省政府发出《关于大力发展个体私营经济的通知》，对个体工商户和私营企业在经营场地、贷款、入党、入团、评模表先、职称评定等方面，与国有企业一视同仁。召开了全省各市、地市长、专员、县（市、区）长、乡镇长及各级有关部门约2 000人参加的发展个体私营经济电话会议。之后，有11个市、地政府、90多个县、区政府与县、镇政府和有关部门签订了目标责任书，发展个体私营经济成为各级党委、政府乃至全社会的行动。

为贯彻党的"十五大"会议精神，1998年，河南省工商行政管理局与省直六个厅局联合发出进一步加快个体私营经济发展的通知。各市、地工商行政管理局与个体劳动者协会、私营企业协会共同引导和鼓励有实力的个体大户、私营企业，通过承包、租赁、参股、购买、兼并等形式，参与国有、集体中小型企业改制。

1999年6月河南省委、省政府做出《关于大力发展个体私营等非公有制经济的决定》后，全省工商行政管理部门采取"政策推动"、"大户带动"、"典型促进"等措施，推动个体私营经济发展，2000年全省个体工商户首次突破200万户，居全国第三位；私营企业45 172家，居全国第九位。个体私营经营领域由饮食服务、商品流通、运输、建筑等传统产业逐渐向电子、信息等新兴产业和教育、科技等社会事业方面延伸。除国家明令禁止的行业外，基本上拓宽到各行各业。专业村也蓬勃兴起，据不完全统计，全省有专业村近3 000个，专业户45万户，从业人员150万人。

随着个体私营经济的发展，河南省工商行政管理机关也加大了日常检查和年度验照的力度，据1995—2000年的不完全统计，全省工商行政管理系统共查处个体工商户、私营企业违法违章案件近8万件。

1992—2001年，河南省个体私营经济新增就业人员230万人，2002年有10多万下岗职工在个体私营企业就业。少数个体私营经济发达的地区，个体私营企业的税收已成为地方财政收入的主要来源。

2003年、2004年，河南省委、省政府先后作出《关于进一步促进非公有制经济发展的决定》、《关于改革市场主体准入制度、加快我省经济发展的意见》，进一步放宽非公有制经济的准入领域和准入条件，积极营造有利于非公有制经济发展的良好外部环境。2004年当年新开业个体工商户19.23万户，较上年同期增长37.5%。

2006年，省工商行政管理局下发了《个体工商户委托登记管理实施意见》，所有的市区工商所、80%的乡镇工商所取得了个体工商户登记权，当年工商所直接登记的个体工商户达50多万户，全省个体私营企业"属地监管"、"分类监管"模式初步形成。

2007年后，省工商行政管理局在放宽登记条件、简化审批程序、下放登记权限等方面，制定了20条优惠政策，促进服务业发展。落实国家规定的优惠政策，制定9条措施，放手发展非公有制经济，促进全民创业。

全省各级工商行政管理机关选择 5 000 多家企业和 10 万家个体工商户开展对口帮扶，帮助 5 万多名下岗失业人员实现了就业和再就业。围绕促进社会主义新农村建设，建立商标富农、合同帮农、经纪活农、红盾护农、市场助农、维权保农、政策爱农"七项机制"，积极促进农民增收。全省工商行政管理系统登记注册农民专业合作社 2 484 家，入股农户 2.3 万户，辐射带动农户 60 多万户，培育发展农村经纪人 16.1 万户，新培育发展农村经纪人 4.7 万余人。

2008 年 6 月，河南省私营企业 21.47 万家，位居全国第十位、中部六省第一位；个体工商户 136.24 万户，位居全国第六位、中部六省第一位。

五、商标监督管理

1979 年，根据中央工商行政管理总局清理商标的要求，河南省清理社会商标 1 759 件，其中允许继续使用的 1 050 件。11 月，中央工商行政管理总局恢复了商标全国统一注册，办理商标注册申请复审核转成为工商行政管理部门商标管理工作的主要内容。12 月，河南省政府制定了商标装潢印制管理办法，河南省工商行政管理部门开始对商标印制进行管理。据统计，1983 年，河南省工商行政管理部门受理注册商标申请 589 个。1984 年、1985 年受理申请数量平稳增长。1986 年申请数量大幅上升，共核转商标申请 1 816 件。

1989 年，河南省工商行政管理机关对 943 家酒类生产企业商标使用情况进行了整顿，纠正了这些企业商标使用上的混乱现象。1990 年，河南省政府发布《河南省商标标识印制管理办法》，据此，全省工商行政管理机关对符合条件的 1 143 家企业（含个体工商户）颁发了商标标识印制许可证。当年，还对 1989 年前的 8 777 件注册商标使用情况进行了验证登记。1991 年，全省查处假冒商标案件 1 441 起，移送司法机关追究刑事责任 13 件。

1992 年，企业申请注册商标的积极性高涨，全省共核转商标 3 653 件，其中新申请注册 2 894 件，比上年增加 681 件。从 1980 年

至 1992 年底，全省共核转商标注册申请 20 761 件，累计注册商标 13 800 件。

1992 年，省工商行政管理局认定河南省著名商标 70 件。1993 年，全省顺利完成了商标注册的核转制向代理制的转轨。

1994 年，省工商行政管理局选择 7 个屡受侵害的河南省著名商标为重点保护商标，在全省范围内组织了联合打击商标侵权假冒活动，并从 1996 年开始，对省内著名商标实行个案保护。

1997 年，认定河南省著名商标 135 件。当年，按照国家工商行政管理局新的商标印制管理办法，为 1 940 家企业换发了新的商标标识印制许可证。

1998 年，河南省工商行政管理机关检查企业 88 011 家，普查商标 20 702 件，审验 15 296 件，查清了全省商标数量及相关情况。1999 年，分别检查了名牌销售及联营生产企业、专修店、烟草制品、人用药品商标的使用情况，检查重点是大中型商场、集贸市场等批发环节销售假冒驰名商标、著名商标违法行为，共检查企业 17 123 家，并对商标印制单位进行了验证，到 2000 年底，全省有 3 650 家企业取得了商标印制单位证书。

1999 年 1 月，中国一拖集团有限公司的"东方红"商标被国家工商行政管理局认定为中国驰名商标。这是河南省第一件中国驰名商标。省工商行政管理局提出了"分类指导，重点突破，逐步推进"的工作方针，在全省掀起了企业争创驰名商标的热潮。12 月，"白鸽"、"新飞"、"双汇"、"莲花"被国家工商行政管理局认定为中国驰名商标。2000 年以后，河南省工商行政管理机关加大了对驰名、著名商标和涉外商标的保护力度。重点保护了"雪碧"、"金利来"、"娃哈哈"、"双汇"、"王守义"等驰名商标和著名商标。

2001 年认定河南省著名商标 157 件。从当年开始，河南省工商行政管理机关将名优土特产品和农副产品的发展作为新的经济增长点，相继指导和支持了"原阳大米"、"信阳毛尖"、"新郑大枣"、"固始鸡"的证明商标申报工作。2002 年，"王守义"、"月月

舒"、"金丝猴"、"羚锐"被国家工商行政管理总局认定为中国驰名商标。当年底，采用个案认定的办法，认定 3 件河南省著名商标。

2003 年，省工商行政管理局制定《工商所商标监管工作规范》，按照属地管理的原则及工商所的职责权限，赋予工商所八项监管职责。

2003 年，"原阳大米"被核准注册为证明商标，这是河南省第一件证明商标。2004 年，认定河南省著名商标 30 件。同年，"少林寺"、"南街村"和"宋河"商标被国家工商行政管理总局认定为中国驰名商标。省工商行政管理局制定了农副产品商标战略实施方案，指导和扶持具有特定地理环境和特定人文因素的特色农副产品注册原产地证明商标、集体商标，带动县域经济发展，全面提升河南农副产品竞争力。

2005 年 5 月，河南省商标协会开始承担河南省著名商标认定工作。随后，对 124 件原河南省著名商标进行了再认定，新认定河南省著名商标 102 件。此次认定，突出了向省重点工业企业、农产品和农副产品商标倾斜的原则，有 54 件是农产品和农副产品商标，46 件是省政府确定的百户重点工业企业的商标。当年，"大阳"、"仲景"、"河阳"、"三全"、"许继"被国家工商行政管理总局认定为中国驰名商标。

按照商标法规赋予的职责，河南省各级工商行政管理机关通过清理整顿商标、商标验证、查处侵权行为，保护国内外商标权人的注册商标专用权。据统计，从 1990 年到 2005 年，共查处商标侵权假冒案件和一般违法案件 2.7 万余起，罚款 5 200 多万元，为企业挽回经济损失 2.8 亿元。

2006 年，省工商行政管理局组织全省工商行政管理系统实施品牌富农、合同帮农、经纪活农、红盾护农"四大兴农"工程，引导、帮助农户、涉农企业申请注册农副产品商标 1 080 件。"华英"、"白象"、"中原"被国家工商行政管理总局认定为中国驰名商标。2007 年，认定河南省著名商标 157 件，国家工商行政管理总局认定"众品"、"金星"、

"花都"为中国驰名商标。

2007 年以后，省工商行政管理局实施兴企强省、兴农富民"两大工程"，围绕商标工作，制定了 22 条放开搞活的措施，选择 100 多家工业企业作为"商标品牌创新型企业"，帮助这些企业争创驰名商标和著名商标。全省新申请注册商标 18 161 件，农产品商标同比增长 15%。2008 年，认定河南省著名商标 246 件。"云台山"、"中原第一漂"等旅游类商标首次进入省著名商标行列。"思念"、"龙潭"、"永达"、"飞龙"、"PG"（平高）被国家工商行政管理总局认定为中国驰名商标。

到 2008 年 6 月，河南省已有固始鸡，新郑小枣、大枣、鸡心枣、灰枣、干枣，信阳毛尖，焦作怀牛膝、怀地黄、怀山药、怀菊花等先后获准注册为地理标志证明商标。全省注册商标 6.27 万件，河南省著名商标 631 件，被国家工商行政管理总局认定的中国驰名商标 28 件。

六、广告监督管理

改革开放后，河南省的广告业开始发展。1979 年，全省仅有一家广告公司。1982 年，按照国家工商行政管理局要求，全省工商行政管理部门开始对广告经营单位审批登记、核发证照。1985 年，省内有广告经营单位 356 家，其中专业公司 53 家，全省广告企业设计水平明显提高，河南电视台制作的"民权葡萄酒"和"小猫咪香皂"广告分别荣获国家优秀电视广告二、三等奖。1986 年，按照国家工商行政管理局清理广告宣传、整顿广告经营的意见，全省工商行政管理部门对广告行业进行了清理、整顿、登记、换证，对不符合广告经营条件的 31 户广告经营单位、96 户印刷厂撤销登记，查出无证经营广告单位 100 户，严肃处理了刊播虚假违法广告的案件，仅郑州市工商行政管理局就处理了 43 件。通过这次清理，基本上杜绝了无证经营现象，绝大部分广告经营单位建立健全了规章制度。1986—1987 年，随着广告监管力度的进一步加大，省工商行政管理局先后制定了广告印制暂行规定、城乡户外广告管理和一次性广告经营管理办法等，并以短

期培训班的形式提高企业主管业务人员法制观念。

1988年，按照国家工商行政管理局要求，河南省工商行政管理机关对广告经营单位进行了年检登记。366家1986年7月以后成立的广告经营单位（含个体工商户）参加了年检。对符合条件的299家发给了年检注册证，不符合条件的撤销广告经营资格，并从1989年开始实行广告经营许可证制度。

根据国家工商行政管理局部署，从1989年开始，河南省工商行政管理机关对广告行业进行了连续三年的治理整顿。1991年河南省仅核准6家广告经营单位，年增长率不到2%，广告经营单位发展过多过滥的状况得到控制。经过治理整顿，广告从业人员素质和广告服务质量都有所提高，尽管广告经营单位、人员相应减少，但营业额仍比上年增长63.6%。

1992年邓小平南方谈话发表后，广告经营全面放开，河南省各级工商行政管理局引导广告经营单位重点发展了影视广告制作、楼顶户外广告和农村广告，全省广告营业额首次突破1亿元，比上年增长42%。1993年，省工商行政管理局放宽广告经营单位审批权限，实行分级审批，当年全省新增广告公司180家、其他广告经营单位300家，广告经营单位比上年增加一倍多。同时，也加大了查处违法广告的力度，1992—1993年，查处广告案件1 600多起，对违法性质严重、手段恶劣的97人移交司法机关处理。

1995年11月，省政府发布《河南省户外广告管理办法》，对户外广告的登记管理、设置规划、违法处罚等做出了规定。1996年，省工商行政管理局开始组织公益广告活动。1997年，河南省委把公益广告宣传列入全省当年精神文明建设要抓好的七件实事之一。据不完全统计，1996—1997年河南省共发布公益广告9 013条。

1997年，按照国家工商行政管理局开展广告经营资格集中检查的通知，全省工商行政管理机关检查了2 078家广告经营单位，合格的1 659家，121家暂缓通过，298家被取消广告经营单位资格。

1998年4—6月，按照省政府统一部署，全省工商行政管理机关对当年第一季度发布的医疗广告进行了专项治理。共检查409家媒体单位发布的10 683条广告，其中违法广告3 929条，立案查处316家，收缴违法印刷品广告70多万份。10月，省政府发布《河南省医疗广告管理办法》，规定了禁止发布的医疗广告内容。1999年，全省工商行政管理机关检查药品经销单位和医疗单位3 167家，174家违法单位被立案调查，全省药品、性生活用品广告市场秩序明显好转。

2001年，河南省开展"反误导、打虚假"广告市场治理行动，集中治理医疗、药品、保健食品等方面广告，河南省工商行政管理机关查处案件2 113起，罚没金额1 433万元。结合工商行政管理体制改革，各省辖市工商行政管理局先后制定了广告三级管理职责分工及考核办法。2002年，省工商行政管理局制定"首问负责制"、"限时办结制"等四项制度，促进广告业发展。2003年，初步建立了全省广告监测网络，先后5次向社会通报违法媒体、医疗机构和企业名单。对严重违法的立案查处，并记入失信企业黑名单，在互联网上公布。

2005年，省工商行政管理局与河南省纠风办等11个部门建立联席会议制度，采取行政处罚和纪律责任追究两种手段，对群众反映强烈的医疗、药品及国家禁止发布的11种疾病的治疗广告进行整治。第二季度，通过明查暗访，有11家新闻媒体因发布违法虚假广告被公开曝光，20人受到党纪政纪处分，15人受到诫勉谈话、通报批评等处理。当年3月、10月，根据监测检查情况，先后对35家省直及省辖市报纸，18家杂志社，12家电视台、电台进行通报，对发布严重违法广告的点名批评。通过专项整治，国家禁止发布的11种疾病的治疗广告基本杜绝。河南省创新广告市场监管的模式，受到国务院纠风办、国家工商行政管理总局的充分肯定。

2005年，河南省广告经营单位2 875家，经营额近23亿元，纳税额6 200多万元。

2006年，省工商行政管理局进一步完善

行政处罚和纪律责任追究相结合的违法广告整治办法,形成了与卫生、药监、新闻出版等部门共同整治违法广告的合力,建立了广告市场信用监管制度、广告活动主体退出机制、违法广告公示制度和广告监测平台,加强了制度治本。当年,全省工商行政管理机关共监测药品、保健食品、医疗等各类广告4.5余万条,对1 300余条违法广告下达了行政告诫或限期整改通知书,立案查处1 100余件,罚没金额550余万元。

2007年,省工商行政管理局会同省纠风办等部门对全省媒体明查暗访,全省共监测各类广告15余万条,下发停止发布和整改通知书1 228件,预警公告违法广告案例50期、210个种类,查处违法广告310件,违法率高、违法量大、群众意见集中的医疗、药品、保健食品广告得到有效治理。到2007年底,全省广告经营单位3 675家,其中电台、电视台、报纸、杂志等媒体单位503家,其他广告经营单位3 172家,固定形式印刷品广告121种,从业人员318万余人,年经营额突破30亿元。2008年上半年,检测各类广告15万条,立案查处违法广告518件,下发停止发布通知书599件、整改通知书398件。

七、市场监督管理

党的十一届三中全会以后,集市贸易走上逐年稳定增长的轨道。1981年,河南省政府发布《关于加强市场管理打击投机倒把活动的暂行规定》,规定除棉花、烤烟、羊牛皮革常年不准上市外,其他一、二类农副产品均可上市议价成交,三类农副产品可上市议购议销。1983年,河南省政府发布《河南城乡集市贸易管理办法实施细则》,规定棉花、中药材、废旧有色金属、珠宝、玉器、金银及其制品、国家规定不准上市的外货、违禁品、麻醉品、剧毒药品、化学农药等不准上市。

1984年,河南省工商行政管理部门狠抓了集贸市场建设。当年底,全省共有农村集贸市场3 714个,其中新建市场448个。集贸市场开始向封闭式、店堂化、顶棚型发展,初步改变了日晒雨淋,沿街摆卖等脏、乱、差状况。

随着改革、搞活方针的深入贯彻,河南省市场建设热潮方兴未艾,出现了投资在1 000万元以上的焦作贸易大厦、开封大相国寺市场。1987年底,全省农村集贸市场已达4 017个,成交额572亿元,较1984年增长63%。

1987年,按照河南省政府部署,省工商行政管理部门开展了集贸市场整顿和打击制售假冒商品的集中行动,这次活动持续到1988年,查处哄抬物价、贩假售假等案件8 000多起,罚没款898万元。

在建设集贸市场的同时,为规范市场管理,省工商行政管理局制定了《河南省城乡集贸市场规范化管理的暂行规定》、《河南省文明集贸市场评比办法》等,加强集贸市场规范化、制度化、文明化建设。1988—1990年,河南省评出省级文明市场209个,其中29个被国家工商行政管理局命名为"全国文明集贸市场"。

1988年,国家工商行政管理局等三部委将1985年规定的禁止就地转手倒卖的重要商品调整为22种,除加强对上述商品严格管理外,省工商行政管理局按照河南省政府要求,与有关行业主管部门联合下发了重点加强化肥、水泥、农药、种子管理的规定。当年全省工商行政管理机关查处违规经营化肥、农药、种子和经营假化肥、假农药、假种子及其他案件8 319起。

1989年和1990年,针对违规收购和抬价抢购烟叶、棉花、蚕丝等农产品问题,河南省各级工商行政管理局加强了烟叶、棉花、蚕丝收购市场的管理,查处收购中哄抬物价行为,遏制了抢购大战。1990年,根据省政府指示,加强了对焦炭、油菜子的管理,制止非经营单位的经营、收购行为,限制棉纱等12种出口商品出省。1991年,国务院放开了大部分农产品的限制,省政府取消了对棉纱等12种出口商品出省的限制。钢材等大部分生产资料和原定的紧俏耐用消费品等商品也随着市场的变化退出了重要商品管理范围。

1991年,文明市场建设以国家工商行政管理局"三化一创"和河南省"三优杯"竞赛为目标,开展了省、市(地)、县三级联创活动,市场面貌、市场秩序大为改观。6月,省政府做出《关于加强城乡集贸市场建设的决定》,基本解决了市场建设和管理中存在的诸多问题,市场建设掀起高潮,出现了政府出资、单位与集体投资、企业和个人联合出资建设的局面。下半年,河南省工商行政管理局贯彻省政府制定的《河南省查处城乡集市贸易违法违章行为暂行规定》,组织整顿市场2 600多个,查处无照经营户5万多家,清理乱摆乱放摊点1万多处,清理超范围经营户8 500多户,查处售假案件5 600多件。

随着生产资料、生产要素市场(以下简称"双生"市场)的不断发展,河南省工商行政管理局集中抓了"双生"市场管理机构建设,到1991年底,有10个省辖市工商行政管理局成立了"双生"市场管理专业分局,市、县工商行政管理局成立"双生"市场管理所81个。1992年9月,国家工商行政管理局在郑州召开全国"双生"市场管理现场会,对河南"双生"市场的监管工作给予充分肯定,郑州市工商行政管理局直属分局对"双生"市场的监管模式得到国家工商行政管理局充分肯定。

1995年,河南省新建集贸市场1 708个,占全省市场总数的32%,建设投资总额达38.8亿元,是前10年的5倍。当年,在省政府组织开展的"打假打诈中原行"活动中,全省工商行政管理部门集中力量对综合市场、批发市场、专业市场全面检查,查处了大批的假冒伪劣商品。

河南省"双生"市场在1992—1996年间有了较大发展,1996年,生产资料市场达到258个,劳务市场287个,房地产市场117个,14个市、地建成了中心劳动力市场。

1996年,河南省商品交易市场发展到5 509个,商品成交额达732.7亿元。省工商行政管理局制定了河南省乡(镇)村集贸市场经纪人管理办法。据统计,全省从事经纪人业务的经纪组织发展到1 500多个,10万余人持有经纪人资格证书。

1997年,全省工商行政管理系统围绕《河南省商品交易市场监督管理条例》的贯彻实施,强化了对成品油、汽油、化肥、农药、棉花等重要生产资料市场和经纪行业的监管。

根据国务院的有关规定,1998—2000年,河南省政府制定了一系列的粮食、棉花管理政策。省工商行政管理局在粮食市场管理上采取了"一个管死,两个管住"的措施。3年中,全省工商行政管理系统查处违法收购粮食案件9 271起,没收非法收购的粮食5 951万公斤,罚款2.89亿元。对棉花市场的管理,采取确认棉花收购、加工、经营单位主体资格,实行棉花收购、加工、经营许可证、准运证制度,打击非法收购、加工、经营棉花活动,取缔小轧花机、土打包机,加强棉花市场巡查等措施。1999—2000年,查处棉花违法案件1 365起,没收棉花475.2万公斤,罚款1 463万元,收缴小轧花机275台、土打包机321台。

2001年,在整顿和规范市场经济秩序中,全省工商行政管理系统先后组织了十项专项治理、六次集中行动,查处商品市场违法违章案件70 171件,对全省5 420个商品市场重新登记,取缔了211个不符合安全条件的市场。2002年,省政府决定用半年时间开展各类集贸市场专项整治,重点是辐射面广、贩假售假、偷税漏税和社会治安问题多的集贸市场。全省工商行政管理系统先后出动17.3万人次,联合有关部门开展了四次专项执法行动,对全省4 977个市场进行了全面检查,对112个重点市场重点整治,立案查处各类案件4 412起,惩处违法违章经营户3 738户,移送司法部门处理的案件中,有25人被判刑。经有关部门批准,36个影响公正执法的"市场管理委员会"、"市场综合管理办公室"等机构被撤销。

2002年,为确保粮食市场放开后粮食市场秩序的平稳,省工商行政管理局采取了三项措施:一是取消了粮食收购企业"三账一卡"和驻厂联络员制度,废止了粮食运输凭证制度;二是对省、市540家自用粮企业通过年检延长其经营期限,允许它们在市场自由购销粮食;三是加强对陈化粮购销活动的监管,部署在全省范围内对2001—2002年郑州粮食批发市场拍卖的陈化粮销售情况的专项大检查。据统计,全省共检查粮食企业210家,查处陈化粮违法案件241起,没收粮食400吨,罚款130万元。同年,国务院有条件地放开了棉花收购市场,鼓励各类具备条件的企业参与棉花收购。河南省工商行政管理局在逐级审核的基础上,为976家企业发放了省棉花收购加工资格证。全省工商行政管理系统共出动执法人员1.38万人次,查处棉花案件480起,没收棉花838万公斤,销毁小轧花机312台、土打包机206台。

2003年,在抗击"非典"疫情的紧张阶段,全省工商行政管理系统共出动执法人员21万人次。其中参与查处非法捕猎和经营野生动物违法行为的执法人员5.4万人次,检查集贸市场1 540个,排查商户3 000多户,检查宾馆饭店5 467个,查处非法贩运野生动物案件354件,变更"野味"餐饮业企业名称845家,清除"野味"店堂牌匾905块。在河南省政府召开的全省整顿和规范市场经济秩序表彰大会上,省工商行政管理局作了经验介绍,省工商行政管理局和11个省辖市工商行政管理局受到省政府表彰。

2004年,河南省放开了粮食购销市场。全省批准1 000多个粮食经营户进入粮食市场收购,形成了以国有粮食购销企业为主,非公有制企业和个体购销户互相竞争、共同发展的市场格局。

2005年,河南省工商行政管理机关在农村食品、夏令食品、儿童食品和"苏丹红"、"染色小米"等专项整治中,检查市场6万余个(次),查处食品违法案件8 945起。

2007年,国家工商行政管理总局把河南省作为试点,要求抓好农资和农产品"两个流通",服务社会主义新农村建设。河南省工商行政管理机关对全省26 892家农资经销户逐一登记,检查农资经营户77 643户,监测农资商品2 433个批次,对监测中发现有质量问题的124批农资商品实行了产品召回。全省工商行政管理系统共查处假冒伪劣农资案件4 156起,查扣假劣种子52.3万公斤、劣质肥料3 193吨。

2008年上半年,省工商行政管理局创新食品监管机制,在农村推行食品放心工程,在城镇超市实行微机管理,适时开展专项执法检查。全省工商行政管理机关检查食品批发市场5 644个、食品经营户37.3万户,查处食品案件2 070件,取缔无照经营2 514户。

八、经济合同监督管理

党的十一届三中全会以后,河南省经济合同监督管理工作逐步进入正常发展轨道。1980年,省政府发出《关于积极推行企业经济合同制的通知》,全省各级工商行政管理局开始推行合同制管理工作,进行合同鉴证。1982年7月《中华人民共和国经济合同法》(以下简称《经济合同法》)施行后,经济合同管理的范围扩大至合同仲裁、确认无效合同和查处合同违法行为。

1984年,河南省政府发出《关于认真贯彻〈经济合同法〉、加强经济合同管理的通知》,明确了各级工商行政管理部门管理经济合同的主要职责,要求各地在机构改革中注意加强工商行政管理部门,迅速建立合同管理机构,充实人员。据统计,到1985年,全省各级工商行政管理机关共建立合同管理机构176个,占应建机构的98%;建立合同仲裁机构178个,占应建机构的99%;配备合同管理干部669人、仲裁委员会委员1 056人、仲裁员367人。河南省基本形成工商行政管理部门统一管理,业务主管部门协助管理,企业自我管理的合同管理体制。

1986年,省工商行政管理机关开始在全省开展"重合同守信用企业"评选活动,当年有1 150个企业获此称号,在企业中产生强烈反响。

1987年1月,河南省工商行政管理部门进行了全省合同大检查,纠正了企业签订和履行合同中存在的问题,帮助企业建立合同管理机构3 289个,催促企业配备专职或兼职合同管理员8 948名。2月,河南省人大常委会通过了《关于进一步贯彻执行〈经济合同法〉的决议》,调动了全省工商行政管理机关加强合同管理的积极性,推动了合同管理工作的开展。

1988年,省工商行政管理局规定,工商所经派出机关授权可以代办鉴证,当年办理的合同鉴证数量相当于前9年的总和。9月,经省政府同意,省工商行政管理局、计经委发布《河南省"重合同守信用企业"考核命名试行办法》,命名范围扩大到包括私营企业在内的所有企业法人。

根据国家工商行政管理局的部署,从1991年起,河南省工商行政管理局在全省大力推行经济合同示范文本。

在合同仲裁中,偃师等县工商行政管理局将仲裁工作延伸到工商所,河南省工商行政管理局于1987年推广了这一做法。1988—1991年,全省设立了大批派出仲裁庭,受理合同纠纷案件数量直线上升。1990年受理仲裁合同件数由1988年的3 000多件跃升为10 279件。

1992年,河南省政府批转省工商行政管理局《关于加强经济合同管理工作若干问题的报告》,提出大力开展"重合同守信用"活动,企业建立合同专管机构和配备专管员,推行合同示范文本,重要经济合同必须到工商行政管理部门鉴证等八点意见,国家工商行政管理局向全国工商行政管理系统作了转发。

1993年,根据修改后的《经济合同法》,工商行政管理机关不再确认无效合同,合同管理工作的重点转向严厉打击合同欺诈行为。1982—1993年,全省各级工商行政管理局累计确认无效经济合同7 000多件,合同金额约5亿元。1995年,在"95打假打诈中原行"活动中,全省共查处利用合同诈骗钱财案件748起,罚没款326万元。1997年,全省开展了打假打诈专项活动,查处合同诈骗案件879件,合同金额36亿元,移交司法机关处理394件(涉案人员354人),罚没款2 430万元,为受害当事人挽回经济损失9 821万元。

据统计,1983—1996年,河南省各级工商行政管理部门仲裁合同51 966件,金额120亿元。除945件在审理中撤诉外,共调解4 448件,确认无效经济合同5364件,处理违法合同案件690件,移送司法机关处理519件。1983—2000年,检查各类经济合同710万份,查出不合格合同15.7万份,合同标的金额63.5亿元。查处违法合同4 460份,罚没款2.5亿元。1979—2002年,全省各级工商行政管理部门共办理合同鉴证1 600多万份,金额2 700多亿元。到2002年底,已推行各类合同示范文本13类58项,认定"重合同守信用企业"累计28 045户。

《中华人民共和国仲裁法》、《中华人民共和国担保法》、《中华人民共和国物权法》实施后,工商行政管理机关停止了合同仲裁,新增了动产抵押物登记。《中华人民共和国拍卖法》施行后,工商行政管理机关合同管理工作增加了对拍卖企业及拍卖行为监管的职能。2005年全省拍卖备案850起,成交金额23.25亿元,查处拍卖违法违规案件35起。1996—2005年,全省工商行政管理机关共办理动产抵押物登记31 388份,抵押物价值1 716亿元;办理房地产抵押登记4 326份,抵押物价值185亿元。

2005年,省工商行政管理局、省合同协会取消了106家拖欠农民工工资、拖欠工程款企业的"守合同重信用"称号。2005年以后,全省各级工商行政管理局继续实施"合同帮扶工程"。2007年,全省工商行政管理系统指导农村合作组织等市场主体签订订单合同629万份。

九、消费者权益保护

河南省各级工商行政管理机关非常重视消费者权益保护工作。1987年,省消费者协会成立,到1996年底,全省18个地、市及158个县(市、区)全部建立了消费者组织,基本形成了从城市到农村、纵横交错的保护消费者的社会团体监督服务网络。全省各级消费者协会和各级工商行政管理机关密切配合,对消费者投诉案件认真处理,每年的结案率都在97%以上。对严重侵害消费者合法权益的案件,由工商行政管理机关依法处罚。围绕《中华人民共和国消费者权益保护法》、《河南省消费者权益保护条例》、《河南省消费纠纷仲裁办法》,河南省各级工商行政管理机关和消费者协会在省内各类报刊上发表文章，在报刊、广播电台、电视台开办专栏、专题节目，印发宣传材料，举办消费知识竞赛，在每年的3月15日，都要举办一系列活动，在全社会形成了关心和保护消费者合法权益的良好氛围。河南省消费者协会先后组织燃气热水器、纯净水、酱油、醋、白酒、啤酒、汽车及农用生产资料等产品比较试验数十种、140多次，及时向社会发布消费警示。同时，本着"企业自愿、实地调查、科学公正"的原则，先后向广大消费者慎重推荐家用电器、农用生产资料、食品、饮料等行业220多个品牌的优质产品，引导消费者合理安全消费。

1999年9月，河南省18个市、地全部开通了"12315"消费者申诉举报电话，到2005年，全省已设立"12315"申诉举报指挥中心18个，申诉举报中心181个，申诉举报站2 708个，共建成"12315"维权联络站（点）18 602个，常年开通值班电话1 000多部，有专兼职工作人员4 000多人，申诉举报96%以上得到及时处理。据不完全统计，2000—2007年，河南省共受理消费者投诉170多万起，为消费者挽回经济损失2.5亿元。

流通领域商品质量监督管理方面，2001年，工商行政管理部门开始承担此项任务。省工商行政管理局陆续建立了以工商所为基础的逐级打假和保护消费者权益工作责任制，制定了商品进货索证索票制度、重要商品入市登记备案制度、流通领域商品质量监督检查办法、重大食品安全突发事件应急处置预案、商场散装食品经营管理规范等措施，组织开展了对农资、食品、药品、农机等重点商品进行质量抽查，在引导生产、消费、保护消费者合法权益方面发挥了重要作用。2001—2003年，全省工商行政管理系统检查抽查商品4 000多组。2003年，在"食品市场百日打假治劣"和"食品放心工程"专项行动中共出动执法人员12万余人次，立案查处违法案件2 100起，即时处罚5 300余起，罚没款389万元，捣毁窝点269个，检查市场2 989个，共查处肉及肉制品等15大类假冒伪劣食品总标值2 572万元。打击利用防"非典"名义销售假冒伪劣商品违法行为，

共查处违法案件9 531起，其中，即时处罚6 700起，查获劣质口罩19万余只，劣质消毒液61吨，移交司法机关处理12起，吊销营业执照52家，取缔无照经营2 400多户。在服务领域开展"维权反欺诈"活动，集中对餐饮、美容美发、旅游、修理行业分别进行了专项检查，共检查餐饮经营单位21 855户，美容美发经营单位16 927户，责令整改1 699户，查处违法案件1 305起，罚没款125万元，查处质量不合格物品6 352件。2004年，河南省工商行政管理机关投入精力最多、时间最长的是奶粉、饮料市场专项治理。4月，安徽阜阳劣质奶粉事件曝光后，抽检奶粉、饮料近4 000个批次，检查商场、超市和各类食品销售门店42万余次，发现并查处不合格奶粉11万余袋，饮料45万余瓶，行政处罚4 700余起。2005年，抽查监测商品349个批次、4 740余组。及时处置突发事件，组织了清查"苏丹红"、"染色小米"、"孔雀石绿"、"液态奶"等专项执法行动。共出动执法人员62万余人次，检查食品批发和零售市场6万余次，检查商户82万余户次，查处无照经营12 701户，吊销营业执照387家，查处违法案件8 945起，端掉制假窝点499个。2006年，实施食品安全放心工程，全省确定"食品消费放心示范店"1 370余家。

2007年，河南省工商行政管理机关认真澄清"索证索票、进货台账、无照经营"三个底数，组织开展"全面检查、重点治理、突击强化、建章立制"四个阶段整治活动，建立完善"市场准入、质量追溯、监管执法、社会监督、企业自律、责任追究"六项机制。全省范围内应列入索证索票制度的24 301户食品经营者100%建立了索证索票制度，乡镇、街道、社区84 703个食杂店100%建立了食品进货台账制度，彻底解决了乡镇政府所在地及县城以上城市小食杂店、小摊点无照经营问题，圆满完成了专项整治目标任务（即"两个100%和一个彻底解决"），受到了国务院检查验收组和国家工商行政管理总局检查组的充分肯定。

2008年上半年，河南省各级工商行政管

理部门共检查食品批发市场 5 644 个、食品经营户 37.3 万户,查处违法经营假冒伪劣食品案件 2 070 件,取缔无照经营 2 514 户。

附:

河南省工商行政管理局 历任局长、党组书记

李友三,1953 年至 1954 年任厅长、工商厅党组书记;宋劭明,1963 年 4 月至 1979 年任局长、党组书记;叶枫,1978 年至 1982 年任局长、党组副书记;马奔,1981 年 9 月至 1983 年 2 月任局长、党组书记;李琪雯,1983 年 3 月至 1992 年 7 月任局长、党组书记;符文朗,1992 年 7 月至 1994 年 11 月任局长、党组书记;岳同生,1994 年 11 月至 2003 年 3 月任局长、党组书记;米剑峰,2003 年 3 月至 2006 年 12 月任局长、党组书记;董光峰,2006 年 12 月至今任局长、党组书记。

(执笔人:宋树欣 赵中林)

第十七章　湖北省工商行政管理局

第一部分　(1949—1978)

第一节　发展概述

新中国成立到 1978 年,湖北工商行政管理工作走过了一条曲折的道路。新中国成立初期,全省工商行政管理机关以管理私营工商业、打击投机倒把、稳定市场物价、改善公私关系、参加"五反"运动、改组同业公会等为重点,围绕巩固和建立社会主义上层建筑与经济基础做了大量工作。社会主义改造时期,全省工商行政管理机关根据总路线和具体政策,积极为私营工商业社会主义改造、建立社会主义经济基础服务。社会主义改造基本完成后,社会经济结构转变为单一的公有制,国家实行计划经济,全省工商行政管理工作主要是管理农村集贸市场和打击投机倒把。

1949 年 5 月至 1954 年 9 月,省政府在省工商厅内设工商行政处。1954 年 10 月,省政府从省财经委员会和省商业厅抽调干部建立了省工商管理局,与省财委五办合署办公。1955 年 4 月,省政府撤销省工商管理局,有关工作转到省商业厅。1963 年 5 月,省人民委员会决定成立省工商行政管理局,与省商业局合署办公,一套机构两块牌子,日常工作由省商业局工商行政管理处负责。"文化大革命"后,省工商局名义上仍与省商业局合署办公,但实际形同虚设,工商行政管理工作处于瘫痪状态。

随着机构设置的变化,湖北工商行政管理队伍也几经起伏。新中国成立初期,全省共有工商行政管理干部 200 余人,其中省工

商厅工商行政处配有干部 7 人,专区工商科 3～4 人,县工商科 1～2 人。省商业厅兼管和工商局与商业厅(局)合署办公时期,全省工商行政管理队伍有所发展。1963 年,全省有县以上工商行政管理机构 83 个,配备干部 379 人;设立市场管理委员会 1 390 个,干部3 919人,其中农村市场管理委员会 1 030 个、干部 1 780 人。1965 年,全省有工商行政管理人员 1 358 人,其中工商局编制 131 人,商业编制 184 人,市场管理费开支的 1 043 人。1975 年,全省工商行政管理机构减为 410 个,人员减为1 000人,不少地方的工商行政管理机构有名无实。

第二节　发展成就

从新中国成立到 1956 年,湖北省工商行政管理工作主要负责对私营工商业的行政管理。通过对市场的管理,打击投机倒把活动;运用工商企业登记,对加工订货合同的监督管理和商标管理等手段,为国民经济恢复、发展和对资本主义工商业进行社会主义改造服务。从社会主义改造基本完成到 1978 年,特别是"文化大革命"10 年期间,全省工商行政管理工作主要是开展市场管理(实际是集贸市场管理)和打击投机倒把。

一、改造资本主义工商业

新中国成立初期,针对一些私营工商业乘国家财政经济困难之机兴风作浪,哄抬物价,扰乱市场等行为,全省工商行政管理部门按照国家"发展生产、繁荣经济、公私兼顾、劳资两利、城乡互助、内外交流"的原则,在严厉打击投机厂商的同时,帮助私营工商

业克服困难，支持复工复业，发展生产。1950年3月，全国实行财政经济统一后，市场物价基本趋于稳定，但由于社会经济改组等原因，部分工商业者生产经营出现困难，影响了市场供应和国民经济发展。全省工商行政管理部门根据中央指示精神，配合有关部门开展了两次调整工商业的工作。第一次调整主要是调整公私关系、劳资关系、产销关系，在市场上适当放宽了一些对私营工商业的限制，取消了对私商的采购证和通行证等。第二次调整主要是调整商业，允许私人资本经营零售业务和贩运业务。

1953年，全国进入大规模的社会主义改造时期，并开始实施第一个五年计划。全省工商行政管理部门大力宣传和贯彻执行粮、棉、油等主要农产品统购统销政策，协助有关部门具体安排粮、棉、油等主要农产品的公私经营比重，整顿粮、棉、油初级市场，严禁私商经营统购统销商品。全省一、二类商品，国有商业和供销合作社收购的比重分别从1953年的79.57%、54.2%上升到1956年的98.31%、72.81%。1953年下半年起，全省全面安排和改造私营商业工作。根据"严加管理，积极领导，限制发展，逐步达到转业和改造目的"的方针，全省工商行政管理部门对批发市场进行了整顿，对批发商业的经营活动进行严格限制。如对棉布批发商作了"七不准"（不准经营批发业务、不准超过规定的经营范围、不准超过规定的经营地区、不准任意增加网点、不准随意增加人员、不准违反国家的经济政策、不准未经批准在集市上和到外地采购）的规定。同时，对私营批发商采取留、转、包的方式，进行安排和改造。为及时填补私营批发商退让出来的批发阵地，防止市场供应脱节，全省工商行政管理部门协助商业部门举办各种形式的物资交流会，沟通城乡之间、产销之间的经济联系。1954年1—4月，全省举办物资交流会424次，其中252次的成交额为910万元。到1955年冬，全省基本实现了初级形式的农业合作化，加上贯彻执行对粮食等主要农产品统购统销政策，完成了对私营批发商的社会主义改造，公私合营有计划地

扩展。1955年12月，湖北省委召开党代表会议，制定了改造私营工商业的规划，要求按不同行业、不同地区的具体情况，采取"带、并、迁、转"等办法，把私营工商业逐步分批进行以公私合营、合作商店（组）为主的社会主义改造。全省各级工商行政管理部门除选派干部直接参加各级党和政府统一组织的工作班子外，还通过指导清产核资、监督盈余分配、参加人事安排、协调公私共事关系等方面的工作，促进了公私合营的顺利进行。在对资本主义工商业进行社会主义改造的过程中，全省工商行政管理部门积极引导个体工商业走合作化道路。社会主义改造高潮过后，全省城镇个体商贩参加经销代销和合作店（组）的达88.67%，农村个体商贩参加代购代销和经营小组的达75.6%。

二、市场管理

新中国建立前夕，湖北省农村集市（或称初级市场、农村墟场）约有548个，大多数农村集市物资匮乏，价格昂贵，濒临衰落。尚存的集市，参与交换的仅有少量农副产品。1949年12月，省政府发布《贯彻贸易自由政策与合理管理市场通令》，强调活跃市场，鼓励深购远销和自由贸易，广泛开展物资交流。1950年9月，省委统战部、省工商厅联合召开了鄂西、鄂北土产运销与工业投资座谈会。1951年2月，省商业厅召开全省贸易工作会议，省政府主席李先念到会讲话，强调要积极组织私商经营土产。1952年12月，中南军政委员会发布《关于初级市场的六项措施》，要求加强初级市场领导，大力组织运输力量，扶助物资交流。随着工农业生产的恢复发展，土产运销的畅通和各种物资交流会的相继召开，集市贸易得到逐步恢复与发展。1955年，全省集贸市场达到1611个，并出现以粮食、棉花、木材等商品为主的交易市场。集贸市场形式一般有隔日集和露水集、夜市等。

社会主义改造基本完成后，不少人认为集市贸易这种以个人为主的交易已经不需要了，许多地方开始关闭集市贸易，给农副产品生产和人民生活带来了不少困难。国

务院及时提出开放自由市场。湖北省在1956年12月通过了《关于开放国家领导下的自由市场若干问题的指示》,全省集市贸易很快得到恢复,对组织农民交易山货、柴炭、生猪、耕畜、鲜鱼、蔬菜等产品发挥了较好的作用。1958年以后,国家在所有制上强调"一大二公",自由市场被限制,市场越管越紧。许多地方开展"五无"市场的市管运动,即,无黑商户、无单干户、无资本主义经营作风、无违法投机、无亏本商店。1959年初,湖北省商业厅在《关于加强外出采购人员的管理问题》中规定,商业部门应与工业生产部门(含机关、团体、学校、街道工业等)协商,尽可能把生产单位自销的产品全部包销下来,限制了自由市场的发展。1959年7月,全省商业局长会议根据《中商部关于组织农村集市贸易的意见》,作出了迅速恢复与开放农村集市贸易的决定,又开始开放农村集市。1960年底,湖北省人民委员会根据中共中央《关于农村人民公社当前政策问题的紧急指示信》关于有领导、有计划地组织集市贸易的要求,颁布了"进一步活跃城乡集市贸易、加强市场管理"的八项规定,允许农民、手工业者和国营商业在规定的集市进行自由贸易,全省集市基本开放,上市物资增多,物价开始回落。1961年初,中央工商行政管理局和商业部在咸宁县汀泗桥镇召开了全国农村集市贸易现场会议,重申和提出"活而不乱、管而不死"的原则,对汀泗桥开放集市贸易的经验给予肯定和推广。1961年,全省集贸市场成交额为1.5亿元,比1958年增长6.5倍。

1962年,党的八届十中全会确定以阶级斗争为纲的方针,把集市贸易作为阶级斗争的反映。各地按照"加强管理、缩小范围、逐步代替、区别对待、因地制宜"的二十字方针,限制集市贸易。武汉市于1964年底关闭了城区粮油市场,1965年初关闭了城区蔬菜市场。"文化大革命"开始后,城乡集贸市场被作为"资本主义尾巴",发展遭受严重阻碍。1976年,全省城镇集贸市场基本关闭,农村集贸市场从1965年的2 500个下降到1 400多个。

三、工商企业登记管理

新中国成立到1978年,湖北工商企业登记管理工作大体经历四个发展阶段,即,国民经济恢复和社会主义改造时期开展了工商企业的全面登记管理;社会主义改造基本完成后到"大跃进"时期工商企业登记管理基本中断;国民经济调整时期在1963年恢复了全面登记管理;"文化大革命"期间,这项工作全部停顿,直到党的十一届三中全会以后工商企业登记管理开始全面恢复和加强。

1949年11月,湖北省政府颁发《行商管理暂行办法》(草案),其中第三条指出:新旧行商必须向所在地之工商管理机关申请登记,必须有可靠之铺保,经审查合格领取行商营业执照并缴纳执照费后,始准营业。1950年3月,湖北省政府颁发了《工商企业暂行登记办法(草案)》,规定凡属工商业者,不论国籍,除国营、公营、公私合营、合作社另行登记外,私营不论独资、合资,本店或分店,原有者须向该地之县市工商管理机关申请登记,新设者须先申请登记经核准发给营业执照方得营业。并规定了登记事项,制发了申请登记表和营业执照式样。随后,全省相继开展对工商企业全面登记发照工作。1954年,全省有私营工业1 538户、24 930人;私营商业139 131户、228 181人;个体手工业167 983户、21 574人。这次对工商企业的全面登记,摸清了私营工商业的户数、从业人员、资金以及产销情况,对于恢复发展生产,发挥私营工商业积极作用,限制其消极作用,为逐步实现国家对资本主义工商业的社会主义改造创造了条件。

1956年社会主义改造基本完成以后,个体工商业基本纳入了各种形式的合作组织,各种经营形式的公有制经济实行按行业归口管理。从这时起到1961年全省只有少数市县开展了工商企业登记工作。全省范围的登记管理工作基本处于停顿状态。党的八届九中全会提出"调整、巩固、充实、提高"八字方针后,开始认识到即使在以公有制为基础的社会主义阶段,利用企业登记管理手段,实现国家对工商企业的监督管理,还是必要的。1963 年,湖北省人民委员会根据国务院 1962 年发布的《工商企业登记管理条例试行办法》,制发了《湖北省工商企业登记管理暂行办法(草案)》及贯彻执行有关具体问题的通知,随即对全省城乡工商业进行了全面登记发照工作。通过登记发照,制止了企业擅自开业、歇业、转业、合并、迁移、改组、撤并网点、改变经济性质等现象,纠正了一批企业名称(招牌)混乱和经营范围划分不清的问题,取缔了一批无照经营的工商户,为制订调整方案提供了资料。但这项工作到了"文化大革命"被迫全部停顿。

　　新中国成立初期,湖北的外商投资企业主要集中在武汉。1949 年,武汉市外商投资企业有 37 家。1950 年,武汉市办理外商投资企业登记时,发给了临时营业执照的有 19 家,其中外资来源地为英国的 9 家、美国的 2 家、德国的 3 家、苏联的 3 家、瑞士的 1 家、葡萄牙的 1 家。社会主义改造完成后,原有外商投资企业经清算大都关闭,外商投资企业的发展基本处于停顿状态。

四、个体工商业和私营企业管理

　　1949 年到 1978 年,湖北个体工商业发展大致经历四个阶段。第一阶段从新中国成立到 1956 年社会主义改造高潮前夕。1949 年全省个体工商业有 32.5 万户,其中个体手工业 12.6 万户,占 38.8%;个体商业(含饮食、服务业)19.9 万户,占 61.2%。按照当时"公私兼顾、劳资两利、城乡互助、内外交流"的政策,省政府对个体工商业采取了扶持发展的政策,并开展了两次调整工商业的工作,部分个体工商业户被国营工商业吸收为职工,个体工商业有所减少。1950 年 6 月,省工商厅转发了《中国贸易部关于中南地区城市摊贩管理暂行办法》,规定凡经营摊贩者均须申请登记,经工商主管机关核准发给许可证,始得营业。1952 年,省财政厅、商业厅制发《湖北省行商登记注意事项》公告指出,凡在当地有正式户籍而无固定营业地址,从事城乡集镇商品之贩运销售之行商,均应向所在地工商、税务机关申请登记。当年,全省登记发照的个体手工业有 14.2 万户、个体商业有 12.4 万户。

　　第二阶段从 1956 年到三年经济困难时期。经过 1956 年社会主义改造,全省个体手工业绝大部分走上合作化道路,75% 的个体商业参加了代购代销和经销小组。个体手工业按归口管理原则,由手工业管理部门负责管理,个体商贩则由国营商业或供销合作社管理,登记发照工作基本处于停顿状态。到 1957 年,全省个体商业有 4.5 万人,个体手工业 1.9 万户。1958 年上半年,根据国家继续加强对残存私营商业、个体手工业和小商小贩进行社会主义改造的要求,全省先后两次对个体手工业和小商小贩进行了改造,一部分过渡为全民所有制的国有企业或组成合作商店,一部分转入工农业生产。1960 年,全省原有的小商小贩 10.5 万人(不含武汉市),过渡为国营的 1.5 万人,参加公私合营 1.2 万人,组织合作商店 2.2 万人,组成合作小组 2 809 人,转工农业生产 2.8 万人,单干户 3 955 人,单干户中大多数为老弱病残。

　　第三阶段从三年经济困难时期到"文化大革命"前夕。从 1961 年起,全省贯彻国家"调整、巩固、充实、提高"的八字方针,重新恢复企业登记工作,到 1962 年从国营、供销社中调整出来小商小贩 4.1 万人,约占过渡到国营商业及供销合作社小商小贩 8.7 万人的 47.4%。1963 年 4 月,省人民委员会颁发了《湖北省工商企业登记管理暂行办法(草案)》,决定对除了国防工业、国营交通运输业和公用事业以外的企业进行登记,包括对个体工商业进行登记整顿。但由于国家对个体商贩的政策仍然是利用、限制、改造,到 1965 年底,全省个体工商业只剩 2.9 万户、3.3 万人。

　　第四阶段是"文化大革命"到 1978 年。这一时期,个体工商户被当作"资本主义尾巴"割掉,国家采取批判、限制、打击的方针,个体工商业登记发照工作停止,个体工商户只能减少,不能增加。1978 年,全省个体工商户只有 7 000 人。

五、打击投机倒把

　　打击投机倒把在很长一段时间内是工商行政管理部门的一项经常性工作。

1949—1978 年,全省打击投机倒把经历了三个时期。

第一个时期为新中国建立到 1956 年,主要是打击投机私商,保证对私改造任务的完成。1949 年 12 月,省政府发布《贯彻贸易自由政策与合理管理市场的通令》,严禁囤积居奇、投机倒把、买空卖空、扰乱市场等不法行为,并禁止金银买卖。工商行政管理机关配合公安、金融、贸易等部门重点打击投机商人黑市倒卖银元和抛售棉花的投机活动。1952 年"五反"运动开始后,工商行政管理机关抽出大批人员参加这场斗争,重点打击不法资本家和投机商不接受国家订货、不履行加工订货合同、粗制滥造、以次充好、以假充真、偷工减料等违法行为。在社会主义改造时期,根据国家政策,主要是严厉打击私商抢购、倒卖统购统销和派购的物资、破坏国家统购统销政策等投机违法活动。

第二个时期为 1957 年到 1966 年,打击投机倒把工作全面开展。1958 年"大跃进"以后,国家遭受严重自然灾害,市场供求十分紧张,国家对一些基本生活必需品实行凭证、限量、平价供应。一些投机倒把分子利用高价买进各种购物证券,然后向国营商业套购平价物资,转手在黑市高价卖出。为此,1963 年,中南行政组颁布了《关于打击投机倒把的处理原则及具体界限的意见(草案)》。各地按照"坚决打击、区别对待、惩办少数、教育多数"的原则,进行了打击投机倒把、罚款补税工作。当年全省查处投机倒把案件 54 379 件,罚款补税 528 万元,移送司法机关逮捕的投机倒把分子 545 人。1964 年,全省查处投机倒把案件 4 万件,罚款补税金额 320 万元。由于在阶级斗争为纲的理论指导下,打击投机倒把开始出现"左"的倾向,一些地方把违反一般市场管理规定的行为,当作投机倒把处理,对一些应该鼓励支持的正当经营活动,加以限制和取缔。

第三个时期为 1966 年到 1978 年,这期间受"文化大革命"影响,执行极"左"路线,打击投机倒把工作扩大化。"文化大革命"开始后,全省工商行政管理机构陆续被撤

销,打击投机倒把工作,由省革委会生产指挥组负责,市、县有的交由"民兵指挥部",有的另设"打击投机倒把办公室"或"市场管理委员会"负责。1972 年,全省查处投机违法案件 69 000 件、投机倒把案件 13 200 件。这一时期,由于受"左"的思想影响,打击投机倒把的范围很广。把农民提篮小卖、自留地、农村"九佬十三匠"统统视为"资本主义尾巴",给予无情打击。

六、经济合同管理

新中国成立后,为恢复和发展国民经济,党和政府十分重视在工商企业、经济组织之间推行经济合同制度。1950 年 9 月,政务院财政经济委员会颁布了《机关、国营企业、合作社签订合同契约暂行办法》,随后国家和有关部委相继颁布实施了一些有关经济合同的法规、文件。湖北一些地方的工商行政管理部门对国营经济与私营工商业之间的加工订货、统购包销、代销之类的产销合同等部分经济合同实行了统一管理,后来逐步发展为管理产、供、销三角合同,并且还明确了订立合同的审批办法、奖惩制度。实行这类合同制的地区主要是武汉、襄樊等大中城市。

社会主义改造基本完成后,工商企业实行归口行业管理,合同管理由工商行政管理与业务主管部门分管。1958 年搞"大跃进",刮"共产风",否定等价交换原则,"一平二调"代替了经济合同制,使经济合同管理工作受到很大影响。1961 年,按照"调整、巩固、充实、提高"八字方针,合同制度又逐渐在全省范围内恢复起来,但由于"左"的思想影响,合同制度还是没有得到认真推行。特别是在"文化大革命"十年动乱中,合同制度及合同管理基本上处于停止状态。

1978 年 9 月,中央工商行政管理总局成立,国务院把管理全民所有制企业和集体所有制企业的购销合同、加工订货合同,调解、仲裁合同纠纷,列为工商行政管理部门的一项主要任务。1978 年底,在襄樊、武昌、随县、兴山、蒲圻、通山等地开展了合同试点工作,经济合同管理工作开始得到逐步发展。

七、商标管理

（一）商标注册工作

新中国成立以后到 1978 年，随着国家政治经济形势逐步发展，湖北省商标注册工作大致经历了四个阶段。第一阶段从 1950 年 7 月政务院公布《商标注册暂行条例》到全面进行社会主义改造之前。全省工商行政管理机关对私营企业使用的商标进行了清理，取缔了一部分旧社会遗留下来带有反动、封建色彩的商标，并对新中国成立前注册的商标，按照重新申请和限期注册的原则，督促企业重新办理了注册手续。第二阶段为 1956 年。随着对资本主义工商业的社会主义改造基本完成，国家推行统购包销政策，企业只对国家生产计划负责，无需关心市场条件与市场环境。全省一度出现了未注册商标的商品充斥市场的现象。第三阶段是 1957 年到"文化大革命"前。国家从 1957 年 1 月开始实行强制商标注册，企业不分经济性质，生产商品使用的商标，一律实行商标注册。但到 1958 年后，受"大跃进"的影响，商标注册收效不大，未注册商标的商品依然很多。1959 年，武汉市硚口区工商行政管理部门检查土产行业 1 088 种商品，其中无商标、无厂名标记的有 711 件；检查百货 1 245 种商品，其中无商标、无厂名标记的有 730 件。鉴于这种情况，湖北省商业厅等单位联合印发了《关于加强商标管理、监督产品质量的联合通知》，明确"各企业产制商品使用商标都必须依法注册，现没有注册的，应限期办理注册手续"。这一通知下达后，取得了一定效果。1963 年，湖北省认真贯彻国务院公布的《商标管理条例》，对已注册商标的使用情况进行了全面检查清理。凡是没有注册商标的产品，限期办理申请商标注册手续。通过清理建立了商标档案。1964—1965 年，对商标再次进行了清理整顿，重点制止商标使用不当的问题。但由于受当时以阶级斗争为纲的影响，在整顿中把"叶开泰"、"邦可"、"和利"、"美的"、"怡和"等名牌产品商标视为封建、资本主义和殖民色彩的东西而取缔。第四阶段是"文化大革命"期间。商标管理遭到破坏，商标注册登记和管理机构撤销，管理人员下放，商标注册工作完全停止。由于商标管理处于瘫痪状态，商标使用盲目自流，市场出现了许多仿冒、伪造、滥用商标和商品粗制滥造、质量低劣、掺杂使假、以次充好的现象。

（二）商标监督管理

1955 年，湖北省提出通过商标管理，监督产品质量。从当年 3 月开始，全省在商标注册申请时试行填报《商品质量规格表》。1959 年，省商业厅明确规定各企业使用的商标必须注册，实行定期和突击检查产品质量制度。一直到 1965 年，促进产品质量的提高都是商标管理工作的中心任务之一。在加强商标设计、印制管理方面，新中国成立初期各地按有关规定开展了清理，后来受"左"的思想影响和干扰，把意识形态中的阶级斗争联系起来，对商标设计进行了不适当干预。在"破四旧、立四新"的口号下，对商标尤其是外销商品商标、图案和造型进行分级审查严格把关，标准化、政治化、通用化成为当时商品设计的准则，许多商品都使用了"红旗"、"东风"、"向阳"等具有浓厚政治色彩的商标。1962 年，湖北省取消了武汉市生产的青龙肥皂，黄金龙、白金龙香烟等商标。1964—1965 年，对"星火牌（火烧五角星）"、"日升牌（日本升起）"、"滋美牌（与支持美帝国主义谐音）"等所谓有问题的商标和包装装潢图案的商品一律停售。1966 年，对一些商标图案进行了揭露和批判，停止了一些所谓宣传帝王将相、才子佳人和资产阶级生活方式的商标的使用。这种状况直到"文化大革命"结束后才有了改观。在未注册商标管理方面，1950—1956 年，主要是执行国家有关规定，不准未注册商标仿冒注册商标。1957 年开始实行强制注册后，未注册商标一律不准使用，不得印制和做广告宣传。

第二部分 （1979—2008.6）

第一节 发 展 概 述

党的十一届三中全会召开之后，全省工商行政管理工作历经恢复、发展到成熟的历程,基本建立了适应社会主义市场经济监管的体制、机制和工商干部队伍,在促进经济社会发展方面作出了应有贡献。从1979年2月27日湖北省工商行政管理局恢复至今,全省工商工作主要经历了三个发展阶段。

恢复发展阶段(1979—1983年),全省工商行政管理工作随着社会主义商品经济的逐步发展,由为产品经济服务转到为社会主义有计划的商品经济服务,逐步突破了片面强调维护计划经济而忽视市场调节、所有制结构"一大二公"、单纯管理集贸市场的旧观念,工商行政管理职能逐步扩展。工商行政管理工作由过去偏重流通领域监督管理逐步向生产领域、消费领域的监督管理延伸,由过去偏重市场调节经济活动的监督管理,向计划经济与市场调节相结合的监督管理延伸;由过去偏重纵向经济活动的监督管理,逐步向横向经济活动的监督管理延伸;由过去偏重国内市场经济活动的监督管理,逐步向外商投资企业经济活动的监督管理延伸。

深入发展阶段(1984—1999年),随着改革开放的深入和相关法律制度的建立与逐步完善,工商行政管理工作进入依法监管、职能不断拓展的深入发展阶段。在企业登记管理方面,开始由传统的企业登记制度向现代企业登记制度转换,特别是随着1993年《公司法》的颁布实施,企业登记纳入法治化轨道。在支持非公有制经济发展上,全省工商行政管理部门不断解放思想,适时调整放宽政策,为个体私营经济和外商投资企业发展创造宽松的环境和条件。市场管理范围不断拓宽,由侧重管理零售市场向侧重培育发展农副产品批发市场和工业品专业市场转变;由侧重于管理具体商品向侧重于保护消费者合法权益转变;由管理有形市场向管理有形与无形市场相结合转变;由参与建设规划市场向市场办管脱钩转变;由简单的低层次管理向规范化的管理转变。在商标管理方面,开展了商标代理和商标管理工作,组织了"重商标、讲信誉"活动和"湖北省著名商标"评选活动。在广告管理方面,指导广告业发展,加强广告监督管理,查处虚假违法广告案件。在合同管理方面,主要在监督、检查经济合同的订立和履行,调解、仲裁合同纠纷,确认无效经济合同,查处违法经济合同方面做了大量工作。在经济检查方面,从重点打击投机倒把行为转向重点查处不正当竞争和损害消费者合法权益的违法行为,保护经营者和消费者的合法权益;从监督管理工农业生产资料等重要物资转向重点监督检查市场经营行为;从依靠政策和行政手段管理转向严格依法办事,从而把经济检查逐步转变为公平交易执法,适时开展各项专项整治行动。在法制工作方面,多种渠道开展法制宣传,推行行政处罚案件调查、核审和决定"三分离"以及行政执法责任制、执法过错追究制等制度,促进了工商执法水平的提高。

改革发展阶段(1999年至今),全省工商行政管理系统历经省以下垂直管理改革、市场办管脱钩改革及机构改革,大力推进监管制度、机制创新。1999年,根据《国务院批准国家工商行政管理局工商行政管理体制改革方案的通知》和《湖北省人民政府批转省工商行政管理局工商行政管理体制改革实施方案》的精神,按期完成省级以下工商行政管理体制改革任务,省工商行政管理局对全省工商行政管理机关开始实行垂直管理。2000年,经省政府批准,省政府办公厅印发了《关于湖北省工商行政管理局职能配置、内设机构和人员编制规定的通知》,对省工商行政管理局机构、职能进行了调整,指导广告业发展和引导个体私营经营发展的职能分别交由省经济贸易委员会和省个体私营经济协会负责。同年,省政府下发了《关于加强工商行政管理工作的通知》。2001年,国家将流通领域商品质量监督管理职能划归工商行政管理部门,全省工商行政管理部门开始履行流通领域商品质量监管职能。当年,根据国务院和国家工商行政管理总局关于"工商行政管理部门限期与所办市场彻底脱钩"的要求和部署,按期完成了全省工商行政管理部门与所办市场的办管脱钩工作。从2001年起,全省工商行政管理系统连续三年开展"基层建设年"活动,推进基层监管方式改革和基层思想政治建设、业务建设和基础设施建设。2003年，省工商行政管理局组织完成了市、州、县工商行政管理局机构改革。随着工商行政管理部门体制改革、职能调整，全省工商行政管理系统大力推进监管和服务创新，职能工作取得了长足发展。一是综合运用工商职能，全力促进地方经济发展。出台了一系列放宽准入限制、促进市场主体发展的措施。探索实施了工商企业登记互联审批、一审一核、网上登记、网上年检和市场主体发展情况动态分析报告制度等创新举措，支持国有企业改革，参与招商引资，引导和促进各类市场主体突破性发展。全省工商行政管理系统先后实施了"合同解忧"、"中小企业帮扶"、"再就业帮扶"、"名牌战略"等四项工程；按照"主体活农"、"商标富农"、"合同帮农"、"红盾护农"、"维权安农"五位一体思路，服务社会主义新农村建设；根据省委、省政府推进武汉城市圈建设的部署，省工商行政管理局和武汉、黄石、鄂州、黄冈、孝感、咸宁、天门、仙桃、潜江九市工商行政管理局积极推进武汉城市圈市场主体准入、流通领域商品质量监管、市场监管、消费者权益保护、企业信用体系建设、信息网络与电子政务建设等六个"一体化"建设。二是加大整顿和规范市场经济秩序力度。突出重点区域、重点领域、重点行业、重点品种，广泛深入开展打击假冒伪劣、非法传销、不正当竞争、商业贿赂、虚假违法广告等违法行为，在维护全省市场秩序方面发挥了主力军作用。三是探索适应现代市场监管需要的监管制度和机制。先后推行了集中办案、基层工商行政管理所扩权、经济户口管理、市场巡查制和预警制、流通领域商品质量监测及长效监管、企业信用分类分级监管、个体工商户分层分类监管、商品交易市场信用监管、"12315"行政执法体系建设等创新举措，提高了监管执法效能。

第二节　机构人员

1978—2008年，伴随着改革开放，全省

工商行政管理机构不断发展变化，队伍不断壮大。1979年初，省工商行政管理局恢复建制时，只内设4个处室。1983年，湖北省政府实行直属机构改革，省工商行政管理局为保留和加强部门，内设市场管理处、经济合同处、企业登记处、个体经济处、商标广告处、经济检查处、办公室7个处室。1984—1989年，省工商行政管理局陆续设立省经济合同仲裁委员会、工商干校、商标广告设计研究所、广告协会、工商学会、消费者协会、个体劳动者协会、政治处、外商投资企业登记处、监察处、机关党委。1992年，增设法制处、直属企业管理所。1995年，全省（除武汉市外）省辖市的区工商行政管理局均改为市工商行政管理局的直属分局，各地、市、州开发区工商行政管理局改为地、市、州工商行政管理局直属分局。同年，省工商行政管理局对随州、仙桃、天门、潜江4市工商行政管理局直接进行管理。当年11月，根据省政府办公厅印发的职能配置、内设机构和人员编制方案，省工商行政管理局为省政府直属机构，内设办公室、人事教育处、法制处、公平交易处、企业登记监督管理处、外资企业登记管理处、市场监督管理处、商标广告监督管理处、个体私营经济监督管理处、经济合同监督管理处、监察处、机关党委等12个处（室）。1996年设立省工商行政管理局机关后勤服务中心、直属分局、离退休干部科、省消费者委员会秘书处。1999年，根据党中央、国务院关于改革工商行政管理体制的决定，全省工商行政管理机关（不含武汉市）实施了垂直管理体制改革，市、州工商行政管理局为省工商行政管理局直属机构，县市工商行政管理局为市、州工商行政管理局直属机构。市州县工商行政管理局统一设立登记注册分局、公平交易分局。2000年，省工商行政管理局完成机构改革之后，按省政府规定，对内设机构作了调整。到2008年6月，有内设机构12个（办公室、人事教育处、法规处、外资企业登记监督管理处、商标广告监督管理处、个体私营经济监管处、市场规范管理处、合同监督管理处、财务处、机关党办、监察室、离退休干部处）；直属行

政机构 3 个(登记注册分局、公平交易分局、消费者权益保护处);局属事业单位 7 个(机关后勤服务中心与会计核算中心一个机构、两块牌子、合署办公,消费者委员会秘书处、个体劳动者私营企业协会秘书处、信息中心、广告监测中心、工商干校、接待中心);局属社团办事机构 4 个(广告协会秘书处、工商学会秘书处、商标协会秘书处、企业信用促进会秘书处);另设电子政务室(挂靠办公室,为非常设机构)和宣传中心(筹建)。2003 年,省工商行政管理局组织完成了市、州、县工商行政管理局机构改革,多渠道分流人员3 346 人,精简 14.5%;撤并工商行政管理所 529 个,精简 41.2%。2004 年,国务院印发了《关于进一步加强食品安全工作的通知》,明确工商行政管理部门负责流通环节食品安全监管,以食品为重点的流通领域商品质量监管逐步开展。2006—2007 年,为适应县域经济发展要求,省工商行政管理局大力加强县域工商行政管理系统建设,以县级工商行政管理局和基层工商行政管理分局、工商行政管理所为重点,整合职能,调整优化机构设置、人员配置,健全制度和机制,增强县市工商行政管理局独立作战能力,同时广泛开展"五个一"(有一名合格的工商行政管理所长、一支过硬的干部队伍、一种正确的执法思想、一套有效的工作制度、一个适宜的工作环境)工商行政管理所创建活动。至 2008 年 6 月,全省工商行政管理系统有 13 个市州工商行政管理局,70 个县(市、区)局(含 3 个直管市和 1 个林区工商行政管理局),54 个省辖市行政区、开发区分局(含武汉市,下同),920 个基层工商行政管理分局、工商行政管理所,所属事业单位 420 个。

1979 年,工商行政管理机构恢复建制时,全省工商行政管理系统仅有干部 4 371 人,省工商行政管理局机关仅 15 人。经过 1979 年、1980 年、1984 年、1988 年四次增编,全省工商行政管理系统人员快速增长。1995 年,中编办、人事部、国家工商行政管理局核定湖北省基层工商行政管理所编制 2.09 万人。到 1997 年底,全省工商行政管

理在职人数达 32 447 人。经过 1999 年、2003 年省以下工商行政管理部门垂直管理体制改革和市州县工商行政管理局机构改革后,全省工商行政管理系统的人员、编制得到精简,队伍更加精干。2008 年 6 月底,全省工商行政管理系统编制总数 25 127 名(含武汉市,下同),其中,行政编制 20 974 名,老干编制 60 名,工勤编制 2 290 名,事业编制 1 803 名;在职在编干部职工 23 148 人,其中,行政编制人员 19 566 名,老干编制人员 57 名,事业编制人员 1 589 名,工勤编制人员 1 936 名;离退休人员 7 783 人,离岗退养人员 492 名。

第三节　发展成就

1979 年以来,全省工商行政管理部门以经济建设为中心,突出改革和发展两大主题,充分发挥职能作用,各项工作取得了明显成效。

一、企业登记监督管理

1979 年 4 月至 1981 年,为企业登记管理恢复期。国家恢复工商行政管理机构后,"文化大革命"期间一度停顿的企业登记管理工作开始恢复。全省于 1979 年 6 月至 12 月对特种行业进行了登记管理;1979 年 12 月至 1980 年 12 月对工业企业进行了普查登记;1980 年 5 月至 12 月对建筑施工企业和农村社队建筑队进行了普查登记。这一时期,企业登记管理工作主要是配合国民经济的调整,开展普查登记,摸清工商企业底数,建立登记台账。1981 年底,全省企业户数合计 13.2 万户,其中工业 2.877 万户、建筑业 2 482 户、商业 7.9 万户、饮食业 8 990 户。

1982 年至 1988 年,为全面登记发照期。根据 1981 年 6 月省政府发布的《工商企业登记管理暂行规定》和 1982 年 7 月国务院发布的《工商企业登记管理条例》,全省工商行政管理部门对企业进行了重新审查,换发了全国统一的营业执照。通过发照和换照,确认企业合法经营权,取缔无照开业,维护国家计划,限制盲目发展、重复生产、重复建

厂。通过加强管理,纠正企业违反国家政策法令的行为,促进企业坚持社会主义方向。1984年,全省工商行政管理部门对党政机关、党政干部经商办企业进行了全面清理。1986年,根据国家政策的调整,省工商行政管理局明确提出除重要工业生产资料和紧俏耐用消费品外,允许放开经营。同年,省工商行政管理局制发《关于工商企业名称冠用省名登记审核办法》,开始允许省以下具备条件的企业冠用省名。1988年,根据国家清理整顿公司的决定,工商行政管理部门全面开展了清理整顿政企不分的工作。到年底,全省登记企业24.77万户。

1988年5月至1994年,为企业法人登记期。1988年5月《企业法人登记管理条例》发布以后,全省工商行政管理部门全面实行了企业法人登记制度。1989年,全省5.42万户企业取得法人资格、10.45万户企业取得合法经营权。1991年,省工商行政管理局下发《关于支持搞好国营大中型企业的意见》,当年为企业办理注册登记增设分支机构8 000多个,变更扩大经营范围3万多户。1992年,省政府批转省财办、省工商行政管理局《关于工商行政管理若干政策问题的请示》,从禁止党政机关经商办企业、放宽经营范围、发展非公有制经济等方面提出了多项制度和措施。特别是在放宽企业经营范围上,按照“大的管好、小的放活、批发管好、零售放活”的原则,对36种国家计划商品和41种重要工业品生产资料的管理进行了调整。1993年,省政府批转省工商行政管理局《关于加强和改进工商行政管理工作的请示》,允许企业自主选择经营范围和经营方式,除国家有明确规定的品种外,其他全部放开经营范围、经营方式,同时明确没有放开的商品,可核准企业“一次性经营”。对各类许可和专项审批进行了清理,除涉及国家安全、国家垄断和人民身体健康的项目外,对新办企业的前置审批项目只保留了38种。1994年,省政府批转省工商行政管理局《关于设立企业实行直接登记注册的请示》,明确投资者设立企业直接向工商行政管理机关申请登记注册,并规定凡放开的商品,

企业均可经营。对没有放开的烟叶、小汽车等品种,可核准“一次性经营”。当年底,全省登记企业33.52万户,注册资本1 941.98亿元。

1994年7月至今,为传统企业登记制度向现代企业登记制度转换发展期。党的“十四大”提出建立现代企业制度以后,全省工商行政管理部门积极贯彻执行《公司法》、《公司登记管理条例》,1994年全省登记有限责任公司1 848户、股份有限公司321户,其中集团公司249户。1995年到1996年,对《公司法》实施前成立的366家股份有限公司和1 060家有限责任公司进行了重新登记。1996年底,全省有限责任公司有1.45万户,股份有限公司632户,其中上市公司33户。从1996年起,全省工商行政管理部门按照国家工商行政管理局《企业年度检验办法》,规范企业年度检验工作。1996年以后,企业登记管理制度不断调整,内部管理日趋规范。1998年,省工商行政管理局报经省政府批准,对设立企业涉及的前置条件进行了清理,将办理营业执照的前置审批项目从300多项减至100多项,同时在科技型企业出资分期到位、人力资本出资、企业办公住所用房等方面出台了突破性政策,鼓励科技型企业发展,推进机构改革人员分流。2000年,全省注册大厅建设三年规划基本完成,对全省50个市、州、县(市)实行了企业名称统一登记管理。2001年,按照省政府有关推进行政审批制度改革的要求,省工商行政管理局清理取消了15个行政审批(核准、审核、备案)项目,精简幅度达40.54%。2002年起,对省工商行政管理局登记的省直企业开始试行互联审批制度,并将企业互联审批项目划分成A(先证后照)、B(先照后证)两类,再次精简审批项目。同时,在全省工商行政管理系统积极推进“一网式互联审批”、“一站式行政服务中心”和“一般分类简化、重点放宽范围”等登记审批制度改革,试行以“一人受理、全程办完、责任到人”为主要内容的“一审一核”制。2004年,《行政许可法》颁布实施后,全省工商行政管理部门依法规范行政许可工作,全面实行企业经

济户口制度,并对企业登记许可事项和前置审批项目进行全面清理,继续扩大省直工商登记互联审批联网部门的范围,逐步减少 A 类审批项目。同时,改进企业日常监管,加强年检中对前置审批项目的审查。2005 年,进一步健全完善市场主体准入和退出监管机制,深化首办负责制,通过建立健全清算监管、案后回查、限制督促等制度,探索对市场主体退出监管的有效方式,并开始实施企业信用分类分级监管制度,推进企业信用体系建设。2006 年,认真执行降低公司注册最低资本限额、注册资本分期到位等制度,进一步落实政务公开和当场登记的有关规定,继续完善企业登记绿色通道服务措施。依法调整、关闭产能过剩、技术落后、破坏资源、污染环境和不具备安全生产条件的企业的变更或注销登记。2007 年,省工商行政管理局出台了《关于突破性做好市场主体准入工作、促进市场主体又好又快发展的决定》,初步实现武汉东湖开发区和鄂州葛店开发区市场主体准入一体化。在全省 470 家重点企业全面推行联系服务制度,首次在统计分析基础上完成《2006 年湖北市场主体发展情况分析报告》和《2006 年度湖北外商投资企业年检情况报告》。按照省政府部署,扎实开展小造纸、小水泥、小火电和污水处理"四个专项"治理,对省政府公示的 215 户"三小"企业依法分类进行了处理。2008 年上半年,连续制发了《运用工商职能促进全民创业的若干意见》、《湖北省内资公司股权出质登记暂行办法》、《武汉城市圈市场主体准入一体化试行办法》和《武汉城市圈公司股权出资登记试行办法》等四个优化主体准入的文件。在法定框架内,在符合环保、节能、安全的前提下,全面放开市场主体准入。省、市、县三级工商行政管理局全面开通了网上登记、网上年检,积极推行重点企业联系服务、前置审批向导服务、外来投资者困难求助登记服务、开发区（工业园区、产业集群区）上门指导服务、企业基本信息查询服务等服务制度,完善和落实市场主体发展情况年度报告和动态分析报告制度,为企业做多、做强、做大创造了有利条件。这一阶段,

随着国企改制的深入,大批国有企业改制为私营企业,内资企业相应减少。截至 2008 年 6 月底,全省有内资企业（不含私营企业）131 768 户,其中:企业法人 63 655 户,注册资本（金）6 328.87 亿元。

二、外商投资企业监督管理

党的十一届三中全会后,湖北省外商投资企业得到恢复和发展,外商投资企业数量从无到有,规模从小到大,实力由弱到强。1982 年 6 月 2 日,中外合资经营企业"湖北派克密封件厂"登记成立,这是湖北按照《中外合资经营企业法》登记的第一家外商投资企业。到 1985 年全省有外商投资企业 51 家。1988 年,随着全省对外开放程度的扩大,省政府先后制定了《湖北省鼓励外商投资优惠办法》、《湖北省华侨投资优惠办法》,鼓励外国公司、企业和其他经济组织与个人来湖北兴办"三资"企业,年底全省外商投资企业发展到 123 家,从业人员 18 337 人。到 1991 年底,全省实有外商投资企业 486 户。1992 年以后,在邓小平同志南方谈话和党的"十四大"改革开放政策鼓舞下,全省外商投资企业进入了一个高速发展期。国务院先后批准在湖北设立东湖高新技术开发区、沌口武汉经济技术开发区,特别是 2007 年底国家批准设立武汉城市圈"两型社会"综合配套改革试验区和我国东部产业转移速度加快后,武汉成为外商投资的热点。到 2008 年 6 月,已有 70 多个国家和地区的企业在湖北投资,外商投资企业遍及全省。截至 2008 年 6 月底,全省有外商投资企业 3 656 户,投资总额 313.92 亿美元,注册资本 184.05 亿美元,其中外方认缴 134.21 亿美元。

随着外商投资企业的发展,全省外商投资企业登记管理工作也取得长足发展。1988 年,国家工商行政管理局授权湖北省工商行政管理局直接从事外商投资企业的注册登记管理。1992 年,外商投资企业登记管理机构在全省逐步建立,到 2008 年 6 月,除恩施州、天门市、潜江市、仙桃市和神农架林区以外,其余 12 个地级市均取得了国家工商行政管理总局外商投资企业注册登记授

权,外商投资企业登记管理工作全面展开。1993 年,按照国家工商行政管理局要求,省工商行政管理局将外商投资企业日常监督管理权限下放到各地。1996 年,全省实行了外商投资企业照后回访制度,规定外商投资企业设立半年内,登记机关要上门回访。全省各级工商行政管理部门通过换发证照、年度检验等措施,强化监督管理,重点查处虚假出资、抽逃出资行为和无资金、无场地、无机构的"三无"外商投资企业,规范外商投资企业经营行为。1998 年以后,全省工商行政管理系统以双向延伸、提前介入、跟踪服务等方式,及时为外来投资者提供法律法规、政策、信息等咨询服务,协助做好前期论证等工作,外商投资企业登记服务领域不断拓展。2000 年,省工商行政管理局制发了《湖北省外商投资企业登记管理工作规范(试行)》《关于扩大利用外资促进外商投资企业发展的若干意见》,实行外商投资企业实收资本公示制,督促外商投资企业注册资本到位。2001 年,省工商行政管理局确定了 50 家外商投资企业作为重点帮扶对象,实行登记造册,跟踪服务,促进了外商投资企业的发展。2003 年,放宽了外商投资企业的投资主体资格及市场准入限制,促进投资主体多元化;在全省范围内推行"提示服务制",减少、预防企业违法违章行为发生。2004 年,工商行政管理部门积极参与外商投资的大项目和国有企业利用外资改组改制项目的前期跟踪服务,建立了外商投资企业登记信息反馈制度。2005 年,重点对企业投资方式尤其是以人民币出资的有效性审查,会同外汇管理部门印发了《关于加强外商投资企业管理协作的通知》和《关于进一步做好外商投资企业注册资本催缴工作的实施意见》,全省外商投资企业出资管理工作得到加强。2006 年,制发了《关于外商投资的公司审批登记管理法律适用若干问题的执行意见》,开始实行网上年检。CEPA 协议生效后,为加强湖北与港资企业的沟通交流,2007—2008 年,省工商行政管理局分别组团参加了省政府组织的鄂港经贸合作洽谈会,服务招商引资取得积极成果。

三、个体私营经济监督管理

改革开放以后,湖北省个体私营经济经历了复苏、发展和提高三个阶段。

1979 年到 1992 年为复苏阶段。1979 年 3 月,为解决城镇待业青年和社会闲散人员就业问题,国家提出了恢复和发展个体工商业,政策逐步放宽。同年 12 月,省工商行政管理局印发《关于对城镇个体工商户登记管理的通知》,规定凡有城镇户口,有一定经营能力和技术,市场需要,又适合分散经营或生产的,可以登记发照,准许从事个体经营劳动。对县以下(不含县)的农村个体工商户,直到 1981 年才开始登记。1983 年,全省工商行政管理部门根据国务院《关于城镇劳动者合作经营的若干规定》和国家工商行政管理局《关于城镇合作经营组织和个体工商业户在登记管理中若干问题的规定》,对合作经营组织开始进行登记管理。到 1987 年 1 月 1 日,根据国家工商行政管理局《关于执行民法通则对个人合伙登记管理的通知》要求,停发合作经营组织营业执照。1984 年,全省换发了全国统一的营业执照,共换(核)发全国统一营业执照 45.9 万户。1986 年底,省工商行政管理局制定了《湖北省个体工商业登记管理暂行办法》,对个体工商户申请登记的条件、项目、手续和审批等问题均作了具体规定,并委托具备条件的基层工商行政管理所进行登记发照。1987 年,国务院发布《城乡个体工商户管理暂行条例》,省工商行政管理局将委托基层工商行政管理所代为核发营业执照的权限收回,由县级工商行政管理局直接核发,个体私营经济发展开始走上法制化轨道。1988 年,国务院发布《私营企业暂行条例》,明确私营企业是企业资产属于私人所有,雇工 8 人以上的营利性的经济组织。同年 9 月,湖北省出台了《湖北省私营企业登记管理暂行办法》。1992 年,全省个体私营经济发展进入有序状态,当年底,全省有个体工商户 595 183 户,从业人员 934 309 人,资金数额 141 855 万元;私营企业 2 172 户,从业人员 31 309 人,注册资本 29 713 万元。

1993 年到 1999 年为发展阶段。1993

年，省委、省政府在孝感市首次召开了全省个体私营经济工作会议，出台了《关于加快发展个体私营经济的决定》。随后全省多次召开个体私营经济工作会议，不断解放思想，个体私营经济活力得到激发，进入快速发展阶段。1995 年，湖北省颁布实施《湖北省个体经营户和私营企业管理条例》，以地方立法形式将过去在放宽主体资格、扩大经营范围等方面出台的政策予以固定下来。到 1997 年底，全省个体私营经济总户数达到 190 万户，资金数额和注册资本 447 亿元，从业人员 462 万人，分别是 1992 年底的 3 倍、26 倍和 4.8 倍。1998 年，省委、省政府召开了全省民营经济工作会议，明确"个体私营经济是民营经济的基础"，正式确定"县域经济以民营经济为主体"的指导思想，当年全省个体私营户数和从业人员的增幅是 1996 年和 1997 年增幅的总和。截至 1998 年底，全省有个体工商户 2 127 178 户，从业人员 4 727 893 人，资金数额 2 249 171 万元；私营企业 49 365 户，从业人员 776 896 人，注册资本（金）3 427 246 万元。

1999 年以后为提高阶段。1999 年，全省个体私营经济出现注重规模和效益的发展势头，开始进入以质变为主的大提高阶段，表现为量的增加趋于稳定，规模和效益明显提高。虽然当年全省个体、私营经济户数、注册资本（资金数额）、从业人员略有下降，但税收、销售收入、商品零售额等指标分别比 1998 年增长 12.7%、16.6% 和 13.4%。1999 至 2002 年，全省工商行政管理部门开展了两轮"10 万个私营业主结对帮扶 10 万下岗职工再就业"活动，共帮扶 16.3 万名下岗职工实现再就业，引导 43 万名下岗职工从事个体私营经济或在私营企业中就业。2004 年，省工商行政管理局制发了《关于改进对非公有制企业服务和监管有关问题的通知》等文件，通过送照上门、重点联系帮扶、维护个体私营业主合法权益等方式，支持非公有制经济发展。2005 年，省委、省政府实施《关于进一步加快个体私营等非公有制经济发展的若干意见》，进一步放宽对个体私营经济的限制。全省工商行政管理部门按照国家工商行政管理总局部署，开始推行个体工商户信用分层分类登记管理改革。2006 年，全省工商行政管理部门在市场准入、促进发展、规范经营、政策扶持四个环节上，强化服务措施，并委托基层分局、工商行政管理所直接办理个体工商户营业执照，进一步简化办照程序，实行阳光操作，并积极开展港澳居民个体工商户登记管理工作。2007 年，全省工商行政管理部门全面实施了个体工商户委托登记，75% 的基层分局、工商所实行了个体工商户信用分类监管。当年 7 月 1 日《农民专业合作社法》实施以后，全省工商行政管理部门加大宣传和指导力度，委托基层分局、工商所办理登记，扶持发展农民专业合作社，促进农村个体私营经济发展。当年底，省工商行政管理局、省个私协和省政府发展研究中心，在武汉联合举办首届个体私营企业家论坛，取得圆满成功。截至 2008 年 6 月，全省有个体工商户 112.8 万户、资金总额为 314.3 亿元；私营企业 19.1 万户、注册资本（金）3 349.1 亿元、从业人员 179.9 万人；农民专业合作社 1 553 户，出资总额 14.5 亿元。

四、商标注册与监督管理

改革开放以后，特别是《商标法》颁布实施 25 年间，商标管理工作迅速开展。1983 年实施《商标法》时，全省只有 2 467 件注册商标。1988 年，开展了《商标注册证》的查验工作，对注册商标的使用、自我保护、转让和使用许可等情况进行了调查摸底，全省注册商标累计达到 8 612 件。1989 年，省工商行政管理局开展了"重商标、讲信誉"评选活动，评出了 166 家全省"重商标讲信誉"企业。1991 年，开展了著名商标认定工作，首届认定湖北省著名商标 109 件。随后，1992 年、1997 年和 1999 年、2005 年又先后认定了四届著名商标，分别认定著名商标 60 件、150 件、205 件和 21 件。2001 年，省工商行政管理局组织了"湖北著名商标楚天行"活动，巡回展示全省 205 件著名商标，途经 11 市，历时 11 天，800 余家企业参加交流会，参与群众百万余人次。2005 年，省工商行政管理局与省农业厅联合印发了《关于加强农产品地理标志保护与商标注册工作的通知》。2006年,省工商行政管理局制定了《2006—2010年农产品商标和地理标志发展规划》,并制发了《湖北省著名商标标志管理办法》,成功举办了首届东湖商标论坛。2007年,省工商行政管理局报请省政府出台了《关于进一步加强商标工作的意见》,明确提出了未来3年全省商标发展目标及措施。2008年,省人大颁布实施了《湖北省著名商标认定和促进条例》,从2008年起每年集中评选认定2次全省著名商标。在开展全省著名商标认定活动的同时,全省工商行政管理部门积极引导企业争创中国驰名商标。1997年,"东风"商标被国家工商行政管理局认定为中国驰名商标,湖北实现中国驰名商标零的突破。到2008年6月,全省共有注册商标7万多件、驰名商标33件。

为保护注册商标专用权,全省工商行政管理部门把制止商标侵权和打击商标违法行为作为工作重点常抓不懈。1983年,省工商行政管理局制发了《关于制止假冒注册商标擅自制造和销售冒牌货的通知》,对酒类商标进行了重点清理整顿。1988年,制发了《湖北省未注册商标管理暂行办法》,对未注册商标实行了清理备案制度,制止未注册商标侵权行为。1983年到1993年,全省查处商标违法案件9 800余件。1996年、1999年,先后两次对商标印制企业进行清查,在1996年的商标印制企业清理整顿和重新定点工作中,确定了896户商标定点印制单位和102家商标印制企业,取消了96户企业的商标印制资格。1998年,在全省开展的商标印制单位的验证和非商标印制单位执法检查中,再次取消了58家不符合条件的商标印制单位的印制资格,立案查处违法印制企业96家,没收假冒商标标识3 000余万套。2002年,全省建立完善知名商标的监管与保护网络,在基层工商行政管理所建立完善商标专(兼)管员制度,加大了商标假冒侵权案件的打击力度。2004年,组织开展保护注册商标专用权专项执法行动,规范企业商标使用和管理行为;建立全省驰名、著名商标保护网络,在全省系统内实现商标档案信息共享。2006年,湖北省工商行政管理局牵头建立中部六省商标保护协作网络,开展商标印制企业专项执法检查。2007—2008年6月,开展了奥林匹克标志、农产品和涉外商标专用权为重点的专项整治行动,全省共查处商标侵权案件近千件。

五、广告监督管理

改革开放以后,全省工商行政管理部门坚持一手抓广告监管,一手抓广告业发展。1979年,全省广告经营单位仅有"武汉市美术广告公司"一家,年广告经营额60万元。1982年,国务院颁布《广告管理暂行条例》后的一年时间,全省广告经营单位发展到96家,年广告经营额达518万元。1984年,省工商行政管理局下放市、县工商行政管理局对同级所属广告经营单位的审批权限,为广告业发展注入了活力。到1991年底,全省广告经营单位增加到403家,广告年营业额达7 491万元。1994年《中华人民共和国广告法》(以下简称《广告法》)颁布实施后,广告业进入快速发展的高峰期。全省广告经营单位到1997年发展为1 897家,年广告营业额8.62亿元。1998年以后随着我国加入WTO,全省广告业进入多元化与持续稳定发展阶段。2007年底,广告经营单位累计4 234家,从业人员2.78万人,年广告经营额达28.71亿元。

为维护广告市场秩序,全省工商行政管理部门对广告经营单位和广告进行了多次清理整顿。1982年,落实中央工商行政管理总局《关于整顿广告工作的意见》,重点解决多方管理、多头经营问题,取缔了一批无证经营单位和个人。1988年,针对虚假广告屡禁不止、经营秩序混乱的问题,检查了432家广告经营单位的经营条件,重新核定了广告经营单位的经营范围,撤销43家不具备经营条件的广告经营单位,查处了一批虚假违法广告。1992年,根据卫生部、国家工商行政管理局《关于加强药品广告监督管理有关问题的通知》,对各种媒体和各类形式发布的药品广告进行全面检查,对无宣传批号、无药品生产和经营许可证、超出审批内容任意扩大事实的广告进行了清理和查处。

1993年，省政府发布了《湖北省户外广告管理办法》，全省工商行政管理部门与卫生部门联合对贯彻实施《药品广告管理办法》情况进行了检查，制止违反规定擅自制作、发布药品广告的现象。1996年，根据国家工商行政管理局《关于对广告业发布情况进行检查的通知》，对全省范围内重点行业的广告发布情况进行了检查。1997年，省第八届人民代表大会常务委员会通过了《湖北省实施〈广告法〉办法》。2000年，针对医疗广告和药品广告中存在的问题，对新闻媒体发布广告情况进行了专项检查。1999年，省政府下发了《关于进一步加快广告业发展有关问题的通知》。2000年，省工商行政管理局报请省政府批准，成立了省广告监测中心（挂在省广告协会），开始对省级主要媒体广告发布情况进行监测，实施动态监管。2001年，全省开展了"反误导、打虚假"广告市场专项整治行动，重点查处了药品广告、医疗器械广告、保健品广告、致富信息广告和房地产广告以及"新闻"形式广告、电视直销广告违法行为。2003年，省工商行政管理局组织了广告"一季一整治"，实行媒介广告监测结果警示通报制度。2004年，省工商行政管理局发起建立了广告市场整治联席会议制度，同年开展了农资、医疗、食品、药品和不良文化广告等专项整治。在医疗广告整治中，联合宣传、卫生等部门召开了不同层次、不同规模的整治通报会，对违法广告单位和违法广告实施通报警示。2005年，建立了广告发布前备案制度和法律咨询制度，前移广告监管关口，变事后监管为发布前的备案、法律咨询与事后监管并重。2006年，开展了医疗、药品、保健食品、化妆品、美容服务广告专项整治及户外烟草广告、以国家领导人名义做广告的专项整治，完善了广告监测、公示、违法广告点评制度。2007年，探索建立"事前防范、事中制止、事后查处"的广告长效监管模式，推进广告静态监管向动态监管进一步转变。

六、市场规范管理

党的十一届三中全会以后，全省集市贸易得到迅速恢复和发展。从1978年到2000年，全省消费品市场总数由1 512个发展到4 278个，增加了近2倍；成交额由2.36亿元上升到1 175.65亿元，增加了497.16倍。1995年7月，国务院办公厅转发国家工商行政管理局关于工商行政管理机关与所办市场尽快脱钩的意见。2001年，根据国务院和省政府关于在当年12月中旬前工商行政管理机关限期与所办市场彻底脱钩的要求，全省工商行政管理系统按照"先分离、后脱钩，先移交、后清理、再处理"的思路，采取有力措施，仅用13天时间，完成全省82个市场开发服务中心、676个自办和联办市场、6 220名转岗人员、8.7亿元资产、3.8亿元债务的整体移交，比国务院规定时间提前11天完成任务。市场办管脱钩之后，工商行政管理部门不再承担市场培育职责，集中精力强化市场规范管理。

1980年以来，全省工商行政管理部门加强市场管理，健全市场法规，建立一系列商品交易管理制度。省工商行政管理局争取省人大、省政府颁布下发了一系列法规政策，同时也制定了一系列管理办法。主要有：《湖北省人民政府关于加强集市贸易管理的布告》（1980）、《湖北省人民政府关于颁发〈湖北省城乡集贸市场管理暂行办法〉的通知》（1982）、《湖北省城乡集市贸易食品卫生管理条例》（1984）、《湖北省人民政府办公厅转发省工商行政管理局关于加速城乡集贸市场建设的报告》（1987）、《湖北省人民政府关于进一步发展城乡集市贸易的通知》（1988）、《湖北省人民政府关于加强批发市场建设的通知》（1992）、《湖北省人民政府办公厅批转省工商行政管理局关于开展市场登记的报告》（1993）、《湖北省集贸市场管理条例》（1995）、《湖北省人民政府办公厅转发省工商行政管理局关于工商行政管理机关与所办市场脱钩的报告》（1995）、《湖北省人民政府关于加强商品展销活动管理的通知》（1997）、《湖北省经纪人管理条例》（1999）等。

从1987年开始，省工商行政管理局组织开展以"文明管理、文明交易、文明服务"为内容的"文明市场"创建活动，每两年评选认定一批省级"文明集贸市场"。截至2000年,全省开展了七届省级"文明集贸市场"认定表彰活动,共认定省级文明集贸市场161个。其中,被国家工商行政管理局认定为全国文明集贸市场的39个。市场办管脱钩以后,省工商行政管理局于2005年与省文明办联合组织开展了第一届"文明诚信市场"创建验收评定活动,认定表彰省级文明诚信市场(超市)85个。2008年,开展了第二届全省"文明诚信市场"认定表彰活动。

全省工商行政管理部门根据市场体系的不断发展,积极探索相适应的管理方式。传统集贸市场监管主要采取驻场制的管理方式,即在城市市区、县辖镇和大型市场设立市场管理所、专业市场管理所和市场联合办公室,由专门的市场管理人员对市场内的经营活动以及交易秩序实施监督管理。随着经济的发展,工商行政管理部门的监管对象逐渐从有形市场转向无形市场。为贯彻落实党的"十五大"提出的"健全市场规则、加强市场管理、清除市场障碍"的要求,在20世纪90年代后期,全省工商行政管理部门开始探索试行市场巡查制度,1999年省工商行政管理局制发了《市场巡查制试行意见》,在武汉、宜昌、襄樊、鄂州、仙桃、丹江口进行了试点,然后逐步推广至全省。2000年以后,随着市场巡查制的全面推行,各地先后探索推行了市场巡查预警制、辖区管理负责制和网格式管理等市场监管制度,初步形成了动态管理、预防为主的监管机制,在推进由粗放型管理向规范化管理的转变方面取得了明显成效。

伴随市场办管脱钩的推进,工商行政管理部门的工作重心转向监管社会主义大市场,在开展集贸市场管理同时,加强了专业市场管理。

(一)培育和发展经纪人。1995年,湖北制定了《湖北省经纪人管理条例》,全省工商行政管理部门对农村经纪从业人员实行免费培训、免费登记发照,扶持农村经纪人发展。省工商行政管理局制定了《经纪人守则》、《经纪人经营行为准则》等制度规范。各地加强市场巡查,掌握经纪人活动情况,建立经纪人档案,实施分类监管,严厉打击扰乱经纪市场秩序的不法行为。同时积极引导和扶持成立经纪人行业协会,推动专业合作经纪组织发展。

(二)加强重要商品市场监管。在粮食市场监管方面,1998年,全省工商行政管理部门根据国家粮食流通体制改革精神,加强粮食收购市场管理,严格执行粮食批发准入制度,维护粮食流通经营秩序。2000年,查处非法收购、加工、运销粮食案件1 117件,没收非法收购粮食6 346.4吨。当年,全省工商行政管理系统25个单位、53名个人被国家工商行政管理局表彰为粮食市场管理先进单位和个人。2000年以后,突出加强陈化粮市场管理,得到有关方面肯定。在棉花市场监管方面,国家在1999年逐步放开棉花市场后,全省工商行政管理部门执行棉花流通体制改革规定,严把棉花经营主体准入关,配合发展改革部门审批棉花收购、加工企业,依法查处企业和个人违法收购、加工、经营棉花行为。2000年,省工商行政管理局与省供销社联合下发了《关于切实加强棉花市场管理的通知》。各地工商行政管理部门依法严厉查处非法收购、加工棉花的行为,有效维护了棉花市场秩序。在汽车市场监管方面,1985年,省工商行政管理局、省物资局、省公安厅、省交通厅联合印发了《认真贯彻执行国务院办公厅转发国家工商行政管理局〈关于汽车交易市场管理暂行规定〉的通知》,规定组织汽车交易活动的单位必须经工商行政管理机关核准登记,领取营业执照;从当年11月1日起,凡合法汽车经营单位交易的汽车,其发货票均须经当地工商行政管理机关验证盖章,否则公安、交通部门不发牌照、不予立户。当年开展了汽车经营单位清理整治,清理保留了97家合法汽车经营单位,全省查处违法倒卖的汽车2 793辆。随着市场经济的发展,汽车市场日益活跃。1991年,湖北省允许办理"一次性"经营审批手续后经营小轿车。从1997年开始,国家开始允许部分企业开展汽车连锁经营活动,1999年,国家工商行政管理局制发了《关于规范汽车连锁经营试点有关问题的通知》,推行小轿车连锁经营。2000年,全省汽车交易市场共计成交各类汽车499 858辆,工商行政管理部门均进行了验证盖章和监督管理。2000年以后,针对部分地方汽车拆卸市场存在的安全隐患,持续开展了报废汽车市场专项整治行动。2003年,全国暴发"非典"疫情,全省工商行政管理部门积极投身抗击"非典"斗争,查处涉"非"违法案件6 205件,案值574.7万元。2004年,湖北部分地区相继发生高致病性禽流感疫情,各级工商行政管理机关全力配合有关部门积极做好相关市场监管工作。从2004年起,每年坚持开展"红盾护农"行动,打击制售假冒伪劣农资和非法经营农资行为,加强农资质量定向监测工作,推行了农资经营企业分类分级监管、农资经营"两账两票一卡一书"制度和农资配送连锁经营制度。2008年初,全省遭遇雨雪冰冻灾害,全省工商行政管理部门及时启动市场监管二级响应预案,开展了"抗雪救灾保供应"、"救灾复产执法月"和"打假保春耕"等专项行动。汶川地震发生后,省工商行政管理局迅速组织全省工商系统捐款138万元,为四川灾区紧急筹捐1 000套、价值30万元的工商制服,给四川省工商行政管理局和对口援助的汉源县工商行政管理局各捐款30万元。

七、经济合同监督管理

1979年至1981年,工商行政管理部门对合同管理主要是根据当时党的路线、方针和政策,在全省城乡推行经济合同制度,督导农户和企业按照国家指令性计划任务签订和履行合同。重点是对粮、棉、油、生猪等农商购销合同、商业企业之间的购销合同和工商企业之间的工矿产品产销合同进行管理。

1982年至1992年,为经济合同监管工作的发展阶段。1982年实施的《经济合同法》和1983年国务院颁布的《经济合同仲裁条例》,确立了工商行政管理部门主管经济合同和仲裁合同纠纷的法律地位和职责。全省县级以上工商行政管理部门分别成立了合同管理股、科、处,设立了经济合同仲裁委员会,基层工商行政管理所也建立了合同

管理站(组)和仲裁庭,形成了完备的合同管理网络。全省基本形成工商行政管理部门统一管理、业务主管部门协助管理、企业自我管理的合同管理体制。1986年,湖北省首次开展了"重合同、守信用"企业创建活动,引导广大企业加强合同自律。2001年,此项活动名称改为"守合同、重信用"企业创建活动,并首次提请省政府认定表彰了91家全省"守合同、重信用"企业,此后每两年认定一次。2003年,省工商行政管理局对"守合同、重信用"企业认定程序和标准作了进一步完善,建立了省直有关部门会审和省级主流媒体公示机制。到2008年,此项活动已连续开展了九届。

1993年以后,为经济合同监管的职能转变和规范发展阶段。1995年,仲裁合同纠纷和确认无效经济合同的职能从工商行政管理部门分离出去以后,国家在当年施行的《担保法》和1997年施行的《拍卖法》中,分别赋予了工商行政管理部门监管合同的新职能。1999年,新《合同法》颁布后,全省合同监管重点是打击合同欺诈、推行合同示范文本、办理抵押登记、监管拍卖市场和推行企业信用公示制。2000—2002年,工商行政管理系统以国有企业为主要对象,连续三年开展了"合同解忧工程",重点帮扶1 266家企业解决了合同培训、合同签订、合同管理、鉴证等问题,受到地方政府和企业的欢迎。2002年,开始在全省推行企业信用公示制度,并成立了湖北省企业信用促进会。2004年,争取省人大颁布实施了《湖北省合同监督条例》,在合同监管地方立法上取得突破。2005年,积极打击合同欺诈,开展合同帮农活动,服务"订单农业"发展。2006年,省工商行政管理局、省消费者委员会、省企业信用促进会组织开展全省格式条款监管点评活动,产生了很大的社会反响。2007年,省工商行政管理局着力推进合同示范文本体系建设,当年制定、发布9种农产品、农资买卖合同示范文本,合同示范文本涉及领域不断拓宽,合同监管力度进一步加大。基层还开展了合同监管"五个一"活动(每个基层工商行政管理分局、工商行政管理所确定一名

合同监管员、帮扶一家涉农企业、调解一起合同纠纷、推行一种合同参考文本、查处一起合同违法案件），建立基层合同监管网络。2008年上半年，全省继续推进合同示范文本体系建设，分类发布示范文本，在部分地方开展了合同履约备案、信用记录和重大合同鉴证制度试点。

八、公平交易执法

1979年以来，全省工商行政管理部门认真履行对市场交易、竞争和经营行为的监督检查职责，严厉打击各类经济违法违章行为，有力维护了市场秩序。

（一）打击投机倒把

1979年10月，省工商行政管理局转发了中央工商行政管理总局《关于加强打击投机倒把活动的通知》，依法打击投机倒把行为。1982年，全省工商行政管理部门认真贯彻《关于打击经济领域中严重犯罪活动的决定》，查处国营企业和集体单位的投机倒把案件775件。1985年，按照国务院《关于坚决打击就地转手倒卖活动的通知》，查处就地转手倒卖重要生产资料和紧俏耐用消费品案件1 370件。1987年9月，国务院发布《投机倒把行政处罚暂行条例》后的两年，重点查处了假冒商品、倒卖重要生产资料和严重损害消费者利益的违法行为。1990年8月，国家工商行政管理局发布《投机倒把行政处罚暂行条例施行细则》。全省工商行政管理部门进一步拓宽监管广度、增加监管深度、强化监管力度，当年查处经济违法案件1.34万件。1993年以后，随着《产品质量法》、《反不正当竞争法》陆续出台，工作重点从查处投机倒把行为向查处不正当竞争行为和侵害消费者权益行为拓展。

（二）反不正当竞争

1993年底，《反不正当竞争法》颁布实施以后，全省工商行政管理部门以群众反映强烈的巨奖销售、虚假广告等为突破口，依法查处不正当竞争行为。1995年，以营造公平竞争环境为重点，立案查处违反《反不正当竞争法》案件601件。1996年，开展了以规范药品经营行为、制止不正当竞争为重点

的药品回扣行为专项治理，重点检查药品生产、经销企业和医疗单位257户。1997年，继续开展药品回扣专项治理整顿工作，立案查处相关违法案件83件，涉及违法金额1 767.5万元。1998年9月，湖北省人大颁布实施《湖北省反不正当竞争条例》，全省工商行政管理系统查处不正当竞争案件工作不断加强。2007年全省查处不正当竞争案件5 344件，案值13 814.8万元。

（三）打击传销和治理商业贿赂

在打击传销方面，1994年，根据国家工商行政管理局《关于制止多层次传销活动中的违法行为的通知》和《关于查处多层次传销活动中违法行为的通知》要求，逐步加强对传销行为的监督管理。1995年，国家工商行政管理局对41家传销企业和分支机构核发了《准许多层次经营意见书》，其中包括湖北5家企业。1997年1月，国家工商行政管理局公布《传销管理办法》，省工商行政管理局在当年8月，召开了全省打击非法传销活动紧急会议，部署开展了专项整顿。1999年，全省查处非法传销案件36件。从2000年开始，全省工商行政管理部门把打击传销作为整顿和规范市场经济秩序的重点之一，每年开展专项整治。2007年，与公安部门开展了对"拉人头"传销的联合整治，推动省政府建立了打击传销联席会议制度，并将打击传销纳入了社会综合治理范围。同时，各级工商行政管理部门认真贯彻执行《直销管理条例》，加强直销企业监管。2006年，国务院部署商业贿赂专项治理行动后，全省工商行政管理部门突出重点，加大案件查处力度，到2008年6月，查处商业贿赂案件1 078件。

（四）加强执法办案体制和机制建设

1984年7月，省工商行政管理局制定《关于分级查处经济违法案件的意见》，在全国率先实行办理投机倒把违法案件由省、地、县三级按权限分级审批制度。1985年，省工商行政管理局制定了办案程序，统一了全省经济检查文书、档案格式。1986年8月，省工商行政管理局在江陵县召开全省经济检查工作会议，推广"打防结合，以防为

主，综合治理"的工作经验，纠正"就案办案，罚没第一"的错误观念和简单做法。1988年，根据发案特点和办案实际情况的变化，省工商行政管理局按分级办案、分级审批的原则，制发《关于调整审批案件权限的通知》，适当调整扩大了案件审批权限。1991年，县（市、区）工商行政管理局普遍组建了经济检查队，专司执法办案。1995年，省工商行政管理局开始实行经济检查机构与业务机构相结合的办案制度。在执法办案体制方面，1994—1996年，省工商行政管理局在重点加强案件纵向审批审核的同时，推行横向审核，实行办案查审分离。1999年结合垂直管理体制改革，省、市、县三级工商行政管理局均设立公平交易机构。2000年，省工商行政管理局制发了《关于扩大工商行政管理所职责权限问题的若干意见》《全省工商行政管理系统办案分工意见》，适度扩大工商行政管理所办案权限，推行以公平交易机构为主的集中办案制度。2004年印发了集中办案工作暂行规定，对集中办案制度进一步完善和规范。2007年，全省查处经济违法案件11.1万件、案值11.46亿元，分别是1998年的7.9倍和10.7倍。

九、消费者权益保护

（一）严厉打击制售假冒伪劣商品违法活动

工商行政管理机关恢复建制后的相当一段时期，消费者权益保护的主要内容是打击制售假冒伪劣商品行为，在2004年以前由经济检查或公平交易机构负责。1985年，全省工商行政管理系统开展了查处假冒商品的集中行动，许多地方对查处的假冒商品进行展览，对重大案件进行公开处理。1991年，省工商行政管理局下发《关于严厉打击制售假冒伪劣商品违法活动的通知》，组织各地工商行政管理部门查处假冒伪劣商品2.3万件。1995年，组织开展了打假保春耕、打假保健康、打假保名优、打假保节日的"四打四保"活动。1996年，湖北省人大颁布《湖北省实施〈中华人民共和国消费者权益保护法〉办法》，当年全省工商行政管理部门查获假冒伪劣商品总案值达8 680万元，

捣毁制假窝点546个，公开销毁假冒伪劣商品案值达767万元。1997年，全省工商行政管理部门在经济发达的大中城市建立经济违法违章案件举报中心，及时接受群众的举报和申诉。2000年以后，根据国家整顿和规范市场经济秩序的要求，每年对重点地区、市场和重点商品，集中力量开展打击制售假冒伪劣商品行为。2000年，查处假冒伪劣商品案件3 815件，捣毁制假售假窝点190个，查获假冒伪劣商品价值1 790余万元。

（二）加强消费者申诉举报受理调处工作

1993年，《消费者权益保护法》颁布以后，工商行政管理部门积极发挥职能作用，切实维护消费者合法权益。1996年，开展了"消费者购假受骗找工商"活动，在社会上产生了较好的反响。当年省工商行政管理局受理信访、举报电话76件；全省受理消费者投诉22 918起。随后几年，不断加大《消费者权益保护法》的执法力度，1998年全省共接待消费者来访、接受咨询32.5万人次，受理投诉26 352件，调解24 254件，调处率达92.7%，为消费者挽回经济损失2 534.58万元。1999年6月，省工商行政管理局制发《关于为各地工商行政管理部门开通"12315"特服号码电话的通知》，在市、州、县（市）局开通"12315"投诉举报电话，形成了市局、县（市）局、工商行政管理所三级执法快速反应机制。同时，积极推进"12315"网络"五进"（进农村、进社区、进市场、进商场、进超市）工作。2006年，省工商行政管理局制发了《"12315"行政执法体系建设工作方案》，建立了从省工商行政管理局到市局、县局、工商行政管理所的"12315"网络指挥系统。2007年，全省受理消费者申诉6.58万件，成功处理6.19万件，调处成功率达94%，为消费者挽回经济损失6 100万元；查处侵害消费者合法权益案件7 468件，案值3 974.55万元。

（三）加强流通领域商品质量及食品安全监管

2004年，省工商行政管理局成立消费者权益保护处，消保维权职能从公平交易机构

工作中分离出来。2004—2005年,针对媒体披露"阜阳劣质奶粉"、"龙口粉丝"和"苏丹红"等食品安全事件,全省开展了以有毒有害食品为重点的专项整治,查处了一批食品违法违章案件,积极推进落实食品市场主体准入制度、食品经营者索证索票制度、食品市场巡查制度、不合格食品退市制度、食品安全信息公示制度、食品企业信用分类监管制度等六项监管制度。其间,还出台了《全省工商行政管理系统预防和处理流通环节重大食品安全问题应急预案》,开展了流通领域商品质量定向监测工作,探索食品安全监管长效机制。实行"线"、"面"结合的食品安全责任制,逐级签订《食品安全责任书》;组织开展了"湖北省百家食品安全示范点"创建活动,引导、首批认定84家"湖北省食品安全示范点",推动食品经营者自律机制建设。2007年,省政府出台了《湖北省流通环节食品质量安全监督管理办法》,全省工商行政管理部门大力开展"十类百牌"日常食品跟踪监测、食品安全"示范点"创建、"农村食品市场整顿年"活动、流通环节食品安全和商品质量专项整治,按期完成"四个100%"和"一个彻底消灭"(即,食品经营主体达到证照齐全合法有效,实名登记率达到100%;县城以上城市经营食品的批发市场、集贸市场、商场、超市100%建立进货检查验收索证索票制度;乡镇、街道和社区食品经营店铺100%建立进货台账制度;不合格食品退市和召回率达到100%;彻底消灭乡镇政府所在地及县城以上城市小食杂店、小摊点无照经营问题)的工作目标,得到国务院、国家工商行政管理总局检查组和省政府肯定。2008年,对县以上城市商场、市场、超市的9类商品,全面推行进货检查验收和经营者实名登记制度。组织了"食品安全百日集中行动",坚持对"十类百牌"群众日常消费食品跟踪监测。

十、法制建设

1989年以前的10年,为全省法制建设的恢复阶段。在这一时期,国家颁布了一系列工商行政管理法律法规,湖北省也制定了《湖北省集贸市场管理办法》等一批有关工商行政管理的规范性文件。1989年到1996年,为法制建设全面起步阶段。随着国家依法行政原则的确定,1990年省工商行政管理局设立法制室(后改为法制处),专司法制工作。随着《行政复议法》、《国家赔偿法》等法律的实施,法制工作范围逐步拓宽。1996年至今,为法制建设的迅速发展阶段。省、市、县三级工商行政管理局均设立了法制机构,基层工商行政管理分局、工商行政管理所配备了专兼职法制员,全省工商行政管理法制工作全面推进。

改革开放30年来,省工商行政管理局积极争取和推动工商行政管理相关地方性立法,省人大、省政府先后颁布了《湖北省集贸市场管理条例》、《湖北省个体经营户和私营企业条例》、《湖北省实施〈消费者权益保护法〉办法》、《湖北省实施〈广告法〉办法》、《湖北省户外广告管理办法》、《湖北省查处取缔无照经营办法》、《湖北省流通领域食品安全监督管理办法》、《湖北省著名商标认定和促进条例》等法律法规。省工商行政管理局也制定实施了大量规范性文件。其中,1990年《行政诉讼法》施行以前,制定规范性文件主要是为了执行国家有关工商行政管理的政策;此后则主要是为了执行国家有关工商行政管理的法律、法规和规章。1990年,省工商行政管理局根据《行政诉讼法》要求,对1979年以来制发的173件文件进行了全面清理,废止文件66件。1991年,省工商行政管理局专门制发了《关于加强规范性文件备案管理工作的通知》,标志着全省工商行政管理系统规范性文件备案审查工作正式启动。1992年,国务院公布实施《全民所有制工业企业转换经营机制条例》,省工商行政管理局根据企业转换经营机制的精神和省政府清理治理整顿期间所发文件的要求,再次清理了规范性文件。1998年,省工商行政管理局制发了《规范性文件及案件备案管理办法》。《行政许可法》颁布实施前后,对全省工商行政管理机关恢复重建以来的规范性文件,进行了认真清理,废止了一批不合时宜的文件,调查公布了清理结果。2008年,又制定了《规范性文件制定及管理办法》。

　　在规范行政执法行为,加强法制监督方面,1996年以前,省工商行政管理局在武汉、鄂州、十堰进行试点,试行法制机构对办案机构办理的案件进行审核。1996年,省工商行政管理局制发《案件核审办法》后,逐步在其他市、县工商行政管理局实行,并陆续建立了行政处罚案件调查、核审、决定"三分离"制度。1998年,省工商行政管理局在武汉市工商行政管理局、襄樊市工商行政管理局试点的基础上,制定了《湖北省工商行政管理系统行政执法责任制实施方案》,此后由点到面逐步在全省推进行政执法责任制建设。到2008年,省、市、县工商行政管理局和基层工商行政管理分局、工商行政管理所全部实行了行政执法责任制、行政执法评议考核制、行政执法责任追究制。此外,1990年国家工商行政管理局印发《加强工商行政管理机关行政执法监督的通知》后,全省每年都开展执法检查活动,通过执法检查,发现和纠正行政执法中存在的问题,促进行政执法水平的提高。

附:

湖北省工商行政管理局
历任局长、党组书记

　　赵德三,1979年5月至1980年8月任副局长(牵头负责);李福祥,1980年8月至1983年5月任副局长、党组副书记(牵头负责);李立志,1983年5月至1993年7月任局长、党组书记;宋育英,1993年7月至1998年12月任局长、党组书记;李宗柏,1998年12月至2002年11月任局长、党组书记;刘贤木,2002年11月至2007年2月任局长、党组书记;梁伟年,2007年2月至2008年6月任局长、党组书记。

　　(执笔人:徐　凯　胡庆洪)

第十八章　湖南省工商行政管理局

第一部分　(1949—1978)

第一节　发展概况

一、从新中国成立到社会主义改造基本完成时期(1949—1956)

1949年8月5日,湖南和平解放。当时,湖南省临时政府下设工商厅,厅下设工业科、商业科,地、市、县政府相应设工商科(局),履行工商行政管理职能,主要管理私营工商业,为恢复国民经济服务。同年8月19日,长沙市军事管制委员会成立。军管会财经接管部设贸易处,负责接管旧政府遗留的商业资产,成立国营专业公司,组织物资供应,稳定市场。1950年初,工商厅商业科并入长沙市军管会贸易处。4月1日,省人民政府成立,军管会贸易处改组为商业厅,受省人民政府和中南军政委员会贸易部双重领导。商业厅设商政科,下设3股:登记注册股,主要掌握工商业状况,保护工商企业合法经营,取缔或限制妨害国计民生的违法经营活动,同时开展商标注册;市场管理股,主要管理市场物价,打击商业投机;商业组织股。至1950年底,各专署、市、县人民政府先后成立了工商科(局)。在全面开展社会主义改造期间,工商行政管理机构几经变易。1953年6月,湖南省工商行政管理局成立,隶属于省财经委第五办公室,接受中央工商行政管理局的业务指导。其工作任务以原商业厅商政科的职责为基础,主要管理私营工商业。1954年6月,省工商行政管理局撤销,商政工作移交省商业厅。省商业厅内设私营商业管理处,下设对私改造和市

场管理两科。对私改造科负责实施中共中央和中共湖南省委对私改造有关方针、政策和措施;市场管理科负责私营商业调查统计、私营商业开业歇业管理、商标管理、度量衡管理等。1955年,各级工商科(局)撤销,省辖市和地区工商行政管理工作由所属商业局市场物价科办理,县和地辖市由商业局市场物价股承接。1957年,县(市)成立市场管理委员会,由公安、税务、商业、工商联、街道等部门抽人组成。

1949年底,湘潭、衡阳、邵阳等10个城市开业的工商户比解放前夕增加50%。随后根据《中华人民共和国政治协商会议共同纲领》关于"公私兼顾,劳资两利,城乡互助,内外交流"的政策,各级工商行政管理部门率先开展私营工商业登记和商标注册,并配合人民银行和国营贸易公司发放贷款、供应原材料、扩大加工订货,恢复发展私营工商业。与此同时,国营和合作社商业力量逐步加强,促进了工农业生产和城乡物资交流,全省国民经济基本趋向好转。1953年,根据党在过渡时期的总路线和中央的部署,湖南全面开展社会主义改造,对私营工商业实行"利用、限制、改造"的政策。工商行政管理部门不断调整公私、劳资、产销关系,划分公私经营范围,制定合理差价,组织私营工商业深购远销,参加物资交流会,使之在改造过程中仍保持一定的生产经营积极性。同时稳定市场物价,打击私商中的投机行为,对主要农副产品实行统一派购制度,引导私营工商业逐步接受社会主义改造。在3年多时间内,全省私营工商业经历了加工订货、统购包销、经销代销、从个别企业到全行业公私合营等一系列社会主义改造形式;个

体手工业和小商小贩经历了合作小组、生产合作社和合作商店（组）等一系列的合作组织形式。到1956年3月，全省私营工商业基本实现全行业公私合营，城镇手工业实现生产合作化，小商小贩组成合作商店。至此，全省基本上完成对私营工商业的社会主义改造。湖南由此形成了以公营经济为主体，附有少量个体经济的经济结构和以国营商业、集体商业为主体，附有一定范围自由市场的社会主义统一市场。对个体工商业和自由市场的管理改造成为当时工商行政管理的主要任务。

二、从社会主义改造基本完成到"文化大革命"结束时期（1957—1978.10）

在这一时期，工商行政管理机构多次撤并、整合。1958年夏，省商业厅与省供销社合并，撤销私营商业管理处，工商行政管理工作由物价处兼管。1961年7月，省商业厅再次分为省商业厅和省供销社，省商业厅设工商行政管理处，管理城市公私合营、合作商店（小组）、小商贩、饮食服务行业及房产管理改造等工作。11月，工商行政管理处与物价处合并，恢复市场物价处，省供销社设市场物价处和组导处，前者管理农村集市贸易、城乡信托行栈、省内物资交流；后者负责农村公私合营、合作商店（小组）、小商贩的管理改造，以及基层供销社的业务经营管理、机构设置和农村商业网点的管理。同期，各地市场管理委员会与商业局合署办公。1964年9月，省工商行政管理局再次成立，内设办公室、市场管理处和工商管理处三个处室，1968年10月再度撤销，省革命委员会生产指挥组下设工商组，后改为财贸组管辖，负责领导全省工商行政管理工作。1970年6月，其职能由省革命委员会工商物价处接管。1975年10月，省商业局工商物价处分为物价、工商行政管理两个处。工商行政管理处负责指导全省工商行政管理工作，对外使用湖南省革命委员会工商行政管理局的名义。私营工商业社会主义改造基本完成后，湖南工商行政管理部门主要执行了维护国营商业和集体商业，限制其他商业，取消个体工商业，维护计划经济的执行，

限制自由市场等政策。

1961年开始的国民经济调整中，虽然放宽了对自由市场和个体工商业的限制，改进管理办法，使集市贸易、个体工商业、合作商店（组）有所恢复，但由于总的指导思想和经济政策没有改变，这种恢复极为有限。"文化大革命"中，极"左"路线达到极致。工商部门成为无产阶级专政的工具。个体工商业作为"资本主义尾巴"，被一割再割。一些著名商标和老店名牌，成为破"四旧"的对象，予以破除。轰赶摊贩、设卡堵关、批判斗争成为常用的管理手段。

第二节 发展成就

一、内资企业监督管理

分为两个阶段：

第一阶段，从新中国成立初期到全行业公私合营、社会主义统一市场基本建立，主要任务是对私营工商业进行摸底，为恢复国民经济和对私人工商业进行社会主义改造提供资料数据。

第二阶段，从全行业公私合营以后到党的十一届三中全会前，主要是维护国营企业在市场中的领导地位，维护计划经济，打击资本主义自发势力，为加强经济领域中的无产阶级专政服务。

解放初期，国家对工商企业实行强制登记，与当时改造旧行会和同业公会、重新合理划分行业、筹建工商联合会和调整公私关系、救济失业工人等工作紧密结合进行。在基本完成对私营工商业和手工业的社会主义改造后，当时错误地认为"国营、公私合营两种类型企业的登记作用已不存在，可不再办理登记，以免耗费人力、物力"。从1957年起的7年时间内，全省企业登记基本停止。随后虽对工商企业进行了全面普查登记，但并非严格意义上的登记管理行为。"文革"中受极"左"路线的冲击，企业登记管理停止。

二、个体私营经济监督管理

解放初，为恢复市场，稳定物价，保证供给，国家扶持个体商贩和私营工商业，个体

工商业出现复苏。后经"三反"、"五反"运动,市场改组,个体私营经济迅速下滑。1953 年以后实行排除私营批发、取消粮油棉私营以及公私合营、合作化运动、清理压缩商贩政策,个体私营经济不断萎缩,至 1974 年,全省个体工商户仅剩数百户。

三、商标注册与监督管理

1949 年 12 月,湖南省临时政府工商厅开办商标注册。次年,衡阳市工商局、长沙市工商局分别受理 6 户、10 户私营企业的商标注册申请。当年核准注册的只有"利众"、"华法"等 4 个商标。1951 年,全省经中央私营企业管理局核准注册的商标增加到 29 个。随着对私营工商业社会主义改造的深入,自 1953 年起,全省注册商标逐年递减,当年为 19 个,1954 年 15 个,1955 年 7 个,1956 年 2 个。自 1959 年 1 月起,省商业厅根据国务院规定,从清理商标入手,开展商标全面注册。1963 年 4 月,省人民委员会贯彻执行国务院《商标管理条例》,要求各地商标主管机关对产品使用商标和标志情况再次清理,进一步开展商标注册工作,动员企业组织学习《条例》,申请注册商标的企业增多。全省经中央工商行政管理局商标局核准注册的商标,1963 年有 58 个,1964 年为 88 个,1965 年 51 个,共达 197 个,多集中在经济较发达的城市。1966 年爆发"文化大革命",其后的十年间,内销商品停止办理商标注册。

四、广告监督管理

新中国成立初,湖南省原有的广告企业所剩无几,长沙市仅有大地、西风、朝花、长城 4 家广告社,在 1956 年对私营工商业、手工业进行社会主义改造时,它们或停办,或转向。相当长一段时间,广告由商业、卫生、工商行政管理部门分别管理。1951 年 9 月,长沙市政府出台湖南省第一个广告管理规章——《长沙市医药广告宣传品管理暂行规则》,对医药广告管理作出了规定。1957 年,商业广告管理规定制作和发布广告要注意广告内容的真实性、思想性、艺术性,以商品宣传为主,结合宣传国家政策、政治时事。1959 年 5 月,商业部发出《关于加强广告宣传和商品陈列的通知》,并在上海召开广告工作会议。省商业厅随后召开广告宣传工作会议,提出广告为生产、消费、商品流通和美化市容服务的"四为"服务方针。

五、市场监督管理

1949—1978 年的 30 年中,全省市场建设与发展经历了多次放开和收缩的震荡,市场监督管理也相应走过了一段曲折的历程。新中国成立初期,为恢复发展经济,搞活商品流通,湖南省各级政府采取措施,广泛开展城乡互助,保护贸易自由,活跃初级市场,清除阻碍流通的障碍,建立了初级市场的正常秩序,集市贸易得到恢复和发展。1953 年,从实行粮食统购开始,国家对主要农副产品实行统购派购,集市贸易的交易范围明显缩小。1958 年,全省人民公社化后,自留地和家庭副业被取消,集市贸易失去基础。1961 年全省解散农村公共食堂后,副业生产得到恢复,各级政府有限制地重新放开了部分集市,但基于计划经济体制,各级政府采取"加强管理,缩小范围,逐步代替"政策,严加管理。"文革"开始时,工商行政管理部门成为计划经济时期割资本主义尾巴的重要工具,城乡集市贸易在一轮又一轮的扫荡、取缔中逐渐萎缩直至消失。到 1978 年,全省仅有各类市场 1 631 个,规模也比较小。

六、经济合同监督管理

国民经济恢复初期,湖南省人民政府提出在经济活动中推行经济合同,把经济合同纳入工商行政管理范围,要求工商部门加强对经济合同的审查、鉴证和履约情况的监督。1958 年"大跃进"时,在统购包销、随要随调的前提下,经济合同制度被抛弃。虽然 1962 年贯彻国民经济调整八字方针时这一制度有所恢复,但在旋即而来的"文革"中又被废止并遭到批判。

七、经济检查

新中国成立初,湖南工商行政管理部门经济检查工作的主要任务是围绕稳定市场物价,打击投机活动。以公有制为基础的计划经济体制确立后,查处投机违法行为主要围绕维护社会主义公有制进行,重在保证国家计划的执行和稳定市场秩序。在"左"的思想指导下,经济检查工作一度出现了打击面过宽、处理过严的问题,一定程度上抑制了经济的发展。

第二部分 (1979—2008.6)

第一节 发展概况

1978年11月22日,湖南省革委会批准恢复成立湖南省工商行政管理局,随后,地、市、县各级陆续恢复工商行政管理机构。从此,湖南工商行政管理事业步入了一个崭新的历史时期。这一时期大体分为两个阶段:

有计划的商品经济阶段(1978—1992年)。1978年12月,中国共产党十一届三中全会召开,国家的工作重点由以阶级斗争为纲转移到社会主义现代化建设。1979年,全省工商部门开展转变指导思想的教育,总结新中国成立以来工商行政管理工作的经验教训,认识到在社会主义建设阶段,在实现生产社会化和现代化的进程中,需要强化工商行政管理,使商品经济沿着社会主义道路发展。从此,湖南省工商行政管理部门围绕"改革、开放、搞活"方针进行了一系列改革和工作调整。在这一阶段,工商行政管理处于恢复时期,工作重心主要在于扶持、发展和管理城乡集贸市场和个体私营经济。改革开放之初,各级工商行政管理部门根据商品流通形势和发展的需要,适时调整工作思路和工作重点,采取有效措施,大力培育各类市场。从解放思想、为集贸市场正名入手,狠抓了集贸市场的恢复,放宽上市商品范围,准许农民和商贩从事商品贩运活动,同时发展农村集贸市场。之后,在各级政府的领导下,积极投入市场建设,及时总结和推广"政府领导,统一规划,合理布局,多家兴建,工商监管"的经验。这一经验后来成为指导全省市场建设的基本方针,极大地调动了多方建市场的积极性,促进了各类市场的快速发展。在培育发展各类市场的同时,积极鼓励、引导个体私营经济发展,大张旗鼓地宣传党和国家关于发展个体、私营经济的方针政策,有针对性地解决不同时期出现

的各类思想认识问题,不断清除"左"的思想和陈旧观念的影响,营造发展个体私营经济的良好社会舆论环境。深入贯彻执行党中央、国务院的方针政策,结合本省实际,研究制定了一系列措施,以保障个体工商户和私营企业户参与平等竞争,依法开展经营活动,为个体私营经济发展创造有利条件。积极开展普及政策法规教育,引导个体工商户、私营企业文明经营。加强监督检查,制止非法经营,保障个体私营经济的健康发展。

建立社会主义市场经济体制阶段(1992年至今)。邓小平南方谈话后,特别是党的"十四大"召开之后,湖南省各级工商部门围绕建立社会主义市场经济体制,积极探索工商行政管理的规律和途径,不断适应新形势和新任务的要求,大胆改革,取消多项与搞活市场、繁荣经济相悖的前置审批和许可证制度,积极推行企业注册代理制、商标注册代理制和广告代理制。与此同时,加快职能转变,实行工商行政管理重心向监管执法转移。在1996年基本实现市场管办分离的基础上,积极推进工商行政管理体制改革,从1999年开始,将所有自办市场和联办市场移交给当地政府,彻底实行市场管办脱钩,集中精力专司市场监管和行政执法。在推进市场监管和行政执法过程中,大胆进行监管方式的改革,摒弃驻场监管集贸市场的方式,逐步实行市场巡查制。进一步拓宽监管领域,在对集贸市场继续进行规范化管理的基础上,切实加强对生产资料市场的监督管理,并以经纪人管理为切入口,参与了证券、期货、信息、技术等生产要素市场管理。工商部门逐步发展成为履行监管社会主义统一大市场的行政执法机关,实现了从主要依靠行政手段向主要依靠法律手段进行监管的转变。

工商行政管理部门恢复建制之后的前20年,一直实行"条块结合,以块为主"的管理体制,在当地政府的领导下行使职能,业务接受上级工商行政管理机关的指导。随着市场经济的发展和社会主义法治的进步,特别是依法治国方略的实施,这种体制的弊

端日益显现出来,工商行政管理机关在市场监管和行政执法中容易受地方保护主义的干扰,不利于工商行政管理法律法规的统一实施,影响工商行政管理职能的有效发挥。1998年11月,党中央、国务院作出了改革工商行政管理体制,实行省以下工商行政管理机关垂直管理的重大决策。1999年初,省委、省政府出台工商行政管理体制改革方案。紧接着召开全省工商行政管理体制改革会议,作出改革部署,由省工商局会同省人事厅、省编办、省财政厅研究具体的改革方案和措施。同年11月,以省政府名义和省政府办公厅名义下发了人员上收分流、市场移交、资产划转的三个政策性文件,改革进入具体实施阶段。2000年6月,人员上收分流和市场移交工作基本完成,资产划转取得重大进展,全省工商行政管理体制改革基本结束。2004年8月11日,省委、省政府召开了高规格的处理工商体制改革遗留问题工作会议,会议进一步明确了地方党委、政府在处理工商体改遗留问题、维护社会稳定、管理市场服务中心等方面的重要责任。会后,省委、省政府以两办名义转发了省工商局《关于做好工商体制改革遗留问题处理工作的意见》,印发了《工商体制改革宣传提纲》,由省委督查专员带队对遗留问题处理工作进行了督查。在省委、省政府的重视下,经过全省上下的共同努力,湖南省工商体制改革得以圆满完成。

根据省委、省政府的部署,省工商局和省以下工商行政管理机关自2000年底到2002年初先后进行机构改革。为使工商行政管理部门市场监管和行政执法工作更加适应建立社会主义市场经济体制的需要,按照"精简、统一、效能"的要求,经省政府和省编办批准,省及省以下工商行政管理机关的内设机构进行了适当调整:将内、外资企业和私营企业登记注册职能从原企业登记管理机构、外商投资企业登记管理机构和个体私营企业登记管理机构中分离出来,成立企业登记注册分局,作为工商行政管理局的直属机构;设立企业(含外资企业)监管处、个私监管处(其中省和市、州工商局将原外商

投资企业登记管理机构并入企业监管机构,保留了外商投资企业监管机构的牌子),专司监管职能。除极个别单位(如长沙市工商局)外,全省绝大多数工商局撤销了专门的合同监管机构,将其职能划入市场规范管理机构,同时保留了合同监管机构的牌子。省局财务工作从办公室分离出来,成立财务基建处,负责全系统的财务基建管理工作。将法制处(科、股)更名为政策法规处(科、股)。新设立了专门的消费者权益保护机构,保留了办公室、人事教育、公平交易、经济检查总队、商标广告监管等机构。按照有关规定设置了机关党委、纪检监察和老干工作机构,增设了内部审计机构。机构改革后,湖南省工商局设有10个职能处室,即办公室、政策法规处、财务基建处、市场规范管理处(加挂合同监督管理处牌子)、商标广告监督管理处、企业监督管理处、个体私营经济监督管理处、消费者权益保护处、外商投资企业注册管理处、人事教育处;3个直属行政机构:企业注册分局、公平交易分局、经济检查总队;4个事业单位:经济信息中心、干部培训中心(党校)、省拍卖行和省经纪事务所;6个挂靠社团组织:省个体劳动者私营企业协会、省消费者委员会、省广告协会、省工商行政管理学会、省商标协会、省守信用重合同协会;并按有关规定设立了机关党委、省纪委、省监察厅派驻纪检组、监察室,内部审计处(省审计厅派出十处)、离退休人员管理服务办公室。2006年8月7日,湖南省企业信用信息管理局成立,由省工商局代管。

至2008年6月末,省工商局机关及直属行政机构、事业单位、社团组织共有干部职工312人,其中在职248人(公务员141人),离退休64人。省局现有局长1名,副局长6名,纪检组长1名,总会计师1名,副巡视员4名。全省工商系统共设市州工商局14个,县市工商局89个,城区工商分局34个,开发区工商分局11个,管理区(农场)工商分局5个,其他分局2个,工商所989个;事业单位164个,挂靠社团组织283个。全系统共有干部职工26 806人,其中在职19 910人,离退休5 199人,提前离岗1 697人。

大力加强领导班子和干部队伍建设。省局党组始终把加强各级领导班子建设和队伍建设作为头等大事来抓。切实加强了市、县局领导班子建设,大力培养选拔优秀年轻干部、女干部,推进领导班子成员跨地区交流和各级局机关中层干部轮岗与竞争上岗,试行领导干部职务任期制等干部人事制度改革。加强党风廉政建设,落实党风廉政建设责任制,实行了市州局"一把手"向省局党组述职述廉,县级局"一把手"向市州局党组述职述廉,工商所向所在地党政领导、群众代表、管理对象述职述廉制度。同时,采取集中轮训县级局长、工商所长、行政执法骨干和计算机、食品检测等专业技术骨干以及分级全员培训等办法,大规模培训干部,有效地提高了整个队伍的思想和业务素质。截至2007年底,全系统干部职工大专以上文化占80%。

狠抓基础工作和基层建设。垂直管理以来,省工商局集中财力,在基层兴办"桌子、椅子、箱子(检测箱)、车子、房子"工程,累计投入13亿元,配发办公、执法车辆995辆,检测车28台,办公电脑2 500余台,其他办公设备4.5万余件,开通了省、市、县"12315"三级联网指挥系统,新建档案室总建筑面积3 000多平方米,总库容量达10万卷以上。逐年提高对困难地区"人头经费"的保障水平,使全省工商系统特别是县、市局和基层工商所的办公条件和干部职工的工资福利得到保障。近年来,全系统深入开展"五好工商所"创建活动,对第一批102个"五好工商所"进行了命名和表彰;干部职工医疗保险和住房公积金应由单位负担的部分纳入预算,将国家和省规定的工资、津补贴纳入预算,优先保障工商所人员工资和津补贴及时、足额发放到位;改善基层办公条件,由省工商局直接调剂资金,为工商所配备电脑、执法车辆和食品安全检测设备,保证了每个工商所有2台以上电脑、1台以上执法车辆和1台以上食品快速检测箱。

全力服务经济社会发展。湖南省工商系统实行省以下垂直管理之后,省工商局党组旗帜鲜明地提出要把服务经济社会发展作为工商部门的首要任务,按照建设服务型政府的要求,充分发挥职能作用,努力服务经济社会发展大局。2001年,省政府办公厅转发了省工商局制定的《改进市场准入制度、促进企业改革和发展的若干意见》,对市场准入制度进行了改革,促进了企业的发展。同年,省工商局完成了《全省个体私营经济"九五"发展状况及今后发展对策的报告》,为省委、省政府决策提供了重要参考。2003年6月,省工商局下发了《关于贯彻〈省委、省政府关于加快民营经济发展的决定〉的实施意见》,出台了18条政策措施,降低民营经济门槛,放宽经营范围。2005年3月,省工商局制定《省局机关建立与大型企业联系制度工作方案》,立足职能,从六个方面加强对企业的联系和指导;同年6月,省工商局先后制定了《大力发展我省农村经纪人的若干意见》和《省局机关建立与农村经纪人联系制度工作方案》,明确了培育发展农村经纪人的一系列措施。2006年2月,省工商局出台《关于加快推进商标战略实施的若干意见》,明确了实施商标战略的工作目标和规划;同年3月、4月,省政府办公厅先后转发了省工商局《关于整治农村市场秩序促进农村经济发展的意见》和《关于进一步加强商标工作的意见》,提出了维护农村经济秩序、促进农村经济发展和加强商标工作的目标和任务;同年12月,省工商局先后下发了《关于立足工商职能积极推进新型工业化促进富民强省的意见》和《关于支持发展订单农业积极开展涉农合同帮扶工程工作的通知》,出台了推进新型工业化、促进富民强省的14条意见,明确了发展订单农业的一系列措施。2007年6月,又先后下发《贯彻落实省委加快发展非公有制经济发展座谈会精神、促进我省个体私营经济加快发展的意见》和《关于立足职能促进生产性服务业加快发展的意见》,明确了鼓励、支持非公有制经济加快发展、做大做强和放手发展生产性服务业的一系列工作措施。七年来,工商行政管理系统不断理顺自身职能,把服务地方经济建设作为首要任务,不断加大服务大局力度,促进经济社会又好又快发展取得了显著成效。

大力服务各类市场主体发展。2001年，省工商局推行了市场准入制度改革，积极支持国有企业实施股份制改造、建立现代企业制度，积极支持国有企业组建企业集团，积极鼓励国有中小企业采取多种方式进行改组，积极参与"五小"企业的关闭破产工作，全年新登记内资企业10 558户。2003年全省工商系统认真落实《关于贯彻〈省委、省政府关于加快民营经济发展的决定〉的实施意见》，主动牵线搭桥，帮助个体私营企业解决融资难的问题，全年新登记私营企业20 600家，个体工商户17.46万户。2003年，省工商局制定《省属国有企业改革中工商登记注册处理办法》，积极支持引导非公有制企业以租赁、参股等方式参与国企改革，并选择一批重点企业进行扶持，指导建立现代企业制度，取得了较好的成效。2005年，省工商局建立联系大型企业制度，全系统共确定对口联系企业500余家，明确责任人、责任单位，立足职能，从指导帮助企业建立现代企业制度、争创中国驰名商标和湖南省著名商标等六个方面入手，热忱为企业排忧解难，促进了企业的发展。2006年，立足职能，继续开展"三为三联"工作，促进各类市场主体发展，在国企改革、发展非公有制经济、招商引资等方面成效明显，年内全省私营企业突破10万户。2007年，省工商局在湘潭市召开了全省工商系统服务地方经济发展现场经验交流会，开展了"十大行业100强暨十大突出贡献私营企业"评选活动，举办了全省知名私营企业培训班。当年省、市、县三级工商局成立服务地方经济发展领导小组，按照"确定项目、整合力量、上门调研、有效推动"的原则，积极为地方政府发展经济当参谋、出主意，有针对性、有重点地开展服务地方经济发展工作。在工商部门的积极参与配合下，一些地方的非公有制经济发展、商标战略实施等方面的工作取得了突破性进展。2007年底，湖南长株潭城市群被国务院批准为"两型社会"综合配套改革试验区，省工商局及长株潭三地工商部门立足职能，积极服务改革试验区建设，着手筹备三地工

商部门联席会议，探索建立三地市场主体登记管理联络协商机制，建立市场主体信息互联互通、投资主体资格互认、行政执法协作与支援、企业信用电子档案异地查询、企业监管信息共享等工作机制，同时加大对长株潭一体化建设有重要影响的重点企业的服务指导力度，有力地促进了长株潭区域市场、产业发展布局一体化。2008年上半年，省工商局下发了《关于建立服务"一化三基"工商联络员制度的意见》《关于规范行政处罚有关事项的紧急通知》等一系列优化我省经济发展环境文件，进一步加大服务全省经济建设的力度，认真贯彻落实《湖南省重大项目绿色通道服务暂行办法》，妥善解决中国电信股份有限公司湖南700多家分支机构工商登记问题。根据国家节能降耗和安全生产的总体目标，大力支持经济结构调整和经济发展方式转变，依法做好调整、关闭产能过剩、技术落后、破坏资源、污染环境和不具备安全生产条件企业的变更、注销登记和吊销营业执照工作。配合政府做好了环洞庭湖234家环境污染严重的造纸企业关停的后续工作。

大力服务社会民生。全省工商行政管理系统认真落实中共中央、国务院和国家工商总局就业再就业文件精神，2003年以来，共引导、支持59.96万名下岗失业人员和高校毕业生在个体私营经济领域实现就业和再就业，免收各项行政性收费28 960万元。在2008年初的冰冻灾害中，以粮油、副食品等生活必需品为重点，有针对性地加强对集贸市场、超市、蔬菜市场的巡查，加强对鲜活农产品市场监管。同时认真执行国家工商总局有关收费减免要求，对鲜活农产品批发销售环节的各种收费项目进行清理，能免除的给予免除，缓解了全省物资供应压力，平抑了物价，有效保障了市场供应。2008年5月12日，四川汶川地震发生后，在切实加强市场监管，防止假冒伪劣商品流入灾区，查处以募捐名义发布虚假广告等违法行为的同时，积极组织开展献爱心、缴纳特殊党费等各种形式的捐款捐物支援灾区活动。全省工商行政管理系统募捐善款善物合计

1 483万元，发动组织个体工商户、私营业主募捐善款2 761万元，献血2 200多人次。

大力服务社会主义新农村建设。2003年起，在全省推行了"红盾护农"行动，切实加强对农业生产资料市场的监管，保障农业生产安全。截至2008年6月，共查处涉农案件6.2万件，案值12.3亿元，查获假劣种子40.5万公斤、化肥3 700吨、农药39.5万公斤、农机具1 356件，为农民挽回经济损失154亿元。2005年，省工商局制定下发了《大力发展我省农村经纪人的若干意见》，成立了省经纪人协会，截至2008年6月，全省农村经纪人总数达17 799人，促成农产品交易额157亿元。2007年，省政府办公厅转发了省工商局提出的《关于规范农村市场秩序促进农村经济发展的意见》，大力支持发展订单农业，积极开展涉农合同帮扶活动。

大力推动企业信用体系建设。2003年，湖南工商行政管理系统以"四法二网一库"为重点，积极推进市场主体监管制度改革。重点制定并组织实施"四法"，即《经济户口管理办法》、《企业分类监管实施办法》、《重点行业企业监督管理办法》、《企业登记"一审一核"试行办法》；推行"两网"，即监管网格化，信息网络化；建好"一库"，即企业信用信息数据库，逐步建立起企业信用监管体系，为推进企业信用建设奠定了基础。2005年，全省工商系统大力推行监管网格化、信息网络化，加快企业登记监管信用信息数据库建设步伐，实现了企业登记监管信用信息数据库全省联网，并初步实行了企业信用等级分类；将17个重点行业的9.19万户企业纳入重点监管范围；基本建成了全省失信企业"黑名单"数据库。2006年，省政府成立了湖南省企业信用信息管理局，由省工商局代管。建立湖南省企业信息基础数据库，开通了湖南信用网。加强企业信息社会化服务的监管和企业信息的归集、整合、开发利用，积极推进政府部门企业信息共享，截至2008年6月30日，共征集企业信息472万条，提供查询50多万次，社会公众浏览湖南信用网达115万多人次。

第二节 发展成就

一、内资企业监督管理

分为两个阶段。一是从党的十一届三中全会起到1994年《公司法》颁布实施。主要任务是立足于开放、搞活，搞好协调、监督，为促进商品经济的发展服务。二是1994年《公司法》颁布实施后，工商登记以审批登记为主转变为核准登记为主、审批登记为辅，先后依法依规取消了一批前置审批项目，主要工作任务是围绕建立社会主义市场经济体制，为现代企业制度的建立服务。

改革开放后，湖南企业登记工作逐步迈入正轨，在依法确立市场主体资格、监督管理市场主体的经营行为、维护市场经济秩序等方面，发挥了积极作用。特别是党的"十四大"后，企业登记管理工作进行了一系列的变革，企业登记注册由过去的审批制逐步向直接核准制转变。

国务院颁布实施《企业法人登记管理条例》后，湖南结合本地企业登记管理工作实际，于1991年以省政府令的形式发布了《湖南省企业法人登记管理若干规定》，省工商局制定了《湖南省企业法人登记管理工作规程》，明确企业登记的范围和要求，规范了企业登记工作程序。与此同时，围绕各个阶段的企业改革，相继制定了一些与之相适应的登记管理办法。80年代初，随着对内搞活、对外开放方针的贯彻执行，企业间出现了不同内容、不同形式的横向经济联合。为规范大量涌现的经济联合组织，促其健康发展，湖南制定了经济联合组织登记管理办法。80年代中期，随着以"两权分离"为理论依据的承包制的推行，为规范承包、租赁企业的登记管理，制定了《湖南省承包租赁企业登记管理试行办法》。1992年，国务院颁布《全民所有制工业企业转换经营机制条例》。为适应国有企业深化改革的要求，湖南从登记注册方面提出了一系列支持企业搞活经营的政策措施，集中反映在：登记机关依法确认企业的市场主体资格，淡化和逐步取消主管部门的审批环节；压缩前置审批的范围,除部分生产经营项目依照规定须经有关部门审批外,其余由登记机关直接核准注册;放宽经营范围,除少数关系国计民生的重要商品,需要特许特批外,一般商品和项目,只要企业具备经营条件和经营能力,尊重企业意愿,一律放开经营。宽松的政策环境,有效地促进了内资企业的发展,至1994年底,全省经核准登记注册的内资企业数量达到了历史的最高点,计289 285户,其中企业法人126 395户,营业单位162 890户,注册资本(金)1 281.4亿元。各级工商行政管理机关在做好登记注册工作的同时,切实加强对注册后企业的监督管理,先后分别于1985年、1988年、1993年三次对公司进行清理,一定程度上解决了公司过多过滥、党政机关以权经商、政企不分等问题。1999年,根据党中央、国务院的统一部署,在省委、省政府的领导下,对湖南省内军队、武警和政法机关所办企业进行清理,并办理了脱钩手续。

1994年7月1日,《公司法》、《公司登记管理条例》颁布实施。全省工商行政管理机关以此为契机,对传统登记管理办法实施了一系列改革措施:一是实行直接登记为主、审批设立为辅原则,除国家法律、行政法规规定须报有关部门审批外,其他一律由申请人直接申请登记。在登记体制上,适当集中登记权限,并以企业类型取代经济性质,公司登记事项确定为8项,建立公司名称预先核准登记制度,实行一审一核的登记程序。二是参与修订、完善有关登记管理法规。为了解决股份合作制企业登记管理缺乏法律依据的问题,提请省人民政府于1995年出台《湖南省股份合作制企业试行办法》,随后相应制定了《湖南省股份合作制企业登记管理暂行办法》。三是建立和逐步实施企业登记代理制。按照国家工商局的部署,从1997年开始对申请从事企业登记代理业务的人员进行资格考试,一批企业登记代理机构相继成立。四是建立实施企业登记管理考核制。1997年,省工商局制定了《湖南省企业登记管理工作考核实施办法》,对全省企业登记管理工作从登记注册、监督管理、基础建设、队伍建设、其他方面五个方面进行全面考核。为提高工作效率和服务质量,全系统建立了企业登记计算机管理系统。五是强化以年检为重点的监督管理。全省各级工商行政管理机关结合企业年检,对无资金、无场地、无机构的"三无"企业进行了全面清理。1994年清理出"三无"企业1 630户,以后每年都依法对"三无"企业进行处理。通过对企业的年度检验、定期跟踪回查、日常监督管理,依法查处企业违反登记管理法规行为,净化了市场主体。2007年起,逐步推行企业网上年检制度,通过信息化手段服务企业,密切了与企业的联系,提高了行政办事效率。六是实施市场主体监管制度改革。2003年以来,湖南省工商行政管理局根据国家工商行政管理总局的统一部署,全面推进市场主体监管制度改革,出台了《经济户口管理办法》,对企业实施经济户口管理,全省建立企业经济户口20.37万户,基本建成了全省企业登记监管信用信息数据库;出台了《企业分类监管实施办法》,按照企业的信用等级相应地划分为A、B、C、D四类进行分类监管;出台了《重点行业企业监督管理办法》,将17个重点、热点行业的9.19万户企业纳入重点监管范围,建立了全省企业"黑名单"数据库;出台了《企业登记"一审一核"试行办法》,对企业登记全面实行"一审一核"制,提高了企业登记注册的效率。在2007年全国企业注册登记信息数据审查质量检查评比中,进入了优秀行列。七是认真实施新《公司法》,规范注册登记行为。为适应2006年1月1日起实施的新《公司法》及新《公司登记管理条例》,省局及时制定《公司登记管辖暂行规定》,依法调整了公司登记管辖权限,明确了具体操作办法,及时明确了新旧执照更换过程中注册资本与实收资本的衔接等一大批疑难问题,规范了注册登记行为。

截至2008年6月30日,全省登记注册的内资企业有92 481户,注册资金3 475.57亿元。其中国有企业25 227户,注册资金566.25亿元;集体企业28 510户,注册资金142.15亿元;公司32 368户,注册资本

2 655.20亿元;股份合作制企业2 745户,注册资金108.60亿元。

二、外资登记管理

自1982年该省第一家外商投资企业登记注册起,经过26年的发展,湖南省外商投资企业从无到有逐步发展壮大,已成为本省社会经济发展的重要力量。外商投资企业登记管理工作紧紧围绕经济工作大局,解放思想,锐意进取,大胆创新,逐步实现了制度化、规范化、程序化、法治化,促进了全省外商投资企业的健康发展。

改革开放以来,湖南省外商投资企业的发展及登记管理工作呈现明显的阶段性。

(一)1982—1991年为起步阶段

1982年4月首家外商投资企业登记成立,标志着湖南省对外开放、招商引资工作拉开序幕。在此后的十年里,外商投资企业发展缓慢,登记的企业户数少、投资小,到1991年底全省实有企业321家。1988年6月之前,湖南的外商投资企业全部由国家工商局登记。之后,湖南省工商局成立外资处,由国家工商局授权负责辖区内的外商投资企业登记管理。

(二)1992—1995年为快速发展阶段

外商投资企业由1991年底的321户增加至1995年末的3 263户,其中1993年增幅达到131.3%。为了更好地服务于外商投资企业,各市州配备人员,加强基础设施建设,成立机构,两年内先后有13个市州工商局得到国家工商局授权直接登记外商投资企业,对当地的外商投资企业发展起到了促进作用。

(三)1996年至今为平稳发展阶段

在此期间,全省每年登记注册的外商投资企业数量变化不大,都在200到500户之间,投资来源不断增加,投资领域不断拓宽,特别是加入世贸组织及"两税"合一后,外商投资企业的成功率、利用外资的规模和质量不断提高,对全省经济发展的贡献稳步提高。

加强外商投资企业登记管理主要从以下三方面着手:一是健全机构,提高队伍素质。2000年底撤并外资登记机构后,为了适应我国加入世贸组织的需要,于2004年初恢复设立外资处(科),配备了较高素质的工作人员和装备。在2004年全国首届外商投资登记管理英语竞赛上获三等奖。有四人次在2004年、2005年全国外商投资登记管理英语竞赛中获个人一、二等奖。二是建立健全制度,规范外商投资企业登记管理工作。1998年制定《湖南省外商投资企业登记管理工作的考核办法》,对登记注册、监督管理、基础建设、队伍建设、其他方面进行全面考核、评比,促进了外商投资企业登记管理工作的开展。2005年,印制《湖南省外商投资企业注册管理人员依法办事手册》,制定工作职责、行为规范、文明用语等一系列工作制度,规范全体外商投资企业登记管理工作人员的行为。三是加强服务与监管,促进外商投资企业又好又快发展。为提高服务水平与质量,1993年开始建设计算机登记管理系统,并逐步加以完善。2006年,在全国率先开展全省外商投资企业网上年检,连续三年网上年检申报率达100%。对行政许可实行全面政务公开,加强行政指导,实行一审一核、绿色通道,跟踪服务,预约服务、限时办结等制度,提高了办事效率,90%的登记业务实行了当场登记。在突出服务的同时,加大了对外商投资企业的监管力度。加强出资监管,实行注册资本催缴制、实缴资本公示制。加大对中介机构行为的监管,提高了外商投资企业的出资率。从1997年开始联合商务等七部门对外商投资企业实施联合年检,加强了对无资金、无场地、无机构"三无"企业的监管力度,累计吊销企业4 200多户。同时加大了对外商投资企业从事非法经营,违反广告、商标等法律,侵害消费者权益等方面案件的查处,净化了外商投资主体。

截至2008年6月底,全省实有外商投资企业2 745户,其中中外合资企业1 289户,中外合作企业186户,外资企业1 260户,中外股份公司10户。投资总额为249.92亿美元,注册资本137.69亿美元,其中外方认缴102.87亿美元。实际到位资本88.99亿美元,其中外方实际出资60.44亿美元。户均投资总额和户均注册资本分别达到 910.47 万美元和 501.6 万美元,已有 44 家世界 500 强企业在湖南投资。全省外商投资排在前五位的行业分别是制造业、房地产业、住宿和餐饮业、批发零售业、农林牧渔业。有 62 个国家(地区)在省内有投资。排在前五位的国家(地区)是中国香港、中国台湾、美国、英属维尔京群岛和日本。2007 年全省外商投资企业生产销售收入总额为 1 057 亿元,纳税总额 80.03 亿元,分别占到全省国民生产总值和纳税总额的 11.56% 和 8.46%。

三、个体私营经济监督管理

改革开放后,湖南省个体私营经济重新焕发生机,迅速恢复和发展,大体经历了四个发展阶段:

1978 年至 1982 年为恢复发展阶段。1979 年,全省实际从事个体经营的只有 7 800 多人,其中登记注册的仅 1 315 人。至 1982 年底发展到 87 929 户,从业人员 96 691 人。

1983 年至 1988 年为迅速发展阶段。6 年时间,个体经济户数、从业人员、注册资金分别增长 8 倍、11 倍和 52 倍。

1989 年至 1992 年为调整发展阶段。1989 年由于受政治、经济等多种因素影响,户数和人数比上年分别下降了 29.6% 和 27.1%。1990 年开始回升,两年后基本恢复到 1988 年的水平。私营企业从 1988 年下半年开始登记,1992 年底发展到 3 762 户,从业人员 60 479 人,注册资金 53 269 万元。

1993 年至今,为持续、稳定、健康发展阶段。1993 年 10 月,省委、省政府在邵东、蓝山两县首次召开全省个体私营经济工作会议,提出了"积极鼓励、大力支持、放手发展城乡个体私营经济"的指导方针和 12 条政策措施,有力推动了个体私营经济的发展。1997 年、1998 年省委、省政府先后两次召开全省性会议,并印发《关于加快我省个体私营经济发展的若干规定》等文件。2006 年,全省私营企业数量突破 10 万户。至 2008 年 6 月底止,全省登记的私营企业近 13 万户,注册资本 2 440 亿元,平均每年增加 443

亿元;投资者人数 33.8 万人,雇工 198 万人,投资者增加 5.46 万人。全省个体工商户有 106 万余户,从业人员 200 余万人,注册资本 352 亿元。

改革开放以来,湖南省各级工商行政管理部门为促进个体私营经济持续、快速、健康发展作出了不懈努力。搞好宣传发动,营造舆论氛围。1983 年,省工商局在《湖南日报》开辟专栏,以"应该怎样正确对待个体工商户"为题展开深入讨论。1988 年 10 月,省个体劳动者协会、省社会科学院联合举行湖南省首届个体、私营经济理论研讨会。1989 年 2 月,再次在《湖南日报》就发展个体、私营经济问题,开展为期 3 个月的大讨论。解放了思想,澄清了认识,为个体私营经济的发展营造了良好的舆论氛围。落实政策措施,优化发展环境。省工商局 1993 年出台《贯彻落实省委、省政府〈关于加快发展个体私营经济的决定〉的意见》。1997 年又提出了不限增长速度、发展领域、规模数量和经营方式的"四不限"政策。2003 年制定了《关于贯彻〈省委、省政府关于加快民营经济发展的决定〉的实施意见》。依法加强监管,促进健康发展。1988 年以来,为加强登记管理,省工商局相继制定了《关于私营企业登记管理若干问题的通知》《湖南省个体工商户监督管理规范》等 30 多个规范性文件。在加强日常监管的同时,针对各个时期的热点、难点问题,先后对无照经营、出租出卖执照、违法经营以及旅馆、娱乐、印刷行业和路边店进行了重点监督检查。1986 年,全省工商系统共抽调 1.5 万余人,对 42 万个体工商户进行了为期五个月的普遍检查。充分发挥个私协会的作用。1981 年 8 月,湖南省首个个体劳动者的自律组织——凤凰县个体劳动者协会成立。1984 年 10 月,湖南省个体劳动者协会成立,并召开全省首届个体劳动者代表大会。1997 年,省个体劳动者协会更名为省个体劳动者私营企业协会。2000 年,省政府批准省工商局的"三定"规定中,将引导发展个体私营经济的职能移交给个体劳动者私营企业协会。至 2002 年底,市、县两级都成立了个(私)协,全省共有市(州)、县(区)个私协会 155 个,基层分会 1 399 个,行业分会 215 个,分会下属联组 10 052 个,形成了比较完整的组织体系。各级个(私)协组织建立党支部 195 个,团支部 240 个,妇女组织 65 个。2002 年,省个私协会开展了评选表彰"十大突出贡献私营企业家"、"私营企业 500 强"等活动;2007 年开展了"十大行业 100 强暨十大突出贡献私营企业"评选活动,举办了全省知名私营企业培训班,引起较大的社会反响。

四、商标注册与监督管理

改革开放后,湖南商标事业迅速恢复,稳步发展。针对当时商标使用混乱的状况,省工商局部署各地对商标使用情况进行清理。经清理,各地州市上报省工商局的商标 1 726 个,经审查剔除不合格的 325 个,转报国家工商局商标局请求核准注册的 1 394 个,最后获准注册 1 102 个。此次清理后,全省实行强制性的商标注册制度。1980 年 7 月,省工商局对强制注册制度作适当调整,规定除部分商品一定要使用注册商标外,其他商品使用商标可视企业情况酌情放宽。1980 年,企业提出商标申请 435 个,核准注册的 265 个。1982 年 8 月,国家颁布实施《商标法》,改商标全面注册为自愿注册,当年申请注册 737 个,核准注册 370 个。1986 年,全省核准注册商标 1 196 个,累计有效注册商标 4 632 个。各级工商行政管理部门不断加大商标工作的力度,突出工作重点,在商标选择、设计、注册、使用、保护以及企业商标战略等方面对企业给予具体指导。1991 年、1993 年,省工商局先后召开企业商标研讨会,交流企业商标工作经验。1992 年,省工商局组织全省著名商标消费者评选活动。1994 年,省政府提出在全省实施名牌战略,工商部门积极参与。1997 年,省工商局第二次开展全省著名商标认定工作。2006 年 3 月,省工商局与湖南大学合作,完成了《湖南省实施商标战略研究》的课题研究。省工商局依托该课题研究成果起草的《关于进一步加强商标工作的意见》于同年 4 月由省政府办公厅转发。2006 年 5 月,省政府召开了全省商标工作大会,第一次对全

省商标工作的先进集体和先进个人、驰名商标企业进行了表彰。2007 年,省工商局受省政府委托,起草了《湖南省"十一五"商标发展规划》,明确了"十一五"期间全省商标工作的发展思路和目标、重点、措施等一系列指导性意见。这一系列强有力工作措施的推行,增强了企业的商标意识,有力地促进了湖南省商标事业的发展。一些外向型企业为开拓国际市场,积极开展商标国际注册,如株洲硬质合金厂自 1994 年开始将其"钻石"商标先后在美、英、日、德、法等 54 个国家和地区申请了商标注册。1979 年底,全省注册商标只有 1 080 件,到 2007 年底增加到 56 165 件。

积极引导企业开展争创著名商标和驰名商标活动。1991 年,国家工商局通过中央几大报纸选出中国十大驰名商标,引起了企业的强烈反响。1992 年,湖南省开展了消费者选评著名商标活动,336 件商标参选,消费者选评出 50 件为著名商标。1996 年,国家工商局颁布实施《驰名商标认定和管理暂行规定》,省工商局组织省内一些知名企业召开"湖南企业争创驰名商标座谈会",探讨企业争创驰名商标的途径和措施。1997 年,在省政府的领导下,湖南省工商局开展著名商标认定工作,189 件商标被认定为湖南省著名商标。2001 年 3 月,湖南省政府颁布《湖南省著名商标认定与保护办法》,从此,著名商标认定成为省工商局的一项经常性工作。至 2007 年底,全省有效的"湖南省著名商标"达 677 件。至 2008 年 6 月,全省中国驰名商标总数已达 47 件,在中西部省份中位列第一。驰名商标和著名商标企业纳税额已占全省税收总额的 50% 以上。共注册地理标志证明商标 8 件,还有一大批地理标志接受实地审查或申报待查。

严厉打击商标侵权行为,切实维护企业的合法权益。2003 年,在全省范围内严厉打击假冒仿冒青岛啤酒违法行为,查获仿冒青岛啤酒 6.3 万件,瓶贴 14 万套、外包装 3.5 万个,查处了有仿冒行为的四家生产企业,保护了外省企业合法权益。2005 年以来,全省工商行政管理部门结合本省实际,以侵犯

食品、药品商标和农产品商标、地理标志商标以及侵犯驰名商标、著名商标、知名商标和涉外商标专用权为重点,深入开展保护注册商标专用权行动。从1998年至2007年,全省各级工商行政管理机关共查处各类商标侵权违法案件62 156件,收缴和消除商标标识20 222万件,没收销毁侵权商品1 264余吨,收缴专门用于商标侵权的模具印版等工具75 341件。

五、广告监督管理

改革开放后,湖南省广告业得到迅猛发展。1979年4月1日,《湖南日报》恢复商业广告,该年广告收入28万元;1980年,长沙市广告公司开业;1984年12月,湖南省广告协会成立。至2008年6月,全省已有广告经营单位2 857家,从业人员26 090人,营业额35亿元,专业广告公司1 248家,从业人员11 727人。大众传播媒体347家,其中电视台140家,报纸62家,电台22家,杂志社123家,广告营业额27.8亿元。

工商行政管理部门对广告业和广告经营行为的引导、管理不断加强。1982年2月6日,国务院颁布《广告管理暂行条例》。6月5日,省工商局制定并发布实施细则,并于6月15日在长沙召开首次广告工作会议。会后,各地认真贯彻,一些地方还举办广告管理讲习班,利用多种形式宣传《条例》和实施细则。这一时期广告管理的范围主要是广播、电视、电影、幻灯播放的广告;报纸、期刊、印刷品广告;户外广告;邮寄广告;张贴广告等。广告宣传对企业生产经营起到了重要作用,有的甚至是一则广告救活一个工厂,搞活一个企业,但也出现了一些广告内容失真、违背科学、言过其实的情况。为解决这些问题,1983年10月,省工商局在邵阳市召开第二次广告工作会议。各地根据会议关于开展广告整顿的部署,相继查处了一批违法虚假广告。针对整顿发现的问题,省工商局提出了五条广告发布管理规定。

广告业迅速发展,迫切需要专门的管理机构对其加强管理。1986年,省工商局设立商标广告管理处,随后,各级工商局相继成立了商标广告管理机构,配备一批专兼职干部。为规范全省广告市场,省工商局结合湖南省实际草拟和制定了大量规范广告政策文件,1999年11月,湖南省第九届人民代表大会常务委员会第十二次会议通过的《湖南省实施〈中华人民共和国广告法〉办法》,1994年1月省政府发布的《湖南省户外广告管理办法》,对指导、管理、规范全省广告发展发挥了重要作用。1997年,省工商局建立广告监测网络。积极动员广告经营单位制作公益广告,为创建社会主义精神文明服务。1996年至1999年连续4年开展了"中华好风尚"、"自强创辉煌"等主题的公益广告活动,全省广告经营单位、新闻媒体和广告主踊跃参加这一活动,创作公益作品986条,评出优秀作品88件,17家广告经营单位被评为全国先进。2002年7月,省工商局与省医药整治办等7部门主办"生命呼唤阳光——湖南省首届双鹤杯优秀医药公益广告颁奖晚会",从800多件作品中评选出"十佳"医药公益广告。9月,省工商局会同省广协在全省开展了优秀广告作品评选活动。伴随着广告业的稳步发展,优良广告经营单位也在不断发展壮大,优秀作品屡获全国大奖,已有湖南新金果传媒有限公司等6家企业获"中国一级广告企业"资质,湖南广联巴士广告有限公司等26家企业获"中国二级广告企业"资质。在青岛举行的第十四届广告节上,湖南卫视、湖南人民广播电台交通频道获中国媒体企划营销传播大奖,湖南日报、湖南电广传媒广告分公司、长沙达美文化传播有限公司等5家企业单位获得2007年度"全国广告行业精神文明先进单位"称号。2007年,经省工商局的积极争取,将广告行业发展纳入了《湖南省"十一五"文化发展纲要》,有力地促进了本省广告业的健康发展。

为严厉打击虚假违法广告,努力规范广告市场秩序,各级广告监管机构积极履行职责,坚持规范发展和严格执法两手抓,实行了广告整治联席会议制度,加强了广告企业资质认定管理;在加强广告日常监管的同时,认真开展以整治医疗、药品、保健食品、化妆品、美容服务、集资融资、固定形式印刷品等广告和网上发布性药品广告及性病治疗广告为重点的广告专项整治行动。2005年开展广告专项整治行动以来，全省共查处各类违法广告案件6 789件，罚没金额3 877万元。

六、市场监督管理

党的十一届三中全会以来，湖南省各级党委、政府坚持解放思想、实事求是的思想路线，坚持以经济建设为中心，大力发展商品经济和社会主义市场经济，积极培育市场体系，大力开展集贸市场建设，集市贸易迅速发展。二十多年来，特别是20世纪80年代和90年代，湖南各级政府充分调动社会各方面的积极性，新建、改建、扩建集贸市场，各类市场总数由1978年的1 631个发展到2007年底的2 660个，其中消费品市场2 345个，生产资料市场245个，生产要素市场70个，形成了大中小结合、零售与批发配套、各种经济成分并存、经营方式灵活、功能齐全的市场网络体系。30年来，湖南省市场建设与管理走过的历程，大致经历了四个时期：

1979年至1983年是恢复集市贸易时期。这一时期也是重新认识集贸市场作用、发展农村市场、开放城市市场、放宽上市商品范围、准许农民和商贩从事贩运活动的时期。1979年5月，政府放开集市贸易，当年市场就增加到1 979个，成交额达8.95亿元，集市贸易零售额占社会商品零售总额的11.37%，即恢复到"文化大革命"前的水平。到1983年，全省城乡集贸市场发展到2 647个，成交额16.35亿元，集市贸易零售额占社会商品零售总额的14.74%。

1984年至1987年是积极扶持、加快集贸市场建设时期。在这个时期，省工商局从1985年到1987年连续三次召开市场建设经验交流现场会，及时总结推广市场建设的经验。在全省市场建设工作会议的推动下，全省兴起了市场建设热潮。经过三年努力，湖南省市场建设取得了重大进展，到1987年底止，新建、扩建市场1 825个（次），建设面积达280.59万平方米，每个地级城市都建

成了1~2个5 000~20 000平方米的大中型集市，每个县城关镇建成了一个3 000平方米以上的大中型集市。同时，各地还建成了一批小型集市。

1987年至1991年，为建设与管理并举的时期。四年市场建设，迅速扩大了全省集贸市场的规模，但也出现了一些新情况、新问题。针对市场管理存在的问题，工商行政管理部门在继续抓好场地建设的同时，把工作重点转移到科学管理、文明服务上来。1987年，全省首次开展自下而上的"文明集市"创建评比活动。此后，创建文明市场活动成为全省市场管理的一项重要内容，常抓不懈。1987年到1998年全省共组织了六次省级文明市场创建评比活动，有194个市场获得"省级文明市场"称号，42个市场获得"全国文明市场"称号。以科学管理、文明服务为主要内容的文明集市创建活动，对维护集贸市场秩序、提高规范管理水平、增强执法力度起到了积极作用。

1992年至今，为转变职能，加强监管时期。在这个时期，工商行政管理职能逐步由侧重于培育市场与管理集贸市场向监督管理包括消费品市场、生产资料市场、生产要素市场在内的社会主义统一大市场转变，对自办市场和联办市场实行"监督管理与服务职能分离"（管服分离），努力推进监管大市场职能到位。1995年10月，省政府批转省工商局《关于工商行政管理机关实行市场监督管理与市场服务分离意见》，提出要深化市场监督管理体制改革，尽快完成"管服分离"，全面加强对各类市场的监督管理。到1995年底，全省工商行政管理机关自办的156个应分离的市场均完成了"管服分离"任务，基本实现了机构、人员、职责、财务四分离。为加强对省直各类市场的分类指导，特别是加强对生产资料、生产要素市场的培育和监督管理，省工商局于1996年初成立了湖南省工商局直属市场管理分局。1998年底，党中央、国务院决定改革工商行政管理体制，实行省以下工商行政管理机关垂直管理，在人、财、物上收省工商局统管的同时，要求各级工商行政管理机关与所办市场

实行彻底脱钩。湖南省认真贯彻中央的决定和部署,克服市场资产(债务)分割中的复杂矛盾,在成立市场服务中心的基础上将工商部门历年来自办和联办的 1 628 个市场于 1999 年全部移交给当地政府。至 2002 年,资产(债务)移交划转工作基本完成,工商行政管理部门实现了从"裁判员"和"运动员"双重角色向市场运行的"裁判员"单一角色的转变。

职能转变后,工商行政管理部门监管市场的方式也进行了改进。2000 年,在市场监管过程中全面推行市场巡查制,监管方式实现了原来静态的驻场监管向动态的巡查监管转变,监管范围由原来的监管集贸市场向监管各类商品交易市场转变。积极组织各项市场专项整治,深入开展"红盾护农"行动,切实加强粮食、棉花、成品油等重要商品市场及会展经济、经纪人的监管工作,严查了一批市场违法案件。2007 年,湖南在商品交易市场监管中全面引入信用分类监管机制,根据市场开办单位和场内经营者两个经营主体市场准入、经营行为、市场退出等指标,综合认定市场信用状况,将所有商品交易市场分为 A 类、B 类、C 类、D 类四个类别进行分类监管,进一步提高了商品交易市场监管的针对性,提高了行政监管效能。

加强了各类重要商品市场的监管。2001 年 6 月,在政府的统一领导下,会同公安、经贸等部门,开展了取缔报废汽车拆解拼装市场统一行动,全省 20 家市场于 6 月 20 日前全部取缔,查扣一批废旧汽车、拼装车及大量废旧汽车零配件。同时加强对粮食、棉花、农资市场的监管,全年共查处违法收购粮食案件 1 270 起,没收粮食 5 689 吨;查处棉花违法违章经营案件 276 起,没收掺杂使假棉花 558 吨;取缔制售假冒伪劣农资窝点 39 个,查获假劣化肥 6 427 吨、农药 128 吨、种子 170 吨,为农民挽回经济损失 746 万元。2003 年开展了鼠药市场专项整治和红盾打假护农行动,共取缔非法经营户 2 486 户,查处违法制售鼠药案件 59 起,没收毒鼠强原粉 1 042 公斤,毒鼠强水(粉)剂 74 794 支(包),其他鼠药近 8 000 公斤,移交

公安部门处理 32 起;查处涉农案件 372 件,案值 319 万元,查获假劣种子 25 970 公斤、化肥 2 484 吨、农药 13 310 公斤、农机具 161 件,捣毁窝点 34 个,为农民挽回经济损失 3 650 万元。同时继续巩固报废汽车拆解拼装市场专项整治成果,对 4 家转型企业进行了规范。严防报废汽车拆解拼装死灰复燃,查处案件 20 余起,查扣涉案车辆 24 台,废旧零件 250 吨。2004 年,全省工商行政管理系统切实加强了对陈化粮市场的监管,与省粮食局联合审批陈化粮购买企业 82 家,查处陈化粮案件 95 件,没收陈化粮 485.7 万公斤。2005 年,开展了"红盾护农"集中行动,查处各类农资案件 1 824 起,没收查扣假劣种子 18.3 吨、化肥 816.1 吨、农药 19.3 吨,为农民挽回经济损失 1 000 多万元;同时继续加强对其他市场的监管,共查处粮食违法案件 183 件,棉花违法案件 125 件,成品油违法违章经营案件 141 件,旅游市场案件 147 件,非法拼装汽车案件 19 件,走私贩私案件 103 件,非法出版物案件 148 件。2006 年的"红盾护农"行动中,查处农资案件 2 183件,为农民挽回经济损失 1 300 余万元。2007 年全省查处农资违法案件 962 件,案值 1 524.1 万元;取缔黑网吧 245 家;查处制售非法出版物案件 111 件;查处走私贩私案件 93 起,案值 657.5 万元。2008 年上半年,重点加强了对国有企业产权转让公开招标拍卖行为的监管,备案拍卖活动 1 685 次,现场监督 142 次,查处违法拍卖案件 56 件。

七、经济合同监督管理

十一届三中全会以后,湖南省的经济合同管理工作得以恢复,先在 48 个县、市试行,1981 年扩大到 75 个县、市。1981 年 12 月,《经济合同法》颁布,湖南省经济合同管理工作全面展开。各级工商行政管理机关均成立了合同管理机构。2000 年省政府机构改革,省工商局合同处并入市场规范管理处,同时保留了合同监管处牌子。2001 年底到 2002 年进行的省以下工商行政管理机关机构改革中,除长沙市工商局等少数单位保留了单独的合同管理机构外,全省工商行政管理系统绝大多数单位都将合同管理机构

并入了市场规范管理机构。30 年来,合同管理在引导企业恪守信誉、忠实履约等方面发挥了重要作用,为维护市场秩序,促进经济发展做出了重要贡献。

截至 1987 年底,全省共鉴证合同 122.86 万份,合同金额 475.35 亿元,为企业挽回或避免损失 25 亿多元。各级工商行政管理部门坚持把检查监督、查处违法行为摆在重要位置。截至 1997 年底,全省共检查合同 1 289.1 万份、合同金额 2 967.55 亿元。共帮企业挽回或避免经济损失 25 亿多元。查处违法合同 10 309 份、合同金额 14.02 亿元。从 1996 年开始参与建筑工程项目执法。一年半时间共鉴证建筑工程承包合同 6 762 份、合同金额 42.77 亿元。检查建筑承包合同 9 729 份、合同金额 67.41 亿元。查处无证照承包工程、越级承包工程、非法转包工程及垄断建筑市场等违法案件 469 件。2003 年开展了严厉打击合同欺诈专项行动,查处违法合同 166 份、涉及合同金额 2.3 亿元。2006 年起,在全省范围内开展涉农合同帮扶,支持发展订单农业,切实加强对订单合同全过程的监管,至 2008 年 6 月,共引导签订涉农合同 24.1 万份,促成农产品交易额 61.8 亿元。1990 年、1992 年和 1995 年先后召开了全省重合同、守信用企业经验交流会。重合同、守信用活动稳步推进。1998 年成立湖南省重合同、守信用企业协会,挂靠在省工商局。至 2008 年 6 月,全省共认定守合同、重信用企业 2 660 家,其中省级 892 家,市级 1 758 家。动产抵押登记逐步规范。《担保法》颁布实施后,工商行政管理部门依据法律赋予的职权,积极开展抵押物登记工作。1996 年共办理动产抵押物登记 1 141 件、金额 44.25 亿元。

八、消费者权益保护

新中国成立至改革开放前,在计划经济体制下,国家实行统购统销,一方面由于国营商业企业有较高的信誉,所提供的商品有较好的质量保证;另一方面由于商品短缺,消费者缺乏选择权,所以商家与消费者之间基本没有消费纠纷,消费者权益保护工作缺乏诞生的背景。改革开放后,随着商品经济

的发展,消费问题日益凸显,切实维护消费者的合法权益逐步被纳入工商行政管理工作的内容。20 世纪 70 年代末至 80 年代,湖南省工商企业和广大消费者的消费者权益保护意识没有真正形成,工商行政管理部门的消费者权益保护仅仅是查处经济违法违章案件的副产品,严格意义上的消费者权益保护工作兴起于 20 世纪 80 年代末 90 年代初。1993 年,国家颁布实施《消费者权益保护法》,标志消费者权益保护工作迈上法制化的轨道。此后,湖南省工商行政管理部门对消费者权益保护工作日益重视,将其列入工商行政管理工作的重要组成部分。20 世纪 90 年代,消费者权益行政保护职能主要放在各级工商局的经检机构和后来的公平交易机构。2000 年 9 月,省政府批准省工商局机构改革三定方案,同意省工商局内设消费者权益保护处,专司消费者权益行政保护工作,职能是:研究拟定消费者权益保护规章制度及具体措施、办法并组织实施;组织查处严重侵犯消费者合法权益案件;组织查处全省市场管理中发现的经销掺假及假冒产品行为。省工商局在切实履行法律赋予职责的同时,一方面积极参与地方立法,省人大常委会于 1998 年出台了《湖南省消费者权益保护条例》;另一方面努力夯实基础,改善消费者权益保护工作的基本条件。1999 年,全省工商行政管理系统启动"12315"消费者申诉举报网络建设。2001 年,全省 14 个市州工商局相继成立了"12315"申诉举报中心,配备了相应的交通工具。2002 年,全省 91 个县(市)"12315"消费者申诉举报中心建成并投入使用。至此,遍布全省的"12315"申诉举报网络基本形成。2005 年,省人大对原有的《湖南省消费者权益保护条例》进行了修订,新《条例》于当年 10 月 1 日正式实施。新《条例》对医疗、旅游、教育、电子商务、互联网上网服务、商品房销售、房屋装饰装修、美容美发、摄影摄像、客运、上门推销等方面的消费争议处理作出了规定,同时从维护消费者的合法权益出发,依法强化经营者的责任、规范经营者的经营行为,进一步完善了解决消费争议

的渠道和机制。2006 年,省工商局会同省消费者委员会,在全省范围内深入开展"一会两站"建设,依托乡镇政府、街道办事处和工商所建立乡镇、街道消费者分会,以行政村和社区为单位建立消费者投诉站和"12315"联络站,负责消费者的咨询、受理消费者的投诉举报、调解消费纠纷。至 2008 年 6 月,全省已建立乡镇消费者委员会分会 2 221 个,村消费者投诉站和"12315"联络站 32 496 个,极大方便了农村消费者申诉、举报。

1991 年 2 月,湖南省消费者协会成立,于 1993 年更名为湖南省消费者委员会。之后,全省 14 个地、市和县(市、区)消费者权益保护组织相继成立。迄今为止,全省有市、州消委 14 个,县级消委 109 个。

全省工商行政管理部门消费者权益保护机构成立后,各级消保工作人员认真履行职责,深入开展专项整治和日常监管,切实维护消费者合法权益。2001 年,开展了创建"打假维权、消费者满意街"活动,郴州市的八一路、长沙市的韶山路、张家界市的解放路受到了国家工商总局的命名表彰。2005年起,在全省范围内开展了食品安全专项整治,推行食品安全监管"六查六看"制度,当年查处制售假冒伪劣食品案件 1 996 件,捣毁窝点 210 个,查获假冒伪劣食品价值3 000万元。2006 年,省工商局为全省 987个工商所配备了食品快速检测箱,食品安全监测能力进一步增强,同年共检查食品经营主体 27.8 万户次,查处假冒伪劣食品案件 1 849 件。2007 年,省工商局确定当年为"农村食品市场整顿年",为 14 个市州工商局各配备了两台食品安全监测车,下发了《2007 年"农村食品市场整顿年"实施方案》,先后组织开展了地方特色食品、儿童食品、保健食品、月饼市场、节日市场等专项整治,并于 9 月份在全省范围内开展为期一个月的"农村食品市场整顿年"集中整治月行动。同年 9—11 月,全省工商行政管理部门按照国务院和省政府的统一部署,在全省范围内开展了流通领域产品质量和食品安全专项整治行动,县城以上城市食品市场、超市 100% 建立进货索证索票

制度,乡镇、街道和社区食杂店 100% 建立食品进货台账制度;彻底解决乡镇政府所在地及县城以上城市小食杂店、小摊点无照经营问题。

九、公平交易及其他

党的十一届三中全会至"十四大"召开之前,经济检查工作重在查处投机倒把行为,保证国家计划顺利实施和执行。"十四大"后,工作重点转移,转变为规范交易行为,保护公平竞争。1996 年,省工商局在实施机构改革时将经济检查处更名为公平交易处,同时成立了经济检查总队。随后各地工商行政管理机关经济检查机构的名称也作了相应变更。2000 年机构改革中,省工商局成立公平交易分局,将公平交易处与经检总队合并,同时保留了经检总队的牌子。在2001 年底至 2002 年实施的省以下工商局机构改革中,省以下工商局普遍成立了公平交易分局,作为工商局的直属机构。2007 年公平交易分局与经检总队再次分设。

党的十一届三中全会至"十四大"召开的 14 年,各级工商行政管理机关依据国家的法律法规和政策,严厉打击在重要生产资料和关系国计民生的重要商品领域里的投机倒把行为。1993 年后,国家先后颁布实施《反不正当竞争法》、《消费者权益保护法》等法律,工商行政管理机关以维护公平交易、公平竞争和保护消费者合法权益为重点,严厉打击制售假冒伪劣和走私贩私等违法活动,深入持久开展反不正当竞争行动,并将群众关心的热点问题作为阶段性工作重点。连续多年开展了节日市场、农资市场、食品饮料市场、酒类市场、饲料市场、烟草市场的专项整治。浏阳市工商局因整治农资市场成效卓著,1996 年被国家农业部、国家工商局等 5 个部委局评为"全国打假保农十佳先进单位"。在打击走私贩私方面,严厉打击进口汽车、家用电器、通信器材以及非法拼装汽车、摩托车的贩私行为,查处了一批大要案件。1995 年,怀化市工商局在公安部门配合下,查获四川嘉陵倍特汽车贸易公司非法运销的 148 台日产走私汽车,案值 2 000 多万元,是新中国成立以来湖南工

商行政管理部门查处的一起最大走私贩私案件。国务院办公厅 1996 年下发《关于继续整顿和规范药品生产经营秩序加强药品管理工作的通知》后,各级工商行政管理部门认真贯彻执行,从 1996 年起连续开展了查处医药购销活动中给予和收受回扣不正之风的整治,同时集中取缔了一批非法中药材市场。常德市工商局查处了一起以回扣为手段销售假冒伪劣一次性注射器案件,收缴劣质注射器 28 600 支,全部予以销毁。2001 年 4 月初,国务院召开整顿和规范市场经济秩序的工作会议,整顿和规范市场经济秩序的工作进一步深入开展。4 月中旬,湖南省委、省政府召开会议,对全省的整顿和规范工作作出具体部署。七年多来,工商行政管理部门进一步拓展工作领域,加大执法力度,充分发挥了整顿和规范市场经济秩序主力军的作用。

严格规范市场主体。2001 年以来,全省清查出无照经营内外资企业 62 525 户,补办营业执照 49 784 户,依法取缔 12 751 户,清理无照经营个体工商户、私营企业 11.3 万户,补办营业执照 7.9 万户,取缔近 3.4 万户。

严厉打击传销。自 1998 年国务院作出禁止传销决定,特别是 2005 年《禁止传销条例》颁布实施后,全省工商行政管理系统切实履行打击传销职责,充分发挥打击传销主力军作用,有效遏制了传销在该省的发展蔓延。10 年来全省工商系统共出动执法人员 32.6 万余人次,捣毁传销窝点、场所 21 000 多个,劝返遣散传销人员 19 万余人次,移送司法机关追究刑事责任 2 140 余人。

加大反不正当竞争执法力度。2001 年以来,以仿冒、虚假表示、虚假宣传等不正当竞争行为为重点,加大打击力度,开展了多次专项执法行动,至 2008 年,共查处不正当竞争案件 13 872 起,案值 6.89 亿元。查处商业贿赂案件 2 285 件,案值 2.1 亿元。

十、法制建设

1987 年,省工商局增设政策研究室;1991 年,政策研究室改为政策法规处;1992 年改为法制处;2000 年再次更名为政策法规

处,其主要职能是:组织起草工商行政管理地方性法规和规章;承担或参与省局机关行政复议、行政诉讼案件的应诉和行政赔偿等有关工作;组织开展全省工商行政管理执法监督;组织全省工商行政管理法律法规宣传培训。

积极参与湖南地方性工商行政管理法规调查研究和草拟工作。1986—1997 年,省人大常委会、省政府先后颁布实施了《湖南省城乡集贸市场管理条例》、《湖南省经济合同管理条例》、《湖南省消费者权益保护条例》、《湖南省企业法人登记管理若干规定》、《湖南省户外广告管理办法》、《湖南省经纪人管理办法》6 部地方性法规和规章。2006 年,省工商局完成了执法依据梳理工作,经梳理,工商行政管理部门行政执法依据有法律 39 部,行政法规 99 部,地方性法规 5 部,行政规章 82 部,共涉及行政处罚权的 353 项、行政许可权的 13 项、行政强制权的 14 项、行政征收权的 7 项、行政确认权的 5 项、行政裁决权的 3 项、其他行政管理权的 4 项。梳理结果于 7 月 22 日、23 日、24 日在《湖南日报》共用 8 个版面向社会公布。

深入开展法制宣传。省工商局每年坚持编印一本《工商行政管理政策法规》,广泛宣传工商行政管理法律法规;会同有关单位、媒体开办法律知识专栏和专题讲座,与省司法厅等部门联办市场经济法律法规培训班,向广大工商企业、个体工商户和经济管理部门进行系统的普法培训;举办本系统执法人员持证培训,目前,全省持证上岗的已达 17 800 人;举办各类企业法人代表、经济管理人员、个体工商户和私营企业主专项培训班 1 万多期,培训 30 余万人次。

加强执法监督,规范执法行为。认真做好行政处罚案件审核、听证、复议工作。仅 2006 年和 2007 年全省工商行政管理法制机构共核审行政处罚案件 77 975 多件,举行听证 1 237 件,受理行政复议案件 1 017 件。建立和完善各项工作制度,强化内部监督制约机制。先后制定了《湖南省工商局行政处罚案件核审办法》、《湖南省工商行政处罚案件听证制度》、《湖南省工商行政管理机关行

政赔偿追偿实施细则》等规章制度。2006年出台了《关于全面推进依法行政的决定》等三个规范性文件,2008年出台了《关于进一步规范全省工商系统行政执法行为的若干纪律规定》、《关于规范行政处罚有关事项的紧急通知》。此外,自1990年以来,省工商局每年开展了执法检查和执法考评。

附:

湖南省工商行政管理局
历任局长、党组书记

孙乐然,1978年10月至1982年4月任局长、党组书记;朱远明,1982年4月至1986年5月任局长、党组书记;端木长河,1987年3月至1991年11月任局长、党组书记;王宪章,1991年11月至1994年9月任局长、党组书记;欧阳松,1994年9月任局长、党组副书记,1995年10月任局长、党组书记;程咏斌,1999年7月至2003年4月任局长、党组书记;张汉良,2003年4月至2008年3月任局长、党组书记;刘国湘,2008年3月至今任局长、党组书记。

（执笔人:刘　钢　邓泽远　张繁祥　于剑新　李春华　郭广林）

第十九章　广东省工商行政管理局

第一部分　（1949—1978）

第一节　广东省工商行政管理
机构沿革

1949 年 11 月 6 日，广东省人民政府成立。当时，广东省的工商行政管理工作，由省贸易厅兼管。1950 年 8 月至 1963 年 8 月，改由省商业厅兼管。1963 年 8 月 5 日，广东省工商行政管理局宣告成立，结束了广东省人民政府成立以来长达 14 年没有设立省一级工商行政管理专门机构的历史。新成立的省工商行政管理局直属省人民委员会财贸委员会领导，厅级单位，下设一室三处，即办公室、市场处、工商处和私改处，全省各地随之陆续成立相应机构。至 1964 年 3 月，全省 7 个专（行）署均先后成立了工商行政管理局，111 个县、市（镇）已成立的工商局或工商科有 107 个，只有海南自治州和 4 个县还未建立工商行政管理专门机构。到该年年底，全省成立工商行政管理所已达 520 多个，共有市场管理人员 2 550 多人（包括兼职、临时雇用人员在内），大大推动了基层工商行政管理工作的开展。

"文化大革命"期间，广东省各地的工商行政管理工作严重受损，机构相继被撤并，1966 年 4 月，广东省工商行政管理局并入省商业厅，为商业厅下属的一个处级单位，对外只保留省工商行政管理局的牌子。1968 年 12 月，广东省工商行政管理局被裁撤，所承担的工商行政管理工作，交由省财贸战线革命委员会生产组第四组监管。至 1970 年复设商业局，下设工商管理处，负责全省工商行政管理事务。1974 年 3 月，经广东省委批准，广东省工商行政管理局重新开始对外办公，但内部仍隶属省商业局。1976 年"四人帮"被粉碎后，工商行政管理工作逐渐复苏。

第二节　广东省工商行政管理
工作主要成绩

从新中国成立后到 1952 年底，是国民经济恢复时期，在这三年多的时间里，广东省各级工商行政管理部门进行了组织复工、复业、扶持私营工商业恢复和发展生产经营，打击投机倒把，整顿市场，稳定市场物价；调整工商业，改善公私关系，安排和管理加工订货；组织私商开展物资交流活动活跃市场；抽调干部投入"五反"（反行贿、反偷税漏税、反盗骗国家财产、反偷工减料、反盗窃国家经济情报）运动，为运动提供私营工商业违法活动材料，贯彻"运动和生产两不误"，"退补、生产两不误"，维护正常生产，鼓励私商联营、扩大购销、推广贸易合同制度；管理个体工商业和管理初级市场等工作。国营合作社商业逐步加强，促进了工农业生产和城乡物资交流，全省国民经济基本走向好转。

在社会主义改造期间和社会主义建设探索时期，工商行政管理机关运用市场管理、企业登记管理、经济监督检查、商标管理，指导工商联摊贩联合会的工作，积极采取各种措施，参与对私营工商业和个体工商业的社会主义改造工作，并承担了对个体工商业和自由市场的管理工作。

一、大力加强市场监督管理。新中国成

立后，广东省各级人民政府和工商行政管理部门先后发布一系列法令，对欺行霸市，抬压物价；买空卖空，囤积居奇；掺杂售假，短秤少两等各种干扰市场正常秩序，违反市场法规的行为进行禁止。同时对集市贸易秩序予以大力整顿，对投机倒把，走私贩私等不法行为进行了严厉打击，有效地维护了良好的市场秩序。

二、全面规范工商企业注册登记。新中国成立后至 1966 年以前，广东曾进行两次全省范围内的工商企业全面登记。第一次登记自 1950 年 9 月开始，至 1952 年结束。这次全省进行登记的工商业户约有 5 万户。通过这次登记，摸清了全省私营工商业者的基本情况，核定了他们的经营范围，形成了审核发证和开、歇业审批制度，同时对有利于国计民生的行业予以鼓励发展，对不利于国计民生的封建性行业予以淘汰，指导其转业经营，从而促使私营工商业的生产经营由旧的经济轨道向新的经济轨道转移。

第二次登记自 1963 年第 3 季度全面展开，至 1964 年冬结束。通过这次登记发证工作，各地核实了工商企业、手工业、交通运输业、建筑行业、饮食服务业的全面情况，建立了经济户口档案，不但为进一步发展国民经济提供了依据，而且使日后经常性的工商企业登记工作有了较好的基础。

在对全省工商企业进行全面登记之后，省工商行政管理局对全省登记表格和营业执照进行了统一。省工商局综合各地经验，设计了一套办理工商企业登记中开、歇、转、并等手续用的表格，并于 1965 年 12 月 9 日下发《关于统一工商企业登记和变更登记表格的通知》，通知各地试用，同时于当年 12 月 11 日发出《关于使用全省统一工商营业执照的通知》，要求全省换发统一印刷的工商营业新证照，并须在 1966 年第二季度换完。"文化大革命"期间，工商管理比较混乱，到 1973 年，省商业厅工商行政管理处统一印制了集体、个体和临时营业执照 27 万张供各地使用。至当年年底，全省多数县、市都开展了一次工商企业登记整顿和换发营业执照的工作。1975 年 10 月，广东省工

商行政管理局决定重新统一印刷国营、集体（包括社、队、街道企业）、个体、临时 4 种工商企业执照，并于当月 17 日发出《关于统一印刷工商企业执照的通知》，要求全省从 1976 年开始换发新证照。

三、全面恢复商标注册管理。社会主义统一市场在广东基本形成后，1957 年，广东省开始商标的全面注册。根据同年 1 月份国务院转发的《中央工商行政管理局关于实行商标全面注册的意见》，省工商行政管理部门从清理商标入手，对各类产品开展了商标全面注册。1963 年 5 月，广东省人民委员会贯彻执行国务院《商标管理条例》，部署各地主管商标机关对产品使用商标和标志情况再次清理，进一步开展商标全面注册工作。1965 年 4 月 27 日，广东省工商行政管理局发布《关于换发商标注册证工作中一些问题的处理办法》的通知，提出凡有企业在 1963 年 5 月 1 日之前根据《商标暂行条例》注册使用商标的地方，不论商标多少，都要以县、市为单位，在 1965 年底之前进行一次全面整顿，在此基础上换发新的商标注册证。各地通过换证，对商标进行了清理，审查了商标设计，整顿了使用不合格的商标，撤销了部分政治上有不良影响的商标。原来要求换证工作在 1966 年基本完成，由于"文化大革命"的到来，使工商行政管理工作受到较大影响，换证工作不了了之，尤其是内销商品停止办理商标注册。直到 1978 年底，商标注册工作才得以恢复。

第二部分　（1979—2008.6）

第一节　广东省工商行政管理工作主要发展历程

改革开放以来，广东省工商行政管理机关适应形势的发展和任务的需求，不断开拓进取、改革创新，积极发挥了职能作用。

一、拨乱反正，奠基发展（1979.4—1982.8）

1978 年 12 月，党的十一届三中全会胜利召开，开始了全党具有伟大意义的历史性

转折。"文化大革命"中被撤销的工商行政管理机构在改革的春风中得到新生。1979年4月，经省委、省政府批准，广东省工商行政管理局恢复成立，下设一室两处，即办公室、市场管理处、企业商标合同管理处，各市、县工商局也相继得到恢复。到1979年12月，广东省105个市、县均已建立工商局。在积极进行组织建设的同时，广东省各级工商行政管理部门坚持拨乱反正，端正思想路线，迅速把工作重点转移到为社会主义经济建设服务上来，使全省的工商行政管理工作重新走上了正确的轨道。遵照党中央、国务院给予的"特殊政策、灵活措施"，广东率先开放城乡集贸市场，积极进行市场建设，鼓励长途贩运，市场数量迅速增加，上市商品和交易范围不断扩大，到1982年广东省已建立市场2 309个，在全国处于领先地位。广东毗临港澳，华侨众多，各级工商行政管理部门充分利用这一优势，对外开放先行一步，率先登记注册外商投资企业。1979年7月10日，广东省批准设立全国第一家外商投资企业——珠海进口电视机维修部。深圳、东莞市工商行政管理局还在改革开放的实践中独创性地登记注册"三来一补"企业，开了全国的先河。至1982年底，广东省共登记外商投资企业291户，占全国的88%，充分发挥了广东对外"窗口"的作用。这一时期，广东省工商行政管理局还对全省范围内工业企业的状况进行全面普查，鼓励和支持企业一业为主多种经营，鼓励全民所有制工业企业兴办集体性质企业，鼓励企业横向经济联合；清理混同商标，恢复统一商标注册；严厉打击投机倒把活动，整顿市场秩序。这个时期的工作，为全省工商行政管理事业的发展奠定了基础，也为搞活广东城乡经济做出了积极贡献。

二、大胆探索，开创新路（1982.9—1992.9）

1982年9月，党的"十二大"提出国家经济体制由计划经济向商品经济转变。面对新形势，广东工商行政管理部门坚持站在改革开放前列，研究和解决新的历史条件下出现的新情况、新问题，为全面开创工商行政管理工作新局面做出了巨大努力。一是抓市场，促流通，培育市场体系。到1991年广东省累计投资9.2亿元，共建集贸市场2 000多个，比1979年增加了近7倍；同时，各级工商行政管理部门积极参与培育和管理各种生产资料市场，广东省初步形成了集市贸易网络，"集贸市场欣欣向荣"在1988年被评为"广东省改革开放十件大事"之一。二是积极探索利用外资的新途径。为大量引进外资，方便企业就地登记注册，广东省工商行政管理局大胆下放登记管理权，1982年后，广州、深圳以及各地级市和四个县级市工商局先后获国家工商局授权，直接核准登记当地外商投资企业。到1989年广东省外资企业达9 508户，约占全国的一半。三是积极引导个体私营经济发展，先后采取了放宽经营范围、允许一业为主兼营他业、鼓励综合经营、兴建市场、开设灯光夜市、划出部分街道和闲地解决个体工商户的经营场地问题等措施，促进个体私营经济快速发展。四是开拓企业登记新领域，积极探索对新兴行业的登记管理，支持企业实行承包经营责任制。五是开展"重合同、守信用"活动，加强合同的鉴证、纠纷调解、仲裁，提高合同履约率。六是加强商标、广告管理，推广商标、广告战略，促进企业发展。七是清理整顿公司，查处经济违法大要案，不断加大监管力度。经过这一时期的发展，工商行政管理职能作用越来越明显，社会影响力越来越大，受到各级党委、政府和广大经营者、消费者的赞誉。

三、努力创新，实现突破（1992.10—1999.7）

1992年10月，党的"十四大"提出了建立社会主义市场经济体制的目标。1994年，经国务院批准的"三定"方案明确提出：工商行政管理部门要从监管集贸市场转向监管社会主义大市场。广东各级工商行政管理部门审时度势，服从大局，从改革监管体制入手，坚定地实行市场办管分离，变静态管理为动态管理，不断强化市场日常监管；改革企业登记制度，由审批设立制度向准则登记注册制度过渡，贯彻"抓大放小"的战略决策,制定和试行企业集团、集团有限公司登记注册办法和股份合作制企业登记管理办法;打击制售假冒伪劣商品行为由过去单纯靠打击到标本兼治、打防结合,监管方式逐步适应了职能改变的需要。

1997 年党的"十五大"之后,广东省工商行政管理部门从四个方面入手,推进广东各项改革的进一步深化:一是创新企业登记管理制度有所突破,促进了公有制实现形式的多样化;二是监管社会主义大市场有所突破,积极探索市场管理的新途径,从侧重管理有形市场转向管理有形市场和无形市场并重,从习惯于管理一般交易行为转向管理交易行为和竞争行为并重;三是依法行政、打击经济违法行为有新突破,建立了一支统一的经济检查队伍,着力推进消费者申诉网络、驰名著名商标保护网络、广告监测网络、执法协作网络的建设,加大打击力度,努力创造一个良好的市场竞争环境;四是队伍建设有所突破,加强干部教育培训,建设工商形象,建立激励竞争机制,积极探索新形势下依法行政、加强党风廉政建设的新路子。

四、深化改革,增创新优(1999.7—　)

1999 年党中央、国务院全面改革工商行政管理体制,这是改革开放以来工商行政管理体制最大的一次改革,广东省各级工商行政管理部门精心部署、认真落实、稳步推进,于 1999 年 7 月顺利实现了省以下垂直管理,完成了机构上收、编制上划、干部交流、经费统管等工作,增强了执法的统一性、权威性和有效性。同时积极稳妥地推进全系统机构改革和市场办管脱钩工作,至 2001 年底按照新的"三定"方案完成了整个系统的机构改革和市场办管脱钩协议移交工作,调整了机构职责,通过竞争上岗、双向选择,精简分流人员 1.1 万多人,精简比例达 33.2%,全省工商所由改革前的 2 054 个减少为 1 420 个,精干了队伍,提高了人员素质和工作水平。

在新世纪的新形势下,广东省各级工商行政管理部门立足监管社会主义统一大市场职能,坚持"一手抓队伍建设、一手抓监管职能到位"的方针,积极应对入世等新情况,大力扶持各类经济主体健康发展,建立"经济户口",实行巡查制,创新监管方式;大力整顿和规范市场经济秩序,严厉打击走私贩私、传销和变相传销、不正当竞争等经济违法行为,建立维权网络,切实维护经营者和消费者利益;大力加强队伍建设,实施基层建设三年计划和"红盾人才"计划,转变队伍形象,加快信息化步伐,提高监管服务水平,为广东增创经济发展优势、全面建设小康社会做出了应有的贡献。

第二节　广东省工商行政管理事业发展成就

一、培植市场主体,创建广东优势

广东地处改革开放前沿,经济活动异常活跃,广东各级工商行政管理部门多年来着力培育市场主体,扶持各类经济主体健康快速发展,为广东率先基本实现社会主义现代化做了大量卓有成效的工作。

(一)扩展经济总量,繁荣广东市场

国内工商企业迅猛发展。1981 年,广东省刚恢复对各类工商企业登记注册时,登记注册的工商企业只有 20 多万户。到 2008 年上半年,广东省各类市场主体(含分支机构)达 383.03 万户,比 1981 年增长了 18 倍。

改革企业登记管理制度和监管机制取得突破。近年来,广东省各级工商行政管理部门适应"入世"的需要,根据国际通行的准则登记惯例进行了登记管理改革,废除了 47 种专项审批项目,减少了前置审批,初步建立起以"准则登记为主、审批设立为辅"的登记管理办法,并开始探索试行企业登记注册互联审批制、网上年检、滚动年检。同时全面实施"经济户口"管理,实行动态巡查制,加强了基层工商所对企业的初审、回访、检查、监管力度,建立起机关和基层上下联动的监管机制。

支持企业转换经营机制成效突出。作为公司登记机关,广东省各级工商行政管理部门积极发挥对改制企业市场主体资格的确认和规范作用,参与改制政策的制定、企业改制方案的论证等工作,引导企业走规范的公司制改造之路,为推动政企分开、建立公平竞争的市场秩序做出了应有贡献。通过制定《广东省企业集团、集团有限公司登记注册试行办法》和《广东省股份合作制企业登记管理试行办法》,支持发展企业集团和国有中小型企业改组、改制;提前介入企业改制工作,研究论证企业改制方案,重点针对重组登记中授权经营企业用净资产出资设立企业、逆向组建企业集团、列入重组范围国有企业主管部门变更备案登记等难点问题进行研究,及时解决影响工商登记操作的问题,指导企业改制;专门设立改制企业登记窗口,实行"一条龙"服务,有力地推动了广东省国有企业改革,加快了"抓大放小"的步伐,推动国有企业依照《中华人民共和国公司法》改组、改制为政企分开、产权清晰、权责分明、管理科学的公司制企业。

(二)改善投资软环境,促进外向型经济发展

改革开放以来,广东省工商行政管理局正确运用中央给予的"特殊政策、灵活措施"和毗邻港澳、华侨众多的客观优势,加大对外向型经济的扶持力度,促进广东省外商投资企业飞速发展,20多年一直位居全国首位。到2008年6月底,外商投资企业实有户数达8.91万户,投资总额3 622.75亿美元,注册资本2 190.83亿美元。其中,外方认缴1 756.77亿美元,实有户数、投资总额、注册资本和外方认缴四项指标再创历史新高。外商投资企业已成为广东经济建设的重要支柱。

多年以来,广东省外资企业发展呈现以下几个方面的特色:

一是投资规模大。多年以来,广东省外商投资企业户均投资规模均高出全国平均水平,至2007年底,全省投资总额1 000万~3 000万美元的外商投资企业实有4 724户,比上年末增加180户,增长3.96%;投资总额3 000万美元以上的企业实有1 879户,比上年末增加248户,增长15.21%;实有外商投资企业户均注册资本305.6万美元,比上年末增长4.98%。

二是外商投资领域广。经过改革开放以来30年的发展,广东省外商投资企业已从起初的家电维修、饮食服务、服装加工等投资规模小、科技含量低、投资回报快的项目,逐步拓展到资金密集、技术档次高、投资期限长的领域。目前国民经济的14大门、99大类的各个领域,除国家政策禁止外商投资的领域之外,均有外商投资。2007年该省新登记的外商投资企业几乎涉足到对外商开放的各个行业领域,行业发展越来越多元化,其中户数居前五位的行业,依次为:制造业4 514户、批发和零售业1 523户、科学研究技术服务和地质勘查业788户、租赁和商务服务业555户、房地产业313户。而同比增长幅度排名居前五位的行业依次为:科学研究技术服务和地质勘查业(788户)增长135.22%、农林牧渔业(303户)增长78.24%、批发和零售业(1 523户)增长56.21%、居民服务和其他服务业(86户)增长43.33%、采矿业(4户)增长33.33%。外商投资企业的蓬勃发展,极大地促进了工业企业、农业的技术改造和技术引进,促使广东的能源、交通、通信、电子、食品、塑料、建材、房地产以及宾馆酒店等行业一跃而居全国前列。外商投资企业成为对外出口的主力军。

三是出资方式不断变化。改革开放之初,广东省大胆探索,敢为人先,诞生了全国第一家中外合作企业。到1987年,广东省登记的中外合作企业达3 153户,是中外合资企业的1.67倍。随着对外开放步伐的进一步加快,全省投资环境不断改善,外商对国内投资环境也有了进一步的了解,近年来,广东省外商独资企业登记户数逐年增加。到2007年,全省实有外商独资企业49 417户,所占全部外资企业比例提升到74%,比上年末增长14.12%;这一趋势还在进一步发展。

四是新登记外商投资企业稳步增长。随着我国加入WTO和该省投资环境的不断改善,近年来全省新登记外商投资企业呈稳步增长势头。2004年新登记外商投资企业7 768户,比上年同期增加1 207户,增长

18.4%;2005 年略有回落,全省新登记外商投资企业 7 451 户,比上年同期下降了 4%;2006 年外商投资企业发展平稳,全年新登记外商投资企业 7 490 户,比上年同期增长 0.5%;2007 年外商投资企业再次取得新突破,全省新登记外商投资企业 8 658 户,同比增长 15.59%,创 1995 年以来新登记户数的新高。从地区分布看,深圳、珠海、广州、中山、东莞、茂名、潮州、云浮等市新登记企业增长幅度较大。

在大力扶持外资企业发展同时,广东省工商行政管理局还按照省委、省政府落实 CEPA(即《内地与香港关于建立更紧密经贸关系的安排》)的工作部署和安排,认真落实港澳人士来粤申办个体工商户登记注册和港澳投资者进入 CEPA 框架下服务贸易领域 18 个服务项目的相关登记注册有关工作,大力推动港澳人士来粤投资办企业和申办个体工商户。自 2004 年 CEPA 协议实施以来,省工商局出台了《关于改革企业登记注册工作的若干意见》,推出了精简前置审批项目、放宽市场准入条件、简化登记注册手续和申报材料、试行企业法人资格和经营资格相分离的登记制度、鼓励投资主体多元化,以及改善服务、提高服务效率和质量等多项措施。省工商局还根据国家法律法规和 CEPA 的有关规定,与港澳特区政府有关部门积极协商,制定印发了《关于印发香港、澳门永久性居民中的中国公民在我省申办个体工商户登记注册规范性文件的通知》、《关于进一步落实 CEPA 框架下港澳人士申办个体工商户登记注册工作的补充通知》、《关于下发在我省申办个体工商户的港澳人士身份证明文件样式的通知》等系列规范文件,统一了 CEPA 相关的工商登记注册操作规程,对申请人的资格条件、身份核证、办理程序、应提交的材料,以及收费标准,办理执照的时间等作出了具体规定。在完善登记注册操作规程同时,各级工商部门进一步加强登记注册窗口建设,推行一系列改善服务的政策措施,为港澳投资者提供便捷、高效的服务。各级工商部门均开设专办窗口,提供办理登记注册的"CEPA 绿色通道"。港澳人士在绿色通道办理工商登记注册业务,除特殊情况外,一般性登记注册申请的审核时间,企业名称预先核准登记缩短到 3 至 5 个工作日,设立登记、变更登记、注销登记等缩短到 7 至 10 个工作日。工商部门还专门印制实用的《登记指南》,帮助投资者清楚了解申办企业或个体工商户的条件、程序、提交材料等,方便投资者办理登记手续。同时,全省各级工商行政管理部门借助省内和香港新闻媒体与"公告栏"、"宣传栏"等广泛宣传政策法规,大力鼓励港澳人士前来内地申办个体工商户。

自工商部门开通登记注册"CEPA 绿色通道"以来,港澳人士来粤申办个体工商户发展顺利,登记户数稳步增长。2004 年 1 月 8 日,香港居民蔡沛霖在佛山市工商局禅城分局登记注册了"禅城唯高陶机配件经营部",成为进入佛山首个香港个体工商户。2004 年 2 月 6 日,澳门居民张惠贞走进中山市工商局注册大厅,顺利办理个体工商户登记手续,成为首位进入中山的澳门个体户。截至 2008 年上半年,广东省实有港资企业 49 115 户,投资总额 2 039.39 亿美元,注册资本 1 264.9 亿美元,实收资本 1 022.92 亿美元;澳门投资企业 3 316 户,投资总额达到 59.92 亿美元,注册资本也达到 42.29 亿美元,实缴注册资本 32.44 亿美元;共有港澳居民个体工商户 2 721 户,投资金额 15 285 万元,其中香港居民个体工商户 2 382 户,投资金额 13 609 万元,澳门居民个体工商户 339 户,投资金额 1 676 万元。

(三)扶持个体私营经济上档次上水平

改革开放以来,广东省各级工商行政管理部门发挥职能作用,出台多项措施,扶持个体私营经济迅猛发展,为广东省的经济发展注入了巨大的活力,成为广东省社会经济发展的一个新的增长点。截至 2008 年 6 月底,全省实有个体工商户 282.5 万户,从业人员 616 万人,资金数额 575.19 亿元;私营企业实有户数达 71.03 万户,创历史新高。个体经济继续保持稳步发展趋势,私营经济发展势头迅猛。广东省个体经济经过一段时间的快速发展之后,进入 20 世纪 90 年代,发展速度趋缓,但仍然保持平稳的增长势头。1993 年与 1992 年相比,个体工商户的户数和从业人数分别增长 8.6% 和 13.1%,1995 年比 1994 年增长 5.4% 和 7.7%;2001 年比 2000 年增长 9.7% 和 8.3%,2002 年比 2001 年增长 5% 和 7.8%。尽管个体经济受到资金、场地、市场调节等制约,但仍然保持平稳的增长势头。相比之下,私营经济发展迅猛,企业户数和从业人数每年均以近 20% 的速度递增。

资金积累增多,经济实力增强。至 2008 年上半年,全省个体工商户注册资金 575.19 亿元,户均资金 2.036 万元;私营企业总注册资本 11 864 亿元,户均注册资本达 167 万元。有相当一部分个体工商户、私营企业已完成原始积累阶段,开始向规模化、集团化方向发展,目前,全省注册资本 1 000 万~1 亿元的私营企业有 2.19 万户,亿元以上的有 703 户。2006 年实施的新《公司法》拓宽了企业进入市场的渠道,降低了公司准入门槛,同时也强化了对股东利益的保护,激发了投资者的热情,推动了公司制企业的发展。至 2008 年 6 月底,全省公司制私营企业 58.46 万户,占私营企业总数比重为 83%;注册资本 11 490.5 亿元,所占比重为 97 %,公司制私营企业占绝对数量。

产业结构逐步趋向合理。第三产业已成为私营企业投资的热点领域,在 2007 年增加的私营企业中,属第三产业的有 7.13 万户,占 68.86%。从三大产业各占的比重看,一、二、三产业所占的比重分别为 1%、30%、69%。第三产业户数所占的比重是三大产业中最大的。

从行业户数的绝对量来看,2007 年新登记私营企业排名前五位的依次为:批发和零售业 36 953 户、制造业 27 446 户、租赁和商务服务业 12 128 户、房地产业 5 470 户、信息传输计算机服务和软件业 4 417 户,占新登记私营企业户数的比重依次为:35.7%、26.5%、11.7%、5.3% 和 4.3%。以上数据表明,私营企业除了主要从事传统的批发零售业、制造业外,在现代服务业方面表现也较为突出,而 2007 年房地产业火暴,也带动

了相应的房地产开发经营、物业管理、中介服务等蓬勃发展。

由对内发展开始转向对外发展,由劳动密集型转向资金、技术密集型发展。据统计,2007 年全省共有出口创汇私营企业近 1 534 户,企业集团 458 户,出口创汇折合人民币 122 亿元以上。此外,全省还有上百家私营企业在国外设立了分支机构。同时,已有相当一部分私营企业由劳动密集型向资金、技术密集型方向发展,开始涉足高新技术领域、生产制造名牌产品。

对社会的贡献越来越大。一是纳税额高。从 1986 年至 1997 年的 12 年间,广东省个体工商户、私营企业共纳税 400 多亿元,是全国个体私营企业纳税最多的省份,每年的纳税额均占全省税收的 10% 以上。二是拓宽了就业渠道。目前,广东省个体、私营企业容纳超过 690 多万人员就业,特别是在安置下岗职工、促进社会稳定方面起到了很大作用。三是社会公益事业投入大。多年来广东省个体工商户、私营企业为社会公益、福利事业,抢险救灾等捐赠款物合计达 2 亿多元,参与全国的"光彩事业"扶贫项目 110 多项,投入资金 36 亿元。

(四)加强市场建设和管理,促进城乡经济繁荣

改革开放后很长的一段时间里,广东省各级工商行政管理部门曾致力于建设市场,繁荣城乡经济,使广东省的市场发生了翻天覆地的变化,原来那种封闭型分割式的市场已经转变成今天开放型的市场,形成了比较完善的市场体系。1978 年全省只有以街市为主的商品交易市场 1 686 个,市场总面积约 100 万平方米,成交总额为 14 亿元,市场成交额占社会商品零售额 15.4%,市场税费仅 973 万元;1980 年全省投资 650 万元,建设市场 19 万平方米,成交额达 22.7 亿元;"六五计划"期间,平均每年投资 3 772 万元,建设市场 64.1 万平方米;"七五计划"期间,市场建设出现了新高潮,平均每年投资 1.76 亿元,建设市场 86.9 万平方米;1991 年实施"八五"计划以后,市场建设呈现了飞跃发展的趋势,平均每年投资 13 亿元,建设

市场 185.6 万平方米；1995 年市场建设达到了顶峰，当年投资 26.7 亿元，建设市场 247 万平方米；截至 2002 年，全省共有各类市场 6 546 个，比 1978 增长了近 3 倍，市场商品年成交额超 2 450 亿元，是 1978 年的 175 倍。

集贸市场发育逐步走向完善。过去几年来，广东省各级工商行政管理机关按照当地党委、政府的部署，依据国家赋予的职能，有组织有计划地做好集贸市场的发展工作，市场建设不断出现高潮，全省大多数乡镇都有集贸市场，初步形成了以城市为中心、以乡镇为依托、高中低档相结合、市场类型逐步配套的集市网络，市场交易活跃。集贸市场的发展，既满足了群众"菜篮子"需要，又搞活了流通，引导了生产的发展；同时带动了城乡产业结构的调整，促进了第三产业的繁荣。

生产资料市场建设加快。近几年，生产资料市场面积递增率超过集贸市场，形成了一定的规模和良好的发展前景，一个多元化的生产资料流通网络正在形成。针对广东省原材料工业较为薄弱、自给率低的情况，各地在生产资料经营的政策上，既大力支持国有企业搞活经营，又允许集体企业和个体工商户经销已经放开经营的部分生产资料，全省逐步形成国有、集体、个体一起上的多元化、多渠道的生产资料流通格局。同时，出现了不同类型、不同层次，有专业性，又有综合性的集中交易市场（有形市场），生产资料市场化程度高，全省生产建设所需的原材料，95% 以上依靠市场调节。

生产要素市场逐步兴起。为了适应城乡经济迅速发展的需要，广东省各类生产要素市场逐步发育起来。金融市场方面，全省已建立起同业拆借市场，发展了票据贴现市场和外汇调剂市场，形成了一个以人民银行为中心的金融体系，证券发行逐步规范，转让、交易活跃。技术市场方面，全省的技术成果通过各种常设的技术市场、不定期的科技集市或者企业之间的直接流通，正逐渐走向生产领域，转化为生产力，全省发展了一大批技术贸易、咨询服务企业和中介机构，

形成多层次、多种所有制、多种形式的技术经营体系。房地产市场方面，土地使用权出让、转让、拍卖、房屋建设、租赁、房地产开发、信托等各种经济活动使广东省的房地产市场迅速形成和发展。劳务市场方面，遍布全省的职业介绍所、人才交流中心以及多种形式的劳务集市、人才集市，使广东省劳动力和人才的流动逐步走向市场化，企事业单位招用人员和城乡劳动者就业，逐步通过市场来实现双向选择，自由流动，竞争就业和协商劳动报酬。其他市场如信息市场、产权转让市场、拍卖市场等也开始在广东省一些地区建立起来。

市场办管脱钩是市场管理体制的一项重要改革。2001 年，在省委、省政府的领导下，全省各级政府和工商行政管理部门迅速行动，真抓实干，按时完成全省市场办管彻底脱钩的整体移交任务，做好机构、职责、财务、人员四分离工作。截至 2001 年 11 月 10 日，全省工商行政管理部门所办市场全部完成移交，共移交市场总数 2 788 个，建筑面积 693.2 万平方米，市场建设投资原值 63.05 亿元。市场办管脱钩后，工商行政管理部门不再承担市场卫生、市场防火、市场治安和保证市场运行的各项服务性工作，从繁重的日常事务工作中解脱出来，认真履行政府赋予的监管职能，强化市场监督管理，保证了市场的有序运行。

（五）发挥商标、广告、合同监管效能，建立竞争有序的市场环境

商标总量成倍增长。从新中国成立初期到 1979 年恢复全国统一商标注册，全省累计核准商标注册申请 2 287 件，有效注册商标 1 921 件。《中华人民共和国商标法》颁布实施 15 年来，广东省商标注册申请以平均每年 9 000 件递增，有效注册商标以每年 5 000 件递增，1997 年到 2001 年 5 年中该省累计有效注册商标从 90 650 件上升到 178 758 件，增加了 88 108 件，增长 97.2%，占全国 12.31%。到 2007 年底，全省累计有效注册商标总数超过 38 万件，同比增长 8.6%，连续 13 年居全国首位。

"商标战略"全面实施。近年来，广东省

提出"建设经济强省"的号召,将"名牌带动战略"作为加快经济结构战略性调整、提高产业竞争力的重要手段,明确指出要打造一批具有国际竞争力的支柱产业、骨干企业和名牌产品,增创产业新优势。广东省各级工商行政管理部门坚持从支持与服务地方经济发展的战略高度研究与审视省内商标工作,把培育驰名、著名商标作为实施"名牌带动战略"的核心内容,结合现阶段商标发展形势,制定了广东省商标发展战略规划,根据市场经济发展要求,以提高国际竞争力为导向,从打造名牌出发,推动广东省商标工作向更高的层次发展。从1997年开展中国驰名商标的推荐和广东省著名商标的认定工作以来,广东省获国家工商行政管理总局认定为"中国驰名商标"的注册商标共有138件,总数位居全国第一。省工商行政管理局受理的广东省著名商标认定申请达1 611件。东莞市大朗镇毛织、汕头市澄海区玩具、潮州市枫溪区陶瓷三个创建区域国际品牌试点的工作已全面铺开,并不断深化。东莞大朗已经开始建立品牌管理机构,建设公共服务保障平台。

广告业蓬勃发展。广东省各级工商行政管理部门坚持规范和发展并举的方针,大力培育广告业发展。1979年,广东省只有两家专业广告公司,从业人员100多人;党的十二大之后广告业突飞猛进,营业额以年均48%的速度递增,到2007年底,广东省广告经营单位已达20 903家,从业人员达120 779人,广告经营额超256.7亿元。广告媒介也有了飞跃,广告传播媒介由传统的广播、电视、报纸、杂志发展到发光二极管广告、彩色大屏幕广告、ULP灯柱喷绘路牌、广告飞船、升空巨型气球广告、花卉广告等数百种;广告业设计制作整体水平相比以前有了质的突破,由直观广告向创意策划、系列广告发展,开创了全国CI战略的先河。

合同监管进一步规范。广东省各级工商行政管理部门多年来坚持从完善企业信用机制、提高社会信用意识、建立企业信用工程的角度强化市场合同监管,广泛深入地开展"重合同、守信用"活动,促进了企业自我约束、自我管理、自我发展经营机制的建立。到2007年,广东省共认定"重合同、守信用"企业50 399家,其中连续5年以上的4 999家。同时建立企业信用红榜制度、记录制度、公示制度等机制,建立完善企业市场信用评价体系,构建"企业信用工程"。通过大力推广农业示范合同文本,促进订单农业健康发展。2006年,广东省工商行政管理局经充分调研,结合实际,提出了以制定和推广农业合同示范文本为突破口,加强对农业合同签约、履约行为监管,开展合同纠纷调解,查处利用合同违法行为,提高农业合同签约率和履约率,推动农业产业化,促进农民增产增收的工作目标。并以湛江、江门、清远等市为试点,开展农业合同监管试点工作,制定下发了《广东省工商行政管理系统农业合同监管工作意见》,规范了农业合同示范文本的制定和使用程序,探索并初步建立了对农业合同"三位一体"、"四级联动"的监督监管机制。通过大力推行农业合同示范文本,涉农企业和农民的法律意识大大增强,农业合同签约率也明显提高。仅2006年,全省各地工商部门就发放各类农业合同示范文本39万多份,指导企业和农户签订订单合同39.5万份,金额362 083多万元;履行合同39.4万份,金额359 479多万元。推行的农业合同示范文本包括《农药化肥买卖合同》、《种子买卖合同》、《甘蔗委托种植合同》、《水产养殖订购合同》、《禽畜养殖订购合同》、《茶叶种植订购合同》、《果菜订购合同》、《花卉订购合同》八大类。

二、强化监管执法,维护市场秩序

多年来,广东工商行政管理机关忠实履行经济监督检查职能,严厉打击经济违法活动,加大监管执法力度,为广东经济发展营造了公平竞争的市场环境和安全健康的消费环境。据不完全统计,1994年至2002年,全省工商行政管理部门共查处经济违法案件95.3万件,罚没金额52.34亿元。查处案件数、罚没金额数以及查处10万元以上大要案件数连续多年居全国前列。

(一)集贸市场专项治理取得阶段性成果。近年来,广东省各级工商行政管理部门根据国务院召开的集贸市场专项整治工作会议的部署和省政府的要求，会同经贸、公安、卫生、国税、地税、质监、出入境检验检疫、药监 8 个部门，建立了全省集贸市场专项整治工作协调联席会议制度，开展了对全省集贸市场的专项整治活动，集中时间、集中力量对重点地区和重点市场进行了综合整治，取得了阶段性成果。据不完全统计，在 2002 年的集贸市场整治行动中，全省就出动工商执法人员 9 万多人次，检查市场 3 730 个，检查门店 10 974 个，查处集贸市场内制假售假案件 6 905 宗。

（二）查处走私贩私成绩显著。广东省地处沿海，毗邻港澳，走私现象较为严重。广东省各级工商行政管理部门坚持把查处走私贩私作为一项重点工作常抓不懈，不断加大打击的力度。从 1983 年起，广东全省工商系统曾先后成立了 51 个缉私队、检查站，重点针对深圳、珠海、汕头、惠阳等市县，以及广汕、广深、广珠水陆交通沿线地区的走私贩私活动进行打击，有力地震慑了走私犯罪分子。近年来坚持打防并举，整治重点地区、重点市场，重点打击走私拼装进口车、成品油、烟草等违法活动，取缔了一大批私货交易市场，有效地打击了走私贩私违法活动的嚣张气焰。

（三）反不正当竞争工作有了新突破。近几年来，广东省工商行政管理部门认真贯彻《中华人民共和国反不正当竞争法》，先后对串通投标、商业贿赂、市场混淆、公用企业及其他具有独占地位的经营者限制竞争等垄断经营行为进行了大力查处。据统计，仅 1995 年至 2002 年，全省共查处不正当竞争行为案件 17 034 起，案件总值 29.91 亿元，罚没款 4.3 亿元。特别是对与人民群众关系密切的药品购销回扣行为、供电供气等公用企业限制竞争行为进行了专项检查，取得了良好的社会效应。

（四）打击传销工作捷报频传。广东人口流量大，加上气候适宜，传销和变相传销活动很难杜绝。多年来，特别是在整顿和规范市场经济秩序活动开展以来，全省工商行政管理部门周密组织，精心部署，以广州、珠海、韶关、惠州、江门、清远等地区为重点，与公安、民政、金融、外经贸、海关、税务等部门密切配合，对传销行为"露头就打"，同时针对传销行为在不同时期的不同特点，采取相应的措施，将其产生的负面效应控制在最低程度。2005 年 9 月 19 日，由广东省打传办、省委宣传部、省综治委、省公安厅、省民政厅、省工商局等部门联合组织，在广州市番禺区召开现场会，总结了番禺"创建无传销社区（村）"活动的创新经验，印发了《广东省关于开展"创建无传销社区（村）"活动方案》，决定在全省逐步铺开创建工作。现场会后，各市认真落实省打传办的部署，按照"边试点、边完善、边深化"的工作思路，逐步深化创建工作进程。省里以广州市番禺区和佛山市禅城区城南街为试点指导创建工作的开展。在试点成功的基础上，各地通过召开现场会等方式，及时总结经验，铺开扩面工作，不断扩大"无传销社区"的覆盖面，并在创建工作中普遍形成了党委政府统一领导、职能部门齐抓共管、基层政权具体落实、社区群众广泛参与、协作推进的工作格局。在全面推开创建工作同时，全省各地还不断提升创建层次。其中清远、潮州、阳江、汕尾等市在加快创建无传销社区（村）的基础上，开始向创建"无传销乡镇（街道办）"、"无传销县（市、区）"和"无传销市"推进。截至 2007 年底，全省已建立"创建无传销社区（村）"1 036 个，一类地区创建率达到 30%，二类地区达到 50%，三类地区达到 70%，四类地区达到 90% 以上的年度创建目标基本实现。经过努力，各地在社区（村）普遍建立了以派发"一张联系卡"、建立"一个信息平台"、发放"一张公开信"、签订"一份责任书"、构建"一个监管网"为主要内容的打击传销互动机制、信息机制、宣传教育机制、责任机制和监管打击机制。

（五）"打假维权"工作成绩喜人。广东省各级工商行政管理部门多年来坚持从广大人民群众和经营者的切身利益出发，做好"打假维权"工作，开展了一次又一次专项治理活动。近年来对与人民群众生命财产安全联系紧密的食品、药品、农资、家电、建材等进行了大规模清理整顿,特别是做好了节前食品市场、农耕期农资市场和旅游旺季旅游市场的打假监管工作;同时加大对假冒驰名著名商标产品违法行为的打击力度,打假扶优。据统计,1993 年至 2007 年全省共查处制售假冒伪劣商品案件 9.2 万宗,罚没款7.3 亿元。

(六)"红盾护农"行动收效明显。2004年以来,全省工商行政管理系统按照国家工商总局和省政府的部署,开展了以农资打假为主的"红盾护农"行动。省工商局根据广东实际确定湛江、茂名、清远、梅州、河源、江门等几个农业大市为红盾护农行动重点地区,以乡镇和农村农资市场为红盾护农重点市场,以种子、农药、化肥为红盾护农重点品种。各市特别是重点市工商行政管理部门根据本地区农资市场管理的特点,确定本地区重点市场和重点品种,以点带面,对农资市场进行全面整治,认真建立和完善监管制度,及时、认真处理农民群众反映的农资案件,严厉打击制销假冒伪劣和不合格农资商品的违法行为。据不完全统计,2005 年以来,全省工商系统在"红盾护农"行动中,共出动执法人员 38.86 万人次,检查车辆95 883 车次,检查各类农资经营企业 229 174户,整顿市场 5 575 个,取缔无照经营 134户,立案查处制售假冒伪劣农资商品案件3 082 宗,没收查扣假冒伪劣农资商品2 575 624 公斤,案值 2 910.56 万元,罚没入库1 706.56万元,受理投诉举报 2 726 件,为农民挽回经济损失 1 001.32 万元,捣毁制假售假窝点 21 个。为进一步规范农资市场主体和商品准入,前移监管关口,2007 年,省工商行政管理局组织对全省农资经营主体情况进行全面摸查,严格按照法律法规的规定对全省农资经营主体进行清理,使全省农资生产经销企业从清理前的 24 365 户减少为12 184 户。同时,对全省以批发为主的农资企业经营的商品进行全面登记,建立农资商品管理数据库和监管系统,研制开发了"广东省流通领域农资企业信息归集管理系统",进一步提高农资市场监管力度。

广东还在全国率先走出了一条流通领域农资市场政府监管与行业自律有效结合的新路子,通过推行农资企业行业自律制度,创新监管模式和建设信息系统,建立起对全省农资市场的即时、长效监管体系。根据农资行业自律制度,省市场协会对农资企业实行分类管理。即对每年能主动配合省市场协会农资专业委员会及法定检测机构进行抽检且结果为合格,并承诺主动召回有质量问题农资产品的企业,允许其产品使用由省工商局监制、农资专业委员会具体印制的备案标识。同时,将行业自律工作做得扎实的企业名单交省工商局备案,实行远距离监管,以降低工商行政监管执法成本,提高监管效率。对于未列入行业自律范围、未加贴备案标识的商品,市场协会将提示工商行政管理机关将其列入重点监管范围。新的农资监管模式得到了大多数农资企业的积极支持,普遍希望能参与自愿备案,并贴用农资商品"质量跟踪防伪标识"。

(七)流通领域商品质量监管成效初显。流通领域商品质量监管是工商部门的一项新职能,近年来,该省工商行政管理部门主动与多家国家法定的检验检测机构建立了合作关系,每年不定期对食品、玩具、电器、饮用水及桶装容器、农药、化肥、移动电话及其电池、胶粘剂、陶瓷砖、旅游景点饮料、月饼等各类商品进行了质量抽查,并向社会公布抽查结果,组织各市工商行政管理部门对抽查中发现的经销不合格商品企业依法进行查处,把商品质量监督抽查工作与查处违法经营、规范经营行为紧密结合起来,收到了既引导消费又打击违法违规行为的效果。2007 年,根据国务院、国家工商总局和省委、省政府关于产品质量和食品安全专项整治的一系列重大部署,发动全系统力量在全省范围强力推进流通环节专项整治工作。专项整治中,全系统共出动执法人员 20 多万人次,检查经营企业和个体户 62 万户次,检查批发市场、集贸市场等各类市场 30 604 个次,整治重点区域 6 632 个,捣毁制假售假窝点 193 个,查处制售假冒伪劣商品案件1 052件,案值 370 多万元,罚没入库 459 万元;查处无照经营 40 977 户,其中食品经营店铺

23 981 户,引导 12.04 万户补办营业执照,规范经营;责令退市的不合格食品和假冒伪劣食品 229 吨,销毁不合格食品和假冒伪劣食品 52 吨;查处药品、医疗广告违法案件 587 件,受理和处理消费者申诉与举报 3 865 件,为消费者挽回经济损失 120 多万元;查获假冒伪劣食品 333.4 吨,农产品 9 421 公斤。经过 3 个多月的艰苦努力,提前实现了"三个 100%,一个彻底"的目标。全省县城以上城市的食品市场、超市 100% 建立进货索证索票制度;乡镇、街道和社区食杂店 100% 建立食品进货台账制度;县城以上市场、超市猪肉经营者 100% 与定点屠宰企业签订购销协议;彻底解决了乡镇政府所在地及县城以上城市小食杂店、小摊点无照经营问题。

(八)打击商标、广告、合同违法行为成绩斐然。截至 2007 年底,全省各级工商行政管理机关共查处商标违法案件 45 851 件,其中商标侵权、假冒案件 33 621 万件,罚款金额 3.19 亿元,收缴商标标识超 10 亿件(套),移送司法机关追究刑事责任 222 人;查处各类广告违法案件 38 316 余件,罚没款 6 852.57 万元;检查经济合同 94.9 万份,总金额 5 637.9 亿元,查处利用合同进行的违法行为 1 118 件。

三、构建维权网络,维护消费者权益

多年来,广东省工商行政管理局立足自身职能,全力维护消费者权益,逐步形成政府监管、行业自律、社会监督三位一体的消费维权体系,构建"和谐广东"。

(一)深入推进"12315"行政执法体系改革,全力建设消费维权工作机制

2000 年 3 月 15 日,广东省"12315"消费者申诉举报电话全面开通,开始以消费者权益保护为切入点,以现代信息技术手段为依托,在"12315"消费者申诉举报电话基础上,构建以行政执法、行业自律、社会监督为一体的"12315"行政执法体系。经过 8 年的不断发展,全省"12315"社会影响不断扩大,工作量和知名度逐年上升。"12315"消费维权网络得到极大拓展延伸,行政执法、行业自律、社会监督三位一体的行政执法体系逐渐

形成,"12315"行政执法工作逐步走向制度化、规范化、信息化。

广东省"12315"消费者申诉举报网络建设之初,主要依靠简单的人工操作。在不断总结"12315"运行实践经验的基础上,2003 年,广东省工商局制定并下发了《广东省工商行政管理机关"12315"消费者申诉举报机构工作规定(试行)》,对"12315"业务处理进行了规范,工作规定明确了 7 种情况为特急、紧急案件,由省、市局"12315"中心统一指挥办理。要求承办单位对"12315"中心受理的申诉,必须在规定期限内办结,并将处理结果报"12315"中心审核批准,对"12315"中心分流的及消费者对处理结果不满意的申诉举报案件实施督办和纠正。同时要求全省各市"12315"指挥中心及时收集、统计、分析、上报有关数据、资料,及时发布消费警示,引导消费者理性消费。各地"12315"机构建立了内容完备、管理科学、权责分明的规章制度,确保"12315"的指挥、分流、值班、调解反馈等各项工作规范、有序。在此基础上,广东工商系统应用计算机网络技术、数据库技术、互联网技术,建立以"12315"消费者申诉举报指挥处理信息平台为依托的信息化系统,对收集的信息资源进行科学处理,进行分类,实施综合分析利用,根据申诉举报的热点信息,确定专项整治的重点和突出问题;为企业信用评价体系提供侵权行为方面的信用数据;建立引导消费预警制度向社会公布和披露申诉、举报的热点。同时,各级工商部门还通过建立和完善系统内部的行政执法体系,建立和完善外部的企业自律维权体系、社会维权监督体系,实现系统资源优化配置,充分发挥系统网络整体功能的作用。初步建立了纵向到底、横向到边、纵横相连的立体监控维权网络。广东省各级工商行政管理部门还积极发挥"12315"快速灵活、与群众联系紧密的特点,把"12315"工作作为"民心工程"、"形象工程"来抓,当发生重大、紧急、特殊申诉举报案件时,各地"12315"中心能及时启动快速联动机制,切实维护消费者利益。据不完全统计,2002—2007 年全省处理消费者被侵权

案件 117 630 件，受理消费者投诉 305 890 件，为消费者挽回经济损失近 4 亿元。

（二）积极推进"红盾服务维权进社区（农村）"，努力建设"和谐广东"

为了积极主动地配合省委省政府关于构建"和谐广东"的重大决策，广东省工商局在深圳市工商行政管理局南山分局、韶关市翁源县工商行政管理局等单位取得经验的基础上，于 2005 年 9 月 22—23 日召开广东"红盾服务维权进社区（农村）"试点工作会议，正式启动广东"红盾服务维权进社区（农村）"试点工作，努力构建一个覆盖城市、乡村的消费者申诉、举报网络。试点工作从 2005 年 9 月开始实施，到 2006 年 3 月结束，之后，在全省全面推广。

试点工作中，在社区和农村中建立了红盾服务维权工作站。各级红盾服务维权工作站由站长、副站长、联络员（义务监督员）、志愿者组成。县（区）级工商行政管理部门对工作站站长、副站长、联络员、志愿者进行了培训，使相关人员了解工商行政管理部门的职能，掌握开展"红盾服务维权进社区（农村）"工作所必需的知识和技能，力图通过广大社区（农村）联络员，将消费纠纷解决在最基层。至 2008 年 3 月底，全省红盾服务维权工作站已达到 5 200 个。

（三）发挥消费者委员会协调作用，营造和谐平安消费环境

1988 年 2 月 3 日，经广东省人民政府批准，广东省消费者委员会正式成立。成立 20 年来，广东省消费者委员会在省工商局的指导下，积极致力于消费维权网络的建立和完善工作。截至 2007 年底，全省共建立县级以上消费者委员会组织 143 个；在乡镇、街道建立分会 861 个；在村、居委会，社区和企业中设立投诉站、联络站等 2 943 个。其中，县级以上消费者委员会设有专职人员 1 078 名，基本形成从城市到农村的消费维权监督服务网络。省消费者委员会成立后不久，在省人大、省政府的指导下，与有关部门共同制定了该省第一部保护消费者权益的专门法规——《广东省保护消费者合法权益条例》。从 1988 年的 3 月 15 日开始，在每年

的国际消费者权益日，全省各个城市及一些乡镇消委分会，都组织大规模的宣传、咨询活动。据不完全统计，20 年来，全省各地消费者委员会组织各种宣传、咨询活动 126.4 万次。

消费者委员会还抓住消费投诉热点和消费者普遍关心的问题，组织开展了一系列消费调查工作。对数十种商品开展比较试验，为消费者正确选购商品提供了客观、真实的消费信息。针对消费热点或消费"陷阱"发布消费警示，使消费者提前获得消费危机信息，从而起到很好的事前预防作用。近年来，省消费者委员会先后发布了"理性消费，勿入'消费储值'的怪圈"，"旅游购买珠宝，小心低价陷阱"，"警惕网上购买超低价数码产品受骗"等一系列消费警示（提示），披露了消费领域中各种不法经营行为，引导消费者避开消费陷阱，得到了广大消费者的好评。

1997 年至 2007 年，全省各级消费者委员会受理消费者投诉 295 443 件，解决 275 891 件，接待来访、接受咨询 238 万人次，为消费者挽回经济损失 136 886.97 万元，提供案情移交有关部门查处罚没 27 574.97 万元，收到消费者感谢信（及锦旗）7 133 件。先后组织、引导食品、房地产、电信、家电、家具、大型商场、超市等上千家生产、销售的经营者向社会作出诚信承诺，为营造诚信放心的消费环境，推进广东社会信用体系建设，促进社会主义市场经济体制的成熟和完善发挥了积极作用。2006 年 9 月 9 日，中共中央政治局委员、时任广东省委书记的张德江同志在广东省委理论学习中心组"正确认识和处理新时期社会矛盾、切实维护社会和谐稳定"专题学习会的讲话中指出："我看现在最成功的是消费者协会，它缓解了政府跟消费者之间的矛盾，很多事由消费者协会去处理了。"

四、狠抓自身建设，打造高素质工商队伍

多年来，广东省各级工商行政管理部门坚持把强化自身建设作为促进职能到位、提高工作水平的基础工程来抓，坚持强化"法

治行政、效能服务、科学管理"三大理念,全面推进"市场准入规范化、市场监管科学化、消费维权网络化、工作平台信息化、工商队伍专业化"建设,努力做到监管与发展的统一、监管与服务的统一、监管与维权的统一、监管与执法的统一,大力打造一支"学习型、服务型、效能型、数字型、廉洁型、和谐型"工商行政管理队伍。

（一）理顺管理体制

根据《国务院批转国家工商行政管理局工商行政管理体制改革方案的通知》和广东省人民政府《批转省工商行政管理局广东省工商行政管理体制改革实施方案的通知》精神,广东省各级工商行政管理部门精心部署、认真落实、稳步推进体制改革工作。省工商局抓点带面,首先在中山、韶关两市抓移交试点,摸索出了先整体移交再强化内部机制的工作思路,然后在全省市县两级逐级整体移交,于1999年7月顺利实现了省以下垂直管理,完成了机构上收、编制上划、干部交接、经费统管等工作,增强了执法的统一性、权威性和有效性。

实行省以下垂直管理以来,省工商局以实现精兵简政为目的,依照"精简、调整、规范、统一"的原则,根据新的"三定"方案积极推进精简机构和人员编制。全系统共精简分流人员1.1万多人,精简比例达33.2%;省局垂直管理19个地级市工商局（广州、深圳市工商局为副厅级局,不垂直管理）;垂直管理的县（市、区）工商局（分局）124个;基层工商所由垂直前的2 054个撤并为1 037个;垂直管理后,全省工商垂直系统有正副厅级干部8人,处级干部256人（其中,市局领导班子97人）,科级领导干部1 106人（其中,县市区局领导班子580人）,工商所正副所长2 120人。

通过实行省以下垂直管理,省工商行政管理局对全系统的人、财、物、事进行集中统一管理,保证了系统机制顺畅,指挥有力,以往政令不畅、指挥不灵的状况得到了根本改观;执法力度明显增强,尤其是查处地方保护案件的力度明显增强;机构编制管理得到强化,较好地解决了随意设置工商行政管理机构、随意改变隶属关系、随意下放管理权限等问题。

（二）提升队伍素质

广东省工商行政管理系统一直把提高队伍素质作为队伍建设的基础工程来抓,坚持从政治思想学习、业务知识培训、开展学历教育等方面入手,努力建设一支与广东地位相匹配的"政治合格、业务熟练、执法公正、作风优良、纪律严明、廉政为民"的新型工商行政管理队伍。

队伍整体素质明显提高。通过深入开展邓小平理论、"三个代表"重要思想和"深入解放思想,落实科学发展观"的学习教育活动,广大干部职工的思想政治素质有了较大提高,增强了建设有中国特色社会主义事业的自觉性和坚定性。通过积极推行人事制度改革,加强队伍在岗培训,队伍的结构进一步优化。目前,全系统（不含广州、深圳）大专以上学历人员所占比例已达79%,比机构改革前提高了53.4个百分点;同时加强业务培训,制定"十一五"教育培训规划,抓好应急管理专项培训,完善学历教育管理办法,均取得了较好效果。

队伍的行风进一步好转。法制建设进一步加强,执法水平不断提高,执法行为更加规范;认真落实党风廉政建设责任制,总结推广廉政建设经验,全面构筑预防职务犯罪防线,形成了"一级抓一级、层层抓落实"的良好局面;紧紧抓住"案、费、证、照"等重点环节,认真组织作风纪律教育整顿,积极推进政务公开,加强"三乱"自查自纠,开展工商收费专项大检查,违法违纪案件明显减少。全系统先后有189个基层党支部被各级党委评为"先进党支部",其中有31个基层工商所受到人事部、国家工商总局的联合表彰;有738名基层党员被县以上党委评为"优秀党员",并涌现出"广东省优秀共产党员"黄明光,"中国优秀青年卫士"郑闯、曹景良等先进典型。

2007年1月11日,广东省工商行政管理系统在广州奥林匹克体育中心举行了规模空前的队列行进汇报表演,以整齐的步伐向社会展示了广东工商行政管理队伍严明的纪律和优良的作风。

（三）加强基层工商所建设

基层工商所作为工商行政执法主体，处在市场监管和行政执法的第一线，是整个工商行政管理工作的基础和先导。该省工商行政管理系统十分重视抓基层建设，投入了大量的人力、物力和财力，在改变落后的办公条件、促进监管执法、树立工商形象等方面取得了一定的成效。

基层工商队伍精神面貌有了很大改观。近年来，全省基层工商所按照《全国工商行政管理基层建设纲要》，切实加强培训工作，进一步提高了基层干部队伍的综合素质。认真落实工作量化标准，实施目标考核，推行竞争上岗制，使广大干部职工增强了竞争意识，弘扬了敬业精神。同时还针对基层工商所的工作特点，以纪律作风整顿为突破口，积极推行政务公开，严格依法行政，坚决纠正行业不正之风，严肃清除执法腐败现象，基层工商队伍精神面貌焕然一新。

基层工商所基础设施、办公场所得到了明显改善。按照"一保生活，二搞建设，统一规划，统筹安排，分步实施"的原则，加大了对基层基础设施建设的投入。2001 年以来，全系统共筹措基层建设资金 8.6 亿元，新建工商行政管理所办公楼 589 个，改建 252 个，为基层工商所配备了执法车辆、电脑和照相机等一批办案执法装备，大大提高了基层办公现代化水平，促进了基层工商监管规范化、制度化、信息化，增强了监管执法效能，使全系统消灭了办案案值空白所，部分经济发达地区还涌现出一批办案案值超百万元工商所。

基层工商所各项改革稳步推进。在2001 年的机构改革中，坚持按照经济区域设置工商所的原则，全省共撤销 634 个工商所；对工商所的内部设置进行了规范，通过竞争上岗选准配强了一批年轻优秀的工商行政管理所长。2007 年，全系统 941 个垂直管理的工商所整体升格为副科级，通过总结推广惠州、茂名局试点经验，顺利完成工商所长全员竞争上岗，选配副科级所长 808 名、正股级副所长 1 539 名，进一步加强了一

线监管执法力量。

同时，对工商所的监管机制进行了大胆探索和改革，对辖区内的各类市场主体实行"经济户口"管理，对市场行为的监管由驻场式改为巡查制，收费方式由上门收费改为银行划扣，既促进了监管职能到位，又方便了群众，推动了工商所由"收费型"向"综合执法型"的转变。

（四）实施信息化建设

广东省各级工商行政管理部门多年来还着力于利用先进科学技术，以"一中心、二网、三层、四化"（即，数据中心；内部网和外部网；数据中心、应用系统和信息服务三层；网络化、自动化、集成化和规范化）为总体目标，提高自身信息化水平，提升工作标准和质量，努力适应新形势下监管职能到位的需要。目前，全系统已建立 2M 以上宽带网络，上联国家工商总局、省委、省政府，横联各政府部门，下联市、县局及工商所；初步建成省、市局两级数据中心，实现了总局和省内全系统数据交换共享；省、市局建成中心机房，配置服务器 282 台，存储设备 20 套，珠三角各市局干部实现人手 1 台电脑，其他市局和县局的机关基本达到人手 1 台电脑；建成了以业务信息系统和办公自动化为核心的电子政务平台，并在全系统推广应用，业务信息系统在系统整合和数据互联互通方面优势明显。

建立了全省工商行政管理系统信息网络。从 1998 年起，广东省工商行政管理局就着手开展省、市局各级计算机联网工作，以省局为中心，采用专线、公用电话等方式，先后与各地级市和县（市）工商局、工商所联网，实现省、市、县局和工商所都在统一平台上分层级开展工作。同时升级改造了省局机关局域网，为各项业务信息化应用打下坚实的基础。

建立了充分发挥工商职能的红盾网站。1999 年，建立了面向社会公众、相关部门的广东省红盾信息互联网站。根据内、外网服务对象的不同，分别设置不同的专栏：外网主要是宣传国家政策、法规，介绍工商行政管理部门职能和机构设置情况、工商行政管

理办事指南、工作动态、政策导航,发布企业登记信息、年检公告、企业光荣榜、WTO论坛等多种形式的信息栏目;内网主要构筑了系统上下政治、业务学习和交流的平台。

提高了全系统的软硬件水平。通过加大对各级工商部门信息化设备的投入,特别是对经济困难地区的基层工商所的投入,实现了"所所有电脑、级级通网络"。同时,由省局统一组织,在同一技术平台上开发了"12315"、档案电子化、业务系统、办公自动化、人事管理系统。全部系统设计开发时,抛弃了原来分割、独立的系统,在梳理、分析、整合工商业务基础上,构建通用的工作流程,制订统一的业务规范,形成了以登记、监管、案件为核心的业务需求,横向将工商业务全部整合到登记、监管、案件三大子系统中,并实现三大业务模块间的无缝连接。在系统开发的基础上以应用促发展,大力抓推广应用。其中,业务信息系统2003年11月28日在中山市局试点后,经过全覆盖多次培训,至2006年初完成全省推广应用。目前,该系统使用人员超过2万人,已完成各类登记业务约380万笔,年检业务约400万笔,市场巡查业务约200万人次,立案业务信息约10万笔;企业登记档案全部进行扫描电子化,并投入业务系统联机使用。"12315"信息系统于2003年在全省推广应用,2006年至2007年初,先后完成佛山、韶关、珠海、惠州、云浮、阳江等6市局的软件升级改造、试点应用。至2006年底,全省"12315"系统共接听电话约24万次,调解成功约20万次,计有785名工作人员直接使用"12315"信息系统进行消费者权益保护工作。办公自动化系统于2006年8月开始在珠海、佛山、韶关、中山等4市局试点,目前已有中山、珠海、韶关、佛山、东莞、清远、云浮、江门、肇庆、梅州、河源、茂名、湛江、揭阳、汕头、阳江16个单位整体上线使用,其中公文管理模块的使用率达到100%。

五、全力以赴,抗击自然灾害

2008年初,广东省工商系统在广东省委、省政府的统一领导下,以高度的政治责任感和对人民生命财产高度负责的精神,积极应对雨雪冰冻灾害天气影响,切实加强春节市场监管,主动参与地方抗冻救灾工作,为广东夺取抗冻救灾做出了积极贡献。

1月中旬开始,广东省工商局连续发出《关于减免鲜活农产品运输和销售有关工商管理费的通知》、《关于进一步加强鲜活农产品等商品市场监管维护市场交易秩序的紧急通知》、《转发国家工商总局关于做好应对雨雪冰冻灾害加强市场监管的紧急通知》,全面部署抗冻救灾和市场监管工作。2月3日,省局召开全系统视频会议,再次对春节市场监管进行部署,要求各级工商部门把春节市场监管作为当前最紧迫的政治任务,切实抓紧抓好。全省各级工商部门相继成立春节市场监管领导小组,一把手负总责,层层落实责任制。韶关、清远等重灾区的工商局还成立了抗冻救灾领导小组和应急小分队,并启动了应急预案。为深入了解各地灾情,督导落实春节市场监管任务,广东省工商局党组成员于2月4日、5日带队深入各地级市局开展调研督查,各地级市局也组织了相应的督查行动,确保了节日市场监管工作落实到位。

全省工商系统还发扬"一方有难、八方支援"的精神,从人力、物力、财力等方面积极支持重灾区的抗冻救灾工作。全系统向灾区群众捐款23万元,韶关市工商局捐献御寒衣物2 953件,提供1 500箱快食面及3 000多份馒头稀饭等给受灾群众,同时积极救助因路面结冰被滞留京珠高速韶关段的数万名春运旅客。1月26日凌晨2点左右,韶关市工商局组织饼干120箱、八宝粥120罐、矿泉水80箱1 920瓶,送到冰封受困已30多个小时的群众手中;1月26日下午,又筹集饼干、面包、矿泉水等总价值约4万多元的8 000多份救助物品送往乳源救助现场,救助对象约5 000人。清远市连山县工商局全体干部奋力投身抗寒救灾,特别是位于该县最北部的禾洞镇作为受灾最严重的地方,驻守在该镇工作站的2名工商干部,在道路全线封闭、断水断电断通信等极端困难的环境下,仍然冒着雨雪交加的天气坚守阵地,认真履行市场监管职责,与当地灾民共同抗寒救灾,确保灾区人民生活的稳定。

抗灾期间,省工商局实行二十四小时值班制度,启动突发事件预警机制,韶关、清远市工商局还启动救灾紧急预案,严厉打击各类经济违法行为。元旦、春节期间,全系统共出动执法人员 87 478 人次,检查食品经营者 226 942 户次,查处食品无照经营 1 007 户,不合格食品退市 6 584 公斤,捣毁食品制假售假窝点 6 个,查处制售假冒伪劣食品案件 223 件。同时,对 3 月 31 日前进入批发市场或农贸市场销售鲜活农产品的工商行政管理各类费用,一律减半征收。及时清理针对鲜活农产品批发销售环节的各种收费项目,能免除的尽量免除。截至 2 月 14 日,依据中央政策减免集贸市场管理费和个体工商户管理费 650 万元,减免户数 5 万多户。到 3 月 31 日,共减免收费约 2 800 万元。开通绿色通道,对农民自产自销的农副产品,在确保质量安全的前提下,允许自由进入市场销售;对外来商品,在政策法规允许的范围内,提供更为方便有效的服务。同时加强与发改委、经贸、交通运输等职能部门的协作,主动与农批中心、肉联厂等单位研究解决因恶劣天气造成北方农产品、食品运输受阻货源中断的问题,积极组织货源,保障市场供给。

针对京广铁路以及出省北上公路运输一度中断的情况,广东各地工商部门积极配合当地政府,充分发挥各级个体私营企业协会作用,动员辖区企业的外来务工人员留在本地过节,并尽最大努力安排好他们的物质文化生活。同时组织慰问受灾企业和个体工商户。据统计,全省工商系统救助慰问了 4 670 户个体工商户及私营企业,慰问金额约 380 万元。广东省个私协会还发出了《关于认真组织全省个私协会会员做好抗御雨雪冰冻灾害等工作的紧急通知》,号召各会员单位特别是从事御寒物资和食品经营的会员,以诚实守信的模范行动,引导和监督同行依法经营,确保不发生乘人之危哄抬物价、囤积居奇、以假充真等违法违规行为。

六、大力支援四川抗震救灾工作

2008 年"5·12"四川汶川地震发生后,广东省工商局积极响应党中央、省委的号召,迅速行动,积极支援抗震救灾工作。

5 月 14 日上午,省局机关干部职工进行了支援抗震救灾捐款活动,共捐款 13.1 万元。

5 月 16 日,省局向各市工商局发出《关于进一步做好抗震救灾工作、切实维护市场稳定的紧急通知》,要求全系统充分发挥工商行政管理职能,进一步做好抗震救灾工作,切实维护市场稳定。

5 月 19 日,广东省工商局向四川省工商局发出慰问电,向四川省工商系统广大干部职工及其家属表示诚挚的慰问,向在地震灾害中不幸罹难的干部职工及其家属表示沉痛的哀悼,向顽强奋战在抗震救灾第一线的广大工商干部致以崇高的敬意。同时从省局公共费用中挤出 100 万元和省局库存备用工商制服 120 套发往四川省工商局,支援该局抗震救灾工作。

5 月 20 日,省工商局根据党中央、国务院和广东省委、省政府、国家工商总局以及省委组织部关于抗震救灾的一系列指示精神,再次以内部明电形式向全系统发出了《关于进一步做好支援抗震救灾工作的通知》,要求全系统高度重视抗震救灾工作,继续组织捐款捐物,认真做好安抚救济工作,切实维护市场秩序,组织发动个体私营协会会员积极投入抗震救灾,着力做好宣传引导工作,着力做好应急应对工作。

5 月 22 日上午,省局党组积极响应中组部的号召,组织了捐献特殊党费活动。在省局党组成员的带动下,省局机关直属单位近一半的党员交了 1 000 元以上的特殊党费,一些离退休的老干部闻讯后,不顾年老体弱也专程参加捐献特殊党费活动。短短十分钟就募集特殊党费 18.7 万元。

7 月 1 日,省工商局决定对四川省成都市、德阳市、绵阳市、广元市、雅安市、阿坝州等 6 个重灾区受灾严重的 40 个县(市、区)在粤经营的个体工商户,以及灾后到粤登记为个体工商户的经营户给予工商行政性收费优惠：对来自重灾区人员在粤经营的个体工商户，免收其 2008 年 6 月 1 日至 2008 年 12 月 31 日期间的个体工商户管理费和集贸市场管理费（全省免收费约 500 万元）；对灾后从重灾区到粤申请登记为个体工商户的经营户，免收其注册登记费和工本费，以及自登记日至 2008 年 12 月 31 日期间的个体工商户管理费和集贸市场管理费。

此外，全省个私协会还积极联络个体工商户和私营企业主，开设了爱心捐款账号，积极为捐赠物资联系办理转运手续，募集支援抗震救灾善款达 2 453 万元，募集并向灾区运送了价值 300 万元的支援抗震救灾的食品、药品、医疗器械等物资。

附：

广东省工商行政管理局历任局长、党组书记

叶佐平，1981 年 5 月至 1983 年 8 月任局长、党组书记；叶松林，1983 年 8 月至 1986 年 9 月任局长、党组书记；刘春亭，1986 年 9 月至 1991 年 12 月任局长、党组书记；黄绪荣，1991 年 12 月至 1998 年 3 月任局长、党组书记；汤彤海，1998 年 3 月至 2000 年 3 月任局长、党组书记；吕成贤，2000 年 3 月至 2007 年 4 月任局长、党组书记；卢炳辉，2007 年 4 月至 2008 年 6 月任局长、党组书记。

（执笔人：徐建斌　方光明　胡燕妮）

第二十章　广西壮族自治区工商行政管理局

第一部分　(1950—1978)

第一节　广西工商行政管理机构沿革及职能演变

1950年2月8日,广西省人民政府成立,同时成立广西省工商厅,而后桂林、柳州、梧州相继成立市工商局,各专署和大部分县也成立了工商科,担负工商行政管理和经济主管部门的双重任务。

广西省工商厅成立伊始,针对当时人民政权刚建立,一些地方土匪猖獗,城乡物资交流不畅,不法商人乘机兴风作浪,哄抬物价,危害社会稳定的情况,围绕恢复和发展国民经济,巩固新生的人民政权,采取了四项措施:一是大力宣传党和政府保护私营工商业的政策,动员和扶持私营工商业恢复和发展生产,争取尽快复工复业;二是加强市场监管,打击投机倒把活动,稳定市场物价;三是调整工商业产销比例,改善公私关系;四是组织私营工商业参加城乡物资交流,活跃城乡市场。采取上述措施后,稳定了市场物价,打击了不法商贩的嚣张气焰,促进了私营工商业的恢复和发展。1952年,在"三反"(反贪污、反浪费、反官僚主义)运动,以及在资本主义工商业中开展的"五反"(反行贿、反偷税漏税、反盗骗国家财产、反偷工减料和反盗窃国家经济情报)的运动中,全省各级工商行政管理机关紧密依靠工人阶级,团结守法的资本家,加强市场监督管理,坚决取缔不法资本家的违法活动,巩固了社会主义国营经济在国民经济中的领导地位,

为对资本主义工商业的社会主义改造创造了条件。

在社会主义改造时期(1953—1956年),为了加强对资本主义工商业的社会主义改造工作的领导和管理,1954年5月10日,广西省政府批准成立了独立建制的省工商行政管理局,具体负责指导和管理对私营工商业的改造工作。广西各级工商行政管理机关按照党对资本主义工商业进行社会主义改造的方针政策,积极推动私营工商业接受社会主义改造。至1956年底,全省86.1%的私营工商户按行业实行了全行业公私合营,94%的手工业者走上了合作化的道路。

社会主义改造基本完成以后,资本主义工商业实行了全行业的公私合营,个体工商业走上了合作化道路;在这种情况下,各地、市、县先后撤销了工商行政管理局,并入当地商业局。工商行政管理的职能仅限于管理城乡集市贸易和打击投机倒把活动,广西工商行政管理工作基本上处于停滞不前的状态。

20世纪60年代初,为扭转"大跃进"和"人民公社化"造成的国民经济困难,广西根据党中央对国民经济实行"调整、巩固、充实、提高"的方针,采取了一系列发展生产、搞活流通的措施,使国民经济得到恢复和发展。1963年11月18日,根据广西恢复和发展国民经济的需要,自治区人民委员会决定恢复成立自治区工商行政管理局。重新恢复后的自治区工商行政管理局,确定了"加强市场管理,打击资本主义势力,维护社会

主义经济秩序"的工作重点,进一步加强市场贸易管理,打击投机倒把,保证了集贸市场沿着社会主义方向发展。

1966—1976 年,席卷全国的"文化大革命"给广西工商行政管理工作造成极大的混乱和破坏。工商企业登记注册和商标管理工作被迫停止。1969 年,自治区革命委员会决定撤销各级工商行政管理局,并入当地商业服务站或财政金融站,工商行政管理的职能大大削弱,大部分干部下放基层或者到"五七"干校劳动锻炼。直到 1974 年 12 月,自治区工商行政管理局才再次恢复成立,并与自治区财贸办公室合署办公。1979 年底,自治区工商行政管理局与自治区财贸办公室分开,恢复独立建制。

第二节　广西工商行政管理发展概况

一、市场监督管理

解放初期,为促进国民经济尽快恢复和发展,广西各级工商行政管理机关在市场监管中主要是管好多种成分并存的市场,打击投机倒把,稳定市场物价,保证国民经济的迅速恢复和发展。在社会主义改造时期,市场监督管理的任务主要是维护统一市场,管理城乡集市贸易,打击投机倒把。从 1956 年到 1978 年的 23 年间,由于受"左"的思想影响,广西的市场监督管理工作经历了一个曲折发展的过程,特别是"文化大革命"期间,市场监督管理贯彻执行"左"的指导方针,越管越死。

二、内、外资企业监督管理

解放初期,广西企业登记管理工作由省工商厅负责。当时,主要是围绕促进国民经济恢复和加强对私营工商业进行社会主义改造,开展企业登记管理工作。1950 年 3 月 12 日,省工商厅颁发了《广西省商业登记暂行办法》,对省内凡有固定处所及字号,不管是公营、私营、公私合营的商业,都必须有已经登记领有执照的商号作保,向当地工商主管机关申请审批,发给营业执照方可营业。这是广西解放后制定公布的第一个企业登

记管理规定。而后,南宁、柳州、桂林、梧州 4 个市和省内较大的城镇分别开展工商业登记工作。1955 年初,广西省工商行政管理局抽调干部3 400多人对全省私营商业进行了一次普查登记。经普查,截至 1954 年底,全省共有私营商业 7.37 万户,从业人员 10.68 万人,资本总额 2.22 亿元。这次普查基本上摸清了广西私营商业发展情况,推动了全省私营商业的社会主义改造。1964 年至 1965 年,为摸清全自治区工商企业家底,促进工商业发展,自治区工商行政管理局进行了解放后广西第一次工商业普查登记,通过普查,基本掌握了广西工商企业的发展情况,有的地区还建立了企业档案。在普查中,各地还制止了一些企业擅自开业、转业、歇业、改变经济性质的倾向,取缔了一批无证工商业户,加强了对工商业户的管理。

三、个体私营经济监督管理

解放初期,广西工商行政管理机关在对私营工商业的监督管理方面,主要是利用私营工商业的积极因素,为恢复经济服务;限制其消极因素,取缔投机违法经营,维护市场秩序。同时通过工商登记发照,对一些不利于国计民生的行业如银钱业、居间业、典当业等,拒绝登记,辅导转业;通过打击无证商贩的违法行为,规范经营秩序,使各种经济成分分工合作,各得其所,从而促进了生产的发展,稳定了物价,促进了全省城乡经济的迅速恢复。至 1951 年,个体工商业的从业人数恢复到 42.25 万人,其中,从事商业 28 万余人,从事手工业 16 万余人,分别比 1949 年底增长了 24%、57%。此外,为团结广大私营工商业者,各级工商行政管理机关积极整顿、改组了旧工商联合会和同业公会。随后,在对私营工商业的社会主义改造中,工商行政管理机关加强了对私营工商业清产核资工作的监督,查处资方人员隐瞒资产、编造假账等弄虚作假行为;同时,积极引导个体工商业者联合起来,走合作化道路。此后,个体工商业的发展一直受到严格限制。"文化大革命"期间,个体私营经济更是处于非法地位,工商行政管理机关停止了对个体私营经济的登记管理。

四、商标监督管理

解放初期,由于广西经济落后,注册商标很少,商标管理工作也滞后于全国。1959年6月,自治区人民委员会发出《关于加强管理商标工作的通知》,决定对全自治区商标使用情况进行一次全面检查清理,但由于当时各级工商行政管理机构均被撤销,此项工作未能很好开展。1963年11月,自治区工商行政管理局恢复成立,内部机构增设了商标科,这是新中国成立后广西商标管理第一个专门机构。随着国务院《商标管理条例》的颁布,自治区工商行政管理局在南宁、柳州、桂林、梧州4市开始进行企业商标的清理整顿和换证工作,基本摸清了4市企业使用的235个商标和使用商标的产品804种,纠正了过去乱用、滥用、冒用等不合理使用商标的现象。"文化大革命"期间,广西的商标管理工作陷入停顿。

五、合同监督管理

20世纪50年代初期,为保护国家经济利益,维护正常的经营秩序,促进国民经济的恢复和发展,在合同监管方面,广西各级工商行政管理机关主要加强了对国营企业与私营企业签订的收购、加工订货合同的管理。1951年10月,桂林市工商局率先制订了《桂林市公私营企业间关于加工订货合同暂行准则(草案)》,对合同的订立、履行、变更程序、各方的权利义务、违约处罚办法等方面做了规定。此后,随着私营工商业社会主义改造的基本完成,私营工商业实现了全行业公私合营,国营商业实行了归口管理,各地工商行政管理机关从此停止了对经济合同的监督管理。

六、查处经济违法违章案件

新中国成立之初,一些不法资本家趁国家财政经济遇到暂时困难,兴风作浪,大肆进行囤积居奇、哄抬物价、掺杂使假或出售冒牌货物、买空卖空等扰乱市场的投机活动,阻碍国民经济的恢复和发展,影响社会稳定。针对上述情况,新生的广西省人民政府颁布了《广西省取缔投机商业暂行办法》,广西省工商厅积极配合打击和查处了不法资本家和投机商人的投机活动。这一时期,

经济检查工作的主要任务是:运用经济措施和行政手段,遏制和打击不法资本家、投机商人的投机活动,平抑物价,稳定金融,稳定市场,为财政状况的好转和恢复、发展国民经济排除干扰。此外,省工商厅还配合金融部门在军事管制委员会的领导下,开展打击金融投机的斗争,查封金融黑市据点,逮捕一批情节严重的经理人员,确立了人民币在市场的地位。在"三反"、"五反"斗争中,大批工商行政管理干部奔赴工厂、商店组织工人、店员投入运动,动员工人揭发工业、手工业中偷工减料,以次充好,骗取加工订货原材料、货款等投机违法活动;查处私营商业中囤积居奇,哄抬物价,套购抢购,买空卖空,贩卖黄金、白银及违禁品,牟取暴利,扰乱市场等投机倒把活动。历经7—8个月时间,共查处"五毒"违法户2 641户,没收违法所得1 284亿元(旧币)。随着社会主义改造基本完成以后,工商行政管理机关经济检查工作的重点转变为:打击破坏社会主义统一市场的投机倒把活动,维护社会主义的经济秩序。20世纪60年代初期,在调整国民经济的过程中,针对投机倒把分子内外勾结、城乡串连、套购计划供应商品、转手倒卖等违法行为,各地工商行政管理机关组织专门力量查处了一批投机违法案件。据桂林、柳州两个专区和南宁、柳州两个市的统计,1961年共查处投机倒把案件6 424件,1962年增加到1.2万件。而后随着"文化大革命"的到来,经济检查工作受到冲击,出现了办案"以阶级斗争为纲",以言代法、以权代法、乱扣乱罚、侵犯人身合法权益等现象。

第二部分 (1979—2008.6)

第一节 广西工商行政管理发展概况

1978年12月,党的十一届三中全会确定了解放思想、实事求是的思想路线,全党的工作重点转移到以经济建设为中心的轨道上来,从此,广西工商行政管理工作进入一个崭新的发展时期。各级工商行政管理

机关拨乱反正,工作重点转移到促进生产,搞活经济,为生产和人民生活服务上来。1979年底,自治区工商行政管理局与自治区财贸办公室分开,恢复独立建制。1979年底,全自治区城乡集贸市场已恢复到1 531个,全年集市贸易成交额达12亿元,基本恢复到历史最好水平。1982年,党的十二大提出了建设有中国特色的社会主义理论后,自治区工商行政管理局在坚持对内搞活经济,对外实行开放的同时,切实加强和改善市场监督管理。按照国家工商行政管理局提出的"坚持改革开放,强化监督管理,整顿市场秩序,搞好廉政建设"的指导方针,全面开展各项管理工作,在全自治区范围内开展了企业登记普查工作,清理无证经营,清理整顿公司,整顿市场经济秩序,促进了各类企业的健康发展。

党的"十四大"以后,自治区各级工商行政管理机关的干部职工进一步解放思想,更新观念,不断深化改革,围绕建立社会主义市场经济体制的目标,积极探索社会主义市场经济条件下的市场监督管理和行政执法的新路子。各地在总结驻场式市场监管方式的基础上,从实际出发,积极推行市场巡查制和"经济户口"管理,把市场巡查与"12315"投诉举报网络结合起来,推进市场监管动态的、全方位的监管,促进了市场监管职能到位。

2001年以来,自治区各级工商行政管理机关按照国务院和自治区的部署,充分发挥工商行政管理职能作用,扎扎实实地开展了整顿和规范市场经济秩序工作。针对社会上反映比较强烈、严重扰乱市场秩序的违法行为,在全自治区范围内组织开展了查处私宰牲畜,整治"网吧",打击虚假广告,打击传销和变相传销,整顿节日市场、农资市场、机动车市场、饮料市场、肉食品市场等一系列专项整治。同时,配合有关部门,开展了反走私和打击逃汇、骗汇、骗取出口退税等专项斗争以及建筑市场和安全生产专项整治;深入开展了重点区域、重点市场、重点产品、大案要案"三重一大"的打假治劣综合治理。2001年,全自治区工商行政管理机关共立案

查处各类经济违法违章案件2.6万件,案值2.2亿元。分别比上年增长44.4%、57.1%。2002年至2007年,全系统共立案查处各类经济违法违章案件22.18万件,案值11.82亿元。整顿和规范市场经济秩序工作有效遏制了经济生活中违法犯罪活动蔓延的势头,净化了市场经营环境,维护了公平竞争的市场经济秩序。

1995年,根据《国务院办公厅转发国家工商行政管理局关于工商行政管理机关与所办市场尽快脱钩意见的通知》和《自治区人民政府办公厅转发自治区工商行政管理局关于我区工商行政管理机关与所办市场尽快脱钩工作方案的通知》精神,自治区各级工商行政管理机关循序渐进地开展了市场办管脱钩工作。1999年,根据《自治区人民政府办公厅批转自治区工商行政管理体制改革领导小组制定的全区各级市场开发服务中心管理暂行办法的通知》精神,自治区各级工商行政管理机关结合体制改革,与所办市场实行了机构、人员、财务、职责"四分离"。自治区各地、市、县均建立了市场开发服务中心,接收工商行政管理机关移交的市场经营权、债权、债务和经营服务人员。为确保工商体制改革及人员分流工作的顺利进行,自治区编委及编办下发有关通知,明确了市场开发服务中心的机构编制及性质和适用范围。各级工商行政管理机关将自办、联办的2 159个市场分离给了市场开发服务中心经营管理。2001年8月以后,根据朱镕基总理关于工商行政管理机关与所办市场必须彻底脱钩的指示精神以及国家工商行政管理总局的部署,各级工商行政管理机关加大了市场办管脱钩工作的力度。9月,自治区工商行政管理局连续下发有关脱钩和"四分离"问题的通知,稳步推进市场办管脱钩工作。10月中旬,各市、县工商行政管理局均把市场的资产、债权、债务、人员移交给了市场开发服务中心,做到了工商行政管理机关不管理中心事务,不负责代管市场经营,不承担代管市场的债权债务,不在市场开发服务中心兼职,实现了内部"四分离"到位,为最终实现办管彻底脱钩奠定了

坚实的基础。12 月 11 日，自治区人民政府召开全区市场办管脱钩工作会议，部署工商行政管理机关与所办市场彻底脱钩工作。要求各级人民政府及有关部门严格执行国务院和自治区人民政府的有关规定，在 2001 年 12 月中旬前完成市场开发服务中心的接收任务。到 12 月 18 日，全自治区 9 个地级市、81 个县（市、区）政府，或者与当地工商行政管理局签署了移交协议，或者在工商行政管理局的书面移交报告上签署了同意接收的意见，办理了有关移交手续。至此，自治区工商行政管理机关自办、联办市场 2 159 个已全部脱钩。其中，通过股权转让、拍卖、组建有限公司等形式进行改制，实现脱钩的市场 64 个，市场资产 2.54 亿元；通过市、县工商行政管理局将代管的市场开发服务中心成建制移交给当地政府或政府指定的国有资产经营管理公司，实现脱钩的市场 2 095 个，整体移交市场资产 28.34 亿元，全自治区工商行政管理机关分流到市场开发服务中心人员 1.16 万人。

1998 年，根据中央机构编制委员会办公室、人事部、国家工商行政管理局《关于重新核定工商行政管理所人员编制及有关问题的通知》，国家工商行政管理局、人事部《关于印发〈工商行政管理所推行公务员制度实施方案〉的通知》和自治区机构编制办公室、自治区人事厅、自治区工商行政管理局《关于核定我区工商行政管理所人员编制及有关问题的通知》精神，工商行政管理所原使用的事业编制一律核销，重新核定工商行政管理所编制为行政编制，实行公务员管理。自治区工商行政管理系统从 1998 年 3 月至 12 月底，按照"公开、平等、竞争、择优"的原则，在自治区有关部门核定的工商行政管理所行政编制数范围内，依据公务员的基本要求和任职条件，从工商行政管理所现有干部中进行人员选配，完成了向公务员过渡的工作。至此，广西工商行政管理系统共有公务员 1.08 万名。

1998 年至 1999 年，根据《国务院批转国家工商行政管理局工商行政管理体制改革方案的通知》、《自治区人民政府批转自治区

工商行政管理体制改革领导小组关于自治区工商行政管理体制改革实施方案的通知》，自治区工商行政管理局结合广西实际，以"精简、统一、效能"为原则，制订了《广西工商行政管理体制改革实施方案》，经自治区人民政府批准后，下发各地、市、县贯彻执行；并会同自治区组织、人事、机构编制和财政等部门，制定了一系列配套文件。在改革过程中，认真做好干部管理、机构设置、人员编制、经费保障等方面的落实工作；妥善解决改革中人员分流等方面的困难和问题，确保了体制改革的顺利进行。经过 1999 年上半年的改革，实现了自治区以下工商行政管理机关人、财、物的垂直管理。

2000 年，按照党中央、国务院和自治区党委、自治区人民政府的部署，自治区工商行政管理局机关进行了机构改革，局机关内设机构由原来的 11 个减少到 10 个，行政人员编制精简为 68 名，精简了 39%，人员结构进一步优化，处级领导干部平均年龄由原来的 48.9 岁降到 43.4 岁，干部交流面达 36.7%，其中处级干部交流换岗达 47.8%。2002 年进行了地、市、县工商行政管理局机关机构改革，在改革过程中共精简分流人员 2 300 多人，各地、市工商行政管理局机关内设机构由过去的 12 个精简为 8 个，县级工商行政管理局机关内设机构精简为 6 个。至 2008 年 6 月底，全自治区共有 14 个地级市工商行政管理局，76 个县级工商行政管理局，43 个城区工商分局，1 261 个工商行政管理所；包括自治区工商行政管理局在内，全系统有在职公务员近 9 900 人。另管理有工商行政管理学校 1 所。

2008 年初，一场罕见的冰雪灾害袭击我国南方部分省区。广西桂北地区也受到影响。桂林、资源、全州等受灾市、县工商行政管理机关迅速成立抗冻救灾领导小组，组织大量人力、物力开展抗冻救灾工作，及时抢修受损的水电、网络通讯和市场公示设施；充分发挥工商行政管理职能，加强市场监管，及时深入农贸市场、超市、商店进行检查，严厉查处利用灾害时机哄抬物价、趁机销售变质食品等破坏市场秩序的行为。同

时,积极服从和服务于地方党委、政府抗冻救灾的统一安排,派出工作队帮助受灾乡镇开展救灾工作;积极参与地方党委、政府组织的抗冻救灾募捐活动,仅桂林市工商行政管理局就募捐到救灾款5 290元,棉衣、棉被、毛衣等1 175件。

四川汶川大地震发生后,自治区各级工商行政管理机关认真贯彻落实国家工商行政管理总局关于抗震救灾工作的部署,以粮食及其制品、瓶装饮用水、棉被等救灾必需品为重点,加强对发往四川灾区商品的质量监测,及时发现和清除流通领域的假冒伪劣商品,确保灾区人民盖上放心棉被,喝上放心水。全系统广大工商行政管理干部还发扬"一方有难、八方支援"的精神,全力支援四川、重庆、甘肃、陕西等省市的抗震救灾工作。自治区工商行政管理局向四川省工商行政管理局捐款20万元;全系统干部职工向四川灾区捐款137.1万元,全系统共产党员缴纳"特殊党费"129.5万元。自治区各级工商行政管理机关积极倡议引导个体工商户和私营企业向灾区捐款捐物总额4 062万元,并积极调动各方面资源和力量,帮助灾区开展重建和恢复生产。

第二节　广西工商行政管理发展成就

一、市场监督管理

党的十一届三中全会后,广西各级工商行政管理机关开始纠正以往市场监督管理工作中"左"的做法,坚持改革、开放、搞活的方针,把市场监督管理工作转到以经济建设为中心的轨道上来,自治区工商行政管理局于1979年12月发出了《关于认真解决城乡市场建设问题的通知》,明确工商行政管理部门统一建设和管理城乡集贸市场,促进城乡市场逐步活跃、兴旺。

1990年以后,自治区各级工商行政管理机关围绕开展公平交易执法年活动,以"一反两保护"(反不正当竞争,保护生产者、消费者合法权益)为重点,通过受理群众投诉和举报、开展市场专项整治或与有关执法部门进行联合行动等方法,在全自治区开展了节日市场、农资市场、保健品市场、烟草市场、粮食购销市场等专项检查,严厉打击制假售假、走私贩私活动;加强对中介组织和经纪人的管理,强化粮食、食盐、成品油等专业批发市场的监督管理;查处以违法合同为重点的欺诈行为等;以及会同有关部门开展了建设工程项目执法监察,整治药品回扣等专项行动,坚决查处制售假冒伪劣商品违法行为和欺行霸市行为,规范市场经营秩序,净化了市场环境。

党的"十五大"后,自治区各级工商行政管理机关以"健全市场规则,加强市场管理,清除市场障碍"为指导,积极拓宽监管领域,积极参与房地产交易市场、商品拍卖市场、产权交易市场和劳动力市场等生产要素市场的监管。此外,还积极探索社会主义市场经济条件下市场监督管理的有效方式、方法。一是全面推行市场巡查制、"经济户口"管理,建立"12315"投诉网络。至1998年底,全自治区普遍形成了市、县工商行政管理局和工商行政管理所巡查队(组)与"12315"消费者投诉举报指挥中心相结合的、全方位的三级市场巡查网络。二是积极完善市场监督管理制度,加强对各类市场的专项整治,提高了执法的有效性、权威性。特别是根据国务院、国家工商行政管理局和自治区人民政府的部署,组织或配合有关部门加强对粮食市场、文化市场、旅游市场等的监管治理,查处了一批非法收购粮食案件,收缴了一大批宣传"法轮功"等内容的非法出版物。

2001年以后,结合整顿和规范市场经济秩序工作,继续在全自治区范围内组织或会同有关部门开展粮食市场、集贸市场、农资市场、工业品市场、机动车市场、旅游市场以及打假治劣、扫黄打非等方面的整治行动。在市场监管工作中,严格对各类上市商品进行全面检查,抓住与工农业生产和人民群众日常生活密切相关的食品、药品、建材、农资等重点商品,集中开展集贸市场打假专项执法行动;加强对市场经营环境的整治,配合有关部门,对市场内抗拒执法、欺行霸市的行为以及黑恶势力进行了严厉打击;清理整顿了市场周边的各类加工点，铲除了一批制假、藏假的黑窝点。2003 年，重点开展了清查、收缴"毒鼠强"专项行动：全系统以农村集贸市场、城乡结合部和游商为重点，加强对销售、使用各环节的检查。在专项行动中，全系统共检查市场6 520 个（次）、涉及鼠药经营单位及流动摊点 7.5 万户（个），查处违法经营鼠药2 809 户，收缴违法生产、经营的鼠药 1.5 吨，作暂扣封存处理的杀鼠剂1.4 吨。2004 年，着重加强对农资商品的监管。组织开展了"服务'三农'、红盾护农"行动，先后多次对农资市场进行整治，共立案查处制售假劣农资案件1 280 起，查获各种假冒伪劣农资商品5 304 吨，货值 831 万元。2005 年，各级工商行政管理机关继续把支持和服务"三农"作为一项重要工作来抓。深入开展了"服务'三农'、红盾护农"行动，在春耕春种、夏收夏种期间大力开展农资市场专项整治，依法打击制售假农药、假种子、假化肥的违法行为；大力扶持和发展农村经纪人，引导经纪人依法开展中介服务活动，促进农产品流通，推动农业产业化和促进农民增收；积极开展"工商进乡村、维权到万家"的活动，在农村建立消费者投诉网点，实施农资"放心工程"，开展农资商品质量抽样检测及公示活动，使农户施上"放心肥"、用上"放心种子"、打上"放心药"。当年，各级工商行政管理机关共查处假冒伪劣农资案件1 151 起，查获假劣农资7 303.86 吨，价值632.54 万元；各级工商行政管理机关和消费者协会共受理农资类投诉 758 起，有效维护了农村群众的合法权益。2007 年，自治区各级工商行政管理机关在广泛开展以商品市场和"三合一"（集经营、仓储、住宿为一体）经营场所火灾隐患普查为重点的专项整治工作，积极介入汽车市场、房地产市场规范监管，切实加强动产抵押登记和拍卖市场监管等的同时，以实施"放心农资、经纪活农、服务助农、权益保农、扶优助强"五项惠农工程为重点，继续深入开展"红盾护农"行动。以全面推行农资市场"两账两票一卡一书"、"种子留样备查公告管理"、"农资经营户绿黑名单公示"、"流通领域农资商品质量检测

公告管理"四项制度为重点，切实加强农资市场规范化监管。为加强流通领域种子、肥料和农药三大类农资商品质量的监控，重点开展了"2007 红盾护农行动"三大农资打假市场专项整治行动，加强对流通领域农资商品质量的监管。各级工商行政管理机关共出动执法人员 2.78 万人次，车辆7 737 车次，检查整顿农资市场4 844 个次，检查农资企业及农资经营场所 2.18 万个次；立案查处违法案件2 259 件，案值 827.02 万元；查处不合格、劣质化肥750.5 吨，劣质农药2 800 瓶，伪劣种子 1.51 吨，罚没款 215.33 万元；取缔无照经营 247 户，捣毁农资制假窝点 31个；受理农民消费者投诉 382 件，为农民群众挽回经济损失 226.5 万元。全年共查处商品交易市场各种违法违章案件 1.95 万件，罚没金额1 822万元。

在市场监管和行政执法工作中，各级工商行政管理机关坚持"打防结合、标本兼治"的方针，积极推行市场预警制、市场行为记录公示制、守法经营承诺制，以及组织经营者开展创建诚信经营户的活动。同时，为规范市场经营行为，促进诚实经营、文明经商，自治区各级工商行政管理机关还开展了创建文明市场活动。创建文明市场活动始于1987 年。自治区工商行政管理局在过去开展评比城乡集市"五好市场"的基础上，广泛开展创建"文明集贸市场"活动，并制定了创建文明集贸市场的标准和评比办法。当年，全自治区就有 12 个市场被评为自治区级文明市场。进入 20 世纪 90 年代，各地广泛在市场中开展"创建文明市场"、"文明经营户"、"消费者信得过文明经营企业"、"百城万店无假货"为主题的竞赛活动，积极倡导公平竞争、诚实守信的良好风气。到 1998年底止，全自治区获得过"全国文明市场"称号的市场共有 70 个（次）。到 2001 年底止，获得过"全区文明市场"称号的市场共有434 个（次）。

在强化市场监管的同时，各级工商行政管理机关充分发挥职能作用，积极推进市场体系的培育和发展。1984 年 3 月和 1985 年2 月，自治区人民政府分别批转了自治区工

商行政管理局起草的《关于加强城乡集市建设的报告》和《关于进一步加强城乡农贸市场建设的报告》，要求各级人民政府加强对集市建设的领导，把市场建设纳入城镇建设规则，认真解决市场建设用地和资金等问题，统筹规划，合理布局，由此，广西各地掀起了集贸市场建设的高潮。仅1984年至1985年，全自治区市场建设投资就达4 651万元，新建市场294个，建设总面积56.09万平方米。随着集贸市场建设的加快，大大缓解了城乡商品交易有市无场的局面，老、少、边、穷地区的集贸市场建设也取得了显著的成绩。据统计，"七五计划"、"八五计划"期间，自治区各级工商行政管理部门通过各种渠道筹集了市场建设资金16亿元，比1984年增加了111倍，新建、扩建各类市场1 439个。党的"十四大"后，为适应建立社会主义市场经济体制的要求，加快广西市场体系的培育和发展，自治区工商行政管理局代自治区人民政府起草了《关于培育和发展全区市场体系的通知》，以及《培育和发展市场体系规划（1994—2000年）纲要》。各级工商行政管理部门积极从实际出发，通过发动社会各界投资兴办市场，指导市场开发服务中心独资、合资、合作兴办市场，参与市场建设规划、论证等方式，参与培育和发展各类商品市场和要素市场。至2007年底，全自治区共有各类市场2 757个。其中：消费品市场2 638个，生产资料市场100个。经过50多年来的努力，特别是改革开放以来，广西的市场无论从形式到内容都发生了深刻的变化，自治区城乡基本形成了综合性与专业性相结合、大中小相结合的多种类、多层次的市场网络。市场已由过去的补充作用，发展成为城乡之间商品流通的重要渠道。

二、内、外资企业监督管理

党的十一届三中全会后，企业登记管理工作开始步入正轨。1979年8月，自治区工商行政管理局设立了企业登记管理处。当年，按照国家经委、国家农委和国家工商行政管理局《关于开展工业企业普查登记的通知》精神，各地工商行政管理局配合地方政府全面开展了工业普查。1981年8月，自治

区人民政府批转了《自治区工商行政管理局关于对工商企业全面办理登记和核发执照的报告》，决定从当年9月1日起，对全自治区商业、饮食业、服务业、地方交通运输业进行全面登记，核定经营范围，核发或换发营业执照。有关工作至1982年3月基本完成。各地通过登记管理，清理和取缔了一批名存实亡或名不副实的企业；基本摸清了工商企业中"六大行业"的情况，初步建立了"经济户口"档案；及时制止了一些企业任意扩大经营范围，跨行业和擅自经营外货的行为。此后，为了进一步巩固登记管理的成果，完善企业登记管理制度，1987年7月，自治区工商行政管理局印发了《广西壮族自治区企业登记管理工作程序》，1988年6月，又印发了《广西壮族自治区工商行政管理局企业登记管理操作规程（试行）》等规范性文件，对登记管理工作中的受理、审查、核准、发照、公告等方面，作出了明确规定，促进了企业登记管理工作走向规范化、程序化和制度化。20世纪80年代中期，随着改革开放的深入，经济领域出现了一些党政机关及党政干部经商办企业的不正之风，少数人利用手中权力搞权钱交易，严重扰乱市场经济秩序。1985年1月起，自治区各级工商行政管理机关按照《中共中央、国务院关于严禁党政机关和党政干部经商、办企业的决定》的要求，抽调3 200多名干部会同有关部门开展清理整顿工作。对党政机关和党政干部所办的1 529户企业进行了全面的清理。通过整顿，停办830户，脱钩或由公司转为一般企业564户，两项合计共1 394户，占总户数的91.16%。1988年以后，各地又对一些企业滥用"公司"、"中心"名称，实为"皮包公司"搞无本经营，1987年下半年以来成立的各类公司，特别是综合性、金融性和流通领域的公司进行了全面的清理整顿，重点对买空卖空、招摇撞骗或套购、倒卖重要生产资料和紧俏耐用消费品的违法行为进行查处。至1990年8月底，全自治区列入清理整顿的8 072户公司中，撤销2 354户；合并114户；确定保留的公司5 096户；撤销公司名称，改办其他企业的504户。全自治区党

政机关开办的公司903户,撤销了836户,占党政机关开办公司总数的92.58%;查处经济违法案件1894件(其中大案要案946件),罚没金额1734万元。通过清理整顿,有效地遏制了流通领域混乱现象,维护了良好的经济秩序,促进了改革的深入发展。

党的"十四大"以后,按照建立社会主义市场经济体制的总体要求,自治区工商行政管理局先后下发了《关于加强企业登记管理工作,促进企业转换经营机制有关问题的通知》《改革企业登记管理制度,支持企业转换经营机制的补充通知》和《进一步支持搞活国有企业的通知》等一系列改革企业登记管理制度、支持搞活国有企业的文件。各地通过减少企业前置审批环节,放宽企业经营范围、经营方式和注册资金起点,简化办事程序等,促进国有企业转换经营机制,提高效益。1993年《中华人民共和国公司法》(以下简称《公司法》)颁布后,各地严格按照《公司法》规范企业登记管理行为。企业登记注册开始向直接登记为主、审批设立为辅的企业登记管理制度新框架过渡。各地还结合企业年检,进行动态跟踪管理,及时查处违法违章行为,清理"三无"企业。仅在1999年度的企业年检中,共吊销不参加年检企业的营业执照和查处"三无"企业4808户,查处企业违法违章经营案件6240件。

党的"十五大"后,为推进所有制结构调整,促进国有企业改革,各地充分发挥企业登记管理职能作用,积极支持企业改革、引导各类企业建立现代企业制度。1998年,自治区工商行政管理局印发了《关于发挥企业登记管理职能作用,支持改革的意见》,提出了改进企业设立审批登记程序,放宽企业登记注册事项的若干措施;进一步建立和完善企业集团设立、变更、终止的登记管理制度,支持企业组建企业集团和有限责任公司,推动了现代企业制度的建立。2001年,自治区工商行政管理局起草了《关于发挥企业登记职能作用,支持企业发展促进西部大开发的若干意见》,经自治区人民政府批转全自治区贯彻执行。自治区各级工商行政管理机关努力改善服务方式和条件,切实提高工作

效率,在高新技术企业直冠"广西"名称时注册资本(金)限额、高新技术成果作价出资办企业等方面给予优惠和提供便利,鼓励和支持应用型科研机构向企业转制,对改制为公司的中小企业,以及建立自治区重点扶持的基础设施、生态环保、旅游、农业开发等类公司试行注册资本认缴制,放宽了公司投资主体的条件等,对促进先进生产力发展起到了积极的作用。此外,配合市场整顿,加强了对粮食收贮企业、进口酒类经营企业等重要行业企业及市场中介组织的登记管理和经营主体资格审查,规范其经营行为,支持、配合军队、武警部队和政法机关做好与所办经营性企业脱钩及交接工作,严把市场准入关。2005年,自治区工商行政管理局出台了《广西工商行政管理局关于优化投资环境促进经济发展的若干措施》,若干措施共56条,内容包括优化政策环境、经营环境、市场环境、法制环境和政务环境五个方面,为进一步改善我区的投资环境作出了积极的努力。近两年来,着重抓了行政审批制度改革和推行政务公开制度,为企业提供了优质服务。2007年,自治区工商行政管理局成立了企业登记注册分局,依照机关首长授权,将分散在各职能部门的行政审批事项集中办理,统一审批,从源头上解决中间环节过多,审批监管交叉、审批效率低下的问题,为进一步加强企业登记管理工作创造了有利条件,也促进了各类企业的健康发展。到2008年6月底,全自治区登记注册的内资企业8.15万户,注册资本2586.12亿元。

新中国成立50多年来,广西的外商投资企业登记管理工作也取得了显著成就。解放后至改革开放前,由于帝国主义对中国采取经济封锁的敌视态度,国家实行计划经济,广西原有的外资企业或是转让给中国企业或是逐步消失,外商投资企业登记管理工作处于停滞状态。直至1982年,南宁琼斯有限公司登记注册,才标志着广西的外商投资企业管理工作得以恢复。此后,在"对内搞活、对外开放"和"优化投资环境,积极有效合理地吸收和利用外资"的方针指引下,各地通过简化审批手续、提前介入、咨询服

务、登记把关、引导投向等措施,以吸收直接投资为重点,积极配合地方政府做好招商引资工作。1984年11月,自治区工商行政管理局设立了外资企业登记管理处,进一步加强了外资企业登记管理工作。1986年8月,自治区工商行政管理局发出了《外商投资企业申请登记若干事项》的通知,对有关登记程序和应当注意问题作了明确的规定。为规范外商投资企业登记管理,同年12月,在《关于委托南宁、柳州、桂林、梧州市工商行政管理局初审外商投资企业申请登记的通知》中,要求从三个方面加强监督管理:监督外商投资企业执行章程和履行合同的情况;审查外商投资企业变更登记项目时,手续是否完备;检查有无违反中国法律、法规和损害国家利益的情况。与此同时,加强对外商投资企业的年检、限期出资的检查和查处违法经营行为,规范外商投资企业经营行为。

党的"十四大"以后,为促进地方经济的发展,各地工商行政管理局进一步简化外商投资企业审批登记程序,普遍开展了注册登记"一条龙"服务,优化投资软环境,极大地推进了全自治区外商投资企业的发展。2000年,在自治区直属机关机构改革中,外资企业登记管理处并入企业注册管理处。近年来,各地工商行政管理机关进一步增强服务意识,积极向外商投资企业提供政策信息和市场信息,引导外商投资企业以市场为导向调整产品结构或经营方向,促进了外商投资企业健康稳定发展。2007年9月,自治区工商行政管理局恢复设立了外商投资企业监督管理处,并于2008年初向国家工商行政管理总局申请获得贵港、百色、河池、贺州、来宾、崇左6个市工商行政管理局外商投资企业登记管理的授权(此前,南宁、柳州、桂林、梧州、北海、防城港、钦州、玉林8个市工商行政管理局已获得外商投资企业登记管理的授权)。至此,广西14个地级市工商行政管理局均已获得外商投资企业登记管理的授权,进一步完善了外资登记管理和服务机构。到2008年6月底,全自治区实有外商投资企业2601户,投资总额239.16亿美元,注册资本132.30亿美元,外

方认缴出资额103.50亿美元。目前,已有来自美国、日本、香港、台湾等60多个国家和地区的外商到广西投资办企业。

三、个体私营经济监督管理

党的十一届三中全会后,自治区各级工商行政管理机关恢复了个体工商业的登记发照工作,并且加强了监督和管理,各地陆续配备了专人负责,并根据政策规定放宽个体工商业经营品种范围和活动地区范围。各地城镇出现了踊跃从事个体工商业的势头。到1981年底,全自治区个体工商业持照户数增加到5.61万户,从业人数增加到7.22万人,分别比上年增长3.7倍和4.4倍。为进一步贯彻"改革、开放、搞活经济"的方针,1984年,自治区工商行政管理局放宽了个体工商业登记对象,放宽经营范围,扶持个体工商业的发展。各地对农民自带口粮进城务工经商,企业职工、富余人员"停薪留职"从事政策允许的个体经营给予登记注册。至1985年底,个体工商户发展到44.9万户,从业人员达61.2万人,分别比上年增长了3.9倍和5.2倍;注册资金为4.39亿元。城乡个体工商业的发展,促进了第三产业迅速发展,城镇吃饭难、做衣难、住店难的局面得到了基本缓和。1987年,国务院《城乡个体工商户管理暂行条例》发布后,广西个体工商业的登记发照和管理开始纳入法制轨道。个体工商户申请、验证、审批和变更等登记管理制度逐步健全、完善。在加强监督管理的同时,各级工商行政管理机关认真组织个体工商户和私营企业开展"户户讲道德、店店无假货"以及争创"文明经营户"、"无假冒伪劣商品商店"、"消费者信得过摊店"等活动,通过召开经验交流会,举办培训班、报告会、专题讲座等形式,对个体工商业者进行法制教育、职业道德教育、政策教育,有效地促进了个体工商户守法经营,公平竞争。

1988年6月,《中华人民共和国私营企业暂行条例》颁布后,自治区各级工商行政管理机关开始恢复对私营企业的登记管理。接着在配合全自治区范围内开展的治理整顿经济秩序工作中,工商行政管理机关重点查处了一些私营企业超越经营范围、加价倒

卖重要生产资料、走私贩私、制售假冒伪劣商品等违法行为，共查处此类案件 395 件，注销、吊销营业执照 3.83 万户。进入 20 世纪 90 年代，私营企业的监督管理工作重点转移到加强私营企业的自身建设上来。各地从法律、行业导向、教育和组织上加强对个体工商户、私营企业的监督管理。一是通过举办各种学习班、召开经验交流会等形式，组织广大个体私营业主学习党的方针政策、法律法规和经营管理知识；二是加强各级个体劳动者协会、私营企业协会建设，推进行业自律；三是加强对重点行业的防范、监管和引导，清理无照经营、查处违法违章行为；四是配合有关部门认真清理乱收费、乱罚款、乱摊派行为，对涉及个体私营企业的收费项目进行全面清理，推行个体私营企业交费登记卡制度。至 1991 年底，广西私营企业发展到 1 703 户，从业人员 3.7 万人，注册资本（金）2.6 亿元，产值 3.3 亿元。

党的"十四大"提出建立社会主义市场经济体制的目标后，自治区各级工商行政管理机关进一步明确了发展个体私营经济的重要性，积极做到思想上提高认识，政策上适当放宽，经济上给予优惠，经营场地上提供方便，技术上开展培训，管理制度上不断完善，积极引导和扶持个体私营经济发展，把发展个体私营经济作为工商行政管理机关服务经济建设的重要内容来抓，自治区人民政府及时批转了自治区工商行政管理局草拟的《关于进一步加快我区个体私营经济发展的决定》，进一步放宽政策，放宽经营范围，改革开业登记发照程序。

党的"十五大"后，自治区工商行政管理局代自治区党委、自治区人民政府起草了《关于贯彻落实党的"十五大"精神、实现发展个体私营经济新突破的决定》，并提请自治区党委、自治区人民政府召开了全区工商行政管理暨个体私营经济工作会议。2001 年，自治区人大常委会公布施行了《广西壮族自治区个体工商户和私营企业权益保护条例》，自治区人民政府印发了自治区工商行政管理局代起草的《关于营造良好政策环境、大力发展个体私营经济的若干意见》，各级工商行政管理机关以党的"十五大"精神为指导，结合贯彻以上《条例》、《决定》和《若干意见》的精神，确定了工商行政管理机关支持发展个体私营经济的工作重点：一是进一步放宽个体工商户、私营企业的经营主体资格、经营范围、经营方式及简化登记审批手续，做到不限比例看发展，不限速度看效益，加快个体私营经济发展速度。二是加强引导和服务工作，切实改善政务环境。各级工商行政管理机关在不违背国家政策法规的前提下，采取多项措施，为个体工商户和私营企业的市场准入降低门槛，放宽开业登记条件，热情为个体工商户和私营企业主提供优质服务。三是结合国有企业实施"抓大放小"的战略，支持引导个体工商户和私营企业与中、小型国有、集体企业的改革、改制、改组。四是推广南宁市工商行政管理局经验，发动个体工商户、私营企业主开展帮助下岗职工再就业的"一帮一"活动，促进下岗职工再就业。五是积极引导个体私营经济投资农业和农村经济建设，促进农业综合开发。六是加强对个体私营经济的规范化管理，促进个体劳动者和私营企业主诚实经营、文明经商。

2002 年以后，全系统每年都开展"服务个体私营经济发展宣传月"活动，为个体私营经济发展营造良好的社会氛围；各级工商行政管理局成立了发展个体私营经济工作领导小组，建立和完善了发展个体私营经济目标责任制，层层签订责任书；开展"走百访千"活动，建立个体工商户、私营企业联系点制度，采取"定点帮扶、跟踪服务"等方式，切实解决个体工商户和私营企业在生产经营中遇到的实际问题；广泛推行"个体工商户交费登记卡"制度，向个体工商户免费发放登记卡，切实维护个体工商户和私营企业的合法权益；充分发挥个体劳动者协会、私营企业协会等社团组织的作用，加强教育、引导和服务，开展争创"诚信个体工商户"、"诚信私营企业"活动，促进了个体私营经济健康发展。至 2008 年 6 月底，全自治区登记注册的个体工商户达 110.65 万户，从业人员 187.44 万人，注册资金 200.79 亿元，前两项分别比 1981 年增长了 18.72 倍和 24.96 倍;私营企业达 8.20 万户(含分支机构 1.33 万户),从业人员 118.86 万人,注册资本(金)1 185.32 亿元,分别比 1988 年增长了 314.38 倍、229.52 倍和 4 482.05 倍。

四、商标监督管理

党的十一届三中全会后,根据国家工商行政管理总局《关于恢复全国商标统一注册工作的通知》精神,1979 年,广西经清理后上报国家工商行政管理总局批准的商标共 317 个,其中内销产品商标 284 个,出口产品商标 33 个,恢复了一些传统名牌和"文化大革命"中反"四旧"时被禁用的商标。1980 年,自治区工商行政管理局制定了《加强商标管理暂行办法》,开展了新的商标注册工作。至 1981 年底,全自治区共办理核转商标 294 个,获核准注册 214 个。这期间,广西商标管理基本上处于登记核准阶段。

1982 年,《中华人民共和国商标法》(以下简称《商标法》)颁布,为全面开创广西商标管理工作新局面奠定了坚实基础。当年,自治区各级工商行政管理机关把商标管理工作的重点放到大力宣传贯彻《商标法》上来。南宁、柳州、桂林、梧州 4 市相继举办了有司法、业务主管部门和工商企业等有关人员参加的《商标法》学习班;各地也开展了形式多样的贯彻《商标法》宣传活动。随着《商标法》的不断深入人心,企业的商标意识逐步增强,注册商标迅速增加,仅 1983 年,申请注册的商标就有 239 个,比 1982 年增加 48.4%。而后,为了适应形势的发展,自治区工商行政管理局出台了加强商标管理的规范性文件,逐步规范商标的注册登记和监督管理工作。进入 20 世纪 90 年代,商标监管工作开始注重从多方面完善商标注册、商标印制和商标使用的管理制度。各地推行了商标管理责任制,完善商标管理工作考证机制,逐步建立健全了商标管理机制。从 1991 年 10 月 1 日起,自治区工商行政管理局在全自治区范围内实行了"指定印制商标单位证书"制度;并对符合商标印制条件的 449 家印制企业核发了《指定印制商标单位证书》。从 1992 年起,开始对商标印制企业进行年检,对卷烟商标实行定点印制。党的"十四大"后,按照建立社会主义市场经济体制的要求,自治区各级工商行政管理机关在加强商标法制宣传、进一步规范商标管理行为的同时,积极探索推行商标使用许可合同范本和商标印制企业管理制度,各地强化了对生产环节和商标印制环节的监督管理;充分发挥监管职能,指导企业实施商标战略,培育广西著名商标和中国驰名商标,开拓国内外市场。1997 年,自治区工商行政管理局制定了《广西著名商标认定暂行办法》,并初步认定广西著名商标 4 件。1998 年,认定广西著名商标 49 件。1999 年,"两面针"、"三金"通过中国驰名商标认定,成为广西最早获此殊荣的商标。2001 年 12 月,自治区人民政府发布施行《广西壮族自治区著名商标认定和保护办法》,将著名商标的培育和保护从部门行为提升为政府行为,大大强化了工作力度。到 2008 年 6 月底,全自治区拥有注册商标 3 万多件(比 1979 年增长了 94.63 倍),其中广西著名商标 199 件,中国驰名商标 13 件。

与此同时,各地加大了商标行政执法力度,及时查处商标假冒侵权行为,维护企业商标专用权。1988 年 5 月,自治区工商行政管理局会同自治区公安厅、自治区烟草专卖局依法查处了影响全国的宾阳县不法人员非法制售假冒卷烟的违法犯罪活动。先后缴获"新中国"牌卷烟机 2 台,冒牌成品烟 2 000 条,半成品烟 500 多条,烟丝 1 000 公斤及大批卷烟原、辅材料,工具,司法机关收审了 35 人,罚没金额 6.5 万元,有效地遏制了一段时期以来不法分子猖狂侵犯注册商标专用权的违法犯罪活动。党的"十四大"后,各地结合实际,先后开展了以"查假冒、保名牌"为主题的专项行动,通过有针对性地开展对市场、企业(特别是商标印制企业)的专项检查,加强了对中国驰名商标和广西著名商标的专项保护工作。2002 年,全自治区就查处商标违法案件 770 件,其中一般商标违法案件 243 件,商标侵权假冒案件 527 件;收缴和消除商标标识 72.62 万件(套),案件处罚金额 217.86 万元。近几年来,各级工商行政管理机关继续扎实开展保护注册商标专用权行动,以商品批发零售市场为重点,加大监管力度,严厉查处食品、药品和农产品商标侵权行为。仅2007年,各级工商行政管理机关共查处各类商标违法侵权案件644件,总案值617.68万元,罚款金额311万元,收缴和消除侵权商标标识5.37万件,没收、销毁侵权商品158.2吨。

五、广告监督管理

1982年2月,国务院公布了《广告管理暂行条例》,从此,广西的广告监管工作开始步入正轨。当年,自治区工商行政管理局发出了《关于做好广告整顿和管理工作的通知》,规定广告经营单位必须向当地工商行政管理机关办理申请经营手续,同时要求各级工商行政管理机关建立健全广告经营中审查广告的各种制度。至年底,全自治区经审批发证的广告经营单位21户,从业人员218人,全年广告经营额172万元。1986年2月,为规范广告经营活动,自治区人民政府办公厅批转了自治区工商行政管理局《关于加强广告宣传管理的意见》,决定对批准经营广告的单位进行一次整顿,重新审查,换发证照;对专业广告公司、兼营广告业务的单位和代理、承办港、澳商人和外商来华广告的单位的资质作出了规定;对各级工商行政管理局广告经营单位的审批权限也作了具体规定。与此同时,各地贯彻"整顿提高"、"稳步发展"方针,开展了打击无证经营广告行为和查处虚假、违法、违章广告行动。1987年9月,自治区工商行政管理局发出了《关于建立健全广告经营单位管理制度的通知》,要求凡是经批准经营广告的单位,必须建立健全广告内容审查验证制度、广告经营合同制度、发布广告存档制度和广告经营营业额报表制度。这四项制度的实行,进一步规范了广告经营者行为,推动了经营者内部广告审查制度的建立,得到了国家工商行政管理局广告司的肯定。1992年,在推行四项制度的基础上,自治区工商行政管理局又制定了广告经营管理八项制度,即,广告业务登记审查验证制度;广告经营合同制度;广告存档制度;广告送样备案制度;广告

统计报表制度;广告收费标准备案制度;广告业务单独立账制度;广告法学习制度。

党的"十四大"后,各级工商行政管理机关加强了广告经营单位年检和日常监测,开展广告专项检查和专项治理;推行广告代理制和事先审查制,有效遏制了违法广告的出现。这一时期,各地重点开展了对"致富信息广告"、"邮购商品广告"、"户外张贴广告"和"广告挂历"的专项治理;立案查处了融安县种子虚假广告案、南宁市白肉蜗牛虚假广告案、柳州药材种子虚假广告案等三个大案要案,刹住了刊登虚假广告这股歪风。1996年以后,自治区各级工商行政管理机关针对广告内容和形式日益多样化的特点,进一步改革了广告管理手段,对广告经营单位的经营场所、从业人员资格及广告审查员情况进行了全面核查,重点加强广告监测、户外广告和广告经营资质的管理,规范广告代理行为和广告内容出证行为,加强对广告发布活动的规范化管理;组织开展了"反欺诈、打虚假"广告执法活动,认真抓好电视直销广告、印刷品广告和医疗、药品广告等的专项整治,严肃查处各种广告违法行为,进一步规范了广告经营行为。近几年来,根据管理领域不断扩展的新形势,各级工商行政管理机关进行了广告监管模式的改革,逐步将广告监督管理权和一般登记权下放到城区分局和工商行政管理所,进一步强化了广告监管力度;建立完善了广告监测网络,实现了对自治区内主要媒体广告的实时监测;重点对农资、食品、药品、医疗、化妆品、美容服务、房地产、电视直销、招生等领域的虚假违法广告进行专项整治,依法查处违法广告。仅2001年至2007年,自治区各级工商行政管理机关共查处虚假违法广告案件1.22万件。

与此同时,各级工商行政管理机关积极指导广告公司、广告发布单位建立健全广告审查管理制度,完善行业自律机制,树立诚信经营理念;引导企业运用广告战略参与市场竞争,开拓市场;发动企业积极参与公益广告活动,加强广告行业精神文明建设,促进了广告业健康发展。到2007年底,全自

治区共有广告经营单位2 368户,从业人员2.25万人,广告营业额9.96亿元,分别比1982年增长111.76倍、102.34倍、577.84倍。

六、合同监督管理

1978年9月,国务院在《关于成立工商行政管理总局的通知》中,赋予工商行政管理机关管理合同的职责。为了探索如何管理经济合同,1979年12月,自治区工商行政管理局召开了经济合同管理工作座谈会,部署在全自治区开展农商、工商合同管理工作试点。1980年3月,确定在宾阳、武宣、兴安、岑溪、博白、田阳、宜山、灵山8个县和在南宁、柳州、桂林、梧州四市开展农商、工商合同管理试点工作。在随后的两年多时间里,合同管理试点工作在各地普遍开展,为全面推行经济合同制度奠定了良好的基础。1981年12月,《中华人民共和国经济合同法》(以下简称《经济合同法》)颁布后,经济合同管理开始走上依法管理的轨道。主要体现在:一是通过开展宣传活动和举办培训班等形式,广泛深入地学习宣传经济合同法,提高合同管理人员合同管理水平。二是积极推行合同示范文本制度。把推行经济合同示范文本制度作为强化合同管理的一项基础建设。三是开展经济合同鉴证、查询、咨询、动产抵押物登记和合同仲裁工作。1983年12月,自治区工商行政管理局制定了《经济合同仲裁简易程序》,成立了经济合同仲裁委员会,举办了多期仲裁员培训班。到1992年底,自治区各级工商行政管理机关已设立经济合同仲裁委员会104个,有成员549人,配备专职仲裁员469人。1981年至1995年,全系统共仲裁经济合同6 984件,争议金额近6亿元。四是依法查处违法合同行为,自治区工商行政管理局发出了《关于加强合同管理,维护正常经济秩序的通知》,要求各级工商行政管理局认真查处利用经济合同的违法行为,以维护社会经济秩序。1986年5月,自治区工商行政管理局在前段工作的基础上,采取自查与抽查相结合的办法,对近年来企业签订的各类经济合同进行了一次全面检查。共检查1.25万户企业签订的各种经济合同168万份,从中查出

违约合同4.8万份,合同金额11.16亿元;确认无效合同7 090份,违法合同84份。此外,为进一步提高经济合同的履约率,推动经济合同管理工作的深入开展,从1987年4月起,自治区工商行政管理局在自治区范围内开展“重合同、守信用”活动(2002年起,活动名称改为“守合同、重信用”),并每二年评定一批“重合同、守信用”企业。1982年至2002年,全自治区有5 000多户企业获自治区工商行政管理局授予“重合同、守信用”企业称号;1 100多名合同管理先进个人受到表彰。

党的“十四大”以后,为适应建立社会主义市场经济体制目标的要求,自治区工商行政管理局发出了《关于进一步加强经济合同管理的若干意见》。各级工商行政管理机关进一步加强了合同监管队伍的建设和合同监管工作,积极采取措施,拓宽合同监管领域,加强合同鉴证和监督,指导企业依法管理合同,加大对在信贷、购销、加工承揽、承包经营、租赁经营等活动中利用虚假合同进行欺诈的违法行为的查处力度,有效地促进合同监管的规范化、法制化。组织指导企业开展“重合同、守信用”活动,促进企业的信用建设,维护良好的市场经济秩序。1995年,自治区各级工商行政管理机关共鉴证经济合同3.82万份,合同金额27.13亿元;检查各类经济合同15.11万份,合同金额90.17亿元;查处违法合同案件24件,涉案金额1 770万元。1996年以后,特别是1999年《中华人民共和国合同法》(以下简称《合同法》)颁布实施后,自治区各级工商行政管理机关继续把合同监督管理的基点放在企业,督促指导企业注重运用合同这一法律形式规范产、供、运、销活动。在合同监管中,积极推行、管理合同示范文本,认真调解合同争议,开展合同行政指导,监督管理拍卖行为,办理企业动产抵押物登记,组织指导开展“重合同、守信用”活动,查处利用合同进行的违法行为。2005年,自治区各级工商行政管理机关共检查合同1.79万份,合同金额71.37亿元;受理合同争议1 266件,合同金额7 634.8万元,其中解决争议894件,解决争议金额5 531.4万元;办理企业动产抵押物登记1 234份,抵押物价值

168.48 亿元;办理拍卖备案1 559次,现场监管 808 次,查处违法拍卖案件 2 件,涉案金额57.2 万元,罚没金额 0.3 万元;认定公示广西"守合同、重信用"企业1 833户,其中,新认定393 户,连续 10 年以上获认定的 352 户。近两年来,广西工商行政管理机关对以牟取非法利益为目的,利用合同手段或者形式,危害国家利益、社会公共利益或者他人利益的违法行为进行了查处,有效维护了社会主义市场经济秩序,维护了国家利益和社会公共利益,保护了合同当事人的合法权益。深入开展涉农合同帮扶工作,促进农村经济发展。加强对涉农合同的指导,试行农业合同示范文本。为确保农民利益不受损失,自治区工商行政管理局制定了农作物种植、家畜禽及水产养殖、饲料及添加剂买卖、农作物种子买卖等4 种涉农合同示范文本,切实帮助涉农企业和农民排忧解难。同时,加强对涉农合同的监督检查,有效制止损害农民利益的"霸王合同",切实保护了农民利益,让农民得到真正的实惠。深入开展"守合同、重信用"活动,引导企业诚信经营,进一步推进广西企业信用体系建设。认真做好动产抵押登记工作。自治区工商行政管理局进一步创新动产抵押登记机制,制定了动产抵押登记操作规程,指导各级工商行政管理局规范抵押登记程序,提高抵押登记质量。继续加强对拍卖业的监管,从拍卖活动的备案到现场监督,对拍卖企业和拍卖活动实施了全方位、全过程的监管,有效地预防和减少了恶意串通拍卖等违法行为,促进了拍卖业的健康发展。仅2007 年,全系统共检查合同 1.4 万份,合同金额 52.28 亿元(其中,检查农副产品买卖合同5 082份,合同金额 6 873 万元);在企业自愿申报,各级工商行政管理局评选推荐的基础上,自治区工商行政管理局认定公示 2006 年度广西"守合同、重信用"企业1 794家;办理企业动产抵押登记1 257件,抵押物价值183.52 亿元。至 2007 年底,全自治区拍卖公司发展到 201 户。其中,私营拍卖公司 167户,占总户数的 83.1%。

七、法制建设

　　广西工商行政管理法制工作主要是改革开放以后才逐步提上议事日程,并随着工商行政管理工作的恢复和发展而不断得到加强。党的十一届三中全会后,广西工商行政管理法制工作主要是围绕贯彻新颁布实施的《商标法》、《经济合同法》等法律,广泛开展法制宣传工作,各地通过举办法律、法规学习班,举行法律颁布纪念日活动和法律知识竞赛等,多层次、多形式地开展法律、法规宣传教育和法律咨询,不断增强群众法律意识,提高行政执法人员依法行政意识。自治区工商行政管理局还与广西电视台、《广西日报》联合开辟"红盾聚焦"专栏,定期宣传工商行政管理法律、法规。而后,为适应工商行政执法工作需要,自治区工商行政管理局加强了行政立法立规工作,1988 年 5月,自治区工商行政管理局设立了政策法规研究室。期间,法规室在开展全自治区工商行政管理系统"二五"普法活动的同时,依据少数民族自治区特点,积极开展行政立法调研工作,陆续起草了一批规范市场主体行为、市场交易行为、市场竞争行为,维护市场秩序的地方性法规。1991 年 12 月,为进一步加强全系统法制工作,自治区工商行政管理局又设立了法制处,主要承担法制宣传、案件审核、案件复议和执法检查任务,并指导各地、市、县工商行政管理局法制机构的建设,促进了自治区工商行政管理法制工作的开展。1995 年后,随着《公司法》、《中华人民共和国行政处罚法》、《中华人民共和国反不正当竞争法》(以下简称《反不正当竞争法》)等一系列市场经济法律的颁布,法制工作重点放在建立和健全行政执法监督制约机制上。各级工商行政管理机关围绕完善立法、健全制度、规范行为、强化监督四方面工作重点,狠抓落实,法制工作取得了显著成效。

　　自治区工商行政管理局先后起草了广西壮族自治区《个体工商户条例》、《私营企业条例》、《企业法人登记管理条例》、《商品交易市场管理条例》、《反不正当竞争条例》、《消费者权益保护条例》、《个体工商户和私营企业权益保护条例》等地方性法规,《广西壮族自治区著名商标认定和保护办法》等政府规章;同时先后制订了广西工商行政管理机关《行政执法监督暂行办法》、《行政执法过错责任追究暂行办法》、《行政赔偿实施暂行办法》、《行政执法质量考评办法》等一系列制度。

各级工商行政管理机关法制机构严格依法行政。规范了执法主体资格,对全系统一万多名工商执法人员进行了考核登记;落实了"办、审、定三分离"办案机制,对每一起一般程序处罚案件进行核审;在履行听证职责、办理行政复议案件过程中,平衡各方利益,防范和解决行政争议,保护当事人合法权益;强化了执法监督,每年对全系统行政执法责任制进行目标考评,开展了各项专项执法检查,对各级工商行政管理机关执法案卷和规范性文件进行了检查,并通报了行政执法检查的情况,对执法过错人员稳步地实施了责任追究,规范了执法行为,促进了全系统行政执法质量的提高。

与此同时,各级工商行政管理机关结合"三五"、"四五"普法活动,开展领导干部学法用法活动,针对性地采取专题辅导、以会代训、跟班培训、以案释法、诉讼旁听等多种形式,进一步提升全体干部学法、用法能力和履责能力;以管理对象和社会群众两个层面为切入点,开展对外普法宣传,深入开展了法律进机关、进乡村、进社区、进学校、进企业、进单位的"法律六进"活动,形成"纵向到底、横向到边、不留死角"的普法工作态势。

多年来,自治区工商行政管理局的法制工作取得了很大成绩,得到了上级领导机关、自治区党委和自治区人民政府的肯定和表彰。1995年,自治区工商行政管理局被自治区普法领导小组评为1991—1995年度"普及法律知识合格单位";1996年,被自治区党委、自治区人民政府授予1991—1995年度"普法先进单位"称号;1998年,被自治区人民政府评为"全区依法行政百佳单位";2002年又被自治区人民政府评为"全区行政复议先进单位";2006年被中宣部、司法部授予"2001—2005年度全国法制宣传教育先进单位"荣誉称号等。

八、公平交易执法

党的十一届三中全会后,经济检查工作围绕服务国家经济建设,重点查处了内外勾结,城乡串连,集团作案,破坏国家经济建设的经济违法大案要案,狠狠打击了一批惯犯、首犯。仅1979年,自治区各级工商行政管理机关就查处违法违章案件近5万件,其中大案129件。20世纪80年代初,国家取消了不利于商品生产和商品流通的限制,城乡出现了一股"经商热"。一些单位和个人趁改革开放、搞活经济之机,浑水摸鱼,倒买倒卖,走私贩私,违法经营,牟取暴利。为此,按照中共中央、国务院《关于打击经济领域中严重违法活动的决定》,各级工商行政管理机关集中力量查处了倒卖重要工农业生产资料、走私贩私、倒卖外币等投机违法行为,查处了一批牵动物价上涨的经济违法大案要案。1985年后,随着我国经济的快速发展,出现了经济过热现象,一些"皮包公司"打着搞活经济的旗号,借串换、调剂、横向联合之名,行买空卖空之实。为此,各级工商行政管理机关集中力量进行了清理整顿,查处"皮包公司"352户。随后,为了更及时有效地查处各类经济违法案件,维护市场经济秩序,促进地方经济发展,1987年3月,自治区工商行政管理局成立经济检查所,1988年4月改称经济检查大队,1991年改称经济检查局,1995年机构改革后,改称公平交易监督局;各地、市、县工商行政管理局先后设立了经济检查队、经检科和公平交易监督局(科、股)。这期间,各地认真贯彻党中央和自治区关于治理经济环境,整顿经济秩序的决定,先后开展打击投机倒把、走私贩私、制售假冒伪劣商品行为等专项行动,特别是查处了都安、横县、柳州等地发生的制售假酒致人伤亡的重大案件,有效遏制了制假售假等不法行为。1987年至1992年,全系统共查处各类违法违章案件12.37万件。

1993年后,随着《中华人民共和国消费者权益保护法》(以下简称《消费者权益保护法》)、《反不正当竞争法》、《商标法》等法律法规的颁布,自治区各级工商行政管理机关把公平交易执法工作的重点放在查处侵害消费者合法权益的行为、不正当竞争行为、走私贩私行为等方面,各地开展了药品回扣、农资市场、烟草市场、食品市场等专项整治。以"一反两保护"(反不正当竞争,保护生产者、消费者的合法权益)为重点,各级工商行政管理机关采取受理群众投诉和举报、与有关执法部门进行联合行动等方法,严厉打击制售假冒伪劣商品行为、走私贩私行为和合同欺诈行为,维护市场经济秩序。1995年,各级工商行政管理机关开展以打击制售假冒伪劣商品、打击走私贩私、打击非法出版物为重点的"三打"斗争。全年共查处各类经济违法违章案件1 395件,案值1.72亿元,罚没款 5 501万元。1996 年以后,各级工商行政管理机关加强对元旦、春节等节日市场的检查,大力整治农资市场、食品市场、烟草市场等,打击走私贩私行为,查处以违法合同为重点的欺诈行为,净化市场环境。1996 年,全年共查处各类经济违法违章案件1 322件,案值6 876万元,罚没款 2 173万元。1999 年,针对一些企业以"加盟连锁"、"网络销售"为名进行传销和变相传销活动的新情况,自治区各级工商行政管理机关采取集中时间、集中力量等措施,对传销活动进行了大规模的清理和查处。

2001 年以后,自治区各级工商行政管理机关继续把打击传销、打击不正当竞争行为作为公平交易执法工作的重点。针对传销活动的新形势、新情况,各级工商行政管理机关采取一系列措施,严厉打击各种传销行为。2001 年,南宁、北海、桂林等市工商行政管理局会同公安、城管部门加强对经济开发区、城郊结合部和出租屋的清查。其中,北海市共捣毁传销窝点 61 个,查处了一个传销公司的总部,查获大量用于传销活动的资料和资金,依法拘留传销头目 9 人。桂林市查获一起以介绍他人到桂林从事旅游服务的方式开展业务,并以此建立网络,进行人头传销的行为,对从事此项活动的公司处以吊销营业执照和罚款的处罚。该案被国家工商行政管理总局列为当年全国 15 起传销案例之一。打击不正当竞争行为方面,针对

群众反映的热点问题,对重点垄断行业进行了专项整治,并集中开展了"反仿冒、反误导"专项执法行动,重点查禁公用企业和依法具有独占地位的经营者实施限制竞争和强制交易,药品购销中的商业贿赂,擅自使用知名商品特有的名称、包装、装潢、虚假表示和虚假宣传等不正当竞争行为。2005 年,根据国务院和国家工商行政管理总局领导的重要批示精神,自治区工商行政管理局会同自治区发改委、公安厅等联合开展了整顿和规范盐业市场专项行动,全自治区共出动执法人员7 938人次,车辆2 886台次,发放宣传品1.28 万份,立案查处案件 34 件,没收非法盐48.43 吨,有力维护了广西盐业市场的秩序。2001 年至 2005 年,自治区各级工商行政管理机关共查处各类经济违法违章案件 21.67 万件,案值 11.57 亿元,罚没金额 2.69 亿元。其中,查处不正当竞争案件1 438件,案值 1 亿多元,罚没金额1 451.6万元;走私贩私案件1 477件,案值4 891.22万元,罚没金额3 241.92万元;查处传销案件461 件,案值977.62 万元,罚没金额 345.54万元;查处投机倒把案件5 290件,案值 1.80亿元,罚没金额4 642.87万元。

近两年,广西工商行政管理机关继续保持打击传销的高压态势,通过查源端窝、严惩头目、严查大案等措施,严厉打击传销行为,有效遏制了传销活动的蔓延,确保了社会稳定。玉林、北海、来宾、钦州、贵港、贺州等市工商行政管理局还积极探索组织"打传专业队"、创建"无传销社区"等活动,取得良好效果。认真开展保护知识产权、查处不正当竞争案件专项整治。各地工商行政管理机关按照自治区工商行政管理局的部署,加强领导,明确责任,集中力量开展专项整治行动,对仿冒知名商品特有的名称、包装、装潢行为,对虚假表示、误导性宣传等欺诈行为进行了严厉打击,有力维护了公平竞争的市场经济秩序。严厉打击走私贩私行为,对走私贩私的重点地区(防城港、东兴、北海、梧州、南宁市等地)、重点商品,认真开展专项斗争。着重抓好成品油、橡胶、粮食、电脑配件、酒类等走私贩私问题较为突出的重点

商品的整治工作。仅 2007 年,广西工商行政管理机关共查处传销案件 395 件,清理传销窝点2 283个,劝返参与传销的人员28 167人;查处不正当竞争案件 120 件,罚没金额 144.34 万元;查处走私贩私案件 106 件,案值 651.85 万元,查处的主要走私物品有:香烟 1.55 万条、有色金属 67.6 吨、酒 1.05 万瓶、食品 10.19 万公斤、饮料 5.68 万瓶、计算机1 576台等;查处投机倒把案件 228 件,其中,倒卖国家禁止或限制自由买卖物品的行为案件 103 件,制售、传播非法出版物行为案件 45 件。

九、消费者权益保护

广西消费者权益保护工作始于改革开放之初。当时,各级工商行政管理机关主要通过依法管理、依法打击违法经营活动来保护消费者的合法权益。1986 年 3 月,广西消费者协会成立后,各级工商行政管理机关认真指导并协同各级消费者协会积极开展消费者权益保护工作,先后举办了两次打击制售假冒伪劣商品展览。1993 年《消费者权益保护法》颁布后,各地经济检查、商标广告监管部门加强了对消费者权益的保护,通过开展打击制售假冒伪劣商品行为、查处违法广告、查处商标侵权行为等专项行动,保护消费者的合法权益。据统计,从 1992 年至 1995 年 7 月,全自治区各级工商行政管理机关共立案查处制售假冒伪劣商品案件1 936件,案值8 656.6万元,捣毁了一批制售假冒伪劣商品的黑窝点,公开销毁了大批假冒伪劣商品。1995 年底,自治区工商行政管理局还在南宁举办了一次声势浩大的全自治区“打击假冒伪劣商品,保护名牌优质产品”的大型展览会,通过实物、文字、图片、录像等形式向广大消费者宣传《消费者权益保护法》,增强广大消费者依法保护自身合法权益的意识。同年,自治区工商行政管理局根据群众举报,严厉查处了邕宁县某公司销售假冒“汕优 63”稻种,造成全县 9 个乡镇共7 174亩水稻失收的重大售假案件。此后,随着消费者维权意识的增强,消费者投诉日益增多。为适应形势的发展需要,1997 年,南宁、柳州、桂林、北海四市工商行政管理局

率先组建了消费者投诉(后来改称申诉)举报指挥中心,开通了尾数为 315 的消费者投诉服务电话。1999 年 7 月 12 日,自治区工商行政管理局又在全自治区范围内开通了“12315”消费者投诉服务专用电话;同时,还组建了全自治区“打假维权”网络,加大了打假和维护消费者权益的力度。

2000 年,自治区工商行政管理局在机构改革中设立了消费者权益保护处,随后,各市、县工商行政管理局也设立了相应的机构,全自治区的消费者权益保护工作得到了进一步加强。当年,各级工商行政管理机关以“12315”网络建设和“打假维权”为重点,热情受理消费者申诉,积极调解消费者权益纠纷,严厉打击制售假冒伪劣商品的违法行为。各地级市工商行政管理局设置了“12315”消费者申诉举报指挥中心,各县局(分局)设置了“12315”消费者申诉举报中心,基层工商行政管理所设置了“12315”消费者申诉举报站,全系统建起了较完整的消费者权益保护执法体系,形成了覆盖城乡、扩大案源、受理迅速、处理及时的消费者申诉、举报服务网络,较好地解决了消费者申诉难的问题。同时,各级工商行政管理机关加大了消费者权益保护工作力度,大力查处侵害消费者权益案件。全年共受理消费者申诉 1.34 万件,为消费者挽回经济损失 800.58 万元;查处侵害消费者权益案件 3 171 件,案值 1 761.12 万元,罚没金额 220.06 万元。“打假维权”工作方面,围绕“重点地区、重点商品、重点市场”组织开展了专项整治,开展了“打假护农”等专项执法活动。各级工商行政管理机关集中查处了一批重大案件。如,玉林市工商行政管理局查处的玉州区某复合肥厂制售假冒氯化钾案、桂林市工商行政管理局查处的荔浦县某食品公司虚构厂名制售假冒伪劣食品案,都被列入当年上半年全国工商行政管理系统“打假维权”十大案件。全年共查处制售假冒伪劣商品案件1 836件,案值1 930.8万元。

2001 年,国务院进行机构职能调整,将原由国家质量技术监督局承担的流通领域商品质量监督管理职能划归工商行政管理

部门。此后，从 2002 年开始，自治区工商行政管理局依据职能和国家工商行政管理总局的有关规定，组织全系统开展了流通领域商品质量监测工作，对食品、农资、建材、化工、电子产品等各类商品进行质量抽样检测，查处了一批不合格商品，打击了违法经营行为，净化了市场环境，维护了公平、公正的市场竞争秩序。与此同时，各级工商行政管理机关进一步健全和完善了"12315"消费者申诉举报网络，热情受理消费者申诉，积极调解消费者权益纠纷，严厉查处侵害消费者权益案件。仅 2005 年，各级工商行政管理机关共受理消费者申诉 1.37 万件，为消费者挽回经济损失 1 230.49 万元；查处侵害消费者权益案件 1 227 件，案值 1 054.38 万元，罚没金额 504.25 万元；查处制售假冒伪劣商品案件 2 097 件，案值 1 247.80 万元。

近两年来，特别是 2007 年，广西工商行政管理机关以深入开展产品质量和食品安全专项整治为重点，进一步强化食品安全监管工作。自治区工商行政管理系统共出动执法人员 26.22 万人次，检查经营户 59.06 万户，检查批发市场、集贸市场等各类市场 1.58 万个（次）；取缔无照经营户 5 364 户，吊销营业执照 254 户；捣毁制假售假窝点 74 个，查处制售假冒伪劣商品案件 622 件、案值 217.76 万元，销毁假冒伪劣等不合格食品 201 吨；受理和处理消费者申诉与举报 1 976 件，为消费者挽回经济损失 129.88 万元。年内，各级工商行政管理机关扎实开展了一系列专项整治行动。一是开展元旦春节食品市场专项整治，确保节日食品安全。加强对食品等涉及人民群众身体健康和生命安全的重要商品的质量监测，不断完善节日期间食品安全、市场安全紧急突发事件预警和应急处置机制，及时妥善处置突发事件；认真做好节日期间"12315"消费者申诉举报中心值班工作，积极受理和处理消费者的申诉、举报。全年自治区工商行政管理系统共出动执法人员 1.93 万人次，检查经营户 5.98 万户，查处无照经营户 429 户，查处假冒伪劣食品案件 52 件。二是开展食品批发市场专项整治行动，从源头上遏制制售假冒伪劣食品行为。全系统共

出动执法人员 1.5 万人次，检查食品批发市场 482 个，检查食品经营户 2.66 万户，受理和处理消费者申诉举报 624 件，查处制售假冒伪劣商品案件 45 件，案值 87 万元。三是开展肉类食品专项执法检查。自 2007 年 6 月 5 日起，各级工商行政管理机关独立或联合有关检测部门，连续七天在全自治区范围内统一开展对农贸市场的猪肉、牛肉等肉类食品进行专项质量检测，坚决杜绝注水肉以及病死猪、牛肉等进入市场，严把市场准入关。四是开展儿童食品市场专项执法检查。针对"六一"期间儿童食品市场的特点及当前儿童食品市场存在的突出问题，从 5 月 20 日至 6 月 10 日，自治区工商行政管理系统集中对流通环节儿童食品销售网点进行一次全面清查，共检查经营户 3.4 万户，查处无照经营户 237 户，捣毁制假售假窝点 4 个，查处制售假冒伪劣食品案件 87 件，查处假冒伪劣食品价值 10.94 万元，查获假冒伪劣婴幼儿奶粉及奶制品 278.9 公斤、饮品饮料 1 743.4 公斤、糕点 447.5 公斤、小食品 1 493.2 公斤、其他食品 3 345 公斤。有效维护了儿童食品市场安全。五是开展花生油市场专项检查行动。自治区工商行政管理局根据消费者举报，及时组织对在北海、防城港等市流通领域出现的标称湛江市某食品有限公司生产的"金隆牌"、"厨佳牌"花生油进行质量监测，共抽查不同批次产品 20 个。经广西产品质量监督检验院检验，结果全部质量不合格。工商行政管理机关依法予以查处并公示。在花生油市场专项检查行动中，全系统出动执法人员 3 304 人次，检查集贸市场、超市 875 个，食品经营户 1.12 万户，立案 3 件，查处不合格食品 9.81 万公斤，查获不合格花生油 293.75 公斤。此外，还开展移动电话机专项执法检查和房地产市场专项整治。4 月至 5 月份，自治区各级工商行政管理机关结合"五一"节日市场监管，组织力量对本地重点手机市场和手机销售较为集中的网点进行了两次专项执法检查。全系统共出动检查人员 9 565 人次，检查经营户 8 125 户，查处资质不合法经营户 52 户，查获不合法移动电话机 927 部，查处案件 88 件、案值 52.33 万元；受理和处理消费者申诉举

报 80 件,为消费者挽回经济损失 5.59 万元。房地产市场专项整治在上一年工作的基础上,各级工商行政管理机关从商品房恶意炒作以及广告、销售合同、房地产经纪人违法违规等方面入手,重点查处房地产开发经营企业发布虚假信息等侵害消费者权益的行为。自 2006 年 9 月至 2007 年 3 月 20 日,自治区各级工商行政管理机关共出动执法人员 4 429 人次,检查经营主体 2 763 户,检查房地产广告 118 份,检查房地产销售合同 1 865 份,查处各类案件 69 件、案值 28.9 万元、吊销营业执照 37 户。消费维权方面,进一步完善消费维权法规体系,强化消费维权工作。经过自治区工商行政管理局和广西消费者权益保护委员会的共同努力,《广西壮族自治区消费者权益保护条例》经自治区十届人大常委会第二十六次会议审议通过并颁布实施,使广西消费者权益保护工作进一步法制化、制度化和规范化。积极开展"消费和谐"年主题宣传活动。3 月份,自治区工商行政管理局、广西消费者权益保护委员会在南宁举行了消费维权"大篷车"宣传活动;各市工商行政管理局通过文艺晚会、广播热线、现场宣传、记者专访等多种形式开展消费维权知识宣传工作,倡导理性消费、科学消费、健康消费和安全消费,发挥了积极的引导作用。自治区各级消费者权益保护机构和组织认真受理消费者投诉,积极解决消费纠纷,化解社会矛盾,维护社会稳定。当年,全系统共接待消费者来访、咨询 2.6 万人次,受理消费者申诉 1.20 万件,已处理 1.19 万件,调解成功 1.14 万件,为消费者挽回经济损失 1 650.5 万元。

2008 年上半年,各级工商行政管理机关一是加大对流通领域的食用油、家用电器、通讯产品、装饰材料等六大类重点商品的质量监测。全系统共抽检商品 1 789 批次,质量合格 1 448 批次,质量不合格 315 批次,标识合格 1 710 批次,标识不合格 79 批次,抽检商品的批次比上年增加 5 倍多,商品合格率平均比上年提高了三个百分点。对经营不合格商品的违法行为,各级工商行政管理机关立案查处 145 起,罚没款 95.82 万元。二是认真受理消费者申诉举报,1 至 6 月份共

受理 7 323 件,已办结 7 140 件,办结率为 97.5%,为消费者挽回经济损失 495 万元。三是依法查处消费维权方面的案件,共查处侵害消费者合法权益案件 983 件,案值 989 万元,罚没金额 417.87 万元;查处制售假冒伪劣商品案件 733 件,案值 798 万元,罚没金额 275 万元;查处食品安全案件 777 件,案值 227.6 万元,罚没金额 104.3 万元,有效地维护了消费者的合法权益。

十、信息化建设

广西工商行政管理系统信息化建设始于 1988 年。是年 10 月,国家工商行政管理局成立经济信息中心。自治区工商行政管理局按照国家工商行政管理局有关信息化建设的工作部署,开始了信息技术在工商行政管理业务工作中的应用和尝试。1988—1995 年,全系统的信息化工作由自治区工商行政管理局微机室负责,微机室配备 2 名兼职工作人员,负责营业执照的打印工作。1996 年,自治区工商行政管理局办公室下设信息服务中心,开始致力于将国家工商行政管理局和自治区工商行政管理局开发的计算机管理系统软件应用于注册登记业务和打印营业执照。

1998 年 11 月,全国省以下工商行政管理机关实行垂直管理后,自治区工商行政管理局进一步加大了全系统信息化建设的力度,从人、财、物等方面全力支持信息化建设。2003 年,自治区工商行政管理局成立经济信息中心,由局办公室一名副主任兼任信息中心主任。2005 年,经济信息中心从局办公室独立出来,专门负责全系统信息化工程建设项目、网络建设、软件开发和硬件购置、管理与维护等工作。2005 年,自治区工商行政管理局制定并实施《全区工商行政管理系统信息化建设实施方案(2005—2007)》,在"统一规划、统一技术标准和规范、统一组织实施、统一管理"的原则指导下,自治区工商行政管理系统的信息化建设得到了快速发展,并取得了可喜成绩。

建立了自治区工商行政管理局到基层工商行政管理所四级联网的信息化网络体系。自治区工商行政管理局统一为各市工商行政

管理局架设了广域网。到 2008 年 6 月底,自治区及 14 个市、123 个县(城区)工商行政管理局(分局)以及 90% 的工商行政管理所,已实现四级联网。其中,南宁、柳州、桂林、北海等市工商行政管理局,联网率已达 100%。自治区工商行政管理局纵向上联国家工商行政管理总局、自治区党委和自治区政府办公厅;横向可联网自治区税务、海关、质监等单位,实现了部门之间的资源共享,大大提高了工作效率。建立了对外服务的广西红盾网,开辟了 14 个地级市工商行政管理局红盾网分站。2000 年,自治区工商行政管理局建立了为社会公众服务的广西红盾网,在网上开辟了网上办公、工商办事指南、工商法律法规咨询、网上"12315"系统等栏目,实现了网上年检、企业资讯查询、经营性网络备案登记、商标注册公告、网上"12315"申诉举报等功能,极大地方便了广大企业和社会公众对工商信息的需求,提高了工商行政管理的知名度,树立了良好的工商行政管理形象,社会影响力不断扩大,目前网站访问量已突破 45 万人次。2001 年,开设了内部管理的广西工商行政管理政务资源信息网(以下简称内网),并根据工作的实际需要,不断在对内网页面进行改版。目前,内网设有办公自动化系统(OA 系统)、摄影园地、软件服务台、软件知识问答等栏目,实现了本系统内部邮件传输、论坛交流、个人办公、内部交流、信息共享、会议管理、车辆管理等功能,各级工商行政管理部门的办公效率得到了很大提高。2002 年,又开通了"12315"申诉举报平台,现已建成覆盖全自治区 14 个市范围的"12315"呼叫系统,实现了受理申诉、举报及其处理的市局、县(分)局、工商行政管理所的三级指挥调度,有利于对经济违法违章行为的及时发现和查处。2008 年上半年,各市工商行政管理局对"12315"申诉举报平台系统进行了改造升级,各地申诉举报的受理和处理能力得到了进一步提高。

配置了良好的计算机等硬件设备。到 2008 年 6 月底止,自治区工商行政管理局共为全系统各单位配备了 1 357 台路由器和交换机、175 台网络专用服务器、3 000 台电脑、

1 076 台打印机、667 台 UPS 电源等。目前,全系统共有电脑 5 229 台(套)、服务器 371 套、路由器 917 台、交换机 1 091 台,打印机 3 007 台。其中,自治区局机关人手至少 1 台电脑,市局机关各科室 3～4 台电脑,县(分)局机关 10～15 台电脑,全部工商行政管理所每所至少 1 台电脑。

开发应用了一大批业务软件。为适应工商企业登记、市场监管和综合执法需要,自 1999 年开始,自治区工商行政管理局统一开发了涵盖企业登记管理、个体工商户登记管理、市场监管、"12315"执法维权、公平交易执法、商标广告管理、"经济户口"管理等各项工商行政管理业务软件,并在自治区各级工商行政管理机关进行推广和使用。同时开发了个体工商户分层分类监管和食品安全监管等软件,实现了利用 PDA(掌上电脑)对个体、私营企业进行移动巡查,使监管由静态变为动态,被动变为主动;食品安全监管软件实现了对食品经营企业进行特别标注,建立了食品经营企业的数据库,为食品安全监管提供了技术保障。2005 年以来,为更好地完成国家工商行政管理总局的各项中心任务,不断优化系统软件,多次进行升级换代。从最初的两年升级一次变为现在三个月升级更新一次,为在全系统范围内推行电子政务创造了条件。

建立了一系列规章制度。为规范全系统计算机信息网络建设和管理,确保计算机硬件和软件的正常运转,1999 年,自治区工商行政管理局制定了《自治区工商行政管理系统计算机信息网络管理暂行规定》。2005 年,又制定了《广西壮族自治区工商行政管理系统计算机网络安全管理规定》、《广西壮族自治区工商行政管理系统计算机操作人员守则》、《广西壮族自治区工商行政管理局中心机房管理规定》、《广西壮族自治区工商行政管理系统数据备份与恢复程序及系统应急预案》等 16 项规章制度,并汇编印发到各级工商行政管理机关贯彻执行。2006 年,为建立全系统统一规范的业务标准和数据规范,制定和下发了《市场主体登记监管信息录入规范》和《个体工商户分类监管信息与相关数据录入

规范》。各市工商行政管理局也根据各自的实际情况,制定相应的规章制度。健全完善的规章制度,为全系统信息化建设工作有条不紊地开展提供了可靠保障。

加强了计算机应用培训。自治区工商行政管理局一向注重计算机应用的人才培训。自2000年以来,自治区和各市工商行政管理局通过各种形式,每年都举办多期计算机应用培训班,培训对象包括局领导,处、科级干部,业务骨干和基层工商行政管理所所长。2007年,自治区工商行政管理局就举办计算机应用培训班2期,共培训160多人。通过培训学习,大大提高了全系统干部的计算机应用和操作水平,为推进全系统的信息化建设奠定了良好基础。

十一、队伍建设

工商行政管理机关恢复建制之初,广西工商行政管理人员普遍存在文化素质、业务素质偏低的问题。随着改革开放的不断发展,工商行政管理干部队伍的状况越来越不适应形势发展的需要。为了改变这一现状,广西各级工商行政管理机关在狠抓干部队伍的思想建设和作风建设的同时,大力加强了教育培训工作。1985年,自治区工商行政管理局成立广西工商行政管理学校,培养工商行政管理后备力量。仅1987年至1997年间,广西工商行政管理学校共为广西工商行政管理系统输送毕业生7 000多名。经过多年的锤炼,今天,这些毕业生已经成为广西基层工商行政管理的骨干力量。此外,还通过岗前培训、军转干部培训、学历教育等形式,培训在职干部,使工商行政管理队伍的素质不断提高。另一方面,加强了制度建设,实现以制度管人。自治区工商行政管理局1985年制定了《广西壮族自治区工商行政管理局岗位责任制暂行办法》,通过明确岗位职责,加强对干部德、能、勤、绩的考核,增强了广大干部的工作责任心,改进了工作作风,提高了工作效率。1989年印发《广西工商行政管理系统廉政制度》,加强了全系统的行风和廉政建设。

进入20世纪90年代,广西各级工商行政管理机关更加注重政治思想建设。在全系统党组织中开展了争创“支部一面红旗、党员一名标兵”活动,加强了党的建设。认真实施“三严四自”工程,开展了“工商形象建设年”、“三讲”教育和学习、实践“三个代表”重要思想以及争创“文明机关”、争当人民满意公务员等系列活动,提高广大干部的政治思想素质。更加注重党风廉政建设。加强了领导,落实了责任制;对“案、费、证、照、摊”等权力运行的关键环节进行专项治理,认真纠正行业不正之风;抓好领导干部的廉洁自律,把执行廉政制度纳入干部考核内容,收到显著效果。更加注重干部的岗位职务培训和学历教育。鼓励干部在职接受学历教育,完成干部全员培训任务,使干部的文化、业务素质大大提高。

实行省以下垂直管理体制后,特别是进入新千年以后,自治区工商行政管理局党组全面加强了本系统干部队伍建设,努力把全系统的工商干部打造成为政治坚定、业务精通、作风优良、纪律严明的行政执法队伍。继续加强了学习教育和培训。仅2000年至2007年的8年间,自治区工商行政管理局就举办各类培训班3 620期,培训干部16.97万人次。经过20多年的努力,目前,全系统具有大专以上学历的人数占总人数的比例,已由1982年的0.75%上升到2007年底的93.2%。

认真组织全系统广大干部学习马列主义、毛泽东思想,学习邓小平理论和“三个代表”重要思想,认真学习、实践科学发展观,相继开展了保持共产党员先进性教育、学党章和“八荣八耻”教育等活动。在教育活动中,坚持高标准、高质量、严要求,通过抓学习、抓领会、抓运用、抓整改,全系统保持共产党员先进性教育活动基本达到了“提高党员素质、加强基层组织、服务人民群众、促进各项工作”的预期目标。自治区工商行政管理局的相关工作得到了中央赴广西先进性教育督导组的肯定。通过“八荣八耻”教育,社会主义荣辱观在广大干部中深深扎根,大家自觉以“八荣八耻”为基本行为准则,严格要求自己,努力争当人民满意的公务员。

加强领导班子建设,增强队伍的凝聚力

和战斗力。坚持党组中心组学习制度，加强理论学习，抓好各级领导班子的思想建设。近年来，通过机关考核基层、基层考核机关、交叉考核、民主推荐与群众评议相结合的方式，自治区工商行政管理局建立了处级后备干部人才库，各市局也相应建立了科级后备干部人才库，加强了全系统各级领导干部梯队建设；按照《干部任用条例》规定，将一批条件比较成熟的后备干部提拔到了领导岗位，并拿出部分处级领导职数，在全系统进行竞争上岗，进一步拓宽了领导干部选拔渠道；加强了各地市之间干部使用的横向交流，增强了班子的活力。

加强廉政建设和精神文明建设，树立工商行政管理新形象。一方面，围绕贯彻惩防体系《实施纲要》，自治区工商行政管理局党组作出了廉洁从政六项承诺，2003年，自治区工商行政管理局又出台了"六条禁令"，狠抓了廉政纠风工作，加强对干部的廉政教育，强化干部的廉政意识；为规范用权行为、防范滥用职权、提高依法行政能力，在全系统推行了行政审批制度、财务管理制度、干部人事制度、行政执法责任制四项改革，充分发挥制度在惩治和预防腐败中的保证作用；全面推行政务公开，强化督察和内外部监督制约机制，加强对干部的监督管理，着力解决吃拿卡要、以权谋私、刁难群众等问题，在社会上树立了工商行政管理的良好形象。另一方面，通过开展"能力建设年"（2005年）、"行政效能建设年"（2007年）和岗位技能大练兵（2006年）等活动，各级工商行政管理机关服务经济发展能力明显增强，市场监管执法水平和队伍综合素质明显提高；各级工商行政管理机关还广泛开展了争当"人民满意公务员"，争创"文明示范窗口"、"青年文明号"等争先创优活动，在全系统树立了爱岗敬业、服务群众、奉献社会的行业新风，全系统涌现出了一大批先进集体和先进个人。1987年至2008年6月，共有44个单位、56人次受到人事部、国家工商行政管理（总）局表彰；有48个工商所、61名优秀工商行政管理人员受到国家工商行政管理（总）局表彰。其中，桂平市工商行政管理局被人事部评为"人民满意的公务员集体"；桂林市工商行政管理局"3·15"巡查大队被团中央授予"全国青年文明号"称号；桂林市工商行政管理局连续五次、南宁市工商行政管理局连续四次被国家工商行政管理（总）局评为"全国工商行政管理系统先进单位"；自治区工商行政管理局先后获得国家经济贸易委员会、国家工商行政管理局、国家技术监督局授予的"全国打击生产和经销假冒伪劣商品违法行为先进单位"，中共中央宣传部、司法部授予的"全国法制宣传教育先进单位"，自治区精神文明建设委员会授予的"全区文明机关"等光荣称号100多种。先进个人方面，涌现出了立党为公、无私奉献、甘做人民公仆的被共青团中央和国家工商行政管理总局追授为"中国杰出青年卫士"，被国家工商行政管理总局追授为"全国工商系统优秀管理人员"，被自治区党委追授为"自治区优秀共产党员"的黄振磊等。

附：

广西壮族自治区工商行政管理局历任局长、党组书记

董一欧，1954年5月至1955年11月任局长；米光华，1964年2月至1969年8月任局长；乔彬，1975年3月至1978年11月任党组书记、局长；董德仁，1978年11月至1983年5月任局长；韩来凯，1986年7月至1988年8月任党组书记、局长；李元熙，1988年9月至1993年6月任党组书记、局长；陈章进，1993年6月至1998年9月任党组书记、局长；蔡永伦，1998年9月至2004年6月任党组书记、局长；刘君，2004年6月至2008年1月任党组书记、局长，2008年1月至2008年6月任局长；朱军，2008年1月至2008年6月任党组书记。

（执笔人：李树满　陈延平　王洪俊）

新中国工商行政管理史志

（下卷）

国家工商行政管理总局　编

中国工商出版社

国家工商行政管理总局办公厅

GUOJIA GONGSHANG XINGZHENG GUANLI ZONGJU BANGONGTING

① 2007 年 11 月，国家工商总局在重庆召开全国工商系统对口支援三峡库区工作会议

② 2008 年 8 月，国家工商总局和发改委、财政部联合召开停收"两费"电视电话会议

③ 2008 年 11 月 18 日，全国政务公开工作领导小组办公室在南京召开"全国政务公开经验交流会"，国家工商总局副局长王东峰作经验交流发言

④ 2009 年 6 月 19 日，国家工商总局办公厅承办了国办秘书二局与六部门办公厅（室）公文办理经验交流会

⑤ 2009 年 7 月 21 日，全国工商系统援藏工作会议在西藏召开

国家工商总局办公厅负责机关文电、信息、统计、保密、督查、保卫信访等工作；承担机关财务、资产管理、政务公开、新闻发布等工作。自 1978 年国家工商行政管理机关恢复建制以来，办公厅经历了工商行政管理总局办公室（1978.9—1982.8）、国家工商行政管理局办公室（1982.8—2001.4）、国家工商行政管理总局办公厅（2001.4—）三个时期。随着工商行政管理事业的不断发展，办公厅的职能不断丰富与加强，由恢复成立之初的秘书处、行政处 2 个处发展为 2008 年的秘书一处、秘书二处、综合处、督查处、文书档案处、信息调研处、新闻宣传处、统计处、信访与安全保卫处、财务审计处、资产管理处等 11 个处。

多年来,办公厅（室）在历届总局党组的领导下,在各司局、直属单位及全系统的大力支持下,坚定地树立政治意识、大局意识和服务意识,充分发挥参谋助手、运转枢纽和桥梁纽带作用,不断加强班子建设、队伍建设、作风建设和党风廉政建设,建立比较系统的办公厅工作制度,推进了办公厅工作的制度化、规范化、程序化、法治化建设;认真做好重要文件、报告的起草和督查、信息、统计工作,为领导决策当好参谋;认真办理文件,服务会务,管理财、物,确保机关高效有序运转;不断加大新闻宣传工作力度,努力营造良好的执法氛围;积极推进开展对口支援工作;稳妥地做好信访和安全保卫工作,维护机关良好的办公秩序;全心全意为总局领导、为机关和直属单位、为系统服务,为工商事业的不断发展做出了积极贡献。

国家工商行政管理总局法规司

GUOJIA GONGSHANG XINGZHENG GUANLI ZONGJU FAGUISI

① 2008 年 4 月 13 日，全国工商系统法制培训班在国家工商总局行政学院举办，总局副局长付双建在培训班上讲话

②法规司全体干部在研究部署工作

③法规司负责同志在基层检查法制宣传工作

④ 2008 年 7 月，各级工商行政管理机关组织本单位干部职工和社会各界群众参加全国工商行政管理法律知识竞赛

1988 年，国家工商行政管理局设立法制工作机构政策法规司，其前身为政策研究室法规处；1990 年 5 月，对政策法规司进行了调整，设立条法司；1994 年 1 月，条法司改为法制司；1998 年 6 月，法制司改为法规司；2001 年 8 月，国家工商行政管理总局升为正部级单位以后设立法规司。

1990 年前后，各地工商行政管理机关纷纷成立法制机构。到 1998 年底，全国 31 个省、自治区、直辖市，5 个计划单列市，10 个副省级市都设立了法制机构，约 85% 的地市级工商行政管理局、65% 的县级工商行政管理局设立了法制机构；1999 年至 2008 年，随着整个社会法制环境的好转、依法治国方略的贯彻实施和依法行政工作的全面推进，法制机构得到了进一步充实和加强，也进入到了一个相对稳定的时期。到 2008 年 8 月，全国地市级、县级工商行政管理局也普遍设立了法制机构。

多年来，在依法治国基本方略和全面推进依法行政的形势下，在历届国家工商行政管理总局党组的领导下，在全体法制干部的积极努力下，工商行政管理法制工作在立法立规、执法监督、法制宣传培训等各方面都取得了显著的成绩。

国家工商行政管理总局反垄断与反不正当竞争执法局

GUOJIA GONGSHANG XINGZHENG GUANLI ZONGJU
FANLONGDUAN YU FANBUZHENGDANG JINGZHENG ZHIFAJU

①《中华人民共和国反不正当竞争法》实施十周年座谈会
②全国打击走私成果展览
③全国工商行政管理系统整顿市场秩序治理商业贿赂工作会议
④反垄断执法国际研讨会
⑤竞争政策与立法国际研讨会

新中国成立以来，随着工商行政管理事业的不断发展，主要承担工商行政管理行政执法职能的竞争执法工作，其地位和作用日益突出。在各个不同历史时期，竞争执法始终认真贯彻落实国务院及国家工商行政管理（总）局的工作部署，紧紧围绕党和国家的中心工作，努力加大行政执法力度，规范行政执法行为，提高行政执法水平和效能，认真履行职责，查处各类经济违法违章行为。执法重点已经从改革开放以前的打击投机倒把活动逐步转移到反不正当竞争、反垄断及查处各类经济违法违章行为上来。多年来，根据不同历史时期我国经济活动的发展状况和特点，先后重点部署开展了查处倒卖国家限制自由买卖的物资物品行为、打击走私贩私、"扫黄打非"、打击仿冒欺诈行为专项执法行动、查处不正当竞争案件保护知识产权专项行动、纠正医药购销中不正之风、严厉打击非法拆解拼装报废汽车专项执法行动、打破地区封锁地方保护建立全国统一市场专项整治、垄断性行业限制竞争行为专项执法、盐业市场专项整治、查处假冒台湾水果行为、打击非法生产销售卫星电视接收设施行为、治理商业贿赂专项执法、打击"傍名牌"专项执法活动等工作，为保障改革开放的顺利进行，促进社会主义市场经济体制的确立及其健康发展，建立和完善全国统一、公平竞争、规范有序的市场秩序，保护经营者和消费者的合法权益，做出了积极的贡献。

国家工商行政管理总局直销监管局

GUOJIA GONGSHANG XINGZHENG GUANLI ZONGJU ZHIXIAO JIANGUANJU

① 2006年5月,全国工商系统打击传销规范直销工作会议在京召开,会议对工商机关打击传销规范直销工作作出进一步部署。国家工商总局副局长钟攸平到会讲话

② 2006年9月,国家工商总局和公安部在济南联合召开贯彻落实国务院《全国打击传销专项行动方案》动员部署会议,决定开展为期一年的打击传销联合执法行动。国家工商总局副局长钟攸平出席会议并讲话

③ 2006年11月,全国整顿和规范市场经济秩序领导小组办公室、公安部、国家工商总局联合召开《禁止传销条例》《直销管理条例》实施一周年新闻发布会

④ 创新打击传销方式方法。2006年9月,广东省工商局在广州大学城举行"拒绝传销,从我做起"万名学子签名宣誓活动

　　2005年8月,国务院颁布《直销管理条例》和《禁止传销条例》。2006年2月,中央编办批复国家工商总局,同意增设直销监管局。直销监管局的主要职责是研究拟定直销监管和禁止传销的规章制度及具体措施、办法;负责对直销企业、直销员及其直销活动实施监管;组织对违法直销和传销大要案件的查处;指导全系统规范直销、禁止传销工作。

　　直销监管局成立以来,在总局党组领导下,坚持以党和国家政策、两个条例为工作依据,创造性开展各项工作。直销监管制度体系和监管机制初步形成,贯彻落实"四个统一",积极组织开展直销监管工作,创新监管方式,加强行政指导,加强宣传教育,严格监管,从严规范,直销监管工作稳步推进。加强打击传销制度体系和监管机制建设,与公安部联合,互相配合,深入开展打击传销专项行动,组织协调查处了一批大要案件,有力惩治了传销组织者和骨干分子,推动建立打击传销政府牵头、部门参与、齐抓共管工作机制,将打击传销纳入综治考核,多管齐下,在部分地区有效遏制了传销的发展蔓延势头。

国家工商行政管理总局消费者权益保护局

GUOJIA GONGSHANG XINGZHENG GUANLI ZONGJU XIAOFEIZHE QUANYI BAOHUJU

① 2008 年 7 月，国家工商总局局长周伯华、副局长王东峰考察北京奥运食品安全监管工作情况

② 2007 年 1 月，国家工商总局在北京召开全国工商系统食品安全工作会议暨商品质量监管网络建设经验交流会

③ 2008 年 5 月，国家工商总局在福州市召开全国工商系统 12315 行政执法体系建设工作暨经验交流会

④ 2008 年 3 月 14 日，国家工商总局在北京召开纪念 3·15 国际消费者权益日座谈会

⑤ 2008 年 7 月 1 日，消保局在北京延庆"平西抗日战争纪念馆"开展纪念建党 87 周年党日活动

消费者权益保护局是国家工商总局专司保护消费者合法权益职责的内设机构。1994 年 1 月 1 日《消费者权益保护法》正式实施后，国家工商局在公平交易局内设立了消费者权益保护处。1998 年，国务院批准国家工商局成立消费者权益保护司，下设综合处、商品消费保护处、服务消费保护处三个处。2001 年，国家工商总局"三定"方案中，更名为消费者权益保护局。2003 年，增设消费者权益保护督导处。2008 年，在国务院机构改革中，国家工商总局将消费者权益保护局内设机构调整为综合处、商品监管和服务消费保护处、12315 工作指导处三个职能处。

消费者权益保护局的主要职责是：拟订保护消费者权益的具体措施、办法；承担流通领域商品质量监督管理工作；开展有关服务领域消费维权工作；查处假冒伪劣等违法行为；承担指导消费者咨询、申诉、举报受理、处理和网络体系建设工作。

多年来，消费者权益保护局认真贯彻党和国家的一系列方针、政策，深入贯彻实施《消费者权益保护法》、《产品质量法》等保护消费者权益的法律、法规，不断完善保护消费者权益的配套规章和制度，创新消费者权益保护体制、机制和手段，积极探索流通领域商品质量市场准入退出制度，不断加大流通环节食品安全监管和流通领域商品质量监管力度，切实加强服务领域消费维权工作，大力推进 12315 行政执法体系建设，深入开展消费维权宣传教育，着力构建工商监管、行业自律、社会监督、消费者参与"四位一体"的消费者权益保护长效机制，为推动我国消费者权益保护事业的蓬勃发展，构建社会主义和谐社会，促进经济社会又好又快发展做出了积极贡献。

国家工商行政管理总局市场规范管理司
GUOJIA GONGSHANG XINGZHENG GUANLI ZONGJU SHICHANG GUIFAN GUANLISI

① 2006年9月19日，全国工商系统推进社会主义新农村建设经验交流会在成都召开。全国人大副委员长何鲁丽、国家工商总局局长王众孚、副局长刘凡出席会议并作讲话

② 2007年12月4日，全国工商系统农村食品市场整顿工作总结现场会在济南召开。国家工商总局副局长刘凡到会讲话

③ 2007年5月，国家工商总局副局长刘凡带领检查组检查北京市猪肉市场等副食品市场情况

④ 市场司负责同志在天津市检查红盾护农工作

市场监督管理是国家利用行政手段对商品流通活动进行监督和管理，工商机关主管的市场管理工作是其中的重要组成部分。由于各个时期政治经济任务的不同，市场管理的任务也随之发生变化。党的十一届三中全会以来，工商机关的市场管理工作在保障经济体制改革，服务经济发展，保护经营者和消费者合法权益等方面显示出越来越重要的作用。

1978年到1984年为改革开放初期，工商机关市场管理重点抓了培育发展个体工商户和建设集贸市场工作，积极促进搞活流通。同时，工商机关积极探索生产资料市场管理，维护市场秩序的正常运行。

1984—1992年为我国经济体制改革全面展开时期，工商机关的市场管理任务是培育市场与监督管理并重。1、加强城乡集市贸易管理；2、搞好市场建设和服务，创造良好的经营环境；3、开展文明集贸市场评比，推进"两个"文明建设；4、整治生产资料市场秩序，培育市场发展。

1992—2002年为我国建立社会主义市场经济体制改革时期。工商系统在兴建集贸市场的热潮这一过程中迅速壮大。随着建立社会主义市场经济体制改革目标的提出，工商机关及时纠正和调整了市场办管不分的行为，完成了市场办管脱钩的任务，为工商机关加强市场管理打下了很好的基础。同时，工商机关加强粮食、棉花、蚕茧、农资等重要商品市场监管，维护公平竞争的市场秩序，取得了显著成效。

2003—2008年为我国完善社会主义市场经济体制时期。各级工商机关以科学发展观为指导，认真履行市场监管和行政执法职能，积极推进职能转变，着力改革监管模式，大力规范市场交易秩序，建立和完善市场监管长效机制，促进市场繁荣、规范、有序发展，迈出了可喜的步伐。在深入开展红盾护农、经纪活农、合同帮农、市场兴农等工作中取得显著成绩，为服务农村改革发展尽职尽责。进一步加强了合同、经纪、拍卖行为的监管，积极探索对网络商品交易及有关服务行为的监管，规范网络商品交易行为，维护消费者合法权益，为促进科学发展和构建和谐社会营造良好的市场环境作出了贡献。

国家工商行政管理总局企业注册局

GUOJIA GONGSHANG XINGZHENG GUANLI ZONGJU QIYE ZHUCEJU

① 2007年9月4日，国家工商总局局长周伯华代表全国政务公开领导小组向企业注册局颁发"全国政务公开工作先进单位"奖牌

② 2006年9月28日，全国工商系统规范市场主体提高服务水平促进各类企业健康发展工作会议在深圳召开。国家工商总局局长王众孚、副局长刘玉亭出席会议并作重要讲话

③ 近年来，按照政务公开和"四化建设"的要求，各级企业登记机关积极推进企业注册大厅服务质量评价体系建设。图为企业注册局领导班子检查总局企业注册大厅服务质量评价系统运行情况

④ 工商行政管理机关恢复建制30年来，特别是近年来，各级企业登记机关坚持以服务经济社会发展大局为中心，不断推进企业登记管理工作创新。图为企业注册局在贵州召开企业登记管理工作座谈会

1978年至1992年改革开放初期和经济体制改革全面展开时期，企业登记管理工作从逐步恢复到全面确立，焕发出新的生机，为经济体制改革的全面展开发挥了基础性作用。1、恢复机构，陆续开展和加强了基础工作。2、企业登记管理法律制度和良好秩序初步建立。3、通过登记管理手段，整顿企业发展过程中的混乱现象。4、清理整顿党政机关及其干部子女经商、办企业。5、制定名称管理法规，保护企业名称权。6、清理整顿各类公司和"中心"。7、树立服务观念，为经济体制改革服务。8、制定企业登记管理配套制度，服务企业健康发展。9、建立工商企业登记档案和统计制度。

1992年至2002年建立社会主义市场经济体制时期，企业登记管理机关围绕为深化经济体制改革和建立现代企业制度服务，处理好服务与管理的关系，在进一步改革和完善企业登记管理制度，规范登记注册，强化监督管理方面做了大量工作，为建立社会主义市场经济体制发挥了重要职能作用。

2003年至今完善社会主义市场经济体制时期，全国企业注册登记管理工作，以实施《行政许可法》和《公司法》修改为契机，改革企业登记制度；以实施企业信用分类管理为重点，创新企业监管制度；以"金信工程"为保障，构筑企业信用管理制度。立足企业登记管理职能，一手抓登记规范，把好市场主体准入关，为企业提供高效优质的服务；一手抓监督管理，对企业准入、存续和退出市场实施全程监管，提高执法效能，为企业发展营造良好的市场环境。

国家工商行政管理总局外商投资企业注册局
GUOJIA GONGSHANG XINGZHENG GUANLI ZONGJU WAISHANG TOUZI QIYE ZHUCEJU

① 2004 年 3 月，全国外资登记确权工作座谈会在青岛召开。国家工商总局副局长刘玉亭到会讲话
② 外资局全体同志在研究工作
③ 国家工商总局注册大厅外资企业登记发照窗口
④ 国家工商总局外资局和培训中心共同举办外资登记管理培训班
⑤ 2006 年 12 月，第二届全国外资企业登记管理机关英语竞赛现场

  外商投资企业登记管理工作是市场主体登记管理工作的一个方面。

  从全国解放到改革开放前夕，这一时期的外商投资企业登记管理工作基本属于空白。

  从 1978 年 12 月党的十一届三中全会到 1992 年 10 月党的十四大召开，这一时期我国外商投资企业从无到有，外商投资企业登记管理工作开始起步建立。在法律尚不健全的情况下，工商行政管理部门通过总结外商投资企业登记管理的经验，探索建立外商投资企业登记管理基本工作制度，推动外商投资企业登记法律法规制度的制定，初步形成了外商投资企业登记管理制度。

  党的十四大到 2001 年 12 月中国加入世贸组织，这一时期外商投资企业迅速发展，成为带动我国经济快速发展的重要力量，各级工商行政管理机关发挥登记管理职能作用，加强对外资企业的监督管理和法规建设，把好外资主体准入关，改善投资环境，促进外商投资企业健康发展。

  2001 年至今，我国加入世界贸易组织后，为适应对外开放全方位、宽领域、多层次的新格局，外资登记管理机关适应入世承诺要求，有效地遵循国民待遇原则，不断建立健全统一、规范、便捷、高效的外资市场准入制度，实现外商投资企业的平等准入，优化了利用外资结构，提高了开放型经济水平，建立健全了外资监管长效机制，全面履行维护国家经济和产业安全的职责。

国家工商行政管理总局广告监管司

GUOJIA GONGSHANG XINGZHENG GUANLI ZONGJU GUANGGAO JIANGUANSI

① 2007 年 11 月，广告专项整治第三次部级联席会议召开，国家工商总局局长周伯华到会并作重要讲话

② 2006 年 12 月，国家工商总局在深圳召开部分省市广告监管工作会议，刘凡副局长到会作讲话

③ 2007 年 5 月，中国广告业发展高层论坛在南京举办

④ 北京工商局广告监测中心

　　30 年经济发展，中国广告业从无到有，从弱到强。1979 年以前，全国经营广告的公司不过 10 家，报刊、广播电台、电视台基本上不经营广告业务。改革开放使中国广告业获得了无限生机，得以蓬勃发展。截至 2007 年底，全国共有广告经营单位 17.3 万户，从业人员 111.3 万人，年广告经营额 1741 亿元，我国广告市场规模已跻身于国际广告市场的前列。30 年来，广告在服务生产、引导消费、刺激需求、塑造品牌、传播先进文化、推动公益事业发展等方面发挥了极其重要的作用，有效地促进了经济增长和社会主义精神文明建设。

　　作为政府广告管理职能部门，工商行政管理机关认真履行职责，不断创新监管机制，依法规范广告活动，深入治理虚假违法广告，积极推动广告业健康发展，使广告管理工作逐步走向制度化、规范化、程序化、法治化。经过多年的艰辛探索，我国已基本建立了适应社会主义市场经济监管的广告法律法规体系，建立了与中国国情相适应的政府主导型广告监管体制和政府监管、行业自律、社会监督三位一体的管理模式，建立了广告监管部际联席会议制度和广告审查、监测、执法办案等长效监管机制，为促进广告业又好又快发展提供了有力保障。

国家工商行政管理总局个体私营经济监管司

GUOJIA GONGSHANG XINGZHENG GUANLI ZONGJU GETI SIYING JINGJI JIANGUANSI

① 2007 年 12 月，第二届全国非公有制经济人士优秀建设者表彰大会在北京人民大会堂举行。全国政协主席贾庆林在会前接见与会代表，全国政协副主席刘延东出席大会并颁奖

② 2007 年 2 月，国家工商总局在西安召开全国个体私营经济服务与监管工作座谈会。钟攸平副局长出席并讲话

③ 2007 年 7 月 1 日，《农民专业合作社法》、《农民专业合作社登记管理条例》正式颁布实施，北京市工商局房山分局隆重举行了首批农民专业合作社营业执照发放仪式。国家工商总局副局长钟攸平出席了发照仪式

④ 基层工商部门积极支持个体私营经济健康发展

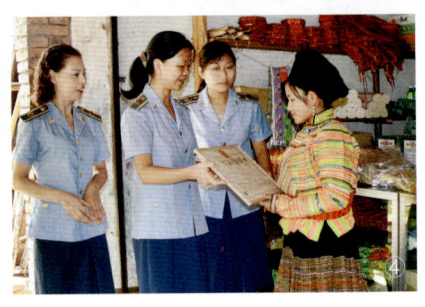

　　个体私营经济监管是工商行政管理的一项重要职能，是与国家的政治经济生活联系紧密、关乎国计民生的一项重要工作。建国以来，个体私营经济监管见证了各个不同的历史时期党和国家关于个体私营经济政策的成败得失，见证了社会经济发展的兴盛与曲折。

　　建国近 60 年来，个体私营经济监管取得了丰硕的成果，也有过失误和挫折。大致可以划分为这样几个阶段。

　　1. 国民经济恢复和社会主义改造时期（1949 ～ 1956 年）。各级工商行政管理部门的中心工作，就是宣传《中国人民政治协商会议共同纲领》和中国共产党的方针政策，扶持私营工商业恢复和发展，同时，对私营工商业进行调整和管理。进而把总路线的精神贯彻到各项工作之中，充分发挥政府赋予的各项职能作用，采取各项措施，促进私营个体工商业的社会主义改造。

　　2. 单一公有制时期（1957 ～ 1978 年）。各级工商行政管理部门在发展和管理私营经济和个体经济方面，做了一些有益的工作，但也产生了一些失误和偏差。

　　3. 改革开放初期（1978 ～ 1992 年）。工商行政管理部门在个体私营经济工作方面的基本职能有三项：一是调查研究，为制定有关个体私营经济的政策法规提供依据；二是制定或参与制定政策、法律法规和规章；三是积极扶持发展。

　　4. 建立社会主义市场经济体制时期（1992 ～ 2002 年）。在个体私营经济快速发展的新形势下，工商行政管理机关一方面继续贯彻执行党和国家的方针政策，积极鼓励、支持、引导个体私营经济发展，另一方面，不断加大监管执法力度，促进个体私营经济健康发展，努力实现监管职能转变，促进监管职能到位。

　　5. 完善社会主义市场经济体制时期（2003 年以后）。工商行政管理部门不断深化个体私营经济监管体制机制改革，推进监管方式转变。按照总局党组"四个统一"等一系列新思路、新举措的要求，加大监管执法力度，在围绕大局、支持发展、服务群众等方面做了大量工作。

国家工商行政管理总局人事司
GUOJIA GONGSHANG XINGZHENG GUANLI ZONGJU RENSHISI

① 2004 年 12 月，国家工商总局召开全国工商行政管理工作暨先进集体先进工作者表彰会议，国务院副总理吴仪出席会议并为先进代表颁奖

② 2007 年 7 月，国家工商总局组织全国工商系统先进模范代表到北戴河休假疗养。周伯华局长、刘玉亭副局长看望参加休假疗养的先进模范代表

③ 2007 年 9 月，国家工商总局在新疆召开全国工商系统干部教育培训工作会议，周伯华局长作重要讲话，刘玉亭副局长作工作报告

④ 2006 年 9 月，国家工商总局在山东召开全国工商系统基层建设和人才工作会议，刘玉亭副局长作重要讲话

⑤ 人事司不断深化干部人事制度改革，坚持把推行竞争上岗作为深化干部选拔任用制度改革的重点。图为 2003 年 6 月国家工商总局司处级干部竞争上岗笔试现场

人事司是负责国家工商总局机关和直属单位人事管理、机构编制、队伍建设等工作和指导本系统队伍建设有关工作的部门，全司坚持以人为本，围绕中心，服务大局，不断深化干部人事制度改革，大力加强各级领导班子建设，努力建设政治上过硬、业务上过硬、作风上过硬的工商行政管理干部队伍，为履行工商行政管理职能，切实做到"四个统一"，提供思想政治保证、组织保障和人才支持。

近年来，人事司按照总局党组的决策部署，大力推进省以下垂直管理体制改革和工商所实施国家公务员制度等工作，为实现工商行政管理职能到位、切实做到依法行政奠定基础；把推行竞争上岗作为深化干部选拔任用制度改革的重点，努力建立公平公正、竞争择优、充满活力、促使优秀人才脱颖而出的选人用人机制，提高选人用人公信度；加强和改进干部教育培训工作，大规模培训干部，大幅度提高干部队伍整体素质；下大力气加强基层建设，推动全系统加强基层、夯实基础、强化能力、规范行为、提高效能；大力表彰先进，弘扬正气，不断增强全国工商系统的凝聚力和战斗力。全司同志恪守"对己清正、对人公正、对内严格、对外平等"的行为准则，把尊重人、关心人、爱护人、培养人的理念融入到工作的实践中，勤奋敬业，甘于奉献，是一个团结的集体、廉洁的团队、干事的队伍。

国家工商行政管理总局国际合作司
GUOJIA GONGSHANG XINGZHENG GUANLI ZONGJU GUOJI HEZUOSI

国家工商总局 1998 年设立国际交流与合作司，2000 年更名为外事司，2008 年更名为国际合作司。主要职责为组织开展工商行政管理方面的国际合作与交流，组织实施国外智力引进工作，承担对外培训活动等工作。

工商总局外事工作按照中央的外交布局，努力搞好市场监管领域的双边多边交流合作，大力宣传我国完全市场经济地位，协助解决双边贸易争端，宣传我国商标知识产权保护，妥善做好市场监管国际交流合作中的涉港澳台工作，支持开展民间交流合作，有效服务了国家总体外交。截至 2008 年 6 月，总局已与 45 个国家（地区）的市场监管机关和 10 多个相关国际、区域性组织建立工作联系，开展了交流合作。总局负责执行和参与执行的国际条约共 5 个，政府间双边协议 9 个，部门间多边、双边协议 5 个。

工商总局外事工作根据我国国情的需要，利用对外交流合作平台，学习借鉴国外先进的监管理论和执法经验，把国外有益的经验应用到市场监管立法和执法工作中，为我国相关政策、法律的制定及调整提供了有益参考，为工商行政管理改革与发展提供了不可缺少的国外先进经验借鉴和国外智力支持，为工商行政管理部门监管现代化、规范化、国际化的社会主义大市场发挥了应有的作用。

① 2005 年 11 月 3 日，国家工商总局局长王众孚与俄罗斯联邦反垄断局代表团签署《中俄反不正当竞争与反垄断领域合作协定谅解备忘录〔2006-2007 年度〕》

② 2007 年 9 月 18 日，国家工商总局局长周伯华会见俄罗斯代表团安德烈·齐加诺夫一行

③ 2007 年 3 月 21 日，国家工商总局局长周伯华会见美中贸易全国委员会会长傅强恩

④ 2007 年 9 月 4 日，国家工商总局局长周伯华会见欧盟竞争委员尼丽·克罗丝女士

⑤ 2007 年 12 月 17 日，国家工商总局局长周伯华会见日本公平交易委员会主席竹岛一彦

⑥ 2007 年 4 月 20 日，国家工商总局局长周伯华会见阿联酋经济部部长鲁卜娜·卡西米一行

国家工商行政管理总局商标局

GUOJIA GONGSHANG XINGZHENG GUANLI ZONGJU SHANGBIAOJU

① 2007 年 6 月 26 日，国家工商总局与世界知识产权组织共同举办的世界地理标志大会在北京人民大会堂开幕。国务院副总理吴仪发表重要讲话，国家工商总局局长周伯华致辞

② 2007 年 8 月 23 日，全国人大法工委、国家工商总局等联合召开纪念《商标法》颁布 25 周年座谈会

③ 2008 年 3 月 27 日，国家工商总局副局长付双建代表总局与商标局局长李建昌签订《解决商标注册审查积压问题目标责任书（2008–2010 年）》

④ 2008 年 4 月 7 日，国家工商总局副局长付双建、商标局局长李建昌在陕西省考察地理标志及农产品商标工作

新中国成立以来，尤其是改革开放以来，随着经济的发展、改革的深化、开放的扩大，我国的商标事业取得了长足发展：商标法律制度不断建立健全，基本形成了既适应我国国情、又符合国际规则的现代商标法律体系；全社会的商标意识不断增强，尊重和保护商标的社会氛围初步形成；商标注册申请量高速增长，商标审查能力和水平不断提高；商标行政执法力度不断加大，商标专用权得到有效保护；农产品商标和地理标志工作不断加强，有力地推动了社会主义新农村建设；商标领域的国际交流与合作富有成效，我国在世界知识产权界的地位和作用日益提升。

2008 年 6 月 5 日，国务院颁布了《国家知识产权战略纲要》，中国商标事业发展迎来前所未有的良好机遇。今后，国家工商行政管理总局商标局将按照总局的统一部署，坚持以科学发展观统领工作全局，认真贯彻《国家知识产权战略纲要》，大力推进商标战略实施，努力做到"四个统一"，扎实推进"四化"建设，认真落实"四高"要求，积极做好商标注册与管理的各项工作，坚决实现"三年解决商标注册审查积压、五年达到国际水平"的目标，不断开创商标工作新局面，为促进科学发展、推动社会和谐作出积极贡献。

国家工商行政管理总局商标评审委员会
GUOJIA GONGSHANG XINGZHENG GUANLI ZONGJU SHANGBIAO PINGSHEN WEIYUANHUI

① 2004 年 8 月 25 日，商标评审委员会召开专家咨询会
② 2008 年 3 月 27 日，国家工商总局副局长付双建代表总局与商标评审委员会主任许瑞表签订《解决商标评审积压问题目标责任书》
③ 2007 年 3 月 27 日，商评委主任侯林会见日本特许厅官员
④ 2005 年 1 月 12 日，商标评审委员会召开评审实务培训班

　　商标评审制度是我国商标法律制度的重要组成部分。自实行改革开放以来，我国的商标评审制度经历了建立、逐步发展、健全完善几个阶段，已取得了长足的进步，形成一套既与国际通行做法相适应，又具有中国特色的商标评审法律制度和工作体系。商标评审制度对于依法保护商标专用权，制止商标确权领域内的不正当竞争行为，保护消费者及相关公众的利益，维护商标确权领域内公平竞争秩序，具有重要意义。

　　商标评审委员会是根据商标法设立的商标确权程序中的评审机构，依法处理商标争议事宜。目前其主要职责范围是：对商标局驳回的商标申请，应当事人请求进行复审；对商标局作出的异议裁定、商标撤销裁定，应当事人请求进行复审；对当事人提出的商标争议申请进行审理；承担商标注册程序性争议案件的行政复议工作；依法认定驰名商标；依法参与商标评审案件的行政诉讼程序。商标评审委员会设主任 1 人、副主任 2 人和八个处：综合处、案件受理处、案件审理一处至案件审理六处，人员编

制为 70 人，现有 71 人，其中具有硕士博士学历的 29 人，占总人数的 40%。在国家工商总局的领导和相关部门的支持下，30 年来，商标评审委员会从小到大，从弱到强，为工商行政管理事业作出了积极的贡献，已成为中国知识产权保护领域的重要力量。

国家工商行政管理总局机关党委
GUOJIA GONGSHANG XINGZHENG GUANLI ZONGJU JIGUANDANGWEI

① 2004 年 12 月 18 日，国家工商总局召开直属机关第一次党代表大会
② 2007 年 10 月 23 日，国家工商总局召开机关和事业单位党员骨干会议，中共中央委员、国家工商总局党组书记、局长周伯华传达十七大会议精神，并对学习贯彻落实十七大会议精神作出了全面部署
③ 2008 年 10 月 8 日，国家工商总局召开深入学习实践科学发展观活动动员大会
④ 2007 年 12 月 19 日，国家工商总局召开直属机关第一次团员大会
⑤ 中共中央国家机关工作委员会授予国家工商总局外资企业注册局先进基层党组织

根据《国务院办公厅关于印发国家工商行政管理总局主要职责内设机构和人员编制规定的通知》，总局机关党委的主要职责是：负责机关和在京直属单位的党群工作；承办总局交办的其他事项。根据上述职责，机关党委设办公室、统战群众工作处和纪律检查处三个处（室）。人员编制为 10 人，其中专职副书记 1 人；专职纪委书记 1 人。

在总局党组和中央国家机关工委的领导下，总局机关党委始终坚持以马列主义、毛泽东思想、邓小平理论和"三个代表"重要思想为指导，深入贯彻落实科学发展观，紧紧围绕党和国家的工作大局以及工商行政管理中心任务，结合总局机关实际，组织全体党员干部学习党的政治理论，大力加强党的基层组织建设，加强党风廉政建设，加强对机关工会、共青团和妇女工作的指导，充分发挥党组织的战斗堡垒和党员的先锋模范作用，有力地促进了工商行政管理事业各项任务的完成。

国家工商行政管理总局离退休干部办公室
GUOJIA GONGSHANG XINGZHENG GUANLI ZONGJU LITUIXIU GANBU BANGONGSHI

①国家工商总局局长周伯华带领机关有关部门领导走访看望离退休老干部

②2009年4月，国家工商总局召开离退休干部党员第一次代表大会

③组织老同志参观社会主义建设成就展

④迎新春联欢会上，老干部演出自编自排的文艺节目

⑤离退休干部办公室领导上门为90岁高龄的老干部祝寿

1982年4月，国务院下发通知（国发〔1982〕62号），要求国务院各部委、直属机构"建立健全老干部工作机构"。1982年底，国家工商行政管理局设置人事教育司老干部处。1994年9月，国家工商行政管理局设置离退休干部办公室。

离退休干部办公室的主要职能是：贯彻党中央、国务院关于离退休干部工作的方针、政策，根据离退休干部统一管理，待遇分开的原则，拟定本部门的实施办法。组织离退休干部阅读学习文件、参加政治活动；负责离退休干部的医疗保健、生活福利、休养和用车等服务工作；会同有关部门办理离退休干部的丧葬和善后处理事宜；加强离退休干部党组织建设；有组织有领导地发挥离退休干部在构建社会主义和谐社会中的作用；指导直属单位的离退休干部工作。

多年来，在总局党组的领导下，离退休干部办公室以邓小平理论和"三个代表"重要思想为指导，全面贯彻落实科学发展观，认真贯彻中央关于老干部工作的方针政策，认真落实老干部的政治待遇和生活待遇，大力加强和改进离退休干部党组织建设，深入开展思想政治工作，不断改进工作作风，努力提高服务质量和水平，老干部工作不断取得新成绩。

驻国家工商行政管理总局纪检组监察局
ZHU GUOJIA GONGSHANG XINGZHENG GUANLI ZONGJU JIJIANZU JIANCHAJU

① 2005 年 5 月，驻国家工商总局纪检组监察局牵头组织就起草《落实〈实施纲要〉的具体意见》听取部分地方工商局有关负责人意见

② 2005 年 5 月 30 日，国家工商总局队伍教育整顿领导小组在云南召开全国工商行政管理系统队伍教育整顿专项工作座谈会

③ 2006 年 8 月、11 月，全国工商系统贯彻落实惩防腐败体系《实施纲要》座谈会分别在黑龙江省和广东省召开

④ 2006 年 10 月，中央纪委驻国家工商总局纪检组组长石见元和全国工商系统工商廉政文化建设工作座谈会议代表参观山西省娄烦县工商局等四处廉政文化建设示范点

⑤ 2008 年 11 月，驻国家工商总局纪检组副组长、监察局局长徐爱婷在四川检查工商系统抗震救灾资金物资使用情况

1988 年，监察部在国家工商局设立派驻监察专员办公室。1994 年，中央纪委、监察部在国家工商局设立派驻纪检组、监察局。2001 年，中央纪委、监察部在国家工商总局设立派驻纪检组、监察局。2002 年，中央纪委、监察部在国家工商总局进行派驻纪检监察机构统一管理试点，2003 年完成。

多年来，驻国家工商总局（国家工商局）纪检组监察局认真贯彻中央纪委历次全会和国务院历次廉政工作会议精神，认真落实中央纪委、监察部关于反腐倡廉建设工作部署，按照历届国家工商总局党组的要求，紧紧围绕工商系统实际，坚持标本兼治，综合治理，惩防并举，注重预防的方针，真抓实干，从教育、制度、监督、改革和惩处等方面，做了大量艰苦细致的工作，努力构建具有工商机关特点的惩治和预防腐败体系。特别是 2008 年以来，为完善惩治和预防腐败体系，协助工商总局党组，在总局机关和全系统开展廉政风险点管理工作，防范廉政风险和监管风险，与时俱进，开拓创新，不断开创工商系统党风廉政建设和反腐败工作的新局面，为各级工商机关落实科学发展观，廉洁高效、依法行政提供有力保证。

国家工商行政管理总局机关服务中心

GUOJIA GONGSHANG XINGZHENG GUANLI ZONGJU JIGUAN FUWU ZHONGXIN

① 2004 年 12 月，国家工商总局机关服务中心被评为全国机关后勤工作先进集体，刘登泉主任受到温家宝总理接见

② 按照总局党组统一部署，机关服务中心深入开展学习实践科学发展观活动，于战晓主任在学习实践活动总结大会上作总结讲话

③ 为了提高机关干部职工生活质量，机关服务中心在国家部委机关率先推出自助餐服务，着力为机关提供营养可口的餐饮

④ 交通安全是安全工作中一项重要内容，机关服务中心车队每次出车前都要严格检查车况，确保总局领导和机关用车安全高效

⑤ 文印服务是机关服务中心一项经营性服务内容，也是增强保障能力，更好地为总局服务的有效途径

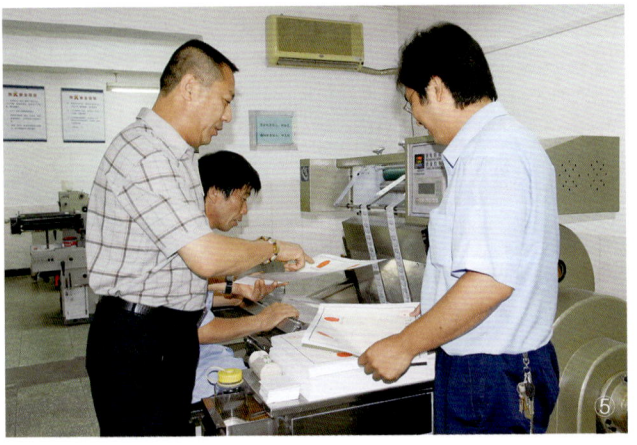

机关服务中心（机关服务局）为国家工商总局直属事业单位，1994 年 8 月被批准成立。主要职能是为机关工作服务，为职工生活服务，保障机关职能活动高效、有序运转；利用总局授权经营管理的资产，依照国家有关政策规定，开展经营活动，增强后勤保障能力，提高机关干部生活质量。具体承担机关餐饮医疗、卫生保洁、车辆保障、设备运行、物业管理、文印服务、会务接待等工作任务，负责保障机关消防安全、饮食安全、车辆安全和设备运行安全，落实机关节能减排工作措施。

机关服务中心始终坚持为机关服务的宗旨，创新服务方式，推进餐饮服务改革，在中央国家机关食堂中率先推出自助餐服务。在提高职工生活质量的同时，机关服务中心不断提高会议服务、车辆保障、物业管理质量，粉刷修缮办公房间，加强绿化美化基础设施的改造，为机关提供了舒适健康的工作生活环境，受到了总局领导和机关干部的好评。由于在餐饮服务、车辆保障、绿化美化、安全工作等方面的突出表现，机关服务中心多次被中央国家机关评为先进单位，中心领导还受到了国家领导人的亲切接见。

机关服务中心进一步转变经营理念，不断扩展经营空间，近年来文印服务等经营活动取得了显著成绩，进一步增强了保障能力，为做好后勤保障奠定了坚实基础。

机关服务中心注重管理理念的创新，为了适应机关工作日益繁重和机关人员不断增多等新要求新情况，积极推进机关后勤信息化建设，不断提高服务效率和保障能力。

国家工商行政管理总局经济信息中心

GUOJIA GONGSHANG XINGZHENG GUANLI ZONGJU JINGJI XINXI ZHONGXIN

①国家工商总局领导考察信息中心计算机房
②国家工商总局领导出席"金信一期"建设协调会
③运用信息手段，全面推进工商行政管理改革创新
④工信部领导考察江苏省工商局信息化应用
⑤支援西藏工商局加强信息化建设

　　经济信息中心是国家工商总局从事信息化工作的专门机构。主要职能：一是负责全国工商行政管理信息系统技术工作，组织全国工商行政管理信息系统网络和数据中心建设，对各省、自治区、直辖市工商行政管理信息化建设进行业务指导，为市场监督管理与行政执法工作提供技术支持和技术保障。二是研究、制定全国工商行政管理信息化建设的规划、计划、技术方案、标准规范、编码和管理制度及相关管理办法。三是负责国家工商总局机关信息化建设和管理工作。四是承担全国工商行政管理信息技术人员和应用人员的业务培训及技术交流工作。五是负责国家工商总局信息化领导小组决定事项的组织实施和督促检查；参与国家信息化相关工作。六是面向社会提供信息咨询服务。

　　经过20多年的努力，工商行政管理信息化建设取得了明显成效。一是基本建立了信息化专职工作机构。二是基本建立了覆盖全国工商行政管理系统的信息化网络。三是基本建立了信息化标准规范体系。四是基本实现了信息化对工商主要业务的覆盖。五是基本建立了对社会公众的服务平台。六是基本形成了一支适应工商信息化建设的骨干队伍。

　　信息化在工商行政管理部门履行维护市场经济秩序职责，促进经济社会协调发展中正发挥日益重要的作用。

中国工商报社

ZHONGGUO GONGSHANG BAOSHE

① 2006年11月10日，国家工商总局局长周伯华、副局长钟攸平亲临报社，与报社员工亲切交谈，同时寄语报社全体同志，要树立创新意识，在原有基础上办出新水平

② 2008年6月20日，报社党委组织以抗震救灾前线记者报告会的特殊形式，进行了一次生动感人的"主题党日"活动

③ 报社在开展学习实践科学发展观活动中，先后组织了读者调查、专题新闻业务研讨会等活动，努力突出实践特色

④ 近年来，报社先后获得了中央国家机关工委授予的"中央国家机关抗震救灾先进基层党组织"、中国记协授予的全国新闻工作先进集体等荣誉称号

调整，不断增扩版，现《中国工商报》为周五刊，每周二、三、四、五、六出版，每周32个版。1999年底，开通了中国工商报网站（网址：http://www.cicn.com.cn），形成了"一报四刊一网站"的格局。

中国工商报社实行社长负责制。机构设置按类别分为编采部门、经营部门和党政后勤部门。《中国工商报》在全国各地设有记者站和通联站，通联网络稳定、健全。

《中国工商报》坚持"立足工商，面向市场"的办报宗旨。以全面反映工商监管执法、维护市场经济秩序为报道主线。

多年来，中国工商报社在国家工商行政管理总局党组的正确领导下，以邓小平理论和"三个代表"重要思想为指导，以科学发展观统领全局，坚持正确的舆论导向，按照"立足工商，面向市场"的办报宗旨，紧紧围绕国家工商总局的总体部署和中心工作，积极发挥工商系统主舆论阵地的作用，为宣传党和国家的路线方针政策，宣传工商行政管理的改革发展，弘扬讴歌工商行政管理战线的成就和先进典型，普及宣传工商法律法规知识，为促进工商行政管理事业的全面发展营造良好的舆论氛围，发挥了作用，作出了贡献。

《中国工商报》是由国家工商行政管理总局主管的经济法制类报纸，它的前身是1984年10月1日创刊的《中国广告报》。1987年2月14日，经中共中央宣传部批准，《中国广告报》更名为《中国工商报》，并于当年7月3日正式出版发行。

《中国工商报》创刊时为周二刊，对开四版。创刊后，报社根据形势的需要和读者的需求，在刊期和内容上适时进行

中国工商出版社

ZHONGGUO GONGSHANG CHUBANSHE

① 2006 年 11 月 10 日，国家工商总局局长周伯华、副局长钟攸平考察出版社工作，充分肯定了出版社的成绩，并提出了更高的要求

② 工商出版社党总支组织党员和积极分子开展参观爱国主义教育基地等主题党日活动

③ 社领导参加图书年鉴编辑部和发行部共同召开的编发互动会

④ 《工商行政管理》半月刊编辑部和发行部在研究工作

中国工商出版社是国家工商行政管理总局直属的中央级专业出版社，创建于 1980 年，其间于 1987 年 7 月与中国工商报社合并，1997 年 7 月两社分立。建社 28 年来，中国工商出版社认真贯彻党的出版方针，遵循国家出版法规，坚持为人民服务、为我国改革开放和社会主义现代化建设事业服务、为工商行政管理工作服务的方向，按照既定的办社宗旨，编辑出版《工商行政管理》（半月刊）、工商行政管理专业图书及相关法律类、经济类等图书，以及《中国工商行政管理年鉴》和《商标公告》。出版社现有办公室、期刊编辑部、图书年鉴编辑部、财务处、发行部五个处级职能机构，以及总编室、期刊发行部、印制公司三个内设机构。近年来，出版社不断狠抓规范管理，稳步推进改革，加强队伍建设，逐步实现内部管理的制度化、规范化、程序化、法治化，一支政治过硬、业务过硬、作风过硬的编采发行队伍正在形成。建社 28 年来，已累计出版各类图书、期刊 2600 余种（期），为宣传党的改革开放政策，推动工商行政管理系统更好地履行维护市场秩序、促进经济发展的基本职能，繁荣社会主义出版事业，发挥了积极的作用，取得了良好的社会效益和经济效益，社会影响和知名度不断扩大。

中国消费者报社

ZHONGGUO XIAOFEIZHE BAOSHE

① 国家工商总局王众孚局长等总局领导参加报社办公楼启用典礼
② 国家工商总局周伯华局长和刘玉亭副局长考察报社时指导办报工作
③ 中消报努力引导消费者科学消费，大力维护消费者合法权益，受到广大消费者欢迎
④ 中消报采编人员正在召开编前会，策划报道选题和审查稿件内容

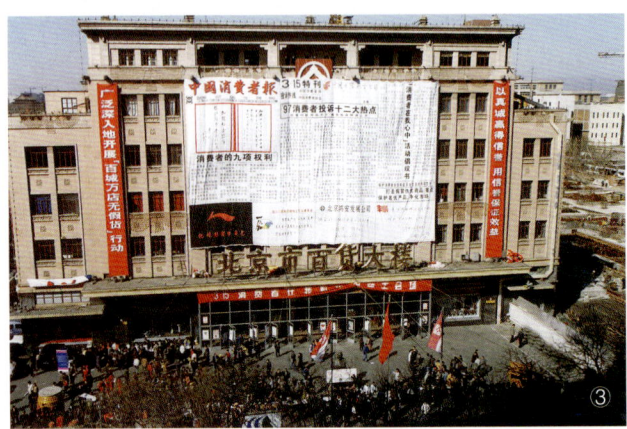

《中国消费者报》是国家工商行政管理总局主管、中国消费者协会主办的一张全国性报纸，1985年10月正式创刊。作为一张以广大消费者为主要读者对象的报纸，本报始终受到党和国家领导人的重视和关怀。曾任全国人大常委会委员长的彭真同志为本报题写了报名。王任重、胡乔木、陈慕华、王汉斌、王光英等领导同志先后接受过采访或为本报题词，鼓励报社办好这张报纸。

创刊以来，本报始终坚持维护消费者合法权益、引导消费者合理消费的办报宗旨，始终坚持围绕大局抓新闻、围绕市场抓热点、围绕消费者抓服务的办报方针，做到服务大局、

精耕细作，积极宣传党和国家方针政策，旗帜鲜明地维护消费者权益，大力宣传《消费者权益保护法》，全面报道工商系统维护市场秩序的重点工作，反映各地消费者组织工作动态，及时反馈市场信息，促进工商企业调整产品结构，提高产品和服务质量，守法规范经营。23年来，本报发表了大量有深度、有影响的独家报道，被广为转播转载，社会影响不断提高，消费者纷纷求助本报维护消费中的合法权益。本报先后共收到消费者投诉40万余件，96%以上得到协调解决，为消费者挽回了数亿元的损失。自2004起，本报所属中国消费网和全国打假网建立了以新闻报道和反馈投诉信息和消费信息为主要内容的网络体系，大力开展打假保优服务和信息咨询服务，进一步扩大了自身的社会影响。随着报纸质量的不断提高和社会影响的日益扩大，本报的读者群日益增加，发行数量稳步提高，广告经营越来越好。

展望未来，本报全体职工决心继续高举邓小平理论和"三个代表"重要思想伟大旗帜，坚持学习实践科学发展观，紧紧把握时代的脉搏，走在社会进步的前列，以正确的舆论导向，肩负起为维护市场秩序服务，为消费者服务的重任，写好消费维权这篇大文章。

中国工商行政管理学会

ZHONGGUO GONGSHANG XINGZHENG GUANLI XUEHUI

① 1991年7月9日中国工商行政管理学会成立大会在北京召开

② 1997年2月26日，中国工商行政管理学会第二届理事会第一次会议在北京召开

③ 2008年5月，中国工商学会牵头完成了"建立中国特色社会主义工商行政管理理论体系框架"的研究工作

④ 2008年5月中国工商学会在北京成功举办了"中国农村市场高层论坛"

中国工商行政管理学会是国家工商行政管理总局直属事业单位，是围绕工商行政管理职能，研究中国特色社会主义市场监管和行政执法理论与实践的非营利性的全国性学术团体。学会自1991年成立以来，紧紧围绕工商行政管理部门的中心任务，抓住不同时期的重大问题，按照监管与发展、监管与服务、监管与维权、监管与执法相统一的要求，通过组织召开理论研讨会和学术交流会、部署课题调研和理论研究、开展优秀调研成果评选等活动，注重探究解决实践中遇到的难点问题，深入开展中国特色社会主义市场监管和行政执法理论研究及学术交流，总结概括工商行政管理工作中好的经验和做法上升为理论层面，指导工商行政管理工作实践，取得了丰硕成果，为构建市场监管长效机制提供了理论支撑和参考，为建立和完善适应工商行政管理工作需要的理论体系作出了重大贡献，为各级领导决策提供了理论上的支持和服务，促进了广大工商干部理论水平和工作水平的提高，有力推动了工商行政管理实际工作的开展。

由国家工商总局主管、中国工商学会主办的《中国工商管理研究》，自1992年创刊以来，积极致力于宣传工商行政管理政策法规、监管与执法理论和实践的新成果、新经验，不仅成为全国工商系统广大干部开展理论研究、学术交流及政策宣传的重要园地，还是工商行政管理部门与理论界、企业界及社会各界沟通交流的桥梁纽带，同时也是工商干部开展业务学习和工作交流的重要平台。

国家工商行政管理总局行政学院

GUOJIA GONGSHANG XINGZHENG GUANLI ZONGJU XINGZHENG XUEYUAN

① 2005年4月28日，国家工商总局行政学院在深圳奠基，总局局长王众孚为奠基题写基石，副局长刘玉亭出席奠基仪式

② 2008年3月28日，国家工商总局行政学院落成暨开学典礼在深圳市隆重举行。总局局长周伯华出席并讲话，全国政协常委、原总局局长、总局行政学院名誉院长王众孚及深圳市有关领导出席，总局副局长、行政学院院长刘玉亭主持

③ 全国工商系统省局局长研修班结业仪式

④ 总局行政学院行政教学楼外景

1978年，国家工商局恢复以来，一直十分重视系统队伍建设。1980年，在青岛崂山建立了国家工商局干部学校，为全国工商系统培养造就了一大批专业人才和业务骨干。1993年，干校从青岛迁回北京，与中国工商学会合署办公。1995年，干校更名为国家工商局培训中心，1996年7月独立设置。2002年9月，培训中心更名为国家工商总局行政学院，2008年3月28日，行政学院在深圳举行落成暨开学典礼。

行政学院是总局的直属司局级事业单位，编制50人，内设院务部、教研部、培训部、总务部和联络部。作为干部教育培训机构，行政学院紧紧围绕工商行政管理工作大局，贯彻理论联系实际、学用一致、按需施教、讲求实效的原则，深化培训改革，实行开放办学。以提高思想政治素质为核心，以提高领导能力和监管执法能力为重点，切实增强培训的针对性和实效性，努力实现培训规模和质量、效益的统一，实现干部教育培训的科学化、制度化和规范化。充分发挥行政学院在全系统干部教育培训中的龙头和表率作用，努力把行政学院建设成为全系统领导人才培训、高层次执法人才培养的主要基地，总结和推广工商行政管理改革发展成果、推进理论研究的重要基地，开展干部教育培训工作的示范基地，学习借鉴国外市场监管先进经验的重要窗口。

国家工商行政管理总局市场经济监督管理研究中心
GUOJIA GONGSHANG XINGZHENG GUANLI ZONGJU SHICHANG JINGJI JIANDU GUANLI YANJIU ZHONGXIN

① 2006 年 12 月，研究中心召开全体工作人员座谈会
② 2008 年 5 月，研究中心全体人员合影
③ 研究中心新的领导班子成员在中心全体会议上
④ 2008 年，研究中心组织开展《新中国工商行政管理史志》文稿第一次审稿会。图为全体审稿人员合影留念

市场经济监督管理研究中心成立于 1996 年 7 月 20 日，是直属于国家工商总局的专门从事市场经济监督管理政策理论研究的全额拨款事业单位。成立以来，研究中心紧紧围绕总局中心工作，致力于工商行政管理应用理论研究，注重对国内外市场监督管理制度和经验的考察研究，及时整理提炼各地工商行政管理机关在市场监管和行政执法中遇到的难点热点问题和成功经验，力争为工商行政管理重大决策提供理论依据和政策咨询，向总局领导、有关职能部门提供了一大批具有一定理论高度的课题研究报告和理论文章，有力地推动了工商行政管理系统政策理论研究不断深入。

截至 2008 年 6 月，中心共组织开展了近 50 项研究课题，其中有 10 篇课题报告先后通过国务院研究室的《研究报告》、《送阅件》和《室内通讯》上报国务院领导；组织撰写了《外商投资农业企业的调查研究》、《市场主体退出制度研究》等 20 余项有关市场监管的政策理论研究成果；中心内部出版物《市场监督管理参考》已编辑出版 90 期；作为总局红盾信息网的唯一政策研究子网——"工商研究工作网"共刊载文章 450 余篇，字数 300 余万字，网页的浏览人数近 25 万人次。

中国个体劳动者协会
ZHONGGUO GETI LAODONGZHE XIEHUI

① 2007 年 12 月 6 日，全国个体劳动者第三次代表大会暨全国文明诚信个体工商户表彰大会在人民大会堂召开。国务院副总理吴仪、全国人大副委员长乌云其木格、国家工商总局局长周伯华等出席大会

② 2006 年 12 月 4 日，庆祝中国个体劳动者协会成立 20 周年座谈会在人民大会堂召开。全国政协副主席刘延东接见了与会代表，国家工商总局局长周伯华在会上讲话

③ 2008 年 5 月 12 日汶川特大地震发生后，中国个协及各级个私协会组织动员广大个私会员，踊跃向灾区人民捐款捐物，为抗震救灾奉献爱心

④ 中国个协党支部十分重视协会干部的思想教育工作，邀请专家讲授廉政课

中国个体劳动者协会成立 22 年来，全国各级个体劳动者协会、私营企业协会认真贯彻党中央、国务院关于鼓励支持引导个体私营经济发展的方针政策，在工商行政管理部门的支持和指导下，认真履行"自我教育，自我管理，自我服务"的基本职责，积极发挥群众自治组织、桥梁纽带、监管助手和社会中介组织等作用，以发展为主题，以服务为宗旨，在宣传教育、引导发展、协调服务、规范自律等方面做了大量富有成效的工作，团结、教育、引导广大个体劳动者和私营企业经营者坚定不移地走中国特色社会主义道路，坚持爱国敬业、守法经营、诚信服务、奉献社会，为促进个体私营经济健康发展作出了应有的贡献，赢得了党和政府的充分肯定、广大会员的热诚支持和社会各界的广泛好评。

中国消费者协会

ZHONGGUO XIAOFEIZHE XIEHUI

① 2004 年，吴仪副总理会见国际消费者联合会执委会成员

② 2003 年，中国消费者协会召开《消费者权益保护法》颁布十周年座谈会

③ 2004 年，中国消费者协会召开成立二十周年纪念表彰大会

④ 2004 年，中国消费者协会荣获中央电视台中国经济年度人物奖

　　中国消费者协会是 1984 年 12 月 26 日依法成立的对商品和服务进行监督的保护消费者合法权益的全国性社会团体。其宗旨是：高举中国特色社会主义伟大旗帜，以邓小平理论和"三个代表"重要思想为指导，深入贯彻落实科学发展观，依据国家有关法律法规和政策，对商品和服务进行社会监督，保护消费者的合法权益，引导消费者科学、合理、健康、文明消费，维护社会主义市场经济秩序，为促进国民经济又好又快发展和构建社会主义和谐社会服务。中国消费者协会实行理事会制度，由国家各有关部门，各有关人民团体（社会团体），各有关新闻媒介，各省、自治区、直辖市及副省级市消费者协会（委员会）组织推举的理事组成。

　　依据《中华人民共和国消费者权益保护法》，消费者协会履行下列职能：（一）向消费者提供消费信息和咨询服务；（二）参与有关行政部门对商品和服务的监督、检查；（三）就有关消费者合法权益的问题，向有关行政部门反映、查询、提出建议；（四）受理消费者的投诉，并对投诉事项进行调查、调解；（五）投诉事项涉及商品和服务质量问题的，可以提请鉴定部门鉴定，鉴定部门应当告知鉴定结论；（六）就损害消费者合法权益的行为，支持受损害的消费者提起诉讼；（七）就损害消费者合法权益的行为，通过大众传播媒介予以揭露、批评。

中国广告协会
ZHONGGUO GUANGGAO XIEHUI

① 2004 年 9 月，中国广告协会承办的第 39 届世界广告大会在北京召开。吴仪副总理接见参加大会的国际广告协会主席及执委会成员

② 2008 年 1 月 10 日，国家工商总局领导出席中国广告协会第五次会员大会

③ "中国广告节" 于 2008 年正式更名为 "中国国际广告节"

④ 中国广告协会承担中国广告企业资质认定工作

中国广告协会成立于 1983 年，是国家工商总局直属事业单位，是经民政部注册登记的全国性社会团体。经过 20 多年的发展，中国广告协会组织结构日益健全，已有全国各省、自治区、直辖市等地方广告协会单位会员 48 家，媒体、广告公司、广告主、大专院校、调研机构等单位会员 600 余家；学术分会个人会员 200 余名；以及报刊、广播、电视、广告公司、学术、公交、铁路、电力、民航、烟草、法律咨询、户外广告、霓虹灯广告、互动网络十四个专业领域的分支机构。

中国广告协会围绕 "为行业建设与发展提供服务" 的宗旨，切实履行提供服务、反映诉求、规范行为的基本职责，积极开展工作，取得一定的成效。一是以优化产业结构、提升企业核心竞争力、推动产业升级为出发点，积极开展中国广告业企业资质认定工作。二是以提升广告从业人员素质，维护广告行业人才市场秩序为宗旨，推动建立全国广告专业技术人员职业水平评定体系，广告行业进入国家专业技术人员的职业资格评定序列。三是广泛开展广告培训、交流活动，加强学术研究。《现代广告》等专业杂志和学术分会成为行业思想高地和学术理论建设的重要平台。四是广泛开展调查研究和信息服务工作，利用行业网站、工作通讯和电子刊物等形式为会员和行业提供优质服务。五是搭建学习展示、商务交流的平台，"中国国际广告节"、"中国广告论坛" 等重要活动已经成为业界颇有影响力的服务品牌。六是加强行业自律、规范企业行为，认真开展了广告发布前法律咨询工作、全国广告行业精神文明单位评选表彰工作。七是在反映诉求和维权工作方面，为广告业争取到良好的政策。2006 年开展《中国户外广告业生态和整治问题的调研》并配合以相应的政府媒体公关行动。八是积极开展国际交流，促进中国广告业与国际广告业的接轨和融合。2004 年在北京成功举办第 39 届世界广告大会，标志着中国广告业进入国际化发展的新时期。

中华商标协会

ZHONHUA SHANGBIAO XIEHUI

①中华商标协会与海峡两岸商务协调会合作
　协议签字仪式
②1994中华商标协会成立大会合影
③"2005中国商标节"开幕式
④"2006中国商标年会"
⑤商标知识大赛会场

　　中华商标协会成立于1994年，是由国内一些知名企业发起，并经国家民政部批准，受国家工商总局直接领导的全国性社团组织。

　　宗旨：为会员提供商标法律服务，依法维护会员的商标权益，协助会员制定和实施商标战略，创立驰名商标，增强全社会的商标意识，提高商品和服务质量，促进经济发展与繁荣。

　　主要任务：宣传、贯彻商标法律法规；指导和协助会员企业运用商标战略、创立驰名商标；依法维护会员的商标权益，为会员企业提供法律咨询服务，对工商行政管理机关和司法机关查处商标违法行为进行举证；协调会员间的关系，促进交流与合作；举办学术活动，开展商标知识培训，传播国内外商标信息，推广先进的理论和成功的经验，提高企业的商标管理水平；开展商标调查，研究国内外商标发展趋势、中国的商标发展战略和重大问题，向政府有关部门反映情况并提出建议，举办有关社会活动；开展商标国际交流与合作；编辑出版商标专业资料和刊物。

　　会员：由团体会员和个人会员组成。团体会员为商标知名度高、经济效益好的企业；商标代理机构；各地商标协会。个人会员为对商标理论有较高造诣、实践经验丰富的专家学者及法律工作者。

　　机构设置：协会的最高权力机关是会员大会（会员代表大会），理事会（常务理事会）为执行机构，秘书处负责日常工作。协会秘书处工作机构：办公室、会员部、法律咨询部。协会秘书处直属机构：《中华商标》杂志社、中企商标鉴定中心、中企商标发展中心。

北京市工商行政管理局

BEIJINGSHI GONGSHANG XINGZHENG GUANLIJU

① 2008 年 10 月 7 日，召开奥运保障总结表彰大会

② 1952 年 9 月 15 日至 10 月 31 日，在天坛举办北京市城乡物资交流大会

③ 1956 年 1 月 10 日，北京市人民委员会召开资本主义工商业公私合营大会

④ 1978 年底，城区最早出现的集贸市场—朝阳区水碓子农副产品批发市场

⑤ 三级公众服务平台建设营造了更加人性化的办照环境

⑥ 2005 年 7 月 1 日，推进企业监管方式改革工作现场会

1949 年 1 月，北平和平解放。2 月 6 日，北平市人民政府工商局成立。到 1978 年改革开放之前的近 30 年间，北京市工商行政管理机构、职能和任务是随着党和政府不同历史时期的中心工作以及国家政治经济形势的变化而变化的，职能曾多次调整，机构也曾多次撤并、恢复，走过了一段曲折而又不平凡的历程。

1978 年改革开放以后，恢复和开放农村集市贸易；推进城乡集贸市场建设；大力发展各类个体工商户，扶持私营企业和集体经济；为市场化改革和所有制改革进行探索并作出了贡献。

党的十四大确定建立社会主义市场经济体制，工商行政管理机关改革企业登记制度，促进多种经济成分共同发展；加快城乡各类市场建设；加强商标专用权保护；规范广告经营，促进广告事业发展；加大经济合同管理力度；深入开展消费者权益保护；加强法制建设，规范行政行为；工商行政管理各项职能工作都迈上了一个新的台阶。

1999 年 1 月开始，工商行政管理系统实行垂直管理。通过不断改革完善，逐步形成确立了"三大格局、六大体系"的总体工作思路；建立并不断完善食品安全监管体系和机制，为奥运食品安全保障奠定了基础；以有效控制辖区市场秩序为目标，改革监管方式，全面提升了市场控制力和整体工作水平。面对奥运保障工作的严峻考验，工商行政管理干部创造了一流的工作业绩，向全国人民交出了满意的答卷。

天津市工商行政管理局

TIANJINSHI GONGSHANG XINGZHENG GUANLIJU

1949年1月18日，天津市人民政府工商局成立。"文化大革命"开始至1976年，工商行政管理工作一度陷于停顿状态。党的十一届三中全会以来，在全党工作重点转移到以经济建设为中心的新时期，工商行政管理工作得到了恢复和发展。多年来，天津市工商行政管理部门始终坚持放管结合的工作思路，寓服务与管理之中，充分发挥职能作用，积极营造通畅的市场准入环境、宽松的工商政策环境、公平的竞争交易环境、高效的优质服务环境，为促进天津经济的发展做出了应有的贡献。特别是近年来，全市工商行政管理系统以中国特色社会主义理论为指导，以促进发展为中心，把构建社会主义和谐社会贯穿于市场监管和行政执法全过程，不断强化综合配套改革试验区的工商行政管理理念，努力推进监管与发展、监管与服务、监管与维权、监管与执法的统一，各项管理和服务工作都取得了显著成效。

①天津市工商局局长王海福带队检查猪肉市场
②天津市工商局对重大项目实行对接，积极推动重大项目建设
③热情接待来办事的群众
④耐心向消费者宣传消费知识
⑤开展食品安全专项整治活动
⑥整装待发

河北省工商行政管理局

HEBEISHENG GONGSHANG XINGZHENG GUANLIJU

① 国家工商总局局长周伯华考察河北省工商局 12315 指挥中心

② 河北省工商局局长钱晓钟在迁安市工商局杨店子工商所，详细了解"移动工商所"的情况

③ 2005 年 12 月，省工商局隆重举行向各市局发放食品快速监测车仪式

④ 巾帼红盾示范岗

⑤ 石家庄市工商局裕华分局种子留样室

河北省工商行政管理局自十六大以来，始终坚持以邓小平理论、"三个代表"重要思想为指导，以科学发展观统领全局，认真贯彻党的各项方针、政策，按照省委、省政府和国家工商总局的部署，以"抓班子，带队伍，保稳定，促发展"为总体思路，紧紧抓住各级领导班子建设、队伍建设、党风廉政建设等关键环节，充分发挥职能作用，不断改革创新，有力推进了各项工作开展。1. 着眼于推进工商职能到位，探索标本兼治的机制和办法，圆满完成了市场监管的各项工作任务，维护了良好的市场经济秩序，扩大了工商部门的社会影响。2. 下大力整合、撤并、新建和改、扩建工商所，使全省基层工商所从内部管理到外部形象都发生了根本性变化。3. 省、市两级成立了消费者权益保护机构，健全了消费维权组织体系。4. 省、市两级分别设立了企业注册和企业监管机构，形成了"大登记、大监管"的格局。5. 省、市、县三级分别成立经济检查总队、支队、大队，进一步增强了工商执法的统一性和规范性，树立了执法权威性，展示了良好形象。6. 为各级配备了执法车辆、微机、食品监测箱等现代化办公设备和执法装备，大大提高了工商执法现

代化水平。7. 围绕推进职能到位，提高整体效能，开发推广了一系列软件；省、市两级重新建设了 12315 指挥中心和广告监测中心，从形象到功能得到了全面提升；省局对注册大厅进行了全面改造升级，美化了环境，完善了功能，方便了企业。

山西省工商行政管理局

SHANXISHENG GONGSHANG XINGZHENG GUANLIJU

近年来,山西省工商局努力做到"四个统一",不断引申"五增五创",进一步开创了新形势下全省工商行政管理工作新局面。山西省工商局获得"第七届中国改革十大创新案例奖",王虎胜局长获得"第七届中国改革十大新闻人物奖"。创环境、促发展:私营企业户数由 2002 年底的 3.4 万户发展到 2008 年 5 月底的 11.58 万户,增长 2.4 倍;中国驰名商标达到 29 件,比 2002 年增长 6 倍;推进"五农工程",截至 2008 年 5 月底,登记注册农民专业合作组织 8213 户,位居全国前列。抓监管、构和谐:五年间共查处各类经济违法案件 37.5 万件,平均每年 7.5 万件。牵头建设信用山西,着力推进"四化"建设,努力构建长效机制。带队伍、树形象:涌现出全国"模范公务员"杨宽德,2006 年在省政府组织的 52 个部门参加的政风行风评议中位居第一;2007 年全系统荣获"山西省文明和谐行业"称号,省局被省劳动竞赛委员会记集体一等功。

①食品安全关乎百姓生命。图为山西省工商局局长王虎胜、副局长石清礼等在水果市场检查

②山西省工商局在全省所有乡村都设立了12315 维权站。图为省局局长王虎胜、副局长薛维栋深入农村,看望一线工作人员

③图为山西省太原市工商局迎泽分局组织工商所长向企业及个体工商户代表述职述廉

④抓食品安全,保放心消费。图为山西省忻州市工商局忻府分局在辖区开展"红牌示范店"活动

⑤发挥职能推进社会主义新农村建设是工商机关义不容辞的责任。图为山西省晋中市工商局工作人员为农民专业经济合作组织送照上门

⑥图为"时代先锋"、"全国模范公务员"、山西省黎城县工商局局长杨宽德带领大家参加工商所建设义务劳动

内蒙古自治区工商行政管理局

NEIMENGGU ZIZHIQU GONGSHANG XINGZHENG GUANLIJU

①国家工商总局局长周伯华在内蒙深入基层工商所调研指导工作

②区局机关全体干部认真学习党的十七大精神

③召开推进社会主义新农村新牧区建设经验交流会

④车载流动工商所

⑤大力宣传工商法律法规，维权到农户，送法进乡村

⑥在工商部门大力支持下，"川宝"牌武川土豆商标正式注册，知名度大涨，奥运期间在短短的两周时间内提供优质土豆20万斤

①

②

③

④

⑤

⑥

近年来内蒙古工商系统大力整顿市场经济秩序，积极开展流通领域产品质量和食品安全、农资打假、保护商标专用权、反不正当竞争、打击传销、整治商业贿赂、打击虚假广告宣传等专项整治行动，严厉查处经济违法违章案件，营造公平竞争的市场环境和安全放心的消费环境；坚持监管与维权相统一，努力构建长效监管机制，不断推进市场监管制度和行政执法体制改革。建立健全12315行政执法体系，推进现代化、信息化网络化、规范化管理，提高了行政效能，促进了监管到位，进一步健全了工商监管、行业自律、社会监督相结合的消费维权体系；坚持监管与发展、监管与服务相统一，全力服务于经济社会的发展，提高执法队伍的行政能力。积极拓展与俄罗斯、蒙古国在市场准入方面的合作交流，为中外市场主体快速准入建立了绿色通道，有效推行规范化登记注册制度。鼓励和扶持第三产业发展，大力促进就业再就业工作，支持国有企业改革，积极推进商标战略，不断扶持各类市场主体发展壮大，促进了内蒙古经济又好又快的发展。全系统积极开展创建先进旗县工商局和五好工商所活动，加强基层基础建设，不断规范执法行为，切实提高执法效能，建立了一支为民、务实、清廉、高效的行政执法队伍。

辽宁省工商行政管理局

LIAONINGSHENG GONGSHANG XINGZHENG GUANLIJU

① 2007 年，省工商局投资 800 多万元，为基层配备执法车和食品安全检测设备
② 改革开放后恢复的全国第一家农贸市场——沈阳北行农贸市场
③ 大连市工商局开展千户私营企业帮扶万名下岗职工活动
④ 工商部门积极支持"五点一线"发展战略，图为锦州市工商人员在锦州港考察指导工作
⑤ 辽阳市工商局深入企业开展服务
⑥ 工商人员为企业改制答疑解惑

改革开放后的辽宁工商，解放思想，大胆工作，把恢复和发展城乡集市贸易、发展个体私营经济作为改革开放初期工作的突破口。逐步放宽政策，允许农民完成征购任务后将自产有余的粮、油、肉等进入集市交易，允许社员以"手提、肩扛、车驮"的方式进行农副产品贩运，全省集市贸易得到了迅速恢复和发展。在开放集贸市场方面，辽宁工商成为全国的领军人物，在当时的特定时期，做出了历史性贡献。从 2003 年，辽宁省工商局开展"执法服务环境年"活动开始，辽宁工商发生了重大转折，一手抓执法，一手抓服务，为振兴辽宁老工业基地营造良好的发展环境。加强班子队伍建设、党风廉政建设、基层建设和信息化建设，开创辽宁工商工作的新局面。

吉林省工商行政管理局

JILINSHENG GONGSHANG XINGZHENG GUANLIJU

①团结、务实、和谐的局领导班子
②省局领导深入企业调查研究，为经济发展服务
③加强队伍建设，打造精锐之师
④加强市场监管，营造和谐消费环境
⑤基层建设规范化
⑥高举监管服务发展的伟大旗帜

吉林省工商局自 1979 年 6 月重新组建以来，伴随改革开放、市场经济发展而发展，走过了 30 年不平凡的历程。截至 2008 年 6 月，吉林省工商局内设 14 个处室、4 个直属派出分局、14 个事业单位，下设地级局 10 个、县级局 60 个、基层工商分局（所）865 个，全省共有人员编制 1.2 万名。这 30 年，是开拓创新，不断发展，取得显著成就的 30 年。特别是步入新世纪、新阶段，吉林省工商系统敬业奉献、追求卓越，为人民群众负责，为经济发展尽力，为市场秩序好转尽责，依法行政的权威进一步确立，服务发展的实践得到社会的认可，是重新组建以来发展加快、改革加速、建设提升、作用凸显的重要时期。创新监管执法理念，形成服务发展的政策支持体系；创新监管制度，建立科学合理的执法机制初成框架；创新监管方法、手段和设施，向实现便民高效执法迈出重要步伐；创新教育培训措施，各级局领导班子建设和执法队伍整体素质明显提高，得到了各级党委、政府的肯定和经营者、消费者的认可。

黑龙江省工商行政管理局
HEILONGJIANGSHENG GONGSHANG XINGZHENG GUANLIJU

① 国家工商总局局长周伯华会见黑龙江省工商局局长孟祥君
② 黑龙江省工商局副局长刘玉华到企业现场检查指导工作
③ 黑龙江省工商局副局长马文博在基层检查工作
④ 黑龙江省工商局副局长来克勤在检查猪肉市场
⑤ 黑龙江省纪委驻省工商局纪检组长陈国华检查农机市场

黑龙江省工商局充分发挥职能作用，全力支持全省经济加快发展。积极支持服务"三农"工作，深入开展了"个私富农、龙头带农、品牌强农、市场兴农、合同帮农、红盾护农"六大行动；大力支持哈大齐工业走廊建设；积极支持服务全省个体私营等非公有制经济快速协调发展；引导企业运用商标战略开拓市场；扎实推进就业再就业工程，充分发挥个体私营的吸纳就业功能。

深入整顿规范市场秩序，努力营造良好市场环境。深入开展了以治理商业贿赂专项整治、维护流通领域食品消费安全、注册商标专用权保护、打虚假、树诚信广告专项整治中、红盾护农专项行动，深入查处取缔无照经营、打击传销和规范直销、煤矿等安全企业的整治和监督、打击商业欺诈和行业垄断、重要商品市场监管为主要内容的"十大红

盾执法行动"，取得显著成效。

不断创新监管机制，推进依法行政。深入推进企业信用分类监管，加强基础建设，健全企业信息采取录入制度，大力推进工商所网上认领、属地巡查、网格化监督；积极推进个体工商户分层分类登记管理；加快12315行政执法网络体系建设和应用工作步伐。

进一步加快工商执法队伍建设步伐，在全员"在练兵、大比武"的基础上，扎实开展了"四学"活动，努力提高干部队伍素质。

着力改进工作作风，树立勤政廉政的良好形象。黑龙江省工商局被评为"全国文明单位"，全省14个市地工商局均获得"省级文明单位"或"省级文明单位标兵"称号，有2个市地级工商局被评为"全国文明单位"，全省145个县区工商局全部进入文明单位行列。

上海市工商行政管理局

SHANGHAISHI GONGSHANG XINGZHENG GUANLIJU

① 苏浙沪工商行政管理促进长江三角洲联动发展合作会议在上海召开
②、③ 上海市工商局面对社会推出"市民参观日"活动
④、⑤ 上海市工商局在全国工商系统率先面向社会、面向市场召开工商行政管理工作会议
⑥ 上海市工商部门将监管触角延伸到居（村）委会、市场、商场、学校、商务楼、军营等，建立了覆盖全社会的消费维权联络体系

新中国成立以来，上海市工商行政管理机关充分发挥自身职能作用，为上海的经济社会发展做出了应有的贡献。1978年党的十一届三中全会之后，上海市工商局坚持解放思想，求真务实，与时俱进，积极履行市场监管和行政执法职能，促进了上海经济和社会又好又快发展。

进入21世纪，上海市工商局按照国家工商总局"四个统一"的要求，紧紧围绕上海"四个中心"的建设目标，勇于理念创新、制度创新、实践创新，不断推进上海工商行政管理改革向纵深发展，逐步汇聚形成了上海工商行政管理部门以"三四四三"为主要内容的"共同语言"，同时，实现了上海工商行政管理监管的"五个转变"——监管机制上，逐步实现以行政区划监管向以经济区域监管的转变；监管领域上，逐步实现从集贸市场向现代化大市场的转变；监管方式上，逐步实现从粗放型向集约型的转变；监管手段上，逐步实现从劳力型向智力型的转变；监管效能上，逐步实现从治标为主向标本兼治的转变。上海工商行政管理也初步形成了五个体系：初步形成了符合市场经济发展规律的法律法规体系；初步形成了统一高效的监管执法体系；初步形成了高素质的准军事化干部队伍管理体系；初步形成了覆盖全社会的消费维权体系；初步形成了三级联网的市场主体信息化管理体系。

江苏省工商行政管理局
JIANGSUSHENG GONGSHANG XINGZHENG GUANLIJU

①国家工商总局局长周伯华考察江苏省工商行政管理工作

②江苏省工商局局长佘义和在基层调研指导工作

③工商执法人员对上市蔬菜进行抽样检测

④工商执法人员检查校园周边杂货店，保障中小学生食品安全

⑤推进规范化管理

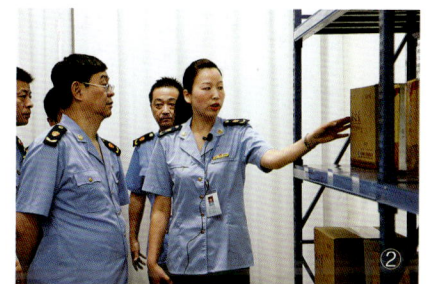

江苏省工商局目前共辖15个直属工商局、124个县级工商局、766个基层工商分局（所），全系统共有工商干部近2万人，承担着全省301.18万户市场主体的监管任务。近年来，江苏省工商局扎实推进服务型、监管型、法治型工商建设，全系统紧紧抓住市场热点，深入开展整顿和规范市场秩序工作，全面完成流通环节产品质量和食品安全专项整治任务，依法严厉打击传销、商业欺诈、商业贿赂、虚假广告、商标侵权等经济违法行为，较好地维护了江苏市场的良好秩序。着眼发展全局，努力提高为市场主体和广大消费者服务的能力和水平。不断推进私营个体经济发展和品牌培育等服务工作；努力提升监管部门、行业协会和消协组织在消费维权方面的工作合力，使消费维权工作成为工商部门促进和谐社会建设的重要抓手；全面启动"金信工程"，切实加快市场监管体制改革创新的步伐；依托工商信息化平台，实现了相关监管部门对因失信违法企业及其投资人、法定代表人，在对外投资、证照管理等方面的联动制约；不断深化作风建设，领导班子和干部队伍建设取得了显著成效；全面推行领导岗位"竞争上岗"，树立起了良好的用人导向；政务公开、局务公开工作不断深化，廉政文化建设取得实效，全系统的依法行政水平和执法监管效能得到了新的提升。工商行政管理工作在推动科学发展、促进社会和谐的工作全局中日益发挥出更加重要的作用。

浙江省工商行政管理局
ZHEJIANGSHENG GONGSHANG XINGZHENG GUANLIJU

① 2007 年 9 月，国家工商总局局长周伯华在浙江省工商局局长郑宇民的陪同下，考察义乌国际商贸城

② 2007 年 3 月 15 日，在中央电视台联合十三部委共同举办的第十七届 3·15 直播晚会上，浙江省工商局摘得"3·15 贡献奖"桂冠

③ 2005 年 1 月 11 日，浙江省港澳居民个体工商户营业执照首发仪式在杭州举行

④工商执法队伍在行动

⑤食品快速检测

改革开放 30 年，记录了浙江以市场为取向的经济改革发展轨迹；工商重建 30 年，记录了浙江工商扶持民营经济和培育市场发展的风雨历程。浙江工商曾经是"商品市场的奠基人"，是"个私经济的助产师"，在浙江工商人手中，诞生了中国第一家马路市场、第一个家庭工厂、第一个股份制合作企业、第一家民营银行、第一本农户法人执照，从无到有，从小到大，改革开放为工商发展创造了条件，而工商发展也为改革开放注入了活力：从第一个市场主体的诞生，到中国民企五百强浙江入围的近一半；从第一个集贸市场的培育，到中国市场大省惟属浙江的鼎鼎大名；从第一个监管洋品牌，到荣获中央十三部委颁发"3·15 特殊贡献奖"的殊荣；从第一个企业信用启动，到中国信用建设贡献奖的得主，无不沁透着浙江工商人的汗水与心智。30 年来浙江工商和工商人不畏艰险，积极奋进，满怀一腔为民生服务的热血，捍卫执法者的尊严，在依法监管、强化服务、培育主体、搞活市场、繁荣经济、科学监管、队伍建设等方面的成就，有目共睹，对推动和繁荣浙江经济，维护市场经济秩序，立下了汗马功劳，也让浙江工商人更加坚定前行的目标和信念：以民为本，科学监管，建设和谐社会是浙江工商崇高的宗旨；助动经济，服务发展，勇做经济卫士是浙江工商不辱的使命；敢为人先，剑指不平，弘扬亮剑精神是浙江工商神圣的天职；文明执法，阳光行政，恪守法治理念是浙江工商不懈的追求。

安徽省工商行政管理局

ANHUISHENG GONGSHANG XINGZHENG GUANLIJU

① 安徽省工商局局长金启建督查指导流通领域产品质量和食品安全工作

② 安徽省暨合肥市开展商标知识电视大赛，宣传商标文化，普及知识产权保护知识

③ 加强食品安全监管

④ 阜阳市工商局保持共产党员先进性教育"红盾护农"主题实践活动启动仪式现场

⑤ 农民与种子公司签了种植合同，粮食不愁卖，还能卖个好价钱

⑥ 维护公平竞争，企业送锦旗表示感谢

多年来，安徽省工商局积极适应时代发展和社会主义市场经济的需要，逐步建立健全了工商行政管理机构，大力培育市场体系，维护社会经济秩序，逐步建立起监管市场的长效机制，着力开展全系统作风建设、效能建设、廉政建设，为促进全省经济社会又好又快发展做出了积极贡献。至 2007 年底，安徽省工商局下属 17 个处室，5 个事业单位，17 个市工商局，全省市、县（市、区）均设立了工商行政管理机构，1979 年 751 个基层工商行政管理所（含检查站），现已发展到 1200 个基层工商行政管理所；1981 年建局之初全系统的干部是 3427 人，至 2007 年底 12930 名公务员通过省人事厅审核并予以登记。2007 年，全省工商系统食品安全整治工作受到国务院产品质量和食品安全检查组的充分

肯定；打击传销工作和信息化建设工作得到国家工商总局的充分肯定；治理自行车被盗专项行动受到中央综治办、国家工商总局等六部委局办的联合表彰；发展"订单农业"、创新监管模式等业务工作被国家工商总局作为经验在全国工商系统进行了推介。六安市、蚌埠市工商局的清理整顿劳动力市场秩序工作受到了劳动保障部、公安部、国家工商总局和人事部四部委的联合表彰。

福建省工商行政管理局
FUJIANSHENG GONGSHANG XINGZHENG GUANLIJU

① 2008 年 5 月，国家工商总局局长周伯华考察福建省工商局，充分肯定工商部门在海西建设中的作用

② 2007 年 5 月，福建省工商局认真贯彻落实总局支持海西建设 26 条措施，牵头联合全国 18 个省、市、自治区工商局签署了保护台湾水果省际协作工作备忘录

③ 2007 年 7 月，福建省工商局与中国人民大学共同主办推行行政指导服务海峡西岸经济区建设高峰论坛

④ 福建省工商局推进实施商标品牌战略工作。图为漳州市工商干部到田间地头指导农户创建涉农商标

⑤ 福建省工商系统加强队伍建设，开展述职述廉工作。图为宁德蕉北工商所开展述职述廉工作

　　三十年来，福建省工商系统锐意进取，开拓创新，开创了工商行政管理工作新局面，在福建省委、省政府的重视支持下，建设了覆盖全省的 12315 消费维权网络，促进了 12315 再上台阶；推行行政指导，促进了职能到位，实现和谐监管；改革行政审批制度，全面实行企业注册官制度，强化了责任，提高了效率；创建"企业之家"，拓展了作为空间，扩大了社会影响；实施执法办案"三级九档"制度，规范自由裁量权，实现"阳光执法"；实施商标品牌带动战略，服务企业做大做强，促进新农村建设和区域经济发展；积极拓展服务空间，制定出台了支持海峡西岸经济区建设政策意见、促进和服务福建省经济发展的一系列政策措施，特别是认真落实《国家工商总局关于支持海峡西岸经济区建设的意见》，充分发挥"特殊政策"的社会效益和经济效益，有效服务闽台经贸交流与合作，促进闽台经济共同发展；开发"入市商品网上监管系统"，强化商品质量监测监管，注重源头治理；强化监管执法，深入开展"红盾"系列执法行动，加大对商业贿赂、无照经营，以及商标广告合同等市场整治力度；实现了依法、长效、科学、和谐监管的新突破。

江西省工商行政管理局

JIANGXISHENG GONGSHANG XINGZHENG GUANLIJU

改革开放的 30 年间，江西工商行政管理事业由恢复到蓬勃发展。从"六管一打"到转变职能、机构调整、管办分离、垂直管理及监管社会主义大市场，江西工商行政管理事业始终伴随着改革开放的步伐。特别是进入 21 世纪，红土地上，工商行政管理事业发生了翻天覆地的变化。

党的十六大以来，全省工商系统广大干部职工紧紧围绕经济建设中心和江西省实施中部地区崛起战略，按照省委、省政府和国家工商总局的要求，切实增强大局意识、责任意识、法治意识、服务意识，切实履行市场监管、行政执法职能，坚持做到对法律负责与对市场主体负责、对消费者负责的统一，市场监管与服务的统一，全力服务江西省科学发展、加快崛起、富民兴赣。通过不断解放思想，强化了服务全省发展的大局意识；积极履行职责，促进了市场秩序的稳定和规范；发挥职能作用，推动了市场主体的发展、壮大；改善执法条件，优化了市场发展环境；加强队伍建设，提升了服务发展的水平，各项工作取得了显著的成效。

① 1998 年 7 月，国家工商局局长王众孚在九江考察工作

② 2007 年 9 月，江西省省长吴新雄考察省工商局工作

③ 1999 年 9 月，江西省副省长蒋仲平考察节日食品市场

④ 2006 年 5 月，国家工商总局党组成员、纪检组长石见元在井冈山市基层工商分局考察工作

⑤ 认真开展深入学习实践科学发展观活动，力求用科学发展观武装头脑、指导实践、推动工作

山东省工商行政管理局
SHANDONGSHENG GONGSHANG XINGZHENG GUANLIJU

① 2007年10月26日，国家工商总局局长周伯华在省工商局局长李华理陪同下，考察青州市山东海天水产干货市场

② 2008年7月16日，山东省工商局领导班子成员在全省工商行政管理工作会议上

③ 2007年，山东省工商局探索推行食品监管"四项制度"，温家宝总理作出指示予以肯定。图为工商执法人员向经营业户宣传"公示牌"

④ 2007年12月24日，山东省工商行政管理系统专业技能比武在济南举行

⑤ 2004年9月10日，山东省工商局召开鲁浙民企外企投资合作洽谈会

⑥ 2008年6月3日，由1部《省工商志》和17部《市工商志》组成的系列丛书正式向全社会公开发行，省工商局局长李华理和省地方史志办公室主任刘秋增为丛书首发揭幕

制、食品安全"四项制度"、服务招商引资等工作，为全国工商系统提供了新鲜有益的经验，为维护社会主义市场经济秩序，促进经济社会又好又快发展作出了重要贡献。省局和多个市局机关多次荣获"省级文明机关"称号。在国家人事部和国家工商总局的历次表彰中，全省各级工商机关及基层工商所多次荣获"全国工商系统先进集体"、"全国工商系统先进工商所"等荣誉称号。

新中国成立后，特别是党的十一届三中全会以来，山东省各级工商行政管理机关高举中国特色社会主义伟大旗帜，深入落实科学发展观，认真贯彻党的路线、方针、政策和法律法规，立足工商职能，发挥工商优势，创造性地开展工作，先后探索开展了岗位资格达标、岗位大练兵、分层分类监管、市场巡查

河南省工商行政管理局

HENANSHENG GONGSHANG XINGZHENG GUANLIJU

① 2007 年 4 月，国家工商总局局长周伯华在河南省副省长徐济超、省工商局长董光峰陪同下检查指导河南工商工作

② 2008 年 3·15 前夕，河南省工商局为 18 个省辖市工商局配备食品检测车

③ 工商干部帮助消费者掌握辨别优劣产品知识

④ 红盾保双节

⑤ 2008 年 4 月，在河南省第四届职工运动会上，河南省工商局荣获金牌总数第一、奖牌总数第一的优异成绩

河南省工商局于 1979 年 6 月恢复建立，伴随社会主义市场经济建设进程，河南省工商行政管理事业不断发展，2008 年 6 月，省局机关内设 18 个处室、2 个直属行政单位、8 个事业单位和 2 个常设性工作机构，下辖 18 个省辖市局、108 个县（市）局、50 个市辖区分局、58 个其他分局（专业分局、大型市场分局、特殊区域分局），1584 个工商所，全省工商行政管理系统共有工作人员 44770 人。

改革开放以来，河南省工商行政管理机关不断解放思想，开拓创新，立足本职，服务大局，坚持依法行政，强化监管，关注民生，构建和谐，在整顿和规范市场秩序中发挥了重要作用，在服务河南经济社会又好又快发展中取得了显著成就。2007 年，河南省工商局党组确立了"立足工商抓工商、跳出工商抓工商"的工作理念，提出了"实施'两大工程'，营造'五个环境'，夯实'三大基础'，抓好一支队伍"的工作思路，开创了全省工商行政管理新局面，得到了河南省委、省政府和国家工商总局的充分肯定和人民群众的满意评价。截至 2008 年 6 月底，河南省共有内资企业 19.11 万户，外商投资企业 9 966 户，私营企业 21.47 万户，个体工商户 136.24 万户，注册商标 6.27 万件，河南省著名商标 631 件，被国家工商总局认定的中国驰名商标 28 件。

湖北省工商行政管理局

HUBEISHENG GONGSHANG XINGZHENG GUANLIJU

① 2008 年全省工商行政管理工作暨先进表彰会议
② 在武汉市举办湖北省个体私营企业家首届论坛
③ 现代化的 12315 消费者申投诉举报指挥中心
④ 工商人员深入田间地头服务"三农"

湖北省工商局 1979 年恢复建制以来，伴随改革开放的历史进程不断发展前进。全省工商系统现有 13 个市州工商局，70 个县（市、区）局（含 3 个直管市和 1 个林区工商局），54 个省辖市行政区、开发区分局，920 个基层分局、工商所，所属事业单位 420 个。近年来，全省工商系统紧扣全省经济社会发展的大目标，认真落实国家工商总局监管与发展、监管与服务、监管与执法、监管与维权"四个统一"和规范化、程序化、制度化、法治化建设的总要求，大力推进思想解放、观念更新，积极顺应经济社会发展规律和工商工作发展规律，全面提升市场准入服务水平，着力加强"经济户口、市场巡查、分类监管、专项整治、12315 综合执法、商品质量监测相结合"、"预防、控制、监管、查处相结合"和"分类分项推进和整体推进相结合"的市场监管长效机制建设，大力拓展、强化和创新消费维权工作，积极建设一流工商机关、一流工商系统，在促进湖北经济社会又好又快发展中不断增大作为。2008 年，湖北省工商局被省委、省政府评为省直机关目标责任考核先进单位、党建工作先进单位，2007 年、2008 年连续两年被评为全省社会治安综合治理优胜单位。

湖南省工商行政管理局

HUNANSHENG GONGSHANG XINGZHENG GUANLIJU

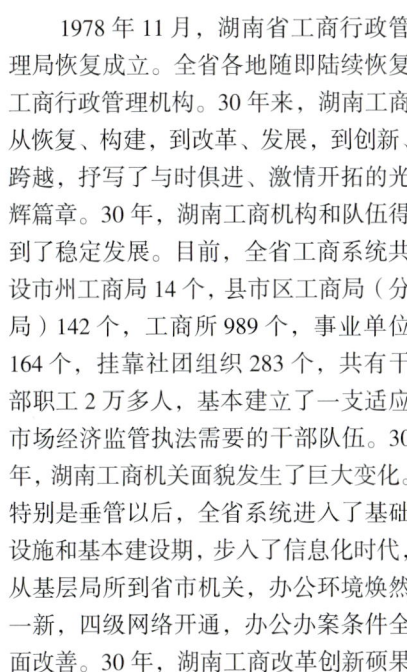

　　1978年11月，湖南省工商行政管理局恢复成立。全省各地随即陆续恢复工商行政管理机构。30年来，湖南工商从恢复、构建，到改革、发展，到创新、跨越，抒写了与时俱进、激情开拓的光辉篇章。30年，湖南工商机构和队伍得到了稳定发展。目前，全省工商系统共设市州工商局14个，县市区工商局（分局）142个，工商所989个，事业单位164个，挂靠社团组织283个，共有干部职工2万多人，基本建立了一支适应市场经济监管执法需要的干部队伍。30年，湖南工商机关面貌发生了巨大变化。特别是垂管以后，全省系统进入了基础设施和基本建设期，步入了信息化时代，从基层局所到省市机关，办公环境焕然一新，四级网络开通，办公办案条件全面改善。30年，湖南工商改革创新硕果满枝。实现了省以下垂直管理，实施了机构改革、人事制度改革，推进了公务员管理改革和工资福利制度改革，推行

了行政许可制度、市场主体监管制度和市场监管机制改革等。30年，湖南工商监管与服务成绩斐然。依法行政水平不断提高，整顿和规范市场经济秩序力度不断加大，服务经济建设积极主动，在促进经济社会又好又快发展中的地位和作用不断加强。2008年，全省系统紧紧围绕省委省政府战略决策和总局"四个统一"要求，坚持"以发展为重、以服务为首"，积极创建学习型、效能型、服务型、廉洁型"四型"机关，更加重视规范，更加注重和谐，更加关注民生，在服务与监管中努力实现新的跨越。

①2007年2月，湖南省委书记张春贤陪同国家工商总局局长周伯华考察湖南省工商局
②2007年2月，国家工商总局局长周伯华在湖南省省长周强陪同下在长沙考察工作
③湖南省工商局局长刘国湘带队督查长沙奥运食品市场监管工作
④湖南省工商局新一届领导班子
⑤湖南省工商局红旗方阵
⑥湖南省工商局新办公大楼

广东省工商行政管理局

GUANGDONGSHENG GONGSHANG XINGZHENG GUANLIJU

①领导关心广东工商工作。2007年11月，国家工商总局局长周伯华到广东检查流通环节产品质量和食品安全工作

②工商部门积极服务经济社会又好又快发展。2008年5月，广东省工商局局长卢炳辉深入企业指导发展

③推进食品安全准入制度。图为工商人员在超市检查食品安全准入制度落实情况

④创新打击传销方式方法。2006年9月，广东省工商局在广州大学城举行了"拒绝传销，从我做起"万名学子签名宣誓活动

⑤队伍建设扎实有效。2007年1月初，广东工商系统在广州奥林匹克体育中心举行全系统队列行进汇报表演，向社会展示工商干部的良好风貌

1979年，中国掀起了改革开放的浪潮，广东省工商行政管理局随之恢复成立。三十年的风雨兼程，该局始终坚持解放思想、实事求是的精神，敢为人先地开展工作，为广东作出了突出贡献。

服务广东经济社会又好又快发展贡献突出。该局强化"开门办工商"和主动服务意识，放宽经营准入门槛，为全民创业创造了宽松的投资环境。到7月底，全省实有市场主体384.43万户，其中外商企业和个体工商户数连续多年位居全国首位。积极服务名牌带动战略，中国驰名商标总数138件，继续位居全国第一。

维护市场秩序保障民生作用突出。全省工商系统严格执法、规范执法，特别注重创新监管长效机制，健全市场主体信用分类监管制度，落实重点行业企业监管层级责任制，完善流通环节食品安全监管机制，建立健全查处取缔无证无照经营、广告监管联席会议制度，积极创建"无传销社区"，推进"红盾服务维权进社区、进农村"，切实维护了人民群众的合法权益和社会的和谐稳定。

建设廉洁高效的工商队伍成效突出。近年来，全系统建立了绩效考核机制，启用人事管理和行政效能监察系统，深化党务、政务公开工作，开展基层执法人员向监管服务对象代表述职述廉试点，深入推进"五进"、"五上"工商廉政文化建设。领导班子建设、机关建设、基层建设、队伍专业化建设呈现出协调发展的良好局面。

继往开来，任重道远。广东省工商局将继续坚持强化"三大"理念，全面推进"五化"建设，努力做到"四个统一"，为服务广东争当实践科学发展观排头兵，促进广东经济社会又好又快发展作出新的更大贡献！

广西壮族自治区工商行政管理局
GUANGXIZHUANGZU ZIZHIQU GONGSHANG XINGZHENG GUANLIJU

① 2007 年 4 月 15 日，国家工商总局局长周伯华在广西壮族自治区政府副主席杨道喜，区工商局党组书记朱军、局长刘君陪同下考察南宁市工商局办证大厅，图为周局长与办证群众亲切交流

② 2006 年，广西壮族自治区政府副主席杨道喜在自治区工商局局长刘君、副局长王世光、江建伟、张剑波，纪检组长刘之的陪同下，参观自治区工商系统"红盾护农"成果展

③ 自治区工商局党组书记朱军、副局长张剑波在南宁市工商局注册大厅检查、指导工作

④ 自治区工商局副局长王世光、张虹率领工商执法人员检查节日市场

⑤ 全区工商系统基层工商所相继配备食品检测车及快速检测箱

近年来，广西工商系统在国家工商总局和自治区党委、政府的正确领导下，认真贯彻党的十六大、十七大精神，坚持以科学发展观统领全局，努力实践监管与发展、监管与服务、监管与维权、监管与执法"四个统一"，在履行职责和创新监管机制上有新思路，在服务经济社会又好又快发展上有新突破，在加强队伍建设上有新举措，进一步开创了工商行政管理改革发展的新局面。

整顿规范市场秩序工作取得"五大成效"。紧紧抓住事关人民群众生命财产安全、党和政府关心、人民群众普遍关注的"热点"问题，继续深入开展整顿和规范市场经济秩序工作。一是食品安全秩序明显好转。二是广告市场环境明显净化。三是商标意识和行政保护力度明显增强。四是传销行为得到明显遏制。五是消费者权益保护工作格局明显提升。

建立服务广西经济发展"五大机制"。一是建立工商行政管理法治化工作机制。二是建立便捷高效的市场准入服务机制。三是建立服务社会主义新农村建设工作机制。四是初步建立了服务非公有制经济发展的工作机制。五是建立服务区域经济合作工作机制。

领导班子和队伍建设"五大提升"。2004 年以来，先后开展"两整顿创双优"、"能力建设年"、"业务建设年"和"效能建设年"等主题活动，实现了领导班子责任意识、廉洁从政意识、干部队伍综合素质、基础设施和队伍建设水平、信息化建设水平的"五大提升"。涌现出"全国青年卫士"黄振磊等先进个人典型。2007 年，广西工商系统率先开展"行政效能建设"活动，在全区开展的转变干部作风，提高机关行政效能活动中取得了较好的成绩。自治区政务服务中心工商局窗口的满意率为 99.9％，在 57 个窗口单位中排名第一。

海南省工商行政管理局

HAINANSHENG GONGSHANG XINGZHENG GUANLIJU

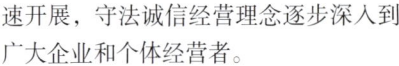

改革开放至海南建省的10年间，在广东省管辖下的海南行政区工商局得到迅速恢复和发展，有效维护了海南市场秩序。1988年海南建省后，海南省工商局正式成立，1990年从海南省经济监督厅分离设立，1994年升格为正厅级机构。

改革开放特别是海南建省办经济特区以来，海南各级工商行政管理机关解放思想，开拓创新，充分发挥监管、服务、维权等职能，为维护海南市场经济秩序、推进市场经济新体制的建立与完善、服务海南经济社会发展做出了积极贡献。

至2008年6月底，海南全省内资企业发展到29359户，注册资本2125亿元，分别是1981年的6.1倍和42.8倍；外商投资企业4607户，投资总额961亿美元，注册资本153亿美元，分别是1988年的11.7倍、21万倍、4036倍；私营企业53545户，注册资本1297亿元，分别是1990年的24.9倍和176倍；个体工商户156139户，登记资金34亿元，分别是建省时的1.7倍和7.5倍。海航集团、海马汽车、洋浦石化、金海纸浆等一批大型企业（集团）迅速发展壮大。

海南企业商标意识明显增强。2008年6月底，全省注册商标15627件，是1987年的100倍。全省共认定省著名商标188件，其中"椰树"、"精功"等11个商标被认定为全国驰名商标。企业的广告宣传、守合同重信用活动等得到迅速开展，守法诚信经营理念逐步深入到广大企业和个体经营者。

消费维权和打击经济违法违章成效显著。2007年2月以来，海南省工商"12315"消费申诉举报指挥中心实行24小时人工值班值勤服务，开设普通话、海南话、英语多语种受理席位，实现了全省"12315"统一受理，分级处置。建省20年来，全省工商系统共查处各类经济违法违章案件12万多件，罚没款1.37亿多元，有力维护了海南的市场经济秩序。

① 2008年11月，国家工商总局局长周伯华考察海南工商行政管理工作
② 2005年11月，国家工商总局局长王众孚考察海南工商行政管理工作
③ 2008年8月，海南省委书记卫留成考察海南工商行政审批中心
④ 国家工商总局副局长李东生和海南省政府领导考察省工商12315指挥中心
⑤ 海南工商12315姊妹花
⑥ 海南工商系统权力观演讲比赛

重庆市工商行政管理局
CHONGQINGSHI GONGSHANG XINGZHENG GUANLIJU

① 2008 年 6 月，国家工商总局局长周伯华在重庆市人大副主任胡健康、副市长谢小军、市工商局长王元楷等陪同下，考察市工商局 12315 指挥调度中心和企业信用分类管理信息系统库，并听取了工作汇报

② 团结协作，开拓创新，在建设"西部领先、全国一流"重庆工商的征程上阔步前行

③ 工商执法人员加强食品监管，创造安全、放心的消费环境

④ 加快新农村建设，经纪人通过市工商局培训后获得证书

⑤ 情系三峡，助移民外迁

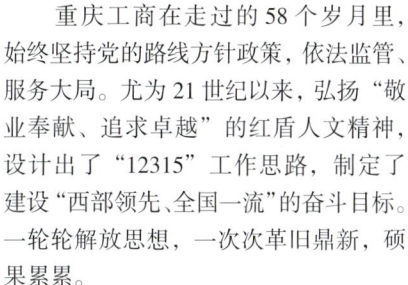

重庆工商在走过的 58 个岁月里，始终坚持党的路线方针政策，依法监管、服务大局。尤为 21 世纪以来，弘扬"敬业奉献、追求卓越"的红盾人文精神，设计出了"12315"工作思路，制定了建设"西部领先、全国一流"的奋斗目标。一轮轮解放思想，一次次革旧鼎新，硕果累累。

改革创新。以小管脱钩为起点，以解放思想更新观念为先导，以服务经济社会发展为根本，以创新体制机制为动力，以打牢基层基础为关键，以提高队伍素质为保证，加快了推进重庆工商转型的步伐；农村土地流转制度改革，开展股权出资、出质登记，企业年检分级免检，38 个工商所基层执法人员向监管服务对象代表述职述廉，工商所标准化建设，开全国之先河。

服务发展。一系列便民快捷服务措施，"12315"全覆盖，深化"三走近"活动，促进就业再就业，凸显了监管执法"以人为本、以民为本"；与三峡移民和衷共济，与地方党政思想同心、目标同向、工作同步，执着地为重庆经济社会发展服务。

追求卓越。基层规范化建设走在全国工商系统前列，在 55 个市级部门年度考核中获第 6 名、市场监管执法部门第一名，法制工作"五统一"被国家工商总局誉为"重庆模式"，格式合同备案率达 90% 以上，居全国领先水平，食品安全监管工作、信用信息化建设居全国前列，获全国"守重"单位数和中国驰名商标件数分列在西部一、二位，个私经济破 60 万户大关，4608 户外资企业携资 122.39 亿美元注册于重庆这片热土。

四川省工商行政管理局

SICHUANSHENG GONGSHANG XINGZHENG GUANLIJU

① 2006年9月，全国工商系统推进新农村建设经验交流会在四川召开。全国人大副委员长何鲁丽、国家工商总局局长王众孚出席会议

② 2008年1月，四川省委书记刘奇葆到"三化"省级示范市场——成都锦江区"安居天涯"农贸市场调研

③ 2008 "5.12" 汶川地震发生后，四川省工商系统为抗震救灾工作作出了重要贡献。10月31日，四川省工商局局长李柏云为国家工商总局机关深入学习实践科学发展观活动作专题报告

④ 2006年12月，四川省政府召开"中国驰名商标"表彰大会

⑤ 2007年，四川省各级个私协会组织开展人才招聘月活动，有力促进了就业再就业

十六大以来，四川省工商系统始终高举服务经济发展旗帜，大力促进四川经济社会又好又快发展。省局先后出台了《关于放宽市场准入进一步促进经济发展的意见》、《关于进一步加快民营经济发展的实施意见》20条及实施细则19条、《关于发挥工商职能，推进工业强省战略实施的意见》32条、《关于推进扩权强县试点工作的实施方案》、《关于支持汶川地震灾后恢复重建促进加快发展的政策实施意见》51条，开展了打假保名优、"推助千家、帮扶万家"、"工商服务年"、"行政效能建设年"等活动，实施了商标品牌战略、"合同解忧"工程，实行了"互联审批"、"一审一核"、"阳光政务"、一站式办公、一条龙服务等，积极支持各类市场主体健康发展；积极推进新农村建设、工业强省和现代服务业的发展；积极支持西部大开发，促进就业再就业，扩大消费需求，协助招商引资。工商行政管理各项工作有力推进，赢得了各级党委、政府和人民群众的肯定和赞誉。在省政府74个部门的目标考评中，从2002年的第46名，到2006、2007连续两年的第5名，实现了历史性突破，获得省委、省政府授牌表彰；2007年，在省直机关110个部门党风廉政建设责任制考核中，省工商局排名第二。

贵州省工商行政管理局
GUIZHOUSHENG GONGSHANG XINGZHENG GUANLIJU

① 2008 年初,贵州省遭遇百年不遇的凝冻灾害。国家工商总局局长周伯华在贵州省工商局局长杨正国陪同下考察贵阳市凝灾市场情况

② 2007 年 10 月 18 日,贵州省副省长肖永安在省政府副秘书长吴跃、省工商局长杨正国的陪同下,深入黔东南检查食品安全监管工作

③ 2006 年 6 月 25 日,由省工商局牵头,会同省直机关有关部门召开利用农产品商标、地理标志促进"三农"发展座谈会

④ 2006 年 3 月 13 日,全省各级工商部门深入县以下乡镇广泛开展红盾护农咨询活动

⑤ 2008 年 1 月 30 日,省工商局副局长刘群力带领工商人员将急救物资送到因凝冻灾害滞留旅客和驾驶员手中

⑥ 2008 年 2 月 1 日,六盘水工商局在凝冻期间深入市场检查食品安全情况

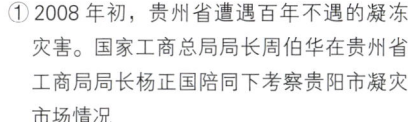

　　我国改革开放和工商机关恢复建制 30 年来,贵州省工商局先后有 22 个单位被命名为全国、全省精神文明建设单位,2 个单位被团中央授予"全国优秀青少年维权岗"称号;有 51 人被国家或省部级授予"全国劳动模范"等荣誉称号。特别是 2003 年以来,连续 4 年被评为"四五"普法先进单位,连续 3 年被评为全省文明单位,连续 3 年获信息化建设一等奖,2004 年、2006 年、2007 年获省直目标考核一等奖,荣获 2005-2007 年度省直机关党建工作先进单位称号,2008 年被省委、省政府荣记"抗凝冻、保民生"集体一等功。

　　2007 年初,新一届领导班子创造性地提出了"五摒弃、五树立"的监管执法理念,得到了省委、省政府、国家工商总局的充分肯定和社会各界的广泛认同,树起了贵州工商的新形象。

　　一心一意促进贵州经济又好又快发展是工商机关的重要职责。30 年来,全系统不断开拓创新,为贵州经济腾飞创造了良好的市场环境。大力实施商标战略,推动企业做大做强,是贵州省工商系统服务地方经济发展的又一大亮点。尽心尽力服务新农村建设,促进农业增效、农民增收,是近年来工商系统服务贵州经济发展的又一个切入点。市场稳定关系到社会稳定和人心安定,政府关注,群众关心。30 年来,全省工商部门紧紧抓住广大消费者关心的热点、难点和焦点问题,全力维护市场稳定。

云南省工商行政管理局

YUNNANSHENG GONGSHANG XINGZHENG GUANLIJU

① 2008 年,国家工商总局局长周伯华考察云南斗南花卉市场
② 云南省工商局局长纳宗会
③ 云南工商执法人员在大理洋人街巡查市场
④ 工商干部在 3.15 活动现场向消费者传授识别假酒常识
⑤ 云南省工商局办公大楼

云南省工商局成立于 1979 年,1999 年实行省以下垂直管理,省局机关内设 16 个处室、8 个事业单位、1 个直属分局,下辖 16 个州(市)工商局、129 个县级工商局、736 个基层工商所(工商分局)。全系统现有干部职工 1.2 万多人。经过全系统共同努力,云南工商事业发展较快:建立了省以下垂直管理新体制;建立了初步适应市场监管的工作机制;队伍素质不断提高;工作条件不断改善。2007 年,省局新一届党组按照落实科学发展观和总局贯彻"四个统一"、推进"四化建设"的要求,提出了努力实现"三个到位""六个好"的工作新目标。"三个到位"即,明确职责、履职到位;爱岗敬业、工作到位;统筹兼顾、谋划到位。"六个好"即,建设一个好班子、带出一支好队伍、完善一套好制度、营造一个好环境、搭建一个好平台、树立一个好形象。各项工作在传承中不断创新,再创新中不断发展。截止 2008 年 6 月底,全省共有内资企业 15.93 万户,外资企业 2050 户,个体工商户 86.5 万户,商品交易市场 3775 个,有效注册商标 3 万件,广告经营单位 3574 户。2008 年上半年,全系统共查处各类经济违法违章案件 12596 件,受理消费者申、投诉 15967 件,成功解决 15699 件。为促进云南经济社会又好又快发展做出了积极的贡献。

西藏自治区工商行政管理局

XIZANGZIZHIQU GONGSHANG XINGZHENG GUANLIJU

① 西藏自治区工商局局长段襄征陪同自治区主席向巴平措考察市场供应情况
② 2008年3月23日，西藏自治区工商局局长段襄征慰问基层工商所干部
③ 2001年4月，国家工商总局培训中心在拉萨举办执法培训班
④ 把"一会两站"维权体系建在最基层
⑤ 2006年，利用全国工商系统援藏资金建设在国家一级陆路口岸——樟木口岸的工商所
⑥ 西藏工商干部参加"内强素质、外树形象"训练活动

　　西藏自治区工商局自1980年成立近30年来，在自治区党委、政府的坚强领导下，在国家工商总局的特殊关怀和全国工商系统的无私援助下，全区工商干部齐心协力、艰苦奋斗，坚持紧紧围绕"一个中心、两件大事、三个确保"的指导思想，在"一个里程碑，两个转折点"的伟大实践中，充分发挥工商职能作用，服务西藏经济社会又好又快地发展，做出了积极贡献。

　　伴随着改革开放的进程，西藏工商行政管理事业取得显著成就。各类市场主体健康快速发展。到2008年6月底，全区内资企业发展到5148户，注册资金223.8亿元；个体工商户从1980年的498户、525人发展到现在的7.79万户、从业人员16.8万人，分别增长155倍、319倍；私营企业从无到有，发展到4757户，注册资金164亿元，雇工人数8.53万人；外资企业由1993年的第1家发展到132家，注册资本由107万美元增长到32678.3万美元，分别增长132倍、304倍。全区注册商标累计达到1305件，有4件中国驰名商标，35件自治区著名商标。全区工商部门积极培育市场体系，繁荣社会主义市场经济，在西藏高原形成了一批档次高、规模大、设施完善、辐射力强的商品市场，成为全区商品流通和供应城乡人民菜蓝子、米袋子、果盘子的主要渠道，为促进经济发展，繁荣城乡流通发挥了重要作用。积极营造公平竞争的市场环境，安全健康的消费环境，致力于小康西藏、平安西藏、和谐西藏的建设，促进社会稳定。

　　推进自身改革发展，干部队伍不断壮大。目前，由成立之初的1个机构、8个人发展到现在的90个机构和1179名工商干部，藏族等少数民族干部占61%，是一支以少数民族为主的市场监管的重要力量。

陕西省工商行政管理局
SHANXISHENG GONGSHANG XINGZHENG GUANLIJU

① 2007年1月，国家工商总局局长周伯华
　在陕西省代省长袁纯清陪同下，考察临潼
　农贸市场
② 2008年4月，国家工商总局在陕西汉中
　召开"一所一校"工作现场会
③ 工商执法人员在市场检查食品安全工作
④ 纪念工商机关恢复建制30周年"红盾杯"
　演讲比赛
⑤ 宽敞明亮的注册大厅
⑥ 陕西省工商局办公楼外景

近年来，陕西省工商局不断创新监管机制，大力推进工商行政管理制度化、规范化、程序化、法制化建设，依法维护良好市场秩序和消费安全，积极服务全省经济又好又快发展，各项工作取得了显著成绩。

按照国家工商总局"四化"建设总体要求，始终把加强领导班子和队伍建设、提高监管执法能力作为重中之重，多形式、多渠道开展业务培训，着力打造一支务实、廉洁、高效的执法队伍；坚持抓基层、抓基础、抓基本、规范基层基础建设，按照"五个统一"的标准配置基层工商所。深入整顿和规范市场经济秩序，以严格市场准入为切入点，以食品安全为突破口的专项整治，依法治理商业贿赂，严厉打击非法传销，全力维护消费者合法权益，促使流通领域经济秩序明显好转。认真组织开展"红盾护农"、"经纪活农"、"合同帮农"、"商标富农"等专项活动，大力开展"一所一标"活动，服务社会主义新农村建设，被国家工商总局推广。大力推进12315综合执法体系建设，开通省、市、县、所12315消费维权四级联网。"5.12"地震灾害发生后，迅速反应，勇敢应对，积极开展抗震救灾，全力维护灾区市场安全稳定，并支援四川省工商系统灾后重建；筹资70万元援助结对帮扶的勉县官沟村抗震救灾、重建家园。省工商局连续11次被陕西省委、省政府评委"最佳厅局"。

下卷目录

第二十一章　海南省工商行政管理局

第一部分　（1950—1978）

第一节　海南工商行政管理机构沿革与职能演变

新中国成立以后至改革开放,海南工商行政管理机构、职能随着不同历史时期政治、经济形势的变化而不断得到调整,总体上是一个曲折发展的过程。

1950年5月海南岛解放,9月成立海南军政委员会商业处(曾改为工商处,后恢复为商业处),商业处下设行政科负责工商行政管理事务,定员3人。同年,文昌、琼山、海口、定安、琼东等市县相继成立工商科。未设立工商科的县,其工商行政管理事务由政府其他相关的科兼管,县以下主要区(镇)政府内设一名工商助理员。当时工商行政管理的主要职责是贯彻对私营企业进行利用和限制的政策,组织和引导私营工商业恢复和发展有利于国计民生的生产和经营,活跃城乡物资交流,加强市场管理,打击投机倒把,稳定物价等。1956年,随着对资本主义工商业的社会主义改造工作的开展,工商行政管理业务划归商业局私改科负责,主要职责是调整公私关系、工商企业(含公私合营企业)登记管理、商标注册管理、掌握私营企业情况等。同年11月,各市(县)、乡(镇)分别成立市场管理委员会,负责管理自由市场。

1963年8月,广东省海南行政区公署工商行政管理局正式成立,受广东省工商行政管理局、海南行政区公署领导,下设秘书、工商、私改、市场4个科,定员11人。同年,除东方县外,全岛其他市县工商局和市管会相继成立。这一时期工商行政管理工作的主要任务是集贸市场管理、企业登记管理、商标注册管理、打击投机倒把以及对私改遗留问题的处理。至1965年底,全岛18个市县工商行政管理局共有人员72人,45个工商所共有人员102人,22个市管会共有人员78人。

"文化大革命"开始后,全岛各级工商行政管理机关受到冲击,工作处于瘫痪状态。1967年,全岛各级工商行政管理机构、市场管理委员会均被撤销。1969年1月后,海南行政区公署工商行政管理局也被合并到海南行政区公署商业服务站,设一个工商科。其任务仅仅是管理集市贸易和打击投机倒把。

第二节　海南工商行政管理发展概况

改革开放前,海南工商行政管理业务主要涉及经济监督检查、企业登记管理、个体私营经济监督管理、商标管理、市场监督管理、经济合同管理几个方面。

一、经济监督检查

解放初期,海南经济领域的违法行为主要表现为投机倒把和走私贩私,因此,各级工商行政管理机关在市场执法方面主要是打击投机倒把行为和走私贩私行为。主要经历了以下几个时期:

1950年至1956年,主要任务是打击投机私商,保证对私有制改造任务的完成。1950年11月14日中央贸易部发出《关于取缔投机商业的几项指示》,海南各级工商行政管理机关配合公安、金融、贸易等部门重点打击投机商人黑市买卖金银和哄抬物价活动。1952年,"五反"运动开始,海南各级工商行政管理机关抽出大批人员参加这场运动,重点打击投机商不接受国家的加工订货、不履行加工订货合同、粗制滥造、以次充好、以假冒真、偷工减料等违法行为。1953年至1956年社会主义改造时期,国家对粮食、棉花、棉布、油脂油料等商品实行统购统销和计划供应政策,对生猪、皮革、烟叶、鸡蛋等若干主要农副产品实行派购,严禁私商经营统购统销和派购的商品。1954年6月,海南各市、县人民政府对油料市场加强了管理,并发出布告:"各级工商行政管理部门、交通运输、公安、税务等有关部门均应进行经常的检查和监督,并发动群众性的监督和检查(检举),对投机取巧、扰乱市场、造谣破坏、违反本办法规定者必严予惩处。"

1957年至1966年,打击投机倒把工作全面展开。1958年"大跃进"后,海南进入经济困难时期,市场供应十分紧张,对一些基本生活必需品实行凭证、限量、平价供应。投机倒把行为在这一时期表现尤为突出。1963年海南各级工商行政管理机关按照国家有关规定,对打击投机倒把行为坚持"坚决打击、区别对待、惩办少数"的原则,重点打击那些为牟取暴利而从事违法活动的惯犯。据统计,海南18个市县当年共查处投机倒把案件1 858件,罚没金额1.34万元,其中入库金额8 500元。1965年以后,投机倒把活动十分猖獗,主要表现为伪造证件从事非法活动、长途贩运转手买卖、内外勾结盗窃倒卖公共财物、经营地下工厂、实行地下包工、放高利贷、炒卖洋货、走私贩卖黄金白银等。为此,海南行政区公署成立了海南区打击投机倒把领导小组,从工商、商业、供销、公安、粮食、税务、银行和交通部门抽调大批人员开展工作,仅当年1—6月份,便查获经济违法案件2 137件,其中投机倒把案件891件。

1966年至1976年"文革"期间,海南各级工商行政管理机关陆续被撤销或合并,打击投机倒把工作由各级"革委会"打击投机倒把领导小组办公室负责。由于受"左"的路线影响,打击投机倒把活动出现扩大化。

二、企业登记管理

1950年至1962年,海南工商企业登记管理工作基本处于停顿状态。1962年12月国务院颁布了《工商企业登记管理条例试行办法》,海南各级工商行政管理机关依法对城乡工商企业进行了全面登记发照工作。据统计,截至1964年6月,海南国有集体企业共有3 036户,注册资本2.49亿元。"文革"期间,企业登记管理工作被迫全部停止。这一时期,海南没有一家外资企业,外资企业的登记管理完全空白。

三、个体私营经济监督管理

海南解放后至改革开放前,全省城乡个体私营工商业历经了恢复、发展、走合作化道路直到濒临消亡的过程。1950年全省经核准登记发照的个体私营工商业户有1 217户,资金680多万元。1956年社会主义改造基本完成以后至"文革"期间,个体私营工商业的登记发照工作曾两次出现停顿。至1976年10月,海南合作商店(组)仅存158个,从业人员2 320人,其中小商贩有1 433人,而城市持证个体商贩仅30人。

四、商标管理

1950年7月,国务院颁布了《商标注册暂行条例》,1954年中央工商局印发了《关于商标管理的几点意见》,海南各市、县工商行政管理机关在积极帮助私营工商业复工复业的同时,对使用的商标进行了清理,取缔了一部分旧社会遗留下来的带有反动、封建色彩的商标,对解放前注册的商标,按照重新申请和限制注册的原则,督促企业重新办理注册手续。1963年,国务院颁布《商标管理条例》后,海南加强了对商标的监管。1964年,海口市经过清理整顿,有8家厂、社经中央工商局批准注册了11个商标。至1967年,海南地区共有内销商标76个(其中已注册49个),内销装潢484种。"文革"期间,海南商标工作一直没有得到应有的重视,企业商标意识淡薄,注册商标寥寥无几,商标管理曾一度瘫痪,市场上仿冒、伪造、滥用商标现象普遍存在。

五、市场监督管理

海南解放初期的市场管理工作，首先是打击投机违法活动，稳定市场物价，通过登记注册加强对批发市场和重要商品交易市场的管理，限制私商经营，并组织市场检查，取缔黑市活动。其次是组织指导物资交流，活跃市场。1951年，海南举办了土产品展销会。1952年，全岛组织了两次各县初级市场物资交流会，同时还组织了海南区第二、第三届城乡物资交流会，积极组织参加高雷区、粤西区、华南区、中南区物资交流会，海南市场空前繁荣。1953年11月政务院颁布《关于实行粮食计划收购和计划供应的命令》和《粮食市场管理暂行办法》，对各类商品实行统购统销的政策。1955年，海南第一次财经会议决定采取有领导的自由贸易政策，1956年全岛14个县市（不包括自治区五县）初级市场达228个。"文革"期间，自由市场被取缔，市场流通受阻。

六、经济合同管理

海南在社会主义改造基本完成之前，经济合同由政府各业务主管部门、工商行政管理部门和银行分工管理。工商行政管理机关对经济合同管理的范围主要是国营经济和私营工商企业之间的加工订货、统购包销、代销合同，后来又逐步发展为产、供、销合同。

1958年社会主义改造基本完成。到1978年党的十一届三中全会召开之前，工商企业实行归口管理，经济合同由政府业务主管部门管理，工商行政管理部门基本上不管经济合同，尤其是在"文革"期间，合同管理基本上处于瘫痪状态。

第二部分 （1979—2008.6）

第一节 海南工商行政管理机构恢复概况

党的十一届三中全会以后，我国进入了改革开放的新时期，海南工商行政管理也得到迅速恢复和发展，从机构、队伍到各项工商行政管理事业都取得了历史性的发展和进步。

1978年，国务院发出《关于成立工商行政管理总局的通知》。根据国务院通知精神，1979年8月，海南行政区工商行政管理局正式成立。1988年4月，海南建省办经济特区。同年5月，海南省经济监督厅成立，厅内设立海南省工商行政管理局。根据国家机构编制委员会《关于成立海南省工商行政管理局（直属局、副厅级）的批复》，1990年1月，海南省工商行政管理局正式挂牌，从海南省经济监督厅分离出来，单独设置办公。1994年经海南省编委批准，海南省工商行政管理局由副厅级机构升格为正厅级机构。至1998年底，全省工商行政管理机构除省局外，市、县、洋浦经济开发区工商局共20个，分局6个，工商行政管理所315个，总人数为6 503人，其中干部1 680人，职工4 823人，大学专科以上学历1 122人。

1999年开始，全省工商行政管理机关认真贯彻落实党中央、国务院和省委、省政府关于工商行政管理体制改革的有关决定精神，积极推进工商行政管理体制改革。当年顺利完成了全省20个市县工商行政管理局机构、编制、人员和财物的接收工作，实现了人、财、物由市县管理向省级管理的转变，财务管理全面实行"收支两条线"，全省工商系统顺利实现了省以下垂直管理。全省20个市、县工商行政管理局核定在编人员7 471人，其中在职干部1 543人，工人5 281人，离退休人员647人。2002年，先后完成了省局机关机构改革（内设机构由原12个减为10个，机关公务员由原来104名减为78名）和全省工商系统市场办管脱钩工作（全省286个市场已全部办理了脱钩手续）。2003年，全省工商行政管理体制改革和人员清理分流工作全面完成，全省工商行政管理系统共分流人员3 172人，占原有总人数的48.8%，其中各市县安置到市场物业机构工作1 320人，解除劳动合同778人，办理退休812人，清退262人。通过体制改革，海南省工商行政管理实现了省以下垂直管理，与所办市场彻底脱钩，完成了超编人员的清理分流和机构设置、落编定位，全省工商行政管理职能得到加强,干部队伍得到进一步优化。至2008 年 6 月底,海南省工商局垂直管理的各市县和洋浦经济开发区工商局共 19 个,工商所 237 个,全系统在职公务员 3 314 人,工勤人员 35 人,机构和人员基本适应发展要求。

第二节　海南工商行政管理
发展成就

一、经济监督检查

1981 年国务院发出《关于制止商品流通领域中的不正之风的通知》,赋予工商行政管理机关对机关团体、企事业单位、经营单位经济活动的监督和检查职能。由此,工商行政管理的经济监督检查工作由过去较单一的打击投机倒把扩展为包含多项职责在内的比较综合的经济检查工作。1981 年至 1987 年底,海南工商行政管理系统共查处各类违法案 23 759 件,其中投机倒把案2 445 件,罚没款入库金额 481.81 万元。

1988 年海南建省办特区以来,随着《商标法》、《反不正当竞争法》、《消费者权益保护法》、《合同法》、《反垄断法》、《打击传销条例》等一系列法律、法规的颁布实施,海南各级工商行政管理机关的执法范围不断拓宽,职能不断加强,执法力度不断加大,在反不正当竞争、反垄断、打击传销、保护消费者和经营者合法权益、维护市场经济秩序等方面发挥了重要作用,成为维护海南市场经济秩序的一支主要力量。

建省以来,各级工商行政管理机关以反不正当竞争为主线,重点开展以食品饮料、农资、旅游商品、酒类、药品、生产资料市场及节日市场等为重点的多项专项整治,参与旅游、粮食、文化、劳动、金融等市场整治,在查禁传销、制止乱捕滥杀野生保护动物、扫黄打非等工作中做出积极贡献。建省以来,全省各级工商行政管理机关共查处制售假冒伪劣商品及其他各类经济违法违章案 12万多件,罚没款 1.37 亿多元。特别是 2001年,在国家工商总局和省委、省政府的领导下,海南省工商行政管理系统和公安、民政等部门密切配合,开展了大规模的严厉打击传销专项行动。当年,全省 20 个市县共出动执法人员 58 700 多人次,车辆 8 650 多车次,清查并遣送出岛的传销人员达 58 000 多人次,捣毁传销窝点 1 100 个,抓获传销头目296 人,其中一审判处有期徒刑 15 人,劳动教养 21 人;吊销非法从事传销活动的企业和个体工商户营业执照 15 户,查扣传销物品 1 500 多件,价值约 390 多万元。这次行动有效遏制了传销在海南的发展势头,维护了海南良好的市场经济秩序和社会稳定,得到了国家工商总局和海南省委、省政府的充分肯定。

二、内、外资企业登记管理

党的十一届三中全会以后,企业登记管理工作得到恢复和加强。1982 年 7 月国务院颁布《工商企业登记管理条例》,企业登记管理工作逐步走上法制轨道。

(一)内资企业登记管理

改革开放以来,海南的内资企业得到迅速发展。1981 年,海南国有、集体企业仅有4 787 户,注册资本仅 49.7 亿元。至 2008 年6 月底,全省内资企业发展到 29 359 户,注册资本 2 125 亿元,分别是 1981 年的 6.1 倍和42.8 倍。其中发展较快的是商业、对外贸易、房地产、旅游、养殖和服务业等。

建省以来,海南各级工商行政管理机关致力于不断深化企业登记管理制度改革,充分发挥海南经济特区的政策优势,实施"从简从快,从宽从优"的政策,不断改进企业法人登记管理工作。1992 年初,海南省从清理许可证入手,逐步放开了生活资料和大部分生产资料项目的经营,简化了登记手续。1993 年,在海南省委、省政府和国家工商行政管理局的高度重视和大力支持下,海南省工商行政管理系统开始了对审批登记制度的大胆创新尝试。1993 年 4 月 6 日海南省政府颁布实施了《海南经济特区企业法人登记管理办法》。同年 9 月 28 日,海南省人大常委会颁布《海南经济特区企业法人登记管理条例》,对企业登记工作实行直接核准登记制,实行"先上车、后买票"、"先登记,后立项"的原则,进一步简化了登记手续,引起社会各界的极大反响,也迎来海南的新一轮"投资热"。1993 年和 1994 年共注册各类内资企业11 061户,是改革开放初期1981 年底全省内资企业总数的 2.31 倍;注册资本1 140.56亿元,是1981 年底止所有企业注册资本总数的 22.95 倍。《中华人民共和国公司法》颁布实施后,海南各级工商行政管理机关将《公司法》和《海南经济特区企业法人登记管理条例》结合起来,加大对市场主体行为的规范力度,在把好市场主体准入关的基础上,加强对企业的监督管理,进一步做好企业入资催缴工作,严肃查处虚假出资、提供虚假材料骗取注册等违法行为,清理严重违法和自然消亡的企业 9.7 万多家。海南各级工商行政管理机关还积极支持国企改革,实行重点项目跟踪服务,为企业排忧解难,配合政府做好清理党政军警司法机关经商办企业的工作,收到显著成效。

（二）外商投资企业登记管理

改革开放以来,海南的外商投资企业从无到有,从少到多,不断发展壮大。外商投资企业登记注册工作从审批制改变为直接核准登记制,从一个授权局发展到多个授权局,外商投资企业登记工作不断完善,工作水平不断提高,逐步实现了规范化和制度化。

1. 外商投资企业登记由单一授权局登记发展到多个授权局登记

1981 年,第一家外商投资企业落户海南。当时,外商投资企业登记注册在广东省工商行政管理局办理,海南行政区工商行政管理局只负责初审工作。1984 年,国家工商局授予海南行政区工商行政管理局外商投资企业登记管理权,负责海南行政区所辖范围内的外商投资企业登记管理工作。从1984 年到1989 年,海南外商投资企业在海南行政区工商行政管理局（1988 年后为海南省工商行政管理局）登记注册。1990 年,国家工商局在海南首先授予海口市工商行政管理局外商投资企业登记管理权,之后几年又陆续授予了三亚市、洋浦经济开发区、儋州市、琼海市、万宁市、文昌市、琼山市（现已合并到海口市）、东方市工商行政管理局外商投资企业登记管理权,在海南形成了多个授权局登记管理外商投资企业的格局,大大方便了投资者。

2. 改革外商投资企业登记制度,变审批登记制为直接核准登记制

1993 年,海南省颁布实施了《海南经济特区企业法人登记管理条例》,实行企业法人直接核准登记制,打破了国有、集体和外商投资企业等各种经济类型企业登记和经营条件的界限,除国家明文限制和禁止的项目外,对各类企业一视同仁,置于同一起跑线上进行公平竞争。同时,放宽了经营方式和经营范围,把实行专项审批和许可证管理的项目（行业）由过去的 130 多种减少为 28 种;企业登记发照期限由原法定的 1 个月缩短为 7 个工作日,大大提高了工作效率。这对于引进外资,促进海南经济发展起到了积极的作用。据统计,自 1993 年 4 月《海南经济特区企业法人登记管理办法》实施至当年年底的 9 个月时间里,全省就核准登记外商投资企业4 014户,注册资本 52 亿美元,外方认缴出资 4.5 亿美元,分别是前 13 年总和的 1.4 倍、1.2 倍和 1.3 倍。

3. 海南建省办经济特区,外商投资企业得到迅速发展

1988 年海南建省办经济特区后,海南各级工商行政管理机关认真贯彻执行国家的外商投资企业产业政策,结合海南实际情况,积极、合理、有效地利用外资,外商投资企业以前所未有的速度发展。通过对严重违法和自然消亡的外商投资企业进行认真清理,至 2008 年 6 月底,海南外商投资企业共4 607 户,投资总额961 亿美元,注册资本153 亿美元,其中外方认缴出资 113 亿美元,分别是建省初期的 11.7 倍、21 万倍、4 036 倍和 4 064 倍。在严把企业准入关的同时,海南各被授权局还加强对外商投资企业的监督管理,对新开办的企业进行回访,实行跟踪管理和服务,加强企业入资管理,严肃查处虚假出资等违法行为,维护外商投资企业市场主体地位的真实有效性。

三、个体私营经济监督管理

党的十一届三中全会以后,海南城乡个体私营工商业逐步得到恢复,在各级工商行

政管理机关的大力扶持和引导下,个体私营经济不断发展壮大,已成为推动海南经济发展的一支重要力量,在搞活流通、扩大劳动就业、促进脱贫致富和社会稳定方面发挥了重要作用。

(一)参与制定促进海南个体私营经济发展的地方性法规、规章

改革开放以来,海南省工商行政管理局在贯彻执行《私营企业暂行条例》、《公司法》、《合伙企业法》、《城乡个体工商户管理暂行条例》及其实施细则等法律法规的同时,参与制定了《海南省个体工商户管理办法》和《海南经济特区促进私营个体经济发展条例》等地方性法规规章。各级工商行政管理机关依照有关法律法规规定,认真开展个体工商户和私营企业的登记和管理工作。

(二)认真做好个体私营经济的引导和扶持工作

海南各级工商行政管理机关依照党和国家的方针政策和法律、法规规定,在经营范围、经营方式、经营条件、登记收费、保护合法经营等方面对个体私营经济实行政策倾斜,并采取分类指导的办法,努力解决地区间个体私营经济发展不平衡等问题。同时,在调研基础上,不断修改完善政策措施,引导个体私营经济着眼于国家产业结构的调整,走股份制、集团化发展道路,朝着有利于国民经济增长大局的方向发展。引导个体私营经济走专业化道路,培育出一批专业村、专业乡(镇);引导个体私营经济进行科技开发和应用,提高产品的档次和科技含量,走科技化、集约化经营道路。坚持做好"六个结合":一是个体私营经济发展与海南"一省两地"(新兴工业省、热带高效农业基地、海岛度假休闲旅游胜地)产业结构相结合;二是个体私营经济发展与解决劳动就业问题相结合;三是个体私营经济发展与优化产业结构、经营结构相结合;四是个体私营经济发展与脱贫致富、带动少数民族地区经济发展相结合;五是个体私营经济发展与深化国有企业改革相结合;六是个体私营经济发展与大力发展生产力,提高人民生活水平相结合。

(三)加强对个体劳动者协会和私营企业协会的工作指导

海南各级工商行政管理机关在加强对个体私营经济的监督管理的同时,还注重发挥个体劳动者协会和私营企业协会在"自我教育、自我管理、自我服务"中的作用,加强对个体工商户和私营企业经营者的思想政治教育、法制教育和职业道德教育,开展文明经营优质服务活动,使经营者守法经营,文明经商,还发动经营者制定各种制度、规范、公约,引导合理调整生产经营结构,提供法律咨询和信息服务,为经营者排忧解难。支持和鼓励个体私营业者兴办社会福利事业,开展文化体育活动等。

(四)个体私营经济得到又好又快发展

1. 个体私营经济总量发展迅速,投资规模迅速扩大。截至2008年6月底,全省登记注册的私营企业53 545户,是1990年2 153户的24.9倍,建省之初的1988年,全省个体工商户90 433户,到2008年6月底,已发展到156 139户,比1988年增长72.7%;2008年6月底,私营企业和个体工商户注册资本分别为1 297亿元和34亿元,分别是建省初期的176倍和7.5倍。

2. 私营企业规模和档次逐步提高。截至2008年6月底,全省私营性质的公司共有53 545家,注册资本1 297亿元,分别是建省初期的24.9倍和176倍。私营企业集团已发展到18家,涌现出一批经营规模大、发展前景好的私营企业集团。其中海口南庄酒店进入1995年全国500强私营企业之列,海南养生堂药业有限公司作为海南省纳税大户,年缴税金1 000多万元。

3. 个体私营经济结构趋向合理,各市县发展状况基本均衡。规模小、投资小、见效快的第三产业发展较快,商业和服务业经营户占79%,投资从事加工业和农业开发的业户比重也有所上升,行业结构朝着贴近海南发展特点和实际的较为合理的方向发展。

4. 对全省经济建设和社会贡献越来越大。至1999年底,海南个体私营企业上缴税金已占全省工商税收的三分之一,个别市县个体私营企业工商税收占全市县财政收

入的 50% 以上,已占据了这些市县财政收入的半壁江山。此外,个体工商户、私营企业在投资办学、扶贫济困、城乡基础建设、社会公益事业等方面也做出了积极的贡献,已逐步成为海南经济社会发展的重要力量。

四、商标管理

党的十一届三中全会以来,特别是 1982 年《商标法》颁布以来,海南各级工商行政管理机关紧紧围绕经济建设这个中心,认真履行法定职责,充分发挥商标对经济发展的促进作用,商标管理工作取得了长足发展。与此同时,商标管理机构逐步健全,管理水平不断提高。

海南建省后,海南省工商行政管理局成立了商标广告管理处,配备 10 名大专以上学历专职人员和相应的办案装备。全省 19 个市、县工商局均设立了商标管理机构,共配备专职人员 65 人,其中大专学历以上的有 33 人。为了提高管理人员的业务素质,海南省工商行政管理局根据各个时期的工作需要,组织了商标法制和业务培训,不断提高商标管理人员的业务水平和执法水平。

（一）企业商标意识明显增强

十一届三中全会以后,随着经济体制改革的不断深化,企业逐步被推向市场参与竞争,这在客观上要求企业必须重视和加强商标工作。1982 年《商标法》颁布以来,海南省各级工商行政管理机关把宣传普及《商标法》作为一项长期的战略性任务来抓,通过各种形式大力宣传商标法律法规,增强商标意识,商标的功能和作用已逐渐被社会尤其是企业所认识和重视。企业学会树品牌、创名牌、保名牌,通过有效的商标战略去开拓和占领市场,发展横向经济联合,增强企业效益。

（二）注册商标成倍增长

改革开放以来,海南注册商标数量成倍增长,申请注册商标的商品范围越来越广。据统计,1983 年以前全岛注册商标仅有 50 件,1987 年发展到 157 件。建省以后,海南注册商标得到了迅速发展,据统计,截至 2008 年 6 月底,全省注册商标已达 15 627 多件,是 1987 年的 99.5 倍。1987 年以来,

海南注册商标平均每年增长 737 件,全省 19 个市、县、区均有注册商标,乡镇私营企业、个体工商户的注册商标呈逐年递增趋势。随着海南热带高效农业成为新的经济增长点,农副土特产品使用注册商标数量增长较快,进一步促进了海南热带高效农业的发展。

（三）创出了一批著名、驰名商标

随着商标法规和商标知识的宣传与普及,企业开始注重争创省级著名商标和中国驰名商标,并利用商标开拓和占领市场,参与竞争,发展生产。1997 年,海南省工商行政管理局依法认定了"椰风"、"椰树"、"力神"、"新大洲"、"养生堂"、"槟榔"等 29 家企业的 39 件注册商标为海南省首届著名商标。截至 2008 年 6 月底,省工商局共认定海南省著名商标 188 件,其中"椰风"、"椰树"、"养生堂"、"新大洲"、"再林"、"快克"、"椰岛"、"京润"、"精功"、"吉盟"、海南航空第 1339823 号及图形等 11 个商标还被国家工商总局商标局认定为全国驰名商标。这些著名、驰名商标,为海南实施名牌战略奠定了良好基础,有效地促进了全省经济稳步发展。

（四）企业商标工作不断加强

改革开放以来,海南各级工商行政管理机关始终把加强企业商标工作作为重点,常抓不懈。一是各级工商行政管理机关根据本地的实际,发挥职能作用,深入企业,热情为企业服务,指导企业正确运用商标战略开拓市场,帮助企业解决商标申请、使用和保护方面遇到的难题。二是组织举办企业商标知识培训班、研讨会,利用新闻媒体广泛深入宣传有关商标法律法规,让企业了解更多的商标法律知识。三是开展注册商标验证工作。通过验证,有针对性地向企业宣传《商标法》,纠正不规范使用注册商标行为。

（五）打击各种商标违法行为

十一届三中全会以来,海南各级工商行政管理机关认真按照国家工商总局的部署,结合本地实际,严厉打击各种商标违法行为,在保护注册商标专用权和广大消费者合法权益方面做了大量工作,取得了可喜成

绩。截至 2008 年 6 月底，全省工商行政管理系统共查处商标侵权案 4 500 多件，罚没款 900 多万元，责令赔偿经济损失 500 多万元，收缴或消除侵权注册商标标识 2 300 多万件。

五、广告管理

海南广告业起步较晚，1979 年前几乎是空白，1982 年才开始对广告业进行管理。1986 年，海南仅有广告经营单位 25 家。1992 年至 1997 年的 5 年间，广告业成为海南发展较快的行业之一，广告经营单位比建省前增长了 11%，广告经营额增长了 438%。1993 年至 1997 年广告经营额年年突破亿元大关。截至 2008 年 6 月底，全省共有广告经营单位 1 291 家，从业人员 1.4 万多人。广告业的发展，促进了特区大众传播媒介的产业化进程。

（一）加强立法，狠抓户外广告管理

海南各级工商行政管理机关针对长期存在的户外广告乱设置、乱张贴的现象和管理政出多门、各行其道的状况，在当地政府的领导和有关部门的配合下，认真加强户外广告规划和管理，制定相应措施。1997 年，海南省工商行政管理局起草了《海南省户外广告管理办法》，已经海南省政府颁布实施。海南省各级工商行政管理机关依法严厉打击乱设置、乱张贴户外广告行为，把户外广告纳入了依法管理的轨道。

（二）开展专项治理，查处广告违法行为

《广告法》实施以后，针对广告市场中存在的突出问题，1996 年和 1997 年，海南省工商行政管理局分别组织开展了"双查双保"和"一查二验三治理"活动，对广告经营资格进行集中检查，对烟酒广告、印刷品广告和药品、食品、医疗器械、化妆品等广告市场进行治理整顿，在全省范围内开展了对电视广告、报纸广告等发布情况的执法检查。在对广告经营资格的集中检查中，被检查的 775 家广告经营单位有 548 家通过了资格检查，由此进一步规范了广告经营单位的主体资格。截至 2008 年 6 月底，全省累计查处广告违法案件 8 400 多件，罚没款 1 100 多万元。

（三）开展公益广告活动，促进社会主义精神文明建设

为促进特区精神文明建设，多年来，根据国家工商局的指示，海南积极开展公益广告活动。1996 年和 1997 年分别开展了"中华好风尚"和"自强创辉煌"为主题的公益广告月活动。据不完全统计，这期间全省共制作和发布公益广告作品上万件，一些好的作品在全国获了奖，这些形式多样、内容丰富的公益广告，在社会上引起了极大的反响，取得良好的社会效益，对全省社会主义精神文明建设发挥了重要的推动作用。

六、市场监督管理

党的十一届三中全会以来，海南各类市场建设快速发展，市场监督管理逐步走上规范化、法制化轨道。

（一）积极扶持培育市场发展，各类市场形成体系

改革开放以来，海南市场建设分为两个发展阶段，第一阶段从 1978 年至 1991 年，为工商行政管理机关独家办管市场阶段。12 年累计投入市场建设资金 8 700 多万元，兴建、扩建市场 281 个，市场建筑面积 51.87 万平方米。第二阶段从 1992 年至 1997 年，为市场建设体制改革阶段。在这个阶段，市场建设投资主体由工商行政管理机关独家经营向社会多家兴办市场转变，投资结构趋向多元化。1992 年 4 月，国家工商局颁布了《关于加快培育发展农副产品批发市场工业品专业市场和生产资料市场的意见》，从发展生产力和加快培育发展各类市场的角度出发，坚持"谁投资、谁受益"的市场建设原则，极大地调动了社会集资兴办市场的积极性。1992 年至 1997 年，市场建设累计投资 417 亿元，新建、扩建市场 39 个，市场建设面积 18.76 万平方米。

在农贸市场迅速发展的同时，生产资料市场也从无到有逐步得到发展，先后建成了机动车辆交易、钢材市场建筑材料、农业生产资料、成品油、有色金属和煤炭等 7 个生产资料市场；生产要素市场随着海南市场经济的发展而形成并迅速发展起来，会计师、审计师事务所、拍卖交易机构、资产评估机

构、职业介绍机构、旅游服务机构、登记代理机构、证券营业和信息咨询机构等各类中介机构相继涌现和发展,形成包括旅游、期货、证券、劳动力、信息和房地产等市场在内的较为完善的市场体系,旅游市场已成为省内新的支柱产业。会计、审计、律师、仲裁、评估、咨询等社会中介服务机构,也正逐步建立健全规范统一的中介服务规则,以进一步强化社会功能。全省各类商品市场和生产要素市场的建立和发展,标志着海南省市场体系已发育并趋向成熟,一个统一开放、竞争有序的市场体系已初步建立起来。

(二)全面推进市场规范化管理

在抓好市场建设和发展的同时,海南工商系统还逐步建立健全了各级市场行政执法管理体系,形成了省、市、县(市)工商行政管理机关及基层工商所三级管理网络,并依法对市场交易行为、竞争行为进行规范化管理,有效地保护了广大消费者和经营者的合法权益。至1998年底,海南省共拥有全国文明市场7个,省级文明市场32个,达标市场10个和一大批市县级文明市场。全省有形商品市场步入规范化管理轨道。

(三)市场监督管理逐步实现法制化

改革开放以来,海南结合实际,制定了一系列市场监督管理的地方性法规,如《海南经济特区商品市场管理条例》、《海南省文化市场管理规定》、《海南省实施〈中华人民共和国消费者权益保护法〉办法》等。2001年底,全省256个市场全部办理市场办管脱钩手续后,各级工商行政管理机关把工作重点全面转移到市场监管执法上来,努力建立和完善各类市场监管的政策措施,改进监管方式,组织市场巡查,积极与旅游、交通、公安、文化、技术监督、林业、农业、粮食等部门密切配合,进一步规范各类市场经营行为,维护市场正常秩序。同时,还通过发挥行业协会等社会组织的作用,在广大经营者中不断地开展守法、诚信经营活动,加强法制和职业道德教育,营造了良好的市场经营环境。

七、合同管理

改革开放以来,海南各级工商行政管理机关认真贯彻《中华人民共和国经济合同法》(后为《合同法》)、《经济合同仲裁条例》、《中华人民共和国担保法》、《中华人民共和国拍卖法》等有关法律、法规,不断探索合同监管的新路子和新措施,合同监管工作取得了成效。

(一)仲裁合同争议,探索行政调解新路子

海南省工商行政管理局在承担合同仲裁职责期间,通过培训仲裁员、强化仲裁手段等措施,公平、公正、合理地仲裁合同争议。至1996年合同仲裁工作从工商行政管理机关分离时止,海南各级工商行政管理机关共受理经济合同仲裁案735件,涉及合同金额553亿元,争议金额66亿元,为当事人追回欠款6.03亿元。1997年以来,大胆探索合同纠纷调解工作的新路子、新方法,共调解案件170多件,解决争议金额1 300万元。

(二)加强合同鉴证,提高合同履约率

改革开放以来,共审查、办理各类合同鉴证6 400份,鉴证金额85亿元,经鉴证的合同,履约率达95%以上。

(三)严厉打击合同欺诈行为,维护社会经济秩序

自1995年开展打击合同欺诈行为以来,共查处合同欺诈案件68件,案件金额2 875万元,为当事人挽回经济损失1 000多万元。

(四)加强对合同的检查监督

海南建省二十年来,全省工商行政管理机关共检查合同近12万份,合同金额1 012亿元,其中通过检查发现无效合同15 200多份。

(五)开展"守合同、重信用"活动,提高企业信誉

1987年至1997年10年间,海南共命名"重合同守信用"企业单位1 450家,其中连续八年被命名的企业5家,连续七年被命名的企业370家,连续四年被命名的企业660家,连续三年被命名的企业318家。2003年以来,全省又命名"守合同、重信用"企业单位1 149家。

（六）开展动产抵押物登记工作

自 1995 年《担保法》实施以来，海南各级工商行政管理机关通过发放宣传资料、举办培训班、发布电视、报刊公益广告、专题知识讲座等多种形式进行广泛宣传，并与银行建立联系制度，不断拓展动产抵押物登记工作。自开展该项工作以来，全省各级工商行政管理机关共办理抵押物登记 4 052 宗，抵押物价值 472 亿多元。通过动产抵押登记，对促进资金融通和商品流通，防止重复抵押，保障抵押债权的实现发挥了重要作用。

（七）推广和规范使用合同示范文本、法定代表人证明书和授权委托书

全省共推行合同示范文本 16 万本，发放法定代表人证明书和授权委托书共 13 万本，有效预防和减少了合同纠纷以及无效合同的产生。

（八）加强对拍卖企业的监督管理

自 2002 年开展拍卖企业监管工作以来，全省共办理拍卖前备案 4 300 多份，查处违法拍卖行为 11 件，涉及违法金额 9.5 万元。

八、消费者权益保护

自 1993 年 8 月海南省消费者协会成立以来，海南省工商局把消费者权益保护工作作为全省经济监督检查工作的一项重要任务，在建立健全消费者组织、推进和规范投诉服务网络和打假维权等方面都取得了显著的成绩。

（一）消费者组织发展迅速，已在全省形成网络

改革开放以来，海南消费者权益保护组织从无到有，从小到大不断发展。截至 2008 年 6 月底，全省已建立县以上消费者协会组织 23 个，在乡镇、农场建立消费者协会基层分会 212 个，在集贸市场、大型商场、超市等商业集中区域设立投诉站 182 个。同时，为了加强与经营者和消费者的沟通与联系，各级消协在工商企业中建立联络站 160 个，发展了一批义务联络员。消费者组织在全省已经形成网络，方便了消费者投诉，加强了对商品和服务的社会监督。

（二）广泛开展《消费者权益保护法》宣传活动，强化消费者自我保护意识和社会监督

海南各级工商行政管理机关和消费者协会在宣传《消费者权益保护法》方面做了大量的工作，自 1994 年 1 月 1 日《消费者权益保护法》实施至今，共印制《消费者权益保护法》及其实施办法 60 多万册，分发给广大消费者；省、市、县消费者协会举办《消费者权益保护法》培训班 70 多次，并通过开展"消费者信得过单位"、"诚信单位（市场）"的推荐评选活动，树立守法经营先进典型。此外，还通过召开新闻通报会对损害消费者合法权益、影响较坏的事件予以曝光，使广大群众的消费维权观念日益增强。

（三）认真受理申诉举报，为消费者排忧解难

近年来，海南省工商行政管理局不断健全和规范"12315"消费者投诉服务网络和"3·15"网站投诉系统，促进消费维权工作。2001 年 3 月，海南省消费者申诉举报"3·15"网站设立，"12315"逐渐被全省广大消费者所熟知。截至 2008 年 6 月底，全省 19 个直属工商行政管理局已全部实现了"12315"投诉服务网络三级联网，大部分市县城乡主要街道、集贸市场、大中型商场等场所都设立了投诉电话和"12315"广告牌。2007 年 2 月前，省"12315"消费者申诉举报中心值班台坚持每天早 8 点至晚 8 点 12 小时值班，"黄金周"期间还能做到 24 小时值班。2007 年 2 月以来，海南省工商行政管理局突出抓好"12315"消费申诉举报指挥中心建设，实现了"两率先一提高"，即在全国率先实行 24 小时全天候人工值班值勤服务，率先实现了全省"12315"统一受理、分级处置；从新录用的公务员中挑选 20 名全日制本科生充实到指挥中心，提高了"12315"指挥中心工作人员的素质和能力，为百姓提供既和谐温馨又优质高效的维权保障。2007 年 2 月至 2008 年 6 月，海南省"12315"消费者申诉举报中心共接听消费者申诉举报和咨询电话 131 169

个。其中,受理申诉19 807个,办结19 650个,办结率99.2%,为消费者挽回经济损失2 500多万元;受理举报3 731件,办结3 681件,办结率98.6%;受理咨询107 638人次。这一新的举措在社会上受到广泛赞扬,得到了省委、省政府的充分肯定,《海南日报》头版头条以《"12315":消费者合法权益的"保护伞"》为题做了报道,国家工商行政管理总局周伯华局长来海南视察时,对海南工商"12315"工作给予了高度评价和赞誉。

为了进一步方便农村老百姓、省内外游客的消费维权,拉动消费需求,2008年2月2日,海南省工商局"12315"增设"英语受理"和"普通话—海南话双语受理"席位,保证每天有专人负责英语、普通话、海南话的咨询、申诉举报受理工作;2008年"3·15"国际消费者权益日期间,海南省工商局与中国联通、中国移动合作,充分运用移动通信功能,凡是联通、移动用户,只要进入海南岛,在第一时间就可以收到海南工商"12315"消费维权温馨提示;从4月底开始,海南省工商局将每半年举办一次"'12315'百姓开放日"活动,不断增强百姓维权意识,全方位提升执法服务效能。同时,将"12315"行政执法体系与新农村建设紧密结合起来,积极推进"12315"进农村、进社区、进市场、进商场超市、进旅游景区,启动"千村百店放心消费示范工程",取得了较好的社会效益。

九、工商行政管理法制建设取得显著成绩

1988年建省以来,海南工商行政管理地方性法规、规章从无到有,共出台了10多个法规、规章,特别是1993年以来,在省人大、省政府的支持下,加快了工商行政管理地方立法步伐,相继出台了《海南经济特区企业法人登记管理条例》《海南经济特区反不正当竞争条例》和《海南经济特区商品交易市场管理条例》《海南经济特区促进私营个体经济发展条例》等法规、规章。与此同时,海南各级工商行政管理机关不断开展法制教育和培训,开展执法监督和检查,依法行政

水平不断提高。

十、大力加强自身建设,不断提高队伍素质

改革开放以来,海南各级工商行政管理机关在做好各项业务工作的同时,大力加强自身建设。特别是近几年来,深入开展"工商形象建设年"、"两整顿"、"三有三好"(有理想、有责任、有能力,作风好、口碑好、形象好)教育等一系列活动,不断加大教育培训力度,重点抓基层队伍建设,提高队伍的政治、业务和文化素质。全系统干部已全部得到政治、业务轮训,一大批在职人员参加了学历教育,队伍的文化知识结构、业务知识结构不断得到优化。同时注重行风建设和党风廉政建设,深入开展思想政治工作和民主评议行风工作,认真纠正行业不正之风。通过狠抓自身建设,队伍面貌有了很大的改变,树立了海南经济特区工商行政管理的良好形象。

十一、真情一片援灾区,同舟共济渡难关

2008年初,我国华南广大地区发生了历史罕见的特大雨雪冰冻自然灾害。在灾害面前,海南省工商系统全体干部职工大力发扬"一方有难、八方支援"的革命人道主义精神,共捐款52万元余元,帮助灾区人民共同抗击雨雪冰冻灾害,为夺取抗灾的最后胜利做出了应有贡献。2008年5月12日,汶川大地震给灾区人民的生命财产造成了重大灾难。地震发生后,海南省工商行政管理局坚定贯彻党中央、国务院的部署,把灾区的困难当作自己的困难来对待,心系灾区,情系灾民,尽最大能力帮助灾区人民抗震救灾。省工商局党组在震后第一时间发动全系统干部职工为灾区捐款、捐物,之后又通过捐赠特殊党费等形式多次号召捐款。据统计,全省工商系统共为汶川地震灾区捐款322万元,省工商局还捐专款20万元对口支援汶川县工商局,有力支援了灾区人民的抗震救灾和灾后重建,支援了灾区工商行政管理部门的恢复重建和各项工作的开展。

附：

海南省工商行政管理局
历任局长、党组书记

　　潘先传,1988 年 4 月至 1993 年 9 月任局长;富荣武,1993 年 10 月至 1998 年 8 月任局长、党组书记;王为璐,1999 年 3 月至 1999 年 11 月任局长、党组书记(1998 年 9 月至 1999 年 2 月由郑先育同志主持全面工作);马招德,1999 年 11 月至 2002 年 12 月任局长、党组书记;李植明,2002 年 12 月至 2006 年 7 月任局长,2002 年 12 月至 2008 年 1 月任党组书记;黄成模,2006 年 7 月至 2008 年 6 月任局长,2008 年 4 月至 2008 年 6 月任党组书记。

（执笔人:史全力）

第二十二章 重庆市工商行政管理局

第一部分 (1949—1978)

第一节 艰辛历程,曲折发展

1949 年 11 月 30 日,刘邓大军进驻重庆,宣告重庆解放。1950 年 1 月 13 日,重庆市工商局成立,设有 11 个科室,共 89 名干部职工,隶属于重庆市人民政府,业务上受中央财经委员会私营企业管理局和西南贸易部及西南工业部调制与领导,是全市公、私营工商业的行政管理机关。1953 年 3 月,市人民政府将市工商局一分为三,组建市商业局、市工业局、市工商局,工商局主要对私营工商业和市场、物价进行行政管理。1955 年 2 月 18 日,市工商局被撤销,所属业务、附属单位和人员分别移交市工业局、商业局和手工业管理处,区县工商行政管理部门亦作相应调整。1957 年 7 月 24 日,重新组建重庆市工商行政管理局,设有 5 个科室,38 人,隶属重庆市人民委员会,业务上受四川省工商局的领导,主要承担工商企业登记、对私改造、市场管理、打击投机倒把。10 月,各区人民委员会设立工商行政管理科。1959 年 3 月,与市物价委员会办公室合署办公后,兼管物价工作。1962 年市物价委员会移交市计划委员会领导。1965 年,区县工商行政管理局与市场管理委员会合并办公,重庆市工商行政管理系统干部职工由 1963 年的 571 人减少为 497 人。

“文化大革命”期间,是重庆工商行政管理部门最困难的时期。1967 年 1 月,市工商局的领导权被重庆财贸“8·15”战斗团工商分团夺取,原有职能基本不能行使。此后,全系统全面开展“斗、批、改”,全局只有少数人留守,大部分干部职工离职参加学习班。1970 年 5 月,成立重庆市革命委员会工商行政管理局革命领导小组,军队进入开始“支左”。1971 年,市革命委员会批转市工商行政管理局《加强工商行政管理机构的报告》,除大渡口区仍保留工商行政管理科外,其余各区县均成立工商行政管理局。至此,重庆市 8 区 3 县共有 10 个区局、1 个科、94 个工商行政管理所。

第二节 负重前行,履职尽责

一、对私改造,限制并利用个体私营经济

解放后,重庆市政府采取扶持和发挥个体工商业补充作用的政策,引导走合作化道路,使其得到休养生息并有所发展。1950 年 5 月,市政府颁布《重庆市摊贩管理暂行办法》,规定摊贩均须向工商局申请登记,发给营业执照。到 1951 年底,城区登记摊贩 13 180 户。1953 年,中央公布过渡时期的总路线,指明了个体工商业的合作化道路,4 月,公布新的《重庆市摊贩管理暂行办法》,7 月,根据中央发布的《私营企业暂行条例》,制定了《重庆市私营企业登记补充规定》,开展私营企业登记,至 11 月,登记的私营企业达 28 723 户。1955 年 6 月,共有零售个体工商户 23 829 户,纳入经销、代销的 9 745 户,占总户数的 40.9%;从业人员 39 602 人,纳入经销、代销的 16 995 人,占总人数的 42.91%。1955 年底,累计建成社(组)284 个,从业人员 12 460 人(占全市手工业人数的 38%),产值 1 960 万元。1958 年

下半年,在大跃进、人民公社的形势下,实现了个私经济公有制化。1962年,重庆市决定恢复个体工商户登记,到年底,全市登记发照15 719户,从业人员16 585人。1965年3月,全国工商工作会议提出:"个体不准经营批发业务,非经批准不准在集市上和到外地采购"。市工商行政管理局配合国营商业在零售市场开展代替工作,以取代个体商贩的业务。到7月底,有照个体工商户减少到7 828户,从业人员减少至8 161人。1973年,重庆市革命委员会批转市工商行政管理局《关于对原有证个体工商户进行清理整顿换发证照的请示报告》,对暂时未过渡经济性质和支农回流的历史商贩及生活困难别无出路的群众,予以大力扶持,通过清理、换发证照1 980户,比1965年四季度的6 526户人减少70%。1978年底,全市个体工商户只有4 549户,从业人员5 232人。

二、强基固本,注册登记助国有集体经济

依据1950年3月市政府颁布的《重庆市工商业登记暂行办法》及实施细则,重庆市工商行政管理局通过加强对工商企业的登记管理,消除生产经营的无政府状态。到年底,登记工商业27 586户,其中工业7 776户,商业19 810户。1958年8月对全市工商业进行全面登记和换发新证。1961年9月,重庆市工商局拟定了《重庆市在商业、服务业、手工业生产企业和修理修配行业中进行工商登记管理的暂行办法》。1963年10月开始,对全市工商企业进行全面登记和审核发证,于1964年6月结束,共登记发证企业12 809户,生产经营单位23 500户,资金124 563万元,从业人员474 787人,公有、国有制经济的主导地位确立。1973年,重庆市工商行政管理局提出《对全市中小学校办企业进行登记管理的意见》,规定学校举办的加工、生产和修理服务的校办工厂和企业都应该办理登记。1975年9月,重庆市工商行政管理局提出《关于对工商企业实行出摊管理的意见》,规定工商企业需在街道、车站、码头、广场出摊供应或收购的,须向当地工商行政管理部门申请批准,领得出摊证,在

规定地点出摊,12月,重庆市工商行政管理局还提出了《认真开展社队办企业登记管理的意见》,要求新办社队企业,由工商行政管理机关登记发证。

三、畅通渠道,激活城镇农村集市交易

1950年6月,着手对主要交易市场整顿和管理,先后建立了粮食、百货等15个市场管理委员会,重庆市工商行政管理局制定了《重庆市交易市场暂行管理规则》,集市贸易基本上按照历史习惯予以保留,在市中区有30个农贸市场,允许个体商贩在这些市场上从事蔬菜、副食品贩卖。国家分别于1953年11月和次年4月先后对粮食、油脂油料、棉布实行计划收购和计划供应,1955年10月1日实行粮食定量供应,随后又对生猪等主要农副产品实行派购,对部分工业品实行统购包销和加工订货,市场调节范围大大缩小。1956年第四季度,重庆市开放了国家领导下的自由市场,城乡间、地区间的物资交流日趋活跃。1957年8月,市人民委员会制定《关于加强农副土特产品自由市场管理的几项补充规定》,对一类统购物资的管理,二类物资的采购与贩运,二、三类物资的外运,以及加强检查监督与制止投机违法等作出了具体规定。10月,市人民委员会公布施行了《重庆市自由市场暂行管理办法》,进一步明确一、二类物资及政府单行规定未开放的商品,一律不准进入自由市场。至1958年大跃进和农村人民公社化后,重庆农村集市赶场期由3天改为5天甚至10天,农民自产自销明显减少,农副产品通过市场的销售额由1957年的147万元下降到1958年的29万元,减少80.27%,至此,重庆市自由市场已不复存在,有组织有计划的社会主义统一市场宣告形成。1960年11月3日,中央下发《关于农村人民公社当前问题的紧急指示信》,强调要有领导有计划地恢复农村集市贸易,做到"活而不乱,管而不死",市中区和近郊区开放了24个城市集贸市场。到1961年1月止,全市共开放和恢复集市223个,其中农村集市恢复172个,新开放8个;工矿集贸市场恢复13个,新开放6个;城市集贸市场恢复12个,新开放12个。1961年

10 月 30 日,市人民委员会制定《四川省重庆市农村集市贸易管理试行办法》和《关于加强农村集市贸易管理的暂行规定》,规定除国家统购统销的第一类物资外,商业行政部门宣布区、县完成派购任务以后的第二类物资和第三类物资可以进入集市交易。1963 年 1 月,中央决定对城市集市贸易采取"加强管理,缩小范围,逐步代替,区别对待,因地制宜"的方针,集市贸易所占比重缩小,计划市场阵地扩大,到年底,全市城乡集市数量减少到 243 个,较年初减少了 8.65%,城市和农村集市贸易成交额相当于社会商品零售额的 1.5% 和 5.29%。1966 年 3 月,市中区 7 个城市集市定为自由市场,近郊区的 33 个城市、工矿市场全部予以关闭,取消了 87 个集市中的蔬菜市场,整个城乡集市出现萧条景象。1971 年 2 月,市革命委员会批转市工商行政管理局、市二商局、市农业局《关于划分近郊区五个区城市市场的报告》,在南岸等 57 个城乡市场中,划出 33 个作为城市市场,并明确性质,从严管理,逐步封闭。1975 年,规定在各区县划出一定的公共场所和适宜地段,允许审核批准后的业主出摊;同时为了激活农村交易市场,方便群众,促进物资交流,规定业主在农村集市出摊不受限制。

四、诚实守约,实行产供销购合同衔接

1950 年 11 月,市政府颁发《重庆市公私营企业间关于加工订货合同暂行办法》,1951 年 1 月,市工商行政管理局成立重庆市信托公司,除代理各委托单位办理加工订货业务外,并代表市工商行政管理局对全市加工订货合同进行鉴证管理。8 月,成立重庆市加工订货委员会并发布《关于加工订货工作的规定》。1953 年 2 月,市信托公司撤销,5 月经市财经委员会批准,由市工商行政管理局、市工商业联合会、市人民法院、市劳动局、市总工会、商业部西南商业局、第一机械部西南供销分局和西南军区后勤部等单位组成重庆市加工订货争议评议委员会,公布了《重庆市加工订货争议评议委员会处理争议程序》。8 月,市加工订货委员会工作结束,由市工商行政管理局统一管理。9 月,市

政府公布《重庆市加工订货管理暂行办法》,市工商行政管理局公布《重庆市公私间加工订货合同订立办法》。1953 年,全市在全市私营工业 12 089 户中,加工订货合同户为 4 202 户,加工订货总值达 9 432 万元,占私营工业总产值的 65%。1954 年 12 月,市政府发布《重庆市加工订货管理办法》。1955 年,全市私营企业工业中,国家资本主义初级形式加工、订货、包销的产值为 5 146 万元,占私营企业工业总产值的 82.18%。1956 年 1 月 16 日,重庆市批准私营工商业实行全行业公私合营,对私营工业的加工订货合同管理工作,随着历史使命的完成而结束。1959 年 1 月,为了适应工农业生产发展的需要,加强市场商品流通管理,报经市人民委员会同意,开展了对三类工农业产品、批发交易合同鉴证管理;4 月,市商品批发市场管理办公室成立,开始实行商品批发进场集中交易,开展合同管理,配备专人审查合同。1962 年 7 月,市人民委员会批转市工商行政管理局《关于开展加工、订货、包销合同管理的几项试行规定》,成立加工订货管理科,配合各部门安排生产,衔接产销,开展合同鉴证管理。1965 年,共鉴证品种 584 个,金额 34 582 万元。通过鉴证管理,督促合同的全面履约,对于促进国家计划的执行,推动生产发展和促进流通起到了积极的作用。"文革"期间,经济合同制度被视为"管、卡、压"被批判,合同管理工作陷于停顿。1978 年 12 月,设立经济合同科,恢复合同管理工作。

五、兴利除弊,展开注册商标清理整顿

1950 年 10 月,重庆市工商局开始开展商标备案工作。同年 12 月 29 日,根据《商标注册暂行条例》的要求,规定工商厂号的牌名及所用的商标、包装、说明或广告,除运销国外的商品外一律禁止使用外国文字或字母。1954 年 10 月,市政府颁布《重庆市商标登记管理办法》,对未注册商标实行登记管理。1957 年 6 月,开展了商标全面注册工作,共办理注册商标 206 个,其中新注册商标 116 个。1959 年 3 月,对全市商标注册使用、印制等情况进行清理整顿。7 月,市工商

行政管理会同轻工、化工和商业各局,对群众反映质量问题较多的注册商标中的部分轻工、化工产品的质量进行了检查,走出了以监督产品质量为核心,对商标进行管理的第一步。1962 年,据清理,全市共有商标541 个,经初审同意上报中央工商行政管理局审批的 530 个,经批准注册的 410 个。1963 年 4 月,国务院颁布《商标管理办法》后,对商标的使用情况进行了检查清理。9 月,开展了商标换照工作,全市有注册商标460 个,经审查同意换证继续使用的 205 个,撤销 255 个。1966 年 4 月,国务院批转中央工商行政管理局《关于改进商标管理工作的报告》,将内销商品商标注册工作交地方工商行政管理局办理,6 月,上报《关于改进本市商标管理工作的意见》提出:市属各工商企业和设在本市的中央、省属企业生产的国内销售商品使用的商标,中央托拉斯所属企业用企业名义申请使用内销商品的商标,今后统一由市工商行政管理局审定注册,发给注册证。1972 年 8 月,全市原有 283 个商标中,经过清理整顿,符合条件允许继续使用的 58 个,改变商标图形和换证、补证的 65 个,应进行注册的 98 个。1978 年底,市工商局开展了对内销商品商标的清理和登记工作,补办应注册的 146 个商标的注册手续,撤销不符合《商标管理条例》规定的 41 个商标,对商标图案等方面存在问题的 53 个商标给予纠正,恢复了一些在群众中有较高信誉的商标。

六、打击投机,维护市场正常经济秩序

1950 年开展了市场整顿,建立了一系列市场交易制度,由于管理及时,行政措施与经济干预配合得宜,投机倒把受到制约,物价上涨的势头得到抑制,保障了人民生活需要。在"三反"(在党政机关工作人员中开展"反贪污、反浪费、反官僚主义")、"五反"(在私营工商业者中开展"反行贿、反偷税漏税、反盗骗国家财产、反偷工减料、反盗窃国家经济情报")运动的 1952 年,集中打击了投机倒把,使工商业者受到深刻的爱国主义和守法经营教育,在国家机关和企事业单位中树立起了廉洁奉公的新风尚。为了有

效地开展工作,市委于 1957 年 9 月批转了市委财贸部《关于加强市场管理,打击资本主义投机违法活动的报告》,市人民委员会批转了市工商行政管理局《关于组织市场检查研究办公室的意见》,成立了市场检查研究领导小组。从 1957 年 9 月至 1958 年 1 月底止,全市先后查处2 677件投机违法案件。人民公社化和大跃进运动以后,物资短缺,市场供应紧张,投机分子便在零售市场上利用各种手段进行大量买卖各种供应票证和转手倒卖各种商品的活动,对此,市工商行政管理局于 1961 年 9 月,提出了《关于当前市场违法活动的界限划分和处理掌握的具体意见》。1963 年 4 月,市委批准成立了市打击投机倒把、贪污盗窃领导小组,批转《关于进一步严格市场管理,坚决打击社会上的投机倒把、贪污盗窃活动的意见》,到年底,共查处投机倒把案件1 591件。1965 年 2 月27 日,市财贸办公室召开打击投机倒把活动座谈会,决定采取打歼灭战的办法,大张旗鼓地打击投机倒把活动,共查处投机违法案件18 144件,其中投机倒把9 521件,一般违法案件8 923件,投机违法活动有所收敛。1967 年,市工商行政管理局会同公安等部门开展了为期 7 个月的市场秩序大整顿,共查处投机违法案件7 193件,其中投机倒把案件 782 件。1969 年 2 月,市革命委员会批准成立打击投机倒把、加强市场管理办公室,各区县也成立相应的组织,调配专职人员1 000 多人,组织开展打击投机倒把工作。到 9 月底,共查处投机倒把案件3 296件,查获现金 44.27 万元、粮票 47.88 万斤、布票7 722尺、打火石 37 万颗、手表 229 只,以及黄金、白银、收音机和其他高档商品等一批,逮捕 43 人,遣送原籍 105 人。1970 年 6 月16 日,市革命委员会、重庆警备区发布《关于进一步打击投机倒把,加强市场管理的通告》,掀起打击投机倒把高潮,至年底共查处投机倒把案件4 293件,刑事处理 77 人,戴投机倒把分子帽子 10 人,管制 11 人。1975 年4 月,市革命委员会下发《关于办案工作几项制度的规定(试行)》,当年查办投机倒把案件2 156件,比 1974 年增加 80.2%;打击

处理 299 人,其中逮捕 49 人,管制 13 人,劳教 2 人。

第二部分　(1979—2008.6)

第一节　重庆市工商行政管理机构沿革概况

重庆市工商行政管理局 1978 年 4 月恢复建制,1983 年,永川地区工商行政管理局并入重庆市工商行政管理局,至此,全市共有 21 个区县局,193 个工商行政管理所,1 853 人。到 1985 年底,全市工商行政管理系统人数增至 2 620 人,工商行政管理所增至 201 个。1986 年,市工商行政管理局内设 13 个处室,干部职工 127 人,事业单位 46 人。1996 年底,共有 11 区 3 市 7 个县工商行政管理局和 3 个直属工商分局,211 个工商行政管理所,35 个专业管理所、13 个经济检查队(站)。全系统总人数 4 037 人。1997 年 3 月 14 日,全国人大八届五次会议决定设立重庆直辖市,6 月 18 日正式挂牌。此时,市工商行政管理局下辖 43 个区县局,下设 477 个工商行政管理所、58 个专业管理所、34 个经济检查队(站),干部职工人数达 7 494 人。1998 年,经党中央、国务院批准,重庆市对所辖行政区进行了调整,撤销万县市及所辖的龙宝区、天城区、五桥区,设立重庆市万州区;撤销涪陵市及其所辖的枳城、李渡区,设立重庆市涪陵区;撤销黔江县。重庆市工商行政管理局也作了相应的调整,全市共有 40 个区县工商行政管理局。1999 年,按照国务院的要求,进行了工商行政管理法制改革,实现了市以下垂直管理。2001 年,完成对各区县工商行政管理局机构改革,内设机构平均精简 22%,机关行政编制精简 128 名,工商行政管理所行政编制精简 1 149 名。2003 年 6 月 20 日,经重庆市编委同意,在市工商行政管理局机关内增设中介管理处(挂重庆市中介服务业规范和发展领导小组办公室牌子),对外办公。到 2006 年底,全系统近 5 600 名干部的公务员登记、职务职级确定工作初步完成。至 2008 年 6 月底,全市有区县工商行政管理局 40 个,基层工商行政管理所 415 个。市局机关内设 18 个处室,另管理有 5 个直属行政单位(经济检查总队、经济开发区分局、高新区分局、北部新区经开园分局、北部新区高新园分局),4 个直属事业单位(机关后勤服务中心、档案信息服务中心、消费者权益保护委员会,工商干校)。全系统在职人数 6 411 人,其中公务员 5 613 人,事业工勤人员 798 人。

第二节　突出监管职能,不断创新和突破

一、卸掉历史包袱,"裁判员"位置得到新凸显

重庆市政府于 1996 年 5 月印发了《关于工商行政管理机关与所办市场尽快脱钩的通知》,5 月 17 日,正式宣布重庆市工商行政管理机关与所办市场脱钩,5 月底,重庆市和 7 个区的市场管理服务机构正式挂牌运行,至年底,重庆市纳入办管脱钩范围的 193 个市场全部交由市场管理服务机构经营管理。2000 年,按照政企脱钩的要求,与工商事务所、商标事务所、《西南工商报》彻底脱钩。2001 年,按照《国务院办公厅转发国家工商行政管理总局关于工商行政管理机关限期与所办市场彻底脱钩有关问题意见的通知》精神,重庆市工商行政管理机关进一步推进市场办管脱钩工作。据统计,全市应脱钩市场 554 个(其中工商行政管理系统自办市场 537 个、联办市场 17 个),市场投资总额 39 634 万元,工商部门负债 18 685 万元,市场使用面积 138 万平方米,分流人员 485 人,到年底,全部实现彻底脱钩,其中,改制 166 个,移交 191 个,转让 32 个,置换 29 个,拍卖 136 个。2007 年,完成了与所属 138 家各类社会团体的彻底脱钩。为更好地实现工商行政管理机关公正、独立地执法、促进工商行政管理职能到位创造了有利条件。

二、坚持着力培育,商品市场出现新的局面

1979 年 5 月,重庆市 10 个城市集市开

放，结束了长达 13 年封闭的历史。到 1985 年取消统购、派购制度，放开农副产品经营止，全市集市达 842 个，总面积 135 平方米，年成交量 8 亿吨，成交额 9.6 亿元（相当于全市社会商品零售总额的 20.1%）。1990 年，市政府提出今后 5 年初步形成"城区中心楼层交易，县城城关室内为主，县辖区镇棚盖普及，乡级集市场地固定"的市场新格局。1996 年 7 月，市政府宣布减税让利、"蓄水养鱼"等一系列措施，工商行政管理部门带头融资甚至举债修建和改造了一大批集贸市场。全市各类商品交易市场已发展到 2 325 个，市场面积 807 万平方米。消费品市场 7 大类商品年成交量达 385 万吨，成交额达到 280 亿元，其中：年成交额超亿元的 16 个，"双生"市场成交额上 10 亿元的 4 个，9 个市场被评为"全国文明集贸市场"。市场建设的投资规模扩大，环境设施有了新的提高，一批"马路市场"、"街巷市场"、"窝棚市场"得到改造。重庆设立直辖市后，市场培育工作进一步加强，商品市场全面启动，要素市场应运而生，初步形成了市场门类比较齐全、大中小市场逐步配套、综合市场与专业市场并存、贯通城乡的区域市场体系。到 2002 年底，全市共有各类市场 2 157 个（其中，消费品市场 2 089 个，生产资料市场 51 个，生产要素市场 17 个），年市场成交额 1 311 亿元，全市消费品市场零售总额占社会商品零售总额的 41.44%。

近几年来，特别是 2007 年，重庆市着力打造具有核心竞争力和品牌知名度的市场"航母"，支持会展经济发展。年内新增商品交易市场 25 个，评选出"星级文明市场"154 个，命名表彰 20 个市场为重庆市"商品交易市场二十强"。2008 年上半年，新培育发展 16 个商品交易市场，新增 5 个 100 亿元级重点培育市场。

三、立足经济发展，各类市场主体快速新增长

1998 年以来，重庆市工商行政管理机关全面推行"一个窗口对外"、"5 个工作日"办结、"立等可取"的注册制度，实行"一条龙"和"一厅式"服务，坚持了"三个一次清"和"三个不过夜"办事原则；推行登记窗口工作人员"十分钟效应"，实行"无午休工作制"，为涉农企业开通"绿色通道"；对重大招商引资项目、特殊紧急事宜，实行特事特办；全面实行内资企业登记"一审一核"和对企业简易登记事项实行"审核合一"制，组织 1 800 人参加考试，授予 1 111 人审查员和 488 人核准员资格；出台了企业年检分级认定办法和实行企业年检免审，使企业登记当场办结率达 20% 以上。2006 年，重庆市"企业名称网上查询"、"网上办照"、"网上年检"正式启动，推动了登记工作上档提速。2007 年，试行了主体资格分离、外资登记预先审核受理制度和"并联审批"制度，较好地解决了"证"、"照"矛盾；市工商局还出台了《服务重庆城乡统筹发展的意见》等一系列政策措施；开展了农村土地承包经营权入股试点工作。全系统按照"非禁即准、非限即许"的原则，着力破除妨碍经济发展的准入壁垒，大力实施"非公经济助推工程"，鼓励各类市场主体投资创业；开展了股权出资、股权出质登记，有效帮助企业突破"融资"瓶颈。汶川大地震发生后，市工商局还制订出台了关于支持地震灾区恢复重建的十二条意见。通过这些高效、便捷、优质的服务，促进了各类市场主体快速增长。

服务内资，支持企业改制。1982 年将业务主管部门归口管理的行业和经营企业统一纳入工商登记管理。1996 年，根据市政府"抓大放小"的思路和一系列改革决策，市工商行政管理局先后制定了《关于企业改制中若干问题的暂行规定》等 6 个规范性文件，并积极参与企业破产、兼并、股份合作、改造等工作，主动做好企业登记注册前的指导服务工作，共参加企业改制方案论证会 397 次，派人帮助企业制定改制方案 647 次，减免登记费 111 万元，到年底新登记内资企业 14 754 户，全市内资企业总数达 195 312 户。特别加大了服务国有企业改革的力度。一是出台政策，鼎力支持国有企业发展。1999 年，市工商行政管理局出台了《促进国有企业改革和快速健康发展的意见》，到年底，全市公司制形式的改制企业达到 6 434 户，国有商贸小企业改制为有限责任公司1 670户。2001—2002年，帮助制定改制方案2 143件，办理企业改制登记2 955户，(国有企业改制占723户)；完善了大新药业等5户国有企业的"债转股"注册登记，涉及金额16.67亿元。2007年，帮助694户邮政企业完成了转制变更登记，办理了市煤炭集团等11户企业改制重组的变更登记。二是突出重点，帮助国有企业实现战略性调整。2000年，配合政府机构改革，对先后撤销的市机械等8个行业主管局合并组建轻纺等3大市级国有工业控股公司快速办理了工商登记，为调整产业结构发挥了积极作用。2002年，扶持重点骨干企业的发展，帮助其开拓经营，组建企业集团，使当年全市新增企业集团37户。2007年，完成了西南证券、重庆银行等一批优质国有企业的上市重组登记，支持组建了重庆航空、安诚保险等大型国有企业。到2008年6月底，全市实有内资企业5.6万户。

在扶持企业发展的同时，加强了监督和管理，特别是通过清理整顿公司，严把市场主体准入关。1983—1994年，开展了对党政机关所办公司(企业)，军队、武警和政法部门所办企业的清理整顿工作。1997年，开展了对金融"三乱"的专项清理整顿，共清理出非法金融机构150户。2001—2003年，对全市小煤矿进行了专项清理整顿，共清理出2 242户。通过以上措施，有效促进了企业的健康发展。

外商投资企业呈现跨越式增长。改革开放后，重庆的外商投资企业登记管理工作开始起步，并取得了较好成绩。1985年，市工商行政管理局设立外资企业登记管理处，当年，经初审报国家工商行政管理局批准登记注册外商投资企业2户，实现了零的突破。1986年，国家将外商投资企业审批核准权限下放后，重庆外商投资企业登记管理工作进入新阶段。至1992年底，全市登记注册外商投资企业578户，投资总额10.81亿美元，注册资本7.89亿美元。1996年，重庆市实施"大开放大发展"的战略，到年底新登记注册173户，至此，全市外商投资企业总

数达1 964户。2004年市工商行政管理局出台《外商投资企业登记工作规范》，并成立了外商投资企业登记管理所。2007年全力打造西部开放型经济高地。已先后在十个区县开通了外商投资企业远程登记工作站，实施外商投资企业免费培训，使其呈现跨越式增长，其中实有注册资本增幅位居全国第一，资本到位率连创新高，经营期限持续拉长，外商投资企业总数达到4 451户，注册资本总额104.77亿美元，来自近百个国家和地区的外商到渝投资，世界500强企业累计有93家入驻重庆，霍尼韦尔、利宝互助保险两家世界500强企业中国区总部落户重庆。2008年1—6月建立了世界和中国500强优势企业的商号保护数据库，加大了对知名商号名称的保护力度；实有外商投资企业4 608户，注册资本122.39亿美元。

个体私营经济上档提速。1982—1984年，市工商行政管理局提出了"三允许一开放"政策和"三支持两提供"政策，一大批拥有个人专长，具备开业条件的城乡居民开始从事个体经营。私营企业从1985年开始恢复，到1988年《私营企业暂行条例》颁布时，重庆市登记发照的私营企业仅132户，从业人员2 076人，注册资金837.28万元。到1992年底，全市个体工商户达18.64万户，从业人员23.93万人，注册资金3.69亿元；私营企业1 663户，从业人员20 670人，注册资本1.48亿元。1993年6月，市委、市政府出台《关于进一步发展个体私营经济的若干规定》，把发展个体私营经济纳入国民经济和社会发展总体规划。1994年9月，《重庆市发展个体私营经济条例》颁布实施。1997年，市委、市政府又出台了《关于大力发展个体私营经济的决定》等4个文件，明确了重庆市个体私营经济的发展方向、目标及主要政策、措施等。2001年，市委、市政府又明确提出要努力实现"三个转变"：即由允许发展向放手发展转变；由被动支持向主动服务转变；由重国有、轻私营个体向一视同仁转变。2007年，市工商行政管理局更是大力实施非公有制经济助推工程，非公经济市场主体总量达到70.22万户，其中，实有私营企业

11.79 万户,注册资本1 812.31亿元;实有个体工商户 58.49 万户,资金数额 126.73 亿元,还对 7.31 万户个人经营者实行了备案登记。在全市个私经济体中,当选为县级以上人大代表、政协委员或被评为各级劳模的业主有 978 人。全市百万农村剩余劳动力从第一产业中分流出来从事个私经济。一大批高中级技术人才、经营管理人才加盟个体私营经济队伍。到 2008 年 6 月底,全市实有个体工商户 62.02 万户,注册资金 171.49 亿元;私营企业 12.55 万户,注册资本 1 968.74 亿元。

四、注重标本兼治,整顿规范市场收获新成果

1981—1985 年,重点打击了内外勾结的集团性投机倒把案件及破坏国家计划和市场物价稳定的现行案件,共处理86 598件,罚没金额 772.7 万元。1986 年,坚持改革、开放、搞活的政策,与有关职能部门协同,加强对物价、重要生产资料和限制进口商品的管理。1996 年,深入开展"公平交易执法年"活动,强化市场监管职能,共出动检查23 724人次,检查经营单位145 369户次,检查有问题的企业11 726户,查处制售假冒伪劣商品案 1 306 件,捣毁制假窝点 77 个。1997 年,不断加大执法力度,突出抓好反不正当竞争、反欺诈、反仿冒等专项斗争,有效地保护生产者、经营者和消费者的合法权益,取得了十分明显的成绩。一是反不正当竞争工作有新的突破。重点查处了一批以虚假宣传欺骗消费者、仿冒他人知名商品包装装潢、公用企业强制销售商品、垄断服务等大要案件,共计 345 件;二是"打假"工作突出了对工农业生产和人民生命健康的保护,共查处制售假冒伪劣商品案件1 165件,端掉制假售假窝点 181 个,特别是对闻名全国的万州走私汽车案,綦江、南川特大倒买烟叶案等一大批社会影响大的案件查处,群众反映十分强烈;三是查处走私贩私案 31件,药品回扣违法案 56 件;四是制止了 12起非法传销,查处了 216 件非法传销案。

1998 年以来,认真贯彻执行《国务院关于进一步深化粮食流通体制改革的决定》及《粮食收购条例》,狠抓了粮食市场监管。2002 年,重庆加强对陈化粮的管理,与粮食、财政等部门紧密配合,成功地在上桥粮油批发市场对 72 万吨陈化粮进行了竞价销售。全系统共查处陈化粮案件 63 件,查扣陈化粮2 179吨,罚款 45 万元。

2004 年 2 月 1 日,中央电视台披露重庆市火锅底料涉嫌有质量问题,引起了市领导高度重视,市工商行政管理局立即组织执法人员进行拉网式检查。到 2 月 20 日止,被处罚企业 5 户,共暂扣涉嫌有质量问题的各类火锅底料24 065袋。2004 年 3 月,市工商行政管理局渝北区分局对有2 000多名外地大学生参加的"欧丽"传销案的查处,温家宝总理作了重要指示,被国家工商行政管理总局列为当年全国查处的十大传销案之首,中央电视台等多家新闻媒体作了报道。2005年以来,全市工商行政管理机关共查处各类经济案件10 047件,案值43 224.31万元,罚没款5 442.53万元,捣毁各种违法窝点 250个。有效地维护了良好的市场经济秩序。移送司法机关处理经济案 6 件。2007 年共查处各类经济违法违章案件 3 万余件,移送司法机关处理案件 5 件。

五、搞活市场促活农业,中介规范发展获得新成效

2001 年,重庆市成立了中介服务业规范和发展领导小组办公室,市工商局负责日常工作。2002 年底,全市各类经纪人达3 472户,比 1997 年增长 84%。年成交金额 10 亿元,各类中介组织5 117户,年成交金额 0.65亿元。2003 年,通过清理规范经纪人培训和执业资格证发放制度及程序,基本摸清全市经纪人队伍的情况。2005 年,国家工商行政管理总局颁布了新的《经纪人管理办法》,重庆市人大修订颁布实施了《重庆市经纪人管理条例》,尔后,市工商行政管理局制定出台《关于贯彻执行经纪人管理办法的通知》,进一步推动和规范经纪人管理工作。当年全市新增经纪人10 363人。至 2005 年底,全市累计有各类中介组织8 792个,从业人员7.7 万人,2007 年,全市工商行政管理系统深入开展"经纪活农"行动,共免费培训农村经纪人1.8万人,新发展农村经纪人8 458户,新增农村经纪执业人员近1.2万人,经纪业务量达到63亿元。新发展中介组织1.7万户,新增注册资本216亿元,新增从业人员5.2万人。2008年1—6月,新发展农村经纪人5 543户、农村经纪执业人员14 351人,农村经纪人经纪业务量为76亿元;新增营利性中介组织9 481户、注册资本(金)116亿元、从业人员6.1万人,收入224亿元,纳税11.3亿元,中介组织活跃市场的作用进一步凸显。

六、树品牌立市场,商标战略实施收到新实效

1978年,重庆市恢复商标注册工作。1979年,对新中国成立以来的注册商标进行了清理登记,当时仅有511件。1983年3月,市工商行政管理局成立了商标管理科,配备了专职管理人员,开始实施商标注册行政核转制。到1992年底,全市累计有效注册商标4 543件。1996年8月,成立重庆市商标资产评估事务所,开展了对"长安"系列商标等的评估,为冷酸灵等5个重庆知名企业妥善解决了商标注册问题;还举办了大中型企业商标法规知识培训班和座谈会,建立了105个重点企业联系点;对一些地方名优产品的商标和全国著名商标开展了专项检查,共查处违法商标案364件。1997年10月,市政府颁布《重庆市著名商标认定和保护办法》,市工商行政管理局将实施商标战略纳入了重要议事日程。为适应西部大开发和中国加入WTO的新形势,倡议并于2002年9月19日召开了西部商标联合保护协作会,签署了《西部地区商标行政保护协作协议》,确立了著名商标的重点保护制度和西部地区商标侵权协查制度,为西部地区深入实施商标战略,促进地方经济发展提供了有力保障。直辖以来到2002年底,全市累计申请注册商标7 056件,注册商标达14 916件;202件商标被市工商行政管理局认定为重庆市著名商标,"长安"汽车等5件商标被国家工商行政管理总局认定为中国驰名商标;累计查处商标违法案件2 158件,罚没金额409.6万元,责令赔偿经济损失

27.57万元,收缴和销毁非法商标标识3 336.67万件(套)。2003—2006年间,全系统加强了对特色农副产品和地理标志的保护,大力实施农产品商标战略,新增注册商标10 225件,其中农产品1 712件、地理标志2件;新增中国驰名商标12件;查处各类商标违法案件1 766件。2007年,全市工商行政管理系统积极支持新农村建设,以集体商标形式注册地理标志"城口老腊肉",实现了地理标志零的突破。当年,全市新增注册商标3 736件(其中,新增注册农产品商标553件),新认定重庆市著名商标51件(总数已达279件),新增中国驰名商标2件(总数达到19件),查处各类商标违法案件682件。2008年上半年,在全市40个区县118个大中型商场建立了经销商品商标备案制度,开展了保护奥林匹克专用标志专项整治行动,全系统共查处商标违法案件220件。全市新增注册商标2 975件,其中,新增农产品商标379件,新申请地理标志3件。到2008年6月底止,全市注册商标总数已达31 654件,其中,重庆市著名商标323件,中国驰名商标23件。

七、重管理严审查,广告监管执法拓展新领域

1980年重庆广告业开始恢复。1982年,市政府决定将广告管理工作从市文化局划归市工商行政管理局管理,8月,市政府批转市工商行政管理局《关于加强广告管理工作的意见》,批准设立广告管理科。随之开展了全市广告经营单位的清理整顿,加强了对刊播广告内容的审查和广告经营单位的资格审核。当年,全市有广告经营单位54户,从业人员3 474人,广告经营额1 435万元。1983年以后,重庆市放宽广告经营政策,加强行业引导,支持报纸、书刊、电台、电视台等媒介刊播广告,发展灯箱、霓虹灯、路牌和橱窗广告,促进了重庆广告业的迅速发展。到1992年底,全市有广告经营单位172户,年广告经营额9 000万元。1993—1997年,《重庆市户外广告管理规定》《重庆市户外广告管理条例》相继颁布实施,市工商行政管理局还印发《重庆市广告"九五"及2010年发展规划纲要》,加强了对广告行业

的引导和管理,促进了重庆市广告业的健康发展。1999年底,全市有广告经营单位1 319户,从业人员1.47万人,年广告经营额达9.34亿元。近年来,重庆各级工商行政管理机关在广告监管执法中大胆探索,积极创新,建立和完善管理机制和体系,较好地控制了虚假违法广告的发布,广告总违法率大幅度降低。仅2007年,全系统共监测各类广告261.56万条次,查处各类虚假违法广告案件1 241件,曝光典型虚假违法广告案件10件,广告总违法率控制在2.96%以内。到2007年底,全市广告经营单位达到4 500户,从业人员3万多人,年广告经营额29.3亿元。2008年1—6月,依法查处了《旅游新报》以地震为基调发布"秀色"图片广告行为,以"震中锅"为名的宣传炒作的行为,维护了社会稳定;共监测各类广告140多万条次,查处虚假违法广告案件521件,全市广告总违法率下降至0.32%,为全市广告专项整治以来违法率最低点。主要措施:一是建立多部门横向联动执法机制,加强与卫生等5部门的协调配合,与市食品药品监管局等共同制定了广告审查批文抄送等8项联动工作机制。二是建立和完善了市局—区县局—工商行政管理所三级联动执法机制,将广告监管重心下移,实现广告联动执法纵向到底。三是加强户外广告管理,美化市容市貌,建立了户外广告审批等3个制度,还加大了对媒体、食品、烟草制品、医疗、房地产广告和电视直销广告的专项检查,较好地保护了消费者的合法权益。四是全面建设广告监管信息系统,实现了广告监管网络全覆盖,还利用电子地图定位等拓展了广告监管领域,有效地提高了广告监管执法的效率和工作透明度。五是实现广告监测中心与行政执法网络的对接,市工商行政管理局于2006年成立"广告监测中心",使科学、适用、实战的广告监管执法平台,日臻完善。

八、倡导诚实守信,合同护企帮农实现新突破

1979年,长寿县工商行政管理局创立农商合同"三级合同制",被中央工商行政管理总局推广到全国,对全国的合同管理工作产生了积极影响。1987年,市工商行政管理局制定并实施《评选"重合同守信用"单位暂行办法》,在全市范围内开展了"重合同、守信用"活动。1991年,市政府批转《企业经济合同管理标准》并在全市施行,召开了以清欠为主题的全市百家大中型企业经济合同工作会,推动了清理"三角债"工作。1996年,在打击合同欺诈工作中,共查处合同欺诈违法案157件,涉及标的金额3 700余万元,罚没金额20万元,为当事人挽回经济损失1 150万元。1999年3月,《合同法》颁布后,工商行政管理机关的合同监管职能发生了转变,职责范围扩大。从1991年《经济合同法》颁布实施到1998年底,全市工商行政管理机关共依法查处各类利用经济合同违法案件721件,涉及金额30 745.6万元,罚没金额1 221.1万元;办理动产抵押物登记6 650件,涉及主债权金额141亿元;鉴证合同105.9万份,标的金额598亿元;调解仲裁各类合同纠纷案件7.7万件,合同金额15.9亿元,争议金额7.9亿元,确认无效合同959件;诉外调解合同纠纷754件,解决争议金额11 855.8万元;协助4 019户企业清理合同债21.9亿元。直辖后,继续深入开展"重合同、守信用"活动,修订并报经市政府批转印发了《重庆市企业合同管理规范》、《重庆市"重合同守信用企业"认定命名办法》,开展了建设工程项目执法检查等4个专项合同行为整治行动。到2002年底,全市工商行政管理机关累计办理抵押物登记18 417件,抵押物价值545.2亿元;鉴证各类合同56.5万份,标的金额461.3亿元;查处各类合同案件850件,罚没金额585.1万元;协助当事人挽回经济损失1 982件,金额1.83亿元;认定命名"重合同、守信用"企业1 728家,其中市级"重合同、守信用"企业536家,有6家企业荣登全国100家"重合同、守信用"企业红榜。2003—2006年间,侧重发展和规范"订单农业",共推广涉农合同示范文本16万份。加大"霸王条款"整治和合同欺诈查处力度,对十大行业格式合同开展了备案监管。与重庆电视台《拍案说法》

栏目联合,开展《依法治"霸条"》系列电视活动共 22 期。2007 年,全市工商行政管理机关推广使用五大涉农示范合同文本 5 万余份,合同帮扶涉农企业 962 户。认定命名市级"守合同、重信用"单位 620 户,推荐 40 户为全国"守合同、重信用"单位,比上届增加 10 户。全市消费领域的十大类格式合同备案率达 90% 以上,居全国领先水平。2008 年 1—6 月,办理动产抵押登记 447 件,帮助企业融资 63 亿元,有效帮助企业解决融资难问题;结合区域优势农业发展实际,确定了 448 户重点合同帮扶对象,已签订合同 56 万份,涉及农户 92 万户,金额 23 亿元;电信、保险等十大类格式合同备案 5 200 余份,备案率达到 95%。在西部地区率先设立重庆仲裁委员会工商行政管理系统仲裁调解院,为高效快捷解决合同纠纷开辟了新路径。

九、保护合法权益,消费维权工作进入新阶段

重庆市消费者协会于 1985 年 1 月 15 日成立(2001 年 3 月经重庆市人民政府机构编制委员会批准,更名为重庆市消费者权益保护委员会)后,积极发挥作用,切实维护消费者合法权益。1997 年,被中国消费者协会评为"全国保护消费者合法权益成绩显著单位",另有 4 人被中国消费者协会评为先进个人。1998 年,在市人大的领导下,市工商行政管理局与市消费者权益保护委员会一道,起草了《重庆市消费者权益保护条例》,于 1998 年 3 月 28 日,经重庆市第一届人民代表大会常务委员会第八次会议通过并公布,1998 年 7 月 1 日起施行。与此同时,在重庆市第一中级人民法院和主城六区基层法院设立了消费者权益保护合议庭,在重庆仲裁委员会设立了消费争议仲裁办事处。2000 年 9 月,市工商行政管理局设立消费者权益保护处,成立了打假工作领导协调小组,组织实施协调全市工商行政管理系统联合打假行动。当年 10—12 月,共开展市场检查 2 316 次,出动人员 12 873 人次,检查企业 16 379 家,其中,停业整顿 75 家,吊销营业执照 56 家;对有

违法违规则为的企业依法进行了处理,查处假冒伪劣商品案值 1 123.89 万元,捣毁制假售假窝点 170 个,罚没金额 159.59 万元,移送司法机关刑事拘留 4 人。市工商行政管理局制定了《进一步开展"百家企业打假维权"行动实施意见》,发动嘉陵等 126 家重庆市的知名企业加入"百家企业打假维权网络"。根据对 36 家网络企业的调查显示:2001 年,企业配合各级工商行政管理机关查处制售假冒伪劣商品案件 566 件,案值 1.04 亿元,捣毁制假窝点 126 个,移交公安机关 43 件,27 人被追究刑事责任。2003—2006 年间,指导建立农村消费维权"一会两站"2 956 个。2007 年,全市新建消费者权益保护委员会分会 34 个,消费者投诉站 1 242 个,消费者宣教站 354 个,新聘监督员 1 760 名。消费者权益保护委员会在化解矛盾、促进和谐、维护稳定等方面,发挥了积极作用。共受理消费者投诉 1.9 万件,解决 1.87 万件,解决率 98.7%,为消费者挽回经济损失 1 500 多万元。2008 年 1—6 月共受理消费者投诉 8 051 件,解决 7 976 件,解决率 99%,为消费者挽回经济损失 766 万余元。到 2008 年 6 月底,全市初步形成了遍布城乡的消费维权网络,共建立消费者权益保护委员会分会 522 个,消费者投诉站 4 934 个、消费者宣教站 841 个。

2001 年 8 月 2 日,市工商局在重庆市人民广场隆重举行"12315"消费者申诉举报中心启动仪式,配备"12315"执法专用车 200 辆,初步建成市、县、所三级"12315"执法网络,同时制定了相应的制度。2003—2006 年,全市"12315"系统共受理消费者投诉 8.4 万件,为消费者挽回经济损失 5 955 万元。2007 年,大力实施"'12315'品牌示范工程",积极推进"12315"进村镇、进社区、进商场、进超市、进企业,新增"12315"联络站 1 390 个。全年"12315"共受理申诉、举报和咨询 19.62 万件,申诉举报按时办结率达到 98%,消费者满意率达到 95.8%。与此同时,深入推进"消费安全放心工程"全年共抽检商品样品 1.33 万组,快速检测食品样品

3.8万组;认真开展流通环节产品质量和食品安全专项整治行动,整治重点区域4 156处,捣毁制假售假窝点177个,强制退市不合格食品和假冒伪劣食品6.36万公斤,全市县城以上城市1 760个商场、批发市场、超市食品经营者100%建立了进货索证索票制度,乡镇、街道和社区72 849个食杂店100%建立了进货台账制度,共取缔乡镇政府所在地及县城以上城市无照经营的小食杂店、小摊点3 752户,无照经营问题得到有效解决。全系统顺利通过了市政府、国家工商行政管理总局及至国务院的检查验收,食品安全监管工作水平居于全国前列。2008年初,正式启动了"消费安全放心城市"建设工作,积极打造和谐宜居的消费环境。

十、开展"三走近",服务经济发展取得新业绩

2003年,市工商行政管理局印发了《开展行政执法"走进企业"系列活动的通知》,制定了"十项便民服务措施"、"支持库区产业发展和移民就业若干政策措施"。2004年,进一步打造"服务型工商",使工商行政管理执法贴近企业、服务企业,在具体工作过程中,年内,共走访各类企业2 541户,实地为企业排忧解难,同时帮助企业实现战略调整,促进企业做大做强。2005年,广泛开展了"走近三农"活动。清查农资经营主体7 274户,查处农资违法案件217件;开展送法下乡,发放各类资料、手册108万余册,走访农户35 159户。2006年,全系统按照"围绕发展抓监管,抓好监管促发展"的总体思路,继续深入开展"三走近"活动,把履行市场监管职能融入到服务地方经济发展中。2007年,加大"红盾护农"力度,积极支持新农村建设,全年立案查处农资案件210件,案值1 022.6万元,为农民挽回经济损失500余万元。2008年上半年,积极探索建立农资商品质量承诺先行赔偿制度,已创建"农产品和食品经营示范店"540个。继续推进农村土地流转制度改革,支持农民以土地承包经营权入股设立农民专业合作社和公司17户,新发展农民专业合作社1 229户。为推进社会主义新农村建设发挥了积极作用。

十一、落实优惠政策,再就业工程展示新形象

重庆市工商行政管理局坚持"以创业促进就业"的原则,先后出台了鼓励下岗失业人员、高校毕业生、外出务工返乡农民、库区移民、农转非等五类人员创业、就业的优惠政策,着力减轻创业负担,市局还设立单独登记服务窗口,实行"现场办照"。2005年,为下岗失业人员再就业开展了送观念、送技能、送服务、送岗位的"四送"活动。2007年,共帮助5.52万名下岗失业人员和2.82万名移民在非公经济领域实现再就业,共减免各项工商行政事业收费8 587万元,有503名高校毕业生申办个体工商户。重庆卫视对市工商行政管理局支持鼓励自主创业的做法和经验进行了宣传报道,展示了工商行政管理部门促进就业再就业的良好形象。2008年1—6月通过政策引导、改进服务,共支持24 727名下岗失业人员、6 471名移民、3 449名高校毕业生、418名"农转非"人员在个私经济领域实现就业,减免各项收费1 151.46万元。

十二、推进依法行政,法制建设工作跃上新台阶

2001年,市工商行政管理局依法对工商行政管理部门现行的54项行政审批项目进行了清理,减少32项。还参加清理了7个地方性法规和1个政府规章。2002年,在全市工商行政管理系统设立法制机构40个,配备法制员500余名,形成了市、县、所三级法制工作网络,实现了"机构、人员、职责"三落实。大力抓好行政执法监督检查,将监督检查由检查行政处罚案件扩大到行政许可和行政收费行为等方面,共开展检查2 000余次,涉及管理相对人10万余人次。开展了行政执法资格培训考试,5 277人考试合格,取得执法资格。2003年,对涉及企业登记的41项许可审批项目进行了清理,共取消和调整18个项目。2004年,为加强内部执法监督,市工商行政管理局制定了《执法质量考核规定(试行)》。2006年,市工商行政管理局先后参与制定出台了《重庆市查处无照经营行为条例》等 9 个地方法规,逐步完善了工商行政管理地方法规体系,为营造公平有序的市场环境,促进经济健康发展提供了有力的法律支撑。2007 年,为进一步完善基层执法行为规范,市工商行政管理局出台《法制员制度》和《行政处罚自由裁量权适用规则》。开展了说理性行政处罚文书的改革试点工作,推行了"轻微不罚"、"首违不罚"等人性化执法制度,实现了行政复议"零撤销"和行政诉讼"零败诉"目标。2008 年上半年,市工商行政管理局修订出台了《行政处罚案件核审工作规则》、《行政复议工作规则》、《行政处罚案件评查标准》、《行政执法过错责任追究规定》,执法监督长效机制进一步健全。为进一步指导和规范基层执法活动,制作了商标侵权、产品质量、不正当竞争等工商行政管理部门主要执法类型案件的说理性处罚决定书示范文本。

十三、着力开发应用,信用信息化建设有了新跨越

1996 年,市工商行政管理局开始组织、规划、实施全市工商行政管理系统计算机网络和数据库的建设工作。2003—2006 年间,着力推进信用信息化建设工程,努力打造"科技型"工商,为全面履行工商职能提供了坚强的科技保障,信用信息化建设实现新跨越发展。一是完成了市局—区县局—工商行政管理所的三级联网、二级建库工作,开通了 2 个网,建成了包括 OA 办公在内的 9 个系统网络应用平台,实现了全市 30 多万个企业名称、16 万户存活企业经济户口、50 万户存活个体工商户经济户口、3 500万页企业电子档案、614 万条各类市场主体信用信息和 36 万件查处案件数据库的大集中、大整合、大共享。二是牵头全市企业信用体系建设,完成了企业联合征信系统一期工程建设,12 个单位实现了企业信用信息联网征集共享。三是开展了信用信息化大学习、大练兵、大应用活动,初步实现了信息平台向工作平台、监管平台的转型,信用信息化建设取得历史性突破,先后被国家工商行政管理总局确立为

全国"金信工程"试点示范单位、企业信用分类监管跨区域联网应用试点单位和"12315"信息化网络建设试点单位,被国务院信息化工程领导小组办公室确定为全国电子政务信息安全保护试点单位,受到国务院有关部门和市委、市政府的充分肯定。2007 年,大力推进"企业信用体系及信息化建设领跑工程",入库数据 763 万条。向国家工商行政管理总局上传市场主体信用信息数据近 200 万条,率先实现了与全国工商行政管理系统 31 个省级单位和 15 个副省级单位的企业基本信息联网查询。以99.41 分的优异成绩顺利通过国家工商行政管理总局的检查验收,位居全国前列。2008 年 1—6 月,企业信用体系建设协调小组成员单位增加至 36 个,共征集整合各类市场主体信用信息 787.97 万条;积极介入电子商务监管,共立案查处网络违法案件30 多件,电子商务监管取得实质性进展。

十四、加强沟通互动,地方党政关系实现新融洽

市工商行政管理局建立了与区县党政领导信息沟通和定期座谈制度,自觉将工商行政管理工作融入地方经济社会发展的大局之中,工商行政管理工作的外部环境进一步改善。2004 年,按照"目标一致,感情一致,步调一致"的要求,更加主动地向党委、政府汇报,更加主动地服务地方经济发展大局。2005 年,要求在依法履行自身职责中当好主角,又要加强协作,甘当配角,积极支持有关部门的工作,努力形成市场监管的合力。2007 年 2 月,市工商局出台了《关于进一步密切工商部门与地方党政关系的意见》,要求各区县工商局做到始终与地方政府思想同心、目标同向、工作同步。2008 年5 月,在国家工商行政管理总局行政学院(深圳)举办了重庆区县党政分管领导开放型经济与工商行政管理培训班,使各区县党政分管领导更深入地进一步了解工商行政管理工作,进一步密切了相互之间的关系。

十五、实施强基工程,基层改革建设迈出新步伐

1999 年,市工商行政管理局在 363 个

基层工商行政管理所进行了监管方式改革试点,普遍推行登记管理一站式,监管执法巡查制,效能监察考核制的"一式两制"等市场监管方式,变静态式的驻场管理为动态式的巡查管理,到 2000 年底,改革面达 65.2%。2001 年,按照加强"经济户口"管理和企业属地监管的需要,把企业登记初审权、案件查处权、片区监管权下放到工商行政管理所。2002 年,积极探索市场监管方式改革,在全市大中型市场普遍推行市场巡查制,使市场监管由间歇式管理向全程式管理,由单向监督向双向监督转变,市场监管工作开始走向规范化、制度化和法制化。按照"重基层、强基础"的工作思路,到 2006 年底,工商行政管理所数量由 2003 年初的 475 个调整为 394 个,基本实现了区域合理布局;市工商行政管理局编印了重庆市工商行政管理系统《工商所工作规范》;先后投资 2.3 亿元,新建、扩建和改造了 28 个区县局机关大楼和 60 个工商行政管理所的办公用房,新购置计算机 4 231 台、执法车辆 207 台和 20 多个品种的执法装备;按照"小局大所"、"精局强所"的原则,将工作重心下移,为工商行政管理所量身打造了"12315"综合网络分类监管平台,执法办案水平显著提高,查处案件数量所占比例由 20% 左右上升到目前的 60% 左右。2007 年,全面启动了"工商所建设强基工程",全面开展了基层工商行政管理所标准化建设,研究制定了重庆工商行政管理 CIS 形象规范,建成了 30 个示范工商行政管理所和 116 个 CIS 形象工商行政管理所,基层干部的办公环境和人民群众的办事环境显著改善。全市工商行政管理所食品快速检测箱配备率达到 100%,照相机配备率达到 89%,计算机配备达到公务员人手 1 台,基层工商所装备条件不断改善。到年底,基层工商所人员配备由 66% 调整到了 70%。2008 年上半年,调拨 1 700 万元启动 53 个示范工商行政管理所和 115 个 CIS 形象工商行政管理所的规划建设,安排 700 万元解决了 10 个无房、危房工商所修建改造的资金缺口,全系统基层规范化建

设走在全国工商行政管理系统前列。市工商行政管理局出台了《关于做好关心爱护基层工商所干部工作的意见》,进一步健全基层工商行政管理所干部工作激励机制,受到了国家工商行政管理总局的充分肯定。

十六、强化队伍建设,工商整体素质全面新提升

1986 年 5 月,市工商行政管理局明确提出了全体党员要增强为共产主义献身、为人民服务、服从于全局、组织纪律的"四个观念",克服政治觉悟低、共产主义风格低、要求自己的标准低、组织纪律松的"三低一松"现象,解决正确对待自己和别人、正确对待荣誉和物资利益、正确对待地位和革命分工、正确对待批评与自我批评的"四个正确对待"。广泛开展了讲职业道德、尽职业责任、守职业纪律、学职业技能的"四职"教育和纠正行业不正之风。1993 年 10 月,市工商行政管理局召开了全系统反腐纠风电话会议,提出了进一步统一思想,明确任务,坚定信心,把反腐败斗争引向深入的要求,全年立案查处干部违法违纪案 30 件。1996 年,系统内围绕"端正行风、提高素质、树立形象"的目标,广泛开展了工商形象年建设活动和行风评议工作,受到了各级行风评议代表的充分肯定。

抓典型,开展创先争优活动。先后开展了"弘扬红岩精神,塑造当代重庆人"活动,召开了"优秀所长巡回报告会",推动了争创"四好领导班子"、"文明单位"、"文明窗口"建设,争做"文明公仆"、"放心满意站所"等,到 1996 年底,原万县市、北碚区、南川市工商行政管理局被人事部、国家工商行政管理局评为"全国工商行政管理系统先进集体",渝中区上清寺工商行政管理所、石柱县黄水工商行政管理所被评为"全国先进工商所";谭左宁、黄安平、王晓琼、谭德才等同志被评为"全国优秀工商行政管理人员"。2000 年,有 8 个集体和 8 名个人获得人事部和国家工商行政管理局表彰。到 2002 年底,全系统共有 12 个市级文明单位,225 个区县级文明单位,3 个全国"青年文明号",4

个市级"青年文明号",一大批基层工商行政管理所被评为"放心满意站所"。2003—2006年间,有4个单位被评为全国工商行政管理系统先进集体,有6个基层工商行政管理所被评为全国工商行政管理系统先进工商行政管理所,城口县修齐高望工商行政管理所原党支部书记田锡炳同志被评为全国先进工作者,有2名同志被评为全国工商行政管理系统先进工作者,市工商局纪检监察工作连续三年获得市纪委、监察局授予的"双十佳"先进集体称号。全系统80%的单位成为市级文明单位,4个单位成为全国精神文明创建工作先进单位。2007年,在市委、市政府组织的"执政为民、服务发展"年度考核中,市工商行政管理局在55个市级部门中排第6名、在市场监管执法部门中排第1名的好成绩。

加强思想、组织建设,提高队伍素质。1998年,重庆市工商行政管理局被列为全市首批行政效能监察试点单位。7月,全系统结合作风整顿,狠抓邓行政效能建设。1999年,开展了讲学习、讲政治、讲正气的"三讲"教育,顺利完成各阶段任务,取得较好成绩。2000年4月,开展了"三讲"回头看活动。2003年,为深入学习"十六大"精神,掀起学习"三个代表"重要思想高潮,市工商行政管理局印发了《进一步更新观念适应形势大讨论引向深入的通知》,要求加快向监管执法型转变,全面建设"四型"工商,真正实现职能到位。2004年开展了3项教育、5项清理、纠正6种行为的活动。2005年,市工商行政管理局机关、40个区县局机关和324个基层工商所参加了第一批先进性教育活动,72个工商行政管理所参加了第二批先进性教育活动。2006年,认真开展"解放思想、更新观念"大讨论,加快由"传统管理型"向"监管执法服务型"转变。2007年1月,重庆市工商行政管理局党组提出了"1356"(以推进工商行政管理由"传统管理型"向"监管执法服务型"转变为主线,实现服务发展、监管执法、队伍建设"三大领先目标",大力实施非公经济助推、企业信用体系和信息化建设领跑、

消费安全放心、"12315"品牌示范、工商行政管理所建设强基"五大工程",全面强化思想、组织、制度、法制、物质、和谐环境"六大保障")的工作思路和建设成"西部领先、全国一流"的工商行政管理机关的奋斗目标,以"解放思想、更新观念"大讨论为契机,加快了全市工商行政管理工作由"传统管理型"向"监管执法服务型"全面转变的步伐。充分发挥机关和基层党组织的"战斗堡垒"作用,不断加强党建工作,深入开展"作风建设年"与大力培育和弘扬重庆红盾人文精神系列活动,全市38个工商行政管理所开展了基层执法人员向监管服务对象代表述职述廉试点工作。市委、市政府组织的2008年3—12月底的"解放思想、扩大开放"大讨论,全市工商行政管理系统于4月8日全面启动,要求用国尺、横尺、民尺"三把尺子"量差距,以创新、创造、创业"三创精神"添措施,扎实推进。2008年6月16日上午,北京2008年奥运会火炬传递活动在重庆主城开展,全市工商行政管理系统唯一的奥运火炬手、重庆市工商行政管理局党组书记、局长王元楷代表全市工商行政管理系统6 000多名干部职工参加了奥运火炬传递活动。

着力构筑西部监管执法人才高地。1998年以来,按照分级培训的原则,全系统全面开展了公务员知识更新培训,先后对170名区县局长、580名科股长、4 600名一般干部分别进行了培训。2001年,为适应入世的需要,共举办各类培训班9期,培训450余人。2003—2006年,依托国内外力量举办各类培训班667期,培训5 558人,各区县局结合自身实际还举办了各类培训班654期,培训5 568人。市工商行政管理局出台了《西部监管执法人才高地建设纲要》。对228名领导干部进行了交流,组织安排了258名干部进行挂职锻炼。2007年,举办各类培训班9期,培训基层监管执法人员500余人次。依托北京大学等著名高校,培训干部200余人次。干部学历教育进一步加强,大专以上学历人数达96.5%,继续在全国工商行政管理系统保持领先优势。2008年上

半年,成功举办"中国·重庆青年人才论坛工商系统第一届分论坛";全面实施提高选人用人公信度计划和"讲党性、重品行、作表率"主题实践活动;推荐10余名优秀干部到地方任职和挂职锻炼,已有34名三峡库区工商行政管理局干部赴对口支援省(市)工商系统挂职锻炼,以提高"创新力"和"执行力"为重点,共组织各类培训16余期,培训937人次。为全面深刻揭示和展现重庆工商"敬业奉献、追求卓越"的思想内涵和精神风貌,市工商行政管理局组织编印了《重庆红盾人文精神读本》,于4月11日举行首发式,团队主歌《红盾之歌》及5首配套歌曲进入传唱阶段,电视专题片进入后期制作,至此,市局的"三个一"思想建设工程基本完工。

一方有难,八方支援。2008年5月12日,当四川汶川大地震发生后,重庆市工商行政管理局除自身全力排查本系统房屋安全隐患27处和投入280万元对严重隐患及时进行处置外,市局、各区县局还压缩专用经费及全系统干部职工主动捐款、捐物、缴纳"特殊党费"共300余万元支援灾区重建,6名干部奔赴灾区担当自愿者,227名干部参加了义务献血;还广泛组织企业、个体工商户捐款、捐物共3 228.85万元。

附:

重庆市工商行政管理局
历任局长、党组书记

霍衣茹,1950年1月至1952年10月任局长、书记;郝振乙,1952年11月至1953年11月任局长、书记;张欣如,1953年6月至1955年2月任局长、党组书记;刘连波,1957年12月至1962年11月任局长、党组书记;杜子云,1962年11月至1967年2月任局长、党组书记,1972年3月至1975年10月任组长、核心小组组长;彭清涛,1970年5月至1972年3月任组长、核心小组组长;呼增荣,1977年1月至1980年4月任局长、党组书记;张寿轩,1983年6月至1987年2月任局长、党组书记;章必果,1987年3月至1988年7月任局长、党组书记;周祖孝,1988年7月至1992年12月任局长、党组书记;金起农,1992年12月至2003年2月任局长、党组书记;周朝东,2003年2月至2005年12月任局长、党组书记;王元楷,2005年12月至2008年6月任局长、党组书记。

(执笔人:张仁伟)

第二十三章　四川省工商行政管理局

第一部分　（1949—1978）

第一节　工商行政管理发展概况

一、工商行政管理机构

（一）省级工商管理机构

1949年末和1950年初，四川省工商行政管理的机构陆续建立。1950年1月13日，重庆市工商局成立，6月1日，川东人民行政公署工商厅成立，8月，川南行署和川北行署工商厅成立，9月川西行署工商厅成立，西康省工商厅也在当年5月成立，工商厅（局）任务是管理工商业和市场，组建领导粮食、百货、煤建、花纱布、信托等国营公司。川西行署工商厅内设工商科等部门。

1951年，川西工商厅分为工业厅和商业厅，原工商厅的工商科一分为二。在商业厅内设商政科，管理私营商业和市场。

1952年8月，撤销川东、川南、川西、川北四个行政区，恢复四川省行政区，成立四川省人民政府工业厅和四川省人民政府商业厅。

1954年5月5日，四川省工业厅为了与中央工商行政管理局对口，请示建立省工商行政管理局。1955年4月，筹备成立四川省工商行政管理局。其任务是调整公私关系、工商企业登记、商标注册、发明审查、矿业管理、度量衡管理、公产公股管理、外资企业之管理、公私合营管理、掌握私营企业的情况，开歇业的统计及调查研究等。

1956年4月，四川省工商行政管理局内部设置市管、计量、工商、人事四科和一个办公室。

1957年6月，由于形势变化，工商管理工作的对象也发生变化，省人委撤销四川省工商行政管理局，计量、市管工作并入四川省商业厅，有关工业方面的工作交给四川省工业厅。

1960年12月，各地恢复农村集市贸易，市场管理委员会机构从各县（市）财委、供销社分离出来单独成立机构，行使市场管理权。

1962年10月，四川省人委决定恢复成立四川省工商行政管理局，在省物委中设置人员机构。

1963年，四川省工商行政管理局从物委分离出单独设置，8月，工商局和省财办合署办公，在财办设工商处。

1966年5月，中共四川省委将商业厅、供销社、外贸局、工商局合并成立四川省商业厅。在厅内设工商行政管理处，对外继续使用省工商局印章。

1967年1月，商业厅造反组织联合起来夺了工商行政管理的权，使工商行政管理机构处于瘫痪半瘫痪状态。

1970年8月，四川省商业局革命领导小组成立，负责原商业厅、工商局等四个单位的工作。

1978年8月，省革委批复同意成立四川省工商行政管理局。

（二）基层工商行政管理机构

1950年至1951年，全省各县（市）都成立了工商科，设有专人从事工商行政管理工作。

1956年，四川省人民委员会发文通知，除私营工商业仍占一定比例的部分大中城市外，各地工商行政管理机关应予撤销，各行业实行归口管理。

1964年4月，国务院在批转中央工商行政管理局《关于工商行政管理机构和编制问题的报告》中指出："工商行政管理工作应当继续加强"，但到1966年至1969年，四川大部分县级工商行政管理局都并入商业局，一般在商业局内设工商行政管理股，部分县级工商行政管理局与市场管理委员会或财税部门合并为一个革命委员会。工商行政管理工作继续受到削弱甚至取消。

1978年9月以后，县和县以下的工商行政管理机构开始加强。

二、工商行政管理人员

四川省工商局机关的人员编制是逐年增加的。据统计，1978年8月下达的编制为12人，1978年的在职人员实际是14人。

第二节　工商行政管理发展成就

一、查处经济违法违章案件

（一）1950—1959年　打击投机倒把行为

1950年到1953年，四川各地陆续解放，国家进入了国民经济恢复时期。不法分子利用解放初期土匪暴乱和抗美援朝的机会，大搞投机倒把活动，人民政府对他们进行了两次斗争和打击。

第一次斗争是在1950年初。当时，全国刚刚解放，投机倒把者利用四川各地匪特暴乱，城乡物资交流阻塞之机，进行黄金白银黑市流通，哄抢物资，囤积居奇，呼应了全国性的第四次物价大波动。1950年1月与1949年12月相比，大米价格上涨1.84倍，棉纱上涨70.51%，极大地影响了人民群众的正常生活。各地区采取了坚决有力的措施，与投机倒把者开展斗争，以平抑市场物价。

1951—1952年，出现第二次大规模的投机倒把活动。投机倒把者乘市场供应比较紧张之机，抬高物价，不接受国家的加工订货，不认真履行加工订货合同，采用行贿、偷税漏税、偷工减料、盗骗国家资财、盗窃国家经济情报的"五毒"手段，大肆进行违法活动。为此，国家开展了"五反"运动。

（二）1959—1978年　打击"投机倒把"的法规及措施

1959年以后，不法分子利用国家经济困难之机，进行工业品和农业品倒卖活动。四川省各地工商机关根据1963年国务院《关于打击投机倒把和取缔私商长途贩运的几个政策界限的暂行规定》和1964年国务院批转中央工商行政管理局《关于全国工商行政工作会议的报告》，采取加强日常管理和重点出击办法，狠狠地对投机倒把者予以打击。

二、企业监督管理

1950年至1956年，是国民经济恢复和对农业、手工业、资本主义工商业进行社会主义改造的时期。在这个时期，四川省工商部门对私营工商业进行了三次登记。

（一）临时性登记

1949年底到1950年初，四川各地陆续解放，分为川东、川南、川西、川北四个行署，一个重庆市和一个西康省。为了扶持私营工商业恢复生产经营，四署一市一府的工商行政管理部门从1950年3月起，先后对私营工商业进行了临时性登记。一切工商业，不论是公营、私营及合作社营，凡从事工商业的，都在登记之列；实行一店一证和一厂一证的登记制度；按照商业、工业和手工业三大行业分类，对某些带投机性的企业，则将其业务主要与次要具体进行登记；贯彻事前申请的原则，即不论开业、变更、歇业，都必须事前申请；凡需主管机关许可方可登记的事项，必须先经主管机关核准；填写申请书时，须觅取殷实铺保两户。申请登记之行商，每一铺保之资本额均须超过该行商的资本额。通过登记发现有些行业已达饱和状态，有的已产生过剩现象。为防止盲目发展，减少弊害，不少地方暂停受理卷烟、皂烛、火柴商业、煤薪商业、成衣商业的筹设申请，规定允许开业的行业为纺织、砖瓦、粮食贩运、土产贩运等行业，不允许新开业的为碾米、面粉、皮商、旅栈等行业。

（二）正式登记

从1951年6月开始，对私营工商业进

行了正式登记,并进行清产核资工作以防止资本家抽逃资金,逃避管理。规定私营企业的组织形式为独资、合伙、公司三大类,私营企业投资者责任形式有股份有限公司、无限公司、有限公司、两合公司和股份两合公司五种。独资或合伙的企业,应向所在地市县工商机关登记。企业经核准登记后,独资、合伙由市县工商机关发给企业登记证;公司由所在地工商机关转报中财委私营企业局登记,并由私营企业局发给执照。

1951年,根据对私营企业注册资本进行调整并办理变更登记。西南军政委员会统一部署,四署一市一府分期分批进行了重估财产调整资本的工作。整个工作在1951年12月结束。

（三）统购统销登记

1952年9月,中央决定川东、川南、川西、川北四个行政公署撤销合并为四川省人民政府。1953年,四川省人民政府根据政务院有关规定,先后对粮、油、棉花、棉布实行统购统销,并把经营粮、油、棉布的私营商业纳入经销、代销的社会主义改造轨道。全省各级工商部门对经销、代销商业企业进行了第三次登记。

1952年全省经营粮食的商店共有7 584户,从业人员20 517人,资金573万元,全年营业额7 408万元。1953年11月全省私营油商有2 500余户,其中批发商占10%,到实行统购统销后的1954年底,共保留代销店1 058户,占统购统销的私营油商总户数的42.3%。棉布企业从1954年9月开始实行棉布计划收购和计划供应。为此,全省对棉布行业进行了改造。到1955年8月底,全省城乡已纳入经销、代销及批购的私营商业企业有65 000户,占全部私营零售商总户数的20.5%。

（四）登记的停滞

1. 1956—1961年的登记工作

1956年,在对资本主义工商业的社会主义改造基本完成以后,原工商企业成为公私合营企业、广大小商小贩和个体手工业者走上了合作化的道路,部分小商小贩进入了国营商业。这个时期工商企业的登记管理,以公营企业和公私合营企业为主要对象。

1958年"大跃进"时期,各地大办工业,乱上基本建设项目,盲目开办了许多企业,又出现了一些小型私营企业,直接干扰了企业登记管理工作。

2. 1961—1976年的登记工作

1962年12月,国务院发布了《工商企业登记管理试行办法》,要求各地对新发展的工商业户,抓紧时机,根据不同行业,不同人员,区别对待的原则进行清理整顿。1963年4月,中央工商行政管理局下发了《关于贯彻执行国务院工商企业登记管理试行办法的一些具体问题的说明》,四川省人民委员会据此对全省的工商企业进行了一次全面登记,初步掌握了各行各业、各种经济形式企业的户数、人员数,制止了不顾国家计划、盲目发展、重复建厂的倾向,调整了商业网点,纠正了未经批准改变企业性质及其他登记中的问题,同时开始建立企业登记档案。但工作结束后,出现了重登记轻管理的现象。

1966年"文化大革命"开始后,省内许多地方的工商行政管理工作被削弱,工商企业登记管理中断,对企业的开停并转迁的管理登记失去了控制。

3. 登记管理工作的恢复和发展

1978年9月,开始加强工商行政管理部门的工作,中断了10多年的工商企业登记管理得到全面恢复和发展。

三、个体私营经济监督管理

（一）个体工商业

1. 改造个体商业

个体商业包括纯商业、饮食业和服务业三个部分。1950年统计,全省有个体商业人员1 203 357人（以每户一人计算）,占全省人员总数5 830万的2.05%。其中纯商业705 520人,饮食业212 923人,服务业（含运输、修理）284 914人。为了发挥个体商业在恢复国民经济中促进生产发展和活跃物资交流的作用,在各个历史时期采取了不同措施加强领导和管理。

（1）清理整顿。工商机关对小商的整顿主要是对他们进行登记,打击其中的投机倒把分子,对摊贩的整顿是把他们逐步引向坐商。截至1951年,全省城乡经过登记发证的个体商业人数达1 280 282人,比1950年增加6.93%。其中纯商业人数759 764人,增加7.68%;饮食业233 985人,增加9.89%;服务业(含运输、修理)286 533人,增加13.56%。

(2)合作化道路。1953年以后,人民政府对个体商业的政策是一方面扶持发展,一方面对它们进行社会主义改造。1956年,全省城乡个体商业由于"一五"时期的就业机会增多,人数减为610 308人,较1951年减少47.67%。这些个体经营者在当时社会主义改造高潮中,带进国营、供销社和公私合营的103 741人,占个体商业总人数的17.11%;走合作化道路组织统一核算、共负盈亏的合作商店125 610人,占20.58%;组织分散经营、各负盈亏合作小组的315 804人,占51.74%;没有改造的单干户65 153人,占10.67%。

1958年继续加强对残存的私营工业、个体手工业和小商贩进行社会主义改造,忙于把小商贩集中起来搞"升级"、"过渡"。先是在1958年上半年,在调整商业网点过程中,把参加私营商店没有实行定息的单干户改为定股定息,集中合并;把很多分散经营、各负盈亏的合作小组改为统一经营、共负盈亏的合作商店。后是在1960年人民公社时,把留下来的部分个体商业随同合作商店一起并入国营,调点撤店,精简下放。

1961年初贯彻"调整、巩固、充实、提高"八字方针,到1963年9月,全省有个体工商业167 273人。

2. 改造个体手工业

在四川的历史上,形成许多传统的手工业品集中产区。如成都的蜀绣,仁寿的土布,南充、乐山的丝绸,夹江的宣纸,荣昌的纸扇,泸州的木梳,梁平的竹编,都曾享有盛名。新中国成立以来,四川的个体手工业者增加很快。经1952年登记统计,全省个体手工业人数达到252 481人,比1950年增加46 195人,增加22.39%。到1955年底,全省城乡个体手工业者入社人数达337 052人,占全省个体手工业人数362 000人的93.23%。其中:组成生产合作社4 811个(228 451人),占45.25%;组成供销生产合作社939个(43 278人)占8.83%;组成生产小组4 833个(65 323人),占45.92%。

(二)私营工商业

私营工商业是私人投资雇用工人劳动的一种经济实体。1950年,全省登记发证的私营工商业有741 113户,其中工业9 978户,商业541 101户,饮食业142 917户,服务业47 117户。1951年,全省的私营工商业达到806 024户,比1950年增加8.75%。其中工业10 833户,增加8.56%;商业591 818户,增加9.37%;饮食业153 773户,增加7.59%;服务业49 600户,增加5.27%。1952年,基本上完成了恢复国民经济的任务。

1953年实行对私改造,全省有私营工业企业12 341户。其中10人以上工业企业2 904户,职工81 274人,年产值9 791余万元。对私营商业执行"利用限制,改造政策,实行取代批发商、保存零售商"。到1953年,全省还有私营批发商和行商51 946户,从业人员54 908人,共有资金843.20万元。其中私营批发商345户,从业人员1 659人,共有资金192.32万元,平均每户5 574元。到1954年底,全省私营批发商和行商只剩20 414户,21 292人,分别比1953年减少39.29%和38.59%,共有资金383.06万元,其中私营批发商154户,618人,共有资金48.06万元。

1955年,全省城镇73 731户私营零售坐商的营业额为54 559万元,每户平均7 399元,达到了"饱而不好"的生活水平。

到1955年,全省私营工业加工订货产值已占其总值的80.40%,钢铁冶炼、橡胶、火柴、化工等行业和自贡市的盐业基本上实现了公私合营。商业方面,国营、合作商业批发比重占95.67%。零售比重占59.48%,全行业或大部实行经销的有26个行业。

(三)取缔个体工商业

在1961年国民经济调整时期,个体工商业有所发展。但从1962年下半年开始,又对个体工商业采取限制、淘汰和取缔的政策,使个体工商业者人数显著减少,甚至砍光割绝,给社会造成买难卖难,极大地破坏了工农业生产。

据 1965 年底统计,全省还有个体工商业者 82 186 人,比 1963 年 167 273 人减少51.37%,其中商业由 94 284 人减为 43 007人,饮食业由 43 690 人减为 7415 人,服务业由 27 517 人减为 7 023 人。

"文化大革命"期间,个体工商业几乎被砍光割绝,给社会造成了"吃饭难"、"修理难"、"做衣难"、"行路难"和"买难卖难"的局面。

(四)发展个体私营经济,强化监督管理

党的十一届三中全会以后的个体私营经济得到了较快的恢复和发展。1978 年全省的个体工商户为 22 643 户,25 303 人,营业额达到 819 万元。

四、商标监督管理

(一)统一商标注册

中央贸易部在 1949 年 12 月发出通令,明确商标注册管理必须全国统一办理。

1950 年 7 月,政务院公布《商标注册暂行条例》;同年 9 月,中央财经委员会制定了《商标注册暂行条例施行细则》。当时,中央贸易部商标局合并到中财委私营企业局,设立商标处,从 9 月起受理商标注册申请,办理全国统一注册工作。四川四个行署和西康省政府、重庆市政府的工商厅(局)相应地设置了商标管理机构,安排了工作人员,对新国成立后的注册商标换发商标注册证;对新中国成立以前遗留下来的注册商标进行了清理。四川当时重新注册的商标和换发新注册的商标合计为 444 件。从商品上看,商标较多的有:棉布商标 89 件;中西药商标51 件;颜料染料商标 49 件;火柴商标 14 件;针织品商标 13 件;肥皂商标 10 件。

(二)清理整顿商标

1. 清理整顿商标。1951 年、1952 年两年对原国民政府商标局注册的商标办理重新注册,考虑到有些商标在市场上有一定信誉,在审查上一般是放宽标准,暂准注册使用。商标注册初步纳入轨道以后,即着手

带有封建、迷信及政治上有不良影响的商标进行清理整顿。

2. 制止商标侵权。为了保护商标专用权,对商标管理采取了如下措施:一是卷烟商标必须注册;二是实行商标印制管理;三是制止滥用缝纫机商标;四是取消合作商标;五是粮食统购统销后,面粉不再使用商标。

1954 年以后,由于加工订货和统购包销的商品增多,切断了私营工业与市场的联系,商标注册量逐年下降。1954 年为 68 件,1955 年减少为 46 件,1956 年再减少为45 件。

(三)商标全面注册管理

1957 年以后,对商标实行全面注册,商标全面注册的基本要求和主要内容是:各企业(不分经济性质)、合作社生产制造的商品使用的商标,必须注册。未注册的限于 1957年 6 月 30 日以前完成申请手续。以后未经核准的商标不能使用;为照顾小型的企业、手工业合作社负担能力,降低商标注册费,对商标注册、转移注册补征费分别由 50 元、30 元、10 元减少为 20 元、10 元、5 元;各企业、合作社固定使用注册商标,不准随意增添或者改换商标;根据需要和可能,在商品包装上或包装内附加质量、规格、性能和使用保管方法的说明,便于消费者监督;为便于实行商标全面注册,由中央工商局统一管理商标工作,改为商标注册由地方工商局核转为企业直接向中央工商局申请核准。

1963 年 3 月 30 日,经全国人大常委会第九十一次会议批准,国务院于同年 4 月 10日公布了《商标管理条例》和《商标管理条例实施细则》。

截至 1966 年初,四川 12 个市、县一共换发了 363 个商标,撤销了 206 个已废弃不用的商标。在审查商标设计中,撤销了 40多个政治上有不良影响的商标。

(四)停止商标注册管理

1966 年"文化大革命运动"起,正常的商标注册管理工作无法进行。1966 年 8 月27 日,中央工商行政管理局发出《关于商标改革的通知》,规定暂不办理商标查询、注册发证、变更和撤销手续,商标注册管理工作

即告中断。四川省工商局于同年5月和四川省商业厅合署办公,停止办理商标注册。在一个较长时期内,商标无人管理,商标使用陷于严重混乱。

1975年,商业部虽通知各地自订注册办法,管理当地商标,但由于政治运动的冲击,商标工作仍无人管理。

（五）恢复商标注册和管理

根据工商行政管理总局在1978年11月发出的《关于清理商标的通知》,四川通过县、省两级清理、审查、会审、淘汰等工作,一共报送商标局清理登记的商标有4 000余件。最后商标局清理登记编号的四川商品商标有2 749件。

五、广告监督管理

1949年以前,国民政府虽有管理广告的部门,但尚不具有明确和专门的职能目标。1949年到1979年,四川的广告行业监督管理的特点是分散管理。直到1979年以后才进入统一管理阶段。

1951年1月,商业部和铁道部联合发出通知,要求利用火车站、候车室、车厢以及列车内的用具作为媒体开展广告业务。1952年9月,中央广播事业管理局在天津召开广播广告经验交流会,要求各地广播电台要加强对广播电台的内容的审查,建立严格的监督制度。1958年8月,商业部在上海市召开的广告工作会议上肯定了广告在国民经济中的积极作用。50年代初,重庆市人民政府成立了广告管理所,归市文化局领导,并颁布了《重庆市广告管理规则》规定,由市政府文化局广告管理所依本规则管理广告。

六、市场监督管理

（一）新中国成立后至"文革"结束时的市场和市场监管的状况

从新中国成立至"文革"结束这一时期,由于长期受到"左"倾错误指导思想的干扰,国家对市场和市场监管的政策处在随意调整变化之中,特别是"文革"时期受到极"左"错误路线的破坏,使四川省的市场和市场监管经历了兴盛、衰退、基本消亡的过程。

1956年以前,国家在统一财经、控制市场物价、调整工商业和调动工商业积极经营、恢复生产方面,采取了一系列政策措施,使四川省的市场处在恢复发展过程中,市场的商品交易活动比较活跃。当时省内有沿街集贸市场（含室内市场）5 000余个。市场监管主要是围绕国家恢复和发展的政策进行的。

1956年以后,国家对工商业实行社会主义改造,按照当时的规定,许多城市的货栈、大车店、代理行多被撤销,商业网点经过裁减合并开始减少,全省的市场开始萧条。特别是在1963年3月,省政府对城市集市采取"加强管理、缩小范围、逐步代替、区别对待、因地制宜"的政策,控制农民进城出售自产零星农副产品行为,要由指定的国营商业收购或者代销。不到两年,成都、重庆、自贡、宜宾等大中城市及一些县城的几百个集贸市场就基本上取消了。

1966年1月以后,由于受到"以阶级斗争为纲"极"左"错误路线的阻碍,四川省对城市的集贸市场实行了"砍掉一批,裁并一批,精简人员,统一管理"、对农村市场管理采用统一管理,改变多头分管、各自为政的政策,导致城乡集贸市场每况愈下。"文革"结束前,全省的市场基本处于瘫痪状态,工商行政管理机构遭到撤并,市场管理工作受到批判,商品经济的发展陷于停滞。

（二）处在快速恢复建设培育发展时期的市场状况

党的十一届三中全会以后,国家确定把工作重点转移到经济建设上来,当时工商部门按照政府的职责分工,承担了市场建设任务。在全省各级工商行政管理机关的努力下,城乡集市贸易迅速恢复,各类新的市场不断投入使用,逐步形成了市场体系。

七、经济合同监督管理

（一）经济合同制

1950年9月,国务院财政经济委员会颁布《机关、国营企业、合作社签订合同契约暂行办法》,四川省各地均依法加强了对加工订货合同、物资交流合同的管理。

1.加工订货合同管理。对私营工商业采取加工订货措施,是五十年代初调整工商企业渡过难关的重要手段之一。为了保证加工订货工作顺利开展,成都、重庆、自贡和一些县、市都建立了加工订货委员会,制定了《加工订货管理办法》。规定加工订货行为由加工订货委员会统一管理,并一律通过合同方式进行;凡加工费满 300 元以上、订货总值满 1 000 元以上的合同,须经工商行政管理局鉴定,不满上项金额的,须按照工商局的规定办理登记;加工费满 3 000 元以上,订货总值满 10 000 元以上的合同,须将合同草约连同成本表先报工商局审查同意后始得订立。

2. 物资交流合同管理。1952 年 7 月至 8 月,川西区、川东区、川南区、川北区、西康省、西南区分别召开物资交流大会。全省工商界在这些交流大会上签订了很多购销合同,为了督促合同履行,四川省政府要求全省各级都成立物资交流合同执行检查委员会,负责合同的履行。

3. 进行合同检查的原则:既经订立之合同,除人力不可抗拒的困难或经双方同意报由当地工商部门核准、准予修改或停止执行者外,一律应严格执行。由于加强检查管理,履行合同的情况较好。

(二)计划经济合同制

1956 年社会主义改造基本完成后,经济合同管理的内容主要是备案、鉴证、调解纠纷、处理违法。同时要求利用经济合同衔接工商业产销计划。四川各地合同管理部门配合商业部门普遍与工业、手工业生产者签订了加工和购销合同。

1957 年 9 月,各地合同管理部门配合国营商业与供销合作社和农民普遍签订了大量的收购合同,将重要的农副产品的产销纳入国家计划。

1958 年"大跃进",商业部门提出"生产什么、收购什么,生产多少、收购多少"的政策,使经济合同不能发挥作用,合同管理部门虚设。

在"大跃进"、"人民公社化"中,经济合同的作用仍然没有得到发挥。直到 1959 年 9 月,中共中央和国务院发出《关于组织农村集市贸易的指示》后,全省工商行政管理部门积极配合有关部门恢复集市贸易,组织各种类型的物资交流会,经济合同制度才得以恢复。各地在大力推行合同制度中,把地区之间、公社之间、生产队之间、工商之间的交易活动,都通过合同纳入了国家计划轨道。

1961 年 9 月至 1963 年 8 月,为贯彻中央"调整、巩固、充实、提高"的八字方针,改善市场供应,增加货源,各级工商行政管理部门配合国营商业对部分日用工业品、手工业品通过签订加工订货合同,将生产与收购衔接起来,改进了收购工作。

1966 年至 1977 年"文化大革命"时期,一方面经济合同制度被视为"管、卡、压"被批判,另一方面国民经济实行统一的计划管理,不分物资类别,层层下达指令性计划收购,使经济合同制度废止,经济合同管理工作陷于停顿。

第二部分 （1979—2008.6）

第一节 四川省工商行政管理机构发展概况

一、工商行政管理机构

(一)1978—2008 年上半年的工商行政管理机构

这一期间,四川省工商行政管理机构经历了重庆市列为中央直辖市,其辖区内工商机构划出四川省管辖等变动。

省工商局机关机构逐步加强

1978 年 8 月,四川省工商局成立。1979 年 2 月,省工商局正式报审成立办公室、集市贸易管理处、工商行政管理处。1980 年 10 月,省工商局内部处室调整更名为:办公室、市场管理处、企业管理处、商标设计研究室(对内名称为商标管理处)。1981 年 9 月,省工商局设立政治处。1982 年 12 月,省工商局内设机构有:办公室、人事教育处、市场管理处、企业登记处、经济合同处、商标广告管理处、个体经济处。1983 年 11 月,创办工商行政管理刊物《四川市场管理》,设置了"四川市场管理编辑部",以后更名为《四川工商行政管理报》、《四川工商报》,1993 年更名为《市场与消费报》。1984 年 4 月 25 日建立四川省工商行政管理干部学校。1984年5月,省工商局建立调查研究室。在行政机构加强的同时,还增设了事业机构。1980年9月,成立四川省商标设计研究室。1984年2月更名为四川省商标广告设计研究所。

1986年6月,省个体劳动者协会成立。1987年12月,省广告协会成立。1988年5月省工商学会成立。1991年1月成立省工商局信息中心。1987年9月成立了省保护消费者权益委员会。1992年12月成立了省私营企业协会。1997年9月成立了省工商局机关后勤服务中心。

1987年7月,批准设立外资企业登记处,与企业登记处合署办公。1990年3月,原设机构调查研究室更名为政策法规处。1996年,省工商局进行机构改革,内设处室有办公室、人事教育处(挂离退休人员工作处牌子)、法制处、公平交易处(挂消费者权益保护处牌子)、企业注册处、外资企业注册处、商标处、广告监督管理处、市场监督管理处、经济合同处、个体私营经济监督管理处、监察审计处、直属机关党委。1996年8月,经批准组建成立四川省工商局直属分局。1999年6月,局办公室增挂计划财务处牌子。

2000年6月,省工商局进行机构改革,内设处室有办公室、法规宣传处、人事教育处、计划财务处、企业注册处、外资企业注册处、市场规范管理处、公平交易处、消费者权益保护处、个体私营经济监管处、广告监督管理处、合同监督管理处、离退休人员工作处、商标分局、直属分局、纪检组(监察室)、机关党委办公室。

2002年,经批准成立了省工商局经检总队。2002年12月,四川省商标协会成立。2004年8月,《市场与消费报》划转给四川日报报业集团。

2006年4月,经批准设立企业信用信息管理处(挂省企业信用信息办公室牌子),在公平交易处增挂打击传销和变相传销工作办公室牌子。2007年11月,经批准设立直销监管处(对外称直销监管分局),公平交易处不再挂打击传销和变相传销办公室牌子。

(二)基层工商行政管理机构

党的十一届三中全会以后,四川省基层工商行政管理机构得到进一步加强。到1985年,全省有20个市、地级工商局,县级工商局213个,县以下的工商所1 534个。加省工商局,全省一共有1 768个工商机构。到1988年底,全省建立了市、地、州工商局21个,县、市、区工商局219个,工商所(队、站)1 799个;到1996年,全省工商系统共有机构4 586个;1996年重庆市直辖,重庆市工商局、万县、黔江、涪陵三个地区工商局及下属单位划出。1997年8月,乐山地区眉山县工商局因行政区划调整升格为眉山地区工商局。到1997年末,全省工商系统共有机构3 324个,其中工商所(队、站)1 836个。1998年6月内江地区资阳县工商局因行政区划调整,升格为资阳地区工商局。

1999年,认真贯彻中央决定,完成了对省以下工商部门实行垂直管理的体制改革的任务。省工商局完成了对20个市、地、州(成都市计划单列)工商局领导班子的接收,对班子党政领导干部重新下了任命通知。市、地、州局完成了分局领导班子的接收,对各分局党政领导重新下了任命通知。省工商局和省编委办联合发文,统一了全省工商系统的机构名称,对21个市、地、州工商局,188个县(市)区工商分局,1 783个基层工商所(含专业所),统一制作了吊牌、公章,7月底前全部挂牌。经过与省编委办商定确认,全省工商系统共有编制26 333人,实有人数32 467人。从1999年10月1日起,经费由省财政统一供给,省工商局统一管理。2001年,为保证全省市县工商系统机构改革顺利完成,省工商局先后制定了10余份配套文件,从严格纪律、定岗分流、机构设置、领导职数、职位说明等方面提出了要求。按照干部"四化"标准和德才兼备的原则,对达州、泸州、宜宾、内江、广元、攀枝花、遂宁、雅安8个市工商局局长作了调整,除广元外,其余7个市局局长和部分县市工商局局长实行交流,异地任职。全省市县工商系统机构改革从12月初动员开始以来,各地认真实施省政府批准的《四川省工商行政管理系统市县机构改革方案》和省工商局的部署，加强领导，努力工作，到2002年底，完成了对20个市、州（除成都外）工商局领导班子成员和成员的调整任命，全省已完成市、县工商局领导班子的调整配备，中层干部的竞争上岗，一般干部的定岗分流，机构改革已全面结束，全省工商系统1 526个基层单位实现了定岗分流，分流人员3 016人。

2000年共有机构3 426个，其中省、市、县级工商局169个，内设机构1 387个。

2001年共有机构3 449个，其中省、市、县级工商局154个、分局49个、内设机构1 436个，工商所、专业管理所、经济检查队1 810个。

2002年1月，眉山地区工商局更名为眉山市工商行政管理局。3月，资阳地区工商局更名为资阳市工商行政管理局。到年末全省共有机构2 900个，其中省、市、县级工商局175个，分局61个，内设机构955个，工商所、专业所、经济检查队1 709个。

2003年1月，共有机构2 889个，其中省、市、县级工商局174个，分局61个，内设机构971个，工商所、专业所、经济检查队1 683个。

2004年，共有机构2 966个，其中省、市、县级工商局183个，分局55个，内设机构1 050个，工商所、专业所、经济检查队1 678个。

2005年，共有机构2 955个，其中省、市、县级工商局183个，分局54个，内设机构1 050个，工商所、专业所、经济检查队1 668个。

2006年，共有机构2 912个，其中省、市、县级工商局189个，分局55个，内设机构1 020个，工商所、专业所、经济检查队1 649个。

2007年，共有机构2 950个，其中省、市、县级工商局192个，分局55个，内设机构1 031个，工商所、专业所、经济检查队1 669个。

二、工商行政管理人员

（一）省工商局编制、人员

随着工商业务的开展，省工商局机关编制、人员逐步增加。1985年编制108人，实际为155人。1999年在职人数为180人。2000年，编制数219人，在职人数180人。2001年，编制数196人，在职人数189人。2002年编制数213人，在职人数192人。2003年机关编制数385人，在职人数194人；2004年机关编制数218人，在职人数201人；2005年机关编制数217人，在职人数213人；2006年机关编制数224人，在职人数217人；2007年机关编制数233人，在职人数226人。

（二）系统编制、人员

1985年，四川全省工商系统的人员总数达到19 131人。其中省工商局108人，地级工商局999人，县级工商局4 714人，工商所（站）13 310人。人员编制逐年增加：1982年为13 258人；1983年为13 478人；1984年为18 959人；1985年为19 131人。1989年达到24 524人，比1982年增加84.98%。1988年在职人数24 068人，1996年在职人数27 654人，1997年在职人数23 892人，1999年在职人数23 208人。2000年人员编制22 965人，在职人数22 923人。2001年编制数22 266人，在职人数22 853人。2002年编制数19 211人，在职人数18 861人。2003年全省系统编制数19 071人，在职人数19 209人。2004年全省系统编制数18 647人，在职人数16 877人。2005年全省系统编制数18 443人，在职人数16 791人。2006年全省系统编制数18 537人，在职人数16 968人。2007年全省系统编制数18 365人，在职人数17 063人。

全省工商系统人员文化结构有明显变化。据1989年对24 523人统计，大专以上文化的2 648人，占10.8%（1982年占1.1%），高中（中专）文化的11 541人，占47.1%（1982年占25.9%）；小学文化以下的2 433人，比1982年下降24.8%。年龄结构趋向年轻；24 523人中，45岁以下的19 528人，占79.6%。各级工商部门把提高工商行政管理水平放在依靠教育提高干部素质的基点上，长期以来，采取多层次、多渠道、多形式的办法开展了大中专学历教育。1990年工商系统参加大中专学历教育的在读生就达 2 109 人。1991 年省工商局印发《1991—1995 年全省工商行政管理系统干部教育发展规划》。各地注重以公务员岗位培训为基础,以法律法规培训为重点,进行全员岗职培训,1997 年全省各级干部学校就培训 3 000 余人次,收到明显效果。到 1997 年,全省工商系统干部职工大专以上文化程度共有 8 298 人,占总人数的 35%。初中以下文化程度占总人数的 12%。其中 35 岁以下大专以上学历的为 5 373 人,占该学历总人数的 65%。到 2002 年底,全省工商系统干部职工大专以上文化程度共有 13 322 人(其中大专 10 276 人,本科 2 940 人,研究生 106 人),占总人数的 70.6%;初中以下文化程度 687 人,占总人数的 3.6%。

2007 年,全省工商系统大专文化以上学历有 15 390 人,占总人数的 89%。其中,大专学历有 8 110 人,占总人数的 46.9%;大学本科学历有 7 144 人,占总人数的 41.3%;研究生学历有 136 人,占总人数的 0.8%。另外,初中以下文化程度的有 164 人,占总人数 0.9%。

第二节　四川省工商行政管理发展成就

一、查处经济违法违章案件

1983 年以前,全省工商部门基本上没有单独的经济检查机构,经检职能一般由市场管理机构承担。1983 年以后,全省各地陆续建立经济检查机构,设置了经检科、股、所,配备了专职人员。到 1987 年省工商局建立经济检查所,标志着经济检查工作在全省工商行政管理工作中形成了一个比较完整的体系。随着经检队伍的壮大,经检力度得到加强,全省经检办案人员按照 1983 年颁布的《四川省查处投机倒把的暂行规定》和 1987 年颁布的《投机倒把行政处罚暂行条例》的规定,积极履行职责,重点查处了倒卖重要生产资料和紧俏耐用消费品和生产销售假劣农资、假药、假酒等违法经营活动。1978 年至 1987 年,全省共查处违法违章案件 154 万件,其中投机倒把案件 9.1 万件,查处大案要案 1.4 万件。

1990 年,随着《投机倒把行政处罚暂行条例施行细则》和《四川省查处投机倒把条例》的颁布实施,省工商局对开展经济检查从立案、审批、查案、处理、复议、执行等各环节都制定了一整套的规定、制度,各级工商部门普遍设立了案件审批组等,并全面推行经检办案"五讲清"和"行政建议"制度,全省工商行政管理经济检查工作逐步走上规范化、制度化、程序化的轨道。

1991 年,省工商局召开了恢复建立工商局以来的第一次全省工商行政管理经济检查工作表彰会,评出了先进集体 50 个,先进个人 144 名,对经济检查工作起到了良好的促进作用。同年,省工商局发出《关于进一步开展打击制售假冒伪劣商品活动的意见》,全省普遍开展了"打假治劣"专项斗争,到 1992 年底,查出制售假冒伪劣商品行为的经营户 10 万余户,捣毁制售假冒商品的窝点 1 743 处,查处非法牟利万元以上大案 201 件,移送司法机关处理的大要案 70 件。

1993 年省工商局发出了《关于加强经检工作的通知》,解决了工作中的一些问题,文件得到国家工商局的肯定,并向全国作了转发。1994 年,随着《反不正当竞争法》和《消费者权益保护法》的颁布实施,全省经检执法的重点从过去长期贯彻执行《投机倒把行政处罚暂行条例》为主,转到贯彻执行《反不正当竞争法》和《消费者权益保护法》上来,并把建立有权威的执法机构纳入重要议事日程。全省经检工作从机构到队伍得到加强,经检工作制度进一步完善,与执法工作相适应的交通、通信工具等装备得到较大改善。当年,全省工商机关适用《反不正当竞争法》处罚的案件 250 件,适用《消费者权益保护法》处罚的案件 400 余件。

1996 年,全省的经济检查工作以"公平交易执法年"为主线,共立案查处经济违法违章案件 19 855 件,其中非法牟利万元以上的大要案 660 件。1997 年,共立案查处经济违法案件 30 607 件。

1988 年至 1997 年的 10 年间,全省公平交易(经济检查)工作在认真抓好打击投机倒把、不正当竞争、制售假冒劣商品、侵害消费者合法权益等工作重点的同时,还积极开展了打击走私贩私、"扫黄打非"、打击欺诈等重点工作。共立案查处经济违法案件11万余件,其中投机倒把案件3.4万余件,违法收入万元以上的大要案件6 183件。

1998年,全省各级工商机关认真履行职责,全年共查处经济违法违章案件32 807件,其中立案查处案件17 896件,罚没款入库金额5 347万元。

1999年,全省共查处各类经济违法案件39 015件,罚没金额5 625万元,各地工商部门把专项整治和"打假"紧密结合起来,共查处假冒伪劣案件4 667件,案值5 770万元,罚没款1 188万元,捣毁各类制假窝点400余个。全年共查处不正当竞争案件1 234件,案值6 810万元,罚没金额898万元,查处贩私和违反进口商品管理的案件290件。

2000年,全省工商系统深入开展整顿市场秩序工作,省工商局发起的"红盾百日执法行动"力度大,效果好,全年共查处各类经济违法违章案件42 201件,查处万元以上案件1 126件,案件总值29 187万元,罚没金额5 932.2万元。有力地维护了市场竞争秩序,保护了消费者合法权益,为西部大开发营造了良好的市场环境。

2001年,全省工商系统突出重点抓整治,整顿和规范市场秩序取得阶段性成效。共查处各类经济违法违章案件52 224件,其中10万元以上大要案件86件,总案值53 833.4万元,罚没款9 094.4万元。

2002年,全省工商系统继续加大执法力度,加强集中统一行动,注重长效监管,在整顿和规范上下工夫,全省立案查处经济违法违章案件63 171件,案件总值12.95亿元,移送司法机关处理案件95件,罚没款11 778.6万元。

这一年,重点开展了加油站专项整治工作,全省共检查加油站(点)6 622户,立案查处561件,取缔无照经营354户,查处违法经营成品油6 158.9吨。开展反仿冒、反误导专项执法,严厉查处不正当竞争行为,加大查处商业贿赂的力度。与纠风办等部门

协作,共查处公用企业限制竞争和其他依法具有独占地位的经营者强迫交易案件74件。立案查处不正当竞争案件1 724件,案值11 420万元。

全面查禁传销及变相传销违法活动。全省共查处传销和变相传销案20件,案值304.9万元,驱散参与传销人员748人,被公安部门刑事拘留11人。

认真履行职能,开展了房地产市场的整治。查出涉嫌虚假出资、虚报注册资本和抽逃资金的房地产企业130多家,查处销售和在建筑装饰中使用劣质材料的行为,查获劣质钢材10 003.6吨,以及劣质水泥、胶合板等。通过整顿和规范,房地产市场秩序明显好转。

2003年,全省工商机关紧紧围绕开展"整顿规范年、服务经济建设年、作风建设年",有计划、有步骤地开展多项专项整治工作,严厉打击了各种经济违法活动,全省共查处各类经济违法违章案件68 939件,案值115 428.92万元,罚没入库金额14 399.59万元。

2004年,全省共查处各类经济违法违章案件47 996件,案件总值72 063.21万元。全年共查处不正当竞争案件1 952件,案值6 375.03万元,罚没金额1 689.07万元。

2005年,全省工商系统加大执法办案力度,深入开展反不正当竞争、反垄断、打击传销和变相传销等工作,有力地推动了"统一、开放、竞争、有序"市场体系的建设。共查处各类经济违法违章案件67 568件,罚没入库金额15 402.73万元,案件总值103 569.57万元。移送司法机关处理案件18件。

2006年,全省工商系统认真落实科学发展观,贯彻以人为本、执法为民、服务经济发展、构建和谐社会的执法理念,维护公平竞争,规范交易行为。全年共查处各类经济违法违章案件49 108件,案件总值81 816.93万元,罚没入库金额15 821.37万元。

2007年,全省工商系统紧紧围绕省委"坚持科学发展、构建和谐四川"的主题,按照国家工商总局"四个统一"和省工商局"三个适应"的要求,积极维护公平竞争的市场

秩序。全年共查处各类经济违法违章案件44 637件,案件总值95 364.67万元,罚没金额16 782.47万元,移送司法机关处理案件9件。

2008年上半年,全省工商局系统深入推进公平交易执法工作"四化四联动"建设,努力开创公平交易执法工作新局面,共查处各类经济违法违章案件12 644件,案件总值26 987.21万元,罚没入库金额6 086.76万元。

二、内外资企业监督管理

（一）内资企业监督管理

党的十一届三中全会后,对内资企业的监督管理工作逐步开展起来。1979年11月开始,全省对旅店业、旧货业、印铸刻字业、修理业4种特种行业,按照1962年国务院颁布的《工商企业登记管理试行办法》进行了一次登记发照工作。1979年12月开始,开展了工业普查登记。1981年7月在全省全面开展了对商业、饮食业、服务业、交通运输业的全面登记工作。

1981年,全省已登记注册的企业为340 872户,到1988年,增加到576 394户,比1981年增加了69%;到1996年,全省已登记注册企业727 442户,比1981年和1989年分别增长113%、26%,企业注册资本（金）达到6 546亿元,比1998年的859亿元增长了近7倍。

1997年,全省登记注册企业总数为522 204户,其中公司总数达到20 143户。1999年,全省登记注册企业总数463 278户,注册资本4 098亿元,其中国有企业104 226户,集体企业295 574户,联营企业5 455户,股份制合作企业8 331户,公司47 099户（其中法人企业31 036户）,其他企业2 593户。在31 036户公司登记中,注册资本1 554.7亿元,其中有限责任公司30 546户,注册资本1 165.5亿元,股份有限公司496户,注册资本389亿元。在463 278户企业中,农、林、牧、渔业10 202户,采掘业7 228户,制造业73 134户,电力、煤气及水生产和供应企业3 884户,建筑业14 503户,交通运输、仓储及邮电通讯8 111户,批发和零售贸易、餐饮业

267 006户,金融保险业19 687户,社会服务业35 064户,房地产业3 382户,其他还有地质勘察、卫生、体育、教育文化及广播电影电视业等。

2000年,全省企业总数为398 513户,其中国有企业90 699户,集体企业240 293户,联营企业4 468户,股份合作企业8 549户,公司52 228户,其他企业2 276户。2001年全省的企业总数为358 312户,其中核发《企业法人营业执照》的企业146 215户,占企业总数40.81%,全省国有企业81 270户,集体企业200 014户,联营企业4 137户,股份合作企业9 138户,公司61 466户。从行业结构看,批发和零售贸易、餐饮业有195 004户,占企业总数的54.42%,制造业52 039户,占企业总数的14.52%,社会服务业有30 673户,占企业总数的8.56%,金融、保险业17 546户,占企业总数的4.9%,建筑业12 040户,占企业总数的3.36%,其他还有农业、牧、渔业、交通运输、仓储等。2002年,全省各级工商部门充分发挥职能作用,促进企业产业结构调整,使企业主体由单一向多元化方向发展,促进企业法人治理结构的完善,全年新登记内资企业26 135户,累计达到33.2万户。2003年,企业登记管理工作积极推行"一审一核"制,省局在反复征求各市、州工商局意见后制定了《四川省工商局企业登记"一审一核"制度试行办法》。该《办法》完善了企业登记内部审核程序,对审核人员资格进行了严格的审查与授权,保障了企业登记注册审核制度改革的积极稳妥推进。截至2003年9月底,全省共有企业319 560户,比上年同期的347 641户减少9.08%,其中法人企业138 567户,占企业总数的43.36%,比上年同期的142 135户减少3.51%;注册资本金54 437 153万元,同比增加6.75%。2004年,企业登记管理工作按照国家工商总局和省工商局的部署,紧紧围绕省委省政府大力发展民营经济这条主线,认真贯彻落实《行政许可法》和国家工商总局的"四个令",积极推进企业登记制度的改革,大力支持国有企业改制,把好市场主体准入关。截至2004

年11月底,全省共有内资企业286 822户,同比减少9.6%,注册资本(金)53 930 152万元,同比减少3.63%。其中国有企业53 948户,占企业总数的18.8%,同比减少11 712户;集体企业142 434户,占企业总数的49.65%,同比减少16 802户;股份合作企业9 304户,占企业总数的3.24%,同比减少241户;公司法75 835户,占企业总数的26.43%,同比增加10 107户。至2004年11月底新登记内资企业9 053户,注册资本128 196万元。注销各类企业23 774户。2005年,企业登记管理工作坚决按照国家工商总局和省工商局年度工作部署,紧紧围绕省委、省政府大力发展民营经济这条主线,截至2005年11月30日,全省共有内资企业267 154户,同比减少19 668户,减少6.9%,注册资本(金)59 966 958万元,同比增加11.2%。其中国有企业48 701户,占企业总数的18.2%,同比减少5247户;集体企业117 299户,占企业总数的43.9%,同比减少25 135户;股份合作企业8773户,占企业总数的3.3%,较年同期减少531户;公司制企业87 404户,占企业总数的32.7%,同比增加11 569户,其他企业4 977户,占企业总数的1.9%。至2005年11月底新登记内资企业18 123户,注册资本1 319 788万元。注销各类企业27 048户。2006年,企业登记管理工作紧紧围绕省委、省政府大力发展民营经济、工业强省战略等中心工作,认真贯彻执行《行政许可法》以及新修订的《公司法》和《公司登记管理条例》,充分运用企业信用分类监管网络化管理等措施,切实提高执法效能;大力支持国有企业改制,完善企业法人治理结构。截至2006年11月30日,全省共有内资企业213 600户,同比减少53 554户,减少率20%,注册资本(金)55 330 311万元,同比减少7.7%。其中国有企业41 166户,占企业总数的19.3%,同比减少7 535户;集体企业100 904户,占企业总数的47.2%,同比减少16 395户;股份合作企业7 734户,占企业总数的3.6%,同比减少1 039户;公司制企业59 688户,占企业总数的28%,同比减少27 716户;其他企业4 108

户,占企业总数1.9%,同比减少869户。至2006年11月底新登记内资企业10 422户,注册资本1 894 431万元,注销各类企业16 723户。2007年,按照国家工商总局和省工商局工作总体部署以及《2007年主要工作责任分工》、《2007年企业登记管理工作要点》,积极推进企业登记制度改革,运用企业信用分类监管等措施,切实提高执法效能;大力支持国有企业改制,完善企业法人治理结构,较好地完成了各项工作任务。截至2007年11月30日,全省共有内资企业209 154户,其中企业法人93 699户,注册资本(金)57 789 048万元。至2007年11月底新登记内资企业10 152户,注册资本2 621 842万元,注销各类企业15 564户。实有企业集团151户,国有企业改制为公司51户,集体企业改制为公司40户。

1985年以来,全省进行了两次清理整顿公司,1989年,结合贯彻《企业法人管理条例》及其《施行细则》,普遍换发营业执照和进行了公司重新登记注册。1990年,全省在清理整顿公司中撤并4 766户,占公司总数17 919户的26.6%,党政机关经商办企业和政企不分等问题按规定得到了初步解决。1994年《公司法》实施,全省各级工商部门把企业登记管理与建立现代化企业公司制相结合,既坚持法定审批制度,又适当简化手续。1995年,协同做好全省50家国有企业进行现代企业制度改革试点。1996年,全面开展对原有限责任公司、股份有限公司的规范、重新登记工作,特别是搞好了对国有企业改制、改组、改造和组建集团的登记工作,推进了企业制度改进。同时,各级工商部门注重以每年企业年检为重点,加强对企业注册后的监督管理,以及严厉查处无资金、无场地、无机构的"三无"企业,如1995年,各地结合当年年检,清出"三无"企业4 124户,从而强化和规范了对企业的登记管理。2002年,全省工商部门以规范市场主体,整顿公司出资行为,清理无照经营为重点在开展取缔无照经营专项整治中,共取缔无照经营20 861户,特别是对重点行业加大检查力度,取缔"五小"行业企业557户,易燃易爆行业企业 1 169 户，医疗药品行业 2 755 户，巡查查处 499 户，责令改正的企业 291 户，吊销营业执照 182 户，移送公安机关 26 户。2003—2004 年，全省各地结合企业年检工作加大对重点行业、重点企业的监管，尤其是对虚报注册资本、虚假出资和抽逃出资行为，以及资产评估机构、验资机构和咨询代理机构在企业设立、变更、登记和年检中弄虚作假、欺骗登记机关的行为依法进行了查处。对严重违法的企业在查处后，以适当的方式向社会公开，并载入企业"黑名单"库，建立社会投资安全预警机制，促进交易安全和社会信用体系的建立。通过对违法违章行为的处罚，加大了工商监管力度，打击了非法经营，保护了正当竞争，规范了市场主体行为，净化了市场环境。2005 年，按照省委党风廉政建设和反腐败工作任务分工的要求和省纪委的工作安排，在全省工商系统开展了社会中介组织调查。经调查统计，全省在工商机关登记的各类中介机构共 55 549 户，累计注册资本 169 737 万元，从业人员 91 177 人。针对中介组织中存在服务手段落后及人员素质参差不齐、执业水平低等诸多问题，提出了政府推动与市场调节相结合；建立完善的法律体系、实行规范管理等七条建议和对策，促进了中介机构的健康发展。2006 年，按照《无照经营查处取缔办法》和《国家工商总局治理整顿"三无"企业和无照经营专项行动方案》的规定，结合年检，开展对查无下落和无照经营行为进行专项整治。全省在年检中清理"三无"企业 524 户，全部予以了处理。2007 年，查处违法企业 8 238 户，给予行政处罚但未罚款的 236 户，罚款 4 115 户，罚款金额 7 280.89 万元。

为提高服务企业的水平，1991 年，省工商局出台了《关于大力支持乡镇企业发展的意见》，支持企业拓宽流通渠道，扩大生产规模，经营范围，支持其增设"窗口"等。1992 年出台《关于大力支持发展第三产业的意见》，1996 年又出台了《关于大力支持扩张型企业发展的通知》，有力地促进了企业结构的调整和经营机构的转换。2000 年，省工商局出台了《关于支持企业快速发展，促进西部大开发的实施意见》及具体实施办法，2002 年又出台了《关于进一步转变作风，服务经济建设的意见》20 条措施，有力地促进了企业发展。2003 年，各地工商部门把支持西部开发作为企业登记管理工作的重点，充分发挥自身工作特点和优势，直接参与招商引资，采取上门招、政策引、环境导、法规帮等具体措施，立足招大商、招富商，力争引得进、留得住、办得大，引进了一大批外来投资者，服务招商引资企业成绩斐然。2006 年，起草出台了《四川省工商行政管理系统企业信用分类监管试行办法》、《四川省工商行政管理系统电子信息数据质量管理暂行办法》并下发了《关于加强黑牌企业管理有关问题的通知》，指导基层的电子数据管理，为企业信用实施分类监管提供了依据和使用方法。2007 年，为贯彻落实《中共四川省委、四川省人民政府关于关于实施工业强省战略的决定》精神，省工商局制定了《四川省工商行政管理局关于发挥工商职能促进工业强省战略实施的意见》32 条措施和《四川省工商系统进一步促进工作强省工作实施方案》。

（二）外资企业监督管理

改革开放的春风吹拂了四川盆地，巴蜀大地吸引来了外商投资兴办企业。1983 年，开始受理第一户外商投资企业，1989 年达到 124 户，到 1996 年全省已有外商投资企业 6 229 户，是 1989 年的 49 倍。其中中外合资企业 4 173 户。1998 年全省外商投资企业累计达到 3 633 户。1999 年，全省累计有外商投资企业 3 730 户，投资总额 100.4 亿美元，注册资本 70.1 亿美元，外方认缴 35.7 亿美元。近 20 年来，全省的外商投资企业得到了持续长足发展，引资规模迅速扩大，大项目逐渐增多，产业结构有了明显改善，投资方向和结构趋于合理。全省各级工商部门按照《四川省鼓励外商投资条例》和《四川省鼓励外商投资优惠政策的规定》，优化投资环境，注重把外资企业登记管理贯穿于对外宣传、咨询、接待、期前审查、登记、执行情况检查、违法行为查处、调查研究等全过程。同时，对外商投资出资企业加强了监督管理,规范其经营行为。对没有遵守国家关于投资出资规定和年检规定,属无资产、无经营场地、无生产经营活动的"三无"企业或经营不善的进行了注销或吊销。1997年全省依法注销、吊销外资企业61户。

2000年,全省有外商投资企业3 539户,其中中外合资企业2 373户,中外合资企业222户,外商独资企业943户,全年新登记企业260户,比上年同比增长27%。全省工商部门进一步严格执法,查处违反登记管理法规的外商投资企业153户,罚没金额12万元人民币。2001年,全省工商系统认真落实"西部大开发"战略,努力为四川经济追赶型、跨越式发展服务,省工商局制定了《改善对外开放环境年行动实施方案》,支持外商投资企业发展,截至年底,全省累计有外商投资企业3 678户,其中,中外合资企业2 405户,中外合资企业223户,外商独资企业1 049户。2002年,全省新登记外商投资企业300户,累计达到3 913户。

2003年11月28日,省工商局和成都、德阳、绵阳、内江、乐山市工商局被国家工商总局作为全国第一批重新确认外资登记授权的单位之一。2003年12月12日,为了规范全省外商投资企业登记行为,省工商局编印下发了《四川省外商投资企业登记管理操作规程》。2005年12月20日,国家工商总局授予眉山、资阳市工商局外资企业登记管理权。《行政许可法》实施后,省工商局于2006年9月又对原《四川省外商投资企业登记管理操作规程》重新进行了修改。

2007年3月1日,根据国家工商总局要求,四川省外资企业年检开始由企业到工商部门现场年检改为企业从网上申报年检。网上年检率达90%以上。

2007年12月30日,国家工商总局授予南充、达州、遂宁、自贡、泸州、雅安、宜宾、广元、巴中、攀枝花、广安、甘孜、阿坝、凉山14个市州工商局外资企业登记核准权。至此,全省21个市州工商局全部被国家工商总局授权,是我国西部地区市州工商局授权最多的省份。

截至2007年底,全省累计登记注册外资企业法人4 227户,分支机构3 141户,常驻代表机构1 197户,投资总额2 636 953万美元。注册资本1 603 503万美元,外方认缴1 126 455万美元。

三、个体私营经济监督管理

1978年以后,个体私营经济快速发展起来。1988全省城乡个体工商户达到162万户,216万人,营业额72亿元,比1978年分别增长70倍、84倍、874倍;注册资金总额为15亿元。1996年全省个体工商户达到203万户,从业人员300万人,销售总额或营业收入419亿元,注册资金87亿元,比1988年分别增长25%、39%、484%、495%。

1988年,全省陆续开展了对私营企业登记发照工作,到年底,已有私营企业361户,雇工5 654人。1996年底全省私营企业已达到37 705户,是1988年的103倍,投资人数达85 198人,雇工521 241人,注册资本(金)达到159亿元。全省私营企业总产值174亿元,销售总额或营业收入112亿元。

各级工商部门的大力支持,为个体私营经济的快速发展注入了生机活力。1991年召开了全省先进个体贩运者表彰大会,对进一步壮大贩运队伍,搞活流通起到了促进作用。1993年省委、省府发出了"关于大力发展个体私营经济的决定",省人大颁布了《四川省个体工商户条例》,1994年又颁布了《四川省私营企业条例》,各级工商部门大力宣传贯彻文件精神和两个条例,使个体私营经济又实现了新的飞跃。1995年,全国评选最大的500家私营企业,四川43户榜上有名,希望集团、眉山县通威集团分别被评为全国第一、二名。

1998年5月,全省个体私营经济试验区经验交流会召开。从1993年开始,全省陆续批准了19个个体私营经济试验区。试验区内个体私营经济的增长速度加快,规模迅速扩大,财政收入增加,对县域经济的带动和精神文明成效,都堪称典范。

1998年,全省个体工商户发展到172万户,私营企业3.8万户。个体私营经济年纳税额达39亿元,解决下岗职工再就业40万人。累计为社会公益事业捐款达40余亿元。有 7 户私营企业已改造为股份有限公司。

1999 年，全省个体工商户达 172.4 万户、237.7 万人，注册资本 94.5 亿元，私营企业 4.8 万户，注册资本 289.5 亿元。

2000 年，全省登记注册个体工商户 1 211 199 户，从业人员 1 683 368 人，注册资本 919 573 万元；共登记注册私营企业 54 561 户，投资人数 137 065 人，雇工 677 667 人。注册资金 3 877 250 万元。

2001 年，全省共登记注册个体工商户 1 237 536 户，从业人员 1 760 242 人，注册资金 952 359 万元；全年个体工商业总产值 875 359 万元，销售总额或营业收入 5 346 182 万元。共登记注册私营企业 65 723 户，投资者 173 349 人，雇工 812 428 人，注册资金 5 252 093 万元，全年私营企业总产值 3 836 214 万元，销售总额或营业收入 2 597 626 万元，社会消费品零售额 1 956 335 万元。

2002 年，省人大颁布了《关于进一步促进个体、私营经济发展的决定》，全省各级工商部门狠抓贯彻落实。全年共登记注册个体工商户 1 294 760 户，从业人员 1 898 249 人，注册资金 1 068 433.99 万元，个体工商业总产值 436 184 万元，销售总额或营业收入 2 884 398.50 万元。共登记私营企业 84 462 户，投资者 209 754 人，雇工 914 350 人，注册资金 7 685 223.25 万元，全年私营企业总产值 4 403 170.67 万元，销售总额或营业额 3 103 834.48 万元，社会商品零售额 2 193 702.90 万元。同年省工商局下发《关于充分发挥工商行政管理职能作用，进一步促进下岗失业人员再就业的若干意见》，个体私营经济发展累计解决 34.4 万下岗失业人员再就业。

在扶持个体私营经济发展的同时，各级工商部门切实加强了对个体工商户和私营企业的监督管理，开展经常性的检查，清理无照经营，拓展登记管理范围，规范经营行为，并做好一年一度的个体工商户验照和私营企业年检工作。管理职能的到位，保证了个体私营经济的健康发展。

2003 年，省委、省政府下发《关于进一步加快民营经济发展的决定》，全省个体私营经济在近几年稳定增长的基础上，呈现增幅加大、增速加快的良好发展势头。全省登记的个体工商户户数达 1 433 517 户，从业人员 224.5 万人，注册资金 1 452 880 万元，全省私营企业户数达 11.04 万户，从业人员 150.3 万人，注册资本 1 041.9 亿元。

2004 年，省工商局于 3 月完成全省系统个体工商户分层分类登记管理实施方案的制定，全省基本完成对符合委托登记条件的工商所的委托登记。7 月中旬，各市州工商局个体工商户实用分类基本结束，全省委托到位的工商所有 1 538 个，具备委托条件且办理了委托登记的工商所 112 个。

2006 年，省内个体私营经济发展环境进一步改善，个体工商户规模增大，私营企业高速增长。全省的个体工商户户数为 1 673 681 户，从业人员 2 992 412 人，注册资金 2 561 476 万元，全省私营企业已达 208 952 户，其中城镇 136 593 户，农村 72 359 户，注册资本 22 749 611 万元，从业人员 2 767 195 人，其中投资者人数为 544 387 人，雇工 2 222 808 人。

2007 年，省工商局按照省委、省政府促进民营经济发展的部署和要求，围绕"坚持科学发展，构建和谐四川"的主题，立足工商职能，进一步解放思想，转变观念，创新思路，全力促进民营经济又好又快的发展。全省新注册个体工商户 270 718 户，全省个体工商户实有数 1 822 577 户，从业人员 3 137 956 人，注册资金 2 796 486 万元，全省新注册私营企业 37 176 户，达到 226 601 户，投资者 601 905 人，雇工 2 331 735 人，注册资金 26 294 414 万元，登记农民专业合作社 1 302 户，出资总额 79 755.04 万元。新注册商标 1 205 件，认定知名商标 416 件，认定著名商标 73 件，培育推荐中国驰名商标 16 件，已认定驰名商标 10 件。认定"守合同、重信用"企业 3 039 户，其中国家级 46 户，省级 45 万户，市级 1 072 户，县级 1 468 户。开展抵押物登记的抵押金 2 584 662.25 万元，融资额 127 864.96 万元，帮助 4 471 户企业完善合同来之不易制度,帮助民营企业建立党支部 366 个,发展党员 4 174 人,表彰"文明诚信私营企业"50 户,"文明诚信个体工商户"100 户。是年全省民营经济增加值有望突破 5 200 亿元,个体工商户和私营企业增长幅度均明显高于全国平均水平。

2008 年,全省工商机关以党的十七大和省委九届四次全会精神为指导,按照科学发展观和构建和谐社会的要求,立足于部门职能,认真贯彻执行省政府《关于进一步完善查处取缔无证无照经营工作机制的意见》,坚持专项整治与日常监管相结合,切实加大查处取缔无证无照经营行为的工作力度,着力建立政府统一领导,工商牵头、部门参与、各司其职、齐抓共管、综合治理的长效监管机制。为省内经济加快发展、科学发展、又好又快发展提供良好的公平竞争环境。

四、商标监督管理

1980 年 5 月,四川省工商局按照《关于恢复全国商标统一注册工作的通知》要求,印发了《四川省商标管理的暂行规定》。6 月,省工商局在重庆召开全省商标管理工作会议,部署恢复全国统一注册工作和清理商标及处理混合商标的问题。

1983 年,《商标法》颁布实施后,省工商局编绘了《商标法图解》,各地编印了商标法宣传资料,开办了企业商标培训班,到 1993 年这十年,共培训 12 333 户企业的商标管理人员 22 576 人,1993 年《商标法》修改和 1995 年《商标法实施细则》颁布后,各地工商部门大力宣传商标作用、商标的使用和商标名牌战略,提高了全社会特别是企业的商标法律意识。

商标注册是商标事业的基础。通过全省各地工商部门的努力,商标注册连年大幅度增加。1979 年全省商标注册数 927 件,1989 年达到 16 466 件,是 1979 的 17.8 倍。1992 年底达到 21 415 件,1998 年为 28 443 件。同时,各级工商部门采取确定商标重点企业,落实商标管理机构、人员,建立企业商标管理制度,全面开展商标验证,指导企业正确使用商标,帮助企业制定商标战略,鼓励企业争创国内外驰名商标等措施,加强企业商标工作。在全国 1989 年首次评选驰名商标中,酒商标"五粮液"、"泸州老窖"双获中国十大驰名商标称号。1992 年,省工商局又牵头开展了四川省首届著名商标推选活动,推选出著名商标 109 个。1997 年全省中国驰名商标达到 4 件,省著名商标达到 103 件。2002 年,省工商局组织认定了第五批共 80 件四川省著名商标,累计达到 263 件,全省中国驰名商标达到 9 件。

为加强商标印制管理,1987 年省工商局发出了《严格执行商标法规,切实加强印制管理的通知》。商标印制企业普遍建立健全了专人审查、凭证印制、印后存档、送样备查、保管销毁等制度。1995 年还对 1 100 家商标印制单位进行重新审核,指定了 200 家人用药品、烟草制品商标印制单位,并强化了经常性监督管理。

全省各级工商部门依法制止商标侵权,维护商标法律尊严,取得一系列显著成效。在查处商标侵权案件中,全省注重结合实际,抓住重点,针对酒类商标占全省注册商标的四分之一的情况,1986 年对酒类商标进行了全面整顿,1987 年又着重打击了假冒酒行为,有力地维护了"川酒"声誉。仅《商标法》实施以来的 1983 年至 1992 年这十年,全省共查处商标违法案件 17 746 件。1997 年,全省查处商标违法案件 2 049 件,其中商标侵权案件 966 件,罚款 236 万元,赔偿被侵权损失 29 万元,收缴销毁侵权假冒商标标识 1 056 万套。1999 年,全省查处商标违法案件 2 043 件,其中商标侵权案件 977 件,罚款 217.1 万元,收缴销毁商标标识 1 417.9 万套。2000 年,全省查处商标违法案件 3 276 件,其中商标侵权假冒案件 1 939 件。2001 年,全省共查处各类商标违法案件 2 164 件,查处一般违法案件 958 件,罚款 115 万元;查处商标侵权假冒案件 1 206 件。2002 年,全省共查处各类商标违法案件 1 675 件,查处一般违法案件 587 件,罚款 161 万元,查处商标侵权案件 1 088 件,罚款 259.2 万元。

2003 年省工商局组织著名商标复审 77 件。2004 年全省工商机关共查处各类商标违法案件 1 443 件,没收、销毁违法物品 99.53 吨,收缴和消除违法商标标识及奥林匹克标志 1 020 337 件,收缴专门用于商标侵权的模具印板等工具 41 件,罚款总额 527.83 万元,移送司法机关追究刑事责任案件 3 件,追究刑事责任人 4 人。2004 年省工商局组织认定著名商标 92 件,复审 92 件。

2005 年全省工商机关共查处各类商标违法案件 1 799 件,没收、销毁违法物品 495.6 吨,收缴和消除违法商标标识及奥林匹克标志 195 585 件,收缴专门用于商标侵权的模具印板等工具 304 件,罚款总额 904.91 万元,移送司法机关追究刑事责任案件 7 件,追究刑事责任人 7 人。同年四川省获国家认定中国驰名商标(行政)7 件、(司法)3 件,省工商局组织认定著名商标 145 件。

2006 年全省工商机关共查处各类商标违法案件 1 590 件,收缴和销毁商标违法标识件 459 997 套,收缴用于商标侵权的模具印版和其他作案工具 8 件,销毁违法物品 68.28 吨,罚款总额 993.29 万元,案值 2 080.74 万元,移送司法机关追究刑事责任案件 1 件,追究刑事责任人 1 人。四川省在全国认定驰名商标(行政)8 件、(司法)8 件,省工商局组织认定著名商标 74 件。

2007 年全省各级工商机关共查处各类商标违法案件 1 734 件,收缴和销毁商标违法标识件 317 275 套,收缴用于商标侵权的模具 6 件,销毁违法物品 159.02 吨,罚款总额 1 071.61 万元,案值 1 764.17 万元,移送司法机关追究刑事责任案件 1 件,追究刑事责任人 2 人。2007 年四川省在全国认定驰名商标(行政)9 件、(司法)16 件,2007 年省工商局组织认定著名商标 133 件、复审 183 件。

五、广告监督管理

1980 年,国务院决定由工商局统一管理广告,1982 年 2 月发布《广告管理暂行条例》。国家工商局制定了《广告管理暂行条例实施细则》,并于同年 4 月召开全国广告管理工作会议,开始对广告进行统一管理。

1979 年,四川只有两家广告经营单位。

通过十年发展,1988 年全省广告经营单位已达 1 069 家,从业人员 23 126 人,年广告营业额 1.4 亿元。1999 年广告经营单位达到 3 589 家,广告从业人员达到32 352 人;广告营业额达到 15.6 亿元。全省有1 299 户广告公司主营广告业务,年广告营业额 3.8 亿元,占全省广告营业额的 24.4%;四大媒介中有 166 户电视台、28 户广播电台、95 户报社、101 户杂志兼营广告业务。纵观四川广告业的发展,已形成了以成都为中心,省辖市为支撑点,辐射全省的格局。

广告事业的发展,倾注了各级工商行政管理部门大量的心血和智慧。在抓好城市路牌、灯箱、霓虹灯及报纸、电视广告发展的同时,1984 年,全省各地又把农村广告纳入管理议事日程,通过积极引导,形成了以有线广播广告和户外广告为代表的农村广告特色。

1992 年,各级广告管理机关改变了以往"总量控制"的审批原则,进一步放宽了权限和限制,引导广告公司转换经营机制,扩大经营自主权。同时,对广告从业人员进行了广告业务和政策法规培训及举办 CI 策划专题讲座等,使广告经营水平得到了显著提高。1994 年以后,全省全面落实《关于加快广告业发展的规划纲要》,加快了人才培养步伐,有 1.5 万余人考取了广告专业技术岗位资格证书,为造就广告专业人才,提高广告行业整体素质发挥了积极作用。同时逐步推行了广告代理制。

广告业的健康发展,离不开对广告的规范管理。1982 年,在贯彻刚刚颁布的《广告管理暂行条例》的同时,省工商局就从实际出发,先后制定了《广告经营者和烟酒广告发布审批登记程序》和《关于整顿广告秩序,加强广告宣传管理的实施意见》等规范性文件。1987 年,省工商局组织各地重点抓了人民群众生活及身体健康密切相关的食品、药品、医疗器械等违法广告的查处。1993 年,针对当时养殖业、种植业虚假广告、欺骗宣传等违法行为十分突出的情况,及时出台《关于加强养殖业、种植业广告管理的通告》,收到了明显成效。1993 年,广告主自行印制散发药品、医疗、医疗器械、致富信息、招生办学等方面的违法广告有所上升，各地进一步加强了广告监测工作，加大了监督检查执法力度，全省共查处违法广告2 441件，其中虚假广告785件，罚款达134万元。1997年全省共查处虚假违法广告3 182件。同时，各地开展了广告经营资格检查，促进了广告经营者完善资质标准，对广告审查员进行了培训，建立了广告审查员制度，全省还组织发布公益广告4 800余条，其中两条获国家工商局"政府公益广告奖"，有力地推进了精神文明的建设。1999年，全省共查处违法广告案件2 590件，罚没款金额131万元，停业整顿87户，吊销证照27户。2000年，全省广告经营单位4 443户。在广告监督管理中，共查处违法广告案件，罚没金额243万元，停业整顿60户。2001年全省广告经营单位5 030户。在广告监督管理中，共查处违法广告4 987件，罚没金额400万元，停业整顿37户，吊销证照4户。2002年，全省广告经营单位5 328户，查处违法广告4 795件，罚没金额601.63万元。

2003年，各级广告监管机关进一步树立科学发展观，强化服务理念，围绕"促、帮、抓"，开展优质高效的服务，促进了省内广告事业的发展。全省共有广告经营单位5 857户，与上年同比增长9%，其中个体私营3 785户，同比增长67%，股份制企业174户，增长125%，国有企业216户，下降7%，国有事业426户，下降4%，集体企业409户，下降15%，其他776户，下降55%，外商投资企业11户，与上年持平。广告从业人员50 011人，同比增长9%，广告营业额284 840万元，同比增长13%。由于增强了监管力度，市场秩序进一步好转，全年查处广告违法案件4 744件，同比下降1.06%，罚没款金额821万元，同比增长36%。各地对食品、医疗、药品广告等重点监管商品和服务增强了监管力度，立案查处严重违法的食品广告案件398件，同比增长36%，医疗广告案件375件，同比增长40%，药品广告案件610件，同比下降13%。通过治理，全社会的法治意识进一步增强，广告经营者自

律能力有所提高，广告违法率有较大幅度下降。组织了广告经营单位资格检查和《广告经营许可证》换证工作，全省广告监管部门历时近3个月，对5 061户广告经营单位进行了资格检查，换发《广告经营许可证》4 869户，未通过资格检查的192户。深入开展《广告法》的宣传工作，在四川电视台卫星频道每天播出1条广告法律法规知识，以增强消费者依法维护自身合法权益的意识。4月份开展的广告法律法规知识大奖赛期间，全省各市（州）开展广告法制宣传，共举办宣传讲座330余次，印发宣传资料16.45万份，责令企业整改69户，吊销广告经营许可证31户，公开曝光违法案件82件，撤除违法户外广告牌2 514块，受理群众举报333件。

2005年全省对媒介进行广告经营资格检查733户，受理广告审批102件，全省共监测各类广告10万余条，查处各类违法广告案件3 579件，罚没款1 346.54万元。

2007年工商系统共检测各类广告542 302（条次），发现涉嫌违法违规广告16 980（条次），查处各类违法广告案件2 783件。其中药品广告317件，医疗广告163件，保健食品广告168件，化妆品广告64件，美容服务广告47件，罚没金额1 553.37万元。此外，收到国家工商总局转办案件5件，均在调查核实的基础上依法予以查处。清理整顿违法发布医疗广告300多条，对51家医疗机构进行了处理，其中6家医疗机构被吊销相关诊疗科目，13家被撤销《医疗广告证明》，全省药监部门提请工商部门查处的违法药品广告有7 239个，保健食品广告201个。

2008年四川省广告监管工作仍以虚假违法广告的专项整治为主线，共监测各类广告191 151条（次），查处各类违法广告案件990件，罚没金额672.28万元。并以确保奥运期间广告市场秩序和宣传抗震救灾以及灾后重建为契机，加大对虚假违法医疗、药品、保健食品广告和房地产广告的打击力度，以切实巩固前期整治成效，确保人民群众生命财产安全。

六、市场监督管理

(一)市场体系培育状况

党的十一届三中全会后,工商机关根据当地政府的总体部署,承担了建设市场的任务。1978年至1988年,四川省处在迅速恢复、发展城乡集市贸易阶段。各地采取了多种有效措施,增加对城乡集贸市场建设的投入。1980年至1988年,全省市场建设共投资2.6亿元,占同期市场管理费收入的60%以上,新建和改建市场4 623个,使全省市场面积达到1 664.5万平方米,比1978年增加2倍。1988年,全省共有城乡集贸市场7 045个。其中,农村市场6 368个,比1978年增加1 407个。在这些集贸市场中,有工业品专业市场189个、农副土特产品专业市场300余个、大型批发市场51个,开始形成了从农村到城市、从综合到专业、从零售到批发,多层次和多门类的市场结构。特别是一批新建和改建形成的大型骨干市场,如成都荷花池市场等功能较为完善、辐射面广、交易设施较好,对社会经济的发展产生了较大影响,发挥了较好的社会效益。

1988年全省城乡集市贸易成交额达到126.8亿元,比1978年增加了7倍。1988年全省集市贸易成交额比重占社会商品零售额的29%,比1978年增加2倍,极大地促进了社会经济的发展。

1989年至1998年是四川省加快市场建设、培育和完善各类市场、初步形成全省市场体系的阶段。在市场建设初期,由于投资渠道和资金来源渠道单一,只有靠收入不多的市场管理费结余部分投入。从1989年开始,在各级政府支持并督促下,工商部门开始积极探索新的市场建设路子。

1991年,省工商局总结和推广了南充市建设西门市场实行"土地政府拨、工程部门抓、资金上养下、边建设边开发"的经验,并在南充市召开了全省市场建设工作现场会,拓宽了市场建设的思路。市场建设工作得到了省委、省政府的高度重视。1991年2月,省政府下发《关于城乡集贸市场建设若干规定》,对城乡集贸市场建设的原则,筹资渠道以及市场保全等问题做出了政策性的规定。各市(地州)县也相继制定出具体贯彻意见,有力地推动了全省的市场建设工作。

1990年至1995年是全省市场建设发展的最快时期。经过全省各级工商机关艰苦的努力,全省形成了以集贸市场为基础、农副产品批发市场为骨干、生产资料市场和生产要素市场长足发展的市场结构框架,初步形成了较为合理的市场体系。1990年至1995年,全省各级工商机关利用自有资金、银行贷款和社会集资投入市场建设总金额达23.9亿元,是1978年至1988年全省投入市场建设资金总额的9.2倍。新增各类市场1 905个,并对原有的80%以上市场进行了不同程度的改扩建,共新增市场经营面积1 200多万平方米。1996年,全省商品交易市场比1988年增加2 223个,全省商品交易成交额1 280.6亿元,比1988年全省城乡集市贸易成交额增加了近10倍。其中消费品市场成交额904.5亿元,占社会消费品零售总额的40%,比1988年增加了10.4%。1997年开始,因国家要求工商部门与所办市场脱钩,省工商系统不再承担市场建设任务。

(二)近三十年市场监管工作的概况

改革开放三十年来,伴随着我国从社会主义计划经济下的商品经济向市场经济的发展进程,四川省的市场监管工作发展经历了三个阶段,即:监管城乡集贸市场时期的市场监管,监管社会主义统一大市场的市场监管和发挥职能、为促进全省经济跨越式作贡献的三个阶段;从市场监管取得效果看,在上级和省局的领导下,经过全系统的共同努力,实现了三个转变,即实现了由监管集贸市场为主向监管统一大市场的转变,实现了市场监管由政策调整为主向法制化转变,实现了市场监管职能缺位到职能到位并达到运用职能促进经济协调健康发展的转变。

1. 集贸市场时期的市场监管

在城乡集贸市场恢复、培育建设时期,当时的市场监管主要是根据国家制定的政策规定进行,由于进入交易的产品品种相对较少,商品交换的目的主要是解决改善人们生活缺失等方面的问题,市场监管的工作内容较为简单,主要是打击投机倒把活动,查处禁止上市商品交易的违法行为。市场管理中各自为政的状况较为突出,加之工商部门主要靠收费维持生存、市场监管还未纳入法制轨道,以收费代管理的现象非常突出。

1978 年,针对省内市场监管存在的各自为政的局面,省工商局提出了推行市场规范化管理的意见,拉开了全省市场规范化管理工作的序幕。1981 年,为了解决市场监管无章可循的问题,经过认真调研,省工商局代省政府草拟并经批准发布了《四川省城乡集市贸易管理暂行办法》,该办法的实施,标志着四川省市场监管工作纳入了有章可循的阶段。1983 年,国务院颁发了《城乡集市贸易管理办法》,在贯彻该管理办法时,省工商局结合本省城乡集贸市场运行和经济发展的实际,草拟并经省政府批准颁发了《实施细则》。1986 年,为了树立典型,提高城乡集贸市场设施、经营者经营行为、市场监管规范化工作水平,省工商局决定在全省范围内开展创建文明市场活动,并按照省委、省政府决定在全省城市开展"三优一学"创文明城市活动,省工商局作为参加责任部门决定将其创建文明市场活动与"三优一学"创建活动结合起来进行考评。全省共开展创建文明市场活动 7 届(每两年一届)。经过开展创文明市场活动和创"三优一学"文明城市活动,使全省集贸市场的设施、经营者的经营行为及市场监管规范化水平上了一个台阶。工商系统监管城乡集贸市场取得的主要成果是:改善了交易条件,使之与当时的经济发展水平相协调;依靠国家的政策规定,营造了初步的公平交易市场环境,维护了市场交易秩序;纠正了集贸市场监管各自为政、混乱的局面,实现了市场监管的初步规范、统一规范;为市场监管进入法制化轨道,为监管统一大市场奠定了基础。

2. 社会主义统一大市场的市场监管

党的"十四大"后,随着集贸市场被大量的消费品专业市场、生产资料和生产要素市场所取代,原有的对集贸市场的市场监管已不适应经济发展的客观要求。为了适应新的形势,工商部门必须实现市场监管工作的重点转移,进入监管社会主义统一大市场的时代。

进入这一阶段的初期,市场监管面临的主要问题体现在以下几个方面:一是法制建设滞后,原有的法律法规及政策规定已不适应形势发展的需要,对市场监管进行的政策调整过程中,经常出现"一放就乱"、"一管就死"的局面,不利于经济健康协调发展;二是队伍的素质不适应监管大市场的要求,多年来养成的"驻场式"、"重收费、轻监管"、"民不告、官不理"的衙门式的工作方式形成的市场监管空档,给不法经营活动提供了可乘之机;三是商品经营者无视国家法律法规及政策规定、追逐营利最大化的手段,不断处在变换之中,制假售假等不法经营活动屡见不鲜,社会反映十分强烈。认真履行行政执法职能,促进市场监管到位,切实有效保护消费者、经营者的合法权益,维护好市场交易秩序,成为工商部门监管统一大市场的着眼点和当务之急所在。

1990 年,省工商局决定在成都、重庆、自贡 3 个生产资料、生产要素市场发展较早、发展较快的城市开展市场监管统一大市场试点工作。1991 年 10 月,省工商局在成都双流市场召开了全省生产资料、生产要素市场管理工作会,对其积极培育监管生产资料、生产要素市场的做法给予了充分肯定。1992 年,成都、重庆、自贡等城市为了顺应监管统一大市场工作要求,在当地政府支持下,先后组建了监管生产资料、生产要素市场工作机构。同年,为了总结摸索消费品市场、生产资料、生产要素运行的基本情况,为监管各类市场提供依据,省工商局将成都生产资料一条街、彭州蔬菜批发市场、重庆大足龙水五金批发市场等全省 48 个重点市场纳入省局的直接联系点,组建了四川省重点市场联络会,为做好监管统一大市场工作的重点转移,奠定了良好的基础。

1993 年 4 月,省工商局在内江召开全省市场监管工作会,正式提出将市场监管工作重点由过去对集贸市场的监管转移到对社会主义统一大市场的监管上来。为了解决本省市场监管统一大市场面临的诸多不适应的问题,省工商局采取了多项有效措施,并取得了显著成果:(1)加强了法制建设。从1993年开始,组织人员深入基层调查研究,1994年至1995年先后草拟并经省政府批准颁发了《四川省商品交易市场管理办法》、《四川省展销会管理办法》,1997年7月经省人大常委会通过颁布了《四川省商品交易市场管理条例》。上述行政规章和地方性法规的实施,在当时的历史背景下,解决了监管统一大市场法制建设滞后所带来的许多问题,也为推进市场监管向法制化的方向发展起到了积极推动作用。(2)加大了对干部职工素质培训的力度。从1993年开始,采用办培训班、以会代训、组织外出学习考察、推广先进工作经验等方式,加强了对系统内分管市场监管工作领导、处科长及干部职工业务素质培训。(3)树立典型,积极推进市场监管方式改革,促进监管职能到位。1996年9月,总结推广了广元市工商局提高消费品市场规范化管理水平的"六归"、"五进"、"四统一"等经验,对改变传统集贸市场脏、乱、差和市场监管不到位的状况起到了示范作用;1996年12月,总结推广了重庆市工商局实行的消费者买了注水猪肉,可向工商所提出索赔,由工商所按等值金额先行赔偿消费者,再由工商所对违法经营者进行依法查处的工作探索。1998年8月,总结推广了绵阳市工商局参与开展"三优一学"、"创文明城市活动",在地方党委、政府的支持下,解决了该市集贸市场长期占道经营、影响城市形象、群众呼声强烈等老大难问题;2001年,省工商局通过多次调研,在德阳市召开了全省市场巡查工作经验交流会,全面总结推广了德阳市工商局开展市场巡查、取消市场监管"驻场制",改市场监管由静态转变为动态管理,采用实岗定责,分片包干,主动出击,履职到位的市场监管模式。2004年8月,在成都召开了全省商品交易市场规范化管理经验交流会,全面总结推广了成都市工商局监管统一大市场的经验。(4)立足于职能到位,开展了全方位的市场整治活

动。1994年,省工商局在对市场运转情况进行调研中发现省内很多地方普遍存在制售注水猪肉的情况,严重损害了消费者的合法权益,扰乱了经济秩序,遂向省委、省政府写出了书面报告,建议在全省开展打击制售注水猪肉,维护正常的经济秩序的专项斗争,很快得到省委、省政府主要领导批复意见,并以省委、省政府名义下发了《关于四川省范围内组织开展坚决打击制售注水猪肉不法行为专项斗争的通知》。在省委、省政府及各级党委、政府的领导下,在相关部门的紧密配合下,由工商部门牵头的打击制售注水猪肉专项斗争在较短的时间内取得了明显的成效。

集中力量,想方设法,打好管理粮食收购市场攻坚战。1998年底,国务院下发了《进一步深化粮食流通体制改革的通知》,确定了"三项改革一项政策"的改革措施,并作为政治任务部署要求工商部门管住管好粮食收购市场。从1999年至2002年,省工商局将粮改工作列入工作重中之重,从省到市州县乃至工商所实行了一把手负总责,分管领导具体抓的领导责任制,实行了内部各职能机构分工协作负责制及县局、工商所分片包干岗位责任制。在每年粮食收购季节,集中了全省近60%的工商队伍力量,投入管理粮食市场的工作。全省工商系统查处了违法收购粮食案件7 951件,没收违法收购粮食22 137吨,罚没金额达1 691万元。在贯彻粮改政策、管住管好粮食收购市场的长期攻坚战中,证明了四川省工商队伍是一支能打硬仗的队伍。

结合经济运行动态和社会反映的相关问题,适时开展大规模的市场专项整治行动。2001年至2004年,在国家未开展红盾护农行动前,针对四川省是农业大省,"三农"的问题反映较为突出,省工商局在部署市场监管任务时,结合实际,开展了"红盾打假护农"专项整治行动。2001年至2004年,针对全省小汽车经营超经营范围问题突出和二手车、废旧汽车拆解经营混乱的情况,每年都开展了"金轮行动",对非法经营小轿车的单位进行了查处;对经营二手车的市场

和单位进行了全面的清理整顿,严厉查处了二手车交易中存在的欺诈行为;将废旧汽车拆解作为整治的重点,对全省的废旧汽车拆解单位开展了拉网式清查。仅2004年,全省通过"金轮行动"检查汽车、农用汽车及汽车、摩托车配件及废旧与拆解经营单位20 030余户,取缔无业经营821户,没收报废汽车"五大总成"和"三无"零配件77 675件(套)。2002年至2004年,针对成品油经营单位过多、成品油经营户宰客现象较为突出的现象,省工商局部署开展"金油行动"专项整治行动,以保证成品油市场运行态势基本平稳。

全方位管住陈化粮的竞买和使用,严厉查处倒卖陈化粮的违法活动。按照国家4部委局的部署要求,省工商局从2002年至2006年开展了陈化粮监管工作,先后下发了3个文件,对陈化粮监管、职责、定向竞买、定向使用陈化粮各个环节作了明确的规定。截至2006年8月,经省工商局、省粮食局批准颁发给饲料酒精企业陈化粮购买资格证书的有212个,组织陈化粮竞买交易会8次,共竞卖陈化粮203万吨,查处倒卖陈化粮案件共53件,罚没达700余万元。

胸怀全局,完成了市场办管脱钩任务。按照国务院和省政府的部署要求,2001年,四川省工商系统开始实行与所办市场办管分离工作。截至2001年12月13日,全系统移交给地方市场949个,拍卖市场200个,转让市场283个,解除代管关系市场62个,关停市场79个。

沉着应对突发性社会公共事件成果显著。2005年7月23日,省委、省政府召开了紧急会议,部署防控人感染猪链球菌病疫情工作。24日,省工商局即提出要始终站在讲政治顾大局、对社会高度负责的事业感、责任感的高度,做到"三个确保",即确保人民群众吃上放心肉,确保市场无病死猪肉及未经检疫猪肉销售,确保流通领域食品安全和人民群众消费安全,做好市场监管防控工作。省工商局领导实行包片、各处室包市,分别对17个市的市场监管工作进行督察和指导。启动有突发疫情的资阳、内江、成都3

个市应急机制,对周边的眉山、遂宁2个市启动预警机制。并立即下发了《人感染猪链球菌疫情流通领导应急处置方案》。在近3个月的防控工作中,17个城市工商局共出动检查人员近25万余人次,检查车辆近5万余台次,检查市场15 000余个次、屠宰场55 000余个次,取缔无照经营1 200余户,查获瘟病猪肉900余头、45 000余公斤,查获未经检疫猪肉161头、18 088.9公斤。

2008年5月12日,汶川发生特大地震灾害,省工商局立即成立以李柏云局长为指挥长,其他局领导为副指挥长、相关处室负责人为成员的抗震救灾指挥部,按照温家宝总理的"确保大灾后无大疫"的指示精神,下发了《四川省工商局抗震救灾指挥部关于启动市场监管应急预案做好灾后疫情防控工作的通知》,对全省工商系统防控灾后疫情工作做了全面的安排部署。在绵阳北川唐家山堰塞湖可能溃坝、对下游绵阳市构成巨大威胁的紧急关头,又下发《四川省工商局抗震救灾指挥部处置唐家山堰塞湖溃坝维护市场经济秩序应急预案》,对工商部门应对可能的溃坝情况,作了明确具体的安排部署。该《预案》受到了国家工商总局的高度评价,已被正式列为总局应急预案范本。为了保障灾区人民群众的生活需求,面对大量市场损毁的状况,省工商局决定投入资金在灾区新建市场58个,支持恢复市场营业340个,设立帐篷应急商店639个,初步保障了灾区人民群众的生活物质供应。由于全系统同志着眼大局,心系灾区,牢记使命,勤奋工作,圆满完成了上级交办的各项工作任务,为确保省内各灾区市场无重大疫情,为保障灾区市场物资供应,促进社会稳定做出了积极贡献。

深入扎实开展"红盾护农"行动。2006年,按照国家工商总局开展红盾行动的总体部署安排,省工商局于当年2月下发了《关于开展"红盾护农"行动的实施方案》,4月,在成都举行了隆重的"红盾护农"行动启动仪式,省人大、省政府、省政协的领导出席启动仪式并作了重要讲话。从2006年开始到现在的"红盾护农"行动主要取得以下的成果:一是经过分阶段大规模对农资市场的专项整治,制售假劣农资的不法经营活动得到了有效的遏制,特别是每年围绕农业生产季节开展农资商品质量抽检,再根据抽检结果追根溯源查处违法经营单位,对违法经营农资的行为起到了很大的震慑作用;二是在农村广泛建立维权机构,农民维权的意识普遍得到加强,许多地方的党政领导对工商部门在农村广泛建立维权机构给予了充分的肯定,认为这是工商部门为加强农村基层政权建设做了一件大事情;三是积极支持发展了农村农资连锁经营,农民普遍认为在连锁经营店买到的农资产品质量好、价格公道,出了问题有人负责赔偿,怎样使用有人会教你,在农资连锁店买的产品让人放心,目前省内许多地方农资连锁经营规模已占当地市场比例的 60% 至 70% 以上;四是建立完善了农资经营长效监管机制,目前在全省范围内可以随机抽查农资经营者建立的经营台账,工商机关与经营者签订的责任书、商品质量承诺书、"四制两查"等行之有效的长效监管措施,均可收到较满意的效果。

3. 运用职能,为实现四川省经济跨越式发展作贡献

2000 年,省委、省政府提出了实现全省经济跨越式发展的目标,并要求相关部门围绕省委确定的重点产业做好支持和服务工作。为此,省工商局提出了在解放思想、拓宽视野,立足于监管统一大市场职能到位的前提下,积极做好支持地方加快经济发展的工作思路。按此要求,各地工商机关作了大量的探索,并取得了积极的成效。

(1)形成了峨眉山景区市场监管模式,积极促进了旅游经济健康发展

四川省有得天独厚的旅游资源,2001 年省委、省政府发出了"加快培育旅游支柱产业、建设旅游经济强省"的号召。省工商局带着问题多次深入峨眉山景区工商局进行调研,提出了"内抓管理外塑形象"、"管什么"、"怎么管",采用什么样管理方法和措施的课题进行探索,最后总结出"三管一诉"的峨眉山旅游市场监管工作模式。2001 年4 月,省工商局在峨眉山景区召开了支持全

省旅游产业发展经济交流会,推广了峨眉山景区工商局旅游市场监管模式。峨眉山景区市场监管模式,为打造著名旅游品牌峨眉山品牌、九黄线品牌起到了积极的促进作用。大大促进了该省旅游经济的发展。

(2)总结推广苍溪县工商局支持发展农村经纪人发展、促进当地农村经济发展的工作经验

2003 年4 月,省工商局带着怎样支持农村经纪人发展、促进农村经济发展的课题在位处山区的广元市苍溪县调研时发现,该地的农村经纪人队伍庞大,经纪人的活动使得农民收入增长逐年增长很快,同时考察了苍溪县工商局支持农村经纪人发展,教育引导农村经纪人带领农民发展农村种植业致富的情况。同年8 月,省工商局在苍溪县召开了全省工商系统支持农村经纪人发展促进农村经济发展现场交流会。这些经验得到了省政府领导的充分肯定。

(3)围绕"三个一方",扎实推进新农村建设

党的"十七大"将解决好"三农"问题作为全党工作的重中之重,提出了建设社会主义新农村的课题。四川省是个人口大省、农业大省,"三农"的问题相对突出。立足于省情,省工商局通过对近年来全系统服务于经济建设所做的工作情况的总结,从农民群众最关心、最需要解决的问题入手,提出了"三个一方"服务"三农"的工作思路,即以发展农村经济组织为重点,促进搞活一方农村经济;以实施农产品商标战略,支持带动一方农业产业;开展"红盾护农"行动为重点,切实保护一方农民的合法权益。2005 年6 月,省工商局在资阳市召开全省工商系统促进农村经济发展大会,全面阐述了"三个一方"工作思路的内涵,对资阳市辖的简阳市工商局按照"三个一方"工作要求,通过发展农村经纪人和经纪人组织带领农民突出重围(贫困),领跑小康路的工作经验,给予了很高的评价,并在全省进行推广。此后,围绕"三个一方"服务"三农"扎实推进新农村建设的"种子"在全省各地农村遍地开花结果,形成了崭新的工作局面。2006 年9 月,全国工商

系统支持社会主义新农村大会在成都市召开,原全国人大副委员长何鲁丽、国家工商总局局长王众孚,省委、省政府和国家有关部门的主要领导同志出席会议。参会领导对该省工商系统建设新农村工作面貌选点进行了现场考察。四川省工商系统围绕"三个一方"服务"三农",支持新农村建设的工作,得到了国家工商总局领导和省委、省政府领导的高度评价。

(4)着眼于全局,全面推进市场"三化"工作,树立市场与经济发展和现代文明发展相协调的形象

2001年,工商系统与所办市场实行办管分离后,市场的性质发生了根本的变化,由原来由政府主导兴办的社会公益事业,转变为多元化经营投资进行竞争的社会产业。为此,省工商局组织了专题调研,认为改变市场现有的状况,使之与经济发展和城市文明程度发展相协调,是为党委、政府分忧,为老百姓办实事的大事,于是提出用三年左右的时间,在全省全面扎实推进市场"三化"工作,造就与当地经济发展和城市文明发展相协调的市场环境和形象。2006年8月,省工商局下发《关于在全省推行市场"三化"工作的意见》,要求各地明确开展市场"三化"工作的重要性、必要性,加强组织领导并制订实施方案,做到有计划、分阶段全面实施市场"三化"工作。2007年在各地开展试点工作的基础上,省工商局确定建设50个省级示范市场、100个市州级示范市场、300个县级示范市场的"三化"市场建设任务。从开展这项工作的效果看,一是各地形成了政府领导、部门配合、工商牵头、市场开办者参与、齐抓共管的局面;二是改造市场的资金由市场开办者自己负责,完成市场改造任务达标验收后,政府给予适当奖励;三是制定了起点高的"三化"标准,并按标准组织进行考评验收;四是经过验收的"三化"市场的面貌几乎都焕然一新。

七、经济合同监督管理

1979年,全省工商行政管理系统经济合同管理机构逐步建立。1983年又相继建立了仲裁机构,加强了合同纠纷调解工作。1986年颁布实施了《四川省经济合同管理条例》,全省的经济合同管理工作从主要是

农副产品订购合同、工矿产品购销合同的基础上逐步向建筑工程承包合同、企业承包租赁合同等新型合同方面拓展。根据国家工商局的统计数据,1988年四川全省各类鉴证合同数量名列全国前茅。1990年省工商局提出了充分发挥合同监管职能,以合同办案为重点的思路,各地普遍实行了"办案目标责任制"。同时,推进了经济合同示范文本制度,在全国率先统一全省合同专用章的刻制和管理。

1992年7月,全省普遍开展了《经济合同法》实施十周年纪念活动,宣传经济合同管理成果,推动合同管理工作再上新台阶。这十年,全省共实行合同鉴证1 864万份,金额509亿元;处理合同纠纷案36万件,金额23.5亿元,确认无效合同1.1万份,金额17亿元;查处违法合同1 161件,金额7亿元,督促企业履行经济合同433万份,金额342亿元,为企业挽回合同损失金额1.4亿元。

近年来,工商部门加大执法力度,认真查处各种利用经济合同骗买骗卖的行为,抓好欺诈性大要案件的查处。1996年,全省各级合同管理部门共查处合同的违法行为641件,涉及金额达1.3亿元,有力地遏制了合同欺诈行为上升的势头,提高了合同监督管理的权威;开展抵押物登记,拓展合同监管领域。1995年以来,全省各级工商部门认真宣传贯彻执行《担保法》和《企业动产抵押物登记管理办理》。1996年全年共办理各类抵押物登记7 496件,抵押物金额达236亿元,被担保的合同主债权达150多亿元;严厉打击欺诈合同,1998年,全省共查处违法欺诈合同484件,金额9 201万元;1999年,查处违法合同,欺诈合同592件,违法合同金额1.2亿元;深入开展"重合同、守信用"活动,引导企业提高管理水平。1996年各级工部门经过审核认定,授予7 893个企业"重合同、守信用企业"称号,其中省工商局命名"重合同、守信用企业"689个;加强对经济合同的鉴证,为国家和当事人避免大量经济损失。1996年全省共鉴证各类经济合同32.4万份,鉴证金额186亿元,检查了4.6万个企业的88万份合同,合同金额794亿

元,检查中发现违法合同 491 份,协助经济合同当事人挽回或避免损失 2 500 余万元,金额约 3 亿元。

1999 年,全省共鉴证经济合同 20.5 万份,鉴证金额 194.4 亿元,检查经济合同 21.9 万份,合同金额 220.5 亿元,查处违法合同 592 件。

2001 年,继续开展"重合同、守信用"活动,命名"重合同守信用企业"3 803 户,办理抵押物登记 1 278 件,实施"合同解忧工程",支持企业发展。

2002 年,全省工商部门继续实施"合同解忧"工程,推进企业信用体系建设。加强合同监管,指导企业签约、履约,解决合同纠纷,运用抵押等手段帮助企业融通资金。引导企业积极参加"重合同守信用"活动,共评定"重合同守信用"企业 3 950 户,其中国家级 27 户,省级 771 户。查处合同违法案件 352 件。开展了企业信用体系的建设,全省已将 14 386 户企业输入"良好行为记录系统",将 4 873 户企业锁入"不良行为警示记录系统"。

2003 年,合同监督管理工作围绕整顿市场经济秩序、规范市场交易行为这一任务,大力开展对企业诚实守信的引导,规范企业合同行为。全年鉴证合同 4 万份,金额 81 亿元。办理抵押物登记 3 532 份,抵押物价值 213 亿元。查处合同违法行为 331 件,违法金额 3 220.37 万元。

2004 年,贯彻中央五办局关于全国开展"共铸诚信"活动的通知精神,继续开展信用体系建设工作,规范抵押物登记管理工作,抓好抓实合同解忧工程。积极推动各地"守合同重信用企业"活动的开展,全省公示"守合同重信用企业"5 208 户,其中省级 752 户,地(市)级 1 868 户,县级 2 588 户。办理抵押物登记 3 605 份,抵押物价值 291 亿元。检查合同 22 万份,合同金额 118 亿元。查处合同违法行为 248 件,违法金额 2 837.21 万元。

2005 年,全省的合同监管工作落实科学发展观,推进合同监督管理改革创新,加强企业诚信体系建设,以打击合同欺诈为重点,整顿和规范市场经济秩序。全年检查各类合同 14 万份,合同金额 125 亿元。查处合同违法行为 209 件,违法金额 2 813.05 万元。办理抵押合同 3 857 份,抵押物价值 345 亿元。发展"守合同重信用企业"5 311 户,其中省级 774 户,地(市)级 1 806 户,县级 2 731 户。

2006 年,充分发挥工商行政管理职能,扎实推进社会主义新农村建设,以"订单农业"为重点,开展涉农合同帮扶活动,严厉打击涉农合同欺诈行为,保护农民的合法权益。全年订单签约农户 47 万户,合同 18 万份,金额 18 亿元。各地检查涉农合同企业 849 户,合同 85 507 份,调解涉农合同纠纷 1 125件。查处涉农合同欺诈 107 件,金额 503.2 万元。并在乡村建立维权服务站 885 个。在总结各地经验的基础上,省工商局进行了归类梳理,现已制定出《四川省种子买卖合同》、《四川省饲料买卖合同》、《四川省农业种植产销合同》、《四川省家畜家禽养殖产销合同》等四个统一合同示范文本。与相关部门联合发布了《四川省国内旅游组团合同》、《商品房买卖合同》、《商品房认购书》、《四川省二手车交易合同》等合同示范文本。

2007 年,全面推进依法行政,政务信息公开,以农业合同为重点,大力开展合同助农帮扶工作。积极开展"守合同、重信用"活动,加强企业诚信体系建设。发展"守合同重信用企业"5 396 户。加强对拍卖业的监督管理,有效贯彻落实《拍卖监督管理办法》,加强对违法拍卖行为的查处工作。充分利用抵押物登记,为企业融资、盘活资产,改善经营管理服务。办理抵押合同 3 731 份,抵押物价值 442 亿元。查处合同违法行为 182 件,违法金额 1 339.60 万元。认真开展合同解忧、合同调解工作。检查合同 33 万份,进一步加强合同示范文本监督管理,规范签约行为。与省建设厅联合制定了《四川省存量房买卖合同》、《四川省房屋委托合同》《四川省房屋租赁合同》等合同示范文本,并对蔬菜、水果等买卖合同进行了调研。积极开展合同监管立法调研,向省政府法制办报送《四川省合同监督条例》立法计划。

制定了《四川省工商行政管理机关动产抵押登记实施办法》。举办了两期全省工商系统合同监管暨动产抵押登记培训。21个市、州工商局,27个扩权试点县局的分管局长、科(股)长及各县(区)局具体负责动产抵押登记工作的人员共计294人参加了培训。

2008年,认真贯彻党的"十七大"、中央经济工作会议精神,面对合同监管工作的新机遇、新情况、新问题,力求机制、手段、方式创新,在推进合同监督管理制度化、规范化、程序化、法制化建设上有突破。截至6月,据不完全统计,复核考查"守合同重信用企业"3 748户,办理动产抵押1 515件,抵押物价值116亿元;检查合同8.6万份,金额53亿元;查处合同违法行为51件,违法金额91.77万元。大力开展合同帮农,促进新农村建设。检查涉农企业3 374户,查处涉农违法案件18件,违法金额36.80万元。拍卖监督备案712次,现场监督318次。进一步规范拍卖交易流通秩序。草拟了《四川省合同监督管理条例》和《汶川地震灾后重建重大合同履约备案实施意见》,制发了《四川省公益事业捐赠合同》示范文本,与建设厅联合制发了房屋抗震加固专用合同示范文本。

八、消费者权益保护

四川省消费者权益保护委员会于1987年9月成立。之后,全省各市、地、州、县、市、区陆续成立了消费者协会,一些乡镇、街道、企业、学校相继成立了消费者协会分会或投诉站,全省逐步形成了一个保护消费者权益网络。1988年,省人大颁布了《四川省保护消费者合法权益条例》,各级工商部门认真贯彻落实该《条例》,严厉查处侵犯消费者合法权益的案件。自消费者协会成立以来,各地普遍开展了"无假冒伪劣商店"评选活动,召开了消费理论研讨会,"消费者喜爱商品"评选活动,维护消费者权益好新闻评选活动,并积极受理消费者投诉。每年"3·15"和《消费者权益保护法》宣传活动,声势大,效果好,深得社会普遍赞誉。1997年处理投诉4万余件。1998年,全省工商机关查处侵害消费者合法权益案件1 207件,其中立案查处864件,全年共受理消费者投诉32 517件,解决率达99.1%。

1999年,全省工商机关共查处损害消费者合法权益的案件2 943件,案值2 291万元,罚没金额278万元。

2000年省政府批准四川省工商局"三定"方案,决定设立消费者权益保护处。2000年9月5日,消费者权益保护处正式履行保护消费者权益职能。

随着消费者权益保护行政机构的单列,消费者权益行政执法工作得到进一步加强。2001年,国家工商总局开通全国统一受理消费者申诉举报电话"12315",此举加强了工商机关的消费者权益保护行政执法工作。这一时期,四川省工商机关先后设立省局、市(州)局"12315"消费者申诉举报指挥中心,县(区)局"12315"消费者申诉举报中心,工商所"12315"消费者申诉举报站,同时,在商场、农村、社区、学校等设立"12315"联络站(点)。各地加强对"12315"工作的指导和人员培训,并主动协调政府相关部门,加强"一会两站"建设。目前,全省在24 540个农村行政村、4 322个城市社区、7 040个经营企业、2 350个学校和景区建立了"12315"联络站(点)。进一步建立健全了"12315"维权网络体系,使"12315"维权服务网络向农村、社区、企业和社会延伸,增强了社会维权力量。每年通过"12315"处理的消费者申诉举报案件大量增加,消费者行政保护力度不断加大。全省借此及时受理和处理了大量的消费者申(投)诉,从中掌握了损害消费者权益违法活动的动向,针对群众反映的热点问题,对妇女儿童用品市场、旅游市场、纯净水市场等进行了专项整治,对损害消费者合法权益的违法行为依法进行了查处。在查处的案件中,商品消费案2 536件,占86.17%,服务消费案407件,占13.83%。其中掺杂使假、以假充真、以次充好、以不合格商品冒充合格商品的案件1 606件,占54.57%;生产国家明令淘汰产品或销售失效、伪造或者冒用他人厂名、厂址、伪造或冒用认证标志、名优标志等质量标志的案件182件,占6.18%。

2001 年,根据国家对工商行政管理职能的调整,将流通领域商品质量监督管理职能划归工商部门,经国家工商总局授权,省级工商部门承担流通领域商品质量监督管理工作,随后,省工商局授权市(州)工商局开展流通领域商品质量监督管理工作。为加强流通领域商品质量监督管理工作,2001 年开展了"金花"行动,在国家工商总局指挥下,新疆、广东、广西、湖南、湖北、河南、河北 7 省(区)联合部署开展了"7 省(区)联手保'四川金花'的专项执法行动",查获假(仿)冒"六朵金花"的酒 50 余种,8 000 余箱。开展"洁美"执法行动,整顿洗化产品市场。6 月至 7 月,全省集中行动,对洗化产品市场进行重点整治。查处案件 3 710 件,查获各类假冒伪劣、涉嫌走私、"三无"及过期的洗化用品 3 500 多件,案值 340 余万元。这些执法行动的开展,打击了违法经营,有力地保护了企业和消费者的合法权益。

2002 年,在全省开展了集贸市场专项整治。全省重点整治的集贸市场 454 个,确定了 8 个重点市;各市、州、县(区)确定了 206 个重点地区。共检查经营单位 52.82 万户,取缔无照经营 8 911 户,市场经营主体逐步规范。查处假冒伪劣案件 20 978 件,案值 1.3 亿元。探索并初步建立了长效监管机制。省工商局印发了《四川省商品质量监督抽查暂行办法》、《打假维权目标责任制》、《重要商品入市备案制度》、《企业不良经营行为公示制》等。

开展打假保名优。全省工商系统与 1 459 户名优企业建立打假维权协作网络,继续加大查处假(仿)冒协作网络成员企业产品违法行为案件的力度。深入开展保护省内 6 家名酒企业产品的"金花行动",查获假冒伪劣酒 21 104 件,端掉窝点 22 个。与 3 778 户名优企业、重点企业、骨干企业和优势企业建立联系制度,大力支持支柱型名优企业发展。构建农村打假维权网络,开展"千村万户拒伪劣"活动。全省在农村设消费者投诉点 19 749 个,受理投诉达 46 297 件,为农民挽回损失 2 939.6 万元。

2003 年,严厉打击和查处各类利用防治非典名义从事违法经营的行为,全力整治防治非典用品市场,全力实施食品药品放心工程。全省工商行政管理机关共出动执法人员 36 752 人次,出动执法车辆 6 340 台次,检查市场 7 206 个,取缔无照经营 3 564 户,检查食品经营主体 126 646 户,查处案件 434 件,其中案值 15 万元以上的 9 件,罚没款 51.92 万元,吊销营业执照 8 户,移送司法机关 4 件计 5 人,查处的主要违法食品共计 700 多万公斤、饮料 8 万多公升;率先开展含乳饮料混淆行为整治,共检查乳制饮品经营者 17 963 户,查获含有虚假宣传内容的含乳饮料 35 618 件,货值 230 多万元,罚款 210 多万元;开展建材市场、建筑用钢管、扣件市场专项整治、"红盾打假护农"等专项执法行动,取得明显成效。

省工商局经过大量的调查研究,从各试点单位的经验和做法中,归纳了以"三制两查"为主要内容的监管模式,即商品准入制、重要商品备案制,商品退出制以及商品质量监督抽查和商品质量市场检查。这些创新监管模式的做法,得到了国家工商总局的肯定,2003 年 8 月,在全国工商局长工作会议上,四川省工商局介绍了《突出"三制两查",注重把好"三关"、积极探索和创新商品质量监管模式》的经验和做法。泸州市被国家工商总局确定为全国 8 个商品质量监管改革试点单位之一,经过进一步实践,对原来的"三查两制"监管模式进行补充、完善,形成了"四查两制"的监管模式,为全面改进监管方式打下了坚实的基础。全省工商机关加强商品质量监管,关口前移的总体要求,实现一个转变,推进关口前移,切实推进流通领域商品质量监督管理改革工作。

在认真总结德阳市工商局组织开展的以"千村万户拒伪劣"活动为载体的农村打假维权经验的基础上,2003 年 6 月,国家工商总局第 381 期简报专门介绍了四川省《积极探索农村市场监管途径,全面开展"千村万户拒伪劣"活动》的情况。

2003 年,全省"12315"共受理消费者申诉、举报、咨询 120 937 件,其中受理消费者申诉 43 473 件,结案 38 575 件,结案率达

96.7%,为消费者挽回经济损失2 200余万元;受理各类举报6 357件,立案3 229件,罚没金额2 100余万元;新闻媒体报道4 593次;收到感谢信、锦旗303件(面)。

2004年安徽阜阳劣质奶粉事件发生后,省工商局领导以高度的政治敏锐性和责任感,迅速指示整治全省奶粉市场,以"特急"件向全省工商机关发出了《关于查处制售假冒伪劣奶粉违法行为的紧急通知》,全省工商机关迅速紧急行动,对商场、超市、集贸市场、批发市场,特别是农村市场和经营点进行了全面检查。为确保省内流通领域奶粉质量,省工商局在2季度又对68个批次的婴幼儿奶粉、20个批次的婴幼儿营养米粉进行了专项抽查,并对经营不合格奶粉、营养米粉的违法行为进行了查处。全省共查处50余种、近10万袋(听)、60余吨劣质或不合格奶粉,有效地净化了消费环境,保证人民群众健康安全。

食品安全整治工作取得显著成效。全省共出动执法人员215 605人次,检查经营者694 616户次,查处无照经营8 237户,捣毁制假售假窝点448个,查处制售假冒伪劣食品案件4 351件,罚没金额1 102万余元,吊销营业执照121户,移送公安机关案件19件,查获假冒伪劣食品价值总计1 842万余元。全省流通领域食品质量状况明显好转,没有发生食品安全重大事故。

建立食品安全长效监管机制。全省255 190户食品经营者中,已建立了食品进货查验制度的经销企业和个体户97 618户,超市和集贸市场6 196家;建立了购销台账制度的食品经销企业和个体户89 146户,超市和集贸市场5 527家;建立了销售食品质量承诺制度的食品经销企业和个体户103 079户,超市和集贸市场共6 054家;建立了"厂场挂钩"、"场地挂钩"等协议准入制度的食品经销企业和个体户共27 164户,超市和集贸市场共2 711家;建立了不合格食品退市、召回制度的食品经销企业和个体户共75 336户,超市和集贸市场共5 643家。通过全系统上下共同努力和艰苦工作,全省食品安全专项整治工作取得了明显成效。

不断拓宽消费维权的领域和渠道,深入开展了青少年维权岗创建活动。

2005年,及时查处制售含"苏丹红"食品的违法行为。全省各级工商机关组织开展了集中清查含"苏丹红"食品整治行动。各地对含"苏丹红"食品和原料进行了全面检查、撤柜封存等清理排查工作,特别是对辣椒油、红油豆瓣、火锅底料、方便面、饼干、酱腌菜等食品,组织进行了重点清理和监控。

按照省政府食品协调委员会办公室的安排分工,工商机关牵头组织了2005年全省第二次和第五次食品安全联合整治集中行动。为保障广大群众安全愉快地过好元旦、春节,又牵头组织开展第五次联合执法统一行动。重点对节日消费量较大的肉及肉制品、粮食制品、酒、饮料、糖果等重点食品,进行了全面深入的检查。

为有效预防和及时、高效、有序地处置流通环节重大食品安全事故,减少食品安全事故的危害,保障公众消费安全,省工商局制定了《四川省工商系统食品安全重大事故应急预案》。各市州工商局结合实际,也进一步健全了食品安全事故应急预案和处置措施,全省工商系统重大食品安全事故应急处置机制得到进一步完善。人感染猪链球菌和禽流感疫情发生后,各地按照规定及时启动应急预案和应急处置方案,做到了思想认识到位,工作目标到位,监管履责到位,监管督查到位。省工商局于10月中旬举办了第二届泛珠三角区域工商行政管理部门高层联席会议。福建、江西、海南、广东、广西、湖南、四川、贵州、云南9省、区工商局共同研究并签署了由四川省工商局起草的《加强流通领域市场监管,共建泛珠三角区域食品安全体系合作协议》,就区域食品安全合作的原则、机制、方法达成共识,研究确定了食品安全协作保障制度。全省工商机关在食品安全专项整治中,组织监测抽查各类食品2 766个批次,检查食品经营者933 381户,查处无照经营6 146户,吊销营业执照35户,捣毁制假售假窝点115个,查处制售假冒伪劣食品案件3 761件,移送公安机关案件1件,罚没金额1 084万余元,查获假冒伪劣食品 80 余万公斤，总价值计 630 万余元。

全省各级工商机关结合贯彻落实国家工商总局《工商行政管理所食品安全监督管理工作规范》，统一"四制两查一承诺"的做法，按照"所管片，人管段"的要求，全面推进改革成果，扩大监管面。

全省各级"12315"共受理消费者申诉、举报、咨询233 560件，其中受理消费者申诉33 951件，办结33 859件，办结率达99.73%，为消费者挽回经济损失2 853万元；受理各类举报5 823件；查处侵害消费者权益案件7 793件，案件总值4 630.26万元；查处制售假冒伪劣商品案件6 536件，案件总值4 661.33万元；收到感谢信、锦旗 204 件（面）。

2006 年，全省工商机关共出动执法人员259 332 人次，检查经营户 719 410 户次，捣毁制假售假窝点 127 个，查处制售假冒伪劣食品案件 5 732 件，罚没金额 1 429 万余元。查处各类假冒伪劣食品 900 余吨，价值近千万元。全省"12315"机构依法及时受理消费者申诉27 003 件，处理26 954 件，办结率99.8%，为消费者挽回经济损失2 490万元；依法查处侵害消费者权益案件7 648 件，案值5 967.57 万元；查处制售假冒伪劣案件5 517件，案值3 115.91万元，有力地打击了制假售假违法行为，有效地保护了消费者的合法权益。

2007 年，基本实现三个整治工作目标。全省县城以上城市食品批发市场、集贸市场从事食品批发的经营者、超市（商场）共18 107户，100%建立了索证索票制度；乡镇、街道和社区现有食杂店共 177 770 户，100%建立了进货台账制度。截至 11 月底，全省各地立案查处制假售假食品案件 1 638 件，总货值843 万元，共捣毁制假售假窝点 90 个，罚没金额367 万元，查获不合格食品和假冒伪劣食品 69 吨，销毁 48 吨，移送司法机关案件 4 件。在此次专项整治中，在"四制两查一承诺"商品质量长效监管模式、"五有三管一指导"食品安全监管方式的基础上，推行了"四个五统一"食品安全监管规范，取得明显成效。结合全省商品质量监管

工作实际，适时组织实施了一系列专项监测，包括食用油、散装白酒、旅游市场经销的珠宝玉石、太阳镜、手机电池、手机充电器、运动鞋、运动服装、生鲜牛奶收购、储存、运输等。

全省工商机关继续推进"12315"进企业、进农村、进社区、进学校、进旅游景区，在24 540个农村行政村、2 749个城市社区、7 040个经营企业、2 091个学校和景区建立了"12315"联络点。各地加强对"12315"联络点工作的指导和人员培训，还主动协调政府相关部门，由政府牵头加强"一会两站"建设，使"12315"维权服务网络向农村、社区、企业和社会延伸，增强了社会维权力量。

2008 年"5·12"汶川特大地震发生后，在省委、省政府的坚强领导下，按照省"5·12"抗震救灾指挥部的紧急部署和在国家工商总局、卫生部、质监总局、农业部等部委的大力支持下，省工商局快速反应，立即启动食品安全应急机制，迅速组织力量，采取非常举措，全力开展抗震救灾食品安全监管工作。5 月27 日，省"5·12"抗震救灾指挥部《关于进一步加强抗震救灾食品安全工作的紧急通知》下发后，省工商局切实履行牵头职能，与相关部门紧密配合，成立了省"5·12"抗震指挥部救灾物资组食品安全组，全方位开展了捍卫地震重灾区和全省食品安全的艰巨工作，创造了大灾之后无重大食品安全事故发生的奇迹。据 6 个重灾市州工商局统计，抗震救灾以来累计出动执法人员 191 527 人次，出动执法车辆47 655 台次，检查食品批发市场 2 928 个次、食品集贸市场 28 145 个次、食品批发商 71 308 户次、食品超市商场 53 279 户次，食杂店707 810 户次，查处食品违法案件 578 件，查处违法食品 106 700 公斤，有效地捍卫了灾区人民群众的食品消费安全。全省工商系统"12315"机构工作人员坚守岗位，全力保障"12315"消费者申诉举报渠道畅通。6 个重灾区办公楼受损严重的工商局，迅速将"12315"专线转移到工作人员手机上或临时办公地点，及时受理和解决消费者申（投）诉、举报。为使灾区群众感到"12315"就在

身边,省工商局统一制作了 180 个"四川工商抗震救灾'12315'受理点和联络点"标牌分发 6 个重灾区,悬挂在灾民集中救助安置点、应急市场、伤员医疗单位附近等处,力求及时便捷受理灾区群众申诉举报。抗震救灾期间,6 个重灾市州局"12315"机构共受理消费者咨询 27 136 件,申诉、举报 11 702 件,申诉举报处理率达 97.3%,为消费者挽回经济损失 75.3 万元。灾区"12315"申报举报网络被誉为"震不断的'12315'"。

九、市场应急管理机制建设

2003 年"非典"之后,党中央、国务院提出了加快突发公共事件应急机制建设的重大课题。党的十六届三中、四中全会明确提出,要建立健全社会预警体系,提高保障公共安全和处置突发事件的能力。2003 年 7 月,胡锦涛总书记在全国防治非典工作会议上深刻指出,我国突发事件应急机制不健全,处理和管理危机能力不强;一些地方和部门缺乏应对突发事件的准备和能力。我们要高度重视存在的问题,采取切实措施加以解决。工商行政管理部门积极采取措施,不断建立完善突发公共事件的应急机制。2003 年 4 月,省工商局印发了《关于转发国家工商总局〈关于切实加强市场监管严厉查处利用防治"非典"名义从事违法经营活动的紧急通知〉的通知》。

2004 年,省工商局印发《关于加强市场监管严防高致病性禽流感的紧急通知》。

2005 年 4 月,省工商局印发《关于查处含"苏丹红"食品的紧急通知》,要求各地加大力量,在流通领域清查含"苏丹红"食品。7 月,省工商局成立处理"猪链球菌病"公共卫生事件领导小组,启动资阳、内江、成都三市的应急机制和遂宁、眉山市的预警机制,成立"突发公共卫生事件指挥部"。8 月,研究制定《人感染猪链球菌病疫情流通环节应急处置方案》。11 月印发《市场防控高致病性禽流感应急预案》、印发了《关于进一步加强高致病性禽流感防控工作,全省工商进入预警状态的紧急通知》和《关于严厉打击非法制售假冒伪劣禽流感疫苗的紧急通知》,要求各市、州工商机关立即进入预警状态,

积极采取措施,全力防范禽流感疫情。12 月省工商局制定了《四川省工商行政管理系统市场监管应急预案》,《四川省工商行政管理系统重大食品安全事故应急预案(试行)》。协助制定了《四川省重大食品安全事故应急预案》、《四川省突发重大动物疫情应急预案》和《四川省农业重大有害生物灾害应急预案》。

2006 年 11 月 27 日,下发《四川省工商行政管理系统特别重大和重大突发公共事件市场监管应急处置程序的规定》、《关于立即启动突发性疫情市场监管预案的紧急通知》、《关于立即启动市场防控高致病性禽流感预案的紧急通知》等。

2007 年 3 月,省工商局正式建立四川省工商局应急预案体系和应急管理组织体系。

2008 年初抗雪减灾期间,省工商局及时转发国家工商总局《关于进一步加强鲜活农产品市场监管,维护市场交易秩序的紧急通知》,组织落实各项应急处置工作。汶川大地震发生后,省局立即启动应急预案,于 5 月 19 日向全社会发布了《关于建设生活必需品应急市场的通告》、《关于建立生活必需品应急市场恢复灾区市场供应的紧急通知》,在受灾严重的成都市、阿坝藏族自治州、德阳市、广元市、绵阳市、雅安市 6 个市州和县、乡镇,建设高抗震的"四川省工商局生活必需品应急市场"。23 日,又下发了《关于生活必需品应急市场建房管理的通告》,要求灾区各级工商部门结合建设进度加强对应急市场的管理,把应急市场作为重点监管区域,发布食品安全通告,开展市场巡查,维护市场秩序。截止到 6 月底,在中国个体劳动者协会支援下,工商部门在受灾的成都市、阿坝藏族自治州、德阳市、广元市、绵阳市、雅安市 6 个重灾区建成了帐篷式、活动板房式生活必需品应急商场(商店) 639 个,高抗震的钢架式生活必需品应急市场 11 个,总面积达 14 万平方米。在满足灾区人民生活的同时,工商部门简化审批手续,免收一切费用,积极组织动员个体工商户进场经营,为灾区人民生产自救创造了有利条件。国家工商总局局长周伯华视察应

急市场后给予高度评价,盛赞:"四川省工商系统创建应急市场是一项创举","对于灾后重建意义重大"。四川省副省长黄小祥批示:"省工商局紧急行动,千方百计克服特大地震灾害造成的巨大困难,放宽条件,放宽限制,积极动员个私经营者和各类市场主体,组建应急市场,全力保障市场供应,为抗震救灾工作发挥了重要作用,受到灾区群众和企业的好评"。截至6月14日,都江堰、彭州、德阳、阿坝、广元、绵阳、雅安等重灾区,个体户恢复生产经营的20.9万户,占总户数的58.3%。

由于工商部门在抗震救灾中发挥了重要作用,国家人力资源和社会保障部、国家工商总局授予汶川县及北川县工商局"工商系统抗震救灾英雄集体",授予斯卫平、范银富、李勇3同志为"工商系统抗震救灾英雄"称号;绵竹市工商局等4个集体、曹长芒等7名个人受到国家工商总局表彰;先后有2个集体、1名个人受到四川省委、省政府表彰、15个集体、45名个人受到四川省人事厅、省工商局表彰并记二等功。

附:

四川省工商行政管理局历任局长

何仲明,1955年4月至1956年1月任局长;金再光,1956年1月至1957年7月和1963年7月至1964年4月局长;王定一,1964年4月至1966年5月任局长;华文江,1978年10月至1980年3月任副局长(主持工作);姚荣亭,1980年3月至1982年12月任局长;华文江,1982年12月至1989年9月任局长;陈忠良,1989年9月至1993年2月任局长;吴名智,1993年2月至1997年11月任局长;李太银,1997年11月至2001年10月任局长;李柏云,2001年10月至2002年5月任副局长(主持工作),2002年5月至2008年6月任局长。

(执笔人:王官银)

第二十四章 贵州省工商行政管理局

第一部分 （1949—1978）

1949 年 11 月至 1978 年 11 月的 29 年间,贵州省工商行政管理工作经历了新中国成立后的国民经济恢复发展、对资本主义工商业的社会主义改造、大跃进及经济调整和"文化大革命"四个不同时期。在这 29 年中,随着形势和任务的变化,工商行政管理的地位、职能与作用也有所不同。但从总体上来说,工商行政管理虽在曲折中前进,不可否认它在维护市场秩序,促进经济的恢复发展和保护广大消费者权益等方面做了大量卓有成效工作。

第一节 国民经济恢复时期的 工商行政管理

1949 年 11 月贵州解放后,省人民政府成立了工商厅,除省会贵阳市成立工商管理局外,其他专区、县设工商科,接管国民政府贵州省建设厅的工商行政管理方面的工作。

1949 年 11 月至 1952 年 12 月为国民经济恢复时期。为克服面临十分困难的经济局面,中共贵州省委、省人民政府把恢复发展经济作为一项重要任务,采取一切有效措施,争取财政经济状况好转。按照这一目标要求,全省工商行政管理部门积极参与没收官僚资本,建立国营经济。1949 年 12 月 1 日,贵阳军事管制委员会以建工字第一号布告宣布:"凡曾与伪党、政、军、特务机关、四大家族及战争罪犯合资经营工商、金融者,均须据实向本会建设接管部工商管理处报告登记,如有化名隐匿者,罚。其中商股经

调查属实者,本会承认其所有权⋯⋯"根据这一布告精神,贵州省对官僚资本企业的接收实行了"不打烂旧机构"和"保持原职原薪制度"的方针,力求保持企业生产系统和技术组织的完整性与合理性。并通过发动和依靠工人群众,吸收工人代表参与审查和清点财物,检举揭发破坏行为,协助配合接管工作,从而有效地保证了没收官僚资本工作顺利进行。据统计,解放后在军管会的领导下,先后接管了贵州企业公司所属的贵阳电厂、贵阳烟厂、贵州水泥厂、遵义酒精厂等 10 多家官僚资本企业。

没收官僚资本企业的任务基本完成后,为使国营企业在国民经济中占领导地位,发挥保障供给、稳定物价的重要作用,全省工商行政管理部门通过清理整顿、改组改造、新建扩建,发展壮大国营企业。到 1952 年底,全省国营企业发展到 52 家,国营工业总产值达到 2.7 亿元,占全省工业总产值的 82.3%,居主导地位。以贵阳市为例,1950 年 9 月 16 日,市工商管理局成立了全省第一家国营贵阳市零售公司,局长张开生任首届经理。其业务以供应(零售)人民群众生活的必需品(粮食、盐、油等)为主。此后,又成立粮食公司,在市区分片设店,保证粮食供应和粮价稳定。还成立了花布、油类、煤炭、牲畜、竹木等 5 个交易所,规定私商一律进场按牌价交易。1951 年下半年,又筹建了一家贵阳木器厂、两家公私合营烟厂和一家由工商管理局直接领导的国营贸易信托公司。该公司以代客买卖、加工订货为主,并发展行栈业务、办理运输仓储,为促进城乡物资交流服务。由于以上政策措施符合客观实际,促进了工农业生产的发展。到 1952

年，贵阳市已出现购销两旺的好形势，国营经济在国民经济中已居领导地位。

在此期间，根据国家保护和发展民族工商业的基本方针，全省工商行政管理部门认真贯彻执行对民族工商业的利用、限制、改造的政策，对私营工商业进行了正确的引导和扶持，包括解决他们在原材料、资金和产品销售等方面的困难。对此，贵阳市工商管理局还制定了《公私间订立订货加工、收购合同暂行办法》，并会同有关部门，组织、指导全市加工订货业务和仓销业务，帮助私营企业恢复、维持和发展生产。全省各地特别是主要城镇，相继由工商行政管理部门牵头成立了专门机构，制定了具体办法，保证加工订货的顺利进行。1951 年以后，进一步扩大了加工订货的范围，增加了扶持贷款，并积极帮助私营企业建立包括联产、联销等形式在内的"联营"和产销月报制度，以克服私营企业分散经营的弱点和盲目性。1950 年至 1951 年，中共中央颁布了《私营企业暂行条例》、《关于取缔投机倒把商的几点指示》和《行商管理通则》等工商行政管理法规和规范性文件。全省工商行政管理部门按照中央上述要求，开展普查登记工作，核实私营企业资金，明确规范各企业的经营范围，不准超范围经营。对不利于国计民生的行业，倡导转向经营，对行栈等具有投机性的行业，禁止经营商业，并制定收取手续费的标准和建立进出货物登记报告的制度。对于行商则规定凭证明外出采购和推销商品的制度。在打击投机倒把方面，主要是与擅自超越经营范围、黑市交易、囤积拒售、哄抬物价、买空卖空、制售假冒、伪造、掺杂、使假等违法行为作斗争，重点打击了金融、粮食、棉纱等方面的投机商。同时规定私营企业出售商品的价格应照国营同类商品的牌价销售，无法比照的则按照进销成本、产、运、销三者利益及市场供求情况，酌加合理利润分别议定。核定和议定的价格，都要报经当地工商行政管理部门核准后执行。1952 年，为进一步规范私营企业的经营行为，更好地将其纳入恢复和发展国民经济的轨道，根据中共中央的指示和中共贵州省委的统一部

署，全省工商行政管理部门抽调大批干部，积极投入到全省城镇工商界中开展反行贿、反偷税漏税、反盗骗国家资财、反偷工减料、反盗窃国家经济情报的"五反"运动。通过"五反"，打击了极少数严重违法的资本家，保护了广大守法的私营工商业，在一定程度上调动了广大私营企业的积极性，而且从政治上加强了国营经济在国民经济中的领导地位。

在此期间，全省工商行政管理部门为解决全省城镇摊贩秩序混乱问题，着力抓了建立摊贩管理制度工作。按照省工商厅的部署，各地积极行动，从抓规范管理和制度建设入手，收到了立竿见影的效果。如贵阳市人民政府于 1950 年 2 月制定了《贵阳市摊贩管理暂行办法》，规定从同年 3 月 23 日起至 4 月 24 日止，为摊贩登记日期，凡在贵阳市从事摊贩业的个体工商户必须到市工商管理局登记，领取许可证方能营业，逾期不登记者将予取缔。到期登记的有 2 687 户。但仍然有相当数量的个体工商户尚未进行登记，为此，市工商管理局与税务、公安部门抽调干部 120 人组成临时摊贩工作队，对全市摊贩业者进行政策宣传和深入细致的说服工作，并把登记期延至 6 月。这样做效果很好，结果登记的摊贩超过了 5 000 户。

在国民经济恢复时期，全省工商行政管理部门把稳定金融物价和开展城乡物资交流作为一项重要工作来抓。解放初期，针对金融秩序混乱和物价上涨的情况，贵阳市军事管制委员会于 1949 年 11 月 23 日发布公告，明确宣布人民币是唯一合法货币，一律禁止其他货币在市场上流通。但当时由于国营商业货少，物资供应有一定困难，一些不法商人对人民币持怀疑态度，乘机将主要生活物资如粮食、食盐、棉纱、布匹等囤积居奇，非银元不售，进行银元、黄金黑市交易，影响人民币使用，造成物价上涨。对此，工商行政管理部门按照军管会的布告精神，采取三条措施：一、组织大量物资（包括粮食、食盐、纱布等）平价供应；二、取缔银元、黄金黑市，惩治投机买卖分子，没收非法所得；三、通告所有工商企业必须以人民币为计价

记账单位,违者将受惩罚。这三项措施于1950年1月1日开始施行。由于上述措施坚决,使混乱的金融市场迅速得到治理,人民币在群众中的信誉提高,随着全省物价也逐渐稳定,为恢复国民经济工作创造了有利条件。在此基础上,为更好的平抑市场物价,沟通城乡物资交流,由工商行政管理部门牵头,大力动员工商界人士参与,组成"省、地、县物资交流委员会。"在1950年土匪为患,交通受阻的情况下,采取军车带商车、军车为商业承运,实行货运保险等办法,以促进城乡物资交流渠道的畅通。从1950年到1951年,全省工商行政管理部门共举办19次物资交流会,为活跃城乡经济、方便人民生活发挥了积极作用。特别值得一提的是,贵州不产盐,必须由外省购进。解放前农民要以一斗米(30市斤)才能换得一斤食盐,"斗米斤盐"成为旧社会长期不变的兑换标准。为解决食盐紧缺,工商行政管理部门在各级人民政府的统一部署下,积极参与赴川抢运食盐来黔,以最低价格(一斤大米换一斤食盐)供应群众,从而改变了历史上长期不变的"斗米斤盐"的比例,深受群众欢迎。

在此期间,对个体工商业者,主要是调动他们在经营中的积极性。为此,专门建立了个体摊贩联合会和手工业联合会。通过这些组织来加强管理和教育,引导他们走合作化道路。在经济合同管理方面,大力推行签订契约制度和开展契约履约检查。在商标管理上,着手清理历史上遗留下来的带有封建、殖民地色彩的商标,并按照新的《商标注册暂行条例》办理申请注册商标手续。同时,在指导工商业联合会和管理度量衡等方面,都做了大量工作。

这一时期,在全省逐步建立起新的市场秩序,物价稳定,商品交易日益繁荣兴旺,各种经济成分都有较大发展,国营经济和合作社经济不断壮大,在市场上占据领导地位。

第二节　对资本主义工商业社会主义改造时期的工商行政管理

1953年至1957年,是我国第一个五年计划时期。这一时期工商行政管理部门的任务是:稳定市场,维护国家计划,取缔投机违法,限制城乡资本主义的发展,为实现对农业、手工业和资本主义工商业的社会主义改造服务。

对资本主义工商业的社会主义改造是从1953年开始的。这一年,国家对粮、棉、油等物资实行统购统销政策,随着贵州省人民政府颁发了《贵州省粮食市场管理实施暂行办法》和《贵州省棉布市场管理暂行办法》,全省工商行政管理部门配合粮食、商业部门加强粮食、棉布市场管理,举办私营企业培训班,组织他们学习政策,教育私营工商业遵纪守法,坚决取缔黑市,打击投机倒把,不仅保证了国家政策的执行,而且也为下一步开展对私营工商业的社会主义改造打下了基础。1954年8月,根据党中央《关于加强市场管理和改造私营商业的指示》精神,结合贵州省实际,中共贵州省委对私营工商业的社会主义改造作了部署,全省各级工商行政管理部门在当地党委的统一领导下,抽调大批干部投入这项工作,主要是参与规划的制定,举办私营工商业主学习班,宣传党在过渡时期总路线精神实质,帮助他们解除思想顾虑,使其积极响应党的号召;同时,全省工商行政管理部门运用企业登记、市场管理和经济合同管理等行政管理职能,协调公私关系,划分公私经营范围,制定合理差价,组织私营工商业深购远销,参加物资交流会,引导私营工商业逐步接受社会主义改造。在具体工作中,要充分考虑民族资本主义工商业的正当盈利,因此在分配上按四个方面进行:一是国家所得税;二是企业利息;三是企业公积金和职工福利奖金;四是资方股息红利。当时称之为"四马分肥"。在此基础上,引导他们组织联营,在条件成熟时,走上公私合营道路,完成对资本主义工商业的社会主义改造。由于党的政策正确,工作扎实,仅用了三年多的时间,全省的资本主义工商业经历了加工订货、统购包销、经销代销,从个别企业到全行业的公私合营等一系列从低级到高级的社会主义改造形式,到1956年全省私营工商业的社会主义改造基本完成。

在完成对资本主义工商业的社会主义改造后，全省工商行政管理部门又把工作重点转移到对小商贩的社会主义改造上来。但对小商贩的社会主义改造，与对资本主义工商业的"赎买"政策不同，因而在做法上应有区别。为此，工商行政管理部门首先从调查研究入手，关键要摸清全省小商贩的户数与经营情况，以便有针对性开展工作。据贵阳、遵义、镇远、都匀、安顺、铜仁等地统计，上述地区共有小商贩31 682户，其中，贵阳市工商管理局于 1955 年 10 月统计，全市已登记的摊贩共7 477户，内有固定摊贩6 967户，城乡流动摊贩 510 户，全部摊贩从业人员8 438人，资金总额307 304元(人民币)，平均每户只有资金 10 元左右。其次，根据上述情况，对小商贩的社会主义改造，大体采取以下几种方式：一是组织经销小组，从国营公司或供销合作社进货，按规定价格出售，从中赚取差价；二是组织代购代销，与国营商店或供销合作社签订合同，交纳一定保证金，领取货物在一定地区销售，并代购土产品，赚取手续费或相当于手续费的差价；三是组成合作商店或合作小组，自愿入股，统一经营，统一核算，从国营商店或供销合作社进货，按期从盈利中提取一定公积金，不断扩大公共财产；四是组成合营，供销社或国营商店投入部分资金，并派干部参加到合作商店中共同经营，或者将小商小贩的合作商店合并到供销社中组成合营。经过宣传、学习党的政策和各级工商行政管理部门深入细致的说服教育工作，广大小商贩积极响应党的号召，在 1956 年上半年社会主义改造高潮中，全省31 680多户小商贩经申请批准纳入上述几种合作组织，全部归口于百货、文具、纸张、卷烟、糖酒、土产、茶叶、照相、五金、蔬菜、理发、饮食、旅馆等 14 个行业。至此，全省小商贩的社会主义改造基本完成。

在对资本主义工商业和小商贩进行社会主义改造的同时，也对手工业开展了此项工作。据 1952 年统计，全省共有手工业从业人员由1950 年的 11 万人增加到15 万人。

针对全省手工业行业多，产品商品性强的特点，对手工业的社会主义改造是通过合作化道路来实现的。在具体做法上，采取"从供销入手实行生产改造，由小到大，由低级到高级"的改造步骤，先组织以生产资料私有制为基础的手工业供销小组或手工业供销合作社，然后逐步发展为社会主义性质的手工业生产合作社。按照上述要求，各地在开展工作时可根据当地实际情况，例如贵阳市对手工业的社会主义改造采取两步走，先是引导手工业等组成劳动工具仍为社员私有，分散生产、集中推销的供销小组或供销合作社，与国营经济挂上了钩，解决原材料和产品销售的困难，使其生产得到稳定，收入有了保证。在此基础上，再由供销合作社(或小组)进一步转为劳动工具归集体所有的社会主义性质的生产合作社，实行统一经营，统一计算盈亏，其利润除按照国家规定缴纳税款外，提取公积金、公益金。对社员劳动所得采取工资和分红方式，实行按劳分配。在"跑步进入社会主义"的高潮中，于 1956 年上半年完成了手工业的社会主义改造。

在这一伟大变革中，全省工商行政管理部门在各级党委、政府的领导下，充分发挥其职能作用，做了大量卓有成效工作，做出了应有的贡献。但是由于缺乏经验和工作中的偏差，对社会主义改造"要求过急，工作过粗，改变过快，形式过于简单"，以致出现小商贩加入合作商店不再摆摊设点，农村集贸市场、城市的百货市场和农副产品市场均变得冷冷清清，有的甚至关闭，造成生活日用品的供应紧张。为此，1956 年 10 月 24日，国务院发布《关于开放一定范围的国家领导下的自由市场的通告》，同年底，全省工商行政管理部门根据国务院通告精神，在全省主要城镇开设了自由市场，作为国营经济的补充，在允许交易的范围内，活跃市场，满足人民生活需要。开放自由市场后，一些自发的无证商贩从事转手倒卖，任意抬高价格，进行投机倒把活动。因此，1957 年 9 月，按照省人民委员会的部署，各地成立了"反投机倒把活动临时办公室"，在办公室统一指挥下，工商行政管理部门开展了打击投机倒把活动,对自由市场进行了清理整顿,取缔无证商贩,维护市场秩序,巩固发展社会主义经济阵地,对保证第一个五年计划的实现,起了重要作用。

第三节 "大跃进"及经济调整时期的工商行政管理

1958 年至 1965 年为我国"大跃进"及国民经济调整时期。在这八年中,贵州省工商行政管理工作是在曲折中前进的。这一时期的大体可分为两个阶段,第一阶段是社会主义改造完成到 1961 年"大跃进"时期,工商行政管理工作基本处于徘徊状态。因为对生产资料私有制的社会主义改造基本完成以后,全国开始进入全面建设社会主义新时期。这时的社会经济结构,已由五种经济形式并存,转变为单一的公有制,原来工商行政管理的主要对象——私营工商业已不存在,因而这时期的工商行政管理工作除了继续对小商贩和手工业等进行改造,重点是清理 1956 年社会主义改造高潮后,未纳入组织改造的个体手工业及小商贩,使之进入改造轨道,跟上"大跃进"的发展形势。为此,全省工商行政管理部门于 1958 年上半年,开展了对手工业户和个体工商户的清理换证工作。经过这次清理换证,全省查出未纳入组织改造的个体手工业等和小商贩达 17 560 多户。这时,工商行政管理部门只管城乡集市交易和打击投机倒把等项工作;企业登记管理,一般只是履行一下登记手续;商标和广告管理工作,基本上处于自流状态。工商行政管理机构被撤并,人员减少,省工商行政管理局并入省商业厅,内设工商行政管理处,对外挂牌为贵州省商业厅工商行政管理局;许多县、市工商行政管理局实际上变成了只管集市贸易的"市管会"。工商行政管理工作陷于左右摇摆的政策影响之中,经常是一管就死,一活就乱,形成一死就放、一放就乱、一乱就管、一管就死的恶性循环。

1960 年冬至 1966 年 5 月以前为第二阶段。为了扭转经济建设的被动局面,战胜遇到的困难,根据 1960 年冬中共中央制定的"调整、巩固、充实、提高"的八字方针和从 1961 年开始对国民经济进行调整的决定,中共贵州省委在认真总结三年"大跃进"经验教训的基础上,采取了一系列有效的调整措施,按照省委的统一部署,全省工商行政管理部门将主要力量投入到调整工作中去,特别是这一时期,中共中央、国务院相继发出《农村人民公社工作条例》、《关于严格管理大中城市集市贸易和坚决打击投机倒把的指示》、《工商企业登记试行办法》、《商标管理条例》等文件,使工商行政管理的地位、职能和作用有所强化。省人民委员会于 1963 年决定成立贵州省工商行政管理局,各州(市、地、县)工商行政管理机构也逐步恢复,到 1966 年 5 月"文化大革命"前夕,全省工商行政管理系统有干部职工 2 600 余人。这段时间,工商行政管理部门主要做了以下工作:一是对小商贩和手工业等的调整,根据商业部和中央工商行政管理总局于 1963 年发布的《关于合作商店、合作小组若干政策问题的通知》精神中关于"保一批、转一批、停一批"的规定,采取"开笼放雀"的办法,把"大跃进"时期进入国营的合作商店、小组的人员退出去,恢复原来的组织和经营形式,允许他们在规定的地区和范围内,采购原料,销售产品。同时适当恢复被取缔的个体商贩和手工业者,让他们从事生活服务和修理行业,要求所有由国营企业中"吐"出来的小手工业者和小商贩发扬原有的灵活多样的经营特点和多种多样的服务方式,尽量便利群众。二是认真贯彻国务院《工商企业登记管理条例》。于 1963 年元月起,在税务、商业、供销等部门的配合下,对全省工商企业全面开展登记,重新核发营业执照,用了近两年时间完成这项工作。三是恢复集市贸易,加强采购人员管理。《农村人民公社工作条例》中明确规定:允许和鼓励社员发展家庭副业,有领导有计划地组织集市交易。按照这一精神,全省工商行政管理部门大力抓集市贸易的恢复和发展,使全省集贸市场很快恢复,市场活跃。据贵阳市工商行政管理局统计,贵阳市在"大跃进"前共有集贸市场 150 个,已恢复 118 个,占原集贸市场的78.66%。农村集市恢复后,鼓励社员开展多种经营,将剩余产品上市,市场物资供应开始好转。与此同时,加强对采购人员的管理,对外出采购货物的商贩,采取"拴一头"的办法,由工商行政管理局所属交易所进行登记,有组织地到外地采购,规定采购的物资必须运回当地市场销售,不准在外地买、外地卖。全省九个地、州、市工商行政管理局还建了十三个信托货栈,供外地和本地采购商贩住宿和堆放货物。采取上述措施后,1962年全省市场物资供应紧张状况得以缓解。四是整顿市场秩序,打击投机倒把。集市贸易恢复后,由于管理工作没有跟上,活中有乱的问题也随之出现。全省工商行政管理部门根据国务院关于打击投机倒把和私商长途贩运的指示精神及省人民委员会下发的《贵州省农村集市贸易管理试行办法》的规定,开展了对无证的自发商贩进行清理,开展了以打击投机倒把为中心的市场整顿工作,着重管好国家统购、派购的一、二类农副产品,不许流入自由市场,严厉打击涂改、伪造与买卖国家印发的各种商品供应票证及掺杂使假等投机倒把活动,取缔无证经营,从而保证了集贸市场朝着正常健康的方向发展。五是清理商标,加强产品质量管理。针对商标管理放松,市场上出现一些仿冒商标和产品质量不能保证的情况,按照国务院颁布的《商标管理条例》规定,全省工商行政管理部门集中力量,花了近半年时间,于1963年10月对全省商标进行清理,而且把贵阳市作为清理的重点。清理结果已经注册的商标共有178个,使用在400件商品上。使用商标的产品约占全部地方工业产品的40%,注册商标中正在使用的有113个,长期未用今后亦不准备再用,或一直未用应报请撤销的12个,目前未用暂予保留的53个,注册商标中使用政治性词语或有严重封建迷信色彩及不良影响而撤销或改换的14个。

在国民经济调整阶段,工商行政管理工作虽然得到重视和加强,但由于受当时"左"的思想影响,工商行政管理部门被视为无产阶级专政的工具,各项工作都要"以阶级斗争为纲",在一定程度上又影响和限制了工商行政管理工作的顺利开展。

第四节 "文化大革命"时期的工商行政管理

从"文化大革命"开始,全省各级工商行政管理机构就受到冲击,工作基本陷于瘫痪。1967年3月,贵州省革命委员会宣告成立,工商行政管理工作划归省革命委员会生产指挥部财贸组负责,省工商行政管理局的干部进学习班,省工商行政管理局的建制自然撤销。1969年11月,工商行政管理工作又交由省商业厅管辖,内设一个处。这一时期的工商行政管理工作被定位为阶级斗争的工具。因而"文化大革命"爆发后,以往纠正了的错误又重蹈覆辙,且越演越烈。主要表现在:一是取缔城镇集市,缩短农村集市场期。1970年8月1日,贵阳市革命委员会发布《关于坚决取缔城区自由市场的决定》,要求各地参照执行。这一"决定"推行的恶果把城乡集市贸易、小商贩、个体手工业等和农村"三自一包"政策都被当作"资本主义自发势力"严遭批判和取缔。城市的集市贸易被全部关闭,把农村三五天赶场一次的12生肖场期,一律改为10天一次,农民生产的农副产品不敢进入市场出售。1975年3月,在全省推广黄平县重安江镇依靠贫下中农、工人、红卫兵管理市场的"经验",结果市场越管越死,物资越管越困难。二是打击投机倒把扩大化。"文化大革命"期间,全省各地均成立了"打击投机倒把办公室",把当时农民出售少量农副产品,一些企事业单位为解决职工集体生活食物,到外地采购均被视为投机倒把,是"社会主义与资本主义两条道路的斗争",是"阶级敌人在破坏、捣乱。"三是商标甚至传统名牌被认为是封、资、修的东西,横遭禁止,认为属于"四旧"而予以清除,商标注册工作全部停止。四是企业登记管理被诬为"管、卡、压",是"资产阶级法权",除了将全省公私合营企业、合作商店、小组全部转为国营外,完全停止了企业登记管理工作。以上种种谬论,把人们的思想搞乱了,以致无政府主义思潮泛滥,正常的管理秩序、工作秩序均遭到极大的破坏。

从上述四个不同时期不难看出,贵州省工商行政管理走过了极不平凡的 29 个春秋。应当肯定,贵州省工商行政管理部门在为恢复经济、发展生产、社会主义改造和国民经济调整等方面运用国家赋予的职能,积极开展工作,做出了应有的贡献。但是也不能不看到,由于长期受到"左"的影响,特别是"文化大革命"期间,工商行政管理成为"阶级斗争"的工具,对发展经济发生了一定的阻碍作用。

第二部分　(1979—2008.6)

1979 年 4 月,贵州省革命委员会根据国务院(1978)187 号《关于成立工商行政管理总局的通知》精神,恢复建立了贵州省工商行政管理局,各地、州、市、县(区、特区)也相继成立了工商行政管理局,在县(区)的乡镇成立了工商行政管理所。为理顺和完善工商行政管理体制,深化对社会主义市场的监管,适应发展社会主义市场经济的需要,1998 年 11 月 24 日,国务院批准全国省以下工商行政管理机关垂直管理。不仅工商行政管理的地位提高了,职能增加了,监管领域拓宽了,而且执法力度加大,所担负的责任更重。30 年来,贵州省工商行政管理系统,以邓小平理论和"三个代表"重要思想为指导,认真贯彻科学发展观,在省委、省政府和国家工商行政管理总局的领导下,围绕中心,服务大局,为富民兴黔、促进经济又好又快发展、维护市场经济秩序和保护广大消费者合法权益等方面,做了大量卓有成效的工作,充分发挥了职能作用,为贵州省改革开放作出了应有的贡献。

第一节　充分运用工商行政管理职能,大力支持国有企业深化改革,把好市场主体准入关

一、对全省各类企业进行普查登记

从 1979 年至 1981 年期间,按照中央工商行政管理总局的统一部署,在当地政府的领导下,全省各级工商行政管理机关集中力量,对全省工业企业、商业企业、特种行业和个体工商户进行了一次较全面的普查登记,重新核发了营业执照。通过这次普查登记,不仅掌握了全省各类企业的基本情况,而且为省委、省人民政府贯彻中央提出的用三年时间"调整、改革、整顿、提高"的方针,把国民经济纳入持久的按比例高速度发展的轨道提供了可靠的依据。省工商行政管理局于 1992 年出台了《贵州省企业集团登记管理暂行规定》和 1997 年制定了《关于股份合作制企业登记管理办法》等文件,对推进这些经济组织健康发展发挥了积极作用。

二、出台了一系列政策措施,支持企业改革搞活,引导企业依法经营

针对企业在改革过程中出现的新情况、新问题,省工商行政管理局先后制定了《关于支持搞活企业有关问题的处理意见》、《关于扶持乡镇企业发展的几点意见》、《关于支持搞好大中型企业的若干措施》、《关于支持国有中小型企业改革的意见》和《关于进一步放宽企业登记管理的意见》等一系列政策措施,对促进全省各类企业的健康发展起到了积极作用。特别是 2007 年 3 月 19 日出台的《贵州省工商行政管理局关于进一步鼓励支持和引导个体私营等非公有制经济发展及国有企业改制的若干意见》中,进一步降低企业准入门槛,取消阻碍企业发展的政策措施,为各类企业的发展提供了一个公平、开放、有序的准入环境。截至 2007 年底,在全省各级工商行政管理机关登记注册的国有企业 4.29 万户,注册资本1 684.88亿元。

三、清理整顿公司

改革开放初期,由于经济体制处于新旧交替阶段,法制不够健全,管理工作跟不上,出现了一些买空卖空的"皮包公司",还有一些党政机关经商办企业。根据中发[1984]27 号文件和省委、省政府有关指示,省和各地、州、市成立了清理整顿公司领导小组,下设办公室,由省、地、州、市工商行政管理局局长兼任办公室主任。截至 1990 年底,全省已撤并各类公司(中心)2 083 户,占全省

公司(中心)总数的 32.8%;全省决定保留的公司(中心)4 227 户,占全省公司(中心)总数的 66.9%。1998 年 7 月,按照中共中央、国务院的指示,对军队、武警、政法机关经商办企业的问题,进行了清理整顿,实行脱钩、移交地方管理。1999 年以来,全省各级工商行政管理机关积极配合有关部门,对全省煤矿企业进行清理整顿,清理纠正国家机关工作人员和国有企业负责人出资入股煤矿问题,收到了明显效果。

四、积极开展规范公司工作

1994 年 7 月,《公司法》、《公司登记管理条例》颁布后,省、地、州、市工商行政管理局即在国有企业中进行试点,对《公司法》公布前登记注册的公司,在五年时间内规范为有限责任公司;对 1995 年新成立的公司,严格按照《公司法》规定的条件和程序办理。

五、大力推进企业监管方式创新

以基层工商行政管理所为依托,全面建立经济户口,实行属地监管。经过几年的摸索和完善,现在全省工商行政管理系统逐步形成以企业登记信息为基础,以上下联动为手段,以动态监管为核心,分级管理与属地管理相结合的企业监管新体制。仅 2007 年,全省就查处违反登记管理规定的企业 2 519 户,吊销营业执照5 249 户,罚款479.59万元。加强和改进企业年检制度,着力改进年检方式,扩大年检对象和委托年检范围;将企业年检与企业属地监管相结合,书面审查和实地审查相结合,加大年检工作的力度,增强了监督检查的针对性和有效性。积极推行信用分类监督。依据企业不同的信用等级,分别实施"远、中、近、零"四种距离不同的监管方式,有效地促进了信用意识的树立和提升,为社会信用体系建设打下了良好基础。

六、不断深化注册登记体制改革,为企业创造更加宽松的外部环境

2007 年 3 月 23 日,省工商行政管理局出台的《企业登记一审一核制办法》中对企业的注册登记审批实行一审一核制,使企业登记由过去的"受理、初审、复审、批准"等多个环节,简化为"审查、核准"两个环节;全面推行政务公开、"一口清"、首办责任制和企业注册承诺制等各项制度,材料齐全并符合法定形式的申请实施当场办理登记;积极参与当地政府成立的政务中心工作,积极为企业提供"一站式"、"一条龙"的服务;开辟了登记"绿色通道",对改制企业提供上门服务、预约服务,积极开展网上查询,扩大上门年检和对守信用企业实行免检。企业年检无特殊情况从 30 个工作日提前到 7 个工作日办结,办理企业营业执照从法定的 30 日缩短为不超过 3 个工作日。以上措施的推出,受到企业的普遍欢迎,得到各级党委和政府的充分肯定,取得了良好的社会效果。

第二节　充分运用工商行政管理职能,积极参与培育和建立社会主义市场体系,加强市场的监督和管理

一、把集贸市场建设当作发展商品经济的一件大事来抓

集贸市场是发展商品经济的一个重要形式。因此,改革开放初期直至 1998 年,贵州省各级工商行政管理机关着眼于培育和完善市场体系,把集贸市场建设作为突破点来抓,投入了大量人力、物力、财力,做了大量卓有成效的工作。1984 年全省出现了第一次集贸市场建设高潮。截至 1990 年底,全省先后投资 2 317.46万元,新建、改建、扩建集贸市场 60 个。九个地、州、市所在地,以及各县县城和部分乡镇都有了自己独具特色的新型集贸市场。为了进一步推动全省市场建设,1985 年 5 月和1991年 2 月,省政府先后两次在遵义市(今红花岗区)召开了全省市场建设经验交流会,遵义市工商行政管理局在会上汇报建设市场的经验,并具体部署了全省集贸市场建设工作。同年 5 月 6 日,省政府下发了《关于加快集贸市场建设的决定》。据统计,从 1985 年至 1998 年的 13 年期间,全省工商行政管理部门共投资 4.59 亿元建设集贸市场 594 个,使全省集贸市场总数达到

2 847个。全省初步形成了大中小相结合、批发与零售相结合、专业与综合相结合的集贸市场体系,发挥了多方面的效益。这些市场成为各级政府财政税收的重要支柱,带动了一大批区域经济的发展,有力地支持了工农业生产,给城乡人民生活带来极大方便。到1998年底,集贸市场成交总额191.13亿元,比1984年的11.8亿元增长16倍;集贸市场成交额占全省社会商品零售总额的13.5%,比1984年上升10个百分点。起到"建一个市场,带一批产业,活一片经济,富一方群众"的作用。

二、不断完善集贸市场内部设施和条件,把集贸市场纳入规范化、制度化管理的轨道

1987年以来,省工商行政管理局先后单独发布或与其他部门联合发布了《贵州省城乡市场档案管理暂行规定》、《贵州省城乡集贸市场管理规范试行标准》、《关于加强集贸市场物价管理的通知》和《关于做好城乡集贸市场卫生工作的通知》等文件,着重抓了经营户亮照经营、划行设摊、查处短斤少两、掺杂使假行为,维护市场交易秩序和场地清洁卫生等工作,为城乡集贸市场的规范化、制度化管理奠定了良好的基础。

三、广泛开展创建文明集贸市场活动

截至1998年底,全省有218个集贸市场被评为"文明集贸市场"(其中9个市场获国家工商行政管理局授予"全国文明集贸市场"称号、28个评为省级"文明集贸市场"、112个评为地区级"文明集贸市场")。

四、市场办管脱钩

为集中精力监督管理社会主义大市场,从1995年8月起,按照国务院领导要求工商行政管理机关与所办市场尽快脱钩的指示精神,在国家工商局的统一部署下,省工商行政管理局制定了与所办市场脱钩的实施意见,有计划有步骤地开展了市场办管脱钩工作。经过四年努力,到1998年12月,全省已有349个市场与工商行政管理机关实现了人、财、物、职能彻底脱钩,全省移交市场面积为103.49万平方米,总资产35 131.22万元。

五、全面推行市场巡查制,改革市场监管方式,构建全方位、不间断的市场监管体系,促进监管职能到位,建立"公平、公正、规范、有序"的市场秩序和交易环境

在开展市场巡查中,遵循"全面检查,突出重点,严格监管,完善制度,标本兼治,重在治本"的要求,围绕各个时期市场监管的热点、难点和群众反映强烈的问题,采取专项整治与日常监管相结合的办法,开展了对粮食市场、农资市场、酒类市场、机动车交易市场、饮料市场、节日市场等一系列专项整治,进一步净化了市场环境,维护了公平竞争的市场秩序,确保了市场繁荣。

第三节　充分运用工商行政管理职能,在鼓励、支持和引导非公有制经济发展的同时,对非公有制经济依法进行监督和管理

党的十一届三中全会前,贵州经济基本上是单一的全民、集体所有制经济。到1979年底,全省个体工商户仅有1 102户。各级工商行政管理机关在改革开放中,根据中央确定的"国营、集体、个体一起上"的方针,结合贵州经济落后,商品经济不够发达的特点,充分发挥本部门的职能,省工商行政管理局先后出台了《关于促进个体经济私营经济发展的若干意见》和《关于加快个体经济私营经济发展的意见》等一系列政策措施,采取"先上车后补票"、实行"一照多摊"和"一扶二帮"等办法,积极鼓励、支持和引导非公有制经济发展。在这里特别值得一提的是,1986年12月22日,时任中共贵州省委书记的胡锦涛在接见个体劳动者协会代表时指出,大力发展个体经济是贵州经济最具活力的新的增长点。这对贵州省刚起步的非公有制经济是一个有力的推动和促进。特别是1994年9月,中共贵州省委、贵州省人民政府作出了《关于加快个体私营经济发展的若干决定》,提出放心、放手、放胆地发展非公有制经济,而且实行"五不限"(不限发展比例、不限发展速度、不限经营方式、不限经营规模、不限经营范围),从而使全省个

体、私营经济得到迅速发展。到1998年底，全省个体工商户达到431 680户，从业人员636 448万人，自有资金362 295万元。根据《国务院关于鼓励支持和引导个体私营等非公有制经济发展的若干意见》的精神和省委、省政府关于支持非公有制经济发展的各项政策，省工商行政管理局于2007年3月又制定了《贵州省工商行政管理局关于进一步鼓励支持和引导个体私营非公有制经济发展及国有企业改制的若干意见》和《贵州省工商行政管理机关支持鼓励泛珠三角区域合作省份企业和个人投资的意见》，为非公有制经济做大做强营造了良好的政策环境和服务环境，不仅促进了产业结构的优化，而且大大推动了全省非公有制经济健康发展。到2007年底，全省个体工商户507 655户，比1998年增加75 975户，增长17.5%；从业人员767 908万人，比1998年增加131 460人，增长20.65%；自有资金861 654.47万元，比1998年增加499 395.47万元，增长133.84%。全省私营企业发展到54 812户，投资者137 963人，雇工人数432 217人，注册资本777.44亿元。

1987年，经国家工商行政管理局授权，省局开始了对贵州省境内外商投资企业的登记管理，结束了贵州省每设立一户外商投资企业都必须由本局工作人员会同企业一起赴国家工商行政管理局办理登记注册的历史。到2008年5月，全省外商投资企业已达2 100户，其中外商投资法人企业585户，注册资本17.45亿美元，投资总额28.95亿美元。到贵州投资的外商主要来自日本、新加坡、澳大利亚、美国、韩国和香港、澳门、台湾等地区。

第四节　充分运用工商行政管理职能，加强合同的监督和管理

随着经济体制改革的逐步深化和社会主义市场经济的发展，合同日益成为各单位之间经济关系的主要纽带。全省工商行政管理机关自担负管理合同的任务以来，采取一系列举措，大力推动合同管理工作的深入开展，切实保护合同当事人权益。

一、依法对合同鉴证，监督、检查合同的订立和履行，确认无效合同

1980年至1999年11月，全省工商行政管理机关共鉴证合同578 566件，金额306.94亿元。改革开放30年来，全省工商行政管理机关还对120 453户（次）企业的620 361份合同执行情况进行了检查，金额达411.03亿元，其中确认无效合同4 500多件。根据《中华人民共和国经济合同仲裁条例》的规定，1985年，省、地、县工商行政管理局先后成立了仲裁委员会，基层工商行政管理所设立了仲裁庭，有仲裁员1 500多人，受理合同纠纷4 565件，争议金额达6.5亿元。

二、积极指导企业建立健全合同管理机构，配备专职或兼职合同管理人员

为了协助各级经济组织推行合同制，1982年5月，省工商行政管理局要求：凡是合同工作量大的企事业单位，都要配备专职合同管理人员或兼职合同工作的部门，并建立合同台账制度。到1998年底，全省有12 350个大中型企事业单位和行业主管机关，配备了专职或兼职合同管理人员18 600多人，初步形成了行业主管局、公司、基层单位三级合同管理网络。

三、广泛开展"守合同、重信用"活动

1986年以来，工商行政管理机关在企业中广泛开展"守合同、重信用"活动。为把这一活动引向深入，朝着规范、健康方向发展，省工商行政管理局制发了《贵州省守合同重信用单位确认办法》，对活动参与主体、范围、评比标准、公示程序、期限等方面进一步明确规定，建立了"守合同、重信用"数据库。到2007年底，全省共有4 800多户企业申报参加这一活动，由省、市、县三级政府或工商行政管理局命名的"守合同、重信用"单位3 590家，其中荣获全国"守合同、重信用"称号的有82户。"守合同、重信用"活动的深入开展，进一步提升了全省企业的社会公信度，推动了全省社会信用体系建设。

四、推行统一的示范合同文本格式

从1990年10月开始，根据国家工商行

政管理局的部署,全省各级工商行政管理机关在全省逐步推行统一的合同示范文本格式,为全省经济运行机制中合同运行机制的形成,在静态管理上奠定了基础。

五、广泛宣传合同法律法规,帮助企业增强法律意识

为了提高企业的法律意识,运用法律武器维护自身的合法权益,改革开放30年来,全省共举办企业学习合同法律法规培训班上千次,参加培训的人员达15万多人次,帮助企业学法、守法、用法,有力地推动了全省合同监管工作的健康发展。

六、查处违法合同案件

查处利用合同进行的违法行为是工商行政管理机关的职责之一。因此,改革开放以来,把查处违法合同案件列为一项重要工作来抓,坚决打击各种利用合同进行欺诈的违法行为,把利用合同欺诈的组织和个人作为打击重点。1980—2007年,全省工商行政管理机关共查处违法合同案件6 850起,罚没款1 350万元。针对违法合同案件出现的新特点,又把利用买卖承揽合同、建设工程合同、货物运输合同以及种植、养殖业合同中的违法欺诈行为,列入打击重点。仅近五年来,全省共查处此类案件130起,涉案金额2 427.05万元,罚没款69.18万元,为合同相对人挽回经济损失202.32万元。

七、开展企业动产抵押物登记

按照《物权法》和《担保法》赋予工商行政管理机关的职能,积极运用企业动产抵押物登记,为企业提供融资服务。坚持"急事急办、特事特办"的原则,做到不管金额大小,只要手续齐备的当场办理,有特殊需要的加班加点办理。近五年来,全省工商行政管理机关共办理企业动产抵押物登记1 049件,抵押物价值407.04亿元,主债权金额120.35亿元。

第五节　充分运用工商行政管理职能,加强商标监督和管理

改革开放以来,贵州省商标监督管理工作始终以保护注册商标专用权为中心,以服务企业为己任,以打击各种商标侵权行为为重点,围绕三条主线,不断推进全省商标工作向前发展。

一、大力推动商标申请与注册,夯实推进商标战略工作的基础

改革开放前,贵州商标几乎没有人重视,处于可有可无的状态。到1979年底,全省仅有注册商标158件。自1979年4月省工商行政管理局恢复以来,全省工商行政管理机关在商标管理上,逐步实现了从单纯审核到增强全社会商标意识的转变,主要是采取建立监管商标的办事机构,配备专职人员,组织工商行政管理人员和企业经营管理人员深入学习商标法律、法规,帮助企业建立和健全商标的各项管理制度,整顿商标印刷行业,工商行政管理部门建立商标实物档案等形式,推动了全省商标管理工作的开展。到1998年底,全省累计有注册商标5 620件,比1979年增加了5 462件,20年间增长了65倍。我国实行市场经济体制后,商标的作用日益显现,商标在市场经济的竞争中越来越重要。为了加快全省注册商标的发展,1999年以来,特别是近几年以来,省工商行政管理局大力实施商标战略,积极鼓励、引导企业注册商标。一是不断加大商标法律法规宣传力度,提升全社会商标法律意识。2005年、2007年免费为企业举办商标法律法规培训,取得了预期的成效。二是为了有计划、有目的、有步骤、有重点地推进全省商标的注册与发展,于2006年出台了《贵州省2006—2015年商标发展战略规划》及年度推进计划。三是积极贯彻"三农"政策,根据贵州省农副土特产品十分丰富且声誉卓著的实际,全省各级工商行政管理部门加大对农产品商标及地理标志证明商标的调研,积极引导企业和农户进行商标注册。由于采取了一系列措施,狠抓落实,商标注册得到了长足的发展。截至2008年上半年,全省注册商标量达到15 139件,比1998年增加9 519件,增长269.38%,比1979年更是增长了95.8倍。其中,农产品商标3 299件,占了商标注册总量的21.79%。

二、打造品牌，重点培育、扶持和引导符合条件的注册商标申报中国驰名商标和贵州著名商标，形成驰名、著名商标集聚效应

改革开放初期，贵州省无一件中国驰名商标和贵州著名商标，到 1992 年，全省也仅有"茅台"一件中国驰名商标，仍没有著名商标。从 1992 年到 2002 年这十年间，全省中国驰名商标数也仅增加 1 件，总数为 2 件。2002 年以来，贵州省把培育、扶持和引导符合条件的企业申报中国驰名商标作为推进商标战略工作的重中之重。各级工商行政管理部门高度重视，积极对本地的优势产业、传统产业和有竞争潜力的企业，进行梳理排队，按照"培育一批、扶持一批、推荐一批"的原则，建立全省创建中国驰名商标的品牌梯队，加大帮扶力度，实现了驰名商标数量和质量的历史性突破。截至目前，全省中国驰名商标总数达到了 19 件，2002 年以来的 6 年间，中国驰名商标增加了 17 件，比 2002 年增长了 7.5 倍。

2006 年，为形成品牌梯队，《贵州省著名商标认定暂行办法》、《贵州省著名商标标识试用管理暂行办法》等出台，启动了贵州省著名商标认定工作。一方面，各级工商行政管理部门大力支持科技含量高、拥有自主知识产权、主业突出、市场潜力大、发展前景好的企业，积极创立贵州省著名商标；另一方面，各级工商行政管理机关在认定著名商标的同时提前介入指导，帮助和指导著名商标企业加强商标使用和管理的制度建设，完善企业的商标使用证据、经济指标证据等基础材料和档案的收集、整理和保管，使企业提前适应中国驰名商标在程序和实体上的严格要求。目前，贵州省著名商标认定已经举行了 3 届，总数达到了 390 件，不断充实了创建中国驰名商标的资源储备，也成为带动地方经济发展的龙头力量。

三、加大注册商标专用权保护力度，维护商标权人的合法权益

开展专项整治行动，加大案件查处力度，有效地保护商标权人的合法权益，同时，按照国家工商行政管理总局的部署，还开展了保护奥林匹克标志专有权的专项行动。据统计，从 2004 年以来，全省共查处商标一般违法案件 783 起，案值 1 982 万元，假冒侵权案件 1 696 起，案值 2 105.33 万元。

在跨部门跨地区保护商标专有权方面，省工商行政管理局注意加强部门间、地区间的协作，构建良性的协作机制。2007 年该省成功举办了 2007 年度西部商标行政协作保护年会，与西部十四省（市）工商行政管理机关建立了西部地区商标行政保护协作会议制度，共同签署了《西部地区商标行政保护协作协议》，与广东、福建等九省（区）工商行政管理机关签署了《泛珠三角区域工商行政管理合作协议》，并共同协商制定了《关于商标行政保护合作的合作方案》，为形成职责清晰、渠道畅通、信息共享、快捷高效的商标保护机制作了努力。

第六节　充分运用工商行政管理职能，加强广告监督和管理

改革开放前，贵州省广告业是一片空白。1979 年 11 月，中共中央宣传部发出《关于报刊、广播、电视台刊登播放外国商品广告的通知》，推动了广告业的发展。1982 年 2 月 6 日，国务院发布新中国成立后第一个《广告管理暂行条例》，明确各级工商行政管理机关为广告的主管机关。从此，全省工商行政管理机关认真履行职能，积极扶持广告业的发展。

一、广告业的发展蒸蒸日上，实现了经济效益和社会效益双丰收

贵州省的广告事业是在零基础上发展起来的。改革开放前，全省没有广告经营单位，到 1982 年，全省也只有 24 家广告经营单位，经营总额仅 24 万元。到 1998 年底，在工商行政管理机关登记的广告经营单位 559 户，广告从业人员 8 428 人，全年广告营业额 28 489 万元。虽然如此，广告业的发展仍不适应商品经济发展的要求。从 2003 年以来，全省工商行政管理机关采取一系列新举措，在政策上扶持、在工作上落实，为广告业的发展创造更加宽松的环境。到 2007 年底，全省广告经营单位已发展到 1 159 户，比

改革开放初期的 1982 年增加了 1 135 户,增长了 47 倍多;从业人员上升到 12 630 人;广告经营额 76 419 万元,比 1982 年增加 76 395万元,增长了 3 183 倍。

30 年来,贵州省广告业不仅在数量上大幅增加,而且在广告的形式上也日益翻新,在表现形式、策划能力、设计手法、制作技巧、服务水平等方面均有显著的进步。目前,全省不仅有报纸、电视、广播、期刊、互联网等大众媒体广告、而且在交通广告、灯箱广告、霓虹灯广告、户外广告、楼宇广告等也十分活跃,文艺广告、邮寄广告、馈赠广告、固定形式印刷品广告和商业展览会、博览会也相继登上广告舞台,开辟了贵州省广告业发展的新领域。

30 年来,贵州省的广告事业不仅创造了经济效益,艺术成就也获得国内外的认可与肯定。1987 年,"茅台酒"广告获第三世界广告大会特等奖,节约用水的"水"广告获全国优秀广告节目奖。在中国广告协会主办的第二届至第十五届中国广告节上,贵州省广告协会组织报送的参赛广告作品每届都有获奖。1997 年在广州第五届中国广告节广告作品大赛上,贵州省广告协会报送的《不用吞服的安眠药》招贴广告作品获"金奖"和"全场大奖"。2007 年 12 月,中央文明办和国家工商行政管理总局举办的第七届全国优秀公益广告评选活动中,贵州省有 5 件作品获奖,省工商行政管理局获组织奖。全省有 12 个广告经营单位被评为全国"重信誉、创优质服务"先进单位。

二、依托职能优势,为广告业的发展搭建平台

省工商行政管理局不仅积极参加有关广告的各项活动,还依托职能优势,组织和举办各项赛事。2006 年,省工商行政管理局举办了有全国各大新闻媒体和工商行政管理机关参加的中国首届"国酒茅台杯"中华好风尚公益电视广告大奖赛,这类公益赛事第一次由一个省级工商行政管理部门举办,同时也是第一次引入企业协办,在全国引起了强烈反响。2008 年,此项赛事已经被列为"中国国际广告节"的一项永久赛事,为贵州广告业"走出去"掀开了新的篇章。

三、履职尽责,规范贵州省广告市场秩序,为广告业的发展营造公平竞争的市场环境

全省各级工商行政管理机关一方面积极促进广告事业的发展,另一方面不断加强对广告市场的监督和管理。尤其近几年来,加大广告相关法律法规的宣传力度、广告监测力度、广告执法办案力度,使全省广告违法活动得到了有效控制。一是加大相关法律法规的宣传力度,提升全社会的法律意识。据统计,截止到 2008 年 6 月 30 日,全省工商行政管理系统共举办广告经营者、广告发布者、广告主、企业法定代表人及广告管理干部培训班 279 期,参加培训人员共有 27 302人。二是先后出台了《贵州省户外广告管理办法》、《广告案件查办落实情况报告制度》、《虚假违法广告专项整治联动工作制度》和《贵州省媒体广告审查预警提示制度》等,使广告的审批和管理工作进一步规范化、法制化。三是针对虚假违法广告泛滥和屡禁不止的情况,抓住群众反映强烈的几类重点广告,在工作中提出了"五抓"的工作思路,即抓重点、抓关键、抓制度、抓落实、抓大要案,不断加强对媒体发布的药品、医疗、保健品、化妆品等广告的监测,清理整顿户外广告。四是切实履行牵头单位的职责,发挥广告监管联席会议的作用。严格按照有关广告工作规则的要求,完善办事程序,积极协调各部门各司其职,加强协作,完善并落实广告监管长效机制,真正形成"政府监管、舆论监督、群众参与"的综合治理机制。建立了《贵州省新闻媒体违法广告告知制度》和《新闻媒体单位领导责任追究制度》等,定期召开广告监管联席会议,开展虚假违法广告的专项联合检查。五是加大执法办案力度,维护公平竞争的市场环境。在工作中,对虚假违法广告案件,发现一起,查处一起。据统计,改革开放 30 年来,全省各级工商行政管理机关共查处违法广告案件 6 500 多起,罚没金额上千万元,销毁有违法内容的广告宣传品 500 多万份。2008 年,贵州省广告违法率低于 3%,虚假违法广告的发布基本上得到了遏制。目前，全省广告业在规范中前进，在规范中发展。

第七节　充分运用工商行政管理职能，大力整顿和规范市场经济秩序

改革开放30年来，特别是近几年来，贵州省工商行政管理机关根据中央、省委和国家工商行政管理总局的有关指示精神，把整顿和规范市场经济秩序列为一项重要工作来抓，并根据每个时期的不同特点，确定整治的重点。

一、开展以遏制乱涨价为目标的整顿市场秩序工作

1987年8月，针对市场秩序较为混乱和乱涨价的情况，国务院下发了《关于整顿市场秩序加强物价管理的通知》，要求在全国范围内开展整顿市场秩序工作。按照国家工商行政管理局的部署，在省政府的领导下，由分管副省长挂帅，组织工商、质监、物价、税务、公安等部门领导参加的整顿市场秩序工作领导小组，统一指挥全省的整顿工作。整顿办公室设在工商行政管理局，由各级局长兼任办公室主任。这次整顿工作从1987年9月上旬开始，到同年11月下旬分四个阶段进行。全省共抽调25 670多名干部，组成210多个检查组，分赴全省2 670多个集贸市场进行检查，全省共清理出无证商贩37 319户，其中，取缔后安置28 382户，占清理出无证商贩总数的76.05%；取缔的8 937户，占23.94%。查获制售假冒商品案件365件，涉案金额260多万元；全省检查271 756户工商企业、个体摊点，对其中有违法违章行为的13 390户作了处理，共没收、罚款819 789元，补交管理费206 842元。发现大要案456起。通过整顿，市场秩序明显好转，乱涨价势头基本得到遏制，城乡贸易繁荣活跃。

二、整顿和规范市场经济秩序，查处各种经济违法违章案件

从2001年开始，按照《国务院关于整顿和规范市场经济秩序的决定》精神和国家工商行政管理总局的统一部署，在省政府的领导下，充分运用工商行政管理职能，在全省范围内大张旗鼓地开展整顿和规范市场经济秩序工作，严厉打击各种破坏市场经济秩序的违法犯罪活动，抓住要害，突出重点，标本兼治，综合治理。在全面整顿的基础上，深入开展专项治理：一是加大案件查处力度，严厉整治各类违法行为。整顿和规范经济秩序工作中，全省工商行政管理机关认真履行市场监管和行政执法的职能，严厉查处各类违法违章行为，努力维护正常的市场经济秩序。2002—2007年，全省共查处公平交易案件135 860件，案值45 882.07万元，罚没金额达8 756万元。二是积极开展对无照经营的整治行动。从2003年3月起，按照国务院《无照经营查处取缔办法》的规定，全省工商行政管理机关积极开展了对无照经营的整治行动。据统计，2003年3月至2007年底，全省共抽查各类市场主体98 270户，发出整改通知13 086份，限期补办营业执照案件33 541件，罚没款326万多元。三是开展取缔报废汽车拆解拼装工作，整顿报废汽车市场秩序。2002—2007年，全省共出动检查人员12 156人次，检查汽车回收企业、废旧物资回收企业、汽车修理业等各经营户9 157户，立案查处651起，取缔各类违法经营户413户，查扣报废汽车124辆，报废摩托车119辆，拼装汽车7辆，五大总成649件，其他废旧汽车物资316吨。取缔了贵州唯一的清镇市毛栗山村近3公里长的汽车非法拆装、改装市场，取缔了49户85个汽车维修点。还采取一系列措施，防止了非法拆解报废汽车活动反弹。四是开展网吧经营专项治理，规范网吧经营秩序。2001年3月，省工商行政管理局制定了《贵州省网络经营行为管理暂行办法》和《贵州省网络经营行为管理程序暂时规定》，从规范网吧经营主体资格入手，强化网上巡查工作，加大对网吧的检查清理力度。集中整治以来，全省工商行政管理系统共出动9 585人次，检查已登记网吧2 069户，查处违法经营72户，占已登记网吧3.5%；查处并取缔

"黑网吧"417户,占检查网吧总数的20.1%。没收用于无照经营计算机1 520台,罚没金额78.3万元。初步扭转了网吧经营秩序比较混乱的局面。五是开展反垄断专项治理,维护公平竞争秩序。依照《反不正当竞争法》中反垄断条款,深入开展反垄断执法工作,严厉查处与人民群众生活密切相关的供电、供水、供气、交通运输、专营专卖等垄断性行业强制交易、强制服务的限制竞争案件,依法保护人民群众的合法权益。2000年至2008年5月,全省各级工商行政管理机关共查处案件138件,案值1 712.05万元,罚没款484万元。查处侵犯商业秘密案件1件,案值11.2亿元,此案依照规定,移交公安机关依法处理。通过整治,初步规范了公用企业及依法具有独占地位的企业的经营行为。

三、依法打击传销和变相传销

从1998年开始,传销活动就流入贵州,但那时从事传销的人员较少,影响不大。进入21世纪以来,传销这一"经济邪教"迅速在贵州蔓延,2005年,被国家工商行政管理总局列为打击传销重点地区之一。针对传销活动蔓延的趋势,在省委、省政府的领导下,按照国家工商行政管理总局的部署,建立健全打击传销规范直销工作领导机构和工作机制。全省各级工商行政管理部门与公安紧密配合,联合作战,全面开展打击传销专项行动,采取多种形式,大造打击传销违法活动的宣传攻势。近几年来,全省共张贴《禁止传销、反欺诈、构建和谐》宣传画、公告5万余份,制作宣传展板1 500块,设置宣传栏860个,散发宣传广告13万余份。宣传《禁止传销条例》等有关法规发出手机短信24万条(次),通过电视台播放打击传销专题片150期,利用各类报刊刊登专题新闻180余条,设置宣传咨询点260个,接待群众14万人次。先后在六盘水、遵义市召开全省打击传销工作经验交流会和创建无传销社区(村)活动现场会。重点是打击"拉人头"式的传销活动,特别是有效遏制了广西某生物科技有限公司在贵州的传销活动,切实维护了经济秩序和社会的稳定。据统计,1998年至2008年5月,全省共查处传销和变相传销案件1 206件,案值5 007.07万元,罚没款117.8万元,涉案人员72 873人,移送司法机关118件、868人,取缔传销变相传销窝点、场所3 327个,遣送28 372人,处罚房屋出租户68户。有效遏制了传销活动在贵州的蔓延。

四、深入扎实地开展治理商业贿赂专项行动

2006年以来,根据党中央、国务院的指示精神,按照国家工商行政管理总局的统一部署,结合贵州实际,以查办案件为重点,突出中央提出的重点领域和行业,深入扎实地开展治理商业贿赂专项行动,取得了明显成效。据统计,2006年3月至2008年5月,全省工商行政管理部门共立案查处商业贿赂案件667件,案值2 595.78万元。其中,查处医药购销、工程建设、产权交易、土地出让、资源开发及经销等重点领域商业贿赂案件195件,占案件总数的29.2%。2008年5月,遵义市工商行政管理局被评为全国工商行政管理系统治理商业贿赂工作先进集体,有六名干部获先进个人,贵州省工商行政管理机关治理商业贿赂专项工作得到国家工商行政管理总局的肯定和表扬。

通过整顿和规范市场经济秩序工作,基本上达到了中央提出的"使非法生产经营滋生蔓延的势头得到明显遏制,群众反映强烈、后果严重、影响恶劣的大案要案得到揭露和处理,让人民群众对整治结果感到基本满意"的要求。

第八节 充分运用工商行政管理职能,查处制假售假违法行为,保护消费者合法权益

保护消费者的合法权益,既是宪法关于保护公民合法权益的规定在消费领域的具体体现,更是党和政府为人民服务宗旨的体现。因此,改革开放30年来,尤其是近几年来,全省工商行政管理机关在全面支持消费者协会工作的同时,不断强化执法力度,采取一系列举措,对损害消费者权益的各种违

法行为,给予了坚决查处。

一、全力打造食品药品放心工程,确保人民生命安全

以食品市场为重点检查对象,以农村市场为重点检查地区,以批发代理商为重点检查环节,深入开展流通环节食品安全监管,服务领域消费维权,加强对与食品安全关系密切的各大宾馆、饭店、超市、批发市场、农贸市场等单位及行业的监督管理,扎实抓好食品安全专项整治,严厉打击制售假冒伪劣食品和有毒有害食品的行为,切实推进了全省食品放心工程的全面实施。2004 年 8 月,经省政府同意,省工商行政管理局组织召开了有1 300 多人参加的"贵州省流通领域食品安全工作会议",同时各级工商行政管理部门牵头层层开到基层工商行政管理所,不仅进一步明确了工商行政管理部门和有关部门以及食品经营者的职责,而且还层层签订了食品安全责任书,进一步增强了食品经营者和广大人民群众的食品安全意识。2000 年—2008 年 5 月,全省工商行政管理机关共出动执法人员 70 余万人(次),检查经营户 200 余万户(次),检查各类市场 5 万多个(次),共查处侵害消费者权益案件17 685件,案值5 389万元,查处制假售假案件14 700件,案值5 270万元,查处假冒伪劣物资价值1 794万元。共监测食品、建筑材料、家用电器、机动车制动液等样品2 116批次。通过监测,在报刊上公布监测结果,使广大消费者及时了解市场商品质量状况,避免受劣质商品之害。

二、不断完善商品质量市场准入体系,进一步创新消费维权机制

2001 年以来,省工商行政管理局先后制发了《贵州省工商行政管理局重大食品安全事故应急预案》、《贵州省流通环节商品准入制度》、《贵州省流通环节食品安全信息公示制度》、《贵州省工商行政管理局食品安全示范店管理办法》和《贵州省流通环节食品进货台账和索证索票制度》等 10 多项制度。按照上述制度要求,认真开展食品经营主体资格清理规范工作。至 2007 年底,全省县城以上城市 2 128 个市场、超市、乡镇、街道

和社区 66 880 户食杂店 100% 建立进货索证索票制度及食品进货台账制度。同时狠抓畜、禽市场的监管监测报告制度的落实,加强畜、禽市场监督管理,确保人民群众吃上放心肉,保障广大消费者生命健康安全,全省没有发生重特大食品安全事故。

三、大力支持消费者协会开展工作

省消费者协会成立 20 年来,在省工商行政管理局的指导支持下,把受理消费者投诉作为一项重要工作来抓。全省各级消费者协会受理消费者投诉 16.1 万件,为消费者挽回经济损失 1.3 亿元,移送案件由有关部门罚没款 0.4 亿元,接待消费者来访咨询108 万人次。全省消费者协会支持消费者向人民法院提起诉讼案件 3 000 多件。

四、广泛开展消费维权宣传教育,帮助广大消费者提高自我保护能力

从 1988 年开始,每年的 3 月 15 日——国际消费者权益日,全省各级工商行政管理机关和消费者协会,都通过街头宣传、散发宣传资料,提供咨询服务,举办各种展览、专题讲座、文艺晚会、消费知识竞赛等形式,开展大规模的宣传活动,唤起了广大消费者的觉醒,增强了他们维护自身权益的意识和能力。并通过新闻媒体及时揭露批评各种损害消费者利益的行为,曝光了一批产品质量差、严重损害消费者利益的企业和产品,在社会上引起了极大震动,促进了企业努力提高产品质量,受到了广大消费者的欢迎。

五、扩展消费维权渠道,完善"12315"行政执法体系

全省工商行政管理机关按照"政府推动,社会共建,服务群众,全民维权,全面推进,稳步实施,整合资源,同步发展,立足长远,规范管理"的工作原则,在党委、政府的领导和消费者协会的配合下,加大"一会两站"和"12315"申诉举报中心建设。至 2007 年,全省共建立消费者协会分会 648 个,"12315"联络站 14 965 个,消费者投诉站13 011 个。2000 年以来,全省共接处"12315"申诉举报电话107 446个,受理消费者申诉19 973件,调解成功17 862件,为消费者挽回经济损失 2.6 亿元。同时,在全省已

全部设立"12315"申诉举报电话的基础上，省工商行政管理局自筹资金300余万元，按照"相对集中受理、分工协作办理、应急指挥调度、信息汇总分析"原则，建设省工商行政管理局"12315"申诉举报指挥中心，增加了网络投诉与短信投诉功能，拓宽了投诉渠道，极大地方便了消费者依法维权。

第九节 充分运用工商行政管理职能，积极支持社会主义新农村建设

2005年以来，全省工商行政管理系统充分发挥工商行政管理职能作用，在推进社会主义新农村建设工作中，总结出了"红盾护农"、"经纪活农"、"合同帮农"、"商标富农"、"权益保农"、"政策惠农"、"市场助农"七项机制，为发展贵州省现代农业，促进农民增收、农业增产、农村增效和农村经济发展作出了积极贡献，受到了各级地方党委、政府和农民群众的一致好评。

一、落实"红盾护农"机制

一是落实各项日常监管机制，强化农资市场监管。认真清理农资市场经营主体资格，进一步完善准入和退出机制，实现对农资经营企业、个体工商户市场主体准入、交易、竞争和退出行为的全过程监管；进一步健全和完善农资经营主体的"两账两票一卡一书"、农资经营户信用监管等长效监管机制。积极开展种子备案工作，加强种子进入市场的事前检查，确保农民能买到放心、合格的种子；按照农资经营企业信用分类监管制度，对全省登记注册的16 326户农资经营户进行信用分类：A级13 942户、B级2 189户、C级187户、D级8户。二是开展农资市场专项整治工作，严厉查处违法经营农资和坑农害农案件。2005年以来，全省各级工商行政管理局在专项整治中，共查处涉农案件2 880件，罚没金额635.04万元，没收查扣假劣农资327.22万公斤，受理处理农资投诉103件，为农民挽回经济损失1 698.21万元。三是及时有效开展农资商品定向监测和市场清查工作。2005年以来，每年春耕生产期间，组织开展针对春耕生产中推广面积较大的品种，具有较强的代表性的种子、化肥和农药的定向监测工作，确保农民群众用上放心农资。

二、落实"经纪活农"机制

按照在"培育中发展，发展中规范，规范中创优"的工作思路，结合当地农业产业特色，依托市场抓发展、依托产业抓培育、依托龙头企业抓带动、依托制度抓规范，创造性地培育、发展和壮大了农村经纪人队伍。至2007年底，全省农村经纪人已发展到28 460户，为活跃农村经济和市场作出了突出贡献。一是通过电视、报刊等新闻媒体以及远程教育基地网络，加大宣传与培训力度；二是实行农村经纪人注册登记优惠政策。采取"先准入、后规范，先扶持、后管理"的措施，推行免费为农村经纪人办理注册登记、免收个体管理费和上门办照（发照）的措施；三是加强法律法规及专业知识培训；四是加强农业经纪合同规范管理，发挥行政调解职能，认真解决农产品经纪活动中发生的合同纠纷。

三、落实"合同帮农"机制

充分发挥合同监管作用，积极扶持以龙头企业带动、品牌带动、城市消费带动和以专业市场为依托的订单农业，通过合同监管、指导签约、帮助履约、调解纠纷等多种途径，为订单农业提供优质服务。2005年以来，全省各级工商行政管理机关共指导签订农业订单合同42万余份，合同金额9.78亿元，涉及涉农企业278户、农户262 895户，有力规范了农业订单合同，保障了农民群众的合法利益。

四、落实"商标富农"机制

加大农产品商标和地理标志宣传力度，积极引导农民和农产品生产、销售、加工企业注册农产品商标。根据涉农企业商标使用情况，积极帮助涉农企业的商标申请为贵州省著名商标，"商标富农"机制建立以来，全省已经申办或正在申办涉农商标123件，已注册农产品地理标志证明商标4件。

五、落实"权益保农"机制

一是各级工商行政管理机关广泛开展

"12315"申诉举报网络进市场、进村镇、进商家活动;二是"12315"维权进村工作得到了政府的支持,以政府名义下发"12315"维权进村工作文件,"12315"维权进村工作推进迅速;三是积极开展"工商维权进乡村"工作,推行乡、村级"12315"联络站的建设工作,将"红盾护农"工作由农资监管、农资维权向为农村农民维权方向延伸,构建了由工商行政管理机关、乡政府和村委会、农民群众参加的"三位一体"的维权网络,使农民投诉不出村、维权不出寨,确保了农民合法权益不受损害;四是积极召开基层"一会两站"网络工作人员培训会,提高"12315"及消费者协会基层工作人员工作素质和维权能力。全省已有11 258个行政村建立了"12315"联络站,覆盖率为77.85%。

六、落实"政策惠农"机制

进一步优化服务措施,通过放宽准入条件、改进监管方式、规范和减免收费等措施,扶持引导农村个体私营经济发展。一是依法减免有关费用,切实减轻农民负担。对农民专业合作社一律免收登记费。对农村流动小商小贩、农民在集贸市场或者地方人民政府指定区域内销售自产农副产品,免予工商登记,免除工商行政管理各项收费;二是积极参与纠正和查处涉农乱收费、乱罚款和各种集资摊派,切实防止农民负担反弹;三是全面推行个体工商户分层登记,简化登记程序,方便农民就近办照,为农村合格市场主体提供快速高效的准入通道。几年来,共减免登记费、个体工商户管理费、市场管理费3 000余万元。

七、落实"市场助农"机制

一是大力推进"执照农民"的发展,积极支持、鼓励有一技之长的农民持照闯市场。二是积极支持农村各类市场主体加快发展,大力培育发展农村市场,促进农业产业化经营和现代农业市场体系建设。三是积极推进农产品生产、加工、销售一体化经营,发展适应现代农业要求的连锁经营、电子商务等现代流通方式和新型流通业态,促进构建统一开放、竞争有序的现代农业市场体系。四是引导农民利用农村资源自主创业,支持农

村个体私营企业参与农副产品批发市场和集贸市场经营,发展农副产品的拍卖和网上交易。

第十节　加强工商法制建设,全面推进依法行政

改革开放以来,全省工商行政管理机关围绕提高行政执法和市场监管效能、打造一支高素质行政执法队伍的目标,加强工商法制建设,全面推进依法行政,在行政立法、法制监督、普法宣传、行政复议等方面做了大量工作。

一、加强行政立法工作,进一步健全市场规则

在1992—2007年间,省工商行政管理局代行起草并通过的地方性法规和政府规章共有9部,即:《贵州省个体工商户私营企业管理条例》、《贵州省股份合作企业条例》、《贵州省反不正当竞争条例》、《贵州省消费者权益保护条例》、《贵州省经纪人管理条例》、《贵州省经济合同管理条例》(已经废止)、《贵州省户外广告管理办法》、《贵州省市场登记管理办法》、《贵州省集贸市场违法违章处罚暂行办法》(已经废止)。

二、加强执法监督,规范执法行为

一是加强制度建设,规范内部权力运行。省工商行政管理局制定行政处罚案件核审办法、重大疑难案件集体讨论制度、听证规程、执法监督规定等十多个规范性文件,把行政执法监督纳入制度化轨道。二是在省直机关率先开展行政处罚案件卷宗评查工作,制定《贵州省行政处罚案件卷宗评查标准》,以此为导向规范行政案件办理。目前,案卷评查已经延伸到行政许可、行政征收、行政强制领域,并形成制度体系。2003年至2007年间,全省工商行政管理机关共清理评查190 673件行政处罚案件,清理并依法撤销有问题的案件3 676件。三是推行执法责任制,完善执法评议考核。省工商行政管理局梳理出581项行政执法依据,制作行政执法职权职责分解表和执法流程图,建立了《贵州省工商行政管理机关执法

过错责任追究办法》为核心的行政执法评议考核实施体系,并将执法评议结果纳入目标绩效考核。

三、完善行政复议工作制度,及时化解行政争议

省工商行政管理局从复议工作制度建设入手,努力提高复议工作质量。近十年来,省工商行政管理局先后出台了《贵州省工商行政管理机关行政复议证据规则(试行)》、《贵州省工商行政管理局行政复议程序规定》、《政策法规处行政复议听证程序规范》、《政策法规处适用简易程序办理行政复议案件工作规范》和《政策法规处行政复议案件卷宗查阅制度》等,成立了省工商行政管理局行政复议工作委员会,制定相关工作规则,这些制度为全省工商行政管理机关复议工作有序开展提供了保障。

四、建立健全法制机构,努力提升执法队伍素质

目前,全省县级以上工商行政管理机关都设立了政策法规处、科、股,共有 99 个法制工作机构,有法制工作人员 481 人,获得行政复议资格证的干部有 261 名,全省共有 6 800 名干部获得行政执法证,684 名干部获得行政执法监督证。经省司法厅批准,省局成立了贵州省首家公职律师办公室,全省工商行政管理系统有 14 名干部取得公职律师执业证。这为全省工商行政管理机关依法行政工作提供了组织保障。30 年来,贵州省工商行政管理法制建设在地方立法、普法宣传、执法监督、复议工作、队伍建设等多方面取得了明显的成效。其中,《贵州省反不正当竞争条例》和《贵州省消费者权益保护条例》地方立法涉及一些领域在全国引起很大反响。2006 年,省工商行政管理局被省依法治省领导小组评为"四五"普法先进单位,省工商行政管理局连续三年(2005—2007 年)在全省依法行政工作会上作经验介绍。全省工商行政管理系统有 2 个集体、6 名先进个人获得国家工商行政管理总局有关法制工作的表彰。2003 年,省工商行政管理局政策法规处荣获省政府办公厅和省政府法制办授予的"先进集体"称号。

第十一节　加强工商基础设施建设,为依法行政创造良好条件

改革开放以来,尤其是近几年来,省工商行政管理局针对全系统基础设施建设不能适应工商行政管理事业发展要求的状况,采取一系列措施,集中人力、财力,把基础设施建设作为做好各项业务工作的前提条件来抓,取得了明显成效。

一、信息化建设快速发展

1988 年以前,全省工商行政管理人员办公完全是手工作业,档案查阅靠人工翻档案架,登记注册、填写营业执照靠人工一笔一画完成,工作效率低下,人为失误无法避免。1989 年,全省工商行政管理机关开始在信息化方面进行了艰辛的探索。借助电信的模拟通信平台,尝试在省局和市州地局之间建立了广域拨号网络。省地两级工商行政管理局开始在计算机上使用报表统计、执照打印、企业登记、名称查询等软件。1996 年,省工商行政管理局和贵阳市工商行政管理局先后配备了一批 PC 并配备了服务器,构建了自己的办公局域网。1998 年,通过融资方式,一次性投入建设资金 3 600 万元,以电信 x. 25 线路为平台,在全国省一级工商行政管理局率先建立起了连接省、市、县三级工商行政管理局的计算机广域网络,实现了全省联网。同时,自筹资金 10 万元,在省内政府部门中率先设计开发了"贵州工商红盾信息"网站。2004 年底,形成了连接国家工商行政管理总局和兄弟省市工商行政管理局的贵州省工商行政管理系统电子政务外网(办公业务网)、省政府及其工作部门企业信用信息共享网,全省企业经济户口管理和信息分类监管数据库、全省企业信用信息共享数据库,省政府信用信息公示门户网站和工商红盾信息网站(即两网、两库、两站)的应用体系,推动了全省企业信用分类监管工作的顺利进行。2005 年,采用省、市、县三家共同承担的方式,先后集中投入信息化建设资金 4 390 万元,以宽带广域网络延伸到所有 514 个基层工商行政管理所、106 个局机关

为目标完成了全省工商行政管理系统网络第一期、第二期扩建工程,全系统网络建设逐步跃上了局域网应用——省、市、县三级联网——省、市(州、地)、县(市、区)、工商行政管理所四层三级广域联网——全网络实现宽带连接四个台阶。2006年又投入资金2 200余万元,进行全省工商行政管理系统网络的扩容工作,以宽带局域网络延伸到所有514个工商行政管理所、106个局机关。目前,以局机关各项业务工作计算机化、工商行政管理所经济户口管理计算机化、政府信息公开和共享为三条主线,上下互联、内外互通的,保持数据同构和共享的计算机应用体系,符合国务院电子政务安全防御和双数字证书审核认证功能要求的网络系统安全防御平台已经建成。截至2007年底,省级工商行政管理数据中心已经汇集各类企业和个体工商户信息数据350余万条记录,政府企业信用信息共享数据中心已归集企业信息33.2万条记录,向政府部门和其他部门提供信用信息查询51万条(次)。截至2008年6月,全省各级工商行政管理机关拥有计算机4 300余台、服务器183台,路由器、交换机、防火墙的设备900余台,租用光纤数字电路317条和采用vpn技术的adsl、isdn等电路310条。工商红盾信息网上网访问者已达327万人(次)以上,日均点击超过3 000人次,开设网上公务咨询台已答复各种资讯14 000余件,转办各种投诉、申诉、举报案件1 884件。2003年,省工商行政管理局被省委评为全省政务公开先进单位,2004年、2005年、2006年连续三年获省政府门户网站评比一等奖,2006年获贵州省"十五"信息化建设先进单位。

二、基础设施建设上新台阶

目前,全省工商行政管理系统有县级以上工商行政管理机关97个,基层工商行政管理所514个。由于历史的原因,多数局、所办公条件艰苦,没有电话、没有交通工具的现象十分普遍,房屋陈旧,有的还常年租房办公。面对全省工商行政管理系统基础设施的困难状况,省工商行政管理局党组,确立"钱往基层投,物往基层送,人往

基层走"的原则,多方筹集资金,逐步改善基层的办公条件和办案装备。近年来,全省工商行政管理系统共投入办公用房建设资金4.46亿元,新建项目1 095个,建筑面积111万平方米,其中省工商行政管理局项目1个,1.8万平方米;地级工商行政管理局项目9个,3.6万平方米;县级工商行政管理局项目96个,26.3万平方米;基层工商行政管理所项目989个,79.3万平方米。维修项目832个,维修面积92万平方,其中省工商行政管理局项目1个,0.6万平方米;地级工商行政管理局项目5个,2.2万平方米;县级工商行政管理局项目57个,16.7万平方米;基层工商行政管理所项目769个,72.5万平方米。与此同时,投入执法装备建设资金1.12亿元,购置车辆2 046辆(目前在用1 096辆)、食品安全检测设备211台(套)。从2004年开始,省工商行政管理局每年给全省514个基层工商行政管理所每个所拨付1万元,用于工商行政管理所办公设施建设。按照国家工商行政管理总局要求,近期正在进行食品安全网络及检测设备、"12315"指挥系统、媒体广告检测系统平台、信息系统升级等项目的建设。

第十二节　加强党的建设和队伍建设,努力提高工商干部队伍综合素质

一、加强领导班子建设,努力提高执政能力和领导水平

一是抓好领导干部的政治理论学习。按照建设学习型社会、学习型政党和学习型干部的要求,在全系统各级党组(党委)建立和落实了中心组学习制度,把中心组学习纳入了年度目标绩效管理,与业务工作同部署、同检查、同考评,制定下发了《关于进一步加强政治理论学习和思想教育的通知》,建立和落实了各级领导干部个人自学制度。二是坚持正确用人导向,公正选人、精心育人。严格执行《党政领导干部选拔任用工作条例》和《贵州省工商行政管理局干部监督工作联席会议

制度》，狠抓市、州、地工商行政管理局领导班子建设，在地、县两级工商行政管理局领导班子中组织开展了创建"想干事、能干事、干成事"为主要内容的教育活动。近年来，扎实抓了市、州、地工商行政管理局领导班子届末考察工作，按照《党政领导选拔任用工作条例》规定，坚持公开、平等、竞争、择优的原则，调整充实了市、州、地工商行政管理局领导班子。实行省以下垂直管理以来，省工商行政管理局党组提拔了处级干部135人次，各市、州、地工商行政管理局党组提拔任用了科级干部500余人次。一批年富力强的优秀青年干部进了各级领导班子，加强了全系统各级工商行政管理局领导班子的力量；三是坚持抓好民主建设和作风建设。省工商行政管理局党组将加强领导班子内部民主建设和作风建设作为增强班子内部团结、和谐与活力，确保各项工作落实的根本保证来抓，坚持和完善民主集中制，狠抓了"一把手"和新进班子成员的民主集中制教育，建立和完善了全系统各级党组（委）会议和局长办公会议的议事规则，防止个人独断专行，营造了班子内部不同意见平等讨论的良好环境。注重开好各级党组（委）民主生活会，广泛开展批评与自我批评，加强了党内监督，增进了班子团结和谐。建立了领导班子考察机制，坚持每2—3年进行一次届中考察，每5年进行一次届末考察制度。切实抓好领导干部廉洁自律工作，坚持实行领导干部任前廉政谈话和诫勉谈话，坚持领导干部离任审计制度。2006年以来，组织省工商行政管理局机关副处以上领导干部和家属开展"做廉政官、当廉内助"活动，领导干部和家属带头签订家庭助廉承诺书，并向全系统发出家庭助廉倡议，组织领导干部和家属到监狱听取服刑人员现身说法，接受警示教育，积极营造组织、个人、家庭三位一体的预防腐败防线。四是围绕发展抓党建，在转变观念上下工夫。2003年以来，省工商行政管理局党组针对工商行政管理系统实行省以下垂直管理后干部职工的思想动向和市场监管工作实际，提出了"三个坚持不变"的工作原则，即坚持在当地党委、政府领导下开展工作不变，坚持为地方经济社会发展大局服务不变，坚持与有关部门密切配合、共同完成任务不变。旨在为全面履行工商行政管理职能营造宽松的外部环境，推动经济社会的发展与进步。要求全系统工商行政管理干部在市场监管和行政执法中增强公仆意识，转变执法理念，牢固树立执法为民的思想，让党委、政府满意、让人民群众满意。2007年，省工商行政管理局党组提出了"五摒弃、五树立"的执法新理念，即摒弃"管"字当头的强势执法思想，树立"人性化执法"的观念；摒弃"执法就是执罚"的思想，树立"先教后处"的执法观念；摒弃"限制为主"的把关思想，树立"非禁即允"的准入观念；摒弃"监管就是查案"的思想，树立"适度监管不扰民"的观念；摒弃"随意执法"的倾向，树立"全面履行法定职责、规范执法行为"的观念。2008年作为贯彻执行国家工商行政管理总局"四个统一"的强劲抓手，在全省工商行政管理系统全面开展了"五摒弃、五树立"的主题实践活动。通过"大学习、大讨论"，新的执法理念正在全系统干部思想中形成，机关面貌焕然一新，干部素质有了明显提高，作风有了明显改进，纪律观念和执政为民的意识有了明显增强。

二、扎实抓好党的基层组织建设

省工商行政管理局党组正确处理党建工作与业务工作的关系，以党建工作促进队伍建设，以建设高素质的干部队伍促进业务工作，以业务工作的成果检验党建工作的成效。结合开展"党的基层组织先进建设工程"和"党的基层组织建设年活动"，在全系统514个基层工商行政管理所中建立了党支部，同时坚持选好配强党支部书记，加强对党支部书记进行党务工作知识培训，严格落实组织生活制度，加强对党员的教育和管理，广泛开展"党员示范岗"活动，实行党员挂牌上岗，基层党支部的战斗堡垒作用和党员先锋模范作用得到了充分发挥，有力的促进了各项工作的落实和基层全面建设的发展。

三、围绕党的中心，狠抓思想教育不放松

针对各个时期干部队伍中出现的不良倾向，先后深入开展作风教育整顿、以"五要八不准"为主要内容的职业道德和职业纪律教育、全面开展公平交易执法年和以"内练素质、外树形象"为目的的工商行政管理形象建设年活动等,特别是在开展"三讲"、保持共产党先进性、省直机关作风教育整顿和国家工商行政管理总局部署的以树立正确权力观,全面提高依法行政水平为目标的队伍教育整顿活动中,按照上级党委的要求,加强组织领导,精心安排实施,着力在创新上下工夫,在结合上做文章,在突破中求发展,并组织市、州、地局一把手到遵义监狱进行警示教育和到遵义会址进行革命传统教育活动,还组织本系统的先进模范人物赴各地巡回作报告,开展向身边先进典型学习活动。省工商行政管理局在作风教育整顿活动中坚持边学边查边改的做法和成效,被省委作风教育整顿办向全省转发,多次在省委组织的座谈会上发言,《人民日报》和省内媒体进行了宣传报道,2004 年 9 月,国家工商行政管理总局在贵阳召开的西南、华北地区队伍教育整顿座谈会上,贵州省工商行政管理局在会上介绍了经验。

四、突出重点、抓住热点,有针对性的建立和完善廉政制度

围绕证、照、案、费、摊等群众较为关心的热点,在调查研究的基础上,省工商行政管理局先后出台了《贵州省工商行政管理人员守则》、《关于加强工商行政管理系统基层建设的意见》、《党组议事决策规则》、《贵州省工商行政管理系统内部审计规定》、《贵州省工商行政管理局干部管理暂行办法》、《贵州省工商行政管理所所长选拔任用工作试行办法》、《干部交流工作的有关规定》、《关于进一步加强和改进全省工商行政管理基层党支部建设的意见》和《贵州省工商行政管理局关于开展行政效能监察工作的实施意见》等,认真落实中共中央《建立健全教育、制度、监督并重的惩治和预防腐败体系实施纲要》和国家工商行政管理总局的"六项禁令",层层签订了党风廉政建设责任书,将党风廉政责任制量化考核纳入对各级领导班子、部门负责人的年度考评项目中。严格执行"收支两条线"制度,遵守财经纪律,

加强财务监督。用制度管人,并通过建章立制,巩固廉政建设的成果。

五、全面推行政务公开,实施"阳光收费"工程

1988 年 8 月,省工商行政管理局就向社会公布了工商行政管理办事制度"八个公开",即政策法规公开,机构设置及职责范围公开,办照程序公开,案件查处及处罚决定公开,违纪人员处理结果公开,收费依据及标准公开,监督举报电话公开,办事人员身份公开。2002 年,省工商行政管理局下发了《贵州省工商行政管理机关全面推行政务公开工作实施方案》,又制定了"六公开、三分离、四项承诺"的政务公开制度,使其更加完善和规范,便于接受群众监督。为进一步拓宽社会监督渠道,规范工商行政管理人员依法行政,2005 年,省工商行政管理局在黔东南州凯里市工商行政管理局召开了推行"阳光收费"现场会,2006 年起,在全系统推行了对个体工商户收费的阳光收费工程。政务公开工作得到省政府、省纪委和省直机关工委的肯定,2004 年至 2006 年连续三年在全省政务公开工作会议上介绍经验。

六、积极开展基层执法人员向监管服务对象述职述廉活动

2006 年,遵义市工商行政管理局红花岗区分局中华路工商行政管理所开展了向监管服务对象述职述廉活动,社会反响强烈,得到群众的高度赞扬。省工商行政管理局及时总结了该所的经验。2007 年,在全省工商行政管理系统全面开展了工商所长向监管服务对象代表述职述廉活动。据统计,全省 514 个工商所已全部开展了述职述廉工作,共有40 045名各界代表参加了评议活动,经测评,满意票 36 618 票,占参评人数的91.44%;基本满意票 3 047 票,占 7.61%;不满意票 120 票,占 0.3%;弃权票 260 票,占 0.65%。全省工商行政管理系统推行的基层执法人员向监管服务对象述职述廉活动,收到了良好的社会效果,得到省委、国家工商行政管理总局和省纪委领导的充分肯定,省纪委办公厅专刊作了介绍,《中国民族报》、《贵州日报》和贵州电视台等均进行了

专题报道。2007年8月7日,按照省委作风教育整顿领导小组安排,省工商行政管理局承担全省开展"公开评议处长"试点任务,省局机关七名主要执法处室处长向监管服务对象代表和省直机关协作单位代表进行了公开述职述廉,经评议打分,满意率达99.5%。同年8月9日,国家工商行政管理总局在贵州召开了全国基层工商执法人员向监管服务对象代表述职述廉试点工作现场会,省工商行政管理局在会上作了交流发言。省委书记石宗源在省委十届二次全会的讲话中予以好的评价。

七、积极开展工商特色廉政文化建设活动

按照反腐倡廉建立长效机制的要求,积极探索工商特色廉政文化建设。省工商行政管理局党组提出了"发挥工商职能、利用两大优势,借助两个平台,因地制宜,循序渐进,发挥资源,丰富载体,潜移默化,受益于人"的廉政文化建设工作思路,指导和推动全系统廉政文化建设活动的开展。2006年,在遵义市局召开了廉政文化建设现场会;2007年,开展了廉政文化进机关、进基层、进家庭、进社区、进企业活动,利用廉政文化公益广告宣传、廉政文艺汇演、廉政歌咏比赛、诗歌朗诵、演讲、廉政书画比赛、廉政警句格言座牌等,还与社区、服务对象签订廉政建设协议,组织开展廉政公益活动等,大力营造工商行政管理系统内部以及与广大监管服务对象共建廉政文化氛围,为构建和谐社会作出积极贡献。

八、加大干部培训力度,努力提高干部素质

据统计,仅"十五"计划期间,全系统干部教育培训方面共投入经费1 590多万元,培训干部19 661人次。

通过抓党风建设和队伍建设,推动了各项工作的开展,并取得了优异的成绩。2002年以来,省工商行政管理局一直保持"全省文明单位"称号,多次在全省党风廉政建设和政务公开工作经验交流会上发言,2004年、2006年、2007年三年荣获省直机关目标考评一等奖;2005—2007年获省直机关党建工作先进单位和精神文明建设先进单位称号;2008年初,在"抗冻救灾"工作中,被省委、省政府荣记一等功,并被指定在全国工商行政管理系统应急管理研讨会上介绍经验;2008年5月,省直机关工委、省文明办在省工商行政管理局召开省直机关"满意在贵州"现场会,104个厅局单位参观了省工商行政管理局为民服务窗口,省工商行政管理局作了"自觉接受监督,力求人民满意"的经验介绍。同时,省直工委、省文明办还推荐省工商行政管理局申报2006—2008年全国精神文明建设先进单位。全省工商行政管理系统相继涌现出了人事部表彰的人民满意的公务员唐秀坤,全国纪检监察系统先进工作者肖宗鑫,贵州省第三届杰出青年卫士蒋春光、省第三届优秀青年卫士石正燕等一批先进模范人物。全省工商行政管理系统1人被评为"全国劳动模范",2人被评为全国"三八"红旗手,39人被评为全国工商行政管理系统先进工作者、优秀工商行政管理人员,5人被评为"全省劳动模范"或省先进工作者,4人被评为贵州省"人民满意的公务员",5人被团省委等单位授予全省杰出青年卫士、全省优秀青年卫士称号。受到人事部、国家工商行政管理总局、贵州省委、省政府表彰的干部达135名。目前,全省工商行政管理系统已有22个单位先后被命名为全国、省级精神文明建设工作先进单位,有两个单位被团中央授予"全国优秀青少年维权岗"的称号。

附:

贵州省工商行政管理局历任局长、党组书记

王臻,1966年2月至1967年1月任党组书记、副局长;马兴华,1981年12月至1983年5月任党组书记、局长;肖英伟,1983年5月至1994年7月任党组书记、局长;蒲明发,1994年7月至2003年4月任党组书记、局长;杨正国,2003年4月至2008年6月任党组书记、局长。

（执笔人:黄洪杨　李桂周）

第二十五章　云南省工商行政管理局

第一部分　(1949—1978)

第一节　发展概况

一、发展历程

新中国成立后,云南省工商行政管理的职责、任务和作用虽经较大起伏,但总是随着经济和社会的发展而不断向前发展,到1978年,经过了四个时期。

(一)国民经济恢复时期(1949—1952年)

在三年国民经济恢复时期,云南省工商行政管理的主要工作是按照国家对私营工商业实行利用、限制和改造的政策,管理私营工商业,恢复生产经营,建立和维护新的市场秩序。一是对私营工商业开展普查登记。核实企业经营资金,规定企业经营范围,对私营工商业大力组织加工、订货,实行统购包销,使私营工商业迅速恢复生产经营。二是对粮、油、棉纱等重要物资交易实行严格监控。建立新的粮、油、棉纱交易市场,实行集中交易、凭证入场、凭证配售。私营商只准零售,禁止批发。打击黑市交易、囤积拒售、哄抬物价、买空卖空、假冒伪造、掺杂使假等投机倒把行为。1952年,对不法资本家开展"反行贿、反偷税漏税、反盗骗国家财产、反偷工减料、反盗窃经济情报"的"五反"运动,打击不法资本家的投机倒把行为,加强国营经济在国民经济中的领导地位。三是实行价格管制。规定以国营商业的牌价为领导价格,凡有国营牌价的商品,一律按国营牌价执行;没有国营牌价的商品,比照国营同类商品的牌价核定;无法比照的,按进货销售成本,兼顾产、运、销三方利益和市场供求情况,酌加合理利润议定。核定和议定的价格,报经当地工商行政管理部门核准后严格执行。四是建立摊贩业联合会和手工业联合会,对个体工商业者加强管理和教育,指导他们走合作化道路。五是着手清理历史遗留下来的带有封建、殖民色彩的商标,按照《商标注册暂行条例》重新办理商标注册手续。这一时期,新的市场秩序在全省逐步建立,市场交易日渐繁荣,各种经济成分得到迅速恢复和发展,国营经济和合作社经济不断壮大,开始在市场上占据主导地位。

(二)社会主义改造时期(1953—1956年)

1953年至1956年是私营工商业社会主义改造时期。云南工商行政管理的主要工作是进一步限定私营工商企业的经营范围和经营方式,划定国营商业与私营商业的经营界限,逐步缩小私营工商业的活动地点,对私营工商业进行社会主义改造。1953年国家对粮食和油料实行统购统销,1954年对棉花棉布实行统购统销,之后对肥猪、皮革、烤烟、禽蛋等实行派购。同时,国家对私营工商企业有计划、有步骤地扩大加工订货、统购包销,将私营工商业生产销售纳入国家计划,再过渡到公私合营。到1956年底,全省公私合营工业已占97.4%,公私合营商业已占80%,建立手工业合作社(组)2 216个,81.8%的手工业者在合作社(组)生产劳动,国营商业和合作社商业全部占领批发市场,社会商品零售额也占到91.3%。只有部分小摊贩和行商还保留自营,社会商品零售额私营商业所占比重只有8.7%。经过3年时间,全省基本完成内地县的社会主义改造。

（三）社会主义建设探索时期（1957—1966年）

1956年三大改造基本完成以后，云南的社会经济结构已由原来的5种经济形式并存，基本转变为单一的公有制形式。工商行政管理原来的主要管理对象私营工商业已不存在，工商行政管理的范围缩小到只管理城乡集贸市场、部分未进入合作组织的个体工商业者和打击投机倒把。对于企业一般只是履行登记手续，不再进行管理。商标和广告管理工作则基本上处于自流状态。1958年对个体商贩实行利用、限制和改造政策，消灭了单干户，进一步改造合作商店（组）。1959年反右倾中将改造个体商贩列为"割资本主义尾巴"、"消灭产生资本主义根源"的中心任务，把合作商店（组）过渡到国营商业，把个体商贩下放到街道和农村安排。1961年又将这部分个体商贩从国营和公私合营中调整出来，收回部分下放农村的个体商贩，重新组成合作商店和合作小组。这一时期，工商行政管理工作受政策左右摇摆的影响，把违反市场管理规定的一般违章行为当作投机倒把行为打击，对一些正当的经营活动加限制或取缔，把一些本来不属于阶级斗争的问题按阶级斗争定性处理，市场管理陷入一乱就管，一管就死，一死就放，一放就乱的不良状况，云南工商行政管理工作在曲折中缓慢前进。

（四）"文化大革命"时期和其后两年（1966—1978年）

"文化大革命"期间，大中城市集贸市场被强行关闭，农村集市贸易也受到严格限制，扩大打击投机倒把的范围，个体工商业进一步受到摧残。原组织起来的合作商店（组）及个体商贩，又经过几次改造和调整，到1976年，全省保留在合作商店的只有9 066人，在合作小组的只有820人，从事个体经营的只有1 410人。从中央到地方，工商行政管理机构相继被撤并，企业登记和商标注册管理等工作先后停止，工商行政管理工作遭到严重破坏。三年徘徊时期，个体经营和集贸市场交易开始初步恢复。1976年，

省革委会下发《关于个体工商户登记管理工作的意见》，制定了对城乡集贸市场、衡器、外省入滇蜂场等加强管理的办法和措施。1978年，省革委会下发《关于开放粮油集贸市场的通知》，规定以县为单位，完成国家粮油征购任务后，允许社员将少量粮油到集贸市场买卖，进行品种余缺调剂。1978年5月，省革委批准省商业厅单独设立省工商行政管理局，合同管理、商标管理等工作初步开展，工商行政管理工作开始恢复和重建。

二、机构沿革

（一）省级部门机构沿革

新中国成立后云南工商行政管理的机构沿革可以追溯到云南和平解放初期。1949年12月9日，卢汉宣布云南起义。1950年2月24日，陈赓宣布云南全境和平解放，同日，中国共产党云南省委员会成立。1950年3月24日，成立昆明市军事管制委员会，由军事管制委员会财经接管部贸易组负责工商行政管理工作，同时成立云南贸易总公司，公司下设工商行政室，负责工商行政管理工作。

1951年4月，云南省人民政府商业厅成立，内设工商行政处，工商行政管理职能划归商业厅。1956年3月，商业厅改处设科，设商政科主管工商行政管理工作。1957年11月，商业厅内设机构实行政企合一，撤销各专业公司，建立专业贸易处，在厅办公室内设综合科主管工商行政管理工作。1958年8月，商业厅设市场管理处。1961年7月，市场管理处改为工商行政处，内设市场组、工商管理组。1963年11月，商业厅调整内部机构，将工商行政处并入新成立的组织技术处。1964年5月，成立云南省工商行政管理局，作为省人民委员会的直属机构，与商业厅合署办公，对外挂工商行政管理局牌子，但在商业厅内部仍是一个处级单位，下设综合、市场管理、工商管理3个组。

"文革"中，从1968年4月起，由省军事管制委员会成立的云南省市场管理领导小组负责工商行政管理工作，领导小组下设市场管理办公室。1968年8月，省革委会成立，工商行政管理工作由省革委会生产指挥

组的财贸组负责。1970 年 5 月,成立云南省商业局革命委员会,局内设办事、生产、政工 3 个组,生产组下设工商行政管理组。1972 年 10 月,省商业局调整内部机构,设立工商行政管理处。1973 年 8 月,又成立云南省工商行政管理局,是商业厅的一个处,即云南省商业厅工商行政管理处,单独使用云南省工商行政管理局印章对外挂云南省工商行政管理局牌子。

1978 年 5 月 16 日,省革委财贸办和省编委批复,将云南省商业厅工商行政管理处改设为云南省工商行政管理局,由省商业厅代管,一位副厅长兼任局长,直至 1979 年 9 月 24 日,云南省工商行政管理局正式成立。

（二）地县级部门机构沿革

1950 年全省各级政权机构建立时,全省有 12 个专署、1 个市、113 个县,各级工商科（工商建设科或建设科）负责工商行政管理工作。1951 年,建立了县、市一级的市场管理委员会(以下简称市管会),下设专门的交易所。1953 年 10 月,省人民政府颁发了《市县市场管理委员会组织通则(草案)》,取消了 1950 年初设立的粮食、纱布、茶叶、菜油等各专业性的市管会,设立统一的市管会。市管会由各国营贸易单位、合作社、银行、税务局、工商科及工商联组成,是协助县人民政府管理市场的行政机构。

1956 年 3 月,根据国务院关于国营商业工业品经营机构下伸的决定,各县市撤销了工商科,成立商业局,工商行政管理工作归属商业局。专署没有商业局编制,仍保留工商科。1964 年 8 月,省人委下达了《关于各级工商管理机构和编制的通知》,机构设置有 5 种情况:昆明市单独设立工商行政管理局;多数地州在商业局设立工商科(股),对外未挂工商行政管理局牌子;昭通、曲靖、红河等地在商业局设立工商科(股),对外挂工商行政管理局牌子;大理白族自治州在商业局内未设立机构,只指定专人管理;部分县未设立机构,也未设专人管理。

"文革"期间各级军事管制委员会成立后,都同时成立了整顿市场、打击投机倒把指挥部,下设打击投机倒把办公室。1971 年

1 月,商业部、财政部发出了《关于将市场管理人员列入国家行政编制的通知》,要求各县都要成立市场管理机构。同年 5 月,全省各地、州、市、县逐步恢复成立了商业局,市管会和打击投机倒把办公室并入商业局。1973 年 3 月,省革委会批转省商业局《关于工商行政管理机构人员配备的报告》。1974 年 12 月,省商业局在《关于建立健全工商行政管理机构的报告》中,再次要求地、州、市商业局同时挂工商行政管理局牌子,内设工商行政管理科(组)。

截至 1978 年 3 月,昆明、文山、西双版纳、大理、保山、思茅等地、州单独设立了工商行政管理局,全省共有 104 个县单独设立了工商行政管理局,全省 1 462 个公社中有 581 个设立了工商行政管理所。

三、队伍概况

新中国成立初期,云南省工商行政管理工作由商业部门负责,地县由工商科负责。工商科的人员很少,有的县市只有 1 人,最多的 2 至 3 人。据 1950 年 10 月统计,全省专、县两级工商科共有 195 人。1953 年,在县和县以下的区建立市管会,开始设置专职的工商行政管理人员。据 1964 年统计,当时全省城乡集贸市场 1 944 个,有专职市场管理人员 586 人。到 1978 年增加到 2 584 人。1978 年 9 月,财政部、商业部决定将基层工商行政管理人员列为事业编制,分配给云南编制 2 500 人。

第二节　发展成就

一、打击投机倒把等违法违规行为

新中国成立初期和国民经济恢复时期,开展了两次大的突击打击投机倒把等违法活动。第一次是云南和平解放初期,由于资本家囤积粮棉,哄抬物价,追逐暴利。1950 年,粮价暴涨,国营贸易公司大量出售粮食棉纱,平抑物价。工商行政管理部门配合对私商检查登记,加强管理,粮棉价格趋于稳定。之后将棉纱布匹、汽油柴油、食盐、粮食、牛皮和大锡等物资列入管理。1951 年,取缔了旧社会遗留的 43 家银行、22 家钱庄

和73家做金银生产的商行（店），把当时流行的半开银元挤出市场，对金融投机予以毁灭性打击。第二次是1952年的"三反"、"五反"运动。云南的"五反"运动始于1952年2月，同年8月结束。据昆明市统计，全市参加"五反"运动的工商户16 795户，应补税、退款、处罚和判刑的违法户达到3 273户，占总户数的19.49%。全市工商界"五毒"违法总值13 000亿元（旧币），核实退补2 700亿元（旧币）。

第一个五年计划时期，主要任务是围绕对资本主义工商业进行社会主义改造，稳定市场，活跃经济，维护国家计划，取缔投机倒把，限制城乡资本主义的恢复。从1953年起，对粮食、油、棉花棉布实行统购统销，并逐步扩大对农副产品的统购派购范围。煤、铁、钢、铜、硫酸、烧碱、橡胶等重要工业原料也由国家控制，实行计划供应。私商不得经营一般商品的进出口业务。由国家计划收购和统一收购的农副产品和其他物资不准进入自由市场交易。对允许进入自由市场的小土特产品，农业合作社、农民运入城市销售时，必须持自产自销证。

三年经济困难和调整时期，由于国民经济遇到严重困难，物资紧缺，从社会各阶层中分离出来的一部分闲散人员与国营、集体企业和农村社队的不法分子勾结，在城市套购国家计划分配的物资，在农村抢购国家统购派购的农副产品和国家向农民奖售、换购的工业品，倒买倒卖，牟取暴利。经济监督检查的任务主要是打击投机倒把，取缔私商长途贩运，取缔黑市。在这一时期，由于受"左"的思想影响，过分强调阶级斗争，对市场管理过严，对违反市场管理规定的违章行为处理偏重，把长途贩运当作投机倒把，把手工纺织土布的自销行为也作为投机倒把处理。在查处投机倒把活动中，不同程度地搞群众运动及群众专政，扩大了打击面。

"文革"和三年徘徊时期，在"左"的指导思想指导下，把农民经商和长途贩运列为资本主义自发势力，加严格限制；把无证经营、社队和农民经商、长途贩运和违反市场管理规定的违章行为、违反企业登记管理的

经营，一概列入投机倒把的范围予以严厉打击。把一些违章人员全部集中起来办学习班，搞集中审查、坦白交代，打击投机倒把出现了扩大化。据统计这期间，查获大烟11万两、白银6万两，查获倒卖粮食61万斤、粮票46万斤、布票42万尺、油脂油料3万公斤、猪肉6万斤、糖13万斤，查获倒卖化肥26万吨。

二、城乡集贸市场管理

从新中国成立初期到"三大"改造完成前后，工商行政管理市场监管的对象主要是城乡集贸市场，目的是活跃城乡经济，促进农副业发展。据统计1958年，全省集贸市场发展到2 800个，成交额为1.1亿元。在"大跃进"和"人民公社"运动中，农村取消了自留地和家庭副业，实行劳动集体化，生活食堂化，集市贸易自然消失。1960年明确了自留地政策长期不变，允许和鼓励社员发展家庭副业，有领导有计划地组织集市贸易，推动和促进了集贸市场的恢复和发展。据1964年统计，当时全省城乡集贸市场1 944个。10年"文革"中，集市贸易受到了严格限制，1972年全省城乡集贸市场只有1 417个。

三、经济合同管理

50年代初期，云南的合同管理机关是各级人民政府财政经济委员会和各级工商行政管理部门，合同管理的目的是为了加强对国营企业的领导，促进私营企业的改造与发展，稳定市场物价。1953年对加工订货合同的管理有了发展，增加了产供销三角合同，制定了对不履行合同的处理规定。1958年以后按行政命令推行经济合同，1960年得到纠正，开始重视经济合同管理。"文革"期间经济合同管理工作再次遭到破坏。

四、工商企业登记管理

1949年，全省实行军事接管后，为了掌握私营工商业的情况，各地开展了对企业的临时性普查登记。1950年6月，云南贸易总公司拟定了《云南省工商企业登记暂行办法》，并统一制定了工商营业证。不久，西南军政委员会公布了《西南区工商企业登记暂行办法》，云南省制定了实施细则。1950年9月工商业实行总登记，建立开、停、并、转、

变更等登记管理制度。到1952年底，全省共有国营工业86户，公私合营企业32户，私营工业1 735户，私营商业9.2万户，从业人员12万人。1953年对全省私营工商业进行复查登记，审查企业资金。1955年6月进行了一次全面换证。1955年8月对全省私营商业和饮食业进行了一次普查，据普查统计，全省私营商业、饮食业、服务业共有9.8万户，从业人员12万人。1962年1月，根据省人委《云南省合作商店（组）手工业合作社（组）流动匠人运输业登记管理暂行（试行草案）及实施细则》要求，对全省集体所有制商业、服务性行业、饮食业、手工业、运输业、外侨开办的商业、手工业、经营中西药品的合作店（组）进行了全面登记，关停并转了850个集体企业。1962年12月，根据国务院《工商企业登记管理试行办法》，对已开业的城乡工商企业进行了一次全面登记，对新开业的工商业进行全面清理整顿。"文革"开始以后，工商企业的登记管理完全处于停滞状态。

五、个体工商业（户）登记管理

国民经济恢复时期，为了尽快恢复和发展生产，大力扶持个体劳动的工商业者，使个体工商业有了较快发展。到1953年底，全省个体工商业者发展到约25万人。社会主义改造时期，对个体工商业者采取教育引导，走合作化道路。到1956年底，全省小商小贩组成合作商店3 413个，从业人员2.5万人；合作小组5 334个，从业人员2.4万人；保留个体经营2万人。1957年底，全省个体手工业者、个体运输户，已全部吸收到手工业联社、手工业合作社、运输合作联社、运输合作社等集体机构。从1958年到"文革"结束，是个体工商业反复变化的时期。1958年4月，中央发出《关于继续加强对残存的私营工业、手工业和小商小贩进行社会主义改造的指示》，提出对个体工商业采取利用、限制和改造的政策。在"大跃进"和"人民公社"运动中，提出了要消灭单干户，进一步改善现有合作商店（小组）的要求。1959年开展"反右倾"运动，把个体工商业作为"资本主义的尾巴"，再次把剩余的合作

商店（小组）过渡为国营、合作社企业，把剩余的个体商贩并入代销店。至此，全省个体工商业已基本被消灭。1961年，八届九中全会后，把并入国营和公私合营的一部分小商小贩调整出来，恢复合作商店和合作小组。1962年，八届十中全会后，再次提出对小商小贩实行利用、限制、改造的政策，只能减少、不能增加。对自发产生的个体工商户，进行了清理整顿和取缔。"文革"期间个体工商业更进一步遭受摧残，有些合作商店（组）的小商贩受到批判。对搞个体经营的均被视为走资本主义道路的单干户，被强行禁止经营。直到1976年2月，云南省革委会下发《关于个体工商户登记管理工作的意见》后，云南个体工商业才稍有恢复。

六、商标广告管理

新中国成立初期，国家对帝国主义在华商标特权和反动、封建、殖民色彩商标进行了清理。1950年，中央政府颁布了《商标注册暂行条例》，对商标管理实行全国统一注册和分级管理制度，对商标专用权的保护采取注册原则。这一时期，云南企业包括公私合营企业都很重视商标注册和使用，注册商标和使用商标数量逐年增加。1956年社会主义改造基本完成后，所有企业都成为公有制企业，物资分派实行计划调拨，商品流通实行统购包销，商品生产企业已不再与市场和消费者发生直接联系，商标作用下降，注册商标减少。1957年，国家对商标实行强制注册制度，把商标管理作为监督商品质量的重要手段，云南注册商标数量有了明显增加。据统计，1966年全省注册商标共有368件。10年"文化大革命"期间，大搞破旧立新，取缔传统名牌、老字号商标，大量使用革命性语言商标，并改变多年来的统一注册制度，内销商品商标划归直辖市审定注册，云南商标管理工作遭到严重破坏，1976年全省注册商标只剩下233件，一些传统名牌和老字号逐渐消失。

云南广告业的发展和其他工作一样，也经历了曲折的道路。新中国成立后，虽然继续保留广告经营单位，但广告业无新的发展，特别是对私营工商业进行社会主义改造以

后,报刊、电台基本都不刊登播放广告,广告更萎缩。1959 年,为迎接国庆十周年,商业部发出加强广告宣传和商品陈列的通知,提出"为生产、为消费、为商品流通、为美化市容服务"的方针和"思想性、政策性、真实性、艺术性"的要求,全省广告有了初步发展,在中心城市,招贴、电影、幻灯、霓虹灯、模型、橱窗等新形式的广告开始出现。"文革"期间,广告被视为资本主义产物和资产阶级腐朽文化,全省广告发展遭到严重破坏,除印发和张贴"革命样板戏"的宣传画帖外,商业广告基本绝迹。1979 年全省广告经营单位仅有 3 家。

第二部分 (1979—2008.6)

第一节 发展概况

一、发展历程

1978 年工商行政管理部门恢复建制。1979 年 9 月 24 日云南省工商行政管理局成立。伴随着改革开放和社会主义市场经济体制建立完善的伟大历史进程,云南工商行政管理事业走过了不平凡的 30 年。30 年来,历经数次机构改革和市场办管脱钩、经费"收支两条线"、省以下垂直管理等重大改革,职能不断得到加强和提升,逐步确立了工商部门在社会主义市场经济条件下的职能定位。职能由恢复建制之初的"四管一打",即集市贸易管理、工商企业登记管理、经济合同管理、商标注册管理和打击投机倒把,1982 年前后演变为"六管一打",增加个体工商业管理和广告管理,逐步扩展为现在的"五大职能",即:严把市场准入关,实施对各类市场主体的登记注册和监督管理;维护市场公平交易和公平竞争秩序,反垄断和反不正当竞争,查处商业贿赂;保护消费者、经营者合法利益,打击商业欺诈和制售假冒伪劣商品等违法行为;保护商标知识产权,打击商标侵权行为,以及依法注册、监管广告行业;打击传销和变相传销。随着职能职责的全新拓展,全省各级工商部门机构不断健全、人员不断充实、制度不断完善、财务基建等保障能力不断提高,工商行政管理的地位越来越提高,作用越来越重要,逐步成为政府主管市场监管和行政执法的主要职能部门。

1979 年云南省工商行政管理局成立以来,根据不同时期改革发展的特点,云南工商行政管理发展历程大致分为四个阶段。

（一）改革开放初期(1978—1984 年)

"文化大革命"结束后,经过三年徘徊和拨乱反正,省、地、县三级工商行政管理机关重新设立。当时,云南工商行政管理的职能工作还比较单一,主要任务是恢复城乡集市贸易、支持个体工商业发展,也就是管理集贸市场和个体工商户。这一时期,县城和中心村镇恢复传统街期,分散山区增辟新的集市贸易点、草皮街。允许农民将剩余粮食、油料和其他农副产品上市交易,允许社队和城镇居民开办饮食、茶馆、旅社、照相、理发、缝纫、修理店等。云南省工商行政管理局在调查研究的基础上,向省政府提出了《支持发展城乡集市贸易、个体工商业和乡镇企业的意见》,并与 10 个部门,共同提出发展城乡集市贸易、支持个体工商业发展的 8 条改革措施,有力地促进了全省城乡集贸市场、个体工商业和乡镇企业的发展。工作中,各级工商行政管理部门坚持"管而不死,活而不乱"的原则,使全省城乡集市贸易和个体工商户得到恢复和发展,市场得到初步恢复和繁荣。

（二）经济体制改革全面展开时期(1984—1992 年)

随着我国改革开放不断深入和市场经济初步发展,云南工商行政管理从比较单一的集贸市场和个体工商户管理,开始向对市场的综合管理发展。企业个体外资注册登记管理、经济合同管理、商标广告管理、经济检查等各项工作逐步开展起来,职能职责得以初步拓展。这一时期,建设城乡集贸市场是工商行政管理部门的首要任务。全省工商行政管理部门千方百计筹措资金,在全省城乡建立了大大小小 1 000 多个集贸市场,活跃了经济,繁荣了市场,方便了群众。

（三）建立社会主义市场经济体制时期(1992—2002 年)

小平同志南方谈话和党的"十四大"明

确了我国经济体制改革的目标即建立社会主义市场经济体制。为适应新形势,全省各级工商行政管理机关认真开展"第二次思想大解放"的活动,全省工商行政管理干部加强学习,大胆探索,冲破长期形成的维护计划经济体制的思维方式和管理方式,坚持一切从实际出发,坚持发展才是硬道理,大胆支持深化改革,支持扩大对外开放,不断拓宽管理的深度和广度。云南工商行政管理工作开始从主要服务于计划经济向服务于社会主义市场经济转变;从侧重于监督管理集贸市场向监督管理社会主义统一大市场转变;从局限于国内传统的监督管理方法向更多地借鉴国际通用的管理方法转变;从侧重于具体业务管理体制向运用法律手段和行政手段进行宏观管理转变。

1998 年党中央、国务院作出了工商行政管理体制实行省以下垂直管理改革的决定。1999 年 8 月,全省 16 个地、州、市和 128 个县级工商行政管理局人员编制、资产债务上划省局,省局重新任命了地(州、市)和县(市、区)工商行政管理局领导班子,全系统经费实行统管统筹。2001 年,省政府召开全省市场"办管脱钩"电视电话会议。按照"先移交,后清理,再处理"的原则,全系统共移交市场 345 个,市场资产 91 745 万元,市场债务 31 953 万元,市场管理人员 981 人,改变了既当"裁判员"又当"运动员"的双重身份。财务收支实行"收支两条线"管理。到 2002 年,省以下垂直管理新体制初步建成。

在新体制的建设和运行过程中,省局党组不断完善云南工商行政管理发展思路。1999 年,提出"抓好三大建设,推进职能到位"。2000 年召开社会主义精神文明建设楚雄现场会和 2002 年召开认真学习"十六大"精神深入实践"三个代表"重要思想瑞丽现场会后,增加社会主义精神文明建设内容,2002 年完整地提出"四大建设"发展思路,即加强体制建设、队伍建设、基础建设、社会主义精神文明建设。

(四)完善社会主义市场经济体制时期(2003 年后)

2003 年,云南省工商局根据形势发展需要,又提出"一个中心、两大战略"。概括地讲,垂直管理初期,全省工商行政管理工作的总体思路就是实践"三个代表",抓好四大建设,围绕一个中心,实施两大战略,推进职能到位,促进云南经济社会发展。四大建设就是体制建设、队伍建设、基础建设、社会主义精神文明建设。一个中心就是整顿和规范市场经济秩序工作。两大战略就是信息化建设、队伍建设。推进职能到位就是国家法律法规赋予的市场监管执法职能必须到位。至此,这一阶段云南工商行政管理的发展思路基本形成。在这一思路的基础上,按照省局党组"求工商工作规律之真,务工商职能到位之实,创工商工作时与俱进之新"的要求,2002 年至 2006 年全系统组织开展了"八大创新",实施了"七大行动"。"八大创新"即队伍建设创新、职能工作创新、作风建设创新、纪检监察工作创新、财务工作创新、基建工作创新、信息化建设创新、干部培训创新。"七大行动"就是整治集贸市场"诚信行动"、整顿加油站"马力行动"、取缔非法传销"泰山行动"、打击不正当竞争"利剑行动"、维护消费者权益"'12315'行动"、查处商标假冒侵权和虚假违法广告"品牌行动"、规范自身监管执法行为"卫士行动"。在市场监管执法工作中,坚持"寓监管于开放之中,寓执法于服务之中"理念,正确处理整顿与规范、管理与发展、执法与服务的关系,整顿规范市场经济秩序和服务云南经济社会健康快速发展取得实实在在的成效。仅 2006 年,查处各类经济违法违章案件 28 234 件,案件总值 3.8 亿元。截至 2006 年底,全省内资企业发展到 13.98 万户,其中私营企业 7.68 万户;外资企业 1 967 户;个体工商户 78.7 万户。总之,在建立省以下垂直管理新体制阶段,在省委、省政府和国家工商行政管理总局的正确领导下,经过全系统共同努力,云南工商事业取得了长足的发展,建立了省以下垂直管理新体制,建立了初步适应市场监管的工作机制,队伍素质不断提高,工作条件不断改善,结构合理、政令畅通、执法统一、管理科学、运转协调、勤政廉洁的云南工商行政管理新体系初步形成,为云南工商行政管理创新发展打下了坚实的基础。

2007年3月，省委对省工商行政管理局领导班子进行了调整。新一届领导班子在深入调查研究、认真分析总结云南工商行政管理市场监管执法工作和队伍建设现状的基础上，广泛征求各方意见，按照科学发展观和国家工商行政管理总局监管与发展、服务、维权、执法"四个统一"的要求，2007年8月，提出新时期云南工商行政管理工作的新目标：牢固树立科学发展观，认真落实"四个统一"，积极推进"四化建设"，努力实现"四高要求"和"三个到位"、"六个好"，开创新形势下云南工商行政管理工作新局面。"三个到位"就是明确职责、履职到位；爱岗敬业、工作到位；统筹兼顾、谋划到位。"六个好"就是建设一个好班子、带出一支好队伍、完善一套好制度、营造一个好环境、搭建一个好平台、树立一个好形象。新的工作目标一提出，全系统广泛开展解放思想大讨论，"三个到位"、"六个好"迅速成为全系统的共识，广大干部职工精神振奋、激情高涨，监管执法和服务水平不断提高，各项工作在传承中不断创新，在创新中继续发展。

2007年以来，全省工商行政管理系统在省委、省政府和国家工商行政管理总局的正确领导下，始终坚定不移地用党的十七大精神和科学发展观统一思想、武装头脑、凝聚力量；始终坚定不移地用党的十七大精神和科学发展观统揽、谋划和推动各项工作，认真贯彻"四个统一"，积极推进"四化"建设，努力实现"三个到位"、"六个好"的工作目标，突出抓好流通环节食品安全监管，加大市场监管执法力度；突出抓好各类市场主体平等准入，促进云南经济社会又好又快发展，各项工作都取得了较好成绩。主要表现在：一是认真开展"解放思想大讨论"活动和坚决贯彻执行"四项制度"，得到省委、省政府领导充分肯定。组织开展省委统一安排的解放思想大讨论活动，提出要紧紧围绕一条主线，着力从四个方面解放思想，深入思考六个方面的问题，努力实现打造效率工商、服务工商、诚信工商的总体目标。执行省政府组织实施的首问责任、限时办结、服务承诺、行政问责"四项制度"，全系统进一步统一监管执法程序，极力消除工作上的"肠梗阻"，全力打造投资"软环境"，做到问责与问效相结合，确保五项承诺条条落实、款款兑现。二是大力推进工商行政管理制度化、规范化、程序化、法治化"四化"建设。紧紧围绕制度建设核心，牢牢抓住信息化建设、基层工商所规范化建设和队伍建设三个重点，初步实现了企业登记程序化、市场监管网格化、消费维权网络化、执法办案规范化、政务工作自动化。三是流通环节产品质量和食品安全专项整治取得明显成效。"两个100%"和"一个彻底解决"的目标基本实现。创新出网格化监管、重要商品食品留样备查制、对经营食品小摊点采取"捆绑式"办证明确经营者各方责任、对边境"蚂蚁搬家"进口食品实施严密监控等做法，得到了国家工商行政管理总局的肯定。四是推进云南商标战略工作取得突破。国家工商行政管理总局付双建副局长率商标局、商标评审委员会负责人到云南进行了专题调研。承办省政府推进商标战略工作会议，商标战略工作纳入了各级政府重要议事日程。2008年推荐上报中国驰名商标认定申请11件，比往年成倍增长。五是创新推进农村"一会两站"建设。昆明、曲靖、玉溪、楚雄等地以政府名义行文推进"一会两站"建设，由村委会主任担任站长、治保主任担任联络员，有机地把"12315"维权网络和村民委员会自治组织结合在一起，也就是把行政执法维权与人民群众自治结合在一起，对农村消费维权产生了更大的威力。国家工商行政管理总局周伯华局长指出"结合得很好，实践得很好，工作做得非常好，很有成绩"。2007年，全系统依法收缴罚没款2.2亿元，完成行政性收费收入3.4亿元，双双实现历史性突破。2008年6月底，全省共有内资企业15.93万户，外资企业2 050户，个体工商户86.5万户。私营企业大幅增长，比上年增长25%。

二、机构沿革

（一）省工商行政管理局机构沿革

1979年9月24日，中共云南省委发出《关于成立省工商行政管理局的通知》，撤销省商业厅工商行政管理处,成立云南省工商行政管理局,属云南省革命委员会直属机构,内设办公室、市场管理处、企业登记商标管理处、经济合同管理处4个处室,定编40人。1979年12月,云南省工商行政管理局组建完毕。

1983年4月23日,省编制委员会批准云南省工商行政管理局内设办公室、市场管理处、企业登记处、个体经济处、经济合同处、商标广告处,行政编制60人。1984年1月6日,省编委批准成立云南省工商行政管理干部训练班,编制10人。1986年1月,省编委批准成立经济检查处、基层工作处。同年3月,省教育厅和省计划委员会批准成立云南省工商行政管理学校。

1994年,省政府批准《云南省工商行政管理局职能配置、内设机构和人员编制方案》,省局内设2个职能局(处级局)和8个处室:企业注册局、公平交易局、办公室、人事教育处、监察审计处、法制处、市场监督管理处、个体私营经济监督管理处、商标管理处、广告监督管理处。这次机构改革,增设了监察审计处,撤并了经济合同和外资处,撤销了基层工作处,商标、广告两个处首次分设。

1998年党中央国务院作出了改革工商行政管理体制的决定。1999年4月初,省政府召开全省工商行政管理体制改革工作会议,下发《云南省工商行政管理体制改革实施方案》和《云南省工商行政管理体制改革交接办法》。1999年8月,全省16个地、州、市和128个县级工商行政管理局的机构编制、干部人事和经费资产全部上划省工商行政管理局,全省工商行政管理系统实行省以下垂直管理。

2000年,省政府批准《云南省工商行政管理局职能配置、内设机构和人员编制规定》,明确省工商行政管理局是省政府主管市场监督管理和行政执法的直属机构。行政编制55人。内设12个处室:办公室、人事教育处、计划财务处、法制处、企业注册登记管理处(外资企业注册登记管理处)、公平交易处、市场监督管理处、个体私营经济监

督管理处、广告监督管理处、消费者权益保护处、纪检监察室(省纪委和检察厅的派驻机构)、商标管理办公室。这次机构改革,新成立了计划财务处、消费者权益保护处,原商标处与商标事务所合并,组建成商标管理办公室,核定事业编制30人,承担商标管理行政职能。

2001年至2002年,按照省委、省纪委部署,建立全系统纪检监察工作组织体系,省局和全省16个地(州、市)、129个县(市、区)工商行政管理局设立了纪检监察室。2002年,省编委批准设立商标监督管理处、老干部管理办公室、外资企业注册登记管理处。2007年,省编委批准企业注册登记管理处和个体私营经济监督管理处的登记职责合并,个体私营经济监督管理处增挂企业注册监督管理处名称,批准设立基建管理处。

2007年底,全系统共有各类人员编制12 602名,其中,行政编制10 210名,老干服务人员编制166名,事业编制2 066名,工勤人员编制160名。省局机关内设16个处室、8个事业单位和1个直属分局。16个处室是:办公室、人事教育处、纪检监察室、计划财务处、基建管理处、法制处、企业注册登记管理处、外资企业注册登记管理处、个体私营经济监督管理处(企业注册监督管理处)、公平交易处、市场监督管理处、广告监督管理处、消费者权益保护处、商标监督管理处、老干办、机关党委。8个事业单位是:省消费者协会、省个私经济协会、省广告协会、省工商学会、省工商学校、干部培训中心、信息中心、省拍卖行。

(二)地(州、市)、县(市、区)工商行政管理局机构沿革

1978年9月,财政部、商业部决定将基层工商行政管理人员列为事业编制,分配给云南编制2 500人。1979年2月,省革委会转发《国务院关于成立工商行政管理总局的通知》,并下达编制指标。到1979年底,昆明、文山、西双版纳、大理、思茅、保山等地、州、市单独设立了工商行政管理局。工商行

政管理所由 1978 年的 581 个增加到 697 个。

1979 年云南省工商行政管理局成立以后,全省 17 个地、州、市和 128 个县级工商行政管理局相继成立。20 世纪 90 年代中期,各地(州、市)、县物价管理部门并入工商行政管理局,成立工商物价管理局。但除红河州工商物价管理局外,多数地方并未合署办公,且两年左右又分设。1997 年,中编委、人事部、国家工商行政管理局下发《关于重新核定工商行政管理所人员编制及有关问题的通知》。省编委重新核定全省工商所编制 8 971 名。1998 年底,全省有 1 086 个基层工商所(队、站)。1999 年实行省以下垂直管理体制改革,全省地县工商行政管理局机构编制、干部人事和经费资产全部上划省工商行政管理局。

2002 年,按照精简、高效的原则,全省地、县两级工商行政管理局进行了机构改革。全系统人员编制由改革前的 13 028 个减少到 11 408 个,精简 12.43%。其中行政编制由 11 759 个减少到 9 984 个,精简 15.09%;事业编制由 1 269 个减少到 1 104 个,精简 13%。地县工商行政管理局内设机构从改革前的 1 105 个减少到 868 个,精简 21.45%;基层工商所从 1 109 个减少到 736 个,精简 33.63%。城市市区、县城、中心城镇的基层工商所多更名为分局,为县级工商行政管理局的副科级派出机构。

三、队伍建设概况

1979 年以后,随着全省各级工商行政管理局的成立和职能职责的不断加强提升,全省工商行政管理队伍不断发展壮大,整体素质不断提高。1986 年,全省工商行政管理人员 7 023 人。其中,省局 88 人,地州市局 480 人,县局 2 289 人,工商行政管理所 4 346 人。干部队伍学历层次较低,全系统大专以上学历仅有 108 人,仅占 1.5%,高中中专学历 2 894 人,初中小学以下学历 4 201,占到 58%。1998 年,全省工商行政管理人员 13 488 人。其中,省局 171 人,地州市局 1 068 人,县局 4 210 人,工商行政管理所 8 039 人。大专以上学历占 28.4%,中专和高中占 55.66%。2007 年,全系统在职干部

职工 12 017 人,其中省局 284 人。全系统取得大专以上学历的干部职工已达到 78.6%,干部队伍整体素质大幅提高。

1999 年至 2006 年,全系统以“三个代表”重要思想为指导,按照“忠于职守、勇于负责、清正廉洁、执法如山”的要求,大力加强队伍建设。一是始终坚持思想政治教育,坚持用“三个代表”重要思想育人。1999 年,全系统开展“三讲”教育,重点提高领导干部政治思想素质。2000 年至 2002 年,全系统认真组织学习和实践“三个代表”重要思想,涌现出瑞丽市工商行政管理局等一批先进典型。2003 年,开展团结干事教育,增添了各级领导班子和干部队伍的凝聚力、战斗力。2004 年,实施“云岭先锋工程”,充分发挥党员先锋模范作用。2005 年,开展“党员先进性教育活动”,各级党组织的战斗力、创新力明显加强。二是始终坚持抓党风、带政风、促行风,确立“作风就是形象、作风就是素质、作风就是效能”的观念。2000 年,集中开展了整顿队伍作风的专项行动。2002 年,省政协对省工商行政管理局作风建设进行民主评议,社会问卷满意率达到 91.1%。2003 年,开展“卫士行动”,认真贯彻国家工商行政管理总局“六项禁令”和云南省公务员“八条禁令”。2004 年至 2005 年,开展队伍教育整顿,完成“五项清理”。2006 年,以建立健全惩防腐败体系为重点,健全党风廉政建设责任制,推行政务公开,纠正损害群众利益的不正之风。三是始终坚持大规模培训干部和学习借鉴沿海发达省市先进工作经验。2001 年,提出“走出去、请进来、走上来、沉下去”战略。“走出去”就是组织干部到上海挂职锻炼;“请进来”就是把上海的同志请到云南来指导工作;“走上来”就是安排基层干部到省城跟班见习;“沉下去”就是机关领导干部经常下基层。2002 年,制定《2001—2005 年干部教育培训规划》,加强干部教育培训工作。到 2005 年全系统共举办各类培训班 1 499 期,62 366 人次参加了培训,603 名工商行政管理所所长全部轮训一遍。2006 年 96 名处以上干部到广东对口交流培训。四是始终坚

持法制教育,努力提高依法行政水平。2002年,组织实施"工商法规学习年",完成全系统行政执法证的培训和考核。2004年认真贯彻《行政许可法》,取消22项行政审批事项。2005年制定实施《行政执法过错责任追究办法》,进一步完善行政执法责任制。五是始终坚持典型引路,营造比、学、赶、帮、超的群众性争先创优热潮。树立精神文明建设学楚雄、贯彻"三个代表"学瑞丽、基层建设学长春"三面旗帜",涌现出各级先进集体2 795个次,先进个人5 004人次,文明示范窗口78个,青年文明号74个。723个单位获得"精神文明建设先进单位",其中中央精神文明建设先进单位5个。

2007年以来,在新的历史起点上,按照建设政治过硬、业务过硬、作风过硬"三个过硬"队伍和"三个到位"、"六个好"的新要求,云南工商行政管理队伍建设走向新的征程。一是坚持用党的十七大精神和科学发展观武装干部思想。全系统认真按照中央、省委和国家工商行政管理总局的部署,加强领导,精心组织,通过召开党员大会、报告会、辅导讲座、中心组理论学习、参加党校学习等形式,掀起学习贯彻党的十七大精神的高潮。通过高标准的学习实践活动,党的十七大精神和科学发展观深入人心,干部队伍政治意识、大局意识和责任意识明显增强,为创新开展云南工商行政管理工作注入了强大的精神动力。二是抓机关促基层,队伍作风明显转变。2007年首次在全系统范围内集中开展处级干部述职述廉,省局机关和16个州市工商行政管理局250名处级干部进行了述职述廉,增强了处级干部的履职意识。完成省局机关正处级实职干部择岗交流,调整充实部分州市工商行政管理局领导班子,激发了干部队伍的工作积极性。在全系统选拔推荐了一批35岁左右的副处级后备干部,加强了对年轻干部的培养。组织省局机关处级干部深入昆明市基层工商分局参观学习,对转变机关作风起到了明显作用。严肃劳动纪律,狠抓会风会纪,机关散漫现象明显转好。修订完善《党风廉政建设责任书》,

层层签订、层层落实,更加明确各级责任,省局机关第一次与各处室签订了责任书,做到责任不留死角。重大决策"阳光操作",做到决策过程民主化、决策程序规范化、决策结果公开化,加强了对权力运行的制约和监督。基层工商所开展向监管服务对象述职述廉,基层干部勤政廉政意识不断加强。全面开展工商行政管理廉政文化建设,"以廉为荣、以贪为耻"的氛围已然形成,不断涌现出反腐倡廉的先进典型。三是抓教育重培训,广泛开展"三能手"、"一演讲"和军训活动,队伍整体素质进一步提高。全系统认真贯彻中央大规模培训干部的战略任务,拓宽渠道,创新方式,组织开展了多层次、多渠道、多形式的干部教育培训。2007年,全系统共举办各类培训班364期,培训干部18 200人次。选派20名州市局局长、副局长参加国家工商行政管理总局地市局长培训班。2008年,在全系统组织开展三个能手岗位大练兵、技能大比武活动,分3年培养选拔100名登记注册能手、100名执法办案能手、100名计算机操作能手。组织"讴歌三十年成就,再创工商新辉煌"演讲比赛活动,增强了对工商行政管理工作在建设中国特色社会主义历史进程中重要性的认识。全系统组织开展全员军事训练,训精神、训作风、训纪律,干部职工时间观念、纪律观念和团队意识明显增强。

干部队伍的高素质在非常时期表现尤为突出:在2008年1、2月份南方罕见的冰冻雨雪灾害发生期间,省工商局局长亲自带领党组成员组成工作队,深入到灾害严重的昭通市组织调动工商队伍,保证灾区市场秩序和供应顺畅,并组织全系统捐款75万余元、捐物12 415件。汶川大地震后,组织全系统个人捐款148.5万元(其中省局机关11.7万元),组织私营企业和个体工商户捐款捐物3 975.4万元(其中捐物635万元),并及时组织调研组到昭通靠近四川一侧受灾工商所了解灾情,慰问受灾干部职工。充分体现出全系统广大干部职工"一方有难、八方支援"、"灾害无情人有情"的博爱之心和强烈的社会责任心。

第二节　发展成就

1979 年以来,云南省工商行政管理市场监管执法各项工作都有重大发展,取得了辉煌成就。

一、查处经济违法违章案件

十一届三中全会后,实行对外开放对内搞活的方针,市场活跃,但投机倒把活动也呈上升趋势。1980 年至 1986 年,重点是打击走私贩私、投机倒把买卖外货的违法者,全省共查获投机倒把等违法案件 12 万多件,罚没金额 3 200 多万元。随着建立社会主义市场经济体制的进程加快,查处扰乱社会主义经济秩序行为的工作,由过去以查处投机倒把案件为主,逐步转向以"一反"、"两保"、"三打"(反不正当竞争、保护生产经营者和消费者合法权益、打假打私打骗)为重点,规范市场交易行为,保障市场经济健康有序发展。从 1993 年到 1999 年底,全省工商系统共查处经济违法违章案件 9 万余件,罚没金额 2.57 亿元。

2001 年以来,整顿和规范市场经济秩序作为全省工商行政管理市场监管执法工作的重心,经历了由全面整顿到重点整治,由重在治标到标本兼治重在治本,由专项整治到建立长效监管机制的发展演变过程,对市场监管执法的规律性认识不断深化。2001 年,全面整顿和规范市场主体准入行为、市场交易行为和市场竞争行为,全年共查处各类经济违法违章案件 40 960 件,清理复查企业和个体工商户档案 11.7 万户,查处无证照经营案件 2 416 件。首次查处建筑、旅游、房地产行业商业贿赂案件 125 件和垄断性行业限制竞争案件 18 件。罚没款 2 585 万元。2002 年,针对市场上的难点、热点问题,突出开展"七大行动",共查处各类经济违法违章案件 57 118 件,罚没款 4 718 万元。2003 年,增加抗击"非典"的"警戒行动"和诚信市场"创建行动",共查处各类经济违法违章案件 96 123 件,罚没款 7 014 万元。2004 年到 2006 年,针对禽流感疫情爆发、"苏丹红"事件、商业回扣突出等问题,重点

开展食品安全专项整治、商标专用权保护、陈化粮市场整治、打击传销、治理商业贿赂等工作。开始对流通领域食品质量进行全程监管,逐步探索建立标本兼治的食品安全长效监管机制,整顿和规范市场经济秩序工作进入更深层次和领域。

2007 年,着重抓了流通领域商品质量和食品安全的专项整治。紧紧围绕"两个100%"和"一个彻底解决"的目标,全省县城以上城市 3 224 个食品市场、超市已 100%建立了索证索票制度;全省乡镇、街道、社区 137 347 个小食杂店已 100%建立进货台账;全省共取缔无照经营食品的小食杂店、小摊点 3 692 户,无照经营食品问题得到有效治理,食品安全监管长效机制初步建立。云南省的网格化监管、重要商品食品留样备查制、对经营食品小摊点采取"捆绑式"办证明确经营者各方责任、对边境"蚂蚁搬家"进口食品实施严密监控等做法,得到了国家工商总局的肯定。2007 年,全系统共查处各类经济违法违章案件 21 488 件,案件总值 56 913 万元,罚没金额 2.2 亿元。2008 年上半年,共查处各类经济违法违章案件 12 596 件,收缴罚没款 4 881 万元。

二、市场监督管理

1980 年后,云南城乡农贸市场交易日趋活跃,全省农贸市场恢复发展到 2 138 个,65%的集市恢复传统街期。十一届三中全会后,按照"对外开放、对内搞活"的方针,工商行政管理部门在市场建设和管理方面做了大量工作,集贸市场得到迅速发展。

一是加快培育建设各类市场,促进全省市场体系的建立和完善。坚持"政府领导,统一规划,合理布局,多家兴建,工商监管"的方针,把市场培育建设与农村集镇建设、调整农业产业结构、发展乡镇企业和个体私营企业有机地结合起来,加快各类商品市场建设步伐。1982 年投资 207 万元,建设集贸市场 40 万平方米。1991 年,省政府召开全省集贸市场建设会议,发出《关于加快集贸市场建设有关问题的通知》,全省掀起集贸市场建设高潮。当年全省共投入集贸市场建设资金 4 946 万元,其中工商部门投入

1 914万元,社会集资667万元,建设总面积203.7万平方米,年末市场总数2 885个,比上年增加37个。1993年投入1.34亿元,新建市场98个。据统计,1992年以来,全省多渠道投入市场建设资金21亿元,新建、改扩建市场2 764个。在农副产品、工业品的主产区、主销区和集散地,培育建设专业批发市场253个。1999年底,各类商品市场发展到3 900个,其中消费品市场3 763个,生产资料市场137个。

二是建立和完善市场登记制度,加强市场建设宏观调控。按照国家工商行政管理局《商品市场登记管理办法》,对各类商品市场实行登记管理。对新开办的市场,严格把好登记关,严格审批制度,促进市场的合理布局。

三是加强各类消费品市场的监督管理,促进市场繁荣稳定。认真贯彻《云南省商品交易市场管理条例》,维护正常的商品交易秩序,保护市场开办者、经营者和消费者的合法权益。在管理内容上,强化对重要商品和重点市场的日常监督管理,突出抓好粮食、农资、烟草、药品、旅游商品、食品、饮品、酒类等关系国计民生和人民群众生命安全的商品市场的管理。在管理方式上,在大中型集贸市场设立监督站,实行全日值班制度和市场巡查制度,严厉打击掺杂使假、骗买骗卖、短斤少两、欺行霸市、哄抬物价等违法违章行为。

四是推行市场巡查制,实现了监管方式由驻场制向巡查制的转变。1998年,在全省县城以上市场全面推行市场巡查制,当年建立市场巡查中队、分队或巡查组近600个,工商所巡查组380个。配备了100辆市场巡查车。

五是探索对“双生”市场监督管理的有效方法和途径。从云南生产资料市场发育地区差异较大的实际情况出发,采取分层要求、分类指导的办法,先后对机动车交易、矿产品、钢材、木材等生产资料市场进行了监督管理。

六是加强对商场、企业柜台出租和商品展销会的管理。制定了《云南省商场柜台出租管理办法》,逐步对商场、企业柜台出租进行监督管理。1999年,全省有柜台出租企业350户,出租柜台5 278个,核准登记举办展销会604个。

七是组织开展“诚信市场”创建活动,探索建立集贸市场长效监管机制。2007年3月,在昆明召开“云南省首届工商企业诚信研讨会”,有力促进了商业诚信社会体系的建立。昆明市工商行政管理局在菊花园药材市场、东华手机市场率先尝试“诚信市场”建设。全系统从推广辖区、片区责任制监管模式开始,到推行“网格化”监管,及对食品经营户实行“两个100%”管理模式,集贸市场长效监管机制初步建立。

2007年底,全省共有商品交易市场3 775个。其中,生产资料市场165个、消费品市场3 610个。分布在城市791个、农村2 984个。到2007年,全省共创建“诚信市场”和消费者满意街600个(条)。

三、内资企业登记管理

1980年,全省开展了工业企业普查登记工作。据普查资料显示,1979年末,全省共有工业企业9 619户,资金总额74.4亿元。在普查中,提出了建立“经济户口”的最初概念。改革开放后,国家制定颁布了工商企业注册登记管理的一系列法律法规,逐步建立起规范的企业登记管理制度。按照中央关于“把好企业登记核准注册关,从源头上打击经济犯罪”的指示精神,从规范企业登记入手,依法严格审核登记注册条件,依法查处虚假验资和企业登记中的欺诈行为,确保市场主体资格的真实性,防止不合格的市场主体混入市场,扰乱市场公平交易和经营秩序。同时,建立健全退出规则,对采取不正当手段混入市场或名存实亡以及出现劣迹的,劝其退出市场或依法强制逐出市场,逐步改变了只进不出、只生不死的无序状况。1989年和1990年清理整顿公司,全省撤并各类公司1 019户,降格559户,注销914户。1991年底,全省企业共有98 715户,注册资金423亿元,从业人员280多万人。

随着改革开放进程的深入发展,工商行政管理从转变职能、改进监管方式入手,支持、促进企业深化改革和扩大对外开放。1997年,《公司法》颁布实施,在公司登记管理制度改革上确立了"直接登记为主,审批设立为辅"的原则,取消了一些不必要的登记事项,改变了计划经济体制下对企业经营范围、经营方式管得过死的做法,简化了企业设立登记的前置审批,放开了经营方式,经营范围按大类、中类核定,淡化了公司经济性质的登记,放宽了经济落后地区企业设立的登记条件,支持企业按照"四自"原则平等进入市场参与竞争。对通过联合、兼并组建企业集团的企业,在核心企业的注册资本数额、子公司数量等方面放宽限制,鼓励和推动有条件的优势企业跨地区、跨行业、跨所有制,实行集团化经营。对以高新技术成果出资入股办有限责任公司的企业,在注册登记方面给予支持,促进科技成果向现实生产力转化。在城区,允许有投资能力的居民委员会投资设立公司,培育和发展多元化投资主体。在农村,对设有集体经济组织的村,代行集体经济管理职责的村民委员会可以作为投资主体设立公司。截至1998年11月,全省企业共有16.4万户,注册资金1 460亿元。其中,按公司法登记注册的有限责任公司13 854户,股份有限公司97户。

1999年至2004年,重点支持并做好现代企业制度改革试点企业、改制企业和上市公司的登记注册工作。积极为改制企业提供法律咨询、论证服务和快捷的登记注册服务。做好军队、武警部队、政法机关所办企业的变更登记和注销登记工作。做好煤炭行业非法企业关闭和布局不合理煤矿企业的注销工作。同时,对特殊行业如金融系统办企业、粮食批发、成品油销售、药品生产销售、期货经纪、中介机构、传销直销等企业进行了清理整顿。结合企业年度检验工作,查处虚假出资和抽逃注册资金等违法违规行为,清理带有不良政治、文化倾向的企业名称,清理"三无"企业。截至2004年11月,全省企业共有12.9万户,注册资金3 104亿元。

2005年以来,全面推行一审一核制,认真落实首办责任制、一次告知制、当场登记制等制度,积极开展网上查询咨询、网上登记和年检受理等新业务,进一步简化程序,不断规范流程,探索建立全省统一、规范、高效的登记注册工作模式,建立便捷高效的市场准入服务体系。同时,认真执行国家经济结构调整和经济发展政策,大力支持两烟产业、生物产业、旅游业、水电产业、矿产业等优势产业,以及各地各具特色的工业园区高新技术产业、文化产业和现代服务业发展,配合有关部门做好产能过剩、技术落后、污染严重等企业的变更和注销登记工作,积极参与环保治理、节能减排、矿产资源整合、小煤窑关闭等工作。截至2007年底,全省共有内资企业132 906户,注册资本金4 385亿元,其中私营企业84 736户,注册资本金1 824亿元。

四、个体私营经济监督管理

改革开放前,云南个体私营经济发展经历了一个反复曲折的过程,特别经过十年"文革"浩劫,全省个体工商业几乎全部被消灭。1977年至1978年,仍然执行"只能减少、不能增加"的政策。到1978年底,全省个体工商业者仅剩1 419人。1979年后,云南省城乡工商个体户有了开始恢复,1980年恢复到12 339户,从业人员15 104人,注册资金349万元。1983年,省委提出对发展集体、个体工商业"松绑减压"8项改革意见。1986年,全省个体工商户共有321 572户,从业人员485 429人,资金51 953万元,营业额229 682万元,纳税9 285万元(占全省税收总额的3%)。1991年发展到38.9万户,从业人员57.1万人,资金12.4亿元,营业额27.7亿元,纳税3亿多元,个体就业人数占到全省总人口的1.53%。

小平同志南方谈话后,全省各级工商行政管理机关不断解放思想,本着"三个有利于"标准,始终把扶持个体私营经济发展作为一项重要任务。1993年,省政府下发《关于促进个体私营经济发展的若干意见的通知》,对进一步发展个体私营经济作出29条政策规定。1994年,《云南省个体工商户条例》和《云南省私营企业条例》发布实施,为个体私营经济发展提供了地方法规保障。

1995 年,全省推行《个体工商户、私营企业交费卡》制度,收费项目减少了 45 项,户均交费减少 470 元,有效遏制"三乱"现象。1996 年 10 月,省政府召开全省个体私营经济工作暨表彰大会,出台《云南省人民政府关于加快发展个体私营经济的决定》,制定加快个体私营经济发展的 19 条政策措施。1998 年 4 月,云南省委、省政府召开了全省个体私营经济工作暨表彰会议,会上评选表彰了 100 户先进个体工商户和私营企业,命名了云南省私营企业 100 强,决定扶持私营企业 100 户,下发《中共云南省委、云南省人民政府关于大力发展个体私营经济的决定》。在这一系列重大政策、措施和办法的调研、制定及落实过程中,工商行政管理部门作为促进个体私营经济发展的主要职能部门,发挥了十分重要的作用。这一时期,全省个体私营经济发展势头更为强劲。1999 年底,全省个体工商户共计 76.6 万户,从业人员 127.4 万人,注册资金 68.8 亿元。私营企业发展到 1.7 万户,从业人员 31.7 万人,注册资本 141.9 亿元。1998 年 4 月,工商行政管理部门个体私营经济发展规划职责划归经济贸易委员会,工商行政管理部门从过去侧重对个体私营经济的发展规划,逐步转向侧重对个体私营经济的登记注册、监督管理、服务引导和促进发展上来。

1999 年以来,全省各级工商行政管理机关进一步解放思想,坚持发展第一,培育与规范并举,登记与监督并重,放宽登记条件,简化登记程序,下发登记权限,提供高效服务,落实优惠政策,促进个体私营经济健康快速发展。具体概括为"一个解放"、"两个加强"、"三个结合"、"四个引导"。"一个解放",即不断解放思想。不断深化对发展个体私营经济重要意义的认识,以"三个有利于"、"三个代表"和科学发展观为指导,充分认识云南边疆民族地区市场发育缓慢、市场经济发展不成熟、地区发展差异大的特点,培育、发展、监管三举并重,为个体私营经济快速发展营造良好的氛围和宽松的环境,科学监管推动科学发展。"两个加强",即加强监督管理和加强宣传教育。对个体工商户实行巡查制和验照制,对私营企业实行回访制和年检制,建立企业信用分类监管、个体工商户分类分层登记监管制度,加强监督管理。开展普法教育、职业道德教育和职业技能教育,组织"户户讲道德,店店无假货"和"十星个体户"等评选,增强合法经营、文明经营意识。"三个结合",一是与深化国有企业改组改制相结合。鼓励个体私营企业参与国有企业、集体企业联营、合股经营,吸纳下岗职工从事个体经营和到私营企业就业。二是与调整产业结构,发展农村经济,加速群众脱贫致富相结合。充分利用农村、山区的资源优势和劳动力优势,鼓励和扶持农民开发"四荒",大力发展种植业、养殖业等劳动密集型产业,吸收消化本地剩余劳动力,增加农民收入,以个体私营经济发展带动当地群众脱贫致富。三是与发展云南支柱产业、优化产业结构相结合。大力鼓励群众走"一村一品"、"一乡一业"的专业村、专业乡的发展道路,形成农、工、商一条龙,产、供、销配套的区域性规模经济和特色经济。开辟个体私营经济园区,加快小城镇建设。"四个引导",即引导向符合产业政策、环保政策和可持续性生产方向发展;引导向上规模、上档次、集约化方向发展;引导向提高产品质量,创拳头产品、名牌产品、畅销产品方向发展;引导向提高企业素质和经济管理水平方向发展,重点是加强非公经济党建工作,通过非公经济基层党组织中党员的先锋模范作用,带动广大生产经营者守法经营、诚信经营,提升经营管理水平,促进我省个体私营经济快速健康发展。截至 2007 年底,全省私营企业发展到 84 736 户,注册资本金 1 824 亿元;个体工商户 85.2 万户,资金数额 479 亿元。

五、外资企业登记管理

1984 年,云南第一家中外合资企业——云南华兴电子合营公司成立。1986 年 6 月,全省外商投资企业发展到 16 户。随着国家沿边开放战略的实施,云南从对外开放的末端变为前沿,云南外商投资企业发展加快。1991 年 10 月,国家工商行政管理局授权云南省工商行政管理局直接核准登记外商投资企业,当年登记外商投资企业 19 户。到 1991 年底,全省外商投资企业达到 64 户,投资总额 1.2 亿美元,注册资本 7 816 万美元。之后,昆明、德宏等 9 个地(州、市)工商行政管理局相继获得登记授权。到 1999 年底,全省外商投资企业达到 1 596 户,注册资本 16.1 亿美元。

垂直管理以来,全省工商系统主要从三个方面促进外资企业加快发展。一是用足、用活、用好西部大开发各项政策措施,为外商投资企业创造宽松的投资发展环境。除国家明令禁止外,外国投资者在开办企业条件、经营地域和行业上不受限制,持股比例和投资方式不受限制,企业产品外销比例不受限制。鼓励经营状况较好的外商投资企业跨领域、跨行业再投资,扩大生产规模。对来自于云南省边境国家的直接投资,可采用人民币的形式,按外商投资企业对待。允许外国投资者以商标专用权、专利技术或其他无形资产作价出资。二是提高工作效率,提供优质服务。推行办事公示制、承诺制,将设立外商投资企业所需文件清单及办事流程公示于办公场所,以供查阅。工作人员回答咨询一次讲清,不让企业多次往返。对于材料齐备、符合登记注册条件的外资企业,工商行政管理部门在 5 个工作日内必须核发营业执照。三是发挥职能作用,为外商投资企业发展营造公平竞争、规范有序的市场环境。按照发展和规范并重的原则,对外商投资企业的出资行为区别不同情况予以灵活处理。对虚假出资、抽逃出资的行为加大监管执法力度,规范出资行为。对轻微违法,以规范为主,实行首违不罚。至 2007 年底,全省外资企业发展到 2 055 户,注册资本 66.14 亿美元。

六、商标管理

改革开放以来,随着云南省经济社会迅速发展,云南商标事业取得很大进步。

一是商标注册申请数量逐年递增,注册商标数量快速增长。1979 年,全省共有核准注册商标 421 件。1980 年恢复商标统一注册,1981 年上报申请 300 件。此后,全省商标注册申请以每年三四百件的数量递增,

2007 年达到 7 952 件,在西部省区名列前茅,30 年左右增长了 20 多倍。截至 2007 年底,全省有效注册商标数累计达 2.5 万余件。2005 年 3 月 21 日,"文山三七"地理标志证明商标获准注册,到 2007 年底,共有"文山三七"、"宣威火腿"、"普洱茶"等 9 件地理标志证明商标核准注册。商标注册申请经历了从核转制向代理制的重大转变。1993 年昆明商标事务所和云南省商标事务所成立。2008 年,全省共有商标代理机构 30 余家。

二是坚决打击商标假冒侵权行为,大力保护商标专用权。全系统通过商标印制单位监管、商标验证、专卖店管理等途径强化日常管理。开展专项执法行动,严厉打击商标假冒侵权行为,维护商标专用权人和消费者的合法权益。据不完全统计,从 1979 年到 2007 年,共查处各类商标案件 7 577 件,案值 3 788 万余元,罚款金额 1 648 万余元,收缴和消除侵权商标标识 5 738 万件(套),收缴专门用于制造侵权商标标识的模版、工具 4 000 多件(套)。

三是大力推进云南商标战略实施。1999 年 6 月 15 日,《云南省著名商标认定和保护办法》发布实施。2003 年,正式启动云南省著名商标认定工作,认定了第一批云南省著名商标共 138 件。到 2007 年,已连续开展五届认定活动,共认定了云南省著名商标 523 件。1997 年 4 月 9 日,玉溪红塔烟草(集团)有限责任公司的"红塔山"卷烟商标,被国家工商行政管理局商标局认定为中国驰名商标。2007 年,云南省中国驰名商标达到了 7 件:红塔山、云烟、云南白药、红河、康王、蝶泉和斗南。2008 年,商标战略工作取得新突破。省工商行政管理局制定下发了《云南省工商系统宣传商标法服务万家企业推动商标注册保护工作实施意见》,全面加强商标工作。承办省政府推进商标战略工作会议,草拟了《云南省人民政府关于实施商标战略工作的意见》,确定了中国驰名商标推荐后备名单,商标战略工作纳入了各级政府重要议事日程。推荐上报中国驰名商标认定申请 11 件,比往年成倍增长。

七、广告监督管理

十一届三中全会以后，随着云南广告业的快速发展，广告监督管理工作逐步走上正轨。1982年2月，国务院发布《广告管理暂行条例》，到年底，全省有广告经营单位29户。1986年，全省广告经营单位发展到84户，全年营业额597万元。1991年，全省有广告经营单位137户，全年广告经营额3 400多万元。1999年，全省广告经营单位发展到1 200户，广告经营额达6亿多元。

垂直管理以来，全省工商系统从四个方面促进云南广告业健康快速发展。一是支持各种投资主体以多种所有制形式开办广告企业，逐步形成数量多、门类全、多层次、多形式、集约化的广告经营格局。开展广告岗位资格技术培训、广告审查员资格培训和广告法规培训，不断提高广告业的整体素质。引导企业增强广告意识，正确运用广告策略创立名牌，扩大产品市场占有率，提高企业知名度，促进企业发展。二是完善广告监督管理机制。建立和完善广告承接登记制度、广告审查制度、合同制度、档案制度、收费备案制度和广告监测制度。推行广告企业资质等级制度，严格广告经营资格的审批管理。推行广告代理制，逐级下放广告经营审批权，促进了广告市场的形成。三是加大广告监督管理力度。在强化日常监管的基础上，继续深入开展虚假违法广告专项整治行动，突出重点整治药品、医疗、保健食品、化妆品、美容五类广告和查处讨债非法广告，加强广告发布环节监测监管，狠抓各项监管制度落实，建立和完善长效监管机制。同时，充分履行广告专项整治联席会议牵头单位的职责，加强沟通协作，形成了各部门对虚假违法广告齐抓共管、综合治理的良好局面。2001年，实行广告监管执法重心下移，推行审查员一票否决制，逐步建立了快速反应的动态管理机制。2006年，省局与昆明市广电局合作建立了广播电视广告监测中心，实现对广播电视广告的自动监测。2007年，共监测和检查各类广告150多万条，查出违法广告49 724条次，查处违法广告案件1 908件。四是发挥广告业在促进精神文明建设中的作用。引导广告业加强行业自律，提高广告创意设计水平，开展文明行业创建活动。认真组织开展"未成年人思想道德教育"、"社会诚信"等公益广告活动，相继推出了一批创意新颖、制作精美的公益广告，受到了社会各界的好评。2006年10月，协助中国广告协会在昆明成功举办第十三届中国广告节。活动结束后，集中表彰了2003年以来全省155件优秀公益广告作品。到2007年底，全省广告经营单位发展到3 574户，广告业经营额达到16.45亿元。

八、合同监督管理

1979年后，经济合同管理工作主要经历了两个阶段。第一阶段是"分口管理"阶段。1982年之前，经济合同由工商行政管理局、经济委员会、基本建设委员会三个部门分口管理。1980年，全省鉴证工商合同金额占到工业收购值的22%。据不完全统计，1981年，全省93个县鉴证合同7 558份，合同金额5.3亿元。第二阶段是统一管理阶段。1982年《经济合同法》实施后，工商行政管理部门统一管理经济合同，负责对不同部门之间所订立的经济合同进行监督、检查、调解仲裁，及查处违法合同。全省各级工商行政管理局主动介入重大合同签约过程，搞好合同鉴证；严厉打击利用合同进行欺诈的违法行为；强化抵押登记管理工作，减少信贷风险；积极调解合同争议，化解签约双方矛盾，提高履约率；开展"重合同、守信用"活动。工商行政管理机关对经济合同的审查、备案、鉴证、调解、仲裁等工作全面展开。1986年，全省工商系统共鉴证经济合同26 227份，合同金额14.3亿元，查处违法合同123份。1991年，鉴证量增加到33 883份，金额53亿元，检查经济合同139 729份。1998年，鉴证经济合同20万份，金额89.6亿元，创历史最高记录。1999年后，合同鉴证量逐年下降。2001年后，合同管理工作的主要任务是宣传法律法规、推行格式合同、办理企业动产抵押物登记，行政管理职能转变为行政指导服务，并逐步转向为"三农"服务。2007年，实施"合同帮农"，制定合同示范文本104种,签订涉农销售订单100多万份,合同金额87.85亿元,行政调解涉农合同纠纷106件。

九、消费者权益保护

1987年9月,云南省消费者协会成立。20年来,全省共成立县级以上消费者协会150个,其中,省级1个、州(市)级16个、县(区)级133个。各级消费者协会在村镇和街道办事处建立消协基层分会599个,在村寨、市场、社区、宾馆、学校、企业设立投诉站3 129个,联络点1 206个,初步形成了横向到边、纵向到底、覆盖全省的消费者协会组织体系。1988年以来,各级工商行政管理局和消协每年都组织开展"3·15国际消费者权益日"活动,共提供咨询服务772.5万人次,散发宣传资料4 098万份,举办"3·15国际消费者权益日"专题电视晚会2 910场次、专题文艺晚会650场次。"3·15"活动已经成为广大消费者喜爱和信赖的消费维权知名品牌。从1997年开始,省消协连续11年组织开展了"讲诚信、反欺诈"、"为了农村消费者"、"安全健康消费"、"明明白白消费"、"绿色消费"、"科学消费"、"营造放心消费环境"、"诚信维权"、"健康维权"、"消费与环境"、"消费和谐"等年主题活动,牢牢抓住不同时期的消费热点,着力解决突出问题,取得了明显成效。组织开展"消费者喜爱商品"评选活动8届,评出"消费者喜爱商品"867个(种)。组织开展商品和服务合同不平等条款(霸王条款)点评活动,共点评不平等条款237款项,涉及24大类商品销售和服务合同。据统计,20年来全省各级消协共受理消费者投诉242 578件,解决234 749件,解决率为96.77%,为消费者挽回经济损失16 685.71万元,共发布消费警示6 978条(次)。

2000年,省工商行政管理局成立消费者权益保护处。2001年,地、县、所三级行政维权执法网络初步形成,配备执法车辆114辆。昆明市工商行政管理局盘龙分局、五华分局、安宁分局,分别被团中央和国家工商行政管理总局授予"优秀青少年维权岗"荣誉称号。玉溪市南北大街和丽江县四方街,分别被国家工商行政管理总局命名为"打假维权、消费者满意街"。2003年至2006年,积极推进"12315"消费维权体系建设,工商维权服务点"五进"行动继续深入。农村消费维权"一会两站"发展较快,全省覆盖率已达70%以上。2007年,全省16个州、市工商行政管理局"12315"指挥中心全部建成,消费者申(投)诉受理、处理实现了信息化、网络化,消费维权水平进一步提高。全年共受理消费者申诉诉29 193件,解决成功率达到97.9%,为消费者挽回经济损失3 700多万元。

附:

云南省工商行政管理局历任局长、党组书记

欧山,1983年2月至1985年5月任局长、党组书记;秘际多,1985年5月至1991年4月任局长、党组书记;冯奇,1991年4月至1995年6月任局长、党组书记;柳万东,1995年6月至1999年3月任局长、党组书记;何远灿,1999年3月至2007年3月任局长、党组书记;纳宗会,2007年3月至2008年6月任局长、党组书记。

(执笔人:李维高)

第二十六章　西藏自治区工商行政管理局

第一部分　(1949—1978)

西藏和平解放前,没有专设工商行政管理机构,原西藏地方政府利用封建的行会把头对市场进行管理。1951年5月23日,西藏和平解放,1956年4月自治区筹备委员会成立工商管理处。当年11月,拉萨市工商业联合会筹备委员会成立,制定了《拉萨市工商业联合会筹备委员会章程(草案)》。自治区筹委工商管理处、拉萨市工商业联合会成立,同时履行市场管理的职责,标志着西藏工商行政管理开始起步。1959年西藏自治区筹备委员会工商管理处改为商业管理处,具有商业行政管理和市场管理的职能。1961年9月颁布了《西藏自治区筹备委员会工商管理暂行办法》和《实施细则》,随后又颁布了《关于加强市场管理的几点意见》,对营业登记、经营活动、物价管理、奖励与处罚等作了较详尽的规定,并给工商业户颁发了营业执照。

工商业:1951年,西藏和平解放,党和政府十分重视西藏的工商业工作,逐步建立了社会主义商业体制。中共西藏工委贯彻中央"进军西藏,不吃地方"的指示,从内地组织了大批物资经香港、印度转口至亚东,国营商业得到发展。1952年4月,建立了国营西藏贸易总公司,当时有职工63人。昌都、日喀则、那曲、江孜、丁青、波密、亚东、噶大克也先后建立了贸易分支机构,这是中央在西藏建立的第一批国营商业网点,至此,国营商业开始发挥它在商业上的骨干作用。1954年底,青藏、川藏公路通车,极大地促进了西藏各项事业的发展,西藏的商业贸易也进入了一个新的发展阶段。

1959年3月,西藏自治区民主改革初期,为了稳定社会局势,保证正常的生产和群众的生活,国营商业发挥了重要作用。西藏自治区从1963年起开始对国营商业实行资金、价格和利润留成上实行"三项照顾"的政策,即给予较多的资金流动、较多的利润留成、对农、牧、副及土特产品收购实行最低保护价和对工业品销售实行最高限价,从而促进了全区国营商业的发展,国营商业几乎占领了全部市场。1967年,受"文化大革命"影响,西藏自治区的商业贸易也同其他领域一样,发展受到严重阻碍。

个体商户:西藏和平解放前,拉萨有商户1 020户,其中藏族商人920户,外国商人90户,汉族商人10户。

自1951年西藏和平解放至民主改革前,在西藏政教合一的封建农奴制度和社会主义制度两种制度并存的情况下,国家先后在西藏地方建立了金融、贸易、邮电等社会主义国有经济,同时积极为个体私营工商业的发展创造条件,个体工商业逐步兴起。特别是1954年,随着川藏、青藏公路的通车,内地货物逐年增加,个体工商户得到了发展。1957年,自治区筹委会第一届工商业工作会议召开,拟定工商业管理办法,积极采取措施,帮助个体工商业发展生产。1959年,民主改革带来了经济的发展,个体工商户不断涌现,过去外出的商人纷纷回国,西藏自治区市场逐步活跃起来。据调查,到1961年,拉萨市商户达到1 309户,其中藏族商人 1 090 户,外国商人 114 户,汉族商人 39 户,回、蒙族商人 66 户。

1965 年至 1978 年,西藏自治区进行社会主义改造,保障社会商品供应的任务,主要靠国营商业担负。由于受"文化大革命"的影响,西藏个体工商业和自由市场、集贸市场受到冲击。

市场监管:西藏和平解放前夕,通货膨胀,物价日益暴涨,正常交易无法开展,市场一度失控。

1956 年前,除昌都解放委员会设立了税务机构并开始征收工商税外,尚未建立全区管理机构。一些外国商人依靠其雄厚的资金和便利的进货渠道,囤积居奇,哄抬物价,牟取暴利,扰乱市场秩序。西藏和平解放后,1961 年西藏自治区工委制定政策和管理办法,由西藏自治区工委工商管理处实施市场管理职能,对西藏自治区市场进行清理整顿,加强对经营者和市场的管理,恢复自由交易。1962 年,西藏自治区工委提出"集市贸易问题,是客观上的一种需要,应当长期存在,集市贸易有两面性,必须加强领导和管理",开始加强对粮、油、毛市场的管理,投机倒把行为受到遏止,市场秩序明显好转。

为了加强市场管理,规范个体工商户经营,稳定物价,发展经济,中共西藏自治区工委提出"利用限制"和"管而不死,活而不乱"的原则,1963 年 4 月 7 日,公布了《西藏城镇工商业管理暂行办法》,对营业登记、经营活动范围、物价管理、奖励与处罚等作了较详尽的规定。该《暂行办法》的公布实施,有效地制止了少数不法商人的投机倒把活动,稳定了物价,推动了经济的发展。

为规范度量衡器具,制定并实施了《统一度量衡暂行办法》,在西藏自治区各城镇统一了度量衡器具和标准,并加强监督与管理,减少了短尺少秤行为。

1965 年至 1978 年,西藏自治区进行社会主义改造。由于受"文化大革命"影响,西藏自治区个体工商业和自由市场、集贸市场受到冲击,工商行政管理机关大部分被解体或陷于瘫痪状态,经济秩序混乱,市场萎缩萧条。

第二部分　(1979—2008.6)

第一节　西藏自治区工商行政管理事业发展概况

党的十一届三中全会以后,西藏自治区工商行政管理工作得到了较快的恢复和加强,在工商行政管理事业迅速发展的同时,工商行政管理队伍也得到发展壮大。1980 年,自治区党委和人民政府批准成立西藏自治区工商行政管理局,为县级局,隶属自治区商业厅。1983 年,自治区工商行政管理局的机构升格为副地级。1987 年,机构改革,自治区工商行政管理局为自治区商业厅的一个处,对外行使工商行政管理职能,并确定 6 个地区设立科级建制工商行政管理局,拉萨市设县级建制工商行政管理局。1988 年,确定 45 个县设科级建制的工商行政管理局;暂不设工商行政管理局的县,工商行政管理工作由附近县工商行政管理局代管或由地区工商行政管理局管理。全区工商行政管理部门事业编制 1987 年核定为 752 名,后增编至 1 252 名。1992 年,自治区工商行政管理机构与商业厅分设,成为自治区人民政府直属的工商行政管理局,副厅级建制。1995 年 7 月,自治区工商行政管理机构升格为正厅级建制,与全国工商行政管理框架一致。西藏自治区工商行政管理局机关行政编制增加到 84 名,2 个直属工商行政管理所行政编制各增加为 10 名,共 104 名(工商行政管理局专用编制),同时进一步扩充和调整了内设机构,基本实现了与国家工商行政管理局的内设机构相衔接。2000 年,根据自治区人民政府"三定方案"的规定,全区工商行政管理系统设自治区工商行政管理局、7 个地市工商行政管理局,54 个县工商行政管理局,23 个基层工商行政管理所,2 个事业单位,3 个协会组织,共 90 个机构。2008 年 6 月底,全区共有人员编制 1 430 名,实有人员 1 135 名,其中,藏族等少数民族干部 693 名,占 61%,是一支以藏族为主体的工商行政管理干部队伍。

多年来,西藏自治区工商行政管理局始终把自身建设提到重要位置,全面提高干部政治素质、业务素质和执法水平,努力建设政治上、业务上、作风上过硬的干部队伍,增强服务经济社会又好又快发展的能力。

一、加强理论建设。坚持以邓小平理论和"三个代表"重要思想武装头脑,认真学习贯彻落实科学发展观,狠抓领导班子建设,以全面提高干部队伍的政治素质为目的,加强马克思主义祖国观、民族观、宗教观、文化观的"四观"和唯物论、无神论"两论"以及汉族离不开少数民族、少数民族离不开汉族、各少数民族之间也相互离不开的"三个离不开"、五湖四海和"反对分裂、维护稳定、促进发展"主题教育,树立正确的世界观、人生观、民族观、宗教观、价值观和权力观、地位观、利益观,牢记党的宗旨,坚定理想信念,坚定政治立场。在全区持续不断地开展工商形象建设活动,大力推进"内强素质、外树形象"活动,认真开展工商文化建设,展示西藏红盾良好精神风貌。

二、加强业务培训,提高干部职工素质和服务经济社会发展的能力。围绕实施"红盾素质工程",扎实开展了保持共产党员先进性教育活动,采取多形式、多层次、多渠道的文化教育和培训措施,选送干部到国家工商总局、各级党校培训和挂职学习,国家工商总局来藏举办执法培训班,开展岗位大练兵活动,不断加强法律知识、经济知识、管理和科技知识的学习,坚持与时俱进不断提高业务素质和综合能力。

三、加强反腐倡廉思想教育,进一步强化廉政建设。认真贯彻落实《惩防体系实施纲要》并制定切实可行的措施,加强反腐倡廉教育,狠抓领导干部廉洁自律,严格执行"六项"禁令,深化政务公开,扎实开展工商廉政文化建设和"五项清理",落实党风廉政建设责任制,开展向监管服务对象述职述廉,从群众反映比较突出的问题入手,着重抓好"案、费、摊、照"等窗口单位的关键环节,进一步强化内外部廉政机制,落实防范措施,加强监督检查,有效地抑制腐败现象和行业不正之风。

四、情系灾区人民,无私奉献爱心。2008年春季我国南方发生雨雪冰冻灾害和"5·12"四川汶川地震发生后,全区工商系统发扬"一方有难、八方支援"的精神,及时向四川、成都、重庆、陕西、甘肃等地震灾区的省市工商局发出慰问信,并力所能及地给予经济上的帮助,各级领导和广大党员发挥先锋模范带头作用,全体党员主动交纳特殊党费、广大干部职工踊跃捐款近60万元。充分发挥个私协会作用,动员商户奉献爱心,慷慨解囊,捐款捐物240万元。

多年来,国家工商总局及十五个对口援藏省市工商行政管理局响应"中央关心西藏,全国人民支援西藏"号召,在信息化建设、人才培训、干部挂职、资金等方面给予了无私的援助,极大地改善了西藏自治区工商部门工作、生活、办案执法条件。1995年至2004年底,国家工商总局及全国省、市、自治区工商行政管理局共援助资金1 800多万元,建设基层工商局、工商所13个。

2006年7月4日至5日,国家工商总局在四川省成都市召开全国工商行政管理系统援藏工作座谈会,形成了《全国工商行政管理系统援藏工作座谈会纪要》,推动了援藏工作在基础设施建设、智力支持、信息化建设等方面纵深发展。2006年以来,内地省市局已落实援助资金1 800余万元、物资55万元、安排了42名干部挂职学习,基本实现了成都会议确定的援助目标。国家工商总局解决基层建设补助资金、专项业务费、在藏举办执法培训班和信息化设备2 900余万元,有力地推动了西藏工商行政管理事业的发展。

第二节　西藏自治区工商行政管理发展成就

一、国有企业发展

党的十一届三中全会以后,为帮助企业摆脱困境,支持企业搞活经营,西藏自治区工商行政管理局从自身职能出发,先后制定出台了《关于改革企业登记管理工作的意见》等一系列政策性措施,突破计划经济条件下形成的一些限制管理办法,允许企业调整经营范围和方式,增设分支机构,开办第三产业。按照《公司法》适时推行了一审一核制,除涉及国家安全、人民健康和国家垄断的行业和项目外,其他专项审批一律不再作为企业登记注册的前提条件,为企业拓宽经营门路,走向综合型、规模型经营,加快建立健全现代企业制度步伐,促进企业转换经营机制,营造了良好的环境。同时,支持企业调整产业结构,促进企业向股份制发展;支持国有小型企业,通过承包、租赁、拍卖等形式,实行国有民营;扶持和帮助区内企业走向区外,开展横向经济联合;积极吸引外资,促进"三资"企业健康发展。

根据《中华人民共和国企业法人登记管理条例》及其《施行细则》,对全区国有企业、集体企业、联营企业、三资企业、私营企业等进行企业法人登记注册。对全区商业、交通运输业、服务业、饮食业进行全面登记、建档,为各级政府实施经济结构和企业组织机构的调整提供了依据。此外,根据国务院1984年12月《关于严禁党政机关和党政干部经商办企业的决定》和中共中央、国务院1986年《关于进一步制止党政机关和党政干部经商办企业的决定》,对西藏党政机关和党政干部兴办的各种商业企业,进行了全面清理整顿。据1986年统计,全区有商业公司、中心219家,经过清理整顿,保留163家,占公司总数的74.4%。此后,根据中央有关文件,在1988年和1989年间,自治区工商行政管理部门又对各类公司进行清理,使当时公司设置过多过滥和政企不分的问题得到基本解决。

2000年,自治区政府制定了《关于规范行政行为改善发展环境的决定》,以规范行政行为,提高服务质量,促进经济发展。

2003年,自治区工商行政管理局研究制定了《关于进一步改善发展软环境的若干规定》,2005年,根据新的情况做了《〈关于进一步改善发展软环境的若干规定〉的补充规定》。根据"一产上水平、二产抓重点、三产大发展"发展战略,2006年制定了《关于确保各项优惠政策落实到位,更好地服务我区

经济社会发展的意见》、《关于调整自治区招商引资优惠政策中有关工商行政管理条文的通知》,登记管理工作逐步向法制化、规范化迈进。按照区域经济特色化、产业发展规模化的要求,大力支持发展高原绿色食(饮)品业、矿业、旅游业、民族手工业、建筑建材业等特色经济。

2008年,紧紧围绕"中国特色、西藏特点"的发展路子和"一产上水平、二产抓重点、三产大发展"的发展战略,千方百计促发展。截至2008年6月底,全区内资企业发展到5 148户,注册资金223.8亿元,外资企业132户,投资总额5.5亿美元,注册资本3.27亿美元。

二、非公有制经济健康发展

1980年,西藏自治区根据中央第一次西藏工作座谈会精神,实行休养生息政策,恢复和发展集体、个体商业和民族手工业。允许开设饭店、旅店、骡马店、修理店等服务业,鼓励支持改行的手工艺人归队,允许小商小贩和各种工匠开店或串乡经营,允许国有商业将部分商品批发给集体商业和小商贩经营。国家在资金、技术、设备及原料供应、产品销售、物资运输等方面对民族手工业给予扶持,并免征集体、个体手工业、小商小贩的工商税两年。通过这些措施的实施,使个体工商业得到较快的恢复和发展。据统计,1978年在西藏登记注册从事民族手工业、服务业的个体经营者有53户,1980年个体工商业恢复到498户、525人,到1983年,注册登记的有2 402户、从业人员3 010人,分别比1980增长4.82倍和5.73倍。

1984年,中央召开的第二次西藏工作座谈会明确,"西藏应少搞国家经营的工商企业,主要发展个体和集体经济,大力扶持各种专业户。除国家调拨的商品外,西藏本地区的产品可以全部实行市场调节"。为了贯彻执行这一方针,西藏进一步放宽经济政策,扩大市场开放,大力建设市场设施,方便自由交易,放手发展集体和个体经营,鼓励农牧民进城务工经商,鼓励长途贩运,让利于民。同时,鼓励和欢迎内地省市区的客商到西藏从事各种形式的商业、餐饮、服务业

和从事集市贸易。同年,自治区人民政府下发《关于加强工商业和市场管理的暂行规定》,进一步促进了西藏个体私营经济的快速发展。据统计,1987年,全区个体工商户达到3.34万户、从业人员4.49万人,分别比1983年增加了13.9倍、14.9倍。1991年,全区个体工商户达到3.93万户、从业人员5.43万人,注册资金1.62亿元。与此同时,私营企业发展到60余家。至此,西藏个体私营经济成为国民经济的有机组成部分。1983—1991年,全区个体私营经济上缴工商税累计达6 136.4万元,为增加地方财政收入做出了贡献。

改革开放以来,在中央的大力支持下,自治区采取了一系列的特殊优惠政策,吸引了大量国内外客商进藏从事经营活动。1991年底,从四川、青海、甘肃、北京、上海、江苏、浙江等省市区进藏从事生产经营的工商企业271户、从业人员2.37万人,注册资金2.45亿元,分别占区内公有制企业的13%、36%和9%;从事个体工商业的达1.07万户,注册资金2 359万元,从业人员1.39万人,分别占全区个体工商业的27%、18%和26%。在拉萨、樟木、普兰等地经营的尼泊尔商人179户,200多人,资金440多万元。区外个体工商户的进入,为西藏带来了商品和资金,带来了经营和管理经验,既培育了市场,注入了活力,也推动了西藏工商业的发展。

1994年,中央召开了第三次西藏工作座谈会,使西藏个体经济得到迅速发展。同年,自治区人民政府颁布了《关于加快个体私营经济发展的若干规定》,把发展个体私营经济的重点由城镇转移到了农牧区,进一步放宽了从业人员资格、经营范围和经营方式,并在农牧区实行了"先经营、后登记、免收费"的优惠政策,鼓励和支持农牧民从事个体经营,促进了农牧区经济的发展,加快了治穷致富步伐。1997年底,全区个体工商户已达4.12万户、从业人员5.79万人,注册资金2.4亿元,销售总额20.92亿元,比1992年分别增长36%、50%和1.4倍、8.6倍;私营企业208户,雇工2 742人,注册资金8 259万元,比1992年分别增长近20倍、15倍和23倍多。

2001年,中央召开第四次西藏工作座谈会,西藏各行各业面临前所未有的发展机遇。工商行政管理部门研究个体私营经济的发展方向,以"三个有利于"为标准,积极引导和扶持,在发展上做到"四不论、五不限",即:不论哪种形式,搞好就行;不论归谁所有,缴税就行;不论公有私有,能促进发展就行;不论级别高低,能搞上去就行;不限发展速度,不限经营范围,不限经营方式,不限经营规模,不限人员籍贯。这一重要举措,有力地促进了西藏个体私营经济的发展。

2002年,自治区工商局制定了《关于优化服务 支持和促进个体私营经济加快发展的意见》,经政府批转执行;2005年代政府草拟了《关于贯彻国务院关于鼓励、支持和引导个体私营等非公有制经济发展的若干意见的实施意见》,自治区人民政府以文件形式下发执行。进一步扩大个体私营经济进入的领域,实行"非禁即入",提供优质服务,保护合法权益,大力促进发展。这一政策的出台,使全区个体私营经济发展速度、实力规模、产业结构、经济总量都保持了良好发展态势。

2007年,根据党的"十七大"精神,自治区工商行政管理局制定下发了《关于贯彻落实"十七大"精神 促进非公有制经济又好又快发展的意见》,进一步加快非公有制经济健康快速发展步伐。2007年全区个体工商户达到7.7万户,从业人员16.68万人,注册资金18.62亿元,比2002年分别增长59.4%、115%和263%。私营企业发展到4 236户,雇工人数8.1万人,注册资本139.62亿元,比2002年分别增长210%、313%和350%。

"十五"期间,全区年均发展个体工商户5 280户,年均发展私营企业548家,高于全国平均发展水平。2002年以来,全区个体工商户、注册资金、从业人数平均每年以10%以上的速度增长,私营企业户数、注册资金、雇工人数平均每年以60%以上的速度增长。据国家工商总局 2006 年全国个体私营经济发展情况统计分析提供的数据，西藏个体工商业资金数额是全国同级行政区划中增长最快的，位居第一；行业发展日新月异，产业结构更趋合理；西藏个体工商户户数是全国同级行政区划中增长较快的，位居第四。

2008 年 3 月 14 日，拉萨市发生打砸抢烧严重暴力犯罪事件，对个体私营经济的发展产生了很大影响，投资者、消费者信心不足，投资吸引力受到冲击。在自治区党委、政府的坚强领导下，在国家工商总局的大力支持下，全区工商行政管理系统坚持一手抓维护稳定，一手抓促进发展，立足本职，服从大局，勇挑重担，敢于负责，行动迅速有力，措施果断坚决，为夺取反分裂斗争的全面胜利和促进经济社会又好又快发展作出了积极贡献。"3·14"事件发生后，国家工商总局高度重视，周伯华局长亲自过问并多次作出重要批示，4 月 3 日，总局发来《关于对西藏自治区工商系统在应对"3·14"事件中突出表现给予表彰和支持的函》，极大地鼓舞了西藏工商干部自觉维护祖国统一、维护民族团结、维护社会稳定、维护市场秩序、维护消费者合法权益的坚强决心和信心。各级工商行政管理部门认真贯彻落实自治区政府关于扶持发展的各项优惠政策，消除影响、稳定人心、坚定信心，个体工商户户数、注册资金、从业人员仍保持较快的发展速度，与上年同期相比分别增长 9.16%、20.57% 和 15.74%。外资企业 132 户，投资总额 5.5 亿美元，注册资本 3.27 亿美元，同比分别增长 9.32%、14.24% 和 8.68%。上半年，非公有制经济创产值 11.7 亿元，营业收入 45.4 亿元，社会消费品零售额 32 亿元。

全区工商行政管理系统立足职能，主动作为，围绕农牧区安居乐业这一中心工作，扎实推进实业富农、经纪活农、龙头强农、惠民扶农、红盾护农措施，有力地促进了农牧区经济发展。到 2008 年 6 月底，农牧区个体工商户发展到 1.59 万户，从业人员 3.48 万人，注册资金 2.4 亿元；农牧区经纪人发展到 3 021 户，带动交易额 2.76 亿元。

"三资"企业得到发展。由 2000 年底的 78 家发展到 2008 年 6 月的 132 家，注册资本由 18 825 万美元增长到 32 678.3 万美元，投资总额由 33 547 万美元增长到 54 969.38 万美元，分别增长了 69%、73.6% 和 63.9%。

三、商标广告事业发展

1982 年底，西藏自治区逐步开展商标广告管理工作。

1990 年 7 月，拉萨啤酒厂"药王泉"商标获准注册，填补了西藏自治区无注册商标的空白。1996 年，西藏自治区商标事务所成立。自此，西藏自治区的商标注册工作由两级核转制过渡到商标注册代理制。

按照自治区党委、政府和国家工商总局实施品牌发展战略的要求，西藏自治区各级工商机关把积极引导企业申请商标注册作为提升企业市场竞争力，提升产品的品位和价值，加大农畜产品注册商标和地理标志培育工作。截至 2008 年 6 月底，全区注册商标已从 1991 年的 3 件发展到 1 200 件。拥有"甘露及图"、"拉萨及图"、"祥云及图"、"圣鹿"等 4 件中国驰名商标，涉及藏药、啤酒、食用油等行业；"宗山"牌奶渣、"桑桑"牌酥油等 400 件农畜产品特色商标获得注册；36 件自治区著名商标，"艾玛岗"土豆地理标志商标 1 件；"林芝松茸"、"波密天麻"2 件地理标志已在审批阶段。2008 年，全区农产品有效注册商标 720 件，占全区商标注册总数的 60%，著名商标 7 件，占全区著名商标总数的 20%。布达拉宫、大昭寺、罗布林卡等一批人文景观和国家、自治区级重点文物保护单位完成全类商标注册。

加强广告监督管理，规范广告经营行为。1991 年，拉萨市兼营广告业务的企业有 10 多家。1997 年，全区广告经营单位发展到 81 家，从业人员 436 人，广告经营额 574 万元，分别是 1992 年的 10.5 倍和 15.9 倍。2007 年底，全区共有广告经营单位 324 户，从业人员 1 965 人，广告经营额 2.1 亿元。自治区工商行政管理部门通过深入宣传广告法规，清理医疗广告、印刷品广告、电视直销广告,开展查处虚假违法医疗广告、药品、保健食品广告专项行动。积极实施《户外广告管理暂行条例》,对户外广告的管理范围、审查程序、发布张贴、违章处理等做了明确具体规定,规范了广告经营,促进了广告业健康发展。

四、市场体系发展

(一)城乡集贸市场

改革开放,使西藏自治区城乡集市贸易得到恢复和发展。根据中央第一次西藏工作座谈会精神,自治区党委和人民政府先后发出文件和布告,放宽政策,鼓励发展集市贸易和举办物资交流大会,恢复交换渠道,允许农牧民出售、交换自产的农畜副产品,允许粮食、油料、牲畜上市交易,允许国有商业将部分商品批发给集体和个体小商贩经营,从而使农村集贸市场开始发展和日渐活跃,上市品种范围逐步扩大,参加交易的人员逐渐增多。1980年,拉萨市只有5个集贸市场,六个地区只有地区所在地有1个露天市场。1983年,全区城乡集贸市场发展到33个,成交额1.01亿元,占当年社会商品零售总额的22.9%。

根据中央第二次西藏工作座谈会精神,1984年以后,西藏实行"以发展个体集体为主,以市场调节为主"的方针,进一步放宽政策,促进集市贸易发展。自治区进一步积极扶持开放集贸市场,建设必要设施,方便自由交易,除麝香、贝母、虫草以外,农牧副产品全部实行市场调节,价格放开;鼓励农牧民到城镇从事生产经营,进行长途贩运,允许区外国有、集体、个体商饮服务业等进入西藏集贸市场。自治区各级工商机关坚持从西藏实际出发,按照"谁投资、谁受益"的原则以及"相对集中、统一规划、合理布局、多方兴建、形成规模"的市场发展思路,充分发挥主管市场监督管理职能作用,积极参与制定市场建设规划,论证市场建设项目,引导市场投资,以稳步发展消费品市场为基础,积极培育"双生"市场。到2001年市场办管脱钩时全区共有各类市场129个,交易市场成交额累计达136亿元,市场建筑总面积达233 820平方米,市场成交额占社会商品零售总额的45.4%。市场建设累计投资38 253万元,其中工商行政管理部门投资4 656万元,市场规模已由过去的篷顶式市场和马路市场逐步向楼宇型、封闭型、综合型市场转变,在西藏高原初步形成了以拉萨冲赛康、八廓街和宗角禄康市场为中心,以八一、泽当、那曲、狮泉河、昌都等城镇为依托,市县乡、大中小互补,零售批发相结合的一批档次高、规模大、设施完善、辐射力强的商品市场,成为全区商品流通和供应城乡人民菜篮子、米袋子、果盘子的主要渠道,为促进经济发展,繁荣城乡流通发挥了重要作用。全区规模最大的冲赛康综合批发市场,于1991年建成使用,为西藏第一个楼层式交易场所,各种日用商品琳琅满目,生意兴隆,年交易额达3亿多元。实现税收300多万元。自1995年召开全国工商系统对口援藏会议后,共落实援藏资金1 500余万元,其中投入资金1 029万元建设了日喀则、昌都两个综合市场。

在建立自治区社会主义市场经济体制过程中,西藏各类消费品市场日渐完善,生产资料市场得到一定发展,资金、劳动力、房地产、技术、信息等生产要素市场健康发展,社会主义统一大市场逐步建立完善。

(二)民间边境贸易

西藏位于祖国西南边疆,和尼泊尔、不丹、锡金、印度等六个国家及地区接壤,边境线总长近4 000公里。喜马拉雅山脉有多达300多条南北走向的近距离通道。将西藏和南亚各国沟通起来,使闭塞的边陲成为开放的前沿。这些通道中268条为季节性通道,44条为常年性通道。西藏全区边境县有22个(内含国家一类口岸、县级办事处一个),边境乡91个。边境双方居民普遍是跨境而居的同一民族,文化接近,生活习性相似,关系极为亲密,不少都有亲属关系。自古以来,双方边民就互通有无,往来不断。

随着改革开放的进一步深入,边贸市场作为西藏对外开放的窗口和连接国际市场的桥梁,得到了很快很大的发展。

1980年9月,自治区人民政府下发《关

于发展边境小额贸易有关问题的通知》，指出：各地、市县要加强对边贸市场的领导和管理，建立健全边贸市场管理机构，维护交换秩序，促进交换活动。明确禁止下列物品进入边贸市场："（1）不准携带外国手表、照相机、录音机、电视机和其他违禁品进入境内，更不得在边贸市场上进行交换活动；（2）严禁黄金、白银、珠宝、文物和麝香、牛黄、鹿茸、虫草、贝母进入边贸市场交换或携带出境；（3）严禁携带人民币出入国境，严禁外币在境内流通。"当年，包含边民互市贸易在内的边境贸易也逐步恢复和发展，边境贸易市场也随之纳入管理的轨道。

1982年，自治区工商行政管理局规定，要求各地工商行政管理部门会同海关、公安、税务、边防等部门组成边境贸易市场管理委员会，加强对边境贸易市场的管理，指出边境小额和边民互市贸易是我国边民与邻国边民在一定范围内进行的一种以物易物的交换形式，严禁机关、部队、企事业单位和干部、战士、职工进入边贸市场进行交易活动。

1984年，胡启立、田纪云等中央领导同志进藏调查研究和指导工作时提出"应该把边境贸易作为经济发展的一个重要问题对待"以后，西藏提出"就近、就快搞好边境贸易"。

1986年，西藏自治区人民政府制定发布了《西藏自治区边民互市贸易暂行管理办法》，从此，西藏的樟木、普兰等口岸相继开始开放，边境互市贸易呈现出欣欣向荣的局面。自治区人民政府又在1992年发布的《关于深化改革扩大开放的决定》中明确："进一步搞活同邻国的边境贸易，发展边贸市场，并将聂拉木县、普兰县作为边境贸易区，在边贸区内的乡（区）、县镇集贸市场上都可进行边境贸易，在未设开放口岸的县的传统贸易点开展边民互市贸易。允许区内、区外、境外的生活资料和生产资料进入边贸市场，鼓励各地市、各部门、区内企业在安排好区内市场的前提下，参与边境贸易，边贸市场上流通的货币实行以人民币为主，多种货币并存。"通过这些措施政策的实施，吸引

了众多的市场主体，从事边境贸易，边贸市场日趋繁荣活跃，上市商品直接辐射至尼泊尔等邻国，并通过尼泊尔转口印度和东南亚等国，贸易形式也突破了过去传统单一的边民互市贸易，转变为不受数量、数额、商品种类限制的边境贸易。据统计，西藏的边境贸易在中印边境贸易没有开放的情况下，主要是与尼泊尔的贸易和通过尼泊尔对印度的转口贸易，其贸易中心为樟木口岸的边贸市场，西藏90%以上的边贸在该地成交。樟木口岸的国有外贸企业交易额从1979年的689万元增加到了1989年的4 008万元，同期的边境互市贸易额由45万元增加到了近亿元，1992年边境互市贸易成交额已近2亿元，2003年已达4亿多元。

为扶持边贸市场发展，西藏工商行政管理部门认真落实招商引资的各项优惠政策，提高服务质量，优化投资环境，坚持"管而不死，活而不乱"的原则，加强宣传力度，强化日常监督检查，做到监管与服务相统一，积极引导各类经营者守法经营，维护国家和政府的形象。边贸市场作为西藏对外开放的"窗口"，也得到进一步发展。

（三）市场管办脱钩工作

自治区工商行政管理局认真贯彻落实国务院的重大决策，精心部署，思想统一，态度坚决，狠抓落实。各地市局对自办、联办的市场进行调查摸底，在当地财政（国资）部门对每个市场的投资、负债进行确认的基础上，与地方政府逐一协商，议定脱钩方案，按"先脱后批"的原则，与地方政府或政府指定部门签署了市场移交协议或者工商部门股权转让协议，整个移交工作细致、扎实。2001年12月7日，自治区人民政府向全区批转了《全区工商行政管理机关限期与所办市场彻底脱钩方案的请示》，全区23个市场、4 000余万元资产顺利实现了与工商部门的彻底脱钩，同时，确保了市场的平稳过渡。

五、市场监督管理

改革开放之初，西藏自治区部分商品供不应求，加上经济立法和管理工作滞后，一些单位和个人利用供求矛盾，从事投机倒把

等违法违章活动,扰乱了社会经济秩序。对此,自治区各级工商行政管理机关在加强市场监管中,加大打击投机倒把和走私贩私的力度,把宣传教育、行政管理、经济手段有机结合起来,进行了综合治理,取得了较好的效果。1984年全区共查处案件1 184件,其中大案6起,罚没款共计34万元;1987年查处案件1 979件,罚没款108万元。同时,对市场上不标准、短斤少两计量器具进行了检查和处理。

各级工商行政管理部门始终把严肃查处制售假冒伪劣商品的违法活动作为行政执法重点,集中力量专项治理,严肃查处危害人民健康的假劣食品、饮料和危及人身安全的劣质家用产品等,扩大打假成果,会同有关部门追根寻源、挖窝打点、断源截流,对制售假冒伪劣商品的违法活动,通过新闻媒介公开曝光,销毁物品。为保护区内资源,增加草场建设投资,按照自治区《关于毛绒、皮张外运管理和收缴草场建设费的通知》,对畜产品加强管理,发放《准运证》,收缴草场建设费,增加了地方财政收入。

1985年以来,随着汽车交易活动的增多,自治区工商局等有关部门制定了《关于汽车交易管理的暂行规定》,有效制止了不法分子买空卖空、非法牟取暴利的行为。

自治区各级工商行政管理机关按照自治区人民政府发布的《西藏自治区工商业和市场管理的暂行规定》和1986年出台的《西藏自治区边民互市贸易暂行管理办法》,坚持把教育和管理结合起来,引导个体工商户遵纪守法,服从管理,文明经商,亮照经营,明码标价,促使市场秩序不断好转。根据国家和自治区的统一安排部署,开展了对食用盐的监管,禁止无碘盐上市,配合有关部门加强对文化、娱乐市场的管理,查处不健康的经营活动和政治性非法出版物书报、音像等制品,打击非法拼装汽车,开展"扫黄打非"活动,净化市场环境。

2002年,自治区工商局确立了"凡假必打、凡乱必规,以防为主、防打结合"的指导原则,以集中开展食品安全专项整治、加大

商标专用权保护和打击虚假违法广告整治为重点,构建放心食品、放心商品、"12315"民心和金信四项工程,全面推进"经济户口"管理、市场巡查制和推进企业信用体系建设三项改革,坚持不懈推进制度化、规范化、程序化、法制化建设,努力实现监管与发展、监管与服务、监管与执法、监管与维权的统一。完善并实施重要商品(食品)市场准入制度、落实食品经营者索证索票和进货台账制度,完善食品质量监测、不合格食品退市、食品安全追溯管理、食品安全预警和应急处置等制度,建立市场开办者的监管制度,深化商品准入制度改革,引导企业建立健全了入市商品登记制度、商品质量查验登记制度、重要商品备案制度、商品质量承诺制度。严格执法程序。制定了《行政执法行为监督告知制度》、《行政处罚案件核审办法》、《罚没财物管理暂行规定》,推行了重大案件备案制度,规范了案件查办程序、市场巡查程序,大力整顿和规范市场准入行为、市场竞争行为和队伍执法行为,努力营造全面建设小康社会的良好市场环境。2000年以来,全区工商行政管理部门每年查处的案件数都在5 000件以上,案值在800万元以上。2008年上半年全区查处各类违法违章案件7 533件,总案值1 375万元。

加强经济合同的监督管理。自治区工商行政管理部门大力宣传经济合同法规,推行经济合同示范文本,有效开展各类经济合同的鉴证工作,调解经济合同纠纷,查处利用经济合同进行投机违法活动。截至2002年,全区共鉴证经济合同14 058份,金额123亿元,经过鉴证的合同,其履约率达98%。全区共评选出自治区级"守合同,重信用"企业398家,国家工商总局认定15家,有力地增强了企业的法律意识和履行合同的自觉性。通过开展"守合同、重信用"活动,加大了《中华人民共和国合同法》贯彻实施力度,提高了企业依法签约、严格履行的自觉性。

附：

西藏自治区工商行政管理局
历任党委（组）书记、局长

丁科文,1980 年 12 月至 1987 年 4 月任局长;关却次仁,1987 年 4 月至 1992 年 1 月任局长;卓扎多基,1992 年 1 月至 2000 年 4 月任局长、党组书记;赵正修,2000 年 4 月至 2008 年 1 月任局长、党委书记;段襄征,2008 年 1 月至 2008 年 6 月任局长、党委书记。

（执笔人：蔡　军）

第二十七章　陕西省工商行政管理局

第一部分　(1949—1978)

第一节　陕西省工商行政管理发展概况

一、陕西省省级工商行政管理机构

1949 年 4 月 1 日,陕甘宁边区政府工商厅成立于延安,同年 6 月 15 日,随陕甘宁边区政府迁至西安市。陕西省工商厅掌管公营贸易,扶助合作社发展,私营工矿之计划调查,检查督导技术发明与优良产品奖励;管理公营、私营工矿商业及合作社营业登记与商标注册,管理出口贸易及对敌经济斗争;指导内地贸易,集市的管理与交易稳定物价及劳动保护设施,度量之制造,监察和统一指导工商团体等。

1950 年 1 月 10 日,陕西省人民政府成立。同年 2 月,省政府批准成立陕西省人民政府商业厅。同年 5 月陕西省人民政府商业厅正式对外办公,设址西安市后宰门 18 号。省商业厅内部设商政科,编制 10 人。主要负责全省的集贸市场管理,工商企业登记管理,商标注册管理,度量衡器管理和对行会的指导等工作。

1958 年 1 月 1 日,省商业厅商政科更名为行政处,编制 13 人,主要职责为集贸市场管理、工商企业登记管理、商标注册管理和对私改造等工作。同年 4 月 21 日,陕西省人民委员会决定将商业厅改为第一商业厅。同年 6 月 2 日,中共陕西省委批准陕西省第一、第二商业厅合并为陕西省商业厅。原第一商业厅行政处与第二商业厅商政处合并为商政处,编制 31 人,分为商政、市场管理、统计三个组。

1960 年 9 月,中共陕西省委决定将商业厅商政处划归陕西省物价管理委员会,编制 15 人。截至 1961 年 7 月底,全省工商行政管理工作移交物价部门的专区、市、县计 30 个。

1963 年 1 月,中共陕西省委决定省物价委员会与省计划委员会合并,省物价委员会商政处划归陕西省商业厅,编制 11 人。同年 8 月,省工商行政管理局成立,与商业厅合署办公,一个机构,两个牌子,内部仍设商政处。主要职责是:集市贸易管理、工商企业登记管理、商标注册管理、对私改造和指导工商联工作等。

1963 年 8 月,陕西省工商行政管理局正式成立。

1964 年 4 月 11 日,国务院批转中央工商行政管理局《关于工商行政管理机构和编制问题的报告》。批示指出:"各地应根据实际工作需要,逐步建立与健全工商行政管理机构,充实与配备专职必要的人员编制;不建立工商机构的,也应指定有关部门兼管此项业务,并配备专职干部。"陕西省人民委员会根据批示精神,决定成立各地、市、县工商行政管理局。截至 1965 年 12 月底,全省工商行政管理局 68 个,其中省局 1 个,省辖市局 4 个,县局 57 个。

1966 年 6 月"文化大革命"开始后,陕西省工商行政管理局处于瘫痪状态。1968 年 5 月,省革命委员会成立,党政实行"一元化"领导,原陕西省人民委员会及其所有机构不复存在。同年 8 月,省革命委员会生产组财贸办公室商业组接管原陕西省工商行政管理局和陕西省商业厅的职能(此时只剩

集贸市场管理和打击投机倒把两项工作)。

1970 年 5 月,省革命委员会批准成立陕西省商业局,内设综合组,负责全省工商行政管理工作。

1975 年 12 月 25 日,陕西省革命委员会为改变全省市场管理机构不健全的状况,决定成立陕西省工商行政管理局,编制 15 人,归属陕西省商业局领导。

1976 年 9 月 23 日,陕西省革命委员会财贸办公室决定陕西省商业厅恢复各处室,商政处重新恢复。

二、陕西省各行署、省辖市工商行政管理机构

1949 年 5 月,西安市人民政府成立。下设工商行政管理局,内辖一室六科:秘书室、人事科、工业科、商业科、业务科、会计科、保管科。

1950 年 6 月,全省各地区专员公署和省辖市人民政府分别建立工商行政管理机构"商政科",归各专员公署和市人民政府领导,对外以专员和市长名义行文。各专署工商科配备干部 12 人(1951 年确定为 8—10 人)。截至 1950 年 12 月,全省建立专署、市级工商科(局)11 个,其中专署工商科 8 个,省辖市工商科(局)3 个。

1956 年,全省专署、市级机构(西安市除外)撤销工商科,成立商业局。多数专署和市级商业局内设工商科,管理工商行政工作。未设科的,指定专人负责。

1965 年,全省专署、市级机构全部设立工商行政管理局。专署工商局与商业局合署办公,一个机构,两个牌子。省辖西安、宝鸡、咸阳、铜川四市,均单独设立工商行政管理局,对外继续挂市场管理委员会牌子。

"文化大革命"期间,全省各专署、市级工商行政管理机构被撤销。

三、陕西省各县、区、地辖市级工商行政管理机构

1950 年 6 月,各县人民政府遵照陕西省人民政府命令,相继建立工商科。至 1951 年 2 月底,共建立县级工商科 94 个。

1956 年,各县人民政府撤销工商科,成立商业局。多数县商业局内设工商股,负责

工商行政管理工作。未设工商股的,均指定专人负责工商行政管理工作。

1965 年,蒲城、汉中两县单独设立工商行政管理局。有 55 个县工商行政管理局与商业局合署办公,36 个县未设工商行政管理机构,由商业局兼管。多数县对外挂市场管理委员会牌子。

"文化大革命"期间,各县级工商行政管理局均处于瘫痪状态。

1979 年 10 月 22 日,各县、区和地辖市根据省革命委员会通知,开始恢复和成立工商行政管理局。到 1980 年 12 月,全省有 70 多个县成立了工商行政管理局。

1981 年 5 月,开始单独设立。截至 1988 年 12 月,全省共有县、区和地辖市级工商行政管理局 107 个,其中县局 86 个,区局 14 个,地辖市局 7 个。

四、工商行政管理所

1957 年后,陕西省曾设基层工商行政管理机构,名称为市场管理所或市场管理委员会。

1964 年 2 月,根据国务院批转中央工商行政管理局《关于工商行政管理机构和编制问题的报告》中"城市交易集中的地区及农村较大的集镇,应当设立工商行政管理所或市场管理所"的要求,全省各县级局陆续成立了基层工商行政管理机构。截至 1964 年 8 月,全省设市场管理委员会或市场管理所 799 个,其中单独办公的 119 个,日常工作由人民公社负责的 156 个,供销社兼管的 512 个,税务所兼管的 12 个。

"文化大革命"期间,基层工商行政管理机构受到不同程度的冲击。

1969 年以前,工商行政管理所人员列为国家事业编制。1970 年列为行政编制。

1978 年中共十一届三中全会后,全省各级工商行政管理部门从三个方面加强了基层工商行政管理机构的建设:一是工商行政管理所和基层工商行政管理人员逐步加强;二是改善工商行政管理人员的生活和工作条件;三是开展创建文明工商行政管理所活动。

1979 年 1 月 1 日,根据商业部和财政部

《关于基层工商行政管理人员该列事业编制的联合通知》,工商行政管理所人员又改为事业编制。

第二节　陕西省工商行政管理队伍建设

一、组织建设

1950 年,全省迅速建立起工商行政管理队伍。至 1950 年 12 月,全省有工商行政管理人员 327 人,其中科级干部 67 人,科员级干部 260 人。1953 年 8 月,全省(缺西安市)有工商行政管理人员 374 人,其中科级干部 74 人,科员级干部 300 人。1958 年 12 月发展到 804 人,比 1950 年增加 477 人。1957 年后,由于党内"左"倾的错误的影响,1959 年到 1961 年,全省工商行政管理人员逐年减少,1959 年减少到 530 人,1960 年减少到 404 人,1961 年减少到 249 人,1961 年比 1958 年减少 555 人。人员大量减少,使全省工商行政管理工作受到严重影响。

1962 年后,随着国民经济的调整,为加强商品经济活动的监督和管理,各地、市、县(区)遵照国务院和陕西省人民委员会的指示,从 1963 年起,开始建立各级工商行政管理机构,扩大工商行政管理队伍。1964 年底,全省工商行政管理人员增长到 1 219 人,其中省 10 人,西安市 222 人,专区 3 人,县、市 194 人,农村基层市场 790 人。专职人员 492 人,兼职 574 人,雇佣 153 人。

1962 年到 1964 年,全省工商行政管理人员增加近 5 倍。

1965 年后,由于精减机构,部分地区从工商行政管理部门抽调人员,撤并机构,使工商行政管理队伍受到又一次严重削弱。

1966 年 1 月,全省正式工商行政管理人员不足 1 000 人。

"文化大革命"期间,全省工商行政管理队伍遭到破坏,大批人员被裁减。全省 250 个集镇没有机构,无人管理。

1968 年 8 月,陕西省工商行政管理局暨商政处被撤销,仅留一人在陕西省革命委员会财贸办公室商业组负责全省工商行政管理工作。

1970 年后,随着"文化大革命"的发展,工商行政管理部门作为"无产阶级专政工具",开始逐步恢复基层的市场管理机构,增加工商行政管理人员。陕西省工商行政管理局《关于充实工商市管人员的报告》载:"1975 年 6 月,全省有工商市管人员 1 367 人,比 1966 年略有增长,但市管人员仍严重不足。全省有 13 个县只有 1—5 名工商市管干部,延安地区 15 个县只有 104 名工商市管干部,商洛地区 7 个县只有 59 名干部。安康地区 15 个县只有 104 名工商市管干部,商县 43 万人口,4 个区、61 个公社、21 个集镇,只有 17 名工商行政管理干部,平均一个人要管三个半公社。商县 18 万人口,全县只有 4 名工商市管干部,且长期抽调做别的工作。"

1978 年中共十一届三中全会后,陕西省工商行政管理工作进入新的发展时期。全省先后四次增加基层工商行政管理事业编制。

1978 年 12 月 31 日,省工商行政管理局和省财政局根据国家工商行政管理局、财政部通知精神,发出《关于基层工商行政管理机构事业编制人数和经费的联合通知》,核编陕西省基层工商行政管理事业编制 2 340 人,经费 238.6 万元。

二、工商行政管理队伍业务培训

1976 年"文化大革命"结束后,全省工商行政管理系统的干部、职工队伍迅速发展。但由于历史等原因,干部职工素质不高、文化程度偏低、年龄偏大、政策业务水平不高。

1977 年 9 月,陕西省工商行政管理局在陕西省商业学校举办了第一期市场管理专业干部培训班,培训期为 2 个月,共培训 50 名市场管理人员。

第三节　陕西省工商行政管理发展成就

新中国成立初期,工商行政管理部门在

工业、商业、供销、外贸以及计量等方面承担对企业的监管职能。1956 年社会主义工商改造完成以后,工商行政管理工作为适应社会主义经济建设的需要,在县、乡、区三级组成有关各方参加的市场管理委员会,全面管理城乡集贸市场。

1978 年党的十一届三中全会以来,各级工商行政管理部门以经济建设为中心,坚持改革开放的方针,致力于促进生产、搞活流通、繁荣市场,实现了多方面的转变:从限制商品自由流通、维护国家经济计划,转变到努力促进商品流通,促进市场繁荣和经济快速发展;从单纯保护公有制经济,限制和禁止个体私营经济,转变到以公有制为主体,鼓励和支持多种所有制经济共同发展;从强调和注重监管,转变到积极主动为企业、个体户、消费者提供高效优质服务。这一系列的调整和转变,适应了社会主义市场经济的需要,有力地促进了国民经济的快速发展。

一、查处经济违法违章案件

陕西省工商行政管理系统查处经济违法违章案件,先后经历了五个时期。

(一)国民经济恢复时期

新中国成立初期的国民经济恢复时期,一些不法资本家和投机商,利用手中占有的资本,以高利息吸收社会闲散资金,倒卖金银,抢购物资,囤积居奇,哄抬物价,追求暴利。1949 年 6 月—1950 年 2 月,先后掀起三次全省性的物价大波动,各地粮食、纱布、食油等重要商品的价格剧烈上涨。西安市 1949 年 6 月至 12 月,小麦上涨 53 倍,棉花上涨 61 倍,棉布上涨 26 倍,食油上涨 59 倍。1949 年 6 月 25 日,陕甘宁边区政府颁布《管理银洋(银元)暂行办法》。1950 年 11 月 14 日,中央贸易部发出《关于取缔投机商业的几项指示》。1950 年 11 月 27 日,陕西省人民政府转发《西北区查缉违禁及走私物品暂行办法》。1952 年 3 月 5 日中共中央发出《关于工商户处理的标准和办法的指示》。根据上述指示和办法,陕西省工商行政管理部门从以下三个方面同不法资本家和投机商进行了斗争:

1. 整顿交易场所,开展市场大检查。

1949 年 5 月至 1951 年底,各地工商管理部门对旧社会遗留下来的一些交易场所、行栈等进行了整顿和改造,普遍开展了市场大检查,先后查处了专营面粉、纱布、食油、食糖、皮革等投机商 61 户,"跑合商"(经纪人)70 多户,有力地制止了围绕这些重要物资的投机交易活动。各地还相继成立了粮食、棉花、干鲜菜、山货等市场管理委员会,调整供求,组织产销,稳定物价,取缔投机。并先后发布了《市场管理暂行规则》、《明码标价暂行办法》、《度量衡管理办法》、《取缔市场投机商业暂行办法》等具体管理规定。

2. 配合金融和公安部门,加强金融市场管理,取缔地下钱庄。西安市工商、金融和公安部门密切配合,深入宣传,发动群众,设立稽查队,除日常在车站、关卡、交易场所等地查缉使用、销售、倒卖金银外币的违法活动外,于 1952 年 8 月组成金融工作队,对新中国成立来全市私营工商业中的金融投机行为进行了一次全面的清查和处理。共查出倒卖金银者 3 600 户,累计倒卖黄金 25.17 万两,银元 606 万余枚;地下钱庄 430 户,累计贩收存款总数 533 万元,放款总额 492 万元,漏税总额 260 万元。根据"多数从宽,少数从严"的处理原则,重点打击 31 户,分别作了经济处罚或依法惩办。

3. 开展"五反"运动。1952 年上半年,在全省所有城市,依靠工人阶级,团结资产阶级内部的守法人员及其他市民,向从事投机倒把和其他经济违法的资产阶级分子、投机商人开展了大规模的"反行贿、反偷税漏税、反盗窃国家资财、反偷工减料和反盗国家经济情报"的"五反"斗争。1952 年 3 月 25 日,中共中央明确要求,通过斗争消除"五毒",消灭投机商业。全省各级人民政府从工商行政管理机关抽调大批干部,参加了"五反"运动。经过认真调查和核实,对私营工商业户依据不同情况划分五类。并按照"过去从宽,今后从严;工业从宽,商业从严;普通商业从宽,投机商业从严"的原则,分别做了严肃的处理。新中国成立后三年中,西安市不法资本家和投机商的违法所得为 995 万元,通过补税、退财、罚款,为国家追回大部分损失。

(二)社会主义改造时期

1953 年,随着经济建设大规模的开展,城市人口增加,粮食和一些重要的农副产品供不应求。一些富裕农民和私商乘机抢购、套购粮食及主要农副产品,或囤积居奇、或高价出售。一些经销、代销店在经营活动中以次充好,以副顶正、短尺少秤、欺骗群众,有的还私自经营统购统销商品。一些不法资本家采用行贿、偷工减料、高估成本、偷税漏税等手段,骗取国家资财,牟取非法收入。为了刹住歪风,保障经济建设和社会主义改造任务的顺利进行,从 1953 年至 1954 年,陕西省人民政府先后发布了《关于实行粮食计划收购计划供应的决定》、《关于实行棉布计划和计划供应的指示》、《关于实行棉花计划收购的指示》、《关于油料购统销和油料增产的指示》,还对生猪、皮革、烟叶、蛋品等实行了派购。

根据省人民政府的政策规定,全省工商行政管理部门一方面积极贯彻统购、派购和统销政策,加强对资本主义工商业的社会主义改造;另一方面,大力整顿粮、棉、油初级市场,对农民和私商的经营活动作出了一些具体的规定,对从事投机违法活动的进行了认真查处。各地重点查处四个方面的案件:

1. 从事粮、棉、油投机违法活动的案件。1953 年至 1954 年,西安、咸阳、渭南、榆林 4 个市县共查处此类案件 753 件,其中送司法机关惩处的 52 件。收购和没收违法物资的 286 件,批评教育、登报悔过、处以罚款和停业整顿的 415 件。

2. 大肆进行偷工减料和高估成本的违法案件。西安市 1953 年至 1954 年查处的违法案件中,仅借加工订货之机严重高估成本的就有 60 余件,经审查被减下来的高估成本款达 50 多万元。宝鸡、延安、三原、南郑等 18 个市县,1953 年共查处此类案件 997 件。

3. 跳行跨业和无照经营的违法案件。西安市 1953 年在调整工商行业中共查处乱跨行业经营者 191 户。1955 年在私营商业及饮食业普查工作中,共查处无照经营的黑户 4 291 户,其他城市和地区都对这类违法活动作了认真地检查和处理。

4. 掺杂使假、短尺少秤等欺骗顾客的案件。据西安、渭南、咸阳、绥德等市县不完全统计,1954 年至 1955 年,共查处此类案件 336 件,其中属副食、医药、酒类行业 225 件,占 67%;属干果、蔬菜、饮食等行业的 111 件,占 33%。

(三)全面建设社会主义时期

1957 年,进入全面建设社会主义时期。这一时期,由于经验不足和党内"左"的思想的影响,加之连续三年严重的自然灾害,致使全省国民经济的发展和物资供应在 1959 年至 1961 年发生了严重困难。国民经济比例失调,生产和生活资料供应奇缺,商品的可供量急剧下降。这种情况下,一些农民弃农经商、长途运销逐渐增多,无证经营、黑市交易大量增加,投机商贩、特别是投机倒把惯犯大肆进行倒卖主要农副产品,套购工业品,倒卖金、银、票证等违法活动,严重破坏商品的正常流通和物资的计划供应。

为了打击投机倒把,稳定市场物价,维护社会主义经济秩序,中共陕西省委和陕西省人民委员会采取了三项重要措施:1. 采取经济措施,主要商品实行计划供应,对部分商品实行高价政策,回笼货币;2. 运用行政手段,工商行政管理机关管理市场,打击投机倒把行为;3. 明确政策界限,加强组织纪律。为了保证以上措施的实施,陕西省人民委员会于 1958 年 4 月 22 日颁发了《陕西省市场管理暂行办法》,1961 年 10 月 23 日转发了国务院《关于打击投机倒把和取缔私商长途贩运的几个政策界限的暂行规定》;5 月 23 日转发了中共中央、国务院《关于严格管理大中城市集贸易和坚决打击投机倒把的指示》。全省各地工商行政管理部门为认真贯彻上述办法、规定和指示,主要采取了以下措施:

1. 加强市场管理,制止弃农经商,限制私营商贩活动和自由市场范围,查处了一大批投机违法案件。1957 年至 1962 年,西安、安康、榆林、蓝田、眉县 5 个市县,共查处市场投机违法案件 60 045 件,其中 860 件由司法机关处理。1963 年,咸阳、南郑、汉阴、横山等 42 个县、市共查处市场投机违法案件 30 845 件,没收和收购物资总值达 103 万余元。1965 年,据全省 22 个县、市不完全统计,共查处市场投机违法案件 42 285 件,罚没款 37 万多元。

2. 整顿和加强对采购、推销人员的管理。对其中有投机违法活动的进行打击。1960 年 5 月,西安市工商行政管理局制定了《关于对外地购销人员加强管理的几项暂行规定》。6 月,成立了市检查清理采购人员委员会,从有关部门抽调干部 115 人,对外来的 1 140 名采购人员集中进行整风,共暴露出各种问题 1 635 件,其中有投机违法和其他经济问题的 675 人,总计违法金额 637 万元,分别不同情况,作了严肃处理。宝鸡、咸阳等地结合当地实际采取相应措施,查处了一批有投机违法行为的采购、推销人员。

3. 对私商转手批发、长途贩运、开地下厂店行栈和黑经纪、窝主等进行严厉地打击。1958 年,南郑县查处了一个由 10 多名行商组成的投机倒贩集团,以高出牌价 1—10 倍的价格抢购统一收购的中药材,长途运往广州、汉口、东北等地销售,从中牟取暴利。安康县查处了一个由 27 人组成的投机倒贩集团,仅半年就套购和长途贩运生漆达 16 995 斤。户县 1964 年在 10 个生产大队查处 39 名黑经纪人,通过他们交易的粮食达 35.8 万多斤,共抽取所谓佣金 2.7 万多元。

4. 对过去从事投机倒把获得暴利的商贩进行一次性罚款和补税。从 1963 年 6 月至 1964 年底,在各级党委和政府的统一领导下,各地组织工商、公安、税务、商业、供销、手工业管理等有关部门参加,成立整顿市场打击投机倒把领导小组和办公室,采取先试点后全面、先城镇后农村的办法,对过去从事长途贩运、转手批发以及其他投机倒把活动获得暴利的私商,分期分批地进行了罚款和补税。共查处各类投机倒把分子 6 005 人,罚款补税 34 903 人,罚款补税总额 538 万元,共查处市场违法案件 15 万多起,没收和收购的物资总值达 360 万多元。

5. 严厉打击投机倒把"尖子"。1964 年 11 月至 1965 年 3 月,各地结合农副产品收购和农村社会主义教育运动,迅速掀起了一个群众性的打击投机倒把"尖子"的高潮,据全省 65 个县、市不完全统计,共查出投机倒把"尖子"757 人,经逐个查证落实,被依法判刑的 204 人,占 26.9%;依法拘留的 32 人,占 4.22%;大会批判斗争的 336 人,占 44.38%;戴上投机倒把分子帽子的 64 人,占 8.44%。

在打击投机违法活动中,存在着打击面宽和处理过严的问题,影响了农民家庭副业和商品经济发展。

（四）"文化大革命"时期

"文化大革命"时期,全省工商行政管理工作基本处于瘫痪状态,仅打击投机违法活动的工作未中断。

1966 年到 1971 年 9 月,陕西省革命委员会先后多次发出打击投机倒把活动的指示、通知、通告和通令,强调"打击投机倒把,加强市场管理,是一场严肃的阶级斗争",是"防止资本主义复辟的大问题",要求"用群众运动的方法,群众专政的手段,对投机倒把活动进行严厉打击"。在此期间,工商行政管理机构撤并,人员下放。打击投机倒把的工作,有的由新成立的打击投机倒把办公室负责,有的交由民兵指挥部代管,执行极"左"政策,用专政的办法,突出市场管理,打击投机违法活动。1967 年至 1971 年,据西安、宝鸡、武功、岐山、渭南、蒲城、白水、永寿、周至、眉县、洛南等 17 个市县的不完全统计,共查处各种投机违法案件18 880件,没收和收购的主要物资有:粮食 57.54 万斤,棉花 1.48 万斤,食油 1.76 万斤,粮票 5.24 万斤,布票 3.18 万尺,土布 1.17 万尺,蔬菜和瓜果 18.5 万斤,以及茶叶、大麻、牲畜、钢材等。一些地方还将投机倒把人员抓获后收进集训班,边劳动、边审查、边处理。

1971 年 9 月至 1976 年 10 月,省革命委员会相继批转了西安、榆林等地和省商业局《关于投机违法活动情况的报告》、《关于当地农村市场资本主义倾向情况的报告》、《关于当前市场阶级斗争情况的报告》,要求发动群众,大张旗鼓地惩办那些情节严重的投机倒把分子,严厉惩处与投机倒把分子勾结、进行非法套购的干部和职工。期间,一些地方陆续恢复了工商行政管理机构,打击投机倒把的工作逐渐加强。1972 年至 1973 年,仅西安市就查处投机违法案件 22 568 件。1974 年至 1976 年,全省共查处投机违法违章案件 337 216 件,罚没金额 250.46 万元。

　　"文化大革命"时期,在打击投机违法活动、查处案件,没收财物的工作中,普遍地出现了严重扩大化的问题。1970 年 2 月中共中央《关于反对贪污盗窃、投机倒把的指示》下达后,各地在执行中把没有在工商行政管理机关登记发照的工厂、商店、包工队、运输队、基建维修队和无证经营的个体商贩等,一律作为投机倒把行为加以打击和取缔;处理案件中宁"左"勿右,宁严勿宽的思想进一步发展,对市场管理和企业登记管理中的一些违章行为和一般的违法活动,不是采取批评教育或者适当罚款的办法,而是作为敌我矛盾加以处理,造成了一些冤案、假案和错案。

　　（五）改革开放新时期

　　1977 年,全省查处投机违法案件 190 086 件,罚没款 140 多万元,分别比上年增长 35.5% 和 40.6%。1978 年,全省共查处投机违法违章案件 173 159 件,其中投机倒把案件 21 018 件,非法牟利千元至万元大案 235 件,牟利万元以上的大案 18 件,倒卖布票千尺、粮票千斤以上的案件 47 件,合计罚没款 165.96 万元。

第二部分　（1979—2008.6）

第一节　陕西省工商行政管理机构演变概况

一、陕西省省级工商行政管理机构

　　1979 年 10 月 22 日,陕西省革命委员会决定成立省革命委员会工商行政管理局,行政编制 18 人,与陕西省商业厅合署办公。

　　1980 年 11 月 21 日,陕西省第 42 次省长办公会议批准省工商行政管理局单独设立,编制由原 18 人增加为 35 人。陕西省工商行政管理局 1981 年 5 月正式办公,职责增加广告管理工作。内部机构设"一室五处"即办公室、市场管理处、企业登记管理处、经济合同管理处、个体经济管理处、经济检查处。办公室下设秘书科、人事教育科、行政管理科。

　　1984 年 8 月,省工商行政管理局改为陕西省人民政府直属事业机构,增设商标广告管理处。

　　1985 年 7 月 4 日,省工商行政管理局经济检查处并入市场管理处;办公室秘书科与人事教育科合并为人事秘书科,同时成立基层教育科。

　　1986 年 6 月 5 日,省人民政府第 15 次常务会议批准成立陕西省工商行政管理学校。同年 11 月,根据陕西省编制办公室《关于省工商行政管理局增设机构和增加编制的通知》的要求,内部机构增设政治处、经济检查处、外资企业处、基层工作处、政策研究室五个处（室）。编制由原 60 人增加至 110 人。同时成立陕西省经济合同仲裁办公室（处级,编制 20 人）,陕西省经济检查大队（处级,编制 20 人）两个事业单位,合署办公。同年 12 月 30 日陕西省工商行政管理局党组决定成立企业公告办公室,与企业登记处合署办公。

　　1988 年 1 月 15 日,省编制委员会批准成立陕西省工商管理学校筹建处,编制 15 人。

　　1988 年 7 月 27 日,省工商行政管理局重新设立办公室秘书科。至同年 12 月,省工商行政管理局编制人数 176 人,内设 12 个处（室）和陕西省经济合同仲裁委员会。挂靠在省工商行政管理局的单位有:陕西省个体劳动者协会、陕西省广告协会、陕西省工商行政管理学会。

　　2000 年 8 月省工商行政管理局机构改革后,内设办公室、法规处、公平交易处、消费者权益保护处、市场规范管理处、企业登记监管处、外资企业登记监管处、商标广告处、个体私营经济监管处、计划统计处、人事教育处 11 个处室和省工商行政管理局企业注册分局、省工商行政管理局市场管理分局。挂靠在省工商行政管理局的单位有陕西省个体劳动者和私营企业协会、省消费者协会、省广告协会、省工商与市场杂志社、省企业服务中心、省工商行政管理干部教育中心、省消费者导报社、省工商行政管理信息中心。全局人员编制 299 人,其中:行政编制 74 人,参照公务员管理的事业编制 66 人,自收自支的事业编制 159 人。

2007 年 5 月 8 日,省编办批准省工商局市场服务中心更名为省工商局经济检查总队,其县级规格、全额拨款经费形式、人员编制 14 名。主要职责是:1. 参与查处垄断、不正当竞争、走私贩私、传销和流通环节食品安全等经济违法大案要案;2. 承担省政府和国家工商总局交办及督办的重大经济案件查处的事务性工作;3. 参与全省工商系统跨省、跨地区、跨部门重大经济案件的查处,配合省政府有关部门开展市场专项整治工作。

二、陕西省各行署、省辖市工商行政管理机构

1980 年 11 月,各地区根据陕西省人民政府第 42 次省长办公室会议关于“各地区行署成立工商行政管理局,与商业局合署办公”的指示,相继恢复和建立工商行政管理局。

1982 年 12 月,全省成立行署、省辖市工商行政管理局 10 个,其中行署局 6 个,省辖市级局 4 个。地市级工商行政管理局除榆林地区外均单独设立。

1983 年底,10 个地市级局全部单独设立,内设机构除西安市局设处外,其他一律称设科。

1998 年,杨凌农业高科技示范区(地区级)成立,同年 6 月成立杨凌工商行政管理局,至此,全省 11 个市全部设立工商行政管理局。

2002 年 8 月,根据陕西省机构编制委员会办公室批复,陕西省工商行政管理系统对市级工商局进行机构改革。

市级工商行政管理局为省工商行政管理局的直属机构,主管辖区市场监管和行政执法工作。内设机构设 8 个科室:办公室、政策法规科、消费者权益保护科(“12315”消

费者申诉举报中心)、市场规范管理科(合同行政管理科)、企业个体监管科(外资企业注册监管科)、商标广告监管科、财务统计科、政治部。市级局事业机构下辖注册分局、经济检查支队、机关后勤服务中心。社团机构包括:个体私营企业协会、商标广告协会、消费者协会、经纪人协会、工商学会。挂靠的社团机构不单独核定编制。

三、陕西省各县、区、地辖市级工商行政管理机构

1979 年 10 月,各县、区和地辖市根据陕西省革命委员会通知,开始恢复和成立工商行政管理局。至 1980 年 12 月,全省 70 多个县成立工商行政管理局,其中多数与商业局合署办公,1981 年 5 月始,相继单独设立。截至 1988 年 12 月,全省共有县、区和地辖市级工商行政管理局 107 个,其中县局 86 个,区局 14 个,地辖市局 7 个,内部机构设置为股(西安市各区为科)。

2002 年 8 月,根据陕西省机构编制委员会办公室批复,陕西省工商行政管理系统对县级工商局进行机构改革。

县(市、区)工商行政管理局(分局)为市工商行政管理局的直属机构,主管本辖区市场监管和行政执法工作。县(市、区)级工商局内设机构,按照一、二类县级工商行政管理局设 5 个职能股(室):办公室、政策法规股、市场规范管理股、商标广告监管股、政治工作股。三、四类县级工商行政管理局内设 4 个股(室):办公室、政策法规股、市场规范管理股、政治工作股。特殊类县级工商行政管理局内设 2 个股(室),分别为办公室、业务股。县级局事业机构下辖注册分局、经济检查大队、“12315”消费者申诉举报中心。

四、工商行政管理所

工商行政管理所是县、区和地辖市工商行政管理局派出机构。按经济区域、设在县、区和地辖市的主要集镇和街道。

1. 陕西省工商行政管理所人员,1969 年以前列为国家事业编制。1970 年列为行政编制。

2. 1979 年 1 月 1 日,根据商业部和财政

部《关于基层工商行政管理人员改列事业编制的联合通知》,又改为事业编制。

2002年8月,根据陕西省机构编制委员会办公室批复,按照"以经济区域设立工商行政管理所"的原则和"结构合理,管理科学,行为规范,廉洁高效"的要求,对工商所进行机构改革。基层工商行政管理所人员编制数按照省编办、省人事厅、省工商行政管理局《关于重新核定全省工商行政管理所人员编制及有关问题的通知》核定编制数按比例精简后重新予以核编,并报省工商行政管理局、省编办备案。据此将全省按乡设置的888个基层工商行政管理所调整为683个,全部直属各县工商行政管理局领导。工商行政管理所领导职数按照15人以上(含15人)设置所长1名,副所长2名;15人以下设置所长1名,副所长1名配置。

第二节　陕西省工商行政管理队伍建设

一、组织建设

1980年7月7日,陕西省工商行政管理局、陕西省财政局、陕西省劳动局根据国家工商行政管理局、财政部、国家劳动总局《关于增加基层工商行政管理所(站)事业编制的联合通知》精神,发出《关于增加基层工商行政管理所事业编制的联合通知》,全省增加编制30人。

1984年6月6日,省工商行政管理局、省劳动人事厅根据国家劳动人事部、国家工商行政管理局和国家计委《关于贯彻国务院批准增加工商行政管理干部有关问题的通知》精神,发出《关于增加工商行政管理干部有关问题的通知》,省工商行政管理系统选调和招收录用干部1 830人,其中选调350名,招收录用1 480名。增加的事业编制和招干指标全部用于充实基层工商行政管理所(站)。

1986年,全省工商行政管理人员为2 343人,其中省局15人,地、市局88人,县、区局539人,基层工商行政管理所(站)1 337人,雇用人员364人。

1988年5月2日,省编制委员会、省劳动人事厅、省财政厅、省工商行政管理局根据国家工商行政管理局、劳动人事部、财政部通知精神,发出《关于工商行政管理系统增加事业编制有关问题的通知》,全省工商行政管理系统增加编制2 300名,新增编制主要用于充实基层工商行政管理所、站、队,使工商行政管理队伍逐步发展壮大。

1988年底,全省工商行政管理人员达到12 910人,其中省局176人,地、市局384人,县、区局2 684人,基层工商行政管理所(站)6 845人,经济检查队(站)88人,雇用人员2 733人。

2000—2002年底省工商行政管理系统机构改革后,全省(不包括西安市)工商行政管理人员编制数由12 265人(行政9 977人、事业2 288人)减为11 193人,其中,行政编制数8 851人,事业编制数2 342人。

截至2008年6月,省工商行政管理局机关行政编制114人,已登记108人,事业编制98人(注册分局58人、市场分局26人,经检总队16人)。全省工商系统(不含西安市局)行政编制8 684人,实有9 319人。参照公务员管理1 602人,实有1 142人,机关后勤服务中心编制470人(自收自支事业单位)。

二、队伍业务培训

为提高干部职业素质与政策业务水平,全省工商行政管理系统自1979年始,有计划、有重点、有目的地加强了业务培训工作。

(一)建立业务培训机构

1983年10月17日,省工商行政管理局成立人事教育科,负责全省干部职工业务培训。

1985年7月14日,省工商行政管理局单独设立基层教育科。

1986年11月5日,省编制委员会根据省人民政府第15次常务会议精神,批准省工商行政管理局设立政治处,负责业务培训。各地、市、县(区)工商行政管理局相继设立业务培训机构或确定专职干部负责业务培训工作。基层教育科撤销。

2007年,省工商行政管理局修订省局干

部参加在职学历教育的管理规定,完善干部在职学历教育管理程序,设置统一的学历教育申请表和学费报销程序,进一步促进在职教育的规范化管理。

（二）举办业务培训班

全省各级工商行政管理机关针对人员的特点,举办各种业务培训班。主要为以下4种形式:

1. 综合知识培训。重点培训地、市、县（区）工商行政管理局长、科长、股长、所长和后备干部,掌握比较全面的工商行政管理知识。省工商行政管理局自1982年3月至1984年1月,依托省财贸管理干部学院开办短训班3期,每期学习4个月,共培训各级领导干部133人,其中地、市局正副科长和县（市）局正副局长60人,股长、所长34人,一般干部39人。2004年,省工商局与省委党校联合开班,招收系统在职人员本科班55人、法学研究生136人。2005年,省工商局与省委党校联合开班,招收系统在职人员本科班55人、法学研究生55人。2006年,全省工商系统举办各类专业培训班7次,参训人员820余人。2007年,全省工商系统开办各类培训班9期,参训人员910人。干部教育中心继续开展干部在职学历教育,当年7月毕业研究生、本科生200余人。

2. 专业知识培训。1977年9月,省工商行政管理局在省商业学校举办了第一期市场管理专业干部培训班,培训期为2个月,共培训50名市场管理人员。至1988年,先后举办了市场管理、商标管理、企业登记管理、广告管理、经济合同仲裁、个体经济管理、统计、财会、经济检查等各类培训班。各地、市、县（区）因地制宜对各类专业人员展开业务培训。2007年,省工商行政管理局安排8名处级干部、3名科级干部参加国家工商总局组织的业务培训班。并安排10人参加国家工商总局组织的3期全国工商系统地市局长培训班。

3. 基础知识培训。培训对象主要为新参加工作和一部分没有系统学习过工商行政管理业务的在职干部职工。西安市工商行政管理局1984年举办岗前培训和入门教

育2期,共培训干部480人。2002年至2008年,省工商局人事教育部门每年都组织转业干部和新分配公务员岗前培训,安排到西安市所辖的基层工商所进行为期15天的实践锻炼。

4. 文化知识和专业理论相结合培训。为使干部职工系统全面提高文化理论和专业知识,1984年省工商行政管理系统对"文化大革命"期间毕业的982名初、高中毕业生进行了文化课补习,其中70人取得高中毕业证书,518人取得初中毕业证书。

1984年全省参加"五大"学习共209人。1985年,全省工商行政管理系统274名干部参加了国家工商行政管理局委托北京财贸学院举办的85级工商行政管理专业陕西省函授班。1988年7月函授结业时,53人通过成人高考,取得大专毕业证书,194人取得北京财贸学院颁发的结业证书。各地、市、县（区）工商行政管理局还从多方面鼓励干部职工参加电大、函大、刊大、业大、自修大学的"五大"学习。2003年1月至2005年11月,省局举办培训班34次,培训处级以上干部387人（次）;科级以下干部2 754人;市、县级局举办培训班912次,培训干部59 652人（次）。2007年省局机关开办业务培训班22期,培训干部1 411名。组织省局机关参加省委组织部的市厅级班子2期2人、三秦大讲堂6期54人、处级干部班2期3人、科级干部班1期1人。

（三）成立工商行政管理学校

1986年6月5日,经省人民政府第15次常务会议批准,成立陕西省工商行政管理学校（中等专业学校）,规模640人,学制3至4年。

1988年1月15日,省编制委员会批准成立陕西省工商行政管理学校筹建处,人员编制15人。学校筹建处在组建筹建学校的同时,举办短训班对在职干部职工施行业务培训。到1988年底,举办各类短训班16期,共培训715人,其中股、所长以上领导干部239人,一般干部476人。

（四）成立干部教育中心

1994年4月,省工商行政管理局成立了

工商行政管理干部教育中心。到 2001 年底共举办各类学历教育培训班 20 期,培训人员3 400人次,举办各类短期培训班 80 期,共培训人员4 800人次。

第三节　陕西省工商行政管理发展成就

新中国建立 50 多年来,陕西省工商行政管理事业随着国家政治体制和经济体制的调整变革,走过了半个世纪的辉煌历程。到 1999 年,一个以省、市、县三级工商行政管理局为骨干,以经济区划设立的基层工商行政管理所为基础,共计19 654名干部职工的工商行政管理网络已全部形成。全省监督管理内资企业248 796户,外商投资企业2 533户,私营企业41 000余户,个体工商户842 000余户。

1979 年至 1988 年,陕西省共查处投机倒把、违法违章案件226 265件,罚没总金额4 908万元。其中投机倒把案件38 172件,占16.78%;违法违章案件 188 093 件,占88.13%。在查处的4 186件投机倒把大案中,牟利千元至万元的大案3 294件,牟利万元以上的大案 583 件,送交司法机关处理的投机倒把大案作案人员 470 件。除日常查处投机违法案件外,1980—1985 年,陕西省委和省人民政府曾统一部署,集中力量,对投机违法活动进行了三次大的打击。

第一次为 1980 年至 1981 年,以稳定市场物价为目的,打击走私贩私。1980 年,东南沿海大规模走私贩私活动很快蔓延到陕西。一些单位和个人乘机大量倒贩外货、外币、金银、珠宝、文物、毒品和贵重药材等物资,扰乱市场,破坏物价,使经济领域的投机违法活动大量增加。1981 年 2 月,省政府先后发出了关于贯彻《国务院关于加强市场管理打击投机倒把和走私活动的指示》的通知和《陕西省市场管理试行办法》。全省各级工商行政管理部门积极采取各种措施,坚决打击投机倒把和走私贩私活动。两年内共查处投机违法案件41 953件,罚没款 326.5万元,其中:投机倒把和走私贩私案件

13 295件,牟利千元以上的大案 756 件,送交司法机关处理的大案作案人员 94 人,查处倒贩走私贩私的主要物资有:电子计算机1 386台,手表9 393 只,黄金2 583 克,白银117 643克,银元19 096枚,鸦片3 105克,麝香14 122克,以及一些电视机、录音机等。

第二次为 1982 年至 1983 年,重点打击经济犯罪。这两年中,陕西省一些地方的走私贩私、投机倒把活动仍很猖獗,致使各种经济犯罪活动大量涌现,严重地干扰了对外开放和对内搞活方针的实施。1982 年 3 月3 日,全国人民代表大会常务委员会通过了《关于严惩破坏经济的犯罪的决定》,同年 4 月 13 日,中共中央、国务院发布了《关于打击经济领域中严重犯罪活动的决定》。陕西省人大常委会、中共陕西省委、陕西省人民政府和国家工商行政管理局根据中央的决定,先后发出了一系列指示和通知,全省各级工商行政管理部门集中力量开展了打击经济犯罪的斗争。两年共查处投机违法案件38 884件,其中属于走私贩私和投机倒把的案件9 668件,分别比上两年减少了 4.9%和27.3%。但查处牟利在千元以上的走私贩私、投机倒把大案1 269件,送交司法机关处理的 223 人,罚没款 823.5 万元,分别比上两年增长了 67.9%、137.2% 和 152.2%。查处倒卖的主要物资有:钢材19 529吨,有色金属1 184吨,木材15 745平方米,化肥9 819吨,粮食 700 多万斤,油脂油料 118 万多斤,粮食票 63.7 万斤,布票 99.8 万尺,以及大量的黄金、白银、电视机、录音机、手表、贵重中药材。

第三次为 1984 年至 1985 年,重点纠正不正之风和清理党政机关与党政干部经商办企业,以及整顿公司。1984 年 12 月 3 日,中共中央、国务院发布《关于严禁党政机关和党政干部经商办企业的决定》;同年 12 月5 日,中央纪律检查委员会发出了《关于坚决纠正新形势下不正之风的通知》,1985 年3 月 13 日,国务院又发出关于坚决制止就地转手倒卖活动的通知。中共中央、国务院又先后公布了几个加强纪律、纠正不正之风和加强物价、外汇管理的通知和规定。陕西省

人民政府于 1985 年 10 月 11 日颁布了《陕西省查处违法经营与投机倒把的试行规定》。遵照上述通知和决定,全省打击投机违法活动工作围绕经济体制改革中心工作,从四个方面打击投机违法活动:1. 查处就地转手倒卖重要生产资料和紧俏耐用消费品的违法活动;2. 取缔和打击制造、销售假冒伪劣商品的违法活动;3. 打击骗买骗卖和走私贩私活动;4. 查处销毁进口旧服装。共查处投机违法违章案件14 905件,占 88.6%。罚没款 517.67 万元,比上年增长 1.3 倍。

1986 年至 1988 年,陕西省打击投机违法活动的工作继续深入发展,查处案件的重点有两个方面:一是就地转手倒卖重要生产资料和紧俏耐用消费品案件。二是制造、销售、倒卖假冒伪劣商品案件。三年共查处投机违法违章案件42 229件,其中非法获千元至万元的大案1 957件,非法获利万元以上的大案 454 件,送交司法机关处理的大案123 件,共罚没金额2 967万多元。查处倒卖的主要违法物资有:钢材29 179吨,汽油柴油6 579吨,木材92 582平方米,化肥13 177吨,电视机15 411台。查处各类假冒名优酒273.4 万多瓶(斤),假化肥 2.7 万吨,假粮食种子230 多万公斤,掺杂使假羊毛、羊绒180 多万公斤,以及大量的假冒名优电视机、收录机、自行车、香烟和伪劣的食品饮料等。

改革开放以来,投机违法活动从违法主体、违法内容和违法手段等方面,都发生了很大变化,与过去相比,有许多不同的新特点:

1. 国营、集体企业和机关、团体等单位从事投机违法活动的大量增加。1979 年至1988 年,陕西省共查处投机倒把、违法违章大案5 433件,国营和集体企业等单位的案件占54.2%,有的地、市高达 70% 以上。全省查处的投机违法大案中,属于国营、集体企业和机关、团体、事业单位作案的,1980 年占 21.7%,1981 年占 35.9%,1982 年占43.5%,1983 年占 49.4%,1984 年占47%,1985 年占 69.5%,1986 年占 66.5%,1987年占65.9%,1988 年占 64.4%。

2. 作案的范围广、规模大、牟利多、案情复杂。由于大案多数是机关、团体、企业、事业等单位作案,很多大案经营额都在几十万元以上,百万元甚至上千万元的案件屡屡发生,非法获利的数额也越来越大。1988 年与1981 年比较,平均每案罚没款由 107.6 元增至1 129.2元,增长 9.49 倍。案情牵涉面很广,而且一案中有多种违法行为同时存在。有些案件涉及几个省乃至十多个省、市、自治区。

3. 投机违法的手段越来越多,越来越狡猾隐蔽。违法主要手段有:层层加价,就地转手倒卖;制造、销售和倒卖假冒伪劣商品;生产企业以"搞活"为名,加价倒卖计划调拨的原材料;国营商业以"改革"为名,将一些计划供应商品加价转让给集体企业或个体工商户,损公肥私,从中牟利;专营企业利用自己控制的商品,钻平价与议价差额的空子,把平价商品转为议价出售,把计划内商品转为计划外出售,从中牟取非法收入;以联营为由串通一气,弄虚作假,偷工减料、生产质量低劣的商品,混充优质商品高价出售;凭借手中的权力,凭借掌握物资的优势,一手批进,一手批出,非法获取巨款收入;通过请客送礼、行贿受贿,内外勾结进行倒买倒卖。

4. 案后有根,查处困难。许多大要案的作案单位常常是本地区的利税大户,或者与当地某些领导和某些有影响的人有某种关系,案件一旦被查获,这些人就出面说情和干预,加上一些案件和不正之风纠缠一起,投机违法活动利用不正之风,不正之风掩护了投机违法活动。《中华人民共和国反不正当竞争法》的颁布实施,对限制和规范公用企业和具有独占地位的经营者、有奖销售等全新领域的不正当竞争行为提供了法律规范和支持,使这一工作取得新的成效。

一、内、外资企业监督管理

在政府深化投资体制改革,充分利用自然资源和科技教育优势,创造良好的投资环境,鼓励发展的政策支持引导下,各类企业蓬勃发展。全省各类工商企业(内资、外资、私营企业)从 1981 年的32 018户,注册资金141 亿元发展到目前的250 851户,注册资本

2 692.91亿元。户数增加7.8倍,注册资本增加19.2倍。企业的所有制结构发生了根本性变化,所有制形式呈现多样化,投资主体多元化。企业的产业结构发生了重大变化,由改革开放初期的工业、商业和饮食服务业为主,逐步泛化为农业、工业、商业、交通、通信、金融、房地产、卫生、教育、科研、文化艺术、社会服务等生活各个行业。

外资企业从无到有,长足发展,为经济建设引进大量资本和新技术。1983年5月13日,陕西第一家外商投资企业——西安金花饭店有限公司的注册登记,标志着处于内陆腹地的陕西对外开放、引进外资的起始。邓小平同志南方谈话发表后,陕西外商投资企业进入快速发展阶段。1993年新发展756户,引进外资5.9亿美元。至1998年,共有外商投资企业2 420户,其中中外合资企业1 803户,中外合作企业279户,外商独资企业338户;外商投资企业投资总额67.3亿美元,外方出资25.33亿美元。外商投资方向由酒店等服务性行业向生产性行业发展,出现了一批投资效益好,在国内外有一定知名度的的企业。杨森制药、维美德造纸机械、西贝造纸胶辊、未来电子、惠大化工、西沃客车、环球印务、正大制药等外资企业已经成为陕西外资明星企业。外商投资企业的外方已由改革开放初期的港、澳、台企业扩大发展为世界五大洲多国家、多地区,来陕西投资的企业涉及53个国家和地区。截至2002年底,全省累计登记外商投资企业2 987户,投资总额103.81亿美元,注册资本(金)63.21亿美元,认缴出资40.36亿美元。累计登记外国企业常驻代表机构677户,登记分支机构1 920户,世界500强企业中有20多家在陕西省直接投资办企业。

二、个体私营经济监督管理

改革开放政策的深入贯彻,使在计划经济的夹缝中生存下来的囿于个体小店铺、小手工修理业的个体私营经济突破坚冰,如雨后春笋,飞速发展,门类涵盖商业、工业、农业、外贸、科技、文化、教育等社会各个领域。个体工商户从1980年的1.36万户、从业人员1.55万人、自有资金185万元,发展到目前的84.21万户、从业人员176万人、注册资金85亿元。私营企业从无到有,1985年前后实现零的突破,开始出现私营企业。到1998年,私营企业发展到3.36万户,从业人员达43万人,注册资本达181亿元。到2002年底,全省累计登记私营企业7.42万户(其中私营企业集团131户),从业人员99万人,注册资本589.61亿元。个体私营经济的发展速度超过了国民经济平均增长速度,经营规模迅猛扩大,相当一部分私营企业完成了从小本经营到规模经营甚至大规模经营的过渡。注册资本数十万上百万的私营企业已成为私营企业的主流,注册资本达数千万元以上的私营企业集团更是以其高效快速发展的势头直逼国有大型企业。私营经济经营者队伍结构和整体素质很快提高,一批知识型人才加入个体私营经济队伍,经营管理方式的现代化,高科技产品、名牌商品的层出不穷和占领国内外市场,正在成为个体私营经济的主流。个体私营经济的发展壮大和对社会的巨大贡献,使个体经营户和私营企业家的社会政治地位有了很大的提高,个体经营户和私营企业家进入了各级人民代表大会、政治协商会议,登上了国家的政坛,直接参与管理国家大事。

三、商标监督管理

商标注册的普遍重视和使用,标志着市场经济的日臻成熟和走向商业化、国际化。改革开放前,由于计划经济的束缚和缺乏竞争机制,且由于陕西省地处内陆,受国民经济"三线"建设的思想影响,重点布局发展国防工业,使原来就十分薄弱的轻工业得不到应有的发展,轻工产品比较少,注册商标和非注册商标都很少。1979年,全省3万多户企业,注册商标不足1 000件。陕西比较知名的商标仅有西凤酒、中华牌肥皂、山丹丹牌洗衣粉、标准牌缝纫机、华山牌床单等。1983年国家颁布《商标法》,使商标这一工业产权受到了法律的保护,同时由于经济体制改革的不断深化,企业的商标意识逐渐增强,商标注册量逐年上升,知名商标不断涌现。1998年,注册商标达到9 300余件,比

1979 年增加 8 倍多。相继涌现出"长岭"电器、"505"保健品、"利君沙"药品、"宴友思"食品、"海星"计算机、"伟志"服装等一大批在省内外、国内外享有较高知名度的商标，为陕西产品走向全国、走向世界发挥了积极的作用。到 2002 年底，全省累计注册商标2.12 万件，其中，中国驰名商标 3 件，陕西省著名商标 167 件。

四、广告监督管理

广告业适应经济发展的需要快速发展。改革开放以来，广告业受市场经济的刺激和政府的支持鼓励而迅速发展。广告经营兼营单位以平均每年增加 40% 的速度快速发展，广告营业额平均每年增长 50%。到2002 年底，全省共有广告经营兼营单位2 085家，从业人员 3.52 万人，年广告营业额14 亿元。广告事业的发展，几乎覆盖了人们社会生活的各个方面，广播、电视、报纸、刊物、计算机网络、道路、车站、机场、码头、影剧院等公共传媒和公共场所广告云集，广告经营收入已经成为大众传播媒体的主要经济支柱。随着广告业的发展，各种新颖的广告形式推陈出新，层出不穷。广告业的快速发展与传播，强有力地刺激了市场经济的发展，推动了经济的运行，美化了城市，方便了人民群众的生活。

五、市场监督管理

城乡集贸市场迅速恢复发展，繁荣活跃的有形市场充分发挥了物流引导和资源配置的作用。1978 年，集贸市场 860 个，市场年成交额 4.15 亿元。经过 20 年的发展，到1998 年，商品市场达到 2 700 多个，年成交额约 300 亿元。与 1978 年相比，市场数增加2 倍多，市场成交额增加 6 倍多。集贸市场成交额平均占到社会商品零售总额的 30%以上。特别在县城和农村乡镇，集贸市场对于群众生产和生活发挥了非常重要的作用，集市成交额上升到社会商品零售总额的50% 以上。到 2002 年底，集贸市场总数有所减少，为 2 286 个，年成交额达 448 亿元，约占全省社会消费品零售总额的 60%，集贸市场中经营人员 25.76 万人，95% 的是个体工商户。涌现出了西安市康复路商品市场、西安市轻工产品批发市场、西安市文艺路布匹市场、三原县蔬菜批发市场、榆林市镇川皮毛市场、周至县哑柏刺绣市场等一大批规模较大、吞吐能力较强、辐射面较广的市场。

六、经济合同监督管理

正确全面地运用经济合同约束经济行为，维护当事人合法权益，日益成为社会各方的自觉行动。工商行政管理部门担负着经济合同的规范和监督管理任务。1978 年8 月，国家赋予工商行政管理部门管理全民所有制企业和集体所有制企业的购销及加工订货等合同及调解仲裁纠纷的任务后，至1982 年，经济合同管理试点的市、县（区）很快增加到 84 个，占全省地市、县（区）的72%。届时，省、地、县三级经济合同监督管理网络全部形成，经济合同监督管理工作走向深入。涌现出了 3 485 户"重合同、守信用"企业，其中保持"重合同守信用"企业称号连续三至四年的有 1 245 户，连续五年的有 424 户。

随着我国多种经济成分、多条流通渠道、多种经济结构的并存和发展，经济合同的鉴证种类逐步扩大，从单一的购销合同扩大到建设工程承包合同、加工承揽合同等十一大类经济合同。近年来，共鉴证各类经济合同 110 638 份，标的金额 1 751 046 万元。协助经济合同当事人挽回或避免经济损失金额达 27 434 万元。经鉴证后的经济合同履约率达 100%。确认无效合同、查处利用经济合同的违法行为的工作卓有成效。各级工商行政管理机关共查处利用经济合同违法行为案件 558 件，金额 18 968 万元，罚没金额 132 万元。1996 年至 1997 年，办理企业动产抵押物登记 3 330 份，主债权金额为478 688 万元。其中内资企业 2 869 份、私营企业 435 份、外资企业 48 份、变更 29 份、注销 74 份。打击利用经济合同进行欺诈，重点打击利用购销合同、建筑合同、信贷合同、加工承揽合同和农资合同进行的欺诈行为，成效显著。共查处利用合同进行的违法案件 611 起，标的金额 255 886 万元，罚没款 90多万元。为当事人避免或挽回经济损失及减少国有资产流失合计约 13 855 万元。

第四节　新时期陕西省工商行政管理工作综述

近年来,在国家工商行政管理总局和陕西省委、省政府的领导下,陕西省工商行政管理局以"三个代表"重要思想和党的十七大精神为指导,牢固树立科学发展观,紧紧围绕全国和全省工商行政管理工作会议提出的目标任务,全面加强市场监管,深入整顿规范市场经济秩序,大力推进市场监管制度改革,坚持严格依法行政,努力加强队伍建设,各项工作取得了新的进步和发展。

一、大力整顿和规范市场经济秩序,全面提升市场质量

2000 年,全省工商系统从涉及人身健康和生产安全的行业和商品入手,全面整顿各类市场秩序,严厉打击制售假冒伪劣商品的违法行为。当年共检查各类企业和个体工商户15 270 户,查处违法经营户1 470 户,查处制售假冒伪劣案件2 198 件,案值7 933.3万元。捣毁取缔制假窝点 337 个,罚没款358 万元,极大地震慑了不法分子,有效地维护了经济秩序。继续对粮食收购、加工、运输等重点环节实行全方位监管,共清理粮食批发企业1 468 户,检查粮食市场 208 个,查办粮食违法案件2 039 件,查扣粮食 1 785 万公斤,罚没款 507 万元。全省已创建了 87条"消费者满意街",其中有 35 条作为省局试点上报国家工商局。全年注销"三无"企业和五年以上未年检企业14 936 户;查处虚假出资、抽逃资金企业 470 户。先后取缔传销、变相传销和传销培训活动窝点 13 个,立案查处非法传销案件 7 件。加大了对著名商标的保护力度,认定了 48 件注册商标为陕西省著名商标,并制定了有关保护措施。加大了对医疗广告、保健食品广告、招工招聘广告、电视直销广告和加工承揽等广告的监管力度,查处违法广告案件 164 件,收缴非法印刷品广告 76 万份。调解合同争议案件 180 件,解决争议 56 件,争议金额 300 万元;办理合同鉴证52 338 份。企业动产抵押登记工作逐步规范,全年办理企业动产抵押登记2 580 件,抵押物价值 10.2 亿元。深入开展了"重合同、守信用"活动,有 2 112 户企业被各级人民政府命名为"重合同、守信用"企业。全省共受理投诉举报19 316 件,受理咨询82 213 件,查处欺诈消费者案件1 094件,为消费者挽回经济损失1 968.94 万元。

2001 年,根据国务院和国家工商行政管理总局的部署,全省集中开展整顿和规范市场经济秩序工作。主要是以查处违法违章经营为重点,大力整顿和规范市场主体准入行为;以打击制售假冒伪劣商品、欺诈等违法行为为重点,大力整顿和规范市场交易行为;以打破地区封锁和部门、行业垄断为重点,大力整顿和规范市场竞争行为;以惩治执法腐败、查处失职渎职为重点,大力整顿队伍作风。全省共受理各类举报 2.1 万件,受理消费者申诉 3.1 万件,查处各类经济违法违章案件 5.4 万件,案值 2.7 亿元,罚没款4 000 多万元;清理各类市场9 548 个(次),查处"三无"企业 3 648 户,吊销营业执照9 893 户,取缔无照经营37 229 户,捣毁制假窝点和场所 729 个,移送司法机关追究刑事责任案件 176 起。清理行政审批事项 44项,取消 18 项,精减率为 40.9%。对1 295件地方性法规规章和规范性文件进行审核,其中建议修订或废止的地方性法规、政府规章 55 件,废止部门规范性文件 206 件。按照"整体移交,彻底脱钩"的原则,积极推行市场办管脱钩,共移交市场 169 个,资产 1.4亿元,分流人员 652 人。按照"单位开票,银行收款,统一开户,收支统管"的办法,实行了规费和罚没收入"收支两条线",严格执行收缴分离和罚缴分离制度。

2002 年,陕西省工商系统进一步加大了工作力度,以整顿和规范市场准入行为、市场交易行为、市场竞争行为和市场监管执法行为为重点,严把市场准入关,加强市场监督管理,依法查处违法违章行为,取得明显成效。结合企业年检,全面清理各类市场主体,共检查内资企业148 706 户,年检率为92%,实收资本金1 268.87 亿元,注册资本金到位率为 98.5%,查出隐瞒真实情况弄虚作假户 374 户,擅自改变登记事项、超范围经

营户1 595户,虚假出资抽逃出资户63户,注册资本金不到位户419户,"三无"企业148户,吊销4 569户,注销6 429户;检查私营企业和个体工商户96余万户,注销11 000户,吊销1 048户。开展了红盾打假护农专项行动,共检查农资市场731个,检查农资经营户13 775户,查处无照经营户1 324户,受理投诉392起,查处假劣种子、化肥、农药、地膜等2 163吨,伪劣农机及配件1 233件,为农民挽回直接经济损失249万元。开展节日市场和旅游市场专项整治,共检查旅游景点166个,个体户13万多户,涉及安全生产经营户10 790户,餐饮经营户23 100户,取缔无照经营户2 400多个,取缔不符合卫生条件的饮食摊点120个,查缴假冒伪劣食品7万多公斤,其他假冒伪劣商品54 000多件,铲除制假窝点187个。"3·15"期间,开展了以"自主消费、安全消费"为主题的一系列宣传活动,以食品、饮品、肉类、批发市场、乡镇小商店、城乡结合部的小作坊为重点,查获了一批假冒伪劣商品,展示性集中销毁近200余吨、价值416万元的假冒伪劣商品,在社会上反响较大。进一步加大查处经济违法违章案件的力度,共立案查处涉及电力、邮政、电信、铁路、燃气等公用企业限制竞争案181件,案值530万元,罚没款78.6万元。根据国家工商总局的要求,组织各市工商局查处了仿冒"脑白金"特有商品名称案,查扣仿冒"脑白金"特有名称及包装装潢、侵犯"脑白金"、"年轻态"注册商标专用权商品12 000余盒。严厉打击传销和变相传销活动,查处了美商全球得利集团传销案、蓝星日用百货销售部变相传销案、申齐实业有限公司变相传销案等6起传销案件。严厉打击商标侵权行为,加强广告监管工作。检查媒体、广告经营单位8 000余户,收缴违法广告印刷品100多万份,拆除取缔各类广告宣传品18 000余件,查处广告违法案件1 589件,查处制售假商标案28起,没收假商标标识59 380个,假发票7 400余份。

2003年,省工商行政管理局按照全面推进、突出重点、完善制度、规范行为、标本兼治的工作思路,着力解决市场秩序中深层次

问题,取得了较好的整治效果。全年共受理各类举报和投诉2.92万件,为消费者挽回损失1 750万元,查处各类经济违法案件5.41万件,案值3.81亿元,捣毁制假售假窝点284个。按照整顿和规范市场经济秩序工作实施方案,确定了4个方面22项重点整治内容,安排部署了15项专项整治活动。结合"非典"防治工作,及时调整了工作部署,增加了新的专项整治项目,下发了《关于进一步深化整顿和规范市场经济秩序工作的意见》,促进了整顿和规范市场经济秩序工作深入发展。严格落实登记程序规定,坚持前置审批条件,依法登记注册内资企业4 889户,私营企业9 170户,外资企业177户,个体工商户5.41万户。认真贯彻国务院《无照经营查处取缔办法》,严肃查处取缔无照经营行为。共检查各类企业和个体工商户28.11万户,依法处理无照经营、证照不全和未亮照经营的3.49万户。继续坚持铲除窝点、严打惯犯、冲破保护伞、查办大要案的打假工作方针,加大了对生产资料、建筑装饰材料、汽车配件等重要商品市场制假售假活动的打击力度,严厉查处了公用企业利用其独占地位限制公平竞争和各类虚假违法广告、商标假冒侵权等违法行为,配合有关部门强化了对粮食、文化、房地产、成品油等市场的监管,集中开展了集贸市场、节日市场、农资市场、食品药品市场、汽车零配件市场、中介机构、卫星地面接收设施等市场的专项整治活动,严厉打击传销和变相传销,打击私货营销,清查清缴毒鼠强等,取得了明显效果,有效地维护了市场秩序。

2004年,全国工商行政管理局长会后,陕西工商系统及时调整完善工作方案,制定了《食品安全专项整治实施方案》和《保护注册商标专用权实施方案》,制定下发了《2004年整顿和规范市场经济秩序工作实施方案》,确定了5个方面22项整治内容。先后开展了农资市场、粮食市场、汽车市场、食品安全、保护注册商标专用权、打击传销和变相传销等25次专项整治和集中执法行动。全省工商系统共检查各类市场5 358个(次),企业4.7万户。查处各类经济违法违

章案件 2.9 万件,案值 4.7 亿元;查获假冒伪劣食品 16.6 万公斤,端掉制假售假窝点 237 个,移送司法机关 36 件;查处取缔无照经营 7 376 户;受理消费者申诉举报 9.1 万件,为消费者挽回损失 6 348 万元。通过"六查六看",强化对食品主体和食品入市、交易、消费环节的监管,集中对农村、城市社区、城乡结合部各类食品批发市场、集贸市场和食品店进行整治,严厉查处违法违章案件,取缔无照经营户严把食品市场准入关,查处打击制售假冒伪劣、有毒有害、淘汰变质食品的违法行为。认真汲取阜阳劣质奶粉事件教训,对全省上市奶粉的品种品牌、来源渠道、产品质量等进行了全面调查,摸清了全省奶粉市场的基本情况,查处纠正了存在的问题。针对全省商标侵权假冒活动的规律、特点和群众反映集中的商标侵权假冒问题,认真开展注册商标专用权保护工作,查处食品、药品商标侵权假冒案件,查处侵犯驰名商标和证明商标、集体商标专用权行为,查处非法印制及购买使用假包装、假标识、假商标案件。

2005 年,全省工商系统继续坚持突出重点、全面推进、标本兼治、重在治本的工作思路,以食品安全、保护注册商标专用权、打击虚假违法广告为重点,深入整顿规范市场秩序。制定了 2005 年整规工作实施方案以及维护食品安全、开展"红盾护农行动"、保护注册商标专用权等专项整治方案,确定了 7 个方面 29 项主要整治内容,部署开展了 21 次专项整治和集中执法行动,共查处各类违法案件 2.2 万件,罚没款 4 390 万元,端掉制假窝点 196 个,查处取缔无照经营户 1.5 万户;受理消费申诉 1.1 万件,为消费者挽回直接经济损失 778 万元。全省依法登记注册内资企业 3 528 户,累计达到 14.3 万户;新登记注册私营企业 1.1 万户,累计达到 9.8 万户;新登记注册外资企业 180 户,累计达到 2 890 户;新登记注册个体工商户 8.3 万户,累计达到 73.1 万户。严肃查处食品、药品商标侵权假冒案件,查处侵犯驰名商标和证明商标、集体商标专用权行为,查处非法印制及购买使用假包装、假标识、假商标案

件。共查处商标侵权案件 1 280 件,查获侵权商标标识 36.6 万件,没收、销毁侵权商品 8.3 万件。深入开展"红盾护农行动"和农资市场专项整治,以种子、苗木、肥料、农药、兽药、饲料及其添加剂、农机具及其配件 7 大类农资商品为重点,围绕重点区域、重点市场、重点商品,共检查农资专业市场 706 个,农资经营户 5 000 多户,取缔无证照非法经营农资企业 85 户,查处违法经营农资案件 217 起,案值 146.9 万元,受理投诉 198 起,为农民挽回经济损失 65.9 万元。

2006 年,按照省委、省政府和国家工商总局的安排部署,整顿规范市场秩序是该年的工作重点。全省工商系统查处各类经济违法违规案件 52 829 件,案值 1.84 亿元,取缔无照经营 7 589 户,受理各类申诉举报 9 281 件,为消费者挽回经济损失 563.7 万元。加大了年检工作力度,严肃查处违规经营企业,严厉打击虚假出资和抽逃资金等违法行为,依法坚决取缔无证、无照经营活动。吊、注销各类企业 12 371 户,吊、注销个体工商户 48 766 户,进一步规范了市场主体行为。集中力量查处了一批涉及面广、影响恶劣、严重损害消费者生命健康的大要案件,并将其中 20 个典型案件通过"3·15"活动和省食安委的新闻发布会向社会曝光。食品安全专项行动中,全系统累计检查经营户 13.7 万多户(次),查处食品违法案件 1 376 件,取缔无照经营 2 542 户,查获假冒伪劣食品 11 万多公斤。以保护驰(著)名商标、农产品商标、地理标识和奥运会商标专用权为重点,加强了对各类商业场所的监督检查,严肃查处了粮、肉、蔬菜、水果、饮料等商品上的商标侵权假冒行为。加强了对专项工作的组织领导,全省工商系统查处涉及医药购销、商贸流通、出版发行、保险等行业的商业贿赂案件 130 件。

2007 年,全省工商系统把深入整顿规范市场经济秩序作为工作的重点,共查处各类经济违法违规案件 46 833 件,案值 1 368.84 万元,罚没款 8 248.44 万元。采取逐门逐户拉网式检查的方法,以"六查六看"为重点,对辖区食品生产、销售、仓储企业和个体经

销户进行了全面清理,严肃查处了制售假冒伪劣、过期霉变和有毒有害食品的违法行为,全系统累计检查经营户 19.2 万多户(次),查处食品违法案件 376 件,取缔无照经营2 249户,吊销营业执照 57 户,取缔非法制售假劣食品窝点 87 个,食品市场得到有效净化。充分发挥投诉举报网络和消费者协会的作用,切实保护消费者的合法权益,全年共受理投诉举报案件1 872件,案值 534 万元,受理申诉6 353件,成功调解5 796件,为消费者挽回经济损失 965.4 万元。继续以保护驰(著)名商标、农产品商标、地理标志和奥运会商标专用权为重点,积极引导企业做好商标注册申请,加强了对各类商业场所的监督检查,严肃查处了粮、肉、蔬菜、水果、饮料等商品的商标侵权假冒行为。加大了对虚假违法广告的曝光力度,对重点媒介广告的发布情况全时监测,先后对《当代女报》、《现代保健报》、西安女子医院等单位的广告违法行为进行了集中查处,有力地打压了违法广告的反弹势头。结合贯彻落实执法办案"一增强、两提高、三突破"总体思路,狠抓了商业贿赂大要案件查处工作,突破了部分以前没有介入的执法领域,通过严格执法、重拳打击商业贿赂行为,树立了工商机关的执法权威。继续保持对传销和变相传销行为的严打态势,全系统共查处传销案件 178 件,取缔传销窝点2 458个,遣散传销人员52 300人次,移送司法机关案件 8 件,涉案人数 343 人。按照国务院和国家工商总局的指示,采取有力措施,迅速展开行动,实施不间断对猪肉市场监管情况周报告制度,并派员进驻猪肉批发市场全程监管,确保猪肉市场安全稳定。开展成品油市场专项检查,对全省成品油批发企业、仓储企业及加油站点的前置审批资质进行了彻底清查。全系统共检查加油站2 850个,取缔无照经营 23 家,立案查处违法经营案件 11 件。认真开展品牌汽车销售资格认定工作,先后对符合备案条件的 92 家汽车供应商授权的省内 223 家汽车销售企业的品牌销售资格进行了审核。

2008 年,按照国家公布的范围和批次,认真开展问题乳制品专项清查,检查各类经营主体 13.88 万户(次),下架问题乳制品 112.78 吨,受理处理消费投诉 2.28 万件。开展驰名、著名商标广告宣传用语专项检查,收缴冒用混用驰名、著名商标等违规宣传品 7 028份。开展保护奥林匹克标志专有权整治行动,查处违规案件 209 件,行政指导 1.07 万次。开展违法医疗、药品广告以及网上非法"性药品"广告和性病治疗广告专项整治,监测重点商品广告 1.48 万条(次),查处违规案件 542 件,责令关闭违规网站 39 户。严厉打击传销活动,取缔窝点 1 372个,遣散人员 4.25 万人(次),移送司法机关案件 38 件。严肃查处商业贿赂行为,查办医药购销、商贸流通、出版发行等行业商业贿赂案件 100 件。全系统查处各类经济违法违规案件 4.92 万件,罚没款9 410万元,较上年同期分别增长 5.2% 和 14.1%。

二、努力促进全省经济建设又好又快发展

2001 年,各级工商行政管理机关充分运用登记管理职能作用,积极为国有企业改革和非公有制经济发展服务。坚持以服务为先导,采取主动介入前期改制论证,提供登记政策法规咨询等措施,为国有大中小型企业改组、改造提供切实的服务。全省国有大中型企业实行公司制改制已达 230 户,占总数的 57.5%;国有中小企业改制4 996户,占应改制企业的 84.6%。同时,对国有企业改革中涉及的名称审核、经营范围、经营方式等,在法律许可范围内给予大力支持,为国有企业建立现代企业制度提供保障。按照国家工商行政管理总局和省委、省政府的要求,配合有关部门清查重点企业22 364户,对存在安全隐患等问题的 863 户企业进行了处理,限期补办手续4 208户,变更、注销、吊销、取缔7 098户。认定 56 家企业的 59 件商标为陕西省著名商标,引导帮助国有企业争创全省著名商标和全国驰名商标,提高产品的市场竞争能力。各级工商行政管理机关积极落实外商投资企业到陕西地区投资的优惠政策,支持外商投资企业特别是跨国公司投资高新技术产业,参与国有企业改组改造和基础设施建设。全省累计登记外商投资企业2 946户,其中2001年新登记190户;外商累计投资总额94.6亿美元,其中当年新增投资11.3亿美元;累计注册资本金58.1亿美元,其中当年新增资本金5.7亿美元;外商累计认缴出资37.6亿美元,其中当年新增4.7亿美元。全省共有外国企业常驻代表机构621户,其中当年新登记60户,比上年同期增长11%。

2002年,开展集贸市场专项整治工作是国务院确定的全年整顿和规范市场经济秩序的重点内容之一,陕西是国务院确定的集贸市场专项整治工作的11个重点省份之一。按照"全国统一领导,地方政府负责,部门指导协调,各方联合行动"的方针,制定下发了《陕西省开展集贸市场专项整治工作方案》,明确了集贸市场专项整治工作的目的要求、范围内容、方法步骤,并确定了西安、宝鸡等5个设区市为整治的重点地区,西安汽车配件市场等127个市场为整治的重点市场。省工商局先后四次召开会议对集贸市场专项整治工作进行了安排部署,并于4月中下旬组成三个督查组,由局领导带队,对各市工商局开展集贸市场整治工作进行了督导。全省集贸市场专项整治工作进展顺利,取得了"一减、两降、双增"的好成绩——取缔关闭了78个不符合开办条件、存在较大问题的市场,市场数量有所减少,质量有所提高;受理消费者申诉同比下降了28.4%,违法违章案件同比下降了30.7%;集贸市场商品成交额同比增长28.1%,税收同比增加6.4%。工商系统还配合有关部门积极推进连锁经营、连锁超市、物流配送、仓储式商场等现代商业模式的发展,引导全省集贸市场向现代化轨道上迈进。全省连锁经营企业当年已达86家,连锁经营门店发展到1 300多户,销售收入近40亿元,高于传统商业的增长速度,销售额占全省社会消费品零售总额的6%。

2003年,联系全系统思想观念、工作作风、服务意识、办事效率等方面存在的问题,引导教育干部职工从实践"三个代表"重要思想的高度,充分认识改善投资环境,扩大

对外开放的重要性,切实克服改善投资环境与己无关的思想,坚持从每一项具体工作做起,积极改善投资环境。根据省委、省政府关于开展第二轮行政审批事项改革工作的要求,对原来的34项行政审批项目进行了清理,拟取消的17项,拟保留的行政审批事项和改变监管方式的17项,精减率为50%。继续加大招商引资力度,吸引东部企业投资陕西。组织私营企业参加了第七届东西部投资与贸易洽谈会,共有60余户省外私营企业、500多家省内外私营企业参会参展,非公有制经济代表团签订合同88项,签订协议56项,成交金额35.9亿元。同时,积极组织本省私营企业参加了青海省贸易洽谈会、上海国际工业博览会、辽宁第二届中国国际装备制造业博览会,以及新疆、宁夏、沈阳、厦门等地洽谈会。年底,参加了省委、省政府组织的赴"长三角"学习考察团,前往江苏、浙江、上海等地学习考察和招商。

2005年,陕西省委、省政府关于加强农业综合生产能力建设,增加农民收入的文件下发后,结合工商行政管理职能,制定了《全省工商系统落实2005年中央1号文件主要政策措施任务分工的通知》,把涉及工商系统的5项扶农惠农任务分解落实到有关职能处室,明确了责任单位和责任人,确保了有关任务的落实。对并联许可制度作了进一步完善,减少了办事环节。进一步落实了限时办结、服务承诺和"一审一核"等制度,提高了工作效率。积极引导私营企业参加"西洽会"、"中博会"、"青洽会"等,增加了企业间沟通合作的机会。

2006年,陕西工商系统把为促进全省经济社会又快又好发展作为第一要务,充分发挥工商行政管理职能作用,努力促进各类市场主体健康发展。制定了《全省工商系统扎实开展推进社会主义新农村建设工作的意见》,明确了促进新农村建设的任务、措施和要求。深入开展了"红盾护农行动",重点抓了"两账两票、一卡一书"、农资企业信用分类监管等市场长效监管制度的完善和落实。制定了培育、规范和发展农村经纪人的9条措施,大力培育和发展农村经纪人。实施

"涉农合同帮扶工程",推广了农产品订单合同示范文本,严格规范了合同履约行为。开展了商标助农活动,积极引导农民和农业企业通过为本地农产品注册农产品商标和地理标志提高附加值。

2007年,按照省委、省政府的区域发展战略和产业政策,大力扶持陕北能源重化工业、关中高新技术产业和陕南果桑茶等绿色产业发展,特别是在拓宽经营范围、建立现代企业制度等方面加大政策法规指导力度,引导各类企业及时调整投资重点和方向;对政府限制发展的高耗能、污染环境、技术落后行业以及煤矿、非煤矿山、危险化学品等高危行业,加强市场巡查检查,严格规范经营行为,积极配合政府部门做好关、停、并、转工作。制定了推进社会主义新农村建设工作方案和指导意见,从强化农村市场监管、扶持农村经济发展和维护农村社会稳定三个方面入手,深入开展"红盾护农"、"合同帮农"、"经纪活农"、"商标富农"、"维权保农"、"企业强农"、"市场助农"7项工作,有力促进了全省的新农村建设。组织对全省150余名基层骨干人员进行了《农民专业合作社法》、《农民专业合作社登记管理条例》的集中培训,以实际行动全力支持农民专业合作社发展。积极促进就业和再就业工作,全年为下岗失业人员、高校毕业生落实优惠政策免收费2 900余万元。在全省基层积极实施一个工商所扶持一个注册商标的"一所一标"工程,大力扶持龙头企业通过注册商标和运用商标战略加快发展。积极推动"龙头企业+商标+农户"的模式开拓市场,实现了企业发展和农民增收的双赢。开通了118315工商语音查询和工商短信查询系统,方便了群众和企业办事。全省依法新登记内资企业20 530户,累计达到243 981户;新登记外资企业150户,累计达到3 223户;新登记个体工商户80 343户,累计达到75.6万户。

2008年,省工商行政管理局严格落实登记注册法律法规,对涉及人民生命财产安全的重点行业进行严格审查,严把市场主体准入关。按照政府宏观政策和节能减排要求,

配合有关部门做好高污染、高耗能和高危险行业的清理整顿工作,积极参与治理车辆超限超载、治理油气田管道生产治安秩序、打击非法集资和非法发行股票、兴奋剂生产经营专项治理等工作。下发了《关于促进服务业发展的实施意见》,从放宽登记事项、减免相关费用、首违只纠不罚制等方面,制定了扶持全省服务业发展的具体措施。下发了"红盾护农"行动方案、培育和规范发展农村经纪人实施意见、开展合同帮农工作意见,组织各级工商机关加强农村市场监管,积极支持全省新农村建设。截至6月底,全省新登记内资企业1.28万户,累计达到27.5万户;新登记外资企业100户,累计达到1 225户。

针对年初冰雪灾害造成鲜活农产品供应紧张、物价上涨问题,加强市场巡查检查,严厉打击哄抬物价、囤积居奇等违法行为,检查重点市场263个,查办案件195件。认真履行流通环节食品市场监管职责,以节假日为重要时段,以各类市场、食杂店为重点部位,以与群众日常生活紧密相关的粮油肉菜等为重点商品,加大执法检查力度,努力维护群众消费安全,查处制售假冒伪劣食品案件2 259件,取缔无照经营2 165户,捣毁制假售假窝点30个。努力克服反垄断执法工作不易取证、阻力大等困难,以供电、供水、供气、交通运输、邮政等行业强制交易行为为检查重点,查办损害消费者和其他经营者合法权益案件75件。

"5·12"汶川地震发生后,全省工商系统认真贯彻省政府关于一手抓抗震救灾、一手抓经济社会发展的指示,认真履行市场监管职责,严厉打击欺行霸市、囤积居奇、哄抬价格以及散布虚假信息等扰乱市场秩序的行为。省局领导深入宁强、陈仓等受灾严重地区,慰问一线干部职工,现场指挥抗震救灾工作。在积极开展抗震救灾的同时,全系统发扬一方有难,八方支援精神,踊跃向地震灾区人民送温暖献爱心活动,累计捐款248万元。党员干部响应党中央关于交纳"特殊党费"支持抗震救灾的号召,交纳"特殊党费"102万元。在自身受灾的情况下,

从行政经费中挤出 20 万元支援四川工商系统灾后重建。省个私协动员全体会员积极捐款，截至 6 月中旬全省捐款 3 593 万元；并根据捐款者意愿，在四川省绵阳地区、本省汉中和宝鸡地区援建 4 所希望小学。

三、大力支持非公有制经济发展

2001 年，省工商局积极引导非公有制经济以多种形式参与国有企业的资产重组，帮助非公有制企业招商引资等，支持非公有制经济不断发展。在 2001 年的东西部合作与投资贸易洽谈会上，私营经济代表团签订合同 371 项，合同金额 76 亿元。其中外资合同 29 项，合同金额 2.14 亿美元，高新技术成果交易 5 亿美元。同时，各级工商行政管理部门还积极推动《个人独资企业法》的贯彻实施，大力发展个人独资企业，引导国有企业下岗职工从事个体经营，减轻就业压力，促进社会稳定。

2003 年，省委、省政府关于进一步加快非公有制经济发展、深化国有企业改革、做好劳务输出和发展壮大县域经济的四个文件下发后，省工商局相继制定了《关于放宽市场准入条件的实施意见》、《企业登记互联审批试点工作实施方案》和《关于评选和扶持陕西省 50 强非公有制企业的实施意见》等文件，并将省委、省政府有关文件中关于工商行政管理的内容逐一分解细化，任务到处室，量化到岗位，责任到领导。下发了《个体工商户滚动年检实施意见》，把工商户的集中年检贴花验照改为全年滚动审验，为广大个体户提供了方便，促进了非公有制经济的健康发展。全省共有个体工商户 81.4 万户，从业人员 198.2 万人，注册资金 94.8 亿元；私营企业总数达 8.2 万户，从业人员 97.6 万人，注册资本 670.2 亿元。

2005 年，在第九届东西部投资与贸易洽谈会期间，承担和完成了组织省内外非公有制企业参会、举办“中国非公有制企业投资西部峰会”等任务，为促进该省招商引资和非公有制经济发展作出了积极努力，受到了国家工商总局和省政府领导的充分肯定。国务院《关于鼓励支持和引导个体私营等非公有制经济发展的若干意见》下发后，按照省政府的要求，草拟了贯彻落实国务院《关于鼓励支持和引导个体私营等非公有制经济发展的若干意见》的实施意见，按照平等准入、公平待遇的原则，从放宽市场准入、加大财税金融政策支持力度、提高企业市场竞争力等 7 个方面，鼓励和支持非公有制经济发展。认真落实国家有关下岗失业人员、高校毕业生、城镇退伍士兵就业再就业有关优惠政策，有 48 530 多人就业或重新就业，减免各项收费 2 757 万元。

2006 年，全省工商系统运用登记注册职能，对国有、集体企业改革提前介入、参与论证、指导办照，规范了改制行为。制定了《贯彻省政府〈关于鼓励支持和引导个体私营等非公有制经济发展的实施意见〉的意见》，从改革登记制度、改进监管方式、提高服务意识、规范行政行为等方面提出了促进非公有制经济发展的具体措施。完成了第十届西洽会“全国知名私营企业投资西部发展交流会”的筹备和组织任务，引导和组织本省非公有制企业参加“青洽会”等贸易洽谈会和商品展销会。继续开展了“守合同、重信用”活动，制定了《省级守合同重信用企业考核办法》，对企业申报条件、程序和考核等环节进行了规范，并严格按标准评选命名了 134 户省级守合同重信用企业。在各级注册大厅为下岗失业人员、高校毕业生和城镇退役士兵设立了专门窗口，提供政策辅导和申请优先、受理优先、审批优先的一站式服务。当年全省有 17 814 名下岗失业人员和高校毕业生通过从事个体经营或兴办私营企业实现了就业，各级工商部门落实国家就业再就业优惠政策，减免费用 3 211.9 万元。

2007 年，认真落实省委、省政府关于鼓励非公有制经济发展的政策措施，制定出台了《关于进一步鼓励全民创业支持和引导个体私营等非公有制经济发展的意见》，从市场准入、市场监管、扶持发展、优化服务等方面，为全省个体私营等非公有制经济发展提出了具体的措施。全面实施企业登记并联许可，简化企业登记程序，实行企业注册登记“一审一核制”，并把登记审核时间由法定的 30 个工作日缩短为 5 个工作日。继续大力推进非公有制企业，特别是规模以上企业党组织的组建工作,逐步推行非公有制企业党建工作"登记申报、年检年报"制度。全省个体工商户和私营企业中共有党员 5.9 万多人,基层党组织 860 余个,绝大部分个私协会都成立了党组织,增强了党在非公有制企业中的影响力和凝聚力。按照省委、省政府和国家工商总局关于办好第十一届西洽会"中国私营企业馆"的要求,积极组织省内外 217 户企业参会参展,展会期间签订联合引资项目 39 个,总投资 11.6 亿元,内贸成交合同及意向 28 个,总金额 2.2 亿元。

2008 年,全系统认真贯彻落实省委、省政府关于加快发展非公有制经济的部署,充分发挥职能作用,积极促进个体私营经济发展。全面落实省局制定的《关于进一步鼓励全民创业,鼓励和支持个体私营等非公有制经济发展的意见》,从放宽市场准入、改善登记监管方式、加大扶持力度等 6 个方面采取32 条具体措施,为非公有制经济发展营造宽松环境。7 月至 8 月,组织人员深入全省各地区,重点督查促进非公有制经济发展的 32条政策措施落实情况,防止政策执行过程中的"缩水"现象,探索建立评价政策措施落实效果的有效工作机制。到 6 月底,全省个体工商户达到 80.11 万户,比去年底增加 4.08万户;私营企业达到 11.37 万户,比去年底增加 0.82 万户。

四、不断加大基础设施投资力度,全面提高基层规范化建设水平

2001 年,为从根本上解决全省工商行政管理系统基础设施不完善、不配套,带来的工商执法监管相对滞后的问题,各级工商行政管理部门按照《基层基础设施建设五年规划》的要求,进一步加大基层基础设施建设投资力度。全年共落实基本建设专项经费4 200万元,新建了安康、铜川 2 个市局和长武、子洲、略阳等 6 个县(区)局办公楼,新建工商所 100 个,在修工商所 43 个,使基层办公生活条件有了较大改善。10 月,在咸阳、汉中两地召开了全省工商行政管理系统加强工商所基层建设会议,总结经验,推广典型,对全省工商行政管理系统下一步的基层建设作了全面部署。

2002 年,在经费紧缺、财力不足的情况下,省局投资4 033.5万元,新建和续建了 13个工商局办公楼和 50 个工商所。按照工商行政管理信息系统建设总体规划,先期投资3 500多万元,开通了国家工商局、省政府与省局的内部网络,建成了省局局域网和 10个地市的局域网,并开通了省局到一个市局、一个县局、一个工商所的示范网点。6 月上旬,陕南和西安部分地区发生百年不遇的洪涝灾害,驻地一些工商局、工商所受到洪水冲击。冲毁房屋3 200平方米,形成危房4 315平方米,直接经济损失1 585万元。灾情发生后,省局立即指导基层单位采取紧急措施抗洪救灾,开展水毁房屋的重建。

2003 年,按照省政府关于创建"学习型、服务型、落实型"机关的要求,下发了《关于在全系统开展创建"三型"机关活动的通知》,制定了开展创建"三型"机关活动的实施方案,明确了指导思想、目标任务和要求,成立了创建领导小组办公室。各级工商部门按照"内强素质抓学习,外树形象抓服务,注重实效抓落实"的要求,积极开展创建活动,收到了良好效果。全年投资5 000多万元,完成了基层工商所建设项目 71 个。根据形势发展需要,加快了信息网络建设步伐,在建成了省局与国家工商总局、10 个市级局信息网络的基础上,完成了 110 个局域网的建设,开通了省局和 10 个市级局"12315"举报网络。为了总结全系统基层建设工作经验,促进基层建设工作的发展,于10 月份召开全省工商系统基层建设经验交流会,对国家工商总局提出的几项重点工作进行了部署,总结交流了基层建设工作经验,进一步推动了全系统基层建设的发展。

2004 年,陕西工商系统坚持一手抓市场秩序整治,一手抓队伍全面建设,始终把队伍建设摆在突出位置,常抓不懈,做到与业务工作同部署、同检查,坚持抓机关、带基层,抓班子、带队伍。把班子建设作为队伍建设的龙头,不断加强思想作风、工作作风和生活作风建设,有效提高了各级领导班子的战斗力。坚持面向基层,服务基层方向,结合开展基层建设年活动,制定了基层建设

年活动的实施意见，深入开展创建"五好工商所"活动，加快了基层基础设施建设步伐。

2006年，调整充实了11个市级局、13个省局机关处室和事业单位的领导班子，完善了党组中心组学习制度、民主生活会制度和党组议事规则，提高了各级班子的凝聚力和战斗力。深入开展以"规范执法行为、严格依法行政"为主要内容队伍教育整顿活动和以"依法行政、高效便民、文明守纪"为主要内容的教育整顿活动，认真查纠了市场监管执法和机关日常工作中存在的突出问题。安排专项资金，改造了一些县级局，新建15个基层工商所，改善了基层的工作生活和执法办案条件。

2007年，省工商行政管理局紧紧围绕规范执法行为、规范监管制度、规范基础设施、规范队伍管理四个重点，不断加强基层规范化建设，全面提高基层建设的整体水平。4月份，组织召开全省工商系统基层建设工作会议，从执法行为、监管制度、基础设施、队伍建设四个方面提出了县局和工商所规范化建设工作思路，明确了基层工商所使用功能、装备设施、规章制度、政务公开、标志标识"五统一"的建设要求。加大了对基层建设的投入补助力度，对列入四年规划的工商所办公场所建设项目，省局均给予60%的补助，全面提高基层基础设施建设水平。省局先后向基层投资1 316万元，为基层工商所配备执法办案车辆100台、计算机630台，极大地改善了基层的执法办案条件。按照建设"政治上过硬、业务上过硬、作风上过硬"工商队伍的要求，指导各市局配强县级局和工商所领导班子，切实加强支部建设，努力提高班子的科学决策能力和解决自身问题的能力。在全省385个工商所开展了工商所长向监管服务对象代表述职述廉的活动。积极开展精神文明建设"创佳评差"活动和"迎奥运、讲文明、促和谐，满意在工商"主题实践活动，大力倡导"团结和谐、务实创新、爱岗敬业、秉公执法"的工商文化，全系统的精神风貌发生了明显变化，省工商局连续11次被省委、省政府评为精神文明建设"最佳厅局"。

2008年，陕西省工商行政管理局认真贯彻国家工商总局"四化"建设要求，以深化基层规范化建设为抓手，努力提升监管执法效能。推行省局每年、市局每半年、县局每季度一次的执法检查制度，严格落实行政执法责任制和过错责任追究制，实行行政执法年度考评一票否决。对《县级工商行政管理局工作规程》和《工商行政管理所工作规程》等22项制度规定进行了修订和完善，制定下发了《关于改进外商投资企业登记工作的意见》、《工商企业登记联络员工作制度》等规范性文件和制度，促进了监管执法工作的制度化。大力推进工商所建筑外观主色、门头标识、服务大厅背景墙等部位的规范化改造，按照对外服务"三室一站"（即综合登记室、巡查监管室、执法办案室和"12315"申诉举报站）和对内使用"五室一堂"（即会议室、阅览室、档案室、健身室、浴室和食堂）的标准进行建设，已有70%的工商所完成规范化建设任务。扎实开展作风纪律教育整顿活动，全面推行基层工商执法人员向监管服务对象代表述职述廉工作。创新基层干部实绩考核评价体系，在全系统推行目标责任考核，建立了岗位目标和工作责任相挂钩的奖惩制度。组织开展"迎奥运、讲诚信、促和谐，满意在工商"主题实践活动，举办了纪念改革开放30周年和工商部门恢复建制30周年"红盾杯"演讲比赛，增强了队伍的荣誉感和凝聚力。

附：

陕西省工商行政管理局
历任局长、党组书记

王应元，1980年1月至1981年11月任局长；李伟，1981年12月至1983年5月任局长；马爱民，1983年6月至1990年2月任局长；叶树森，1990年2月至1990年12月任局长；王东峰，1998年2月至2001年1月任局长、党组书记；张智林，2001年1月至2005年4月任局长、党组书记；李仲为，2005年5月至2008年6月任局长、党组书记。

（执笔人：吴　凯）

第二十八章　甘肃省工商行政管理局

第一部分　（1949—1978）

1949 年 7 月,陕甘宁边区政府设立甘肃行署,下设工商处,负责工商业行政管理。1950 年,经甘肃省人民政府批准,将甘肃行署工商处与甘肃省贸易公司合并,成立甘肃省人民政府商业厅,由下设的商政科、市场管理科负责全省工商行政管理工作。1958 年 7 月 19 日,经省人民委员会讨论通过,成立甘肃省工商行政管理局,与省物价委员会合署办公。1961 年 4 月,在调整省级机构中,经省人民委员会讨论通过,并经国务院批准,撤销甘肃省工商行政管理局,业务划归甘肃省商业厅,在商业厅内设工商行政管理科。1961 年 10 月 25 日,经省人民委员会讨论通过,报经国务院批准,成立甘肃省工商行政管理局,但仍与省物价委员会合署办公,一套机构两块牌子,内设工商处。两个单位共有编制 43 人,实有 35 人,其中工商处有 8 人。

1962—1968 年,省辖市、专区、自治州一级单独设立工商行政管理局的有兰州市、天水地区;工商行政管理局与物价委员会合署办公(一套机构两块牌子)的有平凉地区、庆阳地区、临夏州和甘南藏族自治州;与商业局合署办公的有定西地区、武都地区(后改为陇南);由商业局兼管工商行政管理工作的有酒泉地区、张掖地区、武威地区。县(市、区)单独设立工商行政管理局的有天水、临泽、民乐、武威和临潭;与物价委员会合署办公的有安西、敦煌、平凉、庆阳、合水、正宁、环县、镇原、舟曲、山丹和高台;与县商业局合署办公或由商业局兼管县工商行政

管理工作的有张家川和徽县、礼县、西和、漳县、秦安、武山、甘谷、清水、两当、岷县、宕昌、武都、成县、康县、文县、定西、榆中、通渭、靖远、临洮、会宁、陇西、皋兰、渭源、酒泉、金塔、民勤、永昌、古浪、天祝、永登、景泰、华亭、泾川、静宁、华池、宁县、夏河、卓尼、碌曲、玛曲、张掖、肃南、临夏市、临夏县、永靖、东乡、康乐、和政、广河;与县税务局合署办公的有崇信、灵台;庄浪县工商行政管理工作由县人委直接管理;玉门市工商行政管理工作由市副食品公司兼管;无工商行政管理机构的有肃北、阿克塞、迭部 3 县。从新中国成立初到 1963 年 10 月,全省共有工商行政管理人员 455 名(其中专职 269 名、兼职 186 名),属于国家编制之内的 195 名,编外 260 名。另有集市交易服务人员 443 名(其中不脱产的 280 名)。人员素质参差不齐,整体业务能力比较低。

1968 年 3 月 3 日,经省革命委员会批准成立"省物价委员会、省工商行政管理局革命领导小组";1969 年 2 月 5 日,省革命委员会生产指挥部发文撤销了甘肃省工商行政管理局。全省各地、县工商行政管理机构也相继被撤销,为时长达 9 年。1977 年,由于政治形势发生重大变化,当年 2 月 26 日省编制委员会批复:在省商业局内增设工商行政管理处。为了便于开展工作,对外挂"甘肃省工商行政管理局"的牌子。同年 7 月 1 日,启用"甘肃省工商行政管理局"印章,正式对外挂牌。主要工作任务除筹建全省工商行政管理机构外,还负责市场管理、企业登记管理、合同管理、商标管理和打击投机倒把;凡涉及这些方面的工作任务,由甘肃省工商行政管理局单独行文。有关工商行

政管理工作的计划、安排、检查、总结等单独进行;如果涉及商业和有关部门的工作时,应与省商业局及有关部门联合行文。

新中国成立初期至 1978 年以前,省工商行政管理机构很小,职能单一,只能担负一般性市场管理任务。国民经济调整时期,虽然成立了省工商行政管理局,但业务不独立,与省物价委员会合署办公。当时主要业务为:市场管理、工商企业登记、对私改造、私房改造、商标管理。20 世纪 60 年代中期,虽然多数地、县相继成立了工商行政管理机构,但地位和作用都比较薄弱。"文革"时期,省、地、县工商行政管理机构相继被撤销,大批专业管理人员被调离,工商行政管理工作处于瘫痪状态。

甘肃的工商行政管理,在新中国建立以后的不同历史时期、不同经济发展形势下,无论职能还是机构变化都比较大,总体看经历过三次组建、两次撤并的过程。从 1958 年 7 月正式成立甘肃省工商行政管理局算起,成立和存在时间至 1978 年累计为 20 年,其间撤并累计时间为 10 年。在历史上形成了工商行政管理机构时有时无、时分时合的局面。由此使工商行政管理的职能、地位、作用也产生相应的变化。1978 年,该省只有集贸市场 481 处,年成交额仅 1 亿元。1979 年,该省城乡全面开放集贸市场,全省集贸市场发展到 630 处,年成交额达 2 亿元。

第二部分　(1979—2008.6)

党的十一届三中全会确立了工作重心的转移,即开始进入社会主义经济建设时期。与之相对应的工商行政管理,也进入全面恢复和加强的历史转折点。甘肃工商行政管理事业的发展轨迹,也沿着改革开放的历史进程而不断演进。

第一节　工商行政管理机构的发展

甘肃工商行政管理机构的发展自 1979 年后,经历了恢复建制、调整完善和改革发展三大阶段。

一、机构恢复建制时期（1979—1985 年）

1979 年 11 月 16 日,甘肃省革命委员会决定甘肃省工商行政管理局独立设立,不再与省商业局合署。1980 年 1 月 1 日,甘肃省工商行政管理局正式挂牌成立。以此为起点,省工商局正式成为单独的行政机构。1983 年至 1984 年,省编制委员会核定省工商局机关编制 8 个处(室):办公室、市场管理处、企业登记管理处、个体经济管理处、合同管理处、商标广告处、经济政策研究室、基层工作处。1984 年至 1985 年,省工商局相继成立了五个直属单位:甘肃省个体劳动者协会、甘肃省广告协会、甘肃省工商行政管理学校、甘肃省商标设计研究所、甘肃工商报社。自 1979 年以来,全省各地、县相继恢复了工商行政管理局(天水 1972 年恢复、兰州 1975 年 5 月恢复)。到 1985 年底,全省 14 个地(州、市)、1 个矿区和 85 个县(市、区)全部恢复或成立了工商行政管理局,时设工商行政管理所 522 个。

1980 年 1 月工商行政管理独立建制之后至 1999 年 4 月实行省以下垂直管理之前这段时期,各地、州、市工商行政管理机构实行双重领导,即由当地政府(行署)实施对工商机构人财物的领导,省工商局对地、州、市以下的工商机构实施业务领导。

二、机构调整完善时期（1986—1993 年）

根据形势和任务的需要,省工商局在 1986 年至 1993 年期间,对其内设处室作了个别增减,其职能也作了相应调整。1986 年 11 月增设经济检查处。1988 年 3 月,成立省工商局外资企业登记管理处,国家工商局于同年 11 月授权甘肃省工商局开展外资登记管理。1988 年 12 月将个体经济处改为个体私营经济处。1990 年 7 月,甘肃监察厅驻省工商局监察室正式成立。直属机构和挂靠机构情况:1987 年 11 月 20 日成立省消费者协会;1987 年 1 月《个体户周报》正式创刊(1989 年 1 月 1 日更名为《甘肃工商报》,1999 年 12 月 31 日停止办报),并成立报社;

1991年成立省工商行政管理学会,学会以《甘肃工商行政管理》为会刊和学术活动园地,开展政策法规研究和学术交流。

三、机构和体制改革时期(1994—2008年)

真正使工商行政管理机构充满活力、自成体系的是建立社会主义市场经济体制时期。1995年9月,省政府批转了省工商局职能配置、内设机构和人员编制方案。该方案明确了省工商局从四个方面实现职能转变:一是改变企业登记管理制度。将现行的审批设立制度逐步过渡为工商行政管理机关依法核准登记制度。二是拓宽监督管理的范围。从过去侧重于监督管理集贸市场和工业品市场转变为监督管理集贸市场、工业品市场和参与监督各类市场。三是调整行政执法对象。从重点查处投机倒把活动转变为依法规范市场交易行为,参与市场价格管理,制止垄断和不正当交易行为,保护公平竞争,维护经济秩序。四是提高管理层次。从侧重于具体业务管理转变为运用法律和行政手段进行宏观监督管理。上述方案明确了省工商局是省政府主管市场监督管理和行政执法的职能部门,同时规定设置10个职能处室和机关党委。即,办公室、人事教育处、企业注册管理处、外资企业注册管理处、市场监督管理处、个体私营经济监督管理处、商标广告监督管理处、经济合同监督管理处、公平交易处、法制处。监察室仍作为省纪检和监察部门派出机构而设置。

组织实施新的机构改革工作,从1995年9月14日制定下达机构改革方案到同年11月13日完成机构改革任务,启用新机构印章。这次机构改革中省工商局机关的内设机构有三个变化:(1)机构改革后,撤销了原先的政策研究处、经济合同仲裁委员会;(2)原先的经济检查处(挂经济检查分局牌子)改为公平交易处(对外称公平交易局);(3)正式成立法制处。

省工商局于1980年1月单独建制后,到1994年8月的15年里,一直是省政府的组成部门。自1995年机构改革后,省工商局为省政府直属机构。1997年10月,省政府同意在省工商局市场监督管理处加挂"市场监督管理局"的牌子,在公平交易处加挂"公平交易局"的牌子。

1999年2月,甘肃省人民政府批转了甘肃省工商行政管理体制改革实施方案。1999年3月,省工商局召开了全省工商行政管理体制改革工作会议,对全省系统实行省以下垂直管理的体改工作进行部署,并派出工作组分赴各地、州、市及部分县调查摸底,冻结各地人、财、物。从1999年4月开始,按照"自上而下,逐级整体交接"的办法,至2000年6月,全省12个市、州、地工商局完成了向省工商局的划转交接工作。通过严格执行有关政策规定和做好协调沟通工作,2001年9月,完成了天水市工商局的划转交接;2001年10月,完成了兰州市工商局的划转交接。至此,全省14个市、州、地工商局全部完成了垂直管理。实行省以下垂直管理后,全省工商行政管理系统共有各类机构1 778个,其中市、州、地工商局14个,另有矿区工商局和酒泉卫星发射中心东风场区工商局。共有县、市、区局85个、内设机构731个、其他机构36个。共有干部职工11 528人。

2001年2月,甘肃省政府根据国务院关于国家工商总局的"三定"方案,对甘肃省工商局的职能配置作了个别调整,将指导广告业发展的职能交给了经贸委,将引导个体私营经济发展的职能交给了省个体劳动者协会,取消了市场培育建设、市场布局规划的职能。同时,撤销了省局外资企业登记管理处,将业务工作并入企业登记管理处(加挂外资企业登记管理处牌子)。在机构改革中,按照省政府新的机构和人员编制规定,省局机关设10个职能处室,另设公平交易局、市场监督管理局、商标广告稽查大队三个直属单位,总共编制121名。2002年底完成省局机关改革,市、县两级机构改革从2002年9月27日开始,到2003年12月31日前结束。2004年2月,省局和兰州市局获得国家工商总局外商投资企业登记管理授权资格确认,2006年6月,省局委托除兰州以外的13个市州工商局开始进行外商投资企业登记初审工作。2006 年 4 月,计算机信息管理工作从办公室剥离出来,单设信息处负责全省系统的信息化建设。另外,2002 年 6 月,经省民政厅批准成立甘肃省私营企业协会,与省个体劳动者协会合并办公,履行各自职责。

垂直管理及机构改革完成后,全省工商系统有 14 个市州工商局、88 个县级工商局（含开发区分局)、105 个专业工商分局（大队)、658 个工商所。各级设个私协会、消费者协会、广告协会、商标协会及事业单位合计 210 个。全省工商系统共有 1.4 万余人（含离退休人员),在职干部职工 1.14 万人,其中县（处）级干部 270 人。

2000 年以来,随着行政区划撤地改市工作的进行,先后有武威地区工商局改为武威市工商局,原先县级武威市工商局改为凉州区工商分局;酒泉地区工商局改为酒泉市工商局,原先县级酒泉市工商局改为肃州区工商分局;张掖地区工商局改为张掖市工商局,原先县级张掖市工商局改为甘州区工商分局;平凉地区工商局改为平凉市工商局,原先县级平凉市工商局改为崆峒区工商分局;庆阳地区工商局改为庆阳市工商局,原先县级庆阳市工商局改为西峰区工商分局,原先庆阳县工商局改为庆城县工商局;陇南地区工商局改为陇南市工商局,原先县级陇南市工商局改为武都区工商分局;定西地区工商局改为定西市工商局,原先县级定西市工商局改为安定区工商分局。

第二节　工商行政管理队伍的发展

甘肃省工商行政管理机关恢复建制 30 年来,队伍不断发展壮大,业务素质不断提高,监管和执法能力不断增强,工商职能作用日益明显。

一、文化补课和业务培训

1978 年,全省基层工商所事业编制在原来 592 人的基础上增加了 1 540 名,1980 年增加了 70 名,1984 年增加了 1 460 名,三次共分配事业编制 3 070 名,并面向社会公开招干。到 1985 年,全省 13 个地（州、市)、81 个县（市、区）工商行政管理人员达到 5 039 人,是 1978 年增加之初的 9.5 倍。工商行政管理队伍在迅速壮大的同时,也暴露出了"两多四低"的问题,即年轻人多、新手多、文化程度低、政策水平低、业务能力低和管理水平低。据对部分市县 3 002 名干部职工的抽查摸底显示,35 岁以下人员有 1 451 人,占 48.3%;新手 2 410 人,占 80.3%;大专以上文化程度的 58 人,仅占 1.9%;高中文化程度占 62.1%。

针对队伍业务素质差、文化基础薄弱的实际情况,省工商局于 1981 年 7 月向全省工商系统发出通知,要求各级工商行政管理机关认真贯彻落实中共中央、国务院《关于加强职工教育工作的决定》和国家工商局《关于加强工商行政管理干部教育工作的意见》,并对全系统干部培训做出了安排。全省县级局正、副局长,地、州、市局正、副科级干部由省局统一组织培训;地、州、市局局长,省局处长以上干部由国家工商局统一轮训;其余干部分别由地、县局培训。1981 年 8 月至 1983 年 6 月,省局共举办培训班四起,参训人员达到 258 人。

各地工商行政管理机关在培训干部的同时还开展了职工"双补"（文化补课和技术补课）工作。大体采取了六种形式:一是举办短期培训班,重点对各级领导干部进行培训;二是以会代训,侧重进行专业培训;三是办专业短训班;四是对初中文化程度的青年职工组织文化补习班,着重提高文化知识水平;五是选送有培养前途的业务骨干去各类院校进修深造;六是岗前培训。通过多形式和多渠道的培训,到 1985 年底,全系统已培训各类干部职工 2 164 人,占干部职工总人数的 43.9%。经过文化补习和各类培训,至 1985 年,高中以上文化程度已由 1982 年的 1 080 人增加到 2 484 人,占总人数的 50.5%。

1986 年到 1995 年,全省工商系统主要开展了干部的岗位培训。按照"分级培训、分级负责"的原则,多层次、多渠道、多形式地开展了培训工作。全省共有 8 828 人参加了岗位培训,占应培训人员的 96.8%;有

8 165人获得了《岗位培训合格证》。"九五计划"期间,主要抓了干部知识更新培训,省工商局制定了《1996—2000年干部教育培训规划》和《干部知识更新培训实施方案》。并鼓励干部职工参加自学、夜大、电大、函授、党校委托培养等各种学历教育。到1999年12月底,全省系统高中以上文化程度8 901人,占总人数79.2%;大专以上文化程度3 367人,占总人数30%,比1979年全省系统的13人,增加了259倍。中专、高中文化程度已达5 534人,比1979年也有大幅度增长。到2002年底,大专以上学历已达到4 927人,占总人数43%。由于文化素质和业务素质的提高,基本适应了监管社会主义大市场的需要。

二、公务员制度的建立

由于历史原因,全省工商队伍除了知识结构和业务素质偏低以外,人员构成复杂、工人所占比例较高(达到50%左右),成为队伍建设中存在的突出问题之一。1996年,中编办、人事部、国家工商局重新核定了工商所编制,将原来的事业编制转为行政编制。1999年,人事部、国家工商局就工商所工人考录事项专门下发了通知,全省各级工商机关抓住体制改革和考录公务员的契机,积极推进公务员制度改革的步伐,坚持"凡进必考"的原则,严格把住了"进口";坚持任用晋升中的竞争择优原则,推行了竞争上岗制度,管住了"楼梯口";坚持实施公务员的辞职、辞退制度,注意理顺了"出口",实行干部轮岗交流,建立完善了有关人事管理制度,创造了公正、平等、竞争、择优的用人环境,从组织和制度上增强了队伍活力。1999年以来,省工商局按照适应垂直管理的需要,以坚持标准、分级负责、规范程序、从严管理为目标,制定下发了《全省系统干部人事管理暂行办法》、《全省系统劳动工资管理办法》、《甘肃省工商行政管理所推行国家公务员制度培训方案》、《关于深化自身改革,强化综合监管,充分发挥工商所职能作用的意见》以及《加强收支两条线管理》等规章制度,进一步提高了干部管理水平。结合政府机构改革,开展了酒泉地区工商局和兰州市工商局城关分局的干部竞争上岗试点工作,总结交流了经验。并与省人事厅一起,按照程序和条件,组织全省系统4 520名工人参加了工商所公务员考录,录取公务员4 200名。与此同时,对新录取人员进行了初任培训,为提高工商队伍素质打下了基础。

三、班子建设和队伍建设

2002年以来,全省系统围绕"三个始终"抓好队伍建设。一是始终把加强培训作为提高队伍素质的重要手段来抓。省局制定了《2003年至2007年干部教育培训五年规划》。截至2007年底,省局已培训科级干部2 700余名,占全省3 500多名科级干部的85%以上;全省系统各级对6 000余名科以下干部进行了培训,占全部科以下干部的90%以上。同时,组织实施了信息化"十百千"人才工程,省局先后两次分别委托兰州大学信息科学与工程学院和兰州商学院对117名计算机中级人才进行了培训。为整合人才资源,充分发挥他们的作用和潜力,省局还专门建立了全省系统信息化人才储备库,把全省系统近千名取得计算机二级证书和各大专院校计算机专业毕业的研究生及本、专科生全部纳入储备库,实行统一管理。2007年9月,省局在陇南召开了全省工商系统基层建设与人才工作现场会,对近几年全省工商系统的人才工作进行了总结,对今后几年的人才工作做了安排部署。制定出台了《2006—2010年全省工商系统人才队伍建设规划》,使全省系统人才工作步入了科学、规范、有序的运行轨道。二是始终把干部的思想作风建设作为提高素质的经常性工作来抓。2003年以来,省局坚持每年开展一次主题教育实践活动,旨在解决一两个突出问题。先后开展了精神文明创建年、"五项清理"、共产党员先进性教育、学习《党章》、作风纪律等主题教育活动,通过活动的开展,帮助干部树立了正确的世界观、人生观、价值观和宗旨观、权力观、荣辱观。三是始终把领导班子建设作为加强队伍建设的关键来抓。严格遵守《党政干部选拔任用条例》,切实加强各级领导班子建设,按照干部"四化"要求，调整配备各级领导班子。明确提出了以党风廉政建设为切入点，抓好各级领导班子建设的工作思路。每年都安排各级领导班子和领导干部的廉政考核和述廉活动，层层签订党风廉政责任书，把党风廉政工作不断落到实处。以党的民主集中制原则作为加强各级领导班子建设的核心内容，全省系统健全完善了党组会、局长办公会和局务会等决策议事制度以及各级党组织和领导班子的工作制度，形成了权力运行的制度化制约机制。切实加强了各级领导班子的作风建设。重点是以"五风"建设为重点，认真解决领导干部在思想作风、学风、工作作风、领导作风、生活作风等方面存在的突出问题。注重对各级领导班子和领导干部进行监督。相继制定完善了内部监督办法、任期经济责任审计、信访工作等制度，认真开展了领导班子和领导干部的年度考评考核工作。

四、基础设施建设和信息化建设

1991年4月1日，国务院批准颁布实施《工商行政管理所条例》。1992年以后，基层工商所建设进一步加强。到1999年底，全省系统的工商所已达843个，比1985年的522个增加了62%。按照国家工商局的要求，在全省系统开展了工商所初级规范达标活动。通过检查验收，有822个工商所达标，占总数的97.5%。同期还制定了《1996—2000年基层建设规划》，使全系统形成了"心往基层想、劲往基层使、钱往基层花、人往基层派"的局面。2003年以来，全省系统把基础建设的重心继续向基层转移，按照"小局大所"的要求，将全省800多个工商所精简合并为658个，并将经济户口管理及综合监管职能划归辖区工商所。针对基层工商所基础设施建设存在的问题，自2003年以来，全省对6个市州局、46个县区局和196个工商所进行了建设和改造。经过几年来的不懈努力，全省系统较好地解决了基层工商所无房、危房、无车和缺电脑、打印机等问题。全省系统的基层基础设施建设实现了超常规、跨越式发展，基层干部职工的工作、生活条件得到明显改善。2005年，为加强基层党建工作，按照"把支部建在所上"的要求，全系统共调整健全了225个工商所党支部，新设立了220个工商所党支部。2007年，制定出台了《关于在全省工商系统开展工商所规范化建设活动的实施意见》《工商所规范化建设达标考评办法（试行）》，进一步规范了基层工商所的工作职责、岗位职责、工作机制、内部管理等，促进了基层工商所监管执法和服务效能的全面提升。2007年，在全省试点并推广了基层工商所向监管服务对象的述职述廉活动，通过活动的开展，加强了社会监督，密切了基层工商干部与监管对象的关系，增强了基层干部的服务意识和工作责任感。2005年以来，省局基本完成对全省各级工商机关的登记窗口、"12315"申诉举报中心、"12315"执法车辆、办公环境及办公设施进行统一规划和配置等规范化工作。

在信息化建设方面，坚持"以需求为导向，以应用促发展，统一规划，协同建设，资源共享"的原则，同时以网络建设为基础，以应用建设为核心，以数据库建设为重点，狠抓信息工程建设，充分发挥信息化在工商的市场监管、制度改革创新、提高执法效能中的重要作用。2003年信息化建设拉开帷幕，2004年便实现了全省系统网络四级互联互通。后又经过几年坚持不懈地建设，共投资4 000多万元在全省系统开通运行了工商综合业务系统（包括经济户口、案件管理、广告监测、企业年检网上预审）、邮件系统、办公OA系统、政务网站系统、"12315"消费者申诉举报系统和数据分析系统、视频会议系统等软件。于2006年3月份正式开通使用的省局广告监测系统，是全国省级工商部门以省会城市为中心建立的第一个远程广告监测系统，其监测范围涉及全省14个市州的46个电视频道、89份报纸杂志和兰州辖区的8套广播。另外，与国税、地税和质检部门联合的企业基础信息交换与共享工程建设，得到省政府的认可和支持，一期工程试点已全部完毕，进入实质性实施阶段。

回顾全省信息化建设的历程，最突出的特点是数据应用"大集中"的建设模式。一是从规划上实现了集中统一。省局明确信息化建设的所需费用由省局统一筹措,各类工商软件系统的开发、办公楼综合布线、机房装修、工商网站建设等由省局统一建设。二是从建设和应用上实现了集中统一。省局集中建设数据中心,各市州、县区工商局(分局)和所有工商所不再配备服务器,所有数据以专线方式集中储存于省局数据中心,实行信息远程访问。"大集中"的模式,大大减少了经费投入,降低了系统维护难度,提高了数据的安全性和应用的可靠性。实践证明,这种信息化建设的"甘肃模式"符合甘肃的省情,满足了工商业务发展的需求。

五、制度建设和廉政建设

2003 年以来,从市场监管到行政执法,从专项整治到消费维权,从公开优化各种政务举措到为市场主体提供良好服务,从基层工商所到各级工商机关,从工作到学习、生活的各个方面,全省各级工商机关逐步建立起了一系列、一整套的规章制度。省局自 2003 年至 2008 年期间,陆续就规范执法行为、党风廉政建设、依法行政内部监督、信访工作、党内学习组织生活、干部人事管理、财务管理、机关纪律、公务接待、会议管理等方面制定出台了 34 项制度,机关各项工作全部纳入制度化管理的轨道。在学习实践"三个代表"活动中,省局对这些规章制度又进行了补充和检查,绝大多数得到了有效落实。特别是 2007 年以来,按照国家工商总局推进"四化"建设的要求,全省系统按照构建长效监管机制的要求,对各项业务工作制度进行了梳理规整。

1998 年至 2001 年,按照国务院纠风办、国家工商局和省纪委有关规定,对行业风气进行了重点整治。以整顿办理"案、费、证、照"等窗口部位和基层工商所为重点,严肃查处了"吃、拿、卡、要",以权谋私和乱收费、乱罚款、乱摊派以及粗暴管理等群众反映强烈的问题。1999 年底,全省系统治理乱收费中共清理收费项目 48 项、收费标准 214 个,主动取消收费项目 34 个,涉及年收费金额 210 多万元。通过治理,普遍实行了收费许可证和罚没许可证制度,公开了收费内容,

对行政性收费实行了定费、收费、查验"三分离"和票、款"两分离",对财务票据使用实行了统一管理。在整顿公路"三乱"中,通过重点治理、突击检查,先后撤销了工商部门设立和参加的联合检查站(临时收费点)33个。省局机关自 1993 年开始实行财政专户储存,到 1997 年全面实行了收支两条线管理。垂直管理后,14 个地(州、市)局和所有县(市)工商局都实行了这一制度。

全省全面贯彻落实党风廉政建设责任制,建立健全监督体系,多形式开展警示教育,狠抓"六项禁令",认真开展"五项清理",增强了反腐倡廉的针对性和预警性。在普遍实行"两公开一监督"制度的基础上,各级工商局全面实行了政务公示制。"窗口"岗位和工商所一律公开有关法规政策,办事程序,收费依据、项目、标准、部门以及监督电话等,工作人员一律实行着装挂牌上岗,接受社会监督。1996 年以来,每年在全省开展"工商行风万人评活动",共发问卷 14 万份,收回 12 万份,群众满意率逐年提高,1997 年达到92.5%,2001 年达到 95.64%。1997 年 5 月,省工商局被评为全国纠风工作先进集体,受到了国务院纠风办的表彰。1991 年至 1997年,全省系统共收到群众来信举报1 530件次,立案查处 158 起,受到党纪政纪处分 109 人。自 1998 年垂直管理以来,在全系统推行了廉政建设责任制,加大了责任追究的力度,对 50多名党员干部进行了责任追究。

在 2002 年起先后开展的"三讲"、"三个代表"、党员先进性、"两个务必"、学党章、科学发展观、惩防腐败体系建设、继续解放思想等一系列学习教育实践活动的推动下,全省系统党风廉政建设不断取得新成效,并在长期的建设过程中,形成了独特的工商廉政文化现象。党风廉政建设和反腐败工作的成绩主要表现在以下六个方面:一是认真落实了有关廉政规定,进一步规范了领导干部的从政行为,促进了干部队伍的廉洁自律,使系统的违纪行为明显减少。二是惩防腐败体系进一步建立健全,党风廉政建设责任制得到加强,责任追究制和各项廉政工作落到了实处。三是积极做好群众的信访举报

工作,各地县局均设立了举报信箱,组建了党风廉政义务监督员队伍,较好地发挥了群众和社会的监督作用。四是继续抓了"三乱"治理,组织了自查自纠和随机检查,发现问题及时纠正,巩固了治乱减负的成果。五是按照国家工商总局的要求,成立了预防职务犯罪工作办公室,建立了职务犯罪预防机制。六是廉政文化建设的载体不断丰富,成果更加丰硕。各地以"五上"和"五进"活动为总揽,确定了基层廉政文化建设示范点、搭建了廉政短信平台、开辟了廉政文化园地、举办了"读书思廉"心得交流演讲等一系列丰富多彩的活动。2006 年,省局组织了全省系统工商廉政文化优秀作品展览、展演活动,受到党政领导和社会各界的好评。

六、工商文化建设和精神文明建设

省局采取有力措施,狠抓工商文化建设。通过工商文化建设,提高干部队伍的政治素质和业务素质,提高依法监管和科学监管的水平,提升工商形象。为了有效指导全省系统的工商文化建设,省局及时总结推广了兰州、白银等地工商局开展这一工作的典型经验,在全省系统进行了安排部署。通过丰富多彩、形式多样、独具特色的创新文化建设,促进了全省工商事业的跨越式发展。

从 2003 年起,省局制定了 2003—2007年全省系统精神文明创建目标和任务,提出了两个 100%(五年内各市州工商局 100%建成市级文明单位,各县区分局工商局要100% 建成县区级文明单位)的创建目标和"12345"创建思路,即一个结合(条块结合)、两个围绕(围绕中心工作找题目、围绕科学监管做文章)、三个切入点(党政部门关注的热点、人民群众关心的焦点、队伍建设的难点)、四个载体(法制工商、诚信工商、信息工商、文明工商)、五个到位(思想到位、领导到位、措施到位、工作到位、投入到位),并突出服务、监管、建设三大主题,以思想道德建设为核心,以严格依法行政为主线,以推进政务公开为重点,以创建各级文明单位为目标,促进了工商行政管理职能的充分发展。2003 年,省工商局在酒泉召开了全省工商系统精神文明建设经验交流会,将精神文

明创建活动推向了高潮。2005 年在兰州召开了全省工商系统精神文明建设座谈会,开创了争创文明单位的新局面。2007 年 10 月在临夏召开了全省工商系统精神文明建设工作座谈会,规划了全省工商系统 2008—2012 年新的五年计划。2003—2007 年五年中,全省系统被各级党委、政府授予"文明单位"称号的工商局 105 个、工商所 529 个,分别占总数的 100%、80%。省级以上(含省级)文明单位 22 个,其中被中央文明委授予国家级精神文明建设先进单位 4 个(高台县工商局、酒泉市工商局、酒泉市工商局肃州分局、敦煌市工商局)。省局机关被国务院纠风办授予"全国纠正行业不正之风先进集体",并先后获得"全省四五普法先进单位"和"全省干部教育先进单位"、"省直部门定点帮扶先进单位"等荣誉称号。全系统有 7个单位被省文明委列为"诚信行业示范点",10 个单位被授予诚信单位。涌现出了一批全国、全省的先进集体和先进个人,有 3 人获得省、部级劳模,有 10 人被国家工商总局表彰为优秀工商行政管理工作者,2007 年 8月,由共青团甘肃省委、甘肃省社会治安综合治理委员会办公室等十三个部门联合开展的第二届"甘肃省杰出(优秀)青年卫士"评选活动中,全省工商系统 6 人获得表彰,精神文明创建工作取得了可喜成果。

第三节　工商行政管理职能的发展

甘肃省工商行政管理局自恢复建制 30年以来,职能不断发展,地位和作用逐步增强,在市场准入、监管服务、行政执法、消保维权等方面的作用越来越明显,为维护市场经济秩序和促进甘肃经济的又好又快发展作出了积极贡献。

一、市场监督管理

自党的十一届三中全会以来,随着改革开放的不断推进,甘肃省城乡商品交易市场和专业市场获得了迅猛而空前的发展,并形成了自身的特色。全省各级工商行政管理机关不仅在建设市场中做出了大量富有创造性的劳动,同时也在市场发展的大潮中开

拓了工商行政管理工作的新局面。

（一）市场建设

经历了十年动乱,甘肃全省的农村集市贸易受到很大破坏,日趋萧条。省工商局恢复建制之初,就被省政府赋予了协助建设市场的职能。1980 年省工商局在临夏州召开了首次全省工商局长会议,专题研究了集市贸易的发展问题。这次会议落实了恢复集市贸易"管而不死,活而不乱"的管理方针。这八字方针也成为嗣后一段时期中工商机关管理集贸市场的总纲。当年,全省仅有各类市场 697 处,个体工商户 15 956 人,工商企业近 1 万户。在 1980 年前后一段时间,该省在全国率先放开了大牲畜贩运活动,之后又相继放开了中药材、粮食等商品的贩运活动。1983 年 4 月,省工商局推广了秦安县依托小商品市场积极发展乡村货郎担、疏通城乡小商品流通渠道的经验。到 1986 年底,全省集市贸易已发展到 1 192 处,市场建设总面积达 832 500 平方米,集市成交额达到 10.74 亿元。1988 年 4 月,全省工商系统在陇南召开了全省城乡集贸市场建设经验交流会,总结回顾了 1985 年至 1987 年全省集贸市场的发展经验。1992 年之前的这一时期,工商行政管理市场监管的目标是保障和维护计划经济的发展;监管的主要任务是打击和查处各种违反国家计划的商品交易行为,以打击投机倒把和有形市场的事务性管理为主;监管的主要领域是城乡集贸市场;监管的对象主要是个体工商户和私营企业;监管的主要方式是进驻、发照、收费、验证、盖章和行政执法。

1992 年之后,全省市场建设继续发展,呈现出三个特点:一是集贸市场发生了根本性的变化。已由农民、手工业者之间互通有无、调剂余缺的初级市场向商业性市场发展,由综合市场向专业化市场发展,由地产地销为主的区域性市场向跨省市、远辐射的大市场发展,由以零售为主向批零结合的方向发展,上市经营的商品种类越来越多,市场规模越来越大,已成为城乡之间、地区之间商品流通的重要渠道。二是一批综合性、专业性的生产资料市场正在逐步发展起来,

有形市场的建设正在有组织、有步骤地进行,建设步伐明显加快,多层次、多渠道的生产资料网络体系已初具规模,对促进生产、发展经济、把企业推向市场发挥着越来越重要的作用。三是生产要素市场和文化等特种市场的建设也开始起步。各类市场呈现出从无到有、从低层次向较高层次发展的趋势。1992 年底,全省各类集贸市场发展到 1 564 个,年成交额 44.4 亿元。

从 1994 年至 1997 年,是该省集贸市场巩固完善和稳步发展阶段,已初步形成了以各类零售市场为基础,以各类批发市场为骨干,以药材市场、皮毛市场、蔬菜批发市场为特色的市场网络。截至 1998 年底,全省已初步形成了大中小并举,批发零售结合,专业与综合配套,消费品、生产资料、生产要素三足鼎立的市场网络。全省共有各类市场 1 844 个,市场成交额 321.6 亿元。其中消费品市场 1 692 个,年成交额 282 亿元;生产资料市场 127 个,年成交额 36.22 亿元。1998 年底,全省有 51 个年成交额上亿元的市场,其中兰州东部综合批发市场成交额最高,1997 年底达到了 28.3 亿元。全省消费品市场零售总额占社会消费品零售总额已由 1978 年的 3.9% 上升为 45%。

市场"办管脱钩"之前,工商行政管理部门担负建设市场的职能。从 1978 年到 1996 年,全省工商行政管理系统通过各种形式参与市场的培育建设和发展工作,共投入建设资金 4.5 亿元,其中自建市场 370 个,与其他部门联建 109 个。1995 年,国务院办公厅下发通知,要求工商机关与所办市场尽快脱钩。全省工商机关识大体、顾大局,毅然与在建设时倾注了大量心血的市场作别,回归监管本职。到 2001 年底,全系统办管脱钩工作全面完成。全省共向市场所在地政府或指定的部门移交市场 444 个;移交市场资产总额 39 662 万元;移交市场建设服务机构 62 个;移交市场建设服务人员 774 名;移交相关债务 12 909 万元。经检查验收,达到了国家工商局和省政府完成办管彻底脱钩任务的要求。从此,工商机关市场监管工作翻开了新的一页。

(二)市场整治

面对市场规模和体系的快速发展,全省各级工商机关把规范城乡市场作为一项重要工作来抓。1984年初,全省工商系统在全国率先开展了创建"文明市场"活动。1987年,全省工商系统在市场综合治理中,一手抓"文明市场"创建,改善市场环境;一手抓查处违法违章案件,维护良好市场秩序,"两手抓"效果明显。1988年5月,省局颁发了《甘肃省城乡集贸市场管理基本规范》,把规范化管理与创建文明市场活动有机结合起来,使市场监督管理和规范管理有章可循,并形成了文明市场评选制度,各地、州、市每年评选一次,全省每两年评选一次。1995年,受到国家工商局表彰的文明市场达到17个。1996年,全省工商系统表彰的文明市场有110个。自1998年以来,通过在全省开展"十佳"评选、百家企业联手打假、创建"满意购物,文明服务街区"等活动,进一步提高了各类市场的规范化程度。1999年,全省"百城万店无假货"活动已经由点到线、由线到面、由浅入深地开展起来。2000年,集中开展了"整顿市场秩序,整顿队伍作风"的"两整顿"活动。"两整顿"是全省工商系统实行省以下垂直管理后,加大市场监管执法力度,有效规范市场经济秩序的成功实践。这次大规模的行动,使重点地区、重点市场的公开性制假售假活动得到有效遏制,违法违章生产经营活动得到全面整治,对各类市场主体的监管进一步加强,工商队伍作风整顿也初见成效。

2001年,国务院决定在全国范围内开展整顿和规范市场经济秩序工作。全省各地工商机关高度重视,迅速行动,积极落实。是年,重点开展了与公安、质监、药监、卫生、证监等部门的联合打假,重点查处了假冒药品和不合格医疗器械、假化肥、报废汽车拆解拼装、不合格面粉、"土炼油"、"注水肉"、"黑心棉"、"大包"服装等一批有影响的案件,使假冒伪劣商品蔓延的势头得到有效遏制。1998年至2001年,全省工商系统共端掉制假售假窝点740个,查获假冒伪劣商品总标值4 776万元,查处违法违章案件19 000起,涉及违法总金额5 050余万元,罚没款1 435万元。移交司法机关追究刑事责任案件11件15人。

2002年9月,省局向全省工商系统下发了《关于加强集贸市场日常监管工作的意见》,提出了许多全新的任务和要求。其中,完善市场准入和市场法人登记制度、建立完备的经济户口和诚实守信档案、建立市场经营户责任书制度、建立服务承诺公示制度、建立经营户商品进货索证和销售信用卡凭证制度、建立进销货台账制度、建立市场商品质量监测和市场食品污染物监测制度、落实市场巡查制、完善"12315"消费者投诉联络制度、推行市场开办者先行赔偿制度、建立市场预警制度等监管形式,对后来的市场监管具有长期的指导意义。

2003年以来,全省系统共开展了70余次专项整治行动,重点有整治网吧的"红盾零点行动"、以查缴市场失衡衡器为重点的"天平行动"、以打击传销为重点的"春雷行动",以及对旅游市场、手机市场等商业领域的监管均取得了有效的成果,推动了市场秩序的健康发展。2003年以来,食品安全监管成为工商市场监管的核心内容之一。继2004年、2005年大规模的食品安全专项整治之后,2006年开展了对食品经营主体资格的全面清理。2007年国务院发布《关于食品等产品安全监督管理的特别规定》,使对食品安全监管的力度和深度达到了前所未有的水平,全省工商系统围绕"两个100%"和"一个彻底解决"的刚性任务,开展了为期三个多月的攻坚。到年底,全省县城以上城市的15 358户商场、超市进货索票索证建立率达到100%;全省62 954户乡镇、街道、社区食杂店进货台账建立率达到100%;全面完成了彻底解决乡镇政府所在地及县城以上城市小食杂店、小摊点无照经营问题的目标任务,食品安全监管长效机制初步建立。尤其是防治"非典"、"禽流感"和防控猪链球菌传染等突发事件期间的特殊市场监管工作,受到了省委、省政府的肯定和人民群众的好评。

1986年至2008年的二十几年间,全省工商机关每年都要开展各类市场专项整治。这些专项整治的缘起,一是根据党中央、国务院、国家相关部门及省委、省政府的安排部署而开展的;二是针对不同历史时期、不同的市场特点和存在的不同问题而进行的。通过日常监管和专项整治相结合,增强了市场监管的针对性和有效性,推动了整顿和规范市场秩序的深入开展。历经30年的洗礼和磨炼,全省工商机关市场监管的思路日渐清晰:市场监管的目标是建立和维护社会主义市场经济秩序;监管的核心任务是规范市场主体的准入、退出、交易和竞争行为,以行为监管为主线;监管对象是各类市场主体;监管领域包括各类有形市场、无形市场;监管的方式方法是现代化的、动态的,事前、事中、事后相结合的系统化监管和行政执法。

(三)市场监管方式改革

为了适应市场经济体制发展的需要,市场监管方式方法的改革,成为各级工商行政管理机关面临的一项新课题。1986年至2008年的20多年间,该省各级工商部门对市场监管改革进行了不懈地探索,取得了重要的成果。一是推行市场巡查制。从1999年上半年开始,全省各级工商管理机关在市场监管工作中全面推行了市场巡查制。到年底,初步形成了"以工商所为基础,上下联动,三级巡查"的市场巡查网络。二是实施商品准入制度。2003年下半年至2005年,重点抓了商品准入制度的改革,其目的是为了进一步规范市场交易行为。各地工商部门引导经营者广泛建立了商品准入的台账制度、商品准入备案制度和大宗商品验收检验制度等,有的地方还采取"场地挂钩"、"场厂挂钩"、"两图一书"、"六查六看"等措施,有效地促进了商品市场良好秩序的建立。2004年9月,省工商局在兰州市工商局举办了商品准入制度观摩现场会,广泛推广了瑞德摩尔、张苏滩两个市场和两个工商所落实市场准入制度的经验。三是市场应急保障。2005年10月,省局印发了《市场监管应急预案》,其目的是为了充分发挥市场监管主力军作用,进一步提高工商行政管理机关的快速反应能力和市场监管效能,积极维护正常的市场经济秩序,妥善处理突发性的市场活动,有效保障人民群众的消费安全。该《预案》对发生在全省范围内的、对市场秩序有重大影响的事件和对群体性有碍市场秩序事件的应急处置办法和程序做出了具体的规定。

二、公平交易执法

党的十一届三中全会以后,随着对外开放、对内搞活经济方针的贯彻执行,我国经济形势发生了根本性变化,生产迅速发展,市场日益繁荣兴旺。甘肃省工商机关从1980年至1995年主要在稳定市场物价、打击假冒伪劣、打击走私贩私、整顿不正之风、查处违法案件几个方面对经济违法行为进行了四次坚决的打击。据1995年底统计,1979年改革开放后的16年中,全省共查处各类经济违法违章案件26.4万多起,其中查处侵害消费者合法权益案件和不正当竞争案件共计18.8万起。

近十几年来,各级工商机关积极贯彻实施《反不正当竞争法》,以加大执法力度、查处不正当竞争案件为重点,为维护公平竞争做了大量工作,取得了一定的成绩。1991年8月,全省工商系统打击制售假冒伪劣商品战役打响。省政府于1992年3月主持召开有关部门参加的打假会议,通报了全省工商机关的打假战果。1997年至2002年底,全省工商系统查处假冒伪劣商品标值4.5亿元,捣毁制假窝点6 400多个,有效地保护了生产者、经营者和消费者的合法权益,遏制了假冒伪劣商品泛滥的势头。2003年至2006年,全省各级工商行政管理机关共查处各类违法违章案件381 352件,案值160 603万元,罚没款16 401万元。2007年,全省公平交易系统以"创新工作理念、更新办案手段、提高执法水平、突出打击重点、强化监管力度、营造和谐环境"为工作主攻方向,深入开展商业贿赂专项整治、反不正当竞争、反垄断、反欺诈、打击"傍名牌"保护知识产权、打击传销等专项治理工作,有力维护了公平交易市场秩序。是年,全省共查处各类经济违法案件24 075件,案值近1.9亿元,罚没款1 740万元;依法吊销营业执照804户,停业整顿 85 户。

反垄断与反不正当竞争、治理商业回扣等执法行动深入开展。1999 年以来，全省各地严厉查处了数批汽车、照相机、进口手表和电池、进口传真机、进口摄像机、成品油等走私贩私商品，其中查处大包服装 4 万多套，走私物品总标值达 1 610 多万元。2005 年以来，全省系统加大了打击限制竞争行为、商业欺诈、合同欺诈等工作力度，截至 2008 年 6 月，共查处不正当竞争案件 556 起，案值 1 070 余万元，罚没款 260 余万元。2005 年以前，全省工商部门在政府领导下，发挥牵头骨干作用，加强同各部门的配合，在整治药品回扣中狠抓大案要案，使整治药品回扣工作深入开展起来。全省受理药品回扣举报电话、投诉信函 268 件，立案查处 86 件，结案 58 件。省肿瘤医院回扣案在中央电视台、省电台等新闻媒体曝光，此案被列为全国查处药品回扣重大案件。2006 年以来，按照中央部署，全省系统以工程建设、产权交易、医药购销、政府采购以及资源开发和经销为重点，坚决打击了交易中存在的商业贿赂行为。2006 年以来，全省立案查处 160 起，案值 1 865 万元，罚没款 312 万元。1999 年到 2001 年，全省工商系统连续 3 年对公用企业限制竞争行为开展有重点、有步骤的专项整治，明确把开展重点垄断性行业限制竞争行为的专项整治以及破除地区封锁和地方保护作为整顿内容和工作重点。2002 年，省局部署打破地区封锁和行业垄断专项整治行动，要求各地加大对供水、供电、供气等垄断性行业限制竞争行为的查处力度，重点查处酒类、化肥、烟草等行业的地区封锁、地方保护行为。2003 年以来，又连续 5 年组织开展了反垄断专项执法，涉及供水、供电、供气、邮政、电信、交通运输、保险、银行、石油、石化、烟草、盐业等垄断性行业企业，反垄断专项执法工作在广度和深度上取得了积极进展。

从 1998 年下半年开始，针对社会上传销活动蔓延的势头，全省工商系统按照国务院《关于禁止传销经营活动的通知》精神，及时调整执法重点，开始严厉打击传销和变相传销活动。全省各级工商机关通过强有力的工作，截至 2007 年底，共查处非法传销案件 397 起，解散传销人员达 3 万多人次，捣毁传销窝点 791 个，移送司法机关 7 件 29 人，使传销蔓延的势头得到有效遏制。尤其是 2007 年，全省系统加大对治理传销的宣传力度，在《中国工商报》、《甘肃日报》、《甘肃法制报》等媒体刊发文章 240 多篇，曝光典型案件 5 起，对推动形成群防群治的机制产生了积极的作用。同年 4 月，定西市开展的打击传销"春雷行动"，由于组织严密、行动迅速、效果明显，得到时任省政府副省长孙小系的重要批示。全省工商工商机关坚持打击与规范并举，不断完善打击传销工作流程，通过建立和完善打击传销的辖区责任制、过错追究制、投诉举报快速反应机制、情况通报制度等，推进打击传销长效机制的建立。2008 年，全省建立了以地方政府负总责，工商、公安等有关部门参加的领导机构和联系会议制度，并将打击传销纳入社会治安综合治理考核指标。与此同时，各级工商机关通过行政指导，针对直销企业出现的问题，及时约见，进行告诫和提醒，坚决依法查处违法行为，协助有关部门严把直销企业市场准入关。

三、内资企业登记管理

甘肃对企业的登记管理是伴随着改革开放的进程逐步恢复的。对工商企业的登记管理工作是从旅店业、旧货业、印铸刻字业和修理业 4 个特种行业逐步开展的，之后扩大到商业、饮食、服务和交通运输 4 个行业。1982 年 8 月，国务院发布了《工商企业登记管理条例》，确立了工商部门对企业登记管理的法律地位。1988 年 6 月 3 日，国务院第 1 号令发布了《企业法人登记管理条例》，标志着我国企业法人登记管理制度正式建立。1994 年以后，《公司法》、《合伙企业法》、《个人独资企业法》等法律先后颁布，为市场主体法律制度框架的确立尤其是以企业法人财产权为核心的现代企业制度的确立提供了法律保障，公司制成为企业建立现代企业制度的主要形式之一。2004 年 7 月 1 日，《行政许可法》开始实施，规定企业登记属于依申请的行政许可行为,全省企业登记机关开始实行"一审一核"制。

在改革开放初期,甘肃曾一度出现一哄而上办公司,市场经营秩序混乱等问题。为此,省局对公司进行了多次清理整顿,使"公司热"现象得到"降温"。在此期间,省局通过年检等手段,对验资机构、资产评估和职业介绍机构进行了清理检查,发现并处理了一批弄虚作假、虚假出资的公司和企业。1999年起,加强了对新办企业的回访工作,督促企业尽快建立和健全了各项管理制度,提高了依法经营的水平。当年,省局制定了《改进企业登记管理工作,支持国有企业改革和发展的意见》,《意见》从全省实际出发,要求充分运用企业登记手段,支持企业突破地区、行业和所有制界限,实行兼并、联合和产权转让,进行改革、改组和改造;引导企业根据市场的需求变化,努力开发新产品,开拓新市场,发展第三产业,特别是商贸、餐饮和家庭服务业;大力支持小型企业实行改组、联合、兼并、租赁、出售、承包、托管和股份合作制等多种形式的改革;积极支持企业集团的组建,支持企业进行产品结构调整和减员增效。

"十五计划"期间,省局制定出台了《甘肃省股份合作制企业登记管理办法(试行)》等规定,执行后受到了政府的重视和企业的好评,对国有企业改革起到了引导和推动作用。工商部门在改制企业登记工作中,主动做好改前引导,即在改制前主动参与方案的制定和论证,提供政策服务,帮助解决改制难点,并将服务工作贯穿于企业改制的全过程,有效减少了企业改革中的失误。同时做好改中扶持,即在实施改制中,全省工商系统主要提供四个方面的支持:一是支持国有大中型企业进行公司制改革;二是支持国有企业组建企业集团;三是允许企业分块、分步改制;四是支持中小型企业进行多种形式的改革,不以公司制作为企业改革的唯一形式。"十五计划"期间,各级工商部门发挥登记职能,坚持为改制企业提供法律咨询服务,帮助企业制定改制方案和完备文件、资料,把着力点放在了为企业服务上。

到2002年底,全省共登记注册内资企业63 054户,注册资金1 314.4亿元。

"十五计划"期间,全省工商系统坚决按照省委、省政府和国家工商总局的部署,积极发挥职能作用,支持促进国有集体企业的改革和发展。一是积极做好国有、集体企业的改组、改制工作,协助企业调整经济结构,把好市场准入关,同时做好关停并转相关企业的登记工作;二是按照省委"改革抓企业,发展抓项目"的决策,努力改进企业登记工作,热情支持新办企业搞好市场调查和可行性论证,为其进入市场提供信息和法律法规服务;三是充分运用企业分类监管、企业年检、建立企业"经济户口"等形式,强化对企业生产经营行为的全面监督管理;四是积极配合有关部门,下大力抓企业的安全生产。到2008年6月底,全省累计登记注册内资企业40 093户,注册资本1 674亿元。2008年半年新增内资企业1 209户。

四、外资企业登记管理

甘肃地处西部,受投资环境的制约,改革开放前,外商投资企业几近于零。到80年代初期,全省的外资企业也仅有9家。随着改革开放的不断深入,外资、合资企业逐渐增多。1990年,在兰州登记注册的外商投资企业135户,投资总额2.2亿美元,注册资本1.6亿美元,其中外方认缴7 801万美元。

1990年7月至1992年9月是外商投资企业起步发展阶段。省局出台了《甘肃省工商局外商投资企业、外国企业常驻代表机构、外国承包商登记管理规范》,使全省外商投资企业登记管理工作逐步走上了制度化、规范化的轨道。截至2002年底,累计登记注册外商投资企业694户,注册资本14.2亿美元。外国企业常驻机构也由9家增至183家。外资企业登记管理遵循积极有效地利用外资的方针,以三个"有利于"为指导思想,按照世界贸易组织(WTO)的规则,严格执行国家的一系列法律、法规和规章,把好市场主体准入关。1994年5月,委托授权兰州市工商局开展外商投资企业的登记注册工作。1996年委托市、州、地工商局对辖区内外商投资企业实施日常监管以来,有效地查处了一批企业的违法违规行为,形成了对外资企业的监管网络。其间,省工商局抓了建章立制工作,先后制定了《外商投资企业登记管理工作制度及工作人员行为规范》、《甘肃省鼓励外商投资优惠办法》、《外商投资企业审批暂行办法》等,为促进甘肃对外开放、吸引外资作出了积极的努力。"十五"期间,工商部门坚持监管与服务相结合的原则,通过联合年检、召开座谈会、实行清单式服务、建立外商投资企业联络员制度等措施,竭力为外商投资企业提供便利条件,改善投资环境。

以2001年底中国加入世界贸易组织(WTO)为标志,外商在甘肃的投资又进入一个新的发展阶段。外资进入甘肃已出现3种变化趋势:由第一、二产业向第三产业转化,由低技术含量、劳动密集型产业向高技术含量和资本、技术密集型产业转化,行业内部从低附加值的产品和服务向高附加值的产品和服务转变。同样,该省利用外资的政策也在悄然发生变化:引资机制从行政引资向市场引资转变,引资质量从"招商引资"向"招商选资"转变,引资待遇从外资"超国民待遇"向"国民待遇"转变。根据国家宏观调控政策和外商投资企业发展的实际情况,外商投资企业登记管理手段也在不断完善。2006年,外商投资企业实现年检统一门户、统一标准、统一软件、统一申报;2007年,外资企业出资催缴工作取得重大进展。全省各级工商机关以维护国家经济安全和交易安全为目标,创新监管方式,规范市场主体,营造了良好的市场环境;以高效便民为标准,不断拓宽服务领域,增强公共服务职能,促进了外商投资企业健康发展;以共建和谐、提高效能为标准,不断提升外资登记管理工作质量和水平。截至2008年6月底,全省累计登记各类外商投资企业2 084户,投资总额33亿美元,注册资本16亿美元。半年新增外资企业19户。

五、个体私营经济监督管理

改革开放以来我国个体私营经济发展的历史,是对其认识不断深化、政策逐步放宽的历史,是从不自觉到自觉再到积极鼓励、支持、引导其发展的历史,也是个体私营经济由不合法到合法、由量的扩张到质的提升,直到今天走上科学发展道路的历史。回顾改革开放以来该省个体私营经济的发展历程,可分为恢复发展、快速发展、全面发展三个阶段,同时经历了三个突出变化:首先是个体私营经济的地位逐渐上升,从过去的改造、取消、恢复和"必要的"、"有益的补充"逐步确定为国民经济的"重要组成部分",成为推动甘肃经济发展的重要力量。其次是个体劳动者队伍不断壮大,由过去少数闲散人员组成发展到现在涉及全社会各阶层人士参加的劳动大军,思想文化素质和专业知识水平有很大提高,科技含量不断增加,发展基础不断增强。最后是个体户和私营企业生产经营水平不断提高,其经营内容、经营方式和营销手段都有很大改观,相当一批个体私营经济进入到高科技领域。现在,小作坊和大工厂并举,小摊贩和大公司共存,传统经营与现代经营方式争荣,形成了"八仙过海,各显其能"的繁荣景象。三个发展阶段主要是指:

1978—1986年为恢复发展阶段。1979年,在国家大政方针政策的影响下,甘肃的个体私营经济出现了复苏的迹象,当年底,全省个体工商户恢复发展为3 956人(户)。1982年9月12日,我国《宪法》(修正案)第一次明确个体经济"是社会主义公有制经济的补充"。到年底,全省个体工商户迅猛发展到37 096户,从业人员达到51 336人。1984年,国务院发布了《关于农村个体工商业的若干规定》。当年底,全省个体工商户发展到125 439户,从业人员达185 933人,注册资金近1亿元。个体经济的恢复发展过程,是伴随着对社会主义初级阶段的逐步认识而逐步发展的。从改革开放到1986年底,该省个体工商户发展到167 430户,从业人员达255 448人,发生了了不起的突破。

1987—2001年为快速发展阶段。1987年8月,国务院首次颁布了《城乡个体工商户管理暂行条例》,为个体工商户的发展提供了有力的法律保障。全省个体工商户发展到189 229户,从业人员达280 307人,注册资金 2.84 亿元。1989 年由于国内政治风波的影响,个体私营经济受到了不同程度的冲击。1993 年 11 月,党的十四届三中全会提出了"建立社会主义市场经济体制必须坚持以公有制为主体,多种经济成分共同发展的方针",从而极大地激发了广大群众投资办厂、发展经济的积极性。到 2001 年底,全省个体工商户发展到298 333户,从业人员达 5 473 375 人;私营企业发展到 19 695 户,投资者和雇工人数达266 914人。之后的九年,全省个体私营经济步入了快速发展的轨道。

2002 年至今为全面发展阶段。党的"十六大"之后,对发展个体私营等非公有制经济的思想实现了在经济地位上、政治地位上、理论认识上、法律制度上、党的建设上的全面突破,推动了个体私营等非公有制经济进入一个崭新的历史阶段。2005 年甘肃省委、省政府出台了《贯彻执行国务院鼓励、支持和引导个体私营等非公有制经济发展的 38 条实施意见》,省局出台了鼓励、支持和引导个体私营等非公有制经济发展的 20 条具体措施,使个体私营经济发展的政策环境进一步改善。党的十七大之后,《物权法》和《农民专业合作社法》等法律的颁布实施,推动了非公经济,特别是农民专业合作社的发展,加快了新农村建设步伐。到 2008 年 6 月底,全省累计登记注册私营企业57 883户,注册资本 815 亿元;农民专业合作社 702 户,成员投资总额 3.98 亿元。全省现有个体工商户389 759户,注册资金达到 80 亿元。其中,私营企业户数、从业人数、注册资金分别比去年同期增长了 44.6%、50.2%、28.9%,非公经济发展驶入了快车道。

全省工商部门改革与创新的轨迹,与个体私营经济的发展历程密切相连。工商机关在发挥市场监管职能作用的同时,也促进着个体私营经济的发展。2000 年以来,全省工商机关在个体私营经济监管上不断改革登记管理制度,全面推行了"一审一核制",加快了个体工商户分层登记改革和分类监管职能的到位。2008 年,省工商局制定了《个体工商户信用分类监管实施意见》。在改善服务环境上,推行了重大投资项目上门

办理、重大项目联合办理、紧急事项特殊办理等服务措施,严格落实限时办结制、互联审批制、一审一核制、首问首办制和"一厅式"服务,实现了由"管理型"向"服务型"机关的转变。在改善发展环境上,通过参与"兰州投资贸易洽谈会"为非公有制经济发展搭建平台,取得了积极的效果。在第十二、十三、十四届"兰洽会"上,省工商局先后承担了非公企业项目签约、甘肃经济发展论坛、私营企业商品展销等项工作的相关任务,其间共有十几个兄弟省市工商部门组团参会,工商部门共协调组织引进投资项目 344 个,签约合同金额 54.76 亿元。

六、商标监督管理

自 1983 年《中华人民共和国商标法》颁布实施以来,甘肃的商标工作逐步走上了法制化轨道。截至 2008 年底,全省有效注册商标累计达 12 440 件,数量是改革开放前 30 年总和的 22 倍。

1983 年之后,全省各级工商机关相继成立了商标管理机构,建立健全了各项监管制度。在 1986 年商标大检查中,查处各种违法商标 440 件,罚没款 17 万元。1988 年底,省工商局、兰州市工商局、省消费者协会联合在省博物馆举办了规模较大的"打击假冒行为、保护名优商品展览",共展出 9 大类、1.4 万余件假冒伪劣商品及 77 个假冒商标典型案件,参观人数达 5 万余人次。这一时期开展的打击假冒伪劣商品的专项斗争中,相继查处了"百士特"商标侵权案、"贤友"牦牛绒商标侵权案、"甘光"和"万乐"商标侵权案等有影响的案件,为企业挽回了损失,维护了商标所有者的合法权益。省局于 1991 年初召开了部分国有大中型企业厂长、经理参加的商标广告法规座谈会,听取了企业决策人的意见和建议。经各地、州、市工商局举荐,省局确定了长风机器厂等 25 家企业为全省商标工作重点单位。1995 年 8 月,省局召开了由西北五省区工商局和企业领导参加的商标理论研讨会。据统计,自 1995 年至 2008 年底,全省工商系统查处商标违法案件 2 486 件,收缴并销毁假冒侵权商标标识近 800 万件(套),销毁直接用于侵

权的模具1 529多套(件),罚没款507.37万元。

1990年7月,成立了甘肃省商标事务所,全权代理甘肃省内的商标注册事宜。1997年3月,甘肃省商标协会成立,并组成了甘肃省著名商标认定委员会,负责对全省著名商标的认定工作。金川有色金属公司的"金驼"、兰州黄河企业股份有限公司的"黄河"注册商标被国家工商局认定为中国驰名商标。2001年至2002年,全省工商机关针对甘肃的实际,重点保护了名优产品,组织实施了全省第三届著名商标认定工作,评定89件商标为著名商标。2008年,组织开展了甘肃省著名商标认定工作,组织专家从248件申报商标中认定158件为甘肃省著名商标。

2005年,省局制定了《全省注册商标专有权保护三年规划》;建立了与兄弟省区工商部门的协作机制;与省农牧厅联合下发了《关于加强农产品地理标志保护与商标注册专有权保护工作的意见》,使"兰州百合"、"平凉金果"等14件农产品地理标志商标成功注册,为甘肃农业产业化发展创造了条件。2007年9月,《甘肃省著名商标认定和保护条例》通过省人大立法。为保证《甘肃省著名商标认定和保护条例》的正确实施,省局制定了《甘肃省著名商标认定和保护条例实施办法》,并于2008年1月1日起施行。2007年,全省系统以保护注册商标专用权为核心,以商品批发零售市场为重点,严厉打击商标假冒侵权行为,加大商标行政保护等方面成绩斐然。一年来,全省查处商标违法案件394件,罚没款104.46万元。其中一般商标违法案件64件,罚没款10.38万元;商标侵权案件316件,罚没款88.28万元;查处外国商标注册人权益案件14件,罚没款2.8万元。没收和销毁商标标志32 840件,没收销毁侵权商品22.9吨。

2008年,重点开展了"商标授权经营制度"在兰州的试点工作和奥林匹克标志专有权保护工作。

七、广告监督管理

1979年以前,广告业一片凋零,全省只有3家广告经营单位,从业人员44人,年营业额44万元。改革开放后,生产不断发展,贸易迅速增长,许多新产品迫切需要开拓市场、扩大销路,广告行为开始受到各级政府部门的重视,进入恢复和初步发展阶段。到2002年底,全省广告经营单位达到1 258家,广告从业人员10 825人,年广告经营额3.16亿元。

从允许广告进入市场开始,全省工商机关就密切关注广告市场的发展动向,不断创新监管机制,有效地提高了管理水平和工作效率。早期,在规定广告经营单位必须建立经营合同制、经营登记制、广告存档制等制度的基础上,工商部门专门建立了以广告内容审查为主的审查制度,结合实施广告业务员证制度和广告业专用发票制度,在全省范围内开展了对广告业务人员、企业广告人员的法制培训。此后,广告审查的重点转向建立广告经营单位和发布单位广告审查员制度。这项制度的建立,对于提高广告审查质量,防止和减少违法广告发生,发挥了重要作用。

1998年,对全省广告公司广告经营资质等级进行了认定排序,全省被认定为A级的广告经营单位86家,B级113家,C级89家。全面实行了广告代理制度和广告审查员制度,强化了对广告的审查、监测和对虚假广告案件的查处工作。1999年,全省工商系统组织开展了对保健药品、保健食品、违法印刷品广告发布情况的专项检查,依法规范了电视直销广告和药品广告,有效遏制了广告市场无序竞争的状态。2002年全省广告经营额比1996年增长2倍多。在全省范围内组织开展了以"自强创辉煌"为主题的公益广告活动,促进了精神文明建设。在此基础上,注重了广告从业人员的培训,近5年来培训广告从业人员3 300多人次。2003年,各地对违法医疗广告发布单位实行了告诫制度。2005年,开展了"打虚假、树诚信"广告专项整治行动,落实了整治虚假违法广告联席会议制度。2006年,省工商局下发了《关于进一步做好虚假违法广告专项整治工作的意见》,建立了虚假违法广告定期通报制度。

广告监管是一项动态性非常强的工作。要及时、有效地打击虚假违法广告，关键在于要具备及时发现和处置虚假违法广告的快速反应能力。2007年，全省系统以贯彻落实新的《医疗广告管理办法》、《药品广告审查发布标准》和《药品广告审查办法》为契机，以关系广大人民群众生命健康的医疗、药品、保健食品、化妆品、美容服务等广告为监管重点，强化广告发布环节监管，加强广告监测工作，加大违法广告公告和案件查处力度，使虚假违法广告得到有效遏制，广告市场秩序明显趋于好转。截至年底，省局广告监测中心共监测各类广告689 005条，发现涉嫌违法广告34 962条。一年来，全省系统共查处广告违法案件1 681件，罚没款137.45万元；收缴违法印刷品广告17.19万份，罚没款13.51万元。全省广告违法率由2006年的10.30%降到2007年的2.98%，下降了7.32个百分点。

2008年，省局对整治虚假违法广告，下达了具体指标：年底前，电视广告违法率，兰州不超过3%，其他市州不超过5%；报纸广告违法率，兰州不超过2%，其他市州不超过5%；广播广告违法率，兰州不超过2.5%。同时要求认真执行广告案件查办落实情况通报制度，加强对网络广告监管的研究和介入，探索建立媒体广告发布单位信用监管制度。

近年来，全省工商机关还积极探索和落实违法广告公告制度、广告活动主体退出市场机制等一系列事后监管的具体措施。30年来，从重视广告审查到推行广告监测、案件查办落实，工商机关事前、事中、事后针对性很强的监管机制，有力地保障了广告行业健康有序发展。

八、消费者权益保护工作

工商机关早期的维权工作主要体现在打击制售假冒伪劣商品上。工商机关以打击制售假冒伪劣商品行为为重点，积极查处侵害消费者权益案件，切实维护消费者合法权益。在打击制售假冒伪劣商品行动中，坚持对重点地区、重点商品进行重点出击，集中开展打假整治活动。

1987年11月20日正式成立的甘肃省消费者协会，是消保维权战线上较早的一支专业力量。它的成立，对强化社会监督，方便消费投诉，推动保护消费者合法权益，提高消费者自我保护意识发挥了重要作用。1994年《中华人民共和国消费者权益保护法》正式实施，标志着我国消保维权工作纳入法制化轨道。为推动《消法》的贯彻实施，省工商局向省人大草拟、呈报并经省人大审议颁布了《甘肃省保护消费者权益条例》等一系列配套规章制度；各级消协结合《消法》的实施，在每年"3·15"国际消费者权益日，都要确定重点和主题，组织大规模的宣传咨询、服务活动。各级消协把认真做好受理消费者投诉作为经常性主要工作来抓，在此期间，全省各级消协共受理调解消费者投诉15万件，为消费者挽回经济损失4千多万元，协助消费者获得加倍赔偿75万多元，支持消费者通过诉讼途径解决纠纷490余件。各级消协会同工商、技术监督、物价等部门还开展了"消费者满意店"、"信得过商品"、"诚信单位"，以及推荐名优商品、贯彻"消法"先进单位等评选活动。同时，深入开展消费调查，发布消费警示，揭示消费领域存在的深层次问题，得到了社会的支持、理解和认可。

2000年后，甘肃进一步加强了消费者权益保护工作，在全省开通"12315"投诉举报电话、配备了"12315"执法车辆的同时，在省、市、县三级都组建了消费者权益保护处（科），加强了机构设置，完善了执法体系，增强了执法力量，更加有效地承担起了维护广大消费者的合法权益的重任。1995年起开展了保健品市场的治理整顿，对肉类市场进行了大检查。1998年对10大类重点商品的制假售假行为予以重点打击。2001年，开始运用监测手段强化商品质量监管。2004年之后，食品安全成为工商机关工作的重点。以后的几年里，工商机关在重大食品安全事件中经受住了考验。随着监管手段不断丰富，制度建设不断完善，干部素质日益提高，工商机关已成为食品安全监管的重要力量。2004年以后，随着"12315"申诉举报网络和

"一会两站"建设的顺利推进,甘肃的消保维权工作进入了一个崭新的阶段。

九、经济合同监督管理

随着社会主义市场经济体制的建立和完善,甘肃省经济合同管理工作有了长足的发展,为维护健康有序的经济秩序发挥了重要作用。1978 年 8 月国家赋予工商行政管理部门管理全民所有制企业和集体所有制企业的购销合同、加工订货合同、调节仲裁纠纷的任务后,省、地、县三级经济合同监督管理网络逐步形成,经济合同监督管理工作走向深入。自 1982 年以来,在经济合同监管中,全省系统主要的工作任务集中在六个方面:一是认真查处利用经济合同从事违法活动的案件,加强了对经济合同履约社会环境的治理。二是不断扩大合同鉴证范围,有效规范签约行为和履约行为。经济合同鉴证种类逐步扩大,从单一的购销合同扩大到建设工程承包合同、加工承揽合同等十一大类经济合同。三是规范了企业抵押行为,促进了新型"银行与企业"关系的健康发展。四是对拍卖企业进行监管,实行拍卖活动备案制度和现场监拍制度。五是开展合同示范文本的制定和推行工作。六是加强了立法建规工作,参与和修改完善了 10 余项有关经济合同管理的法规规章,使全省的经济合同管理进入了法制化的轨道。2002 年以来,省局公示"重合同、守信用"企业2 046户。

十、法制建设与依法行政

1991 年以来,甘肃工商行政管理的法制建设历经有法行政、依程序行政、依法行政、合理行政等阶段,已基本形成行政权力授予有据、行使有规、监督有效的依法行政体系。

自 1991 年省工商局法制机构筹建至 1994 年正式成立省局法制处,对历年来涉及工商行政管理的地方性法规、规章和规范性文件进行了全面清理,并制定了涉及工商的地方性法规、规章和规范性文件制定和清理的工作规则,为全省系统依法行政制度建设奠定了基础。1994 年至 1998 年,积极参与了地方立法,共代省政府起草、经省人大通过并颁布实施了 7 部地方性法规,填补了全省工商系统在集市贸易管理、经纪人管理、

广告监督管理、合同监督管理及查处假冒伪劣商品行为等职能方面的立法空白,为全省工商系统依法行政提供了法律依据。与此同时,加大了法制工作制度的建立,制定了甘肃省工商机关行政复议程序规定、实施《工商行政管理所条例》办法等规范性文件,为全省系统依法行政提供了制度保障。1998 年开始对全省系统行政处罚机构、行政执法人员、行政监督人员实施了资格和行政执法证件的管理,建立健全了行政执法主体和行政执法人员资格制度,为全省系统依法行政提供了组织保障。1998 年,开始在全省工商系统推行依法行政,实施行政执法责任制。至 2001 年,先后制定了行政执法责任制暂行规定、行政执法督查办法、行政执法过错责任追究办法、罚缴分离执行程序、行政处罚案件核审办法等监督制度和全系统执法机构、执法责任人的执法责任考核指标,行政执法责任制在系统得以推行。

以 1996 年《行政处罚法》颁布、2001 年我国加入世界贸易组织(WTO)、2003 年《行政许可法》颁布为契机,全省工商系统开展了大规模的地方性法规、规章和规范性文件清理、宣传培训和贯彻实施工作,为建立和完善我国社会主义市场经济体制,变革传统的市场监管方式、行政执法理念、依法行政体制作出了应有的贡献。

2004 年,国务院颁布《全面推进依法行政实施纲要》,全省工商系统的依法行政工作全力推进。至 2008 年,在制度建设方面,年度立法计划已形成常态,《甘肃省消费者权益保护条例》《甘肃省著名商标认定和保护条例》颁布实施,全系统已全面实施政务公开,规范性文件备案审查得到落实。在转变职能方面,市场监管预警和应急制度已经建立,行政许可过错追究得到实施,电子政务体系初步形成。在规范行为方面,评议考核和执法过错追究正在开展,行政执法责任制进一步深化,经过历时四年的清理,50 部法律、114 部行政法规及法规性文件、25 件地方法规和 75 件部门规章规定的工商部门承担的 38 项行政许可、18 项行政征收、704 项行政处罚、275 项行政强制措施和 221 项

其他具体行政行为被确定并向社会公布。在强化监督方面，以行政处罚案件核审为主的内部同级监督形成常态；以复议监督为手段的层级监督渐趋完善；社会监督渠道日趋拓宽。已基本形成了权责明确、行为规范、监督有效、保障有力的依法行政机制。

2006年，行政处罚案件管理系统在全省系统推广应用，使工商行政法治化管理水平得以提升，意味着信息工商和法治工商在发展轨道上的并行和交融，具有标志性的意义。2007年，以"严格合法性、提高合理性、增强说理性、体现和谐性"为原则的合理行政工作在全省系统推行实施，标志着依法行政历程进入合理行政阶段。由于全省法制机构长期、不懈的努力，在法律宣传、法律培训工作中取得突出成绩，省工商局被省委、省政府授予"二五"、"三五"、"四五"普法工作和"五五"普法中期工作省级先进单位。

十一、工商行政管理理论研究

1984年10月，全国首次工商行政管理学术讨论会在郑州举行，省局派员参会并提交论文。1984年至1990年，省局有6名干部先后在有关报刊发表专业论文9篇，有的文章还被编入全国工商行政管理论文全集。通过理论研究，对于工商行政管理工作立足于"开源疏流"，放宽、搞活、管好经济活动方面，起了积极的推动作用。

20世纪80年代中期，甘肃省工商行政管理学会成立，创办了《甘肃省工商管理》季刊，使全省工商系统有了自己的理论研究团体和理论研究刊物。这是推动全省工商研究向深层次发展的重要措施。改革开放以来，经过学会工作者和广大工商干部长期辛勤耕耘，全省工商理论研究取得了可喜成果。尤其近几年，积极研究探索工商理论的人数越来越多，涌现出了一批不同层次的研究成果。同时，也培养和造就了一批工商理论研究者。他们所取得的成果，丰富了工商行政管理理论，不少观点、建议被各级政府和有关部门采纳。尤其根据本省省情，在调整所有制结构，培育完善多元化市场主体；支持企业改制，建立现代企业制度，推进再就业工程；健全市场体制，加强市场管理，充分发挥监管社会主义

统一大市场作用；服务两个根本转变，加快国民经济市场化进程；建立和完善跨世纪的工商行政管理体系，做到"四个统一"，推进"四化建设"等方面，做了积极有益的探索，为工商行政管理不断改革夯实了理论基础。省工商学会还被中国工商管理学会评为1991—1996年度全国先进会员单位。近年来，在各级组织的论文评比活动中，全省工商系统都取得了较好的成绩。

第四节　工商行政管理监管体系的发展

工商行政管理机关恢复建制30年来，伴随着工商职能的发展，各种监管服务手段不断丰富和完善起来，并逐步形成体系，进而提升了工商行政管理的水平和质量，使绩效型工商和服务型工商的建设理念得到了充分体现。

一、评价各类市场主体行为的信用体系基本建立

实行信用分类监管是工商机关对各类市场主体实施有效监管的根本举措。2003年以前，对市场主体信用评价的基本载体是"重合同、守信用"企业、诚信企业、"十佳"工商户等形式的评选活动，以及"百城万店无假货"、"消费者满意街区"、"文明市场（商场）"等形式的示范活动。2003年以后，"经济户口"属地监管责任制的推行，以及工商行政管理业务软件的逐步开发和应用，使得对市场主体的行为评价有了更系统、更科学的载体。2003年，国家工商总局提出"两项改革"，即大力推进信用建设、积极实施商品准入制度，省局在兰州市局试点的基础上，制定实施了《加强企业信用建设工作意见》、《甘肃省企业信用记录办法》、《信用信息披露办法》等意见和制度，信用体系建设开始起步，当年推行了企业信用警示制度。2005年，省局对自主研发的企业信用分类监管软件在全省系统进行了推广应用，并先后出台《企业信用分类监管办法》、《企业经济户口管理办法》、《企业登记监督管理警示制度》、《企业风险预警制度》、《企业退出督察

制度》等一系列指导性文件,使企业信用建设紧扣企业信用分类监管这个中心不断深入开展。2005年9月,根据在兰州、武威、白银、酒泉等地的试点情况,召开了企业信用分类监管工作会议,对企业信用体系建设进行了再部署。截至2007年9月,全省系统认领经济户口464 044户(含个体工商户),认领率达到97%以上。采集录入优良信息4 570条、不良记录信息13 000条、企业警示记录1 481 520条、自然人警示记录42 149条,风险预警记录40 133条、督察记录3 773条,对内资企业按照ABCD四级全部实施了分类监管。近几年来,在积极推行企业信用分类监管和个体工商户分层分类监管的过程中,该省已初步建立了对市场主体的信用监管体系,离真正实现对市场主体无缝隙全程信用分类监管为时不远。

二、促进消费者权益保护的维权体系更加完善

2003年以来,逐步建立和完善了工商监管、行业自律和社会监督相结合的消费维权体系。这一体系的核心内容是"12315"行政执法体系建设和"一会两站"建设。

作为工商部门消保维权的主要手段,"12315"已由当初的线形监管发展为今天维护消费者权益的一张大网。2004年,以省局为核心、各地为支撑点的高度集中统一的"12315"指挥中心和信息数据分析中心全面建成,历时3年多,实现了全省14个市州、86个县区、5个专业分局和658个工商所的四级联网,被国家工商总局评誉为"甘肃模式"。该网络的外延迅速拓展,与商标、广告、食品安全、公平交易等市场监管执法网络有机链接,形成了集"相对集中受理、分工协作办理、应急指挥调度、信息汇总分析、进行消费提示"于一身的行政执法体系。同时借助"12315"信息网络平台,省局"12315"指挥中心已与533家企业和商场开辟了消费纠纷和解的"绿色通道",实现了消费者、经营者和监管者之间的互通、互联、互动,促进了企业自律和消费维权效能的提升。"12315"网络平台自2004年建设以来,受理的申诉举报数量逐年大幅度提高,由2004

年的2万余件快速攀升到2007年的13万余件。2004年至2008年6月期间,省局"12315"指挥中心共受理消费者咨询37 442件、建议1 999件、申诉38 869件、举报24 451件,申诉举报办结率分别为99.96%、99.94%,为消费者挽回经济损失2 192万元。

全省在建立健全"12315"申诉举报网络的基础上,不断延伸"12315"面向基层、面向社区、面向农村的服务功能,在广大农村和城市社区建立完善了"一会两站"社会监督机制,并与"12315"网络工作互动、信息互通、优势互补。截至2007年底,全省建立"红盾护农服务站"、"'12315'维权联络站"共计15 786个,维权联络点13 752个,98%的农村地区实现了千人以上行政村建立"两站"、千人以下行政村建立联络点的目标;在城市社区、市场、商场、超市、企业、旅游点、学校、医院建立维权联络站(点)2 016个,各级工商机关聘请监督员和工作人员2万余人。"一会两站"在农资打假、农村食品安全、遏制假冒伪劣商品向农村蔓延、净化农村市场环境等领域内的作用越来越突出,已成为农民消费权益保护的坚强后盾,较好地解决了农村和农民群众普法难、投诉难和维权难的问题。"一会两站"消费维权网络机制的建立,为信息的采集整合和信息利用的最大化奠定了广泛而坚实的群众基础。2005年6月,省局在天水秦安召开了"一会两站"建设现场会,总结交流了经验,推动了此项工作的深入开展。2006年,新华社、人民日报、经济日报、中国工商报、中国消费者报等中央媒体报道了该省"一会两站"的建设运行情况。2008年,全国工商系统"12315"行政执法体系建设工作暨经验交流会上,省工商局介绍了"一会两站"建设的经验。

三、促进社会主义新农村建设的涉农体系作用突出

全省工商系统在服务"三农"、推进社会主义新农村建设的过程中,大力实施了红盾护农、经纪活农、合同帮农、商标富农、维权助农、打假保农、政策惠农、市场兴农等各项措施,获得了积极的社会评价。一是扶持农

村个体经济发展,实施"政策惠农"。在登记窗口普遍设立了"绿色通道",免费为农民从事个体私营经济提供政策和法律咨询,并提供优先受理、优先发照的服务,不折不扣地落实了促进农民增加收入的各项免登记、免收费政策。二是大力培育和规范发展农村经纪人,实行"经纪活农"。积极支持农民专业合作经济组织,培育发展农村经纪人队伍,扶持农业产业化龙头企业发展。截至2007年,在全省各级工商机关备案的农村经纪人有8 982人,经纪业务总量39 444.57万元,农村经纪人在该省农产品流通和农民增收方面发挥了积极作用。三是积极引导注册农产品商标和地理标志,推进"商标富农"。帮助培育地方主导产业形成地域特色品牌,提高农产品附加值。几年来,先后有"兰州百合"、"苦水玫瑰"、"靖远羊羔肉"、"东乡手抓"、"岷县当归"和"平凉金果"被国家工商总局商标局核准为证明商标,已递交申请的证明商标还有6件。四是积极推行"订单农业",开展"合同帮农"。主动帮助农民与涉农企业、经纪人签订订单合同,严厉查处利用合同坑农害农的行为,帮助农民运用合同维护自己的合法权益。五是以打假、护农、增收为目标,以铲除坑农、害农、损农行为重点,认真开展"红盾护农"。在服务"三农"工作中,各地还积极推行种子经营者留样备查、农资经营者信用分类监管等制度,大力支持建立农资连锁经营和放心店,加强对农资商品质量监测工作。各项涉农政策的实施使农业规模化发展和农村集约化发展成为可能,品牌带动效应初步显现,有力地促进了农业增效、农民增收、农村发展和农村劳动力转移。2007年,召开了全省系统市场监管创新暨服务社会主义新农村建设经验交流会。2008年,为贯彻落实好省委省政府《关于启动六大行动促进农民增收的实施意见》,省局及时出台了《关于充分发挥职能作用积极促进农民增收的实施意见》,提出了7大条、36项具体措施。

四、促进食品安全监管的质量监测体系逐步健全

2001年,为了进一步加强流通领域商品质量的监督管理,根据国家工商总局发布的《商品质量监督抽查暂行办法》的规定,开始通过对商品质量进行检测的手段加强对商品质量的管理。2006年,省局除了按照国家工商总局《流通领域商品质量检测办法》的要求,建立和完善以市场开办单位日常自检为基础、工商部门抽检为保障、检测机构复检为补充的三级检测体系外,还采取实际措施,为全省系统配备食品检测指挥车1台、食品检测车17台和500个食品安全快速检测箱,并一次性建起了18个流动食品检测室和500个检测站(点)。省局制定了《全省系统流通领域食品质量快速定性检测规则(试行)》,组织专业技术人员对各市、州的检测人员进行了分片巡回培训,颁发了资质证书。2007年以来,各地已对20大类食品进行了快速检测,合格率为98.92%。同时根据检测结果进行综合分析,为开展重点巡查和跟踪监管提供导向。省工商局依托"12315"信息网络自主研发了食品安全网络监管软件,主要功能是将市、县、所三级检测数据进行采集、汇总和分析,使省局能够及时全面掌握全省范围内食品安全态势,并对各地检测工作实施监控。全省系统把食品检测与市场巡查、信息公示、不合格食品退市、分类监管有机结合起来,增强了食品安全监管的有效性和针对性。

五、促进下岗失业人员再就业的帮扶体系更加完备

省局认真贯彻国家就业再就业政策,制定了《关于推进下岗失业人员再就业工作实施意见》,在登记窗口开设了"绿色通道",对下岗职工、高校毕业生、退役士兵、残疾人及其他新增待业人员从事个体私营活动的,通过提供政策支持、放宽市场准入、实行收费减免、强化权益保护等措施,提高他们再就业能力,积极鼓励以创业实现就业。支持劳动密集型产业及服务业、中小企业的发展,多渠道、多形式增加就业岗位。鼓励发展面向个体劳动者的职业技能培训、创业培训和再就业培训机构。仅2007年全省下岗失业人员从事个体私营经济18 272人次,对下岗失业人员持《再就业优惠证》申办个体工商户共减免各种费用1 810.7万元,执行地方再就业优惠政策减免费用767.6万元;高校毕业生从事个体私营经营 431 人,共减免费用 14.4 万元;个体工商户和私营企业吸纳下岗失业人员 7 585 人次,吸纳高校毕业生 488 人。

六、促进社会治安综合治理的矛盾化解体系更加完善

在登记注册中,重点加强了对涉及公共安全和人身安全等高危行业的登记管理,严格执行了有关前置审批规定。加强对互联网上网服务营业场所、电子游戏经营场所、洗浴中心、保健按摩等服务行业的监管。密切配合有关部门开展了文化娱乐市场整治,积极参与了"扫黄打非"、"暑期清网"、取缔"黑网吧"、校园周边环境整治、禁毒防艾滋病、建立"青少年维权岗"等行动。同时,还开展了对旅游市场、运输市场、废旧金属市场、汽车交易市场、"五小"行业的整治以及治理自行车被盗问题专项行动、平安农村建设等工作,积极化解社会矛盾,维护了市场秩序和社会秩序的稳定。

第五节　抗震救灾和灾后重建

"5·12"四川汶川大地震,波及甘肃省陇南、甘南、天水、平凉、庆阳、定西等地。大地震发生后,在各级党委、政府的正确领导下,全省工商系统快速反应,迅速成立抗震救灾领导小组,启动应急预案,采取有效举措,众志成城,全力以赴,一手抓抗震救灾,一手抓市场监管,为抗震救灾和灾后重建取得重要的阶段性成果,为维护全省市场的稳定有序和保障供给作出了积极贡献。

一、切实加强组织领导,确保抗震救灾工作有序开展

全省各级工商机关在省局党组和当地党委、政府的领导下,迅速成立了以主要领导为组长的抗震救灾工作领导小组,紧急启动应急机制和市场监管、食品安全监管应急预案,及时排查受灾情况,实行 24 小时领导值班制度和重大事项报告制度,确保信息准确畅通。省局及时调整工作重点,一切围绕抗震救灾开展工作,制定了《甘肃省工商行政管理局抗震救灾恢复重建实施意见》,确定了重建目标和任务。省局及时向受灾严重的陇南、天水、平凉、庆阳、定西、临夏、甘南等市州派出了三个灾后恢复重建工作督导组,指导受灾地区开展恢复重建工作。各级领导干部及时深入受灾严重的县(市、区)局和工商所,坚持一手抓市场监管,一手抓灾后恢复重建,了解核查灾情,解决面临的困难和问题,确保抗震救灾和灾后重建工作的顺利实施。

二、加大市场监管力度,切实维护地震灾区市场秩序

全省各级工商机关切实增强责任感和紧迫感,认真履行职责,加强与相关部门配合,加大市场监管执法力度,强化市场巡查,维护市场秩序。各市州工商局联合物价、商务、监察、公安等部门制定下发了《抗震救灾期间维护市场秩序、稳定物价的联合通告》,实施特殊时期临时价格干预,暂停"两费"收缴。陇南、甘南等灾情较重的市(州)、县(市、区)局和工商所广大干部职工,层层动员,分解细化任务,发扬团结协作、不怕疲劳和连续作战的精神,日夜坚守在监管执法第一线,对帐篷、成品油等抗震救灾物资进行专项检查,对饮用水和米、面、油、肉等主要生活必需品实行动态监管,保证了市场供应。天水、定西、庆阳、平凉等市工商局加大对震灾急需物品市场、食品安全、农资市场、建材市场的监管、检查和整治力度,稳定了市场秩序。

三、全面做好灾害评估,科学编制灾后重建规划

全省各级工商机关按照省委、省政府下发的《"5·12"汶川地震甘肃灾区农村居民住房重建维修评估办法》、《汶川地震甘肃灾区农村居民住房重建维修管理办法》,对受损办公用房逐一进行核实,并及时联系地震灾区安全性应急鉴定实施小组,科学、准确地评估鉴定,如实向省局汇总上报办公用房受损情况,坚持做到对受损较轻、加固维修后能使用的房屋不申报,对由于历史原因形成的危旧房改造房屋不申报,对租用房屋虽已付清全年租金,但受损严重已经搬出重新租房的不申报,确保了房屋受灾情况和统计数据的一致。立足当前实际,科学合理地编制重建规划方案,以战略的眼光和思维谋划灾后恢复

重建工作,完成了《汶川地震甘肃工商系统灾区灾害损失评估报告》,坚持按照"统一领导、统一规划、统一标准、统一管理、统一上报,分级负责、分级核查、分级实施"的原则,将恢复重建与着眼长远发展相结合,统筹安排、突出重点、紧贴实际、量力而行。

四、建立监督管理体制,扎实推进灾后重建

全省各级工商机关在灾情面前不等不靠,进一步强化工作措施,严格落实各项制度,多方筹措资金,启动了原地重建、异地重建、加固维修等灾后重建工作,确保灾后重建工作稳步进行。省局把灾后恢复重建工作列入 2008—2009 年两年目标考核内容,建立了考评制度和约束机制,确保灾后恢复重建工作落到实处。在灾后恢复重建中,省局党组要求严格执行廉洁自律有关规定,确保灾后恢复重建工作有力、有序、有效地进行。天水、定西、甘南等市州工商局在项目招标中严格实行"三不准",即不准任何领导干部插手项目建设,介绍建筑施工队伍;不准为亲戚朋友介绍推荐建筑材料;不准串标、转标,在招标中弄虚作假,把住了招标准入关,保证了工程质量。陇南市工商局制定了六项制度,即领导包干督导制度、目标管理责任制度、统一标准施工审查制度、工程进度报告通报制度、财务专管跟踪审计检查制度、考核奖惩制度,确保了恢复重建工作领导到位、组织到位、责任到位、落实到位,并将其列入考核目标。

五、发扬团结互助精神,大力支援灾区重建

地震发生后,上海、天津、河南、宁夏、青海等省、市工商局为甘肃省捐赠救灾款 155 万元。甘肃省消协及各市州工商局、县区局为陇南市工商系统捐助 38 万多元,全省系统缴纳特殊党费 95 万元。各级工商机关及个私协积极动员广大工商干部职工和个体工商户、私营企业共捐赠救灾款 1 299 万元。甘肃工商系统永远不会忘记:在巨大灾害面前,全国工商系统与他们共克时艰,共渡难关,给予最无私、最真诚的帮助和最坚强的鼓励。尤其值得一提的是,灾区广大工商干部职工在生死关头奋不顾身、迎难而上、无私奉献的精神,他们在生死面前经受了洗礼和考验,涌现出一大批可歌可泣的英雄集体和人物。陇南市工商局、陇南市文县工商局、甘南藏族自治州舟曲县工商局,文县工商局碧口分局局长汤兴平、康县工商局局长张生军、成县工商局纪检组长冯文波、武都分局干部张建林被国家工商总局分别授予"工商行政管理系统抗震救灾先进集体"和"工商行政管理系统抗震救灾先进个人"荣誉称号。

"5·12"汶川特大地震给甘肃工商系统造成了巨大的财产损失,19 个市(州)、县(市、区)工商局和 120 个工商所的办公楼、房屋不同程度受损。其中,市县局机关和工商所需拆除重建 54 个,市县局办公楼和工商所办公用房需加固维修 85 个,直接经济损失达 3 450 万元。目前,全面修复工作已经展开。重建项目计划预计于 2009 年底全部完成。

附:

甘肃省工商行政管理局
历任局长、党组书记

田原,1980 年 1 月至 1983 年 5 月任局长,1980 年 1 月至 1983 年 4 月任党组书记;段开盛,1983 年 5 月至 1989 年 11 月任局长,1983 年 4 月至 1989 年 11 月任党组书记;惠树人,1989 年 11 月至 1996 年 4 月任局长,1989 年 11 月至 1996 年 3 月任党组书记;孙田民,1996 年 4 月至 2003 年 2 月任局长,1996 年 3 月至 2002 年 11 月任党组书记;朱同心,2003 年 2 月至 2008 年 5 月任局长,2002 年 11 月至 2008 年 5 月任党组书记;张绪胜,2008 年 5 月至 2008 年 6 月任局长。

(执笔人:张绪胜　王锡湖　高玉明　陈降明)

第二十九章　青海省工商行政管理局

第一部分　(1949—1978)

第一节　青海省工商行政管理事业发展概况

　　1950年1月,青海省人民政府成立,省政府工商厅负责工商行政管理工作。9月,工商行政管理工作的重点转入对私营工商业的社会主义改造,逐步以全民所有制代替私人所有制。1956年开始,省会西宁市60%以上私营工商业实现行业公私合营。工商行政管理部门的任务转向协调各部门、各地区、各单位的经济关系,管理市场,打击投机倒把,进行企业登记管理和注册商标,继续处理对私营工商业社会主义改造中的遗留问题,指导工商联的工作。

　　1957年底,青海省工商行政管理部门大力贯彻省人民委员会《关于开放国家领导下农村自由市场的指示》,恢复集市贸易,增多上市商品,改善了商品流通中"大通小塞"状况,市场趋向活跃。

　　1958年,在农村人民公社化运动中,东部农业区一些地方限制家庭副业生产,收回群众自留地,供销社合并于国营商业,合作商店、小组过渡到国营商业,强行关闭集市贸易等,形成国营商业独家经营,流通渠道单一化,妨碍了生产力的发展,供销失控,市场物资奇缺。1960年11月,针对各地普遍存在的类似问题,中央在《关于农村人民公社当前政策问题的紧急指示信》中规定,自留地政策长期不变,允许和鼓励社员发展家庭副业和在集市出售农副产品。工商行政管理随之进行组织,集市贸易开始得到恢复。

　　1961年底,全省集贸市场恢复到149个,年成交额283万元,活跃了农村经济生活,丰富了城市副食品供应,对促进农副业生产的恢复和发展,克服当时的经济困难起到了积极作用。三年调整时期,在中央"调整、巩固、充实、提高"的八字方针指引下,工商行政管理部门为恢复和发展生产做了许多有益工作,但由于"左"的影响,恢复后的市场仍未能持续活跃下去,黑市倒卖现象时有发生。

　　1966年至1976年,"文化大革命"时期工商行政管理机关撤销,其职能由市场管理委员会代替,以抓经济领域中的阶级斗争为纲,一批集贸市场被强行取缔,将个体工商业户当作资本主义尾巴割去,企业登记管理被认为是"管、卡、压",被迫停止、开业、转业、歇业、变更登记失去控制;经济合同管理遭到破坏,有约不履行,违法不追究,名存实亡;商标管理在横扫旧思想、旧文化、旧风俗、旧习惯中,被认为是"封、资、修"的残余,横遭禁止,失去效用,市场上倒卖金银、毒品、票证等违法案件上升而无人管理,工商行政管理工作陷入停顿状态。

　　1978年12月,党的十一届三中全会召开后,各条战线拨乱反正。1979年4月6日,青海省革命委员会恢复了省工商行政管理局及其下属机构。同年7月,省革委会批转《关于全省工商行政管理工作会议的报告》中指出,工商行政管理机关是国家工商行政管理的职能部门,任务是保卫社会主义公有制,维护国家计划,保护正当经济活动,打击资本主义势力,防止资本主义倾向发展,为实现四个现代化服务。

1982年党的"十二大"之后,工商行政管理工作围绕全省工作重点的转移,从以往管严管死的框框中解脱出来,坚持四项基本原则,坚持改革、开放、搞活方针,纠正把商品经济当作资本主义尾巴,把家庭副业当作资本主义自发倾向,把集市贸易当作资本主义市场,把长途贩运当作投机倒把的错误认识,工作重心转向服务社会主义现代化建设,工作范围扩展为市场管理、企业登记、个体私营经济管理、商标、广告、经济合同管理、经济监督检查。工商行政管理局成为工商行政管理的执法机关。经过恢复发展,全省集贸市场和年成交总额由1978年的24个、360万元发展为1985年的204个、16 276万元。

第二节　青海省工商行政管理工作成就

一、查处经济违法案件

20世纪50年代,青海省工商厅以处理不法商人,制止哄抬物价、买空卖空,打击囤积居奇,维护市场秩序为主,做了大量工作。"一五计划"期间,以打击走私贩私英国、印度物资,主要是手表、照相机、金笔、自行车、毛纺织品、刀片、牙刷、水獭皮等为主。西宁市组成缉私队,查处走私倒卖英、印物资的非法活动,共没收从事倒卖物资的银元12 616枚,强行兑换4 385枚,收购英、印物资价值总额10 903万元,补缴货物税金7.3万元,征收临商税价值9万元,罚款10.8万元。制止了走私违法活动,加强了外货管理,禁止了银元流通。"大跃进"时期,工商行政管理工作以查处倒卖粮票、布票、购物券和金、银黑市为主要内容。1962年,省人委下达《粮油集市管理办法》,对私人贩运粮油等行为予以坚决打击和取缔,对违法案件的处理从严从重,维护了正常的市场秩序。

"文化大革命"期间,片面强调"以粮为纲",采用管、卡、罚的手段,关闭了粮油市场,把农民经副经商都视为投机倒把,严加处理。视市场交易为"资本主义",小商小贩为"牛鬼蛇神",方法简单粗暴,严重阻碍了商品流通。

二、内外资企业监督管理

青海省经济基础薄弱,解放前,工商业多为官僚资本垄断,民族工商业稀少,资本微小,受马步芳官僚资本排挤,经营一蹶不振。1950年2月底完成私营工商业登记2 105户,营业额2 372万元,无外资企业。国民经济恢复时期,国家对私营工商业进行整顿和扶持,改组了旧行业工会,成立了33个新行业工会(其中工业10个,商业23个)。对短期完税困难或确实无力纳税的工商户,分别实行了缓征或减免,使其继续维持经营。"一五"时期,国营商业进行两次调整,先后调整百货、粮食、布匹、香烟、煤炭五大类共507种商品的批发起点和批零差价,鼓励私营商业进入牧区购销,国营商业发展很快,一些专业公司分支机构在全省分别建立,由上级商业行政主管部门批准,不登记不发照,这时期的企业登记资料不全,仅有1957年国营工业企业登记资料为76户,职工8 878人,总产值5 221万元;集体企业263户,职工8 112人,产值2 935万元。"大跃进"时期,企业登记管理不严,任意开办企业,无经营许可证,盲目发展短线产品。为了加强管理,1962年12月,国务院发布《工商企业登记管理试行办法》,工商行政管理机关对在调整工作中已经定下来的商业、饮食业、服务业、工业、交通运输业加强了登记管理。1966年"文化大革命"开始,工商行政管理机构撤并,企业登记又告停顿。

三、个体私营经济监督管理

1949年底,全省个体工商业有5 432户,私营资本主义工商业基础十分薄弱,除官僚资本经营的几家工厂、商号外,绝大部分属于小型企业,仅有私营工业5户,从业人员39人,资本额1.4万元。私营商业4 542户,从业人员5 922人,资本额122万元。私营饮食服务业885户,从业人员1 393人。

国民经济恢复时期,人民政府保护个体、私营企业的经济利益。国营、供销合作商业的发展,仍给个体、私营工商业留有适当的经营比重,以弥补国营商业供应不足,个体私营工商业在国民经济恢复时期都得到发展。随着农牧业生产和城乡建设的发展,手工业也日益增多,1955 年达 1 182 人,产值 198 万元,随着大修公路和乡村便道,个体运输业亦随之兴起,1956 年达 9 084 户,从业人员 9 100 多人,但多从事短途货运,运输工具落后,多为木轮或胶轮大车。

1956 年社会主义改造时期,青海省将资本主义工商业纳入公私合营轨道,一部分直接过渡到国营企业。小商小贩组成合作商店(组),有的开展经销代销业务,个体运输业限制长途运输,边远山区允许社员从事季节性短途运输。国民经济调整时期,又将过渡到国营企业的小商小贩调整出来,组成合作商店(组),这时国家又放宽了对农副产品的管理,市场交易趋于活跃,物资紧缺得以缓解。"文化大革命"时期,青海省对个体工商业采取"围、追、堵、截"的政策,将有证个体商户 927 户视为资本主义尾巴取缔,对生活无出路者下放农村劳动。农村合作商店由生产大队领导,贫下中农参加管理,并采取许多违背经济规律的做法:"计划国家管、资金国家出,价格国家定、利润国家收",商业从业人员转为生产队社员,亦商亦农,与社员一起评工记分,参与分配,同时动员"红卫兵"、民兵参与市场管理,昼夜巡逻,发现贩卖菜果禽蛋者,没收物资,当众批斗。

四、商标注册与监督管理

1950 年,国家公布《商标注册暂行条例》,省工商厅按照条例规定,受理青海毛纺厂的"青纺"(毛织品)、"和平"(肥皂)、青海皮革厂的"牧畜"(皮革)三种商品申请注册。

1954 年私营企业利民奶粉厂为其产品注册"康宁"商标。

1960 年,省人大颁布《青海省商标管理暂行办法》,要求工商业者全面注册,并开始整顿商标,至 1961 年先后申请商标 74 个,经国家工商行政管理机关核准 66 个。

"文化大革命"期间,商标被当作封、资、修受到批判,企业任意乱改注册商标,乱起名称,将省内有名的"康宁"奶粉改为"红旗","青牛"肥皂改为"向阳"、"联合"门锁改为"红卫"等,商标工作陷于混乱。

五、广告监督管理

新中国成立至 1979 年以前,商贩的招贴、牌匾、悬挂灯、旗、敲打、叫卖等广告形式,在青海省民间早已广为流传,但正式的广告形式出现,是从《青海日报》创刊后时断时续刊登广告起始,但当时一直没有专门的经营单位和管理机构。

六、市场监督管理

新中国成立后,青海省基本保留了原有的城乡集市贸易。三年经济恢复时期贯彻城乡互助,组织物资交流,奖励土产输出,指导私人商业的方针,面向广大消费者的日用必需品,开拓新的市场交易。成立市场管理委员会,管理主要商品交易,维护工农产品交换价格,防止物价暴涨,打击投机倒把活动。

"一五计划"时期,市场监督管理围绕以贯彻执行民族平等团结政策,发展经济,开展民族贸易,改善各族人民生活,提高羊毛、皮张收购价格,组织土特产品物资交流,贯彻粮油计划收购与供应,棉布统购统销政策。

1956 年后,集市以农牧民个人交换为主,成为社会主义市场的附属经济,活动范围不大,集市贸易处于停滞状态。1957 年,青海省人委下达《关于开放国家领导下农村自由市场的指示》,允许农民在市场上自由出售自己生产的小土特产品和完成交售任务以后的农、牧副产品,集贸市场有所恢复和发展。

"大跃进"时期,省人委修改了 1957 年的《指示》,将国家统一收购的 22 种物资扩大为 61 种,同时规定农牧业社和农牧民,不许以其他理由开设店铺,摆摊或做行商生意,导致集市萧条。

1960 年 11 月,全省贯彻中央《关于农村人民公社当前政策问题的紧急指示信》的精神,集市贸易得以恢复。1961 年全省有集市 149 个,上市品种 230 种,成交额 283 万元。1963 年农村恢复原有集市 39 个,又新开集市 112 个,为克服一度出现的经济困难和物资紧缺,丰富市场副食品供应起了重要作用。

"文化大革命"期间,集市贸易又受到了

极大限制。1971 年规定粮油只限于当地社队和社员进入集市交易；生产队的产品进入集市交易要持公社证明，不准私自买卖；价格由市管会拟定等，致使物资稀少，品种单调，全省仅有民和、乐都部分地区保留集贸市场，其他集市均告关闭，给生产和人民生活带来了重大损失。

七、经济合同监督管理

解放后，青海省工商厅担负着合同的审批和监督检查。1951 年，省工商厅通知：无论公私或国营企业之间签订合同，必须经工商行政管理机关审批，否则视为无效，按非法论处。之后，国营商业与合作社、合作社与合作社之间，国营商业与私营企业之间，合作社与私营企业之间，签订了大量加工订货合同、农副土特产品产销合同、工业产销合同和运输合同。1952 年 11 月，省民贸公司在湟中县鲁沙尔召开全省物资交流大会，以书面形式签订合同 19 份，交易额 60 万元，从此全省开展合同管理工作。

1958 年"大跃进"时期，经济合同制度受到干扰，经济交往过程中无人签订合同。

国民经济恢复时期，中共中央颁发《国营工业企业工作条例（草案）》等重要文件，青海省工商行政管理部门认真执行，并在工作中强调了签订经济合同的内容及其法律责任，企业之间经济往来开始纳入合同轨道。

"文化大革命"时期，经济合同制度受到严重破坏，合同工作名存实亡，合同制度亦予废止。

八、消费者权益保护

1950 年，青海省工商厅组织人力开展了打击垄断，实行公平交易，检查度量衡器，规定明码标价，制止掺杂使假、短斤少两、克扣群众的不法行为。多年间各级市场管理机构始终把维护人民群众利益，保证市场交易顺利进行，列为重要职责。

第二部分 （1979—2008.6）

第一节　工商行政管理发展概况

1979 年 3 月 29 日，经青海省革命委员

会第 34 次主任集体办公会议决定成立筹建青海省工商行政管理局；同年 4 月 6 日，经国务院、青海省人民政府批准成立青海省工商行政管理局，由省商业局副局长王存款负责组织筹建，同时开展工作，内设办公室、市场管理处、企业登记管理处。1980 年增设经济合同处。1981 年 10 月增设商标广告处。1983 年增设个体经济管理处。1984 年增设青海省经济合同仲裁委员会。

1985 年成立青海省个体劳动者协会。1987 年，内设机构和局属单位增设经济检查处、工商报社。1990 年，局属单位增设青海省消费者协会，个体经济管理处更名为个体私营经济处。

1992 年 1 月，青海省人民政府恢复中共青海省工商行政管理局党组。增设政策法规处、外商投资企业处、机关党委、纪委、省机动车辆交易所。

1985 年至 1992 年，青海省工商行政管理系统紧紧围绕青海省经济建设和改革开放，始终把解放和发展生产力作为根本任务，解放思想，完善管理，放宽政策，加强服务，各项工作有了新发展和新突破。全省各地坚持"政府领导、统一规划，多方兴建、工商管理"的原则，把培育建设市场作为工作的重中之重，1992 年新建各类市场 34 个，改扩建 24 个，投资额 5 000 多万元，占前 14 年总投资额的 74%。同年年底，全省市场建设累计投资 1.48 亿元。全省城乡市场有了巨大变化，由调剂余缺向规模型经营转变，由单一的供求功能向社会的多功能转变，集市建设逐步由简单型转变为永久型，丰富了物资，方便了群众生活。青海省工商行政管理机关按照省政府"放宽政策、放手发展，合理布局、加强管理"的指导思想，承担了全省个体私营经济发展和管理重任，承担了全省个体私营经济领导小组办公室的工作任务，加大了发展个体私营经济工作的力度。在发展方向上，由数量增长向数量质量并重发展，由商业、饮食业、服务业、修理业向新兴的三产和社会化服务发展，由小型低层次向规模生产经营和现代化服务发展；在行业结构上，从省情和社会需求出发，鼓励兴办生

产加工、科技、咨询、信息、文化、娱乐、幼教、旅游、贩运、种养加工等行业；在地区分布上，强调因地制宜、扬长避短、科学规划，贫困落后地区还实行了先发展后规范等特殊政策，形成了良好的发展环境；在发展策略上，政府及工商行政管理部门放宽政策、改进作风，对个体私营经济优先立项，优先审批，鼓励本地经营者走出去，吸引外地经营者走进来。

1994年，增设青海省商标事务所，组建青海省私营企业协会。1995年，增设人事教育处、干部教育培训中心、工商报社升格为副处级。1997年，增设青海省工商咨询服务中心、青海省工商行政管理局机动车辆交易市场管理所。2000年5月青海省工商行政管理局按照青海省人民政府省直机关机构改革方案的通知设置直属机构，内设机构和局属单位由办公室、人教处、法规处、财务装备处、机关党委、纪检监察处、个体处、商广处、合同处、市场处、消保处、公平交易处、企业注册处、工商咨询中心、工商报社、干部培训中心、个体私营协会、消费者协会组成。

1999年至2005年，青海省工商行政管理局党组紧紧围绕省委、省政府关于"实施西部大开发，促进青海大发展"的一系列重大决策和部署，坚持解放思想、实事求是、与时俱进的思想路线，始终把发展作为履行职能的第一要务，始终把创新作为推动工商行政管理事业健康发展的源泉和动力，始终把服务地方经济建设、促进青海经济发展作为根本出发点和落脚点，自觉地把工商行政管理工作纳入全省经济社会发展的大局之中，不断强化市场监管和行政执法工作，下大力气改革和创新市场监管方式方法，全面提升监管执法水平，有力地促进了职能到位。特别是系统上下牢固树立服务为本的思想，不断创新工作思路，拓展服务领域，强化服务措施，为青海经济建设作出了积极贡献。其间，随着经济发展，为满足监管需要，2001年青海成立了经济技术开发区工商分局，2004年成立了青海生物科技产业园区工商分局。

2005年初，新组成的青海省工商行政管理局党组提出"抓好主业（市场监管和行政执法），搞好服务（围绕省委、省政府工作大局，做好为企业、消费者的服务工作），带好队伍"的总体工作思路。此后，青海省工商行政管理系统按照这一总体工作思路，抓监管、促发展、带队伍三管齐下，努力拓展外延、丰富内容，创新方法、提高工作质量和效率，使各项工作迈上了一个新台阶，取得了一定成绩。在市场监管和行政执法中，全省工商行政管理系统在加强市场日常监管的基础上，把事关人民群众生命财产安全和全省经济发展大计的行业作为市场监管的重点，通过强有力的监管和执法，确保了农资、食品等重点市场安全，并在保护"互助"中国驰名商标专用权、查处传销案件、打击制售假冒伪劣行为、整治商业欺诈和治理商业贿赂等大要案件的查处方面取得了突破性进展；在服务地方经济发展中，立足职能，努力为地方经济发展谋实策、出实招、办实事，重点抓好了招商引资、促进就业再就业、扶持非公经济发展、培育商标、培育和发展农牧经纪人工作，促进了地方经济发展，得到了地方党委和政府的好评；在抓队伍中，为了有效解决队伍建设中存在的问题，在坚持"抓两头、强中间"的队伍建设总体思路的同时，以建设一支"为民、务实、清廉、高效"的监管执法队伍为目标，综合运用强化教育培训、实施双向挂职交流、强化作风建设等措施，进一步加强各级领导班子建设和干部队伍建设，使全省工商行政管理系统干部队伍知识结构得到了进一步优化，整体素质得到了进一步提高，工作活力得到了进一步激发。

为做好甘河工业园区和青海湖景区的市场监管工作，青海省工商行政管理局于2007年和2008年先后报批成立了甘河工业园区工商分局和青海湖景区工商分局。

为进一步加强对企业的监督管理，2007年青海省工商行政管理局撤销合同处，其职能由市场处承担，并成立了企业监督管理处。

2008年四川省汶川县发生里氏8级地震后，为帮助四川等地的地震灾区群众攻坚克难、重建家园，青海省工商行政管理局党组号召全省工商行政管理系统广大干部职工积极行动,向地震灾区捐款近50万元。其中:青海省工商行政管理系统广大干部职工共捐款262 326元,青海省工商行政管理局向四川、甘肃、陕西地震灾区捐款20万元,青海省工商行政管理局机关党员缴纳"特殊党费"2.9万余元。

第二节　青海省工商行政管理事业发展成就

一、查处经济违法案件

1979年,粉碎"四人帮"后,随着拨乱反正,省工商行政管理局恢复并充实人力加强违法违章案件的查处工作,同时,复查了已往的案件。

1985年,省工商行政管理局制定了《关于投机倒把违法违章案件处理权限的暂行规定》。1979—1984年查处的物资主要是:黄金、金银、票证、麝香、虫草、进口旧服装、假冒烟酒、三材等。1990年,全省共查处投机倒把违法违章案件1 012件,较1989年下降28.28%,罚没金额169万元,较1989年下降64.35%。其主要原因是:治理整顿向深层次发展,监督职能逐步到位,经济秩序好转;政策调整,过去有些被视为违法违章的行为逐步转为合法。

1994—1999年,在党的"十四大"关于建立社会主义市场经济体制的指导下,全省工商行政管理系统连续几年开展"公平交易执法年"活动,以"一反两保"为重点,持续开展专项治理。其间,以打击假冒伪劣、欺诈、私货市场和反回扣、反仿冒以及查欺行霸市、查哄抬物价、查制假售假为主要内容的整治工作中,集中查处了危害少数民族利益的劣质边销茶、民族用品,与兄弟省、区和兄弟部门以及企业联手打假,遏制社会公害。1999年共查处违法违章案件2 166件,较1993年增长26.4倍,罚没金额1 367万元,较1993年增长36倍。

2000年,全省工商行政管理系统深入开展"整顿市场秩序"专项行动,共查处制假售假案件1 014件,查获假冒伪劣商品标价总值764万元,捣毁制假售假窝点60多处;查处商标侵权及假冒案件60件,查处非法印制假冒商标标志企业7户;查缴假冒商标标识56.5万套,查处虚假广告案件108件,收缴各类违法广告印刷品49万余份。

2001年至2002年,按照党中央、国务院关于整顿和规范市场经济秩序的要求,青海省工商行政管理系统从营造良好经营运行环境和消费环境、推动全省经济健康快速发展的高度出发,深入开展了整顿和规范市场经济秩序工作。

2005年,全省工商行政管理系统以打击制售假冒伪劣商品,食品市场、农资市场监管和保护"互助"等中国驰名商标、打击传销和商业欺诈、治理商业贿赂行为为重点,拓展行政执法领域,加大市场整治力度,一批大要案件得到彻查。

2007年,查办大案要案工作取得新的进展,全省工商行政管理系统共查处涉案金额1 000万元以上的案件2件,100万元以上的案件18件,10万元以上50万元以下的案件24件,共端挖窝点165处。特别是省工商行政管理局消费者权益保护处查处的"凝析油"案,省工商行政管理局公平交易处跨青、冀、辽、粤四省查处的传销大案,西宁市工商行政管理局在沈家寨村查处的制售假冒名优白酒案,海东地区工商行政管理局跨苏、川、鲁、青四省查处的商标侵权案,在案件涉案金额和跨省办案上实现了突破。

二、内外资企业监督管理

党的十一届三中全会后,国民经济得到发展,市场空前活跃,工商行政管理工作重新起步。1979年4月6日,青海省工商行政管理局设企业登记管理处,保证了企业登记管理工作的顺利进行。1980年对全省工业企业普查登记;1981年对商业、交通运输业、建筑业普查登记;1982年进一步明确专业公司性质,实现政企分工,强调企业开业必须申请登记,经核准发照后始能营业,受法律保护。歇业、变更、撤销仍须办理相应手续,并实行工商企业年检制度。

1985年,进入经济体制改革全面展开时期,各类企业增长迅速。1985年,青海省登记注册企业 5 625 户,从业人员 504 857 人,资金 527 460 万元。1993 年,登记注册各类企业 20 631 户,从业人员 762 157 人,资金 1 647 756万元,较经济体制改革初期的 1985 年,分别增长 266. 12%、50. 96%、212. 39%。1992 年,外商投资企业为 9 户,多数为合资企业,开创了外商投资青海的新起点。

1993 年是青海省外商投资较多的一年,年底外国及港澳台在青海省投资达 63 户,从业人员 5 615 人,投资总额 6 506 万美元。

1994 年,青海省工商行政管理机关积极贯彻《公司法》及《公司登记管理条例》,深化登记管理制度改革,按照建立社会主义市场经济体制的要求发展经济,服务经济,通过职能发挥大力支持企业"三改"(改革、改制、改造),帮助企业建立现代企业制度,促进了各类企业的稳步发展。股份制企业经过 3 年的试点,发展势头强劲,联营企业发展减缓,但国营、集体企业仍然为内资企业的主体。1999 年,各类企业 20 688 户,随着全省经济结构的调整,企业户数虽减少,但经济实力不断增长,注册资金总量从上年 288. 3 亿元增加至 326. 1 亿元,比上年同期增长 13. 1%,户均资本从上年的 133. 3 万元增加到 157. 6 万元,增长 18. 2%;全省股份合作制企业 751 户,比上年增长 49%,注册资金 3. 76 亿元,增长 30. 9%;公司3 842户,注册资金 131 亿元,分别增长 12. 2% 和 53. 7%。1999 年底,外商投资企业 83 户,投资总额 8. 79 亿美元,注册资金 3. 78 亿美元,外方认缴额 1. 98 亿美元,比去年同期分别增长 -14. 4%、119. 2%、62. 7% 和 29. 3%。外资企业户数虽下降,但其余指标呈上升态势,行业分布日趋完善和合理,投资国仍以亚洲国家居多。

2000 年至 2002 年,随着国家西部大开发战略的深入实施和经济结构调整步伐的加快,青海省各类企业发展呈现此消彼长、你进我退、多极化发展的新特点,国有、集体企业在结构调整中通过产权重组、改组改造、收购兼并等方式逐步向股份合作制、有限责任公司方向发展,私人投资势头强劲,私营企业通过参股、收购、兼并等方式使大量国有、集体中小独资企业成为公司制企业。虽然内资企业个量继续逐年减少,但规模和实力都不断扩大和增强。受西部大开发战略的影响和优惠政策吸引,外商投资企业发展速度明显加快。

截至 2006 年底,全省实有内资企业 8 782 户,比 2005 年底减少2 592 户,下降 22. 79%;注册资金达到了 648 亿元,增加 40 亿元,增长 6. 71%;有限责任公司发展迅速,达到 5 543 户,比 1999 年增加 1 701 户,增长 44%;国有、集体企业个量继续下降,但经济实力不断增强,特别是国有企业户均注册资金增加到 924. 58 万元,比 2002 年增长了 1. 5 余倍;外商投资企业发展步伐进一步加快,全省外商投资企业为 400 户,投资总额 199 784万美元,注册资金111 080万美元,外方认缴额 54 111 万美元。外商投资总额和外方认缴额分别比 2005 年增长 167. 4% 和 94. 6%。

三、个体私营经济监督管理

1979 年后,青海省工商行政管理机关放宽对个体工商业的管理,凡有经营场地设备及流动资金,能固定常年经营即予发证,对饮食服务业恢复多渠道进货,看样选购,降低批发起点,放开小商品价格。给符合经营条件的个体运输户颁发证照,允许长途运输。到 1982 年底,全省个体工商户已有 8 562 户,从业人员 10 761 人,注册资金 250 万元。1983 年逐渐有私人购买汽车,从事个体运输。

1984 年,指令性计划范围逐步缩小,接着西宁市政府决定改变蔬菜统购包销办法。1985 年,在经济体制改革全面开展的同时,青海省人民政府发布公路运输管理办法,放宽规定,鼓励支持个人购买汽车从事个体运输业。至 1985 年底,全省个体工商业户发展到 3. 6 万户,是 1981 年的 9. 4 倍,年营业额28 332万元,是 1981 年的 75. 5 倍,成为国营和集体经济的有益补充。

1993 年 4 月,青海省人民政府召开全省首次个体私营经济工作会议,随即以省长令发布《青海省人民政府关于发展个体私营经济的若干规定》。1996 年 7 月,青海省人民政府召开全省第二次个体私营经济工作会议，明确指出个体私营经济是振兴青海经济新的经济增长点，要求各地放心、放手、放胆发展个体私营经济。1998 年 7 月、2000 年 8 月，又分别召开第三次、第四次全省个体私营经济工作会议，对全省个体私营经济的发展进行再动员、再部署。省政府领导分别与各州、地、市政府签订了个体私营经济发展目标责任书。其间，省政府还组织省工商行政管理局、省政府法制办等部门先后到珠江三角洲、长江三角洲、西部 10 余个省（区），学习借鉴各地区促进个体私营经济发展的先进经验和优惠政策，博采众长，先后出台了《关于大力发展个体私营经济的决定》和《关于大力发展个体私营经济的若干补充规定》；2001 年省人大常委会颁布了《青海省个体工商户私营企业权益保护条例》，极大地调动了个体私营经营者及人民群众的创业积极性。四次会议掀起四次发展高潮，个体私营经济进入了一个持续、健康、稳步发展的新阶段，实现了数量和质量并举，上档次、上规模的第二次发展高峰。1997 年，全省私营企业由 1996 年的 835 户猛增到 2 807 户，增速高达 236%；其中已有 26 户资产超千万元的私营企业和 6 家私营企业集团。在此基础上，1998 年个体工商户年内净增 10 276 户，一举提前两年实现了省政府制定的"九五"发展目标。从 2000 年开始，个体私营经济每年以 10%～15% 的速度稳步递增，在国民经济中的比重从 17% 上升到 2004 年的 22%，增长 5 个百分点。

2005 年 2 月 19 日，国务院出台了《关于鼓励支持和引导个体私营等非公有制经济发展的若干意见》，省政府随即出台了《关于鼓励支持和引导个体私营等非公有制经济发展的若干政策措施》，青海省个体私营经济的发展又迎来了新的春天。全省工商行政管理机关把引导鼓励和扶持帮助个体私营等非公有制经济发展作为推动全省国民经济健康快速发展的一项重要任务，列为工商行政管理部门的重点职能，坚持数量和质量并重，规模和效益共抓，规范与提高并举的原则，一手抓培育发展，一手抓规范管理，

使全省非公有制经济有了长足发展。截至 2007 年底，全省个体工商户发展到 10.13 万户，从业人员 22.21 万人，注册资金 23.7 亿元，分别比十年前的 1997 年增长 83.7%、166.7% 和 320.9%；私营企业发展到 1.12 万户，从业人员 36.63 万人，注册资金达到 226.96 亿元，分别比 1997 年增长 303.6%、715.5% 和 994.1%。2007 年，全省个体私营经济实现增加值 207.5 亿元，占全省经济总量的 27.27%。青海省个体私营经济已经成为国民经济的重要组成部分和推动社会生产力发展的重要力量，发挥着不可替代的作用。

青海省工商行政管理局积极发挥职能作用，通过招商引资为地方经济开展不断注入活力。1999 年以来，青海省各级工商行政管理机关紧紧围绕省委、省政府全面开展招商引资工作的总体部署和要求，坚持"优惠政策招商，宽松环境引商，热情服务留商，积极参与帮商"的原则，先后与全国 10 多个发达省、市工商行政管理局及个私协会建立了"友好局"、"友好协会"关系，形成了定期联系、长期合作机制，广泛开展项目推介和牵线搭桥活动，并通过兄弟省市工商行政管理机关的支持，每年邀请大量省外客商来青参加经贸洽谈和合作交流活动，推动了全省工商行政管理系统的招商引资工作。同时，每年组织省内民营企业参加"西洽会"、"中博会"、"广交会"等各种经贸洽谈活动，帮助省内民营企业加强与省外企业的对接，推介本省特色产品和投资项目，引导企业相互联合、共同发展。认真负责地开展招商引资项目的合同跟踪服务，项目签订前积极帮助投资者做好项目论证、政策宣传、资信调查和实地考察等工作，项目签订后及时为投资者办理开业登记等相关手续、协调落实优惠政策、积极帮助解决合同履行进程中遇到的困难和问题，千方百计为投资者排忧解难，确保了引得来投资项目，留得住引进企业。2003 年至 2004 年，青海省工商行政管理部门累计引进项目 336 个，总投资 76.5 多亿元，实际到位资金 25 亿元；2005 年至 2008 年 7 月底，累计引进项目 179 个，总投资

45.75 亿元,实际到位资金 20.67 亿元,有力地推动了全省经济发展。

四、商标注册与监督管理

1979 年,省工商行政管理局恢复商标管理工作,清理了不合格的商标 98 个;其中与省外混同的 26 个,1981 年经国家工商局商标局同意保留 9 个。1980 年省工商行政管理局与省经委、省商业厅、省社队企业局联合发出《关于使用商标加强商标管理的通知》,对所有生产企业提出了产品要有商标,并限期办理注册的要求。

1982 年,《商标法》颁布,《商标法实施细则》发布,省工商行政管理局召开全省第二次商标工作会议,会后着手清理和解决商标使用中存在的问题,使商标管理开始走了法制化、规范化道路。

经济转型时期,全省累计注册商标 314 个,比 1978 年前的 81 个增加近 4 倍。为了维护商标专用权,各级工商行政管理局开展了商标使用情况的检查和规范。

1985—1993 年,共注册商标 335 个,累计注册商标 620 个,较 1985 年增长 97.45%,同时,采用不同形式进行广泛宣传,引起社会对商标的足够重视,对消费者举报假冒商标的违法行为,加大了查处的力度,对商标的设计、印刷加强了管理。

1994—1999 年,共注册商标 635 个,累计历年注册商标 1 214 个,较 1993 年增长 95.81%。注销撤销商标 41 个。全省各级工商行政管理机关大力支持企业实施名牌战略,充分发挥商标开拓市场、增加效益的重要作用。主要是:指导企业运用商标战略开拓市场,积极参与市场竞争,培育青海知名商标,评选著名商标 31 件,帮助企业发展名牌经济;组织全省商标工作成就展,促使全社会了解商标在国民经济中的地位和作用,使商标工作为西部大开发服务;依法查处商标侵权和假冒注册商标行为,保护注册商标专用权,1999 年全省查处商标违法案件 191 件,比上年增加近 3 倍,收缴假冒注册商标标识 80 万套,罚没款 30 万元;强化了对市场印制环节的管理,杜绝假冒行为;完成了企业注册商标的验证工作,验证率 100%。

同时,经常深入企业了解商标使用情况,帮助企业排忧解难。

2000 年,青海省工商行政管理局会同省经贸委、省质量技术监督局和省消费者协会等 7 部门开展了第三次青海省著名商标认定活动,61 件商标被认定为青海省著名商标,15 件商标被评为优秀商标。其中“雪舟”、“绿宝”、“高原猫”等 23 件私营企业的商标,被认定为青海著名商标。

2001 年,青海省工商行政管理局成立了争创全国驰名商标工作领导小组,并组织专人制定具体实施方案,深入企业调查研究,按照国家工商总局关于申报全国驰名商标的条件和要求,选定青海盐湖钾肥股份有限公司“盐桥”商标、青海雪舟三绒集团“雪舟”商标、青海金诃藏药药业股份有限公司“金诃”商标为青海省首批争创全国驰名商标上报国家工商行政管理总局。

2002 年,“盐桥”、“雪舟”2 件商标被国家工商总局认定为中国驰名商标,结束了青海省无中国驰名商标的历史。至同年底,青海省拥有注册商标 2 011 件。

2003 年,青海省工商行政管理局组织开展了第四次青海省著名商标评选认定活动,102 件商标被认定为全省著名商标;同年底,全省拥有注册商标 2 166 件,驰名商标 2 件。此外,青海省企业先后在美国、德国等申请注册商标 13 件,改变了青海省没有国外注册商标的局面。

2004 年,青海省工商行政管理局为培育地方名优商标,组织开展了“好商标”、“知名商标”评选认定工作,评定出好商标 56 件、知名商标 30 件。经过积极努力,青海青稞酒集团公司的“互助及图”商标被国家工商总局认定为中国驰名商标,使青海省的驰名商标数达到了 3 件,在培育地方品牌工作上又迈出了重要一步。

2004 年以来,全省共注册商标 946 件,年均注册量为 236 件;商标申请量共计 2 447 件,年均递增 18%。

2005 年以来,全省工商行政管理部门紧密联系青海省实际,把实施品牌战略作为服务地方经济建设的重要内容,有计划、有步骤、有针对性地开展争创品牌工作,在"盐桥"、"雪舟"、"互助及图"商标成功申报中国驰名商标的基础上,青海省工商行政管理局积极从青海省著名商标中选定商标争创中国驰名商标,建立了青海省争创中国驰名商标梯队,"三江源"、"晶珠"、"藏羊"、"金溢"、"布哈拉"5件商标先后被国家工商总局认定为中国驰名商标,使青海省中国驰名商标拥有量达到了8件,在西北地区仅次于陕西,列居第二;"湟源陈醋"、"互助马铃薯"、"循化线辣椒"、"乐都紫皮蒜"、"湟源马牙蚕豆"、"祁连黄蘑菇"6件地理标志证明商标相继成功注册,提高了青海省农畜产品知名度。

2008年,按照省政府提出的"打造注册商标、著名商标、驰名商标三大商标方阵"的要求,在全省工商行政管理系统组织开展了"服务千家企业,注册千件商标"活动,引导企业增强品牌意识,重视商标注册和品牌培育工作,走品牌兴企之路,推动了品牌战略实施,将全省的商标注册培育工作推向了一个高峰。通过半年的努力,全省正式申请注册商标555件,使全省的商标总数达到了2 853件。其间,通过举办"推进品牌战略高峰论坛"和"品牌强省高峰论坛",提高了该省企业的商标和品牌意识。

五、广告监督管理

1979年,改革开放初期,青海日报社、青海人民广播电台开始经营广告业务。1980年共刊播各类广告586件,1 228个版次。

1982年,西宁地区经营广告的全民和集体所有制单位发展到9家。省工商行政管理局适时作出部署,对未经登记就开业、粗制滥造、随意收费、内容虚假、任意设置等行为,进行了持续的规范。对有条件的6户发给经营许可证,并对西宁地区广告经营范围和形式大体作了分工。1985年底,全省经营广告的单位17户,从业人员118人。省工商行政管理局对广告的制作和发布,提出了具体要求,加强了管理,使广告业务走上正轨。

广告业的发展,在一定程度上推动了青海经济的发展。西宁化工厂研制的"雪莲牌"防感冒牙膏,经宣传广开销路,达到国内先进水平;青海物资机械修造厂生产的建筑组合钢模板,经路牌广告宣传,1985年产值比1984年增加76%。天水锅炉厂的产品,经广告宣传,在青海省打开了销路,销量占到该厂年产量的65%。广告市场亦逐年扩大,路牌广告由1982年的112平方米增加到1985年的560平方米。省内一些主要报纸的广告占版率由1979年的3.3%,增加到1985年的10.91%。

1994年,省内广告业已初步形成了具有一定质量和效益规模,服务和媒介种类较为齐全,成为专门为社会提供信息服务的新兴产业,日益显示出蓬勃的生机和活力,广告经营单位达到118户,较1985年增加6倍,从业人员719人,较1985年增加5倍,年营业额近2千万元。

几年来,工商行政管理机关在对广告监管工作中,强化了对印刷品广告、药品广告、医疗广告的管理,开展了对电视直销广告的集中检查,规范了各类广告的发布行为,加强了广告监管的地方性立法。省局起草呈报并由省人大颁布实施了《青海省户外广告管理条例》,进一步加大了查处广告违法案件的力度,维护了市场秩序,1999年查处广告违法案件156件。全面检查了广告经营单位的资格,检查率达100%。在此基础上,核发了新证,依法确定了主体资格。工商行政管理机关还大力组织开展公益广告,为西部大开发战略的实施,江河源头环境的保护,资源的合理开发,促进全社会精神文明的建设,起到了积极作用。全省经济的快速发展,为广告业发展创造了条件。广告科技含量增加,媒体不断拓展,户外广告呈跳跃式发展势头。广告业的发展又为全省经济发展起到了积极的推动作用。1999年底,全省广告经营单位245户,比上年增长5%;从业人员1 473人,增长4%,营业额5 210万元,比上年增长410万元。

青海省由于受国家西部大开发政策的影响和全省工商行政管理机关的扶持帮助,广告业得到迅速发展。2000年底,全省广告经营单位发展到270家;2001年,全省广告经营单位增加到320家;到2002年,全省广告经营单位达到364家,营业额突破8 000万元大关。其间,在放宽政策,放手发展的同时,全省工商行政管理机关进一步加大了对广告业的监督管理,严厉查处各类虚假、违法广告,有效净化广告市场环境,确保全省广告业健康发展。2000年至2002年底,全省工商行政管理机关查处虚假、违法广告案件652起,收缴各类违法印刷品广告100余万份,责令停止发布广告200余条,清理规范各类户外广告5 000余条。

2005年,全省工商行政管理系统以媒体广告为重点,进一步加强了广告市场的监管。其间,按照总局的部署和要求,制定下发了《虚假违法广告专项整治工作方案》,对全省虚假违法广告专项整治工作进行了安排部署,建立了厅(局)际联席会议制度,加强部门间执法办案的协作与协调,强化督促检查,形成了执法合力;强化对广告主、广告经营者、广告媒体的监管,依法加强了对媒体广告的监测,严厉打击了制作、发布虚假违法广告的行为;建立健全了广告审查、备案和行政告诫等制度,保证了广告监管工作的有序运行,推动了专项整治工作扎实开展;对全省广告经营单位资格进行了检查,对逾期未年检的广告经营单位进行了批评教育,对不具备广告经营单位资格的企业吊销了广告经营许可证;对全省媒体广告进行了集中监测,对违法广告依法进行了纠正、通报和查处;对查处的违法广告分别在《青海日报》、《青海电视台》等媒体进行了公告。

2006年,省工商行政管理局对全省的311户广告经营单位进行了资格检查,对43户逾期未年检的广告经营单位进行了批评教育,对41户不具备广告经营单位资格的吊销了广告经营许可证。全省广告经营单位352户,广告经营额1.2亿元,从业人员3 056人。会同省委宣传部、省食品药品监督管理局等8个单位联合建立了部门负责人、职能处室负责人、联络员参加的整治虚假违法广告联席会议制度,明确规定每一季度开展一次广告监测。其间,会同省整治虚假违法广告领导小组成员单位,开展了以医疗、药品、保健食品等为重点内容的广告监测活动。广告协会组织开展了评选“青海省十佳广告诚信单位”和“青海省十佳广告人”的评选认定活动,青海电视台等10个单位和个人予以了表彰。

2007年3月29日,组织召开了青海省广告协会第五届会员代表大会,进行了换届选举。新一届广告协会理事会的产生,对强化广告经营单位自律意识、规范经营行为产生了积极影响。

六、市场监督管理

1979年,《青海省集市贸易管理暂行办法》出台,全省城乡集市贸易迅速得到恢复和发展,年底市场数达到47个,成交额956万元。1985年,我国经济体制改革全面展开,该省集贸市场数和成交额分别是1970年的8.5倍、45倍,集贸市场用地得到各级政府的重视和支持,有集无场现象得以纠正。1985年市场建设投资532万元,建筑面积108 476平方米,其中室内83 135平方米,棚顶17 041平方米。农副产品批发业务活跃,集贸市场向着多功能、多门类、多层次、多样式的网络发展,一批商品与综合市场分离,走向专业经营,出现了包括生活、生产资料等诸多要素市场的形成。城乡集贸市场的持续发展,引起了国营企业的关注,愈来愈多的国营大中型企业在集市寻求摊位,进入集贸市场开展业务,一批批专业市场,不断向规模型发展,交易量扩大。

1993年,省政府召开全省首次市场建设工作会议,研究并制定了“八五”发展规划。此后,全省市场发生了质和量的新变化,主要是:整体结构由单一的综合型零售市场,逐步发展为零售市场、批发市场、专业市场、“双生”市场等多门类、多层次、多功能的市场体系;经营主体由单一的农民和手工业者,向农民、手工业者、个体工商户、私营企业、乡镇企业、国营集体企业等多元化经营主体转变;上市商品范围,几乎囊括了除国家指令性计划管理、专营专卖商品和少数特殊商品外的所有商品;规模和功能大大增强,向大批量、跨地区、远辐射的大流通、大市场发展;市场建设由部门行为逐步发展为政府行为,建设速度明显加快,掀起了两次建设高潮,西宁市开创了"以市兴城"局面,玉树自治州创造了理顺畜产品市场的"玉树经验";由简单的经验型管理向规范化、制度化、法制化管理转变,省、州两级文明市场占市场总数的 30% 左右。

1995 年,青海省工商行政管理局推行市场登记制度,实行管办脱钩,从侧重监管集贸市场拓宽到监督管理和参与监督管理各类市场;从重点查处投机倒把活动转变为依法规范市场交易行为,保护公平竞争;从具体业务管理转变为运用法律和行政手段进行宏观调控。管办脱钩后,集中精力搞好市场执法,狠抓了农资、营养保健品等市场的专项治理,打击走私贩私活动,规范交易行为,市场继续稳定发展。

1997 年起,省工商行政管理局将规范化建设向各级工商行政管理机关和基层工商行政管理所推进,着力开展"有事找工商,满意在市场"活动,实行市场巡查制,变静态的、驻场式管理为动态的、巡查式管理,挂牌上岗,开展市场专项治理,严厉打击假冒伪劣,努力净化市场环境。1999 年底,全省交易市场共查处各类经济违法违章案件 1 567 件,罚没金额 12 万元;消费品市场价格稳中略升,全省总水平为 104.42%,市场成交额比上年同期增长 24.2%,其中城市成交额占47.2%,增长 14.1%;全省有商品交易市场435 个,较 1993 年增长 41%;成交额 42.5 亿元,增长近 4 倍。

2001 年,党中央、国务院作出整顿和规范市场经济秩序的重大决策,按照国务院、国家工商总局及青海省人民政府的总体部署和要求,全省各级工商行政管理机关重拳出击,捣窝挖点,深究案源,开展了扎实有效的市场整治工作,先后组织开展了 8 次有规模、有声势的集中统一行动。重点是:围绕农牧民增收,开展了农资市场专项整治;着眼百年大计,对建筑建材市场进行了专项整治;以打击拼装机动车为重点,坚决取缔废旧车辆回收拆解市场;加大"反误导"力度,严厉打击虚假广告,对广告市场进行集中整治;整顿与规范并重,专项治理文化娱乐市场;落实全国安全生产电视电话会议精神,

开展了安全生产专项检查;管理好入口食品,重点整治夏季饮品市场;围绕假日消费安全,开展"打假保节日"专项执法行动。在八次专项执法行动中,全省工商行政管理机关共立案查处各类经济违法违章案件 2 445件,结案率 97.4%,案值 2 742.23 万元,捣毁制假售假窝点 161 个,查获假冒伪劣商品标价总值 2 547.12 万元。其中查处非法传销案件 11 起,案值 10 万元;走私案件 3 起,案值140 万元。

2002 年,为了把整顿和规范市场经济秩序工作不断引向深入,按照国家工商总局和省政府的总体部署,全省各级工商行政管理机关扎实深入地开展了集贸市场专项整治工作。先后在全省范围开展了以"打假进农牧户,维权到千万家"的农资市场专项整治;以净化入口食品为重点的打假保健康专项整治;以确保消费安全为目标的夏季饮品市场专项整治;以净化文化市场为重点的"扫黄"、"打非"专项整治;以规范成品油市场为重点的民用加油站专项整治;以保护和促进假日经济为重点的节日消费市场专项整治;以促进旅游业发展为目标的旅游市场专项整治等 7 大系列集中整治行动,查处了一大批制假售假、无照经营、欺诈经营、偷税漏税、欺行霸市、短斤少两等严重扰乱市场秩序和侵害消费者权益的违法违章行为,查处了一批大要案件。其间,共查处各类经济违法违章案件 4 298 起,案值 2 908 万元;捣毁制假售假窝点 216 个,查获的违法物资标价总值 1 776.2 万元,公开销毁假冒伪劣商品价值 409.58 万元。

2003 年至 2004 年,全省工商行政管理系统按照"全面检查、突出重点、严格监管、完善制度、标本兼治、重在治本"的要求,坚持"放打结合,预防为主"的方针,以打击制售假冒伪劣商品行为为重点,市场日常监管和专项执法检查"双管齐下",在进一步加大市场日常性监管的同时,通过组织开展食品安全专项整治、保护注册商标专用权专项执法行动、节日市场专项整治、"抗非典、打假劣、保净土"专项执法行动,商标、广告市场专项整治,"毒鼠强"专项整治、"维权反欺

诈"专项整治等一系列执法检查行动,有效地维护了生产者、经营者和消费者的合法权益。

2005 年,青海省工商行政管理局认真履行市场监管和行政执法职责,并以保护"互助"中国驰名商标为重点扎实推进了保护注册商标专用权专项执法行动,以入口食品为重点强化了流通领域食品安全监管,以媒体广告为重点强化了广告市场监管。同时,通过扎实开展"红盾护农"行动,加强流通领域农资商品质量监测、督促农资经营者建立健全"两账两票、一卡一书"和种子留样备查公告等制度、严厉打击制售假冒伪劣农资违法行为,有效维护了农民群众的合法权益。这一年,青海省工商行政管理系统通过开展一系列专项整治,保护商标专用权工作实现了突破,查处酒类案件的数量和案值是 20 年来最多的一年,案值达到了前 20 年总和的三分之一。

2006 年,青海省工商系统突出"四项监管"(突出农资市场监管、食品市场监管、培育和保护中国驰名商标和著名商标、防范和打击商业欺诈工作)、强化"十项工作"(强化食品准入制推进、无照经营清理、查办案件、农村牧区和城乡结合部市场监管、工商所规范化建设、对"互助"驰名品牌和其他著名品牌的保护、企业信用分类监管和个体工商户分层登记授权、企业登记管理、法制建设、非税收缴工作),以强有力的监管和执法,确保了农资、食品等重点市场的安全,并在保护"互助"中国驰名商标专用权以及大要案件的查处方面取得了突破性进展,为青海省经济发展营造了良好的市场环境。共查处各类经济违法违章案件 11 169 起,比2005 年增长 121.7%;案值 6 947.1 万元,比2005 年增长了 200%;结案率达到 98%;罚没款比 2005 年增长了 178.66%。

2007 年,青海省工商行政管理系统把农资市场监管作为市场监管的重中之重,通过深入开展"红盾护农"系列专项执法行动,规范了农资市场经营秩序,确保了全省未发生重大损农、坑农、害农事件;把食品安全监管作为市场监管的头等大事,围绕"农村食品

市场整顿年"主题,通过深入推进"食品安全进农(牧)家"活动,创建"食品安全示范店",开展"六小"(镇政府所在地及县城以上城市小卖店、小摊点、小集市、小面铺、小食作坊、小饭馆等)食品经营场所整治等一系列食品安全专项整治,构筑了食品安全"过滤网",确保了全省流通环节食品市场没有发生大的问题;扎实推进品牌战略,通过开展以"保大扶小"(保护驰名、著名商标企业,扶持中小型企业)为主题的系列执法行动,保护驰名、著名商标专用权工作上了一个新台阶;从加强制度建设入手,强化企业注册监管工作,制定出台了《合伙企业、农民专业合作社登记表格及文书格式规范》、《青海省工商行政管理系统个体工商户信用分类监管实施细则》等一系列文件,规范了企业和个体工商户登记注册工作,确保了市场主体规范有序发展;强化防范和打击商业欺诈工作,确保了全省范围内未发生群体性上当受骗事件。

2008 年,青海省工商局紧紧围绕青海省委、省政府提出的"科学发展、保护生态、改善民生"三大任务,坚持"抓好主业、搞好服务、带好队伍"这一总体工作思路,坚持监管与发展、服务、执法、维权"四个统一",大力推进规范化建设,努力构建长效监管机制,拓展监管领域,创新监管手段,在加强市场日常监管的基础上,把事关人民群众生命财产安全和全省经济发展大局的行业作为市场监管的重中之重,进一步强化对农资、食品市场的监管力度,严打严防传销,大力整治商业贿赂、商业欺诈行为,通过强有力的监管和执法,确保了全省农资、食品等重点市场的安全,并在保护"互助"中国驰名商标专用权以及大要案件的查处方面实现了新的突破。

七、经济合同监督管理

1980 年后,省、州、县三级工商行政管理局先后建立合同管理机构。根据《经济合同法》调整的范围,各级工商行政管理机关,管理购销、建筑工程承包、加工承揽、货物运输、供用电、仓储保管、财产租赁、借款、财产保险、科技协作、联营等 12 种经济合同,

1980 年签订合同 182 份，金额 655 万元，1985 年签订合同 98 293 份，较 1980 年增长 54 倍；金额166 359万元，增长 252 倍；处理合同纠纷案 64 件。

1985—1993 年，是我国全面推进经济体制改革的时期，合同管理机关加强了宣传，广大企业提高合同意识，增强了法制观念。1992 年组织召开了全省百家企业重合同、守信用活动现场经验交流会，有 7 家企业在会上介绍了合同工作经验，提高了广大企业对合同管理工作的认识和重视，盲目签约现象减少，合同履约率不断提高。1993 年签订各类经济合同 8 115份，金额 74 156 万元，履约 7 547 份，金额 63 898 万元，鉴证合同3 836 份，金额78 193万元，检查企业1 342 户，检查合同47 788份，金额4 383万元。

1994 年至 1998 年，青海省各级政府加大安居工程和城镇基础设施的投资规模，建筑工程承包合同、农副产品、联营合同等有较大发展，财产租赁等合同减少。其间，根据国家工商行政管理总局《关于依法严厉查处利用经济合同进行欺诈违法的通知》，全省各级合同管理部门结合打假、打私、企业年检，对近2 000户企业的经济合同签订、履行情况进行检查，指导企业对不规范、不完善的合同进行了修改补充。1999 年共办理合同鉴证8 011份，金额 30.28 亿元，检查合同 16.03 万份，金额 95.2 亿元。

"重合同、守信用"活动不断深入发展，1999 年对 472 户"重合同、守信用"企业进行考评，其中命名私营企业 37 户。在命名的企业中，"重合同、守信用"企业存续年限达到 1 至 2 年的 781 户，3 至 4 年的 87 户，5 年以上的 204 户。

1999 年，全省工商行政管理部门按照省委、省政府关于增加农牧民收入的一系列指示精神，不断延伸服务职能，充分发挥合同监管职能，扎实开展合同服务、合同解忧工作，确保了土豆、蔬菜、蚕豆、药材种植、牛羊育肥等一大批订单农牧业合同的兑现，有效维护了农牧民利益，促进农牧民增收。特别是针对循化撒拉族自治县"线辣椒"大面积丰收后面临的销售问题，青海省工商行政管理局及西宁、海东两地工商行政管理局，急群众所急，千方百计为"线辣椒"促销牵线搭桥，在各区县的市场内开设专门的循化辣椒销售区，免收"两费"，并组织一部分经营户上门收购，解决了农民的"燃眉之急"，为政府分了忧。

2000 年以后，为了更好地为西部大开发、青海大发展服务，青海省各级工商行政管理机关在继续加强合同监督管理工作，确保合同监管职能到位的同时，把工作重点转向合同跟踪服务，千方百计通过有效服务促成国内外投资者来青投资开发项目的落实和"安家"。从 2000 年至 2002 年底，青海省各级工商行政管理机关累计对 1 600 多项引资项目进行了跟踪服务，促成 700 多个合作项目顺利落户青海，总投资额 70 多亿元，为青海经济建设作出了积极贡献。同时，青海省各级工商行政管理机关在全省范围开展了严厉打击合同欺诈专项执法行动，重点对利用买卖合同、承揽合同、居间合同、技术转让合同、建设工程合同损害国家、集体和他人合法权益的欺诈行为进行了查处。三年间，全省各级工商行政管理机关共查处违法合同案件 6 起，涉案金额 1.04 亿元。同时，认真履行企业动产抵押物登记管理职能，进一步规范合同鉴证管理，深入开展了"重合同、守信用"活动。2000 年，办理企业动产抵押物登记 670 份，主债权金额 10.5 亿元，抵押物价值 17.4 亿元；办理各类经济合同鉴证7 266 份，合同金额 11.05 亿元。2001 年，全省各级工商行政管理机关办理企业抵押物登记 445 份，主债权 11.1 亿元，抵押物价值 17.6 亿元；办理合同鉴证8 562份，合同金额 41.3 万元。2002 年，全省各级工商行政管理机关检查各类合同40 865份，合同金额 88.56 亿元，其中对 84 份条款不完备、双方权利义务规定不明确的不合格合同，进行了纠正，消除了隐患，防止了合同欺诈等违法行为的发生。至 2002 年底，青海省共有 629 家企业被命名为"重合同、守信用"企业。青海盐湖钾肥股份有限公司等 24 家企业被命名为省级"守合同、重信用"企业，青海盐湖钾肥股份有限公司等 12 家企业被国家工商总局公布为全国"守合同、重信用"企业。

2003年,全省工商行政管理系统延伸服务职能,开展合同服务、合同解忧工作,加强合同监管,确保了农畜产品合同兑现。同年,青海省还在广州、深圳、成都等地设立了马铃薯销售点,与有关市场达成了10万吨的意向性销售协议。

2005年,全省工商行政管理系统充分发挥合同监管职能,积极推进订单农牧业,想方设法为订单农牧业提供服务,以此拓宽农畜产品销售渠道,促进农牧民增收,受到地方党委、政府以及农牧民的好评。这一年,海南州、西宁市、海北州等工商行政管理局协助当地种植、养殖户举办了多种形式的农畜产品供需洽谈会。

2006年,全省各级工商行政管理机关积极开展了查处合同欺诈行为专项执法行动;深入开展"守合同、重信用"活动,狠抓规范化建设,共命名"守合同、重信用"企业737户。积极发挥企业动产抵押物登记职能,为企业提供融资担保服务,全系统共办理抵押登记157份,抵押物价值25.8亿元,主债权金额13.79亿元。全面启动"订单农业"合同帮扶工程,检查涉农企业145户,检查涉农合同7 145份,查处涉农违法案件1起,金额200元。

2007年,省工商行政管理局通过自下而上,层层筛选,对30户企业命名为省级"守合同、重信用"企业,并从中评选出20户企业上报给国家工商总局后被确定为全国"守合同、重信用"企业;全省工商行政管理系统充分发挥职能作用,积极推进订单农业,在进一步做好合同帮农工作的同时,研究制订了《农产品预订合同示范文本》,进一步规范了合同交易行为;落实国家工商行政管理总局新的《动产抵押登记办法》开展动产抵押登记工作,共依法办理企业动产抵押物登记2份,抵押物总价值达0.521亿元,主债权金额0.35亿元。

八、经纪人监管

2005年以来,为使青海省的农牧经纪人充分发挥桥梁和纽带作用,青海省工商行政管理局加大了农畜产品经纪人培育力度。2006年组织成立了市场与经纪人联合会,对经纪人登记建档、培训发证,将经纪人纳入规范化管理;2008年推出了"绿色桥梁"行动,注重经纪人的培育、培训和搭建平台,并经过充分筹备,组织省内的100名经纪人和省外的100多名经纪人召开了青海省内外双百经纪人对接交易洽谈会,为青海省的经纪人和省外的经纪人对接交易搭建平台,在农牧民和市场之间搭建了桥梁,使青海省的农畜产品源源不断地走向市场和省外,促进了农牧业向商品化、产业化发展。2008年上半年,培育农畜产品经纪人207人,通过组织青海省经纪人横向对接,扶持165名农畜产品经纪人大户与青海省龙头企业建立了业务渠道。同时,青海省工商行政管理局紧盯农畜产品生产销售,组织海东地区、海南州、海北州、玉树州等地的农畜产品经纪人与西宁地区的经纪人洽谈,促成了青海省内的农畜产品及时流通销售,帮助农牧民增加收入。

九、消费者权益保护

1979年,青海省《集市贸易管理暂行办法》规定,农副产品价格由买卖双方议定,严禁以假充真,掺杂使假,短尺少秤,不得出售毒限剧药,伪劣药品,有毒食物,违者责令赔偿受害者损失,或给予治安管理处罚,造成严重后果,致人重伤或死亡,依法追究刑事责任。

1990年4月14日,青海省消费者协会成立,在省政府的领导和省工商行政管理局、中国消费者协会的指导下,依法对商品和服务进行社会监督,保护消费者合法权益。

为使保护消费者权益工作有法可依,本着积极参与、职能到位的主导思想,结合青海民族和地区特点,省工商行政管理局代省人大草拟了《青海省保护消费者权益条例》和《青海省实施〈消费者权益保护法〉办法》,并在2004年9月经省人大通过并颁布实施。此外,各级消费者协会每年的"3·15"国际消费者权益日,都要确定重点和主题,组织大规模的宣传咨询、服务活动。1994—1998

年,散发宣传材料 60 余万份,接待咨询 20 万人次。与省市有关新闻单位密切配合,开设专栏,举办征文,宣传消费知识,发挥舆论监督,扩大了社会影响。

全省各级消费者协会依据《消费者权益保护法》赋予的职能,把认真做好受理消费者投诉作为经常性主要工作来抓。1990 年至 1999 年底,共受理消费者投诉近 3 万件,为消费者挽回经济损失 2 000 余万元,赢得了社会赞誉。会同物价、商检、卫生防疫、技术监督管理部门开展了评选"执行物价法规最佳单位"、"消费者满意店"、"信得过商品"、"诚信单位",推荐名优商品以及贯彻《消费者权益保护法》先进单位等活动。表彰 214 个消费者满意单位,收集 62 家企业 117 个名优品牌,推荐 76 个省级消费者信得过商品,为树立企业新形象,跨出省门,走向市场,做了不懈努力。

截至 1999 年底,全省共建立县(区)级以上消费者权益保护组织近 30 个。在西宁、海东、海西地区的大中型商业、企业建立消费者投诉监督站(台)132 个,工作站 20 个,投诉台 107 个。对强化社会监督,方便消费者投诉,推动保护消费者合法权益深入开展,提高消费者自我保护意识发挥了积极作用。

2000 年,青海省进一步加强了消费者权益保护工作,全省 49 个县级工商行政管理局都建立了消费权益保护组织,同时在西宁市、海东地区和 6 个少数民族自治州相继开通了"12315"投诉举报电话,西宁市、海东地区及部分自治州还配备了 50 余台"3·15"投诉专用车辆。同时,省、州、县三级都组建了消费者权益保护处(科),进一步完善了执法机构,增强了执法手段,加大了工作力度,更加有效地维护了广大消费者的合法权益。同年,在全省范围开展了大规模的"明明白白消费"年主题活动,多数地区开通了"12315"投诉举报电话,一个覆盖城乡、投诉方便,受理及时、处理快速的消费者投诉服务网络基本形成。全省各级消费者协会及工商行政管理机关受理消费者投诉 3 119 起,投诉解决率为 97.3%,为消费者挽回经

济损失 162.29 万元。

2001 年,青海省各级工商行政管理机关进一步加强了对侵害消费者权益案件的查处力度,共立案查处侵害消费者权益案件 769 起,涉案金额 185 万元;各级消费者组织受理消费者申诉 3 068 件,为消费者挽回经济损失 129.7 万元。

2002 年,全省各级工商行政管理机关和消费者协会围绕"科学消费"年主题活动,在严厉打击各类侵害消费者权益违法违章行为的同时,先后开展了"维权进社区"、"维权进农户"、"维权进校园"等系列活动,进一步丰富了保护消费者权益工作的活动载体,延伸和扩大了范围,有效增强了消费者权益保护效果。全年受理并解决消费者投诉(申诉)4 814 起,为消费者挽回经济损失 386 万元。

2003 年以来,省局采取有力措施,完善了以"12315"投诉举报网络为载体的消费者投诉举报及案件查处机制,推进"一会两站"建设。全省已建立县级以上消费者协会 56 个,农村乡镇、城市街道消协分会 422 个,行业管理部门、厂矿企业投诉站、联络站、指导站 3 608 个,西宁、格尔木基本形成了以消协投诉中心为龙头,以各大商场、市场的投诉监督站为基础的消费保护监督网;大部分农村已初步实现了县有消协组织、乡镇有消协分会、村村有联络站的三级投诉网络,基本做到了消费者"投诉有门,解决有人",极大地方便了广大消费者。

2008 年,省工商行政管理局按照"突出重点,因地制宜,以点带面,逐步推广"的工作思路,在对全省"一会两站"建设工作广泛深入调研的基础上,制定了《关于巩固提高"一会两站"建设工作的实施方案》,进一步明确了全省"一会两站"建设工作的预期目标和主要任务,并通过全省工商行政管理系统的积极努力,"一会两站"规范建站率达到了 25%;全省"一会两站"共受理消费者投诉 677 件,解决 642 件,向有关部门转办 35 件,为消费者挽回经济损失 52.36 万元。2006 年开始筹建青海省"12315"行政执法指挥中心,2008 年成立了青海省"12315"行

政执法指挥中心办公室。

十、法制建设

　　青海省、州、县三级局法制工作在"一分管、两纳入"(有一名领导分管,法制工作纳入重要议程和年度工作计划)的基础上,逐步实现了"三到位":机构到位、人员到位、职能到位;各地利用多种途径,持续宣传《反不正当竞争法》、《消费者权益保护法》等法律法规,培训面达98%以上,逐步实现了执法人员持证上岗;草拟、论证地方性法规和规范性文件40余件,其中《青海商品交易市场管理条例》、《青海省实施〈消费者权益保护法〉条例》、《青海省个体工商户和私营企业权益保护条例》已经省人大颁布实施;组织了系统内外社会主义市场经济法律知识竞赛。

　　1997年,省工商行政管理局率先实行了行政执法公示制,发布了"禁酒令"、"着装令",实施了违示追究。

　　1998年,在省工商行政管理局部署下,全系统普遍实行了行政执法责任制,受到青海省依法治省领导小组及办公室好评。

　　2004年青海省工商行政管理局组织编写印发了《青海省工商行政管理局规章制度汇编》,促进了工商行政管理工作的法制化、制度化和规范化建设。

　　2006年,青海省工商行政管理局编印了执法依据总目录,修订了《行政执法公示制》、《行政执法责任制》等制度,制定了《行政处罚程序监督管理办法》,对旧执法文书进行了清理,统一规范了执法文书,对各地的专项执法行动进行了抽查督查,使法制工作实现了"三个延伸",即,法制工作和专兼职法制人员配备由领导机关向工商所延伸;法制工作的触角由事后监管向事前知晓、事中参与、事后把关的全方位监管延伸;法制工作横向核审由打假领域向市场监管、商标广告监管、合同监管、注册登记、消费维权等领域延伸。

　　2007年,青海省工商行政管理局根据青海省人民政府有关文件要求,对行政执法各项依据进行了梳理,进一步明确了执法依据和职责,有效地防止了使用失效法律依据执法、越权执法、无权执法及推诿执法等现象。同时,青海省工商行政管理局将各项执法工作制度上墙公示,并充分利用互联网,将工商行政管理行政执法适用的法律法规和执法职责向社会公示,接受社会监督,增加了行政执法的透明度;制定了《青海省工商行政管理机关行政处罚案件质量评议考核标准》,促进了办案质量提升。

　　2008年,按照国家工商总局的要求,省工商行政管理局以规范化建设为核心,努力构建长效监管机制,制定出台了《青海省工商行政管理机关行政处罚程序的若干规定》和《行政处罚程序规定过错责任追究办法》两个规范性文件,对行政处罚程序中案件管辖,案源受理、处理及立案,案件核审和各级工商行政管理机关及其执法人员违反程序应承担的责任等方面作了明确规定,实现了受理案件和查办案件、罚没物资与保管处置两分离;制定下发了《青海省工商行政管理系统行政处罚案件质量考核评议标准(试行)》、《省工商行政管理局查办流通环节食品质量违法案件指导意见》、《关于进一步规范农民专业合作社登记管理工作的意见》等制度,达到了用制度管权、按制度办事、靠制度管人的目的。同年,成立了青海省工商行政管理局"12315"行政执法指挥中心,开通了全省消费者举报、申诉、投诉"12315"直拨电话,搭建了全省工商行政管理系统省、州、县三级"12315"行政执法指挥网络,制定和完善了各项工作制度和程序,并按照地域管辖、级别管辖和职权管辖的原则,开展了案源处理及案件分流转办工作。

十一、队伍建设

　　(一)思想建设取得突破。在全省工商系统通过组织开展"解放思想谋发展、投身开发抓发展、放开搞活促发展,依法行政保发展","西部大开发、工商怎么干","贯彻落实科学发展观"等一系列解放思想大讨论活动,全省系统广大干部职工紧紧围绕大开发、大发展这一主题,加倍努力地学习科学文化知识、市场经济基础知识、WTO知识、法律法规知识和实施西部大开发的一系列方针政策,为更好地服务西部大开发,适应政治、经济和社会发展的新形势做好知识准备。通过讨论和学习，全系统为两个转变服务的意识进一步增强，思想观念从管理传统计划经济向维护社会主义市场经济秩序上转变；工作重点从行政多种职能向履行行政执法基本职能上转变；监管模式从既办市场又管市场，侧重监管集贸市场向市场办管脱钩，依法监管社会主义统一大市场转变。特别是自2005年以来，通过开展解放思想大讨论活动，全省系统广大干部职工牢固树立了"自信、开放、创新"的新青海意识，并按照青海省委、省政府提出的"科学发展、保护生态、关注民生"的要求，在抓好流通环节市场监管的同时，突出重点为地方经济发展积极提供服务，并注重制度化、规范化、程序化、法制化建设，使监管方式由粗放向精细转变，监管方法由突击性、专项性治理向日常规范监管转变，监管手段由传统向现代化转变，努力构建长效监管机制，促进了职能到位，推动了工商行政管理事业发展。

（二）作风建设取得突破。为了适应新形势、新任务的要求，培养一支"政治坚定、业务精通、纪律严明、作风优良、形象一流"的工商行政管理队伍，1999年以来，在全省系统扎实开展了以形象工程、素质工程、依法行政工程、廉政工程、服务工程为内容的"五项工程"建设，并以此为载体，省局制定了具体可行的实施方案，并将其贯穿于市场监管和行政执法实践的各个环节，取得良好成效。2000年，开展了以规范工商干部执法行为为主要内容的"文明规范执法达标"活动；2001年，开展了以整顿市场经济秩序和队伍作风为主要内容的"两整顿"活动。2002年，开展了以加强机关作风建设、优化行政环境为主题的"六查六比"，即，一查行政执法，比依法办事；二查特权思想，比廉政建设；三查工作态度，比服务意识；四查工作质量，比贡献大小；五查工作效率，比工作效果；六查组织纪律，比遵纪守法活动和"调查研究月"活动，全面推行一站式登记，一条龙服务，对前来核审企业名称的随来随核、马上办理，做到了受理快、发照快，从而大幅度缩短了办照时间，为广大经营者抢抓商机赢

得了时间。2003年，开展了"文明规范执法一百天"活动，出台了《七条禁令》，即，严禁违法行政，粗暴对待管理相对人，或对其进行刁难和打击报复；严禁徇私枉法，在办案工作中滥用职权，收受贿赂，为违法者开拓、说情、通风报信；严禁以权谋私，利用职务之便收受好处，为他人虚假注册登记提供方便；严禁行政不作为行为；严禁吃请受礼，为不合格企业通过年检；严禁工作时间饮酒和酒后驾驶机动车辆；严禁参与赌博和色情活动。进一步严明了工商行政管理干部党风廉政建设纪律。此外，全面推行"并联审批制"和"首办责任制"，着力提高政务公开透明度。在全省工商行政管理系统各办事窗口和基层工商所通过张贴上墙、信息入网、制卡宣传、印发办事指南等形式，使工商行政管理职能一目了然，办事程序清楚。同时，通过设立意见箱、开通举报电话、聘请行风义务监督员，并定期不定期地召开行风义务监督员会议，听取社会各界对工商行政管理工作的意见和建议，使行政执法权力在运作过程中全面接受社会监督和新闻舆论的监督。2005年，针对工作无计划、无目标、无压力的情况，建立了每月一次的局长碰头会制度，由班子成员按职责分工汇报当月工作进展情况和下月工作安排，促使班子成员加强了对分管工作的分析研究、宏观指导和督促检查，使全局工作做到了分工明确、责任到人，有计划、有安排、有督查、有落实。

（三）基层建设有突破。2003年，省局党组在全省工商行政管理系统组织开展了"基层建设年"主题活动，全省工商行政管理系统以"苦练内功、强化素质，加大投入、改善面貌"的总体要求，坚持"钱往基层花、事往基层办"，进一步加强基层工商行政管理局、工商行政管理所软硬件建设，投入资金560万元，改善了基层工商行政管理局和工商行政管理所的办公条件，并通过开展轮岗交流、竞争上岗、干部培训，强化了基层工商行政管理队伍建设。2004年按照政治建所理念和"抓好200个工商行政管理所长、带动3 000名基层干部"的目标，在工商行政管理所建立了党支部和党小组，强化了基层党

建工作,并通过强化教育培训、推行轮岗交流、挂职锻炼等措施,培养了一支既会带队伍又会干工作的工商行政管理所长队伍,通过抓好一个工商行政管理所长带出了一支良好队伍。2005年在抓基层工商行政管理所班子和队伍建设中,成立了基层工作执法执纪督查组,加强了对基层工商行政管理所的检查,促进了基层工商行政管理所队伍建设。同时,进一步加强基层工商行政管理所规范化建设,按照上墙公示制度、内务管理、经济户口的内容和形式、市场巡查记录文书"四统一"标准,对全系统工商所上墙公示的制度和内务工作进行了统一和规范;建立了"星级工商行政管理所"和"十佳工商行政管理所"评选制度,从正面加强引导,使工商行政管理所工作上了新台阶;本着从严管理的原则,加强了对州(地、市)工商行政管理局、县(分)工商行政管理局领导干部的监督管理,制定了州、地、市局领导班子考评办法,建立了长效管理机制。2006年,夯实基层工商行政管理工作基础,调配资金87万元,给工商行政管理所配备了市场巡查车辆12台,通过各级工商行政管理局、工商行政管理所的共同努力,工商行政管理所所容所貌达到了"七统一";通过对各州(地、市)工商行政管理局33个工商行政管理所的再次整合、组织开展"所容所貌整顿月"等系列活动,初步规范了工商行政管理所的账、表、图、册,确定了岗位责任,使工商行政管理所的登记监管与市场监管工作有机地衔接起来,有效地提高了工商行政管理所执法效能。认真开展了星级工商行政管理所创建活动;各工商行政管理所按要求积极开展了星级工商行政管理所创建活动,使参与创建活动的工商行政管理所达到了164个。2007年引导基层开展争先创优活动,命名"五星级"工商行政管理所25个、"四星级"

工商行政管理所37个、"十佳工商行政管理所长"10名、"执法办案能手"5名、"查办案件先进个人"10名,激发了干部队伍的活力;加大信息化建设力度,68个工商行政管理所与省、州、地、市、县局联网,实现了信息共享和传输;积极筹措资金,为基层配备了48辆执法车辆,改善了基层的硬件装备,并对西宁、海南、黄南等地的11个县(区)局、15个工商行政管理所的办公用房进行了维修,为海东地区和海西、海南、海北州工商行政管理局修建了干部周转房,为8个州(地、市)工商行政管理局、39个县(区)工商行政管理局拨付了"廉政灶"建设专项资金,为158个工商行政管理所增拨了取暖费,改善了基层的办公条件,解决了基层工商行政管理局、工商行政管理所干部职工的吃饭、住宿、取暖问题。2008年以来,在全省工商行政管理系统组织开展了岗位大练兵活动,先后组织开展了公文写作、业务技能、电脑操作、演讲、队列训练等多方面的培训和比武竞赛,使基层工商行政管理干部的素质整体提高。

附:

青海省工商行政管理局
历任局长、党组书记

王存宽,1981年至1985年任局长、党组书记;姬应人,1985年至1993年任局长、党组书记;韩得明,1993年至2000年任局长、党组书记;张建忠,2000年至2005年任局长、党组书记;鲍玉璋,2005年至2008年6月任局长、党组书记。

(执笔人:赵永刚)

第三十章　宁夏回族自治区
工商行政管理局

第一部分　（1958—1978）

第一节　宁夏回族自治区工商
行政管理局机构沿革

1958 年 10 月,宁夏回族自治区成立,在商业厅下设工商行政管理处,有干部 8 人。各市、县在商业局设工商科。

1963 年 2 月,宁夏回族自治区人民委员会第二十九次会议决定,成立宁夏回族自治区工商行政管理局。自治区工商行政管理局与自治区物价委员会合署办公,编制 8 人。同一时期,全区各市、县还设有市场管理机构。在市、县以下,设有城市基层市管会 3 个,农村基层市管会或市管小组 47 个。

1968 年 10 月,自治区工商行政管理局机关人员全部下放到"五七"干校。各市、县工商行政管理工作由打击投机倒把办公室、市场管理委员会、贫下中农管理小组代管。工商行政管理机构瘫痪。

1973 年 10 月,自治区党委决定恢复成立宁夏回族自治区工商行政管理局,人员编制 17 名。至此,宁夏工商行政管理局正式从商业厅分离出来,独立行使职权。宁夏工商行政管理工作开始步入正轨。

1978 年 9 月,国务院成立国家工商行政管理总局,对工商行政管理部门的工作任务和机构设置作了明确的指示。全区各级政府采取了相应的措施,已经单独设立机构的市、县充实了力量,没有单独设立机构的市、县单独设立了机构。当年末,全区工商行政管理机构有 117 个,其中省级局 1 个,地市级局 2 个,县级局 17 个,工商所 97 个。全区共有工商行政管理人员 381 人。

第二节　宁夏回族自治区工商
行政管理发展成就

一、企业登记管理

国营企业和集体企业实行全面的登记管理始于 1963 年。1962 年 12 月,国务院发布了《工商企业登记管理试行办法》。1963 年 2 月,自治区工商行政管理局转发了中央工商行政管理局《关于贯彻执行国务院工商企业登记管理试行办法的一些具体问题的说明》等文件,要求各地参照进行。1964 年 2 月统计,全区 16 个市、县除两个县登记工作尚未结束外,其余 14 个市、县申请登记的工商企业共 4 434 户,经核准发证的 4 038 户,占申请登记户数的 91%,其中国营 791 户,公私合营 62 户,供销社 733 户。

1978 年 9 月,自治区革命委员会批转了自治区工商行政管理局《关于加强工商企业登记管理的报告》和《宁夏回族自治区工商企业登记管理试行办法》。自治区工商行政管理局于当年 10 月开始,统一部署在全区开展工商企业清理整顿和重新登记工作。1978 年底全区共登记注册的工商企业 1 072 户,从业人员 14.3 万人。

二、私营个体经济管理

1961 年,随着"调整、巩固、充实、提高"八字方针的贯彻落实,对从事商业活动的城乡商贩,经过清理整顿,在有益于城乡人民生产、生活的原则下,可以重新登记发给营业执照,指定一定经营范围,进行合法交易。1962 年 2 月银川市市场管理委员会讨论了对自发小商小贩的登记、审查和安置发证工作。对全市小商小贩和小手工业者进行全面登记,逐个审查,根据不同情况区别对待。

1962 年 2 月,银川市制定了《小商小贩管理暂行办法(草案)》,规范登记管理。《暂行办法》规定:"小商小贩,必须依法向商业行政管理部门申请登记,经核准发给营业证照,凭证经营。无营业证照经营者一律予以取缔。"

1962 年 12 月,国务院发布的《工商企业登记管理试行办法》规定,对已经开业的国营、集体和个体工商业进行全面登记。1963 年下半年,全区各市、县工商行政管理部门根据国务院《试行办法》的规定和自治区政府的要求,开展了对工商企业的登记发证工作。对个体工商户的登记工作,按照归口管理的原则,先由归口业务主管部门进行调查,本着"从严管紧"的精神进行审查,提出发证名单,报请当地人民委员会批准,发给证照。对被取缔的个体工商户,配合有关部门予以安置。通过这次清理整顿,全区无证商贩由 1962 年的 2 004 人,减少到 341 人,减少了 83%。据 1964 年 2 月统计,全区 13 个市、县的个体工商户登记发证情况如下:登记11 39 户,发证825 户,其中手工业登记 371 户、发证 246 户,运输业登记 78 户、发证 72 户,商业登记 405 户、发证 293 户,饮食业登记 213 户、发证 151 户,服务业登记 72 户、发证 62 户。

在"文化大革命"期间,城乡个体工商业者通过反复清理整顿,被当作"资本主义尾巴"砍掉了。1968 年 2 月,宁夏回族自治区革命委员会筹备小组在关于打击投机倒把,加强市场管理的通知中规定"要坚决取缔无证商贩和无证个体手工业户,外省区盲目流入本区从事商贩和手工业活动的人员,应立即返回原籍参加生产劳动"。有些城镇个体工商业者回到农村"亦工亦农"、"农忙务农,农闲务工"。务工的大部分收入归集体,给个人记工分参加分配。到 1968 年底,全区城镇个体工商户只有 31 户,从业人员 60 人,资金总额 4.4 万元。到 1977 年底全区个体工商户只剩下 11 户。

三、商标广告管理

1. 商标管理。1952 年 5 月 6 日,宁夏省合作社联合社纸烟厂申请在卷烟上注册"贺兰山"商标,1953 年 1 月经中央工商行政管理局商标注册处核准予以登记注册。这是银川市也是当时的宁夏省新中国成立后的第一个注册商标。1963 年 4 月,国务院颁发了《商标管理条例》,把商标全面注册、监督产品质量等用行政法规确定下来。银川市工商行政管理局配备专人办理有关商标注册和管理工作。截至 1965 年 7 月,银川市先后注册商标 30 个。吴忠市五金厂申请注册了"萌芽"商标,使用于该厂生产的铁锁商品上,其他市、县没有使用注册商标。

1966 年 4 月,中央工商行政管理总局改进商标管理,对内销商品由地方工商行政管理部门办理注册。银川市被列入 33 个首批办理内销商品商标注册的城市。但"文化大革命"期间商标的使用处于混乱状态,混同商标增多,仿冒、滥用商标时常发生。

1978 年 7 月,宁夏回族自治区革命委员会批转了自治区工商行政管理局《关于恢复国内销售商品商标管理工作的报告》和《宁夏回族自治区国内销售商品商标管理试行办法》。办法规定:"本区各企业(包括中央在我区的企业),凡产品生产正常、质量稳定,或者新产品已经企业主管部门鉴定同意正式生产的,都必须使用商标。""使用在内销商品上的商标必须向自治区工商行政管理局申请注册。既是内销又是外销商品的商标,应分别向中央主管部门和自治区工商行政管理局申请注册,未经注册的商标不准使用,其产品不准出厂,不准销售。"《试行办法》还规定:对一些手工产品、临时性或一次性生产的产品、未定型的试验性产品等可以不使用商标而使用厂名全称;对社队企业为生产和生活服务的就地销售产品,可以不使用厂名而使用"记号"。凡使用厂名、记号的产品,应向当地、市、县工商行政管理局申请登记;凡申请商标注册、变更、注销,均应报当地工商行政管理局核转自治区工商行政管理局等。

银川市工商行政管理局从1978年底开始恢复商标注册管理工作。1979年对全市企业使用的商标进行调查,查清了当时全市使用的商标共46个。有50个企业的232种产品应当使用商标61个,但没有使用。还有61个企业的150种产品应当使用厂名,但没有使用。经企业申请,市局审核,报经自治区工商行政管理局核准注册商标56个,并颁发了商标注册证。

2. 广告管理。新中国成立后,广告随着国民经济的发展逐步恢复。《宁夏日报》于1950年1月4日刊登了"宁夏益群土产股份有限公司征股启事"广告,宣传该公司"依据新民主主义的经济政策,以组合投资方式,合理开发宁夏土产资源,并提高其生产力,以达成发展生产,繁荣经济"之征股目的;经省工商厅批准的经营范围以及征股办法等。同年11月29日,《宁夏日报》刊登有上海群力金笔制造厂邮购部邮购"派克"金笔和宁夏日报社门市部及各大文具店、钢笔店经销"关勒铭"金笔两则商品广告。同时还刊登有宁夏日报社门市部经售学习时事的参与读物广告及宁夏(卍)字会愿向患者无偿提供治牙疼医方的启事广告。

1959年5月,商业部发出了加强广告宣传和商品陈列工作的通知,要求各地特别是45个对外开放城市做好商业广告工作。同年8月又在上海召开了21个开放城市的广告会议,制定了"为生产,为消费,为商品流通,为美化市容"的方针,推动了当时广告宣传的开展。这一时期,宁夏的广告不多,政府主管部门没有制定具体的广告管理办法。

四、打击投机倒把活动

1964年,根据国务院对中央工商行政管理总局报告上的批示:"目前国内政治、经济形势正在进一步全面好转,但是市场上两条道路的斗争仍然相当尖锐,打击投机倒把和制止资本主义自发势力的工作决不能放松,而应当继续深入",全区在建立健全管理制度,加强经常性管理的同时,继续开展取缔私商长途贩运、转手买卖,打击投机倒把活动。

全区各级工商行政管理机关在"文化大革命"这一时期查处的投机倒把活动主要有:倒买倒卖,地下基建队、黑包工,非法套购重要生产生活资料,贩毒及倒贩黄金、银元等。1972年2月,自治区革命委员会颁布《关于坚决打击投机倒把,加强市场管理的暂行规定》,《规定》下发后,全区继续开展打击投机倒把活动,至1972年末,据16个市县不完全统计,共查处了投机倒把违法违章案件3560起,没收布票9万尺,粮票1万斤,罚没款15万余元,依法捕办了重大投机倒把惯犯5名。

第二部分　(1979—2008.6)

第一节　宁夏回族自治区工商行政管理局机构沿革与职责调整

1983年7月,自治区机构改革领导小组对自治区工商行政管理局机构设置和人员编制重新核定,核编后内部机构设办公室、市场管理处、经济合同处、工商企业登记处、个体经济管理处,行政编制40人;成立自治区商标广告商品质量监督所(原商品质量检验局更名),事业编制20人。

1994年7月自治区人民政府决定调整银川、石嘴山两市工商行政管理体制。调整后,银川市城区、新城区和郊区3个工商行政管理分局体制不变;银川高新技术开发区工商局、银川商城工商处改为银川市工商行政管理局的分局;调整石嘴山市所辖大武口、石嘴山、石炭井3个区的工商行政管理局隶属关系,即由原各区工商行政管理局改为市工商行政管理分局;调整后的银川、石嘴山两市工商行政管理分局,均为市局的派出机构,由市局统一领导,统一管理。

1996年3月,自治区人民政府办公厅印发了《自治区工商行政管理局职能配置、内设机构和人员编制方案的通知》,自治区工商局内设办公室、人事教育处、法制处、公平交易局、企业注册处、个体私营经济监督管理处、市场监督管理处、商标广告监督管理处、经济合同监督管理处等9个业务处室和纪检组(监察室)、机关党委。机关行政编制69名。同时,撤销商标广告商品质量监督所,有关行政职能由商标广告监督管理处承担。

1998年11月,国务院批转《国家工商行政管理局工商行政管理体制改革方案》,方案指出:"改革现行工商行政管理体制,实行省以下工商行政管理机关垂直管理。"自治区人民政府1999年1月印发了《关于工商行政管理体制改革的通知》,要求"改革现行工商行政管理体制,实行自治区以下工商行政管理机关垂直领导,强化市场监管和行政执法,更好地维护市场秩序,促进全区社会主义市场经济的健康发展"。工商行政管理改革以后的新体制:(1)自治区工商行政管理局为自治区人民政府的工作部门。(2)地、市工商行政管理局(含银川市高新技术开发区工商行政管理局)为自治区工商行政管理局的直属机构(市辖区工商行政管理局仍为市工商行政管理局直接管理的分局)。(3)县(市)工商行政管理局为地、市工商行政管理局的直属机构。(4)工商行政管理所为县(市、区)工商行政管理局(分局)的派出机构。按经济区域设置,或根据监管工作的需要,为地、市工商行政管理局的派出机构。(5)工商行政管理机关和物价管理机关合并设立的,在此次工商行政管理体制改革中要分开。原物价部门的人员(包括领导干部)全部分离出去(属原物价部门所有的资产,随机构分设一并分离)。(6)个别市、县在本行政辖区外(吊庄、开发区)设立的工商行政管理机构,在此次工商行政管理体制改革中划归所在地、市、县工商行政管理局管理。(7)各地、市、县工商行政管理局所属的事业单位和社团组织,也随此次体制改革一并划转。(8)工商行政管理机关实行垂直管理后,有关人员编制的管理权限统一上收到自治区工商行政管理局。(9)全区工商行政管理系统工作人员的调配由自治区工商行政管理局统一负责。(10)自治区工商行政管理局对全区工商行政管理系统财务经费实行统一管理。(11)全区各级工商行政管理系统的人员经费、公用经费、办

案经费、装备经费从1999年1月1日起,统一纳入自治区财政支出预算。基础设置经费纳入社会发展计划,实行统一规划和管理。(12)各级工商行政管理机关现有的办公、住宅用房、交通、通信工具和其他固定资产全部划归各级工商行政管理局管理和使用。(13)各地、市、县工商行政管理局要在与所办市场实行机构、职责、财务、人员"四分离"的基础上,彻底解决办管脱钩问题。

2000年7月,自治区人民政府办公厅批转了《自治区工商行政管理局职能配置、内设机构和人员编制规定的通知》,规定自治区工商行政管理局是自治区人民政府主管市场监督管理和行政执法工作的直属机构。对自治区工商行政管理局的职能进行了调整,一是将指导广告业发展的职能交自治区经济贸易委员会;二是取消市场培育建设、市场布局规划职能;三是把引导个体、私营经济发展职能交给有关的行业协会。明确了自治区工商行政管理局主要职责是:(1)贯彻执行国家有关工商行政管理的方针、政策和法律、法规,拟定工商行政管理的地方性法规、规章。(2)组织管理工商内、外资企业和从事经营活动的单位、个人的注册;依法核定注册单位名称,审定、批准、颁发有关证照,实行监督管理。(3)组织监督检查市场竞争行为,查处垄断和不正当竞争案件,依照法律、法规打击流通领域的走私贩私行为和经济违法违章行为。(4)组织保护消费者合法权益,组织查处侵害消费者权益案件,组织查处市场管理和商标管理中的经销掺假及假冒产品行为。(5)组织管理经济合同,查处利用经济合同的违法行为;组织管理动产抵押物登记,组织监管拍卖行为。(6)组织实施各类市场经营秩序的规范管理和监督。(7)组织管理经纪人、经纪机构。(8)组织管理商标注册工作,认定著名商标,组织查处商标侵权行为。(9)组织管理全区广告发布与广告经营活动。(10)组织管理全区个体工商户、个人合伙和私营企业的经营行为。(11)领导全区工商行政管理业务工作。(12)管理全区工商行政管理系统人事、财务、装备等工作。(13)承办自

治区人民政府交办的其他事项。

第二节 宁夏回族自治区工商行政管理发展成就

工商系统实行省以下垂直管理后，自治区工商局积极适应市场监管需要，不断探索创新，市场监管、行政执法、队伍建设，通过多年的努力，迈上了新台阶。

一、坚持把队伍建设放在一切工作之首

先后在全系统开展工商所初级规范化达标活动，加强制度建设和基础设施建设，有162个工商所通过国家工商局初级规范标准验收；从1990年开始，按照自治区工商局制定的干部教育5年规划，实施区、市、县三级培训，全区工商系统2 300多名干部受到了政治理论、职业道德、工商法律法规、国家公务员知识等培训教育。通过在全系统推行国家公务员制度，对1999年实行垂直管理后招收的1 820名干部进行全面考核认定，有1 797名干部过渡为国家公务员；对768名"以工代干"人员进行国家公务员考录，有519名被录用为国家公务员。通过竞争上岗、双向选择、公开选调机关工作人员等举措，激活了用人机制，推进了人事制度改革。截至2008年，全区工商行政管理系统共有省级局1个，地级局7个，县级局14个，分局12个，工商所122个，经检队32个，共有在职公务员2 023人。党团员占63.1%。队伍的结构逐渐年轻化，45岁以下的人员占71.4%，文化层次逐步提高，大专学历以上人员占75.2%。工商行政管理队伍基本实现了年轻化、知识化，整体素质全面提高，为加强市场监管和行政执法奠定了坚实的基础。

坚持抓廉政建设和广泛开展民主评议行风活动，工商行政管理干部队伍的精神面貌发生了可喜的变化。"依法行政，文明管理"意识不断增强；作风纪律明显好转；"经济卫士"的良好形象逐步树立。工商系统垂管以后，区工商局提出"抓班子、带队伍、促执法、上水平、树形象、正行风"十八字工作方针，在全系统设置了纪检监察机构，配齐了纪检监察人员，先后制定了《工商行政管理人员廉政档案管理暂行办法》等制度，按照区局党组制定的《自治区工商系统党风廉政建设责任追究制实施细则》，各地都层层签订责任书，加大平时考核的力度。各级工商系统纪检、人教部门密切配合，结合年度考核对公务员进行考核，考核结果作为任用干部的依据，在选拔用人、评优评先上坚持党风廉政一票否决制。同时，坚持离任审计制度。加大案件查办力度，查处违法违纪工作取得新成果。全系统采取了一系列措施抓纠风工作。积极推行政务公开，增加执法透明度，着装挂牌上岗，探索权力分解，紧紧围绕规范行政行为、提高行政效率这个中心，在全系统全面推行了服务承诺制、首问首办责任制、一次性告知制、限时办结制、预约服务制、延时服务制、上门服务制、企业登记一审一核制、AB岗制、行政执法过错责任追究制等十项制度，努力构建优质高效的服务机制。发挥工商系统内外监督的作用，聘请义务监督员，成立行风督查队，为地市工商局和银川开发区工商局配备行风督察车辆。全面推进工商廉政文化进机关、进基层、进家庭活动，收到了较好的教育和警示效果。石嘴山市工商局和青铜峡市工商局还被国家工商总局确定为全国工商廉政文化示范点。全区122个工商所全面实行执法人员向监管服务对象代表述职述廉制度，有力地促进了工商所干部作风的转变，国家工商总局在全国工商系统进行了推广。全面落实征收个体工商户、集贸市场管理费"定、收、查"三分离制度，全系统34个局、12个注册大厅、74个城镇工商所和部分农村工商所实现了微机打票收费，一些单位还采取银行代收代缴的方式，有效地纠正了收入情费的问题，实现了源头防范。建立全区工商系统巡视工作制度，加强了对领导班子、领导干部的监督，国家工商总局、自治区纪委、自治区党委组织部领导分别作出批示给予肯定，区党委组织部、巡视办还以信息形式转发了该局的经验。采取明察暗访的形式，抓典型、查根源，实现监督到位。经过全系统广大干部职工的不懈努力，在"树形象、正行风"方面取得了丰硕的成果。在 2007 年度自治区民主评议政风行风中，全区工商系统和自治区工商局位居第二名，全系统参评的 31 个市县（区）工商局（分局）全部进入前三名，其中第一名 13 个，第二名 16 个，第三名 2 个。全区工商系统受到省部级以上综合表彰的先进集体 60 多个，先进个人 70 余名。精神文明建设取得新进展，全系统 1 个单位被评为国家级精神文明建设工作先进单位，1 个单位被评为全国创建文明行业工作先进单位，10 个单位达到自治区级文明单位，14 个单位达到市级文明单位。在整顿市场经济秩序中，灵武市工商局磁窑堡工商所长胡学勤在查处非法贩运土炼油的过程中，面对不法分子的引诱威胁，大义凛然，壮烈牺牲，用鲜血和生命捍卫了法律的尊严，维护了人民群众的根本利益，谱写了新时期红盾卫士的壮丽诗篇。他的英雄事迹在全国工商系统和自治区广大干部群众中引起了强烈反响，掀起了向胡学勤学习的高潮。

二、工商法制建设成绩显著

参与制定了《宁夏消费者保护条例》、《宁夏反不正当竞争条例》、《宁夏个体工商户管理条例》、《宁夏经纪人管理条例》、《宁夏经济合同管理条例》、《宁夏外商投资企业管理条例》、《宁夏户外广告管理条例》、《宁夏商品交易市场管理条例》等八部地方性法规。同时按照国家法律、法规的规定和 WTO 规则的要求，对全系统涉及有关工商行政管理的 676 件地方性法规、规章以及规范性文件进行了修订和清理，其中建议废止的 541 件，保留施行的 135 件。使其更好地适应了改革开放和经济发展的需要，为基层更好地履行监管职能创造了良好的条件。

为强化对行政处罚行为的监督，提高全系统依法行政的水平，依照国家工商局的有关规定，制订和完善了办案机构立案调查、法制机构核审把关、局长负责审批定案的"办、审、定"三分离制度，同时建立了重大案件集体研究决定制度，制定了《宁夏工商行政管理行政处罚案件核审办法》、《宁夏工商行政管理机关当场处罚程序规定》、《宁夏工商行政管理行政执法监督办法》等规定。通

过逐步实行办理案件由法制机构核审的案件核审制度，强化了对行政执法的监督，促进了办案质量的提高。《行政处罚法》颁布后，各级工商行政管理部门依据《行政处罚法》的规范性规定，认真开展了听证工作，有效地保护了当事人的合法权益，促进了公开、公平、公正执法。制订《宁夏工商行政管理机关扣留（封存）及罚没财物管理办法》、《宁夏工商行政管理机关行政处罚案件结案办法》，通过加强督促指导，每年组织多次的案件评查、开展执法检查，规范行政处罚文书等多种形式，有力地强化了执法监督，逐步规范了基层的执法行为，提高了依法行政的水平。

行政复议和行政诉讼制度确立以后，各级工商行政管理机关把行政复议、行政赔偿和参与行政应诉作为法制工作的一项重要内容，及时制定了《宁夏工商行政管理局行政复议委员会议事规则》、《宁夏工商行政管理机关行政复议程序规定》、《宁夏工商行政管理机关行政赔偿案件审理程序规定》。在行政复议工作中，健全复议审理规则、完善工作机制、提高复议工作人员能力，有效地化解了执法纠纷，达到了案结事了定分止争的目的。在执法队伍建设上，通过加强法律法规培训和学法教育，不断提高工商行政管理人员依法行政的意识和能力，现代执法理念在干部队伍的思想和行动上得到有效的体现。通过组织执法人员考试，发放执法资格证的措施，杜绝了不具备执法资格人员从事执法的问题。通过完善《行政执法责任制》、《行政执法过错责任追究制》等十项制度，进一步规范了执法行为，全系统的行政复议、应诉工作逐步走上了规范化、制度化的轨道。系统内全面实行了说理式行政处罚文书，制订了自由裁量权规范标准，行政执法行为的规范化水平进一步提高，保护了当事人的合法权益。

为切实提高全系统干部的法律知识水平，增强全社会的法律意识，各级工商行政管理机关高度重视法制宣传工作。结合国家普法教育活动的开展，通过举办法律知识培训班、法律知识讲座和法律知识竞赛等多

种形式,在全系统内广泛宣传法律法规,提高了工商行政管理执法人员的法律知识水平,促进了依法行政,为工商行政管理执法工作的开展营造了良好的社会执法环境。在做好系统内部普法宣传的同时,"法律六进"活动不断向纵深发展,尤其是以青少年为对象的"工商行政管理法律知识进校园"活动的开展,执法人员与学生"大手拉小手"转化为学生"小手拉大手",共同促进维权的良性互动效果越来越明显。

三、企业登记管理走向成熟

自1973年恢复工商局建制后,自治区工商局即着手调查研究工商企业的登记管理工作。1978年自治区批转《宁夏工商企业登记管理办法》后,全区的企业登记管理工作开始得以恢复和发展。1978年,全区登记注册的各类工商企业1 072户,从业人员14.3万人。1983年4月国务院颁布了《国营工业企业暂行条例》,明确规定了企业的法人地位,全区的企业登记管理工作步入迅速发展阶段。1983年全区登记注册的工商企业9 560户,从业人员343 852人。注册资金35.47亿元,分别比1979年的企业户数增长了130%,从业人员增长了33.72%,注册资金增长了298%。

1984年、1988年出现两次公司热。仅1983年至1984年一年中,该区就兴办了2 253家公司。1985年国务院发出了《进一步清理和整顿公司的通知》,仅一年时间,全区对各类公司的清理就已初见成效,清理后减少了4 295家。时隔不久,"公司热"再度升温,到1988年公司数增至15 425家,为了维护正常的经济秩序,全区再次对公司进行了清理整顿,查处了一大批违法经营的公司,帮助解决了一些公司政企不分的问题,取得了较好的成绩。到1990年公司已减少到13 495家。通过再次清理整顿,维护了正常的经济秩序,保障了改革、开放、搞活方针的正确贯彻。

1994年7月1日《中华人民共和国公司法》正式实施后,全区的企业登记管理工作紧紧围绕建立现代企业制度改革目标,改革和完善企业登记管理制度,在法律建设、监管力度,加强工作规范化建设和基础建设等方面开展了一系列工作。

1997年自治区工商局认真贯彻落实国务院"抓大放小"的方针政策,积极介入大中型企业改制工作,推行国有、集体企业联合、改组、租赁、承包经营,支持和帮助中小企业进行股份合作制试点和探讨,较好地支持了股份合作制企业的发展。据统计,全区已对300余户企业进行了股份合作制改造,使企业改革出现了新局面。

1999年,是全区工商行政管理体制改革的第一年,全区企业登记注册管理工作以此为契机,加大了对基层工商局的指导力度。首先,为解决好垂直领导体制与分级登记管理体制的衔接,有效地发挥企业登记管理在市场经济中的作用,实现职能到位,专门下发了《关于调整规范全区企业登记管理管辖权的通知》文件,对全区企业登记管辖权限进行了调整和规范,向各市、县工商局下放了本由自治区工商局登记管理的企业438户。其次,认真做好对基层工商局企业登记管理业务的指导,及时研究解决基层企业登记管理方面的问题。同时,充分的利用年底对各市、县工商局进行千分制考评的机会,对考评单位进行企业登记管理业务指导,提高基层企业登记管理人员的业务素质。

全面推行"经济户口"管理。2001年10月,全区召开了改革工商所监管方式现场会,部署了改革监管模式,实行企业"经济户口"管理等一系列举措,通过对辖区内资、外资、私营企业、个体工商户实行"经济户口"管理,建立户口登记卡和监督管理档案,全面记载登记注册、经营行为和经营状况、监督管理情况,为日常监管提供可靠的信息资料,逐步实现了对市场主体行为的全方位动态监管。并在此基础上积极开展企业信用分类监管,截至2007年底,完成了区—市—县(分局)—工商所的四级联网和与国家工商总局的联网改造,加强企业信用信息基础数据录入、整合和修正工作,清理规范企业、个体工商户档案225 146户,补录修正基本信息139 261条,完善了数据库,实现了企业信用信息共享。根据企业信用等级分别对企业实行近距离、中距离和远距离监管,在国家工商总局的检查考核中,被评定为优秀等次。为提高工作效率,降低行政成本,推行了企业网上年检工作,不仅增强了监管效力,而且促进了干部业务素质的全面提高。

大力整顿规范公司出资行为。2002年根据国家工商总局和公安部《关于整顿规范公司出资行为的通知》文件精神,结合开展2001年度企业年检工作,全区各级工商行政管理机关与公安机关相互配合,集中力量对公司出资行为进行了专项整治。全区共出动执法人员6 370人次、车辆1 412台次,聘请专业会计对企业和中介机构进行了抽查,共检查1 274户企业,抽查面达到公司总数的24.2%。涉嫌违法案件336起,涉案金额5 231万元。全区工商系统实施简易处罚程序284起。立案52起,其中涉嫌虚报注册资本案16起,虚假出资案22起,抽逃出资案10起;会计师事务所出具虚假验资报告案3起;评估机构出具虚假评估报告案1起。在整治工作中,向117户公司给予违章提示,责令限期改正;吊销营业执照250户,办理注销登记3户;罚款42.87万元。通过专项整治,较好地规范了公司出资行为,促进了公司依法经营和市场经济秩序的好转。

2005年以来全区工商系统企业登记管理部门把支持经济发展作为企业登记工作的重点,按照建立归属清晰、责权明确、保护严格、流转顺畅的现代产权制度的要求,大力支持国有企业、集体企业实施规范的公司制改造;积极支持银行、电信、电力、民航等行业的改革重组,做到改制衔接不乱;支持铁道、邮政、城市公用事业实行政企分开,做到产权明晰、脱钩彻底。在不违背法律法规的前提下,对国有企业改制登记注册实行宽松的政策,加强政策指导,提前介入,对重点改制企业落实专人负责,全程服务,严格依法行政,规范改制行为,认真做好国有企业改组、改制的变更登记工作,依法做好"关停并转"企业的变更、注销登记和吊销营业执照工作,支持国有企业做好主辅分离,在国企改制难点明确产权关系上认真审核把关,重点防止国有资产流失。2002年至2006年

全区工商系统共办理国有、集体企业改制登记543户。

2007年,自治区工商局创新注册登记工作机制,搭建了"便企"平台,畅通"联企"渠道,建立了领导挂钩服务机制。深入自治区重点工业骨干企业和非公有制工业骨干企业,开展"红盾助企心连心"活动,帮助企业解决在市场经营过程中涉及工商行政管理的问题,指导企业完善落实现代企业制度。全区各级登记机关积极支持"三农"建设,对涉及社会主义新农村建设的邮政部门中邮物流公司和供销社系统中农金合公司的农家店给予了积极支持。自治区工商局从规范经营出发,帮助企业出主意、想办法。要求加盟的农资经营户必须与中邮物流公司等签订加盟合同,由公司统一配送,取缔无照经营行为。全区工商系统共办理各类农家店注册登记1 604户。

关注民生服务社会,为"创业者"提供优质服务。2008年全区各级工商行政管理机关认真贯彻自治区党委、政府以人为本,构建和谐社会的战略部署。把2008年自治区人民政府继续实施10项民生计划、突出办好30件直接关系群众利益的实事的工作部署和落实"实施创业带就业计划"和"培育一批创业者"的要求,当作一项重点任务来抓。发挥工商行政管理职能,自治区工商局及时制订了《关于贯彻落实自治区人民政府培育一批创业者计划的实施意见》,层层分解任务,强化责任落实,采取多项有效措施,大力推进"创业带就业计划"的实施。全区工商系统培育小老板1 348个、小企业1 356户、创造新的就业岗位12 719个,吸纳下岗失业和大学生就业12 800人(次),超额完成了任务。

大力支持现代服务业和新兴行业的发展。围绕增加服务业企业总量,优化企业行业结构,增强企业经济活力这一目标,全区各级登记机关,认真贯彻落实《自治区工商局关于发展服务业跨越式发展措施》,充分发挥职能作用,按照局党组"五办、四通"的要求,积极开展工作。截至2008年6月底,全区共注册内资企业10 070户,注册资本

810 亿元,企业规模不断扩大,竞争力持续增强。

四、外商投资企业逐步壮大

自 1979 年《中外合资经营企业法》、《中外合作经营企业法》和《外资企业法》陆续实施以来,自治区全面实施开放带动战略,吸引外商投资的规模不断扩大,水平逐步提高,外商投资企业经历了从无到有、从小到大、从点到面的不断发展壮大的过程,全方位、多层次、宽领域的对外开放格局初步形成,外商投资企业的发展对自治区经济起到了积极的推进作用。

从 1984 年自治区批准第一个外商投资企业起,截止到 2008 年 6 月,全区工商系统共登记注册外商投资企业 662 户,实有户数 288 户,其中中外合资企业 185 户,外商独资企业 77 户,中外合作企业 23 户,外商投资股份有限公司 3 户,投资总额 24.17 亿美元,注册资本 13.04 亿美元,外方认缴出资额 8.69 亿美元。其中投资总额在 1 000 万 ~ 5 000 万美元以上的 35 户,5 000 万美元以上的 13 户。

三十年来,宁夏的外商投资企业登记管理工作在国家工商总局和自治区党委、政府的领导和亲切关怀下,坚持以经济建设为中心,解放思想,更新观念,勇于开拓创新,本着工作规范、职能到位、高效服务这一指导思想,积极推进外资企业登记管理工作的规范化、制度化,努力为实施西部大开发战略和地方经济发展服务。

1. 逐渐起步。1984 年,在银川举办了宁夏首届国际经济技术合作洽谈会,共有 14 个国家和地区的 150 多名客商参加,签署技术引进项目 14 个,利用外资项目 4 个,金额 1 060 万美元,并在该区设立了第一家外商投资企业。

1985 年,宁夏又举办了伊斯兰国际经济技术洽谈会,共有 19 个国家和地区的 110 多名客商参加。签署技术引进合同 9 个,总金额达 830 万美元,随后 5 家通过合资、补偿贸易及租赁形式直接吸收外商陆续启动,宁夏利用外资项目自此打开了一扇崭新的大门。

1986 年以后,随着国家利用外资方面的法律、法规、政策等的逐步完善,宁夏的外资登记管理工作也逐步走上了规范化的轨道。到 1991 年末,自治区共登记外商投资企业 18 户、投资总额 3 595 万美元、注册资本 2 775 万美元,外方认缴出资额 1 390 万美元。主要分布行业为制造业。此阶段基本特点是外资企业发展速度缓慢且规模小,每年平均 1.5 户。每户企业平均注册资本 120 万美元;资本到位率低,实际到位资金仅为 26.5%;亏损面大,占总户数的 83.3%。

针对这一阶段外商投资企业规模小、起点低、企业管理人员法制意识不强的情况,宁夏回族自治区工商局的主要工作重点是通过日常检查和年度检验,对企业进行法律、法规宣传,提高企业依法守法经营的自觉性,同时,按照国家工商行政管理局《关于做好外商投资企业登记管理工作的通知》精神,积极主动地争取自治区人民政府的支持,设置外商投资企业登记管理机构,配备专职人员做好授权准备工作。

2. 迅速发展。1992 年,为贯彻党的"十四大"精神,自治区党委、政府加大了对外开放力度,全区对外开放领域不断扩大,对外开放层次和水平有了新的提高。从 1992 年到 1999 年全区外商投资企业新增了 380 户。外商除继续投资机械、化工、冶金等行业外,增加了对羊绒、房地产、餐饮等产业的投入。种、养殖等基础特色产业项目开始受到重视,全区产业结构得到一定程度改善,外商投资产业结构趋向合理。投资客商也由原来的香港、澳门、美国、意大利、德国等 5 个国家和地区发展到了东南亚、欧盟的 28 个国家和地区。同时日本松下、马来西亚中策等国外一些大公司也开始在该区投资。外商投资企业在自治区部分行业领域中占据了重要位置。其中马斯特羊绒集团这家拥有 5.1 亿元资产的大型产业集团领跑了该区羊绒加工这一特色产业。作为较早发展起来的宁夏大荣化工冶金有限公司,多年来依靠该区资源优势,坚持实施科技加快下游精细化工产业开发,不断拉长产业链,其主导产品单氰胺、双氰胺年生产量居亚洲第一,其中双氰胺 90% 以上出口国外,客户遍及 30 多个国家和地区,累计创汇 8 000 万美元。这一期间,全区实际利用外资 4.17 亿美元,其中直接吸收外商投资 1.39 亿美元。全方位、多层次、宽领域的对外开放格局初步形成,有力地推动了全区经济和社会的全面发展。

作为登记管理机关的宁夏回族自治区工商局,认真贯彻邓小平同志南方谈话及党的"十四大"精神,深入实践"三个代表"的重要思想,按照总局和自治区党委、政府在这一时期的工作重点和思路,进一步解放思想、更新观念、加快改革,充分发挥外资登记管理职能作用,指导和扶持外资企业,有效地促进了外商投资企业的健康发展。

1992 年 7 月 1 日,国家工商行政管理局授予宁夏回族自治区工商局外商投资企业核准登记权。1995 年 8 月 16 日,自治区人大通过了《宁夏回族自治区外商投资企业登记管理条例》。1997 年,区工商局本着利用外资"积极、合理、有效"的方针,进一步完善登记管理工作。具体就登记文件、材料的申报工作和核实投资者的实际投资能力、核发执照有效期限、督促企业按期到位等工作进行了规范。

3. 形成格局。2000 年以来,自治区直接吸收外商投资方面已经形成了绝大多数地区、部分领域有外商投资的格局。外商在宁夏的投资领域已扩展到电子、建材、生物制药、通信等 30 多个行业。在柠檬酸、乳制品、铁路轴承、干法造纸、特种水泥等生产项目上填补了自治区的空白或提高了产品的档次,外商投资范围已扩展到全区 16 个市县(占全区的 75%)。投资客商来自五大洲的 36 个国家和地区。跨国公司开始来宁投资,一些国际知名的大企业如新加坡佳通集团、韩国三星集团、挪威埃肯集团、德国的 FAG 集团等已在自治区投资兴办实业。相继涌现了宁夏长城须崎铸造股份有限公司、宁夏小巨人机床有限公司、埃肯(中国)碳素有限公司等一批上规模、上档次、有效益的优秀外资企业。以上有效益的优秀外资企业在中国工业经济联合会、中国机械工业联合会、中国工业报社联合公布的 2002 年中国机械工业企业核心竞争力排行榜上有名。

为了适应"入世"形势的需要,更好地改善投资环境,加速宁夏的经济发展。2001 年 3 月自治区人民政府转发了自治区工商局《关于进一步改进企业登记管理工作的意见》,自治区工商局又于 2003 年 6 月出台了《关于促进县域经济发展的意见》。这些政策和措施的落实,有力地促进了自治区外商投资企业的发展,也对自治区外商投资企业登记管理工作提出了更高的要求。同时,为适应工商行政管理体制改革和监管社会主义大市场的客观要求,自治区工商局按照国家工商总局的工作部署,以改革外资企业监管模式为突破口,积极探索登记机关与工商所上下联动的监管机制,有效地促进了职能到位。2001 年 10 月自治区工商局分别在银川市、石嘴山市、吴忠市和固原市选择的四个"经济户口"试点工商所的基础上,召开了全区工商系统改革工商所监管方式工作现场会,全面总结和推广了试点工作经验,并下发了《宁夏回族自治区工商行政管理局企业"经济户口"管理暂行办法》和《宁夏工商局改革工商所监管方式、强化日常监管职能实施意见》两个规范性文件,推行外资企业"经济户口"的监管模式。2003 年,又结合实际制定下发了《关于建立企业属地监管工作联络点的实施意见》、《关于进一步加强企业属地化监管工作的规定》,对工商所的工作任务、职责进行了细化,并赋予其一定的检查、处理权。全区 148 个工商所已经全部建立了企业"经济户口"书式档案,其中 88 个城镇工商所已基本建立了机读档案,部分市(区)实现了市局、分局与工商所的联网、信息交流。

随着国家西部大开发战略的实施和"入世"后形势发展的需要,自治区工商局认识到尽快落实专职机构、明确职能势在必行。局党组把握 2003 年重新授权工作的有利时机,积极协调争取。2003 年 5 月 6 日自治区工商局增设了外商投资企业登记管理处,并按照《授权办法》规定明确了外资登记管理工作的职权范围、具体内容、工作时限,同时还规范了登记工作的程序、职责,制定了较为完善的催缴出资制度、场地勘验制度、回访检查等 5 项制度;全力推行政务公示制、限时服务制、首问责任制,从而形成了以制度管人、以责任管事的良好服务机制。

自治区"十五"计划纲要关于积极利用外资方面提出,宁夏利用外资的重点是吸收外商直接投资,积极拓宽投资领域,争取在金融、保险、采矿、咨询、商业、外贸、旅游等方面有所突破。在继续保持原有吸收外商投资方式和渠道的前提下,尝试国际通行的 BOT 融资等外商投资新形式,开展以市场为导向、企业为主体、存量资产为重点的对外招商引资、重点加强对跨国公司的招商力度。

2004 年 3 月份,由新加坡佳通轮胎私人有限公司投资的国内最大半钢轮胎项目落户银川,世界第二大铝业公司加拿大铝业公司与宁夏青铜峡铝业集团有限公司和宁夏电力投资公司合资的宁夏加宁铝业有限公司,实现了强强联合,这将对世界铝工业的发展产生积极的影响,也将有力推动宁夏进一步对外开放。

2004 年 3 月 17 日,国家工商总局对自治区工商局外资登记管理工作重新进行了确认授权。

2006 年根据国家工商行政管理总局《关于实行数据联网建立全国外资登记管理数据监测分析系统的通知》精神,宁夏外资登记管理数据库中第一批联网数据按照规定及时上报,实现了宁夏外资数据库与国家外资登记数据库的联网工作。

在外资企业网上年检方面,根据 2006 年工作要点,宁夏回族自治区工商局被国家工商总局定为全国首批试点地区,接到任务时,宁夏工商局网上年检系统刚刚建成还未正式运行,要实现国家工商总局"统一使用全国外商投资企业网上年检系统"的要求,存在较大的现实困难。但尽管如此,自治区工商局党组对此项工作高度重视,组织外资处和信息中心的同志认真学习研究全国外商投资企业年检系统工作会议的精神和要求,排除种种障碍,按照总局的要求修改和

使用现有的网上年检系统,并确保了 3 月 1 日按时开通。为使外资网上年检工作的顺利开展,自治区工商局通过多种渠道发布网上年检通知和操作步骤,提高企业对年检报告书和外商投资企业网上年检系统的认知度,同时加强对企业相关人员的培训,解答企业存在的疑难问题,使其熟练掌握运用外商投资企业网上年检系统。实践证明,推行网上年检,使企业申办年检变得更加方便快捷,大大减少了企业因种种原因往返工商局的次数,此项新举措受到了参检企业的普遍好评。截至目前,外资企业年检已全部实行网上年检。

五、个体私营经济蓬勃发展

党的十一届三中全会以前,全区共有个体工商户 31 户,从业人员 60 人,私营企业没有一家。自治区党委、政府先后出台了一系列促进个体私营经济发展的政策措施,推动全区个体私营经济的蓬勃发展。全区各级工商行政管理机关,认真贯彻执行党中央、国务院和自治区党委、政府的各项路线、方针、政策和法律法规,严格执法,依法行政,始终把促进发展、扶持引导放在首位。在不断调查研究的基础上,及时制定和完善适应全区个体私营经济发展、管理的相关政策,在经营方式、经营范围、注册资本等各方面,为个体私营经济的发展创造宽松的政策环境,从而促进了个体私营经济的快速发展。2007 年提请自治区人民政府批转了《农村土地信用社登记管理办法》,制定了《关于加快推动全区服务业又好又快发展的实施意见》,率先在全国开展农村土地信用社登记注册,鼓励和引导农民盘活农村相对闲置的土地使用权,促进了农民增收。认真贯彻《农民专业合作社法》,推动农业产业化发展。开辟"绿色通道",以优质服务和优惠政策促进农村经纪人快速发展。截至目前全区共登记农村土地信用合作社 30 户。入社社员数 2 199 人,注册资本 1 021.54 万元,存入耕地 1.648 万亩,贷出耕地 1.648 万亩,贷出土地收入 201.1 万元。

2008 年,宁夏回族自治区工商局以贯彻《国务院关于进一步促进宁夏经济社会发展

的若干意见》,落实自治区党委、政府《关于大力推进全民创业的意见》和全区"全民创业大会"精神为契机,围绕经济建设的中心任务,在服从和服务宁夏经济发展大局、制定更加优惠的政策措施、促进了个体私营经济发展。制定了《自治区工商行政管理局关于落实全民创业计划的实施意见》(46条)。落实"实施创业带就业计划"、"培育一批创业者"。制定下发了《关于贯彻落实自治区人民政府培育一批创业者计划的实施意见》,在法律政策许可的范围内,进一步降低市场门槛,鼓励、支持全民创业;搭建"便企"服务平台,畅通"联企"渠道,开展"千名党员联系千家企业活动";开展法律咨询服务活动,主动帮助企业解决实际困难,支持、引导自主创业。认真做好全区工商系统停止征收"两费"工作,制发了《自治区工商局关于停止征收"两费"后进一步加强和改进市场监管工作的指导意见》,指导各地转变服务方式,促进监管职能到位;制发了《关于进一步加强农民专业合作社登记工作的通知》,要求各级工商局进一步降低准入门槛,依法规范登记,鼓励农民创业;加强宣传服务引导,各基层工商局深入农户宣传法律法规和政策,利用互联网络为农民提供农业经济信息和产品销售渠道,帮助农民实现"建一个组织、兴一个产业、活一方经济、富一方百姓"的目标要求。在不断强化服务意识,提高服务质量的同时,充分发挥行政职能作用,一方面积极鼓励发展,为个体私营经济提供优质服务;另一方面严格执法、严厉打击违法违章行为,为个体私营经济营造公平竞争的市场环境。同时加强个体工商户和私营企业主的法制教育,不断规范其生产经营活动,确保个体私营经济始终朝着健康有序的方向发展。

目前,个体私营经济不仅遍布于农、林、牧、渔、建筑、建材、交通运输、冶金、化工、电子、食品、生物制药、旅游、信息广告、社区服务等国民经济的各个行业,而且在国民经济和社会生活中的地位与作用不断提高:一是个体私营经济已经成为该区一些市、县财政收入的重要来源;二是个体私营经济在繁荣该区城乡市场,方便群众生活等方面发挥着主要作用;三是个体私营经济的发展,有力地推动了国有企业改革的进程;四是个体私营经济成为吸纳社会闲散劳动力和安置下岗职工再就业的重要渠道;五是个体私营经济倡导和推动的光彩事业,在支持社会公益事业和促进该区精神文明建设方面作出了新的贡献。到2008年6月底,全区共登记注册私营企业24 457户,注册资本596亿元,发展步伐不断加快。登记注册个体工商户146 965户,从业人员316 600人,资金数额42亿元,连续4年保持了稳定快速的增长势头。

六、市场规范管理步入轨道

作为一种传统的商品交换形式,集市贸易在宁夏有近百年的历史。1978年,全区集贸市场有98个,年上市商品成交额只有300多万元。党的十一届三中全会以后,全区集贸市场迅猛发展。自1984年起,为适应经济发展的需要,全区各级工商行政管理局在当地党委和政府的领导下,千方百计筹措资金,加大市场建设投入力度,到1994年的10年间,累计投入市场建设的资金达3.6亿元,新建、改建、联建各类市场200个,为宁夏的经济发展作出了历史性的贡献。

2001年,自治区工商局按照国务院、国家工商局的要求,工商行政管理机关与所办市场实行办管分离,移交当地政府。至2001年底,全区工商系统全面彻底完成市场移交工作,全区共向当地政府移交市场123个。其中工商部门自办市场98个,联办市场25个,共移交资产2.26亿元,债权237.88万元,债务9 402.49万元。

工商系统实行省以下垂直管理后,进一步加大整顿和规范市场经济秩序的力度,不断探索新的监管方式,先后推行了市场巡查制和市场预警制等监管方式,有力地促进全区市场秩序的健康发展。围绕与工农业生产安全及人民群众健康生命安全密切相关的节日市场、农资市场、食品饮料市场等开展专项执法行动;对制假售假活动严重的"重点商品、重点地区、重点市场"进行重拳出击,开展专项整治。积极开展"百家企业打假维权"和创建"打假维权、消费者满意街"活动。1999 年至今,在全区范围内先后组织开展了"'99 红盾打假维权统一执法行动"、"工商机关与企业联手打假执法行动"、"红盾打假护农专项执法行动"、"两整顿"以及正在开展的"整顿和规范市场经济秩序行动"等一系列以打击制售假冒伪劣商品违法行为为重点的专项执法行动,净化了市场环境,保护了生产者、消费者的合法权益,维护了正常的市场竞争秩序。在整顿和规范市场经济秩序工作中,全区工商行政管理部门积极主动地开展了打击土炼油、建筑材料、地条钢、小炼油等专项整治。在打击土炼油违法行为整治中,坚决贯彻自治区党委陈建国书记"'学习胡学勤,做整顿经济秩序的红盾卫士',这项工作要一抓到底,不留死角,不留后遗症,不出现大的反复"的指示精神,会同有关部门开展了三次大规模的打击土炼油违法行为专项整治行动,先后捣毁土炼油炉上千座,对不法分子给予沉重打击,有效地遏制了土炼油违法行为的猖獗势头。仅 2007 年,全区工商行政管理系统就以"保安全、反欺诈、查侵权、求长效"为着力点,深入整顿和规范市场秩序,取得了新的成效。共查处各类经济违法案件12 721件,罚没款 955 万元,对规范市场经营秩序起到了巨大的促进作用。

随着市场经济的不断发展,宁夏回族自治区工商行政管理机关的合同监管工作,经历了以合同备案、鉴证,到合同纠纷仲裁,再到以开展"重合同、守信用"活动为主,提高企业诚信度的过程。1979 年到 1982 年,经济合同管理工作主要对农商合同、工商合同、商品合同进行鉴证、备案管理,使经济合同管理在全区生产、建设、流通等领域得到普遍推广,适应了改革开放和发展有计划的商品经济的客观要求。《经济合同法》颁布后,全区经济合同管理工作进入了新阶段,各级经济合同管理机关和仲裁机关按照法律的规定和改革的要求,从宏观上加强经济合同的调控和指导,大力开展经济合同纠纷的调解与仲裁工作,推广企业法人委托制,建立了仲裁案件评查制,对深入贯彻《经济

合同法》和规范市场经济秩序起到了促进作用。《中华人民共和国仲裁法》颁布后,按照自治区人民政府的决定,工商部门不再承担仲裁职能。以抓好经济合同管理为起点,自1988 年起,在全区广泛开展"重合同、守信用"活动,全面强化企业的合同管理,增强企业的合同意识,提高企业遵守《经济合同法》的自觉性。1999 年,《中华人民共和国合同法》颁布后,全区各级工商行政管理机关积极宣传合同法,广泛开展合同法培训。为了深入贯彻合同法,提高企业的诚信意识,自治区工商局报请自治区人民政府同意,于2000 年和 2002 年两次评选自治区级"重合同、守信用"企业 212 家,有力地促进了此项活动的深入开展。2007 年,推荐国家级"守合同、重信用"企业 20 家,评选命名自治区级"守合同、重信用"企业 193 家。

七、公平竞争环境不断优化

工商行政管理机关公平交易执法工作围绕国家和自治区有关市场监管、市场竞争方面的法律、法规规定紧密开展。工作职责由最初以打击投机倒把、走私贩私、骗买骗卖等违法行为为主要职能逐步转向以反不正当竞争行为,在监管社会主义大市场中以规范交易行为创建公平竞争环境为主要职能的历程。改革开放初期,重点打击倒卖重要生产资料和紧俏商品、哄抬物价、非法倒卖票证、欺行霸市、掺杂使假、以次充好等投机倒把行为。20 世纪 80 年代,针对就地转手倒卖重要生产资料、走私贩私多发的问题,相继开展了多次专项重点打击,查获了一批大案、要案,为计划经济向市场经济的顺利转型做出了积极努力。进入 20 世纪 90年代,随着国家颁布和实施《反不正当竞争法》、《消费者权益保护法》、《产品质量法》等法律法规,进一步明确了工商行政管理部门维护市场经济秩序的职能,为工商行政管理部门执法提供了依据,也为市场经济的正常运转提供了法律保证。

近年来,宁夏回族自治区各级工商行政管理机关公平交易部门结合本地实际,从政府关注、广大群众反映强烈的难点、热点问题入手,有针对性地开展了以打击制假售假、侵

犯消费者合法权益、公用企业限制竞争、商业贿赂、仿冒侵权、不正当有奖销售、虚假表示、虚假宣传、侵犯商业秘密、非法传销为重点的多项专项整治行动。与此同时,积极开展"扫黄打非"、禁毒、反走私、打击拼装汽车、反洗钱、反假币等工作,查处了各类经济违法违章案件67 683起,涉案总值12.7亿元。

在反不正当竞争方面,查处限制竞争案件86起,商业贿赂案件308起,其他不正当竞争案件1 735起,涉案金额1.12亿元,收缴罚没款1 402.3万元。案件查办领域涉及政府所属部门、铁路、邮政、银行、电信、供电、保险、教育、旅游、医院及医药购销、图书发行、物业管理、宾馆酒店、商品购销等多个领域。1994年石嘴山市工商局查处的该市煤气公司限制竞争强制交易案,被国家工商局列为当年度全国不正当竞争10大案例之首;1998年,在国家工商局的大力支持下,自治区工商局在全国率先查处了中财保宁夏分公司在汽车玻璃碎险理赔中指定购买不正当竞争案,得到国家工商局的好评。在打击传销方面,坚持打防结合、全面覆盖、重点监控的工作思路,采取多部门联合、强化宣传教育、建立防控网络、创建"无传销社区(村)"等措施严打传销行为,力保社会稳定。2002年查处了外地流窜到宁夏的一个1 000余人的传销团伙,2008年又查处了一个外地流窜到宁夏的近500人的传销团伙。先后取缔传销窝点674个,教育驱散传销人员13 428人次,移送公安部门处理237人次,罚没款117.6万元。有效地遏制了传销活动的蔓延势头,产生了较大的社会影响,得到了自治区党委、政府主要领导的充分肯定。土法炼油是宁夏整顿和规范市场经济秩序工作中表现比较突出的问题,不法分子在暴利的驱动下常常铤而走险、顶风作案。对此,全区工商部门与有关部门密切配合,严厉打击,取得了明显成效,也付出了血的代价,工商执法人员胡学勤同志为查处土炼油英勇牺牲。宁夏回族自治区工商局公平交易局多次到土炼油违法行为较为猖獗的灵武、同心、盐池、红寺堡等地实地调查,安排部署。各级公平交易执法人员以胡学勤

同志为榜样,重拳出击,综合整治。先后取缔了5家小型炼油厂,捣毁土炼油炉897座,炸毁土炼油炉103座,没收原油660吨,没收土炼油851.6吨,收缴罚没款763万元。2005年5月,根据温家宝总理的重要批示和国家工商总局的要求,宁夏回族自治区工商局迅速安排部署全区盐业市场专项整治行动。5月27日,由自治区工商局协调指挥,吴忠市局具体实施,在盐池县惠安堡镇南梁村和李记坝村开展了声势浩大的统一行动,拉开了全区整治盐业市场专项整治行动的序幕。共出动执法人员360名,各种车辆132台,收缴土硝盐892.79吨,填埋用于生产土硝盐的卤水井16口。在对盐业市场的专项整治行动中全区共出动执法人员5 100人次,检查经营户4 426家,查办涉盐案件6起,取缔制假窝点3个,收缴各种非食用盐、不合格碘盐996吨。在做好重点工作的同时,还积极开展了"扫黄打非"、禁毒、非法拼装、走私贩私、地条钢、建筑材料市场、装饰装修材料市场、成品油市场以及"三电"(电力、电信、电视)、反假币、反洗钱等一系列专项整治行动。收缴非法、盗版图书1 259 552册、淫秽色情书刊18 760本,盗版、淫秽光盘232 607张;查扣拼装报废汽车136辆;没收地条钢2 210吨、废旧金属674吨。

在执法工作中,宁夏回族自治区各级工商部门还注重将打假治劣同扶保名优品牌相结合,向企业发放《打假维权联络表》,建立打假维权协作网。先后与宁夏银川电线厂、西夏酿酒厂、四川五粮液集团、苏州立邦有限公司、天津飞鸽自行车集团公司等区内外100多家知名企业联手打假,保护了名优产品,扶持了企业发展,净化了市场。

八、商标广告发展方兴未艾

1978年该区广告经营单位只有8家,截至2007年底,自治区广告经营单位已发展到1 174家,广告从业人员为7 505人,广告营业额2.72亿元。30年来,自治区的广告业从手工制作牌匾、灯箱到发布大型喷绘户外广告、影视广告制作。作为广告业的主业,电视、报纸、广播、期刊四大广告媒体广告制作质量得到了较大提高,新技术、新材料已

广泛地运用于广告行业。

　　广告登记和监督管理工作伴随着广告业的发展和《广告管理暂行条例》、《广告管理条例》、《广告法》的颁布实施而不断加强。30 年来，经过全区各级工商行政管理机关的共同努力，发布虚假违法广告的现象在该区得到了有效的遏制。为贯彻我国广告法律、法规的颁布实施，根据自治区的实际情况，先后起草了《宁夏回族自治区医药食品广告管理暂行办法》、《关于试行部分产品广告的事前审查制度的通知》、《关于加强自治区广告管理工作的几项规定》、《关于在自治区试行〈广告发布业务合同示范文本〉的通知》、《宁夏回族自治区户外广告管理条例》、《宁夏回族自治区工商行政管理局广告案件报告督办制度》等法规和政策性文件，对推动全区地方经济发展，加大广告监管力度，保护自治区全区消费者合法权益起到了积极的推动作用。在加强广告监管的同时，注重加强对工商系统内部广告管理人员及广告经营单位的广告业务员、广告审查员、广告负责人法律、法规的培训，举办了各种各样的广告法律、法规培训班，共培训人员 5 000 余人，并与广告协会一道对该区涌现的优秀广告作品进行评选，推荐参加全国优秀广告作品评选。同时做好广告公司等级的认定工作。2007 年，自治区工商局实施了广告监测系统升级改造，监测各类广告 20 万余条次。积极发挥部门联席会议牵头单位作用，加大对广告发布源头和媒体发布环节的治理力度，开展了整顿虚假违法医疗、药品、保健食品、非法"性药品"、教育招生广告专项行动，查处广告违法案件 244 起，收缴违法印刷品广告 3 万余份，停止发布或责令改正违章广告 139 条，对 20 条严重违法广告在自治区内主要媒体上发布了两期《违法广告公告》，进行公开曝光，全区虚假违法广告发布呈明显下降趋势。会同自治区广告协会组织开展了和谐宁夏"大夏贡杯"全区公益广告作品大赛，推动了宁夏广告事业的健康发展。

　　商标管理工作 30 年来发展也很迅速，1978 年自治区实有有效注册商标 121 件，截至目前，有效注册商标已达 4 630 余件，申请注册商标已达 8 000 余件，随着《商标法》的逐步实施，商标管理工作已从注重商标注册转变为查处商标侵权、假冒伪劣商品、支持企业创宁夏著名商标和中国驰名商标等工作上来。自 1992 年第一届宁夏著名商标评选以来，已先后六次开展了宁夏著名商标的评选和认定工作，共认定著名商标 190 件。2001 年，在自治区工商局与中宁县政府的共同努力下，"中宁枸杞"商标被国家工商行政管理总局商标核准注册，实现了自治区"证明商标"零的突破。2002 年 3 月，经自治区工商局推荐，宁夏圣雪绒国际企业集团公司的"圣雪绒"注册商标被国家工商行政管理总局商标局认定为"中国驰名商标"，结束了宁夏回族自治区没有"驰名商标"的历史。目前全区有证明商标 3 件，中国驰名商标 5 件。为推动商标战略实施，积极开展了商标富农、商标兴农工作，2007 年，提请自治区人民政府批转了《关于加快推进我区商标战略的意见》、《2008—2012 年中国驰名商标和宁夏著名商标培育发展规划》，修改制定了《宁夏著名商标认定和保护办法》，在商标监管工作中推行了"四书二卡"和商标指导员制度。帮助申报了"中宁圆枣"、"灵武长枣"、"盐池甘草"、"西吉马铃薯"农产品证明商标，"千堆雪"、"塞上花卉"集体商标等 100 余件农产品商标，申请办理了"宁夏回族自治区成立 50 周年"大庆标志和吉祥物特殊标志的登记、"回商大会"服务商标的注册申请。"宁夏红"商标经过多年努力通过驳回复审、异议等程序于 2007 年 9 月 7 日核准注册，"香山硒砂"瓜商标于 2008 年 3 月 7 日核准注册。这些特色农产品商标的成功注册，进一步提高了自治区农产品的知名度和市场竞争力，提升了农产品的附加值。

九、消费维权体制机制不断创新

　　全区各级消费者权益保护机构以开展"打假治劣，保护消费者合法权益"为重点，充分发挥"12315"消费者申诉举报网络的作用，依法受理消费者申诉举报，及时查处各类违法违章经营行为，在监管市场、打假维权、维护市场经济秩序、促进地方经济发展等方面发挥了积极的作用。

"民以食为天,食以安为先"。2002 年以来,自治区工商局坚持把食品安全专项整治作为工商工作的头等大事来抓,立足职能,强化监管,先后配备了 3 台食品安全快速检测车,并为全区基层工商所、各县(市、区)工商局(分局)配备了 116 台食品安全快速检测箱,基本建立了检测中心、检测车、检测点"三位一体"的流通环节快速监测体系,严把食品质量关,加大市场整治力度,取得了明显的成效,受到了社会各界的好评,自治区工商局食品安全监管工作连续三年被自治区政府评为先进单位。2007 年,开展了为期四个月的流通环节产品质量和食品安全专项整治,紧紧围绕"三个 100%"工作目标,引导监督食品经营户建立"一框、两账、四册"的自律制度。专项整治期间,共捣毁制假窝点 149 个,查处制售假冒伪劣食品 12 万余公斤,取缔无照经营 1 033 户。全区县城以上 8 个批发市场、112 个集贸市场、173 个商场、1 539 个超市、11 799 个街道食品店铺和 1 000 个社区食品经营店铺建立索证索票、进货台账率均达到了 100%,5 673 个乡镇食品经营店铺、236 个乡镇食品批发店铺建立进货台账率达到了 100%,乡镇以上食品经营户营业执照持有率均达到了 100%,建立"食品放心店"、"食品放心超市"632 家,食品安全示范点 100 家,全面完成了专项整治的既定目标,并被自治区政府评为专项整治工作先进集体。国务院检查验收组的总体评价是:宁夏的产品质量和食品安全专项整治雷声大、雨点大、成效大、影响大,整体工作走在了全国的前列。2008 年流通环节产品质量和食品安全专项整治全面收效,索证索票和进货台账两项制度在农村食品经营者中实现全覆盖,全区 100% 的乡镇和 100% 的行政村实现有 1 家"产品质量和食品安全示范店"。全面推行了食品批发商销售台账、销售凭证、食品零售商进货台账"三合一"的新模式,降低了管理成本,减轻了经营者的负担,解决了经营者"建账难,坚持难"的问题,深受广大食品经营户的欢迎

和好评,收到了良好的社会效果。国家工商总局周伯华局长在 2008 年全国工商行政管理半年工作会的报告中给予了好评。

全区各级工商行政管理局"12315"消费者申诉举报网络于 1999 年 12 月相继开通。各级"12315"消费者申诉举报网络本着"热情、文明、高效、廉洁"的服务宗旨,认真受理消费者投诉,努力为消费者服务,为发展地方经济建设保驾护航。深入开展"12315"消费维权进村镇、进社区、进学校、进市场、进商场、进企业活动,全面推广了"村所挂钩"制度,消费维权网络的触角不断扩展延伸,设立村所挂钩联系点 593 个,在 1 200 多所中小学校建立了消费维权点,并将"12315"维权惠农的有关内容纳入到政府新农村信息化服务体系之中,"12315"信息化维权网络在全区 2 363 个行政村实现全覆盖,创新了农村信息化维权新模式。同时发挥"一会两站"(消协分会"12315"联络站、消费者投诉站)作用,目前,全区共设有 3 600 多个"两站"站点,形成了全方位、多层次的消费维权监管体系,维护了消费者的合法权益。2007 年共受理消费者申诉 23 437 件,为消费者挽回经济损失 945.6 万元。"12315"热情为民排忧解难,被消费者亲切称为"民心工程"、"公仆工程"、"消费者的保护神"。各级"12315"快速的反应能力、强有力的高效执法,受到了当地党委、政府领导的称赞,赢得了社会各界的广泛赞誉和高度的信任,充分展示了工商行政管理机关的良好精神风貌。

按照整合资源、扩大功能的原则,成立了全区统一的"12315"指挥调度中心,2008 年 3 月 15 日正式开通运行。目前,一个覆盖城乡、扩大案源、方便群众、投诉畅通、反应快捷、处理及时、执法到位的"12315"消费者申诉举报网络已基本形成。

附：

宁夏回族自治区工商行政管理局
历任局长、党组书记

高益,1973 年 10 月至 1978 年 6 月任局长、党组书记;马铁轮,1981 年 12 月至 1983 年 7 月任局长、党组书记;纳殿海,1983 年 6 月至 1993 年 8 月任局长,1985 年 1 月至 1993 年 8 月任党组书记;张晰东,1983 年 6 月至 1985 年 2 月任党组书记;杨忠厚,1993 年 8 月至 1998 年 6 月任局长,1993 年 8 月至 1997 年 12 月任党组书记;尤兆忠,1998 年 6 月至 2003 年 1 月任局长,1997 年 12 月至 2002 年 5 月任党组书记;李淑芬,2003 年 1 月至 2008 年 1 月任局长,2002 年 5 月至 2008 年 1 月任党组书记;马云海,2008 年 1 月至 2008 年 6 月任局长、党组书记。

（执笔人：张珍祥）

第三十一章　新疆维吾尔自治区
工商行政管理局

第一部分　（1949—1978）

第一节　工商行政管理发展概况

　　新疆省和平解放于 1949 年 9 月 25 日。新疆维吾尔自治区工商行政管理局最早成立于 1955 年 6 月，当时名称是新疆省工商行政管理局。1950 年 4 月，中共中央新疆分局统战部成立工商处，负责对私商的管理与统战工作。根据西北军政委员会的命令，新疆把原新疆省商业厅所属的合作机构划归省财委，成立商政职能机构——工商科，各地也在 1950 年至 1955 年先后成立了工商局（科）。

　　1953 年为适应对资本主义工商业进行社会主义改造的需要，省财委内设私营企业管理科。

　　1954 年省财委设第二办公室负责工商工作。1955 年 6 月 1 日，新疆根据中共中央《关于各省（市）组织成立工商行政管理机构的指示》精神，正式成立了新疆省工商行政管理局，列编 30 人。10 月，新疆维吾尔自治区成立，原省工商行政管理局随之更名为新疆维吾尔自治区工商行政管理局。

　　1953 年到 1956 年，新疆根据党在过渡时期的总路线和总任务，国家关于对资本主义工商业“利用，限制，改造”和“统筹兼顾”的方针政策，基本完成了资本主义工商业的社会主义改造工作，广大私营工商业者走上了社会主义的康庄大道。

　　1957 年 2 月，自治区工商行政管理局对

外保留名义，人员和业务并入商业厅。

　　1958 年 4 月，自治区工商行政管理局并入自治区第一商业厅，对外仍保留自治区工商行政管理局的名称。

　　1959 年 5 月，自治区工商行政管理局与自治区物价局合署办公，对外挂两块牌子。各地成立市场物价委员会。

　　1967 年 10 月至 1979 年 1 月，自治区工商物价局被撤销，工商行政业务划归自治区财委，内设工商处。对外挂自治区工商行政管理局的牌子。

　　1970 年 4 月，自治区工商行政管理局并入自治区商业局，对外挂工商行政管理局牌子，对内称工商处。

　　1974 年 10 月，自治区革命委员会决定，在自治区商业局内设工商处，对外挂自治区工商行政管理局的牌子。总之，在各个不同的历史发展时期，工商行政管理工作的侧重点有所不同。在国民经济恢复时期，工商行政管理机关的主要任务是贯彻国家“统筹兼顾”的政策和省政府刺激农牧业和手工业发展的施政方针，积极支持建立国营和合作经济，并对其实行领导；取缔投机黑市，稳定市场物价；开展城乡物资交易活动。“三大改造”期间，工商行政管理工作的主要任务是贯彻国家对资本主义工商业“利用、限制、改造”的政策，承担对私改造工作的领导和指导，协调关系，处理遗留问题，积极进行社会主义改造工作。全面建设社会主义时期，工商行政管理工作根据国家“调整、巩固、充实、提高”的八字方针和中共中央、国务院关于组织农村集市贸易的指示，在自治区党委

和人民政府的领导下，有计划、有步骤地组织开展城乡集市贸易，对投机违法活动给予打击和处理。"文化大革命"期间，全区各级工商行政管理工作机关撤销，工商行政管理职能未能得到正常发挥。

第二节　工商行政管理工作

一、内、外资企业注册与监督管理

新疆和平解放初期，党和政府为恢复和发展国民经济，采取支持建立国营、合作企业，把原国民党政府和官僚资产阶级的工厂、矿山、邮电、交通、商业等企业收归国有，初步建立起社会主义性质的国营经济和合作经济。1950 年，新疆省政府颁布了《营业登记办法》，同年 6 月，工商行政管理机关按照此办法的规定开始对全区的工商企业进行普查登记，到 1951 年底，全区登记的工商企业有 81 225 户（注），122 008 人，资金 726 242.9 万元。1953 年至 1956 年，国家进行三大改造后，对能够适应国计民生需要的旧企业和具备一定条件的私营企业，经过教育、改造，进行了"公私合营"。1956 年 4 月，自治区工商行政管理局向自治区人民委员会提出《关于全行业改造后工商登记的报告》，经批准执行。1958 年，新疆维吾尔自治区根据国务院通知精神，开放了自由市场。1959 年 9 月，开始组织农村集市贸易。在此期间，一些公私合营企业中的个体经营者退出单干，加上大跃进和人民公社化部分工商企业改变了组织形式，全区工商企业有较大幅度的增加。"文化大革命"期间及以后，企业登记管理工作被迫中断。

二、个体、私营经济监督管理

新疆和平解放以后，新疆的个体私营经济经历了曲折的发展历程。1949 年，全疆共有个体工商户 1.84 万户。国民经济恢复时期，由于贯彻党的"公私兼顾、劳资两利"方针，到 1952 年底，城乡个体工商户发展到 7.49 万户。自 1953 年开始，国家进行社会主义三大改造，到 1956 年底，没有参加合作化的个体工商户还有 3.18 万户；到 1965 年底，城乡个体工商户又减少到 8 362 户。"文化大革命"期间，城乡个体工商业几乎被"砍光"。到 1978 年底，全区仅剩 4 168 户。

三、商标注册与监督管理

新疆和平解放后，新疆的经济有了较快发展，注册商标的企业逐渐增多。1950 年，新疆省人民政府贯彻执行国务院颁布的《商标注册暂行条例》及《施行细则》，制定下发了《新疆省商标注册办法》。1954 年新疆省制发了《商标登记管理暂行办法》。1957 年，自治区工商行政管理局贯彻执行国务院批转国家工商局《关于实行全面注册商标的指示》，制定下发了开展商标注册的通知。1959 年，自治区人民委员会转发了《全国商标工作现场会议报告》和自治区工商行政管理局《关于加强自治区商标管理工作的报告》，要求各地进行全面的商标清理整顿，对未依法注册的商标督促其办理申请登记注册。"文化大革命"期间，自治区商标档案被毁。

四、广告监督管理

1979 年以前，新疆维吾尔自治区域内只有新疆日报社一家兼营广告业务，且经济类广告很少。国家实行对外开放、对内搞活经济政策以后，新疆的商品经济有很大发展，广告也逐渐增多。1982 年，自治区工商行政管理局贯彻执行国务院颁布的《广告管理暂行条例》和国家工商行政管理局颁布的《广告管理暂行条例实施细则》，结合新疆实际，建立了规章制度。并按条例和细则为 8 个经营单位颁发了广告经营许可证。之后，自治区工商行政管理局先后制定了《关于下发执行〈广告管理条例〉及〈广告管理条例施行细则〉的补充规定》、《关于实行〈广告业务员证〉》、〈关于广告服务收费备案制度〉、〈关于慎重刊登邮购广告〉、〈关于慎重刊登致富信息〉的通知》等一系列规章制度，使广告管理与经营活动逐步纳入法制化、程序化的轨道。

五、市场监督管理

新疆和平解放后，集市贸易作为社会主义商品流通的重要渠道，得到新生人民政权的重视。国民经济恢复时期，新疆根据国家统筹兼顾、帮助少数民族地区建立定期集市、保证私商和各族人民在市场上进行公平合理交换、逐步改进交易制度的指示精神，遵照西北军政委员会稳定市场价格、充分发展经营市场的原则和西北局关于组织交易市场和农村初级市场的决定，于1950年在全区各地组织了土产、蔬菜、牲畜等交易市场。1950年4月，新疆根据西北贸易部对工商行政工作营业登记的指示。对从业的工商户开始进行登记工作。1951年2月，根据实际需要和群众要求，新疆开始更换，检修，统一度量衡器的工作。同年7月，根据西部贸易部的指示，新疆开始推行明码标价工作。当年，全省私营工商业者为支援抗美援朝战争，认购公债273.2亿省币。1951年，根据发展生产、繁荣经济、城乡互助、内外交流的方针，将牧区贸易发展成为城乡物质交流，扩大市场，刺激工商业和农牧业的发展。1952年，城乡由物资交流发展到召开物资交流大会。不但有新疆各地国营、合作社和私营工商业者参加交流大会，甘肃等外省也有人员在交易大会上销售内地的工业品。社会主义改造初期，全区部分县建立了天天集市或每月4集的集市，交易活跃、市场繁荣。经过三大改造后，国营、合作社市场扩大，集市贸易的商品品种大部分被纳入统购统销渠道，重要的工业原料和主要农副产品由合作社收购；主要农业生产资料由国家控制；消费资料由合作社供应。1954年1月新疆省人民政府颁布《新疆各级市场管理暂行办法》。到1956年，集市贸易萎缩。社会主义改造基本完成后，到1958年，新疆根据中央要求和市场供不应求的情况，开放了自由市场。但国家计划统购统销物资一律不准上市自由交易。在"左"的思想影响下，部分市场被关闭，集市贸易处于低潮。

1960年至1961年，自治区工商行政管理局贯彻国务院《关于组织农村集市贸易的指示》和中央《农村人民公社条例》，制定下发了《关于有领导、有计划地恢复和建立农村集市的意见》和《进一步开展农村集市的安排意见》，全区集市贸易得到恢复和发展。到1961年底，全区有399个集市，年成交额为9 436万元，占社会商品零售总额的9.16%。"文化大革命"期间及以后，市场被关闭，集市被禁止。

六、经济合同监督管理

新疆和平解放以后，党和政府十分重视推行经济合同制度。1950年，国务院财经委员会颁布了《机关、国营企业、合作社签订合同契约暂行办法》。1952年，在新疆省召开的物资交流大会上实行了签订合同的办法，与会代表签订购销合同达100余份，合同交易总额折合新人民币300多万元。60年代初，新疆根据国家规定，开始在工业和基本建设等行业中推行经济合同制度。"文化大革命"开始后，经济合同制度受到严重破坏。

七、查处经济违法违章案件

新疆和平解放后，1950年至1957年在经济活动中打击的重点是投机倒把、哄抬物价、偷税漏税以及囤积粮食、茶叶和畜产品的非法行为。1957年至1966年，被查处和取缔的主要对象是买空卖空，偷工减料，私开地下工厂（店）、抢购套购紧缺物资、倒卖自行车，农副产品、票证、黄金、毒品等。"文化大革命"时期，打击的重点是套卖三材（钢材、木材、水泥）、私包工程、拼装汽车、贩牲畜牟利、利用邮包走私贩私。1973年1月，自治区破获了新中国成立后罕见的一起重大的贩马集团案件。以高灿星为首的贩马团伙倒卖种牛、耕牛、老幼马2 378头（匹），获暴利近百万元，被依法惩罚。

第二部分 （1979—2008.6）

第一节　工商行政管理发展概况

党的十一届三中全会以后，随着党的工作重点的转移，国家经济形势发生了巨大的变化，国务院做出了恢复工商行政管理机构的决定，自治区工商行政管理事业出现了根本转机。1979年2月，自治区革命委员会决定撤销原自治区商业局工商行政管理处，成立自治区工商行政管理局，内设市场处、企业登记处、办公室，行政编制40名。各地、州、市、县的工商行政管理机构统称工商行政管理局，县以下工商行政管理机构统称工商行政管理所,属县工商行政管理局的派出机构。不久,全区各地工商行政管理局也相继成立。30 年来,各级工商行政管理局不断加强队伍建设和自身基础建设,使工商行政管理事业蒸蒸日上,充满无限生机和活力。

一、大力加强队伍建设。自治区工商行政管理部门恢复初期,机构和人员都严重不足,全系统仅有工商行政管理人员 1 500 余人,其中自治区工商局 40 人,地、州、市、县(市、区)工商局(分局)共 960 余人,平均每个工商局仅 9 人;工商所共有 500 余人,平均每个工商所不到 2 人。机构和人员不足严重制约了工商行政管理职能作用的发挥。对此,自治区工商行政管理系统相继于 1979 年、1982 年、1987 年 3 次较大规模地充实了人员,人员虽然得到了加强,但工商所核定的都是事业编。随着行政诉讼法的颁布实施,事业编制严重影响了工商部门的行政执法。经党中央、国务院批准,1996 年将全国基层工商所编制全部核定为行政编制,经过公务员过渡考试,全区基层工商所干部确认为国家公务员。在 1999 年全国实行省以下垂直管理体制改革和 2001 年至 2002 年的机构改革中通过精简机关、优化人员结构和调整工商所布局,充实强化了基层执法力量,大大提升了队伍整体素质和战斗力。到 2008 年 5 月,全区现有省级工商局 1 个,地级工商局 21 个(含两个自治区工商局直属分局),县(市、区)级工商局(分局)113 个,工商所 304 个,全区系统共有干部职工 7 615 人,是恢复初期的 5 倍。其中:少数民族干部职工 3 211 人,占总人数的 42%;自治区工商局(含直属局、事业单位)288 人。

二、提高人员素质。工商行政管理机关恢复时,人员素质的偏低,已不适应工商行政管理工作的需要。因此,全区各级工商行政管理部门采取多种形式,多种渠道,经过十几年的努力,队伍素质得到很大提高,1978 年工商局恢复初期具有大专以上文化程度的干部只有 48 人,到 2008 年 6 月底,新疆维吾尔自治区工商行政管理系统具有大专以上文化程度的干部人数达到 6 970 人,占干部职工总数的 90.8%。同时,狠抓工商

行政管理法律法规的业务培训。按照国家工商总局人才队伍建设规划和教育培训规划,制订了新疆工商行政管理系统"十五"、"十一五"干部培训规划和年度培训计划。按照统一组织领导、分层分类培训的原则,加强业务培训,建立了全员轮训、岗位培训、远程教育为主要方式的"三位一体"的培训机制。一是充分利用工商行政管理干部学校这个基地组织干部学习市场监督管理的法律知识、现代市场经济知识、管理知识,计算机知识和民族干部双语学习,优化知识结构,提高业务素质和依法行政能力。二是通过岗位练兵、脱产培训、异地挂职、内地考察等多种方式,拓宽干部视野,转变干部思想观念,提高干部业务素质。三是为全系统在职干部建立了个人学习档案,将参加的各项学习培训、挂职锻炼、考试成绩等记录在案,作为考核干部的重要内容。四是在国家工商总局培训中心的大力支持下,利用北京百年树人集团成熟的网上教育系统建立新疆工商局网上远程教育系统,使新疆少数民族地区也能够及时享受到与发达省区市同等的学习教育资源。仅 2007 年,区局就先后举办系统各类培训班 20 期,培训干部 1 500 余人次。2006 年以来选派 260 名干部赴北京、广州、上海等省(市)工商行政管理局挂职,疆内实行南北疆 200 名工商行政管理所长交叉挂职,并与山东省工商局签订协议,分批互派干部学习交流考察,以开阔眼界,更新观念,学习先进经验。为了推广内地兄弟省市先进的工作理念和经验,便于学习交流,经区局政治部认真审阅,从挂职干部提交的 100 多篇考察报告中挑选了 20 篇文章编辑成《2006 年全疆工商行政管理系统赴内地挂职学习干部考察报告选编》,被选文章内容十分丰富。目前,全区已初步建成了一支由多民族组成的、素质较高、符合社会主义统一大市场监管和执法要求的工商行政管理队伍。截至 2008 年共表彰 365 个先进集体和 750 个先进个人。

三、顺利完成省以下工商行政管理部门实行垂直管理体制和机构改革任务。随着社会主义市场经济体制的建立,工商部门职

能的转变与调整,那种又经营又管理,又当运动员又当裁判员的做法,已经不适应新时期的改革需要。因此,国务院提出在工商行政管理部门实行省以下垂直管理的同时,实行集贸市场办管脱钩,将所办的市场连同管理人员,一并移交当地人民政府管理。1999年,根据国务院和自治区党委关于省以下工商行政管理部门实行垂直管理的决定,全区各级工商行政管理机关按照"围绕四项任务,解决两大难题,实现一个目标"的体制改革思路,理顺了干部管理体制、财务管理体制,完成了市场管办脱钩和工商行政管理所职能转变等工作。自治区工商局按照自治区人事厅、编委、工商行政管理局联合下发的《新疆维吾尔自治区工商行政管理系统机构编制管理若干问题的决定(试行)及有关问题的通知》及自治区党委组织部、人事厅、工商行政管理局联合下发的《自治区工商系统干部垂直管理体制实施办法》,完成了全区工商系统垂直管理后干部档案移交工作,并对16个地、州、市局领导班子成员进行了重新任命;明确了全系统干部管理权限及任免程序。按照自治区财政厅、工商行政管理局联合下发的《新疆维吾尔自治区工商行政管理财务管理暂行办法》及自治区国有资产管理局、工商行政管理局联合下发的《关于做好工商行政管理部门行政性资产上划和市场交接工作的通知》,完成了全区工商系统行政性收费全额逐级上交自治区财政,经费支出全部纳入自治区财政预算,实行"收支两条线"管理及行政性资产统一上划管理和市场管办分离的交接工作。全区工商行政管理系统共上划各类行政性资产7.35亿元,移交给各级国有资产管理部门4.6亿元资产,并将所属98个市场服务中心、486个市场、2 000多名文化程度在初中以下的以及不适应长期从事市场监管和行政执法的人员从工商行政管理部门彻底分离,市场服务中心成为独立的法人单位。不仅理顺了全疆工商行政管理系统干部管理体制和财务管理体制,圆满地完成了工商行政管理体制改革任务,使垂直管理工作全面到位,而且在全国工商系统率先实现了"市场管办脱

钩",做到了迅速、彻底、无反弹。市场办管脱钩后,区各级工商行政管理部门按照"精简、统一、效能"的原则和"小局大所"的思路,重新调整了工商所布局,将原来的657个工商所合并为304个,压缩了近53%。国家工商局对区工商系统的体制改革工作给予了高度评价。

在2001年至2002年的机构改革中,全疆工商行政管理系统按照"精简机关、充实基层、强化执法、拓宽职能"的改革思路。在认真考察、周密部署的基础上,不仅顺利完成了自治区工商行政管理局机关的机构改革任务,而且迅速圆满地完成了地、州、市、县工商局机关的机构改革任务。全系统共有1 248人通过竞争走上了各级领导岗位,广大干部的竞争意识、责任意识明显增强,不仅由过去的"请我干"转变为"我要干",而且精神振奋,面貌一新,比能力、比干劲、比奉献蔚然成风,为新疆维吾尔自治区工商行政管理事业奠定了良好的发展基础。

为表彰全区工商系统涌现的先进集体和先进个人,自治区工商局党组决定从1986年开始每四年召开一次表彰大会,表彰四年来涌现的先进集体和先进个人。

四、不断大力推进基层建设。工商所处于市场监管执法的第一线,承载着"监管与发展、监管与服务、监管与维权、监管与执法"的使命。工商所更是服务人民群众、树立良好工商形象的窗口。区局党组提出了"建设一个好班子,培养一支好队伍,完善一套好制度,创造一种好环境,干出一番好业绩,树立一流好形象"的"六好工商所"的创建目标。要求工商所人人要达到"精监管、善办案、勤服务、巧维权、会协调、熟电脑"的工作标准,坚持人、财、物向基层倾斜。2007年,购置了930台计算机全部直接配给工商所,投入2 400余万元用于工商所的基建项目建设。积极营造事业留人、待遇留人、感情留人、环境留人的干事、创业氛围。

五、开展反腐倡廉工作。自治区工商局纪检组成立于1986年。除自治区工商局的纪检监察机构于2006年划归自治区纪委统一领导外,全系统在17个地、州、市工商行

政管理局、州、地所在市的工商行政管理局和一类县的工商行政管理局设立了纪检组（监察室），配设了纪检组长，在绝大多数工商所设立了法制监察室，并选出一批政治上坚定、综合素质较高的人员充实到纪检监察队伍，为履行职责提供了有力的组织保证。

自治区工商局党组认真贯彻落实中央惩防体系《实施纲要》，多次召开专题会议，成立了以党组书记为组长的自治区工商行政管理系统贯彻落实《实施纲要》领导小组，于 2005 年 12 月制定下发了"自治区工商行政管理局党组关于贯彻落实《建立健全教育、制度、监督并重的惩治和预防腐败体系实施纲要》的实施意见"，为全系统建立健全惩防体系提供了有力保障。在制度建设方面，2003 年，自治区工商行政管理局制定了工商干部廉洁从政"六不准"，还先后制定了《工商行政管理人员职业道德标准》、《工商行政管理人员保持廉洁若干规定》及其奖惩办法、《领导干部公务活动若干规定》、《工商行政管理人员统一着装规定》以及《政务承诺公告》及其违诺处理办法等规章；制定了行政许可岗位资格考试制度、《自治区工商行政管理行政处罚裁量权适用办法》、执法行为评议考核制度，修订完善了《自治区工商行政管理机关行政执法过错责任追究暂行办法》，推行了"违法行政一票否决"制度等，为进一步规范行政行为、提高执法质量提供了制度保证。

实施有效监督，保证权力正确行使。从完善内部监督机制和社会监督机制等方面对权力实施全方位的监控。一是加强对公务员招考工作的监督，2003 年以来，驻局纪检组（监察室）先后 4 次参与了公务员招考面试的督考。二是加强对大宗采购和部分基建项目招投标的监督，1999 年以来，驻局纪检组（监察室）对涉及金额 1.6 亿多元的办公设备、信息化软硬件、新工商制服、车辆等政府采购的招投标进行了监督；2006 年以来，对区局的高层住宅楼等重要基建项目的招投标进行了监督，涉及金额 4 800 余万元。三是在基层工商行政管理所全面开展了向监管服务对象代表述职述廉活动。

全区各级工商行政管理局的纪检监察部门认真履行职责，严肃查处了一批违纪违法案件。1999 年以来，全系统共受理信访举报 2 725 件，立案查处 363 件，有 349 人受到党纪政纪处分，344 人受到组织处理。

六、加强财务管理。自治区工商行政管理机关恢复成立时条件十分艰苦，那时办公无房、办案无车、睡觉无床。在自治区财政部门的大力支持下，建立了办案车辆、装备系统内统一计划分配的条块结合的财务管理体制。当时的财务管理体制有较大优越性，为工商行政管理事业的发展作出了一定的贡献。一是加快了市场建设，1979 年至 1995 年，全区累计投入市场建设资金 4.716 亿元，建成各类市场 764 个，基本改变了各地马路市场落后的面貌。二是改善了办公和职工住房条件，累计投资近亿元，在全区 16 个地、州、市和 90% 的县级工商局建起了办公楼，各地还新建起了一批住宅楼、工商行政管理所，解决了部分交通工具。三是加强了干部智力投资和培训基地建设，从 1983 年至 1991 年，自治区工商行政管理局每年从事业费中安排干部培训费，并从预算外资金中安排干部培训费、教育基地建设和教学设备经费，累计达 1 400 多万元，建立了自治区工商干校，各地、州、市也建立了自己的培训场所。

1999 年体制垂直管理后，自治区工商局党组按照"心往一线想，钱往一线花"的思想，工商系统自 1999 年至 2008 年，累计投资 7.08 亿元，用于基础设施建设。其中：新建了 223 个工商所，48 栋地、州、县工商局办公楼，3 291 套职工住房，购买了 1 000 辆办案用车，给基层配备了 5 800 多台计算机，进一步改善了工商系统的基本建设、职工住房和办公条件。

七、推进信息化建设。2004 年经自治区编委会批复，成立自治区工商局信息监督管理处，主要负责自治区工商行政管理系统内部信息化建设工作的管理与指导和全疆信息网络经营行为的监督管理。

在区局党组的正确领导及合理规划下，自治区工商行政管理系统信息化建设进入了高速发展时期,自治区工商局党组始终坚持以科学发展观为指导,紧紧围绕"总体规划,分步实施,借鉴经验,因地制宜"的工作思路,以信息网络建设为基础,以各项软件应用为重点,以促进工商行政管理各项工作改革为目标,实行了突出一个重心——综合业务软件应用;夯实两项基础——数据中心建设和网络安全;建成三大系统——视频会议系统、OA 系统和远程教育系统的建设模式,使全疆工商系统的信息化建设工作取得了跨越式的发展。一是加大资金投入。2008 年 6 月底,全系统信息化建设累计投入资金 9 300 余万元,其中软件系统投资 647 万余元,硬件系统及工程建设费用投资 7 130 余万元,全疆网络电路租用费 1 520 余万元。二是全疆工商综合业务软件系统整体进展顺利。已先后完成了市场准入、信用分类监管、经济户口监管、工商业务监管、行政执法办案、统计报表、网上工商模块的本地化修改和培训、试点工作,现已基本启用所有模块。三是拓展网上工商服务内容,陆续开通内、外资企业网上年检系统,为网上工商提供认证手段的数字证书推广应用工作正在部分地、州试点。四是以信息化技术为平台推进监管方式改革创新。借鉴先进省区市的成功经验,开发了工商行政管理所辖区综合执法等软件系统,实行网格化监管,使信息得到充分共享,实现了明确任务、责任到人的监管目标。五是信息技术应用、企业档案电子化系统工程建设稳步推进。六是视频会议系统建设顺利完成。实现了区局与各地、州、市局语音、视频的适时传输与互动,形成了以区局为中心,以各地、州、市局为扩展的会议、学习、交流的电子化信息共享平台。2006 年 3 月建成以来,已利用视频会议手段召开了 70 余次全疆工商系统视频会议与学习交流活动。七是协同办公系统充分应用,为实现全疆工商行政管理系统的无纸化办公创造了坚实的条件。八是远程教育系统不断发挥作用,为全系统干部职工政治素质的进步与业务技能的提高提供了基础教育平台。

八、深入开展工商文化建设。2005 年底,新疆维吾尔自治区工商行政管理局党组在学习贯彻科学发展观,构建和谐社会的实践中,针对新时期如何抓班子带队伍,积极探索以工商文化建设凝聚工商精神,提高干部素质,增强队伍凝聚力的工作新思路。自治区工商行政管理局制定了《自治区工商行政管理系统开展工商文化建设方案》,明确了指导思想和各阶段的主要任务,提出利用三年时间在全系统开展工商文化建设活动,并成立了自治区工商文化建设领导小组和办公室。各地、州、市工商局,直属分局也相继确定了本地区开展工商文化建设的实施方案,成立了领导小组和办公室,为全系统开展工商文化建设活动奠定了基础。工商文化建设给全系统带来了思想上的大解放,精神上的大振奋,素质上的大提高;更带动了工商人精神面貌的大变样,实现了队伍建设由简单粗放的经验管理向人文管理的跨越。推动了全区工商行政管理系统以市场监管和行政执法为中心的各项任务的圆满完成,有力地促进了学习型、和谐型、服务型、数字型、法制型、创新型工商目标的实现。

九、老干部管理工作得到加强。在老干部管理工作中,自治区工商行政管理局 2001 年 3 月增设老干部工作处,并选举产生了老干部党总支。各级工商行政管理局认真落实老干部的政治待遇和生活待遇,积极组织老干部参加各种有益于身心健康的活动,在系统内营造尊老爱老的良好氛围,使老干部感受到党的亲切温暖,使夕阳放射出火红的霞光。截至 2008 年 4 月底,自治区工商系统共有离退休人员 2 664 人(含假休、工人),其中:离休干部 91 人,退休干部 2 051 人,假休人员 288 人,退休工人 234 人。

积极开展为老干部送温暖、帮扶困难户活动。几年来,全系统老干部为地震灾区、扶贫济困、印度洋海啸、捐书惠农活动,捐款捐物价值就达四万余元。特别是 2008 年,四川汶川特大地震灾害发生后,老干部积极向灾区捐款和交纳"特殊党费"合计 39 426 元,退休老干部池爱平同志个人捐款一万元,充分展示了老干部们对灾区人民的一片爱心。

十、精神文明建设取得显著成果。改革开放以后，自治区工商行政管理系统在自治区党委、人民政府的正确领导下深入开展创建精神文明单位活动，从 1986 年起自治区工商行政管理局先后被街道、区、市评为文明单位后，又于 1993 年被评为自治区级文明单位，并连续保持了这一荣誉称号。特别是从 1996 年起，自治区工商行政管理局从严肃风纪入手，"两年"活动起步，内强素质，外树形象，提出了"万众一心，走向全疆，走向全国"的奋斗目标。经过多年的拼搏努力，新疆工商行政管理系统在行风建设、创建精神文明单位、行业依法治理、整顿和规范市场经济秩序等方面走在全疆各行业前列并成为"排头兵"，得到自治区党委、政府的充分肯定和人民群众的好评。全区工商行政管理系统在 1994 年至 1997 年连续四年保持自治区廉政纠风工作先进单位，并被国务院纠风办授予"全国纠风先进集体"荣誉称号，荣获全国"三五"普法先进集体、全国保密工作先进集体称号，1999 年被国务院授予民族团结进步模范单位，先后获得全国保护消费者权益工作先进集体、全国人事系统"廉洁从政、文明服务"先进集体、全国粮食市场管理工作先进单位、自治区综合治理先进单位、1999—2000 年度广告监管先进单位等荣誉。2001 年 5 月，在中宣部和司法部联合召开的"全国法制宣传教育工作表彰大会"上，自治区工商行政管理局作为行业依法治理的先进典型，在大会上交流经验。自治区工商行政管理局在连续五年被评为自治区级精神文明单位后，又在 1998 年自治区第二轮命名中再次被评为自治区级文明单位，并在自治区党政机关作风评议中社会调查测评综合满意率名列第一。局机关"12315"指挥中心先后被自治区和全国妇联、全国巾帼建功领导小组授予自治区和全国"巾帼文明岗"荣誉称号。全系统在精神文明创建工作方面取得了显著成绩。2003 年自治区工商局被评为自治区级文明行业、自治区级文明单位，截至 2008 年 6 月底，全区所有地、州局均创建为自治区级文明单

位，创建全国文明单位 2 个，创建自治区行风示范窗口 100 个，全区工商行政管理系统的精神文明建设实现了高层次"一片红"。

十一、深入开展"送温暖、献爱心"活动，自治区工商系统每年积极开展"送温暖、献爱心"活动，特别是 2008 年 1 月雪灾及"5·12"汶川大地震发生后，自治区工商行政管理局党组非常重视灾情，积极动员干部职工向灾区人民"送温暖、献爱心"，自治区个私协会、广告协会、商标协会等单位以及部分企业也开展了"送温暖、献爱心"活动。元月雪灾发生后，全疆工商系统向灾区共捐八万余元，向汶川捐款捐物总计 5 300 万元，其中捐款 4 718 万元，充分体现新疆工商系统对灾区人民的一片爱心。

自治区工商行政管理局在全系统干部的共同努力下，工作有了新成绩、新亮点，与历年相比业绩更加突出。国家工商总局周伯华局长 2007 年 9 月来疆视察工作时，对新疆维吾尔自治区工商行政管理系统的工作给予了非常高的评价。周伯华局长称赞自治区工商局在队伍建设、服务经济发展等方面走在了全国前列。

第二节　工商行政管理发展成就

一、查处经济违法违章案件

党的十一届三中全会以后，全区各级工商行政管理机关坚持依法行政，认真贯彻《反不正当竞争法》、《消费者权益保护法》、《产品质量法》、《行政处罚法》、《投机倒把行政处罚暂行条例》等法律法规，根据国家工商局和自治区人民政府的部署，把"打假"、"打私"、查处不正当竞争行为、打破地区封锁和行业垄断、"扫黄打非"以及其他违法违章行为作为执法的重点，积极开展行政执法工作，取得了显著的成效。1979 年至 2008 年上半年，全疆工商行政管理系统共查处违法违章案件 34.74 万起，案件总值 95 亿元，罚没款 5.84 亿元，移送司法机关 168 件，涉案人员 1 707 人。

2006 年，按照中央的要求，根据自治区和国家工商总局治理商业贿赂领导小组的

部署,围绕履行职能和服务发展的主线,认真贯彻执行《反不正当竞争法》,认真开展了治理商业贿赂专项整治工作。据统计,1995—2008年上半年,全区工商行政管理系统共查处商业贿赂案件1 436件,案值81 770万元,罚没款5 731.65万元。

自1996年开始,全区工商行政管理系统广泛开展"公平交易执法年"和"工商形象建设年"活动,把"打假治劣"作为行政执法的重中之重。到2008年上半年,全区工商行政管理系统共查处制售假冒伪劣商品案件2.02万件,案值2.84亿元,罚没款4 496万元,捣毁制假窝点1 407个。

近几年,新疆工商行政管理系统在国家工商总局和自治区党委、政府的正确领导下,全面落实科学发展观和构建和谐社会的要求,紧紧抓住打击传销、规范直销工作重点,坚持标本兼治、打防结合、分类监管、综合治理的原则,加强制度建设,深入开展打击传销专项整治工作,1999年至2008年上半年,全疆工商系统共查处传销案件307件,案值3 529万元,罚没款165万元。

二、立法立规工作稳步推进

本着维护好市场经济秩序,保证全区经济持续快速健康发展的原则,自治区工商局适时确定立法项目,认真起草,积极协调配合自治区人大、自治区人民政府开展调研论证。参与了历年来出台的下列地方性法规及政府规章的制定:1994年7月16日自治区人大常委会颁布实施的《新疆维吾尔自治区发展个体私营经济条例》,后又经过两次修订,第一次修订于2000年7月1日实施,第二次修订于2007年9月1日正式实施;1995年6月16日自治区人大常委员会审议通过的《新疆维吾尔自治区城乡集贸市场管理条例》,2002年修订为《新疆维吾尔自治区商品交易市场管理条例》,于2002年9月1日颁布实施;1996年5月30日自治区人大颁布实施的《新疆维吾尔自治区实施〈中华人民共和国消费者权益保护法〉办法》,后于2003年进行大幅度修订,当年9月26日颁布,于2004年1月1日起正式实施。自治区人民政府颁布的《新疆维吾尔自治区著名

商标认定和保护办法》于2001年10月1日起实施。

在加快地方立法步伐的同时,注重强化内部规章制度的建立,相继制定了《关于工商行政管理所拓宽职责权限的暂行办法》、《新疆维吾尔自治区工商行政管理机关行政执法过错责任追究暂行规定》、《新疆维吾尔自治区工商行政管理机关行政处罚文书制作要求》、《新疆维吾尔自治区工商行政管理机关行政处罚文书立卷归档管理办法》、《新疆维吾尔自治区工商行政管理机关行政处罚案件核审办法》、《新疆维吾尔自治区工商行政管理系统行政处罚案件立案登记制度》、《新疆维吾尔自治区工商行政管理机关行政处罚案件备案制度》、《新疆维吾尔自治区工商行政管理机关暂扣、罚没物品管理暂行办法》、《新疆维吾尔自治区工商行政管理机关限期办案办法》、《新疆维吾尔自治区工商行政管理行政执法管辖权限级别划分规定》、《新疆维吾尔自治区工商行政管理机关行政处罚案件回访办法》、《新疆维吾尔自治区工商行政管理机关行政处罚案件办理标准和评查办法》、《新疆维吾尔自治区工商行政管理局审案委员会工作规则》、《新疆维吾尔自治区工商行政管理机关行政执法质量考评办法》等一系列制度,进一步规范了自治区工商行政执法行为,强化了内部监督制约机制。

法制工作有声有色,执法环境得到改善。针对全区实施经济户口管理形式各异、台账繁多的实际情况,本着简便、科学、实用、高效的原则,在充分调研的基础上,2001年自治区工商局制定了《新疆维吾尔自治区工商行政管理所经济户口管理制度》下发全疆各地试行。认真梳理涉及工商行政管理执法主体资格、执法范围和执法依据的法律法规247部。其中,法律49部,法规117部,规章78部,重要的规范性文件3件。经自治区人民政府确认并公示,为工商行政管理机关依法行政奠定了坚实的基础。积极参与国家工商总局《工商行政执法案例精解》一书的编写工作,对选定的四个案例进行了精辟、详细的分析和讲解;组织撰写、审定了

国家工商总局编印的《工商行政管理基层执法工作问答》一书中有关基层工商行政管理部门职责、任务等部分内容；为了解决少数民族干部工具用书的问题，先后编译出版了以下维吾尔文书籍：《整顿和规范市场经济秩序100例案件汇编》、《个体经济管理文件汇编》、《工商行政管理法律知识问答》、《工商行政管理行政处罚文书使用手册》、《工商行政管理业务知识问答》、《工商法律法规规章汇编（上、下册）》、《WTO与工商行政管理》等。自2001年始，自治区工商局以国家工商总局换发行政执法证为契机，在全疆工商系统实行行政执法资格认证制度。按照"四统一"的原则，即区局统一命题，统一时间，统一闭卷考试，统一判卷，在系统内先后组织了三次大规模的执法资格考试，全疆共有8 000余名工商干部参加了考试，现已有6 500余名干部拿到了行政执法证。

2001年自治区工商局被中宣部、司法部命名为"全国法制宣传教育先进集体"（"三五"普法）。2005年被自治区依法治区办公室命名为"自治区法制宣传教育先进单位"（"四五"普法）。2006年被自治区人民政府评为"自治区推进依法行政先进单位"，2008年被自治区人民政府命名为"自治区推进执法责任制先进单位"。

三、内、外资企业注册与监督管理

党的十一届三中全会后，自治区的企业注册登记管理工作也由单一的营业性登记转变到以确认企业法人资格为主的法人登记。登记手段也逐渐规范化、标准化、程序化、科学化。自治区工商行政管理局为完善企业登记制度，制定下发了一系列指导性文件。加强了登记机关内部的协调制约，实行了政务公开，公开职责范围，许可依据，公开办照程序，公开工作人员岗位职责，公开收费标准等制度。同时，加强对企业的监督管理，核实登记条件，减少弄虚作假行为的发生。截至2008年上半年，全区注册登记内资企业41 690户，注册资金1 913亿元。其中国有企业13 910户、集体企业6 121户、股份合作企业264户、公司20 757户、其他企业638户。

近十年来，自治区工商行政管理局制定印发了《关于充分发挥工商行政管理职能作用，促进国有企业下岗职工再就业实施办法》、《自治区工商系统扶贫帮困六条规定》等，鼓励国有特困企业进行生产自救，"多分流、少下岗"；鼓励下岗职工积极从事个体私营经济；鼓励非公有制企业和个体工商户招收吸纳下岗职工，并在三年内减免工商行政管理费。同时，放宽下岗职工从事个体私营经济的登记注册条件和经营范围。据不完全统计，1998年以来，全区工商系统已帮助42 267户国有企业和集体企业完成改制，改制后的企业呈现出稳步发展的良好势头。

改革开放以来特别是近年来，在国家工商总局的指导下，在自治区党委和政府的领导下，在自治区工商局的有力支持下，新疆外商投资企业登记管理工作逐步规范，在机构建设、制度建设和登记管理机制改革等方面取得了很大成效，对新疆对外开放和外向型经济发展发挥了积极有力的引导和促进作用。

1980年，随着香港投资者来新疆投资，新疆的外商投资企业登记管理工作开始起步。经国家工商局授权，自治区工商行政管理局外商投资企业登记监督管理处于1992年6月成立。曾在精简机构中与内资合并，根据改革开放的实际需要，于2004年恢复了外商投资企业登记管理专职机构。1993年6月，乌鲁木齐市工商局获国家工商局授权，成为新疆第二个被授权局。新疆工商系统认真履行外商投资企业登记注册职责，截至2008年6月底，全疆实有外商投资企业总数为422户，投资总额391 280万美元、注册资本241 824万美元、外方认缴额171 792万美元，实有外商投资企业分支（办事）机构965户，外国（地区）常驻代表机构383户，来疆从事经营活动的外国（地区）企业3户，承包合同额1 635万美元。

改革开放特别是我国加入世贸组织以来，新疆外商投资呈增长趋势，投资范围、领域和规模进一步扩大，服务贸易领域吸收外资取得新突破，外资质量逐步提高，直接投资日益广泛，合资合作形式多样，产业结构有所改善,外商投资企业登记管理工作所面临的形势和任务发生了重大变化。新疆外商投资企业登记管理机关从维护政府部门执法统一性的角度出发,实行产业政策审查关口前移,在前期咨询、名称预先核准登记时即向申请人讲明有关产业政策、特许条件和审批程序,参与一些重大项目的前期论证工作。同时,加强与外商投资企业审批部门的联系,形成登记管理机关与审批部门及早沟通情况、协调解决问题的工作机制。多年来,新疆外商投资企业登记管理机关在严把国家外商投资产业政策方面的作用和地位不断提高,有效维护了国家的经济安全,并以优质的服务树立了良好的工商形象,赢得了企业的赞赏。1998年,自治区工商行政管理局外资处被自治区文明办授予自治区区属机关"青年文明号"荣誉称号;2002年,自治区工商行政管理局企业(外资)处被授予自治区职业道德建设先进单位。

新疆外商投资企业登记管理机关还认真履行市场监管职责,加强出资管理,及时查处外商投资企业违反登记管理法律法规行为。自1997年对外商投资企业实行联合年检工作以来,新疆外商投资企业登记管理机关在坚持独立依法履行年检职责的基础上,加强与有关联合年检部门的配合协作,实行了自治区和乌鲁木齐市各联合年检部门定期联合办公制度,于2007年率先在全疆进行了网上年检,方便了外商投资企业办事,提升了工商行政管理部门在自治区涉外部门中的地位。

四、个体、私营经济监督管理

改革开放前,自治区个体私营经济在计划经济的体制下,受极"左"路线的影响,几乎到了濒临灭绝的地步。党的十一届三中全会后,个体私营经济获得了新生,重新走上了历史舞台,个体私营经济作为公有制经济的有益补充,受到党和政府的保护、支持和鼓励。特别是自治区党委、人民政府明确规定各级工商行政管理局为个体私营经济的主管部门,并将发展个体私营经济协调领导小组办公室设在各级工商局后,自治区个体私营经济保持了持续、稳定、健康发展的良好势头。自治区工商行政管理局按照"坚持正确引导,放手鼓励发展,保护合法经营,严格依法管理"的思路,放开从业人员、放开经营形式、放开发展比例、放开发展速度、放开经营领域,加大政策宣传力度,为个体私营经济发展创造了良好氛围。截至2008年上半年,个体工商户达到47.03万户,从业人员78.81万人,注册资金103.4亿元;私营企业发展到6.86万户,从业人员82.9万人,注册资金1 207.7亿元,登记注册的私营企业集团已达115户,注册资金在100万~500万元的企业有12 827户,500万~1 000万元的企业有2 770户,1 000万~1亿元的企业有1 740户,上亿元以上的企业有81户。

"十五"期间,全区个体工商户和私营企业向国家缴纳税金共计238.82亿元。仅2007年个体私营企业向国家缴纳税金75.46亿元,占全区税收收入的34.22%。为社会公益事业捐赠6 600多万元。个体私营经济的发展不仅对促进生产、活跃流通、繁荣市场、方便群众、扩大就业、增加财政收入、稳定社会秩序等方面起着积极的作用,而且涌现出一大批先进模范人物,在参政议政方面也发挥了应有的作用。近年来,全区个体工商业主及私营企业主中有3人受到国家级表彰,有11人受到自治区级表彰,2人当选为全国人大代表,15人当选为自治区人大代表,5人当选为自治区政协委员。为加强对个体工商户、私营企业人员的政治思想教育,近年来,在各级工商局党组织的领导下,在私营企业和个体户相对集中的地方建立了党(团)组织。

工商行政管理部门充分发挥"发展个体私营经济协调领导小组办公室"的职能作用,积极协助各级政府解决个体私营经济发展中的"乱摊派、乱收费、乱罚款"和"贷款难、用地难、商务出国难"问题。一是在积极治理"乱摊派、乱罚款"的同时,大力清理"乱收费"行为,推行收费"明白卡"制度。二是以地、州、市为单位,组建私营企业自愿入股,互相联保,按照《公司法》组建,市场机制运作的"私营企业贷款担保公司",解决"贷款难"问题。三是建立"非公有制经济发展园区",解决"用地(电、水)难"等问题。四是积极协调外办、公安等部门,解决"商务出国难"的问题。截至 2007 年,全疆已组建贷款担保公司 51 个,建立非公有制经济发展园区 36 个。五是修订并报经自治区九届人大通过了《自治区发展个体私营经济条例》,同时在县级以上私营个体企业协会建立私营个体企业维权中心 119 个,加大了维权服务力度,促进了全区经济特别是个体私营经济的快速健康发展。

五、商标注册与监督管理

1979 年,我国商标注册制度恢复后,自治区各级工商行政管理机关对商标使用情况进行了清理,核准注册商标 186 件。对于混同的 54 件商标,按照全国处理混同商标原则,保留了 16 件。1989 年,自治区工商局按照国家工商局商标局印发的《类似商品区分表》对全区商标情况进行了第二次清理,建立了档案,编印了《新疆注册商标目录》。

之后,各地、州、市工商行政管理局先后为加强商标管理工作的力度,根据自治区人民政府办公厅关于《新疆维吾尔自治区工商行政管理局职能配制、内设机构和人员编制规定》,2001 年 3 月自治区工商行政管理局单设商标监督管理处,全区商标管理工作有了质的飞跃。

一是抓住"3·15 消费者权益保护日"和"4·26 世界知识产权日"的契机,面向社会,与相关部门密切协作,广泛开展商标法律知识的宣传普及活动。2005 年被全国整顿和规范市场经济秩序办公室、中共中央宣传部、国家工商总局等 13 个部门评为"全国 2005 年'保护知识产权宣传周'活动先进单位"。二是抓住认定著名、驰名商标的契机,召开新闻发布会和商标论坛,大张旗鼓地宣传商标为企业和区域经济发展带来的社会和经济效益。三是编辑和出版《新疆商标》内部刊物,围绕商标法的宣传贯彻,传递国内外最新动态和信息,探讨名牌战略实施过程中遇到的问题,1998 年前,全区注册商标年申请量平均不到 500 件,而 1999 年猛增为 1 300 多件,2000 年又增为 2 800 多件,2002 年达到 3 400 多件,2003 年突破 4 000

件,2007 年达 6 759 件,创历史新高。仅 2005 年至 2007 年三年的注册商标申请总量达到 18 355 件。2007 年底,全区历年有效注册商标已累计达 2.3 万件。截至 2008 年 3 月,全区已有 197 件新疆著名商标和 6 件中国驰名商标。以著名、驰名商标、地理标志为龙头发展起来的优秀企业群体,为新疆维吾尔自治区实施商标战略,促进经济发展起到了示范作用。

1993 年,新疆商标事务所成立,隶属自治区工商行政管理局,成为自治区第一家商标中介机构。2002 年国家工商总局要求商标代理机构脱钩改制,2003 年国家工商总局取消了商标代理的行政审批,自治区商标中介机构迅速发展。截至 2008 年上半年,自治区已有 53 家商标代理机构。

近年来,自治区党委、人民政府坚持把实施商标战略作为调整、优化自治区产业结构和产品结构,提升经济发展水平,加快优势资源转换的重要措施。为进一步推进自治区名牌战略的实施,2001 年 10 月自治区人民政府颁布施行了《新疆维吾尔自治区著名商标认定和保护办法》。据此,自治区工商局先后组织认定了四届新疆著名商标,2007 年开展了第五届著名商标认定工作。同时加大了对驰名商标的培育和推荐力度,多次派员前往国家工商总局汇报和协调。

全区各级工商行政管理机关还把商标工作与服务"三农"和推进社会主义新农村建设紧密结合,创新商标富农工作机制,引导和鼓励农民、农村经纪人、涉农企业及有关组织注册使用农产品商标和地理标志,积极推广"企业＋商标＋农户"的经营方式,实现农业产业化、市场化、品牌化发展,促进农业增效、农民增收。截至 2008 年 4 月,全区已注册的地理标志达到 24 件,位居全国第二位。

全区各级工商行政管理机关高度重视注册商标专用权的保护工作,不断加大商标监管力度,加强与国内外知名商标企业的联系,建立重点商标保护网络,严厉打击商标侵权假冒行为,切实维护了商标注册人的合法权益,净化了市场环境,针对商品交易批发市场、专卖、专营和专修店以及星级酒店内的专卖柜、超市、印刷单位等开展了一系列专项执法检查,查处了一批商标违法大要案件,取得了明显成效。1982 年至 2008 年上半年,全区各级工商行政管理机关共立案查处商标违法案件 13 779 件,罚没款 1 865.84 万元,收缴和消除违法商标标志 9 361 万件。

六、广告监督管理

1979 年以前,新疆只有《新疆日报社》一家兼营广告业务,且经济类广告少。新疆的广告业是在工商行政管理机关恢复后,才逐步发展起来的。1979 年,只有八家广告经营单位。国家实行对外开放、对内搞活经济政策以后,新疆的商品经济有很大发展,广告也逐渐增多。1982 年,自治区工商行政管理局贯彻执行国务院颁布的《广告管理暂行条例》和国家工商局颁布的《广告管理暂行条例实施细则》,结合新疆实际,建立了规章制度。并按条例和细则为 8 个经营单位颁发了广告经营许可证。制定了一系列规章制度,使广告管理与经营活动逐步纳入法制化、程序化的轨道。

各级工商行政管理机关广泛宣传《广告法》,积极指导企业利用广告开拓市场,树立形象,提高效益。组织广告经营单位积极参加“亚太广告节”、“戛纳国际广告节”、“中国广告节”及自治区优秀广告作品展活动,拓宽视野,提高广告创作水平。认真开展公益广告活动,全区共制作、发布公益广告 30 余万条(次)。到 2008 年第一季度,全区共有广告经营单位 4 749 户,从业人员 35 166 人,年广告经营额已达 13.4 亿元。广告的发展给一些不法分子带来了可乘之机,他们利用广告欺骗消费者。因此,自治区工商行政管理局加大打击违法广告力度,从药品、医疗服务、保健食品、房地产、化妆品、加工承揽等违法广告入手,开展了一系列专项执法检查,有效地遏制了违法广告上升的势头。一是深入开展“反误导打虚假”广告市场的专项治理行动;二是严把广告发布关,加快广告发布前审查,落实广告监测制度;三是对严重违反广告管理法规的单位给予了严肃查处和公开曝光,净化了市场环境。1999 年至 2008 年上半年,全区各级工商行政管理机关查处违法广告案件 24 737 件,罚没款 3 067 万元,其中查处虚假违法广告 3 071 件。

七、市场监督管理

党的十一届三中全会后,国家实行改革开放、搞活经济的政策,全区迎来了各类市场发展的大好时机,市场管理的内涵也发生了根本性变化。到 1979 年,全区有各类市场 347 个,年成交额 1.7 亿元,消费品零售额占社会商品零售额的 6.8%。1983 年到 1984 年,自治区工商行政管理局为贯彻执行国务院发布的《城乡集市贸易管理办法》,报请自治区人民政府批准先后制定下发了《关于认真贯彻执行国务院发布的〈城乡集市贸易管理办法〉的通知》和补充规定、实施细则;2002 年,经过充分调研论证,自治区人大又颁布了《自治区商品交易市场管理条例》,为市场监督管理职能的正常发挥提供了政策、法规依据。截至 2007 年底,全区已有各类市场 914 个。其中消费品市场 836 个,生产资料市场 50 个,生产要素市场 28 个。

作为一个产棉和以农牧为主的大省区,在新疆,管住管好粮食、棉花市场是市场监管工作的重中之重。在粮食、棉花市场监管中,新疆各级工商行政管理部门采取日常监管与集中整治相结合,在强化市场巡查和稽查的同时加强了集中整治,集中查处一批违法经营的大要案件。特别是在粮食市场管理中,坚持“管住收购,规范批发,搞活零售”,保护了农民种粮的积极性。全疆各级工商行政管理部门在加大粮食、棉花、农资等重要商品专项整治力度和继续加强消费品市场监管的同时,进一步加强了对经纪人行业的监管。从搞好经纪人资格认定工作入手,强化对各类经纪人的登记,严格规范经纪人活动。全区各级工商行政管理部门按照“已监管的规范,已介入的强化,未介入的开拓”的要求,采取“分层次拓宽,按步骤介入”的方法,结合实际,积极介入邮电、交通、民航、铁路、金融、彩票、保险、房地产、供电(水、气)、文化、旅游、科技、信息、无线电、纪念币、柜台租赁等市场的监管,促进了市场监管职能进一步到位。

管办脱钩后各级工商行政管理机关将工作重点放在完善市场交易规则,加强规范化管理上。对全疆各类商品交易市场实施登记注册管理制度,证券、科技、人才、音像、集邮、文物、钱币等市场也逐步被纳入登记范围。与此同时,工商行政管理机关独立或在有关部门配合下制定了有关订货会、交易会、展销会、成品油、经纪人等管理办法和措施,特别是率先实行了流通领域进口商品准销证制度。通过建章立制完善规章,使新疆各类市场沿着法制化、规范化方向健康发展。

八、经济合同监督管理

1978 年,党的十一届三中全会将党的工作重心转移到了经济建设上,我国计划经济体制转轨为市场经济,经济合同凸显到十分重要的位置,国家工商局设立了经济合同监督管理司,新疆工商行政管理局设立了经济合同监督管理处,核定了相应的职能,从此经济合同监督管理工作成为自治区工商行政管理工作中重要的业务工作之一,在新疆的经济工作中发挥着积极的作用。

1981 年 12 月《经济合同法》颁布后,1982年 4 月,国务院批转国家经委、国家工商行政管理局、国务院经济法规研究中心《关于对执行经济合同法若干问题的意见的请示》明确了从中央到地方的各级工商行政管理机关统一管理经济合同的职能。自治区工商局根据国务院的批示及调整部署,明确任务,指导和督促检查有关部门和当事人管理好本单位本系统的经济合同;确认无效经济合同,查处利用经济合同进行违法活动的案件;调解、仲裁经济合同纠纷。同时,自治区各级工商行政管理机关结合实际,广泛运用报刊、广播、电视等新闻媒体,开展宣传、培训和咨询服务,提高合同当事人的法律意识,帮助企业逐步懂得了如何在经济交往中运用法律手段维护自身合法权益,使企业合同签约率、履约率逐年提高。自 1983 年《经济合同仲裁条例》发布起,到 1998 年底,全区各级工商行政管理机关 10 多年来共受理经济合同仲裁案件5 280件,其中:解决争议金额 13.2 亿元,解决违约赔偿金 0.4 亿元,协助当事人挽回经济损失 3.7 亿元。此外,帮助企业清理"三角债"1 128起,追回拖欠款近 4 亿元。

1990 年,国务院办公厅转发了国家工商行政管理局《关于在全国逐步推行经济合同示范文本制度的通知》,按照国家工商局印发的《经济合同示范文本管理办法》的规定,自治区积极进行了推行经济合同示范文本的工作,已印发和推行经济合同示范文本 62 个种类。

1994 年《仲裁法》颁布后,自治区各级工商行政管理机关按照国家工商局的统一部署,积极转变观念,统一思想,逐步实行工作重点由仲裁工作转变到查处违法合同工作方面上来。

1995 年 6 月至 1999 年 10 月,国家先后颁发实行了《担保法》、《拍卖法》、《合同法》,各级工商行政管理机关积极学习、宣传、贯彻,按照法律的规定,规范担保、拍卖、合同行为,引导各类市场主体和当事人运用法律的规定签订合同,履行合同,维护了市场经济秩序,促进经济发展。同时积极查处利用合同进行的违法案件,打击合同违法行为,促进《合同法》的贯彻落实。

2005 年 12 月,为规范格式条款合同,防止滥用格式条款合同获取不正当利益,保护当事人的合法权益,自治区人民政府印发了《新疆维吾尔自治区格式条款合同管理暂行办法》,对我区的格式条款合同行为做出了规定,依照《办法》的规定,各级工商行政管理机关对格式条款合同使用实行了备案审查,加强了监督检查,有效地防范了不平等、不公平格式条款的出现。

全区各级工商行政管理机关积极探索新时期合同监管工作的新方法、新路子,不断开拓合同监管领域。1999 年,召开了全区自治区级"重合同、守信用"企业命名表彰大会,命名和表彰了 50 家自治区级"重合同、守信用"企业。2002 年又一次召开了"重合同、守信用"企业命名表彰大会,按照严格标准、滚动管理的原则,第二批重新命名、表彰了一批自治区级"重合同、守信用"企业 116 家。2005年第三次召开"重合同、守信用"企业命名表彰大会,按照严格标准、滚动管理的原则,第二批重新命名、表彰了一批自治区级"重合同、守信用"企业312家。

全区各级工商行政管理机关认真贯彻执行《关于查处利用经济合同进行的违法行为的暂行规定》,把查处利用合同进行的违法案件作为合同监督管理工作的重中之重。近年来,自治区工商局合同管理机构不断开拓办案领域,在商品房买卖市场、拍卖市场、中介市场与建筑市场等均取得突破性进展。在案件查处过程中,注意搞好与公安、法院、检察院等有关部门的联系与合作,积极寻找案源,增强监管力度,取得了明显的成效,查出了如一房多售案,房地产公司利用建筑工程施工合同诈骗案,婚介所合同欺诈案,利用办厂招工进行的合同欺诈案,旅游度假村建设款欺诈案等一大批社会上有影响的大要案件。1995年至2008年上半年,全区各级工商行政管理机关查处合同违法案件1 972件,案值7.04亿元,罚没款625万元,其中查处合同欺诈案件478件。

九、消费者权益保护

1985年4月新疆维吾尔自治区消费者协会成立,随之,各地消费者协会也相继成立。全区消费者协会全部挂靠在各级工商行政管理局,各级消费者协会秘书处工作人员占工商行政管理局编制,由工商行政管理局派人、出资组建,并直接管理日常工作。在各级工商行政管理局的领导下和有关部门的密切配合下,消费者协会遵循协会宗旨,积极开展对商品和服务的社会监督,社会影响日益扩大。1989年,自治区七届人民代表大会常务委员会第10次会议通过了《新疆维吾尔自治区保护消费者合法权益条例》,1991年4月,自治区人民政府颁布了《消费者纠纷仲裁办法》。《条例》和《办法》的出台推动和促进了全区消费者权益保护工作。尤其是1993年《中华人民共和国消费者权益保护法》颁布实施后,在各级党政部门和工商行政管理部门的支持和帮助下,自治区消费者协会队伍不断发展壮大,消费者协会组织不断延伸,遍布城乡。1997年,自治区消费者协会被国家工商局和中国消费者协会授予"全国消费者权益保护先进集体"的光荣称号。到2007年底,全区县以上的消费者协会有122个,消费者协会

分会900个,消协监督站4 222个,各级消费者投诉站2 625个。

2001年,为切实维护广大消费者的合法权益,经自治区政府和有关部门批准,自治区工商行政管理局增设了消费者权益保护处,各地工商行政管理机关也相应增加了消费者权益保护机构,消费者权益保护工作上升到了一个更高的层次,进一步加大了消费维权工作的力度。各级消费者权益保护机构和消费者协会通力合作,认真履行职责,奉行为社会服务、为人民服务的宗旨,抓住社会和群众关心的热点和难点问题,及时认真地受理消费者投诉。由于各级消费者权益保护机构和消费者协会组织秉公办事,诚心诚意为消费者排忧解难,受到社会公众的好评,社会地位越来越高。全疆工商行政管理系统1999年至2008年上半年共查处消费侵权案件14 373件,案值13 289万元,罚没款2 408.61万元,受理消费者申诉案件120 534件,调解成功112 327件,挽回经济损失11 513.26万元。

自治区工商行政管理局"12315"投诉申诉举报指挥中心自2006年成立以来,在自治区工商局党组的正确领导、大力支持下,全面提升工商行政管理工作水平,加强"12315"行政执法体系的建设,保护消费者合法权益。努力做到监管与发展、与服务、与维权、与执法的四个统一,经过系统上下几年来的通力配合、辛勤努力,目前,区局、地州市局、县(市)局、工商行政管理所"三级中心、四级网络、分级执法、快速反应"的工作格局初步实现。"12315"网络体系已经逐渐成为政府沟通广大人民群众的桥梁和纽带,成为工商行政管理部门行政执法,服务发展,维护生产者、经营者、消费者利益的崭新窗口,成为提高工作效率,实现工作职能规范化、制度化、阳光化、网络化,打造"数字工商"的有效途径和载体。新疆工商行政管理"12315"工作已经走在了西北地区乃至全国工商行政管理的前列。截至2008年5月底,共受理咨询投诉申诉举报584 066件,其中咨询478 830件、投诉84 622件、申诉3 174件、举报17 440件。已办结投诉申诉举报85 067件,为消费者挽回经济损失达5 819.46万元,通过"12315"查办各

类案件13 717件,罚没款348.59万元。

每年"3·15"期间,指挥中心积极配合新疆电视台卫视频道制作播出大型现场直播节目,并设计制作大型宣传画册,在社会上引起广泛关注。2007年和2008年新疆工商"12315"指挥中心的7名受理员(含两名维吾尔族受理员)先后进入央视,在中央电视台"3·15"晚会上作现场受理,充分展示了新疆"12315"风采,成为一道亮丽的风景线。

通过不懈的努力,"新疆'12315'"社会影响力与日俱增,几年以来,指挥中心已先后接待国家工商总局、各省市工商系统、自治区文明委、自治区人民政府法制办、自治区纠风办、乌鲁木齐市青联等部门和快速通道单位代表共计50批次千余人前来参观,中心也成为各大新闻媒体报道的热点。国家工商总局在消费者权益保护网上多次报道了新疆工商局"12315"指挥中心的成绩。指挥中心的工作得到了国家工商总局、自治区党委、人民政府和社会各界的高度评价和肯定,原自治区党委副书记、主席司马义·铁力瓦尔地等自治区领导、国家工商总局领导先后亲临"12315"指挥中心指导工作,"12315"真正成为自治区工商局的对外形象工程、民心工程、民情工程。自治区区直机关工委妇工委也对指挥中心创建"巾帼文明岗"活动进行了检查验收,并予以很高的评价。

2007年9月22日,国家工商总局党组书记、局长周伯华,视察了自治区工商局"12315"投诉申诉举报指挥中心,对新疆"12315"网络体系工作给予了高度评价。"12315"指挥中心的工作得到了党委、人民政府和社会各界的高度评价和肯定,先后被授予自治区级"巾帼文明岗"、"青年文明号"和"全国巾帼文明岗"荣誉称号。

附:

新疆维吾尔自治区工商行政管理局历任局长、党组书记

贺崇华,1979年2月至1980年12月任局长、党组书记;牙生·那斯尔,1983年6月至1986年5月任局长、党组书记;赵吉桢,1986年6月至1995年11月任副局长、党组书记;努尔买买提·克里木,1986年6月至2000年8月任局长、党组副书记;李建中,1995年12月至2005年11月任副局长、党组书记;阿不来提·买买提江,2000年8月至2003年4月任局长、党组副书记;吐尔逊·阿不都热依木,2003年4月至2008年5月任局长、党组副书记;王新怀,2005年11月至2008年6月任副局长、党组书记;尤努斯·玉素甫,2008年5月至2008年6月任局长、党组副书记。

(执笔人:阿力甫·阿培志)

第五篇

领导重要讲话

第一章　党和国家领导人重要讲话

李先念、余秋里、王任重
副总理在听取全国工商行政
管理局长会议汇报时的谈话

（1979 年 3 月 9 日）

1979 年 3 月 8 日下午，李先念、余秋里、王任重副总理听取了魏今非同志关于全国工商行政管理局长会议的汇报。参加汇报的有国务院财贸小组陈国栋、林海云同志和国务院编制小组、国家计委、国家经委、最高人民法院、公安部、财政部、人民银行总行、商业部、供销总社、农业部、林业部、轻工业部、纺织工业部、劳动总局、物资总局、新华通讯社、人民日报、财贸战线、中央人民广播电台等单位的负责同志，各省、市、自治区工商行政管理局长也参加了汇报。

当魏今非同志汇报到要纠正那种小商品经济就是资本主义的错误看法，不能把家庭副业和集市贸易当作"资本主义的尾巴"去割掉时，李先念同志说："这个提法是对的。"王任重同志说："小商品经济不能等于资本主义。"

当汇报到部分工商行政管理干部法制观念淡薄任意拘留人的时候，李先念同志说："任意拘留不行啦。"

当汇报到目前全国农村集市贸易已恢复到三万多个时，李先念同志说："现在恢复得差不多了。"

当汇报提到目前集市价格下降时，李先念同志说："这个情况是好的，集市价格是寒暑表。"当说到河北邢台集市上玉米两角一斤，比牌价约高一倍时，李先念同志说："这

说明形势好嘛。"

当汇报到要避免集市贸易重复过去多年一再出现过的那种"一管就死、一活就乱"的不正常局面时，李先念同志说："管而不死，活而不乱，这个方针是对的，是合乎客观规律的。一管就死，一死就放，一放就乱，一乱就叫，一叫就关，这是不行的。"王任重同志说："只要管住投机倒把就乱不了。"李先念同志说："打击投机倒把社会上同情，不要老太婆卖几个鸡蛋就管。"

当汇报到会议认为原则上应当开放城市农副产品市场时，李先念同志说："可以嘛。你禁止，他暗地流，倒不如公开化。管理要跟上，税收要跟上。"当汇报到有的地方长途贩运有所增加时，李先念同志说："管一下就行了，一个是你管理，一个是收他的税嘛。"

当汇报提到城市开放农副产品市场的范围宜小不宜大、管理宜紧不宜松的时候，李先念同志说："这一条我记得过去总结过。""对投机倒把，有时国营商业用经济办法打击一下。粮食价格要是上涨，就抛售一些粮食。除了行政办法，还要用经济办法。这种办法人民拥护，比硬抓硬捉好。"

汇报提到，会议对城市农副产品市场管理意见，一是必须指定地点，不准设在市中心区；二是只限于农副产品，禁止工业品、旧货出售；三是只准生产者和消费者直接见面，取缔转手倒卖、哄抬价格和其他违法活动。李先念同志说："这几条我看可以，大家研究一下。还是要指定地点，天安门摆起小摊来总不像话，有伤国体嘛。"余秋里同志说："北京就在五棵松、永定门外，就没关系了。"

当汇报到社员自有的农副产品是否都允许在集市上出售的问题时，李先念同志说："所有权是他的。他吃掉也好，送人也好，卖掉也好，你拿他没法子，所有权在他手上。这个所有权要尊重，问题是国家要管一下。"王任重同志说："棉花烤烟不能上市。"

当汇报到生产队集体的粮油完成统购任务以后加价收购问题时，李先念同志说："还是可以卖给国家，国家可以买嘛，高进高出嘛。粮食部要想开一点，两个价格并不那么坏，1962年财政平衡就是靠高价。你把市场搞活一点，道口烧鸡，价格高有人吃嘛，为什么怕两个价格，怕什么东西？"王任重同志说："你禁也禁不住他，暗搞不如明搞。"李先念同志说："不搞不如搞，暗搞不如明搞，他搞不如我搞，这也是一条原则。"

汇报提到，会议认为，社队办的磨坊、粉坊、豆腐坊、油坊等应以来料加工和成品换原料为主，在允许粮站上市的地方，经过工商行政管理部门批准，也可以购买原料加工成品出售。李先念同志说："我看可以。我们控制百分之九十的农副产品，小河沟里就翻了船了？"

汇报提到，会议认为，社队集体的农副产品，统购派购物资不能远途自销，其他产品，完成国家任务后，如果当地商业部门不收购，应当允许社队持县级工商行政管理部门的证明到外地销售。李先念同志说："好。活一点也好，你不干他要干。"余秋里同志说："搞活了大有好处。"王任重同志说："不收人家的，又不准人家卖，怎么行？"李先念同志说："计划经济与市场经济相结合，以计划经济为主。"

汇报提到，会议讨论意见，农村饮食业务主要应当由供销社办的饭馆承担，可以在集市上购买原料，生产队、生产大队经供销社同意，可以在集市的集日和偏远地点为行人加工主食或出卖熟食，原料不足的允许在集市上购买。李先念同志说："我同意这个意见。主要由供销社承担起来。粮食部门要开明点。暗干不如明干，你干不如我干。就是两种价格，你供销社要有这种本领。"

汇报提到，会议讨论意见，在集中产区，集体的竹木不准上市，但竹木制品允许上市。林业总局认为，在集中产区，集体的竹木制品也以不准上市为好，否则集体的竹木会大量做成家具上市。余秋里同志说："不要'一刀切'。他们运不出来。"李先念同志说："我们要限制人家容易得很，交通是限制，税收也是限制。产品丰富就好了，发展生产是根本。"

当汇报到三类产品价格问题时，李先念同志说："三类产品价格涨就让它涨一点，有什么了不起，不能把生产限制住。"商业部高修同志提到，北京从外地高价买进一批芝麻，做烧饼每个要贵八厘，打香油每斤要卖三元五角，怕群众骂。王任重同志说："我定量供应的油没有涨价，高价的你愿买就买嘛，怕什么骂？"李先念同志说："骂够了就不骂了。"余秋里同志说："优质优价，加芝麻的烧饼就是可以贵一点。"

汇报提到，会议讨论意见，农村的手艺匠人，持公社或大队证明，可以在本县或本省做工，出省的要持县主管部门证明。余秋里同志说："我看可以，我是赞成的。"李先念同志说："不要紧的吧！磨剪子的、补锅的、阉鸡的，我看可以宽一点，没有什么关系，搞死了不好。要采取教育方法组织起来。"王任重同志说："可以宽一点。"

当汇报到城镇工商行政管理部门可以根据需要，经业务主管部门同意，核准一部分闲散劳动力从事修理服务劳动时，余秋里同志说："我看要开放一点，不然有些人没有事做。现在服务行业没有人搞，都去搞生产，十几个人糊纸盒子，还搞个革命委员会，叫做多管闲事。"李先念同志说："城市要搞劳动服务公司，不要搞国营的，搞集体的，自负盈亏。"王任重同志说："这样就业的人就多了。总而言之，不要作茧自缚。"余秋里同志说："这个文件（指汇报提纲）是个好文件。"李先念同志说："这个文件有管有活。还是我刚才讲的，不搞不如搞，暗搞不如明搞，你搞不如我搞。不能把市场搞得死死的。像莫斯科那样，搞社会主义把手工业也管死了。多就点业，多搞点产品出来。"余秋里同志说："多搞服务公司。"

当汇报到机关团体到农村购买农副产品仍应按国务院、中央军委 1974 年 109 号文件的规定执行时,李先念同志说:"这条不能开,影响不好。"余秋里同志说:"机关团体不要去,个人买一点也没有什么了不得,团体不要去干。"王任重同志说:"个人可以。"李先念同志说:"我看这个汇报文件可以,有管有活。农副产品我掌握百分之九十,我不怕,能翻了船了? 就不是社会主义市场了? 国营商业成绩很大,但有的东西搞死了。独家经营,别无分号。"

在汇报企业登记管理工作时,李先念同志说:"这一条很重要,以后没有工商局的批准,企业不准开张。"有的同志说恐怕不容易办到,李先念同志说:"不容易也要办到。我支持工商局这样做,管你省委书记,不够条件就不准许开办。"余秋里同志说:"没有这个,我们的工业搞不好,商业也搞不好的。"

当汇报到工商企业都要向工商行政管理部门登记,领取营业执照,没有营业执照的银行不予开户时,余秋里同志说:"对。"李先念同志说:"对,对,对。"

当汇报到原材料和动力没有来源、产品没有销路的企业不准登记开业,要制止任意转产改行和撤并网点时,余秋里同志说:"对。要搞工商法。"

当汇报到工商行政管理部门有权对企业进行检查,纠正违反国家政策法令的行为,制止不正当的经营活动时,李先念、余秋里、王任重同志都说:"对,对。"

当汇报到要恢复商标统一注册制度时,余秋里同志说:"对。"李先念同志说:"现在全国要搞商标,搞合同。同仁堂要恢复,王麻子剪刀、东来顺涮羊肉、全聚德烤鸭,要恢复一些招牌。"

当汇报到要鼓励企业创名牌、保名牌、不断提高产品质量时,李先念同志说:"对。"余秋里同志说:"对。"

当汇报到对劣质产品或质量降低的产品限期改进不见成效应撤销注册商标时,余秋里同志说:"对,对,这好。"

当汇报到对乱用商标、冒充名牌、粗制滥造以及任意改换商标以降低质量或变相

提价的要严肃处理时,李先念同志说:"对。"

当汇报到要开展外国商标的注册工作时,李先念同志说:"要保护自己的工业。"

当汇报到合同管理工作由一个部门统一管起来有困难时,李先念同志说:"对,你们基本上检查督促,管理合同主要依靠主管部门。"余秋里同志说:"你们要同计委、经委商量。"

汇报提到,会议讨论意见,处理投机倒把案件,工商行政管理部门已经罚了款的税务部门就不要再补税。李先念同志说:"对。"王任重同志说:"罚了款还补什么税? 不能又打又罚。"余秋里同志说:"没有必要。"

当魏今非同志反映有的工商行政管理干部不安心工作,说"工商工商,寿命不长,前途渺茫,早晚改行"的时候,李先念同志说:"谁说的? 工商工商,万寿无疆。只要有商品生产,有市场经济,就要有管理嘛。"

当汇报到可以设立工商行政管理干部学校或在高等院校内设立工商行政管理专业时,李先念同志说:"对。"

当汇报到根据国务院关于成立工商行政管理总局的通知,各级工商行政管理机构都应单独设立时,李先念同志说:"对嘛。"

当汇报到从省局到许多基层单位办公用房和宿舍十分困难时,李先念同志说:"逐步解决。"

当汇报到各地工商行政管理部门交通工具十分困难时,余秋里同志说:"可以给一些吉普车。"

当汇报到还有两万名基层雇用人需要转为正式工作人员时,王任重同志说:"这个问题先不写,这不是一个部门的问题。"

魏今非同志汇报后,余秋里同志说:"我赞成这个文件,好文件。要加一条搞服务公司,可以容纳和分配很多人,而且使服务行业后继有人。"

李先念同志说:"我看这次会议开得不错,这个文件可以,文字通顺好懂,就是差一点思想教育的内容。光讲经济还不够,加一段教育,教育农民,教育职工,教育干部,走社会主义道路,发扬共产主义风格。弃农经

商总是不好的。国家、集体、个人的利益要摆得好,还要讲顾大局,讲国家观念。这是第一点意见。

第二点意见,工商局搞起来是好的,二三十年确实做了不少工作,成绩很大,是主要的。"文化大革命"初期投机倒把分子到北京造反,就反对我们这个机关,因为管得他不舒服。工商局有很多人挨了打,还有打死了的。同志们是辛苦的。这个工作的成绩要肯定。这个工作不是可有可无的,是很重要的。既然是商品经济,市场经济,总要有人管,国家总要有个法,总要有秩序。

现在这么多人要就业,如果组织得好,可以使大量人就业,譬如服务公司,商业部要正经讨论一下,搞起来,不用搞全民所有制,就是集体的。三自一包并不是刘少奇讲的。三自有什么错误?(余秋里同志插话:'我认为长期存在。')约束在一定条件下的自由市场对我们有好处,自负盈亏有好处,就是一包要慎重一点,不要瓦解集体经济。现在服务行业搞得太不像话了。我们这些人不感觉,电灯坏了警卫员打个电话就有人来修,可是老百姓就困难了,比女同志生个娃娃还困难。我们这里的日光灯质量不错,别的地方就不好,现在有许多虚假现象。这个服务很不对头。补锅、补碗、补缸、磨刀、修锁、修门,我们不要认为是小事,在人民生活中是大事。要设身处地站在老百姓方面来想一想。破坏了十多年,人民需要它。如果把城市服务搞好了,好多人可以就业。就业不必要到工厂。服务、旅游可以安排好多人。现在有的公园老百姓要喝杯茶都喝不到,可以卖茶、卖汽水、照相。要想尽一切办法就业。人活着就要做事,不做事就会走邪门歪道。现在不安定的因素,冤案错案假案是一个,就业是一个。回去后要向省里宣传,想尽一切办法就业。

市场管理,我看还是管而不死,活而不乱。这个文件总结了多年经验,有管有活。写成正式报告报国务院。"

田纪云副总理在听取国家工商行政管理局工作汇报时的讲话要点

(1986 年 4 月 21 日)

1986 年 4 月 21 日下午,田纪云副总理主持中央财经领导小组办公会议,听取并讨论了国家工商行政管理局的工作汇报。任中林同志在汇报过程中,田纪云副总理作了重要讲话,要点如下:

原则上同意你们的汇报。工商行政管理工作是非常重要的。搞得好,有利于促进开放、搞活和改革,避免消极的东西;搞得不好,对开放、搞活和改革不利。过去,在这方面我们有"管死"的经验;现在既要搞活,又要管住。这是工商行政管理工作面临的新形势、新课题。我们必须从思想上、组织上、法制上逐步适应这个形势,担负起这个重要而艰巨的任务。

全国工商局长会议可按你们的部署开,你们提出的方针、任务,我没有什么意见。要肯定几年来工商行政管理工作的成绩,特别是基层第一线的同志兢兢业业、辛辛苦苦地工作,认真地对经济活动进行监督管理,与投机违法活动作斗争,要充分肯定大家的功绩。但是,同时也要看到与新形势不适应的方面,要进一步加强组织建设、思想建设和法制建设,提高工商行政管理工作水平。

要把清理整顿公司作为一项重要工作来抓。哪些公司可以办,哪些不能办,哪些应当取缔,要划几条杠子,在整顿过程中研究政策界限,提出管理办法。根本的界限,是看对发展经济、方便人民生活是否有利。对有利于发展经济、方便人民生活的公司要支持;手续不完备的,要补办手续纳入轨道;对以办公司为名,谋取小集团利益或个人利益的,或者披着合法外衣搞非法活动的,要进行整顿,该取缔的取缔;允许存在的,要进行改造。对皮包公司,也不能笼统地说都是坏的,有些是牵线搭桥、提供信息的。但像鞍钢反映的那样,住在鞍钢招待所里面转手倒卖钢材,这是非法的。

对各种各样的市场和城乡个体工商户的管理,是个比较复杂的问题。已经搞了一些法规,还要继续搞些法规。在促进搞活、开放的同时,加强对这方面的管理,是一个新的课题,是工商行政管理部门的一项重要任务。武汉汉正街市场的特点是面向农村,泉州石狮镇市场过去是投机场所,现在变了,主要是服装市场,信息快,香港服装的新式样,一个礼拜后就能在这个市场出现。这个市场养的人可多了。事实说明,只要管理好,这种市场是可以做到活而不乱的。

要加强商标和广告的管理工作。目前,商标很乱,冒牌东西太多,这茅台、那大曲,这五粮液、那三粮液,盗用别人的名义,以假乱真,以次充好。这不仅涉及商业道德问题,也是违反商标法的。商标管理在资本主义国家也是很严格的。我们要切实加强商标管理,严肃处理假冒商标案件,保护注册商标的专用权和消费者的利益。广告可以传播信息,活跃经济,组织收入,赚取外汇,但如果搞不好,也可以助纣为虐,帮助推销劣质商品。广告是一种宣传,可以宣传自己的产品,扩大推销,但不能夸大,要实事求是。产品质量不是通过宣传来的,茅台、五粮液不是通过宣传来的,什么"万宝、万宝,长生不老",广告宣传要严肃一些。要完善广告管理办法,严格把关,禁止弄虚作假。

关于你们提出的增加编制问题,第一,工商行政管理部门的任务很重,我赞成适当增加一些人。第二,分批增加。一下子增加很多人,难消化,没有地方办公,也没有地方住。第三,基本上靠内部吸收。内部吸收不够,再从社会上招收一点。但招收的标准要高,严格把关,不能搞顶替的办法。人从哪里来?一是可以安排转业军人。现在每年有很多转业军人,政治素质比较好,转业前再经过一段时间训练,比从社会上招收的质量要好。二是每年分配一部分学生。大学毕业生也要先到基层工作。三是吸收行政性公司等部门精简下来的一部分人。体制改革中,有些部门特别是行政性公司要精简大批干部,其中相当多的人是有经济知识和

管理水平的,是相当能干的。需要精简的人员到底有多少,现在还说不清,光是商业二级公司大概就有十几万人。如果保留公司,这些人就要找事干,就会干预体制改革,而充实到需要加强的部门去,他们就可以发挥自己的才干,下一步改革也减少了阻力。我们有许多部门是需要加强的,各经济综合部门、经济监督部门、经济信息部门都要加强。随着政企分开,也有许多部门要大大精简。这个问题,需要作为系统工程来考虑,避免一方面该增加人的部门到社会上大量招收人;另一方面该精简的部门大批人又没有去路。关于增人的事,你们和劳动人事部再商量一下,写个报告,报国务院审批。

要加强工商行政管理干部队伍的建设,工商行政管理部门的绝大多数干部是好的和比较好的,但也确实存在不纯的问题。不能光注意干部数量,还要提高质量。要适应开放、搞活的形势需要,加强干部培训,提高其素质。对思想作风方面的问题,要加强教育。对少数内外勾结、贪赃枉法的,要按党纪国法严肃处理。

办案经费、奖金等项开支不要与罚没款挂钩。要采取收支两条线的办法,罚没款交财政,办案经费等由财政部门解决。你们提到少数民族地区工商行政管理部门经费困难问题,财政包干已经照顾到这些地区,可以向当地政府反映。

工商行政管理所不能以乡建所,要按经济区划设置,由县局直接领导。因为集市贸易不是一个乡的范围,是跨乡的,办案子也是跨乡的。今后乡政府不包括税务所、工商所,要同大家讲一讲,这有利于工作。当然,要教育工商所的同志与乡政府搞好关系,注意工作方法,尊重乡政府的意见。

田纪云副总理在听取全国工商行政管理局长会议汇报时的讲话

(1987 年 4 月 13 日)

你们的会议总结了去年的工作,部署了

今年的任务，开得很好嘛！

这几年，工商行政管理工作成绩很大。总的来讲，思想比较解放，在适应新的形势，支持改革、开放、搞活方面，在加强企业管理、市场管理，繁荣市场方面，在打击倒买倒卖、投机倒把活动，维护各类企业正当经营和消费者正当利益方面，在加强工商行政管理立法方面，在队伍建设，提高干部素质方面，都做了大量的工作，成绩是显著的，应当充分肯定。工商行政管理战线的全体干部、职工，兢兢业业，工作是很努力的，为维护国家利益和群众利益付出了辛勤劳动，涌现出一大批好人好事。我向战斗在工商行政管理第一线的广大干部、职工表示敬意。这是我讲的第一点。

第二点，当前工商行政管理工作的主要任务是什么？概括地说，就是在坚持四项基本原则的前提下，进一步加强和改善监督和管理，大力支持改革、开放、搞活方针的贯彻实施。我们的改革、开放、搞活，前提都是坚持四项基本原则。改革是社会主义的改革，开放是坚持社会主义前提下的开放，搞活也不能偏离社会主义道路。这是总的指导思想。在这个总的指导思想下，保护什么，反对什么，支持什么，限制什么，政策要明确，认识要统一。我们要支持和保护以全民所有制经济为主导、以社会主义公有制经济为基础的多种经济成分、多种经营方式的合法经营，维护他们的正当利益。要采取切实有力的措施，加强对工商企业（包括国营的、集体的和个人的）的管理，同一切不法经营行为作坚决的斗争，保护国家、企业和群众的利益。改革、开放、搞活，首要的一条是经济成分、经营方式和过去不一样了。我们过去有管理单一经济成分、单一经营方式的经验，缺少管理多种经济成分、多种经营方式的经验；有管死的经验，缺少管活的经验；有闭关自守的经验，缺少开放的经验。现在我们面临的是一种崭新的形势。过去我们是高度集中的产品式经济，现在发展的是有计划的商品经济。过去一种商品基本是一个价格，现在一种产品好几种价格。过去不准许私人企业存在，现在事实上存在。在这种情况下，怎样加强管理，怎样使它沿着国家指引的轨道健康发展，我们工商行政管理部门负有重要的职责。

第三点，要逐步完善工商行政监督管理法规，依法管理。这方面，过去已经立了一些法，但现在还有很多事情是无法可依的。譬如，"三资"企业怎么管，私人企业怎么管，乡镇企业怎么管，要根据新的形势搞些法规，目前不成熟的可先搞试行办法、暂行规定。你们新干部很多，光凭经验不够了，不然就会产生主观随意性，认为合法就合法，认为不合法就不合法。有个规定，就可以依法管理。有法，还要严格执法。商标管理，已经有商标法，但存在执法不严问题。不仅假冒、偷梁换柱，有的发展到图财害命，非常恶劣。工商行政管理战线的干部职工，要同这种违法行为作坚决的斗争。不严厉处理几个案件，这股风是刹不住的。要抓住典型案件，严肃处理。有的就是要吊销营业执照，坚决取缔，不准经营；有的不仅要经济制裁，而且要行政制裁；有的要交司法部门依法追究。经济越是搞活，监督越要加强。两者相辅相成，缺一不可。这样才能保证改革沿着健康道路发展。我们现在一些人的文化水平、道德水平、思想觉悟都没有达到自觉遵纪守法的程度，不管理不行。不要认为发布一个法规，制定一个办法，大家就会自觉遵守，那不可能。有了法规，还必须有人执法，不然等于没有法。要真正做到有法可依，执法必严，违法必究。当前，特别要同假冒、剽窃名牌商品的违法行为作毫不妥协的斗争。要抓住典型案件，大张旗鼓地处理。不然，这股邪气很难压下去。

第四点，要培养训练一支具有较高政治、业务素质的干部队伍。工商行政管理部门是经济监督部门。对这个部门的干部要求要高，执法的首先要懂法、守法。要切实防止监守自盗现象。要大大提倡你们所说的"请客不到，送礼不要，说情无效"，如果真正做到，那可是不简单。要提倡这个"两不一无"，表彰好人好事。不仅对新吸收的干部要训练，对在职干部也要分批轮训；不仅要求他们试行业务，而且要提高他们的政治素质和思想觉悟，真正忠于职守，忠于人民。你们工商系统办了一些学校，这很好，可以联合搞，分级搞，大头要省里抓。招收人员要注意质量。增加人尽量从内部调剂，对从社会上新招收的人员，必须经过训练再分配工作。

此外，你们提出工商行政管理所不宜下放的问题。这个本来已经有了个原则说法。如果有的地方要把工商所下放到乡镇、街道，可以向那里的领导汇报清楚。全国两万多个工商所，九万多个乡镇，不是一乡一所。一个所管好几个乡的事情，工作是综合性的，案子不是按乡办的，集市也不是按乡设的。机构的合撤收放都要慎重。今后政治体制改革的方向，经济管理监督部门是要加强的，工商行政管理部门是要加强的，不属于撤并范围。如果有的地方要把工商所下放，可以讲，等政治体制改革方案定了以后再说，免得放了再收，来回折腾，工作受损失。

关于对个体户的管理问题，可与有关部门再协商一下。今天我就说这几点希望，供你们参考。

田纪云副总理听取全国工商行政管理局长会议汇报时的讲话

（1988 年 3 月 17 日）

你们的会开得很好。请同志们回去向大家转达一下，这几年工商行政管理工作成绩很大。随着经济的发展和改革的深入，工商行政管理任务大大加重了。现在不仅国营企业有很大发展，集体企业、个体经济、私营企业也有很大发展，外商投资企业差不多已有上万户。当前，我们面临着与十一届三中全会以前不同的新情况、新任务和新问题。这些年工商行政管理工作是紧跟党的十一届三中全会路线的，适应改革、开放、搞活的需要，做了大量的工作，不是阻碍而是促进了改革、开放、搞活方针的实施。我到哪里总要去看看市场，感到你们的工作做得

不错，是下了工夫的。工商行政管理部门的同志确实付出了辛勤的劳动，工作勤勤恳恳，非常努力，做了许多事情。对工商行政管理工作取得的成绩，要充分肯定。

今后，工商行政管理工作任务不是越来越轻，而是越来越重。因此，不能满足现状，要再接再厉，把工作搞好。要振奋精神，兢兢业业，对国家高度负责，以热情迎接新的任务，很好地完成新的任务。我们现有的经济规模，比八、九年前大多了。从 1979 年到 1987 年，国民生产总值已经翻了一番，达到一万多亿元，到不了 2000 年还会再翻一番。过去我们的经济成分比较单一，基本上是国营经济，集体经济也不多，那时所谓集体就是手工业和半官半民的供销社。现在集体经济如雨后春笋，个体经济有很大发展，今后还会有更大的发展。随着沿海地区经济发展战略的实施，外资企业也会有更大的发展。从企业登记到商标、市场、合同管理，工作量会大大增加。工商行政管理部门的同志们要意识到肩负的任务将越来越重，在思想上、工作上都要有所准备。

对假冒行为要重处。不仅要从经济上、行政上制裁，严重的还要从法律上制裁。名优酒有假冒的，食品也有假冒的，化妆品不少是弄虚作假的。搞假冒行为，不仅非法牟利，而且危害人民健康。伪劣化肥也不少，是对农业生产的破坏，是对农民的坑害。商标管理必须铁面无私。

对于党政机关办企业的问题，中央、国务院从来没有开过口。对党政现职干部兼任企业职务也没有开过口。官商不能搞到一起，如果官可以经商，必然会利用手中的权力去牟利。企业要搞活，政府必须廉洁。如果我们经济搞上去了，而政府机关却很腐败，贪污受贿，贪赃枉法，那是不行的。小平同志前几年就讲过，如果物质文明建设搞上去了，而精神方面搞得乌七八糟，那绝不是我们改革的方向。一定要有个很廉洁的政府。建议劳动人事部研究一下公司待遇如何管理的问题。有些公司工资定得很高，业务还没有开展起来，工资却都搞得很高。当然，公司待遇搞得很死不行，把奖金搞活一

些是可以的,但工资高出很多是个大问题,应当画几条杠子,有个大框框。当然不能搞平均,但现在太悬殊了,弊病不少。

今后工商行政管理部门任务更重了。适应形势发展的需要,不仅要适当增加一些人,还要考虑提高工作效率,搞些现代化设备。当然,设施现代化不能要求太急,每年搞一些,逐步地实现。在经济比较发达的地方、最急需的地方可以先搞,不要齐步走。为了办案,配备汽车、摩托车是必要的,但不可能一下子配齐,一批一批地配备。

需要强调一下,必须抓好队伍建设。要重视防止干部队伍被腐蚀的问题。现在确有这个苗头。监督者和被监督者相互勾结,通同作弊,监守自盗,不是个别的。要看到这个苗头,从现在就抓起。如何建设一支既适应改革、开放、搞活的需要,又经得起考验、廉洁奉公、政治业务素质比较高的队伍,是我们面临的一项重要任务。不然的话,很难保证改革开放的健康发展。与此同时,对基层工商行政管理人员工作上的实际困难和生活上的实际问题,也要采取切实步骤加以解决。你们要求福利待遇比照税务部门办理。我想,这些经济监督部门,任务差不多,福利待遇也应当大体差不多。请财政部、劳动人事部研究一下。

我们对工商行政管理工作寄予很高的希望。希望工商行政管理工作对改革、开放方针的实施,对沿海地区经济发展战略的实施,对国家经济建设,起积极的促进作用。

你们汇报的体制上的几个问题,可单独向国务院写个报告,国务院批转一下。关于基层工商所不能下放的问题,要讲两条理由。一条是工商所不是按乡镇行政区划设立的,而是按经济区划设立的,不是每个乡都有一个所;另一条是,办案子是跨地区的,这里有如何不受干预秉公执法的问题,不能单纯从收几个钱来考虑问题。工商所、税务所都不宜放下去。如果说下放是改革试点,试点当然可以,但有些地方已经试了,证明是不成功的。

李鹏总理在听取全国工商行政管理局长会议汇报时的讲话

(1989 年 3 月 9 日)

今天,我和依林同志听取全国工商行政管理局长会议汇报。很多同志是第一次见面,向大家问好!

我完全同意姚依林同志刚才的讲话。依林同志管经济已多年了,对你们的情况也比较了解,他的这些意见都是很好的,希望你们在工作中认真加以贯彻。在去年一年中,工商行政管理系统的全体干部职工,在比较艰苦、比较困难、比较复杂的情况下,做了大量的工作,取得了显著的成绩。国务院对你们这条战线上的工作是充分肯定的,并向在工商行政管理战线工作的包括协管员在内的 56 万干部职工表示亲切的慰问。

工商行政管理部门是国务院的一个重要的部门,随着改革开放的深入进行,随着旧的经济体制向新的经济体制的过渡,以及市场的不断发育和完善,工商行政管理越来越重要。我们要发展社会主义的有计划的商品经济,要建立宏观调控体系,国家制定的经济政策和法律、法规,很多都要通过工商行政管理机关来执行和监督。你们工作的面是很广的,工作范围是很大的。工商行政管理在过去的社会主义改造时期,工作重点是管理公私合营企业、私营企业,在管理国营企业这方面的工作就比较少,那时国营企业的产品都是按计划分配调拨。现在国营企业发生了变化,除了国家计划调拨的部分,许多企业都有自销的部分,要参加流通领域的活动。企业的自主权增加了,企业的经营范围也在不断地变化,从单一的工业到商业,由从事本行业经营到跨行业经营,现在还出现了企业集团,出现了大批外商投资企业。所有的这些企业,都要不同程度地接受工商行政管理部门的检查和监督。我们国家实行改革开放以来,已经取得了很大成就,经济发展了,人民生活改善了,现在经济上遇到一些困难,党中央决定用两年时间进行治理整顿。现在看来,也许两年还不够。在治理整顿时期,工商行政管理部门尤其要发挥更大的作用。工商行政管理部门是有基础的,在国务院各部门的这次机构改革中,你们又是属于加强的部门。希望你们不要辜负党中央和国务院的期望,能够在这条战线上,适应形势发展的要求,进一步做出更大的成绩。

你们已经部署了1989年的工作,我同意你们的部署。当前一项重要的工作,就是要把清理整顿公司的工作做好。这是治理整顿的一项重大任务。全国人民也都很关心。当前的三个热点问题:腐败现象、分配不公、乱涨价,都与你们的工作有关系,不是说你们是造成这三个热点问题的根源,而是说你们的工作做好以后,能够在很大程度上对这三个问题有所控制。清理整顿公司要把重点放在流通领域,因为流通领域里有许多混乱现象,当然生产领域也有,但更多的混乱现象是在流通领域。第二个重点,放在1986年以后新成立的公司,因为1985年已进行了一次大的清理,当然不能说它就没有问题,但更多的问题是出在以后新成立的公司里。前一段的清理工作已经取得了成绩,主要表现在清理了政企不分的公司,清理了党政机关办的公司,清理了党政机关干部和离退休干部在公司兼职任职的问题。这些问题大体上解决了70%至80%。另外,我们还查处了一批经济违法案件。当然,查处经济案件方面,工商行政管理、税务、审计、检察、纪委等部门都在搞,是联合的行动。但是,很多案件是从税务和工商行政管理部门发现的。关于清理整顿公司的时间,刚才依林同志讲了,今年三月份如果结束不了,就延到六月份,六月份可能还会有一点小尾巴。在我们现在的情况下,要允许少数的公司行使一部分行政权力,但是我们总的方向是应该尽量把它减少。关于清理公司,刚才浙江省提了十个方面,我们觉得这些经验你们可以考虑。各地有各地的不同情况。关键是要把好年检关。通过年检,对公司重新登记。通过登记,有的公司就撤销了,有的

要重新确定经营范围。我看现在有的公司经营范围太广了,无所不包,国民经济有什么,它就有什么,想干什么就干什么,这不行。应该给公司划分一个经营范围。现在四种钢材、农药、化肥、农用薄膜实行了专营,有的公司就不能经营。现在经销钢材的点有十几万个,太多了。钢材是可以进入市场的,但是不能任何人都经营钢材。又比如外贸企业,经贸部已经发出通知要进行整顿。总的来说,我们的外贸权要下放一部分,但要下放给那些有经营能力、能够承担责任的外贸企业,而不是下放给那些没有管理能力,没有货源,就是搞点外贸上投机的企业。现在,在国际市场上,中国的商品质量下降,违约也较多,不能履行合同的交货期,外商抱怨很大,这成为一个相当普遍的问题,日本就提出我们有四百个合同违约。这里面有我们的一些政策上变化的原因,也有一些是企业经营管理不善造成的。希望整顿后的企业能够按照法律规定好好地经营,在发展生产、促进流通方面发挥它的作用。年检工作今年打下基础以后,每年都要进行,成为工商行政管理进行宏观管理的手段。就像每年要对汽车检查一次一样。当然我们每年检查的重点不同,经营管理好的企业,可以很容易地通过年检;经营管理不好的企业,就要通过年检对它进行约束,就像刚才依林同志讲的,有的不一定立即给予处罚,我们可以亮黄牌给警告,如果它每年都有一点违法活动,到一定的时候就要进行处理了。所以,当前要把清理整顿公司、企业登记、查处经济违法案件等工作搞好。

关于工商行政管理体制,像税务等部门一样,确实存在一些问题。但许多矛盾的解决,完全离开地方不行。银行、海关现在实行垂直领导的体制,但也没有完全与地方脱钩,中央只任命一个银行的行长和几个大的海关关长。税务和工商行政管理部门是不是也这样办要专门研究。我想总的指导思想应该是:一不要离开地方;二要有一些制约,这个制约就是保护工商行政管理人员能够站在国家立场上,执行法律和法规,不受打击报复。另外一条也可以考虑,即工商行

政管理一般讲是按权限管理的,县里管县里的,省里管省里的,但在有些情况下,上级工商行政管理机关可以越级处理。当然,运用越级处理权要很慎重。总之,体制问题要专门研究。

最后我讲讲队伍建设的问题。队伍建设很重要。我们工商行政管理系统现在有正式干部、职工 33 万人,加上临时工协管员,大概共有 56 万人,随着商品经济的进一步发展,宏观管理要加强。看来工商行政管理队伍还要发展。不仅数量上要发展,更重要的是质量上要提高。今后工商行政管理人员一部分来自学校,一部分可以公开在社会上招聘,同时注重对现有人员的培训。既要加强业务建设,又要加强精神文明建设。工商行政管理部门既是经济监督管理部门,又是行政执法机关,为政清廉这一条是非常重要的。我们的大多数工商行政管理人员是好的,但其中也有一些不好的,也有一些徇私舞弊、接受贿赂的。这方面的反映也不少。即便是占点小便宜,吃点、喝点、拿点,这样一搞以后,你根本就没有威信,而且也很难做到公正执法。所以要加强我们的队伍建设,严明纪律,把这支队伍建设成为一支经得起考验的队伍。

关于待遇问题,你们提出与税务人员同等待遇。上次还有一个单位也提过类似的要求。要讨论一下。如果已经有了决定,就重申这个决定,看具体怎么落实。我想有一条,今后工商行政管理人员在工作中做出了贡献,可以给予奖励,但是绝对不能与罚没款直接挂钩,可以由国务院或者地方政府在年终时根据你们一年的工作情况,拨一点钱,奖励税务人员,奖励工商行政管理人员。但是绝对不要直接和罚没款挂钩,如果直接挂钩,会有损工商管理人员的形象,将来漏洞无穷。这个问题,你们要引起注意。

现在我们工商行政管理人员在工作中遇到一些困难,有的人甚至遭受殴打,人身安全得不到保障。将来随着经济秩序的健全,可能会好一点,这恐怕是一个相当长的时间的事。刚才你们讲到监督与反监督、管理与反管理的斗争,现在已发展到有动武的方式了。这个问题,我们要重视,在这种情况下就要得到公安部门的配合。请你们与公安部门共同提出一个办法来,我们共同研究一次。各地公安部门要配合税收工作,配合工商行政管理工作,这是必要的。同时,你们要取得法院和检察院的支持。总之,工商行政管理人员在执行公务的时候,国家政权机关有责任保护你们。

姚依林副总理在听取全国工商行政管理局长会议汇报时的讲话

(1989 年 3 月 9 日)

我讲几点。主要请李鹏同志讲。

第一点,中央确定治理整顿工作要搞两年,也可能两年时间不够,还可以多一点。治理整顿是一项带有基本建设性质的工作。工商行政管理机关要研究一下,从现在起到明年年底,我们要抓些什么工作,解决哪几个问题。李鹏同志的政府工作报告主要内容就是讲治理、整顿。两年的时间,可以解决一些带根本性的问题。如果一年一年搞的话,可能有些问题搞不透;用两年多的时间,可以搞出一点名堂来。工商行政管理工作点多面广,日常工作是非常之多的。除了应付日常工作以外,还要着重研究几个问题。问题不要多,比如每年研究一个问题,把它研究透,把它解决透。我没有想好应该搞些什么事,但是我觉得应该有这么一个打算。这是带有根本性的、建设性的工作。这是我提出的一点意见,供你们参考。

第二点,我觉得今年的年检和企业法人登记,是解决清理整顿公司的一个非常重要的环节。年检和企业法人登记,实际上就是要把公司重新审查一遍。在审查中,非常重要的问题,就是要严格审核公司的经营范围。哪些公司只许它搞些什么,应作出具体的规定。突破了经营范围,就是违法经营。要把这个基础工作搞好。我完全同意清理整顿公司结束的时间可以适当延长一点,搞到六月底。整顿公司,工商行政管理机关究竟管些什么,党政机关经商办企业是不是解决了,党政机关在职干部和离退休干部在公司兼职任职问题是不是解决了,公司名称是不是合乎规定,注册资本是不是与实有资金相符,这些都要管。这里一个很重要的问题,就是要审核好公司的经营范围。过去我们批的经营范围,有的可能是适当的,也有相当一部分可能不适当,没有明确的行业界限,没有按照行业来管理,这非修改不行。对外贸易也有个经营什么的问题。你允不允许他搞对外贸易是一个方面;另一方面,你许可他搞对外贸易后,允许他经营什么也要控制,对外贸易有许多行业,不是一个公司拿到外贸经营权就什么都可以干。批准他搞煤炭,他就应该搞煤炭,搞别的东西就不行。这要有一个明确的行业界限。恐怕将来要按照行业来管理。国内市场也有一个行业管理问题。经营超过了行业范围,那他就是违法的;在行业范围许可之内,就是合法的。要把经营范围搞得细一些。这是一个基础,也是工商行政管理的一项基本建设。检查公司的违法活动,查出它违法了是一回事,如果是我们准许他干的又是另一回事,后者说明我们在管理上有漏洞(李鹏同志插话:我们的管理还有一些漏洞,政策上也不够配套)。要对我们管理上的漏洞进行弥补。要把它当作我们一项基本建设工作来做。这次年检搞好了,以后的年检就比较容易了。有的公司,不可能都让它停业。严重违法的可以吊销营业执照,有的公司确实有违法行为,但又不是太严重,在这种情况下还可以让它营业,但要提出警告,以后再搞,就要进行处分,话讲在头里。这也给我们明年、后年的年检打下了基础。

第三点,你们汇报中提出的解决领导体制和福利待遇两点要求,请李鹏同志考虑一下。这个问题恐怕要专门讨论一次(李鹏同志插话:专门讨论一次,你们可以提出一个方案)。你们的情况与税务局有类似之处。工商行政管理工作面比物价管理宽,因为物价实际上只是管大城市、中等城市,把几十个大中城市的价格管好了,在农村就闹不出大乱子(李鹏同志插话:物价部门主要是制

定政策和监督)。你们不仅要制定政策和监督、管理,还要一个一个办案子。所以,工商行政管理领导体制,是值得研究一下的。比如说大中城市的区局改为分局,这个我赞成。在大中城市把工商行政管理权集中起来我认为是好的,因为大中城市有这种条件,不要把它分散到区里去。全国广大农村怎么搞法是一个很大的问题。这些问题这次会上先不定,提出方案来要专门研究一下。这个路子可以一步一步地走,也可以考虑,不一定全国一律,有些地方经济很发达可以走得快一点,有的地方经济不太发达,可以走得稍微慢一点,这都可以考虑。

其他的问题我觉得都提得很好。我就提这么三点意见。我觉得工商行政管理部门做了大量的工作,人数不很多,干了不少工作。这个机构过去是有基础的,进城一开始就建立了这个机构,中间有一段脱节了。在社会主义改造时期,工商行政管理是一个很重要的方面。后来,把多种经济搞成单一经济,工商行政管理就没有多少事可做了,这中间脱节了近二十年。现在实行改革开放,你们的工作大大多起来了。同志们是很辛苦的,今后的工作也是很繁重的。工商行政管理工作势必要划分所有制,对不同的所有制是要逐步划分的。这是一个相当长时期的、很艰苦的工作,这里面有很多政策问题。同志们做了大量的工作,取得了比较显著的成绩。我就说这么点意见,主要请李鹏同志讲。

李鹏总理在听取
全国工商行政管理局长会议
汇报时的指示

(1990 年 2 月)

国务院秘书长罗干同志在向李鹏总理汇报全国工商行政管理局长会议情况时,李鹏总理说:全国工商行政管理系统的工作人员,去年经受了严峻的政治考验,在治理整顿中做了大量的工作,取得了显著成绩,工作是很辛苦的,特向大家致以亲切的问候,

希望各级工商行政管理机关今后加强自身建设，再接再厉，在治理整顿和深化改革中做出更大的成绩。

李岚清同志在听取国家工商行政管理局工作汇报时的讲话

（1992 年 12 月 24 日）

听了刘敏学同志的汇报和几位同志的发言，我感到正在召开的全国工商行政管理工作会议是一次非常重要的会议。你们按照党的"十四大"精神，研究讨论工商行政管理部门的改革和工作的进一步发展，是很及时的。纪云同志让我讲几句，我想讲这么几个问题。

第一个问题，工商行政管理部门为搞活流通、培育市场、发展经济做了大量工作，发挥了重要作用。

今天听了刘敏学同志和几位地方同志的发言，我加深了这方面的认识。这几年工商行政管理部门的任务是很重的，确实做了很多的工作，也取得了很大的成绩。在发展社会主义市场经济方面，你们积极参与培育各类市场，特别是在组织建设集贸市场方面，起了一个先锋带头作用。这方面的工作，主要是工商行政管理部门在那儿推动的。各地有很多集贸市场，而且发展很快。可以说，集贸市场是中国市场经济的摇篮、发源地，因为发展市场最先是从这儿开始的。说集贸市场是农民学习市场经济的一所大学校，我看不为过分，讲得很确切，集贸市场确实起了先行作用。这方面的工作是卓有成效的，对活跃流通，发展经济，改善人民生活，都起了很大的作用。我们是受益者，过去买菜买不到好的、新鲜的，搞了集贸市场，较好地满足了这方面的需要。有一个礼拜天，我到集贸市场去看了看，东西很新鲜，价格也合理。在支持以公有制为主体、多种经济成分共同发展方面，也做了大量的工作。你们对非公有制经济发展所持的态度也是正确的，既鼓励发展，又加强了管理。

在坚持两手抓，维护经济秩序方面，你们查处了一批经济违法违章案件，特别是在打击制售假冒伪劣商品、保护消费者利益，净化市场环境方面，也取得了显著的成效。现在假冒伪劣商品流毒到国际市场，危害极大，严重损害了社会主义中国的形象。因此，国内"打假"对维护我们在国际市场的信誉是非常有效的，因为国内市场买不到假东西，也就没有假东西出口到国际市场了。这件工作做得好。据反映，各级党委和政府对工商行政管理部门的工作也是越来越重视，因为你有作用，人家当然重视。执法部门的工作是很难做的，难度很大，有的还挨打受骂，大家不畏艰难，做了大量工作。在这里，我向大家并通过你们向工商行政管理部门的全体干部、职工，表示亲切的慰问和崇高的敬意。

第二个问题，发展社会主义市场经济，工商行政管理工作有更大的重要性，作用更大，责任更大，也大有作为。

党的"十四大"根据邓小平同志建设有中国特色的社会主义理论，确立我国经济体制改革的目标是建立社会主义市场经济体制和运行机制，这是一个重大的突破，是我国改革开放和经济发展一个新的里程碑。市场经济绝不是放任不管的自由经济，世界上也没有所谓绝对的自由市场经济，也可以说没有不要宏观管理的市场经济，资本主义国家是这样，更不用说社会主义国家了。越是发挥市场的作用，越要研究如何通过政府的宏观调控，引导市场健康有序的发展。这是市场经济成败的一个很重要的因素。这样的宏观调控，正如"十四大"报告指出的，主要是运用好经济政策、经济法规、计划指导和必要的行政管理，健全科学的宏观管理体制和方法。所以刚才同志们发言中都强调了首先要健全法制。市场经济就是法制经济，要依法管理。你们提到要制定《公司法》、《制止不正当竞争法》，非常必要。在不正当竞争方面，外贸深受其害，抬价抢购，削价竞销，假冒伪劣，危害很大。所以，法制建设，要上上下下齐努力，把市场经济必要的法律很好完善，依法管理。讲到管理体制，我有这么一个想法,这些审批制度都是过渡性的。我同意刚才敏学同志讲的,将来都要逐步归到工商行政管理部门依法统一管理的范畴。这方面外贸部门审批是很多的,这是一个历史过程。过去外贸靠国家补贴来经营,因此规定严格的经营范围。从去年开始,取消了补贴,经营范围就不要像过去那么严格了。刚刚结束的经贸会上公布了,专业公司的帽子也要摘了,一业为主,多种经营。专业公司是历史产物,现在已经没有这必要了。现在国家计划管理的商品越来越少,大部分放开了,经营范围也就可以放开。刚才江苏的同志说外贸企业可以经营内贸,但一些内贸企业不能经营外贸,人家也有意见。现在正逐步开放,允许内贸企业到独联体开商店。随着整个国家由计划经济向市场经济过渡,慢慢地审批要淡化,审批和管理范围要缩小,逐步统一到由工商行政管理部门依法注册登记就可以了。所以主管部门管理这部分是逐步缩小的,经济监督和行政执法部门管理的那部分是要扩大的,开放取得成功,有一条基本经验,就是逐步进行。一天就改了,是不可能的。中国逐步改革的经验是成功的,但要尽量缩短,加速步伐。所以主管部门在这方面责任越来越小,监督部门责任越来越大。将来应该是规范的,开办企业就直接到工商行政管理部门登记,按照法律、条件办理。从这个意义上讲,工商行政管理部门任务越来越重,作用越来越大,特别是搞市场经济。工商行政管理是国家对市场进行宏观调控的重要手段,在引导市场健康发展中要发挥积极的作用,你们担负着非常重要的职责。一方面是要通过发挥职能作用,促进经济发展,主要是推动企业转换经营机制,把企业推向市场;参与培育和建设市场体系,完善市场机制,这方面你们已经发挥了重大的历史作用。刚才几位同志讲了,我们市场的主体现在还没有到位。我想市场主体在我们国家主要是公有制企业,我们应当大力促进公有制企业更有活力,健康地发展。因为社会主义是以公有制为主体的,我们要使公有制企业不但同个体工商户、私营企业竞争有优势,而且与外商投资企业竞争也有优势,这样社会主义制度的优越性才能充分发挥出来。所以,我们大家共同努力,使公有制企业机制搞得更好、更活。同时,促进个体、私营企业和外商投资企业的发展,这也是需要的,这方面占的比例还很小,既是有益的补充,补充得还很不够。另一方面,要坚持两手抓,加强监督管理,打击经济活动中的违法违章行为,保护合法经营;保护公平竞争,制止不正当竞争,维护社会经济秩序。充分发挥以上两方面的职能作用,正是发展社会主义市场经济中,工商行政管理机关宏观调控功能的体现。我相信,在这两方面,还有很多的工作可做,而且是一定有更大作为的。所以一句话,搞市场经济,工商行政管理部门是非常重要的一个部门,职能是很大的。

第三个问题,要进一步深化改革,使工商行政管理职能既符合国际惯例,又具有中国特色。

敏学同志在工商行政管理工作会议上的报告,我看过了。这个报告提出了工商行政管理近期改革的总体目标、各分项目标的规划和部署,对明年的工作,作了具体安排,我认为这些目标和任务总的来说都是符合"十四大"精神的,希望大家能够很好地贯彻。工商行政管理部门与行业主管部门不同,它是一个综合性的监督管理部门,因而在改革上与一般行业主管部门有区别。工商行政管理部门在转换职能的过程中,有些职能要弱化,有些职能要强化。总的来讲,就是微观管理方面要弱化,宏观管理方面要强化。我们整个国务院的机构改革总的方向是这样。但是办事要有严格的程序,要有科学的严密性和规则,尽量避免随意性。将来主管部门、行业部门审批要减少,工商行政管理部门的核准登记要有严格的规则,谁来办都这样办,不能有随意性。所以,改革就是要目标明确,开拓创新,不能停留在管理方式和方法上的修修补补。因为过去你们搞市场先行一步,但毕竟还是初级市场,和大市场、现代化市场还不是一回事,也有一个工作方法、思想观念,包括法规的转变问题,所以要按照社会主义市场经济的要求，摒弃一切不适应的管理体制、管理模式、管理方式和方法。你们提出的简政放权，清理许可证和专项审批，放宽企业经营范围，扩大企业自主权，方向是对的，要逐步落实。你们提出的要逐步向国际惯例"靠拢"，在管理方式和方法上与国际惯例"接轨"，这是非常必要的。因为我们现在是对外开放的经济，我们与国际经济总框架是你中有我，我中有你。改善投资环境，我们的管理方式必须符合国际惯例。要不然外国人到中国来不懂你这一套，与他们的格格不入，那也不行，大体上要大同小异，但要有我们的特色。当然也不是照搬照抄，应该认真研究，借鉴吸收，发展提高，既符合国际惯例，又富有中国特色，因为毕竟我们与西方资本主义国家在根本制度上不一样，要有我们的特色，但大体上要接得上轨。

第四个问题，要重视培养人才。

听了你们的汇报，感到工商行政管理是一门很大的学问。一般搞企业管理的，只是微观的企业内部的管理，你们既要懂微观，又要懂宏观，而且要懂得各行各业的知识，懂得法律，还要运用科学的管理手段，如企业名称查询、商标注册查询，都要借助计算机。还有广告不够规范，贬低别人，抬高自己，把自己的产品说成第一、正宗的。这些问题，都要逐步用科学的办法来管理它、制约它。所以培养人才是重要的，要培养适应社会主义市场经济需要的工商行政管理人才。工商行政管理学问很大，没有足够的高水平、高素质的人才，还难以完成任务。还有廉政建设，包括执法部门、行业管理部门，廉政建设都是一个重要问题。我们国家两大问题，一个经济建设，一个廉政建设，能把这两条搞好，就能长治久安，稳坐江山。这两条有一条问题严重，就麻烦了。搞廉政建设，首先要健全法规，依法办事，不能有随意性。不正之风，很大一部分来自随意性。一个是微观管理太多，宏观管理太弱，转变职能为宏观管理，搞方针、政策、战略，搞规章、制度，就没有人给你送茅台酒了。审批当中有随意性，既可以审批给张三，又可以审批给李四；既可以批，又可以不批；既可以多

批，又可以少批，随意性太多，微观管理太多，人家就可走后门，就出现不正之风了。所以，要把规章制度搞严密，不容易让人钻空子。一个是转变政府职能，弱化微观管理，加强宏观管理，再有一套严密的规章制度，不能有随意性。如企业登记，符合条件的就登记，不符合条件的天王老子也不能登记。就会好一些。

新的一年很快就要到了，希望全国工商行政管理系统的同志们，在"十四大"精神的指引下，为社会主义市场经济体制的建设，为建设有中国特色的社会主义，在原来取得成绩的基础上，创造更大的成绩，做出更大的贡献。

田纪云副总理在接见全国工商行政管理工作会议代表时的讲话

（1992 年 12 月 25 日）

给大家拜个早年。

工商行政管理这几年有了长足的发展，做了大量的工作，取得了很大的成绩。

有一段时间，特别是在治理整顿期间，社会上一些人对个体、私营经济有些非议，但工商行政管理部门对个体、私营经济持积极支持的态度，这一点我非常赞成。现在看，个体、私营经济不仅是公有制经济的有益补充，而且是计划经济向市场经济过渡的先导力量，包括"三资"企业、乡镇企业、私营企业和个体工商户这四个方面。如果说我们的改革比苏联成功的话，就是我们在计划经济之外，发展了这么一块市场经济成分。我认为，这是我们最成功的一点。这方面，应该给工商行政管理部门记头功。

第二功，工商行政管理部门在市场管理方面，做了大量工作。这几年，我从南到北，在各地看了不少市场。这些市场大都是工商行政管理部门管理的，管得很出色，井然有序。当然，不是一点问题也没有。你们对培育、发展市场体系起了很大的作用。毫不夸大地说，确实是一个市场带动一方经济，

富裕一方群众。

第三功，在商标管理方面，在打击假冒伪劣商品方面，做了大量工作，也处理了一些案件。这些都对经济的健康发展做出了贡献。我对同志们表示崇高的敬意。

在新的一年里，希望你们再接再厉，在向市场经济转变的过程中，充分发挥职能作用，做出更大的贡献。

李岚清副总理在接见全国工商行政管理工作会议代表时的讲话

（1994年1月15日）

全国工商局长会议召开前，我跟国家工商局几位领导同志一起研究了一下，意见都讲了，也传达了，今年没有更多的新的意见讲了，主要是跟大家见见面，看望一下各位，向大家问个好。

第一，过去一年，工商行政管理工作取得了很大的成绩；各级管理制度的改革也取得了重大进展，对各类市场监督管理进一步加强；立法和执法，打击走私和打击假冒伪劣商品工作都取得了积极的成效；系统的廉政建设也取得了一些阶段性成果。在国家机关廉政自律方面，听说你们还是受到表扬的，有的省、市工商行政管理部门还受到省市人大、政府的表扬，我听了非常高兴。我对过去一年工商行政管理部门在各方面取得的成绩是满意的。在工商行政管理各个岗位上努力工作的同志们，他们辛勤地工作，认真负责的精神，为建立社会主义市场经济秩序所做的工作，也是应当充分肯定的。请大家把我的这个意思和对同志们的问候，向全国工商行政管理系统的同志们转达。

我曾经在开会前跟国家工商局领导同志讲过，社会主义市场经济越发展，越前进，工商行政管理部门的工作就越重要。因为社会主义市场经济就是要创造有秩序的、公平的、守法的、平等竞争的环境。这种环境自然要靠各方面来建设，还要有一个部门监督。对那些违反秩序的行为，得有相应的机构来监督，来维护这种秩序，推动这种秩序向健全方面发展，工商行政管理部门就是其中一个很重要的部门。现在工商行政管理部门的职能，跟计划经济时相比，有很大转变，前一段时间也很重要，但重要性远远不如现在。以前我不是管这方面工作的，是个外行，当时我认为工商行政管理部门主要是管集贸市场和个体工商户的，现在你们的职能范围是大大扩大了，科学性、法制性更强了，责任也更重大了。我第一个加深对工商行政管理部门重要性的认识是打击走私。去年下半年以来，恶性走私发展得非常严重，这次走私严重的情况与过去有所不同，过去主要是个人行为，开始只是夹一些私货，鞋子里放几块手表呀，身上缠些尼龙布呀，现在是有些企事业单位走私贩私，甚至大部分还是国有企事业单位，数量之大，规模之大，性质之严重，甚至半公开化，严重的景象难以想象，恐怕世界上也是少有的。这与我们某些基层领导思想上对打击走私不认真，或者是纵容、支持、参与有关。因此，中央、国务院于去年8月召开了全国打击走私工作会议。这次会议规格之高，是历来没有的，各省的一二把手参加，总书记、总理都很关心，总书记还亲自到会讲话，而且把打击走私提高到惩治腐败、廉政建设的高度来认识，要求认真地抓。经过半年多的努力，恶性走私活动得到了遏制，这是有关部门综合治理的成果，其中就有工商行政管理部门，从中我体会到了工商行政管理部门的重要性了。走私违法分子逃避边防、海关管理，私货进来了，就得靠工商行政管理和公安部门，堵住贩私、卖私渠道。各地在这方面都做了大量工作。第二个认识工商行政管理部门重要性的是打击假冒伪劣商品。假冒伪劣商品的出现，是社会主义市场经济初级阶段的一种消极现象。有的地方假冒伪劣商品充斥市场，各地在这方面做了很多工作，对假冒伪劣商品，有的用压路机碾碎，或者用火烧掉。不烧不碾，不搞得他倾家荡产，就遏制不住，是得狠一点。打击走私也一样，不端窝点，不把私货市场搞掉，也不行。总之,在建立社会主义市场经济体制中,工商行政管理部门是非常重要的。

第二,社会主义市场经济从某种意义上来讲就是法制经济。法制经济一是要立法,二是要执法,与计划经济的区别是多方面的,其中一点,就是传统计划经济人治的成分较大,首长的权力比较大,批项目也好,批这事该办不该办也好,有时首长批了就行了。这就难以完全避免随意性,社会主义市场经济要大大减少这种状况。举个例子,在社会主义市场经济条件下,关税怎么管? 一是要"三权分离",立法、行政和监督要分开,不能既立法,又负责行政管理和监督。所以国务院税则委员会办公室从海关分出来了,主要负责关税税率方面的行政立法。海关是执法部门,海关内部也是三权分开的,有立法部门(即制定一些海关执法管理的法规和条例)、监管部门、监督部门。二是任何人不能随意批减免税。新的税则委员会成立后作为主任,我首先把自己的减免税审批权撤免掉了。从去年6月到现在,我们一分钱减免税也没有批过。所以法制经济就有这个含义,如果你觉得不合理,你可以提调整税率的提案,由税则办公室的专家进行评审,提交税委会审议决定。总之,关税除国家有关法律规定的政策性减免依法自动减免外,对任何人都是平等的。

工商行政管理部门属于执法部门,你们不能决定立法但你们最有经验,可以提出立法建议。你们作为专家来起草法律,你们本身没有立法权,但可以制定一些规章和管理办法。立法立得合理不合理,你们的管理办法合理不合理很重要。要做到合理,就得有学问;没有学问,怎么能制定出一个科学的管理办法来? 工商行政管理责任很重大,是一门很重要的科学。你们工商行政管理部门领导都应是有学问的。所以要组织大家很好地学习,学习现代工商行政管理的知识。你们的领导层素质还是比较高的,但你们的队伍是从过去那种基础上发展起来的,不少同志做了多年工作,但现代化工商行政管理知识较少,现在要大力提高业务素质,加强培训。

第三,我们现在是现代化的管理,现代化的管理就得学会使用现代化的手段。今天上午我们开会研究怎么多创汇、多收汇的办法,其中一条,就是加强现代化管理,用现代化的工具,计算机联网,在计算机内运作,尽量减少人的参与。在打击走私方面,我们几个执法部门,也应通过现代化手段联系起来,布下"天罗地网"。所以,必要的现代化管理手段,要逐步完善起来。

我出差时看了很多市场。有的规模很大,几十万平方米。从过去计划分配转向市场经济,用批发市场代替原来的计划收购和分配批发一级站、二级站,是一种好形式,但对市场要加强管理。我在洛阳看了一家市场后,他们问我有什么意见,我说:一是要加强市场治安管理。在市场经营的各地的人都有,市场治安秩序要维护好。二是要加强市场和税务征收管理。工商行政和财税管理搞好了,维护好了市场秩序,税收征管就好办。这个责任就在工商行政管理部门。三是市场不能成为计划生育的避风港。我看洛阳关林市场上外省人不少,一个小摊位里有两三个孩子,长得很像的,像是一家生的,你们要协助管一下。四是加强物价管理。集贸市场物价管理你们也要抓。现在改革出台的面很宽,力度很大,很重要的一条是保持稳定,注意物价。最近,国家下了很大决心平抑粮棉油价格。另一点请你们无论如何要加强对假碘盐的管理,这是"打假"的一项重要内容。缺碘就造成痴呆。如果我们一大批人口痴呆,我们国家的发展和兴旺发达怎样来实现呀?

加强商标管理。市场经济,商标是知识产权。一个文明的国家不保护知识产权,就文明不起来。加强商标管理是一项很重要的工作。我们要创自己的名牌,保护自己的名牌,所以上次我建议你们推动搞名牌协会,来促进和保护我国的名牌商标。

第四,工商行政管理部门是一个很重要的执法部门,必须进一步加强自身的队伍建设。主要是两个方面:一是业务素质的提高,学知识,学业务,有的同志还要提高文化水平。工商行政管理部门是"铁饭碗",在基层特别是农村,要注意防止七大姑八大姨往你们那儿塞,有的文化很低,工作能力很差,甚至素质很差。所以我建议研究一下你们的体制问题。二是廉政建设,执法部门要求自己尤其要严格,要狠抓。所以,我赞赏海关总署的口号:对社会,"以促进为主";搞好自身建设,"从严治关"。你们也提出了类似方针,要很好落实。搞好廉政建设要与改进管理相结合,就是要重视抓宏观管理。这本来就是市场经济的要求。那些没有规则的、随意性强的、个人权力太大的、容易出问题的,一是要做到法制化、规范化,张三李四王五来做这件事都是一样的,不能因人而异,谁来做这件事都按规矩办,不能有随意性。二是要下决心清理工商行政管理部门办的经济实体,坚决脱钩,不能既搞经营,又搞管理。总书记批评海关搞报关行,他们认真执行了,一道命令下去,全部撤销,后来又把其他三产撤销,做得比较彻底。

再一个就是经费要实行收支两条线。现在工商行政管理部门有三分之一的人员的工资来源于管理费。这个问题我们正在研究。收支两条线不能就地分成。就地分成的结果,一个就是乱收费,一个就是不收费或少收费。但是,工商行政管理部门本身需要的经费是应当给予保证的,不能办案、管理没有钱,工资也发不出来。收支两条线,要保证经费需要,特别是执法部门,要执法,就要保证经费开支。你们有几个遗留问题,正在研究,还没有做出决定来,但原则可以给同志们讲一讲,第一,工商行政管理部门要适当集中一下,不能层层下放。第二,收支两条线,要有收有支,不能收起来、交起来容易,支起来困难,要保证正当执法和管理的费用。

最后,还要讲一个问题,我们现在企业设立是审批与登记相结合,先审批,再登记。将来社会主义市场经济体制完善时,就是登记制。现在审批与登记相结合是过渡的。实行登记制后,你们的责任就更大了,企业办得对不对就是你们负责了。这不是今天就要搞,还有一个相当长的过渡时期,但方向是这样。所以说你们工商行政管理部门

很重要,市场经济越健全、越发展、越前进,你们越重要,前景就是如此。所以希望大家在培训干部、提高素质、完善管理、严密制度、加强执法方面做出更大的努力。这支队伍很重要,大家也很努力,全国各地,穷乡僻壤,要有你们的人,覆盖全国。大家工作很辛苦,所以请大家一定转达我对工商行政管理部门同志们,特别是一线同志们的问候。

你们会议的报告材料我都看了,很好。希望会后大家认真贯彻这次会议精神。我愿意支持同志们把工作做得更好。

李岚清副总理在
全国工商行政管理工作
会议上的讲话

(1995 年 1 月 12 日)

在新的一年刚刚开始之际,你们召开全国工商行政管理工作会议,贯彻中央经济工作会议精神,研究部署今年的工作任务,是十分及时和必要的。虽然会议时间不长,但开得很有成效。众孚同志的报告,全国总结了 1994 年的工作情况,对今年的工商行政管理工作作了部署,重点突出,方向明确;各地同志在讨论中,对在社会主义市场经济条件下如何加强市场执法,改善市场秩序,提出了许多好的意见,我赞成你们今年的工作部署,希望各级工商行政管理机关扎实工作,努力完成这些任务。

回顾过去的一年,正如江泽民、李鹏同志在全国经济工作会议上讲的,总的形势是好的。国际形势总体上对我们是有利的。世界多极化发展的趋势,可以为我们的改革开放和经济建设争取到较长时期的和平环境。我国与世界各国的关系继续发展,与世界经济的联系越来越广泛和紧密。国内方面,去年我国向建立社会主义市场经济体制迈出了新的步伐。在财税、金融、外汇、外贸、投资、价格和体制等方面进行一系列的重大改革,进展比较顺利,取得了较好的效果;经济增长速度在平稳回落中仍然保持了较高的水平;其他各项事业也取得了新的

进展。

在以建立社会主义市场经济体制为目标的改革中，各级工商行政管理机关较好发挥了职能作用，加强市场监督管理，逐步实现从侧重于监督管理集贸市场和个体经济，向监督管理社会主义大市场的转变；改革企业登记管理制度，把住市场进入关；积极参与立法，加强市场执法，深化工商行政管理法制建设；推动商标、广告事业的发展，促进正当竞争，改革工商行政管理体制，加强队伍建设和廉政建设，各项工作都取得了明显的成绩。这些工作，一方面为稳定市场、保证国家重大改革措施的顺利实施，发挥了积极作用；另一方面也为今后工商行政管理的改革和发展，打下了良好的基础。对此，向在座的各位，并通过你们向在工商行政管理战线辛勤工作的广大干部职工，表示亲切的慰问！

当前，我国改革开放和经济发展总的看仍然保持着较好的势头。同时，我们也应看到，在改革和发展的过程，还存在着一些困难和问题。最突出的是连续两年物价涨幅过高，使宏观经济环境趋紧，对今年的经济建设和社会稳定产生不利影响。还有，经济运行中的深层次矛盾没有根本解决，部分国有企业生产经营困难，经营机制缺乏活力；农业仍然是国民经济最薄弱的环节，工农之间、城乡之间、地区之间的差距有待合理解决；流通秩序混乱，市场行为不规范等。党中央、国务院集中研究了这些问题，明确今年经济工作总的指导思想是：坚持邓小平同志建设有中国特色社会主义的理论和党的基本路线，全面贯彻党的"十四大"和十四届三中、四中全会精神，继续把握"抓住机遇、深化改革、扩大开放、促进发展、保持稳定"的全党全国工作大局，进一步处理好改革、发展、稳定的关系，加快建立社会主义市场经济体制，实现国民经济持续、快速、健康发展和社会全面进步。今年经济工作的主要任务是：继续加强和改善宏观调控，抑制通货膨胀，保持国民经济发展的好势头；以深化国有企业改革为重点，推进各项配套改革，完善宏观管理体制；增加农业投入，确保

农副产品供应，全面发展和繁荣农村经济；加大结构调整力度，强化管理和推动技术进步，提高经济的整体素质和效益。因此，从全局看，今年改革、发展和稳定的任务是相当繁重的。关键是要正确处理经济增长与控制物价总水平两者之间的关系。有效地抑制通货膨胀是今年宏观调控的首要任务。我们工商行政管理部门的全体同志，要认清今年经济工作的大局，在工作中自觉服从和服务于这个大局，注意处理好发展、改革和稳定三者之间的关系，促进国民经济持续、快速、健康发展。下面，我结合工商行政管理工作实际，讲几点意见。

一、明确任务，振奋精神，开创性地推进工作

全面落实党中央、国务院关于今年经济工作的部署，工商行政管理部门的任务十分繁重。

李鹏总理和我都讲过，工商行政管理工作太重要了，用了一个"太"字来形容。强调你们工作的重要性，主要因为工商行政管理机构是政府宏观管理的一个重要部门，在维护经济秩序方面承担重要职责。社会主义市场经济从某种意义上说就是法制经济，需要完备的法律体系和强有力的执法系统，也就是说，离不开政府的宏观管理。当今世界，还没有放任不管的自由市场经济。越是发挥市场的作用，越要加强政府对市场科学的宏观调控。否则，就不可能形成公平、竞争、有序的经济环境。我们建立有中国特色的社会主义市场经济体制，要遵循市场经济的一般规则，也要借鉴其他市场经济国家加强宏观管理的有益经验。这就要求我们，既要充分发挥市场配置资源的基础性作用，又要有效运用经济的、法律的和必要的行政手段，引导市场健康有序地发展。另一方面，随着经济体制改革和政治体制改革的深入，行业管理部门直接管理企业的职能将逐步淡化，工商行政管理部门作为经济监督和行政执法部门，任务也就更重了，责任也就更大了。改革和发展的方向就是如此。

去年初，国务院批准的国家工商局"三定"方案明确：国家工商局是国务院主管市

场监督管理和行政执法的职能部门。主要职责，既包括依法确认市场主体资格，又包括监督管理各类市场及市场交易行为，查处经济违法违章案件。这表明，工商行政管理的范围拓宽了，要从过去侧重于监管集贸市场和个体私营经济，转变为监管现代化的社会主义大市场和各类市场主体的交易行为。随着社会主义市场经济的发展，新情况、新问题还会不断出现，这就要求工商行政管理部门在职责范围内，要积极去研究，去探索，找出解决办法。当前要着重解决市场管理工作薄弱、制度建设滞后、交易规则混乱、对交易过程监督不够等问题。工商行政管理部门一定要充分发挥职能作用，采取有效措施，保证党中央、国务院决策的贯彻落实。

二、加大执法力度，强化监督管理

今年工商行政管理部门确定把工作重点放在加强市场监督管理上，充分发挥职能作用，加大执法力度，严格监督管理，完善交易规则，规范市场行为，建立良好的社会主义市场经济秩序。这个指导思想和工作思路，符合中央经济工作会议精神，体现了工商行政管理的基本职能，我完全同意，希望同志们很好贯彻。应该看到，加强法制建设，依法行政，是我们的首要任务。我想就此再强调几点：

（一）抓紧完善交易规则，切实规范市场行为。发展社会主义市场经济，必须建立科学、完备的法制体系，用法律、法规来保障经济的正常、有序运行。改革开放以来，我国在法制建设方面取得了很大的成绩，工商行政管理部门近几年来在法制建设方面，也有了可喜的进展。但是也要看到，在我们经济生活的某些方面，无法可依，有法不依，执法不严的现象还不同程度地存在，有的还相当严重。这也是造成经济秩序不好的一个重要原因。要解决这些问题，首先要从建立和完善法律、法规、条例着手，做到事事有章可循，有法可依，要避免行政管理上的随意性。所以，我非常赞同你们把完善交易规则作为当务之急，发挥国家工商局和地方工商局的积极性，起草或参与起草有关法律、法规，制定配套规章。另一方面，有了法更要严格执法，不能让法律、法规成为一纸空文，丧失严肃性。因此，我更赞同你们加大执法力度，严格依法行政。

（二）坚持抑制通货膨胀，平抑物价，稳定市场。去年以来，我国物价总水平大幅度上涨，特别是与城乡人民生活密切相关的基本生活必需品的价格和服务收费上涨过猛，群众反映强烈。物价的大幅度上涨，使整个宏观经济环境趋紧，不利于改革和建设的顺利进行，不利于扩大开放和吸引外资，造成社会不稳，既是一个经济问题，也是一个政治问题。所以中央经济工作会议确定，把抑制通货膨胀作为当前经济工作中的一件头等大事，作为正确处理改革、发展、稳定三者关系的关键来抓。工商行政管理机关作为当前工作中的一件头等大事，作为正确处理改革、发展、稳定三者关系的关键来抓。工商行政管理机关作为经济监督和行政执法部门，要充分运用有效的管理手段和富有经验的管理队伍，切实加大执法力度，强化市场监管，在平抑物价、抑制通货膨胀中发挥积极作用。要抓好粮、棉、油、肉、蛋、菜、农资等重要商品的价格监控，查处哄抬价格、欺行霸市、缺斤短两等违法行为。同时，积极采取措施，做好培育市场、促进流通的工作，鼓励长途贩运，支持农民进场经营，减少中间环节，降低上市商品价格，确保今年主要商品的市场价格涨幅比去年有明显回落。

（三）依法严厉"打假"。当前经济生活中这假那假还不少，突出的是假冒伪劣商品、假冒商标和虚假广告。这些违法行为严重损害消费者利益，扰乱经济秩序，危害极大。有的假冒伪劣商品还流到国际市场，对我们社会主义中国的形象造成损害。多年来，你们与有关部门密切配合，在"打假"方面做了不少工作，取得了一定的成效，但这种违法行为仍然屡禁不止，在一些地方甚至相当猖獗。"打假"是一项长期、艰巨的任务，希望你们在总结多年来"打假"经验的基础上，研究采取更有效的措施，加强与有关部门的配合与协作，把这项工作抓得更好。比如在打击制售假冒伪劣商品方面，要把食品、药品、化妆品、农资等与人民群众生产、生活密切相关的商品,作为治理的重点,与有关部门密切配合,分行业治理,分阶段制定"打假"目标,扎实推进;既在市场上查,更要铲除制假窝点,堵源截流。对假冒商标和盗版 CD 等侵权行为,要坚决依法严惩不贷,让违法者在经济上捞不到好处,使想以身试法者打消投机取巧心理。对虚假广告,主要是建立广告执业资格制度,加强广告监测和审查,力争把违法广告消灭在发布前。

(四)要高度重视查处直接损害消费者利益和人民群众身体健康的行为。对在集贸市场上出售注水猪肉、病害肉类的,一经发现,立即封存,并严肃处理。在企业监督管理和市场检查中,发现生产、销售非加碘食用盐的,一定要严肃处理,切实防止非加碘盐流入食盐市场,损害人民群众身体健康。

(五)加强对文化市场的监督管理。目前在文化市场上还存在一些不健康的现象,与建设社会主义精神文明的要求不相符。你们要配合有关部门加强管理,查禁反动、淫秽书报刊和音像制品,打击非法出版活动,规范娱乐企业的行为,促进文化市场健康发展。

三、加强队伍建设,改进管理手段

工商行政管理工作任务重,难度大,要求高。一是随着改革的深入,你们作为宏观管理部门,职责拓宽了,任务更重了;二是你们的工作涉及面广,政策性强,执法办案也好,监督管理也好,都要与诸多方面打交道,都要严格依法办事;三是你们管理现代化的社会主义大市场,有许多原来不熟悉的东西要学习,有许多新的课题要探索,思想观念和管理办法要与之适应,没有高素质的干部队伍和相应的管理手段,难以完成任务。所以,要把队伍建设和改进管理手段,作为一项战略任务抓紧抓好。

第一,要重视提高干部的政治素质,进一步转变思想观念。主要包括:一是坚持用邓小平同志建设有中国特色社会主义理论武装广大干部,尤其是各级领导干部,以正确的理论指导工作实践。二是增强广大干部的组织观念和全局观念,能始终在政治上、思想上、行政上与党中央保持一致,做到令行禁止;能自觉以局部利益服从全局利益,做到公正执法,抑制地方保护主义等错误做法。三是要树立宏观意识,在工作中要立足于宏观管理,不要陷入微观的、具体的事务中不能自拔。改革开放初期,工商行政管理系统建设、经营了一批城乡集贸市场,起到了促进商品流通的积极作用,历史功绩应予肯定。根据社会主义市场经济体制的要求,工商局的主要职能已转变为培育、管理和监督市场,而建设和经营市场属商业行为,不能把培育理解为经营,两者有根本的区别,工商局作为管理部门一定要实行政企分开。

第二,加强干部的业务培训,同时重视后备力量的培养,严把进人关,做好人员的合理分流。工商行政管理是一门很大的学问,既要懂微观,又要懂宏观;既要掌握经济、法律知识,又要掌握行政管理知识,搞好干部的业务培训十分重要。要采取岗前培训、在岗轮训等多种形式,让干部学文化,学经济、法律和行政管理知识,尤其是市场经济知识、现代管理知识和现代科学知识,增强履行岗位职责的能力,提高依法行政的水平。适应形势和任务的需要,工商行政管理部门也面临着一个改革干部知识结构的问题,尤其是省市以上工商行政管理机关,应有一批工商行政管理硕士和精通法律、经济、善管理的高层次专家型人才。为此,我支持你们利用现有高等院校调整充实,办一所学校,为培养高层次人才创造条件。近几年来,工商行政管理干部队伍逐步壮大,但所进人员水平参差不齐。要注意顶住说情风,包括向有关领导、有关部门解释清楚,严把进人关,进人要符合岗位要求,讲究政治素质、文化业务素质和年龄条件。根据实行公务员制度要求,你们还要对不适合从事行政执法工作的人员进行合理调整和分流,重新妥善安置。保证行政执法队伍的精干和高素质。

第三,以推行规范化、制度化建设和改进管理手段为重点,强化机关建设。工商行政管理工作的首要要求就是依法行政。因此,必须建立科学、严密的工作制度和严格的工作纪律，规范工作人员的行为，做到照章办事，张三李四王五来办这件事都一样，不能因人而异，不能有随意性。工商行政管理部门要适应繁重任务的需要，使用现代化管理手段，势在必行。商标注册、企业登记以及信息处理等工作，老是以手工操作为主，不仅耗费人力，又不利于提高工作效率和质量，还不利于准确、快捷地利用这些信息，为领导决策和发展经济服务。你们提出改进管理手段，争取用几年时间，建立全国工商行政管理系统的计算机网络，并与国家"金桥"、"金关"等工程相连接，抓得及时的，应当坚持不懈地抓下去，争取早见成效。还要注意主动与各方面协商，争取有关部门对你们进行的这项建设，给予必要的支持。

第四，继续深入搞好廉政建设。执法部门的廉政建设非常重要，更要狠抓。多年来，你们在廉政制度的建立和执行方面，做了大量工作，取得了明显的成效，国家工商局在中央国家机关是受到表扬的，不少省市工商局也受到了省市人大、政府的表扬。但绝不能因此而稍有放松，要坚持不懈地抓好廉政建设，今后，你们要按照中纪委、监察部的部署，进一步抓好廉政制度的完善和落实，重点抓好窗口岗位和关键环节，狠刹不正之风。特别要用严格的制度，制约那些与经济利益挂钩的事和随意性审批。你们提出建立市场主体行为规范化与建立市场监管主体行为规范两手抓，思路很好，是加强廉政建设的有力措施，要很好地实施。推进廉政建设，在抓制度约束、案件查处的同时，还要坚持全心全意为人民服务宗旨的正面教育，倡导讲奉献，做贡献，大力表彰先进，弘扬正气。

四、各级党委、政府要加强对工商行政管理工作的领导

（一）各级党委、政府对工商行政管理工作越来越重视。希望各级党委、政府进一步加强领导，帮助工商行政管理部门解决工作中遇到的问题和困难，并从政治上、生活上关心工商行政管理干部、职工。另一方面，工商行政管理部门在工作中遇到问题和困难，要及时、主动向当地党委、政府汇报和有

关部门反映，争取上级机关的领导和有关部门的支持，使问题和困难得以妥善解决。

（二）希望各地区、各部门支持理顺工商行政管理体制，以利于实现职能到位。大中城市的区工商局改为分局，是统一市场执法、加强市场管理的需要，国务院已经作了决定。从落实情况看，多数省市是好的，但也有一些地方在等待、观望。希望尽快按国务院决定精神执行。地方各级工商行政管理机关干部实行双重管理以地方为主的体制，国务院已有文件规定，各级政府和有关部门对这项工作要给予重视、关心和支持。

（三）工商行政管理部门的业务经费问题。行政性收费实行收支两条线，国务院已经作了决定。一方面，工商行政管理部门要按规定将应交的钱及时、足额上缴财政；另一方面，财政部门对工商行政管理部门的业务经费也要给予必要的保障。收支两条线，要有收有支，既不能不积极收，也不能上缴容易，支起来困难。你们要主动与财政等有关部门多沟通情况，相互配合，相信各方面会积极支持你们的工作的。

同志们，今年是"八五"计划的最后一年，又是为"九五"计划打基础的一年。希望全国工商行政管理系统的干部、职工，在新的一年里，努力贯彻中央经济工作会议精神，团结一致，振奋精神，开拓进取，扎实工作，把工商行政管理工作提高到一个新的水平，为发展社会主义市场经济做出新的更大的贡献。

春节快要到了，在此向同志们拜个早年，祝大家新春愉快！

李岚清副总理在全国工商行政管理局长会议上的讲话

（1995 年 7 月 4 日）

这次召开的全国工商行政管理局长会议，是一次非常重要的会议。会议将研究部署工商行政管理机关与所办市场脱钩、增强市场执法力度，以及表彰、学习范宗平同志，

加强队伍建设,提高队伍素质等工作。做好这些工作,对于工商行政管理机关在新的形势下,更好地履行国家赋予的市场监督和行政执法职能,维护市场秩序,促进社会主义市场经济健康发展,具有十分重要的意义。希望同志们扎实工作,努力完成这些任务。

今年以来,各级工商行政管理机关努力落实年初部署的任务,各方面工作取得了新的进展。强化了市场执法力度,集中力量开展了春节前后整治节日市场和春耕期间整治农资市场两次专项治理,取得了明显成效;重视法制建设,制定了一批贯彻实施《广告法》等法律、法规的配套规章和制度,并开展了执法检查;加强了对市场主体的监督,结合年检,清理了一批无资金、无场所、无机构的"三无企业";推进了大中城市工商行政管理体制调整和各级工商行政管理机关领导干部的双重管理工作;开展了工商行政管理机关与所办市场脱钩的调研和试点工作;此外,在保护知识产权,打击走私贩私行为,制止不正当竞争,监督、引导个体私营经济健康发展,配合有关部门开展"扫黄"、"打非"、"缉毒",以及信息系统建设、加强人才培训等方面,也都取得了积极的进展。这些工作,为深化工商行政管理体制改革,促进职能转换,维护市场秩序,发挥了积极作用。在此,我向在座的各位,并通过你们,向全国工商行政管理系统的广大干部职工,表示亲切的慰问。

当前,我国政治稳定,改革开放和经济发展总的形势是好的。投资环境继续改善,对外开放进一步扩大,与世界经济的联系越来越广泛和密切,进出口贸易持续增长;宏观调控继续改善和加强,在一定程度上抑制了物价涨幅过高的势头,国民经济稳步发展;国有企业改革有所进展;进一步重视了农业并增加了投入;贯彻科教兴国的战略,推动科学技术进步的工作得到了加强,其他各项事业也都取得了新的进展。同时,我们也应清醒地看到,在改革和发展的过程中,还存在着一些困难和问题。比较突出的是,通货膨胀的潜在压力不可忽视,市场管理薄弱、流通秩序混乱、市场行为不规范等问题,

还不同程度地存在,改革、发展和稳定的任务仍相当繁重。搞社会主义市场经济,必须用各种法规、制度来创造市场健康发展的环境,规范市场行为,这样市场机制的作用才能得到很好的发挥;否则,它的破坏性、消极作用发挥起来,可能比积极作用还大。这些,都有待于我们继续加强和改进对经济的宏观调控和监督管理。工商行政管理机关作为国家主管市场监督管理和行政执法的职能部门,任重道远,应当充分发挥应有的职能作用。下面,我讲几点意见。

一、进一步提高思想认识,坚决与所办市场脱钩

改革开放以来,一些地方的工商行政管理部门在监督管理市场的同时,组织兴建了一批集贸市场和批发市场,为培育市场和促进经济发展,做出了积极的贡献,其历史作用是应当肯定的。但是,我们应当看到,按照建立社会主义市场经济体制的要求,国家赋予工商行政管理机关的基本职能,是市场监督管理和行政执法,而不是建设和经营市场。这是新的历史条件下赋予我们的历史任务。因此,工商行政管理部门需要尽快解决既管市场,又办和经营市场的问题,坚决与所办和所经营的市场脱钩。近年来,国家工商行政管理局党组对这项工作十分重视,抓得较紧。各地工商行政管理局也进行了积极的试点和探索。工商行政管理机关要求尽快与所办市场脱钩,表明你们对贯彻执行党中央、国务院的规定,态度是坚决的,行动是积极的,希望各级工商行政管理机关在以往工作的基础上,进一步抓紧抓好。

(一)要进一步提高认识,切实转换观念

党的十一届三中全会以来,工商行政管理机关既管市场,又培育、兴办市场,现在要求工商行政管理机关与所办市场脱钩,一些同志可能还有些疑虑。但是,我们应当认识到,工商行政管理机关的职责是管理市场而不是办市场,这是社会主义市场经济发展的客观要求。社会主义市场经济从某种意义上说就是法制经济。要充分发挥市场机制的积极作用,就必须建立完备的法律体系和强有力的执法系统,加强对市场科学、有效

地管理和调控。否则，就不能形成公平竞争、有序的市场环境，就难以保障经济健康发展。工商行政管理机关作为市场监督管理和行政执法机关，是政府宏观管理的一个重要部门，你们的作用比过去大得多，今后还会越来越大。既管市场，又办市场，主要有三大弊端：

第一，不利于公平竞争。管理市场，是政府的一项行政行为，而建设和经营市场，则属于商业行为。既管市场，又搞市场建设，从事市场摊位出租、安排及经营服务，将导致出现政企不分、政事不分。这就犹如既当交通警察，又做驾驶员；既当裁判，又做运动员，难以保证公平竞争、公正执法。

第二，不利于监督管理职能的到位。工商行政管理机关办市场，势必投入一些人力、财力、物力，分散了执法力量，并引发部门之间、地方之间的矛盾。工商行政管理机关作为市场监督管理者和行政执法者，应使自身从微观的经营服务中解脱出来，把主要精力用于市场监督和行政执法上，为维护市场秩序发挥应有的作用。

第三，不利于加强廉政建设。工商行政管理机关既管市场，又从事市场建设和经营服务，集行政执法与经营服务于一身，容易将管理与单位、个人的利益直接挂钩，滋生腐败现象。与所办市场脱钩，有利于加强工商行政管理机关的廉政建设，建立一支清正廉洁的行政执法队伍。

实行与所办市场脱钩，是工商行政管理体制上的一次重大改革，对于确立工商行政管理机关在国家宏观调控体系中的地位和作用，树立良好的执法形象和权威，都具有十分重要的意义。工商行政管理系统的同志们，一定要从工商行政管理事业改革和发展的大局和必然趋势出发，深刻认识这项工作的必要性，增强紧迫感，消除模糊认识，不失时机地抓紧抓好。

（二）要严格执行党中央、国务院的有关规定，认真按照政企脱钩、政事分开的原则实施脱钩

为推进党政机关转换职能和搞好廉政勤政建设，近几年来，党中央、国务院曾多次作出明确规定：党政机关，特别是司法机关和行政执法机关，不得兴办经济实体，已经兴办的，要在人、财、物等方面与机关彻底脱钩。工商行政管理机关属于"三不准"单位，即不准组建任何类型的经济实体，不准以部门名义向经济实体投资入股，不准接受各类经济实体的挂靠。因此，凡由工商行政管理机关自办或与其他单位联办的各类市场，以及企业性质的市场服务公司、市场建设开发股份公司，事业性质的市场中介服务机构，都必须按照政企脱钩、政事分开的原则，在机构、职责、财务、人员等方面，与工商行政管理机关彻底脱钩或分开。市场中介服务机构不得履行行政执法职能，不得将行政性收费纳入中介服务机构的收入，不得占用行政编制。许多人反映，基层工商所没有行政经费，就靠市场收入维持，这不行。要桥归桥，路归路，国家该拿的钱要拿，你们就是吃"皇粮"的。当然人数不能无限膨胀，但没有编制要给编制，靠罚没收入或经营收入维持，这支队伍就没法执法。

（三）与所办市场脱钩，态度要坚决，措施要得力，工作要稳妥、严格、认真

态度坚决，就是各地要按照国家工商行政管理局的统一部署，迅速实施，一抓到底；不能犹豫不决，等待观望，或者明脱暗不脱，或者藕断丝连。措施得力，就是各级工商行政管理机关的主要负责同志要亲自抓，切实加强领导，认真制订方案，周密部署，精心实施，保证这项工作扎实进行，达到预期目的，绝不能走过场。脱钩工作要稳妥、严格、认真，就是要稳妥衔接，妥善处理脱钩工作中遇到的问题，既使这项工作顺利进行，又不影响市场的发展、繁荣和管理，不导致队伍人心不稳，不出现国有资产流失，切实保护好国家、集体和个人的合法权益。在这个过程中，有玩忽职守或中饱私囊，使国家和集体财产造成不应有损失的，应依法追查处理。

（四）各级政府要加强对脱钩工作的领导，各有关部门要给予积极的支持

工商行政管理部门既管市场，又办市场现状的存在，已非一日，一旦脱钩，可能会面临人员编制、经费保障等实际困难。同时，

脱钩工作又是一项政策性强、牵涉面广、难度较大的工作。因此,各级政府对这项工作要给予充分的关心,要加强领导,注意听取工商行政管理部门的汇报,并帮助解决脱钩中遇到的具体困难和问题,帮助工商行政管理部门在脱钩后尽快实现监管职能到位。各级机构编制部门,要在工商行政管理机关与所办市场脱钩的基础上,帮助落实大中城市区一级工商行政管理局改为市属分局的体制调整工作;并依据国家赋予的职能,核定和落实好各级工商行政管理机关的编制,做好富余人员的分流工作。各级财政部门要在工商行政管理机关行政性收费纳入预算管理和与所办市场脱钩后,合理核定和切实保证人员经费、公用经费和执法经费等费用,切实保障依法行政的需要。金人庆副秘书长过去是财政部副部长,我委托他帮助落实这件事。不要这边脱钩了,那边经费保证不了,两头落空,就没有办法执法了。桥归桥,路归路,两条线并行,该收的要交给财政,财政该拨的要拨下来。现在两方面都有问题,有的是该交的不交,有的是该拨的不拨,这个问题要解决好。

二、切实加强执法力度,努力维护市场秩序

这次会议,把加强市场执法作为一个重要议题,适应当前经济形势的需要,很有现实意义。我对你们加强市场执法的部署,表示完全同意。同时再强调几点:

(一)要进一步树立宏观意识,着眼于统一的社会主义大市场,依法履行监督管理和行政执法职能。现在社会主义市场经济体制下的工商行政管理机关,已非历史上主管集贸市场和小商小贩的机构,而是市场监督管理和行政执法的职能部门,职责范围大大拓宽了,责任也大大加强了。过去工商局主要管集贸市场和个体私营经济,现在不同了,整个社会主义大市场,包括国有的、集体的、个体的,各种经济成分都要管,责任重大得多了。在与所办市场脱钩后,你们的监督力量和范围也需要作相应调整。因此,要不失时机地从微观的、具体的事务中解脱出来,把工作重点真正转移到监督管理现代化

的社会主义大市场上来,依法对各类市场交易行为和市场经营秩序实施监督管理,更好地发挥职能作用,为维护经济秩序做出贡献。国务院对此是寄予厚望的。李鹏总理多次强调,在社会主义市场经济条件下,工商行政管理部门是一个非常重要的部门,没有它,就不能保障市场经济健康发展。

(二)要切实提高监督管理和行政执法的水平。市场秩序混乱的现象难以根治的原因是多方面的,这与我们的执法水平有一定关系。工商行政管理工作涉及面广,政策性强,任务繁重,各级工商行政管理机关要在学习掌握市场监督管理科学知识和提高执法水平上多下功夫。一是要在加强市场管理法规上下功夫,做到依法行政,避免工作中的随意性。这是政府改革很重要的一条。要通过办案,注意发现管理上的疏漏和薄弱环节,有针对性地健全法规和管理制度,防止违法行为的发生;要通过办案,总结管理上和执法上的成功经验,改革管理方式和方法,积极探索监督管理社会主义大市场的行之有效的方法,并使之纳入规范化、法制化的轨道。二是要坚决抵制区域保护主义和部门保护主义,维护执法的统一性。三是要健全执法机关的自我约束机制,严格办案纪律,规范执法行为,坚决抵制说情风,不办人情案。四是对团伙作案、"一条龙"作案的,要与有关部门密切配合,进行综合治理,既抓流通环节,又抓生产环节,端窝点,堵源头。五是注重打防结合,在依法办案的同时,加强法制宣传,引导经营者建章立制,自我约束,守法经营。

(三)在执法中,要注重抓重点问题和热点问题,因为这些问题对改革、发展、稳定大局和经济秩序的影响较大。这就要求我们要及时跟上中央的部署,要充分了解不同时期的经济形势,据此确定执法的重点。当前和今后一个时期,工商行政管理部门要在抓好日常监督管理的同时,把执法重点放在依法严厉打击严重破坏工农业生产、严重损害人民群众利益、严重扰乱社会经济秩序的违法行为上。具体要抓好以下工作:

一是"打假"。包括打击制售假商品、冒

牌商品、劣质商品的行为,掺杂使假、缺斤短两行为,以及刊播虚假广告,诱骗消费者的行为。这类违法行为,严重影响人民群众生产生活,扰乱经济秩序,已成为一大公害,非打不可。今年以来,各级工商行政管理机关集中开展了元旦、春节消费品市场"打假"和春耕期间农资市场"打假",取得了明显成效。应当在总结经验的基础上,把下半年的饮料市场"打假"和商标、广告"打假"抓紧抓好。同时,在专项治理结束后,要注重加强日常监督管理,巩固治理成果,并使治理工作逐步实现法制化、经常化、制度化。

二是打击走私。多年来,走私物品对我国的民族工业和国内市场冲击极大,还毁掉了一批干部。由于高额利润的驱使和地方保护主义的庇护,走私活动在一些地区依然猖獗,反走私斗争要常抓不懈。各级工商行政管理部门要密切配合海关、公安等部门,依法严厉打击走私贩私违法行为,特别要坚决捣毁走私贩私窝点和团伙,截断私货运销渠道,取缔私货交易市场。

三是"打骗"。对利用经济合同等手段进行骗买骗卖的违法行为,一旦发现,必须依法严惩不贷。

四是查处不正当竞争行为。要切实贯彻《反不正当竞争法》,针对当前问题比较突出的仿冒知名商品特有的名称;包装、装潢的不正当竞争行为,公用企业利用独占地位限制竞争的行为,以不正当竞争手段获取他人商业秘密的行为,以及利用广告或其他方法进行虚假宣传、误导消费者的行为,组织力量,加大执法力度,依法严厉查处。

此外,工商行政管理机关还要继续积极配合有关部门,开展"扫黄"、"打非"、"缉毒"等工作;继续搞好集贸市场的管理和执法工作,关心人民群众的"菜篮子"和"米袋子",依法查处哄抬物价、欺行霸市、强买强卖等违法行为,为平抑物价、抑制通货膨胀发挥积极作用。今后,要投入一定的精力,参与证券、劳动力、房地产等生产要素市场的管理和执法,监督市场的准入和运行,维护交易双方的正当权益和公平竞争,查处违法交易行为,使市场交易在法律允许的范围内进行。

三、加强队伍建设,努力提高队伍素质

这次会议提出,要围绕开展向范宗平等先进模范人物学习的活动,进一步加强队伍建设,提高队伍素质,抓得及时,很有必要。做好管理工作,要有正确的指导思想、科学合理的规章制度,也需要高素质的管理人员。工商行政管理机关要做好现代化社会主义大市场的监督管理工作,就必须建立一支高素质的干部队伍。目前,工商行政管理系统干部队伍与管理社会主义大市场的要求之间还存在一定的差距:一是这支队伍主要是改革开放以后发展起来的,近几年陆续进了不少新人,水平参差不齐;二是历史上主要是监管集贸市场和个体工商户的,管理集贸市场和个体工商户的经验丰富,但还缺乏监督社会主义大市场的知识和经验。因此,应当把加强队伍建设,提高干部队伍素质,优化干部队伍结构作为当务之急,采取有效措施,努力抓紧抓好。

第一,要重视提高干部的政治素质。这次会议表彰了范宗平同志,很好,很有必要,我们就是要通过开展向孔繁森、范宗平等先进模范人物学习的活动,提高广大干部职工的思想政治觉悟,帮助树立正确的人生观、世界观和价值观,培养敬业精神,倡导无私奉献,提高服务意识,发扬廉洁作风;要坚持用邓小平同志建设有中国特色的社会主义理论武装各级干部,提高干部的理论水平和政策水平;要增强广大干部的组织纪律观念,做到在政治上、思想上、行动上与党中央保持一致,自觉维护国家的政令统一。要培养干部的宏观管理意识和全局意识,切实把思想观念转到对社会主义大市场的监管上来。

第二,要加强干部的培训,提高业务素质。工商行政管理工作政策性强,涉及面广,特别是还要参与对生产要素市场的管理,更需具备相应的知识。因此,要采取多种形式,提高干部的文化水平,掌握经济、法律知识,学会运用现代化管理手段,增强履行岗位职责的能力,提高依法行政的水平。目前,你们正在筹办工商行政管理大学,希

望抓紧进行,以便充分利用这个基地,培训在职干部,培养后备人才。同时,要通过公务员考核录用,结合市场办管脱钩,对不适合从事行政执法的人员进行合理分流,妥善安置,保证行政执法队伍的精干和高素质。

第三,要深入搞好廉政建设,树立良好的执法形象。各级工商行政管理机关要继续下大力气狠抓廉政教育,完善廉政制度,从各个环节防止不廉洁行为的发生。一经发现违法乱纪者,要坚决依法查处,决不姑息迁就。要通过不懈的努力,在社会上和群众中树立工商行政管理人员清正廉洁、秉公执法的良好形象。

同志们,社会主义市场经济的发展,为工商行政管理提供了广阔的天地。各级工商行政管理机关的同志们,承担着维护社会主义市场经济秩序的光荣职责。希望你们以与所办市场脱钩为契机,尽快实现职能到位,切实加大执法力度,努力搞好队伍建设,推动工商行政管理工作上一个新的台阶,为促进社会主义市场经济的发展,做出更大的贡献。

李鹏总理在全国工商行政管理工作会议上的讲话

(1995 年 12 月 29 日)

我今天来看望大家,谨向辛勤工作在工商行政管理战线上的同志们,表示节日的祝贺和亲切的慰问。

我想对工商行政管理工作讲几点意见:

第一,1995 年即将结束,很快就要进入新的一年了。最近党中央召开了五中全会,提出了《关于制定国民经济和社会发展"九五"计划和 2010 年远景目标的建议》,为我们制定了一个跨世纪的、宏伟的发展蓝图。其中,最突出的是"两个转变":一是经济体制从传统的计划经济体制向社会主义市场经济体制转变;二是经济增长方式从粗放型向集约型转变,也就是从单纯追求数量向追求质量、追求效益转变。工商行政管理部门要为这两个转变服务。工商行政管理是国家经济管理的一种重要手段,在社会主义市场经济中发挥着十分重要的作用,随着经济体制改革的深化,工商行政管理部门的任务将越来越重。你们拥有一支 50 万人的队伍,管理着 800 多万户内资企业,20 多万户外商投资企业,是国家经济管理的一个很重要的部门,是市场监督管理和行政执法机关,在制定和完善市场规则,加强市场管理和物价监督,规范流通秩序,打破地区封锁和部门分割,制止不正当竞争,保护生产者和消费者合法权益,维护正常的市场秩序等方面,承担着重要的职责。为了实现两个转变,首先在观念上要有一个转变,工作上也要有一个转变,以自身的转变来促进两个转变。两个转变是全国的共同任务,各方面都要自觉地提高认识,促进这两个转变。建立社会主义市场经济体制应有一套适应社会主义市场经济的法律、法规、规定,以便做到依法办事。现在法律、法规不是很健全,还处在建立完善的过程中,还要不断地通过人大来制定新的法律,通过国务院和地方政府来制定新的法规。工商行政管理机关本身也要制定一些实施细则和规定,从而形成一套市场管理的规则,这需要做出很大的努力。有了法以后,还有个执法问题,执法很重要。在两个转变的过程中,往往有很多漏洞和上下不相衔接的地方,即使形成了比较完善的社会主义市场经济体制,不法现象、违法现象也会依然存在。现在偷税漏税、产品假冒伪劣、欺行霸市、缺斤少两、走私贩私、投机倒把、牟取暴利、不公平竞争,甚至以武力抗拒工商行政管理部门的检查,还有无照经营、贩黄贩毒等不法行为。即使在发达的国家,这种事情也是屡见不鲜的。治理这些违法行为,有税务部门的责任,还有公安部门的责任,工商行政管理部门承担着重要的职责。工商行政管理机关主要是一个执法机关,当然在执法中,各个时期有不同的特点,但执法是一个长期的任务。

第二,工商行政管理看起来是一种经济工作,是经济执法,但有着很重要的政治含义。这不仅是说以经济建设为中心,坚持改革开放,必须保持社会的稳定,保持社会稳定就是政治；从另一个角度讲，从特殊性来讲，工商行政执法也有很重要的政治含义。国内外反华势力搞"西化"、"分化"，危害国家安全，他们往往采取一种新的手法，就是通过参与经济隐蔽他们的目的，养精蓄锐，增大经济实力，伺机再起，进行反党反社会主义的活动，这是一个新的动向。因为这些人看得很清楚，赤裸裸地跳出来反党反社会主义，危害国家安全，有法律制裁，时机也不成熟，人民群众的眼睛是雪亮的。他们改用一种手段，就是从经济入手，这几乎成了一种惯用手法。他们打着公司、企业、研究单位、基金会等名义，一方面捞钱，一方面从事敌对活动。工商行政管理机关要认真研究一下，这个"关"在你们这里，不能随随便便批准设立这些企业。现在批个企业好像很容易，像香港、美国一美元就可以办个公司，家里有个电话就可以开业了，这在中国不行。从工商行政管理方面要把住这个关，开办公司需要什么条件，具不具备法人资格，够不够当法人代表的条件，都要有规定。一些诈骗活动、经济上的犯罪活动，就是从这里开始的。他们要进行诈骗活动，就要搞个公司。

大到带中国字头，小到随便起个什么名称，都叫公司，公司的头头都叫总经理。很多经济犯罪活动，也是通过公司来进行的。因此，要从源头上打击经济犯罪活动，把好这个关。我记得有一年打击刑事犯罪、经济犯罪的时候，在昆明发生了几起大的案子，有个案子违法金额上亿元，总经理就是一个刑满释放人员。登记一个公司，摇身一变成了公司总经理。刑满释放后没有好的表现，就成为总经理，这是很危险的，要考验一个阶段。因此，我们要解决好什么人能取得法人代表资格的问题。当然，这不完全是工商行政管理部门的事情，还有主管部门也要把好这一关。

第三，讲一讲提高队伍素质问题。工商行政管理部门做了很多工作，大部分工作人员是廉洁的，为国家做出了很大贡献，但是要看到提高队伍素质的必要性。这主要从两个方面讲：一方面，现在科学技术发展很快，工商行政管理部门不仅要管市场，而且要管企业，很多企业都实行了计算机管理，如果工商行政人员素质很低，没有掌握现代科学技术知识，恐怕很难适应科学技术的进步和市场管理的要求。另一方面是，工商行政管理机关是执法部门，与钱打交道，与违法违章行为打交道，就有一个自身廉洁的问题。廉洁反映世界观。要一身正气，正己才能正人。工商行政管理部门接触市场，接触生产经营者，有一些人有吃拿卡要现象，更有甚者，发展到经济犯罪。在社会主义建设过程中，要搞物质文明建设。促进经济发展，也要促进精神文明的发展。工商行政管理部门要建设一支过硬的队伍。目前这支队伍的现状离党和人民的要求还有差距。要看得远一些，要对自己要求严格一点，把队伍建设作为一件大事抓好。有了业务素质的提高，政治素质的提高，我们的工作才能做好。

王众孚同志主持工商行政管理局工作以来，抓了市场办管（既管市场，又办市场）脱钩。办管脱钩后，少了经济来源，执行任务可能困难一些，但不这么做是不行的，不这么做，执法很难做到公正。既是裁判，又是运动员，这不行。我和岚清同志都赞成市场办管脱钩，虽然有阻力，有困难，但这个方向是正确的。经费比较困难，各级政府有责任支持。应该看到脱钩以后，办起事情来腰杆就比较硬了。

工商行政管理队伍是一支很重要的队伍，希望你们在今后的岁月中，特别是在 1996 年，为完成全年国民经济计划，为发展社会主义市场经济，做出更大的努力和新的贡献。

李岚清副总理在全国工商行政管理工作会议上的讲话

（1995 年 12 月 29 日）

党的十四届五中全会制定了我国迈向 21 世纪的宏伟纲领，刚刚结束的中央经济工作会议确定了明年经济工作的主要任务。你们召开这次会议，学习贯彻党的十四届五中全会和中央经济工作会议精神，总结"八五"时期特别是今年的工作，研究部署"九五"第一年的工作,这对于巩固"八五"期间取得的成绩,再接再厉,努力完成"九五"时期的各项任务,进一步开创工商行政管理工作的新局面,具有十分重要的意义。

"八五"期间,我国改革开放和经济建设取得了举世瞩目的成就。工商行政管理系统同其他各条战线一样,在"八五"期间也取得了显著的成绩。主要表现在以下几个方面:

一是初步建立起了维护市场秩序的工商行政管理法律、法规体系。仅在今年,国家工商行政管理局就完成了33个立法项目,各省、自治区、直辖市、计划单列市工商行政管理局也完成了一些地方性法规、规章的起草制定工作。完成立法项目之多,是历年所没有的。这不仅为工商行政管理机关自身依法行政提供了法律依据,也促进了社会主义市场经济法律体系的建立和完善。

二是大力加强行政执法工作,依法查处各种经济违法违章案件。今年进行的元旦春节市场、农资市场、饮料市场以及现在进行的打击假冒注册商标和虚假违法广告的四次专项治理,都取得了预期效果,为维护市场秩序,保护知识产权,保护生产者和消费者的合法权益,促进社会主义市场经济的发展,做出了积极贡献。

三是在注重发展的同时,注意加强对各类市场的监督管理,促进了市场体系的培育和发展。在推动多元化市场主体形成并逐步规范其经营行为,以及推动公有制为主体、多种经济成分共同发展方面,做了大量工作,很有效。

四是深化工商行政管理体制改革,初步建立起了市场监管体制。

五是加强了干部队伍建设,培养了一支基本适应行使职能需要、依法行政的干部队伍,保障了各项任务的完成,并为今后工作再上新台阶奠定了良好的基础。这些成绩的取得,是全国工商行政管理系统广大干部职工辛勤工作的结果。国务院对你们的工作是充分肯定的,我想,各地党委和政府对你们的工作也是充分肯定的。在此,我向在座的各位,并通过你们,向全国工商行政管理系统的广大干部职工,表示亲切的慰问。

众孚同志在工作报告中对"八五"时期和今年工作做了总结回顾,对明年工作做了安排部署。这个报告符合工商行政管理实际,我都同意,希望同志们努力贯彻。下面,我讲几点意见:

一、认清形势,明确任务,提高认识,振奋精神

我们即将跨入21世纪。在这世纪之交的时候,我们有着不可多得的历史机遇,也面临着严峻的挑战。在未来的激烈竞争中,我们要抓住机遇,迎接挑战,加快发展。党的十四届五中全会提出,实现"九五"计划和2010年的奋斗目标,关键是要实行两个根本性的转变,这就是经济体制从传统的计划经济体制向社会主义市场经济体制转变,经济增长方式从粗放型向集约型转变。在实现这两个转变中,工商行政管理部门将要发挥特别重要的作用,要求我们"制定和完善市场规则,加强市场管理和物价监督,规范流通秩序,打破地区封锁和部门分割,制止不正当竞争,保护生产者和消费者的合法权益";要求"继续制定和实施同经济与社会发展相适应的法律法规。加强和改善司法、行政执法和执法监督",以创造良好的经济环境。因此,摆在我们工商行政管理系统面前的任务十分繁重,同时也十分光荣。我们要深刻认清形势,明确任务,振奋精神,扎实工作。为了完成明年以及今后更长远时期的任务,我要特别强调以下三个问题。第一,要深刻认识工商行政管理部门在建立社会主义市场经济体制中的重要地位和作用。李鹏总理多次讲过,工商行政管理部门是政府宏观管理的一个重要部门,是政府管理经济的主要依靠力量之一,在发展社会主义市场经济中的作用越来越大。这一点我们要反复地向同志们讲。因为根据国家赋予的职能,你们作为市场监督管理和行政执法机关,在健全市场规则,完善社会主义市场经济法律体系;确认市场主体资格,推动多元化市场主体形成;以及规范市场行为,查办经济违法违章案件,维护良好的经济环境和市场秩序等诸多方面,都承担着重要的职责,应当明确肩负的责任重大,努力工作,不辱使命。第二,要把工作重点转到大力推进经济体制和经济增长方式两个根本性转变上来。工商行政管理部门在立法立规,以及履行企业登记、商标注册、市场管理和广告管理等基本职能中,一定要牢牢把握住这个重点,为改革、发展和稳定做出积极贡献。二是指导思想要真正转到履行市场监督管理和行政执法基本职能,依法监管社会主义大市场上来。市场监督管理和行政执法,是工商行政管理职能的核心。今年七月全国工商行政管理局长会议部署了市场办管脱钩工作,你们全系统抓得很紧,目前已有29个省、自治区、直辖市进入了实施阶段。做好这项工作,可以使我们真正实现职能到位,依法监管好社会主义大市场。市场监管和行政执法工作做好了,维护了良好的经济环境和经济秩序,就是对改革开放和经济发展的重大贡献。第三,要处理好促进发展与加强管理的关系。发展是硬道理。我们的一切工作都要有利于促进我国国民经济的持续、快速、健康发展。作为市场监督管理和行政执法机关,工商行政管理机关促进经济发展,主要体现在依法加强管理,维护好市场秩序,以利经济健康发展上。只强调发展,而放松或削弱管理,将会导致市场秩序混乱,从而会阻碍经济发展。所以,发展与管理是相辅相成的,缺一不可。

二、充分发挥工商行政管理的职能作用,努力创造公平竞争的市场环境

根据中央经济工作会议的部署,加强和改善宏观调控,创造良好的经济环境和经济秩序,是明年经济工作的一项重要任务。你们确定明年的工作重点为"规范市场交易行为,继续促进经济秩序的好转",这符合中央经济工作会议精神,体现了工商行政管理的基本职能,希望你们:

(一)继续抓紧立法立规,依法规范市场行为。古人云:"小智办事,大智用人,睿智立法。"没有规矩就不能成方圆,古人都懂得立法的重要性,并把依法治国视为睿智之举。社会主义市场从某种意义上说就是法制经济,法制经济就要重视立法和执法,因

为市场准入要符合法律规定,市场主体要守法经营,市场监管要依法进行。目前我国正处于建立社会主义市场经济体制的初始阶段,大力加强法制建设,显得尤为迫切和必要。改革开放以来,尤其是近年来,工商行政管理部门在法制建设方面做了大量工作,取得了显著的成绩。但同时也要看到,我们的法制还不够完善,在经济生活的某些领域,无法可依,或者法制不健全的情况还不同程度地存在,使违法分子有机可乘,这也是造成经济秩序比较混乱的一个重要原因。所以,我非常赞成和支持你们继续加强立法立规工作。既要根据监督管理工作的需要,及时拟制新法;也要抓紧制定现行法律、法规的配套规定和施行细则,以利实施;还要适时修订不适应社会主义市场经济发展的法律、法规和规章。总之,要通过坚持不懈的努力,把市场主体的经营行为纳入法制轨道,把监督管理工作纳入法制轨道,为建立和完善社会主义市场经济法律法规体系做出应有的贡献。

(二)大力加强行政执法,切实维护市场秩序。有了法,还要严格执法,绝不能有法不依、执法不严,让法律、法规成为一纸空文。所以你们要切实加大执法力度,严格依法行政。根据当前和今后维护市场秩序的需要,明年工商行政管理部门承担的行政执法任务依然十分繁重。明年在全系统要开展以"一反两保护"为主要内容的"公平交易执法年"活动。希望周密部署,精心组织,争取在以下几个方面取得明显成效:一是增强市场监管主体、市场经营主体和广大消费者的法律意识,提高监管主体依法行政、经营主体守法经营和广大消费者运用法律武器进行自我保护的自觉性。为此,要采取各种行之有效的形式,以贯彻"五法"(即《反不正当竞争法》、《公司法》、《消费者权益保护法》、《商标法》和《广告法》)为重点,面向工商行政管理人员、广大企业、个体经营者和消费者,广泛开展法制宣传、教育。二是促进市场秩序好转,促进公平竞争的市场环境的建立。要加大执法力度,重点依法查处经济活动中的各种欺诈行为,违反国家政策的

不正当操纵市场行为,内线交易行为,采用非法手段诋毁、侵犯竞争对手信誉和权利的行为等四种不正当竞争行为。同时,要把社会关注的热点问题作为重要工作来抓,继续抓紧做好保护知识产权、打击走私贩私、"打假"、"扫黄"、"缉毒"等工作,丝毫不能放松。打击走私,重点是抓走私活动猖獗地区,坚决捣毁贩私市场。"打假"、"扫黄"、"缉毒"等工作,也要采取一些大的动作,增强威慑力。要通过严格执法,使违法经营者受到制裁,市场交易行为逐步规范,经济环境得以改善。三是协同有关部门依法加强流通领域中的价格监督与管理,进一步抑制通货膨胀。虽然今年抑制通货膨胀取得了预期成效,但物价涨幅仍然过高。明年要继续把抑制通货膨胀作为宏观调控的首要任务。各级工商行政管理机关在"公平交易执法年"中,要注意协同有关部门,依法查处流通领域特别是生产资料流通领域违法经营导致价格上涨的行为;注意依法查处集贸市场中哄抬价格、欺行霸市等违法行为,为平抑物价、抑制通货膨胀,充分发挥职能作用。

三、加强队伍建设,提高管理水平

工商行政管理工作政策性强,涉及面广,随着社会主义市场经济新体制的建立,对工商行政管理水平的要求会越来越高,需要不断更新和充实知识,改进管理。没有高素质的干部队伍和相应的管理手段是不行的。所以,要把加强队伍建设和改进管理手段,作为一项战略任务,高度重视,常抓不懈。

第一,要重视提高干部的政策素质。其中最重要的是:坚持不懈地用马克思主义、毛泽东思想特别是邓小平同志建设有中国特色社会主义理论武装广大干部,尤其是各级领导干部;坚持不懈地教育、引导广大干部努力学习领会党的路线、方针、政策,并自觉在工作中贯彻落实。

第二,努力提高干部的业务水平。工商行政管理人员需要的知识面很广,既要精通岗位业务知识,还要懂经济、懂法律。因此,要采取岗前培训、在岗轮训、成人教育等多种形式,让干部学本行业务,学文化,学市场

经济知识、法律知识和现代管理知识,增强履行岗位职责的能力,提高依法行政的水平。同时,我支持你们继续抓紧筹建工商行政管理高等院校,通过正规学历教育途径,培养高层次的后备人才。此外,还要通过公务员考核录用,结合市场办管脱钩,对不适应从事行政执法的人员进行合理分流,保证执法队伍的精干和高素质。

第三,要始终把廉政建设抓紧抓好。工商行政管理部门是社会公众关注的一个部门。工商行政管理人员手中拥有的权力不小,如对权力缺乏监督、制约,就容易滋生不廉洁行为和腐败现象。因此,要继续建立健全监督制约机制,完善廉政制度,严格执行,约法三章,规范工作人员的行为。多年来,你们在廉政建设方面做了大量工作,取得了明显成效。你们提出要在全系统开展"工商形象建设年"活动,这个做法很好。希望切实抓出成效,通过这一活动,展现工商行政管理机关的崭新风貌和良好形象。

第四,要逐步改进管理手段。我在这里主要是指办公现代化和管理现代化问题。商标检索查询、企业登记注册以及信息处理等,长期以手工操作为主,实践证明,已越来越不适应工作的需要。因此,要加快计算机网络系统建设,推广采用计算机管理,尽早在系统上下实现计算机联网,推进办公现代化和管理现代化,增强管理的科学性,提高工作效率和质量。

四、各级党委和政府要加强对工商行政管理工作的领导

多年来,各级党委、政府和有关部门对工商行政管理工作是重视和支持的。这些年来,工商行政管理工作取得的成绩,与各级党委、政府的领导和有关部门的大力支持是分不开的。希望各级党委、政府进一步加强领导,各有关部门继续给予支持,帮助工商行政管理部门顺利开展工作,帮助解决工作中遇到的困难和问题,并从政治上、生活上关心工商行政管理干部职工。目前特别是以下两项工作,还需要各级政府给予支持:

(一)继续做好工商行政管理部门市场

办管脱钩工作。工商行政管理部门与所办市场脱钩，是工商行政管理体制上的一次重大改革，对于工商行政管理部门转换职能，加强行政执法，推进廉政建设，树立良好的执法形象和权威，都具有重要的意义。国务院已经作了决定，这项工作也正在积极稳妥地推进。各级政府要继续加强领导，各有关部门要继续给予支持，帮助推进脱钩工作，帮助解决脱钩后的编制核定、人员分流和经费保障等问题，使这项工作能顺利进行。同时，各级工商行政管理部门的工作人员特别是领导同志，也要继续提高对市场办管脱钩工作重要性、紧迫性的认识，态度坚决，积极工作，稳妥实施；时间不能拖得太长，不能明脱暗不脱，更不能不了了之或回潮。

（二）进一步理顺工商行政管理体制。大中城市区工商行政管理局改为分局和地方各级工商行政管理机关干部实行双重管理的体制，国务院也已有文件规定。各级政府和有关部门要继续支持把这项工作做好。

同志们，明年是实施"九五"计划的第一年。做好明年的工作，开好头，起好步，对于顺利完成"九五"时期的各项任务，具有重要意义。希望全国工商行政管理系统的全体同志，在新的一年里，努力贯彻党的十四届五中全会和中央经济工作会议精神，团结一致，振奋精神，开拓进取，真抓实干，高质量地完成全年工作任务，为发展社会主义市场经济做出新的贡献。

元旦快要到了，祝同志们节日愉快！

李鹏总理在接见全国工商行政管理工作会议暨表彰大会会议全体代表时的讲话

（1996 年 12 月 11 日）

工商行政管理部门拥有 50 多万人的队伍，是国家负责市场监督管理的一个重要行政执法部门。几年来，特别是近两年来，你们在打击经济违法违章行为，支持工商企业正常经营，促进经济发展，建立和维护社会主义市场经济秩序，以及工商行政管理体制

改革、市场办管脱钩等方面，做了大量工作，取得了显著成绩，涌现出一批先进集体和先进个人。在此，我代表国务院，向全国工商行政管理系统的全体工作人员，表示感谢和慰问，并向受表彰的先进集体和先进工作者，表示热烈的祝贺！

今年是实施"九五"计划的第一年，开局不错。我们既保持了经济的快速增长、又有效地抑制了通货膨胀，降低了物价上涨幅度，农业还获得了丰收，群众是满意的。这为我们明年经济的发展和人民生活水平的提高，创造了良好的条件。目前我国正处于新旧体制转轨时期，要实行经济体制由传统的计划经济体制向社会主义市场经济体制转变，实行经济增长方式由粗放型向集约型、效益型转变，市场在经济生活中将发挥越来越大的作用。也就是说，要注重发挥市场在国家宏观调控下对资源配置的基础性作用。在这种情况下，我们面临着两个问题：一是法制还不健全，人们的法律意识还不强；二是在发展市场经济的过程中，必然会有一些企业和个人钻法律法规不健全的空子，搞经济犯罪活动。作为监管市场的行政执法机关，工商行政管理部门的作用越来越重要，你们肩上的担子非常重，责任很大，应当充分发挥职能作用，依法加强监管，严厉打击各种经济违法违章行为，为建立和维护社会主义市场经济秩序做出不懈的努力。党中央、国务院对你们寄予很大的期望。希望你们：

第一，要按照江泽民同志的要求，讲政治。工商行政管理工作虽然是经济执法，但也是很重要的政治工作。你们要用邓小平同志建设有中国特色的社会主义理论武装干部，增强广大干部的政治敏锐性和政治鉴别力，注重从政治上分析和处理经济执法中的问题，始终坚持"两手抓，两手都要硬"，把促进物质文明建设与促进精神文明建设很好地结合起来。

第二，要依法行政，加强监管，努力维护市场秩序。根据中央经济工作会议的部署，明年要进一步规范和整顿经济秩序。工商行政管理部门要一如既往地把整顿市场秩

序的工作摆到重要位置,进一步加大执法力度,努力创造良好的市场经济环境。进一步采取有效措施深化和完善工商行政管理体制改革,全面实现市场办管脱钩,是保证公正执法的重要前提。对工商行政管理部门在实现市场办管脱钩后所面临的实际困难和问题,各级政府和有关部门应认真研究,积极给予解决。

第三,要切实加强队伍建设。作为执法部门,首先要懂法,还要严格执法,提高监管水平,因此,加强队伍建设十分重要。要不断提高工商行政管理干部队伍的政治素质和业务素质,以适应所承担的繁重工作任务要求。在这次会议上,你们表彰了一批先进集体和先进个人,希望这些先进集体和先进个人保持荣誉,再接再厉,在清正廉洁、秉公执法方面起表率作用。也希望其他同志以先进模范为榜样,大家共同努力,建设一支高素质的工商行政管理干部队伍,在维护市场秩序、促进经济发展中,做出更大的贡献。

李岚清副总理在全国工商行政管理工作会议暨表彰大会上的讲话

(1996 年 12 月 11 日)

党的十四届六中全会和中央经济工作会议结束不久,你们就及时召开会议,贯彻落实会议精神,表彰先进,总结工作,研究部署明年的任务,工作抓得很紧。李鹏总理在百忙中亲切接见了大家,并作了重要指示。国务院领导对工商行政管理工作十分关心和重视,对你们这支执法队伍寄予厚望。在此,我向受表彰的先进集体和先进个人,表示热烈的祝贺!并通过你们向全国工商行政管理系统的全体工作人员,致以亲切的慰问!希望大家认真学习、贯彻、落实党的十四届六中全会、中央经济工作会议精神和李鹏总理重要指示精神,不辜负国务院的重托,为建立和维护良好的社会主义市场经济秩序,做出更大的贡献。

众孚同志的报告实事求是地总结了今年的工作,按照党的十四届六中全会精神和中央经济工作会议的要求,对明年的工作作了全面部署,我完全赞同。每个单位的工作都很忙,具体工作也很多,关键在于抓在点子上,解决一些带根本性的问题。这两年国家工商局的工作,突出主要问题,最主要的是抓了一些带根本性的工作,取得了明显成效。第一,市场办管脱钩,这是工商行政管理体制改革的一件大事。不解决这个问题,工商行政管理机关的职能作用就很难发挥。国家工商局党组对这个问题,态度坚决,认真地去抓,取得了显著成绩。做好办管脱钩工作很不容易,这牵涉到一系列问题,如观念的转变、人员的分流、利益机制的调整,这些都是改革的难点。所以我每到一处,都向省委、省政府领导讲这个道理。现在市场办管脱钩的任务已基本完成,这个估计是适当的。你们抓市场办管脱钩工作抓得好,抓住了根本。第二,在立法立规、建章立制,规范市场经济秩序方面,取得了新的进展。依法行政,首先必须要有法。现在很多问题对于我们来说都是新的。过去许多企业不重视、不注册商标,今天一个商标,明天一个商标。看这个商标不好用了,换一个,一会儿"大河牌","大河牌"不行了,就换成"大江牌"。过去我们没有广告,短缺经济、卖方市场还做什么广告?还有知识产权保护、"打假"等,这些都是我国建设社会主义市场经济过程中出现的新问题,都要靠你们工商行政管理部门来建立相应的制度、法规,依法进行管理。国家工商局在这方面的工作是很有成效的。第三,整顿市场秩序,规范市场行为,对社会上、市场上出现的热点、重点问题,特别是对严重扰乱市场经济秩序的违法行为有重点地加以整治,集中进行专项治理,也都抓得很有成效。包括"打假、扫黄、打非",打击欺行霸市、不正当竞争、走私贩私以及整治照相机市场等。从你们的执法实践中可以得到一个启发,整顿市场秩序,规范市场行为,单靠打击、惩办还不能根本解决问题,既要抓打击惩办,也要抓治本,做到标本兼治。希望你们认真总结这方面的经验,不断加以完善和推广。第四,结合办管脱钩,加强队伍建设,培养和学习先进典型,提高了队伍素质。涌现出了像景志刚、南京东路工商所等一大批廉洁自律、秉公执法、勤奋工作、默默奉献的优秀群体和先进个人,树立了新时期工商行政管理人员的良好形象,这是你们工商行政管理系统的光荣。国家工商局其他方面的工作也都有成效。这些成绩的取得,是国家工商局党组正确贯彻执行党的路线、方针、政策,带领全系统广大干部职工开拓进取、奋发努力的结果。国务院对国家工商局的工作是充分肯定的,希望你们再接再厉,把明年的工作做得更好。

关于1997年的工作,众孚同志已经作了全面部署。你们提出的明年工作总体要求和主要任务,符合党的十四届五中、六中全会和中央经济工作会议精神,体现了工商行政管理的基本职能。明年的主要任务都已经明确,希望同志们讲求实效,狠抓落实。下面,我根据中央经济工作会议精神,结合工商行政管理工作实际,再强调几个问题:

一、工商行政管理工作要服从和服务于全党全国工作的大局

1997年,是我们国家历史发展上的重要一年,我国将恢复对香港行使主权,召开党的第十五次全国代表大会,这是举世瞩目的两件大事。刚刚结束的中央经济工作会议,全面分析了当前的经济形势,确定了1997年经济工作的总体要求和主要任务。正确安排和积极做好明年的经济工作,具有非常重要的意义。明年总的宏观经济政策要保持连续性、稳定性和必要的灵活性,做到稳中求进。既要保持政治、经济和社会环境的稳定,又要积极推进改革和发展,为经济注入新的活力。归根结底,就是要在新的形势下,进一步处理好改革、发展和稳定的关系,把改革开放和社会主义现代化事业更好地推向前进。完成明年的经济工作任务,关键在于牢牢"把握大局,再接再厉,同心同德,开拓进取"。这是做好1997年经济工作的根本要求和基本保证。这十六个字是有机联系的整体,核心是把握大局。我们要深刻理解和正确把握全党全国工作的大局,自觉

服从和服务于大局,认真做好本部门的工作。

工商行政管理部门作为市场监督管理和行政执法部门,基本职能是维护市场秩序。大家一定要认真学习领会中央经济工作会议精神;把思想认识统一到中央关于形势的判断和分析上来,充分认识工商行政管理部门在建立和维护社会主义市场经济秩序中肩负的重要职责,振奋精神,开拓工作。中央经济工作会议指出,明年要真正把规范和整顿经济秩序工作提到重要的位置,着力解决偷税漏税、财经纪律松弛、社会信用混乱、生产和经销假冒伪劣产品、走私贩私,以及生产资料流通领域违规和非法经营等问题。要通过深化改革,建立健全经济法制,严格执法,严厉查处和打击各种经济犯罪活动,消除经济秩序混乱的土壤和条件。要继续整顿市场秩序,规范市场行为,大力推进社会主义市场经济新秩序的建设。这些任务都与工商行政管理工作密切相关,你们一定要采取有力措施,狠抓贯彻落实,努力做好这方面的工作。

工商行政管理机关服从和服务于全党全国工作的大局,首要的任务是真正担负起维护社会主义市场经济秩序的重任,充分发挥建立社会主义统一大市场的监管职能。前一段时间有个别同志认为,工商局不办市场就没有"地位"。我认为,办市场才没"地位"。有些同志一说搞市场经济就是办集市贸易,集市贸易就是市场经济了?当然,现在办的市场不是摆地摊了,尽管盖了几万平方米的高楼大厦,但仍然是集市贸易,它的基本性质依旧。工商行政管理机关只有从办市场中解脱出来,才能更有地位,更有权威。目前,市场办管脱钩工作已经取得了很大成绩,但还不能估计过高。我到各地去还能看出蛛丝马迹,这个问题还要进一步抓,绝不能明脱暗不脱,藕断丝连,等待时机死灰复燃。在这个问题上,各级领导干部一定要有很大的决心。李鹏总理曾经明确指出,工商行政管理看起来是一种经济工作,是经济执法,但有着很重要的政治含义。你们在维护市场秩序和经济执法中,要自觉增强政

治敏锐性和政治鉴别力,注意从政治上分析问题和处理问题,始终坚持"两手抓,两手都要硬",把促进物质文明建设与促进精神文明建设更好地结合起来。这些问题,在众孚同志的工作报告中已经充分强调了,希望同志们在实际工作中好好把握。

二、继续下大力整顿市场秩序,规范市场行为

当前扰乱市场秩序的行为,主要是制假售假、商业欺诈、走私贩私、违法经营和不正当竞争等。希望你们按照中央经济工作会议的要求,切实把规范和整顿经济秩序工作放到重要位置上来。明年要继续以"反不正当竞争,保护经营者和消费者合法权益,打击假冒伪劣,打击欺诈,打击私货交易"为中心,进一步加强市场监管和行政执法,深入持久地开展公平交易执法年活动。

要进一步抓好立法立规、建章立制工作,不断完善市场监管法规。整治和规范市场秩序,首先必须有法可依。近几年来,你们在法制建设方面取得了突出成绩,但并不是说法制就很健全了,还有不少问题缺乏法律规范,也有一些法规需要修订完善。此外,随着对外开放的扩大,我们在许多方面还要向国际惯例靠拢。这些都说明我们的法制建设任务还很繁重,丝毫不能松懈。你们要按照社会主义市场经济的要求,继续发挥国家工商局和地方工商局两个积极性,坚持不懈地抓好立法立规工作,进一步规范市场主体行为、市场交易行为和市场监管行为,促进依法行政。

要进一步加大执法力度,规范和整顿市场秩序。规范和整顿市场秩序是建立社会主义经济体制的内在要求,是各级政府管理经济的一项重要任务,必须坚决地和坚持不懈地抓下去。首先,要突出整治重点,进一步加大执法力度。党的十四届六中全会通过的《关于加强社会主义精神文明建设若干重要问题的决议》指出,"假冒伪劣、欺诈活动成为社会公害"。中央经济工作会议也指出,要"着力解决偷税漏税、财经纪律松弛、社会信用混乱,生产和经销假冒伪劣产品、走私贩私,以及生产资料流通领域违规和非

法经营等问题","严厉查处和打击各种经济犯罪活动,消除经济秩序混乱的土壤和条件"。工商行政管理机关要充分发挥职能作用,采取坚决有力的措施,下功夫抓大案要案,依法严惩,公开曝光,震慑违法分子。其次,在执法中既要注重市场专项整治,更要重视加强综合治理,注意研究解决深层次的问题,做到标本兼治。规范和整顿市场秩序,要不断研究新情况、解决新问题,要有新的举措。最后,各级政府要进一步加强对市场整治工作的领导,各有关执法部门要各司其职,共同参与,齐抓共管。坚决反对地方和部门保护主义,努力克服市场执法中的阻力。总之,要通过明年集中进行市场整治,使市场经济秩序有一个明显的好转。

在整治市场秩序的同时,你们还要注意发挥职能作用,促进社会主义精神文明建设。工商行政管理工作与精神文明建设有着密切的关系。你们在制定政策和法规中,不仅要有利于经济和各项事业的发展,而且要有利于社会主义精神文明建设。在规范市场主体行为中,要注意增强市场主体的职业道德意识,规范其经营行为。在市场监管工作中,要注意清理不良文化现象和精神垃圾。近年来,你们在清理有不良政治、文化倾向的企业名称、商标和广告方面,做了大量工作,取得了明显成效,今后还要继续努力抓好,但也要注意掌握政策。

三、坚持不懈地抓好队伍建设,努力建设一个高效廉洁的执法机关

工商行政管理部门是国家经济管理的一个很重要的部门,在社会主义市场经济中应当发挥重要作用。工商行政管理干部都应该是高水平的,有很高的办事效率,有很强的执法能力,知识面也要求很宽。但现在你们还达不到这个要求,最大的问题,就是人员素质与责任、职能差距太大。所以要结合公务员的考核、录用和选拔,逐步调整提高这支队伍。我觉得办管脱钩后人员分流是一个好事情,分流的人员搞经营,他们的工资待遇还可能高一些。目前的大学生毕业分配还不紧张,趁这个机会选调一些优秀大学生调整提高队伍的素质,这个事情要下

一点决心。首先要在工商行政管理部门建立公务员考核管理制度，制定一套工商行政管理人员的准入和淘汰办法。基层工商所36万人的编制要慎重、妥善运用，不要被钻空子。要把录用考核的制度建立起来，按照制度办事，你们可以与人事部共同研究下发文件。

要从根本上提高队伍素质，还要抓好培训工作。国家工商局机关在这方面做得不错，人员素质较高，但基层工作人员的素质亟待提高，必须加强培训。设立工商行政管理学院并不意味着所有工商行政管理人员全从学院里选用。但是到工商行政管理局来工作的干部必须经过工商行政管理业务培训，大学毕业生也不例外。将来工商行政管理学院还可适当多招一些研究生，这我是赞成的。工商行政管理学院还要承担在职人员培训的重要任务，对确实不胜任工商行政管理工作的人员要分流，但总不能把现有的人都换掉，可通过培训提高素质。你们要以这次表彰先进为契机，通过宣传一批优秀群体和先进个人，激励和带动广大干部职工努力工作，促进全系统干部思想作风转变和整体素质的提高。你们提出明年在全系统大力开展"做合格的工商行政管理干部，当人民满意的公务员"活动，这个做法很好，希望精心组织，抓出成效。

在建设一支高素质的工商行政管理干部队伍的同时，还要建设一个与市场经济体制相适应的高效廉洁的工商行政管理机构。在建立社会主义市场经济体制中，工商行政管理部门是国家一个必不可少的行政执法机构，其职能和作用越来越重要。你们的责任很大，对你们的要求也很高。工商行政管理局是带有中国特色的，我还没听说别的国家有这个机构。我们中国办事就得有中国特色，比如企业登记注册的办法。在国外是直接到注册部门登记，我们采取先由主管部门批准，再到工商行政管理部门注册的办法，特性的问题由行业主管部门审批，企业登记的共性由你们解决。这样的分工，也是我们的特色，审批和登记都由工商行政管理部门管，在现阶段还做不到。要按照我们的

国情，处理好部门之间的分工协作关系。不能有的事情大家都来办，有的事情没人办，或者是有权有利的事抢着办，有责任没利益的事没人办，要划清责任，这个问题非常重要。你们要跟中编办合作做些调查研究，按照我们的国情和建立社会主义市场经济体制的需要，进一步明确工商行政管理部门的地位和职能作用，妥善解决工商行政管理机关与其他部门职能交叉的问题，为下一步的机构改革做好准备。

四、各级党委、政府和有关部门要切实重视和支持工商行政管理工作

多年来，工商行政管理工作一直受到了各级党委、政府的重视和支持。希望各级党委、政府进一步加强领导，切实帮助工商行政管理部门解决好机构建设、队伍建设、业务建设、基础建设、经费保障等方面遇到的困难和问题，从政治上、生活上关心工商行政管理干部。当前，特别要帮助解决好市场办管脱钩后的编制核定、人员分流、经费保障等问题。该吃"皇粮"的就得吃"皇粮"，吃国家的"皇粮"，才能为国家秉公办事。自谋生路的人怎么能一心一意为国家办事呢？这是一个简单的道理。但是吃"皇粮"的人要少而精，不能滥竽充数，以利工商行政管理部门尽快实现职能转变，充分发挥维护社会主义市场经济秩序的职能作用。

工商行政管理部门作为行政执法机关，要进一步加强与司法机关和其他执法部门的联系，在工作中要密切协调和配合。各有关部门要积极支持工商部门的工作，注意发挥工商部门的职能作用。各级工商部门在做好实际工作的同时，要充分发挥舆论宣传的积极作用，大力宣传工商法规，宣传工商管理的职能作用，宣传先进典型，弘扬正气。各级新闻、宣传、文化部门要深入工商行政管理工作实际，加强正面宣传报道，为工商行政管理执法创造良好的舆论和社会环境。

同志们，1997年是具有重要历史意义的一年，也是为"九五"后三年和跨世纪做准备、打基础的一年。全面做好明年的各项工作，意义十分重大。希望全国工商行政管理系统的全体同志，紧密团结在以江泽民同志

为核心的党中央周围,认真贯彻落实党的十四届六中全会和中央经济工作会议精神,把握大局,再接再厉,同心同德,开拓前进。预祝同志们在新的一年里,取得新的更大的成绩,迎接香港的回归和党的"十五大"的召开。

李岚清副总理在听取
国家工商行政管理局
工作汇报时的讲话

(1997 年 12 月 18 日)

今天听了你们的汇报,很高兴。中央经济工作会议结束不久,你们就决定召开会议,落实这次会议精神,总结今年工作,部署明年任务,说明你们贯彻中央部署是坚决及时的。国务院对工商行政管理工作十分重视,对你们这支执法队伍寄予厚望。希望你们不负国务院的重托,认真贯彻党的"十五大"和中央经济工作会议精神,为建立和维护良好的社会主义市场经济秩序,做出新的更大的贡献。下面,我讲几点意见。

一、要充分肯定工商行政管理工作取得的显著成绩

近几年来,特别是今年以来,你们做了大量工作,取得了很大成绩。工商行政管理机构资格很老,随着经济体制改革的深化,工作性质发生了很大的变化,职责任务越来越重,有的工作还得从头研究起。在这种情况下,不断取得新的工作成果,很不容易,有的还花了很大代价。这些工作成果的取得,与时代的发展和改革开放是同步的,有效保证了改革开放和经济体制转轨的顺利进行。众孚同志刚才的汇报,实事求是地总结了今年的成绩,我完全同意。我印象较深的有几点:一是加大执法力度,维护市场秩序取得了成效。你们在加强日常监管的同时,突出重点,抓住热点,依法严厉打击了制假售假、走私贩私、合同欺诈、非法传销等违法行为,促进了市场秩序的改善。同时积极配合有关部门开展"扫黄"、"打非"、"禁毒"斗争,为促进精神文明建设发挥了积极作用。二

是以市场办管脱钩为中心的体制改革有了显著进展。你们高度重视,狠抓落实,市场办管脱钩工作取得了重大进展,促进了职能到位,提高了执法水平和权威。三是队伍建设进一步加强。你们把队伍建设的重点放在基层第一线,抓基层,打基础,研究制定了基层建设纲要,总结推广了抓基层建设的先进经验,促进了队伍整体素质的提高。这些成绩的取得,是国家工商行政管理局党组正确贯彻执行党的路线、方针、政策的结果,是全国工商行政管理系统广大干部开拓进取、奋发努力的结果。

二、要充分认识新时期工商行政管理部门的重要地位和作用

工商行政管理部门是社会主义市场经济条件下非常重要的行政执法部门。在新的历史时期,它的作用不是小了,而是更大了,这一点已经没有什么争议了。因为市场经济要健康、有序地运行,必须要有一个权威的执法部门来监管,来维护公平竞争的市场秩序。这个部门主要是工商行政管理部门。世界上实行任何一种社会经济制度的国家,都要对市场进行必要的监管,还没有放任不管的自由市场经济。工商行政管理部门作为国家主管市场监督管理和行政执法的职能部门,承担着维护社会主义市场经济秩序的重要职责,理所当然应当发挥市场监管的主力军作用。对这一点,不仅工商行政管理部门自身要有深刻的认识,也要让社会各界广泛理解。

三、要充分发挥新时期工商行政管理的重要职能

随着经济体制改革的深化和社会主义市场经济体制的建立,在新的历史条件下,工商行政管理部门应当深刻认识肩负的市场监管的历史责任,加大力度,严格执法,努力维护正常的市场秩序。

一是要进一步加强法制建设,努力健全市场规则。目前我们的法制还不健全,还有漏洞,需要进一步完善。党的"十五大"在理论上有重大突破,我们在认识上、立法上要进一步跟上去。比如,非公有制经济由过去必要的有益的补充确定为我国社会主义市

场经济的重要组成部分：一方面在过去情况下形成的法律、法规有些已不适应新形势的要求；另一方面在新形势下出现的一些新问题也需要通过立法加以规范，所以要把健全法制提到重要议事日程上来。你们要在近几年立法立规取得显著成绩的基础上，继续加快立法立规步伐，进一步提高立法立规质量。既要积极参与国家立法和地方立法，又要根据监管工作的需要、适时制定公布部门规章。要通过坚持不懈的努力，为规范市场主体行为、市场交易行为和市场监管行为提供完备的法律依据，为健全社会主义法制做出积极的贡献。

二是要突出重点，严格执法。全面完成中央经济工作会议部署的明年改革和经济发展的各项任务，需要大力加强市场监管、依法严厉打击各种经济违法违章行为，努力创造一个公平竞争的市场环境。工商行政管理部门作为市场监管的重要职能部门，应当突出重点，加大力度，严格执法，为维护市场秩序充分发挥职能作用。假冒伪劣、走私贩私、合同欺诈，仍然是当前严重扰乱市场秩序和损害经营者、消费者合法权益的突出问题；你们要在加强市场日常监管的同时，继续抓住这些重点、热点问题，依法整治，工商行政管理部门还要继续密切配合有关部门，认真开展"扫黄"、"打非"、"禁毒"斗争，为促进社会主义精神文明建设发挥积极作用；继续加强对传销的管理，坚决取缔非法传销活动；认真贯彻全国金融工作会议精神，配合金融监管部门依法查办金融案件，规范和维护金融秩序。

三是要总结经验，有效执法。如何做到有效执法是一个重大课题。执法要有手段、要不断地总结经验，研究一套科学的执法办法。要在罚款、收费等重要环节上制定严格的措施，认真研究解决有效执法的问题，切实强化执法手段，提高执法权威，做到执法到位。

四是要按照政企分开、转变职能的要求，进一步抓好市场办管脱钩工作。这是工商行政管理部门深化管理体制改革、促进监管职能到位、提高执法权威的需要。这个问题还没有完全解决。要下决心采取有效措施，巩固办管脱钩成果，做到办管彻底脱钩。要坚决按照国务院办公厅［1995］40号文件的要求，完成市场办管脱钩任务，绝不能明脱暗不脱，藕断丝连。不能既当裁判员又当运动员，不能既执法又搞经营。我主张凡是市场办管不脱钩的工商局，甚至还在按地方领导意图继续建市场的工商局，要采取坚决措施，不是撤局长的问题，而是要撤销这样的机构。谁愿意办市场，谁就去成立办市场的公司。在体制理顺后，可以重新组建工商局。

四、要充分重视加强工商行政管理干部队伍建设

工商行政管理部门担负着维护社会主义市场经济秩序的重要职责，实现"十五大"提出的跨世纪宏伟目标，又对工商行政管理工作提出了新的更高的要求。大力提高队伍素质，努力培养一支适应形势任务需要的跨世纪工商行政管理干部队伍，显得尤为重要和紧迫。这几年，国家工商局、各省市工商局人员素质发生了很大变化，有了明显提高，但基层队伍建设仍较薄弱。所以，你们要继续高度重视队伍建设工作。一是要努力提高干部的政治素质。当前首要的任务是用"十五大"精神统一和武装干部的思想，使全体干部高举邓小平理论的伟大旗帜不动摇，深入领会和自觉执行社会主义初级阶段的基本路线和纲领，坚持与江泽民同志为核心的党中央保持高度一致。二是要不断提高干部的业务素质。社会在不断进步，科技在不断发展，知识也要随之不断更新。作为工商行政管理执法人员来说，不仅知识面要宽，还要有经济、法律等方面的专长。所以，你们要大力提倡和鼓励干部学经济知识、法律知识、现代管理知识和现代科技知识，同时认真抓好多种形式的培训，增强干部履行岗位职责的能力，提高依法行政水平。三是要切实提高干部的作风素质。要坚持不懈地加强廉政教育，完善规章制度，健全监督机制，抓好廉洁自律，认真纠正利用工作职权吃、拿、卡、要等不正之风，依法查处违法违纪案件，促进廉洁从政，树立公平、公正、廉洁的执法形象。

工商行政管理部门几十万执法人员是一支在社会主义市场经济条件下维护市场正常秩序的重要队伍,可以说,没有这支队伍,很难搞好市场经济。我们支持你们,重要的还是靠你们勤奋工作。工商行政管理部门成绩很大,任务很重,党和政府寄予的希望也很大。希望你们继续努力,把工作做得更好。

李岚清副总理在接见
工商行政管理系统先进集体、
先进个人代表和全国工商行政
管理工作会议代表时的讲话

(1997 年 12 月 25 日)

对工商行政管理工作,我已经有一个书面讲话,就不再重复了。今天主要是来看望大家。首先,我代表国务院,向全国工商行政管理系统的先进集体和先进个人在过去工作中所取得的优异成绩,表示衷心的祝贺,希望你们保持荣誉,再接再厉,取得新的更大的成绩。同时,向出席全国工商行政管理工作会议的代表,并通过你们,向全国工商行政管理系统广大干部,致以诚挚的慰问。

工商行政管理部门是建设社会主义市场经济的一个非常重要的行政执法部门。你们一方面要做合法经营、合法经济活动的"保护神",同时也要做非法经营、非法经济活动的"大克星"。也就是说,你合法经营,工商行政管理部门就依法保护你,做你的后盾;你非法经营,工商行政管理部门就依法查处你,是你的"克星"。

建立社会主义市场经济体制,是一项艰巨复杂的系统工程。工商行政管理部门作为国家主管市场监督管理和行政执法的职能部门,要大力加强法制建设,进一步强化市场监管,科学执法,规范执法,为建立和维护良好的市场秩序,推进建设有中国特色社会主义的伟大事业,做出应有的贡献。相信你们一定能担当起时代赋予的这个历史重任。

快要过年了,给全国工商行政管理系统的同志们拜个早年,祝大家节日快乐。

吴仪国务委员在全国
工商行政管理局长
会议上的讲话

(1998 年 7 月 9 日)

第一次参加工商行政管理系统的会议并有机会结识各位局长,感到很高兴。按新一届政府分工,我分管工商行政管理,对我来说这是一个全新的领域,是这条战线的一个新兵,愿意向大家学习,在工作实践中学习,和大家一道,把社会主义市场经济下的市场管理工作做得更好。首先,我代表国务院,向在座的各位并通过你们向全国工商行政管理系统广大干部,致以诚挚的问候。

国家工商行政管理局是国家主管市场监督管理和行政执法的重要职能部门,是国务院的直属机构,承担着维护经济秩序的重要职责,在建立社会主义市场经济体制中具有十分重要的地位和作用。近几年来,特别是今年以来,工商行政管理部门认真贯彻落实党中央、国务院的部署,充分发挥职能作用,做了大量工作,很有成效。这些工作表现在以下几个方面:一是法制建设取得显著成绩。工商行政管理部门积极参与立法立规,适时制定部门规章,逐步建立了以《商标法》、《公司法》、《广告法》、《经济合同法》、《反不正当竞争法》、《消费者权益保护法》等法律为主的工商行政管理法律法规框架,为依法行政提供了依据,促进了社会主义市场经济法律体系的建立和完善。二是在维护市场秩序方面取得了成效。工商行政管理部门以打击假冒伪劣、走私贩私、制止不正当竞争为重点,加大力度,严格执法,自1994 年以来,共查处各种经济违法违章案件近 90 万件,涉及违法金额 300 多亿元。今年 4 月,全国工商行政管理机关按照国务院的部署,采取坚决措施禁止传销,打击非法传销经营活动,妥善处理了有关问题。这些工作对保护经营者、消费者合法权益，维护市场经济秩序和社会稳定，起到了重要作用。三是在促进改革开放和经济发展方面做出了贡献。工商行政管理部门支持企业放开搞活，促进国有企业深化改革和现代企业制度的建立；改进和强化商标、广告管理，严厉查处商标、广告违法案件，积极指导企业正确运用商标、广告战略开拓市场；努力履行市场监管和行政执法职能，为深化金融体制、粮食流通体制等改革做了大量卓有成效的工作；加强对个体私营经济的引导和管理，促进个体私营经济健康发展，注意发挥个体私营经济在经济发展、实施再就业工程中的积极作用。四是工商行政管理体制改革取得积极进展。各级工商行政管理部门加强领导，狠抓市场办管脱钩，促进了工商行政管理系统政企分开和职能转变，为监管社会主义大市场打下了良好的基础；在全系统积极实行"收支两条线"管理，促进了公正执法、廉洁执法；推进大中城市区局改分局和领导干部双重管理等体制改革工作，提高了执法的统一性和权威性。五是队伍建设进一步加强。工商行政管理部门抓了全员岗位培训，连续两年在全系统开展"工商形象建设年"活动，使队伍素质明显提高，执法形象有所改观。这些成绩的取得，是国家工商行政管理局党组认真学习邓小平理论，正确贯彻执行党的路线、方针、政策的结果，是全国工商行政管理系统广大干部开拓进取、奋发努力的结果。国务院对这几年工商行政管理系统的工作和干部队伍是充分肯定的。

今年是全面落实党的"十五大"精神的第一年。新一届国务院领导集体，正在以江泽民同志为核心的党中央领导下，坚定不移地高举邓小平理论的伟大旗帜，按照"十五大"的部署，努力推进建设有中国特色社会主义的伟大事业。今年国务院工作的重点是一个确保，三个到位，五项改革。一个确保要确保今年经济增长速度达到8%，物价涨幅低于3%，人民币汇率保持稳定。三个到位就是国有企业改革、金融体制改革、政府机构改革这三项重大改革在三年内到位。五项改革就是进行粮食流通体制、投融资体制、住房制度、医疗保障制度、财税制度等改革。这是本届政府在五年之内要做的工作。工商行政管理部门是国家主管市场监督管理和行政执法的职能部门，一定要坚决贯彻国务院的各项部署，开拓进取，扎实工作，为改革开放和经济发展创造一个良好的社会环境。这次会议的中心议题是要加强对市场监管的力度，这体现了工商行政管理的基本职能，符合当前形势和任务的需要。王众孚同志在这次局长会议上的报告，会前我看过。报告实事求是地总结了上半年的工作，对今后一个时期进一步加强市场监管等几项重要工作作了安排部署，我完全同意。希望同志们努力贯彻。下面，我讲几点意见。

一、进一步加强市场监管和行政执法，努力维护市场秩序

搞好市场监管和行政执法，是工商行政管理部门的基本职责。随着社会主义市场经济体制的建立和发展，不仅工商行政管理部门监管社会主义大市场的任务会越来越重，同时也对市场监管工作提出了新的更高的要求。为此，我向同志们提出两点希望：第一，要进一步转变观念。这是非常重要的，没有一个正确的认识，没有正确认识的指导，我们就不可能有正确的行动。转变观念，一是要从适应传统的计划经济体制转到适应社会主义市场经济体制的要求上来。从高度集中的计划经济体制向社会主义市场经济体制的转变，是党的十一届三中全会以来我国经济体制最重要、最深刻的变革，我们的思想观念和工作方式方法要尽快跟上这个变革，努力适应这个变革。在社会主义市场经济条件下，一方面要充分发挥市场配置资源的基础性作用，一方面又要有效运用经济的、法律的和必要的行政手段，加强对市场的宏观调控和监管。从这个意义上说，社会主义市场经济就是法制经济，需要完备的法律体系和强有力的监管执法系统，来维护公平竞争的市场秩序，促进社会主义市场经济健康发展。工商行政管理部门作为国家主管市场监管和行政执法的职能部门,应当大胆摒弃旧体制下惯用的管理方法,积极探索适应社会主义市场经济体制的市场监管手段和办法,这是一个很重要的问题。因此,我们要不断提高监管执法水平,适应维护社会主义市场经济秩序的需要。二是要从监管集贸市场和小商小贩转到监管社会主义大市场上来。监管集贸市场和小商小贩是工商行政管理部门的传统优势,但那仅仅是一块小小的天地,与现在的社会主义市场经济体制下的大市场来比较,那是一个很小的局部。社会主义市场经济的发展,为工商行政管理部门履行市场监管职责提供了十分广阔的天地。这就要求工商行政管理系统的同志们要树立宏观意识,开阔视野,从监管集贸市场和小商小贩拓展到监管生产资料市场和生产要素市场上来,着眼于整个社会主义大市场的监管;要不断学习,不懈探索,提高管理层次和水平,适应监管社会主义大市场的需要。第二,在市场监管和行政执法中,要突出重点,善于抓主要矛盾。一是要紧紧围绕经济建设这个中心加强市场监管和行政执法,创造良好的市场环境。二是要注意发现和抓住一个时期严重损害经营者、消费者合法权益,扰乱经济秩序的重点、难点、热点问题,加大力度,依法整治。这几年,由于党中央、国务院的正确决策和领导,我国国民经济保持了高增长、低通胀的良好态势。但在经济生活中还存在不少困难和问题,比较突出的是市场秩序较为混乱。朱镕基同志最近多次指出要大力加强市场监管,依法严厉惩治扰乱市场秩序的违法违章行为。最近党中央、国务院决定召开全国打击走私会议,继续执行"海上抓、岸边堵、口岸查、市场管、处罚严"的方针。"市场管、处罚严"有工商行政管理部门的工作。所以,工商行政管理部门当前要紧紧抓住假冒伪劣、走私贩私、商业欺诈、制黄贩毒、传销经营等破坏经济秩序的突出问题,有的放矢地采取得力措施,坚决惩治。在突出重点的同时,对其他扰乱经济秩序的违法违章行为,也要通过做好日常监管工作,严肃查处。

二、继续深化体制改革,建立健全适应社会主义市场经济体制需要的工商行政管理新体制

为保障工商行政管理部门依法履行监管社会主义大市场的职责,提高执法的统一性和权威性,更好地维护社会主义市场经济秩序,理顺管理体制十分必要。近几年来,工商行政管理体制改革取得了一定进展,一是实行了县以上工商行政管理局领导干部双重管理,二是进行了大中城市区局改分局的体制调整工作,并已在实践中显示出明显的优越性。但现行工商行政管理体制,仍基本上是"以块为主"的体制。在这种管理体制下,工商行政执法容易受到地方保护主义的干扰和不必要的行政干预,也不利于加强工商行政管理干部队伍建设。明年将进行地方机构改革。国家工商行政管理局在认真抓机关自身改革的同时,对理顺系统管理体制要下大工夫。这次会议的议题之一,就是研究系统管理体制改革问题。希望同志们畅所欲言,把存在的问题和困难摆出来,结合实际,献计献策,在深入探讨、科学论证的基础上,提出改进管理体制的意见。我将认真听取你们的意见,向党中央、国务院反映。总之,我支持你们从有利于加强市场监管和行政执法的客观要求出发,继续深化体制改革,努力建立健全适应社会主义市场经济体制需要的工商行政管理新体制。

三、禁止各种形式的传销活动,防止死灰复燃,做好有关企业的善后工作

在国务院和各地人民政府的直接领导下,经过工商行政管理、外经贸、公安、新闻宣传等系统的共同努力,禁止传销工作取得了阶段性进展。目前已进入了善后处理阶段。在禁止传销工作中,工商行政管理系统观念转变快,态度坚决,措施得力,较好地完成了国务院赋予的任务。各级工商行政管理干部要从禁止传销经营活动中吸取教训,认真总结经验,举一反三。工商行政管理工作也要讲政治,各项工作都要坚决服从于全国的大局,坚决消除危害社会稳定的隐患,对不符合中国国情,规定不许搞的东西,要认真清理整顿,坚决禁止。要继续做好禁止传销的善后工作，尽快使有关企业转制和转入正常店铺经营。同时，要密切注意动向，防止各种非法传销经营活动死灰复燃，一抓到底。这次禁止传销工作有一条基本的经验，一是决心要大，二是工作要细。

四、坚定不移地全面完成市场办管脱钩任务，促进职能转变，实现监管到位

近几年来，各级工商行政管理部门把市场办管脱钩作为转变职能、深化体制改革的一件大事来抓，加强领导，认真实施，市场办管脱钩取得了很大成绩。但是，对此不能估计太高，一些地方还存在改头换面、明脱暗不脱、藕断丝连等问题。因此，对这项工作要继续抓紧，坚决采取有力措施，巩固办管脱钩成果，做到办管彻底脱钩。第一，要进一步统一思想，深刻认识市场办管脱钩的重要性和必要性。统一思想不仅包括在座的同志，也包括有些地方政府的领导。我当过老百姓，也当过地方官，能体会你们的难处。工商行政管理部门组织兴办市场，是特定历史条件下的产物，曾经为培育市场和促进地方经济发展，做出了积极贡献，历史的功绩不可磨灭。但是这个任务已经完成了，我们已经进入了一个新的发展时期，就是社会主义市场经济时期。实行市场办管脱钩，一些同志一时感到"感情难却"、"利益难舍"。在一段时间内，我觉得这是可以理解的。但是，形势有了很大的变化，已经进入了建设社会主义市场经济的新时期，如果还是抱着建市场的旧观念，便不能适应监管社会主义大市场的要求，将会被历史所淘汰。如果在国务院下发了通知后还不采取坚决的措施，这就是一个原则问题。在社会主义市场经济体制下，工商行政管理部门必须坚决实行办管脱钩。这是因为市场经济是按法律进行管理的，工商行政管理部门是个执法部门，是按照法律来监管市场的，那么，自己去办市场，又怎么能保证公正执法呢？既当裁判员，又做运动员，这球怎么打！因此，必须实行市场办管彻底脱钩。一是从建立社会主义市场经济体制的要求看，工商行政管理部门必须深化体制改革，实行政企分开，切实转变职能；二是从维护社会主义市场经济秩序的需要看，工商行政管理部门必须加大执法力度，实现职能到位，提高执法水平；三是从建设有权威的市场执法机构的要求看，工商行政管理部门必须公正廉洁，不受利益机制的干扰和制约。所以，实行市场办管脱钩，是社会主义市场经济发展的需要，也是工商行政管理部门深化自身体制改革，实现职能到位，强化监管执法，加强队伍建设的必然要求。对此，广大工商行政管理人员特别是各级领导干部一定要有清醒的认识。第二，要严格按国务院办公厅文件要求，真正与所办市场实行机构、职责、财务、人员"四分离"。要结合这次机构改革和体制改革彻底解决这个问题。在这个问题上再也不要黏黏糊糊、藕断丝连、明脱暗不脱。"四分离"工作有一定困难，但目标必须明确，必须彻底解决这个问题，否则，工商行政管理部门永远直不起腰。理不直，气不壮，怎么能公正执法？工商行政管理系统所办市场要坚决与机关脱钩，对那些有志于搞市场经营的工商行政管理人员一定要分流出去，可以继续办市场，发挥其所长，但一定要脱掉工商行政管理制服。要在"脱钩"和"分流"的基础上，进一步解决所办市场的产权及债权债务划转出工商行政管理部门的问题。各级工商行政管理机关要加强对市场办管脱钩工作的监督检查，发现明脱暗不脱、藕断丝连的，要采取有力措施，坚决予以纠正。有的地方政府至今仍把工商行政管理部门作为市场主办单位和创收单位，下达市场建设和创收指标，并以此作为政绩考核的内容。这种做法应当制止。我相信，只要大家共同努力，目标明确，态度坚决，措施得力，办管脱钩工作中的一些问题和困难都是可以解决的。改革本身就是一场革命，希望同志们在这场改革中做促进派。第三，要积极争取各级政府的领导和有关部门的支持，妥善解决脱钩中遇到的具体困难和问题。一些地方实行市场办管脱钩后，收入减少了，人员经费、公用经费和执法经费又得不到必要的保障，这虽是导致一些地方市场办管脱钩出现藕断丝连现象的客观原因，但仍不能把所办的市场改为所谓的"中心"，换汤不换药。各级财政部门要根据工商行政管理部门业务发展的需要,合理核定和拨付经费,确保依法行政的需要,消除工商行政管理部门实行市场办管脱钩后的后顾之忧。经费问题还是要解决的,但是不能通过建市场的方式来解决。这样,我们就好做工作,就能够理直气壮地做到公正执法。

五、坚决贯彻党中央、国务院关于行政性收费和罚没收入收支两条线的规定

这项工作做起来也要下很大决心。加强行政性收费和罚没收入管理工作,有利于工商行政管理机关依法行政和公正执法、加强市场监管,有利于从源头上预防和治理腐败、加强勤政廉政建设,有利于建设高素质的执法执纪队伍、树立工商行政管理系统的良好形象。党中央、国务院对这项工作十分重视,专门下发了《中共中央办公厅　国务院办公厅关于转发〈财政部、国家发展计划委员会、监察部、公安部、最高人民检察院、最高人民法院、国家工商行政管理局关于加强公安、检察院、法院和工商行政管理部门行政性收费和罚没收入收支两条线管理工作的规定〉的通知》(中办发〔1998〕14号),并开会进行了部署。各级工商行政管理部门要认真加以贯彻,将其作为工商行政管理系统加强市场监管和加强廉政建设的一项基本措施,切实抓出成效。工商行政管理系统各项行政性收费和罚没收入的立项、开户、票据使用、支出、上缴、统计等都要严格执行国家有关政策,要严格按照批准的项目、罚没款项和上缴渠道,把收取的行政性收费和罚没收入按规定及时、足额上缴,并主动接受财政部门的审核监督。工商行政管理部门在市场监管和行政执法中,要严厉禁止乱罚款、乱摊派、乱收费。各级人民政府都不能给工商行政管理部门下达收费和罚款指标。对违法违纪的直接责任人员及负有领导责任的人员,要予以严厉查处。

六、高度重视队伍建设,不断提高队伍素质,加强廉政建设

在建立社会主义市场经济体制的新的历史时期,工商行政管理部门的任务非常繁重,必须努力培养造就一支高素质的干部队伍。目前我们这支队伍的素质,离形势和任务的要求,还有相当的差距。应当说,一批干部是不错的,能够坚持原则,秉公办事,但是也有不少人,无论是政治素质、作风素质、业务素质都有待提高,有的是根本不称职的。因此,要把加强队伍建设,提高队伍素质,作为一项长期的战略任务,高度重视,常抓不懈。一是要重视提高干部的政治素质。当前最重要的是,要用"十五大"精神和邓小平理论武装广大干部的头脑,增强广大干部贯彻执行党的路线、方针、政策的自觉性和坚定性,使广大干部自觉在政治上、思想上与以江泽民同志为核心的党中央保持高度一致;要大力加强为人民服务的宗旨教育,使广大干部树立正确的世界观、人生观和价值观,特别是不能一切向钱看,见钱眼开。在第一线工作的同志一定要注意这个问题,要有正确的价值观。二是要不断提高干部的业务素质。监管社会主义大市场,要求管理者必须具备较高的知识水平和管理能力。所以,你们要大力提倡和鼓励干部学经济知识、法律知识、现代管理知识和现代科技知识,同时认真抓好各种形式的培训,不断增强干部履行岗位职责的能力,提高依法行政水平。尤其要重视法律政策的学习,一个执法部门连法律政策都搞不懂,又怎么能依法监管呢?以其昏昏,使人昭昭,是不行的。在这历史的紧要关头,各级领导干部都必须学习。同志们,要学习的东西太多了,所以总书记教导我们要"学习、学习、再学习",这不是一个空泛的口号,而是形势发展的需要。三是要切实提高干部的作风素质。要坚持不懈地加强廉洁自律教育,健全监督制约机制,认真纠正利用工作职权吃、拿、卡、要等不正之风,依法查处敲诈勒索、以权谋私等违法违纪案件,坚决惩治腐败分子,把队伍建设成为有一定政策水平,敢于坚持原则,敢于维护国家利益,公正、廉洁的执法队伍。对队伍中存在的腐败问题,要敢于曝光,不能袒护,不能因为队伍中出现了问题就否定整个队伍。抓出了腐败分子,说明领导是十分有力的。严是爱,松是害。不能严格要求的队伍,一定是个松松垮垮的、没有战斗力的队伍。常在河边走,就是不湿鞋,一靠教育,二靠制度。要做到奖惩分明,树立几个好的典型。在座的领导干部要起表率作用。总书记经常讲:上梁不正下梁歪,中梁不正倒下来。你们都是中梁,希望你们不仅自己清廉,而且要教育队伍切实做到清廉执法。

最后讲一讲机构改革工作。国家工商行政管理局的"三定"方案已经确定,机构改革已进入定岗分流具体实施的攻坚阶段。要坚决按照党中央、国务院确定的带职分流,定向培训,加强企业,优化结构的基本原则,抓好人员分流工作。通过这次机构改革提高国家工商行政管理局的干部素质,加强队伍建设。人员定岗和分流是机构改革的难点和重点,它绝不是单纯的减少机构和人员的问题,而是优化机关公务员队伍结构,提高干部队伍素质的一项重要措施,通过精简机关人员,优化结构,形成一支精干的、高素质的专业化干部队伍。分流出来的同志经过必要的培训,可充实到基层,充实和加强工商行政管理的薄弱环节。也可能会有其他部门的一些同志交流到国家工商行政管理局。要把人员定岗分流与从严治政,加强机关建设结合起来,要切实整顿机关作风和纪律,改进工作方法态度,提高办事效率,促进勤政廉政,使机关工作出现新气象、新面貌。

同志们,在建立社会主义市场经济体制的新的历史时期,工商行政管理部门承担着十分重要的职责。国务院对工商行政管理工作非常重视,对你们这支队伍寄予厚望。希望全国工商行政管理系统的广大干部,深刻认识肩负的市场监管的历史责任,增强使命感,开拓进取,努力工作,为维护市场秩序,促进经济发展,做出新的更大的贡献。

吴仪国务委员在全国
工商行政管理体制改革
暨工作会议上的讲话

(1998 年 12 月 1 日)

这次全国工商行政管理体制改革暨工作会议,是一次很重要的会议。会议将总结今年的工作,安排明年的任务,重点贯彻党中央、国务院的决定,部署省以下工商行政管理机关管理体制改革的工作。党中央、国务院对工商行政管理工作和管理体制改革十分关心和重视,这次会议专门请各省、自治区、直辖市人民政府分管领导和组织、人事、机构编制、财政部门负责同志参加,目的是希望各地党委和政府加强领导,各有关部门大力支持,共同努力,圆满完成工商行政管理体制改革任务。

1998 年是极不平凡的一年,是中国人民经历国内外形势的严峻考验并取得重大胜利的一年。亚洲金融危机使我国的经济发展受到影响;特别是今年夏天长江全流域和松花江、嫩江流域遭受了历史罕见的洪涝灾害,造成了巨大的损失。但是,在以江泽民同志为核心的党中央的正确领导下,采取了各种有力措施,不仅取得了抗洪抢险的伟大胜利,而且保持了经济的快速增长。

一年来,工商行政管理部门认真贯彻落实党中央、国务院的部署,积极发挥职能作用,做了大量工作,很有成效。主要表现在:一是法制建设有了新的进展。工商行政管理部门认真抓了《反不正当竞争法》等法律、法规的修订准备工作;根据加强监管执法工作的需要,适时出台了《关于禁止串通投标行为的暂行规定》等一批行政规章;对历年发布的规范性文件认真进行了清理;结合《消费者权益保护法》等法律颁布纪念日开展了多种形式的法制宣传活动。这些工作不仅促进了工商行政管理机关自身依法行政,也增强了全社会的法律意识。二是为维护市场秩序积极发挥了职能作用。各级工商行政管理机关认真贯彻落实党中央、国务院领导的指示,集中开展打击假冒伪劣、整治社会公害的执法行动;加大打击走私贩私的力度,重点清理取缔了私货市场,严厉打击了私货交易行为;采取坚决措施禁止传销,依法打击非法传销经营活动;积极贯彻落实粮食流通体制改革政策,进一步加强对粮食市场的监督管理;认真清理企业名称和商标、广告中的不良文化现象,努力扫除"文化垃圾"。这些工作对维护经济秩序和社会稳定，促进社会主义精神文明建设，发挥了积极作用。三是体制改革取得积极进展。队伍建设进一步加强。各级工商行政管理机关继续狠抓市场办管脱钩，推进职能转变和监管到位；在全系统积极实行"收支两条线"管理，促进公正执法、廉洁执法；为建立适应社会主义市场经济需要的工商行政管理新体制，国家工商行政管理局在充分调查研究的基础上，提出了改革省以下工商行政管理体制的方案，已经党中央、国务院批准。在开展创建文明机关、争当人民满意的公务员活动，加强基层队伍建设和党风廉政建设等方面，也取得了积极的成效。这些成绩的取得，是全国工商行政管理系统广大干部按照党中央、国务院的部署开拓进取、努力工作的结果。我代表国务院，向全国工商行政管理系统全体干部，特别是辛勤工作在执法第一线的同志们，致以诚挚的问候。

1999 年是实现跨世纪宏伟目标的关键一年，做好明年的经济工作，对于保持经济快速增长和社会稳定具有十分重要的意义。不久将召开中央经济工作会议，对明年的经济工作作出全面部署。全国工商行政管理系统的同志们一定要继续深入贯彻落实党的"十五大"精神，按照党的十五届三中全会和即将召开的中央经济工作会议的部署，开拓奋进，扎实工作，充分发挥工商行政管理机关的职能作用，维护市场秩序，促进经济发展。王众孚同志在这次工作会议上的报告，根据党中央、国务院的部署，实事求是地总结了今年的工作、全面安排了明年的工作任务，我完全同意，希望同志们认真贯彻。下面，我主要就工商行政管理体制改革讲两点意见：

一、提高认识，统一思想，深刻理解改革现行工商行政管理体制的必要性和重要性

工商行政管理机关是国家主管市场监督管理和行政执法的职能部门，承担着维护经济秩序的重要职责。随着社会主义市场经济体制的逐步建立，迫切需要维护良好的经济秩序，营造公平竞争的市场环境，工商行政管理机关肩负的任务更加繁重。但是，

现行分级管理的工商行政管理体制，限制和影响了工商行政管理职能作用的充分发挥。因此，党中央、国务院决定改革现行工商行政管理体制，是十分必要的。它表现在以下三个方面：第一，是落实党的"十五大"提出的深化行政体制改革、加强执法监管部门的改革目标，保障社会主义市场经济健康发展的需要。发展社会主义市场经济，一方面要充分发挥市场配置资源的基础性作用；另一方面要健全宏观调控体系，综合运用经济的、法律的和必要的行政手段，加强对市场的调控和监管，保障经济健康有序运行。工商行政管理机关作为市场监管和行政执法部门，属于在建立社会主义市场经济体制中应当加强的部门。改革现行工商行政管理体制，目的就是按照党的"十五大"的部署和发展社会主义市场经济的要求，把工商行政管理部门建设成为统一、高效和有权威的执法部门，进一步强化市场监管和行政执法工作。第二，是确保实现职能到位，强化执法，更好地监管社会主义大市场的需要。党的"十五大"提出，要"健全市场规则，加强市场管理，清除市场障碍，打破地区封锁、部门垄断，尽快建成统一开放、竞争有序的市场体系"。这就要求履行市场监管和行政执法职责的工商行政管理部门，必须切实加强对社会主义统一大市场的监管。监管社会主义大市场，需要工商行政管理机关独立、统一、严格、公正执法，现行管理体制下，工商行政执法时常受到地方保护主义的干扰，办案难，处罚难，甚至执法人员遭打击报复的情况屡有发生，使执法的公正性、权威性受到影响；监管社会主义大市场，需要工商行政管理机关跳出监管集贸市场和小商小贩的小圈子，拓宽监管领域，加大执法力度，强化对各类市场的监管，但工商行政管理部门常常受到一些干预，特别是一些基层政府的干预，大量承担与工商行政执法无关甚至损害公正执法的工作，不仅不利于实现监管职能到位，还影响了廉政建设和执法形象。实行管理体制改革，有利于工商行政管理机关有效抵制地方保护主义的干扰和不必要的行政干预，强化职能，公正执法，更好地监管社

会主义大市场。第三,是提高干部队伍素质和依法行政水平的需要。监管社会主义大市场,要求工商行政管理机关努力培养造就一支高素质的干部队伍。但在现行管理体制下,各级工商行政管理机关难以把住进人关,一些地方把工商行政管理机关作为安置亲友的场所,把七大姑八大姨都塞进来,不少政治、业务、身体素质差的人员通过各种关系强行调入,不仅影响了执法工作,而且损害了工商队伍形象,甚至内部还产生了一些挖社会主义墙角的"蛀虫"。实行工商行政管理体制改革,有利于工商行政管理系统加强干部队伍建设,提高依法行政水平。因此,各地党委和政府以及工商行政管理机关等有关部门,要充分认识改革现行工商行政管理体制的必要性和重要性,真正把思想统一到党中央和国务院的决定精神上来,积极自觉地推进这项改革措施的落实。

二、加强领导,精心实施,确保工商行政管理体制改革顺利推进

改革现行工商行政管理体制,是一项政策性强、涉及面广的工作,需要多方努力,周密部署,稳妥实施。因此,国务院决定这次会议请各省、自治区、直辖市分管工商行政管理工作的负责同志参加,就是为了加强对这次体制改革的领导。为此,提出以下几点要求:

(一)各地党委和政府要充分重视,加强领导。要从有利于监管社会主义大市场的大局出发,正确看待工商行政管理体制的改革,将其作为一项重要工作,加强领导,周密部署,精心组织,狠抓落实。要及时协调解决改革方案实施中遇到的具体困难和问题,保证这项工作顺利进行。在改革工商行政管理体制后,要继续加强对工商行政管理工作的领导、支持工商行政管理机关搞好机构建设和干部队伍建设,维护和强化工商行政管理机关的独立执法地位,使工商行政管理机关能更加统一、有效地履行国家赋予的市场监管和行政执法职责。

(二)各有关部门要大力支持,密切配合。改革现行工商行政管理体制,离不开有关部门的支持与配合。各省、自治区、直辖市的党委组织部门要按有关规定,征求上一级工商行政管理机关的意见,协助当地党委、政府配备好同级工商行政管理局的领导班子,并指导加强班子建设。各省、自治区、直辖市机构编制管理部门要按照改革管理体制和强化监管执法的要求,指导工商行政管理机关搞好机构设置,并合理核定人员编制。各省、自治区、直辖市财政部门要根据工商行政管理部门实行管理体制改革和业务发展的需要,足额核定和拨付经费,为各级工商行政管理机关依法行政提供必要的经费保障。

(三)各级工商行政管理机关要把实行管理体制改革作为当前的一项重要工作切实抓紧抓好。一是要高度重视,加强领导。要做到一把手亲自抓,分管副局长具体抓、人事部门集中精力抓,确保圆满完成这项体制改革任务。二是要周密部署,稳妥实施。各省、自治区、直辖市工商行政管理局要根据国务院批转的改革方案,结合本地实际,抓紧会商有关部门制订具体落实方案,报省、自治区、直辖市人民政府批准后,尽快组织实施。在实施中,既要态度坚决,行动积极,又要精心组织,步子稳妥,处理好各种关系和问题,保持正常的工作秩序。三是要积极争取各地党委、政府的领导和有关部门的支持。在实施管理体制改革的过程中,各地工商行政管理机关要积极向当地党委、政府请示报告,主动与组织、机构编制管理和财政等部门沟通协商,紧紧依靠党委、政府的领导和有关部门的支持,妥善解决体制改革中遇到的具体困难和问题,保障体制改革工作顺利进行,最后,我再讲一讲关于强化监管,深化改革,努力开创工商行政管理工作新局面的问题。

改革现行工商行政管理体制,充分体现了党中央、国务院对工商行政管理工作的关心和重视。全国工商行政管理系统的同志们,不要辜负党中央、国务院的期望,扎扎实实地搞好管理体制改革,进一步加强机构和队伍建设,强化市场监管和行政执法,努力开创工商行政管理工作的新局面,为维护社会主义市场经济秩序做出应有的贡献。为

此,要努力抓好以下几项工作:

(一)进一步转变观念。理顺管理体制,为强化工商行政管理职能提供了重要的体制保障,希望同志们通过坚持不懈的努力,真正实现加强市场监管和行政执法的预期目标。第一,要真正把观念转变到监管社会主义大市场上来。工商行政管理部门要从熟悉的监管集贸市场和小商小贩转变到不熟悉的监管社会主义大市场上来。监管集市贸易市场和小商小贩是工商行政管理部门的传统优势,但那仅是一块小小的天地,与现在的社会主义市场经济体制下的大市场来比较,那是一个很小的局部。社会主义市场经济的发展,为工商行政管理部门的工作提供了十分广阔的天地。这就要求同志们要不断学习,树立宏观意识,开阔视野,不懈追求,提高管理水平,适应工作需要。第二,要准确把职能定位到市场监管和行政执法上来。在现行分级管理的体制下,工商行政管理部门往往要受当地政府的指令承担大量与工商行政管理无关的工作,如兴办市场、发展个体私营经济、代收代扣各种费用、创收等,使执法力量受到削弱。而我们的一些同志还认为,只有这样,工商行政管理工作才有地位和作用。这是一种不正确的认识。根据国务院批准的国家工商行政管理局"三定"规定,工商行政管理部门的基本职能是市场监管和行政执法。工商行政管理部门只有切实履行这一基本职能、努力维护良好的市场秩序,才能在建立社会主义市场经济的条件下具有真正重要的地位和作用。第三,要加大力度,严格执法。各级工商行政管理机关要通过改革管理体制,更加充分、有效地履行工商行政管理的基本职能,推动市场监管和行政执法工作迈上一个新的台阶。一是要拓宽监管领域,依法加强对各类市场主体及其交易行为的监管,实现监管社会主义大市场职能到位。二是要加大执法力度,切实排除地方和部门保护主义的干扰,坚持独立、统一、严格、公正执法,依法严厉查处各种经济违法违章行为,努力维护良好的市场经济秩序。当前的重点是,要依法严厉打击假冒伪劣、走私贩私、价格欺诈、合同欺诈、制黄贩黄等严重损害经营者、消费者合法权益,扰乱社会经济秩序的违法行为。三是要提高执法水平、健全制约机制、严守办案纪律,规范执法行为,坚持依法行政,增强执法的权威性。

(二)坚决彻底与所办市场脱钩,促进职能转变,实现监管到位。改革现行管理体制,强化监管执法工作,加强党风廉政建设,迫切需要工商行政管理部门实行市场办管彻底脱钩。最近党中央决定,军队、武警部队、政法机关不再从事经商活动,与其所办经济实体实行彻底脱钩,国务院也正在抓紧部署落实各部门与所办经济实体脱钩工作。这说明各级各类机关与所办经济实体脱钩已是大势所趋。工商行政管理系统的同志们,不要再在是否彻底脱钩的问题上心存犹豫了,而要通过改革管理体制,在与所办市场实行机构、职责、财务、人员"四分离"的基础上,按照市场投资主体划归产权,全面完成市场产权、债权债务及经营服务人员的移交工作,彻底解决明脱暗不脱、藕断丝连的问题。这要作为一条纪律来执行,只有彻底脱钩,才能做到公正执法,才能树立起工商行政管理部门的执法权威。

(三)认真贯彻执行收支两条线管理的规定,促进公正执法,加强廉政建设。党中央、国务院对各级司法和行政执法机关实行收支两条线管理十分重视,最近又专门发出中办发[1998]14号文件,进一步作了明确规定,各级工商行政管理机关要认真贯彻执行。工商行政管理部门实行收支两条线管理,不仅有利于依法行政,从源头上预防和治理腐败,也有利于争取各级财政的经费支持。要充分利用改革管理体制后便于统一指挥调度的有利因素,尽快在全系统实行收支两条线管理,规范执收执罚行为,制止"三乱"现象,促进依法行政,加强廉政建设。各级人民政府和有关部门都要支持工商行政管理部门做好收支两条线管理工作,今后不能再给工商行政管理部门下达收费和罚款指标,不得责令工商行政管理部门代收代扣各种费用。对存在上述行为的,工商行政管理部门要依法予以抵制。

（四）适应强化监管执法工作的需要,建设一支高素质的干部队伍。改革现行工商行政管理体制,为工商行政管理部门加强队伍建设创造了有利条件。工商行政管理部门要以此为契机,努力建设一支高素质的干部队伍,为强化工商行政管理职能提供强有力的组织保障。一是要把好"入口"关,坚持条件、严格考录公务员,建立公开、竞争、择优的进人机制,确保新选人员的高素质。二是要加强对干部的教育、培训、管理和各级领导班子建设,要以教育为本,加强培训,大力提高干部的政治素质和业务素质,增强依法行政的能力。要建立健全能上能下的用人机制和激励与制约相结合的管理机制,完善干部考核、交流、监督等制度,优化用人环境,保持队伍活力。要加强廉政教育,完善规章制度,健全监督机制,认真抓好领导干部廉洁自律、查处违法违纪案件和纠正行业不正之风工作,切实提高干部的作风素质。公生明,廉生威,只有公正廉明,才能做到依法行政,提高执法权威。要坚持干部"四化"方针和德才兼备原则,选拔、调整、配备好领导干部,要把那些廉洁自律性强、原则性强、政策性强、责任心强、有领导能力的同志选拔到各级领导班子中去。把那些吃吃喝喝、吃拿卡要、以权谋私的人从队伍中清除出去。三是要疏通"出口",逐步建立辞职辞退制度,并结合机构改革和管理体制改革,抓好人员分流工作,确保公务员队伍的精干和高素质。四是要切实加强机关建设和基层队伍建设,要继续深入开展创建文明机关、争当人民满意的公务员活动,使机关工作出现新气象。继续把队伍建设的重点放在抓基层,使基层队伍素质明显提高。现在社会上对工商行政管理系统反映更多的是基层,因此,要在加强基层建设上下功夫。

同志们,工商行政管理部门在建立和维护社会主义市场经济秩序中承担着十分重要的职责,党中央、国务院寄予厚望。希望同志们在党中央、国务院的领导下,在各地党委、政府以及各有关部门的大力支持下,精心组织,狠抓落实,全面完成工商行政管理体制改革任务,努力把各级工商行政管理机关建设成为高效、统一和有权威的执法机关,努力造就一支政治坚定、业务精通、执法严格、公正廉洁、作风优良的高素质干部队伍,为维护市场秩序,促进经济发展做出积极的贡献。

吴仪国务委员在全国工商行政管理工作会议上的讲话

（1999 年 12 月 16 日）

这次全国工商行政管理工作会议,将贯彻落实党的十五届四中全会和中央经济工作会议精神总结今年的工作,安排部署明年的任务。众孚同志在会前就会议的准备工作、开法、2000 年工商行政管理工作的要点等,已向我汇报过,我完全同意。他在今天的会议上将作一个很全面的工作报告,报告的草稿我看过,我都赞成。希望同志们集中精力把这次会议开好,这次会议应起到统一认识,明确目标,团结一致,开拓前进的作用。本届政府有个规定,部门的工作会议,国务院领导一般出席,不讲话。但我想工商行政管理部门今年的工作还是值得讲一讲,同时有一些看法也希望与大家交流。我到会上来一是看望大家,二是讲几点意见。

一、今年工商行政管理系统各项任务,特别是改革任务很重,完成得比较好,国务院领导是满意的

大家知道,今年是我们经受了严峻考验并取得了重大胜利的一年。以江泽民同志为核心的党中央,领导全国人民,在复杂的国际国内环境中进行经济建设。江总书记总结今年有三场大的政治斗争,对美国的斗争,对"法轮功"的斗争,对李登辉搞分裂的斗争。这三场斗争的胜利,为我们集中精力抓经济建设创造了好的政治环境。我们正是在这样的环境中,坚定不移地贯彻邓小平理论和党的基本路线,以经济建设为中心,采取一系列正确决策和重大举措,使我国改革和发展取得了进展。农业获得好收成。工业生产增长较快,1 月至 11 月,比上年同期增长 9%。外贸出口转降为升,年初今年比去年略有增长，也就是 1% 左右的样子，但到 11 月底，已比上年同期增长 6.6%。财政收入稳定增长，金融运行比较平稳，人民生活改善。到现在我们可以有把握地说，年初我们提出的改革和发展的目标是完全可以实现的。江总书记在中央经济工作会议上谈到这些成绩时指出，这说明中央关于经济工作的各项方针政策是完全正确的，国务院各部门和各地方的工作是有成绩的。国务院各部门当然包括国家工商局，同时也说明省以下各级工商行政管理机关工作是有成绩的。

工商行政管理系统今年的工作成绩主要表现在以下三个方面：

一是体制改革取得重大突破，省以下垂直管理体制改革基本完成，这是今年工商行政管理系统最突出的成绩。管理体制的改革是改革开放二十年来，甚至可以说是新中国成立五十年来，工商行政管理体制最大的一项改革。改革的出发点就是适应建立和完善社会主义市场经济体制的需要，更加统一、有效地履行国家赋予的市场监管和行政执法的职能。应该说改革的任务是相当重的，当时我们要求做到"五个结合"（体制改革与职能到位相结合、与提高队伍素质相结合、与推动市场管办脱钩相结合、与促进"收支两条线"管理相结合、与保持稳定相结合），而且改革前，全国工商行政管理系统人员超编 8 万人，分流这 8 万人，精干工商行政管理队伍就是很不容易的事。尽管这样重的任务，众孚同志告诉我，到目前为止，省以下工商行政管理机关实行垂直管理的机构上收、编制上划、干部交接、经费统管等工作已基本完成，实现了预期目标；工商行政管理机关的管办脱钩问题大部分按国务院有关规定在机构、职责、财务、人员四分离的基础上，实现了移交；"收支两条线"工作做得比较好，绝大多数工商行政管理机关能够按照有关规定，及时将各项行政性收费收入和罚没收入上缴财政，乱收费问题得到了遏制。需要指出的是，在整个改革中，仅有个别地方、少数人有上访或信访。这说明，工商行政管理系统的广大干部职工对这项改革是拥护和支持的，是顾全大局和通情达理的。就是上访或信访的少数人，也是拥护这项改革的，只是对一些干部或干部的做法有意见。从新的管理体制的初步运行看也是好的。这些都说明这项改革是成功的。

二是"三讲"教育和基层建设取得了明显成效。根据中央的部署，国家工商行政管理局今年开展了"三讲"教育，中央巡视组组长向我通报了情况，他们认为国家工商局较好地完成了"三讲"教育的各项任务，中央巡视组给予了充分肯定。另外，除西藏自治区工商局外，各省（区、市）这一级工商局的"三讲"教育工作也已经完成，西藏自治区工商局将在春节前完成。地、市工商局的"三讲"教育工作正在继续进行。通过"三讲"教育，各级领导班子成员深刻地触及了思想，政治素质明显提高，贯彻执行党的路线方针政策的自觉性增强，进一步提高了领导班子的凝聚力和战斗力。工商行政管理系统的基层建设也取得了新的突破。各地积极对工商所的监管机制进行改革，规范工商所的机构设置，加强基层一线的监管执法力量，促进了监管职能的到位；同时，加强党组织建设和岗位培训工作，狠抓纪律作风整顿，提高了基层人员的政治业务素质，促进了队伍形象的好转。

三是立法立规取得新的进展，执法监管工作继续强化，进一步促进了依法行政。根据规范市场主体行为和市场交易行为的需要，国家工商行政管理局认真开展了《商事登记法》等法律、法规的论证起草工作；抓紧进行了《商标法》等法律、法规的修订工作；适时制定和修改了有关行政规章。各地工商行政管理机关也积极参与地方的立法工作。在重视立法立规的同时，各级工商行政管理机关继续采取有力措施，强化对粮食收购市场的监管；以清理取缔私货市场为重点，进一步加大了打击走私贩私的力度；通过开展"百家企业打假维权"等专项执法行动，严厉打击了制售假冒伪劣商品、商标侵权、虚假广告、合同欺诈、不正当竞争等违法行为，保护了消费者的合法权益；与有关部门密切配合，认真开展了"扫黄"、"打非"和收缴"法轮大法"出版物的专项整治行动。此外,还充分发挥职能作用,积极支持军队、武警部队、政法机关和党政机关与所办经济实体脱钩;支持国有企业深化改革和多种经济成分健康发展。

总之,工商行政管理系统在体制改革、队伍建设、立法执法方面取得的成绩,不仅为维护市场秩序、促进经济发展做出了积极贡献,而且为工商行政管理机关以崭新的面貌迎接新世纪、开创工作新局面奠定了良好的体制基础、组织基础和法制基础。这些成绩的取得,是国家工商行政管理局团结带领全系统广大干部开拓进取、努力奋斗的结果。国务院对工商行政管理系统一年来的工作是肯定的。我代表国务院,向全国工商行政管理系统广大干部,特别是对辛勤工作在执法第一线的同志们,表示亲切的慰问。

在充分肯定成绩的同时,也要看到新的管理体制刚运行,需要巩固和完善,工商行政管理机关的职能还没有充分发挥;加强大市场监管、创造良好的市场环境的工作距离党和政府的要求还有一定的差距;有些方面,人民群众还很不满意;少数基层管理人员工作方法简单粗暴、执法水平不高,甚至吃拿卡要、滥用职权的问题还比较突出,群众对工商行政管理干部的意见还很大;工商行政管理机关在人民群众中的形象还有待提高。这些问题,各级工商行政管理机关的领导同志不仅要看到,更重要的是要以改革的精神,常抓不懈,年年有所改进,年年有所提高。

二、认清形势,转变观念,以新的面貌迎接新世纪

当前,世界多极化的趋势在继续发展,国际形势总体上趋向缓和,和平与发展依然是时代的主题,我们完全有可能为我国的改革开放和经济建设争取一个良好的国际和平环境和周边环境。同时,经济全球化的趋势,给各国的经济发展带来了深刻的影响。今年11月15日,中美签署了中国加入WTO的协议,为中国成为WTO成员扫除了最大障碍。WTO是世界上最大的多边贸易组织,已经有135个国家和地区参加。我国作为目前世界第十大贸易国,加入WTO是大势所趋,对我国扩大国际交流与合作、促进利用外资和出口、直接参与国际贸易规则的制定、改善经济发展的外部环境、维护我国权益,以及促进国内改革、经济调整和技术进步、提高经济发展的质量和效益,都是有利的。加入WTO符合我国根本利益。当然随着市场的进一步开放,也不可避免地会给部分产业带来一定的压力和冲击,可以说是机遇与挑战并存。这是我国改革开放进程中的一件大事,不仅对我国近期经济增长有积极意义,对我国经济在21世纪的发展也具有深远影响。抓住机遇,迎接挑战,各个部门、行业都面临着新的形势和任务。中央经济工作会议确定,明年还要加大实施积极财政政策的力度,大力推进国有企业的改革和发展,实施西部大开发战略,加快科技进步,提高科技创新能力。显然,改革开放的不断深化和社会主义市场经济的发展,社会主义市场经济体制的逐步建立和完善,都迫切需要加强对市场主体和市场交易行为的监管,维护公平竞争的市场环境。对工商行政管理机关来说,市场监管和行政执法的责任更大,任务更重,要求更高了。同志们一定要认清形势,转变观念,以崭新的精神面貌迎接新的挑战。在这方面我讲三点:一是要进一步增强使命感和责任感。建立和维护良好的市场秩序,是社会主义市场经济健康发展的重要保障。工商行政管理机关是维护市场经济秩序的重要职能部门,党中央、国务院对你们的工作高度重视并寄予厚望。希望同志们深刻认识肩负的历史重任,加倍努力工作,不辱使命。二是要进一步增强法制观念。市场经济就是法制经济。市场经济的健康有序运行,需要健全市场规则,加强市场管理。党的"十五大"提出依法治国方略,九届全国人大二次会议把"依法治国,建设社会主义法治国家"写进了宪法。最近,国务院又作出了全面推进依法行政的重要决定。随着我国加入WTO进程的加快,一方面要求我们进一步努力营造良好的国内法制环境,以抓住机遇扩大吸引外资、引进先进技术;另一方面需要清理、修改与

WTO 规则不相符的法律、法规,并且根据 WTO 规则,制定维护我国经济安全的法律、法规,以迎接面临的挑战。因此,加强法制建设,是我国改革开放和经济发展的迫切要求。工商行政管理机关作为维护市场经济秩序的职能部门,更应尽快建立健全市场规则,加强市场管理,促进依法行政,提高执法水平。三是要进一步增强改革开放意识。要进一步解放思想,积极支持改革开放和经济发展中一切符合"三个有利于"标准的探索;要进一步转变观念,勇于创新,努力改进市场监管和行政执法的方式方法,不断适应新时期维护社会主义市场经济秩序的需要。

三、继续改进和加强监督管理,为促进经济发展发挥职能作用

发展是硬道理,也是解决我们面临所有问题的关键。中央决定采取扩大内需等一系列重大决策,其根本目的就在于坚持发展,促进发展。工商行政管理机关要始终坚持以经济建设为中心,改进和加强监督管理,努力为促进经济发展服务。当前,要重点抓好以下四个方面积极支持的工作:一是积极支持国有企业的改革和发展。国有企业是国民经济的支柱。搞好国有企业的改革和发展,是明年经济工作的重中之重,它不仅是一个重大的经济问题,而且是一个重大的政治问题。工商行政管理机关要继续把支持国有企业的改革和发展,作为一项重要的工作,综合运用企业登记和商标、广告、合同、个体私营经济监管等职能,支持国有企业改革、改制、改组,支持国有企业建立现代企业制度,使国有企业通过深化改革加快自身发展,增强竞争力。二是积极贯彻扩大内需的政策。无论是克服当前经济生活中的实际困难,还是着眼 21 世纪的长远发展,我们必须坚持扩大内需为主的方针。工商行政管理机关要充分发挥确认市场主体资格、规范市场交易行为的职能作用,积极支持各类企业的发展,大力促进开拓城乡市场,特别是农村市场,开辟更多的消费渠道。三是积极支持经济结构的调整。大力调整经济结构,促进产业优化升级,实施西部大开发战略,促进东西部地区经济协调发展,

是党中央面向新世纪作出的重大决策。工商行政管理机关要依法履行企业登记管理职能,支持调整产业结构,支持关停"五小"企业,支持发展新兴产业,积极促进西部地区经济的发展。四是积极支持科技进步。科技进步与创新是发展生产力的决定因素。工商行政管理机关要积极支持用现代技术改造传统产业,大力发展高科技产业,支持以高新技术投资入股,促进科技成果转化为现实生产力。

四、进一步加大执法力度,严厉打击各种经济违法违章行为,努力营造公平竞争的市场环境

实现明年改革和发展的任务,需要努力营造良好的市场环境。工商行政管理机关作为市场监管和行政执法部门,承担着重要的职责。各级工商行政管理机关要进一步加大执法力度,为建立和维护良好的市场秩序做出新的贡献。众孚同志在报告中,对明年强化行政执法的各项工作作了全面部署。希望同志们在贯彻落实中,要注意以下几点:一是要坚持执法必严、违法必究的原则。省以下工商行政管理机关实行垂直管理,为依法行政提供了有力的体制保障。希望同志们充分发挥新体制的优势,进一步加大执法力度。一经发现经济违法违章行为,不管涉及什么单位、什么人,都要顶住阻力,排除干扰,一查到底,依法严惩,努力增强执法的权威性,坚决维护法律的尊严,绝不允许查而不处、罚款放行。二是要狠抓大案要案。大案要案危害大,查处后惩戒教育作用也大。各级工商行政管理机关要组织精干力量,采取得力措施,强化对制售假冒伪劣商品、不正当竞争、走私贩私、非法传销等大案要案的查处。并注意选择典型案例公开处理,予以曝光,震慑违法分子,扩大教育面。三是要大力加强法制宣传教育。要采取多种形式,广泛宣传工商行政管理法律、法规,使执法者学法懂法,提高依法行政水平;使广大经营者和人民群众增强法制观念,提高守法经营意识和自我保护意识,努力营造良好的执法环境。

五、巩固和扩大"三讲"教育的成果,加快建立一支高素质的工商行政管理干部队伍

努力建立一支高素质的干部队伍,是工商行政管理机关在新形势下履行市场监管和行政执法重要职责的组织保障,必须作为一项重大战略任务,高度重视,常抓不懈。今年,国家工商行政管理局和各省级工商行政管理局集中开展的"三讲"教育,取得了明显成效,有力地加强了各级领导班子建设。下一步,要巩固和扩大"三讲"教育的成果,把"三讲"教育取得的成功经验推广到经常性的党的建设和干部队伍建设中去,全面推进全系统的干部队伍建设,努力提高队伍的整体素质。一是要继续加强各级领导班子建设。领导班子建设的重点要放在提高思想政治素质,增强凝聚力和战斗力上。各级领导班子成员特别是"一把手"要带头学习马列主义、毛泽东思想和邓小平理论,不断提高理论水平,始终保持政治上的清醒和坚定,自觉同以江泽民同志为核心的党中央保持高度一致;带头坚持民主集中制,发扬民主作风,自觉维护班子的团结;带头学习新知识,不断增强驾驭复杂局面和解决现实问题的能力。二是要大力加强干部队伍建设。干部队伍建设的重点要放在提高依法行政水平上。要根据新时期市场监管和行政执法工作的实际需要,进一步加强和改进教育培训工作,增强培训的系统性、针对性和实效性,提高干部履行岗位职责的综合能力。三是要坚持狠抓廉政建设。廉政建设的重点要放在惩治执法腐败、促进清廉从政上。要坚持不懈抓廉政教育,不断增强各级干部反腐倡廉的自觉性;坚持不懈抓廉政制度建设,加快建立健全监督制约机制,全面推进"收支两条线"管理,做到从制度上防范腐败,从源头上治理腐败;坚持不懈抓违纪案件的查处,依法惩治和清除腐败分子,保持执法队伍的纯洁,树立良好的执法形象。

同志们,2000年是世纪交替之年,也是实现"九五"计划的最后一年。贯彻落实好十五届四中全会精神和中央经济工作会议的部署,做好明年的工商行政管理工作,意义重大,任务艰巨。希望同志们坚持高举邓小平理论的伟大旗帜,紧密团结在以江泽民同志为核心的党中央周围,坚定信心,振奋精神,开拓进取,扎实工作,为建立和维护市场秩序、促进经济发展做出新的贡献,以优异的成绩迎接新世纪的到来。

吴仪国务委员在全国工商行政管理局长研修班上的讲话

（2000 年 7 月 21 日）

全国工商行政管理局长研修班今天开班了。举办局长研修班,是国家工商行政管理局党组为了学习贯彻江总书记"三个代表"重要思想,加强干部教育,提高业务水平和领导能力所采取的重大举措。办好局长研修班,对于进一步加强省级工商行政管理局的领导班子建设,更好地履行新时期监管社会主义统一大市场的职责,将产生积极的作用。因此,众孚同志请我到局长研修班上讲话时,我高兴地答应了。我先讲几点意见,也算你们研修班的第一讲,供大家学习研讨时参考。

一、关于当前的经济形势

今年以来,我国国民经济发展势头良好,经济运行出现了一系列明显的积极变化。一是经济发展加快,经济效益继续改善。上半年,国内生产总值同比增长 8.2%;全国工业增加值同比增长 9.9%,是三年来同期最高的增幅。在市场需求的指导下,农业种植结构向着优质高效的方向发展,工业结构调整步伐加快,工业产销率提高,国有企业改革取得重要进展,机械、煤炭、建材、化工、纺织等行业经营状况明显好转,企业利润成倍增加。二是财政金融运行平稳。今年 1—6 月,全国财政收入比去年同期增长 17.9%。货币流动性明显增强,股市持续活跃,突破了 2000 点。三是进出口大幅度增长,各项外经贸业务快速发展。今年1—6月,全国进出口贸易总额比去年同期增长 37.3%。其中出口增长 38.3%,进口增长 36.2%。上半年累计实现贸易顺差 123.49

亿美元,出口和进口均衡快速增长,未出现大起大落,且实现了顺差顺收的良性循环,这种局面是近年来所没有的。四是社会需求全面回升,商品零售价格下降趋势继续减缓,生产资料价格转降为升。上半年社会消费品零售总额增长 10.1%,增幅提高 3.7 个百分点。当前国民经济出现了全面回升的趋势,为实现全年国民经济发展目标和继续加快发展打下了良好的基础。

对于今年上半年的经济回升态势,国内外不少分析家都给予好评,有的说我国经济出现了重大转机,也有的说我国经济完全摆脱了亚洲金融危机的阴影。说法尽管不同,但看法基本一致,即肯定近两年来我们的一系列政策。两年多来,以江泽民同志为核心的党中央审时度势,坚持实施积极的财政政策和稳健的货币政策,扩大投资,增加消费,鼓励扩大出口和吸引外资,不断推进以国有企业改革为中心环节的各项改革,抓住国际经济、贸易增长逐步加快的机遇,有效地发挥各项宏观调控政策的作用,推动了生产、建设、流通和消费的全面增长,这才有了今天这样好的形势。国内外经济界人士在肯定我们取得成绩的同时,更看好中国的经济发展。一些西方分析家甚至认为,中国经济将轻而易举地实现 7% 到 7.5% 的增长。最近国务院在分析上半年经济时,大家对实现年初确定的经济发展目标也充满了信心。大家知道,去年我国经济总量居世界第七位,主要工农业产品产量居世界第一位,对外贸易总额居世界第九位,外汇储备居世界第二位。从今年上半年经济发展趋势看,我们在国际社会中状况和方位将继续朝好的方向改变。

上半年我国经济出现转机的另一个重要因素是外部环境的变化。今年全球经济继续保持增长势头,各个地区的发展情况普遍不错,美国经济正处在 150 年来最长的扩张期,已连续 110 个月增长;欧洲经济回升趋势明显,日本经济曾长期低迷,今年上半年也出现了曙光。这三家经济占世界总量的 70%,对世界经济具有很大的拉动作用。俄罗斯和大多数独联体国家经济呈现恢复

性增长,亚非拉发展中国家也都有了新的起色。这些情况表明,我们的发展也得益于世界经济大潮和已经融入世界经济大潮。也充分证明,邓小平同志为我们确定的对外开放政策是非常正确的,以江泽民同志为核心的党中央把对外开放作为一项基本国策是无比正确的,我们一定要长期坚持下去。

当然,我们经济工作中还有不少不利因素,包括有效需求不足的深层次矛盾还没有完全解决,一些国有企业经营困难,农民收入增长缓慢,价格总水平稳定上升的条件也没有完全形成,结构调整还不能适应加快发展的要求等。世界经济中不确定因素也比较多,潜伏着不少风险和隐患。这些困难都是前进中的困难,我们已经有了治理通货膨胀和通货紧缩趋势两方面宏观调控经验,有了应对国际经济危机的经验。我们一定能克服这些困难,把我们的经济工作做得更好,使我们的经济稳定健康发展。

二、世纪之交工商行政管理部门的使命和责任

现在我们正在制定"十五"规划。按照党的"十五大"确定的目标,21 世纪第一个十年,实现国民生产总值比 2000 年翻一番。这就要求"十五"期间,我们的经济要保持较快的发展速度,要全面提高人们的物质和文化生活水平,要形成比较完善的社会主义市场经济体制。我们面临的形势又是经济全球化的趋势进一步发展,我国的改革和发展正处于攻坚阶段和关键时期。形势和任务给我们各项工作提出了新的课题和更高的要求。具体到工商行政管理工作,我认为主要有这几方面:

(一)我国即将加入 WTO 的新形势,要求工商行政管理机关努力营造适应进一步扩大对外开放需要的良好市场环境

随着我国加入 WTO 步伐的加快,我国经济必将进一步融入全球经济一体化,对外开放将发展到一个更高、更新的阶段。我们对外开放的范围和领域将逐步扩大,将逐步推进商业、外贸、金融、保险、证券、电信、旅游和中介服务等服务领域的对外开放,形成多方位、多层次、宽领域的开放格局;将由以

政策引导为主转变为按逐步完善的法律框架下的时间表开放；将从以我为主的自主开放转变为我国与WTO成员之间双向的相互开放，我们将有更多的产品和企业走向国际市场，国内市场的国际化程度和对外开放程度将大大提高，对市场竞争环境和市场监管的要求也将更高。适应这一新的形势，要求工商行政管理机关更好地发挥职能作用，按照国际惯例和WTO规则制定维护我国经济安全的法律、法规，加快完善市场规则，加强对市场的规范化管理，加大对经济违法违章行为的查处力度，努力为我国参与国际经济交流与合作、吸引外资和扩大外贸出口，营造良好的市场环境。国家工商行政管理局研究提出的加入WTO后的应对措施我已经看过了，希望进一步完善，并认真贯彻落实。

（二）改革的深化和市场经济的发展，要求工商行政管理机关努力维护公平竞争的市场秩序

我国正在稳步实施流通体制、金融体制、社会保障制度等项改革，积极推进国有企业改革。保障这些改革顺利进行，需要营造良好的外部环境。我国的社会主义市场经济体制正在逐步建立。市场经济是法制经济，需要建立健全市场规则，加强市场管理，保障市场经济健康有序运行。市场经济的特征就是竞争。市场之所以能对资源的科学有效配置发挥基础性作用，市场经济之所以有较高的效率，关键在于市场的竞争机制。从这个意义上讲，公平竞争是市场经济发展的动力。竞争具有双重性：一方面，它能刺激企业增强内在活力和创造力，进而推动市场经济的发展；另一方面，完全放任的自由竞争具有很大的盲目性和破坏性，会导致经济力量过分集中、不正当竞争泛滥以及损害经营者和消费者的合法权益。因此，健全法制，强化监管，保护公平竞争，制止不正当竞争，是市场经济健康发展的基本保障，也是政府管理经济的重要职能。工商行政管理机关作为市场监督管理和行政执法部门，应当加大对市场垄断和不正当竞争行为的查处力度，努力维护公平竞争的市场秩序，积极促进改革的深化和社会主义市场经

济健康有序地发展。

（三）科学技术的发展，要求工商行政管理机关努力拓展市场监管的范围，积极改进行政执法的手段

当前世界经济有三个特征越来越明显：一是以信息技术为代表的科技革命迅猛发展，高新技术突飞猛进，科技进步和知识创新日新月异；二是世界范围内的国际资本流动速度在加快，规模和空间在不断扩大；三是全球性的产业结构调整、经营战略转移和业务重组呈五彩缤纷的态势，跨国公司并购活动导致了世界范围的产业集中。这一切都说明，经济全球化已成为不可逆转的潮流。顺应经济全球化趋势，发展电子商务成为我国的必然选择。到1999年底，我国已有近600家专门从事网上订票、订货、购物的交易型电子商务网站。现在电子商务已从单纯的网上交易活动，发展到利用电子商务重组市场营销、财务管理、生产管理、后勤支持、技术开发、行政管理、企业决策等，以信息流控制物资流和资金流，实现企业产业结构、运作机制、营销体系的战略调整和资源优化。电子商务的出现和发展产生了新的交易和新的消费方式，网上交易、配送中心、企业自销、连锁店、购物中心、电视直销、邮购等多渠道、少环节、开放式营销网络的形成，使市场主体更加多元化，市场交易行为和方式更加复杂多样，市场竞争日趋激烈。

在新的形势下，工商行政管理机关要全面有效地履行市场监督管理和行政执法职能，必须把监管的视野和范围，从传统的有形市场向现代市场经济下的无形市场延伸和拓展，实现职能到位；必须按照现代市场经济发展的要求，对传统的管理手段和方法进行改造，积极探索适应现代市场经济监管需要的模式和方法，不断加大市场监督管理和行政执法的理性和科技含量，努力提高执法水平。这是工商行政管理机关迎接新世纪挑战的迫切要求和必然选择。否则，就会落伍。

总之，随着改革的深入和社会主义市场经济的发展，工商行政管理机关的地位和作用越来越重要。工商行政管理机关承担着

市场监管和行政执法的重要职责,既要依法对各类市场主体的准入和退出行为进行全过程的监管,又要严格规范各种市场交易行为,严肃查处各种违法违章经营活动,是市场经济条件下政府管理经济的重要职能部门,是维护市场秩序的生力军。你们一定要深刻认清新时期肩负的历史重任,进一步增强使命感和责任感,认真学习,努力工作,不辱使命。

三、抓住重点工作,更好地发挥维护市场经济秩序的职能作用

面对新的形势和任务,工商行政管理机关如何更好地履行维护市场秩序的重要职责,我认为,要抓好以下几项重点工作:

第一,严格依法行政,积极支持改革发展。

依法行政是落实"依法治国"方略的要求,也是维护良好市场秩序的需要,同时还是衡量我们执法水平高低的标志。多年来,各级工商行政管理机关在严格依法行政方面做出了积极的努力,取得了明显的成效。但执法不严、监管不力的现象在一些地方还不同程度地存在。这说明,在新的形势和繁重的任务面前,需要进一步强调严格依法行政,进一步加大监管执法力度。

严格依法行政是行政执法的基本要求,支持改革发展是行政执法的根本目的,两者相辅相成,是辩证统一的。工商行政管理机关只有坚持严格依法行政,建立和维护公平竞争的市场秩序,才能为改革发展营造良好的外部环境,保障改革的顺利进行和经济的健康发展。只强调支持改革发展,变通执行甚至不执行国家的法律、法规、政策,势必导致经济秩序的混乱,最终阻碍改革和经济的发展。例如,一些地方把制假售假、走私贩私当作发展经济、脱贫致富的捷径,如果我们不依法严厉打击,就会影响我国经济的发展,损害国家和人民的利益。再如,对申请从事特殊行业经营的,如果我们在登记注册中不坚持法律、法规规定的前置审批条件,企业成立后,就可能因未经严格的资质审查而出现这样那样的问题,损害经营者和消费者的合法权益。所以,工商行政管理机关作

为国家的市场监督管理和行政执法部门,必须处理好严格依法行政与支持改革发展的关系,不能把两者对立起来,认为严格依法行政会束缚改革和经济的发展,支持改革发展必然突破法律法规的规定。要努力在工作中做到既严格依法行政,又积极支持改革和经济发展,一方面通过严格执法,努力营造良好的市场环境,积极促进改革和经济发展;另一方面,通过切实转变工作作风,改进和加强管理,提高工作效率,为支持改革和经济发展提供优质服务。绝不能以损害法律的严肃性来换取一时经济的发展。只有我们保持这样的认识,才能始终坚持严格依法行政不动摇。

第二,进一步加大对经济违法违章行为的打击力度。

当前,我国市场秩序中存在的问题还比较突出。国务院对进一步整顿市场秩序十分重视,将其作为强化管理的一项重要内容,先后作出了一系列部署。各级工商行政管理机关要按照国务院的部署,重点抓住破坏工农业生产,伤害广大人民群众生命安全,损害经营者和消费者合法权益,扰乱社会经济秩序的违法违章行为,加大执法力度,依法严惩。

一是要继续严厉打击传销和变相传销行为。要采取有力措施,组织力量狠狠打击,把传销和变相传销回潮的势头打下去。各级工商行政管理机关要及时将严重扰乱市场秩序的传销或者变相传销案件移送司法机关,以扰乱市场秩序罪对组织传销和变相传销活动的头目追究刑事责任。要选择一些典型案例在新闻媒体上公开曝光,对传销活动予以揭露,以教育广大群众。打击传销和变相传销活动是一项长期工作,要常抓不懈。

二是要坚决贯彻江总书记关于安全生产工作的重要批示,在全面清理整顿的基础上,进一步强化对生产经营烟花爆竹等易燃易爆物品、危险物品的企业和危险设施、公共场所的监督检查,严厉查处违法违章经营行为,促进企业自觉守法经营和搞好安全生产。同时,依法坚持审批条件,严格把好登记关。

三是要进一步加大专项整治的力度,严

厉打击制售假冒伪劣商品的违法行为,特别是要把假种子、假化肥、假农药和伪劣食品、药品、饮料、烟酒等作为打击的重点,切实保护经营者和消费者的合法权益。

四是要在当地政府的领导下,密切配合有关部门,认真抓好电子游戏经营场所和娱乐服务场所的专项治理,依法打击各种违法违章经营行为和社会丑恶现象,积极促进社会主义精神文明建设。

五是要继续抓住市场和流通渠道两个环节,开展对重点地区、重点商品的专项整治,清理整顿私货交易市场或集散地,严厉查处走私贩私大要案件,坚决取缔私货交易行为,切实防止私货交易市场死灰复燃。

第三,充分发挥省以下垂直管理体制的优越性,进一步增强执法的统一性、权威性和有效性。

经过各级工商行政管理机关的共同努力,省以下实行垂直管理的体制改革已经完成。从一年来新体制的运行情况看,效果是明显的,取得了预期成效,说明党中央、国务院作出改革工商行政管理体制的决策是非常正确的,这项改革是成功的,为强化工商行政管理职能奠定了必要的体制基础。今后,我们要继续巩固和完善体制改革的成果,充分发挥新体制的优势,进一步强化市场监管和行政执法工作。

一是要进一步加强对市场监督管理和行政执法工作的统一领导,坚决抵制地方保护主义,维护执法的统一性,切实防止上有政策,下有对策,各自为政,自行其是现象的发生,实现职能到位。

二是要进一步强化对市场监督管理和行政执法工作的监督检查,坚决维护执法的权威性和有效性。对有令不行,有禁不止,执法不严,监管不力,甚至工作中出现错误偏差的,要及时采取果断措施,坚决予以制止和纠正,并严肃追究直接责任人和有关领导的责任,确保不折不扣贯彻执行党的路线方针政策和国家的法律法规。

三是要加强与有关部门的团结协作,形成合力。各级工商行政管理机关在新体制条件下,要正确处理好与当地政府和有关部门的关系,做到依靠地方党委、政府的领导不变,为地区经济发展服务的思想不变,与地方各个部门长期协作、密切配合的关系不变。各级政府要继续大力支持工商行政管理机关进行市场监督管理和行政执法工作,为他们创造良好的执法环境。各级工商行政管理机关也要通过自己的工作积极争取当地政府和有关部门的支持,并注意协调配合,及时沟通,相互补充,从根本上杜绝推诿、扯皮、拖拉现象,形成良好的协作机制,妥善解决工作中遇到的困难和问题,保障市场监督管理和行政执法工作切实得到加强。

局长研修班开班前,你们召开了全国工商行政管理局长会议,总结交流了各地开展"两整顿"的情况和经验,研究部署了下一阶段的任务,工作抓得很紧。半年来,国家工商行政管理局党组认真贯彻落实党中央、国务院的部署,以开展"两整顿"为重点,全面加强市场监督管理和行政执法,严厉打击传销和变相传销、制售假冒伪劣商品、合同欺诈,取缔私货交易,制止不正当竞争等违法违章行为,并对烟花爆竹等易燃易爆物品生产经营企业全面进行了清理整顿,对电子游戏经营场所和娱乐服务场所进行了专项治理;同时大力强化自身建设,各项工作取得了明显成效,为维护市场秩序、促进经济发展做出了积极贡献。国务院对国家工商行政管理局的工作是满意的,对工商行政管理系统的工作是充分肯定的。希望同志们认真学习其他省(区、市)好的经验和做法,坚决贯彻落实国家工商行政管理局的部署,通过深入扎实开展"两整顿"行动,进一步加强市场监督管理和行政执法工作。

四、以江总书记"三个代表"重要思想为指导,努力建设一支高素质的工商行政管理干部队伍

今年2月,江总书记在广东考察工作时,明确提出了"三个代表"的重要思想,强调只要我们党始终成为中国先进社会生产力的发展要求、中国先进文化的前进方向、中国最广大人民的根本利益的忠实代表,就将立于不败之地,永远得到全国各族人民的拥护。江总书记"三个代表"重要思想是深入总结我们党近 80 年的历史经验,特别是总结 50 年来带领全国人民建设社会主义的经验,着眼我国改革开放和社会主义现代化全局作出的精辟论断,也是新的历史条件下人民群众对我们工作的新要求。江总书记"三个代表"的重要思想为我们在新时期加强党的建设、干部队伍建设和思想政治工作指明了正确的方向。各级工商行政管理机关要以江总书记"三个代表"的重要思想为指导,大力抓好队伍建设,努力造就一支政治坚定、业务精通、执法严格、公正廉洁、作风正派的高素质工商行政管理干部队伍。

(一)切实加强各级领导班子建设

加强领导班子建设是当前各级工商行政管理机关特别是省级工商行政管理局加强队伍建设最重要和紧迫的任务。近几年来,各级工商行政管理局的领导班子增加了不少新鲜血液。据我从国家工商行政管理局了解的情况看,近两年来,仅省级工商行政管理局的"一把手",就有近二分之一是从外系统调入的。这些同志带来了外单位的好作风和好经验,使班子整体素质得以提高,但熟悉业务需要有一个过程,要进行学习培训,加强领导班子建设。

加强领导班子建设,最重要的是用马列主义、毛泽东思想特别是邓小平理论和江总书记"三个代表"重要思想武装各级领导班子成员的头脑,使领导班子成员不断提高政治敏锐性和政治鉴别力,进一步增强政治意识、大局意识和责任意识,始终保持政治上的清醒和坚定,自觉同以江泽民同志为核心的党中央保持高度一致。

其次,要抓好"一把手",抓住"一班人"。省以下工商行政管理机关实行垂直管理后,进一步加大了省级领导班子的领导责任。国家工商行政管理局党组要加强与地方党委组织部门的沟通与配合,积极参与对省级工商行政管理局领导班子的考核与管理,特别是"一把手"的考核考察。"一把手"和"一班人"对带好本省的工商行政管理队伍,非常重要。要把领导班子建设作为队伍建设的重点,把配好"一把手"、管理好"一把手"作为领导班子建设的重点,切实抓紧、抓实、抓好。你们是工商行政管理队伍的中坚、骨干,是带队伍的人,工商行政管理工作的好坏,主要责任在你们身上。如果你们不能把握自己,就不能有一个好的班子,不可能带出一支好的队伍。希望你们廉洁自律,把领导班子建设好,当好带头人,带好队伍。

第三,各级领导班子成员要钻研业务,学习新知识,不断提高领导水平和执政水平,增强驾驭复杂局面和解决现实问题的能力。要通过不懈的努力,把各级领导班子建设成为团结坚强的战斗集体,带领广大干部全面正确地贯彻执行党的路线方针政策,充分发挥职能作用,努力开创工商行政管理工作的新局面。

(二)以加强和改进思想政治工作为动力,努力提高广大干部的政治素质和作风素质

当前,各级工商行政管理机关要认真学习贯彻中央思想政治工作会议精神和江泽民同志的重要讲话,以加强和改进思想政治工作为动力,促进广大干部政治素质和作风素质的进一步提高。要坚持"两手抓,两手都要硬",把思想政治工作作为一项重要任务,高度重视,加强领导,切实抓好。要结合实际,突出重点,努力改进思想政治工作的方式、方法、手段和机制,把思想政治工作与关心干部的成长进步和帮助干部解决实际问题结合起来,增强思想政治工作的预见性、针对性和实效性。特别是要用江总书记"三个代表"重要思想武装干部的头脑,使广大干部坚定理想信念,树立正确的世界观、人生观、价值观,增强对建设有中国特色社会主义的信心,加深对党和政府的信任,把思想和行动统一到党的路线方针政策上来,更加自觉地团结在以江泽民同志为核心的党中央周围。

同时,要加强对干部的职业道德教育,从抓思想政治工作入手,增强广大干部反腐倡廉的自觉性,自觉抵制行业不正之风,切实解决吃拿卡要和乱收费、乱罚款、乱摊派、代收代扣等问题。要制定和完善各项工作规范,全面推进"收支两条线"管理,做到从制度上防范腐败,从源头上治理腐败,并同腐败现象作斗争,坚持清廉从政,全心全意

为人民服务,以树立良好的执法形象。

(三)以适应新形势、新任务的要求为目标,不断提高广大干部的业务素质

近年来,各级工商行政管理机关通过岗位培训和知识更新培训,广大干部的业务素质有了很大的提高。但是,我们应当清醒地看到,目前工商行政管理干部队伍的现状与形势的要求还不相适应,迫切需要提高队伍的业务素质。各级工商行政管理机关要牢记江总书记"学习,学习,再学习"的谆谆告诫,在全系统大兴学习之风。可以采取个人自学、上党校轮训、集中培训等各种行之有效的形式,鼓励干部学习市场经济知识、法律知识、管理知识和现代科技知识,特别是计算机网络知识,以推进办公自动化,提高信息化应用水平和履行岗位职责的能力。信息化很重要。江总书记讲过,现代化离不开信息化。管理信息化可以最大限度地减少人为因素对政府管理和执法的干扰和影响,为我们加强市场管理、规范市场秩序、净化市场环境提供有效的手段。各级工商行政管理机关要进一步提高对加强信息化建设重要意义的认识,教育干部适应新的形势,增强开拓创新意识,积极探索新的执法手段和方法,不断提高监管执法水平,更好地为维护市场秩序、促进经济发展服务。

各位局长平时工作忙,责任重,集中一段时间系统学习很不容易。希望大家珍惜这次难得的学习机会,遵守研修班的纪律,减少干扰,集中精力认真学习,学有所得。同时,要联系实际,深入思考,积极讨论和交流,以求相互启发,共同提高,力争取得较好的学习效果。

最后,预祝局长研修班取得圆满成功!

吴仪国务委员在全国工商行政管理工作暨双先表彰会议上的讲话

(2000 年 12 月 21 日)

国家工商行政管理局召开的这次全国性会议,是为了贯彻落实党的十五届五中全会和中央经济工作会议的精神,安排和部署明年的工作并表彰工商行政管理系统的先进集体和先进个人。我代表国务院,对这次受到表彰的先进集体和先进个人,表示热烈的祝贺!向一年来辛勤工作在全国工商行政管理系统的同志们,致以诚挚的问候!

2000 年,是我国经济建设和社会发展取得显著成绩的一年。投资、消费和出口增长加快,社会需求进一步回升;结构调整稳步推进,基础设施建设得到加强;经济体制改革取得新的进展,国有大中型企业改革和脱困三年目标基本实现;企业效益和财政收入大幅增长,经济运行质量进一步提高。这些都标志着我们已经克服了亚洲金融危机带来的困难,扭转了近两年增长速度下滑的局面,国民经济的发展出现了重要转机。这些成绩的取得是来之不易的,是在以江泽民同志为核心的党中央的正确领导下坚持扩大内需的方针、实行积极的财政政策、大力推进经济结构调整和深化改革、扩大开放等一系列重大举措的结果,是各地区、各部门开拓进取,贯彻落实党的路线方针政策的结果。

一年来,全国各级工商行政管理部门围绕中央确定的各项重点工作,以开展"整顿市场秩序"和"整顿队伍作风"为主线,发扬"三讲"教育激发出来的工作热情,充分发挥新体制的优势,进一步强化市场监管和行政执法,加强法制建设和队伍建设,各项工作取得了好成绩,为我国国民经济和社会发展保持良好的势头发挥了职能作用,做出了积极的贡献。

2001 年是新世纪的开端,也是实施"十五"计划的第一年。做好明年的各项工作,对于保持国民经济和社会发展的良好势头,为"十五"计划和第三步战略目标的实施开好局、起好步,具有重要意义。前不久召开的党的十五届五中全会,通过了制定"十五"计划的建议,提出了今后五至十年我国经济社会发展的指导思想、奋斗目标和重大措施。刚刚闭幕的中央经济工作会议,明确了新世纪第一年我国经济工作的总体要求和主要任务。现在是大政方针已经明确,关键

在于落实。全国各级工商行政管理部门要认真贯彻落实党的十五届五中全会和中央经济工作会议精神,以新的面貌,跨入新世纪,迎接新任务,创造新业绩。关于明年的工商行政管理工作,众孚同志在会前曾向我汇报过,我认为他对工商行政管理系统去年的工作总结是符合实际的,明年的工作安排,目标明确,重点比较突出,措施比较实在,他将代表国家工商局党组在这次会上作全面部署,希望同志们认真贯彻落实。下面,我主要就如何在新形势下更好地发挥工商行政管理部门的职能作用,提几点希望和要求:

一、认清形势,明确新时期工商行政管理部门肩负的重要职责,进一步增强使命感和责任感

当前,我国的现代化建设总体上面临着比较有利的国际国内形势。从国际形势看,进入新世纪,和平与发展仍然是时代的主题,多极化趋势在曲折中发展,经济全球化进一步加深,世界经济和贸易呈现较快增长的态势。只要我们沉着应对,把握得当,趋利避害,为我国改革开放和经济建设争取一个较长时期的国际和平环境是可能的,在经济全球化进程中争取一个有利的发展地位是可能的,在世界经济发展的大格局中继续保持较快增长是可能的。从国内形势看,经过二十多年的改革开放和发展,我国生产力水平迈上了一个大台阶,社会主义市场经济体制已经初步建立,形成了比较雄厚的物质技术基础和有利的体制环境,国民经济正在朝着良性循环的方向发展。

分析进入新世纪的国际国内形势,既有不可多得的历史机遇,又面临着严峻的挑战。我们必须认清形势,坚定信心,抓住机遇,迎接挑战,在新的世纪加快我国社会主义现代化建设的步伐。这对各个部门、各个行业的工作都提出了新的更高的要求。作为维护市场秩序的职能部门,工商行政管理部门肩负着十分重要的任务。第一,"十五"计划和第三步战略目标的实施,要求工商行政管理部门为促进我国经济和社会全面发展,必须努力维护良好的市场秩序。良好的市场秩序,是市场经济健康运行的必要保

障。随着"十五"计划和第三步战略目标的实施,我国国民经济将保持较快的发展速度,经济增长质量和效益将显著提高,对建立和维护良好市场秩序的要求将更为迫切。另外,随着社会主义市场经济体制的逐步完善,政府将加快转变管理经济的职能,使企业真正成为自主经营、自负盈亏、自我发展、自我约束的法人实体和市场竞争主体。政府管理经济主要体现在加强宏观调控、监督市场运行、营造公平竞争的市场环境等方面,这样工商行政管理部门维护市场秩序的责任将更加重大。第二,世界经济全球化已是必然趋势,国内市场的国际化程度和对外开放程度会进一步加深,对市场秩序和营造公平竞争的市场环境的要求也将越来越高。这也要求工商行政管理部门一定要充分发挥职能作用,加快健全市场规则,加强市场监管,强化行政执法,努力营造有利于我国扩大国际经济交流与合作的良好市场环境。第三,落实国务院明年整顿和规范市场经济秩序的工作部署,同样要求工商行政管理部门努力发挥重要作用。维护市场秩序是工商行政管理部门的基本职能。明年整顿和规范市场经济秩序的各项任务,都与工商行政管理工作密切相关,有的工作需要你们演好"主角",有的工作需要你们当好"配角"。你们既要充分履行国家赋予的职能,又要加强与有关部门的协作配合,共同进行综合整治。总之,工商行政管理的地位和作用,与市场经济的发展密切相关。越是发展市场经济,就越需要重视维护市场秩序,就越需要强化工商行政管理的职能作用。面对新世纪大力发展社会主义市场经济的繁重任务,工商行政管理的地位和作用将越来越重要。全国工商行政管理系统的同志们,一定要认清这个形势,增强使命感、责任感和紧迫感,开拓进取,扎实工作,为维护市场秩序、促进经济发展做出新的贡献。

二、适应我国加入世贸组织的需要,努力营造有利于扩大对外开放的良好市场环境

我国即将加入世贸组织,这是以江泽民同志为核心的党中央高瞻远瞩、运筹帷幄、

多谋善断、英明决策的结果。加入世贸组织是我国改革开放历史进程中的一座里程碑，将对我国推进社会主义现代化建设产生重大和深远的影响。加入WTO，有利于我国扩大对外开放，我们将在更大范围内和更深程度上参与经济全球化进程，加快发展自己，总体上符合我国的根本利益和长远利益。同时，加入WTO也是严峻的考验，需要我们对政府管理经济的方式、企业经营机制、经济运行规则和环境等进行深刻的变革，可以说是机遇与挑战并存。我国加入世贸组织，不仅要遵循世贸组织规则，履行相应的义务，更重要的是要合理利用世贸组织的有关条款来维护自身权益，创造有利于发展的外部环境。这就要求我们必须扎扎实实做好加入世贸组织的各项准备工作。要进一步在全社会范围内普及世贸组织知识，不仅使我们的政府官员、企业家熟悉、掌握、运用世贸组织规则，而且要让更多的人民群众了解世贸组织基本知识，推动观念转变，增强开放意识，形成必要的社会基础，这是我们按照世贸组织规则从事经济活动、履行世贸组织成员义务的重要前提；要进一步加大制度创新力度，依照世贸组织规则和我国对外承诺，继续对我国贸易、投资、知识产权保护等各方面的法律法规及政策文件进行认真清理、修订，并抓紧制定尚属空白的法规；各涉外经济管理部门要杜绝政出多门、有法不依、执法不严的现象，增强政策的统一性、公开性、可操作性和可预见性；要深入研究加入世贸组织给我国各行各业带来的机遇和挑战，建立和完善世贸组织规则允许的外经贸促进体系和国内产业保障机制，切实把贸易、外资等政策，与产业政策和其他宏观经济政策有机地结合起来，增强国民经济防范和化解风险的能力，全面提升国际竞争力。作为政府主管市场监管和行政执法的职能部门，工商行政管理部门在这方面承担着重要的责任，需要着重抓好以下工作：一是加快健全市场规则。要在认真研究和熟悉WTO规则的基础上，抓紧清理、修订我国规范市场主体行为、规范市场交易行为、规范市场竞争行为的法律、法规和规章，积极参

与制定新的法律、法规和规章，加快完善符合我国实际、与WTO规则相衔接的涉外法律体系，使之既适应我国扩大国际经济交流与合作的需要，又有利于维护我国的经济安全。这方面你们做了不少工作：对历年发布的1 000多件规章进行了清理；修改了10件，废止了11件，修改了《商标法》等，还需继续进行这方面的工作。二是积极改革和完善企业登记管理制度，把好市场准入关。根据世贸组织有关规则，从某种意义上看，工商企业登记可能是保护我国产业的最重要的一个环节。加入WTO，我国企业登记管理工作面临着许多新情况，需要作相应变革，比如，实行国民待遇是WTO规则的一项基本原则，加入WTO后，我国将逐步减少对外商投资的产业限制，有步骤地推进内贸、外贸、金融、保险、证券、电信、旅游等服务领域的对外开放，并在这些领域对外商投资实行国民待遇；将积极吸收外资特别是跨国公司投资高新技术产业，参与国有企业改组改造和基础设施建设；将积极探索采取收购、兼并、投资基金和证券投资等多种形式利用国外中长期投资；将积极创造条件吸引外商到中西部地区投资；将积极贯彻"走出去"的开放战略，鼓励有比较优势的企业到境外投资办厂或实行跨国经营，更好地利用国内外两种资源、两个市场。这些都对我国的企业登记管理工作提出了新的课题和更高的要求。从事企业登记管理的同志们，要积极了解新情况，研究新问题，采取新对策，适应新变化，进一步改进和加强企业登记管理工作，为我国扩大对外开放服务。三是进一步加强市场监管和行政执法，努力营造公平竞争的市场环境。加入WTO，对我国维护市场秩序和竞争环境的工作提出了更高的要求。工商行政管理部门要进一步加强对市场的规范化管理，加大对经济违法违章行为的查处力度，特别要注重打破部门垄断和地区封锁，严厉打击各种不正当竞争行为，努力营造有利于扩大对外开放的良好市场环境。四是要加强WTO方面知识的学习。我们要求广大群众了解认识WTO的基本规则，我们的干部、职工首先就要了解、弄懂并熟练

掌握；同时还要抓紧培养一大批精通世贸组织规则、国际经贸、国际金融、法律和外语的复合型人才，这样才能适应新形势的需要。

三、坚决落实国务院的部署，大力整顿和规范市场经济秩序，为促进改革开放和经济发展服务

江总书记指出："强化信用意识，加强公民诚实守信的道德教育。依法严厉打击制假售假、偷税漏税、经济欺诈、恶意逃废债务等行为，创造良好的市场秩序。"针对当前经济秩序比较混乱的状况，国务院决定把整顿和规范市场经济秩序作为明年经济工作的一项重要任务，并明确要求工商行政管理等执法监管部门要切实负起责任。众孚同志在这次工作会议上，以整顿和规范市场经济秩序为中心，对明年全系统的工作作出全面部署，我完全赞同。我再强调以下几点：一是要突出整治重点。要找准和抓住严重扰乱市场秩序、破坏工农业生产、损害经营者和消费者合法权益的突出问题，集中力量，专项整治，力求取得明显成效。要严厉打击制售假冒伪劣商品、走私贩私，虚假广告、不正当竞争以及传销和变相传销等。抓重点还要抓重点地区、重点市场和重点商品。二是要加大惩处力度。对整顿和规范市场经济秩序中发现的情节严重、影响恶劣的违法违章案件，依法从快惩处，触犯刑律的，移送司法机关追究刑事责任，绝不姑息养奸。要注意选择一些重大、典型案例公开曝光，震慑违法分子，扩大教育面。三是要标本兼治。在强化市场监管的同时，要重视抓源头，努力做到规范市场交易、竞争行为与规范市场主体准入行为相结合，查办违法违章案件与教育引导经营者建立健全自律防范机制相结合，强化执法与健全法制、堵塞管理上的漏洞相结合，力争通过这次集中整顿，在打击违法违章行为、规范市场经济秩序方面取得明显成效，进一步增强经营者的自律防范、守法经营意识，进一步推进法制建设，改进和加强市场监管执法工作。

四、更新观念，改革监管手段和方法，进一步加强干部队伍建设，提高依法行政水平

进入新世纪，面临着新的形势，工商行政管理部门的同志们必须更新观念，抓住机遇，迎接挑战，进一步提高监管执法水平，适应新形势和新任务的需要。要进一步增强市场观念，自觉遵循市场经济规律，学会运用适合市场经济发展、符合国际通行规则的方式方法监管市场运行，增强监管执法的有效性和透明度；要进一步增强科技观念，对传统的监管手段和方式进行革命性改造，加快用现代信息技术等科学手段武装我们的监管执法队伍，增强监管执法的科技含量，不断提高监管水平；要进一步增强法制观念，认真贯彻依法治国方略，大力推进市场监管由过去以行政手段为主到主要运用法律手段的转变，增强监管执法的权威性，促进依法行政，实现监管执法工作的法制化、规范化。

党中央对加快人才队伍建设十分重视。制定"十五"计划的建议中把培养、吸引和用好人才作为一项重大的战略任务提了出来，江泽民总书记和朱镕基总理在中央经济工作会议上又再次强调了人才建设问题。中央之所以高度重视这个问题，是因为人才是最宝贵的资源。当今和未来的国际竞争，说到底是人才的竞争。我们的事业能否不断取得成功，我们在激烈的国际竞争中能否取胜，关键在人才。同样，工商行政管理部门能否担当起新时期市场监管执法的繁重任务，也关键在于干部队伍的素质。所以，我们必须深刻认识加强工商行政管理干部队伍建设的重大意义，采取有力措施，切实抓紧抓好。加强工商行政管理干部队伍建设涉及诸多方面，主要包括提高干部的政治素质、业务素质和作风素质。

第一，要高度重视加强领导班子建设。领导人才是我国社会主义现代化建设事业继往开来、开拓前进的关键因素。就工商行政管理部门而言，领导人才同样是工商行政管理事业不断开拓前进的关键因素。因为我们的各级领导特别是"一把手"，肩负着出主意、用干部、团结带领群众前进的重要责任。一个部门、一个单位，如果领导班子团结坚强，干好工作就有了基本保证；如果领导班子软弱涣散，即使群众有积极性，也难以把工作搞好。俗话说"兵熊熊一个，将熊

熊一窝"，讲的就是这个道理。所以，我们必须从保证新时期工商行政管理事业不断开拓前进的战略高度，重视和加强各级领导班子建设，努力在工商行政管理系统培养造就一支坚持走中国特色社会主义道路，有较高政治理论素养和开拓精神，掌握现代科学文化和管理知识，并经过实践考验的高素质领导人才队伍。

第二，必须切实抓好各级干部的业务学习，重点是学习法律知识、市场经济知识、管理知识和现代科技知识。当前，尤其要抓紧熟悉和研究 WTO 规则。我们是从事市场监管执法的，如果对市场经济知识、法律知识、管理知识知之甚少，就不可能做好监管执法工作；如果对现代科技知识不了解，就不可能运用现代科技手段改进我们的监管执法工作。另外，我要坦率地说，我们这支队伍的总体素质还不够高。这和组建这支队伍时的基础有关，当时是高度集中的计划经济，工商局主要是管集贸市场，属于小打小闹，法律法规尚不健全，管理工作存在着随意性。而现在我们必须实行跨越式的转变：由小市场发展到大市场；由国内市场发展到国际市场。和打球一样，我们一定要熟悉规则才能上场，否则不仅打不赢，而且会被罚下场来。所以，我们一定要在工商行政管理系统大兴学习之风，倡导"学习、学习、再学习"，不断学习新知识，不断增强干部依法行政的能力，提高执法水平。

第三，必须牢固树立脚踏实地、求真务实的工作作风。进入新世纪，我们的市场监管执法工作面临着许多新情况和新问题。我们不能满足于以召开会议、发布文件的形式了解情况，推进工作。要下大力气克服官僚主义、形式主义和漂浮作风，真正沉下去，深入实际，调查研究，了解新情况，研究新措施，解决新问题，努力使作风有一个大的转变，工作有一个新的气象。

第四，必须继续大力加强党风廉政建设。近几年来，工商行政管理系统在加强党风廉政建设方面采取了一系列扎实有力的措施，取得了比较明显的成效。反对腐败、加强党风廉政建设是一项长期的重要任务，必须警钟长鸣，常抓不懈。明年，你们要认真贯彻落实中央确定的从源头上预防和治理腐败的指导方针，从完善体制、机制和制度入手，继续认真解决市场办管脱钩的遗留问题，继续完善财务"收支两条线"管理，继续深入推行政务公开制度，继续健全职务权力制约机制，继续加强反腐倡廉教育，重点治理"吃、拿、卡、要"、以权谋私、"三乱"行为和执法腐败，努力使党风廉政建设工作取得新的更大的成效。

同志们，再过几天，我们就将跨入新的世纪，人类历史也将翻开新的一页。希望全国工商行政管理系统的同志们在新世纪第一年里，坚定不移地高举邓小平理论的伟大旗帜，紧密团结在以江泽民同志为核心的党中央周围，认真贯彻落实党的十五届五中全会和中央经济工作会议精神，锐意开拓，扎实工作，也希望受到表彰的先进集体和先进个人，发扬成绩，再接再厉，继续在廉洁执法、公正执法、文明执法方面起模范带头作用。全国工商行政管理部门要以这次表彰先进为契机，努力在全系统形成崇尚先进、学习先进、争当先进的良好风气，推动队伍建设和各项业务工作不断取得新的更大的成绩，为实现"十五"计划的良好开局做出积极的贡献，为在新世纪开创工商行政管理工作的新局面迈出坚实有力的第一步。

朱镕基总理在考察国家工商行政管理总局工作时的讲话

（2001 年 7 月 27 日）

刚才众孚同志的汇报很全面，很好。邦国同志和吴仪同志讲得很中肯，我都同意。

我们今天来工商总局的目的，主要有三点：一是对国家工商局升格为总局表示祝贺。今年 3 月，党中央、国务院决定，将国家工商局升格为国家工商总局，成为正部级单位。这表明我们对工商行政管理工作重要性的认识达到了一个新的高度。这不是简单的机构升格，是建立社会主义市场经济体制、深化政府机构改革、进一步实现政府职能转变、加强市场监督管理的又一个重要措施。形势和任务的发展,使我们进一步认识到工商行政管理在发展社会主义市场经济中的重要作用。二是向工商总局和全国工商行政管理系统的干部表示问候,向在市场监管执法中因公致伤、致残甚至牺牲的同志及家属表示慰问和感谢。工商行政管理部门近几年来在深化体制改革、加强队伍建设、维护市场秩序方面,取得了显著成绩,应当给予充分肯定。刚才邦国同志讲得很好,尽管现在市场秩序还存在种种问题,有的问题甚至还很严重,但是如果没有工商行政管理部门在市场监管执法方面所起的作用,现在市场秩序混乱的情况更是不可想象的。三是希望工商行政管理部门在新的形势下,切实履行职责,强化监管执法,勇做市场卫士,努力开创工商行政管理工作的新局面,为建立和维护良好的市场经济秩序,促进国民经济持续快速健康发展做出新的贡献。

下面,我讲几点意见。

一、要充分认识新时期工商行政管理部门的重要地位和作用

在社会主义市场经济条件下,政府管理经济的重要职能是监管市场运行,维护市场秩序,为经济发展创造良好的市场环境。没有强有力的监管执法,就没有社会主义市场经济。强化政府的市场监管执法职能,是建立和完善社会主义市场经济体制的必然要求。工商行政管理部门是市场监管和行政执法的重要职能部门,承担着规范和维护市场秩序的重要职责。概括起来说,就是要把好市场主体的入门关、当好市场运行的"裁判员"、做好市场秩序的坚强卫士。党中央、国务院决定将国家工商行政管理局更名为国家工商行政管理总局,由副部级升格为正部级单位,目的就是为了进一步加强市场监管执法部门的权威和地位。希望工商行政管理系统广大干部职工更好地履行职责,不辜负党和人民的重托与厚望。

二、进一步加大整顿和规范市场经济秩序的力度

近几个月来,整顿市场经济秩序工作取得了初步成效,但问题仍然很严重,任务还十分艰巨。特别是要清醒地看到,当前又出现一些新情况:一是有些违法犯罪分子顶风作案。有的地方制假售假活动仍很猖獗,不少被关闭的"五小"企业和无证经营企业还在生产经营,最近在一些地方发生的重大安全事故多数与此有关。二是暴力抗拒执法案件增加,一些不法之徒公然伤害执法人员。三是有些地方在整顿市场秩序中避重就轻,甚至还在以各种名义强化地方保护。这些情况说明,整顿和规范市场经济秩序的工作,任务十分艰巨和复杂。我们必须下更大的决心,用更大的气力,排除一切困难和阻力,坚定不移地把这项重要工作不断推向前进。

大力整顿和规范市场经济秩序,是巩固当前好的经济形势和战胜面临困难的重大举措。今年以来,我国经济继续保持良好的发展势头,这是由于中央敏锐察觉世界经济出现新变化,及时采取正确的宏观经济政策,全国上下齐心协力、扎实工作的结果,也是与大力开展整顿和规范市场经济秩序工作分不开的。但是,当前全球经济和贸易增长放缓,世界经济衰退的趋势越来越明显,比我们预料的要快、要猛,这种情况势必会对我国经济发展产生不利影响,对此我们必须高度重视。要从多方面采取有效措施加以应对,其中一个很重要的方面,就是必须继续整顿市场经济秩序,规范市场行为,改善经济运行环境,提高经济质量和效益。前几天召开的全国整顿和规范市场经济秩序领导小组第二次会议,对下一阶段的工作已作出具体部署,各地方、各部门一定要认真贯彻执行,各有关方面要密切配合,协同作战,务求取得更大的进展。

过去,工商行政管理系统在强化市场监管、维护市场秩序、深化体制改革、加强队伍建设方面做了大量的工作。机构升格以后,责任更大、任务更重了,要在整顿和规范市场经济秩序中发挥生力军作用。当前要重点抓好以下几个方面:一是集中力量继续严厉打击制售假冒伪劣商品的违法犯罪活动。对制售直接危害人民群众身体健康和生命安全的食品、药品、医疗器械等假冒伪劣商品的违法犯罪活动，尤其是对制假产地和售假集散地，要重拳出击，确保人民群众的消费安全。二是要充分发挥登记注册管理的职能作用。强化企业登记监督工作，严把市场准入关。坚决取缔不符合国家法律法规要求的各类企业；打击无照经营，从源头上遏制扰乱市场经济秩序行为的发生。三是加大反不正当竞争和反垄断的执法力度。要重点查处不正当竞争和限制竞争行为，坚决打破地区封锁、行业垄断，促进市场公平竞争。四是加强商标、广告监管。严厉打击商标侵权假冒行为，加强对商标专用权的保护，对印制假商标、假标识、假包装的企业要从严查处；严厉打击虚假违法广告，净化广告市场。五是要继续打击传销和变相传销违法活动。传销在我国还有存在的土壤，不少素质不高的人容易受骗，被骗的人再去骗亲朋好友，对社会道德形成很大的冲击。要充分发挥新闻媒体的宣传引导作用，公开揭露传销的欺骗性和严重危害性，提高广大群众自觉抵制传销的能力。工商总局可以成立打击传销办公室，加强对取缔传销工作的组织领导。六是要严厉打击走私贩私，对已取缔的私货市场要加强监控，防止死灰复燃。

三、努力开创市场监管执法工作的新局面

面对新形势、新任务，工商行政管理部门必须以高度负责的态度和奋发有为的精神风貌，努力把工作提高到一个新的水平。

一要切实转变观念，实现职能到位。要适应发展社会主义市场经济的新形势，彻底摆脱计划经济体制下形成的思想观念和工作方式，从主要监管集贸市场进一步转到监管全国统一市场上来，从主要依靠行政手段管理市场进一步转到依法治市上来。工商行政管理部门一定要与所办市场彻底脱钩，绝不能既管市场又办市场，既当"裁判员"又当"运动员"，绝不能明脱暗不脱。既管市场又办市场，必然产生腐败，不与所办市场脱钩，监管市场就是一句空话。工商行政管理系统与所办市场彻底脱钩，是重大原则问题，绝不能有半点含糊，不能藕断丝连。不

愿意脱钩，就必须"脱装"，就要离开工商行政管理系统。当然，要采取切实措施妥善解决脱钩中遇到的实际问题。比如债务问题，如果是合理的债务，也不能坐视地方财政困难不管。市场、人员、债权、债务地方一定要接，接了以后，属合情合理的债务，地方确有困难的，中央财政也可以帮助解决。总之，一切都要服从脱钩，债务问题不能成为不脱钩的理由。在这个原则问题上，态度一定要坚决，把市场办管脱钩彻底解决。

二要坚持依法行政，严格秉公执法。工商行政管理人员在履行职责时，必须铁面无私，敢于执法，敢抓、敢管、敢碰硬，同一切违法犯罪行为作坚决斗争。所有的行政执法系统都必须严格执行行政收费和罚没收入"收支两条线"的规定。不能搞按比例返还，交多少，返还多少。要坚决纠正各种形式的收支挂钩，从机制和制度上保证公正执法、严格执法。否则，就不可能避免执法中的腐败行为，就不可能做到监管严格、执法公平。财政部门一定要保证行政执法系统必要的经费，所有行政执法人员都要由财政供养，吃"皇粮"。这方面中央已有明确规定，有关部门必须尽快落实。

三要加强与有关部门的协调配合。质检总局和工商总局的分工已经明确，就是厂门内外。厂门之内的问题由质量技术监督部门负责，厂门以外由工商行政管理部门负责。质量技术监督部门别进市场了，戴大盖帽的人越多，越不起作用。另一个方面，工商行政管理系统不要另搞一套检验机构，商品质量检验委托质检系统现有的检验力量来进行，工商行政管理部门要与质量技术监督部门配合好，把市场秩序整顿好。与此同时，要特别注意与政法机关协作配合，包括检察院、法院、公安、安全等部门，要从重、从快、从严来处理市场犯罪案件。对于法律不衔接、不完善的地方，工商总局要研究如何进一步加强法制建设。

四要加强队伍建设，提高监管水平。总的来看，目前工商行政管理队伍是好的，涌现了一批敢于执法、不畏强暴、不怕牺牲的优秀执法人员。对于严格执法、公正执法并

做出突出成绩的执法人员要给予嘉奖。但是必须看到,要适应新形势、新任务的需要,还必须在队伍建设上继续下大工夫。特别是要注意加强领导班子建设,加强对省级工商局领导班子的双重管理。省以下实行垂直管理后,省级工商局领导班子的责任更大了。目前省级工商局领导班子的任免,由地方党委征求工商总局党组意见,协管力度不够。你们再向中编办写个报告,把"征求意见"改为"征得同意"。加强队伍建设,最重要的是反腐倡廉。本届政府提出,要建立"廉洁、勤政、务实、高效"的政府,把廉洁放在第一位,说明廉洁是最重要的。所以,要严厉惩治执法腐败,加强廉政建设。对那些与破坏市场秩序的犯罪分子相互勾结、狼狈为奸的害群之马,必须坚决绳之以法。所有工商行政管理执法人员都要做到忠于职守,勇于负责,刚直不阿,要以清正廉洁的形象、执法如山的威力、坚持原则的精神,做好市场监管执法工作。

五要充分利用现代信息技术,改善监管执法手段。商标局的信息管理很好,要注意运用新的信息手段和信息技术来加强市场监督管理;要吸引更多的人才,特别是信息方面的人才;要搞一个全国范围的信息联通网络,和其他部门的监管网络实现互联,财政部在经费方面要给予支持。要全面推进工商行政管理系统的信息化,继续搞好计算机网络工程建设,提高通信、交通和监管等方面的装备水平,更有效地加强市场监管执法。

吴邦国副总理在考察国家工商行政管理总局工作时的讲话

(2001 年 7 月 27 日)

我分管的工作大多与工商行政管理工作有密切联系,许多工作都需要工商行政管理部门的参与和配合。刚才听了众孚同志的汇报,总的感觉,这些年工商行政管理部门做了大量工作,取得了不少成绩。这次总理来考察也是对工商行政管理工作的充分

肯定。朱镕基总理一会儿还要作重要指示。下面,我结合这几年的工作体会,简要讲几点意见,供大家参考。

一、充分肯定工商行政管理部门所取得的成绩

国家工商局升格为工商总局是一件大事,一方面说明工商行政管理工作非常重要,另一方面也是对工商行政管理工作成绩的肯定。在这几年工作过程中,我对工商行政管理部门三个方面的工作印象比较深:

一是市场秩序整顿方面。虽然现在的市场秩序总体上仍不是很理想,但如果没有这几年的整顿,市场秩序混乱的情况将更不可想象。工商行政管理部门为此付出了大量辛勤的劳动。以前"打假"工作由我分管,除了公安等部门的配合外,工商行政管理、质量技术监督部门是"打假"工作离不开的两支重要力量。工商行政管理部门不仅有一支完善的、能延伸到基层的 50 万人的执法队伍,其中 32 万人工作在第一线的工商所,而且执法手段比较完备,不仅有企业登记注册、年检、商标注册、广告监管、打击侵权假冒等手段,还有反应迅速的"12315"举报系统。这些都为维护市场秩序提供了强有力的、有效的监管手段。

二是结构调整、安全生产方面。"十五"期间,经济结构调整是主线。经济结构调整、安全生产都离不开工商行政管理工作。结构调整从根本上说,一方面是要加快形成和发展一批具有国际竞争力的大公司和企业集团;另一方面就是淘汰一批落后的,包括落后的企业、设备和工艺以及对"五小"企业的关闭。近几年,宏观经济环境能逐步改善,国有企业能实现三年脱困,利润从 1998 年的 525 亿元增加到 2000 年的 2 408 亿元,翻了两番,很重要的一条就是依靠结构调整。工商行政管理部门在其中发挥了重要作用,尤其在关闭"五小"和淘汰落后企业方面,比如小煤矿去年关了 3.5 万口井,小炼油厂关了 6 000 多个。这些方面工商行政管理部门做了大量工作,很不容易。

三是队伍建设方面。1995 年,工商行政管理系统共有 50 万人,其中大专以上的占

24%。经过5年的调整，大专以上文化程度的达到近50%，这也是非常不容易的。当然，执法队伍还需要在实践中不断完善。

二、继续深入开展整顿市场经济秩序活动

关于下一步整顿市场秩序工作，国务院下发了几个文件，全国整顿和规范市场秩序领导小组也开会进行了研究部署，要认真贯彻执行。当前，工商行政管理部门应着重做好以下几个方面的工作：

一是突出重点。前不久岚清同志主持召开了全国整顿和规范市场经济秩序领导小组第二次会议，强调在继续坚持食品、药品（医疗器械）、农资、棉花和非法拼装机动车五个专项"打假"的同时，要开展文化市场的专项整顿。这六个专项整顿都与工商行政管理部门有关，但是有主有次。如非法拼装机动车打假以工商行政管理部门为主，文化市场整顿则以文化、信息产业、公安部门为主。为主的要认真抓紧，为辅的要积极配合。在市场流通领域查处假冒伪劣商品是你们的主要职责，这与群众的切身利益密切相关，老百姓反映最多的也是这方面的问题，希望你们下大气力认真抓出成效来。

二是加大案件查处力度。过去我们在整顿市场秩序方面也花了不少精力，但成效不够明显，假冒伪劣商品泛滥，其中一个重要原因就是执法不严、打击力度不够。对制假售假，长期以来有的按非法所得罚款，以罚代刑，一方面，对违法犯罪的起不到震慑作用；另一方面，一些执法单位热衷于罚款，不愿意把案件移交司法机关处理。还有就是法律法规不完善，不具体，该移交的移交不了，该处罚的处罚不了。使得"打假"成一阵风，风头一来，制假售假分子就藏起来，跑掉了；风头一过，它又卷土重来。现在，我们已完善了有关法律法规，对案件查处移交作了具体规定。该移交的如果不移交，就是违法。刚才，众孚同志讲到，今年以来，工商系统已查处假冒伪劣商品案件12.5万件。对这些案件，建议你们认真清理，对构成犯罪的案件，及时移交司法部门处理，该判刑的判刑，该处罚的严厉处罚，进一步加大打击力度。

三是理清与质检部门的职能分工。现在工商行政管理部门和质检部门关于"打假"工作的职能划分清楚了，一个负责流通领域，一个负责生产领域。但我强调一点，工商行政管理部门不要再搞质量技术检验检测机构，不要搞重复建设。质量检验委托检验机构去搞，当然检验机构也不能乱收费，因为检验毕竟是质量监管的一个环节。另外，工商行政管理部门把在市场中查获的有关产品质量的信息通报质检部门，质检部门就可据此加强对相关企业的检查和监管，这样才能保证从根本上杜绝假劣产品入市。

四是下决心解决市场办管脱钩问题。我完全同意朱镕基总理和吴仪同志刚才讲的意见，工商行政管理机关与所办市场必须彻底脱钩。朱镕基总理讲得很深刻：没有强有力的监管执法，就没有社会主义市场经济。但监管就要很超脱，就要下决心解决办管不分问题。不能既管市场又办市场，既当"裁判员"又当"运动员"。办管脱钩是建立和完善社会主义市场经济体制的必然要求，是工商行政管理部门公平公正执法的前提。办管脱钩的核心有两点：一是政企分开，二是妥善解决执法机关的经费问题，不能靠收费来执法。

五是加强法制及制度建设。工商行政管理部门把好市场准入关，要强化企业登记监督工作。同时，对查处无照经营问题要认真进行研究。无照经营本身就是不合法的，行政执法机关对其又很难处理，因为无法可依。在进行市场专项整顿时关闭取缔了，整顿一停止，他又重操旧业。怎么办？要立法。还要加强执法。同时要加强制度建设，包括一些内部制度建设。现在是法制经济、信用经济，不讲法，不依法，怎么能搞好社会主义市场经济！

三、需要工商行政管理部门继续做好的几件事

一是控制重复建设问题。我们花了很大精力解决重复建设问题，朱镕基总理的决心很大，多次强调这个问题。但是，现在看来很容易又恢复。所以，拜托工商行政管理部门在审批新的企业时,要慎之又慎,严把准入关。工商行政管理部门不批准,企业就不能开业经营,否则就是违法;工商行政管理部门批准注册登记,他就合法了。因此,审批新的企业,尤其是传统产业类的新企业,要严上加严。现在清理前置审批,但必要的前置审批不能减,不能无原则、无条件地减少行政审批,否则要乱套。工商行政管理部门是市场主体准入的一个重要关口,希望能把这个关口把得牢一点。

二是安全问题。安全问题大量出在煤矿,主要是小煤矿,另外就是交通运输。对于这类易发生事故的企业,一是强化年检,二是及时换证,希望通过这两个办法,尽量减少事故。因此,工商行政管理部门既要讲效率,也要严格把关,无证无照的小煤矿和小运输,要坚决取缔;不符合安全生产条件的,坚决整顿。一定要为安全生产这个大局服务,该把关的要坚决把住。

三是保护名优企业、名牌产品。我们现在的企业规模太小,规模大的企业很少,品牌倒是很多。韩国的一个汽车厂年产200多万辆轿车,我们全国加起来还不到200万辆。假冒伪劣商品多,质优价廉的商品少,企业没有形成足够大的规模和真正的名牌商品。我们要下大力气扶持一些大企业、大集团,为他们的发展创造条件、创造环境。对他们的优质名牌产品加大保护力度,真正扶持好的品牌。现在侵权的事情很多,越知名越被侵权。希望工商行政管理部门进一步加大对商标特别是驰名商标专用权的保护力度,依法严厉查处商标侵权假冒行为。

吴仪国务委员在考察国家工商行政管理总局工作时的讲话

(2001年7月27日)

朱镕基总理、吴邦国副总理和王忠禹国务委员等国务院领导在百忙中抽出时间到工商总局考察工作,充分说明总理和国务院对工商行政管理工作的高度重视,也是对工商行政管理系统全体干部职工的极大关怀和鼓励。刚才,邦国副总理作了重要讲话,总理还将作重要指示,我们一定要认真学习贯彻。借此机会,我简单地讲几点意见。

一、认清使命,忠于职守

本届政府对工商行政管理体制进行了两次比较大的改革。一次是1998年工商行政管理实行省以下垂直管理,第二次就是这次的升格。大家知道,本届政府机构改革力度很大,1998年开始调整和撤销了一些专业经济部门,国务院部门内设司局机构减少200多个,人员编制减少一半。2000年又撤销了国家经贸委管理的9个国家局。在这种情况下,党中央、国务院决定将原国家工商行政管理局更名为国家工商行政管理总局,由副部级升格为正部级,其意义是非常深远的。

朱镕基总理在本届政府成立之初就深刻指出:"政府管什么?政府首先是管市场,要把市场管住、管好。"最近他在九届全国人大四次会议记者招待会上又指出,在社会主义市场经济的发展过程中,政府转变职能就是要加强对市场的监管,保护消费者和人民的利益。我们除了加强市场监管的立法工作之外,还要加强执法部门的地位和作用。希望你们重温总理的讲话,切实认清自己在社会主义市场经济发展的新时期所肩负的重大使命,不负重托,忠于职守,认真履行职责,依法强化对市场交易和市场竞争行为的监管,把好市场主体准入关,规范和维护市场秩序。这次机构改革既强化了你们一些职责,又理清了你们与有关部门的职能分工。比如,关于"打假"方面的分工,这次明确你们负责流通领域的"打假",质检部门负责生产领域的"打假",你们两个部门要通力合作,共同把好产品质量关,让广大人民群众满意。

二、抓紧完成市场办管脱钩任务

这项工作已开展五六年了,到现在还没有彻底脱钩,当然有这样或那样的原因。但我想不管是什么原因,绝不能再拖下去了,必须限期彻底脱钩。这是总理最关心的一个问题。如果不彻底脱钩,还是藕断丝连,情意绵绵,明脱暗不脱,那就无法做到公正执法。之所以要把国家工商局升格,就是为了更好地发挥工商行政管理部门在规范和维护市场秩序方面的作用。若公正执法都做不到,怎么能发挥应有的作用呢?因此,一定要痛下决心,不能迁就。一句话:不脱钩就"脱装"!当然,对脱钩过程中的问题和困难,也应采取有效措施,实事求是地加以解决。

三、适应新形势,再创新业绩

多年来,工商行政管理部门贯彻落实党中央、国务院的各项部署,态度是坚决的,行动是积极的,工作也是有成绩的。特别是在打击传销和变相传销、打击拼装车和取缔报废汽车拆解市场等方面取得了明显成效。国务院对此是充分肯定的。希望你们以江泽民同志"三个代表"重要思想为指导,以机构升格为契机,主动适应我国加快社会主义市场经济建设和加入世贸组织的新形势,转变观念,转变职能,把各项工作推向一个新的水平。

(一)继续严厉打击销售假冒伪劣商品的违法犯罪活动。要集中力量对直接影响人民群众身体健康和生命安全的食品、药品、医疗器械等假冒伪劣商品,开展专项整治,铲除窝点,堵源截流,彻底摧毁制假产地和售假集散地。对关系国计民生的农资、水泥、钢材等产品,要强化监督与检查,切实担负起监管流通领域商品质量的重任。

(二)严把市场主体准入关。一方面要加强国内企业登记审查工作,大力清理"三无"企业,坚决取缔无照经营。另一方面,要着力研究如何通过外商投资企业的登记管理来保护国内产业。我国很快就要加入世贸组织了,一些非关税措施将逐步取消,工商登记可能会成为我们保护国内产业和企业最重要的环节。请你们务必作为一个重要课题认真研究。

(三)加大反不正当竞争和反垄断的执法力度。要贯彻落实《国务院关于禁止在市场经济活动中实行地区封锁的规定》,严厉查处阻挠外地产品或工程建设等服务进入本地市场的行为,坚决打破地方保护主义。

(四)严厉打击传销和变相传销行为。虽然这些年我们下了很大力气打击传销,但是由于它具有极大的欺骗性和诱惑力,近年又变着花样在一些地方滋生、蔓延,甚至在有的地方演变为"传人头",闹得不少亲友反目成仇,严重威胁社会稳定。对此,绝不能掉以轻心,要有长期作战的思想准备。在依法严厉打击的同时,要做好宣传报道工作,公开揭露传销的欺骗性和严重危害性,形成自觉抵制传销的社会氛围。

(五)积极做好我国加入世贸组织的应对工作。目前,我国已完成加入世贸组织的实质性谈判,年底可望加入世贸组织。一旦加入世贸组织,我们就要按照世贸组织规则和我国的对外承诺来办事,工商行政管理工作也必须相应改进和加强。一是加快法制建设。抓紧清理、修订、废止与世贸组织规则不相适应的法律、法规、规章、政策,积极参与制定新的法律法规,尽快建立与世贸组织规则相适应的市场监管法律体系。二是加强对世贸组织规则和有关协议的学习,学会正确合理运用世贸组织规则,维护公平竞争的市场秩序,促进国内产业的发展。

吴仪国务委员在与全国工商行政管理工作会议代表座谈时的讲话

(2002 年 1 月 21 日)

这次全国工商行政管理工作会议,总结去年的工作,部署今年的工作,表彰先进典型,很重要。去年,是我国大事多、喜事多的一年。工商行政管理部门也经历了几件大事、喜事,一是党中央、国务院决定将国家工商局调整为国家工商总局,升格为正部级。在我国加快政府机构改革步伐、大力精简撤并机构的情况下,国家工商局机构升格,说明党中央、国务院对整顿和规范市场经济秩序、强化市场监管执法的高度重视,对工商行政管理工作寄予厚望。二是朱镕基总理等国务院领导同志到工商总局考察工作,并且作了重要讲话,指出了新形势下工商行政管理部门的重要地位和肩负的责任。

一年来，工商行政管理系统以"三个代表"重要思想为指导，认真贯彻落实党中央、国务院的部署，开拓进取，扎实工作，机构改革和队伍建设取得新的进展，整顿和规范市场经济秩序取得初步成效，比较圆满地完成了各项工作任务。总局新的班子很团结，有凝聚力和战斗力；各级干部队伍建设进一步加强，工作出现了新的气象，我感到很高兴。在此，我代表国务院，向全国工商行政管理系统广大干部职工致以诚挚的问候。

去年12月22日，朱镕基总理对工商总局《2001年工作总结和2002年工作安排要点》作了重要批示："同意明年工作安排。工商行政管理部门是市场监管和行政执法的政府职能部门，承担着规范和维护市场秩序的重要职责。就是说，各级工商管理部门要把好市场主体的入门关，当好市场运行的裁判员，做好市场秩序的坚强卫士。所有工商管理人员都要忠于职守，勇于负责，清正廉洁，执法如山，这是建成社会主义市场经济的保证。"总理对一个部门的年终总结作批示，据我所知以前还是不多见的。总理的重要批示，再次强调了工商行政管理部门的重要地位和作用，科学概括了工商行政管理工作的主要职能，明确提出了工商行政管理队伍建设的基本要求，体现了"三个代表"重要思想，是今后工商行政管理部门强化监管执法、加强队伍建设的指导方针和行动准则。这次会议重点要认真学习、深入贯彻总理关于工商行政管理工作的多次批示和讲话精神。关于明年的工作，总局党组在元旦前曾向我汇报过，众孚同志代表总局党组做全面安排，他的讲话稿我看过，符合中央精神，也符合当前工商行政管理工作和队伍建设的实际，我都同意。下面我就如何贯彻落实总理重要批示精神和做好工商行政管理工作，再强调几点。

一、努力建设一支适应新形势要求的高素质的干部队伍

工商行政管理部门能否担当起新时期市场监管执法的繁重任务，关键在于建设一支"忠于职守、勇于负责、清正廉洁、执法如山"的干部队伍。加强队伍建设，包括工商

总局、省市工商局和基层工商所的队伍建设。我最关心基层工商所的建设，因为它处在市场监管执法的第一线，直接与经营者和消费者接触，代表着工商队伍的形象。抓队伍建设，要认真贯彻江泽民总书记"七一"重要讲话和党的十五届六中全会精神，按照"八个坚持八个反对"，切实改进思想作风、工作作风、领导作风和生活作风，树立清正廉洁的执法形象。

第一，转变观念。工商行政管理部门要适应建立和完善社会主义市场经济体制的新形势，与时俱进，彻底摆脱计划经济体制下形成的思想观念和工作方式，树立新的观念，开拓新的思路，从主要监管集贸市场转到监管全国的大市场上来，从主要依靠行政手段监管市场转到依法管理市场上来。

第二，加强学习。要学习马列主义、毛泽东思想、邓小平理论，特别是江泽民总书记"三个代表"重要思想，树立全心全意为人民服务、为经济发展服务的思想。要学习相关法律法规，增强法制观念，提高执法水平。要学习WTO有关规则。要积极采取有力措施，加强教育培训工作，抓紧培养一批熟悉WTO规则、适应新时期市场监管执法需要的高素质人才。WTO知识的培训针对性要强，要讲求实效。

第三，反腐倡廉。公平公正是执法的生命线，执法队伍首先要做到清正廉洁。工商总局升格了，但并不等于执法的权威性提高了。古人说："公生明，廉生威。"只有公正廉洁，依法行政，执法才真正有权威。要抓反腐倡廉教育，在全系统深入宣传贯彻廉政的有关规定，使广大工商行政执法人员增强廉政意识，自觉廉洁自律。要继续抓住"案、费、证、照"等重点环节，突出治理"吃、拿、卡、要"和"三乱"等违纪问题；强化对窗口部位、重要岗位的权力制约，健全内外监督制约机制。要抓典型，特别是基层工商所的典型。典型的教育作用很大。既要抓勤政廉政的正面典型，发挥示范作用；又要严厉查处执法腐败行为，起到警示作用。通过抓典型，旗帜鲜明地弘扬正气。

第四，狠抓领导班子建设。重点抓工商

总局机关和省一级工商局的领导班子建设。总局机关干部队伍总体上讲是好的,但不等于什么问题都没有。有些司局权力是很大的,要选配好这些司局的司局长。领导班子建设要一级抓一级,工商总局重点抓省一级工商局。要按照有关文件精神,采取有效措施,加强与地方的联系沟通,选配好带头人。各省市工商局要严格按照中央要求,切实加强班子自身建设。同时,要配好各级领导班子,加强监督,帮助他们解决存在的问题。总局今年要总结几个省局对市(地)、县局、工商所工作领导得好的经验,互相交流,共同提高。

二、继续做好市场办管彻底脱钩工作

工商行政管理机关与所办市场彻底脱钩,是建立和完善社会主义市场经济体制的必然要求,是维护市场监管执法公正性和权威性的前提。1994年以来,国务院不断抓办管脱钩这件事,但脱钩不彻底,仍然存在明脱暗不脱、藕断丝连的现象。去年总理到总局考察工作时,对办管脱钩下了狠心,指出工商机关不与所办市场脱钩,监管市场就是一句空话。为此,国务院再次下发了文件,限期实现办管彻底脱钩。前一阶段,工商总局积极贯彻落实国务院指示,派出督查组到各地进行督促检查,办管脱钩取得了明显进展。元旦前,我收到总局的报告,各地工商行政管理机关在与所办市场实行机构、职责、财务、人员"四分离"基础上,实现了产权、债权、债务、人员"四移交",办管脱钩的任务全面完成。今年,工商总局要组织力量进行一次复查,看是否有明脱暗不脱的情况,要防止反弹。

办管脱钩必然会涉及人员的分流,关系到有关人员的切身利益甚至生计问题。要充分认识到这项工作的复杂性和艰巨性。市场办管脱钩态度要坚决,行动要积极,措施要有力,方法要稳妥。一定要谨慎、妥善处理脱钩过程中人的问题,在人员的去留问题上不要采取过激行为。要做深入细致的思想工作,切实帮助地方政府解决分流人员的实际问题。前一阶段,还有因脱钩、分流问题集体来京上访的,说明那些地方的工作

做得还不细,应该引起重视。

三、加大整顿和规范市场经济秩序力度,切实维护消费者权益

整顿和规范市场经济秩序仍然是今年经济工作的一项重要任务。要在去年取得阶段性成果的基础上,坚持标本兼治、重在治本的方针,继续下大力气抓紧抓好。要突出重点:

一是继续严厉打击制售假冒伪劣商品违法犯罪行为。工商行政管理部门要按照分工,抓好市场销售假冒伪劣商品的查处工作。在"打假"问题上,工商部门要有硬指标,这个硬指标不是查获假冒伪劣商品增加了多少,而应该是市场销售假冒伪劣商品减少了多少,消费者对"打假"的满意度怎么样。要坚持条件,"把好市场主体的入门关",从源头上抑制扰乱市场经济秩序的行为。要继续取缔无照经营,严肃查处"三无"企业,严厉打击违法经营。

二是要坚决查禁传销和变相传销违法活动。传销不仅扰乱经济秩序,而且破坏社会稳定。近年来,虽然我们不断加大打击传销的力度。但并未从根本上遏制住。不仅参与的人数众多,而且传销手段花样翻新,千变万化,组织日趋严密。必须看到,随着我国经济体制改革的进一步深入,经济结构的战略性调整,相当一部分下岗人员的状况短期内难以改变;特别是今年世界经济形势不容乐观,我国经济增长形势更加严峻,下岗失业人员增多,他们急于解决生活困难,少数人致富心切,很容易在一些不法分子的引诱煽动下,参与传销活动,一旦上当受骗,就会带来经济、精神上的损失,可能引起一些地方的社会不稳定。所以,我们要从讲政治的高度,充分认识传销的严重危害性和依法打击的紧迫性。要树立长期作战的思想,坚持不懈地抓下去。在严厉打击的同时,要充分发挥新闻媒体的宣传教育作用,提高广大群众自觉抵制传销的能力。

三是要进一步强化广告、商标监管工作。当前,群众对虚假广告误导消费者的现象反映强烈,特别是药品、保健品、化妆品等,要加大对虚假违法广告的查处力度,完

善法制,进一步整顿和规范广告市场秩序。要加大对商标特别是驰名商标专用权的保护力度,严厉查处商标侵权假冒行为。

四、适应新形势,不断探索有效监管市场的新方法

随着社会主义市场经济体制的逐步建立和完善,我国已成为世贸组织正式成员,政府管理经济的方式将发生深刻变革。工商行政管理部门要切实承担起市场监管执法的职责,必须适应新情况,不断探索有效监管市场的新方法。总局提出今年要大力推进市场监管制度的改革,我十分赞成。我国市场的营销渠道,也由改革开放初期的集贸市场,逐步发展成专业市场、连锁店、现代物流、电子商务等。传统的监管方式已无法适应现代市场监管的需要,迫切要求工商行政管理部门更新监管手段,创新监管方式,提高监管水平,跟上时代前进的步伐。

当务之急,要加强工商系统信息化建设,促进建立社会信用体系。信息化既是工商部门的监管手段,也是创新监管方式的依托。总理在考察总局时要求加强推进全国工商行政管理系统的信息化,搞好计算机网络工程建设。目前,我国市场经济秩序混乱的重要表现和根源之一,是经济活动中信用程度低、信用差。整顿和规范市场经济秩序要标本兼治,其中一条就是要建立社会信用体系。信用体系的建立一方面要靠教育,另一方面要靠制度和监管。工商行政管理机关是企业登记、市场准入机关,掌管着企业的“经济户口”。工商系统可以充分利用这一条件,实现计算机联网,把企业登记和企业经营活动结合起来进行监管,通过及时对企业登记、变更、注销等活动以及违法违规行为记录在案,提供查询等,使违法者违法行为无处藏身,促进守法经营,诚实守信。目前,有些工商局已经建立了企业“黑名单”、“黄牌警告”等制度,对促进建立企业信用体系进行了积极探索。

工商行政管理系统的信息化建设要整体规划,分步实施。首先要全国联网,实现工商登记管理资料的共享和综合利用。在此基础上,逐步实现工商与银行、保险、公安、海关、税务、质检等部门的联网。使所有企业及其经营者的经营活动有据可查。工商系统计算机联网投入多,难度大,工商总局要切实加强规划和协调,避免各地分散建设,各搞一套。

五、适应我国加入世贸组织的需要,积极做好工商领域的应对工作

我国已正式加入世贸组织,这对我国各行各业既是机遇,同时也有挑战。要抓住机遇,迎接挑战,必须做好应对工作。工商行政管理部门要按照党中央、国务院的统一部署,结合实际,认真分析加入世贸组织后工商行政管理工作面临的问题,制定有针对性的应对措施。要抓紧清理、制定和完善有关涉外法律法规。我特别要强调的是,工商行政管理机关要切实研究保护国内企业和产业的措施。例如,改革和完善企业登记管理,把好外商投资企业的市场准入关。从某种意义上讲,加入世贸组织后,工商企业登记管理可能是保护我国产业最重要的一个环节。我国的外商投资企业登记管理,既要符合世贸组织规则、符合我国政府的承诺,又要让我们的风险减少到最低程度;既要有利于我国扩大国际经济交流与合作,又要有利于维护我国的经济安全。

同志们,今年是我们党和国家历史上具有重大意义的一年。做好今年的各项工作,对于维护改革发展稳定的大局,继续推进有中国特色社会主义伟大事业,至关重要。让我们紧密地团结在以江泽民同志为核心的党中央周围,高举邓小平理论伟大旗帜,按照“三个代表”的要求,统一思想,转变作风,锐意开拓,扎实工作,全面完成今年的各项任务,以优异成绩迎接党的“十六大”召开。

吴仪国务委员在与全国工商行政管理工作会议代表座谈时的讲话

(2002 年 12 月 19 日)

1998 年我到国务院,分管工商行政管理工作,到今年已经五年了。五年来,连同这

一次,我参加工商行政管理系统的会议一共有8次。今天在座的大多数我都不陌生,有一些可以说是老朋友了。刚才听了六位同志的发言,大家情绪都很高涨,劲头也很足,使我很受感动。正像大家所说,工商行政管理工作进入了一个最好的发展时期。这说明,随着社会主义市场经济体制的逐步建立完善,工商行政管理的地位和作用越来越重要了。而且这几年工商行政管理队伍的素质有了明显提高,形象有了很大改观,我很高兴。

关于工商行政管理系统今年的工作情况和明年的工作,众孚同志在会上已经作了总结和部署。他的讲话稿会前送我看过,我都非常同意。他的讲话很全面,大家作了很高的评价,我就不再系统地讲了。下面,我就这几年工商行政管理系统的工作和全面贯彻"十六大"精神,谈一些感受和体会,同时也提一些希望。

一、过去五年,工商行政管理工作成绩很大,在新中国的工商行政管理史册上写下了浓浓的一笔

回顾这五年,我们确实做了不少工作,办了不少事。下面我从六个方面来讲。第一,市场管办彻底脱钩,这项工作非常不容易,取得了成效,当然,也还有一些地方的善后问题需要继续处理好。第二,工商行政管理体制进行了重大改革,实行了省以下垂直管理。第三,国家局升格为正部级。这几件事说起来简单,但都是新中国成立以来我们工商系统非常大的改革,大家做了许许多多的工作:机构分设,人员分流,债务处理,干部管理,建章立制,职能转变,等等,克服的困难有多大,解决的问题有多少,不为其事不知其难,经历过的人都会有亲身的体验。但是我们都一步一步顺利地过来了,理顺了关系,建立起了与社会主义市场经济体制初步适应的工商行政管理体制。第四,监管社会主义大市场工作迈出了重要步伐,实现了以监管集贸市场为主向监管各类市场主体、监管社会主义大市场的重大转变。特别是我国加入世贸组织后,越来越多的外资企业进入监管范围。工商系统的对外交流和交

往比过去增多,总局与一些国家签了有关协议,国际合作不断加强。第五,工商系统干部队伍建设明显加强。党的"十四大"提出建立社会主义市场经济体制,"十五大"前后就设想把国家工商局机构升格,当时我们感到干部队伍的素质与形势和任务的要求还存在差距。通过这些年的艰苦努力,现在干部队伍素质有了很大提高,工商管理人员的形象有了很大改观。工商总局围绕建立一支适应社会主义市场经济体制需要的现代化工商行政管理队伍,狠抓了队伍建设,取得了成效。第六,最近两年,特别是党中央、国务院作出整顿和规范市场经济秩序的决定以来,全国工商行政管理系统以"三个代表"重要思想为指导,按照国务院的部署,全面履行职责,下大力气整顿和规范市场经济秩序,在集贸市场专项整治,打击传销和变相传销,推进监管方式和监管制度改革创新,维护消费者权益等方面做了大量工作,这些人民群众是有目共睹的,也是欢迎的、赞成的。

以上这些成绩说明,这五年中,工商行政管理部门肩负起了更大的职责,为社会主义市场经济体制初步建立作出了贡献,为国民经济的持续快速健康发展做出了贡献。总局的同志、各个地方局的同志、全国工商行政管理系统的同志们为此付出了心血,作出了努力,甚至作出了牺牲。在这里,我代表国务院,向你们并通过你们向全国工商行政管理系统广大干部职工,表示衷心的感谢和亲切的问候!五年来工商行政管理工作取得的成绩,与各地党政的重视关心和有关部门的支持配合是分不开的,希望今后各地、各部门对工商行政管理工作继续给予重视和支持。

二、认真学习贯彻党的"十六大"精神,再创工商行政管理工作新局面

现在全党全国都在认真学习贯彻党的"十六大"精神。"十六大"是我们党在新世纪新阶段召开的十分重要的代表大会,对于党和国家事业的发展具有重大而深远的意义。这次大会开得十分成功,是一次团结的大会、胜利的大会、奋进的大会、继往开来的

大会。大会将"三个代表"重要思想写入了《党章》;提出了全面建设小康社会的奋斗目标,明确了党和国家在新世纪之初的行动纲领;选举产生了新的中央领导机构,党的中央领导集体顺利实现了新老交替。这次大会,对于我们党团结和带领全国各族人民,开创中国特色社会主义事业新局面,具有重大的现实意义和深远的历史意义。

"十六大"报告中指出,全面建设小康社会,各地各部门都要从实际出发,采取切实有效的措施,努力实现这个目标。为完成这个奋斗目标,发展要有新思路,改革要有新突破,开放要有新局面,各项工作要有新举措。各级工商行政管理机关要按照中央通知要求和胡锦涛总书记在十六届一中全会上的讲话精神,认真学习、全面贯彻"十六大"精神,充分发挥职能作用,为全面建设小康社会作出自己应有的贡献。我强调一点,工商行政管理系统的同志们要继续发扬求真务实的工作作风,扎实苦干,任劳任怨,不断开拓创新,再创工商行政管理工作的新局面。为此,一要进一步解放思想,更新观念。"创新是一个民族进步的灵魂。"工商行政管理工作要不断发展,必须与时俱进,坚持创新。这几年,工商行政管理部门在抓观念转变方面下了不少工夫,取得了初步成效。要再接再厉,进一步把思想观念从监管单一的市场主体、单一的国内市场和采用传统的监管执法方式,转到监管多元化的市场主体、日益国际化的市场和采用现代化的监管执法手段上来。二要牢固树立促进发展的思想。"十六大"把发展作为执政兴国的第一要务。工商行政管理与经济发展密切相关,促进经济发展是我们工作的根本目的。我们加强监管执法就是为了促进经济健康发展。工商行政管理系统要牢固树立促改革、促发展的思想。国有企业是国民经济的支柱,要大力支持国有企业深化改革,促进国有企业加快发展;要通过修订和健全政策法规、改革和完善登记管理,引导个体私营经济适应经济结构调整的需要,积极促进个体、私营、外资等各种形式的非公有制经济健康发展和多种形式的集体经济健康发展;

积极支持第三产业、社会服务业以及其他劳动密集型产业发展,促进下岗失业人员再就业。要继续做好我国加入世贸组织工商领域的应对工作,健全法律法规,改善投资环境,搞好外商投资企业登记管理,促进进一步吸引外商投资。

三、突出重点,把整顿和规范市场经济秩序进一步引向深入

整顿和规范市场经济秩序,是实践"三个代表"重要思想,促进先进生产力、先进文化发展和维护广大人民群众根本利益的具体体现;是我国应对"入世"需要,进一步扩大对外开放、树立良好国际形象、提高国际竞争力的必然要求;是在社会主义初级阶段,建立和完善社会主义市场经济体制的一项长期任务;是实现全面建设小康社会奋斗目标的重要保证。自2001年4月召开全国整顿和规范市场经济秩序工作会议以来,国务院先后统一部署了联合"打假"、整顿文化市场、严厉打击传销、整顿建筑市场、强化税收征管、集贸市场专项整治、加油站专项整治、旅游市场"打假打非"等一系列专项斗争。实践证明,党中央、国务院关于整顿和规范市场经济秩序的决策是完全正确的,是非常及时和必要的。前一阶段的整治工作达到了预期目标,取得了阶段性成果。但是,整顿和规范市场经济秩序是一项长期而艰巨的任务,既要看到整顿和规范市场经济秩序工作已经取得的成绩,也要清醒地认识到某些地区和领域的秩序混乱的现象仍然存在,特别是一些根本性的问题还没有得到解决。工商行政管理部门作为市场监管和行政执法的政府职能部门,承担着规范和维护市场经济秩序的重要职责,要从全面建设小康社会的高度,进一步提高对整顿和规范市场经济秩序工作重要性的认识,进一步增强使命感和责任感,树立长期作战的思想,进一步把整顿和规范市场经济秩序工作引向深入。

明年,工商行政管理部门要按照全面展开、突出重点的要求,继续开展专项整治。要以关系人民生产、生活安全的商品为重点,继续严厉打击制售假冒伪劣商品等违法行为,切实保护经营者、消费者合法权益。要继续抓好集贸市场专项整治工作,切实加强对市场主办单位的监督管理,建立商品质量监管责任制,完善和落实集贸市场的日常监管,建立长效监管机制。要抓住重点领域、重点地区、重点市场、重点商品,狠抓大案要案,加大依法查处力度。要抓住搞行业垄断和地区封锁的典型案例,打击不正当竞争行为。要强化商标、广告监管,依法严厉打击商标侵权行为,严肃查处虚假违法广告。在搞好工商行政管理部门牵头进行的专项整治的同时,积极配合有关部门搞好其他各个专项整治工作。在专项整治中,要坚持执法必严,违法必究,对影响恶劣的大案要案和情节严重的违法分子,要排除阻力,一查到底,涉嫌犯罪的坚决移送司法机关追究刑事责任。

我强调一点,我们要继续重视打击传销的问题。从这几年的情况看,传销和变相传销,我们打得严了,它就收敛一些,一旦稍有松懈,它就卷土重来,变本加厉。而且,随着社会、经济和技术发展,传销手段花样翻新,方法越来越隐蔽,组织越来越严密,越来越会规避有关法律法规。处理不好,就影响社会稳定,造成严重后果。所以,这几年,我参加工商行政管理部门的会议,都要强调这一点。希望同志们再接再厉,继续保持打击传销和变相传销的高压态势。

中央经济工作会议指出,要把集中整治与制度建设结合起来,严厉打击各种破坏市场经济秩序的违法犯罪行为,加强法制建设和信用体系建设,创造良好的市场环境。工商行政管理部门要按照这个要求,坚持"标本兼治、重在治本"的方针,进一步把整治工作的重点转到着力治本上来。要大力加强法制建设和市场监管制度建设,加快立法立规,强化执法监督,加强法制宣传,不断探索适应新形势的市场监管制度,建立长效监管机制。要积极推进诚信体系建设,充分利用企业登记、合同监管、查办案件等工作中掌握的企业信用数据,促进企业信用体系建设。要严格规范市场主体,把好市场主体的入门关,健全市场主体退出机制,坚决取缔

无照经营,查处"三无"企业。

四、与时俱进,不断提高市场监管水平和执法能力

当前,科学技术日新月异,经济全球化趋势进一步加快,我国社会主义市场经济体制逐步建立和完善,政府管理经济的方式正发生深刻变革。工商行政管理部门要适应新形势,必须与时俱进,锐意改革,探索新的发展思路,创新监管方式,不断提高执法水平和能力。

这几年,工商行政管理工作从体制、职能等方面,都得到了很大的加强。下一步,要在加强制度创新,提高市场监管能力和执法水平上下功夫,切实履行好职责,不辜负党中央、国务院的期望。提高市场监管能力和执法水平,需要做的工作很多,关键是抓中心环节。

一要抓队伍建设,提高队伍素质。这是提高市场监管执法能力的首要问题,后面我还要单独讲。

二要抓信息化建设。信息化建设是当今经济社会发展的基础工作,覆盖社会生产和生活的各个领域。从2000年开始,我重点抓我分管部门的信息网络建设。经过2年多的努力,外经贸、海关、工商、质检等部门的信息化建设都取得了很大进展,在提高效率、简化程序、规范管理等方面发挥了积极的作用,经济和社会效益十分显著。信息网络是工商部门的监管手段,也是创新监管方式的依托。信息网络建好了,能实现管理资源的共享,成倍提高管理效能。我多次强调,工商行政管理部门作为企业"经济户口"的管理者,要把企业登记与企业经营活动结合起来进行监管,通过建立企业"黑名单"、"黄牌警告"等制度,促进企业信用体系建设。这一点,各级工商行政管理部门都在积极探索,企业信用信息系统、"12315"维权网络、"经济户口"电子化管理建设等都取得了很好的成效。下一步,工商总局要抓好管理资料的综合利用。同时,要利用信息网络提高办事效率,方便企业,促进发展。

三要抓制度建设,加强协调配合。众孚同志提出,要建立与市场经济体制和我国加

入世贸组织相匹配的工商行政管理制度,我十分赞成。要对企业登记制度、审查制度、企业类型划分、前置审批项目、经营范围、主体资格和经营资格等制度进行改革。工商行政管理涉及社会经济的各个领域,因此,各级工商行政管理部门要加强与有关执法和政府其他职能部门的联系和配合,建立稳定的沟通协调机制。要加强工商行政管理部门内部企业登记、消费者权益保护、商标广告监管等各有关单位的协作配合,形成管理合力。

五、狠抓基层,努力建设一支高素质的工商行政管理干部队伍

队伍建设始终是工商行政管理部门的一项重要工作。这几年,虽然工商行政管理队伍素质有了很大提高,但与形势、任务的要求还不完全适应。特别是基层、工商所的干部队伍,数量大,管理难度大,文化程度普遍不高,应当把基层队伍建设作为明年工商行政管理部门队伍建设的重点。工商行政管理部门作为市场监管的执法部门,要始终围绕树立清正廉洁、执法如山的队伍形象,抓干部队伍建设。

一要树立执法为民的思想。这是由我们党的性质和宗旨决定的。工商行政管理机关直接同经营者、消费者打交道,一言一行直接影响党和政府在人民群众心目中的形象。全体工商行政管理人员要进一步增强服务意识和公仆意识,忠于职守,勇于负责,公正执法,廉洁办事,切实保护人民群众的合法权益,真正把工商行政管理队伍建设成为一支党和政府放心、人民群众满意的市场监管执法队伍。

二要加强各级领导班子和干部队伍建设。有一个好的领导班子,就能带出一支好的干部队伍。建设好领导班子,关键是选配好一把手。抓工商所的建设,首先是要选配个好的工商所长。抓领导班子建设,要加强学习,不断提高各级领导班子成员的理论水平和领导水平,更好地胜任新时期的市场监管执法工作;要坚持民主集中制,按照集体领导、民主集中、个别酝酿、会议决定的原则,完善议事、决策机制,不断增强领导班子

的凝聚力和战斗力。要从思想、业务和作风建设等各方面,切实加强干部队伍建设,严把进人关,逐步优化干部的年龄结构、专业结构和文化结构。

三要加强党风廉政建设。进一步抓好各级领导干部的廉洁自律,增强广大工商行政执法人员的廉洁从政意识。严厉查办以权谋私、执法腐败案件,坚决清除腐败分子。要结合工商行政执法工作的特点,继续抓住"案、费、证、照"等重点环节,突出治理"吃、拿、卡、要"、"三乱"和野蛮粗暴执法等重点问题,规范执法行为,促进依法行政。要通过改革体制、健全机制、完善制度,使工商行政管理干部切实做到"清正廉洁,一心为民"。

同志们,实现党的"十六大"提出的奋斗目标,落实中央经济工作会议的部署,工商行政管理部门重任在肩,大有可为。2003年是全面贯彻落实"十六大"精神的第一年,做好明年的工作,具有十分重要的意义。全国工商行政管理系统的同志们,要紧密团结在党中央周围,高举邓小平理论伟大旗帜,全面贯彻"三个代表"重要思想,努力开创工商行政管理工作的新局面,为维护市场秩序,促进经济发展,实现全面建设小康社会的奋斗目标,不断做出新的更大的贡献。

吴仪副总理在国家工商行政管理总局规范市场秩序推进信用建设经验交流会上的讲话

(2003 年 8 月 6 日)

这次会议是全国工商系统内部的一次经验交流会,按照国务院的规定,我是不应该来出席的,但我还是坚持要来参加。为什么? 客观上是众孚局长的要求,主观上有这么几个原因:第一,在全国整顿和规范市场经济秩序领导小组会上,我提出治本之策在于建设信用社会,并希望在本届政府任内构筑信用体系的框架。这次会议的主题就是信用体系建设的经验交流。第二,这次的经验交流会是我提议召开的。在去年 12 月与

全国工商行政管理工作会议代表座谈时，我听了北京市工商局张志宽同志关于企业信用建设的有关情况汇报后认为很好，应该进行一下交流。第三，去年座谈会后，一批到年龄的局长要退了，有一批新同志接班，我要和这些新接班的同志见见面。

这次会议内容很重要，既是经验交流会，也是部署全国工商系统工作的动员会。众孚同志在会上有一个报告，事前送我看过，我都同意。前几天，我也到北京市工商局参观和考察。北京市工商局的企业信用体系建设和市场食品监管工作很有特点。各地也都有些独到之处，会上还要安排交流。希望大家集中精力开好这次会议，进一步统一思想，互相学习，互相启发，使自身建设和行政执法工作再上一个台阶。下面，我讲几点意见。

一、关于当前的形势

前一段时间，我国遭遇了一场突如其来的"非典"疫情。去年11月在广东发现第一例。今年2月，疫情在广东局部地区流行，到4月中下旬，全国共有24个省（自治区、直辖市）发生了疫情，广东、北京、河北、山西、内蒙古、天津等地尤为严重。特别是北京，最严重时一天报告154例临床诊断病例。当时感到形势很严峻，压力很大，而且担心疫情扩散到农村。面对这种形势，党中央、国务院采取了一系列果断的措施。全国人民在党中央、国务院的坚强领导下，万众一心、众志成城，同"非典"疫情进行了艰苦卓绝的斗争。特别是4月20日以后，经过全国人民的共同努力，我们迅速扭转了疫情发生初期的被动局面，有效地控制了疫情，夺取了阶段性的重大胜利。在这场抗击"非典"的斗争中，党和政府经受住了考验，全国人民经受住了考验。同时，我们也在这场斗争中摸索出了一整套工作机制和方法，积累了应对突发事件的重要经验。在前不久召开的全国防治"非典"工作会议上，胡锦涛总书记全面总结了防治"非典"的工作和经验，高度评价了夺取这场斗争胜利的伟大意义，并阐明了今后要注意抓好的重要工作。希望同志们认真学习胡锦涛总书记、温家宝总理在全国防治"非典"工作会议上的重要讲话，认真领会会议精神。

在抗击"非典"的斗争中，全国工商系统的同志们在做好自身预防的同时，严厉查处利用防治"非典"名义从事违法经营的行为，深入整顿和规范市场经济秩序。3个月共出动执法人员340多万人次，查处制售假冒伪劣商品、药品、消毒品、伪劣口罩和超范围经营、无照经营、虚假广告等各类违法经营案件20余万件，案值1.6亿多元，为维护经济秩序和社会稳定，保障防治工作顺利进行，发挥了积极的作用。有的同志为此病倒了，有的同志因劳累逝世在岗位上。全系统广大干部职工经受住了考验。在这里，我代表国务院，向全国工商行政管理系统的广大干部职工，表示衷心的感谢和亲切的问候！

虽然"非典"疫情给我国经济带来了一些负面影响，尤其是对民航、铁路、交通和旅游、餐饮服务等行业造成了较大影响，但这些影响都是局部的、暂时的，没有影响我国经济增长的总体格局，上半年我国经济发展仍然取得了较好的成绩。上半年国内生产总值增长了8.2%。外贸形势良好，进出口总额超过了3 700亿美元，同比增长39%，其中出口超过1 900亿美元，比去年同期增长了34%。海关税收增长幅度较大，上半年已完成全年任务的67.5%。利用外资增长也较快，上半年我们新批设立外商投资企业18 877家，合同外资金额510亿美元，增长了40.25%，实际使用外资金额303亿美元，增长了34.33%。7月中旬，我主持召开了一个跨国公司对华投资座谈会，与会的跨国公司对在中国投资充满了信心。可以说，尽管受到了"非典"疫情的影响，我们经济发展的总体格局没有改变，年初确定的经济和社会发展目标是完全可以实现的。

我向大家讲这些情况，是希望工商系统的同志，特别是总局和省局的领导同志，在日常的工作中要树立全局观念，要有大局意识。要紧紧围绕党的中心工作，不断提高工作的预见性、主动性和自觉性。今年是全面贯彻党的"十六大"精神的第一年，也是全面建设小康社会迈出新步伐的重要一年。做好今年的各项工作非常重要。我们一定要保持良好的精神状态，发扬成绩，再接再厉，带领全系统的广大干部职工，作出更大的贡献。

二、关于工商部门当前的主要工作

根据党中央、国务院近期的一系列安排和部署，我认为工商行政管理部门应抓好以下几项工作：

（一）以胡锦涛同志"七一"讲话为指导，推动兴起学习贯彻"三个代表"重要思想新高潮

胡锦涛同志的"七一"讲话，阐述了"三个代表"重要思想的科学内涵和精神实质，对如何学习好、贯彻好、落实好"三个代表"重要思想作了进一步动员。不少观点很有新意，比如，要求中国共产党要做到顺民意、谋民利、得民心，学习"三个代表"重要思想既要对事也要对人，不能只对事不对人，也不能只对人不对事等，这是对"三个代表"重要思想的丰富和发展。我们一定要多下些工夫，认真学习好、领会好。

几年来，特别是党的"十六大"以来，工商行政管理系统把学习领会"三个代表"重要思想作为干部理论武装工作的首要任务，高度重视，抓紧落实，取得了一定的成效。但根据新形势、新任务对干部理论素养的要求，还需要在深刻领会和全面把握上不懈地努力。特别要领会"三个代表"重要思想的本质，即立党为公，执政为民。锦涛同志在"七一"讲话中指出，学习贯彻"三个代表"重要思想，必须牢牢把握立党为公、执政为民，这是衡量有没有真正学懂、是不是真心实意实践"三个代表"重要思想最重要的标志。他还指出："群众利益无小事。凡是涉及群众的切身利益和实际困难的事，再小也要竭尽全力去办。"工商行政管理部门的工作大多与群众利益直接相关，有许多工作还非常难做，比如取缔无照经营、查处制售假冒伪劣商品、查处虚假违法广告、打击商标侵权、打击传销和变相传销、维护消费者权益、反对欺诈，等等。这些都涉及群众切身利益。做好这些工作，既是工商部门分内之事，也是实践"三个代表"重要思想的具体体

现。关键是要尽心尽力，尽职尽责，从为最广大人民谋利益出发，使完成工作任务和实现人民利益相一致，真正把立党为公、执政为民落实到具体工作中。

学习"三个代表"重要思想一定要紧密联系改革和开放的实际，紧密联系当地工商部门的工作实际，紧密联系干部思想实际，查找差距，认真整改。比如，我们多年来讲工商行政管理要实现从监管集市贸易向监管社会主义现代化大市场的转变，学习中就应该认真看一看我们在思想上、行动上是不是真正转变了，有没有影响转变的问题，是思想观念问题还是其他问题，应该怎样解决这些问题。监管社会主义大市场，需要科学的思维方式、现代的技术手段和完善的管理制度。我们在这些方面有没有差距，有哪些差距，怎样缩小这些差距。又比如，党的"十六大"提出要建立统一、开放、竞争、有序的社会主义市场体系，学习中就应该看一看我们的行为是不是在维护统一、开放的大市场，有没有影响发展统一、开放大市场的行为，市场主体的竞争是不是充分、有序，等等。总之，要进一步把干部思想统一到"三个代表"重要思想和党的"十六大"精神上来，真正使我们这支队伍在思想认识上，在工作作风上，在精神面貌上都有新的变化。

（二）大力推进市场监管制度的改革和创新，不断提高市场监管水平

这次会议的一个主要内容是总结交流经验，推进两项改革，一项是加强市场主体全面监管、推进企业信用建设；另一项是实施商品质量监管关口"前移"、实行商品市场准入制度。这两项改革是工商部门监管市场方式的发展与创新，也是提高市场监管水平的重要步骤。

工商部门的基本职能是把好市场主体的入门关，当好市场运行的裁判员，做好市场秩序的坚强卫士。加强市场主体全面监管、推进企业信用建设，不仅要从严把市场的准入关入手，而且要对市场主体的经营行为、退出行为实行全过程的监管，在掌握全面情况的基础上，把企业分为守信企业、警示企业、失信企业、严重失信企业，并分别用

绿、蓝、黄、黑牌表示,将市场主体行为的各种信息公之于社会。这是发挥工商部门职能的一个重要方面,也有利于社会对市场主体的监督。

实施商品监管关口"前移",实行商品市场准入制度,同样是对打击假冒伪劣商品工作的创新和发展。我们过去"以打为主,打防结合",往往重打击,轻防范。结果是打击假冒伪劣工作很有成绩,制假售假行为却屡禁不止。原因当然很多,其中一个重要原因是商品上市前缺乏有效的监管,不能拒假冒伪劣商品于市场之外。现在,我们对流入市场的假冒伪劣商品继续予以严厉打击,更重要的是通过各种措施拒它们于市场之外。改过去的"以打为主,打防结合"为"以防为主,防打结合"。这不仅是工作方法的改变,而且体现了思想观念上的与时俱进。

从这几年的实践看,整顿和规范市场经济秩序必须从源头抓起。工商部门现在推进的这两项改革,一项是加强对市场主体的全程监管,规范市场主体行为;另一项是关口"前移",加强对市场客体的监管,都是抓源头。两者相辅相成,对扰乱市场秩序的违法行为是很大的遏制,是整顿和规范市场经济秩序"标本兼治、重在治本"的有力举措。这两项改革对社会信用体系建设也很有意义。目前,社会信用问题可以说是我国经济发展中的一个突出问题。在新一届政府整顿和规范市场经济秩序领导小组第一次会议上,我要求各部门对诚信建设要拿出规划、拿出办法,共同建设社会信用体系。工商部门的思路是对的,探索是积极的,也取得了成功的经验,希望大力推进,抓出成效。

关于这两项改革工作,众孚同志要作出全面布置,我在这里提醒大家注意两点:

第一,改革的目的是促进监管执法手段和方式方法的现代化、科学化、规范化,同时也是为了更好地为企业服务,使企业更好地诚实守信,依法经营,这二者是统一的。要通过建立激励机制,鼓励守信企业保持荣誉,自觉守信;同时,要鼓励信用缺失的企业主动纠正失信行为,恢复企业信用。企业的信用分类不是一成不变的,应该通过规范化

监管,使越来越多的受警示企业成为守信企业,越来越多的失信企业逐步成为守信企业。从这个意义上说,监管就是服务,各级工商部门在这上面要多想些办法,千万不能把改革监管方式与为企业服务对立起来,更不能以改革的名义,对企业实行重复检查、多头检查。北京市对一些重点食品实行统一抽查计划、各部门分头落实、结果向社会统一发布的做法比较好,值得各地借鉴。

第二,要通过企业信用建设推进工商系统的信息化建设。这两项监管制度改革的过程,实际就是工商系统信息资源整合的过程,基础都是信息化。不仅我们工商系统,外贸专用网工程——"金关工程",税务部门的"金税工程",都是以信息化建设为依托的。"金关"、"金税"工程的建设又带动了相关部门的信息化工作。工商部门加快监管改革步伐,必须加快信息化建设步伐,只有加快信息化建设,才能把现代科技运用在监管执法中,不断更新监管手段,创新监管方式方法,提高办事效率。各级工商部门对信息化建设一定要高度重视,在信息化建设上要舍得投入,舍得花力气,舍得下功夫。要选用一批懂技术、懂业务的骨干力量。要加强工商系统内的信息资源的共享和综合利用,也要加强与税务、银行、海关、质检、外汇管理等部门之间的信息沟通和资源共享。社会信用体系建设是一个系统工程,是全社会的责任,任何一个部门都不能包打天下。要依法建立信息披露机制,以利于社会监督。当然,对经济欠发达地区,不要求都这样做,一定要从实际出发,有多大的实力办多大的事。总局也要实行分类指导。你们不要向省政府施加压力,我们绝不搞"一刀切"。

（三）做好整顿和规范市场经济秩序各项工作,努力营造良好的市场环境

第一,围绕实施食品药品放心工程,加大食品药品专项整治力度。在开展整顿和规范市场经济秩序工作中,食品药品专项整治取得了一定的成效,但是当前食品药品生产经营秩序还比较混乱。一些人、一些厂家,昧着良心,为了赚钱不顾人民群众身体

健康和生命安全。对这些行为、这些人如果不狠狠打击，人民群众就缺乏安全感。因此，国务院决定在全国范围内实施食品药品放心工程。近期，要着力抓好食品药品专项整治。国务院办公厅已正式发出了通知。工商部门的同志要按照通知的精神和要求，推动这项工作。要认真做好食品生产经营企业及个体工商户的登记注册工作，取缔无照经营行为，加强上市食品质量监督检查，严肃查处虚假食品药品广告、商标侵权的行为，切实保护经营者、消费者的合法权益。要严厉打击制售"毒鼠强"的违法行为。我在全国整顿和规范市场经济秩序领导小组第一次会议上就明确提出，今年打击制售"毒鼠强"活动一定要有明显成效，一定不能让这一剧毒鼠药再危害群众。各地工商部门要为此多做工作。

第二，继续保持高压态势，严厉打击传销和变相传销活动。从1994年我们开始打击传销算起，到现在已经9年了，传销和变相传销一度猖獗的势头已被我们打下去，但这些活动一直没有停止过，而且不断变化手法，翻新花样。在一些地方，传销和变相传销曾一度成为社会问题，严重危害社会稳定。这项工作将是长期的。各地工商部门要保持警觉，常抓不懈，对各种传销和变相传销活动，一定要严厉打击，千万不能视而不见，养痈遗患。

第三，打破地区封锁和行业垄断，进一步加大反不正当竞争执法力度。目前做好这些工作难度很大，但我们必须义无反顾地抓下去，原则要坚持，道理要讲清，方法可灵活，腐败一定要反。否则，我们就不会有统一、开放、竞争、有序的市场环境。昨天刚刚结束的全国打击走私工作会议，对今后一个时期的打击走私工作做出了全面安排和部署，要落实好全国打击走私工作会议精神，认真分析走私贩私的新情况、新特点，采取各种措施严防走私货物市场死灰复燃，坚持打击走私货物交易行为。要强化商标、广告监管，严厉打击商标侵权和虚假广告违法行为。特别要狠狠打击生产、销售假冒伪劣农用生产资料的行为，一些地方制售假种子、

假农药，使农作物大面积绝收，农民反映假种之害，甚于天灾。工商部门的同志对此要高度重视，发现的大案要案，要一查到底，并公之于众。要积极配合有关部门开展房地产市场、汽车市场、建材市场、通讯产品和服务市场等专项整治工作。

第四，改进管理，强化服务。要积极支持国有企业实行规范的公司制改革；不断完善外商投资企业登记管理法规，改进外资企业登记监管工作，提高工作效率和服务水平；积极鼓励、引导个体私营经济和外商投资企业加快发展；积极支持受"非典"疫情影响较大行业的发展；继续做好促进下岗失业人员再就业工作和高校毕业生就业工作。

三、关于工商系统干部队伍建设

加强工商系统干部队伍建设问题，我每年都要讲，甚至是逢会必讲。为什么？第一，社会主义市场经济条件下国家赋予工商部门的职责越来越重要，工商部门创新监管制度、改进监管手段的一系列举措，对干部队伍素质提出了越来越高的要求。第二，这些年来，工商系统在深化自身改革、强化执法等方面进行了积极探索，初步建立了与社会主义市场经济体制相适应的执法体制和一支能担当重任的执法队伍。

加强干部队伍建设，关键是抓好学习和教育。重点是坚持用邓小平理论和"三个代表"重要思想武装干部的头脑，进一步增强与以胡锦涛同志为总书记的党中央保持高度一致的自觉性，进一步增强工作的主动性、预见性和创造性。同时，要适应发展社会主义市场经济的需要，不断提高业务素质。必须勤奋学习，善于思考，不断在思想观念、知识结构、业务技能、工作方式方法等方面进行充实和更新，以适应新形势下更好地维护社会主义市场经济秩序的需要。各级工商机关要支持、鼓励工商干部学习，为他们的学习创造条件。一定要爱护我们的工商干部，特别要爱护工作在执法第一线的基层干部。要教育干部牢固树立正确的世界观、人生观、价值观和权力观、地位观、利益观，经得住权力、地位、名利的考验。尤其要按照胡锦涛同志提出的"用好权，管好钱，

选好人"的要求,大力加强班子建设和队伍建设,自觉做到任何时候都把党和人民的利益放在第一位,任何时候都用党和人民赋予的权力来为人民谋利益。努力树立公正执法、廉洁执法、文明执法的良好形象。

同时,也要严肃组织纪律。上个月我在主持召开跨国公司对华投资座谈会时就有外商反映,一些地方的工商行政管理人员到外商投资企业去,没有任何依据就罚款,罚了款还不给收据,企业稍有辩解,就加倍罚款,甚至还要通过其他手段来进行报复。我听了以后很气愤。乱罚款、乱收费的问题,我们抓了这么多年,一些地方也很有成效,但仍然有人明目张胆这么搞。我当时就表态,以后谁敢报复企业我们就处理谁。由此,我想到一个问题,我们工商部门是否也可以向公安部门学习,制定几条禁令来纠正干部的不良作风,比如说,凡到企业拿不出依据就收费、罚款的,怎么处理? 凡收费、罚款之后不给发票的,怎么处理? 还有其他一些明显违法违规的,影响恶劣的,都要有一些处理办法。我们常说要树立工商干部的良好形象,刚才我举例的这些人只能败坏工商干部队伍的形象。这些人虽然是少数,但影响太坏,就像群众通常说的"一粒老鼠屎坏了一锅汤",我们怎么能容忍下去? 我们不是不教而诛。刚才我已经讲过了,对干部还是要加强教育,但有些人总是不听教育,我们只能采取一些组织措施,该淘汰的就淘汰,该出局的就出局,在带队伍的问题上必须突出一个"严"字。清除了这些人,挑选一些大学生充实进来,也有利于提高工商干部队伍的整体素质,有利于树立工商干部的良好形象。公安部门的几条禁令全国上下反映是好的。我们有几条禁令公布出去,严格执行,企业和群众也一定会欢迎。在这方面要有些魄力,要主动些,不能等地方群众和企业反映问题了我们才去查,才去解决。我这样讲是希望大家在队伍建设上要多开动脑筋,多想些办法。在这个问题上,总局、省局的领导同志一定要有清醒的认识,态度一定要明确,不能含糊。特别是省局的领导同志,现在工商系统省以下实行垂直管理,省局对全省的干部队伍建设责任重大,一定要担当起这一重任。

经过抗击"非典"斗争的洗礼,我们更加精神振奋;通过对创新监管制度经验的总结交流,将进一步增强我们提高监管执法水平的信心。我们要在以胡锦涛同志为总书记的党中央的坚强领导下,坚持用"三个代表"重要思想统领全局,更加扎实地工作,努力营造良好的市场环境,促进国民经济持续快速健康发展。

温家宝总理关于工商行政管理工作的重要批示

(2003 年 12 月 21 日)

加强市场监管,是政府的重要职责。工商行政管理部门承担着规范、监管和维护市场秩序的任务,责任重大。过去的一年,全国工商行政管理系统依法行政,积极为经济发展服务,整顿规范市场经济秩序,严厉打击各种扰乱社会经济秩序的违法行为,各项工作取得明显成效。明年要再接再厉,继续提高执法水平和工作效率,切实维护公平竞争的市场秩序,为经济和社会的全面、协调、可持续发展创造良好的环境。

吴仪副总理关于工商行政管理工作的重要批示

(2003 年 12 月 23 日)

众孚同志:

你在全国工商行政管理工作会议上的讲话稿我看过了,准备得很好,我都赞成。

一年来,全国工商行政管理部门的同志在党中央、国务院和各级党委、政府的领导下,深入学习贯彻"三个代表"重要思想和"十六大"精神,大力整顿和规范市场经济秩序,积极稳妥地进行市场监管工作创新,努力树立工商文明执法形象,为国民经济持续快速健康发展和社会的全面进步作出了贡献。我对你们的工作是满意的,也代表国务院向全国工商行政管理部门的同志们表示衷心的感谢！

明年是实现"十五"计划的关键一年，也是全面落实"十六大"、十六届三中全会精神的重要一年。全国工商行政管理部门一定要紧紧围绕完善社会主义市场经济体制、全面建设小康社会的目标，充分发挥职能作用，推进工商行政管理工作的改革和创新，为社会主义市场经济秩序的规范和完善，为把政府管理职能真正转到服务市场主体和创造良好发展环境上来，为促进我国的改革开放和现代化建设做出更加突出的成绩。

提高干部队伍整体素质、提高行政执法水平、加快信息化建设步伐是做好工商行政管理工作的基础。队伍建设是根本、是保证，要坚持不懈地抓下去，不断提高各级干部的政治素质和业务素质，努力建设一支为民、务实、清廉的工商行政管理队伍。要进一步端正执法思想，牢固树立执法为民的观念，努力实现对法律负责与对市场主体负责、对消费者负责的统一，市场监管与服务的统一。工商行政管理工作信息化是为市场主体和广大消费者服务的一个现代化手段，对于建立公平竞争市场环境，规范市场主体行为，规范行政执法行为，建设社会诚信体系，都具有重要作用，各地工商部门的同志要统一思想，提高认识，加快信息化建设步伐。

元旦、春节相继来临，请转达我对全国工商行政管理干部职工和家属的节日祝福和问候，对所有支持、关心工商行政管理工作的同志们，亦请转达我的谢意！

吴仪副总理
在全国工商行政管理工作暨双先表彰会议上的讲话

（2004 年 12 月 13 日）

2003 年 8 月，我参加了工商总局召开的全国工商部门的会议。记得当时我说过，按照国务院的规定，我是不应该参加的，但是我破例参加了。时隔一年多，我再次破例来

参加你们的会议，为什么呢？第一，因为这次会议要表彰近几年来全国工商行政管理系统涌现出的先进集体和先进工作者，我要亲自来向这些爱岗敬业、无私奉献的先进代表们表达我的敬意，向他们表示热烈的祝贺，并通过你们向全国工商行政管理系统广大干部职工表示诚挚的问候；第二，我想和大家一起回顾一下上次会议以来的工作情况，看看上次会上提出的要求落实得怎么样，也算是对全国工商系统工作的一次检查；第三，借此机会，就如何做好明年的工商行政管理工作提点希望和要求。下面，我讲几点意见。

一、2004 年工商行政管理工作又取得了新的成绩

2004 年，以胡锦涛同志为总书记的党中央，团结带领全党全国人民，以邓小平理论和"三个代表"重要思想为指导，牢固树立和全面落实科学发展观，坚持以人为本，加强和改善宏观调控，继续推进改革，改革开放和经济建设取得新的重大进展，经济社会发展保持了良好势头。在这一年当中，全国工商行政管理系统认真贯彻落实党中央、国务院的决策和部署，服从和服务于经济社会发展大局，狠抓自身建设，不断提高规范和监管市场的执法水平和工作效率，切实维护公平竞争的市场秩序，各项工作都有新的起色。在去年的会上我提了几点要求：一是推进两项改革，一项是加强市场主体全面监管、推进企业信用建设；另一项是实施商品质量监管关口"前移"、实行商品市场准入制度。二是做好整顿和规范市场经济秩序工作，包括开展专项整治，实施食品药品放心工程，打击传销和变相传销活动等。三是加强干部队伍建设。回过头来看，我以为这些要求都得到了比较好的落实。

在推进两项改革方面。企业信用分类监管稳步推进，大部分省级工商局完成了企业数据入库、分类工作，已收集 500 多万家企业的信用信息；首批参加企业信用分类监管联网应用的 15 个单位在 11 月底实现了联网，为增强企业诚信意识，促进社会信用体系建设发挥了作用。商品准入制度全面

推开,全国大中城市普遍推广了进货质量查验制度、购销台账制度、市场开办者责任制度等,进一步强化了流通领域商品质量监管。同时,市场巡查制、执法公示制、首办责任制、"经济户口"管理等市场监管制度继续得到巩固和完善,有力地促进了市场监管的制度化、规范化,进一步提高了监管执法效能。

在整顿和规范市场经济秩序方面。一是扎扎实实开展了有关专项整治活动。根据国务院的统一部署,工商行政管理部门结合实际,集中抓了食品安全、网吧专项整治等重点工作,并在此基础上推动其他各项整顿和规范市场秩序工作的开展,取得了新的阶段性成果。各级工商行政管理部门抓住重点地区、重点商品,捣毁制假售假窝点,查封违法经营场所,取缔无照经营,查办大案要案,促进了流通领域食品安全形势的明显好转,在规范网吧经营秩序工作中也发挥了积极作用。二是及时狠狠打击了各种传销和变相传销活动,特别是集中力量对诱骗学生参与等案件进行了查处。三是以保护驰名商标、涉外商标,查处食品、药品商标侵权案件为重点,认真开展了保护注册商标专用权行动。四是配合有关部门精心组织"红盾护农行动",严厉打击了制售假冒伪劣农资违法行为。五是充分发挥各级消费者协会的作用,加强了消费者申诉举报网络建设。你们还继续对与老百姓生活密切相关的供水、供电、供气等垄断性行业限制竞争的行为加大了查处力度。这些工作都做得很好,深得民心。

在加强队伍建设方面。去年总局制定和颁布了依法行政、文明执法的"六项禁令",你们执行的效果是好的。今年你们从清理执法案件、违规行政收费、消费者申诉和执法岗位上不具备执法资格的人员入手,在全系统集中开展了队伍教育整顿活动,加强了权力观和法纪教育,队伍的整体素质有所提高,执法形象明显改善。有许多省通过队伍整顿教育,在当地开展的行风评议中,群众满意率明显上升。我以为这是一项很有意义的举措,抓住了关键,动了真格,也见到了实效。

我经常强调要抓落实,说了的话就要兑现。对工商系统这种说话算数,狠抓落实的精神我非常满意。当然,除了上面提到的工作以外,2004年工商系统还做了大量其他方面的工作,特别值得肯定的是,你们认真贯彻实施《行政许可法》,全面推进依法行政,全面清理工商行政管理规章,加强了配套规章制度建设,为实施《行政许可法》奠定了基础;总局和省、地(市)、县各级工商局把《行政许可法》作为干部培训的重点内容,进一步增强了各级干部依法行政的意识;你们还积极改革企业登记管理制度,改进登记手段,规范登记行为,进一步提高了企业登记工作的质量和效率。

上述成绩的取得,是总局党组认真贯彻执行党中央、国务院决策的结果,是全国工商行政管理系统广大干部职工奋发努力的结果。国务院对工商行政管理系统一年来的工作是充分肯定的。

二、牢固树立科学发展观,进一步加强市场经济条件下工商行政管理能力建设

党的十六届四中全会提出要加强党的执政能力建设,全面推进党的建设新的伟大工程。作为市场监管和行政执法机关,各级工商行政管理部门贯彻党的十六届四中全会精神,就是要进一步加强市场经济条件下工商行政管理能力建设。我以为应重点把握好以下几个方面:

第一,不断提高从政治上把握和处理问题的能力。工商行政管理虽然是经济执法工作,但有很强的政治性,必须坚持从政治上考虑问题、谋划工作。这既是履行职能的需要,也是提高监管执法能力的必然要求。在增强政治意识方面,要着重做到以下两点:一是严守党的政治纪律。自觉在政治上、思想上、行动上同党中央保持高度一致,坚决贯彻执行党的路线、方针、政策,确保中央政令畅通。二是保持高度的政治敏锐性。打击走私、查假打劣、取缔传销、保护消费者权益以及广告监管、个体私营经济监管等工作,既是经济执法的重要内容,也与保护群众利益、维护国家经济安全和社会稳定、坚持基本经济制度密切相关。我们在处理这些具体业务时,必须从讲政治的高度,认真对待,妥善处理。前不久,上海市工商局在外资企业登记注册中妥善处理了"花花公子"落户上海事件,我认为这个关把得好,体现了工商队伍从政治上把握和处理问题的能力。

第二,不断提高为经济社会全面协调可持续发展服务的能力。工商行政管理工作的基本职能是维护市场秩序,根本目的是促进改革与发展。要通过打击各种扰乱社会经济秩序的违法行为,切实维护公平竞争的市场秩序,为经济社会全面协调可持续发展服务。也就是说,我们一方面要加强监管执法,另一方面要积极做好服务。不要把执法和服务对立起来,执法是为了更好地服务。一要尽心尽力为市场主体服好务,为企业守法经营创造良好的市场环境。大力支持各类所有制企业的发展,支持农业发展和农民增收等。二要坚持以人为本,切实保护消费者权益。说到这一点,我以为我们有关部门在安徽阜阳发生的劣质奶粉事件中,是有许多教训值得汲取的。其中一条,如果我们的有关执法部门能够真正做到以人为本,坚决维护消费者权益,我相信这个问题是能够被及早发现,并能及时得到处理的。

第三,不断提高依法履行职责的能力。《行政许可法》今年7月1日起开始实施,这个法律的根本出发点就是要规范行政权力。我也曾经讲过,工商行政管理部门的市场监管执法要从依靠行政手段为主转变到主要依靠法律手段上来。工商行政管理部门必须依法规范权力,依法行使职权,实现市场监管执法的法制化、规范化。要加快立法立规步伐,进一步完善市场规则,为依法履行市场监管执法职能提供完备的法律依据。要强化执法监督,公正执法,严格执法,文明执法,坚决纠正和查处有法不依、执法不严、违法不究,以及随意执法、以罚代管等行为。要加强法制宣传教育,增强执法队伍和全社会的法律意识,努力营造良好的执法环境。

第四,坚持改革创新,依托现代科技手段,不断提高市场监管的能力。这几年,我一直强调工商行政管理部门要抓信息化建设,创新监管方式。工商总局积极行动,采取了有力措施,加快了工商行政管理系统信息网络建设,成效比较明显。全国副省级以上城市实现了网络联通,企业信息数据系统、"12315"信息系统、政务信息系统投入运行,初步实现了业务办理电子化,开通了对外信息网站,一批业务实现了网上办理,对你们信息化建设的成绩,我很满意,希望再接再厉,重点推进,建立起工商行政管理行政综合执法网络。创新市场监管体制、机制和方式,是提高监管执法能力的重要途径。应该肯定的是,多年来,你们在这方面的改革做得还不错。前两年,重点推进了市场主体全面监管和商品质量监管关口前移两项改革,取得了明显成效。在明年的工作安排中,你们又提出了两项重点改革:一是以"12315"为基础,通过资源整合,建立工商行政管理综合执法网络;二是推行个体工商户分层分类管理。这很好,就应该这样不断地推进市场监管制度的改革,完善业务流程,并与信息网络建设相互促进,提高市场监管的能力。

第五,不断提高与各方面协调配合的能力。工商行政管理工作涉及面广,有些工作由你们主抓,有些工作需要你们的积极参与和配合。整顿和规范市场经济秩序,加强宏观调控,保持经济平稳较快发展,维护消费者权益,都离不开工商行政管理部门。因此,你们特别要注意讲大局、讲协调、讲配合。坚持从党和国家的全局利益出发,正确处理部门利益与国家利益的关系,自觉以局部利益服从全局利益。既要忠于职守,勇于负责,在依法履行自身职责中当好主角;又要加强协作,甘当配角,积极支持有关部门的工作,努力形成整顿和规范市场经济秩序的合力,充分发挥综合执法的整体效能。

第六,不断提高抓好队伍建设的能力。加强工商行政管理系统队伍建设是一项长期的根本任务。提高市场经济条件下工商行政管理工作的能力,关键是要建设一支忠于职守、清正廉洁、勇于负责、执法如山的队伍。关于工商行政管理系统队伍建设,我几乎逢会必讲,最核心的内容是加强学习和教育,以制度建设为重点,全面加强各级领导班子建设、队伍建设和基层建设,希望你们结合实际,多想点办法,多创造些经验。中央决定,从明年1月开始,将在全党开展以实践"三个代表"重要思想为主要内容的保持共产党员先进性教育活动。你们要以这次表彰先进为契机,把提高队伍素质与开展保持党员先进性教育、争先创优活动结合起来,在全系统形成爱岗敬业、争先创优的良好氛围。

三、继续深入开展整顿和规范市场经济秩序工作,全面完成工商行政管理的各项任务

关于明年的工商行政管理工作,众孚同志还要作全面部署,我就不多讲了。我想强调的是,明年我们还要继续开展好整顿和规范市场经济秩序工作。今年的整顿和规范市场经济秩序工作做得是不错的,在食品安全专项整治、非法采供血和单采血浆专项整治、保护知识产权专项行动等方面都取得了很大进展。其中工商行政管理部门做了大量工作,功不可没。但是,整顿和规范市场经济秩序是一项长期而艰巨的任务,已经取得的成果只是初步的、阶段性的。市场经济秩序中存在的一些突出问题和薄弱环节仍未得到根本解决,食品安全形势不容乐观,假冒伪劣案件时有发生,商业欺诈行为屡禁不止,保护知识产权任重道远。另外,个别地方的领导仍然存在一些模糊认识,整规工作发展不够平衡,法律法规和信用体系建设滞后。这些都说明,整规工作必须常抓不懈,丝毫不能放松。工商行政管理部门要坚决克服松懈厌战和畏难情绪,振奋精神,严格执法,为深入开展整顿和规范市场经济秩序做出新的贡献。

一要继续开展食品安全专项整治。食品安全专项整治工作已连续进行了两年,成绩很大,但问题也还不少。所以,明年要继续开展食品安全专项整治。前不久,国务院印发了关于进一步加强食品安全工作的决定,明确按照"一个监管环节由一个部门监管"的原则,采取分段监管为主、品种监管为辅的方式,进一步理顺食品安全监管职能。希望各级工商行政管理部门按照国务院决定的要求,进一步增强责任感,加大工作力度,与有关部门一道抓好食品安全专项整治,特别要切实履行好流通环节食品安全监管职责。要抓住粮、肉、蔬菜、水果、奶制品、豆制品、水产品、饮料、酒等重点食品,城市社区、城乡结合部尤其是农村市场等重点区域,各类食品批发市场、超市、集贸市场等重点市场,加大检查力度,强化日常监管,规范经营行为。已经实施的食品市场主体准入制度、食品市场巡查制度、不合格食品退市制度、食品安全信息公示制度以及食品企业信用分类监管制度,都是行之有效的,要继续抓好落实并加以完善。

二要大力推进保护注册商标专用权行动。今年,我重点抓了知识产权保护工作,8月份召开了全国保护知识产权专项行动电视电话会议,国务院办公厅印发了专项行动方案;9月份我又在厦门召开了外商投资企业知识产权保护座谈会,宣传推动保护知识产权工作。我以为,保护知识产权在相当长一段时期内都应当是维护市场经济秩序的重点。保护注册商标专用权又是知识产权保护的重点之一,这方面的侵权行为较多,国内外企业的反映比较集中。工商行政管理部门作为主管部门,责任重大,任务艰巨。要加大商标行政保护力度,重点做好依法认定和保护国际驰名商标,稳步推进农产品商标和地理标志保护工作。严肃查处商标侵权案件,重点查办食品、药品商标违法案件、侵犯驰名商标专用权以及涉外商标案件。要大力宣传商标法律法规和商标保护知识,特别要加大对外宣传力度,宣传我国保护商标专用权取得的成效。

三要严厉打击商业欺诈行为。近年来,商业欺诈行为花样翻新,欺骗性更强,成为损害生产经营者和消费者合法权益、扰乱市场经济秩序的突出问题。比如,山东众旺公司搞的所谓"消费储值"营销模式就是一个典型案例。为此,全国整顿和规范市场经济秩序领导小组初步确定把打击商业欺诈行为作为明年整顿和规范市场经济秩序工作的一项重点工作。各级工商行政管理机关要切实履行职责,重拳出击。一是打击虚假违法广告,重点是保健食品、药品、医疗广告。各级工商行政管理机关要切实加大对虚假违法广告的防范和惩治力度,积极完善广告监测、广告审查员管理等工作制度,强化对广告主、广告经营者、广告发布者的监管,有效制止和防范虚假违法广告的发布。二是继续打击非法传销。重点打击"拉人头"式的传销和变相传销违法活动,加大对参与人员多、社会影响大的案件以及在校学生、少数民族等特殊群体参与的案件的查处力度,依法严惩传销头目,彻底捣毁传销组织网络。同时,要按照温家宝总理的要求,大力宣传国家法律政策,公布典型案例,震慑犯罪分子,教育广大群众。三是打击合同欺诈。重点整治买卖、加工承揽、旅游、生产资料等类合同以及外贸合同中的欺诈行为。

此外,各级工商行政管理机关要继续加强对粮食、棉花、化肥、成品油、汽车等重要商品市场的监管,进一步加大反不正当竞争执法力度,严厉打击制售假劣农资和走私贩私违法行为,积极配合有关部门深入开展"扫黄打非"、禁毒、反假币等斗争。同时,继续促进各类企业的发展,落实支持个体私营经济发展的有关政策措施。

最后,我再强调一点,2005年我国将结束加入世贸组织的过渡期,工商行政管理部门要配合有关部门,认真研究制定保护国内敏感行业和产业的措施,做好各项应对工作。

同志们,2005年工商行政管理部门肩负的任务十分繁重。全国工商行政管理系统,要在以胡锦涛同志为总书记的党中央领导下,高举邓小平理论和"三个代表"重要思想伟大旗帜,认真贯彻落实党的"十六大"、十六届三中全会、四中全会和中央经济工作会议精神,坚定信心,锐意开拓,扎实工作,把明年的工作做得更好,更有成效。

吴仪副总理关于工商行政管理 工作的重要批示

(2005 年 7 月 5 日)

今年上半年,国家工商总局认真抓好保

持共产党员先进性教育活动,促进了各项工作的顺利开展。特别是以"三项整治"为重点的整顿规范市场经济秩序工作和以"五项清理"为重点的队伍教育整顿工作成效明显,值得肯定。下半年,要进一步抓好先进性教育整改措施的落实,扎扎实实完成国务院部署的整顿和规范市场经济秩序的各项任务,尽心尽力为促进经济社会全面协调可持续发展做好管理服务工作。

温家宝总理关于工商行政管理 工作的重要批示

(2005 年 7 月 23 日)

前一段工作很好。要坚持不懈,抓好"三项整治"和"五项清理",继续深入整顿规范市场经济秩序,加强队伍建设。

回良玉副总理关于培育和发展 农村经纪人工作的重要批示

(2005 年 4 月 8 日、7 月 1 日、8 月 31 日)

2005 年 4 月 8 日,回良玉副总理在国务院办公厅第 558 期"专报信息"上对国家工商总局《发展农村经纪人是解决"三农"问题的重要途径》的报告作出重要批示:"锡文同志:刘凡同志在报告中所提出的问题很重要。大力发展农村经纪人,能有效地促进农业生产和市场的衔接,能推动农村经济结构的调整,也有利于农民的增收。望予研酌。"

2005 年 7 月 1 日,回良玉副总理在国家工商总局《落实回良玉副总理关于培育和发展农村经纪人重要批示的报告》中批示:"所提建议请张勇、武科同志阅研。"

2005 年 8 月 31 日,回良玉副总理在国家工商总局《关于培育和发展农村经纪人高层研讨会有关情况的报告》上批示:"锡文同志:农村经纪人是市场经济发展的必然产物,是繁荣农村市场的重要力量。要不断总结经验,完善有关政策、制定相关法规,进一步培育和发展农村经纪人,管理和规范经纪行为,以更好地促进农产品流通和农民增收。"

吴仪副总理关于工商行政管理工作的重要批示

(2005 年 12 月 13 日)

2005 年,全国工商行政管理系统的同志们认真贯彻党的"十六大"和十六届三中、四中、五中全会精神,全面落实科学发展观,坚持依法整顿和规范市场秩序,大力加强队伍建设和信息化建设,各项工作取得了新的成绩,为创造良好的社会经济发展环境做出了贡献。请代我向全国工商行政管理系统的同志们和所有关心、支持工商行政管理工作的同志们致以问候和谢意!

2006 年是"十一五"的开局之年,做好明年的工作意义重大。希望同志们认真贯彻十六届五中全会和中央经济工作会议精神,准确认识面临的形势和任务,认真研究和把握市场经济不同阶段的特点和规律,更好地发挥工商行政管理职能作用,紧紧围绕落实科学发展观和建设和谐社会、围绕"十一五"时期发展目标和任务、围绕完善社会主义市场经济体制,不断改革创新,加强市场监管,进一步为市场主体创造公平竞争环境和提供良好服务,促进经济社会又快又好发展。

温家宝总理关于工商行政管理工作的重要批示

(2006 年 1 月 6 日)

全国工商行政管理部门一年来做了大量工作,成绩显著。2006 年工作安排很好,关键是要抓好落实。要依法监管,提高执法水平和效能;维护公平,切实保护消费者和企业的合法权益;搞好服务,促进城乡经济发展和社会进步。

温家宝总理关于工商行政管理工作的重要批示

(2006 年 12 月 26 日)

完善市场管理制度,整顿规范市场秩序,加大行政执法力度,提高市场管理水平,是一项长期的任务。当前,要针对群众反映强烈的问题,及时采取有力措施加以解决。对农村市场管理要予以特别的关注和加强。

吴仪副总理出席全国工商行政管理工作会议 要求工商部门全面落实科学发展观 为促进经济社会又好又快发展作出新贡献

(2007 年 1 月 4 日)

2007 年 1 月 4 日,中共中央政治局委员、国务院副总理吴仪出席在京召开的全国工商行政管理工作会议并作重要讲话。在充分肯定 2006 年工商行政管理工作成绩的同时,她要求全国工商行政管理系统认真贯彻温家宝总理的重要批示精神,全面落实科学发展观,按照构建和谐社会的要求,充分发挥工商行政管理的各项职能作用,为维护市场秩序,促进经济又好又快发展和建设和谐社会作出新的贡献。

吴仪代表国务院向全国工商系统广大干部,特别是辛勤工作在第一线的同志表示衷心的感谢和诚挚的慰问。吴仪指出,2006 年,我国经济社会发展保持了良好的发展态势,全面建设小康社会迈出了新的步伐。全国工商系统的同志们为国民经济健康发展、实现"十一五"时期的良好开局作出了重要贡献,在四个方面成效突出。

一是整顿和规范市场秩序取得了新成效。根据党中央、国务院的部署和要求,全国工商系统开展了食品安全、商标专用权保护、查处虚假违法广告、打击传销、治理商业贿赂等五项整治行动,成效比较明显。特别是抓住了食品安全这个重中之重,建立和完善了食品分类监管制度、不合格食品退市制度、食品安全应急处置制度、市场巡查制度和经营者自律制度等,加大行政执法力度,有效地维护了市场秩序和公众消费安全,为营造公平竞争的市场环境发挥了重要的作用。

二是在服务方面迈出了新步伐。全国工商系统不断创新服务"三农"的工作机制,深入开展红盾护农、经纪活农、合同帮农、商标富农、权益保农、政策惠农、市场助农等活动,引导农民运用农产品商标和地理标志增收;切实改进企业登记管理,提高服务水平,支持了国有企业改革和个体私营经济及外商投资企业的发展;认真贯彻国家扩大就业的政策,积极支持发展劳动密集型产业、服务业和个体私营经济,拓展了就业门路,促进了就业再就业工作。

三是执法效能和依法行政的整体水平有所提高。全国工商系统注重制度的建设和改革创新,实施了企业信用分类监管、商品准入制度、"12315"行政执法体系、个体工商户分层分类登记管理等市场监管制度改革。加快了电子政务服务平台建设,提高了工商行政管理运用现代科技手段服务社会的水平。同时,基层工商所配备了食品质量快速检测车、检测箱等设备,监管能力明显增强,规范执法行为和依法行政工作整体水平有了新的提高。

四是队伍建设和基层建设扎实推进。一年来,全国工商系统坚持抓基层、打基础,制定和实施了"十一五"人才队伍建设规划、干部教育培训规划和加强基层建设的意见,狠抓"六项禁令"执行情况的清理检查,扎实推进预防和惩治腐败体系建设,已初步形成布局合理、管理比较规范的基层监管执法体系,全系统队伍整体素质有了新的提高。另外,在维护消费者权益、引导和扩大消费,积极参与和支持举办地区性经贸活动,建立完善工商执法区域合作机制,以及推进信用工商、法治工商、信息工商建设等方面也取得了一定成效。

吴仪指出,王众孚同志从1994年调任国家工商局局长后,经历了工商行政管理改革发展的最重要时期。十几年来,众孚同志团结国家局领导班子带领全系统广大干部,做了大量卓有成效的工作,使工商行政管理工作步入了最好的发展时期,也为工商行政管理事业的长远发展夯实了基础。

吴仪指出,工商行政管理事业任重道远,保持一个坚强有力的总局领导班子具有重要意义。周伯华同志到工商总局任职后,团结带领总局领导班子和机关的同志,认真学习党的十六届六中全会和中央经济工作会议精神,紧密联系实际,研究提出了今年工作的思路,工作抓得紧,也很有成效。

吴仪对2007年工商行政管理工作提出了要求。她强调,要增强服务意识,为经济社会发展服好务。服务经济社会发展是全国工商行政管理部门的首要任务,全系统广大干部要牢牢把握"服务"这个宗旨,切实为国家经济社会发展和维护人民群众切身利益服好务。要认真落实国家调整经济结构、转变增长方式的政策,大力支持发展先进制造业和高新技术产业,促进服务业加快发展;认真落实国家"三农"工作方针政策,努力为促进农民增收和社会主义新农村建设服务;认真落实国家区域发展战略,积极促进区域经济协调发展;认真落实国家推进改革开放的方针政策,大力支持国有企业深化改革,鼓励、支持和引导个体私营经济和外商投资企业健康发展;认真落实国家推进自主创新的政策,积极支持企业实施商标战略,提升市场竞争力;认真落实国家扩大就业的政策,积极发展劳动密集型产业、服务业和个体私营经济,扩大就业门路,增加就业岗位。要按照建设服务型政府的要求,正确处理服务经济发展与市场监管的关系,创新服务的方式。一是自觉服务各类市场主体和广大消费者,切实提高服务水平,在实行政务公开、提供咨询服务的基础上,进一步完善政府网站服务功能,向社会公众提供企业登记、商标注册等方面的咨询和查询服务。二是充分发挥工商行政管理部门掌握企业登记和消费者申诉、投诉、举报等基本情况的优势,公开企业登记基本信息,反映消费维权动态,加强综合分析、评估和预测,为政府决策和有关部门加强监管提供参考。三是通过发布相关信息，引导企业及时调整方向和产品结构，引导消费者合理科学消费，切实为经营者、消费者和广大群众服务。

吴仪强调，要严格依法监管，维护好市场秩序。维护市场秩序，营造良好的市场环境，既是工商行政管理部门的基本职责，也是维护公平正义和促进和谐社会建设的重要任务。各级工商行政管理机关要严格依法监管，深入开展整顿和规范市场秩序工作，一手抓专项整治，一手抓长效机制，不断提高依法监管、依法行政的能力和水平。要针对人民群众反映强烈和国内外广泛关注的问题，重点抓好6个方面的专项整治：一是以保障农村市场消费安全为重点，继续深入开展食品安全专项整治。二是以打击虚假医疗和药品广告为重点，搞好虚假违法广告行为专项整治。三是严厉打击传销，要加大对重点区域的防控力度，集中查办大案要案，严惩传销骨干和首要分子。四是以打击假冒伪劣商品为重点，加大对农村市场的监管力度。五是深入开展保护注册商标专用权行动，严厉查处商标侵权假冒案件，加大对农产品商标和地理标志的保护力度。六是以监管商品质量和规范服务行为为重点，切实保护消费者合法权益。在开展专项整治中，要坚持依法监管，执法必严，违法必究，对影响恶劣的大案要案和情节严重的违法分子，要排除阻力，一查到底，涉嫌犯罪的坚决移送司法机关追究刑事责任，决不心慈手软。在抓好专项整治的同时，要继续在完善治本措施和健全长效监管机制上下功夫，逐步把维护市场秩序工作的重点转到强化日常规范管理和建立长效监管机制上来。一要大力加强法制建设。二要建立健全市场监管长效机制。三要依靠现代化科技手段，不断提高市场监管能力。四要积极促进建立健全行政执法、行业自律、舆论监督、群众参与相结合的市场监管体系。

吴仪强调，要加强干部队伍建设，不断提高贯彻落实科学发展观的能力和水平。干部队伍建设事关贯彻科学发展观的能力，事关为国民经济和社会发展的服务水平，事关工商行政管理事业的成败，要常抓不懈。全国工商系统要围绕"尽职尽责、尽心尽力"多做文章、大做文章，不断提高工商行政管理队伍的整体素质和工作水平。一是领导班子团结问题。全国工商行政管理系统之所以十几年来一直保持旺盛的战斗力，在维护市场秩序和服务经济发展方面不断取得新的成绩，关键在于总局领导班子始终团结一致，要保持和发扬这种好势头。团结凝聚力量，团结成就伟业。广大干部要像爱护自己的眼睛一样维护总局的团结，维护全系统的团结。各级工商行政管理机关的领导都要做团结的表率。要以和谐的班子带出和谐的队伍，建设和谐的机关。二是提高队伍整体素质问题。要完成好党中央、国务院交给的任务，让党和政府放心，让人民群众满意，加强队伍建设，不断提高队伍的整体素质至关重要。工商系统要继续坚持服务于国家、服务于市场主体、服务于消费者的宗旨，抓基层，打基础，重学习，落实好干部教育培训"十一五"规划，实施红盾人才计划和红盾素质工程，搞好人才队伍建设，全面提高队伍整体素质。特别要加强廉政建设，自律，慎独，做到"常在河边走，就是不湿鞋"，树立工商行政管理系统公正廉洁、执法为民的形象。

吴仪副总理在全国工商行政管理工作会议上的讲话

（2007年12月20日）

这次会议是全国工商行政管理系统学习贯彻党的"十七大"精神，深入落实科学发展观的一次重要会议，必将对全系统今后一个时期的工作产生重大的影响。关于今年工商行政管理系统的工作情况和明年的工作安排，周伯华同志将代表总局党组在会上作报告，进行系统的总结和部署。伯华同志的讲话稿会前送我看过，我感到，他对今年工作的总结全面客观、实事求是，对明年工作的安排重点突出、很有新意，希望同志们认真贯彻落实。下面，我讲几点意见。

一、本届政府五年来特别是 2007 年工商行政管理工作成效显著,应该充分肯定

五年来,全国工商行政管理系统坚持以邓小平理论和"三个代表"重要思想为指导,认真落实科学发展观,坚决贯彻党中央、国务院的决策部署,各项工作都取得了突出成绩。集中体现在,推动完善了适应社会主义市场经济监管的法律体系和规章制度,建立健全了适应社会主义市场经济监管的体制和工作机制,培养了一支适应社会主义市场经济监管要求的工商行政管理干部队伍,有力地保障了工商行政管理部门在维护市场秩序、促进经济社会又好又快发展中充分发挥职能作用,同时也为工商行政管理事业的长远发展奠定了坚实的基础。回顾过去五年的工作,我们不能忘记前任局长王众孚以及他率领的班子其他同志。在他的带领下,总局领导班子团结,机关队伍素质明显提高,特别是实现了由集贸市场管理到现代化大市场监管的职能转变。这些成绩的取得,凝聚着众孚和班子其他同志的心血!

2006 年 10 月,工商总局主要负责同志顺利实现了新老交替,周伯华同志挑起了工商总局局长、党组书记的重担。伯华同志以前任湖南省省长,长期在地方工作,经验丰富,驾驭全局能力强,善于处理复杂问题;工作很有魄力,敢抓敢管,推动工作力度大,进入角色很快,组织纪律性强。伯华同志到任一年来,工作务实,深入调研,勇于开拓,敢于创新,团结带领全系统广大干部在过去工作的基础上,扎实推进工商行政管理事业,取得了新的突出的成绩。2007 年工商行政管理系统的工作,我感受最深的有以下四个方面:

(一)提出了"四个统一"的工作思路,对工商行政管理职能作用的认识有新的提高。伯华同志在广泛调研、认真总结工商行政管理改革实践经验的基础上,代表总局党组提出,全国工商行政管理系统要深入贯彻落实科学发展观,努力做到监管与发展、监管与服务、监管与维权、监管与执法"四个统一",积极促进经济社会又好又快发展。"四个统一"的提出,把履行市场监管职能与促进发展、服务大局、消费维权、依法行政有机结合起来,是工商行政管理部门全面落实科学发展观的具体体现。一年来,全系统广大干部努力做到"四个统一",深化了对工商行政管理部门在促进科学发展、构建和谐社会中职能作用的认识,进一步增强了使命感和责任感;拓展了工商行政管理职能空间,进一步提高了监管执法水平和效能。

(二)加大执法力度,整顿规范市场秩序取得新的成效。你们抓住中央重视、群众关心、社会关注的市场热点问题,集中开展了维护食品安全、保护商标专用权、查处虚假违法广告、治理商业贿赂、打击传销等专项整治行动,取得了明显成效。特别是在这次全国产品质量和食品安全专项整治行动中,全系统认真贯彻国务院的各项要求,深入开展流通环节产品质量和食品安全专项整治,围绕完成流通环节产品质量和食品安全专项整治"两个 100%"和"一个彻底解决"的目标,及时制订下发专项整治行动方案、督查工作方案、检查验收方案,及时建章立制、完善相关监管工作制度和办法;主要领导亲自抓,靠前指挥,层层分解任务,层层落实责任,真正做到了组织领导到位、任务落实到位、督促检查到位,我以为工作是得力的。

(三)改进监督管理,为服务改革发展做出了新的贡献。你们认真贯彻落实党中央、国务院的决策和部署,改进管理,优化服务,在促进各类市场主体健康发展、促进经济结构调整和经济发展方式转变、促进社会主义新农村建设、促进区域经济协调发展、促进就业再就业、保护消费者和经营者合法权益等方面做了大量卓有成效的工作,充分发挥了工商行政管理部门服务经济社会发展大局的职能作用。今年以来,你们支持帮助200 多万下岗失业人员和 30 多万高校毕业生在个体私营经济领域实现就业再就业,这很了不起,为社会稳定做出了贡献! 同时,你们积极推进企业信用分类监管改革,在全系统基本实现了企业登记监管信息五级联网和企业基础信息共享,进一步提高了监管执法效能,促进了社会信用体系建设;大力加强信息化建设,扩大信息技术在监管执法和服务发展方面的运用,开通了商标注册信息网上查询和商标注册网上申请试运行,推进了企业注册网上名称核准、网上登记和网上年检,进一步提高了为各类市场主体和社会公众服务的水平。

（四）创新工作方法,在加强队伍建设上有新的举措。今年以来,你们着眼于加强班子建设、队伍建设和党风廉政建设,积极探索,勇于实践,推出了新举措,取得了新成效。在全系统首次实施了省级工商局主要领导述职述廉汇报制度,进一步加强了省级工商局领导班子的思想政治建设、作风建设和党风廉政建设。召开了全系统教育培训工作会议,对新形势下加强干部教育培训提出了新要求,掀起了新一轮大规模培训干部的热潮。全面推广了基层工商干部向管理对象述职述廉的做法,基层工商部门监管执法的规范化程度进一步提升,服务意识进一步增强,有力地促进了严格执法、公正执法、廉洁执法、文明执法。

回顾五年来特别是 2007 年全国工商行政管理系统的工作,作为国务院分管领导,我是充分肯定和满意的。这些成绩的取得,是工商总局党组和各级领导班子团结带领全系统干部扎实工作、努力奋斗的结果。借此机会,我代表国务院,向全国工商系统广大干部,特别是辛勤工作在第一线的同志们,表示衷心的感谢和诚挚的问候!

二、深入贯彻落实党的"十七大"精神,进一步做好新形势下的工商行政管理工作

党的"十七大"是在我国改革发展关键阶段召开的一次十分重要的大会。希望全国工商行政管理系统把学习贯彻党的"十七大"精神作为当前和今后一个时期的首要政治任务,切实把思想统一到"十七大"精神上来,切实把力量凝聚到实现"十七大"确定的各项任务上来,自觉运用"十七大"精神武装头脑、指导实践、推动工作,进一步开创工商行政管理改革发展的新局面。伯华同志在部署明年工作时,强调要以"十七大"精神为指导,在努力做到"四个统一"、深化对职能作用认识的基础上,大力推进工商行政管理制度化、规范化、程序化、法治化建设,努力

构建市场监管长效机制,进一步提升工商行政管理水平,推动工作上有新思路,深化改革上有新举措,我完全赞成。借此机会,我强调四点。

（一）立足本职,进一步提高市场监管执法水平。加强市场监管,维护市场秩序,是工商行政管理部门的基本职能,也是你们努力做到"四个统一"的核心和本质,更是贯穿社会主义市场经济发展全过程的一项长期重要任务。你们要按照"十七大"关于加快形成统一开放竞争有序现代市场体系的要求,坚持加强日常监管与开展集中整治相结合、查处违法违章行为与健全长效监管机制相结合,积极创新监管机制,不断提高执法效能,充分发挥维护市场秩序生力军的作用。明年,要针对扰乱市场秩序、损害群众利益的突出问题,继续重点抓好五个方面的治理规范工作:一是要在巩固食品安全专项整治成果的基础上,着力健全长效机制,大力强化日常规范管理,切实保障食品消费安全。二是要以药品、医疗、保健食品、化妆品、美容服务广告为重点,加大广告市场监管力度,严厉查处虚假违法广告行为,努力维护广告市场秩序。三是要加大商标行政执法力度,依法保护商标专用权,维护企业创新权益。四是要深入开展治理商业贿赂工作,严肃查处大要案件,依法维护公平竞争的市场秩序。五是要会同公安部等部门密切关注非法传销活动的新动向,采取更加有力的措施严厉打击和坚决取缔,绝不能使西部地区和少数民族地区成为传销活动的重灾区,绝不能使高校学生和农民工成为传销组织的重点发展对象。

（二）服务大局,积极促进经济社会又好又快发展。科学发展观的第一要义是发展。促进经济社会又好又快发展,是落实科学发展观的基本要求,也是工商行政管理工作的根本目的。你们要继续转变职能、改进管理,在服务经济社会又好又快发展上不断做出新贡献。一是要坚持基本经济制度,牢记"两个毫不动摇",大力支持国有企业深化改革、加快发展、积极鼓励、引导个体私营经济和外商投资企业健康发展。二是要贯彻国

家调整经济结构和转变经济发展方式的方针政策,大力支持发展先进制造业、高新技术产业和现代服务业,积极配合有关部门做好产能过剩、技术落后、破坏资源、污染环境等企业的变更、注销登记工作。三是要落实建设社会主义新农村的战略部署,综合运用企业登记、市场监管、合同管理、商标保护等职能,创新服务"三农"工作机制,积极促进农村经济社会协调发展。四是要落实国家统筹区域协调发展战略,充分发挥职能优势,积极支持开展区域经济协作和经贸交流活动,促进区域经济良性互动和共同发展。五是要继续以完善企业信用分类监管为重点,培育诚实守信的市场主体,积极推进社会信用体系建设;大力加强信息化建设,进一步完善政府网站服务功能,便捷高效地为社会公众提供企业登记、商标注册等方面的服务。

(三)关注民生,努力维护社会和谐稳定。消费维权、劳动就业、社会治安,是广大群众关注的重点热点问题,也是构建和谐社会的重要任务。你们要坚持以人为本、更加关注民生,积极发挥职能作用,着力解决人民群众最关心、最直接、最现实的利益问题。一是要深入开展消费维权工作,积极建立完善工商监管、行业自律、社会监督和消费者参与相结合的消费维权新体系,大力推进"12315"站点进村镇、进社区、进商场、进企业,畅通民意渠道,调解消费纠纷,保护消费者合法权益。二是要继续落实国家扩大就业的政策,大力支持发展劳动密集型产业和服务业,积极鼓励自主创业和自谋职业,扩大就业门路,增加就业岗位,促进就业和再就业。三是要进一步密切配合有关部门抓好社会治安综合治理,积极参与打黑除恶、禁毒防艾,切实加大网吧监管力度,认真做好学校及周边环境整治、预防青少年违法犯罪等专项工作,努力维护社会稳定。

(四)加强调研,不断提升监管效能。随着经济全球化的深入发展和市场化进程的持续加快,工商行政管理工作面临一些新的挑战。作为履行市场监管和相关行政执法的职能部门,我希望你们一定要了解掌握新情况新问题,加强调查研究,一方面把市场经营与活动主体多元化、市场竞争与交易行为多样化、逃避监管的手段与行为高技术化等方面的新情况、新问题摸清楚,有针对性研究采取有效措施;另一方面,你们要按照建设服务型政府的要求,准确把握经营者需求的变化、消费者观念的变化以及自身职责的变化,有针对性地研究推出提高服务水平的新举措。特别要加强对如何运用现代科技提升工商行政管理系统监管效能的研究,必须想方设法提高监管的技术含量,使监管更有力、更有效。

三、按照推进党的建设新的伟大工程的要求,努力建设一支高素质的工商行政管理干部队伍

推进中国特色社会主义伟大事业,关键在党。进一步开创工商行政管理工作新局面,关键在于建立一支高素质的干部队伍。你们提出要按照推进党的建设新的伟大工程的要求,重点做好"五抓",我认为是很实在的。在这个问题上我主要强调三点:

(一)努力建设团结坚强的领导班子。领导班子的团结非常重要。要想让一个领导班子工作作风振奋、有战斗力,领导班子一定要团结。领导班子团结才能形成合力,才能调动下面的积极性。强有力的领导班子才能带出高素质的干部队伍。要按照科学执政、民主执政、依法执政的要求,坚持用中国特色社会主义理论体系武装头脑,加强领导班子思想建设,改进领导班子工作作风,提高领导干部执政本领,使工商系统各级领导干部真正成为学习的模范、团结的模范、实干的模范、廉洁的模范,各级领导班子真正成为坚定贯彻党的路线方针政策、善于开创工作新局面的坚强领导集体。

(二)全面提高队伍整体素质。应该说,这些年来尤其是实行市场办管脱钩之后,全系统的干部素质有了很大提高。但是,新的形势、新的任务对工商行政管理工作提出了更高要求,对干部队伍的素质也提出了更高的要求,干部队伍建设只能加强。要大力加强干部教育培训,深化岗位练兵活动,大幅度提高干部素质,提高干部适应新形势的能力,进一步增强履行岗位职责、贯彻落实科学发展观的能力和水平。尤其是作为执法部门,县以下基层干部直接与群众打交道,代表着党和政府的形象,必须加强对他们的教育和监督。

(三)更加注重反腐倡廉建设。清正廉洁的队伍才能做到公正执法、廉洁执法,树立良好的工商形象。要把反腐倡廉建设放在更加突出的位置,扎实推进惩治和预防腐败体系建设,进一步加强教育,增强工商行政管理人员的廉政意识;进一步健全制度,确保行政权力正确行使;进一步强化监督,坚决惩治执法腐败,切实促进廉洁从政。

2008年是深入贯彻党的"十七大"精神、全面建设小康社会的重要一年,工商行政管理部门肩负的任务更加艰巨繁重。让我们更加紧密地团结在以胡锦涛同志为总书记的党中央周围,以"十七大"精神为指导,深入落实科学发展观,开拓奋进,扎实工作,努力维护市场秩序,不断开创工商行政管理改革发展的新局面!

第二章　国家工商行政管理(总)局主要领导重要讲话

魏今非局长在全国工商行政管理局长会议上的讲话

(1979 年 3 月 12 日)

我们开了一个很好的会。这是总局成立四个月来第一次召开的正式会议。会议本着党的十一届三中全会解放思想、发扬民主的精神,紧紧围绕新形势下工商行政管理工作如何适应党的工作着重点的转移问题,作了反复深入、实事求是的讨论。李先念、余秋里、王任重同志听取了我们的汇报并作了重要指示。李先念同志在谈话中肯定三十年来工商行政管理工作成绩很大,对今后工商行政管理部门的任务和工作方针、政策,都做了明确指示。这表明党和国家领导人对我们工作是非常重视的。我们这次会议的成功,正是在国务院领导同志的关怀、重视下,在全体与会同志的共同努力下取得的。

现在会议就要结束了,我再讲几点意见,供同志们参考。

一、当前经济的一些情况

我以为这是大家所关心的问题。因为它与我们的工作是息息相关的。粉碎"四人帮"以后,应该说经济情况有所好转,或者说,正在逐步好转。根据 1978 年年终统计,这一年与上年比较,粮食增长 4.4% ,棉花增长 6.4% ,油料增长 17.7% ,生猪年末存栏数增长 2.8% ,钢增长 33.4% ,钢材增长 33.8% ,原煤增长 10.6% ,其中统配煤矿比上年净增长 13.5% ,发电量增长 13.5% ,铁路运输量增长 16% 。这些统计资料清楚地说明了国民经济好转的状况。但是,尽管如此,我国工农业生产水平和人民生活水平还是很低的。用李先念同志的话来讲,就是"我国至今仍然是世界上最贫穷落后的国家之一。这种状况如果不改变,我们对不起无数的革命先烈,对不起亿万中国人民和我们的子孙后代,同时在全世界面前我们将失去讲马克思主义的正确性、社会主义优越性的资格。"

去年九月邓小平同志视察东北时指出:"外国的刊物提出一个问题,中国人民究竟能忍耐多久?这个问题可能带有挑拨性质,但值得我们注意,警惕。在经济方面农村经济问题尤为严重。我们的农村至今仍然落后,广大农民的生活很苦。"

在三中全会以前召开的中央工作会议上,农林部提供了一个材料,说我国农村有一部分人口每天粮食不足八两。怎样使农民得到休养生息,让他们松一口气,是当前的大问题。为此必须落实农村各项政策。不久以前,《人民日报》根据中央的精神,对落实农村政策做得比较好的安徽、四川,介绍了它们的经验,很必要,很及时。但是竟有人指责这是右倾,是同大寨经验唱对台戏,甚至把提倡关心农民的物质利益说成是"好行小惠,言不及义"。有的省报还连篇累牍地主张取消集市贸易,搞一年一评大寨式的评工记分,甚至发表穷队可以过渡的文章。如果按照这一套极"左"的政策搞下去,我国农村经济就会走向崩溃。由此可以看出林彪、"四人帮"极"左"思潮影响的严重性,确是内伤大于外伤。对于这种后遗症,绝不能做过低的估计。

今年的国民经济计划尚未最后确定,但中央正在认真地抓农业。过去所谓农业是基础,而实际上没有真正的抓这个基础,或者是"以粮为纲"的单打一思想,使得农业不可能全面发展。当然,说到底我国的农业问题,最根本的是耕地面积过少、人口过多的问题。毫无疑问,单产要提高,机械化、水利化、电气化、科学化要提倡。但是老是在十五亿亩土地上做文章,而人口增长率那么高,不做大的战略决策是不行的。现在我们基本上还是个农业国家,而粮食、植物油、食糖、棉花、大豆等农副产品都要进口。长此下去,是没有出路的。我认为大的战略决策是加强东北开发西北。像黑龙江就有 1.2 亿多亩土地可以垦荒,西北新疆等地有 ×× 亿亩地可以垦荒,这里大有文章可做。加上植树造林,增加覆盖面积,调节气候,增加雨量,减少水土流失,同时把 ×× 亿亩草原地带的畜牧业发展起来,我国农村八亿人口的吃饭问题,就能逐步得到解决。

有位领导同志说,工业只要电源充足,按现有设备,产量就可以增长 30%,甚至 40%。搞电就要联系到煤的生产、交通运输力量以及港口等问题,都需要解决。日本朋友认为我们的工业设备还是不错的,问题在管理方面。

从工业方面看,我国的计划似乎较乱,计划没有法令保障。例如,我国钢材的产量是有限的,而机械工业却膨胀得惊人。可是去年我国拨给机械加工的钢材包括进口的在内,总计只有十分之一强。现在机械加工能力比实际需要多出五六倍。又如在塑料供应紧张的情况下,个别省、市几年内办起了上百个塑料加工厂,其中一个县就有 24 个。造纸的几个大、中型纸业苦于没有原料生产,而个别县却办起了 80 个小造纸厂,并且还准备再办 20 个。这几年国家计划内的肥皂厂得到的油脂供应远远不能满足生产的需要,但有个别省在计划外办起了 1000 多个小肥皂厂。

看来仅凭满腔热情,不讲科学态度,不顾燃料、运力和原材料的条件办工业,工厂再多,摊子再大,也只能在三缺口情况下造成停产、半停产和饥饿状态。以致使部分设备、干部、职工不得不常年闲置起来。由于同样的原因,全国有部分省、市、自治区制糖设备的利用率很低。社队工业多数没有纳入计划,原材料供应更严重不足。

这种情况如果任其发展下去,势必冲破国家计划,造成很大的浪费,不利于生产,也不利于商品流通,使人民生活无法提高。最严重的是使社会主义制度的威信受到不应有的影响。现在有的同志听了出国考察团的汇报,对马克思的原理发生了怀疑,这就必须引起我们的严重注意。

商业方面,今年商品可供量和社会购买力差距较大。我问了一个省商业部门的负责同志,他说:外贸出口货源不足,对进口先进技术和设备的支付也存在问题。资本主义世界的经济危机虽然大可利用,但是利息高达 7%,外报给我们计算,如果大量进口,到 1985 年要欠外债 200 亿美元。看来短时期内不能不在出口原油、煤、稀有金属方面做文章,但钻探、开采技术力量也有一定的限制。

那么,我们四化能不能搞上去呢?回答是肯定的。第一,我国安定团结的政治局面在逐步巩固和扩大。第二,我们有三十年的正、反两方面的经验。第三,全面人心思定、思治、思上。第四,有资本主义世界先进技术、先进设备和经济危机可以利用。第五,通过工作会议和三中全会我们党以华国锋同志为首的中央领导威信大大加强了,这是我们一切事业胜利的保证。因此,只要不发生外敌大规模入侵的情况,到本世纪末,四化是完全可以实现的。那时,一个繁荣富强的社会主义中国将屹立在世界的东方。

我说以上这些话,目的是想请同志们注意,我国的经济需要调整。我们的工作要在这样一个调整的局面下进行。这就是说工商管理工作要在维护国家计划严格贯彻执行的前提下,活跃市场,促进生产。一句话,按照经济规律办事。最主要的是从实际出发,理论联系实际,实事求是,凡是有利于社会主义商品流通,有利于社会主义生产发展的事,不仅多做,而且还要做好,反之,宁可休息、读书,不如不干,即便是党委要干也得顶住。否则我们将跟着违背中央的决策,违背客观经济规律。可以回顾三年经济恢复时期,第一个五年计划时期都是按照经济规律办事的,三年经济恢复时期,工农业总产值每年平均增长21.1%,其中工业34.8%,农业14.1%;国民收入增长19.3%,其中工业34.7%,农业14%。第一个五年计划期间,工农业总产值平均增长10.9%,其中工业18%,农业4.5%;国民收入增长8.9%,其中工业19.6%,农业3.8%。以后,头脑一热就乱了套。

这是我想讲的第一个问题。

二、肃清极“左”思潮的影响

我们会议的第一期简报就集中地反映了我们工作的“左”。我以为这不能过多地责备我们的干部。我们的干部有十一万四千多人,他们大都是好的,比较好的。他们做了大量的工作,取得很大的成绩。特别是在第一线的同志们风里来雨里去,办公无地点,睡觉“打游击”,有的把牌子挂在树上。而且有时还得挨打挨骂,这个“左”不能要他们负责。为什么我要这样说呢?因为从1966年夏天以后,更实际些说,从1957年反右以后,我们党的工作重心就应该放在建设上去。从那时到粉碎“四人帮”以前,这段时间内,林彪、“四人帮”一伙“突出政治”、“政治可以冲击一切”、“政治不应落实到业务上”等,已成为当时占支配地位的思想。特别是到了“九大”,康生、陈伯达、张春桥、姚文元这些坏东西垄断了中央的笔政,把他们那套东西写进了代表大会文件,使他们那些对社会主义极端有害的观点,具有党法的效力。

以后“文革小组”取代了中央书记处的地位,极“左”思潮弥漫于全国。而林彪、“四人帮”、康生、谢富治、陈伯达特别得到重视,他们冲击周总理,陷害老一辈无产阶级革命家,架空毛主席,做尽了坏事。他们这种妖风恶浪使下边同志感到愈“左”愈好,“左”至少可以不挨棍子,不受上面的责备。我们的干部(特别是县以下的同志)不是在真空里生活的,不能不受极“左”思潮的影响,实际上他们是受害者,我们应该同情他们,爱护他们,多做正面教育工作,使他们从思想深处拨乱反正,回到马列主义、毛泽东思想上来,不要过多的责备他们。至于私分罚没物资犯有错误的干部,必须区别情节轻重,思想教育从严,处理从宽,政治上工作上给以出路。处理人的问题必须十分慎重。

这是我想讲的第二个问题。

三、解放思想,努力工作

从会议上我感到有些同志觉得搞工商管理工作,理不直气不壮,似乎有些自馁心情;有些同志还心有余悸。这里也要一分为二,为什么我们同志有理不直气不壮的感觉呢?这是与工商管理机构几起几落分不开的,而且有些地方工作排不上队,有的地方甚至连国务院187号文件也不理。比如,工商管理机构要单独设立,在这个文件中已说得很清楚,可是至今还有些地方没有照做,个别省相反的把已经设立的县工商管理局也收了摊子。诸如此类的情况,当然对同志们的思想情绪有一定的影响。我说有一定的影响,是说大多数同志还是识大体顾大局的,尽管有困难仍是勤勤恳恳地工作。现在,到了应该把任何自馁、自卑情绪一扫而光的时候了。在这次汇报会上李先念副总理针对所谓“工商工商,寿命不长”的说法,说“工商工商,万寿无疆”。他指出,只要有商品生产和流通,有市场经济就需要管理,工商行政管理工作很重要,社会主义时期永远需要。这是对我们工商行政管理工作多么大的支持,对我们同志多么大的鼓舞啊!我们再看国务院187号文件,其中第二条说:“工商行政管理部门对于违反国家有关工商行政管理政策、法令的行为,有权处理。任何单位和个人都要尊重它的职权,服从它的管理”。仅就这一点说,国家赋予我们部门的权力不是很大,给予我们的任务不是硬得很吗?当然,任何工作困难总是有的。我们正是要迎着困难去努力工作！我们应当理直气壮地工作,因为这是社会主义现代化建设的需要,是对国家负责、对人民负责的表现。为了社会主义事业,为了子孙后代的幸福,我们应该不顾一切个人得失,勇敢地工作。我们要把工作做得很踏实,很出色,使党委感到少了这个部门不行,使有关部门感到他们有帮助,主动地和我们配合工作。

至于心有余悸,这个问题在全面范围内可以说已基本解决了。"四人帮"粉碎了,大的风浪过去了。虽然还在继续肃清林彪、"四人帮"的流毒和影响,但是在华国锋同志为首的党中央的领导下,决不会再出现以往那样的大动荡、大曲折。安定团结、实现四化,是社会潮流,人心所向,是任何力量也阻挡不了的。所以我们的同志不要再心有余悸,应该背靠真理,所向披靡,敢于斗争。对还会出现的一些坏人坏事,反社会主义势力的捣乱,只要敢于斗争,就会胜利。

这是我想讲的第三个问题。

同志们！完成社会的社会主义现代化建设的任务,是一场极为广泛、深刻、艰巨的伟大斗争。怎样实现四个现代化,我们的确缺乏知识,缺少经验。我们一定要加强学习,学习马列主义、毛泽东思想是根本,还要学习经济理论和党的方针政策,学习工商行政管理的业务,在一切新情况、新问题面前,一定要认真调查研究,要解放思想,又要实事求是,摸着石头过河,一步一个脚印地做好工作;在实践是检验真理的正确思想路线指导下,勇于思考问题,提出问题和解决问题,善于总结经验,努力把我们的工作提高到一个新水平。

这次会议结束后,请同志们回去向党政领导详细汇报,特别要把国务院领导同志的指示汇报清楚,求得当地党政领导的指示,安排好工作。经过一段实践,我们再召开会议研究实践的结果,更进一步地来明确各项政策和工作方法,使我们的工作更符合客观的要求。

任中林局长在全国工商行政管理局长会议上的报告

（1984 年 2 月 11 日）

全国工商行政管理局长会议今天开始了。我们这次会议,主要是贯彻中共中央1984年一号文件和国务院即将颁发的《关于合作商业组织和个人贩运农副产品若干问题的规定》、《关于农村个体工商业的若干规定》研究一年来的工作情况,讨论安排1984年的工作。

1983年,是我国国民经济迅速发展的一年。农业生产取得创纪录的丰收,轻工业和重工业都有较大的增长,能源、交通的重点建设有所加强,国内市场购销两旺。在这个大好形势下,各地工商行政管理部门,在当地党委和政府的领导下,认真贯彻执行党的有关方针政策,全体工作人员团结一致,共同努力,做了大量的工作,取得了显著的成绩。可以说,我们已经迈出了开创工商行政管理工作新局面的步伐。当然,我们工作中存在的问题也不少,我们的思想、工作还有许多地方与形势发展的要求不相适应,还需要在今后的工作中切实加以改进。

当前,我们国家面临着前所未有的大好形势,也面临着理顺经济、推进改革的艰巨任务和许多新的课题,我国农村正处在一个历史性的转变之中,进入了商品生产大发展的时期。在这样的形势下,摆在我们工商行政管理部门面前的中心任务,就是要通过搞好各项管理工作,来促进商品生产的大发展,促进市场的繁荣和经济的活跃。我们的思想必须适应于商品生产发展的要求,应当以是否有利于发展社会生产力作为衡量我们工作好坏的标准。我们要敢于破除同形势发展不相适应的老观念、老框框、老办法,敢于探索、采用和推广同形势发展相适应的好办法、好经验。1984年,我们要继续坚持对外开放、对内搞活经济的政策和计划经济为主、市场调节为辅的方针,促进国营经济占主导地位的多种经济形式的发展,宣传贯彻工商行政管理的各项法规,保护合法经营,制止非法经营,保证国家计划,维护经济秩序,为促进生产、活跃流通、繁荣经济服务,用更好更大的成绩来迎接新中国成立35周年。

现在,我讲几个问题。

一、市场管理问题

1983年,城乡市场比较活跃。各地工商行政管理部门在保证国家计划,积极支持国营商业、供销社购销活动的同时,采取多种措施,努力疏通其他渠道,活跃商品流通。

随着农村商品生产的迅速扩大,集市贸易有了新的发展。到1983年底,全国城乡集市已有48 003个,比1982年底增加了3 228个。其中,农村43 515个,城市4 488个。集市成交额继续增加,去年全年成交额为379亿元,比1982年增加15.6%。其中农村328亿元,增加14.3%;城市51亿元,增加24.4%。集市贸易成交额相当于社会商品零售总额的10.2%,比上年扩大0.8%。集市贸易价格基本稳定,全年价格总水平比1982年上升2.96%,其中农村上升2.97%,城市上升2.9%。各地在贯彻落实中央一号文件时,取消了过去对农副产品贩运活动的一些不合理限制,推动了贩运活动的开展。许多大中城市建立了农副产品批发市场,为贩运农副产品进城提供了便利,为城市有证商贩提供了货源,也有利于加强管理。小商品市场交易活跃,许多地方还出现了一些专业性的市场,旧货市场也有了恢复和发展。

从去年情况看,虽然市场比较活跃,多渠道经营的局面初步形成,贩运政策开始放宽,但是,当前的问题仍然是商品流通与商品生产的迅速发展不相适应。这里有思想认识问题,也有体制问题。我们原来对于商品流通实行的那一套办法,都是适应农村商品生产不发达的状况的。近几年来,由于农业生产责任制的普遍实行和不断完善,专业户大批出现,农村生产力得到进一步解放,商品生产迅速发展。我国农村的自给半自给经济,正在向大规模的商品生产转化。农业生产责任制解决了生产和分配的问题,但还没有解决流通的问题。在这种情况下,原来流通领域那一套办法显然就不适应了。因此,正确认识农村经济转变的形势,千方百计地疏通流通渠道,使商品流通与商品生产发展相适应,是当前市场管理工作的重要任务。

在商品生产的整个过程中,流通是一个不可缺少的重要环节。商品的价值是在生产领域创造的,但必须经过流通领域才能实现。关于生产和流通的关系,生产是起决定作用的,生产决定流通;但流通对于生产又有重要的反作用,流通与生产相适应,会促进生产的发展,反之就会阻碍生产的发展。过去我们在思想认识上往往是重农轻商、重生产轻流通。这种思想是不能适应当前商品生产发展形势的。当然,重视生产是对的,但忽视流通就不对了。当前农村买难卖难的现象非常普遍,不少商品积压运不出去,商品的价值不能实现,农民的劳动成果不能转化为实际收入,城市消费者的需要得不到满足。不改变这种流通与生产不相适应的状况,必然严重影响农村商品生产的发展。要发展商品生产,就非发展商品流通不可。

发展农村商品流通,首先要保证国营商业和供销合作社渠道的畅通,同时发展和疏通其他渠道,包括农工商联合公司、社队企业经销部、贸易货栈、个体商贩、贩运专业户等。反对画地为牢,地区封锁。国务院不久将发布《关于合作商业组织和个人贩运农副产品若干问题的规定》,这对于发展农村的商品生产和商品流通有着重要的意义,各地工商行政管理部门一定要认真贯彻国务院这个规定,把农副产品贩运活动切实地组织好,管理好。对于农副产品的贩运,我们首先要积极扶持,同时通过发证、采购、销售三个环节加强管理。在大中城市,要有计划地建立农副产品批发市场,已经建立的要加强领导管理,搞好服务工作,为购销双方提供方便。

党的十一届三中全会以来,随着商品生产的迅速发展,集市贸易变化很大,它已经从自给半自给经济条件下农民互通有无、调剂余缺的场所,发展成为城乡之间和地区之间商品流通的一条补充渠道。今后,集市贸易还需要有一个较大的发展。当前的问题是许多地方集市的场地和建设远远不能适应商品流通的需要,集市场地狭窄,露天交易,赶集时拥挤不堪,交通堵塞。中央领导同志最近指出,集市应当有个固定的场所,搞好场地建设,不能总是摆在马路边上。我们应当根据中央领导同志指示的精神,搞好集市的规划和建设工作。各地可以因地制宜,采取大中小结合、专业性市场和综合性市场结合的形式,统筹规划,合理布局。城市集市的规划和建设,应当按照国务院颁发的《城市规划条例》纳入城市规划。农村集市的建设应当与集镇的建设结合起来。集市贸易和集镇,本来都是商品生产发展的产物,许多集镇就是在集市贸易的基础上发展起来的。大大小小、星罗棋布的集镇,是农村区域性的经济、文化中心,是城乡物资交流的纽带。五十年代以后,在"左"的思想指导下,我国农村搞单一经济单一渠道,不重视发展商品生产和多种经营,集市贸易萧条了,集镇也失去了作为农副产品集散中心的作用,逐渐衰落了。党的十一届三中全会以后,集镇才又逐渐恢复了生机。把集镇建设好,对发展农村商品生产是有着重要意义的。集市的建设,是集镇建设的一个重要组成部分,农村集市的建设,应当纳入集镇建设的规划。

对小商品市场,要继续搞活管好。在小商品的价格管理上,准许议价的是已经公布的五百一十个品种,其他品种的价格要执行国家的有关规定。对旧货市场,已经建立的要把它管好,没有建立的应当建立起来。现在人民生活水平不断提高,更新换代的东西很多,需要有这样的调剂场所。现在各地还出现了许多专业性的市场。这些市场,大部分是好的,也有少数有问题的。请各地做些调查,把情况摸清楚,区别对待。要根据不同的情况,制定具体的管理办法。

二、个体工商业管理问题

去年是个体工商业发展得较快的一年。到1983年底,全国个体工商业有586.3万户、754.8万人。其中,城镇170.4万户、207.4万人;农村415.9万户、547.4万人。与1982年底比较,城镇个体工商业增加了53%,农村增加了190%。

胡耀邦同志在党的十二大的报告中指出:"在农村和城市,都要鼓励劳动者个体经济在国家规定的范围内和工商行政管理下适当发展,作为公有制经济的必要的、有益的补充。"党的十二大以来,各地工商行政管理部门在当地党政领导下,与有关部门配合,坚决贯彻十二大的精神,扶持个体工商业的发展,应当说是有成绩的。但是,歧视、排挤、刁难、打击个体工商业的事件在各地还是不断发生,这说明发展个体工商业还有很大的阻力,有必要反复宣传党对个体工商业的方针政策,进一步讲明发展个体工商业的意义和作用。有这样一种说法,就是去年个体工商业发展多了,这是不符合事实的。我们说去年是个体工商业发展较快的一年,是与前几年比较而说的;如果与客观需要比较的话,个体工商业发展得并不多,还需要继续发展。特别是农村,还需要有一个较大的发展。

商品生产的发展是与社会分工分业的发展密切相连的。所以,在大规模发展商品生产的我国广大农村,就绝不仅仅是一个农业的活动领域,而是工业、交通运输业、商业、服务业等各行各业共同的活动领域,随着多种经营和分工分业的发展,将有越来越多的农民脱离农业转向其他行业。这是一个必然的客观规律。马克思说过:"如果撇开对外贸易,那么很明显,从事加工工业等而完全脱离农业的工人的数目,取决于农业劳动者所生产的超过自己消费的农产品的数量。"这就说明,农业的生产力发展水平越高,提供农产品的商品量越多,农业劳动力脱离农业转向其他行业的也就越多,农业劳动力在整个国民经济中所占的比重就越小。世界各国经济发展的情况都证明了这一点。我国十亿人口中有八亿农民,农村的大量劳动力不可能也不应该全部长期从事农业生产。随着农村商品生产的蓬勃发展,必将有越来越多的农业剩余劳动力转向渔业、林业、牧业、副业、工业、商业、交通运输业、服务业等各个方面。没有这种转变,农民是富裕不起来的,建设繁荣的现代化农村也成了一句空话。我们要认识这种转变的必然性和进步性,积极支持农民根据当地的资源、技术条件,广开门路,发展多种经营。应当按照中央今年一号文件提出的国营、集体、个人一齐上的方针,认真贯彻执行国务院即将发布的《关于农村个体工商业的若干规定》,积极扶持农村个体工商业的发展。还可以批准一部分农民自理口粮到集镇务工经商。在城市,个体工商业也需要继续发展。由于过去在手工业、修理业、服务业等方面个体户发展得较少,在这些方面群众不便的情况更突出,今后要引导向这些行业多发展一些。

对个体工商业,不仅要扶持和引导他们的发展,而且必须加强管理。在我国社会主义条件下,发展个体工商业对社会来说是必需的、有益的;但是,如果不加强教育和管理,也可能产生一些盲目性和消极作用。个体工商业户绝大多数是遵守法令,服从管理,从事正当生产经营的;但确实也有少数人从事破坏国家计划和经济秩序的违法活动。所以我们反复强调,只有加强管理,才能健康发展,把扶持和管理结合起来。在管理工作中,要注意发挥个体劳动者协会的作用。目前,全国已有1 824个市、县建立了个体劳动者协会,还有 852 个没有建立的市、县,希望在今年上半年都建立起来。

关于雇工问题,应当遵照中央 1984 年一号文件的规定执行。有的个体工商业户的帮手、学徒超过规定人数,可以发给临时营业执照。

个体工商业户的营业执照,是工商行政管理部门核发的营业凭证,除了工商行政管理部门以外,其他任何部门都不能扣缴、吊销。各地工商行政管理部门在管理个体工商业的工作中,应当与其他部门加强合作。如果个体工商户确实有严重违法活动需要吊销营业执照,应当通过工商行政管理部门来执行。

对无证商贩的清理整顿,不少地方很有成绩。但这个问题通过一次清理整顿是不可能完全解决的,今后还要继续进行。根据各地的经验,清理整顿无证商贩,需要由当地党委和政府统一领导安排,有关部门密切配合,综合治理,采取疏导和取缔相结合的办法,对不同情况区别对待。符合条件的待业青年和社会闲散人员,应当动员他们申请登记,发给营业执照;在职职工从事无证经营的要劝阻禁止;长期滞留城市的其他人员要予以取缔,个别有实际困难的可以发给临时营业执照;从事投机倒把活动的要依法处理。

三、企业登记管理问题

各地工商行政管理部门去年进一步宣传贯彻《工商企业登记管理条例》,继续制定和完善各项登记管理办法,加强了登记管理工作。全国登记发照的工商企业(不包括分支机构)共 144.65 万户,从业人员10 362万人。在外资企业的登记方面,到 1983 年底,登记注册的中外合资、合作企业有 503 户,比 1982 年底增加 109 户;独资企业20 户,增加 18 户;外国企业常驻代表机构 617 户,增加 86 户;华侨和港澳企业常驻代表机构 43户,增加 6 户;外国公司和承包商新登记注册的有 36 户。

随着农村商品生产和集镇建设的发展,今后将有越来越多的农民转入小工业和集镇的服务业等行业,农民集体兴办的和集资兴办的企业将日益增多,我们应当通过企业登记管理,积极扶持这些企业的发展,特别是扶持当前农村兴起的饲料工业、食品工业、建筑建材业和小能源工业的发展社队企业,也要积极扶持,促使它们进一步发展,同时要加强监督管理。

为了保证国家计划,保证重点建设,需要有效地控制基本建设规模。各地工商行政管理部门,应当在党委和政府的领导下,与有关部门配合,通过企业登记管理,在控制企业筹建项目方面发挥我们的作用。凡是审批手续和基建程序不符合规定,不具备开工条件的,一律不发给筹建许可证。对新建企业的筹建登记管理工作,在多数地区还是刚刚开始,要尽快地把这项工作开展起来。

由于对外开放政策的进一步贯彻，对外经济贸易往来将不断增多，中外合资企业、合作企业和其他形式的经济技术合作还将有较大的发展。对外资企业的登记管理工作要跟上去，及时总结经验，完善管理办法。对外国企业常驻代表机构，也应按照国务院的规定加强监督检查。对于外资的独资企业申请登记，广东、福建两省可以按审批程序核准。在外资企业登记管理方面，有时会碰到一些新的情况和问题，应当及时向党委和政府汇报请示。

对中外合资企业、合作企业和外资的独资企业的登记管理工作，具有涉外性质，处理这方面的违章违法案件，在程序上，各省、市、自治区工商行政管理局应当将有关材料和处理意见报送我局，经批准后才能向外商宣布。这样，有利于统一对外口径，避免发生漏洞。

对全国性公司、部属进出口公司和有对外业务的公司，要加强登记管理工作，让这些公司取得法人资格，以利于开展对外活动。我们有的公司不了解登记注册的作用，不办理登记，在对外活动中有时就很被动。所以，做好有对外业务公司的登记注册工作，是很重要的。

四、经济合同管理问题

去年，经济合同管理工作是有成绩的。各地在宣传《经济合同法》的同时，进行调查研究，建立工作制度。许多地方推动各业务主管部门加强了对经济合同的监督检查工作。在农村商品生产蓬勃发展的新形势下，不少地方认真推广了农副产品购销合同制度，落实了国家收购计划。调解仲裁工作也有了进展。据25个省、市、自治区统计，一年中共受理经济合同纠纷案件12 770件，已处理结案11 948件，其中调解9 155件，仲裁618件。

推行经济合同制度，对于保证国家计划，维护社会经济秩序，提高经济效益，都有着重要的作用。国家计划内的产品，要通过经济合同来落实，计划外的产品也要通过经济合同来实现产销结合。今后随着商品生产的发展，经济合同的作用将越来越重要。

目前，有些人对推行经济合同制度的重要性还认识不足，有些企业缺乏法制观念，不依法签订合同，不依法履行合同。因此，有必要进一步宣传《经济合同法》，用事实说明实行经济合同制度的必要性。一年来，根据《经济合同法》的规定，国务院发布了建设工程勘察设计合同、建筑安装工程承包合同、财产保险合同、工矿产品购销合同、农副产品购销合同和经济合同仲裁等六个条例，还有其他一些合同条例也将陆续公布。这些合同条例的制定，使经济合同的法规更加完善了。对这些条例，也要采取各种形式向广大企业干部和职工宣传，促使大家遵照执行。

经济合同的种类很多，数量很大，范围很广，有些还具有很强的技术专业性，单靠工商行政管理部门是很难管好的。根据《经济合同法》的规定，各业务主管部门对经济合同负有监督检查的责任。我们要树立依靠业务主管部门、依靠企业、依靠群众的思想，推动各业务主管部门管好本系统内的经济合同。要加强同各业务主管部门的联系，互通情况，密切协作，共同把这项工作搞好。

对经济合同纠纷实行调解仲裁，是利用行政力量来保障合同当事人的合法权益，维护经济合同法律效力的重要手段。《经济合同仲裁条例》规定，经济合同仲裁机关是国家工商行政管理局和地方各级工商行政管理局设立的经济合同仲裁委员会。目前已有十二个省、直辖市、自治区工商行政管理局建立了经济合同仲裁委员会，尚未建立的地方希望尽快建立。调解仲裁是一项法律性、政策性很强的工作，需要配备具有较高文化水平和业务水平的仲裁员来担任。一时配备不齐的，可以逐步配备。主要还靠边工作边学习，在工作中不断提高。有条件的地方可以聘请一些兼职仲裁员。要重视收集典型案例，从中研究处理原则，总结办案经验。要加强同法院的联系，密切协作。

在《经济合同法》实施以前，工商行政管理部门对管理工商、农商之间的经济合同从组织签约，实行鉴证入手，为推广经济合同制度做了许多工作，起到了一定的作用。现在《经济合同法》已经公布实施。《经济合同法》规定："经济合同依法成立，即具有法律约束力。"经济合同的法律效力决定于它是否符合国家的法律、法令和政策，而不决定于是否鉴证。鉴证如果采取强制办法，把它作为一个必备的法定程序，是不符合《经济合同法》的。因此，对经济合同的鉴证，应该采取自愿的原则。

五、商标管理问题

1983 年是《商标法》开始实施的第一年，各地工商行政管理部门，为宣传、贯彻《商标法》做了大量的工作，推动了商标工作的开展。在过去的一年里，全国申请注册的商标共20 807件，比 1982 年增加了2 242件。其中，国内商标19 120件，增加了2 120件；外国商标1 687件，增加了122 件。申请注册的20 807件商标中，除核驳的和尚未处理的以外，已经核准了12 688件。到 1983 年底，我国的有效商标已经达到90 618件。

《商标法》的核心是保护注册商标的专用权。《商标法》开始实施以后，我们与有关方面反复协商，妥善地解决了群众反映强烈的"大前门"商标的专用权问题。各地还严肃处理了一批冒牌手表、卷烟、自行车的案件，保护了注册商标的专用权，维护了生产者和消费者的利益，受到了各方面的欢迎。今后要继续加强这方面的工作，制止假冒注册商标的违法行为。各地应当抓住典型，依法处理一批假冒商标的案件。在这项工作中，要注意把一般的侵权行为与假冒注册商标的违法活动区别开来。对于一般的侵权行为，应当加强宣传教育，与有关方面协商解决。对于假冒注册商标的违法活动，则要依法严肃处理。

对于我国出口商品的商标，要与外贸部门密切合作，认真贯彻《出口商品商标管理办法》，尽快地掌握出口商标在国外注册的情况和目前的使用状况，维护我国商标在国外市场的合法权益，防止国内各单位自相竞争而外商从中得利，促进对外贸易的发展。

《商标法》实施以后，还有不少过去遗留下来的问题需要处理。例如，对混同商标的处理，自 1979 年以来，全国各地工商行政管理部门密切合作，大部分已经解决了，但还有少数争执较大的商标，需要进一步协商解决；处理混同商标时，各地发出的临时使用证，需要进行清理，不能再延长使用期限；还有过去一些商标注册证和汇款方面的差错，需要清查，等等。这些工作很复杂，工作量又大，请各地与我局商标局合作，一起努力，争取今年把这些遗留问题加以解决。

关于商标注册申请的核转工作，是实行一级核转还是实行两级核转，由各省、市、自治区工商行政管理局决定。我们倾向于一级核转，因为市县工商行政管理局直接掌握情况，了解情况，同时可以简化手续，节省时间。当然，不管实行一级核转还是两级核转，都要提高效率，很好地为生产流通服务。

六、广告管理问题

在 1982 年全面整顿的基础上，1983 年各地进一步宣传贯彻《广告管理暂行条例》，制定具体的管理办法，加强广告管理工作，推动了广告事业的发展。现在，全国登记发证的广告经营单位有 2 300 多家，广告营业额去年已经超过两亿元。不少省市在广告管理工作中明确了广告宣传要为提高经济效益服务，许多电台、报纸有组织地宣传优质名牌产品，受到企业和消费者的欢迎。

当前，要继续加强广告管理工作，更广泛地宣传和发挥广告的作用。通过广告传播了信息，促进了生产的例子是很多的。我们要用具体事例来宣传广告的作用，促使企业正确地利用广告，要不断提高我国广告的思想水平和艺术水平，做到内容健康，形式活泼，设计大方，图像美观，使广告更好地为建设社会主义的物质文明和精神文明服务。

过去在广告管理工作中，着重于对广告经营单位进行整顿，解决无证经营问题，有些地方对广告内容的监督检查注意得不够，因此，还不断出现一些内容虚夸的广告。各地一定要加强对广告内容的监督检查，禁止刊播弄虚作假的广告，使国家和群众受到严重损害的要依法处理。

广告管理工作开展以来，我们主要是管理经济广告，对社会文化广告则没有去管。从一些地方情况看，社会文化广告比较混乱，问题比较多。根据国务院确定国家工商行政管理局管理全国广告的指示,今后各地工商行政管理部门对社会文化广告也要逐步管起来。应当与文化、教育、卫生等部门共同研究,制定一些管理办法。

广告工作的面很广,牵涉到各个方面,单靠我们一个部门是管不好的,一定要同工业、商业、外贸、文教、新闻等有关部门密切合作,共同把广告工作搞好,促进广告行业团结合作,推动我国广告事业的发展。

根据广告事业发展的需要,在国家经委和有关部门的共同支持下,经过近一年的筹备,在去年12月成立了中国广告协会。协会是全国性的广告行业组织,它的任务是宣传贯彻国家有关广告的方针、政策,协调广告经营单位之间的关系,交流广告工作的经验,开展咨询、服务,培养广告的专业人才,参加广告事业的国际交往活动。各省、直辖市、自治区和大城市,根据需要和条件,可以成立地方协会。中国广告学会要积极开展广告的学术研究,为不断提高我国广告的思想水平和艺术水平作出贡献。

七、打击投机倒把问题

为了加强经济检查监督,维护社会经济秩序和国家计划,各地工商行政管理部门继续开展了打击投机倒把、走私贩私的斗争。1983年全国共查获处理投机倒把和市场违章案件111万件,比1982年减少16%;罚没款1.7亿元,比1982年减少37%。其中投机倒把大案要案22 471件,比1982年减少46%。

1983年查处的投机违章案件为什么减少?从各地情况看,一是通过近几年深入广泛地打击经济犯罪活动,投机倒把活动有所收敛;二是经济政策放宽,有些过去不准许的经济活动现在成为合法的了;三是有的同志产生了松劲情绪,有的地方对这个工作放松了,这种现象在下半年有所好转。

加强经济监督检查,打击投机倒把、走私贩私活动,是工商行政管理部门一项长期的任务。经济越是活跃,政策越是放宽,这个工作就越是不能放松。邓小平同志指出:"我们要有两手,一手就是坚持对外开放和对内搞活经济的政策,一手就是坚决打击经济犯罪活动。没有打击经济犯罪活动这一手,不但对外开放政策肯定要失败,对内搞活经济的政策也肯定要失败。有了打击经济犯罪活动这一手,对外开放、对内搞活经济就可以沿着正确的方向走。"邓小平同志的这个指示,是我们在打击投机倒把、走私贩私工作中必须树立的指导思想。

针对当前投机倒把活动的特点,打击的重点,是那些破坏国家统购、统配、派购计划,破坏国家重点建设,倒卖走私物资,制造和经营冒牌伪劣商品等严重损害国家和群众利益,破坏社会经济秩序的活动,特别要加强对企事业单位投机倒把活动的检查和监督。中央在《关于整党的决定》中指出:"现在,有些党员和党员干部,根本忘记了全心全意为人民服务的宗旨。……他们无视国家法律,袒护、包庇犯罪分子,甚至直接参与走私贩私、贪污受贿、投机倒把等犯罪活动。"这种情况是必须引起我们重视的。

检查处理投机违法违章行为,必须认真执行党的政策,坚持原则。处理案件要做到事实清楚,证据确凿,定性准确,处理恰当,手续齐备。我们草拟了一个办案程序,请同志们讨论修改。

八、工商行政管理部门的自身建设问题

去年一年,从全国来说,工商行政管理系统的自身建设有很大进展。各省、直辖市、自治区通过机构改革,工商行政管理部门的机构都有所加强,领导班子大多进行了调整。国务院批准增加基层工商行政管理所的六万五千人事业编制,分配方案和招干专项指标已落实到各省、直辖市、自治区。工商行政管理部门工作人员的统一服装和标志问题已经解决,大部分地区都按时穿上了工作制服。我们还会同财政部制定了《工商行政管理部门事业编制人员因公负伤致残评残抚恤问题的若干规定》,解决了因公致残人员的抚恤问题。在干部教育方面,国家工商行政管理局干部学校去年上半年办了经济合同仲裁和市场管理统计两期专业培训班,下半年举办了全国地市局长以上干部的第二期轮训班。企业登记、广告管理也举办了短期培训班。北京、黑龙江、辽宁、福

建、山东、河南、湖南、四川、广西以及其他许多省、市、自治区,有的已经建立了干部学校,有的采取多种形式开展了干部培训工作。同时,继1982年北京财贸学院开设工商行政管理系之后,去年又与武汉大学商定,开设工商行政管理专业。山东省工商行政管理局办的工商行政管理中等专业学校,1982年开始招生,还准备开设职工中专。河南省政府批准将开封市财贸学校改为河南省工商行政管理中等专业学校,今年开始招生。其他一些省市也正在积极筹建工商行政管理中等专业学校。还有一些省市委托有关院校开办了工商行政管理的大专班和中专班。

在加强工商行政管理部门自身建设方面,1984年要着重抓以下几项工作:

第一,加强法制教育。工商行政管理部门是一个经济行政管理机关,也是一个行政执法机关。近几年来,工商行政管理法规逐步建立和健全。有了法规以后,更重要的是贯彻执行。工商行政管理人员首先要以身作则,遵纪守法。应当看到,我们的队伍现在还没有达到这个要求,有的人执法不懂法,执法不依法,尤其严重的是还有少数人执法犯法。据九个省的调查统计,因违法乱纪受到查处的工商行政管理人员有441人,占职工总数的0.84%。这个问题,我们各级领导一定要重视,要结合整党严肃处理。

第二,建立和健全岗位责任制,开展学先进、赶先进的活动,表扬好人好事,树立正气。这是政治思想工作的一个重要方面。许多地方已经开展了这个活动,取得了很好的成效。今后要进一步开展起来。

第三,加强干部培训。工商行政管理工作有个特点,就是政策性强,牵涉面广。所以,对工商行政管理干部,不仅要求有一定的政治思想水平,而且要有比较丰富的业务知识。我们队伍目前的状况是新人多,文化水平低的多,与工作要求很不适应。所以,加强干部培训工作特别重要。同时,工商行政管理部门的任务日益繁重,需要增加人员;现有人员每年自然减员在万人左右,也需要补充。所以,需要开办学校,培养后备

力量。我们计划,在每个大区委托大专院校开办一个工商行政管理系,现在中南、华北已经有了,还需要办四个。并要求各省、市、自治区各办一所工商行政管理中等专业学校。

第四,加强基层工商行政管理所的建设。工商行政管理所处于工作第一线。工商行政管理各项政策、法规的贯彻执行和各项工作的开展,都必须落实到基层,都要靠基层所去做。因此,我们一定要重视加强基层所的建设。基层所是市、县、区工商行政管理局的派出机构,它的人事、财务、业务直接受市、县、区局的领导。去年国务院批准增加的六万五千人事业编制,是基于工作需要,用于充实加强基层所的,不能因增加基层所的事业编制而削减市、县、区局的行政编制。同时,一定要明确,工商行政管理所是工商行政管理部门的基层单位,它的任务决不是只管集市贸易,工商行政管理各项工作都要管。各级工商行政管理局要加强对基层所的领导,帮助他们解决一些实际问题。对于工商行政管理系统的各种规费收支,要健全制度,加强管理。

第五,转变工作作风,加强调查研究。当前形势在迅速向前发展,情况在不断变化,新事物在大量涌现,对于我们全体工商行政管理人员来说,都有一个重新学习的问题,必须把转变工作作风、加强调查研究摆在一个重要的地位。我们要克服官僚主义作风,改变文件多、报表多、会议多的现象,面向实际,深入基层,研究新情况、新问题,不断提高我们的工作水平,使我们的工作适应于客观形势的发展。

第六,办好《工商行政管理》半月刊。半月刊是全国工商行政管理系统的内部刊物,是宣传政策、交流经验的一个重要工具。今后,要努力提高质量,更好地发挥它的作用。这需要依靠全国各级工商行政管理部门的同志,要靠大家来办。请大家支持这个刊物,共同把它办好。

现在,国家工商行政管理局已经开始整党。我们诚恳地希望各地的同志提出批评、意见和建议,帮助我们把整党搞好,和各地

的同志一起,努力开创工商行政管理工作的新局面,为社会主义现代化建设作出贡献。

李衍授副局长在全国工商行政管理局长会议上的讲话

(1984 年 2 月 21 日)

任中林同志的报告,总结了 1983 年的工作,提出了 1984 年的任务,我完全同意,希望各省、直辖市、自治区结合实际情况认真贯彻落实。

过去一年的工作,在中央、国务院和各级党委、政府的领导下,取得了一定的成绩。各级党委和政府对我们工商行政管理工作是非常支持的。今后,我们一定要加强请示报告,以便及时得到党委和政府的指示,改进我们的工作。

首先,我讲讲经济形势。我国经济形势非常好,十分鼓舞人心。1983 年,国民经济在调整、改革、整顿中稳步前进,工农业生产持续增长,城乡市场繁荣活跃,人民生活继续改善。经济形势发展很好。

工业生产,1983 年的增长速度是比较快的。工业总产值可达 6 150 亿元,已经提前达到了"六五"计划规定的 1985 年指标。工业的经济效益有所改善。大部分省、市、自治区的工业企业实现了利税与工业产值同步增长,有的还超过了产值的增长速度。

农业生产,1983 年在遭受自然灾害的情况下,又获得了大丰收。粮、棉、糖的产量都超过了历史最高水平。粮食总产量 7 600 亿斤左右,棉花总产量达 9 000 万担;农业总产值达到 2 700 亿元,总产值和粮食、棉花的产量,都提前达到了"六五"计划规定的 1985 年指标。粮食征购加议购 1 850 亿斤,棉花收购 8 900 万担。调出粮食 400 亿斤,其中吉林 83 亿斤,安徽 54 亿斤,河南、山东各 49 亿斤,湖南 44 亿斤,江苏 40 亿斤,湖北、辽宁、四川等省调出的数量也很大。这是一个巨大的变化。

1983 年,我国城乡市场出现了新中国成立以来少有的繁荣景象。社会商品零售总额为 2 840 亿元,比上年增长 10.5%。全民所有制单位、集体所有制单位和个体户的零售额都有所增长。

特别是农村,由于农业实行了联产承包责任制,解放了生产力,发展了商品生产,出现了大批勤劳致富的专业户、重点户,购买力更是大幅度地提高。1983 年,农村商品零售总额达到 1 600 多亿元,比 1982 年增长 12.4%,比 1978 年增长 1.1 倍。近 5 年间,农村商品零售总额的增加额,比前 26 年的增加额还多出 190 多亿元。农村是一片繁荣兴旺的景象。

1983 年的大好形势,是执行三中全会以来的路线、方针、政策的结果,是精神变物质的最生动的表现。

认真贯彻中央 1984 年一号文件以及国务院即将颁发的《关于合作商业组织和个人贩运农副产品若干问题的规定》和《关于农村个体工商业的若干规定》,是我们这次会议的主要内容。深入贯彻中央一号文件,全国必将出现新的繁荣景象。中央一号文件对工商行政管理工作提出了要求。在我们工作范围内的,都要放手地积极执行。凡是合法的、合乎政策的,都要大开绿灯,大力支持;凡是违法的、违反政策的,都要加以纠正和处理。

1984 年,是完成"六五"计划、实现国家财政经济状况根本好转的关键一年,在全党和全国人民的努力下,必将取得新的成果。

新的经济形势,给我们提出了新的更繁重的任务。我们工商行政管理工作,必须随着时代的步伐前进,开创新的局面。

下边讲三个问题。

一、解放思想,提高认识,跟上形势,改进管理

工商行政管理部门是各级政府的一个部门,是一个行政执法机关,属于上层建筑。上层建筑要反作用于经济基础,为经济基础服务。因此,我们要充分发挥自己的职能作用,积极促进商品生产的发展,疏理流通渠道,繁荣经济。我们要做促进派,不要做促退派。中央关于整党的决定,要求全党统一思想,同中央保持一致。我们的工作,必须服从于全党的总目标、总任务。实践证明，党的十一届三中全会以来的路线、方针、政策是正确的，全党工作的着重点转移到社会主义现代化建设的轨道上来是正确的，对外开放、对内搞活经济的政策是正确的。我们必须在路线、方针、政策上统一思想，同中央保持一致。必须在思想上、行动上继续肃清"左"的影响，认识新的形势，根据新的情况考虑我们的工作。在管理上，必须按照十一届三中全会以来的路线、方针、政策办事，按新的法规办事，不要受旧的思想束缚，按照老框框办事。必须正确认识国营、集体经济在社会主义建设中的作用，充分发挥个体经济的补充作用，努力解放生产力，发展商品生产。

过去总结过两句话："活而不乱，管而不死"。总结得很好。但在十一届三中全会以前难以做到，也不可能做到。比如，市场从产到销都管得很死，商品缺少，又不准开放，谈不到什么"活而不乱，管而不死"的问题。现在，应当说有条件实现这个要求了。"管"和"死"，"活"和"乱"，都不是必然的因果关系。做到"活而不乱，管而不死"的关键，在于指导思想正确，在于政策符合经济规律，在于管理方法得当。我们在政策上要立足于搞活经济，促进生产，活跃流通，为了搞活而管，为了治乱而管，把该活的放开，该管的管住，保护合法经营，限制非法经营，保护积极因素，限制消极因素。这样，不但不会管死，而且可以使该活的活起来。应当承认，客观情况是不断变化的，经济关系是相当复杂的。它涉及国家、集体、个人的利益，涉及有益或有害于社会的活动。但是，只要我们切实地贯彻中央的方针、政策，并且能够创造性地加以运用，管理得当，方法对头，就一定会收到良好的效果。

关于农村方面的工作，我们要坚决贯彻中央一号文件精神。八亿农民是一个大头，农业的发展，对整个国民经济的发展有着推动和制约的作用。农民尽快富裕起来，必将推动工业的巨大发展。农村是工业品的巨大市场，八亿农民的市场按人口来讲等于八个日本。这样巨大的市场，潜力是很大的。

农村对化肥、拖拉机、建材以及生活用品的需要量是巨大的。去年工业品在农村销售额达1 600多亿元，但还是不能满足农民的需要。如果农民达到小康水平，购买力就会增加几倍。这是推动工业发展的巨大潜力。这与资本主义的萧条成为明显的对照。

农民长期被困在小块土地上的情况即将发生可喜的变化，农村的剩余劳力将日益增多。由于专业户的发展，各种各样的商品生产，各种各样的服务行业都会发展起来。如小型工业，家庭手工业，建材建筑、食品、饲料、山货加工、运输、贩运、储藏、咨询信息、商业、服务业等，都将应运而生。个体的、联户（合伙）的、合作的，都会迅速发展。对这些，我们都要按照中央一号文件精神予以大力支持。凡是有利于增加商品，提高质量，活跃流通，改善服务，对国民经济有利，符合党的富民政策的，都要积极支持，在发展中搞好管理。各省、直辖市、自治区可以根据实际情况制定一些具体管理办法。总之，要保护积极因素，克服消极因素，查处违法行为。要结合实际积极宣传工商行政管理的法规。

管理是实现社会主义现代化不可缺少的手段。管理也包括服务。我们要树立服务的思想，做好服务工作。要为生产服务，为流通服务，为工商企业和社会经济组织服务。我们服务的面是很广的，企业登记，发放营业执照，市场管理，个体经济管理，注册商标，合同的管理、调解、仲裁，广告管理等，既是管理，也有具体的服务工作。从整个工作来说，也都是为四化建设服务。

除了政府行政管理之外，还要发挥群众管理的作用。要依靠个体劳动者协会、市场管理组织等群众组织进行管理。这对维护经济秩序，将会起到很好的作用。

随着我国工农业生产的发展，流通渠道的疏通，经济的进一步搞活，工商行政管理的任务将会日益加重。我们的工作政策性强，涉及面广，在执法过程中需要进行大量的具体工作。一方面要依法办事，另一方面在执法过程中又要做好法规的宣传工作和思想工作。工商行政管理系统的干部，在条件比较困难的情况下进行工作，是非常辛苦的。因此,要及时表扬好人好事,大鼓干劲,同时也要注意纠正错误的做法,查处违法乱纪行为。

二、加强调查研究,转变工作作风

随着 1983 年和 1984 年两个中央一号文件的深入贯彻执行,农村生产力的解放,商品生产的发展,流通渠道的疏通,必然会对我们的工作提出新的要求。为适应这种新的形势,就必须改进我们的工作,加强调查研究。毛泽东同志曾经指出:调查研究"是转变党的作风的基础一环"。近一两年来,全国上下调查研究之风已经兴起。过去我们国家局和各省、市、自治区局都做了些调查研究,但是还很不够,今后我们要共同努力,加强这一工作。这也是整党的要求。对于我们工商行政管理部门来说,加强调查研究工作更为迫切。除各项业务工作需要深入调查之外,为了更好地贯彻中央一号文件,1984 年要重点抓住以下几个问题进行调查研究。

第一,关于雇工问题

1984 年中央一号文件指出:关于雇工问题,"中央在《当前农村经济政策的若干问题》中已有原则规定,应继续依照执行。工商行政管理部门,要及时办理登记发证工作,加强管理。各有关部门要认真调查研究,以便在条件成熟时,进一步做出具体的政策规定"。

国务院《关于城镇非农业个体经济若干政策性规定》中指出:经工商行政管理部门批准,可以请一两个帮手,带三至五个学徒,共七人。不论是党员、非党员,执行这一规定都是合法的。为了进一步了解这一政策执行的情况,需要对个体经济各行业的发展情况分别做些调查研究。如雇主与雇工关系,工资福利问题,社会经济效益好坏,生产经营管理有什么特点,传统工艺的恢复发展,技术上有什么进步,有什么发明创造,以及工商行政如何管理,税收政策,等等。

目前,还有一些地方雇工超过规定人数,有的是个体的,有的是联户合伙的。要调查一下都是属于哪些行业,发展前景如何,在国民经济中所起的作用,以及内部管理,外部关系等。这种调查主要是为了搞清情况,做到心中有数,便于进一步研究问题。

第二,关于农副产品贩运问题

国务院《关于合作商业组织和个人贩运农副产品若干问题的规定》即将发出。贩运问题,1983 年中央一号文件下达后实际上已经开放了。1984 年中央一号文件指出:"三类产品和统派购任务外的产品的价格要真正放开,允许国营商业、供销社按合理的进销差率灵活掌握购销价格,以便参与市场竞争和调节。经营中要尽量减少环节,组织产区、销区直线流通。"新的规定下达后,作为法规去执行,执行中遇到的一些问题,需要进行调查研究。贩运的开放,肯定是一项好的政策,它适应农村商品生产的发展,可以加速商品流通,促进生产发展,活跃城乡集贸市场,方便人民消费。但也会出现一些问题,如抬价抢购紧缺商品,欺行霸市之类,发现后加以处理就是了。同时也可通过调查研究,了解农村经济发展的深度广度,研究一下这个规定执行后会出现什么新的情况,对推动生产的作用如何,管理上需要做些什么工作。

第三,关于个人购买机动车船从事运输问题

中央一号文件规定,个人可以购置机动车船从事生产性运输活动。这对促进生产,活跃流通是有利的。据了解,目前全国农民个人已买了 150 万台拖拉机,17 000 辆汽车,承包集体有 100 万台拖拉机。事实证明,农民利用机动的、非机动的运输工具搞运输,促进了生产和商品的流通,特别是在沟通城乡贸易方面起的作用不小。例如,湖北安陆县的农民去年一年利用各种运输工具运出三亿斤农副产品进入市场;河北、山东省的农民利用各种运输工具运入北京、天津的农副产品也很多;山西省各地向铁路沿线运煤数以百万吨计;河南巩县的煤、建材大批外运;上海、南京周围的农民用车船运入城市大批农副产品、水产品和建材,这些都促进了农村商品生产的发展,给城市解决了不少的问题。开展民间运输活动,对于农副产品、鲜活商品、水产品、建筑材料的流通更为有利。个体、联户运输具有灵活性,随叫随到,运送及时,服务态度也好,应当提倡。但发展民间运输要遵守交通部门的有关规定。当然也会出现些问题,如发生事故、轧死人,出现投机倒把、偷税漏税等。这些都要通过调查研究,提出管理办法。

第四,关于农村集镇建设和工商行政管理所的工作问题

发展和建设农村集镇,中央和国务院均有指示,而且非常重视,中央一号文件也进一步明确指出:要把"集镇逐步建设成农村区域性的经济文化中心"。并且要各省、直辖市、自治区试点,"允许务工、经商、办服务业的农民自理口粮到集镇落户"。

随着集镇建设的发展,如何加强工商行政管理所在农村集镇的工作,就成为我们要研究的新课题。如何管好有关工商行政管理方面的各项工作,县市工商行政管理局如何指导他们工作,以及工商行政管理所应有什么职权等,都需要进一步调查研究,逐步加以明确。

以上四个问题,可否作为我们今年为贯彻中央一号文件而进行的调查研究的重点,请同志们考虑。如果各省、直辖市、自治区认为还有其他紧要问题需要调查研究,可以自行选定。我们希望每个省、直辖市、自治区最好能以一县一市(中小的)为重点,从这几个方面进行深入的调查研究,于九月份写出调查报告给我们,以便进一步研究这些问题。

三、加强干部培训,积极创办教育事业

党中央在批转组织工作座谈会的批语中指出:我们要搞好两个伟大工程,一个是社会主义四化,一个是干部四化。不抓好后一个工程,前一个工程就缺少组织保证。

这段话讲得十分透彻。

我们深感人才缺乏。我们工商行政管理系统的干部,文化低、素质差,甚于其他部门。我们系统现有职工中,大专文化程度的仅占1.6%,中专、高中程度的仅占26%,其余都是初中以下。因此,加速培训现有职工和培养后备力量,已是刻不容缓的迫切任务。

我们要采取多种形式培养人才。

首先,要把短期轮训班办好。希望各省、直辖市、自治区普遍办起来,争取在两三年内把现有干部轮训完毕。新招收的和调进的人员,必须经过短期训练,才能参加实际工作。轮训的时间,每期两个月左右为宜。这个方法收效比较快,也适合我们干部队伍的情况。去年,河南、辽宁、湖南、北京、贵州、江西等省、市已经这样办了,都收到了很好的效果。河南省举办了干部轮训班和工商行政管理法规报告员培训班,轮训地、市、县局长160多人,培训报告员130多人。考试成绩都很好。我们同时也要注意分专业轮训班,以提高专业干部的水平。

去年12月,中央组织部、宣传部和劳动人事部召开的全国干部培训工作座谈会,总结了四条培训干部的经验。第一条是,要提高各级领导对干部培训工作战略意义的认识,这是做好干部培训工作的关键。第二条是,要切切实实地抓好干部培训规划的落实工作。第三条是,要依托大、中专学校培养干部。第四条是,要走社会化办学、联合办学的路子,这是在条件不足的情况下大规模培训干部的基本方法。我觉得这些经验对我们是很适用的。

在办短期培训班的同时,我们要积极行动起来,抓住一切机会,创办学校教育。各省、直辖市、自治区都应积极创造条件,办一所中等专业学校,争取在几年之内培养一大批专业人才,以改善我们队伍的状况。

不论办轮训班还是办学校,都要首先准备好教材和师资。教材可以国家局人教司为主,组织有关大学编写,各省、直辖市、自治区也可以自己编写。

从1984年起,各省、直辖市、自治区工商行政管理局都应制定教育发展规划,同时,报送省、自治区政府和国家工商行政管理局。

任中林局长在全国工商行政管理局长会议闭幕会上的讲话

（1984 年 2 月 22 日）

全国工商行政管理局长会议今天就要结束了。由于国务院领导同志的关怀支持和与会同志的共同努力，我们这次会议开得很好，很有收获。我们听了田纪云副总理在全国经济工作会议上的报告。这个报告对我们工商行政管理工作有着密切的关系，特别是田纪云副总理关于工商行政管理工作的讲话，给了我们很大的鼓舞和支持。会议期间，我们学习了中央一号文件，加深了对文件精神的理解，在这个基础上讨论安排了1984 年的工作。大家认识到发展商品生产的重大意义，深刻体会到我们必须认清形势，跟上形势，继续克服"左"的思想影响，破除因循守旧，迎接形势的挑战，改进我们的工作。各地同志还对国家工商行政管理局提出了许多很好的意见，对我们改进工作、转变作风帮助很大，我们衷心地表示欢迎。大家批评我们会议多、文件多、报表多，这个问题我们一定要认真研究解决。

关于去年的工作情况和今年的工作安排，我在会议开幕时已经讲过，这里不再重复了。当前摆在工商行政管理部门面前的中心任务，是通过搞好各项管理工作，来促进商品生产的大发展，促进市场的繁荣和经济的活跃。工商行政管理的各项工作，都要贯彻中央一号文件的精神，都要围绕着这个中心去做。在贯彻中央一号文件国家、集体、个人一齐上的方针，促进我国农村商品生产发展方面，工商行政管理部门重点应当抓什么？我们认为重点是抓三项工作：一是继续发展农村集市贸易，组织管理好农副产品贩运活动，建立大中城市农副产品批发市场，在活跃商品流通中更好地发挥这条补充渠道的作用；二是进一步发展农村个体工商业，促进多种经营的发展；三是积极支持农村集体企业的发展。请各地结合本地情况进行安排。

经济越是活跃，就越是需要加强工商行政管理。我们要促进经济的活跃，同时又要加强管理工作，保证国家计划，维护经济秩序。这样才能做到活而不乱、管而不死。工商行政管理部门怎样保证国家计划？主要是利用行政办法，通过市场管理、企业登记管理、个体工商业管理、经济合同管理等各个方面的行政手段。在这方面，要重视经济合同的作用。计划产品，要按照国家下达的计划签订合同，把计划落实到生产单位。工商行政管理部门通过经济合同的管理来加强检查监督，保证计划的实现。计划外的产品，也要通过合同来实现产销结合。

处理违章违法和投机倒把案件中，要注意收集典型案例，研究处理原则，总结办案经验，提高办案质量。

田纪云副总理在他的报告中指出，经济越搞活，工商行政管理的任务就越重。事实证明这是完全正确的。工商行政管理部门的全体同志都应当充分认识到我们工作的重要性和自己的职责。怎样才能很好地履行我们的职责，完成我们的任务呢？这里关键是要统一我们的思想。就是要把我们的思想真正统一到党的十一届三中全会以来的路线、方针、政策上来，统一到十二大的方针上来。必须明确地肯定，党的十一届三中全会以来，中央的路线、方针、政策是正确的，不存在"左"或"右"的问题。人大常委会和国务院近几年来颁布的有关工商行政管理法规，是党的路线、方针、政策的体现，也都是正确的，我们应当坚决贯彻执行。我们必须统一思想，同中央保持一致；坚定地执行党的各项方针政策，在执行中注意克服"左"的残余。这样，我们才能在我们的岗位上完成党中央和国务院交给我们的任务。

应当看到，由于过去长时期以来经济工作中"左"的思想影响，我们的思想上，过时的旧观念、老框框还很多，还有许多地方与实际工作不相适应。在新的形势面前，我们还缺少知识和经验。所以，要统一我们的思想，就需要进一步克服"左"的影响，破除旧的思想束缚，放宽我们的眼界，更新我们的知识结构。形势的发展必然会带来许许多多新的情况和新的问题,需要我们加强调查研究。例如,对农村中大量出现的专业户要不要发给营业执照?怎么个发法?需不需要全国作统一规定?这些问题,就需要各地调查研究,提出解决办法。李衍授同志在他的讲话中提出了四个问题,作为工商行政管理部门今年为贯彻中央一号文件而进行调查研究的重点,我认为很有必要。对于有些新的问题,一时拿不准的,可以看一看,继续调查研究,不忙于作出规定,条件成熟了再加以解决。

各地要注意加强对基层工商行政管理所的领导。基层所的同志工作是积极的,也是很辛苦的,条件也较差,我们应当支持他们的工作,关心他们的生活,帮助他们解决工作中的实际困难。同时,要切实加强对基层所的政治思想工作,教育他们遵纪守法,坚决克服不正之风,更不容许执法犯法。基层同志直接同群众接触,要教育他们树立全心全意为人民服务的思想和密切联系群众的作风,处理问题要以理服人,对待群众态度要和气,要善于做群众的思想工作,决不能以管理者自居,简单粗暴,盛气凌人。

工商行政管理工作政策性强,牵涉面广,必须紧紧依靠各级党委和政府的领导以及有关部门的支持。否则,我们的工作是搞不好的。各级工商行政管理部门,都要及时向当地党委和政府反映情况,汇报工作,请示问题,提出建议,当好领导的参谋和助手,主动争取党委和政府加强对工商行政管理工作的领导和支持。要加强同各有关部门的联系,争取他们的合作和帮助。这次会议以后,大家回去要及时向党委和政府汇报,听取指示,按照党委和政府的统一部署开展工作,为贯彻中央一号文件精神,促进商品生产的发展,作出更好更大的成绩。

李衍授副局长在全国工商行政管理局长会议上的讲话

(1985 年 2 月 28 日)

全国工商行政管理局长会议现在开会了。

我们这次会议,是在我国国民经济迅速发展的大好形势下召开的。回顾 1984 年,在党中央的正确路线、方针、政策指引下,广大干部、职工建设社会主义的积极性空前高涨,各条战线都取得了巨大的成就。据初步统计,工农业总产值达10 000亿元,比上年增长 12.3%,国民收入增长 11%,财政收入增长 18%。农村经济持续发展,农业总产值达到 3 100 多亿元。粮食达到 8 061 亿斤,比上年增长 315 亿斤。棉花达到 1.1 亿担,比上年增产 2 200 多万担。油料达到 2.2 亿多担,比上年增产 1 490 多万担。乡镇企业总产值达到 1 300 多亿元。工业生产全面增长,总产值达到 7 000 亿元,比上年增长 13.6%。重工业和轻工业均衡发展,许多名牌和适销对路的轻工产品大幅度增长。列入"六五"计划的工农业主要产品 95 种中,到 1984 年底,有 63 种提前完成了"六五"计划指标,占 66%。我国社会主义经济建设呈现一派生气勃勃的景象。

在过去的一年里,我们工商行政管理工作也取得了可喜的成绩。各地工商行政管理机关,在各级党委和政府的领导下,认真贯彻执行了对内搞活经济、对外实行开放的方针,加强对工商企业的经济监督,维护社会经济秩序,为促进生产、繁荣经济作出了贡献。各项工作都有了很大进展。到 1984 年底,全国登记发照的工商企业达 360 万户,比 1983 年增长 20%。登记的中外合资、合作和外资企业,增加了 1 500 余家,达到 2 200多家。城乡集贸市场已增加到 5.6 万余个,全年成交额达 458 亿元,比 1983 年增加 21%。农副产品批发市场已有 1 000 个,比 1983 年增加了 4 倍。1984 年已建立合同仲裁机构 2 400 余个,全年受理合同纠纷案件 1.9 万余件,比 1983 年增加 36%,已结案 1.7 万余件,占受理案件的 85%。登记发照的个体工商业到 1984 年已达到百多万户,从业人员已达 1 300 万人,与 1983 年比较,户数增加 57%,人数增加 74%。申请注册商标 1984 年达 2.9 万多件,比 1983 年增加 42%;核准注册的商标 1984 年有 1.5 万余件，比 1983 年增加 16%；到 1984 年底注册商标累计数已经超过 10 万件。1984 年广告经营单位已发展到 3 800 多家，比 1983 年增加 60% 以上；广告营业额达 3.4 亿多元，比 1983 年增加 40% 以上。1984 年，还查处各种违法、违章案件 83 万多件。培训干部取得了一定的成绩，到 1984 年年底，参加短期学习的干部已有 16 万多人次。工商行政管理在前进，在发展。

大家知道，去年十月党的十二届三中全会通过了《中共中央关于经济体制改革的决定》（以下简称《决定》）。这是一个具有重大历史意义的纲领性文献。《决定》为建设具有中国特色的社会主义描绘了一幅宏伟的蓝图，丰富了马克思主义的政治经济学和科学社会主义。1985 年，全党和全国人民，将按照《决定》的战略部署，深入展开以城市为重点的全面的经济体制改革，改革计划体制和价格体系，增强企业活力，提高经济效益，进一步发展社会主义商品经济。今年年初，中央又发布了［1985］1 号文件，决定将农村改革的中心转到农村产业结构的改革上来，要求按照社会需要和市场需求来安排生产，把农副产品价格放开，实行市场调节，以促进农村经济向专业化、商品化、现代化转变，使农村经济进一步活跃起来。最近，中央又召开了全国省、市长会议，在肯定大好形势的前提下，着重指出了当前在经济改革过程中出现的一些新问题，对那些干扰经济改革的不正之风，及时提出了纠正措施。这些正确的决定，必将推动我国经济体制改革的顺利进行。

新的形势对工商行政管理工作提出了新的要求。我们这次会议的中心任务，就是要贯彻《中共中央关于经济体制改革的决定》和中发［1985］1 号文件的精神，以及全国省、市长会议的精神，认真研究新形势下出现的新情况和新问题，在总结工作的基础上，对工商行政管理工作作出新的部署。在新的一年里，我们的工商行政管理工作必须围绕经济体制改革这个中心来进行。必须坚持对内搞活、对外开放的政策，以适应经济改革的要求；还必须加强管理和监督，以

保证经济改革的顺利进行。我们工商行政管理机关的职责，就是要按照国家的政策、法律和计划的要求，对工商企业进行监督，保护合法经营，取缔非法经营，维护社会经济秩序，保护消费者利益，促进社会生产力的不断发展。我们一定要严格履行自己的职责，认真贯彻执行中央的方针、政策，坚决制止干扰经济改革、危害经济秩序的行为。要不断总结工作经验，改进工作作风，提高工作水平，真正做到搞活管好。很明显，工商行政管理的任务比过去大大加重了。经济越是搞活，工商行政管理越是要加强，这是发展国民经济的客观需要，也是改革经济体制的必然要求。

针对当前情况，我们这次会议将着重研究当前工作中的几个主要问题，如制止党政机关和党政干部经商、办企业问题，加强中央对工商企业的登记管理和监督问题，制止就地转手非法倒卖的问题，生产资料市场的管理问题，以及其他的政策性的问题，进行深入的讨论，并提出解决问题的措施和办法。

任中林局长在全国工商行政管理局长会议上的总结报告

（1985 年 3 月 11 日）

全国工商行政管理局长会议是 2 月 28 日开始的，已经开了 11 天。我们学习了《中共中央关于经济体制改革的决定》，传达了全国省长会议的精神，交流了各地工作中一些很好的经验，讨论了在开展经济改革形势下今年的工作部署，研究了工商行政管理工作中若干政策性问题。会议开得很好，很有收获。大家一致拥护全国省长会议的精神，在改革的总方向、总目标上要坚定不移，在具体步骤、具体行动上要谨慎从事。既不要丧失时机，又必须在实践中探索，防止大的失误，务求必胜。一方面要改革、开放、搞活，一方面要讲管理、制度、纪律，在重大决策、部署、措施上，必须统一认识，统一步调，令必行，禁必止，坚决制止干扰破坏改革的

不正之风。各地同志都表示,要把省长会议的精神贯彻到我们的工作中去。

现在,就会议讨论的情况,讲几点意见。

一

在过去的一年中,各地工商行政管理机关在当地党委和政府的领导下,为继续贯彻对内搞活经济、对外实行开放的方针,为贯彻中共中央和国务院的有关政策和指示,做了大量的工作。企业登记管理、经济合同管理、市场管理、个体经济管理、商标管理、广告管理等各项工作都取得了很大的进展。

在企业登记管理方面,到1984年底,工商行政管理机关登记发照的企业约有360万户,比1983年增加20%。外资企业登记发照的有2 244户,比1983年增加了220%。其中中外合资企业829户,中外合作企业1 346户,外商独资企业69户。此外,还有外国企业驻华代表机构796个,比上年增加32%;华侨和港澳企业代表机构135个,增加150%。企业登记工作的普遍开展,为加强对工商企业的监督管理创造了必要的条件。

在经济合同管理方面,各地普遍开展了对经济合同纠纷的调解仲裁工作。到1984年底,各级工商行政管理机关已经建立仲裁委员会2 442个,占应建单位的78%。工商行政管理机关受理经济合同纠纷案件1984年达19 000多件,比1983年增加36%。结案的17 000多件,占受理案件的85%。通过对经济合同的管理和对合同纠纷的调解仲裁,加强了经济法制,维护了合同当事人的合法权益,推动了企业改善经营管理。

在市场管理方面,继续疏通各种渠道,促进商品流通,城乡集市贸易有进一步的发展。到去年年底,全国城乡集市共有56 500个,比1983年底增加8 497个。其中,农村50 356个,增加6 841个;城市6 144个,增加1 656个。集市贸易成交额全年458亿元,比1983年的379亿元增加21%,相当于社会商品零售额的10.4%。其中,农村集市成交额382亿元,比1983年的328亿元增加16.5%;城市集市76亿元,比1983年的51亿元增加30%。集市价格水平基本上与1983年持平,并略有下降。为适应贩运活动,促进物资交流的需要,各地陆续建立农副产品批发市场。到去年年底,全国已建立农副产品批发市场1 000个,比1983年增加4倍。其他各种专业市场也有很大发展。许多地方采取集资的办法,大力开展集市建设工作,去年全国集市建设的投资达5.2亿多元,比1983年增加3倍。在搞活市场的同时,各地开展了打击投机倒把、走私贩私的斗争。1984年全国查获处理投机倒把和市场违章案件835 568件,罚款没收款15 791万元。

在个体经济管理方面,各地贯彻国家、集体、个人一起上的方针,个体工商业比1983年有更大的发展。据1984年底统计,全国个体工商业有930余万户,1 300多万人,全年营业额为457亿元,其中商品零售额288亿元,占社会商品零售额的8.6%。与1983年比较,户数增加了57.6%,人数增加了74.7%,营业额增加了117%。其中,城镇个体工商业有222万户,增加30%;291万人,增加40%;全年营业额122亿元,增加70%。农村708万户,去年底调查,已有90%的市、县建立了个体劳动者协会,还有13个省、自治区、直辖市也建立了个体劳动者协会。协会的建立,不仅有利于加强对个体工商业者的教育和管理,并且在组织个体工商业户开展优质服务、技术培训、联购分销等方面发挥了有益的作用。

在商标管理方面,由于商品经济迅速发展,去年是申请注册商标最多的一年,全国申请注册的商标达29 564件,比1983年增加42%。其中国内商标26 487件,增加39%;外国商标3 077件,增加82%。去年一年核准注册的商标14 770件,比1983年增加16.4%。到1984年底,全国有效商标已达105 383件,其中国内商标88 444件,国外商标16 944件。为了保护注册商标的专用权,各地检查处理了一些假冒商标和侵权案件。

在广告管理方面,在经济日趋活跃的形势下,去年广告事业有很大发展。全国广告经营单位已有3 800多户,比1983年增加62%。广告营业额为3.4亿多元,增加

47%。根据广告管理工作中遇到的问题，我们会同有关部门，对民间职业剧团和民间艺人的营业性广告，举办各类外语学校、辅导班和私人办学的招生广告，私人行医广告，中西药品广告，征婚、寻人、寻物、招失、启事声明广告等作了一些规定，并禁止为香烟和四十度以上烈性酒利用主要媒介刊播广告。许多地方，加强了对虚假广告和违法广告的检查处理。

工商行政管理工作范围很广，涉及生产、交换、分配、消费各个领域，涉及工业、农业、交通运输、建筑、商业、服务等各个行业，涉及国营、集体、个人以及国内、国外等各个方面。党的十一届三中全会以来，随着商品生产和多种经济形式的发展，工商行政管理机关的监督管理职能不断地加强。国务院领导同志早就指出，经济越是搞活，就越需要加强工商行政管理，工商行政管理的任务就越重。这一点已经为实践所证明。从去年的情况看，当前工商行政管理工作中的问题，主要是我们对搞活经济与加强管理之间的辩证关系理解不深，还没有学会如何在改革和开放中去加强管理，对新的问题反映得不够及时，新的管理制度和管理方法还没有跟上去，在某些方面管理工作有所放松。我们各级工商行政管理机关的同志，都要认清经济形势发展给工商行政管理工作带来的变化，很好地履行我们的职责，努力为社会主义现代化建设服务。

二

1985 年，是经济体制改革全面开展的第一年。改革经济体制，是要改变原来经济体制上那种不适应社会生产力发展要求的僵化的模式，改革生产关系和上层建筑中不适应生产力发展的一系列相互联系的环节和方面，建立具有中国特色的充满生机和活力的社会主义经济体制，搞活经济，搞活企业。不改革原来的经济体制，四个现代化的宏伟目标是不可能实现的。我们一定要认真地学习中央的决定，坚定不移地把中央决定的精神贯彻到我们各项工作中去，自觉投身于改革的伟大实践，努力去实现改革的目标。同时必须认识到，经济体制改革是一件新的事物，经验还不多，总的来说还处于探索办法、积累经验的过程，在改革中还可能碰到这样那样的问题，要求走一步看一步，在实践中探索，防止出现大的失误。所以，改革必须有领导、有步骤、有秩序地进行。既要积极，又要稳妥。微观方面要放活，宏观方面要管住。整个经济体制改革，必须在国家统一方针政策的指导下和严密纪律的约束下进行，决不能自行其是。中央领导同志多次指出，改革与管理二者是相辅相成的。强调管理，不是要回头走老路，而是要建立一套同改革相适应的新的管理制度和办法。强化管理，是为了指导改革，促进改革，保障改革。这也就是我们在工商行政管理工作中必须明确树立的指导思想。

我国面临的经济形势非常好，国民经济出现了持续、稳定、协调发展的好势头。要巩固和发展这个大好形势，在改革上不失时机地迈出重要的一步。同时，当前也出现了一些问题，决不能掉以轻心，任其蔓延，必须认真加以解决。我们工商行政管理机关，必须坚持对内搞活经济、对外实行开放的方针，在开放、搞活的过程中加强监督管理，以保证改革的顺利进行。1985 年主要应当做好以下几项工作：

第一，认真贯彻中共中央、国务院的指示，对党政机关和党政干部经商、办企业进行清理整顿。

当前，在新的形势下出现了新的不正之风。党政机关和党政干部经商、办企业，就是这几种歪风中的一种。据 25 个省、直辖市、自治区工商行政管理局初步统计，党政机关和党政干部经商办企业已有 1.6 万多户。党政机关和党政干部，行使国家赋予的权力，是为国家和人民谋利益的。如果党政机关和党政干部经商、办企业，就是官商结合，权利结合，就是以权谋私。这种活动，不仅会扰乱经济，破坏改革，而且会败坏党风，腐蚀干部，是决不能准许的。

主管企业登记，是工商行政管理机关的重要职责之一。应当说，在制止党政机关和党政干部经商、办企业的问题上，过去我们把关不严。这里有几种情况：有的是想把关但没有把住；有的是对这股歪风的危害性认识不足，没有引起重视。当然，还应当指出，有些地方，工商行政管理机关这方面工作做得是好的，是及时向党委和政府反映了这方面的问题，是坚持原则的。我们要把清理整顿党政机关和党政干部经商、办企业，作为今年上半年的一项主要任务来抓，作为保障经济改革的大事来对待。

这项工作怎么做？党中央、国务院已经发了文件，中纪委也发了通知，政策精神已经很清楚了。对党政机关和党政干部办的企业，要全面进行清理整顿，特别是对经营各种商业企业的，要重点加以整顿。对利用权力经商，钻多种价格和多种调节手段的空子，转手倒卖牟取暴利、招摇撞骗等违法行为，要坚决取缔，吊销营业执照，没收暴利。偷漏税款的必须补税，并课以罚款。从事工业、交通、技术咨询和服务行业的，可以继续办下去，但必须符合中央、国务院的规定，经营方向必须端正。在人、财、物上必须与机关单位脱钩，独立经营，自负盈亏。

在清理整顿工作中，可能会碰到一些阻力，有的人还会钻政策的空子。但是，只要我们紧紧依靠党委和政府的领导，与各级纪委和有关部门密切配合，严格按党的政策办事，态度坚决，工作做细，处理妥善，这股歪风是一定可以刹住的。工作中碰到困难，要及时向党委汇报请示。清理整顿工作请各地在今年上半年完成，并将清理整顿结果在七月底以前报送给我们。

这里必须强调一下，在我们各级工商行政管理机关当中，如果有经商办企业的，要首先从自己整顿起，把自己整顿好。工商行政管理机关的干部，一律不准兼任企业的职务。

有的地方提出，党政机关经商、办企业的问题，政策是明确了，事业单位经商办企业怎么办？这个问题，中央也准备发个文件，将来按中央的规定办理。

第二，适应经济体制改革的要求，加强对工商企业的登记管理。

对工商企业实行登记管理，建立经济户口，是工商行政管理各项工作的基础。经济改革对企业登记管理提出了许多新的要求。应当根据新的要求来进一步做好企业登记管理工作。

去年以来，向工商行政管理机关申请登记的企业日益增加。这不仅是新开办的企业多了，而且还有一些过去不办理登记的单位，也要求登记以取得法人的资格。从当前情况来看，除原来按规定需要办理登记的工商企业以外，登记的范围应当适当扩大一些。这里大体包括三种情况：一是国务院将规定需办理登记的，如民航公司、保险公司等；二是形势发展变化，有些单位提出要求登记的，如新兴的技术开发，信息咨询公司，改为企业经营的事业单位，农村发展的渔场、鸡场、林场等农林牧副渔企业，营业性的音乐厅、游艺场等；三是各省、自治区、直辖市人民政府认为需要办理登记的。以上这三种情况，工商行政管理机关都可以办理登记。

为适应改革的需要，除了适当扩大企业登记的范围以外，还有一个适当放宽企业的生产、经营范围问题。过去我们核定企业的生产、经营范围，限制得严了一些，不利于搞活企业，搞活经济，应当根据改革的要求，适当加以放宽。但同时也应当看到，近一年来，有些地方又出现另一种情况，就是对企业的生产、经营范围放得过宽，有些企业，主要是商业企业，经营范围简直无所不包，什么商品紧俏就干什么。显然，这同样对经济改革也是不利的。行业分工是在经济发展的基础上产生的。社会生产力的发展水平越高，专业化程度也越高，行业分工就越细。如果以为，要改革体制，搞活经济，就不需要生产、经营范围的界限了，那是不对的。我们在核定企业生产、经营范围的时候，两种倾向都要注意，既不能限制过严，也不能放得过宽。对工业和商业、批发和零售要有区别。应当准许工厂发展综合利用，根据市场需要来安排生产。商业的经营范围，可以一业为主，兼营与本业相近的行业，但必须分清主营和兼营，并且不能兼营与主营项目抵触或反向的行业。企业的生产、经营范围，应当与企业的注册资金、设备条件、技术力量等相适应。企业填报的经营项目,应当按照国民经济行业分类的国家标准,不能笼统地填报"生产资料"、"生活资料"、"工业品"、"农副产品"。

在企业登记中,现在有些企业不据实填报注册资金,把资金额报得很大。对这种情况,各地要认真核实。企业申请登记时填报的注册资金,是企业承担经济责任的依据,必须与实有资金一致。不然的话,就容易损害其他单位的利益。为了核实企业的注册资金,在企业申请登记时,可以要企业提供其主管部门或财政部门、银行出具的证明。

在商品经济迅速发展、各种企业不断增多的情况下,为了保护企业的权益和企业之间的正当竞争,我们应当把企业名称的管理提到议事日程上来。同时我国已经加入《保护工业产权巴黎公约》,保护企业名称属于保护工业产权的范围。所以,无论从国内还是国际来说,都需要加强对企业名称的管理。现在,在企业名称上存在的问题较多。我们许多企业的名称,是适应过去那种政企合一、条块分割的体制的,如某某省公司、某某市公司、某某县公司,或者某某一厂、某某二厂等,既反映了行政体制,又代表了企业名称。今后政企分开,这类名称显然不完全适合了。有些企业名称混同,有些企业名不符实。当然,对企业名称的管理相当复杂,需要制定专门的法规。在法规没有制定之前,可以从当前实际出发,考虑历史情况,参照国际惯例,先搞几条办法作为工作中掌握:(1)企业的名称,在申请登记时应经工商行政管理机关核定。(2)企业的名称应当名符其实,反映所属行业和经营特点。禁止小厂、小店起大字号,不准滥用"总公司"、"中心"名称,除军工企业外,不能用阿拉伯数字作企业名称。(3)企业的名称由所在的市、县工商行政管理局审核批准,在市、县范围内,同行业企业不得重名。为防止市、县之间企业名称发生混同,企业全称的前面应当冠以所在市、县的地名。(4)冠以省名、自治区名的企业名称,由省、自治区工商行政管理局核准,在省、自治区范围内,同行业企业不得重名。按《工商企业登记管理条例》的

规定办理发照。(5)冠以中国的企业名称和在国内外具有重大影响的企业名称,由国家工商行政管理局核准,在全国范围内,同行业企业不得重名。(6)中外合资企业不能以国名(地区名)作为企业名称,但经两国政府批准者除外。(7)现有企业名称不符合上述要求的,应当重新办理登记。发生混同的,按申请先后的原则处理。

对外资企业的登记管理工作也要加强。去年,我们已经委托经济特区和沿海十四个城市的工商行政管理局代国家工商行政管理局直接办理本地区的外资企业的登记。今后我们准备还要把委托的范围陆续扩大到各省、直辖市、自治区工商行政管理局。请各地创造条件,做好接受委托的准备。对条件成熟的地方,我们将正式下达委托书。对外资企业仅仅搞好登记是不够的,要注意加强监督管理工作。现在我国正在陆续制定涉外经济合同法、中外合作经营法、外商独资经营企业法等法规,工商行政管理机关也需要相应地制定管理办法。外资企业登记管理工作的新情况新问题很多,我们经验不足,这就需要加强调查研究,及时反映情况,交流信息,发现问题,研究措施,使外资企业登记管理工作更好地为贯彻对外开放的方针服务。

第三,坚决刹住市场上出现的歪风,建立和管好工业品生产资料市场。

多年来,工业品生产资料主要是计划分配的。现在,由于计划供应的范围逐渐缩小,事实上不少的生产资料是在计划外交换的。即使是钢材、煤炭、木材、水泥这些重要的生产资料,计划外的交换也占了相当的比重。但是,由于没有正式建立工业品生产资料的交易市场,生产资料的计划外流通很不通畅,许多企业库存积压的物资卖不出去,一些需要的单位又买不到,而且价格也高低不一,悬殊很大。这样,不仅不利于生产,而且给倒买倒卖牟取暴利的活动以可乘之机。所以,建立工业品生产资料市场是势在必行的。

哪些生产资料可以进入市场来交换呢?从现在的情况来看,国家计划外超产的产

品,企业分成的产品,企业自行组织原材料生产的产品,试制的新产品,物资、商业部门不收购的产品,库存积压的产品,集体和个人开采允许自销的矿产品等,都可以进入市场销售。国家分配给企业的原材料,如果品种、规格、型号不对路,或者节约有余,也允许通过市场调剂。

工商行政管理机关要会同物资、物价、税务、银行等部门,加强对生产资料市场的管理。凡经营工业品生产资料的单位,开办时要向当地工商行政管理机关提出申请,经审核批准发给营业执照后才能开业。通过市场的期货交易,都要签订合同。经营工业品生产资料的单位和个人,都必须遵守国家的政策和法规,服从管理,照章纳税。不准无照经营,不准破坏国家计划,不准偷税漏税,不准投机倒把。建立工业品生产资料市场,是一项新的工作,各地要注意摸索经验,把这个市场搞活管好。

现在一些城市已陆续建立汽车贸易中心和金属材料贸易中心,工商行政管理机关要加强管理。凡是国家指定进入贸易中心的单位,自销汽车、钢材,都要进入贸易中心交易。在贸易中心成交的汽车,要开具发票,由工商行政管理机关验证盖章;非指定单位未进入贸易中心成交的汽车,发票也要由工商行政管理机关验证盖章。属于期货交易的,要签订合同,并由工商行政管理机关鉴证。

关于今年在农村销售汽车的问题,国务院办公厅二月五日已经转发了我们七个单位的报告,请各地按这个报告办理。工商行政管理机关参加农村专用汽车分配小组,主要应当做好两件事:一是对新成立的农村运输合作社进行审核发照,二是严格制止投机倒卖活动。

近一个时期,不少单位和个人就地倒卖汽车、钢材、彩电等重要生产资料和紧俏耐用消费品,从中牟取暴利。有的甚至倒卖这些商品的分配指标和提货凭证,还有的买空卖空,投机诈骗。市场上出现的这股歪风,扰乱市场物价和社会经济秩序,损害国家和群众的利益,干扰当前的经济体制改革,必须坚决制止。各地工商行政管理机关,应当在当地政府的领导下,会同物价、税务、银行、审计等机关,对就地倒卖重要生产资料和紧俏耐用消费品的活动进行认真的检查和严肃的处理,严厉打击投机倒把活动,坚决刹住这股歪风。今后,所有国营、集体工商企业,都不准将国家牌价供应的商品转为议价出售。任何人都不准套购、倒卖国家计划供应的商品、指标、合同或提货凭证。不准从零售商店套购紧俏商品就地转手加价倒卖,不准倒卖计划供应凭证。重要生产资料和紧俏耐用消费品的批发业务,只能由国营商业、物资部门和生产这种商品的单位经营,不准集体、个体商业经营,不准经纪人牵线挂钩,从中渔利。凡是国家有规定价格的商品,在交易中都必须执行国家规定的价格,不准以任何形式索取额外收入。

我们在这次会议上还讨论了当前市场上出现的各种彩票、奖券的问题。许多地方反映,目前不少企业、事业单位滥发各种彩票、奖券,也已经形成一股歪风。三月四日国务院已为此发出通知,规定所有工商企业都要立即停止举办有奖销售活动,并责成各级工商行政管理机关和其他有关部门进行监督检查,请各地认真贯彻执行。

城乡集市贸易这几年来不断发展,在经济生活中发挥了重要的作用。今年中央一号文件对农产品的统购、派购政策作了改革,《城乡集市贸易管理办法》中对上市商品范围的规定已经不完全适用了。凡是取消了统购派购的农副产品,都可以上市和贩运。实行合同订购的,可以边履行,边上市,边贩运。这样,进入集市的农副产品将更多,集市将更活跃。各地工商行政管理机关要进一步把集市贸易搞活管好。当前主要应当抓好三件事:一是继续发展集市贸易,特别在边远地区和经济落后地区,更要大力发展。二是继续建立各类农副产品的批发市场,促进城乡之间和地区之间的物资交流。三是进一步搞好集市建设,使集市建设与集镇建设同步发展。

第四,进一步加强经济合同管理,主要是加强对合同纠纷的调解仲裁工作。

自从《经济合同法》实施以来,经济合同制度正在不断推广。随着商品经济的发展和各类经济组织横向联系的增多,经济合同的数量大量增加。同时,过去企业吃大锅饭的时候,对于经济合同往往不那么重视。今后企业自主权扩大,自负盈亏,对经济合同的签订和履行将更加重视和关心,合同纠纷也会增多。这就要求我们继续加强经济合同的管理,特别是对合同纠纷的调解仲裁。合同纠纷的仲裁,应当按照国务院的规定,由各级工商行政管理局的仲裁委员会处理。现在尚未建立合同仲裁机构的地方,要尽快建立起来。

在处理经济合同纠纷案件中,如何加强与法院的协作?经我们与最高法院联系,可以这样办:经济合同纠纷的当事人,一方向工商行政管理局的仲裁委员会申请仲裁,另一方向法院起诉,那么,仲裁委员会就不受理;如果另一方向法院起诉时,仲裁委员会已经立案,法院就不受理。仲裁委员会依照法律程序作出的调解书、裁决书发生法律效力后,当事人就同一事实和理由向法院起诉,法院不受理。

现在,利用经济合同进行的投机违法活动相当多,应当加强检查。这里需要区别合法和违法的界限。有些活动,例如在正常经营范围内进行的期货交易,在承包工程中严格履行原合同义务的转包等,应当说是正常的,不能看成是违法行为。哪些行为是违法的?这次会议大家议了几条,可以供我们工作中掌握。这就是:(1)伪造经济合同;(2)假冒特定当事人签订合同;(3)倒卖经济合同或为投机倒把活动者提供合同书;(4)利用经济合同倒卖国家不准自由买卖的物资;(5)未经对方同意擅自转让经济合同;(6)利用经济合同行贿受贿;(7)其他利用经济合同危害国家利益和社会公共利益的违法活动。当事人一方利用经济合同进行违法活动,使另一方的正当利益受到损害,应当依法赔偿。

随着农村商品经济的迅速发展,农村中的经济合同大量增加。这些合同,是不是都属于工商行政管理机关管理经济合同的范围?我们研究,对于农副产品购销合同,农村专业户、个体户之间的购销、运输、仓储等合同,也应当管起来。关于农业承包合同,是农村合作经济组织内部的协议,一直是县、乡主管农村合作经济组织经营管理的部门在管,工商行政管理机关就不要管了。

现在许多企业对经济合同的法规还不了解,不熟悉,各地在合同管理工作中应当积极开展咨询服务,采取多种形式加强对企业的辅导,帮助他们解决在签订合同和履行合同时碰到的法律方面的具体问题。这方面工作做好了,可以提高合同的履约率,减少合同纠纷。

第五,积极扶持个体工商业的发展,特别是发展第三产业。

这几年个体工商业虽然有了较大的发展,但还是不能满足市场的需要。在许多地方,买难、卖难、运输难、吃饭难等现象仍相当严重。因此,要继续扶持个体工商业和合作经营组织的发展,特别是引导他们向以劳务为主和适宜分散经营的、为生活和生产服务的第三产业发展。

目前以城市为重点的经济体制改革正在开展,通过技术的改造和劳动生产率的提高,企业中必然会剩余一部分劳动力。这些富余出来的劳动力,大部分将转到第三产业上去。农村中大量剩余劳动力,也有很多人将从事第三产业。各级工商行政管理机关,应当与有关部门一起,按照国家、集体、个人一起上的方针,为继续发展个体工商业和合作经营组织,特别是发展饮食、服务等第三产业积极创造条件,帮助他们解决发展中碰到的一些问题。

在发展个体工商业的同时,要加强管理。对个体劳动者协会要加强指导,支持协会的工作,发挥协会的作用。还没有建立个体劳动者协会的省、市、县,应当根据需要,尽快地建立起来。

第六,切实保护注册商标的专用权,并在商标注册中实行优先权的原则。

保护注册商标的专用权,是《商标法》的核心。为了维护企业的自主权,保护企业之间的正当竞争,更要加强对注册商标专用权的保护。主要做好两个方面的工作：一方面，要督促企业爱护商标的信誉，创名牌，保名牌，生产更多更好的适合群众需要的消费品；另一方面，要严肃处理侵权案件，坚决制止仿冒、伪造等不法行为。现在有些地方市场上冒牌的自行车、手表和各种名酒很多，对这种扰乱经济秩序、损害生产者和消费者利益的活动，要严加取缔。

这里我觉得有必要讲讲优先权问题。去年全国人大常委会已通过我国参加《保护工业产权巴黎公约》，从今年3月19日起将成为巴黎公约的成员国，享有公约规定的权利，承担公约规定的义务。优先权原则是巴黎公约对工业产权确立国际保护的一条重要原则。所谓优先权，从商标来说，就是任何一个巴黎公约成员国的国民，向任何一个公约成员国提出商标注册的申请以后，在六个月期限内，他再向其他任何成员国提出申请和要求，其他成员国都应当按第一次申请日期让他享有优先权。为了实行优先权的原则，商标审定、核准的时间就要相应地延长，以保证巴黎公约成员国的国民来我国申请商标注册的优先权。这是我们必须承担的国际义务。同样的，我国商标到巴黎公约成员国申请注册时，也享有优先权。这个问题，要向企业进行宣传。同时，我们要切实贯彻商标注册的自愿原则，准许使用未注册商标和已申请注册、尚未核准的商标，各地不要在生产、销售、评优等方面任意作出一些违反商标法的规定。

第七，加强广告管理，促使广告更好地为生产和消费服务。

广告是传播信息的一个重要手段，在经济改革中，应当更好地发挥广告的作用，为搞活企业、搞活经济、促进生产、指导消费服务。现在值得注意的问题是，有些企业在经济改革中，不是下功夫去提高产品质量，提高经济效益，而是利用广告来吹嘘夸大，蒙骗群众，损害消费者的利益。各地工商行政管理机关一定要切实加强对广告的管理，对弄虚作假、造成损失的广告，一定要严肃处理。

按照《广告管理暂行条例》的规定，私人是不得经营广告业务的。从这几年实际情况看，对于具有一定技术水平的非在职人员，为了发挥他们的特长为广告事业服务，经工商行政管理机关审核发照，可以准许他们设计、制作广告，但不准私人代理、发布广告。

三

去年一年，各级工商行政管理机关的组织建设和思想建设是有成绩的。按照国务院1983年124号文件增加事业编制的招干工作，全国已经基本完成。工商行政管理人员，已按国务院的规定解决了着装的问题。县工商行政管理局已经列入配车单位，解决了业务用车的户头问题。各地工商行政管理机关的思想政治工作和干部培训工作都有所加强。当前，在人员少、任务重的情况下，更需要加强自身的建设，提高干部素质，发挥积极主动性，更好地履行我们的职责。

工商行政管理机关作为行政执法机关，必须正确地贯彻执行党和国家的方针政策，模范地遵守国家的法律、法令。我们的干部，绝大多数是奉公守法，守职尽责的，但是，也有少数人背离党的政策，脱离广大群众，甚至利用职权，敲诈勒索，贪赃枉法。这是不能容许的。各级工商行政管理机关，一定要继续加强思想政治工作和法纪教育。在整党中，要把执行政策、整顿作风作为一项重要内容。对违法乱纪的人一定要严肃处理，绝不能迁就姑息。同时，要表彰先进单位和模范人物，为全体工商行政管理干部树立榜样。

基层工商行政管理所处于工作的第一线，各地要加强对基层所的领导，抓好基层建设。在这里要重申，工商行政管理所是市、县（区）工商行政管理局的派出机构，担负着工商行政管理各项工作任务，不能下放到区、乡镇。

全国工商行政管理系统的职工有22.5万人，新人多，业务不熟，干部培训的任务很重。在这方面，各地下了很大力量，做了许多工作。到目前为止，在各省、自治区、直辖市中，已经建成工商行政管理干部学校的有五个（北京、山东、辽宁、湖南、黑龙江），正在筹建的有五个（湖北、安徽、河北、天津、福建），开办干部训练班的有七个（江苏、江西、上海、四川、贵州、内蒙古、山西）。我局青岛干部学校去年举办了第三期轮训班，参加学习的地市局长和省局处长等干部有 200 人。到 1984 年底，全国工商行政管理系统的人员参加过轮训的已达到 60%。今年，各地要进一步抓紧干部培训工作。

除了在职干部的培训以外，还必须重视后备力量的培养。现在，武汉大学、北京财贸学院、四川大学、上海财经学院、河北财经学院、郑州大学已先后开办了工商行政管理系或专业。北京、山东、河南、内蒙古、上海、广东、青海、山西、贵州等省市举办了工商行政管理中等专业学校，广东、广西、湖南、浙江、四川、新疆、吉林等地也正在筹建。中等专业人才，是补充工商行政管理人员队伍的主要来源，各省、自治区、直辖市工商行政管理局一定要把它作为重点抓好。已经建立的要努力办好，尚未建立的应积极向当地政府申请，尽快建立起来。各地要从实际出发，根据不同的具体条件，采取单独办、联合办、委托办等多种形式。已经建立的干部学校，应当在校内开设中等专业班，并积极创造条件把干部学校转成中等专业学校。

现在挂靠在国家工商行政管理局的有两个协会，即中国消费者协会和中国广告协会。中国消费者协会是经国务院批准于去年 12 月成立的。它是中国广大消费者的组织，由各人民团体，有关部门，各省、自治区、直辖市及有关方面的消费者代表组成。它的宗旨是对商品和服务进行社会监督保护消费者的利益，指导广大群众的消费，促进社会主义商品经济的发展。当前，中国消费者协会的主要工作，应当是配合政府有关部门，对市场物价加强社会监督。这是广大群众最关心的问题。在省、自治区、直辖市和大中城市，也应当根据条件，把消费者协会建立起来。中国广告协会成立已有一年多了，它是全国性的广告行业组织，任务是宣传贯彻国家有关广告的方针、政策，协调广告经营单位之间的关系，交流广告工作的经验，开展咨询服务。现在已经有一些地方建

立了地方协会，应当根据协会的任务把工作开展起来。

我们现在办的报刊，有工商出版社办的《工商行政管理》半月刊和中国广告协会办的《中国广告报》，中国消费者协会办的《中国消费者报》也即将创刊。请各地工商行政管理机关的同志都来关心和支持这三个报刊，依靠大家的力量来把它们办好。

在经济体制的改革中，工商行政管理的任务是艰巨的，也是光荣的。为了更好地完成任务，我们必须认真学习中央的方针政策，紧紧依靠党委和政府的领导，积极投身于改革的伟大实践，加强调查研究，及时地了解新情况，解决新问题，总结新经验，使我们的工作适应改革的要求。这样，我们一定可以在探索中不断前进，开创工商行政管理工作的新局面，为实现四化建设的宏伟目标作出贡献。

任中林局长在全国工商行政管理局长会议上的讲话

（1986 年 5 月 8 日）

我们这次会议是 4 月 28 日开始的，今天就要结束了。今年召开全国局长会议的时间比往年晚一些，因为在去年 12 月的全国商标、广告工作会议上，我们已经对今年上半年的工作作了初步安排。把这次局长会议安排在六届人大四次会议结束之后，便于我们按照六届人大四次会议通过的"七五"计划和赵紫阳总理关于第七个五年计划的报告的精神，来讨论研究我们的工作，力争在"七五"计划的第一年工商行政管理各项工作有新的发展。

这次会议召开之前，中央财经领导小组听取了国家工商行政管理局的工作汇报，田纪云同志对工商行政管理工作作了重要的指示。田纪云同志的讲话，会议开始时已经向大家传达。各地同志在讨论中一致反映，田纪云同志的讲话肯定了工商行政管理工作的成绩，也提出了新的更高的要求，听了很受鼓舞，一定要在工作中认真贯彻落实，

从思想上、组织上、法制上去适应当前面临的新形势,更好地完成我们担负的任务。

第七个五年计划时期,是我国经济发展战略和经济体制进一步由旧模式向新模式转换的关键时期,所有的地方、部门和企业,都应当把改革放在首位,使改革和建设互相适应,互相促进。根据这个要求,工商行政管理工作应当遵循的方针是:坚持对内搞活经济和对外实行开放,在新旧体制转换过程中切实加强改善监督管理,促进经济体制的改革,保证各种经济活动沿着健康的轨道运行。按照这个方针,我们这次会议对1986年的主要工作作了具体安排。会议还讨论了《关于事业单位办企业的若干规定(代拟稿)》、《城乡集市贸易管理条例(讨论稿)》、《城乡个体工商业条例(讨论稿)》、《广告管理条例(讨论稿)》及其实施细则等法规,讨论了加强思想政治工作和纠正不正之风的问题。这次会议上,大家情绪很高,讨论非常认真,提出了许多好的意见,交流了很多好的经验,会议是很有成果的。

关于工商行政管理工作去年的情况和今年的安排,已经将向中央财经领导小组汇报的提纲印发给大家,我就不再重复了。这里我根据大家讨论的情况讲几个问题。

(一)进一步制止党政机关、党政干部经商办企业和清理整顿各类公司

今年2月4日,中共中央、国务院发出了《关于进一步制止党政机关和党政干部经商、办企业的规定》。这是中共中央、国务院继1984年12月下达《关于严禁党政机关和党政干部经商、办企业的决定》之后,对这个问题再一次作出的重要规定,也是为端正党风而发布的一系列重要文件之一。各级工商行政管理机关,要与各地纪委和组织、人事、审计、税务、银行、司法等部门密切配合,认真贯彻中共中央、国务院的规定,做好进一步清理整顿党政机关和党政干部经商办企业的工作。

去年以来,各地对党政机关和党政干部经商办企业的清理整顿虽然取得了很大的成绩,但是这股不正之风并没有完全刹住,还有必要对这个问题作进一步的规定。这个文件下达以后,有些单位和地区在执行中提出了一些问题,中共中央办公厅和国务院办公厅为此又在今年3月29日发出《关于贯彻执行中共中央、国务院关于进一步制止党政机关和党政干部经商、办企业的规定几个问题的说明》,并在报上发表了答新华社记者问。党中央、国务院对于制止党政机关和党政干部经商、办企业这个问题是非常重视的,决心是很大的。

党政机关和党政干部经商办企业,不仅会妨碍正确地贯彻执行党的方针、政策和公正地履行职责,而且还可能利用职权谋取私利,败坏党纪政纪和社会风气,危害很大。所以,为了促进党风和社会风气的根本好转,保证对内搞活经济、对外实行开放方针的贯彻和经济体制改革的开展,某些党政机关和党政干部利用职权经商、办企业谋取私利的这股不正之风,非坚决刹住不可。这个根本目的明确了,我们就能正确地贯彻执行中共中央、国务院的规定,工作中碰到复杂的问题也就好处理了。例如,党政机关开办的小卖部、洗衣房、理发室、浴池、招待所、礼堂、印刷厂等,主要为本机关服务,有条件的也同时向社会开放。这是为了改善后勤服务工作,方便职工生活,而不是以权谋私,可以继续办。又如党政机关为解决子女就业而兴办的劳动服务公司,也应当准许继续兴办,但必须以待业青年为主,着重发展服务业和加工业,实行独立核算,自负盈亏。不是以安置待业青年为主的,不准用劳动服务公司的名称。党政机关扶持劳动服务公司的资金要按期归还,扶持的固定资产要有偿使用或逐步偿还。但党政机关不得以此从劳动服务公司分成,更不能把劳动服务公司当成机关的小金库,分取劳动服务公司的钱物,也不准把紧俏商品拿到劳动服务公司高价出售。党政机关为帮助待业青年兴办劳动服务公司派去的干部不能在公司领取报酬。

中共中央、国务院的规定,适用于工会、共青团、妇联、文联、科协和各种协会、学会等群众组织,但对于侨联、工商联组织,在掌握上可以放宽。关于侨联兴办企业的问题,

去年 3 月中共中央办公厅和国务院办公厅曾批准全国侨联《关于贯彻中发〔1984〕327号文件的请示报告》。今年 3 月 21 日，又批准全国侨联《关于贯彻中共中央、国务院进一步制止党政机关和党政干部经商办企业的规定》的请示。请各地按照这两个文件办理。侨联除继续配合有关部门引进资金、人才、技术设备和进一步扶持归侨、侨眷集资兴办企业以外，由侨联直接兴办的企业，应另建立经济实体，独立经营，自负盈亏。侨联干部在企业担任职务的，应辞去企业职务或侨联职务，如企业有困难，可允许在企业暂留一两年时间。各级侨联主席、副主席、顾问在企业挂名担任一定职务的，需按干部管理权限报上级有关主管部门批准，并且不领取任何报酬。关于工商联办企业的问题，根据国务院办公厅秘书局今年五月三日来函，去年中共中央办公厅、国务院办公厅批准的全国工商联《关于工商联办企业的请示报告》中提出："为了发挥工商联的特殊作用，经政府主管部门批准，可以举办少量企业。"这个文件仍然有效。工商联所办企业，应当利用原工商业者的一些专长，为发展当地经济，促进改革、开放、搞活多作贡献。工商联同所办企业在财务方面原则上应当脱钩，企业收益不得用于工商联工作人员的工资调整、奖金发放和福利补助。现在已有一百多个县（市）工商联办了企业。其他县（市）工商联如果也要求办，又确实需要办，也有条件办，兴办前要报经当地党委和政府主管部门批准。严禁个体户、专业户、党政机关和党政干部以及其他非工商联组织和人员利用工商联的名义经商办企业。请各地按照这个意见办理。

在进一步制止党政机关和党政干部经商办企业的同时，还要把清理整顿公司作为一项重要工作来抓。去年八月国务院发出《关于进一步清理整顿公司的通知》以来，各地党委、政府对这个工作很重视，作了统一的部署，对近几年发展起来的二十多万家各类公司（中心）进行了清理整顿。目前，清理整顿工作正在进行。清理整顿的内容主要是四条：一是看该不该办，也就是田纪云同志说的对发展经济、方便人民生活是不是有利；二是看够不够公司条件；三是看有没有化大公为小公、化公为私、以权谋私的情况；四是看有没有违法行为。如果有违法行为，必须坚决查处，不管牵涉到什么人，都要如实反映，不要掩盖。清理整顿公司，牵涉面很广，政策性很强，情况非常复杂，既要坚决，又要谨慎。我们应当把情况弄清楚，把材料搞清楚，通过清理整顿研究政策界限，划清哪些该办，哪些不该办，哪些合法，哪些非法。要逐步划清界限，完善管理办法。

我在这里特别要强调一下依法办事的问题。中共中央和国务院的规定中指出："工商行政管理机关对申请开办的企业，必须严格按国家有关规定审批，坚持原则，依法办事，失职者要追究责任。各级领导干部对工商行政管理机关依法行使职权不得干预。"这是对我们各级工商行政管理机关的要求，也是对我们工作的支持。今后对申请开办的企业，一定要严格依法办事，决不允许失职渎职。不仅企业登记管理工作是这样，其他各项工作也是这样。现在工商行政管理的法规虽然还不够完善，但是各项工作都已经有了一些法规。我们必须认真地执行国家的法律、法规。最近六届人大四次会议通过了《民法通则》。作为企业登记的主管机关，工商行政管理机关的责任更加重了。

六届人大四次会议还通过了《外资企业法》。各地工商行政管理机关应当按照这个法和《中外合资经营企业法》，对外商投资企业加强监督管理。监督管理的主要内容有三点：一是审查其申请登记的手续是否完备；二是监督外商投资企业执行章程和履行合同的情况；三是检查有没有违反我国法律、法规和损害社会公共利益的情况。加强对外商投资企业的监督管理，是一项新的工作，要注意调查研究，总结经验。

（二）支持横向经济联合，促进经济体制改革

发展横向经济联合，是经济体制改革的重要内容，是发展社会主义商品经济的客观要求，对于破除条块分割，打破地区封锁，加快整个经济体制改革和社会主义现代化建

设,有着重大而深远的意义。我们应当通过我们的各项工作,积极支持、促进这个新事物的发展。

横向经济联合的基本形式是企业之间的联合。现在也出现了地区之间的联合,两种形式互相推动。企业之间的联合,必须是自主的联合,建立在企业自主权的基础之上。联合不联合,参加还是退出,联合的内容和形式,各方的权利和义务,都应当由各企业平等协商,自主决定。发展横向经济联合,不能一哄而起,不要拼凑形式上的联合。应当按照国家宏观经济发展的要求,进行可行性研究,注意经济、技术的合理性。

为了支持横向经济联合,国家工商行政管理局在今年3月31日印发了《经济联合组织登记管理暂行办法》,对经济联合组织的登记管理问题作了一些规定。不仅对紧密型的经济联合组织要核发营业执照,保护其合法权益;对未形成经济实体的半紧密型经济联合组织,也根据其合同、协议的期限经核准后发给注明有效期限的营业执照,以支持其发展。当然,在这方面我们还没有什么经验,这只是一个暂行办法,还需要不断地加以完善。同时,工商行政管理机关支持横向经济联合,不仅仅限于企业登记管理工作,在集市贸易和各类专业市场管理、个体工商业管理、商标注册管理、经济合同管理以及广告管理等各个方面,都可以为支持横向经济联合做不少工作。希望各地工商行政管理机关的同志认识到发展横向经济联合的重要意义,充分重视这个工作,注意新情况,研究新问题,在这方面做出成绩来。

（三）继续发展城乡集市贸易,加强对各类市场的管理

现在城乡集市贸易已经是商品流通的一条重要渠道,与人民生活有着密切的关系,我们要继续把它搞活管好。各地应当从便利群众出发,搞好集市建设统筹规划,合理布局。集市的建设应当是大中小相结合,集中和分散相结合,综合和专业相结合。对集市提倡科学管理,文明服务。要不断改善服务设施,改进卫生条件,提高管理水平。

不久前,国务院办公厅转发了商业部、农牧渔业部、国家物价局、国家工商行政管理局《关于进一步做好城市蔬菜产销工作的报告》。蔬菜供应是直接关系到人民生活的一件大事。当前,蔬菜和肉、禽、蛋、鱼等副食品大部分是通过集市贸易供应的。我们一定要把集市贸易管理好,更好地发挥它在蔬菜、副食品供应中的作用。要发展蔬菜批发交易市场,吸引各个方面、各条渠道的蔬菜、副食品进场成交,支持多形式、多层次、跨地区的蔬菜、副食品横向联合经营。要加强蔬菜市场的管理,保护合法经营,制止非法牟利,严禁欺行霸市哄抬菜价。

除集市贸易以外,对于工业消费品市场、生产资料市场、技术市场、文化市场,也都要加强监督管理。这对我们来说也是新的工作,我们还没有经验,要加强调查研究,逐步完善管理办法。

（四）加强经济检查,抓大案要案

加强经济检查,打击投机倒把、走私贩私活动,是促进经济健康发展、保证改革顺利进行的一个重要方面。各级工商行政管理机关对这项工作决不能放松。加强经济检查,重点是查处情节严重的大案要案。大案要案危害大,民愤大,查处以后影响也大。抓大案要案必须态度坚决,坚持原则,敢于碰硬,不管涉及什么人,不管遇到什么阻力,都要依靠党委和政府的领导,坚持依法办事,一查到底,真正做到有法必依,执法必严,违法必究。查处案件要加强协同配合。工商行政管理机关内部各处科之间、有关地区之间、有关部门之间,都要密切合作,协同办案。对本地外地必须一视同仁,办案时决不能对本地宽、对外地严。

查办大案要案,既要态度坚决,又要实事求是。每一起案件,都要求事实清楚,证据确凿,定性准确,处理恰当,手续完备。下级工商行政管理机关在查处案件时如果发生错误,上级工商行政管理机关有权予以纠正。从今年起,各地查处的非法牟利在十万元以上的案件,在立案和结案时都应当报国家工商行政管理局备案。凡是触犯刑律的案件,都要移送政法机关追究刑事责任。

关于办案经费,今后实行"收支两条线"

的办法。罚没款收入全部上交财政部门，办案经费按实际需要由各级财政部门拨给。具体办法请各地与财政部门商量解决。

（五）加强对工业产品质量的监督，禁止冒牌商品的生产和销售

国务院今年四月五日发布了《工业产品质量责任条例》。这个条例规定，质量监督机构和工商行政管理机关必须对产品质量进行监督，维护消费者的利益。这对我们来说又是一项新的任务。各级工商行政管理机关应当与质量监督机构密切配合，把这个任务很好地担负起来。

我们每个生产企业，都应当生产更多更好的适合消费者需要的产品，产品的质量要对消费者负责。这是社会主义企业为人民服务的具体体现。小平同志曾指示，工业生产要把质量摆在第一位。要在质量上把住关，现在弄虚作假厉害得很，要立法，还要严格执行。我们要认真落实小平同志的指示，来开展监督产品质量的工作。

按照条例规定，不合格的产品不准出厂和销售，不合格的原材料、零部件不准投料、组装，国家已明令淘汰的产品不准生产和销售，没有产品质量标准、未经质量检验机构检验的产品不准生产和销售，不准弄虚作假、以次充好、假冒名牌，不得用搭配手段推销产品。我们应当从这些方面对产品质量进行监督，督促生产、销售企业严格执行这些规定，同时要加强广告管理，使产品广告中关于产品质量的说明符合产品的实际质量。对于生产、销售掺假产品，隐匿厂名、厂址的产品，没有产品检验合格证的产品，国家已明令淘汰的产品，用不合格原材料、零部件生产或组装的产品，违反国家安全、卫生、环境保护和计量等法规要求的产品，过期失效的产品，国家实行生产许可制度而到期未取得生产许可证的产品，以及以"处理品"冒充合格品这些行为，除由企业主管机关对企业负责人和直接责任者给以行政处分外，由工商行政管理机关没收其全部非法收入，并根据情节处以相当于非法收入的百分之十五至二十的罚款。生产、销售冒牌商品的，按商标法的规定处理。对于产品质量达不到国家规定标准的企业，限期整顿无效的，可以根据企业主管机关的建议吊销营业执照。

各地工商行政管理机关处理产品质量案件的罚没款收入，全部上交国家财政。监督检查产品质量所需的检测费用，由财政拨款解决。

在国家工商行政管理局，监督产品质量的工作主要由市场司负责；评选优质产品和处理冒牌侵权案件，主要由商标局负责。

监督产品质量，是维护消费者切身利益的一个重要方面。在这个工作中，应当充分发挥中国消费者协会和各地消费者协会的作用。消费者协会主要通过接受消费者投诉和协同有关部门检查，对产品质量实行社会监督。对于消费者和企业之间的产品质量争议，消费者协会可以参与调解仲裁，也可以支持消费者向法院起诉。

在监督产品质量的工作中，当前我们要狠抓一下冒牌商品的问题。近一个时期以来，市场上冒牌商品很多，严重扰乱社会经济秩序，损害生产者和消费者的利益。对这种违法行为，工商行政管理机关一定要严肃处理，坚决制止。每一个生产企业，都应当努力提高产品质量，创造自己的名牌产品，既不能靠广告的夸大宣传，更不能盗用别人的名牌。今年我们准备重点对酒类商品使用的商标进行整顿，解决商标和商品名称使用混乱的问题，首先对十三家名酒厂名酒的瓶贴装潢作为商标予以注册，下一步再对获得国家质量金银奖的名优酒实行瓶贴装潢注册，以有效地保护名酒商标。

（六）加强思想政治工作，纠正不正之风

今年一月，中央领导同志在中央机关干部大会上强调，必须坚决纠正不正之风，端正党风和社会风气。中共中央、国务院为此作出了一系列规定。2月3日，胡耀邦同志在一封反映某县工商行政管理局工作作风的人民来信上批示："……还要告国务院工商管理局一下，请他们也要注意把整顿全国工商管理局系统干部队伍，提高人员素质的任务担当起来。中央各行各业都要切切实实注意本部门队伍的思想建设，而且不能光喊口号，而要一年一年取得实实在在的成

效。"田纪云同志也要求我们,进一步加强组织建设、思想建设和法制建设,提高工商行政管理工作的水平。对于中央领导同志的重要指示,我们必须坚决贯彻落实。

近几年来,各级工商行政管理机关,在当地党委和政府的领导下,做了大量工作。广大工商行政管理干部工作勤勤恳恳,兢兢业业,廉洁奉公,秉公执法,自觉抵制不正之风,认真地对经济活动进行监督管理,同违法行为作斗争,取得了很大的成绩。我们绝大多数干部是好的和比较好的,还出现了一批先进的单位和个人。但是,也必须看到,有些干部工作作风简单粗暴,脱离群众;有些干部利用职权和工作之便搞不正之风,牟取私利;还有极少数人与不法分子内外勾结,营私舞弊,贪赃枉法。这种人在我们队伍中虽然只是极少数,但危害很大。为了使我们工商行政管理队伍跟上新的形势,更好地履行党和国家赋予我们的监督管理职责,必须进一步加强思想政治工作,切实纠正不正之风。

加强思想政治工作,纠正不正之风,是一项长期的任务。要扎扎实实地做工作,切切实实地解决问题,坚持不懈地抓下去。从工商行政管理系统的情况来看,应当着重做好以下几点。

第一,教育干部充分认识新旧体制转换过程的艰巨性和复杂性,自觉地适应这种变革,努力提高自己的思想和业务水平,破除旧框框,研究新旧体制交替时期的新情况和新问题,切实加强和改善监督管理,以适应新形势的要求。

第二,切实改进工作作风,克服方法简单、态度粗暴的不良作风。谦虚谨慎,热情待人,秉公办事,文明管理,全心全意为人民服务。

第三,坚决纠正利用职权谋取私利的不正之风。不许在市场上白吃白拿或贱买商品,不许从登记发照中捞"好处",不许对企业和个体户进行勒索。要订立严格的工作纪律,违反纪律的,一定要严肃认真地进行处理。

第四,对极少数索贿受贿、贪赃枉法,与不法分子内外勾结、投机倒把、走私贩私的违法犯罪分子,按党纪国法惩处。

第五,加强法制观念,执法必严,违法必究,不以言代法或以权代法。

第六,通过多种形式,进一步做好干部培训工作,提高干部素质。组织干部学习马列主义的基本理论,学习党的政策,学习经济知识和专业知识,不断提高思想水平、政策水平和业务水平。

第七,表扬好人好事,培养和树立一批先进典型。我们准备在适当的时候召开一次表彰先进的会议,希望各地做好准备工作。

第八,纠正不正之风,要从领导机关做起,国家工商行政管理局首先要做好表率,请各地对我们进行监督。

关于加强思想政治工作问题,根据这次会议上大家讨论的意见,我们还要搞一个通知。各级工商行政管理机关,要在当地党委和政府领导下,切实把这项工作抓好,取得实实在在的成效。

(七)增加编制,充实力量

近几年来,工商行政管理的任务越来越繁重,各级工商行政管理机关人员不足的问题也越来越突出,与工作的要求很不适应。中央财经领导小组听取国家工商行政管理局的工作汇报时,已经同意分期分批增加工商行政管理系统的编制。具体办法我们将与劳动人事部商量,再专题向国务院报告。

关于县以上各级工商行政管理局增加编制的问题,还要依靠各地党委和政府支持。请各地的同志回去后向党委和政府汇报,把当前任务重、人员少的矛盾和困难向党委、政府汇报清楚。从许多地方的情况看,要增加省、地、市、县各级工商行政管理局的编制,我们要多请示,多汇报。只要我们问题反映清楚了,党委和政府就会重视,问题就可以得到解决。譬如,上海市委、市政府已决定,在今明两年内给全市工商行政管理机关增加编制1500人,今年增加1000人,明年增加500人。北京市委、市政府对工商行政管理工作很重视,主要负责人多次听取市工商局的汇报,作了许多指示,并给市工商局增加编制 618 人。沈阳市委、市政府近两年里已两次增加工商行政管理机关编制 500 人,还批准成立工商行政管理监察大队编制 60 人。武汉市委、市政府决定从党政群机关选调 220 名干部充实加强工商行政管理机关,全市工商行政管理机关行政编制增加了 80%。内蒙古自治区人民政府不仅给工商行政管理局增加了行政编制,还发出《关于进一步加强工商行政管理工作的通知》,从各个方面给工商行政管理工作以很大的支持。还有其他许多地方党委和政府对工商行政管理工作都很重视,很支持。我这里就不一一列举了。总之,请大家回去后向党委和政府汇报,充实各级工商行政管理局的力量,以适应七五期间大力加强工商行政管理工作的需要。

关于工商行政管理所的问题,我们向中央财经领导小组汇报时,田纪云同志已经明确指示:工商行政管理所不能以乡建所,要按经济区划设置,由县工商行政管理局直接领导。请各地按此办理。

最后说一件事,就是《当代中国的工商行政管理》和历史资料的编写整理,由于各地重视和支持,做了很多工作,成绩很大。希望各地继续抓紧这项工作,善始善终。

任中林局长在全国工商行政管理局长会议上的讲话

(1987 年 4 月 10 日)

全国局长会议今天开始了。今年的全国局长会议是与全国工商行政管理系统先进集体和先进工作者表彰大会一起召开的。先开全国局长会议,总结 1986 年的工作,安排 1987 年的工作;局长会议结束后接着召开表彰先进大会,表彰全国各地评选出来的先进集体和先进工作者,树立先进典型。这是我们工商行政管理系统第一次召开这样的会议。我们相信,通过这次会议,工商行政管理队伍的建设将不断得到加强,我们各项工作一定会开展得更好。我讲两个问题。

一、1986 年的工作情况

1986 年是开始执行七五计划并取得显著成就的一年。根据赵紫阳同志关于第七个五年计划的报告的精神和田纪云同志在听取国家工商行政管理局工作汇报时的指示,1986 年是全国工商局长会议确定工商行政管理工作的方针是:坚持对内搞活经济和对外实行开放,在新旧体制转换过程中切实加强和改善监督管理,促进经济体制的改革,保证各种经济活动沿着健康的轨道运行。一年来,各地工商行政管理机关在当地党委、政府的领导下,遵循这个方针,努力开展工作,工商行政管理的各项工作都取得了很大的成绩。

(一)清理整顿公司,支持横向经济联合。到 1986 年底,全国在工商行政管理机关登记的工商企业共有 442.6 万余户(其中包括分支机构 168.5 万余户),比 1985 年底增加了 20.8 万余户,增长 4.99%(其中分支机构增加 11.4 万多户,增长 7.29%)。在工商行政管理机关登记的外商投资企业有 6 532 户,比 1985 年底增加 1 414 户,增长 27.63%。其中,中外合资企业有 3 031 户,增加 34.41%;中外合作经营企业有 3 358 户,增加 23.37%;外商独资企业 143 户,增加 1.42%。此外,登记的外国企业常驻代表机构有 1 876 户,比 1985 年底增加 27.1%。

在登记管理方面,去年在全国范围内着重抓了对各类公司、中心的清理整顿工作。据统计,全国共有 22.89 万户公司,列入清理整顿范围的 19.9 万户。经过清理整顿,保留 2.09 万户,占 40.43%;改办其他企业的 6.97 万户,占 23.32%;歇业 5.42 万户,占 18.13%;立案查处 6 104 户,占 2.04%;吊销营业执照 2.67 万户,占 8.92%;继续清理的还有 2.14 万户,占 7.16%。

去年 3 月国务院发布《关于进一步推动横向经济联合若干问题的规定》以后,我局随即发出《经济联合组织登记暂行办法》,各地工商行政管理机关为支持经济联合组织发展做了许多工作。到 1986 年底,在工商行政管理机关登记的各种经济联合体有 3.2

万多个,已经初步形成跨地区的横向经济联合网络。

一年来,对外商投资企业的监督管理工作也有所加强。对外商企业的资金投入情况,超越经营范围和违反合同、章程、法规的行为加强了监督检查,对一些外国企业常驻代表机构的违法行为,进行了调查处理。

(二)集市贸易繁荣兴旺,活跃了城乡经济。到1986年底,全国城乡集市已有6.76万个,比1985年底增加3 482个,增加5.43%。集市贸易成交额全年达906.5亿元,比1985年增加204.5亿元,增长29.13%,扣除价格上涨因素则增加21%。其中城市集市244.4亿元,比上年增加71.83%;农村集市662.1亿元,增加18%。在1986年城乡集市贸易成交额906亿元中,商品零售额为854.2亿元,相当于社会商品零售总额的17.3%。集市价格水平,1986年底比1985年底上涨了7.07%,其中城市上涨8.62%,农村上涨6.61%。上涨幅度较大的是粮食,大米上涨23.53%,小麦上涨38%;肉食蛋等副食品的价格上涨幅度在3%—1.2%之间;蔬菜价格保持在1985年的水平。为了提高集市管理工作水平,20多个省、自治区、直辖市陆续开展了创建文明市场的活动,对改变集市面貌、改善集市管理发挥了积极的作用。由于集市在商品流通中的作用越来越受到重视,集市建设有新的发展。1986年全国集市建设投资总额为9.18亿元,比1985年增加10.85%,新建和改建集市5 914个,其中城市1 060个,农村4 854个,建筑面积共1 564万平方米。

农副产品批发市场和各种专业市场也有发展。1986年底,农副产品批发市场有892个,全年成交额28亿元。工业品、废旧品等专业市场有4 477个,全年成交额115亿元。各地还着重抓了对汽车交易市场的管理。北京、上海等十个城市原来经营汽车的单位有699家,经过清理整顿,保留了84家,使汽车交易市场秩序明显好转。同时,经国务院批准,准许兵器、航天、航空等部门临时经营汽车,适当扩大了汽车的流通渠道。对于金融市场、技术市场,各地也进行了调查,并配合有关部门在管理方面做了一些工作。

(三)个体工商业持续发展。到1986年底,全国城乡共有个体工商业1 211万户,比1985年底增加3.39%;从业人员1 846万人,增加4.51%;资金179.7亿多元,增加9.45%。其中,城镇个体工商业有291万户,比1985年底增加4%,从业人员408万人,增加6.2%;农村有920万户,增加3.2%,从业人员1 438万人,增加4%。城乡个体工商业全年营业额达914.2亿余元,比1985年增加21.8%。其中商品零售额584.8亿余元,增加21.8%,占社会商品零售额的11.8%。此外,还有合作经营组织28.3万户,从业人员345.9万人,资金60.4亿元。其中城镇4.1万户,37.4万人;农村24.2万户,308.5万人。为了加强对个体工商业的管理、教育工作,1986年12月在北京召开了全国个体劳动者代表大会暨先进个体劳动者表彰大会,中国个体劳动者协会正式成立。赵紫阳、胡启立、田纪云、薄一波、彭冲、杨静仁等领导同志接见了出席大会的全体代表,薄一波同志作了重要讲话,这在全国广大个体劳动者当中产生了巨大的影响。

(四)经济合同的管理工作继续加强。1986年,全国工商行政管理机关受理经济合同纠纷案件3.01万件,争议金额17.8亿多万元。处理经济合同纠纷案件30 639件,其中,调解解决20 470件,占66.8%;裁决3 200件,占10.4%;确认无效合同4 464件,占14.6%;属违法合同的1 386件,占4.5%;移送司法机关的1 118件,占3.7%。各地加强了对无效合同的确认和违法合同的查处。据13个省的统计,确认无效合同39 296件,合同金额22.5亿元;查处违法合同3 164件,金额28亿元。1986年,有21个省、自治区、直辖市开展了"重合同、守信用"活动,参加的企业有30多万户,帮助企业建立合同管理机构16.2万个,合同管理人员37万多人,已有7 000多户企业被评为重合同、守信用企业。为了维护经济合同的严肃性,提高合同的履约率,各地开展了经济合同的大检查,共检查了 72 万户企业,5 956 万份经济合同,履约率达到 84%。

(五)商标注册申请不断增加,核准注册商标的数量大幅度上升。1986 年,申请注册的商标达 50 970 件,比 1985 年增加 3.5%;核准注册的商标 32 119 件,增加 48.2%。到 1986 年底,我国实有注册商标总数已达 159 175 件。比 1985 年底增加 25.3%。其中,国内商标 135 021 件,占 84.8%;外国商标 24 154 件,占 15.2%。为保护注册商标的专用权,各地严厉打击假冒商标的违法活动,查处了一批假冒侵权案件。福建省工商局和消费者协会举办了假冒商品的展览,省委和省政府的主要负责同志都来参观,对工商局的工作给予了有力的支持。安徽省工商局将查处的实物在合肥展览一个月,参观展览的有 50 多万人,各地、市、县委书记都来参观。广州市工商局也把 1986 年查处的 100 多件假冒、侵权案件公开展览。对于进出口商品的一些侵权案件,如擅自使用出口船牌床单的侵权案件和日本麒麟麦酒株式会社侵犯我国企业注册商标专用权的案件,都进行了处理。根据国务院领导同志的批示,还对酒类商品使用商标进行了整顿,将获全国质量金奖的白酒的瓶贴作了商标注册。

(六)对广告进行清理整顿,重点查处虚假广告。到 1986 年底,全国已有广告经营单位 6 944 户,比 1985 年增加 14.7%;从业人员 81 130 人,增加 27.10%。全年广告营业额 8.45 亿元,增加 39.6%。各地工商行政管理机关根据国务院办公厅《关于加强广告宣传管理的通知》的要求,对广告进行了清理整顿,取得了明显的效果。许多地方,如北京、上海、天津、江西、广东、吉林、湖南、湖北等省市,在加强广告管理方面做了很多工作,取得了很好的经验,促进了广告事业的健康发展。

(七)检查处理经济违法违章案件,打击投机倒把、走私贩私活动。1986 年,全国工商行政管理机关查处经济违法违章案件 90.02 万件,比 1985 年增加 5%。其中获利

万元以上的大案 4 614 件,比上年减少 14.8%。罚没款总额达 3.83 亿元,比上年增加 14.5%。为受害者追回 1.48 亿元。移送司法机关处理的案件有 1 746 件,比上年增加 44.3%。

(八)监督工业产品质量,维护消费者利益。去年下半年开始,各地根据国务院《工业产品质量责任条例》的规定,陆续开展对工业产品质量的监督工作。湖北、江苏、福建、山东、云南等地的工商行政管理机关,会同有关部门,对食品、饮料、家用电器、轻纺产品进行了检查,发现不少问题。去年第四季度,各地工商行政管理机关普遍开展查处冒牌酒类的活动,取得了显著成效。仅据河南、陕西、山西、辽宁、宁夏、海南、西安 7 个地方统计,就查处各种冒牌酒 218 万瓶和劣质酒 80 万公斤。

(九)纠正不正之风取得明显效果。去年的全国局长会议把加强思想政治工作、纠正不正之风作为一项主要任务。(各地工商行政管理机关在当地党委、政府的领导下)狠抓纠正不正之风,违法乱纪现象显著减少,"请吃不到,送礼不要,说情无效",已经在我们全系统形成了风气。如黑龙江省工商行政管理干部去年拒受贿赂、拒收礼物的就有 5 700 多人次,拒绝吃请的 2 200 多人次。河北省工商行政管理干部去年 1 月至 11 月拒绝吃请的有 1.12 万多人次,拒受贿赂 25.4 万多元。为群众做好事 2.2 万多件,收到表扬信 2 200 多封,金匾 476 块,锦旗 104 面。其他省、市这种例子也很多。各地在纠正不正之风的同时,还加强了干部培训工作。大专院校工商行政管理专业在校学生已有 3 000 多人。21 个省、自治区、直辖市设立了工商行政管理中等专业学校,其中 13 所已正式招生,在校学生近 3 000 人。去年全系统还有 6 万多人参加了各种形式的中专培训。

从 1986 年的情况看,我们工作中存在的缺点,主要是有的地方在企业登记上把关不严,有的查处大案要案不够得力,有的调查研究不够深入。这些问题,还有待于我们在今后工作中加以改进。

二、1987年的工作安排

1987年,中央强调要集中力量办好两件大事:一是在经济领域坚持正确的建设方针,广泛开展增产节约、增收节支运动,深入体制改革和扩大对外开放,努力保证整个国民经济的持续稳定发展;一是在政治思想领域深入进行坚持四项基本原则的宣传教育,坚决反对资产阶级自由化,加强社会主义精神文明建设,进一步巩固和发展安定团结的政治局面。我们必须围绕这两件大事,按照中央的部署和我们的实际情况来安排工作。今年工商行政管理工作的指导思想是:支持改革,保护改革,加强管理,改善管理。现在我来讲一讲各方面的工作安排。

(一)企业登记管理方面

第一,完善企业登记管理法规,加强对企业的监督管理。《中华人民共和国民法通则》已于今年1月1日开始施行,根据民法通则的有关规定,我们拟定了《企业法人登记管理条例》,已报国务院审批。今后登记管理的范围扩大了,性质、作用也与过去不同了。它已不仅是一种行政管理措施,还是加强社会主义法制的一个重要方面。企业通过登记取得法人资格,登记的主要内容都具有法律效力,关系到企业的权利、义务和责任。譬如,核定企业的名称关系到企业的名称专用权,经营范围关系到企业的经营权,企业的经济性质和经济形式关系到企业的经济责任。因此,登记管理工作更重要了。各级工商行政管理机关应当认真搞好企业法人的登记审核工作,坚持原则,依法办事,严格把好登记关。同时,还要加强对企业的经常性的监督管理工作。

第二,继续支持横向经济联合的发展。按照经济发展的客观需要,进一步推进企业之间以及企业与科研单位之间的横向联合,逐步建立起适应现代化、社会化大生产要求的新的企业组织结构。

横向经济联合是一个新事物,在发展过程中出现了一些新的问题。去年11月,我局政策研究室在浙江召开部分省市参加的调研工作座谈会,对这些问题进行了讨论。关于经济联合组织的经营范围,原则上应当根据其条件,在参加联营各方原有的经营范围的基础上来核定;从事生产性活动,还可以开拓新的生产项目。涉及国家有专项规定的,按专项规定办理。个体工商户要求参加经济联合组织联合的其他各方也同意的,应当准许他们参加。现在有些地方乡镇政府或其所属的工业办公室也参加了经济联合组织,按照政企分开的原则,乡镇政府或其所属的行政机关,不能作为一方参加经济联合组织。发展横向经济联合,必须维护企业的自主权,把联合建立在平等互利的基础上。联合的内容和形式,参加各方的权利和义务,都应当平等协商,通过经济合同的形式规定下来。各地工商行政管理机关应当审查联营合同的主要条款,明确违约责任,做好联营合同纠纷的调解仲裁工作,支持经济联合组织的健康发展。许多横向经济联合采取了以名牌产品为龙头的形式,在扩大生产、供应需要、增加企业经济效益等方面收到明显效果。但是也产生一些问题,主要是有些企业不按规定签订商标使用许可合同,也不向工商行政管理机关备案;有的企业不管产品质量,损害了名牌产品的信誉和消费者的利益。因此,必须加强对商标使用许可的管理。扩大商标的使用范围,应当签订商标使用许可合同,办理备案手续。被许可方的产品,原则上应在包装上标明厂名和地址。如果许可方同意被许可方不标明厂名和地址,在签订使用许可合同时必须订明质量责任条款,以便在发生质量问题时,按合同查清责任。

第三,支持事业单位的改革。关于事业单位办企业的问题,中央前年就准备搞个规定,但一直没有定稿。由于事业单位的面很广,情况很复杂,看来搞一个统一的规定条件还不成熟,为了支持事业单位的改革,可以先搞一些单项规定。今年2月2日,我局和文化部、财政部联合颁发了《文化事业单位开展有偿服务和经营活动的暂行办法》,对文化事业单位举办经营性活动的问题做了规定。文化事业单位在努力做好本职工作、保证完成国家规定的各项任务的前提下,可以根据各自的业务特点和社会需要,开展有偿服务活动,如开展复印、影印、缩微、装订业务,举办专业讲座、培训班、舞会、音乐茶座,放映录像,展销书画,租赁戏装,维修乐器等;也可以举办一些服务性的经营项目,为参加活动的群众提供方便,还可以从事艺术演出器材、音像制品、图书馆设备用品的制作和自销业务以及文物复制、工艺美术、广告、装潢、服装道具的设计和加工等类项目的经营活动。有的单位如艺术表演团体,为了安置富余人员,可以继续兴办服务业、加工业等企业。文化事业单位举办的经营性活动,应当报经文化主管部门审查批准后,向工商行政管理机关申请登记,核发营业执照后才能经营。举办经营性活动的项目,一般应作为事业单位的附属单位或网点,实行独立核算,自负盈亏。对于营业性舞会,需经所在市、区、县以上文化主管机关批准,经所在地公安局安全审查合格,向工商行政管理机关申请登记,领取营业执照。工商行政管理机关对舞会的经营活动有监督检查的责任。

第四,加强对外商投资企业的监督管理。近几年来,外商投资企业迅速增加,随着对外开放方针的进一步贯彻,外商投资企业还将继续增加。我们必须认真贯彻执行国务院《关于鼓励外商投资的规定》,改善投资环境,吸引更多的外资来发展我国的社会主义建设。为此,我们今年发布了《关于中外合资经营企业注册资本与投资总额比例的暂行规定》。同时,随着外商投资企业的增多,监督管理工作也越来越重要了。对外商投资企业主要应当从三个方面加强监督管理:一是监督企业及时办理开业、变更、注销登记;二是监督其执行章程和履行合同的情况;三是检查有没有违反我国法律、法规和损害社会公共利益的情况。现在,对外商投资企业的管理法规还不够健全,需要不断完善。总的说来,外商投资企业作为中国法人,我国的法规都应当遵守。外商投资企业的管理是一项政策性很强的涉外工作,我们经验很不够,需要加强调查研究,不断总结经验,处理问题应当慎重,凡是涉及处罚的,必须先报国家工商行政管理局,经批准后再执行。

（二）市场管理方面

第一,继续发展城乡集市贸易,不断提高管理水平。要逐步建立起一个多种类、多形式、多层次、多功能的集市贸易网络,大中小型相结合,集中和分散相结合,综合和专业相结合,农副产品和工业品相结合,批发和零售相结合。每个集市既是独立的,又是互相联系的。要重视发展农副产品批发市场和专业市场,通过批发市场进一步活跃城乡之间和地区之间的物资交流,通过专业市场积极支持家庭工业的发展。在这方面,只要我们很好地调查研究,了解群众的需要,是有很多工作可做的。譬如,河北定兴县工商局派人到北京市调查,了解到北京市有大批更新换代的家具需要处理,这部分家具对农村还是适用的,他们在北京市工商局的支持下,在北京设了四个收购点,县委、县政府专门划出六亩场地建立旧家具市场。很明显,这种市场的建立是适合客观需要的。

集市建设工作各地都很重视,这几年有很大成绩。但由于集市的建设和服务设施原来基础很差,集市建设是一项长期的工作。对于集市的建设,应当全面规划,因地制宜,量力而行,讲求实效。要在全国范围内普遍开展创建文明集市的活动,不断提高集市管理工作的水平,逐步实现集市管理的规范化,在集市交易中做到买卖公平,货真价实,优质服务,方便群众。

对于生产资料市场、技术市场、文化市场等应当与各有关部门密切配合,分工协作,加强调查研究,不断总结经验,加强监督和管理。

第二,继续加强经济监督检查,打击投机倒把、走私贩私活动。邓小平同志指出:"打击经济犯罪活动的斗争,是我们坚持社会主义道路和实现四个现代化的一个保证。这是一个经常的斗争,经常的工作。"各级工商行政管理机关必须坚持四项基本原则,坚决打击经济违法活动。经济越活跃,改革越深入,这项工作越是要加强,绝不能有松劲情绪。要坚持原则,依法办事,端正办案思想,对本地外地一视同仁,绝不能对本地宽,对外地严。各地查处的案件,应当上报审批的必须上报。对当事人提出的复议或复查申请,应当认真审查并及时作出处理决定。下级工商行政管理机关查的案件如果有错误,上级工商行政管理机关有权予以纠正。各地查处的非法牟利十万元以上的案件,仍继续报我局备案。为了提高办案水平,各地应当重视案例的选编工作。每个案例必须事实清楚,证据确凿,定性准确,处理恰当,手续完备。我们草拟了《工商行政管理机关检查处理投机倒把违法违章案件的办案程序的规定》,在这次会议上将请各地的同志讨论,修改后发给各地执行。

第三,继续加强对工业产品质量的监督。今年应当把家用电器和食品作为质量监督的重点。监督工业产品质量,对我们来说是一项新的工作,需要不断地总结经验。在这个工作中,各地应当充分发挥消费者协会的作用。

（三）个体经济管理方面

第一,对个体工商业应当实行长期稳定的方针,继续发展,加强管理。现在城乡个体工商业已经拥有两千多万人,是我国经济生活中不可忽视的力量。但是,总的说来,还不能满足市场的需要,还应当继续发展。发展个体工商业,各地应当从实际需要出发,哪个行业需要就发展哪个行业,哪个地区需要就在哪个地区发展。有的行业在某些地方过于集中的,要适当掌握。各地工商行政管理机关,应当与有关部门加强联系配合,切实解决好经营场所、原材料、货源等实际问题,保障其正当经营和合法权益,扶持个体工商业的发展。同时,要加强对个体工商业的管理,督促他们守法经营,严格制止掺杂使假、偷税漏税、欺行霸市、投机诈骗等违法行为,坚决取缔无证经营。

第二,在个体劳动者当中,广泛开展职业道德教育。个体劳动者的职业道德是:守法经营,信誉第一。要加强形势教育、政策教育和法制教育,帮助广大个体劳动者正确认识我国的政治形势和经济形势,了解党的政策,遵守国家的法令。应当在个体劳动者队伍中进一步开展学先进、树典型的活动,

学习辛福强,学习个体劳动者队伍中其他先进人物。各级个体劳动者协会在加强对个体劳动者职业道德教育的同时,还应当举办技术培训和业务培训,不断提高他们的文化素质和经营能力。

第三,对合作经营组织,分析不同情况,重新进行登记。现在全国有 28.3 万多家合作经营组织,从业人员 345 万多人。这些合作经营组织情况各有不同,有必要根据民法通则的规定,对它们的情况进行分析,区别对待。我局征得全国人大法制工作委员会同意后,对合作经营组织重新登记问题发了一个通知。掌握的标准是:两个人以上按照协议,各自提供资金、实物、技术等,合伙经营,共同劳动;投入的财产属个人所有,由合伙人共同使用;合伙经营积累的财产归合伙人共有;发生亏损由合伙人负连带清偿责任的,属于个人合伙。共同出资财产公有,提留公共积累,股金从公共积累中逐年偿还,偿还后不再提取股金分红;实行按劳分配,民主管理,有健全的管理机构、管理制度,并能独立承担民事责任的,属于集体所有制企业。个人或家庭经营,生产资料为个人或家庭所有,请帮手带学徒不超过七人的,为个体工商户。请帮手带学徒超过规定的,属于私人企业。

第四,加强对私人企业的管理。中央五号文件已经明确对私人企业采取允许存在、加强管理、兴利抑弊、逐步引导的方针,这是中央采取的一项重要政策。私人企业的界限,主要就是请帮手带学徒人数超过七人的限度,并且拥有一定数量资金的企业。在社会主义社会的初级阶段,在商品经济的发展中,在一个较长时期内,个体经济和少量私人企业的存在是不可避免的。私人企业作为社会主义经济结构的一种补充形式,对于实现资金、技术、劳力结合,尽快形成社会生产力,对于多方面提供就业机会,对于促进经营人才的成长,是有利的。私人企业与公有制经济的矛盾以及它本身存在的一些弊端,可以通过管理和立法加以调节和限制。各地工商行政管理机关必须在认真学习中央五号文件的基础上,对私人企业的情况进

行调查,研究对私人企业的管理办法。我们草拟了《关于私人企业若干问题的暂行规定》,在这次会议上发给大家讨论,讨论后再继续作一些修改,争取尽快制定出管理办法来。

(四)经济合同管理方面

第一,做好对经济合同纠纷的调解仲裁工作。现在还没有建立合同仲裁机构的地方,要尽快建立机构,充实和加强基层仲裁人员,提高仲裁人员的素质,提高办案质量。

第二,加强经济合同管理。近几年来,随着改革、开放、搞活方针的贯彻和商品经济的发展,经济合同的数量迅速增多,企业对合同的签订和履行越来越重视。我们应当进一步加强合同管理工作,维护社会经济秩序和当事人的正当权益。加强对经济合同的管理,首先应当加强对农副产品采购合同和重要生产资料购销合同的管理,因为它们关系到国家计划的完成和人民生活的安定。国家指令性计划合同,既是经济合同,又是国家任务,必须保证完成。不完成国家计划的,工商行政管理机关有权检查。对利用经济合同搞诈骗活动的要严加查处。

第三,普遍开展重合同、守信用活动。经济合同数量很多,范围很广,单靠我们工商行政管理机关是管不好的,必须依靠各业务主管部门、各工商企业,共同来搞好合同管理工作。今年是《经济合同法》实施五周年,要进一步加强经济合同法规的宣传,向企业宣传签订、履行合同的法律知识,宣传企业加强自身合同管理的必要性和经验。同时,积极开展咨询服务,加强对企业的辅导,帮助它们解决在经济合同方面碰到的问题,提高合同履约率,减少合同纠纷。

(五)商标管理方面

第一,继续完善商标法规。商标法及其实施细则颁布实行已有四年多了,随着经济的发展和改革的深入,商标管理中新情况、新问题不断出现,有的规定已经不适应了。我们与全国人大法制工作委员会、国务院法制局研究,决定对商标法实施细则进行一些修订。这个工作正在进行,各地对商标法实施细则在执行中感到有什么问题和意见,请

及时告诉我们。

第二,严肃处理商标侵权案件,打击假冒商标活动。这是商标管理的主要任务,是加强商标法制的中心环节。各地工商行政管理机关一定要重视这项工作,抓紧对典型案件的查处。对一些带普遍性的问题,如酒类商品商标问题,要下力量进行整顿,地区之间也要加强协作。在这项工作中,各地应当注意加强商标印刷的管理,坚决取缔买卖商标标识的非法活动。

第三,向广大企业深入宣传商标法,使企业了解商标法,遵守商标法,爱惜自己商标的信誉,维护注册商标的专用权。我们工作的重点,应当是那些大型企业和使用商标多的企业,帮助这些企业把商标管理制度建立起来。

(六)广告管理方面

第一,继续发展我国的社会主义广告事业,使广告事业的发展与社会主义商品经济的发展相适应。扩大广告业务,不要仅仅局限于大中城市,还应当面向广大农村。从宣传内容来说,重点应当是多宣传新产品。

第二,认真查处虚假广告。这是广告管理的主要任务。特别是对与人民生活关系密切的食品、药品以及耐用消费品的广告,应当严格审查,禁止夸大宣传、弄虚作假。经营广告的单位,必须经过工商行政管理机关批准登记,不能擅自经营。不准利用新闻形式搞新闻广告。有的地方提出,新闻和广告的界限怎么区分。我看,新闻是客观报道,广告是自我宣传,新闻是无偿的,广告是有偿的,这就是最基本的界限。

第三,广告是社会主义宣传的一种形式,必须坚持四项基本原则,实现思想性和艺术性的统一,不仅为建设社会主义的物质文明服务,也为建设社会主义的精神文明服务。广告宣传要讲求经济效果和社会效果,应当有生动活泼的艺术形式。

(七)统计和财务方面

第一,加强工商行政管理系统的统计工作。国务院领导同志指出:"这几年统计部门的工作有了很大进步,但还应当看到,由于种种条件的限制,现在整个统计工作还是

相当落后,对许多社会经济现象还缺乏系统的调查研究,缺乏科学的统计数据分析。""我们一定要进一步建立和完善科技、经济、社会的统计指标体系和统计制度,建立各种信息和数据的服务系统。"过去,工商行政管理统计工作分散,数出多门,统计报表的统计口径有的也不一致,需要大大充实和加强。为此,去年七月我局在政研室内设立了统计处,统一管理统计工作,并向各地发出《关于加强统计工作的通知》,要求各省、自治区、直辖市成立相应的统计机构,县要有专职统计人员。现在全国只有八个省、自治区成立了统计机构,希望其他省、市及早把统计机构建立起来,并且配备有一定水平的统计人员。一定要严格执行统计制度,加强统计纪律。今后在统计方面要开发计算机应用,做到信息统计和数据传输技术现代化。在各省成立了专门统计机构,有了固定统计人员后,就可以统一培训干部,建立计算机联网。

第二,严格执行规费上缴的规定。近几年来,有些省、市工商局拖欠应上缴国家局的企业登记费、商标业务费、个体工商户管理费以及合同仲裁、鉴证费等项规费的情况比较严重。我局曾发过几次催缴的通知,仍未引起一些省、市局的重视。各项规费的收费标准、使用范围以及地方工商局同国家局的留缴比例,是经国家局同财政部共同规定的。规费属国家财政预算资金,用途主要是保证各项相应业务的开支,收支情况都要向财政部报账,地方工商局不按规定上缴,不仅使国家局无法向财政部交代,也影响我局的业务开支。国务院关于财务大检查的通知中,将违反有关规定截留应上缴款项,列为检查内容之一,请各省、市工商局对各项规费收支情况,认真清理一下,应收的要收上来,该上缴国家局的部分,必须上缴,不能拖欠。

(八)工商行政管理队伍建设方面

第一,进一步加强思想政治工作,继续纠正不正之风。今年我们仍然要把纠正不正之风作为一项主要任务,抓紧抓好,这是一项长期的任务,绝不能有松劲情绪。为适应改革、开放、搞活的新形势,思想政治工作不能削弱,必须加强。要广泛深入地进行坚持四项基本原则的教育,反对资产阶级自由化,切实加强社会主义精神文明的建设。思想政治工作不能采取简单生硬的办法,必须联系我们的实际,结合我们的特点,围绕当前改革和建设的实践,有的放矢地解决思想认识问题。同时,要在全体工商行政管理人员中大力开展职业道德的教育。工商行政管理人员的职业道德应当是:廉洁奉公,依法管理。各地要表扬先进,树立典型,运用先进典型对干部职工进行正面教育,使我们的干部职工有理想,有道德,有文化,有纪律。今年,我们工商行政管理队伍的思想建设要求在去年的基础上取得更大的成效。各地一定要继续下力量把这方面工作抓紧抓好。

第二,加强干部培训工作。我局已在今年2月发出了《工商行政管理系统"七五"期间干部教育规划》,各地应当结合本地的实际情况,制定干部的教育规划,认真组织落实。七五期间,各地应当集中财力、物力和人力,抓好中专学校的建设。已经办起来的,要完善办学条件,提高教学质量。同时对在职干部,要采取多种形式加强培训,新增干部要搞好岗前培训。这是一项长期的工作,只有把这项工作切切实实地做好了,才能提高我们干部队伍的素质,使工商行政管理干部队伍出现一个崭新的面貌,很好地完成我们的各项任务。

挂靠在工商行政管理局的有三个协会。即消费者协会、个体劳动者协会和广告协会。请各地加强对这几个协会的指导,大力支持它们的工作。中国广告协会和中国消费者协会办了两份报,即中国广告报和中国消费者报。随着工商行政管理各项工作的开展,越来越迫切地感到需要有一张工商行政管理系统的报纸。经中央宣传部批准,已决定将中国广告报改成中国工商报,作为国家工商行政管理局的机关报。工商出版社将并入中国工商报。请各地工商行政管理局大力支持中国工商报和中国消费者报,共同把它们办好。

当前,我们面临的形势很好。党中央、国务院和各级党委、政府对工商行政管理工作非常重视,加强领导和支持。这是我们开展工作的极其有利的条件。同时,新的形势对我们的工作也提出了新的更高的要求。希望工商行政管理系统的全体同志,刻苦学习,努力工作,勤勤恳恳,兢兢业业,作出新的更大的贡献。

刘敏学副局长在全国工商行政管理局长会议上的讲话

（1987 年 4 月 16 日）

全国工商行政管理局长会议开了七天,今天就要结束了。会议开始时,任中林同志代表国家工商行政管理局作了工作报告,回顾了 1986 年全国工商管理系统所作的大量工作,总结了经验,肯定了成绩;同时围绕中央提出的两件大事,联系我们的工作实际,明确提出了 1987 年工商行政管理工作的指导思想,具体安排了工商行政管理各个方面的工作。会议对中林同志的报告进行了认真的讨论。大家一致认为,这个报告符合中央的要求,适应当前的形势,全面反映了工商行政管理工作的实际,是做好 1987 年工商行政管理工作的重要依据。这次会议,还讨论了《中华人民共和国企业法人登记管理条例（讨论稿）》、《关于私人企业若干问题的暂行规定（讨论稿）》、《工商行政管理机关检查处理投机倒把违法违章案件办案程序的规定（讨论稿）》等几个法规性文件,提出了不少好的意见。会议的时间不长,但大家情绪饱满,各抒己见,畅所欲言。通过讨论,交流了工作经验,统一了思想认识,研究了一些需要探索的问题,并且提出了一些有关改进工商行政管理工作的建议。会议是开得好的,是有成效的。

会议期间,田纪云副总理听取了国家工商行政管理局党组的汇报,作了重要的指示。田副总理对这几年工商行政管理工作所取得的成绩作了充分的肯定。他指出,这几年工商行政管理工作,思想比较解放,在配合改革、开放、搞活方面紧跟形势,支持了改革、开放、搞活的健康发展,起了很好的作用。在加强企业管理、市场管理和繁荣市场方面,在保护合法经营、制止非法活动和维护生产者与消费者的利益方面,在完善工商行政管理立法方面,在建设工商行政管理队伍和提高干部素质方面,都做了大量的工作,成绩是明显的。

田副总理强调指出,当前工商行政管理的基本任务,是在坚持四项基本原则的前提下,进一步加强、改善监督和管理,大力支持改革、开放、搞活方针的贯彻实施。要把这个长期的战略方针作为总的指导思想。要支持和保护以社会主义公有制经济为基础、以全民所有制经济为主导的多种经济成分、多种经济形式的合法经营,保护他们的正当利益。要采取一切可行的措施和手段,加强对工商企业和个体经营的管理,向一切不法的经营行为进行坚决的斗争。要运用一切可行的手段和措施,保护国家、企业和群众的利益。

全体与会同志对田纪云副总理的指示进行了认真的学习和讨论。大家认为,田副总理的指示,指出了工商行政管理工作应当遵循的长期战略方针,提出了基本任务,明确了方向。这是对我们工商行政管理工作的极大支持,是对我们的深刻教育。大家一致表示,一定要把田副总理的指示,坚决贯彻落实到我们的实际工作中去。

下面,我想就田副总理的指示和中林同志的报告,结合会议的讨论情况,谈几点认识。

第一,对于工商行政管理工作的总的指导思想,一定要很好地学习领会。党的十一届三中全会以来的路线,基本点是两条,一是坚持四项基本原则,一是实行改革、开放、搞活的方针。坚持四项基本原则和实行改革、开放、搞活,是并行不悖、相辅相成、相互渗透的统一整体。只有坚持四项基本原则,才能够从根本上保证社会主义建设和改革、开放、搞活的顺利进行和健康发展。工商行政管理机关要行使经济监督的职能,支持改革、开放、搞活,也就必须以坚持四项基本原则为前提。改革是社会主义的改革,开放是坚持社会主义的开放,搞活也不能偏离社会主义道路。我们支持改革,保护改革,都要坚持社会主义,以四项基本原则为基础,决不能犹豫和动摇。

第二,我们要大力支持改革、开放、搞活,还必须很好地研究中央对经济体制改革的总体部署,这就是:必须适应在社会主义公有制基础上发展有计划商品经济的要求,增强企业活力,完善市场体系,健全宏观管理制度。工商行政管理工作必须把支持企业增强活力和完善市场体系作为支持经济体制改革的重要任务,支持和保护以社会主义公有制为基础、以全民所有制经济为主导的多种经济成分、多种经济形式的合法经营,维护他们的正当权益。同时,向一切不法的经营行为作坚决的斗争。

赵紫阳总理在六届人大五次会议上的政府工作报告中,提出今年经济体制改革的任务包括:深化企业改革,建立和健全责、权、利相结合的企业经营机制;继续发展各种横向经济联合,鼓励建立企业群体和企业集团;进一步扩大生产资料市场,为增强企业活力创造良好环境。我们应当从工商行政管理方面加以支持,切实做好企业登记管理工作、市场管理工作和经济合同管理工作。

第三,我们的监督管理措施和手段,既要进一步加强,又要逐步改善。当前,我们面临的是多种经济成分并存、多种经营方式并存的新形势。在这种情况下,做好监督管理工作还是一个新课题。我们有管理单一经济成分、单一经营方式的经验,缺乏管理多种经济成分、多种经营方式的经验;有闭关自守的经验,缺乏开放的经验;有管死的经验,缺乏搞活的经验。因此,我们工商行政管理工作必须适应新的要求,加强理论学习,提高政策业务水平,探索和积累新的工作经验,使监督管理不断得到调整和完善。

特别要指出,我们现在正处在一个新旧体制转换的时期。在这个过程中,各方面的利益关系,必须要有相应的调整,原有的利益结构和分配关系都会发生新的变化。这就要求我们十分注意研究改革中出现的新情况和新问题,使我们的监督管理工作跟上形势的发展,以适应改革日益深化的需要。

第四,要逐步把我们的监督管理工作建立在法制的基础上,实行依法管理。近几年,工商行政管理的立法有了较大的进展。工商行政管理方面的法律、法规和规章已有一百三十多件,如果包括其他有关部门起草的涉及工商行政管理的法规,为数还更多。但总的看来,工商行政管理法制还不够完善,还需要我们做很大的努力来加强这方面的工作,做到有法可依,执法必严,违法必究。一时还不成熟的,可以先搞试行办法或者暂行规定。

在这次会议上,不少同志反映,近一时期又有些地方将工商行政管理所下放给乡、镇管辖,有的城市则将工商所下放给街道管辖。我们认为,这种做法是不妥当的。因为工商行政管理所是按经济区划设置的,既要管理集市贸易和个体工商户,又要监督工商企业守法经营,查办简单经济案件,调解简易合同纠纷。如按乡、镇、街道设所,则不便对跨乡、镇、街道的案件进行查处,而且还可能出现在查处案件中对本地宽、对外地严的不正常现象。对稍大一些的企业也很难进行经常性的监督管理。工商所原来一直由县(区)工商行政管理局直接领导,改变管辖关系势必削弱县(区)工商行政管理局直接领导,改变管辖关系势必削弱县(区)工商行政管理局的政策业务领导,将使工商所难以去完成它所担负的各项任务。同时,工商所如下放乡、镇、街道管辖,必然会形成每个乡、镇、街道都要设所,其结果将大量增设机构,增加人员编制,增大财政支出。现在全国有二万二千个工商所,而乡、镇有九万多个,如按乡、镇设所,将增设七万多个所,至少增加三十多万人。这显然不符合中央精简机构、压缩开支的精神。对这个问题,中央财经领导小组去年4月已有明确指示,工商所不能下放,不能以乡设所。今年,田纪云副总理再次指出,机构的合撤收放都要慎重,不要放了再收,来回折腾,使工作受损失。如果有的地方要下放工商所,可以等到政治体制改革方案定了以后再说。

有些同志还提到，现在有些地方把一部分个体工商户当作"个体企业"，列入乡镇企业范围，由乡镇企业局管理，并收取管理费，增加了个体工商户的负担，造成管理上的混乱。什么是"个体企业"，含义不清楚。因为从法律主体上讲，个体是公民，企业是法人。按照1984年4月国务院颁发的《关于农村个体工商业的若干规定》，农村个体工商业是由工商行政管理机关管理。我们的意见是，在国务院对这个问题没有作出新的规定以前，仍按国务院现行规定执行。

还有些地方反映，工商行政管理干部存在抽调、变动频繁的现象，影响工商行政管理工作的正常开展。有的地方三年之内就换了六任局长。我们认为，工商行政管理干部调动频繁，影响干部掌握政策和熟悉业务，对工作不利。应当强调，工商行政管理机关的领导干部、业务骨干和专业人员要保持相对稳定。贵州、陕西的组织、人事部门，曾先后发出稳定、加强工商行政管理干部队伍的通知，要求对工商行政管理局主要干部的任免、调动，应当事先与上级工商行政管理局商量，并且要加强思想政治工作和干部培训进修，以提高工商行政管理队伍的素质。他们的做法可供其他地方参考借鉴。

全国工商行政管理局长会议现在结束了。请同志们回去以后，将这次会议的精神，特别是田纪云副总理对工商行政管理工作的重要指示，向当地党委和政府汇报，争取当地党委和政府的领导和支持，积极地贯彻落实。全体工商行政管理干部、职工，要在党中央正确路线的指引下，奋发图强，努力工作，开拓前进。

任中林局长在全国工商行政管理局长会议上的讲话

（1988年3月11日）

今年的全国局长会议，是党的第十三次全国代表大会之后召开的，也是国务院机构改革方案确定以后我们工商行政管理系统的一次全国性会议。这次会议的任务是，认真贯彻十三大提出的党在社会主义初级阶段的基本路线，贯彻稳定经济、深入改革的方针，安排部署今年的工商行政管理各项工作。

一、1987年的工作情况

1987年，按照中央关于集中力量抓好增产节约、增收节支和深化改革、搞活企业两件大事的要求，结合工商行政管理工作的实际情况，全国各级工商行政管理机关，坚持四项基本原则，坚持改革、开放、搞活，以整顿市场秩序为中心，不断加强和完善监督管理，推动了工商行政管理各项工作的开展。

（1）贯彻执行国务院的指示，在各地政府的统一部署和有关部门的密切配合下，对市场秩序进行整顿，加强了对市场的管理和监督，取缔了无照经营，检查处理了违法违章行为，有力地打击了投机倒把活动，使市场秩序明显好转。据北京、天津、河北、四川、江苏、浙江、湖北、陕西等21个省市的不完全统计，通过整顿市场，共清理无照商贩40多万人，集贸市场的管理工作不断加强，许多地方个体工商户普遍实行了明码标价，亮照经营。通过整顿市场，查处了大批违法违章案件。1987年，全国工商行政管理机关处理的投机违法违章案件达118.9万多件，比上年增加32.18%。罚没款总额为3.86亿元，为受害者追回2.57亿元。据对大案作案人员54 854人的分析，国营、集体单位职工占27.7%，农民占33.8%，个体商贩占17.3%。这次全国性的整顿市场秩序工作的主要特点是，各级工商行政管理机关指导思想正确，明确整顿是为了进一步搞活管好，在整顿中没有照搬过去那一套"左"的做法，主要采取疏导的方法，搞活的方法。因此，在整顿市场过程中，集市贸易和各类市场繁荣活跃，个体工商业继续发展。这说明改革开放政策在工商行政管理系统是深入人心的，也反映工商行政管理工作的水平比过去提高了。

（2）在社会主义商品经济迅速发展的情况下，国营、集体工商企业继续增加。到1987年底，在工商行政管理机关登记的工商企业全国共 482.8 万户,比 1986 年底增加 52 万余户,增长 12%;从业人员16 922.8 万人,增加1 429 万人,增长 9.2%;注册资金15 540亿元,增加1 851亿元,增长 13.5%。各地工商行政管理机关积极支持经济联合组织发展。到 1987 年 7 月底,在工商行政管理机关登记的各种经济联合体有46 303个,比 1986 年同期增长 45.9%。在紧密型的经济联合组织34 518户中,全民联合的占19%,集体联合的占 36.3%,全民与集体联合的占 34.6%,其他占 10.1%。由于进一步贯彻对外开放的方针,在工商行政管理机关登记的外商投资企业继续增多。据 1987年底统计,全国共8 546户,比 1986 年底增加1 955户,增长 29.7%。其中,中外合资企业有4 405户,增长 46.5%;中外合作经营企业3 940户,增长 14.7%;外商独资企业 201户,增长 35.8%。此外,办理登记的还有外国企业常驻代表机构2 043户,比 1986 年底增加 243 户。

(3)鼓励和扶持个体工商业和私营企业发展。各地在普遍加强对个体工商业管理的同时,继续扶持它的发展。通过整顿市场清理无照商贩,对一些从事社会所需要的行业、本人也具备条件的无照商贩,发给了营业执照。因此,1987 年个体工商户增加较快。到 1987 年底,全国城乡个体工商业有1 372.5 万户,比 1986 年底增长 13.3%;从业人员2 158.3 万人,增长 16.9%;资金 236亿余元,增长 31.4%。其中,城镇个体工商业有 338.3 万户,492.3 万人,资金 55.9 亿元;农村有1 034.2 万户,1 666 万人,资金180.2 亿元。城乡个体工商业全年营业额为1 038.41亿元,其中商品零售额 744.2 亿元,增长 27.3%,占社会商品零售总额的12.78%。个体工业、建筑业、运输业的产值为305.7 亿元。去年年初中央五号文件明确了对私营企业采取允许存在、加强管理、兴利抑弊、逐步引导的方针。赵紫阳同志在十三大的报告中进一步提出要鼓励私营企业继续发展。各地工商行政管理机关贯彻中央的方针,对私营企业积极加以扶持和引导。到 1987 年底,全国雇工八人以上的私

营企业已有 11.5 万户,比 1986 年增长93%;从业人员 184.7 万人,增长 84.7%。此外,在合作经营组织和集体企业中,还有一部分私营企业。

(4)在逐步建立社会主义市场体系的过程中,城乡集市贸易和各类专业市场继续发展。到 1987 年底,全国城乡已有69 683个集市,比 1986 年底增加2 073个。集市贸易成交额突破千亿元,全年达到1 157.89亿元,比1986 年增长 27.73%。其中城市集市成交额为 347 亿元,比上年增长 42.01%;农村集市成交额为 810.8 亿元,增长 22.46%。集市零售额占社会商品零售总额的 17.4%。在城乡集市中,农副产品批发市场、小商品批发市场和各种专业市场继续增加。1987年底,全国有农副产品批发市场1 095个,全年成交额 50.35 亿元;小商品批发市场 205个,全年成交额 42.45 亿元;工业小商品、废旧品等市场6 239 个,全年成交额 176.1亿元。

(5)经济合同管理工作不断加强。去年全国工商行政管理机关受理经济合同纠纷案件28 104件,争议金额达亿余元,其中调解19 998件,裁决2 642件。为了适应工作需要,我们在河北省召开派出仲裁庭的专题座谈会,推广河北新乐、深泽等县在有条件的工商所派出仲裁庭的经验。据不完全统计,到去年年底,各地已有派出仲裁庭一千多个,使农村中许多合同纠纷得以及时解决。对经济合同的监督检查工作也不断加强。全年鉴证合同 192 万多件,金额 455 亿多元;检查合同19 612万件,金额3 652亿元;确认无效合同10 110件;查处违法合同4 906件。通过加强监督检查,为合同当事人挽回损失 11 亿余元。在 1987 年,"重合同、守信用"的活动在全国各地得到普遍开展。开展这个活动的单位,原来主要是工商企业,现在已经扩大到建筑、科技以及军工企业,还有不少农村专业户也要求参加。到 1987 年底,全国开展这一活动的,已有1 854个市县,70 万家企业,被授予"重合同、守信用"称号的单位已由 1986 年的6 105家增加到22 800家。

（6）商标注册申请继续增加，1987年共44 069件，其中国内40 014件，外国（地区）4 055件。全年核准注册的商标为32 141件。到1987年底，我国注册商标累计总数已有187 626件，其中，国内商标159 038件，占84.7%；外国商标（包括52个国家和地区）28 588件，占15.3%。与1986年底比较，国内商标增长17.8%，外国商标增长18.4%。此外，一年来还办理变更、续展、补证、注销的申请12 564件，许可合同备案申请2 107件。为了保护注册商标的专用权，维护生产者和消费者的利益，各地工商行政管理机关与有关部门及消费者协会配合，进一步打击假冒行为，严肃处理侵权案件。在整顿酒类商标时，对十三家获得国家金奖的名优白酒实行全瓶贴注册，给予有力的保护。去年十月，国家工商行政管理局和中国消费者协会在北京举办了全国打击假冒行为、保护名优商品展览会，参观者近10万人，效果很好。

（7）广告事业有很大发展。到1987年底，全国广告经营单位已有8 225户，比1986年底增加1 281户，增长18.4%；从业人员92 279人，增加11 049人，增长13.6%；全年广告营业额11.12亿元，增加2.67亿元，增长31.6%。广告的设计水平、制作水平逐步提高，广告的表现形式比过去生动活泼了，知识性和趣味性比过去增强了，为群众喜闻乐见的广告比过去多了。各地在促进广告事业发展的同时，加强了对广告的管理工作，取缔了一些内容虚假不实的广告。

（8）加强法制建设，逐步完善工商行政管理法规。1987年，国务院发布的工商行政管理法规有《城乡个体工商户管理暂行条例》、《投机倒把行政处罚暂行条例》、《广告管理条例》、《中外合资经营企业合营各方出资的若干规定》和《国务院关于整顿市场秩序加强物价管理的通知》。今年年初，国务院又批准了我局修订的《中华人民共和国商标法实施细则》。《企业法人登记管理条例》和《私营企业暂行条例》不久也将发布。此外，我局还与有关部门联合发布了一些规定。这些法规的发布，使工商行政管理的法制逐步健全了。

（9）加强干部教育工作，认真落实工商行政管理系统"七五"期间干部教育规划。目前各省、自治区、直辖市工商行政管理局已经建立了中专学校22所，在校学生5 132人，毕业学生有1 458人；一些省市也在当地有关学校内设置了工商行政管理专业班。在武汉大学、四川大学、东北财经大学和北京财贸学院开办的工商行政管理系（专业）已毕业学生160人，现有在校本科生1 180人，专修科生145人，还招收了函授生6 200多人。还有13个省市在有关大专院校开设了工商行政管理专业和干部专修科班，在校学生近4 000人。国家工商行政管理局干部学校去年举办了五期专业培训班，培训各级干部1 100多人。各地还抓了专业培训和新增编干部的岗前培训，培训人员10万多人。

1987年工商行政管理工作取得这样显著的成绩，原因在于党中央、国务院和各地党委、政府重视，加强领导，在于全体工商行政管理人员的共同努力。特别是广大基层工作人员，不辞辛苦，不怕困难，忠于职守，任劳任怨，常年战斗在第一线。借此机会，我代表国家工商行政管理局，向全体工商行政管理人员表示慰问。当然，我们也应当看到，当前工商行政管理工作还存在一些问题，主要是有些地方查处投机违法活动不够深入，不够得力；有的地方假冒商品、虚假广告仍不断出现，未能有效地制止；有的地方对企业登记把关不严；有的地方仍存在地区封锁的现象；在少数工商行政管理人员中不正之风还没有得到纠正，有的甚至还相当严重。这些问题的存在，有思想作风上的原因，也有体制上的原因。从国家工商行政管理局来说也抓得不够。为了更好地发挥工商行政管理的职能作用，履行党中央、国务院交给我们的职责，这些问题必须认真加以解决。

二、1988年的工作安排

党的第十三次全国代表大会继承和发展了十一届三中全会以来的路线，系统地阐明了社会主义初级阶段的理论，正确地规定了党在这个阶段的基本路线。我们必须认真学习文件，深刻领会精神，结合工商行政管理的实际来贯彻十三大的路线，为实现各项任务作出贡献。赵紫阳同志在十三大的报告中指出："加强工商行政管理和物价管理，严格执行市场管理法规，形成正常的市场秩序"。这说明，为了充分发挥市场的作用，建立计划与市场内在统一的社会主义有计划商品经济的体制，必须加强工商行政管理。

按照十三大的精神和稳定经济、深入改革的方针，1988 年工商行政管理工作的主要任务是：支持改革开放，贯彻沿海地区经济发展战略，加强监督管理，维护市场正常秩序，促进经济稳定发展。主要抓哪些工作？年前我们曾派人到一些省市调查研究，与地方的同志交换意见。归纳起来，主要有以下几项工作。

（一）做好企业法人登记工作，保障企业的法人地位

现行的《工商企业登记管理条例》是国务院于 1982 年 8 月发布的。这个条例对于加强企业的登记管理，保护合法经营，制止非法经营，维护社会经济秩序，促进商品经济发展，起到了重要的作用。随着我国经济的发展和改革的深入，这个条例的一些规定已经不能适应客观形势，需要加以修改和补充。尤其是《中华人民共和国民法通则》公布施行以后，需要按照《民法通则》的有关规定，制定企业法人登记管理法规。我们已经草拟《中华人民共和国企业法人登记管理条例》上报国务院。

法人是与自然人相对的民事权利主体，是按法定程序设立，有一定的组织机构和独立支配的财产，以自己名义享受民事权利和承担民事义务的社会组织。法人的出现和演变，是与商品经济的发展相联系的。过去不重视发展商品经济，也没有建立法人制度，直到《民法通则》公布实施，才标志着中国的法人制度开始建立。《企业法人登记管理条例》是与《民法通则》配套的一个重要法规。这个条例公布以后，各地工商行政管理机关应当认真地学习和贯彻，向工商企业广泛地进行宣传，切实做好企业法人的登记工作。

根据当前我国经济的实际情况，在建立企业法人登记管理制度时，还有一些问题需要加以研究解决。现在，我就这些问题讲几点意见。

第一，企业法人的法定代表人是不是必须是董事长？《民法通则》第 38 条规定，依照法律或者法人组织章程规定，代表法人行使职权的负责人，是法人的法定代表人。在国外，股份有限公司一般都设有董事会，董事长是法定代表人；股份有限公司以外的其他法人，则通常在章程中规定厂长、经理为法定代表人。我国的国营、集体企业一般不设董事会，代表企业行使职权的主要负责人是厂长或者经理，因此，法定代表人应当是厂长、经理。有些企业，如中外合资企业、联合企业等，如果需要设立董事会，法定代表人也可以是董事长。

第二，承包法人企业的经营者是不是法定代表人？这是关系到在企业改革中如何正确对待所有权和经营权分离的一个重要问题。赵紫阳同志指出："我们实行两权分离应坚持两条：第一，不改变所有权。这不是说不实行所有制的多种形式了，而是说我们重点不在改变企业的所有权。第二，这种所有权正如马克思所说是单纯的所有权。在不改变所有权的情况下，要强化企业在经营上的责任，使企业成为真正的法人，企业是资产的占有者、使用者、支配者。"由此可见，实行两权分离的目的，不是要加强所有权对经营权的制约，而是为了强化经营权，扩大企业自主权，增强企业的活力。企业实行两权分离后，所有权虽然没有改变，但所有者只有单纯的所有权，而不行使经营权，不担负企业经营上的责任，不是企业法人的法定代表人，掌握企业经营权的经营者才是真正的法定代表人。因此，企业法人实行承包经营后仍然具有法人资格，承包经营的主要负责人是企业法人的法定代表人。

第三，怎样处理事业单位、社会团体法人与企业法人的关系？《民法通则》第 50 条规定："具备法人条件的事业单位、社会团体，依法不需要办理法人登记的，从成立之日起，具有法人资格；依法需要办理法人登

记的,经核准登记,取得法人资格。"现在的问题是,事业单位、社会团体法人兴办的企业,是不是具有法人资格? 我们的意见是,事业单位、社会团体的法人资格,与它所办的企业是否具有法人资格,是两回事情,要根据企业的条件来定。如果企业实行独立核算,自负盈亏,不能独立承担民事责任,那在对企业经营部分进行登记时,就发给营业执照,不具有企业法人资格。

第四,私营企业能不能取得法人资格?《民法通则》对私营企业能不能取得法人资格的问题没有规定。对这个问题认识上也不完全一致。一种意见是,私营企业具备法人条件的,经核准登记,可以取得法人资格。除《民法通则》规定的法人应当具备的四个条件外,对于私营企业,应当再明确两点:一是私营企业的财产与私营企业者的家庭财产要分开;二是私营企业一定要建账。同时,对私营企业必须拥有的资金数额也需要作出规定。

还有一种意见是,私营企业者是自然人,不是法人,只代表企业所有者,不代表全体职工。独资或合伙经营的企业,企业主应当负无限责任,以免转移企业财产,宣告破产,使债权人受损失。

第五,个人合伙是不是法人? 个人合伙是私人共有,这与公有是两回事,属于私人性质。按《民法通则》规定,个人合伙的法律主体是公民,合伙人要以各自的财产承担清偿债务的连带责任。由此看来,个人合伙不是法人。在外国,个人合伙也不是法人,因为个人合伙不是以自己的名义承担民事法律责任。这是个人合伙在法律上的一个特点。

合伙雇工8人以上的是私营企业。如果这些企业能够以企业财产独立承担民事责任,具备了法人条件,就可以取得法人资格。

各级工商行政管理机关在企业登记工作中,必须依法办事,严格把关。随着经济的活跃和改革的深入,申请兴办企业的很多。对要求注册登记的企业,必须严格按规定审核,对企业名称、经济性质、注册资金、经营范围以及是否具备企业法人条件等,都必须严格审查,手续齐备。凡是不符合规定的,不管是哪个部门批准,一律不准登记。这个问题,最近国务院领导同志专门作了指示,各地工商行政管理机关一定要认真贯彻执行。

在沿海地区,工商行政管理机关应当认真学习赵紫阳同志关于沿海地区经济发展战略的讲话,解放思想,更新观念,配合有关部门,积极支持外向型经济的发展。发展劳动密集型产业以及劳动密集与知识密集相结合的产业,发展"来料加工"、"进料加工",发展"两头在外"、大进大出的加工业,发展外商独资企业、中外合资企业和中外合作经营企业,并且积极促进出口商品企业的横向经济联合,促进沿海地区与内地的经济联系,努力为实施沿海地区经济发展战略服务。

(二)进一步发展集市贸易,逐步培育社会主义市场体系

赵紫阳同志在十三大的报告中说:"社会主义的市场体系,不仅包括消费品和生产资料等商品市场,而且应当包括资金、劳务、技术、信息和房地产等生产要素市场;单一的商品市场不可能很好地发挥市场机制的作用。"无论对于商品市场,还是对于生产要素市场,都需要加强工商行政管理,建立正常的市场秩序。对于各种生产要素市场,我们应当加强调查研究,配合各主管部门参与管理,积极促进这些市场的形成和发展。对于汽车、钢材等生产资料市场,各地已经参与管理,做了不少工作,应当在这个基础上,逐步制订和完善管理办法。对于城乡集市贸易、各类专业市场以及农副产品和工业小商品的批发市场,应当进一步做好发展工作,提高管理水平。

发展集市贸易,应当因地制宜,分类指导,特别要重视边远地区、少数民族地区和旅游地区的工作。有些边远地区交通不方便,商品流通不活跃;有些少数民族还没有做生意的习惯,商品经济很落后。在这些地区,集市贸易和贩运户需要大力发展,这样才有利于促进这些地区经济的发展。在旅

游地区,要搞好集贸市场的建设,改善集市的设施,多发展旅游产品,发展服务行业,为旅游者提供方便。

发展集市贸易,要利用价值规律的作用。价值规律是商品生产的普遍规律。我们要搞活企业,深化改革,建立市场体系,发展商品经济,就必须利用价值规律。中国有句老话,叫做"生意兴隆通四海"。前年我去河北辛集,送了他们两句话:"河北一集市,东西南北通"。总之,市场要繁荣活跃,应当四通八达。社会主义的市场体系,应当是竞争的,开放的;不能是垄断的,分割的,封闭的,不能搞地区封锁,以邻为壑。集市贸易是价值规律自发调节的市场,更必须按价值规律的要求办事,善于利用价值规律的作用来调节生产和流通。这个问题是我们在发展和管理集市贸易的工作中必须重视的。

对集市贸易的管理,已基本走上轨道。今后应当着重抓提高管理水平,逐步实现规范化、制度化,提倡文明管理,优质服务,继续开展创建文明集贸市场的活动。

(三)继续鼓励个体经济和私营经济发展,保护它们的合法权益

目前我国个体工商业虽然已经是一支拥有2 100多万人的队伍,但在全国人口中只占2%,特别是在地区之间很不平衡,有些边远地区个体工商户还很少,需要积极地组织发展。私营企业目前还只是处于发展初期,为数还不多,也需要继续鼓励它们发展。

这里我想着重谈谈私营经济的问题。赵紫阳同志在十三大的报告中说:"实践证明,私营经济一定程度的发展,有利于促进生产,活跃市场,扩大就业,更好地满足人民各方面的生活需求,是公有制经济必要的和有益的补充。"我们应当很好地学习和领会赵紫阳同志这一段讲话的精神,对我国现时条件下发展私营经济的问题有一个正确的认识。

对于私营经济,应当按照马克思主义的定义来确定它的性质。它本身是什么性质,与我们对它采取什么政策,这是两回事情。不能因为政策上允许存在、鼓励发展,就把什么都说成是社会主义的。公有制就是全

民和集体,私营企业就是私营企业,合伙就是合伙,个体就是个体。个体、合伙和私营企业不能按集体企业进行登记。所有制界限不划清楚,那就许多问题说不清楚。我国社会主义初级阶段的所有制结构,是以公有制为主体,多种经济成分并存。多种经济成分这个提法,早在新中国成立初期就提出来了。1949年9月中国人民政治协商会议共同纲领中就提出"使各种社会经济成分在国营经济领导之下,分工合作,各得其所,以促进整个社会经济的发展"。1954年9月公布的我国第一部宪法的第五条也列举了我国四种主要的生产资料所有制。五十年代后期,在"左"的影响及由此形成的过分单一的所有制结构的情况下,多种经济成分这个提法也不再提了。直到三中全会之后,党的十二大才重新提出:"在很长时期内需要多种经济形式的同时并存。"1984年召开的十二届三中全会通过的《关于经济体制改革的决定》再次提出,"坚持发展多种经济形式和多种经营方式"。1986年赵紫阳同志在《关于第七个五年计划的报告》中,用"多种所有制形式"代替了"多种经济形式"。到1986年9月,《关于社会主义精神文明建设指导方针的决议》进一步明确提出"要在公有制为主体的前提下发展多种经济成分",开始用"多种经济成分"这个提法。十三大报告继续沿用了这个提法。在多种经济成分同时并存的情况下,我们一定要把所有制界限划清楚,企业的性质不能混淆。

划分私营企业应当根据哪些标准?对这个问题有几种不同意见。第一种意见主张采用1950年《私营企业暂行条例》的规定,即"私营企业为私人投资经营从事营利的各种经济事业"。第二种意见主张采用中央[1987]5号文件中的提法,即"个体工商户可以雇请一两个帮手,有技术的可以带三五个学徒",超过这个标准的为私营企业。第三种意见主张以资产私有和雇工八人以上为标准。经过多次讨论,大多数同志都认为第三种意见比较可行。因为第一种意见只规定了私人投资经营一个标准而没有雇工人数的规定,没有划分个体经济和私营经

济的界限;第二种意见对学徒和帮手分别作了规定,而这两者如何划分很难掌握;第三种意见比较准确地反映了私营经济与集体经济、个体经济的区别,也有利于保持政策的连续性和监督管理机关在工作中执行。

当前我国的私营经济,是生产资料属私人所有和存在雇佣劳动关系的经济成分,具有一般私营经济的基本共同点。但是,在我国现时的条件下,它们又有着自己的特点。首先,我国当前的私营经济,是在生产资料所有制的社会主义改造早已完成、公有制经济的主导地位已经确立的情况下发展起来的,是在我国经济由单一经济成分的产品经济,向多种经济成分并存的有计划商品经济的转变过程中发展起来的。它适应于客观需要,有利于实现资金、技术、劳力的结合,形成社会生产力。其次,由于强大的社会主义公有制经济在国民经济中居于支配地位,在这种条件下发展起来的私营经济,不能不同公有制经济相联系,不能不受公有制经济的影响和制约,它必然依附于公有制经济,是公有制经济的补充。最后,我国私营企业者从雇佣劳动力身上所赚取的利润,不是完全用于消费,而是大部分投入扩大再生产,转化为生产力。我国社会主义条件下私营经济的这些特点说明,它不同于资本主义条件下的私营经济。在我国社会主义初级阶段发展商品经济的过程中,这种私营经济的存在是不可避免的,是有利于发展社会生产力的。我国的私营企业者,是发展商品经济的经营者,与资本主义国家中的资本家在性质和作用上存在着明显区别。因此,不能像对待资本主义国家的资本家一样对待社会主义初级阶段的私营企业者。

对于私营经济的问题,我们在认识上是逐渐深化、逐步统一的。前几年,当一些地方出现私营经济的时候,中央提出先采取"看一看"的办法。在经过几年时间的观察研究之后,去年年初中央5号文件提出"允许存在,加强管理,兴利抑弊,逐步引导"。十三大的报告进一步明确提出"鼓励发展"。根据十三大的精神,各地工商行政管理机关应当鼓励私营经济的发展,加强对它们的管理,在发展社会主义商品经济中更好地发挥它们的作用。

为了鼓励和扶持个体经济和私营经济的发展,各地工商行政管理机关应当从以下几个方面做好工作:一是帮助他们解决生产经营中的困难,为他们提供服务,促进他们健康的发展。二是切实保障他们的合法权益,制止向他们乱摊派、乱收费。三是加强管理,督促他们遵守国家法规,恪守职业道德,依法经营,信誉第一。去年国务院已发布《城乡个体工商户管理暂行条例》。《私营企业暂行条例》我们也已经上报国务院。这方面的法规将逐步建立和完善。

(四)维护市场正常秩序,打击投机倒把活动

自去年三季度以来,整顿市场秩序已经在全国范围内开展,取得了显著的成果。总的来看,前一阶段主要是面上的整顿。今年我们应当把这个工作进一步深入地开展下去,不然的话,会影响前一阶段整顿成果的巩固。

进一步深入地整顿市场秩序,主要应当打击那些扰乱市场的投机倒把活动,抓大案要案。在去年四季度召开的两次办案工作会议上,我们已经分两批排出了211件全国性的大案要案。有关地区应当抓紧对这些案件的查处和结案,一定要做到严肃认真,依法处理,件件有交代。通过查处这些全国性的大案,推动经济检查工作的全面、深入地开展。这211件大案查处结案以后,我们准备继续排出新的大要案件,通过这种行之有效的形式来加强经济检查工作,有力地打击投机倒把活动。

查处投机违法案件,必须坚持原则,依法办案。现在,有的地方仍然存在执法不严格、办案不得力的情况。主要是有的办案人员不能坚持原则,受外界干预多;有些地方对本地宽、对外地严的倾向仍相当突出。凡是存在这些情况的地方,都应当切实加以纠正。工商行政管理机关是行政执法机关,依法办事是我们的职责。在查处投机违法案件的工作中,对于不符合国家法律、法规和政策,处理不当的,上级工商行政管理机关

有权纠正。

（五）加强经济合同的仲裁、监督和管理工作

继续在工商企业中开展"重合同、守信用"活动，帮助企业树立社会信誉，提高经济效益，增强企业的竞争活力，维护社会经济秩序。同时，鉴于近年来社会上无效合同和违法合同明显增加，确认无效合同和查处违法合同的任务日益加重，必须加强对经济合同的监督检查工作，总结办案经验，提高办案质量，使办案的程序和规则逐步完善起来。

国务院已经确定，企业承包合同纠纷的仲裁由工商行政管理机关管理。因此，今后我们管理经济合同的范围更大、任务更重了。推行承包制度，是实行企业所有权和经营权分离的有效形式。我们应当配合有关部门，积极促进企业承包经营责任制的配套、完善、深化和发展。搞好企业承包合同的仲裁工作，是关系到搞活企业、深化改革的一件大事。这是一项新的工作，各地应当认真组织调查研究，从实践中取得经验，逐步制定管理办法。

不久前，国务院批准了《技术合同管理暂行规定》。各级工商行政管理局应当加强对技术合同的监督、检查，并搞好技术合同纠纷的仲裁工作。

经济合同的仲裁过去是实行"一裁二审"制度，即经济合同纠纷由工商行政管理局经济合同仲裁委员会仲裁后，如果当事人不服，可以向法院提出起诉。现在，企业承包合同的仲裁，已确定实行裁审自择、从一而终的"双轨制"，即合同纠纷是向工商行政管理局的仲裁机关申请仲裁，还是向法院提出起诉，由双方当事人协商决定，法院受理的，仲裁机关不再受理；仲裁机关受理的，法院也不再受理。今后，其他经济合同也可能都实行"双轨制"。这就要求各级仲裁机关进一步做好仲裁工作，并调查研究实行"双轨制"后可能出现的新情况和新问题。

（六）贯彻《商标法实施细则》，有力地打击假冒行为

为了适应商标工作的新情况，我们修订了《商标法实施细则》，经国务院批准，已于今年一月发布施行。我们应当认真贯彻新的细则，广泛深入地向企业进行宣传，进一步加强商标管理工作，提高商标注册工作的质量，严厉打击制造、销售假冒商品的不法行为，保护生产者、经营者和消费者的合法权益。

近几年来，各地工商行政管理机关查处了大量假冒违法案件，打击了一批不法分子，取得了一定的成绩。但是，这种不法活动并没有完全制止，还需要同假冒行为进行长期的斗争，给予有力的打击。田纪云同志在参观《全国打击假冒行为、保护名优商品展览会》时指出："假冒行为一害国家，二害消费者。要好好抓一抓，保障我们的改革、搞活能够发展得健康一点。这既是维护国家利益，也是维护消费者的利益。""工商行政管理工作很重要，不管不得了。"领导同志还指出，过去对假冒行为处罚过轻。姚依林同志说："罚得太轻了，要罚得假冒者垮台。"田纪云同志说："对从事假冒行为者，在经济上要从重处罚。对情节恶劣的，要罚得他倾家荡产，叫他破产。"领导同志的这些指示，我们应当很好地领会，坚决地贯彻执行。过去对假冒行为处罚过轻、打击不力，与原来的商标法实施细则的某些条款不适应当前形势是有关系的。原细则规定，对于侵犯注册商标专用权情节严重的，只处以5 000元以下的罚款，这个处罚显然是太轻了。新的细则对此作了较大的变动，规定可以处以非法经营额20%以下或者非法获利两倍以下的罚款。我们要严格执法，狠狠打击不法分子，对构成犯罪的，送交司法机关惩办。

（七）以查处虚假广告为重点，加强广告管理

去年9月25日，国务院发布了《广告管理条例》。我们应当结合贯彻条例，开展广告的法制宣传，教育各广告经营单位和广告客户遵守条例的规定，促进我国广告事业的进一步发展。

加强广告管理工作，应当以查处虚假广告和非法经营活动为重点。广告经营单位和广告客户刊播广告，必须执行条例的规

定,对消费者负责。需要提供证明的,客户必须按规定提供有关证明,广告经营单位对广告的内容和提供的证明应当认真审查。严格禁止刊播坑骗消费者的虚假广告。给消费者造成损害的必须承担赔偿责任,情节严重、构成犯罪的要依法惩处。经营广告的单位,包括专营和兼营,都必须经工商行政管理机关批准,未经批准的不准擅自经营广告。

(八)加强工商行政管理队伍建设

据1987年底统计,全国工商行政管理系统各级机构共有29 369个,干部、职工296 793人,其中行政编制71 889人,事业编制224 904人。与1986年底比较,增加了29 195人。除正式编制以外,还有临时工、合同工11.2万人。由于党中央、国务院和各级党委、政府的重视,工商行政管理队伍的力量有了加强,但是,现在担负的任务越来越重,我们这支队伍无论数量还是质量都还不能适应工作的需要,必须进一步加强队伍建设。1986年,国务院批准工商行政管理系统在三年内增编8万人。今年是增编工作的最后一年,希望各省、市工商局抓紧把这项工作做好,在今年内完成增编工作。必须强调的是,增编的人员必须保证质量,选调干部一定要坚持规定的条件。关于各地增编工作的进展情况,请各省、自治区、直辖市工商局每季度向我们反映一次,以便发现问题可以及时与有关部门协商解决。

我国不久将建立国家公务员制度。我们应当按照这个要求,对全体干部加强培训,提高素质,重点是开展岗位职务培训。在逐步取得经验的基础上,制定出各种岗位职务的规范,首先制定出地市局长和省局处长的岗位职务规范。同时,加强对各级工作人员的考核,教育全体干部树立为人民服务的思想,增强责任感,练好基本功,努力提高政策水平和业务能力。要继续纠正我们队伍中存在的不正之风。现在,各方面对于我们在企业登记、个体工商户管理和集市管理工作中存在的不正之风反映相当强烈。各级工商行政管理机关一定要重视,要认真抓,切实加强教育和监督,发现问题及时处

理,努力建设一支廉洁奉公、严格执法、科学管理、文明服务的工商行政管理队伍。

最后我讲讲基层工商所的问题。去年中央财经领导小组听取国家工商行政管理局汇报时,田纪云同志已经明确表示,工商所不宜下放。中央财经领导小组在汇报会后发了重要文件。将工商所下放到乡镇和街道,既不利于加强经济监督管理,又不符合精简机构的精神。请各地按中央财经领导小组的指示办理。

当前,我们工商行政管理机关担负的任务是很重的。全体工商行政管理人员,应当发扬清正廉明、艰苦朴素、兢兢业业、勤勤恳恳的优良作风,坚决贯彻国家的政策、法律、法规,抵制一切以权谋私、假公济私的腐败作风,密切联系群众,深入实际,埋头苦干,加强调查研究,不断改进和完善管理,为促进国民经济的持续稳定协调发展作出贡献。

刘敏学副局长在全国工商行政管理局长会议上的讲话

(1988年3月18日)

全国工商行政管理局长会议今天就要结束了。这次会议,讨论了任中林同志的报告,总结了去年的工作,安排了今年的工作;讨论了《中华人民共和国企业法人登记管理条例(草案)》及《施行细则(征求意见稿)》、《私营企业暂行条例(草案)》、《投机倒把行政处罚暂行条例施行细则(讨论稿)》。国家工商行政管理局还分别邀请了部分省市代表,就工商行政管理工作如何贯彻十三大精神和中央关于沿海地区经济发展战略问题,举行了两次座谈会。这次会议,大家讨论得很热烈,畅所欲言,提出了许多很好的意见。特别是会议期间,国务院副总理田纪云同志听取国家工商行政管理局的工作汇报时,作了重要指示。他对近几年来工商行政管理工作所取得的成绩和广大干部职工的辛勤劳动,给予了充分的肯定;对工商行政管理工作中存在体制方面和基层干部生活、工作上的困难,极为关心。他反复强调,在大力

发展商品经济中,特别是多种经济成分的发展和沿海地区的进一步开放、搞活,经济监督的作用将更为重要,工商行政管理的各项工作任务也将越来越重。田纪云同志对担负着工商行政管理任务的广大干部职工,寄予殷切的希望。他要求我们要振奋精神,兢兢业业,本着对国家高度负责,对四化高度热情的态度来对待新的工作任务,努力建设一支廉洁奉公、忠于职守,有战斗力的,能适应开放、搞活要求的工商行政管理队伍。会议传达了田纪云同志的讲话后,大家受到了很大的鼓舞,进一步增强了工作信心。大家一致表示要认真学习,深刻领会,并贯彻到实际工作中去。所以,这次会议开得是好的,是很有收获的。

现在,我就大家在会上讨论的一些问题,结合学习十三大文件的体会,谈几条意见。

一、关于工商行政管理体制的改革

马克思主义认为,经济基础决定上层建筑,经济基础的发展和变革,必然会导致上层建筑的变革。上层建筑只有与经济基础相适应,才能够更好地发挥作用,为经济基础服务。工商行政管理属于上层建筑的范畴,当经济基础随着改革、开放、搞活发生了变化的时候,工商行政管理也就必须随之进行相应的调整和改革,使自己的监督管理职能适应改革、开放、搞活的要求。

党的十一届三中全会以后,全党工作重点转移到经济建设上来,实行对内搞活和对外开放的政策,改革经济体制,大力发展社会主义商品经济,整个经济状况发生了空前的变化。在这九年当中,随着商品经济的繁荣,工商行政管理的任务不断加重,管理范围不断扩大,各项工作都取得了很大的发展。工商行政管理机构也有所加强,队伍不断扩大,法制建设和各项规章制度逐渐趋向健全,工作局面逐步展开,工商行政管理的监督管理职能作用日益受到广泛的重视。但是,在经济体制改革不断深入的情况下,工商行政管理与新的经济形势不相适应的方面,也越来越明显了。

党的“十三大”确定了我国的经济发展战略,提出了加快和深化改革的要求。要逐步建立有计划商品经济的新体制,实行“国家调节市场,市场引导企业”的新的经济运行机制。要按照两权分离的原则搞活企业,转变企业经营机制。建立包括各类商品市场和生产要素市场在内的社会主义市场体系。在公有制为主体的前提下发展城乡合作经济、个体经济和私营经济。这些重大的决策,都要求进一步加强工商行政管理。我们的任务将会更加繁重,各项工作都会进一步向纵深发展和延伸。我们的职能、机构和管理体制,势将根据客观形势的需要进行必要的调整和改革。

最近,根据中央政治体制改革研究室的要求,我们对国家工商行政管理的职能、机构和有关体制等问题进行了研究。我们的总的意见是:行使监督管理职能的工商行政管理机关,在体制改革中应当加强。改革的设想是:强化职能,加强监督,改善管理,理顺关系,逐步形成完整有效的工商行政管理体系。

（一）在职能方面

国家工商行政管理局是国务院的直属机构,是综合性的经济监督管理部门,也是一个行政执法机关。它的主要职能是:依法确定各类工商企业和个体工商业的合法地位,监督管理市场上的各种经济活动,保护合法经营,取缔非法经营,维护正常的市场秩序,促进社会主义商品经济的发展。

具体职责一共有十一项:(1)对各类企业的登记和监督管理;(2)对经济违法违章行为的检查处理;(3)管理城乡集市贸易;(4)对生产资料市场和生产要素市场的监督管理;(5)管理经济合同,仲裁合同纠纷;(6)管理城乡个体工商户;(7)管理私营企业;(8)对外国投资企业和外商常驻代表机构进行登记和监督管理;(9)统一办理全国商标注册;(10)管理各类广告;(11)研究工商行政管理理论政策,草拟工商行政管理法规;(12)承担国务院交办的其他工作。与过去比较,有些职责明显强化并有所延伸。例如,企业登记延伸到从事生产经营活动的事业单位、社会团体,由确定合法经营地位延伸到确认企业法人资格。市场管理由集贸市场、小商品市场延伸到生产资料市场和生产要素市场。仲裁合同纠纷由一般经济合同延伸到企业承包经营合同、企业租赁经营合同和技术合同。同时，还增加了管理私营企业的任务。

（二）在机构方面

国务院所属各部、委、直属单位的机构改革方案已经原则确定。有三种情况：第一种是变动较大的；第二种是变动较小的；第三种是暂不作变动的。国家工商行政管理局属于第三种，暂不作变动。

在机构改革中，中央政治体制改革研究室要求，各单位要就职能、机构、编制提出"三定"方案。国家工商行政管理局是确定的三个试点单位之一。经我们研究，国家工商行政管理局共设十个职能司、局：（1）办公室；（2）人事教育司；（3）企业登记司；（4）市场管理司；（5）经济检查司；（6）经济合同司；（7）个体、私营经济司；（8）广告司；（9）商标局；（10）政策法规司。另外还准备增设一个经济信息中心，作为司局级的事业单位。其他直属事业单位和挂靠的企事业单位、群众团体等不作变动。人员编制要求适当增加。

（三）在有关体制方面

我们强调要理顺同各专业、综合经济管理部门和其他经济监督部门以及司法部门的关系，加强协作配合，改变在监督管理工作中的某些交叉重复现象，逐步形成适合我国国情的全方位、分层次的经济监督体系。监督职能要合理分工，适当集中，不要由几个部门去执行一个相同的职能。有交叉重复的，要通过协调，相对集中。

目前的工商行政管理体制，实行上级工商行政管理局和当地政府双重领导，以地方领导为主。经我们研究，拟作如下改进：

（1）为了保持工商行政管理干部的相对稳定，下级工商行政管理局局长的任免、奖惩、调动，当地政府应事先与上一级工商行政管理局商量，并征得同意。

（2）对查处经济违法违章行为的工作，实行以条条为主的管理体制，下级工商行政

管理局在查处经济违法违章案件中做出的不符合国家政策、法律、法规的处理决定，上级工商行政管理局有权纠正。

（3）基层工商行政管理所是县、区工商行政管理局按经济区划设立的派出机构。它的工作任务是由县、区工商局直接部署的。由于基层工商所处于工商行政管理的第一线，任务具体而又繁重，它的各项工作对于有效地发挥工商行政管理部门的经济监督职能，至关重要。基层工商所的现行体制，能够适应，不需要加以变动。现在有的地方将基层工商所划归乡、镇、街道领导，不利于加强经济监督；而且，按乡、镇、街道的行政区划设所，要增加七万多个所，三十多万人，显然也不符合精简机构、压缩编制的精神。对这个问题，国务院领导同志讲过多次，中央财经领导小组也曾在会议纪要中予以明确。今后，工商行政管理机构下面只设到县、区一级，县、区以下由县、区工商局设基层工商所作为进行具体工作的派出机构。

我以上所讲的，都还不是最后定案，还可能有变动，要等中央做出决定才算数。这里只是与大家通通气。对改革工商行政管理体制的问题，还要集思广益，深入研究。

二、关于转变工作方式和加强基础工作

十三大报告明确提出，要加强工商行政管理，严格执行市场管理法规，形成正常的市场秩序。对企业、市场和各经济部门，要实行必要的监督管理，以保护消费者和生产者的合法权益，维护国家的全局利益。我们工商行政管理机关要履行这一光荣的职责，必须转变工作方式，切实加强各项基础工作，增强效能，提高我们的监督管理能力。

（一）转变工作方式

转变工作方式，是十三大对所有综合部门的要求，其目的是使政府工作适应由直接管理为主到间接管理为主的转变，提高对宏观经济活动的调节控制能力。就我们工商行政管理机关而言，转变工作方式是更好地发挥监督管理职能的前提，也是自身改革的重要内容。

在过去很长的一段历史时期内，我们是在产品经济的条件下进行工作的，主要是管

集市贸易和个体商贩，为产品经济模式服务。十一届三中全会以后，我们的工作有了很大的转变，取得了很大的成绩。但是，在产品经济模式下的工作方式和积习，对我们的工作仍然存在不容忽视的影响。因此对于转变工作方式的问题，我们必须给予足够的重视。

转变工作方式关键在于更新观念。观念反映人们对客观事物的认识，而认识又是行动的前导。从我们工商行政管理部门的现状来看，更新观念最主要的应当抓住这样几条：

一是要树立商品经济观念，破除产品经济观念。十三大报告指出："商品经济的充分发展，是社会经济发展不可逾越的阶段，是实现生产社会化、现代化的必不可少的基本条件"。我们的工作必须从促进商品经济发展出发，以是否有利于提高生产力发展水平作为衡量标准，凡是有利于发展生产的，有利于繁荣经济的，都应当给以支持。对于在产品经济模式下留存下来的一些不利于发展生产力的管理办法，则需要按照商品经济观念加以改进。对于在发展商品经济的过程中出现的新问题，我们应当加强调查研究，大胆探索。有利于发展社会生产力的，应当允许、支持；一时看不准的，可以试验，并注意总结经验；损害国家和人民利益的，就要坚决制止。要通过实践逐步分清正当经营和不正当经营的界限，促进商品经济的健康发展。

二是要树立市场观念。市场是商品交换关系的总和，市场交易是商品经济的表现形态。发展商品经济，不但需要有各类商品市场，而且还要建立和培育包括各种生产要素市场在内的社会主义市场体系。因为单一的商品市场不可能很好地发挥市场机制的作用。树立市场观念，有利于使我们放眼于商品生产和商品交换的全局，克服局限性，培育以等价交换为原则，以竞争机制为动力，以经济合同为基础的开放型的市场，实行公平交易，正当竞争。

竞争是发展商品经济的动力，没有竞争，商品经济就会陷于呆滞，失去活力。垄断不能促进商品生产，竞争才能推动经济活跃，发展生产力。经济监督必须支持竞争，保护竞争，同时也要制止不正当的竞争。今后要明确政策界限，制定法律规范。目前我国正在研究拟定反对垄断和制止不正当竞争的法律，这是一个值得深入研究的重要课题。

三是要树立多种经济成分并存的观念，破除单一公有制的观念。现在，公有制以外的其他经济成分，不是发展多了，而是还很不够。对于城乡合作经济、个体经济和私营经济，都要继续鼓励它们发展。在公有制为主体的前提下，发展多种所有制经济，是对公有制经济的必要补充，有利于促进生产，活跃市场，扩大就业，更好地满足人民的生活需要。我们应当促进多种所有制的发展，保护它们的合法权益，监督它们的生产经营活动。

总的来说，更新观念就是要根据党在社会主义初级阶段的基本路线，立足改革、开放，破除因循守旧，勇于改革创新。作为经济监督机关，我们还必须在更新观念的基础上，认真对待和正确处理以下几个关系：

首先，要处理好监督管理和开放、搞活的关系。我们不是为管理而管理，而是为了发展生产，繁荣经济。应当从这个目的出发，该放开的放开，该搞活的搞活，该管住的管住，使合法经营和正当竞争受到鼓励和保护，对非法活动和不正当竞争加以制止和取缔。监督管理和开放搞活是相辅相成的，既要管好，又要搞活，越是搞活，越要管好。

其次，要处理好监督管理和服务的关系。我们所说的服务，是为工商企业和消费者服务，为经济体制改革和发展商品经济服务，为"四化"建设和人民群众服务。应当把服务体现在监督管理之中。在当前开放搞活的形势下，这个问题更为重要。我们要有紧迫感，转变工作作风，提高工作效率，在政策法规许可的范围内做到便商利民，就是提供了最好的服务。

最后，要处理好监督管理和自身改革的关系。监督管理是间接控制体系的组成部分。紫阳同志指出："从宏观上加强间接控制,也是改革的重要内容,它比之微观搞活,比之直接控制,更为复杂,更为困难"。监督管理要置身于改革之中,改革自身,自我完善,并且通过发挥自己的职能,保障改革的顺利进行。

总之,转变工作方式,是对经济监督的强化,将会起到加强工商行政管理的作用。加强工商行政管理,不能单纯地寄托在扩大机构,增加编制上;也不能不适当地延伸自己的职能,甚至把对企业的外部监督延伸到企业的内部中去;更不能任意扩大自己的管理范围,去管本来属于其他部门管辖职能的事情,种别人的地,荒自己的田。这样不仅对工作无好处,而且还会影响部门关系的协调。我们应当根据整个经济形势的发展变化,致力于转变自己的工作方式,这是进一步加强工商行政管理工作的一条正确途径。

（二）加强基础工作

加强工商行政管理应当建立在扎实的基础工作之上。这是涉及我们工商行政管理系统内部建设的一个重要问题。近些年来,我们内部的基础工作建设,与过去比较有了很大的进步,但从日益加重的工作任务来看,还需要继续加强。诸如统计信息、财务会计、档案资料等方面的工作都需要研究改进。

这里,我想着重讲一讲统计信息工作和财务会计工作。

（1）统计信息工作

在当前改革、开放、搞活的新形势下,统计信息工作的重要性与日俱增。各级领导和有关部门对于我们提供的统计数据和经济信息都十分重视,作为决策的参考依据。根据工作需要,国家工商局于1986年在政策研究室内设立了统计处,把各项工商行政管理统计集中起来。今年我们还要单独建立经济信息中心,采用先进的计算机技术,对统计信息进行科学管理,逐步实现全国工商行政管理系统的信息网络化。这是工商行政管理工作不断发展的必然趋势。希望各地工商局与国家局同心协力,共同把这项工作搞好。

去年,我们对工商行政管理统计进行了部分改革,主要是对企业统计简化了一些统计指标,把以年检报告书为基础进行统计,改为以企业登记档案为基础进行统计。个体工商业统计也做了一些改进,增加了一些行业。改革的效果是好的,执行情况是顺利的。1987年各项工商行政管理统计年报,各地都按期报送国家工商局,全部汇总工作使用计算机于2月底基本完成,加强了工商行政管理统计的及时性和准确性。这说明各地工商局领导同志对统计工作是重视的,各地搞统计工作的同志是努力的。

现在有的地方工商局的统计机构还没有建立,各项统计还是由各个业务处分散进行,对统计年报的及时报送是有影响的。我们希望,各地工商局的统计机构都要建立起来,省、地、市局建立统计处或统计科,县局设专职统计员,逐步健全工商行政管理系统的统计信息机构,完善统计工作制度。

（2）财务会计工作

去年全国工商行政管理工作会议以后,我们邀请了一些地方工商局搞财务工作的同志,参考各地经验,共同草拟了《全国工商行政管理系统会计制度》,并且在太原召开了财务工作会议,广泛征求意见,加以修改后贯彻执行。这个会计制度吸取了各地工商局会计制度的长处,解决了一些技术性问题,统一了全国工商行政管理会计核算口径和记账方法,受到许多地方工商局的欢迎,财政部也表示赞同和支持。有些地方还结合当地实际情况,就这项会计制度制定了补充规定。总的来看,我们工商行政管理系统的财务会计工作,比过去有很大的改进。

有些地方工商局拖欠应缴上级工商局各项规费的情况已有明显好转。大多数地方的省级工商局对历年来收缴规费的情况,组织力量进行清理。有的不但上缴了1987年的规费,而且清理上缴了1986年的欠款。拖欠较多的,在积极清理的同时,还订出了尽快分期上缴的计划。

加强工商行政管理系统的财务管理,贯彻"双增双节"精神,收好、管好、用好各项规费和管理费,对于加强工商行政管理机关的业务建设,保证各项业务工作的必要开支,

是十分重要的。各地工商局的领导同志要
重视财务会计工作,搞好财务收支管理,检
查财务工作计划和制度的贯彻执行情况;要
建立相应的财务机构,配备和充实财会人员。

（三）加强法制建设

十三大报告指出:"我们必须一手抓建
设和改革,一手抓法制。法制建设必须贯穿
于改革的全过程"。要"抓紧建立完备的经
济法规体系"。在工商行政管理工作中,监
督管理的职能是运用必要的行政手段和一
定的法律手段来实现的。无论是行政手段
还是法律手段,都必须以国家的政策、法律、
法规为依据。强调严格依法办事,切实做到
有法必依,执法必严,违法必究。

近些年来,我们工商行政管理系统的法
制建设不断完善。到 1987 年底,工商行政
管理的法律、法规、规章已有 169 个。这是
一项很大的成绩。但从客观形势的要求来
看,我们的法制建设还要继续大力加强。这
是因为,现有法律、法规、规章中,131 个是规
章,法律、法规还比较少。就法规而言,有些
也还需要在实践中加以补充增订,上升为法
律。现有法律主要是《经济合同法》和《商
标法》,由于经济形势的发展也需要研究修
订。看来,工商行政管理的法制建设,也要
贯穿于改革的全过程。

（四）加强队伍建设,提高干部素质

目前,我们工商行政管理系统的干部素
质,与客观形势的要求是不相适应的。在我
们的队伍当中,有少数人还存在严重的不正
之风,不能秉公执法,有的不得好处不办事,
甚至贪污受贿,个别的还发展到与违法分子
勾结串通,投机违法。还有一些人政策水平
低,法制观念淡薄,乱扣乱罚,影响不好。这
些情况的存在,与改革工商行政管理体制,
转变工作方式,强化监督职能的要求,显然
是背道而驰的。我们要改革,要转变工作方
式,要强化工商行政管理工作,就必须把加
强队伍建设、提高干部素质提到重要的议事
日程上来。

我们这个监督管理部门的队伍建设,需
要有一个既讲求工作效率,又有自我约束的
机制。要提高干部素质,一方面要鼓励干部

努力工作,有进取心,公正廉洁,忠于职守;
另一方面,要有严明的纪律,通过党纪、政
纪、公务人员条例以及内部守则等,对干部
实行有效的监督。应当把竞争机制引入我
们工商行政管理队伍用人制度。要重视人
才,提拔人才,通过考核,把年富力强而又有
真才实学的优秀分子,安排到重要的工作岗
位上来。我们要通过大量工作,循循善诱,
鼓励上进,建设一支廉洁奉公、严格执法、科
学管理、文明服务的工商行政管理队伍。

三、协会和报刊工作

目前,挂靠在国家工商行政管理局的社
会团体,有中国消费者协会、中国个体劳动
者协会、中国广告协会。去年以来,这三个
协会的工作都取得了新的进展。

据中国消费者协会统计,全国已建立
省、地、县各级消费者组织达 704 个。福建、
湖北、沈阳、常州等地还制定公布了维护消
费者权益的地方性法规。去年,消费者组织
处理的投诉信件达 5.7 万余件,做了大量工
作,维护了消费者的权益。中国消费者协会
还与国家工商局联合举办"打击假冒行为,
保护名优商品"展览会,收效良好。在开展
国际交往方面也有进展,中国消费者协会去
年正式参加了国际消费者联盟组织。

截至去年年底,各省、自治区、直辖市除
个别地方外,都成立了个体劳动者协会的组
织。地、市一级个体劳协已有 287 个,占应
成立数的 65%。县、区个体劳协已有 2 639
个,占应成立数的 91.7%。各地个体劳协按
照中国个体劳动者协会章程规定的宗旨和
基本任务,积极开展工作,对会员开展理想
教育、法制教育和职业道德教育,进行经营
指导和技术培训,维护会员的合法权益,举
办了一些福利项目。

全国已有 25 个省、自治区、直辖市,3 个
计划单列市,22 个省辖市成立了广告协会。
去年以来,在促进广告行业改革,推动横向
联合,协调关系,培训人才,学术研究,交流
经验和开展国际交往等方面做了许多工作,
对促进广告行业的发展,起到了积极的
作用。

工商行政管理机关和三个协会是挂靠

关系,也就是领导关系。各级工商行政管理局要加强对协会的指导。但是,必须区别行政机关和社会团体的不同职能。工商行政管理局应当支持协会按照各自章程规定的宗旨,自主地开展工作,不要包办。要防止协会工作行政化,失去社会团体、群众组织的特点。协会的经费收支,要严格按照现有的规定执行。

《中国工商报》、《工商行政管理》半月刊是国家工商局的机关报刊,《中国消费者报》也是挂靠在国家工商局的报纸。这两报一刊自创刊以来,积极宣传贯彻党和国家的有关经济工作和工商行政管理工作的方针、政策、法律、法规,在传递信息、指导工作、交流经验、理论研究和舆论监督等方面,做了大量工作,成绩是显著的,这与各地工商行政管理局的支持也是分不开的。希望各地同志继续大力支持,丰富稿源,多提供质量高、有价值的新闻和专稿。在已经建立记者站的地方,请当地工商局的领导同志给以关心和指导,提供工作便利。未设记者站的经济较发达的大中城市,也要争取设一些兼职记者。我们大家要通力合作,为把两报一刊办得更好而努力。

最后,我希望各地代表回去之后,要认真贯彻会议精神,特别要把田纪云同志的重要指示,贯彻到我们的实际工作中去,努力做好工作,以适应改革、开放的新要求,积极推动我国经济的健康发展。

任中林局长在全国工商行政管理局长会议上的讲话

(1989 年 3 月 6 日)

党的十一届三中全会到现在已经十周年了。十一届三中全会是一次具有划时代意义的会议,开辟了建设具有中国特色的社会主义的新的历史阶段。从国家工商行政管理局来说,自 1978 年 9 月恢复到现在,也有十年了。这十年,是改革的十年,探索的十年,开拓的十年,发展的十年。在这个时候,我们来回顾一下十年来我国的蓬勃发展和深刻变化,回顾一下工商行政管理工作的发展历程,是很有意义的。我今天的讲话,主要讲十年来的工商行政管理工作发展情况和当前的几项主要工作。关于 1988 年的工作总结和 1989 年的工作安排,将由刘敏学同志代表国家工商局作报告。

一、十年来工商行政管理工作的新局面

十年来我们国家坚持四项基本原则,安定团结的政治局面不断巩固。改革和开放冲破了僵化的经济体制,使经济日趋活跃,社会主义商品经济正在蓬勃发展。工商行政管理工作与其他各条战线一样,取得了显著的成绩。有些同志说,这十年是新中国成立以来工商行政管理工作开展得最好的十年,这种说法不是没有道理的。这是由于党中央、国务院和地方党委、政府加强领导,也是由于全体工商行政管理干部积极努力。十年来工商行政管理工作取得的成绩,反映了改革开放方针的伟大成就,反映了我国社会主义建设日新月异的面貌。

第一,我国的市场已由过去那种封闭型的、垄断分割的市场逐步变成开放型的、繁荣活跃的市场。城乡集市贸易和各种专业市场有很大发展,生产资料市场也在发展,生产要素市场开始出现。1978 年,全国集市 33 302 个,全年成交额仅 125 亿元,相当于社会商品零售额的 5.4%。许多城市那时还没有开放集市贸易。而到十年后的 1988 年,全国城乡集市已有 71 359 个,全年成交额达到 1 621 亿元,比十年前增加了 12 倍,相当于社会商品零售额的比重扩大为 18.96%。过去的集市贸易,是农民之间互通有无、调剂余缺的一种形式。现在的集市贸易已经发展成为城乡之间、地区之间商品流通的一条重要渠道,在经济生活中的作用越来越重要。过去城市居民生活所需的蔬菜和副食品几乎全国靠国营商业供应,现在很大一部分是靠集市供应了。十年前,城市集市几种主要商品的成交数量相当于国营商业零售数量的比重,蔬菜是 6.74%,猪肉是 2.87%,牛羊肉 11.47%,鲜蛋 3.54%,鸡鸭鹅 18.87%,水产品 10.39%;而 1988 年的情况是,蔬菜相当于国营商业零售数量的

129.19%，猪肉相当于 50.20%，牛羊肉 47.45%，鲜蛋 96.18%，鸡鸭鹅 223.842%，水产品 178.97%。过去的集市贸易主要是零售交易，现在批发交易逐步发展，而且还建立了 1 224 个农副产品批发市场，去年成交额 70.6 亿元。除农副产品外，工业小商品市场也发展起来，现在全国工业小商品市场已有 3 160 个，全年成交额 190.78 亿元。集市贸易的发展不仅促进了生产，活跃了流通，方便了群众，而且增加了国家收入。据初步统计，从 1981 年到 1988 年，在集市上收税即达 150 亿元以上。十年来，为了发展集市贸易，把集市搞活管好，各地工商行政管理机关做了大量的工作，促进了集市贸易的繁荣活跃，领导和群众都是满意的。为了提高集市管理水平，我们提倡文明管理，优质服务，逐步实现集市管理的规范化、制度化，并开展了创建文明集贸市场的活动，现在由国家工商局授予"全国文明集贸市场"称号的有 427 个。特别应当指出，各地工商行政管理机关下了很大的力量抓集市建设，取得了显著的成绩。从 1981 年以来，集市建设投资共达 53.48 亿元。过去的集市绝大多数是露天交易，基本上没有什么设施，这些年集市的条件不断改善，许多大中城市和县镇都出现了一批设施比较完善、商品比较齐全的颇具规模的集贸市场。集市贸易已经成为我国发展社会主义商品经济的一个窗口。

第二，十年来我国过去那种单一所有制形式的经济结构已经发生了很大的变化，各类企业迅速发展。1982 年，在工商行政管理机关登记的工商企业约 282 万户，从业人员 9 567.6 万人，资金 6 107.9 亿元。到 1988 年底，工商企业已经增加到 551 万户，从业人员 18 184 万人，资金 16 121 亿元。除国营、集体企业外，还出现了个体经济、私营企业和外商投资企业，这些经济成分十年前在我国都已不存在或基本不存在了。以个体经济来说，十年前全国城镇只剩下 14 万人，已经几乎绝迹，十一届三中全会以后才恢复生机，迅速发展。到 1988 年底，全国城乡个体工商业已经发展到 1 452.7 万户，2 304.9 万

人，全年个体工商业、建筑业、运输业总产值 516 亿元，个体商业、饮食业、服务业等营业额 1 190.7 亿元，其中商品零售额 1 024.3 亿元，占社会商品零售额的 13.84%。各地工商行政管理机关在积极扶持个体工商业发展的同时，不断加强对个体工商户的管理，教育他们树立"守法经营、信誉第一"的职业道德，在个体劳动者队伍中已涌现一批先进代表人物，现在已有党员 20 万余人，各级劳动模范 10 444 人，先进个体劳动者 26 万余人，人大代表 5 516 人，政协委员 6 502 人。私营企业是在个体工商业的发展过程中逐步出现的，据估计，全国约有 22.5 万户私营企业，从业人员 387 万多人。个体工商业和私营企业的发展，对于促进生产、活跃市场、方便群众、扩大就业发挥了积极的作用。1981 年以来，个体工商户向国家纳税就达 300 亿元。为支持企业深化改革，各地工商行政管理机关积极支持企业横向经济联合，支持企业的租赁、承包。与此同时，积极贯彻中央关于沿海地区的经济发展战略，支持外商投资企业和外向型经济的发展。到 1988 年底，在工商行政管理机关登记的中外合资经营企业、中外合作经营企业和外商投资企业已有 13 925 家，外国企业常驻代表机构有 2 605 户。在我国，已经形成了以公有制为主体的多种经济成分并存的经济结构。全民所有制经济日益壮大，居于主导地位；集体所有制经济蓬勃发展，欣欣向荣；私营经济和个体经济从无到有，成为公有制经济必要的有益的补充；同时，新发展起来的外商投资企业在引进外国的资金、技术以加快社会主义建设方面发挥了积极的作用。

第三，在商品经济迅速发展的形势下，商标工作和广告工作有很大发展。过去有些人认为商标没有多大作用，往往对商标不重视。1979 年时，我国的有效注册商标仅 3 万件左右。到 1988 年底，注册商标总数已达 214 059 件，这就是说，十一届三中全会以来十年中注册的商标，超过新中国成立以来前三十年注册的商标六倍以上。在注册商标中，外国商标也由 1979 年的 4 700 件增加到 1988 年的 32 177 件，在我国注册商标的有

55 个国家和地区。在商标大量增多的同时，商标管理不断加强，各地工商行政管理机关明确了保护注册商标专用权是商标管理的核心，为保护注册商标专用权，制止侵权假冒行为做了大量的工作，取得了显著成效。1985 年我国参加了对工业产权确立国际保护的巴黎公约，从去年十一月起，又在商标注册上采用商品国际分类，这对于发展对外贸易、扩大国际往来都有重要的意义。过去我们搞产品经济，商品广告在我国销声匿迹，只是在十一届三中全会以后，我国的社会主义广告事业才发展起来。国务院把管理广告的任务交给工商行政管理机关。十年来，我国的广告事业发展得很快。到 1988 年底，全国经营广告的单位已有 10 808 户，从业人员 11.7 万人，全年广告营业额已达 15.89 亿元。广告的制作、设计水平逐步提高，表现形式日趋生动活泼，知识性和趣味性不断增强。各地工商行政管理机关在支持广告事业的同时，加强了对广告的管理，取缔了一些弄虚作假的广告，促进了我国社会主义广告事业的健康发展。

第四，经济合同的作用日益受到重视，管理工作不断加强。经济合同管理是十一届三中全会以后工商行政管理机关担负的一项新的工作。随着指令性计划范围的缩小、企业自主权的扩大以及市场调节作用的加强，经济合同日益成为各单位之间经济关系的重要纽带。做好经济合同管理工作，对于发展社会主义商品经济，加强社会主义协作，推动企业改善经营、提高经济效益，有着重要的作用。工商行政管理机关在监督、检查经济合同的订立和履行，调解、仲裁合同纠纷，确认无效经济合同，查处违法经济合同等方面做了许多工作。据统计，从 1983 年到 1988 年的六年中，各级工商行政管理机关共鉴证经济合同 1 983 万件，金额 2 600 多亿元。受理经济合同纠纷案件 174 087 件，解决争议金额 177 亿元。通过经济合同管理，为当事人挽回或避免了大量的经济损失，仅 1988 年即达 94 亿多元。为了推动广大企业自觉遵守《经济合同法》，维护经济合同的严肃性，近几年来，开展了"重合同、守信用"的活动，到 1988 年底，全国开展这个活动的已经有 2 317 个市县的 22 万家企业，有 38 439 家企业被授予"重合同、守信用单位"的称号。

第五，查处经济违法活动，维护社会经济秩序。各级工商行政管理机关在贯彻改革开放搞活方针的时候，从来没有放松对经济违法行为的斗争。工商行政管理机关打击投机违法行为的斗争，主要集中在五个方面，即打击转手倒卖重要生产资料和紧俏耐用消费品的非法活动；打击倒买倒卖进口商品的活动；打击利用经济合同和其他手段进行的骗买骗卖的活动；打击制造和销售假冒商品的活动；在广东、福建、浙江等沿海地区，还与海关、公安等部门配合，打击走私贩私活动。据不完全统计，十年来，工商行政管理机关查处的经济违法违章案件共达 1 168 万件，上交国库的罚没款共 27 亿多元。同时，查处了大批重要物资，没收或强制收购的主要有钢材 336 万吨，汽车 8.2 万多辆，有色金属 120.39 万吨，水泥 118 万吨，木材 346.9 万立方米，煤炭 2 595 万余吨，化肥 261.7 万余吨，电视机 93.6 万多台，录音机 48 万多台，名贵药材 496.9 万多克，黄金 232 万多克，白银 2 832 万多克。

第六，随着工商行政管理工作的开展，工商行政管理系统的自身建设也不断加强。过去，工商行政管理的各级机构很不健全，"文化大革命"时期，在省一级只有北京、上海、广西、宁夏有工商行政管理局，而且人员很少，其他地方工商行政管理机构都极不健全。十一届三中全会以后，全国的省、市（地）、县和大中城市的各区普遍建立了工商行政管理局，基层工商行政管理所不断得到充实和加强。到 1988 年底，全国各地的工商行政管理机构共有 30 743 个。一个监督管理网络已经形成。全国工商行政管理人员在 1978 年时不足 10 万人，现已增加到 335 746 人，增加了两倍以上。此外还有临时工 93 328 人，协管估计有 15 万人。工商行政管理人员的政治素质、文化水平、业务能力、年龄结构也有明显的改善。经国务院批准，从 1984 年开始，工商行政管理系统人员执行任务时统一着装。特别应当指出，十年来工商行政管理的法制建设显著加强。从十一届三中全会到1988年底，由全国人大、国务院和国家工商行政管理局发布的有关工商行政管理的法律、法规、规章已有193个，各省市也根据本地的具体情况制定了许多法规。

二、几点体会

以上情况表明，十一届三中全会以来，在我国经济大发展、大前进的形势下，工商行政管理工作取得了显著的成绩，呈现了崭新的局面。回顾十年来工商行政管理工作的发展过程，主要有以下几点体会：

第一，工商行政管理工作必须坚定不移地贯彻党的路线、方针、政策，坚持一个中心两个基本点。过去，在"左"的错误路线之下，工商行政管理一直作为"阶级斗争工具"，限制过严，管理过死，打击面过宽，工商行政管理的一些措施，不是促进而是束缚生产力发展的。十一届三中全会拨乱反正，开始全面纠正"左"倾错误，作出把工作重点转移到社会主义现代化建设上来的战略决策，开辟了我国新的历史发展时期。十一届三中全会以来，各级工商行政管理机关，强调反对"左"的思想，冲破长期以来"左"的束缚，贯彻以经济建设为中心，坚持四项基本原则，坚持改革开放的方针，把促进生产力发展作为衡量我们工作的标准，从过去的产品经济管理方式向社会主义商品经济的管理方式转变。例如，在发展集市贸易的问题上，从发展农村集市贸易到开放大中城市集市贸易，从零售交易到建立农副产品批发市场，从毗邻地区的交流到支持长途贩运活动，从农副产品到逐步开放工业小商品，解决认识上的问题大体花了五年时间。在个体工商业的问题上，从"适当发展"到"鼓励发展"，到"国营、集体、个体一起上"，大体也花了五年时间才解决了统一思想认识的问题。又如，当私营企业开始出现的时候，我们并没有限制或取消它，而是先"看一看"，然后采取"允许存在"的方针，接着采取"鼓励发展"的方针。这个问题现在仍在继续解决的过程中。各地工商行政管理机关，按照党的方针政策，不断纠正过去一套"左"的思想和限制措施，克服种种阻力和困难，做了大量的深入细致的工作，为促进生产、扩大流通、活跃市场、繁荣经济作出了贡献。中央领导同志指出："当前我们面临着与十一届三中全会以前完全不同的新情况、新任务和新问题。这些年工商行政管理工作是紧跟三中全会路线的，适应改革、开放、搞活的需要，做了大量的工作，不是阻碍而是促进了改革开放搞活方针的实施"。十年来工商行政管理机关在当地党委、政府的领导下，正确贯彻十一届三中全会以来党的路线、方针、政策，不断克服"左"的思想，破除思想上的旧观念和工作上的旧模式，努力使我们的工作与客观形势相适应，符合改革开放的要求，积极促进生产力的发展。

第二，工商行政管理工作必须理论联系实际，以经济改革理论为指导，符合客观经济规律的要求。我国经济改革的基本理论有两个：一是社会主义初级阶段论，就是确认我国现在处于生产力水平较低的社会主义初级阶段，这个阶段不同于社会主义经济基础尚未奠定的过渡时期，又不同于已经实现社会主义现代化的阶段。这是1981年十一届六中全会提出来的，1987年十三大作了系统的阐明。二是社会主义商品经济论，就是要大力发展商品经济来迅速提高社会生产力，商品经济的发展是社会经济发展不可逾越的阶段，是实现生产社会化、现代化必不可少的条件。这个理论，是在1984年十二届三中全会被确认的。工商行政管理是政策性很强的工作，我们研究政策，执行政策，清除"左"倾错误的影响，克服旧的观念和僵化思想，都是以这两个基本理论为依据的。

十一届三中全会提出解放思想、实事求是、一切从实际出发的思想路线，这就要求我们的工作不仅要有正确的理论来指导，而且必须了解客观情况，尊重客观规律，不能单凭主观愿望办事。在我国社会主义初级阶段，在经济生活中起主要作用的是社会主义基本经济规律，生产关系一定要适合生产力的规律，价值规律，有计划按比例发展的规律,按劳分配规律和竞争的规律等。十年来,我们在实践中认识到这些经济规律的客观存在,在工作中认识它,尊重它,运用它,理论联系实际。正因为这样,我们才能不固守过去那些束缚生产力发展的东西,克服机械论和空想论给我们工作带来的危害,使工商行政管理工作符合客观规律的要求。

第三,必须正确认识和处理改革开放搞活与加强监督管理的关系。中央领导同志多次强调,经济越是搞活,监督管理越是需要加强。经过十年的实践,对这个问题的认识也越来越清楚了。过去,在人们思想上往往有一种片面的看法,好像一说要搞活经济就不需要管理了,一强调加强管理,就不要开放搞活了,非此即彼,把两者完全对立起来。我们知道,在过去的经济体制之下,企业是行政机构的附属物。现在我们进行体制改革,要扩大企业自主权,使企业成为商品生产者和经营者,成为独立的经济实体,把企业搞活,把经济搞活。在这种情况下,监督管理不仅不能削弱,而且需要加强。开放搞活与加强监督管理是分不开的。不加强监督管理,没有一个良好的经济环境和正常的经济秩序,改革开放搞活就不可能顺利地进行。加强监督管理,决不是搞后退和复旧,不是回头走老路,而是要逐步建立社会主义商品经济新秩序,建立宏观调控体系,为发展商品经济和全面深化改革创造必要的条件。十年来的实践说明,改革开放搞活与加强监督管理是密切联系、相辅相成的。改革开放搞活是为了促进生产力的发展,加强监督管理同样是为了促进生产力的发展。在管理和服务的关系上也是这样。工商行政管理属于上层建筑的范畴,是为经济基础服务的。从这个意义上说,管理就是服务,为生产服务,为流通服务,为群众服务。我们应当通过加强管理来搞好服务。这两者也是相辅相成的。

第四,必须加强工商行政管理法制建设。行政执法要有一个准绳,不能以言代法,以感情代替政策,因人因事而异,必须克服管理工作中的主观随意性。所以,加强工商行政管理,必须加强法制建设,依法管理,

有法可守,有章可循,逐步实现工商行政管理工作的规范化、制度化、法制化。现在,在工商行政管理工作的各个方面,企业登记、市场管理、经济检查、经济合同管理、个体经济、私营企业、商标注册、广告管理以及外资企业登记等,已经制定了一些法规。在社会主义商品经济发展过程中,在新旧体制转换过程中,情况是不断发展变化的,事物是非常复杂的,制定法规不是一件容易的事情。比较好的办法是先搞规定,再搞条例,成熟后再制定法律。而且随着客观形势的发展变化,法规也需要进行修改,如广告管理条例、企业登记条例,都是经过修改的。有些问题一时看不准的,可以不急于作出规定。例如对个体工商业的问题,开始是分别制定了三个规定,后来合并成一个条例。私营企业的问题,开始没有急于作出规定,先采取“看一看”的办法,条件成熟以后才制定条例。制定法规要慎重,应当深入调查研究,广泛征求各有关方面的意见。法规一经制定,就必须维护它的严肃性和权威性,必须严格依法办事。按照马列主义的定义,法律是肯定的、明确的、普遍的规范,是统治阶级意志的表现。所以,作为行政执法机关,一定要树立全局观念,从国家整体利益出发,坚持原则,强调纪律,有法必依,违法必究。执法不能因人因事标准不一,不能遇事搞变通,更必须摒弃“上有政策、下有对策”之类的东西。

第五,必须加强工商行政管理队伍的自身建设。十一届三中全会以后,随着工商行政管理工作任务日益繁重,我们的队伍与工作任务不相适应的情况也突出地反映出来。因此,加强自身建设成为开展工商行政管理工作的一个重要问题。加强工商行政管理队伍的自身建设包括几个方面:一是组织建设,在没有机构的地方建立机构,力量薄弱的地方充实人员,特别是充实基层工商所。二是提高干部素质,十一届三中全会以后工商行政管理工作面临着与过去不同的新情况和新问题,我们干部在思想认识、业务能力、文化水平、工作方法等各方面都存在不相适应的情况,不解决这个问题,工作是搞

不好的。十年来，各地工商行政管理机关重视干部教育和干部培训工作，并在一些高等学院开设工商行政管理专业，在许多省、市、自治区建立中等专业学校，培养后备力量，事实证明这是非常必要的。三是加强思想政治工作。随着工商行政管理各项工作的开展，我们工作的范围大了，手里的权比过去多了，在少数人当中，受资产阶级腐朽思想的影响，逐渐滋长了特权思想，产生以权谋私的不正之风。近几年来，各地工商行政管理机关切实加强思想政治工作，纠正不正之风，在广大干部中提倡"廉洁奉公、依法管理"的职业道德，并公开办事制度，自觉接受群众的监督，收到了很好的效果。总的说来，我们已经培养了一支政治素质较好、业务比较熟悉、忠于职守的工商行政管理队伍。十年来，工商行政管理工作取得的成绩，是与这支队伍的努力分不开的。

十年来，我们在工作中的体会是很多的，但主要的、基本的是上面说的五条，就是坚定不移地贯彻十一届三中全会以来党的路线、方针、政策，理论联系实际，正确处理改革开放搞活与加强监督管理的关系，加强工商行政管理法制、搞好自身队伍的建设。回顾十年来我们走过的道路和取得的经验，使我们对十年改革方向的正确有了更清楚的认识。当前我国正处在新旧体制转换的时期。党的十三届三中全会在总结十年改革和建设经验的基础上提出了治理经济环境、整顿经济秩序、全面深化改革的方针。我们应当通过总结经验，提高认识，更深刻地理解和更自觉地贯彻执行中央的方针，为建立社会主义商品经济新秩序作出更大的贡献。

三、当前几项主要工作

当前我国的经济形势是好的，十年改革结束了封闭和停滞的局面，为国民经济注入了强大的活力，促进了经济和社会的发展，提高了人民的生活水平。但在前进中也存在不少困难和问题，突出的是经济生活中出现了明显的通货膨胀，物价上涨幅度过大。根据十三届三中全会确定的治理经济环境、整顿经济秩序、全面深化改革的方针和国务院决定的今年经济工作的基本任务，今年工商行政管理工作的指导思想应当是：坚持改革开放，强化监督管理，整顿市场秩序，搞好廉政建设。我这里只把当前几项主要工作说一下。

（一）继续搞好清理整顿公司的工作，逐步使公司管理工作规范化。清理整顿公司的工作，各主管部门的自查已经基本结束，现在正在进行复查。按照国务院的部署，这个工作在今年三月底应当有个结果，即登记一批，处理一批，结案一批，撤并一批。现在看来，有的地方三月底可以基本结束，有的地方可能还结束不了。清理整顿公司是整顿经济秩序的一项重要工作。各地一定要把这项工作抓紧抓好，善始善终，防止走过场，赶时间。三月底结束不了的地方，要继续搞下去，争取六月底以前完成。

近几年来，已经两次对公司进行清理整顿了。我们应当认真地总结这两次清理整顿的经验，把公司的管理工作制度化，规范化，促进各类公司的健康发展。

（二）查处经济违法案件，打击投机倒把活动。去年以来，在整顿经济秩序特别是治理流通领域的混乱现象中，各地都加强了查处经济违法案件的工作，今年仍然是工商行政管理机关的一项重要任务。在社会主义商品经济发展过程中，总会有人趁改革、开放、搞活之机，从事违法经营。不制止违法经营，打击投机倒把，就不能建立社会主义商品经济的新秩序，就会妨碍社会主义建设的发展。中央领导同志历来都强调要两手抓：一手抓改革开放搞活，一手抓打击经济犯罪活动。我们在思想上一定要认识到这项工作的长期性。不仅在治理、整顿期间要加强查处经济违法活动的工作，而且在整个社会主义初级阶段，这项工作都要坚持不懈地抓下去。

从当前情况看，打击投机违法活动，主要应当打击那些非法转手倒卖重要生产资料和紧俏耐用消费品的活动，制造和销售假冒商品的活动，利用经济合同进行诈骗的活动，以及利用虚假广告欺骗消费者的活动。要集中力量抓大案要案。

查处经济违法案件,一定要坚持原则,严格依法办事。要树立全局观念,不能搞本位主义。国务院已经批准,工商行政管理系统查处经济违法案件的工作,实行以条条为主的领导,这是非常必要的。

(三)加强廉政建设。去年六月,中共中央发出《关于党和国家机关必须保持廉洁的通知》,把保持廉洁的问题提到党和国家机关全体党员和全体工作人员面前,在此之后,中央又多次强调,廉政问题要摆到各级党委的重要议事日程上来。在发展社会主义商品经济的同时,必须突出地解决廉洁问题。对于工商行政管理机关来说,保持廉洁的问题尤其重要。监督别人必须首先严格要求自己,执法首先必须守法。我们各项工作,都直接与企业、群众打交道,是直接置于企业和群众的监督之下的,我们工作表现的好坏优劣,会在群众中造成很大的影响。因此,各级工商行政管理机关,一定要把廉政工作作为一件大事来抓,而且要长期坚持不懈地抓下去,切切实实地抓紧抓好。

怎样抓廉政工作?除了加强思想政治工作以外就是要抓制度建设。中央领导同志最近指出:解决廉政问题决不能靠搞运动,要靠制度建设。廉政制度建设实质上是建立商品经济新秩序和建设民主政治的重要组成部分。廉政制度必须使人民都知道,建立内部的、社会的制约机制来防止腐败。不久前,中央政治体制改革研究室召开的廉政制度建设座谈会肯定了试点单位的经验,包括哈尔滨道里区工商局的经验,就是"两公开、一监督",即公开办事制度,公开办事结果,依靠群众监督。在我们工商行政管理系统,已经有不少单位实行了公开办事规则、依靠群众监督的办法,收效很好。今后应当在全系统逐步推广。在推广过程中,要讲求实效,随时总结经验,使之不断完善,不断丰富,不断深入。工商行政管理系统的全体人员都应当做到:奉公守法,为政清廉,秉公执法,无私无畏。各级工商行政管理机关应当建设成为纪律严、效率高、战斗力强的集体。这样才能把我们的各项工作做得更好。

刘敏学副局长在全国工商行政管理局长会议上的讲话

(1989 年 3 月 6 日)

党的十三届三中全会确定把今明两年改革和建设的重点,突出地放到治理经济环境、整顿经济秩序上来,并为此作了一系列重要的部署。我们今年的全国工商局长会议,就是在这个形势下召开的。这次会议的任务,是按照中央的治理和整顿的方针,来总结去年的工作,安排今年的工作。

我分两个部分来讲。

一、1988 年的工商行政管理工作情况

按照十三大制定的党在社会主义初级阶段的基本路线和中央提出的稳定经济、深化改革的方针,全国各级工商行政管理机关,在当地党委和政府的领导和支持下,为支持改革,稳定经济,加强监督管理,维护市场秩序做了大量的工作,取得了显著的成绩。

(一)积极支持企业深化改革,搞活企业,搞活经济。按照《民法通则》的有关规定,我们草拟了《企业法人登记管理条例》,经国务院于 1988 年 6 月发布。这意味着我国企业法人登记管理制度的建立,有利于企业深化改革。国务院还在七月发布了《私营企业暂行条例》,这是促进经济体制改革的一部重要法规,有利于鼓励私营企业的发展和加强对它们的管理。同时,各地工商行政管理机关积极贯彻国务院《关于全民所有制工业企业承包经营责任制暂行条例》和《关于全民所有制小型工业企业租赁经营暂行条例》,在企业登记管理、经济合同管理等方面支持承包租赁制的发展和逐步完善。在沿海地区,工商行政管理机关与有关部门配合,支持发展外向型经济,发展外商投资企业,促进沿海地区与内地的经济联系和横向经济联合,为实施沿海地区经济发展战略服务。

(二)加强企业登记管理,在全国范围内对各类公司进行了清理整顿。到 1988 年底,在工商行政管理机关登记的企业全国共

551 万户,比 1987 年底的 482.8 万户增长 14%;从业人员 18 184 万人,比上年的 16 575 万人增长 9.7%;注册资金 16 121 亿元,比上年的 14 001 亿元增长 15.1%。外商投资企业继续增加。到去年年底在工商行政管理机关登记的已有 13 925 家,比上年的 8 546 家增加 63%。其中,中外合资经营企业 8 036 家,中外合作经营企业 5 318 家,外商独资企业 571 家。此外,外国企业常驻代表机构有 2 605 家,比上年底增加 561 家。在工商企业发展过程中,各种类型的公司迅速增多,由于这些公司的发展带有一些盲目性,存在不少问题。按照中央和国务院的决定,各地工商行政管理机关在当地党委和政府的领导下,与有关部门密切配合,开展了清理整顿公司的工作。清理的重点,是 1986 年下半年以来成立的公司,特别是综合性、金融性和流通领域的公司。现在,这项工作正在抓紧进行,截至 1988 年底,全国共有公司 47.74 万家,不包括分支机构为 29.49 万家,其中 11.49 万家是 1986 年下半年以来新成立的,属于这次清理整顿的重点,经过前一段的清理整顿,到今年一月底,全国已撤并的公司共有 17 092 户,占公司总数的 5.8%;党政机关开办的公司共有 24 187 户,已撤并的 8 667 户,已与机关财务脱钩的 10 632 户,占党政机关开办公司总数的 80%;党政机关在职干部在公司兼职的共有 32 798 人,已辞去公司职务或辞去机关公职转入公司的共有 23 536 人,党政机关退离休干部在公司任职的共有 11 664 人,已辞去公司职务或已按规定办理相应手续的共有 8 332 人,占 71.4%。政企不分公司的清理难度比较大,但也取得了一定的效果。据 23 个省的统计,政企不分的公司共有 9 577 户,已撤销或停办的有 537 户,占 5.6%;已实行政企分开的 3 975 户,占 41.5%。可以说,经过这一段的清理整顿,党政机关经商办企业的现象基本上得到了制止,党政干部和退离休干部在公司兼职、任职的问题已按规定基本得到解决,一些不具备开办条件的公司有的受到了清理,有的正在继续清理。

(三)结合整顿市场秩序和清理整顿公司,检查处理经济违法案件,打击投机倒把、走私贩私活动。1988 年,全国各级工商行政管理机关查处的投机违法违章案件共 94.56 万件,其中大要案 6 万多件,比上年增加 40%。移送司法机关追究刑事责任的案件 1 314 起,1 415 人。罚没款总额为 6.08 亿元,比上年增加 57.67%。另外,为受骗企业和个人追回被骗款近 3 亿元。1988 年,查处经济违法工作的特点,一是中央领导同志重视,亲自抓;二是首先从中央机关抓起;三是以国营、集体单位为重点,在大案要案中,国营、集体单位作案的占 50% 以上;四是打击与疏导相结合,一方面严厉打击投机违法行为,另一方面重视教育和疏导;五是把经济处罚、党纪政纪处罚和刑事处罚相结合。国家工商局先后三批排出 207 件大案,各省市也都排出了当地的大案,有力地打击了投机违法活动。

(四)继续促进城乡集市贸易的发展,加强市场建设,提高管理水平,积极参与生产资料、生产要素市场监督管理。截至 1988 年底,全国城乡集贸市场已发展到 71 359 个,比上年底增加了 1 676 个。集贸市场建设投资费总数达 16.31 亿元。全年集市贸易成交额达 1 621 亿元,比 1987 年底增加 39.98%。其中城市集市成交额 545 亿元,比上年增加 57.06%;农村集市成交额 1 076 亿元,增加 32.68%。集市零售额相当于社会商品零售总额的 18.97%。各地以开展创建"文明集贸市场"活动为中心,综合治理,努力提高管理水平,使市场管理逐步实现制度化、规范化,市场秩序明显好转。随着生产资料、生产要素市场的逐步发展,各地工商行政管理机关与有关部门配合,在监督管理方面做了不少工作,探索出一些初步经验,并正在研究和完善对生产资料、生产要素市场的管理办法。

(五)在继续扶持个体工商业和私营企业发展的同时,加强对它们的监督和管理。到 1988 年底,全国城乡个体工商业有 1 452.7 万户,比 1987 年底增加 5.84%;从业人员 2 304.9 万人,增加 6.79%;资金 311.9 亿元,增加 31.71%。其中,城镇

382.3万户,578.4万人,资金85.7亿元;农村1 070.4万户,1 726.5万人,资金226.2亿元。个体工业、建筑业、运输业总产值516亿元,比上年增加68.85%,个体商业、饮食业、服务业等营业额为1 190.7亿元,比上年增加38.32%;其中商品零售额1 024亿元,增加37.63%,占社会商品零售总额的13.84%。各地工商行政管理机关对个体工商业的管理也不断加强和完善。私营企业1987年底我们统计为11.5万户,从业人员184.7万人。把在合伙经营组织和集体企业中的私营企业加在一起,估计有22.5万户,从业人员387万人。为了贯彻中央领导关于所有制性质一定要划清的指示,在国务院发布《私营企业暂行条例》后,各地开始进行登记管理,现在已登记的40 641户,雇工723 928人,资金30.8亿元。注册工作发展较快的有河北、河南、辽宁、贵州、海南、吉林等省。

(六)经济合同的管理工作不断加强。各地工商行政管理机关在保证办案质量的前提下,提高办案效率,推广县级仲裁委员会派出仲裁庭的经验,办理经济合同纠纷案件显著增加。1988年,全国工商行政管理机关共受理经济合同纠纷案件53 213件,比1987年增加56.72%,争议金额达21.05亿元。仲裁委员会仲裁合同纠纷案件47 052件,比上年增加67.42%;确认无效合同8 224件,查处违法合同3 393件。对经济合同的监督检查工作也不断加强,全年鉴证经济合同297万件,金额1 115亿元;检查经济合同2 136万件,金额4 974亿元。通过强化经济合同管理,为当事人挽回或避免经济损失94亿元。为了推动工商企业加强自身的经济合同管理,1988年进一步深入开展"重合同、守信用"活动,全国开展这个活动的已有2317个市县,22万家企业,被授予"重合同、守信用"称号的企业已增加到38 439家。

(七)商标注册继续增加。1988年共受理商标注册申请47 549件,比1987年增加3 547件。其中,国内注册申请41 683件(包括台湾642件),国外注册申请5 866件。全年新注册商标29 052件,其中国内商标25 448件,国外商标3 604件。截至1988年底,我国有效注册商标已达214 059件,其中国内181 882件,国外32 177件。为了有利于建立一个国际化、规范化、科学化的商标申请、审查、注册制度,从1988年5月开始到1989年1月,我们完成了由原来实行的国内商品分类向国际分类的转换,同时实行了商标图形要素国际分类。从1988年11月1日开始,我国在商标注册上正式采用商品国际分类。为了保护注册商标的专用权,维护消费者利益,各地工商行政管理机关查处了大批的假冒、侵权案件。

(八)广告事业继续发展,制作、设计水平逐步提高,表现形式比过去生动活泼,知识性和趣味性不断增强。到1988年底,广告经营单位全国已有10 806户,比1987年底的8 225户增加31.38%;从业人员117 322人,比上年底的92 279人增加27.14%;全年广告营业额15.89亿元,比上年的11.12亿元增加42.94%。各地工商行政管理机关在广泛深入宣传《广告管理条例》的过程中,着重加强对虚假广告和非法经营广告活动的管理,查处了一些重大案件。如对山花牌眼药水、人体增高器、驱鼠门铃、多用机、矫音器、多功能记忆增强仪等虚假广告,对制造和刊登虚假广告的责任者进行了查处。有的地方还研究制定了防治措施,对于维护消费者利益,促进广告事业的健康发展,起到了积极作用。

(九)充实基层,加强自身建设。1986年国务院批准在三年内增加工商行政管理系统基层事业编制8万人,按计划应于1988年底完成。据不完全统计,到1988年底全系统实际调入(包括社会招收)5万多人,其余增编指标,一部分用于冲销超编人数,一部分跨年度继续使用。这一批调入的人员,基本素质比以往调入的要好,其中80%具有高中以上文化水平,年龄40岁以下的占87%。但也有一些地方硬性安排了一些不符合条件的人员。1988年,各地工商行政管理机关认真抓了廉政工作。中共中央发出《关于党和国家机关必须保持廉洁的通知》以后,国家工商行政管理局在七月发出了《关于工商行政管理机关保持廉洁的通知》,提出廉政工作的七条措施。各地认真贯彻,切实纠正少数工商行政管理人员中存在的以权谋私、弄权渎职的行为,坚持"廉洁奉公、依法管理"的职业道德准则。不少单位特别是基层单位实行办事制度公开化,把有关法律、办事程序、办事人员和办案结果向群众公开,提高工作透明度,接受群众监督。在全国工商行政管理系统,已经涌现出许多坚持原则、无私无畏、廉洁奉公、忠于职守的先进人物。

1988年工商行政管理工作取得的成就,是由于党中央、国务院和各地党委、政府重视和加强领导,也是由于全体工商行政管理人员的努力。当然,我们工作中也还存在一些问题,譬如,有些地方清理整顿公司工作存在走过场的现象,流于形式,收效不大。有的地方对查处经济违法案件抓得不紧,有的地方假冒商品和虚假广告得不到有效的遏制。在我们内部的少数工商行政管理人员中,还存在以权谋私的不良作风。从国家工商行政管理局来说,有些工作抓得不紧,调查研究不深入,见事迟,行动慢,对各地的支持帮助也很不够。这些问题,都有待于我们在今后工作中切实加以解决。

二、1989年工商行政管理工作安排

根据党的十三届三中全会提出的治理经济环境、整顿经济秩序、全面深化改革的指导方针,国务院决定今年经济工作的主要目标和基本任务是,逐步消除经济过热,确保物价上涨幅度明显低于去年,力争农业有一个好收成。赵紫阳同志在冀豫鄂三省考察时强调指出:"在发展商品经济的新形势下,我们必须找到新的宏观调控办法,做到管而不死。所谓宏观调控办法,不仅包括中央对地方、地方对企业的领导方式,还包括很多把经济搞活、保证活而不乱的管理措施,如工商行政管理、税收制度等"。据此,1989年工商行政管理工作的主要任务应当是:坚持改革开放,强化监督管理,整顿市场秩序,搞好廉政建设。

(一)认真学习、全面领会十三届三中全会精神

各级工商行政管理机关,要组织全体干部职工特别是领导认真学习三中全会精神,努力贯彻党中央、国务院为落实三中全会的指导方针制定的一系列具体规定,统一思想,统一行动。要着重理解治理、整顿与改革的关系。治理经济环境、整顿经济秩序同全面深化改革,是统一的,相辅相成的。改革的根本目的是为了发展社会生产力,治理、整顿是为改革创造良好的环境,整治经济环境和经济秩序,不仅要在坚持改革方向的前提下进行,而且从根本上说,只有依靠改革的深化,才能取得应有的成效。放开搞活是改革,加强宏观调控和管理也是改革,目的都是促进经济的健康发展。因此,我们在工作中必须注意下列两点:一是要牢牢坚持改革方向。今年价格改革的步子要放慢,但其他重要的改革,如企业的深化改革,国家调控体系和监督体系的改革,以及进一步建立和完善市场体系,正在抓紧进行。改革的总方向并没有改变,只是在改革的措施、步骤和时间上作一些新的调整。因此,我们对改革开放以来所取得的成果,如搞活集市贸易,发展个体工商业、私营企业等要巩固、发展;对改革开放的政策措施,如鼓励发展外商投资企业等,要继续执行下去;对一些与深化改革有关的政策,如企业集团的登记管理、股份制等问题,参与生产资料和生产要素市场的管理问题,要加紧研究。二是在治理整顿过程中,要处理好管理和搞活的关系。这也是我们工商行政管理机关近几年来的课题。目前实行的价格双轨制,是我们国家供需矛盾远没有解决,改革又采取渐进的方式所决定的。这种双轨制在一定时期内将继续存在。因此,在新形势下,我们处理好管理和搞活的关系尤为重要。对该管的,我们一定要坚决管好管住。如对国家计划内物资、专营商品的管理,一定要管住,要坚决执行国家政策。对计划外物资,除国家有专门规定外,要坚决放开放活。要正确运用当前暂时使用的旧调控方式的一些行政手段。在新旧体制的过渡没有完成,新办法、新机制还不健全的情况下,根据形势的需要,原有的一些行政手段暂时不能不用。这是"两利相权取其重,两

害相权取其轻"的做法。但是,要心中有数,运用适当,不能无限度地强化它。我们加强管理的目的是搞活经济。因此,在整治过程中要严格掌握政策界限。同时,要注意研究并建立符合发展有计划的商品经济要求的新的调控方式和管理手段。要有意识地利用治理整顿的时机,研究新的工作方法,努力改善监督管理,建立新的调控方式。

(二)要以清理整顿公司和查处经济违法案件为重点,全面开展工商行政管理的各项工作

(1)继续抓紧抓好清理整顿公司工作,加强对企业进行经常性的监督管理

清理整顿公司工作,按国务院要求延长到今年第一季度,但从目前的情况来看,各地清理整顿工作的进展很不平衡,还要继续抓紧抓好。

要根据清查情况,对各类公司进行排队,分门别类,区别不同情况,严格按中央、国务院的有关规定作出相应的处理。对一些进展较慢的公司的清理整顿工作,如金融、外贸、物资等部门所属的公司以及全国性公司的分支机构等,还要抓紧进行。在这里,我要着重谈谈清理政企不分公司问题。政企不分公司的清理整顿工作,难度较大,各地要引起高度重视,要坚定不移地把这项工作进行下去,不要犹豫观望。目前要解决三个方面的问题:一是要提高对实行政企分开重要性的认识。政企不分不仅严重影响了企业的活力,而且是产生腐败现象的一个重要根源,十分不利于经济的健康发展。实行政企分开,是增强企业活力、深化改革的重要内容。二是态度要坚决。除了极少数国务院直接授权承担某些行政管理职能的公司外,各地不得再擅自开口子。保留或设立承担行政管理职能的公司。三是步子要稳妥。对一部分马上分开后,人员、编制等问题一时解决不了的,要配合各地的机构改革工作,统筹解决,予以撤销、合并或变更,使其转为经济实体或还原为行政机构。

清理整顿工作应当同经常性的监督管理结合起来。这次清理整顿公司,不另搞专门的验收标准,要在 1988 年度的公司年检工作中,认真贯彻执行国务院批转我局《关于公司年检和重新登记注册若干问题意见的通知》,对清理整顿后的公司逐个进行核查,然后,核发或换发营业执照。在年检工作中,着重审核公司是否已政企分开,是否有党政机关用行政费、事业费、专项拨款、预算外资金或银行贷款投资办公司,是否有党政机关干部在公司兼职或退(离)休干部违反规定任职的情况,公司的名称是否符合规定,公司的注册资金是否与实有资金相符并符合国家有关规定。在年检中,所有公司的经营范围都要逐一重新核定。按照国家有关行业归口管理和产品经营管理的规定,以及经营范围与经营条件相适应的原则,严格核定公司的经营范围。对于流通领域的各类公司,根据整顿经济秩序的需要,区别其行业特点,严格控制其经营范围和经营方式,以利于减少流通环节和防止中间盘剥;对于重要生产资料,紧俏耐用消费品和其他国家规定的专营品种,非国家政策允许的单位一律不得经营,以保证这些重要商品正常的流通秩序。对于年检中发现的问题,按《企业法人登记管理条例》及其《细则》予以处理。

今年,除结合年检做好公司重新登记注册外,对全国的五百多万个企业,还需结合年检分期分批换发新的营业执照。各地在进行年检和换发营业执照工作中,一是应区分企业法人登记和营业登记的界限,分别核发《企业法人营业执照》或《营业执照》;二是认真贯彻国家实行专营管理和行业归口管理的有关规定,严格按审批程序执行;三是分清经济性质,把乡镇企业中不属于集体所有制性质的私营企业划分出来,按照其真实的经济性质登记;四是严格审核登记事项,特别是对商业性、综合性、金融性企业,要从严核定经营范围和经营方式。

要继续做好外商投资企业的登记管理工作。各受权的工商行政管理局在登记工作中既要严格把关,依法办事,又要提高效率,改进工作。要加强对外商投资企业的监督管理,特别是要加强对外商出资情况的监

督。对已注册的外商投资企业，经检查出资有问题的，应根据具体情况抓紧处理，争取在上半年基本结束。同时，要做好新注册的外商投资企业出资情况的检查工作。对外商投资企业的查处工作，严格按照有关规定的程序和处罚权限进行。未授予核准登记权的工商行政管理局参与对外商投资企业的监督检查工作，应在国家工商行政管理局和已受权的省、自治区、直辖市工商行政管理局的指导下有步骤地进行。

（2）严肃查处经济违法案件

查处经济违法案件是治理经济环境、整顿经济秩序的一项重要内容。去年第四季度以来，各地查处的大要案件大幅度增加，查处案件数和罚没款几乎都超过了前三个季度的总和。目前，各地都有很大一部分正在查处或已经立案尚待查处的大要案件，同时，还掌握了不少新的大案线索。今年各地工商行政管理机关要加强力量，继续抓好对经济违法案件的查处工作。

查处经济违法案件，要抓住重点。对破坏国家计划，倒卖重要生产资料和紧俏耐用消费品、层层抬价的违法行为，特别是对那些利用行政权力如物资分配调拨权、倒卖计划内平价物资、牟取暴利的违法活动，要及时处理，并选择典型的、有教育意义的案件公布于众。继续打击制造、销售假商品、冒牌商品的违法活动，特别要严厉打击那些制售破坏农业生产和有损人身健康的假农药、假化肥、假种子、假劣食品、假药品等违法活动。今年上半年，重点抓好对国营专营的农业生产资料的流通管理和监督工作，以维护国家的农业生产计划，保证今年的农业丰收。配合有关部门进一步做好打击走私、打击骗买骗卖的违法活动，广东、海南、福建、浙江四省和其他开放城市、地区更要注意查处这方面的案件。

在查处经济违法案件工作中，要把查处大要案件放在首位，要把分期分批排查大案的做法坚持下去，切实做到及时分析情况，掌握动向，争取主动。国务院已经批准工商行政管理系统查处经济违法案件的工作实行以条为主的领导。在分级负责、层层抓好

查处大案的工作中，国家工商局主要抓四种案件：①重大的案件；②跨省、自治区、直辖市的案件；③各地处理错了的案件；④省、市、自治区查处有困难的案件。省级工商行政管理机关也要参与或直接查处一些大要案件。对影响大、涉及面广、难度大的案件要组织力量重点查处。坚持原则，敢于碰硬，严格依法办事。罚没款要根据不同情况分级上交财政。

查处案件无论是在认定事实或运用法规政策依据方面，都要在"准"字上下功夫，要采取各种措施，比如案件评查、案例分析等活动，努力提高办案质量。坚决克服处理案件对本地宽、对外地严的错误做法。办案要按办案程序进行，要加强配合，互相支持。要坚持大案分级备案、报批和审批制度。处理案件切实做到事实清楚、证据确凿、定性准确、处理恰当、手续完备。

（3）进一步搞活管好城乡集市贸易，加强对生产资料、生产要素市场的监督管理，促进这类市场的建立和发育

现在，集贸市场已由农民之间调剂余缺的场所，发展成为城乡商品流通的重要渠道。它在促进商品生产发展，满足城乡居民的生活需要等方面，发挥着越来越重要的作用。城乡居民对集市的依赖越来越大。因此，集市贸易还要继续发展，进一步搞活管好。田纪云同志在农村工作会议上指出："要有计划地在大中城市建立各种类型的蔬菜、水果、畜产品批发市场，并注意发展农民兴办的批发市场，逐步形成开放式的市场网络。"在进一步发展城乡集市贸易中，要因地制宜，建设不同层次的市场，特别要注意抓好大中城市和产区的农副产品批发市场的建设，在各地形成大中小市场并举，批发市场、零售市场协调发展的集市贸易网络。

要提高集市贸易的管理水平。深入开展创建文明集市活动，维护正常交易秩序，制止哄抬物价、欺行霸市、掺杂使假、短斤少两等各种坑骗群众的违法违章活动，把集贸市场管得更好。

粮食是关系国计民生的重要商品，加强对粮食市场的管理很重要。去年九月二十

七日,国务院发出《关于加强粮食管理稳定粮食市场的决定》,规定了一些措施加强粮食管理,稳定粮食市场,这是很必要的,我们必须坚决贯彻执行。但是,在执行过程中,有些地方出现了统得过多、管得过死的情况。如有些地方关闭了粮食市场,不允许完成国家粮食定购任务后的农民上市出售余粮,不许缺粮户购买粮食,引起一些新的问题。根据国务院[1988]67号文件和农村工作会议精神,粮食管理应明确这几条:1.粮食(包括大米)没有实行专营。加强管理是管理计划内的,目的是解决多头插手、哄抬物价、把粮食市场搞乱等问题,不是要把流通渠道搞死。2.计划外的粮食,仍由市场调节,价格放开,随行就市。农贸市场,还要像往常一样,继续开放。3.有合同任务的,在未完成合同订购和"议转平"任务前,不允许多渠道经营。但应允许群众在市场上进行少量的调剂余缺,允许农民之间交换粮食,允许个体户、饮食业户在当地集市采购粮食自用,但不允许抬价抢购或转手倒卖。4.以县为单位,完成国家合同订购任务后,除大米外,允许多渠道经营。还有一点要强调一下,各地不要因为对少数重要农副产品加强管理,就对整个贩运活动加以限制。贩运活动是沟通城乡之间、地区之间的物资交流和促进生产、活跃流通所必需的。允许长途贩运是十一届三中全会后我们国家为促进物资交流采取的一项重要政策。我们在坚决按照国家规定对少数农副产品加强管理的同时,要严格掌握政策界限,不得任意扩大范围,不得对合法的贩运进行乱截乱扣。

目前,对生产资料、生产要素市场的监督管理在许多地方开始得到重视,不少地方的工商行政管理机关直接参与了监督管理,并摸索出一些管理经验。但是,从总体上说,这项工作还开展得很不够,还有待于进一步加强。这种状况,有政策法规不完善、思想认识跟不上、管理机构不适应等方面的原因,也同这类市场还未充分发育、情况复杂、管理难度大有关。我们应当看到,随着改革的深化,各种生产资料、生产要素作为商品正在逐步进入市场,这是深化改革的一

项重要内容。搞活管好这类市场,对于治理经济环境,整顿经济秩序,促进国民经济的健康发展至关重要。因此,工商行政管理机关必须提高认识,积极参与监督管理。各地都要重视对这类市场的监督管理并纳入日常工作议程,加强领导,充实力量,扎扎实实地抓起来。

我们要积极主动地同各有关主管部门密切配合,根据不同市场的特点,分门别类地开展监督管理工作。一是对交易活跃,并形成一定规模的汽车、钢材等生产资料市场,要通过现场办公,对进场交易双方进行资格审查,对物资的来源、去向、用途进行审查,对合同进行管理,对交易活动进行检查,对违法行为进行查处。二是对有交易活动,但还不够发育的房地产、劳务、技术、债券和股票等生产要素市场,要加强调查研究,配合有关主管部门做好这一类市场的建立和培育工作,积极探索参与管理的途径。条件成熟的,不失时机地制定相应的管理办法。三是目前各业务主管部门举办的各种生产资料订货会(交易会)很多,成为生产资料进入市场流通的一条渠道,但其中也存在不少的问题。因此,工商行政管理机关必须加强监督管理,维护正常的市场秩序,并把它作为加强对生产资料市场管理的重要途径。另外,要加强对专营商品经营单位的监督。防止其利用专营的权力,进行投机违法活动。

(4)强化经济合同管理,维护社会经济秩序

抓好对国计民生或市场影响较大的经济合同的监督管理工作。根据国家关于压缩固定资产投资、压缩基建规模的有关规定,配合计委、建行等有关部门,通过合同鉴证和备案管理等手段,严格审查建筑工程承包合同是否符合国家有关规定,合同条款是否完备,内容是否真实。对那些违反国家规定乱上项目、盲目施工的合同,要依法查处。通过对专业市场和订货会上有关重要生产资料和紧俏耐用消费品的合同的鉴证和监督管理,确认、制止无效经济合同,查处利用经济合同进行诈骗的行为,保证国家指令性

计划和其他关系到国计民生的重要产品合同的履行。

积极探索企业承包经营合同和企业租赁经营合同的管理。企业承包和租赁合同是在改革中出现的新型合同。在国务院发布《全民所有制工业企业承包经营责任制暂行条例》和《全民所有制小型工业企业租赁经营暂行条例》以后，各地对企业承包和租赁合同的管理工作已开始起步。但由于承包经营和租赁经营这两种方式本身还不完善，这两种合同的主体、客体和内容又比较复杂，以及发包方和承包方的法律责任难以认定和处理，给这两种合同的管理工作增加了很大的难度。对此，我们要加强调查研究，积极探索管理办法。要加强这两个条例的宣传工作，通过鉴证和备案管理，检查纠正违反法规、政策、计划或显失公平的合同，慎重处理纠纷案件。

抓紧对市场或国民经济影响较大的合同纠纷案件的处理；搞好派出仲裁庭的巩固提高工作，保证办案质量，提高办案效率。并适当组织清理合同债务纠纷，促进企业之间的资金流转。

继续推动"重合同、守信用"活动向广度和深度发展。认真总结已取得的成功经验，加强宣传工作，推动更多的企业参加"重合同、守信用"活动。坚持高标准、严要求，促进企业加强自身合同的管理，使这项活动更扎实地开展下去。

（5）继续鼓励发展个体工商户、私营企业，加强对私营企业登记管理

当前，在经济结构调整中，有的全民所有制企业关、停、并、转和进行优化劳动组合，将多出一部分人员；压缩投资规模、整顿公司，也将裁减一批人员；近几年进城的农村建筑队和农村进城的临时工有相当一部分要回农村去。这些多余人员中，可能有一部分人将转向个体工商业或私营企业。因此，个体工商户和私营企业还将进一步发展，特别是商品经济不发达的地区，个体还会有较大的发展。工商行政管理机关要配合税务、银行、城建等部门，注意解决妨碍个体经济发展的场地、原材料、货源、资金等具体问题，促使其继续健康发展。同时，要抓紧做好私营企业的登记工作。我国《私营企业暂行条例》及其施行办法已经发布，对私营企业正在进行全面登记，当前的主要问题是，相当一部分私营企业不愿意按私营企业登记，主要原因是怕政策变化。我们一定要按照条例规定，严格掌握政策界限，做好这项工作。凡属个体工商户、个人合伙、私营企业已领取集体企业或合作企业营业执照的，工商行政管理机关应按其真实的经济性质，在调查核实的基础上，重新进行核准登记。在登记工作中，要做好调查研究工作，认真总结经验，把私营企业登记工作做好。

赵紫阳同志指出："允许个体工商户的存在和发展，是既定政策，必须坚持，但同时必须加强对他们的管理和监督。对违法经营、非法牟利的要取缔。要坚决同偷税漏税的不法行为作斗争。我们必须把这个问题摆到议事日程上来"。这就要求我们在扶持个体、私营经济发展的同时，加强对他们的管理。近年来，各地积累了一些对个体工商户、私营企业管理的好经验、好做法。如一些地方在个体工商户、私营企业中开展"信得过"活动和"文明经营户"活动，对新发展的个体工商户进行就业前教育，对违法个体工商户、私营企业进行"黄牌"警告，以及和有关部门协调工作、综合治理，清理取缔无照经营，教育了个体工商户、私营企业经营者，维护了市场秩序，这些做法收到了较好的效果。

（6）要继续做好商标管理工作。商标注册采用商品国际分类后，要做好转换中的衔接工作，提高商标注册工作的质量。全面整顿酒类商标，加强商标印制管理，加强商标侵权案件的查处工作，严厉打击假冒商标的违法活动。做好我国企业商标到外国注册的管理工作。

（7）加强对广告宣传和广告经营的管理。继续整顿广告经营秩序，加强对广告宣传的管理，查处虚假广告，制止以不正当手段招揽广告业务，加强对临时性广告经营活动的审批与管理。

（8）进一步加强工商行政管理的法规建

设。今年,我们将按照全国人大常委会、国务院的立法计划修改《经济合同法》,制定《经济合同管理条例》和《消费者权益保护条例》,制定并发布《投机倒把行政处罚暂行条例施行细则》,修改《经济合同仲裁条例》。除此,由我局参与或配合法制局起草的《有限责任公司条例》、《股份有限责任公司条例》、《禁止垄断和不正当竞争暂行条例》,已上报国务院审批。我们还准备与有关部门联合制定一些市场管理条例。

(三)加强工商行政管理系统的自身建设

(1)要把廉政建设作为一件大事来抓。去年底,中共中央书记处专门讨论了廉政建设问题,并发表了会议纪要。最近,中央政治体制改革研究室召开了廉政制度建设座谈会,赵紫阳同志在会上作了重要讲话。我们要坚决贯彻这两个会议精神。从近几年的情况看,广大工商行政管理干部职工是克己奉公、艰苦奋斗的。但是,也确有少数人经不起考验,受贿贪污,弄权勒索,玷污了工商行政管理机关在人民群众中的形象,损害了国家和群众的利益。在商品经济开始趋于活跃,法制建设又尚未完善的情况下,权力和金钱交换等腐败行为最容易滋生蔓延。作为行政执法机关,工商行政管理部门要旗帜鲜明地开展反腐败斗争。从目前来说,应主要抓四方面的工作:一是发挥党的政治优势,加强思想政治工作。经常对干部职工进行党的基本路线教育,使干部充分认识到:党和国家机关能不能保持廉洁,是关系到人心向背和改革成败的大事,工商行政管理机关能不能搞好廉政工作,是关系到能否有效地发挥我们职能作用的大问题。我们的干部要牢固地树立全心全意为人民服务的思想,发扬艰苦奋斗、廉洁奉公的优良传统。既要学会在商品经济的海洋中游泳,又不要被腐化的漩涡所吞噬。二是要从"两公开一监督"入手,建设自我约束机制,增加办事的透明度,提高办事效率。工商行政管理队伍中极少数人以权谋私的特点是,利用案费证照,吃拿卡要。我们要对症下药,建立健全案费证照的规章制度,使弄权营私者无可乘

之隙。公开办照办案程序、审批制度,公开收费标准、收费项目,公开工作人员的职责范围,公开工商行政管理人员的纪律,使我们的干部时时处于纪律、制度和群众的约束与监督之下。三是要搞好廉政建设试点工作。各地已开展这项工作的,要加强指导,及时总结经验,逐步推广。还没有开展这项工作的,要着手进行。我局也拟选定一个司作为廉政建设试点单位。今年,我局还准备召开廉政建设工作会议,总结和布置廉政建设工作。四是要充分发挥各级工商行政管理机关的纪检和监察部门的作用,严肃认真地查处工商行政管理人员中的违法乱纪行为,决不姑息迁就。

(2)加强工商行政管理内部规章制度的建设,理顺关系,使我们的工作运行逐步规范化。

加强我们内部规章制度的建设,理顺横向工作关系,主要是理顺我们与其他司法、执法部门的分工。去年有些地方发生工商行政管理机关与一些司法、执法部门办案行动不协调的事情。这使我们感到通过建立规章制度、理顺职责分工的迫切性。今年,我们将通过充分协商、联合发文等形式争取逐步理顺。纵向的工作关系,是工商行政管理机关上下级的职责分工。现在发现这样的情况,有的基层单位在查办经济违法案件时,上一级工商行政管理机关,要是维持下级的处理决定,那就相安无事;上一级工商行政管理机关要是予以纠正,下边往往意见很大。我们处理经济违法案件,应以事实为根据,以法律为准绳。上级工商行政管理机关有权纠正下级工商行政管理机关的处理决定,是国办发[1988]21号文件明确规定的。这种情况也说明,各级工商行政管理机关的职责,要进一步明确,以减少扯皮现象。

继续加强财务管理工作。去年,在全国范围贯彻执行《工商行政管理系统会计制度》以后,对各级工商行政管理机关的财务管理工作,起到了很大的促进作用。不少省、市工商局健全了财务机构,充实了财务人员,加强了财务管理。随着社会主义商品经济的发展,各项规费、管理费的收入日益

增多，对财务收支的管理也越来越重要。1989 年要继续认真贯彻执行会计制度，各级工商行政管理机关要设立独立的财务机构，充实具有一定水平的财务人员。认真清理、管好固定资产，相应建立管理制度及办法，增强信息反馈工作。工商行政管理系统从 1989 年开始，增加逐级上报季度规费、管理费收支电报，具体办法由我局研究制定。要求财务上强化对各项规费、管理费收支的管理工作，对应上缴的款额，必须及时、足额地逐级上缴，继续抓好清理旧欠上交工作。

统计工作为我们制定政策、总结工作提供了重要依据。各省、自治区、直辖市工商行政管理局要重视统计工作，充实统计力量，没有建立统计机构的，要尽快建立，并配备有一定水平的专职干部，认真执行统计制度，做到准确及时，尽力把统计工作做好。加强经济信息工作，使用现代化的管理手段，提高工商行政管理水平。去年，国家工商行政管理局经批准成立了经济信息中心，负责统一规划全国工商行政管理经济信息工作。希望各省、自治区、直辖市以及计划单列市在条件允许的情况下，积极地把这项工作抓起来，争取早日建立全国工商行政管理系统的计算机通信网络。

（3）提倡学习理论，学习政策和法律、法规，提高干部政策理论水平和业务能力。改革的形势在不断地发展，我们要跟上形势，必须有明确的理论指导，才能使我们的工作目标、实施步骤、工作方法有较高的清晰度。各级工商行政管理干部，要注重理论学习，通过学习，联系我国的国情和实际工作情况，去解决实践中出现的问题。我们要着重学习宏观经济管理理论，研究如何建立社会主义商品经济新秩序，如何建立宏观调控。这些问题弄清楚了，对开展工商行政管理的各项工作将有很大帮助。如果能在我们工商行政管理部门中形成一个学习风气，将会有力地促进我们干部队伍政治素质和业务素质的大大提高。同时，要重视干部教育工作。最近，我局下发了《关于开展岗位职务培训工作的意见》，各地要认真贯彻落实。要继续发展大、中专教育，进一步加强师资队伍建设，编好教材，努力提高教学质量。今后，每年都有一批工商行政管理专业的大、中专生毕业，这批学生原则上都应该分配在工商行政管理系统，希望各地积极做好接收工作，并予以合理使用。

刘敏学局长在全国工商行政管理局长会议上的报告

（1990 年 2 月 24 日）

这次会议是在我国治理整顿和深化改革的关键时刻召开的。会议的主要内容，是贯彻十三届五中全会的精神，总结 1989 年的工作，分析当前工商行政管理机关面临的形势，研究部署 1990 年的工作，为实现中央确定的治理整顿、深化改革的目标而努力。

我分三个部分来谈。

一、1989 年的工商行政管理工作

1989 年是治理整顿的第一年。按照十三届三中全会提出的治理经济环境、整顿经济秩序、全面深化改革的指导方针，一年来，全国工商行政管理机关在比较困难的条件下，担负着繁重的治理整顿的任务，以清理整顿公司和查处经济违法案件为重点，全面开展工作，取得了很大的成绩，并且经受了春夏之交发生的动乱和反革命暴乱的考验，在廉政建设方面也迈出了坚实的步伐。总的说来，1989 年是不平凡的一年，是我们在政治上、工作上、思想建设上都经受了严格锻炼的一年。

（1）清理整顿公司的工作取得新的成效。在过去的一年里，各级工商行政管理机关按照 1988 年 10 月中共中央、国务院发布的《关于清理整顿公司的决定》，做了大量的工作，基本上解决了党政机关经商办企业和党政机关干部（包括离退休干部）在公司兼职、任职的问题，解决了一部分公司政企不分的问题，撤并了一批公司，查处了一批公司投资违法案件。但是，由于对清理整顿公司的复杂性、艰巨性认识不足，有些措施不够得力，再加上动乱和反革命暴乱的干扰，这项工作没有取得预期的成果。去年七月，中央政治局会议把清理整顿公司列为七件大事的第一件来抓,八月,中共中央、国务院又发布《关于进一步清理整顿公司的决定》,各地区、各部门遵照中央新的部署和要求,进一步清理整顿公司,取得了新的进展。到年底,全国已撤并各类公司5 008户,占公司总数的16.98%。准备要撤并的公司29 260户,占公司总数的10%。在撤并的公司中,已有29 740户在工商行政管理机关办理了注销登记。

(2)为了整顿市场秩序,配合清理整顿公司工作,各地集中力量查处经济违法案件,打击投机倒把、走私贩私活动,成效显著。1989年,全国工商行政管理机关共查处违法违章案件85万多件,其中查处大案9万多件,比1988年的6.44万件增加了40%以上。全年上交财政罚没款11亿多元,比上年的6.08亿元增加80%。为受害者追回损失近3亿元。移送司法机关处理的案件1 769件,比上年增加34.6%。在查处经济违法案件工作中,各地重点抓大案要案。去年我局先后三次排查大案要案,共排出案件778件。从这些案件看,主要有两个特点:一是投机倒把案件多,非法牟利额大,牟利100万元以上的案件有79件,占10%以上;二是国营、集体单位作案的比重大,在778起案件中,有636件是国营、集体单位作案,占81%。

(3)为建立企业法人制度和贯彻治理整顿的各项措施,对全国500多万户企业开展重新审核登记和换发营业执照工作。同时贯彻国家各项专营措施,整顿商业批发企业和经营重要生产资料的物资供销企业,维护流通领域的秩序。到年底外商投资企业的换照工作已基本完成,国内企业正在进行中。由于清理整顿公司、调整产业结构和清理假集体企业等原因,全国企业总数有所减少。据统计,到1989年底,全国工商投资企业为506万户,比上年底减少8.2%;从业人员17 654万人,减少2.9%;注册资金16 438亿元,增加2.2%。1989年虽然发生了动乱和反革命暴乱,但外商独资企业仍大幅度增加。到年底,在工商行政管理机关登记注册的外商企业总数已达19 109户,比1988年底增加37.4%。其中,中外合资经营企业11 449户,增加42.4%;中外合作经营企业6 250户,增加17.8%;外商投资企业1 410户,增加150.9%。外国企业驻华代表机构到年底已有3 367家,比上年底的2 605家增加29.3%。

(4)按照治理整顿的要求,加强了对各类市场的监督管理。1989年,各地对集贸市场逐步实行规范化管理,进一步促进集市贸易的繁荣活跃。全国城乡集市数到年底有71 150个,与1988年底基本相等,集市贸易成交额继续增长。去年全国集市成交额为1 860.97亿元,比1988年增加14.78%。其中,城市集市成交额641.82亿元,增加17.8%;农村集市成交额1 219.15亿元,增加13.3%。集市贸易零售额占社会商品零售总额的19.86%。各地对集市价格加强指导和管理,收到比较明显的效果,全年集市价格总水平比1988年上升14.07%,上涨幅度比上年下降了20个百分点。在集贸市场中,小商品市场有3 190个,与1988年基本相等。成交额224.13亿元,比1988年增加7.48%。废旧品及其他市场3 994个,比上年增加8.15%,成交额92.38亿元,增加11.4%;农副产品批发市场1 281个,增加4.66%,成交额96.64亿元,增加36.88%;小商品批发市场235个,增加3.5%,成交额66.15亿元,增加1.5%。1989年全国市场建设投资18.11亿元,比上年增加11%,主要用于扩建、改建。在集贸市场建设继续加强的同时,各地努力提高管理水平,在参加集市的经营者、管理者以及设施等方面建立和完善管理制度,逐步实现集贸市场管理的规范化。各地普遍加强了对重要农副产品的管理,保证国家计划的完成。同时,加强对生产资料市场的监督管理,对钢材、有色金属经营单位进行了清理整顿,逐步完善了非统配木材、汽油成品油和汽车市场的管理办法。为了落实国务院的有关规定与有关专营的规定,和有关部门共同制定四种钢材、三种农业生产资料的专营办法及小轿车销售管理办法。

（5）对个体、私营经济的监督管理得到了加强。在治理整顿中,个体经济在持续十年增长后,1989 年第一次出现户数、人数减少的情况。到 1989 年底,全国个体工商业为1 243万户,比 1988 年底减少 14.44%；从业人员1 932万人,减少 16.44%。减少较多的行业是建筑业和运输业。个体工商业的资金、产值、营业额则仍是增加的,如果扣除物价上涨因素,大体上与 1988 年持平。全国个体工商户自有资金为 351 亿元,比 1988 年增加 12.48%。个体工业、建筑业、交通运输业总产值 550 亿元,增加 6.05%,占工业总产值的 2.55%；个体商业、饮食业、服务业、修理业的营业额1 353亿元,增加 13.61%,其中商品零售额1 074亿元,增加 4.87%,占社会商品零售额的 13.3%。1989 年是对私营企业全面进行登记的一年,但登记工作进展缓慢。到年底,全国登记注册的私营企业有90 593户,从业人员 142 万余人,注册资金84 亿余元。其中,城镇33 088户,44 万人,资金 40 亿元；农村57 505户,98 万余人,资金44 亿余元。私营工业、建筑业、运输业全年总产值 84 亿余元,私营商业、饮食业、服务业、修理业营业额 37 亿余元。私营企业登记工作进展缓慢的原因,主要是私营企业主心存疑虑,怕戴资本家帽子；对清理假集体问题认识不统一,阻力大,大多数假集体还没有得到清理。

（6）经济合同管理工作效果明显。1989年,全国工商行政管理机关办理经济合同纠纷案件219 044件,比 1988 年的47 052件增加 362%。许多地方帮助企业依法解决纠纷,追回欠款,挽回损失。不少省市发挥派出仲裁庭的作用,就地、方便、及时地解决一些合同纠纷,深受当地政府的支持和企业的欢迎。各地加强对国家指令性计划产品、专营产品、重要生产资料、市场紧俏商品以及重要农副产品购销合同的管理,督促企业按照计划签订合同和履行合同。据不完全统计,1989 年各地共检查合同1 800多万件,确认无效合同16 158件,鉴证合同 396 万多件,帮助当事人避免和挽回大量经济损失,仅浙江省前三个季度挽回损失 1 亿多元。许多

地方加强了对企业承包合同和租赁合同的管理,解决了一大批这类合同纠纷。"重合同、守信用"活动在各地深入开展,许多地方外贸、科技和中外合资企业都开展了这项活动。

（7）商标工作有很大进展。1989 年我国采用商标注册用商品国际分类和维也纳图形要素分类的第一年,收效显著,为商标审查的科学化、规范化、国际化奠定了基础。全年受理商标注册申请48 411件,核准注册商标36 435件。到年底,我国累计有效注册商标已达249 439件。其中国内12 643件,国外36 796件。为了指导企业正确使用商标,重点抓了对酒类商标的全面整顿,通过积极向企业宣传商标法,帮助企业健全商标管理制度,建立商标管理队伍,初步扭转了酒类商标使用混乱的局面。应当指出的是,为了促进海峡两岸经济往来,我们提出台湾企业到大陆注册商标,与大陆企业一视同仁,免予公证,并在香港建立中国商标代理公司,疏通了渠道,简化了手续,提供了方便。去年一年,台湾企业提交的商标注册申请达1 350件,比上年增加了一倍。十月四日,我国正式加入商标国际注册马德里协定,为我国企业到国外注册商标和进行有效的商标保护提供了一条既迅速又方便的途径。到年底,国内著名的"同仁堂"、"四通"等 8 件商标,已提出国际注册申请,到我国申请领土延伸的外国商标有 100 多件。同时,为了维护注册商标所有人的商标专用权,维护消费者的利益,维护我国的信誉,各地工商行政管理机关严肃查处商标侵权行为,查处了一批案件,包括侵犯"IBM"、"M&MS"、"百事可乐"、"可口可乐"等商标专用权涉外案件。

（8）对广告经营单位进行整顿,广告经营单位增加快的势头得到控制,广告市场混乱的状况有所好转。到 1989 年底,全国有广告经营单位11 000户,比上年的1 067户仅增加 3%；从业人员 11.55 万人,比上年的11.21 万人仅增加 2.97%；全年广告营业额17.29 亿元,比上年的 14.93 亿元增加15.81%。各地积极开展整顿广告的工作,

加强对非法经营广告和虚假广告的查处。据江苏、河北、辽宁、河南、天津、上海等20个省市统计,已撤销不合格的广告经营单位占原经营单位总数的6.9%,缓发执照限期完善的占6.5%,查处广告违法案件1 875起。

(9)我们队伍的自身建设迈出了坚实的步伐。到1989年底,全国工商行政管理机构共32 231个,比上年底增加4.8%;干部职工355 997人,增加6.4%。为了总结交流开展廉政建设的情况,去年初召开了廉政制度建设座谈会,并向全国工商行政管理系统推广哈尔滨市道里区工商局、吉林四平市工商局公开办事制度的经验和做法。国家工商行政管理局和各地工商行政管理局根据工商行政管理机关的工作特点,建立廉政制度。同时,为了加强岗位培训,1988年我们拟订了地级局和县级局局长的岗位职务规范,在这个基础上,1989年把制定规范的范围扩展到全系统的各个岗位,并且举办了一期地市级局长岗位职务培训班的试点。此外,为培养专业人才,与设立工商行政管理专业的四所高等院校和本系统的二十二所中专学校的联系、指导工作也有所加强。

特别应当提出,在1989年春夏之交发生的动乱和北京反革命暴乱这场严峻的政治斗争中,广大工商行政管理干部和职工,立场坚定,旗帜鲜明,不畏艰险,克服困难,坚守岗位,忠于职守,在清理整顿市场秩序、维护集贸市场的正常供应、督促个体工商户守法经营、查处违法经营活动等方面作出了积极的贡献。事实证明,我们这支队伍是经受得起考验的,是合格的。在这里,我谨代表国家工商行政管理局向工商行政管理机关在这场斗争中作出贡献的同志表示崇高的敬意,向一年来辛勤工作的全体工商行政管理人员致以亲切的慰问。

二、1990 年的工作

国务院明确指出,今年经济工作总的指导思想是:按照十三届五中全会的精神,在保持社会稳定的前提下,向中央确定的治理整顿、深化改革的目标前进一步。按照这个总的指导思想,工商行政管理机关的主要任务是,坚持改革开放强化监督管理,整顿市场秩序,取缔违法经营,促进社会主义经济持续、稳定、协调地发展。

五中全会通过的《中共中央关于进一步治理整顿和深化改革的决定》中指出,要充实和加强工商部门的力量,提高工商人员的素质,严厉打击和取缔各种违法经营。我理解有两层意思:一是强调了工商行政管理工作的重要性,在治理整顿中应当充分发挥工商行政管理工作的职能作用;二是说明我们的工作还有与客观形势的要求不相适应的地方。这就要求我们在充分肯定工作成绩的同时,清醒地看到工作中的不足之处,不断改进我们的工作,努力提高监督管理水平。要求我们在巩固已经取得成绩的基础上,按照客观形势的要求和我们的职责,拓宽广度,增加深度,强化力度,在治理整顿中更好地发挥工商行政管理的职能作用。

拓宽广度就是按照国务院确定的我局"三定方案",加强我们工作的薄弱环节,实现职能到位。我国的社会主义经济,是以公有制为基础的有计划的商品经济。在所有制结构上,公有制经济是主体,同时存在其他经济成分。1989年全国工业总产值中,全民所有制企业占55.8%,集体所有制企业占35.6%,两者合计占91.4%,其他经济成分只占8.6%;在社会商品零售总额中,全民所有制占38.8%,集体所有制占33.7%,两者共占72.5%,其他经济成分占27.5%。我国经济体制改革的基本原则,是建立计划经济与市场调节相结合的运行机制。工商行政管理工作必须适应我国发展经济的基本原则。国务院确定的我局"三定方案"规定,我局的主要职能是依法确定各类工商企业和个体工商业的合法地位,监督管理市场上的各种经济活动,检查处理经济违法违章行为,保护合法经营,取缔非法经营,维护正常的市场秩序,保证社会主义商品经济的健康发展。"三定方案"还要求我们强化职能,健全法制,加强监督,改善管理,逐步形成完整有效的工商行政管理体系。因此,我们不仅应当管好市场调节的经济活动,而且要监督计划的实现;不仅要管好个体、私营经济,而且要对公有制经济进行监督管理；不仅要监督管理农副产品市场和小商品市场，而且要监督管理生产资料市场和生产要素市场。这样，工商行政管理监督体系才是完整的、有效的。治理整顿、深化改革的客观现实要求我们在这些领域加强监督管理工作。拿查处经济违法案件来说，作案主体国营、集体企业占很大比重，倒卖的商品主要是重要生产资料。整顿流通领域的混乱状况，就必须加强对生产资料市场和生产要素市场的监督管理。客观形势要求我们管的事一定要管好，国务院赋予我们的职责一定要认真地去履行。

增加深度就是要求我们认真领会和贯彻党的方针政策，从宏观的角度出发，站得高些，看得远些，抓住工作中一些重要问题，切实研究透，解决好，把工商行政管理工作水平提高一步，更好地发挥我们的职能作用。工商行政管理既是宏观管理的手段之一，又担负着大量微观管理的任务。如何把宏观管理与微观管理结合起来，通过大量的微观管理来体现宏观管理的要求，是我们应当研究解决的一个重要问题。我们需要很好地总结新中国成立四十年来特别是十一届三中全会十年来的经验，使我们的工作不是停留在一个层次上，而是研究得更深一些。例如，查处经济违法案件，不要仅仅满足于一年查处了多少案件，还应当通过分析典型案例来发现我们经济管理工作中存在哪些问题和漏洞，找出改进和防止的办法。近几年来，已经两次在全国范围内对公司进行清理整顿，从这两次清理整顿中可以总结哪些经验教训，如何巩固清理整顿的成果，完善公司的管理制度。对个体、私营经济应当结合国家的产业政策，研究引导他们，向哪些行业发展，哪些应当鼓励，哪些应当限制，哪些应当禁止，要研究如何区别对待。工商行政管理作为国家整个行政管理的一个方面，有它自身的规律，我们应当从理论上探索研究，建立和健全适合中国国情的社会主义的工商行政管理体系。

强化力度就是要充分发挥监督管理和行政执法的职能作用。该我们管的事情一定要管好，锲而不舍，务必抓出成效来。强化力度首先要加强法制建设，逐步建立一个完整的工商行政管理法制体系。强化力度还必须有手段，监督管理也好，查处案件也好，都要有手段，没有手段就不能执法。同时，要理顺关系，包括横的关系和竖的关系。工商行政管理工作牵涉的面很广，需要很好地研究和处理工商行政管理与业务部门行业管理的关系，各司其职，各尽其责，分工协作，使我们各项工作更有力、更有效。

在这里我要说明，上面我说的拓宽广度，增加深度，强化力度，是在研究我们工商行政管理工作如何贯彻党的十三届五中全会的精神，如何在治理整顿中提高我们工作水平，初步形成的一些思路和看法，还不系统，不完善，也可能还有不妥当的地方，提出来是为了供同志们思考、研究，是为了在新的形势下，使我们的工作适应新情况，解决新问题，扎扎实实地向前发展。

今年我们应当抓哪些主要工作呢？

第一，继续贯彻中共中央、国务院关于进一步清理整顿公司的决定，在党委和政府的领导下，善始善终地做好清理整顿公司的各项工作。这不仅是治理整顿、深化改革的重要内容，而且是惩治腐败、振奋党心民心的一项重要措施。现在，各级清理整顿公司领导小组正在审批公司的撤并留方案，我们应当积极参与这项工作。方案确定后，应依照法规和政策，认真做好公司的重新登记注册工作，对保留的公司认真核定其名称、经济性质、注册资金、经营范围和法定代表人等登记事项，不具备条件的公司，不予重新登记注册。对决定撤销的公司，应督促其主管部门及时成立清算组织，清理债权债务后办理注销登记。对已经重新登记和注销登记的公司，应及时发布登记公告。公司重新登记注册工作是落实清理整顿公司成果，保证清理整顿公司不走过场的一项关键措施，各级工商行政管理机关务必尽职尽责，认真把这项工作做好。

在进一步清理整顿公司的同时，继续做好对全国五百多万家企业的重新审核登记和换发营业执照工作。这次企业换照标志着企业法人制度的建立。在换照工作中必须坚持企业法人条件，认真核定登记事项，及时发布登记公告，为企业法人制度的建立从一开始就打好基础。要加强企业名称的管理，完善管理办法。

在实现治理整顿、深化改革目标的过程中，应支持企业集团的建立和发展。企业集团有利于打破条块分割和行业界限，发挥人才、技术、设备、组织优势，实现优化组合的规模经营，是经济联合体中层次较高的一种组织形式。我们应会同有关部门，尽快完善有关法规，认真做好企业集团的登记注册工作，把好审核登记关，明确企业集团的经营范围，正确引导，防止追求形式和盲目发展，加强监督管理，保护其合法权益，支持企业集团真正发挥应有的作用。

在年检换发营业执照时，对在集体企业名义下进行个体经营或私人经营的假集体企业，必须坚决进行清理，明确经济性质，加强监督管理，督促它们从事正常经营活动。各地在清理假集体企业的工作中，要防止把集体财产划归个人；也要防止把个人的合法财产并入集体，务必做到公私分明。今后如果再出现这种混淆经济性质的假集体企业，要追究当事人、主管单位和审批机关的责任。

多年来企业登记工作已经初步形成了一套制度和程序，但对企业的监督管理现在仍是一个薄弱环节，如何加强，希望各地很好地探索、研究、总结经验。根据近几年两次清理整顿公司的经验，企业从办理登记开始，就应当纳入监督管理范围，在法律规定的范围内从事经营活动，出现问题随时纠正。工商行政管理机关应加强对企业的监督管理工作，当前特别要加强对全国性公司、兼有行政职能的公司、大型企业和企业集团的监督管理。监督管理的主要内容：一是监督企业按照规定办理开业、变更、注销登记，通过登记确立企业合法地位，保护企业的合法权益，取缔无照经营和非法设立的经济组织；二是监督企业按照核准登记的事项开展经营活动，对国内企业要完善企业章程和规章制度，对外商投资企业要监督资金投入和履行合同情况；三是认真做好企业的年度检验，发现问题及时纠正和处理；四是查处企业的违法活动，监督企业遵守国家的法律、法规和政策；五是加强企业的联系，向企业宣传国家有关的法规和政策，规范企业的经营行为。

外商投资企业的登记管理工作应当贯彻中央提出的进一步对外开放的方针，对现有的外商投资企业要做好扶持工作，改善投资环境，增强对外商投资的吸引力。各授权的工商行政管理局要加强对外商投资企业的监督管理，总结行之有效的管理经验，调查研究外商投资企业登记管理工作中的新情况、新问题。几年来，国家工商行政管理局已授权58个省市工商行政管理局办理外商投资企业登记管理工作。授权不是放权，要强调集中管理和垂直领导。各授权的工商行政管理局应充实机构和设施，提高人员素质，严格依法办事，在授权范围内做好工作。对授权范围以外的问题不要擅自处理，加强请示汇报制度。对已授权的工商行政管理局，如果机构人员不落实，工作问题多，必要时也可以收回授权。

第二，继续抓紧查处经济违法案件。经过一年多来的治理整顿，投机违法活动虽有所减少，但这个斗争是长期的，同时，前一阶段遗留下来的投机违法案件数量很多，难度很大，查处经济违法案件的任务相当繁重。

根据当前实际情况，查处经济违法案件的重点，从作案主体来说，是国营、集体企业作案的案件；从作案行为来说，要打击倒卖重要生产资料和紧俏耐用消费品的活动，尤其要严肃查处打着合法旗号从事违法经营的活动，要打击在商品中掺杂使假的行为。东南沿海四省还应当切实加强缉私队、检查站的建设，打击走私贩私活动。

查处经济违法案件，是治理整顿的一项重要任务。在一些地方，由于查处经济违法案件的时间长，困难多，阻力大，复议案件和行政诉讼案件大量增加，有的同志产生了松劲情绪、畏难情绪和厌烦情绪，各地要注意加强思想教育，正确认识这项工作的重要性、复杂性和长期性，努力把这项工作做好。

查处经济违法案件,必须秉公执法,遵守纪律,不能对本地宽外地严,不准为违法单位说情,坚决纠正为钱办案的错误做法。要提高办案质量,遵守办案程序,不能违反规定随意处理案件和罚没财物。要重视对申诉案件的复议,要坚持原则,实事求是,有错必纠,令行禁止。国家工商行政管理局和各省、自治区、直辖市工商行政管理局要加强对查处案件工作的协调和指导,并加强与监察、司法、纪检及其他有关部门的配合,及时协调解决在办案中遇到的一些不同意见和问题。同时要注意通过查处经济违法案件分析违法活动的动向,掌握违法活动的特点,以利于加强管理,堵塞漏洞,更有效地制止经济违法活动。

第三,切实加强经济合同的管理。要进一步强化对国计民生影响较大的工矿产品、重要生产资料和大宗农副产品购销合同的监督管理。对属于国家指令性计划合同要加强监督检查,督促承担国家统配产品订货合同的企业提高合同履约率,以保证国家计划的完成。对于没有完成国家供货合同,而擅自高价自销产品的企业,按照《工矿产品购销合同条例》第 35 条和国务院国办发[1986]66 号文件规定严肃处理,除按违约及有关规定处理外,工商行政管理机关应当没收其自销多得的收入,上缴国家财政。

对建筑工程承包合同加强鉴证审查,那些承包概算未经批准,投资和统配物资未列入国家计划,当事人没有履约能力,没有开工证书,乱上项目,扩大规模等合同,一律不予鉴证,对有严重问题者,应确认合同无效并进行处理。具体管理工作按建字[1990]4号、工商[1990]1 号文件办。

合同管理工作要面向大中型企业,通过开展“重合同、守信用”活动,帮助企业搞好经济合同管理的基础工作。建立健全必要的合同管理制度,强化经济合同自我约束机制,使经济合同管理与企业全面管理特别是计划、生产、经营管理融为一体,促进企业提高管理水平和经济效益。

为完善企业承包经营和企业租赁经营制,工商行政管理机关应加强对企业承包经营合同和企业租赁经营合同的指导、监督和协调,帮助企业按照承包条例逐步规范承包办法,合理确定承包基数,完善合同条款,督促合同双方信守合同,及时调解仲裁这类合同纠纷。

要根据国务院的文件规定,逐步搞好经济合同文本的规范工作,打好合同管理的基础,减少签订合同时潜伏的问题,减少无效合同和违法合同。

加强经济合同纠纷的仲裁工作,除办好合同纠纷案件以外,重点要抓好两条:一是积极组织清理经济合同债务纠纷,重点摸清大中型企业的合同债务情况,帮助企业解决纠纷,返还债款。二是抓好派出仲裁庭的制度建设,搞好仲裁业务培训,提高仲裁人员素质,保证办案质量。

第四,稳定政策,积极引导,加强管理,促进个体、私营经济健康发展。十一届三中全会以来,个体、私营经济在改革开放中得到恢复和发展,在发展生产、活跃市场、方便人民生活、扩大劳动就业、增加财政收入等方面发挥了对公有制经济的补充作用;同时,在发展中,也出现了一些值得注意的问题,如有的个体工商户和私营企业违法经营、牟取暴利、偷税漏税等,需要加强管理。在我国,坚持在公有制为主体的前提下发展个体、私营经济,是一项长期的政策,加强对个体、私营经济的管理和引导,决不是国家方针政策的改变,而正是为了促进个体、私营经济长期稳定地发展。

我国的经济是以公有制经济为主体,个体、私营经济是公有制经济的补充。今后,要特别鼓励个体工商户从事以劳务为主的、拾遗补缺的服务业、修理业、饮食业、小商品和农副产品的批发零售业以及其他方便人民生活的行业。提倡和鼓励私营企业向科技型、生产型和外向型发展。保护个体工商户和私营企业的合法经营和合法收入。在国家法规和政策之外,任何单位和个人都不得向个体工商户和私营企业乱收费、乱摊派和乱罚款。

加强对个体工商户和私营企业的管理,首先要严格审查他们的经营范围和经营方式,按照国家有关规定审批个体工商户、私营企业的经营范围和经营商品目录。过去已经审批的,通过验照和年检进行重新审查。凡国家明令禁止个体工商户、私营企业从事批发经营的,不予核准;国家允许搞的,可按规定审查、核准。对擅自超越经营范围和改变经营方式的,要依法严肃处理。今年要抓紧对私营企业的登记工作。

对无照经营应清理和取缔。待业人员符合条件的应按规定申请营业执照;农民进城销售农副产品应组织他们进入集贸市场。

对个体劳动者、私营企业主要加强思想教育,包括形势政策教育、爱国主义教育、法制教育和职业道德教育。当前特别要加强党和国家关于个体、私营经济的方针、政策的宣传教育,"守法经营、信誉第一"的教育。坚决制止个体工商户、私营企业非法经营牟取暴利的行为,促进个体、私营经济的健康发展。

第五,加强对生产资料市场和生产要素市场的管理。生产资料市场和生产要素市场,是我国市场的重要组成部分。前一段流通领域秩序混乱,主要就是乱在钢材、煤炭、石油、化肥、农药、农膜等重要生产资料,这些物资供求矛盾大,产销问题多,在这方面发生的违法活动严重,也正是我们监督管理工作的薄弱环节。因此,在治理整顿中,工商行政管理机关应当认真履行国务院赋予我们的职责,积极参与生产资料市场和生产要素市场的监督管理。

生产资料市场、生产要素市场与集贸市场不同,集贸市场是工商行政管理机关组织主办的,而生产资料市场和生产要素市场则是由行业或业务主管部门组织主办的,因此,工商行政管理机关应当与行业、业务主管部门密切配合,分工协作,各司其职。在钢材市场的管理上,国务院机构改革办公室对物资部门和工商行政管理机关的职责分工明确提出协调意见,工商行政管理机关的职责是:依法监督交易行为;依法审查交易双方的资格、交易活动的合法性和钢材的来源去向;查处场内交易活动中的违法违章行为和场外钢材交易活动;加强合同管理,对

交易双方纠纷进行调解、仲裁,确认无效合同,查处违法活动;开展工商行政管理法规的宣传、咨询活动;与物资部门共同研究制定全国统一的钢材市场管理办法。国务院机构改革办公室的协调意见,原则上适用于对其他生产资料市场和生产要素市场的监督管理。

各地工商行政管理机关应当大力加强这方面的工作,积极与有关部门配合,认真做好生产资料市场的建立和培育工作,促进商品正常流通。凡是已经建立起来的集中交易的生产资料市场以及各种生产资料的订货会、交易会,工商行政管理机关都应当进行监督管理,还应当加强对重点企业重点物资履行计划合同的监督管理。今年,我们应在管好汽车市场的同时,把问题比较突出的钢材市场、煤炭市场、房地产市场作为监督管理的重点。应当看到,这对我们来说是一项艰苦的工作,我们的知识、技术、经验都不够。因此,必须认真加强学习,深入调查研究,不断总结经验,完善管理办法。

我们还应当积极配合有关部门,加强对文化市场的管理,"扫六害"的活动应坚持下去。

要继续发展城乡集贸市场,不断提高管理水平,继续加强对重要农副产品的管理。各地应积极推行《集贸市场管理基本规范(试行)》,逐步做到经营活动规范化,管理工作规范化,设施规范化。要继续发展农副产品批发市场和其他专业市场,重视发展老、少、边、穷地区的集贸市场,加强边境地区边民互市的管理。今年下半年我们准备召开第二次全国文明集贸市场表彰大会,请各地做好评选工作。

第六,把商标工作落实到企业。商标是工业产权的重要组成部分,是企业的无形财富。一个商标在消费者当中的威望,实际上是企业信誉、管理水平、产品质量的综合体现。一个国家商标数量尤其是驰名商标数量的多少,从一个侧面反映了商品经济的发展水平。我国《商标法》的核心是保护注册商标的专用权,只有搞好企业的商标工作,促使企业自觉地执行商标法规,依法关心和

保护自己的商标权益，提高商标意识，才能为商标工作打下坚实的基础，更好地发挥商标对发展社会主义商品经济的促进作用。各地工商行政管理机关要面向企业，加强宣传教育和具体指导。今年重要的是抓一百个大中型企业的商标工作，指导企业正确使用商标，创驰名商标。同时，要大力整顿药品商标，保护名优药品的发展。

现在，来我国注册商标的已有 60 个国家和地区，我们要继续加强商标领域的国际合作，在世界知识产权组织中发挥更大的作用，多做工作，坚持原则，发展对外关系，打破西方国家的制裁。同时，要加强我国企业到国外注册商标的管理，加强对马德里协定的宣传和对企业进行马德里协定国际注册的具体指导。

要提高商标审查工作的质量。各地要继续抓紧对假冒商标和商标侵权案件的查处。

第七，加强广告管理，巩固和扩大整顿成果。各地应当对广告行业的整顿工作进行一次复查，未按规定进行整顿的应坚决按规定办理；不符合经营广告条件的该撤销的要坚决撤销；违法案件要坚决查处。今年广告管理工作的重点是取缔虚假广告，查处违法广告活动。教育广告经营单位和工商企业遵守广告法规，发动消费者加强监督，工商行政管理机关要加强检查，尤其是对小报、小刊的广告，户外广告以及各类展销会、订货会广告的检查。对邮寄广告、赞助广告、临时广告以及广告费管理等问题，应进行调查研究，制定管理办法。

对广告行业的发展要加强管理，严格审批制度，防止发展得过多过滥，今年原则上不批准新的广告经营单位，逐步建立广告经营和广告宣传的良好秩序。

做好今年的工作，对于实现治理整顿的目标是有重要意义的。希望大家振奋精神，知难而进，多出主意，多想办法，同心同德，群策群力，使我们工商行政管理工作在 90 年代，有一个良好的开端，在治理整顿、深化改革中更好地发挥我们的作用，为稳定社会、稳定经济作出贡献。

三、工商行政管理系统的自身建设

为了把我们各项工作做好，必须进一步加强工商行政管理机关的自身建设，提高工商行政管理干部素质，这是新的形势对我们的工作提出的客观要求。在这方面，今年应当抓好八件事：

（一）加强政治理论学习和政策学习。各级工商行政管理机关必须扎扎实实地抓政治理论学习，主要是哲学和政治经济学的学习，组织全体人员认真学习马列著作和毛泽东同志著作，学习邓小平等同志的著作，特别是近十年来邓小平同志关于我国社会主义现代化建设的大量著作。通过学习马克思主义理论，坚定我们的共产主义信念，掌握科学的世界观和方法论。要提倡理论联系实际的学风，用马克思主义的理论指导我们的工作，运用马克思主义的立场、观点和方法，增强我们的政治敏锐性，提高我们观察、分析事物的水平，加强我们处理、解决问题的能力。我们还应当认真学习十一届三中全会以来党的路线、方针、政策，学习邓小平同志关于坚持四项基本原则、坚持改革开放的一系列重要指示，学习江泽民同志国庆四十周年的重要讲话，学习四中全会、五中全会的重要文件，领会中央的精神，加强我们执行党的路线、方针、政策的自觉性。

（二）树立深入实际的工作作风。各级工商行政管理机关的领导干部尤其是国家工商局和省、自治区、直辖市工商局的领导干部，必须深入实际，深入基层，面向生产，面向群众，加强调查研究，探索新情况，研究新问题，不断总结经验，树立科学的态度和联系群众的作风。工商行政管理各项工作都直接与企业、群众打交道，联系群众的问题尤其重要。各级工商行政管理局必须贯彻中共中央、国务院《关于组织党政机关干部下基层的通知》，组织干部分期分批地到基层去，到工厂、农村、商店、街道去，宣传党的方针政策，宣传工商行政管理法规，倾听群众的意见，同群众一起商量解决工作中的问题，把我们的工作建立在牢固的群众基础之上，更好地为生产服务，为群众服务。

（三）进一步加强廉政建设，完善廉政措

施。工商行政管理人员必须清正廉洁,秉公执法。当前关键在于落实廉政的各项措施,贵在言行一致。廉政建设应当立足于教育,在全体人员中加强党的基本路线教育,为政清廉、艰苦奋斗的教育,服从全局,严肃纪律的教育,把惩戒与教育结合起来,把惩治腐败与树立廉洁奉公的典型结合起来。工商行政管理系统的廉政建设,重点是反对以权谋私,坚决制止某些人利用发照、办案、收费等职权贪污受贿的行为。必须公开办事制度,接受群众监督,同时逐步完善自我约束机制,建立各种制度。在方法上,主要是抓两头,一头抓领导,一头抓基层。抓领导,就是要从国家工商行政管理局做起,要从各级领导做起,以身作则。我在这里郑重宣布,今后国家工商行政管理局的工作人员到各地去,一律不得接受宴请,不得接受礼物,不准搞任何特殊化。我们恳切地欢迎各级工商行政管理局的同志在工作中对国家工商行政管理局工作人员进行监督,这是政治上对我们的支持和帮助。抓基层,就是要抓好基层工商所,我们全系统的人员,百分之七十在基层。我们拟订了《工商所工作条例》,将提交这次会议讨论修改。今年,我们准备公布《工商行政管理机关办事制度公开要则》、《工商行政管理人员廉洁守则》、《违反工商行政管理人员廉洁守则处罚办法》等文件,把内部的自我约束和外部的群众监督结合起来。

(四)加强干部培训,提高业务素质。这个问题特别重要,各级领导要亲自抓。干部培训主要应当做好两方面工作:一是要搞好新录用或调入的人员的培训。最近我们与人事部联合发出《关于加强工商行政管理干部岗位培训工作的通知》,规定今后不具备高中以上学历的人员不得录用或调入工商行政管理机关。从今年开始,各级工商行政管理机关新录用或调入的非领导职务的工作人员,必须经过一个月以上的入门培训,先培训,后上岗;调入担任各级领导职务的工作人员,也应接受与所任职务相关的培训,取得上岗资格。二是抓好在职干部的岗位职务培训,即在定职责、定机构、定编制的

基础上对干部进行思想政治、职业道德、业务知识、工作技能的综合培训。凡属于培训范围的各类各级干部都要参加培训,考核合格,发给《岗位培训证书》。从 1992 年起,我们将对各种岗位分批实行持证上岗制度的试点,未取得《岗位培训证书》的干部不能任职。我们准备陆续发布一些有关文件和规定,从制度上保证培训工作的开展。

(五)加强法制建设。今年我们在这方面要做的工作很多。有些法律、法规需要修订,包括《经济合同法》、《商标法》、《经济合同仲裁条例》、《城乡集市贸易管理办法》、《工商企业名称登记管理规定》等;有些法规我们将代国务院拟订,包括《公司登记管理规定》、《事业单位从事经营活动登记管理办法》、《全国物资、商品订货交易会管理办法》、《生活消费品展销会管理办法》、《原产地名称和产地标志管理条例》等。特别应当重视的是,《中华人民共和国行政诉讼法》将于今年十月一日开始实施,这是我们国家法制建设的一件大事,对维护和监督行政机关依法行政,保护公民、法人及组织的合法权益将起到重要作用。行政诉讼制度的建立,对行政机关依法行使职权提出了更高更严的要求。各级工商行政管理机关必须切实做好贯彻执行《行政诉讼法》的准备工作。首先是要组织全体人员认真学习《行政诉讼法》,熟悉和掌握其基本内容;第二是要严格依法行使职权,提高各项工作的质量,特别是办案的质量;第三是加强对执法的监督管理,做好行政复议和执法检查工作;第四是继续清理法规和规章;第五是对有关工商行政管理方面的行政诉讼问题,认真加以研究。总之,我们应当把学习和执行《行政诉讼法》作为提高和改进我们工作的一件大事来认真对待,一定要重视,要做好准备工作。

(六)加强工商行政管理信息管理工作和统计工作。为了提高工商行政管理工作水平,必须使用现代化的管理手段,及时、准确、有效、可靠地收集、传输、管理、处理各种经济信息。请各级领导重视,从实际出发,分步实施,讲求实效,贵在应用。信息管理工作包括三个方面:一是用以计算机为核心

的现代化设备和技术装备各级工商行政管理局。二是做好全国工商行政管理系统经济信息的规范化、标准化工作,建立各类经济监督管理信息数据库。三是统一开发工商行政管理系统专用计算机软件。请各省、自治区、直辖市和计划单列市积极把这项工作抓起来,争取早日建成全国工商行政管理系统的计算机通信网络。统一工作是我们制定政策、指导工作的重要依据,各地一定要重视这项工作。为了加强对统计工作的领导,并利用现代化手段,统计工作需要集中统一管理,各地从事统计工作的人员应相对地保持稳定。

(七)继续加强财务管理工作。近年来,由于贯彻执行《工商行政管理系统会计制度》及《工商行政管理系统财务收支管理办法》,各地在收好、用好、管好工商行政管理各项收入方面做出了显著的成绩。各地应向我局上缴的各项规费,不少地区都按规定上缴了,上缴财政的部分我局按规定上缴了财政,该返还的我局也及时返还,这方面正逐步走向规范化。各地工商行政管理机关应继续加强财务管理工作,健全机构,充实人员,在财务工作中树立为基层服务的指导思想,并把财务管理与廉政建设结合起来。加强财经纪律和监督检查,本着过几年紧日子的精神,更好地收好、管好、用好资金,促进工商行政管理系统的自身建设。

(八)认真研究和解决体制问题。体制问题是当前工商行政管理工作的一个重大问题,必须切实地加以解决。大家反映了一些好的意见,我们已向国务院写了专题报告。

消费者协会、个体劳动者协会、广告协会,在治理整顿中做了很多工作,成绩是显著的。有的地方还成立了私营企业协会,也做了不少工作。请各地工商行政管理机关继续加强对这几个协会的指导和支持。中国工商报、中国消费者报和工商行政管理半月刊在宣传政策、指导工作方面发挥了积极的作用,请各地继续给予支持,共同把它们办好。

刘敏学局长在全国工商
行政管理局长会议结束时的讲话

(1990 年 3 月 1 日)

全国工商行政管理局长会议今天就要结束了。这次会议气氛是热烈的。代表们在讨论中,充分敞开思想,发言踊跃,精神振奋,积极认真。对这次会议,各地代表是满意的,我们也是满意的。因此,我可以说,这次会议已经取得圆满成功。

这次会议的成功,主要体现在会议达到了预期的目的。各地代表在讨论中经过交流意见,互相启发,对今后的工作部署取得一致的看法。国家工商行政管理局已就这次会议的主要内容向国务院写了《关于加强工商行政管理工作的报告》。在这里,我很高兴地告诉大家,这个报告将以国务院办公厅的名义转发各地。国务院肯定了工商行政管理机关在近年来的经济监督和行政执法中,特别是在清理整顿公司和查处违法案件中,做了大量的工作,取得了一定的成绩。国务院还要求各级人民政府要继续加强对工商行政管理工作的领导,继续贯彻国办发[1988]21 号文件,进一步发挥工商行政管理机关的作用,为深化改革,促进社会主义经济持续、稳定、协调发展创造良好的环境和条件。

我们这次会议的主要精神,已经体现在国务院办公厅即将转发的文件中。因此,各地代表回去后,要认真研究贯彻落实这个文件。一是要向各地政府汇报,多宣传工商行政管理工作的职能作用,争取各地政府继续加强对工商行政管理工作的领导,支持工商行政管理工作。二是各地要按照文件精神,结合当地情况,研究具体落实措施,把会议部署的各项工作做好。我经常讲,工商行政管理工作要讲层次,不要上下一般粗。国家工商行政管理局在制定一些具体的政策时,要相对原则一些,注意留有余地,使各省、自治区、直辖市能够根据本地区的实际情况,在符合党和国家方针政策的前提下,因地制宜,制定一些具体措施。这方面的工作,有的地方已经做了,并且收到较好的效果。如浙江省工商行政管理局解决柑橘积压的事,为当地解决了实际困难,这样的工作多做一些,当地政府就肯定会重视工商行政管理工作,就会支持工商行政管理工作。但是,我们在给各级政府出主意时要把搞活和加强管理结合起来,放开时一定要注意加强管理,要吸取一放就乱的教训,我们的市场应该是可调控的市场。我在这次会议上提出,要根据国务院赋予工商行政管理机关的职能,进一步拓宽监督管理的广度,增加监督管理的深度,加强监督管理的力度,把工商行政管理工作提高到一个新的水平。这是我通过分析当前工商行政管理机关面临的形势提出来的思路。这次会议上,大家表示赞同这个提法。需要说明的是,这仅仅是个思路,关键是要在实际工作中把它具体化,用这个思路考虑规划我们的工作。这就需要各地发挥创造精神,予以生动体现,加以补充和丰富。我认为,从去年开始进行的治理整顿、深化改革,既给工商行政管理机关增加了任务,又为工商行政管理机关提供了一个充分发挥职能作用的机会。我们应该把握这个机会,努力适应形势对我们的要求,把工商行政管理工作做好。

在这里,我还要讲讲今年需要加强调查研究、注意解决的几个问题。

一、关于生产资料市场管理问题。生产资料市场的情况非常复杂,管理难度较大。一是计划内外交叉的问题。生产资料既有按计划内供应分配的,又有计划外市场调节的。现在出现的新情况是,有的企业因计划内供应不足,需要用串换等一些办法予以调剂解决。这本来是企业生产所需要的,可以允许的。但在价格存在双轨制的情况下,有的为了投机牟利,以搞活企业为名,把计划内物资倒出计划外加价倒卖,出现“串轨”情况,严重地损害国家的利益,腐蚀干部队伍,扰乱了经济秩序。对此,我们要处理好支持企业搞活和维护国家计划严肃性的关系,一定要做到该管的坚决依法管住管好,该放的也要放开放活,区别情况,分门别类,研究制

定办法。二是生产资料市场尚处在发育的初级阶段。当前的生产资料市场,有的是有形的,如交易场所;还有相当一部分是无形的,就是我们所说的“场外交易”,这就给监督管理增加了难度。三是对生产资料市场管理的职责分工问题。这主要是与主管部门如何分清职责,互相协作,互相配合。最近我们就钢材市场管理问题与物资部门作了初步分工。但对其他的生产资料市场管理的具体分工尚未明确。因此,对生产资料市场的管理问题,我认为,已有管理规定的,要继续贯彻执行。对还没有制定管理办法的,要继续探索,制定管理办法。我的基本想法是这样的,在探索生产资料市场管理办法时,要从管理集市贸易的模式中跳出来,走出一条新路子。现在的集市贸易管理模式,经过几十年的实践,基本上是完善的,但我们决不能把集市贸易管理模式照搬到生产资料市场上来,忙着去建市场、分摊位,而是要注意发挥我们的监督管理职能,提高监督管理层次,同时,避免陷入与监督管理无关的一些具体事务中,国家工商行政管理局今年准备派调查组,到一些取得初步管理经验的生产资料市场调查,帮助总结经验,共同探索管理途径,逐步建立管理办法。一旦管理办法成熟后,就通过开现场会的形式加以推广。请各地注意加强这方面的工作,共同努力,争取早日探索出生产资料市场管理的有效办法。

二、关于集体企业与个体工商户、私营企业划分界限问题。这个问题政策性非常强,一定要把这个划分界限的工作做好做细。从我们掌握的情况看,以集体名义从事生产经营活动的,有个体工商户、私营企业,还有个人合伙和其他的经济成分,如果简单地把它们划为个体工商户、私营企业,会造成集体财产的损失,不利于集体经济的健康发展。反之,如果允许个体工商户、私营企业挂着“集体企业”的牌子,不仅给国家税收带来损失,而且个体工商户、私营企业的合法权益也得不到法律保障。当前一些“假集体”难以划分出来的原因有两条:一是有阻力。有的地方的乡镇政府为了多收管理费,

不愿意把挂着"集体"牌子的个体工商户和私营企业划分出来。还有，一些私营企业主也喜欢戴"红帽子"，觉得挂集体的牌子安全。二是"假集体"企业的内部结构很复杂，有个人集资入股的，有集体与个人互相参股的，等等，种类很多。我想，对"假集体"企业问题，一是多作宣传，强调依法办事，争取得到各地方政府特别是乡镇政府的理解和支持。三是要组织力量加强调查研究，解剖一些"麻雀"，分析一些典型，如入资形式、管理方式、分配方式等，然后再研究具体划分界限。

三、关于公司管理问题。通过这次清理整顿，公司暴露出的问题比较充分，原来看不清楚的问题现在看清楚了。这就给我们提供一个机会，寻找出管理上的薄弱环节，采取治理措施。今年，我们除代国务院拟订《公司登记管理规定》以外，还准备拟订一些有关公司管理的配套规章。希望各地认真考虑公司管理工作还存在哪些漏洞，还需要作哪些具体规定，有条件的地方，可以先制定一些试行规章，争取尽快把公司管理工作规范化。

四、做好《行政诉讼法》实施的准备工作。工商行政管理机关作为经济监督管理部门和行政执法机关，能否正确地执行国家的法律、法规和政策，关系到能否有效地发挥工商行政管理的职能作用。现在，形势对我们提出更高更严的要求。今年十月一日将付诸实施的《行政诉讼法》，将用法律的形式，来检验我们是否正确执行国家的法律、法规和政策。我们既要做到坚定不移地执行国家的法律、法规和政策，又要注意依法维护管理对象的合法权益。对此，我们要做好一些准备工作。一是要提高工商行政管理人员的业务水平，努力减少我们工作中的失误。北京市工商行政管理局最近对一些有关工商行政管理的法律、法规、规章加以分析、归纳，再根据工商行政管理的职责范围，划分出主管、共管、分管等种类，很方便干部学习掌握，我觉得这项工作做得很实在。各地可以采用各种形式、各种途径提高我们干部的业务水平。还有建立应诉机构

问题，许多代表在讨论中提到这个问题，我想，这项工作应该做，国家工商行政管理局现在也在考虑这个问题，各地可以根据实际需要开展这项工作，进行探索，不作统一布置。

开拓创新，为建立有中国特色的工商行政管理而奋斗
——刘敏学局长在全国工商行政管理工作会议上的报告

（1992 年 12 月 21 日）

党的"十四大"以后，我国的改革开放现代化建设进入一个新的历史时期。工商行政管理工作如何围绕建立社会主义市场经济体制的目标，深化自身改革，更好地发挥经济监督的职能作用，促进经济健康发展，是一个必须回答好的重大问题。我们召开这次全国工商行政管理工作会议，主要任务就是研究和讨论这个问题。现在，我代表国家工商行政管理局向会议作工作报告。

在即将过去的 1992 年，邓小平同志视察南方的重要谈话和中央政治局全体会议决议，像春风吹遍全国各地，掀起了改革开放和经济建设的高潮。各级工商行政管理机关在党委和政府的领导下，解放思想，转变观念，积极开拓，促进经济发展，维护经济秩序，做了大量工作，取得了显著的成绩，全国的工商行政管理工作有了很大的发展。

一、各类市场的组织、培育和发展取得突破性进展，市场的监督管理进一步加强

年初邓小平同志南方谈话，明确提出了党的基本路线一百年不动摇，我国国民经济要上一个新台阶，对全国的市场建设起到了巨大的推动作用，各地掀起了改革开放以来最大的市场建设热潮。市场发展出现了新的特点。一是多家办。不仅政府有关部门积极组织培育市场，企业和群众团体也积极开办市场，一些地方与外商共同办市场。二是速度快。今年，仅工商行政管理部门市场建设投资就达 82.72 亿元，是去年的两倍多。到九月底，全国已有集贸市场 77 000 多

个,比去年底增加2 919个;成交额2 359.1亿元,增长27%,相当于同期社会商品零售额的25%。三是规模大。全国出现了一批面积在一万平方米以上的综合性大型集贸市场和专业批发市场,估计年成交额超亿元的市场有200个,其中超10亿元的有9个。四是多元化。在集贸市场继续发展的同时,生产资料市场、生产要素市场等都有了较大发展,出现了证券市场、期货市场,还有各种形式的星期日职工市场。

各地工商行政管理部门紧紧依靠地方党委和政府在组织建设市场中争主动,唱主角,牵头组织,协调服务,发挥了不可替代的作用。河北、山东、河南等省的领导同志都给予积极的评价,认为发展市场要给工商局记头功。

顺应市场发展的强劲势头,工商行政管理部门进一步加强了市场监督,对各类专业市场实行分类管理;国家工商行政管理局在武汉召开了市场工作会议,对今后一个时期市场的发展和管理作出部署,同时表彰了652个文明集贸市场;有的地方还制定了市场审批登记管理办法,对市场的开办进行统一管理;主动撤关撤卡,为全国统一大市场的形成创造条件,为社会主义市场经济体制的建立提供了一些经验。

二、大力支持企业转换经营机制,把企业推向市场

改进企业登记管理制度,支持企业扩大经营自主权。在国务院颁布《全民所有制工业企业转换经营机制条例》后,各地工商行政机关积极制定促进企业转换经营机制的办法,东北三省四市工商行政管理局出台总数达二百多条的支持措施,北京市工商局先后发布十多项政策,简政放权,取消企业登记中的一些不必要限制,放宽经营范围和经营方式,支持扩大企业经营自主权。国家工商局也发布了《关于改进企业登记管理工作,促进改革开放和经济发展的若干意见》(40条),有力地支持了企业改革。到今年九月底,登记注册的国营、集体企业和联营、股份制企业已有545.7万户,从业人员1.9亿人,注册资金2.25万亿元,分别比去年同

期增长10%、7%和18%。其中集体所有制企业增长最快,已超过390万户,占企业总数的70%以上;联营、股份制企业也已突破10万户;公司突破了30万户。

指导企业正确运用商标、广告、合同等市场竞争手段,把企业推向市场。各级工商行政管理机关把商标工作的重点放在企业,努力提高企业的商标意识,指导企业注册商标,争创驰名商标,运用商标战略开拓市场;现已指定39家商标代理试点机构,给企业注册商标提供方便。到十月底,全国新注册商标3万余件,使有效注册商标达到36万件,其中国内企业注册商标31万件,外国企业在华注册商标5万件。同时,加强了对商标专用权的保护,查处了一批假冒商标案件,处理商标争议案件1 300件,较好地维护了企业和消费者的合法权益。

针对我国企业广告宣传落后的情况,支持引进国外先进的广告技术和管理方法,取消对广告企业数量的限制,增加广告媒介,开展广告代理制试点,为企业扩展广告宣传渠道。到九月底,全国广告经营单位发展到13 000家,比去年底增加1 200家,广告经营额达到34.9亿元,比去年同期增长1.7倍。同时,严厉打击虚假广告和其他广告违法行为,维护广告市场秩序,增强企业的广告意识。

各地工商行政管理机关积极指导企业正确运用经济合同手段,开展市场交易;及时开展调解、仲裁,解除企业债务纠纷,促进交易秩序的好转,为企业创造良好的市场环境。到九月底,全国工商行政管理机关调解、仲裁经济合同纠纷10万件,解决争议金额20亿元,解决拖欠款130亿元。

三、支持对外开放,大力发展外商投资企业,促进多种经济成分协调发展

今年是外商投资企业发展最快的一年。这一方面得益于对外开放政策的成功,另一方面得益于投资环境的改善。工商行政管理机关在原已授权的基础上,从三个层次扩大了外商投资企业登记授权。一是授权给所有省、市、区和计划单列市工商局;二是授权给沿海开放地区省辖市工商局;三是授权

给其他地区外资企业超百家的省辖市工商局。今年，国家工商局给3个省（区）、46个市工商局授予外商投资企业登记注册权，现累计授权123家，从而有力地支持了外商投资企业的发展。今年一至三季度，新登记注册外商投资企业共27 112户，投资总额510亿美元，发展之快超过了以往任何时期。到目前为止，全国外商投资企业累计已达63 885户。

各级工商行政管理机关在当地党委和政府的领导下，解放思想，放宽政策，采取切实措施，大力促进个体、私营经济的发展。全国有15个省、自治区、直辖市和计划单列市以党委、政府的名义，有18个地区以工商局的名义发文支持个体私营经济的发展，措施得力，成效明显。到今年九月底，全国个体工商户发展到1 454.7万户，从业人员2 317.2万人，注册资金543.5亿元，分别比去年同期增长5.9%、6.6%和2.9%；户数和从业人员数已经超过了改革开放以来发展总量最高的1988年。到三季度末，私营企业发展到12.18万户，从业人员203.8万人，分别比去年同期增长18.5%和16%。仅一至九月，全国个体工商户和私营企业的税收达到140.8亿元，有关部门预计，年底将接近200亿元，这也是改革开放以来的最高水平。

加强对非公有制经济的监督，是工商行政管理机关的一项重要职责。今年以来，进一步改进了对外商投资企业的监督，重点抓了年检和出资监督。全国共年检外商投资企业33 087户，占应年检数的89%，资金到位率达到74%，大大高于历年水平。对个体、私营经济加强了对重点行业经营行为的监督管理，取缔无照经营，收到了明显的成效。

四、坚持"两手抓"，查处各种经济违法违章行为，维护正常的经济秩序

各级工商行政管理机关在支持经济发展的同时，加强对经济违法违章行为的查处，检查的方式由进入企业检查为主变为在市场上进行检查，查处的重点由倒买倒卖转向制售假冒伪劣商品、走私贩私、骗买骗卖等。各地工商行政管理机关互相协作，在全国范围内开展了查处假冒伪劣商品活动，处理了大量假冒劣质商品；沿海地区以集中整治的办法，取缔了一批私货集散地；参与整顿了音像、书刊市场，查处了一批黄色出版物；配合有关部门打击卖淫、嫖娼、吸毒等社会丑恶现象。到九月底，全国共查处各类经济违法违章案件12.6万件，罚没金额4.94亿元。假冒伪劣商品和走私贩私案件占查处案件总数和罚没款总数的80%以上。从而较好地维护了企业的合法权益，促进了正当竞争，推动了社会经济秩序的好转。

坚持"两手抓"，必须加强法制建设。《经济合同法》、《商标法》的修改正在加紧进行，反不正当竞争立法也在抓紧研究论证，清理整顿期间发布的一些法规、规章，已清理公布了一批。根据需要，发布了一些新的规章和规范性文件，为各地工作提供了依据。加强了复议应诉和执法监督，促进了依法行政。

五、进一步加强廉政建设，认真改进工作作风，提高工作水平

今年，廉政建设和干部培训工作继续得到加强。各地工商行政管理机关结合行业特点，完善廉政制度，加强检查督促和行政监察工作，严肃查处了一批违法违纪案件。经过努力，廉政建设取得了阶段性成效。在干部培训方面，为了加快工商行政管理系统开放的步伐，成立了引进国外智力领导小组，有计划地组织干部到国外考察、学习，同时，组织系统干部认真学习理论和业务。通过培训，干部队伍的素质有了明显提高，涌现了一批勤奋工作、廉洁奉公的先进集体和先进个人，今年，国家工商局和人事部联合表彰了195个先进集体和70名先进工作者；国家工商局单独表彰了295个先进工商所、297名优秀工商行政管理人员。视野开阔、具有开拓精神的新型干部不断增多。廉政促勤政，勤奋工作，积极为经济发展服务的工作作风正在逐步形成。

工商行政管理的基础建设有新的进展。今年，工商行政管理部门改善了办公条件，改进了工作手段，计算机的装备和运用范围进一步扩大，已建成计算机局域网络系统30余套。信息的收集、传递和处理，正逐步由手工操作向计算机化过渡，由单机向网络化过渡，提高了工作效率和质量。系统财务和装备工作也有了新的进展。

在即将过去的一年里，工商行政管理机关所属的协会、学会和中国工商报社、中国消费者报社、中国商标事务所、中国工商企业咨询服务中心等事业单位，也都从各自的职能出发，做了许多工作，发挥了积极的作用。

一年来，工商行政管理机关学习贯彻邓小平同志南方谈话精神，在各级党委、政府领导下做出了显著的成绩，应当充分肯定。同时，还应看到我们工作中的不足，主要是观念转换跟不上形势发展的要求，改革不适应的管理体制、方式和方法，还停留在一般环节的修修补补，更深层次的改革还没有触及；国家工商行政管理局对各地的指导还不够得力，请大家继续对国家工商行政管理局的改革提出意见。

党的"十四大"明确提出我国经济体制改革的目标是建立社会主义市场经济体制。建立社会主义市场经济必须具备四个基本条件：转变企业经营机制是根本；完善市场体系、健全市场机制是基础；深化社会保障体系是保证；转换政府职能是关键。这四个方面，都与工商行政管理部门有着很大的关系。就完善市场体系来说，一方面要充分发挥市场优化资源配置的作用，使经济活动遵循价值规律的要求，促进市场主体公平竞争，实现优胜劣汰；另一方面，要看到市场自身的弱点和消极作用，加强和改善国家对经济的宏观调控。而这样的宏观调控，如同"十四大"报告指出的那样，就是"依据客观规律的要求，运用好经济政策、经济法规，计划指导和必要的行政管理，引导市场健康发展。同时强化审计和经济监督，健全科学的宏观管理体制与方法"。毫无疑问，工商行政管理是国家对市场进行宏观调控的重要手段，我们的主要任务是综合运用好经济政策、经济法规和行政管理职能，维护市场的健康发展。

实现这个光荣而艰巨的任务，必须进一步解放思想，转换观念。十一届三中全会以来，伴随着每一次思想解放，观念更新，我们的工作就会跃上一个新的台阶。在十四年改革开放的过程中，各级工商行政管理干部，紧跟党中央、国务院和各级党政领导的部署，大胆解放思想，更新观念，无论在开拓发展市场方面，还是在促进企业转换经营机制方面；无论在发展公有制经济方面，还是在发展个体、私营经济和外资企业方面，都走在前边，成绩突出，各级党政领导很满意。但是，不能因此认为，我们的思想解放得差不多了。对照邓小平同志南方谈话和党的"十四大"精神，特别是用建设社会主义市场经济体制的改革目标来要求，我们仍然需要进一步解放思想，更新观念，仍然需要继续换脑筋，树立适应建立社会主义市场经济体制要求的新思想，新观念，使"十四大"精神成为我们深化改革，提高工作水平的强大动力。结合工商行政管理的实际，当前和今后一段时期，在思想观念上主要是实现四个转变。

第一，从主要服务于计划经济转到服务于社会主义市场经济。

以往的工商行政管理体制、法规、方式和方法，在许多方面是为计划经济服务的，多数打上计划经济的烙印，这是毋庸讳言的。例如在企业登记管理上，各类许可证和专项审批多达一百余种，为符合国家指令性计划的要求，对企业的经营范围、经营方式作了许多限制；在广告管理方面，广告经营审批权高度集中，片面限制广告经营单位的数量；在经济检查上，关卡林立，一个"投机倒把"几乎适用所有的违法违章行为，地区封锁、部门分割严重等。这些都不适应市场经济的发展。因此，必须改变我们的服务方向，牢固树立为社会主义市场经济服务的观念，从市场经济的原则和要求出发，对我们长期坚持的、习以为常的服务于旧体制的做法进行革命性的变革，彻底摒弃一切束缚市场经济发展的方式和方法，搞活市场主体，培育市场体系，发展商标、广告等市场竞争手段，创造市场经济所必要的公平竞争环境，维护公平竞争的秩序，促进公平竞争机制的形成，保证市场经济充分发挥活力，做到活而有序。

第二，从侧重于监督管理集贸市场转到监督管理社会主义统一大市场。

在社会主义市场经济体制下，市场体系的结构应是多门类的，既有消费资料市场，又有生产资料市场，还有生产要素市场和特种市场；应是多层次的，既有初级市场，又有高级市场。各类市场、各层次之间的市场具有内在统一性，市场的秩序也是统一的。作为维护市场交易秩序的工商行政管理部门，应当把侧重点从集贸市场转到社会主义统一大市场上来，树立监督管理社会主义统一大市场的观念，不仅要管好过去熟悉的集贸市场，更要学习好、管理好过去不熟悉的生产资料、生产要素市场，统一审查各类市场经营主体的经营资格，统一查处市场违法行为，使工商行政管理的行政执法职能覆盖到整个市场领域。有一种观点认为，工商行政管理管好集贸市场就行了，不应该插手其他市场的管理，这是片面的。现在不是该不该管的问题，说尖锐一点，是我们有没有能力管起来的问题。监督管理社会主义大市场，决不像监督管理集贸市场那样简单，要有一支高素质的市场监督管理队伍，才能最终担当起这个重任，我们要坚持不懈地朝这个方向努力。

第三，从局限于国内传统的监督管理方式转到更多地借鉴国际通用的管理方式。

我国的工商行政管理是具有中国特色的综合监督管理方式，但并不排斥国外符合市场经济发展的监督管理方式和方法。应当看到，国际通用的市场管理经验，许多是适应市场经济发展规律而形成的。建立社会主义市场经济体制，就要敢于吸收一切反映现代化生产规律的先进的管理方法，继承人类共同创造的一切文明成果，并在此基础上发展提高。要树立与国际惯例接"轨"的观念，大胆吸收和借鉴国外先进的管理方式和方法，实行依法独立登记注册，采用通行的市场管理规则，推行商标代理制和广告代理制，开展经济合同民间仲裁等，逐步向国际惯例靠拢，通过我们的工作，促进对外开放。可以肯定，充分吸收和借鉴国外先进管理方式的中国工商行政管理，会更快地靠拢国际惯例，也会更富有中国特色。

第四，要从侧重于具体业务管理转到运用法律的和行政的手段进行宏观监督管理。

实现这个观念上的转换，既是社会主义市场经济的客观要求，也是工商行政管理机关转换职能的要求。过去我们对具体业务管理抓得比较多，运用法律的和行政的手段进行宏观调控的职能没有完全发挥出来，职能没有完全到位。侧重于微观管理，很难避免陷入事务性工作中。社会主义市场经济下的宏观调控，主要是运用经济的、法律的和行政的手段，通过对市场活动的规范，间接调控企业的生产经营行为，而不是直接干预企业的生产经营；是对整个国民经济各行各业的调控，而不是限于对某个企业、某个行业或某个市场的具体管理。树立运用法律的和行政的手段进行监督管理的观念：一是要制定和完善工商行政管理法律、法规和政策，依法管理，依法行政；二是要发挥工商行政管理的整体功能，运用监督管理手段，参与调控市场的发展；三是要利用市场的导向作用，结合登记管理，配合有关部门搞好产业结构调整等，切实保证国民经济发展目标的实现。当然，工商行政管理系统还有大量的具体工作要做，尤其是基层，应在宏观原则的指导下，积极做好各项实际工作。

贯彻落实"十四大"精神和邓小平同志南方谈话精神，必须把解放思想，更新观念放在首位，以上讲到的四个转变需要经历一个过程，我们在思想上必须明确，在工作实践中努力实现这个转变，把改革引向深入。

党的"十四大"以后，全国的改革步伐加快，向更深的层次发展，不仅涉及经济领域，而且涉及为经济基础服务的上层建筑。根据我国经济体制改革的目标，我们要把工商行政管理工作的重点，转到统一登记注册各类市场主体，参与组织培育各类市场，监督规范市场经营行为，促进市场经济的发展上来。各级工商行政管理机关必须从经济发展的实际需要出发，根据"拓宽监督管理的广度,增加监督管理的深度,强化监督管理的力度"的思想,认真转变职能,深化自身改革。

在今后一个时期,工商行政管理改革和发展的目标是:建立有中国特色的工商行政管理新体制。新的工商行政管理体制,要有登记注册市场主体和规范各类市场行为的基本规则;要有监督管理和参与组织发展社会主义统一大市场的有效功能和科学手段;要有一支精通业务、高效廉洁、统一的行政执法队伍。

工商行政管理机关的职能是:代表政府依法对市场实行监督管理,保护合法经营,取缔非法经营,保护公平竞争,制止不正当竞争,维护社会经济秩序。

工商行政管理的各项业务工作要进行相应改革,摒弃一切不适应社会主义市场经济发展的管理方式和管理方法,保证市场经济充分发挥活力。

第一,企业登记管理的改革目标是:改革不适应社会主义市场经济体制的企业登记管理制度、程序、登记事项和监督管理办法,逐步实现工商行政管理机关对企业依法独立登记注册,进一步完善符合社会主义市场经济体制的企业法人和营业登记制度,实行以年检为重点内容的监督管理制度。

改革的重点内容:

1. 进一步扩大登记注册范围。凡是在中华人民共和国境内从事经营活动的单位和个人,都应经过工商行政管理机关资格审查,注册登记,才能进入市场从事生产经营活动;在经营活动中必须遵守各种经济法规,对经营者的合法权益予以保护,对违法活动进行查处。近几年来,航空、铁道、交通部门主动要求登记,效果很好。今后,要把从事经营的医院、报社、杂志社等属于第三产业的事业单位纳入登记注册范围。分支机构可以直接核转给企业所在市的登记机关。逐步把私营企业的登记并入企业登记,实行统一注册制度。在国务院统一领导下,协调有关部门按期改变许可证过多过滥,对企业限制过多的状况,实现除涉及国家垄断、国家安全和人民健康的行业外,其他行业取消不必要的限制和许可证制度,逐步改变设立企业层层审批,前置审查关卡林立的审批制度为登记机关依法独立登记注册的核准设立制度,最终实现设立企业由国家法律、法规和宏观政策规范,由企业的筹建单位或出资人直接申请,登记机关依法直接登记注册的制度。这样做,有助于促进政府机构转变职能,促进企业转换经营机制,促进政企分开。

2. 企业经营范围依法按行业大类、中类核定。改变注册资金按企业实有资金核定的办法,逐步统一采用出资人缴纳资本金的注册资本概念。

3. 加强对企业的监督管理,由"重登记、轻年检"转向"简化登记、强化年检"。监督以年检为主要内容,提高年检速度。内资企业以核查实投资本为主,纠正和查处违反登记管理法规的行为;逐步对产权关系模糊的企业,依法进行甄别登记;外资以督促、检查出资为主,逐步使检查按合同出资成为日常监督管理的经常性工作。为实现上述改革目标,落实改革的重点内容,国家工商局明年要抓紧《关于企业管理前置审批的规范》、《股份有限公司登记管理办法》、《有限责任公司登记管理办法》、《企业集团登记管理办法》、《事业单位企业化经营管理办法》和《股份合作企业登记管理办法》的制定工作。当前党政机关经商办企业的问题比较突出,工商行政管理机关要认真地对待这个问题。一是要积极支持政府部门转变职能,兴办以第三产业为主的经济实体;二是要坚持政企分开的原则,党政机关和党政干部办的经济实体,要与党政机关锐钩,决不能政企不分、官商不分;三是一时不能脱钩的,允许有一至三年的过渡期,但最多不能超过三年。要让企业成为自主经营、自负盈亏的经济实体。

第二,市场管理改革的目标是:从侧重于管理集贸市场延伸到监督管理社会主义统一大市场。

在市场管理方式进行下列改革:加强对市场开办者的资格审查,对各类商品市场的交易场所进行登记;把监督管理的重点从集贸市场转向生产资料、生产要素市场;加强对市场行为的监督管理,重点是规范经营行为。

要继续积极参与市场体系的培育和市场组织的发展。当前,参与培育和发展市场主要应抓好五方面的工作。一是要把支持发展东部地区市场同支持发展中西部地区市场结合起来,由东部地区逐步向中西部地区推进。东部地区的发展重点主要是提高现在市场的功能,上水平,上档次,逐步完善市场体系。中西部地区发展重点是"放",先放开后规范,特别是在老少边穷地区要敢于放政策,敢于放手发展。二是要把支持发展市场同促进调整产业结构、转换企业经营机制结合起来,根据产业和企业的需要组织一批专业批发市场。三是要把支持发展市场同促进发展个体、私营经济结合起来,扩大个体贩运队伍,搞活流通。四是把支持发展市场同促进发展结合起来。农业、农村经济和农村市场的开拓之所以十分重要,是因为它不仅关系到农业,而且关系到工业以至全国经济的发展。要促进农副产品批发市场的建设和主要农产品商品市场的建设,把发展农村市场作为增加农民收入的一条重要途径。五是要支持发展国内市场同促进开拓国际市场结合起来,大力促进边民互市集贸市场设施建设。

在促进市场的培育和发展上,要采取有力措施,逐步打破商业、物资和外贸的界限,进一步打破地区封锁、部门分割和行业垄断,根据市场经济发展的客观规律,搞好市场的培育和建设。要坚持市场的组织建设和市场的"软件"建设两手抓。集中力量研究各类市场的管理办法,制定交易规则,不断完善和充实"放而有度,活而有序,管而有法"的原则,摆脱烦琐的方式和方法。要在二至三个城市进行试点,设立服务型的机构,承担起市场的基本建设和市场的服务功能。这是改革发展的必然趋势,但不能一哄而起,要通过试点,总结成功的经验,逐步推广。

第三,经济检查的改革目标是建立一支统一执法的经济检查队伍。

具体内容是经济检查队伍建在省、市、县一级,实行统一执法;国家工商行政管理局和省工商行政管理局除负责重大经济违章案件的查处和案件复议外,重点要根据上述要求,研究制定有关的规则。

建立经济检查队伍是社会主义市场经济发展的客观要求,即使在市场机制比较完备的发达国家,也拥有这样一支队伍;建立经济检查队伍同时也是落实"坚持两手抓,两手都要硬"的需要,如果不能采取有效措施打击市场交易活动中的违法犯罪行为,维护正常的经济秩序就是一句空话。

经济检查工作要改变过去那种经常搞突击的工作方法,减少"战役"和"专项斗争",集中精力研究在社会主义市场经济条件下,经济违法活动的特点及其发展趋势,从以打击投机倒把为主转向以反不正当竞争和反垄断为主。目前重点是打击假冒行为,查处走私贩私、骗买骗卖、欺诈和其他不正当竞争行为,配合有关部门清查黄色书刊及淫秽音像制品。要抓好大案、要案的查处。制定新的案件查处办法,抓紧《投机倒把行政处罚暂行条例》的修改,使其符合市场经济发展客观规律的要求,为市场经济的健康发展创造良好的环境和条件。

第四,个体、私营经济管理的改革目标是:放宽政策,大力发展,加强管理。

要在坚持公有制为主体的前提下,继续使多种经济成分共同发展。努力创造各种所有制企业平等竞争的环境和条件,通过市场竞争,发挥国有企业的主导作用。

全国个体、私营经济目前的发展状况是健康的。在这个问题上,要继续解放思想,放宽政策,取消在发展个体、私营经济上的不合理限制,创造公平竞争的条件。在社会主义市场经济体制下,在统一产业政策下,在同一领域,在同一地区,对各种经济成分的政策应当一视同仁。要进一步放宽从业人员资格、经营范围和经营方式,简化登记审批手续,除关系国家垄断、国家安全和人民健康的行业外,原则上都应允许个体、私营经济从事生产经营。要积极引导个体、私营经济大力发展第三产业,因地制宜地鼓励个体工商户和私营企业发展外向型经济，发展"三来一补"业务。中西部地区，特别是在老少边穷地区，要把发展个体私营经济作为振兴地方经济、加快脱贫致富步伐的重要途径，大力扶持，放开发展。老少边穷地区在开始发展个体经济时，可以不登记，不收费，"先放开、后规范"，为个体、私营经济的发展创造宽松的环境。要加强对从事边贸活动的个体工商户和私营企业主的教育，提高他们的素质，制止假冒行为，维护国家信誉。

第五，经济合同管理改革的目标是：把经济合同的行政管理行为变为企业自律行为，加强合同管理人员的服务与协调观念，努力加快经济合同仲裁改革的步伐。

改革开放以来，经济合同管理工作一直是工商行政管理机关的一项重要职能，几万名经济合同管理工作人员通过辛勤劳动，为我国经济合同的发展和合同制度的完善做出了积极的努力，形成了一支素质较高的干部队伍，为今天我国全面走向社会主义市场经济作出了重要贡献。

经济合同是一种民事法律行为。用行政手段管理经济合同，既不符合市场经济的一般规律，也不符合国际惯例。在市场经济条件下，实现市场交易契约化，使经济合同成为自主签订、平等交易、自我规范、自我约束的法律保障，是发展的必然要求。改革经济合同管理体制不是简单的撤并机构。向民间仲裁过渡，既是合同管理改革的趋势，又是合同管理改革的实践。民间仲裁有很高的要求，它要求合同工作人员既要有层次较高的法律工作经验，又要有丰富的经济工作经验，我们的合同工作人员将面临更繁重的任务。

要做好改革的过渡工作。国家工商行政管理局将用一年左右的时间，逐步做好这方面的职能转移；同时，加快民间仲裁改革的步伐，筹建中国经济合同仲裁院，努力推动以沿海、沿江、沿边地区，特别是其中经济发达活跃、合同量大的地区的仲裁改革试点工作，为全面开展民间仲裁做好充分的组织与思想准备。

第六，商标工作改革的目标是：完善商标代理制，在商标保护范围和注册程序等方面同国际惯例进一步接轨。

商标工作的重点是要继续面向企业，宣传商标在市场经济中的重要作用，增强企业的商标意识，这是趋势。但是中国有这个历史情况，是由计划经济转变为市场经济的，所以是一个逐步的过程。我们改革取得成功，开发产品商标。要鼓励企业到国外注册商标，以推进我国产品进一步打开国际市场。把服务商标列入商标保护范围，加强对商标专用权的保护，坚决制止和打击假冒商标和商标侵权行为。要下决心实现商标办公自动化，提高办事效率。要抓紧制定《商标代理人条例》，完善商标代理制。要从宏观上研究商标管理的政策法规，加快《商标法》的修改和实施的准备工作。

第七，广告管理改革的目标是：下放广告经营审批权限，逐步推行广告代理制和事先审查制，建立符合市场经济要求的广告宣传经营机制和监督管理体制。

广告属于集知识密集、技术密集和人才密集于一体的新技术产业。要纠正广告业是特种行业的片面认识，把广告业作为第三产业的重要组成部分，作为重要的信息产业来开发，大力培育广告市场，促进广告业的发展，使其为企业进入与开拓国内外市场发挥先导作用。要逐步实行广告承揽与发布相分离，支持组建广告企业集团，鼓励跨国经营。要扩大广告媒体容量，支持开办或增设商业电台、商业电视台，建立多渠道、多形式的广告智力引进与培训体系，逐步实行具有国际权威的广告专业技术资格认证考核制度。要建立和完善广告事先审查制度，简化登记审批手续，完成广告管理法规，查处虚假广告，净化市场环境。在广告业的发展中，要充分运用市场机制的作用，支持行业自律组织的发展。

第八，工商行政管理法制工作改革的目标是：逐步由按所有制立法和部门立法过渡为按市场主体和市场关系立法，健全法制机构，完善工商行政管理法制。

目前，由于法规滞后，给我们的工作带来了很大困难，已经成为影响改革深入的一个因素。因此,要抓紧立法工作,力求减少混乱,不能等乱了再立。在原有的一些法规已经被突破,新的法规未能及时出台的情况下,立法工作必须从三个层次入手:第一个层次是,考虑市场经济条件下的一些基本法,制定和参与制定市场经营活动中必须共同遵守的基本规则,如《公司法》、《反不正当竞争法》、《反垄断法》等。这些大的法律、法规不容易出台,可根据需要先搞单项试行规定,一个一个地试,在试行的基础上再修改、补充、完善。第二个层次是,制定临时的政策性、指导性规定。国家工商行政管理局可以搞,地方工商行政管理局也可以搞,行动要快,由同级政府批准执行就行了。第三个层次是,依靠地方立法,通过地方人大和政府,搞一些地方性法规。经济特区和沿海开放地区形势发展快,更需要发挥自己的优势,加快立法步伐,为其他地区和全国性立法提供经验。要注意立、改、废相结合,定期清理法规和规章,及时修改或废止不适应经济发展需要的或过时的法规和规章。要正确处理依法办事与改革开放关系,既要维护法律的严肃性,又要有利于促进经济的发展。

要加强法规研究,探索建立监督管理社会主义市场经济的工商行政管理法规体系。随着改革的深化,工商行政管理机关的法制建设任务越来越重,要求也越来越高,国家工商行政管理局和各省(市、区)工商行政管理局要大大加强法制机构,增加人员,提高工作效率。

以上是工商行政管理改革的总体目标、各分项目标和近期的工作任务。这些目标和任务,有些并不是在一年之内就可以完成的,但要有一个好的起步,并要分阶段、分步骤地组织实施。请大家提出修改意见,补充和完善。

此外,国家工商局在对系统工作的指导方式上也要进行改革,原则是实行分类指导。例如特区是体制改革的"试验田",是外向型经济的"窗口",是参与国际市场竞争的前沿。因此,特区的工商行政管理工作要"先试验,先接轨",先走一步,要抓住机遇大

胆试验,大胆创新,创造经验,向全国推广。国外先进的、可以借鉴的管理经验和管理方法,特区工商局可以先引进,先吸收,与国际惯例接轨。在试验中,把握不大的问题,应请示当地政府和国家工商局,力求减少失误。针对我国东部、中部和西部地区经济发展的不平衡状况,也应有区别地进行指导,允许地方制定一些适应本地经济发展的政策,不搞"一刀切"。要加强信息统计工作,加快企业、商标登记注册现代化建设进程,尽快实现电脑查询。系统财务工作要进一步加强,装备工作水平要提高,这是实现工作顺利发展的必要条件。

改革是一场深刻的革命。工商行政管理改革的目标是明确的,任务是十分繁重的。加强政策理论建设,加强基层建设,加强队伍建设,加强廉政建设,改进工作方法,提高管理效能,是实现上述目标和任务的必不可少的条件。

第一,加强政策理论建设。一方面,改革在不断深入,新情况、新问题层出不穷,急需运用政策进行界定;另一方面,政策是立法的先导,一时还形不成法规的东西,可以先作出政策规定,为法规的制定奠定基础。各级工商行政管理机关必须健全机构,充实人员,加强政策研究。目前,政策研究的任务很重,需要研究的问题很多,例如,如何逐步完善市场体系、培育市场机制,如何促进企业转换经营机制,个体、私营经济的发展规模,股票市场、期货市场的管理办法,经纪人管理办法等。政策研究要上水平,一是要搞好预测,及时发现问题,提出对策;二是要根据领导要求,与各业务部门共同研究近期政策;三是要组织人力,对长远政策作超前性研究,提高工作的主动性。

改革要有正确的理论作指导,没有正确的理论指导,改革就不可能顺利进行。过去,工商行政管理理论研究工作十分薄弱,今后必须加强这方面的工作,国家工商局和省、自治区、直辖市工商局要先迈出步伐。既要培养我们自己的理论研究队伍,又要充分利用已经形成的专家咨询网络。不但要研究社会主义的经济改革理论,而且要研究

工商行政管理理论。当前,要重点研究社会主义市场经济宏观调控理论,市场监督管理理论,工商行政管理在国家综合监督管理体系中的地位和作用,工商行政管理的职能、体制、管理原则、管理方法、运转方式,等等,通过研究,逐步形成有中国特色的工商行政管理理论体系。

第二,加强基层建设。基层工商所是工商行政管理工作的基础。工商行政管理系统80%的人员在基层,各项业务工作都要通过基层去落实。因此,必须进一步加强基层建设。明年基层建设的重点是,深入贯彻落实《工商行政管理所条例》,稳定工商所体制,全面实施工商所初级规范。

当前一些地方在改革中热衷于机构的收收放放,在不同程度上削弱了基层工商行政管理工作。这里必须重申几点:一是各级工商行政管理机关是政府的职能部门,作为必设机构,不能脱离政府序列;二是基层工商所作为工商行政管理机关的派出机构,不能下放,已经下放的要收回;三是要坚持按经济区域设立工商所。

要全面实施工商所初级规范,加强组织领导,周密安排,抓好落实,用三年时间实现工商所总体达标。明年上半年国家工商局将组织首批验收,对达到初级规范标准的工商所颁发《合格证》;对在规定时间内达不到规定标准、不具备从事监督管理工作基本条件的工商所,应限制其具体工作范围,不允许以自己的名义作出具体行政行为,不能参加先进工商所评选。

第三,加强干部队伍建设。必须把干部队伍建设摆到十分重要的战略地位。要组织干部职工认真学习建设有中国特色社会主义理论,学习社会主义市场经济理论,冲破旧的传统观念的束缚,冲破墨守成规、因循守旧的条条框框限制,提倡勇于探索、大胆试验、开拓创新的改革风气,增强解决实际问题的能力。

要严格把好进人关,切实保障队伍素质。今年以来,有的地方将一些不符合条件的人员调入工商行政管理机关,造成工商行政管理部门人员素质下降,结构失调。对此,应予高度重视。各级工商行政管理机关应积极争取人事部门的支持,必须按照队伍素质结构调整和岗位技能的要求,严格地把好进人关,为明年进行公务员试点创造条件。重申国务院办公厅1988年21号文件,各级工商行政管理局长的调动任免要实行下管一级。

进一步改革干部培训制度,采取国内培训和国外培训相结合,文化科学知识培训与业务知识培训相结合,短期培训与长期培训相结合等多种办法,加快干部职工的培训步伐。继续搞好岗位培训,推进培训的制度化和规范化。要调整原有教材中不适应形势要求的内容,充实社会主义市场经济理论和国际惯例等培训内容。更多地采用短期、速成等培训形式,组织一些专题研讨班,提高培训的实用性。要积极开展引导国外智力工作。在干部培训问题上,要舍得进行智力投资,舍得花费精力,重视培训基地的建设。

第四,加强廉政建设。各级工商行政管理机关在廉政建设和纠正行业不正之风的工作中,做了大量工作,取得了一定成效,但群众反映强烈的"热点"问题,还没有得到彻底解决。这些问题虽然发生在少数人身上,但社会影响很坏。要充分认识廉政建设的紧迫性、长期性和艰巨性,在改革开放的整个过程中都要狠抓廉政建设。要在工商行政管理的各个岗位,制定行为规范,确立规章制度,完善监督制约机制,抓落实,抓成效。各级工商行政管理的监察机构要以廉政监察为重点,全面履行监察职能,积极开展防范监察,逐步开展执法监察,促进廉政建设的开展。广大工商行政管理干部,尤其是各级领导干部,要以身作则,坚持原则,顾全大局,扶正祛邪,与歪风邪气作斗争,正确使用党和人民赋予的权利,树立工商行政管理人员的良好形象。要严厉惩处我们队伍内的各种腐败行为,坚决查处群众反映强烈、影响重大的案件。1993年纠正行业不正之风的重点是,坚持纠建并重、标本兼治和综合治理的方针,对不认真执行工商行政管理法规、利用职权吃拿卡要、敲诈勒索、以权谋私、行贿受贿等问题,必须加强监督检查,切实抓出成效来。同时要大力宣传廉洁奉公的典型,激励全系统干部职工的工作热情,促进各项工作的开展。

同志们,在新的历史时期,我们一定要切实改进工作作风和工作方法。理顺内部各职能部门之间的关系,该强化的要强化,该弱化的要弱化,建立有战斗力的精干机构。要深入实际,大兴调查研究之风。要加强指导,密切同基层的联系,多同请示工作的同志交谈,倾听他们的意见,不能主观武断,草率从事。要用冷静的态度去观察、思考改革中出现的新事物,提倡先试验,后推广,试验不成功,纠正错的部分,再进行新的试验,防止一哄而起,给我们的事业带来损失。要坚决改变学风、文风和会风,少开大型会议,多开小型调研会,精简会议文件,克服形式主义,办实事,求实效。

党的"十四大"是我国革命和建设中一个光辉的里程碑,让我们在"十四大"精神的指引下,同心同德团结奋斗,开拓前进,为我国社会主义市场经济体制的建立,为建设有中国特色的社会主义贡献力量。

刘敏学局长在全国工商行政管理会议结束时的讲话

(1992 年 12 月 25 日)

全国工商行政管理工作会议今天结束。国务院领导同志很重视我们的会议。会前,我们向朱镕基、田纪云同志呈送了汇报提纲,还向朱镕基同志报告了我们的工作情况和改革思路;纪云同志出差前,建议李岚清同志听取汇报;昨天,岚清同志接见会议的部分代表,听取了我们的汇报,作了重要讲话,使与会同志受到很大鼓舞;纪云同志回京后,在百忙中抽出时间接见会议代表,作了重要讲话。他的讲话充分肯定了工商行政管理工作的成绩,言简意赅,使我们感到非常亲切,深受鼓舞。几天来,大家对我在会上所作的工作报告,进行了认真讨论,提出了不少意见和建议,这对进一步理清改革思路是非常有益的。

这次会议很有收获:一是会议以"十四大"精神为指导,突出解放思想,转变观念,换脑筋。国家工商局提出在思想观念上实现"四个转变",各地同志认为符合我们的实际情况,大家同意作为全系统深化改革、统一认识的基础。二是会议明确了今后一个时期工商行政管理工作的改革目标和各项业务改革的分目标,大家觉得这个改革的目标是明确的,思路是清晰的,是非常必要的。尽管还有些不完善,但是毕竟提出了我们工商行政管理工作的一些目标,而且符合"十四大"提出的经济体制改革总目标,因此,可以指导今后一个时期工商行政管理工作。三是与会同志了解了其他方面一些很重要的精神,在预备会上,培青同志分别把江泽民总书记、李鹏总理在全国计划会上的讲话精神给大家讲了。特别是学习、讨论了岚清同志在接见会议代表时的讲话,今天又学习了田副总理在接见代表时的讲话,对我们的工作将起到重要的指导作用。

下面,我想结合大家在讨论中提出的一些问题,讲几点意见:

第一,改革的目标和当前工作的关系。这次会议的中心议题是要明确工商行政管理工作一个时期的工作目标,也就是在建立社会主义市场经济体制过程中,工商行政管理的职能和作用。这次会议,不同于一般性的布置当年具体工作的会议。我们正处在两种经济体制交替的关键时期,很需要从总体上把握改革的方向,否则只能是对具体方式和方法的修修补补。建立社会主义市场经济,一方面要有正确的路线、方针和政策;另一方面还需要政府各个部门按照"十四大"的要求,联系自己的工作,把"十四大"的精神加以具体化,才能真正把"十四大"提出的一系列的方针政策落到实处。作为宏观调控重要手段的工商行政管理,也只有在明确了改革目标的前提下,才能理顺职能,发挥应有的作用。

工商行政管理改革是一个系统工程,离开了分项目标和各项配套措施,总体目标也会落空。因此,这次会上,各司局提出的业务工作的要点,是工作报告的配套材料,是一个整体,都是总体目标的实施步骤、配套措施和组成部分。分目标可以修改、补充和完善,但不能背离总的改革方向。大家认为,分目标提出的意见也是很好的,但分目标不能作出与总思路不相协调的解释,这是很正确的。这一次由于时间关系,各业务司局虽然作了努力,但对总体思路还研究得不够,研究得不透,提出的工作要点,有个别地方与总体思路有些不太一致,需要围绕这个总目标继续完善。实行社会主义市场经济体制,需要有一个发展的过程,只能在宏观调控下逐步地完善,我们工商行政管理部门的改革也是这样,首先要有总体思路。必须看到,我们固守过去的一些方法是不行的。改革的总方向是不可逆转的,但是改革要循序渐进,我们必须持积极的态度进行改革。这次我的工作报告是集体智慧的结晶,讨论中大家认为基本可行,我们的改革应该按这个思路初步确定下来,各业务司局的工作也必须按这个思路提出具体的实施步骤。

会后,各项改革目标如何落实到明年的工作中去,还有一系列工作要做。已经对各业务司局作了布置,要求在听取会议意见的基础上,尽快把工作要点修改出来,经局长办公会讨论通过后,在一月底以前正式发下去,这次会上明确一下,会后培青同志还要作布置。关于明年的工作,我想结合各业务司局的工作要点,再强调几点:一、配合各级政府的部署,继续支持国营大中型企业转换经营机制。现在我国公有制这一块所占的比例还是很大的,就企业个数来看占95%以上,就资本来看,占90%。这一块非常重要,如果不转换经营机制、不搞活,我们的经济就活不了,工商行政管理部门必须给予足够的重视,要按照各级政府的部署支持企业转换经营机制,继续搞活大中型企业。一是放宽企业的经营范围和经营方式,减少中间环节,让大中型企业直接进入市场。二是简化登记前置审批环节。现在许可证多达100多种,对阻碍当地生产发展的迫切需要解决的许可证,可请求当地政府,采取灵活政策。这方面江苏省做得比较好,要推广江苏省的经验。三是积极支持优化企业组织结构,对

企业兼并和联合,对中小企业的拍卖和租赁要积极给予支持。二、继续抓好组织、培育和建设市场的工作。要从我们的职能出发,按照改革的总体思路,巩固、提高、完善生活资料市场,大力发展生产资料市场,积极培育生产要素市场。认真抓好市场法规建设,规范市场行为。要充分肯定这几年各级工商行政管理部门建设市场的积极性,但要搞好规划,讲求实效,不要有场无市,没有效益。市场登记工作明年就要开始,要尽快搞出市场登记管理办法。三、个体、私营经济的发展要以中西部地区和老少边穷地区为重点,县以下要先推动起来,先放开、后规范。在这方面,要推广吉林、广西、山西等地的经验。四、其他业务工作,要按照改革目标,抓紧制定配套措施,尽快实施。这里特别强调,要正确把握几项业务工作的改革进程。一是经济合同管理工作。这次改革的步子比较大,但这一步非常关键,非迈出去不可。经济合同管理改革是适应社会主义市场经济的要求,必须这样做。但是改革经济合同管理制度,并不是马上就撤掉全国的合同管理机构,需要一个过渡的时间,需要一个衔接的时间,需要有一定的准备时间。改革的目标已经定了,但旧的合同法还未废止,新的合同法还未出台,要积极做好思想准备,组织准备,工作准备,不要等。合同管理工作改革的方向有两个:一个方面是加强服务职能,有些工作是服务工作,比如推行合同示范文本,开展"重合同、守信用"活动等,这些服务工作还要做。另一个方面是向民间仲裁过渡,这方面的组织工作也要做。国家工商局准备成立中国经济合同仲裁院,但是现在毕竟还不能成立,因为仲裁条件,仲裁法还在讨论过程中,没有法律依据。成立经济合同仲裁院的工作现在仅限于国家工商局,地方工商局不要一哄而起,马上跟着搞各级仲裁院。十几年来,我们工商行政管理部门在合同管理方面做了大量工作,也有一支精通合同业务的队伍,这对将来开展仲裁工作是一个很好的基础。合同改革思路不会变,但要循序渐进,实施改革可以国家工商局先动,下边暂时不动。一方面,我

们要做好过渡的准备工作,主要是向民间仲裁过渡的组织准备和制度准备;另一方面又不能一下子把过去的业务工作全部停下来,要改进方法,继续做好,但要把主要精力放在研究向仲裁制度过渡上。不能理解成没有事干,可以取消,这是曲解。我们是在更高层次上看经济合同的运行轨道,是更上水平了。二是商标工作。商标制度向国际惯例靠拢,我们已经做了一些前期工作。完善商标代理制,各地积极性很高,但不能一哄而起,现在实行代理的是一些试点,还是要讲求一些条件,循序渐进。在这方面,要不断总结经验,要逐步全面推行代理制。《商标法》修订后,要搞好服务商标的注册和管理。

另外,各项业务工作的安排一是体现在各司局的工作要点中,二是各地同志回去以后,根据当地党委和政府的要求,结合实际作出安排。总之,我们要坚持改革的方向,脚踏实地向前推进,把改革逐步引向深入。

第二,始终要坚持两手抓,任何时候也不能放松监督管理工作。一手抓发展,一手抓管理,已经成为大家的共识。但在具体工作中,必须时刻意识到监督管理的职责,不能陷入具体事务。现在有的地方热衷于搞集资,甚至替别人集资,整天忙于具体事务,这不是我们的职能,长此下去,势必削弱监督管理的职能。在当前经济发展的过程中,有许多工作需要我们做。比如外资企业,10月底投资协议金额380亿美元,真正进来的资金只有71亿;再比如,假冒伪劣商品的治理工作量也非常大,要把这项工作作为两手抓的重点内容抓起来。我们搞的是扎实的有效益的经济建设,在公司大量增加的情况下,要保持清醒头脑,把好公司年检关,行政性的公司,行政性的企业集团,就是不能设立,设立了的也要通过年检撤掉。当然,怎么撤掉,靠工商行政管理部门一家是有困难的,但至少我们可以作些分析,通报实情,供领导决策。这一点各地同志要给地方党政领导讲清楚,以求得理解和支持。

第三,关于体制和机构问题。机构和体制的改革要适应形势的要求。现在上边的机构还没有最后定下来,有的县就把工商行政管理机构分分合合,随意地把几个机构捏在一起。这样做不合适,需要开展调查分析,进行一些设计。我们也在和上面进行联系,局长会后,准备重点考虑这个问题,和有关部门研究工商行政管理系统的机构和管理方式。力求加快进度,不误时机。这方面议论比较多,但大的盘子上面还没有定下来。中央对机构改革有个目标,先转变职能,然后精简机构,不是在各个机构职能没有转变的情况下,就把它们捏在一起。我们必须弄清机构改革的一些大的思路和基本原则,否则就会造成混乱。轻举妄动,必致被动。我们要做好工作,上下协调,保证机构改革顺利进行,这是一种负责任的态度。要防止"瞎起哄"、"乱刮风"。目前,有的地方工商局也自己办公司、办企业,这种情况要引起注意,我们可以搞一些咨询服务机构,分离一部分服务职能,但不要直接去办公司、办企业。

第四,关于工作作风问题。各地同志反映国家工商局一些司局的改革思路,跟不上局领导思路,起点不高。我看责任还是在局领导。我们对各司局的要求不够高,或者商量讨论得不够。当然实事求是地讲,我看我们国家工商局各个业务司局也有待更新观念,提高水平。这十几年来,我们的思想是解放的,改革是紧跟中央的,这是事实。但是,按照社会主义市场经济的要求,根据新的改革思路,我们的思想还有待进一步解放,观念还必须进一步更新,工作水平也还有待进一步提高。这方面大家提了不少好的意见,我们接受大家的批评,并认真改进。我们各司局都要坐下来认真研究自身改革,主要领导同志不能到处跑,不能把开会作为指导工作的主要形式。要多作调查研究,可开小型调研会,少开大型会议。国家工商局会议多的问题已经说了三年,至今收效甚微。今后必须下决心彻底改变大型会议过多的状况。现在,有的会议连要解决的问题还没有弄清楚、会议文件还没有准备充分,就把大家召集起来开会,效果不好,各地工商局对此意见也很大。对一些质量不高的会,同志们可以提出批评。国家工商局已决定,今后开大型会要经局长办公会讨论。明年第一季度,除原定的调研会、仲裁法会等以外,其余的会一律不开。要让大家,特别是让国家工商局各司局的一把手能够坐下来,和他们的副手、处长们扎扎实实地研究改革思路,认认真真地研究下一步工作。国家工商局的领导、党组成员要为大家创造这个条件,使各省、自治区、直辖市工商局能真正按照中央的精神,联系本地实际,结合国家工商局的要求,认真地研究当地的工商行政管理工作,真正当好省、市政府领导的参谋助手。多做解决问题、推进工作、打开局面的事,不要一干起来热热闹闹,结果还是老一套,陷入老框框内不能自拔。另外要整顿文件和书刊发行,减少发行,特别要减少用行政手段强迫订购,以减轻基层负担,欢迎基层的同志监督。

这次会议开得比较早,主要是想让基层挤出时间,早作安排,为明年工作的大发展创造条件。中央和国务院有关部委派代表参加我们的会议,首都新闻界的朋友们报道了我们的会议,给我们以极大的支持,在这里,我代表国家工商行政管理局和各地参加会议的代表表示诚挚的谢意。

祝大家在新的一年里取得更大成绩。

加强市场监督,维护市场秩序,为建立有权威的市场执法机构而努力
——刘敏学局长在全国工商行政管理工作会议上的报告

(1994 年 1 月 11 日)

这次全国工商行政管理工作会议,主要议题是贯彻党的十四届三中全会决定的精神,研究深化工商行政管理改革;按照全国经济工作会议的要求,部署 1994 年的工作。现在,我们代表国家工商行政管理局,向大会作工作报告。

一

1993 年,是工商行政管理工作向市场经济体制转变取得明显进展的一年。全国工商行政管理干部职工,以党的"十四大"精神为指导,按照年初提出的工商行政管理改革目标,开拓进取,扎扎实实地推进各项改革,努力实现"四个转变",取得了显著成绩。突出表现在五个方面:企业登记、商标、广告、合同管理的改革已经起步,改革的思路越来越清晰;发挥工商行政管理在宏观调控中的职能作用。制定了一系列强化宏观调控和市场执法力度的措施;工商行政管理系统法制建设取得积极成效,一批重要的法律、法规相继出台;积极开展打假和陆上缉私,查处了一批经济违法大案要案;努力推动各类市场的发育,促进多种经济成分的共同发展。通过这些卓有成效的工作,为实现年初提出的改革目标打下了基础,使工商行政管理工作出现了一个新的局面。

1. 大力推进各项管理制度的改革

过去一年,各级工商行政管理机关适应社会主义市场经济的需要,大力推进各项管理制度的改革,不断完善国家工商行政管理局提出的"三度"工作思路,既扩大了监督管理的范围,又强化了市场执法的力度;既参与市场经济立法,又参与宏观调控;既借鉴国际惯例,又结合中国国情,通过自身改革,加快了适应社会主义市场经济新体制的进程。

(1)企业登记管理开始向依法独立登记注册过渡。根据企业登记管理改革目标,各地工商行政管理机关大胆试点,弱化前置审批,缩小许可登记范围,对促进企业经营自主权的落实起到了较好的作用。海南、深圳等地,在当地党政领导的支持下,试行直接登记,为下一步改革提供了有益的经验。有的省市还对其他登记事项进行了改革。北京、浙江、山东、福建等地,对各类交易所、股份合作制企业、中介服务机构的登记管理进行了探索。北京市工商行政管理局对全市几百家民办科技企业,进行了调查分析,为今后推行股份合作制,明晰产权关系,提供了重要资料。各地普遍推行登记注册与咨询服务相分离,同时,加强了以年检为主要内容的企业监督管理工作。到 1993 年 9 月底,全国登记注册的企业达到 711.3 万家,

比上年底增长 22.2%。在各种形式的企业中,公司增长最快,去年上半年就累计达到83.6 万家,比上年底增长 71.7%。

外商投资企业登记注册制度的改革,推动了扩大对外开放,促进了投资环境的改善。去年,国家工商行政管理局颁发了《外商投资企业授权登记管理办法》,推行授权登记规范化管理。到年底,已授予 164 个地方工商行政管理局外商投资企业登记权。去年 1—9 月新登记注册的外商投资企业达64 847家,注册资本 997 亿美元,分别比上年同期增长 1.4 倍和1.8 倍。到去年 9 月底,外商投资企业累计已达 15.1 万家。

(2)商标注册已全面实行代理制。到去年 9 月底,全国共成立商标事务所 63 家,初步形成了一个覆盖面较广的商标代理服务网络,并实现了跨地区代理。至此,商标核转制向代理制的转轨工作基本完成。到去年 9 月底,全国共有效注册商标 39.5 万件,比上年同期有较大幅度增长。其中,国内企业注册商标 34 万件,外国(地区)企业注册商标 5.5 万件。工商行政管理机关贯彻实施新修订的《商标法》及其实施细则,扩大了商标注册范围,开展了服务商标、证明商标和集体商标的注册。服务商标注册受理工作于去年 7 月正式开始,到去年 9 月底,已受理申请 1.47 万件。同时,进一步加强了商标管理,普遍开展了对商标使用许可合同的监督。还有一些地方试行了商标验证制度。各地依法严肃查处商标侵权案件,并配合司法机关,严厉打击假冒注册商标的犯罪行为。截至去年 9 月底,工商行政管理机关共办理商标侵权案件 2.7 万件。有些工作还得到了国际组织和国际朋友的称赞。

(3)广告管理改革开始试点。在取消广告业总量控制的基础上,开始广告改革试点,并取得了积极成效。制定了《关于加快广告业发展的规划纲要》,对我国广告业发展的指导思想、目标、重点以及采取的政策措施等作了明确的规定,形成了近期广告业发展的指导性文件。各地工商行政管理机关把广告业作为信息产业,大力促进发展。预计到去年底,全国广告经营单位超过 2.5万家,广告经营额可突破 100 亿元,广告公司超过 7 000 家,分别比上年增长 47.4%、49% 和 132%。同时,加强了对广告的规范化管理,制定了食品广告、化妆品广告、医疗广告等单项广告管理法规。查处了一批重大广告违法案件,强化了对广告市场秩序的监督。

(4)开始着手改革工商行政管理体制。在国务院领导和中央编办领导的支持下,解决了工商所的归属与核编问题,完成了国家工商行政管理局机关的"三定"方案,并就系统体制改革问题,与有关部门进行了协商。

2. 培育市场体系,监督管理各类市场正在向新的深度和广度推进

在各级政府的支持下,工商行政管理部门在培育市场方面做了大量工作。采取参与培育市场体系与参与培育市场主体相结合,培育农村市场与培育城市市场相结合,搞活市场与调控市场相结合,推动了市场的发展。集贸市场进一步规范化,货源充足,管理有序,已成为我国副食品流通的重要渠道。到去年 9 月底,全国共有集贸市场近 8万个,成交额达3 648亿元,集贸市场零售额占社会商品零售总额的 28%。各地工商行政管理局以区域性生产资料市场为重点,大力促进生产资料市场的发育。截至去年 9月底,全国生产资料市场已达4 070个,1 至 9月份的生产资料成交额超过2 000亿元。生产要素市场也迅速发展,到去年 9 月底,各类生产要素市场已达1 700多个。

各级工商行政管理机关在积极参与培育市场的同时,把监督管理的重点从集贸市场转向社会主义大市场,加强了对生产资料市场、生产要素市场的监督管理,制定颁发了一批单项管理规章。为解决商品市场建设中存在的不规范问题,制定了《商品交易市场登记管理暂行办法》,在全国范围内开展商品交易市场登记管理。上海、深圳等地工商行政管理局,在当地政府的领导下,对股票认购证发行进行集中检查和巡回检查,收到了较好的效果。各地积极扶持市场中介组织,有的地方颁发了经纪人管理办法,加强了对经纪人的管理。这些工作,为工商

行政管理部门监督管理各类市场提供了有益的经验。

3. 促进各种经济成分共同发展,个体私营经济在一些地区已成为新的经济增长点

去年,在各级政府的领导下,工商行政管理机关采取积极措施,推动国有企业转换经营机制,同时大力促进个体私营经济的发展,在一些地区把它作为促进地方经济发展新的增长点。做到发展个体私营经济与促进国有企业转换经营机制相结合,与培育集贸市场相结合,与脱贫致富相结合,因地制宜,分类指导,既促发展,又抓管理。国家工商行政管理局制定了《关于促进个体经济私营经济发展的若干意见》,各地工商行政管理局也结合当地实际,采取相应措施,全国有28个省、自治区、直辖市和计划单列市先后制定了促进个体私营经济发展的决定和政策措施。各级工商行政管理机关加强了对个体私营企业重点行业的监督和违法经营行为的查处,逐步实行规范化管理,促进个体私营经济的健康发展。到去年9月底,全国个体工商户已发展到1 625.6万户,注册资金747.4亿元,从业人员2 641.1万人,营业额2 309.2亿元,分别比上年同期增长11.7%、37.5%、14%和45%。私营企业也有较大的发展,到去年9月底已有21万户,比上年同期增长72.6%。据国家税务总局预计,去年个体私营税收可达到250亿元。

4. 发挥在宏观调控中的积极作用,维护良好的市场经济秩序

去年,按照国家关于加强宏观调控的精神,紧紧抓住经济发展中的重点、热点问题,积极发挥工商行政管理的职能作用,维护市场秩序。针对期货市场发展中出现的期货经纪公司盲目发展、缺乏规范的局面,国家工商行政管理局在调查研究的基础上,及时发出了控制期货经纪公司的通知,研究制定了《期货经纪公司登记管理暂行办法》,对已开办的期货经纪公司进行重新登记,有效地抑制了期货市场的盲目发展。中央六号文件下达后,及时发出了《关于贯彻执行中共中央发[1993]6号文件的若干意见》,提出强化企业登记审查,加强对房地产经营企业

的监督管理,取缔钱庄、银号,严格控制典当行业的发展等措施,并召开部分省市工商行政管理局长座谈会,对贯彻六号文件进行专题部署,在全系统产生了广泛的影响。对企业年检中发现的问题,及时提出解决办法,公告取缔了一批违法企业。

深入开展打击制售假冒伪劣商品、走私贩私和骗买骗卖活动,集中治理假冒伪劣商品重点地区,取缔了私货市场。据十一个省、区统计,到去年11月底,工商行政管理机关查处走私汽车28 130辆,走私贩私案件23 594起,罚没金额3.2亿元;查处假冒伪劣商品案件2 472起。尤其需要指出的是,在国务院的统一协调下,国家工商行政管理局牵头组成检查组,对长城机构电子公司乱集资一案进行了查处。在查处过程中,十八个省、直辖市,二十二个城市的工商行政管理局步调一致,统一行动,顾全大局,使这个涉及十亿元资金、十余万集资人、二十多个城市的大案得到了平稳的处理,清退比例平均达到95%,得到了国务院的好评。

5. 工商行政管理法制建设取得显著成绩

国家工商行政管理局和各省、自治区、直辖市工商行政管理局按照市场经济法制建设的要求,参照国外立法经验,抓住机遇,集中力量,狠抓法制建设。去年全国人大常委会修改了《商标法》、《经济合同法》,颁发了《反不正当竞争法》和《消费者权益保护法》,国务院修订了《商标法实施细则》。这些法律、法规的制定,对充分发挥工商行政管理部门在保护公平竞争,制止不正当部分,维护社会经济秩序方面的作用,将产生深远的影响。国家工商行政管理局和地方工商行政管理局对《反不正当竞争法》和《消费者权益保护法》进行了广泛宣传。国家工商行政管理局还制定了一批工商行政管理规章;各地工商行政管理机关通过政府和人大,也制定了一批地方性法规和规章。同时,加强执法工作,开展执法监督,使执法质量有了较大提高。

6. 工商行政管理机关廉政建设和队伍建设取得一定成效

去年,各级工商行政管理机关把反腐败、加强干部廉洁自律作为一项重点工作来抓。在中纪委第二次全体会议以前,国家工商行政管理局就向全系统发出了《关于严肃纪律、认真开展纠风专项治理的通知》,提出了加强廉政监察防范的意见。在9月初召开的部分省市工商行政管理局长座谈会上,深入研究了工商行政管理系统开展反腐败斗争,加强干部廉洁自律面临的问题和要采取的措施,在此基础上形成了若干专项文件。目前,强行垄断咨询服务,随意提高收费标准的不正之风基本刹住;工商行政管理机关办的企业,多数已与原行政机关脱钩;根据新的形势,对证、照、案等容易发生权钱交易腐败行为的关键环节,补充制定了一些相应办法;对发现有以权谋私行为的干部作了严肃查处,有的已按党纪、政纪处理,触犯刑律的已由司法机关处理。去年底,中央对国务院二十几个部门的廉政建设情况作了检查,从检查的结果看,我们是做得比较好的。很多地方工商行政管理局也是做得比较好的。云南省地方人大和政协,运用多种方式,多次对工商行政管理部门的廉政建设情况进行检查,证明是好的。

各地普遍注重提高工商行政管理干部的素质,加强了培训工作,认真做好引进国外智力工作,全国岗位培训率达到70%。在全系统开展了基层工商所规范化建设,根据工商所初级规范标准验收的要求,制定了验收方案,把这项工作和系统的廉政建设结合起来,有力地推动了队伍建设,使干部职工的素质有了相应的提高。

过去一年里,挂靠在各级工商行政管理机关的协会、学会、社会团体和事业单位,在向社会主义市场经济体制转变的过程中,积极进取,做了大量工作,应该充分肯定。

在总结过去一年工作的时候,还应该看到我们工作中的不足。由于工商行政管理改革还处于探索阶段,面临的问题比较多,加之改革的面比较广,在独立登记注册、商标、广告、合同管理体制的改革上,具体办法和措施未能完全及时跟进,国家工商行政管理局对各地工作的指导不够有力。希望大家提出批评。

二

1994年,是我国全面推进改革的关键一年。用新体制取代旧体制已成为当前改革的重要特征。改革将从侧重突破旧体制转向侧重建立新体制,从过去注重单项推进转向突出综合配套,从过去主要依靠政策推动转向主要依靠法律保障。财政、金融、投资、外贸、国有资产管理和计划体制等六个方面的改革,将配套出台,整体推进。这些改革都会涉及工商行政管理的改革,而且都会在市场上反映出来。工商行政管理机关是国家主管市场的监督管理部门和行政执法机关,基本职责是监督管理市场。我们要进一步解放思想,转变观念,着眼宏观,立足市场,推进改革,加强市场监督,维护市场秩序,为建立有权威的市场执法机构而努力。

1. 围绕建立现代企业制度,研究企业登记管理制度的改革

按照现代企业制度的基本特征,突出明晰产权关系、政企分开、自主经营、法人权责和科学管理等重点环节,改革现行的企业登记管理制度,继续由审批设立制度向工商行政管理机关依法独立核准登记制度过渡。现代企业按照财产构成可以有多种组织形式,随着公司制的逐步建立,在登记管理上应该有相适应的形式;随着产权的流动和重组,财产混合所有的经营单位会越来越多,必将形成新的财产所有结构,登记管理制度也必须作出相应的改革。从注重企业经济性质转向明晰企业产权关系,明确出资者的法律责任和企业的组织形式,重点审查企业章程。本着既规范又简便的原则,逐步推行一审一核的工作程序,最终实行登记注册官制度。要拓宽企业登记管理的范围,确认和规范新的市场主体。要通过改革和完善企业登记管理制度,使企业成为依法设立、依法终止,由政府进行间接管理,真正做到自主经营、自负盈亏的法人。

2. 围绕培育和发展市场体系,研究工商行政管理部门监督管理各类市场的方法

随着十四届三中全会决定的贯彻,无论是消费品市场,还是生产资料和生产要素市

场,都将会有较大的发展,市场中介组织将大量增加,市场交易方式和交易行为也会有新的变化。我们必须按照"统一、开放、竞争、有序"的要求,积极研究参与培育、监督大市场的方法,处理好市场建设与市场监督的关系,把培育市场与监督市场有机地结合起来,把培育市场"硬件"与培育市场"软件"有机地结合起来,逐步从市场建设和市场服务转到培育公平竞争的市场环境,健全市场机制上来。一是要促进打破地区、部门的分割,建立基本的交易规则,实现城乡市场紧密结合,各类市场有机联系,政令通达,监督和执法统一;二是要促进破除市场封锁,实现国内市场与国际市场互相衔接,只要具备经营资格,都可进入市场交易;三是要促进建立和完善竞争规则,反对不正当竞争,创造公平竞争的环境;四是要促进市场在国家的宏观调控下,按照国家制订和颁布的市场交易规则运行。

3. 围绕培育多元化的市场主体,大力推动个体私营经济健康发展

社会主义市场经济体制是同社会主义基本制度结合在一起的。《决定》指出,"在积极促进国有经济和集体经济发展的同时,鼓励个体、私营、外资经济发展,并依法加强管理","国家要为各种所有制经济平等参与市场竞争创造条件,对各类企业一视同仁"。坚持以公有制为主体,多种经济成分共同发展,就是在社会主义市场经济条件下,不但要实现公有制和市场经济的结合,而且要实现多种经济成分与市场经济的结合,真正做到平等竞争,互相促进,共同发展。从这个意义上讲,发展个体私营经济,是实现市场多元化主体平等竞争的前提之一。在发展社会主义市场经济的过程中,公有制的主体地位主要体现在国家和集体所有的资产在社会总资产中占优势,国有经济控制国民经济命脉及其对经济发展的主导作用等方面。在不同地区,不同行业,各种经济成分的比重可以有所差别。根据《决定》的精神,除了国民经济命脉、某些特殊产品的公司和军工企业外,都应允许个体私营企业经营。要支持它们与其他经济成分联营,发展混合所有

制的经济。目前,个体私营经济从总体上讲还发展不足,在有些地方和行业还发展得很不充分。工商行政管理机关要在各级政府的领导下,把个体私营经济作为社会主义生产力的组成部分,作为社会主义统一市场的主体之一,大力促进发展。在促进发展的同时,要加强监督管理,加强教育和引导,做到促进发展与监督管理并重。

4. 围绕加强社会主义市场法制建设,强化工商行政管理执法力度

建立和完善社会主义市场经济体制,必须有完备的法制来规范和保障,既要有健全的立法,又要有严格的执法。工商行政管理部门是我国市场经济体制中一个重要的执法部门,必须努力学习用法律手段来监督管理市场活动,规范市场主体的经营行为。改革开放以来的实践证明,法制建设是工商行政管理工作的基础,工商行政管理的作用要靠法律来确定,工商行政管理的权威要靠执法来树立,工商行政管理的全部工作都要依法进行。因此,要把提高工商行政管理地位与加强法制建设结合起来,根据市场经济法制建设的目标来规划工商行政管理法制建设,把立法的重点放在市场主体法和市场行为法上,逐步建立既有规范市场主体资格的法律,又有规范市场行为的法律;既有实体法,又有程序法;既有法律、法规,又有配套规章的工商行政管理法律体系。还要逐步形成一些案例,以指导各地工作。工商行政管理改革要与立法工作紧密结合,把改革措施用立法的方式确定下来,提高可操作性和权威性。立法要体现改革精神,用法律来引导、推进和保障工商行政管理改革的顺利进行。要广泛开展工商行政管理法律、法规宣传,增强执法力度,加强执法监督,从以打击投机倒把为主,转向以查处不正当竞争、反对垄断、保护消费者权益为主,使工商行政管理法制在市场经济法制体系中发挥更重要的作用。

5. 围绕建立有权威的市场执法和监督机构,研究工商行政管理体制建设

建立有权威的市场执法和监督机构,也是建立健全宏观经济调控体系的一个重要

组成部分。没有公平竞争，就没有市场经济；要实现市场经济活动的公开化、公平化、公正化，必须要有权威的市场执法和监督机构。改革开放以来，在由高度集中的计划经济向社会主义市场经济转变过程中，工商行政管理机关在监督管理市场，开展市场行政执法，维护经济秩序方面，取得了显著成效，得到了社会的公认。《反不正当竞争法》、《消费者权益保护法》和《公司法》的实施，进一步从法律上明确了工商行政管理部门的执法地位。市场经济越发达，工商行政管理部门肩负的任务越重。因此，要按照《决定》关于建立有权威的市场执法和监督机构的要求，改革工商行政管理体制，增强工商行政管理执法权威。今后，要从四个方面进一步加强和理顺关系：一是要在实行"条块结合"管理体制的过程中，分层决策，各司其职，发挥中央和地方两个积极性；二是执行统一的办案程序，实行办案的垂直领导；三是加强工商行政管理部门内部执法职能机构，协调一致，提高执法力度；四是要调整基层工商所的设置，按国务院批准颁布的《工商行政管理所条例》的规定，按经济区划原则建所。

三

根据十四届三中全会精神和今年的改革形势，1994年的工商行政管理工作要以改革企业登记制度、强化市场监督、系统培训干部为重点，配套进行各项管理体制和制度改革，培育和发展多元化的市场主体，促进市场体系的形成。为此，要着重抓好以下六方面的工作：

1. 以改革企业登记制度为重点，配套进行其他管理制度改革，尽快适应建立现代企业制度的需要

（1）企业登记管理。今年企业登记管理工作的重点，一是以《公司法》的颁布实施为契机，全面推进企业登记注册制度的改革。要抓紧起草配套法规，同时修改《企业法人登记管理条例》及其《施行细则》。二是要按照《公司法》的要求，对各类市场主体进行规范。特别是要支持国有企业实行公司制的试点和改造，使企业通过改造，资产重组，逐步建成规范化的公司。三是继续改革前置审批，整体推进，重点突破。按照《公司法》的要求，对公司登记实行一步到位，除《公司法》另有规定的外，取消行政主管部门的审批，由出资人直接向工商行政管理机关申请登记注册。对其他企业，要把改革重点放在清理行业归口管理部门的专项审批上。国家工商行政管理局要会同有关部门，对清理前置性专项审批提出意见。国家已经放开的行业和商品，一般不要前置审批；涉及国家垄断、社会公共安全和人民健康的行业和商品，该由行业归口管理部门审批的，仍应由行业归口管理部门审批。总的原则是，该放开的一定要放开，该管住的还是要管住。四是要继续改革和完善企业登记事项的设置及具体内容。国家工商行政管理局要重新修订并发布《企业经营范围用语规范（试行）》。经营范围的核定，除某些需由国家控制的项目外，一般以大类、中类为准；经营方式不作为独立的登记事项，而是通过经营范围反映经营方式。要适应产权重组和产权流动的需要，以公司、股份合作制企业及联营企业为突破口，淡化企业经济性质的登记，代之以企业组织形式或资本构成的登记；废止现行的注册资金制，代之以符合国际惯例的注册资本制。加强对企业名称的登记管理，修改《企业名称登记管理规定》，适当集中名称核准权。五是拓宽企业登记管理的范围。凡是作为市场主体面向社会从事商品经营和服务经营活动的单位，不论其经济性质、法人类别、组织形式如何，都要逐步纳入登记范围。今年，要着重对那些尚未纳入登记范围，或者虽已纳入范围，但还没有办理登记的从事经营活动的事业单位，以及以"事业单位"名义出现的各种民间经营机构，制定具体的登记管理办法，逐步规范登记管理。六是以强化年检为重点，加强对企业的监督管理。要改革年检办法，强化年检效力，把年检工作的主要任务放在监督企业登记事项的变化、出资人的出资、企业的对外投资以及企业的资产负债情况上。要建立企业违法档案，逐步实行企业情况公示制度，公开企业资料，把企业置于社会监

督之下。省、市、州（区）工商行政管理局自身登记的企业注册登记资料，均应做到对外提供查询，进而做到年检资料对外公开。七是花大力气做好企业登记注册的基础性工作。要结合企业登记管理制度的改革，统一企业登记管理的有关表格，修改证照的格式和内容。推进企业登记办公自动化，完善企业档案管理和档案使用制度。

各级工商行政管理部门要继续认真贯彻中共中央、国务院［1993］6号文件和中办、国办［1993］17号文件精神，配合有关部门，加强对房地产开发企业、金融类企业的监督管理；按照中央、国务院及当地党委、政府的统一部署，配合经贸委、体改委等部门，对党政机关开办经济实体进行清理。根据统一布置，运用行政执法手段，加速脱钩进程。

（2）商标注册管理工作。要重点开展商标战略研究，制定适应建立社会主义市场经济体制需要的我国商标战略。要做到长远目标和阶段性目标相结合，发展与保护相结合。一是要进一步普及《商标法》，增强广大经营者和消费者，尤其是国有大中型企业的商标意识，提高注册商标的自觉性与自我保护注册商标的能力。二是督促企业维护商标信誉，争创驰名商标，增加国内驰名商标数量，加强对驰名商标的保护。三是指导企业到国外（地区）注册商标，充分发挥商标在开拓国际市场中的作用。四是采取切实措施，加强对国内外注册商标的保护。无论是关贸总协定谈判还是中美知识产权谈判，商标保护都是一个重要内容，是涉及国际经济交往的大事，必须引起高度的重视。既要保护外国企业在我国注册的商标，又要防止境外企业采用来料加工、定牌生产等方式，让我国企业生产假冒注册商标产品，损害我国企业的利益。五是要完善商标管理法规和规章，加强防范措施，减少商标纠纷。六是要健全商标管理机构，明确商标管理职能，巩固、充实商标管理队伍，提高政治业务素质。商标的注册在国家工商行政管理局，管理主要依靠地方工商行政管理局。各地停止商标核转以后，要把力量全部放到商标管

理上，只能加强，不能削弱。严厉打击商标假冒、侵权行为，并加强协调，争取司法部门和自律组织的支持。一般商标侵权案件，由有管辖权的县级工商行政管理机关查处；大案要案，尤其是涉外案件，由有管辖权的地级工商行政管理局查处；省级工商行政管理机关负责查处省内跨地区的商标案件和下一级机关办理的案件的复议。要指导商标代理组织，完善代理办法，提高代理质量。

（3）广告监督管理工作。要全面落实《关于加快广告业发展的规划纲要》，继续抓好以代理制为重点的广告改革试点。要加强广告立法，强化执法力度和日常监督。一方面，要把发展广告业作为改善投资环境的重要条件来抓，尽快推动广告业进入符合国际惯例和专业化分工的新轨道。另一方面，要加强并规范执法检查，改善广告质量的控制。通过引入竞争机制，促进广告的信息化、产业化。广告代理制试点要在规范和扶持公司的基础上进行，防止媒介成立翻牌公司，实行垄断。未试点的地方，继续执行有关规定。要开展药品、食品、化妆品、医疗器械等专项广告治理，重点查处虚假广告、令人误解的广告，把这项工作与制止不正当竞争结合起来。要加强对广告协会的指导，支持并指导它们制定行业规范。广告协会自身要认真组织会员贯彻落实《规划纲要》，积极配合做好广告改革方案的实施，同时，要真正发挥沟通服务和行业自律的作用。

（4）经济合同工作。经济合同是市场主体的民事行为，是交易活动的契约形式。企业自身应该提高经济合同法律意识，熟悉经济合同法，强化经济合同管理工作。今后，各级工商行政管理部门监督管理经济合同的职责是，依照修改的《经济合同法》，对经济合同违法行为进行监督、查处。现在各级工商行政管理机关的经济合同仲裁委员会，在国家仲裁法出台之前，仍按《经济合同仲裁条例》及有关法律、法规规定的仲裁条款执行；《仲裁法》出台后，按新的《仲裁法》执行。国家工商行政管理局的仲裁机构拟作为事业单位，具体方案将报中央编办批准后实施。国家工商行政管理局的"三定"方案

撤销了经济合同司,将查处经济合同违法行为的职责划归公平交易局,作为监督查处市场违法行为的一项内容;有关这方面的业务指导也由公平交易局负责。

2. 进一步培育和发展市场体系,加强市场监督管理

在市场工作方面,总的要求还是一手抓培育,一手抓监督管理,立足点是监督管理大市场,维护市场经济秩序。为此,第一,要重视培育农副产品批发市场。根据去年中央召开的农村工作会议精神,各地工商行政管理局要通过调查研究,从当地农业资源及农业结构调整的实际出发,有目的地培育一批农副产品批发市场,组织好贩运队伍,帮助农民解决卖难问题,增加农民收入。在推进各项改革的过程中,集贸市场与人民群众生活息息相关,举足轻重,要把繁荣集贸市场、稳定市场物价作为稳定人心、稳定社会的重要任务,继续抓好。第二,要重视培育生产资料市场和生产要素市场。进一步加强对各类生产资料市场的监督管理,继续积极探索对生产要素市场的监督管理,支持发展各类市场中介机构,加强对经纪人活动的规范。对期货市场,要在严格控制的基础上,搞好试点,使之健康发展。

继续按照《商品市场的登记管理暂行办法》,把各类商品市场登记工作做好,并认真做好统计工作。今年要出台一系列价格改革措施,各项改革的效果,将通过市场反映出来。各级工商行政管理机关要密切注意市场动态,掌握市场信息,研究市场供求关系,对市场上出现的问题,作出快速反应,配合其他部门,搞好宏观调控。特别要加强对粮油、食用盐的监督管理。经营粮油的必须标价挂牌,不标价挂牌的要严肃查处。要及时掌握市场价格情况,并按要求报国家工商行政管理局,协助政府组织货源,平抑物价。要通过电视等新闻媒介大力宣传无碘食用盐的危害,随时随地检验食用盐,发现问题,严肃处理。

要加强对市场的监督管理。按照《反不正当竞争法》和《消费者权益保护法》,制止和查处各类市场交易中的不正当竞争行为。深入开展打击制售假冒伪劣商品活动和陆上缉私斗争。必须集中力量,继续取缔私货市场。抓大案要案,抓典型案例,严格执行办案程序。对各类市场进行统一执法,建立正常的市场进入、市场竞争和市场交易秩序。

3. 认真抓好个体私营经济的政策研究,继续鼓励个体私营经济健康发展,加强监督管理

各地工商行政管理机关要及时向当地党委和政府汇报个体私营经济发展情况,取得领导的重视与支持,推动完善发展个体私营经济的各项政策,制止乱收费,解决个体私营企业在发票、贷款、征地等方面存在的困难和问题。要发挥个体私营经济的长处,引导它们重点发展第三产业,促进私营企业向生产型、科技型、外向型转化。实行分类指导,东部地区重点是提高个体私营企业的素质,促进它们经营上规模,产品上档次,效益上水平;中西部地区,尤其是老、少、边、穷地区要以建立农村初级市场为依托,大力发展个体私营经济。在农村,要鼓励个体、私营企业发展为农业产前、产中、产后服务的行业,开展长途贩运,扶持发展农副产品深加工,把发展个体私营经济与促进农民务工经商、吸纳剩余劳动力结合起来,提高农村市场经济程度。在城镇,要鼓励发展科技开发、信息咨询和技术服务业。切实保护个体私营企业的合法财产,制止"平调"、"挂靠"、"赎买"等错误做法。特别是不能用挂靠的形式混淆产权关系。要改革个体私营经济管理体制、管理内容和管理手段,确立不同地区、不同行业、不同对象的管理目标,完善各类管理办法,实行规范化管理。加强对个体私营企业的质量监督,建立违法档案,进行重点防范。特别是对从事特殊行业的个体工商户和私营企业,要进行经常性监督。指导并帮助个体劳动者协会制定自律规范,开展自我教育、自我管理、自我服务,真正发挥桥梁和纽带作用。

4. 强化工商行政管理法制工作,更好地履行行政执法职能

(1)扎扎实实地抓好《反不正当竞争

法》和《消费者权益保护法》的实施。一是要继续开"两法"的宣传和培训,不但要让执法人员知道,还要让广大人民群众知道,唤起人民群众的自我保护意识,同时也加强对执法部门的监督。二是要认真执法,各级工商行政管理机关要把"两法"作为工商行政管理的基本法来实施,完善执法手段。各级消费者协会要积极配合,做好《消费者权益保护法》的实施工作,充分履行职责,维护消费者的合法权益。国家工商行政管理局已经根据"两法"的要求,制定了一系列的规章,要在执行过程中继续完善。

(2)继续加快立法步伐。充分发挥国家工商行政管理局和地方工商行政管理局两个积极性,一方面要推动制定全国性的工商行政管理法规;另一方面各地要结合实际,制定地方性的法规,为全国性立法积累经验。今年,要组织力量,做好工作,使《广告法》尽快出台,并积极研究《反垄断法》、《合伙法》。要把法律、法规的制定、完善和配套结合起来,做好规划,尽快制定一批工商行政管理规章,及时清理废止已经过时的规章。

(3)严格执法,强化执法力度。要严格依法执法,减少执法过程中的随意性。今年的重点是《反不正当竞争法》、《消费者权益保护法》、《公司法》以及已经出台的与工商行政管理工作密切相关法规的实施。要严格办案程序,加强对下级工商行政管理机关办案的指导。坚持秉公执法,树立一批执法典型,并定期通报工商行政管理部门的执法情况。

(4)加强执法监察,把执法监察与反腐败斗争结合起来,定期或不定期地对执法情况进行抽查,督促执法人员严格依法办事。要奖罚分明,检查中发现的问题从严处理,对执法违法的要追究有关人员及领导干部的责任;对不适合在执法岗位上工作的,要坚决调离;对坚持原则,秉公执法,取得显著成绩的,要予以表彰和奖励。

5. 推进工商行政管理系统体制改革

建立有权威的市场执法和监督机构,必须建立激励竞争机制,做到能上能下,能进

能出,促进工作人员更新知识,提高素质,培养一支精干、廉洁、具有生机和权威的执法队伍。同时,改革现有管理体制,提高执法的权威性和统一性。

(1)推行国家公务员制度。根据公务员的录用、责任、考核、晋升等规定,努力实施公务员的录用、职务升降、奖励、回避、培训、交流、退休等项制度。要合理设置职位,制定职位说明书,对现有人员进行严格考核,搞好现有工作人员向国家公务员的过渡。基层工商所是县级工商行政管理局的派出机构,要在核编的基础上,确定录用标准,经考核合格进入公务员序列。

(2)改革现有管理体制。认真贯彻国务院办公厅 1988 年 21 号文件和中共中央组织部 1991 年 32 号文件精神,切实履行职责,主动参与下级领导班子的考察和任免。实行双重领导,条块结合,明确分工,各司其职。执法工作必须实行垂直领导。基层工商所要按经济发展的需要设置,系统体制的具体改革办法,仍在协商之中。

(3)合理划分国家工商行政管理局和地方工商行政管理局的职责。要充分体现分层决策、分类指导的原则,保证执法的权威性和统一性。国家工商行政管理局对涉及工商行政管理全局性、方向性、原则性的问题进行决策,指导整个工商行政管理系统的工作。省级工商行政管理局指导省以下工商行政管理机关正确执行国家有关工商行政管理的法律、法规和方针政策。直辖市、计划单列市工商行政管理局除承担地区性指导工作外,也履行部分直接监督管理职责。地、市、县(区)工商行政管理局负责具体的监督管理,并领导派出机构开展各项业务工作。日常监督,按属地原则管理。

(4)调查内部职能机构,理顺关系,减少职责交叉,增加执法力度。国家工商行政管理局将设立公平交易局,主要以《反不正当竞争法》和《消费者权益保护法》为依据,查处不正当竞争行为和损害消费者权益的行为。集中企业登记、私营经济管理中有关登记注册职能,成立相对集中、独立性强的专业化注册机构,设立企业注册局,依法核定

市场主体资格。继续充实并加强法制和政策研究机构,对经济合同管理机构作相应的调整。

6. 反腐倡廉,进一步提高工商行政管理队伍的素质

随着改革开放的深入,工商行政管理的任务越来越重,管理的要求也越来越高,不仅要有市场经济知识,还要有现代化法律知识;不仅要精通业务,还要廉洁奉公。队伍素质不高,就无法适应新时期的要求,无法完成我们肩负的任务。

(1)继续深入开展反腐败斗争,加强干部廉洁自律。今年,仍然按中央精神,继续刹风、治乱,逐步进入治本。对已经取得的反腐败斗争成果,不能估计过高。要实事求是地估计工商行政管理干部队伍的现状,工商行政管理系统多数党员和干部是好的,是廉洁奉公的。近几年来,在廉政建设方面也做了不少工作,推广廉政建设"四个结合"的经验,开展基层工商所规范化建设,涌现了一大批清正廉洁、秉公执法的先进单位和先进人物,有的同志还为维护法律的尊严献出了宝贵的生命。但是,也必须清醒地看到还存在不少问题,离治本还有相当大的差距,不能掉以轻心。必须采取有效措施,深入、持久地开展反腐败斗争。反对腐败,根本的是要加强防范措施,干部交流是一个方面,但更重要的是健全内部制约机制。要研究发生权钱交易的深层次原因,制定严密的工作程序和工作规则,减少工作的随意性。对过去行之有效的内外部监督制度要坚持、完善,对重复、烦琐、形式化的制度要进行清理,形成切合实际,便于操作的监督制度,根据新的要求和实际工作中存在的漏洞,补充制定新的办法。特别要减少那些微观的、随意性很强的审批权。要严肃查处违法违纪案件,坚持实事求是,不徇私枉法,不管是谁,不得干扰、阻碍查处工作。抓住正反两方面的典型,大张旗鼓地进行宣传。要改进和加强信访工作,支持群众举报。同时,要把反对腐败与人事制度改革结合起来,通过反对腐败,推进人事制度改革,清理腐败分子和不适合做工商行政管理工作的人,纯洁队伍。

执法部门不能既搞经营,又搞监督管理。个别至今还没有与所办企业脱钩的,必须于今年6月底以前彻底脱钩;到期不脱钩的,按有关规定追究主管单位主要领导的责任。同时,要在市场监督管理和服务的改革上探索路子,对已经迈出步子的要总结经验,推行推广。要加强系统财务管理,减少漏洞,加强自律。各级工商行政管理机关要有一位领导负责,集中一段时间,治理各种乱收费和"吃、拿、卡、要、借、报(销)"等现象。评工商所、评市场的方式要进行改革,对不规范、秩序不好的,要作为重点治理。

(2)强化干部培训,提高队伍素质。应该承认,我们这支队伍的大部分干部,市场经济知识不够,缺少经验,不能适应市场经济和现代化工商行政管理的需要。因此,各地要把优先发展教育放在战略地位上来抓,加强领导,下更大的决心,花更大的精力,保证教育投入,及时调整培训内容,改进教学方法,提高教育质量。今年干部教育要以公务员岗位培训为基础,以法律教育为重点,加强正规的学校教育和智力引进工作,培养更多、更合格的工商行政管理人才。一是要加强政治理论培训,重点是按照中央的要求,组织广大党员和干部特别是处以上领导干部,认真学习《邓小平文选》第三卷和党的十四届三中全会的决定,用邓小平同志建设有中国特色社会主义的理论武装全系统的党员和干部,指导广大干部更好地开展工作。二是继续有序、快速地开展全员岗位培训。办学习班、培训班是一个方面,但更主要的是系统培训。尤其对社会主义市场经济的理论要有层次、有系统地培训,提高全员素质,力争使培训合格率达到90%以上。今后,新进入工商行政管理系统的,要经过培训,才能进入国家公务员序列。三是大力开展以工商行政管理法律、法规为主要内容的法律教育。要把法律教育列入正常的教育培训内容,并加大分量。今年,要特别搞好《反不正当竞争法》、《消费者权益保护法》以及其他将出台的法律的全员培训,提高广大干部的法律意识和依法行政的自

觉性。四是加强学校教育。办正规学校，进行正规教育，是现代化市场管理的客观要求。各地要继续推进学校教育的改革和发展，充分利用现有的二十多所中专学校，实行多种形式办学，加强在职干部的培训。要进一步加强师资、教材建设和教学理论研究，提高办学效益。同时，要充分依靠设有工商行政管理专业的高等院校的优势，培养多种规格的高级人才。国家工商行政管理局和省级工商行政管理局，尤其要注重高层次复合型人才的培养，努力向专家型队伍发展，力求培养出一批高素质的人才。五是引进国外智力。对本地区引进国外智力工作要统筹规划，综合协调，统一管理；加强与国际有关组织的交流与合作；高度重视成果的转化，及时组织宣传推广和运用，最终实现成果之共享。六是要更新干部。对经过培训，仍没有提高，不能胜任本职工作的，要给他们另找出路，组织他们进行专业技能培训和资格考试，与有关部门联系，让他们重新就业。

（3）改进工作作风。各级工商行政管理机关，尤其是各级领导干部，要带头下基层深入调查研究，大兴调查研究之风，尊重群众的首创精神，把决策建立在科学的调查研究之上。要改进学风，少搞一些应酬，多点时间学习。要理论联系实际，尽快在全系统形成钻研业务、研究问题的良好风气。要改进会风，下决心从上至下精简不必要的会议，用调查研究代替各种形式的专业会议，提高会议质量，务求实效。

要加强系统宣传工作，宣传法律、法规、政策，宣传工商行政管理部门的作用，宣传系统内的先进典型，树立工商行政管理人员的良好形象。要做好系统装备工作，改善装备条件。继续推行计算机管理，提高科学管理程度。

各级协会、学会和事业单位，也要围绕工商行政管理的中心工作，深化改革，不断发展，做出新的成绩。

同志们，现在是发展工商行政管理事业的良好时机。一是建立社会主义市场经济体制，必然要加强市场监督管理，形势在推动我们发展；二是已经有了一支六十几万人的工商行政管理队伍；三是工商行政管理法制正在逐步完善；四是工商行政管理工作越来越受到各级政府的重视。我们要抓住机遇，同心协力，鼓足干劲，扎实工作，朝着建立有权威的工商行政管理市场行政执法体制而努力。

刘敏学局长在全国工商行政管理工作会议结束时的讲话

（1994 年 1 月 15 日）

全国工商行政管理工作会议今天就要结束了。五天来，大家深入学习领会十四届三中全会精神，认真研究深化工商行政管理改革，围绕全国经济工作会议部署的中心任务，安排了 1994 年的工商行政管理工作，并就李岚清副总理在听取国家工商局汇报时的讲话，进行了热烈讨论，这个讲话已经形成了国阅文件，也在会上给大家传阅了，这就使我们的会议内容更加丰富。尤其是今天下午李岚清副总理的接见和讲话，是我们这次会议一个很好的总结。岚清同志的两次讲话，对今后工商行政管理工作，具有很重要的指导意义，希望大家回去后迅速组织传达学习，认真贯彻实施。各地同志对我在会上作的报告进行了讨论。这个报告是我们工商行政管理系统集体智慧的结晶，大家一致表示赞同，认为报告的指导思想是明确的，改革思路是清晰的，反映了工商行政管理系统的实际情况。同时，许多同志也对报告提出了建设性的修改意见。会议开得是好的。

当前面临的一个突出问题是要解放思想，转变观念，抓住大好时机，积极推进工商行政管理改革，促进经济发展。目前，国内外的环境和我国的条件，都是推进改革不可多得的机遇。随着经济体制向社会主义市场经济体制推进，也给工商行政管理改革带来了不可多得的机遇。我们的干部，尤其是各级领导干部，要有很强的责任感和紧迫感，抓住机遇，深化自身改革，促进工商行政管理的发展，争取各项工作再上一个新台阶。因此，必须进一步解放思想，转变观念。这个问题始终是非常重要的，我在预备会上讲过，报告里面也有。根据大家在讨论中提出的问题，我讲这样几点意见：

一、过去的工作和改革目标的关系

第一，必须充分肯定过去的工作成绩。我们搞改革，从来没有说否定过去的工作，对过去的工作，要肯定它在那个历史时期的历史作用。比如说，发展个体工商户，推动个体私营企业的发展，推动市场的发展，中央领导同志都作了充分的肯定，而且作了高度的评价。还有过去的经济合同管理工作，也做出了成绩。在当时的历史条件下，这些工作都发挥了重要的作用，这是谁也否定不了的。

第二，我们必须明确遵循改革的目标，毫不动摇。工商行政管理改革的目标是什么呢？就是要建立有权威的市场监督管理和行政执法体制。这是工商行政管理机关在建立社会主义市场经济体制中的作用和地位。李岚清副总理几次讲到，工商行政管理工作太重要了。我理解，这不是从培育市场来说的，不是从搞市场规划来说的，也不是从对市场的宏观调控来说的，而是从对市场的监督，对市场的行政执法来说的。在社会主义市场经济体制中，工商行政管理机关是市场监督管理部门，是行政执法部门，从这个角度来讲，我们的作用和地位太重要了。要明确工商行政管理的地位和作用，这一点，这次会议上大家取得了共识。不仅国家工商局是这个目标，省局、市局、县局也应该是这个目标，整个工商行政管理系统改革都是这个目标，必须毫不动摇。

第三，我们的思想观念、工作重点、工作方法，都要紧紧围绕改革目标。必须明确，推进改革不是走老路，而是要沿着改革的方向，用改革的方法，转变思想观念，改进工作方法，努力实现改革目标。否则，就不能适应新的形势。大家要很好地领会十四届三中全会的决定。比如市场的进入，工商行政管理机关直接核准经营资格，那就是说，最后的责任由工商行政管理部门承担了，有问题就找我们一家了。建立现代企业制度，尤其是国有企业进行改革，这不是简单地办公司，不是盲目地发展公司。在讨论过程中，有的同志提出，现代企业制度与工商行政管理工作的关系，尤其是与企业登记制度的关系。我认为，建立现代企业制度的核心就是明确产权关系，就是明确法人财产权，让企业自主经营，自负盈亏。明确产权关系，涉及企业的组织形式，涉及企业章程的审查，这就要求工商行政管理部门的观念要更新，知识要更新，水平要提高。而且，将来企业的民事责任、法律责任，都要在企业准入、企业登记中体现出来。再比如，我们对各类市场都要进入或参与管理，但不等于都派工商干部进去，要区别于过去管集贸市场的办法。今后，各类市场都要监督管理，但并不是都派人进去，而是纳入法制的轨道，依法管理。现在，在规范市场行为和市场主体方面，已经出台了五个法，有的同志还不明白怎么去管理，实际上就是依法管理，通过执法来树立工商行政管理的权威。最后出台了《反不正当竞争法》，第一个案例非常重要，要抓准，打响第一炮。因此，我们的思想观念、工作重点和工作方法都要适应改革目标。

总的来说，就是要完善法制，理顺体制，提高素质。完善法制靠国家工商局做工作，靠国务院大力支持，各地也要搞一些规章。理顺体制有两方面的内容：一是请中央帮助，比如说城市的区局改分局；二是从我们内部看，有一个管理与服务职能分离的问题。这个问题难度很大，但决心必须下，可以分步走，但不能不走。今天你们直接听了李岚清副总理的讲话，我想感觉会不一样。在市场监督管理和行政执法中，工商行政管理部门要把"主管"这两个字体现出来。中西部地区，老、少、边、穷地区，近期可以继续培育市场，帮助地方推进市场的发展，大力推动个体工商户、私营企业的发展，因为你们那里初级市场还不发达，这方面还发展得不够。但是不能像过去那样，在发展的过程中，在体制上，在方法上，要注意管理和服务的分离。我们整个系统过去建市场方面有功，但是也背了沉重的包袱，负债70个亿。

你们要注意方法,政府牵头,全面规划,合理布局,不要搞有场无市;要多家兴建,工商行政管理部门管理,就要用这个经验。要总结这方面的经验教训,走新路子。

二、我们的工作方法

工作报告中提出了五个围绕和今年的主要工作,总的要求是围绕目标,分类指导,分步实施,分层决策。

分类指导,是说发达的地区,改革的进程要快一些,像广东、福建等沿海地区,像体改委提出的几个综合改革试点城市,要适应改革的要求,步子要快一点;中西部地区和一些老、少、边、穷地区,也要积极进行改革。进行分类指导,就是实事求是地结合各地的实际情况。比如说在发展市场上,要有区别,现在有初级市场、高级市场,有些地方市场经济还很不发达,商品经济意识还很差,应充分以集贸市场为依托,大力发展个体工商户和私营企业,促进当地经济的发展。国家工商局在中央,要进入宏观,各省市一定要结合当地的情况,围绕改革的目标,进入当地改革和发展的领域。从国家工商局来看,有一个对全国分类指导的问题,从各个省来看,也有一个分层次、分类指导的问题。

分步实施,是说对不同地区、不同阶段,根据不同条件,提出不同的实施要求和实施办法。从地区来看,有发达的有不发达的,有发展快的有发展慢的,有些做法要分步实施。分步实施是结合当地的实际情况,不是停止,也不是走老路,还是要改革。

分层决策,是说各地可以根据当地的情况,在服从国家大局的情况下,结合当地的实际情况进行决策。

三、国家工商局"三定"方案和地方工商局"三定"方案怎么衔接

经国务院批准的国家工商局"三定"方案,把我们的目标确立了,大家认为定得很好,定位是高的,目标是明确的,思路是清晰的,职责是明确的。"三定"是国家工商局的"三定",也反映了我们整个系统的职能。

一是国家工商局的"三定"方案,各地可以参照。二是国家工商局为了让大家便于沟通情况,便于考虑各个省的情况,搞了一个责权划分意见,供大家参考。有些具体问题,可以探索,国家工商局会后还要研究。国家工商局下设了三个局:一个是商标局,下面不要也设局了,因为商标是集中注册,下面主要搞监督管理;一个是企业注册局,下面要不要设局,要不要设分局;还有公平交易局,下面要不要设分局,各地也可以根据当地的情况,与编委、政府部门一起商量,尽快拿出一个意见。国家工商局在机构问题上不要求下面对口,只要求那个方面的工作有人做,体制上能运作。我也希望你们改变一些老想法,不要要求国家工商局机构如何设,因为国家工商局内设机构已经国务院批准。你们要强化什么、弱化什么,应按照改革的目标,改革的总体思路去考虑,国家工商局不强求。如我们要把合同仲裁机构搞起来,而有些同志说,我就要加强合同的管理,如果你觉得你们那里合同意识很差,有这个必要,也有这个力量做,国家工商局不反对,但是你不要要求国家工商局一定要有什么机构。国家工商局有一个处负责指导合同管理工作。今后,该强化的要强化,该弱化的要弱化。在"三定"方案方面,我们对省、对市要求都不一样,对县,对地级市、县级市的要求也不一样。县级市,尤其是不发达地区的县级市,工商行政管理工作仍是企业登记,个体工商户的登记,市场监督管理,主要是集贸市场的管理。一定要从实际出发,有步骤地推进体制改革,这样就不会与现行的"三定"方案、现行的改革目标出现更大的矛盾。

不少省市回去后就要开省(市)工商局长会,今年的工作抓得早,工作任务很重,要特别注意市场动向,尤其是要密切注视集贸市场。现在集贸市场在人民生活供应中占了很大比例,北京集贸市场占93%。要稳定人心,稳定社会,重要的一条就是要稳定市场,稳定物价。最后,国家工商行政管理局党组、局领导同志,对过去一年各地工商局取得的成绩表示祝贺,对大家的辛勤劳动表示慰问,向大家拜个早年。请大家开会时一定要转达我们的问候,特别要转达李岚清副总理对全系统干部职工的慰问。

刘敏学局长在全国工商行政
管理局长座谈会上的讲话

(1994 年 8 月 15 日)

这次全国工商行政管理局长座谈会,主要是向大家通报今年以来工商行政管理工作情况,研究下半年要解决的几个重点问题。特别是要认真研究市场监督管理和系统体制问题。这次会议是个座谈会,希望大家畅所欲言,各抒己见,提出好的方法和建议。开好这次会议,不仅对今年后四个月的工作有积极的指导意义,还能为明年的工作提供重要的参考。我先讲一些意见,供大家讨论。

一、工商行政管理改革各项工作取得新的进展

今年,是十一届三中全会以来改革措施出台最多、相对集中的一年,相继推出了财税、金融、投资、外汇外贸、重要商品价格改革和建立现代企业制度试点等项重大改革。这些改革措施,着眼于理顺基本经济关系,解决深层次矛盾,加快建立社会主义市场经济体制的基本框架,改革的广度、深度、力度和难度都是前所未有的。但由于改革的准备工作比较充分,采取了平稳过渡的办法,既保证了改革顺利推进,又减少了经济和社会震动,总的形势比原来预料的要好。工商行政管理的改革和各项工作,与中央的改革是紧紧联系在一起的。这些重大改革措施,其运作基础都是市场,都会毫无例外地反映到市场主体和市场秩序上来,因而,都与工商行政管理工作有关。

今年上半年,全国工商行政管理系统的改革和各项工作都是围绕中央提出的改革任务来进行的,发展势头是好的。特别是各省、市、县工商行政管理部门,按照年初全国工商行政管理工作会议提出的"五个围绕"的要求,着眼于建立有权威的市场执法机构这一改革目标,转变观念,立足市场,加强执法,推进改革,建立并维护正常的市场秩序,使改革和各项工作取得了实质性进展。

1. 加强对市场的监督管理,为中央确定的各项重大改革措施顺利出台创造条件,推动改革深入

第一,保护了市场秩序的基本稳定。在维护市场秩序方面,工商行政管理部门做了大量的工作。根据国务院关于粮食购销体制改革,原油、成品油流通体制改革,化肥等农业生产资料流通体制改革的决定,会同有关部门,迅速制定了加强粮食市场管理,整顿成品油市场,加强对农资市场监督管理的措施;对粮油、蔬菜等涉及人民生活的必需品加强了市场监控;对棉花市场、食盐市场中存在的问题重点进行了治理。同时,配合有关部门严格规范少数商品期货交易试点,对首批期货交易所试点单位积极参与规划论证;并采取措施,进一步加强了对期货经纪公司的监管。同时,密切注意改革中出现的扰乱市场秩序的行为,依法予以查处。上海、黑龙江等地及时查处利用多层次传销等欺骗消费者的行为。上半年,全国工商行政管理系统共查处经济违法违章案件 7.15 万起,罚没款 3.6 亿元;其中走私贩私大案3 529起,比去年同期增加 69.5% ;制售假冒伪劣商品大案1 913起,比去年同期增加50.27% 。通过这些工作,基本上保护了全国市场秩序的稳定,对于推动各项改革的深入,起到了积极的作用。

第二,加强对知识产权的保护,维护市场公平竞争。各级工商行政管理机关进一步加强了对商标专用权的保护,还参与了版权、激光唱盘经营中侵权行为的查处。今年上半年,共查处侵犯商标专用权案件17 000余起。按照国务院的部署,我们与有关部门一道,起草了《中国知识产权保护状况》白皮书,向世界声明我国保护知识产权的观点,宣传我国在保护包括商标专用权在内的知识产权方面取得的重大成就。与此相配合,国家工商局还举行了"保护外国企业在华注册商标专用权"新闻发布会,向中外记者公布了查处一系列涉外商标侵权案件的情况,驳斥了所谓我国对外国在华注册商标保护不力的谬论,受到国务院办公厅的表扬。我们还直接参与了与美国的知识产权谈判和

非正式的磋商,在国务院台办的统一协调下,与台湾方面就知识产权保护问题进行了非正式接触,就解决两岸知识产权保护问题交换了意见。

第三,严格监督广告经营活动,保护消费者合法权益。今年以来,工商行政管理机关加强了对广告经营活动的日常监督,严肃查处广告违法案件。上海手表厂"纪念毛泽东诞辰一百周年钻石金表"案发生后,广告管理部门会同其他有关部门及时进行了查处。针对广告媒介审查不严的情况,组织力量对部分重点媒介单位进行了集中检查,重点检查食品、药品、化妆品广告和医疗广告,督促他们严格把关,减少违法广告。广告立法和广告规划纲要的落实工作,也取得了较大的进展。《广告法》已经国务院第23次常务会议讨论通过,并将于近期提交全国人大常委会审议。

2. 围绕建立有权威的市场执法机构,努力宣传贯彻实施去年出台的几个法律,法制建设继续得到加强

去年,是有关工商行政管理的法律法规出台最多的一年。《反不正当竞争法》、《消费者权益保护法》、《公司法》已从去年12月起相继实施,《商标法》、《经济合同法》进行了修订,加上其他配套法规和规章,使工商行政管理法律、法规体系已形成了框架。《反不正当竞争法》、《消费者权益保护法》的宣传声势、范围和形式,都是前所未有的,各地工商行政管理机关和当地政府都很重视,取得了很好的效果,在贯彻实施《公司法》的过程中,我们担负起草《公司登记管理条例》,已经国务院批准,从7月1日起实施。这是《公司法》的第一个配套法规。它的意义不仅在于实现公司登记从审批制向核准制的过渡,更深刻的意义在于,它将推动现代企业制度的建立,真正形成符合社会主义市场经济要求的市场准入制度。同时,我们还认真抓了新法的研究制定工作,如《反垄断法》、《合伙企业法》、《独资企业法》。参与新法的起草工作,不仅有利于加速有关工商行政管理法律的出台,而且也有利于提高我们的立法水平。这项重要的基础性水平,能反映出我们的工作水平。

3. 体制改革取得实质性进展

今年,工商行政管理系统体制改革取得了实质性进展,向建立有权威的市场执法机构的目标迈出了一大步。主要表现在三个方面:

一是逐步落实了国务院批准的"三定"方案。这次"三定"方案有明显特色。国务院确定工商行政管理部门是国家主管市场的监督管理部门和行政执法机关,这是对工商行政管理部门最明确的定位。"三定"方案对国家工商局的机构和人员进行了相应的调整,合并了一些机构,精简了部门人员。国家工商局"三定"方案已落实到位。

二是系统体制改革迈出重要的一步。工商行政管理系统体制改革的目标是建立有权威的市场执法机构,这是一项系统工程。今年国务院下发了67号文件,解决了大中城市区工商局改分局的问题,这是系统体制改革的一个突破,是继理顺基层工商所管理体制后,向建立有权威的市场执法机构迈出的又一大步。同时67号文件还要求对县工商局及省以下工商局管理体制进行改革试点和调研,为进一步深化工商行政管理体制改革,创造了有利条件。

三是逐步理顺国家工商局对各省市工商局的领导体制。主要强调两条:一是省、自治区、直辖市局长的任命,国家工商局要参与,要有发言权。二是执法要垂直,即国家工商局对下级工商行政管理机关的处罚决定有否决权,可以纠正下面的错误决定,国家工商局认为必要时也可以直接查处由地方工商局管辖的案件。其他工作都依靠地方,要充分发挥中央和地方两个积极性。国家工商局最近发了文件,对省、市、县工商局公平交易和企业注册机构的设置提出了意见,这对于规范机构名称,促进统一执法,也将起到积极的作用。

4. 促进市场主体健康发展,推动培育市场体系

今年以来,各级工商行政管理机关把搞活市场主体,培育市场体系作为自己的工作重点,大力促进地方经济的发展。在搞活市

场主体方面,一是继续支持国有大中型企业转换经营机制,通过调查研究,提出对策,为当地政府当好参谋,并结合本职工作,促进企业进行股份制改造和转产工作,增强企业的竞争力。上半年,全国净增各类企业39.9万户,全国企业总户数已达768.6万户,比去年底增加5.48%,其中公司127.7万户,比去年底增加22.92%。二是促进发展非公有制经济,特别是个体私营经济,许多地方工商局都把它作为振兴县级经济的一条重要途径,使个体私营经济的发展呈现出好势头。到6月底,全国个体工商户已达1 887.6万户,比上年同期增加21.91%,注册资金1 032.9亿元,从业人员3 183.4万人,私营企业发展到32.8万户,比上年同期增加37.95%,注册资金1 041.4亿元,从业人员500.8万人。外商投资企业达18.86万户,比去年底增加12.6%。

与此同时,各地工商行政管理机关进一步加强市场体系的培育。在建市场问题上,采取了实事求是的态度,减少直接投资,强调先有市、后建场,加强建市场的事先论证,扶持各部门建市场,积极参与监督管理。同时,各级工商行政管理机关深化市场监督管理方式方法的改革,推进市场监督管理职能与市场服务职能相分离的试点工作,积极创造经验,逐步实现建市场、管市场的科学化和规范化。到6月底,全国共有集贸市场83 155个,成交额3 873.5亿元,比去年同期增加64.43%。

5. 廉政建设取得了积极成效

主要体现在两个方面:一是国家工商局内部,贯彻中纪委三次全会精神,对局机关廉政建设进一步狠抓落实。各司局都开了民主生活会,对照两个"五条"进行检查,进一步规范我们的行为。二是各省市工商行政管理机关认真采取措施,健全内部制约机制,开展反腐败斗争,加强干部廉洁自律,取得了显著成效。许多地方的廉政建设还受到了当地党委和政府的表扬。

以上情况表明,工商行政管理的改革和各项工作取得了明显进展。但也应看到我们面临的困难和问题。主要是:(1)市场秩序还不尽如人意,不公平竞争的现象还很严重,维护市场秩序的工作还需要下大力气加强;(2)规范市场主体的工作量还很大,尤其是《公司法》实施后,要对现有公司进行规范,难度很大,需要研究的问题也很多;(3)体制改革和廉政建设任务很重,需要切实有效的措施才能落实。

当前工商行政管理的改革处于非常重要的时刻,国务院领导同志非常重视,我们在整个改革中的地位越来越重要,各项工作的发展势头很好。我们只要乘势而上,积极推进改革,不仅可以实现年初提出的目标,还可以为明年的工作打下一个好基础。

二、下半年要研究解决的几个问题

1. 深入研究市场监督管理,进一步增强市场执法力度,促进市场秩序的好转

今年下半年经济工作的重点是抑制通货膨胀。通货膨胀作为一种经济现象,必定会在市场上直接反映出来,这就给市场管理部门提出了艰巨的任务。当前市场违法活动还比较严重,这与执法力度不够有关。工商行政管理机关必须按照建立有权威的市场执法机构的要求和"三度"工作思路,扩大市场执法的广度,增强市场执法的力度,充分运用市场执法手段,促进市场秩序的好转。

第一,要充分认识市场监督管理在抑制通货膨胀工作中的重要作用。通货膨胀反映在市场上主要是价格上涨过快。这不仅影响广大群众的实际生活水平,还会影响社会安定。群众对最近一段时间出现的粮油、蔬菜等副食品价格几次大幅度上涨,意见较大。这里有总量不足的问题,也有市场管理问题。积极配合有关部门抑制通货膨胀,是树立工商行政管理部门执法权威的要求。国务院确定工商行政管理部门是主管市场的监督管理和行政执法部门,市场发生的违法违章案件,理所当然要找工商行政管理部门,这从另一个侧面说明了工商行政管理部门监管社会主义统一大市场的必要性。我们要正视当前市场上出现的问题,真正担负起监督管理的责任。要充分认识稳定市场任务的艰巨性。各级工商行政管理部门不

仅要管好集贸市场,还要积极参与管理其他各类市场。对垄断性涨价、牟取暴利和商业欺诈行为要依法认真查处,坚决打击。继续严厉打击制作、发布违法广告,制售假冒伪劣商品,走私贩私和欺行霸市等严重扰乱市场秩序的行为,促进市场秩序的好转。

第二,要紧紧抓住市场中的突出问题,主动开展研究,提出积极的对策。当前,要重点抓住以下五个方面的问题。一是要抓住粮油价格问题。对粮食市场,中央重点是抓粮食收购和粮食进口,解决粮食总量平衡问题,工商行政管理部门要重点维护好粮食市场的秩序,继续按照有关规定,整顿粮食批发企业,促进粮食市场的稳定。二是抓住"菜篮子"的问题,一方面要严厉打击蔬菜市场上的欺行霸市行为;另一方面要支持发展蔬菜基地和贸工农一体化组织,扶持贩运活动,保护贩运户的合法权益,坚决制止随意查扣,以丰富居民的菜篮子,平抑物价。抓好蔬菜价格,是关系到千家万户的大事,是稳定物价的基础性工作。解决蔬菜价格问题的关键是解决总量问题,总量不足就会涨价。限价从长远来看是不可取的,只有东西多了,价格才能下来。因此,各地工商行政管理部门要抓好蔬菜批发市场,组织货源。三是要严厉打击棉花经营中的掺杂使假行为。当前,棉花市场中问题不少,特别是掺杂使假,非棉花经营单位经销棉花的情况还十分严重,今年棉花收购季节即将到来,国务院对棉花工作非常重视,近期还要召开棉花工作会议。各级工商行政管理部门要从大局出发,按照国务院的部署和我局最近发出的两个关于加强棉花市场管理的通知,对非棉花经营单位的经营活动要坚决取缔,对棉花经营中的掺杂使假行为要严厉打击,保障国家棉花收购任务的顺利完成。四是要继续加强对食盐市场的管理。食盐加碘是关系十亿人民身体健康的大事,工商管理部门必须采取有力措施,认真按照今年一月我局会同轻工总会、技术监督局等五部局下发的《关于加强食盐市场管理　坚决杜绝非碘盐进入缺碘地区的通知》,对进入食盐市场的非食用盐和进入缺碘地区的非碘盐要严

肃查处,对非法从事食盐生产和销售的要坚决取缔。五是要抓住农业生产资料市场问题。要配合国务院新近出台的化肥等农业生产资料流通体制改革,切实加强对农资市场的监督管理。朱镕基副总理在研究这项工作时强调:"整顿农资流通秩序,加强农资市场管理,主管部门工商局要抓好这方面的工作。"8月18日,国务院要专门召开农资流通体制改革会议,对这项工作进行部署。各级工商部门要积极会同物价、技术监督、行业主管部门等单位认真做好对化肥等农业生产资料经营单位的核准工作,对无照经营和超范围经营的要坚决取缔,对违反国家价格规定,牟取暴利、制售假冒伪劣化肥等坑农害农的行为要严肃查处,确保农业生产资料流通体制改革顺利进行。此外,还要抓好个体户和私营企业的监督管理。大多数个体私营企业是好的,但也有一些个体私营企业违法经营,偷税漏税,哄抬物价,牟取高额利润。因此,必须加强管理。

同时,我们还要注意研究市场中出现的新问题。一段时间以来,香港、台湾地区的一些不法商人,钻我国市场法律、法规尚不健全的空子,进行违法活动。如1992年下半年许多城市出现期货经纪热,一些港商操纵期货交易,搞私下对冲,欺诈客户,携款潜逃。关于期货市场的管理,国务院1993年11月下发了77号文件,1994年5月又下发了69号文件,这两个文件明确了工商部门参与期货市场管理的四项职责,即在国务院证券委的指导下,配合证监会,参与对期货市场的论证、规划以及方针、政策、法规的制定;所有的期货交易所,经国务院批准后,统一在国家工商局登记注册;所有的期货经纪公司,经证监会审核后,统一在国家工商局登记注册;所有的地下期货经纪公司,由工商行政管理机关会同有关部门予以取缔。因此,我们要根据有关规定,取缔地下期货经纪公司,查处期货交易中的违法行为,积极探索行之有效的管理办法。再如1993年下半年以来,一些大城市出现多层次传销,期货交易中的违法行为,要积极探索行之有效的管理办法。再如1993年下半年以来,

一些大城市出现多层次传销,以佣金为诱饵,发展直销商,搞"老鼠会",欺骗消费者,从中渔利。对此,国家工商局最近召开了新闻发布会,发出通告,凡是以骗取钱财为目的,欺骗消费者,抬高销售价格的"老鼠会"和多层次传销,必须坚决取缔。这样做,不仅不会影响改革开放,相反地,可以促进投资环境的改善,有利于改革开放,同时,有助于提高我们的执法权威。

第三,要加快执法人员的各类培训教育,提高队伍整体素质,学会运用新的法规查处市场违法活动。《反不正当竞争法》、《消费者权益保护法》出台后,许多地方工商局的同志仍然习惯于使用一些驾轻就熟的规定,用《反不正当竞争法》、《消费者权益保护法》处理的案件还不多。这除了对新法不熟悉,配套规章还不完善,一些条款需要由人大作出解释,一些规定要进一步具体化等原因以外,很重要的一个原因是我们的同志在观念上还没有从计划经济转到市场经济上来。

现在,市场执法依据的法律、法规、规章逐渐多起来了,有法就要严格执法,否则新颁布的法律就将成为一纸空文。能否熟练地运用新法处理经济违法活动,直接关系到我们的执法权威。因此,必须转变观念,认真组织学习、宣传新的法律、法规,各地必须把法制教育列入干部岗位培训的正常轨道,通过多种形式、多层次的培训教育,进一步增强各级工商行政管理干部的法制观念和法制意识;同时,要深入研究新法规定的合法与非法的界限,运用新的法律法规查处市场违法行为,提高执法水平。

第四,要形成执法的合力和监督制约机制。据一些地方反映,我们系统内部多头执法的问题还没有解决,执法的整体功能还没有发挥。今后,要依照法律合理分工,互相配合形成合力,减少职责交叉。同时,为了提高执法水平,要逐步建立执法的监督制约机制。去年国家工商局的18号令,规范了执法方法和执法程序,是开展执法监督工作的一个重要行政规章,应严格、全面地贯彻执行。要进行经常的执法检查,促进执法工作上一个新的台阶。

2. 贯彻国务院办公厅67号文件,大力推动系统体制改革

第一,要深刻理解67号文件的重要意义。67号文件不是简单的区局改分局的机构管理体制的变化问题,而是建立有权威的市场执法机构,实现统一执法的重要步骤。社会主义市场经济体制要求我们建立统一、开放、竞争、有序的市场体系,而这种体系的形成又必须依托城市,特别是要充分发挥中心城市的功能和作用。这种功能和作用主要表现在它的凝聚力和辐射力。

城市的凝聚力和辐射力,一方面要取决于城市的硬件建设,比如交通、通信,当然也包括有形市场;另一方面取决于城市对市场的监控和管理能力,比如,对市场的统一规划建设,统一制定市场政策,统一规范市场行为,统一市场执法,这些也是非常重要的基础工作。

上述这些作用发挥得好,有利于市场体系的形成和完善。一个城市的一切经济活动集中反映在市场,没有一个信息灵敏、政令畅通的执法权威,是不能设想的。行政执法权的适当集中,对国家实施市场经济的宏观调控是必需的,对充分发挥中心城市的凝聚力和辐射力也是必需的。

正是出于这种考虑,中央和国务院很早以前就酝酿对城市工商行政管理体制进行改革,早在1989年初,当时的国务院领导同志,包括李鹏总理、姚依林副总理已经同意对城市的工商行政管理体制进行改革,后来由于一些特殊原因没有来得及实施。时隔五年,当国务院决定对城市工商行政管理体制进行改革的时候,我们应该从更深的层次来认识这个问题的重要意义。总之,这样做对城市本身有利,对建立有权威的市场行政执法机构有利。既然国务院已经确定工商行政管理部门是主管市场的行政执法和监督管理机关,我们就应朝着建立有权威的市场执法机构努力。树立工商行政管理部门的执法权威,要靠法律的逐步健全,体制的逐步到位,队伍素质的不断优化,执法水平的不断提高。要逐步建立职能明确、设置合

理、运转灵活的体制和一支高效廉洁的执法队伍。区局改分局正是我们在理顺体制方面迈出的重要一步。因此，我们要深刻认识67号文件的重要意义，提高贯彻落实这个文件的自觉性。

第二，要理顺关系。一是要协调好与区政府的关系，发挥区政府的积极性。区局改分局是为了统一执法，规范市场行为，维护市场秩序，更好地促进地方经济的发展。各大中城市工商局要一如既往地培育市场体系，搞活国有大中型企业，促进发展个体私营经济，把促进地方经济的发展作为一项重要任务来抓。在工作中要多同区政府商量，主动听取他们的意见，取得他们的支持。在利益的问题上，要更多地照顾当地政府。当地局长的任免，也应听取所在区政府的意见，利于开展工作。二是理顺内部关系。区局改分局后，有些工作将转移到市工商局，实行集中统一领导，但也要注意明确各分局的职责，各省、自治区工商局应加强对他们的指导。市工商局要积极探索内部管理体制的改革，通过改革建立一个统一、高效、有权威的执法机构。

第三，要抓住机遇，加快落实。当前，正是各地进行机构改革的大好时机。67号文件下达后，有的省市行动迅速，很快拿出了贯彻意见；而有的地方还在观望，没有拿出具体意见。各地工商行政管理机关要主动一些，积极向地方政府提出建议，拿出具体的落实方案，不能久拖不决，再次失去机会。在贯彻中，要总结推广一些成功的经验。有些省市在67号文件下达之前，已经坚持了几年区局改分局的体制；有的省市在这次贯彻落实中还有创造性的发展，如区、县设分局一步到位，保税区、开发区也一律改设分局等，都是很好的经验，要认真总结推广。贯彻落实中出现的问题，要及时向上反映，便于有针对性地提出解决办法。

第四，要大力宣传这次体制改革的重大意义，让社会各界都知道、理解、支持工商行政管理的体制改革工作，对推进改革过程中出现的好经验，也要进行广泛的宣传。

3. 进一步加强廉政建设

廉政建设是我们系统的一项长期工作，一定要常抓不懈。从总体上看，工商行政管理系统的廉政建设是好的，但不能估计过高，要清醒地看到存在的问题，不断探索新的行之有效的办法。在新的历史条件下，一是要做到廉政建设与勤政建设相结合，大力提倡勤政为民，廉洁自律。二是要做到上下结合。领导干部、领导机关要率先垂范，带头自律，抓好廉政制度建设；基层的机关和基层的同志要自觉遵守各项制度，树立好的执法形象。三是要做到政治思想教育与社会主义市场经济理论教育相结合，既要继续发扬艰苦奋斗、勤俭节约的美德，又要运用适合市场经济的方法，关心并解决干部职工的疾苦。四是要做到专门机关的监察与社会监督相结合。发挥纪检、监察等专门机关的力量，发动广大干部职工和社会各界进行督促检查。五是要做到查处违纪与完善制度相结合，通过查处，发现漏洞，完善制度。

今年下半年，系统廉政建设工作要抓住以下重点：

一是要开好反腐倡廉工作会议。反腐倡廉工作会议要做好深入持久地开展反腐败斗争的宣传发动和组织动员工作，使反腐败工作深入人心；要明确反腐败工作的重点、方法和步骤；要表扬并树立廉洁自律的先进事迹和典型，严厉处分腐败分子，大力弘扬正气。会议结束后，各地要根据会议的要求部署这项工作，把反腐败斗争深入下去。

二是要继续抓政企分开工作。现在有的地方工商局还没有和所办企业脱钩，这是造成一些同志不廉洁的根源之一。必须重申，凡没有与所办企业脱钩的，一律于今年底前全部脱钩；咨询、服务机构要有条件地办，不能过多过滥，还要实行独立核算，在人、财、物方面与政府部门脱钩。

三是要继续纠正行业不正之风。行业不正之风的产生与工作性质、工作方法有关。行业不正之风的彻底纠正，必须从完善工作制度入手，做到工作分工科学化，工作程序制度化，工作情况公开化，工作岗位轮流化。要继续推行并完成前几年形成的一整套有效的管理制度和管理措施。财务管理也必须纳入纠正行业不正之风的范围,要进一步完善财务制度,加强财务监督,制止和纠正用公款支持高消费。同时,抓住重点环节、重点岗位和重点人员,进行重点防范。结合公务员制度和精简人员,对广大干部职工进行考核,考核不合格的应予精简,执法犯法的应坚决清除,绝不能姑息养奸。

4. 实施《公司法》和《公司登记管理条例》,全面推进企业登记管理制度的改革

第一,要完善公司登记管理法规,保证公司登记改革一步到位。《公司登记管理条例》是《公司法》的配套法规,搞得既快又好,但还不够,还要会同其他部门组织力量研究起草其他实施办法。《关于外国公司在中国境内设立分支机构的管理办法》、《关于实行国有企业公司制改建的暂行办法》、《关于原有有限责任公司和股份有限公司依照〈公司法〉实行规范化的通知》等规范性文件,与公司登记管理工作密切相关,要尽力促成早日出台,要按《公司法》和《公司登记管理条例》的规定,改革公司登记管理办法,坚持直接登记为主,审批设立为辅的原则,通过试点,逐步推行一审一核制,同时进行必要的培训,促进建立现代企业登记管理制度。

第二,积极发挥职能作用,支持国有企业实行公司制改建。各级工商行政管理机关要积极参与国有企业进行公司改建试点,做好试点企业的登记管理工作。国有企业改建为公司,要在有关部门清产核资,界定产权,清理债权债务,评估资产,建立规范的内部管理机构的基础上,才能重新办理登记注册手续。

第三,以《公司法》和《公司登记管理条例》为依据,逐步规范原有公司。原有公司很多名不副实,应按《公司法》的要求进行规范。对原有公司的规范可分两步走,第一步是先规范列入试点的11 000家公司,第二步是规范其他公司。这项工作需要三至五年时间,规范原有公司要抓住两个重点,一是要严格审核并规范公司章程,明确公司的组织形式和法律责任形式。二是要与其他部门一起界定产权,评估资产,明晰产权关系,以实现国有资产的保值增值。

第四,加强和规范新办公司的登记管理工作,可以预料,《公司法》实施后,公司的数量将会持续增长。各级工商行政管理机关必须切实做好新办公司的登记管理工作,所有新办公司都必须符合《公司法》和《公司登记管理条例》的规定,起点要高,要求要严,保证新办公司按规范要求运行。

此外,要配合有关部门抓好有关市场经济立法工作,制定新的法律、法规。《合伙企业法》、《独资企业法》是市场主体法,涉及工商行政管理部门对市场主体的登记和对市场进入的管理,要组织力量,积极论证,抓紧起草,争取早日出台。还要抓紧研究起草《反不正当竞争法》、《消费者权益保护法》等新出台法律的配套实施办法和规章。对原有的一些法律、法规,要按市场经济的要求进行修改。各省、市工商局要结合当地实际,制定一些地方性规章,特别是对一些全国统一立法条件尚未成熟,而又亟须进行规范的问题,可先搞地方性立法,以便为全国性立法提供经验,推动工商行政管理法律体系的健全。

加大执法力度　严格监督
管理为建立良好的市场
经济秩序而努力
——王众孚局长在全国工商行政
管理工作会议上的讲话

(1995 年 1 月 9 日)

这次全国工商行政管理工作会议,主要任务是贯彻中央经济工作会议精神,回顾总结1994 年的工作,研究部署1995 年的工作任务。

一、1994 年工作的回顾

1994 年,各级工商行政管理机关坚持以邓小平同志建设有中国特色社会主义理论为指导,围绕改革、发展、稳定的大局,按照建立社会主义市场经济体制的要求和发展经济、服务经济的原则,开拓进取,努力工

作,无论是培育和发展各类市场,还是加强市场监督管理;无论是加强法制,完善市场交易规则,还是依法行政,查处违法违章行为;无论是深化改革,理顺体制,还是提高队伍素质,改进机关作风,都在多年来好的工作基础上,取得了新的进展和新的成果。

1. 认真贯彻中央各项重要改革措施,加强市场监督管理

去年,国家在财税、金融、投资、外汇外贸和价格等方面实施了重大改革,并取得了明显的效果。各级工商行政管理机关围绕这些改革措施的落实和到位,进行了卓有成效的工作。加强对各类市场的监督管理,查处不正当竞争行为和其他违法行为,为改革创造好的市场环境作出了积极的努力。到去年底,各地共查处不正当竞争案件4 573件。对多层次传销中的违法行为进行了认真查处。同有关部门一起,加强市场物价监控,查处了一批欺行霸市、哄抬物价的违法行为。同时,依法整顿粮、棉、成品油、农资、药品等重要商品市场,加强了对肉、食盐、药品等与人民群众生活密切相关的商品的监管,查处掺杂使假行为。参与查处非法期货经纪活动,规范了部分期货交易试点。强化了对集贸市场的监督管理,把市场服务职能从市场监督管理职能中分离出来,充实监督管理力量,健全市场登记制度,狠抓规范化管理工作,推动了集贸市场的发展。到去年底,全国共有集贸市场83 516个;全年成交额8 611.3亿元,占社会商品零售额的37%。这些工作,对稳定市场、保证国家重大改革措施的顺利实施,发挥了积极作用。

2. 把住市场进入关,逐步改革企业登记管理制度

结合贯彻《公司法》,对企业登记体制、登记注册事项、登记程序等作了重要改革,开始向直接登记为主、审批设立为辅的企业登记管理制度新框架过渡。在登记机关内部推行"一审一核"制,简化并规范了登记操作程序。统一了年检的程序、内容、报表及标识,明确年检目的主要是确认企业的继续经营资格,增强了年检力度。加强对外商入资、以国有资产入资、假合资等问题的管理

和查处,加大授权局的处罚权限,强化了登记机关的监督管理职能。据去年前三个季度统计,全国注销外商投资企业1 843家。同时,积极参加国务院组织的现代企业制度试点工作,参与制订百家企业现代企业制度试点方案。协同经贸委、体改委实施中办、国办《关于党政机关与所办经济实体脱钩的规定》,对党政机关所办经济实体进行了清理。企业登记管理制度的改革和完善,促进了各类企业的稳定发展。到去年12月底,在工商行政管理机关登记注册的国内企业(不含私营企业)795万户,注册资金51 270亿元,从业人员27 140万人;外商投资企业继续稳定发展,到去年底,已发展到20.7万户,投资总额4 846亿美元,注册资本3 100亿美元,外方认缴出资额1 953亿美元,从业人员2 336万人。在支持发展公有制经济的同时,加强对个体私营经济的引导和监督,促进健康发展。到去年底,全国个体工商户已发展到2 147万户,注册资金1 275亿元,从业人员3 694万人;私营企业42万户,注册资金1 389亿元,从业人员635万人。

3. 工商行政管理法制建设得到加强

立法工作取得新的进展。去年,全国人大常委会和国务院分别通过了《广告法》和《公司登记管理条例》,国家工商行政管理局根据监督管理和行政执法工作的需要,制定发布了关于公司登记管理、外商投资企业审批和登记管理,以及商标代理组织管理等方面的规章。起草上报了《融资租赁合同条例》,开展了《合伙企业法》、《独资企业法》的调研论证和起草准备工作。法制宣传采取多种形式,特别是对《反不正当竞争法》、《消费者权益保护法》、《广告法》和《公司登记管理条例》的宣传取得了一定效果,增强了经营者、消费者和执法人员的法律意识。各地加强了对法制工作的领导,不断建立健全法制机构,强化了执法监督,普遍对《反不正当竞争法》、《消费者权益保护法》的执行情况进行了执法检查,促进了行政执法水平的提高。同时,在当地人大和政府的领导下,开展地方立法工作,制定了一些地方性工商行政管理法规和规章,为更好地实施市

场监督创造了有利条件。

4. 改革商标、广告管理方式,推动商标、广告事业的发展

去年,顺利地完成了商标核转制向代理制的转轨。全国已有商标代理机构 96 家,其中涉外代理机构 17 家。先后成立了涉外商标代理人联谊会和全国商标代理人联谊会,试行商标代理人的行业管理。与有关部门一道,起草了《中国知识产权保护状况》白皮书,有力地配合了中美知识产权谈判。大力普及《商标法》,提高全社会的商标意识,商标申请量和商标注册量都超过往年。到去年底,全国有效注册商标已达 46 万件,比上年增长了 12.2% 。

广告管理的改革已经起步,在 10 个城市开展了广告代理制和广告发布前审查等改革试点工作。选择试点,开展广告监测,加强对广告市场的监督管理,促进了广告事业的发展,到去年底,全国广告经营额已达 177 亿元,比上年增长了 32% 。

5. 工商行政管理自身体制改革有了突破,队伍建设取得初步成效

全国大中城市工商行政管理体制改革取得了突破性进展,全国 202 个大中城市中,已有 177 个进行了城区工商行政管理体制调整工作,占大中城市总数的 87.6% 。16 个城市开始市辖县的工商行政管理体制调整试点。根据新的“三定”方案,提出了各级工商行政管理机关事权划分和职责分工的意见。干部队伍的教育和培训质量有了提高,调整、充实了教育培训内容,重新编审了工商行政管理中等专业学校教学大纲教材。强化了全员岗位培训,全系统岗位培训率已达 90% 。积极引进国外智力,研究借鉴了市场经济条件下的一些国际惯例。各级工商行政管理机关积极开展反腐败斗争,整治和纠正行业不正之风,查处了一些违法违纪行为;对窗口岗位和问题较多的关键环节,建立了一些规章制度,加强防范,取得了一定成效。

从改革和发展的角度看,工商行政管理工作还存在一些问题,主要是:市场执法职能交叉较多,一些影响工商行政管理市场执法的关键环节和制约因素,还没有得到解决;工商行政管理的工作制度、工作方法,还不能完全适应经济发展的需要;法律法规还不完全配套,对交易过程监督不够;市场执法缺乏权威;系统体制改革有待深化,执法人员素质亟待提高。在今后的工作中,必须重视这些问题,并采取切实措施加以解决。

二、1995 年工作的主要任务

1995 年是“八五”计划时期的最后一年,也是为“九五”计划打基础的一年。工商行政管理机关要认真贯彻党的“十四大”和十四届三中、四中全会精神,按照中央经济工作会议提出的今年经济工作的指导思想和各项任务,充分发挥职能作用,加大执法力度,严格监督管理,完善交易规则,规范市场行为,建立良好的社会主义市场经济秩序,建设一支高素质的工商行政管理队伍。

为此,要重点做好以下几项工作:

1. 抓紧立法立规,完善交易规则,规范市场行为

市场经济是一种法制经济。建立科学的、完备的法制体系,是建立社会主义市场经济体制的保障和重要环节。市场经济活动的合法与非法,市场竞争行为的正当与不正当,都要通过法律来界定和规范。工商行政管理机关的各项工作必须是依法监督管理,依法行政。所以,加快立法进程,健全工商行政管理法规体系,完善交易规则,规范市场行为,是当务之急。

根据实际工作需要,今年我们要起草的法律项目有《独资企业法》、《合伙企业法》;参与起草的法律项目有《反垄断法》;起草并争取年内完成的行政法规有《作业法人的法定代表人审批条件和登记管理规定》、《企业名称登记管理规定》(修订);开始着手起草的行政法规有《非商标特殊标志保护条例》、《商标法实施细则》(修订)等。与此同时,年内要制定发布两个方面的规章:一方面是围绕《反不正当竞争法》、《消费者权益保护法》、《商标法》、《广告法》和《公司登记管理条例》制定配套规章,如《关于禁止仿冒知名商品特有的名称、包装、装潢的不正当竞争行为若干规定》等;另一方面是根据市场监

督管理工作的需要,在法律、行政法规暂时难以出台的情况下,先行制定一些规章,如《经纪人管理办法》。为增强工商行政管理的力度,使工商行政管理机关的职能法律化,今年要着手调查研究,起草工商行政管理的法规,通过努力,使工商行政管理法规体系逐步趋于完善。

法规的制定是一项系统工程,涉及社会的方方面面。我们必须调动各方面积极因素。协调处理好各方面的关系。一是在建立市场主体行为规范的同时,建立市场监管主体行为规范。二是在进行法规起草的同时,适时地、积极地制定与之相配套的规章。三是在立法立规的同时,总结研究执法过程中的经验和问题,对一些不适应社会主义市场经济发展的法规进行清理,提出修改的建议,保证执法依据的严肃和统一。四是要发挥国家工商局和地方工商局参与立法的积极性。各地工商局应在当地人大、政府的领导下,制定一些与现行法规相配套的地方性法规和规章,使国家法律和行政法规具体化;制定全国性法律法规条件尚不成熟的,各地也可先行制定法规和规章,既为本地工作服务,又为全国性立法积累经验。

2. 加大执法力度,改善市场秩序,维护公平交易

健全法制的关键是执法。我们要根据改革和发展的需要,在积极培育市场、抓紧经济立法的同时,针对目前存在的管理工作薄弱、对交易过程监督不够的问题,加大执法力度,切实把工作重点放到市场监督管理上来。首先,要围绕《反不正当竞争法》、《消费者权益保护法》、《商标法》、《广告法》、《经济合同法》、《公司登记管理条例》等法律和行政法规的执行,加大执法力度。抓住不正当竞争、限制竞争和混淆、误导、虚假宣传等重点、难点问题,加强法制宣传,增强经营者和广大群众的法律意识,创造良好的执法环境。其次,要抓紧重大典型案件的查处,发现一起,查处一起,选择典型案例,公开曝光,造成声势。第三,要认真研究解决执法中遇到的困难,提出解决“认定难”、“处罚难”、“执行难”的办法。第四,要规范执法行为,严格执行办案程序,完善执法监督制度,形成健全的内部制约机制,全面实施案件审核制度,避免和减少执法的随意性。

当前,各级工商行政管理机关要抓住社会上反映比较强烈、严重扰乱市场秩序的违法交易行为,组织力量,分工协作,依法治理。

一是严厉查处制售伪劣商品、假冒商标、虚假广告、走私贩私等违法行为。食品、药品、化妆品、农资等与人民群众生产生活密切相关的行业,是治理的重点,要分阶段确定查处目标,实行各级领导责任制。在全国范围内组织四次大的专项治理:第一次是在春节前后,重点打击制售注水肉、伪劣营养品和保健食品的违法行为;第二次是在春耕期间,重点打击制售伪劣农药、种子、化肥的违法行为,整顿农资市场秩序;第三次是在第三季度,重点整顿饮料市场秩序;第四次是在第四季度,重点整治假冒商标、虚假广告行为。专项治理从检查流通领域入手,挖根寻源,标本兼治。打击的重点是制售假冒伪劣的窝点、批发市场和印制假冒商标标识、装潢的违法经营者。在治理整顿过程中,对群众早已深恶痛绝,而违法分子用来推销假冒伪劣商品的“回扣”行为,工商行政管理机关要依据《反不正当竞争法》的规定从严查处,构成贿赂罪的移送司法机关依法惩处。专项治理要和日常监督结合起来,巩固扩大治理成果。春节前,国家工商局将组织力量,分成若干个工作小组,分赴各地,推动市场秩序整顿治理工作的开展。今年第二季度,要召开全国工商行政管理机关查处案件工作会议,与司法部门配合,公开处理一批严重扰乱市场秩序的重大案件,各地工商行政管理机关要在当地政府的统一领导下,从实际出发,确定专项治理的内容和方法,真正取得成效。

二是把平抑市场物价、抑制通货膨胀作为市场执法的重要内容,支持配合物价部门,进一步完善价格监控制度。首先抓好粮、棉、油、肉、蛋、菜、农资等重要商品的价格监控,严肃查处价格欺诈、价格垄断等违

法违章行为。对那些强买强卖的"菜霸"、"鱼霸""肉霸",一经发现,从重处罚,吊销执照,清除出场。要继续做好培育市场、促进流通的工作,采取减免收费和奖励等措施,支持农民进场经营,减少流通环节,为实现今年主要商品的市场价格涨幅比去年有明显回落作出积极努力。

三是要依照《经济合同法》的规定和工商行政管理职能,严肃查处利用经济合同进行的违法行为。结合贯彻《仲裁法》,继续改进合同管理工作,把工商行政管理部门的合同监管与市场中介组织的自律行为、企业的自主行为分离开来,重点查处欺诈等违法行为,保护债权人的合法权益。

四是要加强对文化、服务等行业市场的监督管理,配合有关部门查禁反动、淫秽书报刊和音像制品,打击非法出版活动,规范娱乐企业的行为,促进社会主义精神文明建设。

五是要实现商标、广告的规范化管理。进一步提高商标注册质量,加快商标注册速度,力争到1996年把注册商标周期由现在的一年零八个月缩短为一年。建立并健全行政保护与司法保护相结合的商标保护机制,保护商标专用权,进一步为我国知识产权保护工作作出贡献。

广告是一种重要的市场行为。今年要围绕《广告法》的实施,积极开展宣传、咨询活动,加强执法检查,不断改善监管方式,纠正不恰当广告行为,逐步使广告走向规范化,集中力量查处虚假广告,推动广告市场秩序进一步好转。

要扩大和推广市场监督管理与市场服务相分离的试点经验,把力量充实到对大市场的监管上来。十多年来,工商行政管理部门在培育发展市场方面,作出了历史性的贡献。根据新的"三定"方案的要求,必须实现职能转变。培育市场功劳很大,监管市场任务更重。要认真搞好对生产资料市场的监督管理,探索参与监督管理劳动力、房地产、技术、金融等生产要素市场的办法。加强对经纪人的监督管理,做好经纪人资格认证工作。深化市场监督管理方式、方法的改革,

在加强市场监管,全面推开市场规范化管理的基础上,做好文明市场的评比和表彰。要进一步完善商品市场登记管理办法,加强商品市场的规范化管理。

3. 围绕中央提出的1995年的改革任务,深化工商行政管理的各项改革

(1)适应建立现代企业制度的要求,深化企业登记管理制度改革。一是要按照党中央、国务院关于把国有企业改革作为今年改革重点的部署,支持国有企业按照建立现代企业制度的要求进行改制、改造、改组工作。积极参与国务院确定的百家企业现代企业制度试点工作,做好组织实施《国务院关于国有企业改建为公司若干问题的决定》、《国务院关于原有有限责任公司和股份有限公司实行规范化的通知》等法规、重要文件的工作。对《公司法》实施以来的登记管理工作进行综合分析,向人大、国务院提出报告和建议,促进与《公司法》有关的配套法规的完善。二是要改变企业登记管理的"多轨制",建立规范、统一的企业登记管理制度。对公司以外的其他内资企业的登记,要在行业审批、名称核准,法定代表人登记管理等重要环节上,尽快采用与公司登记管理相同的办法。按照《公司法》和有关外商投资企业的法律,规范对外商投资企业的登记。三是要加强对注册后企业的监督管理,按照中央提出的认真执行国营企业转换经营机制条例,尽快落实监管条例的要求,以年检为重点,加强对企业市场行为的监督。要通过对各类企业的年检在全国范围内进行一次检查,重点查处那些无经营资金、无经营场所、无经营机构的"三无"企业,国家局要抓住典型案例,通报全国,严肃处理,引起震动。各地工商行政管理机关,要有的放矢,针对各自的实际情况,搞好当地的检查。四是培育和发展中介服务机构,有效地加强监督管理。要严格审查企业咨询代理机构的资格,规范代理程序,明确其权利、义务与责任。会同有关部门制定对验资机构、土地评估机构、国有资产评估机构的管理措施。

(2)围绕建立多元化市场主体的改革,加强对个体私营经济的引导和监督管理。

个体私营经济是我国社会主义市场经济的重要组成部分,许多地方的党委和政府把它作为深化改革、振兴地方经济的一项举措。要坚持以公有制为主体、多种经济成分共同发展的方针,引导、鼓励个体私营经济与国有企业转换经营机制接轨。在广大农村,特别是老、少、边、穷地区,要引导、鼓励和支持农民务工经商。与此同时,要依照工商行政管理职能,对作为市场主体一部分的个体私营经济实施监管,规范行为。要与中央政策研究室等单位密切合作,对个体私营经济的发展状况进行调查,在了解情况的基础上,研究并提出一些建议,为中央制定政策提供参考。这个调研课题与市场秩序状况调查,是我们今年要抓的两个大的调研任务,希望能够早出成果。要努力探索监督管理的新途径、新方法,逐步实现分行业的规范化管理。要采取疏导与取缔相结合的办法,加强综合治理,清理无照经营。对符合登记条件的,督促其办理登记手续,对不符合登记条件的予以取缔。对名为集体、实为私营的企业,应在明晰产权关系的基础上,恢复其本来面目;对产权关系不清,一时难以认定的,要因势利导,逐步解决;对自然人租赁国有、集体商业柜台的,要针对存在的问题,认真研究,逐步予以规范;对发廊、酒吧、书摊、旅店、饮食等行业和大中城市的繁华地区或地段的私营企业和个体工商户,要重点进行清理整顿和监管,制定行业规范,逐户进行检查,严肃查处违法行为,促进社会稳定。

（3）改革工商行政管理体制,尽快实现职能到位。工商行政管理部门实行双重领导,大中城市区工商局改为分局,是统一市场执法、加强市场管理的需要。这样做,不仅有利于改善和加强宏观调控,有利于维护市场的统一,更有利于促进地方经济的健康发展。为此,国务院已经作了大中城市区局改分局的决定,最近,中央组织部又专门发了文件,明确了地方各级工商行政管理机关领导干部实行双重管理。各级工商行政管理机关的人事部门,要在组织机构上、工作上尽快到位,以适应体制转换的要求。个别尚未完成工商行政管理体制调整的城市,要

从全局利益出发,根据民主集中制的原则,尽快按照国务院办公厅［1994］67号文件的要求,完成这项工作。已完成调整工作的,要抓紧理顺工作关系,尽快按新体制运行起来。在巩固现有体制改革成果的基础上,逐步理顺执法体制,更好地完成党中央、国务院赋予我们的任务。

（4）继续加强国际合作与交流,建立一个与国际惯例相衔接的有中国特色的市场监管机制。今年,联合国开发计划署资助国家工商局的项目正式启动,将会有一批国外专家、学者和政府官员来华讲学,举办各种培训和国际研讨,我们也将选派一批骨干赴国外考察、培训,参加有关国际组织的一些交流活动,以进一步学习、吸收和借鉴国外行之有效的管理经验,积极推进工商行政管理的改革,不断提高现代行政执法水平。

4. 加强队伍建设,建立一支与工商行政管理职能相适应的高素质队伍

（1）加强干部的培训、选拔和任用。工商行政管理事业的发展,最终取决于干部素质的提高和人才的培养。各级工商行政管理机关要认真贯彻全国组织工作会议精神,切实调整、配备好各级领导班子,大胆选拔、使用中青年干部。各级领导要增强提高人员素质的紧迫感和责任感,坚持用邓小平同志建设有中国特色社会主义理论武装广大干部,在不断提高干部思想政治素质的同时,进一步加强专业理论知识与技能的培训。20世纪末,全系统现有45岁以下干部,达到中专以上文化程度,其中,县级局以上机关50%的干部达到大专以上文化程度。国家工商局、省级工商局应培养一批工商管理硕士研究生和精法律、通经济、善管理的高层次专家型人才。为此,要积极筹办工商行政管理大学。把新生力量的培养和在岗培训有机地结合起来。与此同时,要把住干部队伍的入口,今后中心城市以上工商行政管理机关干部调入,必须有大专以上文化程度。今年的培训重点应围绕公务员培训,突出以工商行政管理内容为主体的各项法律、行政法规和规章的培训,增强法制观念、法律意识,提高行政执法水平;同时,积极开展

现代管理知识,现代科学知识,特别是外语和计算机操作技能等方面的培训,提高履行岗位职责的能力。

(2)加强机关建设。国家工商局和各省市工商局都要强化机关的规范化、制度化建设,健全各项内部工作制度,制定工作人员守则,公开办事程序,严格工作纪律。改进管理方法和管理手段,提高管理水平。争取用三年的时间,建立全国工商行政管理系统的计算机网络,既与国家的"金桥"工程相连接,又有自己独立的数据中心和网络系统。

(3)重视并加强基层建设。要坚持实事求是、因地制宜、稳步推进、健康发展的原则,把抓基层、打基础作为各级工商行政管理机关的一项重要工作内容,切实加强对基层工作的领导。要确保"八五"基层工商所规范化建设阶段性目标的实现,尽快建立并试行基层工商所工作综合考核标准和基层工作领导责任制,重点抓好各项制度的规范和落实。按照中央要求,基层执法人员编制将全部转为行政编制,纳入公务员序列,并进行重新核定。核编工作要与基层工商所规范化建设结合起来,与改变现有人员素质结合起来。

(4)继续深入开展反腐倡廉。按照中纪委、监察部关于反腐倡廉的要求和部署,继续抓好廉政、勤政建设和行风建设,把反对腐败与推进工商行政管理的业务工作结合起来,坚持深入持久与阶段性重点治理相结合,抓住窗口岗位和群众关心的案、费、证、照、摊等关键环节,狠杀不正之风。做到群众举报与专门机关查处相结合,标本兼治,综合治理。要坚持全心全意为人民服务的根本宗旨,大力弘扬正气,表彰先进,树立良好的执法形象。

工商行政管理机关所属的协会、学会等事业单位,都要围绕今年的工作任务,在各自的职责范围内积极做好工作。各级工商行政管理机关,要加强领导,关心、支持他们的工作。

同志们,新一年我们面临着新的、更加繁重的任务。我们必须坚定不移地遵循邓小平同志建设有中国特色社会主义的理论和党的基本路线,用党的"十四大",十四届三中、四中全会和中央经济工作会议精神,统一我们的思想认识,把党中央、国务院关于做好今年经济工作的一系列方针、政策,作为我们工作的出发点和准则,作为指导基层工作的整体思路。十多年来,工商行政管理的改革和发展已经有了一个很好的工作基础和队伍基础。党中央、国务院又十分重视和关心工商行政管理工作,这是我们做好工作的根本保障和极为有利的条件。我们全系统的同志一定要不辜负中央和人民群众的殷切期望,振奋精神,开拓进取,团结一致,协调配合,勤政为民,求真务实,为建立良好的社会主义市场经济秩序,为促进改革、发展和稳定作出积极的努力和贡献。

杨培青副局长在追授范宗平同志全国工商行政管理系统"经济执法卫士"荣誉称号暨范宗平同志事迹报告会上的讲话

(1995年7月3日)

今天,国家工商行政管理局和人事部在这里隆重召开追授范宗平同志全国工商行政管理系统"经济执法卫士"荣誉称号暨范宗平同志事迹报告会。这是对范宗平同志英勇无畏精神的肯定和褒扬,同时,也是全系统近七十万工商行政管理人员的骄傲和自豪。在此,我代表国家工商行政管理局和全国工商行政管理系统的同志,向范宗平同志表示崇高的敬意和深切的哀悼,并向范宗平同志的亲属致以亲切的慰问。

刚才,湖北省工商行政管理局的同志向大家介绍了范宗平同志英勇献身的光荣事迹,感人至深,催人泪下。范宗平同志全心全意为人民服务,无私奉献,勇于献身,充分体现了一个优秀共产党员的高尚品质和情操,光彩照人。他平凡而伟大,朴素而无华,默默地战斗在工商行政管理第一线;他是我们的好战友,是全系统广大干部职工学习的榜样。在深化改革、扩大开放的今天,我们的党,我们的国家,我们的人民,我们的事业,需要千千万万像范宗平这样的好同志、好党员去奉献、去拼搏、去奋斗,去身体力行地实践党的宗旨,为实现社会主义现代化建设的目标而扎扎实实地努力工作。

作为监督管理与行政执法部门,工商行政管理机关肩负着维护市场经济秩序的繁重任务,工作艰苦,责任重大。每一个工商行政管理人员的思想品质、工作行为和作风,都直接影响着工商行政管理系统的形象、声誉和威望。我们工作的水平和能否做到为政清廉、无私奉献,同政治、社会经济的稳定密切相关,同党和政府的威信密切相关,为广大人民群众所关注。国务院领导曾多次强调:"工商行政管理太重要了。"在年初全国工商行政管理工作会议召开前,李鹏总理又作了重要批示,要求全国工商行政管理工作人员"依法行政,严格执法,正人先正己,努力提高自身素质,为经济发展作出更大贡献"。为了不辜负党和人民的重托,不辜负国家赋予的光荣使命,我们必须大力弘扬范宗平同志的献身精神和廉洁作风,大张旗鼓地开展学先进、当模范的活动。向范宗平同志学习,就是要学习他高度的思想政治觉悟,始终想到自己是一个共产党员和国家公职人员,把对党、对国家、对人民群众的高度责任感,具体落实到工作和生活中;学习他热爱本职工作、恪尽职守的敬业精神;学习他秉公执法、坚持原则的工作作风;学习他刻苦学习,不断提高自己思想水平和业务能力的进取精神;学习他廉洁奉公、热心服务、忘我助人的崇高品德;学习他临危不惧,与犯罪分子英勇搏斗的大无畏气概。我相信,范宗平同志的模范事迹,一定能在全系统发扬光大;他的高尚精神,一定会激励我们大家在改革中作出更大的贡献!

在社会主义市场经济的法制建设不断完善的今天,需要工商行政管理机关更好地履行市场监督管理和行政执法职能。这就要求我们进一步学法、懂法,依法行政,在自己的本职工作岗位上做出优异的成绩。国家工商行政管理局要求各级工商行政管理部门,要把学习范宗平同志与学习孔繁森同志紧密结合起来,通过扎扎实实地组织好有关学习活动,切实推动全系统转变职能,加强廉政、勤政建设。

中心城市以上工商行政管理机关的同志,要带头加强作风建设,在率先搞好勤政、廉政的同时,还要树立为基层服务的思想,切实关心在第一线工作的同志,为他们排忧解难。

在基层第一线工作的同志,要向范宗平同志那样,把个人的思想、作风与水平,看成是直接关系到党和政府形象的实际问题,严于律己,处处以自己的模范行动去影响群众、团结群众、感召群众,成为党和政府密切联系人民群众的桥梁,在监督与反监督的斗争中,正确处理各种矛盾。

我们要通过开展这一活动,使全系统涌现更多的先进单位和范宗平式的工作人员,大大提高队伍的政治素质和业务素质,在全社会树立崭新的工商行政管理良好形象。

全国工商行政管理系统的干部职工,要以邓小平同志关于建设有中国特色的社会主义理论武装自己,坚持党的基本路线,坚定信念,统一思想,统一认识,转换观念。要以范宗平同志为榜样,发扬优良传统,埋头苦干,顾全大局,勤政为民,求真务实,开拓进取,为深化改革、促进发展作出更大的贡献。

甘国屏副局长在全国工商行政管理局长会议上的讲话

(1995 年 7 月 3 日)

监督管理市场交易行为,查处经济违法违章案件,维护市场经济秩序,是国家赋予工商行政管理机关的一项基本职能。下面,我向大家通报一下今年上半年各级工商行政管理机关履行这一职能的情况,并就下半年加强查处经济违法违章行为的工作,讲几点意见。

一、上半年查处经济违法违章行为情况

今年以来,各级工商行政管理机关在当地党委和政府的领导下,按照年初全国工商行政管理工作会议的部署,抓住社会上反映比较强烈、严重扰乱市场秩序的违法行为，充分发挥职能作用，加强行政执法工作，取得了明显成效。打击走私贩私方面，以"市场监管"为核心，对各类市场中出现的走私贩私活动进行了严厉打击，并就有的进口商品的管理提出了新的办法；保护知识产权方面，配合中美知识产权谈判，集中在北京、广东等地打击了盗版行为，还部署了《工商行政管理机关保护知识产权行动计划》；贯彻《反不正当竞争法》方面，各地在总结实践经验的基础上，制定了一批配套规章，深化了该法的实施；打击欺诈行为和保护消费者权益方面，依法查处了一批利用经济合同骗买骗卖和严重侵害消费者合法权益的案件。与此同时，各地工商行政管理机关还积极配合有关部门，开展了"扫黄"、"打非"、"缉毒"等工作。据统计，1 至 4 月，全国各级工商行政管理机关共查处各类经济违法违章案件50 177件，其中：大要案件4 080件；不正当竞争案件 773 件；贩卖走私物品案件1 659件；制售假冒伪劣商品案件3.2 万件。罚没金额2.3 亿元。通过依法查处经济违法违章案件，为维护市场秩序，促进社会主义市场经济健康发展，作出了积极的贡献。

现在，我重点介绍一下今年上半年开展的两次市场专项治理情况。

第一次专项治理是在春节前后，重点打击制售注水肉和伪劣营养保健品的违法行为。据不完全统计，在这次专项治理中，全国工商行政管理机关共出动人员 37.7 万多人次，对 105 万余户企业进行了检查，共查处制售假冒伪劣商品案件 2.5 万多件，其中移送司法机关处理的 194 件、281 人；查获注水肉1 519吨，假冒伪劣营养保健食品价值1 058万元，假冒商标标识7 217万张，以及其他假冒伪劣商品近百个品种，案值总计 4 亿多元；取缔假冒伪劣商品加工点2 751个。通过这次专项治理，严厉打击了制售假冒伪劣商品违法分子的嚣张气焰，基本抑制了出售注水肉、病死肉等违法行为。

第二次专项治理是在春耕期间，重点打击制售假冒伪劣农药、化肥、种子的违法行为，整治农资市场秩序。在这次专项治理

中，据不完全统计，全国工商行政管理机关共出动人员 24 万多人次，检查农资经营单位 51 万户，其中国有企业 4 万多户，集体企业 8 万多户，私营企业和个体工商户 37 万多户；查处制售假冒伪劣农资商品案件7 070件，其中万元以上的大案 682 件；查获假冒伪劣化肥 4 万吨，农药 902 吨，种子6 282吨，总案值达 1 亿多元；取缔制售假冒伪劣农资商品窝点 970 个。经过整治，有力地打击了制售假冒伪劣农资商品的违法行为，初步理顺了"一主两辅"的农资经营渠道，扭转了农资市场的混乱局面，维护了农民的合法权益，保证了春耕生产顺利进行。

今年上半年进行的这两次市场专项治理，是近几年来工商行政管理机关"打假"工作中规模和声势最大、出动人员最多、检查面最广的全国集中行动，效果明显，社会反映也较好。主要做法和经验是：

1. 加强领导，精心组织。国务院领导同志对工商行政管理机关的"打假"工作十分重视，李岚清副总理在年初出席全国工商行政管理工作会议时明确指示，要"分行业治理，分阶段制定'打假'目标，扎实推进"。国家工商行政管理局领导班子多次召开局务会和局长办公会，对前两次市场专项治理进行研究部署；第一次专项治理刚开始，又由局领导带队，组织五个工作小组，分赴各地检查，推动这项工作的开展。各地党委、人大和政府对工商行政管理部门开展的市场专项治理工作也非常重视，认真听取汇报，给予指示，并帮助解决工作中遇到的困难和问题。各地工商行政管理机关则由主要负责同志亲自挂帅抓这项工作。为保证这两次专项治理工作扎实进行，取得成效，国家工商行政管理局制订下发了行动方案，各地工商行政管理局也都结合本地实际，研究制订了具体实施方案，精心组织，努力实施。如河南省人民政府及时转发了省工商行政管理局"951 打假打诈中原行活动实施方案"，并成立了以分管省长为组长的领导小组，还专项拨付了活动经费；四川省各级工商行政管理局则大都设立了由局长负责的"打假"机构。由于领导重视，周密组织，使

专项治理工作得以顺利进行。

2. 密切配合,整体作战。这两次市场专项治理,改变了过去往往"孤军作战"的做法,注重了综合治理。首先,加强了工商行政管理机关内部各职能机构之间的协调配合,较好发挥了自身的整体功能。公平交易、商标、广告、市场、企业注册、个体私营经济管理等职能机构,根据各自的职责,既分工负责,又协调配合,形成了以公平交易机构为主的打击合力,强化了执法力度。其次,加强了与司法机关和技术监督、医药、卫生、农业等有关部门的协调配合,发挥了执法机关与行政主管部门综合治理的整体功能。一些重大案件及时移送司法机关处理,有力地打击了制售假冒伪劣商品的违法犯罪分子。第三,邀请被侵权企业配合,请他们提供线索,到现场识别真伪,增强了"打假"的针对性。第四,发挥舆论监督和群众团体监督的作用,壮大了专项治理的声势,扩大了社会影响。

3. 全面检查,突出重点。在两次市场专项治理中,针对制售注水肉、假冒伪劣营养保健品和农资商品活动范围大、作案主体复杂的特点,各地工商行政管理机关对经营者进行了较全面的检查。检查对象既有国有、集体企业,又有个体工商户、私营企业;既有生产企业,又有批发、零售企业;既有集中交易市场,又有流动摊点。在全面检查的同时,突出了几个重点:一是突出抓商品集中交易场所和重点地域。在第一次专项治理中,重点抓了群众反映强烈的大型批发市场、日用消费品市场、商业街、出租柜台及城乡结合部。二是突出抓生产环节,端窝挖点,堵源截流。在第一次专项治理中,各地工商行政管理机关对制售假冒伪劣商品比较严重的"制假村"、"制假乡"进行了集中检查。如河北省石家庄市工商行政管理局,组织了18个检查组,对市区及重点县、乡的集贸市场和较集中的屠宰点,进行了全天候的监督检查。三是突出抓经营单位。如在第二次专项治理中,辽宁省共检查各类农资经营单位10 712户,取缔无照经营414户,查处超范围经营46户,清理不合格主体35

户,使农资经营渠道和流通秩序混乱的现象有了好转。四是突出抓大要案件。大要案件危害大,查处后对违法分子的震慑力和群众的教育意义也大。因此,在两次专项治理中,各地工商行政管理机关都注重了抓大案要案。如湖南湘乡市工商行政管理局对湘乡市肉类联合加工厂等四家单位进行突击检查,共查封注水猪肉220吨,案值120万元,使广大消费者反映强烈的这种违法行为得到了初步抑制。北京市工商行政管理局先后立案查处坑农害农大要案件12起,维护了农民的合法权益。

4. 注重宣传,打防结合。为使两次市场专项治理收到更大的成效,各地工商行政管理机关认真抓了以下几方面工作:一是广泛开展了多形式、多层次、大规模的宣传活动。例如:举办电视讲座、发表广播讲话、印发宣传材料、报刊登载文章,宣传有关法律、法规和政策,提高广大群众的法律意识,增强经营单位守法经营的自觉性;出动宣传车,巡回宣传,介绍有关常识,提高广大群众识别真假商品的能力;召开新闻发布会、现场会,以及利用报刊、电台、电视台,选择典型案例曝光,震慑违法分子;公开焚毁假冒伪劣商品,扩大宣传效果;公布举报电话,设置举报箱,发动群众检举揭发制售假冒伪劣商品的违法行为。二是查处案件与健全管理制度相结合。各地工商行政管理机关在依法办案的同时,注重分析案件发生的原因,特别是制度上、管理上的漏洞,一方面,针对自身管理上的疏漏之处和薄弱环节,采取措施,改进工作,强化管理;另一方面,主动帮助经营单位建章立制,加强管理,切实搞好守法经营。还积极向当地政府和有关部门提出规范化管理的意见和建议。三是惩治与疏导相结合。对制售假冒伪劣商品情节恶劣、后果严重的,一经查获,严惩不贷;对情节轻微的侵权行为,在依法处理的同时,重在教育疏导,引导其合法经营。

两次市场专项治理取得明显成效的实践表明:在目前制售假冒伪劣商品违法行为比较猖獗,而法制不够健全,监督管理力量又相对薄弱的情况下,采取全国集中打击行动,确是一条有效途径。它有利于集中力量,增强打击力度;有利于在全国范围内统一行动,有效打击;有利于分行业治理;有利于造成打击声势,增强震慑力,扩大宣传、教育效果。因此,对专项治理的做法,各地要认真总结,并加以完善,今后必要时还可以这样做。同时,在专项治理结束后,要注重加强日常监督管理,巩固治理成果。并使治理工作逐步实现法制化、经常化、制度化。

今年上半年,各级工商行政管理机关在打击经济违法违章行为,特别是两次市场专项治理中,依法查处了一批大案要案。这些案件,不仅案值大,而且情节恶劣、危害严重。为扩大宣传,现从各地报来的大要案件中,选择数起,予以通报。它们是:哈尔滨顺达农业开发研究所经营假"黑丹301"厂玉米种子案;吉林省伊通县地局子粮库玉米掺砂案;梁素霞、王海山合伙制售掺假饲料案;山东招远市窑酒厂非法制售假冒白酒案;范翠兰强行给生猪灌食灌水非法牟利案;云南省新平县桂山镇乡镇企业有限责任公司倒卖劣质(缺碘)食盐案;中国电子物资深圳公司等单位层层倒卖、经销非法进口彩管案;广东省东莞市兴田实业公司进行非法多层次传销案;苏州市吴县光福香雪海工艺品厂及顾林康侵犯商业秘密案;成都市金堂县邮电局强制交易案。

二、下半年加强查处经济违法违章行为工作的几点意见

今年下半年,各级工商行政管理机关要继续落实年初全国工商行政管理工作会议的部署,并根据这次会议的要求,努力实现监督管理职能到位,进一步加大执法力度,严格依法行政,查处经济违法违章行为,为维护社会主义市场经济秩序作出新贡献。

（一）深刻认识加强行政执法工作的必要性和重要性

有效制止经济违法违章行为,必须加强行政执法工作。加强行政执法工作,是履行国家赋予工商行政管理机关的基本职能的需要。去年初,国务院批准的国家工商行政管理局"三定"方案明确:工商行政管理机关是国家主管市场监督管理和行政执法的职能部门。主要职责,既包括依法确认市场主体资格,又包括监督管理各类市场及市场交易行为,查处经济违法违章案件。这表明,行政执法,是工商行政管理机关的一项基本职能。近年来,由于有的同志认为现在强调以经济建设为中心,担心强调执法,严格管理,会束缚经济的发展,曾一度不同程度地放松和削弱了行政执法工作。另一方面,由于工商行政管理机关历史上主要是监管集贸市场和个体工商户的,近几年来有的又直接兴建了一批市场,因而在管理、建设集贸市场和管理个体私营经济方面,投入的力量要大一些,花费的工夫要多一些,使行政执法力量相对不足,行政执法职能未能很好到位。因此,各级工商行政管理机关,一定要从充分履行国家赋予的基本职能出发,以市场办管脱钩为契机,努力实现职能到位,全面担负起主管市场监督管理和行政执法的任务。

加强行政执法工作,是发展社会主义市场经济的需要。社会主义市场经济从某种意义上来说就是法制经济,需要完备的法律体系和强有力的执法系统。过分夸大市场的作用,把它看成是万能的,主张"无为而治",一切任由市场调节,实际上是对市场经济的一种误解。当今世界,还没有放任不管的自由市场经济。越是发挥市场的作用,越要加强政府对市场的科学、有效的管理和调控。否则,就不能形成公平、竞争、有序的经济环境,就不能保障经济健康、有序地发展。特别是目前,我国尚处于建立社会主义市场经济体制的起步阶段,法律体系还不完善,监督制约机制还不健全,市场主体的行为还不规范,人们的法律意识还不强,更需切实加强监督管理。各级工商行政管理机关,一定要适应发展社会主义市场经济的客观需要,加强行政执法工作,为经济发展创造一个良好的环境。

加强行政执法工作,是建立有权威的市场执法机构的需要。由于工商行政管理机关的基本职能是市场监督和行政执法,因此,只有立足于这个基本职能,把监督管理和行政执法的权力突出出来,增强力度,严格依法行政,严肃查处经济违法违章行为,才能在社会上和群众中,树立良好的、有权威的执法形象。

（二）切实把工作重点转到行政执法上来

在提高对行政执法工作重要性认识和实现市场办管脱钩的基础上,各级工商行政管理机关要真正把工作重点转到行政执法上来。为此,需要做好以下工作:

一是理顺机构。根据国务院批准的"三定"方案和行使职能的需要,去年,国家工商行政管理局成立了公平交易局。一些省市工商行政管理局也相继成立了公平交易局或公平交易处。但尚有一些省市工商行政管理局未组建公平交易机构。为了使行政执法和查处案件工作达到统一高效、政令畅通的要求,理顺公平交易机构就显得十分重要了。希望尚未成立公平交易机构的省市工商行政管理局,结合机构改革和落实"三定"方案,依据国家工商行政管理局去年所发的文件精神,在当地编办的支持下,尽快把公平交易机构组建起来。

二是充实力量,根据国家赋予的职能,根据贯彻《反不正当竞争法》、《消费者权益保护法》等法律、法规,维护市场经济秩序的需要,工商行政管理机关监督管理和行政执法的任务十分繁重。为此,国家工商行政管理局在组建公平交易局时,就注意到了这一点,充实了公平交易局的力量。希望各地工商行政管理机关,在总编制不变的情况下,适当增加公平交易等办案机构的编制;在市场办管脱钩过程中,选调一批政治素质高、业务能力强的干部,充实公平交易等办案机构的力量。

三是改善装备。近年来,一些工商行政管理机关的办案装备有所改善,但有的地方办案装备还相当落后,面对当前较为猖獗的经济违法活动和装备日益精良的违法分子,办案手段还不相适应,影响了执法工作的顺利开展。各地工商行政管理机关要积极争取有关部门的支持,在两三年内,逐步配备办案专用车辆及通信、摄影摄像、计算机等设备,以适应行政执法的需要。现阶段,各地工商行政管理机关要根据自己的实际情况,调整车辆等办案装备,充实一线办案机构,尽可能保证办案工作的需要。

（三）努力提高行政执法水平

实现职能到位、强化执法力度的一条重要要求是提高执法水平。为此,当前要着重注意以下几个问题:

第一,搞好内外协调,形成打击合力。内部协调包括两个方面:一是搞好机关内部各职能机构之间的办案职能分工和协调配合。近年来,随着一些新法律、法规的出台和工商行政管理机关内部工作内容的调整,公平交易与商标、广告等部门在办案工作中,出现了一些交叉和不协调。国家工商行政管理局对此进行了多次研究,确定各有关职能司局的办案分工为:单纯违反《商标法》、《广告法》的行为,由商标、广告部门分别负责查处;既违反《商标法》、《广告法》,又违反《反不正当竞争法》等其他法律、法规的行为,由公平交易部门负责查处;商标、广告部门在办案中发现同时违反其他法律、法规的行为,移交公平交易部门负责查处。国家工商行政管理局内部职能部门的这个办案分工意见,可供各地参考。同时,各有关职能部门要根据各自的职责,既分工负责,又密切配合,形成打击合力,强化执法力度。二是加强上级机关对下级机关办案的指导和协调,以利下级机关依法办案、公正执法。外部协调包括加强与司法机关、其他行政执法机关和有关行政主管部门的协调配合,增强打击力度。

第二,坚决克服和抵制办案中的地方保护主义。目前,在实际办案中,还存在对本地企业宽、对外地企业严,一些工商行政管理机关的执法人员出面为本地违法企业说情,甚至包庇、祖护本地违法企业等情况。由于这些现象的出现,使一些案件得不到公正处理,有的越搞越复杂,久拖不决,严重影响了工商行政管理机关的执法形象,更不利于经济的发展。各级工商行政管理机关在办案中,要坚决克服和抵制地方保护主义,无论对本地企业还是外地企业的违法行为,无论对涉及哪个部门的案件,都要依法公正处理。上级机关要加强执法监督,发现下级机关办案中的地方保护主义现象,要及时予以纠正。

第三,严格办案程序,严肃办案纪律。当前,在行政执法中,一方面存在职能不到位;另一方面又存在乱扣滥罚,有令不行、有禁不止等现象。各地工商行政管理机关一定要健全自我约束机制,严肃办案纪律,规范执法行为,克服执法中的随意性,真正做到政令畅通,依法行政。

第四,充分利用法律赋予的职责,积极探索行之有效的管理办法。《反不正当竞争法》和《消费者权益保护法》,是社会主义市场经济条件下工商行政管理机关履行法定职能的主要法律依据。各级工商行政管理机关,要善于分析、总结新形势下经济违法行为的新动向、新特点,努力探索规范市场行为、制止不正当竞争的办法,促使市场经济健康发展;要运用《消费者权益保护法》赋予工商行政管理机关保护消费者合法权益、调控经营者与消费者之间关系的职责,积极受理消费者申诉案件。

《行政诉讼法》颁布以后,各地十分注意办案质量,怕吃"官司",这是对的。但在有的地方,曾一度出现过"不当被告少办案"的错误想法,使一些违法违章行为得不到查处,执法职能不能到位。《国家赔偿法》也已颁布,案子办错了不仅要当被告,还要负责赔偿,这是对我们执法队伍的严峻考验和高标准的要求,对此别无选择,只有不断提高执法水平来适应。

(四)在行政执法中要突出抓重点问题

各级工商行政管理机关在行政执法工作中,要注意抓重点问题和热点问题。当前和今后一个时期,仍要继续把"打假"、"打击走私贩私"、"打骗"、查处不正当竞争行为作为行政执法和查处案件工作的重点。"打假"工作,要按照年初的工作部署,切实把下半年的饮料市场的专项治理和假冒商标、虚假广告的治理工作抓紧抓好。在此基础上,做好年终的验收总结工作。"打击走私贩私"工作,要继续落实李岚清副总理在全国第五次打击走私领导小组会议上所讲

的今年的工作重点是加强市场管理的指示精神,立足于"陆上查、市场管"的职责,把清理整顿有形市场,查处走私汽车、利用进口车身非法拼装汽车和走私卷烟等作为重点,坚决取缔私货黑市交易。"打骗"工作,要在继续改进经济合同管理的过程中,认真按照国家工商行政管理局《关于依法严厉查处利用经济合同进行欺诈的违法行为的通知》精神,依法严肃查处利用经济合同等手段欺诈对方、骗买骗卖的违法行为。查处不正当竞争行为工作,要切实贯彻执行《反不正当竞争法》,针对当前问题比较突出的仿冒知名商品特有的名称、包装、装潢的不正当竞争行为,公用企业利用独占地位限制竞争的行为,以不正当手段获取他人商业秘密的行为,以及利用广告或其他方法进行虚假宣传,误导消费者的行为,组织力量,加大执法力度,重点突破,使行政执法工作上一个新的台阶。

在抓重点、热点问题的同时,各级工商行政管理机关在办案方法上,要注重狠抓大案要案的查处,以利增强震慑力,扩大宣传、教育效果。对大要案件,要排除阻力,一抓到底,严肃查处;触犯刑律的,坚决移送司法机关制裁。并注意选择典型案例,公开曝光,造成声势。

(五)尽快培养一支政治素质好、业务技能强的行政执法队伍

适应新形势下加强行政执法的需要,各级工商行政管理机关必须十分重视抓队伍建设,尽快培养一支高素质的行政执法队伍。一是重视提高干部的政治素质。要通过开展向范宗平等先进模范人物学习的活动,提高广大干部的政治思想觉悟,培养无私无畏、秉公执法的职业品质;要通过加强组织纪律教育,增强干部的组织纪律观念,自觉做到下级服从上级,严格办案纪律和程序。二是加强业务培训。要组织干部学理论、学法律、学市场经济的有关知识,增强履行岗位职责的能力,提高依法行政的水平。三是建立健全各项规章制度和办案人员行为规范,使办案工作制度化、科学化,用制度管理队伍,约束行为,做到"正人先正己",奉

公守法,廉洁自律。

同志们,行政执法和查办案件,是一项艰巨而光荣的工作。随着社会主义市场经济的发展,我们肩上的任务会越来越重,还有不少新情况、新问题有待我们去探索解决。我们一定要振奋精神,扎实工作,努力提高行政执法的水平,为维护良好的经济秩序,促进社会主义市场经济的健康发展,作出应有的贡献。

加大执法力度　维护市场秩序
——王众孚局长在全国工商行政管理局长会议上的讲话

（1995 年 7 月 6 日）

全国工商行政管理局长会议,开了四天,就要结束了。这次会议,对于工商行政管理工作的改革和发展,意义深远,非常重要。会议得到了国务院的高度重视和关心,李岚清副总理亲自到会作了极其重要的讲话,精辟地阐述了新的历史时期工商行政管理工作的地位、作用和肩负的历史使命;要求我们严格执法,为社会主义市场经济秩序作出更大的努力和贡献;要求我们大力开展学习范宗平等先进人物、先进事迹的活动,不断提高队伍的思想、作风和业务素质,为监督管理好社会主义的现代化大市场建立一支新型的工商行政管理队伍。岚清同志的讲话,对于我们搞好新时期的工商行政管理工作,具有重要的指导意义,我们一定要认真学习,深刻领会,全面贯彻落实。会议期间,我们还与人事部联合表彰了范宗平同志的先进事迹,作出了开展向范宗平同志学习的决定;通报了上半年整顿市场秩序,查处经济违法案件的情况;传达了国务院办公厅关于工商行政管理部门与所办市场脱钩文件的精神。在大会发言和讨论中,大家提出了很多好的意见和建议,会议气氛热烈,主题明确,对统一思想,推进工作,必将产生积极和深远的影响。

下面,我就贯彻岚清同志讲话精神,根据当前工作和大家讨论的情况,讲四点意见。

一、以加大执法力度、强化市场监管、加强队伍建设为中心,上半年各项工作取得了新的进展,积累了新的经验

（一）推进立法立规,进一步完善了交易规则

法律、法规、规章,是建立和维护市场经济秩序的基础,是开展市场执法的依据,今年以来,我们把立法立规工作放在首位,制定了立法规划,充分发挥国家工商局和地方工商局两个立法积极性,一方面围绕已经出台的几项大法,制定配套规章;另一方面根据市场监管工作的需要,在法律、法规暂时不能出台的情况下,制定一些规章。经过半年的努力,全国工商行政管理部门共完成立法项目 43 项,取得了新的进展。从国家工商局而言,法制司在各司局的配合下,已完成 14 个立法项目,占全年立法任务的一半。从地方工商局而言,有立法权的省市,已制定地方工商行政管理法规 29 项。在立法立规的同时,注意建立健全市场交易规则。北京、黑龙江、辽宁、山西、河北、河南等省市,结合市场整治,制定了规范市场交易行为的暂行办法,帮助生产企业和销售企业健全制度,对完善市场交易规则起到了促进作用。

（二）严格依法行政,加强市场监管,改善市场秩序,取得了一定成效

1. 两次专项治理取得了成效。根据李鹏同志、李岚清同志的指示精神,我们以公平交易、市场管理部门为主,集中力量抓了与人民群众生产、生活密切相关行业和商品的专项治理,加大了执法力度。上半年的两次专项治理,各级工商行政管理部门都十分重视,共出动人员 60 多万人次,检查企业和个体工商户 166 万户,取缔制假窝点 3 700 个。其中:元旦、春节市场专项治理,出动人员 37 万人次,检查企业和个体工商户 105 万户,取缔制假窝点 2 700 多个,对促进元旦、春节市场秩序的好转和价格的稳定,起了积极作用;农资市场专项治理,出动人员 24 万人次,检查企业和个体工商户 51 万户,查处案件 7 000 多件,取缔制假窝点 970 多个,有力地抑制了农业生产资料价格上涨,

保证了春耕生产顺利进行。河北保定的假稻种案、哈尔滨的假玉米种案、湖南澧县的假棉种案等案件，都在全国引起了很大反响，通过查处，切实保护了农民群众的利益，获得了广大群众的支持和拥护。

2. 狠抓执法，查处违法违章案件，进一步规范市场行为。一是以打假、打击走私为重点的案件查处取得了进展。据1—4月份统计，全国工商行政管理机关共查处经济违法案件50 000件，其中制假售假案件30 000多件，走私贩案件1 600多件。国家工商局公平交易局直接处理案件87件。这些案件的查处，受到了国务院领导同志的重视和关注。如吉林省工商行政管理部门查处的玉米掺砂案，得到了吉林省委、省政府的大力支持和相关部门的密切配合。从调查审理到结案处理，国务院领导同志多次批示，十分重视，确保了案件的顺利查处，维护了法律和工商行政管理部门严格执法的威严。通过加强市场监管，依法行政，对规范市场行为，起到了积极的作用。二是贯彻实施《广告法》，为规范广告行为，做了大量工作。今年是贯彻实施《广告法》的第一年，各级工商行政管理机关积极开展广告执法检查，在检查的10 000多条广告中，不规范广告占了12%。通过典型案例的分析和教育，引导企业规范广告行为。对推动《广告法》的实施，起到了很好的作用。三是在保护知识产权，查处商标案件，加强商标管理方面，做出了很大努力。今年，国家工商局商标局的同志参与了中美知识产权谈判，受到了各方面的好评。在商标管理、商标案件的查处中，商标局、商标评审委和商标协会以及各地工商行政管理机关协调配合，共查处案件8 000多件，反响很好。与此同时，我们配合有关部门，严厉打击盗版活动。特别是广州、北京查处非法音像制品10 000多张，在保护知识产权方面，做出了成绩，受到了有关部门和领导的表扬。

3. 查处了"三无"企业，规范了登记程序，把住了市场主体准入关。"三无"企业就是无经营资金、无经营场所、无经营机构的空壳企业，对市场秩序危害很大。各级工商行政管理机关通过年检，集中力量清理"三无"企业。上半年，全国企业的年检率达91%，比去年提高了10个百分点；吊销"三无"企业7万多家，占全国工商企业总数的0.8%，限期整改的还有几万家。为此，人民日报海外版、经济日报等都发表了经济时评，认为这一工作开展得非常必要。在查处"三无"企业的同时，各地工商行政管理机关规范了市场主体的登记程序和细则，国家工商局对有关法规文件不够完善的地方提出了修改意见。这些工作，对建立正常的市场进入秩序，产生了积极的影响。

4. 加强了对个体私营经济的引导和管理，促进了经济发展和社会稳定。个体私营经济作为社会主义初级阶段公有制经济的必要补充，对促进经济的繁荣，促进社会的稳定，特别是促进落后地区的发展，具有积极的作用。今年以来，各地工商行政管理机关在坚持以公有制为主体的前提下，对个体私营经济，一方面进行政治上的引导，一方面依法严格管理。哈尔滨市工商局组织有成就的个体工商户和私营企业交流管理经验，向歇业人员介绍创业过程，消化待业人员，引起了很大的反响。为了推进对个体私营经济的引导和管理，国家工商局正在积极起草《独资企业法》，以便更好地做到有法可依，依法管理。

半年来，我们围绕着加强市场监督管理、加大执法力度、整顿市场秩序，做了大量的卓有成效的工作，为此付出了很大的代价，有的同志甚至牺牲了生命。为了整治市场秩序，今年上半年，我们系统有五位同志壮烈牺牲。这一方面说明整治市场秩序的工作是艰苦卓绝的；另一方面也说明必须强化工商行政管理机关的执法手段，以保证市场执法任务的完成。

（三）深化工商行政管理体制改革，加快了市场办管脱钩的步伐

1. 市场办管脱钩取得了进展。搞好工商行政管理体制改革，是今年初确定的四大任务（立法、执法、改革和队伍建设）之一。根据形势的发展和工作任务的要求，根据国务院领导同志的指示精神，我们把市场办管

脱钩作为一项重要任务来抓,扩大了宣传,扩大了试点。各级工商行政管理机关的同志,认真学习国务院领导同志的重要批示。认识有了很大的提高,步调有了很大的统一。到目前为止,所有的省、自治区、直辖市都进行了市场办管脱钩试点。从年初到现在,全国已有海南、广东、北京、天津、浙江等五省市政府专题研究了办管脱钩问题,已有16个省市制订了市场办管脱钩方案,占全国30个省市的53%。很多省市的负责同志十分关心、高度重视办管脱钩,采取了许多切实可行的办法。如海南省委书记、省长阮崇武亲自主持省长办公会议,研究工商行政管理部门的市场办管脱钩问题,会后向全省印发了省长办公会议纪要。目前已经制订市场办管脱钩实施方案的16个省,都不同程度地进入了实施阶段。海南省已成立与工商行政管理机关脱钩的市场中介服务机构,并进入正式挂牌运作阶段。

2. 区局改分局和干部双重管理取得了新的进展。目前全国220个大中城市,已有205个完成了区局改分局的改革。国家工商局在调查研究的基础上,在广西召开了专题会议,制定了干部双重管理实施办法,大力推进了这一工作。不少省市工商局与组织部门联合发了文件,实施了干部双重管理。

3. "三定"工作取得进展。在中央、国务院以及各级党委、政府的领导和支持下,国家工商局的"三定"工作已基本完成,各省、自治区、直辖市工商局的"三定"工作也已接近尾声。中编委对工商行政管理系统的编制十分重视和关心,多次来国家工商局研究和解决"三定"中的问题。各省市的党委、政府也是如此,如海南省其他部门都是削减编制,唯独省工商局增加编制;省政府各局都是副厅级单位,但把工商局升格为正厅级单位。通过"三定",进一步明确了工商行政管理部门的职能,稳定了干部队伍,增加了人员编制。

4. 按照国务院的部署,在落实"三定"的基础上,国家工商局和部分省、市工商局,分流了一部分人员,精简了机构。进行了公务员的培训、考试和考核,重新确定了机关工作人员的职位。国家工商局机关推行公务员制度已基本结束。

(四)狠抓队伍勤政廉政教育,加强了干部思想、作风、业务建设

一是加强政治思想工作,抓典型,抓教育。全系统的勤政廉政建设有了进一步加强。驻工商行政管理机关的各级纪检、监察部门,根据中纪委五次全会和国务院反腐败工作会议精神,抓各级领导班子的廉洁自律,制定了具体的规定,反响很好。通过积极的政治思想工作,干部职工的政治素质、思想素质和工作积极性,有了进一步的提高。国家工商局和一些地方工商局制定了选拔任用干部的程序和办法,积极培养和任用了一批干部,加强了各级领导班子的建设。今年以来,我们在党员、干部中开展学习孔繁森同志的同时,在系统内抓了范宗平同志这个先进典型,狠抓人生观、事业观的教育。范宗平人生虽然短暂,但充分体现了对工商行政管理事业的执著追求,体现了为人民服务的思想和精神。他刚正不阿,执法如山,直至牺牲自己的生命。宣传、学习范宗平同志,对于推动全系统的队伍建设和廉政建设,有着重要的意义。

二是积极开展了多渠道的业务培训,增进了国际交往,提高了干部业务素质。通过国内培训、国外培训、专业培训和综合的各种类型的培训班,广大干部职工增加了社会主义市场经济知识,促进了业务素质的提高。国际交往有所加强,特别是在知识产权保护方面,加强了国际合作。

(五)加强了机关建设,改善了干部职工工作生活条件

1. 建立了各种规章制度,促进了干部行为规范化。上半年,各级工商行政管理机关在这方面做了许多工作。国家工商局机关制订了从局领导到机关干部的一系列行为规范;围绕着更好地实行民主集中制,围绕着职业道德规范,建立了一些制度和办事程序。广东、福建、河南、山东、吉林、天津等省市工商局机关,也都建立了一批规范性的制度,促进了市场执法主体自身行为的规范化。

2. 狠抓了机关的现代化管理。国家工

商局和各地工商局的信息中心今年做了大量工作,完成了全系统两个"三个规划",前三年为国家工商局和各省工商局的计算机网络联网,后三年是地级市网络的联网。各省市工商局根据系统信息网络建设规划,制订了自身的发展规划。全系统的机关现代化建设,呈现出鼓舞人心的曙光。

3. 各级工商行政管理机关普遍重视关心干部职工的生活,解决他们工作中的各种困难和问题,从办公条件到衣、食、住、行,都有了改善。

(六)其他各项工作也取得了新的成果

调研工作取得一定成绩。今年以来,工商行政管理部门进一步加强了调查研究,确定调研课题,明确调研责任制,领导带头下基层调研。有的调研成果已开始发挥作用。例如,国家工商局搞的中西部投资政策调研、个体私营经济现状调研,为"九五"计划的编制起到了参考作用。

此外,各级各类协会、学会、中介机构、报纸、杂志,都在各自的工作范围内发挥了重要作用,对推动整个系统的工作,作出了积极的贡献。

半年来,按照年初工作会议的部署,各项工作取得了新的进展和成绩,为下半年工作积累了新的经验,打下了良好的基础。这些成绩的取得,是领导重视,各方支持,大家共同努力的结果。国务院对工商行政管理工作非常重视,非常关心;各个部委对我们的工作也十分支持。特别是各级工商行政管理机关在当地党委、政府的领导下,工作十分积极努力,保证了各项工作的顺利开展和完成。

二、统一思想,坚定信心,为建立一个真正有权威的工商行政执法机构,下大力气抓好市场办管脱钩工作

(一)充分认识办管脱钩的重要性和必要性,下定决心大力推进脱钩

要从思想认识上明确市场办管脱钩的重要性。一是从建立社会主义市场经济体制而言,必须深化体制改革,实行政企分开,转变政府职能。二是从建立和维护社会主义市场经济秩序而言,必须理顺工商行政管

理体制,实现职能到位,确保依法行政。三是从建立有权威的市场执法机关而言,必须公正廉洁,不受利益机制的干扰和制约。工商行政管理部门要真正成为一个执法机关,必须是公正的、廉洁的、不受经济利益的驱使。因此,从市场经济体制的建立、市场秩序的建立和维护、市场执法机构的建立三个方面来看,工商行政管理部门都必须与所办市场彻底脱钩。为此要正确认识和处理好三个关系:

1. 要正确认识并处理好政府与企业的关系。发展市场经济,政府的职能主要是宏观调控,通过宏观调控达到合理地配置资源的目的。在市场经济条件下,资源的配置一是靠市场经济规律的作用,二是靠政府的宏观调控。政府要通过宏观调控并综合运用其他手段,实现资源最佳配置,实现总量平衡,需求平衡。小平同志南方谈话指出,发展是硬道理。为此,各级政府都在探索经济快速、持续、健康增长的平衡点,一方面要快速增长;另一方面必须保持持续健康,实现生产力的不断发展。在市场经济条件下,企业要实现自主经营,自负盈亏,自我发展,自我约束。一方面政府要实现宏观调控;另一方面企业要实现真正的自主,不能由政府包办代替,只有这样,市场经济体制才能建立。因此,政府对企业的管理,要在市场经济体制建立过程中实现职能的转变。江泽民同志早就指出:加快政府职能的转变,这是上层建筑适应经济基础和促进经济发展的大问题,不在这方面取得实质性的进展,改革难以深化,社会主义市场经济难以建立。转变的根本途径是政企分开。政企分开之后,政府对企业的管理,一是在管理范围上应当由微观管理转变为宏观管理,政府应当成为宏观调控的管理中心。二是在管理方式上应当由过去以行政手段直接管理转变为综合运用经济的、法律的和行政的多种手段的管理。三是在管理方向上,由过去指挥企业,转变为为全体公民服务。在处理政府和企业之间的关系中,矛盾的主要方面是政府职能的转变。工商行政管理部门作为政府的一个职能部门,也必须转变职能,不能自

己直接办市场。

2. 正确认识并处理好历史功绩和历史使命的关系。在特定的历史条件下，工商行政管理部门为促进经济发展办了一些市场，功不可没。今年以来，岚清同志曾三次肯定工商行政管理部门办市场的成绩。如今年元月，岚清同志在全国工商行政管理工作会议上讲话时说，"改革开放初期，工商行政管理系统建设、经营了一批城乡集贸市场，起到了促进商品流通的积极作用，历史功绩应予肯定"。党的十四届三中全会明确提出了要在 2000 年建立市场经济体制框架的构想，在新的历史条件下，国务院赋予了工商行政管理部门主管市场监督和行政执法的历史使命。市场办管脱钩是由工商行政管理部门的职责决定的。长期以来，工商行政管理部门一直是监管市场的主要职能部门。1952 年 11 月，中央私营企业局与中央外资企业局合并成立中央工商行政管理局，直属政务院。主要负责打击投机倒把，稳定物价，组织物资交流，管理私营企业和外资企业。这个时期为 1952—1957 年，即到社会主义改造完成。1957—1965 年，随着社会主义改造已基本完成，工商行政管理处于探索阶段。1966—1976 年"文革"期间，工商行政管理部门都相继被撤销。1978 年 9 月 25 日，国务院恢复成立了国家工商行政管理总局，当时的任务是"四管一打"，即集贸市场管理，工商企业登记管理，个体经济管理，商标注册、广告管理和打击投机倒把。1988 年国务院确定了国家工商局的"三定"方案，规定了国家工商局 12 条职能，主要是监督管理市场。1994 年，国务院又重新确定了国家工商局的"三定"方案，规定了工商行政管理部门作为国务院主管市场监督管理和行政执法职能部门的九项职能，这是当今我们这一代工商行政管理人员的历史使命。

要完成新的历史使命，必须做到办管脱钩。对此，李鹏总理有明确的指示：执法部门不能搞经济实体。从去年底以来，岚清同志关于办管脱钩一共有 7 次讲话和批示，有三次提到这是一件大事。最近，他在上海讲话时说，"工商行政管理部门要更好地发挥监督管理的职能、要严格执法、凡工商行政管理部门自己经营的批发市场和经济实体要限期与行政机关脱钩，这一点国务院已经明确，各地要坚决执行"。因此，必须从肩负的历史使命来正确地看待在特定的历史条件下的工作成绩，更好地完成新的历史任务。

3. 正确认识和处理目前和长远发展的关系。目前工商行政管理部门所办的一些市场是多年历史形成的，是多种原因造成的，现在办管脱钩，可以说一是感情难却，二是工作难做。但是从工商行政管理部门的长远发展看，要真正成为有权威的执法机关，不与所办市场脱钩是不行的。目前的一些具体问题是局部的问题，长远发展的历史任务是全局的问题。要正确处理好当前办管脱钩中的一些具体问题和具体困难，站得高一点，看得远一点，看到长远发展目标。从工商行政管理部门的"三定"职能和国务院领导的一贯要求来看，办管脱钩不是今年新提出来的，更不是哪个人别出心裁想出来的，的的确确是历史任务赋予我们的要求，是工商局职能到位的要求，是建立市场经济体制的要求。

（二）正确分析办管脱钩的基础和条件，不失时机切实抓紧脱钩

办管脱钩经过几年的试点和各方面的工作，应该说有了一定的基础和条件，一是有法规依据。如国务院确定的国家工商局"三定"方案，国务院办公厅转发的办管脱钩的文件。不是无的放矢，而是有法可依。二是有领导的重视。既有中央、国务院领导一贯的指示精神，也有各级党委、政府的重视。全国各个省市工商行政管理机关都向省市政府进行了汇报，一些省委、省政府也作了专题研究。国家工商局分别由局长、副局长带领工作组，到 28 个省市、78 个地市，向当地党政领导、工商行政管理部门领导进行宣传发动和调研。三是有各个部门的协调配合，中编委、财政部、经贸委等部门都很支持。四是有工作基础和思想基础。通过前一段的工作，全系统干部职工的思想认识逐步统一，脱钩的具体实施工作有了很大推进。全国各个省市普遍进行了试点，有 16

个省市有了脱钩的方案,海南、北京等省市已经全面铺开。如何看待办管脱钩,常州市工商局周祥荣同志说得好:"回顾过去,历史贡献,感情上难以分离;展望未来,责任重大,迟早都要分离;联系当前,困难不小,积极稳妥抓好分离。"这三句话说得实在,代表了大部分工商行政管理人员的现实思想。五是现在正值各省市进行机构改革和"三定"的良好机遇。在中央机构改革以后,各省、自治区、直辖市的机构改革方案已经批准,各个市县的改革正在进行之中,在这个时候脱钩,正好结合"三定",给工商行政管理部门定编、定位。机不可失,时不我待。因此,应该说办管脱钩条件日趋成熟,思想、步调已基本统一,我们应该充满信心地去完成这一任务。

(三)妥善处理办管脱钩中的矛盾和问题,加强领导,积极完成脱钩

1. 认真细致做好宣传教育工作,解决好思想认识上的差异。思想通了,智慧、勇气、合力就有了;思想认识不到位,就不可能形成合力。各级领导要带头做宣传教育工作,新闻宣传部门要密切配合,有的放矢地做好全系统干部职工的思想工作。

2. 要联系实际,主动争取各级党委和政府的支持,确保国务院办公厅关于市场办管脱钩文件中各条措施的落实。各地要根据自己的实际情况,制定实施细则和贯彻意见,在各级政府的领导下,切实做好这项工作。

3. 实事求是,多渠道、多方位地解决好千差万别的各种具体问题。在处理具体问题时,态度要积极,方法要恰当,步子要稳妥。经费问题要做细致的工作,取之有道,用之得当;人员的分流要妥善安排,各得其所;资产管理要确保安全,不能流失。总之,工商局与所办市场脱钩是一件大事,大事要大抓;是一件好事,好事要抓好。

三、勇于探索,积极参与,在建立社会主义市场经济体制的过程中,尽快实现工商行政管理职能的转变和到位

工商行政管理部门与所办市场脱钩后,必须把职能真正转到李鹏同志所指出的建立和维护社会主义市场经济秩序上来,真正转到严格执法、依法行政、提高队伍素质上来,为完成国务院赋予我们的历史使命做出积极的努力。

(一)适应形势的需要,加强对市场经济和建立市场经济秩序的学习和研究

市场经济一方面是按价值规律办事,以价值规律为取向;另一方面它不是一种无序的经济,从某种意义上说,它是一种法制经济。在按价值规律办事的同时,要依法行政,确保市场有序运行。我国的市场经济是具有中国特色的社会主义市场经济。其特点最主要的是以公有制为主体,围绕以公有制为主体,还有许多特征,如加强宏观调控、以按劳分配为主的多种分配形式等。工商行政管理部门作为市场经济秩序的建立者和维护者,更要十分注重学习研究市场经济,特别是社会主义市场经济,建立和维护市场经济秩序涉及很多方面,不是工商局一家能够完成的,但我们是主要的市场执法部门,要努力奋斗。凡是对维护社会主义市场经济秩序有利的事情,我们就多干,不利的事情就不干。

(二)依法行政,确保工商行政管理职能的法制化、规范化

1. 要用法律来保证依法行政。目前,我们系统还没有保证自己依法行使职权的专业法规。"三定"方案是政府的一个规范性文件,还没有完全做到法律化。如果没有什么法规来保证自己行使职权,就很难履行我们的职责。在立法过程中,要尽快制定保证自己行使职权的法律规范,使工商行政管理职能法律化。

2. 要通过法律法规来规范执法行为。面对新形势、新任务,我们要拓宽法制建设的思路。对商品市场、集贸市场的监管,我们在取得经验的基础上,如何进一步加大执法力度。完善交易规则,还有大量的工作要做。与此同时,工商行政管理部门参与包括生产要素市场在内的社会主义现代化大市场的管理,目前还没有找到有效的途径。对这些问题,光着急不行,要研究提出一些意见,在国务院的领导下,通过制定法规,规范

市场行为,同时也规范市场监管主体的自身行为。

（三）适应工商行政管理职能的要求,切实搞好机构改革

各级工商行政管理机关应珍惜"三定"机会,真正做到有明确的职能,合理的机构,恰当的编制。要像海南等省那样,在编制、机构、人员的落实中争取省委、省政府的领导和支持。要像常州市那样,建立一些适应监管社会主义现代化大市场的机构。否则,工商行政管理职能是很难到位的。

（四）拓展工作领域,提高管理层次,把工作重点转到管理社会主义大市场上来

在建立社会主义市场经济体制中,工商行政管理部门市场监管的范围更大了,层次更高了。例如,最近八届人大第十四次常委会通过的《担保法》第四十二条规定,将企业的设备和不动产的抵押登记,确定交由工商行政管理部门负责执行。为此,我们的工作要由原来单一管理集贸市场转变到管理社会主义大市场;要由原来管理初级市场转变到管理现代化市场。这一点非常重要。各级工商行政管理机关要上下共同努力,通过知识水平的提高,通过法制建设,通过机构、编制的保障,拓宽工作领域,提高工作层次。

（五）加强队伍建设,提高管理水平

1. 着眼未来,狠抓当前,努力提高队伍的政治、业务素质。要继续抓干部政治素质的提高,通过开展向先进模范人物学习活动,进一步树立全心全意为人民服务的思想,这是建立一个勤政、廉洁、高效的市场执法机关的基础和根本。当前,我们在学习孔繁森的同时,要广泛开展学习范宗平同志执法如山、奉献工商的活动。国家工商局已就如何学习范宗平作了具体部署,对不同层次分别提出了学习重点和要求,下一步准备跟踪总结学英雄的经验和效果。全体工商行政管理干部,特别是各级领导干部,要身体力行,带头学好,以自己的模范行为影响和带领广大干部职工,为"四化"事业作贡献。要按照中央关于领导干部双重管理的要求,协助地方党委和政府抓好各级领导班子的建设,使工商行政管理机关的领导班子真正

担负起建立有权威市场执法机构的重任。

要进一步抓好反腐倡廉,切实转变作风。工商行政管理系统的廉政勤政建设,通过努力,取得了阶段性成效。但是,还必须清醒地看到存在的问题。要认真贯彻中纪委五次全会和国务院反腐败工作会议的精神,狠抓领导干部廉洁自律和纠正行业不正之风,努力提高办事效率。一次能办好的事情,不要让人跑第二次;今天能办的事情,不要拖到明天。严禁以权谋私,不能搞权力有偿服务,不管是什么人,都要公事公办。违法违章设的各种关卡要按照国务院的要求,坚决撤除。各级工商行政管理机关应在已经取得成绩的基础上,再接再厉,取得新的成果。

要创造条件,抓好干部培训。继续努力筹办工商行政管理大学。既培养未来工商行政管理的后备人才,也对在岗的工商行政管理干部积极进行在职培训。

2. 重视科技,提高现代化管理水平。国家工商局要与各地工商行政管理部门密切配合,按整体规划,把数据库和计算机网络建设分期、分批地落到实处,真正使我们的现代化管理水平提高一步。

3. 继续狠抓规范化管理,加强机关建设和基层工商所建设。要进一步规范基层工商所的管理行为。各级工商局机关要在现有基础上,进一步抓好行为规范和制度建设,为建设一个廉洁高效的工商行政管理机关而努力。

四、为建立和维护良好的社会主义市场经济秩序,奋发努力,全面完成今年各项工作任务

（一）围绕规范市场行为,继续抓紧抓好立法立规工作

邓小平同志曾多次强调,一定要"两手抓","一手抓建设,一手抓法制"。李岚清同志也指示我们:"立法问题很重要,只有立了法,才能规范行为,这是基础。"因此,我们要围绕着市场主体准入规则、交易规则、商标广告管理规则,继续有重点地抓法规建设工作,特别是针对当前市场上的突出问题,先易后难,有针对性地制定一些规范性文件。与其他部门交叉矛盾的问题,既要协调,更

要通过立法来解决。

（二）围绕中央关于加强宏观调控、抑制通货膨胀的要求，继续加大执法力度，抓好市场秩序的整顿

1. 以两次专项整治为重点，按照岚清同志的要求，针对当前市场经济秩序中的突出问题，继续开展"打假"、"打骗"、"打击走私"和制止不正当竞争等工作，要集中整治饮料市场，集中打击商标侵权活动和虚假广告，加强商标、广告管理，规范市场行为。

2. 工商行政管理部门作为市场主管部门，要积极参与对物价的监管，配合有关部门，严厉查处欺行霸市、哄抬物价等问题，加强价格监督，确保市场物价稳定。

3. 继续加强对个体私营经济的引导和管理，促进其健康发展。在社会主义初级阶段，国家把个体私营经济管理交给工商行政管理部门，可以说任务光荣，担子很重。为此，要加强调研，为中央决策提供依据。要加强引导，充分发挥个体私营经济作为公有制经济必要补充的积极作用。要加强管理，使个体私营经济在市场经济中成为遵章守法的模范，为促进经济发展，繁荣城乡市场，富裕人民群众作出积极贡献。

（三）围绕政治安定、社会稳定，确保党中央、国务院各项具体措施的贯彻落实

改革、发展、稳定是全党全国的大局，工商行政管理部门要围绕这个大局，积极努力，扎实工作。

1. 按照民主集中制的原则，切实抓好全系统内部的安定团结。自身的安定团结搞不好，就不可能步调一致作贡献。一是要充分发扬民主，做到科学决策，因此要多沟通、多论证，广泛听取意见。二是要维护中央和各级党委、政府的权威，严肃认真地贯彻落实好中央的路线、方针、政策。各级各部门都要从全局出发，从整体利益出发，确保各项决策的顺利实施。

2. 从大局出发，正确处理部门之间、上下之间、干群之间的关系，维护社会的稳定。其他部门对我们的工作有不同意见时，要耐心细致地做工作，原则要坚持，协商要积极。对国务院的指示精神，要坚决贯彻。国家工商局要切实帮助下级工商局解决困难和问题。要贯彻我们党的群众路线的优良传统，关心群众疾苦，研究和解决群众问题，密切群众关系，树立工商行政管理部门在群众中的良好形象。

3. 要与有关部门密切配合，及时有效地处理好各种不安定因素。目前，无论是社会上，还是工商行政管理系统内部，某些不安定因素仍然存在。有的是工作方法不当造成的，有的是决策失误造成的，有的是因为群众不理解造成的。因此，一定要正确决策，讲究方法，做好耐心细致的思想工作。在办管脱钩中，特别要做好分流人员的思想工作，要通过我们的努力，确保内部的稳定和国家的安定。

（四）围绕发挥工商行政管理部门的职能作用，进一步加强调查研究

要按照年初的部署，继续选择重点课题开展调研，特别是在办管脱钩以后，各级工商行政管理部门要把如何实现职能到位，促进建立和维护社会主义市场经济秩序作为一个重要课题进行调查研究。

（五）围绕工商行政管理工作的总体目标，进一步重视和关心学会、协会、中介机构和后勤保障工作

要更好地发挥挂靠在工商行政管理部门的学会、协会和中介机构的桥梁纽带作用和参谋智囊作用。各类中介机构要努力探索和实践，充分发挥服务、咨询作用。各级组织、各级领导要关心干部职工的衣食住行，努力做好后勤保障工作，积极帮助解决生活和工作中存在的困难，营造一个安居乐业的良好环境，使广大干部职工能够精力充沛地、全身心地投入工作。

同志们，工商行政管理工作正处于一个新的历史转折时刻，让我们继承和发扬工商行政管理系统改革、团结、奋斗的优良传统，统一思想，统一步调，加倍努力，积极进取，围绕改革、发展和稳定的工作大局，为开创工商行政管理工作的新局面作出新的更大的贡献。

完善交易规则　规范市场行为
为创造公平竞争的市场
环境而努力
——王众孚局长在全国工商行政
管理工作会议上的讲话

（1995 年 12 月 27 日）

在全国人民胜利实现"八五"计划，即将跨入充满希望的"九五"时期之际，我们召开这次全国工商行政管理工作会议，学习贯彻党的十四届五中全会和中央经济工作会议精神，回顾总结今年的工作，共同研究如何抓好九六年的工作，起好步，开好头，开创工商行政管理工作的新局面。

一、加大市场执法力度，深化工商行政管理体制改革，1995 年各项工作取得新进展

今年是"八五"计划最后一年。"八五"期间，我们根据党的十四届三中全会提出的建立社会主义市场经济体制的目标，在立法、立规和市场执法方面，在市场主体的培育和市场体系的建设方面，在深化体制改革和监管职能的转换方面，都取得了显著的成绩。

1995 年，全国工商行政管理机关根据中央经济工作会议部署的工作重点，遵照李鹏总理、李岚清副总理"依法行政，严格执法，同时又要做到正人先正己，不断提高队伍的素质"、"工商行政管理部门要更好地发挥监督管理的职能，要严格执法"以及办管脱钩等多次具体指示，以维护社会主义市场经济秩序为目标，以立法、立规为基础，以四次专项治理为重点，以深化体制改革、提高队伍素质为动力，加大了监管力度，各项工作都向前迈进了一步。

（一）加快立法立规，促进了市场监管法规体系的完善

一年来，我们共完成立法、立规 28 项，超额完成了年初的预定目标。其中《合伙企业法》、《独资企业法》两项法律已上报全国人大财经委；《企业名称登记管理规定》、《企业法人的法定代表人登记管理规定》、

《外国（地区）企业常驻代表机构登记管理办法》、《国务院关于外国公司在中国境内设立分支机构的管理办法》等四项行政法规已经完成并上报国务院；制定和发布行政规章 22 项。与此同时，在各地人大和政府的领导下，各级工商行政管理部门经过努力，制定了 54 项地方性工商行政管理法规和规章。

（二）以四次市场专项治理为重点，加大了执法力度，改善了市场经济秩序

1. 一年来，针对社会上反映比较强烈、严重扰乱市场秩序的违法违章行为，全系统精心组织、密切配合，在全国范围内开展了四次市场专项治理。第一次是元旦、春节期间，为了保证节日市场繁荣，物价稳定，服务文明，开展了市场大检查，严厉打击了哄抬物价、欺行霸市等违法行为。第二次是为了保证农业生产的发展和农民的利益，进行了农资市场专项治理，重点打击了制售假冒伪劣化肥、农药、种子的违法行为。第三次在夏季进行了饮料市场整治，保护了人民群众的健康和消费者的权益。第四次是打击假冒注册商标、虚假广告的专项治理，主要是为了保护生产、经营企业的合法权益。据不完全统计，四次专项治理共出动人员近百万人次，检查各类生产、销售企业 238 万余家，查处各类案件 5 万多件，其中移送司法机关 200 多件。取缔制假窝点 6 900 余个，查处各类假冒伪劣商品总价值 6.2 亿元。

2. 在进行专项治理的同时，立足于"陆上查、市场管"，严厉打击了市场上出现的各类走私贩私活动，共查处走私贩私案件 4 948 起。依法查处了一批利用合同骗买骗卖和严重侵害消费者合法权益的案件，据全国 22 个省的不完全统计，查处违法合同 1 546 件，涉及金额 3.79 亿元，罚没款 675.2 万元。对多层次传销进行了调查，严肃查处了一批非法传销案件，据初步统计，全国共查处各类非法传销案件 128 起。现有传销公司 163 家，传销人员 6 万多人，其中只有 49 家公司经过了合法登记注册。一年来，我们还分阶段在重点地区开展"扫黄"、"打非"行动 2 084 次，出动 33 880 人次，清理文化娱乐场所 11 886 个。

3. 加强了商标注册管理,保护了知识产权。1995 年共查处商标侵权案件15 000件,责令赔偿被侵权人损失1 000多万元,解决商标纠纷3 000余起。全年商标申请总量超过 18 万件,创历史最高水平。对全国 99 家商标代理组织进行了复核,商标代理工作逐步规范。需要特别指出的是,今年我们向世界知识产权组织递交了《加入〈马德里议定书〉通知书》,中国作为第四个加入国,使得该协定得以生效。世界知识产权组织总干事鲍格胥对此予以高度评价:中国政府的这一举动具有重大的政治意义。同时,我们还依法查处非法出版物案件1 029件,收缴 LD 盘127 912张,CD 盘43 069张,盗版计算机软件24 265盘(张)。积极参加了中美知识产权的谈判工作,得到有关方面的好评。

4. 今年是贯彻实施《广告法》的第一年,我们积极开展了《广告法》的宣传和培训,有针对性地进行广告执法检查,加大了《广告法》的执法力度,加强了广告管理。查处广告违法案件14 412件,罚款 1.96 亿元,促进了广告业的健康发展。到年底,全国广告经营单位已发展到 4.74 万户,比上年增长 10%。广告经营额 211.69 亿元,比上年增长 5.7%。

5. 把住市场主体准入关,清理了"三无"企业。在抓好企业登记管理工作中,今年我们结合企业年检,狠抓了无资金、无场地、无机构企业的清理。据统计全国共注销"三无"企业执照 7.3 万余户,其中内资企业 7 万多户,外商投资企业 2 500户,查处擅自改变登记事项的企业 10 万多户,对 7 000余户进行了罚款,责令限期整改的 2.2 万余户,暂缓通过年检的 4 万户。企业登记管理制度进一步改革和完善,促进了各类企业的发展。年内,内资企业达到 821 万户,注册资金 5.7 万亿元,外商投资企业达到 22.8 万户,实有注册资本3 600亿美元。

6. 加强了对个体、私营经济的监督管理,促进其健康发展。到年底,全国个体工商户已发展到 2 418万户,注册资金1 683.2 亿元,从业人员4 357.5 万人;私营企业 63.1 万户,注册资金 2 462.5 亿元,从业人员 708.5 万人。

(三)深化市场监管体制改革,全面推进了市场"办管脱钩",努力实现职能到位

随着我国经济体制改革的逐步深化,工商行政管理自身体制的改革已经成为一项十分重要的历史任务。在 1992 年全国工商行政管理工作会议上,首次提出了工商行政管理部门市场管理与服务相分离的思路,并在一些城市进行了试点和探索,取得了很好的经验。为了尽快实现职能转变,切实担负起国务院"三定"方案赋予我们的职能,今年 7 月召开了全国工商局长会议,按照《国务院办公厅转发〈国家工商行政管理局关于工商行政管理机关与所办市场尽快脱钩意见〉的通知》精神,研究部署了办管脱钩工作。8 月中旬,国家工商局组织了十二个工作组赴全国(除西藏外)29 个省(市、区)督促检查。各地党委、政府以及有关部门给予了大力支持,各个省政府先后召开了会议。作出了具体方案,下发了文件。目前,已全面进入了实施阶段。进度较快的有北京、广东、海南等省、市。

其他方面的改革取得了同步进展。根据中组部[1995]干办字 2 号批复,在调查研究、总结经验的基础上,今年 6 月下发了系统干部双重管理的办法,使这项工作落到实处。区局改分局的改革继续深入,全国 90%的大中城市已全面完成了这一任务。

(四)按照社会主义市场经济体制的要求,加强了队伍建设和机关建设

按照李鹏总理和李岚清副总理关于提高队伍素质的指示,在全系统大力开展了学习孔繁森、范宗平等模范人物先进事迹的活动。推动了队伍的素质的提高,继范宗平之后,又涌现出了许多先进模范人物。

哈尔滨市工商局道里区分局埃德蒙顿路市场管理所所长吴志敏,为保护同志与歹徒英勇搏斗,壮烈牺牲,是英雄模范中的突出代表。他们用自己的实际行动,甚至用鲜血和生命,捍卫了法律的尊严。与此同时,结合工作实际积极进行了各种类型的业务培训。全系统参加岗位培训人员达 10 万人次,组织国外培训 20 多个团组,共 600 人

次;出席各种国际会议 13 次,加强了国际合作,推动了各项工作的开展。

大力开展反腐倡廉教育,狠抓廉政勤政建设。重点抓了纠正用公款"吃喝玩乐"的不正之风,认真查处了群众举报案件。一年来共立案调查 587 件,结案 430 件,全系统受党纪政纪处分 406 人,移送司法机关处理 51 人。狠抓了制度化、规范化建设。全年共制定各种制度 27 项,90% 的基层工商所已完成规范化建设第一阶段的任务。在实现现代化管理方面,推进了计算机网络的建设,制定并下发了《工商行政管理数据处理网络建设方案》,开始了初级联网试验,现已与 35 个省、市、自治区、计划单列市实现了局网远程联网和部分信息互通;进行了电子邮件技术试验及通过公用数字网网络互联调研;数据中心建设取得进展。

针对市场秩序和群众关注的一些热点问题,开展了各种类型和不同层次的调查研究。国家工商局完成了市场秩序、个体私营经济、中西部投资状况三个课题的调研业务,并且抓紧了工商行政管理"九五"计划的制定。各类协会、学会、中心、报刊杂志,按照年初提出的任务,辛勤努力,做了大量具体有效的工作。

一年来,各级工商行政管理机关立足本职,围绕改革、发展、稳定的大局,为实现年初提出的目标,为维护市场经济秩序,进行了卓有成效的工作,作出了积极的贡献。各项工作有了新的进展,取得了新的成绩。这些成绩的取得是党中央、国务院正确领导的结果,是各部门、各级党委、政府大力支持的结果,是全系统干部职工努力的结果。在总结成绩的同时,我们也应该清醒地看到目前存在的困难和问题。在规范市场行为方面,我们要在抓好个案查处、进行一般性监管的同时,要十分注意宏观分析指导、解决深层次的问题;在规范市场主体行为方面,全面完成办管脱钩,实现职能转变的任务还有许多工作要做,还需要继续抓紧抓好;在队伍素质方面,要采取积极措施,培养一大批懂经济、懂法律、懂现代化市场管理的新型人才。在这辞旧迎新之际,我们既要认真总结

成绩和经验,重视和解决存在的问题,更要振奋精神,创新进取,开拓未来。

二、以公平交易执法年和工商形象建设年为核心,扎扎实实地抓好 1996 年的工作

党的十四届五中全会是一次具有重大历史意义的会议,会议通过的《中共中央关于制定国民经济和社会发展"九五"计划和 2010 年远景目标的建议》,全面体现了邓小平建设有中国特色社会主义理论和党的基本路线的要求,是指引我们跨入 21 世纪的宏伟纲领。《建议》中规划了"九五"期间及 2010 年的奋斗目标,指出要牢牢把握"抓住机遇,深化改革,扩大开放,促进发展,保持稳定"的大局,正确处理改革、发展、稳定三者的关系,提出了一系列指导国民经济和社会发展的重大方针,并特别强调要实现跨世纪的奋斗目标,关键是实现具有全局意义的两个转变,一是经济体制从传统的计划经济向社会主义市场经济体制转变,二是经济增长方式从粗放型向集约型转变。《建议》指出:要"加快经济立法,建立和完善适应社会主义市场经济体制的法律体系。坚持改革开放和法制建设的统一,做到改革决策、发展决策与立法决策紧密结合,并把经济立法放在重要的位置,用法律引导、推进和保障社会主义市场经济的健康发展"。要"制定和完善市场规则,加强市场管理和物价监督,规范流通秩序,打破地区封锁和部门分割,制止不正当竞争,保护生产者和消费者的合法权益"。"以公有制为主体,多种经济成分共同发展是我们必须和共同坚持的方针"等,这些既是新时期对工商行政管理的要求,也是我们做好工作必须遵循的指导方针。

1996 年工商行政管理工作的总体要求是:认真贯彻十四届五中全会和中央经济工作会议精神,进一步完善市场交易规则,规范市场主体行为,制止不正当竞争,严厉打击扰乱市场秩序的违法违章行为,保护生产者、消费者的合法权益,深化工商行政管理体制改革,全面完成办管脱钩任务,进一步搞好工商队伍自身建设,为实现政府职能转变,推进社会主义市场经济新规范、新秩序

的建设而努力。

明年主要抓好以下几项工作：

（一）健全规则，规范行为，整治秩序，加强市场监管和行政执法

1. 以完善交易规则为重点，加快各级工商行政管理立法、立规的步伐。江泽民同志最近指出："经济的发展，社会的进步，都离不开法制的健全。经济和社会的发展，呼唤着法制的完善；反过来，法制的完善又会进一步促进经济繁荣和社会进步。"因此，立法立规仍然是我们"九五"第一年的首要任务。我们要制定"九五"期间工商行政管理系统的法制工作的目标、措施、步骤，制定和起草已出台的和将要出台的社会主义市场经济法律的配套法规，完善和细化规范市场主体和主体行为的法律法规。

1996年拟制定（或修订）法律7项，行政法规7项，行政规章14项，共计23项。其中，规范市场主体的有9项，规范市场行为的有12项，规范工商行政管理机关自身行为的有2项。在23项立法计划中，属于填补空白的有7项，包括《反垄断法》、《代理制管理办法》、《驰名商标认定办法》等，属于完善细化的有16项。上述法律、法规、规章，对于完善工商行政管理法律体系，加大执法力度，规范工商行政管理机关行政执法行为，都具有积极的意义。要继续发挥地方立法的积极性，促进地方立法取得新进展。

2. 以贯彻"五法"（《公司法》、《反不正当竞争法》、《消费者权益保护法》、《商标法》、《广告法》）为重点，开展法制宣传教育。党的十四届五中全会通过的《建议》中指出：要继续深入开展法制宣传教育，提高全民族的法律意识和法制观念，特别是提高广大干部依法行政、依法管理的水平和能力。因此，深入进行法制宣传教育，是我们今年的一项重要任务。在"五法"的宣传教育工作中要做好三个结合：一是经常性的宣传教育与集中的宣传教育相结合，把节日、消费者权益保护日、五项大法颁布纪念日的集中宣传教育与经常性的宣传教育结合起来；二是把工商行政管理部门的宣传教育与社会各种新闻媒介教育结合起来，通过各种新闻媒介，发动社会力量开展五项大法的宣传教育；三是把市场监管主体的宣传教育与对市场生产经营主体、消费者的宣传教育结合起来，工商行政管理部门必须在认真学习、深刻领会、真正掌握这几项大法的基础上，开展对市场生产、经营主体和消费者的宣传教育，通过有重点、多形式的宣传教育，形成一个学法、懂法、守法和严格依法行政的新局面。

3. 以"一反两保护"（反对不正当竞争，保护生产者、消费者的合法权益）为重点，加大市场执法力度。创造公平竞争的市场环境，必须规范市场行为，严格执法，制止不正当竞争行为。对严重扰乱经济秩序，群众反映强烈的市场欺诈、假冒、走私贩私、哄抬物价等行为，依然是我们打击的重点。为此，明年我们要在总结今年四次专项治理经验的基础上，组织开展公平交易执法年的六项系列行动：

一是加强元旦、春节市场的监管检查。以稳定物价，打击欺骗性交易为重点，开展除"三害"，即严厉查处：利用虚假的降价表示、还本销售等欺骗性手段误导坑害消费者的行为；制售假冒伪劣节日商品，特别是假冒伪劣烟、酒和食品的行为；欺行霸市、哄抬物价的行为。

二是加大农资市场整治力度，开展打"三假"活动，即打击销售假种子、假农药、假化肥的行为。在"打假"的同时，要严格价格管理，严厉打击哄抬农资价格的坑农事件。

三是开展以营养保护品为重点的食品市场整治，打击欺骗消费者的假冒知名营养品、保健品名称、包装、装潢的行为。

四是整顿烟草市场，严厉打击制售假烟及香烟走私、贩私等违法行为。

五是打击走私贩私行为。在全国打击走私领导小组统一领导和组织下，明年的打击走私工作，将由今年的重点地区查处转向重点商品的查处。坚决打击汽车及配件、照相器材、食糖、原油等走私贩私行为，取缔地下私货市场；配合公安部门取缔私刻印章、私印票证行为，打击骗税、套汇活动。

六是开展查处以违法合同为重点的欺

诈行为,特别是要查处工程承包、购销和信贷合同中的欺诈行为,以及各种违反财经、金融法规的案件。

认真落实中央关于加强执法检查的要求,明年我们将组织全系统执法情况的自查、对口检查和派工作组抽查,并在三月份和七月份,两次公布大案要案查处情况,年度举办公平交易年执法成果展览。

要坚持标本兼治的方针,做到查处与整改建制相结合。要积极开展对市场秩序和市场监管深层次问题的调研,如建立市场秩序评价体系;建立市场主体自我制约机制;完善市场监管体系等,通过对市场现象、经济现象的调查和剖析,提出解决市场秩序问题的近期措施和远期目标,为工商行政管理法规的进一步完善和公平竞争政策的建立提供依据。

(二)积极发挥职能作用,促进经济持续、快速、健康发展

1. 规范市场主体行为,促进现代企业制度的建立和各类企业发展。规范市场主体行为是建立良好市场秩序的基础,也是企业自我发展的根本。为此,我们一是要依据《公司法》等法律、规章有序地推进登记制度的改革,把好市场主体进入关。二是要根据资本信用、资本真实的原则,强化企业登记后的动态监督管理,把清理"三无"企业纳入日常监管工作中。三是要规范中介机构,科学评估和审计企业资产,确保国有资产的安全和增值。

2. 加强商标注册和管理,保护知识产权。要进一步规范商标代理工作,积极推进商标注册和管理手段的现代化,加强对商标,特别是驰名商标的保护,加大企业反假冒商标的能力,正确引导商标评估,加强对国有企业注册商标转让的指导和管理。

3. 加强广告管理,引导广告业正确宣传企业形象和产品形象。在推进广告行业发展的同时,要进一步规范广告主体行为,加强广告监测工作,完善广告监督体系。加快广告管理的现代化、科学化建设。建立和维护公平竞争的广告经营秩序。

4. 坚持共同发展的方针,加强对个体私营经济的引导和管理。要遵循"允许和鼓励个体、私营、外资等非公有制经济发展,并正确引导,加强监督,依法管理"的要求,在促进个体私营经济发展方面做到四个结合:一是与国有企业改革、转制相结合;二是与发展农村经济相结合;三是与贫困地区经济发展脱贫致富相结合;四是与优化产业结构相结合。同时要立足工商行政管理职能,为个体私营企业创造公平竞争的环境。

在加强引导和管理方面做到四个并重:一是培育市场主体与规范市场主体并重;二是登记发照与监督管理并重;三是监管有照经营与清理取缔无照经营并重;四是严格依法管理与加强政治思想工作并重。

充分发挥个协和私协的作用,建立行业自律机制,促进个体、私营经济的健康发展。

(三)改革体制,健全机制,努力实现监管社会主义现代化大市场的职能到位

1. 全面完成政企分开、办管脱钩的历史任务。党的十四届五中全会指出,"充分发挥市场机制的作用和加强宏观调控,都要求加快政府职能的转变","关键是实行政企分开"。因此,在深化改革过程中,一定"要抓紧解决政企不分"的问题。李岚清副总理多次指示我们,工商行政管理部门体制改革首先要抓住市场办管分离。执法部门要首先解决这个问题。因此,明年我们要继续下大工夫,切实做到机构、职能、人员、财务四分离,全面完成这项任务。要紧密联系各地实际,重点解决好大脱小不脱,明脱暗不脱,上脱下不脱的问题。既要细致、稳妥地解决和处理好脱钩中的各种矛盾和问题,又要发扬大胆改革,破旧立新、敢当排头兵的精神,为实现职能的转变和到位作出历史的贡献。

2. 继续推进和完善大中城市区局改分局的体制调整工作。最近,国务院办公厅复函,同意区局改分局后,分局依然保持行政主体的执法权,从而解决了分局执法中的许多实际问题,完善了这项旨在确保统一执法的体制改革。我们一方面要充分发挥这一改革的优越性,尽快形成大中城市统一执法的体系和网络;另一方面又要充分调动分局和工商所工作的积极性和创造性,为全面完

成工商行政管理的工作任务作出贡献。

3. 落实和完善干部双重管理,建立良好的组织保障基础。今年元月,中央组织部下发文件,进一步明确了工商行政管理系统干部管理办法,保证了1994年国务院办公厅文件的落实。干部的双重管理为我们统一执法提供了有效的组织保障,各级工商行政管理部门在坚持依法行政,反对地方和部门保护主义的同时,要坚持地方党委和政府的统一领导,正确处理各种关系,使这项制度的建立,真正有利于工作的开展,有利于工商行政管理部门的自身建设。

4. 努力探索监管体系和方式、方法的改革。这些年来,各地工商行政管理部门在总结传统的管理方式、方法经验的基础上,作了许多有益的尝试,如对企业实行分类分级登记、属地管理的体制;各类案件实行属地报案,分类分级查处;对全方位的行动全系统统一组织,实行联动制的方式;对特殊市场、大中型市场联网制管理的方法等。明年我们要继续探索和研究,并逐步总结、推广一些成功的经验,使我们的工作真正适应管理社会主义现代化大市场的要求。

(四)提高素质、提高水平,努力建设一支适应现代化市场经济管理要求的工商行政管理队伍

1. 以培养和造就高素质的工商行政管理人员为目标,开展工商形象工程建设。建设一支高素质的工商行政管理队伍,是时代发展的要求,是担当历史重任的需要。我们是政府机关工作人员,必须遵循全心全意为人民服务的宗旨,树立正确的人生观、价值观;我们是执法人员,必须严格执法,公正执法,廉洁执法;我们处在新的历史时期,必须勇于探索,勇于实践,刻苦钻研,有高水平的业务能力和管理水平;我们面对广阔的市场和亿万群众,必须有高尚的道德情操和良好的品格作风。针对工商行政管理队伍目前的状况,我们要在已经取得经验的基础上,明年作为全系统工商形象工程建设年,具体有以下几项要求:一是忠于职守、公平公正的执法形象;二是甘为公仆、廉洁自律的廉政形象;三是勤政高效、文明礼貌的办事形

象;四是着装整齐、举止端庄的仪表形象。为此,要在全系统开展以学习范宗平、吴志敏等先进模范人物为中心的创优争先、奉献工商的活动。年底我们将与人事部联合召开先进集体、先进工作者的"双先"表彰会。

2. 以实现干部"四化"建设为目标,切实抓好公务员队伍建设。一是要以"三定"为契机,把好公务员队伍的准入关。严格按照标准通过考试、考核,完成工商所核编和现有人员向公务员的过渡工作,择优录用,调整工商队伍结构。二是要与办管脱钩相结合,实施人员分流,把那些善于经营的人适时地安排到市场经营岗位。把那些符合工商行政管理工作要求的人,组织好参与公务员的录用,真正做到人尽其才,才尽其用。三是要通过多种形式的岗位培训提高素质,实现岗位成才。1996年培训教育工作要突出理论教育的系统性、专业教育的技能性、学历教育的提高性,为"九五"期间实施"红盾人才计划"打好基础。

3. 以现代化管理为目标,加强计算机网络和办公自动化建设。要按照管理电脑化,档案储存光盘化的要求,根据今年信息中心编制的计算机网络建设计划,在企业登记,广告、商标注册、管理,市场监管等方面全面进行开发和应用,确保2000年整体目标的完成。

(五)加强领导,团结协作,确保各项工作任务的全面完成

1. 切实加强各级领导班子的建设。中央领导同志多次指出,"在干部特别是领导干部中,要强调学习,讲政治,讲正气"。"我们面临着新形势、新任务、新情况,不懂的和不熟悉的东西很多,领导干部必须刻苦学习。"讲政治,包括政治方向、政治立场、政治观点、政治纪律、政治鉴别力、政治敏锐性。讲正气,就是要继承和发扬我们党长期以来形成的好传统、好作风,坚持真理、坚持原则,同一切歪风邪气和各种腐败现象作斗争。严于律己,防微杜渐,抵制奢侈腐败的恶劣风气。因此,要从新时期工商行政管理部门党风廉政勤政建设任务更加繁重的高度,充分认识加强各级领导班子建设的紧迫

性;要从新时期党和国家赋予工商部门的职能的高度,增强领导班子的历史责任感;要从新时期对工商行政管理干部素质要求越来越高的高度,明确对领导班子从严要求的重大意义。

要按照十四届四中全会的要求,认真落实民主集中制的组织原则。要充分发扬民主,做到民主决策、科学决策;要理论联系实际,反对形式主义,大兴调查研究,要密切联系群众,倾听群众呼声,关心群众生活,群策群力,推进事业的不断发展。

2. 增进团结,注重协调。建立和维护良好的市场经济秩序,创造公平竞争的市场环境,是一项艰巨的历史任务,牵涉到体制和机制的转变,牵涉到权和利的更迭,必须动员全系统、全社会的力量,协调一致的工作才能完成。为此,各级工商行政管理机关以及各级各类协会、事业单位都要紧密团结,从思想上融会贯通,从工作上统一步调。与此同时,我们要在党中央、国务院以及各级党委、政府的统一领导下,主动搞好与各部门的协同配合,既要有勇于挑重担的精神,又要有甘当配角的思想,真正做到上下统一,左右合作,确保各项工作的顺利完成。

3. 真抓实干,务求实效。要切实按照中央的要求,精简会议,精简文件。针对工商行政管理部门的工作特点,要尽可能少参加或者不参加,诸如开业、庆典、剪彩等对工作无益,对形象有损的活动。集中精力,把握关键,明确重点,扎扎实实地抓好各项工作。

同志们,我们正处在世纪之交的重要历史时期,随着市场经济体制的建立和完善,工商行政管理部门的作用将更加突出,地位将更为重要,事业将更大发展,我们完全有理由更加充满信心地迎接未来,也十分有必要更加付出艰辛的努力开创明天。千里之行,始于足下,让我们携手并肩,共同努力,迈出坚实的第一步,夺取 1996 年各项工作的新胜利!

杨培青副局长在全国工商行政管理工作会议结束时的讲话

(1995 年 12 月 29 日)

全国工商行政管理工作会议开了 3 天,今天就要结束了。

国务院领导同志对这次会议十分关心和重视。会前,李岚清副总理专门听取了国家工商局领导班子的汇报;刚才,李鹏总理、李岚清副总理又在百忙之中亲临我们的会议,亲切接见与会代表,并对工商行政管理工作作了重要指示,使我们大家深受鼓舞和鞭策。

几天来,与会同志精神饱满,畅所欲言,展开了热烈的讨论,一致认为,众孚同志的报告,认真总结了"八五"时期,特别是今年的工作,全面安排了明年的工作,肯定成绩实事求是,部署工作重点突出,可操作性强,符合中央精神,体现了工商行政管理的基本职能,是一个很好的报告。大家高兴地说,这次会议时间虽短,但内容丰富,成效很大,通过这次会议,进一步统一了思想,提高了认识,明确了任务,振奋了精神。大家纷纷表示,回去后要坚持贯彻国务院领导同志的指示精神,认真落实众孚同志报告中提出的各项任务,努力开创工商行政管理工作的新局面。

现在,我就如何贯彻落实这次会议精神,讲几点意见,供大家参考。

一、要尽快向当地党政领导汇报好这次会议的情况和主要精神

与以往相比,这次会议更显得重要。一是因为,李鹏总理和李岚清副总理在会议期间作了重要讲话,充分肯定了过去工商行政管理工作取得的成绩,深刻阐述了工商行政管理部门在发展社会主义市场经济中的地位和作用,明确指出了当前工商行政管理工作取得的成绩,深刻阐述了工商行政管理部门在发展社会主义市场经济中的地位和作用,明确指出了当前工商行政管理部门的主要任务,这对于我们做好当前和今后一个时期的工作,具有重要的指导作用。二是因为,这次会议是在"八五"计划圆满完成、"九五"计划即将实施的重要历史时期召开的,要在总结"八五"期间取得成绩和经验的基础上,安排好"九五"第一年的工作。落实这次会议精神,在"九五"第一年里,开好头,起好步,对于我们顺利完成"九五"时期的各项任务,具有积极的意义。各地同志回去后,一定要尽快把会议情况和主要精神,尤其是李鹏总理和李岚清副总理重要讲话精神,向党领导全面汇报,争取他们的理解、重视和支持。也只有在党委和政府的有力领导下,我们的职能作用,才能顺利发挥;我们工作中遇到的困难和问题,尤其是市场办管脱钩、管理体制调整、人员编制核定、执法经费保障、管理手段改善等问题,才能得到妥善解决。

二、要真抓实干,以新的面貌全面落实各项任务

任务已明确,关键在落实。各地要根据这次会议的总体部署,结合当地实际情况,创造性地狠抓落实,真抓实干,务求实效。

一是要根据这次会议精神,结合本地实际情况,尽快研究提出明年工作的具体方案,把各项工作安排好、协调好,增强工作的计划性和科学性。

二是要全面推动,重点突破,在深入上下功夫。我国地域辽阔,东部与中西部地区、沿海与内地,经济发展状况、市场体系发育程度、经济违法行为的表现形式等,各有差异,管理的优势与薄弱环节、队伍自身建设状况等,也不尽相同。因此,我们在部署工作上,要因地制宜,分类、分层次指导;在具体操作上,要坚持从实际出发,注重抓难点、热点问题,通过重点抓"勤政高效、文明礼貌的办事形象"。这就要求我们全体工作人员,尤其是各级领导干部,要注意改进工作方法,努力转变工作作风,带头反对形式主义;要使工作不流于形式,不一般应付,不做表面文章;要切实减少事务性、应酬性活动,把主要精力用在开创工作新局面上,特别是各级领导干部要亲自抓一两个难点、热点问题,深入调研,解剖麻雀,一抓到底,解

决问题,从而取得指导全面工作的发言权。

三是要大讲学习,改进管理,在提高上做文章。面对繁重的任务和新形势对行政执法提出的更高要求,我们要高度重视组织干部学习邓小平同志建设有中国特色的社会主义理论,学习市场经济知识、法律知识和现代管理知识;要认真学习李鹏总理和李岚清副总理的重要讲话,深刻领会精神,切实在工作中贯彻执行,在新的水平上落实1996年各项任务。在讨论中,不少省、市的同志建议,国家工商局要对变革时期执法中的问题超前研究,及时对系统进行指导。这个意见很好,是对国家工商局自身建设提出的高要求和期望,我们很诚恳地接受,一定在提高水平、转变作风方面切实努力,取得成效。

四是要进一步统一思想,提高认识,在进一步转变职能中,落实任务有新突破。近几年来,特别是今年以来,在市场办管脱钩的推动下,全系统的同志努力转换观念,转变职能,取得了很大进展,发生了可喜的变化。但是,也要看到,维护社会主义市场秩序的任务越来越重,我们的不适应也越来越突出。在许多方面,我们还没有从那些已不适应新职能要求的思维方式、工作方式(包括观察问题的角度、处理问题的方法)中摆脱出来。如果在这些方面,我们没有进一步的转变,在新形势、新任务面前,我们就难有新思路、新对策,落实各项任务也难有新突破。如何使我们的精神状态、思想状态和工作状态更加适应发展与变化的需要,更加适应新职能和新任务的要求,仍然是我们面临的严峻课题。相信我们大家都会以更加强烈的紧迫感、时代感和使命感,以全新的面貌,去完成国家交付的任务,去迎接机遇和挑战。

王众孚局长在全国工商行政管理局长座谈会上的讲话

(1996 年 5 月 30 日)

这次座谈会开了两天,大家围绕市场办

管脱钩和"两年"活动,交流了情况与经验,对进一步推进这些工作提出了很好的建议和意见。新民、国屏、大华、建中同志作了很好的讲话。在这里,我代表国家工商行政管理局党组、机关,向各省(区、市)走向领导岗位的同志表示热烈的祝贺,对从其他单位和部门调入工商行政管理系统的新同行表示热烈的欢迎,也请大家向离退休同志转达我们的衷心谢意。我们这次会议得到了国务院领导的重视,岚清同志因出国不能到会,专门做了批示,向大家致以问候,并要求按国务院决定尽快妥善做好市场办管脱钩工作。在国务院领导的重视下,通过认真贯彻这次会议精神,再接再厉,扎实工作,我们今年以"两年一脱钩"为重点的各项工作任务,一定能圆满完成。下面,我根据前一段工作情况和下一步的工作任务,讲几点意见。

一、客观认识今年前几个月的工作形势,振奋精神,努力工作

今年已经过去5个月了。5个月来,全国工商行政管理系统的工作,以良好的势头,整体推进,重点突破,取得了明显的成效。在取得成绩和进步的同时,也出现了一些不足和令人深思的问题。如何估价前5个月的工作,对于我们保持清醒的头脑,认清形势,振奋精神,再接再厉,努力开创工作新局面,具有重要的意义。

客观地看,今年前5个月工商行政管理工作的发展形势是令人振奋的,与全国的形势相一致,总体情况是好的。全系统广大干部以高涨的工作热情,认真贯彻党的十四届五中全会精神,落实全国工商行政管理工作会议的部署,立足本职,开拓进取,各方面工作都取得了阶段性成果。主要表现在:

一是市场办管脱钩工作取得了重大进展,促进了工商行政管理机关的职能到位、公正执法和干部队伍的廉政建设,也推动了地方经济的发展。工商行政管理机关与所办市场脱钩,政策性强,涉及面广,难度较大。工商行政管理系统各级领导和广大干部从工商行政管理事业的长远发展和监督社会主义市场的客观需要出发,顾大局,识大体,提高认识,加强领导,精心组织,周密

实施。到5月下旬,全国各省、自治区、直辖市(不含西藏)已按照机构、职责、财务、人员"四分离"要求,完成了4 529个市场的脱钩工作,占应脱钩市场总数的72%。其中北京、吉林、陕西、广西、青海、海南、黑龙江已完成市场办管脱钩任务的90%以上,广东、河北、湖北、辽宁、浙江、河南、云南、贵州、四川、山东、江西完成脱钩工作的市场已经过半。

二是市场监管和行政执法力度有了明显增强。在全系统开展公平交易执法年活动,具体部署了6项系列执法行动。系统上下高度重视,行动迅速,措施得力。目前,有3项已基本或接近完成。(1)元旦、春节市场整治取得预期成效,为维护节日市场秩序和社会安定作出了积极贡献。北京、辽宁、江苏、浙江工作力度大,青海、广西、宁夏、贵州等地在这项工作中有效地保护了少数民族消费者的合法权益。(2)农资市场整治,重点打"三假"的行动扎实开展,维护了农民的合法权益,保障了春耕生产的顺利进行。安徽、山西、湖南、山东、河南、甘肃、黑龙江等地在这方面成效明显。(3)打击走私贩私、取缔私货交易市场的工作取得了明显成绩,受到了国务院领导的多次肯定。广东、福建等地在这项执法行动中工作主动,成果较大。我们还根据国务院办公厅文件精神,对多层次传销企业进行了认真的审查清理,维护了市场经济秩序,保护了消费者的合法权益。

三是工商形象建设全方位推进,队伍素质不断提高。国家工商行政管理局作了系统部署,明确了重点,提出了要求。各地结合实际,真抓实干,队伍素质有所提高,形象有所改善。内蒙古的"一把手"工程,天津的"在企业、消费者面前和社会上树形象"活动,浙江的"奉献于事业,服务于人民"活动,北京的"文明执法在市场,热诚服务在窗口,'三满意'在工商所"活动,陕西延安地区的"圣地工商新形象"活动,河北的"我为工商添光彩,我为'九五'作贡献"活动,甘肃的"96工商红盾陇原行",海南的树立"特区工商新形象"等,都各具特色,成效明显。各地

还把工商形象建设年与公平交易执法年相结合,在形象建设中注重加强教育培训,提高人员素质,重视学先进,学英模,涌现了一批先进典型。

四是核定了全国工商所的行政编制,部署了工商所的核编工作,实现了全系统全面实行公务员制度的历史性转变。这是工商行政管理发展史上继市场办管脱钩之后的又一件大事,也是一个重大改革。

五是立法立规工作取得新的进展。今年以来,国家工商行政管理局先后发布了《欺诈消费者行为处罚办法》等4个规章及一批规范性文件。地方工商行政管理机关在地方人大、政府的领导下,也参与制定了一批地方性法规。

六是其他各项业务工作围绕党和政府的中心任务做出了新的成绩。我们在全国个体工商户和私营企业中广泛开展了"户户讲道德,店店无假货"活动。在企业登记注册工作中,认真落实李鹏总理指示,不断完善企业登记的法制建设,严把市场准入关,净化了市场主体。在加速商标注册程序化的基础上,进一步加强了商标管理工作,特别注意对有不良文化影响商标的注册申请依法予以驳回。对户外广告特别是广告显示屏,进行了集中清理和规范,并着重查处了一批违反社会主义精神文明建设要求和损害社会公共利益的违法广告。

七是对外交往拓宽了新的领域。叶利钦访华期间,国家工商行政管理局代表中国政府与俄罗斯联邦政府签署了《反不正当竞争与反垄断领域合作交流协定》,这是继去年《加入〈马德里协定〉认定书》之后,又一次重要的国际合作。这些工作成绩的取得,为维护社会经济秩序,促进国民经济的发展和社会的稳定,作出了积极的贡献。

在充分肯定成绩的同时,也要清醒地看到,各项工作发展、推进还不平衡,执法中既涌现了先进典型、模范人物,也存在一些问题。我们应当全面、正确、历史性地看待这些问题,既不能视而不见、掉以轻心,也不能一叶障目、低落士气,更不能影响对整个形势的判断。只要我们正视这些问题,把着眼点放在主观上,坚持两分法,就一定能通过努力解决这些问题,把我们的事业不断推向前进。

二、进一步统一思想,加快进度,确保质量,按期完成市场办管脱钩工作

提高认识是全面完成市场办管脱钩工作的关键。市场办管脱钩工作,经过大家艰苦细致的努力,虽然已经取得重大进展,但全面完成这一任务,工作还相当艰巨,形势不容乐观。突出的问题,一是进度还不够快。尚有3个省区已脱钩市场数仅占应脱钩数的20%以下,5个省不到50%,完成任务过半的省也有待于攻坚。二是在一定程度上存在脱钩不到位的问题。有的没有严格执行国办发[1995]40号文件规定的"四分离"标准,明脱暗不脱的情况确实存在。按期完成市场办管脱钩任务,下一步要做好四个方面的工作:

一是认识要更加统一。李鹏总理、李岚清副总理对市场办管脱钩作了一系列重要指示和批示,直到这次开会之前,李岚清同志对此还再一次作了批示。国务院领导这些指示和国务院文件,深刻阐明了工商行政管理机关与所办市场脱钩的重大而深远的意义。市场办管脱钩工作,是社会主义市场经济体制的建立、政府职能转换的历史必然,是工商行政管理体制上的一次深刻变革。它是直接关系到工商行政管理机关能否实现经济监督执法职能到位,能否树立执法权威的重大问题。在这个问题上,我们不能有丝毫的犹豫和动摇,否则就会被历史的潮流所淘汰。进一步统一认识,主要强调解决好两个问题。(1)要正确理解发展是硬道理,解决好发挥职能与发展经济的关系。我们充分肯定了改革开放以来,工商行政管理部门办市场、经营市场的历史功绩,但不是说办市场、经营市场就永远不能变了。有人说,只有办了市场才能管市场,市场还没办,管什么市场。这个逻辑推理,表面上看起来是合理的,但仔细分析有它的局限性。岚清同志讲,"工商行政管理机关作为市场监督管理和行政执法机关,是政府宏观管理的一个重要部门,你们的作用比过去大得多,今后还会越来越大。既管市场，又办市场，主要有三大弊端：第一，不利于公平竞争；第二，不利于监督管理职能的到位；第三，不利于加强廉政建设"。发展是硬道理，怎样发展，一方面要活跃经济，投入资金办企业、办市场；另一方面要健康发展，要有序地发展，要有序就要有法，有了法就要有人来执法。工商行政管理部门的职能是执法，我们不经营市场，严格执法，确保经济秩序健康，才真正符合发展是硬道理。（2）实现工商行政管理执法职能到位与各地政府提出的一些具体要求的关系。建立市场经济体制对政府部门的一个根本的要求就是要转变政府职能，转变职能的实质就是要政企分开，政事分离。工商行政管理部门实现政企分开就要实现市场办管脱钩，从办市场中解脱出来。我们必须把认识统一到社会主义市场经济体制的建立，转变政府职能，实现职能到位的高度。各级领导干部要在自身认识提高的基础上，上与各地党委、政府领导，下与基层工商所同志形成共识，充分发挥解决实际问题的能动性和创造性。

二是工作要进一步抓紧。市场办管脱钩工作非常重要也非常紧迫。根据全国工商行政管理工作会议的部署，今年上半年要基本完成市场办管脱钩任务。现在距离6月底只剩1个月的时间，已经进入了决战性阶段。要针对目前工作中存在的一些具体困难和问题，以很强的政治责任感和使命感，紧紧抓住面临的优势和机遇，牢记自身的职责，继续发扬认真、细致、勤奋、扎实的工作精神，态度要非常坚决，措施要十分有力。要严格实行领导责任制，第一把手亲自组织、安排，狠抓落实。已完成脱钩工作的要检查质量，动作慢的要加快进度，中间状态的要打一场攻坚战，各省（区、市）都要保证如期按标准完成脱钩任务。

三是方法要更加妥善。岚清同志提出，方法要更加妥善。这次会上，大家都介绍了很好的经验，在人员分流、经费处理、债权债务的转移、编制核定上，都有很多好的做法。重要一条，是我们在人员、经费、编制方面要按照中央领导和国务院文件精神向地方政府传达。岚清同志在这几个方面都有具体解答。如"许多人反映，基层工商所没有行政经费，就靠市场收入维持，这不行。要桥归桥、路归路，国家该拿的钱要拿，你们就是吃'皇粮'的。当然人数不能无限膨胀，但没有编制要给编制，靠罚没收入或经营收入维持，这支队伍就没法执法"。又如，"工商行政管理部门既办市场，又管市场现状的存在，已非一日，一旦脱钩，可能会面临人员编制、经费保障等实际困难。同时，脱钩工作又是一项政策性强、牵涉面广、难度较大的工作。因此，各级政府对这项工作要给予充分的关心，要加强领导，注意听取工商行政管理部门的汇报，并帮助解决脱钩中遇到的具体困难和问题，帮助工商行政管理部门在脱钩后尽快实现监管职能到位。各级机构编制部门，要在工商行政管理机关与所办市场脱钩的基础上……依据国家赋予的职能，核定和落实好各级工商行政管理机关的编制……各级财政部门，要在工商行政管理机关行政性收费纳入预算管理和与所办市场脱钩后，合理核定和切实保证人员经费、公用经费和执法经费等费用，切实保障依法行政的需要"。国办发〔1995〕40号文件也作了具体规定，关键是各地党委、政府切实按照这些精神来贯彻落实。

四是检查验收要严格。国家工商行政管理局要按照"四分离"的要求制定验收标准，并于7月份组织检查组赴各地进行检查验收。验收中要坚持实事求是，不能弄虚作假。对验收不合格的，除限期整改外，还实行"三不"政策，即不脱钩不"评先"（不允许参加今年底全系统组织的先进集体和先进工作者评选活动），不脱钩不"到会"（不允许参加国家工商行政管理局组织召开的各种会议），不脱钩不"核编"（不予核定工商所公务员编制）。从7月1日起，市场办管脱钩后分流出去的人员，一律不能着工商行政管理制服。

三、突出重点，依法行政，进一步加大执法力度，维护社会主义市场秩序

集中力量，突出重点，抓好5项市场执法行动。工商行政管理工作的职能核心是维护市场公平竞争,在各项工商行政管理工作中,重点是市场监督执法。因此,我们一定要紧紧抓住这个重点,围绕这个重点。今年,我们确定的系列执法行动,按照部署还有3项,要连续作战,全面完成。一是保健食品市场整治,重点打击欺骗消费者的假冒知名保健食品商标及其特有的名称、包装、装潢等6种违法行为。二是整治烟草市场,严厉打击制售假冒名优卷烟及香烟走私贩私等违法行为。三是查处以违法合同为重点的欺诈行为,特别是要查处工程承包、购销和信贷合同中的欺诈行为。同时,国务院又赋予我们牵头抓药品回扣违法行为的整治,参与建筑市场的整治。前不久,四部局在石家庄联合召开了部署建筑市场整治的会议,药品回扣违法行为的整治,明天要召开电视电话会议进行部署。我们要按照国务院的要求,切实把这两项工作抓紧抓好。在市场监督执法任务非常繁重的情况下,要注意三个问题:

一是围绕大局,抓住重点,提高执法水平和档次。目前,全系统执法的积极性的确起来了,但还要进一步提高执法档次和水平。提高档次体现在两个方面:一方面是要抓关系到两个文明建设、关系到两个转变的全局性的问题,如走私贩私、制售假冒问题;另一方面是抓影响改革、发展、稳定和群众关心的热点、难点问题。在一般性的工作基础之上,提高档次,提高水平。

二是要充分认识执法和反执法的长期性和复杂性,稳、准、狠地查处一批大要案。目前执法与反执法斗争不仅体现在社会治安方面,在经济秩序领域执法与反执法的斗争也非常复杂。要加大执法力度,最根本的一条是稳、准、狠地抓一批大要案。首先要搞准,只有准、稳才能打得狠。我们要学习公安,这次严打他们抓得很准,打击的准确率很高。除了国务院交给我们的大要案外,我们自己在公平交易执法年中,要搞几个大的案件和系列行动,抓几起在全国有影响的大要案。在前一段整治初见成效的基础上,必须继续努力,在年底前抓出更明显的成效。

三是以实施《行政处罚法》为契机,严格依法行政,规范执法行为。工商行政管理是以行政执法为主要手段维护市场秩序,能否严格依法行政,直接关系到执法权威的树立、执法力度的加强,关系到生产者、消费者合法权益的保护,关系到政府在人民群众中的形象。我们一定要牢固树立依法行政的观念,做到有法必依,执法必严,违法必究。《行政处罚法》是行政执法的重要法律制度,认真贯彻《行政处罚法》对工商行政管理非常重要。配合《行政处罚法》的实施,要在全系统内广泛开展学法、知法、懂法、用法、守法的活动。在执法检查、案件审理中,要坚持以事实为依据、以法律为准绳、遵循事实清楚,证据确凿,定性准确,处理恰当,程序合法,手续完备的原则。在处理与其他部门有交叉的执法问题和一些突出事件时,更要注意工作方式、方法,坚持文明执法,加强请示报告,做到不失职、不越权。防止乱罚乱扣,严禁以罚代没,以罚代刑。

四、扎扎实实推进工商形象建设,努力提高队伍素质

提高队伍素质是实现工商行政管理职能到位的需要,是工商行政管理工作一项重要的基本建设。李鹏总理、李岚清副总理多次指示我们,要把队伍建设作为一件大事来抓,作为一项战略任务,高度重视,常抓不懈。今年开展的工商形象建设年活动已经取得了阶段性的成果,但由于历史的原因,我们这支队伍的人员结构不尽合理、素质参差不齐,与党和人民的要求还存在差距,已经成为制约职能到位、树立执法权威的因素。因此,工商形象建设要进一步向纵深推进,切实抓出成效来。我们的目标就是要造就高素质的队伍,建立有权威的执法机构。为此,要做好"四个结合":一是形象建设要与完成执法任务相结合;二是形象建设要与公务员考核相结合;三是形象建设要与干部培训相结合;四是形象建设要与"双先"评比活动相结合。

搞好工商形象建设,首先,要注重全面提高队伍素质。当务之急就是要认真贯彻落实江泽民同志关于讲政治的要求,努力提高广大工商行政管理干部的政治素质。工商行政管理工作处在经济执法领域,正如李鹏总理指出的那样具有很强的政治性。企业的登记注册和管理、市场主体的行为都有政治问题,商标广告管理在很大程度上体现了政治和精神文明建设等问题,个体私营经济的发展和引导管理更具有很强的政治性,培育市场体系、发展市场经济则是政治路线的重要内容。因此,工商行政管理系统的干部在各项监督执法工作中,必须具有政治敏锐性和政治鉴别力,坚持两个文明一起抓,从政治上分析问题和处理问题。其次,要提高思想素质。加强对干部队伍的理想信念教育、全心全意为人民服务的宗旨教育,引导干部树立起正确的人生观、世界观、价值观。广泛深入开展学习孔繁森、范宗平、吴志敏先进事迹的活动,弘扬正气,倡导奉献精神,增强事业心和责任感,最大限度地调动和激发干部的工作热情。最后,抓业务素质的提高。把学习理论、学习法律、学习业务变成广大干部的自觉行动。大力加强文化教育和业务培训,提高干部队伍整体素质。

要把工商形象建设体现在执法上。通过执法加强形象建设是最基本、最有效的途径。工商行政管理机关是市场监督管理和行政执法机关,一切工作都要紧紧围绕行政执法来进行,形象建设也是如此。工商形象究竟如何,最重要的是看能否秉公执法、廉洁执法。工商行政管理干部作为国家的执法人员,应该做到清正廉洁,秉公办事,不徇私情,不贪赃枉法,恪尽职守。形象建设要有必要的形式,但不能搞形式主义,不要搞华而不实的花架子。今年要着重解决好案费证照和吃拿卡要方面的问题,切实转变观念,转变作风。为全面展示"两年一脱钩"和各项工作的成果,弘扬正气,树立先进典型,年底国家工商行政管理局将举办"公平交易年执法成果展",召开"双先"表彰会,各地要积极做好准备。

切实搞好工商所核编工作。这次核编是继市场办管脱钩之后,工商行政管理机关实现职能到位、建立有权威的行政执法机构的又一个关键性的步骤。我们要认真做好这项工作。在实施中要强调"两个结合":一是要把核编与市场办管脱钩结合起来,不脱钩不核编;二是要把核编与加强工商所规范化建设结合起来,不规范不核编。下半年,人事部、国家工商行政管理局将统一组织开展实施公务员制度的全员培训,各地要做好具体实施工作,切实提高全员素质。

五、增进团结,搞好协调,创造良好的内外部环境

搞好工商行政管理工作需要良好的内外环境。国务院赋予我们监管社会主义大市场的职能,这一点全国工商行政管理部门是统一的。但我们现在的体制是不垂直的,市场监督管理又是由许多政府职能部门共同完成的。这就使工商行政管理机关理顺内外关系,增强团结协作,显得极为重要,十分必要。因此,要强调正确处理好三个关系:

一是处理好统一执法与依靠地方党政领导的关系。工商行政管理部门是一个执法部门,其方针、政策、法律、法规全国统一,统一性很强,但目前的领导体制又是条块结合、以块为主。因此,我们一方面要按照党中央、国务院全局性的要求统一执法;另一方面要积极依靠地方党委、政府的领导、关心和支持。做到既坚持统一执法,又从各地情况出发,取得良好的工作效果。

二是处理好履行职能与同有关部门协作配合的关系。从内部来看,工商行政管理由多个部门构成,大家要有一盘棋的思想,围绕中心安排好各项工作。各地区、各业务部门要在责任明确、各司其职的基础上,继续相互配合、形成整体合力,密切协同作战,增强工作的总体力度,提高整体效能。从外部来看,市场秩序的维护、市场执法是由多个部门共同完成的,如"打假"、"打私"、药品回扣违法行为和建筑市场的整治,都是国务院赋予几个部门共同完成的。我们要搞好与其他部门之间的协调配合。特别是目前我们更要注意这一点。各地工商行政管理部门也是这样,要有一个全局观念,搞好内部的团结和外部的合作。在市场监管执法中,当主角义不容辞,敢于负责,勇挑重担;当配角毫无怨言,积极参与,主动配合。做到上下统一,左右合作,共同维护好社会主义市场经济秩序。

三是处理好发挥舆论宣传作用与接受舆论监督的关系。工商行政管理部门的工作要靠党中央、国务院和地方党政部门的关心和支持,要靠全社会包括舆论的支持。我们要重视发挥舆论的作用,通过各种媒介宣传工商,监督工商。要使广大人民群众和社会各界,对工商行政管理职能和工作,从大的方面到小的方面都有所了解,从而积极支持配合我们完成对社会主义市场的监督管理。同时,要正确对待和接受舆论的监督。有时有些批评不一定全面,但我们要把着眼点放在内部,虚心接受不同意见,正确总结经验教训,不断改进工作,减少避免失误,通过自身努力,树立起良好的执法形象。

我相信,有党中央、国务院的关心和重视,有地方党委、政府的大力支持,有各地坚强有力的工作,今年工商行政管理的各项任务一定会圆满完成。

增强监管力度,提高监管水平,为推进两个文明建设而努力
——王众孚局长在全国工商行政管理工作会议上的讲话

(1996 年 12 月 10 日)

经国务院批准召开的这次全国工商行政管理工作会议,主要任务是学习贯彻党的十四届六中全会和中央经济工作会议的精神,表彰先进,总结工作,研究部署 1997 年的任务。首先,我代表国家工商行政管理局,向受表彰的先进集体和先进个人,表示热烈的祝贺和崇高的敬意,向辛勤工作在工商行政管理岗位上的全体人员,致以亲切的慰问!

一、抓改革,抓执法,抓队伍,1996 年各项工作取得成效

1996 年我国的各项事业取得了令人鼓舞的成就。各级工商行政管理机关围绕党和政府的中心任务,以饱满的政治热情,高昂的工作姿态,较好地完成了以市场办管脱钩、公平交易执法年和工商形象建设年为中心的各项工作任务,在维护市场经济秩序、提高自身素质等方面做出了积极的努力,为促进经济发展和社会进步作出了贡献。

(一)认真实行政企分开,市场办管脱钩任务基本完成

适应建立社会主义市场经济体制的需要,工商行政管理机关必须深化体制改革,切实做到政企分开、转变职能,实行办管脱钩。国务院对此极为重视和关心。李鹏总理、李岚清副总理多次作了重要指示,明确要求,具体指导。国办下发了文件。两年来,我们把市场办管脱钩作为全系统的工作重点。一是狠抓了思想教育,不断提高对办管脱钩重大意义的认识。二是各级党委、政府重视,有关部门支持,保障了办管脱钩落在实处。三是切实加强领导,积极稳妥地解决好办管脱钩中的具体问题。四是坚持标准,认真负责地抓好办管脱钩的监督检查。通过大家的艰苦努力,目前,这一工作已基本完成。办管脱钩后,市场执法得到加强,队伍素质有了提高,实践充分显示了国务院决策的正确性。

(二)围绕一反两保护,公平交易执法年活动取得显著成果

一年来,各级工商行政管理机关围绕维护市场秩序、创造公平竞争环境的中心任务,认真开展公平交易执法年活动,收到了明显成效。

1. 把完善法规作为建立良好市场经济秩序的根本任务来抓,法制工作取得新的进展。今年以来,国家局承担或参与起草国家法律 5 项,制定配套规章 22 项,与有关部、委联合制定规章 10 项。各地工商行政管理机关在地方立法工作中发挥了重要作用,地方人大、政府通过的有关工商行政管理的法规、规章共 56 项。

2. 有的放矢,抓住重点,市场秩序专项治理取得预期效果。根据年初工作安排,今年进行六大专项治理,即节日市场、农资市场、饮品市场、烟草市场、私货市场的整治及

欺诈合同的查处。共查处各种经济违法违章案件21.1万件,案件金额53.92亿元,其中,万元以上的大案2万余件,不正当竞争案件8 000多件,制售假冒伪劣商品案件5.8万多件,合同违法案件9 000余件,为合同当事人挽回经济损失48.9亿元。移送司法机关的案件364件。

3. 打击私货交易取得重点突破。按照国务院的统一部署,打击走私贩私的工作狠抓了重点地区、重点市场。在打击非法拼装汽车、摩托车和加强进口照相机、电器市场管理等方面取得了较大的成果,取缔私货市场有了较大的突破。共查处走私贩私案件4 709件,违法物资金额5.02亿元,取缔非法工厂19处,注销执照6户。

4. 较好地完成了国务院及各级地方政府交办的工作任务。一是对交办的重点案件进行了查审和依法处理,取得成效。二是较好地完成了与有关部门联合执法的任务。如建设项目执法监察、中药材市场整顿、查处药品回扣等。三是对多层次传销进行了整顿。原有168家传销企业,经清理,对市场行为不规范、存在问题的114家予以取缔。四是各地有针对性地进行了专项整治。如山西查处无碘盐,浙江对专营专卖进行了整治。五是积极参与知识产权保护工作。取缔无照经营1 200户,收缴盗版视盘、唱盘共20多万张,有力地支持了中美知识产权协议的执行工作。六是注重精神文明建设,积极、稳妥地清理了不良文化。据对16个省市的不完全统计,共清理企业名称、字号等1万多件,广告1.1万多余,审查商标3 347件,收缴黄色录像带、录音带36万余盒,黄色书刊、小报50多万册(份),封建迷信制品5 612件。

(三)提高管理水平和工作效率,促进了经济健康发展

——加强企业的登记注册和管理,促进了国有企业改革和对外开放。根据《公司法》的规定,对原有有限责任公司和股份有限公司进行了重新登记,特殊行业的登记管理有了加强。年内,登记注册的各类公司达30.31万户,外商投资企业24.32万户,内资企业800.31万户。加强了企业年检工作,内资企业参检率为90.57%,外商投资企业参检率为93.38%,注销内外资企业51.92万户。

——改进并完善商标注册和管理,有效地保护了企业的合法权益。狠抓了注册效率的提高,商标申请注册平均时间由18个月缩短为12个月。加强了商标专用权的保护,共查处商标侵权假冒案件1.4万件,其中涉外案件2 500多件。受理各类商标注册申请年内可达20万件,国际商标注册明显增加。有效注册商标累计达64万余件。

——发展与规范相结合,加强了广告的监督管理。查处广告违法案件1.9万件。注重了广告的精神文明建设,在全国开展了公益广告月活动,制作播发了一批有良好社会效益的公益广告。有力地促进了广告业的健康发展,全国广告经营单位已达5.1万户。

——加强了对个体私营经济的促进发展和引导管理工作。各级工商行政管理机关采取积极措施帮助个体工商户、私营企业在脱贫致富和发展经济中发挥作用,已经成为各级党委、政府这方面工作的得力助手。与此同时,进一步加强了对个体工商户、私营企业主的思想教育、职业道德教育和业务培训,开展了"户户讲道德,店店无假货"的活动;组织了"光彩的足迹"事迹报告团;举办了各种专业技术讲座和培训,受到广泛的好评。各地还把安排下岗职工再就业与发展个体私营经济结合起来,为促进社会稳定作出了积极的贡献。

各级工商行政管理机关在援藏、支援三峡库区移民、扶贫、抗洪救灾等方面做了大量工作,得到了社会及有关部门的良好赞誉。

(四)开展工商形象建设年活动,提高了队伍素质

一年来,全国工商行政管理系统围绕提高队伍素质,树立四个形象,广泛深入地开展了工商形象建设年活动,体现了四个特点:一是上下认识统一;二是各地党委和政府支持;三是广大工商行政管理干部积极参

与;四是扎扎实实,不搞花架子。通过一年的努力,队伍的政治、业务和作风素质都有了改善和提高。主要抓了以下几方面的工作。

1. 讲政治、讲纪律,从根本抓起。按照中央的要求,认真抓了干部的政治立场、政治态度、政治纪律,开展了"五个教育",即结合学习党的十四届五中全会精神和《中华人民共和国国民经济和社会发展"九五"计划和2010年远景目标纲要》,进行党的基本理论和基本路线教育;结合学习江泽民同志讲学习、讲政治、讲正气的要求和党的十四届六中全会精神,进行世界观、人生观、价值观的教育;结合纪念长征胜利60周年,进行爱国主义和革命传统教育;结合纪念"七一",进行党章、党性、党纪教育;结合贯彻实施《行政处罚法》等有关法规,进行法制教育。通过学习教育,增强了干部的政治敏锐性和政治鉴别力,有效地提高了政治素质。

2. 采取多种形式,抓好领导班子和干部队伍建设。一是严格干部的录用和选拔,把住入口。二是坚持德才兼备的标准,抓了干部的调整配备。三是进一步落实干部双重管理制度,配合地方对工商行政管理部门的领导班子进行了考核调整,调整省局班子13个。四是开展多种形式的干部培训,促进岗位成才。五是抓服务,办实事,做好老干部工作。今年国家局机关调整配备司局级干部19人,处级干部63人。全系统举办培训400多次,培训人员6万多人次,其中,国家局培训12次、983人。与此同时,在国务院及中编办的重视、关心下,部署和实施了基层工商所36万名公务员核编工作,从而结束了我国基层工商行政管理部门长期无编、少编的历史。

3. 廉洁自律,转变作风,切实解决好社会关注的热点问题。各级工商行政管理机关以案、费、证、照为重点,基层以吃、拿、卡、要为重点,认真纠正行业不正之风。如沈阳市工商局规范执法行为,探索实行了"公示制";西安市工商局从社会反映最强烈的问题入手,实行十二项规范制度,受到群众的赞扬。

4. 抓先进,树典型,发挥榜样的力量。继表彰范宗平、吴志敏之后,今年,我们在全系统树立了"模范工商所长"景志刚和"模范工商所"上海市南京东路工商所两个先进典型,在系统内和社会上都产生了强烈反响。各地工商行政管理机关十分注重培养和树立先进典型,在工商形象建设中发挥了示范作用。如河南省表彰的强自喜,被大家誉为"活着的雷锋"。这次会议,我们又表彰了一批先进集体、先进工作者和先进工商所、优秀工商行政管理人员。

5. 加快了计算机网络建设,促进了监管水平的提高。目前,全系统共建设局域网222套,其中省局网26个,共配备小型机18套,各类微机9 345台。各地普遍建立了企业登记管理数据库,有的单位还建立了规模不同的个体私营、市场、商标、广告等数据库。计算机专业技术人员已达700多人。商标注册计算机网络第一期工程已基本完成,实现了商标查询、审查计算机管理。政务信息网络初步建成并投入使用。与此同时,各地对市场监管方式的改革也进行了积极的探索,如济南市工商局实行市场监管巡查制等。这些都有效地提高了管理水平和工作效率。

6. 开展国际交往,进一步拓宽了对外合作领域。叶利钦访华期间,国家局代表中国政府与俄罗斯联邦政府签署了《反不正当竞争与反垄断领域合作交流协定》,这是继去年加入《商标国际注册马德里协定议定书》之后,又一次重要的国际合作。今年3月和9月,分别举办了商标国际注册培训班和公平交易与市场监督管理国际研讨会,收到了良好的效果。根据工作需要,今年国家局共组织出访团组31个,赴国外学习、培训107人,接待来访433人。

各级工商行政管理机关注重并加强了调研工作。国家局组织关于市场中介组织发展与管理、工商行政管理机构体制、市场秩序评价体系三个课题的调研,取得了很好的成果。

一年来,各级协会、学会、中心、报刊杂志以及中介机构,围绕工商行政管理工作的中心任务,辛勤劳动,做了大量扎实有效的工作。

上述成绩的取得源于党中央、国务院的正确领导和关心重视,各地党委、政府和有关部门的大力支持;源于工商行政管理系统全体同志的开拓进取、奋发努力。在工作的指导和把握上,主要有三点体会:一是坚持讲政治,严肃认真地把党中央和国务院的要求贯彻到工商行政管理的各项工作中去;二是突出重点,抓主要矛盾,在主要工作上,集中力量,有所突破,带动全面;三是强调统一思想,统一步调,团结协作,创造良好的内部和外部环境。

回顾一年,我们也清醒地看到,我们的工作还存在不少的薄弱环节和问题:在市场办管脱钩方面还存在藕断丝连和明脱暗不脱的现象;在市场执法方面,注重专项整治的同时,对宏观的综合治理不够;在队伍建设方面,队伍素质和历史任务与时代发展的要求还有较大差距。这些,都有待于在今后的工作中积极加以解决。

二、深入开展"两年"活动,以更高的要求,更高的水准,开拓务实地做好 1997 年的工作

1997 年是具有重要历史意义的一年,我们党将要召开承前启后的第十五次全国代表大会,我们国家将要恢复对香港行使主权。1997 年也是为"九五"后三年和跨世纪做准备、打基础的一年,各项事业将有新的、更大的发展。我们一定要按照中央的要求,把握大局,再接再厉,同心同德,开拓前进。在新的一年,迈出新的步子,创造新的业绩。

1997 年工商行政管理工作的总体要求是:认真贯彻党的十四届五中全会、六中全会和中央经济工作会议精神,以更高的要求,更高的水准,深入开展公平交易执法年和工商形象建设年活动,提高监管水平,提高队伍素质,进一步规范市场主体行为、市场交易行为和市场监管行为,为建立良好市场经济秩序,促进经济发展和社会进步,迎接党的"十五大"的召开,作出新的贡献。

(一)进一步提高对新时期工商行政管理工作地位、任务、目标和要求的认识,把思想统一到两个转变上来

"九五"计划和 2010 年远景目标纲要,为我们描绘了跨世纪的宏伟蓝图,明确提出了实现经济体制和经济增长方式转变的战略任务。李鹏总理、李岚清副总理指示工商行政管理机关,要围绕两个转变,努力实现思想观念和职能、方法的转变。为此,我们一定要提高认识,把思想统一到实现两个转变上来。

1. 正确认识和处理经济秩序与经济发展的关系,担当起新时期工商行政管理工作的历史重任。市场经济从某种意义上来说是一种法制经济,经济秩序的好坏,直接影响经济环境,影响经济发展。建立和维护市场经济秩序具有十分重大的意义。工商行政管理机关在新的历史时期所承担的历史任务是极其艰巨的。但目前,仍有个别同志对经济秩序与经济发展的辩证关系认识模糊,片面地认为不办市场就没有地位,或者"地位难保"。要组织大家认真学习领会邓小平同志建设有中国特色社会主义理论和党的基本路线,以及李鹏总理、李岚清副总理关于工商行政管理机关地位、职能、作用、任务的论述,深刻认识工商行政管理部门是国家主管市场监督管理和行政执法的部门,建立和维护良好的市场经济秩序是政府宏观调控的重要内容,加强监管与优化服务是工商行政管理职能的两个方面。在新的历史时期,工商行政管理机关只有从办市场中解脱出来,职能作用才能充分发挥,才更有地位,更有权威。从而树立正确的发展观,在思想上实现职能到位。

2. 正确认识和处理自身改革与实现职能到位的关系,实现管理体制和管理方法的转变。深化工商行政管理体制的改革是工商行政管理承担历史重任,实现职能到位的基础条件和重要保证。首先,要进一步做好市场办管脱钩的巩固完善工作。市场办管脱钩,是建立市场经济体制,实行政企分开,转变政府职能的要求,是工商行政管理体制的重大改革。尽管这项工作已经基本完成,

并产生了良好的效应,但也有个别同志认为,"十几年辛苦一朝相送","利益难舍"。如何认识这个问题,已经不是一个新的话题,目前需要从更深的层面去理解它。工商行政管理部门是政府的行政执法部门,工商行政管理的行为代表着国家的整体利益,超越国家整体利益的部门利益和地方利益都与我们肩负的职责相矛盾,"裁判员"与"运动员"分离之日,才是公正裁判之时。各地工商行政管理机关,要在党委和政府的领导下,依靠各有关部门的支持,切实解决个别地方藕断丝连,甚至明脱暗不脱的问题,全面彻底完成脱钩任务。其次,要坚决反对地方和部门保护主义,维护社会主义市场的统一性、公平性和开放性。继续完成和巩固区局改分局的工作,实现市场监督管理、行政执法的统一性、权威性。最后,要适应两个转变的要求,积极拓宽管理领域,转变管理方式方法,规范管理行为。

3. 正确认识和处理实现两个根本性转变与提高干部素质的关系,切实抓好工商行政管理队伍的自身建设。提高队伍素质是建立市场经济体制的需要,是实现经济增长方式转变、提高效益的需要,是实现跨世纪宏伟目标的需要。江泽民总书记指出,实现跨世纪的宏伟目标,关键是建设一支高素质的干部队伍。李鹏总理也多次要求我们努力提高工商行政管理队伍的素质。几十年的工作实践,我们的队伍已经有了好的基础,但离新时期历史重任的要求仍有很大差距,还需要付出艰苦的努力。首先要解决好认识问题。个别同志认为凭资历,凭经验,还可以对付一阵子,满足于现状,无意进取;也有个别同志感到在社会主义市场经济条件下,监管领域宽了,层次高了,力难从心,"水平难上"。应该看到,建立社会主义市场经济体制是一个全新的课题,需要我们了解市场经济运行的客观规律,熟悉市场经济条件下通行的市场规则,借鉴国际上已有的成功经验和通用做法,掌握和运用法律手段和行政手段对市场主体及其行为进行有效的监管。可以说,每个人都有不断探索、不断提高的问题。我们必须树立有所作为的思想,发扬实事求是的科学态度。"入门既不难,深造也是办得到的。"只要我们勤于学习,勇于实践,就能不断更新知识,增长才干,提高监管社会主义大市场的执法水平和工作能力。

(二)进一步改善和加强对市场主体行为的规范和管理,促改革、促发展

1. 继续加强企业的登记注册管理,支持和促进现代企业制度的建立。要继续改革和完善企业登记管理制度。根据《公司法》和建立现代企业制度的要求,进一步建立和完善市场主体准入的法律、法规。要严格对市场主体准入资格的审核,特别是配合有关部门抓好特殊行业的登记注册。对虚假验资和企业登记的欺诈行为要依法查处,确保市场主体注册资格的真实性。要加强对企业注册后的监督管理。抓好企业年检工作,重新修订《企业法人年度检验办法》,使其充实、完善成为行政法规。结合年检和日常监管,继续对"三无"企业进行清理。对整改不力的违法违章企业要责令停业整顿,情节严重者要予以注销。对企业遵章守法的情况,开展在册登记和评级试点,采取措施落实新设立企业的定期检查制度。

2. 围绕发展和稳定,坚持以公有制为主体,加强对个体私营经济的引导和管理。抓引导发展。以安置就业为重点,发展城镇个体私营经济,促进社会稳定;以就地转移农村剩余劳动力为重点,发展农村个体私营经济,促进脱贫致富。抓监督管理。重点是开展"一清理、两整顿"。"一清理"是在各地政府统一领导下,与公安、城建、税务等部门联合,在大中城市清理无照经营,查处出租、转让、转借、出卖、涂改、伪造营业执照的违法行为。"两整顿"是整顿个体私营印刷业,重点打击印刷非法出版物、假冒商标标识等违法行为;整顿个体私营服务业和维修业。抓宣传教育。切实加强个体工商户和私营企业主的精神文明建设,大力开展法制宣传教育和职业道德教育,提高思想政治水平,增强法制观念。抓培训。不断提高个体工商户、私营企业主的生产技能和经营管理水平。

3. 围绕开拓国内外市场,树立企业形象,增强商标意识,规范广告行为。商标注册工作,要坚持质量和效率并重的原则,在提高效率的同时,突出抓好提高质量,严格注册审查。商标管理,要改进服务,严格执法,加强商标侵权和假冒商标案件查处,引导企业做好商标保护工作。要严把广告经营主体的准入关。按照广告经营资质标准,在全国范围内采取国家工商局抽查与各地自查、互查相结合的方法,开展对广告企业资质状况和广告经营审批情况的执法检查。制定广告企业标准,规范广告经营审批程序。逐步建立全国性广告监测网络体系,开展广告监测工作。加强广告业的精神文明建设,继续推动公益广告事业,制定广告业职业道德规范。认真查处群众反映强烈的"虚"、"假"、"乱"广告。

（三）进一步加大执法力度,整治市场秩序,创造良好的市场经济环境

中央经济工作会议指出,要真正把规范和整顿经济秩序工作提到重要位置。着力解决偷税漏税,财经纪律松弛,社会信用混乱,生产和经销假冒伪劣产品,走私贩私,以及生产资料流通领域违规和非法经营等问题。要通过深化改革,建立健全经济法制,严格执法,严厉查处和打击各种经济犯罪活动,消除经济秩序混乱的土壤和条件。继续整顿市场秩序,规范市场行为,特别要严格履行合同,诚信守约。必须明确,规范和整顿经济秩序是建立社会主义市场经济体制的内在要求,是各级政府管理经济的一项重要任务,必须坚决地、坚持不懈地抓下去,大力推进社会主义市场经济新秩序的建立。为此,各地工商行政管理机关要以反不正当竞争,保护经营者、消费者合法权益,以打击假冒伪劣、打击欺诈、打击私货交易为中心,进一步加强市场监管和行政执法,继续深入持久地开展公平交易执法年活动。

1. 突出抓好法制建设,完善市场监管法规体系。社会主义法制是建立良好的社会主义经济秩序的基础和保证。因此,要继续发挥国家局和地方两个积极性,积极参与《合同法》等法律法规的修订和起草工作。联系实际,有的放矢,不断完善市场监管规章,全面完成旧的法规、规章的清理、修订任务。要继续加强法制宣传教育,深入开展"三五"普法活动,不断增强各类市场主体和监管主体的法律意识,做到依法经营、依法行政、依法管理。

2. 以反回扣、反仿冒为重点,维护公平交易,反对不正当竞争。要认真贯彻执行《关于禁止商业贿赂行为的暂行规定》,继续完成好国务院部署的关于查处药品回扣违法行为的专项整治工作。深入贯彻《关于禁止仿冒知名商品特有的名称、包装、装潢的不正当竞争行为的若干规定》,建立知名商品全国性的保护网络。对于制止串通投标、虚假表示、垄断行为以及企业间联合操纵市场等不正当竞争行为,先在四川、江苏、辽宁和上海进行试点,逐步总结经验,制定配套规章。

3. 以查处欺行霸市、哄抬物价、制假售假等违法行为为重点,保护经营者、消费者的合法权益。要继续开展消费者权益保护法的宣传教育。重点抓好"3·15"国际消费者权益日,在3月份开展全国消费者权益保护法宣传月活动。要建立保护消费者合法权益社会监督网络。各地工商行政管理机关要在各大商场、集贸中心与服务场所设立投诉箱,各工商所设立举报电话。要认真受理消费者投诉,查处侵犯消费者合法权益的案件。加强消费者权益保护法执法情况的监督检查。三季度,国家局将组织工作组,对保护消费者合法权益的"三包"、赔偿、《欺诈消费者行为处罚办法》、《工商行政管理机关受理消费者投诉暂行办法》等制度和规定的落实情况,进行全面检查。要继续与商检部门合作,对消费者购买比较集中的进口摩托车、电视机、空调器、化妆品等组织监督检查,严肃查处假冒伪劣进口商品和非法进口商品。

4. 以打击假冒伪劣、打击欺诈、打击私货交易为重点,大力开展经济检查和案件的查处工作。要按照党的十四届六中全会通过的《关于加强社会主义精神文明建设若干重要问题的决议》要求,反对假冒伪劣和欺

诈行为。特别是对那些制售危害生命安全、人体健康和严重危害工农业生产的假冒伪劣行为，如制售假冒食品、药品、饮品、建筑材料、安全设备等违法行为予以严厉打击处理。市场欺诈行为严重扰乱了市场秩序，当前，要突出抓好信贷、购销、承包中欺诈行为的查处工作，切实加强合同管理。

打击私货交易，要认真贯彻李岚清副总理的重要批示：一要提高认识，二要下定决心，三要建章立制，四要协作配合，五要干净彻底，六要持之以恒。明年打击私货交易，取缔私货市场，突出三个重点：一是抓好重点地区：加强对沿海省份以及设在一些省、自治区、直辖市保税区的进口商品的监控，对私货交易严重的地段，要巩固 1996 年整顿的成果，防止死灰复燃。二是突出重点商品：重点查处走私汽车、摩托车、香烟、三合板、成品油、家电产品以及化工原料等。三是采用重拳出击：进一步规范市场行为。坚决贯彻 1996 年颁布的《关于禁止拼装进口汽车、摩托车违法活动的通告》以及《关于落实进口商品进行商检制度的会议纪要》。在坚持照相机机身号码备案制度的同时，实行合法进口汽车以及大屏幕彩电、录音机、录像机和电脑等大宗机电产品的机身号码备案制，实现进口机电产品市场整治的预期目标。

5. 支持发展，规范行为，加强经纪人及中介机构的管理。中介组织的规范和发展，对于促进市场经济的发展具有重要意义。在充分发挥中介组织服务、沟通、公证、监督作用的同时，要切实加强规范和管理。明年上半年，将在全国范围内对市场中介机构开展一次清理检查，规范经纪人及中介机构的主体资格和经营行为，打击非法中介活动。要推广北京、浙江、广西、上海等地经纪人从业资格考核办法，积极会同有关行业主管部门制定相应的考核标准，逐步确立和规范我国经纪业资格考核制度。

6. 注重职业道德，清理不良文化，在精神文明建设中充分发挥工商行政管理的职能作用。要认真贯彻落实党的十四届六中全会精神，在立法立规工作中，不仅要有利于经济建设和各项事业的发展，而且要有利于精神文明建设。在规范市场主体行为中，要注重职业道德建设；在市场监管工作中，要坚持"两手抓，两手都要硬"，认真清理不良文化和精神垃圾。

（四）进一步调整结构，提高素质，切实搞好工商行政管理队伍建设

新的一年，我们要以更广阔的领域，更深的内涵，继续抓好工商形象建设，努力造就一支适应时代要求的工商行政管理队伍。

1. 讲学习、讲政治、讲正气，加强思想政治建设。要按照六中全会精神和江泽民同志关于讲政治的要求，解决好政治方向、政治立场、政治观点问题，提高广大工商行政管理干部的政治鉴别力和政治敏锐性。处以上干部要普遍进行一次党性党风教育，着重解决理想信念和思想作风方面存在的问题。引导广大干部树立正确的世界观、人生观、价值观，反对和抵制拜金主义、享乐主义和个人主义。各级领导要关心群众，为人表率。考核、评价各级领导班子，不仅要看领导业务工作的实绩和本领，而且要看领导精神文明建设的实绩和本领。

2. 切实加强干部的选拔、培养和管理，提高工作能力和现代化管理水平。要严格干部的考录和选拔，增加高素质、高学历人才的比例，促进队伍结构的优化。要进一步改进和完善干部的考察、任用制度，搞好干部的培养配备。要抓规划、抓投入，切实加强在职干部的培训。要认真抓好"九五"人才培养培训计划的落实，国家局培训中心要抓紧安排明年的培训计划，各省局要继续抓紧抓好工商所公务员的过渡培训，以及在职人员的岗位培训。要加大干部交流的力度，采取职位轮换、挂职、支教等方式在实践中培养锻炼干部。要认真做好干部双管工作，考核配备好各级领导班子，真正做到任人唯贤，五湖四海。要尊老、敬老，切实做好老干部工作。

3. 依法行政，改变作风，进一步抓好廉政勤政建设，树立良好的工商形象。要进一步增强法制观念，严格依法行政，切实做到秉公执法、廉洁执法。要认真纠正行业不正

之风,坚决杜绝以权谋私。继续认真解决好群众反映强烈的案费证照、吃拿卡要的问题。要认真抓好制度建设,做到标本兼治,树立行业新风。要对执法情况,特别是《行政处罚法》的贯彻执行情况,以及各级领导班子执行政治纪律廉政、勤政的情况,开展执法监察。

4. 弘扬先进,大力开展"做合格的工商行政管理干部、当人民满意的公务员"活动。形成崇尚先进、学习先进、争当先进的良好风气。景志刚、南京东路工商所等先进人物、模范群体的高尚品德和优秀事迹,是我们全系统的宝贵精神财富。学习先进,争先创优,对于推进事业、建设队伍具有十分重要的意义。各级工商行政管理机关要把学先进与实现全心全意为人民服务的宗旨结合起来,与完成各项监管任务,实现职能到位结合起来,与规范化建设结合起来。国家局机关要按照李鹏总理的要求和中央国家机关工委的部署,积极开展创建文明机关的活动。实现"优质服务,优良作风,优美环境"的三优目标,为地方做出表率。使"做合格的工商行政管理干部、当人民满意的公务员"的活动,开展得既轰轰烈烈,又扎扎实实。

5. 继续抓好规范化建设,不断提高现代化管理水平。工商所要在初级规范的基础上,积极开发、推广、应用计算机管理系统,逐步实现工商所管理的现代化。各级工商行政管理机关,特别是市(地)以上机关要在更高的层面上,把规范化、制度化建设落在实处,树立良好的机关形象,要加快落实《工商行政管理信息系统建设规划》,按照"统一组织、加强管理、落实规划、狠抓应用"的要求,大力推进工商行政管理计算机网络和数据中心建设,实施商标注册与管理自动化二期工程建设,以及广告监测计算机管理。

各级协会、学会、研究中心、报刊杂志等事业单位,都要紧紧围绕1997年的中心任务,继续努力,更加卓有成效地做好各项工作。同志们,展望新年,道远任重。让我们在以江泽民同志为核心的党中央的正确领导下,团结一致,不懈努力,以建立和维护良好的社会主义市场经济秩序的优异成绩,以两个文明建设的丰硕成果,迎接党的"十五大"的胜利召开。

认真贯彻党的"十五大"精神 努力开创工商行政管理工作新局面
——王众孚局长在全国工商行政管理工作会议上的讲话

(1997年12月23日)

这次全国工商行政管理工作会议的主要任务是,认真贯彻落实党的"十五大"精神,按照中央经济工作会议的要求,总结今年工作,交流执法经验,部署明年任务。下面,我讲几点意见。

一、1997年的工作回顾

1997年,是我国历史上非常重要而又极不平凡的一年。我国政府顺利恢复了对香港行使主权,我们党胜利召开了第十五次全国代表大会,圆满完成了这两件举世瞩目的大事。全国政治稳定,经济发展,民族团结,社会进步,各项事业取得了新的成就。一年来,全国各级工商行政管理机关在党中央、国务院和地方各级党委、政府的领导下,认真学习贯彻党的"十五大"精神,按照"深入开展公平交易执法年和工商形象建设年活动,提高监管水平,提高队伍素质,进一步规范市场主体行为、市场交易行为和市场监管行为"的总体思路,加大市场监管力度,加强队伍建设,在维护市场秩序,推进"两个文明建设"中,扎实工作,奋发进取,取得了新的进步和成绩。

(一)高度重视规范市场行为,继续加强了法制建设

在近几年立法立规取得较大成绩的基础上,今年各级工商行政管理机关高度重视,法制建设又有新的进展。主要有以下特点:一是在积极参与法律、法规起草、修订的同时,十分注重制定配套规章。今年,国家工商行政管理局牵头或参与起草《合伙企业法》、《合伙企业登记管理办法》等法律、法规9部;制定公布《传销管理办法》等规章10

个。二是从加强市场监管的实际需要出发,加大了制定规范性文件的力度。全年国家工商行政管理局共制定发布规范性文件 92 个。三是加强部门配合,注重联合制定规章,充分发挥协同执法的作用。全年国家工商行政管理局共与有关部门联合制定规章和规范性文件 58 件。四是注重地方法规建设,切实维护法律的尊严。各地工商行政管理机关在参与地方立法中发挥了重要作用,地方人大、政府通过的有关市场监管的法规、规章共 106 件。在积极支持地方法制建设的同时,努力维护国家法律的权威和中央方针政策的统一。对有悖国家现行政策、法律的问题,及时予以了制止、纠正。立法立规工作的加强,不仅促进了工商行政管理机关依法行政,也为健全社会主义法制作出了贡献。

(二)加大力度,强化监管,维护市场秩序取得成效

1. 狠抓重点地区、重点商品、重点问题,加大了打击假冒伪劣、打击私货交易、打击欺诈行为的执法力度。打击假冒伪劣方面,以 6 个省 11 个地区 9 类商品为重点,集中力量,依法整治,查处了一批制假售假案件,捣毁了一批制假售假窝点,遏制了制假售假行为。重点地区、重点商品打假工作的深入进行,带动了全国打假工作的扎实开展。全国共查处制售假冒伪劣商品案件 61 708 件。打击私货交易方面,根据抓好重点地区、重点商品,采用重拳出击的总体思路,一是以广东、福建等沿海省市为重点,取缔私货市场取得成效;二是依法查处了一批大案要案。全国共查处走私贩私案件 8 133 件。打击欺诈行为方面,重点抓了三项工作:一是对非法传销活动进行了集中整治。国家工商行政管理局今年 1 月制定公布了《传销管理办法》,进一步加强了对传销的规范和管理;先后两次召开专门会议,部署今年 8、9 月份在全国对非法传销活动进行专项整治。据不完全统计,截至目前,全国共查处非法传销案件 2 528 起,查获非法传销物品价值 1 亿多元;取缔无照经营的传销企业 577 家。二是严厉打击合同欺诈行为。全国共查处欺诈等违法合同案件 3 000 多件,合同欺诈标的 26 亿多元。三是认真办理抵押物登记,在防止虚假抵押、重复抵押和金融欺诈方面起了积极作用。全国共办理抵押物登记 7.8 万余件。

2. 围绕党和国家的工作重点,认真完成了国务院和地方各级政府交办的市场整治任务。一是牵头整治药品回扣违法行为。今年以来,加大了整治力度,取得了明显成效。通过重点检查和抽查,全国共查出药品回扣金额 4.17 亿元。各级工商行政管理机关共查处药品回扣案件 2 214 件,其中大案要案 633 件,涉及违法金额 4.86 亿元,罚没款 5 118.7 万元,移送司法机关处理的案件 99 件、136 人。工商行政管理机关还将整治药品回扣违法行为与整治医药市场相结合,查处制售假冒伪劣药品案件 2 922 件,无照经营药品案件 6 583 件,取缔无照经营 5 057 户,停业整顿 1 635 户,吊销营业执照 552 户。二是认真参与建设项目执法监察。在参与执法监察中,各级工商行政管理机关共查处违法案件 2 300 余件,涉及违法金额 23 亿多元。三是协同加强粮棉市场监管,为促进粮棉购销体制改革发挥了积极作用。四是积极支持连锁经营及代理配送制的改革试点,促进了流通体制改革。五是密切配合有关部门开展"扫黄"、"打非"、"禁毒"斗争,促进了社会主义精神文明建设。近年来,共查处违法经营企业 2 400 余户,清理个体印刷业户 2 557 户,收缴非法出版音像制品 60 万盘、非法书刊 100 万余册,查获毒品 3 897 克、罂粟壳 8 646 公斤。

3. 切实反不正当竞争,加强了保护消费者、经营者合法权益工作。全年各级工商行政管理机关共查处不正当竞争案件 12 384 件,比上年增长 8.75%。保护消费者、经营者合法权益工作继续加强。一是国家工商行政管理局出台了《工商行政管理所受理消费者申诉实施办法》,赋予工商所处理消费者申诉的职能,加强了执法力量。二是加大了消费者权益保护的法制宣传力度,在全国统一部署了"3·15"消费者权益保护月活动。三是健全申诉、投诉网络,动员广大消

费者申诉、投诉侵害消费者权益行为,扩大了案源。四是依法严厉查处侵害消费者合法权益行为。全年各级工商行政管理机关共查处侵害消费者权益案件19 533件,比上年增长 30.55%,有效地保护了消费者合法权益。

4. 积极探索监管方式方法的改革,各类市场监管工作得到加强。各地积极改革监管方式方法,逐步由市场监管的驻场制转变为巡查制,扩大了监管面,加强了对各类市场的监管。努力实现工商所职能的转变,由过去一般参与市场治安消防、环境卫生等管理转变为主要负责执法管理,促进了监管职能到位。坚持日常监管与重点整治相结合,切实规范各类市场行为。大力推进市场规范化管理,进行了节日市场、食品市场整治。广泛开展无假冒伪劣、无缺斤短两活动,进一步强化了消费品市场的日常监管。开展以农资市场、成品油市场、汽车市场为重点的生产资料市场整治,对无照经营、超范围经营等违法违章行为进行了查处。积极参与了劳动力、房地产等生产要素市场的监管,在全国范围内对经纪人进行了清理检查,初步建立了经纪人从业资格认定制度,进一步规范了经纪行为。据 12 个省市统计,共清理经纪组织和经纪人47 045个,取缔1 345个。

(三)促改革、促发展,在两个文明建设中切实发挥职能作用

1. 提高了商标注册的质量和效率,强化了对商标专用权的保护。大力推进了商标注册计算机管理,有效提高了商标受理、审查、核准的效率和质量。受理各类商标注册申请19.4 万件,核准注册商标 21 万件。到今年底,我国有效注册商标累计可达 85 万余件。各级工商行政管理机关通过指导企业科学运用商标战略开拓市场,创立驰名商标,增强了企业的商标意识和竞争实力。通过实施商标大要案监控制度、复核商标印制企业、开展商标执法检查等措施,加大了商标侵权假冒案件的查处力度,有效保护了商标专用权。全年查处各类商标违法案件2.7万起,罚款6 900万元,责令赔偿损失 600 万

元,移送司法机关追究刑事责任 50 多人。受理商标异议案件5 629件,裁决1 274件。受理商标评审案件4 206件,裁决2 910件。从维护改革、发展、稳定的大局和改善我国的投资环境出发,依法和实事求是地处理了一些商标历史遗留问题,如安徽的口子酒、河南的杜康酒、山东的三环锁,以及意大利的华伦天奴服装等商标争议案件。

2. 加大了广告监管力度,规范了广告行为。在全国范围内开展了广告经营资格专项检查,通过检查,暂缓通过4 098户,取缔经营资格6 239户,保证了广告业的基本经营素质;开展了医疗广告执法检查,查处违法医疗广告9 000余件,销毁违法医疗广告印刷品230 余万张;开展了酒类广告执法检查,对某些重点媒介违反规定发布酒类广告问题进行了严肃处理,解决酒类广告数量严重超标问题取得阶段性成果。对全国 534块户外大型广告显示屏进行了检查,对违反规定发布广告的问题,责令限期整改。在全国开展了"自强创辉煌"主题公益广告月活动。支持指导广告行业组织开展创建精神文明行业活动,全国有 103 家先进单位受到表彰。引导广告主正确实施广告战略,积极开拓国内外市场,提高广告效益工作取得成效。建立了广告经营单位和发布单位广告审查员制度和公益广告发布制度,完善了广告监测制度和药品广告审查管理制度。加大了对虚假、违法广告的查处力度,全年共查处广告违法案件 2.73 万件,罚款金额4 487万元。广告监管工作的加强,有力地促进了我国广告业的健康发展。到今年底,我国广告经营单位达 5.3 万户,全年广告营业额已超过 450 亿元。

3. 加强引导和管理,促进了个体私营经济健康发展。一年来,各级工商行政管理机关进一步提高了在社会主义初级阶段发展个体私营经济重要性的认识。在各级党委、政府的领导下,按照"以安置就业为重点,发展城镇个体私营经济"、"以就地转移农村剩余劳动力为重点,发展农村个体私营经济"的总体思路,加强引导和管理,促进了个体私营经济的发展。到今年底,全国城乡个体

工商户达2 896.23万户，从业人员5 515.05万人，注册资金2 597.1亿元；私营企业达95.24万户，从业人员1 365.82万人，注册资本（金）4 837.82亿元。在大力扶持、积极引导的同时，各地依法加强监督管理，重点查处了个体工商户转借、出卖、出租、涂改营业执照的违法行为，对个体私营印刷业进行了专项清理整顿，对存在色情服务的场所加强了监督检查，共查处各类违法违章户6.35万户，促进了个体私营经济健康发展；各级工商行政管理机关在引导促进个体私营经济发展中，与积极配合国有企业"三改"和实施再就业工程紧密结合，做了大量工作。据统计，今年以来，个体工商户和私营企业共安置下岗职工94万人，有197万下岗职工申办了个体工商户、私营企业，127万下岗职工进入各类市场从事经营活动，受到了各地党委和政府的充分肯定和下岗职工的普遍欢迎。

（四）加强监管，规范行为，严格把好市场主体准入关

各级工商行政管理机关根据搞活国有大中型企业和扩大对外开放的需要，依法履行职能，改进管理，提高效率，努力为国有企业深化改革和提高对外开放水平服务，为推进现代企业制度的建立和改善外商投资环境做了大量卓有成效的工作，促进了各类企业的发展。到今年底，全国登记注册的内资企业达761.72万户，外商投资企业23.82万户。以抓规范、抓管理、抓基础为重点，改善和加强了对市场主体行为及市场中介组织行为的规范和管理。特别是对旅游、商业、邮电、电力、外贸、保险、铁路、银行等特殊行业加强登记管理，坚持条件，严格审查，把好准入关。认真抓好年检，加强企业注册后管理，重点开展了对出资到位情况、企业经营范围专项审批的检查和"三无"企业的清理，查处了一批违法违规企业。全国企业年检率达88%。依法注销企业27.89万户，责令5.67万户企业限期整改，吊销39.84万户企业的营业执照。开展了对验资机构、企业登记代理机构、资产评估机构、职业介绍机构等市场中介组织的调研和专项清理，促进了企业登记注册的规范化建设。

（五）狠抓思想认识，实施人员分流，继续推进了市场办管脱钩和管理体制的改革

一年来，各级工商行政管理机关把巩固市场办管脱钩成果作为深化体制改革、实现职能到位的重要任务，充分重视，继续推进。一是抓提高认识，使广大工商行政管理干部进一步加深了对工商行政管理基本职能的理解，提高和坚定了彻底完成市场办管脱钩任务的自觉性和积极性。二是抓复查落实。各地根据国家工商行政管理局的部署，按照国办发〔1995〕40号文件的规定，对机构、职责、财务、人员四分离情况，进行了一次全面复查，重点检查明脱暗不脱问题。据初步统计，全国纳入脱钩范围的市场共计8 131个，到目前为止实际已脱钩8 114个。三是抓人员分流。各地在市场办管脱钩中，按照政企分开、精干队伍的要求，认真抓了把市场服务人员从行政执法人员中分离出去的工作。到目前为止，已成立市场服务机构3 704个，共分流人员4.58万人，清退市场协管员4.7万人。继续推进了大中城市区工商行政管理局改分局的工作。对个别城市将分局重新改回区局的做法，及时提请当地政府加以纠正，扎实推进了这一体制改革。

（六）抓基层，创"三优"，队伍素质有了提高

今年以来，全国工商行政管理系统认真贯彻落实江泽民总书记关于培养跨世纪干部的重要讲话、李鹏总理关于创建文明机关做人民满意公务员的指示和李岚清副总理关于提高工商行政管理干部队伍素质的要求，突出重点，真抓实干，队伍建设取得了明显成效。

1.重视基础工作，突出抓了基层队伍建设。一是在认真总结"八五"时期全国工商所规范化建设经验的基础上，研究制定了《全国工商行政管理系统基层建设纲要》。《纲要》明确提出了基层建设的指导原则、工作标准和主要任务，为今后一个时期的基层建设工作提供了基本准则和依据。二是今年6月在西安召开了基层队伍建设工作会

议,总结交流了西安等地加强基层队伍建设的经验,明确了今后一个时期队伍建设的目标、要求和措施。各地以贯彻落实西安会议精神为契机,制定具体措施,增强工作力度,进一步加强了基层队伍建设。

2. 大力开展"三优一满意"活动,切实转变了机关作风。国家工商行政管理局认真按照中央国家机关工委的部署和国务院领导同志的要求,研究制定了开展"三优一满意"活动、创建文明机关的具体措施。局机关各部门狠抓落实,工作水平和服务质量有所提高,工作作风和机关风貌明显改观。各省市工商行政管理局在工商形象建设中发挥了表率作用,机关建设收效明显。据初步统计,全国各级工商行政管理机关(含工商所)被当地党委、政府评为精神文明先进单位的有4 239个。

3. 积极开展各类培训,进一步提高了人员素质。今年,各级工商行政管理机关把培训作为提高队伍素质的重要工作,高度重视,精心组织,收效明显。国家工商行政管理局先后举办了 12 期培训班,培训人员 1 300多人次。地方各级工商行政管理机关共举办各类培训班 500 期,培训人员 10 多万人次。

4. 严格公务员考试录用,把好人员素质关,优化了队伍结构。今年,国家工商行政管理局成功地完成了近年来规模最大、参加人数最多、面向社会公开报考公务员的考试录用工作。报名应考2 476人,通过严格的笔试、面试和考核,录用社会在职人员 70 名,应届毕业生 35 名,优化了队伍结构。各地工商行政管理机关也结合实际,严格了进人制度,在保证进人质量方面做了大量工作。

5. 创先争优,反腐纠风,工商形象得到改观。一是立足宗旨,抓好示范,扎实推进了精神文明建设。根据中宣部的统一部署,国家工商行政管理局分两批公布了 31 个精神文明建设示范点,并提出了以"为人民服务,树行业新风"为主题的文明管理十条要求,在系统内外引起了强烈反响,进一步规范了行政执法行为、促进了精神文明建设。二是弘扬先进,创先争优,促进了队伍形象

的改善。向全国推出了南京东路工商所、景志刚、强自喜等一批先进典型,并广泛开展学先进典型活动,在全系统形成了崇尚先进、学习先进、争当先进的良好风气,使队伍形象明显改善。三是深入扎实反腐纠风,廉政建设和行风建设继续加强。一年来,全国各级工商行政管理机关认真贯彻落实党中央、国务院有关反腐纠风的各项规定和中纪委八次全会、"5·15"、"10·15"电视电话会议精神,进一步健全反腐纠风领导机制、工作机制,继续狠抓领导干部的廉洁自律、查处违法违纪案件和纠正行业不正之风工作,取得了阶段性成果。据初步统计,各级工商行政管理机关(含工商所)被当地政府和纠风办评为纠正行业不正之风先进单位的有2 055个。上海、新疆、甘肃、西藏、西安 5 省市工商行政管理局,今年 5 月还被国务院纠风办评为"全国纠正行业不正之风先进集体"。

一年来,各级协会、学会、中心、报刊杂志以及中介机构等,围绕工商行政管理的中心任务,为促进改革、发展和稳定奋发努力,做了大量工作,取得了可喜的成绩。

在认真总结成绩和经验的同时,我们必须清醒认识和积极解决工作中存在的不足与问题:一是要进一步加大市场监管执法的力度,有效遏制假冒伪劣等违法违章行为;二是要切实解决市场办管脱钩不彻底,明脱暗不脱、藕断丝连的问题;三是要进一步调整队伍结构,提高队伍素质;四是要进一步理顺和调整执法体制和部门关系。

二、1998 年的工作部署

1998 年,是全面落实"十五大"精神的第一年。认真做好明年的各项工作,对于顺利实现"九五"计划的各项目标,把我国的现代化建设事业全面推向新世纪,具有重要意义。刚刚结束的中央经济工作会议,确定了明年经济工作的总体要求和主要任务。全国工商行政管理系统的同志们,一定要认真贯彻落实党的"十五大"和中央经济工作会议精神,认清形势,振奋精神,抓住机遇,开拓进取,在新的一年里,推动工商行政管理工作再上新台阶,再创新业绩。

1998 年工商行政管理工作的总体要求是:高举邓小平理论的伟大旗帜,深入贯彻党的"十五大"精神,按照中央经济工作会议的部署,紧紧围绕改革、发展、稳定的大局,进一步统一思想,开拓进取,继续推进公平交易执法年和工商形象建设年活动,强化管理服务,强化监管执法,强化自身建设,根据健全市场规则,加强市场管理,清除市场障碍的要求,在建立和维护社会主义市场经济秩序中,开创工商行政管理工作的新局面。

(一)高举邓小平理论的伟大旗帜,用党的"十五大"精神统一思想,指导工作

党的"十五大",是在我国改革开放和社会主义现代化建设事业承前启后、继往开来的重要时期召开的一次历史性会议。认真贯彻落实"十五大"精神,坚持用"十五大"精神统一全体干部的思想,指导工商行政管理各项工作,是各级工商行政管理机关一项十分重要的政治任务,要放在各项工作的首位,高度重视,精心组织,抓紧抓好。

要深刻认识邓小平理论的历史地位和指导意义。邓小平理论是马克思主义在中国发展的新阶段。这是因为:邓小平理论坚持实事求是,解放思想,开拓了马克思主义新境界;坚持科学社会主义理论和实践的基本成果,把对社会主义的认识提高到新的科学水平;坚持用马克思主义的宽广眼界观察世界,对当今的时代特征和总体国际形势,作出了新的科学判断。总之,邓小平理论形成了新的建设有中国特色社会主义理论的科学体系。实践证明,作为毛泽东思想的继承和发展的邓小平理论,是指导中国人民在改革开放中顺利实现社会主义现代化的正确理论。我们一定要高举邓小平理论的伟大旗帜,用邓小平理论来指导我们的整个事业和各项工作。

要始终坚持党的实事求是的思想路线,坚持党在社会主义初级阶段的基本路线和纲领。坚持实事求是,解放思想,是邓小平理论的实质和精髓。高举邓小平理论的伟大旗帜,建设有中国特色的社会主义,就是要充分认识我国目前仍处于社会主义初级阶段,充分认识社会主义的根本任务是发展社会生产力,自觉在工作中坚持"三个有利于"标准,正确处理改革、发展同稳定的关系,把以经济建设为中心同四项基本原则、改革开放这两个基本点统一于建设有中国特色社会主义的伟大实践,准确把握邓小平理论的科学体系和精神实质,坚持党的基本路线一百年不动摇。

要认真学习、深刻领会好江泽民同志的报告。江泽民同志的报告,是"十五大"精神的集中体现。它创造性地运用邓小平理论,深刻阐明了我国改革开放和社会主义现代化建设中的一系列重大问题,对我国经济、政治、文化建设和党的建设作出了新的战略部署,是指导全党全国各族人民胜利迈向新世纪的政治宣言和行动纲领,是邓小平理论的重要文献。学习好、领会好江泽民同志的报告,是贯彻好"十五大"精神的重要基础和前提。各级工商行政管理机关一定要把学习江泽民同志的报告作为重中之重,刻苦钻研,学懂弄通,用以指导我们的思想和工作。

要紧密联系工商行政管理工作的实际,把"十五大"提出的各项战略目标和工作任务落到实处。切实做到遵循党的基本路线和纲领,为建立市场经济体制,加强和改进工商行政管理的立法立规和执法监督,努力创造公平竞争的市场环境;切实做到以"三个有利于"为根本的判断标准,充分发挥工商行政管理职能作用,为促进改革开放和经济发展服务;切实做到以物质文明和精神文明"两手抓、两手都要硬"的原则为指导,在维护市场秩序、促进经济发展的同时,为社会主义精神文明建设做出贡献;切实做到以"十五大"报告中关于党的建设和公务员干部队伍建设的要求为指导,大力加强工商行政管理干部队伍建设。

(二)按照党的"十五大"提出的经济体制改革、经济发展战略和有中国特色社会主义文化建设的要求,充分发挥工商行政管理职能作用,为推进两个文明建设作出新的贡献

1. 改革和完善企业登记管理,为深化经

济体制改革和建立现代企业制度服务。按照经济体制改革的要求和企业组织形式变化的新特点,严格、高效地把好市场准入关

——进一步调整和完善企业登记管理的规章制度,支持所有制结构的调整和完善,支持公有制实现形式的多样化,支持企业的改革和发展。

——严格企业的资质审查和市场主体行为的监督管理。切实抓好企业年检工作,严格验资,重点查处虚假出资、抽逃出资等违法违规行为,坚决取缔"三无"企业。

——加强对中介组织的登记管理,协同有关部门解决多头审批、收费过高和经营不规范等问题。

——根据国务院的统一部署,开展对外商投资商业企业的清理整顿,既依法保护外商投资企业的合法权益,又严格管理,规范其经营行为。

2. 改进商标注册管理,加强对商标专用权的保护

——改进服务作风,提高商标注册管理现代化水平。要继续提高计算机受理、审查、查询商标的质量和效率,加快光盘储存商标档案工作的进展。

——增强企业的商标意识,加大对商标专用权的保护力度。要拓宽商标监管领域,加强对商品展销会、商品交易市场的监管,依法查处商标违法活动;大力整治重点地区制售假冒商标商品和非法印制商标标识的违法行为;认真落实大案要案监控制度,规范办案程序,加强执法监督,提高商标监管水平。

——积极做好商标争议案件的终局裁定工作。

——加强商标中介组织的监督管理,进一步规范行为提高质量,充分发挥其服务作用。

3. 坚持发展与规范相结合,加强对广告的监督管理

——引导企业增强广告意识,正确实施广告战略宣传企业,宣传产品,拓展产品市场,促进企业发展。

——积极推行广告企业资质等级制度,严格广告经营资格的审批和管理。积极开展培训工作,努力提高广告业的整体素质。

——积极探索和完善广告监督管理体制,建立符合市场经济规律要求的广告业经营机制。继续完善广告发布标准体系,严格规范广告代理、广告出证等广告行为,推行广告审查员制度,积极开展广告监测,继续加强对酒类、烟草等特殊商品和服务广告的监督管理。严肃查处各种广告违法行为,特别是对影响经济秩序和社会稳定,影响社会风尚等群众反映强烈的问题,要采取有力措施,加以集中整治。

——注重发挥广告业在促进精神文明建设中的积极作用。引导广告业加强行业自律,大力开展创建精神文明行业活动;不断提高公益广告的创意、设计水平,更好地发挥其促进精神文明建设的作用。

4. 继续鼓励、引导,促进个体私营经济健康发展

——要用"十五大"精神统一思想,提高认识,转变观念,准确理解公有制为主体、多种所有制经济共同发展是我国社会主义初级阶段的一项基本经济制度,深刻领会非公有制经济是我国社会主义市场经济的重要组成部分,充分认识个体私营经济的地位和作用,正确坚持鼓励引导、促进发展的方针。

——抓好引导,促进个体私营经济在国民经济发展中发挥应有的作用。一是在农村经济产业结构调整、转移农村剩余劳动力、实现脱贫致富、促进地区经济发展中发挥作用;二是与国有企业进行联营、合作、承包、租赁以及兼并、收购等,在国有企业改革、改组中发挥作用;三是鼓励个体工商户、私营企业招聘和吸收国有企业下岗职工就业,鼓励下岗职工兴办个体工商户和私营企业,在实施再就业工程中发挥作用。

——加强管理,不断提高个体私营经济从业人员的素质。要大力加强法制宣传,增强个体私营经济从业人员的法制观念和守法经营意识。要依法查处各种违法违章经营行为,继续清理和取缔无照经营,配合有关部门加强税收征管。要认真指导开展多种形式的教育培训,不断提高个体私营经济

从业人员的经营管理水平、职业道德水平和生产技能水平。

5. 积极参与文化市场监管,在繁荣社会主义文化,推进社会主义精神文明建设中发挥应有作用。工商行政管理部门对繁荣文化、加强精神文明建设负有重要职责,要坚持"一手抓繁荣,一手抓管理"的方针,积极参与文化市场监管。继续清理不良文化影响,依法查处和纠正企业名称、商标、广告中的不良文化倾向。要倡导健康向上的社会主义文化,营造良好的文化环境。对危害社会主义精神文明,特别是危害青少年健康成长的各种设施和场所,要依法清理整治,努力净化文化市场,促进社会主义精神文明建设。

(三)按照党的"十五大"提出的健全市场规则,加强市场管理,清除市场障碍的要求,促进统一开放、竞争有序市场体系的建立,把公平交易执法年活动提高到新的水平

1. 适应建立和维护良好的社会主义市场经济秩序的需要,进一步加强法制建设。继续加快立法立规步伐,努力健全市场规则。明年,要以健全市场规则为重点,积极参与法律、法规的制定和修改工作。认真做好《反不正当竞争法》、《商标法》、《私营企业暂行条例》等法律、法规的修订准备工作;做好《传销管理条例》、《独资企业登记管理条例》等行政法规和体现工商行政管理职能的规章的论证起草工作;积极参与《反垄断法》、《经纪人法》、《合同法》、《行政许可法》、《行政复议法》的论证工作;加强有关完善工商行政管理市场准入与市场监管方面的法律制度的研究工作。各地工商行政管理机关要根据当地经济发展和市场监管执法的需要,不断推进地方立法工作。加强执法监督工作,开展行政执法检查,进一步抓好工商行政管理行政处罚程序及听证规则的实施,提高案件办理质量,树立行政执法权威。

大力加强法制宣传教育。明年要以"3·15"国际消费者权益日、《反不正当竞争法》实施 5 周年、《商标法》实施 15 周年为重点,多层次、多形式地开展法律、法规的宣传

教育,增强广大经营者、消费者的法律意识,营造良好的执法环境。

2. 突出重点,严格执法,进一步加大市场整治力度。突出重点就是要抓住严重损害经营者、消费者合法权益,破坏经济秩序,影响经济健康发展的重点、难点、热点问题,集中力量,统一组织,有计划、有步骤地在全国开展整治"社会公害"的执法行动。一是整治假冒伪劣。重点是:严重危害农业生产的各种假农资;与人民群众生活密切相关的各种家用电器、饮品与食品等消费品;仿冒知名企业、知名品牌的商品;严重影响我国形象和我国商业信誉的出口产品和边贸产品。二是打击走私贩私。重点地区是:沿海城市及其他开发区、保税区;重点商品是:走私汽车、摩托车、通讯器材、成品油、生产性原材料、感光材料和家用电器。三是查处欺诈行为。重点是:利用非法传销及其他虚假表示对广大消费者进行的欺诈;利用虚假合同进行的欺诈;非金融机构办理金融业务以及金融机构从事非法金融业务而进行的欺诈。四是"扫黄"、"打非"、"禁毒"。重点是:黄色录音带、录像带、光盘、书刊,封建迷信制品等;盗版等非法出版行为;各种毒品及贩毒行为。要把制止和查处不正当竞争行为作为行政执法的一项重要工作。重点是制止和查处仿冒行为、虚假表示行为、商业贿赂行为、违法有奖销售行为、公用企业及其他依法具有独占地位的经营者的限制竞争行为;同时,积极采取措施,反对地方封锁和行业垄断等分割市场的行为。严格执法,就是要秉公执法,坚决反对地方和部门保护主义;就是要廉洁执法,坚决查处以权谋私,严肃处理贪赃枉法;就是要依法行政,正确运用法律,严格执法程序。加大力度,就是要加强领导,列入重要议事日程,重大疑难案件由领导亲自挂帅;就是要制订计划,精心组织,有必要的人员、设备、经费保障,就是要持之以恒,常抓不懈。

3. 尽职尽责,尽心尽力。积极完成国务院及地方各级政府交办的市场监管任务。要按照中央经济工作会议关于积极稳妥推进粮棉购销体制改革的要求,进一步把好粮

食批发企业的主体资格，着重强化对粮食批发市场的规范管理。继续做好全国棉花交易市场监督管理工作，从收购、调运、交易各个环节把好关，保护主渠道的合法经营，打击各种违法经营活动。要大力支持商业连锁经营和代理配送制的改革，促进其健康发展。要认真贯彻落实《租赁柜台经营活动管理办法》、《商品展销会管理办法》，切实解决市场管理中的新问题，积极维护消费品市场的正常秩序。要继续协同抓好生产资料市场的管理，重点强化汽车市场、农资市场、成品油市场的管理。要积极参与生产要素市场的监督管理，着重加强对金融市场、房地产市场、劳动力市场、装饰装修市场的监管。在参与金融市场监管中，要严格把好三关：一是把好金融市场准入关，依法取缔非法金融机构，严肃查处非法经营金融业务的行为；二是把好市场交易关，依法查处强制交易等违法行为；三是把好动产抵押登记关，减少信贷风险。要继续抓好经纪人的清理检查，促进、规范中介活动的开展。要继续整治药品回扣违法行为，积极参与建设项目执法监察。要通过工作实践，大胆探索和改革市场监管的手段和方法，不断提高监管水平，要密切部门关系，协调上下动作，形成市场秩序有关部门依法齐抓共管的新局面。

（四）按照党的"十五大"提出的建设高素质的专业化国家行政管理干部队伍的要求，努力搞好自身建设，使工商形象建设年活动登上新的台阶

1. 加强教育培训，狠抓队伍政治、文化、业务素质的提高。近年来，我们坚持抓了队伍建设，整体素质有了提高。但也要充分认识到，工商行政管理队伍的建设仍然任重道远，形势和任务、职责和使命都要求我们，必须把队伍建设坚持不懈、扎扎实实地抓紧抓好。在新的一年里，要进一步强化队伍建设的各项措施，全面落实西安会议提出的目标和任务，在提高队伍素质方面取得新的进步。要以教育为本，加强干部的培训工作：一抓政治素质的提高。要加强理论教育，用邓小平理论武装头脑，使广大干部在思想上、政治上与以江泽民同志为核心的党中央

自觉地保持高度的一致；要继续加强为人民服务的宗旨教育，使广大干部树立正确的世界观、人生观和价值观。二抓文化素质的提高。要形成干部队伍良好的学历结构和专业结构。三抓业务素质的提高。要根据任务和职能的要求，全面开展知识更新培训工作，力求在三年时间内，对全系统干部普遍轮训一次。要逐步建立和推行工商行政管理岗位资格证书制度，确保履行岗位职责的能力和监管执法的水平。

2. 贯彻落实《工商行政管理系统基层建设纲要》继续加强基层基础建设。今年，国家工商行政管理局制定下发了《全国工商行政管理系统基层建设纲要》，提出了基层建设的标准和主要任务，这是今后一个时期基层建设的基本准则和依据。各级工商行政管理机关要按照《纲要》提出的标准和任务，从本地实际出发，逐级分解细化，并实行目标管理责任制，确保基层建设的各项任务层层落到实处。要充分发挥今年国家工商行政管理局公布的 31 个精神文明建设示范点在基层建设中的带头、示范作用，由点及面，扎实推进。明年，各级工商行政管理局要因地制宜，确定自己的工作重点和示范点。要全面贯彻国家工商行政管理局对工商所提出的以"为人民服务，树行业新风"为主题的文明管理十条要求，努力把基层工商所建设成为人民满意的文明"窗口"。

3. 深化人事制度改革，按照调整结构、提高素质的要求，严格公务员的录用和管理。一是要进一步推进考试录用，建立公开、竞争、择优的进人机制；二是要建立一套能上能下、能进能出的用人机制；三是要建立依法规范、激励与制约相结合、充满活力的管理机制。要总结推广各地在领导班子建设、干部交流、竞争上岗、干部管理、辞职辞退、工商所核编等方面的做法和经验，推动干部管理工作健康发展。要以思想政治建设为重点，进一步加强领导班子建设，严格执行《党政领导干部选拔任用工作暂行条例》，按照干部队伍四化方针和德才兼备原则，选拔、调整、配备好领导干部。要注重干部的实践锻炼，严格干部的教育，加强对干

部的监督。要进一步完善干部考核制度,把考核同干部的选拔使用、管理监督结合起来。要加大干部交流力度,对机关主要部门、重点岗位,有计划地进行岗位轮换,保持队伍活力。要抓紧培养选拔能够跨世纪担当重任的优秀年轻干部。对群众公认、坚决执行党的路线、成绩突出、清正廉洁的干部,要大胆使用。各级工商行政管理机关要进一步推动干部双重管理工作。要采取切实措施,加强进人把关工作。在重新核定工商所编制和实施公务员制度期间,除国家正式下达的指令性分配计划外,冻结进人。核编后需要补充的人员,必须按照职位的要求和《国家公务员录用暂行规定》,通过公开考试、严格考核的办法,择优录用。各级工商行政管理机关对机关的编制、人员配备和进人情况要逐级上报备案,坚决抵制和反对超编制、降低条件进人,为履行职责提供有力的组织保证。

4. 抓好党风廉政建设,促进行业风气的进一步好转。今冬明春要继续以抓制止奢侈浪费各项规定的落实为重点,推动反腐败总体工作的深入、取得新的阶段性成果。明年要认真贯彻落实即将召开的中纪委二次全会精神,结合工商行政管理系统的实际,认真落实反腐败三项工作,即继续抓好领导干部的廉洁自律;以窗口单位、基层管理人员和反对以权谋私、制止"吃、拿、卡、要"为重点,在巩固已取得成果的基础上,以党的"十五大"精神为动力,采取扩大基层民主、广泛依靠人民群众支持参与、开展民主评议行风等有效措施,推动纠正不正之风工作的深入开展,进一步改善行业风气,树立良好的工商形象。要深化党风廉政建设法律、法规的教育,强化监督制约机制。各级纪检监察机构都要认真监督检查本级机关和国家公务员遵守和执行国家法律、法规和工商行政管理规章的情况,保证政令畅通和依法行政。要运用执法监察手段,积极开展廉政监察和效能监察,防止以权谋私和失职、渎职等行为的发生。要严肃查处各类违法违纪案件,把反腐败斗争和党风廉政建设不断引向深入。

近年来,在"两年"活动中涌现出的先进典型和模范人物,既是全国工商行政管理系统的光荣,也是大家学习的榜样。各级工商行政管理机关要很好地运用这些典型,大力宣传他们的先进事迹,弘扬他们的崇高精神,学先进,见行动,在全系统形成奋发向上、敬业奉献的良好氛围。要进一步调动和激发全体干部的工作积极性、主动性和创造性,使更多的先进模范脱颖而出。明年,各级工商行政管理机关要继续深入开展"做合格的工商行政管理干部,当人民满意的公务员"活动,全面推开"三优一满意"活动,努力创建文明机关,实现优质服务、优良作风、优美环境的目标,为基层做好表率,进一步树立廉洁、高效、务实的良好形象。

(五)按照党的"十五大"提出的转变政府职能、实现政企分开的要求,全面完成市场办管脱钩任务,在工商行政管理体制改革上取得新的进展

——要全面完成市场办管脱钩任务。首先,要进一步提高认识,统一思想。党的"十五大"提出,要按照社会主义市场经济的要求,"转变政府职能","加强执法监管部门"。根据这一要求,作为政府主管市场监督管理和行政执法的职能部门,工商行政管理部门的职能和作用需要进一步加强。实行市场办管脱钩,推进自身体制改革,是实现职能到位、加强监管执法的前提条件和必然要求。因此,各级工商行政管理机关要在市场办管脱钩取得重大进展的基础上,进一步巩固工作成果,切实解决明脱暗不脱、藕断丝连等问题,全面完成市场办管脱钩任务。二是要严格纪律,确保政令畅通。对工商行政管理部门的市场办管脱钩工作,国务院非常重视,专门发了文件,国务院领导同志又多次作出重要指示;国家工商行政管理局也多次开会、发文作出部署。对此,各级工商行政管理机关一定要从讲纪律和保证政令畅通的高度,坚决贯彻落实。三是要紧紧依靠地方党委、政府的领导和支持。市场办管脱钩是一项政策性强、牵涉面广、难度较大的工作,只有紧紧依靠当地党委、政府的重视和支持,才能妥善解决脱钩中遇到的

具体困难和问题,彻底完成脱钩任务。

——要坚定不移地推进大中城市区工商行政管理局改分局的体制调整工作,巩固工作成果,积极探索和总结管理体制改革的经验。

——要进一步抓好领导干部双重管理工作,增强工作力度。

——要结合工商所核编和实施公务员制度增强工作力度。妥善搞好人员分流,促进职能转变,充分发挥工商所在市场监管执法中的基础作用。

总之,要根据加强监管执法的需要,积极探索工商行政管理机构、体制和职能的调整改革,进一步理顺关系,加强协调,创造监管执法的良好环境,推进工商行政管理事业的全面发展。

同志们,做好明年的工作,任务艰巨,意义重大。我们一定要在以江泽民同志为核心的党中央领导下,高举邓小平理论的伟大旗帜,认真贯彻落实党的"十五大"和中央经济工作会议精神,按照党中央、国务院提出的统揽全局,精心部署,狠抓落实,团结协作,艰苦奋斗,开拓前进的要求,圆满完成各项任务,努力开创工商行政管理工作的新局面。

王众孚局长在全国工商行政管理局长会议上的讲话

(1998 年 7 月 9 日)

这次全国工商行政管理局长会议,是新一届政府组成以后,第一次召开全系统的工作会议。国务院领导对工商行政管理工作十分重视,对这次会议十分关心,吴仪同志亲临会议并作重要讲话,进一步给我们指明了工商行政管理工作的重要地位和作用,指明了当前工作的重点和要求,我们要认真学习和讨论,认真传达和贯彻。下面我就进一步加大执法力度,加强市场监管和加强队伍建设,讲几点意见。

一、上半年工作的主要情况

半年来,各级工商行政管理机关,认真贯彻党的"十五大"精神,遵照国务院对工商

行政管理工作的整体部署和要求,不断强化市场监管,强化自身建设,各项工作取得了新的进展和成效。

(一)进一步加强了立法立规和法制宣传工作

一是认真抓了《反不正当竞争法》、《商标法》、《广告管理条例》、《私营企业暂行条例》等法律、法规的修订准备工作;二是积极进行了法律法规、配套规章制度的制定,起草发布了《关于国有企业改革中登记管理若干问题的实施意见》、《企业集团登记管理暂行办法》、《进口商品备案管理办法》等 68 个规章和规范性文件;三是对 1979—1996 年的规范性文件进行了清理;四是结合纪念《商标法》实施 15 周年、"3·15 国际消费者权益日"等,开展了法制宣传教育活动;五是组织部分省市工商行政管理局就听证制度的实施情况、执法监督工作的落实情况进行了执法检查;六是各地工商行政管理局结合当地经济改革和发展需要,开展了多种形式的法制宣传话动,积极推进了地方立法工作。

(二)加强市场监管,集中开展了打击假冒伪劣,整治社会公害的执法行动

1. 认真贯彻江泽民总书记等中央领导同志关于加强市场管理和打假力度的重要指示,严厉打击了制售假冒伪劣商品行为。一是集中力量打击了危及人民群众生命和损害消费者权益的制售假冒伪劣饮品、食品、农资、家电,以及仿冒知名企业、知名品牌商品的行为;二是开展了对商标印制行业的专项检查,从源头上加强了对商标侵权假冒活动的打击力度,保护了知识产权;三是开展了对广交会等大型商品交易会、展销会、展览会中的打假活动,维护了国家形象和商业信誉;四是加强了对虚假广告行为的监督,加大了查处各类违法广告案件的力度;五是国家工商行政管理局加强了对大要案的审批、协调力度。全国工商行政管理系统共查处各类案件157 486件,案件总值234 442万元,其中查处制售假冒伪劣商品案件37 376件。

2. 以沿海城市为重点,开展了取缔私货

市场的整治,打击了走私贩私;配合文化、出版部门在全国范围内开展了"扫黄打非"集中行动,促进了精神文明建设。共查处走私贩私案件2 710件;制黄贩黄案件4 472件。

3. 坚决、稳妥地做好禁止传销经营工作。一是态度坚决,行动迅速。《国务院关于禁止传销经营活动的通知》发布后,各级工商行政管理机关认真进行学习贯彻、部署落实,按照国务院提出的"宣传教育,维持秩序,打击犯罪,引导转制,维护稳定"的要求,统一了思想,明确了任务。二是切实加强了组织领导。国家工商行政管理局和26个省(自治区、直辖市)工商行政管理局成立了专门领导小组,制订了工作计划,提出了具体措施。一些重点地区对重点企业反复细致地做了大量的宣传、教育、协调、疏导的工作,及时处理制止了一些突发事件。三是依法严厉打击了在国务院《通知》发布后继续进行传销和变相传销等违法行为。四是积极提供政策咨询等服务,指导、帮助传销企业在做好善后工作的同时,尽快进行转制,确保企业和社会的稳定。

4. 加强了市场的日常监管。一是开展了市场巡查,加强各类市场的规范监管,并注重加强了与有关部门的配合,如配合人民银行加强了对金融机构的监督管理,严厉打击了非法金融机构和非法金融活动;配合国家经贸委等部门对成品油交易进行规范,研究修改了《成品油市场管理办法》等。二是强化了对市场开办者、展销会举办者、柜台出租者的监督管理。三是对批发市场的商品来源、进货和销售渠道以及经纪人和经纪机构进一步强化了监督。四是建立完善了广告审查员制度、广告发布工作制度,加强了各类广告监管和广告审查工作,建立了广告监督机制。五是继续推进了企业登记注册和商标注册的规范化建设,提高了企业登记注册、商标注册工作效率,强化了企业年检和商标复审、商标侵权案件的查处工作。

5. 认真贯彻国务院《关于进一步深化粮食流通体制改革的决定》,各地工商行政管理机关根据国家工商行政管理局《关于充分发挥工商行政管理职能作用,促进深化粮食流通体制改革顺利进行的通知》提出的五条要求,采取有效措施,加强了粮食市场管理,严格了粮食企业的审批、准入制度,对不具备粮食收购、销售经营条件的,及时办理了变更或注销登记。严厉打击违法经营活动,维护了粮食收购秩序。

(三)努力提高队伍素质,加大廉政建设力度

1. 以"十五大"精神统一思想认识,不断提高干部队伍的政治素质。今年以来,各级工商行政管理机关认真贯彻落实党的"十五大"精神,坚持用邓小平理论和"十五大"精神统一和武装干部的思想,自觉地与党中央在思想上、政治上保持高度一致。密切联系工商行政管理实际,着眼于干部队伍的长远建设,立足于提高干部的政治素质,紧紧围绕改革开放、加强市场监管和行政执法等重要理论和实践问题,进行广泛深入的研讨,指导实际工作,收到了好的效果。今年3月,九届全国人大一次会议后,广大工商行政管理干部认真学习贯彻会议精神,按照朱镕基总理关于政府工作和机关建设的重要讲话,以改革的精神和高度的政治责任感,提高认识,统一思想,恪尽职守,扎实工作。

2. 认真落实《工商行政管理系统基层建设纲要》和《1996—2000年全国工商行政管理系统教育培训规划》,进一步加强了基层建设:各地工商行政管理机关认真贯彻落实西安基层队伍建设工作会议精神,按照基层建设纲要提出的目标和要求狠抓落实。有27个省(市、区)局制定了贯彻落实纲要的方案。云南、陕西、上海、宁夏、海南、重庆等地,专门召开会议进行了部署。沈阳、大连等地把基层队伍建设作为"一把手"工程,实施队伍建设责任制。北京、上海等地成立了专门工作机构,确保队伍建设各项任务的落实。各地工商行政管理部门按照建设高素质的专业化工商行政管理队伍的要求,深入贯彻落实"九五"教育培训规划,全面开展了以知识更新培训内容为重点的公务员培训工作。

3. 认真贯彻落实中纪委二次全会和国务院第六次反腐败工作会议精神,在全系统

开展作风整顿和民主评议工作。为了把"工商形象建设年"活动引向深入，有效地纠正部门和行业不正之风，加强廉政建设，促进工商系统干部队伍整体素质的进一步提高，今年5月，国家工商行政管理局决定今明两年对全系统基层、窗口单位进行一次作风整顿，并请地方各级纪检监察机关和政府纠风办协助开展民主评议。国务院纠风办对此给予了充分肯定，向各省、自治区、直辖市人民政府纠风办转发了我们的做法。目前，各地工商局按照国家工商局的统一部署和要求，普遍制订下发了关于作风整顿和民主评议工作的实施计划和方案，在调查研究的基础上进行了动员部署。有25个省（市、区）工商局被当地政府纠风办列入了作风整顿和民主评议的重点单位。

4. 大力推进了财务"收支两条线"管理工作。国家工商局与财政部、监察部、公安部、高检院、高法院共同制定了《关于加强公安、检察院、法院和工商行政管理部门行政性收费和罚没收入收支两条线管理工作的规定》。经党中央、国务院同意，中共中央办公厅、国务院办公厅已将这一规定批转各地遵照执法（中办发〔1998〕14号）。国家工商局在郑州召开了全系统实施"收支两条线"工作会议。修订了《工商行政管理系统会计制度》开发了"会计核算软件"，对各省（市、区）工商局财务处长、主管会计进行了专门培训。5月中旬，中央六部门联合召开落实"收支两条线"规定全国电视电话会议之后，各地工商行政管理部门认真学习贯彻尉健行同志重要讲话和会议精神，进一步统一思想认识，积极争取有关部门的支持和协助，研究制定了具体措施，为全面实施"收支两条线"管理做了大量有效的工作。

5. 认真落实中央八条规定，加大对制止奢侈浪费行为的督查力度。今年以来，国家工商局和各级工商行政管理机关严格执行党中央、国务院关于党政机关厉行节约制止奢侈浪费行为的若干规定，从讲政治的高度在广大党员干部中继续深入开展艰苦奋斗、勤俭节约的教育，突出重点，抓好制止奢侈浪费各项工作的落实。国家工商局在去年压缩会议经费22%的基础上，今年又将各司局计划召开的50多个会议压缩到20余个。同时，对局机关254部住宅电话进行了清理，对符合安装住宅公务电话条件的均挂个人户头，并按照国务院机关事务管理局的规定，对住宅公务电话费实行了"规定限额、超额自付"的办法。各地工商行政管理机关在落实制止奢侈浪费行为"八条规定"工作中，态度坚决，工作认真，取得了成效。

（四）推进机构体制改革，加快了职能转变

根据国务院机构改革的总体要求，国家工商行政管理局"三定"方案已经国务院批准，这次"三定"进一步明确了国家工商行政管理局为国务院主管市场监管和行政执法的直属机构，充分体现了机构改革的方针，体现了精简的原则，体现了加强市场监管的精神。目前，国家工商行政管理局机关，正按照《中共中央办公厅、国务院办公厅关于印发〈中央国家机关人员分流安排实施办法〉和〈中央国家机关人员定编定岗实施办法〉的通知》（中办发〔1998〕12号）精神，在做好各司（室）内设处定编定岗的同时，认真细致地做好人员分流工作。

实施市场管办分开是工商行政管理自身改革的一项重要任务，为了认真贯彻落实国办发〔1995〕40号文件精神，国家工商行政管理局今年再一次向各地发出了《关于对市场办管脱钩工作进行复查的通知》，各地工商行政管理机关针对当地市场办管脱钩工作中存在的问题，认真复查、采取措施，巩固和发展了前期工作成果。

二、进一步发挥职能作用，加强市场监督管理，确保国民经济健康发展

（一）切实统一思想，充分认识加强市场监督管理，加大执法力度的重要性、紧迫性

党的"十五大"提出了跨世纪的宏伟目标，以及实现这一目标的具体任务和措施，对我国的经济社会发展无论从理论上还是从实践上都有重大的突破。在跨世纪的历史时期，新一届政府提出了"一个确保"、"三个到位"和"五项改革"的任务，对工商行政管理工作也提出了更高的要求。工商行政

管理机关肩负着新的重要使命。对此,我们全系统的每一个同志都应该有清醒的认识,必须进一步统一思想,提高对加强市场监管,加大执法力度的认识。

　　加强市场监管,强化执法力度,是社会主义市场经济健康发展的需要。实现党的"十五大"提出的宏伟目标,一项十分重要的战略任务就是建立市场经济体制。市场经济从某种意义上来说就是法制经济,建立市场经济体制的一项重要内容,就是要建立良好的市场经济秩序。实践证明,市场状况对国民经济的运行有着十分重大的影响,维护统一开放、竞争有序的市场秩序,从整体上促进形成有利于经济增长目标实现的市场环境有着显而易见的重要性和迫切性。近年来,中央和国务院对加强市场监管,维护良好的市场秩序十分重视,非常关注,多次作出指示,提出具体要求。与此同时,广大人民群众对整治制售假冒伪劣商品以及欺诈等违法违章经营行为反映十分强烈,已经成为经济和社会的热点问题。加强市场监管,加大执法力度,努力创造良好的市场环境,直接关系到国民经济健康发展,关系到人民群众的合法权益能否得到保障。因此,我们必须把加强市场监管,建立和维护良好的市场经济秩序,放到国家经济发展和社会稳定的高度,放到保护人民群众权益的高度来认识,牢固树立大局观念、群众观念,加强市场监管,加大执法力度,是履行工商行政管理职能的需要。根据党的"十五大"关于"健全市场规则,加强市场管理,清除市场障碍"和九届人大一次会议的政府工作报告关于"按照发展社会主义市场经济的要求,根据精简、统一、效能的原则,转变政府职能,实现政企分开,建立办事高效、运转协调、行为规范的行政管理体系"的要求,国家工商行政管理局在新的"三定"方案中,围绕加强市场监管,进一步强化了反不正当竞争和反垄断,保护消费者合法权益,对各类市场经营秩序的规范管理和监督的职能;加强了企业注册的审查、核批,商标注册和监督管理,广告管理等职能。明确划出了培育、建设市场、行业发展等职能。加强市场监管是工商

行政管理工作的光荣使命,是党和人民评价工商行政管理工作好坏的主要内容,是衡量工商行政管理职能是否到位的主要标志。因此,必须加强学习,认清形势,有针对性地克服和解决在职能认识上的政企不分、政事不分等问题,真正把认识统一到市场监管执法职能上来。

　　(二)加快步伐,提高质量,努力促进法制建设

　　一是要进一步完善工商行政管理法规。在现行企业登记管理法规的基础上,制定《商事登记法》,统一对市场主体的登记规则;修订《反不正当竞争法》、《商标法》、《广告管理条例》等相关法律法规以及配套的规章制度。二是要积极开展法制宣传培训工作。各地工商行政管理机关要采取多种形式,开展一次以合法经营为主题的工商行政管理法律法规宣传活动。重点宣传对象是乡镇企业、私营企业、个体工商户及集贸市场的经营者。宣传内容是《反不正当竞争法》、《消费者权益保护法》、《商标法》、《合伙企业法》、《城乡个体工商户管理暂行条例》、《私营企业暂行条例》、《城乡集贸市场管理办法》等法律法规。三是要开展执法检查。四季度,国家工商行政管理局将在全国范围内组织一次行政执法检查。各地工商行政管理机关要积极进行自查自纠,做到有法必依,执法必严,违法必究。

　　(三)把好市场准入关,规范市场主体

　　1.要下大力气抓好企业登记管理的规范化建设。各级工商行政管理局要严格执行法律、行政法规规定的登记管理制度,没有登记权的工商行政管理部门,不得越权登记公司和企业。要严格执行法律、行政法规规定的前置审批制度,特别是金融、粮食等特殊行业和特殊类型企业,凡未经国家授权部门批准的,工商行政管理机关一律不予登记。对国家明令禁止外商投资企业、个体工商户、私营企业经营的行业和商品,不得以任何形式突破。要严格执行法律、法规规定的注册资本、从业人员资格要求等企业登记和企业集团登记条件,不得擅自更改和放宽。下半年,各级工商行政管理局要围绕上

述三个方面的问题进行一次自查自纠。对一些情节严重,造成严重后果的违规登记行为,要追究责任,予以处理。

2. 对已登记注册的企业,要进一步加大监管力度。重点查处三个方面的违法行为:一是对"无资金、无场地、无机构"的企业,坚决吊销营业执照。二是对虚假出资、抽逃出资的行为,要依法依章予以处理,并选择典型案例曝光。情节严重、构成犯罪的,要根据新《刑法》的规定,及时移送司法机关追究刑事责任。三是对不按规定办理变更登记的行为,特别是擅自变更住所、法定代表人和注册资本的行为予以查处。

3. 加大对中介机构的监管力度。国家工商行政管理局将与财政部及中国注册会计师协会协调配合,规范验资和审计的资格、程序和内容,对出具虚假验资报告的验资机构要予以认真查处,对企业登记代理机构要进一步加强监督。下半年各地工商行政管理机关要进行一次集中清理坚决打击和取缔违法代理。

(四)加强市场监督管理,严厉惩治扰乱市场秩序的违法行为

1. 对制假售假和欺诈行为实行综合治理,标本兼治。

执法重点是严厉惩治制售假冒劣质食品、饮品、药品、生活日用品以及农业生产资料等关系国计民生和危害人民生命、健康的违法行为;假冒商标,假冒知名商品特有名称、包装、装潢,特别是仿冒驰名商标以及大中型企业商品名称、包装、装潢的行为;制售无产品名称、无生产厂家、无生产日期的"三无"商品和销售过期变质商品的行为;发布欺骗性广告,以及作其他虚假表示,误导消费者,损害消费者利益的行为,当前特别要查处虚假的招工、招聘、招生广告,医疗广告和房地产广告;签订虚假合同的欺诈行为,特别是签订虚假的购销合同、加工承揽合同骗取钱财的行为。

各级工商行政管理机关要根据当地的实际情况,对假冒行为严重的地区和商品进行重点打击。国家工商行政管理局重点指导8省17个地、区10种商品的整治,即河

北廊坊的假冒日用品,行唐县的假冒固体饮料与奶粉;河南禹州、夏邑、项城的假烟;江苏武进的假冒一次性注射器;广东粤东地区的假冒日用品、化妆品,粤西的假农资,福建甫安、云霄的假烟,晋江、福清、蒲田的假冒食品与饮料;山东惠民的假冒建筑安全保护用品;四川宜宾的假酒;浙江义乌的假冒食品与饮品,以及一些地区印制假冒商标的违法行为等。具体时间安排是:7—8月进行市场检查,9—11月进行重点打击。国家工商行政管理局将重点抓5～10个大案。12月进行重点检查和抽查。国家工商行政管理局将派工作组分6个大区进行检查。1999年初进行总结表彰。总之,要通过堵源头、端窝点、办大案,实施重点打击和有选择地曝光,要坚决遏制住制假售假活动猖獗的势头。

2. 继续打击走私贩私等违法违规行为。要认真贯彻即将召开的全国打私工作会议精神,按照中央和国务院的部署,充分发挥工商行政管理部门的职能作用,严厉打击走私贩私。当前,要重点抓好三方面的监管和查处:

——监管私货运输渠道,堵住贩私源头。各级工商行政管理机关设在码头、港口、民航、铁路等地的派出机构要充分发挥职能作用,密切与有关部门协作,切断贩私运输渠道。

——监管私货交易场所。特别是要严密监视过去私货交易行为比较突出的几大市场,如粤东的双坑、碣石市场;广州的番禺、增城、新塘市场;佛山的九江市场等。对已经取缔的私货市场要坚决防止死灰复燃,对新的私货交易市场要坚决依法取缔。

——监管有可能用走私原材料的企业。加强对来料加工企业和三资企业进口商品、设备、原料的监督检查,认真查处来料不进厂、进厂不加工、加工不出口的"飞料"贩私行为。国家工商行政管理局要重点监督查处贩私大案,并在新闻媒体曝光。

3. 继续做好禁止传销经营活动的工作。一是要进行一次全面检查,把善后工作做深做细。引导传销企业不折不扣地贯彻落实

国务院《通知》精神,认真清理债权、债务,切实履行合同。二是继续严厉打击地下传销、变相传销等违法活动,取缔无证无照经营。三是扎扎实实做好传销企业的转制工作。

4. 强化粮食市场的监督管理,促进粮食流通体制改革的顺利进行。加强粮食市场的监督管理要抓好两个重点:一是切实维护粮食收购秩序,严禁国家粮食收储企业以外的私商和其他企业直接到农村收购粮食。对违反规定,或未经批准擅自从事粮食收购活动的,要依据国务院《粮食收购条例》,没收非法收购的粮食,处以非法收购粮食价值一倍以上五倍以下罚款,吊销营业执照。二是认真实行粮食批发准入制度,加强对粮食批发企业的资格审查,严格规范粮食市场经营行为,严厉打击掺杂使假、欺行霸市等违法行为,做到依法从重从快,确保粮食体制改革的顺利进行。

5. 要以查禁非法出版物和盗版光盘为主,与有关部门密切配合,整治出版物市场。当前,要重点查禁有严重政治问题以及淫秽等非法出版物和盗版光盘。要加强对服务行业,特别是个体工商户、私营企业开办的美容、美发、娱乐、保健等行业的监管,坚决查禁色情、赌博活动。

6. 要严格规范经纪行为,坚决查处非法经纪活动。认真搞好经纪人资格认定工作,强化对各类经纪人的登记。要严格规范经纪行为,引导经纪活动签订书面合同,查处非法经纪活动,打击经纪假冒伪劣商品行为,要坚决取缔"地下"经纪活动,对经纪活动中欺骗当事者、经纪国家不允许上市交易商品的违法行为要严肃查处。

(五)为确保今年国民经济发展目标的实现,积极发挥工商行政管理的服务作用

为促进国有企业改革和建立现代企业制度服务。要充分发挥企业登记管理等职能,支持国有企业改制、改组、改造和加强企业管理,转换经营机制,增强企业活力;支持国有企业挖掘内部潜力,开展多种经营,兴办第三产业;支持国有企业发挥人才、技术优势,开拓市场。要认真贯彻落实《中共中央、国务院关于切实做好国有企业下岗职工

基本生活保障和再就业工作的通知》精神,提供优惠条件和优质服务。

为促进个体、私营等非公有制经济的健康发展服务。要坚持以公有制为主体、多种所有制共同发展的基本经济制度,认真贯彻执行党和国家鼓励、引导个体、私营经济发展的一系列方针、政策,并且依法、尽职地搞好监督管理,充分发挥他们在满足人们多样化的需要,增加就业,促进国民经济发展中的重要作用。

为创造公平竞争环境,保护经营者、消费者合法权益服务。要健全市场规则,提供良好的法律、法规和政策保障;要强化行政执法,整治市场秩序,努力清除市场障碍;要指导和帮助企业增强市场意识,正确运用商标、广告开拓市场,严厉查处违法违章商标、广告案件,维护企业权益;要改进工作作风,提高办事效率,及时、有效地解决消费者、经营者的困难和问题。

三、加强教育培训,整顿作风纪律,切实抓好队伍建设

(一)加强邓小平理论学习,不断提高思想认识

江泽民同志指出:"高举邓小平理论伟大旗帜,把邓小平理论确定为党的指导思想,是'"十五大"'作出的最重要的战略决策,是把建设有中国特色社会主义事业全面推向二十一世纪的根本保证。"各级工商行政管理机关要认真贯彻落实中共中央[1998]11号文件的精神,突出抓好邓小平理论的学习。学习邓小平理论要完整、准确地把握理论的科学体系,从总体上领会理论的基本观点和基本精神。学习邓小平理论,必须坚持理论联系实际的原则,做到学以致用。要从工商行政管理工作的实际出发对理论的有关内容进行系统钻研和理解,运用理论来回答和解决工商行政管理工作中的各种实际问题。要紧密结合思想实际,牢固树立正确的世界观、人生观、价值观,自觉地实践全心全意为人民服务的根本宗旨,解决思想作风上存在的问题,真正做到一切以人民的利益为重,增强拒腐防变的能力。学习邓小平理论,要创造各种切实有效的学习形

式,不断提高理论学习的质量。要充分利用过去行之有效的学习形式,把个人自学与集中研讨结合起来;专题研讨与调查研究结合起来;集中培训与巡回辅导宣讲结合起来,在实践中创造深化理论学习的新形式和好方法。建立健全学习制度,使理论学习进一步制度化、规范化。

（二）加强培训教育,考核管理,提高队伍整体素质

实现跨世纪的宏观目标,关键是建立一支高素质的干部队伍。国务院领导同志反复强调指出提高工商行政管理队伍素质的紧迫性和艰巨性。各级领导必须充分重视,反复讲,深入抓。要继续推进知识更新培训,强化学历教育。国家工商行政管理局将按照"九五"规划的要求,制定"工商行政管理岗位资格标准",建立工商行政管理岗位资格证书制度,对工商行政管理干部的基本素质进行考试考核,逐步实行持证上岗。要加强对干部的考核和管理,规范入口、畅通出口,优化队伍结构。今后,工商行政管理机关录用工作人员,应优先从高校毕业生中选拔。要继续贯彻落实《全国工商行政管理系统基层建设纲要》和全国工商系统基层队伍建设工作会议精神,加快基层队伍建设各项工作的步伐,造就一代新型的工商行政管理人才。

（三）严格依法行政,规范执法行为

严格依法行政,规范执法行为是法制建设的基本要求。工商行政管理机关行政执法,必须按照法律规定和法定的程序依法进行,为此,各级工商行政管理机关要全面贯彻执行工商行政管理法律法规,实施行政处罚要严格执行《行政处罚法》及《工商行政管理机关行政处罚程序暂行规定》,使用国家工商行政管理局制定的统一的行政处罚文书,国家工商行政管理局将统一制发《工商行政管理机关行政执法证》,按照国务院的要求,实现行政执法行为规范化。要建立和完善行政执法责任制,实行错案追究制,各地要结合工作实际,制定相应的制度和措施。要加大执法监察的力度,加强对关键部门、关键环节和各级领导班子的执法监察。

坚决制止和纠正有法不依,执法不严,执法犯法的行为。

（四）整顿作风纪律,切实抓好财务"收支两条线"和办管脱钩工作

作风建设是队伍建设的一项重要内容,为此,要继续认真贯彻落实中纪委二次全会和国务院反腐败会议的精神,按照国家工商行政管理局《关于贯彻落实中纪委二次全会和国务院第六次反腐败工作会议精神的意见》和《关于工商行政管理系统开展作风整顿和民主评议工作的意见》的要求,更有针对性、更有效地纠正部门和行业不正之风。下半年,要在全系统进行一次作风纪律整顿,促进党风廉政建设和反腐败斗争深入开展。要以"工商形象建设年"提出的四个形象建设目标为主要内容;以上下结合,内外结合,面向社会,群众参与为主要方法,结合实际,制定出整顿和评议的具体计划和实施方案。既要树立正面典型,也要敢抓违法违纪问题的查处。整顿要与创建文明系统相结合,通过整顿,引导创建活动向深入发展。中纪委二次全会指出,廉政建设要以改革的精神,从源头抓起。针对工商行政管理部门的实际,今年我们要重点抓好财务"收支两条线"和办管脱钩工作。实施财务"收支两条线",中办、国办已经转发了六部局的文件,并且召开了电视电话会议,我们要切实抓好落实。一是严格执行行政性收费的立项审批规定。凡经国务院、省级人民政府、财政部、国家发展计划委员会或省级计划（物价）部门批准,一律不得私设收费项目,擅自提高收费标准,严格禁止各种形式的代收、代扣。二是切实加强票据管理,各项行政性收费、罚没收入,必须一律使用中央或省级财政部门印（监）制的票据。三是所有的行政性收费和罚没收入,都必须按规定及时、足额缴入国库或预算外资金专户,任何单位或个人不得截留、坐支、挪用。四是严格支出管理,节约开支,提高资金使用效益。五是建立行政性收费和罚没收入统计报表制度。切实加强财务监督检查和财会人员的培训管理工作。

市场办管脱钩工作通过全系统几年的

艰苦努力,已经取得了显著进展,但是无论从思想认识上,还是从具体工作上,都有不同程度的差距,还需要全系统的同志做艰苦细致的工作,全面完成这一历史任务。首先,要进一步统一思想,提高对市场办管脱钩必要性、重要性的认识。二是要认真贯彻国家工商行政管理局《关于对市场办管脱钩工作进行复查的通知》,认真组织一次复查,切实解决好明脱暗不脱的问题,负责地写出复查报告。三是要紧紧依靠地方党委、政府的领导和支持,妥善解决好脱钩中的各种实际问题。

同志们,下半年的工作,我们要紧紧抓住两个重点:一是要加大监管力度,整顿市场秩序;二是要加大改革力度,整顿队伍作风。要继续发扬团结务实、开拓创新、廉洁奉公的精神,为实现市场秩序的好转,促进经济健康发展作出新的努力和贡献!

推进体制改革　加大执法力度
以新的风貌新的成绩
迎接新中国成立五十周年
——王众孚局长在全国工商行政管理体制改革暨工作会议上的讲话
(1998 年 12 月 1 日)

这次全国工商行政管理体制改革暨工作会议是经国务院批准召开的。会议的主要任务是,认真贯彻落实党中央、国务院改革工商行政管理体制的决定,总结今年的工作,部署明年的任务。党中央、国务院对工商行政管理工作和管理体制改革非常重视,中央政治局常委会议讨论并同意《工商行政管理体制改革方案》,国务院发文批转了这个方案。吴仪同志今天又亲临会议作重要指示,对落实体制改革方案、强化工商行政管理提出了明确的要求。各地、各有关部门对工商行政管理工作和管理体制改革十分支持,中编办、中央组织部、人事部、财政部、各省、自治区、直辖市人民政府和组织、人事、机构编制管理、财政部门的负责同志光临会议作指导,使我们对顺利实施管理体制

改革和做好明年的工作更加充满了信心。各级工商行政管理机关要坚决贯彻落实党中央、国务院的决定,通过扎实搞好管理体制改革,进一步强化自身建设,进一步加大执法力度,更好地承担起维护社会主义市场经济秩序的重任。下面,我讲几点意见。

1998 年的工作回顾

1998 年,是全面落实党的"十五大"精神的第一年,也是全国各族人民在以江泽民同志为核心的党中央领导全国人民战胜特大洪涝灾害,各方面工作取得明显成绩的一年。一年来,全国各级工商行政管理机关深入贯彻党的"十五大"精神,以加大监管力度、强化自身建设为重点,认真落实今年各项工作的部署,以各项工作的新成绩,迎接工商行政管理机关恢复二十周年。

一、认真贯彻落实全国打击走私工作会议精神,打击走私贩私取得明显成果

全国打击走私工作会议结束后,各级工商行政管理机关认真贯彻落实会议精神,与海关、公安等部门密切配合,雷厉风行地开展了大规模的反走私联合行动和专项斗争。一是以清理取缔私货市场为重点,严厉打击私货交易行为。广东等地认真制定私货市场整治方案,狠抓落实,收效明显。截至目前,全国共清理取缔私货市场 51 家。二是密切配合有关部门,开展了打击成品油、汽车、香烟等重点商品走私贩私的专项执法行动。共查获走私成品油 2 866 吨,走私汽车 471 辆,走私香烟 38 万条。三是从重从快查处了一批走私贩私大要案件。今年 1—9 月,全国工商行政管理机关共查处走私贩私案件 3 508 件,案值 4.98 亿元。

二、集中开展了整治假冒伪劣行为的执法行动

一是认真贯彻落实党中央、国务院领导同志的重要批示,突出重点,加大力度,有组织、有计划、有步骤地对七个省十五个地区十大类商品的假冒伪劣行为,依法进行了专项整治。今年 1—9 月,全国工商行政管理机关共查处制假售假案件 43 678 件,案值 8.09 亿元,捣毁制假售假窝点 5 600 多个。

二是对重点地区制售假冒商标商品行为和商标印制行为开展专项治理，依法查处了大批商标侵权假冒案件。今年1—9月，全国工商行政管理机关共查处商标违法案件18 320件，收缴和销毁侵权商标标识62 377万件（套），罚款4 859万元，责令赔偿经济损失212万元，移送司法机关追究刑事责任69人。三是强化广告执法，严肃查处了广告违法案件特别是欺诈性广告案件。今年1—10月，全国工商行政管理机关共查处广告违法案件2.3万件，罚没金额4 110万元。四是切实加强合同监管，严厉打击了合同欺诈等违法行为。截至9月底，全国工商行政管理机关共查处合同欺诈等违法合同案件2 000件，涉及违法金额7.2亿元。在集中整治假冒伪劣行为的同时，各地还强化了制止、查处不正当竞争行为的工作，重点加大了对仿冒、商业贿赂、误导行为以及公用企业限制竞争行为的查处力度。今年1—9月，全国工商行政管理机关共查处不正当竞争案件7 023件。

三、积极贯彻国务院粮食流通体制改革政策，切实加强对粮食市场的监管

根据国务院粮食流通体制改革的统一部署，国家工商行政管理局把管住管好粮食市场作为工作的重点，多次发文和召开会议，对全系统加强粮食市场管理工作作出安排。先后三次派出15个检查组，赴各地督促、检查，推动工作。各地工商行政管理机关普遍成立了粮食市场管理领导小组，加强领导、建立责任制，调动得力力量，采取有效措施，紧紧抓住打击私商和非国有粮食收储企业到农村收购粮食、个体私营粮食加工企业变相收购粮食这两个重点，加强监管，严格执法，为维护粮食收购秩序，促进粮食流通体制改革顺利进行，发挥了积极作用。截至10月底，28个省市工商行政管理机关共查处非法收购粮食案件27 106件、没收非法收购的粮食26 834万公斤，罚没款4 073.89万元。

四、坚决而又稳妥地做好禁止传销经营的工作

《国务院关于禁止传销经营活动的通知》下发后，国家工商行政管理局高度重视，迅速召开专题工作会议，认真进行部署落实。各地工商行政管理机关态度坚决，行动积极，精心部署，稳妥实施。一是严格依法查禁取缔各种传销和变相传销行为；二是积极引导传销企业转制；三是督促指导传销企业做好善后处理工作。经过几个月的努力，较好完成了国务院交付的禁止传销经营的任务。查禁取缔传销经营期间，全国工商行政管理机关共查处传销和变相传销案件635件，案值1 638万元。原有传销企业转制工作已基本完成。

五、努力清理不良文化，积极配合有关部门开展"扫黄"、"打非"斗争

遵照国务院领导同志指示精神，各地工商行政管理机关对利用电脑从事经营性游艺活动的行为认真进行了清理，严厉查处了利用电脑从事变相赌博，宣扬色情、暴力等不健康内容的违法行为。仅北京、上海、天津、新疆、山东、江苏等地的部分城市工商行政管理机关，就出动执法人员2 000余人次，检查电脑服务企业和经营点2 900多家，收缴非法光盘129.09万张，对净化文化市场起了积极作用。与此同时，各地工商行政管理机关按照国家工商行政管理局的统一部署，以保健、娱乐、美容等服务业为重点，认真开展了清理企业名称、广告宣传和商标使用中的不良文化现象，扫除"文化垃圾"的工作，目前已取得初步成效。各地工商行政管理机关还积极配合文化、出版等部，在全国范围内开展了"扫黄"、"打非"集中行动，共查处制黄贩黄案件5 600多件。

六、切实强化监管职能，为促进经济发展发挥了积极作用

重视规范市场行为，继续加强了法制建设。积极参与了《反垄断法》等法律的调研论证工作；认真开展了《反不正当竞争法》等法律的修订准备工作；加大了制定行政规章的力度；对1979年至1996年间发布的规范性文件进行了清理；结合《消费者权益保护法》和《反不正当竞争法》等法律颁布纪念日，开展了多种形式的法制宣传活动，有效地增强了全社会的法律意识。

严把市场准入关,强化了对企业的监督管理。各级工商行政管理机关充分发挥职能作用,及时办理登记注册,积极参与有关工作,促进了国有企业深化改革。加强了对进口酒类经营企业等重要行业企业及市场中介组织的登记管理,规范了登记行为。以搞好企业年检为重点,强化了对企业的监督管理,规范了企业的组织和行为。全国企业年检率达88.86%。结合年检和日常监督检查,集中清理了"三无"企业,严厉查处了虚假出资、抽逃出资及擅自变更登记注册事项的行为。企业登记管理工作的加强,促进了各类企业的发展。截至9月底,全国工商行政管理机关登记注册的内资企业达693.51万户,注册资本78 476.11亿元;外商投资企业23.71万户,注册资本4 710.46亿美元。

加强登记管理和监督管理,促进了个体私营经济健康发展。各级工商行政管理机关认真执行国家有关法律法规,积极开展了个体工商户和私营企业的登记工作。截至9月底,全国登记的个体工商户达2 957.4万户,从业人员5 736.5万人;私营企业126.9万户,从业人员1 499.2万人。在促进发展的同时,切实加强监督管理,认真清理了无照经营、开展了对个体饮食业和旅游景区个体私营服务业的治理整顿,使个体饮食业的卫生状况和旅游景区个体私营服务业的经营秩序有了明显改观。各地还积极采取措施,帮助国有企业下岗职工再就业。据29个省市工商行政管理部门统计,今年1—9月,通过发展个体私营经济,共协助安置国有企业下岗职工301.63万人再就业,受到了地方党委和政府的好评。

商标注册质量进一步提高,监管力度明显加强。商标注册管理自动化二期工程顺利推进,商标注册程序进一步完善,受理、审查、核准的质量和效率明显提高。今年1—9月,共受理商标注册申请111 690件。截至9月底,我国有效注册商标总量接近93万件。严把商标代理准入关,强化了商标代理监管力度。按照公平公正原则,开展了商标确权评审工作。截至10月底,共受理各类商标评审案件3 977件,裁决案件2 296件。

切实规范广告发布内容,进一步强化了广告监管工作。深入落实广告审查员制度,认真开展广告监测工作,通过行政告诫和主动查处,使违法广告得到有效控制。及时制定了电视直销广告管理规定,加强了对电视直销广告的管理。在全国范围内继续组织开展了公益广告活动,共发布公益广告2.5万件,促进了社会主义精神文明建设。广告监管工作的加强,有力促进了我国广告业的发展。截至今年10月底,全国共有广告经营单位5.78万家,广告营业额380.5亿元。

七、机构体制改革成效明显,队伍建设进一步加强

机构、体制改革方面,今年取得了两大成果。一是国家工商行政管理局机构改革圆满完成。今年6月,国务院批准印发的国家工商行政管理局"三定"方案,进一步强化了工商行政管理职能,进一步突出了工商行政管理机关监管社会主义大市场的地位,体现了"改革、精简、加强"的原则,体现了国务院对工商行政管理工作的重视。9月底,国家工商行政管理局内设机构"三定"和机关工作人员定岗分流顺利完成。二是国家工商行政管理局在认真调查研究和反复论证协商的基础上,提出了省以下工商行政管理机关实行垂直管理的体制改革方案,已报经党中央、国务院讨论同意,并由国务院正式印发执行。

队伍建设方面,主要抓了以下工作:

狠抓制止奢侈浪费"八条规定"的落实,促进了廉洁从政。根据党中央、国务院《关于党政机关厉行节约,制止奢侈浪费行为的若干规定》和反腐倡廉的一系列规定的精神,突出抓了三项工作。一是认真清理通讯工具,取得了明显成效。全系统共清理住宅电话4 493部,回收资金323.23万元;处理公款购置的移动电话1 434部,回收资金484.7万元;清退占用企事业单位移动电话183部,退交资金40.45万元。国家工商行政管理局机关对260部不符合安装规定的住宅分机电话全部撤销。二是严格控制各级机关召开的各类会议和培训。三是切实执行公务活动接待标准,严禁公款吃喝、公款娱

乐,坚决禁止工商行政管理人员参与赌博、色情活动,取得了一定成效。

扎实开展作风纪律整顿,行业风气进一步好转。从5月份开始,全国工商行政管理系统的基层和"窗口"单位,开展了新一轮作风整顿。全国31个省、自治区、直辖市工商行政管理局都成立了作风整顿和民主评议工作领导小组,制发了整顿计划和实施细则。有25个省、自治区、直辖市工商行政管理局被当地纪委、纠风办列为作风整顿和民主评议的重点联系单位。各地在开展纪律作风整顿中,严肃查处了违法违纪人员,促进了行风的好转。全系统的作风整顿和民主评议工作针对性强,措施有力,受到了国务院纠风办的充分肯定,并向各省、自治区、直辖市人民政府纠风办推荐了工商行政管理系统的做法。

积极推进财务"收支两条线"管理,加强了廉政建设。国家工商行政管理局对实行财务"收支两条线"管理高度重视,多次发文和召开会议部署和推动这项工作,取得了明显成效,受到了中纪委领导同志的肯定。通过在全系统扎实推进"收支两条线"管理,从源头上预防和治理了腐败行为,有效制止了"三乱"现象,促进了依法行政,加强了廉政建设。

继续深入开展"争当人民满意的公务员、创建文明机关"活动,机关作风和队伍形象有所改观。各级工商行政管理机关把继续深入开展"争当人民满意的公务员、创建文明机关"活动作为加强队伍建设的重要措施,加强领导,狠抓落实,工商形象建设又取得了新的成绩。继景志刚、强自喜等模范人物和南京东路工商所等优秀集体后,今年,贵州省丹寨县工商行政管理局局长唐秀坤被国家人事部授予"人民满意的公务员"称号,广西壮族自治区桂平市工商行政管理局被评为"人民满意的公务员集体",还有4名同志荣记一等功。这充分显示了工商行政管理系统坚持不懈抓队伍建设取得的丰硕成果。

全面开展以知识更新培训为重点的公务员培训工作,进一步提高了队伍素质。今年,国家工商行政管理局举办各类培训班14期,培训人员1 600人次;地方各级工商行政管理机关举办了各类培训班800余期,培训人员12万人次。

一年来,各级协会、学会、中心、报刊杂志等事业单位,围绕工商行政管理的中心任务,做了大量工作,取得了新的成绩。

1999 年的工作部署

1999 年,是本世纪的最后一年,也是实现跨世纪宏伟目标的关键一年。认真做好明年的各项工作,具有重要意义。全国工商行政管理系统的同志们,要在以江泽民同志为核心的党中央领导下,认真贯彻落实党中央、国务院关于明年改革和发展的部署,认清形势,抓住机遇,开拓奋进,扎实工作,迎接新的挑战,夺取新的胜利。

1999 年工商行政管理工作的总体要求是:以邓小平理论和党的"十五大"精神为指导,认真贯彻落实党的十五届三中全会和中央经济工作会议的部署,以推进体制改革、实现职能到位为契机,进一步强化自身建设,进一步加大执法力度,继续深入开展工商形象建设年和公平交易执法年活动,努力开创工商行政管理工作的新局面,为维护市场秩序、促进经济健康发展做出新的贡献,以优异的成绩迎接新中国成立五十周年。

一、大力加强自身改革和建设。努力建设一支高素质的工商行政管理干部队伍

明年,工商行政管理系统在强化自身改革和建设方面,主要抓三项工作:

(一)统一认识,精心组织,全面完成管理体制改革任务

工商行政管理机关是国家主管市场监管和行政执法的职能部门,肩负着维护市场秩序的重要职责。在建立社会主义市场经济体制的新的历史时期,党中央、国务院对工商行政管理的地位和作用十分重视。为理顺和完善工商行政管理体制,强化对社会主义大市场的监管,最近,党中央、国务院批准了《工商行政管理体制改革方案》,同意省以下工商行政管理机关实行垂直管理。这是党中央、国务院加强工商行政管理的一项

重大措施,也是工商行政管理发展史上的一件大事。各级工商行政管理机关要不负党中央、国务院的重托,坚决全面完成这项体制改革任务。

第一,统一思想,充分认识改革工商行政管理体制的必要性和重要性。工商行政管理机关自1978年恢复组建以来,已走过了二十年的历程。二十年来,伴随改革开放的深入进行,工商行政管理事业逐步发展壮大,为维护市场秩序,促进经济发展,做出了积极的贡献。各级党委、政府和有关部门对工商行政管理工作一向非常重视和支持,这是工商行政管理事业发展的基本保证。随着社会主义市场经济体制的逐步建立,工商行政管理机关肩负的任务更加繁重。但是,现行分级管理的体制,掣肘和影响了工商行政管理职能作用的充分发挥。为提高工商行政执法的统一性、权威性和有效性,党中央、国务院决定对现行工商行政管理体制进行改革。改革的核心是省以下工商行政管理机关实行垂直管理。基本内容包括:省、自治区、直辖市工商行政管理局,为同级人民政府的工作部门。省级工商行政管理局的编制及领导职数,由省机构编制管理部门核定和管理;其正、副局长,党组正、副书记和成员,征求国家工商行政管理局意见后,由省、自治区、直辖市审批任免。地(市)和县(市)工商行政管理局,为上一级工商行政管理局的直属机构。其内设机构的设置、变更和撤销,由省级工商行政管理局提出意见,省级机构编制管理部门审核报批。地、市、县工商行政管理局的编制及领导职数,由省级机构编制管理部门会同省级工商行政管理局进行统一核定和管理。地、市、县工商行政管理局正、副局长,党组正、副书记和成员,以及纪检组长,征求地方党委意见后,由上一级工商行政管理局审批任免。地、市、县工商行政管理机关关系,实行属地化管理。工商行政管理所,为县(市、区)工商行政管理局(分局)的派出机构,按经济区域设置,其人、财、物和业务工作,由县(市、区)工商行政管理局统一管理。实行管理体制改革后,省级工商行政管理局对全省(自

治区、直辖市)工商行政管理系统财务经费实行统一管理;计划单列市、副省级市工商行政管理局的干部管理、财务经费管理,按现行办法不变,所辖县、区工商行政管理局(分局)为其直属机构。各地多年的执法实践表明,改革现行管理体制,实行省以下工商行政管理机关垂直管理,有利于工商行政管理机关排除地方保护主义的干扰,坚持秉公办案、公正执法,更好地维护社会主义市场经济秩序;有利于工商行政管理机关抵制不必要的行政干预,集中精力加大执法力度,实现监管职能到位,强化对社会主义大市场的监管;有利于工商行政管理机关严把进人关,加强队伍建设和廉政建设,提高干部队伍素质和行政执法水平。各级工商行政管理机关要充分认识改革现行工商行政管理体制的必要性和重要性,真正把思想统一到党中央、国务院的决定精神上来,增强改革工商行政管理体制的自觉性,坚定不移地把这项改革推向前进。

第二,加强领导,精心组织,确保体制改革顺利实施。一是要紧紧依靠各地党委和政府的领导。根据国务院批准的改革方案,改革现行工商行政管理体制的工作由各省、自治区、直辖市人民政府负责组织落实。各省、自治区、直辖市工商行政管理局要在当地人民政府的统一部署下,认真抓好改革方案的实施工作。体制改革中遇到困难和问题,要及时向当地党委和政府请示、报告,争取领导的支持,使问题得以妥善解决。二是要积极争取有关部门的支持,努力推进改革方案的全面落实。改革现行工商行政管理体制,政策性强,涉及面广,离不开有关部门的支持配合。各省、自治区、直辖市工商行政管理局要积极争取组织、人事、机构编制管理和财政等部门的大力支持,使改革方案中的干部管理、机构设置、人员编制、经费保障等问题得以全面落实。为推动体制改革后人、财、物由省级工商行政管理局统一管理的顺利实施,国家工商行政管理局将抓紧会商中央组织部、中编办、财政部联合制定管理办法,尽快下发执行。三是各省、自治区、直辖市工商行政管理局要把实行管理体

制改革作为明年的一项重要工作,下大力气抓紧抓好。要高度重视,成立相应的领导机构,列入重要议事日程,切实做到一把手亲自抓,分管领导具体抓,人事部门集中主要精力抓;要根据国务院批准的改革方案,结合本地实际,抓紧会商有关部门制定具体实施方案、报省、自治区、直辖市人民政府批准后,精心组织,稳妥实施。

第三,结合管理体制改革,推动自身建设和监管职能的加强。为此,要切实做到:

——改革与市场办管脱钩相结合。通过改革管理体制,推动市场办管脱钩任务的彻底完成。各级工商行政管理机关要在几年来与所办市场实行机构、职责、财务、人员"四分离"的基础上,按照市场投资主体划归产权,妥善做好市场产权、债权债务及经营服务人员的相交工作,彻底解决明脱暗不脱、藕断丝连问题。

——改革与推进"收支两条线"管理相结合。通过改革管理体制,促进"收支两条线"管理在全系统全面施行,切实做到工商行政管理机关各项行政性收费和罚没收入及时、足额上缴财政,财政部门对工商行政管理机关所需各项经费予以保障。要通过实行"收支两条线"管理,规范执收执罚行为,坚决制止"三乱"现象,促进依法行政,加强廉政建设。

——改革与提高队伍素质相结合。通过改革管理体制,把好进口,畅通出口,整顿队伍,优化结构,切实加强各级领导班子建设,大力提高干部的政治素质、业务素质和作风素质,努力建设一支高素质的工商行政管理干部队伍。

——改革与实现职能到位相结合。通过改革管理体制,促进职能转变,实现监管到位,加大执法力度、提高执法水平,更好地承担起维护社会主义市场经济秩序的重任。

——改革与稳定相结合。在实施管理体制改革中,要坚持既要积极又要稳妥的方针,紧紧依靠各级党委、政府的领导和有关部门的支持,周密部署,稳妥实施,切实做到思想不散,秩序不乱,工作不断,国有资产不流失。

(二)继续深入开展"争当人民满意的公务员、创建文明机关"活动

开展"争当人民满意的公务员、创建文明机关"活动,是社会主义精神文明建设的重要内容,也是加强工商行政管理干部队伍建设的重要措施。各级工商行政管理机关要在改革管理体制的同时,通过深入持久地开展创建活动,把各级机关的作风、形象和广大干部的素质提高到一个新水平。

建设文明机关,核心是提高办事效率,提供优质服务,培养优良作风,营造优美环境。做人民满意的公务员,核心是坚持全心全意为人民服务的宗旨,做党和国家放心、人民群众满意的机关工作者。当前各级工商行政管理机关开展"争当人民满意的公务员、创建文明机关"活动,要重点抓好以下环节:一是要与深入学习邓小平理论和深入贯彻党的"十五大"精神结合起来。通过认真组织学习毛泽东、邓小平、江泽民同志关于为人民服务和党的"十五大"关于加强精神文明建设的论述,进一步增强广大干部的公仆意识和搞好精神文明建设的自觉性。领导机关和领导干部要发挥带头、表率作用。要按照中央的统一部署,在各级领导班子和处以上领导干部中,以整风的精神,认真开展以讲学习、讲政治、讲正气为主要内容的党性党风教育。二是要与加强队伍建设,提高队伍素质结合起来。要把提高队伍素质作为"争当人民满意的公务员、创建文明机关"活动的关键来抓,大力提高广大干部为人民服务的本领和依法行政的能力。三是要与深入开展工商形象建设年活动结合起来。要把"窗口"岗位和"案、费、证、照"等关键环节作为重点,从影响机关和队伍形象的具体问题、点滴小事抓起,切实提高工作质量,转变机关作风,促进廉政建设,树立良好的执法形象。四是要与强化工商行政管理职能结合起来。通过开展这一活动,积极探索强化市场监管和行政执法的新途径,充分发挥工商行政管理在促进两个文明建设中的积极作用。五是要与提高机关管理水平结合起来。要不断改进管理手段,努力加快机关自动化管理建设进程,切实提高办事

效率和工作质量。六是各级领导干部要按照"两手抓,两手都要硬"的要求,高度重视,加强领导,精心组织,狠抓落实。

（三）大力加强基层建设,努力塑造良好的工商形象

几年来,全系统围绕提高素质、转变作风、加强基层建设做了大量工作,取得了显著成效。但这项工作依然任重道远,群众对部分工商行政管理人员思想作风方面存在的问题仍然反映比较强烈,主要是滥用职权,违法行政;管理作风粗暴,工作方法简单;吃拿卡要,以职牟私。这些问题虽然发生在少数人身上,但影响面广,危害性大。必须进一步深刻认识加强基层建设的极端重要性和紧迫性。基层工商行政管理人员数量大、分布面广,直接同人民群众打交道,是国家法律法规的直接执行者。基层干部的素质、形象和工作状况,直接关系到党和政府的形象,关系到工商行政管理机关的形象和工商行政管理工作能否有效进行。因此,必须把基层建设作为队伍建设的重中之重,高度重视,继续切实抓好《基层建设纲要》的贯彻落实工作。根据当前队伍的状况,基层建设尤其要从以下三个方面重点加强:

一是以整治执法腐败为重点,深入开展反腐纠风工作,促进队伍思想作风建设。各地要在今年作风纪律整顿取得初步成效的基础上,认真梳理分析存在的问题,进一步突出重点,深化整顿工作。整顿中要以工商形象建设年活动提出的"四个形象"建设目标为主要内容,突出思想政治教育、廉政勤政教育,有针对性地解决坚持全心全意为人民服务宗旨方面存在的问题。要严肃查处以权谋私、贪赃枉法案件,切实解决执法腐败问题。要继续认真纠正吃拿卡要等行业不正之风,引导广大干部不断增强服务意识,自觉转变工作作风,正确行使手中的权力,做到以权为公,为政清廉,用权为民,诚心诚意为人民服务。

二是切实加强教育培训。要以工商行政管理体制改革为契机,以提高行政执法水平为重点,继续贯彻落实《"九五"教育培训规划》,全面提高队伍的整体素质。要加强教育培训的规范化、正规化建设,根据工商行政管理工作和队伍素质的实际,设置基本课程,编写基本教材,培养和造就一支具有较高水平的基本师资队伍。要根据国家赋予工商行政管理部门的职能,突出转变观念的培训,把思想真正统一到监管社会主义大市场上来。积极探索教育培训途径与方法的改革,开展工商行政管理教育教学研讨与交流。要认真做好岗位资格证书制度试点工作,为今后推行此项制度做好准备。

三是强化对干部的管理和监督。要建立健全规章制度,用制度规范各项工作和约束干部。要改革人事管理制度,把好进口,畅通出口,管好"楼梯口",以竞争激励机制激发干部的潜能。要严格坚持"逢进必考,择优录用"原则,任何人只有通过公务员统一考试考核,才有资格进入工商行政管理队伍。要加强对工商行政管理所所长的考核,严格把好"任用关"。要完善辞退制度,把不合格人员清理出工商行政管理队伍。要推行竞争上岗制,调动广大干部奋发向上的积极性。要改变当前监督乏力的状况,大力推行执法公示制,为群众监督和舆论监督创造良好的条件和氛围,以公正促公正。要健全干部违法违纪举报投诉制度,对违法违纪人员依法依纪从严惩处,决不姑息养奸。

二、明确重点,加大力度,把维护市场秩序的各项任务落到实处

改革现行管理体制,为工商行政管理机关强化监管执法提供了体制保障,创造了有利条件。各级工商行政管理机关要以推进体制改革为契机,进一步加强市场监管和行政执法,努力开创工商行政管理工作的新局面。在明年的工作中,要立足基本职能,突出工作重点,紧紧围绕改革、发展、稳定的大局,围绕党中央、国务院部署的中心任务,围绕人民群众关注的社会热点、焦点,充分发挥职能作用,切实加大监管执法力度。重点抓好以下五个方面的工作:

（一）以打击走私贩私、取缔私货市场为重点,进一步加大打击经济违法违章行为的力度

严厉打击走私犯罪活动,是党中央、国

务院今年作出的一项重大决策和部署。最近国务院又在广州召开 8 省（区）打击走私和骗汇工作座谈会，进一步提出了明确要求。各级工商行政管理机关要认真贯彻落实党中央、国务院的部署，积极配合海关等部门，坚决把走私猖獗的势头打下去。一是要切实履行"市场管"的职责，采取果断措施，坚决清理取缔私货市场，严厉打击私货交易行为。二是要严格执法，严厉查处走私贩私大要案件。各级工商行政管理机关要针对走私贩私的重点地区、重点商品，组织开展专项打击。对走私贩私的大要案件，要集中力量，集中时间，排除阻力，秉公执法，一查到底，依法严惩，决不心慈手软，姑息迁就。三是要建章立制，标本兼治。要抓紧制定重点进口商品进入国内市场管理办法，落实对汽车、摩托车等重点进口商品的备案制度，进一步强化市场监管，使走私物品难以在市场立足交易。各级工商行政管理机关在重点打击走私贩私行为的同时，要进一步加大对其他经济违法违章行为的打击力度，尤其要依法严厉查处大要案件，努力维护良好的经济秩序，营造公平竞争的市场环境。

（二）以管住管好粮食市场为重点，进一步规范各类市场行为

不折不扣地贯彻落实国务院粮食流通体制改革的各项方针政策，切实加强对粮食市场的监管。深化粮食流通体制改革是党中央、国务院实施的一项重大改革。工商行政管理机关在粮食流通体制改革中承担的主要任务是维护粮食流通秩序，尤其是管住管好粮食收购市场。当前，各地工商行政管理机关要按照国家工商行政管理局的统一部署，加强领导，采取有力措施，切实把打击不法粮商、维护粮食收购秩序的专项斗争抓紧抓好。要立即对从事粮食经营活动的企业和个人进行一次全面的清理整顿，坚决取缔无照经营粮食的企业和个人，从严、从快、从重查处违法经营的企业和个人。要重点抓好五个方面的工作：一是管住收购环节。除经批准的国有粮食收储企业可以直接到农村收购粮食和国有农业企业、国有农垦企业可以收购本企业直属单位生产的粮食外，

其他企业、个人一律不准直接到农村收购粮食。二是管住粮食加工企业，特别是管住个体私营粮食加工企业，不准其以代加工名义从农民手中收购粮食。粮食加工企业的粮源必须是国有粮食收储企业顺价销售的粮食。三是管好粮食批发市场，规范交易行为。进入粮食批发市场的粮源必须是国有粮食收储企业顺价销售的粮食。对违法的粮源坚决予以没收。四是管好集贸市场。不允许在集贸市场上挂牌收购粮食。坚持集贸市场常年开放政策。五是管住运输环节。运输粮食必须持有合法凭证。对违法收购粮食以及非法贩运粮食的行为，要依照《粮食收购条例》、《投机倒把行政处罚暂行条例》等有关法规从严惩处。要加强对粮食市场的日常监管，对各类非法粮食交易市场，要坚决予以取缔。对出现问题的粮食交易市场要限期整改；逾期不改的，责令停业整顿或依法取缔。

——进一步加强对重要商品市场的专项整治。要按照国家关于棉花、成品油、化肥等关系国计民生重要商品体制改革的总体部署，从严管理成品油批发经营企业，规范加油站、零售网点等的经营行为，推进棉花、成品油、化肥流通体制改革的深入，保证国家宏观调控政策的实施；要与有关部门密切配合，积极开展对烟草市场的专项整治；要加大力度，继续加强对生猪、农药、种子、汽车、房地产、测绘、期货等市场的监督管理和重点地区、重点批发市场的整治；要规范管理经纪人、市场中介组织的运作；要加强对拍卖市场的监管和企业动产抵押物的登记工作，要从商品来源、进货和销货渠道强化对与人民生活密切相关的蔬菜、食品、酒类、饮料、家用电器等消费品市场的监管，保护消费者合法权益；要配合有关部门搞好对中药材、蚕茧、旧货、旧机动车交易等市场的清理整顿工作，逐步完善管理制度，严厉惩处骗买骗卖、强迫交易、伪造手续、弄虚作假等违法违规行为。

——继续推行市场巡查制、不断改革和完善市场日常监管机制。市场巡查制作为市场日常监管制度的一项创新，对于及时掌

握市场动态,发现和处理市场各种矛盾、纠纷和违法违规行为,加强市场日常监管,具有重要意义。各地明年要继续大力推进,强化对各类市场、展销会、商业门店、商业集中区域等交易场所的动态监管,切实维护市场秩序。

(三)以打击假冒伪劣为重点,进一步做好保护经营者、消费者合法权益的工作

——依法严厉打击制售假冒伪劣商品行为。要严厉打击市场中发现的经销掺假及假冒产品的行为,重点查处危害人民生命安全、损害国家经济利益、扰乱市场经济秩序的假冒伪劣大要案件。尤其要认真贯彻落实党的十五届三中全会精神,进一步抓好农资市场的整治,严厉打击制售假种子、假农药、假化肥等危害农业生产的违法行为切实保护农民利益,促进农村经济健康发展。在抓好日常监督检查的同时,要采取有效措施,加大打击力度,继续开展重点地区、重点商品的打假专项治理。要坚持打假与保优并举;开展与行业联手打假行动,促进名牌产品的发展。要争取有关部门的支持配合,加大打假力度。要建立健全假冒伪劣大要案件申报和督办、协办制度,有计划、有步骤地统一组织开展大要案件的查处工作。在依法严厉打假的同时,要注重建立健全消费者投诉、申诉、举报网络,严厉查处侵害消费者权益案件。

——坚决制止和打击破坏公平竞争秩序的不正当竞争行为。各级工商行政管理机关要认真执行《反不正当竞争法》的规定,根据不正当竞争行为的特点,采取积极有效的方式,加大查办不正当竞争案件的力度,坚决制止扰乱竞争秩序的违法行为。对表现突出、社会危害严重、群众反映强烈的仿冒、商业贿赂、虚假表示、公用企业限制竞争、不正当有奖销售、侵犯商业秘密等行为,要组织开展专项整治。已制定反不正当竞争地方法规的省市,要积极利用地方法规查办案件,充分发挥地方法规在维护公平竞争秩序中的积极作用。要坚决杜绝为经济利益办案的倾向,自觉抵制地方和部门保护主义的干扰。

——以保护商标权为核心,继续坚决整治商标侵权假冒行为。要在生产、流通、印制等环节对商标实施全方位的监管,有效防范和及时查处商标侵权假冒行为;要加大对商标侵权假冒行为的打击力度,有针对性地组织查处一批重点案件、大要案件,依法从严惩处,切实保护经营者、消费者合法权益,树立工商行政管理机关的商标执法权威。

——加大查处广告违法案件的力度,严厉打击广告欺诈行为。要采取有力措施,重点查处一批影响社会稳定、违背社会良好风尚、群众反映强烈的违法广告案件。要认真组织开展对招生、招工、招聘广告和电视直销广告、店堂牌匾广告的集中整治,确保整治工作取得明显成效。要积极实施医疗广告格式化,依法治理医疗广告中的夸大、误导问题。要实施广告违法重点案件定期会诊制度和监控制度,提高广告执法水平。在强化广告执法的同时,要进一步健全广告监测网络,组织开展对报纸、电视、广播、期刊等媒体发布广告的监测,逐步建立反应迅速、运转高效的监督机制,使虚假违法广告得到有效控制。

——强化合同监管工作,严厉打击合同欺诈行为。《中华人民共和国合同法》将于明年出台,《合同法》明确了工商行政管理机关监管合同的任务和地位。各级工商行政管理机关要切实履行职责,把合同监管作为维护市场交易秩序的切入口来抓。要组织开展打击合同欺诈的专项执法行动,重点整治信贷、购销、加工承揽、技术转让等方面的合同欺诈,保护当事人的合法权益。要重点加强对粮食、棉花、成品油、商品房等重要商品买卖合同的监督,做到事前防范、事中监督与事后查处相结合,防患于未然。

(四)以清理"文化垃圾"为重点,进一步促进社会主义精神文明建设

近几年来,各级工商行政管理机关在全国范围内对企业名称、字号和商标,广告中的不良文化现象认真进行了清理,收到了明显效果。但近一个时期以来,这种不良文化现象又以带有严重色情、封建残余思想的形式死灰复燃,损害了社会主义精神文明建

设。各级工商行政管理机关要在今年底集中清理的基础上，继续把这项工作抓紧抓好。一是要对今年底的清理工作认真进行总结，推广加强监管行之有效的做法，查找管理上的薄弱环节，健全制度，规范管理，切实巩固清理成果。二是要把清理不良文化作为一项长期的工作，持之以恒，常抓不懈，与公安、文化等部门协作配合，共同进行综合治理。三是要采取多种形式，强化宣传力度，教育广大群众自觉抵制不良文化的侵蚀，积极协助工商行政管理机关开展清理"文化垃圾"的工作。四是要强化对保健、娱乐、美容等服务业的日常监督管理，严把企业审批登记关，强化商标审查核准工作，加大广告监测监管力度，有效防范和及时查处企业名称和商标、广告中的不良文化现象。要通过坚持不懈的清理取缔，努力净化文化环境，促进社会主义精神文明建设。

（五）以加强市场主体行为规范管理为重点，进一步促进社会主义市场经济健康发展

——继续加强法制建设。明年法制建设的重点是强化执法监督。要围绕实施《商标法》、《广告法》、《反不正当竞争法》、《消费者权益保护法》、《经济合同法》等法律、法规，在维护市场秩序中，切实做到执法到位，严格执法，规范执法。同时，继续重视立法立规，认真进行《商事登记法》、《反垄断法》的调研论证工作，积极参与《独资企业法》、《合同法》的起草工作，抓紧进行《商标法》、《反不正当竞争法》的要求和强化监管执法的需要，适时制定、修订行政规章，促进法律法规的完善，为规范市场主体行为提供强有力的法律依据。

——进一步完善企业登记管理制度，强化企业登记管理工作。继续改革和完善企业登记管理，积极支持国有企业改革、改组、改造。制定管理办法，采取有效措施，切实保护知名字号、知名企业名称不受侵犯。根据国家产业政策和新的国民经济行业分类标准，规范企业经营范围的核定工作，凡法律、法规规定登记前须报经审批的，不得随意变通。认真落实党中央、国务院的部署，

做好军队、武警部队、政法机关不再从事经商活动，中央党政机关所办经济实体和管理的直属企业的变更登记和注销登记工作；配合煤炭行业关闭非法和布局不合理的煤矿，做好注销登记工作。突出重点，强化对企业的监督管理，把注册资金到位率作为监督管理的重点内容，坚持不懈地清理"三无"企业，严厉查处抽逃出资、虚假出资行为；把粮食收储企业、粮食批发企业、金融企业、农资经营企业、企业登记代理机构和验资机构作为监督管理的重点对象，组织开展专项检查，切实维护经济秩序。改革和完善企业年检制度，进一步做好年检工作。

——提高商标注册水平。加大对商标权的保护力度。结合商标注册管理自动化二期工程的逐步开展，继续完善商标注册程序，提高商标审查工作的质量和服务力平。突出重点，加大力度，严格执法，强化对商标权的保护，要加强对商标中介组织的监督管理，严把准入关，严厉查处代理工作中的违法行为。以商标评审案件为中心，以保证质量为重点，加快商标评审案件审理进度，缩短办案周期，逐步减少积压。

——完善管理体制，规范广告市场。要切实转变职能，集中精力强化广告监管工作。要加大对广告经营活动的监管力度，规范广告代理资格和行为，严格广告经营资质条件，认真开展广告从业人员培训，加强对广告经营资格的检查，严把广告市场准入关。要进一步实施广告审查员制度，强化广告经营单位的自我约束机制。要加强对特殊商品广告审查的指导，规范中介机构和广告法咨询服务。

——进一步强化登记监管工作，促进个体私营经济健康发展。严格依法登记，把好市场准入关。对个体工商户和私营企业的设立登记，必须严格依照法定程序办理，严格执行法律法规规定的前置审批制度，严格按规定核定经营范围，不得以任何借口突破。要严格依法办事，积极慎重地清理"假集体"，确保国有资产不流失，经营者利益不受损害。进一步加强对个体私营经济的监督管理工作。要对从事粮食购销和加工活

动的个体工商户、私营企业进行全面清理，严肃查处违法经营行为。要加强对从事文化娱乐、保健、美容等行业的个体工商户、私营企业的监督管理，认真清理不良文化现象，查处损害消费者利益的行为。要加强对农村专业村、专业户以及城镇小商品批发市场中个体工商户和私营企业的监督管理，重点查处生产和销售假冒伪劣商品的违法行为。要与有关部门密切配合，继续清理整顿无照经营。要坚决克服重发展、轻管理的倾向，真正把监管工作落到实处，促进个体私营经济健康发展。

同志们，1999 年，工商行政管理部门加强自身建设、强化监管执法的任务十分繁重。我们要高举邓小平理论的伟大旗帜，紧密团结在以江泽民同志为核心的党中央周围、围绕加强自身体制改革和建设、加强市场监管力度，振奋精神，勤奋工作，以优异的成绩、崭新的风貌，迎接新中国成立五十周年，迎接新世纪的来临。

迎接新世纪　　开创新局面
——王众孚局长在全国工商行政管理工作会议上的讲话

（1999 年 12 月 16 日）

为了认真贯彻落实党的十五届四中全会和中央经济工作会议精神，经国务院批准，召开这次全国工商行政管理工作会议。刚才，吴仪同志作了非常重要的指示，我们要认真学习和贯彻落实。

下面，我就今年的工作、明年的任务讲几点意见。

1999 年工作的基本情况

1999 年，各级工商行政管理机关深入贯彻党的"十五大"、十五届三中全会、四中全会和中央经济工作会议精神，按照全国工商行政管理体制改革暨工作会议的部署，以推进体制改革、实现职能到位为契机，进一步强化自身建设，进一步加大执法力度，在深化体制改革、提高队伍素质、强化监管执法

等方面取得了积极的进展，为维护市场秩序、促进经济发展做出了新的努力和贡献。

一、以加强粮食市场管理、取缔私货市场、打击假冒伪劣为重点，整治市场秩序取得新的成效

——继续强化粮食收购市场管理。为了认真贯彻落实国务院粮食流通体制改革的决定，管住管好粮食市场，国家工商局先后召开 7 次会议，发布 8 个文件，并分 4 批向各地派出了 19 个粮食市场检查小组。为了确保粮食收购市场管理这项重点任务的完成，各地普遍实施了运销凭证、四方联保、经营台账、合同管理等行之有效的管理制度；粮食收购季节，粮食主产省区的工商行政管理机关把 80% 左右的人力投入到粮食市场监管工作中。截至 10 月底，各级工商行政管理机关共查处非法收购粮食案件 10.32 万件，没收非法收购的粮食近 7 亿公斤，罚没款 3.63 亿元。经过各级工商行政管理机关共同努力，不法粮商违法收购粮食的势头得到了有效控制，粮食收购市场基本管住。在加强粮食市场管理的同时，各地还继续强化了对棉花、成品油、化肥、农药、蚕茧、中药材、旧机动车以及拍卖、工业品批发等市场的监管，进一步完善了经纪人管理制度，规范了企业动产抵押物登记管理工作。

——严厉打击了走私贩私行为。各地特别是东南沿海地区工商行政管理机关以清理取缔私货市场为重点，进一步加大了打击走私贩私的力度，贩卖走私物品的行为得到有效遏制。今年 1—11 月，全国工商行政管理机关共查处走私贩私案件 4 632 件，罚没金额 1.93 亿元。

——集中整治了假冒伪劣等违法活动。一是维护经营者和消费者的合法权益，严厉打击了制售假冒伪劣商品的违法行为。各级工商行政管理机关在全国范围内认真开展了"百家企业打假维权"活动、"打假护农"执法行动，以在全国统一开通"12315"消费者投诉服务专用电话为契机，进一步健全了消费者投诉举报服务网络，强化了消费者权益保护工作。今年 1—11 月，共查处制售假冒伪劣商品违法案件 6.75 万件，案值

12.19亿元;受理消费者投诉20.76万件,为消费者挽回经济损失11.65亿元,查处侵害消费者合法权益案件2.82万件,案值4.96亿元。二是保护商标专用权,加大了打击商标侵权行为的力度。各级工商行政管理机关在全国范围内对280个市场知名度较高、被假冒侵权严重的注册商标实施了重点保护;开展了对商标印制环节的专项整治,强化了对商品展销会和商品交易市场的商标临界管工作。今年1—11月,共查处各类商业违法案件2.1万件,罚款8 841.24万元,责令赔偿被侵权人经济损失3 563件。截至11月底,我国有效注册商标总量已达114.94万件。三是维护广告公平竞争秩序,强化广告日常监管,严肃查处了印刷品、保健食品、医疗、招聘等广告中的欺诈。今年1—11月,各级工商行政管理机关共查处合同违法案件1.78万件。

——加大反不正当竞争执法力度,坚决制止和查处了不正当竞争行为。一是在全国范围内重点打击了仿冒、虚假表示、虚假宣传等不正当竞争行为,维护了公平竞争秩序。二是积极开展了查处医药购销中回扣及贿赂行为和公用企业限制竞争行为的专项整治,规范了医药购销和公用企业的经营行为。今年1—11月,全国工商行政管理机关共查处各类不正当竞争案件1.29万件,案值6.02亿元,罚没金额8 276万元。

——认真开展"扫黄"、"打非"和收缴"法轮大法"出版物的专项整治行动。今年1—11月,全国工商行政管理机关共查处制黄贩黄案件1 014件,侵犯知识产权案件3 284件,案值9 694万元,罚没金额1 841万元。根据中央的部署,各地工商行政管理机关迅速开展了收缴与"法轮大法"有关出版物的工作,共出动检查人员29.1万人次,收缴与"法轮大法"有关的非法书籍4.83万册、音像制品3.67万盘、有关宣传材料2.34万份。

二、深入贯彻党的"十五大"精神,充分发挥职能作用,为促进改革开放和经济发展做出了积极的努力

——重视立法立规,继续加强了法制建设。国家工商局认真开展了《反垄断法》的论证起草和《商标法》、《反不正当竞争法》的修订工作;积极参与了《个人独资企业法》、《合同法》的起草协调工作;适时修改了有关行政规章。各地工商行政管理机关也积极参与了地方立法工作。在重视立法立规的同时,继续加强了执法监督、复议应诉和法制宣传培训工作,进一步促进了依法行政。

——严把市场准入关,进一步强化了企业登记管理工作。一是积极配合军队、武警部队、政法机关和党政机关与所办经济实体脱钩,及时为脱钩企业办理了变更、注销登记或解除挂靠关系手续。二是大力支持国有企业改革、改制、改组,优质高效地为关停并转企业提供了登记注册服务。三是加强外商投资企业登记管理,促进了外商投资环境的改善。四是以查处"三无"企业和规范出资行为为重点,进一步加大了企业年检力度,强化了对企业的监管。五是密切配合有关部门,对金融企业、期货经纪公司、印刷业以及浪费资源、技术落后、质量低劣、污染严重的"五小"企业进行了清理整顿。企业登记管理工作的加强,促进了各类企业的发展。截至11月底,全国登记注册的内资企业达646.46万户,注册资本83 498.7亿元;外商投资企业22.01万户,注册资本4 519.44亿美元。

——加强登记监管工作,促进了个体私营经济的健康发展。截至11月底,全国登记注册的个体工商户达3 163.09万户,从业人员8 334.34万人;私营企业148.61万户,从业人员1 901.4万人。各级工商行政管理机关还把发展个体私营经济与国有企业深化改革和促进国有企业下岗职工再就业结合起来,积极引导个体私营经济参与国有中小型企业的改制工作,积极支持国有企业下岗职工申办个体工商户和私营企业。今年1—11月,通过发展个体私营经济,共协助安置国有企业下岗职工136.41万人再就业。在促进发展的同时,进一步强化了监督管理工作,依法查处了抽逃资金、虚假出资和违法违规经营行为,继续清理了无照经营,对个体私营按摩服务场所进行了专项整治。

三、适应市场监管执法的需要,体制改革取得重大突破,省以下垂直管理体制改革任务基本完成

1999 年,工商行政管理体制改革取得了突破性进展。各地工商行政管理机关认真落实党中央、国务院改革工商行政管理体制的决定,在当地党委、政府的领导和有关部门的支持配合下,把体制改革作为一件大事来抓,高度重视,精心部署,稳妥实施。到目前为止,省以下工商行政管理机关实行垂直管理的机构上收、编制上划、干部交接、经费统管等工作已基本完成。各地在实施体制改革中,创造性地开展工作,努力做到体制改革与实现职能到位相结合,与提高队伍素质相结合,与推动市场办管脱钩相结合,与促进"收支两条线"管理相结合,与保持稳定相结合,保证了体制改革的顺利推进,取得了预期成效,显示了新体制的明显优越性。一是有利于保证政令畅通,指挥有力,增强执法的统一性、权威性和有效性。这一优越性在集中力量监管粮食收购市场中表现得尤为突出。二是有利于工商行政管理机关抵制地方保护主义,摆脱一些不属于职责范围内的具体事务,集中精力强化监管执法,实现职能到位。一些省市实行垂直管理后,查办经济违法违章案件数量明显上升。三是有利于加强队伍建设。各地严把进人关,妥善搞好人员分流,精干了队伍,优化了结构,提高了素质。各地在实行体制改革后,坚持做到依靠地方党委、政府的领导不变,为地区经济发展服务的思想不变,与地方各个部门长期协作、密切配合的关系不变,赢得了地方党委、政府和有关部门对工商行政管理工作的继续大力支持。实践证明,党中央、国务院作出的改革工商行政管理体制的决策是非常正确的;省以下垂直管理,为工商行政管理机关强化监管执法奠定了良好的体制基础。在实施体制改革的同时,在国家工商局机构改革的基础上,各地工商行政管理机关的机构改革,在各地党委、政府的统一领导下,正在顺利进行。

四、深入开展"三讲"教育,狠抓基层建设,领导班子和干部队伍建设取得新的进展

——深入开展"三讲"教育,进一步加强了各级领导班子建设。1999 年,是工商行政管理系统各级领导班子建设取得重大进展的一年。一年来,根据中央的部署,国家工商局和各地工商局先后开展了"三讲"教育。这次"三讲"教育,对各级领导班子成员是一次理论上的大学习,政治上的大提高,党性上的大锻炼。一是深刻地触及了思想、触及了灵魂,进一步提高了对改造主观世界、加强党性修养重要性的认识;二是普遍受到了一次深刻的马克思主义理论教育,进一步增强了贯彻执行党的路线方针政策的自觉性;三是加深了对讲政治的认识,进一步提高了政治敏锐性和政治鉴别力;四是恢复和发扬了民主作风,进一步增强了领导班子的凝聚力、战斗力。各级领导班子通过"三讲"教育出现的这些新气象,有力地促进了工商行政管理工作的发展,对于今后工商行政管理工作的长远发展,也必将产生重大而深远的影响。

——继续狠抓基层建设,促进了职能到位,加强了队伍建设。1999 年,各级工商行政管理机关深入贯彻落实《基层建设纲要》,基层建设取得了新的突破。一是对工商所的监管机制进行了大胆探索。对市场主体的监管由单纯的登记初审改为"经济户口"管理,对市场行为的监管由驻场式改为巡查制,促进了监管职能到位。二是规范了工商所的机构设置。一些地方实行"小局大所"的做法,加强了基层一线的监管执法力量。三是注重加强基层党组织建设,强化了岗位培训和知识更新培训,提高了基层人员的政治业务素质,增强了履行岗位职责的能力。四是针对基层工商所的特点,以纪律作风整顿为突破口,促进了队伍形象的好转。基层建设取得的这些成果,有力地促进了全系统的队伍建设和监管执法工作。

——认真惩治执法腐败,进一步加强了党风廉政建设。各级工商行政管理机关认真实行党风廉政建设责任制,狠抓中纪委三次全会、国务院廉政工作会议、全国工商行

政管理系统纪检监察工作会议和党风廉政建设工作会议精神的落实，做了大量工作，领导干部廉洁自律、查处违纪违法案件、纠正行业不正之风取得了新的阶段性成果；积极推进"收支两条线"管理，加大了从源头上防范和治理腐败的力度，工商形象有了进一步好转。全系统有 25 个基层单位被评为全国创建文明行业先进单位，受到了中央文明委的表彰。

1999 年，工商行政管理机关在对外交流与合作方面又有新的进展。国家工商局代表中华人民共和国政府与哈萨克斯坦共和国签署了中哈关于反不正当竞争与反垄断领域的合作协定；实施了与俄罗斯、澳大利亚、法国、日本等国有关部门在竞争领域的双边合作项目。

一年来，各级协会、学会、中心、报刊杂志等直属单位，围绕工商行政管理的中心任务，积极努力工作，也都取得了新的成绩。

回顾一年来全国工商行政管理系统的工作，我们深深感到，1999 年，是工商行政管理发展史上非常重要的一年，是在以往工作的基础上，多项工作取得突破性进展的一年：一是省以下垂直管理体制改革的基本完成，标志着适应监管社会主义统一市场需要的工商行政管理新体制已基本建立；二是通过在全系统深入开展"三讲"教育，狠抓基层建设，进一步加强了各级领导班子建设，提高了队伍的素质；三是立法立规取得新的进展，执法监管工作继续强化，进一步促进了依法行政。这些成果的取得，为工商行政管理机关以崭新的面貌迎接新世纪、开创新局面，奠定了扎实的体制基础、组织基础和法制基础。

2000 年的工作安排

2000 年是世纪之交的一年。工商行政管理工作面临着跨世纪的战略转变。认真做好世纪交替之年的各项工作，具有重要意义。2000 年工商行政管理工作的总体要求是：以邓小平理论为指导，认真贯彻落实党的十五届四中全会和中央经济工作会议精神，围绕中央确定的扩大国内需求、调整经济结构、深化国有企业改革等重点工作，进一步解放思想，转变观念，强化市场监管，为促进改革和发展充分发挥工商行政管理职能作用；进一步加大执法力度，努力营造良好的市场环境；进一步提高素质，转变作风，加强班子建设和队伍建设，以优异的成绩迎接新世纪、开创新局面。

一、适应新时期市场监管工作的需要，进一步提高认识，转变观念，努力实现职能到位

改革开放二十多年来，特别是实行社会主义市场经济体制以来，我国的政治、经济和社会生活发生了前所未有的巨大变化，从根本上改变了市场在经济发展中的地位和作用。工商行政管理机关作为主管市场监管执法的职能部门，在市场的迅速变化和发展过程中，不断面临着新的任务和新的挑战。

（一）市场主体多元化格局的形成和国有企业改革的深化，改变了工商行政管理机关监管市场主体的成分和结构。改革开放以来，我国个体私营经济迅速发展；外商投资企业、股份制企业及其他经济成分的企业从无到有；国有企业走向市场参与竞争。市场主体在总量和成分结构上发生的显著变化，迫切要求工商行政管理机关从工作思路、政策法规和监管方式方法等方面，尽快适应全面监管各类市场主体的需要。

（二）多渠道、少环节、开放式营销网络的形成，拓宽了工商行政管理机关监管市场的视野和范围。目前，我国市场的营销渠道，已由改革初期一、二、三级批发加零售的固定纵向进销渠道，演化成为多种营销渠道。其中配送中心、工业企业自销、电子订货等营销渠道在商品流通中所占比重急剧上升。市场营销渠道的发展变化，迫切要求工商行政管理机关由长期以来习惯于主要监管集市贸易等有形市场，拓展到对无形市场交易和竞争行为的监管，从渠道上、源头上加强对市场秩序的治理和规范。

（三）高科技、多媒体手段在商品流通领域的运用和现代经营方式的不断涌现，提高了工商行政管理机关监管市场的理性和科技含量。近几年来,零售企业在经营方式、设施和服务功能上进行了较大的改革。除传统的百货店外,又涌现了大量的超级市场、便民店、专业店,特别是连锁店、仓储式商场、购物中心、网上交易、电视直销、邮购等新型的经营方式,广泛运用高科技、多媒体等先进技术和手段。传统的经验型、驻场式的监管方式已无法适应现代市场的监管需要。迫切要求工商行政管理机关大力提高队伍自身素质,尽快熟悉新的领域和市场经济理论,加快现代化监管技术的应用,更新监管手段,创新监管方法,使市场监管执法工作跟上时代的步伐。

(四)市场竞争的加剧,加大了工商行政管理机关市场监管执法的难度。随着近年来市场竞争的激烈和市场需求的不足,假冒行为屡禁不止,各种不正当竞争行为时有发生,违反国家政策法规的垄断和地区封锁行为成为社会关注的热点问题,严重影响了市场配置资源基础性作用的发挥。特别是随着我国加入世贸组织进程的加快,国内市场国际化程度和开放程度提高,对市场竞争环境和市场监管的规范化要求更高,迫切要求工商行政管理机关加强对市场竞争和市场垄断状况的调查研究,加大对市场不正当竞争行为的规范管理和查处力度。

(五)政府职能转变和规范执法行为的力度不断加大,增加了工商行政管理机关实现职能到位的紧迫感。20世纪90年代以来,政府越来越多地使用间接调控手段调节经济发展的结构和速度,不断加强立法立规,通过法制手段规范市场秩序。同时,进一步加大了政府机构改革和职能转变的力度,通过立法等措施严格规范政府自身行为。这些都迫切要求工商行政管理机关更新观念,加快职能转换,规范执法行为,积极探索和改革市场监管执法的模式和方式方法,以适应市场经济体制对市场监管执法的要求。

面对新的形势和新时期市场监管执法的任务,工商行政管理工作必须实现跨世纪的战略转变。这一转变总的方向和目标是:在思想上,要牢固树立维护全国统一、开放、

竞争、有序的市场秩序的观念,认清社会主义市场经济条件下,工商行政管理的基本职能、监管对象。要强化大局意识,正确对待改革中的利益调整,把思想认识真正统一到党中央、国务院的决策和部署上来,统一到监管社会主义统一市场的职能上来。在市场监管执法的对象上,要从有形市场的具体事务管理转向全面实施对各类市场主体的市场准入、退出、竞争、交易行为的监督管理。在监管执法的方式方法上,要从传统的静态事后管理,转向现代化的动态的事前、事中、事后相结合的系统化管理。在内部职能分工和机构设置上,要逐步弱化从所有制和条线出发的监管工作思路,从单一的相互独立的条线管理转向以市场主体行为为基础、综合运用各项职能的全方位监管。做好新时期的市场监管执法工作,需要研究和解决的问题很多,难度较大,但首要的、关键的问题是解放思想,转变观念。

(一)要树立监管社会主义统一市场的观念。监管社会主义统一市场,是国家赋予工商行政管理机关的基本职能,也是社会主义市场经济的本质要求。工商行政管理机关监管社会主义统一市场,就是按照统一、开放、竞争、有序的要求,对各类市场主体行为依法进行统一的规范和监管,打破旧体制下的行业分割、市场封锁,建立和维护正常的市场秩序,保障社会主义市场经济健康发展。监管社会主义统一市场与传统的市场监管在监管目标、对象、领域以及监管的方式方法上都有本质的不同。最根本的区别就是:监管社会主义统一市场,是对市场主体的准入、退出、竞争、交易行为的监管,核心是行为监管,而传统的市场监管是对市场具体事务的管理。因此,必须摒弃计划经济体制下形成的旧的思想观念和思维模式,努力实现新时期市场监管执法职能到位。

(二)要强化大局观念。改革是一个长期的历史过程,始终充满着困难、矛盾和风险,特别是随着改革的不断深化,各种深层次的利益矛盾会更加突出地显现出来。在这种情况下,正确认识和对待改革中利益关系的调整,自觉服从大局,就更具有特殊的

意义。工商行政管理机关作为政府的职能部门，国家的利益、人民的利益就是我们的最高利益。凡是涉及人民群众的根本利益、长远利益，涉及全局利益，涉及国家、制度、政权、路线的决策，工商行政管理机关都必须无条件地、不折不扣地贯彻执行。这是一条重要的政治纪律，是我们想问题、办事情的出发点，也是检验和衡量我们是否讲政治的具体标准和尺度。工商行政管理机关的全体干部必须站在维护改革、发展、稳定大局的高度，进一步增强政治意识、大局意识、服务意识，坚定不移地与党中央、国务院的方针、政策和重大部署保持一致，自觉维护中央的权威，确保政令畅通。在市场办管脱钩、财务"收支两条线"管理、费改税、人员分流等涉及利益调整的问题上，积极转变观念，增强对改革的承受力，以实际行动大力支持和促进改革。

（三）要增强改革和创新观念。近年来，各级工商行政管理机关特别是基层工商所，在监管执法的实践中，积极研究和探索实现职能到位的途径和措施，创造了不少经验。这些改革和探索的方向目标对于深化整个工商行政管理的改革具有启发和借鉴意义，在一定程度上改变了对市场主体重登记、轻管理的状况，体现了对各类市场主体的动态监管；进一步加强了对市场交易行为和竞争行为的全面监管，改变了长期以来对市场主体的经营业务、日常事务，甚至市场物业进行驻场式管理的状况，有力地促进了职能转变。但这些改革和探索仅仅是一个好的开端，需要研究和解决的问题还很多，任务还相当艰巨。广大干部特别是各级领导干部必须增强开拓创新、锐意进取的意识，进一步解放思想，加大改革力度，尽快建立适应新时期市场监管执法需要的管理机制和监管模式。

二、认真贯彻落实党的十五届四中全会精神，充分发挥工商行政管理职能作用，积极促进国有企业的改革和发展

实现国有企业改革和发展的三年目标，是明年经济工作的重中之重。各级工商行政管理机关要紧紧围绕这一工作重点，进一

步增强工作责任感和紧迫感，全心全意支持国有企业的改革和发展。

（一）积极做好企业登记管理工作，促进国有经济布局调整和国有企业战略性改组。一是积极支持国有企业进行资产重组和结构调整，依法做好企业登记注册工作。坚持按规定的条件和程序严格把关，加强和规范债权转股权的登记管理。支持国有企业组建企业集团，提高参与国内国际市场的竞争力。支持国有小企业以改组、联合、兼并、租赁、承包经营和股份合作制、出售等形式进行战略性改组。对产品无市场的企业以及浪费资源、技术落后、质量低劣、污染严重的"五小"企业，配合有关部门坚决予以关闭或实施破产。支持国有企业科技进步，鼓励企业以高新技术投资入股，促进高新技术成果的转化。支持外商投资企业参与国有企业改制，鼓励外商投资企业承包经营国有企业，到中西部地区投资。二是充分发挥职能作用，为推进政企分开服务。积极配合军队、武警部队、政法机关和党政机关与所办经济实体脱钩，依法及时为脱钩企业办理变更、注销登记或解除挂靠关系手续。认真做好清理整顿经济鉴证类社会中介机构的有关工作。三是改进企业登记管理，切实提高管理水平。进一步规范企业登记注册程序，提高工作效率和质量，优质高效地为国有企业改革发展提供企业登记服务；坚持依法登记，严格把关，为确保国有资产不流失创造条件。

（二）加强商标广告监管，促进国有企业运用商标广告策略开拓市场。支持行业主管部门加强对国有企业商标和广告工作的指导，促进国有企业建立和完善商标广告管理机制，正确运用商标广告策略提高产品竞争力。加强商标管理，防止因国有企业改制、重组、合并、破产等造成国有无形资产流失；进一步加大国有企业商标权的保护力度，按照《全国重点商标保护名录》，对280个重点商标实施重点保护；积极扶持和鼓励争创驰名商标；依法查处假冒注册商标及商标侵权行为，加强对涉外商标案件的查处，努力改善投资环境。加强广告监管，规范广

告发布内容和广告经营行为;进一步加大对印刷品、保健食品、医疗、招工、招聘、电视直销以及加工承揽等广告的监管力度;继续整治擅自发布含有乱排序、乱评比等内容的广告;强化广告审查员管理;规范广告市场主体资格;加强广告监测工作;严厉查处广告违法案件,创造公平有序的广告市场竞争环境。

(三)加强对个体私营经济的引导和监管,支持多种所有制经济发展,为国有企业的改革和发展创造有利条件。一是引导个体私营经济将自身的发展与国有经济布局和结构调整结合起来。鼓励个体私营经济进入国有经济逐步退出的领域发挥作用;鼓励私营企业与国有企业相互参股、融资,提高国有经济的影响面;鼓励私营企业和个体工商户与国有企业相互合作,实现优势互补;鼓励有条件的个体工商户、私营企业承包、租赁、兼并、购买中小型国有企业,促进国有企业转制顺利进行。二是把发展个体私营经济与促进国有企业下岗职工再就业结合起来,鼓励下岗职工更新就业观念,申办个体工商户或私营企业。

三、突出重点抓整治,规范秩序抓监管,进一步加大执法力度,努力营造良好的市场环境

扩大国内需求,调整经济结构,是促进经济发展、提高经济增长质量和效益的根本性措施,也是明年和今后一个时期经济工作的主要着力点。工商行政管理机关要紧紧抓住市场监管中的热点、焦点和难点问题,进一步加大执法力度,整治市场秩序,为促进国家经济结构的战略性调整和扩大国内需求,创造良好的市场环境。

(一)进一步加强粮食收购市场管理,确保粮食流通体制改革的全面落实。各级工商行政管理机关要认真总结经验,巩固和扩大工作成果,防止和克服松劲情绪,继续抓好粮食收购、加工、运输环节的监管,强化对粮食批发市场、集贸市场粮食交易行为的监督检查。要集中力量,在全国范围内对粮食市场进行全面的清理整顿,开展"一打击、两规范"执法行动,严厉打击私商粮贩和未经

批准的粮食经营企业非法收购、运销粮食的违法行为,严格规范经批准入市收购的大型农业产业化企业、饲料生产企业、粮食出口企业的收购行为,严格规范经批准入市收购退出保护价收购范围的粮食的经营行为。要加强对粮食主产区特别是省际毗邻地区粮食市场的管理,搞好分片组织、分类指导工作,狠抓对薄弱环节的督查。要加强与有关部门的政策协调,建立健全和进一步落实各项行之有效的粮食市场管理制度。要继续支持和引导多渠道经营粮食零售业务,坚持常年开放集贸市场。与此同时,要积极参与对棉花、化肥、成品油市场秩序的整顿;深化经纪人和机动车市场的监管;进一步规范企业动产抵押物登记工作;加大拍卖市场监管力度。

(二)抓住市场和流通渠道两个环节,开展对重点地区、重点商品的专项整治,依法严厉打击走私贩私行为。一是强化监督检查,切实巩固整治私货市场的成果。对已形成气候的汽车、摩托车市场和以经营配件名义从事走私贩私活动的,要进行彻底清理。对可能形成新的走私物品交易市场或集散地的,要采取坚决措施,消灭在萌芽状态。对已经取缔和停业整顿的私货交易市场,要重点加强检查,防止死灰复燃。二是开展对重点地区、重点商品的专项整治,严厉打击私货交易行为。针对走私贩私严重的东南沿海等重点地区,围绕成品油、化工原料、纺织原料、卷烟等重点商品,认真开展专项整治,严厉查处走私贩私大要案件,坚决取缔私货交易行为。四、五月份集中开展打击走私贩私和保护国有企业改革与发展的专项整治活动。

(三)严厉打击制售假冒伪劣商品的违法活动,切实保护经营者和消费者的合法权益。一是建立和完善"12315"消费者投诉举报服务网络,积极受理消费者投诉,及时解决消费纠纷,严厉查处侵害消费者权益的案件,切实维护消费者的合法权益。二是继续与企业联手,深入开展"百家企业打假维权"活动,保护名优产品,维护经营者的合法权益,促进国有企业的改革和发展。三是进一

步抓好"重点地区、重点商品、重点市场"的专项整治,加大节日市场、农资市场、食品等市场整治力度,维护良好的市场秩序。四是积极开展创建"打假维权,消费者满意街(区)"活动,巩固和推广大中城市示范街(区)的成果和经验。

(四)以反仿冒、反误导、反分割和封锁市场的行政性壁垒为重点,加大反不正当竞争执法力度。一是加大对仿冒知名商品特有的名称、包装、装潢、企业名称的行为及虚假表示、虚假宣传等误导行为的查处力度。把被仿冒较多的饮料、食品、烟酒等作为重点商品,把仿冒行为多发的乡镇企业、私营企业、个体工商户作为重点检查对象,把仿冒、误导行为突出的省市作为重点地区,认真开展专项整治,切实维护经营者的合法权益。一、二月份集中开展反仿冒、反误导专项整治执法活动,保护市场环境,促进扩大内需。二是加大制止行政垄断、清除分割和封锁市场的行政性壁垒的执法力度。七、八月份集中开展反壁垒保护公平竞争环境专项整治执法活动。对强制交易等行政垄断行为、阻碍商品流通等市场封锁行为,要及时提出行政告诫和行政建议,有效予以制止。三是加大打击合同欺诈的力度。认真贯彻《合同法》,加强对种子、化肥、农药等重要农业生产资料购销合同和信贷合同的监管;严厉打击加工承揽、委托加工、工程建筑等合同欺诈行为。

(五)深入开展"扫黄"、"打非"、"禁毒"和清理"文化垃圾"工作,大力推进精神文明建设。要继续深入开展"扫黄"、"打非"、"禁毒"专项行动,认真清理不良文化。要从源头上对重点地区非法出版物进行治理,加强对重点音像、出版物市场的监督检查,巩固清理整治成果。按照全国"扫黄"办的统一部署,在全系统认真开展2000年"扫黄"、"打非"冬季行动。

与此同时,要进一步加强工商行政管理领域的国际交流与合作,选择具有前瞻性的专题项目,特别是针对我国加入世贸组织后在反不正当竞争、反垄断等领域面临的国际性的规范化要求,拓展国际交流渠道,扩大合作范围,借鉴发达国家市场监管的有益经验,加强比较研究,使我国的市场监管工作适应市场经济发展的需要。

各级协会、学会、中心、报刊杂志等直属单位要根据党的十五届四中全会和中央经济工作会议精神,围绕明年工商行政管理工作的中心任务,充分履行职能,增强服务意识,勇于改革,开拓进取,创造性地做好各项工作。

四、适应建立市场经济体制的需要,继续抓紧健全和完善市场规则,加强工商行政管理法制建设

党的十五届四中全会提出,要建立健全社会主义市场经济的法律制度,抓紧制定和完善有关维护市场秩序、实施宏观调控、规范市场主体等方面的法律法规,为企业生产经营创造良好的社会环境。工商行政管理机关要认真贯彻四中全会精神,进一步加强法制建设,加快立法立规步伐,强化执法监督,规范执法行为。

(一)积极参与全国人大和国务院的立法立规工作

在市场主体立法方面,重点抓好《商事登记法》的调研起草工作和《公司法》的修订工作;加紧草拟《个人独资企业登记管理办法》;修订《外国企业常驻代表机构登记管理办法》。在市场行为规范方面,重点做好《市场监督管理条例》的研究论证工作;抓紧《商标法》和《反不正当竞争法》的修订工作。各地工商行政管理机关也要根据当地经济发展和市场监管执法的需要,积极参与地方立法工作。

(二)加强配套规章制度的建设

重点抓好《企业名称登记管理若干问题的规定》、《合同监督管理办法》、《拍卖监督管理办法》、《旧机动车交易监督管理办法》等配套规章的研究制定。会同有关部门制定颁布《体育经纪人管理办法》、《集邮市场管理办法》。

(三)加强执法监督

明年要把法制建设的重点放在执法监督上。要认真执行案件审核把关制度和听证制度,充分发挥行政复议的层级监督作用,逐步推行行政执法责任制和评议考核制。加强对执法行为的事中监督,规范执法者的行为。针对不同时期行政执法的重点和执法中的薄弱环节开展执法检查,促进依法行政。

五、提高素质,转变作风,为建设一支廉洁、勤政、务实、高效、全心全意为人民服务的工商行政管理队伍而努力

建设高素质的工商行政管理队伍,是一项长期的战略任务,必须高度重视,常抓不懈。

(一)巩固和扩大"三讲"教育成果,切实加强各级领导班子建设

一是努力学习,加强思想政治建设。各级领导班子成员要带头学习马列主义、毛泽东思想和邓小平理论,不断提高理论水平和政治水平,始终保持政治上的清醒和坚定,自觉在思想上、政治上同以江泽民同志为核心的党中央保持高度一致。在抓好政治理论学习的同时,还要努力学习市场经济、财政金融、法律和历史等方面的知识,不断提高知识水平,适应新形势对领导干部的要求。二是深入基层调查研究,改进工作作风。各级领导班子成员要带头深入基层调查研究市场监管执法中出现的新情况、新问题,掌握第一手材料,增强市场监管工作的主动性和预见性。三是加强对领导班子的考核,搞好干部管理工作。省以下实行垂直管理后,大大加重了系统内干部管理工作的责任。上级工商局党组(党委)要切实承担起对下级工商局领导班子考核与管理的职责,认真抓好领导班子任期考核、年度考核,特别是"一把手"的考核考察。国家工商局将根据中组部关于干部双重管理的规定,加强与地方党委组织部门的沟通与配合,积极参与对省级工商局领导班子的考核,逐步使双重管理工作制度化。

(二)深入开展创建文明机关活动,发挥机关的表率作用

一是要抓好制度建设,严格内部行政程序。切实做到制度健全,纪律严明,管理科学,运行有序。二是要解决好内部职责交叉问题。加强协调,理顺关系,合理分工,更好

地发挥机构的整体功能,增强执法的统一性和权威性。三是要提高工作效能。进一步减少会议和文件,规范办事程序,加快文件运转速度,推进办公自动化,继续健全计算机网络系统,努力提高信息化应用水平。四是要转变机关作风。在各级工商行政管理机关继续深入开展"三优一满意"活动,全面加强机关作风建设,树立良好的执法形象,争创文明机关,争当人民满意的公务员。要严格工作纪律和工作规范,整顿办公秩序,增强服务意识,改进服务态度,规范服务行为,转变工作作风,树立廉洁、勤政、务实、高效、全心全意为人民服务的崭新机关形象。

(三)狠抓规范,大胆探索,大力推进基层建设

一是继续深化工商所机构建制的改革。要坚持按经济区域设立工商所的原则,调整和规范工商所的设置,切实纠正以乡设所或一场一所的问题,集中监管执法力量,发挥基层工商所综合性监管执法的优势。同时要按照实现职能到位的要求,合理调整工商所内部的职能分工,积极探索区别于机关内部职能部门设置模式的基层监管分工模式,以适应基层监管执法的需要。

二是大胆探索和创新工商所的监管模式。要紧紧抓住工商体制改革和职能转换的契机,大力推进由驻场管理制向辖区管理制转变;由静态的条线管理向动态的综合监管转变;由经验、粗放型管理向科学规范化监管转变。要实行工商所辖区经济管理责任制,加强对"经济户口"和市场秩序的管理。要打破机械地按专业、专项分工的传统管理模式,实施对辖区内各类市场主体及交易行为的全面、统一监管,充分发挥工商所市场监管的职能作用。

三是下大力气提高工商所人员素质。要切实做好基层队伍结构调整和素质优化工作,明年上半年基本完成工商所公务员过渡和"以工代干"人员考录工作,并积极稳妥地推进人员分流与安置工作。同时要敞开入口,疏通出口,实行优胜劣汰,形成能进能出的新陈代谢机制,保持队伍的活力。要根据工商所履行职能的要求和基层工作的特

点,进一步加强和改进教育培训工作。充实思想政治教育的内容,加强党的基本理论、基本路线、基本方针政策和理想信念的教育,使广大干部在深化改革、发展社会主义市场经济和对外开放的条件下,保持清醒的头脑,坚定理想信念,树立正确的世界观、人生观和价值观,提高贯彻执行党的路线方针政策的自觉性,不断增强事业心和使命感。要加强和改进业务培训,调整培训的内容,增强培训的系统性、针对性和实效性。基层工商所的业务培训要结合岗位特点,着眼于培养和提高履行岗位职责的综合能力。要规范岗位培训工作,规定岗位应知应会的内容和考试考核标准,逐步实行岗位资格证书制度。要抓紧落实"红盾人才计划",采取积极有效的措施,拓宽学历教育的渠道,提高基层工商所人员的学历层次,力争 2000 年底使全国工商所 40% 的公务员达到大专以上学历;大中城市工商所 60% 的公务员达到大专以上学历。

为激励广大工商行政管理人员爱岗敬业,创先争优,国家工商局与人事部将于明年下半年联合表彰全国工商行政管理系统先进集体和先进工作者。各级工商行政管理机关要认真做好评选、推荐、审核工作,并以这次评选表彰为契机,推动"争当人民满意的公务员,做合格的工商行政管理干部"活动的深入开展。

(四)加强廉政建设,树立良好的工商形象

一是要狠抓廉政教育,增强反腐倡廉的自觉性。各级工商行政管理机关要把廉政教育列入干部教育培训的必备内容,教育广大干部从讲政治的高度充分认识反腐纠风的重要性,进一步提高反腐倡廉的自觉性。

二是要狠抓廉政制度建设,保证反腐纠风工作的落实。要建立健全监督制约机制,加强对职务权力的制约和重点岗位的监督。在工作部位上,要抓住"案、费、证、照"等重点环节,切实解决吃拿卡要和乱收费、乱罚款、乱摊派、代收代扣以及公路"三乱"反弹等问题;在机构层次上,要重点抓好监管执法第一线的基层工商所的廉政建设;在人员上,要重点抓好领导干部和"执收执罚"岗位的人员。要制定和完善各项工作规范,全面推进"收支两条线"管理,做到从制度上防范腐败,从源头上治理腐败。各级工商行政管理机关要逐级抓好党风廉政建设责任制的落实,认真实行责任追究制。要把执行党风廉政建设责任制的情况作为领导干部政绩考核的重要内容。加强对干部廉洁自律情况的监督检查,建立干部廉政档案,把廉政作为考核、使用干部的重要条件,实行一票否决。

三是要狠抓违纪案件的查处,从严执纪。对群众反映或举报的各种违纪案件,一经查实,都要严肃处理,决不姑息养奸。对系统内发生的重点案件和重要举报,主要领导要亲自过问,并组织力量认真查处。要建立健全举报制度,认真处理群众来信来访。坚持政务公开制度,充分发挥内外制约监督作用和舆论监督作用。

同志们,贯彻落实四中全会精神和中央对经济工作的决策部署,事关我国改革和发展的全局,事关跨世纪战略目标的实现。工商行政管理机关肩负的责任重大。我们要紧密团结在以江泽民同志为核心的党中央周围,振奋精神,坚定信心,锐意进取,扎实工作,努力创造良好的市场经济环境,以优异的成绩迎接新的世纪。

王众孚局长在全国工商行政管理局长会议上的讲话

(2000 年 7 月 20 日)

为了认真贯彻中央思想政治工作会议精神,总结交流前一阶段集中开展"两整顿"的情况,进一步把"两整顿"工作引向深入,国家工商局党组研究决定,并经国务院批准,召开这次全国工商行政管理局长会议。两天来,各地分别介绍了开展"两整顿"工作的情况,交流了做法和经验,内容丰富,各具特点,听了以后很受启发,很有收获。下面,我就认真学习和贯彻江总书记的重要讲话和中央思想政治工作会议精神,把"两整顿"

继续推向深入,讲几点意见。

一、认真贯彻江总书记重要讲话精神,大力加强和改进思想政治工作,为工商行政管理的改革和发展提供强大精神动力与思想保证

"七一"前夕,江总书记在中央思想政治工作会议上发表了重要讲话,从国际国内两个大局的高度,深刻分析了思想政治工作面临的新形势、新情况,强调了思想政治工作的重要地位,进一步明确了面向新世纪思想政治工作肩负的历史任务,就加强和改进思想政治工作提出了新的要求,具有鲜明的时代特色和很强的针对性,是新时期加强和改进思想政治工作的纲领性文件。各级工商行政管理机关,特别是领导干部,一定要认真学习,深刻领会,结合实际,坚决贯彻。

(一)从战略和全局的高度,充分认识新形势下加强和改进思想政治工作的重要性和紧迫性

思想政治工作是我们党的优良传统和特有的政治优势。改革开放以来的实践一再证明,越是深化改革,越是需要重视和加强思想政治工作。尤其在当前,我们党和国家面临的形势、任务和环境正在发生深刻而复杂的变化。就国际环境而言,世界社会主义运动处于低潮,西方敌对势力加紧实施"西化"、"分化"我国的战略,千方百计从思想、政治、文化等方面进行渗透。在经济上,全球化的进程不断加快,以知识创新、技术创新和高新技术产业为核心的综合国力竞争日益激烈。就国内情况而言,随着我国改革开放的深入和社会主义市场经济体制的建立,需要解决的难题很多,改革、发展、稳定的任务十分繁重,经济成分、利益主体、社会组织和社会生活方式日趋多样化,给人们的思想观念和人与人之间的关系带来种种影响。历史上产生并遗留下来的一些封建、迷信、腐朽的东西,在今天的社会生活中依然有某些存在的条件,并时刻影响着我们的党员和干部。

从工商行政管理系统的现实情况看,同样也面临着不少新的矛盾和问题。当前,工商行政管理的改革发展正处在攻坚阶段和关键时期,机构体制改革、办管脱钩、财务"收支两条线"、人员分流等涉及自身利益调整的各项举措相继实施。由于改革力度的加大,引发了各种利益的冲突和思想观念的碰撞,干部职工思想波动较大,思想问题增多,矛盾相对集中,同时,由于经济社会多样化带来的新情况、新问题和不良社会风气的影响,一些消极的因素也反映到党员和干部的思想意识中来,拜金主义、享乐主义和极端个人主义等腐朽思想,侵蚀了个别党员和干部,有的人甚至革命意志衰退,在理想信念问题上出现偏差,缺乏抵御腐蚀的能力,以权谋私,权钱交易,贪污受贿,腐化堕落,使工商行政管理机关的形象受到很大损害。

在这些前所未有的新矛盾、新问题和新挑战面前,思想政治工作肩负着重要而艰巨的历史任务。历史的经验告诉我们,每当社会处于重大的转折关头,思想领域的矛盾和斗争往往是异常激烈的。在这种情况下,思想政治工作只能加强,不能削弱。这是关系坚持党的领导,关系坚持走建设有中国特色社会主义道路,关系巩固党和群众基础的重大问题。思想政治工作,无论是过去、现在还是将来,都是我们党和国家的重要政治优势。丢掉了这个优势,就有丢掉政权的危险。因此,我们一定要从战略和全局的高度,充分认识新时期加强和改进思想政治工作的重要性和紧迫性,增强责任感和使命感,不断适应新形势的发展,采取有力措施,加大工作力度,切实把思想政治工作提高到一个新的水平。

(二)始终坚持"两手抓、两手都要硬",把思想政治工作渗透到各项业务工作中去,充分发挥工商行政管理的职能作用

江总书记指出,加强和改进思想政治工作,一定要紧密结合经济工作和各项业务工作一道去做。把思想政治工作渗透到业务工作中去,结合业务工作一起抓,是思想政治工作的一条成功经验。实践证明,思想政治工作只有结合业务工作一道去做,才能取得成效和富有生命力。工商行政管理机关的基本职能是维护市场经济秩序,广大干部的主要实践活动是市场监管执法。干部的

喜怒哀乐,情绪起伏,不少是发生在监管执法的过程之中,国家、集体、个人三者利益的协调与冲突,日常工作学习中遇到的思想障碍和实际问题,同志之间的纷争与摩擦,大都直接或间接地与监管执法工作有联系。我们的思想政治工作只有渗透到业务工作的各个环节,才能及时地把握干部的思想脉搏,发现问题,找到解开"扣子"和化解矛盾的办法,才能使思想政治工作具有主动性、针对性和实效性。离开了这一条,思想政治工作就失去了依托,就不能落到实处。

把思想政治工作渗透到各项业务工作中去,对工商行政管理机关而言,还有着特殊的意义和作用。工商行政管理本身就具有很强的政治性,是促进社会主义精神文明建设的重要手段。一方面,工商行政管理机关通过对各类市场主体行为的规范和监管,巩固先进文化的阵地,促进适应社会主义市场经济的思想道德氛围的形成。企业的名称、字号、广告、商标都是被广泛传播的文化载体,也是人们的伦理观念、价值观念、审美观念的社会反映,同时又对社会风尚和社会环境的形成具有直接的作用和影响。工商行政管理机关要把体现先进文化的思想和观念,贯穿和融汇到企业登记注册、商标广告监管等各项业务工作中去,通过强化企业登记管理,制止和清理违背社会公德、带有封建殖民色彩、格调低下、崇洋媚外以及不符合我国民族和宗教习惯的企业名称和字号;通过严格的广告监管,及时制止和查处带有不良政治、文化倾向的违规广告;通过加强对商标使用的监管,依法核驳、撤销带有不良政治、文化影响的商标申请和注册商标。与此同时,要依法对服务业、文化市场加强监管,严厉打击色情服务,积极主动配合有关部门,加强对文化市场的管理,坚决扫除非法出版物,为净化思想文化阵地,推进精神文明建设,作出积极的贡献。另一方面,工商行政管理机关通过法制宣传教育引导和严格监督管理,可以促进各类市场主体加强思想道德建设。工商行政管理机关负责执行我国有关市场准入、退出、交易和竞争等方面的法律法规,通过工商行政管理机

关的宣传教育,把市场主体准入、退出、交易和竞争行为的约束规范告知广大市场经营者,使他们知道在社会主义市场经济条件下应当做什么,不应当做什么;允许做什么,不允许做什么等市场行为规范。这些法制宣传教育对于各类市场主体规范自身行为,养成符合社会主义市场经济要求的市场行为和职业道德,树立正确的思想价值观念都具有重要的作用。各级工商行政管理机关要始终坚持"两手抓、两手都要硬",在严格监督管理的同时,要加强对各类市场主体的教育引导,促进诚信守约、公平交易、平等竞争等职业道德和行为规范的培养和形成,提高市场主体的政治素质和自律能力,营造良好的市场文化氛围。

(三)全面落实"三个代表"的要求,加强和改进思想政治工作,努力建设高素质的工商行政管理队伍

今年初,江总书记在广东考察工作时提出的"三个代表"重要思想,站在世纪之交的高度,总结我们党近80年的历史经验,从根本上回答了在充满挑战和希望的二十一世纪,要把我们党建设成为一个什么样的党和怎样建设党的问题,也把新时期党的思想政治工作提到了一个新的高度,丰富了新时期思想政治工作的深刻内涵,提出了新时期思想政治工作的更高要求。我们一定要认真学习和努力实践"三个代表"的重要思想,切实加强和改进思想政治工作,把"三个代表"的要求自觉贯彻落实到加强队伍建设的各项措施中去,努力建设一支高素质的工商行政管理队伍。

一是坚持用马克思主义理论武装和教育全体干部,坚定理想信念,牢固树立正确的世界观、人生观和价值观。加强和改进思想政治工作,最根本的是坚持马克思主义的指导地位,最基础的工作是用马克思列宁主义、毛泽东思想、邓小平理论武装和教育全体干部,努力掌握科学的世界观和方法论,学会运用马克思主义的立场、观点、方法去分析和判断问题,始终保持坚定正确的政治方向。思想政治工作的核心内容是理想信念教育。加强和改进思想政治工作,必须把

坚定理想信念作为首要的和核心的问题来抓。近年来，干部队伍中深层次，思想问题比较多，一些党员、干部意志衰退，思想空虚，对社会主义的前途命运产生种种困惑和疑虑，甚至到封建迷信或其他消极行为中去寻求寄托，说到底就是理想信念发生了动摇，在精神支柱、精神动力上出现了偏差。加强理想信念教育，就是要针对党员、干部中存在的理论上的困惑、思想上的疑虑，有的放矢，对症下药，从源头上解决思想问题。要始终坚持不懈地在广大党员、干部中进行党的基本理论、基本路线、基本纲领的教育；坚持不懈地进行爱国主义、集体主义、社会主义的教育；坚持不懈地进行马克思主义唯物论、无神论和科学精神的教育，坚持不懈地围绕党和国家的中心工作进行形势政策教育，使广大党员干部牢固树立正确的世界观、人生观和价值观，增强政治敏锐性和政治鉴别力，旗帜鲜明地同各种非马克思主义、反马克思主义的错误思潮作斗争，始终坚定对马克思主义的信仰，坚定对建设有中国特色社会主义的信念，增强对改革开放和现代化建设的信心，增强对党和政府的信任，把思想和行动统一到党的路线方针政策和一系列重大决策上来，更加自觉地团结在以江泽民同志为核心的党中央周围，在任何时候、任何情况下都做到与党同心同德。

二是坚持全心全意为人民服务的宗旨，大力加强职业道德教育，树立良好的职业道德风尚。工商行政管理机关是行政执法机关，加强职业道德建设是促进依法行政的重要保证。工商行政管理职业道德的核心是全心全意为人民服务，最基本的要求是廉洁公正执法。必须从贯彻和体现党的根本宗旨的高度，充分认识加强职业道德建设的重要性，在全体党员、干部中广泛深入地开展职业道德教育，提高职业道德素质，强化宗旨意识，自觉恪守职业道德规范，正确对待权力和利益，把全心全意为人民服务的要求体现到日常监管执法的各项工作中去，坚持廉洁执法，反对以权谋私；坚持公正执法，反对徇私枉法；坚持文明执法，反对野蛮粗暴执法，树立廉洁、勤政、务实、高效、全心全意

为人民服务的工商行政管理形象。同时，要把加强职业道德教育与严格管理结合起来，强化对干部执法行为的监督，做到执法人员走到哪里，权力延伸到哪里，各级组织的监督管理和制度的约束作用就要发挥到哪里，为加强职业道德建设提供有效的监督保障机制。

三是坚持按照"三个代表"要求，切实加强各级领导班子建设，不断提高领导班子的思想政治素质和领导水平。各级领导班子肩负着带领广大党员、干部贯彻执行党的路线方针政策的重要责任。落实"三个代表"的要求，加强和改进思想政治工作，首先要落实到加强领导班子建设上，最根本的就是把各级工商行政管理机关的领导班子建设成为团结坚强的领导集体。要把领导班子思想政治建设放在首位，努力提高各级领导班子和领导干部讲学习、讲政治、讲正气的自觉性，增强政治意识、大局意识和责任意识，提高正确把握形势、驾驭复杂局面的能力，始终保持政治上的清醒和坚定。各级领导班子要想大事、议大事、抓大事，着力研究和解决工商行政管理改革和发展中遇到的新情况、新问题，把主要精力转到统揽全局、研究政策、提出思路上来，集中精力抓好党的路线方针政策的贯彻落实，抓好各级党委、政府交办的工作任务，抓好工商行政管理队伍建设。要高度重视并切实加强领导班子自身的思想政治工作，不断增强领导班子解决自身问题的能力，进一步提高凝聚力和战斗力，真正做到心往一处想，劲往一处使，团结奋斗，同舟共济，带领广大干部奋发进取，努力开创工商行政管理工作的新局面。

四是坚持发挥战斗堡垒作用，进一步加强基层党组织建设，把思想政治工作落实到基层。加强和改进思想政治工作，基础在基层。现在，一些基层单位思想政治工作薄弱，同一些党的基层组织软弱涣散、战斗堡垒作用发挥得不好是分不开的。各地要针对当前基层党组织存在的问题，采取有效措施，尽快加以扭转。要进一步健全党的基层组织，在有条件的地方，努力做到以工商所

为单位建立党支部,由工商所长担任党支部书记,实行"一岗双责"。当前,基层的公务员考录和人员分流工作正处在具体实施阶段,矛盾和问题比较集中。在这种情况下,就越需要加强思想政治工作。要充分发挥基层党组织覆盖面广、贴近群众、贴近实际的优势,及时了解和掌握党员、干部的思想活动和心理变化的新情况、新特点,实事求是地回答和解决他们遇到的各种实际问题,通过深入细致的思想、情感交流,解除他们内心深处的各种疑虑,理顺情绪,凝聚力量,把广大干部的积极性充分调动起来,为基层的思想政治工作提供坚实的组织保证。

(四)加强对思想政治工作的领导,改进方法,抓出成效

当前,中央关于加强和改进思想政治工作的大政方针已定,目标任务十分明确。各地要在学习、贯彻的基础上,结合各自的实际,制订具体计划,采取切实措施,扎扎实实地抓好落实。

一是要加强对思想政治工作的领导。各级工商行政管理机关要按照江总书记的要求,切实把思想政治工作摆到重要地位,列入重要议程,经常研究,统筹安排,加强督促,认真检查,定期分析本系统、本单位的思想政治工作状况,有的放矢地采取对策,解决好突出问题。要层层建立思想政治工作责任制,一级抓一级,重点单位要责任到人。要把思想政治工作与业务工作一起部署,一起落实,一起检查,一起考核,使思想政治工作成为推动各项工作的强大动力和有力保证。

二是要发挥好领导干部的表率作用。江总书记强调,党的思想政治工作能否做好,很大程度上取决于各级领导干部的言行表现。领导干部既是思想政治工作的组织领导者,也是思想政治工作的对象,既是教育者,也是受教育者。要给人们以教育,自己首先要接受教育。各级领导干部必须严于律己,以身作则,讲大局,识大体,模范地遵守党纪政纪,克己奉公,艰苦奋斗,廉洁勤政,坚决克服和纠正官僚主义、形式主义等不良风气,为群众做出好样子,以自身的模范行动管好干部、带好队伍,取得思想政治工作的主动权。

三是要改进思想政治工作的方法。要遵循思想教育的规律,在人心人脑上下功夫,增强实效性,把思想灌输与启发诱导结合起来,寓理于情,情理结合,春风化雨,润物无声。要把思想教育融于群众喜闻乐见的活动之中,使群众在自觉参与中潜移默化地接受教育。要发挥先进典型的示范作用,用身边的人、身边的事进行使人信服的宣传引导,使广大干部学有榜样,赶有目标。要大力提倡做面对面的思想工作,善于推心置腹地与广大干部谈心交心做朋友。要摸准干部的思想脉搏,找准问题的症结,选好切入点,对症下药,有针对性地解决问题,不断提高思想政治工作的实效性。要运用科学先进的新手段开展思想政治工作,在信息掌握、情况处理、知识传播等方面,注意发挥计算机网络等现代信息技术和大众传媒的作用,不断拓宽思想政治工作的渠道。

四是要把解决思想问题与解决实际问题结合起来。为群众办实事,是思想政治工作的重要内容,也是提高思想政治工作效果的有效途径。应当看到,现在群众中存在的一些思想问题,有一部分是由于我们的工作不到位,使一些实际问题得不到妥善解决而引起的。各级领导干部一定要经常深入基层,深入群众,了解民意,体察民情,认真听取广大干部的呼声和要求。对群众遇到的实际问题,就要按实际问题来对待,并下力气加以解决。决不能把本来应该解决的实际问题,简单地当作思想问题来对待。对那些难度很大一时又解决不了的问题,要向群众讲清楚,耐心细致地做好工作,取得群众的谅解。对群众反映的问题,决不能漠然处之,更不能粗暴对待,激化矛盾。

二、总结成绩,突出重点,加大力度,把"两整顿"继续推向深入,全面完成今年的各项工作任务

上半年,各地工商行政管理机关认真贯彻党的十五届四中全会和中央经济工作会议精神,按照朱镕基总理提出的"从严治政、全面加强管理"的要求,围绕扩大国内需求、

调整经济结构、深化国有企业改革、西部大开发等中心工作,在全面推进工商行政管理各项工作的基础上,针对当前市场秩序和队伍作风方面存在的突出问题,从 4 月份开始,集中开展了"两整顿"工作。3 个多月来,在省、市、区政府的高度重视下,各级工商行政管理机关精心组织,狠抓落实,使"两整顿"工作取得了明显的阶段性成效。

一是严厉打击了制售假冒伪劣商品的违法行为,重点地区、重点市场的公开性制假售假活动得到了有效控制。各地工商行政管理机关在"两整顿"工作中,结合当地实际,确定了打击制假售假的重点地区、重点商品和重点市场,组织开展了大规模的专项整治行动,集中查处了一批典型案件和大要案件,加大了执法力度,取得了明显成效。"两整顿"期间,各地工商行政管理机关共查处制售假冒伪劣商品案件 12.2 万件,总案值 15.28 亿元,其中案值 10 万元以上的案件1 183件;捣毁制假售假窝点 1.76 万个,其中制假售假产地和集散地2 982个;查获假冒伪劣商品价值 6.96 亿元,其中假冒伪劣农资 1.08 亿元;罚没款 2.38 亿元。

二是对违法违章生产经营活动进行了全面的清理整治,加强了对各类市场主体的监督管理。"两整顿"开始后,国家工商局及时在云南昆明召开了加强市场主体监管工作会议,对市场主体的规范和清理工作进行了具体部署。各地根据国务院办公厅和国家工商局关于加强生产经营安全监督管理和清理整顿的要求,重视和加强了市场主体监管,严格执行法律法规规定的前置审批,严把登记注册关,集中开展了对无资金、无场所、无机构、无照、无证企业的清理整顿,加强了对烟花爆竹、雷管、炸药和压力容器等易燃易爆物品生产、储存和销售等环节的监管,严厉查处和清理取缔了一些严重危及人民生命财产安全的违法违章生产经营活动。"两整顿"期间,各地工商行政管理机关共清理"三无"企业 17.24 万户;清理无照、无证企业 37.94 万户;清理取缔严重危害人民群众生命财产安全的生产经营企业 6.37 万户;查处违法违章生产经营案件 2.59

万件。

三是集中查处了商标侵权和虚假广告违法行为,重大商标侵权案件和虚假广告案件明显减少。各地工商行政管理机关以保护商标专用权为核心,加强了对生产、印制和流通领域全方位的监管,特别是针对非法印制商标标识问题突出的地区,进行了专项整治,捣毁了一批非法印制假冒商标标识的窝点。各地还加大了对驰名商标的保护力度,加强了涉外商标专用权的保护工作。同时,在打击虚假医疗广告、加工承揽广告、保健食品广告和电视直销广告等方面也取得了明显的成果。"两整顿"期间,各地工商行政管理机关共查处商标侵权假冒案件 1.24 万件,查处非法印刷假冒商标标识企业 3 644户,收缴和销毁假冒商标标识 1.33 亿件,罚没款5 286.25万元;查处虚假医疗广告 1.58 万件,虚假加工承揽广告3 646件,虚假保健食品广告 1.09 万件,虚假电视直销广告 931 件,罚没款2 502.86万元。

四是严厉惩治了以高额回报、快速致富为诱饵骗取群众钱财、影响社会稳定的传销和变相传销行为,非法传销活动回潮的势头得到有效遏制。为了贯彻落实国务院领导的重要批示精神,针对传销和变相传销出现回潮和蔓延的势头,国家工商局把打击传销和变相传销列为"两整顿"的重点内容,并于4 月份在甘肃兰州召开了专门会议,对查禁和整治传销和变相传销作了全面部署。各地高度重视,迅速行动,采取先期介入、调查摸点、重点排查、联合执法等方式,加强了对变相传销的认定和查处工作,严厉打击了以"网络倍增"、"加盟连锁"、"动力营销"、"滚动促销"等名义进行传销和变相传销的违法行为,有效地遏制了传销和变相传销蔓延的势头,受到了国务院领导的肯定。国务院领导对打击传销和变相传销工作非常重视,专门作出重要批示,经司法解释将传销和变相传销的违法行为列入刑法处罚范围;对涉嫌从事传销和变相传销等违法活动的单位和组织,经县级以上工商局局长批准,持有效的批准文件通知开户银行,在六个月内暂停办理结算业务。这为我们加大打击传销和变相传销的执法力度提供了更加有力的依据和手段。"两整顿"期间,各地工商行政管理机关共查处传销和变相传销案件1 805件,涉及传销人员43.03万人,取缔非法传销窝点2 975个,移送司法机关处理案件298起,罚没款1 658.72万元。

五是队伍作风整顿初见成效,作风纪律状况有所改观,促进了廉洁执法、公正执法、文明执法。各地结合队伍的现状,以查处和纠正以权谋私、徇私枉法、野蛮粗暴执法等违法违纪行为为重点,采取"整顿、纠正、建设"并举的方针,强化了作风纪律教育,加强了规章制度建设,严肃查处了一批违法违纪人员,增强了广大干部廉洁从政、秉公办事、遵纪守法的意识和自觉性。"两整顿"期间,各地工商行政管理机关共查处不廉洁执法案件694件、886人;查处不公正执法案件281件、400人;查处不文明执法1 748人。

从"两整顿"取得的成果,特别是整顿市场秩序取得的成果看,这次整顿的收效是十分明显的。据统计,集中整顿期间查获的假冒伪劣案件数是去年同期的4.82倍,罚没款是3.03倍;查获的商标侵权案件是2.53倍,广告案件是2.2倍;尤其是查处的传销案件,是去年全年的4.26倍。这些成果,极大地鼓舞了广大工商行政管理干部的斗志,树立了工商行政管理机关的执法权威。

上半年,其他各项工作也都取得了新的成绩。在法制建设方面,颁布了《个人独资企业登记管理办法》、《印刷品广告管理办法》、《集邮市场管理办法》;适应新形势的市场监管要求,下发了《关于开展网络广告经营登记试点的通知》,并与信息产业部联合发布《关于互联网信息服务管理暂行办法的通知》,与国家科技部联合发布《关于以高新技术成果出资入股有关问题的补充通知》等。在基层建设和改革监管方式方法方面,各地工商行政管理机关又迈出了新的步伐。以反仿冒、反误导、反分割和封锁市场的行政性壁垒为重点的反不正当竞争执法工作,打击走私贩私工作,粮食市场监管等各项工作也都取得了较大的成绩。

回顾总结上半年的工作,我们深深感到,开展"两整顿"工作,是认真贯彻江总书记"三个代表"重要思想的直接体现,也是落实朱镕基总理关于"从严治政、全面加强管理"要求的具体措施。这次"两整顿"的重点内容既为党中央、国务院所重视和关注,也是人民群众反映强烈和影响社会稳定的问题;同时又是我们工作中的薄弱环节和监管执法的难点。因此,开展"两整顿"行动,十分必要,非常及时。这是工商行政管理系统实行省以下垂直管理后,对队伍素质和执法力度的一次全面检阅和展示;是加大市场监管执法力度、促进市场经济秩序长治久安的成功实践。

前一阶段集中开展的"两整顿"工作,尤其是整顿市场秩序方面的工作,已经收到了明显成效。但是必须清醒地看到,目前取得的成果只是初步的,无论从全局还是局部的情况看,整顿的任务仍然很重,还有大量工作亟须我们去完成。各级工商行政管理机关要根据本地的实际情况,认真分析面临的形势和问题,进一步突出重点,加大力度,继续把"两整顿"推向深入。

(一)树立常抓不懈的思想,不断巩固和扩大"两整顿"成果

各地的"两整顿"经验说明,"两整顿"不是权宜之计,而是一项长期的任务,不可能一蹴而就,必须常抓不懈。要充分认识"两整顿"的长期性和艰巨性,树立长期作战的思想,克服畏难和松劲情绪,一以贯之地抓,持久深入地抓,扎实推进,不断取得新的成效。

1. 要把集中整顿与日常监管结合起来。集中整顿是一种针对性强、执法力度大、实际见效快的监管方式,也是强化日常监管的辅助性措施。集中整顿是歼灭战,日常监管是持久战。集中整顿要治理的突出问题,一般来说,相当一部分是由于日常监管不到位所积累和暴露出来的。而要解决这些问题,不断巩固和扩大集中整顿的成果,最终还要通过加强日常监管来实现。因此,在市场监管的实践中,必须把两者很好地结合起来,以集中整顿来强化日常监管,以日常监管来深化集中整顿。我们要把这次"两整顿"取

得的成功经验认真加以总结并推广和运用
到日常监管中去,使集中整顿的成果保持
长效。

2. 要把治标与治本结合起来。标本兼
治是监管执法应当遵循的重要原则,也是实
施综合治理行之有效的方法。实践表明,治
标只能暂时遏制问题的发展,不能从根本上
解决问题。这些年市场上出现的一些问题
之所以禁而不止、查而不绝、打而不死,往往
与重视治标、忽视治本有直接关系。因此,
在治标的同时,应当把更多的精力放在治本
上。一方面要从源头上抓,从产生问题的关
键环节抓,把好市场准入关。另一方面要健
全各项管理制度和规范,堵塞漏洞,消除隐
患,让违法者无空子可钻。同时要加大宣传
教育力度,引导广大经营者加强自律,守法
经营。这是把"两整顿"引向深入的关键。

3. 要把严格执法与科学管理结合起来。
实现严格执法与科学管理的统一,是保证依
法行政、提高执法效能的必然要求。工商行
政管理是以行政执法为主要手段维护市场
秩序,能否严格执法,直接关系到执法的力
度和权威。现代市场是一个集中体现和反
映科技成果的场所,现代化、规范化管理程
度越来越高,尤其是我国加入 WTO 在即,科
学、规范地监管市场迫在眉睫,只有把严格
执法与科学管理结合起来,综合运用现代科
技管理手段,采用科学规范的监管方式方
法,不断增加监管执法的科技含量,把科学
管理融于严格执法之中,我们的工作才能上
层次、上水平,最大限度地发挥监管执法的
效能。

4. 要把整顿市场秩序与整顿队伍作风
结合起来。整顿队伍作风是规范执法行为、
提高监管执法水平的有效措施,也是加强队
伍建设的重要内容。整顿队伍作风的力度、
成效直接影响到整顿市场秩序的效果,整顿
市场秩序的成果和状况又是对整顿队伍作
风的实际检验。因此,在"两整顿"工作中必
须贯彻和体现两者的协调和统一,使之相互
促进,共同推进,把整顿队伍作风的成效转
化为加强市场监管执法的动力,把整顿队伍
作风的深化体现到整顿市场秩序工作中,不

断推进整顿市场秩序工作的深入开展,促进
队伍作风的改进和素质的全面提高。

(二)进一步加大执法力度,继续抓好整
顿市场秩序的各项工作

1. 强化市场主体监管,继续深入清理和
取缔违法违章生产经营活动。当前,危及人
民生命财产安全的各种隐患并没有消除,安
全生产形势依然相当严峻。同时,文化娱乐
场所存在的黄、赌、毒问题,以及一些企业从
事具有政治问题的生产经销活动,也不容忽
视。各地要加强对市场主体的监管,一是认
真贯彻落实江总书记和国务院领导的多次
重要批示精神,严厉打击各类违法违章生产
经营活动。必须从讲政治,保稳定,促发展
的大局出发,从组织上、制度上、管理上采取
坚决有效措施,在前一阶段清理整顿的基础
上,再集中开展一次全面、深入、彻底的安全
生产大检查。各级企业登记管理部门,一定
要为企业改革发展服务,一定要严格执行法
律法规,一定要切实履行职责,严把审批关,
在法律法规没有取消前置审批前,任何单位
和个人都不能盲目地随意取消。为此,要加
强"经济户口"的管理,落实辖区经济管理责
任制,充分发挥基层工商所的监管职能作
用。要按照国务院电视电话会议的部署,继
续加强对烟花爆竹、炸药和压力容器等易燃
易爆物品以及有害有毒等危险物品的生产、
储存和销售企业的检查和清理整顿,对本地
区烟花爆竹、炸药、压力容器等行业的生产
经营企业进行全面的调查摸底,逐一检查,
对不符合安全生产条件和证照不全的企业,
坚决吊销营业执照。同时,要坚决取缔和关
闭"三无"企业、"五小"企业以及无照、无证
企业。二是严格清理整顿文化娱乐场所,严
打黄、赌、毒等社会丑恶现象。要认真贯彻
落实"全国加强娱乐服务场所管理暨电子游
戏经营场所专项治理工作电视电话会议"精
神,按照《关于开展加强娱乐服务场所管理
严厉打击卖淫嫖娼赌博等社会丑恶现象专
项行动的意见》和《关于开展电子游戏经营
场所专项治理的意见》的具体要求,严厉打
击娱乐服务场所和电子游戏经营场所的违
法经营行为,规范娱乐服务和电子游戏经营

秩序。对许可证不齐或未经有关部门核准的;硬件设施、消防安全、经营人员不符合法定条件,违法经营,擅自涂改、转借、出租营业执照情节严重的娱乐服务场所和电子游戏场所,要一律吊销其营业执照。各地要按照国务院的通知要求,不再核发歌舞娱乐、电子游戏、桑拿洗浴按摩、录像放映场所的营业执照,对申请开办其他娱乐服务场所的也要按规定从严审批。三是坚决查禁有政治问题的各种生产经销行为。各级工商行政管理机关要提高政治敏锐性和政治鉴别力,把讲政治的要求体现到市场监管执法工作中去,以高度的政治责任感,加强对生产标识涉及国家主权的音像制品、印刷品、文教用品、玩具、地球仪、地图等企业和产品的监督管理,严厉查处违背"一个中国"政治原则以及其他具有政治问题的生产经销行为。

2.坚决取缔非法传销,继续严厉打击从事传销和变相传销的违法行为。经过3个月的集中打击和取缔,目前传销和变相传销回潮和蔓延的势头得到了有效遏制。但是,传销和变相传销仍在一些地方继续存在。一些传销组织从城市向城郊、乡村发展,由企业行为向个人行为发展;传销和变相传销的流动性增强,从管理力度大的地方向监管相对较弱的地区转移。个别传销和变相传销活动已带有暴力色彩,对人民群众的生命财产安全和社会稳定构成严重危害。少数传销和变相传销组织目前虽然暂时收敛了传销行为,但仍在暗地里活动,一有机会还可能形成气候。可以说,今后一段时间,打击传销和变相传销的工作任务更重,难度更大。各地工商行政管理机关对此不能有丝毫的放松,要继续保持"严打"的态势。一是对那些顶风作案,继续以"网络倍增"、"加盟连锁"、"动力营销"、"滚动促销"等名义进行传销和变相传销的行为,特别是采取诈骗、暴力等手段急速敛取钱财,携款潜逃的不法分子,要狠狠打击。二是各地要加强协调,密切配合,联手打击,不留死角,决不给传销分子以可乘之机和藏身之地,形成打击传销和变相传销的整体合力。三是要充分运用国家赋予工商行政管理机关打击传销和变相传销的有力手段,深入做好查禁传销和变相传销的各项工作,切实维护社会稳定。

3.巩固和扩大重点地区、重点商品和重点市场的治理成果,继续严厉打击区域性、行业性的制假售假违法活动。经过3个多月的集中整顿,制假产地和售假集散地的公开性制假售假活动虽有所收敛,但区域性、行业性的制假售假活动仍有存在,一些不法分子变换手法,作案手段更加隐蔽,打击制售假冒伪劣商品违法行为的任务还很繁重。各地要继续加大打假力度,突出重点,采取治本措施。一是要铲除窝点。对流通领域查处的售假案件,不能就案办案,要追根溯源,从查处的案件线索上溯回查制假窝点,从源头上治理;要加强对城市出租房、城乡结合部等重点部位的检查与巡查;建立重大假冒伪劣商品来源通报协查制度,在全国工商行政管理系统形成打假的联动网络。二是要严打惯犯。要综合运用现代科技手段,加强对制假售假分子的动态监管,建立制假售假者的信息档案,对那些久积成性、屡教不改的惯犯,要依法从重从快惩处,触犯刑律的移送司法机关处理,达到惩处一个,震慑一批的目的。三是要冲破"保护伞"。制假产地和售假集散地的形成与蔓延,直接与地方保护主义有关。要充分发挥省以下垂直管理的优势,实行重大案件上级机关督办制度,加强制约和监督;对容忍、漠视、包庇制假售假的地方保护主义行为要公开揭露和曝光,对惩治假冒伪劣违法活动工作不力的工商执法人员,要追究行政责任。

为了推进打假工作的深入开展,今年初,我们提出了在全国范围内开展"个、十、百、千、万"活动。"个"就是建立一个"12315"投诉、检测、查处、监督网络;"十"就是与有关新闻单位联合发起在全国开展保护消费者权益的"十佳"评选活动;"百"就是继续深入开展与百家企业联手打假行动;"千"就是在全国大中城市建立一千条"满意购物、文明服务的街(区)";"万"就是在全国大中城市万家商店开展消费者权益保护咨询活动。目前这些活动正在各地广泛展开,下半年要继续深入推进,逐项抓好落实。

4.加强商标专用权的保护,强化广告的监督与监测,继续严厉打击商标侵权和虚假广告。各地要按照调整后的《全国重点商标保护名录》,确定商标行政执法的重点,突出对驰名商标、著名商标、国有大中型企业商标和国外有较高知名度商标的保护,进一步强化对商标印制领域和流通领域的监督管理。特别是非法印制假冒侵权商标问题严重的地区,要继续加大打击和查处的力度,切实把这项工作抓出成效。各地要根据当前冒充注册商标现象较为突出,商标侵权假冒向机电、化工等领域扩展的新特点,有针对性地进行专项治理。要加强广告的监督与监测,以医疗广告、加工承揽广告、保健食品广告和电视直销广告为重点,继续严厉打击和治理虚假广告违法行为。在医疗广告管理方面,从6月26日起暂停通过各种媒体和各种形式发布性病医疗广告;对未实行医疗广告格式化的媒体,自7月15日起暂停发布医疗广告。在保健食品广告管理方面,要重点规范保健食品广告的内容,凡保健食品广告不得直接或间接宣传治疗作用;不得使用医疗机构、医生、专家、患者的名义和形象。同时,要严厉查处以人物专访、专题报道等新闻报道形式变相发布医疗服务、药品、保健食品广告。继续加大对加工承揽广告和电视直销广告中的违法行为的打击和查处力度。

与此同时,要结合深入开展"两整顿"工作,继续做好以反仿冒、反误导为重点的反不正当竞争工作;集中开展反行政壁垒的专项整治,制止行政性垄断、清除分割和封锁市场的行政性壁垒。要针对私货市场有所抬头的情况,继续加大执法力度,始终保持打击走私的高压态势,严防猛打,防止走私回潮,坚决查处、取缔流通领域走私货物交易行为,切断走私货物流通渠道;对反映强烈、问题突出的旧货市场、交易市场要认真进行清理整顿,对长期从事非法走私货物交易、治理多次仍出现反复的,要坚决予以取缔。要认真贯彻落实国家粮食改革政策,管好粮食收购市场,维护粮食交易秩序。加强对重要商品合同的管理,严厉打击合同欺诈行为。同时,要进一步推进基层监管方式方法改革,加紧研究现行工商行政管理的有关法律法规和WTO规则,做好我国加入WTO后工商行政管理的接轨准备工作。

(三)坚持从严治政,大力推进和深化队伍作风整顿工作

各地整顿队伍作风的工作虽然取得了一定成效,但对成绩不能估计过高,目前还存在一些不容忽视的问题。一是"两整顿"进展不够平衡和协调。一些地方注重整顿市场秩序,对整顿队伍作风抓得不够紧、不够实、不够深入,工作一般化,成效不明显,个别地方这方面的工作还没有开展起来或走了过场。二是查处违法违纪案件的力度不够。从各地反映的问题来看,凡是应当给予纪律处分以上的问题,自查自纠出来的不多,大多数是通过举报、新闻报道和执法检查发现的。少数地方缺乏从严治政的坚决态度,存在好人主义,查处违法违纪案件心慈手软,姑息迁就,甚至在"两整顿"中还发生了顶风违法违纪事件。三是存在一定程度上的认识不到位问题。个别地方对整顿队伍作风的认识不到位,态度不坚决,深层次问题揭查不够,存在着查表面问题多,查深层次问题少的现象,怕抓深了不好收场,担心整顿队伍作风的力度大了影响广大干部的信心和工作积极性,影响工商行政管理的社会形象,影响整顿市场秩序工作的开展,致使整顿队伍作风工作停留在表面,难以深入下去,难以收到预期的效果。

在全系统整顿队伍作风,其目的就是着眼于集中"三讲"教育之后,用"三讲"的精神,按照江总书记"三个代表"的要求,进一步加强工商行政管理队伍的思想作风建设,造就高素质的干部队伍。从某种意义上说,整顿队伍作风的难度更大,要求更高,意义更深远。因此,必须贯彻从严治政的要求,下大决心,花大力气,采取更加有力的措施,把整顿队伍作风的工作抓紧、抓实。

各地工商行政管理机关要认真分析前一阶段队伍作风整顿的情况,总结过去,立

足当前,面向未来,结合队伍作风的现状,进一步突出整顿的重点内容,把整顿队伍作风工作切实抓出成效。整顿队伍作风工作开展较好的地方,要巩固和扩大成果,把成功的经验运用到下一步的工作中去,力争取得更大的成绩。整顿队伍作风工作开展一般化的地方,要正视队伍作风中存在的突出问题,把整顿队伍作风工作摆到重要位置,切实有效地把这项工作开展起来。整顿队伍作风工作流于形式甚至走了过场的单位,要引起高度重视,从思想上找根源,从认识上找差距,从措施上下功夫,该补课的要补课,该深化的要深化,要真抓实干,把整顿队伍作风的各项工作真正落到实处。

同志们,强化市场监管,加强队伍建设,是工商行政管理机关的一项长期任务。我们一定要按照江总书记"三个代表"的要求,进一步认清形势,统一思想,加强和改进新形势下思想政治工作,把"两整顿"不断推向深入,使"两整顿"成为切实解决实际问题的整顿,成为体现"标本兼治"综合治理方针的整顿,成为近期收到明显成效并能够保持长期效果的整顿,全面地带动和促进各项工作的开展,更好地肩负起党和国家赋予工商行政管理机关的光荣使命。

王众孚局长在全国工商行政管理工作暨双先表彰会议上的讲话

(2000 年 12 月 21 日)

这次全国工商行政管理工作暨双先表彰会议的主要任务是,认真贯彻落实党的十五届五中全会和中央经济工作会议精神,总结今年的工作,部署明年的任务,表彰全系统的先进集体和先进个人。刚才吴仪同志作了非常重要的指示,深刻分析了当前的形势,对工商行政管理机关如何迎接新的世纪和新的任务,提出了明确的要求,我们要深入学习领会,认真贯彻执行。下面,我讲几点意见。

2000 年工作的基本情况

2000 年,是我国经济建设和社会发展取得显著成绩的一年。全国各族人民在以江泽民同志为核心的党中央领导下,全面完成了"九五"计划的各项任务,实现了现代化建设的前两步战略目标。我们党在世纪之交,胜利召开了十五届五中全会,提出了今后五至十年经济社会发展的指导思想、奋斗目标和重大措施,统一了全党意志,明确了前进方向。一年来,全国各级工商行政管理机关认真贯彻中央确定的扩大内需、调整结构和深入改革、扩大开放等重大举措,以"整顿市场秩序、整顿队伍作风"为主线,积极支持国有企业深化改革,大力整治市场秩序中存在的突出问题,全面加强队伍自身建设,各项工作都取得了新的进展。

一、认真贯彻落实党的十五届四中全会精神,为支持国有企业的改革和发展做出了积极的努力

(一)积极发挥企业登记管理职能作用,促进国有经济布局调整和国有企业战略性改组。一是为确保国有企业建立现代企业制度等各项改革措施的顺利实施,准确、及时地完成了 23.4 万户国有企业改制后的登记工作。二是为进一步落实党中央、国务院关于军队、武警部队、政法机关及党政机关与所办经济实体脱钩的部署,完成了 6 911 户移交地方经营和脱钩企业的登记注册工作。三是积极支持科研机构的改革工作,与有关部门联合制定了 134 个科研机构和 177 家勘察设计单位的转制、改制方案,完成了 242 个科研机构、勘察设计等单位的企业化改革的登记注册工作。四是按照国家产业政策调整的要求,积极配合有关部门对产品无市场的企业和浪费资源、技术落后、质量低劣、污染严重的企业进行了清理整顿。今年以来,全国共关闭各类小企业 1.39 万家、小煤矿 8 918 家、小炼油厂 111 家,取缔土炼油厂点 6 000 多个。

(二)积极发挥个体私营经济在深化国有企业改革中的重要作用,进一步加强了对个体私营经济的引导和监督管理。一是结合《个人独资企业法》的颁布实施,认真研究制定有关配套措施,积极推动个人独资企业的登记工作。今年 1—10 月,全国工商行政

管理机关共登记个人独资企业17.8万户,为规范个人独资企业的登记工作奠定了良好的基础。二是对私营业兼并、购买国有中小企业和集体企业的登记管理工作进行了规范。截至11月底,全国已有4万多户国有中小企业和集体企业转制为私营企业,有效地防止了国有资产的流失。三是制定鼓励政策,积极引导国有企业下岗职工从事个体私营经济,实现再就业。今年以来,全国有113万名国有企业下岗职工从事个体经营或到私营企业工作,为国有企业深化改革创造了有利条件。截至11月底,全国共有个体工商户2 681.3万户,从业人员5 289.3万人,注册资金3 319.1亿元;私营企业170万户,从业人员2 118万人,注册资金1.25万亿元。

二、突出重点抓整治,"整顿市场秩序"专项行动取得阶段性成效

(一)进一步加大打假力度,强化了保护消费者权益工作。各地根据国家工商局统一部署的"整顿市场秩序"专项行动,结合当地实际,集中时间,集中力量,开展了"重点地区、重点商品、重点市场"的专项整治。一批公开性售假的市场得到了清理整顿,规模性和区域性的制假售假活动得到了一定控制,重大恶性制假售假案件受到了严厉查处。今年以来,全国工商行政管理机关共查处制假售假案件19.1万件,总案值27.8亿元,罚没款5.5亿元。在惩治制假售假违法行为的同时,在全国广泛开展了以"个、十、百、千、万"为载体的消费者权益保护活动,加大了保护消费者权益工作的力度。截至11月底,全国地级以上城市共建立"12315"指挥中心307个,分(县)局、工商所共建立申诉举报服务中心(台、站)1.67万个,初步形成了以"12315"投诉举报电话为依托,覆盖城乡、投诉方便、受理及时、处理快速的消费者投诉举报服务网络。国家工商局与有关单位共同组织开展的评选全国"维权十佳"活动,扩大了社会影响,增强了广大消费者的维权意识。"百家企业"打假维权活动继续向纵深发展。目前,全国共有省级"打假维权"网络成员1 447家,地、市级网络成

员3 600家。今年以来,各地根据网络成员提供线索查处侵权案件1.72万件,案值5.21亿元,罚没款8 447万元,为企业挽回经济损失2.31亿元,有效地维护了企业的合法权益。全国大中城市1 164条街道参加的创建"打假维权、消费者满意"文明一条街活动和万家商店开展的消费者权益保护咨询活动,也都收到了良好的社会效果。

(二)加强市场主体监管,对各类违法违章生产经营活动进行了全面的清理和取缔。一是加强了对烟花爆竹等易燃易爆物品生产经营企业的监管,严厉打击了各类违法违章生产经营活动。今年以来,各地共检查生产经营易燃易爆物品企业18.15万户,责令停业整顿3.5万户,吊销了1.74万户不具备安全生产条件企业的营业执照,消除了一批安全隐患。二是对从事歌舞娱乐、电子游戏、桑拿洗浴按摩、录像放映等经营企业进行了专项治理,共查封、取缔21.57万户,进一步规范了文化娱乐服务业的经营作为。三是严厉查处违反"一个中国"原则等具有政治问题的各种生产经销行为,查封、扣压了大批违法涉案产品,依法查处和收缴了一批宣传"法轮功"等邪教及封建迷信的非法出版物,维护了我国的政治形象。四是强化登记管理,严把市场准入关。今年以来,各地加强了企业前置审批的复查工作,对企业登记档案特别是涉及人民生命财产安全行业的企业登记档案进行了全面清查,全国共清理各类企业登记档案387.9万户,其中查处有问题的企业档案37.6万户,限期补办手续和办理变更登记24.3万户,吊销、注销营业执照6.7万户。同时,进一步加大了年检工作力度,通过年检,依法注销了25.1万户企业,吊销了27万户企业。截至11月底,全国登记注册的内资企业565.53万户,注册资金10.39万亿元;外商投资企业21.27万户,注册资金4 905.14亿美元。

(三)集中查处商标侵权和虚假广告违法行为,强化了商标、广告监管。各地突出了对较高知名度商标、全国重点保护商标、国有大中型企业商标和证明商标的保护,加强了对商标印制、生产和流通领域的全方位

监管,对汽车、服装、化妆品行业中的商标侵权行为进行了专项整治,集中开展了证明商标专用权的专项保护工作,加强了涉外商标案件的查处。截至11月底,全国工商行政管理机关共查处商标违法案件2.59万件,其中商标侵权案件1.48万件,一般违法案件1.11万件,罚款总额1.31亿元,责令侵权人赔偿被侵权人经济损失193.28万元。截至11月底,我国的有效商标总量已达123.4万件。同时,在打击虚假医疗广告、加工承揽广告、保健食品广告、电视直销广告等方面也取得了明显成果。今年以来,全国工商行政管理系统共查处广告违法案件5.02万件,重大广告违法率有一定的下降。

(四)严厉打击传销和变相传销,遏制了传销和变相传销的蔓延势头。今年以来,全国各级工商行政管理机关共查处传销和变相传销案件2 005件,涉及传销人员45.03万人,取缔非法传销窝点3 285个,移送司法机关处理案件316件,罚没款2 400万元。有效地遏制了传销和变相传销的回潮势头,维护了社会稳定。

三、贯彻全面加强管理的要求,加强了对各类市场的监管

(一)以反仿冒、反误导为重点,加大了反不正当竞争执法力度。一是对仿冒知名商品特有的名称、包装、装潢、企业名称的行为以及虚假表示、虚假宣传等误导、诋毁行为,进行了专项整治。二是以打破啤酒、卷烟等市场的封锁以及保险、供水、邮电等行业的限制竞争为突破口,开展了反行政壁垒、行政垄断,维护公平竞争秩序的执法行动。截至11月底,全国工商行政管理机关共查处各类不正当竞争案件1.9万件,案值15.2亿元,罚没款2.7亿元。三是继续开展纠正医药购销中的不正之风工作,清理整顿了药品市场。截至目前,全国19个省市工商局共立案查处药品购销中商业贿赂及回扣案件1 680件,案值188.77万元,罚没款5 505.41万元,维护了药品市场秩序。四是加强了重要合同的监管工作,打击合同欺诈成效明显。截至11月底,各地共查处欺诈等违法合同案件5.2万件,涉及金额51亿元。

(二)以粮食市场管理为重点,加强了重要商品市场的管理。一是坚持“打击违法”与“拓宽搞活”并举,粮食市场管理取得新的成绩。今年1—11月,各地按照规定的条件和程序共审批可入市收购粮食的企业2.7万家,查处非法收购粮食案件1.9万件,取缔和吊销粮食经营单位1.03万户,进一步规范了粮食交易程序,拓宽了粮食收购渠道,促进了粮食流通体制改革的顺利进行。二是强化棉花收购、加工、经营资格认定工作,加强了棉花市场的管理。14个主要产棉省区认定棉花收购、加工企业2 951家。截至新棉上市,共查处各种违法收购棉花案件3 624件,罚没款2 461.69万元,有效地遏制了棉花非法经营活动。三是按照管住油源、集中批发、规范零售的工作目标,对成品油批发企业进行了整顿和重新登记,成品油批发企业从整顿前的8 500家减少到2 600家,并查处了一批违法经营案件。

(三)切实履行职能,加强了有关部门的协作配合,认真完成市场综合整治的各项任务。一是以取缔私货市场、打击私货交易为重点,对私货市场进行了专项整治,过去一度问题严重的私货市场已基本取缔。截至11月底,各地共查办走私贩私案件3 321件,案值15.3亿元,罚没款3.4亿元。二是开展了“扫黄”、“打非”专项行动,对各种出版物市场进行了清理整治,重点打击了“制黄”、“贩黄”和盗版盗印光盘等违法行为。全国工商行政管理机关共缴非法出版物428.2万册,查处非法出版、侵权盗版光盘621.1万张。

(四)进一步加强法制建设,加快了立法立规步伐。今年以来,国家工商局积极参与《公司法》、《商标法》的修订和《商事登记法》的立法起草工作;完成了《拍卖监督管理暂行办法》、《广告管理条例施行细则》、《企业法人登记管理条例施行细则》等法规的修订;制定发布了《集邮市场管理办法》、《个人独资企业登记管理办法》、《印刷品广告管理办法》。与此同时,为适应我国加入WTO的市场规范化管理要求,加强了国际交流与合作,组织开展了电子商务、知识产权、竞争政策与消费者权益保护等专题的考察培训,学习借鉴了国外的先进管理经验。

四、坚持从严治政,大力整顿队伍作风,进一步推进了队伍建设

一是通过开展"三讲"教育,进一步提高了干部队伍的政治素质。今年省、地、市工商行政管理机关按照中央的部署,深入开展了"三讲"教育和"回头看"活动。总的来看,通过集中开展"三讲"教育,各级领导干部,特别是领导班子,普遍受到了一次深刻的马克思主义理论教育,思想上有明显进步,政治上有明显提高,作风上有明显改进,纪律上有明显增加。特别是通过认真学习江总书记"三个代表"的重要思想,进一步增强了为人民服务的宗旨意识,提高了维护市场秩序的责任感和使命感。二是坚持从严治政,大力整顿队伍作风。各地工商行政管理机关按照国家工商总局的部署,采取"整顿、纠正、建设"并举的工作方针,以查处和纠正以权谋私、徇私枉法、野蛮粗暴执法重点,集中开展了整顿队伍作用的专项行动,公开处理了一批违法违纪人员,惩治了执法腐败,强化了廉政建设。通过加强和改进思想政治工作,广泛开展警示教育、职业道德教育、法纪教育和宗旨教育,广大干部廉洁、公正、文明执法的意识得到增强,依法行政水平逐步提高。三是进一步推进了机构、体制改革。省以下垂直管理体制逐步理顺和完善,统一执法的优势开始体现和发挥;省级工商局机构改革基本完成,一批优秀年轻干部充实到领导岗位;人员分流和工商所公务员考录工作稳妥推进,干部队伍的结构和素质得到调整和优化;基层监管方式方法的改革取得新的进展,强化了工商所的监管执法职能。一年来,各级协会、学会、中心、报刊杂志等直属单位,围绕工商行政管理的中心任务,努力开拓进取,积极发挥职能作用,取得了新的成绩。在这辞旧迎新之际,我代表国家工商局,向全国工商行政管理系统的同志们致以诚挚的问候和衷心的感谢!向这次受到表彰的先进集体和先进个人表示热烈的祝贺!

2001 年的工作安排

明年工商行政管理工作的总体要求是:以江泽民总书记"三个代表"重要思想为指导,认真贯彻落实党的十五届五中全会和中央经济工作会议精神,按照"十五"规划的总体部署应对加入 WTO 的要求,充分履行工商行政管理职能,整顿和规范市场经济秩序,强化对市场准入行为、市场竞争行为、市场交易行为和市场监管执法行为的规范管理,努力促进全国统一、公平竞争、规范有序的市场体系的建立和完善;进一步转变观念,统一思想,凝聚力量,开拓创新,加强队伍建设,提高执法水平,以全新的姿态,全新的面貌,实现新的跨越,创造新的业绩。

一、认清形势,转变观念,进一步增强使命感和责任感

明年是进入新世纪的开端,也是实施"十五"计划的第一年。当前,我国的经济工作总体上面临着比较有利的国内外形势。从经济发展看,我国生产力发展水平迈上了一个大台阶,市场供求关系发生了重大变化,商品短缺状况彻底改观。经济增长方式由粗放型为主逐步转向集约型为主;经济发展的约束由资源供给约束为主逐步转向市场需求约束为主;产业结构调整由协调比例关系为主逐步转向促进产业结构优化升级为主。国民经济正在朝着良性循环的方向发展。从经济体制看,传统的计划经济体制基本破除,社会主义市场经济体制初步建立;市场机制在配置资源中日益明显地发挥基础性作用,经济运作的市场化程度显著提高。新世纪初,改革将从破除传统体制为主转入全面体制创新的攻坚阶段。从对外经济关系看,我国在结束了封闭半封闭状态后,全方位、多层次、宽领域的对外开放格局基本形成;开放型经济迅速发展,与国际社会的联系日益密切,我国加入 WTO 后,将全面推进对外开放的进程。从市场的变化看,市场主体实现多元化格局;多渠道、少环节、开放式营销网络基本形成;高科技、多媒体手段在流通领域广泛运用,新的经营业态、经营方式不断涌现;消费者主权地位确立,自我保护意识增强;商品和服务日新月异,市场竞争空前激烈,法制建设步伐加快,政府的宏观管理调控手段和方法不断规范和创新。从工商行政管理自身的改革和发展看,其基本职能已由传统的管、办一体转变为市场监管和行政执法;监管的领域和对象已由侧重管理集贸市场和个体私营经济转变为监管各类有形和无形市场主体的市场准入、竞争和交易行为;机构体制转变为条块结合以条为主;监督管理的机制模式、方式方法正由单一、静态、事后查处为主转向综合、动态、事前、事中、事后相结合的全方位、多层次、规范化的监督管理;工商行政管理队伍在数量和素质上也有了新的调整和变化。工商行政管理事业的各个方面正在实现战略性的跨越。新的形势和任务对工商行政管理工作提出了新的更高的要求。

——必须进一步加快观念的转变。为了适应飞速变化的形势,承担起时代赋予工商行政管理机关的使命,在去年底的全国工商行政管理工作会议上,我们提出了工商行政管理实现跨世纪战略转变的方向和目标。一年来,全系统在观念的转变方面有了较为明显的变化,有力地促进了各项工商行政管理工作的顺利完成。但由于国内外形势变化较大,特别是我国加入WTO后,将在更大范围内和更深程度上参与经济全球化进程,工商行政管理面临着非常严峻的挑战,而应对这些挑战的最大制约因素,归根到底还是观念的转变和更新。因此,必须把观念的转变作为新世纪工商行政管理工作的头等大事来抓,牢固树立监管社会主义统一市场的观念,明确市场主体行为管理的核心任务,把思想真正统一到监管社会主义统一市场的职能上来,以观念的转变带动和促进职能的转变。

——必须进一步强化开拓创新意识。改革开放使工商行政管理的工作职能、体制机构、监管领域和监管方式方法都发生了深刻的变革,计划经济体制下形成的一整套市场监管制度已经基本打破,新的市场监管制度的方向和目标已经明确,基本框架初步建立。从新世纪开始,工商行政管理的改革和发展将由侧重于打破旧制度转向全面建设和完善新制度。在新的形势和挑战面前,全体工商行政管理干部必须进一步增强责任感和紧迫感,增加忧患意识和创新意识,以坚忍不拔、奋发有为的精神状态,不断研究新情况,解决新问题。进一步推进体制创新、政策创新和监管方式方法的创新。总之,新职能要有新思路,新任务要有新举措,新世纪要有新面貌。

——必须进一步增强应对加入WTO的紧迫感。当前我国加入WTO在即,随着国内市场的国际化程度和对外开放程度的进一步加深,对市场竞争环境和市场监管的规范化要求越来越高。形势和任务迫切要求我们知己知彼,深入了解和掌握WTO基本规则与我国现行市场监管法律法规之间的差异,尽快建立和完善与WTO规则相衔接的市场监管法律体系;迫切要求我们尽快适应扩大对外开放的新形势,改革和完善市场监管机制和方式方法;迫切要求我们进一步加强对知识产权的保护和加大公平竞争执法力度。加入WTO,我们既面临着新的发展机遇,也面临着严峻的挑战,形势逼人,时不我待。各级干部都要有紧迫感,必须以全新的视野和思路,以更加积极主动的态度迎接挑战,扎实、细致地做好应对加入WTO的各项工作。

——必须进一步加强学习。近年来,全系统学习的风气空前浓厚,各级工商行政管理机关把加强学习、提高素质作为当务之急、当务之重的根本任务来抓,采取了许多积极措施,收到了明显成效。但也要清醒地认识到,我们的学习任务仍很艰巨。工商行政管理机关的基本职能是市场监管和行政执法,要胜任这项工作,必须了解和掌握市场这部高度复杂、高度精密的资源配置大机器的运行规律;必须了解和熟悉各种科技含量越来越高、表现形式越来越复杂的商品经营业态和方式;必须了解和熟悉日益丰富多彩的商品和服务;必须了解和熟悉WTO的相关规则与工商行政管理各项业务的联系;必须熟悉和掌握种类繁多、涉及范围广的市场监管法律法规;必须有能力面对自我保护意识和法律观念逐渐增强的各类市场主体和消费者。面对新形势、新任务、新情况,要做到主动而不是被动,自觉而不是盲目地推进工商行政管理事业不断向前发展,就必须努力学习和补充各种知识尤其是新知识。这是直接关系到工商行政管理可持续发展的大事。全体工商行政管理干部要进一步增强学习的紧迫感和自觉性,树立长期学习的思想,按照江泽民总书记提出的"学习,学习,再学习"的要求,在全系统大兴学习之风。各级领导更要善于学习,努力把握经济发展的规律性,掌握好领导工作所必需的市场经济知识和科学技术知识,增强按国际通行规则办事和依法行政的能力。通过刻苦学习和实践,不断充实和提高自己,为胜利完成新世纪的历史任务奠定必备的知识基础,掌握工作的主动权。

二、切实加强管理,整顿和规范市场经济秩序,促进全国统一、公平竞争、规范有序的市场体系的建立与完善

整顿和规范市场经济秩序,是明年经济工作的一项重要任务。江泽民总书记在五中全会和中央经济工作会议上强调指出,要建立和完善全国统一、公平竞争、规范有序的市场体系,打破部门垄断和地区封锁,依法严厉打击制假售假、偷税漏税、经济欺诈、恶意逃废债务等行为,创造良好的市场秩序。朱镕基总理也明确要求我们,必须以改革的精神,狠抓市场管理,大力整顿和规范市场经济秩序,特别要严格执法,规范市场主体行为,并指示工商行政管理等部门要切实负起责任,强化市场管理和监督。这充分体现了党中央、国务院对工商行政管理工作的重视和信任。各级工商行政管理机关要认真贯彻落实五中全会和中央经济工作会议精神,深刻领会江总书记和朱总理的重要讲话,围绕改革发展稳定的大局和经济工作全局,按照中央的统一部署,充分发挥职能作用,全力以赴投入到整顿和规范市场经济秩序的工作中去,为改革开放和经济建设营造良好的市场环境。

(一)整顿和规范市场主体准入行为,促进各类市场主体科学规范、健康有序发展

确认市场主体准入资格,是工商行政管理机关履行市场监管职能的首要环节,是国家促进经济发展、调整产业结构、深化改革开放和加强宏观管理的重要手段。特别是我国加入 WTO 后,各类市场主体在组织形式上将更复杂,进入和退出市场的频率明显增高,对市场主体准入的行政性审批也将逐步减少,市场主体资格规范与国际接轨势在必行,规范市场主体的任务更加艰巨。明年整顿和规范市场主体准入行为,要重点抓好以下几项工作:

1. 加强登记管理与提高服务质量并重,依法把好市场准入关。登记工作要严格遵循国家法律法规规定的市场准入条件和程序,切实做到"三严格三禁止",即严格执行登记管辖权限,禁止越权登记;严格执行登记管理的条件和程序,禁止随意降低法定条件,减少登记程序;严格执行法律法规规定的审批制度,禁止随意减少法律法规规定的专项审批或随意增加不必要的审批。同时,要进一步规范已准入的市场主体,依照现行法律法规,凡应办理前置审批而未办理或前置审批已超过有效期限的企业,要督促其限期补办有关手续,逾期未办的,责令其变更登记或办理注销登记。

2. 登记机关管理与工商所"经济户口"管理并重,实行登记机关与工商所上下联动的监管模式。一是用两年左右的时间在基层工商所全面建立企业"经济户口"。上半年结合年检在全国范围内开展一次企业"经济户口"的全面审查工作,为在工商所建立辖区内企业"经济户口"管理档案,摸清底数,掌握企业的基本情况,做好基础性工作。二是要逐步建立分级登记管理与属地监督管理相结合的联动机制。凡是有条件的工商所,都要通过计算机与登记机关联网;尚不具备计算机联网条件的地方,登记机关要与工商所建立企业登记与监督管理情况的交流和信息反馈制度,加强对企业的日常临管。各省(区、市)工商局都要选择一两个地市开展试点工作,积累经验,逐步推广。

3. 搞好年检与日常动态监管并重,取缔"黑户",查处"三无",打击违法经营。一是加大年检工作力度,增加实地检查的比例,取缔一批不具备经营资格条件的企业。二是加强对股东、出资人出资行为的监督检查,严厉查处虚假出资、抽逃出资的行为。三是加大对中介机构的监管力度,对在企业登记和年检中弄虚作假、欺骗登记机关的资产评估机构、验资审计机构和咨询代理机构,要予以处罚,情节严重的依法吊销其营业执照。四是要坚决取缔"三无"企业,严厉查处无照经营活动。五是要规范企业登记代理行为,加强对企业登记代理机构的监督检查,严厉查处非法代理行为和不规范代理行为。

（二）整顿和规范市场竞争行为,维护公平竞争的市场秩序

竞争是市场经济的灵魂。维护市场公平竞争,对于正常有效地发挥市场配置资源的基础性作用,刺激企业提高产品市场竞争力,加快产业结构升级换代,促进经济持续快速健康发展,都具有十分重要的作用。我国加入 WTO 后,随着开放范围的进一步扩大和开放程度的进一步加深,国内市场的竞争更加激烈和复杂,工商行政管理机关保护市场公平竞争的责任重大。各级工商行政管理机关要紧紧抓住市场竞争中的热点、焦点和难点问题,加大公平交易执法力度,打破部门垄断和地区封锁,努力维护市场公平竞争秩序。

1. 坚决查处各种不正当竞争行为。一是严厉查处仿冒知名商品特有的名称、包装、装潢、企业名称的行为及仿冒、伪造产地等产品质量标志的行为;严厉查处利用新产品上市、节日促销、巨奖销售、营销策划等方式对商品进行虚假宣传的误导行为;严厉查处低于成本销售、欺骗性有奖销售和商业诋毁等破坏公平竞争秩序的行为。二是以整治医药购销中的不正之风为突破口,推进商业贿赂等不正当竞争案件的查处工作,特别要严查建筑工程、旅游、房地产等市场的商业贿赂行为。三是加强对商业秘密的保护工作,准确、及时地认定、查处侵犯商业秘密的案件,力争使查处损害他人商业秘密案件工作有较大突破。明年一、二季度要开展一次反不正当竞争法的执法检查,进一步推动《反不正当竞争法》执法工作的深入开展。

2. 认真开展重点垄断性行业限制竞争行为的专项整治。一是要打破服务行为中的垄断经营,推进服务业市场化、社会化步伐。明年二、三季度,集中半年时间,依法对电力、保险、铁路、邮政、商业银行等具有市场支配地位且限制竞争行为比较突出的垄断性行业,开展反限制竞争的专项执法行动,重点查处一批社会影响大、群众反映强烈的限制竞争案件。二是加强对供水、供电、供热、供气及邮电、电讯等公用事业的经营者滥用支配地位、强制交易等限制竞争行为的监管。

3. 继续加大广告市场整治力度。一是在继续巩固扩大整治医疗、药品、保健食品广告成果的基础上,加大对房地产广告、加工承揽广告和电视直销广告的整治力度。查媒介,追根源,促规范,抓好教育、查处、督促整改三个环节。对广告违法率居高不下的重点媒介、重点地区进行综合治理和跟踪调查,定期通报广告违法情况,对典型案例公开曝光,防止违法现象反弹。二是积极推进广告监测工作,选择重点媒介和广告品种进行监测,使违法广告及时受到处罚。同时根据违法广告总体情况,及时调整监管重点,增加监管工作的主动性和预见性。

4. 加强商标专用权的保护。一是要继续总结推广以商标办案为中心、充分发挥工商所商标监管职能的商标管理模式,突出重点,加大力度,严厉打击假冒等商标侵权行为。二是继续对商标印制、生产、流通领域进行全方位监管,注重发现案件线索,追根溯源,一查到底。三是加强商标管理工作的指导、监督和协调,完善商标办案机制,建立商标案件协查制度。合理调整商标评审办案力量,严格办案程序,加快案件审理进度,提高案件审理质量。四是继续推进商标代理体制改革,严格对商标代理行为的监管,促进商标代理的健康发展。五是抓好"商标注册和管理自动化系统二期工程"的实施,

进一步提高商标注册工作自动化水平,为提高商标注册质量打下坚实的基础。

(三)整顿和规范市场交易行为,保证国民经济的健康运行

良好的市场交易秩序是国家经济健康发展的重要标志。改革开放20多年来,工商行政管理机关在规范市场交易行为方面投入了大量的精力,取得了明显的成效。但由于市场经济在我国发展的历史较短,财产、信誉等交换关系的基础尚未牢固确立;自愿让渡、平等交换、诚信守约等与市场经济相适应的价值观念还比较淡薄;市场交易规则不够完善,合同欺诈、走私贩私、违法经纪、违法交易等行为时有发生,严重影响经济的健康运行,必须加强对市场交易行为的规范和整顿。

1. 认真落实国务院决定,继续深入开展整顿市场秩序的专项斗争。一是严厉打击制假售假。要认真贯彻《国务院关于严厉打击制售假冒伪劣商品违法犯罪活动联合行动的通知》精神,按照"铲除窝点、严打惯犯、冲破保护伞"的方针,继续深入抓好重点地区、重点商品、重点市场的专项整治,对辖区内的制假售假情况进行认真、彻底的清查,列出重点,规定整治期限,加强监督检查,狠抓大要案件的查处,切实落实打假工作责任制。国家工商局与农业部在春耕前联合开展一次集中的农资市场专项整治行动。要加强打假的舆论宣传,及时通报打假进展情况和成果,加大重点案件的曝光力度。要继续深入开展"百家企业打假维权"活动,细化工作措施,扩大保护范围,把一批名优外商投资企业纳入全国工商行政管理机关打假维权协作网络。二是严厉打击走私贩私。对已经取缔和转变经营的原私货市场,要继续加强管制,防止死灰复燃;对可能形成新的私货交易市场或集散地的,要坚决取缔,消灭在萌芽状态;对根据市场需要保留的少数汽车、摩托车配件市场,要责成业户签订责任状,确保不销售走私物品。要进一步建立和完善市场监管举报制度,动员广大社会力量监督走私贩私活动;要加大打击私货交易的力度,切断私货流通渠道,取缔私货储藏窝点。三是严厉打击骗取出口退税。要按照国务院的统一部署,从源头上加强防范,切实履行职责。要严格把好企业登记关,结合"经济户口"的管理,堵塞各种漏洞。当前各地要全面深入地进行自查,重点查处法人代表虚设、法人代表与实际经营者不一致及一址多厂等问题,坚决查处和取缔各类虚假企业。要依法从重从快查处一批大要案件,对骗取出口退税等违法犯罪行为予以严厉打击。对与违法犯罪分子内外勾结的执法人员和领导干部,要一查到底,严惩不贷;对因渎职、失职等原因造成骗取出口退税的执法人员,要严肃处理,决不姑息。四是严厉打击传销、变相传销和其他欺诈违法经营活动。第一,要抓苗头,把各种欺诈经营活动消灭在萌芽状态;第二,要加强宣传教育,增强广大群众对非法传销的识别能力和自我保护能力;第三,要抓查处,严格执法,据实依法严厉惩处各种违法经营活动。五是深入开展"扫黄"、"打非"。要下大力气对各种出版物经营场所进行全面清理,重点查缴政治性非法出版物、淫秽色情出版物、"法轮功"类非法出版物和各种盗版出版物。要进一步加强对出版物市场主体和经营行为的监管,坚决取缔各种无证无照非法经营,对违规情节严重或屡教不改的,坚决吊销营业执照;对"制黄"、"贩黄"和盗版盗印窝点要坚决摧毁和铲除。六是严厉打击逃汇、骗汇。打击逃汇、骗汇,是保持国际收支平衡、人民币汇率稳定,增加外汇储备,防范金融风险,推动改革开放和现代化建设顺利进行的重要举措。各级工商行政管理机关要充分发挥职能作用,依法取缔外汇黑市,坚决打击炒买外汇的违法行为。要加强对有进出口经营权企业的监管,发现有逃汇、骗汇行为的要严肃查处,该停业整顿的要坚决停业整顿,该吊销营业执照的要坚决吊销营业执照。对情节严重构成犯罪的,要移送司法机关处理。对有逃汇、骗汇行为的企业,要记录在案,并纳入重点监控范围。同时,积极配合有关部门,继续深入做好反假币、禁毒等工作。

2. 加强维权体系建设,强化消费者权益

保护工作。一是结合地级以下政府机构改革，健全消费者权益保护机构，形成完整有效的工商行政管理保护消费者权益执法体系。二是按照统一、高效、权威的目标，加大消费者权益保护工作的科技含量和资金投入，继续加强"12315"消费者申诉举报服务网络建设，明年内实现地级以上城市全部建立"12315"申诉举报指挥中心和三级行政执法网络。三是继续深入开展创建"打假维权、消费者满意街"活动，规范商业、服务业的经营行为，防止假冒伪劣商品流入市场。四是加强服务领域的消费者保护工作。要根据十五届五中全会提出的改善服务消费环境的要求，组织开展医疗卫生、中介服务、公用事业等服务消费领域的专项整治。5月份，要以打假反欺诈为主要内容，对旅游市场进行集中治理，组织查处一批社会反映集中、直接损害消费者群体利益，破坏消费环境的大要案件和典型案件。

3. 加强对粮食等重要商品交易活动的监督管理。一是继续以粮食收购市场管理为重点，把好粮食收购主体资格准入关；抓好农村集贸市场和粮食批发市场的规范管理；继续健全和完善粮食市场管理制度，严厉打击粮食市场违法违章行为。二是要依据国家重要商品流通体制改革对市场交易的各项要求，积极开展棉花打假专项行动，加强对成品油、汽车等市场交易行为的监督管理，切实管好重要商品流通秩序。三是进一步做好商品交易市场规范管理的基础性工作，继续研究和探索对电子商务等新的经营业态和经营方式的监督管理。

4. 加强对合同和经纪人的监管。明年打击合同欺诈的重点，在种类上是利用买卖、承揽、居间等合同进行的欺诈行为；在行业上是粮食合同、成品油合同、房地产合同、农业生产资料合同；在主体上是多次进行合同欺诈的组织和个人。要加强合同争议的行政调解，及时化解纠纷，帮助企业把好合同签订关。同时，积极研究制定合同信誉公示办法，开展合同信誉公示试点。要进一步规范经纪人主体准入：规范经纪人经营范围及规范用语；严厉打击"地下"经纪活动；依

法查处经纪人违法行为。明年上半年在全国范围内开展一次清理整顿房地产经纪人的行动。

（四）整顿和规范市场监管执法行为，进一步提高工商行政管理队伍的整体素质和执法水平

提高队伍素质是规范监管执法行为的根本保证。江总书记指出，党领导的事业要取得胜利，不但必须有正确的理论和路线，还必须有一支能坚决贯彻执行党的理论和路线的高素质干部队伍。必须充分认识加强工商行政管理队伍建设的极端重要性，自觉按照"三个代表"的要求，认真地而不是敷衍地把队伍建设的各项工作抓紧抓实，不断抓出新的成效。

1. 大力弘扬先进，转变作风，广泛开展创先争优活动，树立良好的工商形象。这次国家工商局与人事部表彰的先进单位和先进个人，是工商行政管理队伍中的优秀代表。他们在各自平凡的岗位上，创造了一流的工作业绩，受到了广大群众的拥护和赞扬，树立了新时期工商行政管理干部的良好形象。我们一定要很好地利用身边的这些典型，大力弘扬先进，充分地发挥示范作用，广泛开展创先争优活动，进一步调动和激发广大干部的工作积极性、主动性和创造性，在全系统形成奋发向上、敬业奉献的良好氛围，使更多的先进模范脱颖而出，更好地推动和促进工商行政管理队伍的自身建设。进入新的世纪，我们面临着许多新情况和新问题，科学地、创造性地回答和解决这些问题，要求我们必须进一步加强思想作风建设、转变学风、改进工作作风。这是当前做好各项工作的重要保证。要进一步增强各级干部"讲学习、讲政治、讲正气"的自觉性，认真按照"三个代表"的要求，切实加强队伍的思想作风建设；要进一步转变学风，坚持理论联系实际，学以致用，努力提高广大干部运用党的基本理论、基本路线解决实际问题的能力和水平；要进一步转变工作作风，深入基层调查研究，下大力气克服官僚主义和形式主义，大力精简会议和文件，提高办事效率和工作质量，求真务实，牢固树立脚

踏实地的工作作风,下决心使作风有一个大的转变,工作有一个新的气象。

2. 从源头上治理腐败,深化反腐败三项工作。要进一步巩固和扩大目前已有的成果,紧密联系工商行政管理系统的实际,认真落实《全国工商行政管理系统反腐败抓源头工作方案》,进一步加大治本力度,努力从源头上预防和治理腐败。一是突出抓好领导干部的廉洁自律。要严格按照领导干部廉洁自律的各项规定,进一步规范从政行为,强化权力的约束,各级领导干部不仅要保持自身廉洁,还要管好自己的亲属。要切实做到自持、自警、自律,为人民掌好权、用好权。二是大力查处执法腐败。要坚持依法行政,从严治政,严厉查处有法不依、随意办案;徇私枉法、包庇放纵违法分子;滥用职权、失职渎职等。对群众反映或举报的各种违纪案件,一经查实,都要严肃处理,决不姑息养奸。三是深入纠正行业不正之风。要继续抓住"案、费、证、照"等重点环节,突出治理"吃、拿、卡、要"和"三乱"等违纪问题。要加强对窗口部位和关键部门、重要岗位的权力制约,规范执法行为,深入推行政务公开制度,促进依法行政。同时要认真解决市场办管脱钩遗留问题;加强财务管理,促进"收支两条线"管理到位。

3. 加强和改进教育培训,增强干部履行岗位职责的能力。要以实施工商行政管理系统"十五"教育培训规划为契机,以制定基本课程、基本教材、建立基本师资队伍为依托,以增强市场监管执法效能和水平为目的,突出职能转换,应对新世纪工商行政管理任务和加入WTO的挑战。要进一步提高对教育培训工作的认识,增加紧迫感,从战略的高度重视和加强培训教育工作,抓紧培养一批熟悉WTO规则、适应新时期市场监管执法需要的高素质人才。要提高依法行政的能力和水平,用三至五年的时间在全系统有计划、有步骤地对工商执法人员进行综合法律知识培训,使他们在法律知识上有一个新的提高。要继续抓好岗位培训,使广大干部全面了解和掌握履行岗位职责必备的基本知识和基本技能,为进一步推进工商行

政管理各项工作奠定坚实的基础。与此同时,要大力推进工商行政管理信息化建设。21世纪是信息的时代。加快工商行政管理信息化建设,是适应电子商务迅猛发展,强化监管执法职能的需要。各级工商行政管理机关一定要从适应新形势、新任务和提高监管执法水平的高度,积极推动信息技术在工商行政管理领域的广泛运用,加快工商行政管理信息化进程,努力实现工商行政管理信息化管理目标,增强市场监管执法的规范性、预见性和科学性。

(五)充分发挥工商行政管理职能作用,为促进改革开放和经济建设搞好服务

党的十五届五中全会提出,发展是主题,结构调整是主线,改革开放和科技进步是动力,提高人民生活水平是根本出发点。工商行政管理机关的主要职责是维护市场经济秩序,工作的根本目的是支持和促进社会生产力发展。各级工商行政管理机关要紧紧围绕明年党和国家的中心工作,找准工商行政管理工作的结合点和着力点,充分发挥职能作用,加强服务,满腔热情地支持和促进改革和科技进步,自觉服从服务于经济建设。一是要进一步落实党中央、国务院关于深化国有企业改革、政企分开等重要举措,继续支持国有中小企业改组、国有大中型企业的股份制改造的组建企业集团;认真做好科研院所企业化改革、中介机构脱钩、党政机关及军队、武警部队企业脱钩等登记注册工作。二是按照国家产业结构调整的方向和目标,加强与有关部门的配合,对国家限制发展的产业、项目以及浪费资源、污染严重、产品质量低劣、不具备安全生产条件的企业,做好关闭、破产等相关工作。三是按照"十五"计划的要求,推进科技体制改革和高新技术产业化,大力发展服务业特别是互联网络服务企业。对以高新技术成果出资入股的,经有关部门认定,其作价金额不受投资比例的限制;企业给予科技人员或其他员工股份奖励,准予办理股东或注册资本的变更登记。要按照国务院颁布的《互联网信息服务管理办法》,认真做好互联网信息服务企业的登记注册工作;支持传统服务

企业改组改造,允许开展连锁经营、物流配送、多式联运和网上销售。四是依法促进外商投资企业的发展。支持外商投资企业特别是跨国公司投资高新技术产业,参与国有企业改组改造的基础设施建设;进一步落实外商投资企业到中西部地区投资的优惠政策,促进外商投资企业到中西部地区投资。五是加强监督管理,发挥参谋助手作用,促进和引导个体私营经济健康发展。要继续鼓励和支持个体私营经济参与国有企业改革,充分发挥个体私营经济在下岗职工再就业中的积极作用,鼓励个体工商户、私营企业招聘和吸收国有企业下岗职工就业,鼓励下岗职工兴办个体工商户和私营企业。要针对各地转制登记工作存在的各种不规范做法,继续完善转制的登记管理工作。要把农村个体私营经济的发展与城乡经济结构调整结合起来,鼓励和引导具备一定条件的地方,通过发展专业村、专业乡等形式,发展农村经济,推动城镇化的进程。要积极支持私营企业进行产权制度和组织形式改革,加强自身管理,创建现代企业制度,进行科技开发和应用,促进符合产业发展方向、适合国内外市场需求的私营企业扩大投入,鼓励有条件的私营企业参与电子商务等新的营销方式的尝试。

(六)加强立法立规,建立和完善符合我国实际、与 WTO 相衔接的市场规则

一是在认真研究 WTO 基本规则的基础上,继续参与《商事登记法》的研究、起草工作,抓紧清理、修订与 WTO 规则不相适应的法律法规,加快《商标法实施细则》、《驰名商标认定办法》的修订与完善工作。二是加强对不正当竞争行为的调查研究,做好《反不正当竞争法》修改的前期调研工作。要特别注意对经济体制转轨时期不正当竞争出现的新情况、新问题的调查研究,针对执法实践中遇到的问题,提出修改建议,力争使《反不正当竞争法》的修改早日列上议事日程,促进反不正当竞争执法工作的开展。三是积极修改《城乡个体工商户管理暂行条例》,研究制定《个体工商户私营企业监督管理办法》、《个体工商户验照办法》。四是针对当前服务消费领域反映的突出问题,加强服务消费领域的立法立规工作。明年的主要精力要放在制止公用企业侵害消费者权益的立法立规上。要进一步规范复议工作程序,做好行政复议案件的审查、审理工作,进一步健全行政复议工作制度,加强执法监督。

同志们,我们的国家即将跨入充满机遇与挑战的 21 世纪。党的十五届五中全会站在历史的新高度,对新世纪我国的现代化建设作了全面的部署,并对工商行政管理工作提出了新的任务和要求。要实现中央提出的目标和任务,需要付出锲而不舍的艰苦努力。让我们更加紧密地团结在以江泽民同志为核心的党中央周围,同心同德,开拓进取,充分发挥职能作用,为建立和完善全国统一、公平竞争、规范有序的市场体系,促进改革开放和现代化建设,做出我们应有的贡献。

王众孚局长在全国工商行政管理工作会议上的讲话

(2002 年 1 月 8 日)

这次全国工商行政管理工作会议的主要任务是,以江泽民总书记"三个代表"重要思想为指导,贯彻落实党的十五届五中全会、六中全会和中央经济工作会议精神,遵照朱镕基总理关于工商行政管理工作的重要批示和吴仪国务委员的重要讲话精神,总结 2001 年的工作,部署 2002 年的任务,表彰安徽省阜阳市太和县城北工商所何会凯同志。下面,我讲几点意见。

一、2001 年工作的基本情况

2001 年是实施"十五"计划的起始之年,也是我国大事多、喜事多的一年。江泽民总书记发表"七一"重要讲话,深刻阐述了"三个代表"重要思想的丰富内涵和精神实质,指明了党在新世纪的历史任务和奋斗目标。党中央召开十五届六中全会,明确了新时期党的作风建设的指导思想、总体要求和主要任务。我国经济在世界经济增长明显

放缓的情况下,继续保持了较好的发展势头。北京申办 2008 年奥运会获得成功,极大地激发了全国人民的爱国热情。我国正式加入 WTO,对外开放进入了一个新的阶段。亚太经合组织第九次领导人非正式会议等重要会议在我国成功举行,进一步提高了我国的国际地位和影响。一年来,全国工商行政管理系统在党中央、国务院的正确领导下,紧紧围绕经济工作的中心任务,认真学习贯彻江泽民总书记"七一"重要讲话精神,全面落实朱镕基总理等国务院领导的重要指示和要求,大力整顿和规范市场经济秩序,狠抓市场办管脱钩等体制改革和队伍建设,各项工作都取得了新的成绩。

(一)认真贯彻落实国务院的重大部署,整顿和规范市场经济秩序取得初步成效

2001 年,全国工商行政管理系统把整顿和规范市场经济秩序作为工商行政管理工作的重中之重,全力以赴,狠抓落实,取得了初步成效。全年共查处各类经济违法违章案件 176.31 万件,比上年增长 23.49%;总案值 236.35 亿元,比上年增长 48.48%;罚没款 41.77 亿元,比上年增长 32.49%。打击制售假冒伪劣商品违法行为,保护消费者合法权益,维护公平竞争的力度明显加大。取缔各类窝点 32 万余个,销毁违法物品总值 6.39 亿元。移送司法机关追究刑事责任案件 4 127 起。

1. 严把市场主体准入关,规范市场主体准入行为。一是取缔"三无"企业和无照经营。全年共查处"三无"企业 6.05 万户,清理取缔无照经营 99.16 万户。二是清理整顿互联网上网服务营业场所。共整顿互联网上网服务场所 9.4 万家,重新登记 4.8 万家,限期整改 2.8 万家,依法取缔 1.7 万家。三是对民用爆破器材、烟花爆竹、化学危险品、交通运输等企业和公众聚集场所集中进行了专项整治。共检查生产经营企业 50.43 万家,责令停业整顿 4.24 万家,变更登记 2.9 万家,注销或吊销 1.4 万家,取缔 2.5 万家。关闭小煤矿 1.2 万个。四是全面开展了清理文化市场经营主体的专项行动,净化了文化市场。共变更、注销、吊销网吧经营

户 4 848 户,取缔歌舞、桑拿、电子游戏等娱乐场所 8 292 个。五是加强了企业登记审查工作,实施企业属地监督管理制度,强化了对企业的日常监管工作。

2. 集中时间、集中力量开展了打假专项行动。一是按照国务院的统一部署,集中开展了食品、药品、医疗器械等打假专项行动。下半年,又集中开展了防寒商品打假、食品打假专项行动,确保消费者安全过冬和节日消费安全。全年共查获各类假冒伪劣食品 1.28 万吨,案值 3.68 亿元。清理检查各类医药经营主体 7.05 万户,变更 2 176 户,注销 1 200 户,吊销营业执照 583 户;查获非法经营药品 887.58 万盒,价值 2.38 亿元;查处假冒伪劣医疗器械案件 3 778 件,案值 1 631.58 万元。二是根据新的职能调整,全面加强了流通领域商品质量监管工作。出台了《进一步加强市场监管,加大打击假冒伪劣违法行为工作力度的若干措施》、《商品质量监督抽查暂行办法》,并于四季度,在全国部分省市开展了对涉及消费者生命、财产安全的两大类、56 个品种的商品质量监督抽查工作。三是在打击假冒伪劣农资、取缔非法拼装车市场等方面取得显著成效。各级工商行政管理机关共检查农资经营单位 36.4 万户,立案查处制售假冒伪劣农资案件 2.69 万件,捣毁农资制假窝点 1 322 个,查获假冒伪劣农资案值 3.34 亿元,罚没款 5 106 万元。取缔报废汽车拆解市场 202 处,取缔报废汽车拆解拼装窝点 1 338 个。全国范围内长达 10 余年之久的非法拆解、拼装汽车行为得到了有效遏制。针对山西夏县等个别地区已取缔的报废汽车拆解市场死灰复燃的情况,在严厉惩处的同时,又部署各地进一步强化了日常监管。四是完成了地级以上"12315"消费者申诉举报中心建设,加大了维护消费者合法权益的力度。共查处侵害消费者权益案件 13.09 万件,案值 8.2 亿元,罚没款 1.58 亿元。五是狠抓了大要案件的查处。在全国各地狠抓大要案件查处的同时,对跨地区的案件,国家工商总局派出案件督查组,直接指导和督办,共查处 100 万元以上的大要案件 78 件。

3. 严厉打击了传销和变相传销违法行为。全国各级工商行政管理机关认真落实国务院的部署,在全国范围内开展了打击传销的专项执法行动。在对传销活动进行全面清查的同时,还积极配合公安部门严厉查处了重点传销案件。全年共查处传销案件1 809件,案值2.42亿元,罚没款2 036.86万元,清理参与传销和变相传销人员15.26万人,移送司法机关处理案件174件,涉案人员580人。

4. 强化了商标和广告监管。基本完成了商标注册与管理自动化系统二期工程,商标注册工作进一步得到加强。2001年,共受理新申请27.65万件,核准注册商标20.5万件;收到异议裁定申请4 800件,作出异议裁定3 200件。与此同时,加大了商标专用权的保护力度。特别是加强了对商标印制企业的整治力度,严厉打击了印制假冒商标标识的违法行为。全年共查处商标违法案件3.78万件;查处商标印制违法案件4 887件,案值2.18亿元,罚没款1 621.42万元。以反误导、打虚假为主题,以加强广告监测和案件查处为手段,进一步强化了广告监管工作。全年共查处广告违法案件7.31万件。

5. 打破地区封锁和部门、行业垄断,反对不正当竞争。一是对重点垄断行业开展专项整治,打破地方保护、地区封锁,制止行政性垄断工作取得重要突破。全年共查处地区封锁和行业垄断案件1 166件。二是集中开展了"反仿冒、反误导"专项执法行动,反不正当竞争执法工作取得了新的进展。全年共查处不正当竞争案件3.52万件,案值33.68亿元,罚没款4.41亿元,分别比上年增长34.98%、76.70%。三是继续严厉打击了走私贩私活动。全年共查处走私案件6 182件。

6. 继续抓好粮食市场的整顿和管理,全面加强了各类市场监管。适应粮食流通体制改革的新要求,坚持打击非法收购粮食行为与促进搞活粮食流通相结合,完善了粮食市场管理制度,加强了对粮食市场的监督管理。全年共查处非法收购粮食案件1.47万

件。与此同时,针对新的消费热点和消费者投诉焦点,加强了对节日、旅游市场及有关重要商品的监督管理。全年共检查旅游市场7 503个,查处案件927起。检查肉食品生产加工企业17.60万个,取缔非法屠宰户9 178个,查获病害肉、注水肉、私宰肉1 872吨。查处非法收购、加工、经营棉花案件4 267件。加强了合同监管,打击了合同欺诈,推行了企业信用公示制度。

7. 以完善执法手段为重点,进一步加强了法制建设。一是适应我国加入WTO的要求,清理了法规、规章、规范性文件2 000余件,废止了与WTO规则不相适应的规章、规范性文件12件,修改规章、规范性文件9件。二是修改完善了部分法规。完成了《商标法》、《商标法实施细则》等法律、法规的修订和起草工作。三是进一步加强了执法监督和法制宣传教育工作。

(二)按照转变政府职能、强化市场监管的总体要求,工商行政管理体制、机构改革取得了新的进展

1. 完成了国家工商总局的组建工作。2001年3月底,党中央、国务院决定,国家工商局调整为国家工商总局,升格为正部级的国务院直属机构。国家工商总局党组对总局的组建工作十分重视,精心组织,周密部署,组建工作已经完成。一是根据中编办的部署,严格执行机构升格后党中央、国务院关于职能调整的决定,在较短的时间内完成了"三定"方案的起草、呈报和实施工作。二是严格按照《党政领导干部选拔任用工作暂行条例》的规定,对司(局)级干部进行了考核选拔和重新任命,提出任职要求、重申干部管理纪律,进一步加强了司(局)级班子建设。三是完成了外商投资企业注册局、打击传销办公室的组建工作,对部分处级机构进行了调整,实施了处级干部竞争上岗。四是结合传达贯彻十五届六中全会精神,进一步加强和推进了机关作风建设。

2. 地方各级工商行政管理机关机构、体制改革全面推进。一是市县工商行政管理机关机构改革稳步进行。2001年,各地在完成省以下工商行政管理机关实行垂直管理

的基础上，按照中央关于市、县、乡机构改革的总体部署，认真进行了市县工商行政管理机关的机构改革。目前，已基本完成机构改革方案的制定、报批工作，正抓紧方案的实施。二是基层工商所监管体制改革进一步深化。各地按照"精简、统一、效能"的原则和"小局大所"的思路，调整了工商所的布局和内部机构设置；根据加强"经济户口"管理和企业属地监管的需要，调整了工商所职能，把企业登记初审权、案件查处权、片区监管权下放到工商所，进一步加大了工商所的市场监管和行政执法力度。经过几年的调整和改革，工商行政管理体制改革已经取得重大突破，新的工商行政管理体制已基本建立。

3. 坚决贯彻政企分开的原则，彻底完成市场办管脱钩任务。一是认真部署，狠抓落实。国家工商总局先后于2001年8月7日、8月22日两次召开会议，再次对全面完成市场办管脱钩工作进行了强调。针对市场办管脱钩中遇到的难点问题，提出了限期完成市场办管彻底脱钩的实施意见，报请国务院办公厅以国办发〔2001〕83号文件予以转发。二是狠抓督促、指导、检查。为确保市场办管脱钩任务如期完成，国家工商总局采取以司（局）为单位定点联系、分省包干、责任到人的方法，加强督查督办，狠抓落实。国家工商总局督查组于10月、11月、12月三次赴各地进行实地督办和指导，并五次向全系统发出紧急通知，要求各地加快进度，在限定时间内完成市场办管彻底脱钩任务。三是严格市场办管脱钩和督查工作的政策、纪律。国家工商总局提出市场办管脱钩要严格执行国务院有关文件规定和国务院领导有关指示，确保不打折扣按期完成；督查组要吃透国务院文件精神，认真细致，积极稳妥，不彻底完成市场办管脱钩任务不准撤离，司局长年终考核不能评优。四是地方党政领导高度重视，各地工商行政管理机关态度坚决，措施具体，工作扎实。截至12月28日，全国工商行政管理系统已全部完成市场办管彻底脱钩工作。

4. 坚决执行"收支两条线"管理的各项

规定，积极完善工商行政管理机关经费保障办法。一年来，各地工商行政管理机关采取积极措施，进一步推进"收支两条线"管理，促进了公正执法、廉洁执法。针对多数省市工商行政管理部门经费支出仍采用"收支挂钩"方式，《国务院办公厅转发财政部关于工商行政管理机关实行收支两条线管理后经费保障意见的通知》（国办发〔1999〕56号）执行不理想的情况，国家工商总局积极配合财政部，对工商行政管理系统经费保障情况进行了调查，就修改完善国办发〔1999〕56号文件提出了意见。目前这项工作已经完成，将由财政部报送国务院审定。

（三）认真贯彻"三个代表"重要思想，队伍建设得到进一步加强

1. 以提高领导能力为核心，加强了各级领导班子建设。一是机构升格后，国家工商总局为适应新形势和新任务的要求，加强了对省级工商局领导班子的双重管理力度，中组部于2001年9月7日下发了《关于调整省级工商行政管理部门领导干部管理办法有关问题的通知》。二是为迎接加入WTO的挑战，国家工商总局举办了"WTO与工商行政管理"专题培训班，对全国各省（区、市）、计划单列市、副省级市及中心城市工商总局局长和国家工商局司（局）级干部进行了轮训。三是各省级工商局加大了干部交流力度，下派省（区、市）工商行政管理机关干部提任地、市工商局领导；调整了一些地市工商行政管理机关的班子成员，免去了不称职的领导干部，严肃处理了失职渎职干部，加强了地、市工商行政管理机关领导班子建设。

2. 以提高队伍整体素质为目标，加强了基层建设。在连续几年加强基层建设的基础上，2001年，以办管脱钩为契机，对省以下工商行政管理机关重新核编，纠正市场服务与监管执法混岗的情况，对超编人员进行了分流。坚持公平、公开、公正的原则，继续进行了基层工商所公务员考录工作。制定了《2001—2005年全国工商行政管理系统教育培训规划》，进一步加强了教育培训工作，队伍的知识结构、年龄结构、文化结构有了明

显改善。截至目前,工商行政管理系统大专以上学历的人员已占在职人员总数的49.74%。

3. 以惩治执法腐败、查处失职渎职为重点,加强了党风廉政建设。一是在全系统县级工商局和基层工商所开展了"三个代表"学习教育活动。各地根据党中央的统一部署和国家工商总局《关于认真抓好县(市)工商行政管理局和基层工商所"三个代表"学习教育活动的意见》的要求,认真动员部署,坚持高标准抓学习教育,认真对照检查,找准重点问题,深刻剖析根源,切实抓好整改。二是针对在粮食市场管理中暴露出来的突出问题,在全系统集中进行了队伍纪律作风整顿活动。各地处理了一批违法违纪人员,纯洁了队伍。三是国家工商总局于2001年4月初和5月下旬两次就加强队伍建设作出部署。全系统以整顿和规范市场经济秩序为契机,正人先正己,大力整顿队伍作风,加强了执法队伍自身建设。

4. 加强信息化建设,改善了监管执法手段。各地继续狠抓了计算机网络工程建设,一些地方实现了网上查询、网上办照、网上投诉举报,提高了依法行政的水平和效率。

一年来,各级协会、学会、中心、报刊杂志等单位,紧紧围绕工商行政管理的中心任务,充分发挥职能作用,积极努力工作,取得了新的成绩。

回顾过去的一年,是工商行政管理发展史上具有重要意义的一年,也是市场监管执法、机构体制改革、队伍自身建设取得积极进展的一年。我们深深感到,这些成绩的取得:一是党中央、国务院高度重视和关心的结果。党中央、国务院决定国家工商局机构升格,进一步增强了工商行政执法的权威性和有效性。朱镕基总理等国务院领导同志百忙之中到国家工商总局考察工作,并对工商行政管理工作作出重要指示和批示,极大地鼓舞了全系统广大干部职工。这是做好工商行政管理各项工作的强大动力。二是认真学习领会党中央、国务院重大决策,与党中央、国务院保持高度一致的结果。2001年,党中央、国务院对国内国际重大问题的

决策、判断、新结论、新观点,适合时代和形势的发展变化,体现了与时俱进和马克思主义本质要求。全系统广大干部认真学习,深刻领会,始终坚持与党中央的重大决策和判断保持一致,紧跟时代发展进步的潮流。这是做好工商行政管理各项工作的指南和前提。三是努力实践"三个代表"重要思想,求真务实、真抓实干的结果。过去的一年,工商行政管理工作任务重、难度大。全系统广大干部脚踏实地地在各项工作中努力实践"三个代表"重要思想,求真务实,不回避矛盾,不惧怕困难,抓住重点、难点,提出具体措施,解决实际问题,创造性地开展工作。这是做好工商行政管理各项工作的根本和保证。四是充分发动群众,依靠群众,积极争取地方支持,部门配合,内和外顺的结果。无论是整顿市场秩序、整顿队伍作风,还是市场办管脱钩工作,都直接关系人民群众和工商行政管理干部的切身利益,涉及面广、政策性强。各级工商行政管理机关广泛发动群众参与,积极争取各地党委、政府的领导和有关部门的支持、配合。这是做好工商行政管理各项工作的基础和条件。在此,我代表国家工商总局党组,向辛勤工作的全体工商行政管理干部表示诚挚的慰问,向一贯大力支持工商行政管理工作的各地党委、政府和有关部门表示衷心的感谢。

在肯定成绩的同时,我们必须清醒地认识到,执法不严、监管不力,甚至有法不依、执法犯法的现象还不同程度地存在;干部队伍的知识水准、执法水准和作风素质,与现代化市场监管的要求,与加入WTO后的新形势、新任务的要求,与党和人民群众的期望和要求,差距甚远。实现职能到位,提高队伍素质,依然任重道远,还需继续做出艰苦的努力。

二、2002 年工作安排

2002 年是我们党和国家历史上具有重要意义的一年。党的"十六大"将胜利召开,这是全党全国人民政治生活中的一件大事;我们将迈出新世纪中华民族伟大复兴和党的建设新的步伐;我们将踏上新形势下改革

开放和社会主义现代化建设的新征程。2002 年也是我国"入世"的第一年，从国际上看，世界经济增长将继续减缓，我国经济发展面临的国际环境更为严峻。从国内来看，投资需求和消费需求稳定增长的基础还不牢固，"入世"将使我们面临一些新情况和新问题。党中央、国务院对做好今年经济工作及整顿和规范市场秩序工作十分重视，已在中央经济工作会议上提出明确要求。朱镕基总理、吴仪国务委员对 2002 年工商行政管理工作都作了重要批示和指示，目标已经明确，关键是要狠抓落实。

2002 年工商行政管理工作的总体要求是：以邓小平理论和江泽民总书记"三个代表"重要思想为指导，认真贯彻落实党的十五届五中全会、六中全会、中央经济工作会议精神和朱镕基总理的重要批示，按照党中央、国务院的统一部署，以治本为主线，继续深入开展整顿和规范市场经济秩序的工作；以实现职能到位为导向，适应加入 WTO 后加强市场监管执法的需要，大力推进市场监管制度改革；以提高素质为核心，按照"忠于职守、勇于负责、清正廉洁、执法如山"的高标准要求，继续加强队伍建设。与时俱进，解放思想，转变观念，把好市场主体的入门关，当好市场运行的裁判员，做好市场秩序的坚强卫士，为经济发展做出新的贡献，以优异的成绩迎接党的"十六大"胜利召开。

（一）进一步转变观念，与时俱进，振奋精神，迎接挑战，努力实现职能到位

1. 充分认识新时期工商行政管理工作的地位、作用和职能，进一步增强使命感和责任感。

去年 12 月 22 日朱镕基总理关于工商行政管理工作的重要批示，充分肯定了工商行政管理部门在社会主义市场经济体制下的重要地位和作用，精辟地概括了工商行政管理部门的基本职责，对加强工商行政管理队伍建设提出了新的更高的要求，为工商行政管理部门强化监管执法、实现职能到位指明了前进的方向，是工商行政管理部门实践"三个代表"重要思想的具体化，是贯彻党的十五届五中全会、六中全会精神的指导方针，不仅对于指导 2002 年的工作具有重要现实意义，而且对于工商行政管理部门在新时期开创工作新局面具有深远的历史意义。

各级工商行政管理机关要认真学习领会朱镕基总理的重要批示，深刻认识新时期工商行政管理部门的重要地位和作用，把职能准确定位到"把好市场主体的入门关、当好市场运行的裁判员、做好市场秩序的坚强卫士"上来，更好地承担起规范和维护市场秩序的重要职责；深刻认识朱镕基总理对队伍建设提出的要求，努力建设一支"忠于职守、勇于负责、清正廉洁、执法如山"的高素质的工商行政管理干部队伍，为建立和完善社会主义市场经济体制提供有力的保证。要通过深入学习领会朱镕基总理的重要批示，牢记总理的嘱托，明确肩负的重任，进一步增强使命感和责任感。

2. 正确估价工商行政管理工作取得的成绩和队伍的现状，清醒地认识面临的挑战和存在的问题，进一步增强加强市场监管和队伍建设的紧迫感和危机感。

正确估价已取得的成绩和存在的不足，清醒地认识面临的任务和挑战，是实现新跨越、开创新局面的前提。工商行政管理部门自新中国成立初期成立，特别是 1978 年恢复以来，在不同的历史发展时期取得了令人瞩目的成绩，2001 年更是在工商行政管理发展史上留下了浓重的一笔。回顾工商行政管理事业 50 年的发展历史，我们在感慨、振奋的同时，深切感受到党中央、国务院的关怀和期望，以及经济和社会发展的迫切要求。

我国已进入全面建设小康社会、加快推进社会主义现代化进程的新阶段，断续保持良好的经济发展势头，对于实现"十五"计划非常关键。今天世界经济仍将处于缓慢增长状态，不确定因素增多。要更好地实行扩大内需的方针，巩固和发展良好的经济形势，就必须把市场秩序整顿好，这也是改善投资环境，增强消费信心，成本最低、最有效的措施。我国已经加入 WTO，随着全方位的、更高层次的、更大范围的对外开放，将全面提升我国市场主体、市场交易和市场竞争

的档次;与此同时,我国将由"市场开放阶段"向"规则开放阶段"过渡。经济体制改革,政府职能转换,以及工商行政管理自身的改革和发展,将逐步实现与 WTO 规则的要求对接,工商行政管理市场监管的法律法规、政策措施、执法体制、方式方法、程序等都必须符合 WTO 规则和我国的对外承诺,任务十分艰巨,责任十分重大。在工商行政管理工作中不适应的环节还很多,我们的队伍在思想、观念、作风、素质和能力上仍有不小的差距。当前迫切需要认清新时期肩负的职责和任务,找准存在的问题和差距,进一步增强紧迫感和危机感。

展望未来,要抓住机遇,迎接挑战,必须坚定信心,变压力为动力,抓好几个关键环节。一是在思想观念的转变方面:必须树立法治的观念,迫在眉睫的是依照 WTO 规则的要求,进一步规范工商行政管理的监管执法行为;必须树立权利平等的观念,在各项工商行政管理工作中平等对待各类主体;必须树立统一、公开透明、严格履行职责的观念,进一步转变机关作风。二是在整顿和规范市场秩序方面:要标本兼治,加大治本力度,逐步将运动式、突击式、战役式的大检查、大整治,变为法定持续的、规范科学的事前、事中和事后有机结合的日常监管。三是在自身改革方面:要与时俱进,由职能、体制调整改革为主,向完善监管执法机制、加强内部制度建设、加强信息化建设,全面推进监管方式方法改革创新、办公方式方法改革创新转变。四是在队伍建设方面:要以培养一批适应 WTO 规则要求的干部和专业人才为突破口,从普及性、应急性、临时性、一般介绍性向系统化、职业化、规范化、精英化培训转变。继续推进干部制度改革,全面提高工商行政管理队伍的整体素质。

(二)标本兼治,继续大力整顿和规范市场经济秩序,把好市场主体的入门关,做好市场秩序的坚强卫士

1. 强化流通领域商品质量监管,继续严厉打击制售假冒伪劣商品违法行为。坚持加强日常监管与开展专项治理相结合,进一步加大打假力度。一是抓好商品质量监督抽查工作。国家工商总局计划在全国范围内对食品、农资、汽车(摩托车)配件、家电、装饰材料、化妆品、通讯工具、御寒品、保健品、旅游用品等与人民生活、生产密切相关的 10 类商品、1 000 个品种、200 家市场或商场组织抽查。各省(区、市)工商局也要结合实际,认真开展商品质量监督抽查工作。抽查结果要定期向社会公布,对发现的违法行为依法及时组织查处。二是强化对重点市场的监管和大案要案的查处。各地要在对辖区内的制假售假情况实地认真调查摸底的基础上集中整治城乡集贸市场,严厉打击各种违法违章行为。要突出狠抓制假售假大案要案的查处工作,制定和实施大案要案的排查和督办工作制度,排除地方保护主义干扰,加大办案力度,对涉嫌构成刑事犯罪的案件,要坚决按照有关规定和程序移送公安部门。要抓紧落实国家工商总局等三部门下发的《举报制售假冒伪劣商品违法行为奖励办法》,进一步完善假冒伪劣案件的发现机制。三是围绕与工农业生产和消费者吃、住、行密切相关的商品,开展打假治劣专项执法行动,切实保护生产、消费安全。全年开展四次专项执法行动:第一季度,以食品打假为重点,保安全过节;第二季度,以农资打假为重点,保安全生产;第三季度,以家庭装饰材料打假为重点,保安全装修;第四季度,以汽车、摩托车配件打假为重点,保安全行驶。

2. 深入开展专项整治,坚决查禁传销和变相传销违法活动。一是继续抓好重点地区的专项整治。16 个打击传销活动的重点省市,要认真制订工作方案,精心组织联合行动,全面清,重点查,坚决把传销和变相传销回潮、蔓延的势头打下去。二是狠抓大案要案。各地对影响面广、规模大、危害严重的传销和变相传销大要案件,要组织专门力量,采取"端窝点,抓头目,封账号,吊执照"等强有力措施,依法严惩,彻查彻办。三是强化对外商投资转型企业的监管。密切配合有关部门,对转型企业"雇佣推销员证书"进行清理,防止转型企业采用传销的做法推销产品。四是加强宣传教育。充分发挥新

闻媒体的舆论监督和宣传引导作用,对典型传销案件予以曝光,公开揭露传销的欺骗性和严重危害性,提高广大群众自觉抵制传销的能力。五是公布举报电话,健全投诉网络,发动群众广泛参与,形成全社会共同抵制、打击传销违法活动的良好氛围。六是加强日常监管,坚决把传销和变相传销活动消灭在萌芽状态,严防其滋生蔓延、形成气候。

3. 坚决打破地区封锁和行业垄断,促进统一开放、竞争有序市场体系的建立。一是认真执行《国务院关于禁止在市场经济活动中实行地区封锁的规定》,依法查处地区封锁行为。重点查处酒类、化肥、烟草等行业或产品的地区封锁、地方保护行为。对地方政府及其所属部门滥用行政权力保护本地企业和产品、设置关卡阻碍外地商品和服务进入本地市场的,要依法提出行政建议,责令改正。二是继续对供电、供水、供气等垄断性行业限制竞争行为开展专项整治。重点查处供电、供水、供气等部门强制用户购买其提供的产品或接受其提供的服务的行为。对群众反映强烈的限制竞争案件,要加强督查,尽快办结。对典型的限制竞争案件,要通过新闻媒体予以曝光。

4. 进一步加大反不正当竞争执法力度,严厉查处各类不正当竞争行为。一是深入开展打击仿冒、误导、不正当有奖销售行为的专项执行行动。重点检查食品、饮料、旅游、房地产等与人民群众切身利益息息相关的行业,重点检查小商品市场、城乡结合部市场、旅游景点。二是继续开展纠正医药购销中不正之风的工作,强化对医疗机构药品集中招标采购活动的监管,坚决查处药品购销中的回扣及其他商业贿赂行为。三是积极探索新的执法途径,加大对网络经营活动的监管力度,依法查处网上不正当竞争行为。四是加强对知名商品、知名企业知识产权的保护力度,坚决制止利用知名商品"搭便车",制造市场混淆,以及侵犯商业秘密等损害他人知识产权的违法行为。五是强化合同监管,重点查处买卖、装饰装修、房屋租赁、居间加工、承揽合同的欺诈违法行为。

5. 继续推进维权体系建设,强化消费者权益保护工作。一是继续推进"12315"消费者申诉举报网络建设,进一步完善"12315""一个中心、三级执法"的消费者权益保护执法网络、与相关行政执法部门的维权协作网络、"12315"消费者申诉举报社会监督网络,及时受理消费者申诉举报,严厉查处侵害消费者权益案件。二是继续推进"百家企业打假维权"工作,充分发挥生产企业的优势和行业协会的作用,开展与修理业联手打假维权行动。三是继续推进创建"打假维权满意街"活动,抓好"打假维权示范点"建设。四是强化服务领域消费者权益保护工作。采取检查与抽查相结合的方法,重点抓好餐饮、美容美发、洗染、照相、修理等服务场所的监管,积极与有关部门配合,加强对旅游、电信、航空、交通以及公用服务企业侵害消费者权益行为的查处。五是加强对消费者协会的指导,充分发挥消费者组织在维护消费者权益中的社会监督作用。

6. 严把市场准入关,规范市场主体行为。一是坚持条件,严把市场准入关,规范市场主体资格,从源头上抑制扰乱市场经济秩序和行为。二是密切配合有关部门,继续清理整顿印刷装修企业、矿产资源勘查开采企业、危险化学品生产经营企业、木材经营加工企业、酒类生产经营企业等。三是强化企业监督管理工作。严厉查处虚假出资、抽逃出资、虚报注册准资本等违法行为。与有关部门密切配合,继续取缔无照经营,严肃查处"三无"企业,严厉打击违法经营。加强外商投资企业登记管理工作,围绕提高利用外资工作的质量、水平和有效维护我国的经济安全的核心,强化工作力度,建立健全加入 WTO 环境下外商直接投资市场准入工作高效有序、统一有力的机制与格局。四是加强对个体私营经济和经纪人、经纪机构、拍卖业的监管,依法确定其市场主体资格,严厉查处违法经营行为。

7. 继续加强对各类市场的监管,维护良好的市场秩序。一是继续做好粮食市场、棉花市场管理工作,严肃查处违法经营,维护正常的市场秩序。二是以东南沿海地区为重点,开展打击走私贩私的专项斗争,坚决取缔私货市场,严厉打击私货交易行为。三是强化日常监管,切实防止已取缔的报废车辆拆解市场死灰复燃。四是积极配合有关部门,继续整顿规范文化市场,深入开展"扫黄"、"打非"、"禁毒"、反假币斗争,严厉打击逃汇、骗汇行为。

8. 强化商标、广告监管,严厉查处商标侵权和虚假广告违法行为。一是以实施新修订公布的《商标法》为契机,强化商标执法工作,严厉查处商标侵权假冒行为,加大对商标专用权的保护力度。二是以药品、医疗器械、医疗、保健食品广告为重点,严厉打击虚假广告违法行为,实施广告发布定期监测制度,加强广告经营资质管理,加大广告巡查力度,进一步整顿和规范广告市场秩序。

(三)解放思想,转变观念,适应强化监管执法的需要,大力推进市场监管制度的改革

1. 充分发挥工商所职能作用,大力推进市场监管巡查制。工商所是市场监管执法的"前沿阵地"和为经营者、消费者服务的"窗口",承担着工商行政管理的综合职能。全面加强基层工商所建设,对于做好工商行政管理各项工作具有重要意义。几年来,我们在改革工商所监管模式、实行市场监管巡查制等方面进行了积极的探索,创造了不少新鲜经验,收到了明显的效果。根据创新监管制度、强化监管执法的需要,要进一步采取有力措施,在工商所全面推行、大力完善市场监管巡查制。一是继续深化工商所机构改革,为推行市场监管巡查制提供必要的组织保障。坚持按经济区域设立工商所的原则,科学调整和规范工商所的机构设置,切实纠正以乡设所或一场一所的问题,形成完整有效的监管网络。按照"小局大所"的思路,适当精减机关人员,充实基层执法队伍。根据精简、统一、效能的原则,合理调整工商所内部职能分工,加强市场监管巡查力量。二是完善制度,规范管理,充分发挥工商所市场监管巡查的职能作用。各地要在认真总结经验的基础上,加快建立健全有关规章制度,促进市场监管巡查的制度化、规范化,提高市场监管巡查的科学性和有效

性。要通过实施市场巡查制,促进职能到位,进一步强化对辖区内各类企业和市场的监管,更好地维护市场经济秩序。

2. 积极推进行政审批制度改革,实行企业登记注册互联审批制。近年来,一些地方工商行政管理机关在当地政府领导下,积极改革行政审批制度,实行企业登记办照"一家承办,转告相关,互联审批,限时完成"的政务流程,改进了管理,提高了效率,方便了企业。根据国务院改革行政审批制度的部署,适应建立完善市场经济体制和我国加入WTO 的需要,各级工商行政管理机关要积极推进企业登记审批制度的改革。要在当地政府的领导和支持下,加快建设电子政务、网络工商,逐步实行网上互联审批、网上办照、网上年检、网上查询,简化程序,减少环节,提高办事效率,改善投资环境,更好地为扩大开放和经济发展服务。

3. 进一步完善"经济户口"管理,实施企业监管双轨制。近几年来,各地通过在工商所建立企业"经济户口",赋予工商所相应的检查、调查、建议、处罚等权限,弥补了县以上登记机关鞭长莫及、监管不到位等不足,有力地强化了对企业的属地监管。根据进一步整顿和规范市场主体行为的需要,各地要实施企业监管双轨制,做到县以上登记机关监管与工商所属地监管并重,上下联动,密切配合,依法共同做好企业监督管理工作。登记机关要依法做好企业登记注册工作,并及时向企业所在地工商所提供企业登记注册信息,加强对工商所监管企业的业务指导;工商所要全面建立企业"经济户口",落实属地监管责任制,切实加强对辖区内各类企业的监督管理。

4. 积极推进企业信用体系建设,建立企业信用公示制。建立信用制度,增强全民的信用观念,是整顿和规范市场经济秩序的治本之策。工商行政管理机关要充分利用监管执法中掌握的企业信用情况,为促进企业信用体系建设,积极发挥职能作用。一是建立企业不良行为记录管理系统。将有严重违法行为的企业锁入"不良行为警示记录系统",在锁定期限内限制其相关行为,并上网

公示,警示其他经营者,维护交易安全。二是建立企业良好行为记录管理系统。将"重合同、守信用"、经营信誉良好的企业,输入"良好行为记录系统",向社会公布,宣扬其诚信守约的行为,促进全社会良好信用观念的形成。

5. 实施政务公开,建立首办责任制。各级工商行政管理机关要把建立完善首办责任制,作为推行政务公开的一项重要内容。通过建立和实施首办责任制,转变作风,改进管理,强化服务。凡到工商行政管理机关办事的人员,首办者都必须热情接待,优质服务。属本部门职责范围的事,要依法依章、尽职尽责办理;属本单位其他部门办理的事项,要热情介绍到相关部门办理,不能简单生硬,一推了之;属外单位办理的事项,要耐心解释清楚,使办事者高兴而来,满意而归,树立良好的工商形象,进一步密切政群关系。

（四）适应建立完善社会主义市场经济体制和加入 WTO 的需要,进一步加强法制建设

1. 加强立法工作,完善市场规则。一是认真清理、修订规章。根据与 WTO 规则相衔接和强化监管执法的要求,继续深入开展工商行政管理规章的清理工作。重点修改有关外商投资监管和制止不正当竞争的规章。二是加快立法立规步伐。抓紧完成《商事登记条例》、《市场监督管理条例》的起草工作;继续做好制定《反垄断法》、修订《反不正当竞争法》和《广告法》的有关工作;根据新修改公布的《商标法》,加快进行有关配套规章的修改工作,力争使工商行政管理机关执法依据更完备,执法手段更充分。三是以反不正当竞争、保护商标专用权、维护消费者合法权益为重点,继续扩大国际交流与合作,使我国的市场监管立法、执法工作,进一步与国际惯例和 WTO 规则相衔接。

2. 坚持严格执法,规范执法行为。要进一步完善执法制度,严格执法纪律,规范执法者的主体资格,加强案件核审把关,认真开展执法检查,促进依法行政,保障严格执法;坚决纠正和查处有法不依,执法不严,违法不究,以罚代刑等错误行为。

3. 加强法制宣传教育,增强执法主体和全社会的法律意识。一是认真落实"四五"普法规划,大力组织工商行政执法人员学习法律法规知识,不断提高执法队伍的整体法律素质和监管执法水平。二是积极采取多种形式,向全社会广泛宣传工商行政管理法律法规,增强广大经营者和消费者的法律意识,促进守法经营,为工商行政执法营造良好的社会法制环境。

（五）提高素质,转变作风,努力建设一支"忠于职守、勇于负责、清正廉洁、执法如山"的工商行政管理干部队伍

朱镕基总理对工商行政管理干部队伍提出的"忠于职守、勇于负责、清正廉洁、执法如山"的十六字要求,高度概括了承担规范和维护市场秩序重要职责的工商行政管理队伍必备的政治素质、业务素质和作风素质,为我们加强队伍建设指明了方向。各级工商行政管理机关要结合贯彻党的十五届六中全会精神,认真落实朱镕基总理的要求,采取切实有力措施,进一步把队伍建设抓紧抓好。

1. 认真贯彻落实党的十五届六中全会《决定》精神,切实加强作风建设。朱镕基总理关于队伍建设的十六字要求,集中体现在作风方面,加强作风建设是落实总理要求的关键。要按照六中全会《决定》"八个坚持,八个反对"的要求,以"三个代表"重要思想为指导,针对工商行政管理队伍思想作风、学风、工作作风、领导作风和干部生活作风方面存在的问题,把加强党风建设与整顿队伍作风结合起来,抓党风,促政风,努力使工商行政管理队伍的作风建设有一个新的明显进步。一是以加强思想作风建设为重点,狠抓队伍作风整顿。坚持解放思想、实事求是、开拓进取,反对因循守旧、不思进取、无所作为,明确职责、牢记职责、履行职责,全面落实"忠于职守"的要求。强化大局意识、责任意识、执法意识,牢固树立对党中央、国务院负责、对人民群众负责、对监管和维护市场秩序负责的思想认识,切实担负起整顿和规范市场经济秩序的重任,全面落实"勇

于负责"的要求。进一步加强党风廉政建设，坚定不移地反对腐败，严厉查处以权谋私和失职渎职行为，深入纠正行业不正之风，大力整顿和规范市场监管执法行为；按照六中全会提出的党风建设"一要靠教育，二要靠制度"的要求，加强廉政教育和制度建设，切实做到从制度上防范腐败，从源头上治理腐败，全面落实"清正廉洁"的要求。严守政治纪律，坚决做到有令则行、有禁则止；违法必查、违法必究、违法必惩，严肃查处执法不严、监管不力的行为，全面落实"执法如山"的要求。二是以加强领导作风建设为重点，狠抓各级领导班子建设。省以下垂直管理后，对各级领导班子的要求更高了，吴仪国务委员特别强调要加强省级工商局领导班子建设。要坚持密切联系群众、理论联系实际、民主集中制，坚决克服官僚主义、形式主义，反对独断专行、软弱涣散。各级领导干部要带头廉洁自律，做反腐倡廉的表率；带头深入实际，大兴调查研究之风，认真研究解决市场监管执法中的重点、难点问题，进一步增强工商行政执法的科学性、预见性和有效性。三是以加强工作作风建设为重点，狠抓机关建设和基层建设。要大力精简会议和文件，切实纠正"以会议贯彻会议，以文件落实文件"的现象，努力提高会议质量，严格控制内设机构发文，切实把各级干部从文山会海中解脱出来，求真务实，真抓实干。要进一步转变机关作风，增强服务意识，改进服务态度，努力在服务基层、服务企业、服务群众中实践"三个代表"的重要思想。要适应改革工商所监管模式、强化工商所监管职能的需要，进一步加强基层建设，努力提高基层队伍的政治素质、业务素质和作风素质，提高监管执法水平。四是抓典型，促作风转变。以表彰宣传安徽省"模范公务员"何付凯同志先进事迹为契机，在全系统树立一批作风好、执法严的先进典型，充分发挥先进典型的示范作用；对作风漂浮、监管不力的，要严肃查处，予以通报，发挥反面典型的警示作用。

2. 适应形势、任务对干部素质的要求，进一步加强学习和教育培训工作。忠于职守，执法如山，必须具备相应的本领。所以，加强学习和培训，提高干部的业务素质，是贯彻落实总理要求的基础。吴仪国务委员也多次强调，要加强学习。各级工商行政管理干部尤其是领导干部要加强理论学习，坚持用马克思列宁主义、毛泽东思想、邓小平理论和"三个代表"重要思想武装头脑，不断增强政治敏锐性，提高领导水平。要学习相关的法律知识，学法、知法、懂法，才能依法行政、提高执法水平。当前，要特别加强WTO相关规则的学习，融会贯通，熟练运用，适应加入WTO后强化监管执法的需要。

要大力加强培训工作。一是培训要有针对性。要发扬实事求是、理论联系实际的优良作风，适应我国加入WTO的需要，围绕工商行政管理工作实际，有针对性地加强相关法律、知识的培训，确保培训工作收到实效。二是要加大培训力度，提高培训档次。要多渠道、多形式、多手段、多方法地进行培训。要把提高素质的培训和专题培训有机地结合起来，既要进行队伍业务素质、政治素质的培训，也要进行市场准入、反不正当竞争、《商标法》等专题培训。三是要加强领导，实现干部培训工作制度化、规范化。树立以人为本的思想，切实加强对培训工作的组织领导，确保培训工作有效开展。各级工商行政管理机关都要制定科学的培训计划，加大培训工作的经费投入，进一步加强培训基地、培训教材和师资队伍建设，增强培训工作的实效性。

3. 巩固机构改革成果，积极推进干部人事制度改革。积极推进干部人事制度改革，建立健全能者上、庸者下的用人机制和淘汰机制，增强干部队伍的危机意识、竞争意识、有所作为意识，是贯彻落实总理要求的动力。一是以县乡机构改革为契机，进一步精减编制，平稳分流人员，优化基层人员结构，提高队伍整体素质。二是抓好干部人事制度改革各项措施的落实，积极推行干部公开选拔、竞争上岗制度，完善干部交流、轮岗回避制度，抓紧建立干部辞职、辞退制度，优化用人环境，保持队伍活力。三是结合业务特点，探索试行企业注册管理和商标审查制度,提高队伍专业素质。

4. 加强信息化建设,提高现代化管理水平。掌握现代化管理技术,提高市场监管执法和科技含量,是贯彻落实总理要求的重要手段。一是提高信息化水平,全面推进政务信息和监管信息网络传输,实现监管方式网络化,加强信息反馈和沟通,增强快速反应能力。二是完备电子备案、查询、信用公示系统,完善"12315"维权网络、企业备案登记制度,全面推广"经济户口"电子化管理,实现对经济主体和市场行为的事前、事中、事后全方位、全过程的动态监管。三是大力加强"红盾信息"网站建设,提高其在知识产权保护、消费者权益维护、公平交易执法、法律法规政策咨询、促进良好企业文化形成等方面的权威性和知名度。四是加快推进办公自动化,进一步提高工商行政管理机关的办事效率和应变能力,将工商行政管理工作提高到一个全新的水平。五是提高干部队伍的信息知识素质。适应网络发展的要求,拓宽工商监管领域,加大对电子商务、网络交易等新兴领域的监管力度。

同志们,今年是我们党和国家历史上具有重要意义的一年。做好今年的各项工作,对于维护改革发展稳定的大局,继续推进中国特色社会主义的伟大事业,至关重要。全国工商行政管理系统的同志们,要紧密团结在以江泽民同志为核心的党中央周围,高举邓小平理论伟大旗帜,按照"三个代表"重要思想的要求,统一思想,坚定信心,沉着应对,趋利避害,转变作风,扎实工作,以优异的成绩迎接党的"十六大"胜利召开。

王众孚局长在何付凯同志先进事迹报告会上的讲话

(2002 年 1 月 8 日)

今天,国家人事部、国家工商行政管理总局联合召开表彰会,追授何付凯同志"模范公务员"的荣誉称号,人事部戴光前副部长宣读了表彰决定,何付凯先进事迹报告团为我们作了一场内容丰富、非常生动的报告。何付凯同志的先进事迹,感人至深,催人奋进,使我们受到了深刻的教育和启示。我们为有这样好的工商干部感到骄傲和自豪。

何付凯同志是一名普通的共产党员和基层工商干部。他在平凡的工作岗位上,坚持全心全意为人民服务的宗旨,忠实地实践江泽民同志"三个代表"的重要思想,模范地履行市场监管和行政执法的职责,赢得了人民群众的广泛赞誉。何付凯同志的先进事迹,充分体现了新时期工商干部的优秀和崇高精神。他是新时期工商行政管理干部的优秀代表,是勤政廉洁、秉公执法的模范,是广大工商行政管理干部学习的楷模。何付凯同志的先进事迹,集中体现在坚定信念、顾全大局、恪尽职守的坚强党性,依法行政、秉公执法、爱岗敬业的职业风范,任劳任怨、淡泊名利、无私奉献的高尚品德,廉洁奉公、服务人民、鞠躬尽瘁的公仆作风。表彰何付凯同志的先进事迹,弘扬何付凯同志的崇高精神,对于深入学习和实践江泽民同志"三个代表"重要思想,贯彻落实《中共中央关于加强和改进党的作风建设的决定》,建设高素质的工商行政执法队伍,树立新时期工商行政管理队伍的良好形象,激励全国广大工商行政管理干部做到忠于职守,勇于负责,清正廉洁,执法如山,认真履行工商行政管理职能,把好市场主体的入门关,当好市场运行的裁判员,做好市场秩序的坚强卫士,具有重要的意义。去年 9 月 27 日,吴仪同志就宣传报道何付凯同志的先进事迹作了重要批示;12 月 14 日,吴仪同志在听取国家工商总局汇报时又一次指出:在队伍建设中,要重视抓正反典型,充分发挥先进典型的示范作用和反面典型的警示作用。国家工商总局党组决定,在全国工商行政管理系统广泛深入开展向何付凯同志学习的活动。

一、学习何付凯同志,就是要坚定理想、信念,淡泊名利,无私奉献,全心全意为人民服务

何付凯同志勤政廉洁、甘于奉献的精神,源于一切从党的利益、从人民的根本利益出发,心里装着党和人民的利益。向何付凯同志学习,就要像何付凯同志那样,牢固树立起正确的世界观、人生观和价值观。发扬密切联系群众的优良作风,当人民公仆,为人民办事,奋发进取,自觉奉献。始终坚定理想信念,始终坚持党和人民的利益高于一切,坚持为党的崇高理想与为人民谋利益的一致性,坚持履行好市场监管和行政执法职责与全心全意为人民服务的一致性。牢记全心全意为人民服务的宗旨,深入学习、领会、实践"三个代表"重要思想。以职业道德建设为核心,坚持廉洁公正、勤政高效、爱岗敬业、文明礼貌,大力加强队伍的思想道德建设;以加强思想作风建设为重点,狠抓队伍作风整顿。严守政治纪律,坚决做到有令则行、有禁则止。

二、学习何付凯同志,就是要秉公执法,不徇私情,勇做市场秩序的坚强卫士

何付凯同志是一名普通的基层工商行政执法人员,他一贯坚持秉公执法,不徇私情,恪尽职守,为维护和规范市场秩序不懈工作。向何付凯同志学习,就要求我们时刻牢记自己肩上的责任,不断提高自身素质,努力完成国家赋予的职责。工商行政管理机关是市场监管和行政执法的政府职能部门,承担着规范和维护市场秩序的重要职责,这就要求各级工商行政管理部门都要把好市场主体的入门关,当好市场运行的裁判员,做好市场秩序的坚强卫士;这就要求所有工商行政管理干部都要忠于职守,勇于负责,清正廉洁,执法如山。我们的干部是执法者,能否秉公执法、依法行政,关系到法律的尊严、职能的到位。尤其是基层工商行政管理人员,更要像何付凯同志那样忠于职守,勇于负责,执法如山。因为基层工商行政管理干部处在监管执法的第一线,党和国家有关市场监管的政策、法规,党中央、国务院赋予工商行政管理机关的各项职责和任务,都要通过广大基层工商行政管理干部直接、具体、细致的工作加以体现。基层工商行政管理干部的一言一行,执法水平的高低,直接影响到广大经营者、消费者的切身利益和国家利益,关系到市场经济秩序和社会的稳定,关系到党和政府的形象和威望。

人民群众对工商行政管理工作赞成不赞成、高兴不高兴、满意不满意,也主要是通过基层工商行政管理干部的工作来检验和衡量。所以,各级工商行政管理机关在开展向何付凯同志学习过程中,要进一步狠抓基层建设,努力提高基层队伍的政治素质、业务素质和作风素质,提高监管执法水平。严肃查处有法不依,执法不严,监督不力,以罚代管,以罚代刑等玩忽职守的行为,以及监管不力,工作失职,不作为的行为。加大执法力度,充分发挥工商行政管理机关在整顿和规范市场经济秩序中的职能作用。

三、学习何付凯同志,就是要勤政廉洁,文明管理,树立良好的执法形象

何付凯同志在执法工作中的突出表现,就是依法行政,文明管理,清正廉洁。向何付凯同志学习,就要深刻认识到,工商行政管理机关是国家的权力机关,工商行政管理干部是国家公务员,代表政府行使权力,能否正确履行职责,依法行政,全心全意为人民服务,直接关系到党和政府的形象。工商行政管理人员直接与生产者、经营者接触,是面向社会的"窗口",一言一行关系队伍形象。要时刻牢记自己手中的权力是党和人民赋予的,只能用来为人民服务,绝不可以权谋私,贪赃枉法。要保持艰苦奋斗的政治本色,保持共产党人的高尚情操和革命气节。自觉抵御拜金主义、享乐主义和极端个人主义的侵蚀,经受住各种考验,增强拒腐防变的能力。公平公正是执法的生命线,清正廉洁是对执法队伍的基本要求。"公生明,廉生威",只有公正廉洁,才能依法行政,才有执法权威。所以必须高度重视执法队伍的廉政建设。要抓反腐倡廉教育,使广大工商行政执法人员特别是各级领导干部增强廉政意识,自觉廉洁自律,促进廉洁执法。要进一步强化对窗口部位、重要岗位的权力制约,健全内外监督制约机制,规范执法行为,促进依法行政。要抓源头。要从完善体制、机制和制度入手,切实做到从制度上防范腐败,从源头上治理腐败。要坚决反对野蛮粗暴行为,促进文明执法。重点是制止和纠正对管理对象态度生冷硬横,管理方法简单粗暴，动辄训斥等不良行为。要大力推进精神文明建设示范点建设。形成多层次、大范围、广覆盖的示范群体，以点带面，充分发挥示范作用，促进全系统的精神文明建设。要继续广泛深入开展创建文明行业、文明机关、文明"窗口"活动，全面推行政务公开制度，强化公仆意识、奉献意识，树立行业新风，做人民满意的公务员。

四、学习何付凯同志，就是要紧跟时代步伐，刻苦钻研，不断提高自身素质和依法行政的水平

何付凯同志孜孜以求，不倦学习，他富有工商行政管理干部应有的进取精神，善于结合工作实际学习和运用工商行政管理法律法规。学习何付凯同志，就要按照江泽民总书记"学习，学习，再学习"的要求，不断学习新知识，不断增强依法行政的能力，提高执法水平。一是要学习政治理论。重点学习马克思列宁主义、毛泽东思想、邓小平理论和江泽民同志"三个代表"的重要思想，增强贯彻执行党的路线、方针、政策的自觉性和坚定性。树立全心全意为人民服务、为经济发展服务的思想。二是要学习相关法律法规。执法者必须首先学法懂法，增强法制观念，才能坚持依法行政，提高执法水平。三是要学习WTO相关规则。这是当前的紧迫工作，也是一项长期的战略任务。要积极采取有力措施，加强教育培训工作，抓紧培养一批熟悉WTO规则、适应新时期市场监管执法需要的高素质人才。

全国各级工商行政管理机关要精心组织向何付凯同志学习的活动。学习活动要同联系实际深入学习贯彻江泽民同志"七一"重要讲话、实践"三个代表"重要思想、做好本职工作紧密结合起来；同加强政治业务学习、提高队伍素质和依法行政能力、进一步强化纪律和作风建设紧密结合起来；同弘扬立足本职、无私奉献的革命精神紧密结合起来。广大工商行政管理干部都要以何付凯同志为榜样，忠实地实践江泽民同志"三个代表"重要思想，按照"强化监管执法，勇做市场卫士"的要求，切实履行市场监管和行政执法职能，为维护市场秩序、促进经济发展不断做出新的成绩和更大的贡献。

王众孚局长在全国工商行政管理工作会议结束时的讲话

（2002年1月10日）

经过大家的共同努力，今天会议就要圆满结束了。

这次会议，一是认真传达学习了朱镕基总理的重要批示，进一步明确了工商行政管理的地位、职能和作用，大家受到了很大鼓舞。二是各地总结交流了经验，相互学习，取长补短，在思想认识和工作上都有了进一步提高。三是认真研究了今年的工作任务，启发了思路，完善了措施，对做好今年工作起到了积极的推进作用。四是表彰了先进，树立了典型，使大家学有方向，赶有目标。特别是昨天下午吴仪国务委员百忙之中与各地代表亲切座谈，七位同志代表全系统作了很好的发言，吴仪国务委员作了非常重要的讲话。与会同志一致感到：这次会议开得及时，时间虽短，但内容丰富，很有收获，取得了圆满成功。下面，我就贯彻落实这次会议精神以及几个重点问题，讲几点意见。

一、关于这次会议精神的贯彻落实

（一）要深刻领会"三个代表"重要思想，结合贯彻中央经济工作会议和党的十五届六中全会《决定》精神，认真传达学习朱镕基总理的重要批示和吴仪国务委员的重要讲话。我们贯彻落实这次会议精神的重点，就是以"一个思想、两个会议、一个批示、一个讲话"来统一我们的思想，统领我们今年和今后一个时期的工商行政管理工作。一个思想就是"三个代表"的重要思想，两个会议就是中央经济工作会议和党的十五届六中全会，一个批示就是朱镕基总理关于工商行政管理工作的重要批示，一个讲话就是吴仪国务委员与参加这次全国工商行政管理工作会议代表座谈时的重要讲话。统一思想是我们贯彻落实这次会议精神的重点，只有思想统一了，步调才能一致，行动才能迅速，工作才有成效。

（二）要认真总结取得的成绩和经验，查找存在的问题和不足，使我们的思想和工作更好地适应新形势和新任务的要求。各地工商行政管理局包括国家工商总局，在传达贯彻这次会议精神时，都要认真总结过去一年各项工作取得的成绩和经验。过去一年的工作，无论是处理历史遗留问题，还是创新事业，全体工商行政管理干部都付出了心血和汗水，工作成绩来之不易。比如说，工商行政管理队伍由70万人减到50万人，分流20万人的任务相当艰巨。这20万分流人员为工商行政管理事业的发展付出了代价，这是事业的需要，发展的需要。处理历史遗留问题、机构体制改革、应对加入WTO、整顿规范市场秩序等，很多工作都需要创造性的劳动。在座的各省（区、市）工商局长和总局机关的各位司局长，包括总局直属单位的各位负责同志，以及全体工商行政管理干部不仅做了大量的工作，还创造了很多好的经验。昨天重点发言的七位同志介绍的经验都非常宝贵。比如说，吴仪国务委员对石栋同志介绍的应对WTO工商行政管理干部必须做到的"三知三会"（即知道我国向世界所作的承诺，知道法律法规的调整情况，知道兑现逐步开放市场各项承诺的时间表；对来访提问会咨询解答，对具体事项会受理操作，对违法违章会监督检查）多次表示赞赏；对北京、上海等地的现代化监管模式也非常满意。遗憾的是昨天下午的时间太短，我们西部地区的同志还没有轮到发言。西部地区环境艰苦，市场经济的发育程度相对于东南沿海、大中城市有一定差距，但是推进工商行政管理工作的难度一点不小，他们也有很多宝贵经验值得总结和推广。在总结经验的同时，我们也必须查找工作中存在的问题和不足，特别是与朱镕基总理提出的"把好市场主体的入门关、当好市场运行的裁判员、做好市场秩序的坚强卫士"和"忠于职守，勇于负责，清正廉洁，执法如山"的要求相比，我们的工作还存在差距。国家工商总局党组要进一步查找自身的不足，全系统都要按照朱镕基总理提出的三大职能任务和十六个字的要求，认真对照检查，找出我们市场监管工作和队伍素质方面的差距。只有正确估价我们目前的状况，才能更好地履行职能，完成好党和人民赋予我们的光荣使命。

（三）要结合实际，突出重点，按照中央和国务院的统一部署，安排好今年的工作。一是要树立大局意识，坚定不移地在思想上、政治上、工作步调上与党中央、国务院保持高度一致，这是我们安排好今年工作的一个前提。二是要紧密联系各省（区、市）的实际，在当地党委、政府的统一领导下，安排部署好新一年的工商行政管理工作。三是要突出工作重点。当前，建立和完善社会主义市场经济体制，加入世贸组织等形势，充分说明我们正处在一个重大的变革时期，工商行政管理也面临着法律法规、体制、机制和队伍素质等与这些变化相适应的问题。为适应这些变化，需要做一系列艰苦细致的工作，每年都要突出几个重点、抓好几个环节。

（四）转变作风，狠抓落实。党的十五届六中全会提出："不能以会议贯彻会议，以文件落实文件。"贯彻这次会议精神，要深入基层抓实，实实在在地抓。要有的放矢地开展工作，讲求实际效果；要深入实际调查研究，具体问题具体分析；要督促检查，直接指导；要落实责任，使全体干部都做到心中有数；要勇于探索，创造性地开展工作。很多省市工商局都有自己联系的工作点，这样做很好。

二、关于整顿和规范市场经济秩序的问题

关于整顿和规范市场经济秩序，江总书记和朱镕基总理在中央经济工作会议上都作了非常重要的讲话。江总书记在会上讲了今年工作的六个要点，其中第四项就是创造良好的体制环境，并专门阐述了整顿市场秩序工作；朱镕基总理部署了今年的八项重点工作，其中第五项就是整顿和规范市场经济秩序。整顿和规范市场经济秩序仍然是今后经济工作的重点。

（一）要突出重点，抓好四项工作。工商行政管理部门作为整顿和规范市场秩序的生力军，要更好地发挥职能作用，完成党中央、国务院交给我们的各项工作。在整顿和规范市场经济秩序工作中要突出重点：

一是继续深入打假。打假仍然要以食品、药品以及与人民群众密切相关的生产、生活资料为重点。工商行政管理部门去年牵头整治非法拼装汽车市场,今年要防止非法拼装汽车市场死灰复燃。要加大对虚假广告、商标侵权案件的查处力度。要加强流通领域的日常打假工作,这是工商行政管理部门负责的工作,任务非常繁重。

二是坚决彻底查禁传销。传销和变相传销对社会和经济秩序的危害很大。昨天吴仪国务委员特别点了马招德同志,要求他汇报海南打击传销的经验,马局长作了很好的发言。从他介绍的经验中我们体会到海南打击传销之所以取得这么大的成绩,与当地党委、政府的重视分不开,与广东、广西等有关省份的大力支持分不开。最近我们和公安部联合进行了调查,发现跨省区的传销势力很大,有的企业在甲省登记到乙省传销,逃避工商行政管理部门的监管;有的企业同时在几个省进行传销,所以,今年工商行政管理系统打击传销要全国一盘棋。这项工作主要由工商行政管理部门负责,只有触犯了刑律,进入司法程序,才涉及公安、法院。所以,我们打击传销的工作任务很重,各地要继续抓紧抓好。

三是打破地区封锁和行业垄断。打破地区封锁和行业垄断,是国务院确定的今年整顿和规范市场经济秩序的一个重点。这项工作不管是谁牵头,我们都要积极行动。大家回去贯彻落实这次会议精神时,要把打破地区封锁和行业垄断作为今年整顿和规范市场经济秩序工作的一项重点,部署好,落实好。

四是把好市场主体入门关。朱镕基总理强调要把好市场主体入门关,工商行政管理部门贯彻落实这一要求,就是要进一步加强企业注册登记和注册后的监管。各地在交流经验中谈到市场准入互联审批、经济户口双轨制管理等,都是加强企业监管的有效措施,把好市场主体入门关我们责无旁贷。我经常讲焦作、洛阳的火灾事故,我们的一位副局长被判刑七年,就是因为在没有履行前置审批手续领取卫生许可证的情况下,工商行政管理部门给企业登记注册了。广东的走私案件以及偷逃税、骗退税的案件,牵涉到工商行政管理部门的虚假登记,相关人员都受到了处理。企业的虚假注册行为要受到相关法律法规的处理,工商行政管理企业登记机构的失职渎职也要受到处理。当前,适应 WTO 规则的要求,审批制度正在改革,有些前置审批项目将被取消。取消了前置审批以后,对企业来讲,简化了手续,提高了办事效率,但工商行政管理部门的责任更大了。我们工商行政管理系统已经有一些地方实行了网上注册,网上注册可以提高效率和工作透明度,但各地在网上审批的同时,要与实地调查相结合。对网上注册企业要适当进行抽查和核实,对各种虚假行为必须采取有效措施加以遏制。大量的审批取消、企业登记注册的现代化手段实施以后,如何采取有效措施来遏制市场准入中的虚假行为,是一个新的课题,各地要认真研究探索,提出切实可行的解决办法。

(二)要有忠于职守的精神和忠于职守的本领。每一个工商行政管理人员,都必须认真落实朱镕基总理"忠于职守、勇于负责"的要求。要有忠于职守的精神状态,同时还要有忠于职守的素质和方法。素质不高、业务不熟、缺乏本领,也忠于不了职守;作风飘浮、方法简单粗暴,同样不能忠于职守。要牢记职责,勇于承担责任,一丝不苟地把本职工作搞好。

(三)要加强协调配合。整顿和规范市场经济秩序,要上下协调,左右配合,充分发挥整体功能。就工商行政管理系统内部而言,省市之间要互相协调配合,从工商所到总局上下之间要协调配合;就部门与部门之间而言,所有政府部门之间,政府与企业之间,政府与社会之间,都有一个协调配合的总体功能作用问题。因此,我们既要在国务院规定的职责范围内勇于负责、忠于职守,同时也要积极与相关部门协调配合好。在整顿和规范市场秩序的各项工作中,需要我们配合的时候,一定要配合好,当好"卒"子;需要我们牵头当主力军的时候,一定要挂好帅。

三、认真做好市场办管脱钩的善后工作，巩固成果，确保稳定

市场办管彻底脱钩，革命革到了自己头上，工作难度很大，大家付出了艰苦的努力。能在去年12月份，按照党中央、国务院的部署完成这项工作，的确很不容易。市场办管彻底脱钩的善后工作很重要，一定要抓紧做好。市场办管彻底脱钩的善后工作包括：债权、债务的清理，分清人员的离岗到位。要加强思想政治工作，对分流人员要讲清道理，做细致的思想政治工作，充分听取他们的意见。要妥善地解决实际问题，多渠道地找出路，使分流人员各得其所，安居乐业。只要我们严格纪律，坚持公平、公开、公正的原则，按政策办事，再加上有思想政治工作，有给出路的政策，通过一段时间的努力，分流人员的稳定是可以实现的。要巩固成果，防止反弹，吴仪国务委员昨天特别强调了这个问题。这次会议之后，各地无论是依靠地方党委、政府也好，思想政治工作也好，给出路的政策也好，按政策办事也好，但就是不能走回头路，这是原则和政治纪律。决不能功亏一篑，又重新由工商行政管理机关代管市场，或者采取其他变相方式代管市场。各地在春节前要对市场办管脱钩情况进行复查和验收，国家工商总局机关各司（局）按照承包责任制继续督促检查，春节后总局检查验收。检查验收中发现有明脱暗不脱等弄虚作假情况，将给予党纪政纪处分。

四、继续落实财务"收支两条线"管理各项规定

一是要进一步学习财务"收支两条线"管理的有关规定。1998年11月5日，中央政治局常委会议讨论通过了工商行政管理部门实行省以下垂直管理的体制改革方案。随后国务院根据政治局常委会讨论的意见，制定了国发〔1998〕41号文件。这个文件对省以下垂直管理后的干部管理、编制管理和财务管理，都作了具体的规定。实行财务"收支两条线"管理，即工商行政管理部门所有规费和罚没收入统收统缴，统支统发。国发〔1998〕41号文件对哪些经费应该列入财政预算非常明确，人员经费、公用经费、办案经费、装备经费、基础设施经费等都包含在内。为了落实国务院国发〔1998〕41号文件，财政部1999年就工商行政管理系统实行"收支两条线"管理后的经费保障问题，提出了解决意见，由国务院办公厅予以转发，有关的政策、办法更加明确，进一步完善了国发〔1998〕41号文件。新调到工商行政管理部门工作的同志可能对这段历史、对这些文件接触较少，请各省（区、市）工商局的办公室主任、财务处长，把有关文件找出来让我们省（区、市）工商局的领导花一些时间看看，还要交给省政府的有关领导特别是主要领导，让他们也看看这些文件。总体来讲，财务"收支两条线"管理的文件规定已经比较完善了。为了进一步落实朱镕基总理去年7月27日考察国家工商总局时的重要讲话，财政部和中编办又联合进行了调查，对1999年的国务院办公厅文件作了修订，不久将正式印发，进一步明确财务"收支两条线"管理的有关规定。

二是要彻底解决收支挂钩、以收定支的问题。目前，在实际操作过程中，全国除2个省外，其他省（区、市）财政部门核定工商行政管理部门的经费不是按预算来给经费，而是实行多收多支、超收分成等办法来以收定支。这种办法对有的省来讲，资金渠道会更加宽裕一些。严格实行"收支两条线"管理以后，有的地方要减收。1978年工商行政管理部门恢复以来，历史上我们花了大量财力来办市场，这是当时国家的整体要求。实施市场办管脱钩，这是时代的要求。1950年中央成立私营企业局和外资企业管理局，当时的任务和现在恰恰相反，中央私营企业局当时的任务就是改造私营企业，外资企业局当时的任务就是赶走外资企业。到社会主义改造基本完成以后，工商行政管理部门被撤销了，因为历史任务已经完成。当时的情况与现在有很大的不同。加入WTO后为了更好地管理外资企业，国家工商总局专门成立了外资企业注册局。当时的任务是为了消灭它，现在是为了发展它。工商行政管理部门当时要建设发展市场，现在要与所办市场彻底脱钩，这是形势发展的需要，是建立

社会主义市场经济体制的需要。尽管市场办管彻底脱钩给我们工作带来难度,给我们的经费收入带来困难,但是小局要服从大局,局部要服从整体。讨论当中,大家提出了一些具体问题,由于前几年把钱投入到市场建设中,工商行政管理部门连办公的房屋都没有,特别是工商所由驻场制改为了巡查制,要从集贸市场中搬出来,但没有办公场所。近年来,财政部对我们工商行政管理部门很支持,从今年起,基层设施费用要向经济欠发达地区倾斜,包括湖南的湘西、吉林的延边、湖北的恩施等。国家工商总局将如实向国务院领导同志、财政部反映基层建设费的问题,争取继续给工商行政管理部门大力支持。同时,恳请大家向省市汇报,转告他们,工商行政管理部门把市场交出去了,会更好地执行执法任务,但财政经费上还存在许多实际困难,请省(区、市)委、政府按照国务院国发[1998]41号文件的要求,确保基础设施建设费,确保装备费等。在这里我还呼吁一下,希望各个省市继续伸出友谊援助之手,对西藏、三峡库区移民给予大力支持。

五、进一步加强班子建设和队伍建设

一是要继续加强国家工商总局党组自身建设。领导班子建设的重点是总局党组自身的建设,要采取多种形式,抓好党组各个方面的素质提高。二是要继续抓好总局机关和省局班子的建设。吴仪国务委员在听取我局工作汇报时,两次强调了这个问题。加强班子建设,要按照十五届六中全会加强和改进党的作风建设的要求,切实加强政治理论学习,不断增强各级干部政治上的坚定性、敏锐性,只有这样我们才能同中央在思想上、政治上、工作上保持高度一致。三是要抓领导素质的提高,包括领导水平、领导能力的提高以及领导作风的转变。江总书记指出,今年是转变作风年、调查研究年。国家工商总局党组要带头转变工作作风,具体研究确定联系点,确保深入基层进行调查研究。要进一步加强机关建设,进一步减少会议和文件,特别是机关司(局)之间要避免会议、文件的重复和矛盾。要用更多的时间,深入基层调查研究,督查督办,解决实际问题。要切实转变机关作风,真正树立起为企业服务、为群众服务的观念,提高办事效率。要继续加强国家工商总局的信息化、现代化建设,提高现代化管理的水平。国家工商总局组建任务完成之后,要继续推进人事制度的改革,大力推进竞争上岗,择优录用。要继续加强基层队伍建设,今年在进行县乡工商行政管理机构改革工作中,要通过机构改革,妥善地分流人员,调整队伍结构,提高队伍整体素质。四是要建立强有力的基层工商所的责任制。总局法规司正在牵头加快《市场监管条例》的起草步伐,来代替原来的《工商所条例》,准备向国务院领导报告,争取得到他们的大力支持,使工商所真正实现职能到位。五是强化培训,进一步提高全系统干部的文化素质和执法水平。只有整体素质提高了,我们执法才能有效,才有权威。吴仪国务委员特别强调搞好WTO的培训工作。WTO的很多条款我们还不熟悉,许多运作方式还需要探索,必须继续加强WTO有关知识的培训。希望各地能够结合省情、市情,不断提高培训教育的针对性、档次和水平。六是依法行政、廉洁执法。全国工商行政管理系统广大干部一定要依法行政、廉洁执法。在这方面我们必须解决两个问题,一个是严格的责任制,就是朱镕基总理所讲的"忠于职守,勇于负责";另一个是"清正廉洁、执法如山"。基层工商行政管理机关要去创收,就很难廉洁执法,要坚决纠正为了罚款去办案的现象。现在企业法律意识增强了,不管是自然人还是法人,在经营活动中大都有自己的律师,如果工商行政管理部门处罚不合理,企业便会向法院起诉,所以希望加强内部执法监督。依法行政不能简单粗暴,不能靠拳打脚踢来执法,要文明执法,这一点要切实作为我们形象建设的重中之重来抓。

总之,朱镕基总理的重要批示,对工商行政管理部门的职能、地位、作用以及队伍建设都提出了非常全面、具体的要求。吴仪国务委员昨天的讲话虽短,但对今年工作的重点、队伍建设的要求等都讲得非常具体。我们要把朱镕基总理的重要批示和吴仪国务委员的讲话学习领会好，贯彻落实好，进一步开创工商行政管理工作的新局面。

王众孚局长在全国工商行政管理系统党风廉政工作会议上的讲话

（2002 年 4 月 17 日）

　　这次全国工商行政管理系统党风廉政工作会议，是一次很重要的会议。会议的主要任务是，以江泽民总书记"三个代表"重要思想为指导，认真贯彻落实党的十五届六中全会、中纪委七次全会和国务院第四次廉政工作会议精神，回顾总结 2001 年工商行政管理系统的党风廉政建设和反腐败工作，对 2002 年的工作进行研究部署。

　　2001 年，是我国实施"十五"计划和现代化建设第三步战略目标取得良好开局的一年，也是工商行政管理发展史上具有重要意义的一年。全国工商行政管理系统认真贯彻落实党中央、国务院的部署，坚持"两手抓，两手都要硬"的方针，在大力整顿和规范市场经济秩序的同时，狠抓队伍作风整顿，党风廉政建设和反腐败工作取得了新的成绩。一是继续加强思想教育，严格规范从政行为，进一步促进了各级领导干部廉洁自律。狠抓中央关于领导干部廉洁从政各项规定的落实，在全系统重点开展了领导干部接受现金情况、领导干部配偶子女从业情况和领导干部持有因私护照及办理港澳通行证、外国居留证情况"三项清理"，对违反规定的进行了纠正或处理。二是以惩治执法腐败、查处失职渎职为重点，进一步加强了案件查办工作。去年全系统纪检监察机构共受理信访举报 13 569 件，立案查处 1 412 件，给予党纪政纪处分 1 316 人，移送司法机关处理 96 人。三是针对突出问题，加大治理力度，进一步巩固了纠风工作成果。各地继续抓住"案、费、证、照"等重点环节，重点治理"吃、拿、卡、要"和"三乱"问题，促进了行风的进一步好转。去年全系统共有 1 838 个县级以上工商局接受了当地政府组织的行风评议，满意率和基本满意率达 99%；共

有 1 037 个县以上工商局被各级政府和上级工商行政管理机关评为先进单位。四是坚持标本兼治、重在治本的方针，从源头上预防和治理腐败取得了实质性进展。为加大从源头上治理腐败的力度，全系统重点抓了以下工作：加强督办，狠抓落实，于 2001 年底全面完成了市场办管脱钩任务，促进了职能到位和公正、廉洁执法；在县以上工商行政管理机关普遍实行了"收支两条线"管理，进一步规范了执收执罚行为；积极推进行政审批制度改革，取消了一批行政审批项目；全面实行政务公开，进一步强化了民主监督；继续推进干部人事制度改革，普遍实行民主推荐、任前公示、竞争上岗等措施，提高了干部选拔任用工作的透明度，遏制了用人上的不正之风。五是党风廉政建设责任制的规定进一步落实，"一把手"负总责，明确分工，责任到人的领导体制和工作格局基本形成，为反腐倡廉各项工作落到实处提供了有力的保证。这些成绩的取得，是全系统各级纪检、监察部门和纪检监察干部开拓进取、团结奋斗的结果。在此，我代表国家工商总局党组，对全系统纪检、监察工作所取得的成绩表示祝贺，向全体纪检监察干部致以崇高的敬意和诚挚的问候！

　　2002 年，是我们党和国家历史上具有重要意义的一年。根据党中央、国务院关于进一步加强反腐倡廉工作的部署和转变作风年的要求，工商行政管理系统加强党风廉政建设和反腐败工作的任务十分繁重。关于今年全系统的党风廉政建设和反腐败工作，见元同志将在这次会上作工作报告，进行全面部署。这个报告是经国家工商总局党组集体讨论同意的，希望同志们认真贯彻落实。下面，我再强调几点。

　　一、进一步深刻认识新形势下加强党风廉政建设和反腐败工作的重要性和紧迫性

　　统一思想，提高认识，是搞好党风廉政建设和反腐败工作的重要基础和前提。多年来，通过坚持不懈抓思想教育，全系统广大干部的思想认识逐步提高，廉政意识明显增强。但同时我们也要清醒地认识到，在改革不断深化、开放不断扩大、经济持续发展的进程

中,反腐败斗争不断遇到一些新的情况和问题。因此,必须与时俱进,开拓创新,继续深化廉政意识,不断改进和加强反腐倡廉工作,丝毫不能满足,丝毫不可松懈。当前和今后一个时期,尤其要教育全系统广大干部深入学习领会六中全会《决定》和中纪委七次全会、国务院第四次廉政工作会议精神,从承担新形势下市场监管执法的繁重任务对队伍整体素质的要求出发,进一步提高对党风廉政建设和反腐败工作重要性和紧迫性的认识,进一步增强反腐倡廉的自觉性。

(一)加强党风廉政建设和反腐败工作,是承担新时期市场监管执法历史重任的要求。随着社会主义市场经济体制的逐步建立完善和我国加入 WTO,党中央、国务院对工商行政管理工作日益重视。自 1998 年决定省以下工商行政管理机关实行垂直管理、2001 年决定国家工商局机构升格后,去年12 月 22 日,朱镕基总理又对工商行政管理工作作出重要批示。强调工商行政管理部门是市场监管和行政执法的政府职能部门,承担着规范和维护市场秩序的重要职责。要求各级工商行政管理部门要把好市场主体的入门关,当好市场运行的裁判员,做好市场秩序的坚强卫士。要求所有工商行政管理人员都要忠于职守,勇于负责,清正廉洁,执法如山。指出这是建成社会主义市场经济的保证。吴仪国务委员也一再强调,工商行政管理部门是维护市场秩序的生力军。并多次指出,工商行政管理部门在应对我国加入 WTO,营造有利于我国扩大对外开放的良好市场环境,保护我国产业等方面,肩负着重要责任。这表明,党中央、国务院对新时期工商行政管理部门的地位和作用予以充分肯定,寄予厚望。各级工商行政管理机关要进一步增强使命感和责任感,下大力气提高队伍整体素质,下大力气加强党风廉政建设和反腐败工作,努力造就一支政治坚定、业务精通、执法严格、公正廉洁、作风优良的工商行政管理干部队伍,以适应新形势下承担历史重任的需要。

(二)加强党风廉政建设和反腐败工作,是转变作风,改进政风,树立良好工商形象的要求。落实六中全会《决定》和中央转变作风年的部署,对工商行政管理队伍的作风建设提出了更高的要求。这些年来,通过扎实开展思想教育和作风整顿,使队伍作风明显转变,执法形象有所改观。但对成绩不能估计过高。应当清醒地看到,部分同志在思想素质、精神状态、工作作风等方面,离党和人民的期望还有差距,还不能完全适应新形势、新任务的要求。忽视政治理论学习和思想作风修养,组织纪律观念不强,管理作风粗暴,工作方法简单,甚至滥用职权,违法行政,吃拿卡要,以权谋私等问题还时有发生。这些问题虽然出现在少数人身上,但影响面广,危害性大,损害了党和政府同人民群众的关系,影响了工商行政管理机关和干部队伍的形象。所以,今年我们要把转变作风、改进政风作为加强党风廉政建设和反腐败工作的重要内容,高度重视,抓紧抓实,努力在队伍形象建设方面取得更大的成效。

(三)加强党风廉政建设和反腐败工作,是促进公正、廉洁执法,切实提高执法权威的要求。工商行政管理机关是行政执法机关,必须树立执法权威,才能增强执法的有效性,依法严惩违法违章经营。树立执法权威,最基本的要求是做到清正廉洁。"公生明,廉生威。"公正才能明察秋毫,廉洁才有执法权威。"吏不廉平则治道衰。"贪赃枉法者当然不可能严格公正执法、震慑违法分子,而只会利用手中的权力包庇、纵容违法犯罪行为,甚至与违法犯罪分子内外勾结,串通作案。所以,反腐倡廉,廉洁从政,不仅是工商行政管理机关加强队伍建设的需要,也是增强执法权威性的要求。

二、突出重点,狠抓源头,努力把党风廉政建设和反腐败的各项工作落到实处

根据中纪委七次全会和国务院第四次廉政工作会议的部署,2002 年,工商行政管理系统的党风廉政建设和反腐败工作,要坚持标本兼治的方针,在抓重点、抓源头两个方面狠下功夫,努力取得新的实际成果。

(一)以规范从政行为,惩治执法腐败、失职渎职为重点,进一步加强反腐败"三项工作"。第一,继续强化领导干部廉洁自律工作。着重抓好四个方面：一是不准领导干部收受直接管理和服务对象、下属单位和个人等的现金和有价证券。对违反规定收受和赠送的，都要给予严肃处理。二是禁止领导干部到企业和下属单位报销应由本人及其配偶、子女支付的个人费用。对违反规定报销的领导干部和批准报销的企业、下属单位有关责任人员，都要视情节予以处理。三是继续落实领导干部配偶、子女从业的规定和中纪委七次全会作出的新的规定。对违反规定的，要及时予以纠正或处理。四是狠刹奢侈享乐、铺张浪费歪风。禁止用公款进行高消费的娱乐和健身活动。第二，加大工作力度，严肃查处执法腐败、失职渎职案件。重点查办严重违反政治纪律的案件；领导干部和"窗口"部门工作人员以权谋私、贪污受贿案件；市场监管执法人员执法犯法、失职渎职案件；机构改革中违反组织人事纪律弄虚作假、买官卖官、违规进人的案件。在查办案件中，要健全信访举报制度，疏通渠道，扩大案源；要严格执纪，依法严惩腐败分子，决不心慈手软；要选择反面典型，开展警示教育，做到警钟长鸣；要注意剖析典型案件的发案原因，从中发现制度上和管理上的薄弱环节，建章立制，强化管理，堵塞漏洞。第三，纠建并举，进一步巩固纠风工作的成果。要继续把"窗口"单位和基层工商所人员吃拿卡要，对管理对象态度生冷硬横，管理方法简单粗暴作为纠风工作的重点，常抓不懈。要进一步规范执收执罚行为，严防"三乱"问题反弹。在制止和纠正不正之风的同时，要广泛深入开展创建文明行业、文明机关、文明"窗口"活动，大张旗鼓表彰先进，弘扬正气，发挥何付凯等先进典型的示范作用，教育引导广大干部增强公仆意识，树立行业新风，争当人民满意的公务员。

（二）继续深化"三项改革"，加大从源头上预防和治理腐败的力度。第一，进一步完善"收支两条线"改革。经过几年的不懈努力，工商行政管理系统实行"收支两条线"管理的工作取得了很大进展，有力地促进了工商行政管理系统规范执收执罚行为，从源头上预防和治理腐败现象。但目前这项工作还不够规范，"收支挂钩，以收定支"的现象还普遍存在，收缴分离、罚缴分离尚未全面实现。中纪委七次全会和国务院第四次廉政工作会议提出，今年要把"收支两条线"管理作为抑制腐败的治本之策，要求所有执法部门真正全面施行。工商行政管理机关作为第一批实施部门，更要坚决贯彻落实中央、国务院的部署，继续在完善"收支两条线"管理上狠下功夫。要积极争取当地政府和财政部门的支持，尽快彻底解决"收支挂钩，以收定支"问题；要严格执行"收支两条线"管理的各项规定，把预算外资金全部纳入预算管理；要积极采取有效措施，全面推进收缴分离、罚缴分离，规范执收执罚行为；要继续完善有关规章制度，促进"收支两条线"管理工作制度化、规范化。第二，加快推进行政审批制度改革。改革行政审批制度，规范行政审批权力运作，既是转变政府职能的需要，也是加强廉政建设的重要举措。各地要按照国务院和当地政府的部署，积极稳妥地推进这项改革。要在彻底清理的基础上，对行政审批项目逐一作出处理。应当取消的行政审批项目，要坚决取消，并建立后续监管制度，防止管理脱节。对保留的行政审批项目，要制定严密的内部监督制约措施，规范审批行为，提高审批的透明度，切实防止滥用审批权，搞权钱交易。总局和各省市工商局要搞好行政审批制度改革的衔接工作，做到上下协调，整体推进。第三，继续深化干部人事制度改革。用人上的不正之风是危害最大的不正之风。为此，六中全会《决定》把"坚持任人唯贤，反对用人上的不正之风"作为加强和改进党的作风建设的一项重要任务。制止和纠正用人上的不正之风，关键是深化干部人事制度改革，完善选贤任能的机制，推进干部人事工作的科学化、民主化、制度化。各地要抓好干部人事制度改革各项措施的落实，积极推行民主推荐、公开选拔、竞争上岗、任前公示等制度，加快完善干部交流、轮岗、回避制度，努力形成既有利于优秀人才脱颖而出，又有利于防止和纠正用人上的不正之风的科学机制。对不按党的干部标准、不按规定的程序选人用人,以及在用人上搞不正之风和腐败行为的,要坚决严肃查处。

三、切实加强对党风廉政建设和反腐败工作的领导

为确保2002年工商行政管理系统的党风廉政建设和反腐败工作取得实效,要着重抓好以下工作。

(一)认真落实党风廉政建设责任制。党风廉政建设责任制,是从制度和领导机制上保证党风廉政建设和反腐败工作落到实处的重大举措。全系统各级领导干部要以高度的政治责任感,抓好这项制度的落实。一是要强化责任意识。各级领导干部要把党风廉政建设责任制作为一项政治纪律来执行,切实对党风廉政建设和反腐败工作负起领导责任。二是要明确分工,落实责任,加强督查。根据党风廉政建设责任制的规定,各单位"一把手"对职责范围内的党风廉政建设负总责,领导班子其他成员按照分工各负其责。各级领导干部要认真履行领导职责,对党员、干部严格要求,严格管理,严格监督;要自觉坚持"两手抓,两手都要硬"的方针,切实做到党风廉政建设与业务工作一起部署,一起落实,一起检查,一起考核,确保党风廉政建设工作落到实处,取得实效。三是要加大责任追究力度。凡是领导干部对职责范围内的反腐败工作敷衍塞责、抓得不力,以致屡屡发生问题的,要严肃追究有关领导干部的责任。

(二)各级领导要自觉发挥表率作用。加强党风廉政建设和反腐败工作,领导发挥带头作用是关键。各级领导干部要以身作则,带头廉洁自律,带头抵制各种不正之风,以清廉的形象、优良的作风,为干部群众做出表率,影响和带动干部群众共同做好反腐倡廉工作。

(三)重视加强纪检监察干部队伍建设。新的形势和新的任务,对纪检监察干部队伍的素质提出了更高的要求。各级工商行政管理机关必须高度重视纪检监察干部队伍建设。一是要重视纪检监察干部队伍的思想作风建设。各级纪检监察干部要努力实践"三个代表"重要思想,坚定理想信念,牢记党的宗旨,爱岗敬业,恪尽职守。要按照与时俱进的要求,进一步转变思想观念、工作方法和工作作风,适应新形势下做好纪检监察工作的需要。二是要重视提高纪检监察队伍的业务素质。纪检监察干部要努力学习经济、金融、法律、科技等方面的知识,不断提高反腐倡廉工作中解决实际问题的能力。三是要重视纪检监察机构建设。省以下工商行政管理机关实行垂直管理后,纪检监察机构的责任更大、任务更重了,纪检监察机构只能加强,不能削弱。县以上各级工商行政管理机关都应当建立健全纪检监察机构,并配备政治坚定、业务过硬的干部充实加强纪检监察干部队伍。四是各级领导要大力支持和关心纪检监察工作。要努力为纪检监察部门排忧解难,并从政治上、工作上、生活上关心、爱护纪检监察干部,帮助他们解决实际困难,使他们解除后顾之忧,更好地履行职责,做好工作。

同志们,2002年工商行政管理系统加强党风廉政建设和反腐败工作的任务十分繁重。我们要紧密团结在以江泽民同志为核心的党中央周围,认真贯彻落实党中央、国务院的部署,开拓进取,扎实工作,以党风廉政建设和反腐败工作的优异成绩,迎接党的"十六大"胜利召开。

王众孚局长在全国工商行政管理局长会议上的讲话

(2002 年 7 月 29 日)

这次全国工商行政管理局长会议的主要任务是,总结上半年全系统整顿和规范市场经济秩序、加强队伍建设的情况,交流工作经验,以"三个代表"重要思想为指导,贯彻落实江泽民总书记"5·31"重要讲话和朱镕基总理等领导同志对工商行政管理工作的重要指示,对下半年继续深入整顿和规范市场经济秩序、进一步加强队伍建设的工作进行研究部署;与人事部联合追授宁夏灵武市工商局磁窑堡工商所胡学勤同志"模范公务员"荣誉称号,学习宣传胡学勤同志的先

进事迹和崇高精神。下面,我讲几点意见。

一、上半年工作的基本情况

上半年,各级工商行政管理机关认真贯彻党的十五届五中全会、六中全会、中央经济工作会议精神和朱镕基总理等领导同志的重要指示,按照年初全国工商行政管理工作会议的部署,深入整顿和规范市场经济秩序,大力推进市场监管制度改革,继续加强队伍建设,各项工作取得了新的进展。

(一)坚持突出重点,标本兼治的方针,整顿和规范市场经济秩序取得新的成效

整顿和规范市场经济秩序是近两年国务院工作的重点。在去年和今年的《政府工作报告》中,朱镕基总理都把整顿和规范市场经济秩序列为重点工作。全国工商行政管理系统按照党中央、国务院的统一部署,紧紧围绕这项中心任务,突出重点,狠抓落实。截至6月底,全国工商行政管理机关共查处各类经济违法违章案件67.65万件,比上年同期增长12.88%;案值82.5亿元,比上年同期增长8.77%;移送司法机关处理案件473件。

1. 集贸市场专项整治取得突破性进展。国务院把集贸市场专项整治作为今年整顿市场秩序的一项重要工作,明确由工商部门牵头,相关部门配合。经过半年多的努力,集贸市场专项整治工作取得了突破性进展。整治工作有两个特点:一是目标明确,突出重点。目标明确,就是集贸市场整治目标是根据李岚清副总理指出的集贸市场存在的问题确定的,即切实解决一些集贸市场存在的假冒伪劣的"集散地"、偷税漏税的"特区"、藏污纳垢的"庇护所"、执法部门进不去的"独立王国"等问题。整治的重点也非常突出,全国共确定了201个地区作为集贸市场整顿的重点地区,504个市场作为整治的重点市场,并把与群众生产、生活密切相关的商品,作为重点整治的商品。二是求真务实,取得实效。各地工商行政管理机关整治集贸市场工作都做得非常扎实。前一段,国家工商总局派出了12个工作组分赴各地检查督办集贸市场整治工作。大家感到集

贸市场整治工作的确取得了实效。制售假冒伪劣商品的行为得到了一定的遏制,"藏污纳垢"现象得到了清理,"偷税漏税"情况得到了清查和补征,一些市场中存在的执法壁垒现象得到了破除,工商、税务、公安等部门都能够进场执法。集贸市场的整治工作,集中体现在"打假、除霸、清照、查税"四个方面。"打假"就是集中力量打击制售假冒伪劣商品的违法行为;"除霸"就是严厉打击市霸、菜霸、肉霸;"清照"就是取缔无照经营,查处"三无"企业;"查税"就是对偷税漏税的行为进行清查和补征。截至6月底,在集贸市场专项整治中,全国共清理各类市场48 520个,取缔假冒伪劣商品摊位36 424个,取缔无照经营635 994户,查处制售假冒伪劣窝点1 084个,查处各类违法违章案件53 296件。

2. 继续深入开展打击制售假冒伪劣商品的违法行为,充分发挥"12315"投诉举报网络作用,切实维护消费者的合法权益。今年上半年查处的案件比去年有所增加,恶性大要案件的发生有所遏制。今年在农资打假专项执法行动中,共查处假冒伪劣农资案件7 658件,查获假冒伪劣化肥1 492.6万公斤,农药104.2万公斤,种子131.3万公斤。在食品、饮料打假专项执法行动中,共查获假冒伪劣食品247万公斤,饮料306万瓶。在药品、医疗器械打假专项执法行动中,共查获假冒伪劣药品133.4万盒(瓶、袋)、医疗器械160 948件。"12315"投诉举报网络得到了进一步的发展和完善。消费者投诉,能够快捷地向市局、县局进行反馈,市局、县局接到投诉后,又快速分解到有关业务部门,消费者投诉很快就有了明确答复。很多地方都组建了"12315"执法机动队伍,配备了车辆、通信工具、电脑等。目前,"12315"投诉举报网络体系已经在全国大多数地方建成,对于及时有效地打击制售假冒伪劣商品违法行为,维护消费者合法权益,发挥了重要作用。上半年,全国工商行政管理机关共查处侵害消费者权益案件6.83万件,案值3.89亿元,其中商品消费案件5.72万件,服务消费案件1.11万件。

3．严把市场准入关，认真清理无照经营，打击了违法经营活动。近年来，各地工商行政管理机关在严把市场准入关方面，发挥了很大作用。市场准入环节十分重要，市场主体行为的优化，是市场秩序优化的基础，只有市场主体行为规范了，市场秩序的规范才有基础。今年以来，各级工商行政管理机关在过去工作的基础上，加大了年检和对市场主体的监管力度，在扩大开放的前提下，进一步严把了市场准入关。及时有效地清理了"三无"企业、无照经营，使规范市场主体行为既有事前的审批，也有事中的监管，还有事后的查处。上半年，共查处虚报注册资本、虚假出资、抽逃出资案件 1.67 万件，其中，移送司法机关处理案件 181 件，责令改正 8 500 多家，吊销营业执照 467 家。

4．严厉打击了传销和变相传销活动。传销的隐蔽性、欺骗性和危害性极大。传销者往往既是欺骗者，也是被欺骗者，根除传销案件发生的难度较大。今年上半年，打击传销的任务很重，全国工商行政管理机关共查处传销和变相传销案件 419 件，涉案人员 1.69 万人，取缔传销窝点 2 357 个，移送司法机关处理案件 28 起。今年上半年，打击传销的成效体现在两个方面：一是加强了监管，狠抓了苗头，把传销活动消灭在萌芽状态。很多地方一发现有传销培训，就及时抓住这些苗头，将其遏制在初发阶段，不让它形成气候。与此同时，对过去遗留的案件进行了清理。二是对转型企业加强了监管。国家工商总局与外经贸部、经贸委、公安部等部门多次召开联席会议，研究对转型企业加强监管的措施，并多次与转型企业董事长、总裁谈话，要求他们保证不搞传销。通过采取抓苗头、抓处理案件、抓对转型企业的事前监管等一系列措施，防止了传销行为的发生，有效遏制了传销的蔓延。

5．进一步强化了商标和广告监管。新修订的《商标法》实施以后，国家工商总局加快了对商标遗留案件的处理，商标案件的查处力度加大，特别是对商标侵权案件的处理，进一步做到了公正、透明。截至 6 月底，全国工商行政管理机关共查处商标违法案件 13 314 件，其中涉外商标案件 579 件。广告监管和监测工作也逐步加大了力度。近年来，我们在媒体上公布了一些不良或违法广告，在社会上引起很大、很好的反响。通过曝光不良或违法广告，教育了媒体，促使它们加强自律，规范了自身行为。截至 6 月底，全国工商行政管理机关共查处广告违法案件 27 751 件，并责令 505 家问题严重的广告经营单位停业整顿。

6．进一步加强了法制建设，对治本之策进行了积极的探索。一是在立法立规方面，国家工商总局和各地在制定和完善法规规章方面都取得了新的成果。二是在整顿规范市场秩序工作中，各地工商行政管理机关对治本之策进行了积极有效的探索。比如，北京市对鲜肉市场的管理，实行了"场厂挂钩"制度，使注水肉、变质肉没有机会混入市场。又如，浙江省正在起草商品交易市场规范管理的办法，各地也在搞类似的地方性法规。

总之，上半年，整顿和规范市场经济秩序的几项工作，特别是由我们牵头的工作，都取得了明显成效。不属我们牵头的工作，也发挥了主动配合的作用，如旅游市场整顿、加油站整顿，还有安全生产等方面，我们都积极进行了配合，推进了这些工作的顺利开展。

（二）继续探索了监管方式、方法的改革，进一步实现了职能到位

1．巩固和完善了市场巡查制。今年，市场巡查制推进的力度较大，各地工商行政管理机关包括工商所，对市场巡查都制定了具体的管理办法，促进了市场巡查制的规范化。

2．"经济户口"管理进一步强化。各地普遍实施了"经济户口"管理。有的地方对"经济户口"管理实行了责任制，将工商所管辖范围内的企业分成责任区，每个工商干部分管若干家企业。"经济户口"管理，已从提出时的模式，发展到现在的具体实施阶段。

3．信用体系建设稳步推进。过去工商部门在企业信用体系建设中，主要抓了"重合同"。去年以来，在"重合同"的前提之下，

在推进企业信用建设方面有了新的、深层次的探索。如北京市局对企业不良行为的记录系统、警示系统,在建设企业信用体系的基础上,强化了对市场主体的监督管理,这是联系工商职能,对整个社会建立信用体系服务很好的探索。

4. 信息化建设取得了新的进展。目前,国家工商总局已与46个省市工商行政管理局以及海关联网,下一步还将与国务院的相关部门联网,实现资源共享。各地工商行政管理机关也根据当地发展水平,在信息化建设方面有了很大的推进。在一些大的城市和经济比较发达的地区,如上海、广州、北京、江苏、浙江,工商行政管理系统信息化建设步子迈得很大,成效很明显,积累了很好的经验。西南、西北、东北地区,信息化建设对市场监管的促进作用也越来越明显。

5. 行政审批制度改革有了良好的开端。国家工商总局在国务院行政审批制度改革领导小组的具体部署安排下,已完成行政审批项目的清理工作,并对拟保留的、取消的、改变方式的,都提出了具体处理意见报国审办核审。各地工商行政管理机关的行政审批制度改革工作在地方政府的统一领导安排下,也迈出了较大步伐。

(三)认真贯彻落实"三个代表"重要思想,不断转变队伍作风,大力提高队伍素质

1. 各级工商行政管理机关狠抓了"三个代表"重要思想的学习和实践。国家工商总局党组今年上半年继续深入学习贯彻"三个代表",各省、市工商行政管理局领导班子的学习也抓得很紧,效果很好。基层工商机关和工商所"三个代表"重要思想学习教育活动取得了明显成效,广大基层工商干部的思想素质、政治素质、业务素质和综合素质进一步提高。在全国农村"三个代表"重要思想学习教育活动总结表彰大会上表彰的100个县(市)部门和基层站所先进集体中,工商系统有9个先进单位受到表彰。

2. 认真贯彻落实六中全会《决定》精神,加强调查研究,进一步转变了工作作风。江泽民总书记明确提出,今年是调查研究年。各地通过加强调查研究,认真分析问题,解决问题,使工作更有针对性、实效性,不断推进了工商行政管理工作的改革创新。今年以来,国家工商总局和各地工商局认真开展了思想、纪律和作风教育活动,取得了明显成效,使各级干部的政治素质进一步提高,纪律观念进一步增强,工作作风进一步转变。

3. 坚持廉洁执法,严厉查处执法腐败和失职渎职行为。今年上半年召开了全系统党风廉政建设工作会议,全系统落实这次会议的部署,加大了对执法腐败、失职渎职行为的查处力度,进一步促进了党风廉政建设。

4. 加强培训,有效提高了队伍素质。去年10月以来,国家工商总局先后举办了6期"WTO与工商行政管理"专题培训班,对全系统副省级市以上工商局领导干部进行了轮训,各省(自治区、直辖市)工商局也把WTO知识培训作为干部知识更新培训的重点。通过培训,进一步增强了干部应对"入世"、改进和加强市场监管执法工作的能力。

5. 积极开展示范教育和警示教育。在示范教育方面,今年上半年抓了两个典型,一个是何付凯,一个是最近出现的胡学勤。在警示教育方面,今年召开的全系统党风廉政建设工作会议,发放了警示教育材料。下半年,还将继续发放警示教育材料。一方面是树立先进典型,使大家学有榜样,赶有目标;另一方面是通过反面教材,使大家警钟长鸣,防微杜渐。

回顾上半年的工作,工商行政管理系统各项工作都取得了新的成绩。这些成绩的取得,首先,是认真学习、实践江泽民总书记"三个代表"重要思想的结果。近两年来,全系统广大干部职工认真贯彻落实江泽民总书记"三个代表"重要思想,用"三个代表"来统领工商系统的工作;去年7月,朱镕基总理等国务院领导同志考察了国家工商总局并作了重要指示;12月,朱镕基总理又对工商行政管理工作作出了重要批示,极大地调动和激发了广大工商行政管理干部的工作积极性和热情,提高了工商行政管理工作的质量和效率。这是我们取得成绩的根本

和动力。其次,良好的政治经济形势,为工商行政管理工作的推进提供了一个良好的环境。工商行政管理工作能够有所推进,与我国政治稳定、经济发展的大环境、大气候分不开,这是我们工作取得成绩的前提和条件。最后,是全系统干部开拓进取、努力工作的结果。

在肯定成绩的同时,我们也要清醒地看到,在上半年的工作中,还存在不少问题和需要改进的地方,无论是整顿市场秩序、推进各项改革,还是提高队伍素质,都存在一些不足。整顿规范市场秩序,仍存在薄弱环节,特别是治本方面,还没有一套完整的治本措施;在新的历史时期,我们自身的体制机制和监管方式方法的改革,还有很多新问题需要探索、研究,需要不断完善和充实;队伍的素质方面,还不太适应新形势的需要,无论是队伍的文化科技知识,还是法律经济知识,与时代和形势的要求还存在距离。这些问题,都需要我们在今后的工作中切实加以解决。

二、下半年工作安排

2002 年已时间过半。根据中央对当前经济形势的分析,上半年我国经济运行总体情况是好的,国民经济保持了良好的发展势头,国内生产总值增长了 7.8%,成绩是显著的。但同时我国经济生活中还存在一些困难和问题,其中,一些地区和领域市场经济秩序仍比较混乱,是影响国民经济健康运行的突出问题之一。因此,切实做好下半年的工作,确保全年经济工作任务的完成,必须继续深入整顿和规范市场经济秩序。各级工商行政管理机关要进一步增强责任感和使命感,以"三个代表"重要思想为指导,坚决贯彻落实党中央、国务院的部署,继续下大力气抓紧抓好以整顿和规范市场经济秩序为中心的各项工作,为促进国民经济继续保持良好的发展势头充分发挥职能作用。

(一)认真学习、深刻领会、全面贯彻江泽民总书记"5·31"重要讲话精神,坚持用"三个代表"重要思想统领全系统干部的思想和工作

江泽民总书记的"5·31"重要讲话,站在历史的高度和时代的前列,以马克思主义的科学创新精神,进一步阐述了"三个代表"重要思想的深刻内涵,指明了党和国家新世纪的奋斗目标,提出了新时期加强党的建设的任务和要求,高屋建瓴,内涵丰富,思想深刻,论述精辟,是"三个代表"的重要组成部分,是继去年"七一"讲话之后又一篇马克思主义的重要文献,对于开创建设有中国特色社会主义事业的新局面,做好新时期党的各项工作,具有十分重要的指导意义。各级工商行政管理机关要自觉把"5·31"重要讲话作为统一干部思想认识、总揽工商工作全局的方针和原则,作为推进工商行政管理事业改革和发展的强大思想武器。自觉把学习贯彻"5·31"重要讲话作为当前一项十分重要的政治任务,高度重视,抓紧抓实。通过精心组织学习,使广大干部牢牢把握"三个代表"的根本要求,充分认识讲话的重大意义,深刻领会讲话的科学内涵,全面把握讲话的精神实质,真正把思想认识统一到讲话精神上来,落实到具体工作中去。

江泽民总书记指出,贯彻"三个代表"重要思想,关键在坚持与时俱进,核心在保持党的先进性,本质在坚持执政为民。用"三个代表"重要思想和江泽民总书记"5·31"重要讲话统领全系统干部的思想和工作,必须牢牢把握这个根本要求,自觉在工作中做到三个坚持。第一,必须坚持与时俱进,不断更新观念。主要从四个方面更新观念:一是坚持以公有制为主体、多种所有制经济共同发展的基本经济制度,必然带来市场主体的多元化,这就要求工商行政管理机关从监管比较单一的市场主体转到监管多元化的市场主体上来。二是随着我国加入世贸组织和经济全球化的趋势,我国将在更广的领域、更大的范围、更高的层次上参与国际经济合作和竞争,国内市场将以更快的速度与国际市场融合,这对市场监管执法工作提出了新的课题和挑战,这就要求工商行政管理机关实现在更广的领域、更大的范围、更高的层次上监管和维护市场秩序,做到从监管比较单一的国内市场转到监管日益国际化的市场上来。三是科学技术的发展,必然导

致企业生产、营销方式的现代化以及违法犯罪科技含量的提高,这就要求工商行政管理机关从传统的监管执法方式转到采用现代化的监管执法方式上来。四是社会主义民主政治的发展、依法治国方略的实施、行政审批制度改革的推进,势必深刻影响政府机关的施政行为,促进政府机关的职能转变,这就要求工商行政管理机关从以行政手段为主转到主要依靠法律手段监管执法上来。第二,必须坚持把发展作为执政兴国的第一要务,努力实现职能到位。邓小平同志早就指出,发展是硬道理。江泽民总书记在"5·31"重要讲话中提出,把发展作为党执政兴国的第一要务,与邓小平理论是一脉相承的。促进经济发展,是全党、全国人民的使命,也是工商行政管理工作的根本目的。工商行政管理部门把发展作为执政兴国的第一要务,一是要改进管理,强化服务,为支持国有企业深化改革,促进各类市场主体健康发展充分发挥职能作用;二是要加强监管,严格执法,把好市场主体的入门关,当好市场运行的裁判员,做好市场秩序的坚强卫士,努力为经济健康发展营造良好的市场环境。第三,必须坚持执政为民,把人民群众满意不满意、赞成不赞成、拥护不拥护、高兴不高兴作为工商行政管理工作的第一标准。执政为民,是由我们党的性质和宗旨决定的,是实践"三个代表"的本质要求。作为市场监管和行政执法机关,我们在工作中坚持执政为民,就是要牢记宗旨,始终把为人民群众服务作为一切工作的出发点和归宿;就是要转变作风,满腔热情地为群众服务;就是要改进管理,关心群众疾苦,多为群众办实事、办好事;就是要严格执法,严厉查处各种经济违法违章行为,切实维护生产、消费安全,保障人民群众的合法权益。

(二)突出重点,标本兼治,扎扎实实抓好整顿和规范市场经济秩序的各项工作

今年上半年,在全系统的共同努力下,整顿和规范市场经济秩序的工作取得了阶段性成果。下半年,各级工商行政管理机关要继续认真贯彻落实去年11月中央经济工作会议精神,按照今年3月朱镕基总理在九届人大五次会议上所作的《政府工作报告》和前不久召开的全国整顿和规范市场经济秩序领导小组第五次全体会议、全国整顿和规范市场经济秩序电视电话会议的部署,把整顿和规范市场经济秩序的工作深入持久地开展下去。总的指导原则和工作思路是,认真落实三条要求,重点抓好八项工作。

三条总的要求:

一是坚持全面展开,突出重点,标本兼治,重在治本的方针。这是朱镕基总理在九届人大五次会议所作的《政府工作报告》中提出来的。下半年整顿和规范市场经济秩序的工作,仍然要坚持这个方针。特别是在抓重点和治本方面,要积极探索新的路子,取得新的成果。二是树立持之以恒,常抓不懈的思想。要充分认识整顿和规范市场经济秩序的长期性、艰巨性和复杂性,克服松懈、厌战情绪,坚持不懈地把这项工作抓下去。三是发扬恪尽职守,执法如山的精神。切实做到执法必严,违法必究,有案必查,有查必处。

八项重点工作是:

1. 以整治集贸市场为重点,进一步加大打假力度,切实维护经营者、消费者合法权益。一是继续深入开展集贸市场专项整治。要进一步拓展视野,不仅要整治集贸市场,还要整治集贸市场性质的"商城"、"商厦";要进一步加大治乱力度,狠抓大案要案的查处,继续根治假冒伪劣、欺行霸市、偷税漏税、执法壁垒等问题,特别要坚决端掉制假、售假、藏假的窝点;要一手抓整治,一手抓规范,抓紧健全集贸市场的监管法规、制度,建立集贸市场长效监管机制,提高集贸市场规范管理水平。二是围绕与工农业生产和群众消费密切相关的商品,进一步加大打假治劣力度。继续以农资打假为重点,保安全生产;以食品、饮料打假为重点,保安全消费;以建筑装饰材料打假为重点,保安全居住;以汽车、摩托车配件打假为重点,保安全行驶。三是继续推进维权体系建设。进一步完善"12315"消费者投诉举报网络、消费者权益保护执法网络和与相关行政部门的维权协作网络,充分发挥"12315"作用,加大消

费者投诉举报工作力度，严厉查处侵害消费者权益案件，切实维护消费者合法权益。

2. 改革和完善市场准入制度，加强对企业经营行为的监管。在促进国有企业深化改革，促进外商投资企业和个体私营经济发展，促进进一步扩大对外开放中，我们的市场准入制度要不断改革和完善。当前，我们的市场主体准入工作要积极促进下岗失业人员再就业，为搞好再就业工程服务。在市场准入制度改革和完善中，要严把市场准入关，这是朱镕基总理的要求，也是我们的职责所在。要强化企业年检工作，坚决遏制虚假出资、抽逃出资的行为。要坚持法律法规规定的前置审批条件，加强对涉及人民生命财产安全行业的登记审查，坚决把可能影响安全的市场主体堵在市场门外。要完善"经济户口"管理制度，加强对企业的属地监管，严厉打击违法违章经营。要与有关部门密切配合，继续取缔无照经营，严肃查处"三无"企业，认真清理整顿"五小"企业。

3. 进一步加大打击力度，加大宣传教育力度，坚决遏制传销和变相传销反弹和回潮。一是充分发挥新闻媒体的作用，进一步加大宣传教育力度，揭露传销的欺骗性和严重危害性，消除一些同志把目前存在的传销违法活动与"入世"后允许存在的无店铺销售混为一谈的错误认识，增强广大群众自觉抵制传销的能力。二是进一步强化对外商投资转型企业的监管。敦促转型企业加快整改步伐，防止转型企业采用传销方式推销产品。对多次警告不予整改的转型企业要依法严肃查处。三是继续抓好大案要案的查处，并加强日常监管，完善预警机制，健全举报网络，严防传销和变相传销回潮反弹。

4. 积极配合有关部门整顿加油站和旅游市场秩序，进一步强化对重要商品市场和服务行业的监管。一是继续配合经贸等部门整顿加油站，严把市场准入关，严厉查处违法违章案件，规范加油站经营行为。二是认真落实国务院的部署，积极配合旅游等部门开展旅游市场打假、打非专项整治，充分发挥工商行政管理职能作用，严厉查处无照经营、超范围经营、私授私拿回扣、制假售

假、乱设摊点，以及境外机构在国内违法从事旅游经营活动的行为，切实整顿和规范旅游市场秩序。三是认真贯彻国务院粮棉流通体制改革政策，进一步抓好粮食市场、棉花市场等重要商品市场的监管，严肃查处违法经营，维护正常的市场秩序。四是继续深入开展打击走私贩私的专项斗争，坚决取缔私货市场，严厉打击私货交易行为。五是强化日常监管，坚决防止已取缔的报废车辆拆解市场死灰复燃。六是积极配合有关部门，深入开展"扫黄"、"打非"、"禁毒"斗争，认真治理"网吧"等互联网上网服务营业场所，继续加强对服务行业的监管，严厉查处侵害消费者权益的行为。

5. 进一步提高商标注册的质量和效率，加大对商标侵权行为的查处力度。一是充分发挥商标注册与管理自动化系统工程的作用，进一步缩短注册周期，提高商标注册的质量和效率。二是严格履行新修订的《商标法》赋予的监管执法职能，坚持日常监管与专项整治相结合，进一步加大商标行政执法力度，严厉查处商标侵权假冒行为，切实维护商标注册人的合法权益。三是认真落实国务院领导指示，严厉打击印制、销售假商标的行为。同时，积极配合公安、新闻出版等部门，严肃查处印制、销售假发票、假证件的行为。

6. 进一步强化广告监管工作，严厉打击虚假广告违法行为。一是继续抓好药品、医疗器械、医疗服务、保健食品广告整治，严厉打击虚假广告违法行为。二是进一步完善广告监测制度，定期公布监测结果，严肃查处广告违法案件，并加大对违法广告查处情况的公示范围和公示力度。三是充分发挥工商所职能作用，加强对印刷品广告、店堂广告、户外广告的巡查监管，发现问题，及时纠正和查处。四是继续对带有不良文化倾向的广告进行清理，积极开展公益广告活动，促进社会主义精神文明建设。

7. 加大治本力度，加快立法立规步伐，积极推进信用体系建设。一是要根据与世贸组织规则相衔接的要求，继续做好工商行政管理规章的清理工作。二是要适应强化

监管执法的要求,抓紧完成《市场监督管理条例》、《商事登记条例》的起草工作;继续做好制定《反垄断法》、修订《反不正当竞争法》和《广告法》的有关工作;积极做好新修订的《商标法》配套规章的修订完善工作。三是要立足工商,进一步加强信用体系建设。与此同时,要认真落实国务院的部署,切实完成好行政审批制度改革的任务。国家工商总局要继续配合国审办做好行政审批项目的处理审核工作,并协助国审办和相关部门,做好企业前置审批的核定处理工作。要做好行政审批项目改革以后的后续工作,对于取消的行政审批项目要制定后续监管措施,对于保留的要建立健全制约机制,对于改变审批方式的,要制定具体的运作规范。国家工商总局与各省工商行政管理机关要做好行政审批制度改革中上下左右的衔接工作。凡总局取消或保留的,都要通报各个省局;各个省局取消或保留的,也要通报给总局和相关的省局,防止出现总局保留的下面取消,总局取消的下面保留,甲省取消的乙省还保留的情况。

8. 继续深化监管方式改革,加快信息化建设,提高监管执法水平。年初,我们在全系统推出了五项监管方式改革,各地积极稳妥实施,取得了明显进展,还采取了不少新的举措。希望各地以江泽民总书记"5·31"重要讲话为指导,与时俱进,开拓创新,继续推进监管方式改革,进一步加强信息化建设,不断提高监管执法水平。

(三)转变作风,提高素质,进一步加强班子建设

随着社会主义市场经济体制的逐步建立完善和我国加入世贸组织,工商行政管理机关肩负的市场监管执法任务日益繁重,对干部队伍素质提出了越来越高的要求。党中央、国务院对工商行政管理工作和干部队伍建设十分重视和关心。建设一支高素质的干部队伍,既是形势、任务的需要,也是党中央、国务院的殷切期望。各级工商行政管理机关要进一步增强加强队伍建设的责任感和紧迫感,坚持以"三个代表"重要思想为指导,认真贯彻党的十五届六中全会精神,

按照国务院领导的一系列重要指示要求,采取切实有力措施,坚持不懈地把队伍建设抓紧抓好。

1. 要把学习、实践"三个代表"重要思想作为加强班子建设和队伍建设的根本任务,切实抓紧抓好。"三个代表"重要思想,同马克思列宁主义、毛泽东思想和邓小平理论一脉相承,是新时期对马克思主义的重大理论贡献。要把学习、实践"三个代表"重要思想作为加强班子建设和队伍建设的一项重要内容和长期任务,在领会精神实质、武装干部头脑、统一思想认识、全面贯彻落实上狠下功夫。通过学习,进一步增强干部的政治意识、大局意识和责任意识,坚持讲大局、讲团结、讲稳定,自觉贯彻执行党的路线、方针、政策,坚决同以江泽民同志为核心的党中央保持高度一致,并联系实际,身体力行,推动工商行政管理事业的不断改革和发展。

2. 深入贯彻六中全会《决定》精神,廉洁勤政,转变作风,树立良好的工商形象。第一要廉洁。朱镕基总理在国务院第一次全体会议上提出,要建立廉洁、勤政、务实、高效的政府机关,把廉洁放在第一位。转变作风也好,贯彻六中全会《决定》也好,首先是要廉洁,廉洁是我们作风的重要体现,也是加强队伍建设的基础。要廉洁,就要彻底清除腐败,继续严厉查处执法腐败、失职渎职行为。近几年来,我们队伍中出现了一些不廉洁的问题,尽管发生在少数人身上,但是影响很坏,所以我们在队伍建设中强调首先要廉洁。第二要勤政。光廉洁不干事也不行,那样我们的工作就没法推进,事业就没法发展。勤政,就是要按照中央提出的"调查研究年"的要求,转变作风,深入实际,讲真话,办实事,解决问题,取得实效。对于工商行政管理部门而言,勤政还体现在有法必依,执法必严上,不认真执法,不恪尽职守,也不是勤政的体现。第三要秉公办事,文明礼貌。要在各项具体工作中,体现服务意识,体现文明作风,满腔热情,文明礼貌地为企业和人民群众服务。

3. 认真学习、执行《党政领导干部选拔

任用工作条例》,切实加强各级领导班子建设。最近中央颁布的《党政领导干部选拔任用工作条例》,是党政领导干部选拔任用工作必须遵循的基本规章。各级工商行政管理机关必须高度重视,坚决贯彻执行。一是要抓好《条例》的学习宣传。做到各级领导干部熟悉《条例》,组织人事干部精通《条例》,广大干部群众了解《条例》,为《条例》的贯彻执行营造良好的社会氛围。二是要严格按《条例》规定的原则、条件和程序选人用人。切实做到坚持原则不动摇,执行标准不走样,履行程序不变通,遵守纪律不放松,真正把德才兼备、政绩突出、群众公认的优秀干部特别是优秀年轻干部选拔到各级领导岗位上来,切实把各级领导班子配备好、建设好。三是要加强对《条例》执行情况的监督检查。要严守干部人事工作纪律,坚决抵制、纠正用人上的不正之风,严肃查处违反《条例》规定的行为。四是要以贯彻执行《条例》为契机,积极推进干部人事制度改革,建立健全科学的干部选拔任用机制和监督管理机制,推进干部工作的科学化、民主化、制度化。

4. 加强教育培训,不断提高队伍业务素质。要在全系统大兴学习研究之风,积极开展各种形式的培训,组织引导干部学习法律知识、市场经济知识、管理知识和现代科技知识,不断增强干部履行岗位职责的能力。当前,尤其要多形式、多层次地开展世贸组织规则及应对措施的培训和研究,并切实做到针对性强,讲求实效,使广大干部融会贯通,熟练运用,适应加入世贸组织后强化监管执法的需要。

5. 大力弘扬胡学勤同志的先进事迹,深入开展争当人民满意的公务员活动。今年6月25日,宁夏灵武市工商局磁窑堡工商所所长胡学勤同志在执法岗位上无私无畏,勇敢献身。朱镕基总理、吴仪国务委员对此极为关注,先后作出重要批示,要求全国工商行政管理系统的同志们向胡学勤同志学习。朱镕基总理、吴仪国务委员对胡学勤同志勇敢献身的重要批示,不仅是对胡学勤同志崇高精神的充分肯定,而且体现了党中央、国务院对工商行政管理工作的高度重视,体现了对工商行政管理战线全体同志的亲切关怀,体现了对新时期工商行政管理工作和干部队伍建设的殷切期望,对全系统干部是极大的激励和鞭策。胡学勤同志的先进事迹,集中体现了新时期工商行政管理干部的优秀品质和崇高精神。他是新时期工商行政管理干部的优秀代表,是"忠于职守,勇于负责,清正廉洁,执法如山"的模范,是"三个代表"的忠实实践者,是广大工商行政管理干部学习的楷模。当前,各级工商行政管理机关要认真贯彻落实国务院领导同志的重要批示,号召全体干部向胡学勤同志学习。学习他临危不惧,无私无畏,勇敢献身的精神;学习他忠于职守,勇于负责,爱岗敬业的精神;学习他不为利诱,不徇私情,秉公办事,执法如山的精神;学习他严于律己,关爱他人,清正廉洁的精神;学习他依法管理,热情服务,乐当公仆的精神。通过在全系统广泛深入开展向胡学勤同志学习的活动,充分发挥先进典型的示范作用,激励全系统广大干部"忠于职守,勇于负责,清正廉洁,执法如山",当市场秩序的坚强卫士,做人民满意的公务员。

同志们,下半年工商行政管理机关整顿和规范市场经济秩序、推进自身改革和建设的任务十分繁重。我们要紧密团结在以江泽民同志为核心的党中央周围,高举邓小平理论伟大旗帜,按照"三个代表"和江泽民总书记"5·31"重要讲话要求,坚持讲大局、讲团结、讲稳定,统一思想,转变作风,开拓进取,扎实工作,圆满完成下半年的各项任务,以优异的成绩迎接党的十六大召开。

王众孚局长在人事部、国家工商总局追授胡学勤同志"模范公务员"荣誉称号暨先进事迹报告会上的讲话

(2002 年 7 月 30 日)

今天,人事部、国家工商行政管理总局在这里隆重召开大会,追授胡学勤同志"模

范公务员"荣誉称号,听取胡学勤同志先进事迹的报告。

胡学勤同志是一名普通的基层工商干部。他在平凡的工作岗位上,忠实实践江泽民总书记"三个代表"重要思想,认真履行市场监管和行政执法职责,用鲜血和生命捍卫了法律的尊严。胡学勤同志的先进事迹,集中体现了新时期工商行政管理干部的优秀品质和崇高精神。他是新时期工商行政管理干部的优秀代表,是"忠于职守,勇于负责,清正廉洁,执法如山"的模范,是广大工商行政管理干部学习的楷模。中共中央政治局常委、国务院总理朱镕基,政治局候补委员、国务委员吴仪先后作出重要批示,充分肯定了胡学勤同志忠于职守,无私无畏,勇敢献身的崇高精神,号召全国工商行政管理战线的同志们向胡学勤同志学习。各级工商行政管理机关要认真落实朱镕基总理、吴仪国务委员的重要批示,按照人事部、国家工商总局的表彰决定,在全国工商行政管理系统广泛深入开展向胡学勤同志学习的活动。

一、胡学勤同志的先进事迹,是全国工商行政管理系统广大干部学习实践江泽民总书记"三个代表"重要思想的生动教材

胡学勤同志这一先进典型的涌现,是全国工商行政管理系统广大干部认真学习实践江泽民总书记"三个代表"重要思想的结果;是各级工商行政管理机关认真贯彻落实朱镕基总理等国务院领导同志对工商行政管理工作的一系列重要讲话和批示,坚持不懈抓干部队伍建设和党风廉政建设的结果。在胡学勤同志身上体现的临危不惧,无私无畏,勇敢献身的精神;忠于职守,勇于负责,爱岗敬业的精神;不为利诱,不徇私情,秉公办事,执法如山的精神;严于律己,关爱他人,清正廉洁的精神;依法管理,热情服务,乐当公仆的精神,集中展示了新时期工商行政管理干部与时俱进,昂扬向上,奋发进取的精神风貌,是全国工商行政管理系统广大干部宝贵的精神财富,是我们学习实践江泽民总书记"三个代表"重要思想的生动教材。

学习胡学勤同志的先进事迹,弘扬胡学勤同志的崇高精神,就要像他那样,在市场监管和行政执法中,敢于同各种违法行为作不屈不挠的斗争,当国家和人民的利益受到损害时,毫不畏惧,挺身而出,用自己的实际行动维护人民和国家的利益,捍卫国家法律的尊严;就要像他那样,胸怀共产主义远大理想,树立强烈的革命事业心和工作责任感,干一行,爱一行,专一行,忠于职守,勤奋工作,无私奉献;就要像他那样,始终坚持原则,恪守职业道德,严格秉公执法,自觉抵制各种诱惑,坚决同以权谋私和执法腐败行为作斗争;就要像他那样,严格要求自己,热情关心同志,自觉遵守党风廉政建设的各项规定,一身正气,两袖清风,廉洁执法;就要像他那样,时刻牢记全心全意为人民服务的宗旨,想人民群众之所想,急人民群众之所急,不断增强服务意识,转变工作作风,提高工作效率,甘当人民公仆,满腔热情地为经营者和消费者服务,以率先垂范的实际行动树立工商行政管理干部的良好社会形象。

二、认真学习、深刻领会国务院领导同志的重要批示,广泛深入地开展向胡学勤同志学习的活动

朱镕基总理、吴仪国务委员的重要批示,充分肯定了胡学勤同志的崇高精神,充分体现了党中央、国务院对工商行政管理工作的高度重视,对工商行政管理战线广大干部的亲切关怀,对新时期工商行政管理工作和干部队伍建设的殷切期望。当前,广泛深入开展向胡学勤同志学习活动,弘扬胡学勤同志的崇高精神,对于努力学习实践江泽民总书记"三个代表"重要思想,开创工商行政管理工作新局面,对于适应加入 WTO 新形势,建设高素质的工商行政管理干部队伍,树立新时期工商行政管理机关的良好执法形象,对于强化市场监管执法,实现职能到位,更好地整顿规范市场经济秩序,具有十分重要的意义和作用。

各级工商行政管理机关要高度重视和精心组织开展向胡学勤同志学习的活动。要把开展向胡学勤同志学习活动与加强队伍建设和党风廉政建设，全面提高广大干部的政治素质、业务素质、作风素质及监管执法水平结合起来；与整顿和规范市场经济秩序，促进经济发展结合起来。通过广泛深入开展向胡学勤同志学习的活动，充分发挥先进典型的榜样和示范作用，在广大工商行政管理干部中形成崇尚先进、学习先进、争当先进的良好氛围，促使全系统涌现出更多的先进模范人物，努力塑造工商行政管理干部队伍"市场秩序坚强卫士"的崭新形象。全国工商行政管理系统广大干部，要以胡学勤同志为榜样，认真学习邓小平理论，忠实实践江泽民总书记"三个代表"重要思想，牢记全心全意为人民服务的宗旨，树立正确的世界观、人生观和价值观，全面提高自身素质，立足本职，爱岗敬业，忠于职守，执法如山，清正廉洁，无私奉献，不辜负党中央、国务院的重托和期望，为维护市场秩序，促进经济发展不断做出新的努力和贡献。

三、大力弘扬胡学勤同志的崇高精神和先进事迹，努力建设新时期高素质的工商行政管理干部队伍

跨入新的世纪，在新形势下，工商行政管理工作面临着新的机遇和挑战，对工商行政管理工作和队伍提出了新的更高的要求。各级工商行政管理机关要认清形势，提高认识，进一步增强紧迫感、责任感和使命感，通过广泛深入开展向胡学勤同志学习活动，大力推进干部队伍建设，全面提高干部队伍素质。要坚持用马列主义、毛泽东思想、邓小平理论和江泽民总书记"三个代表"重要思想武装全体干部的头脑，使广大干部坚定正确的政治立场、政治方向和政治观点，增强政治敏锐性和政治鉴别力，善于从政治上认识和判断形势，始终保持政治上的清醒和坚定，自觉同以江泽民同志为核心的党中央保持高度一致。要广泛学习经济、法律、科技等方面的知识，改善和优化队伍的文化知识结构，不断提高依法行政的能力和水平。要继续狠抓队伍思想作风整顿，深入纠正行业不正之风，严厉查处以权谋私和失职渎职行为，切实做到违法必究，违法必惩。要进一步转变工作作风，牢固树立公仆意识，增强服务意识，改进服务态度，提高服务质量和效率，树立新时期工商行政管理干部的崭新形象。

让我们以胡学勤同志为榜样，坚定不移地高举邓小平理论伟大旗帜，全面贯彻"三个代表"要求，在以江泽民同志为核心的党中央领导下，解放思想，与时俱进，开拓进取，扎实工作，以优异的成绩迎接党的"十六大"的召开。

王众孚局长在全国工商行政管理局长会议结束时的讲话

（2002 年 7 月 31 日）

在大家的共同努力下，全国工商行政管理局长会议开了两天半，圆满完成了会议的各项任务，今天就要结束了。下面，我就这次会议精神的贯彻落实以及需要强调的几个问题，讲点意见。

一、巩固发展这次会议的成果，努力推进下半年的工作

这次会议时间虽短，但内容丰富，很有收获。大家一致认为，这次会议是一次学习贯彻江泽民同志"三个代表"重要思想，推动全系统班子建设和队伍建设，继续深入开展整顿和规范市场经济秩序工作的务实的会议；是一次弘扬先进，争当人民满意公务员的再动员的会议；是一次互相学习，互相促进，密切协作，团结进步的会议。

会议期间，大家认真总结回顾了上半年的工作，研究探讨了当前和新时期的工商行政管理工作，进一步明确了工作的指导思想和重点，完善了工作措施。与此同时，通过分组讨论和大会交流，大家沟通情况，交流经验，相互借鉴，取长补短，增进了认识，启发了思路，这对于今后的工作将起到积极的推动作用。所以这次会议是一次非常务实的工作会议。

在这次会上，我们与人事部联合表彰了宁夏灵武市工商局磁窑堡工商所胡学勤同志，并举行了胡学勤同志先进事迹报告会。胡学勤同志的先进事迹，一字一句催人泪下。胡学勤同志短暂的一生，朴实中展示了崇高，平凡中体现了伟大，他是新时期工商行政管理干部的典范。胡学勤同志把"让群众满意、组织放心"作为自己最高的工作目标，充分体现了对党、对人民负责的一致性和对事业的执著追求；胡学勤同志对违法行为绝不放过，甚至舍生忘死，充分体现了工商行政管理干部忠于职守、执法如山的崇高精神；胡学勤同志热情为人，严于律己，充分体现了共产党员的崇高品德和全心全意为人民服务的精神。胡学勤同志为我们每一个工商行政管理干部在新的历史时期如何立足本职，更好地为人民服务，当人民的公仆，起到了示范的作用。所以我们这次会议又是一次弘扬先进、学习先进、争当先进的会议。

会后，我们要根据这次会议总结交流的经验和提出的工作措施，狠抓落实，推动下半年的工作。下半年工作的关键是抓实，要实抓实干促实效。无论是弘扬先进，加强队伍建设，提高执法水平，还是继续深入整顿和规范市场经济秩序，创造良好的市场经济环境，都要实抓实干，抓出实效，抓出实际成果。

二、坚持讲大局、讲团结、讲稳定，扎扎实实做好各项工作

江泽民同志在"5·31"重要讲话中，号召全党和全国人民要讲大局、讲团结、讲稳定，这是我们做好各项工作的方针原则和基础。

一是要讲大局。大局就是党的工作的全局，是人民根本利益的具体体现。工商行政管理部门在工作中讲大局，首要的一条，就是要紧密团结在以江泽民同志为核心的党中央周围，认真贯彻落实党的路线、方针、政策，按照党中央、国务院的部署做好工作。当前的重点是深入整顿和规范市场经济秩序。其次，在省以下工商行政管理机关实行垂直管理后，要正确处理好垂直管理、统一执法与围绕地方党委政府的中心任务开展工作的关系。1998年省以下工商行政管理机关实行垂直管理时，国家工商局曾经提出，实行体制改革后，要继续保持"三个不

变"，即，依靠地方党委、政府的领导不变；为地区经济发展服务的思想不变；与地方各个部门长期协作、密切配合的关系不变。几年来，各地在坚持统一执法的同时，按照"三个不变"的要求，较好地处理了与地方党政和有关部门的关系，推动了工商行政管理事业的改革和发展。所以，各地工商行政管理部门在工作中讲大局，就是要在贯彻落实党中央、国务院的统一部署的前提下，正确处理好与地方党政的关系，既要坚持统一执法，维护良好的市场秩序，又要围绕当地党委、政府的中心任务开展工作，积极促进地方的改革、发展和稳定。

二是要讲团结。讲团结，是我们事业取得胜利的根本保证，也是我们力量的源泉。当前，工商行政管理工作正处在一个历史性的转变时期，也处在一个地位和作用不断增强的时期，无论是我们的执法任务，还是自身的改革和建设，大家普遍都感到任务重、要求高、压力大。任务重，是由于我们正处在由计划经济体制向市场经济体制转轨的时期，在深化改革、扩大开放、促进发展中，如何建立和维护良好的市场经济秩序，任务非常繁重，而我们的管理经验又不足，管理手段也不够完善。要求高，是指在当前国际经济环境不是很好的情况下，我国经济保持持续高速的增长，来之不易，在这种情况之下创造一个良好的经济环境，要求是非常高的。所以大家普遍感到无论是监管执法，还是队伍素质的提高，压力都很大。在任务重、要求高的情况下，只有团结一致，步伐整齐，才能取得我们事业的胜利。我过去说过一句话，叫"内和外顺"。内和，就是我们内部自己要团结，没有一个班子、没有一支队伍搞内讧、你争我夺就能取得事业胜利的，所以我们内部的团结要进一步加强。但"内和"不是搞中庸之道，要开展积极的思想斗争，在批评与自我批评的基础上达到团结的目的，达到"和顺"的目的。无论是我们的机关还是基层，只有内部团结一致，我们的办案才有效，我们的执法才有根本的保证。"外顺"，就是要与兄弟部门加强协调配合。通过国务院领导同志和中编办的协调，相关

执法部门的职能基本上有了一个界定和划分，基本上是明确的，但要划得很细还需要时间。职能界定有分工、有合作，界定有一定的度。各级工商行政管理机关要认真履行党中央、国务院赋予的职责，切切实实做到不缺位、不越位、不错位。同时，要加强部门之间的协调配合。

三是要讲稳定。小平同志讲稳定压倒一切。稳定是改革发展的前提，也是我们工商行政管理事业发展和执法到位的前提。没有稳定，执法就无效，市场秩序就没有根本的保证。一方面，我们要在党中央、国务院和各地党委、政府的领导之下，充分发挥工商行政管理职能作用，做好维护社会稳定的工作。比如，查禁传销、打击假冒伪劣、查办经济违法违章案件、查处侵害消费者合法权益的行为等整顿和规范市场经济秩序的各项工作，都是为了维护经济秩序和社会稳定。又如，实施再就业工程，支持下岗失业人员再就业，也是为了维护社会稳定。另一方面，要做好工商行政管理系统内部的稳定工作，不给党中央、国务院和各地党委、政府添麻烦。市场办管彻底脱钩，公务员考录，基层机构改革，干部竞争上岗，这是深化政府机构改革的重要措施，我们必须坚决执行，态度要坚决，措施要稳妥。就是说既要坚定不移地落实这些措施，又要积极稳妥地做好思想政治工作，解决改革中的问题，确保我们内部的稳定。

三、巩固成果，推进改革，实现职能到位

一是要加快立法立规的步伐。国务院这两年在加快立法立规的步伐上采取了强有力的措施，有了很大的推进。这两年对法律法规进行了两次比较大的清理。第一次是加入WTO，国务院组织各个部委对法律法规进行了全面的清理，包括工商行政管理部门，清理的幅度比较大，相对应地采取了一些具体的处理措施。第二次是行政审批制度改革，又一次对法律法规进行了全面的清理。目前正在根据清理情况，该取消的取消，该保留的保留，该完善的完善。各个省市都结合自己的情况，在市场监管中搞了一些地方性的法规。国家工商总局一方面将

这些地方性法规向国务院领导和国务院法制办推荐，上升成为全国性的法规规章或者立法。另一方面，国家工商总局还将进一步加快立法立规的步伐。《取缔无照经营条例》突破了原来的进展计划，有望提前出台。《市场监督管理条例》正在抓紧起草，打算通过这个条例，代替原来的《工商所条例》，已征得国务院法制办的同意。希望各地积极制定或参与制定地方性法规和规章，这样既可以为国家工商总局提供借鉴的经验，又能促进国家工商总局进一步加快立法立规的步伐。

二是要正确处理好部门职能分工与协作的关系。在建立市场经济体制的过程中，随着管理体制、机制的不断调整和完善，各执法部门的职责分工也在发展变化，国务院有关机构正在对各部门的职能进行细化。工商行政管理部门以前主要是管集贸市场，现在转变到监管社会主义统一市场。各级工商行政管理机关要正确对待职能分工问题，明确权责的统一，要在职能到位上做文章，在职能的划分上理顺关系，密切协作。同时，保持清醒的头脑，明确任务，明确责任，明确哪些是我们必须做好的，哪些是我们配合别人做的，哪些职能的界限还比较模糊。重要的一条，就是按现行的分工，立足本职，把属于工商行政管理职能范围内的工作做好，这难度已经很大，能真正到位不容易。

三是要认真落实政企分开的原则，切实遏制办管脱钩回潮。国办发〔1995〕40号、国发〔1998〕41号、国办发〔2001〕83号这三个文件，是市场办管脱钩工作的政策原则，对人员的分流、资产的转让、债权债务的处理、银行债务的划转都有明确的规定。大部分工商行政管理机关将市场整体移交给了地方政府，思想境界很高，处理比较得体，也经历了千辛万苦。对于移交市场银行债务的划转问题，国办发〔2001〕83号文件有规定，如果银行不同意划转，请各地工商行政管理机关报请省市政府，其他需要地方政府帮助解决的也要报请政府，请政府帮助我们解决"裁判员"与"运动员"分离，决不能

回潮。

四、严格纪律，强化管理，加强作风建设

一是要推进人事制度改革，严格人事工作纪律。要把好两个关，一个是进人关，另一个是用人关。在进人问题上，不能私招乱雇，不能乱进乱调。最近国家工商总局机关结合开展思想纪律作风教育，对事业单位聘用和机关司局借用的人员进行了清理，希望各地工商行政管理机关在进人的问题上也要进一步加强清理，自查自纠。各省的情况不一，有的省市精简分流的任务比较重，对此一方面要坚定不移地执行改革的方针，另一方面要积极稳妥地做好分流人员的安置工作，加强思想政治工作，帮助解决具体困难。要坚决防止分流人员进京上访，给政治中心添乱。要严格进人制度，对个别通过偷改档案混进工商队伍的人员，要坚决清除出去，对个别分流当中无理取闹的，该严肃处理的要坚决处理。在选人用人的问题上，要严格按照《党政领导干部选拔任用工作条例》来办，坚持选人的标准，严格选人的纪律，严格按程序选人用人。

二是要坚定不移地实行"收支两条线"。现在大部分省市工商行政管理机关是以收定支，要积极争取当地政府和财政部门的支持，切实解决"收支挂钩，以收定支"问题。一些地方财政保障工商行政管理部门正常经费支出有困难，全面落实财务"收支两条线"管理有一定困难，但必须从整体上采取措施推进确保吃"皇粮"。积极稳妥地推进"收支两条线"的改革，坚决遏制乱收费、乱罚款和代收代扣的不良行为，是整顿纪律作风、转变队伍作风、树立良好形象的重要内容，也是从源头上抑制腐败的治本之策，必须坚定不移地抓紧抓好。

总体来讲，通过这次会议，大家进一步统一了思想，提高了认识，振奋了精神，坚定了信心。我们要在江泽民同志"三个代表"重要思想指导下，更加紧密地团结一致，开拓奋进，努力工作，更好地完成党中央、国务院赋予我们的任务，以优异的成绩迎接党的"十六大"召开。

认真学习贯彻"十六大"精神，为全面建设小康社会创造良好的市场经济环境
——王众孚局长在全国工商行政管理工作会议上的讲话
（2002 年 12 月 18 日）

这次全国工商行政管理工作会议的主要任务是，认真学习贯彻党的"十六大"和中央经济工作会议精神，总结今年工作，部署明年任务。下面，我讲几点意见。

2002 年工作的基本情况

2002 年是我们党和国家历史上具有重要意义的一年。党的"十六大"胜利召开，把"三个代表"重要思想确立为党必须长期坚持的指导思想，提出了全面建设小康社会的奋斗目标，选举产生了以胡锦涛同志为总书记的新的中央领导集体，极大地鼓舞和振奋了全党、全国人民。一年来，全国工商行政管理系统以迎接"十六大"召开、学习贯彻"十六大"精神为动力，努力实践"三个代表"重要思想，全力以赴整顿和规范市场经济秩序，各项工作都取得了新的成绩。

一、监管执法力度进一步加大，整顿和规范市场经济秩序取得明显成效

2002 年，全国工商行政管理系统按照党中央、国务院的统一部署，认真贯彻落实全面展开、突出重点、标本兼治、重在治本的工作方针，继续深入开展整顿和规范市场经济秩序工作。截至今年 11 月底，全国工商行政管理系统共查处各类经济违法违章案件 166.71 万件，总案值 229.11 亿元，移送司法机关处理案件 1 077 件。

（一）集贸市场专项整治取得了明显的阶段性成效。一是集贸市场经营主体进一步规范。清理各类市场经营主体 282.75 万户，取缔无照经营 17.28 万户。二是制假售假行为得以遏制。取缔销售假冒伪劣商品摊位 7.65 万个，查封假冒伪劣窝点 1.13 万个；查处集贸市场违法违章案件 25.87 万

件,案值 26.23 亿元,其中移送司法机关追究刑事责任案件 185 件。三是对执法壁垒进行了查处、清除。一些搞地方保护的市场管理机构被撤销,一些实行"封闭式"管理的市场被清查,一批与国家法律法规相抵触的地方规定、部门规章被清理废止。四是集贸市场经营环境明显改观。抗拒执法、欺行霸市、盗抢财物、黑恶势力和"黄、赌、毒"等社会丑恶现象受到了严厉打击,进一步净化了市场环境。五是集贸市场监管法规制度进一步完善,为实现集贸市场长效监管奠定了基础。六是连锁经营、物流配送等新的营销方式在集贸市场积极推行,集贸市场营销和管理方式出现了新的变化。

(二)强化流通领域商品质量日常监管,加大了打假和维护消费者权益的力度。一是围绕与工农业生产和人民群众生活密切相关的重点商品,有步骤、分阶段集中开展了农资、汽车配件、家庭装饰材料、食品等打假专项执法活动。二是开展了商品质量监督抽查工作。对豆制品、肉制品、棉服、电暖器材等 188 种商品进行了质量监督抽查,查处违法经销单位 645 家。三是继续推进维权体系建设,强化了消费者权益保护工作。各地"12315"消费者申诉举报网络不断完善,与企业联手打假机制逐步健全,提高了维护消费者权益工作的力度和水平。截至11 月底,全国工商行政管理机关共查处侵害消费者权益案件 13.63 万件,案值 6.92亿元。

(三)严厉打击了传销和变相传销违法活动。一是对重点传销企业和重点地区进行监管,有效防止了传销和变相传销活动的回潮和蔓延。严厉打击了顶风作案的组织和人员,摧毁了传销网络体系,抓获了传销头目,依法追究了责任。二是强化了对转型企业的监管,严肃查处违反规定、重操旧业的违法行为,依照有关规定责令其进行了整改。三是加强了事前防范和事中查处工作。加大对城乡结合部、出租房屋等重点场所的巡查频率,发现传销培训、聚会等线索和苗头,及时予以清理取缔。四是加强舆论宣传。国家工商总局和各地工商行政管理机关通过电视、报刊等新闻媒体,以"焦点访谈"等形式连续播放和刊登了打击传销专题节目,曝光典型传销案件,公开揭露传销的欺骗性和严重危害性,提高了广大群众自觉抵制传销的能力。截至 11 月底,全国工商行政管理系统共查处传销和变相传销案件1 119件,其中移送司法机关处理 118 件。规模化、公开化的传销活动已被遏制。

(四)严把市场准入关,规范市场主体行为。一是集中开展了对印制、化工、易燃易爆品、网吧、互联网等重点行业的专项整顿。对全国 16 万多家印制企业进行整顿,限期整改 1.45 万家,取缔4 482家;对 1.7 万家有毒有害化学品生产企业进行了检查,责令限期整改 738 家,停业整顿、取缔 42 家;与有关部门配合,检查信息服务、接入服务、联网单位 5 万多家,清除各类有害信息 180 多万条,取缔无证无照网吧 1.22 万户、吊销执照1 590户。二是加大了年检工作力度。重点加强了对公司出资行为、需要前置审批企业的审查。截至 11 月底,各地工商行政管理机关共查处虚报出资、虚假出资、抽逃出资等案件 1.67 万件,其中涉嫌犯罪移送司法机关处理的案件 237 件。三是进一步规范了登记工作。履行入世承诺,积极做好"入世"后行业准入与登记管理的衔接工作。重新修订了登记文书表格,使用新的国民经济行业分类。正式开通中国外资登记网,外资登记管理工作信息化、自动化水平进一步提高。四是继续取缔无照经营,严肃查处"三无"企业,认真清理"五小"企业,严厉打击违法经营。

(五)进一步加大打破地区封锁和行业垄断的力度,严厉查处各类不正当竞争行为。截至 11 月底,共查处不正当竞争案件3.53 万件,案值 28.44 亿元。一是在打破地区封锁和行业垄断方面取得新的突破。共查处供电、供水、供气等公用企业强制交易案件1 002件,查处滥用行政权力限制竞争案件 195 件。二是加强了反不正当竞争执法力度。查处仿冒、误导、不正当有奖销售案件 1.1 万件,药品购销中的回扣及其他商业贿赂案件2 626件。加强了对知名商品、知名企业知识产权的保护力度,查处侵犯知识产权案件5 024件。

(六)强化商标、广告监管,严厉查处商标侵权和虚假广告违法行为。一是商标注册工作质量有了新的提高。商标审查方式实现了从纸质数据、手工操作为主向电子数据、自动化操作为主的转变。修订了《类似商品和服务区分表》,商标审查标准统一。截至11月底,我国注册商标累计总量已达165.83万件。二是商标专用权保护力度进一步加大。适应加入世贸组织对知识产权保护工作的新要求,加大了打击商标侵权假冒行为的力度。截至11月底,共查处商标违法案件3.46万件。三是对关系人民生命安全和身体健康的违法医疗、药品、食品广告进行了集中整治。截至11月底,共查处违法广告案件7.36万件。四是进一步推广了广告监测工作,加大公示力度。五是加强了广告监管,对损害国家利益、误导行为、黄色淫秽以及不良文化的广告进行了查处和清理。六是积极开展公益广告活动。与中央文明办等单位共同组织了多次不同主题的公益广告活动,向社会推出一大批主题鲜明、创意新颖、内涵深刻、制作精美的公益广告。

(七)加强了对重要商品和各类市场的监督管理。继续加强粮食市场管理,查处了倒卖陈化粮的不法行为;与有关部门配合,积极开展了成品油、种子、旅游、生猪、鲜肉等市场的专项整治;强化合同监管,重点打击了买卖、装饰装修、房屋租赁、居间加工承揽等方面的合同欺诈行为。与此同时,还采取有力措施,防止已取缔的报废车辆拆解市场死灰复燃;继续以东南沿海地区为重点,开展打击走私贩私的专项斗争,截至11月底,全系统共查处走私贩私案件5 689件,案值10.74亿元。

(八)法制建设取得了新的进展。一是适应加入世贸组织和新的法律、法规实施的需要,制定了《外商投资企业授权登记管理办法》、《利用外资改组国有企业暂行规定》、《商标评审规则》等行政规章。二是继续积极参与了《反垄断法》、《商标法实施条例》、《市场监管条例》、《集贸市场管理办法》等法律、法规起草规定的调查论证工作。

(九)监管方式方法改革稳步推进。各地工商行政管理机关以点带面,不同程度地推进了五项制度的改革。市场监管巡查制得到进一步巩固和完善,"经济户口"管理、信用体系建设普遍推开,涉及工商行政管理部门的行政审批项目的清理工作已基本完成。信息化建设取得了新的进展,国家工商总局已与46个省市工商行政管理机关以及海关等单位联网,一些省市工商行政管理机关也开通了局域网络。

二、努力实践"三个代表"重要思想,队伍素质明显提高

(一)狠抓了"三个代表"重要思想的学习和实践。各地按照国家工商总局和当地党委、政府的安排和部署,有计划、有步骤地开展"三个代表"重要思想学习教育活动,收到了明显成效。党的"十六大"胜利召开以后,各地结合学习"十六大"精神,把"三个代表"重要思想的学习和实践不断推向深入。全国农村"三个代表"重要思想学习教育活动总结表彰大会上表彰的100个县(市)部门和基层站所先进集体中,工商行政管理系统有9个先进单位受到表彰。

(二)狠抓了《党政领导干部选拔任用工作条例》的学习和贯彻落实。国家工商总局下发了《关于认真学习贯彻〈党政领导干部选拔任用工作条例〉的通知》,并举办了学习《条例》培训班。按照总局关于干部人事部门要努力精通《条例》的要求,各地工商行政管理机关都举办了培训班,认真组织人事干部深入学习、积极贯彻《条例》,努力探索新形势下加强工商行政管理系统干部队伍建设的新路子。

(三)狠抓了工作作风的改变。系统上下认真贯彻落实十五届六中全会精神,总局机关和各地工商行政管理机关狠抓了领导作风、机关作风和工作作风的转变,大力精简会议和文件,认真加强调查研究,提高工作的针对性和实效性,增强解决实际问题的能力,推动了整顿和规范市场经济秩序等各项工作不断创新和发展。

(四)狠抓了教育培训。一是加大了培

训力度。适应入世和整顿规范市场经济秩序新形势的要求，各级工商行政管理机关区分不同层次、按照不同专题，增加了培训次数、扩大了培训范围。国家工商总局先后举办 16 期培训班，对全系统副省级市以上工商局领导干部的业务处室干部进行了轮训；各地工商局也强化了 WTO 知识、法律知识、市场经济知识和现代科技知识的培训。二是提高了培训质量和档次。国家工商总局和各地工商局在培训中进一步完善了培训规划和培训教材，聘请具有理论造诣和实践经验的专家学者授课，培训质量有了明显提高。三是增强了干部学习的自觉性。各地采取在岗培训、脱产学习、鼓励自学等多种方法，营造了浓厚的学习氛围，广大干部学习的自觉性明显提高。一年来，通过加强教育培训，进一步增强了广大干部应对"入世"、适应新形势和新任务需要的能力，提高了监管执法水平。

（五）狠抓了党风廉政建设，积极开展示范教育和警示教育。各地继续以反腐败三项工作为重点，进一步加强了党风廉政建设。一是强化了廉政教育。国家工商总局和各地工商局普遍开展了思想纪律作风教育活动，进一步提高了广大干部对党风廉政建设工作重要性的认识，增强了反腐纠风的自觉性和坚定性。二是加大了查办案件和纠风工作力度。各地继续以惩治执法腐败、查处失职渎职为重点，严厉查处了违法违纪行为；继续以解决利用"案费证照""吃拿卡要"和治理"三乱"为重点，加强行风建设，全系统行风有了进一步好转，不少地方工商行政管理部门在行风评议中获得好评。三是积极开展了示范教育和警示教育。各地大力弘扬先进，广泛宣传胡学勤等模范人物的优秀事迹，充分发挥典型的示范教育作用；同时，抓住典型案例进行剖析，认真开展警示教育，全系统干部执政为民的思想觉悟有了提高，依法行政、文明执法、廉洁执法的良好风气逐步形成。

几年来，我们通过基层工商所核编考录、两次西安基层建设会议、实施财务"收支两条线"管理、市场办管脱钩和人员分流等一系列措施，有力地推进了工商行政管理部门的职能转变；通过垂直管理体制改革、国家工商局机构升格等一系列措施，提升了我们监管执法的权威性和有效性；通过对旧的市场监管方式方法的改革和扬弃，初步建立了适应新形势和新任务要求的市场监管制度。这些改革和创新，为进一步开创工商行政管理工作的新局面，奠定了良好的体制、机制、制度和队伍基础。

在肯定成绩的同时，我们也要清醒地看到存在的问题和不足。整顿和规范市场经济秩序工作还任重道远，特别是在治本方面还需下大工夫；工商行政管理体制、机制、制度、队伍素质与新形势和任务的要求依然存在差距。需要我们倍加努力，与时俱进，勇于开拓，不断把工商行政管理事业推向前进。

2003 年的工作安排

2003 年是全党全国人民全面贯彻落实党的"十六大"精神，全面建设小康社会、开创中国特色社会主义事业新局面的重要一年，做好明年的工商行政管理工作，创造良好的市场经济环境，事关大局。2003 年工商行政管理工作的总体要求是：以邓小平理论和"三个代表"重要思想为指导，认真贯彻党的"十六大"和中央经济工作会议精神，把思想和行动统一到"十六大"精神上来，把智慧和力量凝聚到实现"十六大"提出的任务上来，大力整顿和规范市场经济秩序，打破行业垄断和地区封锁，积极推进诚信体系建设，努力维护经营者、消费者合法权益，为全面建设小康社会创造公平竞争的市场环境和安全健康的消费环境。新的一年，我们要着力抓好六个方面的工作：

一、认真学习、深刻领会、全面贯彻"十六大"报告和"三个代表"重要思想

（一）加深理解，提高认识，在全系统掀起一个理论学习的新高潮。胡锦涛总书记在十六届一中全会上强调提出，学习"十六大"精神，重点是学习"十六大"报告，学习"三个代表"重要思想，学习新修订的《党章》。我们要认真贯彻落实胡锦涛总书记的重要指示，把学习贯彻"十六大"精神作为全系统当前和今后一个时期的首要政治任务，围绕主题，把握灵魂，突出重点，切实把"十六大"精神学习领会好、贯彻落实好。

一是要深入学习"十六大"报告。江泽民同志在"十六大"上所作的报告，从历史和时代的高度，深刻阐明了我们党在新世纪举什么旗、走什么路、实现什么奋斗目标等重大问题，对我国改革开放和现代化建设作出了全面部署，是我们党团结和带领全国各族人民在新世纪新阶段继续奋勇前进的政治宣言和行动纲领。学习"十六大"报告，要注意把握七个重点，即牢牢把握报告的主题；把握十三年的基本经验；把握"十六大"的灵魂；把握全面建设小康社会的奋斗目标；把握党的思想路线；把握以经济建设为中心；把握加强和改进党的建设。

二是要深入学习"三个代表"重要思想。"三个代表"重要思想是对马克思列宁主义、毛泽东思想和邓小平理论的继承和发展，反映了当代世界和中国的发展变化对党和国家工作的新要求，是加强和改进党的建设、推进我国社会主义自我完善和发展的强大理论武器，是党必须长期坚持的指导思想。"三个代表"重要思想，是我们党的立党之本、执政之基、力量之源，是"十六大"的灵魂。学习贯彻"十六大"精神，要全面深入领会"三个代表"重要思想的科学内涵和精神实质，按照"四个必须"的要求，进一步增强贯彻落实"三个代表"重要思想的自觉性和坚定性。

三是各级工商行政管理机关党组织和广大党员要深入学习新修订的《党章》。新修订的《党章》，集中了全党的智慧，体现了全党和全国人民的共同心愿，必将对全面加强和改进党的建设，增强党的创造力、凝聚力和战斗力，保持党同人民群众的血肉联系，团结和带领全国各族人民，全面建设小康社会，开创中国特色社会主义事业新局面，产生重大而深远的影响。学习新修订的《党章》，要认真学习领会其主要内容和精神实质，努力提高思想认识水平；要有效地组织开展形式多样的宣传和培训活动，让《党章》精神深入人心；要联系实际，务求在改进各级工商行政管理机关党建工作上见实效；要持之以恒，坚持不懈地贯彻《党章》的各项规定。

（二）联系思想实际，不断更新观念，坚持与时俱进。坚持解放思想、实事求是、与时俱进的思想路线，是"十六大"报告的精髓。深入学习贯彻"十六大"精神，实践"三个代表"，必须紧密联系工商行政管理工作和干部的思想实际，着眼于促进市场监管执法工作的开拓创新和职能到位。要做到这一点，关键是转变观念。

一是要树立监管现代化、规范化、国际化市场的观念。在我国加入世贸组织和加快完善社会主义市场经济体制的新形势下，改革开放和经济飞速发展，现代科技在流通领域广泛应用，国内市场日新月异，现代化、规范化、国际化程度不断提高，要求工商行政管理工作不断增加科学技术和现代化管理含量，提高规范化程度和国际化水平。

二是要树立与时俱进、开拓创新的观念。"十六大"提出全面建设小康社会的奋斗目标和经济建设、经济体制改革的八项任务，需要我们创造性地落实到工商行政管理实践中。当前，新的工商行政管理职能、体制机构和监管的方式方法已经初步建立，工商行政管理的改革和发展进入全面创新和完善阶段。新的目标和任务需要我们进一步打破传统观念和习惯势力的束缚，把握时代脉搏，不断总结新经验，研究新情况，解决新问题；需要我们进一步增强责任感和紧迫感，增强忧患意识和创新意识，以坚忍不拔、奋发有为的精神状态，推动工商行政管理改革和发展不断迈出新的步伐。

三是要进一步增强政治意识和大局意识。江泽民同志多次强调，要讲政治、讲大局。目前，我国正处在实现现代化建设第三步战略目标承前启后的发展阶段，也是完善社会主义市场经济体制和扩大开放的关键阶段，工商行政管理工作在经济建设、改革开放中发挥着越来越重要的作用。必须进一步增强各级干部的政治意识、大局意识，使广大工商行政管理干部在工作中主动、自觉地站在全局的高度、战略的高度，着眼长远；主动、自觉地维护国家和人民的利益；主动、自觉地认识大局，把握大局，服务大局。

（三）充分发挥工商行政管理职能作用，坚持执政为民，坚持促进发展。坚持执政为民和促进发展，是由党的性质决定的。中国共产党是中国工人阶级的先锋队，是中国人民和中华民族的先锋队。党的执政地位是人民赋予的。我们党执政的内容和任务，就是要不断解放和发展中国社会生产力，维护最广大人民的根本利益，不断满足人民群众日益增长的物质文化生活需要。工商行政管理机关作为政府主管市场监管和行政执法的职能部门，必须把促进经济文化发展，保护人民群众的根本利益，作为一切工作的出发点和归宿。

一是要紧紧围绕发展这个执政兴国的第一要务，进一步增强发展意识，树立服务观念。邓小平同志强调发展是硬道理。以江泽民同志为核心的第三代中央领导集体，始终坚持把"搞建设、求发展"列为施政中心，使中国经济一直保持持续、快速、健康发展。新一届中央领导集体庄严宣言，要一以贯之地贯彻执行"十六大"确定的奋斗目标和各项方针政策，"聚精会神搞建设，一心一意谋发展"。工商行政管理的各项职能都与经济发展密切相关，要站在发展的高度，增强为发展服务的意识，围绕发展做好各项工商行政管理工作。

二是要增强公仆意识，树立群众观念。人民群众是社会实践的主体，民心决定着事业的兴衰成败。爱民、重民、敬民、为民，情系人民，心忧天下，是公务员的天职，是公务员言行取舍、履行职责的第一要义。工商行政管理各项工作直接与经营者、消费者打交道，我们的言行直接影响党和政府在人民群众心中的形象。要进一步强化全心全意为人民群众服务的观念，把让人民群众满意作为我们一切工作的目标，用人民群众满意的标准来检验和衡量我们的工作。

二、继续坚持突出重点、标本兼治的方针，深入开展整顿和规范市场经济秩序工作

（一）以关系人民生产、生活安全的商品为重点，严厉打击假冒伪劣、欺诈等违法经营行为，切实保护经营者、消费者合法权益

一是继续坚持全面展开、突出重点的方针，围绕食品、药品、农资等关系人民群众生活和生产安全的商品，加大打击制售假冒伪劣商品违法行为的力度；对餐饮、旅游、修理等服务行业存在的突出问题，深入开展维权反欺诈活动，加强服务领域消费维权工作。

二是加大力度，严厉查处制假售假大要案件。各地要在认真调查摸底的基础上，对影响面广、危害严重的大案要案和屡教不改的违法分子，依法严惩，涉嫌犯罪的，移送司法机关追究刑事责任，决不能以罚代刑，以罚代法。

三是狠抓源头，坚决清除制假售假窝点。对查处的假冒伪劣案件，要追根溯源，深挖窝点，从源头上治理。要加强对城市出租房、城乡结合部等重点部位的检查与巡查，建立重大假冒伪劣商品来源通讯协查制度，在全国工商行政管理系统形成打假的联动网络。

（二）进一步加大监管力度，巩固专项整治成果

一是继续开展集贸市场专项整治。要以出租摊位的"商城"、"商厦"和解决"假冒伪劣"、"偷税漏税"、"执法壁垒"等问题为重点，继续深化集贸市场整治；要在整治中狠抓规范，建立长效监管机制。在监管经营者的同时，切实加强对市场主办单位的监督管理；要积极推进集贸市场流通方式向现代化营销方式的转变，采取切实可行的措施。鼓励名优厂家到集贸市场开设连锁店和专卖店，发展现代化物流配送企业等，促进集贸市场上水平、上档次。

二是继续严厉打击传销和变相传销违法活动。要密切关注传销和变相传销的动态，逐步建立预警机制，巩固打击成果。要建立健全投诉举报热线，加大对易发、多发地区和部位的监管力度。要狠抓大要案的查处，对社会影响大，涉案地区广，危害社会稳定，破坏经济秩序的传销和变相传销案件，要组织专门力量，协调有关方面，联手进行打击，把传销和变相传销活动消灭在萌芽状态。

三是进一步打击走私贩私行为，取缔走私货市场。要针对走私贩私行为，走私

货市场的新情况、新特点,认真开展专项整治行动。坚决查处流通领域走私货交易行为,切断走私货物流通渠道;对长期从事非法走私货交易、整治多次仍然出现反复的市场,要坚决予以取缔;要清理规范经销商、代理商,打击走私货贮藏窝点,取缔非法经营活动。

四是继续坚决打击非法拼(组)装汽车行为,防止回潮反弹。各地要对已取缔的报废车辆拆解市场全面进行复查。重点检查原取缔市场周围地区的报废车辆回收行业、汽车维修业及汽车零配件经营场点。要加强监管,对新出现的交易场点,以及转移、隐匿报废车、拼装车和废旧车零部件进行地下交易的,要依法严厉打击,巩固整治成果,严防死灰复燃。

五是继续做好重要商品市场的专项整治,认真开展"扫黄"、"打非"、禁毒、反假币等工作。要继续积极配合有关部门开展加油站专项整治,巩固成品油市场整治成果,坚持不懈地打击成品油市场的违法活动。继续做好粮食、棉花等重要商品市场专项整治工作。加大对违规印制、复制企业的查处力度。要按照职责分工,采取有效措施,开展"扫黄"、"打非"斗争,重点查缴政治性、淫秽、盗版和宣扬伪科学等非法出版物,摧毁制售非法出版物窝点。继续开展禁毒、反假币工作。

(三)维护公平竞争,打破行业垄断和地区封锁。进一步加大对各种仿冒、欺诈行为的查处力度,保护企业合法权益,维护市场竞争秩序,促进企业在更大范围、更广领域和更高层次上参与竞争,建立健全统一、开放、竞争、有序的现代市场体系

一是反对不正当竞争。要集中开展"维护公平竞争秩序,打击仿冒、欺诈行为"的专项执法行动,坚决查处仿冒知名商品特有名称、包装、装潢、注册商标的行为。对重点监控区域,要加大查处力度,堵住仿冒商品的源头;要坚决查处医药、民航、旅游、房地产等领域的回扣和商业贿赂行为。打击欺骗性有奖销售、变相巨奖销售等行为;要加大对网上经营活动的监管力度,严肃查处网上的不正当竞争行为。

二是反对行业垄断。重点整治供水、供电、供气等行业存在的强制交易行为。严肃查处滥用优势地位实施的限制竞争行为、以协议合谋实施的垄断性协议行为和反竞争的兼并行为。要加大督查、督办力度,严厉查处大案要案。加紧研究"入世"后跨国公司滥用市场优势或支配地位,在我国可能实施的限制竞争行为,以及依法对其经营活动予以规制的措施。积极履行反垄断职能,维护国家经济安全。

三是反对地区封锁。要认真贯彻《国务院关于禁止在市场经济活动中实行地区封锁的规定》,重点整治:限定、变相限定单位或者个人只能经营、购买、使用本地生产的产品或只能接受本地企业、其他经济组织或个人提供的服务的行为;采取专营、专卖、审批、许可等手段实行歧视性待遇,限制外地商品或服务进入本地市场的地区封锁行为。创造各类市场主体平等使用生产要素的环境,促进商品和生产要素在全国市场自由流动。

(四)突出治本,整章建制,狠抓规范

一是加强制度建设,建立长效监管机制。要建立健全索票、索证制度,检查、抽查商品制度,信誉卡制度,"场厂挂钩"等商品准入制度,全面推进流通领域商品质量监督管理工作。要指导、督促经营者加强自律管理,建立健全商品质量管理制度、消费纠纷处理制度等,规范其经营行为。

二是总结经验,推广典型。要及时总结各地在整顿和规范市场经济秩序工作中积累的成功经验,推广先进典型,充分发挥经验和典型的引导示范作用。

三是大力加强"12315"申诉举报网络建设。进一步完善"一个中心、分级执法"的维权工作机制,健全"12315"消费者申诉举报制度,充分发挥消费者的监督作用,促进经营者改进售后服务。要采取多种形式,发挥舆论监督和社会监督的作用。

四是严厉查处与违法分子内外勾结的行为,打掉违法分子的"保护伞"。对包庇、纵容违法行为的人和事,要公开揭露和曝

光,排除各种阻力和干扰,一查到底,依法严惩。

五是借鉴国外市场监督管理的有益经验,加强国际合作与交流。继续执行与有关国家签订的双边协议,加强双边、多边交流,广泛进行业务沟通,信息互换,开拓合作渠道,改善涉外环境。

三、规范市场主体行为,大力推进诚信体系建设

(一)增强企业履约意识,进一步推进"守合同、重信用"活动。加强企业信用监管,推进企业信用体系建设。继续深入开展"守合同、重信用"活动,规范履约守信企业公示制度。继续严厉查处买卖、装饰装修、房屋租赁、居间、加工承揽等合同中的欺诈行为;加强对格式合同的监管,提高签约质量,保护当事人的合法权益。加强对经纪人、会计师事务所、企业注册代理机构等中介组织的监管,整顿和规范中介组织经营行为,促进中介组织在社会信用体系建设中发挥重要作用。

(二)继续大力推行"经济户口"管理,加强对市场主体准入和经营行为的监管。

一是依法规范登记行为,严把市场主体准入关。要按照国家有关法律、法规和规章规定的条件和程序,切实做好登记注册工作。不得随意违反法律、法规降低条件和简化程序。要严格注册资本(金)的审查,严厉查处虚假出资、虚报注册资本(金)、抽逃出资的违法行为。要认真贯彻国务院即将颁布的《无照无证经营查处取缔办法》,集中开展取缔无照经营的活动,严厉查处无照经营行为。要全面实施首办责任制,逐步推行"一审一核"制度,推进企业登记前置审批和互联制度改革,提高登记注册效率。

二是切实加强对企业市场行为的监管,严厉查处违法经营行为。要进一步完善企业属地管理与登记机关管理相结合的管理模式,全面推进"经济户口"管理,强化工商所的管理力度。要充分发挥工商所的市场监管巡查职能,进一步深化市场巡查制度,完善配套措施,创新巡查方式,逐步建立起制度规范、执法严格、反应迅速、措施有力的巡查机制,提高巡查效能。要强化企业年检和日常监管,加大对伪造、涂改营业执照,超范围经营以及各种违法违章经营的查处力度。

三是认真研究、探索市场主体退出机制,切实维护市场交易安全,保护债权人利益。企业注销或被吊销时,必须按照有关法律法规的规定,严格执行债权债务清算制度,避免逃废银行债务,切实保护债权人利益。企业申请注销登记时,必须按规定提交债权债务清偿的报告或负责清偿的组织的证明。严厉查处清算组织不按规定报送清算报告,或隐瞒重要事实,报送虚假清算报告的行为。要依法及时发布企业注销登记或吊销处罚的公告。债权债务未清偿的,公告中应明确负责企业债权债务清偿的组织或机构。

(三)实施企业信用警示制、公示制等制度,建设企业信用评价体系。一是以企业登记管理、企业日常行为监管、企业合同管理等档案数据为基础,逐步建立企业基本信息数据库。二是建立企业市场信用评价体系,实行企业的分类管理。根据企业的信贷行为、经营行为、履约行为等信用状况,逐步建立起比较完善的信用评价体系。通过对企业的市场信用评价来进行分类管理。三是根据企业经营行为,实施企业诚信守法提醒制、警示制、公示制,及时规范企业行为,营造良好市场环境。

(四)按照依法治国和以德治国相结合的方针,配合行业组织,在企业中大力开展守法经营、商业道德和商业信用的教育。大力开展诚信经营的宣传教育,特别是加强企业登记管理法律、法规的宣传,增强企业守法经营意识,推动企业履约诚信。引导各类企业协会大力开展商业道德教育活动。通过"信用论坛"、商业道德专题以及"百城万店无假货"、"消费者满意街"等商业信用主题活动,广泛开展商业道德的商业信用教育活动,在全社会树立讲求诚信的良好风气。

四、坚持以经济建设为中心,促进各种所有制经济健康发展

(一)在深化国有企业改革中积极发挥

工商行政管理职能作用。一是积极支持国有企业实行规范的公司制改革，完善法人治理结构，建立现代企业制度。积极支持垄断行业改革，引入竞争机制。二是积极支持国有中小企业通过联合、兼并、租赁、承包经营、股份合作、出售等方式进行改组，推行股份制，发展混合所有制经济，实行投资主体多元化，促进公有制特别是国有制采取多种有效实现形式。三是积极支持科技企业体制改革，促进高新技术产业化。支持应用开发型科研院所进行企业化改革，支持相关科研机构做好脱钩改制工作。四是积极引导外商投资企业参与国有企业改造，把利用外资与国内经济结构调整、国有企业改组改造结合起来。五是认真做好企业集团的登记和规范工作，继续支持国有企业通过兼并、联合、重组等形式，组建一批具有竞争力的大公司和大企业集团。六是重视做好促进下岗失业人员再就业工作。要全面贯彻全国再就业工作会议精神，大力支持发展第三产业和社区服务业，不断拓展再就业空间。认真落实各项优惠政策，依法办理有关手续，提高工作效率，为下岗失业人员从事个体私营提供优质服务。

（二）热情服务，依法监管，促进个体私营经济健康发展。一是按照多种所有制经济共同发展的方针，修订完善支持鼓励个体私营经济发展的政策和法规，清理和废止歧视性规定，进一步改革和完善登记监管工作，促进个体私营经济健康发展。二是按照"十六大"报告的要求，放宽国内民间资本的市场准入领域，引导个体私营经济积极发展第三产业、社会服务业以及其他劳动密集型产业，发挥个体私营经济在国有经济退出领域中的积极作用。引导个体私营经济积极参与西部大开发。引导具备条件的私营企业发展以电子商务、生物工程、物流配送、连锁经营为主要内容的新兴行业。引导、支持个体私营经济进行以品牌、信用为中心的"二次创业"，加快资产重组与联合，不断提高自身素质和发展质量，增强市场综合竞争能力，积极参与国际竞争。

（三）提高对外开放水平，鼓励、支持外商投资企业加快发展。一是按照国民待遇原则，认真履行"入世"承诺。二是继续抓紧法律法规的清理、修订，提高法律和政策的透明度，不断完善外商投资企业登记管理法规。三是改进和加强外资企业登记监管工作，提高服务水平和效率，为外商投资创造良好的市场环境。四是加强对外商投资企业的调查研究，把外商投资和经济结构战略性调整结合起来，鼓励跨国公司投资农业、制造业和高新技术产业。

（四）依法保护各类企业的合法效益，促进企业不断发展。

一是加强对各类企业的产权保护。加强对企业变更登记中的产权保护工作，防止国有企业产权流失；认真审理企业变更登记、行政复议等工作中的产权变更与纠纷，积极配合有关部门查处侵吞产权案件。

二是加大商标保护力度，严厉查处商标侵权案件。第一，按照《商标法》及其配套法规、规章，强化商标行政执法，严厉打击流通领域、生产环节和商标印制环节的商标侵权行为。第二，改进管理，规范商标注册行为。充分发挥商标注册与管理自动化二期工程的作用，提高商标注册的质量和效率。探索建立适应新形势新任务需要的商标审查人员的管理体制，提高商标审查质量。第三，继续加强商标领域的国际交流与合作。

三是强化广告执法，严厉打击虚假广告。第一，积极引导、支持企业正确运用广告战略，扩大企业产品知名度，增强市场竞争力。第二，加强对广告行业组织的工作指导，充分发挥其自律作用，进一步规范广告主、广告经营者、广告发布者的行为，维护广告行业的经营秩序。第三，严厉查处虚假广告。进一步强化对医疗服务、药品、保健食品、房地产等广告的监管，特别是对虚假夸大和以新闻形式变相发布的医疗广告，以欺诈为目的的技术转让、加工承揽广告，含有不良文化内容的广告等，要切实加大查处力度。

五、增强法制观念和创新意识，推进法制建设和制度改革

（一）坚持有法必依，有法可依，执法必严，违法必究，进一步加强法制建设。一是加快立法立规,完善市场规则,做到有法可依。推进《商事登记条例》、《反垄断法》、《市场监管条例》等法律法规的起草和上报审批工作;继续开展修订《反不正当竞争法》、《工商行政管理所条例》等法律法规的调研工作;根据"十六大"精神,进一步清理现行的工商行政管理法规、规章,该废止的废止,该修正的修正,该完善的完善。二是坚持执法必严、违法必究。要进一步完善执法制度,严格执法纪律,对各类经济违法违章行为,切实做到有案必查,有查必处,有处必果;坚决纠正和查处执法不严,违法不究,以罚代刑等违法违规行为。三是强化执法监督,推进依法行政。扩大行政处罚听证范围,加强对重大案件的督查指导;建立行政审批保留项目制约机制,完善监督措施。四是加强法制宣传,增强执法人员的法制观念和全社会的法律意识,营造良好的执法环境。

(二)大力推进制度创新。

一是继续切实抓好行政审批制度改革。按照国务院的部署,扎扎实实做好下一阶段行政审批制度改革工作。对国务院批准取消的 13 个审批项目,逐项研究制定后续监管措施,防止管理脱节;认真做好其他行政审批项目的处理工作;加强与省级工商行政管理机关的沟通,做好相关工作的衔接,做到上下联动,整体推进。

二是积极探索建立与市场经济体制和我国加入世贸组织相匹配的工商行政管理制度。对企业登记制度,审查制度、企业类型划分、前置审批项目、经营范围、主体资格和经营资格等制度进行改革。积极完善驰名商标认定制度,探索商标权保护的有效机制,改进对集体商标、证明商标注册和管理的方式方法。积极探索个体经济分层登记和分类监管的模式;改革私营有限公司、合伙企业、个人独资企业和个体工商户年检办法。建立和完善广告监测制度、行政告诫制度、违法案件公告制度、跨地区案件协调制度等各项监管制度。

三是巩固体制、机构改革的成果,健全完善各项规章制度。按照政企分开的原则,巩固市场办管脱钩的成果,认真处理好"四移交"的遗留问题;巩固和完善省以下垂直管理体制,进一步理顺执法关系,加强部门间的协调配合。进一步完善各种规章制度,当前特别要建立健全财务"收支两条线"管理的规章制度。

四是因地制宜,继续推进基层工商所的改革和建设。要坚持按经济区域设立工商所的原则,根据当地经济发展和市场监管工作的需要,科学调整和规范工商所的设置。要认真总结几年来基层工商所改革的有益经验,按照强化监管执法、维护市场秩序、促进地方经济发展的需要,增强工商所执法职能和办案权限。要认真总结市场巡查制和开展专项整治取得的成功经验,进一步处理好市场巡查与专项整治的关系。

五是加快信息化建设步伐,提高现代化管理水平。要继续完善企业信用信息系统、"12315"维权网络、"经济户口"电子化管理等重要监管信息系统建设,提高监管质量;要加快推进办公自动化,进一步提高行政效率和工作水平;要加强工商行政管理信息系统的纵向联网,扩大与有关职能部门的横向联网,实现资源共享。

六、提高素质,优化结构,改进作风,努力建设一支朝气蓬勃、奋发有为的工商行政管理队伍

建设高素质的干部队伍,是推进工商行政管理工作的关键,也是适应形势和任务需要的当务之急。明年我们要从三个方面入手,抓好三个层次,突出三个环节,实现三个目标,继续把队伍建设的各项任务落到实处。

(一)从坚持制度、加强教育、推进改革三个方面入手,进一步完善干部管理机制。

一是坚持制度,就是严格执行干部人事管理的各项规章制度,按制度选人,以制度管人。要严格执行干部人事制度、国家公务员暂行条例、党内生活准则等,强化对干部的管理。要把学习贯彻《党政领导干部选拔任用工作条例》作为加强干部队伍建设的一项长期而重要的任务,切实抓紧抓好,严格按照《条例》规定的原则、条件和程序选人用人,确保《条例》落到实处。要健全制度,进一步加大对干部选拔任用工作和领导干部的监督力度,不断提高监督的有效性。

二是加强教育,就是加强干部教育培训工作,努力提高队伍素质和依法行政能力。要对广大工商行政管理干部加强党的基本理论、基本路线、基本纲领和"三个代表"重要思想的教育,加强科学文化知识的学习,进一步提高队伍的理论和科学文化素质,提高监管执法水平。继续深入贯彻落实工商行政管理系统"十五"教育培训规划,坚持以提高干部队伍整体素质和依法行政能力为核心,抓紧实施"红盾素质工程"。大力加强干部教育培训工作的基础设施建设。认真做好岗位资格证书制度实施工作。加强纪律作风教育、法制教育和职业道德教育,使广大工商行政管理干部坚定理想信念,树立正确的世界观、人生观和价值观。

三是推进改革,就是增强创新意识,进一步深化干部人事制度改革。要继续根据《深化干部人事制度改革纲要》的要求,积极推行民主推荐、民意测验、民主评议、公开选拔、竞争上岗、任前公示等制度,完善干部交流、轮岗和回避制度,研究探索并逐步试行干部考察报告、差额考察制度、领导干部引咎辞职、责令辞职制度,加大优化队伍结构的工作力度,努力形成广纳群贤、人尽其才、能上能下、充满活力的用人机制。按照中组部、人事部《关于加快事业单位人事制度改革的意见》要求,积极推进事业单位人事制度改革。

(二)认真抓好领导班子、领导机关、基层工商行政管理部门三个层次,全面推进队伍建设。

一是以提高政治素质和领导水平为重点,切实加强各级领导班子建设。各级工商行政管理机关的领导班子要加强党性修养、理论学习和实践锻炼,进一步增强政治意识、大局意识和责任意识;要牢固树立执政为民的思想,艰苦奋斗,廉洁奉公,为人表率;要坚持民主集中制,注重领导艺术和领导方法,不断提高领导水平;要抓好班子、带好队伍,努力把各级领导班子建设成为坚决

贯彻"三个代表"重要思想的坚强领导集体。

二是以树立正确的权力观和增强服务意识为重点,切实加强机关建设。要教育干部树立正确的权力观,正确认识到我们的权力是人民赋予的,必须以人民的利益为标准用好权,坚决反对以权谋私,严厉查处执法腐败,特别是切实解决好一些地方案、费、证、照中存在的问题。要增强使命感、责任感,建立健全责任追究制度,严厉查处失职渎职行为。要增强服务意识,改进服务态度,提高服务质量。

三是以抓依法行政、转变作风、树立良好的工商形象为重点,切实加强基层建设。要加强基层各项制度建设,积极探索完善符合基层工作特点的岗位责任制、目标责任制,不断推进基层规范化建设;要进一步加强基层队伍的思想政治建设,继续深入学习胡学勤、何付凯等同志的先进事迹,不断深化思想、纪律、作风教育活动和精神文明创建活动;要切实解决好一些地方存在的吃拿卡要、乱收费、乱摊派以及不文明执法等问题,坚决纠正行业不正之风,树立良好的工商形象。

(三)突出抓好干部思想、业务、作风建设三个环节,进一步提高队伍整体素质。要把学习、实践"三个代表"重要思想作为加强队伍建设的根本任务,切实抓紧抓好。通过深入学习"三个代表"重要思想,努力提高队伍的思想素质;通过狠抓教育培训,努力提高队伍的业务素质;通过开展作风教育整顿,努力提高队伍的作风素质。真正把工商行政管理干部队伍建设成为"忠于职守,勇于负责,清正廉洁,执法如山"的高素质干部队伍。

(四)实现蓬勃朝气、昂扬锐气、浩然正气三个目标,努力建设一支能担当历史重任的工商行政管理队伍。各级工商行政管理机关在全面贯彻落实"十六大"精神中,要切实按照全国组织工作会议和即将召开的人事工作会议的要求,努力学习和实践"三个代表"的重要思想,继续深入开展"做人民满意公务员,当合格工商干部"的争创活动,大力抓好领导班子建设和干部队伍建设,使广

大干部始终保持蓬勃朝气,解放思想、与时俱进;始终保持昂扬锐气,勇于实践、锐意创新;始终保持浩然正气,公正执法、廉洁自律。同志们,党的"十六大"提出了新世纪新阶段的奋斗目标,中央经济工作会议明确了明年经济工作的总体要求和主要任务。全国工商行政管理系统的同志们,要紧密团结在党中央周围,高举邓小平理论和"三个代表"重要思想伟大旗帜,全面贯彻"十六大"精神,统一思想,振奋精神,与时俱进,锐意开拓,努力开创工商行政管理工作的新局面,为全面建设小康社会营造良好的市场经济环境,不断做出新的更大的贡献。

以"三个代表"重要思想为指导开创工商行政管理系统党风廉政建设和反腐败工作的新局面

——王众孚局长在全国工商行政管理系统党风廉政工作会议上的讲话

(2003 年 4 月 1 日)

这次全国工商行政管理系统党风廉政工作会议的主要任务是,以邓小平理论和"三个代表"重要思想为指导,认真贯彻落实党的"十六大"以及中纪委二次全会、国务院廉政工作会议精神,总结 2002 年工商行政管理系统的党风廉政建设和反腐败工作,对 2003 年的工作进行部署。下面,我讲几点意见。

2002 年党风廉政建设和反腐败工作的基本情况

2002 年是我们党和国家历史上具有重要意义的一年。一年来,全国工商行政管理系统以迎接"十六大"召开、学习贯彻"十六大"精神为动力,努力实践"三个代表"重要思想,认真贯彻落实党中央、国务院的部署,坚持"两手抓,两手都要硬"的方针,在大力整顿和规范市场经济秩序的同时,切实整顿和规范执法行为,党风廉政建设和反腐败工作取得了新的成绩。

一、狠抓廉洁自律规定的落实,领导干部廉洁从政的自觉性进一步增强。各级工商行政管理机关认真贯彻中纪委七次全会和国务院第四次廉政工作会议精神,从加强思想教育、强化监督检查入手,狠抓不准领导干部收受现金和有价证券、禁止领导干部到企业和下属单位报销个人费用、领导干部配偶子女从业以及狠刹奢侈享乐、铺张浪费歪风廉洁自律四项规定的落实,进一步增强了各级领导干部的廉政意识,规范了从政行为。制定了严格的工作纪律和廉政守则,强化了对职务权力的监督制约,促进了工作人员廉洁从政。

二、以惩治执法腐败、查处失职渎职为重点,查办违纪违法案件的力度进一步加大。2002 年,全系统纪检监察机构共受理信访举报12 810件,立案查处 768 件,给予党纪政纪处分 791 人,移送司法机关处理48 人。

三、坚持纠建并举,队伍作风继续好转。各地工商行政管理机关针对队伍作风中存在的突出问题,继续开展纪律作风整顿,重点治理了利用"案费证照"以权谋私,以及简单粗暴、不文明执法等问题。2002 年上半年,总局还配合监察部、国务院纠风办、国家计委对全系统集贸市场收费情况进行了专项检查。在全系统集中开展了"三乱"问题专项整治,严格规范执法行为,促进了队伍作风和形象的进一步好转。2002 年,全系统共有 15 个省市工商局接受了当地政府组织的行风评议,多数单位获得好评,其中 4 个省市工商局名列榜首。

四、积极推进体制制度改革,从源头上防治腐败取得进展。2002 年,全系统积极推进"三项改革",完善各项规章制度,从源头上预防和治理腐败的工作取得了新的进展。一是加快推进行政审批制度改革。总局在认真清理的基础上,研究提出并报国务院批准取消了 22 个行政审批项目,各地清理取消行政审批项目的工作也取得了积极进展。二是进一步完善财政管理体制改革。全系统实行"收支两条线"管理的工作继续推进。三是继续深化干部人事制度改革。全系统认真贯彻《党政领导干部选拔任用工作条例》,积极推行干部民主推荐、公开选拔、竞争上岗、任前公示以及交流、轮岗、回避等制度,促进了科学的干部选拔任用和管理监督机制的形成。

五、认真开展学习教育,党员干部拒腐防变能力有了新的提高。一是狠抓了"三个代表"重要思想的学习。广大党员干部加深了对"三个代表"重要思想科学内涵和精神实质的理解,进一步增强了拒腐防变和廉洁从政意识。全系统有9个先进单位受到了全国农村"三个代表"重要思想学习教育活动总结表彰大会的表彰。二是在全系统普遍开展了宗旨教育和纪律作风教育活动。广大干部进一步提高了思想政治素质,增强了纪律观念,转变了工作作风,焕发了工作热情。三是以推进党风廉政建设和干部队伍建设为目标,在全系统认真开展了示范教育和警示教育。先后在全系统表彰宣传了何付凯、胡学勤等廉洁奉公、执政为民的模范人物,充分发挥先进典型的示范教育作用;同时,以系统内外典型的腐败案例警示党员干部,教育大家防微杜渐,警钟长鸣。

六、严格执行党风廉政建设责任制,反腐倡廉的领导体制和工作机制逐步完善。一是各级工商行政管理机关普遍建立了"一把手"负总责、班子成员明确分工、相关机构各负其责的党风廉政建设领导体制和工作机制,加强了对反腐倡廉工作的领导,并严格责任追究,严肃执法执纪。二是强化督查,狠抓落实。总局机关以司局为单位,成立了14个督查组,分省联系,明确责任,做到了党风廉政建设和业务工作同部署、同检查,保证了党风廉政建设工作落到实处,取得实效。对系统内发生的违纪违法大案要案,总局负责同志还多次带队督查督办。各地工商行政管理机关也积极采取有效措施,强化了对党风廉政建设和反腐败工作的督促检查。

在充分肯定成绩的同时,我们也要清醒地认识到,工商行政管理系统党风廉政建设和反腐败工作取得的成果还只是阶段性的,与党和人民的期望、与形势任务的要求还有较大差距,工作中还存在一些问题和不足。主要是:党风廉政建设和反腐败工作开展得不够平衡,个别单位仍然存在对干部教育不够、监督不力、管理不严的现象;乱收费、乱罚款,粗暴管理、野蛮执法,执法犯法、徇私枉法,以及违反干部人事纪律等问题,在一些地区还不同程度地存在。这说明,工商行政管理系统反腐倡廉的任务还很艰巨,丝毫不能满足,丝毫不可松懈。我们要倍加努力,扎实工作,进一步把党风廉政建设和反腐败工作抓紧抓好。

2003 年党风廉政建设和反腐败工作的主要任务

2003 年是全面贯彻落实党的"十六大"精神的第一年。认真做好工商行政管理系统的党风廉政建设和反腐败工作,事关大局,意义重大。中纪委二次全会和国务院廉政工作会议对 2003 年的党风廉政建设和反腐败工作作出了全面部署,目标任务已经明确,关键在于抓好落实。全国工商行政管理系统的同志们,要认真贯彻党中央、国务院的部署,推动党风廉政建设和反腐败工作取得新的更大的成效。2003 年工商行政管理系统党风廉政建设和反腐败工作的总体要求是:以邓小平理论和"三个代表"重要思想为指导,认真贯彻落实党的"十六大"以及中纪委二次全会、国务院廉政工作会议精神,标本兼治,注重治本,加强反腐败"三项工作",加大从源头上预防和治理腐败的力度,与时俱进,开拓创新,努力开创反腐倡廉工作的新局面,为深入整顿和规范市场经济秩序,促进全面建设小康社会奋斗目标的实现,提供有力的政治保证。要着重抓好以下几项工作:

一、认清形势,明确使命,充分认识做好党风廉政建设和反腐败工作的极端重要性

各级工商行政管理机关要认真学习贯彻党的"十六大"精神,从实践"三个代表"重要思想、推进党的建设新的伟大工程、实现新世纪新阶段党和国家奋斗目标的高度,教育引导广大党员干部进一步提高对党风廉政建设和反腐败工作重要性的认识,进一步增强反腐倡廉的自觉性。

(一)继续大力加强党风廉政建设和反腐败工作,是实现全面建设小康社会奋斗目标的重要保证。首先，加强党风廉政建设和反腐败工作，是全面建设小康社会的重要内容。党的"十六大"提出的全面建设小康社会的奋斗目标，是中国特色社会主义经济、政治、文化全面发展的目标。实现这一宏伟目标，不仅要促进经济加快发展，而且要扎实推进社会主义政治文明建设。建设社会主义政治文明的主要任务之一，就是发展民主，健全法制，强化监督，创新体制，形成行为规范、运转协调、公正透明、廉洁高效的行政管理体制，规范权力运行，促进依法行政，有效防范和治理各种消极腐败现象。只有在经济发展的同时，坚定不移地做好党风廉政建设和反腐败工作，稳步推进社会主义政治文明和精神文明建设，才能真正实现全面建设小康社会的奋斗目标。其次，加强党风廉政建设和反腐败工作，是工商行政管理部门履行为全面建设小康社会创造良好市场经济环境神圣职责的重要保证。"公生明，廉生威。"如果不加强党风廉政建设，不坚决惩治腐败行为，党风不正，执法不廉，就没有执法权威和战斗力，就不能胜任市场监管执法的繁重任务。所以，我们一定要从全面建设小康社会的高度，深刻认识反腐倡廉工作的极端重要性，努力建设一支"忠于职守，勇于负责，清正廉洁，执法如山"的高素质干部队伍，确保各级工商行政管理机关更好地履行为全面建设小康社会创造良好市场经济环境的光荣职责。

（二）继续大力加强党风廉政建设和反腐败工作，是实践"三个代表"重要思想，坚持执政为民的根本要求。坚持执政为民，是由我们党的性质和宗旨决定的，是实践"三个代表"重要思想的本质要求。工商行政管理机关作为国家的市场监管和行政执法机关，手中掌握着一定的行政权力。我们的各级干部要进一步增强服务意识和公仆意识，树立正确的权力观，始终牢记手中的权力是人民赋予的，自觉做到权为民所用，情为民所系，利为民所谋，坚决同以权谋私等消极腐败现象作斗争。只有党风廉政建设加强了，才能更好地实践"三个代表"重要思想，真正体现执政为民的本质要求，进一步密切

同人民群众的血肉联系。

（三）继续大力加强党风廉政建设和反腐败工作，是建设公正廉洁的执法队伍，树立良好工商形象的迫切需要。实现全面建设小康社会的奋斗目标，积极稳妥地推进社会主义政治文明和精神文明建设，对工商行政管理部门提高队伍整体素质特别是作风素质提出了更高的要求。这些年来，通过狠抓"三个代表"重要思想的学习和实践，坚持不懈地开展思想教育和作风整顿，我们队伍的整体素质逐步提高，执法形象有所改观。同时应当清醒地看到，工商行政管理系统党风廉政建设和干部队伍建设的现状，离党和人民的要求，还有不小差距。粗暴管理，野蛮执法，甚至滥用职权，违法行政，"吃拿卡要"，以权谋私以及违反组织人事工作纪律等问题还时有发生，有的还十分突出。这些问题虽然发生在少数地方，但影响恶劣，危害很大，不仅影响了工商行政管理机关和干部队伍的形象，也损害了党和政府同人民群众的关系。这说明，搞好党风廉政建设和反腐败工作，仍然是我们加强队伍建设的重中之重和当务之急。各级工商行政管理机关要进一步增强忧患意识和责任意识，继续下大力气把党风廉政建设和反腐败工作抓紧抓好，努力建设一支清正廉洁的高素质干部队伍，努力树立良好的工商执法形象，使各级工商行政管理机关真正成为党和政府放心、人民群众满意的市场监管执法机关。

二、突出重点，狠抓源头，扎实有效地做好党风廉政建设和反腐败工作

（一）狠抓落实，紧紧围绕"三项工作"，全面推动党风廉政建设和反腐败工作的深入开展。

今年的党风廉政建设和反腐败工作，中纪委二次全会和国务院廉政工作会议，已经作了明确的部署。各级工商行政管理机关要紧密联系实际，采取有效措施，把党风廉政建设的工作任务落在实处。

根据中纪委二次全会和国务院廉政工作会议精神，今年的反腐败工作，继续坚持"三项工作"格局。我们要认真落实中央的部署，着重在抓落实、抓深入上下功夫，促进

全系统的党风廉政建设和反腐败工作整体推进、协调发展，不断取得新的阶段性成效。

1. 围绕抓好领导干部廉洁自律工作，切实规范从政执法行为。加强党风廉政建设和反腐败工作，领导带头是关键。各级工商行政管理机关必须把领导干部廉洁自律作为加强领导班子建设的重要任务，今年要特别做到"四个不准"：一是不准在行使行政审批权和分配使用财政资金过程中搞权钱交易，为个人和小团体谋取利益；二是不准利用职权违反规定干预和插手建设工程招标投标、经营性土地使用权出让、房地产开发与经营等市场经济活动；三是不准收受与其行使职权有关系的单位、个人的现金、有价证券和支付凭证；四是不准默许或授意配偶、子女及身边工作人员打着自己的旗号以权谋私。要加强学习教育，进一步增强各级领导干部廉洁自律的自觉性；要强化监督检查，确保领导干部廉洁自律各项规定落到实处；要严格执法执纪，坚决纠正和查处领导干部违反廉洁自律规定的行为。在搞好领导干部廉洁自律的同时，各级工商行政管理机关还要注意抓好"窗口"部位、重点岗位和基层站所工作人员的廉洁自律。企业登记、个体登记、商标注册、广告监管等掌握发证发照权的部门和基层站所，都要结合业务特点，进一步健全工作规则、完善工作程序、严格工作纪律，强化对职务权力的监督制约，规范从政行为，确保依法行政。

要加强政风建设，坚决防止和克服形式主义、官僚主义，坚决反对各种奢侈浪费行为。特别要做到"五个严禁"：一是严禁搞沽名钓誉、劳民伤财的各种"形象工程"、"政绩工程"；二是严禁超编制、超标准配备使用小汽车；三是严禁以开会、考察、招商、研讨、培训等名义变相公费旅游；四是严禁在各类会议中赠送礼品和纪念品；五是严禁向企业事业单位摊派会议经费。"四个严格控制"：一是继续严格控制新建和装修机关办公楼；二是严格控制各种名目的庆典和达标评比活动；三是严格控制出国（境）团组；四是严格控制会议和文件，切实解决"文山会海"问题。"四个坚决制止"：一是坚决制止以各种名义用公款互相宴请和送礼；二是坚决制止参加用公款支付的高消费娱乐活动；三是坚决制止在公务活动中超标准接待；四是坚决制止私自借用下级机关或企业事业单位的车辆。

2. 围绕惩治执法腐败、查处失职渎职行为，进一步加大查办违纪违法案件的力度。严肃执纪，是整治腐败的有力措施。针对工商行政执法工作的特点，惩治执法腐败是反腐倡廉的重要任务。今年要继续重点查办有令不行、有禁不止，上有政策、下有对策等严重违反政治纪律的案件；领导干部和"窗口"部门工作人员利用"案费证照"以权谋私、贪污受贿的案件；市场监管执法人员执法犯法、徇私枉法、失职渎职的案件；机构改革和干部选拔任用中违反组织人事纪律的案件。要充分发挥群众监督、社会监督的积极作用，进一步健全信访举报制度，疏通渠道，扩大案源；要依法办案，严格执纪，触犯刑律的，及时移送司法机关处理，决不心慈手软；要强化督查，狠抓落实，切实做到有案必查、有查必处、有处必果，坚决纠正瞒案不报、压案不查、查而不处等错误行为；要注意剖析典型案件的发案原因，查找问题，整章建制，加强管理，堵塞漏洞。

3. 围绕转变作风、树立形象，继续深入纠正不正之风。根据中纪委二次全会和国务院廉政工作会议的要求，今年工商行政管理系统纠正不正之风的工作，要围绕解决发生在老百姓身边的、严重损害群众切身利益的问题，继续深入开展队伍纪律作风整顿活动，认真纠正和查处违反组织人事纪律、以权谋私、失职渎职和不依法行政等问题；继续治理向机动车辆乱收费问题，坚决纠正和查处擅自设立收费站点、擅自上路拦车收费等"三乱"行为。基层工商所是市场监管执法的"前沿阵地"，是为经营者、消费者服务的"窗口"，作风素质如何，人民群众看得最清楚，直接关系党和政府的形象，搞好政风建设尤为重要。各级工商行政管理机关要坚决贯彻落实去年12月19日吴仪副总理与全国工商行政管理工作会议代表座谈时的重要指示，把加强基层队伍作风建设作为全系统作风建设的重点，下大力气抓紧抓好。要坚持纠建并举的方针，在查处和纠正不正之风的同时，广泛深入开展创建文明机关、文明"窗口"和"创先争优"等活动，表彰先进，弘扬正气，发挥正面典型的示范教育作用。要继续积极参与当地政府组织的民主评议行风活动，创建文明行业，树立良好政风，争当人民满意的公务员。

（二）注重治本，积极推进"三项改革"，进一步加大从源头上预防和治理腐败的力度。

各级工商行政管理机关要切实按照党中央、国务院的整体部署和要求，以推进行政审批、财政管理、干部人事制度"三项改革"为重点，完善制度，进一步强化反腐倡廉的治本力度。

1. 以加快推进行政审批制度改革为重点，强化对权力的制约，确保用好权。改革行政审批制度，规范行政审批权力运作，既是转变政府职能的需要，也是从源头上预防和治理腐败的重要举措。各级工商行政管理机关要继续积极稳妥地推进这项改革。凡不符合政企、政事分开原则，不符合世贸组织规则，妨碍市场开放和公平竞争的行政审批，都要坚决予以取消。同时，对已经取消的行政审批项目，要加强后续监管，防止管理脱节；对保留的行政审批项目，要健全监督制约机制，规范审批程序，提高审批的透明度，切实防止暗箱操作，以权谋私。国家工商总局要继续与各省工商局搞好行政审批制度改革的衔接工作，做到上下协调，整体推进。在重点抓好行政审批权力制约的同时，要强化对其他各个方面、各个环节行政执法权力的监督，建立管理科学、程序严密、制约有效的权力运行机制，确保把人民赋予的权力真正用来为人民谋利益。

2. 以继续推进财政管理体制改革为重点，加强对资金的监控，确保管好钱。主要是，进一步落实"收支两条线"规定，规范执收执罚行为，强化支出管理，严肃财经纪律。经过多年的不懈努力，工商行政管理系统实行"收支两条线"管理的工作取得了进展。但限于各地财政保障情况，目前这项工作还

不够规范，"收支挂钩，以收定支"的现象依然存在。各级工商行政管理机关要把完善"收支两条线"管理作为抑制腐败的治本之策，继续抓紧抓好。要积极争取当地政府和财政部门的支持，认真抓好国务院有关工商行政管理部门实行"收支两条线"后经费保障规定的落实，加快解决"收支挂钩，以收定支"问题；要严格执行"收支两条线"管理的各项规定，把预算外资金纳入财政专户或预算管理；要积极采取有效措施，全面推进收缴分离、罚缴分离，规范执收执罚行为。同时要严格执行财务制度和财经纪律，规范银行账户管理，加强对资金运作的监控；要强化审计监督，严禁设立"小金库"，严厉惩处做假账行为。

3. 以深化干部人事制度改革为重点，搞好对干部选拔任用工作的监督，确保选好人。一是认真贯彻《党政领导干部选拔任用工作条例》，严格按《条例》规定的原则、条件和程序选人用人。总局已经建立了由组织人事、纪检监察、机关党委等部门参加的干部监督工作联席会议制度，强化对干部选拔任用工作的监督，坚决制止和纠正用人上的不正之风。二是继续深化干部人事制度改革，积极推行民主推荐、公开选拔、竞争上岗、任前公示等制度，加快完善干部交流、轮岗、回避等制度，努力形成广纳群贤、人尽其才、能上能下、充满活力的用人机制。三是坚持条件，严把进人关。认真做好公务员考录工作，坚持公开招考，择优录用，严禁徇私舞弊，确保进人质量，坚决纠正和查处私招滥雇、违规进人等违反组织人事纪律的行为。

在积极推进"三项改革"的同时，要进一步健全和完善规章制度。要健全党内监督、舆论监督、群众监督，努力形成全方位、强有力的监督制约机制；要严格执行建设工程招标投标、政府采购等制度，切实规范工程招标投标和政府采购等行为；要强化对党员领导干部的监督，重点是，确保严守党的政治纪律，建立健全党的民主集中制、领导干部民主生活会制度、领导干部报告个人重大事项制度、领导干部述职述廉制度、纪委负责

人同下级党政主要负责人谈话制度、领导干部任前廉政谈话制度、诚勉谈话制度等。要通过建立完善和严格执行上述制度，从决策和执行等环节加强对权力的制约和监督，努力把各级领导班子建设成为坚决贯彻"三个代表"重要思想的坚强领导集体。

（三）联系实际，突出抓好"五项治理"，努力树立良好的工商执法形象。

为使今年全系统的党风廉政建设和反腐败工作取得扎扎实实的成效，要紧密联系工商行政管理系统的实际，着重治理和解决以下五个方面的问题，并把治理工作是否取得进展作为衡量反腐倡廉工作是否取得实效的具体标志。一是严厉惩治执法腐败。对利用"案费证照"以权谋私，"吃拿卡要"，贪污受贿的，要发现一起，查处一起，绝不姑息。二是严肃查处违反干部人事纪律问题。对在机构体制改革、公务员考录以及干部任用工作中，违反干部政策和人事纪律，弄虚作假、私招滥雇、违规进人、违规提拔任免干部的，要坚决纠正，并对有关领导和责任人员予以严肃处理。三是认真查办失职渎职行为。对在市场监管执法中有法不依、执法不严、以罚代管、以罚代刑，以及监管不力、工作失职、不作为的行为，要严肃政纪，追究责任。四是深入治理"三乱"。对擅自下达收费罚款指标并将收费罚款数额与干部工资奖惩挂钩的行为，在监管执法中乱收费、乱罚款、乱摊派以及为其他部门代收代扣费用的行为，一经发现，都要坚决纠正，严肃查处。五是坚决纠正不依法行政等不正之风。对市场监管执法人员粗暴管理，野蛮执法，耍威风，搞特权，刁难群众的，要严肃教育批评，严格依纪处理。

总之，我们要通过加强教育，牢固树立执政为民的思想，使我们的干部不想去腐败；通过推进改革，完善制度，强化监督，使我们的干部不能去腐败；通过严格执纪，严厉惩处腐败行为，使我们的干部不敢去腐败。

三、强化教育，加强领导，确保党风廉政建设和反腐败各项任务的落实

（一）狠抓学习教育，牢固构筑反腐倡廉的思想道德防线。防治腐败，加强教育是基础。各级工商行政管理机关要坚持把思想教育作为治理腐败的一项重要基础工作来抓，切实增强广大干部的廉政意识，提高拒腐防变能力。当前，要着重抓好三项教育。一是认真学习和实践"三个代表"重要思想，开展保持共产党员先进性的教育。要以"十六大"精神和"三个代表"重要思想为主要内容，在全系统掀起一个新的学习教育高潮。通过学习教育，使广大党员干部深刻领会"十六大"报告和"三个代表"重要思想的精神实质，进一步提高思想政治水平。教育广大党员干部牢记党的宗旨，坚定理想信念，增强党性修养，牢固树立马克思主义的世界观、人生观和价值观，始终坚持廉洁奉公，执政为民。二是深入进行"两个务必"的教育。引导广大党员干部继续发扬党的优良传统，自觉保持艰苦奋斗的作风，自重自警，经受得住市场经济条件下腐蚀与反腐蚀的严峻考验。三是继续抓好先进典型的示范教育和反面典型的警示教育，弘扬正气，涤浊扬清。

（二）认真落实党风廉政建设责任制，切实加强对党风廉政建设和反腐败工作的领导。确保党风廉政建设和反腐败工作取得实效，加强领导是关键。全系统各级领导干部必须以高度的政治责任感，切实担负起党风廉政建设和反腐败工作的领导责任。一是要明确分工，落实责任。各级工商行政管理机关要进一步健全"一把手"负总责、班子成员明确分工、各负其责、齐抓共管的党风廉政建设领导体制和工作机制。要结合实际，不断完善党风廉政建设责任制实施、考核办法等配套制度，确保责任制严格执行。各级领导干部要以身作则，作出表率，同时认真履行领导职责，严格要求，严格管理，管好班子，带好队伍；要始终坚持"两手抓，两手都要硬"，做到党风廉政建设与业务工作一起部署，一起落实，一起检查，一起考核。二是要强化督查，狠抓落实。各级工商行政管理机关要进一步完善督查机制，加大责任追究力度。凡领导干部对党风廉政建设和反腐败工作敷衍塞责、领导不力，导致不正之风和腐败问题屡屡发生的，要严肃追究领导责任。

（三）推进纪检监察管理体制改革试点，加强纪检监察队伍建设，为做好反腐倡廉工作提供有力的组织保证。

1. 积极推进纪检监察管理体制改革试点。为改革和完善党内监督体制，去年，中央决定，在总局实行派出纪检监察机构统一管理试点。这体现了中央对工商行政管理系统党风廉政建设和干部队伍建设的重视和关心。总局党组将按照中央的要求，把搞好这一改革试点作为一项重要的政治任务，与驻总局纪检组共同努力，取得试点的成效，开创党风廉政建设和反腐败工作新的局面。一是总局党组全力支持和保证驻总局纪检组切实履行职能，积极主动、虚心接受监督，并建立健全相关的权力监督制约机制和制度，确保驻总局纪检组全面、有效地开展工作。二是建立总局党风廉政建设联席会议制度，齐抓共管，形成合力。联席会议领导小组组长由我担任，副组长由甘国屏、石见元同志担任，成员由驻总局纪检组以及人事教育司、机关党委等单位负责同志组成。联席会议的主要任务是沟通情况，分析问题，统一思想，推进工作。三是适应试点的需要，进一步加强总局机关和系统的内部监督，调整总局的党风廉政建设机构设置和职能分工。机关纪委增设纪检处，承担总局机关和直属单位党风廉政建设和反腐败方面的日常工作；人事教育司增设廉政办，承担指导、检查工商行政管理系统党风廉政建设和反腐败方面的日常工作。四是为驻总局纪检组开展工作提供和创造条件，及时帮助他们解决工作、生活中的困难和问题。希望各地工商行政管理机关积极配合总局搞好派出纪检监察机构实行统一管理的试点工作，上下协调，共同努力，把全系统的党风廉政建设和反腐败工作做得更好。

2. 大力加强纪检监察工作和纪检监察干部队伍建设。党风廉政建设关系党的生死存亡，关系国家的前途命运。各级工商行政管理机关要一如既往高度重视纪检监察工作，切实加强领导。要及时了解和掌握纪检监察工作情况，认真帮助解决工作中遇到

的困难和问题。要重视加强纪检监察机构建设和队伍建设，健全机构，配强干部。要从政治上、工作上、生活上关心爱护纪检监察干部，积极为他们的成长进步创造条件，努力解除他们的后顾之忧，使他们更好地履行职责，勤奋工作。

建设一支高素质的纪检监察干部队伍，是做好工商行政管理系统党风廉政建设和反腐败工作的重要组织保证。长期以来，全系统广大纪检监察干部坚持原则，秉公执纪，为加强工商行政管理系统的党风廉政建设和反腐败工作作出了积极贡献。实践证明，我们的纪检监察队伍是一支完全可以信赖和有战斗力的队伍。在此，我代表总局党组，向全系统纪检监察干部致以崇高的敬意和诚挚的问候！随着改革开放的深入进行和社会主义市场经济的发展，反腐倡廉工作不断遇到一些新的情况和问题，面临的任务更加艰巨复杂，对纪检监察干部提出了更高的要求。我们一定要适应新形势、新任务的需要，进一步把纪检监察干部队伍建设好。首先，要重视提高纪检监察干部的政治素质。纪检监察干部肩负着维护党纪政纪的光荣任务，工作的政治性、政策性都很强。正如江泽民同志曾经指出的那样，纪检监察干部应当有更高的政治觉悟，更高的纪律性，更强的法制观念。其次，要不断提高纪检监察干部的业务素质。工商行政管理系统从事纪检监察工作的干部，不仅要学习党的路线方针政策、党规党纪和国家法律，学习工商行政管理业务，还要努力掌握经济、金融、法律、管理、科技等方面的知识，拓宽知识领域，不断提高在反腐倡廉工作中解决实际问题的能力。第三，要努力提高纪检监察干部的作风素质。纪检监察干部要始终保持与时俱进、锐意开拓的精神状态，始终发扬脚踏实地、求真务实的工作作风，深入基层，深入群众，了解新情况，研究新措施，解决新问题，推动党风廉政建设和反腐败工作不断取得新成效。

同志们，2003年工商行政管理系统加强党风廉政建设和反腐败工作的任务十分繁重。我们要紧密团结在以胡锦涛同志为总

书记的党中央周围,高举邓小平理论和"三个代表"重要思想伟大旗帜,全面贯彻党的"十六大"精神,认真落实党中央、国务院的部署,开拓进取,扎实工作,进一步开创工商行政管理系统党风廉政建设和反腐败工作的新局面。

王众孚局长在兴起学习贯彻"三个代表"重要思想新高潮、规范市场秩序推进信用建设经验交流会上的讲话

(2003 年 8 月 6 日)

经国务院批准,我们在北京召开这次会议。主要任务是认真学习和贯彻胡锦涛总书记"七一"重要讲话精神,对全系统兴起学习贯彻"三个代表"重要思想新高潮进一步进行动员和部署;总结交流整顿规范市场秩序,推进信用建设,创新监管制度的经验,推动全系统进一步深化市场监管制度改革,更好地履行工商行政管理的职能。吴仪副总理对工商行政管理工作非常重视和关心,多次到工商行政管理系统进行考察、调研和座谈,作出重要指示。8 月 1 日在百忙之中还亲临北京市工商局考察市场监管制度改革和整顿规范市场经济秩序的情况。今天又到会看望大家,对在全系统兴起学习贯彻"三个代表"重要思想新高潮、进一步深化市场监管制度改革、继续深入整顿和规范市场经济秩序以及加强队伍建设等工作,提出了殷切的期望和更高的要求,我们一定要认真学习、深刻领会、坚决贯彻落实。

年初以来,我们经历了一场突如其来的非典疫情灾害。党中央、国务院高度重视,沉着应对,果断作出一系列重大决策和部署,坚定不移地贯彻"两手抓"的方针,夺取了抗击非典斗争的阶段性重大胜利,保持了国民经济较快增长的良好势头。半年来,全国工商行政管理系统在以胡锦涛同志为总书记的党中央的坚强领导下,坚定不移地同党中央保持高度一致,认真贯彻落实党中央、国务院的统一部署和要求,以"三个代

表"重要思想和"十六大"精神总揽全局,坚持一手抓防治"非典"这件大事不放松,一手抓经济建设这个中心不动摇,为防治非典和促进经济发展充分发挥职能作用,作出了积极的努力和贡献。在抗击"非典"的斗争中,各级工商行政管理机关在做好自身防护的同时,集中力量严厉查处利用防治"非典"名义从事违法经营的行为,全系统共出动执法人员 300 多万人次,查处违法经营案件 20 余万件,有力地维护了"非典"期间的经济秩序和社会稳定。工商行政管理系统广大干部在抗击"非典"斗争中勤奋工作、不辱使命,涌现出了一批先进集体和先进个人,受到了国务院领导和各地党委、政府的肯定和赞扬,仅总局机关和直属单位就有一个先进集体和 68 名先进个人,分别受到中央国家机关工委和北京市委、市政府的表彰。在整顿和规范市场经济秩序、促进经济发展的工作中,各级工商行政管理机关继续狠抓整顿和规范市场经济秩序的各项工作不放松,严厉打击假冒伪劣行为,深入开展打击走私贩私的斗争,认真查处传销和变相传销违法活动,坚决打破行业垄断和地区封锁,集中清理取缔无照经营,大力强化商标和广告监管,努力营造良好的市场环境;同时,改进和加强监督管理,鼓励、支持各类市场主体加快发展。在抗击"非典"和完成繁重的工作任务中,广大工商行政管理干部疫病面前不惊慌,困难面前不退缩,坚守岗位,听从指挥,团结一心,迎难而上,表现出了可贵的奉献精神和良好的工作作风,有的同志为此病倒在工作岗位甚至牺牲了生命。正如吴仪副总理刚才讲话中指出的,全系统广大干部经受住了"非典"这场重大灾害的严峻考验,为维护经济秩序和社会稳定,保障"非典"防治工作顺利进行,发挥了积极的作用。在此,我代表总局党组,向全系统广大干部职工致以诚挚的问候和崇高的敬意!

下半年,工商行政管理系统面临的任务十分繁重。前不久,中央发出通知,对在全党兴起学习贯彻"三个代表"重要思想新高潮作出了具体部署;7 月 1 日,胡锦涛总书记发表重要讲话,深刻阐明了兴起学习

贯彻"三个代表"重要思想新高潮的重大意义和基本要求;7月28日,党中央、国务院召开全国防治"非典"工作会议,全面总结了前一段的工作和经验,对当前和今后一个时期的工作以及要注意抓好的重大问题,作出了全面部署,提出了明确要求。全国工商行政管理系统要在兴起学习贯彻"三个代表"重要思想新高潮中,认真贯彻落实中央的各项大政方针和部署要求,发扬抗击"非典"中表现出来的好思想、好作风,总结经验,巩固成果,振奋精神,开拓奋进,继续抓紧抓好深入整顿和规范市场经济秩序的各项工作,不断推进市场监管制度的改革创新,为促进经济社会发展,充分发挥工商行政管理职能作用。下面,我代表总局党组讲几点意见。

一、认真贯彻落实胡锦涛总书记"七一"重要讲话,扎实兴起学习贯彻"三个代表"重要思想新高潮,坚持用"三个代表"要求总揽工商行政管理工作全局

"三个代表"重要思想是面向21世纪的中国化的马克思主义,是新世纪新阶段全党全国人民继往开来、与时俱进,实现全面建设小康社会宏伟目标的根本指针。兴起学习贯彻"三个代表"重要思想新高潮,是"十六大"提出的一个战略举措,关系党和国家工作的全局,关系实现全面建设小康社会的宏伟目标,关系中华民族的伟大复兴,关系中国特色社会主义事业的长远发展,也关系工商行政管理工作的改革和发展。各级工商行政管理机关要认真贯彻落实中央通知和胡锦涛总书记"七一"重要讲话精神,充分认识兴起学习贯彻"三个代表"重要思想新高潮的重大现实意义和深远历史意义,把兴起学习贯彻"三个代表"重要思想新高潮作为一项重大政治任务,加强领导,精心组织,抓紧抓好。通过领会精神抓学习、联系实际抓落实,把思想和行动进一步统一到"三个代表"重要思想上来,把智慧和力量进一步凝聚到实现"十六大"确定的各项任务上来,切实增强学习贯彻"三个代表"重要思想的自觉性和坚定性,始终坚持以"三个代表"重要思想统领工商行政管理工作全局,确保认

识上达到新高度,把握上达到新水平,工作上取得新成效。

(一)坚持与时俱进,以"三个代表"重要思想指导工商行政管理的改革和创新

坚持与时俱进,是贯彻"三个代表"要求的关键,也是工商行政管理工作始终跟上时代前进步伐的不竭动力。各级工商行政管理机关要自觉适应国际国内形势的新变化,适应建立完善社会主义市场经济体制对市场监管执法工作提出的新要求,进一步解放思想、更新观念,不断推进工商行政管理工作的改革和创新。

1. 要建立完善与社会主义市场经济相适应的执法机制。社会主义市场经济是法制经济。市场主体的独立性、多元性,市场行为的趋利性、竞争性,都要求健全市场规则,强化市场监管,促进市场经济健康有序运行。工商行政管理机关作为维护市场秩序的行政执法机关,必须建立和完善与市场经济相适应的执法机制,依法行政,严格执法,为保障法制经济的实施充分发挥职能作用。

2. 要建立完善与社会主义市场经济体制相适应的市场监管体制。在社会主义市场经济体制逐步完善的进程中,工商行政管理机关必须在巩固以往体制改革成果的基础上,不断推进体制改革和创新,建立健全与社会主义市场经济体制相匹配的市场监管体制,进一步增强工商行政执法工作的权威性和有效性,更好地适应维护市场秩序的需要。

3. 要建立完善与现代经济、现代科技和国际惯例相适应的监管手段。改革开放的深入进行和现代科技、信息手段的广泛运用,使市场交易方式和商品流通渠道发生了深刻变化,违法违章行为的方法和手段也随之花样翻新。工商行政管理机关必须适应监管日益国际化、现代化市场的需要,充分运用现代科技、信息发展的新成果,积极改进市场监管手段和方式方法,努力实现监管手段的现代化、规范化、科学化,不断提高监管执法水平。

(二)坚持把执政兴国作为履行工商行

政管理职能的根本要求,把维护市场秩序、促进经济社会协调发展的工作不断引向深入。

把发展作为执政兴国的第一要务,是贯彻"三个代表"要求、坚持党的先进性的集中体现。各级工商行政管理机关要以坚持执政兴国为根本要求,牢固树立全面的发展现,进一步强化监管执法工作,努力维护市场秩序,促进经济社会协调发展。

1. 要继续深入整顿和规范市场经济秩序。继续深入整顿和规范市场经济秩序,是为经济社会协调发展营造良好市场环境的需要。一是要在继续整顿的同时,狠抓规范,在促进建立健全各类市场主体自律机制,进一步规范市场主体准入行为、交易行为和竞争行为上狠下功夫。二是要在大力治标的同时,注重治本,在健全市场规则,完善监管制度,进一步建立长效管理机制上狠下功夫。三是要在全面展开的同时,突出重点,在治理扰乱市场秩序的突出问题,进一步提高执法的震慑力上狠下功夫。当前的重点是:认真贯彻落实《国务院办公厅关于实施食品药品放心工程的通知》精神,严厉打击制售假冒伪劣食品药品等违法行为;认真贯彻落实《国务院办公厅关于深入开展毒鼠强专项整治工作的通知》精神,严厉打击生产、销售"毒鼠强"的违法行为;认真贯彻落实刚刚结束的全国打击走私工作会议精神,以严厉打击私货营销为重点,深入开展反走私斗争,坚决取缔走私货市场,严厉查处各种走私贩私行为;继续保持高压态势,以取缔传销人员聚集窝点为重点.严厉打击传销和变相传销违法活动;进一步加大执法力度,坚决破除地区封锁和行业垄断,维护公平竞争的市场秩序。

2. 要鼓励、支持各类市场主体健康发展。促进各类市场主体健康发展,是经济持续快速发展的必然要求。要热情服务,依法监管、积极支持国有企业改革发展,促进国有企业下岗失业人员再就业;毫不动摇地鼓励、引导个体私营经济和外商投资企业健康发展。要强化商标、广告监管,加大商标专用权保护力度,严厉查处虚假广告违法行为;积极引导、支持企业正确运用商标、广告战略开拓市场,增强市场竞争力。

3. 要积极促进先进文化的发展和传播。促进先进文化的发展,是促进经济社会协调发展的重要内容。要加强法制宣传,强化规范管理,促进适应社会主义市场经济需要的市场行为和职业道德的形成;要积极引导个体劳动者协会和私营企业协会加强对会员的法制教育和职业道德教育,增强广大会员的法制观念和职业道德意识;要坚持不懈地清理企业名称和商标、广告用语中的不良文化现象,继续倡导开展公益广告活动,促进先进文化的发展和良好道德风尚的形成;要大力配合有关部门开展"扫黄"、"打非"斗争,强化对文化娱乐市场的监管,努力净化社会文化环境。

(三)坚持执政为民,把"三个代表"的本质要求落实在加强队伍建设的各项工作中

"三个代表"重要思想的本质是立党为公、执政为民。各级工商行政管理机关必须以实现好、维护好、发展好最广大人民的根本利益为出发点和落脚点,切实加强班子建设和队伍建设,使广大干部真正做到权为民所用、情为民所系、利为民所谋。

1. 要牢固树立执政为民的思想、着力培养执政为民的作风。结合干部思想作风建设的实际,当前要着重抓好五个方面:一是抓认识。通过深入开展廉洁从政教育、遵纪守法教育和示范警示教育,使广大党员干部充分认识加强党风廉政建设的极端重要性,进一步坚定理想信念,树立正确的世界观、人生观、价值观和权力观、地位观、利益观,构筑一道拒腐防变的思想长城。二是抓制度。要进一步健全完善党风廉政建设联席会议制度、领导干部配偶子女从业制度、人事任免制度和党风廉政建设责任制,形成有效的监督制约机制。三是抓自律。关键是抓领导干部的廉洁自律。各级领导干部要以身作则、严于律己,做廉洁从政的表率、遵纪守法的模范。四是抓治理。当前和今后一个时期,要继续集中抓好"五项治理",就是,严厉惩治执法腐败;严肃查处违反干部

人事纪律问题;认真查办失职渎职行为;深入治理"三乱";坚决纠正不依法行政等不正之风。当前,要着重抓好以权谋私、执法腐败和乱罚款、乱收费的治理工作。五是抓查处。要继续加大查办违法违纪案件的力度,切实做到有案必查,有查必果。

2. 要不断提高执政为民的能力。各级工商行政管理机关要大力强化教育培训,认真组织引导干部学习法律知识、市场经济知识、现代管理知识和现代科技知识,不断提高业务素质,增强科学判断形势的能力、驾驭市场经济的能力、应对复杂局面的能力、依法执政的能力和总揽全局的能力。

二、大力推进信用建设,全面加强对市场主体的监管

市场主体行为不规范,是市场秩序混乱的源头。推进信用体系建设,从根本上约束规范市场主体行为,是整顿和规范市场经济秩序的治本之策。近年来,北京、上海等地在这方面进行了认真的尝试,成效明显。我们要认真总结经验,以信用建设为重点,强化全程监管,进一步推进市场主体监管制度的改革和创新。

(一)加强对市场主体的全面监管,实现由侧重对市场主体准入行为的监管向强化对市场主体准入行为、经营行为和退出行为全过程的监管转变

加强对市场主体的全面监管,就是以市场主体的准入、存续和消亡为主线,以信用监管为重点,由侧重对市场主体准入行为的监管,向强化对市场主体准入行为、经营行为和退出行为全过程的监管转变,实现对市场主体的监管"后延",推进职能整合,提高执法效能。

1. 依法加强企业登记注册工作,把好市场主体准入关。依法把好市场主体准入关,将不合格的市场主体拒之市场门外,是从源头上抑制扰乱市场秩序的违法行为、保障生产交易安全的重要基础性工作。一是要依法加强登记审查,进一步规范登记行为。要认真遵守法律、行政法规规定的条件和程序,把好企业登记材料和证明文件审查关,不得违反规定随意降低法定条件和简化程序。要严格执行法律、行政法规和国务院决定关于企业登记前置审批的规定,不得随意减少前置审批项目,或将前置审批改为后置审批。凡依法应经审批或许可而未经审批或许可的,工商行政管理机关一律不得登记注册。二是要认真落实国务院开展相关专项整治的部署,积极配合做好市场主体的清理整顿和规范工作。该办理变更登记的,要及时办理变更登记;对责令关闭的企业,要依法办理注销登记或吊销营业执照。三是要继续积极推进行政审批项目清理工作。对取消的行政审批项目,要加强后续监管,防止管理脱节;对保留的行政审批项目,要健全监督机制,规范审批行为。

2. 切实加强对市场主体经营行为的监管。主要是,以推进企业信用分类监管为重点,实现对市场主体经营行为的有效监管。与此同时,要继续完善和认真执行现行行之有效的监管措施。一是要继续完善"经济户口"管理,落实属地监管责任制。要按照"小局大所"的改革思路,切实加强基层工商所建设,完善"经济户口"档案,落实属地监管责任制,加大工商所执法力度,建立登记机关与工商所上下联动、密切配合、运转高效的新型监管体制。二是要进一步深化市场巡查制。要完善巡查制度,建立巡查机制,创新巡查方式,提高巡查效能。三是要强化企业年检和日常监管。依法查处虚报注册资本(金)、虚假出资、抽逃出资的行为,严厉打击伪造、涂改营业执照以及超范围经营等违法违章行为。四是要认真贯彻落实国务院颁布的《无照经营查处取缔办法》,集中开展清理取缔无照经营的活动,严厉查处无照经营行为。

3. 积极探索完善市场主体退出机制。法人终止应当依法进行清算,停止清算范围外的活动,以保护债权人的合法权益。现行企业登记管理规定对注销登记的企业有明确的清算程序和要求,而对因违法被吊销营业执照的企业,缺乏有效的清算监督机制。各级工商行政管理机关要积极探索吊销营业执照企业的后延监管工作,加大对债权人合法权益的保护力度。一是采取案后回查

措施,重点检查其是否已停止经营活动并进行清算。回查中发现未停止经营活动的,要予以取缔;未进行清算的,要注明未经清算和负有清算责任的投资人,待清算完结后,再消除未经清算的提示。二是对被吊销营业执照企业设立的分支机构责令停止经营活动并依法办理注销登记,对其投资的相关企业,要责令限期办理变更登记,以此督促被吊销营业执照企业进行清算,否则对分支机构和相关企业要依法予以查处。三是对吊销营业执照负有清算义务的投资人在未履行清算义务的情况下,可限制其对外投资;对被吊销营业执照负有个人责任的法定代表人,以及法律法规规定进行限制的原法定代表人或有关人员,依法进行限制。

(二)大力推进企业信用分类监管,促进管理制度创新

诚实信用是市场经济的基本准则,企业信用状况直接关系市场交易安全和经济秩序。加强企业信用建设,是我国社会信用体系建设的重要组成部分,是整顿和规范市场经济秩序的重要基础工作。各级工商行政管理机关要以企业信用体系建设为重点,整合工商行政管理职能,完善监管机制,切实加强对企业的全程监管。

1. 制定企业信用等级分类标准,为全面、准确掌握企业信用状况提供依据。建立科学、合理的企业信用监管指标体系,是制定企业信用等级分类标准的基础。企业信用监管指标体系应从工商行政管理职能出发,由市场准入、经营行为和市场退出三方面的信用指标构成。市场准入指标反映的是在确认市场主体资格和经营资格过程中企业的信用状况,内容包括设立登记和变更登记情况以及是否登记注册,核心在于企业是否符合法定条件,提交的申请材料是否合法有效。经营行为指标反映的是企业在经营活动中的信用状况,内容包括年检、日常检查、专项检查、合同履约,以及遵守工商行政管理法律法规情况,核心在于企业是否守法经营,在交易活动中是否遵循诚实信用原则。市场退出指标反映的是企业在退出市场过程中的信用状况,内容包括清算情况、

注销登记和吊销营业执照情况,核心在于退出市场是否依法进行清算。根据企业信用指标所反映的信用状况,将企业信用等级标准分为守信标准、警示标准、失信标准和严重失信标准。

2. 实施企业信用分类监管,切实规范市场主体行为。企业信用分类监管是以企业登记静态信息和企业监管动态信息为基础,根据企业信用等级标准将企业相应地分为不同的管理类别,即绿牌企业(守信企业)、蓝牌企业(警示企业)、黄牌企业(失信企业)和黑牌企业(严重失信企业)四类。上述分类是工商行政管理部门从工作职能出发,就企业信用行为本身有针对性地实施不同的管理措施,是工商行政管理制度的一种创新。实施分类监管是企业信用监管的重要环节,关键是要建立相应的管理机制。一是建立企业信用激励机制,就是对绿牌企业,要重点予以扶持,并享受年检免审、免于日常检查、提供优质服务等待遇;二是建立企业信用预警机制,就是对蓝牌企业,要实行警示制度,在日常工作中予以提示;三是建立企业失信惩戒机制,就是对黄牌企业,要作为重点监控对象,加强日常检查,实施案后回查、办理登记和年检时重点审查、公开违法记录等监管措施;四是建立企业严重失信淘汰机制,就是对黑牌企业,要发布吊销公告并公开违法记录,对典型案件还要予以曝光。

为有效实施企业信用分类监管,一要实行企业信用信息记录制度。这是加强企业信用建设的基础。一方面,要抓好自身业务中生成的企业信用信息的记录。各级工商行政管理机关在日常工作中,要按照"谁登记,谁录入;谁检查,谁录入;谁处罚,谁录入"的原则,及时、准确、完整地记录企业的各种信用信息。另一方面,要重视整合相关部门产生的企业信用信息。及时采集有关部门对企业实施许可证和资质管理的信息、行政处罚信息,以及与信用有关的其他信息,进一步充实企业信用信息。二要实行企业信用信息披露制度。一是公开企业身份记录。企业登记事项是企业最基本的信息,

属于社会公共信息,要依法予以公告或向社会提供查询服务。二是公开违法行为记录。对涉及企业信用的重大信息要进行披露,对所有行政处罚要按照结果公开的原则,作为企业信用信息予以记录并可提供相关当事人查询,对吊销营业执照的企业要依法发布吊销公告。三是公布典型案件。对违法情节特别严重、社会反映强烈的典型案件,要通过新闻媒体予以曝光,震慑违法分子,教育广大经营者。

实施企业信用分类监管,要坚持公开、透明的原则,内部要有相应的监督措施,切实防止利用企业信用分类监管谋取不正当利益。

这次会议提供了《关于对企业实行信用分类监管的意见(讨论稿)》,希望大家充分发表意见,待修改后下发执行。

(三)加强"金信工程"建设,创建"百万守信企业"

1. 积极推进"金信工程"建设。企业信用监管体系建设是一项系统工程,我们称之为"金信工程"。各级工商行政管理机关要高度重视,列入重要议事日程,加强领导,统一规划,制定切实可行的实施方案,有计划分步骤地抓好落实。搞好企业信用监管,必须切实加强基础性建设,重点是加强企业信用监管信息网络建设,为实施有效监管提供有力的技术保障。在信息网络建设上,各级工商行政管理机关要树立全国一盘棋的思想,遵循国务院信息化工作领导小组确定的"统一标准、联合建设,互联互通、资源共享"的指导方针,避免各自为政、重复建设造成不必要的资金浪费。要切实加强信息机构的建设,加大资金投入,确保"金信工程"的顺利实施。要按照企业信用监管指标体系和实施分类管理的要求,统一指标体系,统一技术标准,加紧开发全国统一的企业信用监管软件。要在开发统一软件的基础上,建立统一的信用监管平台,通过联网实现资源共享,以利于有效发挥工商行政管理部门的整体优势。发达地区要在2004年底实现联网,较发达地区要在2005年底实现联网,2007年底要实现全国联网。此外,承担地方政府交办的区域性企业信用管理建设任务的工商行政管理机关,要实现与"金信工程"的对接,并为此不断积累经验。

2. 全面启动"百万守信企业"创建活动。各级工商行政管理机关要迅速行动起来,精心组织、积极引导企业争创"百万守信企业",强化企业信用意识和守法经营意识。要对守信企业积极给予扶持,大张旗鼓地进行宣传。要深入开展"守合同重信用"活动,并将其纳入"百万守信企业"创建活动之中。各级个体劳动者协会、私营企业协会、消费者协会、广告协会、商标协会等社团组织,要积极投入到这项活动中,大力开展诚信教育和职业道德教育。要通过创建活动,树立守信典型,加强正面引导,在全社会营造"诚实守信,依法经营"的良好氛围,促进市场秩序的根本好转。

三、积极实施商品准入制度,进一步规范市场交易行为

市场交易行为不规范,是导致市场秩序混乱的主要因素,其中危害最大、人民群众最深恶痛绝的,是制售假冒伪劣商品的违法行为。因此,打击制售假冒伪劣商品违法行为、切实维护生产消费安全,一直是党中央、国务院关心的重点工作和广大人民群众关注的热点问题,也是整顿和规范市场经济秩序的重要内容。多年来,各级工商行政管理机关认真贯彻落实党中央、国务院的统一部署和要求,与有关部门密切配合,强化市场监管,加大执法力度,在打击制售假冒伪劣商品违法行为方面取得了一定成效。但是,制售假冒伪劣商品违法行为仍然未能从根本上得到遏制,打击制售假冒伪劣商品违法行为的任务依然十分艰巨。

为进一步把整顿和规范市场经济秩序的工作引向深入,必须在打击制售假冒伪劣商品等违法行为的工作中开拓新思路、采取新举措、实现新突破。近年来,北京等地在实施商品准入制度、实现商品质量监管关口前移方面,进行了积极的探索和实践,取得了明显效果。总局在认真总结北京等地经验的基础上,决定在全系统积极推进商品质量监管制度改革。总体要求是:实现一个转变,推进关口前移。就是在监管执法的工作指导思想上,坚持"标本兼治、重在治本"的方针,实现治理假冒伪劣等违法行为的工作由"以打为主、打防结合"向"以防为主、防打结合"的转变;在监管执法的方式方法上,在强化日常监管、严查违法行为的同时,以实施商品准入制度为重点,推进商品质量监管关口前移,加大从源头上治理制售假冒伪劣商品等违法行为的力度。各级工商行政管理机关要把这项监管制度改革作为整顿和规范市场经济秩序"标本兼治、重在治本"的有力举措,充分重视,抓紧抓好。通过积极实施和逐步完善这项改革,进一步增强监管执法的前瞻性、防范性和有效性,更好地履行维护市场秩序的职责。

从今年下半年开始,国务院决定在全国范围内实施食品药品放心工程,严厉打击制售假冒伪劣食品和药品、医疗器械的违法犯罪活动。这是继续深入整顿和规范市场经济秩序的一项重要举措。各级工商行政管理机关要以实施食品药品放心工程为契机,以维护食品消费安全、保障人民群众健康为切入口,积极推进商品质量监管关口前移,进一步强化对假冒伪劣行为的源头治理。

(一)严把商品市场准入关,全面加强流通领域商品质量监管

严把商品市场准入关,就是在商品流通的各个环节重点是进货环节、商品来源渠道等方面加强监管,严格上市商品准入条件,建立健全商品入市安全过滤机制,坚决把假冒伪劣等不合格商品堵在市场门外。

1. 在商品购销环节,建立商品质量查验登记制度。工商行政管理机关要采取有效措施,督促经营者建立并执行进货检查验收制度,在商品购进、仓储、销售等环节,严格履行查验职责。主要要求经营者做到:查验"两个主体"、查验商品质量和记好"两本账"。查验"两个主体",就是实施索证制度,通过在进货时索取并检查供货单位和生产单位的资质证明,查验主体的合法性;查验商品质量,就是实施索票制度,通过对购进的商品按批次向供货人索取质量检验检疫证明等商品质量合格证明,并对商品包装

上的标识以及内在质量进行检查或抽查,查验商品的真实性。记好"两本账",就是在购进商品时应当建立进货台账和销售台账,分别记载生产厂家、进货渠道、商品质量保证期限及商品销售去向等情况。工商行政管理机关要把经营者执行商品质量购销查验制度的情况,作为日常监管和市场巡查的一项重要内容,对违反规定的,要及时提出警示,责令限期改正,并视情况在适当范围内予以公示。对不认真落实购销查验登记制度、提供和销售假冒伪劣商品的经营者,要依法予以查处。

2. 对重要商品实行市场准入备案制度。对生产食品、电器、装饰装修材料等关系人身、财产安全商品的企业,负责登记注册的工商行政管理机关应要求其提供商品的有关质量信息,包括生产企业名称、地址、商品质量合格证、检验检疫证明、生产卫生许可证等。工商行政管理机关应对企业提供的有关信息资料予以备案,并在工商行政管理信息网上公布。商品经营者进货时,可以通过上网查询等方式了解有关商品备案信息。工商行政管理机关要通过实施重要商品市场准入备案制度,及时掌握商品质量信息,对商品质量实施有效监控,同时,引导商品经营者严格把好商品入市关。

3. 积极推行重要商品"场厂挂钩"、"场地挂钩"制度。工商行政管理机关要积极引导经营肉类食品、粮食、蔬菜等重要商品的市场开办者,与供货厂家、产地签订挂钩协议,明确市场和厂家、产地的权利义务关系。同时通过采取合同备案、鉴证等监管方式,规范经营者和生产者之间的契约关系,确保商品质量达到入市标准。各地可以根据实际情况,自主确定实行"场厂挂钩"、"场地挂钩"制度的商品种类。

(二)进一步建立和完善商品质量信息公示制度,提高公众消费防范能力

各地工商行政管理机关要通过建立和完善商品质量信息公示制度,提高消费者的防范意识和自我防范的能力,将事后维权前移到事前防范。一是要以"12315"消费者申诉举报网络为基础,建立和完善商品质量信息

公示制度,逐步形成工商行政管理系统县、市、省、总局四级商品质量信息公示体系。二是要积极拓展获得商品质量信息的渠道,及时整合通过申诉举报、执法检查、商品质量抽查、案件查处等途径获得的信息以及消费者协会、各行业协会提供的关于商品质量的信息。三是要加强对获得信息的汇总分析,及时发现问题,随时掌握市场商品质量动态,预测市场秩序形势。四是要根据各类信息,分析商品质量投诉的热点及其形成的原因,评估市场消费风险,利用各种渠道向社会公布,进行消费警示,提供消费指导。

推行商品质量监管关口前移,是市场监管制度的一种创新。要在重视"以防为主"的同时,继续强化现行行之有效的监管措施,切实搞好"防打结合"。特别是要积极运用现代科技、信息手段,提高对市场秩序的控制力。要充分利用"12315"信息网络,及时搜集、汇总、分析、反馈和整合市场秩序信息,建立健全科学决策、应急处理、预警防范机制,确保打击违法违章行为的工作做到快速反应、有的放矢、提高效能。在强化行政执法的同时,还要注重发挥消费者协会的积极作用,加强社会监督,全面推进流通领域商品质量监管工作上台阶、上水平。

同志们,让我们在以胡锦涛同志为总书记的党中央的坚强领导下,以兴起学习贯彻"三个代表"重要思想新高潮为动力,以创新市场监管制度为契机,进一步提高执法水平,进一步加强队伍建设,尽心尽力,尽职尽责,为实现全面建设小康社会的奋斗目标不断做出新的努力和贡献。

王众孚局长在兴起学习贯彻"三个代表"重要思想新高潮规范市场秩序推进信用建设经验交流会结束时的讲话

(2003 年 8 月 7 日)

我们这次会议在全体与会同志的共同努力下,经过两天的紧张工作,圆满完成了预定的议程,即将结束。下面,我就这次会议精神的贯彻落实以及需要强调的几个问题,讲点意见。

一、切实把吴仪副总理的重要讲话和这次会议精神汇报好、传达好、贯彻落实好

吴仪副总理在这次会上的重要讲话,深刻分析了当前的形势,就工商行政管理系统兴起学习贯彻"三个代表"重要思想新高潮,继续深入整顿和规范市场经济秩序,进一步深化市场监管制度改革以及加强干部队伍建设等工作,都作出了明确的部署,提出了殷切的期望和更高的要求。这对于我们在新世纪新阶段进一步推进工商行政管理工作的改革和创新,具有重要的指导意义。贯彻落实这次会议精神,首先要把吴仪副总理的重要讲话向当地党委、政府的主管领导和主要领导汇报好。传达好,就是要把吴仪副总理的重要讲话向全体工商行政管理干部进行传达,并认真学习、深刻领会。贯彻落实好,就是要联系各地工商行政管理工作的实际,大力抓好吴仪副总理重要讲话和这次会议精神的贯彻执行,努力在自身建设和监管执法工作中取得新的成效,不辜负党中央、国务院对我们的殷切期望。

二、认真学习胡锦涛总书记"七一"重要讲话精神,把兴起学习贯彻"三个代表"重要思想新高潮作为一项重要的战略任务,摆在一切工作的首位

吴仪副总理的重要讲话,对认真学习和贯彻胡锦涛总书记"七一"重要讲话精神,在全国工商行政管理系统兴起学习贯彻"三个代表"重要思想新高潮的重大意义和基本要求,作了深刻的阐述。我们要认真贯彻落实吴仪副总理的重要讲话精神,切实兴起学习贯彻"三个代表"重要思想新高潮,坚持用"三个代表"重要思想统领工商行政管理工作的全局。一是要加强对学习的组织领导。要按照中央的要求和各级党委的统一安排,对学习活动高度重视,加强领导,精心组织,抓紧抓实。重点抓好处以上干部的学习。二是要制定周密的、切实可行的学习计划。根据中央的要求,今年下半年,对处以上干部要全部轮训一遍,中央负责省部级干部的轮训,省部级负责处以上干部的轮训。大家

回去后,要把学习计划好、安排好。为了更好地推动全系统兴起学习贯彻"三个代表"重要思想新高潮,总局党组准备举办两期司局长(包括省局局长)研讨班、一期基层工商所党支部书记学习班。三是要进一步完善学习制度。包括建立健全学习计划制度、学习考勤制度、经验交流制度等,并严格要求,严格管理,持之以恒,常抓不懈,不断把学习贯彻活动引向深入。四是要发扬理论联系实际的马克思主义学风。要紧密联系干部的思想实际和工作实际,有的放矢地抓好学习贯彻,真正做到吴仪副总理所要求的那样,使广大干部在思想认识上、工作作风上、精神面貌上都有新的变化。

三、按照党中央、国务院的决策和部署,团结协作,全面完成好各项工作任务

今天上午,大家联系工作实际,就如何进一步深化自身改革,如何更好地完成党中央、国务院和各地党委、政府交给的各项任务,进行了热烈的讨论。7月28日,党中央和国务院召开了全国防治"非典"工作会议,各省(区、市)和各部委的党政一把手都参加了这次会议。胡锦涛总书记、温家宝总理在会上作了非常重要的讲话,对今后一个时期的工作作了全面的部署。我们要按照这个部署,按照各地党委、政府的要求,团结一心,开拓奋进,扎扎实实完成好各项任务。根据吴仪副总理昨天讲话的要求,我在这里再强调两点:

(一)突出三个重点,继续深入开展整顿和规范市场经济秩序的工作。按照国务院的统一部署,当前我们在整顿和规范市场经济秩序中,在"全面展开"的同时,要集中抓好三项工作:一是以实施食品药品放心工程为切入口,继续严厉打击假冒伪劣等违法行为。二是以取缔私货营销为重点,继续深入开展打击走私贩私的斗争。三是以端窝点为重点,继续严厉打击传销和变相传销违法活动。

(二)推进两项改革,切实履行好市场监管执法的职能。希望通过这次会议,大力推进两项改革:一个是对市场主体——企业推进信用体系建设;一个是对市场客体——商品实行市场准入制度。这两项改革经过多年的努力,今天才有个雏形。我觉得上海对企业信用体系建设的提法比较妥当,就是,三年有个基本框架,五年形成一个体系。在推进这两项改革中,遵照吴仪副总理昨天的重要指示,根据同志们讨论时提出的一些问题,希望注意三个方面:第一,因地制宜,统筹安排,分步实施,梯度推进。统筹安排,就是我们要有一个五年规划。分步实施,就是一步一步来,三年是框架,五年才全面。梯度推进,就是因地制宜。我赞成目前主要用我们工商行政管理部门自己掌握的信息源,包括静态的、动态的。北京市是市政府确定全市17个部门的信息都提供给工商局,共同使用这个信息平台。第二,不搞评比,不搞评估。我们实施的企业信用分类监管,就是按照工商行政管理部门的记录以企业违法违规情况作为依据,来确定企业信用等级的划分,不搞评估,也不搞评比,是根据违法违规的记录,对号入座。企业信用等级分类是"A、B、C、D"好,还是"绿、蓝、黄、黑"好,都可以探讨,可以进一步研究。会后,总局还要根据大家的意见,修改《关于对企业实行信用分类监管的意见(讨论稿)》,并尽快下发执行。同时,还要把相关的法律法规摘录出来,看哪些违法违规行为,工商行政管理机关是可以公示的。第三,按照吴仪副总理重要讲话中告诫我们的,要正确处理好监管和服务的关系。服务之中要加强监管,监管之中要为企业发展服务。特别是在全国防治非典工作会议上,胡锦涛总书记、温家宝总理明确提出要树立全面的发展观,努力促进经济社会协调发展、城乡协调发展、区域协调发展和人与自然协调发展。工商行政管理部门要认真学习贯彻好胡锦涛总书记和温家宝总理的重要讲话,立足自身工作,处理好监管和服务的关系,切实为促进经济社会协调发展服好务。为此,全系统广大干部要团结奋斗、齐心协力。总局机关的同志要按照司局处室职能分工,各司其职,团结协作,做到到位不缺位、在位不越位。各类协会、学会要围绕党中央、国务院和地方党委、政府的部署,开展工作;要围绕工商行政管理职能发挥积极作用。今年国务院领导多次强调要发挥消费者协会的作用。每个协会都要立足自身职能，发挥行业管理、行业自律的作用。还要重视发挥舆论宣传的导向和监督作用。我们非常感谢中央和各地新闻媒体对工商行政管理改革发展的大力宣传，同时也欢迎对工商行政管理工作进行积极的监督。工商行政管理系统的报刊杂志一定要按照中宣部、新闻出版总署的有关规定继续进行清理和整顿。与此同时，也要发挥舆论宣传的导向作用，大力宣传党的大政方针，宣传工商行政管理工作的方针、原则、政策和我们所进行的各项工作与改革。要通过我们的报刊杂志，使党的方针政策得到落实，使我们的工作经验得到交流，使我们的各项改革得到推进。希望我们的报刊杂志在按照中央的要求圆满完成清理工作后能发挥更积极的作用，也请全系统的同志对总局的报刊杂志继续给予大力支持，今后各地好的经验要及时发送到我们的报刊杂志，以进一步发挥新闻舆论的宣传和导向作用。总之，我们大家要按照胡锦涛总书记、温家宝总理、吴仪副总理对我们的要求，团结一致，尽心尽力，尽职尽责，把各项任务和工作落到实处。

四、进一步狠抓班子和队伍建设，努力造就一支忠于职守、勇于负责、清正廉洁、执法如山的工商行政管理队伍

造就一支"忠于职守、勇于负责、清正廉洁、执法如山"的干部队伍，是国务院领导同志对工商行政管理队伍建设的根本要求。这四句话体现了"三个代表"重要思想，是工商行政管理队伍如何执政为民的具体化。我们要坚定不移地朝着这一目标不懈努力。为此，我们要进一步抓学习、抓培训、抓作风，做到思想政治建设、作风建设、业务建设同时并举。特别是要按照党中央提出的、中纪委明确要求的在"用好权、管好钱、选好人"三个方面抓出实效。今天上午，总局党组为贯彻落实吴仪副总理的要求，对制定几条禁令纠正干部作风进行了专门研究。现在全国已有 18 个省、市工商局有禁令。总局党组和中纪委驻总局纪检组要共同把这些省市的经验集中起来，制定全系统各级干部统一遵守的禁令。要重点围绕"用好权、管好钱、选好人"制定禁令，在落实这三个方面的要求上狠下功夫。

总体来讲，我们这次会议，时间紧，任务重，两天时间，有参观、有报告、有讨论，还有经验交流，大家很辛苦，会开得很成功。在这里，我代表总局党组，感谢与会各位代表对我们这次会议的积极参与配合，也感谢各省（区、市）工商局对总局党组和总局机关工作的鼎力支持和帮助。正因为这样，这些年来，我们的各项工作和改革才有了一定的进展、取得了一定的成效，也才会受到党中央、国务院的重视与肯定。我们这次会议还得到了北京市委、市政府和北京市工商局的大力支持，为我们做了大量的准备工作，特表示真诚的感谢。最后，祝同志们归程平安，事业成功。

以"三个代表"重要思想为根本指针
尽职尽责加强监管执法
尽心尽力促进改革发展
——王众孚局长在全国工商行政
管理工作会议上的讲话

（2003 年 12 月 24 日）

这次全国工商行政管理工作会议的主要任务是，认真贯彻落实党的"十六大"、十六届三中全会和中央经济工作会议精神，认真传达学习和贯彻落实温家宝总理和吴仪副总理对工商行政管理工作的重要批示，总结今年工作，部署明年任务。下面，我根据总局党组的研究讲几点意见。

2003 年工作的基本情况

2003 年，是我国人民经受严峻考验并取得重大胜利的一年。面对复杂多变的国际形势、突如其来的"非典"疫情和频繁发生的自然灾害，以胡锦涛同志为总书记的党中央，高举邓小平理论伟大旗帜，全面贯彻"三个代表"重要思想和党的"十六大"精神，从容应对，果断决策，团结带领全党全国人民克服艰难险阻，夺取了抗击"非典"斗争的阶段性重大胜利,保持了经济较快增长和各项事业全面发展的良好势头,巩固了奋发向上、安定团结的政治局面,改革开放和现代化建设取得显著成就。一年来,全国工商行政管理系统在党中央、国务院的坚强领导下,认真贯彻落实党的"十六大"精神,兴起学习贯彻"三个代表"重要思想新高潮,大力整顿和规范市场经济秩序,积极推进市场监管制度改革创新,继续狠抓队伍建设,各项工作取得了新的成绩和进步。

一、认真学习贯彻"三个代表"重要思想,在武装头脑、指导实践、推动工作上取得了明显成效

一年来,各级工商行政管理机关广泛兴起学习贯彻"三个代表"重要思想新高潮,发扬理论联系实际的学风,坚持用"三个代表"重要思想武装头脑、指导实践,取得了新的成效。

(一)抓学习,努力在认识"三个代表"重要思想的历史地位和指导意义上达到新高度。一是加强领导,统筹安排。各地把学习贯彻"三个代表"重要思想作为首要政治任务,认真制定学习计划,健全完善学习制度,精心组织学习活动,做到了学习工作两促进、两提高。二是形式多样,力求实效。各地采取个人自学、集中研讨、举办讲座、组织参观等多种形式,丰富了学习方式和内容,确保了学习质量。三是突出重点,区分层次。主要是集中抓好领导班子和基层党员干部的学习。今年以来,总局党组组织"三个代表"重要思想集中学习10余次;先后举办4期省、市工商局局长和工商所党支部书记学习贯彻"三个代表"重要思想培训班,共有374人次参加培训;对总局机关副处级以上干部进行了脱产轮训。各地也普遍通过举办研修班、培训班等多种方式,分层次对领导干部进行轮训。通过狠抓学习,各级干部普遍加深了对"三个代表"重要思想历史地位和指导意义的理解,进一步增强了学习贯彻"三个代表"重要思想的自觉性和坚定性。

(二)抓领会,努力在把握"三个代表"重要思想的精神实质上达到新水平。一是加强对"三个代表"重要思想相关论著的系统学习,各级干部在把握"三个代表"重要思想的科学体系上有了新的提高。二是加深对"三个代表"重要思想科学内涵和基本精神的重点理解,各级干部坚持与时俱进、坚持执法为民的自觉性进一步增强。

(三)抓运用,努力在贯彻"三个代表"重要思想的实践中取得新成效。一是联系思想实际抓运用。各级干部进一步树立了正确的权力观、地位观、利益观,努力把立党为公、执政为民的要求落实到改造主观世界、加强党性修养的实践中。二是联系工作实际抓运用。各级工商行政管理机关坚持用"三个代表"重要思想统揽全局、指导工作,市场监管执法力度不断加大,监管制度改革不断迈出新步伐,队伍建设进一步加强,有力地促进了工商行政管理事业的改革和发展。

二、集中力量抗击"非典",有力地维护了"非典"期间的市场秩序和社会稳定

今年"非典"疫情发生以来,全国工商行政管理系统高度重视,坚决贯彻落实党中央、国务院的一系列重大决策和部署,在做好干部自身防护的同时,全力以赴投入抗击"非典"的斗争。总局先后单独或与有关部门联合下发8个文件,与国家发改委等部门联合召开2次电视电话会议,及时对查处利用防治"非典"名义从事违法经营的工作作出部署。全系统把这项工作作为市场监管执法的重中之重,集中力量,严查严管,严厉打击了利用防治"非典"制假售假、发布虚假广告、无照经营、超范围经营等违法行为。4—6月,全系统共出动执法人员340余万人次,查处利用防治"非典"名义从事违法经营案件22余万起,为维护市场秩序、保障防治工作顺利进行、促进经济发展,积极发挥了职能作用。

三、突出重点,标本兼治,整顿和规范市场经济秩序工作取得新的进展

各级工商行政管理机关坚持标本兼治、重在治本的工作方针,继续深入整顿和规范市场经济秩序,取得了新的进展和成效。截至11月底,全系统共查处各类经济违法违章案件 168.7 万件，总案值 218.76 亿元，移送司法机关处理案件 820 件。

（一）围绕营造安全健康的消费环境，加大打击假冒伪劣、保护消费者权益的工作力度。一是以实施"食品药品放心工程"为重点，开展食品市场专项整治，严厉打击制假售假违法行为。全系统共抽查食品 29.3 万批次，查处各类食品违法案件 1.03 万件；查处制假售假案件 24.24 万件、商业欺诈案件 5 195 件。二是深入开展"维权反欺诈"活动，坚持商品消费与服务消费维权并举，加大了保护消费者权益的力度。1—11 月，全系统共受理消费者申诉 70.66 万件，查处侵害消费者权益案件 15.45 万件，移送司法机关处理案件 90 件。三是强化广告监管工作，严厉查处虚假广告。1—11 月，全系统共查处广告违法案件 6.88 万件。四是加大商标保护力度，严厉查处商标侵权案件。改进和加强商标注册管理与商标评审工作，提高工作效率和质量。1—11 月，全系统共查处商标侵权案件 2.87 万件，其中涉外商标案件 2 389 件。截至 11 月底，我国注册商标累计总量已达 196.1 万件。

（二）围绕创造公平竞争的市场环境，进一步强化反不正当竞争执法工作。一是集中开展了对垄断性行业限制竞争行为和地区封锁行为的专项整治。截至 11 月底，全系统共查处垄断性行业限制竞争案件 1 136 件，查处行政垄断、限制竞争案件 105 件。二是集中开展了"维护公平竞争秩序，打击仿冒、欺诈行为"专项执法行动。全系统共立案查处各类仿冒和虚假表示、虚假宣传案件 9 411 件。三是继续开展纠正医药购销中不正之风工作，坚决制止药品购销中的商业贿赂等不正当竞争行为。1—11 月，全系统共查处商业贿赂案件 2 558 件。四是全面推进查处不正当竞争行为工作，加强对商业秘密、知名企业知识产权的保护力度，严厉打击合同欺诈。1—11 月，全系统共查处不正当竞争案件 3.46 万件；查处合同违法案件 1.74 万件，其中合同欺诈案件 3 173 件。

（三）围绕维护良好的市场秩序，严厉打击各种扰乱社会经济秩序的违法行为。一是严厉打击非法制售毒鼠强的违法行为。为指导和推动全系统狠抓落实，总局先后制定或参与制定下发文件 18 个、召开会议 2 次、向各地派出检查组 15 个。1—11 月，全系统共捣毁非法制售毒鼠强窝点 628 个，查封剧毒鼠药 29.9 吨，232 名涉嫌犯罪的当事人被移送司法机关追究刑事责任。二是严厉打击传销和变相传销违法活动，维护社会稳定。1—11 月，全系统共查处传销和变相传销案件 2 253 件，捣毁、取缔窝点、场所 16 078 个，清查驱散传销人员 10 余万人次，移送司法机关处理案件 234 件、1 600 人。三是严厉打击走私贩私行为，取缔走私货市场。全系统共查处走私贩私案件 3 935 件。打击走私贩私工作得到了国务院领导的肯定。四是认真贯彻落实《无照经营查处取缔办法》，积极开展无照经营查处取缔工作。1—11 月，全系统共查处无照经营 211 万户次，其中查处无照经营案件 44 万件，取缔无照经营 47 万户，引导补办营业执照 87 万户。五是继续加强对重要商品和各类市场的监管。继续严厉打击非法拆解、拼装报废汽车违法行为；深入开展"扫黄"、"打非"集中清查行动；认真开展严禁违法捕猎和经营野生动物专项整治行动；切实加强对旅游黄金周市场、节日市场以及粮食、棉花、化肥、成品油、汽车等重要商品市场的监管工作。

（四）围绕规范市场主体行为，加强和改进登记注册和监管工作。各级工商行政管理机关把规范市场主体行为作为整顿规范市场秩序的治本之策，充分发挥登记监管职能作用，促进各类市场主体健康发展。一是改进管理，提高效率，积极支持国有集体企业改革发展。截至 11 月底，全国登记注册的内资企业达 423.04 万户，注册资本 141 813.66 亿元。二是热情服务，依法监管，促进个体私营经济健康发展，引导个体私营企业吸纳下岗失业人员再就业。截至 11 月底，全国登记注册的私营企业达 296.89 万户，注册资本 33 469.68 亿元；个体工商户 2 359.02 万户，注册资金 4 133.55 亿元。今年 1—11 月，全国共有 261.57 万下岗失业人员通过从事个体私营经济实现再就业。

全系统认真贯彻落实再就业优惠政策,共减免工商行政管理收费5.39亿元。三是认真开展外商投资企业核准登记权确认工作,进一步改进和加强登记监管,积极鼓励、支持外商投资企业加快发展。截至11月底,全国登记注册的外商投资企业达22.72万户,注册资本6 117.41亿美元。今年4—5月"非典"疫情严重时期,全国仍新增外商投资企业6551户,同比增长20.22%。与此同时,各地加大监管执法力度,认真清理不合格市场主体。全系统共查处提供虚假文件骗取登记、虚假出资、虚报出资、抽逃出资企业2.3万家,吊销违法企业营业执照15.3万家,依法关闭小煤矿1.5万家、非煤矿山3.8万家、非法排污企业7 339家、"五小"企业3 055家、有毒有害化学品生产经营企业4 100家。

（五）围绕健全社会主义市场经济法制体系,加快立法立规步伐。在狠抓整顿规范的同时,立足治本,法制建设进一步加强。制定了《驰名商标认定和保护规定》、《马德里商标国际注册实施办法》等行政规章;开展了《企业年度检验办法》等行政规章的修订工作。适应行政审批制度改革和《行政许可法》实施的需要,对工商行政管理行政审批项目和企业登记前置审批项目进行了清理。同时,加强国际交流与合作,借鉴发达国家市场监管的有益经验,提高我国的市场监管水平。

四、积极探索实践,认真总结推广,市场监管制度改革迈出了新的步伐

在认真总结近年来实践探索成果的基础上,今年市场监管制度改革积极稳步推进,迈出了新的步伐。

（一）大力推进企业信用分类监管。今年8月,总局召开了经验交流会,对在全系统推广实施企业信用分类监管作出了部署。各地从实际出发,积极稳步推进,不同程度地实行了企业信用信息记录制度和企业信用信息披露制度,部分大中城市建立了守信企业激励机制、警示企业预警机制、失信企业惩戒机制、严重失信企业淘汰机制,以信用监管为重点,强化对市场主体的全程监

管,进一步提高了监管执法效能。

（二）积极实施商品准入制度。今年8月,总局对实施商品准入制度、推进商品质量监管关口前移作出部署以来,各地充分重视,积极采取措施认真落实。为沟通情况,加强指导,总局选择北京等8个大中城市作为联系单位,总结经验,及时推广,进一步推动了全系统实施商品准入制度工作的开展。工作起步较早的地方,已建立健全相关管理制度,推动此项工作向规范化发展;工作起步较晚的地方,也结合当地实际,加快了实施商品准入制度的步伐。

（三）信息化建设取得新的进展。总局以"电子政务试点示范工程"为先导,积极推进信息化工程建设。改版后的总局政府网站(红盾信息网)投入运行,初步形成了电子政务对外服务平台,进一步提高了对社会公众和企业的服务水平;完善了外资登记网,开通了消费者权益保护网,建成了中国商标网、中国广告监管网;推进了工商行政管理网、政务信息专用网的应用。各地也根据当地经济发展水平,推进了信息化建设。经济发达地区积极运用信息网络技术加强企业信用监管,积累了不少好的经验。

五、坚持纠建并举,队伍整体素质有了新的提高

（一）抓班子,进一步推进干部队伍建设。一是加强了省级工商局领导班子建设,一批优秀干部走上了省级工商局领导岗位。二是推进了竞争上岗,优化了用人环境。总局先后开展了司处级干部竞争上岗和选拔配备工作,各地也普遍实行了竞争上岗制度,有力地推进了队伍建设。三是严肃人事工作纪律,健全监督制约机制,认真清理体制改革中违规进人问题,取得了一定成效。四是继续加强工商所规范化建设,进一步推进工商所的撤并整合,不断提高制度建设和内务管理规范化水平,深化监管方式改革,提升了队伍整体素质。

（二）抓培训,提高干部队伍素质。今年,全系统按照中央关于大规模培训干部的要求,进一步强化了干部培训工作。到11月上旬,总局已先后举办"三个代表"重要思

想和业务培训 18 期,培训干部1 594人次。各地也采用不同形式开展培训、轮训,进一步提高了队伍的政治素质和业务素质。

（三）抓整治,加强党风廉政建设。各地按照年初全系统党风廉政工作会议的部署,以开展"五抓"和"五项治理"为重点,进一步加强党风廉政建设,严厉惩治执法腐败,严肃查处违反干部人事纪律问题,深入治理"三乱",坚决纠正不依法行政等不正之风,广大干部廉政意识明显增强。同时继续深化行政审批、财政管理、干部人事制度等改革,确保用好权、管好钱、选好人。

（四）抓禁令,加强行风建设。总局发布了依法行政、文明执法六项禁令,严格规范执法行为。各地积极采取措施,广泛宣传教育,做到禁令入耳、入脑、入心。同时,强化督察,严格执纪,狠抓禁令的实施,着力解决吃拿卡要、以权谋私、刁难群众等问题,工商行政管理执法形象不断改善。

回顾一年来各项工作取得的成绩,是党中央、国务院和各地党委、政府高度重视的结果,是各部门和新闻媒体大力支持的结果,是全系统广大干部勤奋工作的结果。在此,我代表总局党组,向全系统广大干部致以诚挚的问候,向所有关心、支持工商行政管理工作的同志们表示衷心的感谢。

同时,必须清醒认识到,无论是工商行政管理监管执法还是自身建设,与形势和任务的要求,与党和人民的期望,还有不少差距。我们要正视不足,倍加努力工作,在新的一年里迈出新的前进步伐,开创新的工作局面。

2004 年的工作安排

2004 年是实现"十五"计划的关键一年,也是深化改革、扩大开放、促进发展的重要一年。做好明年的经济工作意义十分重大。根据中央的统一部署和安排,明年工商行政管理工作的总体要求是:以邓小平理论和"三个代表"重要思想为根本指针,认真贯彻党的"十六大"、十六届三中全会和中央经济工作会议精神,树立全面、协调、可持续的发展观,继续深入整顿规范市场行为,切实

维护公平竞争的市场秩序;紧紧抓好发展这个第一要务,大力营造良好的发展环境;进一步推进法制建设和制度创新,不断提高监管执法水平;始终坚持执法为民,积极打造信用工商,努力建设一支为民、务实、清廉的工商行政管理队伍。与时俱进,开拓创新,尽职尽责加强监管执法,尽心尽力促进改革发展,为完善社会主义市场经济体制、实现全面建设小康社会的奋斗目标做出新的贡献。

为确保 2004 年各项任务的完成,要在认清形势、统一认识的基础上,不断开拓新思路、采取新举措。

——要把思想认识统一到中央对当前形势的分析判断和对明年工作的决策部署上来。 这是做好明年工作的关键和前提。一是要增强大局意识、责任意识和历史使命感,尽职尽责为保持宏观经济稳健运行营造良好的市场环境。今年我国经济社会发展保持良好的势头,是中央审时度势、正确决策的结果,是各地区、各部门共同奋斗、艰辛努力的结果。当前我国经济社会发展中还存在不少困难和问题。中央在科学判断形势的基础上,提出明年经济工作要遵循"稳定政策、适度调整,深化改革、扩大开放,把握全局、解决矛盾,统筹兼顾、协调发展"的方针,并在具体工作中强调要继续整顿和规范市场秩序。各级工商行政管理机关要按照中央的统一部署和要求,居安思危,励精图治,继续深入整顿和规范市场秩序,营造良好的发展环境,为保障宏观经济稳健运行充分发挥职能作用。二是要进一步增强推进改革的自觉性,尽心尽力为深化改革服务。改革是经济和社会发展的强大动力。党的十六届三中全会在全面分析国际国内形势的基础上,通过了《中共中央关于完善社会主义市场经济体制若干问题的决定》,这是指导我国今后一个时期经济体制改革的纲领性文件。各级工商行政管理机关要认真学习领会十六届三中全会《决定》精神,进一步提高对深化改革重要性的认识,进一步增强推进改革的自觉性,坚定不移地为推进各项改革、完善社会主义市场经济体制服

务。三是要牢固树立全面、协调、可持续的发展观，一心一意促进国民经济持续快速协调健康发展和社会全面进步。十六届三中全会和中央经济工作会议强调指出，要树立全面、协调、可持续的发展观，这是经济工作必须长期坚持的重要指导思想。各级工商行政管理机关在依法规范市场主体行为、市场交易行为和市场竞争行为中，一定要牢固确立科学的发展观，严格按照"五个统筹"的要求，把是否有利于促进全面、协调、可持续发展，作为衡量我们的工作是否尽职尽责的重要标准。

——要把 2004 年作为"三个代表"重要思想深入学习贯彻年。学习贯彻"三个代表"重要思想，是我们做好各项工作的根本保证。明年，全系统要把兴起学习贯彻"三个代表"重要思想新高潮不断引向深入，坚持把学习贯彻"三个代表"重要思想作为首要政治任务抓紧抓好，继续在武装头脑、指导实践、推动工作上狠下功夫。一是必须坚持与时俱进，不断开拓创新。经过多年的不懈努力，工商行政管理体制、机制和监管方式的改革取得了突破性进展。但实践没有止境，创新也没有止境，全面建设小康社会和完善社会主义市场经济体制的生动实践，对工商行政管理改革发展提出了新的课题和要求。我们必须认清形势，明确使命，以与时俱进的精神状态、永不懈怠的探索勇气，不断推进市场监管制度和方式方法的改革创新，使工商行政管理工作始终跟上时代前进的步伐。二是必须牢记"两个务必"，坚持执法为民。这是实践"三个代表"重要思想的本质要求。我们必须自觉牢记"两个务必"，倡导艰苦奋斗、奋发有为，反对享乐主义、不思进取；必须始终坚持执法为民，树立正确的政绩观，倡导勤政为民、求真务实，反对官僚主义、形式主义，真正做到权为民所用、情为民所系、利为民所谋。

——要把 2004 年作为诚信建设推进年。诚实信用是现代市场经济的基石。党的"十六大"和十六届三中全会强调指出，要建立健全社会信用体系。我们要认真总结近年来开展信用建设的经验，进一步采取有力措施，在市场监管执法和工商行政管理队伍中大力加强诚信建设。一是大力推进企业信用建设。要以实施企业信用分类监管为重点，促进企业信用建设，提高企业信用度，提高市场信用度，维护市场交易和消费安全。二是努力建设信用工商。加强社会信用体系建设，首先要加强政务诚信建设，充分发挥政府机关的示范带头作用。工商行政管理机关作为主管市场监管和行政执法的政府职能部门，一言一行直接影响党和政府的形象和声誉，要在规范监管对象的同时，正人先正己，切实加强信用工商建设。信用工商建设的重点是：转变队伍作风，树立良好政风。信用工商建设的目标是：增强执法的统一性、权威性和有效性，促进公正执法、廉洁执法、文明执法，提高党和政府及人民群众对工商行政管理部门的信用度，努力建设一支党和人民信赖的工商行政管理队伍。信用工商建设的主要任务是：①加强诚信教育。要把诚信教育作为法制教育、职业道德教育和思想纪律作风教育的重要内容，切实增强广大工商行政管理人员的信用意识，努力形成人人讲求诚信的良好氛围。②健全诚信制度。要在企业登记、商标注册、广告监管、执法办案等发证发照、执收执罚部门建立健全公示制、首办责任制等工作制度，增加工作透明度，完善监督制约机制，促进依法行政，规范执法行为，以讲诚信的实际行动取信于民。同时，把讲诚信作为创建文明机关、文明行业的重要内容。③惩戒失信行为。对在监管执法中不讲诚信，乱收费、乱罚款，以权谋私、徇私枉法的，要严格执纪，依法处理。

总之，要努力做到把思想和行动统一到中央的决策和部署上来，增强贯彻执行的自觉性；努力做到用"三个代表"重要思想总揽全局、指导工作；努力做到以信用工商促进监管、规范执法。

根据上述指导思想和总体要求，2004 年要着力抓好五个方面的工作。

一、继续整顿和规范市场行为，完善和健全市场秩序

各级工商行政管理机关要按照中央关

于继续整顿和规范市场秩序的总体部署，贯彻标本兼治、重在治本的方针，突出重点，加大力度，尽职尽责加强监管执法，努力规范和维护市场秩序。

（一）严厉打击假冒伪劣等违法行为，进一步规范市场秩序。一是以实施"食品药品放心工程"为重点，严厉打击制假售假违法行为。按照抓重点地区、重点市场、重点商品的工作思路，重点抓好直接关系人民群众身体健康和生命安全的食品、药品等专项整治；以建材、农资、汽车配件三大类商品为重点，建立全国性协查联动网络，完善假冒伪劣大要案件线索通报制度，严厉查处制假售假案件，切实维护消费安全。二是以制止仿冒、误导、欺诈行为为重点，加大反不正当竞争执法力度。严厉查处仿冒知名商品特有的名称、包装、装潢及其他商业标识的行为；严厉查处对商品质量作误导性宣传、虚假打折和降价、不正当有奖销售等行为；加强商业秘密的保护，严肃查处侵犯商业秘密的违法行为；积极参与纠正医药购销中不正之风的工作，严肃查处药品购销和生产经营中的不正当竞争行为；继续推进商业贿赂等不正当竞争行为的查处工作。三是强化广告监管，严厉打击虚假违法广告。继续加大对关系人民群众生命安全、身体健康广告的整治力度，对涉及农民利益的虚假种子、化肥、农药等农资广告要进行专项治理。进一步建立完善分级广告监测制度，逐步建立全国广告发布的预警系统和联动执法系统，形成查处违法广告的快速反应机制。四是加大商标行政执法力度，严厉打击商标侵权行为。坚持日常监管与专项整治相结合，继续强化对流通领域、生产环节和商标印制环节的全方位监管，依法严厉查处商标侵权假冒案件。

（二）严厉打击走私贩私行为，维护国家经济安全。一是以取缔私货营销为重点，继续开展专项整治。专项整治的重点地区是沿海、沿边、沿江地区及大中城市；重点商品是成品油、汽车及零配件、服装、水果、化工原料以及笔记本电脑、手机、数码摄像机等电子产品；重点部位是集中交易的电子产品市场、汽车配件市场、机场、车站、码头等。二是进一步强化市场监管，坚决打击走私货交易行为。对已取缔的走私货市场要严密监管，切实防止死灰复燃；对有可能形成的新的走私货交易场所，要严加防范，把各种走私货交易活动消灭在萌芽状态；对问题较突出的市场，要组织专门力量进行检查，狠抓走私贩私大案要案的查处。

（三）严厉打击传销和变相传销违法活动，维护经济秩序和社会稳定。一是继续保持强大打击态势。以取缔传销人员聚集窝点为重点，严厉打击"拉人头"为主的各种传销和变相传销活动。广西、广东、河北、河南、山东、山西、吉林、辽宁、四川、北京等重点地区，要集中力量开展专项行动，其他地区在深入开展打击传销和变相传销工作的同时，要积极配合重点地区做好流出人员的教育疏导工作。二是狠抓大要案件的查处。对社会影响大、涉案地区广、严重危害社会稳定、破坏经济秩序的大要案件，要会同有关部门，联手进行打击。严惩传销和变相传销的组织者，构成犯罪的，移送司法机关依法追究刑事责任。对从事传销和变相传销违法活动的企业，要坚决予以取缔。三是强化对转型企业的监管。严格按照国家规定整顿、规范转型企业，对违反规定从事传销及其培训等违法活动的坚决依法查处。四是加强宣传引导，强化社会监督。大力宣传国家有关规定，公开揭露传销和变相传销的危害性、欺骗性，提高广大群众的自觉抵制能力，形成全社会携手抵制、共同打击的良好态势。

（四）坚决打破行业垄断和地区封锁，促进统一开放竞争有序现代市场体系的建立。一是继续加大对密切关系人民群众生活的垄断性行业限制竞争行为的查处。查处的重点行业是供水、供电、供气等；查处的重点行为是利用垄断地位强制交易、强制服务的行为。二是开展打破地区封锁、地方保护的专项执法行动。严厉查处妨碍公平竞争、设置行政壁垒、排斥外地产品和服务的各种分割市场的行为。三是继续做好软件行业反垄断专项整治工作。积极配合有关部门开展联合执法和督察检查。

（五）进一步健全完善"12315"消费者申诉举报和案件查处网络，保护消费者合法权益。一是健全网络、创新机制，提高"12315"服务水平。健全"12315""一个中心、分级执法"的纵向联动和工商行政管理机关内部各职能机构相互配合的横向联动网络；健全执法部门协作、城乡社区维权、行业协会自律、社会各方监督的外部联动网络。同时，依托"12315"建立消费安全预警系统，对严重危及消费安全的违法行为做到快速反应，应急处置。二是提高"12315"工作的整体效能。分步骤、分阶段建设由"三级数据采集点和三级数据分析中心"构成的信息网络，加强"12315"数据信息的分析、整合，建立消费者申诉举报信息的使用和对外披露制度。三是以"维权反欺诈"为重点，进一步加强服务消费维权工作。开展对公用企业和房屋租赁中介服务机构的监督检查，继续加强对餐饮、旅游、修理、美容美发等服务行业的监管。四是根据不同行业的特点，采用行政指导、市场预警、消费警示等手段，督促经营者自觉守法经营，提高消费者自我保护意识。

此外，要继续严厉打击非法拼组装汽车行为，进一步加强对粮食、棉花、化肥、成品油、汽车等重要商品市场的监管和重点大宗商品交易市场的专项检查，密切配合有关部门强化安全生产监管，深入开展"扫黄"、"打非"、禁毒、反假币等斗争。

二、积极为市场主体服务，创造良好发展环境

各级工商行政管理机关要按照十六届三中全会关于把政府经济管理职能转到主要为市场主体服务和创造良好发展环境上来的要求，牢固树立全面、协调、可持续的发展观，创新制度，改进管理，尽心尽力为各类市场主体服务，为保护经营者、消费者合法权益服务，为促进经济持续快速协调健康发展服务。

（一）以保护产权、打击欺诈为重点，维护企业合法权益。一是加强对各类企业的产权保护。认真做好企业变更登记中的产权保护工作，切实防止国有资产流失。积极配合有关部门依法查处侵吞国有企业产权案件。二是加大商标保护力度。严厉查处商标侵权案件，加强对驰名商标的认定与管理，强化商标评审工作，依法维护商标权益。三是严厉打击各种欺诈行为。开展"维权反欺诈"执法行动，坚决制止商业、服务业的欺诈、误导行为。强化合同行政监管，严厉打击合同欺诈违法行为。加强对拍卖业的监管，严厉查处恶意串通等违法行为。四是严厉打击侵权盗版行为。重点查缴政治性非法出版物、淫秽出版物、盗版出版物和宣扬伪科学类出版物，摧毁非法制售窝点。加大对违规印刷、复制企业的查处力度，净化文化市场环境。

（二）改进和加强登记管理，促进国有集体企业健康发展。紧紧抓住结构调整这条主线，着眼于国民经济协调发展的全局，充分发挥登记管理职能作用，促进国有集体企业健康发展。一是加强政策引导，积极促进符合国家行业规划和产业政策的企业发展。按照国家调整和优化产业结构、促进区域经济协调发展的总体要求，大力支持高新技术产业、制约经济发展的"瓶颈"产业和第三产业的发展以及传统产业的改造，并把支持引导国有集体企业发展同落实西部大开发、东北地区等老工业基地振兴、中部地区崛起、东部地区加快发展的战略结合起来。二是严格市场准入，限制影响国民经济全面、协调、可持续发展的企业发展。对盲目扩大投资、低水平重复建设的企业，以及在环保、安全、能耗、技术、质量等方面不符合标准的企业，坚决不予登记注册；积极配合有关部门开展专项整治，依法做好清理整顿中"关停并转"企业的变更登记、注销登记和吊销营业执照工作。三是规范登记注册行为，积极支持企业改革发展。加强企业登记审查工作，严格执行法律、行政法规规定的条件和程序，把好企业登记审查关。按照建立现代产权制度的要求，积极支持国有集体企业实施规范的公司制改造，支持组建企业集团；积极支持电信、电力、民航等行业的改革重组；积极支持面向市场的应用技术研究开发机构改制为企业;积极支持农业产业化经营和企业发展电子商务、连锁经营、物流配送等流通方式。同时,认真做好经营性文化单位的登记注册和公司制改造工作,以及铁道、邮政、城市公用事业单位的脱钩改制和登记工作。四是加强企业监督管理,营造良好的市场环境。强化企业年检工作,严厉查处违法违章经营行为。加强企业经营资格特别是前置审批项目的审查工作,加大对提供虚假证明文件骗取登记等违法行为的查处力度。完善"经济户口"管理制度,加强对企业的属地监管。加强对吊销执照企业的后延监管工作,积极探索完善市场主体退出机制。

(三)在进一步扩大对外开放和落实内地与港澳建立更紧密经贸关系的《安排》中,充分发挥工商行政管理职能作用。一是改进和加强外资登记管理,进一步提高利用外资的质量和水平。认真执行国家产业政策,合理引导外资投向,把支持鼓励外商投资企业发展与调整优化产业结构、促进区域经济协调发展、维护国家经济安全结合起来;完善法规规章,规范操作规程,提高工作效率,努力营造便利外商投资的良好环境;改进监管手段,创新监管制度,强化监督管理,积极促进外商投资企业健康发展。二是认真落实内地与港澳建立更紧密经贸关系的《安排》,促进内地与港澳经济共同发展。要认真学习、宣传《安排》,充分认识落实《安排》的重大意义;要根据《安排》的内容,准确把握政策界限,及时调整相关规定,严格规范工作程序,依法做好港澳投资者在内地兴办企业、设立广告公司、从事个体经营的登记监管工作,促进内地与港澳经济互惠互利、优势互补、共同发展。

(四)加强和改善引导、监管,积极促进个体私营经济加快发展。一是消除体制性障碍,清理和修订限制个体私营经济发展的法律法规和政策,促进个体私营经济依法平等参与市场竞争。二是放宽市场准入,积极引导个体私营经济为全面建设小康社会服务。引导和鼓励个体私营经济发展第三产业,特别是社会服务业和劳动密集型产业。

引导和支持个体私营经济在国有资本有进有退、合理流动的过程中发挥积极作用。引导和支持个体私营经济与国有企业相互参股、融资,成为新型的混合所有制经济。引导和支持个体私营经济积极参与西部大开发和东北老工业基地振兴,促进区域经济协调发展。引导和支持农村个体私营经济为促进农村经济产业化、市场化进程服务。引导和支持具备条件的私营企业发展电子商务、物流配送和连锁经营等现代流通方式,进入法律法规未禁入的基础设施、公用事业等垄断行业,不断提高自身素质和发展质量。三是充分发挥工商行政管理职能作用,鼓励下岗失业人员通过创办个体私营企业实现再就业。鼓励个体私营企业吸纳下岗失业人员,发展多形式就业。认真落实下岗失业人员再就业的各项优惠政策,热情做好下岗失业人员再就业的有关服务工作。四是坚决取缔无照经营,严肃查处"三无"企业。会同有关部门,以食品加工业、娱乐服务业、互联网上网服务营业场所和城乡结合部、学校周边为重点,认真开展查处无照经营专项整治,进一步净化市场环境。

(五)以建设电子工商为重点,提高工作效率,提高执法水平。一是要以建立完善企业信用分类监管系统、商标管理自动化系统、电子政务系统为重点,加强信息化建设。各级工商行政管理机关要按照"统一规划,因地制宜,分步实施,梯度推进"的原则和五年工作目标,加强组织领导,制定工作方案,有计划分步骤地抓好"金信工程"的实施。要以"金信工程"为依托,推进全系统信息化建设,提高应用水平;加快电子政务建设,提高现代化办公水平。二是要进一步推动工商行政管理网的应用,充分发挥网络的效用。通过实施"金信工程",建立"经济户口"数据库,加快工商行政管理数据中心建设,利用现代通讯手段查询企业名称、查询登记事项、查询登记结果,方便企业办理登记手续;积极创造条件,建立企业登记管理网站,逐步实现申请书格式文本网上下载、企业登记和年检网上申报和受理;加快政务信息化建设,完善政务信息直报网络,不断提高全系统政务信息工作水平。继续推进与有关部门的横向联网、信息交换,实现资源共享。

（六）坚持严格执法与优质服务相结合,正确处理监管与服务的关系。强化监管、严格执法,是工商行政管理部门履行职能的基本要求;为经营者和消费者服务、为促进改革发展服务,是工商行政管理工作的根本目的,这二者是辩证统一的。工商行政管理部门改进管理、提高效率,是为改革发展服务;执法必严、违法必究,营造良好的市场环境,同样是为改革发展服务。吴仪副总理明确指出,监管就是服务。我们要按照吴仪副总理的要求,进一步端正执法指导思想,牢固树立执法为民的观念,努力实现对法律负责与对市场主体负责、对消费者负责的统一,市场监管与服务的统一。要正确认识和处理监管与服务的关系,既要坚决制止以强化监管为由,随意抬高门槛、人为设置障碍、故意刁难企业和群众,又要切实防止在具体工作中随意突破法律法规的规定,放松或削弱监督管理,损害法律的严肃性,并由此产生不良后果。

三、大力加强法制建设,积极促进社会主义法制体系的建立

要按照深化行政体制改革、完善经济法律制度的要求,进一步加强工商行政管理法制建设,全面推进依法行政。

（一）加快立法立规步伐,进一步完善市场规则。一是进一步加强立法立规工作。继续做好制定《商事登记法》、《反垄断法》的有关工作;尽快完成《市场监管条例》的起草、论证工作;积极做好《反不正当竞争法》、《商标法》、《公司法》、《合伙企业法》、《外国企业常驻代表机构登记管理办法》的修订工作;抓紧制定《外商投资股份有限公司登记管理暂行办法》、《外商投资企业分支机构登记管理办法》、《流通领域商品质量监督管理办法》、《对侵害消费者权益行为处罚的若干规定》等行政规章;认真开展修订《广告法》、《消费者权益保护法》的调研论证工作;积极参与直销企业管理的立法工作。二是认真做好实施《行政许可法》的准备工作。

清理不符合《行政许可法》要求的规章及规范性文件,并按照《行政许可法》及国务院行政审批制度改革的要求,加强法规的立、改、废工作。

（二）加强法制宣传教育,营造良好的执法环境。一是结合工商行政管理执法实践和新出台的法律法规,积极开展法律培训,重点抓好《行政许可法》的宣传培训。二是按照全国普法办的统一部署,认真做好“四五”普法工作。三是加大基层法制建设指导力度,完善相关法制工作制度。建设工商行政管理法制网,加强立法动态、法制经验交流,促进全系统法制工作的开展。

（三）强化执法监督,促进严格执法。一是完善执法制度,强化执法监督,保障有法必依,执法必严。坚决纠正和查处有法不依、执法不严、违法不究,以及以罚代管、以罚代刑的行为。二是严格执法纪律,规范执法行为,促进公正执法、廉洁执法。坚决纠正和查处以权谋私,随意执法,收人情费、办人情案,以及乱收费、乱罚款的行为。

（四）正确行使监管权力,切实提高依法行政水平。依法行政是实施依法治国方略、提高行政管理水平的根本要求。各级工商行政管理机关要认真落实“十六大”、十六届三中全会和中央经济工作会议的部署,高度重视和全面推进依法行政。一是要牢固树立依法行政的法制观念,重点抓好领导干部和执法人员的法制观念建设。二是要严格依法行使权力、履行职责,经得起行政复议和行政诉讼的检验,努力实现行政程序法制化。三是要实行执法责任制和执法过错追究制,落实责任,严格执纪,从制度上保障全面推进依法行政。

（五）努力扩大国际交流与合作,积极学习、借鉴国外市场监管执法的成果和经验。适应监管日益现代化、规范化、国际化市场的需要,进一步拓展对外交流空间。认真执行已签署的双边、多边执法交流合作协议。拓宽对外交流合作渠道,加强市场监管、反不正当竞争、消费者权益保护、商标保护等领域立法和执法方面的国际交流与合作。认真做好第39届世界广告大会在北京召开的筹备、宣传等工作，确保大会圆满召开。充分利用国外智力资源和对外交流合作平台，进一步加强重点、急需人才的培养。

四、在完善社会主义市场经济体制中，大力推进市场监管体制、机制、方式的改革和创新

为了使市场监管执法工作体现时代性、把握规律性、富于创造性，要在巩固这些年来各项改革成果的基础上，始终保持与时俱进的精神状态，不断推进工商行政管理体制、机制、方式的改革和创新。

（一）大力推进企业信用建设，进一步规范市场主体行为。加强企业信用建设，是市场主体监管制度的改革和创新。各级工商行政管理机关要按照总局年中召开的经验交流会的部署，进一步提高认识，统一思想，积极行动，狠抓落实。重点抓好以下工作：一是积极完善企业信用数据库，维护市场交易安全。要在整合企业登记数据库、企业"经济户口"数据库、"守合同重信用"企业数据库等资源的基础上，建立企业信用监管数据库，全面反映企业信用状况，切实维护交易安全。二是大力推进企业信用分类监管，营造公平竞争的市场环境。要根据企业信用分类标准，相应建立守信企业激励机制、警示企业预警机制、失信企业惩戒机制、严重失信企业淘汰机制，依法实施不同的监管，努力营造诚实信用的市场环境。三是充分运用现代科技手段，提高企业信用监管效能。要加快推进"金信工程"建设，重点是完善企业信用监管信息网络，为实施有效监管提供有力的技术保障。明年要基本完成总局与东部发达地区企业信用监管系统联网应用。

（二）实施商品准入制度，强化对市场客体——商品安全的全过程监管。明年的工作目标是：以落实"食品药品放心工程"为契机，在全国大中城市普遍实施以食品安全为重点的商品准入制度，通过制度建设和创新监管方式，确保人民群众消费安全。一是严把商品市场准入关，全面加强流通领域商品

质量监管。建立和完善商品质量购销查验登记制度、重要商品市场准入备案制度、重要商品协议准入制度、流通领域商品质量抽查制度、不合格商品市场退出制度、商品质量信息公示制度，严格上市商品准入条件，建立健全商品入市安全过滤机制。二是进一步加强和改进流通领域商品的监管，提高监督抽查的针对性和有效性。按照检查和抽查结合的原则，突出重点市场和重点商品，有组织、有计划、分层次地开展商品质量监管抽查，努力实现"强化监督检查，查处违法案件，教育引导企业，规范经营行为"的目的。

（三）积极探索各类企业登记注册和监管方式的改革创新。一是从有利于促进经济发展，有利于扩大就业和再就业，有利于社区管理，有利于工商行政管理部门集中精力强化监管执法的角度出发，对从事生产、经营的个体工商户与没有资本运营从事简单修理、服务的个体劳动者，要积极研究探索实行分层登记和分类监管的模式。研究改进个体工商户登记的内容和方式，改革年检验照制度，更好地促进个体经济健康发展。二是适应实施《行政许可》和完善社会主义市场经济体制的需要，对企业登记审核制度及受理、审查、核准程序，有步骤、有组织地进行改革。同时，依照《行政许可法》的规定，在继续清理企业登记前置审批项目的基础上，编制企业登记前置审批项目目录，进一步规范企业登记审查、核准工作。

五、学习贯彻"三个代表"重要思想，努力建设一支为民、务实、清廉的工商行政管理队伍

建设一支高素质的干部队伍，是工商行政管理事业不断改革发展的重要组织保证。吴仪副总理指出，提高干部队伍整体素质、提高行政执法水平、加快信息化建设步伐是做好工商行政管理工作的基础。各级工商行政管理机关要坚持以"三个代表"重要思想为指导，认真贯彻落实最近党中央、国务院召开的全国人才工作会议精神，按照这次会议的要求，努力建设一支政治坚定、业务

精湛、作风过硬的公务员队伍。一要牢固树立执政为民的思想观念；二要知法守法，依法行政；三要忠于职守，勤奋工作；四要清正廉洁，公道正派，全心全意为人民服务。进一步开创队伍建设的新局面。

（一）狠抓理论学习，以"三个代表"重要思想武装头脑。"三个代表"重要思想是我们加强队伍建设的强大理论武器。各级工商行政管理机关要把"三个代表"重要思想的学习作为理论武装工作的根本任务。通过坚持不懈抓学习，使各级干部不断提高理论水平，进一步增强贯彻执行党的路线方针政策的自觉性，进一步增强同党中央保持高度一致的坚定性，为保证党中央、国务院决策部署的贯彻落实奠定坚实的思想基础。同时，要按照中央的统一部署和要求，认真开展保持共产党员先进性教育活动，充分发挥党员的先锋模范作用。

（二）狠抓领导班子建设，充分发挥核心领导和模范表率作用。把各级领导班子建设成为坚持贯彻"三个代表"重要思想的坚强领导集体，是工商行政管理事业不断开拓前进的关键。一是进一步加强总局党组班子和司局级领导班子建设。以理论武装、深入实际、密切联系群众、加强监督为重点，切实加强总局党组班子和司局级领导班子的思想建设、组织建设和作风建设，不断提高领导水平和执政能力，形成朝气蓬勃、开拓进取、团结奋斗的领导班子。二是进一步加强省、市（地）、县各级工商局领导班子建设。总局党组要认真落实中组部有关文件精神，加大对省级工商局领导班子双重管理的工作力度，主动参与干部考察，积极协助地方党委、政府把省级工商局领导班子建设好。省级工商局要严格按照有关规定和要求，大力加强市（地）、县工商局领导班子建设。要通过抓班子，充分发挥核心领导作用，不断开创工作新局面；充分发挥模范表率作用，带出好的队伍和作风。

（三）狠抓基层建设，不断提高队伍的执法能力和水平。基层队伍建设，是工商行政管理干部队伍建设的重点。一是切实加强基层党建工作。按照支部建在所里的工作思路，加强基层党组织建设，努力把基层党组织建设成为学习贯彻"三个代表"重要思想的组织者、推动者和实践者，充分发挥基层党支部的战斗堡垒作用。二是加大干部教育培训工作力度。要适应新时期强化市场监管、提高执法水平的需要，按照中组部、人事部大规模培训干部的要求，深入落实"十五"教育培训规划，进一步强化教育培训工作，改进培训的方式方法，增强培训的针对性和有效性，提高培训质量。要继续加强干部专业技能、知识更新和综合素质培训，既全面提高广大干部履行岗位职责的能力，又重点培养一批起带头作用的执法骨干。三是不断推进基层规范化建设。根据新形势新任务的需要，抓紧制定"工商所工作规范"。按照"小局大所"的思路，进一步深化工商所机构改革，规范工商所的机构设置和事权划分，充实工商所执法力量，强化工商所执法职能。四是认真做好全系统"双先"表彰工作。明年，全系统四年一度的"双先"表彰大会将要召开，各地要努力做好"双先"表彰的各项准备工作。通过表彰先进，弘扬正气，努力在全系统形成崇尚先进、学习先进、争当先进的良好氛围，充分发挥先进典型的示范教育作用，激励全系统广大干部爱岗敬业，无私奉献，强化监管执法，勇做市场卫士。

（四）狠抓作风整顿和建设，树立党和人民信赖的工商形象。整顿纪律作风，惩治执法腐败，是坚持执法为民的根本要求，是建设信用工商的重要内容。关于明年全系统的党风廉政建设和反腐败工作，总局党组和中纪委驻总局纪检组将根据明年初召开的中纪委三次全会和国务院廉政工作会议精神，专门召开会议，进行全面部署，希望各地认真抓好落实。我在这里先讲几点意见：一是要以坚决执行"六项禁令"为契机，进一步整顿队伍作风，严格规范执法行为。要继续广泛宣传"六项禁令"，使每个工商行政管理人员自觉做到"六项禁令""入耳入脑入心，管手管嘴管身"。要加强领导，强化督查，严格执纪，确保"六项禁令"执行到位。2004年上半年，总局将对全系统执行"六项禁令"

的情况进行一次检查,查找不足,促进整改,总结经验,推广典型。二是要以继续落实"五抓"、扎实推进"三项改革"为重点,进一步加强党风廉政建设。"五抓"就是抓认识、抓制度、抓自律、抓治理、抓查处,重点是整治乱收费、乱罚款、以权谋私、执法腐败和违反干部人事纪律的问题。"三项改革"就是推进行政审批制度改革,强化对权力的制约,确保用好权;推进财政管理体制改革,加强对资金的监控,确保管好钱;深化干部人事制度改革,完善对干部的监督,确保选好人。要通过整顿作风,反腐倡廉,推进信用工商建设,形成勤政为民、踏实肯干的浓厚风气,树立公正、廉洁、文明执法的良好形象。

同志们,规范和维护市场秩序,为明年经济持续快速协调健康发展营造良好的市场环境,工商行政管理部门任务艰巨,责任重大。我们要在以胡锦涛同志为总书记的党中央的坚强领导下,坚持以邓小平理论和"三个代表"重要思想为指导,开拓进取,扎实工作,尽职尽责加强监管执法,尽心尽力促进改革发展,为完善社会主义市场经济体制、实现全面建设小康社会的宏伟目标而努力奋斗。

王众孚局长在全国工商行政管理工作会议阶段性小结时的讲话

(2003 年 12 月 25 日)

这次工作会议前一段的任务已经完成,下一阶段将要进行考察、交流。今天上午,我就会议前一段的情况,作一个阶段性的小结。主要讲四个问题。

一、认真传达学习、扎实贯彻落实温家宝总理、吴仪副总理的重要批示,努力开创工商行政管理工作的新局面

温家宝总理、吴仪副总理的重要批示,充分体现了党中央、国务院对工商行政管理工作的高度重视,充分体现了对全体工商行政管理干部的亲切关怀。我们要认真学习领会,扎实贯彻执行。

第一,温家宝总理和吴仪副总理的重要批示,深刻阐述了工商行政管理工作在新世纪新阶段、在全面建设小康社会的历史进程中、在完善社会主义市场经济体制的过程中的地位和作用。温家宝总理在批示中指出,工商行政管理部门在规范、监管、维护社会主义市场经济秩序中责任重大。这使我们进一步明确了新世纪、新阶段工商行政管理机关承担的责任,进一步明确了工商行政管理工作在全面建设小康社会、完善社会主义市场经济体制中的地位和作用,进一步增强了使命感、责任感和光荣感,备受鼓舞和激励。

第二,温家宝总理、吴仪副总理的重要批示,充分肯定了全国工商系统各项工作所取得的成绩,体现了党中央、国务院对我们的信任和期望,是促进工商事业发展、鞭策全体工商干部继续努力、奋发进取的强大动力。温家宝总理和吴仪副总理的重要批示,都对我们过去一年来所做的工作给予了积极评价,肯定"各项工作取得明显成效"。这是对我们的信赖,对我们的期望,是一种鼓励,是一种鞭策,是我们进一步振奋精神、奋发向上的强大精神动力。我们要在成绩面前,表扬面前,清醒地认识到存在的问题和差距,戒骄戒躁,开拓进取。

第三,温家宝总理、吴仪副总理的重要批示,对工商工作的指导思想、工作重点、队伍建设等各个方面,都提出了更高、更全面的要求,充分体现了"三个代表"重要思想,充分体现了"十六大"、十六届三中全会精神,是做好工商行政管理各项工作的根本原则和指导方针,是我们努力的方向和工作的出发点、着力点。温家宝总理要求我们"再接再厉",吴仪副总理要求我们抓好"三个基础"、实现"两个统一"、建设"一支队伍",完成温家宝总理、吴仪副总理提出的这些任务,需要我们付出艰苦的努力。

总之,温家宝总理和吴仪副总理的重要批示,不仅对我们做好当前的工作具有非常重要的现实意义,而且对于工商行政管理事业的改革和发展、对工商行政管理队伍素质的提高具有深远的历史意义。我们要把温家宝总理和吴仪副总理的重要批示传达学习好、贯彻落实好。一是要把温家宝总理、吴仪副总理的重要批示,原原本本地传达到各级工商行政管理机关,传达到每一个工商干部。要组织全体工商干部认真学习、深刻理解,并以此统一思想、统一行动。二是要以更加振奋的精神、开拓创新的姿态,扎扎实实地把温家宝总理、吴仪副总理的重要批示贯彻落实好,为工商行政管理工作取得新的发展和成效,作出积极的努力和贡献。

二、围绕党中央、国务院的工作大局和中心任务,继续深入开展整顿和规范市场秩序的工作,为经济和社会的全面、协调、可持续发展创造良好的环境

关于明年的工作,我们要围绕党中央、国务院的工作大局和中心任务,紧密联系工商行政管理工作实际,继续深入开展整顿和规范市场秩序的工作,为经济和社会的全面、协调、可持续发展创造良好的环境。这既是我们工作的职能所在,也是明年工作重点所在。

第一,要进一步提高对整顿和规范市场秩序工作重要性、长期性、艰巨性的认识,真正把思想统一到中央对形势的科学分析和判断上来。工商行政管理部门贯彻落实十六届三中全会和中央经济工作会议精神,把思想统一到中央的部署上来,其中一个重要的方面,就是要统一到继续深入整顿和规范市场秩序上来。在十六届三中全会和中央经济工作会议上,锦涛同志、温家宝同志都对当前的国际国内形势作出了精辟的分析、科学的判断,并提出要继续整顿和规范市场秩序。联系工商行政管理工作实际看,通过几年来的不懈努力,整顿和规范市场秩序虽然取得了阶段性成果,但还没有实现根本性的好转,目前存在的问题还很多,无论是假冒伪劣、欺诈行为、传销和变相传销,还是行业垄断、地方壁垒、虚假广告、商标侵权等违法行为,都还大量存在。特别是治本方面,我们的措施还不多,成效也不显著。中央经济工作会议在分析当前存在的问题时,指出市场秩序还比较混乱。除了市场秩序这个问题外,其他如就业再就业的问题、深化改

革的深层次问题、国有企业存在的问题等等,都与我们工商工作有密切的联系。我们贯彻落实"十六大"、十六届三中全会和中央经济工作会议精神,要联系工商行政管理职能来思考、来认识,真正把思想统一到中央的精神上来。

第二,要进一步加大整治力度,真正把智慧和力量凝聚到落实中央的决策和部署上来。温家宝总理在中央经济工作会议上部署明年经济工作时,明确了八项重点任务,其中一项就是继续整顿和规范市场秩序。工商行政管理部门是担负这项重点工作的重要职能部门,我们把力量和智慧凝聚到中央的部署上来,就是要凝聚到中央的中心工作、工作大局上来。所以总局在部署明年全系统的工作时,提出明年工作的总体要求是,以"三个代表"重要思想为根本指针,尽职尽责加强监管执法,尽心尽力促进改革发展。怎样来加强监管执法,怎样来促进改革发展,根本的一条就是创造良好的市场环境。

第三,要联系各地实际,突出重点,标本兼治。这是中央提出的整顿和规范市场经济秩序的一条基本方针。我们既要从严治标,又要着力治本,取得实效,不搞形式主义,不搞花架子。总局在部署明年整顿和规范市场秩序工作时,强调了几个重点。各地经济发展情况、市场秩序状况都有差异,各省市可以根据自己的状况,确定自己的整治重点。在治标的同时,要有更多的举措来治本,务求实效。最近国务院对元旦、春节市场商品供应和市场监管发出了通知,总局也为加强"两节"市场监管,确保消费安全发出了通知。同志们回去后,要按照通知的要求,切实加强"两节"市场监管,真正让广大人民群众过一个愉快的节日,过一个消费满意、消费安全的节日。

第四,要在加强监管中改革创新,在改革创新中推进监管。加强市场监管要与时俱进。随着社会主义市场经济体制的不断完善,随着我国加入世贸组织,我们的一些老的工作模式、监管方式,老的监管体制、机制,与时代的要求已不相适应。所以我们在

加强监管的过程中,要不断改革创新监管的体制、机制和模式;在改革创新的过程中,大力推进监管。就是说,要围绕着一个目标即加强监管来改革创新,改革创新要推进加强监管,而不是削弱监管。明年要继续推进两项改革,一是加强金信工程建设,二是实施商品准入制度。这两项制度改革创新,都是有利于加强监管、有利于促进发展的。各个地方可以根据自己的实际情况,因地制宜,"梯度推进",总体目标是 5 年完成这项工程。我们一定要遵守两个原则,就是不搞评比,不搞中介机构的有偿评价评估。就是按照我们的职能依法进行监管,主要是按照《公司法》、《商标法》、《广告法》、《反不正当竞争法》、《消费者权益保护法》和《合同法》,对企业的行为进行分类监管。当然,有的地方,政府统一把监管的平台交给了工商部门。比如北京市,十多个部门的信息,全部划归了工商部门,输入工商部门的平台,我们非常支持,但也不要求全国都一定要按北京的模式办理。

第五,要加强协作配合,形成整治合力。协作配合,包括部门间的协作配合,包括区域间、地区间的协作配合。我们各个省市工商部门之间、各个地市工商部门之间的有关整治要统一执法。华东地区之间就有一些协作网,几个省之间联合来进行整治。规范市场秩序、整治市场秩序、加强市场监管,是由多家来共同完成的,中国是这样,国外也是这样,所以部门之间的合作非常重要。有的工作是工商部门唱主角的,我们要牵头;有的工作是别的部门唱主角的,我们要当好配角。无论是当主角当配角,都要到位。我们既要争取当最佳主角,也要争取当最佳配角。要摆正位置。特别是同一些与我们工作关系密切的部门,要互相支持配合。

三、要努力建设信用工商,严格依法行政,切实抓好队伍建设这个根本和保证

吴仪副总理在重要批示中指出,队伍建设是根本、是保证。我们一定要按照吴仪副总理的重要批示精神,狠抓落实。

第一,要正确分析队伍素质和形象的现状,提高认识,统一思想。经过多年的努力,工商队伍结构有了很大的变化,素质有了很大的提高,形象有了很大的好转。但是不尽如人意的地方还不少,我们队伍的文化结构、知识结构还不尽合理,领导层的年龄结构也不尽合理,队伍整体形象虽然有了好转,但是目前个别存在的违法违纪行为也对工商队伍的形象造成了严重损害。我们要正确认识和分析队伍素质与形象的形势,充分认识进一步提高队伍素质,抓好队伍建设这个根本的重要性和紧迫性。

第二,要有的放矢,常抓不懈,把提高队伍素质,加强党风廉政建设的各项措施落到实处。党中央、国务院最近召开了全国人才工作会议,锦涛同志、温家宝同志、庆红同志在会上作了非常重要的讲话。锦涛同志代表党中央提出,要实施人才强国战略,努力造就数以千万计的高层次人才、数以亿计的人才。温家宝同志在讲话中特别强调要建设一支高素质的公务员队伍。我们要按照人才强国的战略方针,按照全国人才工作会议精神,进一步完善措施、加大力度,继续努力提高队伍素质,加强党风廉政建设。特别是要针对以权谋私、违反人事工作纪律、乱收乱罚等问题认真加以整改。要严格依法行政,狠抓六项禁令的落实。

第三,要按照十六届三中全会关于把政府经济管理职能转到主要为市场主体服务和创造良好发展环境上来的要求,切实做到吴仪副总理提出的"两个统一":就是对法律负责与对市场主体负责、对消费者负责的统一,市场监管与服务的统一。在严格执法中,对市场主体、对消费者负责,做到教育与惩戒相结合。

第四,要建立健全信用工商的各种管理、监督和制约机制。建立诚信政府是建立诚信社会的基石。我们工商部门作为与经营者、消费者,与人民群众紧密接触的政府职能部门,要带头搞好诚信建设。希望大家在信用工商建设过程中,建立健全各种管理、监督和制约机制,确保信用工商能够得以实现。现在已经有很多制度,如首办责任制、公示制等等,也有很多监督的措施,要进一步完善。

四、切实加强信访工作和思想政治工作，巩固和发展安定团结的政治局面，巩固和发展改革发展的各项成果

稳定是改革发展的前提。对我们整个国家的改革发展而言是如此，对工商行政管理工作的改革发展而言也是如此。加强信访工作是维护稳定的一个非常重要的环节。一年来，各级工商行政管理机关做了大量工作，为维护工商系统内部的安定团结，巩固工商的改革成果，付出了艰辛的努力。希望各地继续高度重视，扎实做好信访工作。

第一，要充分认识信访工作和思想政治工作的重要性、必要性。信访工作是倾听群众呼声的渠道，是联系群众的纽带，是体现党和政府关心群众的桥梁。搞好信访工作事关改革发展稳定的大局，事关"三个代表"重要思想的贯彻落实，事关党和政府的形象。我们要进一步提高认识，统一思想，高度重视，以对党对人民负责的高度责任感切实抓紧、抓好。

第二，要认真听取群众的反映，既要做好耐心细致的思想政治工作，又要满腔热情地及时妥善解决问题。信访工作非常复杂，首先一条就是要认真听取群众的反映。对群众信访反映的问题，符合政策又能够解决的，或者通过努力可以解决的，要及时妥善地帮助解决。不能解决的，也要耐心细致地做好解释工作。

第三，要公道正派，依法依章办事，严肃查处违法违纪行为。从信访所反映的问题来看，也存在一些地方、一些人在办事过程中，不公道正派，不按政策办事，不依法依章办事，酿成后果引起群众不满。希望凡是有这种情况的，要主动加以纠正。严重违法违纪的，要予以查处。只要公道正派，按政策办事，按法律办事，按规章办事，就能得到人民群众的衷心拥护。

第四，要加强领导，完善制度，不断提高信访工作的水平和效果。各级工商行政管理机关的领导同志，要亲自关心过问信访工作，及时向当地党委、政府报告重大信访事件，完善各项信访制度，提高信访工作的效率和效果。年近岁末，大家回去后，在研究部署明年工作的同时，要把信访工作作为一项重要工作进行研究部署。要认真进行排查，及时消除不稳定隐患。总之，各级工商行政管理部门要看好自己的门，管好自己的人，不给党中央、国务院添麻烦，确保我们有一个安定团结的政治局面，有一个稳定的社会环境，来促进我国的改革和发展，来推动工商行政管理事业的改革和发展。

大力弘扬求真务实精神努力夺取党风廉政建设和反腐败斗争的新成效
——王众孚局长在全国工商行政管理系统党风廉政工作会议上的讲话

（2004 年 3 月 11 日）

这次全国工商行政管理系统党风廉政工作会议的主要任务是，以邓小平理论和"三个代表"重要思想为指导，认真贯彻落实党的"十六大"、十六届三中全会和中央纪委三次全会、国务院第二次廉政工作会议精神，总结回顾 2003 年工商行政管理系统的党风廉政建设和反腐败工作，研究部署 2004 年的任务。下面，我代表总局党组讲几点意见。

2003 年党风廉政建设和反腐败工作的基本情况

2003 年，全国工商行政管理系统在党中央、国务院的坚强领导下，以兴起学习贯彻"三个代表"重要思想新高潮为动力，始终坚持"两手抓，两手都要硬"的方针，在大力整顿规范市场秩序、积极推进市场监管制度改革创新的同时，认真贯彻落实中央纪委二次全会和国务院第一次廉政工作会议精神，狠抓队伍纪律作风整顿，切实规范监管执法行为，党风廉政建设和反腐败工作取得了新的成效。

一、大力加强党风廉政教育，严格落实廉洁自律规定，领导干部廉洁从政的自觉性进一步提高

一是加强学习教育，增强廉政意识。重

点在各级领导干部中开展了学习贯彻"三个代表"重要思想、保持共产党员先进性的教育,牢记"两个务必"、发扬党的优良传统的教育,以及先进典型的示范教育和反面典型的警示教育。通过学习教育,广大党员领导干部的思想政治素质进一步提高,廉洁从政意识进一步增强。二是狠抓制度落实,强化廉洁自律。各级工商行政管理机关认真落实领导干部个人重大事项报告制度和礼品登记、收入申报制度,主动登记上交礼品,自觉拒收礼金、礼品;继续清理领导干部公务用车情况,对违规超标配备的小汽车予以纠正处理;切实加强领导干部配偶、子女从业情况监督检查,对个别领导干部配偶、子女不符合从业规定的给予纠正或处理。同时,严格执行民主集中制,坚持重大问题集体讨论、会议决定;认真落实领导干部述职述廉制度、任前廉政谈话制度、诫勉谈话制度,建立健全领导干部廉政档案制度。廉政制度的贯彻落实,进一步强化了对领导干部的监督,规范了从政行为。

二、坚决反对以权谋私,严厉惩治执法腐败,查办违纪违法案件的力度进一步加大

各级工商行政管理机关坚持把查办违纪违法案件作为遏制腐败的一项重要工作来抓,以惩治执法腐败为重点,积极采取完善信访举报制度、主要领导亲自过问、严格实行办案责任制等有效措施,加强案件审理,确保办案质量,严厉打击了各种违纪违法行为。2003年,全系统纪检监察机构共受理信访举报13 210件,立案查处1 210件,给予党纪政纪处分1 276人,移送司法机关处理49人。

三、狠抓"五项治理",实施"六项禁令",队伍作风和执法形象进一步好转

一是突出抓好"五项治理",深入整顿队伍作风。各地按照总局的统一部署,把联系实际开展"五项治理"作为反腐纠风的重要举措,加强领导,制订方案,狠抓落实,重点整治了乱收乱罚、执法腐败和违反干部人事纪律等问题,使工商行政管理系统行风方面存在的顽症得到了有效治理。二是认真落实"六项禁令",严格规范执法行为。总局发

布依法行政、文明执法"六项禁令"后,各地积极采取措施,广泛宣传、强化督察、严格执行,着力解决吃拿卡要、以权谋私、刁难群众等问题,工商行政管理执法形象不断改善。三是积极参加行风评议,自觉接受社会监督。各级工商行政管理机关积极参加当地政府组织的行风评议活动,广泛听取各方意见,自觉实行"开门整风"。并根据社会各界提出的意见,查找不足,认真整改,有力地促进了队伍作风的好转。参加当地行风评议的工商行政管理机关,多数获得好评,有的还名列榜首。

四、积极推进"三项改革",健全监督制约机制,从源头上防治腐败取得新的进展

一是继续推进行政审批制度改革,强化对权力的制约。经国务院批准,总局已先后分两批取消22个行政审批项目,第三批取消项目正在报请审批中。各地也相应取消了一批行政审批项目。同时,扎实做好行政审批项目调整后的相关管理工作,对取消的行政审批项目加强后续监管,防止管理脱节;对保留的行政审批项目简化审批手续,完善管理制度,进一步规范了审批行为。二是继续完善财政管理体制改革,加强对资金的监控。各级工商行政管理机关认真落实"收支两条线"管理的规定,统一财政账户,各项收支全部纳入预算管理;强化收费票据管理,积极推进收缴分离、罚缴分离,进一步规范了执收执罚行为;严格执行财务制度和财经纪律,加强对资金上缴、使用情况的监督,严厉查处了截留、坐支、挪用和私设"小金库"等违纪行为。三是进一步深化干部人事制度改革,完善对干部的监督。为认真贯彻《党政领导干部选拔任用工作条例》,总局和大多数省级工商局建立了干部监督工作联席会议制度,加强对干部选拔任用工作的监督,确保干部选拔任用工作公正、公开、透明,坚决制止和纠正用人上的不正之风。同时,积极推行干部民主推荐、公开选拔、竞争上岗、任前公示等制度,促进了科学的干部选拔任用和管理监督机制的形成。去年,总局和省级工商局普遍实行了领导干部竞争上岗,一批优秀干部走上了领导岗位,优化

了用人环境,受到了广泛好评。四是积极推进政务公开,自觉接受社会监督。各级工商行政管理机关的企业登记、广告监管、执法办案等发证发照、执收执罚部门,积极运用信息技术等现代科技手段推行政务公开,并普遍建立完善了首办责任制、收费公示制等制度,增加工作透明度,主动接受社会监督,促进了依法行政,规范了执法行为,有效遏制了执法腐败问题的发生。

五、认真落实党风廉政建设责任制,完善领导体制和工作机制,反腐倡廉的整体合力进一步增强

各级工商行政管理机关积极采取有力措施,认真落实党风廉政建设责任制,为推动反腐倡廉工作的深入开展提供了重要的制度保障。一是狠抓责任到位。各级工商行政管理机关普遍建立了“一把手”负总责、班子成员分工负责、相关职能机构各负其责的党风廉政建设领导体制和工作机制,切实加强对反腐败工作的领导,努力形成反腐倡廉的整体合力。同时要求班子成员以身作则,严于律己,带头执行责任制,自觉对自身的行为负责,对配偶、子女和身边工作人员的行为负责,对分管单位发生的问题负责。不少地方还自上而下签订党风廉政建设责任书,分解任务,明确分工,一级抓一级,层层抓落实。二是狠抓考核到位。各省级工商局普遍制定了《党风廉政建设责任制考核实施办法》,年底逐级对领导班子和领导干部落实党风廉政建设责任制的情况进行考核,并把考核结果作为奖励惩处、选拔任用的重要依据。三是狠抓追究到位。各级工商行政管理机关对领导干部落实责任制不力,导致分管单位不正之风和腐败问题屡屡发生的,严肃追究有关领导的责任。2003年,一些领导干部因本单位发生违反“六项禁令”和执法腐败等问题,受到了纪律处分或组织处理,有力地维护了责任制的严肃性。四是狠抓制度到位。各级工商行政管理机关相继制定了预防职务犯罪工作责任制、责任制考核办法、责任制追究办法等配套制度,为全面落实党风廉政建设责任制提供了有力的制度保障。

在充分肯定成绩的同时,必须清醒地认识到,工商行政管理系统的党风廉政建设和反腐败工作,与党和人民的期望、与形势任务的要求还有较大差距,工作中还存在一些问题和不足。主要是:党风廉政建设工作发展还不平衡,个别单位对党风廉政建设和反腐败工作重要性的认识还有差距,工作力度还不够,廉政制度落实还不到位;一些单位在查处案件中存在失之于宽、失之于软的现象,个别单位存在以经济处罚代替党纪政纪处理的倾向;吃拿卡要、乱收乱罚、以权谋私、执法不公、随意执法、粗暴管理等不正之风在个别地方还时有发生。这说明,工商行政管理系统反腐倡廉的任务还很艰巨。我们必须加大力度,扎实工作,进一步把党风廉政建设和反腐败工作抓紧抓好。

2004年党风廉政建设和反腐败工作的主要任务

2004年是深化改革、扩大开放、促进发展的重要一年,也是实现“十五”计划的关键一年。切实做好反腐倡廉工作,对于保证党和国家各项任务的顺利完成,意义十分重大。前不久召开的中央纪委三次全会和国务院第二次廉政工作会议,在正确判断反腐败斗争形势的基础上,对2004年的党风廉政建设和反腐败工作作出了全面部署,提出了不少新的思路和重大举措。学习贯彻这两次重要会议精神,要把握好三个特点和重点:一是吴官正同志代表中央纪委所作的工作报告,贯彻十六届三中全会精神,提出要建立健全与社会主义市场经济体制相适应的教育、制度、监督并重的惩治和预防腐败体系。这是反腐败工作惩防并举、注重预防的一大创新。二是胡锦涛同志在中央纪委三次全会上号召全党大力弘扬求真务实精神、大兴求真务实之风。这是“三个代表”重要思想的具体体现,也是我们落实党风廉政建设各项工作的根本指导思想。三是温家宝同志在国务院第二次廉政工作会议上强调,要把解决损害群众利益的突出问题作为政府廉政工作的重要内容。明确了政府廉政工作的重点,体现了执政为民的本质要求和求真务实的思想作风。三位领导同志的重要讲话,为我们做好当前和今后一个时期的反腐倡廉工作,指明了前进方向。目标任务已经明确,关键在于狠抓落实。全国工商行政管理系统的同志们,要认真学习贯彻中央纪委三次全会和国务院第二次廉政工作会议精神,坚决贯彻落实胡锦涛、温家宝、吴官正同志的重要讲话,不断取得党风廉政建设和反腐败工作的新成效。根据党中央、国务院的统一部署和安排,2004年工商行政管理系统党风廉政建设和反腐败工作的总体要求是:以邓小平理论和"三个代表"重要思想为指导,认真贯彻落实中央纪委三次全会和国务院第二次廉政工作会议精神,按照"为民、务实、清廉"的要求,坚持标本兼治、综合治理的方针,建立健全教育、制度、监督并重的惩治和预防腐败体系,深入开展党风廉政建设和反腐败工作,着力解决损害群众利益的突出问题,树立良好的工商执法形象,为深入整顿规范市场秩序和促进经济社会全面协调可持续发展提供有力的政治保证。要着力抓好三个方面的工作。

一、深入学习贯彻"三个代表"重要思想,大力弘扬求真务实精神,牢固构筑拒腐防变的思想道德防线

反腐倡廉,教育是基础。各级工商行政管理机关要坚持把思想教育作为治理腐败的重要基础工作来抓,不断增强广大干部的廉洁自律意识,提高拒腐防变能力。要按照中央纪委三次全会关于加强反腐倡廉教育的要求,以领导干部为重点,以树立马克思主义的世界观、人生观、价值观和正确的权力观、地位观、利益观为根本,以艰苦奋斗、廉洁奉公为主题,以立党为公、执政为民为目标,认真开展以实践"三个代表"重要思想、弘扬求真务实精神为主要内容的四项教育。

(一)以深入学习贯彻"三个代表"重要思想为主要内容,切实加强党性教育。"三个代表"重要思想是对马克思列宁主义、毛泽东思想和邓小平理论的继承和发展,是全面建设小康社会的根本指针,也是全面推进党的建设新的伟大工程的行动纲领。"三个

代表"重要思想是一面旗帜,已经写入党章,是我们党必须长期坚持的指导思想。我们必须坚持用"三个代表"重要思想统揽工作全局,统揽党风廉政建设和反腐败工作。高举"三个代表"重要思想伟大旗帜,加强党性、党的纲领教育。第一,要有坚定的理想信念。坚强的党性,首先体现在坚定的理想信念上。近几年来,我们系统内涌现出的先进典型,之所以能在各个方面取得突出成绩,都源于有一个坚定的理想信念;少数人违法乱纪,甚至走上犯罪道路,归根到一点,是理想信念出了问题。第二,要有坚定正确的政治立场。当前,国际局势复杂多变,我国正处于改革开放的关键时期,保持政治上的清醒和坚定非常重要。就工商行政管理系统而言,我们除了依法查处经济违法违章行为外,很多工作都涉及精神文明、政治文明建设的内容,所以必须要有鲜明的政治立场,保持坚定正确的政治方向。第三,要有很强的政治敏锐性。工商行政管理虽然是经济执法工作,但有很强的政治性,比如"扫黄打非"、查处非法出版物等。所以我们的干部要有鲜明的政治态度和敏锐的政治素质。各级工商行政管理机关要通过加强党性教育,使广大党员干部不断提高政治素质,加强党性修养,自觉在政治上、思想上同以胡锦涛同志为总书记的党中央保持高度一致,坚决贯彻执行党的路线方针政策,坚决贯彻落实党中央、国务院部署的各项任务,进一步增强反腐倡廉的自觉性和坚定性。

(二)大力弘扬求真务实精神,切实加强党风教育。党风是党的性质和宗旨的重要体现,它关系党的形象,关系人心向背,关系党的生命。党中央高度重视党风建设。胡锦涛同志在前不久召开的中央纪委三次全会上号召全党,要大力弘扬求真务实精神、大兴求真务实之风。"十六大"闭幕后,胡锦涛同志带领中央书记处的同志到西柏坡学习考察,重温毛泽东同志"两个务必"的重要论述,要求全党特别是领导干部大力发扬艰苦奋斗、谦虚谨慎的优良作风。最近,胡锦涛同志在参加十届全国人大二次会议代表

团讨论时发表重要讲话，要求各级领导干部常修为政之德，常思贪欲之害，常怀律己之心，为党和人民的事业不懈奋斗。胡锦涛同志的三次重要讲话，核心是弘扬求真务实精神，发扬党的优良作风。各级工商行政管理机关要认真贯彻落实胡锦涛同志重要讲话精神，以大兴求真务实之风，保持艰苦奋斗、廉洁奉公为主题，在党员干部中开展党风教育。一是认真开展弘扬求真务实精神的教育。教育广大党员干部深刻认识求真务实是我们党的思想路线的核心内容，对于推进党和国家的各项工作具有根本性意义，也是做好反腐倡廉的关键所在，进一步增强求真务实、反腐倡廉的自觉性。二是认真开展牢记"两个务必"的教育。教育广大党员干部继续发扬党的优良传统，自觉保持艰苦奋斗、谦虚谨慎的优良作风，艰苦创业，扎实工作。三是按照胡锦涛同志提出的"常修为政之德，常思贪欲之害，常怀律己之心"的要求，认真开展道德修养教育。教育广大党员干部树立马克思主义的世界观、人生观、价值观和正确的权力观、地位观、利益观，真正经受住权力、金钱、美色的考验，永葆共产党人人民公仆的革命本色。各级领导干部、领导机关要在弘扬求真务实精神、保持艰苦奋斗本色方面发挥表率作用。凡是要求党员干部做到的，领导干部一定要首先做到；凡是要求基层做好的，领导机关一定要率先做好。要认真对照胡锦涛同志重要讲话中列举的不求真务实的十种表现，联系实际，着力解决好干部思想、作风等方面存在的问题，重点解决好不思进取、得过且过，作风漂浮、工作不实，随心所欲、自搞一套，弄虚作假、欺上瞒下，贪图享受、奢侈浪费等问题。要坚持讲实话、出实招、办实事、务实效，力戒形式主义、官僚主义；坚持开拓进取、奋发有为，力戒工作上敷衍了事、庸碌无为；坚持深入实际、调查研究，反对高高在上、坐而论道，把工作的着力点真正放到解决实际问题上，不断推进工商行政管理的改革创新，不断推进反腐倡廉工作的深入开展。

（三）坚持立党为公、执政为民，切实加强宗旨教育。坚持立党为公、执政为民，是实践"三个代表"重要思想的本质要求，也是抓好反腐倡廉的核心问题。各级工商行政管理机关要按照中央纪委三次全会关于开展权力观教育的要求，大力加强宗旨教育。通过抓好宗旨教育，使广大党员干部特别是领导干部牢固树立全心全意为人民服务的思想，始终把维护和发展人民群众的根本利益作为党风廉政建设的出发点和落脚点，自觉做到权为民所用、情为民所系、利为民所谋；使广大党员干部进一步端正执法指导思想，牢固树立执法为民的观念，把立党为公、执政为民的本质要求落实到市场监管和行政执法工作中去，努力实现对党负责与对人民群众负责的统一，对法律负责与对市场主体负责、对消费者负责的统一，市场监管与服务的统一。

（四）严格执行四大纪律、八项要求，切实加强纪律教育。纪律是执行路线的保证，加强领导干部廉洁自律是规范从政行为的需要。中央纪委三次全会提出，领导干部要严格遵守四大纪律和廉洁自律八项要求。这是保持全党在政治上的高度一致、维护党的团结统一、密切党同人民群众的血肉联系、强化领导干部监督管理的重大举措，对于加强党风廉政建设和干部队伍建设具有重要意义。各级工商行政管理机关要把四大纪律、八项要求作为党风廉政教育的重要内容，下大力气抓紧抓好，不断增强领导干部的纪律观念和廉政意识。要把教育与管理、自律与他律结合起来，促进各级领导干部自觉遵守党的政治纪律、组织纪律、经济工作纪律和群众工作纪律，严格执行廉洁自律的各项规定。要对照四大纪律、八项要求，查找不足，完善措施，认真整改，使四大纪律、八项要求成为全系统工作人员特别是领导干部自觉遵守的行为准则。

二、紧密联系工商行政管理实际，大力推进党风廉政建设，切实解决损害群众利益的突出问题

中央纪委三次全会和国务院第二次廉政工作会议强调指出，今年要把解决损害群众利益的突出问题作为反腐倡廉的重要内容。工商行政管理机关作为主管市场监管和行政执法的政府职能部门,手中掌握着一定的行政权力,经常同经营者、消费者打交道,是展示党和政府形象的"窗口"。执法不公、执法不廉,不仅直接损害人民群众的利益,也影响党和政府的形象和声誉。各级工商行政管理机关要按照总局关于开展信用工商建设年的要求,把建设信用工商与开展反腐倡廉有机结合起来,一起部署,一起落实,通过建设信用工商,规范监管执法行为,促进反腐倡廉工作深入开展;通过开展反腐倡廉,惩治违纪违法行为,巩固信用工商建设的成果。今年,全系统一方面要大力推进自身的党风廉政建设;另一方面要积极配合有关部门完成好国务院第二次廉政工作会议及中央纪委《中央和国家机关贯彻落实2004年党风廉政建设和反腐败工作部署的分工意见》交办的各项任务。在加强自身党风廉政建设方面,要围绕解决损害群众利益的突出问题,重点抓好四项整治。

(一)惩治执法腐败、以权谋私。执法腐败、以权谋私,严重损害执法权威和形象,影响党同人民群众的血肉联系。各级工商行政管理机关要把惩治执法腐败、以权谋私作为反腐倡廉工作的重中之重,下大力气抓紧抓好。一是重点查办各级领导干部违纪违法的案件,特别是领导干部和执法人员与犯罪分子相互勾结、充当黑恶势力保护伞的案件。二是严厉查处利用"案费证照"以权谋私、"吃拿卡要"、贪污受贿的案件。三是继续检查清理违规进人、违规用人和办管脱钩、体制改革、公务员考录中不依法依规办事的问题,严肃查处严重违反组织人事纪律的案件。要加大案件查办力度,发现一起,查处一起,有处必果,绝不姑息。对连续发生严重损害群众利益导致恶性事件的单位,要追究直接当事人和有关领导的责任。这次会上,总局印发了几个反面典型的材料。希望大家回去后认真抓好警示教育,使广大党员干部从反面典型中引以为戒,吸取教训,努力做到防微杜渐,警钟长鸣。

(二)治理乱收费、乱罚款。乱收费、乱罚款,直接加重企业和农民负担,为广大群众所深恶痛绝。各地要认真落实党中央、国务院"治乱减负"的统一部署,按照国家发改委实行收费公示制度的通知要求,全面实行收费公示,自觉接受社会监督,坚决查处乱收乱罚损害群众利益的行为。重点查处和纠正以下行为:一是对已取消和已降低收费标准的收费项目继续按原有收费项目和标准收取费用的行为;二是擅自设立收费罚款项目、提高收费罚款标准、扩大收费罚款范围的行为;三是下达收费罚款指标,并将完成收费罚款任务与个人的工资、奖金、任用等挂钩的行为;四是利用中介机构强制服务、强制收费的行为;五是借执法为名行收费之实的行为。同时,要进一步加大对代收代扣和搭车收费行为的清理整顿力度;继续治理报刊散滥和利用案费证照向企业摊派发行报刊的问题。

(三)纠正不依法行政等不正之风。全面推行依法行政,是今年政府自身建设的重点。各级工商行政管理机关要认真落实温家宝总理在政府工作报告中关于全面推行依法行政的要求,以实施《行政许可法》为契机,严格规范执法行为,坚决纠正不依法行政等不正之风。一是要强化执法监督,促进严格执法。要依法行使权力,履行职责,坚决纠正违法不究、处罚畸轻畸重以及滥施处罚、越权执法等行为。二是要严格执法纪律,促进公正执法。坚决纠正随意执法、徇私枉法,收人情费、办人情案的行为。三是要端正执法思想,促进文明执法。坚决纠正粗暴管理,野蛮执法,耍威风,搞特权,刁难群众的行为。

(四)查处失职渎职行为。失职渎职行为贻误工作,使违法违章行为得不到应有的惩处,党和人民的事业遭受损失,最终损害群众的利益。各级工商行政管理机关要适应行政审批制度改革的需要,转变思想观念,创新工作制度和方法,进一步加强和改进市场监管执法工作。对取消的审批项目,监管措施要跟上,防止管理失控;对保留的审批项目,特别是涉及安全生产、食品安全等问题,要严格执法,不能有半点懈怠。要从维护党和人民的利益出发,尽职尽责加强监管执法,加大对失职渎职行为的查处力度。对在执行国家政策法规中有令不行、有禁不止，上有政策、下有对策的行为；对在查办案件中瞒案不报、压案不查，有法不依、执法不严以及以罚代管、以罚代刑的行为；对在履行市场监管职责中疏于管理、推诿扯皮以及不作为等行为，要严肃政纪，追究责任。

三、以认真贯彻党内监督条例和纪律处分条例为契机，积极探索建立教育、制度、监督并重的惩治和预防腐败体系，把反腐倡廉的各项任务落到实处

制度问题更带有根本性、全局性、稳定性和长期性。推进反腐倡廉工作，要坚持惩防并举、注重预防，积极探索建立反腐倡廉的长效机制。中央最近颁布了《党内监督条例》和《纪律处分条例》。这是我们党制度反腐、制度建党的大事，对于发展党内民主、加强党内监督、严明党的纪律和维护党的团结统一，具有重大意义。各级工商行政管理机关要以学习贯彻这两个条例为契机，努力建立教育、制度、监督并重的惩治和预防腐败体系，进一步开创党风廉政建设和反腐败工作的新局面。要积极建立健全五项机制。

（一）认真落实《关于实行党风廉政建设责任制的规定》，建立健全党风廉政建设责任机制。一是要认真建立党风廉政建设责任制。各级工商行政管理机关的领导班子都要建立完善"一把手"负总责、班子成员明确分工、各负其责、齐抓共管的党风廉政建设领导体制和工作机制，对职责范围内的党风廉政建设切实负起全面领导的责任。二是要从责任分解、责任考核、责任追究三个环节，建立完善党风廉政建设责任制落实机制。要切实抓好责任分解，把反腐倡廉的各项任务分解到相关职能部门并督促落实。要定期进行责任考核，并把落实党风廉政建设责任制的考核结果作为干部业绩评定、奖励惩处和选拔任用的重要依据。要严格实行责任追究，对那些领导不力甚至不抓不管，导致不正之风盛行的单位，要严肃追究主要领导的责任。三是要制定完善党风廉政建设责任制配套制度。要根据落实党风廉政建设责任制的需要，完善实施办法，确

保责任制的实施。各级工商行政管理机关的职能部门特别是掌握发证发照、执收执罚权的部门，都要制定工作纪律和廉政守则，严格要求，严格管理，严格监督，努力形成用制度规范从政行为、按制度办事、靠制度管人的机制。

（二）认真落实《党内监督条例》，建立健全党内监督机制。一是要制定完善切实可行的制度和办法，大力强化党内监督。各级工商行政管理机关要建立健全集体领导和分工负责、重要情况通报和报告、述职述廉、民主生活会等制度，实现党内监督工作的制度化和程序化。要进一步发展党内民主，完善党内监督机制，始终保持共产党员的先进性，不断增强党组织的凝聚力、战斗力和创造力。二是要积极推进政务公开，自觉接受社会监督。各级工商行政管理机关的所有服务窗口都要推行政务公开，及时把法规政策、服务程序、办事方法向社会公布，为人民群众提供公开、透明、高效的公共服务，主动接受群众监督。同时要自觉接受上级机关、司法机关的监督，重视新闻舆论监督。三是要重点完善对各级领导机关和领导干部特别是领导班子主要负责人的监督机制。要紧紧抓住易于滋生腐败的重点环节和重点部位，综合运用各种监督手段，提高监督的质量和效果，保证权力的正确运行。各级领导干部特别是主要负责人要增强接受监督的意识，做自觉接受监督的表率。四是要继续深化纪检监察管理体制改革，增强党内监督的整体合力。要继续做好总局纪检监察体制改革的试点工作，进一步完善党风廉政建设联席会议制度和干部监督工作联席会议制度，积极探索新体制下开展党内监督工作的机制、方式和方法，切实履行好党内监督的职责。

（三）认真落实《纪律处分条例》，建立健全违纪违法行为查处机制。一是要着力健全发现问题的机制，前移监督关口，做到防患于未然。二是要着力健全纠正错误的机制，促使发现的问题迅速得到解决，防止小错拖成大错。三是要着力健全追究责任的机制。要进一步加强廉政信访工作，建立

有效的信访处理机制,及时处理信访举报案件。要研究工商行政管理机关违纪违法案件的特点,不断改进办案方式和方法,提高办案效率。要坚持在党纪国法面前人人平等,无论是谁,只要违反了党纪国法,都要严格依纪依法处理,绝不袒护姑息。

(四)深入推进"三项改革",建立健全反腐败源头治理机制。一是要以实施《行政许可法》为契机,加快推进行政审批制度改革。要按照国务院的统一部署,继续做好行政审批项目的清理工作。对取消的行政审批项目,要加强后续监管,防止管理脱节;对保留的行政审批项目,要健全监督制约机制,做到有权必有责、用权受监督,切实防止以权谋私。二是要继续推进财政管理体制改革,严格执行"收支两条线"规定。要把各项收支全部纳入预算管理,积极推行收缴分离、罚缴分离,切实加强对依法理财的监督,严厉查处私设"小金库"、做假账等行为。三是要继续深化干部人事制度改革,努力营造公开、平等、竞争、择优的用人环境。要认真落实《深化干部人事制度改革纲要》和《党政领导干部选拔任用工作条例》,推进干部任用各个环节的科学化、规范化、程序化,扩大民主监督,真正把群众公认、德才兼备的优秀人才选拔到各级领导岗位,坚决防止和纠正用人上的不正之风。同时,要切实解决好这几年系统内一些单位在用人、进人、出人上的遗留问题,从源头上解决信访的问题。

(五)严格实施"六项禁令",建立健全执法行为规范机制。去年总局发布"六项禁令"后,各地认真学习、严格执行,贯彻落实情况是好的。各级工商行政管理机关要继续广泛宣传"六项禁令",使每个工商行政管理人员真正做到"六项禁令"入耳入脑入心、管手管嘴管身。要制定完善实施制度和办法,加强领导,强化监督,严格执纪,确保"六项禁令"执行到位。要加强对"六项禁令"执行情况的检查督促,上半年将对全系统执行"六项禁令"的情况进行一次集中检查,总结经验,查找问题,推动落实,促进整改。同时,要对前几年各地制定的禁令进行一次规

范,不要搞得层层有禁令,使基层无所适从。总局和省、地、县各级工商局要带头执行"六项禁令",做廉洁从政的表率。总之,要通过严格实施"六项禁令",建立健全执法行为规范机制,推进反腐倡廉工作深入开展,树立公正、廉洁、文明执法的良好形象。

同志们,做好 2004 年工商行政管理系统的党风廉政建设和反腐败工作,任务艰巨,意义重大。我们要在以胡锦涛同志为总书记的党中央的坚强领导下,高举邓小平理论和"三个代表"重要思想伟大旗帜,大力弘扬求真务实精神,开拓奋进,真抓实干,努力夺取党风廉政建设和反腐败斗争的新成效。

王众孚局长在全国工商行政管理局长会议上的讲话

(2004 年 6 月 22 日)

这次全国工商行政管理局长会议的主要任务是,认真贯彻落实《国务院 2004 年工作要点》及全国整顿和规范市场经济秩序领导小组第二次全体会议精神,就工商行政管理系统深入整顿规范市场秩序、开展队伍教育整顿的工作进行研究部署。下面,我代表总局党组讲几点意见。

一、进一步提高对整顿规范市场秩序、开展队伍教育整顿重要性和必要性的认识,切实增强责任感和紧迫感

2001 年 4 月党中央、国务院作出整顿和规范市场经济秩序的重大决策以来,全国工商行政管理系统认真贯彻落实党中央、国务院的统一部署,把整顿规范市场秩序作为市场监管执法的重中之重,坚持"全面展开、突出重点,标本兼治、重在治本"的方针,集中力量,狠抓落实,为整顿规范市场秩序作出了积极的努力,取得了阶段性成果。主要体现在:围绕整顿规范市场主体行为,把好市场主体准入关,严厉打击违法经营行为,坚决取缔无照经营;围绕整顿规范市场交易行为,以关系人民生产、生活安全的商品为重点,严厉打击制售假冒伪劣商品违法行为,依法查处商标侵权和虚假广告违法案件,加

大消费者权益保护力度;围绕整顿规范市场竞争行为,打破行业垄断和地区封锁,开展反仿冒、反欺诈执法行动,全面推进反不正当竞争执法工作;围绕维护良好的市场秩序,认真进行集贸市场、加油站、非法拼装汽车等专项整治,深入开展打击走私贩私、打击传销和变相传销、打击非法制售"毒鼠强"等专项执法行动,大力加强粮食、农资等重要商品市场的监管,积极参与"扫黄"、"打非"斗争;围绕健全社会主义市场经济法制体系,加快立法立规步伐,加强法制宣传,强化执法监督,着力营造良好的执法环境;围绕提高监管执法水平,积极改革创新市场监管制度,加快推进"金信工程"建设,努力实现职能到位。2001年至今年6月,全国工商行政管理系统共查处各类经济违法违章案件706.04万件,总案值942.73亿元,其中涉嫌犯罪、移送司法机关处理的案件3 625件。各级工商行政管理机关为整顿规范市场秩序所做的工作和取得的成果,得到了党中央、国务院和各地党委、政府的肯定。与此同时,必须清醒地认识到,市场秩序中存在的问题仍然不少。维护食品安全、打击假冒伪劣、查禁传销活动、取缔无照经营、保护知识产权等方面的工作还非常艰巨,整顿和规范市场经济秩序还任重而道远。我们必须从为全面建设小康社会创造良好市场环境的高度,进一步提高对整顿规范市场秩序重要性、必要性和长期性、艰巨性的认识,切实把思想统一到中央的决策部署和国务院领导同志的要求上来,坚决克服松劲、麻痹情绪,总结经验,查找差距,尽职尽责,奋力拼搏,继续下大力气把整顿和规范市场经济秩序的工作抓紧抓好。

在大力整顿规范市场秩序的同时,几年来,全国工商行政管理系统坚持狠抓自身建设不放松,机构、体制改革取得积极进展,队伍整体素质有了一定提高。机构、体制改革方面,实行了省以下工商行政管理机关垂直管理,增强了执法的统一性、权威性和有效性;完成了市场办管脱钩,实现了"运动员"、"裁判员"分离,促进了公正执法;实施了"收支两条线"管理,规范了执收执罚行为;

推进了行政审批制度改革,促进了职能转换;按照"小局大所"和以经济区域设所的思路,深化工商所改革,合理调整工商所机构设置,强化了工商所执法职能。队伍建设方面,通过加强以邓小平理论和"三个代表"重要思想为主要内容的理论学习,进一步提高了队伍的政治思想素质;通过以坚持执政为民、惩治执法腐败为重点,狠抓党风廉政建设,整顿队伍纪律作风,颁布实施"六项禁令",促进了公正执法、廉洁执法、文明执法;通过开展示范教育和警示教育,弘扬了正气,打击了歪风;通过实施"红盾人才计划"和"红盾素质工程",大力加强干部教育培训,提高了依法行政能力;通过基层工商所核编、公务员考录、机构体制改革人员分流,优化了队伍结构,提高了整体素质。队伍建设的加强,为工商行政管理部门履行市场监管执法职能提供了必要的组织保障,还先后涌现出上海南京东路工商所和何付凯、胡学勤等一批忠于职守、勇于负责、无私无畏的先进集体和先进个人,受到了总局和人事部的表彰以及地方党委、政府的嘉奖。党中央、国务院对工商行政管理干部队伍建设十分重视和关心,国务院领导同志多次对工商行政管理队伍建设作出重要指示和批示,提出殷切期望和要求,给了我们极大的鼓舞和鞭策。在肯定成绩的同时,必须看到,我们这支队伍的现状,与形势任务的要求、与党和人民的期望,还有较大差距。吃拿卡要、乱收乱罚、以权谋私、执法不公、随意执法、粗暴管理等违纪违法行为和不正之风在个别地方还时有发生。最近安徽阜阳劣质奶粉问题,不仅暴露了市场秩序中存在的问题,也暴露了执法队伍中存在的问题。个别工商执法人员在工作中失职渎职、弄虚作假、徇私舞弊。我们一定要引以为戒,举一反三,进一步提高对加强队伍建设重要性和紧迫性的认识,积极采取有力措施,继续狠抓队伍教育整顿,提高素质,转变作风,改变面貌,努力建设一支党和人民信赖、能担当维护市场秩序历史重任的工商行政管理干部队伍。

深入整顿规范市场秩序、开展队伍教育

整顿,是实现职能到位、加强队伍建设的重要举措,我们必须统一思想,高度重视。当前,要正确认识和处理好以下几个方面的关系。

(一)正确认识和处理促进发展与整顿规范的关系。发展是硬道理,是执政兴国的第一要务。社会主义市场经济是法制经济,又是竞争经济,必须依法运行,需要营造公平竞争的发展环境,这些都离不开健全市场规则,加强规范管理。促进发展与整顿规范目标一致,相辅相成。加强管理、搞好规范,建立和维护良好的市场秩序,是经济健康发展的重要保障;放松管理、不讲规范,必然导致市场秩序的混乱,最终阻碍经济健康发展。工商行政管理工作的基本职能是维护市场秩序,根本目的是促进改革发展。我们要正确认识和处理促进发展与整顿规范的关系,牢固树立和认真落实科学的发展观,进一步增强大局意识和法制观念,既要理直气壮地通过强化监管、严格执法,为改革发展营造良好的市场环境,又要满腔热忱地通过改进管理、提高效率,积极为改革发展服务;既要坚决制止以强化监管为由,人为设置障碍,故意刁难群众,又要切实防止在具体工作中随意突破法律的规定,放松或削弱监督管理,损害法律的严肃性,最终损害人民群众的利益。要牢记基本职能,端正执法指导思想,努力实现对法律负责与对市场主体负责、对消费者负责的统一,市场监管与服务的统一。

(二)正确认识和处理整顿规范市场秩序与整顿规范执法行为的关系。整顿和规范市场经济秩序,是工商行政管理部门的重要职责。只有建立一支政治坚定、业务精通、执法严格、公正廉洁、作风优良的高素质干部队伍,才能确保这一职责的履行。执法不严、作风不正,不仅影响执法的统一性、公正性和有效性,而且影响职能到位,损害执法权威,败坏党和政府的形象。当前,实践"三个代表"重要思想、树立和落实科学发展观、实施《行政许可法》的新形势和新任务,对工商行政管理系统的干部队伍素质和依法行政水平提出了新的更高的要求。因此,我们在依法整顿规范市场主体行为、市场交易行为、市场竞争行为的同时,要正人先正己,大力开展队伍教育整顿,切实规范监管执法者的自身行为。当前,特别要以实施《行政许可法》和国务院《全面推进依法行政实施纲要》为契机,大力增强队伍的法制观念,全面推进依法行政,进一步提高执法水平。

(三)正确认识和处理履行自身职责与加强协作配合的关系。整顿和规范市场经济秩序的工作,涉及面广,任务繁重,需要各地、各部门分工合作,共同完成。有的工作要求工商部门唱好主角,有的工作需要工商部门当好配角。我们要正确认识和处理履行自身职责与加强协作配合的关系,既要忠于职守,充分发挥市场监管执法职能作用,做到到位不缺位,有位必有为,又要加强协作,积极支持配合有关部门的工作,做到不推诿扯皮,不敷衍塞责,努力形成整治合力,充分发挥综合执法的整体功能,共同推动整顿和规范市场经济秩序工作的深入开展。

(四)正确认识和处理加强监管执法与依法执收执罚的关系。工商行政管理部门履行监管执法职责的根本目的是建立和维护良好的市场秩序,进行行政性收费和罚款只是实施监管的一种手段。实现职能到位、加强廉政建设,必须切实解决执法争利、执法损民的问题。我们要正确认识和处理加强监管执法与依法执收执罚的关系,始终把加强监管执法作为履行工商行政管理职能第一位的任务,坚决制止重收费、轻监管,甚至只收费、不监管,以及以罚代管、以罚代刑等监管执法与经济利益挂钩的行为,切实维护法律的尊严和执法的权威性。同时,要严格执行收费罚款规定和"收支两条线"管理规定,做到应收尽收、应缴尽缴,进一步规范执收执罚行为。

二、继续深入整顿和规范市场经济秩序,努力营造公平竞争的市场环境

各级工商行政管理机关要根据国务院的部署和安排,在继续深入整顿规范市场经济秩序中,充分发挥职能作用,尽职尽责抓紧抓好。

(一)认真贯彻落实国务院的统一部署,

明确任务,突出重点,抓好落实。《国务院2004年工作要点》把继续整顿和规范市场经济秩序作为2004年的工作重点之一。前不久召开的全国整顿和规范市场经济秩序领导小组第二次全体会议,认真分析了形势,对2004年整顿和规范市场经济秩序的工作作出了全面部署。吴仪副总理在会上作重要讲话,指出:2003年各地、各有关部门认真部署,密切配合,积极实施,整顿和规范市场经济秩序的工作取得了明显成效。但这是一项长期而艰巨的任务,要根据新情况、新问题,明确工作重点,确定阶段性目标。2004年整顿和规范市场经济秩序的工作要突出三个重点,加大力度,重拳出击。一是集中力量抓好食品安全专项整治;二是严厉打击非法采供血和"血头血霸";三是进一步加大知识产权保护力度。吴仪副总理强调,要把食品安全专项整治作为整顿规范市场秩序的重中之重。特别要针对当前食品安全中存在的突出问题和假冒伪劣食品向农村转移的新特点,将监管重心下移,加强对农村市场的监督检查,严厉打击制售假冒伪劣食品的违法行为;要整合执法力量,加强综合执法,建立长效监管机制;要运用信用惩戒机制,把制假售假者列入"黑名单",通过各种媒介向社会公开,使违法经营者寸步难行;要强化地方政府的责任,建立责任追究制;要搞好"食品药品放心工程"的规划和建设,并加强督查;要狠抓食品安全大案要案的查处,依法严惩违法经营者;要加强干部培训和宣传教育工作,提高执法队伍素质,增强人民群众自我防范意识。吴仪副总理要求,要进一步加大知识产权保护力度,建立跨部门的知识产权执法协作机制,严厉查处一批侵犯知识产权的大案要案,加强宣传教育,提高全民的知识产权保护意识。我们要按照《国务院2004年工作要点》和吴仪副总理重要讲话精神,统一思想,明确任务,突出重点,抓好落实。联系工商行政管理实际,主要是抓好食品安全专项整治和加大知识产权保护力度两项重点工作。

(二)标本兼治,扎实抓好食品安全专项整治。关于食品安全专项整治工作,根据国务院的总体部署,结合工商行政管理部门的职能任务,总局制定了具体实施方案,希望同志们认真抓好落实。主要要求是:

1. 抓好"六查六看",强化对食品经营行为的监管。为确保食品安全专项整治工作扎实开展,各地工商行政管理机关要从履行基本职能出发,采取有力措施,加强监管执法。重点是依法开展"六查六看":一是查经营资格,看证照是否齐全,是否属超范围经营。二是查进货票证,看来源是否合法、票证是否齐全,进货时是否履行了检查验收职责。三是查经销食品,看有无质量、卫生检验检疫合格等证明。四是查包装标识,看标示是否虚假,是否属"三无"、仿冒或过期失效食品。五是查商标广告,看食品商标是否侵犯他人注册商标专用权,食品广告有无虚假、误导宣传等内容。六是查市场开办者,看管理制度是否健全,是否对进场经营者履行了资格审查、质量监督等责任。对"六查六看"中发现的问题,要及时依法处理。要通过"六查六看"和查处违法违章案件,整顿和规范食品经营主体资格,把好食品质量市场准入关,严厉打击制售假冒伪劣、有毒有害食品的违法行为,使市场经营秩序有所好转,监管水平有所提高,人民群众食品消费安全感明显增强。

2. 开展三次集中整治行动,加大对食品违法经营行为的打击力度。为在全面加强监管的同时,集中时间、集中力量,严厉打击食品违法经营行为,总局决定,今年下半年,在全系统组织开展三次食品市场集中整治行动。一是开展儿童食品市场集中整治行动。严格规范儿童食品经营主体资格,对儿童食品生产、加工、销售企业进行一次全面清查,坚决取缔无证无照或超范围经营儿童食品的行为;强化对儿童食品经营行为的监管,依法严厉查处销售无质量合格证明、不符合食品质量标准、过期变质儿童食品的行为;严把儿童食品市场准入关,坚决把假冒伪劣儿童食品清除出市场。二是开展夏秋时令食品市场集中整治行动。根据夏秋季节食品的特点,着重加强对饮料(冷饮)、月饼、瓜果等消费量大的食品以及熟食等易腐食品经营行为的监管。对销售变质、过期、伪劣食品的,责令立即下架;严厉打击超标使用食品添加剂制售食品的行为;严防隔年月饼馅、农药残留超标瓜果流入市场。同时,加大对旅游景区景点、旅客集散地区饮食企业和食品摊点的巡查力度,严防"十一"黄金周期间发生重大食品安全事故。三是开展元旦春节食品市场集中整治行动。元旦、春节期间,要集中组织力量,对食品市场进行普遍检查,重点加强对肉类、粮食、水产品等经营主体的监管,严厉打击制售注水肉、使用"瘦肉精"、添加"吊白块"以及超标使用防腐剂等不法行为,确保节日食品消费安全。同时,要重视加强对"两节"期间农村食品市场的监管,重点检查庙会、展销会以及各类集市的上市食品质量,严厉打击以"送货下乡"、"厂家直销"等名义销售假冒伪劣食品、坑害农民消费者的违法行为。

3. 完善五项制度,努力建立食品安全长效监管机制。在加强日常监管和开展专项整治的同时,重视建章立制、搞好引导规范,不仅是推动食品安全专项整治工作深入开展的重要举措,也是巩固整治成果、促进市场秩序根本好转的必然要求。各级工商行政管理机关要在近年来积极探索实践的基础上,大力弘扬求真务实、开拓进取精神,继续推进市场监管制度的改革创新。既要狠抓行之有效的监管制度的落实和完善,又要开拓新思路、采取新举措,不断在市场监管制度改革创新上迈出新步伐。当前,要着重抓好以下五项制度的落实和完善。一是在全国大中城市普遍建立食品准入制度。各级工商行政管理机关在食品安全专项整治中,要加快推进流通领域商品质量监管关口前移的改革步伐。特别是大中城市工商行政管理局,要督促食品经销企业普遍建立和落实商品质量进货检查验收制度、购销台账制度、市场开办者质量责任制度和销售商品质量承诺制度,积极推行重要商品"场厂挂钩"、"场地挂钩"制度,切实把好食品质量市场准入关。二是全面落实市场巡查制。各级工商行政管理机关要充分发挥基层工商所市场监管执法的职能作用,加强对辖区

内食品经营单位和交易场所的普遍巡查,及时发现和处理违法经营行为。县(市、区)工商行政管理局要组织人员,定期或不定期地对食品集中交易市场进行重点巡查。三是严格实施不合格食品退市制度。对市场巡查、监督抽查中发现的危害人身健康的不合格食品,在依法查处的同时,要责令立即停止销售,坚决清退出市场。对标识等不符合规定的退市食品,经整改查验合格后,方可允许上市销售。四是建立和完善食品质量信息公示制度。及时整合通过申诉举报、执法检查、案件查处等途径获得的以及消费者协会、行业协会提供的食品质量信息,公开发布,进行消费指导。建立和完善食品质量消费警示制度,对存在问题的食品,在一定范围内发布市场预警或消费提示,警示、告诫食品经营者,提醒消费者注意自我防范。五是积极推行食品生产经营企业信用分类监管制度。各级工商行政管理机关在开展食品安全专项整治中,要将食品生产经营企业纳入企业信用分类监管系统,区分守信企业、警示企业、失信企业、严重失信企业等不同情况,依法实施不同的监管。要建立严重失信、制假售假食品企业"黑名单"系统,并上网公示,充分利用信用惩戒机制,使失信者寸步难行。同时,还要建立健全食品安全快速反应机制。各级工商行政管理机关要进一步完善"12315"消费者申诉举报网络,充分发挥"12315"网络的作用,及时掌握市场食品质量状况动态信息。一旦发现市场上出现制售假冒伪劣食品行为,以及存在可能危及消费者人身健康的隐患事件,要快速反应,立即采取有力措施,尽快控制事态发展。

(三)加大力度,深入开展保护注册商标专用权行动。加大知识产权保护力度,是今年整顿规范市场秩序的三大重点之一。商标权是知识产权的重要组成部分。工商行政管理机关作为商标行政主管机关,承担着保护注册商标专用权的重要职责。为贯彻落实全国整顿和规范市场经济秩序领导小组第二次全体会议的要求,总局决定,今年下半年在全系统深入开展保护注册商标专

用权行动,突出抓好以下几方面的工作。

1. 加强注册保护,切实维护注册商标专用权。一是进一步提高效率,加快商标注册进度,提高注册工作质量,使商标所有人的合法商标权益及时得到保护。二是采取切实有效措施,加强商标评审工作,加快对商标异议、争议案件的裁定,依法维护商标申请、注册当事人的合法权益。三是积极依法认定驰名商标,并在商标异议、争议案件裁定和商标侵权案件查处工作中依法加大对驰名商标的保护力度。四是加快商标注册与管理自动化系统建设,提高商标注册管理的现代化水平;总局商标局争取今年年底部分实现商标申请注册网上查询,更好地为社会公众提供服务。

2. 加大执法力度,严厉查处商标侵权案件。各地要把打击商标侵权行为作为保护注册商标专用权的主要手段,重点查办下列案件:在食品、药品等关系人民群众身体健康和生命安全的商品上发生的商标侵权假冒案件;影响较大的涉外商标案件;侵犯驰名商标专用权的商标违法案件;侵犯地理标志专用权的商标违法案件;非法印制及购买使用假包装、假标识、假商标的违法案件。为推动案件查处工作深入进行,各地要在调查摸底、掌握情况的基础上,突出重点、有的放矢地组织开展三次集中整治行动。一是7月中旬至9月中旬,开展查处食品、药品商标案件和涉外商标案件集中行动。密切配合食品安全专项整治行动的开展,重点查处食品、药品商标侵权假冒案件,严厉打击制售假冒伪劣食品、药品的违法行为,切实维护人民群众消费安全;积极履行我国已加入的国际知识产权公约或协定的承诺,严厉查处影响较大的涉外商标案件,依法维护国外商标注册人的商标权益,进一步树立我国商标专用权行政保护工作的良好国际形象,优化投资环境。二是9月中旬至11月中旬,开展查处侵犯驰名商标和证明商标、集体商标专用权案件集中行动。各地区之间要通力合作,对侵犯驰名商标和证明商标、集体商标权益的案件,要发现一起,查处一起,切实加大对驰名商标和证明商标、集体商标专

用权的保护力度。三是11月中旬至12月中旬,开展查处非法印制及购买使用假包装、假标识、假商标违法案件集中行动。各地要对印刷企业开展一次拉网式专项检查,监督印刷企业严格遵守商标印制管理规定,严肃查处非法印制商标的行为。同时,在查处商标侵权假冒案件中,要对商标印制环节追根溯源,坚决打掉非法印制商标的窝点。

3. 强化法制宣传,增强全社会的商标法律意识。要坚持整治与教育相结合,在依法查办案件的同时,积极采取举办培训班、召开研讨会、开展知识竞赛、在报刊开辟专栏等多种行之有效的形式,广泛宣传商标法律法规和商标保护知识,进一步提高商标执法队伍的素质,增强全社会的商标法制观念和商标保护意识,努力营造良好的商标执法、保护环境。同时,选择商标侵权典型案例予以曝光,震慑违法分子,教育广大群众。

在集中力量完成好国务院部署的重点整治任务的同时,各级工商行政管理机关在整顿规范市场秩序中要充分发挥职能作用,继续抓好以下几方面的工作:一是加强粮食市场监管。要认真贯彻落实全国粮食流通体制改革工作会议精神,依法履行职责,坚决管好粮食市场。重点是严把粮食市场准入关,坚决取缔无证无照经营和超范围经营;加强粮食销售市场监管,严肃查处囤积居奇、掺杂使假等扰乱粮食市场交易秩序的违法违章行为;强化陈化粮监管,严厉打击倒卖陈化粮的不法行为。同时,继续开展"红盾护农"行动,重点打击制售假冒伪劣农资坑农害农的行为。二是坚决查禁传销和变相传销违法行为。要针对传销已发展到在校学生参与等新情况、新特点,继续保持高压态势,进一步加大打击力度。三是严厉打击各种制售假冒伪劣商品的违法行为,进一步强化消费者权益保护工作。四是深入分析研究当前不正当竞争出现的新情况、新问题,进一步强化反不正当竞争执法工作。重点查处行业垄断、地区封锁、仿冒、误导、欺诈等不正当竞争行为。五是继续打击走私贩私行为,坚决取缔走私货市场;继续开展"毒鼠强"整治工作,严厉打击非法制售

"毒鼠强"的违法行为;继续查处非法拼装汽车的违法行为,切实防止非法拼装汽车市场死灰复燃。六是充分发挥工商行政管理职能作用,努力净化未成年人成长环境。要认真贯彻落实全国加强和改进未成年人思想道德建设工作会议精神,通过加强市场监管执法,为未成年人健康成长创造良好的环境。重点是深入开展"扫黄"、"打非"斗争;继续整治互联网上网服务营业场所;进一步加强对营业性歌舞娱乐场所和中小学校及周边环境的治理;坚决清理商标、广告和企业名称中的不良文化现象。

三、扎实开展队伍教育整顿,进一步提高队伍素质和依法行政水平

关于加强队伍建设、提高队伍素质、整顿队伍作风问题,去年底的全国工商行政管理工作会议和今年初的全系统党风廉政工作会议作出了部署和安排。几个月来,各地结合实际认真贯彻,队伍建设取得了新的进展。针对前一段队伍思想、作风方面暴露出来的问题,总局党组认为,必须采取有力措施,进一步加大队伍教育整顿力度。为此,决定从现在起到今年年底,集中利用半年时间,在全系统扎实开展以树立正确的权力观、严格依法行政为主要内容的队伍教育整顿活动。这次队伍教育整顿活动的总体要求是:以邓小平理论和"三个代表"重要思想为指导,认真贯彻落实中央纪委三次全会和国务院第二次廉政工作会议精神,按照"为民、务实、清廉"的要求,以树立正确的权力观、严格依法行政为主要内容,加强教育,查纠问题,健全制度,强化监督,进一步提高队伍的整体素质和依法行政水平,树立良好的工商形象。教育整顿的具体目标,一是查纠问题,使不依法行政等不正之风得到有效遏制,以权谋私、执法腐败等违法违纪行为得到及时查处;二是提高素质,使全系统干部政治思想有明显进步,工作作风有明显改进,法纪观念有明显增强,执法水平有明显提高,执法形象有明显改善。为保证队伍教育整顿活动扎实开展,总局研究提出了一个实施方案,希望同志们认真修改完善,会后正式印发执

行。我再强调以下几点。

(一)加强教育,全面提高队伍的政治思想素质。根据这次队伍教育整顿活动的目标要求,各级工商行政管理机关要在继续开展年初全系统党风廉政工作会议部署的"四项教育"的同时,有针对性地重点加强"三项教育"。一是加强权力观教育。要按照中央纪委三次全会关于加强反腐倡廉教育的要求,以领导干部为重点,以树立马克思主义的世界观、人生观、价值观和正确的权力观、地位观、利益观为根本,以艰苦奋斗、廉洁奉公为主题,以立党为公、执政为民为目标,认真开展权力观教育。通过教育,使广大干部增强宗旨意识,端正执法指导思想,牢固树立执法为民的观念,真正把立党为公、执政为民的要求落实到市场监管执法工作中去,自觉做到权为民所用、情为民所系、利为民所谋。二是加强法纪教育。要以实施《行政许可法》和国务院《全面推进依法行政实施纲要》为契机,以落实中央纪委三次全会提出的"四大纪律、八项要求"为重点,大力加强法纪教育,使广大干部增强法纪观念,自觉遵纪守法,坚持依法行政、严格执法,坚决纠正和防止执法争利、执法扰民、乱收乱罚、徇私枉法等违法违纪行为。三是加强示范教育和警示教育。一方面,要充分利用系统内外涌现出的先进典型,大张旗鼓地开展示范教育,努力在全系统形成崇尚先进、学习先进、争当先进的浓厚氛围,激励全系统广大干部忠于职守,勇于负责,清正廉洁,执法如山;另一方面,要从阜阳等地暴露的问题中吸取深刻教训,大力开展警示教育,使各级干部从反面典型中引以为戒,警钟长鸣,防微杜渐。

(二)搞好查纠,切实解决队伍作风中存在的突出问题。为确保这次队伍教育整顿活动取得实效,要认真抓好"五项清理",重点查纠"六个方面的问题"。"五项清理"是:①清理执法案件。对去年以来所办执法案件特别是涉及食品安全的案件进行全面清理,重点清理有无处罚不当、重复处罚、违反办案程序、制作虚假案卷等问题;同时对涉案当事人进行回访,当面征询意见。②清

理行政收费情况。对去年以来各项行政性收费进行清理,重点清理是否认真落实"收支两条线"规定、是否严格执行收费项目和标准,有无擅自设立收费项目、提高收费标准、坐支挪用、搭车收费等违纪违规行为。③清理消费者投诉处理情况。重点清理对去年以来的消费者投诉是否认真负责受理,处理结果是否符合法律法规的规定。④清理对工商执法人员举报的办理情况。重点清理去年以来群众署名反映工商干部违法违纪问题的举报,看是否逐件查清,并将处理结果向举报人反馈。⑤清理执法队伍。要对在岗执法人员进行一次全面清理,凡不具备执法资格的,要坚决从执法岗位上调整下来;身居执法岗位但不作为或不依法行政的,要坚决调整岗位或离岗培训;在监管执法中有违法违纪行为的,要坚决调离执法岗位,并依法依纪严肃处理。重点查纠的"六个方面的问题"是:①利用办理"案费证照"以权谋私、徇私舞弊、贪污受贿等执法腐败行为;②乱收费、乱罚款等执法争利行为;③粗暴管理、野蛮执法、耍威风、搞特权、刁难群众等执法扰民行为;④越权执法、滥施处罚、以罚代管、以罚代刑等随意执法行为;⑤在履行市场监管职责中疏于管理、玩忽职守、推诿扯皮、违法不究等行政不作为行为;⑥瞒案不报、压案不查,甚至弄虚作假、伪造案卷等失职渎职行为。对上述违法违纪行为,该纠正的要坚决纠正,违反党纪政纪的要坚决给予党纪、政纪处理,涉嫌犯罪的要坚决移送司法机关追究刑事责任,绝不允许包庇纵容、姑息养奸。

(三)整章建制,进一步完善干部监督制约机制。要针对清理检查中发现的问题,认真查找制度上、管理上存在的薄弱环节,健全制度,加强管理,注重防范。特别是要建立健全和严格执行行政执法责任制度、领导责任追究制度、行政执法行为规范制度和行政执法监督制度,强化对行政执法行为的规范和监督,加强对执法过错和错案责任的追究。各级工商行政管理机关掌握发证发照、执收执罚权的部门,都要建立完善工作纪律和廉政守则,严格要求,严格管理,严格监

督,努力形成用制度规范从政行为、按制度办事、靠制度管人的机制。在健全内部监督制约机制的同时,要深入推行政务公开、首办责任制、公示制等制度,自觉接受社会监督。

四、加强领导,狠抓落实,确保整顿规范市场秩序和队伍教育整顿工作取得明显成效

以开展食品安全专项整治、加大知识产权保护力度为重点,深入整顿和规范市场经济秩序;以树立正确的权力观、严格依法行政为主要内容,大力加强队伍教育整顿,是下半年全系统的两项重点工作。抓好这两项工作,确保取得预期成效,对于全面提高队伍整体素质,努力建设一支党和人民信赖的工商行政管理队伍;对于充分发挥工商行政管理职能作用,为经济社会全面协调可持续发展创造良好的环境,意义十分重大。各级工商行政管理机关要高度重视,加强领导,精心组织,狠抓落实。为此,提出以下几点要求。

(一)高度重视,加强领导。各级工商行政管理机关要把整顿规范市场秩序和队伍教育整顿摆上重要议事日程,及时分析研究工作中遇到的新情况和重大问题,提出切实有效的解决方案。"一把手"要亲自抓、负总责,分管负责同志要具体抓,职能机构要集中主要精力抓,其他部门要积极参与配合,一级抓一级,逐级抓落实,确保这两项重点工作扎实有效开展。

(二)周密部署,精心实施。各省、自治区、直辖市工商行政管理局要按照国务院的统一部署,根据总局印发的食品安全专项整治、保护注册商标专用权行动和队伍教育整顿实施方案,结合本地实际,制定切实可行的落实方案,明确工作目标任务和措施要求,精心组织,认真实施。

(三)强化督促检查,确保工作落实。为确保整顿规范市场秩序和队伍教育整顿工作扎实开展、取得实效,各级工商行政管理机关要切实转变工作作风,力戒官僚主义、形式主义,不能简单地以文件贯彻文件、会议落实会议的方式部署任务、推进工作;要

大力弘扬求真务实精神,在抓落实、求实效上狠下功夫。在认真部署工作的同时,各级领导机关特别是领导干部,要采取定点联系、下基层调研等多种方式,真正沉下去,了解情况,加强督查,推动落实。总局将在下半年分期分批派出工作组,对各地整顿规范市场秩序和队伍教育整顿工作开展情况进行督促检查。

(四)实行责任制和责任追究制,严格执纪。为明确责任、推动落实,各级工商行政管理机关要从责任分解、责任考核、责任追究三个环节建立健全并严格执行责任制和责任追究制。对在整顿规范市场秩序和队伍教育整顿中工作不力、失职渎职、以权谋私、徇私舞弊,致使违法违章经营行为得不到查处、队伍作风中存在的突出问题得不到惩治,造成严重后果或恶劣影响的,要严肃追究直接责任人和有关领导的责任;触犯刑律的,依法移送司法机关处理。

(五)建立报告制度,加强信息沟通。为便于沟通情况、指导工作,要建立市场秩序整顿情况和队伍教育整顿情况月报告制度。各省、自治区、直辖市工商行政管理局要按照上述要求,及时向总局报送工作进展情况。重大情况和典型案例要随时报告。食品安全专项整治、保护注册商标专用权行动和队伍教育整顿活动结束后,要及时将工作总结报送总局。

同志们,完成下半年整顿规范市场秩序、开展队伍教育整顿的各项工作,任务繁重,意义重大。我们要在以胡锦涛同志为总书记的党中央的坚强领导下,坚持以邓小平理论和"三个代表"重要思想为指导,认真贯彻落实党中央、国务院的统一部署,振奋精神,坚定信心,奋力拼搏,扎实工作,努力实现整顿规范市场秩序和队伍教育整顿的预期目标,取得维护市场秩序、加强队伍建设的新成效,为营造公平竞争的市场环境、促进经济社会的全面协调可持续发展,不断做出新的贡献。

全面落实科学发展观 努力提高执法能力 不断推进工商行政管理工作的改革和发展

——王众孚局长在全国工商行政管理工作暨双先表彰会议上的讲话

(2004 年 12 月 13 日)

这次全国工商行政管理工作暨双先表彰会议的主要任务是,认真贯彻落实党的"十六大"、十六届三中全会、四中全会和中央经济工作会议精神,总结今年的工作,部署明年的任务,表彰近几年来全系统涌现出的先进集体和先进工作者。首先,让我代表总局党组,向受到表彰的先进集体和先进工作者,致以崇高的敬意和热烈的祝贺!

吴仪副总理对工商行政管理工作十分重视,今天在百忙之中出席我们的会议,亲切接见受表彰的先进集体、先进工作者和出席这次会议的代表,并对工商行政管理工作作了非常重要的指示,充分肯定了成绩,提出了明确的要求,使我们深受鼓舞和鞭策。我们一定要认真学习、坚决贯彻吴仪副总理的重要指示,推动队伍建设和监管执法工作在新的一年里取得更大的成绩,不辜负国务院领导的殷切期望。

下面,我代表总局党组讲几点意见。

2004 年工作的基本情况

2004 年,是我国经济社会发展取得显著成绩的一年。以胡锦涛同志为总书记的党中央,团结带领全党全国人民,认真落实科学发展观,加强和改善宏观调控,继续推进各方面改革,保持了经济社会发展的良好势头,民主法制建设、精神文明建设和党的建设取得新进展,改革开放和社会主义现代化建设开创新局面。一年来,全国工商行政管理系统以"三个代表"重要思想为指导,认真贯彻落实去年底温家宝总理和吴仪副总理对工商行政管理工作的重要批示,按照国务院的统一部署和总局的具体安排,奋发努力,真抓实干,各项工作取得了新的成绩。

一、以开展食品安全专项整治和保护注册商标专用权行动为重点,深入整顿规范市场秩序

一年来,全国工商行政管理系统认真贯彻落实国务院继续深入整顿规范市场经济秩序的重大部署,以食品安全专项整治和保护注册商标专用权行动为重点,全面推进整顿规范市场经济秩序各项工作的开展,取得了新的阶段性成效。1—11月,全系统共查处各类经济违法违章案件175.42万件,总案值283.46亿元,移送司法机关处理案件799件。

（一）集中开展食品安全专项整治,切实维护消费安全

各地认真落实国务院和总局的部署,食品安全专项整治工作扎实开展。一是认真调查,基本摸清了食品经营户数量及经营状况的底数,为强化监管提供了必要的基础数据。二是依法开展"六查六看",督促食品经营户搞好自查自纠,对发现的问题及时进行了纠正和处理。三是突出重点,组织开展了儿童食品市场、夏秋时令食品市场等专项整治行动,查处了一批违法违章案件,促进了食品经营主体资格和经营行为的规范。四是认真落实和完善总局提出的食品安全监管五项制度,积极探索建立食品安全长效监管机制。开展食品安全专项整治以来,全系统共检查食品经营主体670.14万户次,查处无照经营13.64万户,捣毁制假售假窝点8 617个,查处制售假冒伪劣食品违法案件9.75万件,查获假冒伪劣食品价值8.25亿元,移送司法机关处理案件110件。

（二）集中开展保护注册商标专用权行动,切实维护企业权益

各地按照总局保护注册商标专用权行动方案的安排,以保护驰名商标、涉外商标,查处食品、药品商标侵权案件为重点,组织开展了三次集中整治行动。全系统共捣毁制假售假窝点2 513个,查处商标侵权案件2.53万件,其中涉外商标侵权案件3 488件。在开展专项行动的同时,注重加强注册保护工作,在商标异议裁定、商标争议裁定和商标案件查处中先后依法认定驰名商标153件。我国注册商标累计总量已达220万件。

（三）集中开展各类打假专项整治行动,切实维护消费者权益

一是认真开展"红盾护农行动",严厉打击制售假冒伪劣农资违法行为。全系统共查处制售假冒伪劣农资案件2万多件,为农民挽回经济损失2.12亿元。二是集中开展广告专项整治。全系统共查处虚假违法食品、药品、医疗服务广告1.52万件。三是加强"12315"消费者申诉举报网络建设,加大消费维权力度。今年以来,全系统共受理消费者申诉举报72.12万件,调解纠纷63.94万起,为消费者挽回经济损失7亿元。

（四）集中开展查处重大不正当竞争案件专项整治行动,切实维护公平竞争秩序

一是集中开展查处重大不正当竞争案件专项行动。全系统共立案查处各类不正当竞争案件2.49万件,案值23.65亿元。二是继续开展纠正医药购销中不正之风的工作。全系统共查处商业贿赂案件1 754件,案值6.31亿元。三是继续加大对供水、供电、供气等与人民群众生活密切相关的垄断性行业限制竞争行为的查处力度。全系统共查处公用企业限制竞争案件334件。四是与有关部门密切配合,对"消费储值"等商业欺诈行为进行了认真查处。

（五）严厉打击非法传销等扰乱社会经济秩序的违法行为,切实维护市场秩序和社会稳定

一是以取缔人员聚集窝点为重点,严厉打击了"拉人头"为主的各种传销和变相传销欺诈活动。会同有关部门,加大了对诱骗学生参与传销和变相传销案件的查处力度。全系统共查处传销和变相传销案件1 489件,取缔窝点、场所1.04万个,驱散、遣返人员18.11万人。二是集中开展网吧专项整治。截至目前,全系统共查处违法经营1.67万户,取缔无照经营网吧3.78万户,查封违法经营场所1.96万处。三是严厉打击走私贩私行为。全系统共查处走私贩私案件3 662起,案值9.75亿元。

（六）大力加强重要商品市场监管，切实维护市场稳定

一是继续加强粮食市场监管，严肃查处了违规倒卖陈化粮和擅自改变陈化粮用途的行为。今年以来，全系统共查处倒卖陈化粮案件504件，查获倒卖陈化粮1.45万吨。二是继续加强了对棉花、化肥、成品油、汽车等重要商品市场以及节日黄金周市场的监管，严厉打击非法拆解拼装报废汽车行为。三是继续积极配合有关部门开展"扫黄"、"打非"、禁毒、反假币、反洗钱等工作。

二、以推进企业信用分类监管和商品准入制度改革为重点，继续深化市场监管制度改革

今年以来，总局和各地工商行政管理机关以实施企业信用分类监管和商品准入制度为重点，深入推动市场监管制度改革，取得了新的进展。

（一）企业信用分类监管改革进展顺利

大部分省级工商局完成了企业数据的入库、分类工作，全系统"金信工程"数据库已收集500多万家企业的信用信息。首批参加企业信用分类监管联网应用的15个单位已于11月底实现联网，实现了2004年"金信工程"建设的阶段目标。

（二）商品准入制度广泛推行

各级工商行政管理机关不同程度地实施了以食品为重点的商品市场准入制度。大中城市普遍推广了进货质量检查验收制度、购销台账制度、市场开办者责任制度、销售商品质量承诺制度和"场厂挂钩"、"场地挂钩"等制度。

（三）围绕便民、利民，提高效率，继续推进市场主体登记制度改革

各地继续改革登记注册制度，规范管理，提高效率，积极支持国有集体企业改组、改制，促进个体私营经济和外商投资企业健康发展，大力推进就业再就业工作。全国已累计登记内资企业370.46万户，注册资金16.31万亿元；登记外商投资企业25.11万户，注册资金7 806.21亿美元；登记个体工商户2 325.98万户，注册资金5 219.28亿元，登记私营企业374.78万户，注册资金5.07万亿元。今年以来，全国共有149.66万名下岗失业人员在个体私营经济领域实现再就业，全系统共减免工商行政管理收费3.45亿元。同时，坚决取缔无照经营，严肃查处"三无"企业，全系统共查处无照经营案件60多万件。

（四）围绕改进监管执法手段，加快信息化建设步伐

一是初步实现了系统信息共享。全国副省级以上城市实现了网络联通，企业信息数据系统、"12315"信息系统、政务信息系统的运行，为提高市场监管执法快速反应能力提供了坚实的技术保障。二是初步实现了业务办理电子化。总局开发了新的企业登记管理软件，完成了企业登记历史数据的电子转换；试行了外资企业网上年检，得到了社会公众广泛认可。三是初步实现了对外信息网络化，建立完善了总局政府网站以及外资登记网、企业登记网、消费者权益保护网、中国商标网等一系列子网站，实现了网上登记表格下载、网上申请登记注册、网上法规查询、网上举报投诉。

三、以贯彻实施《行政许可法》为契机，全面推进依法行政

今年以来，总局和各地工商行政管理机关把贯彻实施《行政许可法》列为全年的重点工作之一，大力抓好各项实施准备工作，并以贯彻实施《行政许可法》为契机，全面推进依法行政。

（一）认真清理、修订行政规章，保障《行政许可法》的实施

共清理行政规章1 233件，其中废止单独发文356件，审查修订行政规章25件。重点对现行企业登记管理规定进行了全面清理，废止了与《行政许可法》规定不一致的97件规范性文件，制定、修订了《企业登记程序规定》等一批行政规章，为《行政许可法》的实施提供了必要的保障。

（二）大力加强干部培训，增强实施《行政许可法》的能力

今年以来，总局共举办《行政许可法》培训班11期，培训人员1 587人。各地工商行政管理机关也采取多种形式，分级分层开展了培训工作。

（三）切实规范企业登记工作，适应实施《行政许可法》的要求

总局和各地工商行政管理机关统一了企业登记标准、登记程序和登记要求，提高了登记质量。通过实施当场登记、一次性告知制度、"一审一核"和互联审批制度，开展网上登记受理，提高了登记效率，方便了申请人登记注册。

（四）积极开展国际交流合作，借鉴国外市场监管的有益经验

适应实施《行政许可法》和监管国际化市场的需要，与世界多个国家在竞争政策、知识产权保护、消费者保护等领域的交流合作取得新的进展，进一步拓宽了视野，开阔了思路，对提高我国市场监管水平起到了积极的借鉴作用。成功举办了第39届世界广告大会，促进了中外广告业的沟通与交流。

四、以开展队伍教育整顿为重点，大力推进队伍建设

各地工商行政管理机关认真落实年初全系统党风廉政工作会议和今年6月总局开展队伍教育整顿工作的部署，扎扎实实推进队伍建设，取得了新的成果。

（一）高度重视，狠抓落实，队伍教育整顿取得初步成效

总局在全系统部署开展队伍教育整顿以来，全国工商行政管理系统高度重视，狠抓落实，队伍教育整顿工作稳步推进，取得了初步成效。目前，学习教育阶段的工作已基本结束，"五项清理"全面展开，整改建制同步进行。截至11月底，全系统已清理执法案件180.11万件，其中存在问题的案件3.67万件，回访案件当事人29.86万人次；清理违规收费问题261项，涉及违规违纪金额1 407.54万元；清理消费者申诉107.08万件，办结104.99万件，办结率为98.06%；清理对工商人员举报1.68万件，受党纪处理217人次，受政纪处理918人次；清理出执法岗位上不具备执法资格的人员3.25万人。队伍总体形象有了转变，作风有了改善。

（二）加大力度，强化培训，队伍整体素质有了新的提高

2004年以来，全系统加大干部培训力度，深入开展干部培训、轮训工作。1—11月，总局先后举办机关干部培训班14期，培训900人次；举办系统干部培训班21期，培训2 400人次。各地也采取不同形式开展培训、轮训，进一步提高了队伍的政治、业务素质。

（三）纠建并举，标本兼治，党风廉政建设扎实推进

各地在重视加强教育、制度、监督并重的惩治和预防腐败体系建设的同时，以惩治执法腐败为重点，深入实施"六项禁令"，严肃查处违法违纪案件，队伍作风有了明显改善。一年来，各级协会、学会围绕工商行政管理的中心任务，做了大量富有成效的工作，取得了新的成绩。

2005年的工作安排

2005年是贯彻落实科学发展观、巩固宏观调控成果、保持经济社会良好发展态势的关键一年，也是全面实现"十五"计划目标、衔接"十一五"发展的重要一年。做好明年的经济工作意义十分重大。根据中央的统一部署和安排，明年工商行政管理工作的总体要求是：以邓小平理论和"三个代表"重要思想为指导，认真贯彻党的"十六大"、十六届三中全会、四中全会和中央经济工作会议精神，全面落实科学发展观，牢固树立执政为民的思想，努力提高执法能力和执法水平，深入整顿规范市场经济秩序，积极促进经济社会协调发展，继续推进监管制度改革创新，充分发挥工商行政管理在落实执政兴国第一要务中的职能作用，为实现全面建设小康社会的奋斗目标做出新的贡献。

一、深入学习贯彻"三个代表"重要思想和十六届四中全会精神，全面落实科学发展观，按照执政为民的要求，不断增强执法为民的能力

"三个代表"重要思想是我们党必须长期坚持的指导思想，科学发展观是全面建设小康社会和推进现代化建设始终要坚持的重要指导原则。各级工商行政管理机关要按照十六届四中全会和中央经济工作会议的要求，把学习贯彻"三个代表"重要思想、全面落实科学发展观作为一项长期的战略

任务,坚持不懈地用"三个代表"重要思想和科学发展观武装头脑、指导实践,大力加强各级领导班子和干部队伍建设,进一步提高市场监管执法能力和水平,更好地为维护市场秩序、促进经济发展服务。

(一)加强组织领导,完善规章制度,进一步抓好"三个代表"重要思想和十六届四中全会精神的学习

1. 提高思想认识,进一步增强学习的自觉性、积极性。各级工商行政管理机关要从适应时代发展、完成历史使命的高度,深刻认识学习"三个代表"重要思想和十六届四中全会精神,树立和落实科学发展观、增长执政本领的重要性,不断增强学习的自觉性和积极性,努力在全系统营造自觉学习、刻苦学习、学有所成的浓厚氛围。

2. 健全规章制度,进一步明确学习要求。各级工商行政管理机关要完善党组中心组学习制度,党组班子要学在前面、用在前面,做持久学、深入学的表率。要健全干部学习制度,自觉做到理论学习与业务工作一起部署、一起落实。要认真落实学习考勤制度、学习检查制度和学习考核制度,确保学习落到实处,取得实效。

3. 改进学习方法,进一步增强学习效果。在组织干部集中学习、个人自学的基础上,要针对学习中的重点、难点问题,加强对学习的指导和辅导,加深理解、提高认识。要有计划、分层次地抓好"三个代表"重要思想以及树立和落实科学发展观、正确政绩观等专题培训,增强学习的系统性,进一步提高学习效果。

(二)认真开展以实践"三个代表"重要思想为主要内容的保持共产党员先进性教育活动,推进领导班子建设和干部队伍建设

1. 认真开展保持共产党员先进性教育活动,充分发挥党员的先锋模范作用。中央决定从 2005 年 1 月开始,在全党开展以实践"三个代表"重要思想为主要内容的保持共产党员先进性教育活动,这是提高党的执政能力的重大决策。各级工商行政管理机关要把开展保持共产党员先进性教育活动作为一项重大政治任务,作为学习贯彻党的

"十六大"和十六届三中、四中全会精神的一件大事。按照各地党委的统一安排,紧密联系工商行政管理实际,把这项工作切实抓紧、抓好、抓出成效。

2. 按照政治坚定、求真务实、开拓创新、勤政廉政、团结协调的要求,切实加强领导班子建设。一是坚持讲学习、讲政治、讲正气,顾大局、讲团结,进一步加强领导班子思想政治建设。各级领导班子要加强理论修养,增强政治意识,树立大局观念,保持浩然正气,弘扬协作精神。二是认真贯彻民主集中制,进一步加强领导班子领导能力建设。要努力实现决策的民主化、科学化,不断增强领导班子的创造力、凝聚力和战斗力。三是优化领导班子素质结构,进一步加强领导班子组织建设。按照干部"四化"方针,加大培养选拔优秀年轻干部的工作力度。要分级抓好领导班子建设,总局积极协助地方党委政府把省级工商局领导班子建设好,省级工商局要切实抓好地市县级工商局领导班子的配备和管理。

3. 以提高素质为核心,大力推进队伍建设。一是深化干部人事制度改革,进一步优化队伍结构,努力形成优秀人才脱颖而出的用人机制;加大干部交流力度,锻炼提高干部的工作能力和水平;严把进人关,认真做好公务员考录工作,坚决纠正和查处私招滥雇、违规进人等违反组织人事纪律的行为。二是围绕增强执政意识、提高执政能力,创新培训方法,提高培训质量,继续大规模培训干部,不断提高干部整体素质。三是以这次表彰先进为契机,在全系统广泛开展学习先进、争先创优活动。要把学习先进、争先创优与开展保持共产党员先进性教育活动结合起来,与开展队伍教育整顿、提高队伍素质、打造信用工商结合起来,努力塑造新时期工商队伍的崭新形象。

(三)全面落实科学发展观,充分认识和发挥工商行政管理在执政兴国中的地位和作用,进一步增强责任感和使命感

全面协调可持续的科学发展观,是"三个代表"重要思想的重要内容和具体体现。在工商行政管理工作中全面落实科学发展

观,就必须正确认识工商行政管理在抓好发展这个执政兴国第一要务中的职能定位,充分发挥市场监管执法的职能作用。第一,工商行政管理是社会主义市场经济秩序的坚强卫士。落实科学发展观,必须遵循社会主义市场经济是法制经济的原则,努力建立和维护良好的市场秩序,营造公平竞争的发展环境。工商行政管理部门承担着依法确认市场主体资格、规范市场交易和竞争行为、查处经济违法违章案件的重要职责,是维护市场经济秩序的生力军。第二,工商行政管理是促进改革发展的有力保障。落实科学发展观,必须按照提高经济增长质量和效益的要求,加强国家对经济的宏观调控,继续深化经济体制改革,切实转变经济增长方式。工商行政管理部门作为市场监管部门,可以通过依法把好市场主体准入关,引导各类市场主体沿着符合国家产业政策的方向发展,支持各类市场主体深化改革,促进各类市场主体加快经济增长方式转变。第三,工商行政管理是维护国家经济安全的重要力量。落实科学发展观,必须适应经济全球化和我国加入世贸组织进一步扩大对外开放的需要,统筹国内发展和对外开放,正确处理扩大开放与维护国家安全的关系。工商行政管理部门可以通过把好市场准入关,充分发挥反不正当竞争、反垄断、打击走私贩私等职能作用,切实维护国家经济安全。

为此,我们必须进一步增强使命感、责任感,牢记胡锦涛总书记重要指示,大力弘扬求真务实精神,大兴求真务实之风,努力把"三个代表"重要思想和科学发展观落实到监管执法的实践上,体现在队伍建设的工作中,以强烈的敬业精神和创新精神,不断增强执法能力,努力提高执法水平,推进工商行政管理工作的改革和发展。发扬敬业精神,就是要热爱工商行政管理事业,忠于职守,执法如山。发扬创新精神,就是要按照"十六大"提出的体制创新、制度创新的要求,与时俱进,锐意开拓,不断推进工商行政管理监管体制、机制和制度的改革创新。

二、提高认识,统一思想,继续深入整顿和规范市场经济秩序

几年来,各级工商行政管理机关在整顿和规范市场经济秩序中,付出了艰辛的努力,取得了明显的成效。同时必须清醒地看到,当前市场秩序中存在的问题仍然严重,整规工作还任重道远。我们要按照中央经济工作会议的要求,进一步提高对整顿规范市场秩序工作长期性、艰巨性、复杂性的认识,统一思想,统一步调,继续深入整顿规范市场秩序,不断取得新的成效。明年要重点抓好三个方面的工作:一是继续开展食品安全专项整治;二是大力推进保护知识产权专项行动;三是严厉打击商业欺诈行为。

(一)以维护食品安全为重点,严厉打击制售假冒伪劣商品违法行为

1. 继续深入开展食品安全专项整治。认真贯彻《国务院关于进一步加强食品安全工作的决定》,按照职能分工,以确保流通环节食品安全为目标,以建立行政执法、企业自律、社会监督"三位一体"的食品监管机制为基础,以规范经营行为、监管食品质量为重点,标本兼治、打防结合、综合治理,努力做到食品经营主体资格合法、经营行为规范、商品质量合格。一是通过消费者申诉举报网络,逐步建立总局、省局、市局、县局、工商所五级贯通的食品安全预警防范和快速反应机制,提高预警和处置能力。二是加强工商所对食品安全的日常监管,充分发挥工商所在维护食品安全中的职能作用,切实把食品安全监管的任务和责任落实到基层。加强食品经营主体自律制度建设,切实规范经营行为。三是集中开展三次专项执法检查,严厉打击食品经营违法行为。第一、第二季度开展包装食品安全专项执法检查,重点检查饮料、酒、奶制品、儿童食品、营养保健食品、豆制品、腌熏制品、调味品、罐头、食用油十大类品种。第三季度开展农产品、水产品、畜产品安全专项执法检查,重点检查粮食制品、肉类制品、蔬菜水果、水产制品、干制菌品五大类品种。第四季度开展重点市场和重点区域食品安全专项执法检查,重

点检查食品批发市场、商场超市、城乡结合部、农村集市。四是以"六查六看"为主要内容,严格规范食品企业的经营行为,加强对食品质量的监督,按规定适时通报、公布食品质量监测信息。五是建立健全食品安全长效监管机制,突出抓好制度建设,重点是建立完善并严格执行食品市场主体准入制度、食品市场巡查制度、不合格食品退市制度、食品安全信息公示制度及食品企业信用分类监管制度,促进食品安全监管职能到位。六是切实抓好组织领导、工作任务、工作措施、工作责任、经费保障、人员力量六个落实,确保食品安全专项整治取得实效。

2. 深入开展"红盾护农行动"。按照中央经济工作会议关于加大对"三农"支持力度的要求,继续强化对农资市场的监管,切实维护农民利益,促进农村经济发展和农民增收。在全面加强农资市场日常监管的同时,明年上半年集中开展三次整治行动。一季度集中开展种子打假治劣专项整治行动,对全国范围内的种子进行抽查;二季度集中开展化肥、农药打假治劣两项整治行动,对全国范围内的化肥和农药进行抽查并及时发布消费警示。

3. 进一步加强流通领域商品质量监管和消费者权益保护工作。一是加强流通领域商品质量监管。调整、改革和完善现行流通领域商品质量监督抽查制度,建立流通领域商品质量监测制度,突出重点场所和重点商品,结合专项整治行动有计划、有组织、分层次地开展监测工作,形成工商行政管理机关抽检、经营主体自检和消费者送检的商品质量监测体系。二是健全消费维权体系,完善消费维权机制,促进消费维权的制度化、规范化、信息化建设。推进消费维权进社区、进村镇,建立健全社会监督体系;推进消费维权到厂家、到商家,建立健全市场主体自律机制。三是进一步加强服务消费维权工作。继续加强对餐饮、旅游、修理、美容美发等重点服务行业的监管,切实维护消费安全。

(二)以加大商标保护力度为重点,切实维护企业合法权益

1. 以保护驰名商标、农产品商标和地理

标志为重点,继续深入开展保护注册商标专用权行动。集中查处驰名商标、食品商标、药品商标、涉外商标、农产品商标、集体商标和证明商标侵权假冒案件。加大执法力度,严厉打击非法印制和销售侵权假冒商标标志的行为。强化行政保护,在商标异议裁定、商标争议裁定和商标案件查处中依法认定和保护驰名商标。同时,切实加强奥运会、世博会等特殊标志的保护工作。

2. 稳步推进农产品商标和地理标志保护工作,运用国际规则促进农民增收。认真做好农产品商标和地理标志的审查工作,加强调研,加快审查进度;加大对农产品商标和地理标志的保护力度,依法严厉打击侵权假冒行为;深入研究保护知识产权的国际规则和我国国情,在多边和双边工作中认真贯彻党中央、国务院关于"三农"工作的一系列指示精神;加大农产品商标和地理标志的宣传普及力度,加强与有关部门和地方的沟通协作。

3. 进一步提高商标注册和商标评审工作水平。进一步加快商标注册进度,提高注册工作质量,使商标所有人的合法权益及时得到保护。加快商标异议、争议案件裁决进度,依法维护商标申请、注册当事人的合法权益。加快商标注册与管理自动化系统三期工程建设,进一步提高商标工作的透明度和社会服务水平。

4. 加大商标工作宣传力度。大力宣传商标法律和商标知识,增强企业和全社会的商标意识,支持企业实施商标战略,充分发挥商标在促进经济发展中的重要作用。加大对外宣传力度,树立我国保护知识产权的良好国际形象。

(三)以惩治虚假违法广告为重点,严厉打击商业欺诈行为

1. 严厉打击虚假违法广告。积极开展"打虚假树诚信"广告专项整治行动,规范广告经营发布秩序,提高广告业诚信意识。一是继续加大对食品、药品、医疗广告的整治力度,严厉打击虚假广告。严禁以新闻报道形式发布广告,严禁任何人包括社会公众人物在保健食品、药品、医疗广告中以消费者、

患者、专家的名义和形象作证明,严禁保健食品广告宣传疗效、药品广告夸大功能、医疗广告保证治愈。二是强化对网站、声讯服务台等单位广告发布行为的监管,严厉打击宣传淫秽色情、封建迷信等内容的不良文化广告。在全国开展以"未成年人思想道德教育"和"社会诚信"为主题的公益广告活动,充分发挥公益广告在促进精神文明建设中的积极作用。三是认真落实总局颁布的广告监测、广告执法办案、广告审查员管理三项制度,强化对广告主、广告经营者、广告发布者的全方位、全过程监管。加强广告审查员管理和广告监测工作,积极推动各省市完善分级广告监测制度,逐步建立以广告监测数据库为核心、以计算机网络为载体的全国广告发布预警系统。

2. 严厉打击非法传销。明年上半年在全系统开展为期3个月的专项执法行动,重点打击"拉人头"式的传销和变相传销活动,加大对参与人员多、社会影响大的案件以及在校学生、少数民族等特殊群体参与的案件的查处力度,依法严惩传销头目,摧毁传销组织网络。继续强化宣传工作,教育广大群众自觉抵制传销和变相传销。同时,扎实做好《直销管理办法》及相应条例实施的各项工作。

3. 严厉打击各种商业欺诈行为。严厉查处以"消费储值"等名义用高额回报为诱饵的商业欺诈行为;集中开展以买卖、加工承揽、旅游、重要生产资料等合同为重点的打击合同欺诈专项执法行动;严厉查处对商品质量作误导性宣传、虚假打折和降价、不正当有奖销售等行为;严厉打击中介组织发布虚假信息骗取钱财的违法行为。同时,继续开展"守合同、重信用"企业创建活动,促进全社会良好信用观念的形成。

(四)以抓好粮食、成品油等重要商品市场监管为重点,努力维护市场稳定

1. 切实抓好粮食市场管理。严格执行粮食收购资格准入制度,严厉打击无照经营和违规收购粮食的行为;进一步加强粮食交易市场监管,严厉打击哄抬物价、掺杂使假等违法经营行为,切实维护粮食市场秩序;

进一步强化陈化粮市场监管,严格陈化粮购买资格审定工作,加强对陈化粮出库、运输和使用的全过程监管,依法严厉打击倒卖陈化粮和擅自改变陈化粮用途的违法行为。

2. 加强对汽车、成品油等重要商品市场的监管。完善汽车经营监管措施,切实规范经营行为,维护汽车市场秩序。认真开展二手车交易和汽车、摩托车配件市场专项整治。加强成品油市场管理,清理取缔非法加油站,严厉打击制售假冒伪劣成品油等违法行为。

(五)加快立法立规步伐,不断完善市场规则

继续做好制定《商事登记法》、《反垄断法》的有关工作;尽快完成《市场监管条例》的起草、论证工作;积极做好《反不正当竞争法》、《商标法》、《公司法》、《合伙企业法》、《公司登记管理条例》、《合伙企业登记管理条例》、《外国企业常驻代表机构登记管理办法》的修订工作;抓紧制定《流通领域商品质量监督管理条例》、《商标代理管理条例》、《保健食品广告管理办法》等行政法规和规章;认真开展制定《经纪人法》、修订《广告法》和《消费者权益保护法》的调研论证工作;积极参与打击传销及直销管理的立法工作。

(六)适应监管现代化、国际化市场的需要,继续推进市场监管领域的国际交流与合作

继续坚持以市场主体准入、竞争政策、消费者权益保护、商标专用权保护为核心,以深化工商行政管理体制、机制改革为重点,推进多边双边国际交流与合作,有针对性地借鉴发达国家的有益经验,不断提高我国的市场监管水平。

三、增强服务观念,强化监督管理,在促进两个文明建设中竭尽职责

(一)牢固树立为市场主体服务的思想,积极促进各种所有制经济健康发展

各级工商行政管理机关要按照中央经济工作会议关于全面落实科学发展观、加强和改善宏观调控、着力推进改革开放、推进经济结构调整、促进经济增长方式转变的部署和要求,加强监管执法,提高服务水平,积

极促进各类市场主体健康发展。一是改革登记制度，积极促进国有集体企业健康发展。要加强政策引导，积极支持符合国家产业政策的企业发展；要把好准入关口，严格限制影响国家经济协调发展大局的企业发展。同时，要认真做好国有集体企业改组、改制的变更登记工作；积极配合有关部门开展专项整治，依法做好"关停并转"企业的变更、注销登记和吊销营业执照工作。二是加强引导、监督，积极促进个体私营经济健康发展。消除体制性障碍，认真清理、修改和废止不利于个体私营经济发展的规章和规范性文件。把发展个体私营经济与促进就业、促进农民增收结合起来，认真落实有关优惠政策，引导、支持下岗人员从事个体私营经济实现再就业，鼓励私营企业、个体工商户吸纳下岗失业人员和大中专毕业生就业。大力发展和规范农村经纪人组织和经纪人，支持农民从事农产品加工、养殖业等。三是提高监管水平，积极促进外商投资企业健康发展。完善年检制度、出资管理制度以及企业信用监管制度，建立健全专案查处工作制度、监督检查报告制度、登记信息月报制度；进一步完善外资企业经济户口管理数据库，加快《中国外资登记网》建设，为外商投资企业健康发展创造良好的登记监管环境。四是调整相关政策，进一步做好内地与港澳关于建立更紧密经贸关系《安排》的落实工作。根据今年10月签署的《安排》的补充协议，从明年1月1日起，允许港澳永久性居民中的中国公民在内地各省市设立个体工商户，无须经外资主管部门审批，由工商行政管理机关依照内地有关法规规章予以登记。针对《安排》扩大实施范围等新情况，总局最近制定下发了贯彻意见，各地要认真抓好落实。

（二）进一步加强反不正当竞争执法工作，努力营造良好的发展环境

一是上半年开展对垄断性行业限制竞争行为的专项执法工作，加大对供水、供电、供气、供暖、邮政、交通等与人民群众生活密切相关的行业强制交易、强制服务行为的查处力度。二是积极参与纠正医药购销中不正之风的工作，严肃查处药品购销和生产经营中的不正当竞争行为；继续推进商业贿赂等不正当竞争行为的查处工作。三是加大对软件、网络等高科技产业的保护力度，依法查处利用网络从事不正当竞争的行为。

（三）深入开展反走私斗争，切实维护国家经济安全

对已取缔的走私货市场要严密监管，切实防止死灰复燃；对有可能形成的新的走私货交易场所，要严加防范，把各种走私货交易的活动消灭在萌芽状态。继续加大对车站、码头、机场、仓库、货场的监督检查，切断走私货运输渠道。加强市场检查，清理经销商、代理商，取缔走私货贮藏窝点，打击非法经营活动。

（四）积极配合有关部门开展"扫黄"、"打非"等斗争，在促进精神文明建设中充分发挥工商行政管理职能作用

一是深入开展"扫黄"、"打非"斗争。重点查缴政治性非法出版物、淫秽出版物、盗版出版物和宣扬伪科学类出版物；摧毁制售非法出版物和非法电子出版物窝点。加大对违规印刷、复制企业的查处力度，对无照从事印刷复制经营活动的地下厂点坚决予以取缔。二是继续开展互联网上网服务营业场所专项整治工作，进一步加强对营业性歌舞娱乐场所和中小学校及周边环境的治理，深入开展"青少年维权岗"活动，为未成年人健康成长创造良好的环境。三是坚决清理商标、广告和企业名称中的不良文化现象，努力净化社会文化环境。

四、适应建立社会主义市场经济体制的要求，不断推进市场监管制度改革

要坚持与时俱进，不断推进工商行政管理体制、机制和监管方式的改革创新。明年要继续巩固和完善已推行的监管制度，同时在监管制度改革上迈出新的步伐。

（一）整合资源，扩大功能，以"12315"为基础，建立工商行政管理行政执法综合网络，进一步提高市场监管执法的现代化水平

经过五年多的努力，"12315"已经从专用电话发展为覆盖城乡的消费者申诉举报

和案件查处网络,在保护消费者合法权益方面发挥了重要作用。近年来,不少省市工商行政管理机关根据强化监管执法的需要,又相继开发了经济户口管理、查办案件、食品安全、广告监测等专项执法网络,促进了市场监管执法能力的提高。随着社会主义市场经济体制的逐步完善,对工商行政管理机关的监管方式和手段提出了新的更高的要求,迫切需要建立一个统一、高效、信息共享的行政执法综合网络。为此,总局决定,在全系统推行以"12315"为基础的工商行政管理行政执法综合网络建设。总体要求是:按照整合资源、扩大功能的原则,在"12315"消费者申诉举报网络的基础上,对现在分散的专项执法网络进行资源整合,逐步建立由消费者咨询、申诉举报、消费安全预警、查办案件、广告监测、经济户口管理、企业信用分类监管等专项网络组成的"12315"行政执法综合网络,建立相对集中受理、统一指挥调度、分工协作办理的运行机制,进一步提高市场监管执法的现代化水平。建立以"12315"为基础的工商行政管理行政执法综合网络,是工商行政管理监管方式和手段的一项重要改革,是提高市场监管执法效能的一项重大举措,也是一项复杂的系统工程,必须精心组织,稳妥实施。一是要加强领导,统筹规划。要在总局信息化建设工程的总体要求下,按照统一标准、资源共享的原则进行建设,避免各自为政,重复建设,浪费资源。二是要因地制宜,稳步推进。有条件的地方可率先完成。三是要健全制度,保障运行。要研究制定网络建设制度、管理制度和使用运行制度,切实保障网络发挥应有的作用。

（二）推行个体工商户分层分类登记管理,进一步推进基层工商所改革

各地工商行政管理机关要在近年来进行个体工商户分层分类登记管理试点和推进基层工商所改革的基础上,总结经验,加大力度,积极推行个体工商户分层分类登记管理改革,充分发挥工商所监管执法的职能作用,促进个体经济健康发展。一是建立委托登记和委托备案机制,实行分层登记注册,严格规范个体工商户准入行为。县级工商局依法委托工商所办理个体工商户登记注册和年检验照,其中经营项目涉及前置许可和专项审批的,一般仍由县级工商局登记管理。二是改进监管方式,实行个体工商户信用分类监管,完善个体工商户管理机制。根据个体工商户信用状况,相应地分为A、B、C、D四个管理类型,依法实施不同的监管。三是严格规范基层工商所对个体工商户的行政处罚行为,落实基层监管执法责任制。四是认真落实个体工商户分层分类登记管理的配套措施,进一步推进基层工商所改革。同时,要以推行个体工商户分层分类登记管理为契机,加大打击无照经营的力度,积极引导符合条件者依法办理登记,合法经营。

（三）加快企业信用分类监管改革步伐,努力实现对企业的动态管理

2005年是实现企业信用分类监管联网运用五年工作目标的关键一年,要在现有工作的基础上取得重大进展,实现半数以上省、市工商局与总局的联网运用,完成全国企业"黑名单"共享信息库的建设。一是要高度重视,积极推进。要加强职能整合,充分运用企业信用信息为监管工作服务,建立横向互通、上下联动的监管机制。二是要加强基础数据库建设。要在现有企业登记数据库、企业经济户口数据库等企业信息资源的基础上,及时采集有关企业信用信息,进一步充实企业信用数据库,确保企业信用数据的准确和完整。三是要加强制度建设。要建立健全企业信用监管工作制度、数据采集更新制度、信息使用制度和计算机维护制度,确保企业信用分类监管工作稳步推进。

（四）进一步完善商品准入制度和市场巡查制度,不断提高监管水平

要结合食品安全专项整治的开展,扩大商品种类,规范准入行为,加强制度建设,进一步完善商品准入制度,强化对流通领域商品质量的监管。市场巡查制是较早实行的市场监管制度改革之一,几年来各地不断丰

富和发展了这项制度。要强化工作制度,规范巡查行为,进一步完善市场巡查制。以上各项监管制度的创新和实施,都需要以信息化建设为基础和技术支撑。要把信息化建设与推进市场监管制度改革创新结合起来,进一步加快"金信工程"建设步伐。

五、巩固扩大成果,继续深入开展队伍教育整顿,推进党风廉政建设

党的十六届四中全会《决定》指出,党风廉政建设和反腐败斗争关系党的生死存亡。大力加强党风廉政建设,是进一步落实执政为民思想的需要,是加强各级领导班子建设和干部队伍建设的需要,是树立工商队伍良好形象的需要。2005年,我们要按照党的"十六大"、十六届四中全会和全国落实党风廉政建设责任制工作电视电话会议的要求,认真落实《关于实行党风廉政建设责任制的规定》和《党内监督条例》、《纪律处分条例》,继续下大力气推进党风廉政建设。要重点抓好以下工作:

(一)进一步落实党风廉政建设责任制

各级工商行政管理机关要从实践"三个代表"重要思想、加强党的执政能力建设的高度,充分认识落实党风廉政建设责任制的重要性,对职责范围内的党风廉政建设切实担负起全面领导责任。总局机关各司局及直属单位要按照总局党风廉政建设责任制实施细则的要求,制定本单位的具体办法。各省(区、市)工商局要依据地方党委和总局党风廉政建设责任制的规定,及时研究制定或修订本系统的党风廉政建设责任制。要把落实党风廉政建设责任制的情况作为考核领导干部的重要内容。

(二)切实解决领导干部廉洁自律方面的突出问题

各级工商行政管理机关要按照吴官正同志重要讲话要求,严肃执纪,切实解决领导干部廉洁自律方面存在的突出问题。工商行政管理机关各级领导干部务必做到"五不许":第一,不许违反规定收送现金、有价证券和支付凭证;第二,不许"跑官要官";第三,不许放任、纵容配偶、子女和身边工作人员利用领导干部职权和职务影响经商办企业或从事中介活动谋取非法利益;第四,不许参与赌博;第五,不许借婚丧嫁娶之机收钱敛财。凡是违反上述"五不许"的,要依照有关规定严肃查处。此外,要注意纠正领导干部超标准配备小汽车和在住房上以权谋私等问题。总局党组成员及领导成员要带头严格遵守上述"五不许",切实履行"总局领导干部廉洁自律,带头依法行政、秉公执法的公开承诺",自觉接受全系统各级党组织和广大干部的监督。

(三)继续深入抓好队伍教育整顿,坚决纠正损害群众利益的不正之风

队伍教育整顿工作,经过几个月的努力,取得一定成效,有了良好的开端。但从全国而言,各地进度有先有后,工作力度有大有小,清理程度有深有浅。为了确保整顿工作任务的全面完成,收到预期效果,总局党组决定,明年要继续深入开展这项工作。各级工商行政管理机关要在已有工作基础上,巩固扩大成果,全面完成队伍教育整顿的各项任务。一是要进一步提高认识,加强领导,强化督查,保证队伍教育整顿的质量,严防留死角、搞形式、走过场。二是要继续围绕权力观和法纪观的学习,进一步深化教育。要针对领导机关和基层单位的不同特点,有针对性地开展教育工作。同时,把清理中发现和纠正的典型问题作为警示案例对干部进行教育。三是要深入进行清纠工作。要把队伍教育整顿与纠正损害群众利益的不正之风结合起来,通过"五项清理",坚决查纠执法腐败、执法争利、执法随意、执法扰民以及行政不作为等行为。清纠工作原则上明年6月底前结束,各省(区、市)工商局要对清纠工作认真进行总结,并向总局写出书面报告。

(四)坚持惩防并举,既要坚决惩治腐败,又要有效预防腐败

坚决惩治腐败,是有效预防腐败的重要基础。要重点查处领导干部滥用权力、谋取非法利益的案件,特别是利用审批权、执法权、人事权,在办理"案费证照"、工程项目建设、选拔任用干部等工作中以权谋私、贪污受贿的案件。同时,要着眼防范,

关口前移,加大预防腐败的力度。各级工商行政管理机关要结合队伍教育整顿工作,针对清理中发现的问题,深入剖析原因,查找薄弱环节,建章立制,堵塞漏洞,不断规范执法行为。要认真探索从源头上防治腐败的新路子,采取有效措施预防和减少腐败现象的发生。

同志们,让我们在以胡锦涛同志为总书记的党中央领导下,坚持以邓小平理论和"三个代表"重要思想为指导,全面落实科学发展观,开拓进取,扎实工作,努力维护良好的市场秩序,为促进经济社会全面协调可持续发展不断做出新的贡献。

王众孚局长在全国工商行政管理系统党风廉政工作会议上的讲话

（2005 年 2 月 27 日）

这次全国工商行政管理系统党风廉政工作会议的主要任务是,认真贯彻落实党的"十六大"、十六届三中全会、四中全会和中央纪委五次全会、国务院第三次廉政工作会议精神,总结 2004 年工商行政管理系统的党风廉政建设和反腐败工作,按照建立健全教育、制度、监督并重的惩治和预防腐败体系的要求,研究部署 2005 年的任务。下面,我代表总局党组讲几点意见。

2004 年党风廉政建设和反腐败工作的基本情况

2004 年,全国工商行政管理系统认真贯彻落实中央纪委三次全会和国务院第二次廉政工作会议精神,按照年初全系统党风廉政工作会议的部署,以开展"三个代表"重要思想深入学习贯彻年和信用工商建设年为契机,以抓好队伍教育整顿为重点,推动党风廉政建设和反腐败工作深入开展,取得了新的成效。

一、扎实开展队伍教育整顿活动,促进了干部队伍依法行政

一是狠抓学习教育,提高了干部队伍廉洁从政的自觉性。各地认真抓好"三个代表"重要思想的深入学习,大力加强党性、党风、宗旨、纪律教育和权力观教育、法纪教育,以全系统双先表彰为契机广泛开展示范教育,增强了干部队伍廉洁从政意识。二是狠抓案件查处,加大了惩治腐败力度。2004 年,全系统共受理信访举报 1.56 万件;办结各类违纪违法案件 1 296 件;受到党纪处理 273 人,政纪处理 1 045 人,移交司法机关处理 37 人。三是狠抓"五项清理",切实纠正损害群众利益的不正之风,队伍作风明显好转。全系统共清理执法案件 180.11 万件,其中存在问题的 3.67 万件;清理违规收费问题 261 项,涉及金额 1 407.54 万元;清理消费者申诉 107.08 万件;清理对执法人员的举报 1.68 万件,查实后受党纪处理 217 人,受政纪处理 918 人;清理出执法岗位上不具备执法资格的人员 3.25 万人。总局机关在与全系统同步开展"五项清理"的同时,还对信息化建设工程、政府采购招标工作加强了监督,对办会、办班、办节收支情况进行了专项清理,对用公款为个人购买商业保险的行为进行了查纠。队伍教育整顿活动受到了国务院领导同志和中央纪委、监察部的肯定。吴仪副总理在全国工商行政管理工作暨双先表彰会议上指出,这是一项很有意义的举措,抓住了关键,动了真格,也见到了实效。

二、认真落实廉政建设各项规定,促进了干部队伍廉洁从政

一是严格落实廉洁自律规定,领导干部廉洁从政表率作用进一步增强。总局向全系统发出了《国家工商行政管理总局领导干部廉洁自律,带头依法行政、秉公执法的公开承诺》,自觉接受全系统监督。各地认真执行领导干部廉洁自律规定,对领导干部配偶子女个人经商办企业、党政领导干部在企业兼职、领导干部拖欠公款或利用职权将公款批借给亲友、领导干部违规超标配备小汽车、党员干部参与赌博等问题,进行了查纠和处理。二是深入实施"六项禁令",队伍形象不断改善。总局开展了专项检查,举办了征文活动,各地加大宣传、督查力度,推动了"六项禁令"的全面实施。2004 年,全系统有287人因违反"六项禁令"被查处。三是开展了整顿统一着装工作，维护了工商形象。全系统共清理不符合着装条件的人员3.61万人。同时，总局对工商行政管理专项补助经费的分配和使用情况进行了检查。四是继续治理党政部门报刊散滥和利用职权发行，巩固和扩大治理成果。严肃查处了个别报刊变相摊派发行以及个别地方发生的向管理对象摊派报刊的行为。与此同时，各地按照党风廉政建设和反腐败工作职责分工意见，继续积极参与了纠正医药购销和医疗服务中的不正之风，以及加强对行业组织和社会中介机构的监管等项工作。

三、稳步推进"三项改革"，从源头上防治腐败取得新的进展

一是行政审批制度改革深入推进。经总局清理并报国务院批准，共取消行政审批项目29项，改变管理方式2项，保留22项。适应行政审批制度改革的需要，总局共清理废止规章及规范性文件356件。同时，制定和修订了一批规章，严格规范了审批行为。各地也相应取消了一批行政审批项目。这项工作受到了国务院领导同志和国务院行政审批改革领导小组的肯定。二是财政管理体制改革取得新的进展。各地在"收支两条线"管理取得阶段性成果的基础上，以加强制度建设为重点，制定实施了基层工商所财务管理办法、内审制度等规章制度，继续推进了财政管理体制改革。三是干部人事制度改革迈出新的步伐。总局和各地认真贯彻落实《党政领导干部选拔任用工作条例》，积极推行干部民主推荐、公开选拔、竞争上岗、任前公示、试用期等制度，强化了对干部选拔任用工作的监督。

四、狠抓监督制约，规范了行政行为

一是积极推进政务公开，自觉接受社会监督。收费公示制度在全系统积极推行；法规政策、服务程序、办事方法向社会公布，增加了工作透明度；积极参加民主评议行风活动，自觉接受社会监督。二是贯彻落实《行政许可法》和《全面推进依法行政实施纲要》，强化对权力运作的监督。各地狠抓发证发照、执收执罚等行政权力的分解制约，

创新了一系列监督措施。三是认真贯彻落实党内监督条例，强化党内监督。严格执行民主集中制，坚持重大问题集体讨论、会议决定，促进了决策的科学化、民主化。

五、逐步完善党风廉政建设工作机制，增强了反腐倡廉的整体合力

一是新形势下的党风廉政建设领导机制和工作机构基本建立。总局健全了机关纪委领导机构和工作机构，建立了党风廉政建设联席会议制度，构建了新的工作机制。二是推进了党风廉政建设责任制的落实。总局修订了《党风廉政建设责任制实施细则》，总局机关各单位修订完善了党风廉政建设责任制的具体措施，各地也普遍制定了党风廉政建设责任制的实施办法。三是反腐倡廉制度建设取得新的成绩。总局党组制定了《党风廉政谈话制度暂行规定》，总局机关各单位制定了《廉政工作守则》。各地相继制定了领导干部述职述廉制度、任前廉政谈话制度、诫勉谈话制度、廉政档案制度等。

在肯定成绩的同时，必须清醒地认识到，工商行政管理系统的党风廉政建设和反腐败工作，与新形势、新任务的要求，还有一定的差距和不足。主要是：违纪违法现象在个别地方还时有发生，不正之风没有得到彻底根治，党风廉政建设工作发展还不平衡，个别单位反腐倡廉力度不够，预防腐败的措施制度不健全。这说明反腐倡廉工作还任重道远。我们必须倍加努力，采取更有力的举措，继续全面加强党风廉政建设和反腐败工作。

2005年党风廉政建设和反腐败工作的主要任务

根据党中央、国务院的统一部署和安排，2005年工商行政管理系统党风廉政建设和反腐败工作的总体要求是：以邓小平理论和"三个代表"重要思想为指导，认真贯彻落实中央纪委五次全会、国务院第三次廉政工作会议精神，按照建立健全教育、制度、监督并重的惩治和预防腐败体系的要求，把反腐倡廉与保持共产党员先进性教育、队伍教育

整顿结合起来,加强教育,完善制度,强化监督,推动工商行政管理系统党风廉政建设和反腐败工作深入开展。

一、认真学习中央纪委五次全会和国务院第三次廉政工作会议精神,切实把思想认识统一到中央反腐倡廉的重大决策和部署上来

前不久召开的中央纪委五次全会和国务院第三次廉政工作会议,深入贯彻党的"十六大"和十六届三中全会、四中全会精神,按照《建立健全教育、制度、监督并重的惩治和预防腐败体系实施纲要》的要求,全面部署了今年党风廉政建设和反腐败斗争的工作任务。建立健全惩防体系,是党中央为做好新形势下反腐倡廉工作作出的重大战略决策,是反腐倡廉工作向纵深发展的必然要求,是从源头上防治腐败的根本举措,对于指导当前和今后一个时期的反腐倡廉工作,具有重大而深远的意义。各级工商行政管理机关要认真学习中央纪委五次全会、国务院第三次廉政工作会议精神和惩防体系《实施纲要》,深刻领会胡锦涛总书记、温家宝总理、吴官正同志重要讲话的精神实质,进一步提高对加强惩防体系建设重大意义的认识,真正把思想统一到中央的决策和部署上来,按照建立健全惩防体系的要求,谋划反腐倡廉工作,不断开拓新思路,采取新举措,取得新成效。联系工商行政管理系统的实际,要着重从认识上、实践上解决好三个方面的问题:

(一)从工商行政管理机关是市场监管和行政执法机关的特点出发,充分认识建立健全惩防体系的重要性,思想上高度重视。工商行政管理机关掌握着市场监管、查办案件、执收执罚、核发证照等行政权力。对这些权力的行使缺乏有效的制约和监督,就将导致权力的滥用和以权谋私、执法腐败。必须高度重视惩防体系建设,强化对权力的监控,规范权力的正确行使。

(二)正确认识工商行政管理系统反腐倡廉工作和制度体系建设的现状,深刻理解建立健全惩防体系的必要性,行动上积极自觉。应当清醒地看到,经过多年的不懈努力,虽然工商行政管理系统的反腐倡廉工作取得了积极的进展,但个别地方腐败现象仍时有发生。究其原因,大都与这些地方反腐倡廉教育不扎实、制度不健全、监督不得力有关。必须充分认识加强惩防体系建设的必要性,进一步增强建立健全惩防体系的自觉性和坚定性。

(三)以建立健全工商行政管理系统惩防体系为目标,求真务实,开拓进取,工作上狠抓落实。总局和各级工商行政管理机关要在提高认识、统一思想的基础上,结合实际,制定贯彻落实《实施纲要》的意见和办法。要坚持用发展的思路、改革的办法,加强教育、完善制度、强化监督,逐步建立起思想道德教育的长效机制、反腐倡廉的制度体系、权力运行的监督机制,不断推进适合工商行政管理系统特点的惩防体系的建立和健全。

二、以扎实抓好保持共产党员先进性教育活动为契机,全面加强反腐倡廉教育,牢固构筑拒腐防变的思想道德防线

推进反腐倡廉,加强教育是基础。广大党员干部的思想道德素质提高了,就能增强拒腐防变的能力和反腐倡廉的自觉性。根据中央的统一部署和要求,当前,总局机关和全系统正在积极开展保持共产党员先进性教育活动。这次先进性教育活动的根本目的,就是提高党员素质,保持党的先进性。反腐倡廉,既是先进性教育的重要内容,也是检验先进性教育成果的重要标准。各级工商行政管理机关要把反腐倡廉与先进性教育紧密结合起来,以开展先进性教育活动为契机,推动反腐倡廉教育向纵深发展。

(一)坚持把反腐倡廉贯穿于先进性教育的全过程,进一步打牢反腐倡廉的思想基础,切实解决党风廉政建设方面存在的突出问题。一是学习动员阶段,要把反腐倡廉教育作为学习的重点。认真组织党员干部学习中央纪委五次全会、国务院第三次廉政工作会议精神和惩防体系《实施纲要》,积极开展理想信念教育、宗旨教育和权力观教育,教育引导广大党员干部牢固

树立马克思主义的世界观、人生观、价值观和正确的权力观、地位观、利益观,常修为政之德,常思贪欲之害,常怀律己之心,切实做到立党为公,执政为民,廉洁从政。二是分析评议阶段,要把落实党风廉政制度规定的情况作为查摆问题的重点。对照党风廉政建设的规定,找准存在的问题,深刻剖析思想根源,认真吸取教训,进一步强化廉洁自律。三是整改提高阶段,要把纠正党风廉政建设方面存在的突出问题作为整改的重点。认真制定方案,提出措施,落实责任,确保整改取得实效。要通过开展先进性教育活动,促进党员干部廉洁从政,带动广大群众反腐倡廉。

(二)突出重点,开阔视野,创新方式,提高反腐倡廉教育的针对性、实效性,促进反腐倡廉教育的制度化、经常化。一是要突出反腐倡廉教育的重点对象和重点内容。反腐倡廉教育要以领导干部为重点。要把反腐倡廉教育贯穿于领导干部培养、选拔、管理、使用等各个方面,建立健全并严格执行领导干部任职廉政培训、廉政谈话、述职述廉、廉政档案以及诚勉谈话等制度,并把反腐倡廉制度规定的学习和对照检查作为各级党委(党组)中心组理论学习和民主生活会的重要内容。反腐倡廉教育要突出抓好党的基本理论教育、理想信念教育、权力观教育、宗旨教育、法纪教育、党的优良传统和作风教育等重点内容。二是要拓展视野,扩大反腐倡廉教育的覆盖面。要把反腐倡廉教育纳入干部岗前培训、党校学习、公务员日常培训的重要内容,统筹规划,合理安排,形成制度,长期坚持。三是要创新方式,增强反腐倡廉教育的实际效果。既要善于依靠各级党组织开展灌输教育,又要善于引导广大党员干部进行自我教育;既要善于运用"三会一课"等传统教育手段,又要善于运用信息技术等现代化手段开展教育;既要善于利用系统内外的先进典型搞好示范教育,又要善于利用反面典型进行警示教育。要积极采取多种形式,使反腐倡廉教育生动活泼,贴近实际,提高针对性,增强实效性。

三、以深入进行队伍教育整顿为重点,强化领导干部廉洁自律,严肃查处以权谋私、执法腐败案件,坚决纠正损害群众利益的不正之风

经过全系统的共同努力,队伍教育整顿工作取得了阶段性成效。总局党组决定,2005年要把继续开展队伍教育整顿作为加强反腐倡廉工作的一项重要措施,以队伍教育整顿为重点,推动反腐倡廉各项任务的落实。

(一)彻底完成"五项清理",深入进行清纠工作,确保队伍教育整顿实现预期目标。一是要进一步提高认识,加强领导,坚决克服松劲情绪,严防留死角、搞形式,确保"五项清理"的质量。二是"五项清理"要彻底。对尚未清理完毕的执法案件、消费者申诉处理情况等,要明确时限、落实责任,确保在规定的时间内清理完毕。要对清理工作进行检查和抽查,发现只是办案人员清理自己所办案件的,原则上要复查。三是纠正问题要坚决。要坚持有错必纠,凡是清理出来的问题,都必须坚决纠正。同时,要针对清理中发现的问题,深刻剖析原因,认真查找制度上、管理上的漏洞或薄弱环节,整章建制,加强管理,有效防范类似问题再度发生。各省(区、市)工商局应于今年6月底前,向总局报送清纠工作总结报告。

(二)继续抓好领导干部廉洁自律,促进领导干部廉洁从政。领导干部廉洁自律是端正党风政风的关键。各级工商行政管理机关要严格执行廉洁从政的各项规定,切实解决领导干部廉洁自律方面存在的突出问题。对违反规定收送现金、有价证券和支付凭证的,"跑官要官"的,放任、纵容配偶、子女及其配偶和身边工作人员利用领导干部职权和职务影响经商办企业或从事中介活动谋取非法利益的,利用婚丧嫁娶等事宜收钱敛财的,参加赌博的,必须依纪依法严肃处理。

(三)充分发挥办案在遏制腐败、促进治本方面的建设性作用,继续严肃查处以权谋私、执法腐败案件。各级工商行政管理机关要严肃执纪,进一步加大惩治腐败行为的力度。重点查处领导干部滥用权力、谋取非法利益的案件，特别是利用干部人事权、行政执法权、行政审批权，在选拔任用干部、办理"案费证照"、工程项目建设等工作中以权谋私、贪污受贿的案件。严肃查办领导干部、执法人员为黑恶势力充当"保护伞"的案件。同时，要继续抓好"六项禁令"的落实，严肃查处违反"六项禁令"的行为。

（四）以群众满意为根本标准，坚决纠正损害群众利益的不正之风，切实解决群众不满意的突出问题。工商行政管理队伍作风中存在的一些问题，有的直接损害群众利益，或引起群众不满意。各级工商行政管理机关要通过开展队伍教育整顿和端正党风政风，既坚决纠正损害群众利益的不正之风，又大力解决群众不满意的突出问题。要严格执收执罚，坚决纠正乱收费、乱罚款等行为；要严肃办案纪律，坚决纠正执法争利、执法扰民等行为；要端正执法思想，坚决纠正粗暴管理、野蛮执法等行为；要转变工作作风，坚决纠正门难进、话难听、推诿扯皮以及不作为等行为。

四、围绕强化对干部人事权、行政执法权、行政审批权的制约和监督，深化改革，健全制度，加大从制度上预防腐败、从源头上治理腐败的力度

依靠制度防范腐败、强化监督治理腐败，是建立健全惩防体系的重要内容，也是做好反腐倡廉工作的根本保证。中央纪委五次全会从当前腐败行为易发多发的情况出发，强调要以强化对人事权、司法权、审批权的监督为重点，建立健全有利于防范腐败的体制机制。联系工商行政管理系统的实际看，主要是围绕强化对干部人事权、行政执法权、行政审批权的制约和监督，深化改革，创新体制，不断推进适合工商行政管理系统特点的惩防体系的建立和完善。当前，要重点深化以下五个方面的改革和制度建设。

（一）继续深化干部人事制度改革，强化对干部选拔任用工作的监督。省以下工商行政管理机关实行垂直管理后，省、地、县工商局干部管理的责任更大、任务更重。各级工商行政管理机关要完善制度，强化监督，确保选好人、用好人。一是要认真贯彻《党政领导干部选拔任用工作条例》，严格按《条例》规定的原则、条件和程序选人用人，真正把群众公认、德才兼备的优秀人才选拔到各级领导岗位上来。二是要深化干部人事制度改革，积极推行民主推荐、公开选拔、竞争上岗、任前公示、任职试用期等制度，加快完善干部交流、回避、经济责任审计等制度，努力营造公开、平等、竞争、择优的用人环境，形成能上能下、充满活力的用人机制。三是要强化对干部选拔任用工作的监督，坚决纠正用人上的不正之风。县以上各级工商行政管理机关都要建立健全干部监督工作联席会议制度。对考察失真失实，用人失察失误，"带病上岗"、"带病提拔"，跑官要官、买官卖官的，要严肃追究有关责任人的责任。

（二）积极推进行政执法责任制，严格规范行政执法行为。工商行政管理机关作为市场监管和行政执法机关，手中掌握着市场监管、执收执罚、核发证照等行政权力。要进一步增强权责一致意识，积极推进行政执法责任制，切实做到有权必有责、用权受监督、侵权要赔偿、违法要追究。一是要严格遵守执法程序。坚决纠正重实体、轻程序的倾向，增强按程序办事的自觉性，养成按程序办事的习惯，避免权力的滥用，维护管理相对人的合法权益。二是要全面推行行政执法依据公开制度。工商行政管理机关行政执法依据的法律、法规和规章，都要采取不同的形式及时公开、公示，让群众知道，使法律法规便于群众遵从，让执法工作接受群众监督。三是要严格实行执法过错追究制度。要把执法责任落实到具体的执法岗位和个人，一经出现错案，既要依法纠正错案，又要惩戒责任人；既要追究单位责任，又要追究个人责任。四是要建立健全执法行为评议考核制度。一方面，上级机关对下级机关的执法活动要认真开展检查、评议或考核；另一方面，要制定完善相关办法，主动接受管理相对人、人民群众和社会各界的评议考核。

（三）深入推进行政审批制度改革，规范行政审批权力的运作。各地工商行政管理机关要在前一段工作取得成效的基础上,认真贯彻《行政许可法》,深入推进行政审批制度改革。对现有的行政许可项目,要继续进行清理,不必要或不适当的,要进行调整或取消。对已取消的审批事项,要加强后续监管,防止管理脱节,绝不能因审批项目取消而放弃和削弱监管职责,更不能以"备案"的名义搞变相审批和权力上收。对保留的审批项目,要规范程序、简化环节、加强监管、明确责任,提高工作效率和服务质量。今后新设定行政许可事项必须于法有据。总局下半年要对各地贯彻实施《行政许可法》、推进行政审批制度改革的情况进行一次检查。

(四)加快推进财政管理体制改革,严格执行"收支两条线"规定。要全面推行部门综合预算,把各项收支全部纳入预算管理。要认真清理行政性收费和罚没收入,全面推行收费公示制度,坚决禁止下达收费罚款指标、代收代扣、搭车收费以及乱收、乱罚等行为。要积极推行收缴分离、罚缴分离,规范执收执罚行为。要严肃财经纪律,坚决查处坐支挪用、私设"小金库"等违纪违规行为。

(五)大力推进政务公开,自觉接受群众监督。各级工商行政管理机关要按照党中央、国务院关于"大力推进政务公开"、"以公开为原则、不公开为例外"的要求,继续下大力气推进政务公开工作,切实做到:办理证照,依法公开办理依据、条件、程序、时限和结果;查办案件,依法公开办案依据、权限、程序、结果和管理相对人的权利、义务;行政性收费,依法公开收费项目、标准、依据和结果。通过全面推进政务公开,自觉接受群众监督,规范权力运作,促进政风转变,加强廉政建设。

五、进一步落实党风廉政建设责任制,完善领导机制和工作机制,确保反腐倡廉工作落到实处

(一)进一步贯彻落实党风廉政建设责任制。党风廉政建设责任制是深入推进反腐倡廉的重要制度保障。要认真贯彻全国落实党风廉政建设责任制工作电视电话会议精神,建立健全和全面落实党风廉政建设责任制。一是要抓好总局机关党风廉政建设责任制的落实工作。总局机关各司局和直属单位要按照总局《党风廉政建设责任制实施细则》的要求,建立健全本单位的党风廉政建设责任制,并不断完善工作纪律和廉政守则。二是要抓好全系统党风廉政建设责任制的落实工作。各级工商行政管理机关要按照地方党委、纪委的要求并参照总局《党风廉政建设责任制实施细则》,建立健全党风廉政建设责任制。领导班子正职要对党风廉政建设和反腐败工作负总责,重大问题要亲自过问,敢抓敢管。领导班子其他成员要抓好分管部门和单位的反腐倡廉工作。三是要严格实行责任追究制。要切实抓好责任分解,把反腐倡廉的各项任务分解到相关职能部门并定期进行责任考核。对那些领导不力甚至不抓不管,导致不正之风盛行的单位,要追究主要领导的责任。

(二)健全完善党风廉政建设领导机制和工作机制。一是要进一步完善总局党风廉政建设领导机制和工作机制。总局建立了"一把手"负总责、班子成员明确分工、各负其责、齐抓共管的党风廉政建设领导体制和工作机制,实行了党风廉政建设联席会议制度。要进一步完善机制和制度,总局廉政办和新一届机关纪委要充分发挥作用,切实履行职责。总局各有关司局除认真做好职责范围内的反腐倡廉工作外,还要在总局的领导下,按照中央和国家机关2005年反腐倡廉分工意见的要求,积极配合有关部门完成相关专项工作。二是要充分发挥各级工商行政管理机关纪检部门的组织协调作用。各级纪检部门要积极协助党组、党委研究和督促反腐倡廉工作,协调有关部门的力量,认真落实反腐倡廉的各项任务。三是要努力形成有效的工作机制。重点是建立责任机制、督查机制、奖惩机制、测评机制和保障机制。

(三)加强纪检干部队伍建设。各级纪检监察干部要认真学习实践"三个代表"重要思想,坚持党的宗旨,增强党的观念,努力提高纪律检查工作能力;要加强作风建设,发扬公正无私、刚直不阿、不徇私情、敢于碰硬的精神,坚决同各种腐败行为作斗争;要模范遵守党的纪律和国家法律法规,严格执行工作纪律特别是办案纪律,切实履行好党和人民赋予的职责。工商行政管理系统各级领导对纪检监察干部要严格要求,同时从政治上、工作上、生活上关心爱护纪检监察干部,热情帮助他们解决实际困难,大力支持他们开展工作。

同志们,2005年工商行政管理系统党风廉政建设和反腐败工作任务已经明确,关键是要狠抓落实。我们要在以胡锦涛同志为总书记的党中央的坚强领导下,进一步转变工作作风,大力弘扬求真务实精神,深入实际,调查研究,真抓实干,务求实效,努力开创党风廉政建设和反腐败工作的新局面。

王众孚局长在全国工商行政管理局长会议上的讲话

(2005 年 7 月 14 日)

这次全国工商行政管理局长会议的主要任务是,认真学习贯彻吴仪副总理对工商行政管理工作的重要批示,总结交流全系统上半年开展以"三项整治"为重点的整顿规范市场秩序情况和以"五项清理"为重点的队伍教育整顿情况,研究安排下半年的工作。两天多来,大家紧紧围绕会议主题,通过深入学习领会吴仪副总理的重要批示,备受鼓舞和鞭策,进一步统一了思想、振奋了精神,增强了使命感和责任感;通过大会发言和书面交流,沟通了情况、交流了经验、启发了思路,进一步坚定了做好各项工作的信心。会议开得圆满成功,很有收获。下面,我根据总局党组的研究,就上半年的工作情况和下半年的工作安排,讲几点意见。

上半年工作的基本情况

上半年,全国工商行政管理系统认真贯彻落实去年年底全国工商行政管理工作暨双先表彰会议的部署,坚持先进性教育活动与当前工作"两不误、两促进",有力地推动了以深入整顿规范市场秩序和抓好队伍教育整顿为重点的各项工作的顺利开展,取得

了新的阶段性成果。

一、坚决贯彻国务院的统一部署,以开展"三项整治"为重点,整顿规范市场秩序工作取得新成效

半年来,全国工商行政管理系统认真贯彻落实国务院的决策部署,集中开展专项整治,大力强化日常监管,整顿规范市场秩序工作取得新进展。全系统共查处各类经济违法违章案件90.08万件,总案值142.36亿元,移送司法机关处理案件449件。

(一)深入开展食品安全专项整治,努力促进食品市场经营秩序好转。一是深入开展包装食品、儿童食品、食品添加剂等专项执法检查,严厉查处各种食品经营违法行为。全系统共查处无照经营12.97万户,捣毁制假售假窝点5 139个,查处制售假冒伪劣食品案件4.30万件,查获假冒伪劣食品价值1.76亿元,移送司法机关处理案件50件。二是强化了工商所对食品市场的日常监管。各地认真落实总局下发的《工商所食品安全监督管理工作规范》,强化了工商所属地管理、维护辖区食品市场秩序的责任,以"六查六看"为主要内容的食品安全监管取得新的成效。三是建立健全食品安全重大事件预警防范和快速反应机制,组织全系统开展了有关重点食品的市场清查工作,特别是积极有效地及时清查含"苏丹红"(一号)的食品,维护了消费者的合法权益。四是加强了对流通领域食品质量的监测和监管。总局组织全系统对8种食品开展了质量监测;各地结合实际普遍开展了食品监测工作,发现了一批不合格食品,并实行退市制度。

(二)集中开展保护注册商标专用权行动,重点地区、重点商品商标侵权行为得到有效遏制。一是加大商标侵权案件查处力度,有效保护了商标专用权。全系统共捣毁制假售假窝点1 745个,查处商标侵权案件1.81万件,其中涉外商标侵权案件2 451件,移送司法机关处理案件76件。二是加强了农产品商标和地理标志保护工作,维护了农产品商标权益。三是加大了对驰名商标的认定和保护力度,上半年认定中外驰名商标

79件。

（三）大力开展虚假违法广告专项整治，保健食品、药品、医疗等虚假违法广告蔓延势头得到初步控制。一是整合执法力量，加大执法力度，在国务院统一领导下，建立了部际联席会议制度。总局联合十个部门制定下发了整治虚假违法广告工作方案。各地普遍建立部门协作机制，强化了对虚假违法广告的打击力度。二是全面实施广告监测，切实加强广告行为监管。总局对31个省级卫视频道、56种报纸发布的药品、保健食品、医疗、农资广告进行了监测，对全国80多种报纸广告进行了集中抽查。三是严肃查办了一批虚假违法广告。全系统共查处虚假违法广告案件7 567件，停止发布广告3.27万件，曝光广告违法案件906件。

上半年，整顿规范市场秩序的其他工作也都扎实推进，取得成效。一是继续深入开展"红盾护农"行动，加大农资打假力度，严厉打击了坑农害农行为。全系统共查处制售假冒伪劣农资案件1.54万件。二是认真落实温家宝总理、吴仪副总理重要批示，会同有关部门开展了盐业市场整治工作。全系统共查获私盐、假冒碘盐1.14万吨。三是进一步加大打击传销和变相传销的力度，与公安部联合开展了打击传销犯罪"鲁剑"行动。全系统共查处传销和变相传销案件695件，取缔传销窝点2 173个，清理遣散传销人员3.31万人次。四是进一步健全消费维权体系，完善消费维权机制，加大了消费维权工作力度。全系统共受理消费者申诉举报38.70万件，查处侵害消费者权益案件7.02万件。五是反不正当竞争执法力度进一步加大。全系统共查处不正当竞争案件1.69万件。六是继续开展了网吧专项整治，严厉打击了走私贩私、合同欺诈、商业贿赂等违法违规行为，深入开展了"扫黄"、"打非"斗争，进一步强化了粮食、棉花、成品油、汽车等重要商品市场监管。

二、认真贯彻落实国务院宏观调控政策，促进改革发展取得新进展

上半年，全国工商行政管理系统围绕贯彻落实国务院宏观调控的各项决策部署，规范企业行为，查处违法经营，为促进经济社会全面协调可持续发展积极发挥了职能作用。

（一）贯彻落实国家经济结构调整的方针政策，加大了促进国有集体企业、外商投资企业健康发展的工作力度。一是积极制定实施支持国有集体企业改制的措施意见，依法做好国有集体企业改制、重组的登记注册工作。二是严格执行国家利用外资政策，改进登记监管，积极促进外商投资企业健康发展。建立了外商投资企业定期沟通协调机制，确保外商投资企业登记注册符合有关政策规定；实行了外商投资企业登记表格网上下载、网上年检，方便了企业办事；加大了对存在问题企业的监管力度，进一步规范了经营行为。三是积极参加国务院组织和有关部门牵头开展的专项整治行动，对违法违规经营企业进行了查处，及时依法进行了变更登记、注销登记和吊销营业执照工作。

（二）贯彻落实中央一号文件精神，加大了支持"三农"工作力度。各地按照总局制定下发的支持"三农"工作通知的部署，结合当地农业生产实际，采取支持农村发展专业化经营、核发农民专业合作社营业执照、引导和鼓励注册农产品商标与地理标志商标、培育和发展农村经纪人等举措，有力地促进了农村经济发展和农民增收。目前，我国农产品商标有19万件左右，地理标志商标123件。

（三）贯彻落实国务院三号文件精神，加大了促进非公有制经济发展力度。总局关于促进非公有制经济发展的通知下发后，各地普遍制定了符合本地实际的具体措施，积极引导和鼓励个体私营经济发展，并与支持深化国有企业改革和发展第三产业相结合，促进了个体私营等非公有制经济的健康发展。同时，认真做好港澳永久性居民中的中国公民到内地申办个体工商户的登记注册工作，仅今年一季度全系统就登记注册港澳个体工商户249户。

（四）贯彻落实国家区域经济协调发展战略，加大了支持地区经济发展力度。上半年，全国工商行政管理系统积极参与举办或筹备了"东西部合作与投资贸易洽谈会"、"中国西部家具建材博览会"、"中国中小企业博览会"、"青海结构调整暨投资贸易洽谈会"、"中国兰州投资贸易洽谈会"等商贸活动，引导东中西部个体私营企业加强信息交流和经济合作，为促进区域经济发展发挥了积极作用；进一步加大了支持东北等老工业基地振兴工作力度；"长三角"、"珠三角"等地工商行政管理机关进一步推进区域执法协作，促进东部地区加快发展。

（五）贯彻落实国家就业和再就业方针政策，加大了促进就业再就业工作力度。各地狠抓就业再就业优惠政策的贯彻落实，大力拓展就业空间，不断增强服务意识，有力地促进了就业再就业工作的开展。全系统共引导、扶持 120.45 万名下岗失业人员从事个体私营经济，35.96 万名高校毕业生在个体私营经济领域实现就业。全系统为落实再就业优惠政策共免收行政性收费 3.93 亿元，为落实高校毕业生从事个体经营优惠政策共免收行政性收费 948.74 万元，为维护社会稳定和支持教育事业发展发挥了积极作用。

三、适应推进依法行政和提高监管水平的需要，法制建设、监管制度改革迈出新步伐

（一）适应健全社会主义市场经济法律体系的需要，进一步加快了立法立规步伐。出台了《工商所食品安全监督管理工作规范》、《人才市场管理规定》等行政规章；完成了《禁止传销条例》、《直销管理条例》以及《反垄断法》草案的起草工作；开展了《反不正当竞争法》、《广告法》、《商标法》、《公司登记管理条例》等法律法规和《企业年度检验办法》、《保健食品广告审查管理办法》、《药品广告审查发布标准》、《药品广告审查办法》、《商标评审规则》等规章的修订完善工作。

（二）适应提高监管执法效能的需要，稳步推进了监管制度改革创新。一是企业信用分类监管制度改革取得新的进展。截至 6 月底，已有 18 个省级工商局实现了联网应用。二是商品准入制度改革全面推进。实行商品准入制度的地区进一步扩大，查验登记制度、准入备案制度、场厂场地挂钩制度、商品质量信息公示制度等进一步完善。三是"12315"工商行政管理行政执法网络体系建设积极稳步推进。各地相继研究采取了相关工作措施。总局在总结前一段工作和反复论证的基础上，正在研究制定推进网络体系建设的工作意见。四是个体工商户分层分类登记管理改革实施顺利。各地按照总局制定下发的《个体工商户分层分类登记管理办法》，制定了具体实施方案，分层分类登记管理正在有序进行。

（三）适应建立社会主义市场经济执法体制的需要，进一步推进了依法行政、政务公开。各地围绕建立权责明确、行为规范、监督有效、保障有力的执法体制，认真贯彻实施《行政许可法》、《全面推进依法行政实施纲要》、《关于进一步推行政务公开工作的意见》，强化执法监督，规范权力运作，全面推行政务公开，狠抓政风转变，进一步提高了依法行政水平。

四、以贯彻落实惩防体系《实施纲要》为重点，队伍建设和党风廉政建设取得新成绩

（一）贯彻落实惩防体系《实施纲要》，健全制度，强化责任，党风廉政建设取得新成绩。总局党组成立专门班子，研究起草了总局《落实〈实施纲要〉的具体意见》等有关文件，已报经中纪委审核同意，并被中纪委列为贯彻落实《实施纲要》的联系点单位。各地按照今年全系统党风廉政工作会议的部署，在严查以权谋私、执法腐败案件的同时，围绕贯彻落实《实施纲要》，狠抓了反腐倡廉教育、领导干部廉洁自律、建立健全党风廉政建设责任制等各项工作，推动了党风廉政建设和反腐败工作的深入开展。

（二）深入开展队伍教育整顿，继续推进"五项清理"，执法队伍整体素质进一步提高。今年以来，总局先后召开两次座谈会，对"五项清理"逐项研究，加强工作指导，进一步推进了"五项清理"的开展。目前，全系统队伍教育整顿清理查纠工作正在抓紧进行。通过开展队伍教育整顿，广大工商行政管理干部进一步明确了执法指导思想，发现并纠正了行政执法方面存在的突出问题,从制度上进一步规范了执法行为。

回顾上半年的工作,之所以顺利推进,取得成效,主要有以下原因:一是通过开展先进性教育活动,大力推进了各项工作。今年上半年,总局机关、各地县以上工商局以及部分工商所认真开展了先进性教育活动,全系统党员干部思想政治素质有了明显提高,进一步增强了在监管执法岗位上充分发挥党员先锋模范作用的积极性和主动性。各地把先进性教育活动的成果转化为推进工作的强大动力,坚持"两不误、两促进",有力地推进了各项工作的深入开展。二是各地认真贯彻落实党中央、国务院和地方党委、政府的部署,始终保持了旺盛的工作状态,态度坚决,行动积极,措施有力,各项工作狠抓了落实。三是发扬求真务实的工作作风,立足本职,扎实工作,开拓创新。各地把党中央、国务院及总局的普遍性要求与当地实际结合起来,开拓工作思路,创新工作制度,确保了各项工作不断取得新成绩。四是加强了部门协作,注重了联合执法、综合执法。由我们牵头的虚假广告专项整治、盐业市场整治等工作,通过建立沟通协调工作机制,组织协调各部门齐抓共管,提高了监管执法的整体合力。由其他部门牵头的工作,我们积极参与、主动配合,较好地发挥了配角的作用。五是充分发挥省以下垂直管理的体制优势,较好地发挥了工商行政管理的整体执法功能。各地在市场监管执法工作中,统一调动本地执法力量,加强省际沟通合作,增强了监管执法的整体合力。

下半年的工作安排

2005年已时间过半,实现全年的工作目标任务还十分繁重。全国工商行政管理系统的同志们,要认真贯彻落实国务院的统一部署和吴仪副总理的重要批示,进一步认清形势,明确任务,统一思想,振奋精神,继续下大力气抓紧抓好以整顿规范市场秩序和加强队伍建设为重点的各项工作,为促进经济社会全面协调可持续发展充分发挥工商行政管理职能作用。

一、继续深入开展整顿规范市场秩序工作,为经济社会健康发展创造良好的市场环境

(一)深刻认识整顿规范市场秩序、创造良好发展环境的重要性和长期性,切实把思想统一到中央的部署和要求上来。

自2001年4月党中央、国务院作出整顿规范市场秩序的重大决策以来,党中央、国务院对整顿规范市场秩序工作一直高度重视,先后作出一系列重要部署。党中央、国务院领导同志也多次在重要会议和重要场合,从战略和全局的高度,反复阐述整顿规范市场秩序的重要性和长期性,认识谈得很深,道理讲得很透,我们要认真学习,深刻领会,坚决贯彻。我在这里再强调两点:

1. 深入整顿规范市场秩序,是实现全面建设小康社会奋斗目标的重要条件和必然要求。首先,建立和维护良好的市场秩序,是全面建设小康社会的重要内容。党的"十六大"确立的全面建设小康社会的奋斗目标,是中国特色社会主义经济、政治、文化全面发展的目标。实现这一宏伟目标,不仅要保持经济持续快速协调健康发展,还要建成完善的社会主义市场经济体制。建立健全社会主义市场经济体制的主要任务之一,就是完善市场体系,规范市场秩序。所以,建设统一开放竞争有序的现代市场体系、规范和维护良好的市场秩序,是全面建设小康社会的题中应有之义。其次,整顿规范市场秩序,是实现全面建设小康社会奋斗目标的必然要求。全面建设小康社会,必须推动社会主义市场经济健康发展,进一步增强我国的综合国力和国际竞争力。而社会主义市场经济是法制经济,也是竞争经济,必须依法运行,需要营造公平竞争的发展环境。放松管理,不讲规范,必然导致市场秩序的混乱,最终阻碍经济健康发展。所以,加强管理,搞好规范,建立和维护良好的市场秩序,是社会主义市场经济健康发展的迫切需要,是实现全面建设小康社会奋斗目标的重要保障。

2. 深入整顿规范市场秩序,是工商行政管理部门的重要职责和长期任务。第一,整顿规范市场秩序是工商行政管理部门的基本职责,必须牢记使命,恪尽职守。国务院批准的"三定"方案明确规定,工商行政管理部门的基本职能是建立和维护良好的市场秩序。国务院领导同志对社会主义市场经济条件下工商行政管理部门的职能定位和作用十分重视,谆谆告诫工商行政管理部门要忠于职守、勇于负责、执法如山,做好市场秩序的坚强卫士。整顿规范市场秩序是一项复杂的系统工程,需要在党中央、国务院的统一领导下,各地、各有关部门分工合作,共同完成。而工商行政管理部门作为国家主管市场监管和行政执法的重要职能部门,应当在维护市场秩序中发挥生力军作用。全国工商行政管理系统的同志们,一定要时刻牢记肩负的神圣使命和重要职责,自觉做到态度坚决、行动积极、措施有力;切实把整顿规范市场秩序作为各项工作的重中之重,高度重视,抓紧抓实,不辱使命,不负重托。第二,整顿规范市场秩序是工商行政管理工作的长期任务,必须持之以恒,常抓不懈。几年来,全国工商行政管理系统认真贯彻落实党中央、国务院的决策部署,在各地党委、政府的领导下,与有关部门密切配合,强化监管,严格执法,为整顿规范市场秩序作出了积极的努力,取得了一定的阶段性成果。但从当前市场秩序的现状看,多年存在的一些突出问题和薄弱环节仍未得到根本解决,治标的工作依然艰巨,治本的任务更为繁重。从经济违法违章行为发生的特点看,由于受利益机制的驱使,往往易发多发,花样翻新,禁而不止。从社会主义市场经济发展的历史进程看,市场行为固有的短期性和盲目性的克服,全社会法制观念的增强和诚信意识的培养,市场体系的培育和完善,社会主义市场经济法制体系的建立健全等,都绝非旦夕之功,不可能一蹴而就,整顿规范市场秩序将贯穿于建立健全社会主义市场经济体制的全过程。全国工商行政管理系统的同志们,要进一步提高对整顿规范市场秩序工作长期性、艰巨性、复杂性的认识,切实把思想统一到中央对形势任务的分析和判断上来,切实把步调统一到中央的决策和部署上来,牢固树立长期作战的思想,坚决克服松懈厌战和畏难情绪,总结经验,查找差距,振奋精神,扎实工作,坚持不懈地把整顿规范市场秩序的工作抓紧、抓实、抓好。

(二)突出重点,标本兼治,全面完成整顿规范市场秩序的各项任务。

下半年,各级工商行政管理机关要认真贯彻落实国务院的统一部署,以"三项整治"为重点,强化市场监管,加大执法力度,继续推进整顿规范市场秩序各项工作的深入开展。

1. 继续深入开展食品安全专项整治。认真贯彻落实国务院加强食品安全工作的部署和总局的具体安排,加强专项整治,强化规范落实,努力促进食品安全形势好转。一是强化食品安全标识和包装管理,集中力量整治食品假包装、假标识、假商标印刷品。二是开展儿童食品及农村食品市场和月饼市场专项整治,切实维护未成年人、农民、低收入者和广大消费者的合法权益。下半年集中开展三次专项执法检查,严厉打击食品经营违法行为。第三季度开展儿童食品及农村食品市场和农产品、水产品、畜产品安全专项执法检查。重点检查粮食制品、肉类制品、蔬菜水果、水产制品、干制菌类五类品种。中秋节前,以月饼市场为主进行专项执法检查,着力整治月饼质量、过度包装、价实不符合搭售其他商品等不正当竞争行为和损害消费者合法权益的违法行为。第四季度开展秋冬季食品市场安全专项执法检查。根据季节特点和针对节日期间容易出现问题的食品进行重点检查,加大对酒类、保健品、营养品等商品质量和过度包装监管的力度。三是继续督促企业普遍建立和落实进货检查验收、购销台账和质量承诺制度,严格市场开办者的质量责任制度。四是继续强化工商所对食品市场的日常监管,认真落实《工商所食品安全监督管理工作规范》,加大对食品质量和经营行为的监管力度,切实把食品安全监管的任务和责任落实到基层。五是加强食品安全宣传工作。通过开辟"健康维权"专栏、开展"全国千万家庭食品安全知识大赛"等方式,增强全社会的食品安全意识,营造良好的执法环境。

2. 进一步加大保护注册商标专用权力度。认真贯彻落实国务院保护知识产权的统一部署,按照总局《2005 年保护注册商标专用权行动方案》的安排,继续深入开展保护注册商标专用权行动。一是配合食品安全专项整治和"红盾护农"行动的开展,在上半年开展第一、第二阶段专项整治行动的基础上,继续抓紧查处侵犯食品、药品商标和涉农商标案件不放松。二是下半年集中抓好第三、第四阶段的专项整治行动。严厉查处以企业名称侵犯驰名商标权益的案件,狠狠打击"傍名牌"的歪风;严厉查处侵犯农产品商标、地理标志商标的案件,切实保护农业企业和广大农民的合法权益。三是年底前抓紧做好开展保护注册商标专用权行动的总结工作,认真研究、解决专项行动中遇到的问题,提出改进措施,努力探索建立保护注册商标专用权的长效机制。为加强对专项行动的指导协调和督查服务工作,总局将适时召开专题会议,并于 12 月派出督查组,对各地开展专项行动的情况进行检查验收,总结经验,巩固成果,进一步推进工作。

3. 严厉查处虚假违法广告。深入贯彻落实国务院开展打击商业欺诈专项行动的部署和吴仪副总理的重要批示,与有关部门密切配合,认真开展虚假违法广告专项整治,重点整治保健食品、药品、医疗、化妆品、美容服务虚假违法广告,以及利用互联网发布的虚假违法广告。一是强化部门协作配合,加大综合治理力度。各地要充分发挥牵头作用,积极组织协调各部门既各司其职,又加强协作,形成政府监管、行业自律、舆论监督、群众参与的综合治理机制。二是强化对广告主的监管,从源头上治理虚假违法广告。对广告主委托或授意设计、制作、发布虚假违法广告的,要坚决严肃查处,依法停止其广告发布。三是加强对广告公司的监管,规范广告经营行为。督促广告公司增强法制观念、建立和落实广告经营管理制度,强化对广告经营资格的动态管理。对不具备资质条件、设计制作虚假违法广告的广告公司,要坚决查处取缔。四是加强对广告媒

介单位的监管,构筑虚假违法广告防范体系。会同有关部门严格落实广告媒介单位发布违法广告责任追究制;对受理、发布虚假违法广告问题严重的广告媒介单位,要严肃查处,依法停止或限制其广告发布资格。五是加大执法力度,严厉打击违法违章行为。对重大虚假违法广告案件,要排除阻力严肃查处,绝不姑息;对构成犯罪的坚决移送司法机关追究刑事责任,绝不以罚代刑。六是大力开展公益广告活动,弘扬良好道德风尚。继续做好"构建和谐社会"、"诚实守信"和"未成年人思想道德建设"等主题公益广告活动,充分发挥广告在促进精神文明建设中的积极作用。

4. 坚持不懈地抓好整顿规范市场秩序的其他各项工作。各级工商行政管理机关在集中力量完成好国务院部署的重点整治任务的同时,要继续抓紧以下几个方面的工作:一是深入开展"红盾护农"行动,进一步加大农资打假力度。组织省市之间交叉检查,促进"红盾护农"行动扎实开展。严把农资市场准入关,严厉打击违法经营农资的行为。曝光一批农资违法典型案例,震慑违法犯罪分子。大力开展农资商品质量监测,加强上市农资商品质量监控。积极探索农资市场监管方式改革,建立健全长效监管机制。10 月召开"红盾护农"行动工作会议,交流经验,表彰先进。二是认真贯彻落实温家宝总理、吴仪副总理的重要批示,继续整顿规范盐业市场秩序。加强舆论宣传工作,大力宣传非食用盐、非碘盐和不合格碘盐给人民群众生命安全带来的危害。认真组织开展专项整治行动,坚决取缔私盐生产、加工、储运、销售团伙和窝点,严厉打击非法从事食盐经营的违法行为,严防劣质盐流入食盐市场,切实规范盐业市场秩序。加强与相关部门的情况沟通和工作协作,搞好齐抓共管,形成执法合力。会同有关部门组成工作组,对重点地区进行督促检查,推动盐业市场整治工作扎实开展。三是继续加大整治力度,严厉打击传销和变相传销违法行为。各地要继续有针对性地开展专项行动,加大对重点地区的整治力度,坚决遏制传销活动

的反弹和蔓延。要以与公安部门联合开展打击传销"鲁剑"行动为契机,推动大要案件的查处,坚决取缔活动猖獗的传销组织,严肃查处诱骗学生、少数民族群众等特殊群体参与传销的案件。扎实做好《直销管理条例》和《禁止传销条例》出台后的实施工作。继续大力强化舆论宣传工作,提高广大群众防范和抵制传销的能力。此外,要继续开展查处重大不正当竞争案件专项执法行动,加大对仿冒、商业欺诈等不正当竞争行为的查处;严肃查处利用网络从事不正当竞争的行为;认真组织开展纠正医药购销中不正之风的工作。深入开展反走私斗争,强化对重点地区、重点商品、重点部位的监管,坚决取缔走私货市场,严厉打击走私货交易行为,切实维护国家经济安全。大力加强对粮食、棉花、汽车、成品油等重要商品市场的监管,严厉打击非法拼装组装汽车的行为,认真开展打击非法改装车辆专项行动。继续强化流通领域商品的质量监测,加大对餐饮、旅游、修理、美容美发等服务行业尤其是手机质量及售后服务的监管,切实维护消费安全。继续加强对"守合同、重信用"活动的指导,认真开展打击合同欺诈专项执法行动,促进全社会良好信用观念的形成。积极配合有关部门开展"扫黄"、"打非"、禁毒、反假币、反洗钱工作,净化文化市场环境,维护市场经济秩序。

二、牢固树立和认真落实科学发展观,切实抓好发展第一要务,尽心尽力为促进经济社会全面协调可持续发展做好管理服务工作

发展是执政兴国的第一要务,为市场主体服务和创造良好的发展环境,最终要落实到促进经济社会全面协调可持续发展上。各地要进一步强化大局意识、服务意识,认真贯彻落实党中央、国务院关于促进经济发展的各项决策部署,充分发挥工商行政管理职能作用,尽心尽力为促进经济社会全面协调可持续发展做好管理服务工作。

(一)认真落实公有制为主体、多种所有制经济共同发展的基本经济制度,积极促进各类市场主体健康发展。一是改进管理,提高效率,大力支持国有集体企业加快发展。在不违背法律法规的前提下,对国有企业改制登记注册等实行更为宽松的政策;要加强政策指导,提前介入,对重点改制企业落实专人负责、全程服务;要严格依法行政,规范改制行为,切实防止违背国有企业改革精神、借机侵吞国有资产等行为的发生;要积极支持以明晰产权为重点的集体企业深化改革,发展多种形式的集体经济。二是落实政策,改善环境,大力支持非公有制经济发展。在市场准入方面,鼓励、支持符合法律法规规定条件的各类人员兴办个体工商户、个人独资企业、合伙企业、私营有限责任公司和股份有限公司;在经营范围方面,除法律法规禁止的以外,都允许个体私营企业生产经营;在改制方面,鼓励非公有制企业通过并购和控股、参股等多种形式,参与国有企业和集体企业的改组改制改造。要充分发挥各级个体劳动者协会、私营企业协会的作用,进一步引导非公有制企业依法经营、诚实守信、健全管理,不断提高自身素质。三是优化服务,推进改革,大力支持外商投资企业健康发展。总局将对符合条件的市、县级工商局授予外商投资企业核准登记权,方便外商投资企业登记注册;要充分发挥登记注册职能作用,采取提前介入、跟踪指导、事后督导等措施实现登记工作的前瞻后延,既严把外资市场准入关,又促进对外开放和经济发展。四是加强宣传,注重引导,切实做好港澳居民在内地申办个体工商户的登记服务工作。各地要按照总局与有关部门联合下发的做好港澳居民在内地申办个体工商户登记服务工作的通知要求,加强宣传引导,改进工作作风,提高办事效率,积极支持港澳居民在内地发展个体经济。

(二)认真落实国家关于促进农村经济发展的方针政策,积极促进农村经济发展。一是积极引导农民运用农产品商标和地理标志增收。各地要积极采取加强商标宣传、注重注册指导、强化部门合作等切实有效措施推进农产品商标工作,引导、帮助农民充分运用地区优势农产品生产致富。二是大力支持发展农村经纪人。各地要加强引导、开展培训、强化自律,积极支持农村经纪人健康发展,促进农业生产和市场需求的衔接,推动农村经济结构调整,促进农民增收。下半年总局将召开培育和发展农村经纪人经验交流会,进一步推动农村经纪人发展。三是积极支持农户产业化生产经营。各地要依法做好当地农户联合成立的以生产经营农产品为主的农民专业合作社等登记注册工作,依法赋予市场主体资格和平等参与市场竞争的权利,积极促进农业生产市场化、产业化、规模化发展。

(三)认真落实统筹区域发展的要求,积极推动区域经济协调发展。一是积极促进东中西部加强合作。继续做好"中国中小企业博览会暨中法中小企业博览会"、"青洽会"、"兰洽会"、泛珠三角区域合作等相关工作,引导个体私营企业参与区域经济建设,为东中西部地区之间的经济技术合作与交流牵线搭桥,促进区域经济发展。二是积极促进东北等老工业基地振兴。认真做好老工业基地企业主辅分离的登记注册工作,在名称核准、变更登记等方面提供政策性支持,大力支持发展第三产业;放宽政策限制,积极支持外来资金、技术参与老工业基地建设,改造提升传统工业。

(四)认真落实国家就业再就业方针政策,积极支持做好就业和再就业工作。一是进一步落实国家就业和再就业政策,鼓励下岗失业人员、高校毕业生等各类人员创办小企业,开发新岗位,以创业促就业。二是积极支持国有企业深化改革,增加多形式就业岗位。支持国有企业主辅分离,开展多种形式经营,兴办经济实体,广开就业门路,安置下岗分流人员。三是大力支持发展第三产业和社区服务业,不断拓展再就业空间。鼓励、引导下岗失业人员在社区兴办餐饮业、零售业、居民服务业、租赁服务业;对下岗失业人员从事临时性、季节性、流动性经营的,可核发临时营业执照。四是引导个体私营企业吸纳下岗失业人员和大中专毕业生及新增待业人员,开辟就业渠道。

三、大力加强法制建设,继续深化监管制度改革,全面推进依法行政,不断提高监管执法水平

(一)大力加强法制建设,为整顿规范市场秩序提供有力的法律依据、营造良好的执法环境。

健全市场规则、完善法制体系,是全面推进依法行政的需要,是深入整顿规范市场秩序的治本之策。要认真贯彻实施《行政许可法》和国务院《全面推进依法行政实施纲要》,继续大力加强法制建设工作。

1. 加快立法立规步伐,积极参与法律法规的制定修订工作,适时发布行政规章,进一步完善市场规则。一是抓紧进行《商标代理条例》、《外国企业常驻代表机构登记管理办法》的起草和《公司登记管理条例》、《合伙企业登记管理办法》的修订工作;二是认真开展《商事登记法》、《流通领域商品质量监督管理条例》的调研论证工作;三是继续积极参与《反垄断法》、《食品安全法》的起草工作;四是适应完善法规配套规章和深入开展整顿规范市场秩序工作的需要,适时制定发布行政规章。

2. 强化执法监督,规范执法行为,促进严格执法、公正执法、廉洁执法、文明执法。一是强化执法检查力度,增强执法检查效果。第四季度在全国工商行政管理系统统一组织开展执法检查。同时,根据《工商行政管理机关行政执法监督规定》的要求,定期、不定期地认真开展执法检查,促进执法行为的规范化。二是根据《行政许可法》和国务院《全面推进依法行政实施纲要》的要求,在认真调查研究和总结经验的基础上,积极探索新形势下强化执法监督的有效方式及途径,进一步健全完善工商行政管理机关行政执法监督的制度和规定。

3. 加强法制宣传教育,不断增强工商行政管理人员的法制观念和全社会的法律意识,努力营造良好的执法环境。一是11月份开展以《直销管理条例》和《禁止传销条例》等新法规的宣传培训工作,提高工商行政管理人员的执法水平,增强全社会的法律意识。二是12月份召开全国工商行政管理

系统"四五"普法座谈会，总结工作，交流经验，表彰全系统"四五"普法先进集体和先进个人。三是按照全国普法办的要求，完成制定全系统"五五"普法规划的调查研究工作。

（二）不断推进制度创新，继续深化工商行政管理体制、机制和监管方式改革，进一步提高监管执法水平。

创新监管制度、更新监管手段，是工商行政管理工作适应形势任务的发展变化，始终体现时代性、把握规律性、富于创造性的必然要求，是提高监管执法效能，更好地完成整顿规范市场秩序工作任务的重要保障。要在认真总结和巩固扩大几年来制度创新取得重大成果的基础上，不断把工商行政管理体制、机制和监管方式的改革推向前进。在推进制度创新中，要注意把握以下几点：第一，要坚持与时俱进，勇于开拓，尊重基层一线的首创精神。实践没有止境，创新也没有止境。基层一线人员直接从事生动丰富的执法实践，蕴藏着无穷无尽的创造智慧。各级工商行政管理机关要尊重和鼓励基层执法人员改革创新的积极性，敏锐捕捉他们的创新成果，善于进行总结提炼，升华为指导工作的新思路和新举措。第二，要坚持因地制宜，分类指导，实行积极稳妥的工作方针。我国地域辽阔，各地的经济发展、工作基础不尽相同。要坚持一切从实际出发，针对不同地区的不同特点，区别对待，分类指导，因地制宜，梯度推进；不搞一刀切，不求齐步走。第三，要坚持整合资源，相互融合，提高监管执法的整体功能。几年来，全系统在市场主体和市场行为监管改革及监管手段创新等方面取得了很大进展。要坚持用科学发展观和"一盘棋"的全局思想指导监管制度改革创新的实践，做到统筹规划，资源共享，相互支持，紧密协作，充分发挥改革成果的综合利用效能，不断提高机构的整体执法功能；避免各自为政，浪费资源。各地要根据上述要求，继续巩固完善制度改革的成果，不断在制度改革上迈出新的步伐。

1. 加快推进"12315"行政执法网络体系建设，不断提高监管执法水平。总局将抓紧制定下发《关于大力推进"12315"行政执法网络体系建设工作的意见》。各地要按照工作意见的精神，结合实际抓好落实，逐步构建起行政执法、行业自律、社会监督"三位一体"的消费者权益保护工作网络和管理体系。一是进一步加大"12315"行政执法工作力度，提高消费者申诉解决率和案件举报办结率，完善行政执法监管体系。二是加强与消费者协会和行业协会的合作，积极支持行业组织加强自律，充分发挥消费者协会和行业组织在消费者权益保护工作中的作用。三是进一步建立健全社会监督体系，加快推进消费维权进社区、进村镇，到厂家、到商家，充分调动社会各方力量共同做好消费者权益保护工作。四是完善"12315"信息网络，在统一数据材料、统一技术方案的基础上，逐步建立起总局、省局、市局三级"12315"数据库和总局、省局两级"12315"数据分析中心，提升消费者权益保护工作水平。

2. 积极推进个体工商户分层分类登记管理改革，改进和完善登记监管体制。推进个体工商户分层分类登记管理改革的重点在分层，难点在分类。总局将尽快下发《个体工商户委托登记管理办法》和《个体工商户信用分类监管意见》，提出具体的工作要求。各地要积极认真做好以下工作：一是依法做好委托登记工作。对于依法应当委托工商所登记的个体工商户，县级工商局要做到基本推行到位，并认真做好委托登记的指导监督和备案工作。二是积极开展信用分类监管工作。基层工商所要根据市场巡查和日常监管掌握的情况，对辖区内的个体工商户进行信用分类，并结合经济户口管理和企业信用分类监管一并纳入网络化管理。各级工商行政管理机关要按照分层登记和分类管理的需要，本着统一规划、统一标准、统一信息库的原则，制订和完善基层计算机网络化管理方案，综合利用资源，积极整体推进。总局要组织力量深入各地调查研究，检查分层分类登记管理进展情况，总结推广好的做法和经验。

3. 继续推进企业信用分类监管工作，努力实现对企业的动态监管。一是抓紧召开全系统企业信用分类监管工作会议,提高认识,统一思想,交流情况,推动工作。二是努力推进企业信用分类监管的联网应用。年底前实现半数以上省市工商局与总局的联网。制定下发《企业信用分类监管联网应用办法》,规范联网应用工作,更好地为地方工商局提供数据服务。三是在总局建立全系统可共享的黑牌企业数据库。

4. 进一步加强信息化建设,提高政务办公和业务管理水平。一是进一步加大总局机关政务信息系统推广的力度,扩大试运行的范围和功能,实现政务信息系统在总局机关的全面应用,提高工作质量和效率,更好地为全系统和社会公众服务。二是加快外资登记管理统计分析系统的建设工作。三是向全国省级工商行政管理机关开放商标数据库网上查询系统,方便地方工商局开展商标办案工作。四是年底前全面升级总局政府门户网站及相关子网站,积极推动网站应用,提供网上企业名称预核准、网上注册、网上年检、网上查询等电子工商业务,提高为社会公众和企业服务的水平。

四、巩固和发展队伍教育整顿的成果,努力建设一支"为民、务实、清廉"的高素质工商行政管理干部队伍

(一)充分认识队伍建设的极端重要性,始终坚持把队伍建设作为一项重要的战略任务来抓

经过多年的不懈努力,工商行政管理队伍建设取得了积极进展。特别是去年下半年以来开展的队伍教育整顿活动,各地抓得比较扎实,成效比较明显,受到了国务院领导同志和中纪委、监察部有关领导的肯定。同时必须清醒地看到,我们取得的成绩还只是初步的;工商行政管理队伍的整体素质,与形势任务的要求、与党和人民的期望,还有不小差距。大力加强队伍建设,努力建立一支政治坚定、业务精通、执法严格、公正廉洁、作风优良的高素质干部队伍,是实现执法为民的必然要求,是履行为全面建设小康社会创造良好市场环境神圣职责的重要保证,是关系工商行政管理改革发展的根本所在,是一项长期的战略任务。全国工商行政

管理系统的同志们,要进一步提高认识,统一思想,认真巩固和发展队伍教育整顿的成果,继续抓好先进性教育整改措施的落实,坚持不懈地把队伍建设工作推向前进。要认真落实中央加强执政能力建设的决定,按照吴仪副总理加强工商行政管理能力建设的要求,不断提高广大工商行政管理干部从政治上把握和处理问题的能力,不断提高为经济社会全面协调可持续发展服务的能力,不断提高依法履行市场监管执法职责的能力,不断提高与各方面协调配合的能力。

(二)高度重视加强各级领导班子建设和干部教育培训工作,进一步提高队伍素质

要按照提高执政能力和监管执法水平的要求,继续大力加强各级领导班子建设和干部队伍建设。

1. 以提高执政能力为重点,进一步加强各级领导班子建设。一是进一步加强总局党组班子建设。努力按照政治家素质的要求,加强思想政治建设,严格执行民主集中制,强化领导干部廉洁自律,坚持理论联系实际、密切联系群众,切实把总局党组班子建设成为坚决贯彻"三个代表"重要思想的坚强领导集体。二是进一步加强总局司处级干部队伍建设。严格执行《党政领导干部选拔任用工作条例》,坚持条件、严格程序,公开选拔、竞争上岗,真正把德才兼备的优秀干部选拔到司处级领导岗位上来。三是进一步加强县以上各级工商局领导班子建设。总局要认真落实干部协管规定,积极协助地方党委、政府把省级工商局领导班子配备好、建设好。同时抓紧建立省、地工商局领导班子成员有关情况的年报制度,加强调研,了解情况。省级工商局要切实抓好地市县级工商局领导班子的配备与管理。

2. 以树立良好执法形象为目标,进一步加强基层队伍建设。总结推广各地加强基层建设、队伍建设和基层党建工作的成功经验,筹备召开全系统基层建设工作会议,推动基层建设和队伍建设迈上一个新的台阶。适应新形势下加强基层建设的需要,做好《基层建设纲要》的修订工作,进一步加强基层规范化管理,全面推进依法行政。

3．以提高素质为核心，进一步加强干部教育培训工作。按照全国人才工作会议的要求，以能力建设为重点，切实加大干部教育培训力度。今年下半年将举办系统干部培训班12—13期，机关干部培训班5期，培训规模1 500人次左右。加强教材建设，逐步形成具有工商行政管理特色的教材体系，为提高干部教育培训质量创造必要的条件。研究制订工商行政管理系统"十一五"人才队伍建设规划，筹备召开全系统人才队伍建设工作会议，进一步加强和改进人才队伍建设工作。

（三）坚持立党为公、执政为民，认真落实中央惩防体系《实施纲要》，大力推进党风廉政建设

反腐倡廉，是加强队伍建设的重要方面。要坚决贯彻中央惩防体系《实施纲要》，认真实施总局落实中央惩防体系《实施纲要》的《具体意见》和《任务分工方案》，坚持标本兼治、综合治理、惩防并举、注重预防，不断把工商行政管理系统的党风廉政建设和反腐败工作推向前进。各省市工商局要按照地方党委的要求和总局的《具体意见》抓好落实，总局机关和直属单位要根据《任务分工方案》落实责任做好工作。

1．坚持不懈地开展党风廉政教育，牢固构筑拒腐防变的思想道德防线。要以工商行政管理系统各级领导干部和掌握干部人事权、行政执法权、行政审批权部门的人员为重点，以权力观教育、法纪教育为主要内容，以示范教育、警示教育、任前培训、岗前培训为主要形式，丰富教育内容、创新教育方式、提高教育效果，不断增强各级干部的廉洁从政意识和反腐倡廉的自觉性。同时，积极开展工商廉政文化建设，在全系统形成以廉为荣、以贪为耻的良好氛围。

2．建立健全反腐倡廉制度体系，充分发挥制度的规范和保障作用。要通过建立完善和严格执行各项制度，防止权力失控、决策失误、行为失范等问题的发生，形成用制度规范从政行为、按制度办事、靠制度管人的有效机制。一是建立完善领导干部廉洁自律制度，促进领导干部廉洁从政。二

是继续深化干部人事制度、行政审批制度和财政管理制度改革，确保选好人、用好权、管好钱。三是积极推进行政执法责任制，切实规范行政执法行为。重点是建立和实施行政执法依据公开制度、行政执法行为评议考核制度、行政执法过错责任追究制度。同时继续规范行政执法程序、规范行政处罚裁量权的行使。四是认真落实"以公开为原则、不公开为例外"的要求，继续大力推进政务公开，依法公开办事依据、办事程序和办事结果，自觉接受群众监督。五是继续加强内部行政管理制度建设，建立健全大额资金审批、分配、使用制度，基建工程、信息化建设、政府采购招投标工作制度。

3．加强对权力运行的制约和监督，确保权力正确行使。要以领导干部和权力集中的执法部位、人员为重点，建立有效的权力运行监督机制。重点加强对各级领导班子和领导干部的监督，对干部选拔任用工作的监督，对行政执法权的监督，对行政审批权的监督，对财物管理权的监督。

4．坚决查处各类违纪违法案件，充分发挥办案在遏制腐败、促进治本方面的建设性作用。要以查处领导机关和领导干部违纪违法案件为重点，严肃查处违反政治纪律的案件，利用干部人事权、行政执法权、行政审批权违纪违法、以权谋私的案件，失职渎职的案件，以及违反"六项禁令"的行为，坚决惩治执法腐败。

5．扎实开展队伍教育整顿，树立良好的工商形象。经过一年来全系统同志的共同努力，队伍教育整顿取得了明显成效。但这项工作发展还不平衡，全面、彻底完成清理查纠和建章立制的任务还很艰巨。总局党组把全面完成队伍教育整顿任务作为先进性教育整改和加强党风廉政建设的一项重要措施，一直十分重视。各级工商行政管理机关要从加强党风廉政建设和队伍建设、提高执法能力和监管水平的高度，进一步提高对开展队伍教育整顿重要性的认识，继续加强领导、强化督查，确保全面完成队伍教育整顿的各项任务。为不赶进度、确保质量，

总局党组决定,各地的清纠总结报告9月底报送总局。要进一步巩固"五项清理"的成果,切实防止边清边犯、清后反弹,并把集中一段时间的"五项清理"转化为经常性的工作,建立长效机制;把建章立制工作融入惩防体系建设的大格局之中。

同志们,让我们在以胡锦涛同志为总书记的党中央的坚强领导下,坚定不移地高举邓小平理论和"三个代表"重要思想伟大旗帜,开拓进取,真抓实干,全面完成下半年整顿规范市场秩序、促进改革发展和队伍教育整顿的各项任务,为营造公平竞争的市场环境、促进经济社会全面协调可持续发展,做出新的努力和贡献。

深入整顿规范市场秩序
为促进经济社会又快又好发展
营造公平竞争的市场环境
——王众孚局长在全国工商行政管理工作会议上的讲话

(2005 年 12 月 15 日)

这次全国工商行政管理工作会议是经国务院批准召开的。会议的主要任务是,认真贯彻落实党的"十六大"、十六届五中全会和中央经济工作会议精神,总结今年的工作,部署明年的任务。下面,我代表总局党组讲几点意见。

2005 年工作的基本情况

2005 年,是我们党和国家历史上具有重要意义的一年。党的十六届五中全会胜利召开,审议通过了"十一五"规划建议,激励全党全国各族人民在新的发展起点上继续向全面建设小康社会的宏伟目标迈进。一年来,全国工商行政管理系统坚持以邓小平理论和"三个代表"重要思想为指导,认真贯彻党中央、国务院的决策部署和温家宝总理、吴仪副总理的重要批示,全面落实科学发展观和构建和谐社会的要求,在各级党委、政府的领导下,锐意进取,积极开拓,各项工作有了新的进展,取得了新的成绩。主要体现在以下几个方面。

一、认真贯彻国务院的统一部署,整顿规范市场秩序的重点工作取得明显成效

按照国务院的统一部署,一年来,各级工商行政管理机关充分发挥职能作用,深入整顿规范市场秩序,共查处各类经济违法违章案件 171.41 万件,总案值 286.37 亿元。特别是"三项重点整治"工作得到有效推进,取得显著成果。一是深入开展食品安全专项整治,流通领域食品安全形势进一步好转。各地认真落实国务院加强食品安全工作的决定和总局食品安全专项整治方案,集中开展了儿童食品市场、农村食品市场以及含"苏丹红"(一号)食品、包装食品、月饼市场、秋冬季食品市场等专项执法检查,严厉打击了制售假冒伪劣食品的违法行为。扎实贯彻《工商所食品安全监督管理工作规范》,进一步强化了食品安全日常监管工作。不断完善食品安全长效监管机制,继续推进了食品安全监管制度、食品经营者自律制度以及以"12315"消费者申诉举报网络为基础的社会监督制度的建立和健全。稳步推进流通领域食品质量监管工作,建立健全监测制度,适时公布监测信息,一批不合格食品被清除出市场。认真组织开展"全国千万家庭食品安全知识大赛",为加强食品安全监管营造了良好的社会氛围。全系统共检查食品经营主体1 407 万户次,查处无照经营24.61 万户,捣毁制假售假窝点7 502 个,查处制售假冒伪劣食品违法案件 6.68 万件,查获假冒伪劣食品价值 2.45 亿元,移送司法机关处理案件 64 件;监测食品2 996组,发现不合格食品2 277种,并实行了退市制度。二是深入开展保护注册商标专用权行动,加大了商标侵权案件查处力度。各地认真落实国务院保护知识产权的统一部署和总局保护注册商标专用权行动方案,先后开展了四次专项行动,严厉查处了侵犯食品商标、药品商标、涉农商标和以企业名称侵犯高知名度商标权益的案件,进一步规范了商标使用秩序。按照国务院的统一部署,今年总局共派出 13 个督查组,对各省市开展保护注册商标专用权行动的情况进行了督查。全

系统共查处商标侵权案件 2.2 万件,其中涉外商标侵权案件 3 530 件,移送司法机关处理案件 132 件、116 人。与此同时,进一步加强商标注册和驰名商标认定保护工作。今年以来,依法认定驰名商标 79 件。截至 11 月底,我国注册商标累计总量已达 247.14 万件。商标宣传力度进一步加大,商标领域的国际交流与合作继续拓展。总局组织开展了声势浩大的"保护知识产权宣传周"活动,组团赴欧美等国家进行了保护注册商标专用权宣讲,积极参与了国家知识产权战略的制定和中国保护知识产权成果展的筹备工作,成功举办了"战略性利用商标促进经济暨农村发展国际研讨会"等国际会议和"2005 中国商标节"。三是集中开展虚假违法广告专项整治,进一步规范了广告行为。总局积极贯彻国务院开展打击商业欺诈专项行动的部署,会同有关部门联合制订下发了《虚假违法广告专项整治工作方案》,建立了部际联席会议制度,搞好部门协作,加强办案协调,强化督促检查,形成了执法合力,推动了专项整治工作扎实开展。各地充分发挥牵头作用,制订实施方案,建立工作机制,以惩治虚假违法药品、医疗、保健食品、化妆品、美容服务广告以及利用互联网发布的虚假违法广告为重点,强化对广告主、广告经营者、广告媒体的监管,加强广告监测,加大执法力度,严厉打击了制作、发布虚假违法广告的行为。全系统共查处虚假违法广告案件 3.02 万件,责令停止发布虚假广告 4.07 万件,曝光典型违法案件 2 300 件。从广告监测情况看,今年第三季度广告违法率比第一季度下降了 7.82 个百分点,重大虚假广告基本消除。

二、积极营造良好的发展环境,严厉打击了各种违法经营行为

各级工商行政管理机关围绕中心任务,发挥职能作用,继续严厉打击了扰乱市场秩序的违法行为,努力营造公平竞争的发展环境。一是继续保持高压态势,强化对传销和变相传销的打击力度。各地对"北京恒源国际贸易有限公司"、"美国雷克瑟丝公司"、"香港大顺集团"、"广西玛雅生物科技有限公司"等重大传销组织进行了查处,配合公安部门共同开展了打击传销"鲁剑"行动,继续整顿和规范转型企业经营行为。全系统共查处传销和变相传销案件 1 297 件,取缔传销窝点 6 811 个,清查遣散传销人员 13.57 万人次。二是全力做好防控高致病性禽流感工作,切实加强禽类产品市场监管。按照党中央、国务院关于做好高致病性禽流感防控工作的决策部署,总局向全系统下发了做好市场防控高致病性禽流感工作的紧急通知和应急预案。各地采取关闭活禽交易市场、实行挂牌经营、加强市场巡查、严厉打击制售假冒伪劣禽流感疫苗违法行为等有力措施,切实加强市场监管,严防禽流感通过市场传播。三是大力开展盐业市场秩序专项整治,食盐市场秩序明显好转。各地认真贯彻温家宝总理、吴仪副总理重要批示精神,积极组织协调有关部门齐抓共管,严厉打击了私盐交易行为,有效防止了非食用盐、非碘盐和不合格碘盐流入食盐市场。全系统会同有关部门共查办各类涉盐案件 1.05 万件,没收违法盐品 1.65 万吨。四是深入开展"红盾护农"行动,农资市场秩序进一步规范。各地认真落实总局"红盾护农"方案,严把农资市场准入关,严厉打击制售假冒伪劣农资的违法行为,加强流通领域农资商品质量监测,督促农资经营者建立健全"两账两票、一卡一书"和种子留样备查公告等制度,积极引导发展现代农资流通体系,有力地推动了"红盾护农"行动的深入开展。全系统共整顿各类农资市场 3.65 万家,检查农资企业及个体工商户 35.10 万户,查处农资违法案件 2.45 万件,捣毁农资制假售假窝点 366 个,为农民挽回经济损失 3.16 亿元。五是进一步加大反不正当竞争执法力度,查处了一批重大案件。各地积极组织开展了查处利用网络等手段从事不正当竞争行为的专项执法行动,继续加强了对垄断性行业强制交易、强制服务的监管力度,认真开展了纠正医药购销中不正之风的工作。全系统共查处各类不正当竞争案件 3.05 万件,案值 21.65 亿元。六是继续加强重要商品市场监管,严厉打击了各种违法经营行为。各地继续加强对粮食、棉花、成品油、汽车等重要商品市场以及节日市场的监管，严厉打击非法拆解拼装报废汽车行为，认真开展打击走私贩私专项斗争，积极配合有关部门开展"扫黄"、"打非"、禁毒、禁赌、反假币、反洗钱集中行动，坚决取缔"黑网吧"，有力地维护了市场秩序，促进了社会主义精神文明建设。全系统共查处粮食违法案件4 617件，非法拼装车案件581件，走私贩私案件3 696件，制售非法出版物案件2 119件。

三、坚持公有制为主体、多种所有制经济共同发展的基本经济制度，促进各类市场主体健康发展取得新成果

各地按照深化改革、扩大开放、促进发展的要求，改进管理，优化服务，积极促进国有集体企业改组改制，大力支持个体私营经济和外商投资企业发展，认真做好港澳个体工商户登记服务工作，取得了新的成果。全系统共办理国有企业改制登记2 448户。全国实有内资企业361.82万户，注册资金16.69万亿元；外商投资企业26.3万户，注册资金8 397.84亿美元；个体工商户2 535.47万户，资金数额5 929.61亿元，私营企业439.67万户，注册资金6.2万亿元；港澳个体工商户2 049户，资金数额1.09亿元。同时，坚决取缔无照经营，严肃查处"三无"企业。全系统共查处无照经营案件59.9万件。

四、贯彻落实统筹城乡区域协调发展战略，大力支持区域经济和农村经济协调健康发展

一是积极支持区域经贸活动，加大了促进地区经济发展力度。参与支持举办了"中国中小企业博览会"、"中国西部家具建材博览会"、"东西部合作与投资贸易洽谈会"、"兰洽会"、"青洽会"等商贸活动，推动泛珠三角地区广泛开展区域合作，为促进东中西部良性互动、优势互补、共同发展发挥了积极作用。二是制定实施鼓励政策，加大了支持东北等老工业基地振兴力度。老工业基地工商行政管理机关普遍制定实施了鼓励个体私营经济和外资参与国有集体企业改制的政策措施，积极支持国有集体企业利用个体私营和外资进行技术改造、盘活资产、

实行多样化经营。三是进一步推进了东部地区执法协作，加大了促进东部地区加快发展的力度。"长三角"、"珠三角"等地工商行政管理机关积极推进区域执法协作，建立维护企业权益、商品质量抽检互认互通、消费异地救济等一体化协作机制，为东部地区加快发展创造了良好市场环境。四是认真贯彻中央1号文件精神，加大了支持"三农"工作力度。积极开展了农产品商标和地理标志注册保护工作，促进了农业发展、农民增收。大力培育发展农村经纪人，扶持发展"订单农业"，加强涉农合同监管，努力为促进农村经济发展服务。目前，我国已注册农产品商标19.8万件，地理标志131件，农村经纪人7.85万户。

五、切实执行国家积极就业政策，进一步促进了就业再就业工作

一是认真落实就业和再就业优惠政策，进一步优化管理服务，积极引导下岗人员和高校毕业生转变择业观念，从事个体私营经济，自谋职业，自主创业。二是积极支持鼓励个体私营企业吸纳下岗人员和高校毕业生，支持国有集体企业开展多种经营安置分流人员，支持发展社区餐饮服务业等第三产业，拓展了就业空间。三是充分发挥个体劳动者协会、私营企业协会作用，开展咨询服务，加强技能培训，提高了下岗失业等人员的就业、再就业能力。四是加强对劳动力市场和各类劳务中介机构的监管，严厉打击骗取求职人员信息费等欺诈行为，创造了良好的就业、再就业环境。全系统共支持、办理239.59万名下岗失业人员在个体私营经济领域实现再就业，落实再就业优惠政策免收行政性收费11.08亿元；引导、支持35.64万名高校毕业生在个体私营经济领域实现就业，落实高校毕业生从事个体经营优惠政策免收行政性收费8 450.6万元。

六、继续推进监管制度改革创新，进一步提高了监管执法效能

一是企业信用分类监管改革阶段性目标提前实现，在市场主体监管中发挥了积极作用。截至目前，全国已有36个副省级以上工商局与总局实现了联网，通过联网共拥

有 646.5 万户企业的基本信息；全系统已对 644.5 万户企业实行了企业信用等级分类，分类企业占全国企业总数的 79.79%。二是个体工商户分层分类登记管理改革全面开展。一些地方在个体工商户分层分类登记管理的同时，实施信用分类监管，提高了个体工商户登记注册效率和动态监管水平。三是商品准入制度进一步健全和完善。各地逐步建立健全了商品入市验证验票制度、商品质量查验制度、不合格商品退市制度等为主体的商品准入、退出制度体系，严把商品质量关，推进了市场监管。四是"12315"行政执法体系建设积极稳步推进，保护消费者合法权益机制、体制创新工作力度进一步加大。五是信息化建设取得明显进展。逐步建成了以企业登记和信用监管、商标管理、"12315"体系为主体的信息网络体系，提高了现代化管理水平，积极开展了对外服务。

七、深入贯彻《行政许可法》和《全面推进依法行政实施纲要》，依法行政水平明显提高

一是法制建设取得新的成果。出台了《商标评审规则》等行政规章；参与起草或修订的《禁止传销条例》、《直销管理条例》、《公司法》已经国务院、全国人大审议通过并颁布实施。二是进一步规范了执法行为。各地认真贯彻《行政许可法》和《全面推进依法行政实施纲要》，便民、利民、为民服务的意识进一步增强，深入推行政务公开，办事效率和质量明显提高，基本实现了依法依时核准企业名称、核准登记企业。同时，继续强化执法监督，进一步促进了执法的规范化、法制化。三是加强了国际交流合作。围绕知识产权保护、竞争政策、消费者权益保护、市场主体准入等方面，广泛开展了双边、多边国际交流与合作，积极借鉴了国外市场监管立法、执法的有益经验。

八、以开展保持共产党员先进性教育活动和落实中央加强执政能力建设的决定为契机，队伍建设取得新成效

一是先进性教育活动扎实开展，取得实效。各级工商行政管理机关按照中央的统一部署，高度重视，精心组织，严格要求，保证了先进性教育活动各项任务的圆满完成，达到了中央提出的"提高党员素质、加强基层组织、服务人民群众、促进各项工作"的预期目标。二是加大了执政能力建设工作力度。各地认真落实十六届四中全会加强执政能力建设的决定和吴仪副总理重要讲话精神，加强理论学习，注重实践锻炼，深化人事制度改革，进一步加强了班子建设和队伍建设，提高了各级干部从政治上把握和处理问题的能力、为经济社会全面协调可持续发展服务的能力和依法履行市场监管执法职责的能力。三是队伍教育整顿工作取得新成绩。经过一年多的努力，以"五项清理"为主要内容的队伍教育整顿清纠工作基本结束。全系统共清理执法案件 244.3 万件、涉及收费问题 316 件、消费者申诉 132.25 万件、对工商人员信访举报 2.06 万件、执法岗位上不具备执法资格的人员 3 万多人，给予党纪政纪处分 1 215 人，移送司法机关处理 53 人。队伍教育整顿实现了提高政治素质、改进工作作风、增强法纪观念、改善执法形象的预期目标，受到了温家宝总理、吴仪副总理及中纪委、监察部领导同志的充分肯定，得到了社会各界的好评。四是干部教育培训工作进一步加强。总局先后举办系统干部培训班 13 期，培训 1 460 人次。各地也采取不同形式开展培训、轮训，进一步提高了队伍的政治、业务素质。

九、以贯彻落实中央惩防体系《实施纲要》为主线，进一步加强了党风廉政建设

全系统贯彻落实惩防体系《实施纲要》稳步推进，开局良好。一是总局党组和各省级工商局党组织高度重视，普遍成立了领导小组和工作机构，为落实好《实施纲要》提供了坚强的组织保证。二是认真制定落实《实施纲要》的具体措施。总局党组分别制定印发了《具体意见》、任务分工方案和 2007 年底前工作要点，总局机关各司局和直属单位制定了《具体实施意见》；27 个省（区、市）工商局出台了《具体实施意见》。三是总局领导小组分别召开了总局机关、全国工商系统汇报会或座谈会，沟通交流情况，推动了《实

新中国工商行政管理史志(下卷)

施纲要》的贯彻落实;四是各地采取组织学习、问卷考试、媒体宣传等形式,使《实施纲要》在广大工商干部中深入人心,并按《具体意见》的要求抓落实,取得了一些初步成果。总局机关和全系统落实《实施纲要》的工作,受到了中纪委领导同志的充分肯定。

一年来,全系统还积极参与完成了全国经济普查、社会治安综合治理、打击非法改装车辆和治理超载、整治违法排污企业、打击非法行医等有关工作,受到了各级党委政府的肯定。

今年是实施"十五"计划的最后一年,在全面总结今年工作的同时,认真回顾"十五"时期的工作,肯定成绩,总结经验,查找差距,改进工作,对于我们继往开来,再创辉煌,具有积极意义。即将过去的五年,是我国发展进程中不平凡的五年,也是市场监管执法工作不断开拓进取、工商行政管理事业前进发展的五年。五年来,在党中央、国务院和各地党委、政府的领导下,全国各级工商行政管理机关尽职尽责加强监管执法,尽心尽力服务改革发展,为维护市场秩序、促进经济发展发挥了重要作用;积极推进市场监管体制、机制和监管方式改革,适应社会主义市场经济发展需要的工商行政管理新体制基本建立;大力加强法制建设,与社会主义市场经济体制相适应的工商行政管理法律法规体系初步形成;坚持不懈狠抓队伍建设,已基本建成一支能担当市场监管执法重任的工商行政管理干部队伍。这些都为"十一五"时期工商行政管理事业的进一步发展打下了良好的基础。

在肯定成绩的同时,必须清醒看到我们的监管执法工作和自身建设还存在不足和差距。整顿规范市场秩序的任务还十分艰巨,市场监管执法工作还需要进一步加强,法律法规还需要不断完善,队伍素质还有待进一步提高。这些都需要我们在今后的工作中倍加努力,不断改进。

2006 年的工作安排

2006 年,是实施"十一五"规划的第一年,做好 2006 年的工作意义重大。全国工商行政管理系统要坚决贯彻落实党的"十六大"、十六届五中全会和中央经济工作会议精神,坚持以科学发展观统领全局,全面完成 2006 年的各项任务,为推进"十一五"时期工商行政管理的更快更好发展开好局、起好步。

党中央、国务院对工商行政管理工作一直十分重视,非常关心。这次会议召开前,吴仪副总理专门作出重要批示,充分肯定了一年来工商行政管理工作取得的成绩,对今后的工作提出了明确的要求和殷切的期望,使我们深受鼓舞和鞭策,也是激励我们进一步开创工作新局面的强大动力。我们一定要认真学习领会,抓好贯彻落实。

2006 年工商行政管理工作的总体要求是:坚持以邓小平理论和"三个代表"重要思想为指导,认真贯彻党的"十六大"、十六届五中全会和中央经济工作会议精神,全面落实科学发展观和构建和谐社会的要求,深入整顿规范市场秩序,努力营造公平竞争的市场环境;充分发挥监管服务职能作用,积极促进经济社会又快又好发展;继续推进法制建设和制度创新,着力提高监管执法效能;大力加强队伍建设,进一步提高队伍素质和依法行政水平,为落实"十一五"规划、实现全面建设小康社会的奋斗目标做出新的贡献。

一、认真贯彻十六届五中全会精神,坚持以科学发展观统领工作全局

党的十六届五中全会,是我国改革发展进入关键时期召开的一次重要会议。全会审议通过的"十一五"规划建议,明确了我国"十一五"时期经济社会发展的指导方针、奋斗目标、主要任务和重大举措。贯彻落实好这次会议精神,对于我们实现全面建设小康社会的奋斗目标、开创中国特色社会主义事业新局面,具有十分重大的意义。各级工商行政管理机关要把学习贯彻十六届五中全会精神作为当前和今后一个时期的重大政治任务,自觉坚持用科学发展观指导工商行政管理工作的改革和发展。

(一)认真学习、深刻领会十六届五中全会精神,统一思想,提高认识。坚持以科学发展观统领经济社会发展全局,是十六届五中全会精神的核心,是"十一五"规划建议的总纲,是以胡锦涛同志为总书记的党中央对社会主义现代化建设指导思想的重大发展,是马克思主义发展理论的重大创新。工商行政管理系统的干部学习领会十六届五中全会精神,最重要的就是要加深对科学发展观的理解。科学发展观的第一要义是发展,核心是以人为本,基本要求是坚持全面、协调、可持续发展。广大工商行政管理干部要进一步增强贯彻落实科学发展观的自觉性和坚定性,始终坚持用科学发展观统领工商行政管理工作的全局,切实把科学发展观落实到市场监管执法的各项实际工作中,为促进科学发展充分发挥工商行政管理职能作用。

(二)正确认清工商行政管理工作面临的形势和任务,坚定信心,开拓进取。十六届五中全会对我们当前面临的国际国内形势作了深刻的分析。总体上看,既有诸多有利条件和发展机遇,又面临复杂多变的国际局势和改革发展中的一些深层次问题。就工商行政管理工作而言,落实"十一五"规划、实现全面建设小康社会的奋斗目标,我们肩负的维护市场秩序的任务将更加繁重;促进科学发展、构建和谐社会,对我们的工作提出了新的更高的要求。全国工商行政管理系统的同志们,要进一步认清形势,明确任务,增强使命感和责任感,在繁忙的具体工作中,善于进行理论思考和战略思维,锐意进取,开拓创新,努力提高落实科学发展观的能力和水平,不断把工商行政管理工作推向前进。

(三)精心制定"十一五"时期工商行政管理发展规划,立足当前,谋划长远。"十一五"规划建议描绘了我国"十一五"时期经济社会发展的宏伟蓝图,对工商行政管理工作提出了新的任务和要求。为确保"十一五"规划建议赋予工商行政管理部门的各项任务落到实处,总局正在组织力量制定工商行政管理发展"十一五"规划。各地要按照总局制定的规划,根据当地政府的统一部署和要求,研究制定具体措施,扎扎实实抓好

落实。特别要认真做好2006年开局之年的各项工作,为实施"十一五"规划打下坚实的基础。

二、深入整顿、继续规范,努力营造良好的市场经济环境

十六届五中全会和中央经济工作会议明确提出,要进一步整顿和规范市场秩序,坚决打击制假售假、商业欺诈、侵犯知识产权等违法行为,强化对食品、药品、餐饮卫生等的监管。整顿规范市场秩序,营造良好的市场经济环境,是工商行政管理部门的基本职责和重要任务。要在充分肯定整顿规范市场秩序工作取得明显成效的同时,清醒地看到市场秩序中存在问题的严重性和整顿规范的艰巨性、复杂性,切实把整顿规范市场秩序作为一项重要任务常抓不懈。

在深入整顿规范市场秩序中,一是要坚持突出重点,全面推进。重点是严厉打击损害人民群众切身利益、影响经济社会发展、严重扰乱市场秩序的违法行为。二是要坚持标本兼治,着力治本。要在近年来积极探索实践的基础上,狠抓行之有效的监管制度的落实和完善,继续推进监管制度的改革创新,进一步加大治本力度,努力建立长效监管机制。三是要坚持有法必依,执法必严。要进一步完善执法制度,强化执法监督,切实做到有案必查,有查必果,切实做到依法行政。

(一)维护消费者合法权益,严厉打击制假售假行为。一是继续深入开展食品安全专项整治,切实维护食品消费安全。要针对食品季节性、节日性、区域性消费特点及消费者申诉举报多和与群众生活密切相关的品种,集中开展三项专项执法检查:即以城市社区、农村和城乡结合部为重点,开展重点区域执法检查,重点解决无照经营和制售假冒伪劣食品问题;以商场、超市、集贸市场和批发市场为重点,开展自律制度专项执法检查,重点解决经营者进货验证验票、不合格食品退市、食品质量责任等自律制度的建立和落实问题,引导和监督经营者切实对消费者和食品安全负责;以"五一"、"十一"、中秋、元旦、春节为重点,开展节日食品市场

专项执法检查,重点解决销售有毒有害和不合格节日食品问题,确保节日消费安全。在食品安全专项整治中,要突出重点食品质量监管,特别要继续把奶制品作为重点产品,认真贯彻国务院办公厅加强液态奶生产经营管理的通知精神,严把市场主体准入关,大力加强市场监督检查,严肃查处销售不合格液态奶以及掺杂使假等违法行为。在集中开展专项整治的同时,要继续依法清理规范食品经营主体,切实坚持先证后照,确保经营主体资格合法有效。要全面落实工商所食品安全监管规范,大力强化食品安全日常监管,严格规范食品经营行为。要完善食品安全监管网络,加强食品安全风险评估,健全预警、应急处置机制,进一步提高食品安全监管水平和处置突发事件的能力,积极推进食品安全监管长效机制建设。二是加强流通领域商品质量监管。要不断完善商品质量市场准入体系,加强流通领域以食品为重点的商品质量监测,实施规范的商品质量快速检测,及时发现和查处存在质量问题的商品;在全国设立商品质量检测数据直报点,开展定点监测,建立商品质量监测数据库,不断提高商品质量监管水平。三是进一步创新消费维权体制、机制,加大消费维权执法力度,切实维护消费者合法权益。各地要继续推进"12315"网络进社区、进村镇、进市场、进商家,加强"一会两站"建设,方便消费者就近投诉,及时调解消费纠纷,特别要突出抓好重点商品和服务行业保护消费者权益工作,广泛开展消费教育活动,进一步提升消费维权水平。四是严厉打击各种制假售假行为,维护重要商品经营秩序。要会同有关部门、行业协会、名优产品企业,共同对建材、汽车配件、化妆品、家用电器、电子通讯产品等涉及国计民生和消费安全的重点商品,以及人民群众反映强烈的难点、热点问题进行集中整治,进一步加大打假力度,切实维护市场秩序。

(二)维护公平交易,严厉打击传销及其他商业欺诈行为。一是继续保持高压态势,严厉打击传销和变相传销。《禁止传销条例》和《直销管理条例》已分别于今年11月

1日和12月1日开始施行,各地要认真贯彻执行,要把打击传销和变相传销作为明年整顿规范市场秩序的重点工作。要加强对传销活动多发区、易发区等重点地区的巡查,特别是强化对出租房屋的监控,继续有针对性地开展专项行动,重点打击"拉人头"、"团队计酬"和利用互联网进行传销的行为;切实做好直销企业的准入、监管和规范,抓好直销员的招募、培训、计酬等关键环节,对违规行为坚决予以查处;继续加强舆论宣传工作,提高广大群众防范和抵制传销的能力。二是深入开展广告市场专项整治工作,严厉打击虚假违法广告。以医疗、保健品、药品、化妆品为重点,分季度、分阶段、分品种开展重点整治;继续抓好对广告主、广告公司、广告媒介单位的监管,实现对广告市场的全方位、全过程监管;认真落实广告监测、广告信用、违法广告公告及违法广告活动主体退出、责任追究等制度,加大执法监管力度;积极推动落实部门联席会议制度,加强协调配合,搞好综合执法,增强监管合力。三是加大合同行政执法力度,严厉打击合同欺诈行为。加强对买卖、加工承揽、旅游、重要生产资料等合同的行政监管,严厉打击设置合同陷阱、骗取合同保证金、实施合同诈骗等违法行为。继续开展"守合同、重信用"企业创建活动,促进全社会良好信用观念的形成。四是加大案件查处力度,严厉打击各种商业欺诈行为。严厉打击商业零售企业虚假打折、虚构或夸大特许经营品牌骗取加盟费,以及以回购包销产品为诱饵推销种子种苗、加工器械等商业欺诈行为;严厉打击中介组织发布虚假信息骗取钱财的违法行为;严厉查处坑农害农的商业欺诈行为,增强农民消费信心。

(三)大力加强市场监管,切实抓好禽流感防控工作。各级工商行政管理机关要坚决贯彻落实党中央、国务院的决策部署,充分发挥市场监管职能作用,高度重视和切实抓好禽流感防控工作。一是要制定完善市场防控禽流感应急预案,认真落实禽类市场监管监测报告制度,一旦发生疫情,立即报告当地政府和国家工商总局,通报有关部

门,并迅速启动应急程序,及时果断予以处置。二是要加强活禽交易市场特别是农村市场的监管,实行禽类产品市场准入和"挂牌经营"制度,严防禽流感通过市场传播。三是要加大监管执法力度,严厉打击制售假冒伪劣禽流感疫苗等违法行为。四是要坚持一手抓防控,一手促发展,认真落实各项扶持措施,积极促进家禽业健康发展,确保合格的禽类及其产品正常交易,货畅其流。

(四)维护商标专用权,严厉查处商标侵权案件。一是进一步提高商标执法水平。严厉查处情节严重、性质恶劣、社会反响强烈的商标侵权假冒案件,追根溯源,一查到底。完善案件移送制度,加强案件移送工作,对达到商标犯罪立案标准的及时移送司法机关追究刑事责任。二是认真做好涉外商标保护工作。要充分认识依法保护中外商标的重要性和紧迫性,对中外商标保护做到一视同仁,努力树立我国有效保护注册商标专用权的良好国际形象。三是加强驰名商标认定和保护工作。要进一步提高工作效率和执法水平,增强裁定的准确性、公正性。加大对驰名商标的法律认定和保护力度,切实维护企业商标权益。充分运用调解机制,妥善处理商标纠纷。

(五)维护公平竞争,切实制止不正当竞争行为。一是进一步加大反不正当竞争执法力度。继续加大对商业贿赂的整治力度,积极参与纠正医药购销中不正之风的工作;继续组织开展查处重大不正当竞争案件专项执法行动,严厉查处仿冒知名商品特有的名称、包装、装潢、企业名称的行为,对商品质量作误导性宣传、不正当有奖销售等行为,利用网络从事不正当竞争的行为。二是进一步加大制止行业垄断工作力度。继续加强对行业垄断的整治,严厉查处垄断性行业强制交易、强制服务等行为,促进统一开放、竞争有序的现代市场体系的建立。三是进一步加大制止行政性垄断、打破地区封锁工作力度。积极运用行政建议或行政告诫等方式,努力制止地方保护和地区封锁行为。

(六)维护良好市场经济环境,严厉查处

各种违法经营行为。一是深入开展反走私斗争。严厉打击贩私和经销无合法来源进口商品的行为,坚决取缔各类走私货市场和集散地。二是大力加强对粮食、棉花、汽车、成品油等重要商品市场的监管。积极支持符合资质条件的各类粮食经营、加工企业入市收购粮食,继续强化陈化粮监管;认真做好对现有棉花加工企业的清理整顿工作,维护棉花流通秩序;加强对二手车市场的监管力度;规范成品油市场经营秩序,严厉查处以次充好、掺杂使假等违法行为。三是严厉打击非法拼装组装汽车的行为,切实防止反弹。对已取缔的报废车辆拆解市场要全面进行复查,对零散、新的交易场点,对转移、隐匿报废车、拼装车和废旧车零部件进行地下暗中交易的,要依法严厉打击。四是积极配合有关部门开展禁毒、反假币、反洗钱等工作。密切配合有关部门严厉打击制造、贩卖假币行为,切实加强对娱乐服务场所和易制毒化学品生产经营单位的监管,认真做好反洗钱工作。

三、履行职责、热忱服务,充分发挥推动经济社会又快又好发展的主动性、积极性和创造性

各级工商行政管理机关要认真贯彻落实党中央、国务院关于促进经济发展的各项决策部署,全面落实科学发展观,牢固树立为促进经济社会发展服务的思想,在各级党委政府的统一领导下,进一步加强与有关部门的协调配合,为促进经济社会全面协调可持续发展尽职尽责,尽心尽力。

(一)加强和改进企业登记和监管,促进各类市场主体和多种所有制经济共同发展。要以贯彻实施新修订的《公司法》和《公司登记管理条例》为契机,进一步改进和提高登记管理工作水平,为各类市场主体健康发展积极做好登记服务工作。一是认真贯彻国家增强自主创新能力、推进产业结构调整、促进增长方式转变的方针政策,扎实做好有关监管服务工作。加大知识产权保护力度,大力支持市场主体自主创新。积极引导各类市场主体增强商标意识,实施商标战略,提升产业素质和市场竞争力。支持拥有自主知识产权和知名品牌的大企业和企业集团发展成为具有国际竞争力的跨国公司。强化商标行政执法工作，优化创新环境，保护创新利益。认真执行国家产业政策和产业发展目录，依法把好市场主体准入关，积极促进产业结构调整和经济增长方式转变。对国家禁止和限制发展的产业，申请登记时要严把准入关口；仍在经营的，要积极配合有关部门进行清理整顿，依法责令其办理变更登记或注销登记。尤其要配合有关部门调整产能过剩行业、淘汰落后生产能力，依法做好调整、关闭那些产能过剩、技术落后、破坏资源、污染环境和不具备安全生产条件的企业的变更或注销登记工作。对国家支持发展的产业，要优化服务，创造良好的发展环境。特别要大力支持发展资源节约型、环境友好型的行业和经营项目。重视发挥农产品商标和地理标志在调整农业生产结构、促进区域经济发展中的积极作用。二是大力支持国有、集体企业改革改组改造，促进国有、集体企业加快发展。要积极主动掌握企业情况，加强政策指导，优质高效地为改制企业做好登记服务工作；要严格依法行政，规范改制行为，切实防止国有资产流失；要继续积极支持集体企业深化改革，发展多种形式的集体经济。三是加强和改进对非公有制企业的服务和监管，引导个体私营经济健康发展。鼓励、支持和引导个体私营企业大力发展商贸、外贸、交通运输、旅游、餐饮、居民服务、中介服务等第三产业和服务业；鼓励和支持非公有制经济参与国有企业改革，进入金融服务、公用事业、基础设施等领域。四是加强政策引导和改进登记管理，促进外商投资企业健康发展。按照国家鼓励外资参与国有企业改革的政策要求，积极引导外资参与国有企业改组改造。重视对外资投向的产业和区域引导，鼓励外资投向先进制造业、现代服务业、高技术含量生产环节和研发领域，投向中西部地区和东北等老工业基地。加强对东中西部等不同区域外资登记管理的分类指导，进一步规范外资登记授权工作；积极改进外资监督管理方式，强化对外资企业出资的监管，继续推进外资企业属地化监管，着力提高利用外资的质量。五是进一步做好港澳居民在内地申办个体工商户的登记服务工作。认真落实关于内地与港澳建立更紧密经贸关系第三阶段扩大开放政策，进一步提高工作效率和水平，积极促进港澳个体工商户发展。

（二）认真贯彻落实"三农"工作方针政策，维护农村市场秩序和农民权益，促进农村经济发展。按照建设社会主义新农村的总体部署，进一步整合工商职能，努力为支持"三农"工作服务。一是继续深入开展"红盾护农"行动，切实保护农民利益。进一步建立健全和推动落实"两账两票、一卡一书"、种子留样备查、农资经营企业信用分类监管等制度，强化对农资市场的日常监管；继续狠抓大案要案的查处，严厉打击制售假冒伪劣农资坑农害农等违法行为；切实加强农资商品监测工作，及时把不合格农资产品清除出市场。二是积极引导农民运用农产品商标和地理标志增收。进一步加大宣传力度，切实做好农产品商标和地理标志保护工作，积极引导注册农产品商标和地理标志，支持农民充分利用地区优势农产品生产致富。三是大力支持培育发展农村经纪人，支持发展"订单农业"，开展涉农合同帮扶工程，促进农业生产发展，搞活农产品流通。四是积极支持农业产业化生产经营。继续鼓励和引导农民发展专业合作经济组织，探索做好农民专业合作社等登记注册工作，依法赋予市场主体资格，积极支持涉农龙头企业，努力促进农业生产市场化、产业化、规模化发展。五是积极引导支持农村个体私营经济发展。对农村流动商贩免于工商登记，对农民进入集贸市场销售自产农副产品不予登记；积极支持、引导农村个体私营企业向农产品加工业、种养业以及为农业生产服务的行业拓展。

（三）按照统筹区域发展的要求，为促进区域经济协调发展做好管理服务工作。一是继续积极参与支持举办投资、贸易等经济活动，引导东中西部企业加强信息交流，搞好经贸合作，实现项目对接，促进共同发展。二是加强政策指导，搞好咨询服务，积极促进个体私营经济和外资参与老工业基地国有集体企业改制,支持老工业基地国有集体企业盘活资产,搞好主辅分离,实行多样化经营。三是继续完善东部地区执法协作机制,加强信息交流和执法合作,增强促进东部地区加快发展的整体合力。

(四)发挥职能优势,促进就业再就业工作。认真落实十六届五中全会、中央经济工作会议关于千方百计扩大就业的精神和国务院最近发布《关于进一步加强就业再就业工作的通知》的部署要求,进一步加大促进就业和再就业工作力度。一是落实国家就业和再就业政策,在市场准入、政策支持、收费减免、提供服务和优化市场环境等方面提供便利,鼓励下岗失业人员、高校毕业生等各类人员创办小企业,自主创业和自谋职业。二是积极支持就业容量大的劳动密集型产业、服务业和各类所有制的中小企业发展,扩大就业容量;积极支持国有企业深化改革,通过主辅分离、辅业改制等措施安置富余人员,多形式、多渠道增加就业岗位;积极支持鼓励个体私营企业吸纳下岗人员和高校毕业生。三是加强对下岗失业人员再就业的指导,鼓励、引导下岗失业人员在社区兴办餐饮业、零售业、居民服务业、租赁服务业。四是积极配合有关部门加强对劳动者合法权益的保护工作,严厉打击劳务中介机构发布虚假劳务信息骗取钱财的违法行为。

(五)积极参与文化市场监管,促进社会主义精神文明建设。一是积极配合有关部门开展"扫黄"、"打非"斗争,净化文化市场环境。重点查缴政治性非法出版物、淫秽出版物、盗版出版物和宣扬伪科学类出版物。二是配合有关部门加强对互联网上网服务营业场所和电子游戏经营场所的管理。加强对出租房屋、居民楼、高校电教室等场所的监督检查,坚决取缔黑网吧;加强对游戏厅室的检查,坚决取缔证照不全或无证照经营。三是配合有关部门进一步优化校园周边环境。积极会同有关部门对中小学校及周边无照经营进行查处取缔,密切配合有关部门对娱乐服务场所、商业网点、餐饮业等

进行整顿规范,为中小学生创造一个良好的学习环境,确保消费健康安全。四是继续认真清理企业名称和商标、广告用语中的不良文化现象。严禁在企业名称和商标中使用含有反动政治内容、消极政治影响、封建迷信色彩、腐朽文化糟粕和违反社会道德内容的文字、词汇和图形;严禁在广告中出现违背社会良好风尚的文字、语言、画面以及其他庸俗淫秽、格调低下的内容。

(六)积极参与社会治安管理,促进社会安定和谐。要认真贯彻落实胡锦涛总书记、温家宝总理的重要指示和国务院关于加强安全生产的一系列规定精神,按照总局最近下发的紧急通知要求,积极配合有关部门加强对煤矿、非煤矿山、危险化学品、烟花爆竹、民爆器材等生产经营企业的监管,严格主体准入,加强市场监管,参与联合执法,服务安全生产。特别要重点配合有关部门继续打好煤矿瓦斯治理和整顿关闭两个攻坚战,对有关部门提请当地政府决定予以关闭的煤矿,责令其限期依法办理注销登记。要针对一些城市对燃放烟花爆竹"禁改限"的情况,进一步加大对烟花爆竹生产、销售等各环节的监管,防止不合格产品和违法产品流入市场,切实维护人民群众生命安全。要配合有关部门加强对洗浴中心、美容美发、保健按摩等服务行业的监管,按照职能分工,积极参与社会治安综合治理工作,为维护社会稳定服务。

四、健全法规、创新制度,努力建设适应社会主义市场经济发展需要的市场监管新体系

(一)加快立法立规步伐,进一步健全市场规则。根据"十一五"规划建议关于完善市场主体、市场交易、市场监管等方面法律法规的要求,研究制定工商行政管理"十一五"立法规划,积极促进适应社会主义市场经济发展需要的工商行政管理法律法规体系的建立和完善。2006年,要继续做好制定《商事登记法》、《反垄断法》的有关工作;积极做好《反不正当竞争法》、《商标法》、《合伙企业登记管理办法》的修订工作;抓紧制定《流通领域商品质量监督管理条例》、《商

标代理条例》等行政法规和规章；认真开展制定《经纪人法》、修订《广告法》和《消费者权益保护法》的调研论证工作。

（二）继续推进监管方式改革。近年来在全系统推行的一系列监管方式方法改革，已取得阶段性成效。今后一段时间，要在巩固、完善、提高上下功夫。一是继续深入推进企业信用分类监管，建立健全全国企业信用分类监管网络。要继续扩大联网范围，争取2006年实现90%以上的单位与总局联网；要强化联网应用，发挥监管系统的整体功能，向授权单位开放总局企业名称数据库，运用全国黑牌企业数据库加强企业登记和监管，加大对违法违规企业的惩戒力度；要加强制度建设，建立健全数据采集、更新和维护制度，完善数据传输、应用和联网管理制度。二是加快"12315"行政执法网络体系建设和应用工作步伐。各地要按照总局关于大力推进"12315"行政执法网络体系建设工作意见的部署，理顺工作关系，规范工作程序，建设具有"相对集中受理、分工协作办理、应急指挥调度、信息汇总分析"的信息网络，促进行政执法的现代化和规范化。三是继续深入推进商品准入制度改革。要认真总结流通领域商品准入制度改革工作的经验，以食品及涉及消费安全的商品为重点品种，以农村为重点区域，继续推进和规范流通领域商品经营者进货检查验收、验证验票、购销台账、协议准入、商品质量承诺、不合格商品退市以及市场开办者质量管理责任等自律制度。进一步完善流通领域商品质量监管制度，扩大商品准入制度的覆盖面，促进商品准入制度改革工作的深入开展。四是继续深入推进个体工商户分层分类登记监管改革。制定出台《个体工商户委托登记管理办法》和《个体工商户分类监管指导意见》，规范委托授权登记和分类监管的形式、程序和标准，将个体工商户的登记监管工作纳入"经济户口"和企业信用监管平台，建立和完善个体工商户委托登记和分类监管机制。五是继续深入推进监管方式方法改革，巩固和完善市场巡查制、互联审批制、首办责任制等监管方式改革。

（三）努力创新监管机制。努力建设行政执法、行业自律、舆论监督、群众参与的市场监管新体系。一是切实履行好市场监管执法职责，进一步促进执法职能到位，不断提高执法效能和应急监管能力。当前，特别要认真落实总局下发的市场监管应急预案，结合本地实际，建立完善市场监管应急机制，切实提高对重大突发事件的预警和应急处置能力。二是抓好行业自律。充分发挥个体劳动者协会、广告协会、商标协会和其他协会的作用，引导广大经营者自觉守法、诚信经营、公平竞争。三是注重发挥舆论监督的积极作用。充分发挥工商报、消费者报、工商出版社及其他新闻媒体的舆论监督作用。四是积极引导群众参与。充分发挥消费者协会等在维护消费者权益、维护市场秩序中的积极作用，提高人民群众对工商行政管理工作的关注和参与程度。

（四）进一步加强信息化建设。一是要按照统筹规划、梯次推进、服务监管的原则，进一步强化全国工商行政管理系统的硬件建设，为全系统监管执法信息网络的联通提供必要的装备保障。将信息化建设与提高监管执法效能有机结合，相互推进。二是要进一步加强监管执法软件的研发应用工作，为规范执法行为、提高监管执法的科技含量和现代化水平提供技术保障。三是要进一步加强政务信息工作，为科学决策提供优质信息服务。要切实重视和加强政务信息工作，畅通政务信息渠道，逐步实现政务信息工作的网络化、制度化和规范化发展，切实发挥信息调研的决策参考作用。

（五）进一步扩大国际交流与合作。一是积极推动更紧密、更广泛的双边多边国际执法合作，努力维护日益融合一体的国内国际市场经济秩序。通过开展双边多边的协同执法及其他形式的国际执法合作，有力打击跨国非法经营活动，协作解决共同面临的市场监管问题，有效促进经贸关系发展，保护经营者和消费者合法权益。二是进一步扩大国际交流。围绕市场主体准入、竞争政策、消费者权益保护、商标专用权保护等领域的立法执法工作，继续推进多边双边国际交流,启迪思路,拓展视野,加强合作。三是坚持学习借鉴与自我完善相结合。要加强国际交流成果的推广与应用,深入开展比较研究,结合我国实际和工商行政管理职能,积极借鉴有益经验,切实把国际交流的收获转化为市场监管效能的提高。

五、加强建设、严格管理,优化队伍结构,规范执法行为

(一)认真贯彻党中央、国务院关于加快政府职能转变的总体部署和要求,进一步加强自身改革和建设。一是大力推进政务公开。加强对政务公开工作的领导、督促、检查和指导,认真落实中央办公厅、国务院办公厅《关于进一步推行政务公开的意见》,按照"以公开为原则、不公开为例外"的要求,进一步完善已有的政务公开事项,依法公开办事依据、办事程序和办事结果,逐步拓展政务公开的内容,不断创新政务公开的形式,努力提高政务公开工作水平。二是进一步提高行政执法水平。要继续深入贯彻《行政许可法》,进一步规范行政许可;要高度重视执法程序问题,严格按照执法程序监管执法,健全行政执法依据、程序公开制度,进一步规范行政执法行为;要强化执法监督,严格行政执法责任制度和过错追究制度,完善行政执法监督制约机制。三是着力加强政风建设。要忠于职守,依法行政,勤勉尽责。要强化服务意识,优化服务,依法办事,进一步提高工作质量和效率。要转变作风,大力弘扬求真务实精神。工商行政管理系统各级领导机关工作人员特别是领导干部,要注重深入基层,深入执法第一线,抓重点,抓难点,狠抓各项工作的落实。要切实精简会议和文件,改进会风和文风,力戒形式主义和做表面文章,真抓实干,务求实效。

(二)树立人才兴业的思想,进一步加强干部教育培训工作。一是研究制定工商行政管理系统"十一五"人才队伍建设规划,进一步加强和改进人才队伍建设工作。筹备召开人才建设工作会议,进一步推进全系统人才队伍建设。二是以提高素质为核心,以能力建设为重点,进一步加大干部教育培训力度,提高干部教育培训质量。各级工商行政管理机关要采取多种形式开展教育培训,切实提高干部队伍的政治素质、业务素质,增强履行职责的本领。三是建成启用国家工商行政管理总局行政学院,充分发挥其培训基地的作用,扩大培训范围,提高培训质量。四是进一步加强基层队伍建设。要认真总结推广各地加强基层建设、队伍建设和基层党建工作的成功经验,继续做好《基层建设纲要》的修订和落实工作,进一步加强基层规范化管理,推动全系统基层建设和队伍建设迈上一个新的台阶。

(三)认真贯彻《党政领导干部选拔任用工作条例》,大力推进干部人事制度改革。一是认真做好《公务员法》的实施工作。要认真抓好学习培训,全面准确掌握《公务员法》的基本精神;要以实施《公务员法》为契机,大力加强工商行政管理队伍建设,切实提高依法行政的意识和能力;要进一步规范公务员的岗位职责和行政行为,促进严格执法、公正执法、文明执法。二是继续深化干部人事制度改革,健全以品德、能力和业绩为重点的人才评价、选拔任用和激励保障机制,确保选好人,用好人。三是严格执行《党政领导干部选拔任用工作条例》,坚持标准、严格程序,公开选拔、竞争上岗,真正把德才兼备的优秀干部选拔到领导岗位上来。四是以提高执政能力为重点,进一步加强各级工商行政管理机关领导班子建设。

(四)积极构建教育、制度、监督并重的惩治和预防腐败体系,切实加强党风廉政建设。坚决贯彻中央惩防体系《实施纲要》,认真落实总局《具体意见》、《任务分工方案》和《2007年底前工作要点》,坚持标本兼治、综合治理、惩防并举、注重预防,不断推进工商行政管理系统的党风廉政建设和反腐败工作。一是深入学习《实施纲要》,进一步提高认识,统一思想,发扬求真务实的精神,以高度的政治责任感,把《实施纲要》落实好。二是抓紧制定具体实施意见,特别是具体意见还未出台的单位,要加强领导,集中力量,尽快完成制定工作并下发执行。三是围绕教育、制度、监督三个环节研究具体落实措施,逐项落实各项任务,特别要抓好2007年前各项任务的落实。四是巩固队伍教育整顿成果，把队伍教育整顿整章建制工作纳入惩防体系的建设之中，加强教育，完善制度，强化监督，建立长效机制。总之，落实惩防体系《实施纲要》，加强党风廉政建设，要紧密结合工商机关实际，坚持以改革和制度创新为重点，坚决纠正损害群众利益的不正之风，加强对权力运行的制约和监督。关于明年全国工商行政管理系统的党风廉政建设和反腐败工作，待中央纪委全会、国务院廉政工作会议召开后，总局党组再专门部署。

同志们，让我们紧密团结在以胡锦涛同志为总书记的党中央周围，坚持以邓小平理论和"三个代表"重要思想为指导，认真贯彻十六届五中全会和中央经济工作会议精神，全面落实科学发展观，锐意进取，扎实工作，为全面完成 2006 年的各项任务、推进"十一五"规划的实施，做出积极的努力和贡献。

王众孚局长在全国工商行政管理系统党风廉政工作会议上的讲话

（2006 年 2 月 27 日）

这次全国工商行政管理系统党风廉政工作会议的主要任务是，认真贯彻落实中央纪委第六次全会和国务院第四次廉政工作会议精神，总结 2005 年工商行政管理系统的党风廉政建设和反腐败工作，研究部署 2006 年的任务。下面，我根据总局党组的研究讲几点意见。

一、2005 年党风廉政建设和反腐败工作的基本情况

2005 年，全国工商行政管理系统认真贯彻中央纪委第五次全会、国务院第三次廉政工作会议精神，按照年初全系统党风廉政工作会议的部署，以开展先进性教育、大力推进惩防体系建设和深入进行队伍教育整顿为重点，积极进取，锐意开拓，全面推进党风廉政建设和反腐败工作，取得了新的成效，呈现出良好发展态势。借此机会，我代表总局党组向从事纪检监察工作的同志们表示衷心的问候和感谢。一年来，我们主要抓了

以下几方面的工作：

（一）认真开展保持共产党员先进性教育活动，全面促进了党风廉政建设。按照中央的部署和要求，总局和各地工商行政管理机关作为第一批参加先进性教育活动的单位，集中时间认真开展了以实践"三个代表"重要思想为主要内容的保持共产党员先进性教育活动。各地坚持把反腐倡廉作为先进性教育的重要内容，努力以先进性教育的成效全面促进党风廉政建设和反腐败工作。一是进一步提高了党员素质，夯实了拒腐防变的思想基础。通过扎实开展学习教育、民主评议和整改，党员干部经受了一次严格的党性锻炼，提高了党性修养，增强了学习实践"三个代表"重要思想的自觉性和坚定性，构筑了拒腐防变的思想道德防线。二是进一步增强了宗旨意识，提高了反腐倡廉的自觉性。通过狠抓权力观教育和联系实际深入剖析，党员干部明确了新时期工商行政管理系统共产党员保持先进性的具体要求，增强了奉献意识和服务意识，提高了拒腐防变的自觉性。三是进一步转变了工作作风，促进了廉洁从政。通过整改党风廉政建设中存在的突出问题、开展工商廉政文化建设，党员干部进一步弘扬了党的优良传统和作风，增强了执政为民意识，提高了廉洁执法的自觉性。四是进一步加强了基层党建工作，提高了基层党组织抓反腐倡廉工作的能力和水平。通过创新党员教育管理新思路、新方法和建立健全永葆先进性的长效机制，进一步加强了基层党组织建设，"一岗双责"、党支部的战斗堡垒作用和党风廉政建设领导作用进一步得到发挥，基层党组织的创造力、凝聚力和战斗力进一步增强，党风廉政建设和反腐败工作的组织领导基础更加坚实。

（二）稳步推进工商行政管理系统惩治和预防腐败体系建设，取得了良好开局。认真贯彻落实中央关于建立健全教育、制度、监督并重的惩治和预防腐败体系《实施纲要》的部署和要求，总局机关和全系统惩防体系建设稳步推进，开局良好。一是高度重视，加强领导。总局党组和各省（区、市）工

商局党组（党委）都成立了领导小组和工作机构。二是及时制定了工商行政管理系统落实《实施纲要》的具体措施。总局党组先后制定印发了《具体意见》、《任务分工方案》和《2007年底前工作要点》，明确了工商行政管理系统建立健全惩治和预防腐败体系的指导思想、主要目标、工作原则、基本要求、责任分工以及今后一个时期的重点任务和阶段性目标。三是稳步推进了工商行政管理系统贯彻《实施纲要》具体措施的落实工作。总局领导小组分别召开了总局机关、全国工商系统汇报会或座谈会，交流情况，推动工作。总局机关各司局和直属单位制定了《实施意见》，目前各省、自治区、直辖市工商局全部出台了《实施意见》；各地采取组织学习、问卷考试、媒体宣传等形式，使《实施纲要》在广大工商干部中深入人心，并已有了一批重要成果。总局机关和全系统落实《实施纲要》的工作，受到了中央纪委领导同志的充分肯定，总局被中央纪委列为中央国家机关落实《实施纲要》的联系单位之一。

（三）继续深入开展队伍教育整顿。进一步树立了工商行政管理机关的良好形象。在2004年工作成果的基础上，各地认真贯彻落实温家宝总理关于抓好"五项清理"和加强队伍建设的重要批示精神，继续深入开展队伍教育整顿，把巩固"五项清理"成果、防止边清边犯、清后反弹作为队伍教育整顿的重要任务，狠抓各项整顿措施的落实，确保队伍教育整顿不断取得新成效。这次队伍教育整顿，是总局成立以来在全系统组织开展的规模大、力度强、范围广、时间长的一次思想教育和执法监督活动，经过一年多的努力，以"五项清理"为主要内容的队伍教育整顿清纠工作基本结束，达到了预期目的。一是查处和纠正了存在的突出问题。全系统共清理执法案件244.3万件、涉及收费问题316件、消费者申诉132.25万件、对工商人员信访举报2.06万件、执法岗位上不具备执法资格的人员3万多人，给予党纪政纪处分1 215人，移送司法机关处理53人。二是提高了依法行政水平。通过对"五项清理"中发现问题的纠正和处理，起到了警示

和教育作用，有问题的主动改正，无问题的自觉规范，进一步规范了行政执法行为，进一步提高了依法行政水平。三是探索了加强党风廉政建设和反腐败工作的长效机制。"五项清理"既是队伍教育整顿的具体措施，也是加强党风廉政建设的有力举措。各地针对"五项清理"中发现的问题，研究制定了一系列规章制度，以制度规范行政执法行为，进一步推进了党风廉政建设和反腐败工作长效机制建设。队伍教育整顿工作受到了温家宝总理、吴仪副总理及中央纪委、监察部领导同志的充分肯定，得到了社会各界的好评。多数省市工商局在当地政府组织的政风行风评议中取得了较好成绩，有的还名列前茅。同时，总局机关清理"办班、办会、办节"等工作也都取得了新的成效。

（四）严肃执纪，强化监督。进一步加大了惩治腐败的工作力度。各地狠抓案件查处，加大惩治力度，充分发挥办案在遏制腐败、促进治本方面的建设性作用。一是狠抓领导干部廉洁自律，促进了廉洁从政。各地切实加强对领导干部执行廉洁从政各项规定的监督检查，严肃查处了领导机关和领导干部中存在的违纪违规行为，领导干部廉洁从政意识进一步增强。二是狠抓案件查处，惩治了腐败行为。各地进一步加大对腐败案件的查处力度，惩治了以权谋私、贪污受贿等违法行为，有效遏制了腐败行为的发生。2005年，全系统共受理信访举报案件14 249件，办结各类违纪违法案件859件，受到党纪政纪处理850人，移送司法机关处理41人。三是狠抓执法监督，纠正了损害群众利益的不正之风。总局和各地普遍开展了执法检查，强化了对执法行为的监督制约，严肃查处和纠正了在行政收费、执法办案、行政审批等方面存在的损害群众利益的突出问题，以实际成效取信于民。同时，深入贯彻实施"六项禁令"、治理报刊摊派发行、加强工商廉政文化建设以及做好群众来信来访调查处理等工作也都取得新的成效。

与此同时，各地按照中央纪委党风廉政建设和反腐败工作任务分工意见的要求，继续积极参与了纠正医药购销和医疗服务中

的不正之风等工作。全系统共查处商业贿赂案件2 406件,案值9.15亿元,其中医药购销中的商业贿赂案件486件,案值1.46亿元。总局牵头负责的"严格市场准入退出制度"建设工作和配合协助的"规范并加强对社团、行业组织和社会中介组织的管理制度"建设工作有序进展,企业登记前置行政许可项目目录、企业注销程序规定、有关清算责任和程序法规等正在抓紧制定中,全国中介组织的调查摸底情况已上报监察部,配合开展的清理规范中介组织的试点工作进展顺利。

(五)加强制度建设,进一步加大了从源头上预防腐败的工作力度。一是继续推进了干部人事制度、行政审批制度、财政管理体制改革。总局进一步建立健全了《党风廉政建设联席会议制度》、《干部监督工作联席会议制度》、《反腐倡廉宣传工作联席会议制度》、《基层建设补助经费分配使用监督制度》等制度。各地围绕强化对干部选拔任用工作的监督,继续深化了民主推荐、公开选拔、竞争上岗等人事制度改革;围绕深入贯彻《行政许可法》,继续推进了行政审批制度改革;围绕全面推行部门预算和严格执行"收支两条线",继续推进了财政管理体制改革。二是提高了政务公开工作水平。各地在巩固证照办理、案件查处、行政收费等政务公开成果的基础上,进一步扩大政务公开范围,完善政务公开形式,强化政务公开监督检查,全系统政务公开工作水平有了新的提高。总局向社会公开商标信息查询,受到了广泛关注和好评。三是积极推进行政执法责任制,强化了执法责任。各地进一步加强了执法程序规范、行政执法依据公开制度、执法过错追究制度、执法行为评议考核制度等行政执法责任制度建设,狠抓各项制度的落实,促进了行政执法责任制的全面推行。四是党风廉政建设责任制得到较好执行,领导机制和工作机制进一步完善。各地结合省级工商局纪检监察机构管理体制改革,狠抓党风廉政建设责任制的制定和落实工作,形成了明确分工、各负其责、齐抓共管的领导机制和工作机制,为加强党风廉政建

设和反腐败工作提供了坚强的组织保证。

在肯定成绩的同时,必须看到工商行政管理系统的党风廉政建设和反腐败工作还有一定的不足。主要是:党风廉政建设和反腐败工作发展不平衡,少数地方在抓惩治和预防腐败措施制度的落实方面还不够有力;党风廉政建设和反腐败工作还存在一些薄弱环节,少数执法人员执法思想不够端正,损害群众利益的不正之风还时有发生,不依法行政现象在个别地方还存在;有的地方队伍教育整顿中对问题的清理和对发现问题的纠正处理不彻底,个别地方出现了清后反弹迹象。对此,我们一定要有清醒的认识,继续加倍努力,采取更有力的举措,按照党中央、国务院的要求,努力开创党风廉政建设和反腐败工作的新局面。

二、2006年党风廉政建设和反腐败工作的主要任务

根据党中央、国务院的统一部署和安排,2006年工商行政管理系统党风廉政建设和反腐败工作的总体要求是:以邓小平理论和"三个代表"重要思想为指导,认真贯彻落实中央纪委第六次全会、国务院第四次廉政工作会议精神,加强党章教育,强化对贯彻落实科学发展观情况的监督检查,坚决纠正损害群众利益的不正之风,切实加强对权力的监督制约,深入推进惩治和预防腐败体系建设,全面提高工商行政管理系统党风廉政建设和反腐败工作水平。

(一)认真贯彻中央纪委第六次全会和国务院第四次廉政工作会议精神,进一步提高对党风廉政建设和反腐败工作重要性的认识。

前不久召开的中央纪委第六次全会和刚刚结束的国务院第四次廉政工作会议,深刻分析了当前党风廉政建设和反腐败工作的形势,全面部署了今年的工作任务。做好反腐倡廉工作,提高思想认识是基础。各级工商行政管理机关要认真学习中央纪委第六次全会和国务院第四次廉政工作会议精神,进一步认清工商行政管理系统反腐倡廉工作的新形势、新任务,深刻认识做好党风廉政建设和反腐败工作的重要性、必要性,

不断增强工作责任感和紧迫感,坚持不懈抓好反腐倡廉工作。

1. 深刻认识工商行政管理系统党风廉政建设和反腐败工作的新形势、新任务。中央纪委第六次全会强调,要深刻认识现阶段我国反腐倡廉工作的长期性、复杂性、艰巨性,坚持不懈、持之以恒地把反腐倡廉工作抓紧抓好,一刻都不能放松。各级工商行政管理机关要深刻认识工商行政管理机关党风廉政建设和反腐败工作的新形势、新任务,进一步增强工作的积极性、主动性。一是工作标准的要求更严。近年来,党中央、国务院对行政执法部门的党风廉政建设和反腐败工作十分重视,采取一系列有力举措加强执法监督制约,防止执法腐败,切实纠正损害群众利益的不正之风。工商行政管理机关作为市场监管和行政执法的职能部门,尽管经过多年的不懈努力,反腐倡廉工作取得了积极成效,但从高标准、严要求上看,与党中央、国务院的要求还存在差距,我们反腐倡廉的任务依然艰巨。二是依法行政的约束更强。随着依法治国、转变政府职能等一系列方针政策的贯彻实施,法律体系逐步完善,对行政执法行为约束越来越严,对工商行政管理系统依法行政的要求越来越高。尽管工商行政管理系统依法行政水平不断提高,但从依法行政的发展大局上看,我们建设法制工商、全面提高依法行政水平的任务十分紧迫。三是人民群众的期望更高。工商行政管理机关直接与广大经营者、消费者打交道,随着全社会法制观念的逐步增强,人民群众对工商行政管理机关严格执法、公正执法、文明执法的期望越来越高,这些都给我们的队伍素质尤其是领导干部提出了新的要求,端正执法思想、转变工作作风等工作亟须进一步加强和改进。

2. 深刻认识做好党风廉政建设和反腐败工作的重要性。加强党风廉政建设和反腐败工作,关系党的生死存亡和执政地位,关系社会主义事业的长远发展和全面建设小康社会奋斗目标的实现。各级工商行政管理机关要结合工商实际,深刻认识做好党风廉政建设和反腐败工作的重要性、必要

性,进一步增强工作的责任感和紧迫感。首先,加强党风廉政建设和反腐败工作,是工商行政管理系统贯彻落实科学发展观的需要。维护党纪和政纪,牢固树立科学发展观和正确的政绩观,坚决防止和纠正违背科学发展观的行为,是工商行政管理机关贯彻落实科学发展观的基本要求。加强党风廉政建设和反腐败工作,努力从思想、作风、纪律上为贯彻落实党的重大决策和部署提供有力保证,是工商行政管理系统贯彻落实科学发展观的需要。其次,加强党风廉政建设和反腐败工作,是工商行政管理系统履行维护社会主义市场经济秩序职能的需要。党风廉政建设和反腐败工作的成效如何,直接影响工商行政管理机关市场监管职能作用的发挥,直接制约着市场监管的效能和水平。加强党风廉政建设和反腐败工作,消除滋生腐败的土壤和条件,坚决惩治执法腐败行为,增强工作创造力和战斗力,是工商行政管理系统履行维护社会主义市场经济秩序职能的需要。第三,加强党风廉政建设和反腐败工作,是工商行政管理系统落实执法为民的需要。建设一支为民、务实、清廉的队伍,是落实执法为民的保证。大力加强党风廉政建设和反腐败工作,坚持权为民所用、情为民所系、利为民所谋,实现公平、公正、廉洁执法,是实现好、维护好、发展好人民群众根本利益的基础。

3. 充分认识惩治和预防腐败体系建设的重要性和紧迫性,大力推进惩防体系建设。建立健全惩防腐败体系,是党中央为做好新形势下反腐倡廉工作作出的重大战略决策。贯彻落实中央惩防腐败体系《实施纲要》,是全党一项重要的政治任务和迫切需要抓好的一项艰巨工作。总局和各省级工商局都制定了《具体意见》,能不能抓好落实工作,特别是今年能不能抓出初步成效,是衡量工商行政管理系统党风廉政建设工作是否取得实效的重要方面。各级工商行政管理机关领导班子,特别是主要领导同志要增强政治意识、大局意识、责任意识和紧迫感,在当前和今后一个时期,把落实《具体意见》、《任务分工方案》和《2007 年底前工作

要点》工作摆上重要议事日程,扎扎实实抓好各项任务的落实。

(二)认真开展党章学习教育活动,增强学习贯彻党章的自觉性和坚定性。

胡锦涛总书记在中央纪委第六次全会上强调,要切实抓好党章的学习贯彻工作。最近,中央纪委、中组部、中宣部联合发出通知,就认真学习贯彻胡锦涛总书记在中央纪委第六次全会上的重要讲话精神,切实抓好党章的学习贯彻,提出了明确要求。各地要把党章的学习贯彻作为统领今年党风廉政建设和反腐败工作全局的重要政治任务,下大力气抓紧抓好。

1.认真学习胡锦涛总书记重要讲话,切实把思想和行动统一到胡锦涛总书记的重要讲话精神上来。胡锦涛总书记在中央纪委第六次全会上的重要讲话,深刻分析了我国党风廉政建设和反腐败工作面临的国际国内形势,总结了近年来党中央、国务院抓党风廉政建设和反腐败工作的经验和成效,指出了存在的不足,对全面加强党风廉政建设和反腐败工作进行了战略部署。胡锦涛总书记的重要讲话,对于指导当前和今后一个时期的反腐倡廉工作具有重大而深远的意义。各级工商行政管理机关要认真学习胡锦涛总书记的重要讲话精神,切实把思想和行动统一到讲话精神上来,结合当地党风廉政建设和反腐败工作实际,总结经验,查找不足,采取更加具有针对性的措施,进一步加强党风廉政建设和反腐败工作。

2.严格按照通知要求,认真抓好党章的学习贯彻工作。党章是中国共产党的根本法规,是把握党的正确政治方向的根本准则,是坚持从严治党的根本依据,是党员加强党性修养的根本标准。各级工商行政管理机关要按照中央纪委、中组部、中宣部联合发出的通知要求,深刻认识新的历史条件下学习贯彻党章的重大意义,切实抓好党章的学习、遵守、贯彻、维护工作,落实到党的建设的各方面工作之中。一是抓好党员的思想建设。要围绕党的宗旨、党员标准、党员义务、党的纪律,扎扎实实抓好党章教育,组织广大党员学习党章原文,努力做到熟悉党章的总纲和条

文,熟悉党章的主要内容和基本观点,掌握党章的精神实质,进一步强化党章意识和党员意识,不断增强学习好、遵守好、贯彻好、维护好党章的自觉性和坚定性。同时,要加强权力观教育,加强工商廉政文化建设,在全系统开展"廉洁执法、永葆先进"主题教育活动,全面加强思想建设。二是抓好组织建设。要加强党员队伍和干部队伍建设,切实推进党的执政能力建设和党的先进性建设。自觉拒腐防变,努力提高市场监管执法水平。要注重抓好基层工商所党组织建设,严格执行新时期保持共产党员先进性的具体要求,充分发挥党员的先锋模范作用,不断增强党组织的创造力、凝聚力和战斗力。三是抓好纪律建设和作风建设。要进一步严明纪律,加强对遵守和执行党的政治纪律的督促检查,自觉维护党的团结统一,确保中央政令畅通;要加强作风建设,坚持求真务实、反对形式主义,坚持建设节约型机关、反对铺张浪费,严格遵守"两个务必"、"八个坚持、八个反对"、"四大纪律、八项要求";要积极开展批评与自我批评,反对好人主义和自由主义,对苗头性、倾向性的问题要未雨绸缪,及时开展诫勉谈话、警示提醒,防患于未然。

(三)加强对贯彻落实科学发展观情况的监督检查,进一步提高贯彻落实科学发展观的能力和水平。

胡锦涛总书记在中央纪委第六次全会重要讲话中强调,要把推动贯彻落实科学发展观作为党风廉政建设的重要内容。各地工商行政管理机关要认真贯彻落实胡锦涛总书记重要讲话精神,把推动落实科学发展观作为党风廉政建设的重要内容,开展监督检查。温家宝总理1月6日的重要批示,是对工商行政管理系统贯彻落实科学发展观提出的具体要求。加强对贯彻落实科学发展观情况的监督检查,重点是抓好对贯彻落实温家宝总理重要批示情况的监督检查,从思想、作风、纪律上为贯彻落实科学发展观提供有力保证。

1.加强对依法监管、提高执法水平和效能的监督检查。依法监管、提高执法水平和效能,维护良好的市场秩序,是履行工商行

政管理职能的基本要求,是工商行政管理机关贯彻落实科学发展观的重要任务。各地要加强对依法监管、提高执法水平和效能的监督检查。一是要检查是否正确履行市场监管职责。重点检查党中央、国务院关于加强市场监管的决策部署是否得到切实贯彻执行。二是要检查执法办案的质量和水平。重点检查是否正确行使行政处罚裁量权,办案程序是否合法等。三是要检查监管制度改革的进展情况。重点检查近年来总局为提高监管执法效能和水平推出的企业信用分类监管、个体工商户分层分类监管等改革的进展情况。

2. 加强对维护公平、切实保护消费者和企业的合法权益的监督检查。查处经济违法违章行为,为各类市场主体创造公平竞争的市场环境,切实保护消费者和企业的合法权益,是工商行政管理的基本职能,是工商行政管理机关贯彻落实科学发展观的直接要求。各地要加强对维护公平、切实保护消费者和企业的合法权益的监督检查。一是要检查维护公平工作的开展情况。重点检查是否采取有力措施强化监管执法、维护公平竞争的市场秩序;是否对存在的地方保护主义采取抵制态度和实行制止措施。二是要检查保护消费者和企业合法权益的工作情况。重点检查是否实现对法律负责与对市场主体负责、对消费者负责的统一;是否认真办理消费者申诉、举报,积极推进消费维权进社区、乡村,进一步加强保护消费者权益工作;是否对当地企业和外地企业合法权益保护工作一视同仁。

3. 加强对搞好服务、促进城乡经济发展和社会进步的监督检查。搞好服务、促进城乡经济发展和社会进步,是工商行政管理工作的根本目的,是工商行政管理机关贯彻落实科学发展观的本质要求。各地要加强对搞好服务、促进城乡经济发展和社会进步的监督检查。一是要检查树立科学发展观和正确政绩观的情况。重点检查是否能够正确处理好加强市场监管与促进经济发展的关系。二是要检查执法指导思想是否端正。重点检查是否存在不依法行政、执法争利、

执法扰民扰企和行政不作为等不良行为。

(四)认真贯彻执政为民的要求,切实纠正损害群众利益的不正之风。

经过多年的不懈努力,工商行政管理系统广大干部执法为民的思想进一步确立,执法作风、执法形象不断改善,党风廉政建设和反腐败工作取得了阶段性成效,但损害群众利益的不正之风还时有发生。今年,要着重针对行政收费、执法办案、行政审批等方面存在的问题,进一步端正执法思想、规范执法行为、加强监督制约,切实把贯彻执政为民要求、纠正损害群众利益不正之风的各项工作落到实处。

1. 加强执法监督,严格依法行政。一是加强内部监督。要突出重点岗位和重点环节,进一步强化执法监督,加强执法考评工作,坚决纠正和查处有法不依、违法不究的行为;玩忽职守、失职渎职的行为;利用"案费证照"吃拿卡要、以权谋私的行为;徇私舞弊、贪污受贿的行为。二是扩大外部监督。围绕群众普遍关心和涉及群众切身利益的问题,积极采取聘请义务监督员、主动征求群众意见、听取群众工作建议等方式,扩大群众和社会对企业登记、收费管理、执法办案等方面的监督,切实调动广大群众参与民主监督的积极性和主动性,强化外部监督,促进严格执法。三是巩固和扩大队伍教育整顿的成果,切实执行"六项禁令"。在集中一段时间对队伍进行教育整顿之后,各地要坚持"五项清理"的成功做法,并将其作为贯彻执法为民的经常性工作,常抓不懈;要继续狠抓"六项禁令"的贯彻执行,切实做到令行禁止,违者必究。今年,总局将对全系统贯彻执行"六项禁令"的情况进行全面检查。

2. 强化监督检查,规范收费行为。违规收费、随意罚款等问题的存在,不仅直接损害群众利益,也容易滋生不廉洁行为,甚至毁掉我们的干部。各级工商行政管理机关要把规范执收执罚行为作为纠正损害群众利益的不正之风、促进干部廉洁从政的重点工作,坚持不懈地抓紧抓实。要坚持标准、规范程序、严格监督,坚决制止和纠正违规收费、随意罚款的行为;坚决制止和纠正下

达收费罚款指标,并将收费、罚款情况与干部工资、奖惩使用挂钩的行为;坚决制止和纠正借年检之机搭车收费、代收代扣的行为。各省级工商局要对收费情况全面进行自查自纠,对损害群众利益的乱收乱罚行为,发现一起,严肃查处一起。总局今年将派出督查组赴各省进行督查,同时组织省级工商局进行交叉检查。

3. 转变作风,促进公正执法、文明执法。要加大规范执法行为的工作力度,促进执法的程序化、规范化,切实防止随意执法、乱收乱罚。要积极参与地方党委、政府组织的政风行风评议活动,认真听取有关部门关于转变工作作风的意见和建议,切实抓好整改工作。要加强对工作作风的监督检查,坚决纠正粗暴管理、野蛮执法,要威风、搞特权、刁难群众等行为。

(五)完善制度,强化监督,严肃查处违纪违法案件。

要继续落实总局印发的《具体意见》、《任务分工方案》及《2007年底前工作要点》,扎实推进教育、制度、监督并重的惩治和预防腐败体系建设。重点是做好《2007年底前工作要点》中明确的2006年工作任务,完善制度,强化监督,严肃查处违纪违法案件。总局领导小组要对落实情况组织专项检查,各省(区、市)工商局领导小组也要加强监督检查。

1. 认真贯彻执行领导干部廉洁自律各项规定,切实抓好领导干部廉洁自律。要着力抓好领导干部个人重大事项报告、民主生活会、述职述廉、民主评议、诫勉谈话和函询等制度的落实工作,对存在违反规定收送现金、有价证券和支付凭证,放任、纵容配偶、子女及其配偶和身边工作人员利用领导干部职权和职务影响经商办企业或从事中介活动谋取非法利益,利用婚丧嫁娶等事宜收钱敛财,参加赌博等问题的领导干部,要严肃查处。对跑官要官、买官卖官的,坚决依纪依法严肃处理。

2. 以人事、资金、项目管理为重点,加强对权力的制约和监督。今年面临着公务员工资改革、工商服装换装等重要工作,对权力的制约和监督工作任务更加突出。各地要采取有力措施强化对权力的制约和监督。一是要加强对《公务员法》实施情况的监督检查。重点加强对公务员登记和工资的监督检查,坚决查处违反干部人事制度的行为和违规发放工资的行为。同时,要进一步强化对干部选拔任用工作的监督,确保选好人、用好人。二是要加强对工商制服换装工作的监督检查。各地要严格执行总局下发的《关于认真做好换发工商制服工作的通知》要求,严格执行政府采购和招投标的法律法规以及制服订制、发放和管理的各项规定,对制作、发放等环节进行全过程监督,对以权谋私、失职渎职等问题,发现一起,查处一起。三是要认真执行基建工程招投标、政府采购等制度,加强对大宗开支、基层建设补助经费分配使用等情况的监督检查,确保用好钱、管好物。

3. 进一步加大案件查处力度,充分发挥查办案件在遏制腐败、促进治本方面的建设性作用。要以领导机关和领导干部为重点,严肃查办领导干部滥用权力、谋取私利、贪污受贿、失职渎职等方面的案件。要善于从群众举报、来信来访以及干部生活作风等方面发现问题,不断提高对领导干部违法违纪案件的发现能力和查处能力,不断提高办案工作的能力和水平。

4. 创新工作思路,建立健全党风廉政建设和反腐败工作长效机制。一是继续推进干部人事制度、行政审批制度、财政管理体制改革。要进一步健全完善和严格执行党风廉政建设联席会议制度、干部监督工作联席会议制度、反腐倡廉宣传工作联席会议制度、基层建设补助经费分配使用监督制度等制度,切实做到用制度管权、用制度管事、用制度管人。二是进一步建立健全监督制约制度。要进一步提高政务公开工作水平,大力加强社会监督和群众监督,全面深入推行行政执法责任制。三是充分重视长效机制建设。要认真分析工商行政管理系统惩治执法腐败的特点,大力加强调查研究,善于总结实践经验,使反腐倡廉工作增强针对性,把握规律性,富于创造性。尤其要认真总结"五项清理"中行之有效的做法,上升为制度规范和长效机制;继续抓好"六项禁令"的贯彻执行,将其作为反腐倡廉长效机制的重要内容,切实做到用制度规范从政行为,促进廉洁执法。

(六)以治理商业贿赂为重点,积极完成党中央、国务院赋予的各项任务。

中央纪委第六次全会和国务院第四次廉政工作会议,对今年的党风廉政建设和反腐败工作作出了全面部署,各级工商行政管理机关在抓好自身廉政建设的同时,要按照中央纪委对今年党风廉政建设任务分工意见的要求,切实抓好以下几方面的工作:一是继续纠正医药购销和医疗服务中的不正之风;二是开展治理商业贿赂专项工作;三是整治虚假违法医药广告,打击制售假冒伪劣药品的行为;四是进一步规范农资市场秩序;五是深入推进行政审批制度改革,开展对社团、行业组织和社会中介组织的清理和规范;六是严格执行产权交易制度。我们要充分发挥工作积极性和主动性,把各项工作任务落在实处。

治理商业贿赂是今年反腐倡廉的一项重点工作。党中央、国务院对此高度重视,胡锦涛总书记、温家宝总理、吴官正同志等党中央、国务院领导多次强调,要认真开展治理商业贿赂专项工作。中央要求这次治理商业贿赂专项工作要从两方面入手:一方面坚决纠正不正当交易行为;另一方面依法查处商业贿赂案件。总局将尽快制定下发《工商行政管理机关治理商业贿赂专项工作实施方案》,就这项工作进行专门部署。各地要深刻认识治理商业贿赂的重要性和紧迫性,切实按照中央的要求和工商行政管理部门的任务分工,认真开展治理商业贿赂专项工作,加大对不正当交易、限制竞争、非法经营、无证经营等行为的整治力度;突出中央确定的工程建设、土地出让、产权交易、医药购销和政府采购等治理重点领域和行业,坚决打击在市场交易中给予、收受回扣和假借促销费、广告费、科研费等各种名义的商业贿赂行为。一是排查线索,建立健全投诉举报制度。对行业自查和专项检查中发现的商业贿赂线索进行排查;充分发挥"12315"行政执法网络体系的作用,扩大案件来源,及时发现问题。二是严肃查办大要案件,增强震慑力。突出抓好商业贿赂大要案件的查办,对性质恶劣、影响面大、严重损害消费者利益的恶性案件,依法从严处理。同时,要正确把握政策界限,注意区分正常的商业交往与不正当交易行为、违纪违规行为与违法犯罪行为,既严厉打击违法犯罪行为,又切实维护广大经营者的合法权益。三是坚持标本兼治,建立长效机制。进一步健全"经济户口"管理制度,及时了解和掌握重点行业和企业的经营动向。大力推进企业信用体系建设,建立和完善包括企业是否有不正当竞争行为、是否有商业贿赂行为的信用档案,实行分类监管,加大对存在严重商业贿赂行为的违法违规企业的惩戒力度。四是加强法制宣传教育,营造良好的公平竞争环境和执法环境。要强化业务培训和工作指导,提高办案能力和执法水平。要充分利用各种媒体,广泛宣传禁止商业贿赂的法律知识,适时公布查处的商业贿赂大案要案。五是加强组织领导,搞好协作配合。总局已成立治理商业贿赂领导小组和工作班子,各地要参照总局的做法,尽快建立领导机制和工作机制。要进一步加强协作配合,与有关部门建立信息通报、案件协查、疑难案件共同研究等机制,搞好综合治理,增强执法合力。

(七)加强领导,落实责任,切实加强纪检监察工作。

加强领导是确保反腐倡廉工作扎实开展、取得成效的重要保证。各地要进一步改进和加强对党风廉政建设和反腐败工作的领导,进一步落实党风廉政建设责任制和责任追究制,不断提高反腐倡廉工作水平。

1. 要切实加强对党风廉政建设和反腐败工作的领导,严格落实党风廉政建设责任制。要切实加强对党风廉政建设和反腐败工作的领导,进一步完善领导机制和工作机制,加强对新情况新问题的调查研究,不断增强反腐倡廉工作的针对性和有效性。要严格执行党风廉政建设责任制,建立健全责任考核和责任追究制,进一步抓好反腐倡廉工作任务的分解、督促和落实工作。

2. 要重点抓好领导干部和领导机关的党风廉政建设和反腐败工作,充分发挥表率作用。总局党组决定,抓好党风廉政建设和反腐败工作,首先要着力抓好总局机关的自身建设。一是带头强化监督,廉洁从政。总局各司局和直属单位,都要从自身职能出发,按照党中央、国务院、中央纪委加强党风廉政建设的规定和总局党组的要求,进一步完善本单位的工作纪律和廉政守则,严格要求,严格管理,严格监督。二是带头落实党风廉政建设责任制,敢抓敢管。总局各司局和直属单位负责同志在带头廉洁自律的同时,要切实按照“一岗双责”的要求,始终坚持业务工作与廉政建设“两手抓,两手都要硬”。并把抓廉政建设的情况作为各级领导干部年度考核的重要内容。三是带头执行“六项禁令”,规范从政行为。总局各级领导干部和工作人员都要带头执行总局印发的“六项禁令”和“廉洁自律,带头依法行政、秉公执法的公开承诺”,要求下级机关不做的自己首先不做,要求下级机关做到的自己首先做好,自觉接受全系统的监督,切实发挥好表率作用。四是带头深化改革,加大从源头上防治腐败的力度,严格防范各种违纪违法问题的发生。总局各司局都要在积极探索用改革的办法搞好反腐倡廉源头治理上狠下功夫。特别要认真执行《行政许可法》,严格管理,强化监督,进一步规范行政审批权力的运作;要深入推进政务公开,增强工作透明度,自觉接受群众监督;要大力加强电子工商建设,用信息网络技术等现代化手段提高监管执法的科技含量,加强对行政执法的电子监督管理,减少执法的随意性,有效防止不廉洁行为的发生。各级工商行政管理机关都要进一步加强本级机关的反腐倡廉工作,切实发挥表率作用。

3. 要进一步重视和支持纪检监察工作,不断提高纪检监察工作水平。目前省级工商局纪检监察机构统一管理体制改革工作正在省(区、市)纪委、监察厅(局)的领导下进行。各地要充分认识纪检监察体制改革的重大意义,积极创造条件,主动接受监督,确保纪检监察机构全面有效地履行监督检查职能。一是要自觉增强接受监督的意识。对派驻部门党组和行政领导班子及其成员加强监督,是派驻纪检监察机构实行统一管理的总体要求之一。希望各省级工商局党组班子和党组成员特别是“一把手”,一定要积极、主动、虚心接受派驻纪检监察机构的监督。二是积极为派驻纪检监察机构开展监督工作创造方便条件。要充分保证派驻纪检监察机构的知情权,派驻纪检监察机构负责人能按规定参加党组会和行政领导班子会议;要积极探索有利于派驻纪检监察机构开展监督工作的机制,加强“一把手”与纪检组组长的经常沟通,建立完善沟通协调工作机制。三是大力支持派驻纪检监察机构切实有效地履行监督职能。大力支持派驻纪检监察机构对重大决策、重要干部任免、重要建设项目安排和大额资金使用进行有效监督。四是加强配合、相互支持,努力形成抓党风廉政建设的整体合力。派驻纪检监察机构统一管理改革以后,齐心协力抓党风廉政建设的共同目标不能变,积极支持纪检监察机构开展工作的态度不能变,生活上关心纪检监察干部的感情不能变,要进一步重视纪检监察工作,支持纪检监察工作,关心纪检监察队伍建设。

同志们,今年是实施“十一五”规划的开局之年,做好今年的党风廉政建设和反腐败工作意义重大。我们要在以胡锦涛同志为总书记的党中央的坚强领导下,全面贯彻落实科学发展观,积极进取,开拓创新,更加注重抓好落实,更加注重实际效果,在新的起点上不断开创党风廉政建设和反腐败工作的新局面。

不断提高执法效能
切实规范执法行为

——王众孚局长在全国工商行政
管理局长会议上的讲话

（2006 年 7 月 21 日）

这次全国工商行政管理局长会议的主要任务是，深入贯彻落实党的十六届四中、五中全会精神和国务院领导同志对工商行政管理工作的重要指示，总结上半年的工作情况，交流各地的做法和经验，研究进一步提高执法效能、规范执法行为的任务和措施。两天来，大家紧紧围绕这次会议的主题，进行了大会发言和书面交流，沟通了情况，交流了经验，开阔了视野，启发了思路，进一步坚定了做好工作的信心。

今年以来，全国工商行政管理系统深入贯彻党的十六届四中、五中全会和中央经济工作会议精神以及温家宝总理、吴仪副总理的重要指示，认真落实全国工商行政管理工作会议和党风廉政工作会议的部署，按照落实科学发展观和构建和谐社会的要求，在各级党委和政府的领导下，深入整顿规范市场秩序、积极促进经济社会发展、继续推进制度创新、大力加强队伍建设，各项工作取得了新的成绩和进步。

一是整顿规范市场秩序取得新成效。全系统共查处各类经济违法违章案件 80.89 万件，总案值 149.38 亿元。特别是国务院部署的重点整治工作取得明显成效。深入开展食品安全专项整治，检查食品经营主体 522.33 万户次，查处无照经营 16.65 万户，捣毁制假售假窝点 2 969 个，查处制售假冒伪劣食品违法案件 3.21 万件，查获假冒伪劣食品价值 4 804 万元，食品市场经营秩序进一步好转；继续开展虚假违法广告专项整治，查处虚假违法广告案件 2.79 万件，责令限期整改 3.08 万件，曝光典型违法案件 1 586 件，进一步整顿规范了广告市场秩序；集中开展打击传销专项整治，查处传销案件 803 件，取缔捣毁传销窝点 4 486 个，清理遣散传销人员 7.59 万人次，继续保持了打击传销和变相传销的高压态势；认真开展治理商业贿赂专项工作，查结商业贿赂案件 1 722 件，案值 4.09 亿元，进一步加大了打击商业贿赂执法力度。在集中开展专项整治的同时，继续积极参与国家知识产权战略的制定，加强农产品商标和地理标志注册保护工作，加大打击商标侵权行为的力度，查处商标侵权案件 1.18 万件，移送司法机关处理案件 60 件；进一步加强了消费维权工作，受理消费者申诉举报 35.87 万件，查处侵害消费者权益案件 6.16 万件，为消费者挽回经济损失 3.98 亿元；进一步强化了反不正当竞争执法工作，以查处仿冒行为、商业欺诈以及打破行政性垄断和地区封锁为重点，查处各类不正当竞争案件 1.57 万件，案值 12.85 亿元；深入开展"红盾护农"行动，查处农资违法案件 2.15 万件，捣毁农资制假售假窝点 206 个，为农民挽回经济损失 2.79 亿元；打击其他违法经营行为和配合有关部门进行综合治理的工作积极推进，继续认真做好防控禽流感工作，开展打击走私贩私专项斗争，严厉打击非法拆解拼装报废汽车行为，加强对粮食、棉花、汽车、成品油等重要商品市场的监管，积极配合有关部门开展"扫黄打非"、打黑除恶、反洗钱、禁毒、打击煤矿非法生产、治理车辆超限超载、整治违法排污企业等专项整治。

二是促进经济社会发展取得新成果。切实改进和完善各类企业的登记管理，积极促进多种所有制经济共同发展；认真落实中央"三农"政策，积极促进社会主义新农村建设；按照统筹区域发展的要求，积极促进区域经济协调发展；充分发挥职能作用，积极促进就业再就业工作，引导、支持 143.13 万名下岗失业人员在个体私营经济领域实现再就业，落实再就业优惠政策免收行政性收费 5.36 亿元。

三是健全法律法规和推进制度创新迈出新步伐。立法立规取得新进展，积极参与了《反垄断法》的立法工作，发布了《企业年度检验办法》、《户外广告登记管理规定》等行政规章；监管制度改革稳步推进，企业信用分类监管工作阶段性任务如期完成,到 6 月底已有 38 个省市工商局与总局实现了联网,商品准入制度进一步完善,个体工商户分层分类登记管理改革稳步推进,"12315" 行政执法体系建设取得新的进展;信息化建设取得新成效,总局完成了"金信工程"一期项目的立项申报工作,已获国家发改委批准;国际交流合作进一步扩大,总局代表中国政府参与了国际消费者保护与执法网络统一开展的"2006 网络清理日"、"2006 制止欺诈月"协同执法活动,双边交流与合作进一步拓展。

四是队伍建设和党风廉政建设取得新成绩。按照中央的要求和中央纪委的部署,大力推进工商行政管理系统惩防体系建设,总局和各省(区、市)工商局都制定了具体实施意见和任务分工方案,并积极组织实施,已取得一批重要成果;以抓党章学习和荣辱观教育为重点,进一步提高了干部的政治思想素质;以强化干部教育培训为重点,进一步增强了干部履行岗位职责的能力,上半年总局共举办系统干部培训班 8 期,培训干部 1 035 人次;总局下发了进一步贯彻执行"六项禁令"的通知,以深入贯彻执行"六项禁令"为重点,进一步规范了执法行为;深入开展执法为民教育,大力加强政风建设,进一步树立了良好的工商形象,涌现了"模范公务员"山西黎城县工商局局长杨宽德和"中国杰出青年卫士"广西南宁市工商局江南分局福建工商所所长黄振磊、河南新乡县工商局局长杨传峰等先进典型。

同志们,这些年来,在党中央、国务院的正确领导下,通过大家的共同努力,工商行政管理工作得到长足的进步和发展:一是改革了工商行政管理的体制、机制;二是确立了工商行政管理市场监管执法的职能;三是推进了工商行政管理的法制化、规范化、现代化。正在努力构建信用工商、法治工商、信息工商。

这次会议,大家在认真总结成绩和经验的同时,也认真查找了存在的差距和不足。无论是履行监管职能、提高执法水平,还是规范执法行为、提高队伍素质,依然任重道远,必须不断增进认识,继续加倍努力。我们在成绩面前要戒骄戒躁,在问题面前要坚定信心,继续振奋精神,开拓进取,全面完成各项工作任务。为了更好地贯彻落实科学发展观,不断推进工商行政管理事业的改革和发展,下面,我就进一步提高执法效能、规范执法行为问题,讲几点意见。

一、统一思想认识,深刻理解进一步提高执法效能、规范执法行为的重大意义

我国正处于全面建设小康社会的关键时期,改革、发展的任务十分繁重。党中央及时作出了树立和落实科学发展观、构建社会主义和谐社会、加强党的执政能力建设等一系列重大决策,国务院明确了加快政府职能转变,努力建设服务政府、责任政府和法治政府的目标任务,对各级政府的管理和服务水平提出了新的更高的要求。促进经济社会又快又好发展,需要营造公平竞争的市场环境,工商行政管理部门肩负的责任十分重大。党中央、国务院对社会主义市场经济条件下工商行政管理部门的作用十分重视,寄予殷切期望,温家宝总理批示工商行政管理部门要不断提高执法水平和效能,吴仪副总理要求进一步加强工商行政管理能力建设。我们要认真贯彻落实党中央、国务院的决策部署和国务院领导同志的重要指示,站在战略和全局的高度,深刻认识不断提高执法效能、切实规范执法行为的重大意义,进一步增强使命感和责任感。

(一)进一步提高执法效能、规范执法行为,是坚持以科学发展观统领工商工作全局,促进科学发展、构建和谐社会的需要。以人为本、全面协调可持续发展的科学发展观,是以胡锦涛同志为总书记的党中央在新的历史时期对马克思主义发展理论的重大创新。树立和落实科学发展观,是我国经济社会发展必须长期坚持的指导方针。构建和谐社会,是全面建设小康社会的重要内容。坚持以科学发展观统领工商工作全局,既是工商行政管理机关理论武装的重要课题,也是实践探索的重要任务;既是衡量我们各项工作是否尽职尽责的重要标准,也是我们提高执法水平的奋斗目标。我们要积极转变管理理念，继续创新监管模式，不断提高执法效能，切实规范执法行为，努力在各项工作中全面树立和认真落实科学发展观。

（二）进一步提高执法效能、规范执法行为，是贯彻依法治国基本方略，努力建设法治工商的需要。党中央确立了依法治国的基本方略，国务院颁布的《全面推进依法行政实施纲要》，明确了建设法治政府的奋斗目标。建设法治政府最基本的要求，就是要做到依法行政、高效便民。工商行政管理机关是政府主管市场监管和行政执法的职能部门，在工商行政管理工作中全面推进依法行政，是建设法治政府的重要方面。我们要从贯彻依法治国方略、建设法治政府的高度，充分认识在市场监管执法中全面推进依法行政的重要性，努力加快法治工商建设的步伐。要按照依法行政的要求，进一步增强法制观念，大力促进市场监管的法制化、规范化，切实做到严格执法、公正执法、文明执法、廉洁执法；要按照高效便民的要求，牢固树立执法为民的思想，改进管理、优化服务，不断提高监管执法的效能和水平。

（三）进一步提高执法效能、规范执法行为，是加大自身建设力度，不断推进工商行政管理改革发展的需要。党的十六届四中全会决定提出要大力加强执政能力建设，最近胡锦涛总书记又强调要坚持科学执政、民主执政、依法执政。提高执法效能、规范执法行为，是新形势、新任务对工商行政管理工作的基本要求，也是加强自身建设的系统工程，涵盖制度建设、体制建设、队伍建设以及设施建设等诸多方面。坚持不懈地抓好这项基础工程，才能为工商行政管理事业的长远发展提供坚实的保障、注入不竭的动力。这些年工商行政管理部门的执法效能不断提高、执法行为逐步规范，为维护市场秩序、促进经济发展发挥了重要作用，日益受到党中央、国务院和各地党委、政府的重视和肯定，是全系统下大力气加强自身建设，健全法规、完善体制、创新制度、狠抓队伍，为依法行政打下了比较扎实的法制基础、体制基础和组织基础的结果。不谋全局者不足谋一域，我们要继续以战略和全局的眼光，看待加强自身建设问题，高度重视，抓紧抓实，推动提高执法效能、规范执法行为的工作再上新台阶。

二、联系实际，把握重点，积极推进提高执法效能、规范执法行为的各项工作

提高执法效能、规范执法行为，是建设信用工商、法治工商、信息工商的基本要求，也是自身建设的战略任务，必须常抓不懈，全面推进。要着重抓好以下几个方面。

（一）紧密联系工商行政管理实际，牢固树立和认真落实科学发展观。科学发展观的第一要义是发展，核心是以人为本，基本要求是全面协调可持续发展。我们要自觉把科学发展观的要求全面落实到履行职能的各项工作中。今年年初，温家宝总理对工商行政管理工作作出重要批示，要求我们依法监管，提高执法水平和效能；维护公平，切实保护消费者和企业的合法权益；搞好服务，促进城乡经济发展和社会进步。温家宝总理的重要批示，是科学发展观在工商行政管理工作中的高度体现，是我们各项工作的重要指导原则，必须认真学习，切实贯彻。在参与立法立规、健全市场规则中，要充分体现坚持以人为本、促进科学发展的要求；在促进城乡区域协调发展、多种所有制经济共同发展中，要严格按照"五个统筹"、"五个坚持"和国家产业政策的要求，加强引导，相应采取鼓励、限制、禁止等措施；在规范市场交易行为和竞争行为、查处经济违法违章案件中，要加大对扰乱市场秩序违法行为的打击力度；在保护经营者和消费者合法权益、营造公平竞争的市场环境和安全健康的消费环境中，要实现对法律负责与对市场主体负责、对消费者负责的统一，监管与服务的统一，打击违法经营与保护合法权益并重。总之，要努力通过提高执法效能，维护良好的市场秩序，促进科学发展；努力在促进科学发展中锻炼队伍、改进工作，进一步提高执法效能。

（二）坚持有法必依、执法必严，切实做到尽职尽责加强监管。执法效能，就是执法产生的有利作用，是衡量执法水平和效果的标尺。有法不依、执法不严，就无执法效能可言。所以，坚持有法必依、执法到位是提高执法效能的基本要求之一。工商行政管理机关作为政府的市场监管和行政执法机关，提高执法效能、规范执法行为，最主要的要求是必须努力做到以下两点：一是尽职尽责维护市场秩序，尽心尽力促进改革发展。就是要按照"三定"方案确定的职能，不折不扣地履行法律法规赋予的监管执法职权。其中最主要的执法依据是《公司法》、《消费者权益保护法》、《反不正当竞争法》、《商标法》、《广告法》、《合同法》等法律以及有关法规、规章。我们要严格执行这些法律法规，突出抓好食品安全、打击虚假违法广告、打击传销、治理商业贿赂等专项整治，严厉打击各种违法经营行为，切实维护良好的市场秩序；充分发挥职能作用，积极促进经济社会发展。二是坚决纠正和查处有法不依、违法不究，执法不严、监管不力，玩忽职守、失职渎职等不作为和乱作为的行为。

（三）提高行政效率，做到高效便民。执法高效、行为规范，是提高执法效能、规范执法行为的必然要求。一是要改进管理方式，提高办事效率。要充分运用现代信息技术手段，创新管理方式，降低管理成本，为管理相对人提供便捷、高效的服务。对应当遵守法定时限的，要积极履行法定职责，防止随意增设程序，故意拖延办理。二是要加强应急机制建设，提高对市场重大突发事件的反应处置水平。特别要认真落实总局下发的市场监管应急预案，结合本地实际，建立完善市场监管应急机制，确保市场一旦发生重大突发事件，能快速反应，及时处置，尽快控制事态发展蔓延，切实维护市场秩序和社会稳定。

（四）严格依法行政，大力推进执法的规范化、制度化。规范执法行为，是推进依法行政的基本要求，是提高执法效能的基础和保障。一是要规范执法主体，实现执法主体合法化。确保执法主体资格合法，严禁未经法律法规授权或行政机关合法委托的组织行使执法权。确保执法人员合法，今年要认真做好执法人员换发执法证的工作，严禁不

具备执法资格的人员上岗执法。二是要规范案件查处工作，实现行政执法程序化。严格按照法定程序行使职权、履行职责，坚决纠正重实体、轻程序的现象。抓紧修订完善《工商行政管理机关行政处罚程序暂行规定》，力求使执法程序更加科学严谨。严格规范自由裁量权的行使，坚决纠正畸轻畸重、办人情案的现象。三是要规范行政许可行为，实现行政许可规范化。严格执行《行政许可法》，全面规范各类市场主体的登记发照工作，切实做到行政许可的范围明确、程序合法、文书规范、期限严格、结果透明、责任落实。四是要规范执收执罚行为，实现执收执罚制度化。坚决制止和纠正违规收费、随意罚款、搭车收费、代收代扣等行为。严格执行"收支两条线"制度，行政性收费和罚没收入全部纳入预算管理。

（五）加强协调配合，形成执法合力。整顿规范市场秩序的工作，政策性强，涉及面广，任务繁重，需要各地、各部门各司其职，加强协作，共同完成。对一些严重扰乱市场秩序的违法行为进行综合治理，是几年来整顿规范市场秩序的成功经验之一，也是增强执法合力、提高执法效能的客观要求。工商行政管理部门虽然是维护市场秩序的重要力量，拥有一定的监管执法手段，但不少工作仍需要相关部门的支持配合。因此，我们要正确认识和处理履行自身职责与加强协作配合的关系，既忠于职守，尽职尽责，又加强协作，努力形成整治合力。一是要加强与公安司法机关的沟通配合，做好涉嫌犯罪案件的移送工作，加大对违法犯罪行为的打击力度。二是要加强与有关行政部门的协作配合，联手对违法违章行为进行打击。三是要加强与新闻媒体的联系协作，加大法制宣传力度，适时曝光典型案件，震慑违法分子，教育广大群众。

三、采取有力措施，确保实现提高执法效能、规范执法行为的目标要求

提高执法效能、规范执法行为是一项系统工程，各级工商行政管理机关要高度重视，积极采取有力措施，扎实稳步推进，确保取得实效。

（一）加强队伍建设，不断提高监管执法能力。提高执法效能、规范执法行为，队伍建设是根本。只有建设一支政治坚定、业务精通、纪律严明、作风优良、公正廉洁的工商行政管理干部队伍，才能实现执法的规范化、法制化，不断提高监管执法水平。吴仪副总理对工商行政管理干部队伍建设十分关心，要求我们从六个方面进一步加强市场经济条件下的工商行政管理能力建设，不断提高从政治上把握和处理问题的能力、不断提高为经济社会全面协调可持续发展服务的能力、不断提高依法履行市场监管职责的能力、不断提高市场监管的能力、不断提高与各方面协调配合的能力、不断提高抓好队伍建设的能力。我们要深入贯彻吴仪副总理的重要指示，以能力建设为重点，不断提高队伍素质。当前，要紧紧围绕提高执法效能、规范执法行为这个主题，有针对性地重点抓好以下工作。一是加强思想教育，提高干部的政治素质。重点是加强宗旨教育、权力观教育、荣辱观教育，巩固和扩大保持共产党员先进性教育活动的成果，使广大干部牢固树立执法为民的思想，正确行使人民赋予的权力，自觉践行社会主义荣辱观。二是加强学习培训，提高干部的业务素质。特别是加强法律知识培训，增强法制观念，提高法律素养，不断提高依法行政的能力和水平。三是继续推进工商系统惩防体系构建工作，切实抓好党风廉政建设。认真落实中央关于惩防体系建设的各项要求，按照总局党组落实中央惩防体系《实施纲要》的《具体意见》、《任务分工方案》和《2007年底前工作要点》的部署，扎实抓好各项工作任务的落实。要认真落实党风廉政建设责任制，抓好班子，带好队伍。要继续深入抓好"六项禁令"的贯彻落实，做到严要求，严管理，严监督，确保公正执法、廉洁执法、文明执法、依法行政。

（二）健全法律法规，为依法行政提供完备的法律依据。健全法制是推进依法行政的重要保障。经过多年的不懈努力，工商行政管理法律法规体系框架基本建立，为依法行政奠定了一定的基础。同时也要看到，立法滞后、执法手段不足等问题依然存在。我们要按照"十一五"规划的要求，以完善市场主体、市场交易、市场监管等方面的法律法规为重点，积极参与立法立规，及时制定部门规章，继续做好规章、规范性文件的清理修订工作，努力促进适应社会主义市场经济发展需要的工商行政管理法律法规体系的建立和完善。

（三）落实责任，强化监督。要认真贯彻最近召开的全国监察厅（局）长（青岛）会议精神和吴官正同志重要讲话要求，联系思想、工作、作风实际，进一步强化监督。一是强化层级监督。要建立健全上级机关对下级机关经常性的监督制度，充分发挥行政复议对下级机关具体行政行为的层级监督作用，坚决纠正违法、明显不当的行政行为，切实保护公民、法人和其他组织的合法权益。二是全面推行政务公开。要认真落实"以公开为原则、不公开为例外"的要求，深入推进政务公开，切实做到行政收费、行政许可、行政处罚的结果公开，不断提高工商行政管理机关行政行为的透明度和办事效率，自觉接受广大人民群众的监督，促进依法行政。三是积极开展执法检查。要以执法权力相对集中的部门、岗位和容易发生问题的执法环节为重点，加强执法检查，规范执法行为，改进工作作风，提高办事效率。四是严格落实行政执法责任制和执法过错责任追究制。各级工商行政管理机关特别是省级工商局要制定和执行行政执法责任制，明确责任主体、责任内容、责任分工、责任追究的具体内容，做到有权必有责、用权受监督、违法要追究。要严格执行行政执法过错责任追究制，对履行职责不到位，执法不严、监管不力，造成严重社会影响的，要按有关规定严肃追究责任。

（四）创新监管制度，不断提高执法水平。创新监管制度，是提高执法效能、规范执法行为的有效途径。要继续深入推进企业信用分类监管、"12315"行政执法体系建设、商品准入制度、个体工商户分层分类登记监管等监管制度改革，充分发挥其在提高执法效能中的积极作用。我们既要巩固这些年制度改革创新取得的成果,更要联系各地实际,继续探索和实践,有所发展,有所前进,在建立完善的社会主义市场经济体制的进程中,不断健全完善市场监管的体制、机制和方式。

(五)提高市场监管的科技含量,提高现代化管理水平。吴仪副总理指出,"信息化既是工商部门的监管手段,也是创新监管方式的依托"。随着现代商品经济的发展,销售方式日趋多样化、现代化,对监管手段提出了新的更高的要求。我们要进一步提高对信息化建设重要性的认识,努力提高市场监管的科技含量和现代化管理水平,以信息化带动监管执法效能的提高。一是要加快信息网络建设。继续大力推进"一库、两平台、三系统"的建设,努力实现工商行政管理的数字化和网络化。"一库",就是建设和完善以企业登记和监管信息为主要内容的经济户口数据库。"两平台",就是企业信用监管平台和安全支撑平台。"三系统",就是以企业信用分类监管联网应用、"12315"行政执法网络、商标注册自动化为主要内容的应用系统建设。二是要加强信息化技术在监管执法和服务发展方面的运用。要把信息化建设与加强监管执法、提高服务水平有机结合起来,进一步加大信息技术在企业登记管理、商标专用权保护、广告监督管理、直销规范监管、保护消费者合法权益等监管执法领域的运用,提高监管执法的能力;要把信息技术作为现代化的服务手段,不断提高为市场主体、广大消费者和人民群众服务的水平。三是要加强电子政务建设。要以电子政务为基础,积极构建政务工作网络平台,加强办公自动化建设,促进自身改革和建设,规范行政行为,提高行政运行效率。四是要拓展信息化建设的领域。要充分发挥信息技术程序严密、流程规范等优势,大力加强执法监督、财务管理等领域的信息化建设,进一步规范执法行为,加强廉政建设。五是要加大投入,加强执法车辆、现代化信息处理设备、通讯联络设备、快速检测设备等执法保障设备建设,提高监管执法的现代化水平。

同志们,2006年已时间过半,实现全年的工作目标任务还十分繁重。关于下半年的工作,全国工商行政管理工作会议和党风廉政工作会议以及总局召开的几次专题会议已经作了全面具体的安排部署,希望同志们结合各地实际,认真抓好落实。提高执法效能、规范执法行为,是搞好工作和自身建设的整体要求,关系党和政府的形象,关系工商行政管理机关的声誉,关系维护市场秩序职能作用的充分发挥,关系工商行政管理事业的长远发展,既是工商行政管理系统重要的基础建设,也是提高市场监管执法水平的必然要求。我们必须认识到位,措施到位,抓紧抓实,抓出成效。只要我们不懈努力,就一定能够充分发挥工商行政管理职能作用、推动工商行政管理事业的不断改革发展,为建立和维护良好的市场秩序、促进经济社会又快又好发展不断做出新的贡献!

周伯华局长在全国工商行政管理工作会议上的讲话

(2007年1月4日)

这次全国工商行政管理工作会议是经国务院批准召开的。会议的主要任务是,认真贯彻党的"十六大"、十六届三中、四中、五中、六中全会和中央经济工作会议精神,按照全面落实科学发展观和构建社会主义和谐社会的要求,回顾总结2006年的工商行政管理工作,安排部署2007年的工商行政管理工作。国务院领导对我们这次会议十分重视,温家宝总理会前在我的《讲话》送审稿上作出重要批示,吴仪副总理今天又亲临大会作重要指示,使我们深受鼓舞和鞭策。我们一定要认真学习、深入贯彻温家宝总理和吴仪副总理的重要批示和指示,在新的一年里倍加努力工作,取得新的更大的成绩,不辜负国务院领导的殷切期望。下面,我代表总局党组讲几点意见。

2006 年工作的基本情况

2006 年,在各级党委和政府的领导下,全国工商行政管理系统坚持以邓小平理论和"三个代表"重要思想为指导,全面贯彻科学发展观,认真落实党中央、国务院的决策部署和温家宝总理、吴仪副总理的重要批示,锐意进取,扎实工作,维护市场秩序、保护消费者合法权益和促进改革发展稳定取得显著成效,队伍素质有了新的提高,实现了"十一五"时期工商行政管理工作的良好开局。

一、坚持为促进科学发展和构建和谐社会营造良好的市场环境,整顿规范市场秩序取得新的成效

根据党中央、国务院的决策部署,针对影响市场秩序和社会和谐的突出问题,全国工商行政管理系统以"五项整治"为重点,深入扎实开展整顿规范市场秩序的工作,为营造良好发展环境、促进和谐社会建设发挥了重要作用。全系统共查处各类经济违法违章案件228.96 万件,总案值386 亿元,移送司法机关处理案件872 件。

——深入开展食品安全专项整治,食品市场经营秩序进一步好转。各地认真开展食品安全专项执法检查和专项治理,全面清理规范食品经营主体资格,强化基层日常监管和食品质量监测,健全食品市场准入体系,积极推进食品安全监管长效机制建设,建立和完善食品分类监管制度、不合格食品退市制度、食品安全应急处置制度、市场巡查制度和经营者自律制度,认真实施对食品市场准入、交易和退市的全程监管,开展了全国范围内的食品安全大检查活动,有力地维护了食品市场消费安全,增强了人民群众的消费信心。全系统共出动执法人员560 万人次,检查食品经营主体1 040万户次,查处取缔无照经营15.18 万户,吊销营业执照4 629户,捣毁制售假冒伪劣食品窝点5 900个,查处制售假冒伪劣食品案件6.8 万件,对1.55 万吨不合格食品实施了退市。

——集中开展虚假违法广告专项整治,广告市场秩序整体有所好转。各地认真落实专项整治方案,积极发挥联席会议牵头作用,广告监测工作进一步加强,查办案件力度进一步加大,集中整治了违法医疗、药品、保健食品、化妆品、美容服务等虚假违法广告,规范了电视直销广告和广播电视医疗资讯服务广告,禁止了报刊刊载部分类型广告。全系统共查处虚假违法广告1.66 万件,责令更正2 972件,责令停止发布2.12 万件。严重违法广告得到有效遏制,虚假违法广告蔓延的势头得到控制。

——继续开展保护注册商标专用权行动,商标行政保护力度进一步加大。2006 年共受理商标注册申请70 多万件,核准注册商标26 万件,我国注册商标累计已达276 万件。强化了对商标违法行为的打击力度,对中外公众关注的商品批发零售市场进行了重点整治。加强了驰名商标认定和保护工作。2006 年,总局依法认定驰名商标180 件,全系统共查处商标侵权案件3.39 万件,其中涉外商标侵权案件7 439件,移送司法机关处理案件111 件。保护了商标权人的合法权益,改善了市场环境。

——认真开展打击传销专项行动,重点地区传销蔓延势头得到遏制。面对部分地区传销活动有所抬头的严峻形势,总局先后两次召开专门会议研究部署打击工作,各地工商行政管理机关在当地党委、政府的领导下,与公安等部门密切配合,坚持取缔与规范并举,严厉打击传销,依法规范直销,查处了一批跨省市、涉及人员众多、传销金额巨大的传销大要案件。全系统共查处传销案件3 587件,取缔传销窝点2.99 万个,清查遣散传销人员60.64 万人次,移送司法机关追究刑事责任案件422 起、2 111人。各地还大力开展宣传教育活动,增强广大群众识别、防范和抵制传销的能力,积极探索建立打击传销长效机制,为维护社会稳定作出了积极贡献。

——扎实推进治理商业贿赂专项工作,依法查处市场交易中的商业贿赂行为。总局制定工作方案,召开专门会议,及时部署、加强指导、认真督查。各地积极采取排查案件线索、查办大要案件、搞好部门协作等措施,稳步推进了治理商业贿赂工作的开展。

全系统共查处商业贿赂案件 8 233 件,案值 14.6 亿元。查处医药购销等领域商业贿赂案件工作取得阶段性成果。

在集中开展专项整治的同时,各地还切实加强了消费维权、反不正当竞争、打破地区封锁和行业垄断、查处取缔无照经营、商品质量和陈化粮市场监管、防控禽流感、打击走私贩私、打击非法拼组装汽车、"扫黄打非"、禁毒、艾滋病防治、房地产市场整治、反洗钱、整治违法排污企业等监管执法工作。全系统共查处侵害消费者权益案件 15.6 万件,处理消费者申诉 71.6 万件,为消费者挽回经济损失 7.49 亿元;查处各类不正当竞争案件 4.25 万件,案值 31.8 亿元,有效保护了消费者和经营者合法权益。

二、坚持热忱服务,促进城乡经济协调发展和社会进步取得新的成果

——支持社会主义新农村建设成效显著。总局制定下发通知,召开专题会议进行部署。各地大力引导农民和涉农企业运用农产品商标和地理标志增收,培育发展农村经纪人,开展涉农合同帮扶工程,积极推广"订单农业",为促进社会主义新农村建设积极发挥了职能作用。截至 2006 年底,我国注册的地理标志商标已达 210 件。全国已培育发展农村经纪人 60 万余户,经纪业务量 2 000 余亿元。合同帮扶涉农企业 12.8 万多户,签约农户 1 057 万多户,签约订单 2 223 万份,金额 3 246 亿元。各级工商行政管理机关深入开展"红盾护农"行动,严厉查处种子、农药、肥料和农机具及其配件等农资商品违法经营行为,农资市场秩序进一步规范。全系统共整顿各类农资市场 4.01 万个次,检查农资企业 82.9 万户次,取缔无照经营 1.5 万户,查处农资违法案件 4.2 万件,捣毁农资制假售假窝点 934 个,受理农资投诉 1.7 万件,为农民挽回经济损失 4.5 亿元。

——促进各类市场主体发展取得新进展。总局制定《关于外商投资的公司审批登记管理法律适用若干问题的执行意见》、修订《企业年度检验办法》、启用新版营业执照,保证了新《公司法》和《公司登记管理条例》的顺利实施。各地继续完善首办责任制、一次告知制和当场登记制等制度,积极开展网上查询以及登记、年检网上受理业务,促进了各类市场主体稳定发展。截至 2006 年底,全国共有各类企业 861.8 万户,其中内资企业 339.6 万户,注册资本(金) 17.6 万亿元;外商投资企业 27.5 万户,注册资本 9 156.5 亿美元;私营企业 494.7 万户,注册资本(金) 7.5 万亿元。个体工商户 2 576.2 万户,资金数额 6 515.4 亿元。

——促进区域经济协调发展扎实推进。总局参与主办和支持举办了中国中部贸易投资博览会、东西部合作与投资贸易洽谈会等招商引资活动。"长三角"、泛"珠三角"等地工商行政管理机关积极推进区域合作,开展重大食品安全事故和隐患预警应急合作,构建协作体系,加强合作区域内商标保护工作的协调和配合,有效促进了区域经济协调发展。

——促进就业再就业工作成绩突出。各地认真贯彻扩大就业再就业的政策,在市场准入、政策支持、收费减免、提供服务和优化市场环境等方面采取了一系列措施,促进了经济发展与扩大就业再就业的良性互动。2006 年,有 120 万名下岗人员在个体私营经济领域实现再就业,有近一半的高校毕业生在个体私营经济领域就业,全系统为促进就业共免收行政性收费 12 亿元。

三、坚持提高执法水平和效能,监管制度改革创新取得新的进展

——监管制度改革取得阶段性成果。企业信用分类监管改革阶段性目标基本实现,全国工商行政管理系统已有 43 个单位实现与总局联网,总局通过联网共拥有 679.4 万户企业的基本信息和 423.9 万户注销企业的基本信息。个体工商户分层分类登记管理改革向纵深发展,分层分类登记管理取得积极成果。流通领域商品市场准入制度建设逐步完善,实施商品质量准入制度的地区范围和商品种类不断扩大。"12315"行政执法体系建设改革工作扎实推进。"一会两站"和消费维权信息化网络、组织网络体系建设迈出新的步伐,"12315"网络进乡镇、社区、企业、商场、超市等覆盖面迅速扩展，有5 778个街道办事处和1.4 万个乡镇政府建立了消协分会，在 27 万个社区、行政村建立了"12315"消费者投诉站（点），在 12 万个商场、超市、企业等建立了消费者投诉点。对于及时有效地调解消费纠纷和保护消费者合法权益发挥了重要作用。市场巡查制、互联审批制、首办责任制等监管方式改革进一步完善，执法效能进一步提高。

——监管服务现代化水平进一步提高。"一库、两平台、三系统"建设进展顺利。工商行政管理网的应用进一步深化，政务信息实现了每日实时网上报送和网络发布。电子政务建设步伐加快。现代科技手段越来越多地应用于工商行政管理各个方面。总局加强了政府网站的基础建设，初步形成了总局电子政务对外服务平台。14 个省市开展了外资企业网上年检试点工作，有 15 万户外资企业参加了网上年检。目前，全系统市以上工商局基本建立了市场主体管理系统，实行一审一核的登记机构达3 404个，使用计算机软件登记的机构达3 526个。2006 年底实现了商标注册网上申请试运行。执法保障设备建设进一步加强，全系统已配备食品质量快速检测车 363 辆，检测箱2 886个，其他快速检测设备886 套，为提高监管执法效能提供了必要的技术支撑和现代手段。

——提高执法效能和规范执法行为工作迈上新台阶。2006 年 7 月的全国工商局长会议，就进一步提高执法效能、规范执法行为的工作进行了专门部署。各地采取有力措施，狠抓工作落实，提高执法效能、规范执法行为的机制保障进一步健全和完善，维护市场秩序的问题发现能力、及时查处能力、应急处置能力、源头治本能力等全面提升，监管执法的针对性、有效性和长效性进一步提高，支持改革发展的措施、手段和方式方法进一步系统化、实效化，行政执法与刑事司法的衔接工作进一步加强，全系统执法效能和执法水平显著提高。

四、坚持全面推进依法行政，法制建设和国际合作迈出新步伐

——立法立规工作积极推进。总局积极参与了《反垄断法》的立法工作和《反不正当竞争法》、《商标法》、《合伙企业法》等法律法规的修订工作，制定发布行政规章 8件，对与《公司法》、《公司登记管理条例》有关的规章和规范性文件进行了清理，废止规章 1 件、规范性文件 53 件。各地也积极参与了地方立法工作。

——执法监督和政务公开工作进一步加强。全系统认真开展了不同形式的执法检查活动，积极推进行政执法责任制的实施。总局向社会公众开放了商标网上查询系统，提供注册和待审商标的网上免费查询。全系统在过去公开行政执法依据、执法程序的基础上，扩大了行政执法结果公示范围，政务公开的规范化水平明显提高。

——国际交流合作取得新进展。更加广泛地参与了市场监管国际规则的制定，参加了世界知识产权组织《新加坡商标法条约》的谈判，参与了世界贸易组织、亚太经合组织等国际和区域性组织竞争、商标专用权保护等领域国际及区域性规则的磋商。国际执法合作和区域性多边交流成效显著，加入了国际消费者权益保护与执法网络，并参与该网络开展了"2006 网络清理日"和"2006 制止欺诈月"协同执法活动。成功举办了第二届中日韩消费者政策磋商会，签署了三方消费者政策领域谅解备忘录。积极开展对外宣传，充分利用国际交流合作平台，大力宣传我国在保护商标知识产权、维护公平竞争、保护消费者和经营者合法权益等方面的政策主张、法律制度和执法成效。

五、坚持狠抓队伍建设，干部整体素质和履行职责的能力有了新的提高

——以贯彻实施《公务员法》为契机，积极推进干部人事制度改革。全系统认真贯彻实施《公务员法》，平稳有序地做好公务员登记、工资制度改革等工作，并以此为契机进一步规范了公务员的岗位职责和行政行为。

——深入贯彻《党政领导干部选拔任用工作条例》，加强了领导班子和领导干部队伍建设。全系统坚持党管干部原则，严格执行《党政领导干部选拔任用工作条例》，选好配强领导班子,切实提高了领导干部贯彻落实科学发展观的能力。进一步强化了对领导班子和领导干部的监督,认真落实并指导县级以上工商局建立健全干部监督工作联席会议制度,切实加强对干部选拔任用工作的监督。同时积极做好领导干部双重管理工作,建立并落实了省、市级工商局领导班子成员有关情况的年报制度。

——加强和改进干部教育培训工作,提高了干部队伍的整体素质。全系统大力加强理论学习和思想教育工作,认真开展宗旨教育、权力观教育、荣辱观教育,继续巩固和发展保持共产党员先进性教育活动的成果,广大干部的思想政治素质进一步提高。狠抓教育培训,进一步提高了干部的业务素质。总局共举办各类培训班 19 期,培训干部2 100多人次。各地也采取一系列干部培训教育的措施,有力地推进了干部队伍建设。

——加强对基层建设的指导,基层建设取得新的成果。总局在山东召开了全国工商系统基层建设和人才工作会议,总结交流了近年来各地基层建设和队伍建设的成功做法和经验,提出了"十一五"时期基层建设和人才工作的目标任务,促进了基层建设和规范化管理。全系统以换发新工商制服为契机,向社会展示了工商队伍的良好形象和精神风貌。广大基层干部认真履行职责,扎实有效地努力工作,涌现出"中国杰出青年卫士"黄振磊、"模范公务员"杨宽德等一批先进集体和先进个人。

——以建立健全惩防腐败体系为重点,进一步加强了党风廉政建设。各级工商行政管理机关继续认真贯彻落实中央惩防腐败体系《实施纲要》和总局党组的《具体意见》、《任务分工方案》、《2007 年底前工作要点》,构建工商行政管理机关惩防腐败体系工作稳步推进,有些工作已向纵深发展,取得一批重要成果。充分发挥工商职能作用,对总局承担中纪委部署的两项牵头任务和五项协办任务,积极会同有关部门认真落实。全系统党风廉政教育、工商廉政文化建设蓬勃开展,促进了"以廉为荣、以贪为耻"良好氛围的形成。建立健全了反腐倡廉宣传教育联席会议制度、干部监督联席会议制度,制定了资金分配使用、物资采购、工程项目建设等方面的监督管理制度。加强执法监督,各种形式的执法督察活动广泛开展。在全系统开展了行政性收费和罚没款收缴情况以及执行"六项禁令"情况的清理检查。部分工商行政管理机关还开展了基层工商干部在社区向监管服务对象代表述职述廉活动,努力探索接受社会监督的新方式。围绕人民群众反映的突出问题,严肃查处了损害群众利益的典型案件。

全系统各级协会、学会、中心和报社、出版社等单位,紧紧围绕工商行政管理中心任务,做了大量工作,取得了新的成效。

回顾过去的一年,工商行政管理工作取得的显著成绩来之不易,是全系统广大干部艰苦奋斗、努力工作的结果,也是历任总局领导班子和全系统各级领导班子带领广大干部拼搏奋进和开拓创新的结果。特别是王众孚同志担任总局主要领导十多年间,团结一班人带领全系统广大干部,坚持以邓小平理论和"三个代表"重要思想为指导,认真贯彻党的一系列路线、方针和政策,全面落实科学发展观,锐意进取,改革创新,不断开拓工作新局面,是工商行政管理事业发展的最好时期,实现了工商行政管理职能的历史性转变,基本建立了适应社会主义市场经济发展需要的工商行政管理新体制;工商行政管理的立法立规、行政执法、市场监管制度改革取得重大突破,队伍建设、基层建设、基础设施建设和信息网络现代化建设实现了历史性跨越;为维护市场秩序、保护消费者和经营者合法权益、促进经济发展、构建和谐社会做出了重大贡献。我们回顾过去,更要展望未来,倍加珍惜已取得的成绩,坚持与时俱进,继往开来,共同努力,不断开创工商行政管理改革发展的新局面。

2007 年工作的安排意见

2007 年是深入贯彻落实科学发展观、积极推进社会主义和谐社会建设的重要一年。根据党中央、国务院的统一部署和安排,

2007 年工商行政管理工作的总体要求是：坚持以邓小平理论和"三个代表"重要思想为指导，认真贯彻党的"十六大"、十六届三中、四中、五中、六中全会和中央经济工作会议精神，按照以科学发展观统领全局和构建和谐社会的要求，尽心尽力促进国民经济又好又快发展和社会主义和谐社会建设，尽职尽责营造公平公正、规范有序、和谐诚信的市场环境，扎扎实实解决人民群众最关心、最直接、最现实的利益问题，坚持不懈推进监管制度改革和队伍建设，锐意进取，开拓创新，以优异的成绩迎接党的"十七大"胜利召开。

做好 2007 年的工作，关键是要把十六届六中全会和中央经济工作会议精神贯彻落实好。胡锦涛总书记深刻指出："我们所要建设的社会主义和谐社会，应该是民主法治、公平正义、诚信友爱、充满活力、安定有序、人与自然和谐相处的社会。"工商行政管理机关的基本职责是维护市场秩序，保护消费者和经营者合法权益，服务经济发展，促进社会和谐。构建社会主义和谐社会给工商行政管理机关赋予了更大责任，也提出了新的更高的要求。全系统广大干部要通过认真学习、深刻领会，切实把思想认识统一到中央对经济形势的分析判断上来，统一到贯彻落实科学发展观"六个必须"的新认识上来，统一到中央对经济工作的决策和部署上来，始终坚持以科学发展观统领工作全局，充分发挥工商行政管理在促进科学发展、构建和谐社会中的职能作用。要从思想观念、管理机制、工作方式和工作作风等方面实现新突破，进一步增强三种意识：一是创新执法思想理念，进一步增强服务科学发展、促进社会和谐的意识。要强化大局观念、发展观念、宏观观念和服务观念，牢固树立执法为民和服务经济社会协调发展的思想。在执法理念上由微观和感性思维转向宏观和理性的战略思考，把工商行政管理工作置于改革、发展、稳定的大格局中去思考研究和规划部署，既要高度重视着力解决影响市场秩序、经济发展与社会和谐的个性和微观问题，更要从市场监管和服务发展中发

现的大量情况进行综合分析，善于研究和解决影响全局性、战略性重大问题，正确处理全局与局部的关系，打击与保护的关系，管理与服务的关系，切实做到在监管中体现服务，在服务中加强监管，努力实现监管与服务的统一，对法律负责与对经营者、消费者负责的统一，促进经济发展与促进社会和谐的统一，使工商行政管理工作更好地服从和服务于党和国家工作的大局。二是创新管理机制和制度，进一步增强依法行政、维护公平的意识。要按照促进科学发展、构建和谐社会对工商行政管理工作提出的新要求，强化依法行政和维护公平的意识。在监管执法上由专项行动和突击整治逐步转向全面加强日常规范管理，切实维护公平竞争和公平交易，健全法制，依法行政，规范管理，不断完善市场监管机制、经营者自律机制和社会监督机制，为监管执法和维护公平提供机制、制度保障。三是创新工作方式，改进工作作风，进一步增强求真务实、真抓实干的意识。要把创新工作方式、工作手段和改进工作作风作为发挥职能作用和促进和谐社会建设的重要条件，由传统管理和习惯做法转向现代管理和科学方法，建立健全发现问题报告体系、查办监督体系、综合分析和反馈体系、预警应急处置体系，并通过科技支撑和计算机网络手段不断提高工作的信息化、标准化、规范化水平。特别要切实转变工作作风，深入实际，调查研究，真抓实干，务求实效，善于研究新情况，解决新问题，采取新举措，开创新局面。

根据以上总体思路和要求，2007 年要着重抓好五个方面的工作：

一、切实转变职能，提高服务水平，积极促进经济社会又好又快发展

社会要和谐，首先要发展。社会和谐在很大程度上取决于社会生产力的发展水平。必须坚持大力发展社会生产力，不断为社会和谐创造雄厚的物质基础。工商行政管理部门承担着服务经济发展和营造良好市场环境等重要职责，要按照十六届六中全会"转变职能、强化服务、改进管理、提高效能"的要求，充分发挥工商行政管理职能作用，

不断提高服务水平,尽心竭力为促进经济又好又快发展做贡献。

(一)健全市场主体准入服务体系,大力支持调整经济结构、转变增长方式和改革开放。促进经济结构调整和经济增长方式转变、加强资源节约和环境保护、推进深化改革和提高对外开放水平,既是今年经济工作的重点任务,也是促进社会和谐的客观需要。要充分发挥工商行政管理部门服务市场主体的职能作用,积极支持和服务改革与发展。一是认真落实国家宏观调控政策,促进经济结构调整和经济增长方式转变。大力支持发展先进制造业、高新技术产业和服务产业。积极促进优化产业结构,充分利用工商行政管理部门掌握的企业基本信息和资料,加强综合分析,既为政府宏观决策和制定产业政策提供参考,又积极引导企业及时调整投资方向和产业结构。要按国家淘汰落后生产能力和实现节能降耗、污染减排、安全生产等目标的要求,严把市场主体准入关,依法做好企业的变更登记、注销登记和吊销营业执照工作。二是大力支持深化企业改革,促进各类市场主体健康发展。大力支持国有企业深化改革。积极支持国有企业实施股份制改造、发展混合所有制经济和组建企业集团,增强公有制经济的活力和市场竞争力。继续支持加快电力体制、文化体制、铁路体制、金融体制等改革,打破垄断,促进竞争,实现投资主体多元化。支持稳步发展多种所有制中小金融企业。毫不动摇地鼓励、支持和引导个体私营等非公有制经济发展。进一步放宽市场准入,凡法律法规未禁止非公有制经济投资的行业和领域,都要允许私人投资;支持个体私营企业收购、兼并或参股国有、集体企业;支持发展科技型、外向型个体私营企业,促进其建立健全现代企业制度。三是积极服务扩大对外开放,促进提高利用外资水平。积极支持外商在我国设立具有先进技术水平、高增值含量的加工制造企业和研发机构,引导外资向国家鼓励类、允许类的产业扩展。继续落实内地与港澳建立更紧密经贸关系安排的有关政策,依法支持港澳居民在内地申办个体工商户,支持港澳企业在内地投资办企业,促进港澳地区与内地经济共同发展。认真落实国家加强与台湾地区经贸往来的政策措施,大力促进海峡西岸等台商投资相对集中地区经济发展。总之,各地工商行政管理机关要进一步健全和完善市场主体准入服务体系,通过事前介入、主动指导、改进登记管理和提高登记质量与效率,不断创新服务经济发展和改革开放的工作机制。

(二)努力服务"三农"工作,扎实推进社会主义新农村建设。"三农"问题是全党工作的重中之重。"三农"问题的解决,关系到全面建设小康社会和实现我国现代化的进程,是构建和谐社会的关键所在。要认真贯彻落实中央农村工作会议和中央一号文件精神,积极服务"三农"工作,努力为推进新农村建设做贡献。一是要创新服务"三农"工作机制。进一步完善"红盾护农"、经纪活农、合同帮农、商标富农、权益保农、政策惠农和市场助农等工作机制,提高为新农村建设服务的效能和水平。积极促进农民专业合作社的发展,大力支持发展农村经纪人,促进农业产业化,搞活农村流通;支持发展特色农业和生态农业;支持发展农产品、农业生产资料、消费品连锁经营和城市流通企业经营网络向农村延伸,拓展农产品销售渠道;指导农民、涉农企业申请注册农产品商标和地理标志,提高农村市场化水平,促进农民增收。二是要认真落实惠农政策。对农民专业合作社一律免收登记费,对农村流动小商小贩、农民在集贸市场或地方人民政府指定区域内销售自产农副产品,一律免于工商登记和免收工商行政管理费。三是要依法保护农民合法权益。要强化对农村市场的监管,健全农村消费维权监督网络,进一步加大维护农民消费者权益的工作力度。要深入开展"红盾护农"行动,集中开展农资市场专项整治,认真清理农资市场经营主体资格,突出重点季节、重点地区、重点市场、重点品种、重大案件,加大查办案件工作力度,严厉查处制售假冒伪劣化肥、农药、种子等坑农害农行为。切实加强农资商品质量监测,支持建立农资连锁经营和农资放心店,建立农资市场监管长效机制,切实维护好农资市场秩序。

(三)积极支持实施国家区域发展总体战略,大力促进区域经济协调发展。实施西部大开发、振兴东北地区等老工业基地、促进中部地区崛起、鼓励东部地区率先发展,是中央促进区域协调发展的重大决策,对于逐步缩小区域发展差距、实现共同富裕目标、促进和谐社会建设具有重要意义。要把促进区域协调发展作为工商行政管理部门服务经济发展的重要任务。一是要针对不同区域的优势和特点,实施分类指导。要扶持发展具有当地特色的产业、优势产业和龙头企业,带动当地经济发展;要统筹城乡发展,发挥城镇和中心城市的辐射功能,引导发展分工合理、特色明显、优势互补的行业和产业,推进城镇化进程,促进区域经济发展。二是要建立和完善工商区域合作机制。已建立的长江三角区域、泛珠三角区域等工商行政管理工作联席会议制度,要进一步巩固合作成果,建立健全情况和信息通报制度,完善协作制度和合作机制,实现执法资源共享,不断扩大合作范围、提高合作水平,促进全国统一市场的形成。三是要积极促进区域经贸合作与交流。要继续参与主办和支持举办中国国际中小企业博览会、中国中部投资贸易洽谈会、东西部合作与投资贸易洽谈会等经贸活动,引导个体私营企业参会参展,拓展内引外联渠道,加强区域经济交流与合作,促进区域经济良性互动和共同发展。

二、严格依法行政,深入整顿规范市场秩序,努力营造公平公正、规范有序、和谐诚信的市场环境

加强市场监管,整顿和规范市场经济秩序,是中共中央《关于构建社会主义和谐社会若干重大问题的决定》中明确的重要任务。温家宝总理的重要批示也强调指出,整顿规范市场秩序是一项长期的任务。按照党中央、国务院的部署,全国工商行政管理系统切实履行职责,经过多年的不懈努力,整顿规范市场秩序取得了显著成效。但是,要清醒地认识到,市场秩序中仍然存在不规范与不和谐因素,制假售假、虚假广告、商标侵权、仿冒欺诈、商业贿赂、传销和变相传销等违法行为依然存在,甚至在一些地区、一些领域还比较突出,整顿规范市场秩序的任务还十分艰巨。各级工商行政管理机关要深刻认识整顿规范市场秩序的长期性和艰巨性,进一步增强忧患意识和责任感,坚持依法行政,加大执法力度,在深入开展专项整治和构建长效管理机制上下功夫,切实维护公平竞争和市场秩序,努力营造规范有序、和谐诚信的市场环境。

(一)加大食品安全专项整治力度,积极营造安全健康的市场消费环境。食品安全关系经济健康发展和社会和谐稳定。要按照胡锦涛总书记在党的十六届六中全会的重要讲话中强调要加强食品安全监管的要求,继续把食品安全专项整治作为今年整顿规范市场秩序的重中之重。要认真落实温家宝总理重要批示,对农村市场管理予以特别的关注和加强。一是要突出农村食品市场和重点品种、重点市场、重点区域,认真抓好专项执法检查和案件查办工作,特别要集中力量认真抓好农村食品市场专项执法行动,开展农村食品安全示范店活动,并不断扩大覆盖范围。二是要强化对食品市场准入、交易和退市的全程监管,完善食品经营者经济户口管理、信用分类监管体系,加大市场巡查和基层工商所日常监管力度,着力解决食品安全方面的突出问题。三是要严格食品质量分类监管和质量监测,配备监测车、监测箱等快速监测设施设备,按照有关规定公布监测信息,及时进行消费引导和提示。四是要狠抓食品安全源头治理,严格食品质量市场准入和经营者自律制度,引导和监督超市、商场、批发市场和食品经营企业建立健全食品质量管理体系和自检体系,探索建立食品安全追溯机制。五是要在建立和完善食品安全长效管理机制上下功夫,着力构建以食品为重点的商品质量监管信息化网络,并与食品经营者内部质量管理逐步联网,努力实现网上监管,及时有效防范和查处食品安全突发问题,不断提高食品安全监管的现代化水平,切实保障食品市场消费安全。

(二)加大虚假违法广告专项整治力度,积极营造健康有序的广告市场环境。虚假广告,误导群众,欺诈消费者,是扰乱市场秩序、引发社会不和谐的一大诱因。要进一步采取有力措施,把虚假违法广告专项整治工作抓紧抓好。一是要以贯彻《医疗广告管理办法》为契机,进一步加大对药品、医疗、保健食品、化妆品、美容服务等广告的整治力度。加强对查处违法广告案件的指导和协调,建立查办案件落实情况通报制度,促进广告监管执法到位。二是要强化对广告发布环节的监管,会同党委宣传部门和广播影视、新闻出版等行政部门,积极落实媒体广告发布的各项管理制度,强化审查把关责任,指导媒体在广告发布活动中加强自律。三是要进一步加强广告监测工作,加大对重点区域和问题多发媒体的监测力度,增强发现虚假违法广告的敏感度,做到早发现、早制止、早查处。四是要建立健全广告长效监管机制,重点是认真落实违法广告联合公告、广告审查员、广告活动主体市场退出、广告企业资质认证、广告专业技术人员职业水平评价等制度,提高监管执法效能。五是要积极完善广告专项整治联席会议制度,加强部门间配合与联动,增强执法合力。六是要加强对广告业的指导,加强广告业的行业自律。积极协调相关部门,开展调研论证,尽快出台促进广告业发展的意见,促进广告业全面、协调、健康、可持续发展。同时指导开展以树立社会主义荣辱观、构建和谐社会为核心内容的公益广告活动,充分发挥公益广告在构建社会主义和谐社会中的积极作用。

(三)加大商标行政保护力度,积极营造知识产权保护的法制环境。商标是知识产权的重要组成部分,加强商标专用权保护,是保护创新成果、改善投资环境、加快经济发展、构建和谐社会的需要。一是要严厉查处商标侵权假冒案件。要以商品批发零售市场为重点,加大监管力度,切断商标侵权假冒商品的市场流通渠道。进一步加强对驰名商标的保护,加大对涉外商标、农产品商标和地理标志的保护力度,加强涉嫌商标

犯罪案件移送工作,严厉打击商标侵权假冒行为。切实加强对基层办案的指导,健全有效打击商标侵权行为的工作机制和从源头上遏制商标侵权行为的长效机制。二是要进一步提高商标注册和商标评审工作水平。下大力气完善商标审查及审理制度,以解决商标注册周期延长的问题;严格执行商标审查及审理标准,提高工作质量;继续采取有力措施,着力解决恶意申请、恶意异议、恶意转让等扰乱商标管理秩序和损害当事人商标权益的问题。三是要加大商标工作宣传力度。大力宣传商标法律法规和商标知识,积极支持企业实施商标战略,提高企业运用商标实施"走出去"战略的能力。同时,加大对外宣传力度,进一步树立我国保护知识产权的良好国际形象。

(四)加大治理商业贿赂力度,积极营造公平竞争的市场环境。治理商业贿赂,是维护公平竞争、促进社会和谐的重要举措,要进一步加大力度,扎实深入推进。一是要大力加强案件线索的排查和调查取证工作,提高执法办案水平,集中查办一批大要案件,巩固治理商业贿赂的成果。要加强对药品、医疗器械生产经营企业和医疗机构的监督检查,牵头抓好严查医药购销领域商业贿赂案件的工作。二是要进一步研究治理商业贿赂工作的规律,探索建立长效监管机制,积极会同有关部门共同研究预防和惩治私营机构商务活动贿赂问题的对策,制定商业活动行为守则,促进形成行业自律机制和良好的商业道德。

(五)加大打击传销专项行动力度,积极营造诚信和谐的市场环境。传销活动的存在扰乱市场经济秩序,影响社会稳定和谐,必须继续保持打击传销的高压态势。一是要继续坚持打击与防范并举、处罚与教育并重,加大对传销重点地区的整治力度,会同有关部门,因地制宜开展区域整治。要集中力量查办大要案件,加强对网上传销的监控,建立传销组织者、策划者和骨干分子档案库,严惩传销组织者、策划者和骨干分子,摧毁传销网络。二是要继续建立健全打击传销长效机制。通过建立和完善打击传销

的辖区责任制、过错追究制、投诉举报快速反应机制、应急处置机制、情况通报制度,完善"打、控、防"工作体系,努力将传销消灭在萌芽状态。三是要严格依法规范直销企业的经营活动。要继续依法协助做好直销企业审批工作,严把市场准入关。严厉打击未经批准擅自从事直销的违法行为。要严格依法查处直销企业违规招募直销员、违规培训、违法计酬等行为。严厉查处直销活动中的欺诈、误导行为,引导直销企业守法经营。

(六)加大整顿规范市场秩序各项工作的力度,积极营造规范有序的市场环境。要在认真抓好上述重点工作的同时,依法严厉查处各种扰乱市场秩序的违法行为。要深入开展反不正当竞争和反垄断专项执法、打击走私贩私、整顿规范房地产交易秩序、打击非法拼组装汽车等工作,大力加强对汽车、成品油、粮食、棉花、蚕茧等重要商品市场的监管,积极配合有关部门开展"扫黄打非"、反假币等专项整治。

三、坚持以人为本,着力解决人民群众最关心、最直接、最现实的利益问题,切实保护消费者和经营者合法权益,促进社会和谐稳定

目前,我国经济社会发展还不平衡,人口资源环境压力加大,消费维权、劳动就业、安全生产、社会治安等方面关系群众切身利益的问题比较突出。着力解决广大群众关注的重点问题、切实维护人民群众的根本利益,是促进社会和谐的迫切需要,也是工商行政管理工作的出发点和落脚点。我们要认真贯彻落实温家宝总理的重要批示,坚持以人为本、执政为民,及时采取有力措施,切实解决人民群众反映强烈的问题,充分发挥工商行政管理在维护群众切身利益中的职能作用。

(一)深入开展消费维权工作,引导成熟消费、节约消费和文明消费。强化消费者权益保护工作,营造和谐的消费关系和安全的消费环境,对于保障群众利益、维护社会稳定具有重要意义。一是要建立完善工商监管、行业自律和社会监督相结合的消费维权体系,进一步扩大消费维权网络的社会覆盖面,积极推进农村消费维权监督网络体系建设,快捷高效受理和处理消费者申诉、投诉和举报,及时化解消费纠纷,切实维护消费者和经营者的合法权益。二是要着力解决与人民群众日常生活密切相关的消费领域热点问题。进一步强化流通领域商品质量监管,切实保障城乡市场消费安全。加大服务领域消费维权力度,以家电维修、餐饮、旅游、美容、装饰装修、互联网销售等消费者投诉比较集中的领域为重点,加强监督管理,引导经营者健全行业规范,引导和督促企业自律。三是要严厉打击利用商业欺诈、行业垄断损害消费者权益的行为。针对房地产、保险、医疗、电信、交通等领域的侵权和欺诈问题,规范行业经营行为,加强合同监管,制止霸王条款,打击设置合同陷阱、骗取合同保证金等违法行为。创新合同争议行政调解机制,实现行政调解与司法调解的有机结合,维护市场交易安全。四是要加强消费教育和消费引导工作,培育以节约环保、科学合理为特征的和谐消费文化。积极引导节俭、文明、适度、合理的消费理念,倡导绿色消费等现代消费方式,提高消费质量和效益。

(二)更加关注民生,积极促进就业再就业工作。就业是民生之本,也是保障经济持续发展、促进社会和谐稳定的重大问题。要结合工商行政管理职能,积极促进就业再就业。一是要积极鼓励自主创业和自谋职业。认真落实国家在政策支持、市场准入、收费减免等方面的优惠政策,鼓励、引导和扶持下岗失业人员、大学毕业生、退役军人创办个体工商户和私营企业,实现就业和再就业。二是要大力支持和促进劳动密集型产业、服务业、非公有制经济、中小企业健康发展,鼓励企业吸纳就业,多渠道、多方式增加就业岗位。三是要鼓励发展面向全体劳动者的职业技能培训、创业培训和再就业培训机构,加强对下岗失业人员、大学毕业生、退役军人等就业再就业的指导和服务。四是要配合有关部门加强对劳动者权益的保护。依法加大对拖欠农民工工资用人单位的处罚力度。进一步整顿和规范劳务中介市场,坚决打击黑中介。同时,在查处取缔无照经营中,要坚持取缔与疏导相结合,积极做好引导规范工作,扶持社会弱势群体合法经营,帮助他们解决生计问题。

(三)积极参与社会治安综合治理,维护社会和谐稳定。加强社会治安综合治理,是保障人民群众安全、促进社会和谐的重要方面。一是要按照中央综治委《关于深入开展农村平安建设的意见》的要求,依法加大对农村危害人民群众身体健康和生命财产安全的非法生产经营活动的查处力度,消除安全隐患。二是要积极参与整治煤矿、非煤矿山、危险化学品、烟花爆竹、民爆器材、违法排污、油气田及输油管道生产治安秩序等专项行动,促进安全生产。三是要密切配合有关部门开展打黑除恶斗争,加强对互联网上网服务营业场所、电子游戏经营场所、洗浴中心、保健按摩等服务行业的监管,依法查处违法经营行为。四是要按照职能分工,扎实开展校园周边环境治理、查处取缔"黑网吧"、预防青少年犯罪、禁毒与艾滋病防治、刑满解教人员帮扶安置等工作。

四、积极推进监管制度改革创新,营造内和外顺的工作环境,不断提高行政效能

创新制度、改进管理、提高效能,是新形势对工商行政管理工作提出的新要求,也是工商行政管理部门服务科学发展、促进社会和谐的重要基础性建设。要坚持不懈地抓紧抓好,为工商行政管理改革发展提供机制保障。

(一)进一步夯实工商行政管理法治基础,为依法行政提供完备的法律依据。加强法制建设,是工商行政管理部门维护公平正义、促进经济发展和社会和谐的根本保证。一是要加快立法立规。总局要继续做好制定《商事登记法》、《反垄断法》的有关工作,积极做好《反不正当竞争法》、《商标法》、《广告法》等法律的修订工作,抓紧制定《市场违法行为处罚办法》、《农民专业合作社登记管理条例》、《流通领域商品质量监督管理条例》等行政法规。二是要进一步规范执法程序。抓紧修订《工商行政管理机关行政处罚程序暂行规定》,完善行政执法程序制度。

加快修订《工商行政管理机关行政处罚听证暂行规定》,使当事人有充分的诉求救济机会。三是要切实加强执法监督。积极推进行政执法责任制,明确责任,强化监督。认真做好行政复议工作,充分发挥行政复议化解矛盾、促进和谐的积极作用。认真做好行政执法与刑事司法的衔接工作,依法移送涉嫌犯罪案件,防止以罚代刑。各地工商行政管理机关要积极参与地方性法规的制定工作,并认真抓好法律法规的宣传贯彻和落实。

(二)认真巩固改革成果,深入推进市场监管机制创新。推进机制创新、管理创新,是提高执法效能的有效途径,也是完善市场监管体系的重要任务,必须进一步抓紧抓实。一是继续推进企业信用分类监管。按照"金信工程"总体方案和总局的要求,2007年底前要在各省、自治区、直辖市联网的基础上实现全国联网。通过总局和各地联网,使各级工商行政管理机关能充分使用全国企业信用共享数据,在对市场主体准入、退出及市场经营行为监管中,发挥整体职能作用,加强对辖区内企业的监管。二是大力推进"12315"行政执法体系建设。要加大"12315"信息化网络建设力度,扩大建立以省局或地市局为单位相对集中受理的"12315"中心。要加强总局与省局"12315"数据分析中心建设,建立总局"12315"消费者权益保护数据分析平台,扩大"12315"信息化建设试点范围,增加"12315"数据直报点;以建立消费维权"一会两站"为重点,大力推进"12315"进乡镇、进村组、进社区、进企业、进市场、进超市,把市场监管触角延伸覆盖到城乡基层。要建立健全消费者与企业的和解制度、经营者的自律制度、消费纠纷的调解制度和申诉举报制度,努力构建消费维权新机制。三是进一步完善流通领域商品准入制度。要以食品及涉及消费安全的商品为重点品种,以农村为重点区域,推进和规范流通领域商品经营者进货检查验收、索证索票、购销台账、协议准入、商品质量承诺、不合格商品退市以及市场开办者质量管理责任等自律制度,进一步完善流通领域商品质量监管制度,扩大商品准入制度的覆盖面。四是深化个体工商户分层分类登记监管改革。依托金信工程,积极推进全国个体工商户和私营企业登记监管数据联网应用系统建设,推动市场主体基础数据库建设。研究提出分类监管数据规范,建立信息采集与分析系统,加强对个体私营经济发展情况的分析及预测,进一步提高监管效率。五是大力加强信息化建设。高素质的工商行政管理队伍加上高科技的信息化管理手段,才能创造出高水平的市场监管工作。我们要不断推进管理手段现代化。要大力推进电子政务,要多方筹措资金,加强信息化技术在市场主体准入、食品安全监管、商品质量监管、广告监管、直销监管、商标专用权保护、消费维权等领域的运用,不断提高监管效能和现代化水平。要加强政府网站建设,方便社会公众查询和咨询。要大力推进基层工商所的信息化应用,强化工商所监管市场的科技手段。

（三）正确处理依法履行职责与加强协作配合的关系,努力营造内和外顺的工作环境。营造内部和谐有序、外部关系顺畅的工作环境,是工商行政管理部门提高监管执法效能的必要条件。一是要切实履行法定职责。凡是法律法规和《三定方案》赋予的职责,凡是党中央、国务院和各省（市）、自治区党委、政府部署的任务,都要积极履行职责,创造性地工作,自觉维护法律的权威,确保中央政令畅通。坚决纠正和查处有法不依、违法不究、执法不严、监管不力、玩忽职守、失职渎职的行为。二是要搞好内部沟通协调。全国工商行政管理系统上下之间,各机关、单位左右之间,要加强沟通、相互支持,遇有矛盾和问题,要积极协调,及时化解,营造良好的工作氛围,建设和谐机关,形成执法合力。要充分发挥个体劳动者协会、私营企业协会、消费者协会、广告协会、商标协会等协会组织提供服务、反映诉求、行业自律、规范行为的作用,进一步加强各级协会的组织建设、业务建设和规范化建设。三是要加强外部协作配合。凡是法律法规规定和维护市场秩序需要工商行政管理机关与相关

部门相互支持配合的,都要增强大局意识、责任意识,主动配合、积极支持,做到不推诿、不扯皮。根据工作需要建立健全部门之间的情况通报制度和协作机制,充分发挥部门间的整体优势。总局机关要严格要求,规范管理,在建设和谐机关和营造内和外顺的工作环境中为全系统作出表率。

（四）积极拓展国际交流与合作,努力营造良好的国际市场环境。今年是我国加入世贸组织过渡期满后的第一年,要进一步加强工商行政管理领域的国际交流合作工作。一是坚持统筹国内国际两个大局,深入研究我国对外开放中工商行政管理领域出现的新情况新问题,采取积极应对措施。二是继续按照国家总体外交布局,全面拓展市场监管领域的双边多边交流合作,积极主动地参与竞争执法、消费者保护、商标保护等市场监管领域中国际规则的制定和修改,积极有效地推进国际合作。三是认真借鉴国外有益经验,继续做好国际交流合作成果的推广应用工作。

五、加强学习教育,全面增强队伍素质,不断提高促进科学发展、构建和谐社会的能力和水平

充分发挥工商行政管理在促进科学发展、构建和谐社会中的职能作用,队伍建设是根本。要按照胡锦涛总书记加强学习和十六届六中全会《决定》"提高职业素质和专业水平"的要求,进一步提高干部的政治素质、业务素质和道德素质,努力建设一支为民、务实、清廉的干部队伍,为充分发挥新时期工商行政管理的职能作用提供坚强的组织保障。

（一）加强各级领导班子建设,切实提高全面落实科学发展观和构建社会主义和谐社会的能力和水平。推进新形势下工商行政管理的改革和发展,领导班子是关键,必须努力把各级领导班子建设成为团结带领广大干部开拓工作新局面的坚强领导集体。要进一步深化干部人事制度改革,健全完善干部选拔任用机制和监督机制,认真落实中组部《体现科学发展观要求的党政部门领导班子和领导干部综合考核评价试行办法》,

制定符合工商行政管理部门实际的体现科学发展观要求的干部综合考核评价办法;要加强与地方党委组织部门的联系沟通,做好省级工商局领导干部双重管理工作,建立省级工商局局长在全国工商局长分片座谈会上述职述廉汇报等制度,举办省级工商局长高级研修班,加强落实科学发展观和构建和谐社会理论和政策的学习研究;要建立健全干部交流和培养锻炼制度,每年选派一定数量的机关干部到地方党委、政府部门挂职锻炼,有计划地安排一些基层干部到总局机关挂职锻炼,加强机关各司局之间和系统内干部的横向交流。要以党章和法纪教育为重点,继续巩固党员先进性教育成果,坚持不懈地推进党的先进性建设,教育党员领导干部作党性修养的表率、廉洁从政的模范。我们总局党组成员带头从自己做起。特别是党中央、国务院安排我来总局工作,我一定虚心向同志们学习,模范遵守党章,勤政廉政,尽职尽责,切实做好党和人民交给我们的工作。

(二)加强基层队伍建设和基层基础建设,进一步规范执法行为、提高执法效能。基层处于市场监管执法的第一线,是维护市场秩序、促进经济发展和社会和谐的主要力量,是服务人民群众、树立良好工商形象的重要窗口,必须坚持把抓基层作为队伍建设的重中之重。要认真落实全国工商系统基层建设和人才工作会议精神,扎实开展基层基础建设年活动,建立健全基层建设和人才工作联席会议制度,进一步整合基层执法资源,形成基层监管合力。要坚持人、财、物向基层倾斜,完善基层基础设施建设,改善基层办事、办公环境;要着眼于提高基层监管执法能力,以强化和规范工商所属地综合监管和执法办案职能为重点,合理规范工商所职责权限,制定工商所工作规范和执法办案能力素质标准,开展基层监管执法能力达标活动;要在企业注册官试点的基础上,积极开展行政执法类公务员、聘任制公务员试点工作,进一步健全公务员管理制度;从总局领导开始,建立各级领导干部联系基层制度,深入基层调查研究,帮助基层解决实际

困难和问题。关心基层干部疾苦,逐步改善基层干部的工作和生活条件。

(三)加强干部教育培训,努力建设素质过硬的干部队伍。要在加强学习和能力建设上下功夫,不断提高队伍整体素质和执法水平。一是要建设政治上过硬的队伍。坚持用马克思主义中国化的最新成果武装干部,教育各级干部树立正确的世界观、人生观、价值观,抵御各种诱惑,保持清醒头脑,坚定理想信念,不断增强落实科学发展观的自觉性和坚定性。二是要建设业务上过硬的队伍。全面贯彻中央"大规模培训干部、大幅度提高干部素质"的要求,积极落实《关于加强工商行政管理系统基层建设的意见》、《2006—2010年全国工商行政管理系统人才队伍建设规划》、《2006—2010年全国工商行政管理系统干部教育培训规划》,认真组织干部学习市场监管的法律知识、现代经济知识、科技知识、管理知识,优化知识结构,提高业务素质和依法行政能力。三是要建设作风上过硬的队伍。要大力发扬求真务实精神,坚持真抓实干,切实履行职责,注重工作实效。要提倡勤俭节约,始终牢记"两个务必",大力发扬艰苦奋斗的精神,努力建设节约型机关。

(四)加强党风廉政建设,健全监督制约机制,树立良好的工商形象。继续以贯彻落实中央惩防腐败体系《实施纲要》为总抓手,按照总局党组《2007年底前工作要点》的要求,以解决人民群众反映的突出问题为重点,深入推进工商行政管理机关惩防腐败体系建设。继续认真履行职责,落实好中纪委部署总局承担的牵头任务和协办任务。继续坚持教育、制度、监督并重,建立反腐倡廉长效机制。认真开展社会主义核心价值体系教育,加强示范教育和警示教育,广泛开展工商廉政文化建设活动,建立一批示范点,研究建立工商职业道德规范。继续坚持党风廉政建设责任制、干部任用监督制度以及资金分配使用、物资采购、工程建设项目等方面的监督管理制度。深入贯彻执行总局"六项禁令",进一步规范执法行为:严格执法主体,在全系统

组织换发"工商行政执法证"；继续开展执法检查、专项补助资金检查，推广执法督察；积极参加行风评议，以各种形式自觉接受外部监督，推进基层工商干部面向社区、监管服务对象述职述廉。全面深入推进政务公开，增加工作透明度。在推行行政执法结果、行政执法信息公开的同时，研究推行局务公开。推行电子监察，对执法行为实时监控。认真查处损害人民群众利益的典型案件，切实解决乱收费、乱罚款问题。严肃查办涉及工商行政管理人员接受和参与商业贿赂等案件。

同志们，做好2007年的工商行政管理工作，任务艰巨，责任重大。我们要紧密团结在以胡锦涛同志为总书记的党中央周围，高举邓小平理论和"三个代表"重要思想伟大旗帜，认真贯彻党的"十六大"、十六届三中、四中、五中、六中全会和中央经济工作会议精神，全面落实科学发展观和构建社会主义和谐社会的要求，团结奋进，真抓实干，开拓创新，以优异的成绩迎接党的"十七大"胜利召开！

周伯华局长在全国工商行政管理工作会议上的总结讲话

（2007 年 1 月 6 日）

全国工商行政管理工作会议开了两天半，经过全体与会同志的共同努力，圆满完成了各项议程，今天就要结束了。

国务院领导对我们这次会议十分重视，温家宝总理对工商行政管理工作作出重要批示。吴仪副总理不仅会前抽时间听取了我代表总局党组的工作汇报，还在百忙之中亲自出席大会，亲切接见与会代表，并给我们作重要指示，使我们深受鼓舞和鞭策。会议期间，大家认真负责，精神振奋，深入学习领会温家宝总理、吴仪副总理的重要批示和指示，畅谈收获和体会；围绕工作报告，进行了热烈讨论，提出了很多好的意见；广泛交流了一年来的工作情况、好的做法和经验，并推举代表作了大会发言。大家普遍反映，

这次会议是新形势下工商行政管理事业继往开来、开拓创新的一次重要会议，时间虽短，但内容丰富，议题重要，开得成功，收获很大。一是通过认真学习温家宝总理和吴仪副总理的重要批示和指示，深切感受到国务院领导对工商行政管理工作高度重视、非常关心、寄予厚望，鼓舞了士气，进一步增强了使命感和责任感。二是通过总结去年、讨论今年工作，看到了成绩，查找了差距，统一了思想，明确了任务，进一步增强了做好工作的信心。三是通过分组讨论和大会交流，沟通了情况，交流了经验，开阔了视野，启发了思路，起到了相互学习、相互促进和共同提高的作用。大家认为，这次会议是一次振奋人心的鼓劲会，是一次部署任务的动员会，也是一次工作经验的交流会。大家表示，一是要倍加珍惜当前的大好形势。工商行政管理事业已进入最好的发展时期。党中央、国务院对工商行政管理工作高度重视；工商行政管理部门的监管能力、执法水平、法规体系基本适应社会主义市场经济发展的需要；我们已基本建立一支政治、业务、作风素质都在不断提高的干部队伍，社会各界对我们这支队伍是信任的。二是要尽职尽责履行职责。就是要履行服务经济发展的职责；加强市场监管的职责；积极参与社会管理，着力解决群众关注的热点问题的职责；抓好队伍自身建设的职责。三是要勇于开拓创新。要总结多年来制度改革的成功做法和好的经验，巩固和发展改革的成果；要积极创新和完善市场监管的新机制和新体制；要认真负责地解决目前面临的困难和问题。总之，要倍加努力工作，进一步开创工商行政管理工作的新局面，不辜负国务院领导的殷切期望。

在这次会上，大家通过深入广泛的讨论，也提出了一些建设性的意见，如希望总局进一步理顺完善管理体制，进一步加强工商行政管理法制和制度建设，进一步改进工作作风，以及推进信息化网络工程、加强干部队伍建设等问题。在讨论中大家也认为，在改革、前进中存在这样那样的问题是不可避免的，需要我们在实践中不断探索、研究

和完善。我们坚信在党中央、国务院的正确领导下，团结一致，相互支持，一定能够逐步得到妥善解决。

下面，我着重就如何深入贯彻党的十六届六中全会精神，落实温家宝总理重要批示、吴仪副总理重要指示和前不久召开的中央农村工作会议精神，讲几点意见。

一、认真贯彻党的十六届六中全会精神，深入学习领会温家宝总理、吴仪副总理重要批示和指示，明确目标方向，奋发有为工作

党的十六届六中全会，作出了构建社会主义和谐社会若干重大问题的决定，赋予了工商行政管理部门更为繁重的任务。温家宝总理的重要批示，深刻阐述了完善市场管理制度、整顿规范市场秩序的重要性和长期性，明确指出了当前市场监管的重点任务。吴仪副总理的重要指示，对工商行政管理部门努力促进经济社会又好又快发展，切实维护公平竞争、规范有序的市场环境提出了明确的要求。温总理、吴仪副总理的重要批示和指示，充分体现了党中央、国务院对工商行政管理工作的高度重视和亲切关怀，是对全系统广大干部的鼓励和鞭策，也是推进工商行政管理改革发展的强大精神动力。认真学习领会、切实贯彻落实温家宝总理重要批示和吴仪副总理重要指示，对于我们深入贯彻落实党的十六届六中全会精神，进一步推进新形势下工商行政管理的改革与发展，具有重要的现实作用和深远的指导意义。

学习贯彻温家宝总理和吴仪副总理的重要批示和指示，关键要在统一思想、提高认识、指导实践、推动工作上狠下功夫。要重点把握好以下四个方面：一是要牢固树立和认真落实科学发展观，尽心尽力为促进经济社会又好又快发展服务。发展是我们党执政兴国的第一要务。工商行政管理部门要牢牢把握"服务"这个宗旨，通过充分发挥工商行政管理各项职能作用，促进经济社会协调发展。二是要依法行政，切实加强市场监管。整顿规范市场秩序，加大行政执法力度，是工商行政管理部门的基本职责，是一

项长期的任务。我们必须进一步增强依法行政意识，按照法定职责做好工作，切实做到依法行政、严格执法、公正执法，坚持把规范和维护市场秩序作为一项长期的重要工作，高度重视，常抓不懈。三是要推进改革，完善制度，不断提高监管执法的效能和水平。要继续完善法律法规体系，推进市场监管制度改革，建立健全长效管理机制，创新市场监管手段，加强市场监管能力建设，努力开拓市场监管工作的新局面。要通过切实提高执法效能和水平，努力实现对法律负责与对市场主体负责、对消费者负责的统一。四是要坚持以人为本，重视解决群众反映强烈的问题，大力促进社会主义和谐社会建设。要牢固树立执法为民的思想，把维护人民群众的根本利益作为工商行政管理工作的出发点和落脚点。要针对群众关注的重点问题，及时采取有力措施，切实加以解决，依法保护群众合法权益，努力促进社会主义和谐社会建设。

二、严格依法行政，深入整顿规范市场秩序，强化农村市场监管

今年，全国工商行政管理系统要按照温家宝总理重要批示和吴仪副总理重要指示，深入开展整顿规范市场秩序，继续突出抓好食品安全、商标专用权保护、查处虚假违法广告、打击传销、治理商业贿赂五项专项整治行动，并结合专项整治，在加强日常规范管理和构建长效管理机制上下功夫，务求取得新的更大的成果。对这些整治工作我在工作报告中已作部署，这里特别强调，当前，要对农村市场加强监管。重点抓好以下工作：

一是加大农村食品市场监管力度，切实维护农民群众食品消费安全。温家宝总理在重要批示中要求我们对农村市场管理予以特别的关注和加强。最近，针对部分地区农村食品市场存在无证无照经营食品，制售假冒伪劣、有毒有害、不合格食品以及欺诈行为等问题，再次作出重要批示，要求有关部门和工商部门加强监督检查。充分说明国务院领导对农村食品安全极为重视。总局1月2日已就进一步加强农村食品市场

监管工作向全系统发出紧急通知，作出了具体部署。我再强调几点：第一，一定要在思想上高度重视。要把农村食品市场监管作为整顿规范市场秩序、加强食品安全监管的重中之重，把2007年作为农村食品市场整顿年，高度重视，精心组织，抓紧抓好，抓出实效。第二，一定要严把农村食品市场主体准入关。凡未依法取得前置审批许可和不符合登记条件的，一律不得核准登记发照，坚决取缔无证无照经营行为。第三，一定要认真开展农村食品安全专项执法检查。要突出重点地区、重点市场和重点品种，扎实有效地开展专项执法检查，依法严厉打击无证无照经营食品，制售假冒伪劣、有毒有害和不合格食品等违法行为。深入开展农村食品安全示范店活动，充分发挥示范带动作用。第四，一定要加大农村食品市场日常监管力度。要按照总局下发的工商所食品安全监管规范的要求，切实把农村食品安全监管的任务落实到基层工商所，做到任务到岗，责任到人，强化日常监管，规范经营行为。第五，一定要加强督查指导。要认真执行总局制定的食品安全监管责任及责任追究办法的规定，对玩忽职守、监管不力的，严肃追究责任。同时，要对履行食品安全监管特别是农村食品市场监管职责的情况进行层层自查，逐级检查。春节前，总局将派出检查组，对重点地区、重点市场、重点品种的食品安全监管工作特别是农村食品市场监管情况进行检查。

二是加大农资市场监管力度，切实维护农资市场秩序。要深入开展"红盾护农"行动，清理规范农资市场经营主体资格，严厉打击制售假冒伪劣农资坑农害农行为。特别是要突出重点季节、重点地区、重点市场、重点品种，加大查办案件工作力度，依法严厉查处制售假冒伪劣和不合格种子、农药、化肥等违法行为。要加强农资商品质量定向监测，建立农资监管长效机制，支持发展农资连锁经营和农资放心店。

三是加强春节和"两会"期间市场监管，切实维护良好的市场秩序和节日消费安全。春节和"两会"期间的市场秩序，关系广大群众节日消费和切身利益，也关乎社会稳定。要认真贯彻落实中办、国办下发的《关于做好2007年元旦、春节期间有关工作的通知》，按照总局加强元旦、春节市场监管通知的具体部署，切实加强节日食品市场、旅游市场、文化市场监管，严厉打击各种不正当竞争行为和欺诈行为，密切配合有关部门加强烟花爆竹生产、销售安全监管，积极参与安全生产专项整治，确保广大人民群众过一个欢乐祥和的节日。全国人代会和政协会召开期间，要切实履行市场监管职责，认真负责地处理好群众的来信来访，及时化解矛盾和纠纷，为"两会"的顺利召开营造良好的市场环境。

三、及时采取有力措施，切实解决群众反映强烈的问题

解决人民群众反映强烈的问题，既是落实科学发展观和实践党的宗旨的客观需要，也是工商行政管理部门坚持执法为民的基本要求，更是落实温家宝总理重要批示和吴仪副总理重要指示的具体体现。要采取更加有力的措施，下功夫解决群众反映强烈的问题，不断提高解决问题的针对性、及时性和有效性。

一是要大力强化消费维权工作。消费维权涉及广大群众的切身利益，对于维护社会稳定和构建和谐社会意义重大。要以监督商品质量和规范服务行为为重点，紧紧围绕群众反映投诉多的商品和行业，加强流通领域商品质量管理，加大市场监管力度，严厉打击制售假冒伪劣商品的违法行为，严厉打击利用商业欺诈、行业垄断损害消费者权益的行为。要以创新消费维权体制、机制、手段为重点，大力推进"12315"行政执法体系建设。加大"12315"中心和"一会两站"建设力度，扩大"12315"进农村、进社区、进企业、进市场的覆盖面，建立健全消费者与经营者和解制度、经营者自律制度、消费纠纷调解制度、消费维权责任制度等，特别要健全和完善农村消费维权监督网，及时受理和处理消费者申诉、投诉和举报，切实把消费纠纷和消费者的诉求及时就近解决在企业和基层，依法保护好消费者合法权益。

二是要积极参与社会治安综合治理和安全生产工作。要依法加大对农村危害人民群众身体健康和生命财产安全的非法生产经营活动的查处力度，扎实促进农村平安建设。要积极参与安全生产专项行动，特别是积极参与整治煤矿、非煤矿山、危险化学品、烟花爆竹、民爆器材等专项行动。密切配合有关部门开展打黑除恶、"扫黄打非"等斗争，加强对互联网上网服务营业场所、电子游戏经营场所、洗浴中心、保健按摩等服务行业的监管，依法查处违法经营行为。坚决取缔黑网吧。

三是要积极促进就业和再就业工作。就业是民生之本，也是群众关注的重大问题。工商行政管理部门要坚持把促进各类市场主体发展与促进就业再就业工作紧密结合起来，积极努力为促进就业再就业作贡献。要通过积极支持发展劳动密集型产业，加快发展服务业，通过鼓励、引导个体工商户、私营企业吸纳下岗失业人员就业，通过大力扶持下岗失业人员、大学毕业生、退役军人创办个体工商户和私营企业，扩大就业门路，增加就业岗位，促进社会稳定。

四是要充分发挥行业自律的作用。市场主体行为不规范，不仅扰乱市场秩序，也影响消费者合法权益。要按照中央经济工作会议关于强化企业约束机制、引导企业切实承担社会责任的要求，充分发挥行业组织的自律作用。各级工商行政管理机关要指导个体劳动者协会、私营企业协会、广告协会、商标协会等协会组织充分发挥行业自律、规范行为的作用，引导广大经营者遵章守法、诚信经营、公平竞争。同时，积极引导其他行业组织加强自律。

与此同时，要进一步加大反不正当竞争、反垄断执法力度。继续加大对密切关系人民群众生活的垄断性行业限制竞争行为的查处，维护群众切身利益；继续开展打破地区封锁、地方保护执法工作，促进统一开放、竞争有序现代市场体系的建立。

四、加强基层基础建设，为提高市场监管水平夯实基础，提供坚强的组织保障

认真落实温家宝总理和吴仪副总理的重要批示和指示，深入整顿规范市场秩序，全面提高市场管理水平，及时解决群众反映强烈的问题，关键在于夯实基础和建设一支高素质的干部队伍。

一是要进一步加强法制建设。要以完善市场主体、市场交易、市场监管等方面的法律法规为重点，进一步加强立法立规工作，积极参与《反不正当竞争法》、《商标法》、《广告法》等法律法规的修订工作，抓紧行政规章的制定、清理。要进一步强化执法监督，规范执法行为，促进严格执法、公正执法。要进一步加强法制宣传教育，增强市场监管人员和全社会的法律意识，努力营造良好的执法环境。

二是要进一步完善市场监管制度。要按照巩固成果、深化改革、开拓创新的要求，继续推进企业信用分类监管、商品准入制度、"12315"行政执法体系、个体工商户分层分类登记监管等市场监管制度改革，积极推进市场主体诚信建设，努力构建市场监管长效机制，不断提高市场管理水平。

三是要进一步加强信息化建设。要把信息化建设作为提高市场管理水平的重要任务，按照"金信工程"的部署和信息网络化建设的要求，加大信息技术在企业登记管理、食品安全监管、商品质量监管、商标注册和管理、广告监管、直销监管、公平竞争、消费者权益保护等领域的运用。加大机关和基层的信息化建设力度，整合信息资源，创新监管手段，逐步完善网上咨询、网上受理、网上发布、网上调度、网上处置相结合的信息化网络体系，努力为整顿规范市场秩序和提高市场管理水平提供技术支撑和现代化手段。

四是要进一步加强队伍建设。要进一步加强领导班子建设，切实提高全面落实科学发展观的能力和水平，努力把各级领导班子建设成为团结带领广大干部开拓工商行政管理工作新局面的坚强领导集体。要进一步加强干部教育培训工作，本着缺什么、补什么的原则，认真组织干部学习相关知识和技能，不断完善知识结构，提高业务素质，增强履行岗位职责的能力和水平。要进一步加强基层建设,更多地理解、关心和支持基层的工作,努力为基层排忧解难办实事。要进一步加强党风廉政建设。要认真开展社会主义核心价值体系教育,加强示范教育和警示教育,广泛开展工商廉政文化建设,使广大干部筑牢拒腐防变的思想道德防线;要强化领导干部廉洁自律,充分发挥领导干部在反腐倡廉中的表率带头作用;要建立健全反腐倡廉制度体系,充分发挥制度的规范和保障作用;要加强对权力运行的制约和监督,深入贯彻执行"六项禁令",严格规范执法行为,严肃查处违纪违法案件,促进公正执法,廉洁执法。

同志们,大家返回各自的工作岗位后,一是把温家宝总理重要批示和吴仪副总理重要指示及时向当地党委、政府汇报好、落实好,积极争取党委、政府对工商行政管理工作的重视和支持。二是要把温家宝总理的重要批示、吴仪副总理的重要指示和对全系统干部的慰问和关怀,原原本本地传达到各级工商行政管理机关,传达到每一个工商行政管理干部,并组织干部认真学习,深刻领会,统一思想,统一行动,鼓舞士气,促进工作。三是要结合实际,扎实有效地把温家宝总理重要批示和吴仪副总理重要指示贯彻落实好,开拓创新,勤奋工作,不负重托,为维护市场秩序、服务经济发展、促进社会和谐作出新的更大的贡献,以优异的成绩迎接党的"十七大"胜利召开!

周伯华局长在全国工商行政管理系统党风廉政工作会议上的讲话

(2007年2月27日)

这次党风廉政工作会议,是继全国工商行政管理工作会议之后总局召开的又一次重要会议。会议的主要任务是,认真贯彻落实中央纪委第七次全会和国务院第五次廉政工作会议精神,回顾总结2006年工商行政管理系统的党风廉政建设和反腐败工作,研究部署2007年的任务。中央纪委驻总局纪检组组长、总局党组成员石见元同志将代

表总局党组在会上作工作报告,系统总结去年的工作情况,全面部署今年的各项任务,希望同志们认真贯彻落实。下面,我就当前加强工商行政管理系统反腐倡廉工作需要特别重视的几个问题,讲点意见。

一、正确认识工商行政管理系统党风廉政建设和反腐败工作面临的形势,进一步把反腐倡廉工作推向深入

这些年来,总局党组和各地工商行政管理机关认真贯彻落实党中央、国务院关于反腐倡廉的一系列决策部署,坚持把党风廉政建设和反腐败工作作为队伍建设的一项重要任务,高度重视,狠抓落实,取得了显著成效。主要体现在:一是大力加强思想教育,广大干部的廉政意识进一步增强。通过在全系统深入抓好邓小平理论和"三个代表"重要思想的学习,认真开展党员先进性教育和党章教育等集中教育活动,各级干部进一步增强了宗旨意识,端正了执法指导思想。通过广泛开展示范教育和警示教育,弘扬了新风正气,做到了警钟长鸣,广大干部反腐倡廉的自觉性不断提高。二是扎实整顿队伍作风,工商执法形象明显改观。通过在全系统深入开展以"五项清理"为主要内容的队伍教育整顿活动,颁布实施"六项禁令",查处和纠正了队伍作风中存在的突出问题,规范了执法行为,促进了廉洁执法。特别是坚持不懈加强基层规范化建设,广大基层干部的素质能力和执法形象明显改善。三是积极推进制度创新,反腐倡廉长效机制建设取得重要进展。行政审批制度改革深入推进,取消了一批行政审批项目,促进了职能转变。行政权力监督制约机制逐步建立健全,有力地强化了对行政审批权、行政执法权和队伍管理权的监督。政务公开全面实行,依法行政的透明度不断提高。四是稳步推进工商行政管理机关惩防腐败体系建设,取得了一批重要成果。其中队伍教育整顿、行政审批制度改革和构建惩防腐败体系等工作,还分别受到国务院、中央纪委领导和国务院行政审批制度改革领导小组办公室的充分肯定。总之,经过多年的不懈努力,工商行政管理系统的反腐倡廉工作不断取

得阶段性成果，干部队伍的政治素质明显提高，工作作风明显改进，执法形象明显改善，在人民群众心目中的地位不断提升，为工商行政管理部门充分发挥职能作用维护市场秩序、促进经济社会又好又快发展提供了有力的保障。这些成绩的取得，是全系统广大干部开拓进取、共同努力的结果。借此机会，我代表总局党组，向为推进工商行政管理系统反腐倡廉工作作出贡献的广大干部，特别是从事纪检监察工作的同志们，致以诚挚的问候和崇高的敬意！

　　在肯定成绩的同时，我们也要清醒地看到，与党中央和国务院的要求、与人民群众的期望相比，工商行政管理系统的党风廉政建设和反腐败工作还存在差距和不足。个别单位和领导干部对反腐倡廉重要性的认识还有差距；党风廉政建设和反腐败工作还存在一些薄弱环节，一些反腐倡廉的制度措施落实得还不够到位；少数单位和干部中还存在行政不作为、失职渎职以及以权谋私、贪污贿赂等问题，乱收费、乱罚款等损害群众利益的不正之风还时有发生。

　　通过认真回顾总结，应当充分肯定，工商行政管理系统反腐倡廉工作发展的势头是良好的，取得的成效是明显的，党和人民对我们这支行政执法队伍是信任的。同时在党风廉政建设和干部队伍建设中也还存在着一些不容忽视的问题。我们在成绩面前要头脑清醒，在问题面前要坚定信心，倍加努力，扎实工作，着力解决存在的问题，切实巩固和发展反腐倡廉的成果，不断取得党风廉政建设和反腐败工作的新成效。

　　前不久召开的中央纪委第七次全会和国务院第五次廉政工作会议，深入分析了当前党风廉政建设和反腐败斗争面临的形势，全面部署了今年反腐倡廉的工作任务。各级工商行政管理机关要认真学习领会这两次重要会议精神，切实把思想统一到胡锦涛总书记、温家宝总理的重要讲话精神上来，切实把认识统一到中央对反腐倡廉形势的分析和判断上来，切实把行动统一到中央反腐倡廉的决策和部署上来，特别是要深刻理解反腐倡廉的重要性、长期性、艰巨性和复杂性，进一步增强责任感和使命感，坚持不懈地把反腐倡廉工作推向前进。

　　（一）加强党风廉政建设和反腐败工作，是新形势下工商行政管理部门全面落实科学发展观、促进和谐社会建设、提高市场监管能力的重要保障。科学发展观，是推动我国经济社会协调发展必须长期坚持的重要指导思想。促进科学发展，必须靠科学求实的态度和真抓实干的作风来落实。工商行政管理部门是国家的市场监管和行政执法部门，营造良好的市场环境、促进经济社会又好又快发展，不仅是工商行政管理的重要职责，更是工商行政管理工作的根本目的。加强党风廉政建设和反腐败工作，使广大工商行政管理人员特别是各级领导干部严守政治纪律、增强大局观念、树立正确的政绩观、弘扬求真务实的精神，切实纠正违背科学发展观的观念和做法，才能始终坚持用科学发展观统领工商行政管理工作的全局，为全面落实科学发展观提供坚强有力的保证。构建和谐社会，是全面建设小康社会的重大战略任务，是我们党不懈奋斗的目标。党风正则干群和，干群和则社会稳。树立良好的党风政风，就能产生凝聚党心民心的巨大力量，就能取得促进社会和谐的丰硕成果。工商行政管理部门经常同广大经营者、消费者打交道，职能作用的发挥、干部队伍的形象，直接关系群众利益的维护，关系和谐社会的构建。加强党风廉政建设和反腐败工作，才能保障工商行政管理部门在履行监管执法职责中系群众、服务人民，着力解决人民群众最关心、最直接、最现实的利益问题，促进社会和谐稳定；才能在加强队伍自身建设中坚持秉公用权、廉洁从政，坚决纠正损害群众利益的不正之风，以良好的执法形象取信于民。提高市场监管执法能力，是新形势新任务对工商行政管理工作提出的新要求。"吏不廉平则治道衰。"反腐倡廉的成效如何，直接影响工商行政管理职能作用的发挥，直接制约市场监管执法水平的提高。"公生明，廉生威。"公正才能明察秋毫，廉洁才有执法权威。只有坚持廉洁从政，才能保证工商行政管理部门切实规范执法行为，不断提高执法效能,当好市场秩序的坚强卫士,成为促进改革发展的重要力量。

(二)加强党风廉政建设和反腐败工作,是工商行政管理部门践行党的宗旨、坚持执法为民的必然要求。坚持执政为民,是由我们党的性质和宗旨决定的,是贯彻落实"三个代表"重要思想的本质要求。在工商行政管理工作中落实执政为民,就要具体体现在执法为民上。只有建设一支清正廉洁、一心为民的工商行政管理干部队伍,才能为落实执法为民奠定坚实的组织基础。这就要求我们必须通过大力加强反腐倡廉工作,牢固树立群众观点,把实现好、维护好、发展好最广大人民的根本利益作为工商行政管理工作的出发点和落脚点,诚心诚意为群众办实事,尽心竭力为群众解难事,坚持不懈为群众做好事;牢固树立正确的权力观和政绩观,把解决人民群众最关心、最直接、最现实的利益问题和促进经济社会又好又快发展作为衡量工商行政管理机关政绩的重要标准,始终坚持权为民所用,情为民所系,利为民所谋。

(三)加强党风廉政建设和反腐败工作,是工商行政管理部门加强队伍建设的一项长期重要任务。经过多年的不懈努力,工商行政管理系统的党风廉政建设和反腐败工作扎实推进,成效明显,已基本建成一支素质不断提高、作风不断改进的干部队伍。但是加强党风廉政建设和干部队伍建设仍然任重道远。一是队伍自身建设中还存在一些需要重视和解决的问题。少数干部的思想素质、精神状态与新形势新任务的要求还不完全相适应;滥用职权、违法行政,损害群众利益的不正之风还时有发生,个别人甚至以权谋私、腐化堕落。这些问题虽然出现在少数人身上,但影响面广,危害性大,影响了工商行政管理机关的形象,损害了党和政府同人民群众的关系。二是新形势、新任务对工商行政管理队伍的素质和作风建设提出了新的更高的要求。构建惩防腐败体系等重大举措的深入推进,对反腐倡廉工作的要求更严;落实科学发展观、构建和谐社会、实施依法治国方略、推进政府职能转变等方针

政策的贯彻实施,对依法行政的约束更强;建设法治政府、服务政府、责任政府、效能政府目标的实施,人民群众对工商行政管理机关提高执法效能和服务水平的期望更高。三是拒腐防变的考验长期存在。当前,我国已进入改革发展的关键时期,利益格局深刻调整,思想观念深刻变化,各种矛盾凸显,社会诱惑增多。这对我们各级干部依法行政和拒腐防变的能力提出了新的挑战和考验。而且腐朽没落思想观念和生活方式对我们干部的侵蚀,权力、金钱、美色对我们干部的考验,将贯穿改革开放和发展社会主义市场经济的全过程。这就决定了拒腐防变是一项长期的重要任务。我们一定要深刻认识加强党风廉政建设和反腐败工作的重要性、长期性、艰巨性和复杂性,始终把反腐倡廉作为队伍建设的一项重要战略任务,高度重视,常抓不懈。

二、突出重点,扎实推进,全面完成2007年党风廉政建设和反腐败工作的各项任务

胡锦涛总书记在中央纪委第七次全会上的重要讲话和吴官正同志的工作报告,明确了2007年党风廉政建设和反腐败斗争的主要任务和重点工作。温家宝总理在国务院第五次廉政工作会议上的重要讲话,对政府系统2007年的反腐倡廉工作作出了全面部署,强调要围绕规范行政权力运行,深化体制改革和加强制度建设,深入开展治理商业贿赂专项工作,坚决刹住违规建设楼堂馆所的不良风气,进一步加强政风建设,认真解决损害群众利益的突出问题。中央书记处书记、中央纪委副书记何勇同志去年12月13日在接见我和玉亭、见元同志时,充分肯定了这些年来工商行政管理系统反腐倡廉工作取得的成绩,并对今后的工作提出了明确要求。何勇同志的讲话已在这次会上印发大家学习。我们要认真贯彻落实中央纪委第七次全会、国务院第五次廉政工作会议和中央、国务院领导同志重要讲话精神,紧密联系工商行政管理实际,以深入落实中央《实施纲要》、总局党组《具体意见》和《2007年底前工作要点》,继续推进惩防腐败体系建设为重点,全面完成2007年反腐

倡廉的各项任务。特别要在以下几个方面重点推进,取得实效。

(一)进一步抓好干部队伍的廉政教育,增强廉洁执法的自觉性。推进反腐倡廉,教育是基础。要从工商行政管理机关掌握着市场监管和行政执法权的特点出发,增强廉政教育的针对性和实效性。重点是抓好警示教育和权力观教育。要以郑筱萸严重违纪违法问题为戒,在全系统开展一次警示教育,引导广大干部从郑筱萸案件中吸取深刻教训,警钟长鸣,严格自律。要围绕"我们手中的权力是谁赋予的,怎样为人民用好权"这一主题,在全系统组织开展一次大讨论,并把讨论的过程作为进行权力观教育的过程,引导广大干部增强宗旨意识,牢固树立执法为民的理念,提高廉洁执法的自觉性。同时要广泛深入开展工商廉政文化建设,形成"以廉为荣,以贪为耻"的浓厚氛围,努力培养工商行政管理人员良好的职业操守。

(二)进一步抓好纠正损害群众利益不正之风的工作,切实维护人民群众合法权益。要站在立党为公、执政为民和促进科学发展、构建和谐社会的高度,进一步加大纠正不正之风的工作力度。一是要突出工作重点,着力解决人民群众反映强烈的问题。要继续深入开展治理商业贿赂专项工作,着力解决食品安全、制售假劣农资坑农害农等突出问题,坚决纠正医药购销和医疗服务中的不正之风,严厉查处侵害消费者权益案件,千方百计促进就业再就业,积极参与安全生产监管、违法排污企业整治、房地产市场秩序专项整治等工作,切实维护人民群众合法权益。二是要规范执法行为,切实纠正工商行政管理系统中存在的损害群众利益的不正之风。要严格规范执法主体,认真做好换发执法证工作,坚持执证上岗。严格规范行政许可行为、案件查处行为、执收执罚行为,切实防止滥用职权,违法行政,执法争利,执法扰民。坚决纠正办事拖拉、推诿扯皮,作风粗暴、野蛮执法,甚至利用"案费证照"刁难群众、吃拿卡要,乱收乱罚、以权谋私等损害群众利益的行为,努力树立公正执法、廉洁执法、文明执法的良好形象。

(三)进一步抓好大案要案查处,坚决惩治执法腐败。要充分发挥办案在遏制腐败、促进治本方面的建设性作用,进一步加大惩治执法腐败的工作力度。重点查处工商行政管理机关工作人员滥用职权、失职渎职、贪污贿赂、腐化堕落、利用行政审批权和行政执法权谋取私利的案件,利用干部人事任免权、工程建设项目招投标权、物资采购权等内部管理权力谋取个人利益的案件。要切实做到有案必查、有查必处、有处必果,坚决纠正瞒案不报、压案不查、查而不处等错误行为。要依法办案,严格执纪,涉嫌犯罪的,及时移送司法机关处理,坚决惩处腐败分子。

(四)进一步抓好反腐倡廉工作体制机制创新,建立健全惩防腐败长效机制。一是要积极深化政务公开。要按照"以公开为原则、不公开为例外"的要求,全面深入推进政务公开,坚持"阳光作业",禁止暗箱操作。在推行行政执法依据、程序、结果和执法信息公开的同时,研究推行局务公开。二是要建立健全权力制约监督机制。反腐倡廉的关键是防止利用行政权力和行政资源违法乱纪、以权谋私。要按照温家宝总理在国务院第五次廉政工作会议上的重要讲话要求,围绕规范行政权力的行使,建立健全结构合理、配置科学、程序严密、制约有效的行政权力运行机制。要根据国务院的统一部署和地方政府的要求,积极探索实行以行政首长为重点对象的行政问责制度以及绩效评估制度,规范权力行使,提高行政效能。在行政执法权上,要强化对行政执法行为的监督,细化对实施行政处罚裁量权的指导。在队伍管理权上,要深化干部人事制度改革,加大管钱、管物、管审批权岗位领导干部的交流力度,在各级工商行政管理机关落实干部监督工作联席会议制度。在财物管理权上,要健全完善重要资金分配和使用情况的监督机制,严格落实工程建设项目包括信息网络工程的招标投标和政府采购等制度。要充分运用现代信息技术加强对行政审批和行政执法行为的监督,积极推行企业和商标网上申请注册登记、网上年检、网上查询,推广登记注册、执法办案、行政收费软件系统,建立窗口服务质量评价体系。

（五）进一步抓好机关作风建设,树立良好的政风。机关作风反映机关形象、队伍风貌和工作效能,切实改进机关作风是反腐倡廉的一项重要基础性工作。根据温家宝总理在国务院第五次廉政工作会议上关于加强政风建设的部署和要求,各级工商行政管理机关当前要着重抓好以下工作。一是要对办公楼、培训中心等楼堂馆所建设情况进行认真清理。违反规定拟建和在建的,要坚决停建和缓建;确需新建、扩建和改造的,要严格报经批准,并严格控制建设规模、装修及设备标准等。二是要严格控制公务消费。要牢记"两个务必",反对铺张浪费,认真执行公务接待管理规定,严格控制公务接待和差旅费等行政支出,严禁用公款大吃大喝、游山玩水和进行高消费娱乐活动,努力建设节约型机关。三是要下大力气解决文山会海问题。进一步精简会议和文件,提高质量,增强针对性和实效性,把更多的精力用在深入实际,调查研究,抓落实、求实效上。四是要严格控制节庆、达标评比和表彰活动。提倡脚踏实地,埋头苦干,反对搞形式主义,做表面文章。

三、进一步加强领导干部作风建设,充分发挥领导干部反腐倡廉的表率带头作用

胡锦涛总书记在中央纪委第七次全会的重要讲话中强调指出,领导干部作风建设是党的建设的一项战略任务。各级工商行政管理机关的领导干部肩负着确保党的路线方针政策在本系统贯彻执行的重大政治责任,其作风如何,对工商行政管理事业的发展有着极为重要的影响。联系食品药品监管局郑筱萸违纪违法案件,我们更要清醒地看到,郑筱萸就是利用手中的审批权、监管权违纪违法。工商行政管理机关也掌握着一定的行政审批权、行政执法权和队伍管理权,时刻面对各种诱惑,有受到腐蚀的危险。领导干部一旦在作风上放松要求,就会降低甚至丧失拒腐防变的能力,其他部门出现的违纪违法问题就有可能在工商行政管理部门发生。要高度重视和进一步加强工

商行政管理系统各级领导干部的作风建设,以领导干部良好的作风带出一支政治上、业务上、作风上过硬的干部队伍。

（一）按照胡锦涛总书记倡导的八个方面的良好风气,深入开展党风廉政教育。

胡锦涛总书记在中央纪委第七次全会的重要讲话中倡导的八个方面的良好风气,是加强领导干部作风建设的基本内容。要通过深入开展党风廉政教育,在各级领导干部中大力弘扬良好风气,促进领导干部作风进一步转变。

一是深入进行权力观教育,牢固树立执法为民的思想。工商行政管理机关掌握着一定的行政审批权、行政执法权和队伍管理权,加强对权力运行的制约和监督,是领导干部作风建设的关键。要以正确行使权力为重点,深入进行权力观、利益观教育,使各级领导干部充分认识工商行政管理机关掌握的权力是党和人民赋予的,只能用来为人民谋利益,绝不能用来为个人或小团体谋利益。要时刻牢记温家宝总理的要求,牢固树立执法为民的观念,一切为了人民,一切服务人民。要充分运用典型案例,进行警示教育,警惕权力、金钱、美色的诱惑,防止手中的权力庸俗化、商品化。

二是认真开展党纪国法教育,进一步增强遵纪守法意识。各级工商行政管理机关的领导干部只有成为遵纪守法的模范,才能当好廉洁从政的表率。要认真开展党的纪律特别是政治纪律教育,大力增强纪律意识,严格遵守党章和其他党内法规,对党忠诚,立场坚定,做到讲政治、讲正气,自觉同以胡锦涛同志为总书记的党中央保持高度一致,确保中央政令畅通。要大力加强法律法规教育,努力增强法制观念,促进严格执法、公正执法、廉洁执法、文明执法,切实规范执法行为。

三是大力加强思想道德教育,筑牢拒腐防变的思想道德防线。加强政治理论修养,提高思想道德素质,是领导干部树立良好作风、坚持廉洁从政的重要基础。要坚持用马克思主义中国化的最新成果、科学发展观和构建社会主义和谐社会等重大战略思想、社

会主义核心价值体系武装各级领导干部的头脑。要以思想道德教育为基础，在各级领导干部中继续深入学习贯彻党章，开展理想信念教育、社会主义荣辱观教育、廉洁自律教育，加强党性锻炼和思想道德修养，夯实执法为民的思想基础，增强拒腐防变的自觉性和坚定性。

（二）认真查找领导干部作风方面存在的突出问题，采取有力措施切实加以纠正。

一是认真分析各级工商行政管理机关领导干部作风方面存在的突出问题，增强工作的针对性和有效性。要认真研究违纪违法案件的新情况新特点，紧紧围绕胡锦涛总书记倡导的树立八个方面良好风气的要求，加强对领导干部思想作风、学风、工作作风、领导作风、生活作风等方面的检查，重点查找在履行行政审批权、行政执法权、队伍管理权等方面存在的突出问题，切实提高工作实效。

二是加强与领导干部作风密切相关的关键环节的监督，促进领导干部作风建设。要坚持从小事入手，抓苗头性、倾向性问题。坚持对权力运行各个环节的监督，确保权力正确行使。坚持关口前移，注重事前防范，建立健全查错纠偏机制，及时发现问题并切实加以纠正。

三是加强制度建设，从制度上规范和加强领导干部作风建设。制度更带有根本性、全局性、稳定性和长期性。健全完善制度，是加强领导干部作风建设的治本之策。要认真查找工商行政管理机关在行使行政权力中容易发生腐败问题的薄弱环节，完善预防措施，实行风险点管理。要及时把工作中证明行之有效的一些临时性措施、办法加以制度化、规范化，变成长效监管机制，努力形成用制度管权、按制度办事、靠制度管人的机制，充分发挥制度的保证作用。

（三）建立健全领导干部作风建设的领导机制和工作机制，以加强领导干部作风建设的实际成效推进各项工作。

要坚持把各级工商行政管理机关领导干部作风建设列入重要议事日程，从制定规划、组织领导、制度保障、监督检查等方面采取措施，建立健全领导干部作风建设的领导机制和工作机制。要按照党风廉政建设责任制的要求，明确抓领导干部作风建设的具体责任，落实好任务分解和督促检查工作。

加强领导干部作风建设，各级领导机关和领导干部要作出表率。我在这里郑重承诺，从我做起，总局领导班子成员和各司局、直属单位负责同志，都要高标准、严要求，带头加强作风建设，自觉接受全系统的监督，切实发挥好表率作用。要以加强各级领导干部作风建设的实际成效，树立良好政风，推进各项工作。一是要带头接受监督，廉洁自律。各级领导干部要带头严格执行党中央、国务院、中央纪委及本机关反腐倡廉的各项规定，加强自我修养、自我约束，自觉接受监督，严于律己，以身作则，率先垂范。二是要带头加强学习，提高自己。要认真学习《江泽民文选》特别是江泽民同志关于反腐倡廉的论述，深刻领会胡锦涛总书记、温家宝总理和吴官正同志关于加强领导干部作风建设的要求，全面加强思想作风、学风、工作作风、领导作风、干部生活作风建设，大力倡导八个方面的良好风气。三是要带头执行民主集中制，发扬民主，团结共事。要模范遵守党章、党纪，严格执行中央纪委提出的"四大纪律八项要求"。要完善重大问题集体决策制度，凡是出台重大措施、处理重大问题、选拔任用干部等重要事项，都必须坚持集体研究、会议决定，严格按规则和程序办事，绝不允许搞"家长制"、"一言堂"。四是要带头心系群众，密切联系群众。要从总局领导开始，建立并落实各级领导干部联系基层制度。要坚持把维护人民群众的根本利益作为一切工作的出发点和落脚点，坚决纠正损害群众利益的不正之风。五是要带头严格落实党风廉政建设责任制，敢抓敢管。对因党风廉政建设方面的失职渎职行为造成本部门、本单位发生严重违纪违法问题的，要追究部门领导的责任。同时要严格管好自己的配偶、子女、亲属和身边工作人员。

四、加强领导，落实责任，努力取得党风廉政建设和反腐败工作的新成效

确保 2007 年工商行政管理系统的党风廉政建设和反腐败工作扎实推进，取得实效，必须加强组织领导，落实工作责任，完善保障措施。

（一）认真落实党风廉政建设责任制。党风廉政建设责任制是强化领导责任、从制度和机制上保证党风廉政建设和反腐败工作落实到位的重大举措。各级工商行政管理机关要以高度的政治责任感，继续深入抓好党风廉政建设责任制的落实。一是要强化责任意识。各级工商行政管理机关的领导干部要真正把党风廉政建设和反腐败工作放在突出位置，列入重要议程，不断健全领导机制和工作机制，完善党风廉政建设责任制实施、考核办法等配套制度，确保反腐倡廉工作落到实处、取得实效。二是要明确分工，落实责任。各单位"一把手"要切实履行第一责任人的政治责任，对职责范围内的党风廉政建设负总责，领导班子其他成员要按照分工各负其责。要通过层层分解，做到分工明确、责任落实、措施到位。三是要增强大局意识和协作意识。各单位在认真抓好自身廉政建设的同时，要积极完成《中央和国家机关贯彻落实 2007 年反腐倡廉工作部署的分工意见》中赋予工商行政管理部门的协办任务，切实做到承担工作责任，落实配合措施，抓出实际成效。

（二）坚持把加强反腐倡廉与履行工商行政管理职能、提高服务水平结合起来。各级工商行政管理机关要坚持一手抓促进改革发展，一手抓自身反腐倡廉，两手抓，两手都要硬。并把反腐倡廉与履行工商行政管理职能结合起来，与提高市场监管水平和服务发展能力结合起来，自觉把反腐倡廉融入工商行政管理各项业务工作中，与业务工作一起研究，一起部署，一起检查，一起考核，努力做到在强化监管执法中加强反腐倡廉工作，以反腐倡廉的实际成效保障和促进监管执法工作。

（三）继续重视和支持纪检监察工作。一是要支持纪检监察部门履行职责。各级工商行政管理机关的领导班子特别是"一把手"，要积极主动接受监督，并大力支持纪检监察部门的工作，确保纪检监察机构全面有效地履行监督监察职能。大力支持派驻纪检监察机构对重大决策、干部任免、重要建设项目安排和大额资金使用等进行有效监督。二是要支持纪检监察部门提高工作水平。要充分保证派驻纪检监察机构对工商行政管理工作的知情权。积极支持纪检监察机构提高监督检查能力，提高办案质量和水平。要建立完善沟通协调机制，相互支持、相互配合，增强反腐倡廉的整体合力。三是要支持关心纪检监察部门加强队伍建设。继续关心和协助做好纪检监察干部的教育培训和培养使用工作，帮助解决实际困难，为纪检监察干部创造良好的工作、学习和生活环境。

同志们，做好 2007 年的反腐倡廉工作任务艰巨、意义重大。我们要紧密团结在以胡锦涛同志为总书记的党中央周围，认真贯彻落实党中央、国务院的决策部署，锐意进取，开拓创新，努力取得党风廉政建设和反腐败工作的新成效，以优异的成绩迎接党的"十七大"胜利召开！

全面落实科学发展观
努力实现"四个统一"
进一步开创新形势下
工商行政管理工作新局面

——周伯华局长在全国工商行政管理局长座谈会上的讲话

（2007 年 7 月 13 日）

这次全国工商行政管理局长座谈会是一次十分重要的会议，内容丰富，意义深远。各省（区、市）工商局的负责同志汇报了上半年的工作情况，对下半年的工作谈了很好的打算，还有 8 位同志进行了述职述廉汇报。总局班子四位成员也发表了很好的意见，对今后的工作提出了具体要求，希望同志们认真抓好落实。总之，经过大家的共同努力，会议达到了预期目的，取得了圆满成功。

今年上半年,全国工商行政管理系统以邓小平理论和"三个代表"重要思想为指导,坚持以科学发展观统领全局,认真落实党的十六届六中全会、中央经济工作会议精神和温家宝总理、吴仪副总理的重要指示和批示,按照年初全国工商行政管理工作会议的部署,在各级党委、政府的领导下,开拓进取,扎实工作,取得了新的成绩。主要体现在以下几个方面:

第一,认真履行职能,整顿规范市场秩序工作取得新成效

——食品安全专项整治深入推进。全系统继续深入开展食品安全专项整治,认真组织实施"农村食品市场整顿年"活动,严厉打击制售假冒伪劣食品违法行为,严格食品市场准入,强化基层日常规范管理,创新食品安全监管信息化网络,积极推进食品安全长效监管机制建设。特别是今年4月以来,全系统认真贯彻落实温家宝总理重要批示精神,大力强化猪肉、禽蛋等副食品市场监管,严查"高温猪肉"、"注水肉"和病死猪肉流入市场的行为,保证了猪肉交易秩序规范良好,上市肉品质量安全可靠,人民群众可以放心食用。食品安全专项整治工作取得了新的阶段性成效。全系统共检查食品市场和经营户600.72万户(次),查处取缔食品无照经营6.36万户,吊销营业执照2 207户,捣毁制售假冒伪劣食品窝点3 191个,查处制售假冒伪劣食品案件3.44万件,对5 756.83吨不合格食品实施了退市。各地积极探索适合当地食品市场特点的监管方式方法。北京、甘肃、黑龙江等省市工商局探索实行食品安全网络化监管模式,安徽、湖北、陕西等地工商局实施食品安全"电子网格"和"电子档案"监管,四川省工商局建立了"四制两查一承诺"长效监管模式,吉林、宁夏、广西、西藏、贵州、内蒙古、新疆、云南、海南等地工商局积极创新监管方式,食品安全监管执法效能不断提高。

——虚假违法广告专项整治力度进一步加大。各地以医疗、药品、保健食品、化妆品、美容服务等广告为重点,进一步强化对广告发布环节的监管,积极发挥广告专项整治联席会议的牵头作用,加强部门间协调配合,健全完善综合治理工作机制,不断加大广告监测、违法广告公告和案件查处力度,扎实有效地推进了广告专项整治工作。总局会同卫生部、食品药品监管局对各地广告发布情况进行集中监测,向社会发布《违法广告公告》4期,曝光严重违法广告案件27件。社会关注的医疗广告违法率同比下降24.2%,广告投诉举报同比下降55%。电视、报刊等大众传播媒体广告发布秩序进一步规范。浙江省工商局积极探索对网络等新兴媒体的广告监管,加强对经营性网站的广告经营登记工作和网络广告的监测;重庆市工商局建立"广告监管网络",加强了对广告主体的全方位监管和广告监管系统联动执法。全系统共查处虚假违法广告12 524件,责令更正853件,责令停止发布4 799件。广告综合治理成效日益明显,广告市场秩序整体上趋于好转。

——商标行政保护工作进一步加强。总局按照"创新机制、改变理念、符合法律"的工作思路,积极探索加快商标审查和异议裁定的措施,研究解决商标审查周期延长的问题。各地以商品批发零售市场为重点,加大监管力度,切断商标侵权假冒商品的市场流通渠道。加大对驰名商标、涉外商标、农产品商标和地理标志的保护力度,加强涉嫌商标犯罪案件移送工作,严厉打击商标侵权假冒行为。上海市工商局开展了以涉外高知名度商标、奥林匹克标志和世博会标志为重点的专项执法行动,取得了显著成果;天津市工商局将宣传与执法相结合,重点打击侵犯涉外商标、农资商标专用权的行为。全系统共查处商标侵权案件1.18万件,其中涉外商标侵权案件2 745件,移送司法机关处理案件33件。

——治理商业贿赂取得积极成效。全系统以查办案件为重点,深入开展专项执法行动,坚决打击在市场交易活动中给予、收受回扣,假借促销费、广告费、科研费等名义的商业贿赂行为。浙江省工商机关建立了上下联动、区域协查、异地交叉办案机制,推行了大要案件挂牌督办和重大案件报备制度,查办了一批大要案件;湖南省工商机关高度重视畅通商业贿赂案件线索渠道,查结的 622 件案件中,70% 是社会举报的。全系统共查处商业贿赂案件 4 542 件,案值 10.91 亿元。

——深入开展打击传销专项行动。全系统继续深入开展打击传销专项行动,严厉查处传销案件。与公安部联合组织湖南、河南、山东等地工商、公安机关,对一批大要案件进行调查处理。与教育部、公安部联合,在各地广泛开展了防止传销进校园宣传活动。积极推动在全国开展创建无传销社区(村)活动。广东省在 2 月初外来务工人员集中进城期间,开展了“春雷”宣传活动;山东省开展了打击传销好新闻、好漫画评选活动,积极营造抵制传销的社会、舆论氛围。全系统共查处传销案件 1 203 件,取缔传销窝点 14 962 个,清查遣散传销人员 32.42 万人次,移送司法机关追究刑事责任案件 132 起、592 人。

在集中开展专项整治的同时,各地还进一步加强了打击制假售假、反不正当竞争、打破地区封锁和行业垄断、取缔无照经营、陈化粮市场监管、打击走私贩私、打击非法拼组装汽车、打击盗窃自行车、“扫黄打非”、禁毒防艾、房地产市场以及违法排污企业整治等监管执法工作,取得了阶段性成效。

第二,努力服务大局,促进经济社会又好又快发展取得新成绩

——促进各类市场主体健康发展成绩突出。大力支持公有制企业改革改组改制,为中信银行、中国烟草总公司等企业的设立、改制办理了登记注册手续。积极促进服务行业、大型流通企业发展,确定了重点培育大型流通企业名单。创新外资法人银行改制登记工作,及时为汇丰、渣打、花旗、东亚等首批外资法人银行及其所属的 97 个分(支)行核发了营业执照,恒生、永亨、瑞穗、星展等第二批外资法人银行改制登记工作也已顺利完成。积极研究和落实支持个体私营经济发展的措施。山东省工商机关积极鼓励、支持和引导农村个体私营企业向农产品加工业、种养业以及为农业生产服务的

行业拓展,促进了山东省农业生产的市场化、产业化、规模化。

——促进社会主义新农村建设实效明显。各地深入开展“红盾护农”行动,进一步加大农资市场监管力度。大力培育发展农村经纪人,畅通农产品流通渠道。认真开展流通领域农资商品质量定向监测,确保上市农资商品质量。加大对农产品商标和地理标志的保护力度,引导农民和涉农企业运用农产品商标和地理标志增收。江西、河南、青海等省工商局探索建立监督联络员制度,积极推行市场监管预警制,将“红盾护农”行动任务层层分解,建立了严格的辖区管理责任制。全系统共检查各类农资市场 2.1 万家(次),检查农资经营者 23 万户(次),取缔无照经营户 0.9 万户,查处农资违法案件 2.3 万件;受理农资投诉 1.1 万件,为农民挽回经济损失 2.6 亿元。

——促进区域经济协调发展收效良好。总局先后参与主办和支持举办了第二届中国中部贸易投资博览会、第十一届东西部合作与投资贸易洽谈会、泛“珠三角”合作高层论坛、“青洽会”、“兰洽会”等经贸活动。积极参与内地与香港、澳门 CEPA 补充协议四的磋商、会谈,研究提出了港澳居民在内地申办个体工商户经营范围进一步放开的具体意见。与国台办配合,研究提出了促进两岸农业合作及开放台湾农民在大陆园区兴办个体工商户的有关意见。一些毗邻省市建立了区域执法协作机制,有力地促进了区域经济协调发展。

——促进就业再就业工作成果显著。通过鼓励发展个体私营经济、支持促进劳动密集型产业发展、鼓励发展职业技能培训以及加强劳动者权益保护、引导扶持社会弱势群体合法经营等措施,做好就业再就业工作,取得了明显成效。上半年有 137.43 万名下岗人员在个体私营经济领域实现再就业,有 16.83 万名高校毕业生在个体私营经济领域就业,全系统为促进就业共免收行政性收费 4.6 亿元。辽宁省工商部门全力支持就业再就业,在全省设立 330 多个再就业咨询窗口、640 多个再就业培训点,培训下岗

职工 22.8 万人；向企业推荐 18.4 万人经过双向选择重新上岗。

——消费维权水平进一步提高。各地坚持把消费维权与促进科学发展和构建和谐社会相结合，一方面，通过加大对商品和服务行业的监督力度，及时进行消费提示，积极引导科学、合理、文明消费，充分发挥消费对经济增长的拉动作用；一方面，通过创新机制、完善制度、引导规范行业行为和推进"12315"行政执法体系建设，全面提升消费维权水平，切实保护消费者合法权益。"一会两站"和"12315"进村镇、进社区、进企业、进市场、进超市覆盖面进一步扩大，更加方便城乡消费者就近、快速解决消费纠纷。福建省建立了政府领导、工商牵头、相关部门协作的消费维权联席工作会议制度；湖南省工商局建立了省、市两级工商局一把手任组长的"12315"行政执法体系建设改革领导小组，进一步完善了各级"12315"机构。天津市"12315"中心与 104 家经营单位建立了消费维权直通互动机制，消费纠纷和解率达到 95%。

第三，积极创新机制，监管执法水平不断提高

——监管法律法规进一步完善。认真进行了《商事登记法》的立法研究工作；积极参与了《反垄断法》的立法工作和《反不正当竞争法》、《商标法》、《合伙企业法》的修订工作；积极参与了《合伙企业登记管理办法》、《农民专业合作社登记管理条例》、《流通领域商品质量监督管理条例》和《市场违法行为处罚办法》等行政法规的制定、修订工作。目前，《合伙企业登记管理办法》和《农民专业合作社登记管理条例》已经国务院审议通过并公布施行。发布了《药品广告审查发布标准》、《药品广告审查办法》等规章，又进行了工商行政管理法规清理工作。

——机制改革和信息工商建设不断推进。企业信用分类监管工作取得新进展，加强了对未联网单位的督办，为确保年底实现全国联网打下了良好基础。首次在全国全面实行外商投资企业网上年检。截至 6 月底，全国外商投资企业已经网上申报年检 23.52 万户，通过 20.15 万户，占 85.67%。

个体工商户分层分类登记管理改革向纵深发展；商品准入制度改革和"12315"行政执法体系建设扎实推进。食品安全和商品质量监管信息化网络建设积极推进，流通领域商品质量监测信息统计分析软件开发完成并试运行。商标注册网上申请试用的商标代理机构扩大到 29 家，已有 1 236 件商标注册申请通过网上提交。

——各级协会作用得到进一步发挥。各级进一步加强了个体劳动者协会、私营企业协会、消费者协会、广告协会、商标协会的组织建设、业务建设和规范化建设，各级协会在提供服务、反映诉求、行业自律、规范行为等方面发挥了积极作用。

第四，切实加强学习，队伍建设取得新进展

——加大了学习培训力度。全系统以增强落实科学发展观的自觉性、提高监管执法能力为重点，坚持用马克思主义中国化的最新成果武装干部，全面加强政策法规、业务知识、科技知识、管理知识和执法办案技能的培训，大幅度提高干部队伍素质。总局选派 12 名司处级干部参加中央党校、国家行政学院等培训机构学习培训，选派 3 名司处级干部到国家重点工程、西部地区、革命老区和老工业基地挂职锻炼，重点加强了对系统内地市局长以上领导干部的培训。各地扎实开展了新一轮干部教育培训工作。北京对 200 余名处级干部进行了集中调训；陕西实施了干部培训和人才队伍建设"百千万工程"。

——各级领导班子建设进一步加强。按照胡锦涛总书记在中央纪委第七次全会上的重要讲话要求，全系统以领导干部作风建设为重点，进一步加强了各级领导班子建设。总局制定了《总局领导联系基层制度暂行办法》，总局领导带头联系基层，深入实际。上海、江苏、重庆等地研究制定了体现科学发展观要求的考核评价办法，在加强和改进领导干部考核工作方面进行了新的探索。总局认真履行干部双重管理职责，研究起草了《关于建立省、自治区、直辖市工商行政管理局主要领导干部述职述廉汇报制度的实施意见》，这次会议提交大家讨论修改后将印发试行。去年下半年以来，5个省局一把手顺利实现了新老交替。在省（区、市）党委换届中，31个省（区、市）工商局领导班子成员中有33人当选省委委员、候补委员和纪委委员，1人当选"十七大"代表。这体现了各地党委对工商部门地位和作用的充分肯定。

——基层建设迈上新台阶。各地按照开展基层基础建设年活动的要求，进一步加大投入，改善了基层面貌。河北以建设法治工商、数字工商、和谐工商为载体，开展基层建设达标创建活动；山西全面完成了工商所建设和改造任务，彻底改变了过去的面貌；辽宁上半年为571个工商所配备了食品检测设备和检查工作用车；广东积极争取省委、省政府的重视，把全部工商所统一升格为副科级；福建在省委、省政府的重视及有关部门的支持下，解决了136个工商所的建设问题；江苏上半年投入基层建设6 000余万元，进一步改善了基层装备条件；甘肃重点加强了基层信息化人才培养和网络建设投入，组织实施了信息化人才培养"十百千工程"，并投入1 000万元用于信息网络建设。

——对外交流合作迈出新步伐。进一步加强了双边、多边国际交流与合作，上半年总局共组织54个团组205人次出访，接待来访74个团组373人次。参与了第二轮中美战略经济对话、2009—2012年中俄睦邻友好合作纲要谈判筹备工作，分别与俄罗斯联邦反垄断局、美国联邦贸易委员会、冰岛商业部签署了反垄断与反不正当竞争、消费者保护领域的交流合作谅解备忘录。派出26个团组出席国际研讨会和工作磋商会。参加了国际消费者保护执法网络"网络清扫日"、"反欺诈月"等多边执法合作活动。代表中国政府签署了《新加坡国际商标法条约》。与世界知识产权组织联合成功地在我国也是在亚洲第一次举办了世界地理标志大会。

——党风廉政建设取得新成绩。全系统认真贯彻中央纪委第七次全会和国务院第五次廉政工作会议精神，继续落实中央惩防腐败体系《实施纲要》，按照总局党组《具体意见》、《2007年底前工作要点》的要求，加强教育、完善制度、强化监督，扎实推进工商行政管理机关惩防腐败体系建设，取得了新的成绩和重要成果。据不完全统计，2006年全系统共有16个省（区、市）工商局参加了由当地党委、政府纠风办组织的行风评议活动，大部分工商局成绩突出，其中上海、山西、河南工商局名列第一，黑龙江、辽宁工商局获"行风最佳单位"称号，河北、新疆、重庆工商局被列为"免评单位"。

总之，今年上半年，各级工商行政管理机关和广大干部做了大量艰苦细致的工作，取得了显著成效，为维护市场秩序和促进科学发展、构建和谐社会发挥了重要作用。这是党中央、国务院和地方各级党委、政府正确领导的结果，也是全系统各级领导干部和广大工商人员共同努力的结果。在此，我代表总局党组，向同志们并通过大家向全系统全体工商干部表示衷心的感谢和崇高的敬意！

今年下半年，党的"十七大"将胜利召开，这是全党全国人民政治生活中的一件大事。新形势、新任务给工商行政管理工作提出了新要求。我们既要立足当前，解决好监管执法和自身建设等方面的突出问题，充分发挥好职能作用；又要着眼未来，积极研究解决全局性、长期性和规律性的问题，进一步提高工作的前瞻性、创新性和主动性，更好地担负起监管社会主义统一大市场和促进科学发展、构建和谐社会的历史重任。6月25日，胡锦涛总书记在中央党校发表重要讲话，深刻阐述了事关党和国家工作全局的若干重大问题，对于引领全党全国人民为开创有中国特色社会主义事业新局面而奋斗，具有重要的里程碑意义和指导意义。讲话的核心是做到"四个坚定不移"，就是坚定不移地坚持解放思想，坚定不移地推进改革开放，坚定不移地落实科学发展、社会和谐的要求，坚定不移地为全面建设小康社会而奋斗。这是我们党治国理政实践经验的科学总结，是新世纪新阶段马克思主义中国化最新成果的丰富发展,是全面建设小康社会的重要指导原则。自觉做到"四个坚定不移",对于保持党和国家事业顺利发展的大局至关重要,对于推进工商行政管理事业的长远发展至关重要。我们要按照"四个坚定不移"的要求,努力在工商行政管理工作中做到监管与发展、服务、维权、执法"四个统一",积极促进经济社会又好又快发展,以优异成绩迎接党的"十七大"胜利召开。下面,我根据总局党组研究的意见,就工商行政管理系统努力做到监管与发展、服务、维权、执法"四个统一"、充分发挥职能作用,讲几点意见。

一、用科学发展观统领工作全局,充分发挥职能作用,努力做到"四个统一"

科学发展观是马克思主义中国化的最新成果,也是工商行政管理工作必须长期坚持的指导思想。监管与发展、服务、维权、执法"四个统一"把履行市场监管职能与促进发展、服务大局、消费维权、依法行政有机结合起来,是工商行政管理部门全面落实科学发展观、努力做到"四个坚定不移"的具体体现。这里,我要特别强调一下对"四个统一"的认识和理解。"四个统一"是在进行广泛调研,认真总结工商行政管理改革实践的基础上提出来的;是我们全面落实科学发展观、构建社会主义和谐社会,依法履行职责,对工商行政管理基本职能认识的深化;是我们的工作目标、基本任务;是新形势、新任务对我们提出的新要求。

第一,坚持监管与发展的统一,正确处理履行监管职责与促进科学发展的关系。发展是我们党执政兴国的第一要务,促进经济社会又好又快发展是落实科学发展观的基本要求。工商行政管理部门是国家的市场监管和行政执法部门,营造公平竞争的市场环境、促进经济社会又好又快发展,不仅是工商行政管理的基本职能,更是工商行政管理工作的根本目的。加强监管与促进发展,目标一致,相辅相成。加强管理、严格规范,建立和维护良好的市场秩序,是经济社会协调发展的重要保障;放松管理、不讲规范,必然导致市场秩序的混乱,最终阻碍经济社会健康发展。我们要正确认识和处理加强监管与促进发展的关系,把工商行政监管与促进经济社会又好又快发展统一到促进各类市场主体健康发展上来,统一到促进经济结构调整和经济增长方式转变上来,统一到促进城乡、区域协调发展上来。自觉立足监管、着眼发展,把促进科学发展作为履行市场监管职责的出发点和落脚点。既要坚决制止以强化监管为由,人为设置障碍,影响发展;又要切实防止在促进发展中放弃监管。要立足基本职能,牢记根本目的,把加强监管与促进发展有机结合起来,在促进科学发展中体现监管职能,通过加强监管实现促进科学发展的目的。

第二,坚持监管与服务的统一,正确处理履行监管职责与服务大局的关系。工商行政监管的过程,就是服务经济、服务社会、服务消费者和经营者的过程。党的十六届三中全会决定指出,要"切实把政府经济管理职能转到主要为市场主体服务和创造良好发展环境上来"。十六届六中全会决定明确强调,各级政府要进一步转变职能、强化服务、改进管理、提高效能。近年来,国务院作出了加快政府职能转变,努力建设法治政府、服务政府、责任政府和效能政府的具体部署。为经济社会发展服务、为消费者和经营者服务,是工商行政管理部门的重要任务,也是推进职能转变的必然要求。我们要正确处理加强监管与服务大局的关系,在监管中体现良好服务,在服务中依法加强监管,努力实现监管与服务的统一。绝不能把监管与服务对立起来,一讲监管,就放弃服务,以"管理者"自居;一讲服务,就削弱监管,放任自流。坚持监管与服务的统一,就是实现对法律负责与对经营者、消费者负责的统一。

第三,坚持监管与维权的统一,正确处理履行监管职责与建设和谐社会的关系。工商行政管理部门承担着保护消费者、经营者合法权益的职责,在维护群众利益、促进社会和谐中肩负着重要责任。坚持监管与维权的统一,就是要正确处理监管与维权、监管与促进和谐社会建设的关系,努力在监管执法中体现对经营者、消费者合法权益的有效保护，努力通过加强监管维护公平竞争，调解消费纠纷，促进社会和谐。经营者和消费者是市场经济条件下的两大主体，维护经营者之间的公平竞争，保护消费者合法权益，既是规范市场秩序的前提，也是促进社会和谐的需要；既是工商行政管理部门履行监管职责的基本任务，也是坚持执政为民的必然要求。

第四，坚持监管与执法的统一，正确处理履行监管职责与推进依法行政的关系。工商行政管理机关履行监管职责的基本要求是依法行政。要正确处理履行监管职责与坚持依法行政的关系，按法办事，依法监管。没有法律法规依据监管是越位，法律法规赋予监管职责没有切实履行是缺位，监管不符合法定职责和程序是违法行政。要努力做到忠于职守不越位，监管到位不缺位。要把监管与执法统一到严格执行法律法规上来，严格规范执法主体、规范案件查处行为、规范行政许可行为和执收执罚行为，严格按照法定程序行使职权、履行职责，坚决克服执法的随意性，坚决纠正滥用职权和违法行政的行为，切实做到严格执法、公正执法、文明执法。

努力做到"四个统一"，必须按照胡锦涛总书记提出的"四个坚定不移"的要求，紧密联系工商行政管理实际，进一步解放思想、转变观念。一是要进一步增强责任意识，牢记职责，不辱使命。监管执法是工商行政管理部门的基本职能，也是维护市场秩序、促进经济发展、构建和谐社会的重要手段。我们必须切实履行法定职能，尽职尽责加强市场监管，尽心尽力促进科学发展。二是要进一步增强大局意识，紧紧围绕改革、发展、稳定的大局思考问题、谋划工作。"四个统一"强调要把履行工商行政管理职能与服务党和国家工作的大局紧密结合起来。这就要求我们必须善于进行理性思考和战略思维，把工商行政管理工作置于改革、发展、稳定的大格局中去部署和落实，自觉坚持围绕中心，服务大局，履行职能，做好工作。三是要进一步增强服务意识，自觉把服务经济社会发展、服务广大消费者和经营者作为工商行政管理工作的出发点和落脚点。这就要求我们必须切实转变职能，树立正确的权力观和政绩观，把促进经济社会又好又快发展和维护人民群众根本利益作为衡量工商行政管理机关政绩的重要标准，全心全意做好服务工作。四是要进一步增强法制意识，不断推进工商行政管理的法制化、规范化。这不仅是建设法治工商、全面推进依法行政的需要，也是加强队伍建设、树立良好形象的要求。我们必须坚持不懈狠抓法制教育，强化执法监督，规范执法行为，树立工商行政管理机关依法行政的良好形象。

二、抓好三个关键，提高执法效能，努力做到"四个统一"

努力做到"四个统一"，既是工商行政管理机关履行职能的基本要求，也是长期的任务。我们要按照"四个坚定不移"的要求，以促进科学发展和构建和谐社会为目标，抓好三个关键，提高执法效能，全面推进工商行政管理的改革与发展。

（一）立足本职，不断提高监管执法水平

党中央、国务院历来重视发挥工商行政管理部门的作用，监管执法是工商行政管理机关的基本职能，也是我们努力做到"四个统一"的首要关键。早在解放战争时期，解放区的人民政权主要是运用工商行政管理，贯彻落实新民主主义革命时期提出的任务，保护和发展民族工商业，为发展生产、保障供给服务。解放初期，中央人民政府设立工商局，主要职责是贯彻对私营企业利用、限制的政策，组织和引导资本主义工商业恢复和发展有利于国计民生的生产经营，限制其消极作用；活跃城乡物资交流，加强市场管理，稳定市场物价，注册商标和监管外资企业等。1978 年工商行政管理部门恢复重建后，主要职能是"四管一打"，就是：管理全民、集体企业的购销和加工订货合同；管理集市贸易；对工商企业进行登记管理；管理商标；打击投机倒把。随着我国社会主义市场经济体制的确立，工商行政管理部门加快了发展步伐，监管职能逐步强化。2001 年，国务院将升格后的工商总局定位为国务院主管市场监督管理和有关行政执法工作的直属机构，赋予的十三条主要职责都集中在市场监管执法上。国务院领导同志也多次对工商行政管理部门的职责任务作出重要批示。温家宝总理 2003 年 12 月批示：加强市场监管，是政府的重要职责。工商行政管理部门承担着规范、监管和维护市场秩序的任务，责任重大。2006 年 1 月批示：要依法监管，提高执法水平和效能；维护公平，切实保护消费者和企业的合法权益；搞好服务，促进城乡经济发展和社会进步。2006 年 12 月批示：完善市场管理制度，整顿规范市场秩序，加大行政执法力度，提高市场管理水平，是一项长期的任务。

随着行政管理体制改革的深化，需要更大程度地发挥市场在资源配置中的基础性作用，市场主体追求利益最大的本能和市场固有的缺陷，往往容易导致盲目投资、垄断、不正当竞争、侵害他人权益等问题的发生。为了保证市场经济有序运行，就需要国家通过立法健全市场规则，加强市场管理，规范各类市场主体的经营行为。实践证明，社会主义市场经济越发达，就越需要加强对市场的监管，工商行政管理部门的地位和作用就越重要，这是市场经济发展的客观规律。

按照国务院批准的国家工商总局"三定方案"，工商行政管理部门是政府的市场监管执法部门，其法定职责就是监管社会主义统一大市场，维护公平公正的经营交易秩序，保护消费者和经营者合法权益。概括起来主要是"五大职能"：一是严把市场准入关，实施对各类市场主体的登记注册和监督管理；二是维护市场公平交易和公平竞争秩序，反垄断和不正当竞争，查处商业贿赂；三是保护消费者、经营者合法权益，打击商业欺诈和制售假冒伪劣商品等违法行为，实施对商品和服务行业的监督；四是保护商标知识产权，依法注册商标，打击商标侵权行为，以及依法注册、监管广告行业；五是打击传销和变相传销等。因此，努力做到"四个统一"的核心和本质是加强市场监管，这是国家对工商行政管理部门的职能定位，是法律法规和"三定"方案赋予我们的神圣职责。

近 30 年来，在党中央、国务院的支持和关怀下，通过全系统的共同努力，我们基本实现了"三个建立"：一是基本建立了适应社会主义市场经济体制市场监管的法律体系框架；二是基本建立了适应社会主义市场经济体制市场监管的体制、机制；三是基本建立了适应社会主义市场经济体制市场监管的工商干部队伍。我们要对前途充满信心，对自己的事业要十分热爱。各级工商行政管理机关要立足本职，不断提高监管执法水平。当前，要加大执法力度，重点抓好以下监管工作：

第一，加大食品安全监管力度，切实保障食品市场消费安全。各地要深入开展食品安全专项整治，突出抓好重点品种、重点场所和重点经营单位，加大对农村食品市场、城乡结合部食品市场的监管力度，严厉打击制售假冒伪劣食品等违法行为。当前，特别要加强对猪肉市场的监管，严厉查处病死猪肉、"高温猪肉"、注水猪肉等不合格猪肉流入市场的行为，确保市场猪肉卫生、安全。要加强高温暑期食品安全监管工作，特别注意对冷饮、冷冻食品、消暑食品等暑期食品市场的监管，确保暑期食品安全。要强化基层日常监管，严格食品质量监管和市场准入，认真抓好食品经营主体信用监管和质量分类监管，加大市场巡查和案件查办力度，着力解决食品安全存在的突出问题。要在深入开展专项整治的同时，注重食品安全长效监管机制建设，努力完善市场监管制度、经营者自律制度、社会监督制度和食品安全监管信息化网络，不断提高食品安全监管执法水平，切实维护好食品市场秩序。

第二，加大广告市场监管力度，努力维护广告市场秩序。要继续把整治虚假违法广告作为当前整顿规范市场秩序的重要内容，充分发挥广告专项整治联席会议的作用，突出抓好药品、医疗和食品等广告的治理。当前，广告市场暴露的问题，直接原因是广告活动主体受利益驱动，导致发布环节管理松弛甚至失控。要把强化广告发布环节的监管作为重点来抓，认真落实广告发布的责任制和责任追究制。要进一步健全完善广告经营单位自律制度、监督制度和资质认证制度，积极推进广告监管长效机制建设。

第三，加大商标行政保护力度，依法保护商标专用权。要从建立创新型国家的高度，重视保护企业创新权益，依法对国际国内的注册商标予以同等保护。继续以商品批发零售市场为重点，加大商标监管力度，切断商标侵权假冒商品的市场流通渠道。进一步加大对驰名商标、涉外商标、农产品商标和地理标志的保护力度，加强涉嫌商标犯罪案件移送工作，严厉打击商标侵权假冒行为。推广商标授权经营管理制度，探索遏制商标侵权行为发生的长效机制。

第四，加大治理商业贿赂专项工作力度，依法维护市场秩序。要选择一批涉案金额巨大、案情复杂、危害严重、影响恶劣的案件作为重点案件进行督办，加大查处力度。要加强法制宣传教育，适时公布查处的商业贿赂典型案件，增强社会震慑力。要加强对商业贿赂发案特点和规律的研究，认真解决涉嫌犯罪商业贿赂案件移送中存在的问题，切实做好行政执法与刑事司法的衔接工作。

第五，加大打击传销力度，切实维护社会稳定。要继续保持打击传销的高压态势，时刻不能放松警惕。要积极创建"无传销社区（村）"，防患于未然。要加大监管执法力度，见窝点就端，见苗头就打。从 7 月 16 日至 8 月 15 日，要会同公安、政法等部门开展为期一个月的全国打击传销集中月行动，严惩传销组织者、策划者和骨干分子，摧毁传销网络。同时，切实加强对直销企业的监管，严厉查处未经批准擅自从事直销和打着直销旗号从事传销的行为。

（二）服务大局，促进经济社会又好又快发展

坚持科学发展、构建和谐社会，是新时期、新阶段党和国家工作的大局。在工商行政管理工作中努力做到"四个统一"的又一个关键，就是要围绕中心，服务大局，依法加强监管，促进科学发展，构建和谐社会。

第一，坚持公有制为主体、多种所有制经济共同发展的基本经济制度，积极促进各类市场主体健康发展。市场主体是国民财富的创造者，要把促进各类市场主体健康发展作为服务大局的重要任务。要大力支持国有企业深化改革，实施股份制改造，发展混合所有制经济和组建企业集团；继续支持加快电力体制、文化体制、铁路体制、金融体制等改革，实现投资主体多元化。要进一步放宽市场准入，促进个体私营等非公有制经济健康发展，支持个体私营企业收购、兼并或参股国有、集体企业，支持发展科技型、外向型个体私营企业。要引导外资向国家鼓励类、允许类的产业扩展，支持外商在我国设立具有先进技术水平、高增值含量的加工制造企业和研发机构。

第二，贯彻国家宏观调控政策，积极促进经济结构调整和经济增长方式转变。加强宏观调控、调整经济结构和转变经济增长方式，是实现科学发展的必然要求。要紧紧抓住经济结构调整这条主线，着眼于科学发展，大力支持发展先进制造业、高新技术产业和现代服务业。要按照国家淘汰落后生产能力和实现节能降耗、污染减排、安全生产等目标的要求，积极配合有关部门做好产能过剩、技术落后、破坏资源、污染环境等企业的变更登记或注销登记工作，切实防止不符合国家产业政策和环境保护标准的企业进入市场。当前，要认真落实国务院的统一部署，切实做好清理整顿小砖窑、小煤窑、小矿山、小作坊的工作，坚决取缔无照经营。同时积极配合有关部门严厉查处非法雇佣童工等违法行为。

第三，落实建设社会主义新农村的战略部署，积极促进农村经济社会协调发展。建设社会主义新农村，是党中央统筹城乡发展、构建和谐社会的重大战略决策。要进一步加大促进社会主义新农村建设的工作力度，综合运用工商行政管理各项职能，创新服务"三农"工作机制，深入开展红盾护农、经纪活农、合同帮农、商标富农、权益保农、政策爱农、市场助农等行动，特别要重点做好农资打假、农村食品安全整治、促进农民专业合作社发展等工作，不断提高服务社会主义新农村建设的水平。

第四，执行国家统筹区域协调发展战略，积极促进区域经济协调发展。统筹区域协调发展是全面落实科学发展观的重要内容，也是工商行政管理机关服务大局、促进发展的重要任务。要围绕落实国家实施西部大开发、振兴东北等老工业基地、促进中部地区崛起、鼓励东部地区率先发展的区域发展总体战略，充分发挥工商行政管理机关市场主体登记监管等职能优势，继续大力支持区域经济协作活动，积极引导东中西部企业加强信息交流和经贸合作，特别是支持个体、私营等非公有制经济进入中西部发展。进一步支持老工业基地国有集体企业主辅分离、多样化经营。同时加强区域执法协作，充分发挥区域内工商行政管理机关行政执法资源互补优势，积极促进区域经济协调发展。

（三）建设队伍，树立良好的工商形象

努力做到"四个统一"，加强队伍建设是第三个关键。要按照推进党的建设新的伟大工程的要求，以"政治上过硬、业务上过硬、作风上过硬"为目标，努力建设一支适应形势任务需要、担当市场监管重任的高素质工商行政管理干部队伍。

第一，加强学习，提高干部队伍整体素质。工商行政管理干部作为国家公务员，必须不断学习，具备较高的综合素质。要加强政治理论学习，坚持以马克思主义中国化的最新成果武装头脑，树立正确的世界观、人生观、价值观和权力观、地位观、利益观，牢记党的宗旨，坚定理想信念，始终忠于党、忠于祖国、忠于人民、忠于工商事业。要加强法律知识、经济知识、管理知识和科技知识的学习，不断提高业务素质和综合能力。要坚持与时俱进，更新思想观念，使工商行政管理工作始终跟上时代前进的步伐。

第二，坚持理论联系实际，注重研究和解决突出问题。随着经济体制改革的深化和行政管理体制改革的推进，对工商行政管理工作提出了新的要求和挑战。要发扬理论联系实际的优良作风，坚持学以致用，注重研究解决工商行政管理改革发展中带根本性、全局性的重大问题。例如：积极研究

和探索解决继续完善工商行政管理体制机制问题，解决市场办管脱钩遗留债务问题，个体工商户管理费和集贸市场管理费问题，行政执法类公务员分类管理试点问题，进一步理顺行业协会管理体制问题，深化监管手段、监管方式改革和推进信息化建设进程问题，用改革的办法解决商标注册周期长的问题，以及网上交易的监管问题等，为充分发挥工商行政管理职能作用、促进经济社会又好又快发展提供有力的体制、制度和组织保障。

第三，加强领导班子建设，不断提高落实科学发展观的能力和水平。要以思想政治建设、执政能力建设、作风建设、党风廉政建设为重点，着力提高全系统各级领导班子的凝聚力和战斗力，特别是落实科学发展观的能力和水平。领导干部要以身作则，自觉争做三个模范。首先要做学习的模范。不断丰富理论素养，提高从政治上把握和处理问题的能力、为经济社会全面协调可持续发展服务的能力、依法履行市场监管职责的能力、与各方面协调配合的能力、抓好队伍建设的能力。其二要做团结的模范。严格执行民主集中制，按规章制度办事，讲原则、讲纪律，讲友谊、讲支持、讲理解，营造内和外顺的工作环境。其三要做廉政的模范。经受得住金钱、物质诱惑的考验，严于律己，以身作则，率先垂范。要以政治坚定、团结坚强、作风优良的领导班子带出一支政治上、业务上、作风上过硬的干部队伍。

第四，加强党风廉政建设，切实做到清正廉洁、执法为民。认真落实胡锦涛总书记关于要把反腐倡廉建设放在更加突出的位置、更加注重治本、更加注重预防、更加注重制度建设的要求，坚持标本兼治、综合治理、惩防并举、注重预防的方针，继续建立健全工商行政管理系统教育、制度、监督并重的惩治和预防腐败体系，不断提高工商行政管理干部队伍清正廉洁、执法为民的水平。特别要加强领导干部廉洁自律，切实纠正损害群众利益的不正之风，坚决查办违纪违法案件。当前，特别要认真学习、坚决贯彻中央纪委《关于严格禁止利用职务上的便利谋取

不正当利益的若干规定》和《行政机关公务员处分条例》，教育各级党员领导干部廉洁自律，加大对涉及权钱交易行为的惩处力度。总局领导成员再一次向全系统承诺，严禁亲属、子女利用我们的职务到各地谋取不正当利益，请大家监督。

三、坚持机制创新，强化重点措施，努力做到"四个统一"

（一）立足本职，提高监管水平，必须不断创新机制

推进管理创新，是提高执法效能的有效途径，是完善市场监管体系的重要内容，是努力做到"四个统一"的重要举措。当前，要在四个方面继续创新机制。

第一，建立健全工商行政管理法律法规体系。完善的法律体系是机制创新的首要。要适应完善社会主义市场经济体制和经济全球化对市场监管执法工作的新要求，以健全市场主体、市场交易、市场监管等方面的法律法规为重点，积极参与法律、法规的制定和修订，适时制定部门规章，认真做好规章和规范性文件的清理工作，为工商行政管理部门依法行政提供完备的法律依据，不断促进工商行政管理的法制化、规范化。

第二，继续大力推进监管制度改革创新。要按照完善社会主义市场经济体制对市场监管体系建设的要求，改革创新监管制度、监管机制和监管方式。要在巩固完善市场巡查制、企业信用分类监管、商品准入制度、"12315"行政执法体系、个体工商户分层分类登记监管等改革成果的基础上，狠抓深化和规范工作。要按照建设法治政府、服务政府、责任政府和效能政府的要求，继续推进市场监管制度改革创新，在规范市场主体行为、行政执法行为上下功夫，建立健全执法责任制、过错追究制、服务承诺制等，不断提高执法效能和水平。要认真做好《政府信息公开条例》实施的准备工作，建设网上电子政务平台，实行政务网上公开；建设网上对外信息发布平台，实行管理信息公开；建设网上对外交流平台，实现互动式政务公开。

第三，积极推进工商信息化建设。信息化既是工商行政管理部门的监管手段，也是创新监管方式的重要依托。要按照"统筹规划、整合资源、信息共享、快捷高效"的原则，进一步加快信息化网络体系建设。既要超前研究，运用先进技术，又要综合利用现有资源，加强信息化技术在监管执法和服务发展方面的运用。要突出抓好企业注册、商标注册、广告监测、消费维权、食品安全和商品质量监管及案件查办、市场监管等方面，充分运用现代科技手段，提高监管执法效能和为各类市场主体服务的水平。

第四，健全和完善长效监管机制。要在总结整顿规范市场秩序各项专项整治工作行之有效措施的基础上，以日常规范管理和监管职能到位为重点，建立健全市场监管和行政执法机制；以解决消费维权和市场公平竞争突出问题为重点，引导和监督建立健全行业自律机制；以解决群众反映比较集中和社会关注的市场热点问题为重点，建立健全社会监督机制。要充分发挥个体劳动者协会、私营企业协会、广告协会、商标协会等协会组织和其他行业组织加强自律和规范行为的作用，形成维护市场秩序的整体合力，共同营造公平公正、规范有序、和谐诚信的市场环境。

（二）服务大局，促进经济社会又好又快发展，必须突出工作重点

第一，要以促进经济科学协调发展为重点，健全和完善服务体系。一是建立透明、便捷、高效的市场准入服务体系。要进一步完善登记网站的服务功能，提供登记文书表格下载，积极探索网上登记咨询和网上查询服务，推进网上名称核准、网上年检和网上登记预审。二是加强信息服务工作。充分发挥工商行政管理部门掌握企业登记和消费者申诉、投诉、举报等基本情况的优势，公开企业登记基本信息，反映消费维权动态，加强综合分析、评估和预测，为政府决策和有关部门加强监管提供参考，引导企业及时调整投资方向和产品结构。三是积极为各类市场主体发展创造公平公正的制度环境。要着眼于建立健全与社会主义市场经济体制相适应的商事登记制度，认真处理好以经

济性质划分企业类型和以责任形式划分企业类型的并轨问题、市场主体退出及后续监管问题。要认真执行企业登记法律法规的规定,凡法律法规未禁止的行业和项目,只要符合科学发展观的要求,都应予以登记;对法律法规和国务院文件认可的,都要积极支持;凡法律法规未禁止个体私营等非公有制经济进入的领域和行业,都要允许进入,保障市场主体准入的法律地位平等、规则公平、标准统一、机会均等、退出市场有序。

第二,要以解决群众关注的难点热点问题为重点,健全和完善行政保护体系。一是进一步加强消费维权工作。建立健全工商监管、行业自律、社会监督和消费者参与相结合的消费维权体系,完善消费者与企业的和解制度、经营者的自律制度、消费纠纷的调解制度和申诉举报制度,努力构建消费维权长效管理机制,创新消费纠纷调解机制,提高调解能力和依法维权水平。二是切实做好促进就业再就业工作。认真落实国家在政策支持、市场准入、收费减免等方面的优惠政策,鼓励自主创业;支持和鼓励企业吸纳就业,多渠道、多方式增加就业岗位;加强就业再就业的指导和服务,提高就业再就业能力;进一步整顿和规范劳务中介市场,维护就业市场秩序。

第三,要以加强社会主义精神文明建设为重点,健全完善规范有序的市场体系。一是积极推进商务诚信和社会诚信建设。深入开展"诚信兴商"活动,努力培养市场主体的诚信观念和规则意识;继续推行企业信用分类监管,积极促进社会信用体系建设;大力加强法制宣传教育,切实增强各类市场主体的法制观念和职业道德意识。二是积极营造规范有序、和谐文明的市场环境和社会环境。严厉打击不讲商业道德、扰乱市场秩序的违法违规行为,深入开展"扫黄打非"等专项斗争,继续认真清理企业名称和商标、广告用语中的不良文化现象,坚决扫除文化垃圾。三是大力促进全社会良好道德风尚的形成。继续指导开展以树立社会主义荣辱观、构建和谐社会为核心内容的公益广告活动和"守合同、重信用"活动,加强消费教

育和消费引导,倡导节约环保的消费方式。

第四,要以参与社会治安综合治理工作为重点,积极促进社会稳定和谐。一是扎实推进农村平安建设,维护农村经济社会和谐稳定。二是加大网吧监管力度,以农村、城乡结合部、学校周边和各类变相网吧为重点,开展专项清理行动,坚决取缔"黑网吧"。三是积极参与打黑除恶专项斗争和禁毒防艾等工作。四是继续深入开展反假币、反走私斗争。五是加强部门协调,认真做好学校及周边环境整治、安置帮教、预防青少年违法犯罪等社会治安综合治理专项工作。

(三)建设队伍,树立形象,必须抓好基层工商所建设

全国工商行政管理系统大部分人员在基层工商所,占全系统公务员总数的60%以上。基层工商所处在监管执法和服务发展的前沿,直接同人民群众打交道。基层工作是整个工商行政管理事业的基础,基层队伍建设是工商行政管理干部队伍建设的重点,基层工商所是展现工商形象的窗口,必须坚持不懈抓好基层工商所建设。当前,要重点抓好以下几项工作:

第一,加强基层工商所领导班子建设和队伍建设,努力提高基层监管执法和服务发展的能力和水平。要按照基层工商所职能和任务的需要,切实加强领导班子建设,选配好工商所长、党支部书记。基层工商所领导干部要切实履行"一岗双责",以身作则,率先垂范,用模范行为带动和影响干部。要加大基层工商所干部培训教育力度,在提高综合素质、监管能力和执法水平上下功夫,通过培训考试、个人自学、岗位锻炼和传帮带等多种方式、多条途径全面提高基层干部的整体素质。特别要加强基层的廉政建设,严格执行"六项禁令",树立良好的工商形象。

第二,加强基层工商所体制、机制和制度建设,努力提高基层依法行政和规范化水平。要制定和完善基层工商所建设实施纲要,从全局和战略的高度,研究和确定基层工商所的职能职责、工作目标、体制机制和工作措施。要建立健全岗位目标责任制,确

保履行职责到位；要建立健全执法责任制和责任追究制，确保依法行政和监管服务到位；要建立健全考核和奖惩机制，把考核结果同干部提拔使用结合起来，最大限度地调动基层工商干部的工作积极性和创造性，为基层工商所充分发挥职能作用提供机制和制度保障。

第三，加强基层基础设施建设，努力改善基层办公条件。各地要高度重视基层基础设施建设，坚持从实际出发，量力而行。要加大基层办公用房建设力度，解决好工作用车、通讯联络、办公用具和文化娱乐、体育锻炼等设施，为基层工商所创造有利的工作、生活条件；要加大计算机信息化网络建设力度，按照"金信工程"的总体部署，认真落实基层工商所计算机管理和信息化联网，逐步全面提高基层工商所的现代化管理水平。同时，要关心基层工商所干部的生活，帮助排忧解难办实事。各级领导干部都要深入基层第一线，了解基层、帮助基层、指导基层，充分发挥基层工商所的职能作用。

同志们，新形势、新任务给工商行政管理工作提出了新要求，肩负的责任更加重大。我们要在以胡锦涛同志为总书记的党中央坚强领导下，努力做到监管与发展、服务、维权、执法"四个统一"，抓好当前，谋划长远，扎实工作，开拓创新，努力维护市场秩序，积极促进经济社会又好又快发展，以优异成绩迎接党的"十七大"胜利召开！

周伯华局长在部分省级工商行政管理局主要领导干部述职述廉汇报会上的讲话

（2007 年 7 月 13 日）

按照会议的安排，今天上午请部分省、自治区、直辖市的工商局长作述职述廉汇报。述职述廉汇报开始前，我先就建立省、自治区、直辖市工商局主要领导干部述职述廉汇报制度的过程、对这项制度的定位以及落实这项制度讲点意见。

建立省级工商局局长在全国工商局长座谈会上述职述廉汇报制度，是总局党组在充分调研、认真思考的基础上提出来的。今年一月召开的全国工商行政管理工作会议上提出建立这项制度，二月份召开的全系统党风廉政工作会议进一步作了明确部署。总局党组对建立这项制度非常重视，非常慎重，多次召开党组会议进行研究。我和几位分管党风廉政建设的局领导广泛听取了各方面的意见，在调查研究的基础上，总局党组研究制定了《国家工商行政管理总局关于建立省、自治区、直辖市工商行政管理局主要领导干部述职述廉汇报制度的实施意见（试行）》（征求意见稿）。

总局党组认为，述职述廉汇报是一个很好的抓手，建立这项制度非常必要。因为，总局有责任对全国工商行政管理系统的廉政建设工作给予指导，有责任按照干部双重管理的规定，协助地方党委、政府抓好省级工商局领导班子的思想政治建设、作风建设和党风廉政建设。

述职述廉汇报定位于一种工作制度，而不是单项的廉政制度，是从工商行政管理系统省以下垂直管理和干部双重管理的实际出发，按照党的"十六大"提出的实行多种形式的领导干部述职述廉的要求，进行的一种探索。它有别于省级工商局长向省委、省政府、省纪委的述职述廉，也有别于在全国工商行政管理工作会议上的工作汇报。其主要不同在于汇报内容上，它既要求主要领导干部本人汇报"一把手"负总责，抓班子、带队伍，履行党风廉政建设责任制的情况，也要求汇报领导班子和本系统贯彻落实党中央、国务院关于党风廉政建设的各项规定要求，加强本系统党风廉政建设和反腐败工作，建立反腐倡廉长效机制的总体情况。

建立和落实这项工作制度，是总局党组了解省级工商局领导班子加强党风廉政建设，抓班子、带队伍、促作风情况的重要途径。它有利于总局党组进一步了解省级工商局在党风廉政建设方面的总体形势，进一步了解省级工商局主要领导干部作为党风廉政建设"第一责任人"，是怎么落实党风廉政建设责任制，抓好党组自身和全系统党风廉政建设的，采取了什么具体措施，取得了哪些成效，有什么好做法和经验。有利于促进省级工商局领导班子和本系统落实党风廉政建设责任制，加强廉洁自律。同时，也为大家提供了一个沟通情况、交流经验、相互借鉴的平台。

为了进一步完善总局研究起草的建立述职述廉汇报制度的《实施意见（试行）》，今年5月底，总局党组委托副局长刘玉亭同志、纪检组长石见元同志，在北京主持召开了有11个省（区、市）工商局局长参加的座谈会，就《实施意见（试行）》进行讨论修改。与会同志充分理解、积极支持建立这项制度。同时，对《实施意见（试行）》提出了一些很好的修改意见和建议。会后，总局研究确定北京、河北、辽宁、黑龙江、福建、广西、贵州、宁夏等八个省（区、市）工商局局长在这次局长座谈会上作述职述廉汇报。上述八位局长会前进行了认真的准备，并在广泛征求意见的基础上，撰写了述职述廉汇报材料。

关于述职述廉汇报的具体内容，按照《实施意见（试行）》的要求，主要包括四个方面：

一是省级工商行政管理部门领导班子贯彻落实党中央、国务院及中央纪委、中组部和地方党委、政府关于党风廉政建设的工作部署和有关制度规定，加强本系统党风廉政建设和反腐败工作，落实党风廉政建设责任制，推进制度创新，建立反腐倡廉长效工作机制的总体情况，采取的措施、取得的成效。

二是省级工商行政管理部门领导班子党风廉政建设的现状分析，坚持民主集中制，加强领导干部作风建设的情况，好的经验做法、存在的问题和提高改进的措施。

三是本省（区、市）工商行政管理系统特别是基层单位党风廉政建设情况，贯彻执行"六项禁令"，推进政风建设，内强素质、外树形象的现状分析，好的经验做法、存在的问题和提高改进的措施。

四是省级工商行政管理部门主要领导干部坚持"一把手"负总责，率先垂范，模范

贯彻执行党中央、国务院和地方党委、政府关于党风廉政建设各项要求，履行党风廉政建设责任制，抓班子、带队伍，抓党风廉政建设和政风建设的情况。

述职述廉汇报制度的具体实施，是在总局每年年中召开的全国工商局长座谈会上，请部分省级工商局主要领导干部进行述职述廉汇报，原则上在一届任期内安排一次，形成制度，常抓不懈。同时，述职述廉汇报作为一种制度，需要有一个探索的过程，请同志们在实践中积累经验，出谋划策，让这项制度逐步完善。

在要求省级工商局长述职述廉汇报的同时，总局党组和总局机关先进行了尝试，并取得了成效。在今年全系统党风廉政工作会议上，我代表总局党组作出"总局领导班子成员和各司局、直属单位负责同志，都要高标准、严要求，带头加强作风建设，切实发挥好表率作用，自觉接受全系统监督"的郑重承诺，按照这一承诺，根据中央纪委、中央组织部《关于以加强领导干部作风建设为主题　开好县以上党和国家机关党员领导干部专题民主生活会的通知》要求，3月2日，总局党组召开了专题民主生活会。会上，党组每位成员按照中央关于加强领导干部作风建设的要求，联系思想和工作实际，认真回顾总结，进行对照检查，开展批评与自我批评，并就存在的问题深刻剖析根源，提出了整改措施，3月30日由我代表党组向机关干部通报了民主生活会情况，也是一次述职述廉汇报。6月，总局党组召开了总局机关和直属单位主要负责同志述职述廉会议，总局各单位主要负责同志围绕落实总局"四个统一"、"四个忠于"和建设"三个过硬"队伍这一主题，向总局党组汇报了抓班子、带队伍、抓作风、建设学习型党支部和加强党风廉政建设工作等方面的情况。总局党组召开的专题民主生活会和总局各单位主要负责同志述职述廉，一是落实了总局党组和总局机关先做表率的承诺，二是为开好这次全国工商局长述职述廉汇报会摸索了经验，打好了基础。

今天上午会议先请八位局长作述职述

廉汇报,然后,我再讲点意见。下面进行述职述廉汇报。

刚才听了北京、河北等八个省(区、市)工商局局长述职述廉汇报,很受启发。这是一次汇报会,也是一次经验交流会。形式新颖,内容丰富,重点突出,效果很好。一是高度重视,准备充分。参加汇报的单位对总局党组组织的这次述职述廉汇报高度重视,在征求各方面意见的基础上,认真准备述职述廉汇报材料,并经本单位党组研究审定。有的还向省委、政府和有关部门进行了汇报,得到了他们的指导。这说明大家对党风廉政建设工作高度重视,对述职述廉汇报高度重视,对总局党组的工作是支持的。二是实事求是,重点突出。各单位都能结合实际,既全面反映本省(区、市)工商系统党风廉政建设方面的总体情况,又从不同侧面介绍本系统抓党风廉政建设的主要经验和工作特点。三是切实履行职责,成效明显。各单位都能认真贯彻党中央、国务院和当地党委、政府以及总局党组关于加强党风廉政建设的各项决策部署和要求,尽职尽责,狠抓落实,党风廉政建设和各项工作取得了显著成绩。

总之,这次述职述廉汇报,达到了预期目的,为全面开展述职述廉汇报,探索了路子,积累了经验。今天上午虽然只是八个省(区、市)工商局汇报,但集中体现了全系统抓班子、带队伍、抓作风、抓廉政的总体情况,取得的成绩令人欣慰。这充分说明总局党组提出的述职述廉汇报制度是符合实际的,效果也是好的。从汇报的情况看,八个省(区、市)工商局主要负责同志,在抓党风廉政建设方面做了大量工作,认真履行了党风廉政建设第一责任人的责任。大家都能认真地把自己摆进去,对存在的问题,也都提出了进一步改进的措施。这些经验和做法,对总局党组进一步抓好党风廉政建设会有很大的帮助,对在座的各位局长也有积极的借鉴作用。希望各地通过这次述职述廉汇报,认真学习、借鉴八个省(区、市)工商局好的做法和经验,进一步加强本系统的党风廉政建设工作。也希望参

加述职述廉汇报的八个省(区、市)工商局,再接再厉,发扬成绩,克服不足,取得新的更大的进步。

下面,我重点就这次述职述廉汇报,联系全系统党风廉政建设情况讲几点意见。

一、认真履行党风廉政建设责任制,起到了党风廉政建设"第一责任人"的重要作用

大家作为省(区、市)工商局党风廉政建设第一责任人,在地方党委、政府的领导下,坚持"一把手"负总责,认真学习、深入贯彻落实中央纪委第七次全会、国务院第五次廉政工作会议和全国工商系统党风廉政工作会议精神,清醒认识反腐倡廉面临的形势,深刻理解反腐倡廉的重要性、长期性、艰巨性和复杂性,切实把思想统一到胡锦涛总书记、温家宝总理的重要讲话精神上来,不断增强责任感和使命感。坚持认真履行党风廉政建设责任制,尽职尽责、尽心尽力,抓班子、带队伍,加强党风廉政建设和政风建设,努力做到以身作则,率先垂范,模范执行党中央、国务院和地方党委、政府关于党风廉政建设的各项规定,用自己的一言一行,树立了党风廉政建设"第一责任人"的良好形象,既影响了班子,又带动了队伍,起到了党风廉政建设带头人的作用。

北京市局张志宽局长作为党风廉政建设第一责任人,坚持每年与领导班子成员和区县分局长签订责任书,使各级领导干部知其任,出其力,明其职,尽其责;做到党风廉政建设工作与全年计划一同部署,与各项业务工作一同检查,与年终工作一同考核,与履行工商行政管理职能一同落实,保证了党风廉政建设责任制落到实处。

贵州省局杨正国局长提出了在坚持民主集中制方面率先垂范,在落实党风廉政责任制方面率先垂范,在执行党风廉政建设规定上率先垂范,在执行法律、规章上率先垂范,在严格执行《党政领导干部选拔任用工作条例》上率先垂范,在抓落实上率先垂范等六个方面率先垂范的要求。

广西区局刘君局长提出了坚持党性原则,带头落实党风廉政建设的各项工作任

务,坚持正确的权力观,带头承诺和执行党风廉政纪律,坚持教育方法灵活多样,带头参与和开展各类廉政学习教育等"三个坚持、三个带头"的要求。

宁夏区局李淑芬局长提出了以政出必行的领导风范影响人,以勤政廉洁的人格感召人,以公平处事的思想作风凝聚人的要求。用自己的一言一行,营造有利于调动干部职工积极性的和谐氛围,全系统形成了风正气顺、心齐劲足的良好局面。

二、以加强领导干部作风建设为重点,全面促进了各级领导班子建设

党的作风关系党的形象,关系人心向背。党风正则干群和,干群和则社会稳。省(区、市)工商局领导班子肩负着确保党的路线方针政策在本系统贯彻执行的重大政治责任,其作风如何,对工商行政管理事业的发展有着极为重要的影响。在省以下工商行政管理机关实行垂直管理的体制下,在新的形势和任务面前,大家都能牢记职责,不辱使命,按照胡锦涛总书记关于大力倡导八个方面良好风气的要求,以领导干部思想作风、学风、工作作风、领导作风、生活作风为重点,全面加强各级领导班子建设。大家作为省(区、市)工商局主要领导干部,坚持带头廉洁自律,向本系统作出廉政承诺,做到以身作则、身体力行,模范遵守党章、党纪,严格执行中央纪委提出的"四大纪律,八项要求"和《关于严格禁止利用职务上的便利谋取不正当利益的若干规定》。带头严格执行民主集中制,发扬民主,团结共事,坚持完善重大问题集体决策制度,凡是出台重大措施、处理重大问题、选拔任用干部等重要事项,都坚持集体研究、会议决定,严格按规则和程序办事,不搞"家长制"、"一言堂"。带头心系群众,密切联系群众,建立落实各级领导干部联系基层制度,深入基层,广泛听取广大干部群众的意见和建议,自觉接受群众监督,进一步促进了省级工商机关作风的转变。

黑龙江省局党组确定以"作风建设年"为契机,建立省局领导成员联系市地局和基层工商所制度,强调领导干部要深入基层调查研究,坚持讲实话、办实事、求实效,倾听基层呼声,指导基层工作,促进了领导干部作风的转变。围绕"六型"班子的创建目标,不断加大自身建设力度,形成了廉政勤政,廉洁自律,开拓创新,干事创业,敬业奉献,团结和谐,心和气顺的良好氛围,党组班子驾驭全局工作和处理复杂问题的能力不断提高,班子的整体合力得到进一步增强,树立了良好的廉政勤政形象,各项工作取得明显成效。

广西区工商局党组始终把促进团结、增进和谐作为党风廉政建设的重要保障,在管理和决策工作中努力适应新形势新任务的要求,把坚持党的领导同发扬人民民主、严格依法办事、尊重客观规律有机地统一起来,做到了党组成员分工有协作,分工不分家,在工作中相互信任,到位不越位,补位不缺位,党组的整体战斗力得到了进一步增强,在干部群众中树立了较高的威信。

三、切实加强反腐倡廉制度建设,反腐倡廉长效机制得到了进一步巩固和完善

加强反腐倡廉工作,健全制度是保障。各省(区、市)工商局领导班子以贯彻落实党风廉政建设责任制为抓手,积极推进制度机制创新,认真抓好责任分解、责任考核和责任追究三个环节的落实。积极推进政务公开,建立健全权力运行制约监督机制,进一步完善反腐倡廉领导机制和工作机制。绝大部分省(区、市)工商局领导班子都建立了班子成员分工负责、联系基层挂钩制度,形成了"一把手"负总责、领导班子各负其责、纪检监察组织协调、各部门密切配合、广大干部共同参与的反腐倡廉工作机制。探索实施了党风廉政建设工作"一票否决制",通过层层签订党风廉政建设责任书,把党风廉政建设纳入考核目标,与业务工作同布置、同检查、同考核、同奖惩,明确了责任分工、责任主体,做到了分工明确、责任落实、措施到位,构建了明晰的党风廉政建设责任体系,确保反腐倡廉工作落到实处、取得实效。

黑龙江省局建立"一队两员"工作机制,在市地局设立执法执纪大队,在基层工商所

设立专兼职法制员和纪检监察员,形成了层层有责任、层层抓落实的工作格局。

宁夏区局针对实行垂直管理的特点,建立了巡视工作制度,确定每年对两个市局的党风廉政情况进行为期1个月的巡视。通过问卷调查、个别谈话、召开座谈会、实地考察调研等方式,对被巡视单位的领导班子、领导干部履行党风廉政建设责任制的情况进行深入调查了解,进一步拓宽了监督途径。

福建省局在政务公开、行政许可、执法办案、收费管理等方面充分运用现代信息技术,不断改革管理方式,创新管理手段,进一步规范了执法行为,强化了执法监督,推进了惩防腐败体系建设。

四、以抓行风、促规范为突破口,树立为民、务实、清廉的良好工商形象

努力建设一支为民、务实、清廉的工商队伍,是充分发挥新时期工商行政管理职能作用的组织保障。各地围绕推进依法行政、坚持执法为民,认真开展权力观教育、党章教育等集中教育活动。教育中,联系郑筱萸严重违纪违法案件,围绕"我们应从郑筱萸违纪违法案件中吸取哪些教训,我们手中的权力是谁赋予的,怎样为人民用好权"这一主题,开展权力观大讨论,引导广大干部从郑筱萸案件中吸取深刻教训,警钟长鸣,严格自律,牢记宗旨,执法为民。深入开展工商廉政文化建设,形成"以廉为荣,以贪为耻"的浓厚氛围,进一步树立了工商行政管理人员良好的职业操守。在基层积极开展窗口单位面向管理服务对象述职述廉活动,搭建了管理服务对象和社会各界对基层工商干部实施监督的平台,对提高广大基层干部廉洁从政意识和管理服务水平起到了积极的推动作用。深入推进政务公开,坚持"阳光作业",强化对行政权力运行的制约监督。认真落实"六项禁令",严肃查处和纠正队伍作风中存在的突出问题。加强基层规范化建设,大力加强法律法规教育,促进严格执法、公正执法、廉洁执法、文明执法,广大基层干部的执法形象明显改善。在当地党委、政府开展的政务公开、目标考核、行风

评议等考核评比中,多数省局机关位居前列,有的还名列前茅。

北京市局通过完善公共服务监督管理系统、细化行政执法自由裁量权、建立办案可视平台、建立公物仓管理系统等,明晰职权,突出对执法重点环节的监督,有效遏制了有法不依、执法不严的现象。

辽宁省局坚持廉政教育与公务员培训相结合、示范教育与警示教育相结合、日常教育与重点提示相结合,把廉政教育作为党风廉政建设的基础,在抓落实、求实效上狠下功夫。

福建省局今年上半年在全省工商所全部配备副科级政治指导员,负责工商所的思想政治工作、基层党建和党风廉政建设,从组织上保证了党风廉政建设落到实处。

河北省局积极开展"以廉为荣、以贪为耻"的廉政文化建设活动,通过召开全系统廉政文化建设工作现场会,开展工商精神和工商之歌征集活动,举办大型歌咏比赛,在办公场所醒目位置张贴悬挂与工商部门工作特点密切相关的格言警句,凝聚人心,弘扬正气,精心营造潜移默化的廉政文化氛围。

贵州省局以"怎样加强领导干部作风建设"、"六项禁令在我省执行得怎么样","怎样做到四个珍惜"、"怎样做到八个坚持八个反对"、"正确对待和行使手中的权力"、"加强行政处罚自由裁量权的监督"、"纪检监察要充分发挥同级监督的作用"等为主题,在全系统开展讨论,营造反腐倡廉的浓厚氛围,效果明显。

五、积极探索党风廉政建设的新路子,以党风廉政建设促进了各项工作任务的完成

加强党风廉政建设和反腐败工作,是新形势下工商行政管理部门全面落实科学发展观、促进和谐社会建设、提高市场监管能力、促进各项任务完成的重要保障。各地坚持用科学发展观统领工商行政管理工作全局,积极探索党风廉政建设新路子,坚持一手抓促进改革发展,一手抓自身反腐倡廉,努力做到监管与发展、监管与服务、监管与维权、监管与执法"四个统一",把反腐倡廉

与履行工商行政管理职能结合起来,与提高市场监管水平和服务发展能力结合起来。自觉把反腐倡廉融入工商行政管理各项业务工作中,与业务工作一起研究,一起部署,一起检查,一起考核,努力做到在强化监管执法中加强反腐倡廉工作,以反腐倡廉的实际成效保障和促进监管执法工作。

北京市局坚持以建设为民、务实、清廉的工商执法队伍为根本,以"胸怀大局甘当主力,勇挑重担甘当苦力"的"两甘"精神为核心,进一步强化职业价值观,激励了广大干部积极履职,恪尽职守,创造性地开展工作。

河北省局紧紧围绕决策和执行的关键环节和人、财、物、权等重点岗位,切实把党风廉政建设的有关要求融入各项工作当中,融入办案、办照、收费的每一个环节,作为规范权力运行的重要手段,作为推进廉政建设的治本之策,有效防止了决策失误、权力失控、行为失范,促进了工商职能作用的充分发挥。

辽宁省局面对老工业基地振兴的新形势、新任务,紧紧围绕促进"发展"这一主题,抓住营造"环境"这个关键环节,以"执法服务环境年"建设为主线,以"营造良好发展环境","营造安全消费环境","正行风、树形象""三大工程"为抓手,组织开展了加强"信息化、财务、基层、廉政和班子"等"五大建设"活动。突出了服务发展是核心,工商职能是基础,党风廉政建设是保障的思路,为进一步提高监管执法水平,充分发挥工商行政管理职能作用,全面完成各项任务起到了积极的推动作用。

关于下一步的党风廉政建设工作,下午会议总结时我还要讲,在这里强调以下几点:

1. 要认真学习贯彻胡锦涛总书记6月25日在中央党校省部级干部进修班上的重要讲话精神,按照把反腐倡廉建设放在更加突出的位置、更加注重治本、更加注重预防、更加注重制度建设等"四个更加"的要求,进一步抓好党风廉政建设和反腐败工作。全国工商系统要按照各地党委、政府的安排和部署,把学习贯彻胡锦涛总书记重要讲话作为当前和今后一段时间的重要政治任务。

要从战略和全局的高度,深刻认识学习领会胡锦涛总书记重要讲话的重大意义,进一步增强贯彻落实的自觉性和坚定性,切实把思想统一到胡锦涛总书记重要讲话精神上来。要立足工商行政管理职能,坚持"四个坚定不移",努力做到监管与发展、服务、维权、执法相统一,为充分发挥工商行政管理在促进经济社会又好又快发展中的职能作用,提供强有力的政治保障。

2. 要进一步深入贯彻中央纪委第七次全会、国务院第五次廉政工作会议和全国工商系统党风廉政工作会议精神,认真落实《建立健全教育、制度、监督并重的惩治和预防腐败体系实施纲要》和总局党组贯彻落实《实施纲要》的《具体意见》、《任务分工方案》和《2007年底前工作要点》,继续大力加强教育、完善制度、强化监督,努力推进工商行政管理系统惩治和预防腐败体系建设。

3. 要认真贯彻落实中央纪委《关于严格禁止利用职务上的便利谋取不正当利益的若干规定》和《行政机关公务员处分条例》,把学习《若干规定》和《处分条例》与落实党风廉政建设责任制结合起来,作为加强领导干部作风建设、推动党风廉政建设的重要措施,教育引导广大党员干部认真落实《若干规定》和《处分条例》,认真进行自查自纠。要结合工商行政管理职能特点,重点围绕行政审批权、行政执法权和队伍管理权等重要权力的行使,加强对权力运行的监督,严肃查处违纪违法行为,着力解决损害群众利益的突出问题,切实保障行政权力正确行使,促进党员干部廉洁从政。

4. 要以建设政治上过硬、业务上过硬、作风上过硬的干部队伍为目标,充分发挥工商行政管理在促进科学发展、构建和谐社会中的职能作用。要按照严格要求、严格教育、严格管理、严格监督的要求,以思想政治建设、执政能力建设、党风廉政建设为重点,加强思想作风、学风、工作作风、领导作风和干部生活作风建设,不断提高落实科学发展观的能力和水平,努力使全系统各级领导干部更加自觉地坚持求真务实精神,更加自觉地坚持全心全意为人民服务的宗旨,更加自觉地坚持党的群众路线。努力把各级领导班子建设成为团结带领广大干部开拓工作新局面的坚强领导集体,努力建设一支为民、务实、清廉的干部队伍,为充分发挥新时期工商行政管理的职能作用提供坚强的组织保障。

为了进一步做好省级工商局主要领导干部述职述廉汇报工作,根据上次座谈会上大家提出的意见和建议,我们对《实施意见(试行)》作了进一步的修订,已发给与会各位局长,请大家讨论修改,修改稿或修改意见请于7月20日前反馈总局人事教育司。今天八位局长的汇报,为我们在座的同志们开了个好头,他们在党风廉政方面的经验做法,希望在座没有参加述职述廉汇报的局长借鉴思考,为下次述职述廉汇报做好准备。

深入贯彻落实党的"十七大"精神努力开创工商行政管理工作新局面
——周伯华局长在全国工商行政管理工作会议上的讲话

(2007年12月20日)

这次全国工商行政管理工作会议的主要任务是,认真学习贯彻党的"十七大"和中央经济工作会议精神,全面落实科学发展观,回顾总结今年的工作,安排部署明年的任务。吴仪副总理对工商行政管理工作十分重视、极为关心,今天在百忙之中亲临会议,对工商行政管理工作作了重要指示,充分肯定了成绩,提出了明确要求,使我们深受鼓舞和鞭策,我们一定要认真学习好,坚决贯彻好,不辜负国务院领导的殷切期望,努力开创工商行政管理工作新局面,促进经济社会又好又快发展。下面,我代表总局党组讲几点意见。

一、2007年工作的总体情况

2007年是我们党和国家历史上具有重要意义的一年。举世瞩目的党的"十七大"胜利召开,描绘了在新的时代条件下继续全面建设小康社会、加快推进社会主义现代化的宏伟蓝图,极大地鼓舞和振奋了全党全国人民。一年来,全国工商系统以迎接党的"十七大"召开为动力,坚持以邓小平理论和"三个代表"重要思想为指导,全面落实科学发展观,认真贯彻党中央、国务院的决策部署,在各级党委、政府的领导下,切实履行法定职责,努力做到"四个统一",奋发进取,开拓创新,各项工作取得了新的成绩。

(一)全面落实科学发展观,努力做到"四个统一",在履行法定职能上有新的认识

2007年总局党组按照全面落实科学发展观的要求,提出了工商行政监管要努力做到与发展、服务、维权、执法"四个统一",这既是对工商行政管理实践的高度概括和科学总结,又是落实科学发展观的具体体现,不仅成为全系统广大干部的共识,而且得到了各地党委、政府领导和社会各方面的肯定。一年来,全系统通过认真学习、深入研讨,深化了对工商行政管理部门在促进科学发展、构建和谐社会中职能作用的理解,对履行法定职责有了新的认识。一是更新了监管执法理念,增强了使命感和责任感;二是强化了监管职责,拓展了职能空间;三是创新了监管机制,提高了工作水平。各地在实践中努力做到"四个统一",特别是紧紧抓住立足本职、服务大局、建设队伍这三个关键,在履行职责和创新监管体制机制上有新思路,在服务经济社会又好又快发展上有新突破,在加强队伍建设上有新举措,进一步开创了工商行政管理改革发展的新局面。实践证明,努力做到"四个统一",较好地解决了加强市场监管与服务发展和保护消费者、经营者合法权益的关系,充分履行工商行政管理职能与促进地方经济发展的关系,实行省以下垂直管理与加强同相关部门协调配合的关系,有效地解决了对法律负责与对经营者、消费者及广大群众负责的统一,营造了内和外顺的工作环境,进一步提高了执法效能,提升了服务水平。

(二)认真贯彻国务院的部署,深入整顿规范市场秩序,在监管执法水平上有新提高

一年来,各级工商行政管理机关认真贯

彻国务院的部署,深入开展整顿规范市场秩序工作,加大监管执法力度,集中开展专项整治,切实维护市场秩序,依法保护消费者、经营者合法权益,取得了新的成效。

——流通环节产品质量和食品安全专项整治取得阶段性成果。各地认真贯彻国务院的部署和《特别规定》,深入开展流通环节食品安全专项整治,特别是经过近四个月的集中专项行动,全面完成了整治目标任务。据总局检查验收统计,截至 12 月 15 日,全国县以上城市 17.3 万个超市、食品市场已 100% 建立索证索票制度;全国乡镇、街道、社区 269.69 万个食品经营户和食杂店已 100% 建立进货台账。全国共取缔乡镇政府所在地及县以上城市无照经营食品的小食杂店、小摊点 10.72 万户,无照经营食品问题得到了有效治理。提前完成了国务院确定的工商部门牵头的"两个 100%"和"一个彻底解决"的目标任务。上海、北京、吉林、福建、海南、青海、江苏、山东、宁夏、辽宁、湖北、安徽、广东、四川、重庆等省市引导和监督食品经营者建立健全索证索票制度、进货台账制度,进度快,力度大,规范好。浙江、河北、天津、黑龙江、河南、湖南、内蒙古、山西、陕西、广西、江西、新疆、云南、甘肃、贵州、西藏等省区市在引导和督导经营者狠抓两项制度建设的同时,采取有效措施解决无照经营问题,收效显著。全系统在专项整治行动中共出动执法人员 410 万人次,查处制售伪劣食品案件 2.98 万件,退市和销毁不合格食品及假冒伪劣食品 267.2 万公斤,移送司法机关案件 90 件。"农村食品市场整顿年"行动成果显著,促进了农村食品市场经营秩序的进一步好转。加强了猪肉市场监管力度,对查获的 945 吨未经检疫、检疫不合格以及病死猪肉进行了无害化处理。流通环节食品质量明显提高,经营行为进一步规范,有效地保障了食品市场消费安全。

在专项整治中,全系统上下联动。总局及时部署,先后制定下发专项整治行动方案、指导意见等 6 个专门文件,派出 20 个督查组、召开 7 个片会推动工作展开,组织 15 个检查验收组开展交叉检查。各地及时动员,集中开展食品经营主体资格、经营者自律制度、食品质量等专项执法检查。领导干部深入一线、靠前指挥,广大执法人员克难攻坚、辛勤努力,特别是基层执法人员战斗在监管执法第一线,发挥了重要作用。各地结合专项整治,在食品市场准入、规范管理和构建长效机制上下功夫,探索和总结了不少宝贵经验。山东推出了农村食品市场监管的四项制度,受到温总理的充分肯定;浙江大力推进食品安全示范店建设,促进整治目标实现;北京以保障奥运会食品安全为重点,扎实推进食品安全信息网络化建设;江苏、辽宁以市场标准化管理为切入点,全面提升食品安全监管水平;四川扎实推进食品安全"五个统一"的规范化建设,创新监管机制;广东、湖南、重庆、河南、山西、陕西、甘肃等省市分别实施分类和联网监管,有效提高了专项整治的针对性和有效性。

——广告专项整治成效明显。积极发挥部际联席会议牵头单位作用,加大对广告发布源头和媒体发布环节的治理力度,在查处违法广告的同时依法延伸了对医疗机构和药品生产企业的监管,强化了对媒体单位的管理与责任追究,对违法情节严重的广告活动主体采取了行政强制措施,及时将涉嫌犯罪的当事人移送司法机关惩处。违法率高、违法量大、群众意见最为集中的医疗、药品、保健食品广告得到有效治理。截至 11 月底,全系统共查处虚假违法广告案件 5.65 万件,责令更正 3 864 件,责令停止发布 1.69 万件。

——商标注册管理与行政保护推出新举措。采取提前审查、限制注册等措施,初步解决了恶意申请、恶意异议和恶意转让等问题。推进改革创新,强化绩效管理,加快了商标审查进度。截至 11 月底,商标注册量同比增加 29.19%,我国注册商标总量累积已达 301.37 万件。今年已认定驰名商标 197 件,总局依法认定的驰名商标已超过 1 000 件。加大对涉嫌商标犯罪案件移送的力度,开展了保护奥林匹克标志专用权行动,与北京奥组委合作开展了 3 期近 400 名工商行政管理系统执法人员的培训,进一步加强了对驰名商标、涉外商标、食品商标、药品商标、农产品商标和地理标志的保护。截至11月底,已查处商标侵权案件4.1万件,移送司法机关处理143件。

——治理商业贿赂取得实效。总局印发了在治理商业贿赂中进一步加大查办案件力度的指导意见,全系统案件查办力度加大。截至11月底,共查处商业贿赂案件7 432件,案值11.8亿元。山东、河北、江苏、浙江、江西在查办大要案件、拓展办案领域方面加强了与司法机关的协作配合,取得新的进展。广东、湖南、南京、沈阳等地进一步完善联席会议、案件协查、转交移送、信息通报等工作制度,加大了治理商业贿赂的整体合力。河南、海南、贵州等地将商业贿赂行为信息记入信用档案,提高了监管执法效能。

——打击传销工作成果显著。认真开展打击传销专项行动和集中行动,对异地聚集、拉人头式传销活动给予重拳打击,组织重点省市工商机关打掉了莱科萨斯、洛阳卢荟等一批影响大、发展人数多的传销组织。截至11月底,共查处传销案件3 747件,取缔传销窝点4.11万个,教育遣散传销人员90.45万人,移送司法机关追究刑事责任案件753起、3 648人。全国传销相对集中的省市,已基本建立政府牵头、部门协作的打击传销领导机构和工作制度。中央综治办将打击传销纳入社会治安综合治理考核范畴,由总局对各省打击传销工作进行考核评比。总局还与公安部、教育部建立了执法协作和防止传销进校园工作机制。各地广泛开展了创建"无传销社区(村)"活动,河北省还开展了"打击传销十万名志愿者在行动"活动,新疆工商机关派出6 000名干部深入社区、牧区开展打击传销宣传教育。总局发布了《关于加强直销监督管理工作的意见》,指导各地进一步加大直销监管力度,直销监管工作稳步推进。截至目前,在批准的直销企业中,已有18家完成服务网点备案开展直销经营活动。

——打击各种违法经营力度进一步加大。全系统加大反不正当竞争和反垄断执法力度,截至11月底,共查处各类不正当竞争案件4.43万件、垄断行为案件239件。通过开展专项行动,有力打击了"傍名牌"、商业欺诈和零售商滥用优势地位从事不公平交易的行为。开展取缔"黑网吧"专项行动,取缔"黑网吧"2.02万户。在依法取缔无照经营的同时,更加注重引导和规范,共查处无照经营案件75.7万件,引导办照21.96万户。福建、广东、陕西、辽宁、黑龙江、河南等地工商机关积极与当地有关部门配合,探索形成了查处取缔无照经营长效管理机制。继续加强对粮食、棉花、成品油、汽车等重要商品市场以及节日市场的监管。积极参与油气田及输油管道安全保护、危险化学品经营、烟花爆竹生产经营等专项整治,认真开展打击走私贩私、打击拼装车、打击非法证券经营等专项斗争,密切配合有关部门开展"扫黄打非"等工作,有力地维护了市场秩序。

——消费维权工作深入开展。全系统以强化商品质量监管和规范服务领域经营行为为重点,深入开展消费者权益保护工作。各地针对消费者投诉比较多的电信、家电维修等问题集中开展了专项执法检查,与有关部门联合开展了手机售后服务、快递行业的专项治理行动。流通领域商品质量快速检测全面展开,争取中央财政支持1.5亿元,为基层工商所配备了快速检测设备,快速检测商品740多万批次。截至11月底,全系统共查处消费侵权案件12.34万件,受理消费者申诉举报76.38万件,调解消费纠纷68.48万件,为消费者挽回经济损失7.12亿元。

(三)自觉服务大局,改进管理方式,在服务改革发展上有新举措

各级工商行政管理机关正确处理监管与服务的关系,围绕中心,服务大局,创新监管方式,改进服务手段,提高工作效率,促进经济社会又好又快发展取得了新的成绩。

——促进各类市场主体健康发展取得新成效。总局制定了《关于改进和加强企业登记管理工作的意见》,开展了股权出资登记试点工作,继续清理企业登记前置行政许

可项目。各地通过依法规范登记行为,建立便捷高效的市场准入服务体系,为各种所有制经济平等竞争、相互促进创造良好环境,积极支持公有制企业改组改制和国有企业做大做强,鼓励、支持和引导个体私营等非公有制经济健康发展。北京、上海、广东等地指导外资法人银行改制登记工作顺利进行。截至11月底,全国实有内资企业873.5万户,注册资本(金)30.4万亿元,其中私营企业552.2万户,注册资本(金)9.3万亿元;外商投资企业28.7万户,注册资本(金)1.1万亿美元;个体工商户2 706万户,资金数额7 435.8亿元。

——促进经济结构调整和经济发展方式转变有了新开拓。全系统认真落实国家经济结构调整和产业发展政策,大力支持装备制造业、高新技术产业和大型流通企业优先发展;参与制定促进服务业和服务贸易发展的政策措施,放宽服务业市场准入,积极支持发展连锁经营。宁波、武汉、西安等地利用企业登记管理信息发布区域产业发展和投资信息参考,受到当地党委、政府和社会各界的好评。依法做好产能过剩、技术落后、污染环境等企业的变更和注销登记工作,积极参与环境保护治理、节能减排、矿产资源整治、煤矿整合关闭等专项行动。

——促进区域经济协调发展深入推进。全系统认真贯彻中央部署,自觉服务区域经济协调发展,积极支持海峡西岸经济区建设、滨海新区建设、浦东新区建设、北部湾经济区建设和重庆、成都城乡统筹综合配套改革等。积极参与中部贸易投资博览会、东西部合作与投资贸易洽谈会等活动。积极支持港澳居民来内地申办个体工商户,引导台湾农民来大陆有关园区兴办个体工商户。长三角、泛珠三角等地工商部门在建立统一市场准入政策、加强区域执法协作方面进行了有益探索,发挥了整体优势。

——服务社会主义新农村建设成果突出。各地以整顿农资市场为重点、以农资打假为手段,深入开展"红盾护农"行动,认真清理农资经营主体资格,严厉查处违法经营行为,农资市场秩序得到有效规范。积极引导成立农民专业合作社,大力发展农村经纪人。总局发布了地理标志产品专用标志,加快了地理标志审查进度,分4期对24个省市的近800家农产品龙头企业进行了商标国际注册知识培训。开展涉农合同帮扶,推动发展订单农业。截至11月底,全系统共查处农资违法案件2.3万件,为农民挽回经济损失3.9亿元;登记农民专业合作社1.85万户;培育发展农村经纪人40多万户;审查地理标志注册申请251件,核准注册69件,已注册的地理标志总量达288件;合同帮扶涉农企业12.8万多户,签约农户1 057万多户,签约金额3 246亿元。

——促进就业再就业效果显著。各级工商行政管理机关认真贯彻国家就业再就业政策,通过提供政策支持、放宽市场准入、实行收费减免、引导技能培训、加强劳动者权益保护等措施,切实提高下岗失业人员再就业能力,积极鼓励以创业实现就业。截至11月底,全系统共引导、支持211.61万名下岗失业人员和30.99万名高校毕业生在个体私营经济领域实现就业和再就业,落实优惠政策免收工商管理行政性费用10.13亿元。从清理"四小企业"入手,集中整治非法用工,保护了劳动者正当权益。

——参与社会治安综合治理收效良好。切实做好学校及周边环境整治、预防青少年违法犯罪等社会治安综合治理工作。继续深入开展反洗钱、反假币等专项斗争。积极参与网络文化建设和管理、打黑除恶以及禁毒防艾等工作。参与治理自行车被盗问题专项行动。认真开展以树立社会主义荣辱观、构建和谐社会为核心内容的公益广告活动。

(四)坚持与时俱进,加大改革力度,在创新体制机制上有新进展

——法制建设加快步伐。总局积极参与《反垄断法》、《商标法》、《农民专业合作社登记管理条例》、《商标代理管理条例》、《合伙企业登记管理办法》的制定和修订工作,制定发布了《药品广告审查发布标准》、《药品广告审查办法》、《动产抵押登记办法》等规定,研究上报了《流通领域商品质量

监督管理条例》,出台了《工商行政管理机关行政处罚程序规定》《工商行政管理机关行政处罚案件听证规则》等部门规章。各级工商机关通过规范执法主体,狠抓案件评议和责任追究,提高案件查办质量;通过开展行政复议,规范复议程序,加强对执收执罚的监督制约;通过法制宣传培训和工作指导,提高执法队伍素质。各地工商部门积极推动地方立法,将市场监管中的有效措施上升为法规和规章。

——监管制度改革有效推进。一是企业信用分类监管改革五年目标基本实现。今年推进企业信用分类监管力度大,成效明显。各地以全面提高联网数据质量和联网应用为重点,对企业基础数据和联网数据进行了全面清理补录。经总局检查验收,数据质量普遍提高,尤其是上海、重庆、山西、江苏、辽宁等地成绩突出,全国基本实现了五级联网和企业基础信息共享,总局通过联网共拥有 888.91 万户企业的基本信息和 475.8 万户注销企业的基本信息。二是"12315"行政执法体系建设扎实推进。"12315"集中受理中心和数据分析中心建设进一步加快,目前,全国有 11 个省市、422 个地市工商局建立了集中受理的"12315"中心,有 15 个省市已经或正在建立省级"12315"数据分析平台。"12315"进村镇、进社区、进市场稳步推进,"一会两站"建设进度加快。目前,"12315"进社区、进村镇覆盖率分别达到 80% 和 64%,进大中型商业企业和市场覆盖率为 38%。三是商品准入制度改革取得新进展。流通领域商品质量监管进一步加强,质量监测和快速检测进一步规范,实施商品质量市场准入制度的地区范围和商品种类不断扩大,食品、农资等商品普遍实行了市场准入制度。四是个体工商户分层分类登记管理改革取得积极成果。各地结合实际,完善了具体的分层登记和分类监管办法。山东利用信息网络技术、黑龙江通过细化登记层级和监管措施,增强了分层分类登记管理的针对性和有效性。

——信息化建设进一步加强。今年全系统信息化建设步伐加快,覆盖范围不断扩大。金信工程一期项目立项获得国家发改委批准,信息化网络在企业信用分类监管、"12315"行政执法体系建设、商品质量管理等领域广泛应用。外商投资企业网上年检全国推开,内资企业网上名称核准、网上年检和网上登记范围进一步增加,商标注册网上申请系统试用范围逐步扩大。食品安全和产品质量监管信息网络建设全面铺开,北京、浙江、广东、甘肃、山东和深圳、广州、厦门、武汉、西安、成都等地网络应用收到良好成效。公平交易执法办案信息化建设稳步推进,网上政务信息的报送和采用更加及时,信息化在加强监管和服务发展方面发挥了越来越重要的作用。初步形成与税务、海关、质检、统计等部门的信息共享机制。

——新闻宣传推动工作有新贡献。宣传工作呈现传统媒体宣传与信息网络宣传、国内宣传与对外宣传相结合的良好局面。总局和各地工商机关围绕不同时期和整顿规范市场秩序的重点任务,全方位、多形式开展新闻宣传工作。总局就产品质量和食品安全专项整治工作举行实时新闻发布会,接受部长在线访谈。对外宣传工作进一步加强,向全世界展示了我国竞争执法、消费维权、商标保护、食品安全等方面的工作和成绩。在各个层次主动对美国、欧盟、日本等大国宣传我国商标保护"双轨制"和所取得的巨大成绩,使一些国际商标摩擦化解于未然。

——国际交流与合作领域继续扩展。市场主体准入、竞争、消费者保护、商标等领域对外交流合作进一步扩展。与世界贸易组织、世界知识产权组织等开展了交流合作,代表中国政府签署了《商标法新加坡条约》,参与了国际消费者保护与执法网络框架下的"反欺诈月"、"网络清扫日"活动,成功举办了世界地理标志大会、反垄断执法研讨会。与 38 个国家和地区的相关机构进行了交流对话和务实合作,参与了中美战略经济对话第二轮谈判、中俄睦邻友好合作纲要谈判、首次中日经济高层对话、中澳自贸区谈判等,分别与美国、俄罗斯、冰岛签署了竞争、消费者保护领域的交流合作备忘录。更多的交流成果在工作中得到推广应用。

（五）积极探索实践，提高干部整体素质，在加强队伍建设上有新办法

——领导班子建设进一步加强。总局和各级工商行政管理机关狠抓领导班子建设，积极配合地方党委优化班子结构。今年以来，31个省（区、市）工商局的主要负责同志当选为省（区、市）党委委员和纪委委员，6个省级工商局主要负责同志实现新老交替，省级工商局班子领导干部调整41人，一批优秀干部充实到工商行政管理部门。在全系统首次实施了省级工商局主要领导述职述廉汇报制度，县以上工商行政管理机关在领导班子中普遍建立了干部选拔任用联席会议制度，强化领导班子思想政治建设、作风建设和党风廉政建设，各级领导班子的凝聚力和战斗力大大增强。

——基层建设取得新成绩。基层基础建设年活动深入开展，全系统掀起了新一轮重视基层、加强基层建设的热潮。各地积极争取地方党委、政府对工商行政管理基层建设的关心和重视，从机构设置到经费保障等多方面得到了有力支持，广东、河北把工商所统一升格为副科级，目前全国已有50.6%的工商所行政级别为副科级。近年来全系统新建工商所1 765个、改造2 099个。全国工商所布局更趋合理，基础设施、装备建设继续得到加强，规范化建设取得新进展。总局和各省工商局建立了领导干部联系基层工作制度。首次组织了全国基层先进模范代表到北戴河疗养。

——教育培训工作成效明显。总局召开了全系统教育培训工作会议，对新形势下加强干部教育培训提出了新要求。全系统认真落实中央大规模培训干部的战略任务，多层次、多渠道、多形式、大规模培训干部的格局基本形成。各地综合开展了"三个代表"重要思想和落实科学发展观教育培训活动，坚持用马克思主义中国化的最新成果武装干部头脑，极大地提高了广大干部的政治素质、依法行政能力、科学监管水平和公共管理技能。

——党风廉政建设扎实推进。各级工商行政管理机关按照中纪委第七次全会和国务院第五次廉政工作会议的要求，继续认真落实中央《实施纲要》，扎实推进工商系统惩治和预防腐败体系建设。一是加强廉洁从政教育，促进工商干部廉洁自律。以郑筱萸严重违纪违法案件为戒，开展警示教育；组织广大党员认真学习贯彻中央纪委《关于严格禁止利用职务上的便利谋取不正当利益的若干规定》。工商廉政文化建设普遍开展，总局在全系统建立了107个工商廉政文化建设示范点。二是深入推进总局行政审批制度改革。对总局原有行政审批项目再次进行清理，对保留项目制定配套办法，规范审批程序，对取消项目加强后续监管。三是深化政务公开，推行局务公开。着重从行政审批、行政处罚、行政收费三方面继续深化政务公开，总局在全系统建立80个政务公开示范点。全国政务公开领导小组授予总局企业注册局"全国政务公开先进单位"，授予北京市工商局"全国政务公开示范单位"。在总结江苏等地工商机关经验的基础上，研究制定了《总局机关局务公开工作实施意见（试行）》，推行总局机关局务公开。四是推行基层行政执法人员接受监督向监管服务对象述职述廉制度。在总结先期开展这项工作的河北省工商局等单位经验的基础上，总局制定了《工商行政管理系统基层行政执法人员接受监督，向监管服务对象代表述职述廉实施意见（试行）》，20个省（区、市）工商局全面启动了试点工作，10个省（区、市）工商局已全面铺开。五是运用信息化技术规范行政审批和执法行为。在总局企业注册大厅和商标受理大厅开发建设服务质量评价系统；研究开发公平交易执法办案软件系统；总结推广北京、浙江、广东、广西等地工商机关开展电子监察的经验。

——工商形象继续稳步提升。各级工商行政管理机关大力加强行风政风建设，围绕加强监管、服务发展、消费维权、关注民生，改进管理，提高效率，以良好的工作成效让党和政府放心、人民群众满意。广大工商干部牢记职责，不辱使命，依法行政，热忱服

务,无私奉献,廉洁自律,涌现出一大批先进集体和先进个人,树立了良好工商形象,赢得了社会广泛赞誉。不少省市工商机关在当地组织的行风评议中名列前茅。

一年来,各级协会、学会、培训中心、研究中心、服务中心、报社、出版社等单位,紧紧围绕工商行政管理中心工作,积极发挥自身职能作用,在行业自律、舆论宣传、理论研究、社会服务等方面做了大量富有成效的工作,取得了新的成绩。

我们在看到成绩的同时,也要清醒地认识到,工商行政管理工作还存在不足和薄弱环节。主要表现在:一是更新思想观念不够,有的缺乏大局观念和服务意识,对社会主义市场经济条件下监管市场、服务发展规律的认识有待深化;二是履行监管执法职能存在不足,有的从全局、宏观和战略高度发挥职能作用不够,有的缺乏创新和开拓精神,影响了执法的力度和效能;三是服务经济发展存在薄弱环节,有的不能正确处理监管执法与服务发展的关系,需要全面提升服务发展水平;四是长效监管机制建设需要进一步加强,提高各项工作制度化、规范化、程序化、法治化水平的任务十分艰巨;五是队伍建设和党风廉政建设力度需要进一步加大,一些影响队伍长远建设的问题还需加大改革探索力度。对这些问题和不足,要高度重视,认真加以解决。

二、深入贯彻落实党的"十七大"精神,努力开创工商行政管理工作新局面

党的"十七大"是在我国改革发展关键阶段召开的一次十分重要的大会。胡锦涛总书记所作的重要报告,科学回答了党在改革发展关键阶段举什么旗、走什么路、以什么样的精神状态、朝着什么样的发展目标继续前进等重大问题,为推动党和国家事业的发展指明了前进方向。深入贯彻党的"十七大"精神,是当前和今后一个时期全国工商行政管理系统的首要政治任务。结合工商行政管理实际贯彻落实"十七大"精神,就是要高举中国特色社会主义伟大旗帜,按照促进科学发展、构建和谐社会和全面建设小康社会的新要求,依法履行职能,努力开创工

商行政管理工作新局面。不久前召开的中央经济工作会议,对明年的经济工作提出了总体要求、作出了具体部署。根据中央的统一部署和安排,2008 年工商行政管理工作的总体要求是:以邓小平理论和"三个代表"重要思想为指导,全面落实科学发展观,认真贯彻党的"十七大"和中央经济工作会议精神,紧紧围绕转变经济发展方式和完善社会主义市场经济体制,努力做到监管与发展、服务、维权、执法的统一,在创新、提高和构建长效管理机制上下功夫,扎实推进制度化、规范化、程序化、法治化建设,创新管理机制和监管服务方式,提高执法效能、服务效能和依法行政水平,切实维护市场秩序和市场消费安全,积极促进经济社会又好又快发展。努力建设政治上、业务上、作风上过硬的高素质干部队伍,为夺取全面建设小康社会新胜利做出新的贡献。

(一)以"十七大"精神为指引,回顾总结 30 年来不平凡的历程,进一步明确肩负的历史使命

1978 年党的十一届三中全会作出实行改革开放的重大决策以来,我们党带领全国各族人民走过了 30 年波澜壮阔的历程。工商行政管理部门是 1978 年恢复建立的,是伴随着改革开放的历史进程不断发展前进的。这不平凡的 30 年,是我们坚持改革开放、与时俱进的 30 年,是充分发挥职能作用、得到党和人民充分信任的 30 年,也是我们加强自身建设取得重大成就的 30 年。

1. 基本建立了适应社会主义市场经济监管的法律法规体系。1978 年工商行政管理部门恢复建立 30 年来,从无到有,从不完善到逐步完善,工商行政管理法制建设取得了重大进展,基本形成了以《公司法》、《反不正当竞争法》、《反垄断法》、《消费者权益保护法》、《广告法》、《商标法》等法律及一大批行政法规、规章为主体的比较健全的工商行政管理法律法规体系。现行有效的法律法规中,共有 104 部法律和 264 部行政法规赋予工商行政管理部门监管执法职责,总局单独制定和与有关部门联合制定的行政规

章有 101 部,为工商行政管理部门依法行政提供了比较完备的法律依据。

2. 基本建立了适应社会主义市场经济监管的体制、机制。1978 年工商行政管理部门恢复建立时,机构体制不够健全,主要职责是"四管一打"。30 年来,历经机构改革、职能转变、市场办管脱钩、省以下实行垂直管理、国家工商局升格等一系列重大改革,逐步确立了工商行政管理在社会主义市场经济条件下的职能定位,实现了工商行政管理职能的历史性转变,形成了指挥通畅的由总局到基层工商所的五级分层管理体制,建立了布局合理、管理比较规范的基层监管执法体系,创新了企业信用分类监管、个体工商户分层分类管理、商品市场准入制度、"12315"行政执法体系等一系列行之有效的市场监管机制,改进了监管手段,基本建立了适应社会主义市场经济发展需要的工商行政管理体制。

3. 基本建立了适应社会主义市场经济监管的工商干部队伍。1978 年工商行政管理部门恢复建立时,全系统只有 10 万人。1995 年 12 月,国务院重新核定了 36 万工商所行政编制,是基层工商所实施国家公务员制度、工商所人员列入公务员序列的历史性举措。十多年来,历经改革分流、加强教育培训和实践锻炼,队伍整体素质明显提高,目前全系统共有 42 万多人,已成为维护社会主义市场经济秩序和促进经济社会协调发展的一支重要行政执法和服务力量。

回顾 30 年不平凡的历程,我们豪情满怀,信心倍增。"三个基本建立"的重大成就,是党中央、国务院正确领导和关心重视的结果,是广大工商干部长期奋斗、不懈努力的结果。这些成绩的取得和经验的积累,为工商行政管理事业的长远发展夯实了基础。实践证明,工商行政管理的改革发展是建设中国特色社会主义的客观要求,在体制转轨、社会主义市场经济体制建立完善的进程中发挥了积极作用,必将在全面建设小康社会的历史征程中继续发挥越来越重要的作用。我们一定要倍加珍惜来之不易的成果,继往开来,再创辉煌。

党的"十七大"对继续推进改革开放和社会主义现代化建设、实现全面建设小康社会的宏伟目标作出了全面部署。充分认识工商行政管理部门在落实科学发展观、构建和谐社会、全面建设小康社会中的历史使命和职能任务,既是重大的理论问题,也是艰巨的实践问题。当今世界正在发生广泛而深刻的变化,当代中国正在发生广泛而深刻的变革。随着工业化、信息化、城镇化、市场化、国际化的深入发展,中国特色社会主义建设事业面对前所未有的机遇和挑战,工商行政管理工作面临新的形势和任务。"十七大"报告强调,"实现未来经济发展目标,关键要在加快转变经济发展方式、完善社会主义市场经济体制方面取得重大进展","从制度上更好地发挥市场在资源配置中的基础性作用"。作为市场监管和行政执法部门,坚持"两个毫不动摇"是工商行政管理部门服务经济发展大局的基本着力点,促进经济发展方式加快转变是工商行政管理部门的重要任务,推进完善社会主义市场经济体制是工商行政管理部门的历史使命,维护市场秩序、促进经济社会又好又快发展是工商行政管理部门的重要职责。我们要从回顾历史中启迪智慧,从展望未来中坚定信心,进一步增强使命感和责任感,不断把工商行政管理事业推向前进。

(二)以"十七大"精神为指引,进一步努力做到"四个统一"

30 年来"三个基本建立"的成绩,为工商行政管理部门在新的历史起点上开拓进取奠定了坚实的基础。一年来努力做到"四个统一"的实践,深化了思想认识,拓展了职能空间,提高了执法效能。贯彻落实党的"十七大"精神,努力开创工商行政管理新局面,最根本的就是要始终用科学发展观统领和指导工作全局。科学发展观是我国经济社会发展的重要指导方针,也是工商行政管理工作必须长期坚持的重要指导思想。我们要进一步增强贯彻落实科学发展观的自觉性和坚定性,努力在履行工商行政管理各项职能中践行科学发展观,真正使广大干部成为科学发展观的忠实执行者。凡符合科学发展观要求的,就要积极支持、鼓励;凡违背科学发展观精神的,就要依法整治、制止。"四个统一"把加强监管与促进发展、服务大局、消费维权、依法行政有机统一起来,是在工商行政管理工作中全面落实科学发展观的具体体现。在工商行政管理工作中深入贯彻十七大精神,全面落实科学发展观,就是要进一步做到"四个统一",在监管执法水平上有新提升,在服务大局上有新局面,在维权能力上有新突破,在依法行政上有新成果。

1. 创新和完善监管机制,切实提高市场监管执法水平。党的"十七大"提出的"推进公平准入"、"加快形成统一开放竞争有序的现代市场体系"等战略任务,是工商行政管理部门履行职能的奋斗目标。维护市场秩序是工商行政管理部门的基本职责,创新监管机制是提高执法效能的重要途径。2008年,要通过创新监管机制,进一步提高监管执法水平,确保整顿规范市场秩序工作取得新成效。

一是加大产品质量和食品安全监管力度。要在巩固专项整治成果的基础上,在规范、提高上下功夫,结合《食品安全法》的颁布实施,深入贯彻国务院《特别规定》,进一步加大食品安全专项整治力度。要突出抓好食品市场准入、日常规范监管、专项检查和长效监管机制建设,积极推进食品质量和食品交易市场分类监管,深化农村食品市场整治工作,加快食品安全示范店建设,大力推进商品质量和食品安全信息化网络体系建设,进一步完善食品市场准入体系、质量监测体系、市场监管执法体系、经营者自律体系、责任保障体系和预警应急处置体系,全面提升食品安全监管水平,切实保障市场消费安全。

二是加大整顿规范广告市场秩序力度。广告具有商务和意识形态双重属性,必须坚持和完善综合治理机制,巩固、扩大广告专项整治成果。要继续把关系人民群众身心健康和违法问题易发多发的药品、医疗、保健食品、化妆品、美容服务等广告作为整治重点,进一步加大广告监测力度,强化对广

告发布环节的监管,有效遏制和查处严重损害消费者权益的违法广告。对违法率居高不下或发布影响市场秩序和社会稳定等性质恶劣、情节严重违法广告的媒体,要依法及时采取警示告诫、限期整改、暂停广告业务、取消广告经营许可等行政监管和处罚措施。加强对广告业的指导,积极完善落实《中国广告业自律规则》,促进广告行业自我管理、自我规范,推动广告业健康发展。

三是加强商标行政保护工作。全面落实加快商标注册工作改革方案,在保证注册质量的基础上继续加快各项商标审查工作。加大对奥林匹克标志的保护力度,为2008年北京奥运会成功举办创造良好的知识产权环境。实施商标战略,进一步加强驰名商标认定和保护、农产品商标和地理标志保护、涉外商标保护等工作。进一步研究定牌加工企业商标监管机制,推广和完善商标授权经营制度。以商品批发零售市场为重点,遏制商标侵权假冒行为,加强商标行政执法区域协作,加大涉嫌商标犯罪案件移送工作力度,切实保护商标专用权。

四是加大打击传销工作力度。集中力量查办大要案件,严惩传销组织者、策划者和骨干分子。组织开展区域联合执法,解决传销活动此消彼长问题。依托禁止传销网上工作平台,建立完善全国传销组织者、骨干分子和参与传销人员档案库,实施精确打击。认真做好打击传销社会治安综合治理考核评比工作。继续推广"创建无传销社区(村)"活动。组织开展打击传销10周年宣传教育活动,发动社会力量,实施综合治理。进一步规范直销行为,严厉查处未经批准擅自从事直销和打着"直销"等旗号从事传销的活动。

五是推进治理商业贿赂工作深入开展。要在巩固治理商业贿赂工作成果的基础上,继续以查处大要案件为重点,推进治理工作深入开展,特别要注重查处制假售假、产品质量和食品安全事件背后存在的商业贿赂问题。充分运用企业信用分类监管等制度,切实提高治理商业贿赂工作成效。认真总结经验,积极探索建立重点、热点行业的长

效监管机制。

六是加强竞争执法工作。深入研究当前仿冒等不正当竞争案件的特点、成因及法律瓶颈,继续开展打击"傍名牌"专项执法行动,重点打击利用境外登记的企业名称并以合同、协议、委托加工、授权使用、监制等名义加工生产"傍名牌"产品的行为。打击假冒仿冒、虚假宣传等严重扰乱市场秩序、损害人民群众切身利益的商业欺诈行为。在积极做好《反垄断法》实施各项准备的同时,继续强化反垄断执法工作,严厉查处供电、供水、供气等公用企业滥用垄断地位强制交易、强制服务等行为。继续运用行政建议和行政告诫等方式,制止和查处地区封锁、地方保护等行政性垄断行为。

七是严厉查处无照经营和假冒伪劣等违法行为。要逐步建立政府组织领导,工商部门牵头,在明确分工的基础上,相关部门各负其责的无照经营查处、规范工作机制,切实加大小煤矿、食品经营、网吧、学校周边等重点行业和地区无照经营取缔力度。加强粮食、棉花、蚕茧、成品油、汽车等重要商品市场监管,严厉打击制假售假等行为。深入开展打击走私贩私、扫黄打非、打击非法拼装汽车和反假币、反洗钱、禁毒等专项斗争。

八是继续加强对合同、经纪和拍卖行为的监管。充分发挥行政调解作用,确保当事人合法利益。严厉打击利用合同进行欺诈活动的行为。加强对拍卖活动的监督管理。研究制定《经纪人条例》,进一步规范经纪行为。

九是积极探索网络市场监管机制。研究网上违法经营行为的特点,丰富监管手段,严厉打击网络经济中的违法行为,推进网络商品交易快速、有序、健康发展。对电子商务、广告等经营行为,进行探索和研究,切实加强监管,拓展工商行政管理职能空间,维护良好的网上交易秩序。

2. 创新和完善服务方式,切实提高服务经济发展的水平。工商行政管理部门既是市场监管执法机关,又是经济发展的服务部门,要按照党的"十七大"转变职能、建设服务型政府的要求,充分发挥职能作用,创新服务方式,努力开创服务大局的新局面。一是推进公平准入、破除体制障碍,坚持"两个毫不动摇"的方针,积极促进国有集体、个体私营、外商投资等各类市场主体平等竞争、健康发展。二是大力支持宏观调控、经济结构调整和经济发展方式转变、产业结构优化升级,严格按照国家淘汰落后生产能力和实现节能降耗、污染减排、安全生产等目标要求,依法做好有关企业的变更登记、注销登记和吊销营业执照等工作。三是积极支持实施国家区域发展总体战略、统筹城乡发展工作,支持区域经贸合作与交流,建立和完善工商区域合作机制,参与主办和支持举办东西部合作与投资贸易洽谈会等经贸活动,促进区域经济良性互动和共同发展。四是认真落实《就业促进法》,积极支持以改善民生为重点的社会建设,以创业带动就业。五是继续支持和促进社会主义新农村建设。实现"红盾护农"行动工作重点由农资打假为主向建立健全农资市场长效监管机制转变,由培育规范农村经纪人向提高农村经纪人服务农村经济发展能力转变,由倡导发展合同农业到制定推行适合涉农龙头企业、农民专业合作社和农户急需的农业合同示范文本转变。积极开展"农村产品质量和食品安全示范店"创建活动。加强宣传和引导,大力促进农民专业合作社发展。进一步加强个体劳动者协会、私营企业协会、消费者协会、广告协会、商标协会等协会的组织建设、业务建设和规范化建设,不断提高各类协会组织的影响力,充分发挥其提供服务、反映诉求、行业自律、规范行为的作用。

3. 创新和完善维权体系,切实提高消费维权水平。各级工商行政管理机关要从转变经济发展方式的战略高度,充分认识加强消费者权益保护工作的重要性,着力创新和完善维权体系,把消费维权工作与服务经济发展、构建和谐社会有机结合起来,研究制定保护消费者权益工作的总体规划,探索建立健全与相关部门的协作机制和联席会议制度,充分发挥监管部门、行业协会的整体优势。深入开展消费教育,积极引导科学、合理、文明消费，着力提高消费信心，增加国内消费需求，充分发挥消费拉动经济的作用。进一步加大对商品的监督，突出抓好食品安全和重点商品质量监管，切实保障市场消费安全。进一步加强服务领域消费维权工作，突出重点行业开展服务维权专项执法检查，继续以电信、家电维修、餐馆、旅游、美容、装饰装修、互联网销售等消费者投诉比较集中的领域为重点，会同相关部门在一些服务行业推广服务合同示范文本，制止"霸王条款"，严格规范经营行为，切实保护消费者合法权益，维护社会和谐稳定。

4. 创新和完善执法体系，切实提高依法行政水平。一是进一步加大依法行政工作力度。要按照合法行政、合理行政、程序正当、高效便民、诚实守信、权责统一的要求，做到有权必有责、用权受监督、违法受追究、侵权要赔偿。二是进一步加大规范执法行为的力度。要强化执法监督，切实做好行政复议工作，积极探索复议案件审理的新方式、新举措。要积极采取各种有效方式，强化对基层工商干部的法制培训，加强对基层工作的法制指导，严格执行、不断完善基层监管执法行为规范，促进基层依法行政水平的全面提高。三是进一步拓展对外交流与合作的广度和深度。要围绕加强法制建设、提高依法行政水平，继续加强对外交流与合作，积极借鉴国外有效实施市场监管、促进公平竞争、保护消费者权益等方面的机制制度和具体做法，建立健全我国市场监管长效机制。积极参与有关磋商谈判和国际规则制定，进一步加强双边多边执法合作，更好地解决国际化带来的跨国市场监管问题。四是进一步加强政务信息、调研和宣传工作。要依托政务信息网络，进一步加强政务信息工作，及时发现、总结、上报、推广各地创新执法体系、规范执法行为、提高依法行政水平的举措和经验。要进一步加强工商行政管理政策理论研究和实践研究，充分发挥理论对实践的指导作用。要进一步加强新闻宣传工作，大力宣传工商行政管理法律法规、重点工作、成效经验和先进典型，努力营造市场监管的良好社会舆论环境。

（三）以党的"十七大"精神为指引，积极推进制度化、规范化、程序化、法治化建设，努力构建长效管理机制

深入落实科学发展观，努力做到"四个统一"，构建长效管理机制，推进制度化、规范化、程序化、法治化建设是抓手，也是进一步开创工商行政管理工作新局面的关键。要按照适应社会主义市场经济监管的需要，努力实现监管领域由低端向高端延伸，监管方式由粗放向精细转变，监管方法由突击性、专项性治理向日常规范监管转变，监管手段由传统向现代化转变，切实做到高效、高质、高水平监管，充分展示工商行政管理机关在服务经济社会又好又快发展中的新水平、新面貌、新形象。

中央领导同志多次强调制度化、规范化、程序化、法治化建设的重要作用。邓小平同志指出："制度是决定因素"，"领导制度、组织制度问题更带有根本性、全局性、稳定性和长期性"。胡锦涛总书记强调："实现国家各项工作法治化"，"推进社会主义民主政治制度化、规范化、程序化"。我们要深刻认识推进制度化、规范化、程序化、法治化建设的重大意义，增强工作责任感和紧迫感。一是要统一认识，高度重视。要从全面提升工商行政管理水平，在建设中国特色社会主义历史进程中充分发挥职能作用的高度，深刻认识推进制度化、规范化、程序化、法治化建设的重要性和紧迫性。二是要准确把握，统筹兼顾。制度化、规范化、程序化、法治化建设是一项系统工程，涉及到工商行政管理工作的方方面面和各个环节。要正确处理相互之间的辩证关系，制度化建设是核心，规范化、程序化建设是关键，法治化建设是根本，要全面规划。三是要注重实效，扎实推进。推进制度化、规范化、程序化、法治化建设，要与履行职能和推动工作紧密结合。重点抓好以下几个方面：

1. 积极推进制度化建设。各地要把制度建设作为构建长效管理机制的基础和重点，注重创新性和实效性。一是进一步完善企业信用分类监管制度改革。在金信工程五年目标基本完成的基础上，重点推进联网

应用。利用共享数据加强综合分析,扩大信息资源共享,完善黑牌企业数据库,建立一人有限公司数据库、重热点行业企业统计制度等。总结推广市场主体综合信息发布制度,积极探索企业信用监管信息公开的内容和方式,更好地为政府、企业和社会服务,充分发挥工商行政管理部门在国家社会信用体系建设中的基础性作用。二是进一步大力推进"12315"行政执法体系建设。按照"强化执法、规范运行、完善网络、提升水平"的要求,加大"12315"中心和"一会两站"建设力度,扩大"12315"进社区、农村、市场、企业、商店的网络体系,充分运用"12315"网络平台,及时受理处理消费者投诉,加强综合分析,有针对性地开展消费提示和警示,依法保护消费者合法权益。总局将召开"12315"行政执法体系建设工作与经验交流会,总结推广各地典型经验。三是进一步深化商品准入制度改革。在总结城市、农村商品准入制度改革工作经验的基础上,研究制定加强商品准入制度改革工作的指导意见,实施商品质量和食品安全分类监管,提高商品质量监管制度化水平。四是进一步完善个体工商户分层分类登记管理改革。推动各地结合本地区实际,进一步完善登记管辖制度、受理审查制度和经营备案制度,落实监管责任。五是加强消费维权制度建设。全面推进消费者与企业的和解制度、经营者的自律制度、消费纠纷的调解制度和申诉举报制度建设,探索建立小额消费争议解决机制制度。六是加强登记服务制度建设。建立并推广企业登记疑难问题会商制度,正确处理提高登记监管效率和严把市场准入关的关系;加强对重点投资国、重点投资地区、重点投资领域外资企业的监督管理,建立外资专项工作制度;建立核准名称提示制度、外资企业跨地区投资协调制度、新型企业登记指导制度、名称核准反馈管理制度、工商联络员制度等。七是加强产品质量和食品安全长效监管制度建设。在完善食品经营者索证索票制度、进货台账制度的同时,积极引导和监督食品等产品经营者建立和完善其他自律制度,特别是食品质量责任制

度、不合格食品召回制度和食品安全内部管理制度。建立健全社会监督和协作机制,建立与各级消费者协会和有关行业组织的情况通报制度和相关部门的协作制度,形成食品安全和产品质量监管合力。建立食品安全监督员制度,扩大社会监督。不断完善彻底解决乡镇政府所在地及县城以上城市小食杂店、小摊点无照经营的长效机制。八是深入推进商品交易市场信用分类监管工作。建立健全日常监管综合分析和反馈体系,把商品交易市场信用分类监管同市场监管信息化、网络化建设相结合。研究制定市场信息数据标准,实现可追溯管理。九是加强商标审查制度建设。进一步完善商标审查制度,努力解决恶意申请、恶意异议、恶意转让等损害他人权益、侵害知识产权的问题;实施恶意异议提前裁定制度,在异议案件的形式审查阶段,对涉嫌恶意异议案件进行排查。十是加强各级机关和基层制度建设。全系统各级机关要以规范管理和提高效率为重点,突出抓好关键环节和要害部位,进一步建立健全各项工作制度、权力制约监督制度,为建立和谐机关提供制度保障。基层要以规范执法行为和提高服务水平为重点,建立健全监管执法制度,各项工作制度,规范管理制度,服务经营者、消费者和经济发展的制度,为依法行政和履行职能奠定制度基础。

2. 积极推进规范化建设。主要抓好以下几个方面:一是规范企业等市场主体的登记行为。针对农民专业合作社登记中存在的问题,积极探索对农民专业合作社适度规范的监管模式。编制并公布《企业登记前置行政许可目录》,制定《股权出资登记管理办法》,研究企业住所登记办法。针对《公司法》和《公司登记管理条例》实施后产生的一些新问题,及时修订和完善企业登记文书格式,进一步规范企业登记管理实务工作;制定实施意见,规范外国企业常驻代表机构登记管理工作;制定《外商投资企业出资管理办法》。加强企业登记管理工作自身规范化建设,在全国推广企业登记服务质量评价系统。二是规范公平交易执法工作。针对目前公平交易执法中存在的一些具体问题,出

台指导性意见,建立健全投诉举报、行政处罚公示、执法办案奖励、执法过错追究等制度,对自由裁量权行使、区域协作等作出原则性规定,减少主观随意性,提高监管执法的规范化水平。三是进一步提高商品质量监测工作规范化水平。研究制定《流通领域商品质量快速检测办法》和《流通环节食品安全监测数据直报点工作规范》,加强对商品质量监测和快速检测工作的指导和规范。四是采取有力措施,切实规范商标代理行为,保障商标申请人的合法权益。五是进一步规范服务发展的行为。服务发展,既要从实际出发,自觉服务,又要坚持依法办事。要认真总结服务发展的好做法、好经验,在规范和完善上下功夫,不断提高服务发展的规范化水平。

3.积极推进程序化建设。一是严格登记管理程序。严格按照法律法规规定的程序办理登记注册等事项,防止随意增减程序。二是严格市场监管程序。要建立健全日常巡查、检查程序,专项整治工作程序,突发事件应急处置程序,并认真贯彻执行。三是严格执法程序。从目前工商行政管理执法实践看,重实体、轻程序的问题时有发生。程序上的违法往往容易被忽略,无论是目前的行政复议诉讼案件,还是在行政执法中出现的违规问题,不少是行政程序上的问题。各地要在行政执法中严格程序,确保行政行为合法有效。总局不久前下发了《工商行政管理机关行政处罚程序规定》和《工商行政管理机关行政处罚案件听证规则》,要严格执行。四是大力加强信息化建设。高素质的人才加上高科技的手段,才能创造监管的高水平和服务的高质量。要大力加强信息化建设,把信息化建设与创新监管制度、提高服务水平融合起来,依托信息化建设全面推进程序化建设。一方面,要依托信息化着力提高公共服务水平,进一步完善工商行政管理机关政府网站的服务功能,积极推进网上登记咨询、网上查询服务、网上名称核准、网上年检、网上登记预审。另一方面,要依托信息化着力提高监管执法科技水平,推动信息化手段在企业登记、商标注册、广告监

测、消费维权、打击传销、规范直销、食品安全和商品质量监管、公平交易执法等方面的广泛运用,提高监管执法的现代化水平。

4.积极推进法治化建设。在基本法律制度日臻完善的情况下,要特别注重配套法规规章的制定和实施,加大法治化建设力度,充分发挥工商行政管理法律体系的整体功能。一是加快立法立规步伐。这是推进法治化建设的基础。加快《商事登记法》、《反不正当竞争法》、《消费者权益保护法》、《广告法》、《商标法》、《城乡个体工商户管理暂行条例》、《广告管理条例》、《流通领域商品质量监督管理条例》、《市场违法行为处罚办法》、《外国企业常驻代表机构登记管理条例》、《外国(地区)企业在中国从事经营活动管理办法》等法律法规的起草制定、修订等工作。抓紧研究制定实施《反垄断法》的相关配套规章。及时开展法规清理,做好完善市场监管制度的建章立制工作。二是强化执法监督。自觉接受群众监督,不断加强执法检查,严格落实执法责任制和责任追究制。认真落实《工商行政管理机关行政执法评议考核办法》、《工商行政管理机关行政执法过错责任追究办法》和《关于工商行政管理机关正确行使行政处罚自由裁量权的指导意见》。依法积极做好行政复议工作,通过对具体案件的审理,发挥上级对下级行政机关执法行为的监督和规范作用,并妥善解决当事人与行政机关的争议,为促进依法行政和化解社会矛盾,构建和谐社会做出应有的贡献。加强基层执法行为的监督和规范,全面提升工商行政管理队伍整体的行政执法水平。三是加强法制宣传培训工作。不断提高工商行政管理干部特别是基层干部的政策法律水平和业务素质,为全面推进依法行政打下良好的基础。广泛宣传工商行政管理法律、法规和规章,增强公民、法人和其他组织依法经营的观念和意识,营造建设法治工商的良好社会氛围。

三、以"十七大"精神为指引,按照全面推进党的建设新的伟大工程的要求,大力加强工商行政管理干部队伍建设

高素质的干部队伍才能完成高质量的

监管任务。努力做到"四个统一",积极推进制度化、规范化、程序化、法治化建设,进一步开创工作新局面,队伍建设是保障。我们要按照党的"十七大"以改革创新精神全面推进党的建设新的伟大工程的要求,努力建设一支政治上、业务上、作风上过硬的高素质工商行政管理干部队伍。

(一)抓好领导班子建设,努力提高各级领导班子的领导水平和执政能力

贯彻落实党的"十七大"精神,开创工商行政管理工作新局面,领导班子是关键。高水平的领导班子才能带出高素质的干部队伍,才能创造一流工作业绩。要把提高政治素质、领导水平和执政能力作为各级领导班子建设的核心内容抓紧抓好。各级领导干部都要牢固树立马克思主义的世界观、人生观、价值观,讲党性、重品行、作表率,成为学习的模范、团结的模范、实干的模范、廉洁的模范。

1. 坚持用中国特色社会主义理论体系武装干部头脑。按照中央大规模培训干部的要求,加大对各级领导班子成员特别是主要领导干部的培训力度,依托总局行政学院,用一年或一年多的时间,把市、县工商局主要领导干部轮训一遍。按照中组部通知精神,抓好县处级以上领导干部学习贯彻党的"十七大"精神集中轮训工作,开展科学发展观学习实践活动,着力提高各级领导干部贯彻落实科学发展观的能力。

2. 选好配强各级领导班子。按照德才兼备、注重实绩、群众公认的原则选拔干部,加大培养选拔优秀年轻干部力度。重视长期在条件艰苦、工作难度较大地方努力工作的干部,把基层和监管一线优秀干部充实到各级领导班子中来。完善体现科学发展观和正确政绩观要求的干部考核评价体系,形成干部选拔任用科学机制。拓宽干部实践锻炼渠道,积极探索与地方有关部门互派干部挂职锻炼的新途径。进一步加强和改进干部双重管理工作。

3. 切实加强干部监督,促进领导干部廉洁自律。继续坚持实行省级工商局主要领导在全国工商局长座谈会上述职述廉汇报制度,继续坚持和完善干部监督联席会议制度。根据省以下工商机关垂直管理体制特点,加强与地方党委组织、纪检监察部门的联系和沟通,完善监督机制,提高监督实效。

(二)抓好党员队伍建设,努力提高党员素质

党员队伍是推进工商行政管理事业发展的中坚力量。要按照"十七大""扎实抓好党员队伍建设这一基础工程"的要求,下功夫抓好工商行政管理系统党员队伍建设。

1. 认真学习"十七大"修改通过的党章,进一步增强党性观念。要通过专题学习、讨论等形式,组织好、落实好对党章的学习教育。各级领导干部要带头学习党章,带头宣讲党章,全体党员要深入自觉地学习党章,模范地遵守党章、贯彻党章、维护党章,把党章的要求真正落实到思想和行动上。

2. 进一步健全让党员受教育、永葆先进性的长效机制。贯彻落实党中央在系统总结先进性教育活动经验基础上制定出台的文件精神,坚持工商行政管理机关在保持共产党员先进性教育活动中总结制定的、经过实践证明行之有效的制度,不断推进让党员经常受教育、永葆先进性长效机制建设,使党员真正成为牢记宗旨、心系群众的先进分子,充分发挥先锋模范作用。

3. 加强基层党组织建设。工商所长要履行好"一岗双责",既要抓好工作,又要抓好队伍。要在基层落实党建工作责任制,优化组织设置,扩大组织覆盖,提高发展党员质量,创新活动方式,真正把全系统基层党组织建设成为带领广大工商干部推动经济发展、服务人民群众、促进社会和谐、高质量完成市场监管任务的战斗堡垒。

(三)抓好各级机关建设,努力建设服务型政府

各级工商行政管理机关是代表国家履行市场监管和有关行政执法职能的主体,在全系统工作中起着组织、指挥、协调的重要作用,必须大力抓好各级机关建设,总局机关要充分发挥模范带头作用。

1. 加强机关体制机制建设。按照转变职能、理顺关系、优化结构、提高效能的要

求,运用管理科学的方法,整合职能,改革创新工商行政管理机关运行体制机制,促进机关内部运转规范、各司其职、相互配合,形成权责一致、分工合理、决策科学、执行顺畅、监督有力的机关管理体制。同时,适应国家行政管理体制改革趋势,更加积极、主动地与其他部门搞好沟通协调,增强监管合力。

2. 增强机关服务意识。工商行政管理机关作为政府部门,要切实关心和解决人民群众最关心、最直接、最现实的利益问题,立足工商行政管理的各项职能,为市场主体服务,为广大消费者服务,改善服务态度,杜绝"门难进、脸难看、事难办"的现象。全国工商行政管理作为一个系统,还要强调上级机关要为下级机关提供优质服务,下级机关要积极支持上级机关的工作。同时,要切实关心本单位、本系统干部职工,帮助排忧解难办实事,使他们更加热爱工商事业,热爱本职工作。

3. 改进机关工作作风。不断完善机关各项工作制度,严肃工作纪律。改进会风和文风,力戒形式主义。加强对新情况、新问题的调查研究,努力为基层解决实际问题。

4. 建设和谐文明机关。要在各级机关培养奋发有为、团结和谐的精神风貌,营造想干事、能干事、会干事的良好氛围。每个单位都要把学习、研究、创新作为工作的常态,坚持在学习中提高、在研究中探索、在实践中创新。进一步加强思想政治工作,凝聚人心,鼓舞干劲,充分调动广大干部职工为工商行政管理事业奋斗的积极性、主动性和创造性。充分发挥工会、共青团和妇女组织的作用,关心青年干部成长,进一步加强机关群众文化建设,积极开展各种健康有益的文体活动,努力建设和谐机关。

(四)抓好基层工商所执法队伍建设,努力提高基层监管执法水平

抓好基层工商所执法队伍建设,是整个干部队伍建设的重点,也是实现职能到位的关键,对于树立良好的工商形象至关重要。各级领导干部要牢固树立基层意识,更加重视基层,更加关心基层,更加体谅基层,把基层建设作为一项打基础、利长远的重点工作

切实抓紧抓好。

1. 要以做好 2008 年全系统"双先"表彰为抓手,进一步推动基层规范化建设和干部队伍建设。树立一批先进典型,在全系统形成争先创优的浓厚氛围。要把评选表彰先进的过程作为推动队伍建设的过程,作为促进全系统干部综合能力和文明素养提高的过程。

2. 要以开展行政执法类公务员试点为基础,进一步提高整个队伍特别是基层干部的行政执法能力。注重总结试点单位经验,继续推进该项工作,稳步促进工商干部队伍的专业化、职业化建设,积极拓展基层干部的职业发展空间。

3. 要按照建立"四化"长效机制的要求,在新的起点上推进基层规范化建设,进一步规范基层工商所的工作职责、岗位职责、能力素质标准、工作机制、内部管理、外观形象等,促进基层监管执法和服务效能的全面提高。

4. 要加强基层干部的学习培训,大幅度提高干部素质,进一步增强履行岗位职责的能力。充分发挥干部教育培训的基础性作用,大力加强人才队伍建设。继续深化岗位练兵活动,确保基层干部每年都有 12 天的培训时间。

5. 要建立和完善各级领导干部联系基层制度,经常深入基层工商所调查研究,总结基层创造的新鲜经验,帮助解决实际困难。要集中财力物力,继续改善基层工商所工作条件和办事环境,关心基层干部的工作和生活,提高基层工商所信息化水平。

(五)抓好反腐倡廉建设,树立良好工商形象

要按照"十七大"报告的要求,充分认识反腐败斗争的长期性、复杂性、艰巨性,把反腐倡廉建设放在更加突出的位置,在坚决惩治腐败的同时,更加注重治本、更加注重预防、更加注重制度建设,扎实推进工商行政管理系统惩治和预防腐败体系建设,把反腐倡廉建设与履行工商行政管理职能结合起来,努力做到在强化监管执法中加强反腐倡廉工作,以反腐倡廉的实际成效保障和促进

监管执法工作。关于明年全系统的党风廉政建设和反腐败工作，待中央纪委全会、国务院廉政工作会议召开后，总局党组再召开全系统党风廉政工作会议进行具体部署。今天我先讲几点意见。

1. 抓拒腐防变的思想教育。深入开展社会主义核心价值体系教育、宗旨教育、社会主义荣辱观教育和职业道德教育，大力培养工商行政管理人员良好的职业操守，牢固树立执法为民、依法行政、廉洁执法的执法理念。深化工商廉政文化建设，充分发挥已经建立的廉政文化建设示范点的作用，在工商廉政文化普遍开展的基础上，研究建立工商职业道德规范，总局将在全系统征集工商廉政文化建设优秀作品。坚持和完善对工商干部特别是领导干部廉洁自律的各项制度和要求，牢记"两个务必"，严格执行"六项禁令"，坚决抵制损害群众利益的不正之风。按照中央、中央纪委的要求，抓紧制定总局党组《关于贯彻落实建立健全惩治和预防腐败体系2008—2012年工作规划的实施办法》。

2. 抓反腐倡廉制度建设。继续深化行政审批制度改革，加强对行政审批行为的规范管理。积极推进工商行政管理机关行政处罚程序规定、正确行使行政处罚自由裁量权的指导意见、行政执法评议考核办法、行政执法过错责任追究办法等制度的落实。出台并积极推行《工商行政管理机关执法督察的实施意见》、《工商行政管理机关执纪执法情况回访制度》等。在全系统组织完成换发"工商行政执法证"。

3. 抓权力的制约和监督。认真分析研究工商行政管理工作中的风险点，查找行政执法过程中容易发生问题的薄弱环节，明确风险岗位、风险环节、风险部位等，探索建立风险点管理的相关制度。在总局机关实践的基础上，逐步向系统推广。深化政务公开，认真贯彻《政府信息公开条例》，编制好政务公开目录和政务公开指南，充分发挥政务公开示范点的作用。在原有行政执法信息公开的同时，重点推行行政审批、行政处罚、行政收费结果公开。继续推行局务公

开，逐步向全系统推广。加大干部交流力度，健全干部交流制度。总结交流工商系统基层执法人员向监管服务对象代表述职述廉试点工作经验，明年在全系统推行。充分应用信息技术加强对行政审批、行政执法行为的监督，总结推广电子监察的经验。积极参加地方政府、纠风办等组织的行风评议活动。

4. 认真查办案件，切实解决损害群众利益的突出问题。认真查处损害人民群众利益的典型案件，查处在行政审批、行政执法、队伍管理等方面出现的违纪违法案件。严肃查办涉及工商行政管理人员接受和参与商业贿赂的案件。

同志们，2008年是深入贯彻党的"十七大"精神、全面建设小康社会的重要一年，也是举世瞩目的北京奥运会成功举办之年，对维护市场秩序、促进经济社会又好又快发展提出了更高的要求，工商行政管理部门肩负的任务更加繁重。我们要在以胡锦涛同志为总书记的党中央的坚强领导下，以"十七大"精神为指导，深入落实科学发展观，开拓奋进，扎实工作，进一步开创工商行政管理改革发展的新局面，为维护市场秩序、促进经济社会又好又快发展不断作出新的贡献。

周伯华局长在全国工商行政管理工作会议上的总结讲话

（2007年12月21日）

全国工商行政管理工作会议开了两天，在与会全体同志的共同努力下，圆满完成了各项任务，今天就要结束了。

国务院领导对我们这次会议十分重视，吴仪副总理昨天上午在百忙之中亲临大会，亲切接见与会代表，并给我们作重要指示，充分肯定了成绩，提出了明确要求，使我们深受鼓舞和鞭策。会议期间，大家情绪饱满，精神振奋，认真学习了吴仪副总理的重要指示，畅谈了收获体会；深入讨论了我代表总局党组所作的工作报告，提出了很多好的意见；广泛交流了工作情况和打算，介绍

了好的做法和经验。大家普遍反映，这次会议时间虽短，但内容丰富，议题重要，开得成功，很有收获。一是通过学习领会吴仪副总理的重要指示，深切感受到国务院领导对工商行政管理工作高度重视，寄予厚望，鼓舞了士气，振奋了精神，进一步增强了使命感和责任感。二是通过总结今年工作和讨论明年任务，看到了成绩，查找了差距，认清了形势，明确了任务，进一步坚定了做好工作的信心和决心。三是通过分组讨论，沟通了情况，交流了经验，开阔了视野，启发了思路，达到了相互学习、共同提高的目的。大家一致认为，这次会议既是一次总结过去、展望未来、坚定信心的鼓劲会，又是一次统一认识、明确任务、再创辉煌的动员会。大家表示，要认真落实好这次会议精神，倍加努力工作，一心一意谋工商行政管理事业，进一步开创工商行政管理改革发展的新局面，不辜负国务院领导的殷切期望。

下面，根据会议讨论情况，我就如何贯彻落实好这次会议精神，讲几点意见。

一、统一认识

为确保这次工作会议精神的贯彻落实，要着重从以下两个方面统一认识。

一是要把思想认识统一到中央对经济形势的分析和判断上来。在前不久召开的中央经济工作会议上，胡锦涛总书记和温家宝总理作了重要讲话，深刻分析了当前我国的经济形势，指出：今年以来，我国国民经济保持了增长较快、结构优化、效益提高、民生改善的良好态势，经济平稳快速发展，农业和农村面貌出现可喜变化，经济结构不断改善，节能减排取得明显进展，改革开放继续深化，人民群众得到更多实惠。同时，我国经济运行中还存在一些突出矛盾和问题，经济增长由偏快转为过热的趋势尚未缓解，价格上涨压力加大，农业基础依然薄弱，节能减排形势相当严峻，涉及人民群众切身利益的问题还比较突出。我们要根据中央的科学分析判断，认清形势，统一思想。既要看到我国经济社会发展取得的重大成就，坚定信心，开拓奋进，又要深刻思考我国经济运行中存在的问题和不足，保持清醒头脑，增强忧患意识，努力解决问题，不断改进工作。

二是要把思想认识统一到党的"十七大"和中央经济工作会议对经济工作的部署和要求上来。党的"十七大"对新时期新阶段推进我国社会主义经济、政治、文化、社会建设作出了全面部署，强调科学发展观是我国经济社会发展必须长期坚持的重要指导方针。贯彻落实党的"十七大"精神，充分发挥工商行政管理职能作用，积极促进经济社会又好又快发展，最根本的要求就是坚持用科学发展观统领和指导工商行政管理工作的全局。为此，我们要进一步增强贯彻落实科学发展观的自觉性和坚定性，努力在履行各项监管服务职能中做科学发展观的忠实执行者。中央经济工作会议在部署明年工作时，强调要抓住"一个关键"，就是转变经济发展方式和完善社会主义市场经济体制；实现"三个转变"，就是实现促进经济增长由主要依靠投资、出口拉动向依靠消费、投资、出口协调拉动转变，由主要依靠第二产业带动向依靠第一、第二、第三产业协同带动转变，由主要依靠增加物质资源消耗向主要依靠科技进步、劳动者素质提高、管理创新转变；做到"两个防止"，就是防止经济增长由偏快转为过热，防止价格由结构性上涨演变为明显的通货膨胀；实施"两项政策"，就是实施稳健的财政政策和从紧的货币政策。这些明年经济工作的总体要求和指导原则，我们必须在思想上深刻理解、准确把握，在工作中严格遵守、坚决执行。

二、明确任务

明确明年的工作任务，要把握好三个重点。

一是要从回顾历史中坚定信心。明年是我国改革开放30周年，也是工商行政管理部门恢复建立30周年。30年来，伴随改革开放的伟大历史进程，工商行政管理工作取得重大成就，基本建立了适应社会主义市场经济监管的法律法规体系，基本建立了适应社会主义市场经济监管的体制、机制，基本建立了适应社会主义市场经济监管的工商干部队伍，不仅为促进经济社会协调健康发展作出了重要贡献，也为工商行政管理事业的长远发展奠定了坚实基础。回顾"三个基本建立"的重大成就,我们要进一步增强自豪感和使命感,坚定信心,振奋精神,开拓奋进,再创辉煌。

二是要以"十七大"精神为指引,进一步做到"四个统一",努力提升监管服务水平。今年初,总局党组提出,全国工商行政管理系统要全面落实科学发展观,努力做到监管与发展、服务、维权、执法"四个统一",积极促进经济社会又好又快发展。一年来全系统努力做到"四个统一"的实践,使广大干部深化了对职能的认识,更新了监管理念,拓展了职能空间,提高了执法效能,取得了促进经济社会又好又快发展的新成效。深入贯彻党的"十七大"精神,全面落实科学发展观,工商行政管理系统必须在现有工作基础上,进一步做到"四个统一",不断提高工作水平,努力实现在监管执法水平上有新提升,在服务大局上有新局面,在维权能力上有新突破,在依法行政上有新成果。为此,这次工作会议坚持以改革创新为动力、以促进发展为目标,对明年全系统进一步做到"四个统一",全面提高市场监管、服务发展、消费维权、依法行政水平的工作作出了具体部署。

三是要以推进制度化、规范化、程序化、法治化为抓手,努力开创工商行政管理工作新局面。在深入贯彻落实党的"十七大"精神、夺取全面建设小康社会新胜利的征程中,工商行政管理部门要进一步做到"四个统一",努力构建长效管理机制,不断开创工作新局面,必须积极推进制度化、规范化、程序化、法治化建设。为此,这次工作会议对积极推进工商行政管理制度化、规范化、程序化、法治化建设作出了总体部署。我们要高度重视,统筹安排,扎实推进,通过大力加强制度化、规范化、程序化、法治化建设,积极构建长效管理机制,努力实现监管领域由低端向高端延伸,监管方式由粗放向精细转变,监管方法由突击性、专项性治理向日常规范监管转变,监管手段由传统向现代化转变,切实做到高效、高质、高水平监管,充分展示工商行政管理机关在服务经济社会又好又快发展中的新水平、新面貌、新形象。

三、建设队伍

建设队伍是完成工作任务的组织保障。如何落实好队伍建设"五抓"的任务,我在这里再强调三点。

一是要加强学习。无论是抓好领导班子建设,还是抓好党员队伍建设、各级机关建设、基层工商所执法队伍建设和反腐倡廉建设,加强学习都是重要途径。首先要抓好"十七大"精神的学习。各级工商行政管理机关要把学习贯彻"十七大"精神作为当前和今后一个时期的首要政治任务,努力在全系统掀起学习贯彻"十七大"精神的热潮。特别要重点抓好中国特色社会主义理论体系的学习,深入开展科学发展观学习实践活动,不断增强高举中国特色社会主义伟大旗帜、全面落实科学发展观的自觉性和坚定性。其次要抓好业务知识的学习。要适应新形势,顺应新要求,学习新知识,增长新本领。第三要加强培训。要按照中央大规模培训干部的要求,充分发挥干部教育培训的基础性作用,认真开展不同层次的培训,切实增强培训的针对性和实效性,全面提高队伍整体素质。

二是要把领导班子建设作为加强队伍建设的关键。各级工商局领导班子是本单位、本系统工作的组织领导者,肩负的责任十分重大。高水平的领导班子才能带出高素质的干部队伍,创造高质量的监管服务工作。当前我国正处于全面建设小康社会的关键时期,新的形势、新的任务对工商行政管理工作提出了新的更高的要求。我们必须按照党的"十七大"以改革创新精神全面推进党的建设新的伟大工程的要求,以提高领导水平和执政能力为核心,大力加强各级领导班子建设,不断增强各级领导班子的创造力、凝聚力和战斗力,努力把各级领导班子建设成为坚定贯彻党的路线方针政策、善于开创工作新局面的坚强领导集体。

三是要把基层队伍建设作为加强队伍建设的重点。基层处于市场监管执法的第一线,直接同广大经营者、消费者打交道,是维护市场秩序、促进科学发展和社会和谐的基本力量,是服务人民群众、树立良好工商形象的重要窗口。提高监管执法水平,必须全面落实到基层;树立良好工商形象,必须切实体现在基层。真正把抓基层作为队伍建设的重中之重。要更加重视基层班子建设,更加重视基层基础建设,更加重视基层规范化建设,更加重视基层执法队伍建设,更加重视基层作风建设,教育广大基层干部牢记"两个务必",严格执行"六项禁令",践行宗旨,执法为民,树立良好的工商形象;更加重视关心基层,帮助排忧解难办实事,逐步改善基层干部的工作和生活条件。

四、抓好落实

明年工作的总体部署已经明确,关键是要抓好落实。

一是要把会议精神及时汇报好。大家回去以后,要及时向当地党委、政府汇报好吴仪副总理对工商行政管理工作的重要指示,汇报好这次会议的总体部署和要求,汇报好结合本地实际贯彻落实这次会议精神的打算和措施,积极争取党委、政府对工商行政管理工作的重视和支持。

二是要把会议精神传达学习好。会后,各地要采取不同方式,认真抓好这次会议精神的传达学习。特别要把吴仪副总理的重要指示和对全系统干部的慰问和关怀,原原本本地传达到各级工商行政管理机关,传达到每一位干部职工。要组织广大干部认真学习会议文件,深刻领会会议精神,统一思想,明确任务,坚定信心,做好工作。

三是要把会议精神贯彻落实好。要紧密结合本地实际,及时研究贯彻措施,认真部署,及早安排。要健全完善和严格执行责任制度、督察制度、考核制度,明确分工,落实责任,一级抓一级,层层抓落实。要转变作风,真抓实干,各级领导要深入实际、调查研究,深入一线、靠前指挥,不断研究新情况、解决新问题、采取新举措、开创新局面,确保全面完成明年的各项任务,为维护市场秩序、促进科学发展、构建和谐社会不断作出新的贡献,以优异的成绩迎接我国改革开放30周年,迎接工商行政管理部门恢复建立30周年。

最后,我再强调一下节日市场监管问题。元旦、春节即将来临,各地要按照总局明传电报的要求,特别重视加强节日食品市场以及旅游、文化等市场的监管,严厉打击制假售假、哄抬物价、商业欺诈等损害群众利益、扰乱市场秩序的违法行为;同时密切配合有关部门加强烟花爆竹生产、销售监管,积极参与安全生产专项整治和社会治安综合治理,努力维护市场秩序、消费安全和社会和谐稳定,确保广大人民群众过一个欢乐、祥和、安全的节日。

全国工商行政管理工作会议到此圆满结束。祝同志们返程愉快,祝大家元旦、春节快乐,阖家幸福安康!

周伯华局长在全国工商行政管理系统党风廉政工作会议上的讲话

(2008 年 2 月 23 日)

这次党风廉政工作会议的主要任务是,认真学习贯彻党的"十七大"精神,按照第十七届中央纪律检查委员会第二次全会的部署和要求,回顾总结 2007 年工商行政管理系统的党风廉政建设和反腐败工作,准确把握当前和今后一个时期党风廉政建设和反腐败斗争的总体要求,研究部署 2008 年的任务。

刚刚过去的 2007 年,是工商行政管理改革发展取得重大进展的一年,也是党风廉政建设和反腐败工作成效显著的一年。全国工商行政管理系统认真贯彻落实中央纪委第七次全会和国务院第五次廉政工作会议精神,按照年初全国工商行政管理系统党风廉政工作会议的部署,以推进惩治和预防腐败体系建设为重点,锐意进取,开拓创新,党风廉政建设和反腐败工作取得了新的成绩。突出表现在以下几个方面:一是反腐倡廉教育扎实开展,进一步增强了广大干部的廉政意识。以陈良宇、郑筱萸严重违纪违法案件为反面教材,在全系统深入开展警示教育,各级干部进一步筑牢了拒腐防变的思想道德防线;组织广大党员干部认真学习贯彻中央纪委《关于严格禁止利用职务上的便利谋取不正当利益的若干规定》等廉政文件、规定,大力加强理想信念教育和廉洁自律教育,进一步促进了广大干部廉洁从政;普遍开展工商廉政文化建设活动,在全系统建立了107个工商廉政文化示范点,营造了"以廉为荣、以贪为耻"的浓厚氛围。二是廉政制度建设深入推进,进一步规范了广大干部的从政行为。各级工商行政管理机关结合自身工作特点,以行政审批权、行政执法权、队伍管理权为重点,建立健全行政权力制约机制,完善防范措施,实行风险点管理,基本形成了用制度管权、按制度办事、靠制度管人的机制,有效发挥了制度在防治腐败中的重要保障作用。三是廉政监督机制建设迈出新步伐,进一步促进了权力在阳光下运行。行政审批制度改革深入推进,进一步减少并规范了行政审批;政务公开全面深化,总局在全系统建立了80个政务公开示范点,总局企业注册局、北京市工商局分别被全国政务公开领导小组授予"全国政务公开先进单位"、"全国政务公开示范单位";局务公开逐步推开,取得了良好效果;运用信息化技术规范企业登记、商标注册、执法办案等工作,取得了积极进展;创新工作思路,拓展监督领域,试行了基层工商执法人员向监管服务对象代表述职述廉制度,获得好评。总之,经过一年来的不懈努力,工商行政管理系统的反腐倡廉工作取得了新的阶段性成果,不少省市工商机关在当地组织的行风评议中名列前茅,工商队伍的整体形象进一步提升,人民群众对工商机关的满意度进一步提高。这些成绩的取得,是全系统广大干部锐意开拓、扎实工作的成果。在此,我代表总局党组,向为推进工商行政管理系统反腐倡廉建设辛勤工作、无私奉献的广大干部,特别是从事纪检监察工作的同志们,致以诚挚的问候和崇高的敬意!

在肯定成绩的同时,我们也要清醒地看到,与党的"十七大"对反腐倡廉的新要求相比,工商行政管理系统的党风廉政建设和反腐败工作还存在差距和不足。少数单位和领导干部对反腐败斗争的长期性、复杂性、艰巨性的认识还有差距,对社会主义市场经济条件下反腐倡廉工作规律认识不深;个别领域惩治和预防腐败还存在薄弱环节;有的工商机关党风廉政建设责任制落实得不够好,一些反腐倡廉制度措施的落实还不够得力;执法不公、乱收乱罚等损害群众利益的不正之风还没有根本解决;以权谋私、失职渎职等违纪违法问题还时有发生;全系统反腐倡廉工作发展还不平衡。对此,我们必须高度重视,以更加坚决的态度、更加有力的措施,解决问题,改进工作,不断开创党风廉政建设和反腐败斗争新局面。

前不久召开的中央纪委第二次全会,坚持以党的"十七大"精神为指引,高举中国特色社会主义伟大旗帜,按照以改革创新精神全面推进党的建设新的伟大工程的要求,对当前和今后一个时期的反腐倡廉工作作出了全面部署。全国工商行政管理系统要认真学习贯彻中央纪委第二次全会精神,切实把思想统一到中央对反腐倡廉形势的分析和判断上来,切实把行动统一到中央对反腐倡廉工作的部署和要求上来,联系实际,狠抓落实,不断把反腐倡廉工作推向前进。关于今年工商行政管理系统的反腐倡廉工作,中央纪委驻总局纪检组组长、总局党组成员石见元同志将代表总局党组在会上作工作报告,进行全面部署,希望同志们认真抓好落实。下面,我强调几点。

一、按照党的"十七大"对反腐倡廉建设提出的新要求,更加重视和进一步抓好工商行政管理系统的党风廉政建设和反腐败工作

党的"十七大"是在我国改革发展关键时期召开的一次十分重要的会议,大会不仅对继续推进改革开放和社会主义现代化建设、实现全面建设小康社会的宏伟目标作出了全面部署,而且对以改革创新精神全面推进党的建设新的伟大工程、坚决惩治腐败提出了明确要求。"十七大"首次把反腐倡廉建设同思想建设、组织建设、作风建设、制度建设一起确定为党的建设的基本任务。强调要把反腐倡廉建设放在更加突出的位置,旗帜鲜明地反对腐败;要扎实推进惩治和预防腐败体系建设,在坚决惩治腐败的同时,更加注重治本,更加注重预防,更加注重制度建设,努力形成拒腐防变教育长效机制、反腐倡廉制度体系、权力运行监控机制;要加强领导干部廉洁自律,切实纠正损害群众利益的不正之风,坚决查处违纪违法案件。这些重要论述,既是党的"十六大"以来反腐倡廉理论成果和实践经验的科学总结,也是当前和今后一个时期反腐倡廉建设必须坚持的重要指导思想。我们要准确把握党的"十七大"对反腐倡廉建设提出的新要求,加深理解,统一认识,创新思路,狠抓落实,推动党风廉政建设和反腐败工作深入开展。

(一)坚持把反腐倡廉建设放在更加突出的位置,始终旗帜鲜明、毫不动摇地反对腐败

党的"十七大"报告强调,坚决惩治和有效预防腐败,关系人心向背和党的生死存亡,是党必须始终抓好的重大政治任务。胡锦涛总书记在中央纪委第二次全会上的重要讲话中指出,在和平建设时期,如果说有什么东西能够对党造成致命伤害的话,腐败就是很突出的一个。这些重要论断,言简意赅,催人警醒,深刻阐述了腐败的严重危害性,充分表明了我们党对反腐倡廉的清醒认识、鲜明态度和坚强决心。纵观中国社会发展史,多少朝代的衰败、消亡,腐败都是重要因素。"历览前贤国与家,成由勤俭败由奢",就是古人从回顾历史中总结出的深刻教训。我们党历来高度重视反腐倡廉工作,无论是在革命战争年代、和平建设时期,还是改革开放阶段,都强调要把反腐倡廉工作摆在重要位置,告诫全党特别要始终经受住长期执政的考验、改革开放的考验、发展社会主义市场经济的考验。正是由于我们党重视和加强反腐倡廉工作,正是由于我们党培养造就了一大批廉洁自律、无私奉献的优秀干部,我们党才能始终保持同人民群众的血肉联系,才能赢得人民群众的衷心拥戴和支持,才能团结带领全国各族人民夺取革命、建设和改革的辉煌胜利。联系工商行政管理系统的实际看,也正是由于我们坚持不

懈加强反腐倡廉工作,我们才能在党和人民心目中树立良好的工商形象,才能为履行维护市场秩序、促进经济社会又好又快发展的职能提供有力的政治保证。当前,我国已进入改革发展的关键时期,经济体制深刻变革、社会结构深刻变动、利益格局深刻调整、思想观念深刻变化,反腐败工作面临许多前所未有的新课题和新考验。为此,党的"十七大"对新形势下的反腐倡廉工作提出了新要求,特别强调要充分认识反腐败斗争的长期性、复杂性、艰巨性,把反腐倡廉建设放在更加突出的位置。如何在工商行政管理系统落实党的"十七大"对反腐倡廉建设提出的这个新要求,要着重从以下几个方面进行努力:一是要统一思想,充分认识反腐败斗争的极端重要性和长期性、复杂性、艰巨性。要从关系党的生死存亡、巩固党的执政地位和保证党的先进性的战略高度,从建设清正廉洁的工商干部队伍,保证工商行政管理事业长远发展,保证工商行政管理部门在促进科学发展、构建和谐社会中充分发挥职能作用,保证工商行政管理部门始终践行党的宗旨、坚持执政为民的全局出发,深刻认识反腐倡廉的极端重要性和现实紧迫性;从世界局势发生的深刻变化、中国社会发生的深刻变革、改革发展面临的长期任务出发,充分认识反腐败斗争的长期性、复杂性、艰巨性,自觉在思想上把反腐倡廉建设放在更加突出的位置,进一步坚定反对腐败的信心和决心,始终做到拒腐防变警钟长鸣、反腐倡廉常抓不懈。二是要高度重视,真正把反腐倡廉建设作为党的建设的基本任务。各级工商局党组(党委)要始终坚持"两手抓,两手都要硬",工商系统各级领导干部要认真履行"一岗双责",切实担负起抓党风廉政建设和反腐败工作的领导责任。三是要改革创新,切实把反腐倡廉建设融入工商行政管理改革发展和队伍建设之中。以改革的办法和发展的思路解决党风廉政建设中存在的问题,把反腐倡廉融入工商行政管理改革发展中是重要途径,也是把反腐倡廉建设放在更加突出位置的具体体现。近年来我们在这方面进行了积极探索,取得了初步成效。

要继续紧密结合工商机关特点，以强化对行政审批权、行政执法权、队伍管理权的监督为重点，以信息网络技术为支撑，积极推进体制、机制和制度创新，真正把反腐倡廉建设贯穿于加强监管、服务发展的各个领域，体现在业务工作和队伍建设的各个方面，不断取得推进工商行政管理改革发展和加强党风廉政建设的新成效。

（二）坚持以完善惩治和预防腐败体系为重点，着力构建反腐倡廉长效机制

党的"十七大"报告和胡锦涛总书记在中央纪委第二次全会上的重要讲话中都强调指出，要以完善惩治和预防腐败体系为重点，努力形成拒腐防变教育长效机制、反腐倡廉制度体系、权力运行监控机制。这既是当前反腐倡廉的重点工作，也是落实中央建立健全惩治和预防腐败体系《实施纲要》的长远奋斗目标，更是我们党对反腐倡廉规律性认识的深化发展。防治腐败，教育是基础，制度是保障，监督是关键，三者有机联系，相互促进。我们要坚持惩防并举，统筹推进，把教育的说服力、制度的约束力、监督的制衡力、惩治的威慑力有机地结合起来，把完成阶段性任务与实现战略性目标很好地统一起来，努力构建反腐倡廉长效机制。要着重抓好四个方面：一是要加强教育，努力形成有利于反腐倡廉的思想观念。要对广大党员干部深入进行党的基本理论、基本路线、基本纲领、基本经验教育，深入进行马克思主义中国化最新成果教育，深入进行社会主义核心价值体系教育，深入进行理想信念、党风党纪、廉洁从政、艰苦奋斗教育，打牢廉洁从政的思想政治基础。二是要重在建设，努力营造有利于反腐倡廉的文化氛围。要紧扣工商机关特点，广泛、深入开展工商廉政文化建设活动，在全系统形成"以廉为荣、以贪为耻"的良好氛围。要在廉政文化建设普遍开展的基础上，归纳提炼，总结提高，研究建立工商职业道德规范，培养工商干部良好的职业操守。三是要改革创新，努力构建有利于反腐倡廉的体制机制。要紧密结合工商职能实际，以行政审批权、行政执法权、队伍管理权为重点，按照结构

合理、配置科学、程序严密、制约有效的原则，建立健全既相互制约又相互协调的权力运行机制，严格规范监管执法行为，确保行政权力正确行使。四是要完善法制，努力健全有利于反腐倡廉的制度体系。要从行使行政审批权、行政执法权、队伍管理权的全过程，从教育、预防、监督、惩治的各个环节，建立制度，制订规范，特别要抓紧抓好已有制度的完善和薄弱环节制度的订立，真正把行政权力的行使纳入制度化、规范化、程序化、法治化的轨道。

（三）坚持集中力量抓好重点工作，切实提高反腐倡廉建设成效

党的"十七大"报告重申，要继续集中抓好领导干部廉洁自律、纠正损害群众利益的不正之风、查处违纪违法案件等三项重点工作。我们要充分认识抓好这三项重点工作对于整体推进反腐倡廉建设的重大意义，集中力量，重点突破，抓紧抓实，抓出成效。一是要加强领导干部廉洁自律，不断提高拒腐防变能力。领导干部手中掌握着一定的权力，思想防线筑得不牢，容易受到腐朽落后思想的侵蚀；领导干部是一个单位的领头人，廉洁自律搞好了，就能充分发挥反腐倡廉的模范带头作用。要坚持把领导干部廉洁自律作为反腐倡廉建设的重点，继续认真执行总局领导干部政务活动公开制度、总局各司局和直属单位主要负责人向总局党组集中述职述廉制度、省级工商局主要领导干部述职述廉汇报制度等领导干部廉洁自律的制度规定，以领导干部的良好作风带出优良的政风和过硬的队伍，以领导干部的浩然正气切实保障充分发挥反腐倡廉的领导作用和表率作用。二是要切实纠正损害群众利益的不正之风，着力解决群众反映强烈的问题。维护最广大人民的根本利益，是坚持立党为公、执政为民的必然要求，是我们一切工作的出发点和落脚点，也是检验反腐倡廉建设成效的根本标准。群众的利益受到侵害，群众反映强烈的问题得不到有效解决，损害党和政府的形象，影响国家政权机关的公信力，破坏党同人民群众的血肉联系，危害严重，影响恶劣，必须作为惩治腐败

的重点。工商行政管理机关经常同广大经营者、消费者打交道，与人民群众联系十分密切。我们既要大力加强自身作风建设，严格规范监管执法行为，坚决纠正行政审批、行政收费、执法办案等方面存在的损害群众利益的不正之风；又要充分发挥职能作用，认真开展维护食品安全、打击假冒伪劣、治理商业贿赂等专项工作，着力解决人民群众反映强烈的问题，以反腐倡廉的实际成效为民谋利、取信于民。三是要坚决查处违纪违法案件，依法严惩腐败分子。查办案件是遏制腐败的有力手段，也是向人民群众表明我们党惩治腐败坚定决心、让人民群众感受我们党反腐倡廉实际成果的重要方面。我们要严肃查处在行使行政审批权、行政执法权、队伍管理权过程中出现的违纪违法案件，并利用典型案例以案说法、以案明纪，充分发挥查办案件在惩治腐败中的遏制震慑作用和教育警示作用。

二、联系实际，突出重点，切实推动工商行政管理系统的党风廉政建设和反腐败工作深入开展

加强工商行政管理系统的党风廉政建设和反腐败工作，必须把党中央、国务院加强反腐倡廉建设的指导思想、基本要求、工作原则、主要任务与工商行政管理实际紧密结合起来，统筹规划，重点突破，扎实推进。要特别重视以下几个方面。

（一）突出工作重点，切实增强反腐倡廉建设的针对性和有效性

突出重点是提高工作效能的重要方法，也是加强党风廉政建设的重要经验。要从贯彻落实党中央、国务院加强党风廉政建设战略部署的高度出发，从工商行政管理机关职能职责、体制机制特点入手，突出工作重点，找准工作着力点，增强工作的针对性和有效性，以抓好重点推动全面，实现反腐倡廉工作的整体推进。

一是要突出抓好对行政执法权的监控。行政执法是工商行政管理部门的职能特点，是我们履行法定职责的基本表现。行政执法涉及各类市场主体、涉及广大群众的切身利益，是工商行政管理部门经常性的工作，

也是我们加强廉政建设的重点内容。这些年来，围绕对行政执法权的监督和规范，我们采取了一系列措施，取得了明显成效，但滥用执法权、执法不到位、执法犯法、以权谋私等情况，仍在个别地方和少数人员中存在。工商行政管理机关履行行政执法权的情况如何，直接影响人民群众对工商行政管理部门的评判，直接影响工商行政管理部门在全面建设小康社会中职能作用的发挥。各级工商行政管理机关要把对行政执法权的监控放在更加突出的位置，采取更加有力的举措，规范执法行为，防止执法腐败，切实做到严格执法、公正执法、廉洁执法、文明执法，确保法律法规赋予的行政执法权力在维护市场秩序、促进改革发展中充分发挥应有的作用。

二是要突出抓好对行政审批权的规范。减少和规范行政审批，是加快行政管理体制改革、建设服务型政府的重要内容，也是加强政府机关建设和党风政风建设的重要任务。行政审批权是最直接的执法权力，是政府机关对微观主体的直接管理行为，是权力与利益关系紧密的环节，也是容易导致腐败行为发生的风险点。工商行政管理部门的行政审批权经清理调整后还保留20余项。各级工商行政管理机关要把规范行政审批权作为反腐倡廉的重点环节，采取更为严格的监督制约措施，进一步规范行政审批，切实防止利用行政审批权搞权钱交易等腐败行为的发生。

三是要突出抓好对队伍管理权的监督。党中央、国务院一直把对干部提拔使用的监督、防止干部任免上的腐败行为，作为党风廉政建设的重要内容，严查跑官要官、买官卖官等违纪违法行为。干部的提拔任用直接涉及干部的个人利益，也是队伍管理权的关键环节。实行省以下垂直管理体制，使工商行政管理部门对干部的层级管理权限增大。必须把对队伍管理权的监督作为反腐倡廉建设的重要内容，进一步健全完善干部选拔任用的各项制度，坚持民主、公开、竞争、择优，形成干部选拔任用的科学机制，加强对干部选拔任用的全过程监督，切实防止

干部管理中违法乱纪行为的发生。

（二）维护人民利益，坚决纠正损害群众利益的不正之风

党的"十七大"强调，要坚决纠正损害群众利益的不正之风，切实解决群众反映强烈的问题。工商行政管理部门经常直接与各类市场主体、广大消费者打交道，与人民群众的切身利益联系紧密。维护人民利益，切实做到以人为本、执法为民，关系工商行政管理部门的形象，关系政府部门在人民群众心目中的声誉。各级工商行政管理机关要从深入贯彻落实科学发展观、构建和谐社会的高度，切实重视纠正损害群众利益的不正之风，任何时候、任何情况下都要把维护人民群众的利益放在首位。

一是要端正执法思想。工商行政管理机关代表国家执行法律法规，目的是维护广大人民的利益，维护公平竞争的市场秩序。执法思想出现偏差，是执法中发生不廉洁行为的重要原因。只有端正了执法思想，才能自觉做到为人民利益执法，自觉抵制各种腐败行为。各级工商行政管理机关要深刻认识到，我们的权力是人民赋予的，只能用来为人民谋利益，只能用来加强市场监管、服务改革发展，决不能用来为自己或小集团谋取私利，更不能执法争利、执法扰民。广大工商行政管理干部要牢固树立执法为民的观念，切实做到权为民所用，从国家利益、人民利益的高度加强监管执法，努力营造良好的市场环境。

二是要增强服务意识。增强服务意识是加强党风廉政建设的重要思想基础，也是做到严格自律的必要前提。不讲服务，以管理者自居，就可能导致权力的滥用和腐败行为的发生。强化服务经济社会发展的意识、服务人民群众的意识，才能自觉以服务各类市场主体、服务广大人民群众为己任，筑牢拒腐防变的思想道德防线。优化服务工作，防范执法腐败，还需不断改进服务方式。近年来我们实施的商标注册信息网上查询、企业年检网上申请等新的服务方式手段，不仅大大方便了当事人，也有效预防了不廉洁行为的发生。各级工商行政管理机关要把增

强服务意识作为加强廉政建设的重要内容，切实做到情为民所系，完善服务体系，改进服务方式，提高服务水平。

三是要坚决纠正损害群众利益的不正之风。损害群众利益的不正之风，直接影响党群、干群关系，是反腐倡廉建设需要重视解决的问题。经过多年的不懈努力，全系统政风建设取得很大成绩，但损害群众利益的不正之风在少数单位和个别干部身上仍有出现。我们要以更高的标准、更严的要求，大力加强行风政风建设，坚决纠正执法扰民、吃拿卡要、刁难监管服务对象等不正之风，切实做到利为民所谋，努力实现好、维护好、发展好最广大人民的根本利益。同时要充分发挥职能作用，继续做好食品安全监管、治理商业贿赂、打击虚假违法广告、保护知识产权、打击传销、农资打假等工作，密切配合有关部门治理环境污染、强化安全生产监管等，切实解决人民群众反映强烈的问题。

（三）坚持改革创新，大力推进反腐倡廉体制机制建设

胡锦涛总书记在中央纪委第二次全会上强调，要注意把握和体现改革创新、惩防并举、统筹推进、重在建设的基本要求，以改革精神推进制度建设，以创新思路寻求治本办法。各级工商行政管理机关要认真总结近年来反腐倡廉的新经验，研究新情况，解决新问题，创新新机制，更加科学有效地防治腐败。

一是要以增强教育的说服力为重点着力构建拒腐防变教育长效机制。要改进和完善反腐倡廉教育，坚持集中教育与自我教育相结合，政治思想教育同职业道德教育相结合，大力加强世界观、人生观、价值观和权力观、地位观、利益观教育，把反腐倡廉教育经常化、长期化、固定化、制度化，不断丰富教育形式，提高教育的说服力。

二是要以增强制度的约束力为重点着力构建反腐倡廉制度体系。要坚持治标和治本、惩治和预防两手抓、两手都要硬，充分发挥制度的保障作用，大力加强规范行政审批行为、规范行政处罚程序、规范自由裁量

权行使等制度建设,切实增强制度的约束力,惩治于已然,防患于未然,努力把腐败现象减少到最低程度。

三是要以增强监督的制衡力为重点着力构建权力运行监控机制。要认真分析研究工商行政管理机关行使权力的风险点和薄弱环节,进一步深化廉政风险点防范管理,并逐步在全系统推广。要深化政务公开,认真贯彻落实《政府信息公开条例》,编制政府信息公开目录和政府信息公开指南。要在全系统推行局务公开。要强化外部监督、内部监督和层级监督,不断增强监督的制衡力。要坚持用制度管权、管事、管人,建立健全决策权、执行权、监督权既相互制约又相互协调的权力结构和运行机制。要在去年试点的基础上,在全系统全面推行基层工商执法人员向监管服务对象代表述职述廉工作。

(四)大力加强党风廉政建设,为进一步做到"四个统一"、积极推进"四化"建设、努力建设"三个过硬"的干部队伍提供有力的保障

加强党风廉政建设是建设政治上、业务上、作风上过硬的高素质工商行政管理干部队伍的客观要求,是努力做到监管与发展、服务、维权、执法"四个统一",积极推进工商行政管理工作制度化、规范化、程序化、法治化建设的有力保障,必须统筹谋划,全面推进。

一是要坚持加强党风廉政建设与进一步做到"四个统一"相结合。努力做到"四个统一",任务艰巨,工作繁重,不仅需要加强勤政建设,也需要加强廉政建设。廉政和勤政,是对干部的基本要求,也是加强干部队伍建设要达到的两个互相联系的重要目标。廉政建设抓好了,有利于广大干部发扬优良作风,规范从政行为,正确行使权力,为勤政建设创造良好条件,为努力做到"四个统一"提供有力保障。各级工商行政管理机关要正确处理好廉政建设与勤政建设的关系,坚持廉政、勤政一起抓,全面提高队伍素质,努力做到"四个统一",进一步开创工商行政管理工作新局面。

二是要坚持加强党风廉政建设与积极推进工商行政管理工作制度化、规范化、程序化、法治化建设相结合。加强各级机关和基层制度建设、规范公平交易执法工作、严格执法程序、强化执法监督等,是制度化、规范化、程序化、法治化建设的重要内容,也是加强党风廉政建设的重要举措。加强党风廉政建设,既为推进制度化、规范化、程序化、法治化建设奠定了坚实的基础,也丰富和发展了制度化、规范化、程序化、法治化建设的内涵。要坚持把两者紧密结合起来,共同推进,共同提高。

三是要坚持加强党风廉政建设与努力建设政治上、业务上、作风上过硬的高素质干部队伍相结合。切实做到严格执法、公正执法、廉洁执法、文明执法,是建设政治上、业务上、作风上过硬的高素质干部队伍的重要内容,也是工商行政管理机关加强行风政风建设的基本要求。广大工商行政管理干部在服务市场主体发展中,要增强服务意识,提高服务水平,切实为各类市场主体提供便捷高效的服务;在日常工作中,要热爱工商事业,维护工商形象,大力弘扬求真务实精神,坚持真抓实干,注重工作实效,始终保持昂扬锐气和蓬勃朝气;在思想和生活作风上,要自觉筑牢拒腐防变的思想道德防线,始终牢记"两个务必",提倡勤俭节约,大力发扬艰苦奋斗的精神。

三、加强领导,落实责任,确保反腐倡廉工作取得实效

加强领导是反腐倡廉工作扎实开展、取得实效的重要保证。各级工商行政管理机关要进一步加强和改进对党风廉政建设和反腐败工作的领导,周密部署,精心组织,狠抓落实,不断提高反腐倡廉工作水平。

(一)加强领导,严格落实党风廉政建设责任制

各级工商局党组(党委)要把反腐倡廉建设作为党的建设的基本任务,列入重要议事日程,经常听取党风廉政建设的情况汇报,分析问题,研究措施,推进工作,切实做到党风廉政建设与业务工作一起部署、一起检查、一起落实、一起考核。要严格落实党

风廉政建设责任制,各单位主要负责同志要切实履行第一责任人的政治责任,对职责范围内的党风廉政建设负总责,做到重要工作亲自部署、重大问题亲自过问、重要案件亲自督办;领导班子其他成员要按照分工抓好反腐倡廉建设。要充分发挥纪检监察部门的作用,协调相关职能部门各司其职,密切配合,完善反腐倡廉的工作机制,形成拒腐防变的整体合力。要大力弘扬团结协作精神,在认真做好本单位职责范围内的反腐倡廉工作的同时,按照中央和国家机关 2008 年反腐倡廉分工意见的要求,积极配合有关部门完成好治理腐败的相关专项工作。要充分发挥领导机关的带头作用和领导干部的表率作用,用领导机关的优良作风和领导干部的模范行动,带出良好政风,弘扬新风正气。我在这里郑重承诺,总局要带头加强机关建设,切实发挥好表率作用;总局各级干部要带头搞好廉洁自律,自觉接受全系统干部的监督。

(二)强化督查,狠抓反腐倡廉工作任务的落实

反腐倡廉重在建设,贵在落实。要健全完善和严格实行干部考核评价体系,把反腐倡廉建设情况列入对领导班子和领导干部考核评价的重要内容。要采取定期检查、专项检查等多种方式,推动反腐倡廉工作扎实深入开展。特别要加强对重点任务的督促检查,确保落实到位。要严格实行责任制和责任追究制,分解任务,落实责任,定期考核。对抓反腐倡廉建设领导不力、失职渎职的,要严肃追究有关领导的责任。

(三)进一步重视和支持纪检监察工作,关心纪检监察干部队伍建设

长期以来,工商系统各级纪检监察机构和广大纪检监察干部恪尽职守、辛勤工作,为推进工商系统的反腐倡廉建设作出了积极贡献。实践证明,工商系统的纪检监察干部队伍是一支完全可以信赖和有战斗力的队伍。各级工商机关要进一步重视、关心和支持纪检监察工作。一是要积极支持纪检监察机构履行职责。各级工商机关的领导班子及其成员,要积极主动接受监督,大力

支持纪检监察部门的工作,确保纪检监察机构全面有效地履行监督检查职能。二是要努力为纪检监察机构开展工作创造有利条件。要充分保证派驻纪检监察机构对工商行政管理工作的知情权,建立完善沟通协调机制,相互支持,密切配合,增强反腐倡廉的整体合力。三是要一如既往地关心爱护纪检监察干部。要关心纪检监察干部的成长进步,加大纪检监察干部的交流力度,注重对纪检监察干部的培养和使用,切实帮助解决实际困难,努力为纪检监察干部创造良好的工作、学习和生活环境。

借各省(区、市)工商局负责同志出席这次党风廉政工作会议之机,我再强调一下抗灾救灾和灾后重建工作。今年 1 月以来,全国部分地区出现大范围低温冻雨冰灾天气,给人民群众生命财产和工农业生产造成重大损失。全国工商系统认真落实党中央、国务院的部署,紧急动员,奋起抗灾,为夺取抗灾救灾的胜利作出了积极贡献,用实际行动证明了工商行政管理部门是维护市场秩序、服务经济发展的重要力量,广大工商干部是一支特别能战斗的队伍。目前抗灾工作取得了阶段性胜利,但灾后重建的任务十分繁重。国务院最近专门召开 208 次常务会议,对灾后重建工作作出部署。总局迅速落实国务院常务会议精神,紧急下发明传电报,对工商系统积极支持灾后重建工作提出了明确要求,各地要认真抓好落实。一是要加大监管力度,维护市场稳定。重点是集中开展粮油肉、副食品等基本生活必需品市场专项执法检查,严厉打击各种违法经营行为,切实维护消费者权益,保障市场交易安全。二是要大力支持搞活流通,努力平抑市场物价。要继续执行减免"两费"的规定,积极配合有关部门保障市场供应,降低交易成本,稳定市场物价,促进市场繁荣。三是要改善登记注册工作,积极服务各类市场主体灾后持续发展。要开辟"绿色通道",对各类市场主体灾后重建有关登记事项予以优先办理。对因冰雪灾害影响办理企业登记申请、登记事项变更和企业年度检验的,可以延缓期限。四是要集中开展打假护农行动,服务灾

区春耕生产。要严厉查处制售假种子、假农药、假化肥坑农害农行为,确保灾区农民用上放心农资,保障春耕生产顺利进行。五是要认真受理消费者申诉举报,切实维护灾区消费者合法权益。要保证灾区"12315"专线电话通畅,及时受理处理消费者申诉举报。六是要加强工商系统灾后重建工作,全面恢复正常工作和生活秩序。各地要采取各种方式,帮助受灾较重地区的工商机关特别是基层工商所修复损毁设施,搞好恢复重建,尽快恢复正常工作秩序。总之,全系统广大干部要发扬不畏艰险、连续作战的精神,奋力夺取灾后重建工作的全面胜利,努力把冰雪灾害造成的损失减少到最低程度。

同志们,落实党的"十七大"把反腐倡廉建设放在更加突出位置的新要求,工商行政管理系统反腐倡廉的任务更重、要求更高。我们要紧密团结在以胡锦涛同志为总书记的党中央周围,认真落实党中央、国务院的决策部署,开拓进取,扎实工作,不断取得反腐倡廉建设的新成效,为充分履行工商行政管理职能提供有力的政治保证,为维护市场秩序、促进经济社会又好又快发展作出新的更大的贡献。

深入推进制度化、规范化、程序化、法治化建设 进一步提升工商行政管理效能和水平
——周伯华局长在全国工商行政管理局长座谈会上的讲话
(2008 年 7 月 4 日)

这次全国工商行政管理局长座谈会的主要任务是,回顾总结上半年的工作,部署安排下半年的工作,重点研究加快推进工商行政管理工作制度化、规范化、程序化、法治化建设问题。两天来,各省区市工商局的负责同志介绍了上半年的工作情况和下半年的工作打算,相互借鉴学习,交流了经验。有九位省区市工商局长进行了述职述廉汇报,准备充分,内容丰富,效果很好。总局四位领导讲了很好的意见,对下半年和今后的

相关工作提出了明确要求,希望同志们认真抓好落实。在大家的共同努力下,这次会议开得圆满成功,很有收获。下面,我就上半年的工作情况和下半年的重点任务,讲几点意见。

一、坚持"两手抓",充分发挥职能作用,上半年各项工作取得新的成绩

今年上半年,我国先后发生雨雪冰冻和地震等自然灾害。全国工商行政管理系统认真贯彻落实党中央、国务院的决策和部署,在各级党委、政府的领导下,坚持一手抓抗灾救灾,一手抓促进经济社会又好又快发展,依法履行职责,奋发有为工作,为夺取抗灾救灾全面胜利和保持经济发展良好势头作出了积极贡献。

5 月 12 日汶川地震发生后,全国工商系统认真贯彻落实党中央、国务院的决策部署,把抗震救灾作为最重要最紧迫的任务,行动迅速,采取得力措施开展抗震救灾工作,取得很好成绩。一是各级工商机关高度重视,领导靠前指挥,迅即全面展开抗震救灾斗争。总局党组心系灾区,情系灾民,主要领导第一时间了解灾情,并先后三次派出由总局领导带队的工作组,分赴四川、重庆、甘肃、陕西等灾区一线,慰问工商干部,指导帮助抗震救灾工作。受灾地区各级工商局领导干部以身作则,迎难而上,全力投入抗震救灾。四川省工商局反应迅速,局长李柏云等领导干部在地震当天夜晚即赶赴绵阳灾区,深入一线指挥抢险救人。受灾地区市、县工商局和基层工商所负责同志,以高度的责任感,及时组织和指挥本系统、本单位展开抢险救人、救治伤病人员、恢复重建,工商机关的抗震救灾工作紧张有序地全面展开。二是各级工商机关切实履行职责,紧急广泛动员,切实做好维护市场稳定的各项工作。总局先后制定下发十二条政策措施、十条意见和相关专门文件,及时动员和部署,对灾区开展抗震救灾、全系统支援灾区和维护市场稳定、保障灾区市场供应等提出明确要求,当即向灾区紧急调拨 10 辆食品检测车、100 个食品检测箱等物资。四川、甘肃、陕西、重庆等灾区工商机关,一方面组织

力量抢险救人和救治受伤人员，积极开展恢复重建工作；另一方面强化监管措施，开展市场巡查，维护市场稳定，保障食品安全和市场消费安全。特别是四川省工商局承担了省委、省政府交办的整个食品安全监管的重任，积极开设灾区生活必需品应急市场，对于保障灾区市场供应发挥了重要作用，受到了省委、省政府的充分肯定和灾区群众的广泛赞誉。三是全国工商系统发扬"一方有难、八方支援"的精神，全力支援灾区抗震救灾工作。总局领导班子成员、机关干部带头捐助和交纳特殊党费积极支援灾区。各省、区、市工商局领导带头，动员机关和基层工商干部捐助，从节约经费中筹集资金支援灾区，不少省级工商局还同灾区有关市县开展了对口支援恢复重建工作。截至目前，据不完全统计，全系统捐款捐物支援灾区折合人民币1亿多元。同时，各级工商机关还积极引导和动员个体工商户和企业向灾区捐助和组织商品运输，为保障灾区市场供应贡献力量。全国个协、私协系统共组织个体工商户、私营企业向地震灾区捐款捐物折合人民币24亿元。这些都充分体现了全国工商一家亲、全国工商心连心的大团结、大协作精神。回顾前一阶段气壮山河的抗震救灾斗争，深刻感到我们工商队伍经受了洗礼和考验，充分彰显了一切为了人民、一切服务人民的红盾精神，充分证明我们这支队伍是一支忠于党、忠于祖国、忠于人民、忠于工商事业，政治上过硬、业务上过硬、作风上过硬的干部队伍，是一支"国徽头上戴、责任肩上挑"，党和政府信赖、有强大战斗力的干部队伍。抗震救灾中工商系统涌现出来的可歌可泣的英雄人物和展现出来的无私奉献的伟大精神，为国徽增了辉，为红盾添了彩，是我们全国工商系统的光荣。为表彰先进，鼓舞士气，人力资源和社会保障部与总局联合发布决定，授予四川省汶川县、北川羌族自治县工商局"工商行政管理系统抗震救灾英雄集体"荣誉称号；授予四川省阿坝藏族羌族自治州工商局局长斯卫平、绵竹市工商局剑南工商所副主任科员范银富、平武县工商局南坝工商所副所长李勇等3位同志"工商

行政管理系统抗震救灾英雄"荣誉称号。同时，总局还决定，授予四川省绵竹市工商局等9个集体"工商行政管理系统抗震救灾先进集体"荣誉称号；授予四川省德阳市工商局党组书记、局长曹长芒等13位同志"工商行政管理系统抗震救灾先进个人"荣誉称号。我们要广泛宣传这些英雄人物的先进事迹，大力弘扬抗震救灾的伟大精神，激励全系统广大干部奋发努力、开拓工作，为夺取抗震救灾和促进经济社会又好又快发展的双胜利作出更大的贡献。总局还决定建立工商系统抗震救灾和应急抢险档案，铭记这段难忘的历史，记载这些感人的事迹，总结积累宝贵经验，以利在今后工作中应急处置突发问题借鉴和参考。

今年上半年，各地工商行政管理机关在积极投入抗灾救灾的同时，坚持以科学发展观统领全局，认真落实党的"十七大"精神，按照全国工商行政管理工作会议的部署，在各级党委、政府的领导下，奋发进取，开拓创新，各项工作取得了新的成绩。

（一）深入学习党的"十七大"精神，认真回顾三十年不平凡的历程，进一步增强了自豪感和责任感。今年是全面贯彻党的"十七大"精神的第一年，也是改革开放三十周年和工商行政管理部门恢复建制三十年。各级工商行政管理机关积极采取多种形式，深入学习党的"十七大"精神，认真回顾总结工商部门恢复建制三十年不平凡的历程，进一步增强了贯彻落实党的"十七大"精神的自觉性和坚定性，更加坚定了深化改革、扩大开放和做好工商行政管理工作的信心和决心。一是认真回顾总结三十年，进一步增加了自豪感和责任感。各级工商行政管理机关通过广泛开展纪念改革开放三十周年和工商部门恢复建制三十周年纪念活动，加深了对"三个基本建立"历史成就的理解，增强了对工商行政管理部门在建设中国特色社会主义历史进程中重要作用的认识，增强了信心，鼓舞了斗志，激发了进一步开创工商行政管理工作新局面的热情。二是努力做到"四个统一"，进一步拓展了职能空间。各地深入贯彻落实科学发展观，结合实际，

努力做到"四个统一",对履行法定职能的新认识在实践中得到提升和检验,拓展了工商职能,强化了市场监管,有力地促进了经济社会又好又快发展和社会和谐稳定,不仅得到了全系统广大工商干部和地方党委、政府领导的认可与支持,而且得到了国务院领导的充分肯定。三是积极推进职能转变,进一步提高了监管效能。各级工商行政管理机关把转变职能作为更好地履行法定职责和提高监管服务水平的重要任务。总局按照党中央、国务院的部署,认真研究上报"三定"方案,科学合理地确定工商行政管理机关的职能、地位,适应新形势、新任务和新要求,研究探索新的监管领域,改进和创新具有时代特点的监管模式和方法,积极促进职能转变。各地采取了一系列转变职能的新举措,创造了新经验。

(二)以推进"四化"建设为抓手,积极构建长效管理机制,进一步提高了监管执法水平。各级工商行政管理机关按照全国工商行政管理工作会议的部署和总局推进"四化"建设意见的要求,积极探索,大胆创新,大力推进工商行政管理工作制度化、规范化、程序化、法治化建设,加快构建长效管理机制,促进了依法行政,提高了监管执法水平。一是市场主体登记注册和监管工作"四化"建设进一步加强,提高了登记监管水平。规范登记注册行为、规范登记管理程序、规范登记服务制度不断加强,企业信用分类监管深入推进,个体工商户分层分类监管进一步规范,外资登记管理数据联网及监测分析系统建设步伐加快,登记监管模式有新的创新,促进了登记监管水平的进一步提高。北京对全市所有企业按照风险度和信用度进行分类分级,确定信用监管的重点。上海依照守法诚信度、行业风险度、动态警示度"三度"分类标准,实施近距离、远距离和零距离监管等监管方式。重庆健全数据质量建设长效机制,夯实企业信用分类监管数据基础。二是流通环节产品质量和食品安全监管长效机制建设深入推进,维护市场消费安全的能力明显增强。商品准入制度改革进一步深化,不合格食品退市制度全面实行,

食品安全索证索票和购销台账制度广泛建立,食品经营主体信用分类和食品质量分类监管稳步推进,食品安全和商品质量监管信息化网络建设进展顺利。浙江、江苏、广东、四川、云南、天津、江西等地大力推进食品安全示范店建设,福建、辽宁、湖北、河南、内蒙古等地积极探索建立大型商场、超市和食品批发市场电子台账。新疆在全区推广了食品索证索票电子监管系统。宁夏试点推行了食品批发商销售台账、销售凭证,食品零售商进货台账"三合一"的新模式,积极探索解决经营者"建账难,坚持难"的问题。山东将农村食品监管"四项制度"向城区延伸,扩大了范围。总局先后召开了全国工商系统奥运食品安全监管工作会议,下发了专门通知,开展监督检查等,突出加强了奥运食品安全监管工作。全国各地和奥运赛区城市工商机关加大监管力度,认真落实奥运食品安全监管各项任务。北京市工商局承担了保障奥运食品安全的重要任务,建立了北京食品安全监控中心和工商奥运保障前沿指挥中心,健全奥运食品安全保障体系和信息化监管网络体系及食品安全风险预警和应急处置体系,为保障北京奥运食品安全发挥了重要作用。总局在浙江召开了全国工商系统推进商品交易市场信用分类监管经验交流现场会,商品交易市场信用分类监管工作扎实推进。广东、浙江、上海等地积极采取制定实施意见、开发管理系统等措施,加强了商品交易市场信用分类监管和市场监管信息化建设工作。各地扎实开展了涉奥的知识产权保护、消费维权、广告监管和反兴奋剂专项治理工作等,取得了阶段性成果。三是消费维权"四化"建设全面展开,保护消费者合法权益的能力进一步提高。总局在福建召开了全国工商系统推进"12315"行政执法体系建设暨经验交流会议,"12315"集中受理中心和"一会两站"建设力度加大,"12315"进市场、进企业、进超市、进学校等不断扩大,消费维权体制、机制和规范化建设迈出新的步伐。总局制定了推进消费维权"四化"建设的意见。各地全面推进消费者和企业和解制度、经营者自律制

度、消费纠纷调解制度和申诉举报制度建设。福建积极争取省委、省政府支持，解决了各级工商机关"12315"机构、编制和经费问题，把"12315"消费维权建设列入2008年为民办实事项目，将部门行为上升为政府行为，社会效果良好。北京、上海、浙江、山东、河北、海南、甘肃等地"12315"行政执法体系建设整体推进。深圳、西安、广州、杭州、成都、济南深入推进消费者与企业和解制度，创新消费维权机制。四是广告市场监管机制建设步伐加快，监管力度明显提高。以药品、医疗广告为重点，严厉打击违法广告行为，遏制违法广告反弹。积极探索推进网络广告管理建章立制。发挥广告监管联席会议制度的作用，坚持和完善广告联合监管工作机制。建立健全广告发布前咨询制度、备案制度、广告审查提示制度，出台地方性法规，积极建立广告监管长效机制。江苏建立多媒体广告监控平台，在12个省辖市统一配置监测设备。五是商标行政保护机制逐步完善，保护力度逐步增大。商标授权经营制度进一步推广实行，探索实行了商标品牌市场准入和商标查验对比等监管措施，推动了商标行政保护长效机制建设。总局把加快审查和审理、解决商标注册和评审案件积压作为"八件大事"的头等大事来抓，签订目标责任书，采取充实审查力量、调整内设机构、建立激励机制等措施，取得了阶段性成效。今年审查商标注册申请比去年同期增长76.1%，审理评审案件增长58%。六是打击传销工作"四化"建设有力推进，打击效果明显提高。各地加快建立完善全国传销组织者、骨干分子和参与传销人员档案库，推进和规范了"创建无传销社区（村）"活动，及时将打击传销纳入本省社会治安综合治理目标考核范围，建立健全考评机制。广东建立了省内打击传销区域联防协作机制。七是治理商业贿赂方式方法不断改进和规范，工作成效进一步提升。各地积极探索治理商业贿赂与企业信用分类监管有效连接等工作方法，加大了对社会热点难点领域商业贿赂行为的监管查处力度，促进了监管效能的提高。沈阳在识别假账上下功夫，总结

出了"财会收支平衡法"，成功查处了一批典型案件。八是反垄断和反不正当竞争等工作机制不断完善，执法行为更加规范有序。健全完善了行政执法评议考核办法、行政执法过错责任追究办法、正确行使行政处罚自由裁量权指导意见等，加大了打击限制竞争行为、商业欺诈、合同欺诈、"傍名牌"、走私贩私等工作力度。黑龙江建立完善陈化粮监管制度，严格抓好各环节监管。吉林、广西、湖南、云南、青岛、济南、长春、大连等地采取与名优企业联系机制，提高打击"傍名牌"工作力度。九是信息化建设加快推进，为"四化"建设提供了技术支撑和网络保障。各地积极实行网上登记监管和执法办案，加强办公网络体系建设，推进信息化在市场监管执法和消费维权等工作中的广泛运用。重庆实现了100多万户市场主体上亿数据的大集中、大联网、大共享和大应用。贵州省工商局基本实现了网站状态实时监管。

（三）认真贯彻落实科学发展观，积极改进监督管理，促进经济社会又好又快发展取得新成果。各地工商行政管理机关积极创新机制，改进管理，制定服务经济社会发展的政策和措施，为促进经济社会又好又快发展充分发挥了职能作用。一是促进各类市场主体健康发展取得积极成效。宁波、西安、武汉、厦门等地积极开展市场主体登记信息分析利用工作，为当地政府和社会各界提供有价值的数据分析报告。各地积极出台支持企业发展的规范性文件，努力提供高效便捷服务，促进了各类市场主体健康发展。截至6月底，全国实有内资企业860万户，外商投资企业28万户，个体工商户2 728万户。二是推进经济结构调整和经济发展方式转变实效明显。各地继续做好支持淘汰产能过剩、技术落后、污染环境等企业的变更、注销登记等工作。制定出台政策措施，促进经济结构调整、服务经济社会发展、支持现代服务业加快发展。三是推动区域经济良性互动和共同发展成效突出。总局和各地继续支持举办和参与举办了各类经济贸易洽谈会。长三角地区合作深入推进，建立完善了执法联动、信息共享、品牌联保、

量罚适当的执法协作机制。泛珠三角执法合作机制进一步深化,推进了泛珠三角区域经济发展。支持浦东新区开发建设、海峡西岸经济区建设、北部湾经济区建设、滨海新区建设、成都城乡统筹试验区建设等都取得积极成效。各地积极对口支援西藏,支援三峡库区和青海藏区工商行政管理事业,工作力度大,收效好。四是促进社会主义新农村建设成绩显著。"红盾护农"行动深入开展,查处农资违法案件2.6万件,为农民挽回经济损失2.3亿元。合同帮农、合同示范文本推广工作全面开展。积极推进商标战略的实施。陕西、安徽等地开展了"一所一标"工作,积极推进"商标富农"。山西等地建立完善了合同帮农、示范文本推广等多项工作制度。五是关注和改善民生,服务和谐社会建设收效良好。各地积极落实党中央、国务院促进就业的方针政策,通过政策引导、政策支持,设立再就业咨询窗口、再就业培训点等方式,大力促进就业再就业工作。湖北、青海举办"帮扶大中专毕业生就业招聘会",引导高校毕业生转变择业观念,多渠道实现就业。西藏自治区工商局在"3·14"事件发生后,采取有力措施,迅速应对处置,全力以赴做好市场和商户的稳定工作。贵州省工商局在全省抗凝冻、保民生和灾后恢复重建中作出了突出贡献,被省委、省政府荣记集体一等功。

（四）认真落实"五抓",大力加强队伍建设,进一步树立了良好的工商形象。今年以来,各地按照"五抓"和"三个过硬"的要求,大力加强队伍建设,取得了明显成效。年初的雨雪冰冻灾害、西藏"3·14"事件及"5·12"汶川特大地震,检验了我们队伍建设的成果,充分说明我们这支队伍是一支经得住考验、特别能战斗的队伍。一是班子建设进一步加强。各地以提高落实科学发展观的能力为重点,大力加强各级领导班子建设,着力提高班子成员的政治素质、领导水平和执政能力,努力使各级领导班子成为勤奋学习的模范、团结务实的模范、开拓创新的模范、廉政勤政的模范。二是队伍建设力度加大。各级工商行政管理机关采取开展

练兵比武、培养执法办案能手、认定公职律师、实施基层执法人才培训工程等有力举措,加大了队伍建设力度,努力造就政治上、业务上、作风上过硬的高素质工商干部队伍。三是机关建设效果突出。各地围绕建设服务型机关,不断加强机关作风建设,取得了良好成绩。2007年度,天津、河北、黑龙江、新疆、哈尔滨、西安等6个单位被列为政风行风评议"免评单位"。在22个参加当地行风评议的省区市工商局中,吉林、上海、河南、济南名列第一,陕西、青海、宁夏、山东、山西、辽宁、江西、沈阳、大连、厦门、成都等名列前茅。行政审批改革进一步完善,公共服务水平进一步提高。总局在江苏召开了深化政务公开工作会议,政务公开规范化水平进一步提高,局务公开稳步推进,政府信息公开工作扎实开展。福建省工商局提早部署,开展检查验收,全省系统提前一个月实行政府信息公开。江苏、吉林、甘肃、青岛、南京、哈尔滨等地提前做好政府信息公开各项准备工作。安徽省工商局修订出台二十项基本管理制度,努力推进机关规范化建设。四是基层工商所规范化建设有新进展。各地采取建立基层建设分级指标考评、等级评定、创建星级文明规范等办法,大力加强基层建设管理。五是廉政建设取得新成效。各省级工商局普遍实行了述职述廉汇报制度,大部分省市开展了基层工商执法人员向监管服务对象代表述职述廉活动。廉政风险点防范管理试点工作扎实推进,权力监督制约制度进一步完善,工商行政管理系统惩防腐败体系建设取得新的成果。

二、认真贯彻落实党中央、国务院的部署,确保全面完成今年的各项工作任务

今年是我国经济社会发展十分关键的一年,也是奥运之年,国际国内形势出现不少新的复杂因素,雨雪冰冻和地震等自然灾害给人民生命财产和经济社会发展造成重大损失,恢复重建任务繁重,实现今年经济社会发展预期目标难度加大,特别是北京奥运会开幕在即,形势逼人,任务艰巨,责任重大。各级工商行政管理机关要坚决贯彻落实党中央、国务院的决策和部署,坚持一手

抓抗震救灾毫不放松,一手抓促进经济社会又好又快发展决不动摇,按照全国工商行政管理工作会议的部署,全力以赴、突出重点抓落实,确保完成全年的各项工作任务。特别要突出抓好五个方面的工作。

(一)加大产品质量、食品安全监管和开展"平安奥运行动"工作力度,确保流通环节奥运食品安全和维护良好的市场环境。各地要按照6月13日省区市和中央部门主要负责同志会议的部署,认真贯彻胡锦涛总书记、温家宝总理重要讲话精神,全力抓好奥运食品安全、消费维权和维护社会和谐稳定的各项工作。一是强化产品质量和食品安全监管,确保奥运食品市场消费安全。各地要按照全国工商系统流通环节奥运食品安全监管工作会议的要求,坚持"一把手"负总责,分管领导直接抓,层层落实监管任务和措施,实行严格的责任制和责任追究制。特别是奥运赛区城市工商部门要加大对辖区食品经营主体资格的监督检查力度,强化对奥运食品专营专供流通企业的监管,严格落实食品安全索证索票和购销台账制度,并积极推进建立电子台账,加强流通环节奥运食品质量监测、快速检测,突出抓好奥运赛场周边重点区域经营食品的农副产品批发市场、农贸市场、商场、超市、食杂店等重点场所的监督检查,健全奥运食品安全预警和应急处置体系,确保涉奥人员不发生重大食品安全事故,确保涉奥人员不发生重大消费侵权事件,确保涉奥地区市场稳定。二是强化奥运知识产权保护、广告监管和消费维权工作,确保维护奥运期间良好的市场秩序。要按照奥运知识产权保护法律规定,落实制度,细化工作,加大对侵权行为的打击力度,确保奥运知识产权得到保护。要严厉查处在广告中侵犯奥林匹克标志专用权的行为、未经授权许可在广告中使用奥运标志的行为,以及在广告中侵犯奥运赞助商合法权益的行为,依法查处擅自发布的烟草广告及变相发布的烟草广告,深入开展"迎奥运、讲文明、树新风"主题公益广告活动,进一步营造和谐有序的奥运广告市场环境。要进一步加大奥运会期间消费维权工作力度,充分发挥"12315"消费者申诉举报网络的作用,及时受理和处理消费者咨询、申诉和举报,强化综合分析和消费引导功能。三是强化信访和矛盾纠纷排查工作,确保平安奥运各项工作落到实处。胡锦涛总书记强调指出:平安奥运是北京奥运会取得成功的最大标志,也是我们最重要的国家形象。各地工商机关要深刻领会胡锦涛总书记的重要讲话精神,按照国务院的部署和最近召开的全国处理信访突出问题及群体性事件电视电话会议精神,高度重视本地区、本单位的信访和安全稳定工作,增强忧患意识和责任意识,坚持主要领导负总责,层层签订责任书,迅即全面开展矛盾纠纷和安全隐患排查工作,及时采取整改和防范措施,切实把矛盾和安全隐患解决在基层和萌芽状态,并对重点人员、重点部位和重点问题实行领导保包责任制,采取有效防控和监管措施,严防群体上访事件和不安全事件发生,确保本系统、本单位安全稳定,不发生进京上访滋事事件。

(二)加大市场监管执法力度,确保市场稳定。各地要继续围绕影响市场秩序和社会稳定的突出问题,严格监管,严厉打击,严肃查处,确保市场稳定。要采取加大案件查办力度等有力措施,严厉打击传销和变相传销行为;充分运用企业信用分类监管等制度,切实提高治理商业贿赂工作成效;依法推进反垄断执法工作的深入开展,积极参与打击走私贩私、扫黄打非等各项工作;加强竞争执法工作,严厉打击囤积居奇、以次充好、以假充真、缺斤少两、哄抬价格以及散布虚假信息等扰乱市场秩序的违法行为,严厉查处借灾区重建之名进行强制交易、强制服务、滥收费用和商业贿赂等不正当竞争行为,继续深入开展打击"傍名牌"专项执法行动;进一步健全完善工作机制,严厉查处无照经营和假冒伪劣等违法行为;集中力量开展粮油肉、副食品等基本生活必需品市场专项执法检查,切实保障市场交易秩序;继续加强对合同、经纪和拍卖行为的监管,进一步探索加强网络市场监管。

(三)加大服务工作力度,确保支持经济社会又好又快发展各项措施落实到位。一是积极促进市场主体加快发展。要改进监督管理，提高服务效能，积极支持国有、集体企业深化改革，继续引导个体私营经济、外商投资企业健康发展。二是认真落实国家调整经济结构、转变经济发展方式的决策部署，严格按照国家淘汰落后生产能力和实现节能降耗、污染减排、安全生产等目标要求，依法做好有关企业的变更登记、注销登记和吊销营业执照等工作。三是认真贯彻国务院颁布的国家知识产权战略纲要，推进商标战略的实施，增强商标意识。四是积极促进区域经济协调发展。继续参与主办和支持举办东西部合作与投资贸易洽谈会等经贸活动，深入推进区域执法和服务发展协作机制建设，促进区域经济良性互动和共同发展。五是积极促进社会主义新农村建设。要进一步完善红盾护农、经纪活农、合同帮农、商标富农、权益保农、政策爱农、市场助农等工作机制，努力构建服务新农村建设的长效机制，进一步增强服务新农村建设的能力和水平。六是积极做好支持西藏、三峡库区、青海藏区工商事业发展的工作。要总结经验，完善措施，进一步提高工作实效。七是切实关注民生，坚持不懈做好促进就业再就业工作。我在这里特别强调，服务经济社会又好又快发展既要改进管理、提高效能，又要依法办事，严格程序。属于省级工商局职权的，制定出台的政策意见要报总局备案。属于总局权限的，应经总局批准后施行。

（四）加大宣传和协调工作力度，确保纪念改革开放三十周年和工商部门恢复建制三十周年纪念活动顺利进行。今年是我国改革开放三十周年，也是工商行政管理机关恢复建制三十周年。各地要在前一阶段工作的基础上，按照总局印发的《全国工商行政管理系统纪念改革开放三十周年活动方案》的要求，积极采取报告会、纪念会、座谈会、举办展览和媒体宣传等方式，广泛开展宣传活动和纪念活动，坚持纪念活动与深入学习贯彻党的"十七大"和十七届二中全会精神相结合，与回顾总结改革开放三十周年和工商行政管理机关恢复建制三十周年伟大成就相结合，与对各级领导干部继续解放思想和全系统广大干部坚持改革开放的教育相结合，纪念活动要形式多样，注重实效。总局将组织开展纪念大会、纪念座谈会、有奖征文等八项纪念活动。要通过总结回顾历史，使广大干部职工增强作为工商人的自豪感和使命感，增强改革开放的意识，激发立足本职开创工商行政管理新局面的积极性和创造性。同时，各地要积极主动工作，及早研究谋划，认真做好制定"三定"方案的有关准备工作。

（五）加大对口支援地震灾区工作力度，确保灾区恢复重建工作有力、有序和有效。一是灾区工商机关要继续发扬自力更生、艰苦奋斗精神，积极做好灾后重建工作。要节约挖潜，压缩开支，尽可能增加恢复重建的经费。要全面掌握本系统、本单位的受灾情况，按照先基层后机关的原则，尽快修复、重建基层工商所，尽快恢复正常的工作秩序。同时，要积极向地方党委、政府汇报反映，争取加大对本系统、本单位恢复重建的资金投入。二是充分发挥职能作用，切实维护灾区市场稳定。灾区工商部门在抓好自身恢复重建的同时，要切实履行职责，进一步做好生活必需品应急市场建设，保障市场供应；进一步加强市场巡查和执法检查，维护正常的市场交易秩序；积极配合有关部门做好卫生防疫等工作，切实防止重大疫情的发生。三是积极做好对口支援工作。全国工商系统要按照国务院统筹对口支援的总体要求，继续发扬"一方有难、八方支援"的团结互助精神，勤俭节约，积极筹措资金，大力支持地震灾区工商所恢复重建工作，更好地履行市场监管职能。总局为进一步加大对灾区工商所重建的支持力度，从今年基层建设专项补助资金中按比例切块支援四川、甘肃、陕西、重庆等灾区。

三、进一步落实工作措施，加快推进"四化"建设

推进"四化"建设，是巩固和发展三十年的成就与经验，进一步开创工商行政管理工作新局面的战略举措；是适应新形势、新任务与时俱进，建立健全现代市场监管体系的迫切要求；是努力做到"四个统一"和构建长效管理机制的重要抓手，对于工商机关履行职能和工商行政管理事业的改革发展具有重大现实作用和长远战略意义。各地要在进一步提高思想认识的基础上，采取有力措施，加大工作力度，狠抓创新和落实，不断提高"四化"建设水平，努力构建长效管理机制。

（一）必须突出推进"四化"建设的重点内容。各地要把履行法定职责作为"四化"建设的重点任务，紧紧围绕"五大职能"作用的充分发挥，在提高执法效能、服务质量和规范管理上下功夫，真正把长效管理机制由理念、目标变为实实在在的工作模式、工作机制，扎实有效地推进"四化"建设。一是扎实推进市场主体登记监管工作和完善服务体系的"四化"建设。重点是在巩固和完善企业信用分类监管、个体工商户分层分类登记管理等监管制度改革成果的基础上，进一步规范登记注册行为，完善登记管理程序，创新登记服务制度，完善市场主体准入服务体系，建立无照经营查处规范工作有效机制等，确保市场主体资格合法有效，有力地促进各类企业和个体工商户健康发展。二是扎实推进产品质量、食品安全监管和消费维权工作的"四化"建设。重点是建立健全食品市场监管制度和机制，健全食品市场准入机制，完善食品索证索票、购销台账制度，推进食品安全示范店规范化建设，深化商品准入制度改革，健全商品主体信用分类和商品质量分类监管制度，推进商品交易市场信用分类监管，规范商品质量监测和快速检测工作，进一步大力推进"12315"行政执法体系建设，加强消费维权制度和体制、机制建设。三是扎实推进公平竞争执法工作的"四化"建设。重点是严格执法程序，规范执法行为，完善执法机制，建立健全行政执法责任制和过错追究制，建立健全防治商业贿赂长效监管机制，规范经纪人经纪行为和合同行政调解等，保护经营者合法权益，切实维护公平竞争的市场秩序。四是扎实推进保护商标专用权和广告监管工作的"四化"建设。重点是研究改进商标审查和评审制度，健全

和实施恶意申请、恶意异议提前审查、提前裁定制度，规范商标代理行为，规范驰名商标认定工作等。在推进广告监管"四化"建设方面，重点是完善广告监管联席会议制度，健全广告监测制度，进一步强化广告监管执法等。通过建立健全一系列制度和机制，有效保护商标专用权和查处虚假违法广告，切实维护商标和广告市场秩序。五是扎实推进打击传销和直销监管工作的"四化"建设。重点是制定和完善举报投诉受理、案件线索排查、应急处置、与公安和教育部门协作等方面的制度措施，推行区域联合执法模式，建立完善全国传销组织者、骨干分子和参与传销人员档案库，规范"创建无传销社区（村）"活动，完善打击传销社会治安综合治理考核办法，进一步规范直销行为等，保护群众合法权益，切实维护社会和谐稳定。

（二）必须明确推进"四化"建设的着力点。"四化"建设涉及工商行政管理工作的方方面面，范围广，任务重，必须进一步明确工作着力点，切实提高工作的针对性和有效性。一是要把着力点放在总结提升成功经验上，切实把长期以来行之有效的好做法上升为制度、规范和机制。工商行政管理改革发展的丰富实践是"四化"建设的不竭源泉。各地要对三十年来的成功经验进行总结提升，对形式多样、各具特点的做法进行分析研究，认真总结，科学归纳，凡符合履行工商行政管理法定职能、推进依法行政、维护改革发展稳定大局要求的，要及时加以固定和推广。二是要把着力点放在强化对薄弱环节的监管上，紧紧围绕解决突出问题有针对性地研究建立健全制度和机制。要从屡禁不止、屡打不绝的违法违章行为中查找监管执法的薄弱环节，从法律法规不完善的方面查找薄弱环节，从监管服务对象反映强烈的问题入手查找薄弱环节，从依法行政和规范执法行为的要求上查找薄弱环节，着力解决监管执法、服务发展和队伍建设等方面存在的突出问题，并从这些问题和薄弱环节的发生和解决中，善于发现和总结规律，举一反三，有针对性地建立健全防范和解决机制，

在实践中不断充实和丰富"四化"建设的内涵。三是要把着力点放在加强对新兴领域的监管上,切实研究符合时代特点的市场监管新制度和新办法。要针对网上交易、电子商务等新兴领域,加快制定监管法律法规,积极创新符合我国国情、符合监管执法需要的新举措、新制度,切实提高"四化"建设的创新性、有效性。

(三)必须注重抓点带面、分类指导。各地要进一步增强推进"四化"建设的自觉性、主动性和创造性,健全工作机制,深入调查研究,加强分类指导,严格责任考核,强化责任追究,确保"四化"建设的各项任务圆满完成。一是要抓试点、抓推广。"四化"建设不可能一蹴而就,要立足当前、着眼长远、搞好试点、树立典型、循序渐进、逐步推广。要充分发挥典型的示范带动作用,对一些地方从解决实际问题出发首创的做法,要允许、支持和鼓励。要按照"四化"的要求,对经过实践检验、行之有效的经验做法,组织力量认真总结并及时推广,有条件的,按照程序逐步上升为法律、法规和行政规章。在内容上,要推广市场主体准入、食品安全监管、商品质量监管、广告市场监管、商标行政保护、公平竞争、打击传销、消费维权、队伍建设、党风廉政建设典型做法。在层面上,要推广省级工商局、市县工商局和基层工商所等方面的典型经验。二是要抓机关、带基层。抓机关与带基层相辅相成。要建设学习型、服务型、创新型、节约型、和谐型机关,为基层做好表率。要真正面向基层、关心基层、支持基层、服务基层,想方设法为基层推进"四化"建设创造条件、提供支持。要下大气力抓好基层全面建设,进一步夯实基层实力、激发基层活力、提高基层效率。要切实规范基层工作人员的执法和服务行为,做到严格执法,热情服务。三是要区别对待、分类指导。市场监管领域情况和问题比较复杂,各个地区、各个阶段重点不同,监管方式方法也不尽相同。因此,"四化"建设不搞"一刀切",推进时间不搞整齐划一。各地既要不折不扣地落实总局提出的"四化"建设总体要求和工作目标,通过构建长效管理机制提高监管服务效能和水平,又要从实际出发,区别不同情况,实行分类指导,把"四化"建设与履行职能和推动工作紧密结合起来,有针对性地解决好本地区的重点、热点和难点问题。

(四)必须重视加强信息化建设和队伍建设。信息化建设是"四化"建设的技术支撑,队伍建设是"四化"建设的组织保障。一是加强信息化建设,以现代化手段保证"四化"建设有力推进。以信息化手段提高监管执法效能和服务发展水平已成为时代发展的必然要求。要把企业登记管理、食品安全和产品质量监管、公平交易执法、商标专用权保护、广告监督管理、直销规范监管、消费者权益保护等"四化"建设的目标任务和工作要求,通过信息化体现出来,充分运用信息化网络体系,提升现代化监管水平,努力实现网上登记服务、网上监管、网上执法办案、网上消费维权、网上监督制约、网上规范行为。同时,进一步完善电子政务建设,加强网上电子政务平台建设,推广应用办公自动化系统、视频会议系统,实现政务工作公开、政府信息公开和规范运行,进一步提高服务市场主体和社会公众的能力。二是加强队伍建设,为推进"四化"建设提供坚强的组织保证。要狠抓教育培训,加强马克思主义中国化最新成果的学习,强化政策法规、业务知识培训,加强工商行政管理理论研究,编辑出版《中国工商行政管理概论》,充分发挥行政学院等培训基地的作用,进一步扩大干部培训规模,进一步提高干部队伍素质。要狠抓工作规范,建立健全机关工作规则和行为准则,严格工作制度和工作纪律,扎实推进服务型机关建设,努力建设勤政、务实、高效的机关。要狠抓工作作风和党风廉政建设。全面加强各级干部思想作风、学风、工作作风、领导作风、生活作风建设,完善政务公开制度,深化行政审批制度改革,提高工作透明度,切实把行政权力的行使纳入制度化、规范化、程序化、法治化的轨道,确保权力在阳光下运行。要认真贯彻惩治和预防腐败体系规划电视电话会议精神和中央政治局常委贺国强同志的重要讲话要求,把贯彻落实中央《建立健全惩治和预防腐败体系 2008—2012 年工作规划》作为党风廉政建设的重点任务，严格执行党风廉政建设责任制，研究建立工商职业道德规范，不断推进惩治和预防腐败体系建设。

总之，推进"四化"建设是一项系统工程，涉及决策、执法、管理和工作规范、行为规范，必须强化责任制度，建立健全监督考核制度。要统筹规划，突出重点，分步实施，因地制宜，注重实效。各地要把推进"四化"建设作为当前和今后一个时期的重要任务，一把手亲自抓，分管领导具体抓，加强领导，真抓实干，力戒形式主义，切忌表面文章，确保"四化"建设不断取得新进展、新成效。

同志们，面向未来，任重道远。我们要在以胡锦涛同志为总书记的党中央坚强领导下，以中国特色社会主义理论体系为指导，深入贯彻党的"十七大"精神，全面落实科学发展观，努力做到监管与发展、服务、维权、执法"四个统一"，大力推进制度化、规范化、程序化、法治化建设，切实做到建设高素质的队伍，运用高科技的手段，实现高效能的监管，达到高质量的服务，以实际工作成效支援抗震救灾、迎接北京奥运盛会的召开，为促进经济又好又快发展和构建和谐社会作出新的贡献！

周伯华局长在部分省级工商行政管理局主要领导干部述职述廉汇报会上的讲话

（2008 年 7 月 4 日）

根据《国家工商行政管理总局关于建立省、自治区、直辖市工商行政管理局主要领导干部述职述廉汇报制度的实施意见（试行）》，按照这次会议的日程安排，今天上午会议的主要内容是，请部分省、自治区、直辖市的工商局长作述职述廉汇报。

去年初，总局党组在认真思考、充分调研的基础上，决定建立省、自治区、直辖市工商局主要领导干部述职述廉汇报制度，并在去年 7 月哈尔滨召开的全国工商局长座谈会议上进行了首次尝试。北京等八个省级工商局主要领导同志作了述职述廉汇报。总得来看，首次述职述廉汇报是成功的，效果是很好的。会后，根据大家提出的意见和建议，总局党组正式印发了关于述职述廉汇报制度的《实施意见（试行）》，国务院有关领导和一些省委、政府的负责同志对总局党组建立这项制度给予了高度评价，认为在加强省级工商局领导班子思想政治建设、作风建设和党风廉政建设方面，这是一项重要的制度创新和现实举措。

实践证明，建立这项制度能够进一步加强对省级工商行政管理部门领导干部的双重管理，不断健全和完善党风廉政建设责任制，促进全国工商系统党风廉政建设。今年 5 月，总局党组确定了山西、内蒙古、上海、浙江、四川、云南、陕西、青海、新疆等九个省（区、市）工商局主要负责同志在这次全国工商局长座谈会上进行述职述廉汇报。上述九个单位主要领导同志高度重视，会前进行了认真的准备，并广泛征求意见，形成了述职述廉汇报材料，同时向地方党委政府有关部门作了汇报。今年述职述廉汇报的主要内容是：以《实施意见（试行）》规定的四项主要内容为重点，侧重于贯彻党的"十七大"、中央纪委二次全会和年初召开的全国工商行政管理工作会议、工商系统党风廉政工作会议精神，努力做到"四个统一"，坚持"五抓"，在推进制度创新、构建反腐倡廉长效机制等方面的主要做法和取得的成绩。

同去年一样，在要求省级工商局长述职述廉汇报的同时，总局党组和总局机关率先开展了相关工作，并取得了新的成效。3 月 24 日，总局党组召开了 2007 年度民主生活会，围绕总局党组班子在思想作风、学风、工作作风、领导作风、生活作风等方面的情况，联系一年来党组及各成员的思想、学习、工作实际，回顾总结 2007 年的工作，做好 2008 年工作建议，以及总结落实 2007 年度专题民主生活会整改措施情况，进行对照检查，认真查找不足，提出改进措施，明确努力方向。3 月 31 日，我代表党组向总局机关和直属单位通报了党组召开民主生活会的情况以及下一步整改措施。6月23日、24日，总局党组召开了总局机关和直属单位主要负责同志述职述廉会议，围绕努力做到"四个统一"、推进"四化"建设、加强队伍建设的"五抓"要求，推进落实全国工商行政管理工作会议和党风廉政工作会议、2008年加强总局机关建设工作方案等方面进行了述职述廉。以后每年省（区、市）工商局主要领导干部述职述廉汇报前，我们都要坚持这项工作。

今天上午先请九位省级工商局主要负责同志作述职述廉汇报，然后我再讲点意见。下面进行述职述廉汇报。

刚才，听了九个省（区、市）工商局局长述职述廉汇报，大家围绕贯彻党的"十七大"、中央纪委二次全会和全国工商行政管理工作会议、党风廉政工作会议精神，落实党中央、国务院及中央纪委、中组部和地方党委、政府关于党风廉政建设的工作部署和有关制度规定，坚持"一把手"负总责，抓班子、带队伍，努力做到"四个统一"，推进"四化"建设，坚持"五抓"，建设"三个过硬"队伍，坚持民主集中制等方面的内容，重点谈了加强思想政治建设、作风建设和党风廉政建设，推进制度创新，构建反腐倡廉长效机制等方面的主要做法和取得的成效，查找了存在的薄弱环节，提出了改进措施。

大家谈得都很好。总的感觉：

第一，同志们都高度重视述职述廉汇报，对述职述廉汇报制度的认识不断深化。汇报材料准备充分，都是在广泛征求意见的基础上，班子集体研究形成的。有的还专门向省委、省政府和有关部门进行了汇报，得到了他们的指导，说明大家对这项工作是高度重视的，对总局党组的部署是认真执行的，这也从一个侧面反映了大家对党风廉政建设和反腐败工作的重视。一是大家对述职述廉汇报制度定位的认识更加准确，对落实这项制度的思路更加清晰，都能够按照科学发展观的要求，把这项制度作为促进和谐社会建设、提高市场监管能力、促进各项任务完成的重要保障抓落实。青海省工商局

谈到通过"抓教育、抓制度、抓惩处"三个抓手，"强化目标责任管理，强化监督检查"，确保党风廉政建设落到实处。二是利用多种形式，广泛开展述职述廉。例如，借鉴总局述职述廉汇报制度的推行，多数省局在拓展述职述廉主体方面，做了有益的探索，进行了内设机构、直属单位和地（市、州）工商局主要负责同志向省局党组（党委）述职述廉，有的开展了基层行政执法人员向监管服务对象代表述职述廉，都取得了很好的效果。三是同志们落实述职述廉汇报制度的自觉性和主动性也有了新的提高。有的同志打电话、有的同志甚至到我办公室要求进行述职述廉汇报。特别需要指出的是，四川省局李柏云局长、陕西省局李仲为局长，"5·12"地震以来，一直带领全系统工商干部抗震救灾，在非常繁忙、非常疲劳的情况下，仍然坚持述职述廉汇报。

第二，大家都能够率先垂范，认真履行党风廉政建设责任制。述职述廉汇报中，在情况分析、查摆问题、制定措施等各个环节，大家都能够把自己摆进去，都能够认真学习党的"十七大"、中央纪委二次全会、国务院第一次廉政会议和工商系统工作会议、廉政工作会议精神，清醒认识反腐倡廉面临的形势，不断增强责任感、使命感，尽职尽责、尽心尽力，模范遵守党风廉政建设各项要求，履行"一岗双责"，切实发挥"第一责任人"重要作用，都能够坚持民主集中制，在重大问题上坚持集体研究、集体决定。例如，云南省局领导班子严格落实"十六字"方针，党组会、办公会、局务会决策做到了过程民主化、程序规范化、结果公开化。近年来浙江省局的全面建设取得快速发展，为全国工商行政管理改革创造了很多经验，但郑宇民局长谈及工作中的成绩不多，谈及不足时，态度恳切诚挚，体现了非常高的工作标准和本人坚定的党性原则、良好的思想作风。内蒙古区局王玉英局长注重理论学习，深入调查研究，不断培养政治敏锐性和应急应变能力，发扬民主作风，营造和谐氛围，树立非权力性威信，努力做到"公"和"廉"，以身作则，带动团队。大家对廉洁自律的自身要求

是高的，廉政这根"弦"绷得是紧的，并且能够自觉做到用自身言行影响班子成员和部属，这样抓班子、带队伍、促作风最有说服力。

第三，都能够以加强作风建设为重点，促进各级领导班子和党员干部队伍建设。党的作风关系到党的形象，党风正则干群和，干群和则社会稳。全国工商系统各级领导班子和党员干部队伍的作风如何，对工商行政管理事业影响重大，影响深远。对此，各省级工商局都能够在新的形势和任务面前，牢记职责、不辱使命，把队伍建设作为党风廉政建设和反腐败工作的重点内容和基础性工作来抓，各级领导班子和党员干部队伍建设取得了令人瞩目的成绩。四川省局领导班子在李柏云同志带领下，始终坚持正人先正己，要求部属做到的，自己首先做到，公开表态"向我看齐、对我监督"，用实际行动做廉政表率。汶川地震发生后，四川省局和成都市局领导班子关键时刻冲得上去，在大灾面前指挥有力，身先士卒，带领全省工商系统冲在一线，为全国工商系统应对突发事件提供了很好的经验。上海市局作为市纪委"三个更加注重"试点单位，围绕执法办案和资金管理两个重点环节，针对分局领导、科所队长和基层执法干部，确定了政务公开、资金管理、执法办案等六项重点廉政工作内容，促进了队伍建设。

第四，都能够结合本系统工作实际，创造性地开展工作。一是大家能够在全面把握党风廉政建设方面总体情况的基础上，积极探索党风廉政建设新路子，结合当地实际，按照科学发展观的要求，创造性地开展工作。陕西省局围绕加强对行政审批权的监督制约，实施登记和监管职能分离，在各级注册大厅设置了服务质量评价系统，大力推进政务公开和一厅式服务。二是注重以改革创新精神抓党风廉政建设，每位同志谈到的做法中都有符合当地实际、反映系统特点、体现时代特征的亮点。多数省局领导班子与处室负责人和地（市、州）工商局主要领导干部签订《党风廉政建设责任书》，建立了省局领导廉政建设联系点和干部任职廉政

谈话制度，拓展了监督领域，丰富了监督方式。三是都能够自觉加强党风廉政制度建设，努力构建长效机制。新疆区局认真实施廉政风险点防范管理，先后制定了《暂扣罚没物资管理办法》、《行政处罚自由裁量权行使规定》等，初步形成了一套廉政制度体系。四是大家都能够自觉把党风廉政建设融入到其他工作中，搞好与班子建设、政风行风建设、基层建设的结合，避免"弹空弦、唱空调"，山西省局注重把党风廉政建设融入加强班子建设、政风行风建设和基层建设，把基层蹲点制度作为加强廉政建设、转变作风的重要举措。

第五，都能够切实履行职责，工作成效明显。主要负责同志带领"一班人"认真贯彻党中央、国务院和当地党委、政府以及总局党组关于加强党风廉政建设的各项决策部署和要求，狠抓落实，各项工作取得了显著成绩。据总局统计，截止到5月底，全国共有16个省（区、市）工商局和8个副省级市工商局参加了当地有关主管部门组织的政风行风评议活动，上海等15个省级工商局取得了佳绩，另有陕西、新疆等6个省级工商局被评为政风行风"免评单位"。总的来看，工商系统在政府行政执法部门中政风行风的排名是靠前的，进步是明显的。这些成绩的取得，是与各单位狠抓以保持党同人民群众血肉联系为重点的作风建设分不开的，是与各单位自觉努力做到"四个统一"、加强"四化"和"三个过硬"队伍建设分不开的，是与在党风廉政建设中"一把手"负总责、领导班子各负其责、纪检监察组织协调、各部门密切配合、广大干部共同努力分不开的。

总之，这次述职述廉汇报，达到了预期目的，为不断坚持和完善述职述廉汇报制度，积累了成功经验，奠定了坚实基础。希望各地通过这次述职述廉汇报，认真学习、借鉴九个省（区、市）工商局好的做法和经验，推动各项工作不断向前发展。下面，我就进一步加强全系统党风廉政建设和反腐败工作讲点意见。

一、贯彻落实《建立健全惩治和预防腐败体系2008—2012年工作规划》，抓好党风廉政建设和反腐败工作

5月13日，中央印发了《建立健全惩治和预防腐败体系2008—2012年工作规划》（以下简称《工作规划》）（中发〔2008〕9号），5月23日，中央纪委召开了贯彻落实《工作规划》电视电话会议，就贯彻落实《工作规划》进行动员部署。6月11日，总局党组召开会议，传达了电视电话会议精神，会议决定，在这次全国局长座谈会上，结合省级工商局主要领导同志述职述廉汇报，将贯彻落实《工作规划》作为内容之一进行传达和部署。

我们党从提高党的执政能力、保持和发展先进性的战略高度出发，深刻总结反腐倡廉实践经验，准确把握现阶段反腐倡廉总体形势，提出了今后五年的《工作规划》，以中央名义下发。加上在2005年1月，中央以3号文件印发的《建立健全教育、制度、监督并重的惩治和预防腐败体系实施纲要》，在短短三年多的时间里，中央就惩治和预防腐败体系建设问题专门下发两个文件，这在党的历史上还是第一次，充分说明了党中央对党风廉政建设和反腐败斗争的高度重视，也充分说明建立健全惩治和预防腐败体系在党的建设中具有举足轻重的地位和作用。

《工作规划》是对《实施纲要》的继承、发展和创新，是党在新的历史条件下对执政规律和反腐倡廉工作规律的认识不断深化的成果，是推进惩治和预防腐败体系建设的指导性文件，是今后五年扎实推进惩治和预防腐败体系建设的基本遵循。认真贯彻落实《工作规划》，对于全国工商系统进一步发挥职能作用，促进经济社会又好又快发展，加强各级领导干部和领导班子反腐倡廉建设，切实解决各项工作中存在的突出问题，努力做到"四个统一"，推进"四化"建设，促进"五抓"和建设"三个过硬"队伍，同样具有重大的指导意义。这里插一句，总局被中央纪委确定为起草《工作规划》的联系单位，本身就是对工商系统反腐倡廉建设的肯定。我们一定要珍惜荣誉、趁势而上，力求走在政府各部门前列。

目前，总局已经成立由我负总责，玉亭和见元同志具体负责的总局贯彻落实《工作规划》领导小组，正在抓紧制定《关于贯彻落实〈工作规划〉的实施办法》和《分工方案》。全国工商系统要把贯彻落实《工作规划》作为当前一项重要的政治任务来抓，党组（党委）主要负责同志要负总责，领导班子中要确定一名负责同志具体抓，其他成员根据分工，抓好负责范围内的《工作规划》贯彻落实工作。要采取举办培训班、研讨会、理论征文等多种形式学习《工作规划》，充分发挥系统报刊网站等媒体作用，加大宣传力度，形成贯彻落实《工作规划》、完善惩治和预防腐败体系的良好氛围。要按照总局和地方党委政府的部署和要求，结合实际，制定重点突出，有目标、有计划、分阶段、分步骤，责任明确的具体实施办法，细化分解任务，加强监督检查，推动工作落实。今后几年的述职述廉汇报，要把贯彻落实《工作规划》情况作为重要内容。

二、积极探索党风廉政建设和反腐败工作新途径，努力构建反腐倡廉长效机制

当前，工商行政管理进入改革发展关键阶段，反腐倡廉建设正处于重要时期，在经济体制深刻变革、社会结构深刻变动、利益格局深刻调整、思想观念深刻变化的条件下，许多新情况、新问题、新矛盾逐步显现出来，有些问题还会很突出，这就要求我们在党风廉政建设和反腐败工作实践中，要不断认识和把握规律，以创新的工作思路、建设性的举措、科学合理的方法推进反腐倡廉建设，必须注意把握和体现改革创新、惩防并举、统筹推进、重在建设的基本要求，以改革精神推进制度建设，以创新思路寻求治本办法，积极探索党风廉政建设和反腐败工作新途径，努力构建反腐倡廉长效机制。

第一，构建反腐倡廉长效机制，要以加强宣传教育为基础。要加强党的基本理论、基本路线、基本纲领、基本经验的学习宣传教育，深入开展马克思主义中国化的最新成果和社会主义核心价值体系教育，深入进行理想信念、党风党纪、廉洁从政、艰苦奋斗教

育、典型示范教育和典型案例警示教育，打牢廉洁从政的思想政治基础。当前要特别加强科学发展观的宣传教育活动，使反腐倡廉建设在科学发展观的贯彻落实中得到体现，切实推动科学发展观在工商行政管理工作中的贯彻落实。要把反腐倡廉学习教育与工商廉政文化建设结合起来，与贯彻落实全国工商系统年度工作部署结合起来，与改革开放 30 周年和工商系统恢复建制 30 周年系列纪念活动结合起来。要发挥各级领导干部和领导班子表率作用，要把反腐倡廉学习教育纳入党组（党委）理论中心组学习计划，列入党校、行政学院和各级培训班教育培训内容，在入心入脑、务求实效上狠下功夫。要充分发挥系统媒体作用，大力抓宣传、建氛围，在全系统形成"以廉为荣、以贪为耻"的良好风尚。

第二，构建反腐倡廉长效机制，要以制度建设作保障。制度不完善、落实不彻底、管理有漏洞是腐败滋生的主要原因，加强制度建设是反腐倡廉的治本之策。目前全国工商系统，要抓紧已有制度的完善，在落实上狠下功夫，要针对工作中的薄弱环节抓紧制定相关制度。要继续深化行政审批制度改革，加强对行政审批行为规范管理，对保留的行政审批项目，进一步明确前置许可要求，简化程序、提高效率。要健全、完善、落实规范行政执法权的各项制度，下半年全系统要完成"工商行政执法证"的换发，不具备执法资格的人员不得执法。要进一步深化干部人事制度改革，坚持和完善干部监督工作联席会议制度，健全干部交流制度，建立完善对干部进行经常性考察监督的制度，建立干部廉政档案，等等。

第三，构建反腐倡廉长效机制，要坚持突出重点、整体推进。突出重点，一是要把各级领导干部和领导班子作为重点，在抓好教育、筑牢思想道德防线的基础上，加强监督、促进廉政。"一把手"要认真履行党风廉政建设责任制，切实起到第一责任人的重要作用，以身作则、率先垂范，从而影响班子、带动队伍。二是要继续深入推进行政权力公开透明运行，强化制约和监督，保证权力

的正确行使，按照权力的取得要有据，权力的配置要科学、运行要公开、行使要依法、监督要到位的要求，建立健全决策权、执行权、监督权既相互制约又相互协调的权力结构和运行机制，保证权力在公开透明、民主科学的前提下运行。三是要加强廉政风险点的防范管理，严格规范行政审批权、行政执法权、队伍管理权行使和其他重要行政行为，重点加强对用人、花钱的防范管理，把防范管理落实到领导干部特别是主要领导干部行使权力的全方位、全过程。整体推进，就是既要注重治标，又要注重治本，坚持惩治和预防两手抓、两手都要硬，惩治于已然，防患于未然，既坚决查处违纪违法案件、依法严惩腐败分子，又加大预防工作力度、不断铲除腐败滋生的土壤，努力把腐败现象减少到最低程度。从教育、制度、监督、改革、纠风、惩处等六个方面，把改革的推动力、教育的说服力、制度的约束力、监督的制衡力、惩治的威慑力结合起来，把阶段性任务与战略性目标结合起来，整合各方面资源和力量，增强反腐倡廉建设的综合效能、整体效能、系统效能，促进反腐倡廉长效机制建立。

第四，构建反腐倡廉长效机制，要坚持统筹兼顾、协调配合。构建反腐倡廉长效机制，涉及面广、工作量大、头绪繁多、时间跨度长，是一项系统工程，只有统筹兼顾，协调配合，才有利于长效机制建立。一是要立足当前、着眼长远。结合各自实际，认真分析反腐倡廉建设总体形势，立足当前合理制定阶段性任务，着眼长远科学谋划战略性目标，使各项工作有步骤、按计划推进。二是要整合各方面资源和力量，形成工作合力，把纪检监察机关的职能优势和各级领导干部、领导班子以及党委、纪委、团委等机关的职能作用以及广大干部群众和全社会的监督作用结合起来，充分调动各方面的积极性，形成专群结合、齐抓共管的工作格局。

三、切实增强责任感、使命感，强化组织领导和工作落实，进一步推动党风廉政建设和反腐败工作的深入开展

近年来，工商行政管理改革发展取得重大进展，党风廉政建设和反腐败工作成效显

著。如何在取得显著成绩的基础上更进一步，使工商系统反腐倡廉建设向更宽领域、更深层次拓展，是摆在我们面前的重大课题。时代在前进，事业在发展，我们要不断适应世情、国情、党情的发展变化，不断适应工商行政管理事业的发展变化，坚持解放思想、实事求是、与时俱进，采取有效措施，把党风廉政建设和反腐败工作推向深入。

第一，要进一步增强抓好党风廉政建设和反腐败工作的责任感。党的"十七大"提出，必须把党的执政能力建设和先进性建设作为主线，坚持党要管党、从严治党，贯彻为民、务实、清廉的要求，加强思想、组织、作风、制度和反腐倡廉建设。全国工商系统要以党的"十七大"精神为指引，按照党的建设新要求，通过全系统共同努力，切实把思想统一到中央对反腐倡廉形势的分析判断上来，把行动统一到中央对反腐倡廉工作的部署和要求上来，进一步增强责任感，坚定加强党风廉政建设和做好反腐败工作的信心和决心，始终保持坚定正确的政治方向，始终保持勤奋刻苦的学习精神，始终保持蓬勃向上的工作状态，始终保持勤政廉洁的干部形象。

第二，各级领导干部和领导班子要切实加强组织领导，担负起全面领导党风廉政建设和反腐败工作的政治责任。反腐倡廉重在建设、贵在落实。各级领导干部和领导班子是党风廉政建设和反腐败工作的责任主体，主要领导同志是党风廉政建设的第一责任人，要切实负起抓"总"的职责，不断加强领导班子建设。要严格执行党风廉政建设责任制，做到履行责任有规范、检查考核有标准、责任追究有依据。继续认真贯彻民主集中制，带头讲民主、勤商量、多沟通、常讨论，确保决策科学、合理、可行。要自觉遵守廉洁自律的各项规定，制定完善自我约束机制。要以更加坚决的态度、更加有力的措施推进反腐倡廉建设，以更加扎实的工作、更加明显的成效取信于广大党员干部群众。要经常听取党风廉政建设和反腐败工作情况汇报，真正做到重要工作亲自部署、重大问题亲自过问、重点环节亲自协调、重点案

件亲自督办。各级纪检监察部门要充分履行职责，协调相关职能部门各司其职，密切配合，扎实推进各项工作任务，积极主动地协助党组（党委）抓好工作落实。

在这里，我代表总局党组向全国工商干部群众庄重承诺，一定模范遵守各项廉政规定，凡是要求下属做到的，我们要模范做到，凡是要求全系统不做的，坚决带头不做。还要请全国工商系统各级领导同志，要帮助我们抵制各种不正之风，凡有人以总局领导名义到各地招摇撞骗，破坏总局领导形象的，请你们大胆依纪依法严肃查处。

第三，以加强队伍建设为重点，夯实党风廉政建设和反腐败工作的基础。新形势下做好工商行政管理工作，就要建设高素质队伍，运用高科技手段，实现高效能监管，提供高质量服务。建设高素质队伍，是党风廉政建设和反腐败工作的关键点。我们要通过加强领导班子、党员队伍、各级机关基层工商所执法队伍建设，按照"五抓"要求，建设"三个过硬"的高素质干部队伍，夯实党风廉政建设和反腐败工作的基础。

第四，以更高的标准强化对党风廉政建设和反腐败工作的监督检查。一是加强各级领导干部和领导班子执行政治纪律的监督检查。政治纪律是路线问题、方向问题，是各级领导干部和领导班子建设的最首要、最核心的内容。要加强监督检查，确保各级领导干部和领导班子切实维护党的政治纪律，确保中央、省委、政府和总局党组政令畅通。二是积极发挥各监督主体的作用，整合外部监督、内部监督和层级监督的力量，加强对权钱交易、权色交易、官商勾结、商业贿赂、严重违反组织人事纪律等行为的检查，加大案件查办力度，对查办案件要给予人力、财力和政策上的支持。三是特别要加强当前对抗灾救灾和灾后重建工作的资金、捐助款物的管理、使用情况的监督检查，保证专款专用。

第五，加大案件查处力度，坚决纠正和惩治腐败行为。要以发生在领导机关、领导干部中的违纪违法案件为重点，进一步加强案件查处工作。近期，中央纪委、监察部转

发了山东省纪委监察厅关于滨州市工商局在抗震救灾期间用公款组织旅游案件的通报。总局已经向全系统转发了这个通报,这是一起严重的顶风违纪案件。我们一定要从这起案件中汲取深刻教训,引以为戒,杜绝此类问题再次发生。要进一步增强政治意识、大局意识和忧患意识,当前全党全军全国各族人民正在万众一心抗震救灾,把抗震救灾和灾后重建工作作为最重要最紧迫的任务,同志们一定要有这个政治敏锐性,把思想和行动统一到党中央、国务院的分析判断和决策部署上来。要大力弘扬艰苦奋斗、勤俭节约的优良传统和作风,厉行节约,反对奢侈浪费,坚决抵制享乐主义和奢靡之风。要按照反腐倡廉建设的要求,坚决制止借开会、考察学习和培训等名义,变相组织公款旅游行为。各地对巧立名目用公款旅游等奢侈浪费行为,必须依纪依法从严处理。

同志们,今年的时间已经过去了一半,我们的工作任务还很繁重。希望大家按照工作部署,一手抓监管执法不放松,一手抓反腐倡廉不动摇,再接再厉,扎实工作,圆满完成今年的各项任务。

(国家工商行政管理总局办公厅秘书处整理)

第六篇

工商行政管理大事记

1949 年

10 月 21 日　中央人民政府政务院财政经济委员会成立,设私营企业局,各大中城市新设立工商局,主要管理私营工商业。

1950 年

5 月 8 日至 26 日　中财委召开了全国七大城市工商局长会议,着重讨论了调整工商业的公私关系问题。调整公私关系的原则是:五种经济成分统筹兼顾,各得其所,分工合作,一视同仁。

7 月 28 日　政务院公布了《商标注册暂行条例》。《条例》规定:商标实行自愿注册,并保护商标专用权。随后,中财委于 9 月 28 日颁发了《商标注册暂行条例施行细则》。

10 月 5 日　《工商情况通报》出版第一期。

11 月 14 日　中央人民政府贸易部发布了《关于取缔投机商业的几项指示》。《指示》规定:超出人民政府批准之业务经营范围,从事其他物资之经营者,以及买空卖空、投机倒把、故意抬高价格、抢购物资等 8 个方面的非法经营为投机商业活动。

12 月 31 日　政务院颁布了《私营企业暂行条例》。对私营企业的财产、组织形式、核准登记、盈余分配,以及对内对外关系等作了具体规定。

1951 年

3 月 30 日　中财委公布了《私营企业暂行条例施行办法》及《关于公营企业和公私合营企业应进行登记的指示》。

5 月 4 日　中财委发布了《关于公营企业和公私合营企业登记的补充指示》。规定公私合营企业的登记,应依照《私营企业暂行条例》及其《施行办法》办理。

1952 年

11 月 15 日　中共中央发出了《关于调整商业的指示》,决定对公私商业进行调整。对于市场管理,要取消妨碍正当私商畅通城乡交流的各种不适当的限制。

11 月　经政务院批准,中央私营企业局与外资企业局合并为中央工商行政管理局,为政务院直属局,主要管理私营企业、公私合营企业、外资企业以及工商行政工作。

1953 年

1 月　中央工商行政管理局出版《工商行政通报》。

8 月 6 日　中财委发出了《关于市场管理的意见的指示》。《指示》规定:在各级市场上,对消费者、农民小量的、非投机性的粮食交易不得限制。对代客买卖的粮行,应根据情况,给以一定的手续费,争取他们为国营粮食部门服务。

10 月 23 日至 11 月 12 日　中华全国工商业联合会筹委会在北京召开会员代表大会,大会宣布正式成立中华全国工商业联合会。

12 月 28 日　中共中央转发中央宣传部编写的《为动员一切力量把我国建设成为一个伟大的社会主义国家而斗争——关于党在过渡时期总路线的学习和宣传提纲》,发表了毛泽东主席提出的党在过渡时期的总路线。总路线公布后,工商行政管理部门就把总路线的精神贯彻到各项工作之中,把对资本主义工商业的社会主义改造作为工作的重点。

1954 年

7 月 13 日　中共中央发出《关于加强市场管理和改造私营商业的指示》。《指示》提出对私营批发商采取“一面前进、一面安排,前进一行、安排一行”的办法,分别不同行业、不同情况,有计划地代替和安排私营小批发商和私营零售商,把对企业的改造和对人的改造结合起来,把改造和安排结合起来,引导他们转向有利于国计民生的事业。

1955 年

4 月 12 日　中共中央发出《关于进一步加强市场领导,改造私商,改进农村购销工作的指示》。其中对农村私商,除了少数商业资本家可用经销、合营的形式加以改造外,对小商小贩的改造,应根据自愿的原则,通过多种形式加以组织,经过互相合作的道路,分担农村商品流转的任务。

7 月 16 日　国务院批转商业部、供销合作总社、中央工商行政管理局《关于改进初级市场管理工作的报告》。报告指出:必须迅速纠正当前初级市场存在的管理过严过死的现象,加强和改进对初级市场的管理。当前初级市场行政管理的基本任务是:继续稳定市场,活跃城乡交流,严格取缔投机,保证国家购销计划的完成;并通过行政管理,协助国营、合作社商业对私商进行社会主义改造。

1956 年

1 月　全国大城市和 50 多个中等城市的资本主义工商业全部公私合营。至第一季度末,除西藏等少数民族地区外,全国资本主义工商业基本上实现了全行业公私合营。

9 月 15 日　刘少奇在中共"八大"会上作政治报告,报告中指出:"我们应当改进现行市场管理办法,取消过严过死的限制。"

9 月 20 日　陈云在中共"八大"会上发言,发言中指出:"在工商业生产经营方面,国家经营和集体经营是工商业的主体,但是附有一定数量的个体经营,这种个体经营是国家经营和集体经营的补充。""在社会主义的统一市场里,国家市场是主体,但附有一定范围内国家领导的自由市场,这种自由市场是在国家领导之下,作为国家市场的补充,因此,它是社会主义统一市场的组成部分。"

1957 年

1 月 17 日　国务院批转了中央工商行政管理局《关于实行商标全面注册的意见》。《意见》规定:"各企业(不分经济性质)、合作社产制商品使用的商标,必须注册。现在还没有注册的,统限于 1957 年 6 月 30 日以前完成申请手续。嗣后未经核准注册的商标不能使用。"

1958 年

1 月 9 日　国务院批转《关于工商行政部门 1958 年主要工作安排的报告》。《报告》中对市场管理工作提出要贯彻"管而不死,活而不乱"的精神。

8 月 26 日　中央工商行政管理局在天津市召开市场管理和对私改造工作现场会议,会议确定在新形势下工商行政管理的任务是:加强对私改造,将一切残存的个体户纳入社会主义改造的各种形式;要加强市场管理,积极地为工农业生产服务,为消费者服务,保证国家计划的完成,消灭资本主义经济残余,将全国城乡某些分散的市场,完全改造为有组织有计划的市场。

12 月 4 日　中央工商行政管理局在广州市召开商标工作会议,会议提出了商标注册的目的,不是单纯为了保护"专用权",而是为了促使生产企业保证和提高产品质量。

1959 年

5 月 25 日　中央工商行政管理局在上海市召开全国商标工作会议,讨论了结合商标管理监督产品质量的问题。随后,国务院转发了会议报告。指出:商标管理工作是市场管理工作的一部分,它不仅能够防止市场上出现若干相同和近似的商标,造成混乱现象,而且有助于监督商品的质量。

9 月 23 日　中共中央、国务院发出《关于组织农村集市贸易的指示》,提出农村集市贸易是社会主义统一市场的一个组成部分,领导和组织农村集市贸易的原则,应当是"活而不乱,管而不死"。

1960 年

4 月 14 日　国务院转发了中央工商行政管理局关于全国工商局长会议的报告,指出:要广泛地开展对小商贩、小业主的社会主义教育运动,彻底地清理和改造残存的个体工商业户,同时坚决地打击城乡一切资本主义投机违法活动。为了贯彻国务院这一指示,中央工商行政管理局召开了小商贩改造工作座谈会。

1961 年

1 月 29 日至 2 月 6 日　中央工商行政管理局会同商业部在武汉市联合召开农村集市贸易汀泗桥现场会议,提出对农村集市贸易要"大胆地放,认真地管","活字当头,管在其中",从而推动了集市贸易的恢复和发展。

1962 年

6 月 21 日　国务院发出《关于制止市场管理工作中违法乱纪行为的指示》,要求加强对市场管理干部的政策教育和政治思想教育。对于有违法乱纪行为的人员,应当根据过去从宽、今后从严的精神,分清责任,严肃处理。

9 月 27 日　中共八届十中全会通过了《中共中央关于商业工作问题的决定》。其中关于集市贸易指出:集市贸易是农民之间互通有无、调剂余缺的场所,是国营商业和合作社商业的必要补充。为此,既要有正确的经济措施,又要有正确的行政管理办法。

12 月 30 日　国务院颁布了《工商企业登记管理试行办法》,要求各地依照本办法的规定,对已经开业的城乡工商企业进行一次全面登记。《试行办法》规定,除国防工业、国营交通运输业和公用事业外,所有国营、地方国营、公私合营、合作社营和其他集体所有制、个体工商业者举办的工业、手工业、交通运输业、建筑业、商业、饮食业、服务

业的生产经营单位,都要依照规定办理登记。

1963 年

3 月 3 日　中共中央、国务院发出《关于严格管理大中城市集市贸易和坚决打击投机倒把的指示》,指出:"今后对大中城市集市贸易,应当采取加强管理、缩小范围、逐步代替、区别对待、因地制宜的方针。"

3 月 25 日　国务院颁布《关于打击投机倒把和取缔私商长途贩运几个政策界限的暂行规定》。《暂行规定》关于投机倒把列举了私商转手批发、长途贩运、开设地下厂店行栈、放高利贷、雇工包工剥削、囤积居奇、哄抬物价、投机倒卖耕畜等 8 个方面的非法行为属于严重投机违法活动,必须坚决打击。

4 月 10 日　国务院颁布《商标管理条例》。《条例》规定:"企业使用的商标,应当向中央工商行政管理局申请注册。"也就是商标实行全面注册即强制注册。

1964 年

4 月 11 日　国务院批转中央工商行政管理局《关于工商行政管理机构和编制问题的报告》。指出工商行政管理部门在对资本主义势力作斗争方面担负着重要任务,工商行政管理工作应当继续加强,不能削弱。要求各地根据实际工作需要,逐步建立与健全工商行政管理机构,充实和配备必要的人员编制;不建立工商行政管理机构的,也应当指定有关部门兼管此项业务,并配备专职干部。

7 月 27 日　中央工商行政管理局制定《关于工商行政管理部门检查和处理投机违法活动若干具体问题的规定(试行草案)》,对投机违法案件的处理程序作了具体规定。

11 月 12 日　中共中央、国务院发出《关于加强市场管理,严厉打击投机倒把活动的通知》。《通知》要求对于那些投机倒把活动,要采取严厉措施,退赃退款,或没收其用

以投机倒把的财物。

1965 年

3 月 25 日　中央工商行政管理局发出《1965 年全国工商行政管理工作会议纪要》。《纪要》对 1965 年工作作了安排，一是要继续深入打击投机倒把活动，限制和取缔资本主义自发势力。二是进一步管好城乡集市贸易。对一些大城市，在市场供应好转以后，市区的集市贸易已经失去作用的，经过当地党委批准，可以取消。三是协助有关部门，在城市和重要集镇继续开展代替私商的工作，只能前进，不能后退。

6 月 28 日　中央工商行政管理局发出《关于进一步做好农村市场管理的通知》。要求继续认真贯彻"管而不死，活而不乱"的方针，一方面要配合农村社会主义教育运动，严厉打击投机倒把活动，坚决制止资本主义自发势力；另一方面要按照政策，正确利用集市贸易、庙会、小型物资交流会等形式，活跃农村市场。

1966 年

4 月 7 日　国务院批转中央工商行政管理局《关于改进商标管理工作的报告》。

4 月 26 日　国务院财贸办公室转发了中央工商行政管理局《关于整顿农村集市交易所和统一管理市场的报告》。《报告》提出全面整顿交易所。其方针是："砍掉一批，裁并一批，精简人员，统一管理。""对农村市场管理应当统一，改变多头分管、各自为政的情况，以利于贯彻政策。"

1967 年

8 月 18 日　国务院、中央军委转发了上海市革命委员会《关于打击投机倒把加强市场管理的通知》。《通知》指出："公安、政法部门必须协同工商行政管理机关，坚决打击投机倒把活动。""工商行政管理机关是保卫社会主义经济、维护社会主义市场秩序的无产阶级专政机构，市场管理干部必须紧紧依靠革命群众，与资本主义势力坚决开展斗争。"

1969 年

9 月 15 日　中央工商行政管理局与商业部、粮食部、供销合作总社合署办公。

1970 年

2 月 5 日　中共中央发出《关于反对贪污盗窃、投机倒把的指示》。《指示》重申：一、除了国营商业、合作商业和有证商贩外，任何单位和个人，一律不准从事商业活动。二、集市管理必须加强，一切按照规定不许上市的商品，一律不许上市。三、除了经过当地主管部门许可以外，任何单位一律不准到集市和农村社队自行采购物品；不准以协作为名，以物易物；不准走"后门"。四、一切地下工厂、地下商店、地下包工队、地下运输队、地下俱乐部都必须坚决取缔。

7 月 1 日　中央工商行政管理局与商业部、粮食部、供销合作总社正式合并为商业部，工商行政管理工作归商业部商管组负责。

7 月 17 日　商业部、财政部发出《关于将市场管理人员列入国家行政编制的联合通知》。《联合通知》规定：市场管理人员的工资、福利和办公费等按行政机关批准，纳入财政预算，市场的罚没款全部上交财政部门。

1975 年

5 月　商业部成立工商管理局，主管工商行政管理工作。

1978 年

9 月 25 日　国务院发出《关于成立工商行政管理总局的通知》，要求县和县以上各级设工商行政管理局，县以下设立工商行政管理所。同时,还规定工商行政管理部门的主要工作为集市贸易管理、工商企业登记管理、经济合同管理、商标注册管理和打击投机倒把。

11 月 20 日 工商行政管理总局发出《关于清理商标的通知》,要求各地工商行政管理部门对现有商标进行全面清理登记,并逐一审查。

12 月 4 日 工商行政管理总局召开全国集市贸易座谈会。会议就如何正确对待农村集市贸易,有关城乡集市贸易的若干政策,新形势下工商行政管理工作如何适应四个现代化的需求等问题进行了讨论。

12 月 18 日至 23 日 中共十一届三中全会在北京召开。这次会议是新中国成立以来中国共产党历史上具有深远意义的伟大转折。会议发表了公报,公报肯定了集市贸易的地位和作用,明确指出:"社员自留地、家庭副业和集市贸易,是社会主义经济的必要补充部分,任何人不得乱加干涉。"

1979 年

4 月 9 日 国务院批转了工商行政管理总局于 3 月 12 日至 23 日在北京召开的全国工商行政管理局长会议的报告,指出:"在全党工作着重点转移到社会主义现代化建设上来的新时期,工商行政管理工作更加重要。""各地要加强对工商行政管理工作的领导,有关部门要积极支持工商行政管理部门的工作。"并指出,加强工商行政管理工作,必须把行政办法和经济措施密切结合起来。

7 月 1 日 五届全国人大二次会议通过并公布了《中华人民共和国中外合资经营企业法》,规定:"合营企业经批准的,向中华人民共和国工商行政管理总局登记,领取营业执照,开始营业。"

7 月 9 日 工商行政管理总局发出《关于复查投机倒把案件几条意见的通知》,对复查案件的范围、时间和政策依据都作了具体规定。关于复查的时间界限,一般以 1966 年以后处理的案件为重点。

8 月 8 日 工商行政管理总局与国家经济委员会、中国人民银行发布《关于管理经济合同若干问题的联合通知》,对合同管理进行了分工。工商行政管理部门管理不同商业部门之间,工业、农业部门以及机关、团体、部队、事业单位与商业部门之间的经济合同。

9 月 29 日 全国人民代表大会常务委员会委员长叶剑英在庆祝中华人民共和国成立 30 周年大会上讲话,指出:"目前在有限的范围内继续存在的城乡劳动者个体经济,是社会主义公有制经济的附属和补充。"

10 月 11 日 工商行政管理总局发出《关于恢复全国商标统一注册的通知》,决定从 1979 年 11 月 1 日开始,由工商行政管理总局商标局统一办理全国商标注册工作。

12 月 26 日 工商行政管理总局会同国家经济委员会、国家农业委员会联合发出通知,要求各省、自治区、直辖市经委、农委和工商行政管理局,对全民所有制和集体所有制的工业企业进行一次全面登记,为调整国民经济服务。

1980 年

1 月 25 日 工商行政管理总局、公安部发出《关于查处投机倒把案件的几个问题的联合通知》。规定:"投机倒把案件,主要由工商行政管理部门审查处理,但情节严重和重大投机倒把需要侦查的,交由公安部门办理。"

2 月 4 日 工商行政管理总局与国家进出口委员会、国家经委、外贸部发出《关于出口商品使用商标问题的联合通知》,规定:"工业、商业、外贸等各单位出口商品使用商标,都应经所在地工商行政管理局核转工商行政管理总局统一审查注册。"

3 月 15 日 公安部、海关总署、工商行政管理总局发出《关于坚决打击重大走私和投机倒卖进口物资犯罪活动的联合通知》。

5 月 15 日 工商行政管理总局颁发了《关于工商、农商企业经济合同基本条款的试行规定》和《关于工商行政管理部门合同仲裁程序的试行办法》。

6月3日　中国参加世界知识产权组织,正式成为该组织的成员国。

7月26日　国务院颁布了《中外合资经营企业登记管理办法》。《办法》规定:经有关部门批准的中外合资经营企业,应在批准后的一个月内,向中华人民共和国工商行政管理总局登记,发给营业执照;未经登记的企业,不准开业。

7月29日至8月5日　工商行政管理总局在沈阳市召开了全国城市农副产品市场座谈会。这次会议,对于全国开放城市农副产品市场起了很大的推动作用。

8月　工商行政管理总局负责人就恢复和发展城镇个体工商业问题答记者问,明确了发展城镇个体工商业若干具体政策性问题。

10月30日　工商行政管理总局发布《关于颁发〈中华人民共和国营业执照〉和〈中华人民共和国营业证书〉的通知》。

12月8日　工商行政管理总局发出《关于外国企业常驻代表机构办理登记的通知》,规定:为了便于外国企业常驻代表机构或常驻代表就近办理登记手续和便于经常性管理,经国务院批准,总局委托各省、市、自治区工商行政管理局代办登记手续。

1981 年

1月7日　国务院发出《关于加强市场管理打击投机倒把和走私活动的指示》。随后,工商行政管理总局于1月10日发出坚决贯彻执行国务院《关于加强市场管理打击投机倒把活动的指示》的通知。

3月　经国家出版局同意,工商管理出版社改名为工商出版社。

3月27日　国务院、中央军委发出《关于坚决打击走私活动的指示》,决定成立国务院打击走私领导小组。同时确定:走私严重的地区,在重点机场、码头、车站设立以工商行政管理部门为主的临时联合检查站,对有走私嫌疑的过往运输工具和人员进行检查。

6月27日　国务院发出《批转工商行政管理总局向国务院汇报提纲的通知》。《通知》指出:工商行政管理部门是综合性的国家经济行政管理机关。发展生产的正确方针,千万不能回到"一放就乱,一统就死"的老路上去。

7月15日　国务院发出《关于制止商品流通中不正之风的通知》,要求各级人民政府的人事部门和工商行政管理部门,必须加强对机关团体、企事业单位、经济单位经济活动的监督和检查,要把经济纪律的监督和检查作为重要工作来抓,并与司法部门和党的纪律检查部门密切配合。

12月13日　五届全国人大四次会议审议通过了《中华人民共和国经济合同法》,从1982年7月1日起施行。

1982 年

2月6日　国务院发布了《广告管理暂行条例》,规定:"广告的管理机关是工商行政管理总局和地方各级工商行政管理局。"

5月4日　国务院批转《国家经委、工商行政管理总局、国务院经济法规研究中心关于对执行经济合同法若干问题的意见的请示的通知》,同意由中央及地方各级工商行政管理部门统一管理经济合同。

6月5日　工商行政管理总局发出了《广告管理暂行条例实施细则》的试行通知和《关于整顿广告工作的意见》。

7月　国务院在机构改革中,将中华人民共和国工商行政管理总局更名为中华人民共和国国家工商行政管理局,为国务院直属机构。主要任务是对工商企业实行经济监督,保护合法经营,取缔非法经营,维护社会经济秩序,促进生产,活跃流通。

8月9日　国务院颁布了《工商企业登记管理条例》,指出:"工商行政管理部门要通过企业登记,全面建立起工商企业登记档案制度,为社会主义经济建设提供准确的数据和资料,并对企业生产经营活动进行有效的监督管理。"

8月23日　五届全国人大常委会二十四次会议通过了《中华人民共和国商标法》,

从 1983 年 3 月 1 日起施行。

9 月 1 日　胡耀邦在中共"十二大"上作了《全面开创社会主义现代化建设的新局面》的报告,其中对发展个体经济的方针指出:"在农村和城市,都要鼓励劳动者个体经济,在国家规定的范围内和工商行政管理下适当发展,作为公有制经济的必要的有益的补充。"

10 月 16 日至 27 日　国家工商行政管理局在武汉市召开了全国工业小商品市场现场会。这次会议推动了全国工业小商品市场的蓬勃发展。

11 月 19 日　五届全国人大常委会二十五次会议通过了《中华人民共和国食品卫生法》(试行),其中规定:"城乡集市贸易食品卫生管理工作和一般食品卫生检查工作,由工商行政管理部门负责。"

11 月 30 日　五届全国人大五次会议上,国务院关于第六个五年计划的报告中指出:"根据多年来的经验,要保证国民经济稳定地协调发展,必须正确贯彻执行计划经济为主、市场调节为辅的原则,把大的方面用计划管住,小的方面放开,主要通过工商行政管理和运用经济杠杆加以制约。"

12 月 4 日　五届全国人大五次会议通过了《中华人民共和国宪法》。《宪法》第十一条规定:"在法律规定范围内的城乡劳动者个体经济,是社会主义公有制经济的补充,国家保护个体经济的合法的权利和利益。国家通过行政管理,指导、帮助和监督个体经济。"

1983 年

2 月 5 日　国务院发布了《城乡集市贸易管理办法》。

2 月 17 日　国家工商行政管理局发出《关于复查投机违法案件的通知》,《通知》对过去处理的案件,依据不同情况作出了复查处理的原则规定。

3 月 5 日　国务院批准了国家工商行政管理局制定的《关于外国企业常驻代表机构登记管理办法》,由国家工商行政管理局对

外公布施行。

3 月 26 日　国务委员、国家经委主任张劲夫,国务院秘书长田纪云,国家经委副主任王磊等同志听取了全国工商行政管理局长会议的汇报,指出在对外开放、对内搞活的新形势下,工商行政管理工作越来越重要,将来更加重要。要强调工商管理人员的素质。

4 月 26 日　国家工商行政管理局、卫生部、国家医药管理局发出《关于药品必须使用注册商标的几个问题的联合通知》,规定:化学药品、新药成药、中药成药和药酒必须使用注册商标。

5 月 20 日　国务院发出《关于加强市场和物价管理的通知》。

5 月　中国正式加入了国际保护工业产权协会,成为会员。

7 月 25 日　国家工商行政管理局发出《关于城镇合作经营组织和个体工商户在登记管理中若干问题的规定》。

7 月 25 日　国家工商行政管理局发出《关于制止乱涨价、乱摊派现象和严格控制基本建设规模的通知》。

8 月 22 日　国务院颁布了《经济合同仲裁条例》,《条例》规定:"经济合同仲裁机关是国家工商行政管理局和地方各级工商行政管理局设立的经济合同仲裁委员会";"仲裁机关在其职权范围内处理经济合同纠纷案件,实行一次裁决制度。"

8 月　经国务院批准,工商行政管理部门增加事业编制人员 6.5 万人。

12 月 28 日至 31 日　中国广告界在北京召开了第一次全国代表大会,成立了中国广告协会。

1984 年

1 月 1 日　中共中央发出《关于 1984 年农村工作的通知》。关于城市农副产品市场问题,指出:"大中城市在继续办好农贸市场的同时,要有计划地建立农副产品批发市场。"

1 月 1 日　工商行政管理部门按规定正

式着装。

　　3月19日　商业部、国家工商行政管理局联合发出《关于不准干部、职工从事个人经商的联合通知》。

　　4月7日　国家工商行政管理局、文化部、教育部、卫生部联合发出《关于文化、教育、卫生社会广告管理的通知》。规定上述各类广告内容的审查单位是对口的行政主管部门，管理单位是各级工商行政管理局。

　　4月12日　国家工商行政管理局、国家烟草专卖局联合发出《关于卷烟、雪茄烟注册商标问题的通知》，规定所有卷烟、雪茄烟必须使用注册商标，方能生产和在市场上销售。

　　7月17日　中共中央办公厅、国务院办公厅发出《关于党政机关在职干部不要与群众合办企业的通知》。

　　8月2日　国务院办公厅转发了国家工商行政管理局《关于做好外资企业登记管理工作的报告的通知》。规定：中外合作经营企业、外国独资企业的登记管理，暂参照《中华人民共和国中外合资经营企业法》等有关法规执行。

　　11月16日　中宣部下发231号文件正式批准创办《中国消费者报》。

　　11月25日　国务院发出关于批转《东南沿海三省第四次打击走私工作会议纪要》的通知，《纪要》规定："工商行政管理部门主要是通过市场管理查缉走私贩私活动。在走私严重地区的码头、车站和其他交通要道设立缉私检查站，对有贩运私货嫌疑的交通工具和人员进行检查。"

　　12月3日　中共中央、国务院发出《关于严禁党政机关和党政干部经商、办企业的决定》。

　　12月26日　中国消费者协会在北京成立。

1985 年

　　1月1日　中共中央、国务院发出了《关于进一步活跃农村经济的十项政策》，决定改革商品流通体制。粮食、棉花取消统购，改为合同定购；放开生猪、水产品和蔬菜的市场价格；中药材除因保护自然资源必须严格控制的少数品种外，其余全部放开，自由购销。

　　2月1日　国家工商行政管理局发出《关于检查清理党政机关和党政干部经商、办企业问题的通知》。

　　3月15日　国务院批准了《关于申请商标注册要求优先权的暂行规定》，由国家工商行政管理局公布实施。

　　3月19日　中国成为《保护工业产权巴黎公约》成员国，并开始履行相应的国际义务。

　　4月17日　国家工商行政管理局、广播电视部、文化部联合发出《关于报纸、书刊、电台、电视台经营、刊播广告有关问题的通知》。《通知》规定：不得以新闻记者的名义，招揽所谓"新闻广告"；中央和地方的报社、电台、电视台，不得在新闻栏目或其他节目中，以新闻的形式刊播或插播广告；节目进行中，不得中断节目，播出广告。

　　4月29日　国家工商行政管理局、商业部、国家物资局联合发出《关于禁止就地转手倒卖重要生产资料和紧俏耐用消费品的品种范围的通知》。《通知》根据《国务院关于坚决制止就地转手倒卖活动的通知》的规定，确定品种范围共24种。

　　同日　国家工商行政管理局等3部门联合发出《关于使用未注册商标几点意见的通知》。规定除药品、卷烟必须使用注册商标外，其他商品准许使用未注册商标。依法使用未注册商标的商品，允许生产、销售、出口和参加优质产品的评比。

　　5月23日　国务院批准了《工商企业名称登记管理暂行规定》，由国家工商行政管理局公布施行。《暂行规定》确定企业申请登记时，企业的名称由工商行政管理机关核定；准予登记后，在规定的范围内享有专用权，受国家法律保护。

　　8月13日　国家工商行政管理局发出《关于经济合同鉴证的暂行规定》，确定经济合同鉴证实行自愿原则。

　　8月14日　国务院批准了《公司登记管

理暂行规定》,由国家工商行政管理局公布施行。

8月20日 国务院发出《关于进一步清理整顿公司的通知》。

9月4日 国家工商行政管理局发出《关于外国企业、外商投资企业名称登记问题的通知》。

9月5日 国务院办公厅发出《关于中外合资经营企业注册资本与投资总额比例问题的通知》。

10月 经国务院批准,东南沿海3省工商行政管理系统配备1 900人的陆上缉私队。

10月23日 国家工商行政管理局、卫生部联合发出了《关于禁止销售进口旧服装的紧急通知》。

11月15日 国务院办公厅发出《加强广告宣传管理的通知》。

1986 年

2月4日 中共中央、国务院发出了《关于进一步制止党政机关和党政干部经商、办企业的规定》,对清理整顿党政机关和党政干部经商、办企业的具体政策管理作了规定。明确党政机关包括各级党委机关和国家权力机关。同时,这个规定适用于工会、共青团、妇联、文联、科协和各种协会、学会等群众组织,以及这些组织的干部和职工。

3月31日 国家工商行政管理局根据国务院《关于进一步推动横向联合若干问题的规定》,印发了《经济联合组织登记暂行办法》。

4月12日 六届全国人大四次会议通过并公布了《中华人民共和国民法通则》。其中第四十一条规定:"在中华人民共和国领域内设立的中外合资经营企业、中外合作经营企业和外资企业,具有法人资格的,依法经工商行政管理机关核准登记,取得中国法人资格。"

6月7日 国家工商行政管理局发出《关于加强政治思想工作,纠正不正之风的通知》。对本系统的全体干部职工提出提高政治思想水平、改进工作作风的具体意见。

8月19日 国家工商行政管理局、林业部联合发出《关于集体林区木材市场管理的暂行规定》,确定集体林区的木材市场由工商行政管理机关领导和管理,除当地林业部门的国营木材经营单位可在集体林区收购外,其他生产、经营单位和个人的木材交易,一律在木材市场进行。

10月28日 国家工商行政管理局、对外经济贸易部、商业部联合发出《关于加强进口商品管理的通知》。

11月27日 国家工商行政管理局发出关于执行《民法通则》对个人合伙登记管理的通知。要求各地工商行政管理机关按照《民法通则》的规定,对现有"合作经营组织"进行分析,予以区别对待,重新进行登记。符合个人合伙和个体工商户条件的,发给个体工商户营业执照;确实符合集体所有制企业条件的,发给工商企业营业执照。

11月 经国务院批准,工商行政管理部门增加8万人编制。

12月3日至5日 全国个体劳动者第一次代表大会暨全国先进个体劳动者表彰大会在北京召开,大会宣布成立中国个体劳动者协会。

1987 年

4月13日 田纪云副总理听取全国工商行政管理局长会议情况汇报,要求进一步加强和改善监督管理,大力支持改革、开放、搞活方针的贯彻实施。工商行政管理部门要加强队伍建设,培养训练一支具有较高政治、业务素质的干部队伍,并强调工商行政管理所不宜下放到乡镇和街道。

4月17日 "新中国成立"以来第一次全国工商行政管理系统先进集体、先进工作者表彰大会在北京召开。全国138个先进集体代表、357名先进工作者,以及各省、自治区、直辖市工商局的负责同志出席了大会。

4月19日 中央领导同志接见了工商行政管理系统先进集体、先进工作者代表。

5月12日 国家工商行政管理局发布

《工商行政管理机关检查处理投机倒把违法违章案件程序的规定》。

5月　国家工商行政管理局决定统一印制《工商行政管理检查证》，并向各地工商行政管理机关的有关人员发放。

6月29日　万里、姚依林、田纪云、吴学谦、张劲夫等同志批复国家工商行政管理局和外交部就中国消费者协会加入国际消费者联盟组织一事的请示。

7月1日至7日　国家工商行政管理局召开全国经济合同管理工作会议。会议总结了5年来经济合同管理工作的成功经验，分析了存在的问题和加强管理的意见，讨论了《经济合同法》的修改意见。

7月26日　在《商标法》颁布实施五周年之际，李先念主席题词：值此《商标法》颁布五周年之际，谨向执行《商标法》作出贡献的同志们致意，希望贯彻执行《商标法》，依法严厉打击假冒商标活动，为改革、开放、搞活服务。

7月　经批准，《中国广告报》改为《中国工商报》。

8月5日　国务院发布《城乡个体工商户管理暂行条例》。

8月16日　全国工商行政管理工作会议在北京召开。会议着重研究了整顿市场秩序的问题。

8月19日　国务院发布《关于整顿市场秩序，加强物价管理的通知》。

9月5日　国家工商行政管理局发布《城乡个体工商户管理暂行条例实施细则》。

9月13日至23日　经外交部同意，中国消费者协会一行两人赴马德里出席国际消费者联盟组织第十二届世界大会。会上，中国消费者协会被接纳为国际消费者联盟组织正式会员，并受到各国消费者组织代表的欢迎。

9月17日　国务院发布《投机倒把行政处罚暂行条例》。

9月　国家工商行政管理局决定在全国开展"创建文明集贸市场"活动，并要求各级工商行政管理部门把这一活动作为经常性的工作开展下去。

10月26日　国务院发布《广告管理条例》。

11月24日　国家工商行政管理局发出《关于对〈投机倒把行政处罚暂行条例〉发布前查获的案例如何定性处理问题的答复》。

1988 年

1月3日　国务院批准修订《中华人民共和国商标法实施细则》，并决定由国家工商行政管理局发布施行。

1月9日　国家工商行政管理局发布《广告管理条例施行细则》。

1月13日　国家工商行政管理局发布经国务院批准修订的《中华人民共和国商标法实施细则》。

3月17日　田纪云同志听取全国工商行政管理局长会议汇报，他肯定了近几年工商行政管理工作取得的成绩，并指出：对假冒行为要重处，不仅要从经济上、行政上制裁，严重的还要从法律上制裁；对于党政机关办企业和党政现职干部兼任企业职务的问题，中央、国务院从来没有允许过。官、商不能搞到一起，企业要搞活，政府必须廉洁；要重视防止干部队伍被腐蚀的问题，他再次重申，基层工商所不能下放。

5月4日　国务院办公厅转发国家工商行政管理局《关于加强工商行政管理几个问题的报告》。报告的主要内容是：检查处理经济违章违法行为的工作，应以条条领导为主；基层工商所是县（区）工商局的派出机构；根据工作需要，工商行政管理系统需要加强现代的监督管理手段，请各级人民政府根据财力的可能，分期分批逐步解决。

6月3日　国务院发布《中华人民共和国企业法人登记条例》。

6月25日　国务院发布《中华人民共和国私营企业暂行条例》。《条例》自1988年7月1日起施行。

7月7日　李鹏同志主持召开国家机构编制委员会第二次会议，审议并原则批准《国家工商行政管理局"三定"方案》。

8月25日　国家工商行政管理局发出

《对〈关于对查处销售假冒伪劣商品案件时如何认定当事人行为的投机倒把性质的请示报告〉的答复》。

10月 国家工商行政管理局授予全国427个集贸市场1988年度"全国文明集贸市场"称号,并向这些单位颁发牌匾和奖状。

10月28日 国家工商行政管理局发出《关于贯彻治理环境、整顿秩序、深化改革指导方针的通知》,要求各级工商行政管理机关要把清理整顿公司和查处经济违法案件作为中心任务来抓。

11月1日 国家工商行政管理局决定实行商标注册国际分类。

11月3日 国家工商行政管理局发布《中华人民共和国企业法人登记管理条例施行细则》。

11月4日 国家工商行政管理局经济检查司成立。

1989 年

1月16日 国家工商行政管理局发布《中华人民共和国私营企业暂行条例施行办法》。

3月6日 全国工商行政管理局长会议在北京召开。会议总结了10年来工商行政管理工作取得的主要成绩和基本经验,决定严肃查处经济违法案件,加强对生产资料、生产要素市场的监督管理。

3月9日 李鹏总理、姚依林副总理听取了全国工商行政管理局长会议的汇报,并对工商行政管理工作的重要性给予了充分肯定,同时对清理整顿公司工作和工商行政管理的体制问题作了重要指示。

5月25日 国务院批复国家工商行政管理局《关于加入〈商标国际注册马德里协定〉的请示》,决定我国加入《商标国际注册马德里协定》。

6月24日 因国务院发布的《关于城镇劳动者合作经营的若干规定》、《关于进一步清理和整顿公司的通知》和《关于加强广告宣传管理的通知》以及《关于整顿市场秩序、加强物价管理的通知》适用期已过,自行失

效,国家工商行政管理局特报国务院建议废止。

9月28日 国务院授予全国工商行政管理系统郑拔豪、张秀英、徐孝敬、马润海、陈乃东、张保汉、廖能敬、王梓松、靳培莲、邱帮明等10名同志"全国先进工作者"称号。

10月4日 我国加入《商标国际注册马德里协定》申请生效,正式成为马德里联盟成员。

10月18日至21日 全国工商行政管理系统干部教育工作会议在宁波召开。

12月1日 国家工商行政管理局发出《关于立即制止乱设卡、乱罚款、乱收费的通知》。

12月25日 中央组织部通知,恢复国家工商行政管理局党组。

1990 年

1月10日 国家工商行政管理局、人事部联合发出通知,要求加强工商行政管理干部岗位培训工作,指出今后凡不具备高中以上学历的人员,不得录用也不宜调入工商行政管理机关;1992年以后,工商行政管理人员将"持证上岗"。

1月17日 国家工商行政管理局向社会公开披露7件商标侵权假冒案件,同时还对虚假广告问题进行了剖析。

2月24日 进入20世纪90年代后的第一次全国工商行政管理局长会议在京召开,会议按新的形势提出了当前的主要任务,同时确定"拓展监督管理的广度,增加监督管理的深度,强化监督管理的力度"的工作思路。

2月27日 国家工商行政管理局向国务院递交《关于加强工商行政管理工作的报告》,《报告》提出:进一步依法加强对生产资料市场、国营和集体企业以及个体、私营经济的监督管理,强化合同管理,依法保护注册商标专用权,加强廉政建设,提高队伍素质。

3月18日 国务院转发上述报告,要求各省、自治区、直辖市人民政府,国务院各部

委、各直属机构贯彻执行。

5月25日 在国家工商行政管理局生产资料市场监督管理工作座谈会上,国家工商行政管理局强调指出,各级工商行政管理机关要统一认识,从单纯管理集贸市场的模式跳出来,尽快走进大市场。

5月 为保证《中共中央关于加强党同人民群众联系的决定》贯彻落实,国家工商行政管理局党组结合实际制定《实施细则》。

5月28日 李鹏总理为《中国企业法人登记公告》题词:认真做好企业登记工作,保护企业合法地位,维护经济秩序。此前,国家工商行政管理局制定了《企业法人登记公告管理办法》,定于7月1日开始施行。

8月6日 中国商标事务所成立,这标志着我国商标事业在由核准制向代理制过渡方面迈出了重要一步。

8月17日 经国务院批准,《投机倒把行政处罚暂行条例施行细则》发布施行。1987年9月17日,国务院发布《投机倒把行政处罚暂行条例》。

10月1日 《行政诉讼法》正式生效。

10月15日 国家工商行政管理局发出通知,决定在全国开展创建先进工商所活动,推动基层工商所的各项工作进一步向制度化、规范化的方向迈进。

12月29日 国家工商行政管理局发出《关于认真开展治理"三乱"工作的通知》。

1991 年

3月13日 国家工商行政管理局出台《"八五"时期工商行政管理工作要点》。提出要积极参与培育、建立统一开放、平等竞争、规则健全的社会主义市场体制,继续支持以公有制经济为主体的多种经济成分的协调发展。加强对企业的监督管理;对市场经营活动实行有效的监控;加强法制建设;建立工商行政管理信息系统。

4月22日 国家工商行政管理局举行《工商行政管理所条例》新闻发布会。该条例是经国务院批准的第一个基层执法机关的组织规范,对基层工商行政管理机关产生

了深远的影响。

7月9日 中国工商行政管理学会成立。

8月3日 国家工商行政管理局发出通知,要求各地切实加强经济合同管理工作,落实清理"三角债"的措施,为搞活大中型企业服务。

9月1日 《企业名称登记管理规定》开始实施。

10月1日 我国正式推行经济合同示范文本制度。

10月14日至16日 国家工商行政管理局在北京召开支持搞好国有大中型企业座谈会。这样的会议在工商行政管理系统还是第一次。

12月10日 国家工商行政管理局在京召开查假冒、保名牌专项斗争工作会议,决定组织开展一场打击制售假冒名优商品违法活动的专项斗争。

1992 年

1月17日 国家工商行政管理局和中国个体劳动者协会联合行文,号召全国个体劳动者向为抢救国家财产和保卫人民生命安全而英勇献身的湖北省潜江市铁匠沟乡青年个体劳动者但召仁同志学习,并追授但召仁同志"全国先进个体劳动者"荣誉称号。

3月2日 国家工商行政管理局在北京人民大会堂举行新闻发布会,公布全国十大专业批发市场。全国十大专业批发市场依次为:浙江省义乌市小商品市场、沈阳市五爱市场、江苏省吴江县东方丝绸市场、河北省石家庄市新华集贸中心、浙江省绍兴县轻纺市场、辽宁省海城市西柳服装市场、河北省石家庄市南三条小商品市场、成都市荷花池市场、北京市海淀区大钟寺农副产品批发市场、山东省寿光县蔬菜批发市场。

3月31日 中国个体劳动者协会和中国青少年发展基金会决定,在全国个体劳动者中开展"献一份爱心,筑希望工程"活动,得到国家工商行政管理局和共青团中央的支持。此项活动历时9个多月,全国有近

1 000万名个体劳动者参加,共为"希望工程"捐款1 225万元。

4月9日 国家工商行政管理局印发了《关于加快培育、发展农副产品批发市场、工业品专业市场和生产资料市场的意见》。

4月15日 国家工商行政管理局和人事部联合在北京召开了全国工商行政管理系统先进集体、先进工作者电话表彰会。大会共表彰先进集体195个,先进工作者70名,先进工商所295个,优秀工商行政管理人员297名。

4月21日至23日 "全国企业登记专业会议"在南京市召开。会议主要研究了运用登记管理职能,支持搞好国有大中型企业、支持农村社会化服务体系发展、促进第三产业加快发展,以及股份制企业、企业集团登记管理等问题。

5月26日 司法部、国家工商行政管理局联合印发了《司法部、国家工商行政管理局关于外国律师事务所在中国境内设立办事处的暂行规定》。

6月1日 国家工商行政管理局、卫生部联合下发《药品广告管理办法》,对药品广告宣传内容作出了明确的规定。

6月20日 国家工商行政管理局印发了《关于改进工商行政管理工作促进改革开放和经济发展的意见》。

7月3日 国家工商行政管理局与全国人大常委会法制工作委员会、最高人民法院、国家体改委、国务院法制局在北京人民大会堂联合召开《经济合同法》实施十周年纪念大会。全国人大常委会副委员长陈慕华、王汉斌出席了会议。

7月20日 国务院经济贸易办公室、国家工商行政管理局、国家技术监督局在北京联合召开电话会议,部署"打假"工作。

7月25日 国家工商行政管理局印发了《关于撤销公路检查站改进经济检查方式的通知》。

7月27日 国家工商行政管理局下发《工商所初级规范(试行)》。

7月28日至31日 全国工商行政管理法制工作座谈会在黑龙江省哈尔滨市召开。

会议重点研究了在新形势下如何进一步搞好工商行政管理法制工作,以适应改革开放和改进工商行政管理工作需要等问题。

7月31日 国家工商行政管理局局长刘敏学在局机关副处级以上干部大会上作重要讲话,指出贯彻邓小平同志南方谈话,工商行政管理系统的干部职工在思想观念上要实现四个转变,并就工商行政管理改革和当前的主要工作讲了意见。

同日 经国务院批准,中国个体劳动者协会加入了世界中小企业协会。该协会成立于1980年,是国际性的民间组织,组织有68个国家和150多个会员。总部设在印度新德里。

8月3日 国家工商行政管理局工商办字[1992]第258号文件向全系统印发了刘敏学局长的讲话。

8月15日 国家工商行政管理局发出第10号令,发布《外国(地区)企业在中国境内从事生产经营活动登记管理办法》,自1992年10月1日起施行。

8月22日 国家工商行政管理局与国务院引进国外智力工作领导小组办公室联合发出了《关于加强工商行政管理系统引进国外智力工作的通知》。

9月2日至5日 国家工商行政管理局在陕西省西安市召开了"深入开展'打假'活动,加强经济检查工作会议"。会议总结了"打假"工作经验,研究了进一步加强经济检查工作、推动"打假"深入开展等问题。

9月11日 国家工商行政管理局印发了《关于改进企业登记管理工作,促进改革开放和经济发展的若干意见》。

9月14日至17日 国家工商行政管理局在北京召开了"沿海、沿江、沿边部分城市工商行政管理局长座谈会"。会议深入贯彻邓小平同志视察南方重要谈话和中央、国务院有关决定,研究了"三沿"地区工商行政管理机关如何更好地适应深化改革、扩大开放的需要,为促进经济发展服务等问题。

9月22日至24日 国家工商行政管理局在北京召开部分省市工商行政管理机关缉私工作座谈会,会议传达了朱镕基副总理关于打击走私工作的指示,研究了打击走私工作中的有关问题,部署了下一阶段的工作。

10 月 16 日　国务院经济贸易办公室、国家工商行政管理局、国家技术监督局联合印发了《关于成立全国打击生产和经销假冒伪劣商品违法行为办公室的通知》。

10 月 19 日　国家工商行政管理局发出《关于命名表彰 1991 年至 1992 年度"全国文明集贸市场"的决定》。全国共有 652 个市场被评为"全国文明集贸市场"。

10 月 20 日　国家统计局、国家工商行政管理局联合印发了《关于经济类型划分的暂行规定》。

11 月 2 日至 5 日　"全国市场工作会议"在武汉市召开。会议贯彻邓小平同志视察南方重要谈话和党的"十四大"精神,总结了各类市场发展的经验,研究了培育社会主义市场体系问题。刘敏学局长就工商行政管理机关如何转变思想观念,进一步培育和管理大市场问题作了重要讲话。

1993 年

1 月 7 日　上海首家管理服务型的经纪人事务所成立。

3 月 1 日　国家工商行政管理局召开《中华人民共和国商标法》实施十周年纪念大会。

3 月 12 日　国家工商行政管理局局长刘敏学会见美国驻华大使芮效俭先生及美国玛代公司总裁帕托扬先生。芮效俭先生对国家工商行政管理局在保护商标专用权方面所做的工作表示赞赏。

同日　国家工商行政管理局举行全国工商行政管理机关打击制售假冒伪劣商品违法活动新闻发布会,刘敏学局长、甘国屏副局长就"打假"发表讲话。同时,国家工商行政管理局公布 6 起制售假冒伪劣商品大要案件。

3 月 29 日　国家工商行政管理局印发了《关于加强当前工商行政管理机关干部队伍建设的意见》。

3 月 30 日　深圳市召开施行《深圳市企业登记管理规则》新闻发布会,宣布深圳市改企业设立行政审批制为准则登记制,受到社会各界欢迎,在国内引起较大反响。

4 月 28 日　国家工商行政管理局局长刘敏学发布第 11 号令,公布《期货经纪公司登记管理暂行办法》。

5 月 17 日　江苏省政府印发了省工商行政管理局等单位制定的《关于改革企业登记注册时提交许可证和专项审批办法的意见》,将许可证和专项审批减少到 21 类。

6 月 29 日　国家工商行政管理局举行"受理服务商标注册申请"新闻发布会。刘敏学局长就实行服务商标的注册、保护制度对社会经济发展的意义发表讲话。

7 月 10 日　国家工商行政管理局印发了《关于加快广告业发展的规划纲要》。

7 月 15 日　国家工商行政管理局印发了《关于在部分城市进行广告代理制和广告发布前审查试点工作的意见》。

7 月 16 日　国家工商行政管理局局长刘敏学发布第 13 号令,公布《商品市场登记管理暂行办法》。

9 月 2 日　第八届全国人大常委会第三次会议通过《全国人大常委会关于修改〈中华人民共和国经济合同法〉的决定》和《中华人民共和国反不正当竞争法》。

9 月 14 日　中国商标国际注册论坛会在京召开。国家工商行政管理局白大华副局长在开幕式和闭幕式上致辞。世界知识产权总干事鲍格胥及其他官员和法、英等国专家参加会议。

10 月 31 日　第八届全国人大常委会第四次会议通过《中华人民共和国消费者权益保护法》。

12 月 4 日　国家工商行政管理局向中编委报送《国家工商行政管理局职能配置、内设机构和人员编制方案》的报告。

12 月 7 日　国家工商行政管理局印发《企业法人年度检验办法》。

12 月 11 日　国家工商行政管理局公布《工商行政管理机关对走私贩私行为处罚的暂行规定》。

12月24日　国家工商行政管理局公布《工商行政管理机关行政处罚程序规定（试行）》《关于禁止有奖销售活动中不正当竞争行为的若干规定》和《关于禁止公用企业限制竞争行为的若干规定》。

1994 年

1月5日　经国务院批准，国务院办公厅发出《关于印发国家工商行政管理局职能配置、内设机构和人员编制方案的通知》（国办发〔1994〕4号）。

1月11日至15日　全国工商行政管理工作会议在京召开。会议期间，国务院副总理李岚清在中南海接见了出席会议的代表，并作重要讲话。

3月4日　农业部、国家工商行政管理局在京联合召开加强肥料、农药、种子管理新闻发布会。国家工商行政管理局副局长白大华出席并讲话。

3月13日　中国消费者协会在京举行"3·15国际消费者权益日纪念活动暨中国消费品成果与流行趋势博览会"开幕式。

3月13日至25日　国家工商行政管理局与联合国贸发会议在上海、深圳共同举办了"反不正当竞争法国际研讨会"。

3月28日　国家工商行政管理局发出《关于加强商标印制管理的通知》。

5月5日　国家工商行政管理局、卫生部、轻工总会、国内贸易部和国家技术监督局在京联合举行了我国第一个"防治碘缺乏病日"宣传活动。

5月6日　国家工商行政管理局、共青团中央和中国个体劳动者协会在京联合召开全国先进青年个体劳动者表彰大会。会前，国务院副总理李岚清、全国人大常委会副委员长王丙乾、全国政协副主席万国权等领导同志接见了受表彰的先进青年个体劳动者代表。

5月19日　国家工商行政管理局发出《关于印发各司（局）室职能配置、内设机构和人员编制方案的通知》。

5月23日　经国务院批准，国务院办公厅发出《关于调整大中城市工商行政管理体制的通知》。

5月27日　国家工商行政管理局作出《关于成立中华商标协会的批复》（工商标字〔1994〕138号），同意成立中华商标协会。

6月14日　国家工商行政管理局、全国人大办公厅新闻局、中国产业报协会联合组织的"反不正当竞争神州行"开行式，在北京人民大会堂举行。

6月24日　国务院总理李鹏签署国务院令，公布《中华人民共和国公司登记管理条例》，自1994年7月1日起施行。

7月29日　国务院知识产权办公会议在京召开"加强知识产权保护工作"电话会议。

8月11日　国家工商行政管理局发出《关于印发〈制止多层次传销活动中违法行为的通知〉和〈关于启用公平交易检查证的公告〉的通知》。

9月2日　国家工商行政管理局发出《关于查处多层次传销活动中违法行为的通告》。

9月5日　国家工商行政管理局发出《关于印发〈集贸市场管理规范〉（试行）的通知》。

9月9日　中华商标协会在京成立。

10月9日至11日　全国工商行政管理系统反腐败工作会议在陕西省西安市召开。

10月19日　国家工商行政管理局发出《关于进一步加强药品市场管理的通知》。

10月27日　第八届全国人民代表大会常务委员会第十次会议通过《中华人民共和国广告法》，自1995年2月1日起施行。

11月3日　国家工商行政管理局、对外贸易经济合作部联合发出《关于进一步加强外商投资企业管理和登记管理有关问题的通知》和《关于设立外商投资广告企业的若干规定》。

11日24日至26日　全国工商行政管理系统贯彻《仲裁法》工作会议在武汉召开。

12月26日　国家工商行政管理局、中国消费者协会在人民大会堂举行纪念中国消费者协会成立十周年座谈会。李鹏、乔石、荣毅仁、田纪云、邹家华、王汉斌、薄一波、宋任穷、任建新、倪志福、王光英、卢嘉锡、李沛瑶等领导同志为中国消费者协会成立十周年题词。

12月30日　国家工商行政管理局局长王众孚签署第22号令，发布《集体商标、证明商标注册和管理办法》，自发布之日起施行。

1995 年

1月6日　国务院总理李鹏在王众孚同志呈送的《在全国工商行政管理工作会议上的讲话》上批示："工商行政管理工作对于建立和维护社会主义市场经济良好秩序是十分重要的。望全国工商行政管理人员以这次会议为契机，依法行政，严格执法，同时又要做到正人先正己，不断提高队伍的素质，为今年经济发展做出更大贡献。"

1月9日至12日　国家工商行政管理局在京召开全国工商行政管理工作会议，国务院副总理李岚清出席大会并作重要讲话。

2月17日　国务院副总理李岚清在国家工商行政管理局报送的《关于湖北省公安县工商行政管理局范宗平同志在缉私中以身殉职的报告》上批示："（一）向以身殉职的范宗平同志表示哀悼，向家属表示慰问；对范宗平同志的光荣事迹要进一步收集整理给予表扬。（二）对参与缉私的同志们给予表扬和慰问。（三）对此走私案件要迅速追查，并依法从速审处。"

同日　国家工商行政管理局发出《关于启用〈中华人民共和国企业法人营业执照〉等6种新式证照及核定登记事项有关问题的通知》。

2月28日　国家工商行政管理局、国家版权局联合发出《关于严厉打击盗版等侵犯著作权行为的通知》。

3月3日　国家工商行政管理局发布《医疗器械广告审查标准》。

3月17日　国家工商行政管理局发出《关于依法严厉查处利用经济合同进行欺诈的违法行为的通知》和《关于印发〈关于工

商行政管理工作人员不准接受可能对公正执行公务有影响的宴请的规定〉等3个规定的通知》。

3月22日　国家工商行政管理局、卫生部联合发布《药品广告审查办法》。

3月23日至25日　国家工商行政管理局在京召开工商行政管理系统援藏工作座谈会。

4月4日　国务院副总理李岚清在王众孚同志关于市场办管脱钩工作报告上批示："总理：工商行政管理部门在历史上主要是管集市贸易和个体经济的，后来在发展市场经济过程中，他们又搞了许多批发市场，其历史作用应当肯定。但在社会主义市场经济条件下，它的基本职能是管理市场、规范市场行为的，是国家的执法部门。不能自己又管市场，又办市场（自己管自己）。因此，要求他们尽快脱钩。他们党组抓得较紧。因此事较大，特此报告。"

4月6日　国务院总理李鹏在王众孚同志关于市场办管脱钩工作报告上批示："同意岚清同志意见。执法部门自己不应搞经济实体。"

5月15日　国家工商行政管理局发出《关于在全国工商行政管理系统使用新的行业分类标准与代码的通知》、《关于贯彻执行〈关于党政机关县（处）级以上领导干部廉洁自律补充规定的实施和处理意见〉的通知》。

5月25日　国家工商行政管理局、人事部联合发出《关于追授范宗平同志全国工商行政管理系统"经济执法卫士"荣誉称号和开展向范宗平同志学习的决定》。

7月3日　经国务院同意，国务院办公厅向各省、自治区、直辖市人民政府，国务院各部委、各直属机构转发国家工商行政管理局《关于工商行政管理机关与所办市场尽快脱钩的意见》。

7月3日至6日　国家工商行政管理局在京召开全国工商行政管理局长会议，研究部署工商行政管理机关与所办市场脱钩工作的具体方案和措施，通报上半年集中开展市场整治工作的情况，与人事部联合表彰范宗平同志的先进事迹。7月4日上午，国务院副总理李岚清到会作了重要讲话。会前，李岚清副总理亲切接见了"经济执法卫士"范宗平同志的亲属。

7月6日 国家工商行政管理局发布《关于禁止仿冒知名商品特有的名称、包装、装潢的不正当竞争行为的若干规定》。

7月17日 国务院批复国家工商行政管理局，决定我国加入《〈商标国际注册马德里协定〉有关议定书》。

7月25日至28日 国家工商行政管理局在京举办"市场经济立法与中国工商行政管理"国际研讨会。

8月1日 国家工商行政管理局发布《工商行政管理机关行政赔偿实施办法》。

8月25日至26日 国家经贸委、国家工商行政管理局、国家技术监督局在京召开全国"打假"工作会议，国务院副总理吴邦国到会作了重要讲话。

10月9日至10日 国家工商行政管理局在四川省万县市召开工商行政管理系统对口支援三峡库区移民工作暨援藏工作座谈会。国家工商行政管理局副局长韩新民出席会议并讲话。

10月10日 国家工商行政管理局发出《关于贯彻〈国务院办公厅关于停止发展多层次传销企业的通知〉的通知》和《关于年检工作若干问题的意见》。

10月18日 国家工商行政管理局发布《企业动产抵押物登记管理办法》（国家工商行政管理局令第35号）。

10月26日 国家工商行政管理局发布《经纪人管理办法》。

11月17日 国家工商行政管理局发布《关于查处利用合同进行的违法行为的暂行规定》和《酒类广告管理办法》。

11月23日 国家工商行政管理局发布《工商行政管理机关查处违法案件审批规定》、《关于禁止侵犯商业秘密行为的若干规定》。

12月5日 经国务院批准，国务院办公厅就大中城市工商行政管理分局执法权限问题复函国家工商行政管理局：大中城市区一级工商行政管理局改为市工商行政管理局的分局，属于工商行政管理局机关内部管理关系的调整。原区（县）工商行政管理局改为市工商行政管理局的分局后，不改变其依照有关法律、法规享有的行政管理职权，可以其名义作出具体行政行为。

12月20日 国家工商行政管理局发布《烟草广告管理暂行办法》。

12月21日 国家工商行政管理局发布《企业登记代理机构管理暂行办法》、《关于追授吴志敏同志"模范工商行政管理干部"荣誉称号和开展向吴志敏同志学习的决定》。

12月27日至29日 国家工商行政管理局在京召开全国工商行政管理工作会议，国务院总理李鹏、副总理李岚清出席会议并发表重要讲话。

1996年

1月9日 国家工商行政管理局局长王众孚主持召开局务会议，部署全国工商行政管理系统1996年的主要工作任务。会议研究决定，1996年要紧紧围绕"公平交易执法年"和"工商形象建设年"，重点抓好13项工作。

1月17日至18日 国家工商行政管理局在京举行《中华人民共和国反不正当竞争法》和《中华人民共和国消费者权益保护法》实施两周年座谈会。

3月4日 中央机构编制委员会办公室、人事部、国家工商行政管理局联合发出《关于重新核定工商行政管理所人员编制及有关问题的通知》。

3月15日 国家工商行政管理局发布《欺诈消费者行为处罚办法》、《工商行政管理机关受理消费者申诉暂行办法》。

3月20日 国家工商行政管理局发出《关于印发〈工商形象建设年实施方案〉的通知》。

3月26日 国家工商行政管理局与中央机构编制委员会办公室、人事部在浙江省杭州市联合召开全国工商行政管理所核编工作会议。

4月25日　　国家工商行政管理局局长王众孚代表中国政府与俄罗斯驻华大使罗高寿在北京人民大会堂共同签署了中俄两国政府《关于反不正当竞争与反垄断领域合作交流协定》。

5月6日至9日　　全国工商行政管理系统基层法制工作经验交流会在辽宁省沈阳市召开。

5月8日　　国家工商行政管理局、卫生部、国家医药管理局、国家中医药管理局、国务院纠正行业不正之风办公室联合发出《关于对药品购销中给予、收受回扣等违法行为进行专项检查的工作方案》。

5月26日　　国家工商行政管理局发布《商标评估机构管理暂行办法》。

5月31日　　国家工商行政管理局、卫生部、国家医药管理局、国家中医药管理局、国务院纠风办联合在北京召开全国整治药品回扣违法行为工作电视电话会议。国务委员彭珮云出席会议并作了指示。国家工商行政管理局局长王众孚主持会议并发言。

6月18日　　国家工商行政管理局、人事部发出《关于印发〈工商行政管理所推行国家公务员制度实施方案〉的通知》。

6月21日　　国家工商行政管理局印发《1996—2000年全国工商行政管理系统教育培训规划》。

7月16日　　国家工商行政管理局发出《关于认真贯彻江泽民同志"七一"重要讲话,切实加强工商行政管理干部队伍建设的意见》。

7月18日　　国家工商行政管理局发布《生产资料市场监督管理暂行办法》。

7月22日　　国家工商行政管理局发布《商品交易市场登记管理办法》。

8月14日　　国家工商行政管理局发布《驰名商标认定和管理暂行规定》。

8月27日　　国家工商行政管理局在天津市召开各省、自治区、直辖市及计划单列市工商行政管理局负责人会议。会上,国家工商行政管理局授予上海市黄浦区南京东路工商所全国工商行政管理系统"模范工商所"荣誉称号。

8月28日　　国家工商行政管理局、中共天津市委员会、天津市政府在天津市联合召开授予景志刚同志全国工商行政管理系统"模范工商所长"荣誉称号暨先进事迹报告会。

9月5日　　国家工商行政管理局发布《商标印制管理办法》。

9月16日　　国家工商行政管理局和上海市政府在上海市联合召开授予南京东路工商所荣誉称号暨先进事迹报告会,国家工商行政管理局副局长韩新民在会上宣读了《国家工商行政管理局关于授予南京东路工商所全国工商行政管理系统"模范工商所"荣誉称号和开展向南京东路工商所学习的决定》并讲话。

9月20日　　国家工商行政管理局局长王众孚出席中共中央宣传部、人事部等部门在北京人民大会堂联合举办的"做人民满意的公务员"事迹报告会。人事部在会上授予景志刚等5名同志"人民满意的公务员"荣誉称号。

10月17日　　国家工商行政管理局发布《工商行政管理机关行政处罚程序暂行规定》、《工商行政管理机关行政处罚听证暂行规则》。

10月18日　　国家工商行政管理局发出《关于认真学习贯彻党的十四届六中全会精神大力加强社会主义精神文明建设的通知》。

11月15日　　国家工商行政管理局发布《关于禁止商业贿赂行为的暂行规定》。

12月10日至12日　　全国工商行政管理工作会议暨表彰大会在北京召开。会议表彰了全国工商行政管理系统先进集体、先进工作者和先进工商所、优秀工商行政管理人员。11日,李鹏总理等国务院领导同志在北京人民大会堂亲切接见了与会全体代表并作重要指示,李岚清副总理作了重要讲话。

12月25日　　国家工商行政管理局发布《〈中华人民共和国企业法人登记管理条例施行细则〉修改意见》、《租赁柜台经营活动管理办法》。

12 月 27 日　国家工商行政管理局发布《印刷品广告管理暂行办法》。

1997 年

1 月 10 日　国家工商行政管理局以第 73 号局长令,发布了《传销管理办法》。

2 月 21 日　国家工商行政管理局局长王众孚在京会见了国际消费者联盟组织主席安娜·维特拉女士。

2 月 27 日　国家工商行政管理局党组书记王众孚主持召开局党组会议,学习江泽民同志在邓小平同志追悼大会上致的悼词,深切缅怀邓小平同志。大家表示要化悲痛为力量,在以江泽民同志为核心的党中央领导下,继续努力奋斗,把工商行政管理事业推向前进。

3 月 4 日　国家工商行政管理局发布《关于开展重点地区、重点商品"打假"整治活动的通知》。

3 月 15 日　国家工商行政管理局以第 75 号令,发布了《工商行政管理所处理消费者申诉实施办法》。

4 月 29 日　中国消费者协会在人民大会堂召开全国十佳受理消费者投诉工作者表彰大会。全国人大常委会副委员长王汉斌在会前接见了"十佳"代表。

6 月 18 日至 20 日　国家工商行政管理局在西安召开了全国工商行政管理系统基层队伍建设工作会议。王众孚局长在会上强调了加强队伍建设的极端重要性和紧迫性,明确了队伍建设的目标和要求,提出了抓组织领导、抓教育培养、抓结构调整、抓管理机制、抓典型示范等进一步加强队伍建设的措施。会议还总结交流了"两年"活动开展以来提高队伍素质的经验,讨论修改了《全国工商行政管理系统基层建设纲要》、《工商行政管理工作人员廉政守则》和《关于加强管理严把进人关不断提高工商行政管理干部队伍素质的通知》,并向全系统 31 个精神文明建设示范点授牌。

9 月 12 日至 18 日　中共"十五大"代表、国家工商行政管理局党组书记、局长王众孚参加了中国共产党第十五次全国代表大会,并当选为中国共产党中央纪律检查委员会委员。

10 月 20 日　首届中国"十杰百优"青年卫士表彰会暨事迹报告会在人民大会堂举行。

11 月 21 日至 24 日　国家工商行政管理局局长王众孚陪同中共中央政治局常委、国务院副总理李岚清到湖北省考察工作。李岚清在考察期间强调指出,工商行政管理机关在建立和维护社会主义市场经济秩序中具有重要的地位和作用,要充分发挥监管职能。工商行政管理机关市场办管脱钩,决不能明脱暗不脱,藕断丝连。不能既执法又搞经营,不脱钩就脱装,顶着不办甚至上级领导部门下令硬要工商行政管理部门"创收"的,要严肃查处。要加强对传销的监管,坚决取缔非法传销活动。

12 月 8 日至 12 日　全国工商行政管理系统纠风工作会议在深圳召开。

12 月 23 日　中宣部、中直机关工委、中央国家机关工委、国家工商行政管理局和河南省委联合在京举办"模范工商行政管理干部"强自喜同志事迹报告会。国家工商行政管理局局长王众孚在会上宣读了《关于授予强自喜同志全国工商行政管理系统"模范工商行政管理干部"荣誉称号和开展向强自喜同志学习的决定》,并向强自喜同志颁发荣誉证书。

12 月 24 日　中宣部、国家工商行政管理局召开学习强自喜事迹座谈会,国家工商行政管理局副局长惠鲁生出席了座谈会并讲话。公安部、最高人民检察院、最高人民法院、国家税务总局、海关总署和北京市工商行政管理局的代表在会上发了言。

1998 年

1 月　山西朔州发生假酒中毒特大恶性案件,假酒夺去 27 人生命,震惊全国。江泽民总书记多次作出重要指示,明确要求工商行政管理等部门一定要依照国家有关法律法规,加强市场管理和打假力度,保障人民群众的生命安全。

2月7日　国家工商行政管理局发出紧急通知，并派出7个工作组分赴各地。各地工商行政管理机关迅速掀起了一场声势浩大的依法严厉打击制售假酒和其他假冒伪劣商品的行动。

2月12日　国家经贸委、国家工商行政管理局、国家技术监督局召开电视电话会议，要求各有关部门按照江泽民总书记的指示，会同山西省认真处理好山西假酒案。

2月18日　"新中国成立"以来金额最大的个人索赔案——深圳泰明国贸商场有限公司诉深圳市罗湖区消委会杨剑昌侵权一案开庭，原告向杨索赔17 341 648.48元，后法院判原告败诉。

2月20日　国家工商行政管理局举办《商标法》实施十五周年座谈会。至此，我国已经建立了具有较高水平的商标法律保护制度，逐步成为世界上保护知识产权有力、有序的国家之一。

4月　国家工商行政管理局发出通知，要求各地在市场监管工作中推行市场巡查制。

4月14日　国有企业下岗职工基本生活保障和再就业工作会议在京召开。江泽民总书记发表重要讲话，随后，国家工商行政管理局发出通知，各地工商行政管理系统充分发挥职能作用，积极开展"为下岗职工排忧解难热心服务"8项活动。

4月21日　鉴于传销经营不符合我国现阶段国情，国务院发出关于禁止传销经营活动的通知。各地工商行政管理机关迅速行动，查禁传销经营。

4月27日至29日　全国粮食流通体制改革工作会议在京召开。按照会议的部署，全国工商行政管理机关克服重重困难，投入了大量的精力管好、管住粮食收购市场，促进了粮食流通体制改革的顺利进行。

6月　国家工商行政管理局发出《关于认真贯彻落实中央、国务院〈关于切实做好国有企业下岗职工基本生活保障和再就业工作的通知〉的通知》。工商行政管理系统在促进下岗职工再就业中发挥了巨大的作用。

6月　国家工商行政管理局与中国互联网信息中心协商，达成一致意见：由中心以CNNIC的名义将国家工商行政管理局商标局认定的驰名商标在域名"COM.CN"下先注册下来，进行预留，以防止其他企业抢注。

6月　对外贸易经济合作部、国家工商行政管理局、国家国内贸易局联合下发通知，明确要求外商投资传销企业都必须转为店铺经营。

7月9日　全国工商行政管理局长会议提出，加强市场监管是衡量工商行政管理工作是否到位的主要标志。

7月　长江、松花江流域发生特大水灾。有关地区工商行政管理部门和当地人民一起奋起抗洪救灾。

7月　国家工商行政管理局发出通知，要求各级工商行政管理机关一定要坚决贯彻落实江泽民同志的重要讲话和《中共中央关于在全党深入学习邓小平理论的通知》精神，认真组织广大干部深入学习邓小平理论。

7月15日　全国打击走私工作会议闭幕。此后，工商行政管理机关反走私呈现雷霆之势。

10月　贵州省丹寨县工商行政管理局局长唐秀坤（女，苗族）被人事部授予"人民满意的公务员"称号，广西桂平市工商行政管理局被评为"人民满意的公务员集体"。同时，工商行政管理系统还有4名同志荣记一等功。

10月　国家工商行政管理局发出通知，决定在全国范围内开展一次集中清理不良文化现象，扫除"文化垃圾"。

12月1日至2日　党中央、国务院决定改革工商行政管理体制，省以下工商行政管理机关实行垂直管理。为贯彻落实这一重要决定，国家工商行政管理局召开了全国工商行政管理体制改革暨工作会议。

1999 年

1月27日　国家工商行政管理局局长

王众孚会见世界知识产权组织总干事加米尔·伊德里斯。

3月　全国人大九届二次会议通过《中华人民共和国合同法》,同年10月1日起施行。

4月9日　全国工商行政管理系统首批优秀"青少年维权岗"命名大会在上海举行,上海市工商行政管理局卢湾分局检查大队等5个单位被命名为首批"青少年维权岗"。

4月17日　第二届中国杰出(优秀)青年卫士表彰暨事迹报告会在京举行。广东省东莞市工商行政管理局周锦辉获"杰出青年卫士"称号,北京市工商行政管理局东城分局李永图等5人获"优秀青年卫士"称号,工商行政管理系统另有3人获提名奖。

4月　为做好《合同法》的贯彻实施工作,国家工商行政管理局发出通知,要求各地把合同监管作为一项重要工作来抓,充分发挥职能作用。

5月5日　国家工商行政管理局发出通知,组织实施"打假维权"集中行动。与此同时,各地工商行政管理机关与100余家骨干企业建立"打假维权协作网络"。

5月8日　以美国为首的北约悍然用导弹袭击我驻南斯拉夫大使馆。全国工商行政管理系统化义愤为动力,采取各种措施积极做好本职工作,以实际行动促进市场经济健康发展,自觉维护社会稳定。

5月13日　全国粮食流通体制改革工作会议在京召开。朱镕基总理强调要继续深化粮食流通体制改革。

6月　陕西省工商行政管理系统基层工商所监管机制改革工作全面完成,全省940个基层工商所全部按照新的监管机制运行。

6月10日　福建全省消费者投诉电话"12315"开通。此后,各省市也相继开通"12315"。

7月13日　国家工商行政管理局召开"三讲"教育动员大会,就局机关深入开展"三讲"教育进行动员和部署。

7月19日　全国工商行政管理系统党风廉政建设工作会议在京召开。

7月22日　中央和国家有关部门公布

对"法轮功"定性处理,全国工商行政管理系统在同"法轮功"作斗争的同时,认真清缴与"法轮大法(法轮功)"有关的物品。

9月22日　列席党的十五届四中全会的国家工商行政管理局党组书记、局长王众孚主持召开党组会议和处级以上干部大会,迅速传达学习十五届四中全会精神,强调要做好8个方面的工作,充分发挥职能,促进国有企业改革发展。

10月19日　国家工商行政管理局机关召开"三讲"教育总结大会。国家工商行政管理局党组书记、局长王众孚在总结大会的讲话中要求,要在较好完成"三讲"各项任务的基础上,认真总结经验,巩固和扩大"三讲"教育成果。

10月20日　国家工商行政管理局发出《关于进一步加强粮食收购市场监管工作的通知》。要求全国各级工商行政管理机关集中力量对粮食收购市场进行"一打击,两规范"为重点的清理整顿工作。

10月26日至28日　全国工商行政管理系统第二次基层建设工作会议在西安市召开。会议总结和推广了近年来全国工商行政管理系统在基层监管模式改革和提高队伍素质方面的经验。国家工商行政管理局局长王众孚在会上要求各级工商行政管理机关的领导,要进一步增强抓好基层建设的自觉性,努力塑造良好的工商形象,把基层建设提高到新水平。

12月2日　国家工商行政管理局发出第91号令,发布《商标代理管理办法》。

12月8日　国家工商行政管理局发出第92号令,发布《工商行政管理机关执法监督暂行规定》。

同日　国家工商行政管理局发出第93号令,发布《企业名称登记管理实施办法》。

12月16日　全国工商行政管理工作会议在北京召开。国务委员吴仪出席了会议并讲话。国家工商行政管理局局长王众孚在讲话中要求各级工商行政管理机关认真做好世纪交替之年的各项工作,以优异的成绩迎接新世纪,开创新局面。

12月21日　国家工商行政管理局发出

《开展创建"打假维权、消费者满意街（区）"活动工作的意见》。

2000 年

1月13日　国家工商行政管理局发出第94号令，发布《个人独资企业登记管理办法》。

同日　国家工商行政管理局发出第95号令，发布《印刷品广告管理办法》。

1月17日　中央社会治安综合治理委员会2000年第一次全体会议在北京召开，国家工商行政管理局局长王众孚出席了会议。

1月31日　国务委员吴仪在国家工商行政管理局局长王众孚的陪同下，看望了北京市基层工商所和商业干部职工，了解农村节日市场供应和农村市场管理情况。

同日　《广告法》实施五周年座谈会在北京召开。国家工商行政管理局局长王众孚发表了书面讲话，副局长惠鲁生出席了会议。

2月18日　国家烟草专卖局、公安部、海关总署、国家工商行政管理局发布经国务院批准的《关于严厉打击卷烟走私整顿卷烟市场的通知》。

3月30日　全国工商行政管理系统深入开展创建"打假维权、消费者满意文明一条街"活动现场会在北京召开。会上总结推广了北京王府井商业街"三监督一满意"的创建经验，国家工商行政管理局局长王众孚出席了会议并讲话，副局长甘国屏主持了会议。

4月3日　国家工商行政管理局发出《关于在全国工商行政管理系统集中开展"整顿市场秩序整顿队伍作风"的通知》。

4月7日　国家工商行政管理局发出《关于进一步加强和改进工商行政管理教育培训工作的意见》。

4月12日　国家工商行政管理局在云南省昆明市召开"加强市场主体监管，促进企业改革发展座谈会"。国家工商行政管理局局长王众孚出席了会议并讲话，副局长韩新民出席了会议。

4月24日　国家工商行政管理局在甘肃省兰州市召开了全国工商行政管理系统查禁传销及变相传销工作会议。国家工商行政管理局副局长甘国屏出席了会议。

5月11日　全国广告监管工作座谈会在福建省厦门市召开。国家工商行政管理局副局长惠鲁生出席了会议并讲话。

5月19日　全国工商行政管理系统公平交易执法工作会议在重庆市召开。国家工商行政管理局局长王众孚出席了会议并讲话，副局长甘国屏出席了会议并讲话。

5月24日至25日　国务院召开了全国粮食生产和流通工作会议。国务院总理朱镕基，副总理李岚清、温家宝，国务委员吴仪等国务院领导出席会议。国家工商行政管理局局长王众孚参加了会议，副局长李建中出席了会议。

6月8日　国家工商行政管理局局长王众孚出席了在成都召开的"WIPO亚洲地区商标国际保护研讨会"并讲话。副局长白大华出席研讨会并发言。

7月11日　国家工商行政管理局召开全国工商行政管理系统信息化工作会议。国家工商行政管理局局长王众孚出席了会议并讲话，副局长白大华出席会议并作工作报告。

7月18日至20日　全国工商行政管理局长会议在北京召开。会议认真贯彻中央思想政治工作会议精神，总结交流前一阶段集中开展"两整顿"的情况，对"两整顿"继续推向深入进行了部署。国家工商行政管理局局长王众孚在会议上讲话。

7月20日　国家工商行政管理局党组发出《关于进一步加强和改进工商行政管理系统思想政治工作的意见》。

7月21日　全国工商行政管理局长研修班在北京举办。国务委员吴仪出席了研修班开班仪式并作重要讲话。国家工商行政管理局局长王众孚出席了开班仪式。

8月13日　国务院办公厅转发国家工商行政管理局、公安部、人民银行《关于严厉打击传销和变相传销等非法经营活动意见的通知》。

8月29日 国务院总理朱镕基主持召开粮食工作座谈会。国家工商行政管理局局长王众孚和副局长李建中出席了会议。

9月24日 国家工商行政管理局在广州召开全国"12315"工作经验交流会。国家工商行政管理局局长王众孚出席了会议并作重要讲话,副局长甘国屏出席了会议并讲话。

11月23日 国务院总理朱镕基主持召开了国务院第33次常务会议,讨论《商标法修正案(草案)》等。国家工商行政管理局局长王众孚出席了会议。

12月3日至14日 国家工商行政管理局局长王众孚率团访问了新西兰、澳大利亚。

12月21日至22日 全国工商行政管理工作暨双先表彰会议在北京举行。国务委员吴仪出席了会议、接见了与会代表并作重要指示。国家工商行政管理局局长王众孚作工作报告。会议表彰了全国工商行政管理系统199个先进集体和79名先进工作者(与人事部联合表彰)、358个先进工商所和478名优秀工商行政管理人员。

12月22日 九届全国人大常委会第十九次会议在北京召开,国家工商行政管理局局长王众孚列席了会议,并受国务院委托作《中华人民共和国商标法(修正案)》说明。

2001 年

1月3日 国家工商行政管理局党组书记王众孚主持召开党组会议,传达全国组织部长会议精神,部署市场秩序检查工作。

1月15日 国务委员吴仪主持召开会议,研究我国加入 WTO 有关对策问题,国家工商行政管理局局长王众孚出席了会议。

2月5日 国务委员吴仪主持召开会议,研究全国整顿市场经济秩序工作会议筹备事宜。国家工商行政管理局局长王众孚,副局长韩新民、惠鲁生、李建中及甘国屏同志出席了会议。

4月2日至4日 全国整顿和规范市场经济秩序工作会议在京召开。国家工商行政管理局局长王众孚出席了会议并代表国家工商行政管理局在大会上发言。

4月5日 国家工商行政管理总局召开全局干部大会,国务委员吴仪到会代表党中央、国务院宣布:国家工商行政管理局更名为国家工商行政管理总局,升格为正部级的国务院直属机构。中央组织部副部长张柏林宣布了总局领导班子的任命。会后,国家工商行政管理总局局长王众孚主持召开了全国工商行政管理局长座谈会,部署工商行政管理系统贯彻落实全国整顿和规范市场经济秩序工作会议精神的具体措施和工作方案。

4月9日 国家工商行政管理总局局长王众孚参加了由国务院副总理李岚清主持召开的全国整顿和规范市场经济秩序工作领导小组第一次全体会议。

4月21日 国务院第303号令公布《关于禁止在市场经济活动中实行地区封锁的规定》。全国工商行政管理机关为贯彻落实这一规定,进一步开放市场,建立和完善全国统一、公平竞争、规范有序的市场体系,不断加大执法力度,使反垄断工作取得了较大的进展。

4月26日 国务委员吴仪主持召开会议,研究部署在全国范围内进一步开展打假联合行动工作。国家工商行政管理总局副局长杨树德出席了会议。

4月27日 国务院发出《关于整顿和规范市场经济秩序的决定》。

5月7日 国务院办公厅发出《关于继续深入开展严厉打击制售假冒伪劣商品违法犯罪活动联合行动的通知》。

6月1日至3日 国务院副总理李岚清检查了天津蓟县非法拆解拼装汽车市场整治情况,国家工商行政管理总局副局长甘国屏陪同检查。

7月24日 国务院副总理李岚清主持召开全国整顿和规范市场经济秩序领导小组第二次全体会议,听取全国整顿和规范市场经济秩序领导小组办公室的工作汇报。国家工商行政管理总局局长王众孚出席了会议并就整顿非法拼装车市场专项整治情况作了专题汇报。

7月27日　国务院总理朱镕基、副总理吴邦国、国务委员吴仪、国务委员王忠禹等国务院领导同志到国家工商行政管理总局考察工作并接见副司以上干部。国务院总理朱镕基充分肯定了近几年来工商行政管理工作取得的成绩，深刻阐述了新时期工商行政管理的重要地位和作用，并对工商行政管理系统强化监管执法、深化体制改革、加强队伍建设提出了明确要求。副总理吴邦国、国务委员吴仪也作了重要讲话。国家工商行政管理总局党组书记、局长王众孚代表总局党组汇报了工作。

7月31日　国务院发布《关于进一步深化棉花流通体制改革的意见》和《关于进一步深化粮食流通体制改革的意见》。

8月7日　经国务院批准，国务院办公厅发出《关于印发国家工商行政管理总局职能配置、内设机构和人员编制规定的通知》。

8月7日至9日　全国工商行政管理局局长座谈会在京召开，会议深入学习了江泽民总书记"七一"重要讲话精神，传达了朱镕基总理等国务院领导同志考察国家工商行政管理总局时的重要讲话精神，总结交流了上半年特别是自整顿和规范市场经济秩序工作开展以来的工作情况，研究部署了下半年的工作。国务委员吴仪到会讲话，国家工商行政管理总局局长王众孚作工作报告。中央外事领导小组办公室主任刘华秋、中央党校副校长李君如分别作了形势报告和学习江泽民总书记"七一"重要讲话的报告。

8月13日至17日　国务院总理朱镕基在贵州省视察工作，国家工商行政管理总局局长王众孚陪同进行了视察。

8月22日　国家工商行政管理总局召集参加全国粮食工作会议的各省、自治区、直辖市、计划单列市工商局负责人座谈，研究部署贯彻国务院总理朱镕基指示精神，彻底完成市场办管脱钩工作问题。

8月28日　国家工商行政管理总局发出《关于认真贯彻落实〈国务院关于进一步深化粮食流通体制改革的意见〉进一步加强

粮食市场管理的通知》。要求各级工商行政管理机关强化粮食市场的监管力度，保护合法粮食购销活动，打击违法收购粮食的行为，深入推进粮食流通体制的改革。

同日　国家工商行政管理总局发出《关于贯彻国务院进一步深化棉花流通体制改革精神，切实做好棉花市场管理工作有关问题的通知》。

9月13日　国务院副总理吴邦国主持召开会议，研究关闭整顿小煤矿和煤矿安全生产有关问题。国家工商行政管理总局副局长韩新民出席了会议。

9月21日　国家工商行政管理总局局长王众孚出席全国"严打"整治斗争下一步工作意见电视电话会议。

9月28日　国家工商行政管理总局局长王众孚出席了国家经贸委、监察部、公安部、国家工商行政管理总局联合召开的"贯彻《报废汽车回收管理办法》、坚持依法行政电视电话会议"，并代表国家工商行政管理总局作大会发言。

9月29日　国务院副总理李岚清主持召开全国整顿和规范市场经济秩序领导小组第三次会议。国家工商行政管理总局局长王众孚出席了会议。

10月15日　国家工商行政管理总局发出《关于印发〈关于进一步加强市场监督管理、加大打击假冒伪劣违法行为的若干措施〉的通知》。按照国务院的统一部署，全国工商行政管理机关将整顿和规范市场经济秩序作为工作的重中之重，开展了一系列打假专项行动。

10月17日至20日　第八届中国广告节在福建省厦门市国际会展中心隆重举行。

10月27日　第九届全国人民代表大会常务委员会第二十四次会议通过《关于修改〈中华人民共和国商标法〉的决定》，对商标法进行了第二次修订。

10月31日　国务院办公厅发出《关于开展严厉打击传销专项整治行动的通知》。为遏制传销和变相传销活动的发展蔓延趋势，落实国务院领导的指示精神，各级工商行政管理机关继续加大力度，严厉打击传销和变相传销活动。

11月3日　国务院办公厅转发了国家工商行政管理总局《关于工商行政管理机关限期与所办市场彻底脱钩有关问题的意见》的通知。

12月21日　国家工商行政管理总局发出《关于执行〈中华人民共和国商标法〉有关问题的通知》。

12月22日　朱镕基总理对国家工商行政管理总局《2001年工作总结和2002年工作安排要点》作了重要批示："工商行政管理部门是市场监管和行政执法的政府职能部门，承担着规范和维护市场秩序的重要职责。就是说，各级工商管理部门要把好市场主体的入门关，当好市场运行的裁判员，做好市场秩序的坚强卫士。所有工商管理人员都要忠于职守，勇于负责，清正廉洁，执法如山，这是建设社会主义市场经济的保证。"

12月31日　国家工商行政管理总局和公安部联合发出《关于整顿和规范公司出资行为的通知》。

2002 年

1月1日　国家工商行政管理总局外商投资企业注册局正式对外办公。

1月8日至10日　全国工商行政管理工作会议在北京召开。会议传达了朱镕基总理对工商总局《2001年工作总结和2002年工作安排要点》的重要批示。总结了2001年工作，部署了2002年的任务。表彰了安徽省太和县工商所何付凯同志。1月9日，国务委员吴仪与部分代表亲切座谈并作重要讲话。

1月24日　国务院副总理李岚清主持召开全国整顿和规范市场经济秩序领导小组第四次会议。国家工商行政管理总局局长王众孚出席了会议。

2月6日　国家工商行政管理总局局长王众孚，副局长杨树德、韩新民向国务委员吴仪汇报了整治集贸市场和加油站等有关问题。

3月1日　国家工商行政管理总局局长

王众孚会见了我国派驻WTO组织特命全权代表孙振宇一行。

4月12日至19日　国务院副总理李岚清考察了浙江省集贸市场整治工作。国家工商行政管理总局副局长杨树德陪同考察。

4月17日至19日　国家工商行政管理总局召开全国工商行政管理系统党风廉政建设工作会议。国家工商行政管理总局局长王众孚出席会议并作重要讲话。纪检组长石见元作了报告。国家工商行政管理总局副局长李东生出席了会议。

4月25日　全国外商投资企业登记管理工作座谈会在上海召开。国家工商行政管理总局局长王众孚出席了会议并作重要讲话。副局长韩新民出席了会议并作报告。

4月30日　全国人大常委会召开了《食品卫生法》执法检查第一次全体会议，李鹏委员长出席会议并听取了卫生部、农业部、工商总局、质检总局贯彻执行《食品卫生法》情况汇报。国家工商行政管理总局局长王众孚代表国家工商总局就工商行政管理系统贯彻执行《食品卫生法》的情况进行了汇报。国家工商行政管理总局副局长杨树德参加了会议。

5月21日　国务院总理朱镕基会见了世界知识产权组织总干事卡米尔·伊德里斯博士一行。国家工商行政管理总局局长王众孚陪同会见。

同日　国家工商行政管理总局局长王众孚出席了由国家知识产权局与世界知识产权组织联合举办的中非知识产权论坛开幕式。

5月27日至28日　国家工商行政管理总局局长王众孚出席了中央国家机关党代表大会，并当选为党的"十六大"代表。

6月24日　全国整顿和规范市场经济秩序领导小组第五次全体会议在北京召开。国家工商行政管理总局局长王众孚出席了会议并代表国家工商总局汇报了集贸市场专项整治工作情况。国家工商行政管理总局副局长杨树德出席了会议。

6月27日　国家工商行政管理总局局长王众孚出席了全国整顿和规范市场经济

秩序电视电话会议，并就集贸市场专项整治情况及下一步工作安排发言。国家工商行政管理总局副局长杨树德出席了会议。

7月1日　国家工商行政管理总局党组书记王众孚主持召开党组扩大会议，传达国务院总理朱镕基、国务委员吴仪关于宁夏灵武市工商局磁窑堡工商所所长胡学勤同志因公殉职的重要批示，研究贯彻落实措施。

7月2日至18日　国务委员吴仪出访捷克、波兰、阿尔巴尼亚、保加利亚四国。国家工商行政管理总局局长王众孚陪同出访。

7月29日至31日　全国工商行政管理工作会议在浙江省杭州市召开。会议总结了2002年上半年的工作，安排了2002年下半年的工作，表彰了宁夏灵武市工商局磁窑堡工商所胡学勤同志。国家工商行政管理总局局长王众孚在会议开幕、结束时和追授胡学勤同志"模范公务员"荣誉称号暨先进事迹报告会上讲话。

8月3日　国务院发出第358号令，公布《商标法实施条例》，自2002年9月15日起施行。

8月5日至6日　全国工商行政管理系统信息化建设与应用研讨会在上海召开。国家工商行政管理总局副局长李东生出席了会议并讲话。

8月7日　全国工商行政管理系统法制建设培训班在内蒙古举办。国家工商行政管理总局副局长甘国屏到班并讲话。

8月22日　国家工商行政管理总局局长王众孚会见了到访的马来西亚国内贸易和消费者事务部部长。

8月23日　国家工商行政管理总局局长王众孚会见了到访的俄罗斯反垄断政策与企业扶持部长。

9月9日至15日　全国广告监管工作培训班在成都举办。国家工商行政管理总局副局长韩新民出席了开班仪式并讲话。

9月12日至13日　国家工商行政管理总局局长王众孚出席了全国再就业工作会议，并作题为《充分发挥工商行政管理职能作用，积极推进再就业工作》的书面发言。

9月16日　全国整顿和规范市场经济秩序领导小组第六次全体会议在北京召开，国家工商行政管理总局局长王众孚出席了会议并代表国家工商行政管理总局就集贸市场专项整治工作情况进行了汇报。国家工商行政管理总局副局长杨树德出席了会议。

9月18日　全国消费者权益保护培训班在北京举办。国家工商行政管理总局副局长杨树德出席了开班仪式并讲话。

9月21日至10月3日　国家工商行政管理总局副局长李东生在瑞士出席了世界知识产权组织成员国大会。

9月24日　国家工商行政管理总局举办了学习《江泽民论有中国特色社会主义》（专题摘编）辅导报告会，国家工商行政管理总局局长王众孚主持会议，中宣部副部长雒树刚作辅导报告。全局处级以上干部和专题学习班的学员参加了会议。

10月15日　国家工商行政管理总局党组书记王众孚主持召开党组会议，传达中纪委监察部二室召开的联系单位反腐败抓源头经验交流会精神，并决定成立国家工商行政管理总局抓源头反腐败领导小组。

10月15日　国家工商行政管理总局副局长甘国屏会见法国竞争事务院主席及其所率代表团。

10月29日至30日　全国集贸市场专项整治工作经验交流会在福建省福州市召开。国家工商行政管理总局局长王众孚出席了会议并作报告。副局长杨树德出席了会议并讲话。

11月7日至15日　国家工商行政管理总局局长王众孚出席了中国共产党第十六次全国代表大会，并当选为中国共产党第十六届中央委员会委员。出席了中国共产党第十六届中央委员会第一次全体会议。

11月7日至15日　国家工商行政管理总局副局长李东生列席了中国共产党第十六次全国代表大会，并当选为中纪委委员，出席了中央纪律检查委员会第一次全体会议。

11月18日至20日　国家工商行政管理总局召开全局副处级以上党员干部大会，

党组书记、局长王众孚传达了党的"十六大"精神,部署国家工商行政管理总局学习贯彻党的"十六大"精神的工作;国家工商行政管理总局副局长李东生、人事教育司司长钟攸平作了中心发言。

12月18日至20日　全国工商行政管理工作会议在北京召开。会议认真贯彻落实党的"十六大"和中央经济工作会议精神,总结了2002年的工作,安排了2003年的任务。会议期间,国务委员吴仪与参加会议的部分代表座谈并作重要指示。国家工商行政管理总局局长王众孚作工作报告。

12月25日　国家工商行政管理总局制定下发《2001—2005年工商行政管理系统信息化规划纲要》。

12月28日　国家工商行政管理总局制定下发《全国工商行政管理系统法制宣传教育第四个五年规划》。

2003 年

1月15日　中国消费者协会召开第三届二次理事会,表彰全国消费者协会组织保护消费者权益先进集体、先进个人,国家工商总局副局长杨树德出席并讲话。

1月28日　国家工商总局发布公告,向社会公示第二批1 058家"守合同重信用企业"名单。

2月10日　全国整顿和规范市场经济秩序领导小组召开第七次全体会议。国务院副总理李岚清强调继续深入持久地整顿和规范市场经济秩序。国家工商总局局长王众孚出席。

2月14日　国家工商总局局长王众孚主持召开党组会议,传达国务院总理朱镕基、国务委员吴仪关于陕西省彬县工商局1999年垂直上划时突击进人问题的指示精神,研究进一步严肃人事工作纪律的措施。随后,甘国屏副局长率总局督查组赴陕西督查。

2月19日　国家工商总局副局长甘国屏出席全国"扫黄"、"打非"电视电话会议。

2月28日　国家工商总局召开纪念《商标法》实施二十周年座谈会。王众孚局长、李东生副局长出席。

4月1日至3日　全国工商行政管理系统党风廉政工作会议在上海召开。国家工商总局局长王众孚作工作报告。

4月4日　新一届全国整顿和规范市场经济秩序领导小组召开第一次全体会议。国务院副总理吴仪强调把整顿和规范市场经济秩序工作引向深入。国家工商总局局长王众孚出席。

4月17日　国家工商总局令第5号、第6号、第7号公布《驰名商标认定和保护规定》、《集体商标、证明商标注册和管理办法》、《马德里商标国际注册实施办法》。

4月19日　国家工商总局印发《关于切实加强市场监管严厉查处利用防治"非典"名义从事违法经营活动的紧急通知》。

4月21日　国家发展和改革委员会、国家工商总局和国家食品药品监督管理局联合召开保障防治"非典"医药用品供应,维护市场稳定电视电话会议。国家工商总局局长王众孚出席并讲话。

4月27日至28日　国家工商总局副局长甘国屏出席全国打击走私工作会议。

4月30日　国家工商总局印发《关于加强对个体工商户和私营企业监督管理做好非典型肺炎防治工作的紧急通知》,并转发《北京市工商行政管理局关于应对"非典"突发情况紧急工作预案的报告》。

5月8日　国家工商总局印发《关于加强农村市场监管认真做好农村"非典"防治工作的紧急通知》。

5月13日　国家工商总局印发《关于在防治"非典"期间依法从重从快处理一批性质严重的违法案件的通知》。

5月30日　国家工商总局和国家林业局联合召开严禁违法捕猎和经营野生动物电视电话会议。国家工商总局局长王众孚出席并讲话。

6月27日　国家工商总局局长王众孚出席全国"严打"整治斗争总结表彰电视电话会议。

6月29日至7月6日　国家工商总局

副局长杨树德率国务院第十督查组赴北京、天津、内蒙古督查三地贯彻落实全国防治"非典"指挥部11号通知精神，进一步做好防治非典型肺炎工作情况。

7月4日　国家工商总局举办兴起学习贯彻"三个代表"重要思想新高潮报告会。局长王众孚主持会议并讲话。中央党校副校长李君如作辅导报告。

7月11日　全国防治非典型肺炎指挥部召开会议，国务院副总理吴仪和国务委员兼国务院秘书长华建敏听取各督查组汇报督查情况。国家工商总局副局长杨树德参加会议，并代表第十组作了汇报。

7月28日　国家工商总局局长王众孚出席全国防治"非典"工作会议。29日，王众孚局长主持召开党组会议，传达学习全国防治"非典"工作会议精神，研究贯彻落实措施。

8月1日　国务院副总理吴仪视察北京市工商局。国家工商总局局长王众孚等陪同视察。

8月4日至5日　国家工商总局局长王众孚出席2003年全国打击走私工作会议，并在大会发言。

8月6日至7日　全国工商系统兴起学习贯彻"三个代表"重要思想新高潮、规范市场秩序推进信用建设经验交流会在北京召开。国务院副总理吴仪出席会议并作重要讲话，国家工商总局局长王众孚作工作报告。

8月21日　全国工商行政管理系统学习贯彻"三个代表"重要思想研讨班在京举办。

同日　全国"毒鼠强"专项整治工作会议在苏州召开，要求年内彻底解决"毒鼠强"问题。国家工商总局副局长刘凡出席并讲话。

8月27日　中华人民共和国主席令第7号公布《行政许可法》，自2004年7月1日起施行。

9月15日　国家工商总局局长王众孚主持国家工商总局党组中心组学习，传达学习胡锦涛在中央党校省部级主要领导干部学习贯彻"三个代表"重要思想专题研讨班开班式和李长春在结业式上的讲话。

9月16日　国家工商总局副局长甘国屏赴俄罗斯，出席独联体国家反垄断政策国家委员会十周年纪念会暨"竞争政策与全球化、一体化"国际研讨会，代表国家工商总局局长王众孚致辞并与俄方签署了《关于实施中俄反不正当竞争与反垄断领域合作协定谅解备忘录（2004—2005年度）》。

9月22日至26日　全国工商所党支部书记学习贯彻"三个代表"重要思想培训班在北京举办。26日，国家工商总局领导接见了全体学员，王众孚局长讲话。

9月25日　国家工商总局下发通知，在全国工商系统施行《国家工商行政管理总局依法行政、文明执法六项禁令》。

9月28日　中央政治局常委、中纪委书记吴官正听取关于医德医风建设和纠正医药购销中不正之风工作的汇报。国家工商总局局长王众孚出席并作工作汇报。

10月21日　国家工商总局副局长刘玉亭出席全国开展共铸诚信活动电视电话会议。

10月23日　2003年上海"商标与城市经济"国际研讨会举行。国家工商总局副局长李东生出席并致词。

同日　第十届中国广告节在南京举办。国家工商总局副局长刘凡出席。

10月27日至11月2日　全国商标法律培训班在北京举办。国家工商总局副局长李东生出席并讲话。

10月31日　全国人大法工委、国家工商总局、中国消费者协会联合召开《消费者权益保护法》颁布十周年座谈会。全国人大副委员长司马义·艾买提、国家工商总局局长王众孚出席并讲话。

同日　国家工商总局发布《关于对企业实行信用分类监管的意见》。

11月5日至7日　国家工商总局局长王众孚出席珠海世界经济发展宣言暨中国企业峰会，并作题为"推进企业信用建设，营造公平竞争的市场环境"的演讲。

11月18日　国家工商总局副局长李东

生出席中美知识产权圆桌会议。

11月24日　国家工商总局局长王众孚会见欧盟委员会竞争事务委员马里奥·蒙蒂。

12月1日　全国人大法工委、国家工商总局联合召开《反不正当竞争法》实施十周年座谈会。全国人大副委员长顾秀莲作书面讲话，国家工商总局局长王众孚出席并讲话。

12月3日至14日　国家工商总局副局长刘凡到加拿大、美国宣讲第39届世界广告大会并考察当地广告业发展及广告监管情况。

12月21日　国务院总理温家宝在国家工商总局局长王众孚呈报的"《关于2003年工作情况和2004年工作安排的汇报提纲》及在全国工商行政管理工作会议上的工作报告（送审稿）"上作出重要批示，强调"加强市场监管，是政府的重要职责。工商行政管理部门承担着规范、监管和维护市场秩序的任务，责任重大"。

12月23日　国务院副总理吴仪在国家工商总局局长王众孚呈报的"《关于2003年工作情况和2004年工作安排的汇报提纲》及在全国工商行政管理工作会议上的工作报告（送审稿）"上作出重要批示，强调"提高干部队伍整体素质、提高行政执法水平、加快信息化建设步伐，是做好工商行政管理工作的基础"。

12月24日至26日　全国工商行政管理工作会议在广州召开。国家工商总局局长王众孚传达贯彻温家宝总理和吴仪副总理的重要批示精神，并作工作报告和总结讲话。中共中央政治局委员、广东省委书记张德江会见了与会代表。

2004 年

1月10日　共青团中央、国家工商总局等13部委联合召开第四届"中国杰出（优秀）青年卫士"表彰大会，中共中央政治局常委罗干接见了参会人员。9日，国家工商总局副局长刘玉亭接见工商系统六名"中国杰出（优秀）青年卫士"并讲话。

同日　国家工商总局党组书记、局长王众孚主持召开党组会议，向中纪委副书记刘峰岩为组长的中央督察组汇报国家工商总局学习贯彻"三个代表"重要思想的主要情况。

1月31日至2月1日　国务院总理温家宝在国家工商总局局长王众孚陪同下，赴安徽、湖北视察禽流感防治工作。

2月3日　国务院办公厅印发《全国高致病性禽流感应急预案》。

2月4日　国家工商总局召开党组扩大会议，传达贯彻中央领导重要指示和全国防治高致病性禽流感工作会议精神，进一步部署落实工商系统防治禽流感工作。

2月12日　国家工商总局举办第一期学习贯彻《行政许可法》培训班，国务院法制办主任曹康泰讲授《行政许可法的立法背景、基本原则和对政府管理的影响》。

2月19日　国家工商总局召开部署开展网吧等互联网上网服务经营场所专项整治工作电视电话会议。刘玉亭副局长出席并讲话。

3月2日　国家工商总局、商务部令第8号公布《外商投资广告企业管理规定》。

3月3日　国家工商总局副局长李东生会见美国商务部副部长兼美国专利商标局局长乔恩·杜达斯。

3月11日至12日　全国工商行政管理系统党风廉政工作会议在北京召开。国家工商总局局长王众孚作工作报告，中央纪委驻国家工商总局纪检组组长石见元讲话。

3月12日　国家工商总局印发《关于处理侵害消费者权益行为的若干规定》。

3月14日　中国消费者协会在北京举行全国消协工作人员佩戴3·15会徽胸章活动仪式。国家工商总局副局长杨树德出席并讲话。

3月15日　国家工商总局印发《全国工商行政管理机关"12315"消费维权服务措施》。

3月18日　国家工商总局发布公告，向社会公示全国第三批1 329家"守合同重信用"企业名单。

3月19日至22日　国家工商总局机关举办树立和落实科学发展观学习班，中央党校副校长王伟光作关于统筹经济社会发展的辅导报告。

3月30日　国家工商总局发布《关于整顿统一着装工作的实施意见》。

同日　全国外资登记确权工作座谈会在山东青岛召开。国家工商总局副局长刘玉亭出席并讲话。

4月16日　国家工商总局副局长刘凡出席第二届经纪人国际论坛并讲话。

4月17日至19日　中华商标协会在海南主办"博鳌商标论坛"。国家工商总局副局长李东生出席。

4月19日　国家工商总局副局长甘国屏会见欧盟竞争总司总司长菲利浦·洛。

4月20日　国家工商总局副局长李东生出席中国知识产权与经济发展高级研讨会开幕式，并会见世界知识产权组织副总干事余寿谷。

4月24日　国家工商总局副局长李东生出席"2004中外企业知识产权高层论坛"。

4月29日　国家工商总局局长王众孚出席全国整顿和规范市场经济秩序领导小组第二次全体会议。

5月10日　国家工商总局副局长李东生会见日本保护知识产权官民联合访华团。

5月13日　国务院召开全国食品安全专项整治工作电视电话会议。吴仪副总理出席会议并作重要讲话。国家工商总局局长王众孚出席。

5月17日　国务院办公厅印发《2004年全国整顿和规范市场经济秩序工作要点》和《食品安全专项整治工作方案》。

5月22日至28日　国家工商总局副局长李东生率国务院安全生产督查组赴吉林，进行危险化学品安全工作督查。

5月28日　全国工商系统反假币工作先进集体和先进个人表彰会在广东省河源市召开。国家工商总局副局长甘国屏出席并讲话。

5月31日至6月1日　全国粮食流通体制改革会议在北京召开。温家宝总理出席会议并作重要讲话。国家工商总局局长王众孚出席。

5月31日至6月12日　国家工商总局副局长刘凡赴保加利亚、匈牙利、俄罗斯等国宣讲第39届世界广告大会。

6月7日　国家工商总局局长王众孚、副局长李东生会见法国外贸部部长洛斯先生一行。

6月10日　国家工商总局令第9号公布《企业登记程序规定》。

6月14日　国家工商总局令第10号、第11号修订公布《企业名称登记管理实施办法》、《公司注册资本登记管理规定》，第12号公布《企业经营范围登记管理规定》。

同日　全国工商系统《行政许可法》与企业登记管理培训班在北京举办。国家工商总局副局长刘玉亭出席并讲话。

6月18日　国务院副总理吴仪会见美国雅芳产品有限公司董事长兼首席执行官钟彬娴女士。国家工商总局副局长刘玉亭陪同会见。

同日　国家工商总局副局长李东生会见以美国商务部副部长兼专利商标局局长乔恩·杜达斯先生为团长的美国专利商标局代表团。

6月22日至23日　全国工商行政管理局长会议在北京召开。国家工商总局局长王众孚就工商系统深入开展整顿规范市场秩序，进一步抓好队伍教育整顿工作进行部署。

6月27日　国家工商总局局长王众孚出席全国"严打"整治斗争总结表彰电视电话会议。

6月28日　国务院召开全国依法行政工作电视电话会议。温家宝总理强调全面推进依法行政，努力建设法治政府。国家工商总局局长王众孚出席。

6月28日　国家工商总局印发《开展以树立正确权力观、严格依法行政为主要内容的队伍教育整顿方案》、《开展食品安全专项整治工作实施方案》和《开展保护注册商标专用权行动方案》。

6月30日 国家工商总局发布工商法字〔2004〕第98号文,决定废止312件工商行政管理规章和规范性文件。

7月5日 全国工商系统《行政许可法》与广告监管培训班在贵州举办。国家工商总局副局长刘凡出席并讲话。

7月6日 国家工商总局副局长刘玉亭参加国务院防治禽流感工作会议。

7月8日 全国个体私营经济登记管理工作会议召开。国家工商总局副局长杨树德出席并讲话。

7月23日 国家工商总局令第13号公布《个体工商户登记程序规定》。

7月24日至25日 国务院在青岛召开促进非公有制经济发展座谈会。温家宝总理作出重要批示,曾培炎副总理出席并作重要讲话。国家工商总局局长王众孚、副局长杨树德出席。

8月3日 国家工商总局印发《关于加强工商行政管理系统重要事项报告工作的通知》。

8月6日 全国工商系统队伍教育整顿"五项清理"情况统计工作会议召开。中央纪委驻国家工商总局纪检组组长石见元出席并讲话。

8月19日 国家工商总局令第15号公布《商标印制管理办法》。

8月22日至9月15日 全国3个片区工商行政管理系统队伍教育整顿工作座谈会分别在新疆、吉林、贵州召开。中央纪委驻国家工商总局纪检组组长石见元出席并讲话。

8月27日 国务院副总理吴仪主持召开全国保护知识产权专项行动电视电话会议。国家工商总局副局长李东生出席。

8月28日 国家工商总局令第14号公布《经纪人管理办法》。

8月31日 国家工商总局发布工商法字〔2004〕第143号文,决定第二批废止44件工商行政管理规章和规范性文件。

9月1日 国家工商总局副局长刘玉亭在北京与来自全国工商系统"人民满意的公务员"和"人民满意的公务员集体"代表座谈。

9月3日至4日 全国再就业工作表彰大会在京召开。国家工商总局局长王众孚、副局长王东峰接见参加大会的工商系统21名先进代表。

9月6日 国务院副总理吴仪接见第39届世界广告大会重要嘉宾。国家工商总局局长王众孚、副局长刘凡陪同会见。

9月7日 国务院副总理吴仪在厦门主持召开保护知识产权外商投资企业座谈会。国家工商总局副局长李东生出席。

9月8日 第39届世界广告大会在北京召开。国家工商总局副局长刘凡主持开幕式。

9月10日 中华商标协会成立十周年纪念会召开。国家工商总局副局长李东生出席。

9月21日 全国商标行政执法培训班举办。国家工商总局副局长李东生出席并作报告。

9月22日至10月3日 国家工商总局副局长李东生赴日内瓦出席世界知识产权组织成员国大会第40届系列会议。

10月8日 国家工商总局印发《关于规范和加强广告监测工作的指导意见》、《关于加强广告执法办案协调工作的指导意见》和《关于广告审查员管理工作若干问题的指导意见》(试行)。

10月20日 国务院令第422号公布《世界博览会标志保护条例》,自2004年12月1日施行。

10月21日 第四届全国优秀"青少年维权岗"表彰大会召开。国家工商总局副局长李东生出席。

10月21日至22日 全国工商系统食品安全专项整治工作会议在福建召开。国家工商总局副局长王东峰出席并讲话。

10月26日 中国消费者协会和国际消费者联合会在北京人民大会堂举行"以人为本,消费维权"消费者权益保护国际研讨会。国务院副总理吴仪会见了国际消联主席玛丽莲娜·拉扎里尼及理事会成员。国家工商总局局长王众孚、副局长王东峰出席会议并陪同会见。

10月28日　第11届中国广告节在成都举行。国家工商总局副局长刘凡出席。

11月2日　国家工商总局局长王众孚、副局长王东峰、纪检组长石见元赴北京市工商局,考察北京市工商局开展队伍教育整顿及执法业务大比武情况和广告监测中心工作。

11月5日　中华商标协会召开第二届会员代表大会。国家工商总局副局长李东生出席。

11月10日　由海关总署、公安部、国家工商总局共同举办的"以国门的名义——全国打击走私成果展览"在中国革命军事博物馆开幕。国务院副总理吴仪参观了展览。

同日　国家工商总局公平交易局、上海市工商局联合主办"公平竞争与市场经济"2004上海国际研讨会。国家工商总局副局长甘国屏到会致词。俄罗斯、德国、美国等中外代表650人参加会议。

同日　全国副省级城市工商局队伍教育整顿暨纪检监察工作研讨会在南京召开。中央纪委驻国家工商总局纪检组组长石见元出席并讲话。

·11月16日　全国地理标志工作研讨会在重庆举行。国家工商总局副局长李东生出席并讲话。

11月19日　首届全国外商投资企业登记管理机关英语竞赛在北京举行。国家工商总局副局长刘玉亭接见了全体参赛选手。

11月30日　国家工商总局令第16号、第17号、第18号公布《广告经营许可证管理办法》、《印刷品广告管理办法》和《广告管理条例施行细则》。

12月8日至9日　国家工商总局召开直属机关中共第一次代表大会。总局党组书记、局长王众孚出席闭幕式并作重要讲话。总局副局长兼直属机关党委书记刘玉亭主持会议。

12月8日至9日　"纪念中国商标制度100周年商标发展论坛"在人民大会堂开幕,"纪念中国商标制度100周年商标展"

在北京展览馆开展。国家工商总局副局长李东生出席并讲话。

12月13日至14日　全国工商行政管理工作暨先进集体、先进工作者表彰会议在京召开。国务院副总理吴仪出席会议并作重要讲话。国家工商总局局长王众孚作工作报告。人事部副部长侯建良、国家工商总局副局长甘国屏分别宣读了表彰决定。

12月23日　国家工商总局印发《流通领域商品质量监测办法》。

12月24日　中央统战部、国家发改委、人事部、国家工商总局、全国工商联联合召开全国非公有制经济人士优秀建设者表彰大会。全国政协主席贾庆林、国务院副总理曾培炎接见与会人员。国家工商总局副局长王东峰出席。

同日　国家工商总局令第19号公布《世界博览会标志备案办法》。

12月26日　中国消费者协会成立二十周年纪念暨表彰大会和中国消费者协会第三届四次理事会在人民大会堂举行。全国人大副委员长蒋正华,全国政协副主席郝建秀,国家工商总局局长王众孚、副局长王东峰出席会议并分别发表讲话。

2005 年

1月6日至7日　全国工商系统队伍教育整顿专项清理工作座谈会在成都召开。中央纪委驻国家工商总局纪检组组长石见元出席并讲话。

1月11日　全国工商系统港澳居民申办个体工商户登记管理工作座谈会在昆明召开。国家工商总局副局长王东峰出席并讲话。

1月12日　全国商标专用权保护培训班举办。国家工商总局副局长李东生出席并讲话。

1月17日　国家工商总局召开保持共产党员先进性教育活动动员大会。王众孚局长作动员报告。中央督导组组长王秀红出席并讲话。

1月17日　广告专项整治工作座谈会

在福州举行。国家工商总局副局长刘凡出席并讲话。

1月21日　国家工商总局副局长刘玉亭出席第十八次全国"扫黄""打非"工作电视电话会议。

1月24日　国家工商总局召开保持共产党员先进性教育活动学习辅导报告会。中央党校副校长李君如作《实践"三个代表"重要思想与保持共产党员先进性》专题辅导报告。

1月25日至29日　国家工商总局副局长李东生率团赴香港特别行政区参加中国商标保护政策研讨会和"利用品牌创造财富"知识产权区域研讨会。

2月4日　吴仪副总理视察北京节日市场供应情况。国家工商总局局长王众孚陪同视察。

2月5日　国家工商总局印发《个体工商户分层分类登记管理办法》。

2月19日　国务院发布《关于鼓励支持和引导个体私营等非公有制经济发展的若干意见》。

2月21日　全国清理整顿劳动力市场秩序工作电视电话会议召开。国家工商总局副局长王东峰出席并讲话。

2月23日　国家工商总局举行保持共产党员先进性教育活动先进事迹报告会。

2月25日　全国个协私协秘书长工作会议在北京召开。国家工商总局副局长王东峰出席并讲话。

2月27日至28日　全国工商系统党风廉政工作会议在北京召开。国家工商总局局长王众孚作重要讲话,中央纪委驻总局纪检组组长石见元也作了讲话,刘玉亭副局长作总结讲话。

3月2日　国家工商总局暨北京市工商局"2005红盾护农"行动启动仪式在北京举行。国家工商总局副局长刘凡出席并讲话。

3月3日　国家工商总局副局长刘玉亭、王东峰出席第九次纠正医药购销和医疗服务中不正之风部际联席会议。

3月4日　农业部、公安部、工商总局、全国整规办等部门联合召开2005年全国农资打假专项治理行动动员暨毒鼠强专项整治工作表彰电视电话会议。吴仪副总理致信祝贺。工商总局副局长刘玉亭、刘凡出席并讲话。

3月14日　国家工商总局举行保持共产党员先进性教育活动学习交流会。

3月16日　国家工商总局召开保持共产党员先进性教育活动学习阶段总结暨分析评议阶段动员大会。王众孚局长作总结和动员部署。中央督导组组长王秀红出席并讲话。

3月21日　国家工商总局副局长李东生会见法国外贸部部长洛斯一行。

3月30日　国务院办公厅印发《关于开展打击商业欺诈专项行动的通知》。

3月31日　国务院召开全国整顿和规范市场经济秩序电视电话会议。吴仪副总理作重要讲话,国家工商总局局长王众孚出席。

4月6日　第九届中国东西部合作与投资贸易洽谈会在西安举行。国家工商总局副局长王东峰出席,并在中国非公有制企业投资西部峰会上讲话。

4月8日、7月1日、8月31日　国务院副总理回良玉三次对国家工商总局关于培育和发展农村经纪人的报告作出重要批示,强调指出:"农村经纪人是市场经济发展的必然产物,是繁荣农村市场的重要力量"。

4月21日　国家工商总局、国家发改委、公安部、卫生部联合印发《整顿和规范盐业市场秩序工作方案》。

4月22日　国家工商总局局长王众孚会见欧盟竞争总司总司长菲利浦·洛。

4月26日　国家工商总局、中宣部、公安部等十一部委在京召开全国整治虚假违法广告专项行动第一次部际联席会议。工商总局局长王众孚、中宣部副部长李东生在会上讲话。

4月27日　中华人民共和国主席令第35号公布《公务员法》,自2006年1月1日起施行。

4月28日　国家工商总局行政学院在深圳奠基。刘玉亭副局长出席奠基仪式。

同日　国家工商总局副局长李东生出席第二届(2005)中外企业知识产权高层论坛开幕式。

4月29日　国家工商总局党组召开保持共产党员先进性教育民主生活会情况通报会。王众孚局长强调搞好"回头看",以学促看,以看促改。

同日　全国工商系统开展整顿和规范盐业市场秩序专项行动工作会议召开。国家工商总局副局长刘玉亭出席并讲话。

4月30日　2005年全国劳动模范和先进工作者表彰大会在人民大会堂举行。29日,国家工商总局副局长刘玉亭接见6名工商系统全国先进工作者。

5月9日　国家工商总局副局长李东生会见蒙古知识产权局局长欣巴特·纳姆吉一行。

5月13日　国家工商总局召开保持共产党员先进性教育活动分析评议阶段总结暨整改提高阶段动员大会。王众孚局长作总结和动员讲话。

5月20日　国家工商总局副局长刘玉亭、中央纪委驻总局纪检组组长石见元参加全国治理教育乱收费、纠正医药购销和医疗服务中不正之风工作情况汇报会并发言。

5月22日　国家工商总局副局长李东生会见俄罗斯反垄断委员会副主席安德列·茨加诺夫。

5月23日　国务院法制办、商务部、国家工商总局联合举办反垄断法立法国际研讨会。工商总局副局长李东生出席并讲话。

同日　国家工商总局印发《工商行政管理所食品安全监督管理工作规范》。

5月27日　国家工商总局副局长李东生会见世界知识产权组织副总干事余寿谷。

5月30日至31日　全国工商系统队伍教育整顿清理执法队伍专项工作座谈会在昆明召开。中央纪委驻国家工商总局纪检组组长石见元出席并讲话。

6月2日　国家工商总局召开保持共产党员先进性教育活动整改及进一步推进工作的措施通报大会。

6月10日　全国整治违法排污企业保障群众健康环保专项行动电视电话会议召开。国家工商总局副局长刘玉亭出席并讲话。

6月14日　国家工商总局副局长李东生会见日本国际保护知识产权论坛主席宗国旨英率领的日本保护知识产权官民联合高层访华团。

6月15日　国家工商总局召开保持共产党员先进性教育活动总结大会。王众孚局长强调巩固和扩大先进性教育活动成果,进一步开创工商行政管理改革发展新局面。中央督导组组长王秀红出席并讲话。

6月27至28日　国家工商总局、亚洲开发银行和经济合作与发展组织联合举办竞争政策与立法国际研讨会。工商总局副局长李东生出席并讲话。

6月29日　国家工商总局印发《工商行政管理系统市场监管应急预案》。

7月1日　国家工商总局副局长刘玉亭参加规范社团、行业组织、社会中介部际协调会议。

7月2日至6日　国家工商总局副局长王东峰陪同黄菊副总理赴吉林省视察工作,并出席七省区市就业再就业工作座谈会。

7月5日　全国工商系统查处商标侵权案件经验交流会在太原召开。国家工商总局副局长李东生出席并讲话。

7月7日　国务院令第439号公布《营业性演出管理条例》,自2005年9月1日起施行。

7月8日　全国建立网吧管理长效机制试点工作会议召开。国家工商总局副局长刘玉亭出席并讲话。

7月11日　国务院新闻办举行涉外商标保护情况新闻发布会。国家工商总局副局长李东生通报有关情况并回答记者提问。

7月12日至14日　全国工商行政管理局长会议在天津召开。会议传达了吴仪副总理7月5日的重要批示。国家工商总局局长王众孚作重要讲话。

7月23日　国务院总理温家宝在王众孚局长呈报的《关于工商总局2005年上半年工作情况和下半年工作安排的报告》上作

出重要批示："前一段工作很好。要坚持不懈,抓好'三项整治'和'五项清理',继续深入整顿规范市场经济秩序,加强队伍建设"。

7月25日　国家工商总局召开贯彻落实《建立健全教育、制度、监督并重的惩治和预防腐败体系实施纲要》部署动员会议。中央纪委驻总局纪检组组长石见元出席并讲话。

8月2日　国家工商总局在北京召开培育与发展农村经纪人高层研讨会。刘凡副局长出席并讲话。

8月8日　国家工商总局副局长刘玉亭会见泰国众议院消费者保护委员会来访团。

8月9日　全国消费者协会加强消费维权能力建设研讨会在山东召开。国家工商总局副局长王东峰出席并讲话。

8月16日　国家工商总局副局长刘玉亭出席中央纪委治理商业贿赂工作座谈会并发言。

8月18日　国务院印发《关于全面整顿和规范矿产资源开发秩序的通知》。

8月18日至19日　全国工商系统企业信用分类监管工作会议在上海召开。国家工商总局局长王众孚作重要讲话,副局长刘玉亭作总结讲话。

8月23日　国务院令第443号、第444号公布《直销管理条例》、《禁止传销条例》,分别自2005年12月1日和11月1日起施行。

8月23日至24日　全国工商系统食品安全工作座谈会在哈尔滨召开。国家工商总局副局长王东峰出席并讲话。

8月25日至9月25日　中央国家机关第二届职工运动会在北京举行。国家工商总局选派包括两名总局领导在内的150名运动员参加了运动会。

8月31日　国家工商总局副局长刘玉亭会见美国消费者委员会主席哈尔·史查顿。

9月7日至9日　国家工商总局副局长王东峰陪同黄菊副总理赴长沙,出席部分省市就业再就业工作座谈会,并视察就业再就业工作。

9月9日　中国工商学会召开2005年全国秘书长会议。国家工商总局副局长刘凡出席。

9月11日至12日　第二届中国中小企业博览会暨中法中小企业博览会在广东举办。国家工商总局副局长王东峰出席。

9月19日　国家工商总局局长王众孚陪同吴仪副总理访问泰国。

9月22日至24日　国家工商总局副局长李东生出访新加坡、澳大利亚、新西兰,进行商标权知识演讲宣传、交流和竞争政策交流。

9月23日至28日　国家工商总局举办第三期全国工商所党支部书记培训班。27日,总局副局长刘玉亭听取培训班交流情况并讲话。

9月26日　全国工商系统培育发展农村经纪人经验交流现场会在扬州举行。国家工商总局副局长刘凡出席并讲话。

同日　国家工商总局令第20号公布第二次修订的《商标评审规则》。

9月28日　国家工商总局令第21号公布《关于按照新修订的〈广告管理条例施行细则〉调整有关广告监管规章相应条款的决定》。

10月12日　国家工商总局印发《企业信用分类监管联网应用管理暂行办法》。

10月18日　国家工商总局副局长王东峰出席中国"3·15文化"高层论坛暨《中国消费者报》创刊20周年纪念庆典活动。

10月19日　国家工商总局副局长李东生会见国际商标协会执行总裁艾伦·德鲁森。

10月20日至31日　国家工商总局局长王众孚应埃及内贸供应部、希腊竞争委员会和葡萄牙竞争局邀请,率团对上述三国进行工作访问。

10月26日　国家工商总局副局长李东生会见法国中小企业、贸易、手工业和自由职业部部长雷诺·杜特莱。

10月27日　中华人民共和国主席令第42号公布新修订的《公司法》,自2006年1月1日起施行。

10月28日　第12届中国广告节在西安举办。国家工商总局副局长刘凡出席。

11月2日　国家工商总局局长王众孚会见俄罗斯联邦反垄断局局长伊戈尔·阿提米耶夫。

11月4日　全国工商系统贯彻落实惩防体系《实施纲要》座谈会在浙江召开。中央纪委驻国家工商总局纪检组组长石见元出席并讲话。

11月7日　国家工商总局在北京召开市场防控高致病性禽流感应急指挥部第一次全体会议。刘凡副局长出席并讲话。

11月8日至10日　国家工商总局与世界知识产权组织在北京联合主办"战略性利用商标促进经济暨农村发展国际研讨会"。国家工商总局局长王众孚、世界知识产权组织副总干事菲利浦·珀蒂分别致词，总局副局长李东生作专题发言。

11月9日　国家工商总局副局长李东生与美国商务部副部长杜达斯一行举行工作会谈，并会见美国商会代表一行。

11月11日　国务院召开再就业工作部际联席会议。国家工商总局副局长钟攸平出席，并介绍了工商管理机关发挥职能作用、引导下岗失业人员和毕业大学生在个体私营经济领域实现就业工作的情况。

同日　国家工商总局印发《市场防控高致病性禽流感应急预案》。

11月14日至21日　国家工商总局副局长钟攸平率国家禁毒委联合检查组赴上海和浙江杭州、宁波等地，检查开展"禁毒人民战争"工作情况。

11月16日至23日　国家工商总局副局长李东生率国务院督查组赴山东、安徽进行保护知识产权专项行动督查。

11月22日　"市场准入与公平竞争2005上海国际研讨会"召开。国家工商总局副局长刘玉亭出席并讲话。

11月24日　全国副省级城市工商局贯彻落实惩防体系《实施纲要》情况交流暨纪检监察工作研讨会在广州召开。中央纪委驻国家工商总局纪检组组长石见元出席并讲话。

11月27日至12月3日　国家工商总局副局长李东生率团赴美宣讲中国知识产权保护。

11月30日至12月6日　国家工商总局副局长刘凡率国务院第五工作组赴湖北、山东，检查防控高致病性禽流感工作情况。

12月9日　中华商标协会和深圳市人民政府主办、博鳌亚洲论坛协办的首届中国商标节在深圳举行。全国政协副主席罗豪才、郝建秀出席，国家工商总局副局长李东生致词。

12月10日　国家工商总局副局长王东峰出席中央电视台特别节目"全国千万家庭食品安全知识大赛"决赛，并向获奖者颁奖。

12月12日　全国工商系统法制培训班在海口举办。国家工商总局副局长李东生出席并讲话。

12月15日至16日　全国工商行政管理工作会议在北京召开。会前吴仪副总理专门作出重要批示。国家工商总局局长王众孚作工作报告。

12月18日　国务院令第451号公布新修订的《公司登记管理条例》。

12月19日　全国工商系统"2005红盾护农"行动总结表彰会在北京召开。国家工商总局副局长刘凡出席并讲话。

12月21日　国家工商总局举办外事工作培训班。李东生副局长出席并讲话。

12月23日　全国基层工商机关落实惩防体系《实施纲要》座谈会在海口召开。中央纪委驻国家工商总局纪检组组长石见元出席并讲话。

12月24日　全国企业登记管理干部培训班举办。国家工商总局副局长刘玉亭出席并讲话。

12月27日　国家工商总局举办学习《公务员法》辅导报告会。全国人大法工委副主任李飞作专题辅导报告。

同日　国家工商总局令第22号公布第二次修订的《公司注册资本登记管理规定》。

2006 年

1月6日　国务院总理温家宝在王众孚

局长呈报的《工商总局 2005 年工作基本情况和 2006 年工作安排意见》上作出重要批示："全国工商行政管理部门一年来做了大量工作,成绩显著。2006 年工作安排很好,关键要抓好落实。要依法监管,提高执法水平和效能;维护公平,切实保护消费者和企业的合法权益;搞好服务,促进城乡经济发展和社会进步"。

1 月 9 日　国家工商总局印发《关于进一步加强流通环节食品安全监管工作的意见》。

1 月 10 日　国家工商总局副局长李东生向全国人大农业和农村委员会汇报工商行政管理部门利用农产品商标和地理标志促进农民增收的工作情况。

1 月 10 日至 11 日　全国工商系统食品安全监管工作会议在北京召开。国家工商总局副局长王东峰出席并讲话。

1 月 11 日　国家工商总局副局长李东生会见丹麦专利商标局局长杰斯佛·康斯蒂德。

1 月 17 日　国家工商总局副局长钟攸平出席第 19 次全国"扫黄打非"工作电视电话会。

1 月 20 日　全国工商系统执法督查情况汇报会召开。国家工商总局副局长李东生出席。

同日　国家工商总局副局长刘玉亭出席整顿和规范矿产资源开发秩序部际联席会议第二次会议。

1 月 24 日　国家工商总局印发《关于深入开展"守合同重信用"活动的若干意见》。

2 月 21 日　全国工商系统商标专用权保护培训班在北京举办。国家工商总局副局长李东生出席并授课。

2 月 23 日　全国农资打假专项治理行动电视电话会议召开。国家工商总局副局长刘凡出席并讲话。

2 月 24 日　国家工商总局令第 23 号公布《企业年度检验办法》。

2 月 27 日至 28 日　全国工商系统党风廉政工作会议在北京召开。国家工商总局局长王众孚作工作报告。中央纪委驻总局纪检组组长石见元讲话。总局副局长刘玉亭作总结讲话。

3 月 1 日　全国工商系统信息化管理培训班在珠海举办。国家工商总局副局长李东生出席并讲话。

3 月 1 日至 2 日　全国"百城万店无假货"活动十周年工作座谈会在南京召开。国家工商总局副局长王东峰出席并讲话。

3 月 9 日　国家工商总局局长王众孚、副局长李东生会见法国预算和行政改革部部长科佩一行。

3 月 15 日　国家工商总局在北京举行纪念"3·15 国际消费者权益日"座谈会。王东峰副局长出席并讲话。

3 月 17 日　国务院召开全国整顿和规范市场经济秩序电视电话会议,国务院领导同志作重要讲话。国家工商总局局长王众孚出席。

3 月 22 日　国家工商总局召开机关和直属单位落实《实施纲要》检查工作动员大会。中央纪委驻总局纪检组组长石见元出席并讲话。

3 月 27 日　国务院办公厅印发《保护知识产权行动纲要(2006—2007 年)》。国务院新闻办就加强知识产权行政执法等情况举行发布会,国家工商总局副局长李东生出席并讲话。

同日　中国工商学会 2006 年全国秘书长会议在成都召开。国家工商总局副局长刘凡出席并讲话。

3 月 28 日　中个协第十一次理事会及会员代表大会召开。国家工商总局副局长钟攸平出席并讲话。

3 月 29 日　中共中央书记处书记、中央纪委副书记何勇等中央纪委监察部领导同志到国家工商总局,就治理商业贿赂专项工作进行调研。国家工商总局局长王众孚、副局长王东峰、钟攸平,中央纪委驻总局纪检组组长石见元等汇报治理商业贿赂专项工作。

3 月 30 日　国家工商总局印发《关于大力推进"12315"行政执法体系建设工作的意见》。

3月30日至31日　全国工商系统整顿市场秩序治理商业贿赂工作会议在北京召开。国家工商总局局长王众孚作重要讲话。总局副局长钟攸平对治理商业贿赂工作进行专项部署。

3月31日　国家工商总局副局长李东生出席纠正医药购销中不正之风部际联席会议第十次会议。

4月6日　国家工商总局局长王众孚、副局长王东峰会见美国联邦贸易委员会主席德伯拉·普拉特·梅杰罗斯一行，并就竞争执法、消费者权益保护等问题进行会谈。

4月13日　国家工商总局印发《个体工商户委托登记管理实施意见》。

4月14日　吴仪副总理赴美国出席中美商贸联委会第17次会议。国家工商总局副局长刘玉亭陪同出席。

4月15日　国家工商总局印发《工商行政管理系统流通环节重大食品安全事故应急预案》。

4月16日至17日　中国保护知识产权成果展览会在中国革命军事博物馆举办。国家工商总局副局长李东生分别陪同国务院副总理吴仪，全国人大副委员长路甬祥、成思危和全国政协副主席罗豪才、周铁农、徐匡迪、李蒙、张梅颖、张榕明参观展览。

4月18日至19日　全国工商系统"12315"行政执法体系建设工作会议在北京召开。国家工商总局副局长王东峰出席并讲话。

4月18日至19日　全国工商系统贯彻《公司法》暨推行分层分类登记改革工作座谈会在北京召开。国家工商总局副局长钟攸平出席并讲话。

4月24日　第五届"中国杰出（优秀）青年卫士"表彰暨事迹报告会在北京举行。全国人大副委员长顾秀莲出席并作重要讲话。国家工商总局副局长刘玉亭出席并与工商系统代表座谈。

4月25日　国家工商总局印发《工商行政管理系统流通环节食品安全监督管理责任及责任追究办法（试行）》。

5月12日　工商行政管理文化论坛高层研讨会在大连举行。国家工商总局副局长刘玉亭出席并讲话。

5月15日至16日　全国工商系统文秘及政务信息工作培训班在南宁举办。国家工商总局副局长王东峰出席并讲话。

5月17日　国家工商总局副局长李东生会见法国竞争消费者事务及反欺诈总局副局长皮埃尔·冯。

5月18日至19日　全国工商系统打击传销规范直销工作会议在北京召开。国家工商总局副局长钟攸平对继续深入开展打击传销专项行动进行部署。

5月22日　国家工商总局令第25号公布《户外广告登记管理规定》。

同日　国家工商总局副局长李东生会见台湾海峡两岸商务协调会会长张平沼。

5月25日至27日　全国工商系统第二期地市局长培训班在福州举办。国家工商总局副局长刘玉亭参加座谈交流。

5月31日　全国整治违法排污企业保障群众健康环保专项行动电视电话会议及部际联席会议召开。国家工商总局副局长刘玉亭出席并讲话。

6月22日至23日　全国部分省区市就业再就业工作座谈会在南昌召开。国家工商总局副局长钟攸平出席并讲话。

6月23日　国家工商总局发布工商法字[2006]第119号文，决定废止54件工商行政管理规章和规范性文件。

6月27日至28日　全国工商行政管理普法工作座谈会在银川举行。国家工商总局副局长李东生出席并讲话。

6月29日　国家工商总局局长王众孚、副局长刘玉亭和北京市市长王岐山、副市长吉林共同出席北京市工商系统教育培训成果汇报暨新装展示活动。

6月30日　国家工商总局副局长李东生会见美国全国商会副会长薄迈伦。

7月1日　全国工商系统统一换发新式工商制服。

7月4日至5日　全国工商系统援藏工作座谈会在成都举行。国家工商总局副局长王东峰出席并讲话。

7月10日 国家工商总局副局长刘玉亭参加全国扫黄打非工作会议。

7月11日 部分省市农产品商标和地理标志工作座谈会召开。国家工商总局副局长李东生出席并讲话。

7月20日至21日 全国工商行政管理局长会议在重庆召开。国家工商总局局长王众孚作重要讲话。

8月1日 国家工商总局副局长刘玉亭出席"反盗版百日行动"部际协调会。

8月3日至7日 全国工商系统流通领域商品质量监管培训班在新疆举办。国家工商总局副局长王东峰出席并讲话。

8月7日至18日 国家工商总局副局长钟攸平率国务院妇工委组织的"两纲"中期评估第九督导组,赴内蒙古、辽宁,对其贯彻落实妇女和儿童工作发展纲要情况进行评估督导。

8月12日 全国矿产资源开发整顿和规范会议在昆明召开。国家工商总局副局长刘玉亭出席。

8月18日 国家工商总局印发《关于查办医药购销领域商业贿赂案件的工作方案》。

8月22日 国家工商总局机关党委召开学习《江泽民文选》动员会。总局副局长兼机关党委书记刘玉亭作出具体部署。

8月27日 中华人民共和国主席令第54号、第55号分别公布《企业破产法》和新修订的《合伙企业法》,均自2007年6月1日起施行。

8月31日 国务院办公厅印发《全国打击传销专项行动方案》。

9月1日、11月8日 全国工商系统贯彻落实惩防体系《实施纲要》座谈会分别在黑龙江、广东召开片会。中央纪委驻国家工商总局纪检组组长石见元出席并讲话。

9月4日 国家工商总局副局长刘玉亭会见世界知识产权组织副总干事余寿谷。

9月4日至6日 国家工商总局副局长钟攸平出席"2006首尔国际竞争论坛",并就中国的竞争法律与政策和消费者保护法律与政策的关系问题作主题演讲。

9月6日 全国整顿规范房地产交易秩序电视电话会议召开。国家工商总局副局长王东峰出席并讲话。

9月6日至8日 吴仪副总理在厦门主持召开"2006跨国公司座谈会"。国家工商总局副局长李东生出席。

9月8日 第五届全国优秀"青少年维权岗"命名表彰大会在北京举行。全国人大副委员长顾秀莲出席并作重要讲话。国家工商总局副局长王东峰出席并接见工商系统代表。

9月12日 国家工商总局副局长李东生分别会见意大利法学专家代表团和美国中国商会代表团。

9月12日至13日 第三届泛珠三角区域工商行政管理合作高层联席会议在昆明召开。国家工商总局副局长王东峰出席并讲话。

9月14日 全国副省级城市工商局落实《实施纲要》情况交流暨纪检监察工作研讨会在沈阳召开。中央纪委驻国家工商总局纪检组组长石见元出席并讲话。

9月16日 2006中国食品安全年会开幕。国家工商总局副局长王东峰出席并讲话。

9月16日至18日 全国工商系统基层建设和人才工作会议在济南召开。国家工商总局副局长刘玉亭出席并讲话。

9月19日至21日 全国工商系统推进社会主义新农村建设经验交流会在成都召开。全国人大副委员长何鲁丽、国家工商总局局长王众孚出席并作重要讲话。国家工商总局副局长刘凡主持会议并讲话。

9月20日 国家工商总局、公安部在济南联合召开贯彻落实国务院《全国打击传销专项行动方案》动员部署会议,决定开展为期一年的打击传销联合执法行动。国家工商总局副局长钟攸平出席并讲话。

9月26日 国家工商总局印发《关于加强工商行政管理系统基层建设的意见》和《2006—2010年全国工商行政管理系统人才队伍建设规划》。

9月26日 首届中国中部贸易投资博

览会在长沙召开。国家工商总局副局长钟攸平出席并在促进中部崛起论坛上作演讲。

9月27日至30日　国家工商总局副局长钟攸平率国务院联合检查组对北京市贯彻落实国务院房地产市场调控政策情况进行检查。

9月28日至29日　全国工商系统规范市场主体提高服务水平促进各类企业健康发展工作会议在深圳召开。国家工商总局局长王众孚作重要讲话，总局副局长刘玉亭作工作报告。

10月16日　国家工商总局召开机关和直属单位处以上干部大会，中共中央组织部副部长沈跃跃宣布党中央和国务院关于周伯华、王众孚同志职务任免决定，周伯华同志任国家工商总局党组书记、局长，王众孚同志不再担任国家工商总局党组书记、局长职务。

10月19日至21日　全国工商系统工商廉政文化建设工作座谈会在山西召开。中央纪委驻国家工商总局纪检组组长石见元出席并讲话。

10月20日　国家工商总局副局长李东生出席并主持全国思想道德公益广告表彰会议、获奖作品集中展示暨颁奖晚会。

10月25日至26日　全国行政执法与刑事司法衔接工作座谈会召开。国家工商总局副局长王东峰出席并讲话。

10月26日　国家工商总局副局长李东生会见国际商标协会执行总裁艾伦·德鲁森。

10月27日　第13届中国广告节在昆明举办。国家工商总局副局长刘凡出席。

同日　国家工商总局副局长王东峰会见国际消联副主席。

10月31日　中华人民共和国主席令第57号公布《农民专业合作社法》，自2007年7月1日起施行。

10月31日　国家工商总局局长周伯华会见世界知识产权组织总干事助理王彬颖。

11月1日至6日　全国工商所党支部书记（所长）培训班在北京举办。6日，国家工商总局局长周伯华看望培训班学员并作重要讲话，副局长刘玉亭出席培训班结业式并讲话。

11月4日　市场监管与行政执法高级专家咨询会在上海召开。国家工商总局副局长刘凡出席并致词。

11月9日　吴仪副总理在中南海会见美国国际知识产权联盟代表团。国家工商总局局长周伯华陪同会见。

11月10日　国家工商总局、卫生部令第26号公布《医疗广告管理办法》。

11月17日至18日　全国政协在南京举办促进非公有制经济健康发展论坛。国家工商总局副局长钟攸平出席并作演讲。

11月22日　国家工商总局和世界知识产权组织在广东东莞联合举办商标国际注册研讨会。工商总局副局长李东生出席并讲话。

同日　全国整规办、公安部、国家工商总局联合举行《禁止传销条例》、《直销管理条例》实施一周年新闻发布会。工商总局副局长钟攸平出席并讲话。

11月23日　中央治理商业贿赂领导小组办公室召开查处商业贿赂案件工作座谈会。国家工商总局副局长钟攸平出席并发言。

11月24日　全国工商系统陈化粮监管工作会议在北京召开。国家工商总局副局长刘凡出席并讲话。

同日　国家工商总局印发《停止广告主、广告经营者、广告发布者广告业务实施意见》。

11月27日至28日　中华商标协会理事会和2006年商标年会在海南三亚举行。国家工商总局副局长李东生出席。

12月1日　国家工商总局副局长刘玉亭率队到辽宁、山西、内蒙古检查矿产资源秩序整顿工作。

12月2日至3日　行政复议工作座谈会在重庆举行。国家工商总局副局长李东生出席。

12月4日　庆祝中国个体劳动者协会成立20周年座谈会在人民大会堂召开。全国政协副主席、中共中央统战部部长刘延东接见会议代表并讲话。国家工商总局局长周伯华、中国个协会长甘国屏出席并讲话。

12月14日　国家工商总局局长周伯华、副局长刘玉亭考察北京市工商行政管理工作。北京市市长王岐山会见了周伯华一行，副市长吉林陪同考察。

12月14日至15日　国家工商总局在深圳召开部分省市广告监管工作会议。刘凡副局长出席并讲话。

12月26日　国务院总理温家宝在国家工商总局局长周伯华送呈的全国工商行政管理工作会议工作报告送审稿上作出重要批示："完善市场管理制度，整顿规范市场秩序，加大行政执法力度，提高市场管理水平，是一项长期的任务。当前，要针对群众反映强烈的问题，及时采取有力措施加以解决。对农村市场管理要予以特别的关注和加强。"

12月30日　国家工商总局印发《个体工商户信用分类监管指导意见》。

2007 年

1月4日至6日　全国工商行政管理工作会议在北京召开。国务院副总理吴仪出席会议并作重要讲话。国家工商总局局长周伯华作工作报告。

1月23日至24日　全国工商系统食品安全工作会议暨商品质量监管网络建设经验交流会在北京召开。国家工商总局副局长王东峰出席并讲话。

1月30日　整治虚假违法广告专项行动部际联席会议第二次全会在国家工商总局召开。国家工商总局局长周伯华出席并讲话，中宣部等部门负责人也作了讲话。

2月12日　国家工商总局局长周伯华考察湖南省工商行政管理工作并作重要讲话，第一次正式提出工商行政管理工作要努力做到"四个统一"。

2月12日至13日　国家工商总局在西安召开全国个体私营经济服务与监管工作座谈会。钟攸平副局长出席并讲话。

2月27日　全国农资打假专项治理行动电视电话会议召开。国家工商总局副局长刘凡出席并讲话。

2月27日至28日　全国工商系统党风廉政工作会议在北京召开。国家工商总局局长周伯华出席并作重要讲话，中央纪委驻总局纪检组组长石见元作工作报告，刘玉亭副局长作总结讲话。

2月28日　全国治理自行车被盗问题专项行动电视电话会议召开。国家工商总局副局长刘凡出席并讲话。

3月3日　国家工商总局、国家食品药品监督管理局令第27号公布《药品广告审查发布标准》。

3月14日　国家工商总局在北京召开纪念"3·15国际消费者权益日"座谈会。王东峰副局长出席并讲话。

3月16日　中华人民共和国主席令第62号公布《物权法》，自2007年10月1日起施行。

3月20日至21日　全国工商系统行政复议工作交流会在南宁召开。国家工商总局副局长李东生出席并讲话。

3月21日　国家工商总局局长周伯华会见美国美中贸易全国委员会会长傅强恩。

3月29日　全国工商系统打击传销规范直销培训班举办。国家工商总局副局长钟攸平出席并讲话。

4月6日　第十一届中国东西部合作与投资贸易洽谈会在西安开幕。国务院副总理吴仪发来贺信，全国人大副委员长蒋正华、全国政协副主席张思卿等领导出席。本届"西洽会"设立了中国私营企业馆。国家工商总局副局长钟攸平出席。

同日　全国房地产市场秩序专项整治电视电话会议召开。国家工商总局副局长王东峰出席并讲话。

4月9日　国家工商总局印发《国家工商行政管理总局领导联系基层制度暂行办法》。

4月9日至10日　全国工商系统治理商业贿赂专项工作会议在北京召开。国家工商总局副局长钟攸平出席并讲话。

4月12日　国家工商总局局长周伯华、

副局长王东峰出席全国整顿和规范市场经济秩序电视电话会议。

4月16日至17日　国家工商总局局长周伯华出席全国社会治安综合治理工作会议。

4月20日　国家工商总局局长周伯华会见阿联酋经济部部长鲁卜娜·卡西米。

4月23日　中国工商学会召开2007年全国秘书长会议。国家工商总局副局长刘凡出席。

4月24日　国务院副总理吴仪在2007年中国保护知识产权高层论坛上作重要讲话,国家工商总局副局长李东生出席并讲话。

4月25日至27日　国家工商总局局长周伯华在河南出席第二届中部投资贸易博览会。

4月28日　国家工商总局副局长钟攸平出席全国治理商业贿赂工作会议。

4月30日　国家工商总局印发《关于规范农村商品市场的指导意见》。

5月9日　国务院令第497号公布新修订的《合伙企业登记管理办法》。

5月11日　部分省市工商局农资与农村食品安全监管工作专题研讨会在北京召开。国家工商总局副局长刘凡出席。

5月15日至16日　全国工商系统加强精神文明建设、推进社会治安综合治理工作会议在北京召开。国家工商总局局长周伯华出席并讲话,副局长刘玉亭作总结讲话。

5月18日至20日　福建第九届海峡两岸经贸交易会暨18省市工商局规范台湾水果市场经营秩序专项工作联席会议在福州召开。国家工商总局副局长李东生出席。

5月21日至22日　2007中国广告业发展高层论坛在南京举办。国家工商总局副局长刘凡出席并讲话。

5月22日　国家工商总局副局长钟攸平出席全国"扫黄打非"电视电话会议。

5月28日　国务院令第498号公布《农民专业合作社登记管理条例》。

5月29日　国务院令第499号公布《行政复议法实施条例》。

同日　国家工商总局局长周伯华会见新加坡律政部高级政务部长兼内政部高级政务部长何炳基。

5月31日　国务院在沈阳召开全国就业工作座谈会。国家工商总局副局长钟攸平出席。

5月下旬至6月初　国家工商总局分别在湖南湘潭、江苏常州、大连瓦房店召开了全国工商行政管理法制工作基层联系点经验交流会。李东生副局长出席并讲话。

5月下旬至6月初　国家工商总局部署各地工商部门开展猪肉市场检查检测活动,加强猪肉市场监管。李东生、刘凡副局长分别率检查组在上海、浙江、北京检查工作。

6月11日　国家工商总局召开机关工商廉政文化建设现场会。中央纪委驻总局纪检组组长石见元出席并讲话。

6月12日　国务院新闻办会同国家工商总局举行新闻发布会。工商总局副局长李东生介绍了全国工商机关推进"12315"行政执法体系建设和维护消费者合法权益、加强食品安全监管以及商标专用权保护等方面情况,并回答了中外记者的提问。

6月14日　国家工商总局副局长李东生会见美国中国商会代表团一行。

6月14日至15日　全国工商系统推进个体私营企业党建工作座谈会在南京召开。国家工商总局副局长钟攸平出席并讲话。

6月19日至20日　部分省区市工商局纪检组长座谈会在宁夏召开。中央纪委驻国家工商总局纪检组组长石见元出席并讲话。

6月26日至28日　国家工商总局与世界知识产权组织联合举办的世界地理标志大会在北京举行。国务院副总理吴仪出席开幕式并致辞,国家工商总局局长周伯华主持会议并讲话,副局长李东生作主题演讲。

6月26日　全国个体私营经济监管培训班举办。国家工商总局副局长钟攸平出席。

6月28日至29日　国家工商总局召开机关各单位负责人述职述廉汇报会。

6月29日　国家工商总局局长周伯华

出席中央网络文化建设和管理联席会议。

7月10日 国家工商总局与公安部联合召开打击传销集中行动电视电话会议。工商总局副局长钟攸平出席。

同日 国家工商总局印发《工商行政管理系统基层行政执法人员接受监督，向监管服务对象代表述职述廉实施意见（试行）》。

7月12日至13日 全国工商行政管理局局长座谈会在哈尔滨召开。国家工商总局局长周伯华出席并讲话。8个省（区、市）工商局主要领导向总局领导进行了述职述廉汇报。

7月19日 国家工商总局副局长钟攸平出席依法严厉打击制售伪劣农资等坑农害农行为工作会议和中国中小企业创新成果展开幕式，并陪同国务院领导参观展览。

7月24日 国家工商总局局长周伯华会见欧盟消费者保护委员梅格莱娜·库内娃。

同日 全国工商系统治理商业贿赂培训班在新疆举办。国家工商总局副局长钟攸平授课。

7月26日 国务院令第503号公布《关于加强食品等产品安全监督管理的特别规定》。

7月27日 国家工商总局局长周伯华、副局长刘玉亭出席全国质量工作会议。

7月30日 国家工商总局副局长李东生会见美国全国商会副会长薄迈伦。

7月31日 国家工商总局组织安排全国工商系统先进模范代表到北戴河休假疗养一周。总局周伯华局长、刘玉亭副局长专程前往看望。

同日 国家工商总局副局长刘凡出席国务院召开的全国菜篮子工作电视电话会议。

8月4日 国务院总理温家宝视察北京市市场。国家工商总局局长周伯华陪同视察。

8月5日 全国工商系统企业信用分类监管及联网应用培训班在长春举办。国家工商总局副局长刘玉亭出席并讲话。

8月9日至10日 全国工商系统基层行政执法人员向监管服务对象代表述职述廉试点工作座谈会在贵阳召开。中央纪委驻总局纪检组组长石见元出席并讲话。

8月22日 国家工商总局局长周伯华会见香港特别行政区政府商务及经济发展局局长马时亨。李东生副局长会见越南知识产权局局长陈越雄。

8月23日 全国人大法工委、国务院法制办、国家工商总局联合在北京召开纪念《商标法》颁布25周年座谈会。全国人大副委员长乌云其木格出席会议并作重要讲话，国家工商总局局长周伯华出席并讲话。

同日 国家工商总局局长周伯华出席全国产品质量和食品安全电视电话会议。

同日 国家工商总局印发《关于进一步建立健全猪肉市场监管长效机制的指导意见》。

8月24日 国家工商总局副局长王东峰会见国际消联总干事一行。

同日 国家工商总局副局长钟攸平出席国务院召开的农民工工作部际联席会议。

8月25日 国家工商总局印发《全国工商行政管理系统流通环节产品质量和食品安全专项整治行动方案》。

8月26日至28日 全国工商系统广告监督管理培训班在福建举办。国家工商总局副局长刘凡出席并讲话。

8月30日 中华人民共和国主席令第68号公布《反垄断法》，自2008年8月1日起施行。

9月3日 全国政务公开工作先进单位表彰暨全国政务公开示范点命名电视电话会议召开。中央纪委驻国家工商总局纪检组组长石见元出席。

9月4日 国家工商总局令第28号、第29号公布《工商行政管理机关行政处罚程序规定》和《工商行政管理机关行政处罚案件听证规则》。

同日 国家工商总局局长周伯华会见欧盟竞争事务委员尼丽·克罗斯。

9月4日至5日 全国工商系统打击传销工作座谈会在内蒙古召开。国家工商总局副局长钟攸平出席并讲话。

9月5日　全国猪肉质量安全专项整治电视电话会议召开。国家工商总局副局长刘凡出席并讲话。

9月12日　全国工商行政管理行政复议培训班举办。国家工商总局李东生出席并讲话。

9月15日　国务院召开社会信用体系建设部际联席会议。中央纪委驻国家工商总局纪检组组长石见元出席。

9月18日　国务院新闻办举行新闻发布会。国家工商总局局长周伯华介绍了全国工商机关开展流通环节产品质量和食品安全专项整治行动有关情况，并和王东峰副局长一起回答了中外记者的提问。

同日　中俄竞争政策与广告监管高层工作会谈在北京举行。国家工商总局局长周伯华与俄罗斯联邦反垄断局代表团进行了多方面会谈。

9月19日　全国工商系统信息化管理培训班举办。国家工商总局副局长李东生出席并讲话。

9月21日至23日　第十四届中国广告节在山东举办。国家工商总局副局长刘凡出席。

9月22日至23日　全国工商系统干部教育培训工作会议在乌鲁木齐召开。国家工商总局局长周伯华出席并作重要讲话，刘玉亭副局长作工作报告。

9月23日　国家工商总局副局长王东峰出席中国食品安全年会。

9月24日至29日　国家工商总局副局长李东生率团赴瑞士出席世界知识产权组织第43届成员国大会。

9月26日至28日　国家工商总局局长周伯华出席国务院在杭州召开的全国产品质量和食品安全专项整治现场会。

9月29日　国家工商总局印发《关于建立商品交易市场信用分类监管制度的指导意见》。

10月8日　国家工商总局发布决定，废止5件工商行政管理规章。

10月12日　国家工商总局令第30号公布《动产抵押登记办法》。

10月23日　国家工商总局副局长李东生会见美国商务部副部长杜达斯。

10月25日至26日　国家工商总局局长周伯华在山东出席全国产品质量和食品安全专项整治第二次现场会。

10月29日　国家工商总局印发《工商行政管理信息化"十一五"规划纲要》。

11月1日至2日　国家工商总局流通环节产品质量和食品安全专项整治工作情况汇报会华东片会在苏州召开。刘凡副局长出席并讲话。

11月3日至6日　2007年中国商标节在长沙举行。全国人大副委员长蒋正华出席开幕式，国家工商总局副局长李东生致开幕词。

11月6日至7日　国家工商总局流通环节产品质量和食品安全专项整治工作情况汇报会华北片会在河北廊坊召开。刘玉亭副局长出席并讲话。

11月6日至7日　国家工商总局流通环节产品质量和食品安全专项整治工作情况汇报会华中片会在武汉召开。王东峰副局长出席并讲话。

11月6日至7日　国家工商总局流通环节产品质量和食品安全专项整治工作情况汇报会西北片会在兰州召开。中央纪委驻总局纪检组组长石见元出席并讲话。

11月8日至9日　国家工商总局流通环节产品质量和食品安全专项整治工作情况汇报会华南片会在广东召开。周伯华局长出席并讲话。

11月9日　国家工商总局副局长刘玉亭在海口出席全国就业和再就业工作座谈会。

11月9日至10日　国家工商总局流通环节产品质量和食品安全专项整治工作情况汇报会西南片会在成都召开。王东峰副局长出席并讲话。

11月9日至10日　国家工商总局流通环节产品质量和食品安全专项整治工作情况汇报会东北片会在大连召开。钟攸平副局长出席并讲话。

11月12日至14日　国家工商总局在

广东举办学习贯彻国务院《特别规定》暨服务领域消费维权培训班。王东峰副局长出席并讲话。

11月15日　国家工商总局副局长刘凡出席中国首届广告主国际论坛,并就广告业发展问题发表演讲。

11月17日至18日　国家工商总局与教育部在广州联合举办防止传销进校园宣传教育报告会。钟攸平副局长出席并讲话。

11月20日至21日　全国工商系统对口支援三峡库区工作会议在重庆召开。国家工商总局副局长王东峰出席并讲话。

11月20日至21日　全国副省级城市工商局党风廉政建设工作座谈会在浙江举行。中央纪委驻总局纪检组组长石见元出席并讲话。

11月22日至23日　国家工商总局副局长刘玉亭带队赴安徽督查2007年整治违法排污企业保障群众健康环保专项行动。

11月27日　国家工商总局局长周伯华、副局长刘凡、中央纪委驻总局纪检组组长石见元出席广告专项整治第三次部际联席会议。

11月28日至12月5日　全国工商所长深入学习贯彻党的"十七大"精神(示范)培训班在深圳总局行政学院举办。国家工商总局局长周伯华出席并作重要讲话,中央纪委驻总局纪检组组长石见元亲自授课。

11月29日至30日　国家工商总局局长周伯华在广州出席全国产品质量和食品安全全面整治第三次现场会。

12月2日　苏浙沪工商行政管理促进长江三角洲联动发展合作会议在上海召开。国家工商总局副局长王东峰出席并讲话。

12月4日至6日　全国工商系统农村食品市场整治工作总结现场会在济南召开。国家工商总局副局长刘凡出席并讲话。

12月6日至7日　全国个体劳动者第三次代表大会暨全国文明诚信个体工商户表彰大会在北京召开。国务院副总理吴仪出席会议并颁奖,全国人大副委员长乌云其木格、全国政协副主席黄孟复接见了与会代表,国家工商总局局长周伯华出席并讲话。

12月11日至14日、23日至27日　国家工商总局副局长王东峰参加国务院检查组第九组督查工作,带队赴陕西、四川、重庆督查落实国发[2007]24号文件情况。

12月13日至14日　国家工商总局在北京主办反垄断执法国际研讨会。周伯华局长出席开幕式并致词,钟攸平副局长作主题发言。

12月14日　国家工商总局局长周伯华会见日本公平交易委员会主席竹岛一彦和韩国公平交易委员会副会长金炳培。

12月19日　国家工商总局直属机关第一次共青团员大会召开。刘玉亭副局长出席并讲话。

12月20日至21日　全国工商行政管理工作会议在北京召开。国务院副总理吴仪出席会议并作重要讲话。国家工商总局局长周伯华作工作报告。

12月23日至28日　钟攸平副局长率食品安全专项整治行动检查组赴黑龙江、天津检查食品安全工作。

2008 年

1月8日　国家工商总局副局长钟攸平出席全国"扫黄打非"工作会议。

1月9日　国家工商总局副局长刘凡出席全国部分省市市场信用分类监管工作座谈会。

1月11日至12日　中国广告协会第五次会员大会暨争创全国广告行业精神文明先进单位表彰大会在北京召开。原国家工商总局副局长李东生任中广协会长。国家工商总局局长周伯华、副局长刘凡出席讲话。

1月14日　国务院召开全国保障市场供应、加强价格监管电视电话会议。国家工商总局局长周伯华出席并讲话。

1月16日　国家工商总局局长周伯华出席全国产品质量和食品安全专项整治行动总结电视电话会议。

1月下旬至2月初　全国部分地区遭受特大低温冻雨冰灾天气。国家工商总局局长周伯华,副局长刘玉亭、付双建、刘凡、王东峰、钟攸平,纪检组长石见元,分别赴贵州、上海、辽宁、浙江、河南、陕西、河北、江西等地,督查保障市场供应、稳定物价、节日市场监管等工作,慰问灾区基层工商干部。

1月24日　国家工商总局副局长付双建出席全国治理自行车被盗专项行动工作总结表彰会议。

1月25日　国家工商总局局长周伯华会见香港特区政府商务及经济发展局局长马时亨。

1月27日　国家工商总局局长周伯华出席全国煤电油运保障工作电视电话会议。

1月29日　国家工商总局副局长王东峰出席首届全国食品安全知识大赛颁奖晚会。

1月30日至31日　全国工商系统流通环节商品质量和食品安全工作会议和全国食品药品监督管理工作会议在北京召开。国家工商总局副局长王东峰出席并讲话。

2月14日　国家工商总局印发《关于积极推进流通环节商品质量和食品安全监管信息化网络建设工作的意见》。

2月15日　国家工商总局印发《关于充分发挥工商行政管理职能作用积极做好支持灾区恢复重建工作的紧急通知》。

2月18日　国家工商总局召开注册服务大厅服务质量评价系统试运行现场会。中央纪委驻总局纪检组组长石见元出席并讲话。

2月22日　国家工商总局印发《工商行政管理机关行政执法评议考核办法》、《工商行政管理机关行政执法过错责任追究办法》、《国家工商行政管理总局关于正确行使行政处罚自由裁量权的指导意见》。

2月23日至24日　全国工商系统党风廉政工作会议在北京召开。国家工商总局局长周伯华出席并作重要讲话,副局长刘玉亭作总结讲话,中央纪委驻总局纪检组组长石见元作工作报告。

2月24日　中国监察学会工商学会成立。国家工商总局局长周伯华出席并致词,中央纪委驻总局纪检组组长石见元当选为会长。

2月27日　国家工商总局印发《关于大力推进工商行政管理工作制度化、规范化、程序化、法治化建设的意见》。

2月28日　国家工商总局副局长钟攸平出席打击假冒伪劣农资违法行为电视电话会议。

2月29日至3月1日　全国工商系统商品交易市场信用分类监管经验交流现场会在浙江义乌举行。国家工商总局局长周伯华、副局长刘凡出席并讲话。

3月7日　国家工商总局举行庆祝“三八”妇女节暨“巾帼建功”先进集体先进个人表彰大会。周伯华局长,刘玉亭、钟攸平副局长出席并颁奖,刘玉亭副局长讲话。

3月14日　国家工商总局在北京召开纪念“3·15”国际消费者权益日座谈会。王东峰副局长出席并讲话。

3月18日　国家工商总局副局长钟攸平牵头召开打击假冒伪劣农资违法行为部际协调会。

3月21日　国家工商总局印发《关于停止执行〈投机倒把行政处罚暂行条例〉等行政法规的通知》。

3月24日　国家工商总局印发《关于严肃查处制售伪劣农资等坑农害农行为进一步加强农村基层党风廉政建设的工作方案》。

3月27日　国家工商总局副局长付双建代表总局与商标局、商评委签订解决商标注册审查和评审积压问题目标责任书。

同日　全国工商系统流通环节奥运食品安全监管工作会议在北京召开。国家工商总局副局长王东峰出席并讲话。

3月28日　国家工商总局行政学院落成暨开学典礼在深圳举行。总局局长周伯华出席并讲话,副局长兼行政学院院长刘玉亭主持典礼。

3月31日　全国工商系统省局局长第一期研讨班在深圳总局行政学院开班。中央纪委驻总局纪检组组长石见元授课。

4月3日　国家工商总局印发《关于深入开展合同帮农工作的指导意见》。

4月5日　第十二届西洽会东西部企业商标战略论坛在西安召开。国家工商总局副局长付双建出席并讲话。

4月6日至7日　全国工商系统"一所一标"工作现场会在陕西汉中举行。国家工商总局副局长付双建出席并讲话。

4月10日　全国工商系统红盾护农与抗灾减灾保春耕经验交流会在武汉召开。国家工商总局副局长刘凡出席并讲话。

4月10日至11日　全国工商系统深化政务公开工作会议在南京召开。中央纪委驻总局纪检组组长石见元出席并讲话。

4月13日　全国工商系统法制培训班开班。国家工商总局副局长付双建出席并讲话。

4月17日　国家工商总局局长周伯华会见冰岛商务部部长毕尧格温·斯古德松一行。

4月18日　国家工商总局令第31号公布决定，废止2件行政规章、77件规范性文件。

同日　国家工商总局副局长刘玉亭出席整顿规范矿产资源开发秩序部际联席会议。

同日　中国广告协会在上海主办2008年中国广告论坛暨"中国广告30年突出贡献奖"颁奖晚会。国家工商总局副局长刘凡出席致辞并颁奖。

同日　国家工商总局副局长王东峰会见泰国商务部副部长班云·党帕琨一行。

同日　国家工商总局、中央综治办、中宣部、公安部、教育部等部门联合举行打击传销工作情况通报会。工商总局副局长钟攸平出席并讲话。

4月21日至27日　全国省市工商局纪检组长（纪委书记）研修班在深圳总局行政学院举办。中央纪委驻总局纪检组组长石见元出席并讲话。

4月22日　国务院副总理王岐山到国家工商总局考察调研。总局领导班子成员出席。

4月24日　国家工商总局副局长王东峰出席国务院办公室召开的北京奥运食品安全保障工作会议，并会见香港消费者委员会考察团。

4月24日　国家工商总局副局长钟攸平出席国务院就业工作联席会议。

4月26日　国家工商总局副局长付双建出席知识产权与改革开放30周年座谈会。

4月28日至30日　国家工商总局副局长王东峰在沈阳、大连、青岛检查奥运食品安全工作。

5月6日　国家工商总局机关团委组织召开首届优秀青年、优秀团员和团干部、先进基层团组织表彰大会暨青年演讲比赛。刘玉亭副局长出席并讲话。

5月12日　四川省汶川县等地发生8级特大地震灾害。国家工商总局迅速贯彻落实党中央、国务院领导指示精神，部署开展抗震救灾工作。

5月13日　国家工商总局副局长刘玉亭主持召开会议，传达中央文件精神和周伯华局长的指示要求，部署抗震救灾工作。总局立即向四川省工商系统发去慰问电、拨付100万元资金支持抗震救灾、号召全国工商系统全力以赴开展抗震救灾工作。

5月13日至14日　全国工商系统治理商业贿赂工作会议和公安部、国家工商总局打击传销工作会议在上海召开。工商总局副局长钟攸平出席并讲话。

5月14日　国家工商总局向四川省委省政府发去慰问电。总局干部职工集中开展抗震救灾捐款活动，周伯华局长等总局领导带头参加捐款。中国个体劳动者协会印发《关于立即动员全国个体工商户和私营企业会员踊跃捐款投入抗震救灾工作的紧急通知》。

5月15日　国家工商总局印发《关于进一步做好抗震救灾工作切实维护市场稳定的紧急通知》。

5月15日至20日　国家工商总局副局长刘玉亭率总局抗震救灾工作组在四川指导抗震救灾工作，看望慰问受灾工商干部。

5月21日　国家工商总局局长周伯华主持召开局务会议，专题研究抗震救灾工作。

5月22日至23日　全国工商系统"12315"行政执法体系建设工作暨经验交流会在福州召开。国家工商总局局长周伯华、副局长王东峰出席并讲话。

5月23日　全国贯彻落实《建立健全惩治和预防腐败体系2008—2012年工作规划》电视电话会议在北京召开。国家工商总局副局长刘玉亭、中央纪委驻总局纪检组组长石见元出席。

5月24日　中国农村市场发展高层论坛在北京举办。国家工商总局副局长刘凡出席并作主题报告。

5月27日　国家工商总局印发《关于支持地震灾区恢复生产、搞活市场、重建家园的若干意见》。

5月28日至29日　全国工商系统强化个体私营经济监管工作和推进农民专业合作社健康发展座谈会在宁波召开。国家工商总局副局长钟攸平出席并讲话。

5月28日至6月3日　国家工商总局局长周伯华在四川、重庆考察抗震救灾及市场恢复、监管情况,看望慰问受灾工商干部。

6月4日　国家工商总局印发《关于进一步加强市场监管切实维护地震灾区市场秩序的通知》。

6月8日　国务院令第526号公布《汶川地震灾后恢复重建条例》。

6月10日　国家工商总局局长周伯华会见欧盟消费者保护委员会委员库内娃一行。

6月10日至14日　国家工商总局副局长钟攸平率工作组在甘肃、陕西灾区一线,查看灾情,慰问基层工商干部。

6月18日　黑龙江省工商局与俄罗斯联邦反垄断局边境机构签订《关于反不正当竞争、反垄断、广告监管领域交流合作纲要》。国家工商总局副局长付双建出席签字仪式。

6月20日　国家工商总局局长周伯华、副局长王东峰赴北京市工商局考察奥运食品安全保障工作。

6月23日至24日　国家工商总局召开机关各单位负责人述职述廉汇报会。

6月26日　人力资源和社会保障部、国家工商总局发布《关于表彰工商行政管理系统抗震救灾英雄集体和抗震救灾英雄的决定》。

6月26日　中国消费者协会第四届一次理事会暨全国消协系统工作会议在北京召开。全国政协副主席白立忱任中消协名誉会长,原国家工商总局局长王众孚任中消协会长。国家工商总局局长周伯华、副局长王东峰出席并讲话。

6月30日　国家工商总局发布《关于表彰工商行政管理系统抗震救灾先进集体和抗震救灾先进个人的决定》。

6月　国家"十一五"重点图书项目《工商行政管理史料》由中国工商出版社出版发行。

（国家工商行政管理总局办公厅秘书处整理）

第七篇

工商行政管理系统先进集体、个人名录

工商行政管理系统的全国性评选表彰工作，由国家工商行政管理总局负责组织实施，主要包括：参加党中央、国务院组织的全国性表彰活动；配合中央和国家有关部门开展的全国性表彰活动；组织开展工商行政管理系统的全国性表彰。

表彰工作的开展主要集中在 1978 年工商行政管理机关恢复组建至今三十年的时间里，与工商行政管理机关贯彻落实党的路线、方针、政策，全面履行工商行政管理职责，努力为我国改革开放和社会主义现代化建设事业服务的监督管理实践紧密联系，对调动和激发广大工商行政管理人员勤奋敬业、争先创优的工作热情，促进系统的精神文明建设，树立良好的工商行政管理形象，开创工商行政管理工作的新局面起到了积极的促进作用。

第一章　党中央、国务院表彰的
先进集体和个人

　　新中国成立后,劳动人民成为国家的主人。在中国共产党的领导下,他们充分发挥"主人翁"作用,艰苦奋斗,奋发图强,挫败了国内外敌对势力的封锁和破坏,克服了三年自然灾害和苏联撕毁合同、取消援助等许多困难,使新中国成为屹立于世界东方的巨人。为了表彰广大人民群众在社会主义建设中取得的突出成绩、做出的突出贡献,进一步激发建设社会主义事业的劳动热情,党中央、国务院先后于1950年、1956年、1959年、1960年多次组织全国各条战线社会主义建设先进集体(单位)和先进工作者(先进生产者、劳动模范)表彰工作。

　　"文化大革命"期间,党和国家正常的政治、经济生活遭到严重破坏,表彰工作也随之受到严重影响。

　　党的十一届三中全会,实现了党的工作重心向社会主义经济建设的转移,我国社会主义建设步入新的历史时期。全国各族人民在党的路线、方针、政策的指引下,坚持四项基本原则,坚持改革开放,解放思想,锐意改革,社会主义现代化建设事业取得举世瞩目的伟大成就。1989年、1995年、2000年,国务院又三次组织全国劳动模范和先进工作者表彰工作,对在改革开放和社会主义现代化建设事业中做出突出贡献的先进模范进行表彰。

　　1978年到2008年30年间,工商行政管理机关先后有45个集体和29名同志,作为工商行政管理系统的优秀代表,受到党中央、国务院表彰。

第一节　1978年全国财贸学大庆、
学大寨会议

一、大庆大寨式企业(单位)(15个)

四川省大竹县工商行政管理局

四川省潼南县工商行政管理局

贵州省瓮安县草塘区工商行政管理所

甘肃省兰州市红古区工商行政管理局

湖北省孝感县工商行政管理局

广西壮族自治区灵山县檀圩工商行政管理所

广东省花县花山工商行政管理所

山东省乳山县南黄工商行政管理所

山东省潍坊市坊子工商行政管理所

山西省襄汾县红卫工商行政管理所

山西省万荣县工商行政管理局

辽宁省沈阳市沈河区第一工商行政管理所

辽宁省黑山县黑山镇工商行政管理所

吉林省延吉县龙井工商行政管理所

黑龙江省鸡西市鸡冠区工商行政管理科

二、先进企业(单位或集体)(29个)

四川省阆中县工商行政管理局

四川省永川县板桥区工商行政管理所

云南省楚雄彝族自治州南华县工商行政管理局

陕西省西安市莲湖区土门工商行政管理所

陕西省汉中县工商行政管理局

宁夏回族自治区吴忠县工商行政管

理局

　　河南省内黄县工商行政管理局

　　湖北省武汉市江汉区工商管理局统一工商行政管理所

　　湖南省南县中鱼口工商行政管理所

　　湖南省洞口县工商行政管理局

　　湖南省嘉禾县塘村工商行政管理所

　　湖南省宁远县冷水区工商行政管理所

　　广西壮族自治区贺县工商行政管理局

　　广东省兴宁县城镇工商行政管理所

　　上海市崇明县向化工商行政管理所

　　江苏省南通县涂区工商行政管理所

　　江苏省溧阳县工商行政管理局

　　浙江省永康县工商行政管理局

　　浙江省温岭县箬横区工商行政管理所

　　安徽省宿县三铺公社工商行政管理所

　　福建省漳州市工商行政管理局

　　福建省莆田县工商行政管理局涵江工商所

　　江西省赣州市工商管理局

　　北京市房山县长沟工商行政管理所

　　天津市南开区工商行政管理局

　　河北省邯郸市峰峰矿区工商行政管理所

　　河北省保定市工商行政管理局

　　内蒙古自治区东乌旗工商行政管理局

　　吉林省梨树县郭家店镇工商行政管理所

　　三、劳动模范(4名)

　　李伯宏　江苏省盱眙县马坝工商行政管理所副所长

　　张小芹(女)　山东省荣成县工商行政管理局石岛工商所市场管理员

　　李志远　陕西省襄汾县红卫工商行政管理所副所长

　　王兴泉　黑龙江省甘南县中兴公社工商行政管理所所长

　　四、先进工作(生产)者(4名)

　　王长令　新疆维吾尔自治区乌鲁木齐市工商行政管理局市场管理科副科长

　　黎家新　广西壮族自治区贺县工商行政管理局局长

　　刘式星　安徽省凤台县关店公社工商

行政管理所市场管理员

　　王海峰　辽宁省黑山县黑山镇工商行政管理所副所长

第二节　1979年农业、财贸、教育、卫生、科研战线先进单位和全国劳动模范

　　全国劳动模范

　　张小芹(女)　山东省荣成县工商行政管理局石岛工商所市场管理员

第三节　1989年国务院表彰的全国劳动模范和先进工作者

　　全国先进工作者(10名)

　　马润海　北京市东城区工商行政管理局北京站检查站干部

　　张秀英(女)　内蒙古自治区翁牛特旗工商行政管理局局长

　　张保汉　江苏省新沂县高塘工商所所长

　　徐孝敬　安徽省淮南市工商行政管理局东城工商所所长

　　王梓松　福建省福安县工商行政管理局局长

　　靳培莲(女)　河南省辉县市工商行政管理局城关工商所所长、经济师

　　陈乃东　河南省西华县工商行政管理局城关工商所所长

　　郑拔豪　广东省潮阳县工商行政管理局缉私队职工

　　邱帮明　四川省内江市工商行政管理局市中区分局城西工商所所长

　　廖能敬(女)　国家工商行政管理局商标局正处级审查员、高级经济师

第四节　1995年国务院表彰的全国劳动模范和先进工作者

　　全国先进工作者

　　杨理民　山东省郓城县工商行政管理局李集工商所副所长

第五节 2000 年国务院表彰的全国劳动模范和先进工作者

全国先进工作者(9 名)

李永图　北京市工商局东城分局北京站检查站副站长

高明宏　江苏省扬州市工商行政管理局分局工商所所长

魏先礼　安徽省无为县工商行政管理局刘渡分局局长

陈永加　福建省霞浦县工商行政管理局松城分局局长

强自喜　河南省社旗县工商行政管理局城关工商所管理员

邓国泰　湖南省衡阳市工商行政管理局东风路市场管理所所长

吴　岩　海南省屯昌县工商行政管理局局长

王立国　云南省楚雄彝族自治州工商行政管理局局长

卢新江　新疆维吾尔自治区工商行政管理局机关党委副书记

第六节 2008 年中共中央、国务院表彰的北京奥运会、残奥会先进集体和先进个人

一、北京奥运会、残奥会先进集体

国家工商行政管理总局消费者权益保护局

二、北京奥运会、残奥会先进个人

张志宽　北京市工商行政管理局局长

第二章　中央和国家有关部门联合表彰的先进集体和个人

随着社会主义市场经济体制的建立与完善,工商行政管理机关的监督管理职能不断拓宽,地位和作用日趋重要。工商行政管理部门先后多次参与中央和国家有关部门组织的全国性表彰工作。

一、配合中央和国家有关部门开展表彰活动(联合表彰)

为了配合党和国家在不同阶段的重点工作,中央和国家有关部门组织开展了一系列行业性、专项性或综合性的表彰活动。如:岗位学雷锋行业树新风先进集体和先进个人表彰、人民满意公务员表彰、杰出(优秀)青年卫士表彰、金叶卫士表彰、民族团结先进集体和先进个人表彰、纠正行业不正之风先进集体和先进个人表彰等。工商行政管理机关作为政府主管市场监督管理和行政执法的职能部门,直接或间接地参与了这些表彰工作。

二、配合中华全国总工会开展"五一劳动奖章"和"五一劳动奖状"评定和颁发工作

1985 年,中华全国总工会根据《中华人民共和国宪法》"国家提倡社会主义劳动竞赛,奖励劳动模范和先进生产者"的精神,做出了《关于颁发"五一劳动奖章"和"五一劳动奖状"的决定》,对先进个人颁发"五一劳动奖章",授予相应荣誉称号;对先进集体颁发"五一劳动奖状",授予全国先进集体荣誉称号。

"五一劳动奖章"和"五一劳动奖状"的评定工作,是按地方(铁路、民航按系统)采取自下而上评选推荐的方法进行。从 1985 年至 1998 年,中华全国总工会共 11 次评定和颁发"五一劳动奖章"和"五一劳动奖状",工商行政管理系统先后有 11 名同志荣获"五一劳动奖章",2 个集体荣获"五一劳动奖状"。

第一节　1994 年中共中央宣传部、国务院办公厅、解放军总政治部、共青团中央表彰的"岗位学雷锋、行业树新风"先进集体和先进个人

一、先进集体(2 个)

山西省孝义市工商行政管理局

吉林省四平市工商行政管理局

二、先进个人

梁仁富　江苏省金坛县工商行政管理局社头工商所干部

第二节　中共中央宣传部向全国重点宣传的先进典型

一、先进集体

1996 年

基层队伍建设先进单位——西安市工商行政管理局

模范工商所——上海市黄浦区工商行政管理局南京东路工商所

1997 年

先进基层党组织——湖南省湘潭市工商行政管理局党委

二、先进个人

1997 年

模范工商行政管理干部——强自喜

第三节　中央文明委、中央文明办表彰的全国文明单位和全国精神文明建设工作先进单位

1999 年

全国创建文明行业工作先进单位（25个）

北京市工商局顺义分局

上海市工商局青浦分局

天津市工商局东丽分局

重庆市江津工商局

河北省秦皇岛市工商局北戴河分局石塘路工商所

山西省曲沃县工商局

辽宁省沈阳市工商局大东分局

吉林省辽源市工商局集贸大楼分局

黑龙江省哈尔滨市工商局南岗分局

山东省高密市工商局

江苏省盐城市工商局人民路工商所

浙江省杭州市工商局余杭分局

江西省南昌市青云浦分局洪都工商所

福建省漳州市工商局"12315"消费者投诉服务台

河南省辉县市工商局

湖北省襄樊市工商局

湖南省长沙市工商局雨花区分局

广东省深圳市工商局福田分局

广西壮族自治区桂平市工商局

云南省楚雄彝族自治州工商局

贵州省贵阳市工商局南阳分局新华工商所

陕西省定边县工商局

甘肃省敦煌市工商局

青海省湟中县工商局

新疆维吾尔自治区乌鲁木齐市工商局沙区分局

2003 年

全国创建文明行业工作先进单位（29个）

北京市工商局密云分局

上海市工商局嘉定分局

天津市工商局蓟县分局兴华工商所

重庆市工商局沙坪坝区分局双巷子工商所

河北省唐山市工商局

山西省平陆县工商局

内蒙古自治区额尔古纳市工商局拉布大林工商所

辽宁省大连市工商局企业注册分局

吉林省双辽市工商局

黑龙江省大庆市工商局让胡路分局

山东省青岛市工商局

江苏省苏州市常熟工商局

浙江省嘉善县工商局

安徽省宣城市工商局宣州分局

福建省泉州市鲤城区工商局中区分局

江西省上饶市横峰县工商局

河南省安阳县工商局曲沟工商所

湖北省宜昌市工商局公平交易分局

湖南省张家界市工商局武陵源分局

广东省深圳市工商局罗湖分局

广西壮族自治区南宁市工商局江南分局

海南省海口市工商局振东分局

云南省昆明市盘龙区工商局长春分局

西藏自治区波密县工商局

陕西省安康市工商局汉滨分局

宁夏回族自治区石嘴山市工商局石嘴山分局

甘肃省酒泉地区工商局

青海省格尔木市工商局

新疆维吾尔自治区乌鲁木齐市工商局水磨沟区分局

2005 年

一、全国文明单位（15个）

北京市工商局石景山分局

天津市工商局东丽分局

内蒙古自治区鄂尔多斯市工商局

黑龙江省工商局（机关）

上海市工商局青浦分局

江苏省苏州市常熟工商局

福建省泉州市工商局

山东省青岛市工商局

湖北省浠水县工商局

湖南省长沙市工商局雨花分局

广东省珠海市工商局注册大厅

广西壮族自治区南宁市工商局江南分局

四川省德阳市工商局

青海省西宁市工商局

新疆维吾尔自治区巴音郭楞蒙古自治州工商局

二、全国精神文明建设工作先进单位（30 个）

北京市工商局顺义分局

河北省唐山市工商局

山西省泽州县工商局

辽宁省沈阳市工商局

辽宁省东港市工商局

吉林省双辽市工商局

上海市工商局青浦分局南京东路工商所

江苏省盐城市射阳工商局

浙江省温州市工商局瓯海分局

浙江省湖州市工商局吴兴分局

安徽省滁州市工商局

福建省建瓯市工商局

江西省崇仁县工商局

山东省烟台市工商局

河南省信阳市工商局

河南省宝丰县工商局

湖北省武汉市工商局江岸分局花桥工商所

广东省清新县工商局太和工商所

广西壮族自治区桂平市工商局

海南省海口工商局龙华工商所

重庆市梁平县工商局

重庆市工商局渝中区分局

贵州省余庆县工商局

云南省罗平县工商局

西藏自治区聂拉木县工商局樟木工商所

陕西省杨凌工商局

甘肃省酒泉市工商局

甘肃省高台县工商局

宁夏回族自治区海原县工商局

宁夏回族自治区石嘴山市工商局惠农分局

2008 年

一、全国文明单位（16 个）

北京市工商局顺义分局

天津市工商局东丽分局

河北省唐山市工商局

辽宁省沈阳市工商局（机关）

黑龙江省工商局（机关）

上海市工商局青浦分局

江苏省扬州工商局

浙江省嘉兴市嘉善县工商局

福建省泉州市工商局

河南省平顶山市宝丰县工商局

湖北省黄冈市浠水县工商局

湖北省长沙市工商局雨花分局

广东省江门市工商局新会分局

广西壮族自治区南宁市工商局江南分局

青海省西宁市工商局

新疆维吾尔自治区巴音郭楞蒙古自治州工商局

二、全国精神文明建设工作先进单位（33 个）

北京市工商局海淀分局

河北省秦皇岛市工商局

山西省大同市工商局南郊分局

山西省晋中市平遥县工商局古陶工商所

内蒙古自治区赤峰市工商局

辽宁省朝阳市工商局

吉林省四平市双辽市工商局

吉林省通化市柳河县工商局

黑龙江省佳木斯市工商局

上海市工商局嘉定分局

江苏省南京市工商局栖霞分局

浙江省宁波市工商局北仑分局

安徽省滁州市工商局

福建省三明市明溪县工商局

江西省抚州市崇仁县工商局

山东省潍坊市工商局

河南省信阳市工商局

湖北省武汉市工商局江岸分局花桥工商所

湖南省湘潭市湘潭县工商局

广东省茂名市高州市工商局

海南省三亚工商局

重庆市工商局（机关）

重庆市工商局渝中区分局

四川省资阳市工商局

四川省广元市工商局

贵州省遵义市余庆县工商局

云南省昭通市工商局

西藏自治区拉萨市工商局城关分局

陕西省杨凌工商局

陕西省西安市工商局雁塔分局

甘肃省张掖市高台县工商局

宁夏回族自治区石嘴山市工商局惠农分局

新疆维吾尔自治区博尔塔拉蒙古自治州工商局

（各省、自治区、直辖市推荐的历届全国工商系统获表彰单位名单暂未收入）

第四节　人事部等部委表彰的人民满意的公务员和人民满意的公务员集体

一、1996 年首届人事部表彰的"人民满意的公务员"

景志刚　天津市河西区工商行政管理局大营门工商所所长

二、1998 年第三届人事部表彰的"人民满意的公务员"

（一）人民满意的公务员

唐秀坤（苗族，女）　贵州省丹寨县工商行政管理局局长

（二）人民满意的公务员集体

广西壮族自治区桂平市工商行政管理局

（三）记一等功人员

刘学亮　天津市静海县工商行政管理局市场检查大队队长

郭金妹（女）　上海市静安区石门二路工商所所长

魏先礼　安徽省无为县工商行政管理

局刘渡工商分局局长

吴　岩　海南省屯昌县工商行政管理局局长

三、2001 年第五届中共中央组织部、中共中央宣传部、中央文明办、人事部联合表彰的人民满意的公务员和人民满意的公务员集体

人民满意的公务员集体

天津市工商行政管理局和平分局劝业场工商所

上海市工商行政管理局青浦分局

四、2004 年第六届中共中央组织部、中共中央宣传部、中央文明办、人事部联合表彰的人民满意的公务员和人民满意的公务员集体

（一）人民满意的公务员

霍宝霞（女）　内蒙古自治区呼伦贝尔市莫力达瓦达斡尔旗工商局尼尔基工商所所长

（二）人民满意的公务员集体

北京市工商行政管理局登记注册处

第五节　"五一劳动奖章"和"五一劳动奖状"获得者

一、"五一劳动奖章"获得者

1986 年

马金城　甘肃省兰州市工商行政管理局检查站副科长

1990 年

姚章记　河南省清丰县工商行政管理局纸房工商所所长

徐学通　云南省昆明市工商行政管理局检查站站长

1991 年

叶宝来　福建省工商行政管理局霞浦缉私队队长

1993 年

商秉正　北京市海淀区工商行政管理局北太平庄农贸市场管理所所长

胡衍兰　浙江省义乌市工商行政管理局副局长

1996 年

叶东雄　海南省万宁县工商行政管理局局长

谭桂芳（女）　新疆维吾尔自治区库尔勒市工商行政管理局新城工商所所长

1997 年

景志刚　天津市河西区工商行政管理局大营门工商所所长

强自喜　河南省社旗县工商行政管理局城关工商所干部

二、"五一劳动奖状"获得者

1991 年

黑龙江省肇东市工商行政管理局

1992 年

河南省清丰县工商行政管理局纸房工商所

第六节　共青团中央、中央综治委、最高人民法院、最高人民检察院、公安部、司法部、财政部、中国人民银行、国家税务总局、国家工商行政管理总局、海关总署、中国人民武装警察部队、联合表彰的"中国杰出（优秀）青年卫士"

一、1997 年首届"中国杰出（优秀）青年卫士"

（一）首届"中国杰出青年卫士"

李建强　福建省工商行政管理局云霄县常山检查大队指导员

（二）首届"中国优秀青年卫士"

马玉生　河北省魏县工商行政管理局双庙工商所所长

刘学府　山东省莒南县工商行政管理局板泉工商所市场管理员

吴　岩　海南省屯昌县工商行政管理局局长

阿旺罗布　西藏自治区昌都地区工商行政管理局个体私营经济监督管理科副科长

欧新全　广东省韶关市工商行政管理

局专业市场管理分局副局长

贾　琦　北京市丰台区工商行政管理局干部

（三）首届"中国优秀青年卫士"提名奖

王国强　甘肃省天水市工商行政管理局秦城分局副局长

安玉爱　江西省南昌市工商行政管理局青云谱分局副局长

二、1999 年第二届"中国杰出（优秀）青年卫士"

（一）第二届"中国杰出青年卫士"

周锦辉　广东省东莞市工商行政管理局经济检查分局局长

（二）第二届"中国优秀青年卫士"

李永图　北京市工商行政管理局东城分局北京站检查站副站长

李杰民　河北省成安县工商行政管理局局长

李法平　江西省九江市工商行政管理局第一直属分局三里街工商所所长

张如洪　山西省太原市工商行政管理局河西市场管理处处长

张艳平　上海市青浦县工商行政管理局练塘工商所干部

胡志国　天津市蓟县工商行政管理局市场检查中队队长

陶　伟　安徽省淮南市工商行政管理局经济检查分局副局长

（三）第二届"中国优秀青年卫士"提名奖

刘小生　江西省瑞金市工商行政管理局谢坊工商所所长

刘玉芹（女）　山东省枣庄市工商行政管理局公平交易局副科级检查员

黄宜海　黑龙江省鹤岗市工商行政管理局兴山分局副局长

三、2001 年第三届"中国杰出（优秀）青年卫士"

（一）第三届"中国杰出青年卫士"

谈嘉山　江苏省扬州市高邮工商局副局长

（二）第三届"中国优秀青年卫士"

王一心　陕西省西安市工商行政管理

局新城分局副局长

冉文平（女，土家族）　湖北省利川市工商行政管理局都亭分局副局长

李迪江　安徽省广德县工商行政管理局城郊工商所所长

罗中清　浙江省台州市工商行政管理局路桥分局经检大队大队长

郑　闯　广东省深圳市工商行政管理局龙岗分局龙岗工商所副所长

钟鸣明　海南省海口市工商行政管理局副局长兼新华分局局长

高树林　内蒙古自治区呼和浩特市工商行政管理局"12315"消费者申诉举报指挥中心主任

四、2003 年第四届"中国杰出（优秀）青年卫士"

（一）第四届"中国杰出青年卫士"

于雪梅（女）　黑龙江省大庆市工商局企业登记监管科副主任科员

（二）第四届"中国优秀青年卫士"

王中凯　河北省石家庄市工商局长安分局和平路工商所所长

任爱国　天津市工商局和平分局科员

张长永　辽宁省大连市工商局市场分局副局长

张绍书　贵州省遵义市桐梓县工商局松坎工商所所长

曹景良　广东省东莞市工商局经检支队支队长

五、2006 年第五届"中国杰出（优秀）青年卫士"

（一）第五届"中国杰出青年卫士"

杨传峰　河南省新乡县工商局局长

（二）第五届"中国优秀青年卫士"

周继业　天津市工商行政管理局蓟县分局科长

彭　林　上海市工商局虹口分局曲阳工商所副所长

何劲松　四川省南充市阆中工商局消保科科长、"12315"执法队长

于剑云　山西省介休市工商局党组书记、局长

杨晓峰　江苏省南通市如皋工商局党

组成员、局长助理

李晋宏　湖南省株洲市工商局高新技术产业开发区分局副局长

刘忠东　青海省格尔木市工商局公平交易科科长

第七节　1997 年，中央宣传部、国家经贸委、国务院纠风办、全国总工会表彰的全国职业道德"十佳"单位

深圳市工商行政管理局福田分局

第八节　1998 年共青团中央表彰的"中国青年志愿者行动杰出个人和集体"

第二届"中国青年志愿者行动杰出个人"

孙志强　广西壮族自治区桂林市工商行政管理局干部

第九节　1998 年国家烟草专卖局表彰的"金叶卫士"

李永图　北京市工商行政管理局东城分局北京站检查站副站长

第十节　2007 年全国妇女"巾帼建功"活动领导小组表彰的"全国巾帼文明岗"和"全国巾帼建功标兵"

一、全国巾帼文明岗（10 名）

北京市食品安全监控中心

浙江省杭州市工商局注册大厅

安徽省亳州市涡阳县工商局向阳路女子工商所

山东省青岛市工商局"12315"申诉举报指挥中心

广西壮族自治区桂林工商局"12315"消费者申诉举报指挥中心

四川省工商局直属分局登记科

西藏自治区林芝地区工商局注册厅

青海省西宁市工商局城西分局五四大街工商所

新疆维吾尔自治区工商局"12315"投诉申诉举报指挥中心

国家工商总局机关服务局财务部

二、全国巾帼建功标兵（10 名）

赵俊兰　河北省工商局企业监督管理处副处长

于雪梅　黑龙江省大庆市工商局企业科副主任科员

方惠萍　上海市工商局局长

王雪梅　江苏省宿迁市泗洪工商局登记注册科科长

林　娟　福建省福清市工商局注册登记管理科副科长

徐继芳　河南省镇平县工商局局长

李　莎　湖北省十堰市工商局登记注册分局科员

薛　虹　云南省楚雄彝族自治州牟定县工商局局长

崔　丽　陕西省汉中市汉台分局副局长

张飞燕　甘肃省定西市工商局安定分局永定工商所所长

（各省、自治区、直辖市推荐的全国工商系统获表彰单位和个人名单暂未收入）

第十一节　2008 年表彰的抗震救灾英雄集体、抗震救灾英雄、抗震救灾先进集体和抗震救灾先进个人

一、人力资源和社会保障部、国家工商行政管理总局《关于表彰工商行政管理系统抗震救灾英雄集体和抗震救灾英雄的决定》（人社部发[2008]54 号）

2008 年 5 月 12 日 14 时 28 分，四川省汶川县发生 8.0 级特大地震。面对这场突如其来的特大自然灾害，在党中央、国务院的坚强领导下，全国各族人民全力投入抗震救灾工作，抗震救灾斗争取得了重大阶段性胜利。地震灾区各级工商行政管理机关和广大工商干部以灾情为命令，视时间如生命，坚持人民利益高于一切，全力以赴投身抗震救灾，为抢救人民生命财产、维护灾后市场秩序、保障市场供应做出了积极贡献，涌现出一大批可歌可泣的英雄集体和个人。

为表彰先进，弘扬正气，进一步激励各级工商行政管理机关和广大工商干部全力投入抗震救灾工作，人力资源和社会保障部、国家工商行政管理总局决定，授予四川省汶川县工商行政管理局、四川省北川羌族自治县工商行政管理局"工商行政管理系统抗震救灾英雄集体"荣誉称号；授予四川省阿坝藏族羌族自治州工商行政管理局局长斯卫平、四川省绵竹市工商行政管理局剑南工商所副主任科员范银富、四川省平武县工商行政管理局南坝工商所副所长李勇等 3 名同志"工商行政管理系统抗震救灾英雄"荣誉称号，享受省部级劳动模范和先进工作者待遇。希望受表彰的英雄集体和个人，珍惜荣誉，谦虚谨慎，再接再厉，在今后的工作中取得更大的成绩。

当前，抗震救灾形势依然严峻，灾后恢复重建任务十分艰巨繁重。各级工商行政管理机关和广大工商干部要以受表彰的英雄集体和个人为榜样，紧密团结在以胡锦涛同志为总书记的党中央周围，坚决贯彻党中央、国务院的决策部署和要求，一手坚持不懈地抓抗震救灾，做好灾区生产自救和恢复重建工作；一手坚定不移地抓经济社会发展，克服一切困难，排除一切险阻，扎扎实实做好各项工作，为夺取抗震救灾斗争的全面胜利贡献力量。

人力资源和社会保障部
国家工商行政管理总局
二○○八年六月二十五日

二、工商行政管理系统抗震救灾英雄集体（2 个）

四川省汶川县工商行政管理局

四川省北川羌族自治县工商行政管理局

三、工商行政管理系统抗震救灾英雄（3 名）

斯卫平（女）　四川省阿坝藏族羌族自治州工商行政管理局局长

范银富　四川省绵竹市工商行政管理局剑南工商所副主任科员

李　勇　四川省平武县工商行政管理局南坝工商所副所长

四、国家工商行政管理总局《关于表彰工商行政管理系统抗震救灾先进集体和抗震救灾先进个人的决定》（工商人字〔2008〕139号）

2008年5月12日14时28分，四川省汶川县发生8.0级特大地震。面对这场突如其来的特大灾害，在党中央、国务院的坚强领导下，全国各族人民全力投入抗震救灾工作，抗震救灾斗争取得了重大阶段性胜利。地震灾区各级工商行政管理机关和广大工商干部以灾情为命令，视时间为生命，坚持人民利益高于一切，全力以赴投身抗震救灾，为抢救人民生命财产、维护灾后市场秩序、保障市场供应做出了积极贡献，涌现出一大批可歌可泣的先进集体和个人。

为表彰先进，弘扬正气，进一步激励各级工商行政管理机关和广大工商干部全力投入抗震救灾工作，国家工商行政管理总局决定，授予四川省绵竹市工商局、四川省青川县工商局、四川省汶川县工商局漩口工商所、四川省安县工商局秀水工商所、甘肃省陇南市工商局、甘肃省文县工商局、甘肃省舟曲县工商局、陕西省宁强县工商局、陕西省汉中市工商局等9个集体"工商行政管理系统抗震救灾先进集体"荣誉称号。

授予四川省德阳市工商局局长曹长芒、四川省北川羌族自治县工商局擂鼓工商所所长刘国跃、四川省青川县工商局木鱼工商所所长庞景阳、四川省汶川县工商局映秀工商所副科级干部王明辉、四川省什邡市工商局洛水工商所副所长李维洪、四川省彭州市工商局龙门山工商所副所长肖志德、四川省汉源县工商局局长王建强、甘肃省文县工商局碧口分局局长汤兴平、甘肃省康县工商局局长张生军、甘肃省陇南市工商局武都分局干部张建林、甘肃省成县工商局纪检组长冯文波、陕西省宁强县工商局大安工商所副所长高宗明、陕西省安康市工商局汉滨分局干部杨宝军等13位同志"工商行政管理系统抗震救灾先进个人"荣誉称号。希望受表彰的先进集体和先进个人，珍惜荣誉，谦虚谨

慎，再接再厉，在今后的工作中取得更大的成绩。

当前，抗震救灾形势依然严峻，灾后恢复重建任务十分艰巨繁重。各级工商行政管理机关和广大工商干部要以受表彰的先进集体和先进个人为榜样，紧密团结在以胡锦涛同志为总书记的党中央周围，坚决贯彻党中央、国务院的决策部署和要求，一手坚持不懈地抓抗震救灾，做好灾区生产自救和恢复重建工作；一手坚定不移地抓经济社会发展，克服一切困难，排除一切险阻，扎扎实实做好各项工作，为夺取抗震救灾斗争的全面胜利贡献力量！

国家工商行政管理总局

二〇〇八年六月三十日

五、工商行政管理系统抗震救灾先进集体（9个）

四川省绵竹市工商局

四川省青川县工商局

四川省汶川县工商局漩口工商所

四川省安县工商局秀水工商所

甘肃省陇南市工商局

甘肃省文县工商局

甘肃省舟曲县工商局

陕西省宁强县工商局

陕西省汉中市工商局

六、工商行政管理系统抗震救灾先进个人（13名）

曹长芒　四川省德阳市工商局局长

刘国跃　四川省北川羌族自治县工商局擂鼓工商所所长

庞景阳　四川省青川县工商局木鱼工商所所长

王明辉　四川省汶川县工商局映秀工商所副科级干部

李维洪　四川省什邡市工商局洛水工商所副所长

肖志德　四川省彭州市工商局龙门山工商所副所长

王建强　四川省汉源县工商局局长

汤兴平　甘肃省文县工商局碧口分局局长

张生军　甘肃省康县工商局局长

张建林　甘肃省陇南市工商局武都分局干部

冯文波　甘肃省成县工商局纪检组长

高宗明　陕西省宁强县工商局大安工商所副所长

杨宝军　陕西省安康市工商局汉滨分局干部

第十二节　其他表彰

除上述刊录的表彰工作外,工商行政管理系统还参与了许多中央和国家有关部委组织的表彰工作。主要有:中共中央宣传部组织的各次"岗位学雷锋、行业树新风"先进典型座谈会(报告会);共青团中央组织的"青年文明号";人事部组织的"优秀军队转业干部"表彰;国家民族事务委员会组织的各届"民族团结进步"先进集体、先进个人表彰;公安部组织的"见义勇为"先进个人表彰;全国打击走私办公室、海关总署等组织的"全国打击走私"先进集体、先进个人表彰;全国打击假冒伪劣办公室、国家技术监督局等组织的"打击假冒伪劣"先进集体和先进个人表彰等。因表彰较多,不再逐一赘述。

第三章　国家工商行政管理（总）局
表彰的先进集体和个人

工商行政管理系统的全国性表彰工作，是与党和国家各个历史时期的中心任务和不同发展阶段的形势要求密切联系的。大体可分为"文化大革命"前、"文化大革命"中和"文化大革命"后三个阶段。早在1960年，中央工商行政管理局就曾提出开展"五好干部"活动，后来又在基层开展过"五好单位"和"六好职工"的劳动竞赛活动，出现了一批先进集体和先进个人。他们全心全意为人民服务的行动，赢得了群众的赞扬，树立了广大工商行政管理人员学习的榜样。"文化大革命"前，工商行政管理系统的表彰工作基本上是配合性的或地方性的，但从总体上看，效果是好的，对调动广大工商行政管理人员的工作热情，认真履行职责，努力为社会主义建设服务，起到了积极的促进作用。"文化大革命"期间，工商行政管理部门被撤并，受此影响，工商行政管理系统没有开展表彰工作。1978年，工商行政管理机关恢复组建，工商行政管理机关的职能、地位重新得以明确，工商行政管理工作逐步走上正轨。

第一节　1987年第一次表彰大会

党的十一届三中全会后，工商行政管理系统和广大工商行政管理人员，认真贯彻落实新时期党的路线、方针、政策，在邓小平建设有中国特色社会主义理论的指导下，全面履行工商行政管理职责，努力维护正常的社会经济秩序，为我国的改革开放和社会主义现代化建设事业做出了突出贡献。为了表彰各级工商行政管理部门和广大工商行政管理人员做出的突出成绩，1987年，国家工商行政管理局在北京召开了全国工商行政管理系统第一次表彰大会，138名先进集体的代表和357名先进工作者到会，受到国家工商行政管理局的表彰。

表彰大会由国家工商行政管理局副局长刘敏学主持，国家工商行政管理局局长任中林致开幕词，国家工商行政管理局副局长田树千作报告。

这次表彰大会得到了党中央、国务院领导同志的亲切关怀。大会期间，田纪云、彭冲、张劲夫等党和国家领导同志特地接见了全体与会代表，出席大会闭幕式，并发表重要讲话，勉励受表彰的先进集体和先进工作者珍惜荣誉，正确对待荣誉，戒骄戒躁，再接再厉，把好思想、好作风不断发扬光大，把全国工商行政管理系统的干部职工都带动起来，为四化建设做出更大贡献。

1987年以前，国务院各部门组织的全国性表彰，都是由各部门自行组织和管理。1988年，根据机构改革后人事部"协调各部门全国性表彰活动"的工作职能，各部门的全国性表彰工作均由人事部统一计划和管理。即：各部门组织的全国性表彰（享受省、部级表彰待遇的）每3—4年进行一次；需于前一年，将表彰计划报人事部审批；组织和管理工作由申报表彰部门和人事部共同负责。因此，以1987年全国工商行政管理系统第一次表彰大会为标志，工商行政管理系统的全国性表彰工作逐步实现了规范化、制度化。

一、国家工商行政管理局《关于表彰全国工商行政管理系统先进集体、先进工作者的决定》

党的十一届三中全会以来,工商行政管理系统的广大干部职工,坚持四项基本原则,加强和改善监督管理,为支持改革、开放、搞活做了大量的工作,涌现出一批先进集体和先进工作者。为表彰先进,树立典型,更好地担负起党和国家交给我们的任务,决定授予 138 个单位为先进集体、357 名同志为先进工作者。希望受表彰的先进集体和先进工作者,戒骄戒躁,再接再厉,在今后的工作中做出新的更大的贡献。工商行政管理系统的全体干部职工,要认真学习先进集体和先进工作者的先进经验和模范事迹,以他们为榜样,兢兢业业,忠于职守,坚持改革,勇于创新,为实现社会主义现代化的宏伟目标而努力奋斗!

国家工商行政管理局
一九八七年四月十九日

二、全国工商行政管理系统先进集体(138 个)

北京市

东城区工商行政管理局北京站内工商所

海淀区工商行政管理局北太平庄农贸市场管理所

崇文区工商行政管理局红桥农贸市场管理所

门头沟区工商行政管理局企业登记管理科

天津市

南开区工商行政管理局

武清县工商行政管理局大良工商所

东郊区工商行政管理局新立村工商所

静海县工商行政管理局独流工商所

汉沽区工商行政管理局寨上工商所

河北省

石家庄地区工商行政管理局

石家庄市工商行政管理局

霸县工商行政管理局

沙河县工商行政管理局褡裢工商分局

丰润县工商行政管理局城关工商所

山西省

临汾地区工商行政管理局

繁峙县工商行政管理局

襄汾县工商行政管理局

太原市工商行政管理局经济合同管理科

临汾市工商行政管理局

襄垣县工商行政管理局城镇工商所

内蒙古自治区

包头市工商行政管理局

赤峰市翁牛特旗工商行政管理局

牙克石市工商行政管理局

苏尼特右旗工商行政管理局朱日和工商所

辽宁省

北镇县工商行政管理局

新金县工商行政管理局普兰店农贸市场管理所

鞍山市工商行政管理局八卦农副产品市场管理所

沈阳市皇姑区工商行政管理局北行农副产品市场管理所

宽甸县工商行政管理局灌水工商所

吉林省

长春市工商行政管理局二道河子工商分局

集安县工商行政管理局

舒兰县工商行政管理局吉舒工商分局

东丰县工商行政管理局那丹伯工商所

黑龙江省

尚志市工商行政管理局

哈尔滨市南岗区工商行政管理局

鸡东县工商行政管理局平阳工商所

齐齐哈尔市工商行政管理局站前农副产品批发市场管理所

佳木斯市工商行政管理局经济合同管理科

上海市

虹口区工商行政管理局企业登记管理科

南市区工商行政管理局市场管理科

崇明县工商行政管理局堡镇工商所

江苏省

南京市白下区工商行政管理局经济监

督检查股

　　常州市工商行政管理局迎春工商所

　　张家港市工商行政管理局兆丰工商所

　　泗洪县工商行政管理局成河工商所

　　建湖县工商行政管理局建湖工商所

浙江省

　　温州市鹿城区工商行政管理局

　　义乌县工商行政管理局小商品市场工商所

　　富阳县工商行政管理局大源区工商所

　　舟山市普陀区工商行政管理局沈家门工商所

安徽省

　　合肥市工商行政管理局

　　蚌埠市工商行政管理局

　　泗县工商行政管理局

　　阜阳县工商行政管理局插花工商所

　　马鞍山市工商行政管理局富园市场管理办公室

福建省

　　福安县工商行政管理局

　　云霄县工商行政管理局常山缉私检查站

　　福州市台江区工商行政管理局台江工商所

　　长汀县工商行政管理局城关工商所

　　泉州市鲤城区工商行政管理局中区工商所

江西省

　　玉山县工商行政管理局

　　赣州市工商行政管理局

　　丰城县工商行政管理局上塘工商所

　　萍乡市工商行政管理局湘东工商所

　　遂川县工商行政管理局大汾工商所

山东省

　　临沂地区工商行政管理局

　　乳山县工商行政管理局

　　邹县工商行政管理局

　　济南市槐荫区工商行政管理局

　　青岛市市北区工商行政管理局

　　淄博市周村区工商行政管理局周村市场管理所

河南省

　　巩县工商行政管理局

　　汝南县工商行政管理局

　　偃师县工商行政管理局

　　尉氏县工商行政管理局个体管理股

　　新野县工商行政管理局

　　武陟县工商行政管理局

　　长垣县工商行政管理局

湖北省

　　枣阳县工商行政管理局

　　汉川县工商行政管理局

　　仙桃市工商行政管理局

　　鄂州市工商行政管理局经济合同管理科

　　宜昌市工商行政管理局伍家工商所

　　武汉市工商行政管理局汉正街小商品市场管理所

湖南省

　　衡阳市工商行政管理局

　　邵东县工商行政管理局

　　株洲市攸县工商行政管理局皇图岭工商所

　　嘉禾县工商行政管理局塘村工商所

　　岳阳市工商行政管理局巴陵大桥工商所

广东省

　　佛山市工商行政管理局经济合同管理科

　　化州县工商行政管理局

　　韶关市工商行政管理局农副产品批发市场管理科

　　陆丰县工商行政管理局铜锣湖检查站

　　乐东县工商行政管理局抱由工商所

　　广州市荔湾区工商行政管理局清平农副产品市场工商所

广西壮族自治区

　　南宁市工商行政管理局

　　桂林市工商行政管理局

　　平南县工商行政管理局

　　合浦县工商行政管理局

　　防城县工商行政管理局那良工商所

　　三江侗族自治县工商行政管理局富禄工商所

　　象州县工商行政管理局象州镇工商所

四川省

　　重庆市沙坪坝区工商行政管理局双巷

子市场管理所

成都市工商行政管理局荷花池批发市场管理处

江油县工商行政管理局经济检查股

大竹县工商行政管理局

射洪县工商行政管理局商标广告管理股

南充县工商行政管理局李渡区工商所

内江市工商行政管理局

什邡县工商行政管理局

康定县工商行政管理局市管理所

贵州省

遵义市工商行政管理局

贵阳市花溪区工商行政管理局青岩工商所

盘县特区工商行政管理局

安顺市工商行政管理局牲畜市场工商所

云南省

弥渡县工商行政管理局

禄丰县工商行政管理局一平浪工商所

昆明市工商行政管理局五华区土桥工商所

景洪县工商行政管理局勐养工商所

丽江纳西族自治县工商行政管理局大研工商所

陕西省

大荔县工商行政管理局

西安市新城区工商行政管理局公园南路市场管理所

绥德县工商行政管理局城关工商所

山阳县工商行政管理局高坝工商所

宝鸡市渭滨区工商行政管理局建国路市场管理所

甘肃省

兰州市城关区工商行政管理局

兰州市工商行政管理局检查站

安西县工商行政管理局

成县工商行政管理局

青海省

乐都县工商行政管理局

海西蒙古族藏族自治州冷湖镇工商行政管理局

西宁市城中区工商行政管理局水井巷工商所

宁夏回族自治区

吴忠市工商行政管理局

银川市工商行政管理局经济合同管理科

新疆维吾尔自治区

和田地区工商行政管理处

新源县工商行政管理局

巴楚县工商行政管理局色力布亚工商所

石河子市工商行政管理局中心农贸市场工商所

三、全国工商行政管理系统先进工作者（357名）

北京市

任福林　东城区工商行政管理局北京站内工商所所长

陈　新　石景山区工商行政管理局古城农贸市场管理所团支部书记

王连富　丰台区工商行政管理局东铁匠营工商所指导员

张　全　平谷县工商行政管理局峪口工商所所长

李生财　密云县工商行政管理局城关市场管理所市场管理员

李俊春　房山县工商行政管理局十渡工商所所长

潘克仁　昌平县工商行政管理局企业登记管理科副科长

郝凤芝（女）　顺义县工商行政管理局木林工商所干部

陈　华（女）　通县工商行政管理局经济检查科干部

天津市

张海峰　河东区工商行政管理局调研员

庞金海　河西区工商行政管理局经济检查科副科长

徐双起　西郊区工商行政管理局杨柳青工商所市场管理员

甘希圣　南郊区工商行政管理局市场管理科科长

赵金铭　北郊区工商行政管理局宜兴埠工商所所长

张祖海　宝坻县工商行政管理局城关工商所副所长

代秀庚（女）　宁河县工商行政管理局芦台工商所副所长

谷京柱　蓟县工商行政管理局经济检查科副科长

孙孝奎　大港区工商行政管理局司机

河北省

白万福　邢台地区工商行政管理局局长

董梦森　邢台县工商行政管理局局长

石宝忠　馆陶县工商行政管理局局长

黄文波　青县工商行政管理局局长

李淑芬　安国县工商行政管理局党支部副书记

张秀云（女）　唐山市路北区工商行政管理局办公室副主任

蔺保义　邯郸市峰峰矿区工商行政管理局新市区工商所所长

王新科　冀县工商行政管理局城关工商所所长

迟观仓　泊头市工商行政管理局河东工商所所长

刘忠英　蠡县工商行政管理局百尺工商所所长

于清江　抚宁县工商行政管理局牛头崖工商所所长

王孔怀　承德县工商行政管理局上板城镇工商所副所长

岳凝明　张家口市桥西区工商行政管理局公园路市场管理所所长

李　儒　蔚县工商行政管理局白乐工商所所长

郝跃林　保定市工商行政管理局小集街批发市场管理所所长

张玉岐　兴隆县工商行政管理局北营房工商所所长

山西省

张俊祥　平定县工商行政管理局局长

郑学先　潞城县工商行政管理局副局长

王新维　榆次市工商行政管理局局长

崔汉明　寿阳县工商行政管理局城关工商所所长

郭佐堂　运城地区工商行政管理局局长

吕俊杰　运城市工商行政管理局三路里工商所所长

杨泽慧（女）　稷山县工商行政管理局企业登记管理股副股长

韩富昌　晋城市郊区工商行政管理局南村工商所所长

陈志华　交城县工商行政管理局局长

武保存　保德县工商行政管理局义门工商所副所长

杨　玉　左云县工商行政管理局局长

张利峰（女）　大同市城区工商行政管理局中心市场管理所市场管理员

黄利修　山西省工商行政管理局市场管理处处长

内蒙古自治区

云文锁　呼和浩特市土左旗工商行政管理局陶思浩工商所所长

安德荣　包头市东河区工商行政管理局中山路工商所副所长

李德保　乌海市海勃湾区工商行政管理局卡布其工商所所长

李　春　赤峰市元宝山区工商行政管理局平庄市场管理所所长

满都巴雅尔　莫力达瓦达斡尔族自治旗物价工商行政管理局局长

朱国胜　乌兰浩特市物价工商行政管理局局长

王德山　通辽市工商行政管理局大林工商所所长

刘成勤　正蓝旗物价工商行政管理局副局长

魏生远　化德县物价工商行政管理局城关工商所所长

孟克巴雅尔　乌审旗物价工商行政管理局图克物价工商所所长

李克林　巴盟物价工商行政管理处干部

辽宁省

郭宗利　沈阳市铁西区工商行政管理

局副局长

冯纯国　锦县工商行政管理局石山工商所副所长

于维俭　大连市工商行政管理局长兴农贸市场管理所所长

杜刚　本溪市工商行政管理局牛心台工商所市场管理员

何恩一　盖县工商行政管理局副局长

周世福　抚顺县工商行政管理局章党工商所副所长

钟国儒　清原县工商行政管理局局长

王长宽　东沟县工商行政管理局菩萨庙工商所所长

王嘉成　海城市工商行政管理局腾鳌工商所所长

刘治清　建平县工商行政管理局黑水工商所所长

梁春生　建昌县工商行政管理局建昌工商所所长

李冬春　法库县工商行政管理局局长

李振宇　康平县工商行政管理局康平镇市场管理所所长

崔国栋　灯塔县工商行政管理局铧子镇工商所所长

马铁英　阜新县工商行政管理局泡子工商所市场管理员

吉林省

李珉浩　安图县工商行政管理局局长

解长发　浑江市工商行政管理局局长

鲁明德　伊通县工商行政管理局营城子工商所副所长

展有才　大安县工商行政管理局龙沼工商所所长

张树山　乾安县工商行政管理局乾安市场管理所所长

曾国桥　吉林市工商行政管理局干部

赵金坤　公主岭市工商行政管理局范家屯牲畜市场管理所所长

常志国　四平市工商行政管理局铁西区家具工商所市场管理员

杨光磊　九台县工商行政管理局九台工商分局局长

周殿库　永吉县工商行政管理局五里

河工商所所长

耿连璧　梅河口市工商行政管理局红梅工商分局市场管理员

黄正奎　延边朝鲜族自治州工商行政管理局经济合同管理科科长

张士芬　榆树县工商行政管理局五棵树工商分局局长

黑龙江省

李凤林　哈尔滨市太平区工商行政管理局副局长

董惠珍(女)　哈尔滨市道外区工商行政管理局南十六市场管理所副所长

李龙文　密山县工商行政管理局密山镇工商所市场管理员

赵树林　东宁县工商行政管理局东宁工商所所长

陈和　鹤岗市工商行政管理局个体管理科科长

赵刚　佳木斯市工商行政管理局向阳区市场管理所所长

马艳君(女)　巴彦县工商行政管理局兴隆工商分局副局长

齐文海　尚志县工商行政管理局帽儿山工商所所长

王国志　大庆市工商行政管理局农贸批发市场管理所副所长

路芳　齐齐哈尔市建华区工商行政管理局局长

崔仁良　肇东市工商行政管理局局长

黄怀林　北安市工商行政管理局北安工商所所长

王成学　伊春市工商行政管理局翠峦工商分局市场管理股股长

上海市

沈叔明　卢湾区工商行政管理局商标广告管理科科长

倪诗洪　长宁区工商行政管理局市场管理科副科长

马名达　静安区工商行政管理局办公室干部

施崇义　普陀区工商行政管理局真如工商所副所长

李明珠(女)　闸北区工商行政管理局

车站检查站检查员

诸家训　杨浦区工商行政管理局经济合同管理科干部

邱永奎　川沙县工商行政管理局城镇市场管理所所长

程伯华　奉贤县工商行政管理局行政股干部

张菊云　金山县工商行政管理局吕巷工商所所长

王恩寿　上海市工商行政管理局个体经济管理处干部

江苏省

曹人仪　溧水县工商行政管理局局长

李相辅　邳县工商行政管理局局长

姜树昌　常州市工商行政管理局外资企业登记管理科科长

祝根焕　南京市雨花台区工商行政管理局市场管理股股长

周惠如　江阴县工商行政管理局长泾工商所所长

石阿海　常熟市工商行政管理局唐市工商所所长

徐兴林　如东县工商行政管理局丰利工商所所长

王志同　连云港市云台区工商行政管理局猴嘴工商所所长

周守文　淮阴县工商行政管理局企业登记管理股股长

董德银　大丰县工商行政管理局小海工商所所长

严书才　句容县工商行政管理局天王工商所所长

张肯堂　泰州市工商行政管理局西仓工商所所长

卢扬林（女）　泰县工商行政管理局姜堰镇工商所市场管理员

郭长干　盐城市工商行政管理局局长

卢新剑　如皋县工商行政管理局江安工商所市场管理员

浙江省

赵　骧　杭州市上城区工商行政管理局城站缉私检查站站长

杨志芳　萧山县工商行政管理局义蓬工商所干部

李旺兴　象山县工商行政管理局人事秘书股股长

郑多兴　宁海市工商行政管理局企业登记管理股股长

金建亚　永嘉县工商行政管理局岩头工商所所长

张信如　海宁县工商行政管理局盐官工商所副所长

钱慧珠（女）　安吉县工商行政管理局企业登记管理股股长

蒋成木　诸暨县工商行政管理局城关工商所所长

章朝金　永康县工商行政管理局市场管理股股长

王荣根　龙游县工商行政管理局直属工商所所长

郦天明　青田县工商行政管理局市场管理股股长

杨春华（女）　黄岩市工商行政管理局澄江工商所干部

杜永良　舟山市普陀区工商行政管理局人事秘书股股长

安徽省

吴顺安　黄山市工商行政管理局局长

张金海　滁州市工商行政管理局局长

盛云泰　祁门县工商行政管理局局长

李中华　铜陵市工商行政管理局中市工商所所长

徐孝敬　淮南市工商行政管理局东城工商所所长

田景增　淮北市工商行政管理局矿山集工商所所长

杜运胜　寿县工商行政管理局安丰工商所所长

朱仕奎　和县工商行政管理局西埠工商所所长

徐英福　潜山县工商行政管理局源潭工商所副所长

毛世栋　繁昌县工商行政管理局三山工商所副所长

焦梦君　蒙城县工商行政管理局楚村工商所副所长

汪国祥　郎溪县工商行政管理局城关工商所副所长

闵美英（女）　安庆市工商行政管理局四眼井工商所市场管理员

福建省

李章栋　同安县工商行政管理局局长

郑畹青（女）　厦门市工商行政管理局合同科科长

张志远　福州市台江区工商行政管理局台江工商所所长

黄祥城　闽清县工商行政管理局局长

林天福　漳州市工商行政管理局人事教育科科长

陈行远　泉州市南安县工商行政管理局洪濑工商所副所长

郑开华　三明市工商行政管理局三元区工商分局局长

池新霖　尤溪县工商行政管理局局长

陈永加　霞浦县工商行政管理局三沙工商所所长

郑琪琼　光泽县工商行政管理局城区工商所副所长

郑楚洪　永定县工商行政管理局局长

陈锦润　莆田县工商行政管理局西天尾工商所副所长

江西省

曾志渊　南昌市工商行政管理局办公室副主任

刘关胜　金溪县工商行政管理局陆坊工商所所长

杨木根　新干县工商行政管理局工商企业管理股副股长

李　坚　新余市工商行政管理局良山工商所所长

黄文琪　高安县工商行政管理局经济合同管理股股长

李治华　寻乌县工商行政管理局城关工商所副所长

夏桂珍（女）　乐平县工商行政管理局乐平镇工商所副所长

花新牙　萍乡市工商行政管理局高坑工商所副所长

叶官英（女）　进贤县工商行政管理局

副局长

柴子源　万年县工商行政管理局企业管理股股长

陈述赞　星子县工商行政管理局城郊工商所所长

尹　骏　九江县工商行政管理局市场管理所所长

山东省

马守平　广饶县工商行政管理局石村工商所所长

张肇龙　淄博市临淄区工商行政管理局局长

苗培泉　邹平县工商行政管理局临池工商所所长

赵久举　滕县工商行政管理局市场管理股股长

姜其宾　山东省工商行政管理学校教师

王庆山　历城县工商行政管理局局长

王玉祥　临沭县工商行政管理局周庄工商所会计

王文泉　枣庄市山亭区工商行政管理局水泉工商所所长

尹相利　日照市工商行政管理局财务股会计

宋振鹏　潍坊市潍城区工商行政管理局南关工商所所长

牛　青　成武县工商行政管理局汶上工商所所长

张英贤　安邱县工商行政管理局沙沟工商所副所长

姬国平　胶州市工商行政管理局办事员

孟兆坤　泰安市泰山区工商行政管理局岱庙工商所市场管理员

陶　强　烟台市芝罘区工商行政管理局海防营工商所所长

冯玉山　冠县工商行政管理局经济检查科科长

韩福昌　夏津县工商行政管理局局长

河南省

姚章记　清丰县工商行政管理局纸房工商所所长

高祖耕　商丘地区工商行政管理局局长

左自然　郾城县工商行政管理局经济检查股股长

娄世全　开封市工商行政管理局财务科副科长

许继磊　焦作市工商行政管理局副局长

张学海　卢氏县工商行政管理局企业登记管理股股长

胡清海　内黄县工商行政管理局后河乡工商所副所长

王　江　宝丰县工商行政管理局局长

任景洲　社旗县工商行政管理局经济检查股股长

马乘勤　鹤壁市工商行政管理局大胡工商分局局长

陈洪昌　项城县工商行政管理局副局长

贾常先　郑州市工商行政管理局局长

靳培莲（女）　辉县工商行政管理局城关工商所所长

郝文均　潢川县工商行政管理局牛岗工商所所长

冯尚恩　洛阳市工商行政管理局局长

胡中魁　禹县工商行政管理局办事员

陈乃东　西华县工商行政管理局城关工商所所长

张宗杰　罗山县工商行政管理局局长

曹务金　台前县工商行政管理局局长

湖北省

姜　建　黄石市工商行政管理局农副产品批发市场业务股副股长

李锦成　十堰市工商行政管理局中心工商所所长

胡泽明　南漳县工商行政管理局城关镇工商所所长

李宗敏　荆门市工商行政管理局干部

袁佑明　浠水县工商行政管理局清泉镇工商所所长

何庆华　蕲春县工商行政管理局办公室主任

洪应谷　崇阳县工商行政管理局经济检查股副股长

刘昌明　江陵县工商行政管理局普济工商所副所长

丁　烈　竹山县工商行政管理局局长

李永发　长阳县工商行政管理局榔坪工商所所长

张善宏　利川市工商行政管理局汪营工商所所长

邵汉华　神农架林区工商行政管理局松柏工商所副所长

周承玉（女）　沙市市工商行政管理局西区工商所绿化村市场管理站站长

李章明　武汉市江汉区工商行政管理局新华工商所党支部书记

汪东亮　武汉市汉阳区工商行政管理局琴台市场管理所干部

湖南省

唐印霓（女）　芷江县工商行政管理局职工

傅运春　株洲市工商行政管理局检查站协理员

戴安焕　慈利县工商行政管理局环溪工商所干部

易尔敬　资兴市工商行政管理局东江工商所所长

廖道伟　衡阳市工商行政管理局江东综合集贸市场管理所所长

宁甫勋　安化县工商行政管理局大福工商所所长

佘国应　泸溪县工商行政管理局浦市工商所所长

陈益生　邵阳市隆回县工商行政管理局小沙江工商所所长

陈昌太　祁阳县工商行政管理局文明铺工商所所长

罗德沅　娄底地区工商行政管理局局长

熊恺斌　长沙市工商行政管理局市场管理股股长

李正荣　宁乡县工商行政管理局城关镇工商所所长

周淑林　湘潭县工商行政管理局易俗河工商所干部

魏向荣　岳阳市平江县工商行政管理局市场管理股股长

广东省

黄伟雄　珠海市斗门县工商行政管理局乾务工商所所长

陈元勋　中山市工商行政管理局沙溪工商所所长

李怀湘　梅县市工商行政管理局丙村工商所副所长

陈章义　揭阳县工商行政管理局榕城工商所所长

黄松发　深圳市工商行政管理局南头工商分局干部

陈土生　电白县工商行政管理局电城工商所副所长

欧　荣　东莞市工商行政管理局虎门工商所所长

梁忠南　新兴县工商行政管理局局长

邱双象　揭西县工商行政管理局经济检查股股长

陈国守　徐闻县工商行政管理局海安工商检查站指导员

李惠锋　惠州市工商行政管理局经济检查股股长

梁　祥　新会县工商行政管理局司前工商所市场管理员

刘浩田　乳源瑶族自治县工商行政管理局乳城工商所所长

吴美云(女)　广东省工商行政管理局市场管理处干部

叶裕生　清远县工商行政管理局源潭工商所所长

邓家南　花县工商行政管理局缉私队副队长

黎绍礼　琼海县工商行政管理局长坡工商所副所长

广西壮族自治区

刘希南　容县工商行政管理局局长

黄绍光　南宁市工商行政管理局江南工商所所长

汪淑兰(女)　蒙山县工商行政管理局副局长

黎声如　恭城县工商行政管理局城镇工商所副所长

祝积恒　梧州市工商行政管理局蝶山工商所所长

全建国　百色县工商行政管理局百色镇工商所所长

李珍喜　桂林市工商行政管理局市场管理所所长

郭孟宽　河池市工商行政管理局长老乡工商所所长

李洪淳　柳州市工商行政管理局检查站干部

钟乾才　宾阳县工商行政管理局芦圩工商所干部

黄锡昌　北海市工商行政管理局港口工商所所长

四川省

袁中敏　重庆市长寿县工商行政管理局经济合同管理股股长

朱景芳(女)　重庆市南岸区工商行政管理局弹子石工商所副所长

袁真祥　江津县工商行政管理局几江工商所所长

黄守富　灌县工商行政管理局经济合同管理股股长

王吉发　彭县工商行政管理局敖平工商所所长

杨礼和　富顺县工商行政管理局市场管理股副股长

陈刚毅　攀枝花市东区工商行政管理局炳草岗工商所所长

谢星云　名山县工商行政管理局蒙阳工商所所长

雍富全　小金县工商行政管理局汉牛区工商所负责人

罗绍章　德昌县工商行政管理局局长

费光明　丹稜县工商行政管理局城关工商所副所长

杜翠华　南部县工商行政管理局升钟区工商所副所长

刘嘉乡　广元市工商行政管理局副局长

宋太模　武隆县工商行政管理局羊角区工商所所长

李宏生 云阳县工商行政管理局市场管理股统计员

陈德仁 宜宾市工商行政管理局局长

张兴理 纳溪县工商行政管理局丰乐区工商所所长

钟 毅 隆昌县工商行政管理局双凤工商所负责人

贵州省

骆书旗 正安县工商行政管理局安场工商所所长

刘凡和 遵义市工商行政管理局大兴路工商所所长

安荷芬（女） 思南县工商行政管理局思唐镇工所所长

毛德富 松桃苗族自治县工商行政管理局甘龙工商所指导员

邓天顺 织金县工商行政管理局经济合同、商标广告管理股股长

任友德 毕节县工商行政管理局龙场营工商所所长

郁宗傥 贵阳市工商行政管理局工商科科长

龙先焕 天柱县工商行政管理局远口工商所所长

肖贵余 息烽县工商行政管理局办公室主任

姚匀才 都匀市工商行政管理局中心工商所所长

王国刚 安龙县工商行政管理局龙广工商所市场管理员

关龙达 六枝特区工商行政管理局堕却工商所所长

云南省

高树锦 弥勒县工商行政管理局新哨工商所所长

陈树生 陆良县工商行政管理局秘书股股长

赵家顺 昭通市工商行政管理局城区工商所所长

肖其兴 麻栗坡县工商行政管理局董干工商所所长

匡苍兴 龙陵县工商行政管理局象达工商所所长

卢开云 楚雄市工商行政管理局鹿城工商所所长

邹嘉义 弥渡县工商行政管理局局长

此称取品 德钦县工商行政管理局局长

诺维奇 墨江县工商行政管理局龙潭工商所所长

杨增华 昆明市工商行政管理局企业管理处处长

王怡玲（女） 玉溪市工商行政管理局城关工商所干部

陕西省

刘碧玲（女） 户县工商行政管理局甘亭工商所干部

王良才 西安市莲湖区工商行政管理局劳武巷市场管理所干部

王仁祥 略阳县工商行政管理局局长

丁素琴（女） 汉中市工商行政管理局铺镇工商所所长

宋永平 乾县工商行政管理局城关工商所干部

魏秋芳（女） 兴平县工商行政管理局城关工商所干部

巨宝仓 宝鸡县工商行政管理局县功工商所所长

张秉玉 延安市工商行政管理局协理员

宋丁旺 铜川市郊区工商行政管理局陈炉工商所所长

张春锋 丹凤县工商行政管理局城关工商所所长

黄明华（女） 平利县工商行政管理局洛河工商所干部

田福全 华阴县工商行政管理局市场管理股股长

李志斌 佳县工商行政管理局坑镇工商所所长

甘肃省

马金城 兰州市工商行政管理局检查站二科副科长

黄德明 崇信县工商行政管理局锦屏工商所所长

马翠花（女） 临夏市工商行政管理局

局长

　　李成浩　嘉峪关市工商行政管理局富强路工商所干部

　　成耀一　天水市秦城区工商行政管理局局长

　　陆立坤　白银市工商行政管理局公园路工商所所长

　　胡绍海　渭源县工商行政管理局大安工商所副所长

　　张正杰　镇原县工商行政管理局局长

　　张长乾　张掖市工商行政管理局城关工商所所长

　　赵玉兰(女)　武威市工商行政管理局城关工商所干部

　　加　老　夏河县工商行政管理局拉卜楞工商所干部

青海省

　　滕洪燕(女)　西宁市工商行政管理局企业登记管理科科长

　　关秀珍(女)　大同县工商行政管理局长宁工商所所长

　　甘在明　海晏县工商行政管理局局长

　　逯兆庚　湟中县工商行政管理局企业登记管理股股长

　　班　太　甘德县工商行政管理局局长

　　戴佩佩(女)　海南州工商行政管理局办公室主任

　　陆永祥　泽库县工商行政管理局副局长

宁夏回族自治区

　　魏天苍　永宁县工商行政管理局局长

　　郭兰翠(女)　石嘴山市大武口区工商行政管理局局长

　　王建华　平罗县工商行政管理局姚伏工商所所长

　　张汉武　固原县工商行政管理局什字乡工商所所长

　　白焕文　隆德县工商行政管理局联才工商所所长

　　马有录　青铜峡市工商行政管理局市场管理股股长

　　马维清　吴忠市工商行政管理局干部

　　黄登荣　贺兰县工商行政管理局习刚

工商所市场管理员

新疆维吾尔自治区

　　王　录　米泉县工商行政管理局局长

　　苏布山(女)　和静县工商行政管理局城镇工商所市场管理员

　　赛提哈孜　沙湾县工商行政管理局八家户工商所干部

　　阿不力孜·阿不都哈德尔　洛浦县工商行政管理局杭桂乡工商所副所长

　　潘月青(女)　阿勒泰地区工商行政管理处干部

　　司拉木·沙木沙克　阿克苏市工商行政管理局西城工商所所长

　　巴吾东·买买塔都　吐鲁番市工商行政管理局七泉湖工商所所长

　　依孜木江·哈斯木　博乐市工商行政管理局博乐镇第一工商所所长

　　马云清　阿合奇县工商行政管理局办公室主任

　　吉洪会　乌鲁木齐市南山矿区工商行政管理局干部

第二节　1992年第二次表彰大会

　　随着我国经济体制改革的步伐,工商行政管理部门的监管职能不断拓宽,党和国家对工商行政管理部门的要求也越来越高。为了建设一支政治坚定、纪律严明、业务精通、为政清廉的经济监督和行政执法队伍,促进工商行政管理工作全面开展,经人事部批准,国家工商行政管理局、人事部于1991年如期组织开展了全国工商行政管理系统第二次先进集体和先进工作者评选工作。

　　鉴于1990年国家工商行政管理局在全系统开展的"创建先进工商所"活动,国家工商行政管理局决定,开展全国工商行政管理系统先进工商所和优秀工商行政管理人员评选工作,与全国工商行政管理系统先进集体和先进工作的评选工作同期进行。

　　评选表彰工作是全国工商行政管理系统广大干部、职工政治生活中的一件大事。为保证评选工作顺利进行,国家工商行政管理局、人事部联合成立了评选表彰领导小组,国家工商行政管理局局长刘敏学担任组长,人事部副部长程连昌、国家工商行政管理局副局长卞耀武担任副组长;评选表彰领导小组下设办公室,并制定了《资格审查原则》、《事迹材料审查原则》和工作程序,明确了工作职责。

各级工商行政管理机关对评选表彰工作十分重视。各省、自治区、直辖市工商行政管理局均按文件要求与当地人事厅(局)一起成立了评选表彰领导小组和办公室,认真组织开展了自下而上的评选工作。经过广泛、民主的评选、推荐和各级工商行政管理部门、人事部门的审查把关,共评选出195个先进集体、70名先进工作者;295个先进工商所、297名优秀工商行政管理人员。

由于我国南方、北方遭受百年不遇洪涝灾害的原因,并根据中央关于压缩会议、节约开支的精神,全国工商行政管理系统第二次表彰大会延期到1992年4月15日下午,采取电话会议的形式在北京召开,全国各省会城市和部分大城市共设立35个分会场。

表彰大会由国家工商行政管理局副局长杨培青主持,国家工商行政管理局、人事部、中华全国总工会的有关领导同志,以及各地选派的先进集体和先进工作者代表60多人在北京主会场参加了表彰大会。

为了配合学习,由薄一波同志题写书名,国家工商行政管理局编印了《闪光的红盾——全国工商行政管理战线群英谱》一书,对调动和激发广大工商行政管理人员努力提高素质,全面加强队伍规范化建设,开创新时期工商行政管理工作新局面起到了积极的促进作用。

一、国家工商行政管理局、人事部《关于表彰全国工商行政管理系统先进集体和先进工作者的决定》(工商人字[1992]第54号)

1987年首次全国工商行政管理系统先进集体、先进工作者表彰大会召开以来,各级工商行政管理机关和广大干部职工,认真贯彻执行党的十一届三中全会以来确定的路线、方针、政策,坚持四项基本原则,坚持改革开放,努力开拓,积极进取,勤奋工作,为保护合法经营,维护经济秩序,促进社会主义商品经济的健康发展,做出了成绩,涌现出一大批先进集体和先进个人。

为了弘扬他们的先进事迹和崇高精神,进一步动员全国工商行政管理系统干部职工,团结一致,齐心协力,努力实现我国现代化建设的第二步战略目标,国家工商行政管理局和人事部决定,授予北京市东城区工商行政管理局等195个单位"全国工商行政管理系统先进集体"称号,授予商秉正等70名同志"全国工商行政管理系统先进工作者"称号。

希望受表彰的先进集体和先进工作者保持和发扬无私奉献和拼搏进取精神,珍惜荣誉,谦虚谨慎,戒骄戒躁,充分发挥骨干、带头和桥梁作用,以更加卓有成效的工作,为国家和人民再立新功。

国家工商行政管理局和人事部号召各级工商行政管理机关和全体干部职工向先进集体和先进工作者学习,学习他们坚持共产主义崇高理想,坚持四项基本原则的坚定政治信念;学习他们秉公执法,清正廉洁的高尚品德;学习他们艰苦奋斗,无私奉献,全心全意为人民服务的先进思想和优良作风;学习他们发愤学习,刻苦钻研业务,努力开拓,务实创新的进取精神。努力造就一支政治坚定、业务精通、高效廉洁、秉公执法的工商行政管理队伍,坚定不移地贯彻党的基本路线,坚持以经济建设为中心,把促进生产力发展作为根本任务,充分发挥工商行政管理的职能作用,为全面完成十年规划和"八五"计划确定的目标而努力奋斗!

国家工商行政管理局

人　事　部

一九九二年三月二十四日

二、全国工商行政管理系统先进集体(195个)

北京市

东城区工商行政管理局

朝阳区工商行政管理局

昌平县工商行政管理局

西城区工商行政管理局企业登记科

大兴县工商行政管理局经济检查科

天津市

蓟县工商行政管理局

红桥区工商行政管理局

和平区工商行政管理局

河东区工商行政管理局企业登记科

静海县工商行政管理局企业登记科

塘沽区工商行政管理局企业登记科

河北省

石家庄地区工商行政管理局

石家庄市工商行政管理局

蠡县工商行政管理局

隆尧县工商行政管理局

永年县工商行政管理局

滦南县工商行政管理局

故城县工商行政管理局

黄骅市工商行政管理局

武安市工商行政管理局

山西省

侯马市工商行政管理局

万荣县工商行政管理局

孝义县工商行政管理局

清徐县工商行政管理局

繁峙县工商行政管理局

怀仁县工商行政管理局

内蒙古自治区

翁牛特旗工商行政管理局

乌海市海南区工商行政管理局

牙克石市工商行政管理局

奈曼旗工商行政管理局

辽宁省

沈阳市铁西区工商行政管理局

大连市沙河口区工商行政管理局

鞍山市工商行政管理局商标广告处

本溪市工商行政管理局财务科

丹东市工商行政管理局经济检查科

彰武县工商行政管理局经济合同股

昌图县工商行政管理局昌图镇分局

北票市工商行政管理局

锦西市工商行政管理局直属分局

吉林省

长春市工商行政管理局二道河子分局

永吉县工商行政管理局

四平市工商行政管理局

伊通满族自治县工商行政管理局

东辽县工商行政管理局

辉南县工商行政管理局

浑江市工商行政管理局临江分局

洮南市工商行政管理局

汪清县工商行政管理局

前郭尔罗斯蒙古族自治县工商行政管理局

黑龙江省

哈尔滨市工商行政管理局道里分局

哈尔滨市工商行政管理局南岗分局

齐齐哈尔市工商行政管理局富拉尔基分局

海林县工商行政管理局

汤原县工商行政管理局

大庆市工商行政管理局红岗分局

尚志市工商行政管理局

安达市工商行政管理局

北安市工商行政管理局

肇东市工商行政管理局

上海市

南市区工商行政管理局市场管理科

虹口区工商行政管理局企业登记科

青浦县工商行政管理局经济合同股

江苏省

南京市下关区工商行政管理局

宜兴市工商行政管理局

铜山县工商行政管理局

海安县工商行政管理局

金湖县工商行政管理局

建湖县工商行政管理局

泰县工商行政管理局

丹阳市工商行政管理局

浙江省

萧山市工商行政管理局

龙游县工商行政管理局

东阳市工商行政管理局

黄岩市工商行政管理局

诸暨市工商行政管理局

温州市鹿城区工商行政管理局

余姚市工商行政管理局

湖州市工商行政管理局城区分局

安徽省

南陵县工商行政管理局

宁国县工商行政管理局

怀宁县工商行政管理局

巢湖市工商行政管理局

滁州市工商行政管理局

淮北市工商行政管理局相山分局

福建省

龙海县工商行政管理局

沙县工商行政管理局

建瓯县工商行政管理局

漳平市工商行政管理局

福州市工商行政管理局

石狮市工商行政管理局

古田县工商行政管理局

厦门市工商行政管理局经济检查处

仙游县工商行政管理局

江西省

赣州市工商行政管理局

泰和县工商行政管理局

樟树市工商行政管理局

南昌县工商行政管理局

瑞昌市工商行政管理局

鹰潭市工商行政管理局经济检查科

山东省

济南市天桥区工商行政管理局

即墨市工商行政管理局

莱州市工商行政管理局

诸城市工商行政管理局

邹县工商行政管理局

东平县工商行政管理局

荣成市工商行政管理局

聊城市工商行政管理局

河南省

偃师县工商行政管理局

巩义市工商行政管理局

汝州市工商行政管理局

灵宝县工商行政管理局

永城县工商行政管理局

安阳市工商行政管理局文峰分局

罗山县工商行政管理局经济合同股

新野县工商行政管理局

河南省工商行政管理学校

湖北省

天门市工商行政管理局

云梦县工商行政管理局

枣阳市工商行政管理局

武穴市工商行政管理局

武汉市武昌区工商行政管理局

黄石市工商行政管理局企业登记科

枝江县工商行政管理局个体经济管理股

咸宁地区工商行政管理局经济合同科

湖南省

衡阳市工商行政管理局

邵东县工商行政管理局

临澧县工商行政管理局

长沙市工商行政管理局郊区分局

安化县工商行政管理局经济合同仲裁委员会

湘阴县工商行政管理局

广东省

广州市工商行政管理局外资企业管理处

深圳市工商行政管理局经济监察处

揭阳县工商行政管理局

始兴县工商行政管理局

五华县工商行政管理局经济合同股

惠州市工商行政管理局企业登记科

中山市工商行政管理局

遂溪县工商行政管理局

高州县工商行政管理局

阳山县工商行政管理局

海南省

海口市工商行政管理局经济检查科

文昌县工商行政管理局

临高县工商行政管理局经济合同股

广西壮族自治区

桂林市工商行政管理局

南宁市工商行政管理局

玉林市工商行政管理局

梧州市工商行政管理局经济检查科

宾阳县工商行政管理局

浦北县工商行政管理局企业登记股

鹿寨县工商行政管理局财务股

四川省

隆昌县工商行政管理局

大竹县工商行政管理局

潼南县工商行政管理局经济合同股

南溪县工商行政管理局企业登记股

仁寿县工商行政管理局

丰都县工商行政管理局

三台县工商行政管理局

德阳市市中区工商行政管理局市场管理科

开县工商行政管理局

成都市工商行政管理局荷花池市场管理处

贵州省

遵义县工商行政管理局

铜仁市工商行政管理局

贵阳市南明区工商行政管理局

六盘水市盘县特区工商行政管理局

云南省

楚雄彝族自治州工商行政管理局

元江哈尼族彝族傣族自治县工商行政管理局

昌宁县工商行政管理局

兰坪白族普米族自治县工商行政管理局

弥渡县工商行政管理局

西藏自治区

日喀则市工商行政管理局

陕西省

西安市莲湖区工商行政管理局

武功县工商行政管理局

宝鸡县工商行政管理局经济合同股

汉中市工商行政管理局

澄城县工商行政管理局

洛南县工商行政管理局

黄龙县工商行政管理局

汉阴县工商行政管理局

甘肃省

兰州市城关区工商行政管理局

安西县工商行政管理局

正宁县工商行政管理局

积石山保安族东乡族撒拉族自治县工商行政管理局

天水市工商行政管理局北道分局经济合同股

青海省

西宁市城中区工商行政管理局经济合

同科

互助土族自治县工商行政管理局

共和县工商行政管理局

西宁市城西区工商行政管理局

宁夏回族自治区

吴忠市工商行政管理局

石嘴山区工商行政管理局

海原县工商行政管理局

新疆维吾尔自治区

博尔塔拉蒙古自治州工商行政管理局

乌苏县工商行政管理局

墨玉县工商行政管理局

乌鲁木齐市新市区工商行政管理局

叶城县工商行政管理局

三、全国工商行政管理系统先进工作者(70名)

北京市

商秉正　海淀区工商行政管理局北太平庄农贸市场管理所所长

天津市

徐双起　西郊区工商行政管理局杨柳青市场管理所干部

河北省

郝跃林　保定市工商行政管理局小集街市场管理处主任

张俊生　藁城市工商行政管理局局长

郑秀芝(女)　武安市工商行政管理局午汲工商所指导员

山西省

卫秦安　临猗县工商行政管理局局长

郑学先　潞城县工商行政管理局副局长

内蒙古自治区

宝　柱　乌海市海南区工商行政管理局局长

马有信　牙克石市工商行政管理局局长

辽宁省

王锡田　沈阳市大东区工商行政管理局东行市场管理所所长

陈佩义　大连市西岗区工商行政管理局大公街家具市场管理所所长

冯纯国　锦县工商行政管理局大凌河分局局长

崔国栋　灯塔县工商行政管理局大窑镇工商所所长

吉林省

张青山　四平市工商行政管理局局长

蔡恒久　辽源市工商行政管理局集贸大楼分局局长

解长发　浑江市工商行政管理局局长

黑龙江省

崔仁良　肇东市工商行政管理局局长

马艳君（女）　巴彦县工商行政管理局兴隆分局副局长

杨成功　林口县工商行政管理局五林分局局长

上海市

陆慕松　川沙县工商行政管理局张江工商所所长

江苏省

毛伯生　昆山市工商行政管理局玉山市场管理所副所长

梁仁富　金坛县工商行政管理局社头工商所干部

王文信　东海县工商行政管理局浦南工商所所长

浙江省

赵骧　杭州市上城区工商行政管理局城站缉私检查站站长

黄锡荣　温岭县工商行政管理局经济检查队队长

徐年华　宁波市工商行政管理局市场管理处处长

安徽省

郝明照　合肥市工商行政管理局郊区分局局长

司应全　霍邱县工商行政管理局周集工商所所长

福建省

李章栋　同安县工商行政管理局局长

施义碧　晋江县工商行政管理局金井分局局长

肖立贤　武平县工商行政管理局岩前缉私检查站干部

江西省

朱树池　玉山县工商行政管理局局长

陈章义　赣州地区工商行政管理局原局长

山东省

郑贵臣　淄博市淄川区工商行政管理局局长

刘志芳（女）　潍坊市芳子区工商行政管理局经济检查股股长

王玉祥　临沭县工商行政管理局周庄工商所所长

杨理民　郓城县工商行政管理局李集工商所副所长

河南省

黄宝田　漯河市工商行政管理局局长

李习泉　新乡县工商行政管理局局长

朱汉章　开封市工商行政管理局鼓楼区分局副局长

湖北省

杨子荣　孝感市工商行政管理局新铺工商所所长

张意如（女）　英山县工商行政管理局温泉市场管理所所长

吴甫安　利川市工商行政管理局都亭工商所所长

齐后俊　武汉市洪山区工商行政管理局局长

湖南省

唐念如　湘潭县工商行政管理局姜畲工商所所长

肖如松　长沙县工商行政管理局黄花工商所所长

广东省

吴兆明　惠来县工商行政管理局经济检查股股长

刘招才（女）　惠州市工商行政管理局桥西工商所副所长

蔡建城　海丰县工商行政管理局检查站站长

刘福成　鹤山县工商行政管理局龙口工商所所长

海南省

吴寿挺　儋县工商行政管理局缉私队

办事员

广西壮族自治区

吕映保　宁明县工商行政管理局峙浪工商所所长

戴云明（女）　资源县工商行政管理局大合工商所副所长

四川省

胡文忠　内江市工商行政管理局局长

费光明　丹棱县工商行政管理局经济检查队队长

周兴和　南部县工商行政管理局南隆镇工商所副所长

格吉巫卡　甘洛县工商行政管理局城关工商所所长

贵州省

况明高　黔南布依族苗族自治州工商行政管理局局长

云南省

刘绍贤　楚雄彝族自治州工商行政管理局局长

岩伯勒　西盟佤族自治县工商行政管理局局长

西藏自治区

尼珍　日喀则地区工商行政管理局局长

陕西省

张水潮　西安市雁塔区工商行政管理局小寨市场管理所所长

马玉成　扶风县工商行政管理局经济检查股股长

魏计坤　华县工商行政管理局高塘工商所所长

甘肃省

李丰文　兰州市城关区工商行政管理局局长

赵玉兰（女）　武威市工商行政管理局西凉综合批发市场管理所所长

青海省

苏奕俊　门源回族自治县工商行政管理局局长

宁夏回族自治区

淮世芳　石嘴山市工商行政管理局局长

新疆维吾尔自治区

王录　米泉县工商行政管理局党总支书记

铁力瓦尔德·乔肉克　拜城县工商行政管理局黑银山工商所所长

四、国家工商行政管理局《关于表彰全国工商行政管理系统先进工商所和优秀工商行政管理人员的决定》（工商人字［1992］第55号）

近几年来，各级工商行政管理机关认真贯彻执行党的路线、方针、政策，坚持四项基本原则，坚持改革开放，在开展各项业务工作的同时，狠抓队伍自身建设，认真开展创建先进工商所活动，涌现出一大批先进工商所和优秀工商行政管理人员，他们努力工作，为政清廉，秉公执法，在保护合法经营、维护经济秩序的斗争中，做出了显著成绩。为此，国家工商行政管理局决定，对其中事迹突出的295个先进工商所和297名优秀工商行政管理人员予以表彰。

希望受表彰的先进工商所和优秀工商行政管理人员把好思想、好作风不断发扬光大，珍惜荣誉，戒骄戒躁，再接再厉，在工商行政管理岗位上，为国家和人民再立新功。

国家工商行政管理局号召各级工商行政管理机关和全体干部职工向先进工商所和优秀工商行政管理人员学习，以他们为榜样，坚持全心全意为人民服务的宗旨，坚持以经济建设为中心，秉公执法，立足本职，廉洁自律，务实创新，艰苦奋斗，认真贯彻执行《工商行政管理所条例》，不断加强自身建设，更好地担负起党和国家赋予的光荣使命，为全面完成十年规划和"八五"计划确定的目标，实现祖国的繁荣昌盛而努力奋斗。

国家工商行政管理局

一九九二年三月二十五日

五、全国工商行政管理系统先进工商所（295个）

北京市

崇文区工商行政管理局红桥农贸市场管理所

海淀区工商行政管理局海淀工商所

昌平县工商行政管理局沙河工商所

东城区工商行政管理局王府井工商所

天津市

东郊区工商行政管理局张贵庄市场管理所

汉沽区工商行政管理局寨上市场管理所

河北省

唐山市工商行政管理局新华道集贸市场管理处

邯郸市工商行政管理局峰峰矿区新市区工商所

新乐县工商行政管理局县城工商所

石家庄市新华区工商行政管理局新华集贸中心市场管理所

安国市工商行政管理局祁州药材市场管理所

清苑县工商行政管理局冉庄工商所

沧县工商行政管理局北桃杏工商所

磁县工商行政管理局磁洲工商所

秦皇岛市北戴河区工商行政管理局石塘路工商所

威县工商行政管理局洺州分局

香河县工商行政管理局淑阳工商所

吴桥县工商行政管理局桑园工商所

隆化县工商行政管理局隆化集贸市场管理所

承德市工商行政管理局双桥分局裕华路市场管理所

宣化县工商行政管理局沙岭子工商所

蔚县工商行政管理局西合营工商所

定州市工商行政管理局西城区工商所

山西省

长治市城区工商行政管理局英雄台市场管理所

大同市城区工商行政管理局集贸大楼工商所

原平县工商行政管理局原平工商所

晋城市郊区工商行政管理局南村工商所

大同市矿区工商行政管理局云岗工商所

灵石县工商行政管理局南关工商所

交口县工商行政管理局机动车辆管理所

太原市工商行政管理局柳溪工商所

武乡县工商行政管理局洪水工商所

运城市工商行政管理局河东市场管理所

洪洞县工商行政管理局赵城工商所

内蒙古自治区

呼和浩特市新城区工商行政管理局东风路工商所

赤峰市郊区工商行政管理局大五十家子工商所

包头市东河区工商行政管理局车站工商所

临河市工商行政管理局利民工商所

集宁市工商行政管理局虎山市场工商所

东胜市工商行政管理局民生街市场管理所

乌兰浩特市物价工商行政管理局和平工商所

通辽市工商行政管理局大林工商所

辽宁省

沈阳市皇姑区工商行政管理局北行农贸市场管理所

沈阳市沈河区工商行政管理局大西农贸市场管理所

大连市中山区工商行政管理局荣盛农贸市场管理所

海城市工商行政管理局腾鳌工商所

新宾满族自治县工商行政管理局新宾地区工商所

本溪市平山区工商行政管理局一洞桥市场管理所

宽甸满族自治县工商行政管理局夹皮沟工商所

营口市工商行政管理局站前分局站前农贸市场管理所

锦州市工商行政管理局二分局林西街农副产品市场管理所

阜新市工商行政管理局直属一分局花园市场管理所

辽阳市宏伟区工商行政管理局宏伟农贸市场管理所

开原市工商行政管理局第一工商所

吉林省

浑江市工商行政管理局浑江商场管理所

辽源市工商行政管理局辽源集贸大楼分局

延吉市工商行政管理局西市场管理所

榆树市工商行政管理局五棵树分局

梅河口市工商行政管理局海龙分局

舒兰县工商行政管理局上营子分局

黑龙江省

双鸭山市工商行政管理局三马路贸易市场工商所

佳木斯市工商行政管理局西菜市市场管理所

哈尔滨市工商行政管理局道外分局南十六市场管理所

安达市工商行政管理局任民工商所

拜泉县工商行政管理局三道镇工商所

鹤岗市工商行政管理局工农分局农贸市场管理所

通河县工商行政管理局通河镇工商所

宁安县工商行政管理局宁安工商所

鸡西市工商行政管理局滴道分局小半道市场管理所

漠河县工商行政管理局劲涛分局

上海市

闸北区工商行政管理局车站检查站

南汇县工商行政管理局大团工商所

普陀区工商行政管理局三官堂桥禽蛋批发市场工商所

卢湾区工商行政管理局检查中队

长宁县工商行政管理局北新泾工商所

松江县工商行政管理局泗泾工商所

嘉定县工商行政管理局嘉定镇第二工商所

江苏省

南京市秦淮区工商行政管理局夫子庙小商品市场管理所

江阴市工商行政管理局长泾工商所

邳县工商行政管理局运河工商所

武进县工商行政管理局湖塘工商所

太仓县工商行政管理局浏河工商所

吴县工商行政管理局斜塘工商所

启东市工商行政管理局启西工商所

东海县工商行政管理局桃林工商所

涟水县工商行政管理局梁岔工商所

东台市工商行政管理局新街工商所

泰兴县工商行政管理局泰兴镇工商所

高邮市工商行政管理局八桥工商所

浙江省

奉化市工商行政管理局溪口工商所

舟山市普陀区工商行政管理局沈家门工商所

义乌市工商行政管理局小商品市场管理所

文成县工商行政管理局西坑工商所

海宁市工商行政管理局袁花工商所

丽水市工商行政管理局碧湖工商所

杭州市江干区工商行政管理局新塘工商所

临海市工商行政管理局大田工商所

安徽省

淮南市工商行政管理局西城工商所

贵池市工商行政管理局池州工商所

当涂县工商行政管理局博望工商所

阜阳县工商行政管理局插花工商所

无为县工商行政管理局刘渡工商所

铜陵县工商行政管理局顺安工商所

休宁县工商行政管理局五城工商所

泗县工商行政管理局大庄工商所

肥东县工商行政管理局撮镇工商所

蚌埠市工商行政管理局二马路工商所

福建省

福州市工商行政管理局台江农贸市场工商所

连江县工商行政管理局马鼻工商所

永安市工商行政管理局燕江工商所

邵武市工商行政管理局南关农贸市场工商所

长汀县工商行政管理局江边市场工商所

福安市工商行政管理局赛岐工商所

泉州市鲤城区工商行政管理局中区工商所

诏安县工商行政管理局汾水关缉私检查站

厦门市开元区工商行政管理局鹭江工商所

莆田县工商行政管理局埭头工商所

江西省

崇义县工商行政管理局城关工商所

新干县工商行政管理局金川工商所

高安县工商行政管理局黄沙工商所

广丰县工商行政管理局永丰工商所

抚州市工商行政管理局五皇殿工商所

南昌市东湖区工商行政管理局墩子塘工商所

德安县工商行政管理局邹桥工商所

乐平县工商行政管理局西市工商所

萍乡市工商行政管理局城关分局高坑工商所

新余市工商行政管理局渝水分局良山工商所

鹰潭市月湖区工商行政管理局江边工商所

山东省

济南市历下区工商行政管理局南门工商所

长清县工商行政管理局黄河商场直属工商所

青岛市台东区工商行政管理局工业品市场管理所

莱西市工商行政管理局李权庄工商所

淄博市临淄区工商行政管理局临淄商场管理所

枣庄市薛城区工商行政管理局薛城工商所

东营市东营区工商行政管理局商河路综合市场管理所

烟台市芝罘区工商行政管理局海防营市场管理所

龙口市工商行政管理局龙口工商所

潍坊市潍城区工商行政管理局人民路市场管理所

寿光县工商行政管理局蔬菜批发市场管理所

曲阜市工商行政管理局东关工商所

金乡县工商行政管理局羊山工商所

泰安市泰山区工商行政管理局岱庙工商所

乳山县工商行政管理局夏村工商所

无棣工商行政管理局车镇管理所

平原县工商行政管理局平原工商所

冠县工商行政管理局城关工商所

苍山县工商行政管理局向城工商所

沂水县工商行政管理局沂城工商所

郓城县工商行政管理局李集工商所

德州市工商行政管理局第二工商所

河南省

博爱县工商行政管理局清化工商所

扶沟县工商行政管理局韭园工商所

周口市工商行政管理局七一路工商所

许昌市魏都区工商行政管理局西关工商所

正阳县工商行政管理局真阳工商所

汝南县工商行政管理局老君庙工商所

长垣县工商行政管理局城关工商所

辉县市工商行政管理局城关工商所

潢川县工商行政管理局牛岗工商所

息县工商行政管理局关店工商所

宜阳县工商行政管理局城关工商所

洛阳市西工区工商行政管理局七一路工商所

三门峡市工商行政管理局湖滨工商所

漯河市工商行政管理局老街工商所

安阳县工商行政管理局铜冶工商所

清丰县工商行政管理局纸房工商所

方城县工商行政管理局赵河工商所

唐河县工商行政管理局上屯工商所

宁陵县工商行政管理局张弓镇工商所

夏邑县工商行政管理局车站工商所

淇县工商行政管理局高村工商所

郑州市工商行政管理局金水分局行政区工商所

新郑县工商行政管理局城关镇工商所

开封市工商行政管理局相国寺市场管理分局第三工商所

平顶山市工商行政管理局联盟路工商所

湖北省

随州市工商行政管理局小林工商所

沙市市工商行政管理局西区工商所

宜昌市工商行政管理局伍家岗工商所

荆门市工商行政管理局栗溪工商所

鄂州市工商行政管理局泽林工商所

黄州市工商行政管理局马曹庙工商所

江陵县工商行政管理局荆州城区工商所

仙桃市工商行政管理局西流河工商所

丹江口市工商行政管理局武当山工商所

远安县工商行政管理局河口工商所

利川市工商行政管理局都亭工商所

广水市工商行政管理局广水分局

武汉市洪山区工商行政管理局关山市场管理所

黄石市工商行政管理局中心集贸市场管理所

十堰市工商行政管理局六堰市场管理所

通山县工商行政管理局新堤市场管理所

湖南省

郴州市工商行政管理局北湖工商所

长沙县工商行政管理局黄花工商所

冷水江市工商行政管理局金竹山工商所

祁阳县工商行政管理局下马渡工商所

衡南县工商行政管理局三塘工商所

湘乡县工商行政管理局潭市工商所

新晃县工商行政管理局城镇农贸市场管理所

株洲市工商行政管理局南区分局芦淞大市场管理所

吉首市工商行政管理局石家冲市场管理所

大庸市永定区工商行政管理局奇峰市场管理所

广东省

广州市荔湾区工商行政管理局清平市场工商所

深圳市工商行政管理局罗湖区分局桂圆工商所

珠海市工商行政管理局拱北工商所

普宁县工商行政管理局检查站

新丰县工商行政管理局丰城镇工商所

紫金县工商行政管理局龙窝工商所

兴宁县工商行政管理局检查站

惠州市惠城区工商行政管理局南门工商所

海丰县工商行政管理局北门市场工商所

东莞市工商行政管理局检查站

中山市工商行政管理局沙溪工商所

新会县工商行政管理局崖西工商所

三水市工商行政管理局西南耕牛市场管理所

阳西县工商行政管理局儒侗工商所

湛江市霞山区工商行政管理局东风工商所

广宁县工商行政管理局南街工商所

清远市工商行政管理局清城区分局学宫工商所

海南省

琼海县工商行政管理局中原工商所

儋县工商行政管理局那大第一工商所

琼中黎族苗族自治县工商行政管理局营根工商所

广西壮族自治区

容县工商行政管理局容州市场管理所

南宁市工商行政管理局南宁交易场管理处

柳州市工商行政管理局驾鹤工商所

桂林市工商行政管理局第一分局南站工商所

梧州市工商行政管理局蝶山工商所

北海市工商行政管理局西塘工商所

崇左县工商行政管理局城关工商所

浦北县工商行政管理局北通工商所

靖西县工商行政管理局龙帮工商所

宜山县工商行政管理局德胜工商所

岑溪县工商行政管理局岑城工商所

象州县工商行政管理局象州镇工商所

四川省

炉霍县工商行政管理局新都镇工商所

会东县工商行政管理局城关工商所

茂县工商行政管理局凤仪工商所

成都市金牛区工商行政管理局茶店工

商所

　　石柱土家族自治县工商行政管理局黄水工商所

　　资中县工商行政管理局鱼溪区工商所

　　蓬安县工商行政管理局周口市场管理所

　　渠县工商行政管理局涌兴工商所

　　绵竹县工商行政管理局城关工商所

　　万县工商行政管理局武陵工商所

　　重庆市市中区工商行政管理局七星岗工商所

　　泸县工商行政管理局牛滩区工商所

　　富顺县工商行政管理局城关工商所

　　苍溪县工商行政管理局陵江工商所

　　射洪县工商行政管理局太和工商所

　　盐亭县工商行政管理局富驿工商所

　　涪陵市工商行政管理局城市第一工商所

　　雅安市工商行政管理局羌江工商所

　　攀枝花市工商行政管理局东区炳草岗工商所

贵州省

　　贵阳市花溪区工商行政管理局青岩工商所

　　遵义市工商行政管理局苟家井市场工商所

　　安顺市工商行政管理局西郊工商所

　　思南县工商行政管理局思唐镇工商所

　　湄潭县工商行政管理局义泉镇工商所

　　都匀市工商行政管理局中心工商所

　　天柱县工商行政管理局城关市场工商所

　　六盘水市钟山区工商行政管理局钟山工商所

云南省

　　昆明市工商行政管理局检查站

　　昆明市五华区工商行政管理局土桥工商所

　　东川市工商行政管理局新村工商所

　　威信县工商行政管理局长安工商所

　　会泽县工商行政管理局城关工商所

　　马关县工商行政管理局八寨工商所

　　开远市工商行政管理局小龙潭工商所

　　墨江哈尼族自治县工商行政管理局新抚工商所

　　丽江纳西族自治县工商行政管理局大研工商所

　　沧源佤族自治县工商行政管理局勐省工商所

西藏自治区

　　拉萨市工商行政管理局宗角禄康工商所

陕西省

　　西安市新城区工商行政管理局炭市街市场管理所

　　泾阳县工商行政管理局永乐地区工商所

　　宝鸡市金台区工商行政管理局中山路工商所

　　渭南市工商行政管理局站南工商所

　　城固县工商行政管理局城关工商所

　　耀县工商行政管理局城关工商所

　　山阳县工商行政管理局高坝工商所

　　榆林市工商行政管理局镇川工商所

　　紫阳县工商行政管理局高滩工商所

甘肃省

　　兰州市七里河区工商行政管理局西站工商所

　　白银市工商行政管理局白银分局公园路市场管理所

　　徽县工商行政管理局城关工商所

　　泾川县工商行政管理局城关工商所

　　夏河县工商行政管理局拉卜楞工商所

　　临洮县工商行政管理局城关工商所

　　天祝藏族自治县工商行政管理局打柴沟工商所

青海省

　　西宁市城西区工商行政管理局古城台工商所

　　乐都县工商行政管理局碾伯工商所

宁夏回族自治区

　　银川市工商行政管理局城区分局利群工商所

新疆维吾尔自治区

　　喀什市工商行政管理局恰萨工商所

　　新源县工商行政管理局阿热勒托别工

商所

吐鲁番市工商行政管理局老城工商所

乌鲁木齐市天山区工商行政管理局红旗路工商所

石河子市工商行政管理局总场工商所

六、全国工商行政管理系统优秀工商行政管理人员(297名)

北京市

张站京　西城区工商行政管理局经济合同管理科科长

张友善　宣武区工商行政管理局大栅栏工商所所长

薄宗林　朝阳区工商行政管理局建外工商所所长

齐永志　丰台区工商行政管理局商标广告科科长

张文昌　石景山区工商行政管理局市场管理科科长

张景生　顺义县工商行政管理局杨镇工商所所长

王凤文　延庆县工商行政管理局延庆工商所党支部书记

刘兆申　北京市工商行政管理局办公室主任科员

天津市

甘希圣　南郊区工商行政管理局市场管理科科长

刘永光　南开区工商行政管理局市场检查中队副队长

陈会东　河西区工商行政管理局法制科科员

汪雪森　大港区工商行政管理局小王庄工商所副主任科员

张祖海　宝坻县工商行政管理局市场检查中队队长

王卫东　武清县工商行政管理局杨村市场管理所专管员

戴秀庚(女)　宁河县工商行政管理局芦台批发市场管理所所长

河北省

刘立存　冀县工商行政管理局局长

王焕友　丰润县工商行政管理局副局长

石宝中　馆陶县工商行政管理局局长

王福利　黄骅市工商行政管理局南排河工商所所长

王志利　张家口市桥东区工商行政管理局红旗楼市场管理所所长

王福祥　兴隆县工商行政管理局局长

崔玉才　青龙满族自治县工商行政管理局青龙镇工商所所长

张洪志　邢台市桥东区工商行政管理局西大街工商所所长

缴俊生　大城县工商行政管理局南赵扶工商所干部

马德增　定兴县工商行政管理局定兴市场工商所所长

孔建设　石家庄市长安区工商行政管理局裕华路工商所所长

杜西珍　巨鹿县工商行政管理局局长

李学达　沧州市工商行政管理局副局长

山西省

陈志华　交城县工商行政管理局局长

张浩之　太谷县工商行政管理局局长

张国良　平定县工商行政管理局局长

乔日高　右玉县工商行政管理局梁家油坊工商所所长

刘庆虎　太原市南城区工商行政管理局开化寺市场管理所所长

闫喜有　霍州市工商行政管理局城关工商所副所长

董安全　高平县工商行政管理局办公室主任

刘　岗　朔州市平鲁区工商行政管理局企业登记股股长

黄利修　山西省工商行政管理局市场管理处处长

李根良　忻州市工商行政管理局城关工商所市管员

内蒙古自治区

韩　梓　呼和浩特市新城区工商行政管理局东风路工商所所长

慕德树　赤峰市工商行政管理局喀喇沁旗楼子店工商所副所长

安德荣　包头市东河区工商行政管理局市场管理科科长

肖成德　乌拉特前旗工商行政管理局

白彦花工商所所长

　　林治荣（女）　集宁市物价工商行政管理局虎山市场工商所所长

　　布　仁　阿拉善右旗工商行政管理局额肯呼都格工商所所长

　　高　憨　准格尔旗矿区物价工商所所长

　　王永和　突泉县物价工商行政管理局一市场管理所副所长

　　王德山　哲里木盟物价工商行政管理处科员

　　樊鸿飞　太仆寺旗工商行政管理局宝昌工商所所长

辽宁省

　　赫荣芝（女）　辽宁省工商行政管理局企业登记管理二处主任科员

　　李哲普　沈阳市和平区工商行政管理局副局长

　　刘广军　瓦房店市工商行政管理局共济工商所所长

　　王福林　鞍山市工商行政管理局铁东分局长甸工商所所长

　　高福贵　抚顺市工商行政管理局露天分局东洲工商所所长

　　张明才　恒仁满族自治县工商行政管理局沙尖子工商所所长

　　吕其祥　丹东市工商行政管理局车站码头物资出入境检查站副站长

　　陈世才　营口市工商行政管理局站前分局通惠市场管理所所长

　　阚玉霞（女）　锦州市工商行政管理局凌河分局杭州街市场管理所所长

　　马铁英　阜新蒙古族自治县工商行政管理局十家子工商所所长

　　王景堂　康平县工商行政管理局局长

　　邹吉芳　建平县工商行政管理局小塘工商所所长

　　范文远　盘锦市工商行政管理局市场管理科科长

　　陈喜顺　兴城市工商行政管理局高家岭工商所所长

吉林省

　　李双战　长春市工商行政管理局光复路市场管理所管理员

　　李凤桐　榆树市工商行政管理局局长

　　武光临　吉林市工商行政管理局局长

　　邓正富　吉林市工商行政管理局船营分局个体管理科科长

　　常志国　四平市工商行政管理局铁西分局迎春工商所指导员

　　邓小东　公主岭市工商行政管理局黑林子分局局长

　　葛金城　辽源市工商行政管理局局长

　　龚尚林　通化市工商行政管理局商标广告科科长

　　黄正奎　延边朝鲜族自治州工商行政管理局经济合同管理科科长

　　高振亮　汪清县工商行政管理局局长

　　吕玄正　大安市工商行政管理局大赉集贸分局局长

　　亓玉林　扶余市工商行政管理局二分局局长

黑龙江省

　　鲍落滨　哈尔滨市工商行政管理局市场治安民警队民警

　　孟庆本　呼兰县工商行政管理局呼兰第二管理所副所长

　　张　平　齐齐哈尔市工商行政管理局建华分局副局长

　　牛成和　讷河县工商行政管理局财会股股长

　　郑恩清　汤原县工商行政管理局局长

　　赵　刚　佳木斯市工商行政管理局佳东个体管理所所长

　　初庆和　绥化地区行署工商行政管理局副局长

　　孙凤楼　明水县工商行政管理局稽查股副股长

　　齐文海　尚志市工商行政管理局帽儿山分局局长

　　陈喜明　五常县工商行政管理局企业登记管理股股长

　　姜凤霞（女）　七台河市工商行政管理局个体管理科科长

　　肖成运　伊春市工商行政管理局政策研究室主任

　　李雪松　肇东市工商行政管理局市场

治安民警队队长

上海市

邢冬生　黄浦区工商行政管理局企业管理所所长

陈瑞莲　静安区工商行政管理局静安寺工商所所长

华坚勇　杨浦区工商行政管理局延吉工商所副所长

施正康　宝山区工商行政管理局友谊工商所科员

张志勤　上海县工商行政管理局七宝工商所所长

金琴葵(女)　奉贤县工商行政管理局奉城工商所专管员

施定超　金山县工商行政管理局朱泾市场管理所所长

丁惠明　崇明县工商行政管理局新海工商所所长

江苏省

张保汉　新沂市工商行政管理局局长

杨子荣　六合县工商行政管理局局长

薛南荪　无锡市崇安区工商行政管理局崇安寺市场管理所副所长

鹿沛城　沛县工商行政管理局大屯矿区分局股长

丁国强　常州市钟楼区工商行政管理局北大街工商所办事员

徐新林　如东县工商行政管理局丰利工商所所长

曹安昌　赣榆县工商行政管理局局长

段广义　泗洪县工商行政管理局城河工商所所长

施俊美　宿迁市工商行政管理局宿城工商所所长

张之发　大丰县工商行政管理局局长

王生根　江都县工商行政管理局邵伯工商所所长

方文怀　扬中县工商行政管理局城镇工商所所长

李荣霞　丹徒县工商行政管理局姚桥工商所指导员

浙江省

杨塘法　建德县工商行政管理局乾潭工商所所长

柯根权　宁海县工商行政管理局局长

吴明龙　瑞安市工商行政管理局缉私检查站站长

刘然顺　乐清县工商行政管理局柳市分局个体私营管理股股长

张昌达　嵊州工商行政管理局石璜工商所所长

杜金祥　嘉兴市工商行政管理局城区分局第一工商所干部

欧奕国　长兴县工商行政管理局林城工商所所长

吴彩花(女)　金华县工商行政管理局人事秘书股干部

陈卸富　兰溪市工商行政管理局经济合同管理科科长

汪雪华　开化县工商行政管理局村头区工商所干部

吕其昌　缙云县工商行政管理局经济检查队队长

王德忠　岱山县工商行政管理局高亭工商所所长

安徽省

朱清国　阜阳市工商行政管理局副局长

邹恒龙　濉溪县工商行政管理局经济检查分局局长

刘殿佐　马鞍山市工商行政管理局向山分局个体管理股股长

乔华旺　铜陵市工商行政管理局淮河路分局市场管理股股长

娄开仁　怀远县工商行政管理局包集工商所所长

化金凯　萧县工商行政管理局皇藏工商所所长

朱景素　凤台县工商行政管理局马店工商所所长

檀献宇　东至县工商行政管理局东流工商所所长

李金利　凤阳县工商行政管理局武店工商所所长

彭春生　望江县工商行政管理局城关工商所副所长

胡恩才　旌德县工商行政管理局庙首工商所指导员

福建省

凌冬生　福安市工商行政管理局赛岐工商所所长

王锐荣　周宁县工商行政管理局经济合同管理股股长

蔡鼎明　福州市鼓楼区工商行政管理局晋安市场管理所所长

马双喜　福清市工商行政管理局宏路工商所所长

陈　莆　莆田市工商行政管理局缉私队队长

郑清贵　莆田市工商行政管理局城厢区分局城南市场管理所所长

陈昭全　将乐县工商行政管理局城区市场管理所所长

余生长　尤溪县工商行政管理局池田工商所协管员

崔河健　南平市工商行政管理局四鹤市场管理所所长

黄玉泉　厦门市杏林区工商行政管理局局长

郑河港　漳浦县工商行政管理局局长

林荣全　南安县工商行政管理局城关工商所市场管理员

江西省

罗泽川　遂川县工商行政管理局于田工商所所长

徐荣华　丰城市工商行政管理局城郊分局局长

周建明　南丰县工商行政管理局企业登记管理股股长

曾福明　波阳县工商行政管理局局长

谌秀银　南昌市郊区工商行政管理局局长

王文钦　永修县工商行政管理局云山工商所所长

方萃椿　于都县工商行政管理局局长

耿建国　景德镇市工商行政管理局斗富弄市场管理所所长

罗天宝　新余市工商行政管理局市场管理科主任科员

吕绍禹　萍乡市工商行政管理局局长

山东省

党玉玺　济南市历城区工商行政管理局华山工商所所长

史助民　青岛市市北区工商行政管理局市场三路管理所所长

付岱山　平度市工商行政管理局田庄工商所所长

胡子存　滕州市工商行政管理局城关工商所所长

鞠占贵　广饶县工商行政管理局西营工商所所长

杨洪敏　招远县工商行政管理局局长

冯质真　嘉祥县工商行政管理局局长

亓振恒　莱芜市工商行政管理局局长

隋原琴　文登市工商行政管理局局长

宋兴荣　日照市工商行政管理局日照工商所所长

李光发　邹平县工商行政管理局长山镇工商所所长

张　明　德州地区工商行政管理局办公室主任

翟凤海　阳谷县工商行政管理局局长

河南省

马庆甄　南召县工商行政管理局板山坪工商所所长

范发信　沈丘县工商行政管理局莲池工商所所长

高凤兰（女）　郑州市工商行政管理局管城回族区分局北菜市工商所所长

张业中　平顶山市工商行政管理局三分局经济合同管理股股长

李永立　焦作市马村区工商行政管理局经济检查股股长

张盘根　鄢陵县工商行政管理局鼓楼工商所所长

康富安　西平县工商行政管理局柏城工商所所长

邱家仁　新县工商行政管理局陈河工商所所长

王俊瑞　鹤壁市工商行政管理局郊区分局石林工商所所长

郭秋书　安阳县工商行政管理局铜冶

工商所所长

　　王梅社（女）　南乐县工商行政管理局寺庄工商所所长

　　谢耀坤　孟津县工商行政管理局局长

　　程利亮　夏邑县工商行政管理局车站工商所所长

湖北省

　　高维良　武汉市汉阳区工商行政管理局洲头市场管理所所长

　　黄龙浦　大冶县工商行政管理局还地桥工商所所长

　　钱学德　十堰市工商行政管理局六堰市场管理所所长

　　刘富军　保康县工商行政管理局歇马工商所副所长

　　李国恒　沙市市工商行政管理局西区工商所所长

　　何祖胜　宜昌市工商行政管理局民主集贸市场管理所副所长

　　关荆成　荆门市工商行政管理局象山市场管理所所长

　　付志齐　鄂州市工商行政管理局市场分局古楼管理站站长

　　宋先侃　浦圻市工商行政管理局随阳工商所副所长

　　王文荣（女）　竹溪县工商行政管理局城关工商所干部

　　张德厚　五峰土家族自治县工商行政管理局渔洋关工商所所长

　　王明礼　武汉市硚口区工商行政管理局经济检查科科长

　　习辉文　潜江市工商行政管理局浩口工商所所长

　　黎建明　老河口市工商行政管理局中山大市场管理所所长

湖南省

　　刘惠洁（女）　保靖县工商行政管理局毛沟工商所干部

　　唐贤璋　常德市工商行政管理局二分局副局长

　　姚集祥　平江县工商行政管理局南江工商所所长

　　李　云　宜章县工商行政管理局局长

　　谭冬珠　茶陵县工商行政管理局局长

　　吴德美　通道县工商行政管理局工会主席

　　刘发初　沅江市工商行政管理局琼湖工商所所长

　　廖道伟　衡阳市工商行政管理局江东综合集贸市场管理所所长

　　龙世保　洞口县工商行政管理局江口工商所所长

　　黄大华　冷水滩市工商行政管理局城南工商所所长

　　贺益成　双峰县工商行政管理局石牛工商所所长

　　朱金周　慈利县工商行政管理局溪口工商所所长

广东省

　　王景杰（女）　广东省工商行政管理局办公室科长

　　刘成有　广州市增城县工商行政管理局派潭工商所所长

　　袁作新　深圳市工商行政管理局福田区分局白沙岭工商所副所长

　　关泽民　珠海市工商行政管理局拱北分局口岸工商所副所长

　　李选福　南雄县工商行政管理局局长

　　戴猛辉　龙川县工商行政管理局隆东工商所所长

　　何顺珠　顺德县工商行政管理局伦教工商所所长

　　吴　体（女）　阳江市工商行政管理局江城分局城西工商所征管员

　　赵崇滋　徐闻县工商行政管理局监察股股长

　　刘显昌　信宜县工商行政管理局局长

　　梁忠南　新兴县工商行政管理局局长

　　陈钦洲　肇庆市工商行政管理局端州分局直属工商所所长

　　蔡炳板　潮州市工商行政管理局枫溪分局局长

　　黄楚芝（女）　汕头特区工商行政管理局外资科科长

海南省

　　黄才明　陵水县工商行政管理局新村

工商所市场管理员

林鸿光　三亚市工商行政管理局第一工商所所长

杜献芳　琼山县工商行政管理局大致坡工商所所长

广西壮族自治区

黄福贤　南宁市工商行政管理局兴宁分局民族商行工商所所长

王守贤　平乐县工商行政管理局党组书记

肖家顺　柳州市工商行政管理局市场管理科干部

周桂良　桂林市工商行政管理局象鼻山风景点工商所所长

云兴旺　合浦县工商行政管理局常乐工商所所长

韦　熙　都安县工商行政管理局安阳分局副局长

唐肇培　桂平县工商行政管理局城区工商所干部

李文定　昭平县工商行政管理局市场管理股股长

黄　成　防城各族自治县工商行政管理局滩营工商所所长

四川省

钟武玉（女）　自贡市大安区工商行政管理局局长

胡祥荣　长宁县工商行政管理局局长

张华富　茂县工商行政管理局局长

段开凤　都江堰市工商行政管理局城关工商一所所长

刘明德　永川县工商行政管理局经济检查所所长

沈国富　攀枝花东区工商行政管理局局长

罗明镜　剑阁县工商行政管理局局长

杨益富　南充县工商行政管理局经济检查队队长

刘贤德　遂宁市中区工商行政管理局经济检查股股长

何兴国　彭水苗族土家族自治县工商行政管理局桑柘区工商所所长

王秀英（女）　康定县工商行政管理局

城关工商所干部

林晓明　仁寿县工商行政管理局清水工商所工作员

陈　冬　纳溪县工商行政管理局人事监察股股长

刘嘉乡　广元市工商行政管理局局长

杨自华　平昌县工商行政管理局江口工商所所长

贵州省

张行贵　普定县工商行政管理局城关工商所所长

周尚举　铜仁地区工商行政管理局局长

邓天顺　织金县工商行政管理局局长

陈光钊　天柱县工商行政管理局局长

张文经　贞丰县工商行政管理局教导员

兰武剑　六盘水市工商行政管理局企业登记科副主任科员

云南省

赵家顺　昭通市工商行政管理局副局长

刘琼芬（女）　富源县工商行政管理局中安工商所市场管理员

那米扎　迪庆藏族自治州工商行政管理局局长

贺金喜　丽江地区工商行政管理局局长

杨德鸿　大理市工商行政管理局大理工商所所长

张启禄　保山市工商行政管理局城关工商所指导员

郗厚德　潞西县工商行政管理局芒市工商所副所长

西藏自治区

李增功　山南地区工商行政管理局副局长

泽　多　昌都地区工商行政管理局局长

陕西省

王建国　西安市碑林区工商行政管理局文艺路市场管理所所长

王明科　延安市工商行政管理局南市

工商所所长

冯育虎　礼泉县工商行政管理局副局长

宋永平　乾县工商行政管理局经济检查股股长

万清海　陇县工商行政管理局城关工商所所长

孙建生　韩城市工商行政管理局局长

刘国庆　耀县工商行政管理局城关工商所所长

朱发明　汉中地区工商行政管理局局长

王义彬　镇安县工商行政管理局经济合同股股长

贺崇华　子长县工商行政管理局城关镇工商所所长

孟　元　子洲县工商行政管理局城关工商二所副所长

储召生　石泉县工商行政管理局迎丰工商所所长

甘肃省

王培英　嘉峪关市工商行政管理局局长

苏文学　临潭县工商行政管理局局长

陆立坤　白银市工商行政管理局白银分局纪检员

张　新　秦安县工商行政管理局兴国工商所所长

尹俊海　定西县工商行政管理局城关工商所所长

焦玉莲（女）　张掖市工商行政管理局甘州工商所所长

邓琰平　兰州市西固区工商行政管理局局长

青海省

白复明　西宁市城北区工商行政管理局党委书记

祁克勤　民和回族土族自治县工商行政管理局局长

文昌加　黄南州李家峡工商行政管理局副局长

格　来　玉树州工商行政管理局经济合同管理科科长

张有海　互助土族自治县工商行政管理局局长

宁夏回族自治区

付素芝　石嘴山市大武口区工商行政管理局干部

张雪林　永宁县工商行政管理局经济检查股股长

胡　峰　隆德县工商行政管理局联财工商所所长

李绪昌　同心县工商行政管理局局长

李稳平　中卫县工商行政管理局城关工商所所长

新疆维吾尔自治区

张建创　克拉玛依市工商行政管理局乌尔禾中心工商所所长

加拿丁　霍城县工商行政管理局水定镇工商所所长

苏帕阿吉　乌恰县工商行政管理局市场管理股股长兼巴依库鲁提管理所所长

万建林　额敏县工商行政管理局局长

木拉提汗　布尔津县工商行政管理局窝依莫克乡工商所所长

杨　燕　哈密市三道岭工商行政管理局企业登记股干部

郑方达　轮台县工商行政管理局局长

第三节　1996 年第三次表彰大会

1992 年 4 月,《工商行政管理所条例》经国务院批准颁布实施。为了促进《工商行政管理所条例》的贯彻落实,全面提高工商所的整体素质和监督管理水平,加快基层制度化、规范化建设步伐,同年 7 月,国家工商行政管理局制定并在全系统实施了《工商行政管理所初级规范》,在全国工商行政管理系统广泛掀起了以贯彻《工商行政管理所条例》为核心,以落实《工商行政管理所初级规范》为重点的基层规范化建设热潮。各地从机构名称、设置原则、管理体制、人员配置、上岗资格、职责权限、工作程序、工作制度、办事公开、办公条件等十个方面入手,全面规范了工商所的各项工作,带动了机关的规范化建设。截止到 1995 年底,全国 3 万多个工商所中，《工商行政管理所初级规范》合格率达到 86.2%。

1995 年，国家工商行政管理局在全系统开展了"工商形象建设年"、"公平交易执法年"活动。各级工商行政管理机关以此为契机，认真贯彻落实江泽民总书记《努力建设高素质的干部队伍》的重要讲话精神，以及中央领导同志对工商行政管理工作的重要批示，远学孔繁森，近学范宗平、吴志敏，以南京东路工商所和景志刚为榜样，狠抓系统的两个文明建设，人员的素质水平、工作质量和监管效能明显提高，规范化建设不断深入，工商行政管理队伍建设取得显著成效。

为了表彰广大工商行政管理人员在规范化建设和"两年"建设中做出的突出成绩，进一步激励他们锐意改革、开拓进取，不断推进队伍建设进程，全面完成新时期的工商行政管理任务，国家工商行政管理局、人事部研究决定，于 1996 年下半年，开展全国工商行政管理系统先进集体和先进工作者评选表彰活动。国家工商行政管理局同时决定，开展"创建先进工商所、争当优秀工商行政管理人员"活动，与先进集体和先进工作者的评选同期进行。国家工商行政管理局、人事部成立了以国家工商行政管理局局长王众孚为组长，人事部副部长张学忠为副组长的评选表彰领导小组，要求在突出了监督管理和行政执法特点的前提下，对先进个人侧重立足本职，秉公执法，善于学习探索，勇于开拓创新，勤政、廉洁、高效；对先进集体侧重通过规范化建设，队伍整体素质显著提高，转换职能、管办脱钩、监督管理和行政执法成效显著。要求各地推荐上报前，必须广泛征求群众和政府有关部门的意见，经过实地考察，凡不符合评选条件或存在违规违纪问题或市场管办不脱钩的，坚决"一票否决"；缺报不补，超报无效，审查不合格不再调换。

1996 年 3 月，《关于评选全国工商行政管理系统先进集体和先进工作者的通知》和《关于开展"创建先进工商所、争当优秀工商行政管理人员"活动的通知》下发后，各地普遍把评选工作与当前工作重点结合起来，严格按照评选条件和程序，广泛开展了自下而上的评选工作，并在人事、监察和政府有关部门的支持、配合下，认真考核、审查推荐对象，较好地保证了评选质量。各地共申报推荐人选（单位）1 037 名（个）。

经国家工商行政管理局评选表彰领导小组办公室严格审查，并对涉及推荐对象的举报函电逐一核实，报国家工商行政管理局评选表彰领导小组审批，共评选出先进集体 187 个、先进工作者 75 名，先进工商所 300 个、优秀工商行政管理人员 440 名。

1996 年 12 月，全国工商行政管理系统第三次表彰大会在北京隆重召开。表彰大会由国家工商行政管理局局长王众孚主持，人事部副部长张学忠同志发表讲话。来自全系统的 120 多名先进代表和参加全国工商行政管理工作会议的代表参加了表彰大会。

会后，李鹏总理接见了与会代表，对受表彰的先进模范表示祝贺，对战斗在工商行政管理战线上的广大工商行政管理人员表示亲切慰问。这次表彰大会全面展示了几年来工商行政管理系统在社会主义物质文明和精神文明建设中，强化规范化管理，提高人员素质和执法水平，努力发挥工商行政管理职能作用，特别是"工商形象建设年"和"公平交易执法年"活动取得的突出成绩和新时期工商行政管理人员崭新的精神风貌，进一步激发了广大工商行政管理人员争先创优的工作热情和在新的历史条件下努力学习、开拓进取、为社会主义现代化建设事业建功立业的积极性。

一、国家工商行政管理局、人事部《关于表彰全国工商行政管理系统先进集体和先进工作者的决定》（工商宣字［1996］第 388 号）

自 1992 年表彰全国工商行政管理系统先进集体、先进工作者，特别是开展"工商形象建设年"和"公平交易执法年"活动以来，各级工商行政管理机关和广大工商行政管理人员，认真学习邓小平同志建设有中国特色社会主义理论，切实贯彻执行党的路线、方针、政策，坚持四项基本原则，坚持改革开放,讲政治、讲学习、讲正气,努力提高自身素质,锐意进取,勤奋工作,积极发挥职能作用,为维护经济秩序,促进社会主义市场经济健康发展,做了大量卓有成效的工作,取得了显著成绩,涌现出一大批先进集体和先进个人。

为了弘扬他们的先进事迹和崇高精神,进一步动员工商行政管理系统全体工作人员,团结一致,齐心协力,在世纪之交为我国现代化建设做出更大贡献,国家工商行政管理局和人事部决定,授予北京市朝阳区工商行政管理局等187个单位"全国工商行政管理系统先进集体"称号,授予景志刚等75名同志"全国工商行政管理系统先进工作者"称号。被授予"全国工商行政管理系统先进工作者"称号的同志,享受省部级先进工作者(劳动模范)待遇。希望受表彰的先进集体和先进工作者珍惜荣誉,谦虚谨慎,戒骄戒躁,保持、发扬无私奉献和开拓进取精神,在社会主义物质文明和精神文明建设中发挥模范带头作用,以更加卓有成效的工作,为国家和人民再立新功。

国家工商行政管理局和人事部号召各级工商行政管理机关和全体工商行政管理人员向先进集体和先进工作者学习,坚定不移地贯彻执行党的基本路线,牢记全心全意为人民服务的宗旨,认真落实党的十四届六中全会精神,坚持以经济建设为中心,在两个文明建设中,充分发挥工商行政管理职能作用,当合格的工商行政管理干部,做人民满意的公务员,努力造就一支高素质的工商行政管理队伍,为全面完成"九五"计划和2010年远景目标确定的任务,为实现国家的繁荣昌盛、民族的全面振兴而努力奋斗,以优异成绩迎接党的第十五次全国代表大会胜利召开!

国家工商行政管理局
人　　事　　部
一九九六年十二月三日

二、全国工商行政管理系统先进集体(187个)

北京市
朝阳区工商行政管理局
石景山区工商行政管理局
丰台区工商行政管理局
顺义县工商行政管理局
大兴县工商行政管理局
海淀区工商行政管理局经济检查科

天津市
河西区工商行政管理局
东丽区工商行政管理局
武清县工商行政管理局
塘沽区工商行政管理局商标广告管理科
北辰区工商行政管理局外资企业登记科

河北省
唐山市工商行政管理局
廊坊市工商行政管理局
石家庄市工商行政管理局
抚宁县工商行政管理局
盐山县工商行政管理局
衡水市工商行政管理局桃城分局
安国市工商行政管理局
威县工商行政管理局

山西省
运城行署工商行政管理局
太原市工商行政管理局
潞城市工商行政管理局
大同市工商行政管理局南郊分局
曲沃县工商行政管理局
朔州市工商行政管理局朔城分局

内蒙古自治区
包头市工商行政管理局东河区分局
巴林左旗工商行政管理局
通辽市工商行政管理局
乌拉特前旗工商行政管理局

辽宁省
北票市工商行政管理局
沈阳市工商行政管理局东陵分局
鞍山市工商行政管理局第一分局
抚顺市工商行政管理局露天分局
本溪市工商行政管理局法制处
东港市工商行政管理局
辽阳市工商行政管理局宏伟分局
盘锦市工商行政管理局兴隆台分局
葫芦岛市工商行政管理局直属分局

吉林省

吉林市工商行政管理局

四平市工商行政管理局

松原市工商行政管理局

辉南县工商行政管理局

辽源市工商行政管理局龙山分局

洮南市工商行政管理局

敦化市工商行政管理局

长春市工商行政管理局光复路市场管理分局

白山市工商行政管理局白山集贸大厦管理分局

黑龙江省

鸡西市工商行政管理局

鹤岗市工商行政管理局

讷河市工商行政管理局

庆安县工商行政管理局

哈尔滨市工商行政管理局南岗分局

齐齐哈尔市工商行政管理局铁峰分局

大庆市工商行政管理局萨尔图分局

红兴隆农垦工商行政管理局

上海市

上海市工商行政管理局监察处

嘉定区工商行政管理局

闸北区工商行政管理局个体私营经济管理科

普陀区工商行政管理局市场管理科

虹口区工商行政管理局企业登记管理科

闵行区工商行政管理局人事监察科

江苏省

常州市工商行政管理局

盐城市郊区工商行政管理局

宿迁市工商行政管理局

姜堰市工商行政管理局

海门市工商行政管理局

徐州市工商行政管理局云龙分局

南京市工商行政管理局鼓楼分局

无锡市工商行政管理局市场管理分局

扬中市工商行政管理局

浙江省

余杭市工商行政管理局

余姚市工商行政管理局

温州市鸥海区工商行政管理局

诸暨市工商行政管理局

海宁市工商行政管理局

缙云县工商行政管理局

温岭市工商行政管理局

安徽省

淮北市工商行政管理局

无为县工商行政管理局

怀宁县工商行政管理局

亳州市工商行政管理局

宣州市工商行政管理局

合肥市工商行政管理局城隍庙分局

福建省

建瓯市工商行政管理局

厦门市工商行政管理局经济检查处

莆田市工商行政管理局外资企业登记管理科

南靖县工商行政管理局

大田县工商行政管理局

漳平市工商行政管理局

福鼎市工商行政管理局

南安市工商行政管理局

江西省

遂川县工商行政管理局

上犹县工商行政管理局

玉山县工商行政管理局

德安县工商行政管理局

金溪县工商行政管理局

萍乡市工商行政管理局安源分局

山东省

济南市工商行政管理局

即墨市工商行政管理局

淄博市工商行政管理局

枣庄市工商行政管理局薛城分局

莱州市工商行政管理局

潍坊市工商行政管理局

邹城市工商行政管理局

威海市工商行政管理局环翠分局

滨州地区工商行政管理局

聊城市工商行政管理局

河南省

项城市工商行政管理局

宝丰县工商行政管理局

偃师市工商行政管理局

新野县工商行政管理局

郑州市工商行政管理局直属分局

开封市工商行政管理局相国寺分局

焦作市工商行政管理局解放分局

湖北省

仙桃市工商行政管理局

汉川县工商行政管理局

武穴市工商行政管理局

丹江口市工商行政管理局

当阳市工商行政管理局

襄樊市工商行政管理局

武汉市硚口区工商行政管理局

湖南省

衡阳市工商行政管理局

浏阳市工商行政管理局

平江县工商行政管理局

永顺县工商行政管理局

桃源县工商行政管理局

益阳市工商行政管理局赫山分局

株洲市工商行政管理局芦松专业市场

分局

广东省

佛山市工商行政管理局

汕头市工商行政管理局

雷州市工商行政管理局

高州市工商行政管理局

潮州市工商行政管理局

普宁市工商行政管理局

开平市工商行政管理局

龙川县工商行政管理局

广州市工商行政管理局合同处

海南省

儋州市工商行政管理局

文昌市工商行政管理局

琼海市工商行政管理局

广西壮族自治区

桂林市工商行政管理局

北流市工商行政管理局

岑溪市工商行政管理局

隆安县工商行政管理局

都安瑶族自治县工商行政管理局

四川省

简阳市工商行政管理局经济检查科

重庆市工商行政管理局北碚分局

彭山县工商行政管理局

平昌县工商行政管理局

达县工商行政管理局

会理县工商行政管理局

万县工商行政管理局

南充市工商行政管理局

南川市工商行政管理局

贵州省

贵阳市工商行政管理局市场检查大队

遵义市工商行政管理局

赫章县工商行政管理局

盘县特区工商行政管理局

云南省

陆良县工商行政管理局

新平县工商行政管理局市场管理经济

检查科

安宁市工商行政管理局

镇雄县工商行政管理局

景洪市工商行政管理局

临沧地区工商行政管理局个体私营经

济科

西藏自治区

聂拉木县工商行政管理局

陕西省

西安市工商行政管理局莲湖分局

铜川市工商行政管理局

宝鸡市工商行政管理局渭滨分局

泾阳县工商行政管理局

澄城县工商行政管理局

安康市工商行政管理局

定边县工商行政管理局

甘肃省

白银市工商行政管理局

高台县工商行政管理局

武威市工商行政管理局

嘉峪关市工商行政管理局

华亭县工商行政管理局

青海省

互助土族自治县工商行政管理局

德令哈市工商行政管理局

西宁市城西区工商行政管理局

共和县工商行政管理局

宁夏回族自治区

石嘴山市工商行政管理局

西吉县工商行政管理局

新疆维吾尔自治区

阿克苏地区工商行政管理局

乌鲁木齐市工商行政管理局沙区分局

奇台县工商行政管理局

叶城县工商行政管理局

三、全国工商行政管理系统先进工作者（75名）

北京市

冉志强　东城区工商行政管理局商标广告科

周万海　通县工商行政管理局马驹桥工商所

天津市

景志刚　河西区工商行政管理局大营门工商所

高　健　红桥区工商行政管理局大胡同工商所

刘学亮　静海县工商行政管理局市场检查中队

河北省

谷天亮　宣化县工商行政管理局洋河南工商所

陈树峰　承德市工商行政管理局

石宝中　馆陶县工商行政管理局

山西省

王廷玺　孝义市工商行政管理局

李金斗　晋城市工商行政管理局

内蒙古自治区

张绥新　东胜市工商行政管理局民生市场管理所

李振国　巴林左旗工商行政管理局林东工商所

辽宁省

李成斌　铁岭市工商行政管理局

陈佩义　大连市工商行政管理局西岗分局商业大厦管理所

高贵春　黑山县工商行政管理局直属二分局

吉林省

孙桂岐　四平市工商行政管理局

刘喜祥　敦化市工商行政管理局

于学宏　江源县工商行政管理局

黑龙江省

初庆和　绥化地区行署工商行政管理局

秦玉亮　绥芬河市工商行政管理局

刘国权　哈尔滨市工商行政管理局道外分局南十六市场管理所

上海市

卢建平　虹口区工商行政管理局市场监督管理科

沈龙弟　南汇县工商行政管理局惠南工商所

江苏省

方士明　张家港市工商行政管理局兆丰工商所

王志航　赣榆县工商行政管理局青口市场管理所

苏志才　溧阳市工商行政管理局农副产品交易中心管理所

浙江省

高启琢　永康市工商行政管理局

姚　瑜　杭州市工商行政管理局上城分局龙翔桥农副产品市场管理所

邵小山　湖州市工商行政管理局南浔分局经济检查股

安徽省

张志轩　淮北市工商行政管理局

赵国良　马鞍山市工商行政管理局企业登记管理科

宋兰萍（女）　淮南市工商行政管理局东城工商所

福建省

黄新飞　仙游县工商行政管理局企业登记管理股

侯春木　福建省工商行政管理局漳州市缉私队

陈安松　福安市工商行政管理局

江西省

安玉爱　南昌市工商行政管理局青云谱分局

杜　杰　景德镇市工商行政管理局斗富弄工商所

山东省

万承平　泰安市工商行政管理局

刘其夏　临沂市工商行政管理局

安长滨　东营市工商行政管理局河口
分局仙河工商所

崔秀芹(女)　宁津县工商行政管理局
财务科

河南省

刘茂荣　周口市工商行政管理局

王同和　安阳县工商行政管理局曲沟
工商所

强自喜　社旗县工商行政管理局城关
工商所

游传良　许昌市工商行政管理局魏都
分局

湖北省

段清河　浠水县工商行政管理局

肖学新　松滋市工商行政管理局杨林
市工商所

彭南海　咸丰县工商行政管理局忠堡
工商所

湖南省

武远华　衡阳市工商行政管理局

周圣验　嘉禾县工商行政管理局

周明生　祁阳县工商行政管理局下马
渡工商所

广东省

陈访明　清远市工商行政管理局

彭艺年　新兴县工商行政管理局

王太连　深圳市工商行政管理局经济
监察处

欧新全　韶关市工商行政管理局专业
市场管理分局

海南省

吴　岩　屯昌县工商行政管理局

广西壮族自治区

郑广进　钦州市工商行政管理局钦州
工商所

刘建国(女)　凤山县工商行政管理局
城关工商所

四川省

唐昭荣　宜宾地区工商行政管理局

蒋明武　蓬溪县工商行政管理局

王德新　旺苍县工商行政管理局木门
工商所

周开伦　眉山县工商行政管理局

贵州省

唐秀坤(女)　丹寨县工商行政管理局

云南省

张清王　大理市工商行政管理局大理
工商所

王立国　楚雄州工商行政管理局

西藏自治区

次　仁　阿里地区工商行政管理局

陕西省

张铁生　西安市工商行政管理局雁塔
分局小寨工商所

杨　明　洛南县工商行政管理局

邹继正　汉中市汉台区工商行政管
理局

甘肃省

于名芳　兰州市工商行政管理局

王经华　敦煌市工商行政管理局

青海省

陈文鑫　互助土族自治县工商行政管
理局

宁夏回族自治区

蒯继凡　永宁县工商行政管理局

新疆维吾尔自治区

赵大威　玛纳斯县工商行政管理局

阿布都热依木·玉素甫　疏附县工商
行政管理局

**四、国家工商行政管理局《关于表彰全
国工商行政管理系统先进工商所和优秀工
商行政管理人员的决定》(工商宣字[1996]
第389号)**

近几年来,各级工商行政管理机关认真
贯彻执行党的路线、方针、政策,坚持四项基
本原则,坚持改革开放,在努力做好各项业
务工作的同时,狠抓队伍建设,切实贯彻《工
商行政管理所条例》,大力加强工商所规范
化建设,积极开展"创先争优"活动,涌现出
一大批先进工商所和优秀工商行政管理人
员。他们勤奋工作,秉公执法,廉洁自律,在
两个文明建设中,做出了优异成绩。为此,
国家工商行政管理局决定,授予上海市黄浦

区工商行政管理局南京东路工商所等 300 个工商所"全国工商行政管理系统先进工商所"称号,授予郭树霖等 440 名同志"全国工商行政管理系统优秀工商行政管理人员"称号。希望受表彰的先进工商所和优秀工商行政管理人员继续发扬模范带头作用,珍惜荣誉,戒骄戒躁,再接再厉,为国家和人民做出新的贡献。

国家工商行政管理局号召各级工商行政管理机关和全体工商行政管理人员向先进工商所和优秀工商行政管理人员学习,以他们为榜样,牢记全心全意为人民服务的宗旨,认真贯彻落实党的十四届六中全会精神,切实加强精神文明建设,不断提高自身素质,立足本职,艰苦奋斗,务实创新,公正执法,廉洁自律,通过扎实而有效的工作,更好地履行党和国家赋予的光荣职责,为实现我国跨世纪的宏伟目标而努力奋斗!

国家工商行政管理局
一九九六年十二月三日

五、全国工商行政管理系统先进工商所（300 个）

北京市

西城区工商行政管理局厂桥工商所
昌平县工商行政管理局沙河工商所
怀柔县工商行政管理局杨宋工商所

天津市

蓟县工商行政管理局城关市场管理所
河北区工商行政管理局天津站工商所
南开区工商行政管理局王顶堤桥北工商所

河北省

栾城县工商行政管理局方村工商所
石家庄市工商行政管理局郊区分局留营工商所
永年县工商行政管理局南大堡工商所
武安市工商行政管理局市区工商所
迁安县工商行政管理局杨店子工商所
承德市工商行政管理局双桥分局裕华路市场管理所
霸州市工商行政管理局胜芳工商所
三河市工商行政管理局京东第一集工商所
秦皇岛市工商行政管理局北戴河分局

石塘路工商所
张家口市工商行政管理局宣化分局财神庙市场管理所
邢台市工商行政管理局一分局襄都工商所
保定市工商行政管理局新市区分局建南工商所
定州市工商行政管理局中山市场管理所
故城县工商行政管理局郑口工商所
沧州市工商行政管理局运西分局小南门市场管理所

山西省

太原市工商行政管理局南城分局东安路综合集贸市场管理所
大同市工商行政管理局城区分局集贸大楼工商所
盂县工商行政管理局城关工商所
长治市工商行政管理局英雄站集贸市场管理所
高平市工商行政管理局城镇工商所
朔州市工商行政管理局朔城分局平鲁集贸城市场管理所
忻州市工商行政管理局义井工商所
灵石县工商行政管理局生产资料市场管理所
离石市工商行政管理局城东工商所
洪洞县工商行政管理局赵城工商所
绛县工商行政管理局么里工商所

内蒙古自治区

包头市工商行政管理局青山区分局向阳市场管理所
东胜市工商行政管理局民生市场管理所
通辽市工商行政管理局余粮堡工商所
临河市工商行政管理局金川市场管理所
太仆寺旗工商行政管理局宝昌工商所
科右前旗工商行政管理局归流河工商所
根河市工商行政管理局根河集贸市场管理所
呼和浩特市工商行政管理局新城区分

局海东路工商所

辽宁省

沈阳市工商行政管理局皇姑分局北行农副产品市场管理所

沈阳市工商行政管理局苏家屯分局林盛堡工商所

瓦房店市工商行政管理局集贸大厦管理所

大连市工商行政管理局中山分局职工街农副产品市场管理所

海城市工商行政管理局牌楼分局

抚顺市工商行政管理局新抚分局北站工商所

本溪市工商行政管理局平山分局地下商场工商所

宽甸满族自治县工商行政管理局夹皮沟工商所

黑山县工商行政管理局大虎山分局

营口市鲅鱼圈区工商行政管理局综合市场管理所

阜新市工商行政管理局直属分局煤炭市场管理所

辽阳市工商行政管理局机动车辆市场管理所

铁岭市工商行政管理局银州分局小桥子工商所

朝阳市工商行政管理局双塔分局柳城工商所

盘锦市工商行政管理局双台子分局轻工市场工商所

绥中县工商行政管理局城区分局

吉林省

吉林市工商行政管理局丰满分局江南市场管理所

四平市工商行政管理局铁东分局北三市场管理所

辽源市工商行政管理局集贸大楼分局

通化市工商行政管理局集贸中心管理分局

抚松县工商行政管理局松江河分局

白城市工商行政管理局洮北分局岭下工商所

松原市工商行政管理局宁江分局个体私营经济管理所

延吉市工商行政管理局新兴个体市场管理分局

黑龙江省

哈尔滨市工商行政管理局道里分局透笼农贸市场管理所

哈尔滨市工商行政管理局道外分局南十六市场管理所

齐齐哈尔市工商行政管理局星火生产资料市场管理所

佳木斯市工商行政管理局西菜市集贸市场管理所

富锦市工商行政管理局集贸市场管理所

大庆市工商行政管理局农副产品批发市场管理所

绥芬河市工商行政管理局青云市场管理所

虎林县工商行政管理局集贸大厦市场管理所

集贤县工商行政管理局商贸城消费品综合市场管理所

七台河市工商行政管理局七彩城市场管理所

北安市工商行政管理局集贸大楼市场管理所

漠河县工商行政管理局北陲市场管理所

尚志市工商行政管理局尚志分局

上海市

黄浦区工商行政管理局南京东路工商所

卢湾区工商行政管理局检查中队

闵行区工商行政管理局七宝工商所

江苏省

镇江市工商行政管理局京口分局象山工商所

溧水县工商行政管理局在城工商所

锡山市工商行政管理局张泾工商所

邳州市工商行政管理局运河工商所

武进市工商行政管理局湖塘工商所

常熟市工商行政管理局招商城分局

如东县工商行政管理局丰利工商所

东海县工商行政管理局桃林工商所

涟水县工商行政管理局涟城工商所

东台市工商行政管理局新街工商所

高邮市工商行政管理局八桥工商所

仪征市工商行政管理局胥浦分局

浙江省

奉化市工商行政管理局溪口工商所

萧山市工商行政管理局临浦工商所

温州市鹿城区工商行政管理局松台工商所

嘉兴市工商行政管理局郊区分局新丰工商所

东阳市工商行政管理局上卢工商所

安吉县工商行政管理局白水湾工商所

台州市工商行政管理局路桥分局路桥小商品市场管理所

舟山市工商行政管理局定海分局金塘工商所

安徽省

六安市工商行政管理局丁集工商所

黄山市工商行政管理局黄山分局黄山龙井市场管理所

芜湖市工商行政管理局三山工商所

淮北市工商行政管理局相南工商所

铜陵市工商行政管理局狮子山分局狮子山工商所

庐江县工商行政管理局城北工商所

贵池市工商行政管理局池州工商所

肥东县工商行政管理局石塘工商所

泗县工商行政管理局泗城分局

马鞍山市工商行政管理局桃源集贸市场管理所

太和县工商行政管理局双生市场管理分局

定远县工商行政管理局曲阳市场管理所

淮南市工商行政管理局西城工商所

福建省

龙海市工商行政管理局石码工商所

莆田市工商行政管理局涵江分局涵江市场管理所

沙县工商行政管理局金沙市场管理所

龙岩市工商行政管理局韭菜园市场管理所

霞浦县工商行政管理局松城工商所

福州市工商行政管理局台江分局台江集贸市场管理所

泉州市工商行政管理局鲤城分局中区工商所

江西省

南昌市工商行政管理局青云谱分局洪都工商所

九江市工商行政管理局第一分局滨江工商所

乐平市工商行政管理局西市工商所

萍乡市工商行政管理局安源分局高坑工商所

新余市工商行政管理局渝水分局良山工商所

鹰潭市工商行政管理局江边工商所

南康市工商行政管理局成衣市场管理所

遂川县工商行政管理局雩田工商所

波阳县工商行政管理局油墩街工商所

临川市工商行政管理局五皇殿工商所

高安市工商行政管理局石脑工商所

山东省

长清县工商行政管理局黄河商场工商所

济南市工商行政管理局天桥分局堤口路果品批发市场管理所

即墨市工商行政管理局服装批发市场管理所

青岛市工商行政管理局四方分局宣化路工商所

淄博市工商行政管理局张店分局洪沟工商所

淄博市工商行政管理局周村分局周村工商所

滕州市工商行政管理局滕北工商所

东营市工商行政管理局东营分局商河路工商所

招远市工商行政管理局毕郭分局

海阳县工商行政管理局发城工商所

安丘市工商行政管理局景芝工商所

诸城市工商行政管理局城关工商所

嘉祥县工商行政管理局疃里工商所

曲阜市工商行政管理局旅游区工商所

新泰市工商行政管理局泉沟分局

东平县工商行政管理局城区市场管理所

威海市工商行政管理局环翠分局西城路市场管理所

莒县工商行政管理局城关工商所

无棣县工商行政管理局无棣工商所

德州市工商行政管理局德城分局建设工商所

陵县工商行政管理局城区工商所

莘县工商行政管理局朝城工商所

费县工商行政管理局费城工商所

苍山县工商行政管理局鲁南蔬菜批发市场管理所

郓城县工商行政管理局金河工商所

河南省

郑州市工商行政管理局金水分局陈砦蔬菜批发市场管理所

新郑市工商行政管理局城关工商所

永城县工商行政管理局芒山工商所

长葛市工商行政管理局城关工商所

开封市工商行政管理局鼓楼分局鼓楼夜市工商所

通许县工商行政管理局竖岗工商所

辉县市工商行政管理局城关工商所

西峡县工商行政管理局城关工商所

新乡县工商行政管理局小冀工商所

汝南县工商行政管理局老君庙工商所

许昌市工商行政管理局魏都分局西关工商所

平顶山市工商行政管理局体南工商所

博爱县工商行政管理局清化工商所

淇县工商行政管理局高村工商所

上蔡县工商行政管理局大路李工商所

焦作市工商行政管理局山阳分局艺新工商所

安阳市工商行政管理局铁西分局安钢路工商所

信阳市工商行政管理局车站工商所

灵宝市工商行政管理局黄河路工商所

潢川县工商行政管理局黄国商贸城工商所

洛阳市工商行政管理局老城分局周公路工商所

漯河市工商行政管理局源汇分局老街工商所

宜阳县工商行政管理局韩城工商所

濮阳县工商行政管理局北关工商所

西华县工商行政管理局城关工商所

湖北省

天门市工商行政管理局小板工商所

武汉市武昌区工商行政管理局大东门市场管理所

武汉市江岸区工商行政管理局花桥工商所

黄石市工商行政管理局市场分局中心集贸市场管理所

十堰市工商行政管理局六堰工商所

荆沙市工商行政管理局沙市分局燎原工商所

秭归县工商行政管理局杨林桥工商所

谷城县工商行政管理局石花工商所

老河口市工商行政管理局中山大市场管理所

公安县工商行政管理局南平工商所

鄂州市工商行政管理局凤凰工商所

荆门市工商行政管理局东宝分局粟溪工商所

浠水县工商行政管理局企业登记管理所

广水市工商行政管理局广水分局

通城县工商行政管理局隽永市场管理所

仙桃市工商行政管理局通海口工商所

恩施市工商行政管理局六角亭工商所

湖南省

衡南县工商行政管理局三塘工商所

南县工商行政管理局南洲工商所

吉首市工商行政管理局石家冲农贸市场管理所

郴州市工商行政管理局罗家井工商所

石门县工商行政管理局磨岗隘工商所

湘乡市工商行政管理局潭市工商所

长沙县工商行政管理局黄花工商所

岳阳市工商行政管理局市场管理分局巴陵大桥市场管理所

邵东县工商行政管理局廉桥工商所

慈利县工商行政管理局江垭工商所

广东省

梅州市工商行政管理局江南分局百花洲工商所

广州市工商行政管理局清平市场管理所

深圳市工商行政管理局福田分局白沙岭工商所

珠海市工商行政管理局拱北分局拱北工商所

澄海市工商行政管理局东里工商所

韶关市工商行政管理局武江分局芙蓉工商所

河源市工商行政管理局直属分局兴源工商所

惠州市工商行政管理局直属分局河南岸工商所

海丰县工商行政管理局北门工商所

台山市工商行政管理局南昌市场管理所

佛山市工商行政管理局莲花市场管理所

阳春市工商行政管理局漠阳工商所

湛江市霞山区工商行政管理局东风工商所

高要市工商行政管理局南金工商所

阳山县工商行政管理局阳城工商所

茂名市工商行政管理局直属分局河东市场管理所

饶平县工商行政管理局钱东工商所

普宁市工商行政管理局流沙服装专业市场管理所

罗定市工商行政管理局新城工商所

海南省

海口市工商行政管理局新华分局龙华工商所

琼山市工商行政管理局大致坡工商所

东方黎族自治县工商行政管理局八所工商所

广西壮族自治区

柳州市工商行政管理局鱼峰分局前进工商所

梧州市工商行政管理局南中工商所

北海市工商行政管理局南珠工商所

防城港市东兴经济开发区工商行政管理局东兴工商所

贵港市工商行政管理局城中工商所

鹿寨县工商行政管理局城关工商所

陆川县工商行政管理局九州市场管理所

平果县工商行政管理局马头工商所

四川省

邛崃市工商行政管理局城郊工商所

成都市双流县工商行政管理局城关工商所

重庆市工商行政管理局渝中分局上清寺工商所

自贡市工商行政管理局大安分局一对山工商所

攀枝花市工商行政管理局东城分局炳草岗工商所

德阳市工商行政管理局市区直属分局旌湖工商所

绵竹县工商行政管理局城关工商所

盐亭县工商行政管理局城区工商所

资阳市工商行政管理局保和工商所

乐山市工商行政管理局直属分局城区工商所

南充市工商行政管理局顺庆分局西门工商所

石柱县工商行政管理局黄水工商所

邻水县工商行政管理局鼎屏工商所

凉山县工商行政管理局德州工商所

大竹县工商行政管理局石河工商所

汉源县工商行政管理局九襄工商所

巴塘县工商行政管理局城关工商所

杉潘县工商行政管理局城关工商所

贵州省

遵义县工商行政管理局城区工商所

兴义市工商行政管理局黄草坝工商所

瓮安县工商行政管理局雍阳工商所

安顺市工商行政管理局华西工商所

六盘水市工商行政管理局钟山分局钟山工商所

贵阳市工商行政管理局南明分局新华工商所

黎平县工商行政管理局洪洲工商所

玉屏侗族自治县工商行政管理局朱家场工商所

云南省

腾冲县工商行政管理局固东工商所

牟定县工商行政管理局军屯工商所

兰坪县工商行政管理局通甸工商所

潞西县工商行政管理局芒市工商所

宾川县工商行政管理局牛井工商所

个旧市工商行政管理局人民路市场管理所

中甸县工商行政管理局城区工商所

丽江县工商行政管理局大研工商所

广南县工商行政管理局城关工商所

西藏自治区

拉萨市工商行政管理局城关分局八廓街工商所

陕西省

西安市工商行政管理局新城分局炭市街工商所

岐山县工商行政管理局蔡家坡工商所

咸阳市工商行政管理局秦都分局西兰路工商所

华县工商行政管理局柳枝工商所

南郑县工商行政管理局大河坝工商所

汉阴县工商行政管理局蒲溪工商所

镇安县工商行政管理局城关工商所

吴旗县工商行政管理局城镇工商所

清涧县工商行政管理局城关工商所

甘肃省

秦安县工商行政管理局兴国小商品市场管理所

镇原县工商行政管理局屯子工商所

张掖市工商行政管理局甘浚工商所

兰州市工商行政管理局城关分局张苏滩蔬菜瓜果批发市场工商所

永昌县工商行政管理局城关工商所

临潭县工商行政管理局城关工商所

青海省

互助土族自治县工商行政管理局威远工商所

共和县工商行政管理局恰卜恰河东工商所

宁夏回族自治区

银川市工商行政管理局郊区分局北环工商所

石嘴山市工商行政管理局大武口分局朝阳工商所

新疆维吾尔自治区

墨玉县工商行政管理局城镇工商所

尉犁县工商行政管理局乌鲁克工商所

哈密市工商行政管理局陶家宫工商所

福海县工商行政管理局城镇工商所

鄯善县工商行政管理局鲁克沁工商所

塔城市工商行政管理局和平工商所

六、全国工商行政管理系统优秀工商行政管理人员(440 名)

北京市

郭树霖　崇文区工商行政管理局永外工商所

左连中　宣武区工商行政管理局椿树工商所

宁建华　房山区工商行政管理局琉璃河工商所

王德增　门头沟区工商行政管理局经济检查队

王宝成　昌平县工商行政管理局小汤山工商所

吴显利　密云县工商行政管理局城关工商所

王福松　平谷县工商行政管理局市场管理科

王占勇　延庆县工商行政管理局张山营工商所

娄凤梅(女)　北京市工商行政管理局商标广告管理处

天津市

戴秀庚(女)　宁河县工商行政管理局芦台市场管理所

郭景堂　宝坻县工商行政管理局经济检查科

邵道路　汉沽区工商行政管理局寨上工商所

赵新海　津南区工商行政管理局人

事科

于永德　西青区工商行政管理局津西工商所

李增寿　经济技术开发区工商行政管理局计算机中心

康　栋　和平区工商行政管理局解放桥工商所

李金城　河东区工商行政管理局经济监督检查科

河北省

刘金池　张家口市工商行政管理局宣化分局个体私营经济监督管理科

刘志昌　昌黎县工商行政管理局靖安工商所

朱春云　秦皇岛市工商行政管理局海港分局

尹大祥　文安县工商行政管理局滩里工商所

陈国英　霸州市工商行政管理局

王乐平　承德县工商行政管理局上谷工商所

王友田　围场满族蒙古族自治县工商行政管理局

潘东兴　深州市工商行政管理局

崔占强　冀州市工商行政管理局

刘青春　徐水县工商行政管理局遂城工商所

张民立　保定市工商行政管理局南市区分局稽查大队

王玉海　邯郸市工商行政管理局丛台分局中华工商所

赵交元　涉县工商行政管理局

王兰素（女）　滦县工商行政管理局

钟洪久　遵化市工商行政管理局马兰峪工商所

武彦平　平山县工商行政管理局

郭吉林　新乐市工商行政管理局承安工商所

王之成　青县工商行政管理局

曹宗普　海兴县工商行政管理局

叶书祥　临西县工商行政管理局

山西省

边越亮　阳曲县工商行政管理局

曹秀清　灵丘县工商行政管理局

李立功　平定县工商行政管理局

申宝林　长治市郊区工商行政管理局企业登记管理科

郭国瑞　阳城县工商行政管理局县城工商所

周林喜　河曲县工商行政管理局

宋天清　平遥县工商行政管理局

刘成英（女）　柳林县工商行政管理局庄上工商所

刘　江　翼城县工商行政管理局

钱如江　临猗县工商行政管理局经济检查队

武兆川　祁县工商行政管理局

王崇明　繁峙县工商行政管理局

武忠仁　阳泉市工商行政管理局城区分局四季春市场管理所

内蒙古自治区

张农学　通辽市工商行政管理局余粮堡工商所

陈　俊　乌拉特前旗工商行政管理局巴音花工商所

刘文礼　乌海市工商行政管理局海南区分局公乌素工商所

李国斌　额尔古纳市工商行政管理局

郭宝树　鄂托克旗工商行政管理局

刘全勇　包头市工商行政管理局专业市场监督管理分局

王永和　阿尔山市工商行政管理局

张永生　察右中旗工商行政管理局车辆管理所

闫振南　赤峰市工商行政管理局红山分局南新街工商所

布日额　锡林郭勒盟东苏旗工商行政管理局

杨巴根　阿拉善左旗工商行政管理局温都尔勒图工商所

辽宁省

于洪庄　沈阳市工商行政管理局沈河分局西顺城旧物市场管理所

徐葆岩　辽中县工商行政管理局茨榆坨分局

于道勤　沈阳市工商行政管理局和平

分局中国小食品城市场管理所

张宜祥　普兰店市工商行政管理局皮口农贸市场管理所

张新贵　庄河市工商行政管理局市场监察大队

王启君　鞍山市工商行政管理局铁东分局消费者权益保护科

张凤生　鞍山市工商行政管理局旧堡分局千山工商所

段亚库　抚顺市工商行政管理局望花分局凌源工商所

李庆喜　本溪市工商行政管理局明山分局运输市场管理所

宋飞丹　东市工商行政管理局振安分局五龙背工商所

吴明敬　锦州市工商行政管理局二分局西安街农副产品批发市场管理所

张竹林　锦州市工商行政管理局消费者权益保护处

刘同和　盖州市工商行政管理局

赵桂芹(女)　阜新市工商行政管理局细河分局长营子工商所

李恩福　灯塔县工商行政管理局

赵鸿升　铁岭市工商行政管理局银州分局

赵树龙　朝阳市工商行政管理局运输管理所

冉春复　盘锦市工商行政管理局经济检查大队

张志敏(女)　葫芦岛市工商行政管理局直属分局龙湾工商所

吉林省

刘　刚　长春市工商行政管理局光复路市场分局

都　林　长春市工商行政管理局宽城分局

张铁军　吉林市工商行政管理局

程福海　吉林市工商行政管理局船营分局珲春街市场管理所

邓小东　四平市工商行政管理局铁西分局仁兴市场管理所

陈中举　公主岭市工商行政管理局集贸城分局

闫永树　辽源市工商行政管理局龙山分局

耿连璧　梅河口市工商行政管理局红梅分局

张淑芳(女)　白山市工商行政管理局集贸大厦分局

姜振刚　白山市工商行政管理局八道江区分局板石工商所

乔润臣　洮南市工商行政管理局中心农贸市场分局

潘玉琴(女)　松源市工商行政管理局

全永一　延吉市工商行政管理局新兴分局

全成今(女)　图们市工商行政管理局向上个体市场管理分局

黑龙江省

殷兆滨　哈尔滨市工商行政管理局道里分局透笼农贸市场管理所

李　峰　齐齐哈尔市工商行政管理局昂昂溪分局三间房工商所

杨成功　林口县工商行政管理局五林分局

张华伟　佳木斯市工商行政管理局前进分局春光管理所

齐兴兰(女)　伊春市工商行政管理局南岔分局木市场管理所

黄宜海　鹤岗市工商行政管理局兴山分局个体私营经济管理所

谢春生　鸡西市工商行政管理局鸡冠分局经济监督检查所

何耀山　双鸭山市工商行政管理局三马路消费品综合市场管理所

秦志波　大庆市工商行政管理局农副产品批发市场管理所

李　林　肇源县工商行政管理局新站工商所

敖永国　七台河市工商行政管理局稽查大队

王春雷　巴彦县工商行政管理局铁东分局

李雪松　肇东市工商行政管理局

付忠仁　嫩江县工商行政管理局车辆管理所

张甲梅（女）　呼玛县工商行政管理局市场管理所

母洪翔　八五九农垦工商行政管理局

上海市

唐月涛　浦东新区工商行政管理局合庆工商所

史鼎荣　南市区工商行政管理局十六铺农贸市场管理所

蒋伟德　杨浦区工商行政管理局延吉工商所

陈永忠　宝山区工商行政管理局海滨工商所

郭金妹（女）　静安区工商行政管理局王家沙工商所

徐国兴　松江县工商行政管理局招商市场管理所

李明龙　奉贤县工商行政管理局平安工商所

俞小龙　金山县工商行政管理局金卫工商所

叶利国　崇明县工商行政管理局堡镇工商所

江苏省

陈建平　南京市工商行政管理局建邺分局南湖工商所

胡翠霞（女）　南京市工商行政管理局雨花台分局

倪建才　无锡市工商行政管理局崇安分局靖海市场管理所

陈满兴　江阴市工商行政管理局璜塘工商所

马昭明　徐州市工商行政管理局鼓楼分局堤北工商所

王启玲　铜山县工商行政管理局大黄山工商所

胡　翔　金坛市工商行政管理局

何洪达　吴江市工商行政管理局

张苏邦　苏州市工商行政管理局沧浪分局南门工商所

张增龙　海安县工商行政管理局城南工商所

高锦和　通州市工商行政管理局平潮工商所

郭玉华（女）　连云港市工商行政管理局新浦分局路北工商所

王宽友　灌云县工商行政管理局燕尾工商所

李海峰　淮安市工商行政管理局

汤学华　泗洪县工商行政管理局金锁工商所

吕锦祥　盐城市工商行政管理局城区分局城中工商所

胡士满　射阳县工商行政管理局黄尖工商所

刘汉林　靖江市工商行政管理局西来工商所

丁晓琪　扬州市工商行政管理局市场管理所

戎炳玉　丹阳市工商行政管理局开发区工商所

浙江省

严一军　余杭市工商行政管理局瓶窑工商所

沈金祥　杭州市工商行政管理局江干分局新塘工商所

张金海　宁波市工商行政管理局经济检查处

冯绍泉　诸暨市工商行政管理局湄池工商所

黄松坤　桐乡市工商行政管理局乌镇工商所

钱树勤　长兴县工商行政管理局雉城工商所

何樟兴　义乌市工商行政管理局

邱松初　文成县工商行政管理局西坑工商所

缪位阳　江山市工商行政管理局市场管理科

李　玲（女）　衢县工商行政管理局

黄顺兴　台州市工商行政管理局黄岩分局城关工商所

王梅富　温岭市工商行政管理局

金祥昌　舟山市工商行政管理局普陀分局东极工商所

卢章兴　缙云县工商行政管理局壶镇工商所

吴永川　庆元县工商行政管理局城镇工商所

李旺兴　象山县工商行政管理局

安徽省

林秀云(女)　蚌埠市工商行政管理局个体私营经济管理科

黄　平　宁国县工商行政管理局中心市场管理所

陈叶青　广德县工商行政管理局

刘传启　芜湖市工商行政管理局镜湖分局来凤市场管理所

周小兵　青阳县工商行政管理局木镇工商所

郑贤明　含山县工商行政管理局

周永皆　霍邱县工商行政管理局石店工商所

王希魁　铜陵市工商行政管理局铜港分局横港工商所

王国权　合肥市工商行政管理局七桂塘工商所

营　部　宿州市工商行政管理局符离分局

金火保　望江县工商行政管理局长岭工商所

韩国栋　蒙城县工商行政管理局

杨明富　来安县工商行政管理局水口工商所

朱少发　滁州市工商行政管理局琅琊分局滁城工商所

黄胜年　六安行署工商行政管理局叶集分局

刘后生　岳西县工商行政管理局头陀工商所

许志英　黄山市工商行政管理局公园农贸市场管理所

福建省

李安喜　福建省工商行政管理局厦门火车站内缉私检查站

高红卫　同安县工商行政管理局外资企业管理科

陈开基　大田县工商行政管理局

纪秀珍(女)　尤溪县工商行政管理局溪尾工商所

冯开信　上杭县工商行政管理局

邓盈生　长汀县工商行政管理局

王治平　福州市工商行政管理局仓山分局

陈章华　福州市工商行政管理局鼓楼分局

李文剧　石狮市工商行政管理局人事秘书科

朱联钦　东山县工商行政管理局

马月来　南平市工商行政管理局昼锦工商所

孙云岫　宁德市工商行政管理局蕉北工商所

江西省

叶阿树　南昌市工商行政管理局东湖分局

王文钦　永修县工商行政管理局云山工商所

秦接桃　波阳县工商行政管理局

廖德宽　萍乡市工商行政管理局上栗分局上栗工商所

王建平　分宜县工商行政管理局商城分局

李红梅(女)　鹰潭市工商行政管理局人事教育科

谢生霖　于都县工商行政管理局利村工商所

刘正泉　赣州市工商行政管理局南外分局

阎黎明　遂川县工商行政管理局办公室

王建辉　泰和县工商行政管理局灌溪工商所

黄裕桃　铅山县工商行政管理局办公室

余建强　金溪县工商行政管理局枫山工商所

易奇浩　宜丰县工商行政管理局

彭小春　高安市工商行政管理局建山工商所

山东省

李洪远　济南市工商行政管理局槐荫分局五里牌坊市场管理所

刘福田　济南市工商行政管理局历城分局

崔宝珠　青岛市工商行政管理局市南分局四方路工商所

王从信　青岛市工商行政管理局城阳分局

李　山　淄博市工商行政管理局淄川分局

王俊波　淄博市工商行政管理局临淄分局

奚文臻　枣庄市工商行政管理局山亭分局桑树工商所

马德胜　东营市工商行政管理局

王武才　龙口市工商行政管理局

贾玉良　潍坊市工商行政管理局

徐长胜　高密市工商行政管理局

任庆节　汶上县工商行政管理局杨店工商所

程进渊　金乡县工商行政管理局羊山工商所

戚汝岱　泰安市工商行政管理局郊区分局

许树立　泰安市工商行政管理局泰山分局建材批发市场管理所

宋文波　威海市工商行政管理局环翠分局海港路工贸市场管理所

杜振久　乳山市工商行政管理局向阳市场管理所

李桂蓁（女）　日照市工商行政管理局人事秘书科

吕自勤　莱芜市工商行政管理局莱城分局铁车工商所

张英民　滨州地区工商行政管理局

曹维东　滨州地区工商行政管理局市场管理科

刘长军　临邑县工商行政管理局临盘工商所

张玉华　平原县工商行政管理局腰站工商所

张怀成　茌平县工商行政管理局

翟凤海　阳谷县工商行政管理局

马建平　临沂市工商行政管理局市场管理处

刘孝礼　沂水县工商行政管理局四十里堡工商所

周登亮　鄄城县工商行政管理局南城工商所

赵洪臣　曹县工商行政管理局

河南省

潘靖华　郑州市工商行政管理局二七分局华中食品城管理所

徐　亮　中牟县工商行政管理局刁家工商所

程利亮　夏邑县工商行政管理局

马建军　夏邑县工商行政管理局

吴　斌　商丘县工商行政管理局城关工商所

张艳琴（女）　安阳市工商行政管理局文峰分局市场股

王青娥（女）　滑县工商行政管理局瓦岗工商所

靳培莲（女）　辉县市工商行政管理局

毛齐兴　范县工商行政管理局濮城油田工商所

郑延林　开封市工商行政管理局龙亭分局

张国保　鹤壁市工商行政管理局山城分局

周朝林　洛阳市工商行政管理局经济检查科

朱东祥　濮阳县工商行政管理局南关工商所

黄贵富　南阳市工商行政管理局宛城分局新华工商所

李金瑛　临颍县工商行政管理局经检中队

管凤生　沈丘县工商行政管理局槐店沙北工商所

刘喜栓　开封市工商行政管理局专业市场管理分局汽车交易管理所

姚国兴　襄城县工商行政管理局城关工商所

杜玉芝（女）　叶县工商行政管理局城关工商所

冀根成　禹州市工商行政管理局梁北工商所

栗国英(女)　西平县工商行政管理局棠溪工商所

李宏谋　信阳县工商行政管理局十三里桥工商所

陈红霞(女)　漯河市工商行政管理局源江分局开发大厦市场管理所

赵　占　温县工商行政管理局城关工商所

王立华(女)　义马市工商行政管理局朝阳工商所

杨　浩　邓州市工商行政管理局穰东工商所

严东风　三门峡市工商行政管理局湖滨分局前进工商所

李柏胜　淮阳县工商行政管理局北关工商所

张立鑫　渑池县工商行政管理局城西工商所

湖北省

姚本跃　武汉市江汉区工商行政管理局唐家墩工商所

朱　伟　武汉市蔡甸区工商行政管理局新农工商所

胡家平　黄石市工商行政管理局企业注册分局

陈明英(女)　十堰市工商行政管理局火车站工商所

贺德兵　竹山县工商行政管理局田家坝工商所

叶厚道　石首市工商行政管理局小河口工商所

汪纯仁　京山县工商行政管理局孙桥工商所

曹宜权　宜昌市工商行政管理局陶珠路工商所

吴永华　枝城市工商行政管理局

樊允顺　南漳县工商行政管理局九集工商所

郑爱萍(女)　宜城市工商行政管理局城关市场管理所

徐盛义　枣阳市工商行政管理局

付峙棋　鄂州市工商行政管理局市场分局十字街工商所

李宗敏　荆门市工商行政管理局市场分局

程　炜　黄梅县工商行政管理局县直企业管理所

刘春元　应城市工商行政管理局蒲东大市场管理所

杨宣桥　孝感市工商行政管理局城区分局园林路工商所

岑长清　嘉鱼县工商行政管理局鱼岳市场管理所

郑　丽(女)　蒲圻市工商行政管理局赤壁商城管理处

张桂香(女)　潜江市工商行政管理局园林城西工商所

邵汉华　神农架林区工商行政管理局

向耀贵　利川市工商行政管理局石坝工商所

汪才忠　建始县工商行政管理局官店工商所

李长贵　随州市工商行政管理局

湖南省

余金全　长沙市工商行政管理局营运车辆管理所

王　沛　长沙市工商行政管理局郊区分局雨花亭工商所

黄　钢　长沙市工商行政管理局西区分局桥北工商所

张先修　安化县工商行政管理局烟溪工商所

孙佐才　株洲市工商行政管理局合同科

彭先耀　永顺县工商行政管理局

李云德　湘潭市工商行政管理局

王卫红　江永县工商行政管理局桃川工商所

李高鹏　涟源市工商行政管理局山塘工商所

李君山　临湘市工商行政管理局五里工商所

肖鹏林　沅江市工商行政管理局

周金声　汨罗市工商行政管理局

夏陇湘　衡阳县工商行政管理局城关工商所

谢扬凡　洞口县工商行政管理局

罗俊原　新邵县工商行政管理局

王诗权　张家界市工商行政管理局武陵源分局杨家界工商所

钟楚南　冷水江市工商行政管理局冷水江工商所

李宏祥　临澧县工商行政管理局

舒均槐　黔阳县工商行政管理局安江工商所

广东省

杨杰锋　广州市工商行政管理局白云分局

余建英　广州市工商行政管理局芳村分局花地工商所

李广斌　深圳市工商行政管理局罗湖分局

罗等球　深圳市龙岗区工商行政管理局横岗工商所

钟维顺　珠海市工商行政管理局

吴福邦　珠海市工商行政管理局个体科

彭培森　韶关市工商行政管理局北江分局南门工商所

符和平　乐昌市工商行政管理局坪石工商所

周诗棉（女）　连平县工商行政管理局城南工商所

陈佛琪　兴宁市工商行政管理局

刘招才（女）　惠州市工商行政管理局惠城分局桥西工商所

黄希瑞　汕尾市工商行政管理局东冲工商所

杨侃初　东莞市工商行政管理局经济检查分局

周卓贤　开平市工商行政管理局水口工商所

伍洪添　顺德市工商行政管理局桂洲分局

伍于信　阳江市工商行政管理局江城分局观光工商所

招妃业　徐闻县工商行政管理局附城工商所

何康华　吴川市工商行政管理局塘㙮工商所

赵万雄　肇庆市工商行政管理局端州分局跃龙工商所

李梓堂　清新县工商行政管理局太和工商所

黄焕理　英德市工商行政管理局

卢德昌　化州市工商行政管理局河西工商所

林瑞鹏　揭东县工商行政管理局新亨工商所

谢高良　郁南县工商行政管理局武陵工商所

关玉英（女）　广东省工商行政管理局办公室

方继顺　佛山市工商行政管理局

陈松彪　潮阳市工商行政管理局

陈二松　潮州市工商行政管理局

张汉添　惠阳市工商行政管理局

海南省

王　存　琼中黎族苗族自治县工商行政管理局

陈大喜　陵水黎族自治县工商行政管理局

谢文新　儋州市工商行政管理局红旗工商所

赵汉杨　三亚市工商行政管理局工商检查站

肖春光　通什市工商行政管理局办公室

罗志文　临高县工商行政管理局计划财务股

广西壮族自治区

黄兆汉　南宁市工商行政管理局新城分局星湖工商所

覃菊华（女）　柳州市工商行政管理局柳北分局雀儿山工商所

罗有生　桂林市工商行政管理局市场管理科

邬雷鸣　梧州市工商行政管理局万秀分局

陈恩玉　合浦县工商行政管理局

钟　华　防城港市工商行政管理局港口分局港口工商所

秦学强　灵山县工商行政管理局灵城分局

谢伟忠　平南县工商行政管理局城区工商所

甘守强　扶绥县工商行政管理局渠黎工商所

林武文　凭祥市工商行政管理局

刘贵华　象州县工商行政管理局象州工商所

阳士福　灵川县工商行政管理局

陈明群　富川县工商行政管理局

邱德聪　北流市工商行政管理局新圩工商所

陈相强　玉林市工商行政管理局

韦卫建　宜州市工商行政管理局庆远工商所

杨英杰　靖西县工商行政管理局经济检查队

四川省

陈炳珍（女）　成都市工商行政管理局武侯分局浆洗街工商所

苏培西（女）　重庆市工商行政管理局经济检查站

戴立新　自贡市工商行政管理局贡井分局才路摊区工商所

鲁先祥　攀枝花市工商行政管理局西城分局陶家渡工商所

文跃雄　绵竹县工商行政管理局汉旺工商所

左尚斌　三台县工商行政管理局

王成生　广元市工商行政管理局蜀门市场管理处

王荣贵　射洪县工商行政管理局

钟开丰　资中县工商行政管理局鱼溪工商所

袁述超　仁寿县工商行政管理局富加工商所

谭佐宁　万县市工商行政管理局龙宝分局高笋塘工商所

饶正兴　仪陇县工商行政管理局日兴工商所

黄安平　彭水县工商行政管理局企业股

王晓琼（女）　武隆县工商行政管理局土坝工商所

李寿康　宜宾县工商行政管理局经济检查所

罗世友　广安县工商行政管理局浓洄工商所

易卓富　通江县工商行政管理局市场股

李　乐　渠县工商行政管理局岩峰工商所

胡崇勤（女）　雅安地区工商行政管理局生资所

杨文安　康定县工商行政管理局

安　迫　马尔康县工商行政管理局城关工商所

杨鲁初　金阳县工商行政管理局城关工商所

毛朝荣　合川市工商行政管理局合阳工商所

谭德才　梁平县工商行政管理局

刘嘉乡　广元市工商行政管理局

郑茂泉　绵阳市工商行政管理局

贵州省

彭文华　福泉市工商行政管理局城厢工商所

杨学艳（女）　黔南州工商行政管理局

杨建军　兴义市工商行政管理局坪东工商所

刘华彬　赤水市工商行政管理局金华工商所

姜富荣　盘县特区工商行政管理局淤泥工商所

卢志勇　安顺市工商行政管理局小商品市场管理所

杨天德　遵义市工商行政管理局财务科

龙先焕　天柱县工商行政管理局城南工商所

王洪全　织金县工商行政管理局

云南省

陈昌俊　昭通市工商行政管理局经济检查队

马炳润　师宗县工商行政管理局

胡兴昌　云县工商行政管理局

马文金　文山县工商行政管理局

杨家华　昆明市工商行政管理局五华分局虹山工商所

鲁春寿　昌宁县工商行政管理局

李宝生　元江县工商行政管理局

周智翔　金平县工商行政管理局

张治国　思茅市工商行政管理局

黎顺贵　东川市工商行政管理局因民工商所

西藏自治区

潭群芳（女）　西藏自治区工商行政管理局办公室

晋美次仁　拉萨市工商行政管理局城关分局

扎　西　察雅县工商行政管理局

陕西省

王建国　西安市工商行政管理局碑林分局文艺路工商所

柴西方　铜川市工商行政管理局城区分局青年路工商所

彭俊武　宝鸡县工商行政管理局

刘世文　眉县工商行政管理局

贾西军　淳化县工商行政管理局

牛世怀　咸阳市工商行政管理局

孙建安　韩城市工商行政管理局

刘云芝（女）　洋县工商行政管理局城区工商所

储招生　石泉县工商行政管理局城关工商所

冯　伟　延川县工商行政管理局城关工商所

霍世平　榆林市工商行政管理局城区分局

白成文　横山县工商行政管理局石湾分局

沈幸林　户县工商行政管理局草堂工商所

甘肃省

赵志英　经川县工商行政管理局

张宾贤　民勤县工商行政管理局

张一凡　酒泉市工商行政管理局

刘居鹏　永靖县工商行政管理局

杨崇玉　正宁县工商行政管理局

姚亚平　临洮县工商行政管理局办公室

王国强　天水市工商行政管理局秦城分局中城工商所

杨万红　武都县工商行政管理局两水工商所

王秋生　兰州市工商行政管理局一分局东部批发市场工商所

青海省

唐德明　西宁市城东区工商行政管理局

张虎之　湟中县工商行政管理局多巴工商所

孙万帮　乌兰县工商行政管理局

李虎业　贵德县工商行政管理局

金生魁　同仁县工商行政管理局经济检查股

宁夏回族自治区

高自健　灵武县工商行政管理局城镇工商所

杨德林　固原地区工商物价管理局

任国锋　石嘴山市工商行政管理局石嘴山分局

王维才　银川市工商行政管理局城区分局

张锐锋（女）　青铜峡市工商行政管理局商城工商所

新疆维吾尔自治区

余金发　克孜勒苏柯尔克孜自治州工商行政管理局市场管理科

魏　洮　阿克苏市工商行政管理局

邢建华　乌鲁木齐市工商行政管理局沙区分局

黄文军　石河子市工商行政管理局企业登记科

葛效清　博州工商行政管理局阿拉山口分局

李伯立　伊宁县工商行政管理局

谢桂燕（女）　奎屯市工商行政管理局中区工商所

杨中森　克拉玛依市工商行政管理局独山子分局淮南工商所

艾肯吾斯曼　洛浦县工商行政管理局
玉龙喀什中心工商所

第四节　2000 年第四次表彰大会

为了深入贯彻党的"十五大"精神，按照党中央关于"讲学习、讲政治、讲正气"的要求，进一步推动全国工商行政管理系统社会主义精神文明建设，大力弘扬社会正气，激励广大工商行政管理人员爱岗敬业、锐意进取、秉公执法、无私奉献，更好地履行工商行政管理职能，人事部、国家工商行政管理局于 2000 年 5 月联合向全国工商系统下发了《关于评选全国工商行政管理系统先进集体和先进工作者的通知》，国家工商行政管理局也于 2000 年 4 月向全国工商系统下发了《关于评选全国工商行政管理系统先进工商所优秀工商行政管理人员的通知》，两个通知决定，2000 年下半年，结合全国工商行政管理工作会议，表彰全国工商行政管理系统先进集体 200 个、先进工作者 80 人、先进工商所 360 个、优秀工商行政管理人员 480 人。《通知》就评选对象、评选条件、评先方法、奖励办法、组织领导等各方面提出了明确要求。国家工商行政管理局成立了以王众孚局长任组长的全国工商系统"双先"表彰工作领导小组，下设由人事、纪检监察、机关党委等部门领导参加的领导小组办公室，具体工作由人事教育司承办。为了确实做好全国工商系统"双先"表彰工作，人事教育司制定了详细的实施方案和工作流程图，并随即组成了文件起草小组、资格审查小组、材料审查小组、奖品筹备、会务小组，分工负责、各司其职，同时，制定了《资格审查原则》和《材料审查原则》。

通知下发后，按照通知要求，各省、区、市工商局高度重视，都成立了以主要领导任组长的评选表彰工作领导小组，抽调有关人员组成了具体的评选表彰工作班子，各地按照评选表彰的要求，严格标准和条件，坚持面向基层、侧重执法一线的原则；坚持走群众路线，充分发扬民主，广泛听取群众意见；采取自下而上、逐级推荐、层层把关的方法，

严密组织、规范操作，确保了报送材料的质量，各地于 8 月底陆续报送了评选表彰有关材料。国家工商行政管理局"双先"表彰工作办公室组织力量，按照《资格审查原则》和《材料审查原则》以及下达的计划表彰名额，对各地报送的表彰对象和材料进行了严格的审查；对不符合条件的表彰对象进行了调整撤换；对在廉政建设方面存在问题的一票否决，坚持做到宁缺勿滥，保证质量；对每份事迹材料从内容到形式进行严格把关，做到事迹材料整齐划一、统一规范，翔实可靠，有教育意义。同时，坚持面向基层、面向执法一线的原则，重点评选市场监管和行政执法一线的单位和个人。经过资格审查、事迹材料审查，核实群众举报情况，对部分报送的表彰对象进行了调整，共有 3 个单位（个人）由相关省局提出主动撤销表彰资格。

2000 年 12 月，全国工商行政管理系统第四次表彰大会在北京人民大会堂召开。来自全国工商系统先进代表和参加全国工商行政管理工作会议的代表参加表彰大会。表彰大会由国家工商行政管理局局长王众孚主持，国务委员吴仪到会作了重要讲话并向受表彰的先进集体、先进工作者代表颁发奖牌和证书，会上，国务委员吴仪勉励受表彰的先进典型要珍惜荣誉，谦虚谨慎，戒骄戒躁，保持和发扬无私奉献和开拓进取精神。

会前，国务委员吴仪接见了与会代表并合影留念，人事部副部长戴光前同志出席了会议。会上，戴光前副部长宣读了《关于表彰全国工商行政管理系统先进集体和先进工作者的决定》，王众孚局长宣读了《关于表彰全国工商行政管理系统先进工商所和优秀工商行政管理人员的决定》。

在这次表彰的 199 个先进集体中，地市级工商局 57 个，占 28.6%；县（区）级工商局、工商所（队）、内设机构 142 个，占71.4%。在表彰的 80 名先进工作者中，党员 78 人，占 97.5%；大专以上文化程度 61人（其中硕研 3 人），占 76.3%。在表彰的359 个先进工商所中，综合所 306 个，占85.3%；专业所 53 个，占 14.7%。在表彰的

479 名优秀工商行政管理人员中,党员 467 人,占 97.5%;大专以上文化程度 369 人(其中硕研 12 人),占 77%。从受表彰的对象来看,评选出的单位和个人,充分体现出了评选先进的典型示范作用,是全国工商行政管理干部队伍的先进代表,树立了新时期工商行政管理人员的崭新形象。他们当中,有在贯彻党的"十五大"精神,坚持党的路线方针政策,正确执行和积极宣传工商行政管理法律、法规,切实转换职能,落实"办管脱钩",积极、稳妥地推进工商行政管理体制改革工作,在履行工商行政管理职责,维护社会主义市场经济秩序过程中,强化监督管理和依法行政,勤奋工作,无私奉献,恪尽职守,坚决同各种违法违纪行为作斗争,各项工作取得显著成绩的模范;也有在社会主义精神文明建设、队伍建设和思想政治工作,深入开展"争当人民满意的公务员、创建文明机关"活动中,单位风气正,整体效能发挥好,形成强有力的战斗集体,领导班子成员团结协作,作风民主,密切联系群众,关心群众生活,坚持改革,勇于创新,坚持原则,不徇私情,工作人员勤政廉洁,纪律严明,政治、业务素质较高,各项工作规范化、制度化的典型。通过表彰全国工商系统"双先"工作代表,进一步激发了全国工商行政管理系统广大干部职工学习先进,赶超先进的奋发向上的工作热情,也鼓舞了全国工商行政管理系统广大干部职工,全面完成党中央、国务院赋予工商行政管理的工作任务,充分发挥工商行政管理监管市场和行政执法职能,努力造就一支高素质的工商行政管理队伍,为实现跨世纪的宏伟目标而努力奋斗的信心和决心。第四次全国工商行政管理系统"双先"表彰大会取得了圆满成功。

一、人事部、国家工商行政管理局《关于表彰全国工商行政管理系统先进集体和先进工作者的决定》(人发〔2000〕第 119 号)

自 1996 年全国工商行政管理系统先进集体、先进工作者表彰大会以来,各级工商行政管理机关和广大工商行政管理人员,认真学习邓小平理论,深入贯彻党的"十五大"

精神,自觉坚持讲学习、讲政治、讲正气,在建立和完善社会主义市场经济体制过程中,认真履行工商行政管理职能,为维护社会主义市场经济秩序,促进国民经济健康发展,做了大量卓有成效的工作,取得了显著成绩,涌现出一大批先进集体和先进个人。

为了表彰他们的先进事迹,激励广大工商行政管理人员更好地履行监管市场和行政执法职能,进一步推动工商行政管理系统社会主义精神文明建设,人事部、国家工商行政管理局决定,授予北京市工商行政管理局天安门地区分局等 199 个单位"全国工商行政管理系统先进集体"荣誉称号;授予北京市工商行政管理局执法监察大队队长曹中生等 79 名同志"全国工商行政管理系统先进工作者"荣誉称号。被授予"全国工商行政管理系统先进工作者"荣誉称号的同志,享受省部级劳动模范和先进工作者待遇。希望受到表彰的先进集体和先进工作者珍惜荣誉,谦虚谨慎,戒骄戒躁,再接再厉,为国家和人民再立新功!

这次受到表彰的先进典型,有的围绕实现监管职能到位,锐意改革,积极探索监管新机制,加强基层规范化建设,不断加大执法力度;有的坚持两个文明建设一起抓,狠抓领导班子建设、干部队伍建设和党风廉政建设,发挥思想政治工作的优势,树立了崭新的工商形象;有的在执法一线坚持原则,秉公执法,廉洁自律,一身正气,为维护市场秩序无私奉献;有的牢记党的宗旨,以高度的责任感和使命感,勤奋务实,开拓进取,全心全意为人民群众服务。他们是工商行政管理干部队伍的先进代表,树立了新时期工商行政管理人员的崭新形象。

全国工商行政管理人员要学习他们牢固树立正确的世界观、人生观、价值观和坚定的理想信念;学习他们讲学习、讲政治、讲正气,坚定不移地贯彻党的路线方针政策,与以江泽民同志为核心的党中央保持高度一致的政治觉悟;学习他们顾全大局,遵守纪律,爱岗敬业,无私奉献的思想境界;学习他们坚持原则,秉公执法,清正廉洁,勤政为民的优秀品质;学习他们开拓进取,改革创新,努力学习,刻苦钻研,创造性地开展工作的务实作风。

全国工商行政管理人员要以先进典型为榜样,高举邓小平理论伟大旗帜,紧密团结在以江泽民同志为核心的党中央周围,深入学习江泽民同志关于"三个代表"的重要思想,坚定不移的贯彻执行党的基本路线,牢记全心全意为人民服务的宗旨,充分发挥工商行政管理职能作用,继续深入开展"争当人民满意的公务员,创建文明机关"活动,进一步树立工商行政管理机关勤政高效、廉洁自律的公仆形象,忠于职守、公平公正的执法形象,品格高尚、文明礼貌的道德形象,努力造就一支高素质的工商行政管理干部队伍,为实现跨世纪的宏伟目标而努力奋斗!

人 事 部
国家工商行政管理局
二○○○年十二月十四日

二、全国工商行政管理系统先进集体(199 个)

北京市
北京市工商局天安门地区分局

北京市工商局朝阳分局

北京市工商局西城分局

北京市工商局大兴分局

北京市工商局海淀分局商标广告科

北京市工商局东城分局建国门工商所

天津市
天津市工商局东丽分局

天津市工商局宝坻分局

天津市工商局红桥分局大胡同工商所

天津市工商局和平分局劝业场工商所

天津市工商局武清分局崔黄口工商所

天津市工商局蓟县分局兴华工商所

河北省
武安市工商局

承德市工商局

石家庄市工商局

沧州市工商局

秦皇岛市工商局海港分局

蔚县工商局

南宫市工商局

保定市工商局

廊坊市工商局

山西省
运城地区工商局

晋中地区工商局

太原市工商局

孝义市工商局

洪洞县工商局

忻州市工商局

内蒙古自治区
包头市工商局

翁牛特旗工商局

通辽市工商局科尔沁分局

苏尼特左旗工商局

伊克昭盟工商局

辽宁省
沈阳市工商局

大连市工商局金州分局

海城市工商局

东港市工商局

营口市工商局监察队

辽阳市工商局宏伟分局

铁岭市工商局银州分局

北票市工商局

阜新市工商局直属二分局

吉林省
吉林省工商局

四平市工商局

松原市工商局

珲春市工商局

农安县工商局

抚松县工商局

辉南县工商局

通榆县工商局

黑龙江省
大庆市工商局

鸡西市工商局

鹤岗市工商局

安达市工商局

嫩江县工商局

齐齐哈尔市工商局个体私营经济监督管理处

垦区工商局建三江分局

哈尔滨市工商局道外分局南十六工

商所

上海市

上海市工商局青浦分局

上海市工商局浦东新区分局注册处

上海市工商局杨浦分局经济检查科

上海市工商局黄浦分局南京东路工商所

上海市工商局虹口分局四川北工商所

上海市消费者投诉中心

江苏省

盐城工商局

扬州工商局

南京工商局鼓楼分局

无锡工商局北塘分局

常州工商局郊区分局

包容工商局

兴化工商局

常熟工商局招商城工商分局

浙江省

杭州市工商局萧山分局

宁波市工商局北仑分局

绍兴市工商局经济检查支队

嘉善县工商局

湖州市工商局南浔分局

衢州市工商局直属上街工商所

遂昌县工商局

安徽省

肥东县工商局

泗县工商局

太和县工商局

天长市工商局

淮北市工商局

宣州市工商局

寿县工商局

福建省

漳州市工商局

泉州市工商局

莆田市工商局涵江区分局

邵武市工商局

福州市工商局鼓楼分局

三明市工商局梅列分局

福鼎市工商局秦屿分局

厦门市工商局第二检查大队

江西省

景德镇市工商局直属分局生产资料市场工商所

鹰潭市工商局"12315"消费者投诉举报中心

信丰县工商局

遂川县工商局

上高县工商局

临川市工商局公平交易执法大队

山东省

潍坊市工商局

淄博市工商局

青岛市工商局

济南市工商局

泰安市工商局企业登记管理科

威海市工商局环翠分局

聊城市工商局东昌府分局

滕州市工商局

沂水县工商局许家湖工商所

河南省

洛阳市工商局关林工商所

巩义市工商局

商丘市工商局睢阳分局

郏县工商局

新乡县工商局

安阳县工商局曲沟工商所

三门峡市工商局湖滨分局涧河工商所

漯河市工商局源汇分局中华市场管理所

开封市工商局龙亭分局旅游景区管理所

湖北省

武汉市工商局江汉分局

宜昌市工商局公平交易分局

荆门市工商局登记注册分局

仙桃市工商局

丹江口市工商局

江陵县工商局

云梦县工商局

浠水县工行局

湖南省

长沙市工商局雨花分局

浏阳市工商局

耒阳市工商局

株洲市工商局荷塘分局

张家界市工商局武陵源分局

龙山县工商局

湘潭市工商局岳塘分局建设路工商所

岳阳市工商局云溪分局长岭工商所

广东省

中山市工商局

清远市工商局

佛山市工商局

澄海市工商局

曲江县工商局

廉江市工商局

潮安县工商局

广州市工商局天河分局天河工商所

开平市工商局水口工商所

广西壮族自治区

南宁市工商局

桂林市工商局

桂平市工商局

田阳县工商局

玉林市工商局中药材市场分局城站工商所

钦州市工商局钦城分局城北工商所

海南省

海口工商局

三亚工商局红旗工商所

琼山工商局大致坡工商所

四川省

德阳工商局

遂宁工商局射洪分局

乐山工商局峨眉山分局

达州工商局大竹分局

雅安工商局荥经分局

甘孜工商局康定分局

成都工商局金牛分局高笋塘工商所

南充工商局顺庆分局西门工商所

贵州省

遵义市红花岗区工商局

盘县工商局

贵阳市工商局花溪分局

石阡县工商局

云南省

昆明市工商局盘龙分局长春工商所

罗平县工商局

楚雄州工商局

建水县工商局

砚山县工商局经济检查科

景洪市工商局

西藏自治区

阿里地区工商局

芒康县工商局

重庆市

重庆市工商局企业登记所

重庆市工商局万州区经济检查所

重庆市工商局渝中区分局上清寺工商所

陕西省

西安市工商局

安康市工商局

礼泉市工商局

定边县工商局

汉中市工商局汉台分局

宝鸡市工商局商标广告管理科

铜川市工商局耀县分局城关工商所

甘肃省

嘉峪关市工商局

民勤县工商局

平凉市工商局

夏河县工商局

秦安县工商局兴国小商品市场工商所

青海省

贵德县工商局

玛沁县工商局

西宁市工商局城中分局莫家街工商所

化隆县工商局巴燕工商所

宁夏回族自治区

银川市工商局郊区分局

石嘴山市工商局石嘴山分局

中卫县工商局

海原县工商局

新疆维吾尔自治区

阿克苏地区工商局

乌鲁木齐市工商局水磨沟区分局

疏附县工商局

霍城县工商局清水河工商所

墨玉县工商局城镇工商所

三、全国工商行政管理系统先进工作者（79 名）

北京市

曹中生　北京市工商局执法监察大队队长

金建勇　北京市工商局西城分局广桥工商所副所长

王德增　北京市工商局门头沟分局市场执法队队长

天津市

景志刚　天津市工商局河西分局副局长

刘学亮　天津市工商局静海分局市场检查中队队长

河北省

王金刚　枣强县工商局大营城区工商所所长

赵庆来　抚宁县工商局局长

武德志　唐山市工商局新区分局局长

尹保国　石家庄市工商局桥东分局局长

山西省

贾　权　朔州市工商局朔城分局局长

孙贵祥　长治市工商局经济检查科科长

内蒙古自治区

侯立巍　喀喇沁旗工商局局长

张速飞　商都县工商局局长

辽宁省

吕作平　抚顺市工商局新抚分局永安台工商所副所长

徐振凯　本溪市工商局南芬分局铁山工商所所长

李革锦　凌海市工商局稽查大队队长

吉林省

黄泓源　辽源市工商局副局长

郝继明　吉林市工商局船营分局局长

孟洪飞　长春市工商局朝阳分局稽查中队队长

黑龙江省

张岳平　佳木斯市工商局局长

关明远（满）　海林市工商局局长

何跃山（蒙）　双鸭山市工商局三利商城市场管理所所长

上海市

郭金妹（女）　上海市工商局静安分局个体私营经济监督管理科科长

许干恒　上海市工商局普陀分局宜川工商所所长

褚勤芳　上海市工商局金山分局亭林工商所所长

江苏省

朱　军　灌云工商局图河工商所副所长

张宝凤　淮安工商局车桥工商所办事员

陈建平　南京市工商局建邺分局长虹路工商所所长

浙江省

张六千　浦江县工商局浦东工商所所长

罗中清　台州市工商局路桥分局经济检查大队队长

贝友表　舟山市工商局定海分局城关工商所所长

安徽省

易先华　芜湖市工商局长街工商所所长

周元林　庐江县工商局白湖工商所所长

福建省

林　华　霞浦县工商局局长

黄财福　龙海市工商局局长

谢树政　建瓯市工商局局长

江西省

邓晓冰　南昌市工商局万寿宫商城工商所所长

鲁明德　莲花县工商局局长

钟国庆　九江市工商局直属分局滨江工商所所长

山东省

孙培林　烟台市工商局市场管理处处长

李兴华　东营市工商局东营分局商河路工商所所长

柏春学　莒县工商局城关工商所所长

王润宣　曲阜市工商局局长

河南省

傅恩普　信阳市工商局局长

刘立功　孟州市工商局商标广告科科长

李青山　长葛市工商局经济检查队队长

刘玉厚　济源市工商局邵原工商所所长

湖北省

朱珍宝　武汉市工商局经济稽查分局副局长

冉文平(女,土)　利川市工商局都亭分局副局长

龚小平　天门市工商局城南分局科员

湖南省

杨志平　永兴县工商局局长

李阳生　涟源市工商局法制股股长

袁龙跃(女)　中方县工商所中方工商所所长

广东省

黄开旭　揭阳市工商局副局长兼普宁市工商局局长

吴福邦　珠海市工商局拱北分局局长

郭送妹(女)　惠州市工商局江北分局局长

周锦辉　东莞市工商局经济检查分局局长

广西壮族自治区

覃广富(壮)　大化县工商局镇南工商所副所长

冯尹伊　南宁市工商局新城分局经济检查中队队长

海南省

钟鸣明　海口工商局新华分局局长

四川省

付肇斌　攀枝花工商局局长

马明全(苗)　宜宾工商局兴文分局副局长

刘柒村　成都工商局锦江分局沙河铺工商所副所长

贵州省

刘高朝　贵阳市工商局南明分局新华工商所所长

周　杰　大方县工商局局长

云南省

李宝生　元江县工商局局长

徐贵林　弥渡县工商局副局长

西藏自治区

白玛次旺(藏)　日喀则地区工商局工人

重庆市

何　东　重庆市永川工商局胜利工商所所长

胡学忠(土)　重庆市石柱县工商局法制股科员

陕西省

杜丕荣　定边县工商局局长

李栓羊　西安市工商局碑林分局火炬路工商所所长

李淑芳(女)　澄城县工商局登记注册股股长

甘肃省

朱全杰　甘谷县工商局局长

王　平　兰州市工商局城关分局经济检查大队队长

青海省

黄利利　西宁市工商局城西分局副局长

宁夏回族自治区

徐秀香(女)　石嘴山市工商局局长

新疆维吾尔自治区

王殿辉　克拉玛依市工商局克拉玛依区分局局长

吾拉音·赛普(维)　鄯善县工商局火车站分局局长

四、国家工商行政管理局《关于表彰全国工商行政管理系统先进工商所和优秀工商行政管理人员的决定》(工商人字[2000]第295号)

近几年来,各级工商行政管理机关认真学习邓小平理论,深入贯彻落实党的"十五大"精神和江泽民同志关于"三个代表"的重要思想,大力加强社会主义精神文明建设和基层干部队伍建设,涌现出一大批先进工商所和优秀工商行政管理人员。他们忠于职

守,勤奋工作,开拓进取,秉公执法,廉洁自律,无私奉献,为维护社会主义市场经济秩序,促进两个文明建设做出了优异成绩。为了表彰先进,弘扬正气,激励广大工商行政管理人员更好地履行监管市场和行政执法职能,国家工商行政管理局决定,授予北京市工商行政管理局海淀分局青龙桥工商所等358个工商所"全国工商行政管理系统先进工商所"荣誉称号,授予北京市工商行政管理局东城分局经济检查科科长韩非等478名同志"全国工商行政管理系统优秀工商行政管理人员"荣誉称号。

国家工商行政管理总局号召各级工商行政管理机关和全体工商行政管理人员向先进工商所和优秀工商行政管理人员学习,认真学习邓小平理论和江泽民同志关于"三个代表"的重要思想,牢记全心全意为人民服务的宗旨,积极开拓进取,努力钻研业务,加强思想作风建设,全面提高自身素质,进一步树立工商行政管理机关勤政高效、廉洁自律的公仆形象,忠于职守、公平公正的执法形象,品格高尚、文明礼貌的道德形象,更好地履行党和国家赋予的光荣职责,为实现跨世纪的宏伟目标而努力奋斗!希望受表彰的先进工商所和优秀工商行政管理人员珍惜荣誉,戒骄戒躁,再接再厉,为国家和人民做出新的贡献。

国家工商行政管理局

二〇〇〇年十二月八日

五、全国工商行政管理系统先进工商所名单(358个)

北京市

北京市工商局海淀分局青龙桥工商所

北京市工商局石景山分局八角工商所

北京市工商局顺义分局张各庄工商所

北京市工商局房山分局良乡工商所

北京市工商局平谷分局城关工商所

北京市工商局密云分局城关工商所

天津市

天津市工商局河北分局天津站工商所

天津市工商局河东分局万新村工商所

天津市工商局南开分局学府工商所

天津市工商局津南分局葛沽工商所

天津市工商局大港分局胜利工商所

天津市工商局静海分局津海商城工商所

河北省

邯郸市工商局邯山分局贸易工商所

成安县工商局城镇工商所

衡水市工商局桃城分局河东工商所

深州市工商局贸易城分局

承德市工商局双桥分局裕华路市场管理所

栾城县工商局方村工商所

石家庄市工商局郊区分局留营工商所

青县工商局马厂工商所

泊头市工商局泊镇工商所

秦皇岛市工商局北戴河分局石塘路工商所

张家口市工商局宣化分局财神庙市场管理所

唐山市工商局路南区分局赵庄工商所

迁安市工商局杨店子工商所

威县工商局县直工商所

平乡县工商局河古庙工商所

清苑县工商局东安工商所

定州市工商局城内西城工商所

文安县工商局左各庄工商所

大城县工商局东阜摩配专业市场管理所

山西省

清徐县工商局徐沟工商所

阳高县工商局城关工商所

阳泉市工商局直属分局兴隆集贸市场管理所

孟县工商局城关工商所

长治市工商局城区分局英雄台工商所

泽州县工商局巴公工商所

怀仁县工商局南城工商所

繁峙县工商局砂河工商所

平遥县工商局古陶工商所

汾阳市工商局城镇工商所

古县工商局古阳工商所

永济市工商局城关工商所

内蒙古自治区

呼和浩特市工商局新城区分局西街女子工商所

宁城县工商局铁西工商所

根河市工商局市区分局

扎赉特旗工商局巴彦高勒工商所

科左中旗工商局宝龙山工商所

化德县工商局城关分局

临河市工商局金川工商所

额济纳旗工商局达来呼布工商所

满洲里市工商局扎赉诺尔矿区工商所

二连浩特市工商局中外商品交易市场管理所

辽宁省

沈阳市工商局和平分局南湖工商所

沈阳市工商局东北日杂市场管理所

大连市工商局普兰店分局久寿河工商所

大连市工商局甘井子分局甘井子工商所

鞍山市工商局铁东分局烈士山市场管理所

抚顺市工商局河北分局北站工商所

本溪市工商局平山分局一洞桥农贸市场管理所

丹东市工商局元宝分局新柳市场管理所

锦州市工商行政管理监察大队车辆管理所

义县工商局高台子工商所

大石桥市工商局个体运输车辆管理所

阜新市工商局直属三分局石油市场管理所

辽阳县工商局首山府南工商所

昌图县工商局昌图站分局

开原市工商局威远工商所

凌源市工商局万元店工商所

盘锦市工商局兴隆台分局兴隆台工商所

葫芦岛市工商局连山分局钢屯工商所

吉林省

吉林市工商局昌邑分局松江管理所

通化市工商局集贸中心管理分局

白山市工商局红旗贸易城分局

辽源市工商局龙山分局东吉管理所

安图县工商局二道白河分局

四平市工商局铁东分局北三市场管理所

前郭县工商局长山分局

农安县工商局黄金分局

黑龙江省

哈尔滨市工商局道里分局尚志工商所

阿城市工商局中心市场管理所

齐齐哈尔市工商局铁锋分局景新市场管理所

龙江县工商局商贸城市场管理所

林口县工商局五林分局

绥芬河市工商局青云市场管理所

佳木斯市工商局西菜市工商所

大庆市工商局工业品批发市场管理所

密山市工商局市场管理所

双鸭山市工商局三利商城市场管理所

伊春市工商局伊春分局繁荣市场管理所

七台河市工商局车辆管理所

青冈县工商局青兴农贸市场管理所

鹤岗市工商局机动车辆交易市场管理所

塔河县工商局大世界市场管理所

五大连池市工商局中心市场管理所

垦区工商局红兴隆分局清河工商所

上海市

上海市工商局黄浦分局老西门工商所

上海市工商局闵行分局北桥工商所

上海市工商局嘉定分局黄渡工商所

上海市工商局松江分局松江工商所

上海市工商局青浦分局赵巷工商所

上海市工商局卢湾分局检查支队

江苏省

南京工商局浦口分局沿江工商所

锡山工商局张泾工商所

邳州工商局运河工商所

武进工商局湖塘工商所

昆山工商局鹿城工商所

海门工商局三阳工商所

赣榆工商局沙河工商所

盱眙工商局盱城工商所

盐城工商局直属分局人民路工商所

扬州工商局郊区分局大桥工商所

宝应工商局泰山工商所

镇江工商局京口分局象山工商所

兴化工商局戴南工商所

泗洪工商局双沟工商所

苏州工业园区工商局斜塘工商所

浙江省

杭州市工商局江干分局新塘工商所

宁波市工商局奉化分局溪口工商所

温州市工商局瓯海分局永中工商所

诸暨市工商局大唐工商所

海宁市工商局袁花工商所

义乌市工商局经济检查大队

江山市工商局淤头工商所

温岭市工商局松门工商所

丽水市工商局城东工商所

舟山市工商局定海白泉分局

安徽省

合肥市工商局庙前工商所

蚌埠市工商局国强路工商所

繁昌县工商局峨桥工商所

当涂县工商局博望工商所

怀宁县工商局三桥工商所

宿州市工商局直属分局南关工商所

阜阳市工商局直属三里工商所

歙县工商局新安工商所

滁州市工商局"315"行政执法大队

铜陵县工商局钟鸣工商所

广德县工商局流洞工商所

巢湖市居巢区工商局天湖工商所

青阳县工商局木镇工商所

亳州市工商局交易中心工商所

福建省

泉州市工商局鲤城分局中区工商所

厦门市工商局开元分局筼筜工商所

漳州市工商局第二检查大队

龙岩市工商局新罗分局韭菜园工商所

泰宁县工商局朱口工商所

南平市工商局延平分局鼓楼工商所

福安市工商局甘棠工商所

莆田市工商局城厢区荔城工商所

罗源县工商局凤山工商所

江西省

南昌市工商局青云谱分局洪都工商所

南昌市工商局东湖分局墩子塘工商所

九江市工商局直属分局双峰工商所

乐平市工商局太平桥工商所

萍乡市工商局安源分局高坑工商所

分宜县工商局城镇工商所

鹰潭市工商局江边工商所

会昌县工商局筠门岭工商所

南康市工商局直属工商所

泰和县工商局城区工商所

上饶县工商局旭日工商所

高安市工商局新街工商所

崇仁县工商局公平交易执法大队

山东省

济南市工商局历城分局王舍人工商所

济南市工商局天桥分局北园工商所

青岛市工商局四方分局宣化路工商所

青岛市工商局平度分局同和工商所

淄博市工商局周村分局东城工商所

桓台县工商局新城分局

枣庄市工商局市中分局枣庄工商所

广饶县工商局大王工商所

莱州市工商局沙河分局

龙口市工商局徐福分局

诸城市工商局龙城市场管理处

安丘市工商局城关工商所

高密市工商局据城河工商所

邹城市工商局千泉工商所

泰安市工商局岱岳分局山口工商分局

威海市工商局环翠分局西城路农贸市场管理所

荣城市工商局崖头工商所

日照市工商局石臼商场直属管理所

莱芜市工商局莱城分局口镇工商所

宁津县工商局保店工商所

临沂市工商局河东分局五金市场管理所

平邑县工商局商城工商所

阳谷县工商局阳谷工商所

阳信县工商局阳信工商所

单县工商局城关工商所

河南省

平顶山市工商局出租车管理所

信阳市工商局平桥分局平桥工商所

鹤壁市工商局山城分局红旗工商所

汝南县工商局王岗工商所

驻马店市工商局新华工商所

项城市工商局高寺工商所

郾城县工商局孟庙工商所

商水县工商局练集工商所

新乡市工商局新华分局新市场工商所

濮阳市工商局市区分局劳动市场管理所

南阳市工商局专业分局新华商场工商所

永城市工商局酂城工商所

许昌市工商局魏都分局纺织品市场管理所

兰考县工商局堌阳工商所

修武县工商局城关工商所

安阳市工商局直属分局运输业市场管理所

郑州市工商局金水分局陈砦蔬菜批发市场工商所

滑县工商局瓦岗寨工商所

宝丰县工商局城关工商所

洛阳市工商局郊区分局安乐工商所

淇县工商局城镇工商所

南阳市工商局卧龙分局新西工商所

渑池县工商局城关工商所

范县工商局濮州市场管理所

辉县市工商局城北工商所

湖北省

武汉市工商局三曙工商所

黄石市工商局新城工商所

十堰市工商局五堰工商所

松滋市工商局街河市工商所

宜昌市工商局葛洲坝工商所

枣阳市工商局吴店分局

荆门市工商局海慧工商所

鄂州市工商局泽林工商所

麻城市工商局鼓楼工商所

广水市工商局陈巷分局

嘉鱼县工商局鱼岳分局

恩施市工商局六角亭分局

神农架林区工商局木鱼分局

仙桃市工商局城北分局

天门市工商局城北分局

潜江市工商局广华分局

随州市工商局厉山工商所

湖南省

常宁市工商局宜阳工商所

湘潭市工商局雨湖分局砂子岭工商所

绥宁县工商局瓦屋工商所

汨罗市工商局新市工商所

石门县工商局宝峰工商所

常德市工商局城东分局桥北女子工商所

慈利县工商局江垭工商所

益阳市工商局资阳分局汽车路工商所

郴州市工商局北湖工商所

新田县工商局新圩工商所

怀化市工商局鹤城分局榆树湾工商所

麻阳县工商局城镇工商所

双峰县工商局洪山工商所

永顺县工商局中心市场管理所

广东省

广州市工商局花都分局新华工商所

深圳市工商局龙岗分局横岗工商所

珠海市工商局香洲分局南坑工商所

潮阳市工商局海门工商所

韶关市工商局浈江分局东河工商所

河源市工商局直属分局兴源工商所

梅州市工商局江南分局百花洲工商所

惠州市工商局惠城区分局南门工商所

汕尾市工商局城区分局中区工商所

东莞市工商局塘厦分局

中山市工商局坦洲工商所

台山市工商局台城工商所

三水市工商局西南耕牛市场管理所

阳春市工商局漠阳工商所

吴川市工商局塘缀工商所

高州市工商局石鼓工商所

怀集县工商局怀城工商所

英德市工商局城中工商所

饶平县工商局城中工商所

普宁市工商局流沙服装专业市场管理所

罗定市工商局罗城工商所

顺德市工商局大良分局

广西壮族自治区

南宁市工商局江南分局福建工商所

兴安县工商局城关工商所

柳州市工商局红光工商所

梧州市工商局南中工商所

贵港市工商局港北分局城中工商所

兴业县工商局太平山工商所

上思县工商局思阳工商所

贺州市工商局八步工商所

河池市工商局南桥工商所

鹿寨县工商局鹿寨工商所

凭祥市工商局交易场工商所

北海市工商局巡查大队

田东县工商局金穗市场工商所

海南省

白沙工商局牙叉工商所

琼海工商局长坡工商所

定安工商局新竹工商所

四川省

成都工商局双流分局籍田工商所

自贡工商局大安分局一对山工商所

攀枝花工商局仁和分局大田工商所

泸州工商局叙永分局城区工商所

德阳工商局绵竹分局汉旺工商所

绵阳工商局直属分局大观园工商所

广元工商局苍溪分局五龙工商所

内江工商局市中区分局城西工商所

乐山工商局直属分局城北工商所

宜宾工商局翠屏分局西城工商所

广安工商局邻水分局建新工商所

达州工商局通川分局东城工商所

巴中工商局通江分局至诚工商所

眉山工商局仁寿分局文宫工商所

资阳工商局乐至分局天池工商所

阿坝工商局九寨沟分局漳扎工商所

甘孜工商局甘孜分局城关工商所

凉山工商局德昌分局德州工商所

贵州省

贵阳市工商局云岩分局中中工商所

余庆县工商局松烟工商所

湄潭县工商局湄江工商所

安顺市工商局小商品市场工商所

都匀市工商局育英巷工商所

台江县工商局台拱工商所

铜仁市工商局环北工商所

六盘水市工商局钟山分局黄土坡工商所

兴义市工商局黄草坝工商所

云南省

昆明市工商局官渡工商分局佴家湾工商所

威信县工商局扎西工商所

会泽县工商局大井工商所

景谷县工商局城关工商所

永平县工商局老街工商所

施甸县工商局由旺工商所

潞西市工商局芒市城南工商所

丽江县工商局大研工商所

中甸县工商局城区工商所

耿马县工商局孟定工商分局

西藏自治区

林芝地区工商局珠江工商所

重庆市

重庆市工商局沙坪坝区分局双巷子工商所

重庆市开县工商局汉丰第一工商所

重庆市忠县工商局忠州工商所

重庆市工商局巴南区分局大江工商所

重庆市潼南县工商局双江工商所

陕西省

西安市工商局雁塔分局太白南路工商所

西安市工商局新城分局公园南路工商所

岐山县工商局蔡家坡工商所

咸阳市工商局秦都分局人民路工商所

泾阳县工商局泾干工商所

渭南市工商局临渭分局解放工商所

大荔县工商局冯村工商所

城固县工商局钟楼工商所

榆林市工商局榆阳分局青山路工商所

洛川县工商局城关工商所

石泉县工商局城关工商所

旬阳县工商局甘溪工商所

洛南县工商局经济检查队

甘肃省

张掖市工商局甘浚工商所

金昌市工商局广州路工商所

临洮县工商局城关工商所

正宁县工商局宫河工商所

敦煌市工商局沙州第二工商所

西和县工商局长道工商所

兰州市工商局一分局东部综合批发市场工商所

临夏市工商局河滩关工商所

青海省

湟中县工商局多巴工商所

互助县工商局威远工商所

玉树县工商局胜利路工商所

宁夏回族自治区

银川市工商局郊区分局北环工商所

青铜峡市工商局商城工商所

固原县工商局城关工商所

新疆维吾尔自治区

乌鲁木齐市工商局天山区分局中山路工商所

昌吉市工商局延安北路工商所

石河子市工商局幸福工商所

额敏县工商局朝阳工商所

温泉县工商局哈日布呼工商所

库尔勒市工商局萨依巴格工商所

六、全国工商行政管理系统优秀工商行政管理人员名单(478 名)

北京市

韩　非　北京市工商局东城分局经济检查科科长

郝俊清　北京市工商局崇文分局公平交易科科长

左连中　北京市工商局宣武分局椿树工商所所长

贾　琦　北京市工商局丰台分局木樨园工商所副所长

刘晋京　北京市工商局昌平分局执法巡查队队长

陈永祥　北京市工商局燕山分局市场监督管理科科长

刘长生　北京市工商局怀柔分局城关工商所所长

赵爱兰(女)　北京市工商局延庆分局监察科科长

范翠玲(女)　北京市工商局密云分局西田各庄工商所所长

王连海　北京市工商局通州分局永顺工商所所长

天津市

胡志国　天津市工商局蓟县分局市场检查中队队长

崔洪涛　天津市工商局西青分局经济检查科副科长

王福祥　天津市工商局北辰分局消费者协会副秘书长

张树林　天津市工商局塘沽分局商标广告科科长

邵道路　天津市工商局汉沽分局寨上工商所所长

陈立娟(女)　天津市工商局开发区分局公平交易科副科长

高　晶(女)　天津市工商局保税区分局企业科主任科员

钱志刚　天津市工商局宁河分局芦台市场所所长

河北省

徐洪臣　邯郸市工商局直属一分局局长

杨少英　永年县工商局经济检查队队长

陈　力　武邑县工商局清凉店工商所所长

耿素珍(女)　景县工商局财务股股长

苏　君　滦平县工商局局长

王树青　围场县工商局局长

白建军　石家庄市工商局交通分局局长

李中伟　行唐县工商局局长

梁　志　沧州市工商局运东分局维明路工商所所长

苗笑峰　沧县工商局局长

付作兴　卢龙县工商局局长

张纪高　秦皇岛市工商局北戴河分局局长

刘献栋　万全县工商局局长

王志勇　宣化县工商局经济检查科科长

陈桂芝（女）　古冶区工商局林西分局局长

杜建平　滦南县工商局柏各庄工商所所长

卢顺英　隆尧县工商局局长

张洪志　邢台市工商局直属一分局局长

宋树志　沙河市工商局副局长

王素彩（女）　蠡县工商局局长

王　春　易县工商局局长

刘万发　安国市工商局东方药城工商所所长

信振杰　三河市工商局燕郊分局局长

王　宇　香河县工商局局长

山西省

李建华　太原市工商局万柏林分局大众工商所所长

牛金平　大同市工商局城区分局局长

郭　善　浑源县工商局

李玉明　平定县工商局娘子关工商所所长

白富奇　黎城县工商局局长

孔早亮　阳城县工商局局长

张芳信　高平市工商局副局长

宣金鹏　朔州市工商局平鲁分局法制股股长

张美新　原平市工商局企业科副科长

程天昌　榆次市工商局局长

郭星三　晋中地区工商局法制科科长

温引龙　岚县工商局局长

杜纲得　襄汾县工商局陶寺工商所所长

闪建刚　翼城县工商局城镇工商所所长

毕建民　运城市工商局局长

相高峰　运城地区经济开发区工商局局长

内蒙古自治区

李命新　呼和浩特市工商局玉泉区分局锡林南路工商所所长

白国良　包头市工商局东河区分局局长

杨　东　包头市工商局专业市场管理分局局长

李　军　乌海市工商局海勃湾分局凤凰岭工商所所长

李凤才　阿鲁科尔沁旗工商局天山口工商所所长

冯永胜　通辽市工商局辽河管理区分局木里图工商所所长

梁睿杰　科尔沁右翼前旗工商局归流河工商所所长

王新利　苏尼特右旗工商局局长

常保平　丰镇市工商局营运车辆管理所所长

李　新　巴彦淖尔盟工商局人事教育科副科长

王仁全　东胜市工商局局长

陶梅林　鄂温克族自治旗工商局局长

魏国庆　阿拉善左旗工商局孪井滩工商所所长

辽宁省

隋忠学　沈阳市工商局公平交易分局局长

金　伟　沈阳市工商局苏家屯分局枫杨路南工商所所长

张　岩（女）　沈阳市工商局皇姑分局北行农贸市场管理所

侯明东　大连市工商局西岗分局旧物市场管理所所长

张长永　大连市工商局沙河口分局长兴市场东大厅管理所所长

刘万龙　大连市工商局瓦房店分局运输业管理所所长

徐明义　鞍山市工商局立山分局友好工商所

赵丽华（女）　台安县工商局高力房工商所

戈东明　抚顺市工商局直属分局局长

付立春　抚顺市工商局千金分局蔬菜批发市场管理所所长

赵　伟　本溪市工商局平山分局一洞桥批发市场管理所所长

程林谋　本溪市工商局明山分局市场科科长

姜希义　凤城市工商局白旗工商所

所长

　　胡立猛　锦州市工商局古塔分局副局长

　　李连君　营口市工商局公平交易分局局长

　　杨庆国　彰武县工商局局长

　　栾　宇　阜新市工商局直属一分局批发市场管理所所长

　　田华海　辽阳市工商局木鱼石市场管理处科长

　　李宏东　西丰县工商局平岗牲畜交易管理所所长

　　刘立新(女)　朝阳市工商局龙城分局七道泉子工商所

　　牛树起　喀左县工商局局长

　　王召富　盘山县工商局沙岭工商所科员

　　徐志琴(女)　盘锦市工商局开发区分局综合市场工商所所长

　　穆守成　绥中县工商局局长

吉林省

　　崔洪海　通化市工商局局长

　　黄文平　白城市工商局副局长

　　金　平　延吉市工商局局长

　　闫永树　东丰县工商局局长

　　吴福利　临江市工商局局长

　　李凤义　大安市工商局局长

　　何庆义　扶余县工商局局长

　　申　克　长春市工商局桂林路市场管理分局农贸管理科科长

　　李　军　长春市工商局宽城分局公平交易科科长

　　白凤贤(女)　松原市工商局人事科科长

　　段亚山　吉林市工商局丰满分局玉山路管理所所长

　　刘连春　吉林市工商局城郊分局桦皮厂管理所所长

　　朱延春　和龙市工商局八家子分局局长

　　张海波　公主岭市工商局刘房子分局局长

　　李万生　梨树县工商局孤家子分局局长

黑龙江省

　　高剑波　哈尔滨市工商局道里分局通江工商所所长

　　陈玉柱　哈尔滨市工商局太平分局三棵树工商所所长

　　毕小军　齐齐哈尔工商局龙沙分局公园路市场管理所所长

　　孙亚林　克山县工商局西城工商所所长

　　刘慧有　牡丹江市工商局爱民分局个体工商三所管理员

　　宋文庆　佳木斯市工商局向阳桥南市场管理所所长

　　闫广志　富锦市工商局锦山分局局长

　　杨晓英(女)　大庆市工商局企业科科员

　　王立华　鸡西市工商局广益城分局大厅所所长

　　李乃臣　集贤县工商局副局长兼商贸城工商所所长

　　马恒锐(女)　伊春市工商局伊春分局局长

　　李士新　七台子河市工商局车辆管理所所长

　　黄宜海　鹤岗市工商局工农一分局副局长

　　荣　梅(女)　海伦市工商局登记注册股股长

　　王凯兴　塔河县工商局局长

　　姚　刚　黑河市工商局海兰街工商所所长

　　方德莲(女)　垦区工商局宝泉岭分局普阳工商所副所长

上海市

　　陈国民　上海市工商局浦东新区分局合庆工商所副所长

　　张楚省　上海市工商局徐汇分局市场科副科长

　　沈金发　上海市工商局长宁分局江苏工商所所长

　　张志洪　上海市工商局闸北分局检查支队支队长

翟胜利　上海市工商局宝山分局检查支队支队长

周德荣　上海市工商局南汇分局惠南第一工商所所长

曹栋　上海市工商局奉贤分局拓林工商所所长

高捷峰　上海市工商局崇明分局企业登记管理科副科长

崔维纲　上海市工商局检查总队总队长

江苏省

张德华　江宁工商局局长

张明　无锡工商局商标监督管理处副主任科员

王晓华　宜兴工商局宜城工商所所长

李玉超　沛县工商局副局长

聂民德　徐州工商局泉山分局黄河工商所所长

王荐平　金坛工商局商标广告管理科科长

胡俊放　常州工商局法制处科员

沈天荣　吴江工商局局长

杨卫国　苏州工商局平江分局经检大队队长

张建华　通州工商局局长

王振元　启东工商局局长

赵斯贵　连云港工商局新浦分局局长

邵大平　淮阴市淮阴工商局经检大队队长

朱长智　金湖工商局城镇工商所所长

张万邦　射阳工商局局长

孙桂仁　盐城工商局市场监督管理科科长

严传喜　仪征工商局副局长

谈嘉山　江都工商局邵伯工商所所长

朱国泉　丹阳工商局界牌工商所所长

唐锦才　泰州工商局办公室副主任

张绍庭　宿豫工商局大兴工商所所长

浙江省

张锋才　杭州市工商局余杭分局余杭工商所所长

王太音　杭州市工商局西湖分局科员

项瑛（女）　宁波市工商局保税区分局副局长

谢飞龙　宁波市工商局镇海分局贵驷工商所主任科员

胡黎芸　温州市工商局经济检查处处长

林国荣　温州市工商局鹿城分局广化工商所所长

沈宝根　绍兴县工商局副局长兼中国轻纺城工商分局局长

曹祥龙　平湖市工商局新埭工商所所长

王军　湖州市工商局副主任科员

钟伟　德清县工商局新市工商所副所长

马新成　磐安县工商局局长

唐美琴（女）　兰溪市工商局城西工商所所长

邵鹏　龙游县工商局杜桥分局局长

赵美根　临海市工商局杜桥分局局长

金建满　龙泉市工商局市场工商所所长

邵龙苗　舟山市工商局普陀分局经济检查大队队长

安徽省

刘庆宇　合肥市工商局公平交易局局长

刘保美　怀远县工商局万福工商所所长

韦强　芜湖市工商局鸠江分局湾里工商所所长

卢强　淮南市工商局田家庵分局朝阳工商所所长

李良胜　马鞍山市工商局公平交易局局长

吴学超　太湖县工商局弥陀工商所所长

薄广军　宿州市工商局机关党支部书记

何羊羊　黄山市黄山风景区工商局局长

祝学彬　天长市工商局副局长

秦品安　濉溪县工商局办公室主任

乔华旺　铜陵市工商局长江路工商所

所长

　　徐三喜　宣州市工商局东市区工商所所长

　　俞　斌　舒城县工商局十字街工商所所长

　　高传金　无为县工商局襄安工商所所长

　　汪遗庭　贵池市工商局"双生"市场管理所所长

　　田　亚　亳州市工商局龙扬工商所所长

福建省

　　许谋团　石狮市工商局局长

　　郑家敬　连江县工商局局长

　　王强文　福州市工商局晋安分局局长

　　邓盈生　长汀县工商局局长

　　林树榜　晋江市工商局局长

　　余新文　古田县工商局局长

　　吴信标　浦城县工商局局长

　　林　振　厦门市工商局开元分局局长

　　徐　利　永安市工商局燕江工商所所长

　　沈文耀　诏安县工商局局长

　　柯英杰　漳浦县工商局检查大队队长

　　沈虹波　三明市工商局三元分局局长

　　张长建　厦门市工商局第二检查大队副队长

江西省

　　万东平　南昌市工商局青云谱分局局长

　　熊金梅(女)　南昌市工商局东湖分局墩子塘工商所所长

　　曹尚华　九江县工商局副局长

　　余顺统　都昌县工商局局长

　　唐　飞　乐平市工商局局长

　　吴启荣　芦溪县工商局芦溪工商所所长

　　辛荷根　新余市工商局渝水分局局长

　　郑　刚　鹰潭市工商局白露工商所副所长

　　傅声禧　赣州市章贡区工商局卫府里工商所所长

　　邹凤英(女)　赣县工商局茅店工商所所长

　　苏　谭　横峰县工商局局长

　　江和平　余干县工商局局长

　　熊良栋　宜春市工商局局长

　　朱小三　新干县工商局直属工商所所长

　　顾金郎　广昌县工商局公平交易执法大队队长

　　裘应强　江西省工商局基层与教育处主任科员

山东省

　　陶志捷　济南市工商局天桥分局堤口路果品批发市场管理所党支部书记

　　黄庆财　济南市工商局历下分局山师东路工商所所长

　　崔宝珠　青岛市工商局市南分局四方路工商所所长

　　于增学　青岛市工商局胶南分局商城工商所所长

　　邹　鹏　淄博市工商局张店分局洪沟工商所所长

　　巩同学　桓台县工商局局长

　　李孝友　枣庄市工商局副局长

　　马德胜　东营市工商局局长

　　哈恒乐　蓬莱市工商局局长

　　杨玉文　招远市工商局蚕庄工商所所长

　　马世良　临朐县工商局昌匣工商所所长

　　王法增　寿光市工商局西苑商城管理所所长

　　葛西宽　曲阜市工商局鲁城商场工商所所长

　　王　勇　济宁市工商局市中分局阜桥工商所副所长

　　赵乐刚　东平县工商局州城分局局长

　　郑凤宝　泰安市工商局泰山分局上高工商所所长

　　张培聚　文登市工商局局长

　　宋文成　乳山市工商局夏村工商所所长

　　董　芹(女)　日照市工商局东港分局大坡工商所副所长

翟荣顺 莱芜市工商局莱城分局寨里工商所所长

刘长军 临邑县工商局副局长

王建敏（女） 陵县工商局财务股股长

刘其夏 临沂市工商局局长

李学江 临沂市工商局临沂批发城华丰副食批发市场管理所所长

陈学隆 聊城市工商局局长

李大龙 东阿县工商局铜城工商所所长

杨玉峰 博兴县工商局局长

王朝元 邹平县工商局长山工商所所长

卢建刚 菏泽地区工商局局长

李 勇 曹县工商局位湾工商所所长

河南省

赵 辉 舞钢市工商局专业市场管理所所长

李保全 郑州市工商局火车站分局小商品城工商所所长

杨明杰 南阳市工商局人事教育科科长

胡法清 鹤壁市工商局局长

娄 全 新蔡县工商局李桥工商所所长

秦焕茹（女） 陕县工商局局长

赵 占 卢氏县工商局城关工商所所长

丁爱民 漯河市工商局专业市场分局交通运输市场管理所所长

刘铁士 鹿邑县工商局局长

李爱国 卫辉市工商局唐庄工商所所长

苑文成 濮阳县工商局专业工商所所长

王小宏 方城县工商局经检队长兼河东工商所所长

王新勇 永城市工商局局长

常水河 鄢陵县工商局陶城工商所所长

赵瑞岚（女） 开封市工商局局长

张朝民 偃师市工商局局长

周福海 安阳市工商局北关分局双桥工商所所长

王生华 洛阳市工商局西工分局局长

周连成 郑州市工商局市场监督管理处处长

朱金松 荥阳市工商局局长

刘顺兴 沁阳市工商局府北工商所所长

卢善玉 鹤壁市工商局人事教育科科长

乔普济 开封市工商局鼓楼分局鼓楼夜市工商所所长

刘 杰 沈丘县工商局付井工商所所长

侯 刚 固始县工商局西关工商所所长

郭四军 武陟县工商局经济检查中队队长

尹 猛 新乡市工商局郊区分局局长

韩建民 安阳市工商局铁西分局铁西路工商所所长

苏文才 西平县工商局出山工商所所长

郝文智 义马市工商局专业工商所所长

湖北省

王业峰 武汉市工商局新洲分局辛冲工商所所长

邱昌全 黄石市工商局下陆分局老下陆工商所副所长

安建平 阳新县工商局浮屠工商所所长

李顺忠 十堰市工商局五堰工商所所长

陆 军 十堰市郧县工商局城关分局稽查队队长

袁 华 荆州市工商局荆州分局太湖工商所所长

刘习龙 洪湖市工商局汊河分局局长

易 斌 宜昌县工商局局长

崔家容（女） 秭归县工商局杨林桥工商所科员

郭卫忠 襄樊市工商局樊城分局科员

姜明涛 保康县工商局龙坪工商所

所长

熊志军　京山县工商局公平交易分局局长

罗　军　钟祥市工商局丰乐工商所副所长

汪奇峰　鄂州市工商局城区分局明堂工商所所长

吴荣保　武穴市工商局青林工商所所长

舒高峰　罗田县工商局大崎工商所所长

吴望山　应城市工商局局长

马祥均　汉川市工商局城关分局欢乐市场管理站站长

庞世重　崇阳县工商局局长

涂敏莉(女)　咸宁市工商局温泉分局茶花路工商所所长

唐　静　建始县工商局业州分局副局长

彭振培　仙桃市工商局彭场分局局长

程文辉　潜江市工商局西城分局局长

杨成林　随州市工商局万福店工商所所长

湖南省

余金全　长沙市工商局开福分局局长

谭德明　湘潭县工商局局长

刘亚西　张家界市工商局永定分局局长

谌阁伟　临湘市工商局局长

熊家红　东安县工商局局长

汤晓华(女)　新晃县工商局局长

王维飞　株洲市工商局石峰分局副局长

刘昌越　湘乡市工商局副局长

李绍云　长沙市工商局东塘分局保卫科科长

王峻松　湘西自治州工商局公平交易科科长

罗学诚　衡阳市工商局办公室主任科员

贺遵恒　衡南县工商局栗江工商所所长

陈少强　茶陵县工商局湖口工商所

所长

胡昌甲　隆回县工商局金石桥工商所所长

方佩韦　平江县工商局城关市场管理所所长

方晓杰　常德市工商局鼎城区分局副食城工商所所长

许传美　桃源县工商局漳江工商所所长

曹世孝　郴州市工商局罗家井工商所所长

林　茜　武冈市工商局辕门口工商所所长

贺耀国　娄底市工商局娄星分局乐坪工商所所长

杨雁程　吉首市工商局商业城工商所所长

肖成立　桃江县工商局经检稽查大队大队长

雷柏林　益阳市工商局赫山分局科员

广东省

叶清华　广州市工商局芳村分局副局长

刘　铮　广州市工商局市场交易管理分局生产要素市场管理所所长

曾向坚　深圳市工商局福田分局局长

叶小琦　深圳市工商局注册分局四科科长

阮英民　珠海市工商局朝阳工商所所长

蔡忠和　汕头市工商局商标科科长

熊文荣　南雄市工商局经济检查大队大队长

黄伟华　连平县工商局忠信工商所所长

黄希凡(女)　东源县工商局城郊工商所副所长

张凤招(女)　蕉岭县工商局新东工商所科员

廖　丰　梅州市工商局江北分局东郊工商所所长

陈绮文　博罗县工商局城中工商所所长

谢耿辉　陆河县工商局局长

高银辉　海丰县工商局局长

吴锦辉　中山市工商局黄圃分局局长

吕　彭　鹤山市工商局雅瑶工商所所长

卢锡汉　南海市工商局桂江分局局长

林河勇　阳江市工商局个体私营经济管理科科员

陈明周　湛江市工商局东海分局硇州工商所所长

叶　语　徐闻县工商局副局长

刘华太　电白县工商局七径工商所所长

梁华辉　茂名市工商局直属分局河西工商所所长

杨秀灵（女）　肇庆市工商局城东分局桥东工商所所长

麦浩斌　高要市工商局白土工商所所长

梁运辉　连山壮族瑶族自治县工商局局长

陈海娣（女）　阳山县工商局阳城工商所所长

卢炳炎　潮州市工商局湘桥分局凤新工商所所长

方少坚　惠来县工商局惠城城西工商所所长

李火桂　郁南县工商局河口工商所副所长

陈建中　顺德市工商局乐从分局副局长

广西壮族自治区

张家栋　南宁市工商局郊区分局局长

唐广华　兴安县工商局局长

谭泽义　桂林市工商局第一分局局长

李　雄　博白县工商局局长

周品彪　柳州市工商局生产资料市场管理分局局长

施　皓　梧州市工商局法制科科长

李永强　钦州市工商局钦城分局副局长兼城北工商所所长

韦俊平　桂平市工商局新城工商所所长

尹文显　天峨县工商局老鹏工商所所长

陆安俊　昭平县工商局文竹工商所所长

苏家旺　灵山县工商局局长

苏学东　武宣县工商局禄新工商所所长

张建团　田林县工商局局长

农德飞　横县工商局局长

李吉杰　宾阳县工商局市场巡查中队队长

席　扬　防城港市工商局局长

唐国礼　防城港市防城区工商局大录工商所所长

黄乃煜　北海市工商局城中工商所所长

海南省

吴　岩　屯昌工商局局长

符发景　临高工商局局长

王　存　琼中工商局局长

符建明　白沙工商局局长

吴剑雄　昌江工商局局长

陈德雄　万宁工商局兴隆工商所所长

四川省

刘嘉乡　广元工商局局长

周　晓　成都工商局青羊分局局长

高先明　攀枝花工商局仁和分局大田工商所所长

张勤恩　凉山工商局会理分局局长

伍洪亮　宜宾工商局高县分局纪检组组长

陈尚智　自贡工商局容县分局乐德工商所所长

葛呈轩（女）　泸州工商局纳溪分局河东工商所所长

黄春明　德阳工商局旌东分局营运车市场工商所所长

余兴明　绵阳工商局江油分局城区工商所所长

何多发　广元工商局旺苍分局三江工商所所长

李天富　遂宁工商局蓬溪分局赤城工商所所长

彭益礼　内江工商局资中分局太平工商所所长

周正荣　乐山工商局市中区分局副主任科员

苟兴泽　南充工商局阆中分局文成工商所所长

罗世友　广安工商局广安分局浓洄工商所所长

邹至坤　达州工商局大竹分局竹阳工商所所长

李清贵　巴中工商局平昌分局江阳工商所党支部书记

刘仕能　雅安工商局汉源分局乌斯河工商所所长

吉　超　眉山工商局眉山分局城关工商所所长

唐青松　资阳工商局安岳分局李家工商所所长

王志英(女)　阿坝工商局茂县分局凤仪工商所所长

四郎泽仁　甘孜工商局德格分局马尼干戈工商所所长

贵州省

张　跃　贵阳市乌当分局局长

陈　新　贵阳市工商局云岩分局经检科科长

周德明　遵义市工商局开发区分局局长

邓志刚　普定县工商局局长

刘维芬(女)　贵定县工商局河西工商所所长

杨晓军　凯里市工商局洗马河工商所所长

覃礼富　印江县工商局局长

刘云军　织金县工商局副局长

高显仁　六盘水市工商局企业科科长

姜民芳(女)　安龙县工商局科员

云南省

王　霞(女)　昆明市工商局消费者权益保护处处长

罗礼元　永仁县工商局局长

施万金　新平县工商局局长

王立翠　绿春县工商局局长

冯兴能　文山县工商局开化工商所所长

王成贵　景东县工商局局长

张海燕(女)　勐海县工商局局长

高腾旭　大理市工商局经济检查队队长

何朝友　保山市工商局市场管理科

林枝美(女)　盈江县工商局弄璋工商所所长

李家媛(女)　兰坪县工商局金顶工商所副所长

杨映伯　德钦县工商局升平工商所所长

李学成　临沧地区工商局办公室主任

西藏自治区

洛桑旦巴　当雄县工商局局长

李红兵　乃东县工商局科员

尼玛多吉　拉萨市工商局城关分局宗角禄康工商所所长

重庆市

郑达夫　重庆市工商局南岸区分局南坪工商所副所长

杨　敏(女)　重庆市工商局江北区分局个体私营企业管理科科长

曾小康　重庆市大足县工商局商标广告科科长

罗玉海　重庆市綦江县工商局古南工商所副主任科员

文业明　重庆市江津工商局德感工商所所长

张明健　重庆市工商局涪陵区分局龙潭工商所所长

陕西省

王一心　西安市工商局新城分局副局长

刘育民　西安市工商局碑林分局东大街工商所所长

黄建鹏　铜川市工商局王益分局青年路工商所所长

张兴周　宝鸡市工商局金台分局中山路工商所所长

张卫民　陇县工商局副局长

薛文艺　咸阳市工商局渭城分局局长

张　川　彬县工商局局长

孙建安　韩城市工商局局长

李建强　汉中市工商局办公室副主任

肖林波　南郑县工商局副局长

薛成胜　延安市工商局宝塔分局局长

荆　峰　洛川县工商局副局长兼城关工商所所长

高占飞　榆林市工商局榆阳分局局长

刘修勇　汉阴县工商局平梁工商所

王树杰　镇安县工商局局长

罗新路　杨凌示范区工商局杨凌区分局西农路工商所所长

甘肃省

闫耀成　酒泉地区工商局局长

张吉平　白银市工商局企业登记科

马秀莲（女）　武威市工商局西凉综合批发市场管理所所长

杨建勋　定西县工商局经济检查股股长

杨亚林　西峰市工商局温泉工商所所长

杨文伟　山丹县工商局副局长

容慧明　兰州市工商局消费品市场监督管理处处长

杨清贵　宕昌县工商局官亭工商所所长

朱宗舜　白银市工商局白银分局东山路工商所所长

亢建设　天水市工商局秦城分局中城工商所所长

青海省

马占林　门源县工商局局长

拉　旦　达日县工商局局长

万建英　格尔木市工商局局长

马玉桢　循化县工商局街子工商所所长

宋四海　河南县工商局城关工商所所长

宁夏回族自治区

冯福刚　银川市工商局新城分局局长

张建宁　贺兰县工商局副局长

张志军　吴忠市工商局利通二分局金积工商所所长

杨金柱　同心县工商局经济检查队队长

海德学　固原县工商局中心路工商所所长

新疆维吾尔自治区

阿合米提江·米那木　新疆维吾尔自治区工商局公平交易局副局长

白翠玲（女）　乌鲁木齐市工商局沙依巴克区分局科员

马　丁　富蕴县工商局杜热工商所

谢桂燕（女）　奎屯市工商局杜热工商所

魏　芳（女）　新源县工商局科长

李新民　哈密市工商局局长

宋　镭　阿克苏市工商局红桥工商所所长

阿不力米提·卡得　阿图什市工商局上阿图什工商所所长

帕提古丽·阿不都热西提（女）　叶城县工商局幸福路工商所副所长

第五节　2004 年第五次表彰大会

2000 年以来,全国工商行政管理系统广大干部职工认真贯彻党的"十六大"和十六届三中全会精神,努力实践"三个代表"重要思想,严格执法,扎实工作,开拓创新,与时俱进,为维护良好的市场秩序,促进经济发展做出了新的贡献,涌现出一批先进典型。为表彰先进,进一步推动工商行政管理系统精神文明建设,人事部、国家工商行政管理总局于 2004 年 5 月下发了《关于评选全国工商行政管理系统先进集体和先进工作者的通知》,国家工商行政管理总局于 2004 年 4 月下发了《关于评选全国工商行政管理系统先进工商所和优秀工商行政管理人员的通知》,两个通知决定,2004 年下半年,结合全国工商行政管理工作会议,表彰全国工商行政管理系统先进集体 200 个,先进工作者 80 名、先进工商所 380 个、优秀工商行政管理人员 500 名。《通知》就评选对象、评选条件、评先方法、奖励办法、组织领导等各方面提出了明确要求。国家工商行政管理总局成立了以王众孚局长任组长的全国工商系统"双先"表彰工作领导小组,下设由人事、纪检监察、机关党委等部门领导参加的领导小组办公室,具体工作由人事教育司承办。

通知下发后,按照《通知》要求,各省、自治区、直辖市工商局高度重视,均成立了以主要领导为组长,由分管领导直接负责,人事部门具体负责的评选表彰工作领导小组和工作小组,一些省还成立了由省工商局与省人事厅有关领导和人员共同组成的评选表彰工作领导小组和办事机构。评选表彰工作坚持走群众路线,充分发扬民主,按照自下向上群众推荐,集体研究的方式进行,并在一定范围内进行了公示。各级工商机关的纪检监察部门在评选表彰中发挥了监督作用。截至8月底,各地报来了评选表彰有关材料后,为了做好材料审查工作,人事教育司起草了《关于2004年"双先"表彰事迹材料审查工作的意见》,并对各地报来的表彰对象和材料进行了认真审查,并利用督察"两整顿"和基层调研之机,对相关省份"双先"表彰工作进行了检查。对与"双先"表彰有关的群众举报信件都转有关省级工商局进行了调查核实。

2004年12月,全国工商行政管理工作暨先进集体、先进工作者表彰会议在北京召开。会议表彰了近几年来全系统涌现出的先进集体和先进工作者。吴仪副总理到会接见了与会代表并作了重要讲话。表彰大会由国家工商行政管理局局长王众孚同志主持,人事部副部长侯建良同志出席了会议。会上,侯建良副部长宣读了《关于表彰全国工商行政管理系统先进集体和先进工作者的决定》,王众孚局长宣读了《关于表彰全国工商行政管理系统先进工商所和优秀工商行政管理人员的决定》。

在这次表彰大会上,共表彰先进集体200个,其中副省级工商局7个,占3.5%;地市级工商局及处级内设机构68个,占34%;县级工商局及科、股级内设机构105个,占52.5%;工商所20个,占10%。共表彰先进工作者80名,其中处级干部39人,占48.7%;科级干部23人,占28.8%;科以

下干部18人,占22.5%。妇女干部14人,占17.5%,少数民族干部5人,占6.3%。共表彰先进工商所380个,其中综合所364个,占95.8%,专业所16个,占4.2%。城市所214个,占56.3%;乡镇所166个,占43.7%。共表彰优秀工商行政管理人员502名,其中处级干部36人,占7.2%;科级干部224人,占44.5%;一般干部242人,占48.3%。妇女干部59人,占11.8%;少数民族干部37人,占7.4%。

一、人事部、国家工商行政管理总局《关于表彰全国工商行政管理系统先进集体和先进工作者的决定》(国人部发〔2004〕100号)

近年来,全国广大工商行政管理人员深入贯彻党的"十六大"和十六届三中、四中全会精神,牢固树立科学的发展观和正确的政绩观,与时俱进,开拓创新,扎实工作,为维护社会主义市场经济秩序,全面建设小康社会做出了重要贡献,涌现出一大批先进集体和先进个人。

为了表彰他们的先进事迹,建设一支政治坚定、业务精通、清正廉洁、作风优良的工商行政管理队伍,激励广大工商行政管理人员更好地履行监管市场和行政执法职能,推动工商行政管理事业的改革和发展,人事部、国家工商行政管理总局决定,授予北京市工商行政管理局西城分局等200个单位"全国工商行政管理系统先进集体"荣誉称号;授予鲍文军等80名同志"全国工商行政管理系统先进工作者"荣誉称号。被授予"全国工商行政管理系统先进工作者"荣誉称号的人员,享受省部级劳动模范和先进工作者待遇。希望受到表彰的先进集体和先进工作者珍惜荣誉,谦虚谨慎,发扬成绩,再立新功。

全国广大工商行政管理人员要以先进典型为榜样,在以胡锦涛同志为总书记的党中央领导下,高举邓小平理论和"三个代表"重要思想伟大旗帜,解放思想、实事求是、与时俱进,不断提高执政能力,进一步树立新时期工商行政管理队伍为民、务实、清廉的良好形象,为实现全面建设小康社会的宏伟目标而努力奋斗。

人　事　部
国家工商行政管理总局
二〇〇四年十一月二十五日

二、全国工商行政管理系统先进集体名单（200个）

北京市

北京市工商局西城分局

北京市工商局海淀分局

北京市工商局大兴分局

北京市工商局顺义分局

北京市工商局昌平分局

北京市工商局"12315"消费者投诉中心

天津市

天津市工商局东丽分局

天津市工商局宝坻分局

天津市工商局红桥分局

天津市工商局和平分局劝业场工商所

天津市工商局蓟县分局兴华工商所

天津市工商局开发区分局内资科

河北省

石家庄市工商局

蔚县工商局

南宫市工商局

盐山县工商局

深州市工商局

滦平县工商局

唐山市工商局

保定市工商局

廊坊市工商局

山西省

太原市工商局

大同市工商局南郊分局

长治市工商局

泽州县工商局

晋中市工商局

运城市工商局

内蒙古自治区

包头市工商局昆都仑区分局

鄂尔多斯市工商局

呼和浩特市工商局

呼伦贝尔市工商局海拉尔区分局

内蒙古自治区工商局稽查分局

辽宁省

沈阳市工商局

大连市工商局

鞍山市工商局

清原满族自治县工商局

东港市工商局

锦州市工商局企业注册监督管理分局企业监督管理科

阜新蒙古族自治县工商局

辽阳县工商局

西丰县工商局西丰镇工商所

吉林省

吉林市工商局

长春市工商局注册分局

四平市工商局铁西分局

柳河县工商局

抚松县工商局

珲春市工商局

白城市工商局明仁工商分局

松原市工商局注册分局

黑龙江省

哈尔滨市工商局

齐齐哈尔市工商局

佳木斯市工商局

大庆市工商局

牡丹江市工商局西安分局

鸡西市工商局鸡冠分局

安达市工商局

集贤县工商局商贸城市场分局

上海市

上海市工商局浦东新区分局注册处

上海市工商局黄浦分局南京东路工商所

上海市工商局虹口分局法制科

上海市工商局嘉定分局

上海市工商局青浦分局

上海市工商局外资企业注册处

江苏省

苏州工商局

扬州工商局

无锡工商局

南京市工商局鼓楼分局

沛县工商局

金坛工商局

海门工商局

射阳工商局

浙江省

杭州市工商局余杭分局

宁波市工商局余姚分局

温州市工商局龙湾分局

绍兴市工商局

嘉善县工商局

湖州市工商局吴兴分局

兰溪市工商局注册分局

台州市工商局

安徽省

滁州市工商局

芜湖市工商局

肥东县工商局

无为县工商局

宁国市工商局

铜陵市工商局铜官山区分局长江路工
商所

望江县工商局华阳工商所

福建省

连江县工商局

厦门市工商局思明分局

南靖县工商局

石狮市工商局检查大队

莆田市涵江区工商局

沙县工商局

建瓯市工商局

永定县工商局

江西省

九江市浔阳区工商局

乐平市工商局

莲花县工商局琴水分局

兴国县工商局

鄱阳县工商局

资溪县工商局鹤城分局

山东省

济南市工商局

青岛市工商局

淄博市工商局

东营市工商局

烟台市工商局

潍坊市工商局

临沂市工商局批发城分局

聊城市工商局东昌府分局

日照市工商局东港分局日照工商所

河南省

宝丰县工商局

辉县市工商局

南阳市工商局专业分局

郑州市工商局金水分局花园路工商所

鄢陵县工商局马栏工商所

洛阳市工商局西工分局小街工商所

安阳市工商局文峰分局城南工商所

永城市工商局老城中心工商所

淮滨县工商局台头工商所

湖北省

武汉市工商局

宜昌市工商局

大冶市工商局

丹江口市工商局

荆州市工商局登记注册分局

钟祥市工商局

浠水县工商局

建始县工商局

湖南省

长沙市工商局雨花分局

湘潭市工商局雨湖分局砂子岭工商所

桃源县工商局

张家界市工商局武陵源分局

桃江县工商局

资兴市工商局

娄底市工商局

隆回县工商局横板桥工商所

广东省

广州市工商局"12315"消费者申诉举报
指挥中心

珠海市工商局

惠州市工商局

东莞市工商局

中山市工商局

开平市工商局

南雄市工商局

佛冈县工商局

潮安县工商局

广西壮族自治区

南宁市工商局江南分局

桂平市工商局
灵山县工商局
桂林市工商局
靖西县工商局
岑溪市工商局

海南省
海口工商局龙华管理分局龙华工商所
三亚工商局红旗工商所
儋州工商局红旗工商所

重庆市
重庆市工商局企业登记所
重庆市工商局沙坪坝区分局双巷子工商所
重庆市万州区工商局公平交易科

四川省
绵阳市工商局
成都市金牛工商局
德阳市工商局
南充市工商局
内江市工商局
遂宁市工商局
宜宾市工商局
乐山市工商局直属分局

贵州省
贵阳市工商局公平交易处
盘县工商局
镇远县工商局
都匀市工商局育英巷工商所

云南省
瑞丽市工商局
江川县工商局
昆明市盘龙区工商局
楚雄市工商局
昭通市昭阳区工商局公平交易股
大理市工商局

西藏自治区
日喀则市工商局
拉萨市工商局城关分局

陕西省
西安市工商局
宝鸡市工商局
汉中市工商局
咸阳市工商局秦都分局

大荔县工商局
定边县工商局
洛南县工商局

甘肃省
酒泉市工商局
天祝藏族自治县工商局
天水市工商局秦城分局
张掖市工商局甘州分局
兰州市工商局城关分局

青海省
西宁市工商局
互助县工商局
祁连县工商局
同仁县工商局

宁夏回族自治区
银川市工商局
海原县工商局
隆德县工商局
石嘴山市工商局惠农分局

新疆维吾尔自治区
巴音郭楞蒙古自治州工商局
乌鲁木齐市天山区工商局
石河子工商局城区分局
塔城市工商局
喀什市工商局

三、全国工商行政管理系统先进工作者名单（80名）

北京市
鲍文军（女）　北京市工商局崇文分局红桥工商所所长
娄凤梅（女）　北京市消费者协会秘书长
张　岩　北京市工商局东城分局执法检查队队长

天津市
李国军　天津市工商局河西分局副局长
任爱国　天津市工商局和平分局公平交易科副科长

河北省
齐志刚　石家庄市工商局桥东分局局长
张盈禄　冀州市工商局局长

徐德宏　邯郸市工商局局长

王增祥　三河市工商局局长

山西省

薛维栋　太原市工商局局长

赵　勇　山西省工商局企业注册监督管理处处长

内蒙古自治区

双　喜(蒙古族)　通辽市工商局局长

谭启林　赤峰市工商局局长

辽宁省

王廷军　朝阳市工商局局长、党组书记

王志刚　营口市工商局公平交易科副主任科员

冉春复　盘锦市工商局经济检查分局局长

吉林省

陈春萍(女)　吉林市工商局消费者权益保护处处长

单颖萍(女)　辽源市工商局西安分局局长

林　凯　长春市工商局宽城分局公平交易科科长

黑龙江省

于雪梅(女)　大庆市工商局企业科副主任科员

霍晓光　绥滨县工商局局长

张雪梅(女)　垦区工商局宝泉岭分局军川工商所所长

上海市

谢正豪　上海市工商局长宁分局虹桥工商所所长

徐华君　上海市工商局奉贤分局检查支队支队长

褚勤芳　上海市工商局金山分局亭林工商所所长

江苏省

邱家根　昆山工商局城北分局局长

杨晓峰　如皋市工商局监督管理科科长

毛作磊　东海县工商局局长

浙江省

毛国章　舟山市工商局企业注册处处长

刘一鸣　龙泉市工商局西街工商所所长

陈利民　衢州市工商局衢江分局局长

安徽省

朱丽芳(女)　淮北市工商局杜集分局矿山集工商所所长

葛友明　宿州市工商局直属局局长

赵承国　马鞍山市工商局机关党委专职副书记

福建省

王梅玲(女)　漳州市工商局注册科科长

张建明　浦城县工商局检查大队大队长

王强文　福州市鼓楼区工商局局长

江西省

帅华龙　南昌市青山湖区工商局局长

兰社源　高安市工商局黄沙分局分局长

肖丽凤(女)　万安县工商局党组书记、局长

山东省

陈学隆　济宁市工商局局长

邵立勇　滨州市工商局局长

卢建刚　菏泽市工商局局长

李冠强　枣庄市工商局市中分局局长

河南省

沙庆祥(回族)　郑州市工商局管城分局局长

杨传峰　新乡县工商局局长

关秋社　孟州市工商局经检队队长

陶　锋　新蔡县工商局局长

湖北省

吴建平　武汉市工商局江汉分局注册登记直属局局长

戴燕军　襄樊市工商局经济检查大队副队长

钟国庆　鄂州市工商局城区分局执法大队副大队长

湖南省

李晋宏　株洲市工商局高新技术产业开发区分局副局长

易秋萍(女)　洪江市工商局黔城工商

所所长

张　民（土家族）　吉首市工商局消费者权益保护股股长

广东省

吉相美（女）　深圳市工商局罗湖分局湖贝工商所副主任科员

钟伟泉　中山市工商局局长

曹景良　东莞市工商局经检支队支队长

何其辉　阳江市工商局海陵分局科员

黄明光　电白县工商局博贺工商所所长

广西壮族自治区

何仕良（壮族）　武鸣县工商局局长

陈　军（瑶族）　富川瑶族自治县工商局城关工商所所长

重庆市

郑达夫　重庆市工商局南岸区分局南坪工商所所长

胡中山　重庆市工商局北碚区分局天生工商所所长

四川省

孙　强　内江市工商局党组书记、局长

罗建新　石棉县工商局党组书记、局长

罗泽志　南部县工商局大坪工商所所长

贵州省

张绍书　桐梓县工商局松坎工商所所长

杜林林　清镇市工商局局长

云南省

赵书华　昆明市官渡区工商局局长

徐爱芬（女）　楚雄彝族自治州工商局人事教育科科长

西藏自治区

吕秋梅（女）　林芝地区工商局企业科科长

陕西省

魏开亮　黄龙县工商局局长

贾敬光　宜君县工商局局长

朱　晶　宁陕县工商局蒲河工商所所长

甘肃省

宋文辉　成县工商局经济检查大队队长

辛根瑞　泾川县工商局局长

青海省

牛福禄　西宁市工商局城东分局局长

宁夏回族自治区

张　磊　吴忠市工商局公平交易局局长

新疆维吾尔自治区

尹　红（女）　乌鲁木齐市水磨沟区工商局新民路工商所所长

艾尼瓦尔·热买提（维吾尔族）　喀什地区工商局局长

四、国家工商行政管理总局《关于表彰全国工商行政管理系统先进工商所和优秀工商行政管理人员的决定》（工商人字[2004]第193号）

近几年来,各级工商行政管理机关认真学习邓小平理论和"三个代表"重要思想,深入贯彻落实党的"十六大"和十六届三中、四中全会精神,大力加强社会主义精神文明建设和基层队伍建设,涌现出一大批先进工商所和优秀工商行政管理人员。他们忠于职守,勤奋工作,开拓进取,依法行政,廉洁自律,无私奉献,为维护社会主义市场经济秩序做出了优异成绩。为了表彰先进,弘扬正气,激励广大工商行政管理人员更好地履行监管市场和行政执法职能,国家工商行政管理总局决定,授予北京市工商行政管理局东城分局和平里工商所等379个工商所"全国工商行政管理系统先进工商所"荣誉称号,授予张承桂等502名同志"全国工商行政管理系统优秀工商行政管理人员"荣誉称号。希望受表彰的先进工商所和优秀工商行政管理人员珍惜荣誉,谦虚谨慎,再接再厉,为国家和人民作出新的贡献。

国家工商行政管理总局号召各级工商行政管理机关和全体工商行政管理人员向先进工商所和优秀工商行政管理人员学习,在以胡锦涛同志为总书记的党中央领导下,认真学习邓小平理论和"三个代表"重要思想,牢记全心全意为人民服务的宗旨,树立科学的发展观,求真务实,与时俱进,积极开拓进取,努力钻研业务,加强思想作风建设,全面提高自身素质，坚持执法为民，积极打造信用工商，尽职尽责加强监管执法，尽心尽力促进改革发展，进一步树立工商行政管理队伍为民、务实、清廉的良好形象，为实现全面建设小康社会的宏伟目标而努力奋斗！

国家工商行政管理总局
二〇〇四年十二月一日

五、全国工商行政管理系统先进工商所名单（379 个）

北京市

北京市工商局东城分局和平里工商所
北京市工商局西城分局月坛工商所
北京市工商局朝阳分局华威工商所
北京市工商局丰台分局右安门工商所
北京市工商局门头沟分局斋堂工商所
北京市工商局通州分局永顺工商所
北京市工商局延庆分局八达岭工商所

天津市

天津市工商局东丽分局民权门工商所
天津市工商局津南分局何庄子工商所
天津市工商局武清分局崔黄口工商所
天津市工商局塘沽分局杭州道工商所
天津市工商局南开分局学府工商所
天津市工商局静海分局市场检查中队
天津市工商局北辰分局市场检查中队

河北省

青龙满族自治县工商局城关分局
秦皇岛市工商局海港分局港城工商所
新乐市工商局协神工商所
石家庄市工商局桥东分局中山东路工商所
武邑县工商局清凉店工商所
枣强县工商局营区工商所
蔚县工商局南留庄工商所
张北县工商局牲畜市场管理所
清河县工商局城东工商所
隆尧县工商局华龙工商所
隆化县工商局张三营工商所
泊头市工商局寺门村工商所
吴桥县工商局桑园工商所
迁安市工商局杨店子工商所
乐亭县工商局姜各庄工商所
永年县工商局直属三分局

涉县工商局城关工商所
满城县工商局县城工商所
高阳县工商局庞口工商所
霸州市工商局胜芳分局

山西省

太原市工商局迎泽分局柳巷工商所
左云县工商局云兴工商所
阳泉市工商局城区分局下站工商所
长治市工商局城区分局英雄台工商所
高平市工商局城镇工商所
应县工商局辽代街工商所
原平市工商局西城工商所
晋中市工商局榆次分局迎宾工商所
曲沃县工商局里村工商所
大宁县工商局昕水工商所
新绛县工商局城镇工商所
离石市工商局城西工商所
太原市工商局杏花岭分局三桥工商所

内蒙古自治区

鄂尔多斯市工商局东胜区分局民生工商所
呼和浩特市工商局专业市场管理分局客货运输工商所
乌拉特后旗工商局东升庙工商所
乌兰浩特市工商局兴安工商所
包头市工商局九原区分局兴胜工商所
乌海市工商局海勃湾分局青山工商所
锡林浩特市工商局锡林工商所
翁牛特旗工商局海拉苏工商所
四子王旗工商局乌兰花工商所
呼伦贝尔市工商局海拉尔区分局正阳工商所
通辽市工商局科尔沁区分局第六工商所

辽宁省

沈阳市工商局铁西分局凌空工商所
沈阳市工商局沈河分局大南工商所
大连市工商局西岗分局日新工商所
大连市工商局金州分局光明工商所
鞍山市工商局开发区分局四隆广场市场管理所
海城市工商局西柳分局
抚顺市工商局东洲分局虎台工商所

本溪市工商局明山分局消防工商所

宽甸满族自治县工商局长甸工商所

黑山县工商局八道壕工商所

锦州市工商局凌河分局五里工商所

营口市工商局东升分局东升市场管理所

彰武县工商局车辆运输管理所

辽阳市工商局白塔分局西关工商所

铁岭市工商局银州分局小桥子工商所

北票市工商局马友营工商所

大洼县工商局榆树工商所

建昌县工商局喇嘛洞工商所

吉林省

农安县工商局黄金分局

吉林市工商局注册分局

四平市工商局铁东分局中央路南工商所

东辽县工商局寿山工商分局

辉南县工商局富强分局

江源县工商局孙家堡子分局

松原市工商局松原经济技术开发区分局

延吉市工商局延东分局

黑龙江省

哈尔滨市工商局道外分局南十六工商所

尚志市工商局尚志分局

讷河市工商局讷河分局

齐齐哈尔市工商局铁锋分局景新工商所

绥芬河市工商局青云工商所

汤原县工商局鹤立分局

大庆市工商局让胡路分局龙岗工商所

密山市工商局密山工商所

双鸭山市工商局三利商贸城市场管理所

伊春市工商局伊春分局红升工商所

七台河市工商局七彩城工商所

鹤岗市工商局工农分局育才工商所

黑河市工商局爱辉分局海兰街工商所

绥化市工商局北林分局吉泰工商所

塔河县工商局大世界工商所

垦区建三江工商分局前进工商所

垦区红兴隆工商分局北兴工商所

上海市

上海市工商局浦东新区分局检查支队

上海市工商局卢湾分局淮海中路工商所

上海市工商局徐汇分局徐家汇工商所

上海市工商局普陀分局长征工商所

上海市工商局杨浦分局经济检查支队

上海市工商局松江分局东城工商所

上海市工商局崇明分局新河工商所

江苏省

南京市工商局栖霞分局迈皋桥工商所

南京市工商局白下分局淮海路工商所

江阴工商局澄南分局

铜山工商局大庙分局

武进工商局湖塘分局

苏州市高新区（虎丘）工商局枫桥工商所

常熟工商局招商城分局

通州工商局川港分局

赣榆工商局青口分局

楚州工商局城区分局

东台工商局新街分局

江都工商局邵伯分局

句容工商局华阳分局

靖江工商局斜桥分局

沭阳工商局马厂分局

苏州工业园区工商局三分局

浙江省

杭州市工商局江干分局新塘工商所

宁波市工商局奉化分局溪口工商所

温州市工商局鹿城分局五马工商所

绍兴县工商局中国轻纺城分局

海宁市工商局袁花工商所

德清县工商局新市工商所

义乌市工商局中国小商品城分局

衢州市工商局荷花工商所

温岭市工商局太平工商所

丽水市工商局城东工商所

舟山市工商局普陀分局沈家门工商所

安徽省

合肥市工商局庐阳分局长江中路工商所

淮北市工商局相山分局相南工商所

蒙城县工商局青云工商所

灵璧县工商局城关工商所

蚌埠市工商局龙子湖区分局国强路工商所

淮南市工商局田家庵区分局龙湖工商所

全椒县工商局襄河工商所

六安市金安区工商局三十铺工商所

巢湖市居巢区工商局柘皋工商所

马鞍山市工商局花山区分局桃源工商所

芜湖市工商局镜湖区分局中山路工商所

池州市工商局贵池区分局池州工商所

安庆市工商局郊区工商分局肖坑工商所

黄山市工商局屯溪区分局荷花池工商所

福建省

福州市晋安区工商局福新工商所

厦门市工商局翔安分局新圩工商所

龙海市工商局角美工商所

泉州市鲤城区工商局中区工商所

仙游县工商局鲤城工商所

三明市三元区工商局白沙工商所

南平市延平区工商局鼓楼工商所

长汀县工商局城区工商所

福安市工商局赛岐工商所

霞浦县工商局松城工商所

江西省

南昌县工商局莲塘分局

南昌市东湖区工商局永外分局

九江市庐山区工商局十里分局

都昌县工商局城镇分局

景德镇市珠山区工商局新村工商分局

萍乡市安源区工商局安源分局

新余市渝水区工商局良山分局

余江县工商局锦江分局

赣县工商局南塘分局

瑞金市工商局沙洲坝分局

宜春市袁州区工商局城北分局

广丰县工商局永丰分局

泰和县工商局城区分局

崇仁县工商局礼陂分局

山东省

济南市工商局市中分局英雄山路工商所

济南市工商局历城分局华山工商所

青岛市工商局市南分局中山路工商所

青岛市工商局崂山分局沙子口工商所

淄博市工商局淄川分局淄城工商所

枣庄市工商局山亭分局徐庄工商所

东营市工商局东营分局淄博路工商所

龙口市工商局北马工商所

蓬莱市工商局画河市场管理所

诸城市工商局城关工商所

高密市工商局醴泉工商所

曲阜市工商局三孔景区工商所

新泰市工商局新汶工商所

肥城市工商局安驾庄工商所

荣成市工商局斥山工商所

文登市工商局文城工商所

日照市工商局岚山分局碑廓工商所

五莲县工商局街头工商所

沂水县工商局城区工商所

莒南县工商局板泉工商所

夏津县工商局夏津工商所

东阿县工商局铜城工商所

阳谷县工商局城区工商所

博兴县工商局兴福工商所

郓城县工商局金河工商所

单县工商局终兴工商所

河南省

中牟县工商局城区工商所

开封市工商局龙亭分局旅游景区管理所

洛阳市工商局车站分局道北工商所

偃师市工商局顾县工商所

汝州市工商局小屯工商所

舞钢市工商局铁山工商所

安阳市工商局专业分局机动车交易市场管理所

新乡市工商局红旗分局平原工商所

鹤壁市工商局山城分局长风工商所

新乡市工商局牧野分局二中工商所

沁阳市工商局城区工商所

濮阳市工商局市区分局商贸区工商所

襄城县工商局回族镇工商所

漯河市工商局专业分局贸易区工商所

渑池县工商局城关工商所

夏邑县工商局车站中心工商所

民权县工商局人和中心工商所

项城市工商局水寨工商所

郸城县工商局南丰工商所

驻马店市工商局驿城分局新华工商所

邓州市工商局穰东工商所

镇平县工商局贾宋工商所

信阳市工商局浉河分局民权工商所

信阳市工商局专业分局上天梯工商所

开封市工商局鼓楼分局夜市工商所

湖北省

武汉市工商局硚口分局三曙工商所

武汉市工商局武昌分局大东门工商所

黄石市工商局西塞山分局新城工商所

十堰市工商局茅箭分局五堰工商所

荆州市工商局沙市分局凤凰工商所

宜昌市夷陵区工商局小溪塔分局

南漳县工商局武镇分局

鄂州市工商局城区分局凤凰工商所

荆门市工商局掇刀分局白庙工商所

云梦县工商局义堂分局

黄冈市黄州区（开发区）工商局赤壁分局

嘉鱼县工商局鱼岳分局

广水市工商局十里分局

恩施市工商局小渡船分局

仙桃市工商局城北分局

天门市工商局马湾分局

潜江市工商局西城分局

神农架林区工商局木鱼工商分局

湖南省

长沙县工商局黄花工商所

浏阳市工商局镇头工商所

衡阳市工商局石鼓分局西湖工商所

攸县工商局城关工商所

湘潭市工商局岳塘分局建设路工商所

邵东县工商局流光岭工商所

岳阳市工商局云溪分局长岭工商所

安乡县工商局董家当工商所

慈利县工商局观音桥工商所

桃江县工商局桃花江工商所

郴州市工商局兴隆工商所

祁阳县工商局黎家坪工商所

怀化市工商局鹤城分局迎丰工商所

冷水江市工商局江北路工商所

凤凰县工商局沱江工商所

广东省

广州市工商局越秀分局流花工商所

深圳市工商局宝安分局公明工商所

珠海市工商局拱北分局拱北工商所

汕头市澄海区工商局莲上工商所

佛山市南海区工商局盐步分局

佛山市顺德区工商局大良分局

曲江县工商局马坝工商所

河源市工商局源城分局兴源工商所

梅州市工商局梅江分局百花洲工商所

惠州市工商局仲恺高新区分局中星工商所

陆河县工商局河田工商所

东莞市工商局虎门分局

中山市工商局石歧分局

中山市工商局三乡分局

江门市工商局新会分局城西工商所

阳西县工商局新城工商所

湛江市工商局赤坎分局海田工商所

茂名市工商局城区分局官山工商所

肇庆市工商局端州分局建设工商所

清远县工商局太和工商所

潮安县工商局彩塘工商所

揭阳市工商局榕城分局仙桥工商所

云安县工商局六都工商所

广西壮族自治区

宾阳县工商局商贸城工商所

桂林市工商局七星（高新）分局屏风工商所

柳江县工商局新城工商所

梧州市工商局蝶山分局新兴工商所

北海市工商局海城分局城西工商所

钦州市工商局钦城分局城北工商所

防城港市防城区工商局城南工商所

贵港市工商局港北分局城中工商所

来宾市工商局兴宾分局来宾工商所

凭祥市工商局浦寨工商所

贺州市八步区工商分局灵峰工商所

玉林市工商局工业品市场第一工商所

平果县工商局马头工商所

南丹县工商局城关工商所

海南省

海口工商局琼山管理分局大致坡工商所

琼中工商局营根工商所

东方工商局东海工商所

重庆市

重庆市工商局渝中区分局朝天门工商所

重庆市工商局九龙坡区分局杨家坪工商所

江津工商局几江工商所

忠县工商局忠州工商所

开县工商局汉丰第二工商所

武隆县工商局江南工商所

四川省

攀枝花市西区工商局河门口工商所

遂宁市工商局直属分局城南工商所

德阳市工商局开发区分局旌湖工商所

西昌市工商局东城工商所

简阳市工商局贾家工商所

丹棱县工商局城区工商所

康定县工商局炉城河西工商所

荣县工商局乐德工商所

成都市武侯工商局浆洗街工商所

犍为县工商局罗城工商所

九寨沟县工商局九寨沟工商所

资中县工商局水南工商所

江油市工商局经济检查大队

大竹县工商局竹阳工商所

广元市市中区工商局宝轮工商所

宜宾市翠屏区工商局东城工商所

巴中市巴州区工商局茶坝工商所

广安市广安区工商局协兴工商所

贵州省

贵阳市工商局花溪分局桥南工商所

遵义市工商局开发区分局上海路工商所

安顺市工商局西秀区分局七眼桥工商所

福泉市工商局马场坪工商所

镇远县工商局舞阳工商所

铜仁市工商局市中工商所

金沙县工商局城关工商所

六盘水市工商局钟山分局黄土坡工商所

晴隆县工商局莲城工商所

云南省

香格里拉县工商局城南分局

云县工商局爱华分局

景洪市工商局城关分局

个旧市工商局大屯工商所

保山市隆阳区工商局龙泉分局

罗平县工商局罗雄分局

砚山县工商局平远分局

泸水县工商局片马工商分局

镇沅县工商局按板工商所

镇雄县工商局乌峰分局

西藏自治区

拉萨市工商局城关分局宗角禄康工商所

陕西省

西安市工商局灞桥分局十里铺工商所

西安市工商局雁塔分局含光路工商所

宝鸡市工商局渭滨分局姜谭工商所

咸阳市工商局渭城分局民院工商所

泾阳县工商局泾干工商所

韩城市工商局城郊工商所

富平县工商局美原工商所

榆林市工商局榆阳分局镇川工商所

城固县工商局钟楼工商所

汉阴县工商局城关工商所

富县工商局茶坊工商所

铜川市工商局印台分局城关工商所

镇安县工商局城关工商所

杨凌工商局西农路工商所

甘肃省

高台县工商局城关工商所

景泰县工商局一条山工商所

临潭县工商局城关工商所

武威市工商局凉州分局武南工商所

积石山保安族东乡族撒拉族自治县工商局吹麻滩工商所

康县工商局城关工商所

金昌市工商局滨河路工商所

庆阳市工商局西峰分局东街工商所

定西市工商局安定分局永定工商所

青海省

西宁市工商局城西分局同仁路工商所

格尔木市工商局河东工商所

称多县工商局清水河工商所

玛多县工商局花石峡工商所

宁夏回族自治区

银川市工商局西夏分局西夏工商所

石嘴山市工商局大武口二分局白芨沟工商所

青铜峡市工商局商城工商所

固原市工商局原州分局城关工商所

新疆维吾尔自治区

乌鲁木齐市沙依巴克区工商局七一工商所

伊宁市工商局塔西来普开工商所

昌吉市工商局延安北路工商所

额敏县工商局朝阳工商所

库尔勒市工商局天山工商所

阿克苏市工商局库木巴什工商所

疏勒县工商局南门工商所

六、全国工商行政管理系统优秀工商行政管理人员名单（502名）

北京市

张承桂（满族）　北京市工商局天安门地区分局局长

左连中　北京市工商局宣武分局企业监督科科长

尤伯康　北京市工商局朝阳分局信息档案中心副主任

齐建云　北京市工商局海淀分局登记注册科科长

吴春英（女）　北京市工商局石景山分局企业个体经济监督管理科科长

王志新　北京市工商局房山分局经济检查科科长

甄宝光　北京市工商局大兴分局消费者权益保护科科长

黄大宽　北京市工商局怀柔分局怀北工商所所长

李朝晖　北京市工商局密云分局城关工商所所长

纪满勤　北京市工商局平谷分局经济检查科科长

龚士刚　北京市工商局燕山分局消保（经检）科副科长

天津市

刘艳霞（女）　天津市工商局河东分局消费者权益保护科科长

李强（回族）　天津市工商局北辰分局公平交易科科长

高贺芝（女）　天津市工商局宝坻分局外资科副科长

高贵平　天津市工商局汉沽分局寨上工商所副所长

孙国水　天津市工商局大港分局公平交易科科长

董福文　天津市工商局宁河分局宣传教育科科长

魏克良　天津市工商局西青分局市场检查中队队长

韩志庆　天津市工商局河北分局建昌道工商所所长

陈永琴（女）　天津市工商局企业监督管理处干部

河北省

徐宝昌　青龙满族自治县工商局局长

张桂明　昌黎县工商局新开口工商所所长

耿彦宗　元氏县工商局局长

耿永奎　辛集市工商局皮革商城分局局长

孟建基　安平县工商局局长

陈晓保　衡水市工商局桃城分局党组成员、副主任科员

孙世钧　张家口市工商局局长

李幸福　张家口市工商局个体运输管理稽查大队大队长

范俊海　邢台市工商局副局长

薛群芳　邢台市工商局桥西分局经济检查科科长

李广军　承德市工商局双桥分局局长

张俊瑞（满族）　承德市工商局企业注册分局局长

王云熙　东光县工商局局长

陈瑞芳　沧州市工商局运东分局车站工商所所长

姜以昌　黄骅市工商局局长

王桂玲（女）　唐山市工商局直属二分局局长

杨思荣　唐山市工商局路南区分局局长

李志强　磁县工商局磁州工商分局局长

孟文君（女）　邯郸市工商局峰峰矿区分局综合执法科副科长

田占军　安国市工商局局长

张瑞清　保定市工商局北市区分局局长

牛华　高碑店市工商局泗庄工商所所长

滑志勇　固安县工商局局长

魏振生　大城县工商局局长

赵连河　石家庄市工商局新华分局宁安路工商所所长

山西省

黄澄　太原市工商局万柏林分局局长

宋斌　大同市工商局城区分局局长

王希礼　盂县工商局局长

张怀栋　阳泉市工商局矿区分局局长

李小红　沁县工商局局长

闫英（女）　阳城县工商局局长

曹旭　朔州市工商局朔城分局局长

张秀平　怀仁县工商局办公室主任

崔晋文　忻州市工商局忻府分局北关工商所所长

智芝文　定襄县工商局局长

李贵贵　晋中市工商局企业注册监督管理科科长

于剑云　介休市工商局局长

师培立　浮山县工商局局长

焦国祥　山西省工商局纪检组副组长、监察室主任

相高峰　运城市工商局盐湖分局局长

王旭　孝义市工商局柳湾工商所所长

田锡发　吕梁市工商局信息中心主任兼办公室副主任

内蒙古自治区

邸文奎（回族）　呼和浩特市工商局新城分局局长

杨述茂　满洲里市工商局局长

包海龙（蒙古族）　锡林郭勒盟工商局人事教育科科长

鲍海龙（蒙古族）　阿拉善左旗工商局吉兰太工商所所长

李仲华　根河市工商局满归工商所所长

刘德生　奈曼旗工商局局长

高永忠　鄂尔多斯市工商局东胜区分局局长

王春荣　临河市工商局曙光工商所所长

郭文宽　包头市工商局专业市场管理分局东河工商所所长

白雪松　乌兰浩特市工商局局长

张介一　赤峰市工商局松山区分局局长

金·巴特尔（蒙古族）　二连浩特市工商局锡林分局科员

李振华　乌兰察布盟工商局局长

辽宁省

成岩　沈阳市工商局经济检查分局副局长

季军（女）　沈阳市工商局皇姑分局长江工商所副主任科员

李云平　沈阳市工商局大东分局监察二大队大队长

陈长杰（女）　沈阳市工商局东陵分局南塔工商所所长

李雪松（女）　大连市工商局外商投资企业登记管理处副处长

郭树盛　大连市工商局中山分局青泥工商所所长

曲毅　普兰店市工商局安波工商所所长

寇灵君 鞍山市工商局千山分局局长

张忠孝 鞍山市工商局立山分局立山工商所管理员

金学柏（满族） 抚顺县工商局石文工商所所长

刘怀舟 抚顺市工商局顺城分局戈布工商所所长

李 林 本溪县工商局小市工商所巡察组组长

盛 国 东港市工商局前阳工商所所长

宋 飞 丹东市工商局振安分局五龙背工商所所长

张思东 义县工商局办公室主任

胡大义 锦州市工商局经济技术开发区分局副局长

潘吉成 盖州市工商局万福工商所所长

刘 宁 阜新蒙古族自治县工商局"双生"市场所所长

马树良 辽阳市工商局商贸管理分局局长

韩 坤 铁岭市工商局消费者权益保护科科长

张铁娥（女） 昌图县工商局十八家子工商所所长

黄国富 朝阳市工商局运输市场监督管理分局货运三所所长

牛正民 盘锦市工商局兴隆台分局局长

孙连生 葫芦岛市工商局稽查分局局长

安 珂（女） 辽宁省工商局消费者权益保护处处长

吉林省

刘文亮 榆树市工商局五棵树工商分局局长

孟洪飞 长春市工商局朝阳分局永昌工商所所长

魏 国 长春市工商局绿园分局正阳工商所所长

黄 莺（女） 吉林市工商局丰满分局玉山路工商所所长

李树军 吉林市工商局船营分局局长

吕立新 双辽市工商局物华楼管理分局局长

李继岩 四平市工商局范家屯经济开发区分局局长

谢海东 辽源市工商局龙山分局东吉工商所副所长

李景权 东丰县工商局注册分局局长

王丽杰（女） 梅河口市工商局新华分局局长

于永华（女） 白山市工商局注册分局登记科科长

王成和 白城市工商局明仁分局局长

张宪礼 通榆县工商局局长

李秀明 乾安县工商局大布苏分局局长

金权洙（朝鲜族） 珲春市工商局局长

董兴龙 图们市工商局局长

黑龙江省

李 龙 哈尔滨市工商局开发区分局企业登记管理科副科长

崔梦飞 哈尔滨市工商局太平分局南直工商所管理员

胡纯义 齐齐哈尔市工商局龙沙分局局长

韩学英 宁安市工商局局长

金 平（朝鲜族） 宁安市工商局镇东分局局长

郭树清 桦南县工商局局长

梁宝君 大庆市工商局农产品综合批发大市场工商所所长

王立华 鸡西市工商局向阳分局局长

李乃臣 集贤县工商局局长

程 军 伊春市工商局南岔分局浩良河工商所所长

王佳新 七台河市工商局房地产市场管理所所长

林洪敏（女） 鹤岗市工商局企业登记注册科科长

姚 刚 黑河市工商局爱辉分局副局长

陶贵林 明水县工商局通达综合管理所所长

田维学　　肇东市工商局局长

张玉志　　塔河县工商局副局长

刘忠义　　垦区牡丹江工商分局迎春工商所所长

李连巍　　通河县工商局通河分局局长

上海市

褚卫东　　上海市工商局黄浦分局南京东路工商所所长

余荣林　　上海市工商局静安分局办公室副主任科员

程仲裕　　上海市工商局闸北分局法制科科长

马德兴　　上海市工商局虹口分局提篮桥(新港)工商所所长

俞继英(女)　　上海市工商局闵行分局财务科科长

陈耀忠　　上海市工商局宝山分局干部人事科科长

张鸿斌　　上海市工商局南汇分局祝桥工商所所长

徐永华　　上海市工商局青浦分局青浦工商所所长

吴德和　　上海市工商局办公室主任科员

蔡卫东　　上海市工商局检查总队副总队长

江苏省

张德华　　南京市江宁区工商局局长

王志坚　　南京市工商局建邺分局南湖工商所所长

徐　明　　宜兴工商局城北分局科员

王国强　　锡山工商局公平交易科副科长

翟苏明　　邳州工商局经济监督检查大队队长

耿彩云(女)　　徐州工商局泉山分局局长

吴红军　　溧阳市工商局竹簧分局科员

马旭峰　　常州市工商局新北分局副局长

张林高　　张家港市工商局局长

冷尧明　　苏州市相城工商局经济监督检查大队大队长

谢鸿鸣　　如东工商局局长

周平安　　海安工商局局长

孙　强　　连云港市工商局新浦分局局长

熊均根　　淮安工商局信息中心副主任

贾洪兵　　涟水工商局经济监督检查大队大队长

王久春　　大丰工商局公平交易科科长

严加国　　阜宁工商局公平交易科科长

杨兆禄　　扬州工商局广陵分局广陵工商所副所长

林永贵　　邗江工商局李典分局局长

赵　谷　　镇江市工商局京口分局经济监督检查大队大队长

储　娟(女)　　姜堰工商局溱潼分局局长

王海潮　　泗阳工商局副局长

浙江省

裴逸平　　宁波市工商局企业注册处主任科员

金卫良　　杭州市工商局法规处处长

傅宏伟　　杭州市工商局桐庐分局经济检查科科长

孙银苗　　宁波市工商局慈溪分局逍林工商所所长

张海波　　宁波市工商局北仑分局柴桥工商所科员

叶建松　　瑞安市工商局企业科科员

徐剑平　　文成县工商局经济检查大队大队长

潘绍东　　新昌县工商局局长

杨伯祥　　诸暨市人民政府办证中心工商窗口主任

周曙光　　嘉兴市工商局秀城分局副局长

沈奇涵　　桐乡市工商局濮院工商所所长

陈敏强　　长兴县工商局经济检查大队副主任科员

贾海光　　金华市工商局金东分局澧浦工商所所长

朱成田　　衢州市工商局监察室主任科员

滕士平　温岭市工商局局长

陶国良　台州市工商局路桥分局经济检查大队队长

留少容　青田县工商局局长

鲍华君（女）　舟山市工商局定海分局副局长

安徽省

杨　锐　合肥市工商局城隍庙分局局长

王道平　合肥市工商局公平交易局经济检查一大队队长

单正君　淮北市工商局相山工商分局相北工商所所长

孙民智　亳州市工商局直属局生产资料市场工商所所长

慕升丛　宿州市工商局宿城分局西关工商所副所长

赵　耀　固镇县工商局局长

吕敬军　界首市工商局城北工商所所长

李　捷　淮南市工商局谢家集区分局李郢孜工商所所长

王　杰　定远县工商局城郊工商所所长

徐德成　寿县工商局局长

丁　勇　马鞍山市工商局金家庄区分局局长

许泽生　和县工商局局长

刘宗保　芜湖县工商局局长

张学彬　宣城市宣州区工商局水东工商所所长

刘　昌　铜陵县工商局大通工商所副所长

刘正刚　石台县工商局小河工商所所长

祖庭海　怀宁县工商局月山工商所所长

吴义盛　休宁县工商局局长

福建省

蔡胜勇　福州市台江区工商局瀛洲工商所所长

吴志达　厦门市工商局湖里分局江头工商所所长

蔡文诚　长泰县工商局局长

肖朝晖　晋江市工商局深沪工商所所长

卓新昌　莆田市荔城区工商局局长

涂建明　莆田市荔城区工商局黄石工商所所长

苏新社　三明市三元区工商局局长

李晓东　三明市梅列区工商局徐碧工商所所长

吴良应　建阳市工商局局长

朱元清　上杭县工商局局长

张忠新　福建省工商局福鼎缉私队队长兼福鼎市工商局检查大队大队长

吴南贤　福建省工商局个体私营经济监督管理处主任科员

郑岩松　福建省工商局办公室副主任科员

江西省

陶勇利　南昌市西湖区工商局万寿宫分局局长

李腾勇　瑞昌市工商局肇陈分局局长

孟祥萍（女）　乐平市工商局后港分局局长

鲁明德　萍乡市湘东区工商局局长

林丰平　分宜县工商局城镇分局局长

余香娇（女）　鹰潭市月湖区工商局局长

刘沐垣　宁都县工商局局长

黄宜清　龙南县工商局局长

周　青（女）　铜鼓县工商局局长

张　平　万载县工商局副局长

沈良发　广丰县工商局洋口分局局长

柯少华　鄱阳县工商局企业注册监督管理局局长

许世禄　吉安市吉州区工商局局长

陈　林（女）　泰和县工商局公平交易局局长

饶冬亮　南丰县工商局市山分局局长

陈俊明　东乡县工商局企业注册局局长

山东省

罗银龙　济南市工商局天桥分局市场合同管理科科长

李　靖　济南市工商局历下分局山师东路工商所所长

姜　涛　青岛市工商局公平交易局消保处副处长

赵景洋　青岛市工商局市北分局辽源路工商所所长

张连柱　胶南市工商局王台工商所所长

张国平　淄博市工商局张店分局美食街工商所所长

杨　峰(回族)　桓台县工商局局长

李　磊　枣庄市工商局局长

张水先　广饶县工商局局长

郝　宏　海阳市工商局局长

张吉杰　烟台市工商局芝罘分局向阳工商所所长

宋焕铸　昌邑市工商局局长

刘　涛　潍坊市工商局坊子分局眉村工商所所长

王法增　寿光市工商局城关工商所所长

史衍亮　济宁市工商局任城分局局长

司良印　嘉祥县工商局监察室副主任

张现贵　泰安市工商局局长

刘利华　东平县工商局公平交易局副主任科员

李宏玉(女)　威海市工商局环翠分局刘公岛工商所副所长

杨金国　莒县工商局城关工商所所长

徐向阳　莱芜市工商局莱城分局城东工商所副所长

马秀强　临沂市工商局助理调研员

彭善辉　临沂市工商局助理调研员

刘西冰　临沂市工商局河东分局局长

刘长军　乐陵市工商局局长

卢晓华　武城县工商局局长

申维媛(女)　聊城市工商局东昌府分局铁塔工商所所长

吕国英　冠县工商局城关工商所所长

敬志强　滨州市工商局人事政工科科长

任新华　菏泽市工商局牡丹分局东城工商所所长

王广军　菏泽市工商局开放开发综合试验区分局丹阳工商所市管员

河南省

唐广洲　新郑市工商局副局长

张志强　清丰县工商局马庄桥工商所副所长

李延涛　巩义市工商局市区工商所所长

王　浩　开封市工商局郊区分局汪屯工商所市管员

白建武　洛宁县工商局新华中心工商所指导员

蔡遂信(回族)　洛阳市工商局瀍河分局科员

吕宏光　信阳市工商局平桥分局局长

杜宏池　安阳市工商局龙安分局科员

王俊杰　滑县工商局局长

李建华　鹤壁市工商局淇滨分局大赉店工商所所长

杨克让　新乡市工商局个体私营经济管理科副科长

韩朝玺　焦作市工商局解放分局新华工商所副所长

伍文然　台前县工商局办公室主任

明红艳(女)　漯河市工商局源汇分局老街工商所副所长

王亚超　许昌县工商局河街工商所所长

惠友谊　许昌市工商局魏都分局监督管理股股长

田华杰　郾城县工商局城关工商所所长

张　粄(女)　三门峡市工商局湖滨分局东风工商所所长

来广冰(女)　灵宝市工商局经检队二分队队长

秦自昌　夏邑县工商局局长

鲁国华　永城市工商局新城中心工商所所长

周敬银　太康县工商局局长

王桂云(女)　扶沟县工商局人事教育股股长

武团结　上蔡县工商局专业管理所

所长

袁树华　汝南县工商局局长

王　宇　桐柏县工商局城郊工商所所长

闫建华　叶县工商局城关工商所所长

唐云博　南阳市工商局卧龙分局建西工商所所长

邓云峰　光山县工商局局长

卢明强　鹤壁市工商局经检大队一中队副中队长

湖北省

石东文　武汉市工商局办公室主任

胡　艺　武汉市工商局江夏分局流芳工商所所长

曹　浩　黄石市工商局黄石港分局局长

刘　红　大冶市工商局副局长

刘建国　竹山县工商局局长

刘　洪　十堰市工商局公平交易分局综合科副科长

陈小平　监利县工商局城东分局分局长

邓贵楠　松滋市工商局副局长兼城关分局局长

陈　清　宜都市工商局枝城分局分局长

陶大熔　宜昌市工商局公平交易分局局长

李华海　宜城市工商局小河分局副局长

饶　勇　沙洋县工商局后港分局局长

杨相富　荆门市工商局个体私营经济监管科科长

江　琛　孝感市工商局办公室副主任

胡国平　安陆市工商局局长

彭林松　武穴市工商局登记注册分局局长

方盛辉　罗田县工商局三里畈分局分局长

叶　飞　通城县工商局北港分局局长

毕建明　赤壁市工商局蒲圻分局副局长

刘　东　随州市曾都区工商局公平交易分局局长

饶兴平（土家族）　恩施土家族苗族自治州工商局人事教育科科长

周　平　仙桃市工商局张沟分局局长

熊鹏程　天门市工商局蒋场分局局长

曾德明　潜江市工商局熊口分局局长

湖南省

潘　虹　浏阳市工商局局长

唐劲松　长沙市工商局芙蓉分局浏正街工商所所长

李　云　耒阳市工商局局长

罗　伟　衡阳市工商局珠晖分局站前工商所所长

李新华　茶陵县工商局局长

王维飞　株洲市工商局荷塘分局局长

刘国斌　湘乡市工商局望春门工商所所长

申学军　邵东县工商局党组副书记、纪检组长

陈宝红　邵阳市工商局大祥分局科员

邹　伟　平江县工商局城关工商所所长

杨晓云　临湘市工商局副局长

刘泽金　津市市工商局人教股股长

杨德喜　常德市工商局武陵分局南坪工商所所长

邓红英（女，土家族）　慈利县工商局注册分局局长

李保清　益阳市工商局资阳分局长春工商所所长

杨继根　桃江县工商局局长

刘成桂　郴州市工商局公平交易分局局长

唐凯军　临武县工商局金江工商所所长

李俊斌（瑶族）　江华瑶族自治县工商局局长

吴跃归　永州市工商局凤凰园分局局长

袁　斌　中方县工商局泸阳工商所所长

杨　静（女，侗族）　会同县工商局纪检组组长

阳姣莲（女）　冷水江市工商局局长

田仁江（土家族）　永顺县工商局局长

甘应龙　湖南省工商局政策法规处处长

广东省

谢德荣　广东省工商局外资处处长

陈志明　广东省工商局经检总队办案二科科长

梁卫真（女）　广东省工商局消费者权益保护处副主任科员

曹健文　广州市工商局企业监督管理处处长

邱连有（女）　广州市工商局天河分局沙河工商所所长

刘学谋　深圳市工商局龙岗分局经济检查科科长

张书宁　深圳市工商局南山分局商标广告合同管理科科长

林舜荣　珠海市工商局局长

陈桂贤　珠海市工商局人事教育科科长

李　志　珠海市工商局香洲分局副局长

陈泽伟　汕头市金平区工商局东方工商所所长

黄坚强　佛山市顺德区工商局副局长

陈定机　佛山市南海区工商局桂江分局局长

陈友才　新丰县工商局副局长

林晨江　河源市工商局经济检查科科长

蒋泉祯　兴宁市工商局东岳宫工商所所长

莫试平　龙门县工商局局长

陈建生　汕尾市工商局局长

吴秀安　陆丰市工商局甲子工商所副所长

王争光　东莞市工商局办公室主任

钟键明　鹤山市工商局经济检查股股长

邓玉琳（女）　阳江市工商局江城分局局长

武新建　徐闻县工商局局长

叶亚任　茂名市工商局经济检查支队支队长

冯　毅　信宜市工商局东镇工商所所长

黎日库　广宁县工商局局长

钟祥章　佛冈县工商局局长

翟丽霞（女）　阳山县工商局黎埠工商所所长

陈国平　潮州市工商局局长

林少霖　揭阳市工商局商标广告管理科科长

戴广扬　罗定市工商局局长

广西壮族自治区

黄振磊（壮族）　南宁市工商局江南分局福建工商所所长

金　果（女）　南宁市工商局企业注册与个体私营经济管理科副科长

徐细龙　桂林市工商局秀峰分局分局长

王凤英（女）　荔浦县工商局副局长

覃祚超　柳州市工商局鱼峰分局分局长

李　开（壮族）　梧州市工商局长州分局局长

黄若虹　北海市工商局经济检查支队支队长

陈斯来　钦州市工商局钦南分局分局长

黄　军　东兴市工商局城南工商所所长

陈贵全　贵港市工商局局长

廖世林（壮族）　来宾市工商局兴宾分局来宾工商所所长

邓文伟（壮族）　扶绥县工商局东门中心工商所所长

张　军　博白县工商局局长

潘建宏（壮族）　巴马瑶族自治县工商局巴马工商所所长

黄　孟（壮族）　田阳县工商局田州工商所所长

苏元安　钟山县工商局清塘工商所所长

聂邕坪　广西壮族自治区工商局法规

处处长

海南省

王　存　屯昌工商局局长

万琼云　三亚工商局人事教育科科长

王立明　海口工商局龙华管理分局经济检查股股长

郑　奋　文昌工商局市场规范管理股股长

黄才明　陵水工商局英州工商所所长

梁少雄　定安工商局新竹工商所所长

郭开旺　儋州工商局红旗工商所所长

重庆市

王书琴（女）　重庆市工商局巴南区分局李家沱工商所所长

杨凤英（女）　重庆市工商局大渡口区分局办公室主任

李本福　重庆市工商局渝北区分局双龙工商所所长

郑北龙　重庆市长寿区消费者权益保护委员会秘书长

张亚琴（女）　永川工商局组织人事科科长

管云平　梁平县工商局梁山第一工商所所长

罗章良　大足县工商局三驱工商所所长

四川省

王　力　双流工商局局长

刘学成　都江堰工商局城关工商二所所长

周可章（女）　乐山市金口河区工商局局长

旭　辉　阆中市工商局副局长

胡学祥　芦山县工商局局长

黄　坚　泸州市江阳区工商局北城工商所所长

王春梅（女）　汶川县工商局映秀工商所所长

徐思作　内江市东兴区工商局白合工商所主任科员

王茂先（女）　绵阳市涪城区工商局城郊工商所所长

张运华　宣汉县工商局局长

赵振西　广元市工商局局长

李永安　宜宾市工商局局长

鲜奉章　通江县工商局局长

谢　均　攀枝花市东区工商局炳草岗工商所所长

黄民平　射洪县工商局局长

段春元　绵竹市工商局剑南工商所所长

杨　科　普格县工商局局长

孙建中　资阳市工商局局长

王松明　仁寿县工商局富加工商所所长

丁淑娟（女，藏族）　甘孜藏族自治州工商局副局长

戴立新　自贡市贡井区工商局经检大队大队长兼局办公室主任

张　敏（女）　华蓥市工商局局长

杨　楠　四川省工商局市场规范管理处处长

贵州省

周　敏（女）　贵阳市工商局南明分局市府工商所所长

张　翔　贵阳市工商局云岩分局市西工商所所长

龙会强　仁怀市工商局茅台工商所所长

杨培东　普定县工商局城关工商所所长

石正燕（女）　瓮安县工商局雍阳工商所所长

龙国勇　榕江县工商局政策法规股股长

周小荣　黎平县工商局德凤工商所所长

陈修龙　铜仁市工商局河西工商所所长

苏　艺（女，彝族）　威宁县工商局草海工商所所长

付如海　六盘水市六枝特区工商局云盘工商所所长

姜民芳（女）　安龙县工商局新安工商所副所长

云南省

李　晗（彝族）　临沧地区工商局局长

石兵华(景颇族) 盈江县工商局卡场分局分局长

张学平 鲁甸县工商局局长

李忠平(哈尼族) 西双版纳傣族自治州工商局副局长

曹献春 蒙自县保护消费者权益委员会秘书长

李宏平 峨山县工商局富良棚工商所所长

杨其珍(女,白族) 丽江市古城区工商局局长

苏亚松(彝族) 思茅市翠云区工商局公平交易科科长

杜 杰(白族) 洱源县工商局办公室主任

薛 虹(女) 牟定县工商局局长

陈国庆 昆明市工商局网络信息监督管理处副处长

高玉华(彝族) 昌宁县工商局湾甸工商所所长

尹静明(白族) 曲靖市麒麟区工商局南宁分局分局长

李 刚(彝族) 文山县工商局开化分局分局长

李 向 云南省工商局公平交易处处长

西藏自治区

赵仕春 西藏自治区工商局办公室主任科员

任贵德 普兰县工商局局长

四朗旺堆(藏族) 丁青县工商局局长

周 涛(女) 那曲地区工商局市场管理科科长

陕西省

王 飞 西安市工商局阎良分局人民路工商所所长

樊 勇 西安市工商局新城分局火车站工商所所长

晏国斌 西安市工商局雁塔分局太白南路工商所所长

刘明春 千阳县工商局局长

徐来生 宝鸡市工商局高新技术产业开发区分局马营工商所所长

程兴锋 乾县工商局局长

席景孝 兴平市工商局局长

王 博 澄城县工商局局长

杨有文 渭南市工商局临渭分局站南工商所所长

王 海 榆林市工商局市场规范管理科科员

符海平 神木县工商局城区工商所所长

李建强 城固县工商局局长

吴桂花(女) 宁强县工商局广坪工商所所长

马 丽(女) 安康市工商局汉滨分局副局长

和明军 山阳县工商局局长

高 涛 子长县工商局城关工商所所长

甘肃省

苏季平 兰州市工商局城关分局法制科科长

陈永卫 金昌市工商局办公室秘书

王 军 酒泉市工商局肃州分局公平交易局局长

刘银年 武威市工商局凉州分局南城工商所所长

李 晨 嘉峪关市工商局北区工商所所长

安学斌(裕固族) 肃南裕固族自治县工商局九条岭工商所所长

尹世兴 秦安县工商局党委书记兼副局长

杨凯铭(回族) 临夏回族自治州工商局局长

杨瑞文 陇西县工商局城关工商所所长

付 瑜 灵台县工商局局长

青海省

张虎之 湟中县工商局汉东工商所所长

马德海(回族) 化隆县工商局巴燕工商所所长

霍 辉 海西蒙古族藏族自治州冷湖工商局局长

刘忠东　格尔木市工商局公平交易科科长

青梅巴德（藏族）　囊谦县工商局局长

宁夏回族自治区

杨　晨（女）　银川高新技术产业开发区工商局企业注册科科员

杨　军　灵武市工商局磁窑堡工商所副所长

马耀华（回族）　石嘴山市工商局局长

李永胜　盐池县工商局城关工商所所长

王睦慧（女）　中卫市工商局城区工商所所长

新疆维吾尔自治区

肖建利　吐鲁番市工商局党组书记

托　莲（柯尔克孜族）　克孜勒苏柯尔克孜自治州工商局办公室副主任

徐健超　石河子工商局城区分局新城工商所所长

秦　鹏　和田地区工商局党组书记

陈玉渊　克拉玛依市独山子区工商局党组书记、局长

赵勇峰　福海县工商局解特阿热勒工商所所长

张培忠　哈密市工商局东河区工商所所长

莫尼热·特列提（女，维吾尔族）　乌鲁木齐市沙依巴克区工商局长江路工商所所长

张红荣（女）　博尔塔拉蒙古自治州阿拉山口分局科员

王俊康　新疆维吾尔自治区工商局办公室主任科员

第六节　2008 年第六次表彰大会

2008 年是工商行政管理机关恢复建制 30 周年，全国工商行政管理系统广大干部职工在党中央、国务院的正确领导下，以邓小平理论和"三个代表"重要思想为指导，深入贯彻落实科学发展观，严格执法，扎实工作，奋发进取，开拓创新，努力做到监管与发展、监管与服务、监管与维权、监管与执法的统一，着力建设政治上过硬、业务上过硬、作风上过硬的高素质干部队伍，为维护社会主义市场经济秩序，促进经济社会又好又快发展作出了积极贡献，涌现出了一大批先进集体和个人。为表彰先进，弘扬正气，人力资源和社会保障部、国家工商行政管理总局于 2008 年 4 月联合向全国工商行政管理系统下发了《关于评选全国工商行政管理系统先进集体和先进工作者的通知》，国家工商行政管理总局于 2008 年 5 月向全国工商行政管理系统下发了《关于评选全国工商行政管理系统先进工商所和优秀工商行政管理人员的通知》，两个《通知》决定，2008 年下半年，表彰全国工商行政管理系统先进集体 200 个、先进工作者 100 人、先进工商所 400 个、优秀工商行政管理人员 500 人。《通知》就评选对象、评选条件、评选方法、奖励办法、组织领导等各方面提出了明确要求。国家工商行政管理局成立了以周伯华局长任组长的全国工商行政管理系统评选表彰工作领导小组，下设领导小组办公室，具体工作由人事教育司承办。为了切实做好全国工商行政管理系统评选表彰工作，人事教育司周密部署，精心组织，科学制订工作计划和时间进度安排，制定了《材料审查重点把握的原则》。

通知下发后，按照《通知》要求，各省、自治区、直辖市工商局高度重视，都成立了以主要领导任组长的评选表彰工作领导小组，抽调有关人员组成了具体的评选表彰工作班子，各地按照评选表彰的要求，严格标准和条件，坚持面向基层、侧重执法一线的原则；坚持走群众路线，充分发扬民主，广泛听取群众意见；采取自下而上、逐级推荐、层层把关的方法，严密组织、规范操作，确保了报送材料的质量，各地于 8 月初陆续报送了评选表彰有关材料。人事教育司组织力量，按照《材料审查重点把握的原则》以及下达的计划表彰名额，对各地报送的表彰对象和材料进行了严格的审查；对审查中发现的不符合条件的表彰对象进行了调整撤换；对在廉政建设方面存在问题的一票否决，坚持做到宁缺勿滥，保证质量。同时把评选重点向基

层监管执法一线和长期在条件艰苦、工作困难的地方努力工作的单位和个人倾斜。从严把握文件中明确规定的省级工商局不参加先进集体的评选、厅（局）级以上领导干部不参加先进工作者的评选、县处级干部比例控制在20%以内、曾经获得省部级以上荣誉称号的同志原则上不再参加评选四条原则。经过认真审查，核实群众举报情况，对部分报送的表彰对象进行了调整，共对5个单位进行了调整撤换。

2008年9月，全国工商行政管理系统纪念改革开放30周年和工商行政管理机关恢复建制30周年暨"双先"表彰电视电话会议在北京召开。来自全国工商行政管理系统的"双先"代表参加了会议。周伯华局长到会并作了重要讲话，国家工商行政管理总局党组副书记、副局长刘玉亭主持会议。会议回顾了改革开放30周年来，工商行政管理部门促进改革发展的辉煌成就和加强自身建设的累累硕果，对工商行政管理系统先进集体、先进工作者、先进工商所、优秀工商行政管理人员进行了表彰。全国政协常委、全国政协经济委员会副主任、国家工商行政管理总局原党组书记、局长王众孚，原国家工商行政管理局党组书记、局长刘敏学，原国家工商行政管理局党组书记、副局长杨培青，人力资源和社会保障部副部长杨士秋，国家工商行政管理总局领导刘凡、王东峰、钟攸平、石见元出席会议。

会上，杨士秋宣读了人力资源和社会保障部、国家工商行政管理总局联合作出的《关于表彰全国工商行政管理系统先进集体和先进工作者的决定》。刘玉亭宣读了国家工商行政管理总局作出的《关于表彰全国工商行政管理系统先进工商所和优秀工商行政管理人员的决定》。北京市工商局海淀分局等200个全国工商行政管理系统先进集体、北京市工商局天安门地区分局局长张承桂等100名先进工作者、北京市工商局东城分局和平里工商所等400个先进工商所、北京市工商局东城分局东直门工商所科员黄国英等501名优秀工商行政管理人员受到表彰。

这次表彰大会共表彰先进集体200个，其中地市级工商局和处级内设机构61个，占30.5%；县级工商局和科、股级内设机构98个，占49%；工商所41个，占20.5%。共表彰先进工作者100名，均为共产党员，其中妇女干部14人，占14%，少数民族干部13人，占13%。共表彰先进工商所400个，其中综合所392个，占98%，专业所8个，占2%；科级所258个，占65%，股级所141个，占35%。共表彰优秀工商行政管理人员501名，其中共产党员491人，占98%，民主党派1人，群众9人。

周伯华在讲话中首先回顾了改革开放30年来，工商行政管理部门促进改革发展的辉煌成就和加强自身建设的累累硕果。周伯华指出，30年来，我们立足本职，服务大局，谱写了维护市场秩序、促进改革发展的壮丽篇章；始终坚持依法行政，强化监管，在整顿规范市场秩序中发挥了重要作用；始终坚持立足本职、服务大局，在促进经济社会又好又快发展中取得了显著成果；始终坚持关注民生、构建和谐，在维护社会和谐稳定中作出了积极贡献。30年来，我们与时俱进，开拓创新，取得了加强自身建设的丰硕成果；基本建立了适应社会主义市场经济监管的工商行政管理理论；基本建立了适应社会主义市场经济监管的工商行政管理法律法规；基本建立了适应社会主义市场经济监管的工商行政管理体制机制；基本建立了适应社会主义市场经济监管的工商行政管理干部队伍。30年来，我们勇于实践，不懈探索，积累了履行法定职责和加强自身建设的宝贵经验，一是必须坚持以中国特色社会主义理论为指导，始终保证工商行政管理改革发展的正确方向；二是必须坚持围绕中心，服务大局，在促进科学发展中充分发挥工商行政管理职能作用；三是必须坚持把维护最广大人民的根本利益作为工商行政管理工作的出发点和落脚点，始终做到执法为民；四是必须坚持依法行政，规范执法，始终做到有法必依、执法必严、违法必究；五是必须坚持改革创新，使工商行政管理工作始终跟上时代前进的步伐；六是必须坚持严格规范执法主体自身行为,努力建设一支"政治上过硬、业务上过硬、作风上过硬"的工商行政管理干部队伍。

周伯华强调,我们要以落实国家工商行政管理总局新"三定"方案赋予的职能为契机,深入贯彻党的"十七大"精神,全面落实科学发展观,从总结过去中坚定信心,在新的起点上再创辉煌。深入贯彻落实科学发展观,在新的起点上不断把工商行政管理事业推向前进,需要我们认真抓好理论学习,努力建设高素质的干部队伍;需要我们大力弘扬优良传统,充分展示新时期的红盾风采;需要我们加快推进"四化"建设,积极构建长效管理机制;需要我们深入落实科学发展观,不断提高促进经济社会又好又快发展的水平。

原国家工商总局领导,各司局及直属单位副司级以上干部,离退休司局级以上干部,受表彰的"双先"代表,参加了设在北京主会场的会议。全国工商行政管理系统干部职工分别参加了设在各省(自治区、直辖市)、地(市)、县工商局分会场的会议。

一、人力资源和社会保障部、国家工商行政管理总局《关于表彰全国工商行政管理系统先进集体和先进工作者的决定》(人社部发[2008]76号)

近年来,全国各级工商行政管理机关和广大工商干部在党中央、国务院的正确领导下,以邓小平理论和"三个代表"重要思想为指导,深入贯彻落实科学发展观,严格执法,扎实工作,奋发进取,开拓创新,努力做到监管与发展、监管与服务、监管与维权、监管与执法的统一,为维护社会主义市场经济秩序,促进经济社会又好又快发展作出了积极贡献,涌现出了一大批先进集体和先进工作者。

为表彰先进,弘扬正气,努力建设政治上过硬、业务上过硬、作风上过硬的高素质干部队伍,人力资源和社会保障部、国家工商行政管理总局决定,授予北京市工商局海淀分局等200个单位"全国工商行政管理系统先进集体"荣誉称号;授予张承桂等100名同志"全国工商行政管理系统先进工作者"荣誉称号,享受省部级劳动模范和先进工作者待遇。希望受表彰的先进集体和先进工作者珍惜荣誉,发扬成绩,再立新功。

全国各级工商行政管理机关和广大工商干部要以先进集体和先进工作者为榜样,紧密团结在以胡锦涛同志为总书记的党中央周围,全面贯彻党的"十七大"精神,深入贯彻落实科学发展观,加快推进制度化、规范化、程序化、法治化建设,努力构建工商行政管理长效管理机制,以建设高素质的队伍、运用高科技的手段、实现高效能的监管、达到高质量的服务为目标,进一步提升工商行政管理效能和水平,为促进经济又好又快发展、构建和谐社会作出新的更大的贡献。

人力资源和社会保障部
国家工商行政管理总局
二〇〇八年九月十九日

二、全国工商行政管理系统先进集体名单(200个)

北京市
北京市工商局海淀分局
北京市工商局丰台分局
北京市工商局大兴分局
北京市工商局顺义分局
北京市工商局房山分局
北京市工商局朝阳分局奥运村工商所

天津市
天津市工商局东丽分局
天津市工商局宝坻分局
天津市工商局武清分局
天津市工商局天津经济技术开发区分局
天津市工商局和平分局劝业场工商所
天津市工商局西青分局企业注册管理科

河北省
保定市工商局
沧州市工商局
张家口市工商局
邢台市工商局
迁安市工商局
滦平县工商局
武安市工商局
武强县工商局
廊坊市广阳区工商局

山西省

太原市工商局

晋城市工商局

忻州市工商局

吕梁市工商局

运城市工商局盐湖分局

黎城县工商局

内蒙古自治区

呼和浩特市工商局新城区分局

包头市工商局

呼伦贝尔市工商局

赤峰市工商局

鄂托克旗工商局

辽宁省

沈阳市工商局于洪分局

瓦房店市工商局

鞍山市工商局

清原满族自治县工商局红透山工商所

东港市工商局

锦州市工商局经济检查分局

营口市工商局老边分局路南工商所

北票市工商局

辽宁省工商局消费者权益保护处

吉林省

长春市工商局双阳分局

吉林市工商局昌邑分局

双辽市工商局

东丰县工商局

抚松县工商局

镇赉县工商局

前郭尔罗斯蒙古族自治县工商局

延吉市工商局

黑龙江省

哈尔滨市工商局南岗分局

大庆市工商局

克山县工商局

海林市工商局

铁力市工商局

勃利县工商局

肇东市工商局

呼玛县工商局

上海市

上海市工商局浦东新区分局企业注

册处

上海市工商局卢湾分局淮海中路工商所

上海市工商局虹口分局公平交易科

上海市工商局闵行分局企业注册科

上海市工商局青浦分局

上海市消费者申(投)诉举报中心

江苏省

南京市工商局市场监督管理处

无锡市江阴工商局

徐州市铜山工商局

南通市海门工商局

盐城市东台工商局

扬州工商局

镇江工商局京口分局象山工商所

泰州市兴化工商局戴南分局

浙江省

杭州市工商局上城分局

宁波市工商局鄞州分局直属工商所

温州市工商局经济检查支队

诸暨市工商局

桐乡市工商局

义乌市工商局

温岭市工商局

舟山市工商局定海分局城西工商所

安徽省

合肥市工商局

蚌埠市工商局

滁州市工商局

马鞍山市工商局

无为县工商局

繁昌县工商局

池州市工商局贵池区分局

福建省

福州市晋安区工商局

厦门市思明区工商局

漳州市芗城区工商局

泉州市工商局

莆田市城厢区工商局

建瓯市工商局

长汀县工商局

福安市工商局

江西省

九江市庐山区工商局

新余市渝水区工商局城北分局

贵溪市工商局

上犹县工商局

高安市工商局企业注册监督管理局

安福县工商局横龙分局

山东省

淄博市工商局

潍坊市工商局

莱芜市工商局

烟台市工商局企业注册局

济南市工商局商河分局

青岛市工商局崂山分局

枣庄市工商局市中分局

济宁市工商局任城分局

聊城市工商局东昌府分局

河南省

郑州市工商局管城分局

舞钢市工商局

滑县工商局

新乡市工商局卫滨分局

温县工商局

漯河市工商局专业分局

洛阳市工商局老城分局西关工商所

鹤壁市工商局专业分局综合市场管理所

濮阳市工商局华龙分局商贸区工商所

湖北省

十堰市工商局

武汉市工商局黄陂分局

大冶市工商局

公安县工商局

嘉鱼县工商局

鄂州市工商局公平交易分局

钟祥市工商局城区分局

湖南省

长沙市工商局

湘潭市工商局

岳阳市工商局云溪分局

石门县工商局

慈利县工商局观音桥工商所

益阳市工商局赫山分局

宜章县工商局

冷水江市工商局

广东省

深圳市工商局"12315"申诉举报中心

佛山市工商局

中山市工商局

东莞市工商局

汕头市澄海区工商局

江门市工商局新会分局

珠海市工商局拱北分局拱北工商所

佛山市顺德区工商局大良分局

清新县工商局太和工商所

广西壮族自治区

南宁市工商局江南分局

柳州市工商局

梧州市工商局

北海市工商局

灵山县工商局灵城工商所

贺州市工商局八步分局八步灵峰工商所

海南省

海口工商局公平交易与消费者权益保护管理分局"12315"指挥中心

三亚工商局红旗工商所

保亭工商局市场规范股

重庆市

重庆市工商局万州区分局高笋塘工商所

重庆市工商局涪陵区分局

重庆市工商局渝中区分局朝天门工商所

重庆市璧山县工商局

重庆市工商局高新技术产业开发区分局第二工商所

四川省

成都市双流工商局

内江市工商局

德阳市工商局

资阳市工商局

遂宁市工商局商标广告监督管理科

江油市工商局

井研县工商局

四川省工商局直属分局

贵州省

贵阳市工商局花溪分局溪北工商所

遵义市工商局红花岗区分局北京路工商所

盘县工商局

黔东南苗族侗族自治州工商局

云南省

昆明市工商局

玉溪市工商局

曲靖市工商局

昭通市工商局

大理白族自治州工商局计划财务科

西藏自治区

拉萨市工商局

安多县工商局

陕西省

宝鸡市工商局

西安市工商局雁塔分局

定边县工商局

旬阳县工商局

黄陵县工商局

华县工商局

城固县工商局钟楼工商所

甘肃省

兰州市工商局城关分局

天水市工商局麦积分局

张掖市工商局

康县工商局

甘肃省工商局个体私营经济监管处

青海省

西宁市工商局

海东地区工商局

格尔木市工商局

贵德县工商局

宁夏回族自治区

银川市工商局

石嘴山市工商局惠农分局

青铜峡市工商局

中宁县工商局

新疆维吾尔自治区

阿克陶县工商局

福海县工商局

阿克苏地区工商局

乌鲁木齐市沙依巴克区工商局

新疆维吾尔自治区工商局"12315"投诉申诉举报指挥中心

三、全国工商行政管理系统先进工作者名单(100名)

北京市

张承桂(满族)　北京市工商局天安门地区分局局长

孙连进　北京市工商局崇文分局幸福大街工商所主任科员

刘玉华(女)　北京市工商局石景山分局八角工商所所长

马晓勇　北京市工商局平谷分局食品质量监督管理科科长

天津市

赵连寰　天津市工商局武清分局局长

李　强(回族)　天津市工商局北辰分局公平交易科科长

河北省

李保存　秦皇岛市工商局局长

赵志民　迁安市工商局局长

滑志勇　三河市工商局局长

杨德魁　深州市工商局局长

李国相　馆陶县工商局局长

山西省

胡凤莲(女)　山西省工商局财务处处长

郝震宇　大同市工商局局长

侯胜利　平遥县工商局局长

内蒙古自治区

郭守刚　内蒙古自治区工商局机关党委专职副书记

李鸿庆(回族)　锡林郭勒盟工商局局长

辽宁省

翟永良　本溪市工商局局长

李树学　铁岭市工商局消费者权益保护分局局长

刘庆海　盘锦市工商局市场管理科科长

杨俊龙　辽阳县工商局刘二堡工商所所长

吉林省

于海龙　吉林市工商局局长

李亚杰　长春市工商局朝阳分局局长

刘　丽（女）　柳河县工商局局长

黑龙江省

武成义　佳木斯市工商局局长

刘成才　鸡西市工商局局长

李乃臣　集贤县工商局局长

黄宜海　鹤岗市工商局东山分局局长

上海市

吴颂慈　上海市工商局黄浦分局办公室主任

沈勤德　上海市工商局杨浦分局局长

蒋建跃　上海市工商局嘉定分局叶城工商所所长

胡　慷　上海市工商局检查总队检查二处副处长

江苏省

曹月琴（女）　常州市武进工商局人事教育科科长

李伟光　苏州工商局消费者申诉举报指挥中心科员

张家茂　连云港工商局连云分局科员

王　磊　淮安工商局清浦分局城中工商所所长

浙江省

楼稼红（女）　杭州市工商局西湖分局文新工商所副所长

黄克华　温州市工商局瓯海分局梧田工商所所长

潘华美（女）　绍兴县工商局福全工商所所长

郑永林　湖州市工商局消费者权益保护委员会主任科员

安徽省

汪国银　广德县工商局新杭工商所所长

张亚奇　蒙城县工商局局长

吴义盛　休宁县工商局局长

福建省

柯英杰　漳州市工商局经济检查支队支队长

连华春　尤溪县工商局城关工商所所长

赖郭华　龙岩市新罗区工商局龙门工商所所长

叶永建　厦门市思明区工商局筼筜工商所所长

江西省

康淑兰（女）　江西省工商局人事处副主任科员

陈泓朴　南昌市青山湖区工商局副局长兼四交分局局长

盛巧明　上饶市工商局公平交易局局长

山东省

安　立　东营市工商局局长

陈　政　肥城市工商局局长

于仁良　威海市工商局公平交易局主任科员

王佃军　日照市工商局东港分局消费者权益保护科科长

刘玉海（女）　德州市工商局经济开发区分局局长

河南省

郭贤生　禹州市工商局古城工商所所长

徐继芳（女）　镇平县工商局局长

秦自昌　夏邑县工商局局长

杨明银　潢川县工商局局长

钱修超　郸城县工商局局长

湖北省

刘江涛　枝江市工商局问安分局副局长

张华亭（蒙古族）　武汉市工商局公平交易分局主任科员

刘作友　枣阳市工商局局长

吴永鹏　红安县工商局局长

湖南省

李铁枝　湖南省工商局商标广告处调研员

甘应龙　湖南省工商局企业监管处处长

李　俊　攸县工商局局长

帅长春　安化县工商局局长

广东省

朱应池　广州市工商局萝岗分局萝岗工商所副主任科员

张水生　惠州市工商局局长

梁一岳　中山市工商局小榄分局局长

吴兴国　廉江市工商局局长

刘建程　揭阳市工商局企业监督管理科科长

广西壮族自治区

庞绍忠　桂林市工商局旅游管理分局批发城工商所副所长

庞恩立(壮族)　防城港市防城区工商局滩营工商所所长

海南省

金南浩(朝鲜族)　洋浦工商局局长

重庆市

马　芸(女)　重庆市工商局九龙坡区分局园区工商所所长

夏先友　潼南县工商局梓潼第一工商所主任科员

陈　宏　重庆市工商局企业信用体系建设处二科科长

四川省

李柏云　四川省工商局局长

朱剑平　攀枝花市东区工商局副局长

杨天富　南部县工商局办公室副主任科员

黄洪彬(女)　巴中市工商局企业注册监督管理科科长

贵州省

叶　青(女,壮族)　龙里县工商局副局长

黄　艳(女)　安顺市工商局黄果树风景名胜区分局办公室主任

云南省

高　进(藏族)　迪庆藏族自治州工商局局长

苏国胜　楚雄彝族自治州工商局局长

李阿斗(哈尼族)　江川县工商局局长

西藏自治区

扎西桑旦(藏族)　拉萨市工商局城关分局办公室主任

王军义(藏族)　那曲地区工商局副局长

陕西省

张玉梅(女)　西安市工商局碑林分局法制科科长

石　峰　宝鸡市工商局渭滨分局副局长

冯亚洲　永寿县工商局副局长

甘肃省

于永福　兰州市工商局七里河分局金港城工商所所长

付德永　武威市工商局凉州分局局长

梁　辉　陇南市工商局武都分局局长

青海省

宋为卿　西宁市工商局城中分局莫家街工商所所长

宁夏回族自治区

王一平　固原市工商局原州分局局长

新疆维吾尔自治区

夏光顺　乌鲁木齐市天山区工商局党组书记

依不拉因·艾沙(维吾尔族)　喀什市工商局局长

赛提尼牙孜·吐尔逊尼牙孜(维吾尔族)　托克逊县工商局伊拉湖工商所副主任科员

四、国家工商行政管理总局《关于表彰全国工商行政管理系统先进工商所和优秀工商行政管理人员的决定》(工商人字[2008]200号)

近年来,全国各级工商行政管理机关和广大工商干部在党中央、国务院的正确领导下,以邓小平理论和"三个代表"重要思想为指导,深入贯彻落实科学发展观,严格执法,扎实工作,奋发进取,开拓创新,努力做到监管与发展、监管与服务、监管与维权、监管与执法的统一,为维护社会主义市场经济秩序,促进经济社会又好又快发展作出了积极贡献,涌现出了一大批先进工商所和优秀工商行政管理人员。

为表彰先进,弘扬正气,努力建设政治上过硬、业务上过硬、作风上过硬的高素质干部队伍,国家工商行政管理总局决定,授予北京市工商局东城分局和平里工商所等400个单位"全国工商行政管理系统先进工商所"荣誉称号;授予黄国英等501名同志"全国工商行政管理系统优秀工商行政管理人员"荣誉称号。希望受表彰的先进工商所和优秀工商行政管理人员珍惜荣誉，发扬成绩，再立新功。

全国各级工商行政管理机关和广大工商干部要以受表彰的先进工商所和优秀工商行政管理人员为榜样，紧密团结在以胡锦涛同志为总书记的党中央周围，全面贯彻党的"十七大"精神，深入贯彻落实科学发展观，加快推进制度化、规范化、程序化、法治化建设，努力构建工商行政管理长效管理机制，以建设高素质的队伍、运用高科技的手段、实现高效能的监管、达到高质量的服务为目标，进一步提升工商行政管理效能和水平，为促进经济又好又快发展、构建和谐社会作出新的更大的贡献。

国家工商行政管理总局

二〇〇八年九月十七日

五、全国工商行政管理系统先进工商所名单（400个）

北京市

北京市工商局东城分局和平里工商所

北京市工商局西城分局什刹海工商所

北京市工商局崇文分局永定门工商所

北京市工商局宣武分局大栅栏工商所

北京市工商局门头沟分局门城工商所

北京市工商局通州分局永顺工商所

北京市工商局怀柔分局泉河工商所

北京市工商局延庆分局延庆工商所

天津市

天津市工商局河东分局二号桥工商所

天津市工商局南开分局万德庄工商所

天津市工商局大港分局板厂工商所

天津市工商局静海分局大邱庄工商所

天津市工商局宁河分局芦台工商所

天津市工商局津南分局北闸口工商所

天津市工商局汉沽分局寨上工商所

天津市工商局蓟县分局城关工商所

河北省

青县工商局上伍分局

沧州市工商局经济检查支队任丘市大队

隆化县工商局韩麻营分局

平泉县工商局车辆管理分局

永年县工商局临洺关分局

涉县工商局太行分局

秦皇岛市山海关区工商局南关分局

衡水市桃城区工商局河东分局

冀州市工商局市区分局

三河市工商局燕郊分局

南宫市工商局城区分局

邢台市桥西区工商局中兴分局

张家口市桥东区工商局老鸦庄分局

张家口市桥西区工商局大境门分局

石家庄市桥西区工商局西里分局

晋州市工商局商城分局

唐山市路北区工商局机场路分局

乐亭县工商局城关分局

高碑店市工商局白沟分局

保定市南市区工商局裕华分局

山西省

太原市工商局万柏林分局万柏林工商所

大同市工商局矿区分局花园街工商所

阳泉市工商局城区分局下站工商所

长治市工商局城区分局英雄街工商所

阳城县工商局北留工商所

应县工商局辽代街工商所

定襄县工商局河边工商所

宁武县工商局城镇工商所

祁县工商局西六支工商所

临汾市工商局尧都分局尧庙工商所

襄汾县工商局古城工商所

临猗县工商局临晋工商所

吕梁市工商局离石分局城西工商所

内蒙古自治区

呼和浩特市工商局玉泉区分局大召工商所

包头市工商局昆都仑区分局团结工商所

呼伦贝尔市工商局海拉尔区分局向华工商所

乌兰浩特市工商局和平工商所

通辽市奈曼旗工商局大沁他拉工商所

克什克腾旗工商局经棚工商所

多伦县工商局大北沟工商所

察右前旗工商局平地泉工商所

伊金霍洛旗工商局乌兰木伦工商所

乌拉特前旗工商局金桥工商所

乌海市工商局海南分局拉僧庙工商所

阿拉善左旗工商局吉兰太工商所

辽宁省

沈阳市工商局和平分局南湖工商所

沈阳市工商局大东分局小东工商所

大连市工商局中山分局青泥工商所

大连市工商局西岗分局白云工商所

鞍山市工商局开发区分局四隆市场管理所

海城市工商局西柳分局

抚顺市工商局新抚分局西二街工商所

本溪市工商局溪湖分局彩屯工商所

北镇市工商局中安工商所

营口市工商局鲅鱼圈分局芦屯工商所

阜新蒙古族自治县工商局阜新镇工商所

辽阳市工商局文圣分局南门工商所

西丰县工商局郜家店工商所

铁岭市工商局银州分局站前工商所

北票市工商局五间房工商所

盘锦市工商局双台子分局辽河工商所

葫芦岛市工商局龙港分局望海寺工商所

丹东市工商局元宝分局六道口工商所

吉林省

长春市工商局二道分局和顺工商所

吉林市工商局丰满分局玉山路女子工商所

伊通满族自治县工商局伊通综合市场分局

通化市工商局注册分局

长白朝鲜族自治县工商局八道沟分局

大安市工商局安广一分局

松原市工商局宁江分局注册所

龙井市工商局龙河分局

吉林省工商局商标监督管理中心

黑龙江省

哈尔滨市工商局道外分局南十六工商所

尚志市工商局亚布力分局

齐齐哈尔市工商局龙沙分局大民工商所

绥芬河市工商局青云市场管理所

东宁县工商局三岔口工商所

佳木斯市工商局向阳(东)分局中山路工商所

大庆市工商局让胡路分局龙岗工商所

鸡西市工商局广益城管理分局

鸡西市工商局向阳市场管理分局

双鸭山市工商局三利商贸城市场管理所

嘉荫县工商局朝阳工商所

七台河市工商局景丰工商所

鹤岗市工商局兴安分局峻德工商所

安达市工商局鸿牛工商所

海伦市工商局海北工商所

黑河市工商局爱辉分局中央街工商所

漠河县工商局北极工商所

垦区工商局绥化分局嘉荫工商所

上海市

上海市工商局徐汇分局徐家汇工商所

上海市工商局长宁分局新泾工商所

上海市工商局静安分局江宁路工商所

上海市工商局普陀分局长征工商所

上海市工商局嘉定分局马陆工商所

上海市工商局南汇分局航头工商所

上海市工商局奉贤分局奉城工商所

上海市工商局青浦分局朱家角工商所

江苏省

南京市工商局鼓楼分局湖南路工商所

南京市江宁区工商局开发区分局

无锡市惠山工商局洛社分局

徐州工商局云龙分局宣武工商所

常州市金坛工商局城东分局

苏州市张家港工商局西城分局

苏州市昆山工商局城北分局

南通市通州工商局平潮分局

连云港市赣榆工商局青口分局

淮安市盱眙工商局马坝分局

盐城市射阳工商局合德分局

扬州市江都工商局城东分局

镇江市扬中工商局城区分局

泰州市姜堰工商局华港分局

宿迁工商局宿城分局洋河工商所

宿迁市宿豫工商局顺河分局

浙江省

杭州市工商局萧山分局经济技术开发

区工商所

宁波市工商局慈溪分局周巷工商所

宁波市工商局余姚分局低塘工商所

温州市工商局龙湾分局永中工商所

绍兴县工商局柯桥分局

海宁市工商局袁花工商所

长兴县工商局李家巷工商所

浦江县工商局城北工商所

衢州市工商局上街工商所

台州市工商局路桥分局金清工商所

缙云县工商局壶镇工商所

嵊泗县工商局嵊山工商所

安徽省

合肥市工商局庐阳区分局长江中路工商所

淮北市工商局相山分局相南工商所

亳州市谯城区工商局古井工商所

泗县工商局长沟工商所

怀远县工商局龙亢工商所

临泉县工商局杨桥工商所

淮南市工商局田家庵区分局龙湖工商所

天长市工商局南郊工商所

舒城县工商局万佛湖分局

巢湖市居巢区工商局城北工商所

芜湖市工商局鸠江区分局湾里工商所

宁国市工商局港口工商所

铜陵市工商局郊区分局铜港工商所

怀宁县工商局高河工商所

歙县工商局王村工商所

福建省

福州市台江区工商局鳌峰工商所

福州市闽侯县工商局上街工商所

厦门市翔安区工商局新圩工商所

漳州市芗城区工商局新桥工商所

石狮市工商局凤里工商所

沙县工商局城郊工商所

仙游县工商局郊尾工商所

南平市延平区工商局四鹤工商所

连城县工商局城区工商所

宁德市蕉城区工商局蕉北工商所

江西省

南昌市东湖区工商局胜利分局

南昌县工商局蒋巷分局

九江市浔阳区工商局大桥分局

乐平市工商局太平桥分局

萍乡市安源区工商局西门分局

分宜县工商局城镇分局

鹰潭市月湖区工商局白露分局

赣州市章贡区工商局东外分局

于都县工商局梓山分局

瑞金市工商局叶坪分局

樟树市工商局淦阳分局

上饶市信州区工商局白鸥园分局

余干县工商局白马桥分局

吉安市青原区工商局值夏分局

崇仁县工商局巴山分局

山东省

济南市工商局天桥分局洛口工商所

济南市工商局历城分局东风工商所

青岛市工商局市南分局浮山工商所

即墨市工商局环秀工商所

淄博市工商局张店分局体育场工商所

枣庄市工商局薛城分局临城工商所

广饶县工商局城关工商所

莱阳市工商局城厢工商所

招远市工商局毕郭工商所

诸城市工商局相州工商所

青州市工商局王母宫工商所

昌邑市工商局围子工商所

邹城市工商局凫山工商所

曲阜市工商局书院工商所

泰安市工商局岱岳分局山口工商所

荣成市工商局人和工商所

莒县工商局城关工商所

临沂市工商局河东分局凤凰岭工商所

费县工商局城区工商所

陵县工商局城区工商所

临邑县工商局临盘工商所

东阿县工商局铜城工商所

冠县工商局城关工商所

滨州市工商局滨城分局小营工商所

菏泽市工商局牡丹分局东城工商所

巨野县工商局麟城工商所

河南省

郑州市工商局二七分局铭功路工商所

巩义市工商局竹林分局

荥阳市工商局王村工商所

杞县工商局葛岗工商所

嵩县工商局城关工商所

洛阳市工商局涧西分局上海市场工商所

新安县工商局磁涧工商所

平顶山市工商局新华分局商贸城工商所

安阳县工商局水冶分局

鹤壁市工商局经济技术开发区分局淇滨工商所

新乡市工商局红旗分局人民路工商所

焦作市工商局山阳分局商城工商所

台前县工商局城关工商所

襄城县工商局颍阳工商所

舞阳县工商局文峰工商所

渑池县工商局仰韶工商所

南阳市工商局宛城分局河南工商所

南阳市工商局专业分局房地产市场管理所

商丘市工商局梁园分局前进工商所

固始县工商局经济检查大队

罗山县工商局青山工商所

淮阳县工商局四通分局

汝南县工商局老君庙工商所

驻马店市工商局驿城分局新华工商所

济源市工商局东城工商所

湖北省

武汉市工商局硚口分局汉正街第一工商所

武汉市工商局武昌分局大东门工商所

黄石市工商局黄石港分局劳动路工商所

保康县工商局城关分局

监利县工商局新沟分局

宜昌市工商局伍家岗分局大公桥工商所

五峰土家族自治县工商局五峰分局

十堰市工商局张湾分局东岳工商所

安陆市工商局洑水分局

荆门市工商局掇刀分局白庙工商所

鄂州市工商局城西分局古楼工商所

英山县工商局城北分局

崇阳县工商局和平分局

建始县工商局红岩分局

广水市工商局应山分局

仙桃市工商局彭场分局

潜江市工商局浩口分局

天门市工商局皂市分局

湖南省

长沙县工商局黄花工商所

望城县工商局雷锋工商所

衡东县工商局新塘工商所

衡阳市工商局石鼓分局后宰门工商所

炎陵县工商局水口工商所

湘潭县工商局易俗河工商所

邵东县工商局两市塘工商所

岳阳市工商局君山分局层山工商所

常德市工商局鼎城区分局灌溪工商所

桃江县工商局桃花江工商所

资兴市工商局东江工商所

永州市工商局零陵分局南津渡工商所

洪江市工商局黔城工商所

双峰县工商局荷叶工商所

永顺县工商局城关工商所

广东省

广州市工商局海珠分局凤阳工商所

广州市工商局番禺分局大岗工商所

深圳市工商局福田分局白沙岭工商所

深圳市工商局宝安分局沙井工商所

珠海市工商局斗门分局井岸工商所

汕头市澄海区工商局凤翔工商所

佛山市南海区工商局大沥分局

新丰县工商局丰城工商所

紫金县工商局城西工商所

五华县工商局西河工商所

惠州市惠城区工商局小金口工商所

海丰县工商局梅陇工商所

东莞市工商局长安分局

中山市工商局古镇分局

江门市工商局蓬江分局环市工商所

阳江市工商局江城分局观光工商所

吴川市工商局梅菉工商所

电白县工商局博贺工商所

四会市工商局清塘工商所

清远市工商局清城分局东城工商所

潮州市工商局湘桥分局城西工商所

普宁市工商局城北工商所

郁南县工商局都城工商所

广东省工商局直属分局工业品市场管理所

广西壮族自治区

南宁市工商局青秀分局桃源工商所

武鸣县工商局标营工商所

柳州市工商局鱼峰分局箭盘工商所

灵川县工商局八里街工商所

梧州市工商局长洲分局长洲工商所

合浦县工商局常乐工商所

防城港市工商局港口分局港口工商所

钦州市工商局钦北分局小董工商所

贵港市工商局港北分局附城工商所

玉林市工商局玉州分局东岳工商所

来宾市工商局兴宾分局八一工商所

昭平县工商局城厢工商所

百色市工商局右江分局四塘工商所

河池市工商局金城江分局河南工商所

凭祥市工商局浦寨工商所

海南省

海口工商局琼山分局中山工商所

儋州工商局红旗工商所

东方工商局新港工商所

陵水工商局英州工商所

重庆市

重庆市工商局江北区分局观音桥农贸市场工商所

重庆市工商局沙坪坝分局双巷子工商所

重庆市工商局渝北区分局两路工商所

重庆市工商局南川区分局南城工商所

重庆市大足县工商局龙水工商所

重庆市梁平县工商局双桂工商所

重庆市忠县工商局忠州工商所

重庆市巫山县工商局大昌工商所

四川省

成都市武侯工商局簇桥工商所

富顺县工商局西城工商所

攀枝花市仁和区工商局鑫乐工商所

泸州市纳溪区工商局护国工商所

绵阳市工商局直属分局城西工商所

苍溪县工商局陵江工商所

射洪县工商局城南工商所

隆昌县工商局金鹅第一工商所

乐山市工商局直属分局牛咡桥工商所

南充市嘉陵区工商局火花工商所

宜宾市翠屏区工商局旧州工商所

武胜县工商局城北工商所

达州市通川区工商局东城工商所

九寨沟县工商局九寨沟工商所

通江县工商局城郊工商所

雅安市雨城区工商局草坝工商所

洪雅县工商局槽渔滩工商所

理塘县工商局城关工商所

宁南县工商局葫芦口工商所

贵州省

贵阳市工商局云岩分局威清工商所

习水县工商局东皇城西工商所

普定县工商局城关工商所

都匀市工商局育英巷工商所

荔波县工商局玉屏工商所

榕江县工商局古州工商所

松桃苗族自治县工商局大兴工商所

纳雍县工商局雍熙工商所

六盘水市工商局钟山分局人民路工商所

兴义市工商局黄草坝工商所

云南省

昆明市西山区工商局螺蛳湾分局

昆明市盘龙区工商局青云分局

师宗县工商局雄壁工商所

昭通市昭阳区工商局凤凰分局

大理市工商局古城分局

双柏县工商局法脿工商所

砚山县工商局平远分局

瑞丽市工商局勐卯分局

凤庆县工商局凤山分局

景洪市工商局橄榄坝分局

西藏自治区

拉萨市工商局城关分局城东工商所

林芝地区工商局珠海路工商所

陕西省

西安市工商局未央分局大明宫工商所

西安市工商局灞桥分局十里铺工商所

宝鸡市工商局高新技术产业开发区分局马营工商所

咸阳市工商局秦都分局人民路工商所

咸阳市工商局渭城分局中山街工商所

大荔县工商局官池工商所

铜川市工商局王益分局川口工商所

铜川市工商局耀州分局锦阳工商所

富县工商局茶坊工商所

榆林市工商局榆阳分局镇川工商所

镇巴县工商局渔渡工商所

紫阳县工商局任河嘴工商所

山阳县工商局高坝工商所

镇安县工商局城关工商所

杨凌工商局西农路工商所

甘肃省

白银市工商局白银分局人民路工商所

天水市工商局秦州分局中城工商所

嘉峪关市工商局新区工商所

金昌市工商局新华路工商所

玉门市工商局玉门镇分局

泾川县工商局高平工商所

庆阳市工商局西峰分局东街工商所

临潭县工商局冶力关工商所

临夏市工商局城东工商所

青海省

西宁市工商局城西分局五四大街工商所

民和县工商局川口工商所

格尔木市工商局河东工商所

玉树县工商局民主路工商所

玛沁县工商局大武工商所

宁夏回族自治区

银川市工商局兴庆一分局北环工商所

石嘴山市工商局大武口二分局白芨沟工商所

吴忠市工商局利通一分局金积工商所

西吉县工商局吉强工商所

海原县工商局城关工商所

新疆维吾尔自治区

昌吉市工商局延安北路工商所

额敏县工商局朝阳工商所

奎屯市工商局西区工商所

皮山县工商局城镇工商所

乌鲁木齐市天山区工商局红旗路工商所

新疆维吾尔自治区工商局乌鲁木齐高新技术产业开发区分局园区工商所

库尔勒市工商局萨依巴格工商所

喀什市工商局解放南路工商所

六、全国工商行政管理系统优秀工商行政管理人员名单(501人)

北京市

黄国英(女)　北京市工商局东城分局东直门工商所科员

齐宇清　北京市工商局西城分局展览路工商所所长

马迎春　北京市工商局朝阳分局北京商务中心区工商所主任科员

张　涛　北京市工商局海淀分局经济检查科科员

高伟东　北京市工商局丰台分局丰台工商所科员

赵　锋　北京市工商局房山分局良乡工商所科员

关明煜　北京市工商局大兴分局黄村工商所科员

李菊生　北京市工商局顺义分局牛栏山工商所主任科员

王国勇　北京市工商局密云分局城关工商所科员

韩德宝　北京市工商局昌平分局兴寿工商所副所长

于　文　北京市工商局燕山分局食品质量监督管理科科长

天津市

苑纳新　天津市工商局和平分局副局长

王启明　天津市工商局河西分局企业注册科科员

张　辉　天津市工商局河北分局财务科副科长

薛　玲(女)　天津市工商局红桥分局办公室副主任

曹式梁　天津市工商局南开分局企业注册管理科副科长

孙宗强　天津市工商局津南分局小站工商所科员

高秀梅（女）　天津市工商局宝坻分局商标广告科科长

魏云杰　天津市工商局蓟县分局别山工商所副所长

张宏杰　天津市工商局天津港保税区分局登记科副科长

河北省

石永深　河北省工商局老干部处处长

李雨昌　河北省工商局外资企业注册管理处副处长

杨雪燕（女）　河北省工商局企业注册处主任科员

马丽芬（女）　石家庄市工商局消费者协会科员

杨西平　藁城市工商局局长

王　辉　石家庄市工商局交通运输监督管理分局邮电科科长

赵元军　沧州市运河区工商局局长

赵建军　丰宁满族自治县工商局局长

刘佐兵　承德市工商局市场规范管理科科长

武葆春　邯郸市工商局消费者权益保护处处长

张振合　邯郸市邯山区工商局市场规范管理科科长

王学军　秦皇岛市海港区工商局经济检查科科长

栾　华（满族）　秦皇岛市工商局经济检查支队青龙满族自治县大队大队长

袁其坤　枣强县工商局局长

王吉昭　景县工商局局长

李志刚　廊坊市安次区工商局局长

张国兰（女）　廊坊市工商局商标广告监督管理科科长

贾振涛　新河县工商局城区分局副局长

张　华（女）　张家口市工商局商标广告监管科科长

康晓兵　万全县工商局副局长

刘兆材　遵化市工商局局长

段建国　唐山市丰南区工商局局长

范　玮（女）　保定市工商局财务装备处处长

张国良　容城县工商局局长

山西省

武小勤　山西省工商局办公室主任

李肇喜　山西省工商局经济检查总队队长

刘庆虎　太原市工商局迎泽分局局长

郝聪业　太原市工商局小店分局局长

薛佃明　大同市工商局南郊分局局长

赵福攀　平定县工商局局长

张海军　阳泉市工商局矿区分局经济检查大队队长

王晋峰　沁县工商局局长

赵丽萍（女）　晋城市工商局开发区分局局长

李全胜　朔州市工商局平鲁分局局长

庄　录　朔州市工商局朔城分局纪检组长

闫永勤　忻州市工商局忻府分局局长

高小超　晋中市工商局法制科科长

王杰平　古县工商局局长

卫文涛　曲沃县工商局办公室主任

赵　明　运城市工商局企业监督管理科科长

张力军　中阳县工商局局长

内蒙古自治区

徐　平　呼和浩特市工商局回民区分局文化宫街工商所所长

丁大为　包头市工商局九原区分局局长

李　强　牙克石市工商局局长

吕金亭　突泉县工商局局长

李勇智　通辽市工商局经济技术开发区分局局长

盖兴川　宁城县工商局局长

王　栋（蒙古族）　化德县工商局公平交易股股长

张　瑾　杭锦旗工商局锡尼工商所所长

靳　彪　巴彦淖尔市工商局临河区分局解放工商所所长

李　刚　乌海市工商局乌达分局新区

工商所所长

郑立功(蒙古族)　阿拉善左旗工商局办公室主任

潘立博　满洲里市工商局北区分局局长

达古拉(女,蒙古族)　二连浩特市工商局东城分局局长

辽宁省

姜　杰　沈阳市工商局苏家屯分局枫杨路北工商所副主任科员

刘　新　沈阳市工商局铁西分局凌空工商所所长

吴文革　大连市工商局市场分局汽车交易市场管理所所长

杨　健　普兰店市工商局太平工商所所长

张桂珍(女)　鞍山市工商局财务审计处副主任科员

冯仰法　鞍山市工商局立山分局主任科员

郑　宾(满族)　新宾县工商局永陵工商所所长

苏　华(女)　抚顺市工商局企业注册监督管理分局副局长

张　鑫(女)　本溪市工商局明山分局消防工商所副主任科员

秦　勇　本溪市工商局平山分局平山工商所所长

赵海波　黑山县工商局机动车辆管理所所长

胡　星　锦州市工商局经济检查分局经济检查一科副科长

王　琦　大石桥市工商局运输车辆管理所所长

崔昭岩　盖州市工商局西海工商所所长

魏迎宪　彰武县工商局城北工商所所长

恒　威(满族)　灯塔市工商局运输市场管理所科员

屈永强(满族)　开原市工商局新城工商所所长

刘久林　喀左县工商局局长

董玉伟　朝阳县工商局波罗赤工商所所长

李建国　大洼县工商局公平交易科科员

王大庆　盘锦市工商局兴隆台分局钻井农副产品批发市场工商所所长

郑　升　葫芦岛市工商局南票分局局长

王　忱　丹东市工商局元宝分局局长

关凤翘(满族)　凤城市工商局局长

陈盛良(女)　辽宁省工商局监察处调研员

吉林省

王国华　长春市工商局二道分局和顺工商所所长

刘大勇　长春市工商局经济违法稽查分局稽查一科副科长

聂翠霞(女)　磐石市工商局局长

孙泽平　吉林市工商局消费者权益保护处科员

宗　华(满族)　梨树县工商局局长

陈晓丽(女)　四平市工商局铁东分局南商城工商所所长

郝连生　辽源市工商局副局长

安孝清(满族)　集安市工商局监察室主任

刘淑梅(女)　白山市工商局副局长

孙文长　白城市工商局法律法规科科长

孟卫东　松原市工商局生产资料和生产要素市场管理分局局长

计永胜　乾安县工商局注册分局局长

王　林　延边州工商局注册分局局长

张　伟(满族)　图们市工商局向上分局局长

刘正涵　长白山工商局局长

夏延春　吉林省工商局行政审批办公室主任

黑龙江省

徐贺先　哈尔滨市工商局道里分局尚志工商所所长

杨守礼　齐齐哈尔市工商局铁锋分局局长

王艺群　牡丹江市工商局局长

李洪峰　林口县工商局林口分局局长

曹利斌　富锦市工商局局长

方向东　大庆市工商局高新技术产业开发区分局黎明工商所所长

陈振玉　鸡西市工商局人事科科长

岳洪峻　饶河县工商局局长

胡一鸣　伊春市工商局局长

司海明　铁力市工商局桃山分局局长

孟凡涛　七台河市工商局办公室副主任

高景海　鹤岗市工商局工农分局新南工商所所长

李伟光　绥化市工商局北林分局大有工商所所长

苏庆亮　黑河市工商局局长

夏书臣　逊克县工商局局长

刘丽华（女）　大兴安岭地区工商局办公室主任

孙建亭　垦区工商局牡丹江分局兴凯湖工商所所长

上海市

朱建刚　上海市工商局徐汇分局湖南天平工商所所长

陈叶伟　上海市工商局静安分局静安寺工商所所长

杨德臣　上海市工商局闸北分局局长

刘晓村　上海市工商局宝山分局罗店工商所所长

唐陆泉　上海市工商局松江分局佘山工商所所长

郁建兴　上海市工商局金山分局办公室主任

乔林芳（女）　上海市工商局南汇分局局长

方云中　上海市工商局崇明分局企业注册科科长

黄自刚　上海市工商局机场分局检查支队副主任科员

钟民　上海市工商局企业注册处处长

江苏省

张建蓉（女）　南京市工商局玄武分局注册登记科科长

蒋静（女）　南京市工商局消费者协会秘书长

陈俊虎　无锡工商局外商投资企业登记管理处处长

刘正昌　无锡滨湖工商局太湖分局局长

陈栋建　徐州工商局经检支队支队长

乔继响　徐州工商局泉山分局和平工商所科员

马琴仙（女）　常州市溧阳工商局登记注册科科长

吴燕青　苏州市吴江工商局外商投资企业登记管理科科长

苏梅芳（女）　苏州市太仓工商局人事教育科科长

华振国　南通市通州工商局局长

王志刚　南通市如皋工商局磨头分局局长

王万新　连云港工商局新浦分局局长

吴厚贵　淮安市盱眙工商局山城分局局长

刘田　盐城工商局亭湖分局工商学会秘书长

郑刚成　盐城工商局纪检组副组长、监察室主任

王斌　扬州工商局登记注册处处长

翟进　扬州工商局维扬分局江阳工商所所长

刘海东　镇江工商局局长

何建平　镇江市丹阳工商局新桥分局局长

何建新　泰州市泰兴工商局黄桥分局局长

韩国家　泰州工商局开发区分局经济监督检查大队科员

纪昊　宿迁市泗阳工商局公平交易科科长兼经济监督检查大队大队长

浙江省

王明升　杭州市工商局淳安分局办公室副主任

徐立敏　宁波市工商局企业监督管理处副处长

徐　斌　宁波市工商局奉化分局企业注册科副主任科员

叶建松　瑞安市工商局企业注册科副主任科员

吴惠芳(女)　上虞市工商局办证中心主任

孙　巍　嘉善县工商局局长

周海峰　嘉兴市工商局南湖分局城西工商所所长

徐忠平　湖州市工商局企业注册处处长

吕天宝　东阳市工商局局长

郑峰山　衢州市工商局衢江分局经检大队队长

钱焱艳(女)　龙游县工商局企业注册科副科长

梁铁华　台州市工商局企业监管处处长

洪呈港　天台县工商局市场合同监管科科长

钭毅坚　丽水市工商局城东工商所所长

方文才　龙泉市工商局主任科员

张国华　舟山市工商局法规处处长

黄　瑾(女)　舟山市工商局定海分局企业注册科副科长

安徽省

姚　宏　合肥市工商局公平交易局局长

赵　健　濉溪县工商局局长

支玉良　亳州市工商局公平交易局经检队队长

苏　鹤　宿州市埇桥区工商局褚兰工商所所长

沈明信　五河县工商局局长

李　辉(回族)　界首市工商局东城工商所所长

史国勤　凤台县工商局局长

程士静　天长市工商局公平交易局局长

陈厚俊　霍山县工商局局长

季小凤(女)　当涂县工商局南营路工商所所长

朱德发　巢湖市工商局公平交易局局长

刘宗保　芜湖县工商局局长

张　玲(女)　宣城市宣州区工商局孙埠工商所所长

曹　慧(女)　铜陵市工商局铜官山区分局长江路工商所所长

朱　林　石台县工商局局长

檀四明　安庆市工商局迎江区分局广圩工商所所长

周向明　太湖县工商局北中工商所副所长

夏丽英(女)　黄山市工商局人教科科长

福建省

练　怡(女)　福州市仓山区工商局局长

苏志强　厦门市集美区工商局集北工商所所长

林兆富　云霄县工商局局长

颜增鸣　泉州市工商局检查支队支队长

梁松柏　泉州市泉港区工商局局长

丁耀鹏(回族)　三明市梅列区工商局满园春工商所所长

陈德明　莆田市涵江区工商局局长

林海疆　莆田市城厢区工商局城南工商所所长

李标进　武夷山市工商局局长

章　健　浦城县工商局城关工商所所长

黄远大　武平县工商局局长

杨铁民　屏南县工商局局长

刘　贤　柘荣县工商局办公室主任

江西省

屠浩翔　南昌市青云谱区工商局京山分局副局长

万婉红(女)　九江县工商局江洲分局局长

黄贤宁　武宁县工商局船滩分局局长

吴建华　浮梁县工商局经公桥分局副局长

吴建忠　上栗县工商局副局长兼上栗

分局局长

　　谢平华　新余市渝水区工商局公平交易局局长

　　桂维新　余江县工商局锦中分局局长

　　黄　平　赣州市工商局外商投资企业注册监督管理局局长

　　文运华　会昌县工商局副局长

　　胡楚兵　宜春市袁州区工商局城西分局局长

　　陈坤禧　铜鼓县工商局消费者权益保护局局长兼公平交易局副局长

　　周光明　万年县工商局局长

　　刘汉青　井冈山市工商局茨坪分局局长

　　胡小勇　峡江县工商局局长

　　胡松华　南丰县工商局琴城分局局长

　　黄少清　抚州市临川区工商局公平交易局科员

山东省

　　刘志勇　济南市工商局市中分局大观园工商所所长

　　王　斌　济南市工商局济阳分局垛石工商所所长

　　张晓青　青岛市工商局市北分局局长

　　周　军　青岛市工商局企业注册局主任科员

　　张晓伟　平度市工商局南村工商所所长

　　展奎华　淄博市工商局周村分局局长

　　刘永生　沂源县工商局副局长

　　于　强　枣庄市工商局山亭分局西集工商所所长

　　隋同亮　垦利县工商局局长

　　王　锐　烟台市工商局芝罘分局局长

　　姜景卫　龙口市工商局局长

　　马炳来　潍坊市工商局潍城分局局长

　　徐贵海　高密市工商局密水工商所所长

　　董建波　寿光市工商局台头工商所所长

　　高　强　兖州市工商局局长

　　张聿东　汶上县工商局局长

　　高　玲（女）　泰安市工商局局长

　　靖树水　泰安市工商局岱岳分局局长

　　杜卫平　威海市工商局经纪人和生产要素市场管理所所长

　　秦绪方　日照市工商局岚山分局局长

　　王继华　莱芜市工商局副局长

　　于文良　临沂市工商局总经济师兼"12315"申诉举报中心主任

　　赵家民　临沂市工商局兰山分局局长

　　刘泽祥　莒南县工商局局长

　　黄树森　武城县工商局局长

　　卢晓华　禹城市工商局局长

　　张文峰　聊城市工商局局长

　　李玉国　阳谷县工商局城区工商所所长

　　房加福　邹平县工商局局长

　　吴　群　单县工商局城关工商所所长

　　侯卫国　郓城县工商局环城工商所所长

河南省

　　张晨威　登封市工商局局长

　　卢建国　郑州市工商局金水分局庙李工商所所长

　　杨顺基　郑州市工商局中原分局林山寨工商所所长

　　曹　嵩　开封市工商局鼓楼分局注册登记股科员

　　兰　岚（女，回族）　开封市工商局龙亭分局旅游景区管理所副所长

　　陈斌怀　栾川县工商局白土工商所所长

　　梁云鹤（女，回族）　洛阳市工商局瀍河分局瀍河工商所所长

　　杨明堂　洛阳市工商局关林分局古城工商所所长

　　孙国权　平顶山市工商局卫东分局局长

　　郑国元　宝丰县工商局局长

　　李兆功　安阳市工商局北关分局局长

　　张红林　安阳市工商局公平交易科科长

　　常兆彬　浚县工商局城镇工商所所长

　　王兴民　封丘县工商局局长

　　姚　麟（女）　新乡市工商局注册登记

科副科长

　　李好办　焦作市工商局经济检查支队第三经济检查队队长

　　金　炜　濮阳市工商局专业分局劳动市场工商所所长

　　梁华东　许昌市工商局魏都分局文峰工商所所长

　　张俊峰　漯河市工商局源汇分局局长

　　李贵标　三门峡市工商局办公室主任

　　刘福新　南阳市工商局市场合同科科长

　　唐云博　南阳市工商局卧龙分局新西工商所所长

　　王建国　民权县工商局局长

　　宋孝兴　商丘市工商局梁园分局局长

　　吕宏光　信阳市工商局平桥分局局长

　　颜承安　信阳市工商局浉河分局局长

　　王树平　太康县工商局局长

　　王凤山　项城市工商局局长

　　徐　舟　驻马店市工商局经济检查支队第三检查队队长

　　刘　东　上蔡县工商局芦岗工商所所长

　　卢为民　济源市工商局克井工商所副所长

湖北省

　　齐寒石　武汉市工商局洪山分局广埠屯工商所所长

　　王　勉　武汉市工商局办公室副主任

　　伍宏伟　阳新县工商局三溪分局局长

　　吕志强　襄樊市工商局公平交易分局副队长

　　薛心元　襄樊市工商局高新技术产业开发区分局团山工商所科员

　　刘先平　荆州市工商局沙市分局局长

　　周用高　石首市工商局城关分局科员

　　申　露　宜昌市工商局点军分局桥边工商所所长

　　王先耀　竹溪县工商局丰溪工商所所长

　　张　文(女)　孝感市工商局城区分局文化路女子市场巡查队队长

　　郑运华　云梦县工商局城北分局局长

　　黄发浩　荆门市工商局人事教育科科长

　　徐　彬　鄂州市工商局城东分局凤凰工商所所长

　　胡整齐　麻城市工商局宋埠分局科员

　　毛观敏　罗田县工商局白庙河工商所所长

　　阮荣朝　通山县工商局洪港分局副局长

　　周长军　鹤峰县工商局走马分局副局长

　　李志拥(土家族)　巴东县工商局野三关分局局长

　　何华明　广水市工商局局长

　　梅开银　随州市曾都区工商局环潭分局副主任科员

　　李翠娥(女)　仙桃市工商局长堉口分局副局长

　　曾德明　潜江市工商局熊口分局局长

　　方俊红　天门市工商局渔薪分局局长

　　邓学军　神农架林区工商局公平交易和消保分局局长

湖南省

　　刘　钢　湖南省工商局办公室主任

　　伍作法　湖南省工商局消费者权益保护处处长

　　张　颂　长沙市工商局政策法规科副主任科员

　　胡逐波　长沙市工商局岳麓分局望城坡工商所所长

　　唐　政　耒阳市工商局主任科员

　　黄明高　衡阳市工商局石鼓分局办公室主任

　　黄玉成　株洲市工商局局长

　　陈　宏　醴陵市工商局中心工商所所长

　　李洪斌　株洲市工商局荷塘分局荷叶塘工商所所长

　　马建中　湘潭县工商局局长

　　唐存德　湘潭市工商局岳塘分局下摄司工商所副所长

　　尹华祥　邵阳市工商局个体监督管理科主任科员

陈小东　新宁县工商局城关工商所
所长

孙　芒　岳阳市工商局注册登记分局
主任科员

孙超云　汉寿县工商局局长

龙一平　桃源县工商局桃花源分局
局长

向爱群（土家族）　桑植县工商局局长

涂　军　益阳市工商局资阳分局长春
工商所所长

伍世梁　郴州市工商局人事教育科
科长

李立志　宁远县工商局局长

杨自桓　辰溪县工商局局长

彭国华　怀化市工商局人事教育科
科长

钟立吾　娄底市工商局娄星分局局长

杨慧平（苗族）　泸溪县工商局局长

李　猛（土家族）　龙山县工商局里耶
分局局长

广东省

梁凌峰　广州市工商局越秀分局局长

李一帆　广州市工商局白云分局党委
办公室主任兼党办人教科科长

曾雪飞　深圳市工商局经济检查大队
副大队长

熊雯静（女）　深圳市工商局福田分局
登记注册科副主任科员

陈大丘　珠海市工商局局长

陈润光　汕头市金平区工商局光华工
商所所长

陈壮和　汕头市潮南区工商局峡山工
商所副所长

梁文赞　佛山市三水区工商局副局长

何能相　韶关市工商局监察室主任

朱雪亮　河源市工商局市场合同管理
科科长

徐小坤　蕉岭县工商局经济检查大队
大队长

周志彬　兴宁市工商局局长

郭振其　惠东县工商局吉隆工商所
所长

陈子麟　龙门县工商局王坪工商所

所长

陈建生　汕尾市工商局局长

邓国平　东莞市消委会办公室主任

李　繁　中山市工商局古镇分局副
局长

李华植　开平市工商局长沙工商所
所长

钱永成（回族）　阳江市工商局局长

邓国权　湛江市工商局市场合同管理
科科长

李云章　湛江市工商局赤坎分局海田
工商所所长

叶小杰（女）　高州市工商局西岸工商
所副所长

李家漂　信宜市工商局商标广告管理
股股长

何育泉　肇庆市工商局办公室主任

夏伟华　清远市工商局信息中心副
主任

江烈忠　潮州市工商局湘桥分局局长

谢丹波　揭阳市工商局经济检查支队
科员

黄一荣　罗定市工商局罗城工商所副
所长

柯锡昌　广东省工商局财务处处长

严小宜（女）　广东省工商局法规处
处长

宋炳辉　广东省工商局商标管理处副
主任科员

广西壮族自治区

崔建军（女）　南宁市工商局财务科
科长

李　鑫　柳州市工商局柳北分局雀儿
山工商所所长

谢怀忠　柳江县工商局副局长

莫志军（壮族）　阳朔县工商局公消商
广股股长

黄容芳（女）　荔浦县工商局荔城工商
所所长

李夏宁　梧州市工商局万秀分局大东
工商所所长

李明辉　北海市工商局法规科科长

王执宪（壮族）　上思县工商局公正工

商所所长

　　陈　东　浦北县工商局张黄工商所所长

　　夏利民　贵港市工商局港南分局局长

　　钟　刚　容县工商局局长

　　伍思恩　陆川县工商局公平交易、商标广告与消费者权益保护股股长

　　罗祥雄(壮族)　来宾市工商局兴宾分局来宾工商所所长

　　罗裕渊　贺州市工商局八步分局局长

　　苏本强　隆林各族自治县工商局局长

　　周宝国　罗城仫佬族自治县工商局城西工商所所长

　　黄忠伟(壮族)　崇左市工商局江州分局城关工商所所长

海南省

　　肖　亮(女)　海口工商局公平交易与消费者权益保护管理分局"12315"指挥中心主任科员

　　文海君　东方工商局东河工商所所长

　　王运操　琼海工商局会山工商所所长

　　文　学　昌江工商局海尾工商所科员

　　王进江(黎族)　三亚工商局天涯工商所副所长

　　王雪玲(女,黎族)　五指山工商局水满工商所副所长

　　王　栋　文昌工商局局长

重庆市

　　姜　燕(女)　重庆市工商局黔江区分局注册登记科副科长

　　甘利源　重庆市工商局大渡口区分局信息中心主任兼信用办常务副主任

　　冉文富　重庆市工商局南岸区分局南坪工商所所长

　　覃志强　重庆市工商局合川区分局市场监督管理科科长

　　周　正　重庆市工商局永川区分局企业个体监督管理科科长

　　吴　衢　重庆市秀山土家族苗族自治县工商局企业个体监管科科长

　　朱　茜(女)　重庆市工商局企业注册管理处企业登记管理所所长

四川省

　　李永明　成都市工商局消费者权益保护处副调研员

　　马　骏　成都市青羊工商局工商公平交易执法分局副局长

　　古　晓(女)　自贡市工商局直属分局局长

　　王晓峰　攀枝花市东区工商局弄弄坪工商所副所长

　　赵孝勤　泸州市龙马潭区工商局局长

　　唐　俊　绵竹市工商局局长

　　周兆明　安县工商局局长

　　胡　伟　广元市工商局监察室主任

　　郭荣发　遂宁市工商局企业注册监督管理科科长

　　徐　红(女)　内江市工商局局长

　　刘　瑜　马边彝族自治县工商局局长

　　张　苑(女)　南充市工商局消费者权益保护科科长

　　赵振华　宜宾市工商局副局长

　　卫　成　华蓥市工商局溪口工商所所长

　　邓愉达　大竹县工商局局长

　　汪　勇　简阳市工商局局长

　　李忠臣　巴中市巴州区工商局清江工商所所长

　　谢代洪　雅安市工商局副局长

　　伍志勇　眉山市东坡区工商局局长

　　江　中(藏族)　得荣县工商局局长

　　杨　松(藏族)　汶川县工商局局长

　　苟发刚　德昌县工商局局长

　　曾广文(女)　四川省工商局广告处处长

贵州省

　　栾　剑　贵阳市工商局南明分局执法监督科科长

　　高思革(女)　遵义县工商局局长

　　陈建康　余庆县工商局松烟工商所所长

　　程海波(布依族)　紫云苗族布依族自治县工商局猴场工商所副所长

　　贾沛祥　惠水县工商局摆金工商所所长

　　杨贵清(女,侗族)　凯里市工商局大十字工商所所长

董喜彪（侗族）　三穗县工商局八弓工商所所长

吴高飞（土家族）　德江县工商局副局长

游兴颖（女）　金沙县工商局政策法规股股长

陶　辉（彝族）　六枝特区工商局郎岱工商所所长

王秉同（布依族）　安龙县工商局执法监督股股长

云南省

张寿良（哈尼族）　绿春县工商局城区分局局长

何淑梅（女）　个旧市工商局老厂工商所所长

方　勇　腾冲县工商局局长

岩温龙（傣族）　勐腊县工商局纪检组长

罗金华　耿马县工商局局长

赵雪松（纳西族）　丽江市古城区工商局大研分局局长

苗　勇　富宁县工商局局长

李　海（彝族）　澜沧拉祜族自治县工商局勐朗分局局长

罗　荣　楚雄市工商局局长

陈　敏（女）　水富县工商局副局长

李　贵　马龙县工商局局长

坝汝明（彝族）　玉溪市工商局办公室主任

王　超　昆明市官渡区工商局机场分局局长

张卫民　昆明市五华区工商局局长

张益荣（阿昌族）　陇川县工商局户撒工商所所长

西藏自治区

段襄征　西藏自治区工商局局长

周华庭　拉萨市工商局局长

米玛次仁（藏族）　日喀则地区工商局党组书记

洛松泽登（藏族）　昌都地区工商局党组书记

罗　琼（藏族）　浪卡子县工商局副局长

陕西省

李尚书　西安市工商局阎良分局关山工商所所长

陈红卫　西安市工商局雁塔分局太白南路工商所所长

于润平　岐山县工商局"12315"消费者申诉举报中心主任

李　东　兴平市工商局局长

李　波　澄城县工商局副局长

成宪刚　渭南市工商局临渭分局解放工商所所长

吴高荣　铜川市工商局耀州分局局长

曹兴华　志丹县工商局顺宁工商所所长

左晓峰　宜川县工商局副局长

周东阳　榆林市工商局经济检查支队科员

赵志军　汉中市工商局汉台分局铺镇工商所副所长

谢卫东　南郑县工商局局长

张家满　白河县工商局西营工商所副所长

刘　玮（女）　安康市工商局"12315"申诉举报中心科员

李志皓　洛南县工商局局长

马栓科　杨凌工商局市场规范管理科科长

甘肃省

石凤万　白银市工商局西区分局局长

丁生仁　民勤县工商局局长

武克新　张掖市工商局甘州分局副局长

任会鸣　敦煌市工商局局长

武汉江　定西市工商局安定分局局长

牛辛勤　平凉市工商局市场管理科科长

樊　倡　正宁县工商局市场监督管理股股长

王国庆（藏族）　舟曲县工商局局长

冯学文（东乡族）　东乡县工商局局长

侯文科　甘肃省工商局人事教育处副处长

青海省

祁赤民　青海省工商局办公室主任

郭有莲(女,土族)　互助县工商局局长

王志伟(藏族)　玉树县工商局局长

孔祥明　海晏县工商局公平交易科科长

才华加(藏族)　泽库县工商局城关工商所所长

宁夏回族自治区

杨玉海　银川市工商局兴庆二分局商城工商所所长

王利宁(女)　石嘴山市工商局法制科科长

年晓华　吴忠市工商局利通二分局局长

马志强(回族)　泾源县工商局城关工商所所长

张　欣(女,回族)　银川高新技术产业开发区工商局企业注册科科长

新疆维吾尔自治区

边月群　洛浦县工商局党组书记

白小如(女)　阜康市工商局注册登记科科长

彭朝明　哈密市工商局新市区工商所所长

库许尔拜·居马汗(哈萨克族)　昭苏县工商局察汗乌苏工商所副所长

刘学明　克拉玛依市独山子区工商局市场经检队队长

亚夏尔·阿吉(维吾尔族)　新疆维吾尔自治区工商局乌鲁木齐经济技术开发区分局副局长

热米娜·阿不都热合满(女,维吾尔族)轮台县工商局县城工商所副所长

梅　峰　阿克苏市工商局库木巴什工商所所长

董成德　博尔塔拉蒙古自治州工商局市场经检大队大队长

文　英(女)　石河子工商局开发区分局副局长

第七节　其他表彰

　　评选表彰作为一项日常工作,国家工商行政管理(总)局在历次全国工商行政管理系统表彰大会之间,还对在监督管理岗位上取得优异成绩、系统内反响强烈的先进典型进行了即时性表彰。他们是:忠于职守,勇斗歹徒,不顾个人安危,保护国家利益的江西省星子湖县工商行政管理局蚌湖工商所干部陈述赞;身患绝症,奉献工商行政管理事业的河南省洛阳市涧西区工商行政管理局上海市场工商所所长刘金星;勤奋敬业、无私无畏、与走私犯罪分子英勇搏斗,不幸以身殉职的湖北省公安县工商行政管理局南平工商所副所长范宗平;依法行政,严格管理,不幸以身殉职的黑龙江省哈尔滨市工商行政管理局道里分局埃德蒙顿路市场管理所所长吴志敏;爱岗敬业、秉公执法、清正廉洁、勤政为民的天津市河西区工商行政管理局大营门工商所所长景志刚;三十多年如一日,忠于职守,清正廉洁,全心全意为人民服务的河南省社旗县工商行政管理局城关工商所干部强自喜;文明执法,依法行政,为维护正常的市场经济秩序做出突出成绩的上海市黄浦区工商行政管理局南京东路工商所;2001年12月被人事部、国家工商行政管理总局联合追授为"模范公务员"荣誉称号,在平凡的工作岗位上,从一点一滴小事做起,坚定信念,严格执法,任劳任怨,无私奉献,因突发心肌梗塞,猝然病逝在工作岗位上的安徽省阜阳市太和县工商行政管理局城北工商所副所长何付凯;2002年7月被人事部和国家工商行政管理总局联合追授为"模范公务员"荣誉称号,在执法工作中,忠于职守,无私无畏,与暴力抗法分子作坚决斗争,英勇牺牲的宁夏回族自治区灵武市工商行政管理局磁窑堡工商所所长胡学勤;2006年7月被人事部、国家工商行政管理总局授予"模范公务员"荣誉称号,理想信念坚定,秉公办事、严格执法、热情服务、甘当公仆、严于律己、清正廉洁的山西省长治市工商局党组成员兼黎城县工商局党组书记、局长杨宽德;以及2006年5月被共青团中央、国家工商行政管理总局追授"中国杰出青年卫士"荣誉称号,爱岗敬业、服务人民、文明执法、无私奉献,2005年5月在"食品放心工程"专项整治"零点行动"中,不幸殉职的南

宁市工商局江南分局福建路工商所所长黄振磊等。即时性表彰工作作为阶段性表彰工作的有益补充,实现了全国工商行政管理系统表彰工作的制度化、规范化、日常化。表彰工作不仅充分发挥了激励先进的作用,而且对于弘扬正气,调动广大工商行政管理人员爱岗敬业、无私奉献的工作热情,加强队伍建设,树立良好的工商行政管理形象,保证工商行政管理职能全面、正确的履行起到了积极的促进作用。

一、先进集体

上海市黄浦区工商行政管理局南京东路工商所

文明执法,依法行政,为维护正常的市场经济秩序做出突出成绩。1996 年 8 月,国家工商行政管理局授予上海市黄浦区南京东路工商所全国工商行政管理系统"模范工商所"荣誉称号(工商宣字[1996]第 297 号)。

二、先进个人

陈述赞 江西省星子湖县工商行政管理局蚌湖工商所负责人

忠于职守,勇斗歹徒,为保护国家利益作出突出贡献。1984 年 4 月,国家工商行政管理局给予陈述赞同志通报嘉奖([84]工商37 号)。

刘金星 河南省洛阳市涧西区工商行政管理局上海市场工商所所长

生命不息,战斗不止,勇战病魔,无私奉献。1991 年 4 月,国家工商行政管理局、人事部授予刘金星同志全国工商行政管理系统"先进工作者"称号(工商人字[1991]第126 号)。

范宗平 湖北省公安县工商行政管理局南平工商所副所长

勤奋敬业,无私无畏,与走私犯罪分子英勇搏斗,不幸以身殉职。1995 年 5 月,国家工商行政管理局、人事部追授范宗平同志全国工商行政管理系统"经济执法卫士"荣誉称号(工商宣字[1995]第 123 号)。

吴志敏 黑龙江省哈尔滨市工商行政管理局道里分局埃德蒙顿路市场管理所所长

依法行政,严格管理,仗义执法,以身殉职。1995 年 12 月,国家工商行政管理局追授吴志敏同志"模范工商行政管理干部"荣誉称号(工商宣字[1995]第 333 号)。

景志刚 天津市河西区工商行政管理局大营门工商所所长

爱岗敬业,清正廉洁,秉公执法,勤政为民。1996 年 8 月,国家工商行政管理局授予景志刚同志全国工商行政管理系统"模范工商所长"荣誉称号(工商宣字[1996]第 291号)。

强自喜 河南省社旗县工商行政管理局城关工商所干部

三十多年如一日,忠于职守,忘我工作,秉公执法,热情助人。1997 年 12 月,国家工商行政管理局授予强自喜同志全国工商行政管理系统"模范工商行政管理干部"荣誉称号(工商宣字[1997]第 315 号)。

何付凯 安徽省阜阳市太和县工商行政管理局城北工商所副所长

平凡岗位,刻苦钻研业务,严格执法,不徇私情,依法行政,文明管理,清正廉洁,勤政为民,甘于奉献,病死在工作岗位上。2001 年 12 月,人事部、国家工商行政管理总局追授何付凯同志"模范公务员"荣誉称号(人发[2001]132 号)。

胡学勤 宁夏回族自治区灵武市工商行政管理局磁窑堡工商所所长

在查处涉嫌非法贩运土炼油工作时,忠于职守,无私无畏,与暴力抗法分子作坚决斗争,英勇牺牲。2002 年 7 月,人事部、国家工商行政管理总局追授胡学勤同志"模范公务员"荣誉称号(人发[2002]78 号)。

杨宽德 山西省长治市工商局党组成员兼黎城县工商局党组书记、局长

坚定理想信念,秉公办事、严格执法、热情服务、甘当公仆、严于律己、清正廉洁。2006 年 7 月,人事部、国家工商行政管理总局授予杨宽德同志"模范公务员"荣誉称号(国人部[2006]74 号)。

黄振磊 南宁市工商局江南分局福建路工商所所长

爱岗敬业、服务人民、文明执法、无私奉

献,2005 年 5 月在"食品放心工程"专项整治"零点行动"中,不幸殉职。2006 年 5 月,共青团中央、国家工商行政管理总局追授黄振磊同志"中国杰出青年卫士"荣誉称号(中青联发[2006]32 号)。

（国家工商行政管理总局人事司供稿）

第八篇

工商行政管理主要法律、法规汇编

第一部分　工商行政管理主要法律

1. 中华人民共和国商标法
2. 中华人民共和国产品质量法
3. 中华人民共和国反不正当竞争法
4. 中华人民共和国消费者权益保护法
5. 中华人民共和国公司法
6. 中华人民共和国广告法
7. 中华人民共和国合伙企业法
8. 中华人民共和国合同法
9. 中华人民共和国个人独资企业法
10. 中华人民共和国农民专业合作社法
11. 中华人民共和国反垄断法

中华人民共和国商标法

1982 年 8 月 23 日第五届全国人民代表大会常务委员会第二十四次会议通过，根据 1993 年 2 月 22 日第七届全国人民代表大会常务委员会第三十次会议《关于修改〈中华人民共和国商标法〉的决定》第一次修正，根据 2001 年 10 月 27 日第九届全国人民代表大会常务委员会第二十四次会议《关于修改〈中华人民共和国商标法〉的决定》第二次修正

目　录

第一章　总　则

第一条　为了加强商标管理，保护商标专用权，促使生产、经营者保证商品和服务质量，维护商标信誉，以保障消费者和生产、经营者的利益，促进社会主义市场经济的发展，特制定本法。

第二条　国务院工商行政管理部门商标局主管全国商标注册和管理的工作。

国务院工商行政管理部门设立商标评审委员会，负责处理商标争议事宜。

第三条　经商标局核准注册的商标为注册商标，包括商品商标、服务商标和集体商标、证明商标；商标注册人享有商标专用权，受法律保护。

本法所称集体商标，是指以团体、协会或者其他组织名义注册，供该组织成员在商事活动中使用，以表明使用者在该组织中的成员资格的标志。

本法所称证明商标，是指由对某种商品或者服务具有监督能力的组织所控制，而由该组织以外的单位或者个人使用于其商品或者服务，用以证明该商品或者服务的原产地、原料、制造方法、质量或者其他特定品质

的标志。

集体商标、证明商标注册和管理的特殊事项,由国务院工商行政管理部门规定。

第四条 自然人、法人或者其他组织对其生产、制造、加工、拣选或者经销的商品,需要取得商标专用权的,应当向商标局申请商品商标注册。

自然人、法人或者其他组织对其提供的服务项目,需要取得商标专用权的,应当向商标局申请服务商标注册。

本法有关商品商标的规定,适用于服务商标。

第五条 两个以上的自然人、法人或者其他组织可以共同向商标局申请注册同一商标,共同享有和行使该商标专用权。

第六条 国家规定必须使用注册商标的商品,必须申请商标注册,未经核准注册的,不得在市场销售。

第七条 商标使用人应当对其使用商标的商品质量负责。各级工商行政管理部门应当通过商标管理,制止欺骗消费者的行为。

第八条 任何能够将自然人、法人或者其他组织的商品与他人的商品区别开的可视性标志,包括文字、图形、字母、数字、三维标志和颜色组合,以及上述要素的组合,均可以作为商标申请注册。

第九条 申请注册的商标,应当有显著特征,便于识别,并不得与他人在先取得的合法权利相冲突。

商标注册人有权标明"注册商标"或者注册标记。

第十条 下列标志不得作为商标使用:

(一)同中华人民共和国的国家名称、国旗、国徽、军旗、勋章相同或者近似的,以及同中央国家机关所在地特定地点的名称或者标志性建筑物的名称、图形相同的;

(二)同外国的国家名称、国旗、国徽、军旗相同或者近似的,但该国政府同意的除外;

(三)同政府间国际组织的名称、旗帜、徽记相同或者近似的,但经该组织同意或者不易误导公众的除外;

(四)与表明实施控制、予以保证的官方标志、检验印记相同或者近似的,但经授权的除外;

(五)同"红十字"、"红新月"的名称、标志相同或者近似的;

(六)带有民族歧视性的;

(七)夸大宣传并带有欺骗性的;

(八)有害于社会主义道德风尚或者有其他不良影响的。

县级以上行政区划的地名或者公众知晓的外国地名,不得作为商标。但是,地名具有其他含义或者作为集体商标、证明商标组成部分的除外;已经注册的使用地名的商标继续有效。

第十一条 下列标志不得作为商标注册:

(一)仅有本商品的通用名称、图形、型号的;

(二)仅仅直接表示商品的质量、主要原料、功能、用途、重量、数量及其他特点的;

(三)缺乏显著特征的。

前款所列标志经过使用取得显著特征,并便于识别的,可以作为商标注册。

第十二条 以三维标志申请注册商标的,仅由商品自身的性质产生的形状、为获得技术效果而需有的商品形状或者使商品具有实质性价值的形状,不得注册。

第十三条 就相同或者类似商品申请注册的商标是复制、摹仿或者翻译他人未在中国注册的驰名商标,容易导致混淆的,不予注册并禁止使用。

就不相同或者不相类似商品申请注册的商标是复制、摹仿或者翻译他人已经在中国注册的驰名商标,误导公众,致使该驰名商标注册人的利益可能受到损害的,不予注册并禁止使用。

第十四条 认定驰名商标应当考虑下列因素:

(一)相关公众对该商标的知晓程度;

(二)该商标使用的持续时间;

(三)该商标的任何宣传工作的持续时间、程度和地理范围;

(四)该商标作为驰名商标受保护的

记录；

（五）该商标驰名的其他因素。

第十五条 未经授权，代理人或者代表人以自己的名义将被代理人或者被代表人的商标进行注册，被代理人或者被代表人提出异议的，不予注册并禁止使用。

第十六条 商标中有商品的地理标志，而该商品并非来源于该标志所标示的地区，误导公众的，不予注册并禁止使用；但是，已经善意取得注册的继续有效。

前款所称地理标志，是指标示某商品来源于某地区，该商品的特定质量、信誉或者其他特征，主要由该地区的自然因素或者人文因素所决定的标志。

第十七条 外国人或者外国企业在中国申请商标注册的，应当按其所属国和中华人民共和国签订的协议或者共同参加的国际条约办理，或者按对等原则办理。

第十八条 外国人或者外国企业在中国申请商标注册和办理其他商标事宜的，应当委托国家认可的具有商标代理资格的组织代理。

第二章 商标注册的申请

第十九条 申请商标注册的，应当按规定的商品分类表填报使用商标的商品类别和商品名称。

第二十条 商标注册申请人在不同类别的商品上申请注册同一商标的，应当按商品分类表提出注册申请。

第二十一条 注册商标需要在同一类的其他商品上使用的，应当另行提出注册申请。

第二十二条 注册商标需要改变其标志的，应当重新提出注册申请。

第二十三条 注册商标需要变更注册人的名义、地址或者其他注册事项的，应当提出变更申请。

第二十四条 商标注册申请人自其商标在外国第一次提出商标注册申请之日起六个月内，又在中国就相同商品以同一商标提出商标注册申请的，依照该外国同中国签订的协议或者共同参加的国际条约，或者按照相互承认优先权的原则，可以享有优先权。

依照前款要求优先权的，应当在提出商标注册申请的时候提出书面声明，并且在三个月内提交第一次提出的商标注册申请文件的副本；未提出书面声明或者逾期未提交商标注册申请文件副本的，视为未要求优先权。

第二十五条 商标在中国政府主办的或者承认的国际展览会展出的商品上首次使用的，自该商品展出之日起六个月内，该商标的注册申请人可以享有优先权。

依照前款要求优先权的，应当在提出商标注册申请的时候提出书面声明，并且在三个月内提交展出其商品的展览会名称、在展出商品上使用该商标的证据、展出日期等证明文件；未提出书面声明或者逾期未提交证明文件的，视为未要求优先权。

第二十六条 为申请商标注册所申报的事项和所提供的材料应当真实、准确、完整。

第三章 商标注册的审查和核准

第二十七条 申请注册的商标，凡符合本法有关规定的，由商标局初步审定，予以公告。

第二十八条 申请注册的商标，凡不符合本法有关规定或者同他人在同一种商品或者类似商品上已经注册的或者初步审定的商标相同或者近似的，由商标局驳回申请，不予公告。

第二十九条 两个或者两个以上的商标注册申请人，在同一种商品或者类似商品上，以相同或者近似的商标申请注册的，初步审定并公告申请在先的商标；同一天申请的，初步审定并公告使用在先的商标，驳回其他人的申请，不予公告。

第三十条 对初步审定的商标，自公告之日起三个月内，任何人均可以提出异议。公告期满无异议的，予以核准注册，发给商标注册证,并予公告。

第三十一条 申请商标注册不得损害他人现有的在先权利,也不得以不正当手段抢先注册他人已经使用并有一定影响的商标。

第三十二条 对驳回申请、不予公告的商标,商标局应当书面通知商标注册申请人。商标注册申请人不服的,可以自收到通知之日起十五日内向商标评审委员会申请复审,由商标评审委员会做出决定,并书面通知申请人。

当事人对商标评审委员会的决定不服的,可以自收到通知之日起三十日内向人民法院起诉。

第三十三条 对初步审定、予以公告的商标提出异议的,商标局应当听取异议人和被异议人陈述事实和理由,经调查核实后,做出裁定。当事人不服的,可以自收到通知之日起十五日内向商标评审委员会申请复审,由商标评审委员会做出裁定,并书面通知异议人和被异议人。

当事人对商标评审委员会的裁定不服的,可以自收到通知之日起三十日内向人民法院起诉。人民法院应当通知商标复审程序的对方当事人作为第三人参加诉讼。

第三十四条 当事人在法定期限内对商标局做出的裁定不申请复审或者对商标评审委员会做出的裁定不向人民法院起诉的,裁定生效。

经裁定异议不能成立的,予以核准注册,发给商标注册证,并予公告;经裁定异议成立的,不予核准注册。

经裁定异议不能成立而核准注册的,商标注册申请人取得商标专用权的时间自初审公告三个月期满之日起计算。

第三十五条 对商标注册申请和商标复审申请应当及时进行审查。

第三十六条 商标注册申请人或者注册人发现商标申请文件或者注册文件有明显错误的,可以申请更正。商标局依法在其职权范围内作出更正,并通知当事人。

前款所称更正错误不涉及商标申请文件或者注册文件的实质性内容。

第四章　注册商标的续展、转让和使用许可

第三十七条 注册商标的有效期为十年,自核准注册之日起计算。

第三十八条 注册商标有效期满,需要继续使用的,应当在期满前六个月内申请续展注册;在此期间未能提出申请的,可以给予六个月的宽展期。宽展期满仍未提出申请的,注销其注册商标。

每次续展注册的有效期为十年。

续展注册经核准后,予以公告。

第三十九条 转让注册商标的,转让人和受让人应当签订转让协议,并共同向商标局提出申请。受让人应当保证使用该注册商标的商品质量。

转让注册商标经核准后,予以公告。受让人自公告之日起享有商标专用权。

第四十条 商标注册人可以通过签订商标使用许可合同,许可他人使用其注册商标。许可人应当监督被许可人使用其注册商标的商品质量。被许可人应当保证使用该注册商标的商品质量。

经许可使用他人注册商标的,必须在使用该注册商标的商品上标明被许可人的名称和商品产地。

商标使用许可合同应当报商标局备案。

第五章　注册商标争议的裁定

第四十一条 已经注册的商标,违反本法第十条、第十一条、第十二条规定的,或者是以欺骗手段或者其他不正当手段取得注册的,由商标局撤销该注册商标;其他单位或者个人可以请求商标评审委员会裁定撤销该注册商标。

已经注册的商标,违反本法第十三条、第十五条、第十六条、第三十一条规定的,自商标注册之日起五年内,商标所有人或者利害关系人可以请求商标评审委员会裁定撤销该注册商标。对恶意注册的,驰名商标所有人不受五年的时间限制。

除前两款规定的情形外,对已经注册的商标有争议的,可以自该商标经核准注册之日起五年内,向商标评审委员会申请裁定。

商标评审委员会收到裁定申请后,应当通知有关当事人,并限期提出答辩。

第四十二条　对核准注册前已经提出异议并经裁定的商标,不得再以相同的事实和理由申请裁定。

第四十三条　商标评审委员会做出维持或者撤销注册商标的裁定后,应当书面通知有关当事人。

当事人对商标评审委员会的裁定不服的,可以自收到通知之日起三十日内向人民法院起诉。人民法院应当通知商标裁定程序的对方当事人作为第三人参加诉讼。

第六章　商标使用的管理

第四十四条　使用注册商标,有下列行为之一的,由商标局责令限期改正或者撤销其注册商标:

(一)自行改变注册商标的;

(二)自行改变注册商标的注册人名义、地址或者其他注册事项的;

(三)自行转让注册商标的;

(四)连续三年停止使用的。

第四十五条　使用注册商标,其商品粗制滥造,以次充好,欺骗消费者的,由各级工商行政管理部门分别不同情况,责令限期改正,并可以予以通报或者处以罚款,或者由商标局撤销其注册商标。

第四十六条　注册商标被撤销的或者期满不再续展的,自撤销或者注销之日起一年内,商标局对与该商标相同或者近似的商标注册申请,不予核准。

第四十七条　违反本法第六条规定的,由地方工商行政管理部门责令限期申请注册,可以并处罚款。

第四十八条　使用未注册商标,有下列行为之一的,由地方工商行政管理部门予以制止,限期改正,并可以予以通报或者处以罚款:

(一)冒充注册商标的;

(二)违反本法第十条规定的;

(三)粗制滥造,以次充好,欺骗消费者的。

第四十九条　对商标局撤销注册商标的决定,当事人不服的,可以自收到通知之日起十五日内向商标评审委员会申请复审,由商标评审委员会做出决定,并书面通知申请人。

当事人对商标评审委员会的决定不服的,可以自收到通知之日起三十日内向人民法院起诉。

第五十条　对工商行政管理部门根据本法第四十五条、第四十七条、第四十八条的规定做出的罚款决定,当事人不服的,可以自收到通知之日起十五日内,向人民法院起诉;期满不起诉又不履行的,由有关工商行政管理部门申请人民法院强制执行。

第七章　注册商标专用权的保护

第五十一条　注册商标的专用权,以核准注册的商标和核定使用的商品为限。

第五十二条　有下列行为之一的,均属侵犯注册商标专用权:

(一)未经商标注册人的许可,在同一种商品或者类似商品上使用与其注册商标相同或者近似的商标的;

(二)销售侵犯注册商标专用权的商品的;

(三)伪造、擅自制造他人注册商标标识或者销售伪造、擅自制造的注册商标标识的;

(四)未经商标注册人同意,更换其注册商标并将该更换商标的商品又投入市场的;

(五)给他人的注册商标专用权造成其他损害的。

第五十三条　有本法第五十二条所列侵犯注册商标专用权行为之一,引起纠纷的,由当事人协商解决;不愿协商或者协商不成的,商标注册人或者利害关系人可以向人民法院起诉,也可以请求工商行政管理部门处理。工商行政管理部门处理时,认定侵权行为成立的,责令立即停止侵权行为,没收、销毁侵权商品和专门用于制造侵权商品、伪造注册商标标识的工具，并可处以罚款。当事人对处理决定不服的，可以自收到处理通知之日起十五日内依照《中华人民共和国行政诉讼法》向人民法院起诉；侵权人期满不起诉又不履行的，工商行政管理部门可以申请人民法院强制执行。进行处理的工商行政管理部门根据当事人的请求，可以就侵犯商标专用权的赔偿数额进行调解；调解不成的，当事人可以依照《中华人民共和国民事诉讼法》向人民法院起诉。

第五十四条　对侵犯注册商标专用权的行为，工商行政管理部门有权依法查处；涉嫌犯罪的，应当及时移送司法机关依法处理。

第五十五条　县级以上工商行政管理部门根据已经取得的违法嫌疑证据或者举报，对涉嫌侵犯他人注册商标专用权的行为进行查处时，可以行使下列职权：

（一）询问有关当事人，调查与侵犯他人注册商标专用权有关的情况；

（二）查阅、复制当事人与侵权活动有关的合同、发票、帐簿以及其他有关资料；

（三）对当事人涉嫌从事侵犯他人注册商标专用权活动的场所实施现场检查；

（四）检查与侵权活动有关的物品；对有证据证明是侵犯他人注册商标专用权的物品，可以查封或者扣押。

工商行政管理部门依法行使前款规定的职权时，当事人应当予以协助、配合，不得拒绝、阻挠。

第五十六条　侵犯商标专用权的赔偿数额，为侵权人在侵权期间因侵权所获得的利益，或者被侵权人在被侵权期间因被侵权所受到的损失，包括被侵权人为制止侵权行为所支付的合理开支。

前款所称侵权人因侵权所得利益，或者被侵权人因被侵权所受损失难以确定的，由人民法院根据侵权行为的情节判决给予五十万元以下的赔偿。

销售不知道是侵犯注册商标专用权的商品，能证明该商品是自己合法取得的并说明提供者的，不承担赔偿责任。

第五十七条　商标注册人或者利害关系人有证据证明他人正在实施或者即将实施侵犯其注册商标专用权的行为，如不及时制止，将会使其合法权益受到难以弥补的损害的，可以在起诉前向人民法院申请采取责令停止有关行为和财产保全的措施。

人民法院处理前款申请，适用《中华人民共和国民事诉讼法》第九十三条至第九十六条和第九十九条的规定。

第五十八条　为制止侵权行为，在证据可能灭失或者以后难以取得的情况下，商标注册人或者利害关系人可以在起诉前向人民法院申请保全证据。

人民法院接受申请后，必须在四十八小时内做出裁定；裁定采取保全措施的，应当立即开始执行。

人民法院可以责令申请人提供担保，申请人不提供担保的，驳回申请。

申请人在人民法院采取保全措施后十五日内不起诉的，人民法院应当解除保全措施。

第五十九条　未经商标注册人许可，在同一种商品上使用与其注册商标相同的商标，构成犯罪的，除赔偿被侵权人的损失外，依法追究刑事责任。

伪造、擅自制造他人注册商标标识或者销售伪造、擅自制造的注册商标标识，构成犯罪的，除赔偿被侵权人的损失外，依法追究刑事责任。

销售明知是假冒注册商标的商品，构成犯罪的，除赔偿被侵权人的损失外，依法追究刑事责任。

第六十条　从事商标注册、管理和复审工作的国家机关工作人员必须秉公执法，廉洁自律，忠于职守，文明服务。

商标局、商标评审委员会以及从事商标注册、管理和复审工作的国家机关工作人员不得从事商标代理业务和商品生产经营活动。

第六十一条　工商行政管理部门应当建立健全内部监督制度，对负责商标注册、管理和复审工作的国家机关工作人员执行法律、行政法规和遵守纪律的情况，进行监督检查。

第六十二条　从事商标注册、管理和复审工作的国家机关工作人员玩忽职守、滥用职权、徇私舞弊,违法办理商标注册、管理和复审事项,收受当事人财物,牟取不正当利益,构成犯罪的,依法追究刑事责任;尚不构成犯罪的,依法给予行政处分。

第八章　附　则

第六十三条　申请商标注册和办理其他商标事宜的,应当缴纳费用,具体收费标准另定。

第六十四条　本法自 1983 年 3 月 1 日起施行。1963 年 4 月 10 日国务院公布的《商标管理条例》同时废止;其他有关商标管理的规定,凡与本法抵触的,同时失效。

本法施行前已经注册的商标继续有效。

中华人民共和国产品质量法

1993 年 2 月 22 日第七届全国人民代表大会常务委员会第三十次会议通过,根据 2000 年 7 月 8 日第九届全国人民代表大会常务委员会第十六次会议《关于修改〈中华人民共和国产品质量法〉的决定》修正

目　录

第一章　总　则

第一条　为了加强对产品质量的监督管理,提高产品质量水平,明确产品质量责任,保护消费者的合法权益,维护社会经济秩序,制定本法。

第二条　在中华人民共和国境内从事产品生产、销售活动,必须遵守本法。

本法所称产品是指经过加工、制作,用于销售的产品。

建设工程不适用本法规定;但是,建设工程使用的建筑材料、建筑构配件和设备,属于前款规定的产品范围的,适用本法规定。

第三条　生产者、销售者应当建立健全内部产品质量管理制度,严格实施岗位质量规范、质量责任以及相应的考核办法。

第四条　生产者、销售者依照本法规定承担产品质量责任。

第五条　禁止伪造或者冒用认证标志等质量标志;禁止伪造产品的产地,伪造或者冒用他人的厂名、厂址;禁止在生产、销售的产品中掺杂、掺假,以假充真,以次充好。

第六条　国家鼓励推行科学的质量管理方法,采用先进的科学技术,鼓励企业产品质量达到并且超过行业标准、国家标准和国际标准。

对产品质量管理先进和产品质量达到国际先进水平、成绩显著的单位和个人,给予奖励。

第七条　各级人民政府应当把提高产品质量纳入国民经济和社会发展规划,加强对产品质量工作的统筹规划和组织领导,引导、督促生产者、销售者加强产品质量管理,提高产品质量,组织各有关部门依法采取措施,制止产品生产、销售中违反本法规定的行为,保障本法的施行。

第八条　国务院产品质量监督部门主管全国产品质量监督工作。国务院有关部门在各自的职责范围内负责产品质量监督工作。

县级以上地方产品质量监督部门主管

本行政区域内的产品质量监督工作。县级以上地方人民政府有关部门在各自的职责范围内负责产品质量监督工作。

法律对产品质量的监督部门另有规定的,依照有关法律的规定执行。

第九条 各级人民政府工作人员和其他国家机关工作人员不得滥用职权、玩忽职守或者徇私舞弊,包庇、放纵本地区、本系统发生的产品生产、销售中违反本法规定的行为,或者阻挠、干预依法对产品生产、销售中违反本法规定的行为进行查处。

各级地方人民政府和其他国家机关有包庇、放纵产品生产、销售中违反本法规定的行为的,依法追究其主要负责人的法律责任。

第十条 任何单位和个人有权对违反本法规定的行为,向产品质量监督部门或者其他有关部门检举。

产品质量监督部门和有关部门应当为检举人保密,并按照省、自治区、直辖市人民政府的规定给予奖励。

第十一条 任何单位和个人不得排斥非本地区或者非本系统企业生产的质量合格产品进入本地区、本系统。

第二章　产品质量的监督

第十二条 产品质量应当检验合格,不得以不合格产品冒充合格产品。

第十三条 可能危及人体健康和人身、财产安全的工业产品,必须符合保障人体健康和人身、财产安全的国家标准、行业标准;未制定国家标准、行业标准的,必须符合保障人体健康和人身、财产安全的要求。

禁止生产、销售不符合保障人体健康和人身、财产安全的标准和要求的工业产品。具体管理办法由国务院规定。

第十四条 国家根据国际通用的质量管理标准,推行企业质量体系认证制度。企业根据自愿原则可以向国务院产品质量监督部门认可的或者国务院产品质量监督部门授权的部门认可的认证机构申请企业质量体系认证。经认证合格的,由认证机构颁发企业质量体系认证证书。

国家参照国际先进的产品标准和技术要求,推行产品质量认证制度。企业根据自愿原则可以向国务院产品质量监督部门认可的或者国务院产品质量监督部门授权的部门认可的认证机构申请产品质量认证。经认证合格的,由认证机构颁发产品质量认证证书,准许企业在产品或者其包装上使用产品质量认证标志。

第十五条 国家对产品质量实行以抽查为主要方式的监督检查制度,对可能危及人体健康和人身、财产安全的产品,影响国计民生的重要工业产品以及消费者、有关组织反映有质量问题的产品进行抽查。抽查的样品应当在市场上或者企业成品仓库内的待销产品中随机抽取。监督抽查工作由国务院产品质量监督部门规划和组织。县级以上地方产品质量监督部门在本行政区域内也可以组织监督抽查。法律对产品质量的监督检查另有规定的,依照有关法律的规定执行。

国家监督抽查的产品,地方不得另行重复抽查;上级监督抽查的产品,下级不得另行重复抽查。

根据监督抽查的需要,可以对产品进行检验。检验抽取样品的数量不得超过检验的合理需要,并不得向被检查人收取检验费用。监督抽查所需检验费用按照国务院规定列支。

生产者、销售者对抽查检验的结果有异议的,可以自收到检验结果之日起十五日内向实施监督抽查的产品质量监督部门或者其上级产品质量监督部门申请复检,由受理复检的产品质量监督部门作出复检结论。

第十六条 对依法进行的产品质量监督检查,生产者、销售者不得拒绝。

第十七条 依照本法规定进行监督抽查的产品质量不合格的,由实施监督抽查的产品质量监督部门责令其生产者、销售者限期改正。逾期不改正的,由省级以上人民政府产品质量监督部门予以公告;公告后经复查仍不合格的,责令停业,限期整顿;整顿期满后经复查产品质量仍不合格的,吊销营业执照。

监督抽查的产品有严重质量问题的,依照本法第五章的有关规定处罚。

第十八条　县级以上产品质量监督部门根据已经取得的违法嫌疑证据或者举报,对涉嫌违反本法规定的行为进行查处时,可以行使下列职权:

(一)对当事人涉嫌从事违反本法的生产、销售活动的场所实施现场检查;

(二)向当事人的法定代表人、主要负责人和其他有关人员调查、了解与涉嫌从事违反本法的生产、销售活动有关的情况;

(三)查阅、复制当事人有关的合同、发票、帐簿以及其他有关资料;

(四)对有根据认为不符合保障人体健康和人身、财产安全的国家标准、行业标准的产品或者有其他严重质量问题的产品,以及直接用于生产、销售该项产品的原辅材料、包装物、生产工具,予以查封或者扣押。

县级以上工商行政管理部门按照国务院规定的职责范围,对涉嫌违反本法规定的行为进行查处时,可以行使前款规定的职权。

第十九条　产品质量检验机构必须具备相应的检测条件和能力,经省级以上人民政府产品质量监督部门或者其授权的部门考核合格后,方可承担产品质量检验工作。法律、行政法规对产品质量检验机构另有规定的,依照有关法律、行政法规的规定执行。

第二十条　从事产品质量检验、认证的社会中介机构必须依法设立,不得与行政机关和其他国家机关存在隶属关系或者其他利益关系。

第二十一条　产品质量检验机构、认证机构必须依法按照有关标准,客观、公正地出具检验结果或者认证证明。

产品质量认证机构应当依照国家规定对准许使用认证标志的产品进行认证后的跟踪检查;对不符合认证标准而使用认证标志的,要求其改正;情节严重的,取消其使用认证标志的资格。

第二十二条　消费者有权就产品质量问题,向产品的生产者、销售者查询;向产品

质量监督部门、工商行政管理部门及有关部门申诉,接受申诉的部门应当负责处理。

第二十三条　保护消费者权益的社会组织可以就消费者反映的产品质量问题建议有关部门负责处理,支持消费者对因产品质量造成的损害向人民法院起诉。

第二十四条　国务院和省、自治区、直辖市人民政府的产品质量监督部门应当定期发布其监督抽查的产品的质量状况公告。

第二十五条　产品质量监督部门或者其他国家机关以及产品质量检验机构不得向社会推荐生产者的产品;不得以对产品进行监制、监销等方式参与产品经营活动。

第三章　生产者、销售者的产品质量责任和义务

第一节　生产者的产品质量责任和义务

第二十六条　生产者应当对其生产的产品质量负责。

产品质量应当符合下列要求:

(一)不存在危及人身、财产安全的不合理的危险,有保障人体健康和人身、财产安全的国家标准、行业标准的,应当符合该标准;

(二)具备产品应当具备的使用性能,但是,对产品存在使用性能的瑕疵作出说明的除外;

(三)符合在产品或者其包装上注明采用的产品标准,符合以产品说明、实物样品等方式表明的质量状况。

第二十七条　产品或者其包装上的标识必须真实,并符合下列要求:

(一)有产品质量检验合格证明;

(二)有中文标明的产品名称、生产厂厂名和厂址;

(三)根据产品的特点和使用要求,需要标明产品规格、等级、所含主要成份的名称和含量的,用中文相应予以标明;需要事先让消费者知晓的,应当在外包装上标明,或者预先向消费者提供有关资料;

(四)限期使用的产品,应当在显著位置

清晰地标明生产日期和安全使用期或者失效日期；

（五）使用不当，容易造成产品本身损坏或者可能危及人身、财产安全的产品，应当有警示标志或者中文警示说明。

裸装的食品和其他根据产品的特点难以附加标识的裸装产品，可以不附加产品标识。

第二十八条 易碎、易燃、易爆、有毒、有腐蚀性、有放射性等危险物品以及储运中不能倒置和其他有特殊要求的产品，其包装质量必须符合相应要求，依照国家有关规定作出警示标志或者中文警示说明，标明储运注意事项。

第二十九条 生产者不得生产国家明令淘汰的产品。

第三十条 生产者不得伪造产地，不得伪造或者冒用他人的厂名、厂址。

第三十一条 生产者不得伪造或者冒用认证标志等质量标志。

第三十二条 生产者生产产品，不得掺杂、掺假，不得以假充真、以次充好，不得以不合格产品冒充合格产品。

第二节　销售者的产品质量责任和义务

第三十三条 销售者应当建立并执行进货检查验收制度，验明产品合格证明和其他标识。

第三十四条 销售者应当采取措施，保持销售产品的质量。

第三十五条 销售者不得销售国家明令淘汰并停止销售的产品和失效、变质的产品。

第三十六条 销售者销售的产品的标识应当符合本法第二十七条的规定。

第三十七条 销售者不得伪造产地，不得伪造或者冒用他人的厂名、厂址。

第三十八条 销售者不得伪造或者冒用认证标志等质量标志。

第三十九条 销售者销售产品，不得掺杂、掺假，不得以假充真、以次充好，不得以不合格产品冒充合格产品。

第四章　损害赔偿

第四十条 售出的产品有下列情形之一的，销售者应当负责修理、更换、退货；给购买产品的消费者造成损失的，销售者应当赔偿损失：

（一）不具备产品应当具备的使用性能而事先未作说明的；

（二）不符合在产品或者其包装上注明采用的产品标准的；

（三）不符合以产品说明、实物样品等方式表明的质量状况的。

销售者依照前款规定负责修理、更换、退货、赔偿损失后，属于生产者的责任或者属于向销售者提供产品的其他销售者（以下简称供货者）的责任的，销售者有权向生产者、供货者追偿。

销售者未按照第一款规定给予修理、更换、退货或者赔偿损失的，由产品质量监督部门或者工商行政管理部门责令改正。

生产者之间，销售者之间，生产者与销售者之间订立的买卖合同、承揽合同有不同约定的，合同当事人按照合同约定执行。

第四十一条 因产品存在缺陷造成人身、缺陷产品以外的其他财产（以下简称他人财产）损害的，生产者应当承担赔偿责任。

生产者能够证明有下列情形之一的，不承担赔偿责任：

（一）未将产品投入流通的；

（二）产品投入流通时，引起损害的缺陷尚不存在的；

（三）将产品投入流通时的科学技术水平尚不能发现缺陷的存在的。

第四十二条 由于销售者的过错使产品存在缺陷，造成人身、他人财产损害的，销售者应当承担赔偿责任。

销售者不能指明缺陷产品的生产者也不能指明缺陷产品的供货者的，销售者应当承担赔偿责任。

第四十三条 因产品存在缺陷造成人身、他人财产损害的，受害人可以向产品的生产者要求赔偿，也可以向产品的销售者要求赔偿。属于产品的生产者的责任,产品的销售者赔偿的,产品的销售者有权向产品的生产者追偿。属于产品的销售者的责任,产品的生产者赔偿的,产品的生产者有权向产品的销售者追偿。

第四十四条　因产品存在缺陷造成受害人人身伤害的,侵害人应当赔偿医疗费、治疗期间的护理费、因误工减少的收入等费用;造成残疾的,还应当支付残疾者生活自助具费、生活补助费、残疾赔偿金以及由其扶养的人所必需的生活费等费用;造成受害人死亡的,并应当支付丧葬费、死亡赔偿金以及由死者生前扶养的人所必需的生活费等费用。

因产品存在缺陷造成受害人财产损失的,侵害人应当恢复原状或者折价赔偿。受害人因此遭受其他重大损失的,侵害人应当赔偿损失。

第四十五条　因产品存在缺陷造成损害要求赔偿的诉讼时效期间为二年,自当事人知道或者应当知道其权益受到损害时起计算。

因产品存在缺陷造成损害要求赔偿的请求权,在造成损害的缺陷产品交付最初消费者满十年丧失;但是,尚未超过明示的安全使用期的除外。

第四十六条　本法所称缺陷,是指产品存在危及人身、他人财产安全的不合理的危险;产品有保障人体健康和人身、财产安全的国家标准、行业标准的,是指不符合该标准。

第四十七条　因产品质量发生民事纠纷时,当事人可以通过协商或者调解解决。当事人不愿通过协商、调解解决或者协商、调解不成的,可以根据当事人各方的协议向仲裁机构申请仲裁;当事人各方没有达成仲裁协议或者仲裁协议无效的,可以直接向人民法院起诉。

第四十八条　仲裁机构或者人民法院可以委托本法第十九条规定的产品质量检验机构,对有关产品质量进行检验。

第五章　罚　则

第四十九条　生产、销售不符合保障人体健康和人身、财产安全的国家标准、行业标准的产品的,责令停止生产、销售,没收违法生产、销售的产品,并处违法生产、销售产品(包括已售出和未售出的产品,下同)货值金额等值以上三倍以下的罚款;有违法所得的,并处没收违法所得;情节严重的,吊销营业执照;构成犯罪的,依法追究刑事责任。

第五十条　在产品中掺杂、掺假,以假充真,以次充好,或者以不合格产品冒充合格产品的,责令停止生产、销售,没收违法生产、销售的产品,并处违法生产、销售产品货值金额百分之五十以上三倍以下的罚款;有违法所得的,并处没收违法所得;情节严重的,吊销营业执照;构成犯罪的,依法追究刑事责任。

第五十一条　生产国家明令淘汰的产品的,销售国家明令淘汰并停止销售的产品的,责令停止生产、销售,没收违法生产、销售的产品,并处违法生产、销售产品货值金额等值以下的罚款;有违法所得的,并处没收违法所得;情节严重的,吊销营业执照。

第五十二条　销售失效、变质的产品的,责令停止销售,没收违法销售的产品,并处违法销售产品货值金额二倍以下的罚款;有违法所得的,并处没收违法所得;情节严重的,吊销营业执照;构成犯罪的,依法追究刑事责任。

第五十三条　伪造产品产地的,伪造或者冒用他人厂名、厂址的,伪造或者冒用认证标志等质量标志的,责令改正,没收违法生产、销售的产品,并处违法生产、销售产品货值金额等值以下的罚款;有违法所得的,并处没收违法所得;情节严重的,吊销营业执照。

第五十四条　产品标识不符合本法第二十七条规定的,责令改正;有包装的产品标识不符合本法第二十七条第(四)项、第(五)项规定,情节严重的,责令停止生产、销售,并处违法生产、销售产品货值金额百分之三十以下的罚款；有违法所得的，并处没收违法所得。

第五十五条 销售者销售本法第四十九条至第五十三条规定禁止销售的产品，有充分证据证明其不知道该产品为禁止销售的产品并如实说明其进货来源的，可以从轻或者减轻处罚。

第五十六条 拒绝接受依法进行的产品质量监督检查的，给予警告，责令改正；拒不改正的，责令停业整顿；情节特别严重的，吊销营业执照。

第五十七条 产品质量检验机构、认证机构伪造检验结果或者出具虚假证明的，责令改正，对单位处五万元以上十万元以下的罚款，对直接负责的主管人员和其他直接责任人员处一万元以上五万元以下的罚款；有违法所得的，并处没收违法所得；情节严重的，取消其检验资格、认证资格；构成犯罪的，依法追究刑事责任。

产品质量检验机构、认证机构出具的检验结果或者证明不实，造成损失的，应当承担相应的赔偿责任；造成重大损失的，撤销其检验资格、认证资格。

产品质量认证机构违反本法第二十一条第二款的规定，对不符合认证标准而使用认证标志的产品，未依法要求其改正或者取消其使用认证标志资格的，对因产品不符合认证标准给消费者造成的损失，与产品的生产者、销售者承担连带责任；情节严重的，撤销其认证资格。

第五十八条 社会团体、社会中介机构对产品质量作出承诺、保证，而该产品又不符合其承诺、保证的质量要求，给消费者造成损失的，与产品的生产者、销售者承担连带责任。

第五十九条 在广告中对产品质量作虚假宣传，欺骗和误导消费者的，依照《中华人民共和国广告法》的规定追究法律责任。

第六十条 对生产者专门用于生产本法第四十九条、第五十一条所列的产品或者以假充真的产品的原辅材料、包装物、生产工具，应当予以没收。

第六十一条 知道或者应当知道属于本法规定禁止生产、销售的产品而为其提供运输、保管、仓储等便利条件的，或者为以假充真的产品提供制假生产技术的，没收全部运输、保管、仓储或者提供制假生产技术的收入，并处违法收入百分之五十以上三倍以下的罚款；构成犯罪的，依法追究刑事责任。

第六十二条 服务业的经营者将本法第四十九条至第五十二条规定禁止销售的产品用于经营性服务的，责令停止使用；对知道或者应当知道所使用的产品属于本法规定禁止销售的产品的，按照违法使用的产品（包括已使用和尚未使用的产品）的货值金额，依照本法对销售者的处罚规定处罚。

第六十三条 隐匿、转移、变卖、损毁被产品质量监督部门或者工商行政管理部门查封、扣押的物品的，处被隐匿、转移、变卖、损毁物品货值金额等值以上三倍以下的罚款；有违法所得的，并处没收违法所得。

第六十四条 违反本法规定，应当承担民事赔偿责任和缴纳罚款、罚金，其财产不足以同时支付时，先承担民事赔偿责任。

第六十五条 各级人民政府工作人员和其他国家机关工作人员有下列情形之一的，依法给予行政处分；构成犯罪的，依法追究刑事责任：

（一）包庇、放纵产品生产、销售中违反本法规定行为的；

（二）向从事违反本法规定的生产、销售活动的当事人通风报信，帮助其逃避查处的；

（三）阻挠、干预产品质量监督部门或者工商行政管理部门依法对产品生产、销售中违反本法规定的行为进行查处，造成严重后果的。

第六十六条 产品质量监督部门在产品质量监督抽查中超过规定的数量索取样品或者向被检查人收取检验费用的，由上级产品质量监督部门或者监察机关责令退还；情节严重的，对直接负责的主管人员和其他直接责任人员依法给予行政处分。

第六十七条 产品质量监督部门或者其他国家机关违反本法第二十五条的规定，

向社会推荐生产者的产品或者以监制、监销等方式参与产品经营活动的,由其上级机关或者监察机关责令改正,消除影响,有违法收入的予以没收;情节严重的,对直接负责的主管人员和其他直接责任人员依法给予行政处分。

产品质量检验机构有前款所列违法行为的,由产品质量监督部门责令改正,消除影响,有违法收入的予以没收,可以并处违法收入一倍以下的罚款;情节严重的,撤销其质量检验资格。

第六十八条　产品质量监督部门或者工商行政管理部门的工作人员滥用职权、玩忽职守、徇私舞弊,构成犯罪的,依法追究刑事责任;尚不构成犯罪的,依法给予行政处分。

第六十九条　以暴力、威胁方法阻碍产品质量监督部门或者工商行政管理部门的工作人员依法执行职务的,依法追究刑事责任;拒绝、阻碍未使用暴力、威胁方法的,由公安机关依照治安管理处罚条例的规定处罚。

第七十条　本法规定的吊销营业执照的行政处罚由工商行政管理部门决定,本法第四十九条至第五十七条、第六十条至第六十三条规定的行政处罚由产品质量监督部门或者工商行政管理部门按照国务院规定的职权范围决定。法律、行政法规对行使行政处罚权的机关另有规定的,依照有关法律、行政法规的规定执行。

第七十一条　对依照本法规定没收的产品,依照国家有关规定进行销毁或者采取其他方式处理。

第七十二条　本法第四十九条至第五十四条、第六十二条、第六十三条所规定的货值金额以违法生产、销售产品的标价计算;没有标价的,按照同类产品的市场价格计算。

第六章　附　则

第七十三条　军工产品质量监督管理办法,由国务院、中央军事委员会另行制定。

因核设施、核产品造成损害的赔偿责任,法律、行政法规另有规定的,依照其规定。

第七十四条　本法自1993年9月1日起施行。

中华人民共和国反不正当竞争法

1993年9月2日第八届全国人民代表大会常务委员会第三次会议通过
1993年9月2日中华人民共和国主席令第10号公布

目　录

第一章　总　则

第一条　为保障社会主义市场经济健康发展,鼓励和保护公平竞争,制止不正当竞争行为,保护经营者和消费者的合法权益,制定本法。

第二条　经营者在市场交易中,应当遵循自愿、平等、公平、诚实信用的原则,遵守公认的商业道德。

本法所称的不正当竞争,是指经营者违反本法规定,损害其他经营者的合法权益,扰乱社会经济秩序的行为。

本法所称的经营者,是指从事商品经营或者营利性服务(以下所称商品包括服务)的法人、其他经济组织和个人。

第三条　各级人民政府应当采取措施,制止不正当竞争行为,为公平竞争创造良好的环境和条件。

县级以上人民政府工商行政管理部门对不正当竞争行为进行监督检查;法律、行政法规规定由其他部门监督检查的,依照其规定。

第四条　国家鼓励、支持和保护一切组织和个人对不正当竞争行为进行社会监督。

国家机关工作人员不得支持、包庇不正当竞争行为。

第二章　不正当竞争行为

第五条　经营者不得采用下列不正当手段从事市场交易,损害竞争对手:

(一)假冒他人的注册商标;

(二)擅自使用知名商品特有的名称、包装、装潢,或者使用与知名商品近似的名称、包装、装潢,造成和他人的知名商品相混淆,使购买者误认为是该知名商品;

(三)擅自使用他人的企业名称或者姓名,引人误认为是他人的商品;

(四)在商品上伪造或者冒用认证标志、名优标志等质量标志,伪造产地,对商品质量作引人误解的虚假表示。

第六条　公用企业或者其他依法具有独占地位的经营者,不得限定他人购买其指定的经营者的商品,以排挤其他经营者的公平竞争。

第七条　政府及其所属部门不得滥用行政权力,限定他人购买其指定的经营者的商品,限制其他经营者正当的经营活动。

政府及其所属部门不得滥用行政权力,限制外地商品进入本地市场,或者本地商品流向外地市场。

第八条　经营者不得采用财物或者其他手段进行贿赂以销售或者购买商品。在帐外暗中给予对方单位或者个人回扣的,以行贿论处;对方单位或者个人在帐外暗中收受回扣的,以受贿论处。

经营者销售或者购买商品,可以以明示方式给对方折扣,可以给中间人佣金。经营者给对方折扣、给中间人佣金的,必须如实入帐。接受折扣、佣金的经营者必须如实入帐。

第九条　经营者不得利用广告或者其他方法,对商品的质量、制作成分、性能、用途、生产者、有效期限、产地等作引人误解的虚假宣传。

广告的经营者不得在明知或者应知的情况下,代理、设计、制作、发布虚假广告。

第十条　经营者不得采用下列手段侵犯商业秘密:

(一)以盗窃、利诱、胁迫或者其他不正当手段获取权利人的商业秘密;

(二)披露、使用或者允许他人使用以前项手段获取的权利人的商业秘密;

(三)违反约定或者违反权利人有关保守商业秘密的要求,披露、使用或者允许他人使用其所掌握的商业秘密。

第三人明知或者应知前款所列违法行为,获取、使用或者披露他人的商业秘密,视为侵犯商业秘密。

本条所称的商业秘密,是指不为公众所知悉、能为权利人带来经济利益、具有实用性并经权利人采取保密措施的技术信息和经营信息。

第十一条　经营者不得以排挤竞争对手为目的,以低于成本的价格销售商品。

有下列情形之一的,不属于不正当竞争行为:

(一)销售鲜活商品;

(二)处理有效期限即将到期的商品或者其他积压的商品;

(三)季节性降价;

(四)因清偿债务、转产、歇业降价销售商品。

第十二条　经营者销售商品,不得违背购买者的意愿搭售商品或者附加其他不合理的条件。

第十三条　经营者不得从事下列有奖销售:

(一)采用谎称有奖或者故意让内定人员中奖的欺骗方式进行有奖销售;

(二)利用有奖销售的手段推销质次价高的商品;

(三)抽奖式的有奖销售,最高奖的金额超过五千元。

第十四条　经营者不得捏造、散布虚伪事实,损害竞争对手的商业信誉、商品声誉。

第十五条　投标者不得串通投标,抬高标价或者压低标价。

投标者和招标者不得相互勾结,以排挤竞争对手的公平竞争。

第三章　监督检查

第十六条　县级以上监督检查部门对不正当竞争行为,可以进行监督检查。

第十七条　监督检查部门在监督检查不正当竞争行为时,有权行使下列职权:

(一)按照规定程序询问被检查的经营者、利害关系人、证明人,并要求提供证明材料或者与不正当竞争行为有关的其他资料;

(二)查询、复制与不正当竞争行为有关的协议、帐册、单据、文件、记录、业务函电和其他资料;

(三)检查与本法第五条规定的不正当竞争行为有关的财物,必要时可以责令被检查的经营者说明该商品的来源和数量,暂停销售,听候检查,不得转移、隐匿、销毁该财物。

第十八条　监督检查部门工作人员监督检查不正当竞争行为时,应当出示检查证件。

第十九条　监督检查部门在监督检查不正当竞争行为时,被检查的经营者、利害关系人和证明人应当如实提供有关资料或者情况。

第四章　法律责任

第二十条　经营者违反本法规定,给被侵害的经营者造成损害的,应当承担损害赔偿责任,被侵害的经营者的损失难以计算的,赔偿额为侵权人在侵权期间因侵权所获得的利润;并应当承担被侵害的经营者因调查该经营者侵害其合法权益的不正当竞争行为所支付的合理费用。

被侵害的经营者的合法权益受到不正当竞争行为损害的,可以向人民法院提起诉讼。

第二十一条　经营者假冒他人的注册商标,擅自使用他人的企业名称或者姓名,伪造或者冒用认证标志、名优标志等质量标志,伪造产地,对商品质量作引人误解的虚假表示的,依照《中华人民共和国商标法》、《中华人民共和国产品质量法》的规定处罚。

经营者擅自使用知名商品特有的名称、包装、装潢,或者使用与知名商品近似的名称、包装、装潢,造成和他人的知名商品相混淆,使购买者误认为是该知名商品的,监督检查部门应当责令停止违法行为,没收违法所得,可以根据情节处以违法所得一倍以上三倍以下的罚款;情节严重的,可以吊销营业执照;销售伪劣商品,构成犯罪的,依法追究刑事责任。

第二十二条　经营者采用财物或者其他手段进行贿赂以销售或者购买商品,构成犯罪的,依法追究刑事责任;不构成犯罪的,监督检查部门可以根据情节处以一万元以上二十万元以下的罚款,有违法所得的,予以没收。

第二十三条　公用企业或者其他依法具有独占地位的经营者,限定他人购买其指定的经营者的商品,以排挤其他经营者的公平竞争的,省级或者设区的市的监督检查部门应当责令停止违法行为,可以根据情节处以五万元以上二十万元以下的罚款。被指定的经营者借此销售质次价高商品或者滥收费用的,监督检查部门应当没收违法所得,可以根据情节处以违法所得一倍以上三倍以下的罚款。

第二十四条　经营者利用广告或者其他方法,对商品作引人误解的虚假宣传的,监督检查部门应当责令停止违法行为,消除影响,可以根据情节处以一万元以上二十万元以下的罚款。

广告的经营者,在明知或者应知的情况下,代理、设计、制作、发布虚假广告的,监督检查部门应当责令停止违法行为,没收违法所得,并依法处以罚款。

第二十五条　违反本法第十条规定侵犯商业秘密的,监督检查部门应当责令停止违法行为,可以根据情节处以一万元以上二十万元以下的罚款。

第二十六条　经营者违反本法第十三条规定进行有奖销售的，监督检查部门应当责令停止违法行为，可以根据情节处以一万元以上十万元以下的罚款。

第二十七条　投标者串通投标，抬高标价或者压低标价；投标者和招标者相互勾结，以排挤竞争对手的公平竞争的，其中标无效。监督检查部门可以根据情节处以一万元以上二十万元以下的罚款。

第二十八条　经营者有违反被责令暂停销售，不得转移、隐匿、销毁与不正当竞争行为有关的财物的行为的，监督检查部门可以根据情节处以被销售、转移、隐匿、销毁财物的价款的一倍以上三倍以下的罚款。

第二十九条　当事人对监督检查部门作出的处罚决定不服的，可以自收到处罚决定之日起十五日内向上一级主管机关申请复议；对复议决定不服的，可以自收到复议决定书之日起十五日内向人民法院提起诉讼；也可以直接向人民法院提起诉讼。

第三十条　政府及其所属部门违反本法第七条规定，限定他人购买其指定的经营者的商品、限制其他经营者正当的经营活动，或者限制商品在地区之间正常流通的，由上级机关责令其改正；情节严重的，由同级或者上级机关对直接责任人员给予行政处分。被指定的经营者借此销售质次价高商品或者滥收费用的，监督检查部门应当没收违法所得，可以根据情节处以违法所得一倍以上三倍以下的罚款。

第三十一条　监督检查不正当竞争行为的国家机关工作人员滥用职权、玩忽职守，构成犯罪的，依法追究刑事责任；不构成犯罪的，给予行政处分。

第三十二条　监督检查不正当竞争行为的国家机关工作人员徇私舞弊，对明知有违反本法规定构成犯罪的经营者故意包庇不使他受追诉的，依法追究刑事责任。

第五章　附　则

第三十三条　本法自 1993 年 12 月 1 日起施行。

中华人民共和国消费者权益保护法

1993 年 10 月 31 日第八届全国人民代表大会常务委员会第四次会议通过　1993 年 10 月 31 日中华人民共和国主席令第 11 号公布

目　录

第一章　总　则

第一条　为保护消费者的合法权益，维护社会经济秩序，促进社会主义市场经济健康发展，制定本法。

第二条　消费者为生活消费需要购买、使用商品或者接受服务，其权益受本法保护；本法未作规定的，受其他有关法律、法规保护。

第三条　经营者为消费者提供其生产、销售的商品或者提供服务，应当遵守本法；本法未作规定的，应当遵守其他有关法律、法规。

第四条　经营者与消费者进行交易，应当遵循自愿、平等、公平、诚实信用的原则。

第五条　国家保护消费者的合法权益不受侵害。

国家采取措施，保障消费者依法行使权利，维护消费者的合法权益。

第六条　保护消费者的合法权益是全社会的共同责任。

国家鼓励、支持一切组织和个人对损害消费者合法权益的行为进行社会监督。

大众传播媒介应当做好维护消费者合法权益的宣传,对损害消费者合法权益的行为进行舆论监督。

第二章 消费者的权利

第七条 消费者在购买、使用商品和接受服务时享有人身、财产安全不受损害的权利。

消费者有权要求经营者提供的商品和服务,符合保障人身、财产安全的要求。

第八条 消费者享有知悉其购买、使用的商品或者接受的服务的真实情况的权利。

消费者有权根据商品或者服务的不同情况,要求经营者提供商品的价格、产地、生产者、用途、性能、规格、等级、主要成份、生产日期、有效期限、检验合格证明、使用方法说明书、售后服务,或者服务的内容、规格、费用等有关情况。

第九条 消费者享有自主选择商品或者服务的权利。

消费者有权自主选择提供商品或者服务的经营者,自主选择商品品种或者服务方式,自主决定购买或者不购买任何一种商品、接受或者不接受任何一项服务。

消费者在自主选择商品或者服务时,有权进行比较、鉴别和挑选。

第十条 消费者享有公平交易的权利。

消费者在购买商品或者接受服务时,有权获得质量保障、价格合理、计量正确等公平交易条件,有权拒绝经营者的强制交易行为。

第十一条 消费者因购买、使用商品或者接受服务受到人身、财产损害的,享有依法获得赔偿的权利。

第十二条 消费者享有依法成立维护自身合法权益的社会团体的权利。

第十三条 消费者享有获得有关消费和消费者权益保护方面的知识的权利。

消费者应当努力掌握所需商品或者服务的知识和使用技能,正确使用商品,提高自我保护意识。

第十四条 消费者在购买、使用商品和接受服务时,享有其人格尊严、民族风俗习惯得到尊重的权利。

第十五条 消费者享有对商品和服务以及保护消费者权益工作进行监督的权利。

消费者有权检举、控告侵害消费者权益的行为和国家机关及其工作人员在保护消费者权益工作中的违法失职行为,有权对保护消费者权益工作提出批评、建议。

第三章 经营者的义务

第十六条 经营者向消费者提供商品或者服务,应当依照《中华人民共和国产品质量法》和其他有关法律、法规的规定履行义务。

经营者和消费者有约定的,应当按照约定履行义务,但双方的约定不得违背法律、法规的规定。

第十七条 经营者应当听取消费者对其提供的商品或者服务的意见,接受消费者的监督。

第十八条 经营者应当保证其提供的商品或者服务符合保障人身、财产安全的要求。对可能危及人身、财产安全的商品和服务,应当向消费者作出真实的说明和明确的警示,并说明和标明正确使用商品或者接受服务的方法以及防止危害发生的方法。

经营者发现其提供的商品或者服务存在严重缺陷,即使正确使用商品或者接受服务仍然可能对人身、财产安全造成危害的,应当立即向有关行政部门报告和告知消费者,并采取防止危害发生的措施。

第十九条 经营者应当向消费者提供有关商品或者服务的真实信息,不得作引人误解的虚假宣传。

经营者对消费者就其提供的商品或者服务的质量和使用方法等问题提出的询问,应当作出真实、明确的答复。

商店提供商品应当明码标价。

第二十条 经营者应当标明其真实名称和标记。

租赁他人柜台或者场地的经营者,应当标明其真实名称和标记。

第二十一条　经营者提供商品或者服务,应当按照国家有关规定或者商业惯例向消费者出具购货凭证或者服务单据;消费者索要购货凭证或者服务单据的,经营者必须出具。

第二十二条　经营者应当保证在正常使用商品或者接受服务的情况下其提供的商品或者服务应当具有的质量、性能、用途和有效期限;但消费者在购买该商品或者接受该服务前已经知道其存在瑕疵的除外。

经营者以广告、产品说明、实物样品或者其他方式表明商品或者服务的质量状况的,应当保证其提供的商品或者服务的实际质量与表明的质量状况相符。

第二十三条　经营者提供商品或者服务,按照国家规定或者与消费者的约定,承担包修、包换、包退或者其他责任的,应当按照国家规定或者约定履行,不得故意拖延或者无理拒绝。

第二十四条　经营者不得以格式合同、通知、声明、店堂告示等方式作出对消费者不公平、不合理的规定,或者减轻、免除其损害消费者合法权益应当承担的民事责任。

格式合同、通知、声明、店堂告示等含有前款所列内容的,其内容无效。

第二十五条　经营者不得对消费者进行侮辱、诽谤,不得搜查消费者的身体及其携带的物品,不得侵犯消费者的人身自由。

第四章　国家对消费者合法权益的保护

第二十六条　国家制定有关消费者权益的法律、法规和政策时,应当听取消费者的意见和要求。

第二十七条　各级人民政府应当加强领导,组织、协调、督促有关行政部门做好保护消费者合法权益的工作。

各级人民政府应当加强监督,预防危害消费者人身、财产安全行为的发生,及时制止危害消费者人身、财产安全的行为。

第二十八条　各级人民政府工商行政管理部门和其他有关行政部门应当依照法律、法规的规定,在各自的职责范围内,采取措施,保护消费者的合法权益。

有关行政部门应当听取消费者及其社会团体对经营者交易行为、商品和服务质量问题的意见,及时调查处理。

第二十九条　有关国家机关应当依照法律、法规的规定,惩处经营者在提供商品和服务中侵害消费者合法权益的违法犯罪行为。

第三十条　人民法院应当采取措施,方便消费者提起诉讼。对符合《中华人民共和国民事诉讼法》起诉条件的消费者权益争议,必须受理,及时审理。

第五章　消费者组织

第三十一条　消费者协会和其他消费者组织是依法成立的对商品和服务进行社会监督的保护消费者合法权益的社会团体。

第三十二条　消费者协会履行下列职能:

(一)向消费者提供消费信息和咨询服务;

(二)参与有关行政部门对商品和服务的监督、检查;

(三)就有关消费者合法权益的问题,向有关行政部门反映、查询,提出建议;

(四)受理消费者的投诉,并对投诉事项进行调查、调解;

(五)投诉事项涉及商品和服务质量问题的,可以提请鉴定部门鉴定,鉴定部门应当告知鉴定结论;

(六)就损害消费者合法权益的行为,支持受损害的消费者提起诉讼;

(七)对损害消费者合法权益的行为,通过大众传播媒介予以揭露、批评。

各级人民政府对消费者协会履行职能应当予以支持。

第三十三条　消费者组织不得从事商品经营和营利性服务,不得以牟利为目的向社会推荐商品和服务。

第六章　争议的解决

第三十四条　消费者和经营者发生消费者权益争议的,可以通过下列途径解决:

(一)与经营者协商和解;

(二)请求消费者协会调解;

(三)向有关行政部门申诉;

(四)根据与经营者达成的仲裁协议提请仲裁机构仲裁;

(五)向人民法院提起诉讼。

第三十五条　消费者在购买、使用商品时,其合法权益受到损害的,可以向销售者要求赔偿。销售者赔偿后,属于生产者的责任或者属于向销售者提供商品的其他销售者的责任的,销售者有权向生产者或者其他销售者追偿。

消费者或者其他受害人因商品缺陷造成人身、财产损害的,可以向销售者要求赔偿,也可以向生产者要求赔偿。属于生产者责任的,销售者赔偿后,有权向生产者追偿。属于销售者责任的,生产者赔偿后,有权向销售者追偿。

消费者在接受服务时,其合法权益受到损害的,可以向服务者要求赔偿。

第三十六条　消费者在购买、使用商品或者接受服务时,其合法权益受到损害,因原企业分立、合并的,可以向变更后承受其权利义务的企业要求赔偿。

第三十七条　使用他人营业执照的违法经营者提供商品或者服务,损害消费者合法权益的,消费者可以向其要求赔偿,也可以向营业执照的持有人要求赔偿。

第三十八条　消费者在展销会、租赁柜台购买商品或者接受服务,其合法权益受到损害的,可以向销售者或者服务者要求赔偿。展销会结束或者柜台租赁期满后,也可以向展销会的举办者、柜台的出租者要求赔偿。展销会的举办者、柜台的出租者赔偿后,有权向销售者或者服务者追偿。

第三十九条　消费者因经营者利用虚假广告提供商品或者服务,其合法权益受到损害的,可以向经营者要求赔偿。广告的经营者发布虚假广告的,消费者可以请求行政主管部门予以惩处。广告的经营者不能提供经营者的真实名称、地址的,应当承担赔偿责任。

第七章　法律责任

第四十条　经营者提供商品或者服务有下列情形之一的,除本法另有规定外,应当依照《中华人民共和国产品质量法》和其他有关法律、法规的规定,承担民事责任:

(一)商品存在缺陷的;

(二)不具备商品应当具备的使用性能而出售时未作说明的;

(三)不符合在商品或者其包装上注明采用的商品标准的;

(四)不符合商品说明、实物样品等方式表明的质量状况的;

(五)生产国家明令淘汰的商品或者销售失效、变质的商品的;

(六)销售的商品数量不足的;

(七)服务的内容和费用违反约定的;

(八)对消费者提出的修理、重作、更换、退货、补足商品数量、退还货款和服务费用或者赔偿损失的要求,故意拖延或者无理拒绝的;

(九)法律、法规规定的其他损害消费者权益的情形。

第四十一条　经营者提供商品或者服务,造成消费者或者其他受害人人身伤害的,应当支付医疗费、治疗期间的护理费、因误工减少的收入等费用,造成残疾的,还应当支付残疾者生活自助具费、生活补助费、残疾赔偿金以及由其扶养的人所必需的生活费等费用;构成犯罪的,依法追究刑事责任。

第四十二条　经营者提供商品或者服务,造成消费者或者其他受害人死亡的,应当支付丧葬费、死亡赔偿金以及由死者生前扶养的人所必需的生活费等费用;构成犯罪的,依法追究刑事责任。

第四十三条　经营者违反本法第二十五条规定,侵害消费者的人格尊严或者侵犯消费者人身自由的,应当停止侵害、恢复名誉、消除影响、赔礼道歉,并赔偿损失。

第四十四条　经营者提供商品或者服务,造成消费者财产损害的,应当按照消费者的要求,以修理、重作、更换、退货、补足商品数量、退还货款和服务费用或者赔偿损失等方式承担民事责任。消费者与经营者另有约定的,按照约定履行。

第四十五条　对国家规定或者经营者与消费者约定包修、包换、包退的商品,经营者应当负责修理、更换或者退货。在保修期内两次修理仍不能正常使用的,经营者应当负责更换或者退货。

对包修、包换、包退的大件商品,消费者要求经营者修理、更换、退货的,经营者应当承担运输等合理费用。

第四十六条　经营者以邮购方式提供商品的,应当按照约定提供。未按照约定提供的,应当按照消费者的要求履行约定或者退回货款;并应当承担消费者必须支付的合理费用。

第四十七条　经营者以预收款方式提供商品或者服务的,应当按照约定提供。未按照约定提供的,应当按照消费者的要求履行约定或者退回预付款;并应当承担预付款的利息、消费者必须支付的合理费用。

第四十八条　依法经有关行政部门认定为不合格的商品,消费者要求退货的,经营者应当负责退货。

第四十九条　经营者提供商品或者服务有欺诈行为的,应当按照消费者的要求增加赔偿其受到的损失,增加赔偿的金额为消费者购买商品的价款或者接受服务的费用的一倍。

第五十条　经营者有下列情形之一,《中华人民共和国产品质量法》和其他有关法律、法规对处罚机关和处罚方式有规定的,依照法律、法规的规定执行;法律、法规未作规定的,由工商行政管理部门责令改正,可以根据情节单处或者并处警告、没收违法所得、处以违法所得一倍以上五倍以下的罚款,没有违法所得的,处以一万元以下的罚款;情节严重的,责令停业整顿、吊销营业执照:

(一)生产、销售的商品不符合保障人身、财产安全要求的;

(二)在商品中掺杂、掺假,以假充真,以次充好,或者以不合格商品冒充合格商品的;

(三)生产国家明令淘汰的商品或者销售失效、变质的商品的;

(四)伪造商品的产地,伪造或者冒用他人的厂名、厂址,伪造或者冒用认证标志、名优标志等质量标志的;

(五)销售的商品应当检验、检疫而未检验、检疫或者伪造检验、检疫结果的;

(六)对商品或者服务作引人误解的虚假宣传的;

(七)对消费者提出的修理、重作、更换、退货、补足商品数量、退还货款和服务费用或者赔偿损失的要求,故意拖延或者无理拒绝的;

(八)侵害消费者人格尊严或者侵犯消费者人身自由的;

(九)法律、法规规定的对损害消费者权益应当予以处罚的其他情形。

第五十一条　经营者对行政处罚决定不服的,可以自收到处罚决定之日起十五日内向上一级机关申请复议,对复议决定不服的,可以自收到复议决定书之日起十五日内向人民法院提起诉讼;也可以直接向人民法院提起诉讼。

第五十二条　以暴力、威胁等方法阻碍有关行政部门工作人员依法执行职务的,依法追究刑事责任;拒绝、阻碍有关行政部门工作人员依法执行职务,未使用暴力、威胁方法的,由公安机关依照《中华人民共和国治安管理处罚条例》的规定处罚。

第五十三条　国家机关工作人员玩忽职守或者包庇经营者侵害消费者合法权益的行为的,由其所在单位或者上级机关给予行政处分;情节严重,构成犯罪的,依法追究刑事责任。

第八章　附　则

第五十四条　农民购买、使用直接用于农业生产的生产资料,参照本法执行。

第五十五条　本法自 1994 年 1 月 1 日起施行。

中华人民共和国公司法

1993 年 12 月 29 日第八届全国人民代表大会常务委员会第五次会议通过　根据 1999 年 12 月 25 日第九届全国人民代表大会常务委员会第十三次会议《关于修改〈中华人民共和国公司法〉的决定》第一次修正　根据 2004 年 8 月 28 日第十届全国人民代表大会常务委员会第十一次会议《关于修改〈中华人民共和国公司法〉的决定》第二次修正　2005 年 10 月 27 日第十届全国人民代表大会常务委员会第十八次会议修订

目　录

第一章　总　则

第一条　为了规范公司的组织和行为,保护公司、股东和债权人的合法权益,维护社会经济秩序,促进社会主义市场经济的发展,制定本法。

第二条　本法所称公司是指依照本法在中国境内设立的有限责任公司和股份有限公司。

第三条　公司是企业法人,有独立的法人财产,享有法人财产权。公司以其全部财产对公司的债务承担责任。

有限责任公司的股东以其认缴的出资额为限对公司承担责任;股份有限公司的股东以其认购的股份为限对公司承担责任。

第四条　公司股东依法享有资产收益、参与重大决策和选择管理者等权利。

第五条　公司从事经营活动,必须遵守法律、行政法规,遵守社会公德、商业道德,诚实守信,接受政府和社会公众的监督,承担社会责任。

公司的合法权益受法律保护,不受侵犯。

第六条　设立公司,应当依法向公司登记机关申请设立登记。符合本法规定的设立条件的,由公司登记机关分别登记为有限责任公司或者股份有限公司;不符合本法规定的设立条件的,不得登记为有限责任公司或者股份有限公司。

法律、行政法规规定设立公司必须报经批准的,应当在公司登记前依法办理批准手续。

公众可以向公司登记机关申请查询公司登记事项,公司登记机关应当提供查询服务。

第七条　依法设立的公司,由公司登记机关发给公司营业执照。公司营业执照签发日期为公司成立日期。

公司营业执照应当载明公司的名称、住所、注册资本、实收资本、经营范围、法定代表人姓名等事项。

公司营业执照记载的事项发生变更的，公司应当依法办理变更登记，由公司登记机关换发营业执照。

第八条 依照本法设立的有限责任公司，必须在公司名称中标明有限责任公司或者有限公司字样。

依照本法设立的股份有限公司，必须在公司名称中标明股份有限公司或者股份公司字样。

第九条 有限责任公司变更为股份有限公司，应当符合本法规定的股份有限公司的条件。股份有限公司变更为有限责任公司，应当符合本法规定的有限责任公司的条件。

有限责任公司变更为股份有限公司的，或者股份有限公司变更为有限责任公司的，公司变更前的债权、债务由变更后的公司承继。

第十条 公司以其主要办事机构所在地为住所。

第十一条 设立公司必须依法制定公司章程。公司章程对公司、股东、董事、监事、高级管理人员具有约束力。

第十二条 公司的经营范围由公司章程规定，并依法登记。公司可以修改公司章程，改变经营范围，但是应当办理变更登记。

公司的经营范围中属于法律、行政法规规定须经批准的项目，应当依法经过批准。

第十三条 公司法定代表人依照公司章程的规定，由董事长、执行董事或者经理担任，并依法登记。

公司法定代表人变更，应当办理变更登记。

第十四条 公司可以设立分公司。设立分公司，应当向公司登记机关申请登记，领取营业执照。分公司不具有法人资格，其民事责任由公司承担。

公司可以设立子公司，子公司具有法人资格，依法独立承担民事责任。

第十五条 公司可以向其他企业投资；但是，除法律另有规定外，不得成为对所投资企业的债务承担连带责任的出资人。

第十六条 公司向其他企业投资或者为他人提供担保，依照公司章程的规定，由董事会或者股东会、股东大会决议；公司章程对投资或者担保的总额及单项投资或者担保的数额有限额规定的，不得超过规定的限额。

公司为公司股东或者实际控制人提供担保的，必须经股东会或者股东大会决议。

前款规定的股东或者受前款规定的实际控制人支配的股东，不得参加前款规定事项的表决。该项表决由出席会议的其他股东所持表决权的过半数通过。

第十七条 公司必须保护职工的合法权益，依法与职工签订劳动合同，参加社会保险，加强劳动保护，实现安全生产。

公司应当采用多种形式，加强公司职工的职业教育和岗位培训，提高职工素质。

第十八条 公司职工依照《中华人民共和国工会法》组织工会，开展工会活动，维护职工合法权益。公司应当为本公司工会提供必要的活动条件。公司工会代表职工就职工的劳动报酬、工作时间、福利、保险和劳动安全卫生等事项依法与公司签订集体合同。

公司依照宪法和有关法律的规定，通过职工代表大会或者其他形式，实行民主管理。

公司研究决定改制以及经营方面的重大问题、制定重要的规章制度时，应当听取公司工会的意见，并通过职工代表大会或者其他形式听取职工的意见和建议。

第十九条 在公司中，根据中国共产党章程的规定，设立中国共产党的组织，开展党的活动。公司应当为党组织的活动提供必要条件。

第二十条 公司股东应当遵守法律、行政法规和公司章程，依法行使股东权利，不得滥用股东权利损害公司或者其他股东的利益；不得滥用公司法人独立地位和股东有限责任损害公司债权人的利益。

公司股东滥用股东权利给公司或者其他股东造成损失的,应当依法承担赔偿责任。

公司股东滥用公司法人独立地位和股东有限责任,逃避债务,严重损害公司债权人利益的,应当对公司债务承担连带责任。

第二十一条　公司的控股股东、实际控制人、董事、监事、高级管理人员不得利用其关联关系损害公司利益。

违反前款规定,给公司造成损失的,应当承担赔偿责任。

第二十二条　公司股东会或者股东大会、董事会的决议内容违反法律、行政法规的无效。

股东会或者股东大会、董事会的会议召集程序、表决方式违反法律、行政法规或者公司章程,或者决议内容违反公司章程的,股东可以自决议作出之日起六十日内,请求人民法院撤销。

股东依照前款规定提起诉讼的,人民法院可以应公司的请求,要求股东提供相应担保。

公司根据股东会或者股东大会、董事会决议已办理变更登记的,人民法院宣告该决议无效或者撤销该决议后,公司应当向公司登记机关申请撤销变更登记。

第二章　有限责任公司的设立和组织机构

第一节　设　立

第二十三条　设立有限责任公司,应当具备下列条件:

（一）股东符合法定人数;

（二）股东出资达到法定资本最低限额;

（三）股东共同制定公司章程;

（四）有公司名称,建立符合有限责任公司要求的组织机构;

（五）有公司住所。

第二十四条　有限责任公司由五十个以下股东出资设立。

第二十五条　有限责任公司章程应当载明下列事项:

（一）公司名称和住所;

（二）公司经营范围;

（三）公司注册资本;

（四）股东的姓名或者名称;

（五）股东的出资方式、出资额和出资时间;

（六）公司的机构及其产生办法、职权、议事规则;

（七）公司法定代表人;

（八）股东会会议认为需要规定的其他事项。

股东应当在公司章程上签名、盖章。

第二十六条　有限责任公司的注册资本为在公司登记机关登记的全体股东认缴的出资额。公司全体股东的首次出资额不得低于注册资本的百分之二十,也不得低于法定的注册资本最低限额,其余部分由股东自公司成立之日起两年内缴足;其中,投资公司可以在五年内缴足。

有限责任公司注册资本的最低限额为人民币三万元。法律、行政法规对有限责任公司注册资本的最低限额有较高规定的,从其规定。

第二十七条　股东可以用货币出资,也可以用实物、知识产权、土地使用权等可以用货币估价并可以依法转让的非货币财产作价出资;但是,法律、行政法规规定不得作为出资的财产除外。

对作为出资的非货币财产应当评估作价,核实财产,不得高估或者低估作价。法律、行政法规对评估作价有规定的,从其规定。

全体股东的货币出资金额不得低于有限责任公司注册资本的百分之三十。

第二十八条　股东应当按期足额缴纳公司章程中规定的各自所认缴的出资额。股东以货币出资的,应当将货币出资足额存入有限责任公司在银行开设的账户;以非货币财产出资的,应当依法办理其财产权的转移手续。

股东不按照前款规定缴纳出资的,除应当向公司足额缴纳外,还应当向已按期足额缴纳出资的股东承担违约责任。

第二十九条 股东缴纳出资后,必须经依法设立的验资机构验资并出具证明。

第三十条 股东的首次出资经依法设立的验资机构验资后,由全体股东指定的代表或者共同委托的代理人向公司登记机关报送公司登记申请书、公司章程、验资证明等文件,申请设立登记。

第三十一条 有限责任公司成立后,发现作为设立公司出资的非货币财产的实际价额显著低于公司章程所定价额的,应当由交付该出资的股东补足其差额;公司设立时的其他股东承担连带责任。

第三十二条 有限责任公司成立后,应当向股东签发出资证明书。

出资证明书应当载明下列事项:

(一)公司名称;

(二)公司成立日期;

(三)公司注册资本;

(四)股东的姓名或者名称、缴纳的出资额和出资日期;

(五)出资证明书的编号和核发日期。

出资证明书由公司盖章。

第三十三条 有限责任公司应当置备股东名册,记载下列事项:

(一)股东的姓名或者名称及住所;

(二)股东的出资额;

(三)出资证明书编号。

记载于股东名册的股东,可以依股东名册主张行使股东权利。

公司应当将股东的姓名或者名称及其出资额向公司登记机关登记;登记事项发生变更的,应当办理变更登记。未经登记或者变更登记的,不得对抗第三人。

第三十四条 股东有权查阅、复制公司章程、股东会会议记录、董事会会议决议、监事会会议决议和财务会计报告。

股东可以要求查阅公司会计账簿。股东要求查阅公司会计账簿的,应当向公司提出书面请求,说明目的。公司有合理根据认为股东查阅会计账簿有不正当目的,可能损害公司合法利益的,可以拒绝提供查阅,并应当自股东提出书面请求之日起十五日内

书面答复股东并说明理由。公司拒绝提供查阅的,股东可以请求人民法院要求公司提供查阅。

第三十五条 股东按照实缴的出资比例分取红利;公司新增资本时,股东有权优先按照实缴的出资比例认缴出资。但是,全体股东约定不按照出资比例分取红利或者不按照出资比例优先认缴出资的除外。

第三十六条 公司成立后,股东不得抽逃出资。

第二节　组织机构

第三十七条 有限责任公司股东会由全体股东组成。股东会是公司的权力机构,依照本法行使职权。

第三十八条 股东会行使下列职权:

(一)决定公司的经营方针和投资计划;

(二)选举和更换非由职工代表担任的董事、监事,决定有关董事、监事的报酬事项;

(三)审议批准董事会的报告;

(四)审议批准监事会或者监事的报告;

(五)审议批准公司的年度财务预算方案、决算方案;

(六)审议批准公司的利润分配方案和弥补亏损方案;

(七)对公司增加或者减少注册资本作出决议;

(八)对发行公司债券作出决议;

(九)对公司合并、分立、解散、清算或者变更公司形式作出决议;

(十)修改公司章程;

(十一)公司章程规定的其他职权。

对前款所列事项股东以书面形式一致表示同意的,可以不召开股东会会议,直接作出决定,并由全体股东在决定文件上签名、盖章。

第三十九条 首次股东会会议由出资最多的股东召集和主持,依照本法规定行使职权。

第四十条 股东会会议分为定期会议和临时会议。

定期会议应当依照公司章程的规定按时召开。代表十分之一以上表决权的股东，三分之一以上的董事，监事会或者不设监事会的公司的监事提议召开临时会议的，应当召开临时会议。

第四十一条　有限责任公司设立董事会的，股东会会议由董事会召集，董事长主持；董事长不能履行职务或者不履行职务的，由副董事长主持；副董事长不能履行职务或者不履行职务的，由半数以上董事共同推举一名董事主持。

有限责任公司不设董事会的，股东会会议由执行董事召集和主持。

董事会或者执行董事不能履行或者不履行召集股东会会议职责的，由监事会或者不设监事会的公司的监事召集和主持；监事会或者监事不召集和主持的，代表十分之一以上表决权的股东可以自行召集和主持。

第四十二条　召开股东会会议，应当于会议召开十五日前通知全体股东；但是，公司章程另有规定或者全体股东另有约定的除外。

股东会应当对所议事项的决定作成会议记录，出席会议的股东应当在会议记录上签名。

第四十三条　股东会会议由股东按照出资比例行使表决权；但是，公司章程另有规定的除外。

第四十四条　股东会的议事方式和表决程序，除本法有规定的外，由公司章程规定。

股东会会议作出修改公司章程、增加或者减少注册资本的决议，以及公司合并、分立、解散或者变更公司形式的决议，必须经代表三分之二以上表决权的股东通过。

第四十五条　有限责任公司设董事会，其成员为三人至十三人；但是，本法第五十一条另有规定的除外。

两个以上的国有企业或者两个以上的其他国有投资主体投资设立的有限责任公司，其董事会成员中应当有公司职工代表；其他有限责任公司董事会成员中可以有公司职工代表。董事会中的职工代表由公司职工通过职工代表大会、职工大会或者其他形式民主选举产生。

董事会设董事长一人，可以设副董事长。董事长、副董事长的产生办法由公司章程规定。

第四十六条　董事任期由公司章程规定，但每届任期不得超过三年。董事任期届满，连选可以连任。

董事任期届满未及时改选，或者董事在任期内辞职导致董事会成员低于法定人数的，在改选出的董事就任前，原董事仍应当依照法律、行政法规和公司章程的规定，履行董事职务。

第四十七条　董事会对股东会负责，行使下列职权：

（一）召集股东会会议，并向股东会报告工作；

（二）执行股东会的决议；

（三）决定公司的经营计划和投资方案；

（四）制订公司的年度财务预算方案、决算方案；

（五）制订公司的利润分配方案和弥补亏损方案；

（六）制订公司增加或者减少注册资本以及发行公司债券的方案；

（七）制订公司合并、分立、解散或者变更公司形式的方案；

（八）决定公司内部管理机构的设置；

（九）决定聘任或者解聘公司经理及其报酬事项，并根据经理的提名决定聘任或者解聘公司副经理、财务负责人及其报酬事项；

（十）制定公司的基本管理制度；

（十一）公司章程规定的其他职权。

第四十八条　董事会会议由董事长召集和主持；董事长不能履行职务或者不履行职务的，由副董事长召集和主持；副董事长不能履行职务或者不履行职务的，由半数以上董事共同推举一名董事召集和主持。

第四十九条　董事会的议事方式和表决程序，除本法有规定的外，由公司章程规定。

董事会应当对所议事项的决定作成会

议记录,出席会议的董事应当在会议记录上签名。

董事会决议的表决,实行一人一票。

第五十条 有限责任公司可以设经理,由董事会决定聘任或者解聘。经理对董事会负责,行使下列职权:

(一)主持公司的生产经营管理工作,组织实施董事会决议;

(二)组织实施公司年度经营计划和投资方案;

(三)拟订公司内部管理机构设置方案;

(四)拟订公司的基本管理制度;

(五)制定公司的具体规章;

(六)提请聘任或者解聘公司副经理、财务负责人;

(七)决定聘任或者解聘除应由董事会决定聘任或者解聘以外的负责管理人员;

(八)董事会授予的其他职权。

公司章程对经理职权另有规定的,从其规定。

经理列席董事会会议。

第五十一条 股东人数较少或者规模较小的有限责任公司,可以设一名执行董事,不设董事会。执行董事可以兼任公司经理。

执行董事的职权由公司章程规定。

第五十二条 有限责任公司设监事会,其成员不得少于三人。股东人数较少或者规模较小的有限责任公司,可以设一至二名监事,不设监事会。

监事会应当包括股东代表和适当比例的公司职工代表,其中职工代表的比例不得低于三分之一,具体比例由公司章程规定。监事会中的职工代表由公司职工通过职工代表大会、职工大会或者其他形式民主选举产生。

监事会设主席一人,由全体监事过半数选举产生。监事会主席召集和主持监事会会议;监事会主席不能履行职务或者不履行职务的,由半数以上监事共同推举一名监事召集和主持监事会会议。

董事、高级管理人员不得兼任监事。

第五十三条 监事的任期每届为三年。监事任期届满,连选可以连任。

监事任期届满未及时改选,或者监事在任期内辞职导致监事会成员低于法定人数的,在改选出的监事就任前,原监事仍应当依照法律、行政法规和公司章程的规定,履行监事职务。

第五十四条 监事会、不设监事会的公司的监事行使下列职权:

(一)检查公司财务;

(二)对董事、高级管理人员执行公司职务的行为进行监督,对违反法律、行政法规、公司章程或者股东会决议的董事、高级管理人员提出罢免的建议;

(三)当董事、高级管理人员的行为损害公司的利益时,要求董事、高级管理人员予以纠正;

(四)提议召开临时股东会会议,在董事会不履行本法规定的召集和主持股东会会议职责时召集和主持股东会会议;

(五)向股东会会议提出提案;

(六)依照本法第一百五十二条的规定,对董事、高级管理人员提起诉讼;

(七)公司章程规定的其他职权。

第五十五条 监事可以列席董事会会议,并对董事会决议事项提出质询或者建议。

监事会、不设监事会的公司的监事发现公司经营情况异常,可以进行调查;必要时,可以聘请会计师事务所等协助其工作,费用由公司承担。

第五十六条 监事会每年度至少召开一次会议,监事可以提议召开临时监事会会议。

监事会的议事方式和表决程序,除本法有规定的外,由公司章程规定。

监事会决议应当经半数以上监事通过。

监事会应当对所议事项的决定作成会议记录,出席会议的监事应当在会议记录上签名。

第五十七条 监事会、不设监事会的公司的监事行使职权所必需的费用,由公司承担。

第三节　一人有限责任公司的特别规定

第五十八条 一人有限责任公司的设

立和组织机构,适用本节规定;本节没有规定的,适用本章第一节、第二节的规定。

本法所称一人有限责任公司,是指只有一个自然人股东或者一个法人股东的有限责任公司。

第五十九条　一人有限责任公司的注册资本最低限额为人民币十万元。股东应当一次足额缴纳公司章程规定的出资额。

一个自然人只能投资设立一个一人有限责任公司。该一人有限责任公司不能投资设立新的一人有限责任公司。

第六十条　一人有限责任公司应当在公司登记中注明自然人独资或者法人独资,并在公司营业执照中载明。

第六十一条　一人有限责任公司章程由股东制定。

第六十二条　一人有限责任公司不设股东会。股东作出本法第三十八条第一款所列决定时,应当采用书面形式,并由股东签名后置备于公司。

第六十三条　一人有限责任公司应当在每一会计年度终了时编制财务会计报告,并经会计师事务所审计。

第六十四条　一人有限责任公司的股东不能证明公司财产独立于股东自己的财产的,应当对公司债务承担连带责任。

第四节　国有独资公司的特别规定

第六十五条　国有独资公司的设立和组织机构,适用本节规定;本节没有规定的,适用本章第一节、第二节的规定。

本法所称国有独资公司,是指国家单独出资、由国务院或者地方人民政府授权本级人民政府国有资产监督管理机构履行出资人职责的有限责任公司。

第六十六条　国有独资公司章程由国有资产监督管理机构制定,或者由董事会制订报国有资产监督管理机构批准。

第六十七条　国有独资公司不设股东会,由国有资产监督管理机构行使股东会职权。国有资产监督管理机构可以授权公司董事会行使股东会的部分职权,决定公司的重大事项,但公司的合并、分立、解散、增加或者减少注册资本和发行公司债券,必须由国有资产监督管理机构决定;其中,重要的国有独资公司合并、分立、解散、申请破产的,应当由国有资产监督管理机构审核后,报本级人民政府批准。

前款所称重要的国有独资公司,按照国务院的规定确定。

第六十八条　国有独资公司设董事会,依照本法第四十七条、第六十七条的规定行使职权。董事每届任期不得超过三年。董事会成员中应当有公司职工代表。

董事会成员由国有资产监督管理机构委派;但是,董事会成员中的职工代表由公司职工代表大会选举产生。

董事会设董事长一人,可以设副董事长。董事长、副董事长由国有资产监督管理机构从董事会成员中指定。

第六十九条　国有独资公司设经理,由董事会聘任或者解聘。经理依照本法第五十条规定行使职权。

经国有资产监督管理机构同意,董事会成员可以兼任经理。

第七十条　国有独资公司的董事长、副董事长、董事、高级管理人员,未经国有资产监督管理机构同意,不得在其他有限责任公司、股份有限公司或者其他经济组织兼职。

第七十一条　国有独资公司监事会成员不得少于五人,其中职工代表的比例不得低于三分之一,具体比例由公司章程规定。

监事会成员由国有资产监督管理机构委派;但是,监事会成员中的职工代表由公司职工代表大会选举产生。监事会主席由国有资产监督管理机构从监事会成员中指定。

监事会行使本法第五十四条第(一)项至第(三)项规定的职权和国务院规定的其他职权。

第三章　有限责任公司的股权转让

第七十二条　有限责任公司的股东之间可以相互转让其全部或者部分股权。

股东向股东以外的人转让股权,应当经

其他股东过半数同意。股东应就其股权转让事项书面通知其他股东征求同意,其他股东自接到书面通知之日起满三十日未答复的,视为同意转让。其他股东半数以上不同意转让的,不同意的股东应当购买该转让的股权;不购买的,视为同意转让。

经股东同意转让的股权,在同等条件下,其他股东有优先购买权。两个以上股东主张行使优先购买权的,协商确定各自的购买比例;协商不成的,按照转让时各自的出资比例行使优先购买权。

公司章程对股权转让另有规定的,从其规定。

第七十三条　人民法院依照法律规定的强制执行程序转让股东的股权时,应当通知公司及全体股东,其他股东在同等条件下有优先购买权。其他股东自人民法院通知之日起满二十日不行使优先购买权的,视为放弃优先购买权。

第七十四条　依照本法第七十二条、第七十三条转让股权后,公司应当注销原股东的出资证明书,向新股东签发出资证明书,并相应修改公司章程和股东名册中有关股东及其出资额的记载。对公司章程的该项修改不需再由股东会表决。

第七十五条　有下列情形之一的,对股东会该项决议投反对票的股东可以请求公司按照合理的价格收购其股权:

(一)公司连续五年不向股东分配利润,而公司该五年连续盈利,并且符合本法规定的分配利润条件的;

(二)公司合并、分立、转让主要财产的;

(三)公司章程规定的营业期限届满或者章程规定的其他解散事由出现,股东会会议通过决议修改章程使公司存续的。

自股东会会议决议通过之日起六十日内,股东与公司不能达成股权收购协议的,股东可以自股东会会议决议通过之日起九十日内向人民法院提起诉讼。

第七十六条　自然人股东死亡后,其合法继承人可以继承股东资格;但是,公司章程另有规定的除外。

第四章　股份有限公司的设立和组织机构

第一节　设　立

第七十七条　设立股份有限公司,应当具备下列条件:

(一)发起人符合法定人数;

(二)发起人认购和募集的股本达到法定资本最低限额;

(三)股份发行、筹办事项符合法律规定;

(四)发起人制订公司章程,采用募集方式设立的经创立大会通过;

(五)有公司名称,建立符合股份有限公司要求的组织机构;

(六)有公司住所。

第七十八条　股份有限公司的设立,可以采取发起设立或者募集设立的方式。

发起设立,是指由发起人认购公司应发行的全部股份而设立公司。

募集设立,是指由发起人认购公司应发行股份的一部分,其余股份向社会公开募集或者向特定对象募集而设立公司。

第七十九条　设立股份有限公司,应当有二人以上二百人以下为发起人,其中须有半数以上的发起人在中国境内有住所。

第八十条　股份有限公司发起人承担公司筹办事务。

发起人应当签订发起人协议,明确各自在公司设立过程中的权利和义务。

第八十一条　股份有限公司采取发起设立方式设立的,注册资本为在公司登记机关登记的全体发起人认购的股本总额。公司全体发起人的首次出资额不得低于注册资本的百分之二十,其余部分由发起人自公司成立之日起两年内缴足;其中,投资公司可以在五年内缴足。在缴足前,不得向他人募集股份。

股份有限公司采取募集方式设立的,注册资本为在公司登记机关登记的实收股本总额。

股份有限公司注册资本的最低限额为人民币五百万元。法律、行政法规对股份有限公司注册资本的最低限额有较高规定的，从其规定。

第八十二条　股份有限公司章程应当载明下列事项：

（一）公司名称和住所；

（二）公司经营范围；

（三）公司设立方式；

（四）公司股份总数、每股金额和注册资本；

（五）发起人的姓名或者名称、认购的股份数、出资方式和出资时间；

（六）董事会的组成、职权和议事规则；

（七）公司法定代表人；

（八）监事会的组成、职权和议事规则；

（九）公司利润分配办法；

（十）公司的解散事由与清算办法；

（十一）公司的通知和公告办法；

（十二）股东大会会议认为需要规定的其他事项。

第八十三条　发起人的出资方式，适用本法第二十七条的规定。

第八十四条　以发起设立方式设立股份有限公司的，发起人应当书面认足公司章程规定其认购的股份；一次缴纳的，应即缴纳全部出资；分期缴纳的，应即缴纳首期出资。以非货币财产出资的，应当依法办理其财产权的转移手续。

发起人不依照前款规定缴纳出资的，应当按照发起人协议承担违约责任。

发起人首次缴纳出资后，应当选举董事会和监事会，由董事会向公司登记机关报送公司章程、由依法设立的验资机构出具的验资证明以及法律、行政法规规定的其他文件，申请设立登记。

第八十五条　以募集设立方式设立股份有限公司的，发起人认购的股份不得少于公司股份总数的百分之三十五；但是，法律、行政法规另有规定的，从其规定。

第八十六条　发起人向社会公开募集股份，必须公告招股说明书，并制作认股书。认股书应当载明本法第八十七条所列事项，由认股人填写认购股数、金额、住所，并签名、盖章。认股人按照所认购股数缴纳股款。

第八十七条　招股说明书应当附有发起人制订的公司章程，并载明下列事项：

（一）发起人认购的股份数；

（二）每股的票面金额和发行价格；

（三）无记名股票的发行总数；

（四）募集资金的用途；

（五）认股人的权利、义务；

（六）本次募股的起止期限及逾期未募足时认股人可以撤回所认股份的说明。

第八十八条　发起人向社会公开募集股份，应当由依法设立的证券公司承销，签订承销协议。

第八十九条　发起人向社会公开募集股份，应当同银行签订代收股款协议。

代收股款的银行应当按照协议代收和保存股款，向缴纳股款的认股人出具收款单据，并负有向有关部门出具收款证明的义务。

第九十条　发行股份的股款缴足后，必须经依法设立的验资机构验资并出具证明。发起人应当自股款缴足之日起三十日内主持召开公司创立大会。创立大会由发起人、认股人组成。

发行的股份超过招股说明书规定的截止期限尚未募足的，或者发行股份的股款缴足后，发起人在三十日内未召开创立大会的，认股人可以按照所缴股款并加算银行同期存款利息，要求发起人返还。

第九十一条　发起人应当在创立大会召开十五日前将会议日期通知各认股人或者予以公告。创立大会应有代表股份总数过半数的发起人、认股人出席，方可举行。

创立大会行使下列职权：

（一）审议发起人关于公司筹办情况的报告；

（二）通过公司章程；

（三）选举董事会成员；

（四）选举监事会成员；

（五）对公司的设立费用进行审核；

（六）对发起人用于抵作股款的财产的

作价进行审核；

（七）发生不可抗力或者经营条件发生重大变化直接影响公司设立的，可以作出不设立公司的决议。

创立大会对前款所列事项作出决议，必须经出席会议的认股人所持表决权过半数通过。

第九十二条　发起人、认股人缴纳股款或者交付抵作股款的出资后，除未按期募足股份、发起人未按期召开创立大会或者创立大会决议不设立公司的情形外，不得抽回其股本。

第九十三条　董事会应于创立大会结束后三十日内，向公司登记机关报送下列文件，申请设立登记：

（一）公司登记申请书；

（二）创立大会的会议记录；

（三）公司章程；

（四）验资证明；

（五）法定代表人、董事、监事的任职文件及其身份证明；

（六）发起人的法人资格证明或者自然人身份证明；

（七）公司住所证明。

以募集方式设立股份有限公司公开发行股票的，还应当向公司登记机关报送国务院证券监督管理机构的核准文件。

第九十四条　股份有限公司成立后，发起人未按照公司章程的规定缴足出资的，应当补缴；其他发起人承担连带责任。

股份有限公司成立后，发现作为设立公司出资的非货币财产的实际价额显著低于公司章程所定价额的，应当由交付该出资的发起人补足其差额；其他发起人承担连带责任。

第九十五条　股份有限公司的发起人应当承担下列责任：

（一）公司不能成立时，对设立行为所产生的债务和费用负连带责任；

（二）公司不能成立时，对认股人已缴纳的股款，负返还股款并加算银行同期存款利息的连带责任；

（三）在公司设立过程中，由于发起人的过失致使公司利益受到损害的，应当对公司承担赔偿责任。

第九十六条　有限责任公司变更为股份有限公司时，折合的实收股本总额不得高于公司净资产额。有限责任公司变更为股份有限公司，为增加资本公开发行股份时，应当依法办理。

第九十七条　股份有限公司应当将公司章程、股东名册、公司债券存根、股东大会会议记录、董事会会议记录、监事会会议记录、财务会计报告置备于本公司。

第九十八条　股东有权查阅公司章程、股东名册、公司债券存根、股东大会会议记录、董事会会议决议、监事会会议决议、财务会计报告，对公司的经营提出建议或者质询。

第二节　股东大会

第九十九条　股份有限公司股东大会由全体股东组成。股东大会是公司的权力机构，依照本法行使职权。

第一百条　本法第三十八条第一款关于有限责任公司股东会职权的规定，适用于股份有限公司股东大会。

第一百零一条　股东大会应当每年召开一次年会。有下列情形之一的，应当在两个月内召开临时股东大会：

（一）董事人数不足本法规定人数或者公司章程所定人数的三分之二时；

（二）公司未弥补的亏损达实收股本总额三分之一时；

（三）单独或者合计持有公司百分之十以上股份的股东请求时；

（四）董事会认为必要时；

（五）监事会提议召开时；

（六）公司章程规定的其他情形。

第一百零二条　股东大会会议由董事会召集，董事长主持；董事长不能履行职务或者不履行职务的，由副董事长主持；副董事长不能履行职务或者不履行职务的，由半数以上董事共同推举一名董事主持。

董事会不能履行或者不履行召集股东

大会会议职责的,监事会应当及时召集和主持;监事会不召集和主持的,连续九十日以上单独或者合计持有公司百分之十以上股份的股东可以自行召集和主持。

第一百零三条 召开股东大会会议,应当将会议召开的时间、地点和审议的事项于会议召开二十日前通知各股东;临时股东大会应当于会议召开十五日前通知各股东;发行无记名股票的,应当于会议召开三十日前公告会议召开的时间、地点和审议事项。

单独或者合计持有公司百分之三以上股份的股东,可以在股东大会召开十日前提出临时提案并书面提交董事会;董事会应当在收到提案后二日内通知其他股东,并将该临时提案提交股东大会审议。临时提案的内容应当属于股东大会职权范围,并有明确议题和具体决议事项。

股东大会不得对前两款通知中未列明的事项作出决议。

无记名股票持有人出席股东大会会议的,应当于会议召开五日前至股东大会闭会时将股票交存于公司。

第一百零四条 股东出席股东大会会议,所持每一股份有一表决权。但是,公司持有的本公司股份没有表决权。

股东大会作出决议,必须经出席会议的股东所持表决权过半数通过。但是,股东大会作出修改公司章程、增加或者减少注册资本的决议,以及公司合并、分立、解散或者变更公司形式的决议,必须经出席会议的股东所持表决权的三分之二以上通过。

第一百零五条 本法和公司章程规定公司转让、受让重大资产或者对外提供担保等事项必须经股东大会作出决议的,董事会应当及时召集股东大会会议,由股东大会就上述事项进行表决。

第一百零六条 股东大会选举董事、监事,可以依照公司章程的规定或者股东大会的决议,实行累积投票制。

本法所称累积投票制,是指股东大会选举董事或者监事时,每一股份拥有与应选董事或者监事人数相同的表决权,股东拥有的表决权可以集中使用。

第一百零七条 股东可以委托代理人出席股东大会会议,代理人应当向公司提交股东授权委托书,并在授权范围内行使表决权。

第一百零八条 股东大会应当对所议事项的决定作成会议记录,主持人、出席会议的董事应当在会议记录上签名。会议记录应当与出席股东的签名册及代理出席的委托书一并保存。

第三节 董事会、经理

第一百零九条 股份有限公司设董事会,其成员为五人至十九人。

董事会成员中可以有公司职工代表。董事会中的职工代表由公司职工通过职工代表大会、职工大会或者其他形式民主选举产生。

本法第四十六条关于有限责任公司董事任期的规定,适用于股份有限公司董事。

本法第四十七条关于有限责任公司董事会职权的规定,适用于股份有限公司董事会。

第一百一十条 董事会设董事长一人,可以设副董事长。董事长和副董事长由董事会以全体董事的过半数选举产生。

董事长召集和主持董事会会议,检查董事会决议的实施情况。副董事长协助董事长工作,董事长不能履行职务或者不履行职务的,由副董事长履行职务;副董事长不能履行职务或者不履行职务的,由半数以上董事共同推举一名董事履行职务。

第一百一十一条 董事会每年度至少召开两次会议,每次会议应当于会议召开十日前通知全体董事和监事。

代表十分之一以上表决权的股东、三分之一以上董事或者监事会,可以提议召开董事会临时会议。董事长应当自接到提议后十日内,召集和主持董事会会议。

董事会召开临时会议,可以另定召集董事会的通知方式和通知时限。

第一百一十二条 董事会会议应有过半数的董事出席方可举行。董事会作出决议,必须经全体董事的过半数通过。

董事会决议的表决，实行一人一票。

第一百一十三条　董事会会议，应由董事本人出席；董事因故不能出席，可以书面委托其他董事代为出席，委托书中应载明授权范围。

董事会应当对会议所议事项的决定作成会议记录，出席会议的董事应当在会议记录上签名。

董事应当对董事会的决议承担责任。董事会的决议违反法律、行政法规或者公司章程、股东大会决议，致使公司遭受严重损失的，参与决议的董事对公司负赔偿责任。但经证明在表决时曾表明异议并记载于会议记录的，该董事可以免除责任。

第一百一十四条　股份有限公司设经理，由董事会决定聘任或者解聘。

本法第五十条关于有限责任公司经理职权的规定，适用于股份有限公司经理。

第一百一十五条　公司董事会可以决定由董事会成员兼任经理。

第一百一十六条　公司不得直接或者通过子公司向董事、监事、高级管理人员提供借款。

第一百一十七条　公司应当定期向股东披露董事、监事、高级管理人员从公司获得报酬的情况。

第四节　监　事　会

第一百一十八条　股份有限公司设监事会，其成员不得少于三人。

监事会应当包括股东代表和适当比例的公司职工代表，其中职工代表的比例不得低于三分之一，具体比例由公司章程规定。监事会中的职工代表由公司职工通过职工代表大会、职工大会或者其他形式民主选举产生。

监事会设主席一人，可以设副主席。监事会主席和副主席由全体监事过半数选举产生。监事会主席召集和主持监事会会议；监事会主席不能履行职务或者不履行职务的，由监事会副主席召集和主持监事会会议；监事会副主席不能履行职务或者不履行职务的，由半数以上监事共同推举一名监事召集和主持监事会会议。

董事、高级管理人员不得兼任监事。

本法第五十三条关于有限责任公司监事任期的规定，适用于股份有限公司监事。

第一百一十九条　本法第五十四条、第五十五条关于有限责任公司监事会职权的规定，适用于股份有限公司监事会。

监事会行使职权所必需的费用，由公司承担。

第一百二十条　监事会每六个月至少召开一次会议。监事可以提议召开临时监事会会议。

监事会的议事方式和表决程序，除本法有规定的外，由公司章程规定。

监事会决议应当经半数以上监事通过。

监事会应当对所议事项的决定作成会议记录，出席会议的监事应当在会议记录上签名。

第五节　上市公司组织机构的特别规定

第一百二十一条　本法所称上市公司，是指其股票在证券交易所上市交易的股份有限公司。

第一百二十二条　上市公司在一年内购买、出售重大资产或者担保金额超过公司资产总额百分之三十的，应当由股东大会作出决议，并经出席会议的股东所持表决权的三分之二以上通过。

第一百二十三条　上市公司设立独立董事，具体办法由国务院规定。

第一百二十四条　上市公司设董事会秘书，负责公司股东大会和董事会会议的筹备、文件保管以及公司股东资料的管理，办理信息披露事务等事宜。

第一百二十五条　上市公司董事与董事会会议决议事项所涉及的企业有关联关系的，不得对该项决议行使表决权，也不得代理其他董事行使表决权。该董事会会议由过半数的无关联关系董事出席即可举行，董事会会议所作决议须经无关联关系董事过半数通过。出席董事会的无关联关系董事人数不足三人的,应将该事项提交上市公司股东大会审议。

第五章　股份有限公司的股份发行和转让

第一节　股份发行

第一百二十六条　股份有限公司的资本划分为股份,每一股的金额相等。

公司的股份采取股票的形式。股票是公司签发的证明股东所持股份的凭证。

第一百二十七条　股份的发行,实行公平、公正的原则,同种类的每一股份应当具有同等权利。

同次发行的同种类股票,每股的发行条件和价格应当相同;任何单位或者个人所认购的股份,每股应当支付相同价额。

第一百二十八条　股票发行价格可以按票面金额,也可以超过票面金额,但不得低于票面金额。

第一百二十九条　股票采用纸面形式或者国务院证券监督管理机构规定的其他形式。

股票应当载明下列主要事项:

(一)公司名称;

(二)公司成立日期;

(三)股票种类、票面金额及代表的股份数;

(四)股票的编号。

股票由法定代表人签名,公司盖章。

发起人的股票,应当标明发起人股票字样。

第一百三十条　公司发行的股票,可以为记名股票,也可以为无记名股票。

公司向发起人、法人发行的股票,应当为记名股票,并应当记载该发起人、法人的名称或者姓名,不得另立户名或者以代表人姓名记名。

第一百三十一条　公司发行记名股票的,应当置备股东名册,记载下列事项:

(一)股东的姓名或者名称及住所;

(二)各股东所持股份数;

(三)各股东所持股票的编号;

(四)各股东取得股份的日期。

发行无记名股票的,公司应当记载其股票数量、编号及发行日期。

第一百三十二条　国务院可以对公司发行本法规定以外的其他种类的股份,另行作出规定。

第一百三十三条　股份有限公司成立后,即向股东正式交付股票。公司成立前不得向股东交付股票。

第一百三十四条　公司发行新股,股东大会应当对下列事项作出决议:

(一)新股种类及数额;

(二)新股发行价格;

(三)新股发行的起止日期;

(四)向原有股东发行新股的种类及数额。

第一百三十五条　公司经国务院证券监督管理机构核准公开发行新股时,必须公告新股招股说明书和财务会计报告,并制作认股书。

本法第八十八条、第八十九条的规定适用于公司公开发行新股。

第一百三十六条　公司发行新股,可以根据公司经营情况和财务状况,确定其作价方案。

第一百三十七条　公司发行新股募足股款后,必须向公司登记机关办理变更登记,并公告。

第二节　股份转让

第一百三十八条　股东持有的股份可以依法转让。

第一百三十九条　股东转让其股份,应当在依法设立的证券交易场所进行或者按照国务院规定的其他方式进行。

第一百四十条　记名股票,由股东以背书方式或者法律、行政法规规定的其他方式转让;转让后由公司将受让人的姓名或者名称及住所记载于股东名册。

股东大会召开前二十日内或者公司决定分配股利的基准日前五日内,不得进行前款规定的股东名册的变更登记。但是,法律对上市公司股东名册变更登记另有规定的,从其规定。

第一百四十一条 无记名股票的转让,由股东将该股票交付给受让人后即发生转让的效力。

第一百四十二条 发起人持有的本公司股份,自公司成立之日起一年内不得转让。公司公开发行股份前已发行的股份,自公司股票在证券交易所上市交易之日起一年内不得转让。

公司董事、监事、高级管理人员应当向公司申报所持有的本公司的股份及其变动情况,在任职期间每年转让的股份不得超过其所持有本公司股份总数的百分之二十五;所持本公司股份自公司股票上市交易之日起一年内不得转让。上述人员离职后半年内,不得转让其所持有的本公司股份。公司章程可以对公司董事、监事、高级管理人员转让其所持有的本公司股份作出其他限制性规定。

第一百四十三条 公司不得收购本公司股份。但是,有下列情形之一的除外:

(一)减少公司注册资本;

(二)与持有本公司股份的其他公司合并;

(三)将股份奖励给本公司职工;

(四)股东因对股东大会作出的公司合并、分立决议持异议,要求公司收购其股份的。

公司因前款第(一)项至第(三)项的原因收购本公司股份的,应当经股东大会决议。公司依照前款规定收购本公司股份后,属于第(一)项情形的,应当自收购之日起十日内注销;属于第(二)项、第(四)项情形的,应当在六个月内转让或者注销。

公司依照第一款第(三)项规定收购的本公司股份,不得超过本公司已发行股份总额的百分之五;用于收购的资金应当从公司的税后利润中支出;所收购的股份应当在一年内转让给职工。

公司不得接受本公司的股票作为质押权的标的。

第一百四十四条 记名股票被盗、遗失或者灭失,股东可以依照《中华人民共和国民事诉讼法》规定的公示催告程序,请求人民法院宣告该股票失效。人民法院宣告该股票失效后,股东可以向公司申请补发股票。

第一百四十五条 上市公司的股票,依照有关法律、行政法规及证券交易所交易规则上市交易。

第一百四十六条 上市公司必须依照法律、行政法规的规定,公开其财务状况、经营情况及重大诉讼,在每会计年度内半年公布一次财务会计报告。

第六章　公司董事、监事、高级管理人员的资格和义务

第一百四十七条 有下列情形之一的,不得担任公司的董事、监事、高级管理人员:

(一)无民事行为能力或者限制民事行为能力;

(二)因贪污、贿赂、侵占财产、挪用财产或者破坏社会主义市场经济秩序,被判处刑罚,执行期满未逾五年,或者因犯罪被剥夺政治权利,执行期满未逾五年;

(三)担任破产清算的公司、企业的董事或者厂长、经理,对该公司、企业的破产负有个人责任的,自该公司、企业破产清算完结之日起未逾三年;

(四)担任因违法被吊销营业执照、责令关闭的公司、企业的法定代表人,并负有个人责任的,自该公司、企业被吊销营业执照之日起未逾三年;

(五)个人所负数额较大的债务到期未清偿。

公司违反前款规定选举、委派董事、监事或者聘任高级管理人员的,该选举、委派或者聘任无效。

董事、监事、高级管理人员在任职期间出现本条第一款所列情形的,公司应当解除其职务。

第一百四十八条 董事、监事、高级管理人员应当遵守法律、行政法规和公司章

程,对公司负有忠实义务和勤勉义务。

董事、监事、高级管理人员不得利用职权收受贿赂或者其他非法收入,不得侵占公司的财产。

第一百四十九条　董事、高级管理人员不得有下列行为:

(一)挪用公司资金;

(二)将公司资金以其个人名义或者以其他个人名义开立账户存储;

(三)违反公司章程的规定,未经股东会、股东大会或者董事会同意,将公司资金借贷给他人或者以公司财产为他人提供担保;

(四)违反公司章程的规定或者未经股东会、股东大会同意,与本公司订立合同或者进行交易;

(五)未经股东会或者股东大会同意,利用职务便利为自己或者他人谋取属于公司的商业机会,自营或者为他人经营与所任职公司同类的业务;

(六)接受他人与公司交易的佣金归为己有;

(七)擅自披露公司秘密;

(八)违反对公司忠实义务的其他行为。

董事、高级管理人员违反前款规定所得的收入应当归公司所有。

第一百五十条　董事、监事、高级管理人员执行公司职务时违反法律、行政法规或者公司章程的规定,给公司造成损失的,应当承担赔偿责任。

第一百五十一条　股东会或者股东大会要求董事、监事、高级管理人员列席会议的,董事、监事、高级管理人员应当列席并接受股东的质询。

董事、高级管理人员应当如实向监事会或者不设监事会的有限责任公司的监事提供有关情况和资料,不得妨碍监事会或者监事行使职权。

第一百五十二条　董事、高级管理人员有本法第一百五十条规定的情形的,有限责任公司的股东、股份有限公司连续一百八十日以上单独或者合计持有公司百分之一以上股份的股东,可以书面请求监事会或者不设监事会的有限责任公司的监事向人民法

院提起诉讼;监事有本法第一百五十条规定的情形的,前述股东可以书面请求董事会或者不设董事会的有限责任公司的执行董事向人民法院提起诉讼。

监事会、不设监事会的有限责任公司的监事,或者董事会、执行董事收到前款规定的股东书面请求后拒绝提起诉讼,或者自收到请求之日起三十日内未提起诉讼,或者情况紧急、不立即提起诉讼将会使公司利益受到难以弥补的损害的,前款规定的股东有权为了公司的利益以自己的名义直接向人民法院提起诉讼。

他人侵犯公司合法权益,给公司造成损失的,本条第一款规定的股东可以依照前两款的规定向人民法院提起诉讼。

第一百五十三条　董事、高级管理人员违反法律、行政法规或者公司章程的规定,损害股东利益的,股东可以向人民法院提起诉讼。

第七章　公司债券

第一百五十四条　本法所称公司债券,是指公司依照法定程序发行、约定在一定期限还本付息的有价证券。

公司发行公司债券应当符合《中华人民共和国证券法》规定的发行条件。

第一百五十五条　发行公司债券的申请经国务院授权的部门核准后,应当公告公司债券募集办法。

公司债券募集办法中应当载明下列主要事项:

(一)公司名称;

(二)债券募集资金的用途;

(三)债券总额和债券的票面金额;

(四)债券利率的确定方式;

(五)还本付息的期限和方式;

(六)债券担保情况;

(七)债券的发行价格、发行的起止日期;

(八)公司净资产额;

(九)已发行的尚未到期的公司债券总额;

(十)公司债券的承销机构。

第一百五十六条 公司以实物券方式发行公司债券的,必须在债券上载明公司名称、债券票面金额、利率、偿还期限等事项,并由法定代表人签名,公司盖章。

第一百五十七条 公司债券,可以为记名债券,也可以为无记名债券。

第一百五十八条 公司发行公司债券应当置备公司债券存根簿。

发行记名公司债券的,应当在公司债券存根簿上载明下列事项:

(一)债券持有人的姓名或者名称及住所;

(二)债券持有人取得债券的日期及债券的编号;

(三)债券总额,债券的票面金额、利率、还本付息的期限和方式;

(四)债券的发行日期。

发行无记名公司债券的,应当在公司债券存根簿上载明债券总额、利率、偿还期限和方式、发行日期及债券的编号。

第一百五十九条 记名公司债券的登记结算机构应当建立债券登记、存管、付息、兑付等相关制度。

第一百六十条 公司债券可以转让,转让价格由转让人与受让人约定。

公司债券在证券交易所上市交易的,按照证券交易所的交易规则转让。

第一百六十一条 记名公司债券,由债券持有人以背书方式或者法律、行政法规规定的其他方式转让;转让后由公司将受让人的姓名或者名称及住所记载于公司债券存根簿。

无记名公司债券的转让,由债券持有人将该债券交付给受让人后即发生转让的效力。

第一百六十二条 上市公司经股东大会决议可以发行可转换为股票的公司债券,并在公司债券募集办法中规定具体的转换办法。上市公司发行可转换为股票的公司债券,应当报国务院证券监督管理机构核准。

发行可转换为股票的公司债券,应当在债券上标明可转换公司债券字样,并在公司债券存根簿上载明可转换公司债券的数额。

第一百六十三条 发行可转换为股票的公司债券的,公司应当按照其转换办法向债券持有人换发股票,但债券持有人对转换股票或者不转换股票有选择权。

第八章　公司财务、会计

第一百六十四条 公司应当依照法律、行政法规和国务院财政部门的规定建立本公司的财务、会计制度。

第一百六十五条 公司应当在每一会计年度终了时编制财务会计报告,并依法经会计师事务所审计。

财务会计报告应当依照法律、行政法规和国务院财政部门的规定制作。

第一百六十六条 有限责任公司应当依照公司章程规定的期限将财务会计报告送交各股东。

股份有限公司的财务会计报告应当在召开股东大会年会的二十日前置备于本公司,供股东查阅;公开发行股票的股份有限公司必须公告其财务会计报告。

第一百六十七条 公司分配当年税后利润时,应当提取利润的百分之十列入公司法定公积金。公司法定公积金累计额为公司注册资本的百分之五十以上的,可以不再提取。

公司的法定公积金不足以弥补以前年度亏损的,在依照前款规定提取法定公积金之前,应当先用当年利润弥补亏损。

公司从税后利润中提取法定公积金后,经股东会或者股东大会决议,还可以从税后利润中提取任意公积金。

公司弥补亏损和提取公积金后所余税后利润,有限责任公司依照本法第三十五条的规定分配;股份有限公司按照股东持有的股份比例分配,但股份有限公司章程规定不按持股比例分配的除外。

股东会、股东大会或者董事会违反前款规定,在公司弥补亏损和提取法定公积金之前向股东分配利润的,股东必须将违反规定分配的利润退还公司。

公司持有的本公司股份不得分配利润。

第一百六十八条　股份有限公司以超过股票票面金额的发行价格发行股份所得的溢价款以及国务院财政部门规定列入资本公积金的其他收入，应当列为公司资本公积金。

第一百六十九条　公司的公积金用于弥补公司的亏损、扩大公司生产经营或者转为增加公司资本。但是，资本公积金不得用于弥补公司的亏损。

法定公积金转为资本时，所留存的该项公积金不得少于转增前公司注册资本的百分之二十五。

第一百七十条　公司聘用、解聘承办公司审计业务的会计师事务所，依照公司章程的规定，由股东会、股东大会或者董事会决定。

公司股东会、股东大会或者董事会就解聘会计师事务所进行表决时，应当允许会计师事务所陈述意见。

第一百七十一条　公司应当向聘用的会计师事务所提供真实、完整的会计凭证、会计账簿、财务会计报告及其他会计资料，不得拒绝、隐匿、谎报。

第一百七十二条　公司除法定的会计账簿外，不得另立会计账簿。

对公司资产，不得以任何个人名义开立账户存储。

第九章　公司合并、分立、增资、减资

第一百七十三条　公司合并可以采取吸收合并或者新设合并。

一个公司吸收其他公司为吸收合并，被吸收的公司解散。两个以上公司合并设立一个新的公司为新设合并，合并各方解散。

第一百七十四条　公司合并，应当由合并各方签订合并协议，并编制资产负债表及财产清单。公司应当自作出合并决议之日起十日内通知债权人，并于三十日内在报纸上公告。债权人自接到通知书之日起三十日内，未接到通知书的自公告之日起四十五日内，可以要求公司清偿债务或者提供相应

的担保。

第一百七十五条　公司合并时，合并各方的债权、债务，应当由合并后存续的公司或者新设的公司承继。

第一百七十六条　公司分立，其财产作相应的分割。

公司分立，应当编制资产负债表及财产清单。公司应当自作出分立决议之日起十日内通知债权人，并于三十日内在报纸上公告。

第一百七十七条　公司分立前的债务由分立后的公司承担连带责任。但是，公司在分立前与债权人就债务清偿达成的书面协议另有约定的除外。

第一百七十八条　公司需要减少注册资本时，必须编制资产负债表及财产清单。

公司应当自作出减少注册资本决议之日起十日内通知债权人，并于三十日内在报纸上公告。债权人自接到通知书之日起三十日内，未接到通知书的自公告之日起四十五日内，有权要求公司清偿债务或者提供相应的担保。

公司减资后的注册资本不得低于法定的最低限额。

第一百七十九条　有限责任公司增加注册资本时，股东认缴新增资本的出资，依照本法设立有限责任公司缴纳出资的有关规定执行。

股份有限公司为增加注册资本发行新股时，股东认购新股，依照本法设立股份有限公司缴纳股款的有关规定执行。

第一百八十条　公司合并或者分立，登记事项发生变更的，应当依法向公司登记机关办理变更登记；公司解散的，应当依法办理公司注销登记；设立新公司的，应当依法办理公司设立登记。

公司增加或者减少注册资本，应当依法向公司登记机关办理变更登记。

第十章　公司解散和清算

第一百八十一条　公司因下列原因解散：

（一）公司章程规定的营业期限届满或者公司章程规定的其他解散事由出现；

（二）股东会或者股东大会决议解散；

（三）因公司合并或者分立需要解散；

（四）依法被吊销营业执照、责令关闭或者被撤销；

（五）人民法院依照本法第一百八十三条的规定予以解散。

第一百八十二条　公司有本法第一百八十一条第（一）项情形的，可以通过修改公司章程而存续。

依照前款规定修改公司章程，有限责任公司须经持有三分之二以上表决权的股东通过，股份有限公司须经出席股东大会会议的股东所持表决权的三分之二以上通过。

第一百八十三条　公司经营管理发生严重困难，继续存续会使股东利益受到重大损失，通过其他途径不能解决的，持有公司全部股东表决权百分之十以上的股东，可以请求人民法院解散公司。

第一百八十四条　公司因本法第一百八十一条第（一）项、第（二）项、第（四）项、第（五）项规定而解散的，应当在解散事由出现之日起十五日内成立清算组，开始清算。有限责任公司的清算组由股东组成，股份有限公司的清算组由董事或者股东大会确定的人员组成。逾期不成立清算组进行清算的，债权人可以申请人民法院指定有关人员组成清算组进行清算。人民法院应当受理该申请，并及时组织清算组进行清算。

第一百八十五条　清算组在清算期间行使下列职权：

（一）清理公司财产，分别编制资产负债表和财产清单；

（二）通知、公告债权人；

（三）处理与清算有关的公司未了结的业务；

（四）清缴所欠税款以及清算过程中产生的税款；

（五）清理债权、债务；

（六）处理公司清偿债务后的剩余财产；

（七）代表公司参与民事诉讼活动。

第一百八十六条　清算组应当自成立之日起十日内通知债权人，并于六十日内在报纸上公告。债权人应当自接到通知书之日起三十日内，未接到通知书的自公告之日起四十五日内，向清算组申报其债权。

债权人申报债权，应当说明债权的有关事项，并提供证明材料。清算组应当对债权进行登记。

在申报债权期间，清算组不得对债权人进行清偿。

第一百八十七条　清算组在清理公司财产、编制资产负债表和财产清单后，应当制定清算方案，并报股东会、股东大会或者人民法院确认。

公司财产在分别支付清算费用、职工的工资、社会保险费用和法定补偿金，缴纳所欠税款，清偿公司债务后的剩余财产，有限责任公司按照股东的出资比例分配，股份有限公司按照股东持有的股份比例分配。

清算期间，公司存续，但不得开展与清算无关的经营活动。公司财产在未依照前款规定清偿前，不得分配给股东。

第一百八十八条　清算组在清理公司财产、编制资产负债表和财产清单后，发现公司财产不足清偿债务的，应当依法向人民法院申请宣告破产。

公司经人民法院裁定宣告破产后，清算组应当将清算事务移交给人民法院。

第一百八十九条　公司清算结束后，清算组应当制作清算报告，报股东会、股东大会或者人民法院确认，并报送公司登记机关，申请注销公司登记，公告公司终止。

第一百九十条　清算组成员应当忠于职守，依法履行清算义务。

清算组成员不得利用职权收受贿赂或者其他非法收入，不得侵占公司财产。

清算组成员因故意或者重大过失给公司或者债权人造成损失的，应当承担赔偿责任。

第一百九十一条　公司被依法宣告破产的，依照有关企业破产的法律实施破产清算。

第十一章　外国公司的分支机构

第一百九十二条　本法所称外国公司是指依照外国法律在中国境外设立的公司。

第一百九十三条　外国公司在中国境内设立分支机构，必须向中国主管机关提出申请，并提交其公司章程、所属国的公司登记证书等有关文件，经批准后，向公司登记机关依法办理登记，领取营业执照。

外国公司分支机构的审批办法由国务院另行规定。

第一百九十四条　外国公司在中国境内设立分支机构，必须在中国境内指定负责该分支机构的代表人或者代理人，并向该分支机构拨付与其所从事的经营活动相适应的资金。

对外国公司分支机构的经营资金需要规定最低限额的，由国务院另行规定。

第一百九十五条　外国公司的分支机构应当在其名称中标明该外国公司的国籍及责任形式。

外国公司的分支机构应当在本机构中置备该外国公司章程。

第一百九十六条　外国公司在中国境内设立的分支机构不具有中国法人资格。

外国公司对其分支机构在中国境内进行经营活动承担民事责任。

第一百九十七条　经批准设立的外国公司分支机构，在中国境内从事业务活动，必须遵守中国的法律，不得损害中国的社会公共利益，其合法权益受中国法律保护。

第一百九十八条　外国公司撤销其在中国境内的分支机构时，必须依法清偿债务，依照本法有关公司清算程序的规定进行清算。未清偿债务之前，不得将其分支机构的财产移至中国境外。

第十二章　法律责任

第一百九十九条　违反本法规定，虚报注册资本、提交虚假材料或者采取其他欺诈手段隐瞒重要事实取得公司登记的，由公司登记机关责令改正，对虚报注册资本的公司，处以虚报注册资本金额百分之五以上百分之十五以下的罚款；对提交虚假材料或者采取其他欺诈手段隐瞒重要事实的公司，处以五万元以上五十万元以下的罚款；情节严重的，撤销公司登记或者吊销营业执照。

第二百条　公司的发起人、股东虚假出资，未交付或者未按期交付作为出资的货币或者非货币财产的，由公司登记机关责令改正，处以虚假出资金额百分之五以上百分之十五以下的罚款。

第二百零一条　公司的发起人、股东在公司成立后，抽逃其出资的，由公司登记机关责令改正，处以所抽逃出资金额百分之五以上百分之十五以下的罚款。

第二百零二条　公司违反本法规定，在法定的会计账簿以外另立会计账簿的，由县级以上人民政府财政部门责令改正，处以五万元以上五十万元以下的罚款。

第二百零三条　公司在依法向有关主管部门提供的财务会计报告等材料上作虚假记载或者隐瞒重要事实的，由有关主管部门对直接负责的主管人员和其他直接责任人员处以三万元以上三十万元以下的罚款。

第二百零四条　公司不依照本法规定提取法定公积金的，由县级以上人民政府财政部门责令如数补足应当提取的金额，可以对公司处以二十万元以下的罚款。

第二百零五条　公司在合并、分立、减少注册资本或者进行清算时，不依照本法规定通知或者公告债权人的，由公司登记机关责令改正，对公司处以一万元以上十万元以下的罚款。

公司在进行清算时，隐匿财产，对资产负债表或者财产清单作虚假记载或者在未清偿债务前分配公司财产的，由公司登记机关责令改正，对公司处以隐匿财产或者未清偿债务前分配公司财产金额百分之五以上百分之十以下的罚款；对直接负责的主管人员和其他直接责任人员处以一万元以上十万元以下的罚款。

第二百零六条　公司在清算期间开展与清算无关的经营活动的，由公司登记机关予以警告,没收违法所得。

第二百零七条　清算组不依照本法规定向公司登记机关报送清算报告,或者报送清算报告隐瞒重要事实或者有重大遗漏的,由公司登记机关责令改正。

清算组成员利用职权徇私舞弊、谋取非法收入或者侵占公司财产的,由公司登记机关责令退还公司财产,没收违法所得,并可以处以违法所得一倍以上五倍以下的罚款。

第二百零八条　承担资产评估、验资或者验证的机构提供虚假材料的,由公司登记机关没收违法所得,处以违法所得一倍以上五倍以下的罚款,并可以由有关主管部门依法责令该机构停业、吊销直接责任人员的资格证书,吊销营业执照。

承担资产评估、验资或者验证的机构因过失提供有重大遗漏的报告的,由公司登记机关责令改正,情节较重的,处以所得收入一倍以上五倍以下的罚款,并可以由有关主管部门依法责令该机构停业、吊销直接责任人员的资格证书,吊销营业执照。

承担资产评估、验资或者验证的机构因其出具的评估结果、验资或者验证证明不实,给公司债权人造成损失的,除能够证明自己没有过错的外,在其评估或者证明不实的金额范围内承担赔偿责任。

第二百零九条　公司登记机关对不符合本法规定条件的登记申请予以登记,或者对符合本法规定条件的登记申请不予登记的,对直接负责的主管人员和其他直接责任人员,依法给予行政处分。

第二百一十条　公司登记机关的上级部门强令公司登记机关对不符合本法规定条件的登记申请予以登记,或者对符合本法规定条件的登记申请不予登记的,或者对违法登记进行包庇的,对直接负责的主管人员和其他直接责任人员依法给予行政处分。

第二百一十一条　未依法登记为有限责任公司或者股份有限公司,而冒用有限责任公司或者股份有限公司名义的,或者未依法登记为有限责任公司或者股份有限公司的分公司,而冒用有限责任公司或者股份有

限公司的分公司名义的,由公司登记机关责令改正或者予以取缔,可以并处十万元以下的罚款。

第二百一十二条　公司成立后无正当理由超过六个月未开业的,或者开业后自行停业连续六个月以上的,可以由公司登记机关吊销营业执照。

公司登记事项发生变更时,未依照本法规定办理有关变更登记的,由公司登记机关责令限期登记;逾期不登记的,处以一万元以上十万元以下的罚款。

第二百一十三条　外国公司违反本法规定,擅自在中国境内设立分支机构的,由公司登记机关责令改正或者关闭,可以并处五万元以上二十万元以下的罚款。

第二百一十四条　利用公司名义从事危害国家安全、社会公共利益的严重违法行为的,吊销营业执照。

第二百一十五条　公司违反本法规定,应当承担民事赔偿责任和缴纳罚款、罚金的,其财产不足以支付时,先承担民事赔偿责任。

第二百一十六条　违反本法规定,构成犯罪的,依法追究刑事责任。

第十三章　附　则

第二百一十七条　本法下列用语的含义:

(一)高级管理人员,是指公司的经理、副经理、财务负责人,上市公司董事会秘书和公司章程规定的其他人员。

(二)控股股东,是指其出资额占有限责任公司资本总额百分之五十以上或者其持有的股份占股份有限公司股本总额百分之五十以上的股东;出资额或者持有股份的比例虽然不足百分之五十,但依其出资额或者持有的股份所享有的表决权已足以对股东会、股东大会的决议产生重大影响的股东。

(三)实际控制人,是指虽不是公司的股东,但通过投资关系、协议或者其他安排,能够实际支配公司行为的人。

（四）关联关系，是指公司控股股东、实际控制人、董事、监事、高级管理人员与其直接或者间接控制的企业之间的关系，以及可能导致公司利益转移的其他关系。但是，国家控股的企业之间不仅因为同受国家控股而具有关联关系。

第二百一十八条　外商投资的有限责任公司和股份有限公司适用本法；有关外商投资的法律另有规定的，适用其规定。

第二百一十九条　本法自 2006 年 1 月 1 日起施行。

中华人民共和国广告法

1994 年 10 月 27 日第八届全国人民代表大会常务委员会第十次会议通过　1994 年 10 月 27 日中华人民共和国主席令第 34 号公布

目　录

第一章　总　则

第一条　为了规范广告活动，促进广告业的健康发展，保护消费者的合法权益，维护社会经济秩序，发挥广告在社会主义市场经济中的积极作用，制定本法。

第二条　广告主、广告经营者、广告发布者在中华人民共和国境内从事广告活动，应当遵守本法。

本法所称广告，是指商品经营者或者服务提供者承担费用，通过一定媒介和形式直接或者间接地介绍自己所推销的商品或者所提供的服务的商业广告。

本法所称广告主，是指为推销商品或者提供服务，自行或者委托他人设计、制作、发布广告的法人、其他经济组织或者个人。

本法所称广告经营者，是指受委托提供广告设计、制作、代理服务的法人、其他经济组织或者个人。

本法所称广告发布者，是指为广告主或者广告主委托的广告经营者发布广告的法人或者其他经济组织。

第三条　广告应当真实、合法，符合社会主义精神文明建设的要求。

第四条　广告不得含有虚假的内容，不得欺骗和误导消费者。

第五条　广告主、广告经营者、广告发布者从事广告活动，应当遵守法律、行政法规，遵循公平、诚实信用的原则。

第六条　县级以上人民政府工商行政管理部门是广告监督管理机关。

第二章　广告准则

第七条　广告内容应当有利于人民的身心健康，促进商品和服务质量的提高，保护消费者的合法权益，遵守社会公德和职业道德，维护国家的尊严和利益。

广告不得有下列情形：

（一）使用中华人民共和国国旗、国徽、国歌；

（二）使用国家机关和国家机关工作人员的名义；

（三）使用国家级、最高级、最佳等用语；

（四）妨碍社会安定和危害人身、财产安全，损害社会公共利益；

（五）妨碍社会公共秩序和违背社会良好风尚；

（六）含有淫秽、迷信、恐怖、暴力、丑恶的内容；

（七）含有民族、种族、宗教、性别歧视的内容；

（八）妨碍环境和自然资源保护；

（九）法律、行政法规规定禁止的其他情形。

第八条　广告不得损害未成年人和残

疾人的身心健康。

第九条　广告中对商品的性能、产地、用途、质量、价格、生产者、有效期限、允诺或者对服务的内容、形式、质量、价格、允诺有表示的,应当清楚、明白。

广告中表明推销商品、提供服务附带赠送礼品的,应当标明赠送的品种和数量。

第十条　广告使用数据、统计资料、调查结果、文摘、引用语,应当真实、准确,并表明出处。

第十一条　广告中涉及专利产品或者专利方法的,应当标明专利号和专利种类。

未取得专利权的,不得在广告中谎称取得专利权。

禁止使用未授予专利权的专利申请和已经终止、撤销、无效的专利做广告。

第十二条　广告不得贬低其他生产经营者的商品或者服务。

第十三条　广告应当具有可识别性,能够使消费者辨明其为广告。

大众传播媒介不得以新闻报道形式发布广告。通过大众传播媒介发布的广告应当有广告标记,与其他非广告信息相区别,不得使消费者产生误解。

第十四条　药品、医疗器械广告不得有下列内容:

(一)含有不科学的表示功效的断言或者保证的;

(二)说明治愈率或者有效率的;

(三)与其他药品、医疗器械的功效和安全性比较的;

(四)利用医药科研单位、学术机构、医疗机构或者专家、医生、患者的名义和形象作证明的;

(五)法律、行政法规规定禁止的其他内容。

第十五条　药品广告的内容必须以国务院卫生行政部门或者省、自治区、直辖市卫生行政部门批准的说明书为准。

国家规定的应当在医生指导下使用的治疗性药品广告中,必须注明"按医生处方购买和使用"。

第十六条　麻醉药品、精神药品、毒性药品、放射性药品等特殊药品,不得做广告。

第十七条　农药广告不得有下列内容:

(一)使用无毒、无害等表明安全性的绝对化断言的;

(二)含有不科学的表示功效的断言或者保证的;

(三)含有违反农药安全使用规程的文字、语言或者画面的;

(四)法律、行政法规规定禁止的其他内容。

第十八条　禁止利用广播、电影、电视、报纸、期刊发布烟草广告。

禁止在各类等候室、影剧院、会议厅堂、体育比赛场馆等公共场所设置烟草广告。

烟草广告中必须标明"吸烟有害健康"。

第十九条　食品、酒类、化妆品广告的内容必须符合卫生许可的事项,并不得使用医疗用语或者易与药品混淆的用语。

第三章　广告活动

第二十条　广告主、广告经营者、广告发布者之间在广告活动中应当依法订立书面合同,明确各方的权利和义务。

第二十一条　广告主、广告经营者、广告发布者不得在广告活动中进行任何形式的不正当竞争。

第二十二条　广告主自行或者委托他人设计、制作、发布广告,所推销的商品或者所提供的服务应当符合广告主的经营范围。

第二十三条　广告主委托设计、制作、发布广告,应当委托具有合法经营资格的广告经营者、广告发布者。

第二十四条　广告主自行或者委托他人设计、制作、发布广告,应当具有或者提供真实、合法、有效的下列证明文件:

(一)营业执照以及其他生产、经营资格的证明文件;

(二)质量检验机构对广告中有关商品质量内容出具的证明文件;

(三)确认广告内容真实性的其他证明文件。

依照本法第三十四条的规定,发布广告

需要经有关行政主管部门审查的,还应当提供有关批准文件。

第二十五条　广告主或者广告经营者在广告中使用他人名义、形象的,应当事先取得他人的书面同意;使用无民事行为能力人、限制民事行为能力人的名义、形象的,应当事先取得其监护人的书面同意。

第二十六条　从事广告经营的,应当具有必要的专业技术人员、制作设备,并依法办理公司或者广告经营登记,方可从事广告活动。

广播电台、电视台、报刊出版单位的广告业务,应当由其专门从事广告业务的机构办理,并依法办理兼营广告的登记。

第二十七条　广告经营者、广告发布者依据法律、行政法规查验有关证明文件,核实广告内容。对内容不实或者证明文件不全的广告,广告经营者不得提供设计、制作、代理服务,广告发布者不得发布。

第二十八条　广告经营者、广告发布者按照国家有关规定,建立、健全广告业务的承接登记、审核、档案管理制度。

第二十九条　广告收费应当合理、公开,收费标准和收费办法应当向物价和工商行政管理部门备案。

广告经营者、广告发布者应当公布其收费标准和收费办法。

第三十条　广告发布者向广告主、广告经营者提供的媒介覆盖率、收视率、发行量等资料应当真实。

第三十一条　法律、行政法规规定禁止生产、销售的商品或者提供的服务,以及禁止发布广告的商品或者服务,不得设计、制作、发布广告。

第三十二条　有下列情形之一的,不得设置户外广告:

(一)利用交通安全设施、交通标志的;

(二)影响市政公共设施、交通安全设施、交通标志使用的;

(三)妨碍生产或者人民生活,损害市容市貌的;

(四)国家机关、文物保护单位和名胜风景点的建筑控制地带;

(五)当地县级以上地方人民政府禁止设置户外广告的区域。

第三十三条　户外广告的设置规划和管理办法,由当地县级以上地方人民政府组织广告监督管理、城市建设、环境保护、公安等有关部门制定。

第四章　广告的审查

第三十四条　利用广播、电影、电视、报纸、期刊以及其他媒介发布药品、医疗器械、农药、兽药等商品的广告和法律、行政法规规定应当进行审查的其他广告,必须在发布前依照有关法律、行政法规由有关行政主管部门(以下简称广告审查机关)对广告内容进行审查;未经审查,不得发布。

第三十五条　广告主申请广告审查,应当依照法律、行政法规向广告审查机关提交有关证明文件。广告审查机关应当依照法律、行政法规作出审查决定。

第三十六条　任何单位和个人不得伪造、变造或者转让广告审查决定文件。

第五章　法律责任

第三十七条　违反本法规定,利用广告对商品或者服务作虚假宣传的,由广告监督管理机关责令广告主停止发布、并以等额广告费用在相应范围内公开更正消除影响,并处广告费用一倍以上五倍以下的罚款;对负有责任的广告经营者、广告发布者没收广告费用,并处广告费用一倍以上五倍以下的罚款;情节严重的,依法停止其广告业务。构成犯罪的,依法追究刑事责任。

第三十八条　违反本法规定,发布虚假广告,欺骗和误导消费者,使购买商品或者接受服务的消费者的合法权益受到损害的,由广告主依法承担民事责任;广告经营者、广告发布者明知或者应知广告虚假仍设计、制作、发布的,应当依法承担连带责任。

广告经营者、广告发布者不能提供广告主的真实名称、地址的,应当承担全部民事责任。

社会团体或者其他组织,在虚假广告中向

消费者推荐商品或者服务,使消费者的合法权益受到损害的,应当依法承担连带责任。

第三十九条　发布广告违反本法第七条第二款规定的,由广告监督管理机关责令负有责任的广告主、广告经营者、广告发布者停止发布、公开更正,没收广告费用,并处广告费用一倍以上五倍以下的罚款;情节严重的,依法停止其广告业务。构成犯罪的,依法追究刑事责任。

第四十条　发布广告违反本法第九条至第十二条规定的,由广告监督管理机关责令负有责任的广告主、广告经营者、广告发布者停止发布、公开更正,没收广告费用,可以并处广告费用一倍以上五倍以下的罚款。

发布广告违反本法第十三条规定的,由广告监督管理机关责令广告发布者改正,处以一千元以上一万元以下的罚款。

第四十一条　违反本法第十四条至第十七条、第十九条规定,发布药品、医疗器械、农药、食品、酒类、化妆品广告的,或者违反本法第三十一条规定发布广告的,由广告监督管理机关责令负有责任的广告主、广告经营者、广告发布者改正或者停止发布,没收广告费用,可以并处广告费用一倍以上五倍以下的罚款;情节严重的,依法停止其广告业务。

第四十二条　违反本法第十八条的规定,利用广播、电影、电视、报纸、期刊发布烟草广告,或者在公共场所设置烟草广告的,由广告监督管理机关责令负有责任的广告主、广告经营者、广告发布者停止发布,没收广告费用,可以并处广告费用一倍以上五倍以下的罚款。

第四十三条　违反本法第三十四条的规定,未经广告审查机关审查批准,发布广告的,由广告监督管理机关责令负有责任的广告主、广告经营者、广告发布者停止发布,没收广告费用,并处广告费用一倍以上五倍以下的罚款。

第四十四条　广告主提供虚假证明文件的,由广告监督管理机关处以一万元以上十万元以下的罚款。

伪造、变造或者转让广告审查决定文件的,由广告监督管理机关没收违法所得,并

处一万元以上十万元以下的罚款。构成犯罪的,依法追究刑事责任。

第四十五条　广告审查机关对违法的广告内容作出审查批准决定的,对直接负责的主管人员和其他直接责任人员,由其所在单位、上级机关、行政监察部门依法给予行政处分。

第四十六条　广告监督管理机关和广告审查机关的工作人员玩忽职守、滥用职权、徇私舞弊的,给予行政处分。构成犯罪的,依法追究刑事责任。

第四十七条　广告主、广告经营者、广告发布者违反本法规定,有下列侵权行为之一的,依法承担民事责任:

（一）在广告中损害未成年人或者残疾人的身心健康的;

（二）假冒他人专利的;

（三）贬低其他生产经营者的商品或者服务的;

（四）广告中未经同意使用他人名义、形象的;

（五）其他侵犯他人合法民事权益的。

第四十八条　当事人对行政处罚决定不服的,可以在接到处罚通知之日起十五日内向作出处罚决定的机关的上一级机关申请复议;当事人也可以在接到处罚通知之日起十五日内直接向人民法院起诉。

复议机关应当在接到复议申请之日起六十日内作出复议决定。当事人对复议决定不服的,可以在接到复议决定之日起十五日内向人民法院起诉。复议机关逾期不作出复议决定的,当事人可以在复议期满之日起十五日内向人民法院起诉。

当事人逾期不申请复议也不向人民法院起诉,又不履行处罚决定的,作出处罚决定的机关可以申请人民法院强制执行。

第六章　附　则

第四十九条　本法自 1995 年 2 月 1 日起施行。本法施行前制定的其他有关广告的法律、法规的内容与本法不符的,以本法为准。

中华人民共和国合伙企业法

1997 年 2 月 23 日第八届全国人民代表大会常务委员会第二十四次会议通过 2006 年 8 月 27 日第十届全国人民代表大会常务委员会第二十三次会议修订

目　录

第一章　总　则

第一条　为了规范合伙企业的行为，保护合伙企业及其合伙人、债权人的合法权益，维护社会经济秩序，促进社会主义市场经济的发展，制定本法。

第二条　本法所称合伙企业，是指自然人、法人和其他组织依照本法在中国境内设立的普通合伙企业和有限合伙企业。

普通合伙企业由普通合伙人组成，合伙人对合伙企业债务承担无限连带责任。本法对普通合伙人承担责任的形式有特别规定的，从其规定。

有限合伙企业由普通合伙人和有限合伙人组成，普通合伙人对合伙企业债务承担无限连带责任，有限合伙人以其认缴的出资额为限对合伙企业债务承担责任。

第三条　国有独资公司、国有企业、上市公司以及公益性的事业单位、社会团体不得成为普通合伙人。

第四条　合伙协议依法由全体合伙人协商一致、以书面形式订立。

第五条　订立合伙协议、设立合伙企业，应当遵循自愿、平等、公平、诚实信用原则。

第六条　合伙企业的生产经营所得和其他所得，按照国家有关税收规定，由合伙人分别缴纳所得税。

第七条　合伙企业及其合伙人必须遵守法律、行政法规，遵守社会公德、商业道德，承担社会责任。

第八条　合伙企业及其合伙人的合法财产及其权益受法律保护。

第九条　申请设立合伙企业，应当向企业登记机关提交登记申请书、合伙协议书、合伙人身份证明等文件。

合伙企业的经营范围中有属于法律、行政法规规定在登记前须经批准的项目的，该项经营业务应当依法经过批准，并在登记时提交批准文件。

第十条　申请人提交的登记申请材料齐全、符合法定形式，企业登记机关能够当场登记的，应予当场登记，发给营业执照。

除前款规定情形外，企业登记机关应当自受理申请之日起二十日内，作出是否登记的决定。予以登记的，发给营业执照；不予登记的，应当给予书面答复，并说明理由。

第十一条　合伙企业的营业执照签发日期，为合伙企业成立日期。

合伙企业领取营业执照前，合伙人不得以合伙企业名义从事合伙业务。

第十二条　合伙企业设立分支机构，应当向分支机构所在地的企业登记机关申请登记，领取营业执照。

第十三条　合伙企业登记事项发生变更的，执行合伙事务的合伙人应当自作出变更决定或者发生变更事由之日起十五日内，向企业登记机关申请办理变更登记。

第二章　普通合伙企业

第一节　合伙企业设立

第十四条　设立合伙企业,应当具备下列条件:

(一)有二个以上合伙人。合伙人为自然人的,应当具有完全民事行为能力;

(二)有书面合伙协议;

(三)有合伙人认缴或者实际缴付的出资;

(四)有合伙企业的名称和生产经营场所;

(五)法律、行政法规规定的其他条件。

第十五条　合伙企业名称中应当标明"普通合伙"字样。

第十六条　合伙人可以用货币、实物、知识产权、土地使用权或者其他财产权利出资,也可以用劳务出资。

合伙人以实物、知识产权、土地使用权或者其他财产权利出资,需要评估作价的,可以由全体合伙人协商确定,也可以由全体合伙人委托法定评估机构评估。

合伙人以劳务出资的,其评估办法由全体合伙人协商确定,并在合伙协议中载明。

第十七条　合伙人应当按照合伙协议约定的出资方式、数额和缴付期限,履行出资义务。

以非货币财产出资的,依照法律、行政法规的规定,需要办理财产权转移手续的,应当依法办理。

第十八条　合伙协议应当载明下列事项:

(一)合伙企业的名称和主要经营场所的地点;

(二)合伙目的和合伙经营范围;

(三)合伙人的姓名或者名称、住所;

(四)合伙人的出资方式、数额和缴付期限;

(五)利润分配、亏损分担方式;

(六)合伙事务的执行;

(七)入伙与退伙;

(八)争议解决办法;

(九)合伙企业的解散与清算;

(十)违约责任。

第十九条　合伙协议经全体合伙人签名、盖章后生效。合伙人按照合伙协议享有权利,履行义务。

修改或者补充合伙协议,应当经全体合伙人一致同意;但是,合伙协议另有约定的除外。

合伙协议未约定或者约定不明确的事项,由合伙人协商决定;协商不成的,依照本法和其他有关法律、行政法规的规定处理。

第二节　合伙企业财产

第二十条　合伙人的出资、以合伙企业名义取得的收益和依法取得的其他财产,均为合伙企业的财产。

第二十一条　合伙人在合伙企业清算前,不得请求分割合伙企业的财产;但是,本法另有规定的除外。

合伙人在合伙企业清算前私自转移或者处分合伙企业财产的,合伙企业不得以此对抗善意第三人。

第二十二条　除合伙协议另有约定外,合伙人向合伙人以外的人转让其在合伙企业中的全部或者部分财产份额时,须经其他合伙人一致同意。

合伙人之间转让在合伙企业中的全部或者部分财产份额时,应当通知其他合伙人。

第二十三条　合伙人向合伙人以外的人转让其在合伙企业中的财产份额的,在同等条件下,其他合伙人有优先购买权;但是,合伙协议另有约定的除外。

第二十四条　合伙人以外的人依法受让合伙人在合伙企业中的财产份额的,经修改合伙协议即成为合伙企业的合伙人,依照本法和修改后的合伙协议享有权利,履行义务。

第二十五条　合伙人以其在合伙企业中的财产份额出质的,须经其他合伙人一致同意;未经其他合伙人一致同意,其行为无效,由此给善意第三人造成损失的,由行为人依法承担赔偿责任。

第三节　合伙事务执行

第二十六条　合伙人对执行合伙事务享有同等的权利。

按照合伙协议的约定或者经全体合伙人决定,可以委托一个或者数个合伙人对外代表合伙企业,执行合伙事务。

作为合伙人的法人、其他组织执行合伙事务的,由其委派的代表执行。

第二十七条　依照本法第二十六条第二款规定委托一个或者数个合伙人执行合伙事务的,其他合伙人不再执行合伙事务。

不执行合伙事务的合伙人有权监督执行事务合伙人执行合伙事务的情况。

第二十八条　由一个或者数个合伙人执行合伙事务的,执行事务合伙人应当定期向其他合伙人报告事务执行情况以及合伙企业的经营和财务状况,其执行合伙事务所产生的收益归合伙企业,所产生的费用和亏损由合伙企业承担。

合伙人为了解合伙企业的经营状况和财务状况,有权查阅合伙企业会计账簿等财务资料。

第二十九条　合伙人分别执行合伙事务的,执行事务合伙人可以对其他合伙人执行的事务提出异议。提出异议时,应当暂停该项事务的执行。如果发生争议,依照本法第三十条规定作出决定。

受委托执行合伙事务的合伙人不按照合伙协议或者全体合伙人的决定执行事务的,其他合伙人可以决定撤销该委托。

第三十条　合伙人对合伙企业有关事项作出决议,按照合伙协议约定的表决办法办理。合伙协议未约定或者约定不明确的,实行合伙人一人一票并经全体合伙人过半数通过的表决办法。

本法对合伙企业的表决办法另有规定的,从其规定。

第三十一条　除合伙协议另有约定外,合伙企业的下列事项应当经全体合伙人一致同意:

(一)改变合伙企业的名称;

(二)改变合伙企业的经营范围、主要经营场所的地点;

(三)处分合伙企业的不动产;

(四)转让或者处分合伙企业的知识产权和其他财产权利;

(五)以合伙企业名义为他人提供担保;

(六)聘任合伙人以外的人担任合伙企业的经营管理人员。

第三十二条　合伙人不得自营或者同他人合作经营与本合伙企业相竞争的业务。

除合伙协议另有约定或者经全体合伙人一致同意外,合伙人不得同本合伙企业进行交易。

合伙人不得从事损害本合伙企业利益的活动。

第三十三条　合伙企业的利润分配、亏损分担,按照合伙协议的约定办理;合伙协议未约定或者约定不明确的,由合伙人协商决定;协商不成的,由合伙人按照实缴出资比例分配、分担;无法确定出资比例的,由合伙人平均分配、分担。

合伙协议不得约定将全部利润分配给部分合伙人或者由部分合伙人承担全部亏损。

第三十四条　合伙人按照合伙协议的约定或者经全体合伙人决定,可以增加或者减少对合伙企业的出资。

第三十五条　被聘任的合伙企业的经营管理人员应当在合伙企业授权范围内履行职务。

被聘任的合伙企业的经营管理人员,超越合伙企业授权范围履行职务,或者在履行职务过程中因故意或者重大过失给合伙企业造成损失的,依法承担赔偿责任。

第三十六条　合伙企业应当依照法律、行政法规的规定建立企业财务、会计制度。

第四节　合伙企业与第三人关系

第三十七条　合伙企业对合伙人执行合伙事务以及对外代表合伙企业权利的限

制,不得对抗善意第三人。

第三十八条 合伙企业对其债务,应先以其全部财产进行清偿。

第三十九条 合伙企业不能清偿到期债务的,合伙人承担无限连带责任。

第四十条 合伙人由于承担无限连带责任,清偿数额超过本法第三十三条第一款规定的其亏损分担比例的,有权向其他合伙人追偿。

第四十一条 合伙人发生与合伙企业无关的债务,相关债权人不得以其债权抵销其对合伙企业的债务;也不得代位行使合伙人在合伙企业中的权利。

第四十二条 合伙人的自有财产不足清偿其与合伙企业无关的债务的,该合伙人可以以其从合伙企业中分取的收益用于清偿;债权人也可以依法请求人民法院强制执行该合伙人在合伙企业中的财产份额用于清偿。

人民法院强制执行合伙人的财产份额时,应当通知全体合伙人,其他合伙人有优先购买权;其他合伙人未购买,又不同意将该财产份额转让给他人的,依照本法第五十一条的规定为该合伙人办理退伙结算,或者办理削减该合伙人相应财产额的结算。

第五节　入伙、退伙

第四十三条 新合伙人入伙,除合伙协议另有约定外,应当经全体合伙人一致同意,并依法订立书面入伙协议。

订立入伙协议时,原合伙人应当向新合伙人如实告知原合伙企业的经营状况和财务状况。

第四十四条 入伙的新合伙人与原合伙人享有同等权利,承担同等责任。入伙协议另有约定的,从其约定。

新合伙人对入伙前合伙企业的债务承担无限连带责任。

第四十五条 合伙协议约定合伙期限的,在合伙企业存续期间,有下列情形之一的,合伙人可以退伙:

(一)合伙协议约定的退伙事由出现;

(二)经全体合伙人一致同意;

(三)发生合伙人难以继续参加合伙的事由;

(四)其他合伙人严重违反合伙协议约定的义务。

第四十六条 合伙协议未约定合伙期限的,合伙人在不给合伙企业事务执行造成不利影响的情况下,可以退伙,但应当提前三十日通知其他合伙人。

第四十七条 合伙人违反本法第四十五条、第四十六条的规定退伙的,应当赔偿由此给合伙企业造成的损失。

第四十八条 合伙人有下列情形之一的,当然退伙:

(一)作为合伙人的自然人死亡或者被依法宣告死亡;

(二)个人丧失偿债能力;

(三)作为合伙人的法人或者其他组织依法被吊销营业执照、责令关闭、撤销,或者被宣告破产;

(四)法律规定或者合伙协议约定合伙人必须具有相关资格而丧失该资格;

(五)合伙人在合伙企业中的全部财产份额被人民法院强制执行。

合伙人被依法认定为无民事行为能力人或者限制民事行为能力人的,经其他合伙人一致同意,可以依法转为有限合伙人,普通合伙企业依法转为有限合伙企业。其他合伙人未能一致同意的,该无民事行为能力或者限制民事行为能力的合伙人退伙。

退伙事由实际发生之日为退伙生效日。

第四十九条 合伙人有下列情形之一的,经其他合伙人一致同意,可以决议将其除名:

(一)未履行出资义务;

(二)因故意或者重大过失给合伙企业造成损失;

(三)执行合伙事务时有不正当行为;

(四)发生合伙协议约定的事由。

对合伙人的除名决议应当书面通知被除名人。被除名人接到除名通知之日,除名生效,被除名人退伙。

被除名人对除名决议有异议的,可以自接到除名通知之日起三十日内,向人民法院起诉。

第五十条 合伙人死亡或者被依法宣告死亡的,对该合伙人在合伙企业中的财产份额享有合法继承权的继承人,按照合伙协议的约定或者经全体合伙人一致同意,从继承开始之日起,取得该合伙企业的合伙人资格。

有下列情形之一的,合伙企业应当向合伙人的继承人退还被继承合伙人的财产份额:

(一)继承人不愿意成为合伙人;

(二)法律规定或者合伙协议约定合伙人必须具有相关资格,而该继承人未取得该资格;

(三)合伙协议约定不能成为合伙人的其他情形。

合伙人的继承人为无民事行为能力人或者限制民事行为能力人的,经全体合伙人一致同意,可以依法成为有限合伙人,普通合伙企业依法转为有限合伙企业。全体合伙人未能一致同意的,合伙企业应当将被继承合伙人的财产份额退还该继承人。

第五十一条 合伙人退伙,其他合伙人应当与该退伙人按照退伙时的合伙企业财产状况进行结算,退还退伙人的财产份额。退伙人对给合伙企业造成的损失负有赔偿责任的,相应扣减其应当赔偿的数额。

退伙时有未了结的合伙企业事务的,待该事务了结后进行结算。

第五十二条 退伙人在合伙企业中财产份额的退还办法,由合伙协议约定或者由全体合伙人决定,可以退还货币,也可以退还实物。

第五十三条 退伙人对基于其退伙前的原因发生的合伙企业债务,承担无限连带责任。

第五十四条 合伙人退伙时,合伙企业财产少于合伙企业债务的,退伙人应当依照本法第三十三条第一款的规定分担亏损。

第六节 特殊的普通合伙企业

第五十五条 以专业知识和专门技能为客户提供有偿服务的专业服务机构,可以设立为特殊的普通合伙企业。

特殊的普通合伙企业是指合伙人依照本法第五十七条的规定承担责任的普通合伙企业。

特殊的普通合伙企业适用本节规定;本节未作规定的,适用本章第一节至第五节的规定。

第五十六条 特殊的普通合伙企业名称中应当标明"特殊普通合伙"字样。

第五十七条 一个合伙人或者数个合伙人在执业活动中因故意或者重大过失造成合伙企业债务的,应当承担无限责任或者无限连带责任,其他合伙人以其在合伙企业中的财产份额为限承担责任。

合伙人在执业活动中非因故意或者重大过失造成的合伙企业债务以及合伙企业的其他债务,由全体合伙人承担无限连带责任。

第五十八条 合伙人执业活动中因故意或者重大过失造成的合伙企业债务,以合伙企业财产对外承担责任后,该合伙人应当按照合伙协议的约定对给合伙企业造成的损失承担赔偿责任。

第五十九条 特殊的普通合伙企业应当建立执业风险基金、办理职业保险。

执业风险基金用于偿付合伙人执业活动造成的债务。执业风险基金应当单独立户管理。具体管理办法由国务院规定。

第三章 有限合伙企业

第六十条 有限合伙企业及其合伙人适用本章规定;本章未作规定的,适用本法第二章第一节至第五节关于普通合伙企业及其合伙人的规定。

第六十一条 有限合伙企业由二个以上五十个以下合伙人设立;但是,法律另有规定的除外。

有限合伙企业至少应当有一个普通合伙人。

第六十二条 有限合伙企业名称中应当标明"有限合伙"字样。

第六十三条 合伙协议除符合本法第十八条的规定外,还应当载明下列事项:

(一)普通合伙人和有限合伙人的姓名或者名称、住所;

(二)执行事务合伙人应具备的条件和选择程序;

(三)执行事务合伙人权限与违约处理办法;

(四)执行事务合伙人的除名条件和更换程序;

(五)有限合伙人入伙、退伙的条件、程序以及相关责任;

(六)有限合伙人和普通合伙人相互转变程序。

第六十四条 有限合伙人可以用货币、实物、知识产权、土地使用权或者其他财产权利作价出资。

有限合伙人不得以劳务出资。

第六十五条 有限合伙人应当按照合伙协议的约定按期足额缴纳出资;未按期足额缴纳的,应当承担补缴义务,并对其他合伙人承担违约责任。

第六十六条 有限合伙企业登记事项中应当载明有限合伙人的姓名或者名称及认缴的出资数额。

第六十七条 有限合伙企业由普通合伙人执行合伙事务。执行事务合伙人可以要求在合伙协议中确定执行事务的报酬及报酬提取方式。

第六十八条 有限合伙人不执行合伙事务,不得对外代表有限合伙企业。

有限合伙人的下列行为,不视为执行合伙事务:

(一)参与决定普通合伙人入伙、退伙;

(二)对企业的经营管理提出建议;

(三)参与选择承办有限合伙企业审计业务的会计师事务所;

(四)获取经审计的有限合伙企业财务会计报告;

(五)对涉及自身利益的情况,查阅有限合伙企业财务会计账簿等财务资料;

(六)在有限合伙企业中的利益受到侵害时,向有责任的合伙人主张权利或者提起诉讼;

(七)执行事务合伙人怠于行使权利时,督促其行使权利或者为了本企业的利益以自己的名义提起诉讼;

(八)依法为本企业提供担保。

第六十九条 有限合伙企业不得将全部利润分配给部分合伙人;但是,合伙协议另有约定的除外。

第七十条 有限合伙人可以同本有限合伙企业进行交易;但是,合伙协议另有约定的除外。

第七十一条 有限合伙人可以自营或者同他人合作经营与本有限合伙企业相竞争的业务;但是,合伙协议另有约定的除外。

第七十二条 有限合伙人可以将其在有限合伙企业中的财产份额出质;但是,合伙协议另有约定的除外。

第七十三条 有限合伙人可以按照合伙协议的约定向合伙人以外的人转让其在有限合伙企业中的财产份额,但应当提前三十日通知其他合伙人。

第七十四条 有限合伙人的自有财产不足清偿其与合伙企业无关的债务的,该合伙人可以以其从有限合伙企业中分取的收益用于清偿;债权人也可以依法请求人民法院强制执行该合伙人在有限合伙企业中的财产份额用于清偿。

人民法院强制执行有限合伙人的财产份额时,应当通知全体合伙人。在同等条件下,其他合伙人有优先购买权。

第七十五条 有限合伙企业仅剩有限合伙人的,应当解散;有限合伙企业仅剩普通合伙人的,转为普通合伙企业。

第七十六条 第三人有理由相信有限合伙人为普通合伙人并与其交易的,该有限合伙人对该笔交易承担与普通合伙人同样的责任。

有限合伙人未经授权以有限合伙企业名义与他人进行交易,给有限合伙企业或者其他合伙人造成损失的,该有限合伙人应当承担赔偿责任。

第七十七条 新入伙的有限合伙人对入伙前有限合伙企业的债务,以其认缴的出资额为限承担责任。

第七十八条 有限合伙人有本法第四十八条第一款第一项、第三项至第五项所列情形之一的,当然退伙。

第七十九条 作为有限合伙人的自然人在有限合伙企业存续期间丧失民事行为能力的,其他合伙人不得因此要求其退伙。

第八十条 作为有限合伙人的自然人死亡、被依法宣告死亡或者作为有限合伙人的法人及其他组织终止时,其继承人或者权利承受人可以依法取得该有限合伙人在有限合伙企业中的资格。

第八十一条 有限合伙人退伙后,对基于其退伙前的原因发生的有限合伙企业债务,以其退伙时从有限合伙企业中取回的财产承担责任。

第八十二条 除合伙协议另有约定外,普通合伙人转变为有限合伙人,或者有限合伙人转变为普通合伙人,应当经全体合伙人一致同意。

第八十三条 有限合伙人转变为普通合伙人的,对其作为有限合伙人期间有限合伙企业发生的债务承担无限连带责任。

第八十四条 普通合伙人转变为有限合伙人的,对其作为普通合伙人期间合伙企业发生的债务承担无限连带责任。

第四章 合伙企业解散、清算

第八十五条 合伙企业有下列情形之一的,应当解散:

(一)合伙期限届满,合伙人决定不再经营;

(二)合伙协议约定的解散事由出现;

(三)全体合伙人决定解散;

(四)合伙人已不具备法定人数满三十天;

(五)合伙协议约定的合伙目的已经实现或者无法实现;

(六)依法被吊销营业执照、责令关闭或者被撤销;

(七)法律、行政法规规定的其他原因。

第八十六条 合伙企业解散,应当由清算人进行清算。

清算人由全体合伙人担任;经全体合伙人过半数同意,可以自合伙企业解散事由出现后十五日内指定一个或者数个合伙人,或者委托第三人,担任清算人。

自合伙企业解散事由出现之日起十五日内未确定清算人的,合伙人或者其他利害关系人可以申请人民法院指定清算人。

第八十七条 清算人在清算期间执行下列事务:

(一)清理合伙企业财产,分别编制资产负债表和财产清单;

(二)处理与清算有关的合伙企业未了结事务;

(三)清缴所欠税款;

(四)清理债权、债务;

(五)处理合伙企业清偿债务后的剩余财产;

(六)代表合伙企业参加诉讼或者仲裁活动。

第八十八条 清算人自被确定之日起十日内将合伙企业解散事项通知债权人,并于六十日内在报纸上公告。债权人应当自接到通知书之日起三十日内,未接到通知书的自公告之日起四十五日内,向清算人申报债权。

债权人申报债权,应当说明债权的有关事项,并提供证明材料。清算人应当对债权进行登记。

清算期间,合伙企业存续,但不得开展与清算无关的经营活动。

第八十九条 合伙企业财产在支付清算费用和职工工资、社会保险费用、法定补偿金以及缴纳所欠税款、清偿债务后的剩余财产,依照本法第三十三条第一款的规定进行分配。

第九十条 清算结束,清算人应当编制清算报告,经全体合伙人签名、盖章后,在十五日内向企业登记机关报送清算报告,申请办理合伙企业注销登记。

第九十一条 合伙企业注销后,原普通合伙人对合伙企业存续期间的债务仍应承担无限连带责任。

第九十二条 合伙企业不能清偿到期债务的，债权人可以依法向人民法院提出破产清算申请，也可以要求普通合伙人清偿。

合伙企业依法被宣告破产的，普通合伙人对合伙企业债务仍应承担无限连带责任。

第五章 法律责任

第九十三条 违反本法规定，提交虚假文件或者采取其他欺骗手段，取得合伙企业登记的，由企业登记机关责令改正，处以五千元以上五万元以下的罚款；情节严重的，撤销企业登记，并处以五万元以上二十万元以下的罚款。

第九十四条 违反本法规定，合伙企业未在其名称中标明"普通合伙"、"特殊普通合伙"或者"有限合伙"字样的，由企业登记机关责令限期改正，处以二千元以上一万元以下的罚款。

第九十五条 违反本法规定，未领取营业执照，而以合伙企业或者合伙企业分支机构名义从事合伙业务的，由企业登记机关责令停止，处以五千元以上五万元以下的罚款。

合伙企业登记事项发生变更时，未依照本法规定办理变更登记的，由企业登记机关责令限期登记；逾期不登记的，处以二千元以上二万元以下的罚款。

合伙企业登记事项发生变更，执行合伙事务的合伙人未按期申请办理变更登记的，应当赔偿由此给合伙企业、其他合伙人或者善意第三人造成的损失。

第九十六条 合伙人执行合伙事务，或者合伙企业从业人员利用职务上的便利，将应当归合伙企业的利益据为己有的，或者采取其他手段侵占合伙企业财产的，应当将该利益和财产退还合伙企业；给合伙企业或者其他合伙人造成损失的，依法承担赔偿责任。

第九十七条 合伙人对本法规定或者合伙协议约定必须经全体合伙人一致同意始得执行的事务擅自处理，给合伙企业或者其他合伙人造成损失的，依法承担赔偿

责任。

第九十八条 不具有事务执行权的合伙人擅自执行合伙事务，给合伙企业或者其他合伙人造成损失的，依法承担赔偿责任。

第九十九条 合伙人违反本法规定或者合伙协议的约定，从事与本合伙企业相竞争的业务或者与本合伙企业进行交易的，该收益归合伙企业所有；给合伙企业或者其他合伙人造成损失的，依法承担赔偿责任。

第一百条 清算人未依照本法规定向企业登记机关报送清算报告，或者报送清算报告隐瞒重要事实，或者有重大遗漏的，由企业登记机关责令改正。由此产生的费用和损失，由清算人承担和赔偿。

第一百零一条 清算人执行清算事务，牟取非法收入或者侵占合伙企业财产的，应当将该收入和侵占的财产退还合伙企业；给合伙企业或者其他合伙人造成损失的，依法承担赔偿责任。

第一百零二条 清算人违反本法规定，隐匿、转移合伙企业财产，对资产负债表或者财产清单作虚假记载，或者在未清偿债务前分配财产，损害债权人利益的，依法承担赔偿责任。

第一百零三条 合伙人违反合伙协议的，应当依法承担违约责任。

合伙人履行合伙协议发生争议的，合伙人可以通过协商或者调解解决。不愿通过协商、调解解决或者协商、调解不成的，可以按照合伙协议约定的仲裁条款或者事后达成的书面仲裁协议，向仲裁机构申请仲裁。合伙协议中未订立仲裁条款，事后又没有达成书面仲裁协议的，可以向人民法院起诉。

第一百零四条 有关行政管理机关的工作人员违反本法规定，滥用职权、徇私舞弊、收受贿赂、侵害合伙企业合法权益的，依法给予行政处分。

第一百零五条 违反本法规定，构成犯罪的，依法追究刑事责任。

第一百零六条 违反本法规定，应当承担民事赔偿责任和缴纳罚款、罚金，其财产

不足以同时支付的,先承担民事赔偿责任。

第六章　附　则

第一百零七条　非企业专业服务机构依据有关法律采取合伙制的,其合伙人承担责任的形式可以适用本法关于特殊的普通合伙企业合伙人承担责任的规定。

第一百零八条　外国企业或者个人在中国境内设立合伙企业的管理办法由国务院规定。

第一百零九条　本法自 2007 年 6 月 1 日起施行。

中华人民共和国合同法

1999 年 3 月 15 日第九届全国人民代表大会第二次会议通过　1999 年 3 月 15 日中华人民共和国主席令第 15 号公布

目　录

总　则

第一章　一般规定

第一条　为了保护合同当事人的合法权益,维护社会经济秩序,促进社会主义现代化建设,制定本法。

第二条　本法所称合同是平等主体的自然人、法人、其他组织之间设立、变更、终止民事权利义务关系的协议。

婚姻、收养、监护等有关身份关系的协议,适用其他法律的规定。

第三条　合同当事人的法律地位平等,一方不得将自己的意志强加给另一方。

第四条　当事人依法享有自愿订立合同的权利,任何单位和个人不得非法干预。

第五条　当事人应当遵循公平原则确定各方的权利和义务。

第六条　当事人行使权利、履行义务应当遵循诚实信用原则。

第七条　当事人订立、履行合同,应当遵守法律、行政法规,尊重社会公德,不得扰乱社会经济秩序,损害社会公共利益。

第八条　依法成立的合同,对当事人具有法律约束力。当事人应当按照约定履行自己的义务,不得擅自变更或者解除合同。

依法成立的合同,受法律保护。

第二章　合同的订立

第九条　当事人订立合同,应当具有相应的民事权利能力和民事行为能力。

当事人依法可以委托代理人订立合同。

第十条　当事人订立合同,有书面形式、口头形式和其他形式。

法律、行政法规规定采用书面形式的，应当采用书面形式。当事人约定采用书面形式的，应当采用书面形式。

第十一条 书面形式是指合同书、信件和数据电文（包括电报、电传、传真、电子数据交换和电子邮件）等可以有形地表现所载内容的形式。

第十二条 合同的内容由当事人约定，一般包括以下条款：

（一）当事人的名称或者姓名和住所；

（二）标的；

（三）数量；

（四）质量；

（五）价款或者报酬；

（六）履行期限、地点和方式；

（七）违约责任；

（八）解决争议的方法。

当事人可以参照各类合同的示范文本订立合同。

第十三条 当事人订立合同，采取要约、承诺方式。

第十四条 要约是希望和他人订立合同的意思表示，该意思表示应当符合下列规定：

（一）内容具体确定；

（二）表明经受要约人承诺，要约人即受该意思表示约束。

第十五条 要约邀请是希望他人向自己发出要约的意思表示。寄送的价目表、拍卖公告、招标公告、招股说明书、商业广告等为要约邀请。

商业广告的内容符合要约规定的，视为要约。

第十六条 要约到达受要约人时生效。

采用数据电文形式订立合同，收件人指定特定系统接收数据电文的，该数据电文进入该特定系统的时间，视为到达时间；未指定特定系统的，该数据电文进入收件人的任何系统的首次时间，视为到达时间。

第十七条 要约可以撤回。撤回要约的通知应当在要约到达受要约人之前或者与要约同时到达受要约人。

第十八条 要约可以撤销。撤销要约的通知应当在受要约人发出承诺通知之前到达受要约人。

第十九条 有下列情形之一的，要约不得撤销：

（一）要约人确定了承诺期限或者以其他形式明示要约不可撤销；

（二）受要约人有理由认为要约是不可撤销的，并已经为履行合同作了准备工作。

第二十条 有下列情形之一的，要约失效：

（一）拒绝要约的通知到达要约人；

（二）要约人依法撤销要约；

（三）承诺期限届满，受要约人未作出承诺；

（四）受要约人对要约的内容作出实质性变更。

第二十一条 承诺是受要约人同意要约的意思表示。

第二十二条 承诺应当以通知的方式作出，但根据交易习惯或者要约表明可以通过行为作出承诺的除外。

第二十三条 承诺应当在要约确定的期限内到达要约人。

要约没有确定承诺期限的，承诺应当依照下列规定到达：

（一）要约以对话方式作出的，应当即时作出承诺，但当事人另有约定的除外；

（二）要约以非对话方式作出的，承诺应当在合理期限内到达。

第二十四条 要约以信件或者电报作出的，承诺期限自信件载明的日期或者电报交发之日开始计算。信件未载明日期的，自投寄该信件的邮戳日期开始计算。要约以电话、传真等快速通讯方式作出的，承诺期限自要约到达受要约人时开始计算。

第二十五条 承诺生效时合同成立。

第二十六条 承诺通知到达要约人时生效。承诺不需要通知的，根据交易习惯或者要约的要求作出承诺的行为时生效。

采用数据电文形式订立合同的，承诺到达的时间适用本法第十六条第二款的规定。

第二十七条 承诺可以撤回。撤回承诺的通知应当在承诺通知到达要约人之前或者与承诺通知同时到达要约人。

第二十八条　受要约人超过承诺期限发出承诺的,除要约人及时通知受要约人该承诺有效的以外,为新要约。

第二十九条　受要约人在承诺期限内发出承诺,按照通常情形能够及时到达要约人,但因其他原因承诺到达要约人时超过承诺期限的,除要约人及时通知受要约人因承诺超过期限不接受该承诺的以外,该承诺有效。

第三十条　承诺的内容应当与要约的内容一致。受要约人对要约的内容作出实质性变更的,为新要约。有关合同标的、数量、质量、价款或者报酬、履行期限、履行地点和方式、违约责任和解决争议方法等的变更,是对要约内容的实质性变更。

第三十一条　承诺对要约的内容作出非实质性变更的,除要约人及时表示反对或者要约表明承诺不得对要约的内容作出任何变更的以外,该承诺有效,合同的内容以承诺的内容为准。

第三十二条　当事人采用合同书形式订立合同的,自双方当事人签字或者盖章时合同成立。

第三十三条　当事人采用信件、数据电文等形式订立合同的,可以在合同成立之前要求签订确认书。签订确认书时合同成立。

第三十四条　承诺生效的地点为合同成立的地点。

采用数据电文形式订立合同的,收件人的主营业地为合同成立的地点;没有主营业地的,其经常居住地为合同成立的地点。当事人另有约定的,按照其约定。

第三十五条　当事人采用合同书形式订立合同的,双方当事人签字或者盖章的地点为合同成立的地点。

第三十六条　法律、行政法规规定或者当事人约定采用书面形式订立合同,当事人未采用书面形式但一方已经履行主要义务,对方接受的,该合同成立。

第三十七条　采用合同书形式订立合同,在签字或者盖章之前,当事人一方已经履行主要义务,对方接受的,该合同成立。

第三十八条　国家根据需要下达指令性任务或者国家订货任务的,有关法人、其他组织之间应当依照有关法律、行政法规规定的权利和义务订立合同。

第三十九条　采用格式条款订立合同的,提供格式条款的一方应当遵循公平原则确定当事人之间的权利和义务,并采取合理的方式提请对方注意免除或者限制其责任的条款,按照对方的要求,对该条款予以说明。

格式条款是当事人为了重复使用而预先拟定,并在订立合同时未与对方协商的条款。

第四十条　格式条款具有本法第五十二条和第五十三条规定情形的,或者提供格式条款一方免除其责任、加重对方责任、排除对方主要权利的,该条款无效。

第四十一条　对格式条款的理解发生争议的,应当按照通常理解予以解释。对格式条款有两种以上解释的,应当作出不利于提供格式条款一方的解释。格式条款和非格式条款不一致的,应当采用非格式条款。

第四十二条　当事人在订立合同过程中有下列情形之一,给对方造成损失的,应当承担损害赔偿责任:

(一)假借订立合同,恶意进行磋商;

(二)故意隐瞒与订立合同有关的重要事实或者提供虚假情况;

(三)有其他违背诚实信用原则的行为。

第四十三条　当事人在订立合同过程中知悉的商业秘密,无论合同是否成立,不得泄露或者不正当地使用。泄露或者不正当地使用该商业秘密给对方造成损失的,应当承担损害赔偿责任。

第三章　合同的效力

第四十四条　依法成立的合同,自成立时生效。

法律、行政法规规定应当办理批准、登记等手续生效的,依照其规定。

第四十五条　当事人对合同的效力可

以约定附条件。附生效条件的合同,自条件成就时生效。附解除条件的合同,自条件成就时失效。

当事人为自己的利益不正当地阻止条件成就的,视为条件已成就;不正当地促成条件成就的,视为条件不成就。

第四十六条 当事人对合同的效力可以约定附期限。附生效期限的合同,自期限届至时生效。附终止期限的合同,自期限届满时失效。

第四十七条 限制民事行为能力人订立的合同,经法定代理人追认后,该合同有效,但纯获利益的合同或者与其年龄、智力、精神健康状况相适应而订立的合同,不必经法定代理人追认。

相对人可以催告法定代理人在一个月内予以追认。法定代理人未作表示的,视为拒绝追认。合同被追认之前,善意相对人有撤销的权利。撤销应当以通知的方式作出。

第四十八条 行为人没有代理权、超越代理权或者代理权终止后以被代理人名义订立的合同,未经被代理人追认,对被代理人不发生效力,由行为人承担责任。

相对人可以催告被代理人在一个月内予以追认。被代理人未作表示的,视为拒绝追认。合同被追认之前,善意相对人有撤销的权利。撤销应当以通知的方式作出。

第四十九条 行为人没有代理权、超越代理权或者代理权终止后以被代理人名义订立合同,相对人有理由相信行为人有代理权的,该代理行为有效。

第五十条 法人或者其他组织的法定代表人、负责人超越权限订立的合同,除相对人知道或者应当知道其超越权限的以外,该代表行为有效。

第五十一条 无处分权的人处分他人财产,经权利人追认或者无处分权的人订立合同后取得处分权的,该合同有效。

第五十二条 有下列情形之一的,合同无效:

(一)一方以欺诈、胁迫的手段订立合同,损害国家利益;

(二)恶意串通,损害国家、集体或者第三人利益;

(三)以合法形式掩盖非法目的;

(四)损害社会公共利益;

(五)违反法律、行政法规的强制性规定。

第五十三条 合同中的下列免责条款无效:

(一)造成对方人身伤害的;

(二)因故意或者重大过失造成对方财产损失的。

第五十四条 下列合同,当事人一方有权请求人民法院或者仲裁机构变更或者撤销:

(一)因重大误解订立的;

(二)在订立合同时显失公平的。

一方以欺诈、胁迫的手段或者乘人之危,使对方在违背真实意思的情况下订立的合同,受损害方有权请求人民法院或者仲裁机构变更或者撤销。

当事人请求变更的,人民法院或者仲裁机构不得撤销。

第五十五条 有下列情形之一的,撤销权消灭:

(一)具有撤销权的当事人自知道或者应当知道撤销事由之日起一年内没有行使撤销权;

(二)具有撤销权的当事人知道撤销事由后明确表示或者以自己的行为放弃撤销权。

第五十六条 无效的合同或者被撤销的合同自始没有法律约束力。合同部分无效,不影响其他部分效力的,其他部分仍然有效。

第五十七条 合同无效、被撤销或者终止的,不影响合同中独立存在的有关解决争议方法的条款的效力。

第五十八条 合同无效或者被撤销后,因该合同取得的财产,应当予以返还;不能返还或者没有必要返还的,应当折价补偿。有过错的一方应当赔偿对方因此所受到的损失,双方都有过错的,应当各自承担相应的责任。

第五十九条 当事人恶意串通,损害国家、集体或者第三人利益的,因此取得的财产收归国家所有或者返还集体、第三人。

第四章　合同的履行

第六十条　当事人应当按照约定全面履行自己的义务。

当事人应当遵循诚实信用原则,根据合同的性质、目的和交易习惯履行通知、协助、保密等义务。

第六十一条　合同生效后,当事人就质量、价款或者报酬、履行地点等内容没有约定或者约定不明确的,可以协议补充;不能达成补充协议的,按照合同有关条款或者交易习惯确定。

第六十二条　当事人就有关合同内容约定不明确,依照本法第六十一条的规定仍不能确定的,适用下列规定:

(一)质量要求不明确的,按照国家标准、行业标准履行;没有国家标准、行业标准的,按照通常标准或者符合合同目的的特定标准履行。

(二)价款或者报酬不明确的,按照订立合同时履行地的市场价格履行;依法应当执行政府定价或者政府指导价的,按照规定履行。

(三)履行地点不明确,给付货币的,在接受货币一方所在地履行;交付不动产的,在不动产所在地履行;其他标的,在履行义务一方所在地履行。

(四)履行期限不明确的,债务人可以随时履行,债权人也可以随时要求履行,但应当给对方必要的准备时间。

(五)履行方式不明确的,按照有利于实现合同目的的方式履行。

(六)履行费用的负担不明确的,由履行义务一方负担。

第六十三条　执行政府定价或者政府指导价的,在合同约定的交付期限内政府价格调整时,按照交付时的价格计价。逾期交付标的物的,遇价格上涨时,按照原价格执行;价格下降时,按照新价格执行。逾期提取标的物或者逾期付款的,遇价格上涨时,

按照新价格执行;价格下降时,按照原价格执行。

第六十四条　当事人约定由债务人向第三人履行债务的,债务人未向第三人履行债务或者履行债务不符合约定,应当向债权人承担违约责任。

第六十五条　当事人约定由第三人向债权人履行债务的,第三人不履行债务或者履行债务不符合约定,债务人应当向债权人承担违约责任。

第六十六条　当事人互负债务,没有先后履行顺序的,应当同时履行。一方在对方履行之前有权拒绝其履行要求。一方在对方履行债务不符合约定时,有权拒绝其相应的履行要求。

第六十七条　当事人互负债务,有先后履行顺序,先履行一方未履行的,后履行一方有权拒绝其履行要求。先履行一方履行债务不符合约定的,后履行一方有权拒绝其相应的履行要求。

第六十八条　应当先履行债务的当事人,有确切证据证明对方有下列情形之一的,可以中止履行:

(一)经营状况严重恶化;

(二)转移财产、抽逃资金,以逃避债务;

(三)丧失商业信誉;

(四)有丧失或者可能丧失履行债务能力的其他情形。

当事人没有确切证据中止履行的,应当承担违约责任。

第六十九条　当事人依照本法第六十八条的规定中止履行的,应当及时通知对方。对方提供适当担保时,应当恢复履行。中止履行后,对方在合理期限内未恢复履行能力并且未提供适当担保的,中止履行的一方可以解除合同。

第七十条　债权人分立、合并或者变更住所没有通知债务人,致使履行债务发生困难的,债务人可以中止履行或者将标的物提存。

第七十一条　债权人可以拒绝债务人提前履行债务,但提前履行不损害债权人利益的除外。

债务人提前履行债务给债权人增加的费用,由债务人负担。

第七十二条 债权人可以拒绝债务人部分履行债务,但部分履行不损害债权人利益的除外。

债务人部分履行债务给债权人增加的费用,由债务人负担。

第七十三条 因债务人怠于行使其到期债权,对债权人造成损害的,债权人可以向人民法院请求以自己的名义代位行使债务人的债权,但该债权专属于债务人自身的除外。

代位权的行使范围以债权人的债权为限。债权人行使代位权的必要费用,由债务人负担。

第七十四条 因债务人放弃其到期债权或者无偿转让财产,对债权人造成损害的,债权人可以请求人民法院撤销债务人的行为。债务人以明显不合理的低价转让财产,对债权人造成损害,并且受让人知道该情形的,债权人也可以请求人民法院撤销债务人的行为。

撤销权的行使范围以债权人的债权为限。债权人行使撤销权的必要费用,由债务人负担。

第七十五条 撤销权自债权人知道或者应当知道撤销事由之日起一年内行使。自债务人的行为发生之日起五年内没有行使撤销权的,该撤销权消灭。

第七十六条 合同生效后,当事人不得因姓名、名称的变更或者法定代表人、负责人、承办人的变动而不履行合同义务。

第五章　合同的变更和转让

第七十七条 当事人协商一致,可以变更合同。

法律、行政法规规定变更合同应当办理批准、登记等手续的,依照其规定。

第七十八条 当事人对合同变更的内容约定不明确的,推定为未变更。

第七十九条 债权人可以将合同的权利全部或者部分转让给第三人,但有下列情形之一的除外:

(一)根据合同性质不得转让;

(二)按照当事人约定不得转让;

(三)依照法律规定不得转让。

第八十条 债权人转让权利的,应当通知债务人。未经通知,该转让对债务人不发生效力。

债权人转让权利的通知不得撤销,但经受让人同意的除外。

第八十一条 债权人转让权利的,受让人取得与债权有关的从权利,但该从权利专属于债权人自身的除外。

第八十二条 债务人接到债权转让通知后,债务人对让与人的抗辩,可以向受让人主张。

第八十三条 债务人接到债权转让通知时,债务人对让与人享有债权,并且债务人的债权先于转让的债权到期或者同时到期的,债务人可以向受让人主张抵销。

第八十四条 债务人将合同的义务全部或者部分转移给第三人的,应当经债权人同意。

第八十五条 债务人转移义务的,新债务人可以主张原债务人对债权人的抗辩。

第八十六条 债务人转移义务的,新债务人应当承担与主债务有关的从债务,但该从债务专属于原债务人自身的除外。

第八十七条 法律、行政法规规定转让权利或者转移义务应当办理批准、登记等手续的,依照其规定。

第八十八条 当事人一方经对方同意,可以将自己在合同中的权利和义务一并转让给第三人。

第八十九条 权利和义务一并转让的,适用本法第七十九条、第八十一条至第八十三条、第八十五条至第八十七条的规定。

第九十条 当事人订立合同后合并的,由合并后的法人或者其他组织行使合同权利,履行合同义务。当事人订立合同后分立的,除债权人和债务人另有约定的以外,由分立的法人或者其他组织对合同的权利和义务享有连带债权,承担连带债务。

第六章　合同的权利义务终止

第九十一条　有下列情形之一的，合同的权利义务终止：

（一）债务已经按照约定履行；

（二）合同解除；

（三）债务相互抵销；

（四）债务人依法将标的物提存；

（五）债权人免除债务；

（六）债权债务同归于一人；

（七）法律规定或者当事人约定终止的其他情形。

第九十二条　合同的权利义务终止后，当事人应当遵循诚实信用原则，根据交易习惯履行通知、协助、保密等义务。

第九十三条　当事人协商一致，可以解除合同。

当事人可以约定一方解除合同的条件。解除合同的条件成就时，解除权人可以解除合同。

第九十四条　有下列情形之一的，当事人可以解除合同：

（一）因不可抗力致使不能实现合同目的；

（二）在履行期限届满之前，当事人一方明确表示或者以自己的行为表明不履行主要债务；

（三）当事人一方迟延履行主要债务，经催告后在合理期限内仍未履行；

（四）当事人一方迟延履行债务或者有其他违约行为致使不能实现合同目的；

（五）法律规定的其他情形。

第九十五条　法律规定或者当事人约定解除权行使期限，期限届满当事人不行使的，该权利消灭。

法律没有规定或者当事人没有约定解除权行使期限，经对方催告后在合理期限内不行使的，该权利消灭。

第九十六条　当事人一方依照本法第九十三条第二款、第九十四条的规定主张解除合同的，应当通知对方。合同自通知到达对方时解除。对方有异议的，可以请求人民法院或者仲裁机构确认解除合同的效力。

法律、行政法规规定解除合同应当办理批准、登记等手续的，依照其规定。

第九十七条　合同解除后，尚未履行的，终止履行；已经履行的，根据履行情况和合同性质，当事人可以要求恢复原状、采取其他补救措施，并有权要求赔偿损失。

第九十八条　合同的权利义务终止，不影响合同中结算和清理条款的效力。

第九十九条　当事人互负到期债务，该债务的标的物种类、品质相同的，任何一方可以将自己的债务与对方的债务抵销，但依照法律规定或者按照合同性质不得抵销的除外。

当事人主张抵销的，应当通知对方。通知自到达对方时生效。抵销不得附条件或者附期限。

第一百条　当事人互负债务，标的物种类、品质不相同的，经双方协商一致，也可以抵销。

第一百零一条　有下列情形之一，难以履行债务的，债务人可以将标的物提存：

（一）债权人无正当理由拒绝受领；

（二）债权人下落不明；

（三）债权人死亡未确定继承人或者丧失民事行为能力未确定监护人；

（四）法律规定的其他情形。

标的物不适于提存或者提存费用过高的，债务人依法可以拍卖或者变卖标的物，提存所得的价款。

第一百零二条　标的物提存后，除债权人下落不明的以外，债务人应当及时通知债权人或者债权人的继承人、监护人。

第一百零三条　标的物提存后，毁损、灭失的风险由债权人承担。提存期间，标的物的孳息归债权人所有。提存费用由债权人负担。

第一百零四条　债权人可以随时领取提存物，但债权人对债务人负有到期债务的，在债权人未履行债务或者提供担保之前，提存部门根据债务人的要求应当拒绝其领取提存物。

债权人领取提存物的权利，自提存之日

起五年内不行使而消灭,提存物扣除提存费用后归国家所有。

第一百零五条　债权人免除债务人部分或者全部债务的,合同的权利义务部分或者全部终止。

第一百零六条　债权和债务同归于一人的,合同的权利义务终止,但涉及第三人利益的除外。

第七章　违约责任

第一百零七条　当事人一方不履行合同义务或者履行合同义务不符合约定的,应当承担继续履行、采取补救措施或者赔偿损失等违约责任。

第一百零八条　当事人一方明确表示或者以自己的行为表明不履行合同义务的,对方可以在履行期限届满之前要求其承担违约责任。

第一百零九条　当事人一方未支付价款或者报酬的,对方可以要求其支付价款或者报酬。

第一百一十条　当事人一方不履行非金钱债务或者履行非金钱债务不符合约定的,对方可以要求履行,但有下列情形之一的除外:

(一)法律上或者事实上不能履行;

(二)债务的标的不适于强制履行或者履行费用过高;

(三)债权人在合理期限内未要求履行。

第一百一十一条　质量不符合约定的,应当按照当事人的约定承担违约责任。对违约责任没有约定或者约定不明确,依照本法第六十一条的规定仍不能确定的,受损害方根据标的的性质以及损失的大小,可以合理选择要求对方承担修理、更换、重作、退货、减少价款或者报酬等违约责任。

第一百一十二条　当事人一方不履行合同义务或者履行合同义务不符合约定的,在履行义务或者采取补救措施后,对方还有其他损失的,应当赔偿损失。

第一百一十三条　当事人一方不履行合同义务或者履行合同义务不符合约定,给对方造成损失的,损失赔偿额应当相当于因违约所造成的损失,包括合同履行后可以获得的利益,但不得超过违反合同一方订立合同时预见到或者应当预见到的因违反合同可能造成的损失。

经营者对消费者提供商品或者服务有欺诈行为的,依照《中华人民共和国消费者权益保护法》的规定承担损害赔偿责任。

第一百一十四条　当事人可以约定一方违约时应当根据违约情况向对方支付一定数额的违约金,也可以约定因违约产生的损失赔偿额的计算方法。

约定的违约金低于造成的损失的,当事人可以请求人民法院或者仲裁机构予以增加;约定的违约金过分高于造成的损失的,当事人可以请求人民法院或者仲裁机构予以适当减少。

当事人就迟延履行约定违约金的,违约方支付违约金后,还应当履行债务。

第一百一十五条　当事人可以依照《中华人民共和国担保法》约定一方向对方给付定金作为债权的担保。债务人履行债务后,定金应当抵作价款或者收回。给付定金的一方不履行约定的债务的,无权要求返还定金;收受定金的一方不履行约定的债务的,应当双倍返还定金。

第一百一十六条　当事人既约定违约金,又约定定金的,一方违约时,对方可以选择适用违约金或者定金条款。

第一百一十七条　因不可抗力不能履行合同的,根据不可抗力的影响,部分或者全部免除责任,但法律另有规定的除外。当事人迟延履行后发生不可抗力的,不能免除责任。

本法所称不可抗力,是指不能预见、不能避免并不能克服的客观情况。

第一百一十八条　当事人一方因不可抗力不能履行合同的,应当及时通知对方,以减轻可能给对方造成的损失,并应当在合理期限内提供证明。

第一百一十九条　当事人一方违约后,对方应当采取适当措施防止损失的扩大;没有采取适当措施致使损失扩大的,不得就扩大的损失要求赔偿。

当事人因防止损失扩大而支出的合理费用,由违约方承担。

第一百二十条　当事人双方都违反合同的,应当各自承担相应的责任。

第一百二十一条　当事人一方因第三人的原因造成违约的,应当向对方承担违约责任。当事人一方和第三人之间的纠纷,依照法律规定或者按照约定解决。

第一百二十二条　因当事人一方的违约行为,侵害对方人身、财产权益的,受损害方有权选择依照本法要求其承担违约责任或者依照其他法律要求其承担侵权责任。

第八章　其他规定

第一百二十三条　其他法律对合同另有规定的,依照其规定。

第一百二十四条　本法分则或者其他法律没有明文规定的合同,适用本法总则的规定,并可以参照本法分则或者其他法律最相类似的规定。

第一百二十五条　当事人对合同条款的理解有争议的,应当按照合同所使用的词句、合同的有关条款、合同的目的、交易习惯以及诚实信用原则,确定该条款的真实意思。

合同文本采用两种以上文字订立并约定具有同等效力的,对各文本使用的词句推定具有相同含义。各文本使用的词句不一致的,应当根据合同的目的予以解释。

第一百二十六条　涉外合同的当事人可以选择处理合同争议所适用的法律,但法律另有规定的除外。涉外合同的当事人没有选择的,适用与合同有最密切联系的国家的法律。

在中华人民共和国境内履行的中外合资经营企业合同、中外合作经营企业合同、中外合作勘探开发自然资源合同,适用中华人民共和国法律。

第一百二十七条　工商行政管理部门和其他有关行政主管部门在各自的职权范围内,依照法律、行政法规的规定,对利用合同危害国家利益、社会公共利益的违法行为,负责监督处理;构成犯罪的,依法追究刑事责任。

第一百二十八条　当事人可以通过和解或者调解解决合同争议。

当事人不愿和解、调解或者和解、调解不成的,可以根据仲裁协议向仲裁机构申请仲裁。涉外合同的当事人可以根据仲裁协议向中国仲裁机构或者其他仲裁机构申请仲裁。当事人没有订立仲裁协议或者仲裁协议无效的,可以向人民法院起诉。当事人应当履行发生法律效力的判决、仲裁裁决、调解书;拒不履行的,对方可以请求人民法院执行。

第一百二十九条　因国际货物买卖合同和技术进出口合同争议提起诉讼或者申请仲裁的期限为四年,自当事人知道或者应当知道其权利受到侵害之日起计算。因其他合同争议提起诉讼或者申请仲裁的期限,依照有关法律的规定。

分　则

第九章　买卖合同

第一百三十条　买卖合同是出卖人转移标的物的所有权于买受人,买受人支付价款的合同。

第一百三十一条　买卖合同的内容除依照本法第十二条的规定以外,还可以包括包装方式、检验标准和方法、结算方式、合同使用的文字及其效力等条款。

第一百三十二条　出卖的标的物,应当属于出卖人所有或者出卖人有权处分。

法律、行政法规禁止或者限制转让的标的物,依照其规定。

第一百三十三条　标的物的所有权自标的物交付时起转移,但法律另有规定或者当事人另有约定的除外。

第一百三十四条　当事人可以在买卖合同中约定买受人未履行支付价款或者其他义务的,标的物的所有权属于出卖人。

第一百三十五条　出卖人应当履行向

买受人交付标的物或者交付提取标的物的单证,并转移标的物所有权的义务。

第一百三十六条　出卖人应当按照约定或者交易习惯向买受人交付提取标的物单证以外的有关单证和资料。

第一百三十七条　出卖具有知识产权的计算机软件等标的物的,除法律另有规定或者当事人另有约定的以外,该标的物的知识产权不属于买受人。

第一百三十八条　出卖人应当按照约定的期限交付标的物。约定交付期间的,出卖人可以在该交付期间内的任何时间交付。

第一百三十九条　当事人没有约定标的物的交付期限或者约定不明确的,适用本法第六十一条、第六十二条第四项的规定。

第一百四十条　标的物在订立合同之前已为买受人占有的,合同生效的时间为交付时间。

第一百四十一条　出卖人应当按照约定的地点交付标的物。

当事人没有约定交付地点或者约定不明确,依照本法第六十一条的规定仍不能确定的,适用下列规定:

(一)标的物需要运输的,出卖人应当将标的物交付给第一承运人以运交给买受人;

(二)标的物不需要运输,出卖人和买受人订立合同时知道标的物在某一地点的,出卖人应当在该地点交付标的物;不知道标的物在某一地点的,应当在出卖人订立合同时的营业地交付标的物。

第一百四十二条　标的物毁损、灭失的风险,在标的物交付之前由出卖人承担,交付之后由买受人承担,但法律另有规定或者当事人另有约定的除外。

第一百四十三条　因买受人的原因致使标的物不能按照约定的期限交付的,买受人应当自违反约定之日起承担标的物毁损、灭失的风险。

第一百四十四条　出卖人出卖交由承运人运输的在途标的物,除当事人另有约定的以外,毁损、灭失的风险自合同成立时起由买受人承担。

第一百四十五条　当事人没有约定交付地点或者约定不明确,依照本法第一百四十一条第二款第一项的规定标的物需要运输的,出卖人将标的物交付给第一承运人后,标的物毁损、灭失的风险由买受人承担。

第一百四十六条　出卖人按照约定或者依照本法第一百四十一条第二款第二项的规定将标的物置于交付地点,买受人违反约定没有收取的,标的物毁损、灭失的风险自违反约定之日起由买受人承担。

第一百四十七条　出卖人按照约定未交付有关标的物的单证和资料的,不影响标的物毁损、灭失风险的转移。

第一百四十八条　因标的物质量不符合质量要求,致使不能实现合同目的的,买受人可以拒绝接受标的物或者解除合同。买受人拒绝接受标的物或者解除合同的,标的物毁损、灭失的风险由出卖人承担。

第一百四十九条　标的物毁损、灭失的风险由买受人承担的,不影响因出卖人履行债务不符合约定,买受人要求其承担违约责任的权利。

第一百五十条　出卖人就交付的标的物,负有保证第三人不得向买受人主张任何权利的义务,但法律另有规定的除外。

第一百五十一条　买受人订立合同时知道或者应当知道第三人对买卖的标的物享有权利的,出卖人不承担本法第一百五十条规定的义务。

第一百五十二条　买受人有确切证据证明第三人可能就标的物主张权利的,可以中止支付相应的价款,但出卖人提供适当担保的除外。

第一百五十三条　出卖人应当按照约定的质量要求交付标的物。出卖人提供有关标的物质量说明的,交付的标的物应当符合该说明的质量要求。

第一百五十四条　当事人对标的物的质量要求没有约定或者约定不明确,依照本法第六十一条的规定仍不能确定的,适用本法第六十二条第一项的规定。

第一百五十五条　出卖人交付的标的物不符合质量要求的,买受人可以依照本法第一百一十一条的规定要求承担违约责任。

第一百五十六条 出卖人应当按照约定的包装方式交付标的物。对包装方式没有约定或者约定不明确,依照本法第六十一条的规定仍不能确定的,应当按照通用的方式包装,没有通用方式的,应当采取足以保护标的物的包装方式。

第一百五十七条 买受人收到标的物时应当在约定的检验期间内检验。没有约定检验期间的,应当及时检验。

第一百五十八条 当事人约定检验期间的,买受人应当在检验期间内将标的物的数量或者质量不符合约定的情形通知出卖人。买受人怠于通知的,视为标的物的数量或者质量符合约定。

当事人没有约定检验期间的,买受人应当在发现或者应当发现标的物的数量或者质量不符合约定的合理期间内通知出卖人。买受人在合理期间内未通知或者自标的物收到之日起两年内未通知出卖人的,视为标的物的数量或者质量符合约定,但对标的物有质量保证期的,适用质量保证期,不适用该两年的规定。

出卖人知道或者应当知道提供的标的物不符合约定的,买受人不受前两款规定的通知时间的限制。

第一百五十九条 买受人应当按照约定的数额支付价款。对价款没有约定或者约定不明确的,适用本法第六十一条、第六十二条第二项的规定。

第一百六十条 买受人应当按照约定的地点支付价款。对支付地点没有约定或者约定不明确,依照本法第六十一条的规定仍不能确定的,买受人应当在出卖人的营业地支付,但约定支付价款以交付标的物或者交付提取标的物单证为条件的,在交付标的物或者交付提取标的物单证的所在地支付。

第一百六十一条 买受人应当按照约定的时间支付价款。对支付时间没有约定或者约定不明确,依照本法第六十一条的规定仍不能确定的,买受人应当在收到标的物或者提取标的物单证的同时支付。

第一百六十二条 出卖人多交标的物的,买受人可以接收或者拒绝接收多交的部分。买受人接收多交部分的,按照合同的价格支付价款;买受人拒绝接收多交部分的,应当及时通知出卖人。

第一百六十三条 标的物在交付之前产生的孳息,归出卖人所有,交付之后产生的孳息,归买受人所有。

第一百六十四条 因标的物的主物不符合约定而解除合同的,解除合同的效力及于从物。因标的物的从物不符合约定被解除的,解除的效力不及于主物。

第一百六十五条 标的物为数物,其中一物不符合约定的,买受人可以就该物解除,但该物与他物分离使标的物的价值显受损害的,当事人可以就数物解除合同。

第一百六十六条 出卖人分批交付标的物的,出卖人对其中一批标的物不交付或者交付不符合约定,致使该批标的物不能实现合同目的的,买受人可以就该批标的物解除。

出卖人不交付其中一批标的物或者交付不符合约定,致使今后其他各批标的物的交付不能实现合同目的的,买受人可以就该批以及今后其他各批标的物解除。

买受人如果就其中一批标的物解除,该批标的物与其他各批标的物相互依存的,可以就已经交付和未交付的各批标的物解除。

第一百六十七条 分期付款的买受人未支付到期价款的金额达到全部价款的五分之一的,出卖人可以要求买受人支付全部价款或者解除合同。

出卖人解除合同的,可以向买受人要求支付该标的物的使用费。

第一百六十八条 凭样品买卖的当事人应当封存样品,并可以对样品质量予以说明。出卖人交付的标的物应当与样品及其说明的质量相同。

第一百六十九条 凭样品买卖的买受人不知道样品有隐蔽瑕疵的,即使交付的标的物与样品相同,出卖人交付的标的物的质量仍然应当符合同种物的通常标准。

第一百七十条 试用买卖的当事人可以约定标的物的试用期间。对试用期间没有约定或者约定不明确,依照本法第六十一条的规定仍不能确定的,由出卖人确定。

第一百七十一条 试用买卖的买受人在试用期内可以购买标的物,也可以拒绝购买。试用期间届满,买受人对是否购买标的物未作表示的,视为购买。

第一百七十二条 招标投标买卖的当事人的权利和义务以及招标投标程序等,依照有关法律、行政法规的规定。

第一百七十三条 拍卖的当事人的权利和义务以及拍卖程序等,依照有关法律、行政法规的规定。

第一百七十四条 法律对其他有偿合同有规定的,依照其规定;没有规定的,参照买卖合同的有关规定。

第一百七十五条 当事人约定易货交易,转移标的物的所有权的,参照买卖合同的有关规定。

第十章 供用电、水、气、热力合同

第一百七十六条 供用电合同是供电人向用电人供电,用电人支付电费的合同。

第一百七十七条 供用电合同的内容包括供电的方式、质量、时间,用电容量、地址、性质,计量方式,电价、电费的结算方式,供用电设施的维护责任等条款。

第一百七十八条 供用电合同的履行地点,按照当事人约定;当事人没有约定或者约定不明确的,供电设施的产权分界处为履行地点。

第一百七十九条 供电人应当按照国家规定的供电质量标准和约定安全供电。供电人未按照国家规定的供电质量标准和约定安全供电,造成用电人损失的,应当承担损害赔偿责任。

第一百八十条 供电人因供电设施计划检修、临时检修、依法限电或者用电人违法用电等原因,需要中断供电时,应当按照国家有关规定事先通知用电人。未事先通知用电人中断供电,造成用电人损失的,应当承担损害赔偿责任。

第一百八十一条 因自然灾害等原因断电,供电人应当按照国家有关规定及时抢修。未及时抢修,造成用电人损失的,应当承担损害赔偿责任。

第一百八十二条 用电人应当按照国家有关规定和当事人的约定及时交付电费。用电人逾期不交付电费的,应当按照约定支付违约金。经催告用电人在合理期限内仍不交付电费和违约金的,供电人可以按照国家规定的程序中止供电。

第一百八十三条 用电人应当按照国家有关规定和当事人的约定安全用电。用电人未按照国家有关规定和当事人的约定安全用电,造成供电人损失的,应当承担损害赔偿责任。

第一百八十四条 供用水、供用气、供用热力合同,参照供用电合同的有关规定。

第十一章 赠与合同

第一百八十五条 赠与合同是赠与人将自己的财产无偿给予受赠人,受赠人表示接受赠与的合同。

第一百八十六条 赠与人在赠与财产的权利转移之前可以撤销赠与。

具有救灾、扶贫等社会公益、道德义务性质的赠与合同或者经过公证的赠与合同,不适用前款规定。

第一百八十七条 赠与的财产依法需要办理登记等手续的,应当办理有关手续。

第一百八十八条 具有救灾、扶贫等社会公益、道德义务性质的赠与合同或者经过公证的赠与合同,赠与人不交付赠与的财产的,受赠人可以要求交付。

第一百八十九条 因赠与人故意或者重大过失致使赠与的财产毁损、灭失的,赠与人应当承担损害赔偿责任。

第一百九十条 赠与可以附义务。

赠与附义务的,受赠人应当按照约定履行义务。

第一百九十一条 赠与的财产有瑕疵的,赠与人不承担责任。附义务的赠与,赠与的财产有瑕疵的,赠与人在附义务的限度内承担与出卖人相同的责任。

赠与人故意不告知瑕疵或者保证无瑕疵,造成受赠人损失的,应当承担损害赔偿责任。

第一百九十二条 受赠人有下列情形之一的,赠与人可以撤销赠与:

(一)严重侵害赠与人或者赠与人的近亲属;

(二)对赠与人有扶养义务而不履行;

(三)不履行赠与合同约定的义务。

赠与人的撤销权,自知道或者应当知道撤销原因之日起一年内行使。

第一百九十三条 因受赠人的违法行为致使赠与人死亡或者丧失民事行为能力的,赠与人的继承人或者法定代理人可以撤销赠与。

赠与人的继承人或者法定代理人的撤销权,自知道或者应当知道撤销原因之日起六个月内行使。

第一百九十四条 撤销权人撤销赠与的,可以向受赠人要求返还赠与的财产。

第一百九十五条 赠与人的经济状况显著恶化,严重影响其生产经营或者家庭生活的,可以不再履行赠与义务。

第十二章 借款合同

第一百九十六条 借款合同是借款人向贷款人借款,到期返还借款并支付利息的合同。

第一百九十七条 借款合同采用书面形式,但自然人之间借款另有约定的除外。

借款合同的内容包括借款种类、币种、用途、数额、利率、期限和还款方式等条款。

第一百九十八条 订立借款合同,贷款人可以要求借款人提供担保。担保依照《中华人民共和国担保法》的规定。

第一百九十九条 订立借款合同,借款人应当按照贷款人的要求提供与借款有关的业务活动和财务状况的真实情况。

第二百条 借款的利息不得预先在本金中扣除。利息预先在本金中扣除的,应当按照实际借款数额返还借款并计算利息。

第二百零一条 贷款人未按照约定的日期、数额提供借款,造成借款人损失的,应当赔偿损失。

借款人未按照约定的日期、数额收取借款的,应当按照约定的日期、数额支付利息。

第二百零二条 贷款人按照约定可以检查、监督借款的使用情况。借款人应当按照约定向贷款人定期提供有关财务会计报表等资料。

第二百零三条 借款人未按照约定的借款用途使用借款的,贷款人可以停止发放借款、提前收回借款或者解除合同。

第二百零四条 办理贷款业务的金融机构贷款的利率,应当按照中国人民银行规定的贷款利率的上下限确定。

第二百零五条 借款人应当按照约定的期限支付利息。对支付利息的期限没有约定或者约定不明确,依照本法第六十一条的规定仍不能确定,借款期间不满一年的,应当在返还借款时一并支付;借款期间一年以上的,应当在每届满一年时支付,剩余期间不满一年的,应当在返还借款时一并支付。

第二百零六条 借款人应当按照约定的期限返还借款。对借款期限没有约定或者约定不明确,依照本法第六十一条的规定仍不能确定的,借款人可以随时返还;贷款人可以催告借款人在合理期限内返还。

第二百零七条 借款人未按照约定的期限返还借款的,应当按照约定或者国家有关规定支付逾期利息。

第二百零八条 借款人提前偿还借款的,除当事人另有约定的以外,应当按照实际借款的期间计算利息。

第二百零九条 借款人可以在还款期限届满之前向贷款人申请展期。贷款人同意的,可以展期。

第二百一十条 自然人之间的借款合同,自贷款人提供借款时生效。

第二百一十一条 自然人之间的借款合同对支付利息没有约定或者约定不明确的,视为不支付利息。

自然人之间的借款合同约定支付利息的,借款的利率不得违反国家有关限制借款利率的规定。

第十三章 租赁合同

第二百一十二条 租赁合同是出租人将租赁物交付承租人使用、收益,承租人支付租金的合同。

第二百一十三条 租赁合同的内容包括租赁物的名称、数量、用途、租赁期限、租金及其支付期限和方式、租赁物维修等条款。

第二百一十四条 租赁期限不得超过二十年。超过二十年的,超过部分无效。

租赁期间届满,当事人可以续订租赁合同,但约定的租赁期限自续订之日起不得超过二十年。

第二百一十五条 租赁期限六个月以上的,应当采用书面形式。当事人未采用书面形式的,视为不定期租赁。

第二百一十六条 出租人应当按照约定将租赁物交付承租人,并在租赁期间保持租赁物符合约定的用途。

第二百一十七条 承租人应当按照约定的方法使用租赁物。对租赁物的使用方法没有约定或者约定不明确,依照本法第六十一条的规定仍不能确定的,应当按照租赁物的性质使用。

第二百一十八条 承租人按照约定的方法或者租赁物的性质使用租赁物,致使租赁物受到损耗的,不承担损害赔偿责任。

第二百一十九条 承租人未按照约定的方法或者租赁物的性质使用租赁物,致使租赁物受到损失的,出租人可以解除合同并要求赔偿损失。

第二百二十条 出租人应当履行租赁物的维修义务,但当事人另有约定的除外。

第二百二十一条 承租人在租赁物需要维修时可以要求出租人在合理期限内维修。出租人未履行维修义务的,承租人可以自行维修,维修费用由出租人负担。因维修租赁物影响承租人使用的,应当相应减少租金或者延长租期。

第二百二十二条 承租人应当妥善保管租赁物,因保管不善造成租赁物毁损、灭失的,应当承担损害赔偿责任。

第二百二十三条 承租人经出租人同意,可以对租赁物进行改善或者增设他物。

承租人未经出租人同意,对租赁物进行改善或者增设他物的,出租人可以要求承租人恢复原状或者赔偿损失。

第二百二十四条 承租人经出租人同意,可以将租赁物转租给第三人。承租人转租的,承租人与出租人之间的租赁合同继续有效,第三人对租赁物造成损失的,承租人应当赔偿损失。

承租人未经出租人同意转租的,出租人可以解除合同。

第二百二十五条 在租赁期间因占有、使用租赁物获得的收益,归承租人所有,但当事人另有约定的除外。

第二百二十六条 承租人应当按照约定的期限支付租金。对支付期限没有约定或者约定不明确,依照本法第六十一条的规定仍不能确定,租赁期间不满一年的,应当在租赁期间届满时支付;租赁期间一年以上的,应当在每届满一年时支付,剩余期间不满一年的,应当在租赁期间届满时支付。

第二百二十七条 承租人无正当理由未支付或者迟延支付租金的,出租人可以要求承租人在合理期限内支付。承租人逾期不支付的,出租人可以解除合同。

第二百二十八条 因第三人主张权利,致使承租人不能对租赁物使用、收益的,承租人可以要求减少租金或者不支付租金。

第三人主张权利的,承租人应当及时通知出租人。

第二百二十九条 租赁物在租赁期间发生所有权变动的,不影响租赁合同的效力。

第二百三十条 出租人出卖租赁房屋的,应当在出卖之前的合理期限内通知承租人,承租人享有以同等条件优先购买的权利。

第二百三十一条 因不可归责于承租人的事由,致使租赁物部分或者全部毁损、灭失的,承租人可以要求减少租金或者不支付租金;因租赁物部分或者全部毁损、灭失,致使不能实现合同目的的,承租人可以解除合同。

第二百三十二条 当事人对租赁期限没有约定或者约定不明确,依照本法第六十一条的规定仍不能确定的,视为不定期租赁。当事人可以随时解除合同,但出租人解除合同应当在合理期限之前通知承租人。

第二百三十三条 租赁物危及承租人的安全或者健康的,即使承租人订立合同时明知该租赁物质量不合格,承租人仍然可以随时解除合同。

第二百三十四条 承租人在房屋租赁期间死亡的,与其生前共同居住的人可以按照原租赁合同租赁该房屋。

第二百三十五条 租赁期间届满,承租人应当返还租赁物。返还的租赁物应当符合按照约定或者租赁物的性质使用后的状态。

第二百三十六条 租赁期间届满,承租人继续使用租赁物,出租人没有提出异议的,原租赁合同继续有效,但租赁期限为不定期。

第十四章 融资租赁合同

第二百三十七条 融资租赁合同是出租人根据承租人对出卖人、租赁物的选择,向出卖人购买租赁物,提供给承租人使用,承租人支付租金的合同。

第二百三十八条 融资租赁合同的内容包括租赁物名称、数量、规格、技术性能、检验方法、租赁期限、租金构成及其支付期限和方式、币种、租赁期间届满租赁物的归属等条款。

融资租赁合同应当采用书面形式。

第二百三十九条 出租人根据承租人对出卖人、租赁物的选择订立的买卖合同,出卖人应当按照约定向承租人交付标的物,承租人享有与受领标的物有关的买受人的权利。

第二百四十条 出租人、出卖人、承租人可以约定,出卖人不履行买卖合同义务的,由承租人行使索赔的权利。承租人行使索赔权利的,出租人应当协助。

第二百四十一条 出租人根据承租人对出卖人、租赁物的选择订立的买卖合同,未经承租人同意,出租人不得变更与承租人有关的合同内容。

第二百四十二条 出租人享有租赁物的所有权。承租人破产的,租赁物不属于破产财产。

第二百四十三条 融资租赁合同的租金,除当事人另有约定的以外,应当根据购买租赁物的大部分或者全部成本以及出租人的合理利润确定。

第二百四十四条 租赁物不符合约定或者不符合使用目的的,出租人不承担责任,但承租人依赖出租人的技能确定租赁物或者出租人干预选择租赁物的除外。

第二百四十五条 出租人应当保证承租人对租赁物的占有和使用。

第二百四十六条 承租人占有租赁物期间,租赁物造成第三人的人身伤害或者财产损害的,出租人不承担责任。

第二百四十七条 承租人应当妥善保管、使用租赁物。

承租人应当履行占有租赁物期间的维修义务。

第二百四十八条 承租人应当按照约定支付租金。承租人经催告后在合理期限内仍不支付租金的,出租人可以要求支付全部租金;也可以解除合同,收回租赁物。

第二百四十九条 当事人约定租赁期间届满租赁物归承租人所有,承租人已经支付大部分租金,但无力支付剩余租金,出租人因此解除合同收回租赁物的,收回的租赁物的价值超过承租人欠付的租金以及其他费用的,承租人可以要求部分返还。

第二百五十条 出租人和承租人可以约定租赁期间届满租赁物的归属。对租赁物的归属没有约定或者约定不明确,依照本法第六十一条的规定仍不能确定的,租赁物的所有权归出租人。

第十五章 承揽合同

第二百五十一条 承揽合同是承揽人

按照定作人的要求完成工作,交付工作成果,定作人给付报酬的合同。

承揽包括加工、定作、修理、复制、测试、检验等工作。

第二百五十二条 承揽合同的内容包括承揽的标的、数量、质量、报酬、承揽方式、材料的提供、履行期限、验收标准和方法等条款。

第二百五十三条 承揽人应当以自己的设备、技术和劳力,完成主要工作,但当事人另有约定的除外。

承揽人将其承揽的主要工作交由第三人完成的,应当就该第三人完成的工作成果向定作人负责;未经定作人同意的,定作人也可以解除合同。

第二百五十四条 承揽人可以将其承揽的辅助工作交由第三人完成。承揽人将其承揽的辅助工作交由第三人完成的,应当就该第三人完成的工作成果向定作人负责。

第二百五十五条 承揽人提供材料的,承揽人应当按照约定选用材料,并接受定作人检验。

第二百五十六条 定作人提供材料的,定作人应当按照约定提供材料。承揽人对定作人提供的材料,应当及时检验,发现不符合约定时,应当及时通知定作人更换、补齐或者采取其他补救措施。

承揽人不得擅自更换定作人提供的材料,不得更换不需要修理的零部件。

第二百五十七条 承揽人发现定作人提供的图纸或者技术要求不合理的,应当及时通知定作人。因定作人怠于答复等原因造成承揽人损失的,应当赔偿损失。

第二百五十八条 定作人中途变更承揽工作的要求,造成承揽人损失的,应当赔偿损失。

第二百五十九条 承揽工作需要定作人协助的,定作人有协助的义务。

定作人不履行协助义务致使承揽工作不能完成的,承揽人可以催告定作人在合理期限内履行义务,并可以顺延履行期限;定作人逾期不履行的,承揽人可以解除合同。

第二百六十条 承揽人在工作期间,应当接受定作人必要的监督检验。定作人不得因监督检验妨碍承揽人的正常工作。

第二百六十一条 承揽人完成工作的,应当向定作人交付工作成果,并提交必要的技术资料和有关质量证明。定作人应当验收该工作成果。

第二百六十二条 承揽人交付的工作成果不符合质量要求的,定作人可以要求承揽人承担修理、重作、减少报酬、赔偿损失等违约责任。

第二百六十三条 定作人应当按照约定的期限支付报酬。对支付报酬的期限没有约定或者约定不明确,依照本法第六十一条的规定仍不能确定的,定作人应当在承揽人交付工作成果时支付;工作成果部分交付的,定作人应当相应支付。

第二百六十四条 定作人未向承揽人支付报酬或者材料费等价款的,承揽人对完成的工作成果享有留置权,但当事人另有约定的除外。

第二百六十五条 承揽人应当妥善保管定作人提供的材料以及完成的工作成果,因保管不善造成毁损、灭失的,应当承担损害赔偿责任。

第二百六十六条 承揽人应当按照定作人的要求保守秘密,未经定作人许可,不得留存复制品或者技术资料。

第二百六十七条 共同承揽人对定作人承担连带责任,但当事人另有约定的除外。

第二百六十八条 定作人可以随时解除承揽合同,造成承揽人损失的,应当赔偿损失。

第十六章　建设工程合同

第二百六十九条 建设工程合同是承包人进行工程建设,发包人支付价款的合同。

建设工程合同包括工程勘察、设计、施工合同。

第二百七十条 建设工程合同应当采用书面形式。

第二百七十一条　建设工程的招标投标活动,应当依照有关法律的规定公开、公平、公正进行。

第二百七十二条　发包人可以与总承包人订立建设工程合同,也可以分别与勘察人、设计人、施工人订立勘察、设计、施工承包合同。发包人不得将应当由一个承包人完成的建设工程肢解成若干部分发包给几个承包人。

总承包人或者勘察、设计、施工承包人经发包人同意,可以将自己承包的部分工作交由第三人完成。第三人就其完成的工作成果与总承包人或者勘察、设计、施工承包人向发包人承担连带责任。承包人不得将其承包的全部建设工程转包给第三人或者将其承包的全部建设工程肢解以后以分包的名义分别转包给第三人。

禁止承包人将工程分包给不具备相应资质条件的单位。禁止分包单位将其承包的工程再分包。建设工程主体结构的施工必须由承包人自行完成。

第二百七十三条　国家重大建设工程合同,应当按照国家规定的程序和国家批准的投资计划、可行性研究报告等文件订立。

第二百七十四条　勘察、设计合同的内容包括提交有关基础资料和文件(包括概预算)的期限、质量要求、费用以及其他协作条件等条款。

第二百七十五条　施工合同的内容包括工程范围、建设工期、中间交工工程的开工和竣工时间、工程质量、工程造价、技术资料交付时间、材料和设备供应责任、拨款和结算、竣工验收、质量保修范围和质量保证期、双方相互协作等条款。

第二百七十六条　建设工程实行监理的,发包人应当与监理人采用书面形式订立委托监理合同。发包人与监理人的权利和义务以及法律责任,应当依照本法委托合同以及其他有关法律、行政法规的规定。

第二百七十七条　发包人在不妨碍承包人正常作业的情况下,可以随时对作业进度、质量进行检查。

第二百七十八条　隐蔽工程在隐蔽以前,承包人应当通知发包人检查。发包人没有及时检查的,承包人可以顺延工程日期,并有权要求赔偿停工、窝工等损失。

第二百七十九条　建设工程竣工后,发包人应当根据施工图纸及说明书、国家颁发的施工验收规范和质量检验标准及时进行验收。验收合格的,发包人应当按照约定支付价款,并接收该建设工程。

建设工程竣工经验收合格后,方可交付使用;未经验收或者验收不合格的,不得交付使用。

第二百八十条　勘察、设计的质量不符合要求或者未按照期限提交勘察、设计文件拖延工期给发包人造成损失的,勘察人、设计人应当继续完善勘察、设计,减收或者免收勘察、设计费并赔偿损失。

第二百八十一条　因施工人的原因致使建设工程质量不符合约定的,发包人有权要求施工人在合理期限内无偿修理或者返工、改建。经过修理或者返工、改建后,造成逾期交付的,施工人应当承担违约责任。

第二百八十二条　因承包人的原因致使建设工程在合理使用期限内造成人身和财产损害的,承包人应当承担损害赔偿责任。

第二百八十三条　发包人未按照约定的时间和要求提供原材料、设备、场地、资金、技术资料的,承包人可以顺延工程日期,并有权要求赔偿停工、窝工等损失。

第二百八十四条　因发包人的原因致使工程中途停建、缓建的,发包人应当采取措施弥补或者减少损失,赔偿承包人因此造成的停工、窝工、倒运、机械设备调迁、材料和构件积压等损失和实际费用。

第二百八十五条　因发包人变更计划,提供的资料不准确,或者未按照期限提供必需的勘察、设计工作条件而造成勘察、设计的返工、停工或者修改设计,发包人应当按照勘察人、设计人实际消耗的工作量增付费用。

第二百八十六条　发包人未按照约定支付价款的,承包人可以催告发包人在合理期限内支付价款。发包人逾期不支付的,除按照建设工程的性质不宜折价、拍卖的以外，承包人可以与发包人协议将该工程折价，也可以申请人民法院将该工程依法拍卖。建设工程的价款就该工程折价或者拍卖的价款优先受偿。

第二百八十七条　本章没有规定的，适用承揽合同的有关规定。

第十七章　运输合同

第一节　一般规定

第二百八十八条　运输合同是承运人将旅客或者货物从起运地点运输到约定地点，旅客、托运人或者收货人支付票款或者运输费用的合同。

第二百八十九条　从事公共运输的承运人不得拒绝旅客、托运人通常、合理的运输要求。

第二百九十条　承运人应当在约定期间或者合理期间内将旅客、货物安全运输到约定地点。

第二百九十一条　承运人应当按照约定的或者通常的运输路线将旅客、货物运输到约定地点。

第二百九十二条　旅客、托运人或者收货人应当支付票款或者运输费用。承运人未按照约定路线或者通常路线运输增加票款或者运输费用的，旅客、托运人或者收货人可以拒绝支付增加部分的票款或者运输费用。

第二节　客运合同

第二百九十三条　客运合同自承运人向旅客交付客票时成立，但当事人另有约定或者另有交易习惯的除外。

第二百九十四条　旅客应当持有效客票乘运。旅客无票乘运、超程乘运、越级乘运或者持失效客票乘运的，应当补交票款，承运人可以按照规定加收票款。旅客不交付票款的，承运人可以拒绝运输。

第二百九十五条　旅客因自己的原因不能按照客票记载的时间乘坐的，应当在约定的时间内办理退票或者变更手续。逾期办理的，承运人可以不退票款，并不再承担运输义务。

第二百九十六条　旅客在运输中应当按照约定的限量携带行李。超过限量携带行李的，应当办理托运手续。

第二百九十七条　旅客不得随身携带或者在行李中夹带易燃、易爆、有毒、有腐蚀性、有放射性以及有可能危及运输工具上人身和财产安全的危险物品或者其他违禁物品。

旅客违反前款规定的，承运人可以将违禁物品卸下、销毁或者送交有关部门。旅客坚持携带或者夹带违禁物品的，承运人应当拒绝运输。

第二百九十八条　承运人应当向旅客及时告知有关不能正常运输的重要事由和安全运输应当注意的事项。

第二百九十九条　承运人应当按照客票载明的时间和班次运输旅客。承运人迟延运输的，应当根据旅客的要求安排改乘其他班次或者退票。

第三百条　承运人擅自变更运输工具而降低服务标准的，应当根据旅客的要求退票或者减收票款；提高服务标准的，不应当加收票款。

第三百零一条　承运人在运输过程中，应当尽力救助患有急病、分娩、遇险的旅客。

第三百零二条　承运人应当对运输过程中旅客的伤亡承担损害赔偿责任，但伤亡是旅客自身健康原因造成的或者承运人证明伤亡是旅客故意、重大过失造成的除外。

前款规定适用于按照规定免票、持优待票或者经承运人许可搭乘的无票旅客。

第三百零三条　在运输过程中旅客自带物品毁损、灭失，承运人有过错的，应当承担损害赔偿责任。

旅客托运的行李毁损、灭失的，适用货物运输的有关规定。

第三节　货运合同

第三百零四条　托运人办理货物运输，

应当向承运人准确表明收货人的名称或者姓名或者凭指示的收货人,货物的名称、性质、重量、数量,收货地点等有关货物运输的必要情况。

因托运人申报不实或者遗漏重要情况,造成承运人损失的,托运人应当承担损害赔偿责任。

第三百零五条 货物运输需要办理审批、检验等手续的,托运人应当将办理完有关手续的文件提交承运人。

第三百零六条 托运人应当按照约定的方式包装货物。对包装方式没有约定或者约定不明确的,适用本法第一百五十六条的规定。

托运人违反前款规定的,承运人可以拒绝运输。

第三百零七条 托运人托运易燃、易爆、有毒、有腐蚀性、有放射性等危险物品的,应当按照国家有关危险物品运输的规定对危险物品妥善包装,作出危险物标志和标签,并将有关危险物品的名称、性质和防范措施的书面材料提交承运人。

托运人违反前款规定的,承运人可以拒绝运输,也可以采取相应措施以避免损失的发生,因此产生的费用由托运人承担。

第三百零八条 在承运人将货物交付收货人之前,托运人可以要求承运人中止运输、返还货物、变更到达地或者将货物交给其他收货人,但应当赔偿承运人因此受到的损失。

第三百零九条 货物运输到达后,承运人知道收货人的,应当及时通知收货人,收货人应当及时提货。收货人逾期提货的,应当向承运人支付保管费等费用。

第三百一十条 收货人提货时应当按照约定的期限检验货物。对检验货物的期限没有约定或者约定不明确,依照本法第六十一条的规定仍不能确定的,应当在合理期限内检验货物。收货人在约定的期限或者合理期限内对货物的数量、毁损等未提出异议的,视为承运人已经按照运输单证的记载交付的初步证据。

第三百一十一条 承运人对运输过程中货物的毁损、灭失承担损害赔偿责任,但承运人证明货物的毁损、灭失是因不可抗力、货物本身的自然性质或者合理损耗以及托运人、收货人的过错造成的,不承担损害赔偿责任。

第三百一十二条 货物的毁损、灭失的赔偿额,当事人有约定的,按照其约定;没有约定或者约定不明确,依照本法第六十一条的规定仍不能确定的,按照交付或者应当交付时货物到达地的市场价格计算。法律、行政法规对赔偿额的计算方法和赔偿限额另有规定的,依照其规定。

第三百一十三条 两个以上承运人以同一运输方式联运的,与托运人订立合同的承运人应当对全程运输承担责任。损失发生在某一运输区段的,与托运人订立合同的承运人和该区段的承运人承担连带责任。

第三百一十四条 货物在运输过程中因不可抗力灭失,未收取运费的,承运人不得要求支付运费;已收取运费的,托运人可以要求返还。

第三百一十五条 托运人或者收货人不支付运费、保管费以及其他运输费用的,承运人对相应的运输货物享有留置权,但当事人另有约定的除外。

第三百一十六条 收货人不明或者收货人无正当理由拒绝受领货物的,依照本法第一百零一条的规定,承运人可以提存货物。

第四节 多式联运合同

第三百一十七条 多式联运经营人负责履行或者组织履行多式联运合同,对全程运输享有承运人的权利,承担承运人的义务。

第三百一十八条 多式联运经营人可以与参加多式联运的各区段承运人就多式联运合同的各区段运输约定相互之间的责任,但该约定不影响多式联运经营人对全程运输承担的义务。

第三百一十九条 多式联运经营人收到托运人交付的货物时,应当签发多式联单据。按照托运人的要求,多式联运单据可以是可转让单据,也可以是不可转让单据。

第三百二十条 因托运人托运货物时的过错造成多式联运经营人损失的,即使托运人已经转让多式联运单据,托运人仍然应当承担损害赔偿责任。

第三百二十一条 货物的毁损、灭失发生于多式联运的某一运输区段的,多式联运经营人的赔偿责任和责任限额,适用调整该区段运输方式的有关法律规定。货物毁损、灭失发生的运输区段不能确定的,依照本章规定承担损害赔偿责任。

第十八章 技术合同

第一节 一般规定

第三百二十二条 技术合同是当事人就技术开发、转让、咨询或者服务订立的确立相互之间权利和义务的合同。

第三百二十三条 订立技术合同,应当有利于科学技术的进步,加速科学技术成果的转化、应用和推广。

第三百二十四条 技术合同的内容由当事人约定,一般包括以下条款:

(一)项目名称;

(二)标的的内容、范围和要求;

(三)履行的计划、进度、期限、地点、地域和方式;

(四)技术情报和资料的保密;

(五)风险责任的承担;

(六)技术成果的归属和收益的分成办法;

(七)验收标准和方法;

(八)价款、报酬或者使用费及其支付方式;

(九)违约金或者损失赔偿的计算方法;

(十)解决争议的方法;

(十一)名词和术语的解释。

与履行合同有关的技术背景资料、可行性论证和技术评价报告、项目任务书和计划书、技术标准、技术规范、原始设计和工艺文件,以及其他技术文档,按照当事人的约定可以作为合同的组成部分。

技术合同涉及专利的,应当注明发明创造的名称、专利申请人和专利权人、申请日期、申请号、专利号以及专利权的有效期限。

第三百二十五条 技术合同价款、报酬或者使用费的支付方式由当事人约定,可以采取一次总算、一次总付或者一次总算、分期支付,也可以采取提成支付或者提成支付附加预付入门费的方式。

约定提成支付的,可以按照产品价格、实施专利和使用技术秘密后新增的产值、利润或者产品销售额的一定比例提成,也可以按照约定的其他方式计算。提成支付的比例可以采取固定比例、逐年递增比例或者逐年递减比例。

约定提成支付的,当事人应当在合同中约定查阅有关会计帐目的办法。

第三百二十六条 职务技术成果的使用权、转让权属于法人或者其他组织的,法人或者其他组织可以就该项职务技术成果订立技术合同。法人或者其他组织应当从使用和转让该项职务技术成果所取得的收益中提取一定比例,对完成该项职务技术成果的个人给予奖励或者报酬。法人或者其他组织订立技术合同转让职务技术成果时,职务技术成果的完成人享有以同等条件优先受让的权利。

职务技术成果是执行法人或者其他组织的工作任务,或者主要是利用法人或者其他组织的物质技术条件所完成的技术成果。

第三百二十七条 非职务技术成果的使用权、转让权属于完成技术成果的个人,完成技术成果的个人可以就该项非职务技术成果订立技术合同。

第三百二十八条 完成技术成果的个人有在有关技术成果文件上写明自己是技术成果完成者的权利和取得荣誉证书、奖励的权利。

第三百二十九条 非法垄断技术、妨碍技术进步或者侵害他人技术成果的技术合同无效。

第二节　技术开发合同

第三百三十条　技术开发合同是指当事人之间就新技术、新产品、新工艺或者新材料及其系统的研究开发所订立的合同。

技术开发合同包括委托开发合同和合作开发合同。

技术开发合同应当采用书面形式。

当事人之间就具有产业应用价值的科技成果实施转化订立的合同,参照技术开发合同的规定。

第三百三十一条　委托开发合同的委托人应当按照约定支付研究开发经费和报酬;提供技术资料、原始数据;完成协作事项;接受研究开发成果。

第三百三十二条　委托开发合同的研究开发人应当按照约定制定和实施研究开发计划;合理使用研究开发经费;按期完成研究开发工作,交付研究开发成果,提供有关的技术资料和必要的技术指导,帮助委托人掌握研究开发成果。

第三百三十三条　委托人违反约定造成研究开发工作停滞、延误或者失败的,应当承担违约责任。

第三百三十四条　研究开发人违反约定造成研究开发工作停滞、延误或者失败的,应当承担违约责任。

第三百三十五条　合作开发合同的当事人应当按照约定进行投资,包括以技术进行投资;分工参与研究开发工作;协作配合研究开发工作。

第三百三十六条　合作开发合同的当事人违反约定造成研究开发工作停滞、延误或者失败的,应当承担违约责任。

第三百三十七条　因作为技术开发合同标的的技术已经由他人公开,致使技术开发合同的履行没有意义的,当事人可以解除合同。

第三百三十八条　技术开发合同履行过程中,因出现无法克服的技术困难,致使研究开发失败或者部分失败的,该风险责任由当事人约定。没有约定或者约定不明确,依照本法第六十一条的规定仍不能确定的,风险责任由当事人合理分担。

当事人一方发现前款规定的可能致使研究开发失败或者部分失败的情形时,应当及时通知另一方并采取适当措施减少损失。没有及时通知并采取适当措施,致使损失扩大的,应当就扩大的损失承担责任。

第三百三十九条　委托开发完成的发明创造,除当事人另有约定的以外,申请专利的权利属于研究开发人。研究开发人取得专利权的,委托人可以免费实施该专利。

研究开发人转让专利申请权的,委托人享有以同等条件优先受让的权利。

第三百四十条　合作开发完成的发明创造,除当事人另有约定的以外,申请专利的权利属于合作开发的当事人共有。当事人一方转让其共有的专利申请权的,其他各方享有以同等条件优先受让的权利。

合作开发的当事人一方声明放弃其共有的专利申请权的,可以由另一方单独申请或者由其他各方共同申请。申请人取得专利权的,放弃专利申请权的一方可以免费实施该专利。

合作开发的当事人一方不同意申请专利的,另一方或者其他各方不得申请专利。

第三百四十一条　委托开发或者合作开发完成的技术秘密成果的使用权、转让权以及利益的分配办法,由当事人约定。没有约定或者约定不明确,依照本法第六十一条的规定仍不能确定的,当事人均有使用和转让的权利,但委托开发的研究开发人不得在向委托人交付研究开发成果之前,将研究开发成果转让给第三人。

第三节　技术转让合同

第三百四十二条　技术转让合同包括专利权转让、专利申请权转让、技术秘密转让、专利实施许可合同。

技术转让合同应当采用书面形式。

第三百四十三条　技术转让合同可以约定让与人和受让人实施专利或者使用技术秘密的范围,但不得限制技术竞争和技术发展。

第三百四十四条　专利实施许可合同只在该专利权的存续期间内有效。专利权有效期限届满或者专利权被宣布无效的，专利权人不得就该专利与他人订立专利实施许可合同。

第三百四十五条　专利实施许可合同的让与人应当按照约定许可受让人实施专利，交付实施专利有关的技术资料，提供必要的技术指导。

第三百四十六条　专利实施许可合同的受让人应当按照约定实施专利，不得许可约定以外的第三人实施该专利；并按照约定支付使用费。

第三百四十七条　技术秘密转让合同的让与人应当按照约定提供技术资料，进行技术指导，保证技术的实用性、可靠性，承担保密义务。

第三百四十八条　技术秘密转让合同的受让人应当按照约定使用技术，支付使用费，承担保密义务。

第三百四十九条　技术转让合同的让与人应当保证自己是所提供的技术的合法拥有者，并保证所提供的技术完整、无误、有效，能够达到约定的目标。

第三百五十条　技术转让合同的受让人应当按照约定的范围和期限，对让与人提供的技术中尚未公开的秘密部分，承担保密义务。

第三百五十一条　让与人未按照约定转让技术的，应当返还部分或者全部使用费，并应当承担违约责任；实施专利或者使用技术秘密超越约定的范围的，违反约定擅自许可第三人实施该项专利或者使用该项技术秘密的，应当停止违约行为，承担违约责任；违反约定的保密义务的，应当承担违约责任。

第三百五十二条　受让人未按照约定支付使用费的，应当补交使用费并按照约定支付违约金；不补交使用费或者支付违约金的，应当停止实施专利或者使用技术秘密，交还技术资料，承担违约责任；实施专利或者使用技术秘密超越约定的范围的，未经让

与人同意擅自许可第三人实施该专利或者使用该技术秘密的，应当停止违约行为，承担违约责任；违反约定的保密义务的，应当承担违约责任。

第三百五十三条　受让人按照约定实施专利、使用技术秘密侵害他人合法权益的，由让与人承担责任，但当事人另有约定的除外。

第三百五十四条　当事人可以按照互利的原则，在技术转让合同中约定实施专利、使用技术秘密后续改进的技术成果的分享办法。没有约定或者约定不明确，依照本法第六十一条的规定仍不能确定的，一方后续改进的技术成果，其他各方无权分享。

第三百五十五条　法律、行政法规对技术进出口合同或者专利、专利申请合同另有规定的，依照其规定。

第四节　技术咨询合同和技术服务合同

第三百五十六条　技术咨询合同包括就特定技术项目提供可行性论证、技术预测、专题技术调查、分析评价报告等合同。

技术服务合同是指当事人一方以技术知识为另一方解决特定技术问题所订立的合同，不包括建设工程合同和承揽合同。

第三百五十七条　技术咨询合同的委托人应当按照约定阐明咨询的问题，提供技术背景材料及有关技术资料、数据；接受受托人的工作成果，支付报酬。

第三百五十八条　技术咨询合同的受托人应当按照约定的期限完成咨询报告或者解答问题；提出的咨询报告应当达到约定的要求。

第三百五十九条　技术咨询合同的委托人未按照约定提供必要的资料和数据，影响工作进度和质量，不接受或者逾期接受工作成果的，支付的报酬不得追回，未支付的报酬应当支付。

技术咨询合同的受托人未按期提出咨询报告或者提出的咨询报告不符合约定的，应当承担减收或者免收报酬等违约责任。

技术咨询合同的委托人按照受托人符合约定要求的咨询报告和意见作出决策所造成的损失,由委托人承担,但当事人另有约定的除外。

第三百六十条　技术服务合同的委托人应当按照约定提供工作条件,完成配合事项;接受工作成果并支付报酬。

第三百六十一条　技术服务合同的受托人应当按照约定完成服务项目,解决技术问题,保证工作质量,并传授解决技术问题的知识。

第三百六十二条　技术服务合同的委托人不履行合同义务或者履行合同义务不符合约定,影响工作进度和质量,不接受或者逾期接受工作成果的,支付的报酬不得追回,未支付的报酬应当支付。

技术服务合同的受托人未按照合同约定完成服务工作的,应当承担免收报酬等违约责任。

第三百六十三条　技术咨询合同、技术服务合同履行过程中,受托人利用委托人提供的技术资料和工作条件完成的新的技术成果,属于受托人。委托人利用受托人的工作成果完成的新的技术成果,属于委托人。当事人另有约定的,按照其约定。

第三百六十四条　法律、行政法规对技术中介合同、技术培训合同另有规定的,依照其规定。

第十九章　保管合同

第三百六十五条　保管合同是保管人保管寄存人交付的保管物,并返还该物的合同。

第三百六十六条　寄存人应当按照约定向保管人支付保管费。

当事人对保管费没有约定或者约定不明确,依照本法第六十一条的规定仍不能确定的,保管是无偿的。

第三百六十七条　保管合同自保管物交付时成立,但当事人另有约定的除外。

第三百六十八条　寄存人向保管人交付保管物的,保管人应当给付保管凭证,但另有交易习惯的除外。

第三百六十九条　保管人应当妥善保管保管物。

当事人可以约定保管场所或者方法。除紧急情况或者为了维护寄存人利益的以外,不得擅自改变保管场所或者方法。

第三百七十条　寄存人交付的保管物有瑕疵或者按照保管物的性质需要采取特殊保管措施的,寄存人应当将有关情况告知保管人。寄存人未告知,致使保管物受损失的,保管人不承担损害赔偿责任;保管人因此受损失的,除保管人知道或者应当知道并且未采取补救措施的以外,寄存人应当承担损害赔偿责任。

第三百七十一条　保管人不得将保管物转交第三人保管,但当事人另有约定的除外。

保管人违反前款规定,将保管物转交第三人保管,对保管物造成损失的,应当承担损害赔偿责任。

第三百七十二条　保管人不得使用或者许可第三人使用保管物,但当事人另有约定的除外。

第三百七十三条　第三人对保管物主张权利的,除依法对保管物采取保全或者执行的以外,保管人应当履行向寄存人返还保管物的义务。

第三人对保管人提起诉讼或者对保管物申请扣押的,保管人应当及时通知寄存人。

第三百七十四条　保管期间,因保管人保管不善造成保管物毁损、灭失的,保管人应当承担损害赔偿责任,但保管是无偿的,保管人证明自己没有重大过失的,不承担损害赔偿责任。

第三百七十五条　寄存人寄存货币、有价证券或者其他贵重物品的,应当向保管人声明,由保管人验收或者封存。寄存人未声明的,该物品毁损、灭失后,保管人可以按照一般物品予以赔偿。

第三百七十六条　寄存人可以随时领取保管物。

当事人对保管期间没有约定或者约定

不明确的,保管人可以随时要求寄存人领取保管物;约定保管期间的,保管人无特别事由,不得要求寄存人提前领取保管物。

第三百七十七条　保管期间届满或者寄存人提前领取保管物的,保管人应当将原物及其孳息归还寄存人。

第三百七十八条　保管人保管货币的,可以返还相同种类、数量的货币。保管其他可替代物的,可以按照约定返还相同种类、品质、数量的物品。

第三百七十九条　有偿的保管合同,寄存人应当按照约定的期限向保管人支付保管费。

当事人对支付期限没有约定或者约定不明确,依照本法第六十一条的规定仍不能确定的,应当在领取保管物的同时支付。

第三百八十条　寄存人未按照约定支付保管费以及其他费用的,保管人对保管物享有留置权,但当事人另有约定的除外。

第二十章　仓储合同

第三百八十一条　仓储合同是保管人储存存货人交付的仓储物,存货人支付仓储费的合同。

第三百八十二条　仓储合同自成立时生效。

第三百八十三条　储存易燃、易爆、有毒、有腐蚀性、有放射性等危险物品或者易变质物品,存货人应当说明该物品的性质,提供有关资料。

存货人违反前款规定的,保管人可以拒收仓储物,也可以采取相应措施以避免损失的发生,因此产生的费用由存货人承担。

保管人储存易燃、易爆、有毒、有腐蚀性、有放射性等危险物品的,应当具备相应的保管条件。

第三百八十四条　保管人应当按照约定对入库仓储物进行验收。保管人验收时发现入库仓储物与约定不符合的,应当及时通知存货人。保管人验收后,发生仓储物的品种、数量、质量不符合约定的,保管人应当承担损害赔偿责任。

第三百八十五条　存货人交付仓储物的,保管人应当给付仓单。

第三百八十六条　保管人应当在仓单上签字或者盖章。仓单包括下列事项:

（一）存货人的名称或者姓名和住所;

（二）仓储物的品种、数量、质量、包装、件数和标记;

（三）仓储物的损耗标准;

（四）储存场所;

（五）储存期间;

（六）仓储费;

（七）仓储物已经办理保险的,其保险金额、期间以及保险人的名称;

（八）填发人、填发地和填发日期。

第三百八十七条　仓单是提取仓储物的凭证。存货人或者仓单持有人在仓单上背书并经保管人签字或者盖章的,可以转让提取仓储物的权利。

第三百八十八条　保管人根据存货人或者仓单持有人的要求,应当同意其检查仓储物或者提取样品。

第三百八十九条　保管人对入库仓储物发现有变质或者其他损坏的,应当及时通知存货人或者仓单持有人。

第三百九十条　保管人对入库仓储物发现有变质或者其他损坏,危及其他仓储物的安全和正常保管的,应当催告存货人或者仓单持有人作出必要的处置。因情况紧急,保管人可以作出必要的处置,但事后应当将该情况及时通知存货人或者仓单持有人。

第三百九十一条　当事人对储存期间没有约定或者约定不明确的,存货人或者仓单持有人可以随时提取仓储物,保管人也可以随时要求存货人或者仓单持有人提取仓储物,但应当给予必要的准备时间。

第三百九十二条　储存期间届满,存货人或者仓单持有人应当凭仓单提取仓储物。存货人或者仓单持有人逾期提取的,应当加收仓储费;提前提取的,不减收仓储费。

第三百九十三条　储存期间届满,存货人或者仓单持有人不提取仓储物的,保管人可以催告其在合理期限内提取,逾期不提取的,保管人可以提存仓储物。

第三百九十四条 储存期间,因保管人保管不善造成仓储物毁损、灭失的,保管人应当承担损害赔偿责任。

因仓储物的性质、包装不符合约定或者超过有效储存期造成仓储物变质、损坏的,保管人不承担损害赔偿责任。

第三百九十五条 本章没有规定的,适用保管合同的有关规定。

第二十一章 委托合同

第三百九十六条 委托合同是委托人和受托人约定,由受托人处理委托人事务的合同。

第三百九十七条 委托人可以特别委托受托人处理一项或者数项事务,也可以概括委托受托人处理一切事务。

第三百九十八条 委托人应当预付处理委托事务的费用。受托人为处理委托事务垫付的必要费用,委托人应当偿还该费用及其利息。

第三百九十九条 受托人应当按照委托人的指示处理委托事务。需要变更委托人指示的,应当经委托人同意;因情况紧急,难以和委托人取得联系的,受托人应当妥善处理委托事务,但事后应当将该情况及时报告委托人。

第四百条 受托人应当亲自处理委托事务。经委托人同意,受托人可以转委托。转委托经同意的,委托人可以就委托事务直接指示转委托的第三人,受托人仅就第三人的选任及其对第三人的指示承担责任。转委托未经同意的,受托人应当对转委托的第三人的行为承担责任,但在紧急情况下受托人为维护委托人的利益需要转委托的除外。

第四百零一条 受托人应当按照委托人的要求,报告委托事务的处理情况。委托合同终止时,受托人应当报告委托事务的结果。

第四百零二条 受托人以自己的名义,在委托人的授权范围内与第三人订立的合同,第三人在订立合同时知道受托人与委托人之间的代理关系的,该合同直接约束委托人和第三人,但有确切证据证明该合同只约束受托人和第三人的除外。

第四百零三条 受托人以自己的名义与第三人订立合同时,第三人不知道受托人与委托人之间的代理关系的,受托人因第三人的原因对委托人不履行义务,受托人应当向委托人披露第三人,委托人因此可以行使受托人对第三人的权利,但第三人与受托人订立合同时如果知道该委托人就不会订立合同的除外。

受托人因委托人的原因对第三人不履行义务,受托人应当向第三人披露委托人,第三人因此可以选择受托人或者委托人作为相对人主张其权利,但第三人不得变更选定的相对人。

委托人行使受托人对第三人的权利的,第三人可以向委托人主张其对受托人的抗辩。第三人选定委托人作为其相对人的,委托人可以向第三人主张其对受托人的抗辩以及受托人对第三人的抗辩。

第四百零四条 受托人处理委托事务取得的财产,应当转交给委托人。

第四百零五条 受托人完成委托事务的,委托人应当向其支付报酬。因不可归责于受托人的事由,委托合同解除或者委托事务不能完成的,委托人应当向受托人支付相应的报酬。当事人另有约定的,按照其约定。

第四百零六条 有偿的委托合同,因受托人的过错给委托人造成损失的,委托人可以要求赔偿损失。无偿的委托合同,因受托人的故意或者重大过失给委托人造成损失的,委托人可以要求赔偿损失。

受托人超越权限给委托人造成损失的,应当赔偿损失。

第四百零七条 受托人处理委托事务时,因不可归责于自己的事由受到损失的,可以向委托人要求赔偿损失。

第四百零八条 委托人经受托人同意,可以在受托人之外委托第三人处理委托事务。因此给受托人造成损失的,受托人可以向委托人要求赔偿损失。

第四百零九条　两个以上的受托人共同处理委托事务的,对委托人承担连带责任。

第四百一十条　委托人或者受托人可以随时解除委托合同。因解除委托合同给对方造成损失的,除不可归责于该当事人的事由以外,应当赔偿损失。

第四百一十一条　委托人或者受托人死亡、丧失民事行为能力或者破产的,委托合同终止,但当事人另有约定或者根据委托事务的性质不宜终止的除外。

第四百一十二条　因委托人死亡、丧失民事行为能力或者破产,致使委托合同终止将损害委托人利益的,在委托人的继承人、法定代理人或者清算组织承受委托事务之前,受托人应当继续处理委托事务。

第四百一十三条　因受托人死亡、丧失民事行为能力或者破产,致使委托合同终止的,受托人的继承人、法定代理人或者清算组织应当及时通知委托人。因委托合同终止将损害委托人利益的,在委托人作出善后处理之前,受托人的继承人、法定代理人或者清算组织应当采取必要措施。

第二十二章　行纪合同

第四百一十四条　行纪合同是行纪人以自己的名义为委托人从事贸易活动,委托人支付报酬的合同。

第四百一十五条　行纪人处理委托事务支出的费用,由行纪人负担,但当事人另有约定的除外。

第四百一十六条　行纪人占有委托物的,应当妥善保管委托物。

第四百一十七条　委托物交付给行纪人时有瑕疵或者容易腐烂、变质的,经委托人同意,行纪人可以处分该物;和委托人不能及时取得联系的,行纪人可以合理处分。

第四百一十八条　行纪人低于委托人指定的价格卖出或者高于委托人指定的价格买入的,应当经委托人同意。未经委托人同意,行纪人补偿其差额的,该买卖对委托人发生效力。

行纪人高于委托人指定的价格卖出或者低于委托人指定的价格买入的,可以按照约定增加报酬。没有约定或者约定不明确,依照本法第六十一条的规定仍不能确定的,该利益属于委托人。

委托人对价格有特别指示的,行纪人不得违背该指示卖出或者买入。

第四百一十九条　行纪人卖出或者买入具有市场定价的商品,除委托人有相反的意思表示的以外,行纪人自己可以作为买受人或者出卖人。

行纪人有前款规定情形的,仍然可以要求委托人支付报酬。

第四百二十条　行纪人按照约定买入委托物,委托人应当及时受领。经行纪人催告,委托人无正当理由拒绝受领的,行纪人依照本法第一百零一条的规定可以提存委托物。

委托物不能卖出或者委托人撤回出卖,经行纪人催告,委托人不取回或者不处分该物的,行纪人依照本法第一百零一条的规定可以提存委托物。

第四百二十一条　行纪人与第三人订立合同的,行纪人对该合同直接享有权利、承担义务。

第三人不履行义务致使委托人受到损害的,行纪人应当承担损害赔偿责任,但行纪人与委托人另有约定的除外。

第四百二十二条　行纪人完成或者部分完成委托事务的,委托人应当向其支付相应的报酬。委托人逾期不支付报酬的,行纪人对委托物享有留置权,但当事人另有约定的除外。

第四百二十三条　本章没有规定的,适用委托合同的有关规定。

第二十三章　居间合同

第四百二十四条　居间合同是居间人向委托人报告订立合同的机会或者提供订立合同的媒介服务,委托人支付报酬的合同。

第四百二十五条　居间人应当就有关

订立合同的事项向委托人如实报告。

居间人故意隐瞒与订立合同有关的重要事实或者提供虚假情况,损害委托人利益的,不得要求支付报酬并应当承担损害赔偿责任。

第四百二十六条　居间人促成合同成立的,委托人应当按照约定支付报酬。对居间人的报酬没有约定或者约定不明确,依照本法第六十一条的规定仍不能确定的,根据居间人的劳务合理确定。因居间人提供订立合同的媒介服务而促成合同成立的,由该合同的当事人平均负担居间人的报酬。

居间人促成合同成立的,居间活动的费用,由居间人负担。

第四百二十七条　居间人未促成合同成立的,不得要求支付报酬,但可以要求委托人支付从事居间活动支出的必要费用。

附　则

第四百二十八条　本法自 1999 年 10 月 1 日起施行,《中华人民共和国经济合同法》、《中华人民共和国涉外经济合同法》、《中华人民共和国技术合同法》同时废止。

中华人民共和国个人独资企业法

1999 年 8 月 30 日第九届全国人民代表大会常务委员会第十一次会议通过　1999 年 8 月 30 日中华人民共和国主席令第 20 号公布

目　录

第一章　总　则

第一条　为了规范个人独资企业的行为,保护个人独资企业投资人和债权人的合法权益,维护社会经济秩序,促进社会主义市场经济的发展,根据宪法,制定本法。

第二条　本法所称个人独资企业,是指依照本法在中国境内设立,由一个自然人投资,财产为投资人个人所有,投资人以其个人财产对企业债务承担无限责任的经营实体。

第三条　个人独资企业以其主要办事机构所在地为住所。

第四条　个人独资企业从事经营活动必须遵守法律、行政法规,遵守诚实信用原则,不得损害社会公共利益。

个人独资企业应当依法履行纳税义务。

第五条　国家依法保护个人独资企业的财产和其他合法权益。

第六条　个人独资企业应当依法招用职工。职工的合法权益受法律保护。

个人独资企业职工依法建立工会,工会依法开展活动。

第七条　在个人独资企业中的中国共产党党员依照中国共产党章程进行活动。

第二章　个人独资企业的设立

第八条　设立个人独资企业应当具备下列条件:

(一)投资人为一个自然人;

(二)有合法的企业名称;

(三)有投资人申报的出资;

(四)有固定的生产经营场所和必要的生产经营条件;

(五)有必要的从业人员。

第九条　申请设立个人独资企业,应当由投资人或者其委托的代理人向个人独资企业所在地的登记机关提交设立申请书、投资人身份证明、生产经营场所使用证明等文件。委托代理人申请设立登记时,应当出具投资人的委托书和代理人的合法证明。

个人独资企业不得从事法律、行政法规禁止经营的业务;从事法律、行政法规规定须报经有关部门审批的业务,应当在申请设立登记时提交有关部门的批准文件。

第十条 个人独资企业设立申请书应当载明下列事项:

(一)企业的名称和住所;

(二)投资人的姓名和居所;

(三)投资人的出资额和出资方式;

(四)经营范围。

第十一条 个人独资企业的名称应当与其责任形式及从事的营业相符合。

第十二条 登记机关应当在收到设立申请文件之日起十五日内,对符合本法规定条件的,予以登记,发给营业执照;对不符合本法规定条件的,不予登记,并应当给予书面答复,说明理由。

第十三条 个人独资企业的营业执照的签发日期,为个人独资企业成立日期。

在领取个人独资企业营业执照前,投资人不得以个人独资企业名义从事经营活动。

第十四条 个人独资企业设立分支机构,应当由投资人或者其委托的代理人向分支机构所在地的登记机关申请登记,领取营业执照。

分支机构经核准登记后,应将登记情况报该分支机构隶属的个人独资企业的登记机关备案。

分支机构的民事责任由设立该分支机构的个人独资企业承担。

第十五条 个人独资企业存续期间登记事项发生变更的,应当在作出变更决定之日起的十五日内依法向登记机关申请办理变更登记。

第三章 个人独资企业的投资人及事务管理

第十六条 法律、行政法规禁止从事营利性活动的人,不得作为投资人申请设立个人独资企业。

第十七条 个人独资企业投资人对本企业的财产依法享有所有权,其有关权利可以依法进行转让或继承。

第十八条 个人独资企业投资人在申请企业设立登记时明确以其家庭共有财产作为个人出资的,应当依法以家庭共有财产对企业债务承担无限责任。

第十九条 个人独资企业投资人可以自行管理企业事务,也可以委托或者聘用其他具有民事行为能力的人负责企业的事务管理。

投资人委托或者聘用他人管理个人独资企业事务,应当与受托人或者被聘用的人签订书面合同,明确委托的具体内容和授予的权利范围。

受托人或者被聘用的人员应当履行诚信、勤勉义务,按照与投资人签订的合同负责个人独资企业的事务管理。

投资人对受托人或者被聘用的人员职权的限制,不得对抗善意第三人。

第二十条 投资人委托或者聘用的管理个人独资企业事务的人员不得有下列行为:

(一)利用职务上的便利,索取或者收受贿赂;

(二)利用职务或者工作上的便利侵占企业财产;

(三)挪用企业的资金归个人使用或者借贷给他人;

(四)擅自将企业资金以个人名义或者以他人名义开立帐户储存;

(五)擅自以企业财产提供担保;

(六)未经投资人同意,从事与本企业相竞争的业务;

(七)未经投资人同意,同本企业订立合同或者进行交易;

(八)未经投资人同意,擅自将企业商标或者其他知识产权转让给他人使用;

(九)泄露本企业的商业秘密;

(十)法律、行政法规禁止的其他行为。

第二十一条 个人独资企业应当依法设置会计帐簿,进行会计核算。

第二十二条 个人独资企业招用职工的,应当依法与职工签订劳动合同,保障职工的劳动安全,按时、足额发放职工工资。

第二十三条 个人独资企业应当按照国家规定参加社会保险，为职工缴纳社会保险费。

第二十四条 个人独资企业可以依法申请贷款、取得土地使用权，并享有法律、行政法规规定的其他权利。

第二十五条 任何单位和个人不得违反法律、行政法规的规定，以任何方式强制个人独资企业提供财力、物力、人力；对于违法强制提供财力、物力、人力的行为，个人独资企业有权拒绝。

第四章 个人独资企业的解散和清算

第二十六条 个人独资企业有下列情形之一时，应当解散：

（一）投资人决定解散；

（二）投资人死亡或者被宣告死亡，无继承人或者继承人决定放弃继承；

（三）被依法吊销营业执照；

（四）法律、行政法规规定的其他情形。

第二十七条 个人独资企业解散，由投资人自行清算或者由债权人申请人民法院指定清算人进行清算。

投资人自行清算的，应当在清算前十五日内书面通知债权人，无法通知的，应当予以公告。债权人应当在接到通知之日起三十日内，未接到通知的应当在公告之日起六十日内，向投资人申报其债权。

第二十八条 个人独资企业解散后，原投资人对个人独资企业存续期间的债务仍应承担偿还责任，但债权人在五年内未向债务人提出偿债请求的，该责任消灭。

第二十九条 个人独资企业解散的，财产应当按照下列顺序清偿：

（一）所欠职工工资和社会保险费用；

（二）所欠税款；

（三）其他债务。

第三十条 清算期间，个人独资企业不得开展与清算目的无关的经营活动。在按前条规定清偿债务前，投资人不得转移、隐匿财产。

第三十一条 个人独资企业财产不足以清偿债务的，投资人应当以其个人的其他财产予以清偿。

第三十二条 个人独资企业清算结束后，投资人或者人民法院指定的清算人应当编制清算报告，并于十五日内到登记机关办理注销登记。

第五章 法律责任

第三十三条 违反本法规定，提交虚假文件或采取其他欺骗手段，取得企业登记的，责令改正，处以五千元以下的罚款；情节严重的，并处吊销营业执照。

第三十四条 违反本法规定，个人独资企业使用的名称与其在登记机关登记的名称不相符合的，责令限期改正，处以二千元以下的罚款。

第三十五条 涂改、出租、转让营业执照的，责令改正，没收违法所得，处以三千元以下的罚款；情节严重的，吊销营业执照。

伪造营业执照的，责令停业，没收违法所得，处以五千元以下的罚款。构成犯罪的，依法追究刑事责任。

第三十六条 个人独资企业成立后无正当理由超过六个月未开业的，或者开业后自行停业连续六个月以上的，吊销营业执照。

第三十七条 违反本法规定，未领取营业执照，以个人独资企业名义从事经营活动的，责令停止经营活动，处以三千元以下的罚款。

个人独资企业登记事项发生变更时，未按本法规定办理有关变更登记的，责令限期办理变更登记；逾期不办理的，处以二千元以下的罚款。

第三十八条 投资人委托或者聘用的人员管理个人独资企业事务时违反双方订立的合同，给投资人造成损害的，承担民事赔偿责任。

第三十九条 个人独资企业违反本法规定，侵犯职工合法权益，未保障职工劳动安全，不缴纳社会保险费用的，按照有关法律、行政法规予以处罚，并追究有关责任人员的责任。

第四十条 投资人委托或者聘用的人员违反本法第二十条规定,侵犯个人独资企业财产权益的,责令退还侵占的财产;给企业造成损失的,依法承担赔偿责任;有违法所得的,没收违法所得;构成犯罪的,依法追究刑事责任。

第四十一条 违反法律、行政法规的规定强制个人独资企业提供财力、物力、人力的,按照有关法律、行政法规予以处罚,并追究有关责任人员的责任。

第四十二条 个人独资企业及其投资人在清算前或清算期间隐匿或转移财产,逃避债务的,依法追回其财产,并按照有关规定予以处罚;构成犯罪的,依法追究刑事责任。

第四十三条 投资人违反本法规定,应当承担民事赔偿责任和缴纳罚款、罚金,其财产不足以支付的,或者被判处没收财产的,应当先承担民事赔偿责任。

第四十四条 登记机关对不符合本法规定条件的个人独资企业予以登记,或者对符合本法规定条件的企业不予登记的,对直接责任人员依法给予行政处分;构成犯罪的,依法追究刑事责任。

第四十五条 登记机关的上级部门的有关主管人员强令登记机关对不符合本法规定条件的企业予以登记,或者对符合本法规定条件的企业不予登记的,或者对登记机关的违法登记行为进行包庇的,对直接责任人员依法给予行政处分;构成犯罪的,依法追究刑事责任。

第四十六条 登记机关对符合法定条件的申请不予登记或者超过法定时限不予答复的,当事人可依法申请行政复议或提起行政诉讼。

第六章 附 则

第四十七条 外商独资企业不适用本法。

第四十八条 本法自2000年1月1日起施行。

中华人民共和国农民专业合作社法

2006年10月31日第十届全国人民代表大会常务委员会第二十四次会议通过 2006年10月31日中华人民共和国主席令第57号公布

目 录

第一章 总 则

第一条 为了支持、引导农民专业合作社的发展,规范农民专业合作社的组织和行为,保护农民专业合作社及其成员的合法权益,促进农业和农村经济的发展,制定本法。

第二条 农民专业合作社是在农村家庭承包经营基础上,同类农产品的生产经营者或者同类农业生产经营服务的提供者、利用者,自愿联合、民主管理的互助性经济组织。

农民专业合作社以其成员为主要服务对象,提供农业生产资料的购买,农产品的销售、加工、运输、贮藏以及与农业生产经营有关的技术、信息等服务。

第三条 农民专业合作社应当遵循下列原则:

(一)成员以农民为主体;

(二)以服务成员为宗旨,谋求全体成员的共同利益;

(三)入社自愿、退社自由;

（四）成员地位平等，实行民主管理；

（五）盈余主要按照成员与农民专业合作社的交易量（额）比例返还。

第四条　农民专业合作社依照本法登记，取得法人资格。

农民专业合作社对由成员出资、公积金、国家财政直接补助、他人捐赠以及合法取得的其他资产所形成的财产，享有占有、使用和处分的权利，并以上述财产对债务承担责任。

第五条　农民专业合作社成员以其账户内记载的出资额和公积金份额为限对农民专业合作社承担责任。

第六条　国家保护农民专业合作社及其成员的合法权益，任何单位和个人不得侵犯。

第七条　农民专业合作社从事生产经营活动，应当遵守法律、行政法规，遵守社会公德、商业道德，诚实守信。

第八条　国家通过财政支持、税收优惠和金融、科技、人才的扶持以及产业政策引导等措施，促进农民专业合作社的发展。

国家鼓励和支持社会各方面力量为农民专业合作社提供服务。

第九条　县级以上各级人民政府应当组织农业行政主管部门和其他有关部门及有关组织，依照本法规定，依据各自职责，对农民专业合作社的建设和发展给予指导、扶持和服务。

第二章　设立和登记

第十条　设立农民专业合作社，应当具备下列条件：

（一）有五名以上符合本法第十四条、第十五条规定的成员；

（二）有符合本法规定的章程；

（三）有符合本法规定的组织机构；

（四）有符合法律、行政法规规定的名称和章程确定的住所；

（五）有符合章程规定的成员出资。

第十一条　设立农民专业合作社应当召开由全体设立人参加的设立大会。设立

时自愿成为该社成员的人为设立人。

设立大会行使下列职权：

（一）通过本社章程，章程应当由全体设立人一致通过；

（二）选举产生理事长、理事、执行监事或者监事会成员；

（三）审议其他重大事项。

第十二条　农民专业合作社章程应当载明下列事项：

（一）名称和住所；

（二）业务范围；

（三）成员资格及入社、退社和除名；

（四）成员的权利和义务；

（五）组织机构及其产生办法、职权、任期、议事规则；

（六）成员的出资方式、出资额；

（七）财务管理和盈余分配、亏损处理；

（八）章程修改程序；

（九）解散事由和清算办法；

（十）公告事项及发布方式；

（十一）需要规定的其他事项。

第十三条　设立农民专业合作社，应当向工商行政管理部门提交下列文件，申请设立登记：

（一）登记申请书；

（二）全体设立人签名、盖章的设立大会纪要；

（三）全体设立人签名、盖章的章程；

（四）法定代表人、理事的任职文件及身份证明；

（五）出资成员签名、盖章的出资清单；

（六）住所使用证明；

（七）法律、行政法规规定的其他文件。

登记机关应当自受理登记申请之日起二十日内办理完毕，向符合登记条件的申请者颁发营业执照。

农民专业合作社法定登记事项变更的，应当申请变更登记。

农民专业合作社登记办法由国务院规定。办理登记不得收取费用。

第三章　成　员

第十四条　具有民事行为能力的公民，

以及从事与农民专业合作社业务直接有关的生产经营活动的企业、事业单位或者社会团体,能够利用农民专业合作社提供的服务,承认并遵守农民专业合作社章程,履行章程规定的入社手续的,可以成为农民专业合作社的成员。但是,具有管理公共事务职能的单位不得加入农民专业合作社。

农民专业合作社应当置备成员名册,并报登记机关。

第十五条 农民专业合作社的成员中,农民至少应当占成员总数的百分之八十。

成员总数二十人以下的,可以有一个企业、事业单位或者社会团体成员;成员总数超过二十人的,企业、事业单位和社会团体成员不得超过成员总数的百分之五。

第十六条 农民专业合作社成员享有下列权利:

(一)参加成员大会,并享有表决权、选举权和被选举权,按照章程规定对本社实行民主管理;

(二)利用本社提供的服务和生产经营设施;

(三)按照章程规定或者成员大会决议分享盈余;

(四)查阅本社的章程、成员名册、成员大会或者成员代表大会记录、理事会会议决议、监事会会议决议、财务会计报告和会计账簿;

(五)章程规定的其他权利。

第十七条 农民专业合作社成员大会选举和表决,实行一人一票制,成员各享有一票的基本表决权。

出资额或者与本社交易量(额)较大的成员按照章程规定,可以享有附加表决权。本社的附加表决权总票数,不得超过本社成员基本表决权总票数的百分之二十。享有附加表决权的成员及其享有的附加表决权数,应当在每次成员大会召开时告知出席会议的成员。

章程可以限制附加表决权行使的范围。

第十八条 农民专业合作社成员承担下列义务:

(一)执行成员大会、成员代表大会和理事会的决议;

(二)按照章程规定向本社出资;

(三)按照章程规定与本社进行交易;

(四)按照章程规定承担亏损;

(五)章程规定的其他义务。

第十九条 农民专业合作社成员要求退社的,应当在财务年度终了的三个月前向理事长或者理事会提出;其中,企业、事业单位或者社会团体成员退社,应当在财务年度终了的六个月前提出;章程另有规定的,从其规定。退社成员的成员资格自财务年度终了时终止。

第二十条 成员在其资格终止前与农民专业合作社已订立的合同,应当继续履行;章程另有规定或者与本社另有约定的除外。

第二十一条 成员资格终止的,农民专业合作社应当按照章程规定的方式和期限,退还记载在该成员账户内的出资额和公积金份额;对成员资格终止前的可分配盈余,依照本法第三十七条第二款的规定向其返还。

资格终止的成员应当按照章程规定分摊资格终止前本社的亏损及债务。

第四章 组织机构

第二十二条 农民专业合作社成员大会由全体成员组成,是本社的权力机构,行使下列职权:

(一)修改章程;

(二)选举和罢免理事长、理事、执行监事或者监事会成员;

(三)决定重大财产处置、对外投资、对外担保和生产经营活动中的其他重大事项;

(四)批准年度业务报告、盈余分配方案、亏损处理方案;

(五)对合并、分立、解散、清算作出决议;

(六)决定聘用经营管理人员和专业技术人员的数量、资格和任期;

(七)听取理事长或者理事会关于成员变动情况的报告;

（八）章程规定的其他职权。

第二十三条　农民专业合作社召开成员大会，出席人数应当达到成员总数三分之二以上。

成员大会选举或者作出决议，应当由本社成员表决权总数过半数通过；作出修改章程或者合并、分立、解散的决议应当由本社成员表决权总数的三分之二以上通过。章程对表决权数有较高规定的，从其规定。

第二十四条　农民专业合作社成员大会每年至少召开一次，会议的召集由章程规定。有下列情形之一的，应当在二十日内召开临时成员大会：

（一）百分之三十以上的成员提议；

（二）执行监事或者监事会提议；

（三）章程规定的其他情形。

第二十五条　农民专业合作社成员超过一百五十人的，可以按照章程规定设立成员代表大会。成员代表大会按照章程规定可以行使成员大会的部分或者全部职权。

第二十六条　农民专业合作社设理事长一名，可以设理事会。理事长为本社的法定代表人。

农民专业合作社可以设执行监事或者监事会。理事长、理事、经理和财务会计人员不得兼任监事。

理事长、理事、执行监事或者监事会成员，由成员大会从本社成员中选举产生，依照本法和章程的规定行使职权，对成员大会负责。

理事会会议、监事会会议的表决，实行一人一票。

第二十七条　农民专业合作社的成员大会、理事会、监事会，应当将所议事项的决定作成会议记录，出席会议的成员、理事、监事应当在会议记录上签名。

第二十八条　农民专业合作社的理事长或者理事会可以按照成员大会的决定聘任经理和财务会计人员，理事长或者理事可以兼任经理。经理按照章程规定或者理事会的决定，可以聘任其他人员。

经理按照章程规定和理事长或者理事会授权，负责具体生产经营活动。

第二十九条　农民专业合作社的理事长、理事和管理人员不得有下列行为：

（一）侵占、挪用或者私分本社资产；

（二）违反章程规定或者未经成员大会同意，将本社资金借贷给他人或者以本社资产为他人提供担保；

（三）接受他人与本社交易的佣金归为己有；

（四）从事损害本社经济利益的其他活动。

理事长、理事和管理人员违反前款规定所得的收入，应当归本社所有；给本社造成损失的，应当承担赔偿责任。

第三十条　农民专业合作社的理事长、理事、经理不得兼任业务性质相同的其他农民专业合作社的理事长、理事、监事、经理。

第三十一条　执行与农民专业合作社业务有关公务的人员，不得担任农民专业合作社的理事长、理事、监事、经理或者财务会计人员。

第五章　财务管理

第三十二条　国务院财政部门依照国家有关法律、行政法规，制定农民专业合作社财务会计制度。农民专业合作社应当按照国务院财政部门制定的财务会计制度进行会计核算。

第三十三条　农民专业合作社的理事长或者理事会应当按照章程规定，组织编制年度业务报告、盈余分配方案、亏损处理方案以及财务会计报告，于成员大会召开的十五日前，置备于办公地点，供成员查阅。

第三十四条　农民专业合作社与其成员的交易、与利用其提供的服务的非成员的交易，应当分别核算。

第三十五条　农民专业合作社可以按照章程规定或者成员大会决议从当年盈余中提取公积金。公积金用于弥补亏损、扩大生产经营或者转为成员出资。

每年提取的公积金按照章程规定量化为每个成员的份额。

第三十六条　农民专业合作社应当为

每个成员设立成员账户,主要记载下列内容:

(一)该成员的出资额;

(二)量化为该成员的公积金份额;

(三)该成员与本社的交易量(额)。

第三十七条　在弥补亏损、提取公积金后的当年盈余,为农民专业合作社的可分配盈余。

可分配盈余按照下列规定返还或者分配给成员,具体分配办法按照章程规定或者经成员大会决议确定:

(一)按成员与本社的交易量(额)比例返还,返还总额不得低于可分配盈余的百分之六十;

(二)按前项规定返还后的剩余部分,以成员账户中记载的出资额和公积金份额,以及本社接受国家财政直接补助和他人捐赠形成的财产平均量化到成员的份额,按比例分配给本社成员。

第三十八条　设立执行监事或者监事会的农民专业合作社,由执行监事或者监事会负责对本社的财务进行内部审计,审计结果应当向成员大会报告。

成员大会也可以委托审计机构对本社的财务进行审计。

第六章　合并、分立、解散和清算

第三十九条　农民专业合作社合并,应当自合并决议作出之日起十日内通知债权人。合并各方的债权、债务应当由合并后存续或者新设的组织承继。

第四十条　农民专业合作社分立,其财产作相应的分割,并应当自分立决议作出之日起十日内通知债权人。分立前的债务由分立后的组织承担连带责任。但是,在分立前与债权人就债务清偿达成的书面协议另有约定的除外。

第四十一条　农民专业合作社因下列原因解散:

(一)章程规定的解散事由出现;

(二)成员大会决议解散;

(三)因合并或者分立需要解散;

(四)依法被吊销营业执照或者被撤销。

因前款第一项、第二项、第四项原因解散的,应当在解散事由出现之日起十五日内由成员大会推举成员组成清算组,开始解散清算。逾期不能组成清算组的,成员、债权人可以向人民法院申请指定成员组成清算组进行清算,人民法院应当受理该申请,并及时指定成员组成清算组进行清算。

第四十二条　清算组自成立之日起接管农民专业合作社,负责处理与清算有关未了结业务,清理财产和债权、债务,分配清偿债务后的剩余财产,代表农民专业合作社参与诉讼、仲裁或者其他法律程序,并在清算结束时办理注销登记。

第四十三条　清算组应当自成立之日起十日内通知农民专业合作社成员和债权人,并于六十日内在报纸上公告。债权人应当自接到通知之日起三十日内,未接到通知的自公告之日起四十五日内,向清算组申报债权。如果在规定期间内全部成员、债权人均已收到通知,免除清算组的公告义务。

债权人申报债权,应当说明债权的有关事项,并提供证明材料。清算组应当对债权进行登记。

在申报债权期间,清算组不得对债权人进行清偿。

第四十四条　农民专业合作社因本法第四十一条第一款的原因解散,或者人民法院受理破产申请时,不能办理成员退社手续。

第四十五条　清算组负责制定包括清偿农民专业合作社员工的工资及社会保险费用,清偿所欠税款和其他各项债务,以及分配剩余财产在内的清算方案,经成员大会通过或者申请人民法院确认后实施。

清算组发现农民专业合作社的财产不足以清偿债务的,应当依法向人民法院申请破产。

第四十六条　农民专业合作社接受国家财政直接补助形成的财产,在解散、破产清算时,不得作为可分配剩余资产分配给成员,处置办法由国务院规定。

第四十七条　清算组成员应当忠于职

守,依法履行清算义务,因故意或者重大过失给农民专业合作社成员及债权人造成损失的,应当承担赔偿责任。

第四十八条　农民专业合作社破产适用企业破产法的有关规定。但是,破产财产在清偿破产费用和共益债务后,应当优先清偿破产前与农民成员已发生交易但尚未结清的款项。

第七章　扶持政策

第四十九条　国家支持发展农业和农村经济的建设项目,可以委托和安排有条件的有关农民专业合作社实施。

第五十条　中央和地方财政应当分别安排资金,支持农民专业合作社开展信息、培训、农产品质量标准与认证、农业生产基础设施建设、市场营销和技术推广等服务。对民族地区、边远地区和贫困地区的农民专业合作社和生产国家与社会急需的重要农产品的农民专业合作社给予优先扶持。

第五十一条　国家政策性金融机构应当采取多种形式,为农民专业合作社提供多渠道的资金支持。具体支持政策由国务院规定。

国家鼓励商业性金融机构采取多种形式,为农民专业合作社提供金融服务。

第五十二条　农民专业合作社享受国家规定的对农业生产、加工、流通、服务和其他涉农经济活动相应的税收优惠。

支持农民专业合作社发展的其他税收优惠政策,由国务院规定。

第八章　法律责任

第五十三条　侵占、挪用、截留、私分或者以其他方式侵犯农民专业合作社及其成员的合法财产,非法干预农民专业合作社及其成员的生产经营活动,向农民专业合作社及其成员摊派,强迫农民专业合作社及其成员接受有偿服务,造成农民专业合作社经济损失的,依法追究法律责任。

第五十四条　农民专业合作社向登记机关提供虚假登记材料或者采取其他欺诈手段取得登记的,由登记机关责令改正;情节严重的,撤销登记。

第五十五条　农民专业合作社在依法向有关主管部门提供的财务报告等材料中,作虚假记载或者隐瞒重要事实的,依法追究法律责任。

第九章　附　则

第五十六条　本法自 2007 年 7 月 1 日起施行。

中华人民共和国反垄断法

2007 年 8 月 30 日第十届全国人民代表大会常务委员会第二十九次会议通过　2007 年 8 月 30 日中华人民共和国主席令第 68 号公布

目　录

第一章　总　则

第一条　为了预防和制止垄断行为,保护市场公平竞争,提高经济运行效率,维护消费者利益和社会公共利益,促进社会主义市场经济健康发展,制定本法。

第二条　中华人民共和国境内经济活动中的垄断行为,适用本法;中华人民共和国境外的垄断行为,对境内市场竞争产生排除、限制影响的,适用本法。

第三条　本法规定的垄断行为包括:

（一）经营者达成垄断协议；

（二）经营者滥用市场支配地位；

（三）具有或者可能具有排除、限制竞争效果的经营者集中。

第四条　国家制定和实施与社会主义市场经济相适应的竞争规则，完善宏观调控，健全统一、开放、竞争、有序的市场体系。

第五条　经营者可以通过公平竞争、自愿联合，依法实施集中，扩大经营规模，提高市场竞争能力。

第六条　具有市场支配地位的经营者，不得滥用市场支配地位，排除、限制竞争。

第七条　国有经济占控制地位的关系国民经济命脉和国家安全的行业以及依法实行专营专卖的行业，国家对其经营者的合法经营活动予以保护，并对经营者的经营行为及其商品和服务的价格依法实施监管和调控，维护消费者利益，促进技术进步。

前款规定行业的经营者应当依法经营，诚实守信，严格自律，接受社会公众的监督，不得利用其控制地位或者专营专卖地位损害消费者利益。

第八条　行政机关和法律、法规授权的具有管理公共事务职能的组织不得滥用行政权力，排除、限制竞争。

第九条　国务院设立反垄断委员会，负责组织、协调、指导反垄断工作，履行下列职责：

（一）研究拟订有关竞争政策；

（二）组织调查、评估市场总体竞争状况，发布评估报告；

（三）制定、发布反垄断指南；

（四）协调反垄断行政执法工作；

（五）国务院规定的其他职责。

国务院反垄断委员会的组成和工作规则由国务院规定。

第十条　国务院规定的承担反垄断执法职责的机构（以下统称国务院反垄断执法机构）依照本法规定，负责反垄断执法工作。

国务院反垄断执法机构根据工作需要，可以授权省、自治区、直辖市人民政府相应的机构，依照本法规定负责有关反垄断执法工作。

第十一条　行业协会应当加强行业自律，引导本行业的经营者依法竞争，维护市场竞争秩序。

第十二条　本法所称经营者，是指从事商品生产、经营或者提供服务的自然人、法人和其他组织。

本法所称相关市场，是指经营者在一定时期内就特定商品或者服务（以下统称商品）进行竞争的商品范围和地域范围。

第二章　垄断协议

第十三条　禁止具有竞争关系的经营者达成下列垄断协议：

（一）固定或者变更商品价格；

（二）限制商品的生产数量或者销售数量；

（三）分割销售市场或者原材料采购市场；

（四）限制购买新技术、新设备或者限制开发新技术、新产品；

（五）联合抵制交易；

（六）国务院反垄断执法机构认定的其他垄断协议。

本法所称垄断协议，是指排除、限制竞争的协议、决定或者其他协同行为。

第十四条　禁止经营者与交易相对人达成下列垄断协议：

（一）固定向第三人转售商品的价格；

（二）限定向第三人转售商品的最低价格；

（三）国务院反垄断执法机构认定的其他垄断协议。

第十五条　经营者能够证明所达成的协议属于下列情形之一的，不适用本法第十三条、第十四条的规定：

（一）为改进技术、研究开发新产品的；

（二）为提高产品质量、降低成本、增进效率，统一产品规格、标准或者实行专业化分工的；

（三）为提高中小经营者经营效率，增强中小经营者竞争力的；

（四）为实现节约能源、保护环境、救灾

救助等社会公共利益的;

（五）因经济不景气,为缓解销售量严重下降或者生产明显过剩的;

（六）为保障对外贸易和对外经济合作中的正当利益的;

（七）法律和国务院规定的其他情形。

属于前款第一项至第五项情形,不适用本法第十三条、第十四条规定的,经营者还应当证明所达成的协议不会严重限制相关市场的竞争,并且能够使消费者分享由此产生的利益。

第十六条　行业协会不得组织本行业的经营者从事本章禁止的垄断行为。

第三章　滥用市场支配地位

第十七条　禁止具有市场支配地位的经营者从事下列滥用市场支配地位的行为:

（一）以不公平的高价销售商品或者以不公平的低价购买商品;

（二）没有正当理由,以低于成本的价格销售商品;

（三）没有正当理由,拒绝与交易相对人进行交易;

（四）没有正当理由,限定交易相对人只能与其进行交易或者只能与其指定的经营者进行交易;

（五）没有正当理由搭售商品,或者在交易时附加其他不合理的交易条件;

（六）没有正当理由,对条件相同的交易相对人在交易价格等交易条件上实行差别待遇;

（七）国务院反垄断执法机构认定的其他滥用市场支配地位的行为。

本法所称市场支配地位,是指经营者在相关市场内具有能够控制商品价格、数量或者其他交易条件,或者能够阻碍、影响其他经营者进入相关市场能力的市场地位。

第十八条　认定经营者具有市场支配地位,应当依据下列因素:

（一）该经营者在相关市场的市场份额,以及相关市场的竞争状况;

（二）该经营者控制销售市场或者原材料采购市场的能力;

（三）该经营者的财力和技术条件;

（四）其他经营者对该经营者在交易上的依赖程度;

（五）其他经营者进入相关市场的难易程度;

（六）与认定该经营者市场支配地位有关的其他因素。

第十九条　有下列情形之一的,可以推定经营者具有市场支配地位:

（一）一个经营者在相关市场的市场份额达到二分之一的;

（二）两个经营者在相关市场的市场份额合计达到三分之二的;

（三）三个经营者在相关市场的市场份额合计达到四分之三的。

有前款第二项、第三项规定的情形,其中有的经营者市场份额不足十分之一的,不应当推定该经营者具有市场支配地位。

被推定具有市场支配地位的经营者,有证据证明不具有市场支配地位的,不应当认定其具有市场支配地位。

第四章　经营者集中

第二十条　经营者集中是指下列情形:

（一）经营者合并;

（二）经营者通过取得股权或者资产的方式取得对其他经营者的控制权;

（三）经营者通过合同等方式取得对其他经营者的控制权或者能够对其他经营者施加决定性影响。

第二十一条　经营者集中达到国务院规定的申报标准的,经营者应当事先向国务院反垄断执法机构申报,未申报的不得实施集中。

第二十二条　经营者集中有下列情形之一的,可以不向国务院反垄断执法机构申报:

（一）参与集中的一个经营者拥有其他每个经营者百分之五十以上有表决权的股份或者资产的;

（二）参与集中的每个经营者百分之五

十以上有表决权的股份或者资产被同一个未参与集中的经营者拥有的。

第二十三条　经营者向国务院反垄断执法机构申报集中,应当提交下列文件、资料:

(一)申报书;

(二)集中对相关市场竞争状况影响的说明;

(三)集中协议;

(四)参与集中的经营者经会计师事务所审计的上一会计年度财务会计报告;

(五)国务院反垄断执法机构规定的其他文件、资料。

申报书应当载明参与集中的经营者的名称、住所、经营范围、预定实施集中的日期和国务院反垄断执法机构规定的其他事项。

第二十四条　经营者提交的文件、资料不完备的,应当在国务院反垄断执法机构规定的期限内补交文件、资料。经营者逾期未补交文件、资料的,视为未申报。

第二十五条　国务院反垄断执法机构应当自收到经营者提交的符合本法第二十三条规定的文件、资料之日起三十日内,对申报的经营者集中进行初步审查,作出是否实施进一步审查的决定,并书面通知经营者。国务院反垄断执法机构作出决定前,经营者不得实施集中。

国务院反垄断执法机构作出不实施进一步审查的决定或者逾期未作出决定的,经营者可以实施集中。

第二十六条　国务院反垄断执法机构决定实施进一步审查的,应当自决定之日起九十日内审查完毕,作出是否禁止经营者集中的决定,并书面通知经营者。作出禁止经营者集中的决定,应当说明理由。审查期间,经营者不得实施集中。

有下列情形之一的,国务院反垄断执法机构经书面通知经营者,可以延长前款规定的审查期限,但最长不得超过六十日:

(一)经营者同意延长审查期限的;

(二)经营者提交的文件、资料不准确,需要进一步核实的;

(三)经营者申报后有关情况发生重大

变化的。

国务院反垄断执法机构逾期未作出决定的,经营者可以实施集中。

第二十七条　审查经营者集中,应当考虑下列因素:

(一)参与集中的经营者在相关市场的市场份额及其对市场的控制力;

(二)相关市场的市场集中度;

(三)经营者集中对市场进入、技术进步的影响;

(四)经营者集中对消费者和其他有关经营者的影响;

(五)经营者集中对国民经济发展的影响;

(六)国务院反垄断执法机构认为应当考虑的影响市场竞争的其他因素。

第二十八条　经营者集中具有或者可能具有排除、限制竞争效果的,国务院反垄断执法机构应当作出禁止经营者集中的决定。但是,经营者能够证明该集中对竞争产生的有利影响明显大于不利影响,或者符合社会公共利益的,国务院反垄断执法机构可以作出对经营者集中不予禁止的决定。

第二十九条　对不予禁止的经营者集中,国务院反垄断执法机构可以决定附加减少集中对竞争产生不利影响的限制性条件。

第三十条　国务院反垄断执法机构应当将禁止经营者集中的决定或者对经营者集中附加限制性条件的决定,及时向社会公布。

第三十一条　对外资并购境内企业或者以其他方式参与经营者集中,涉及国家安全的,除依照本法规定进行经营者集中审查外,还应当按照国家有关规定进行国家安全审查。

第五章　滥用行政权力排除、限制竞争

第三十二条　行政机关和法律、法规授权的具有管理公共事务职能的组织不得滥用行政权力,限定或者变相限定单位或者个人经营、购买、使用其指定的经营者提供的商品。

第三十三条　行政机关和法律、法规授

权的具有管理公共事务职能的组织不得滥用行政权力,实施下列行为,妨碍商品在地区之间的自由流通:

(一)对外地商品设定歧视性收费项目、实行歧视性收费标准,或者规定歧视性价格;

(二)对外地商品规定与本地同类商品不同的技术要求、检验标准,或者对外地商品采取重复检验、重复认证等歧视性技术措施,限制外地商品进入本地市场;

(三)采取专门针对外地商品的行政许可,限制外地商品进入本地市场;

(四)设置关卡或者采取其他手段,阻碍外地商品进入或者本地商品运出;

(五)妨碍商品在地区之间自由流通的其他行为。

第三十四条　行政机关和法律、法规授权的具有管理公共事务职能的组织不得滥用行政权力,以设定歧视性资质要求、评审标准或者不依法发布信息等方式,排斥或者限制外地经营者参加本地的招标投标活动。

第三十五条　行政机关和法律、法规授权的具有管理公共事务职能的组织不得滥用行政权力,采取与本地经营者不平等待遇等方式,排斥或者限制外地经营者在本地投资或者设立分支机构。

第三十六条　行政机关和法律、法规授权的具有管理公共事务职能的组织不得滥用行政权力,强制经营者从事本法规定的垄断行为。

第三十七条　行政机关不得滥用行政权力,制定含有排除、限制竞争内容的规定。

第六章　对涉嫌垄断行为的调查

第三十八条　反垄断执法机构依法对涉嫌垄断行为进行调查。

对涉嫌垄断行为,任何单位和个人有权向反垄断执法机构举报。反垄断执法机构应当为举报人保密。

举报采用书面形式并提供相关事实和证据的,反垄断执法机构应当进行必要的调查。

第三十九条　反垄断执法机构调查涉嫌垄断行为,可以采取下列措施:

(一)进入被调查的经营者的营业场所或者其他有关场所进行检查;

(二)询问被调查的经营者、利害关系人或者其他有关单位或者个人,要求其说明有关情况;

(三)查阅、复制被调查的经营者、利害关系人或者其他有关单位或者个人的有关单证、协议、会计账簿、业务函电、电子数据等文件、资料;

(四)查封、扣押相关证据;

(五)查询经营者的银行账户。

采取前款规定的措施,应当向反垄断执法机构主要负责人书面报告,并经批准。

第四十条　反垄断执法机构调查涉嫌垄断行为,执法人员不得少于二人,并应当出示执法证件。

执法人员进行询问和调查,应当制作笔录,并由被询问人或者被调查人签字。

第四十一条　反垄断执法机构及其工作人员对执法过程中知悉的商业秘密负有保密义务。

第四十二条　被调查的经营者、利害关系人或者其他有关单位或者个人应当配合反垄断执法机构依法履行职责,不得拒绝、阻碍反垄断执法机构的调查。

第四十三条　被调查的经营者、利害关系人有权陈述意见。反垄断执法机构应当对被调查的经营者、利害关系人提出的事实、理由和证据进行核实。

第四十四条　反垄断执法机构对涉嫌垄断行为调查核实后,认为构成垄断行为的,应当依法作出处理决定,并可以向社会公布。

第四十五条　对反垄断执法机构调查的涉嫌垄断行为,被调查的经营者承诺在反垄断执法机构认可的期限内采取具体措施消除该行为后果的,反垄断执法机构可以决定中止调查。中止调查的决定应当载明被调查的经营者承诺的具体内容。

反垄断执法机构决定中止调查的,应当对经营者履行承诺的情况进行监督。经营者履行承诺的,反垄断执法机构可以决定终止调查。

有下列情形之一的,反垄断执法机构应当恢复调查:

(一)经营者未履行承诺的;

(二)作出中止调查决定所依据的事实发生重大变化的;

(三)中止调查的决定是基于经营者提供的不完整或者不真实的信息作出的。

第七章　法律责任

第四十六条　经营者违反本法规定,达成并实施垄断协议的,由反垄断执法机构责令停止违法行为,没收违法所得,并处上一年度销售额百分之一以上百分之十以下的罚款;尚未实施所达成的垄断协议的,可以处五十万元以下的罚款。

经营者主动向反垄断执法机构报告达成垄断协议的有关情况并提供重要证据的,反垄断执法机构可以酌情减轻或者免除对该经营者的处罚。

行业协会违反本法规定,组织本行业的经营者达成垄断协议的,反垄断执法机构可以处五十万元以下的罚款;情节严重的,社会团体登记管理机关可以依法撤销登记。

第四十七条　经营者违反本法规定,滥用市场支配地位的,由反垄断执法机构责令停止违法行为,没收违法所得,并处上一年度销售额百分之一以上百分之十以下的罚款。

第四十八条　经营者违反本法规定实施集中的,由国务院反垄断执法机构责令停止实施集中、限期处分股份或者资产、限期转让营业以及采取其他必要措施恢复到集中前的状态,可以处五十万元以下的罚款。

第四十九条　对本法第四十六条、第四十七条、第四十八条规定的罚款,反垄断执法机构确定具体罚款数额时,应当考虑违法行为的性质、程度和持续的时间等因素。

第五十条　经营者实施垄断行为,给他人造成损失的,依法承担民事责任。

第五十一条　行政机关和法律、法规授权的具有管理公共事务职能的组织滥用行政权力,实施排除、限制竞争行为的,由上级机关责令改正;对直接负责的主管人员和其他直接责任人员依法给予处分。反垄断执法机构可以向有关上级机关提出依法处理的建议。

法律、行政法规对行政机关和法律、法规授权的具有管理公共事务职能的组织滥用行政权力实施排除、限制竞争行为的处理另有规定的,依照其规定。

第五十二条　对反垄断执法机构依法实施的审查和调查,拒绝提供有关材料、信息,或者提供虚假材料、信息,或者隐匿、销毁、转移证据,或者有其他拒绝、阻碍调查行为的,由反垄断执法机构责令改正,对个人可以处二万元以下的罚款,对单位可以处二十万元以下的罚款;情节严重的,对个人处二万元以上十万元以下的罚款,对单位处二十万元以上一百万元以下的罚款;构成犯罪的,依法追究刑事责任。

第五十三条　对反垄断执法机构依据本法第二十八条、第二十九条作出的决定不服的,可以先依法申请行政复议;对行政复议决定不服的,可以依法提起行政诉讼。

对反垄断执法机构作出的前款规定以外的决定不服的,可以依法申请行政复议或者提起行政诉讼。

第五十四条　反垄断执法机构工作人员滥用职权、玩忽职守、徇私舞弊或者泄露执法过程中知悉的商业秘密,构成犯罪的,依法追究刑事责任;尚不构成犯罪的,依法给予处分。

第八章　附　则

第五十五条　经营者依照有关知识产权的法律、行政法规规定行使知识产权的行为,不适用本法;但是,经营者滥用知识产权,排除、限制竞争的行为,适用本法。

第五十六条　农业生产者及农村经济组织在农产品生产、加工、销售、运输、储存等经营活动中实施的联合或者协同行为,不适用本法。

第五十七条　本法自 2008 年 8 月 1 日起施行。

第二部分　工商行政管理主要行政法规

城乡集市贸易管理办法

1983 年 2 月 5 日国务院公布

目　录

第一章　总　则

第一条　城乡集市贸易,是我国社会主义统一市场的组成部分。它有促进农副业生产发展,活跃城乡经济,便利群众生活,补充国营商业不足的积极作用。

第二条　城乡集市贸易的管理,应当在国家计划指导下,充分发挥市场调节的辅助作用,坚持"活而不乱、管而不死"的原则,国家通过行政管理和国营经济的主导作用,把城乡集市贸易管好搞活,维护市场经济秩序。

第三条　城乡集市贸易行政管理的主管部门是工商行政管理机关。各有关部门与工商行政管理机关应当互相配合,共同搞好城乡集市。

为了协调、组织有关部门管好集市，当地人民政府可根据具体情况，在需要设立基层市场管理委员会的城乡集市，由集市所在地的县（市）、市辖区、乡人民政府有关负责人主持，组织工商行政管理、商业、供销、粮食、公安、税务、物价、卫生、计量、农业、城建等有关部门建立基层市场管理委员会，监督、检查有关政策执行情况，规划市场建设，共同管好市场。

第四条　国营商业要采取经济手段，调节商品供求，平抑物价，对集市贸易发挥经济主导作用。

国营商业和供销合作社商业可在集市上开展议购议销和代购、代销、代储、代运以及其他正常的业务活动。

第五条　凡参加城乡集市贸易活动的单位和个人，均须遵守本办法的规定，任何单位和个人不得破坏市场秩序。

第二章　上市物资和参加集市
人员活动的范围

第六条　社队集体、农民个人和国营农场、林场、牧场、渔场、农（牧、渔、林）工商联合企业的农副产品，在完成交售任务和履行合同义务后，除中央或省、市、自治区规定不许上市的以外，都允许上市。（注解：国务院决定一九八五年起改革农副产品统购派购制度，现按一九八五年一月一日《中共中央、国务院关于进一步活跃农村经济的十项政策》的有关规定执行。）

第七条　国营工业企业的产品，凡国家允许上市自销的部分，可以在农村集市和城市指定的市场出售。

第八条　国营农场、农（牧、渔、林）工商联合企业和集体企业的工业产品，国家不收购或完成国家计划后的多余部分，可以在农村集市和城市指定的市场出售。

第九条　农民个人所得的奖售工业品，需要出售的，持基层行政单位的证明，可以在农村集市出售。

第十条　社队集体、农民个人和城市居民的旧自行车、旧物料以及农村的小型旧农机具等，可以到农村集市和城市指定的市场出售。出售旧农机、旧自行车和大型、贵重的旧物料都要持有关执照和证明。

第十一条　国营商业、供销合作社和其他合作商业以及个体有证商贩可以按照批准的范围，在农村集市和城市指定的市场经营购销业务。

第十二条　国营商业在集市上议购议销农副产品，要按商业分工进行经营，议购议销价格可以有升有降，要照顾群众的正常调剂，不要与民争购。

第十三条　农民家庭副业产品和有证个体手工业者的产品，可以在集市出售；生产所需原料，允许在集市购买。

第十四条　国营、集体和有证个体饮食业、社队企业和各种经济联合体在国家政策、法律许可的范围内，可以在集市购买原料加工成品出售。

第十五条　机关、团体、部队、学校、企业、事业等单位，在国家政策、法律许可范围内，可到集市采购农副产品；但严禁抬价抢购和转手贩卖。

第十六条　农村生产基层单位和农民个人在为生产服务的前提下，持基层行政单位证明，可以从外地购买大牲畜在本地出售。到集中产区采购，须经产地工商行政管理机关批准。贩卖大牲畜必须遵守国家关于牲畜检疫等有关规定。

农民个人出售大牲畜，须持有基层行政单位的证明。个人从事大牲畜肉类经营的，须持有工商行政管理机关发给的营业执照和卫生检疫部门的证明。在经营活动中，不准收购、宰杀无出售证明的或有使役能力的大牲畜。

第十七条　农民在完成国家统购、超购、派购任务的前提下，可以从事允许上市的农副产品的贩卖活动。（注解：国务院决定一九八五年起改革农副产品统购派购制度，现按一九八五年一月一日《中共中央、国务院关于进一步活跃农村经济的十项政策》的有关规定执行。）

社队集体、农民个人或合伙可以进行长

途贩运,从事常年和季节性贩运的要经过工商行政管理机关登记,并依法纳税。

第十八条　农村手艺匠人在集市做工,应持基层行政单位证明;出省的,应到当地工商行政管理机关登记,领取临时许可证。

第十九条　上市商品要划行归市,参加集市活动的单位和个人,要到指定地点交易,不得在场外交易。

第二十条　下列物品不准上市出售:

(一)废旧有色金属、珠宝、玉器、金银及其制品、文物和国家规定不准上市的外货;

(二)粮票、布票等各种证券;

(三)迷信品、违禁品;

(四)反动、荒诞、诲淫诲盗的书刊、画片、照片、歌片和录音带、录像带;

(五)有毒、有害、污秽不洁、腐烂变质食物,及病死、毒死或死因不明的禽、畜、兽、水产及其制品;

(六)麻醉药品、毒限剧药、伪劣药品以及化学农药;

(七)国务院和省、市、自治区规定不准上市出售的其他物品。

第二十一条　不准以各种证券换取商品,严禁倒卖各种票证。

第二十二条　没有县或县级以上医药、卫生行政机关和工商行政管理机关发给的证明,不准在集市行医、倒卖药品。

第二十三条　禁止以次顶好,以假充真,掺杂使假,短尺少秤。禁止使用和出售国家明令禁止的和不合格的计量器具。凡出售计量器具的应持有计量管理部门的证明。

第二十四条　严禁在集市上赌博、测字、算命。

第二十五条　严禁伤风败俗、腐朽野蛮、恐怖、摧残演员身心健康、败坏社会主义精神文明的卖艺活动。

第二十六条　严禁欺行霸市、囤积居奇、哄抬物价。

第三章　集市设置与管理

第二十七条　城乡集市场地,由各地人民政府纳入城镇建设规划,本着方便群众购销和不影响交通的原则,合理设置,任何单位和个人不得占用。

要有计划地建设一些永久性的室内商场和有棚顶的商场。要逐步建立和健全各种服务设施。城乡集市要普遍设立公平秤。

市场管理人员必须佩戴统一标志,遵守管理人员守则,做到文明管理,礼貌服务。

第二十八条　搞好城乡集市场地的卫生,认真执行《中华人民共和国食品卫生法》(试行)和卫生部、工商行政管理总局发布的《农村集市贸易食品卫生管理试行办法》。

第二十九条　城乡集市农副产品的价格,在国家政策、法律允许范围内,由买卖双方议定。工业品按国家有关价格的规定出售。

第三十条　除国营商业、供销合作商业在集市上进行议购议销业务外,对进入集市交易的商品由当地工商行政管理机关收取少量的市场管理费。工业品、大牲畜费率按成交额计算不得超过 1% ,其他商品不得超过 2% ,并应规定合理的收费起点。

经省、市、自治区人民政府批准设立交易所的部门和检疫部门可按国家规定收取手续费,其他任何单位不准在集市上巧立名目,乱收费用。由交易所收取成交手续费的,就不再收市场管理费。

市场管理费和交易所手续费的使用原则是,"取之于市场,用之于市场"。主要用于开展宣传活动、建设市场、提供服务设施、搞好场地卫生、开支服务人员工资福利费用及临时雇请的维持市场秩序人员的误工补贴,不得挪作他用。

第三十一条　一切应纳税的单位和个人,都必须接受税务机关的监督和检查,并照章纳税。

第四章　对违章行为的处理

第三十二条　对违反本办法的违章行为,由工商行政管理机关处理,其中违反税法的由税务机关处理。需要给予治安管理处罚和刑事处罚的,由司法机关依法处理。

（一）违反政策规定,不完成农副产品交售任务自行出售的,按国营收购牌价收购产品;已售出的,没收高出收购牌价部分的全部所得。

（二）抬价抢购农副产品的,按国营收购牌价收购商品,或按规定处以罚款;情节严重的可以并处。

（三）机关、团体、部队、学校、企业、事业等单位,违反本办法第十五条规定的,按国营收购牌价收购商品,或按规定处以罚款。

（四）倒卖或以实物倒换各种票证以及出卖本办法第二十条第（三）、（五）、（六）项规定的物品的,没收其票证或物品,情节严重的可并处罚款。非法出售麻醉药品、毒限剧药、伪劣药品、有毒食物的,责令赔偿受害者的损失或给予治安管理处罚;造成严重后果,致人重伤或死亡的,依法追究刑事责任。

（五）出售第二十条第（四）项物品的,没收其物品和非法收入。

（六）出售第二十条第（一）项物品的,劝其到国家指定的收购单位出售;已售出的,没收其高于国家收购牌价的部分;倒卖的,按投机倒把行为处理。

（七）使用国家明令禁止的和不合格的计量器具的,没收其计量器具;有意作弊的,可并处罚款。

（八）以次顶好,以假充真,掺杂使假,短尺少秤的,应进行批评教育,并没收以假充真的物品;屡教不改的,酌情处以罚款;情节严重的,按投机倒把行为处理。

（九）测字、算命的,教育制止;屡教不改的,处以罚款。

（十）违反第二十五条规定,屡教不改的,处以罚款或给予治安管理处罚。

（十一）违反第二十六条规定的,按投机倒把行为处理。

（十二）违反第三十一条规定的,根据情节轻重,给予批评教育,或者处以应补税款五倍以下的罚款;抗拒不交的,送当地人民法院处理。

（十三）违反本办法其他规定的,可酌情予以教育或处以罚款。

第三十三条　冲击市场管理机关和围攻、殴打市场管理人员、税务人员,或冒充市场管理人员、税务人员勒索、诈骗群众财物的,或其他严重扰乱市场秩序的,由司法机关依法处理。

第三十四条　对工商行政管理机关的处理不服的,可以向上一级工商行政管理机关提出申诉。

第三十五条　市场管理人员违反本办法规定的从严处理。

第五章　附　则

第三十六条　本办法自批准发布之日起实施。过去的有关规定,凡与本办法有抵触的,均按本办法执行。

第三十七条　各省、市、自治区可根据本办法结合本地区的情况制定具体管理细则。

外国企业常驻代表机构登记管理办法

1983 年 3 月 5 日国务院批准
1983 年 3 月 15 日国家工商行政管理局公布

第一条　为了对外国企业及其他外国经济组织在中国设立的常驻代表机构进行登记管理,保障其正当业务活动,根据《中华人民共和国国务院关于管理外国企业常驻代表机构的行规定》（以下简称《暂行规定》）,制定本办法。

第二条　按照《暂行规定》第四条经批准的外国企业及其他外国经济组织的常驻代表机构（以下简称外国企业常驻代表机构）,依照本办法办理登记。

第三条　外国企业常驻代表机构,应当是从事非直接经营活动的代表机构。但是,两国政府已有协议规定的,按其规定办理。

第四条　外国企业常驻代表机构登记

机关是中华人民共和国国家工商行政管理局。国家工商行政管理局委托省、自治区、直辖市工商行政管理局办理登记手续。

第五条 外国企业常驻代表机构登记的主要事项有：机构名称、驻在地址、代表人数和姓名、业务范围、驻在期限。

第六条 外国企业及其他经济组织，申请在中华人民共和国境内设立常驻代表机构的报告经批准机关批准后，须在批准之日起三十日内，向所在省、自治区、直辖市工商行政管理局办理登记。

第七条 外国企业及其他经济组织申请办理常驻代表机构登记时，须提交下列证件：

（一）中华人民共和国批准机关的批准证件；

（二）《暂行规定》第三条规定的证件和材料。

第八条 登记机关对外国企业及其他经济组织申请办理常驻代表机构登记所提交的证件，经审查符合本办法的，准予办理登记，收取登记费，发给登记证和代表证。

外国企业常驻代表机构凭批准证件和登记证、代表证到公安、银行、海关、税务等部门办理居留及其他有关事宜。

第九条 从登记机关核准登记之日起，外国企业常驻代表机构即告正式成立。其机构和代表的正当业务活动受中华人民共和国法律保护。

未经批准、登记的，不得开展外国企业常驻代表机构的业务活动。

第十条 外国企业常驻代表机构聘请工作人员，必须按照《暂行规定》第十一条规定办理，并须及时报登记机关备案。

第十一条 外国企业常驻代表机构登记证的有效期限为一年。逾期需要继续常驻的，必须办理延期登记。

外国企业常驻代表机构办理延期登记，必须在期满前三十日内，向登记机关提交年度业务活动情况报告（中文本）及延期申请书；如果批准机关批准的驻在期限届满，还须提交原批准机关的延期批准证件，填写延期登记表。经登记机关核准后，缴回原登记证，领取新登记证。

第十二条 外国企业常驻代表机构变更机构名称、代表人数和姓名、业务范围、驻在地址时，应向登记机关提交变更登记申请书和批准机关的批准证件，办理变更登记。

更换代表时，须提交派出代表的外国企业或者其他外国经济组织对新任代表的授权书及其简历。

第十三条 外国企业常驻代表机构驻在期满或者提前终止业务活动或者派出企业宣告破产时，应向登记机关办理注销登记手续。在办理注销登记时，须提交税务部门、银行、海关出具的税务、债务和其他有关事宜清理完结的证件，准予注销，缴销登记证。

如有未了事宜，原申请设立常驻代表机构的外国企业及其他外国经济组织，必须继续承担清理责任。

第十四条 中华人民共和国国家工商行政管理局和省、自治区、直辖市工商行政管理局，有权在本办法规定范围内对外国企业常驻代表机构的活动进行监督检查。

在执行监督检查职务时，工商行政管理局工作人员须出示专用工作证。外国企业常驻代表机构必须据实报告，并提供有关资料和情况，不得拒绝或者隐瞒。

第十五条 外国企业常驻代表机构违反本办法有下列情形之一的，国家工商行政管理局根据情节轻重分别给予下列处罚：

（一）外国企业常驻代表机构违反本办法第三条规定直接从事经营活动的，责令其停止经营活动，并处以人民币两万以下罚款。

（二）应该办理变更登记而不办理擅自改变原登记事项的，或者应该办理注销登记而不办理的，经查实后给予通告，情节严重的，处以人民币五千元以下罚款，直至吊销登记证。

外国企业常驻代表机构从事投机诈骗等违法活动的，登记机关应依法没收其非法所得的全部财物并处以罚款，直至吊销登记证。触犯中华人民共和国刑法的，送司法机关依法处理。

第十六条 外国企业及其他经济组织未经批准、登记，擅自从事常驻代表机构业务活动的，责令其停止业务活动，并处以人民币一万元以下罚款。

第十七条　外国企业及其他外国经济组织申请在中华人民共和国境内派驻常驻代表的,亦按照本办法办理登记。

第十八条　华侨、港澳同胞经营的公司、企业申请在国内设立常驻代表机构的,参照本办法办理登记,领取华侨、港澳企业常驻代表机构登记证。

第十九条　在国外的中外合资企业,经批准在国内设立代表机构的,也参照本办法办理登记。

第二十条　本办法自一九八三年三月十五日起施行。

城乡个体工商户管理暂行条例

1987 年 8 月 5 日国务院公布

第一条　为了指导、帮助城乡劳动者个体经济的发展,加强对个体工商户的监督、管理,保护其合法权益,根据国家法律规定,制定本条例。

第二条　有经营能力的城镇待业人员,农村村民以及国家政策允许的其他人员,可以申请从事个体工商业经营,依法经核准登记后为个体工商户。

第三条　个体工商户可以在国家法律和政策允许的范围内,经营工业、手工业、建筑业、交通运输业、商业、饮食业、服务业、修理业及其他行业。

第四条　个体工商户,可以个人经营,也可以家庭经营。个人经营的,以个人全部财产承担民事责任;家庭经营的,以家庭全部财产承担民事责任。

个体工商户可以根据经营情况请一、二个帮手;有技术的个体工商户可以带三、五个徒弟。

第五条　个体工商户的合法权益受国家法律保护,任何单位和个人不得侵害。

第六条　国家工商行政管理局和地方各级工商行政管理局对个体工商户履行下列行政管理职责:

(一)对从事个体工商业经营的申请进行审核、登记,颁发营业执照;

(二)依照法律和本条例的规定,对个体工商户的经营活动进行管理和监督,保护合法经营,查处违法经营活动,维护城乡市场秩序;

(三)对个体劳动者协会的工作给予指导;

(四)国家授予的其他管理权限。

各有关行业主管部门应当按照国家规定,对个体工商户进行业务管理、指导、帮助。

第七条　申请从事个体工商业经营的个人或者家庭,应当持所在地户籍证明及其他有关证明,向所在地工商行政管理机关申请登记,经县级工商行政管理机关核准领取营业执照后,方可营业。

国家规定经营者需要具备特定条件或者需要经行业主管部门批准的,应当在申请登记时提交有关批准文件。

申请经营旅店业、刻字业、信托寄卖业、印刷业,应当经所在地公安机关审查同意。

第八条　个体工商户应当登记的主要项目如下:字号名称、经营者姓名和住所、从业人数、资金数额、组成形式、经营范围、经营方式、经营场所。

第九条　个体工商户改变字号名称、经营者住所、组成形式、经营范围、经营方式、经营场所等项内容,以及家庭经营的个体工商户改变家庭经营者姓名时,应当向原登记的工商行政管理机关办理变更登记,未经批准,不得擅自改变。

个人经营的个体工商户改变经营者时,应当重新申请登记。

第十条　个体工商户应当每年在规定时间内,向所在地工商行政管理机关办理验照手续。逾期不办理且无正当理由的,工商行政管理机关有权收缴营业执照。

第十一条　个体工商户歇业时,应当办理歇业手续,缴销营业执照。自行停业超过六个月的,由原登记的工商行政管理机关收缴营业执照。

第十二条　个体工商户缴销、被收缴或

者吊销营业执照时,应当向债权人清偿债务。

第十三条　个体工商户应当按照规定缴纳登记费和管理费。登记费和管理费的收费标准及管理办法,由国家工商行政管理局和财政部共同制定。

第十四条　个体工商户所需生产经营场地,当地人民政府应当纳入城乡建设规划,统筹安排。经批准使用的经营场地,任何单位和个人不得随意侵占。

第十五条　个体工商户生产经营所需原材料、燃料以及货源,需要由国营批发单位供应的,供应单位应当合理安排不得歧视。

第十六条　个体工商户可以凭营业执照在银行或者其他金融机构按有关规定,开立帐户,申请贷款。

第十七条　个体工商户营业执照是国家授权工商行政管理机关核发的合法凭证,除工商行政管理机关依照法定程序可以扣缴或者吊销外,任何单位和个人不得扣缴或者吊销。

第十八条　除法律、法规和省级人民政府另有规定者外,任何单位和个人不得向个体工商户收取费用。

对擅自向个体工商户收取费用的,个体工商户有权拒付,各级工商行政管理机关有权予以制止。

第十九条　个体工商户应当遵守国家法律和政策的规定,自觉维护市场秩序,遵守职业道德,从事正当经营,不得从事下列活动:

(一)投机诈骗、走私贩私;

(二)欺行霸市,哄抬物价,强买强卖;

(三)偷工减料,以次充好,短尺少秤,掺杂使假;

(四)出售不符合卫生标准的、有害人身健康的食品;

(五)生产或者销售毒品、假商品、冒牌商品;

(六)出售反动、荒诞、海淫海盗的书刊、画片、音像制品;

(七)法律和政策不允许的其他生产经营活动。

第二十条　个体工商户应当按照税务机关的规定办理税务登记、建立帐簿和申报纳税,不得漏税、偷税、抗税。

第二十一条　个体工商户按规定请帮手、带学徒应当签订书面合同,约定双方的权利和义务,规定劳动报酬、劳动保护、福利待遇、合同期限等事项。所签合同受国家法律保护,不得随意违反。

从事关系到人身健康、生命安全等行业的个体工商户,必须为其帮手、学徒向中国人民保险公司投保。

第二十二条　个体工商户违反本条例第七条、第九条、第十条、第十一条、第十三条、第十九条的规定,由工商行政管理机关根据不同情况分别给予下列处罚:

(一)警告;

(二)罚款;

(三)没收非法所得;

(四)责令停止营业;

(五)扣缴或者吊销营业执照。

违反治安管理的,由公安机关依照有关规定处罚;触犯刑律的,依法追究刑事责任。

第二十三条　个体工商户及其从业人员拒绝、阻挠工商行政管理人员及其他管理人员依法执行职务,尚不够刑事处罚的,由公安机关依照有关规定处罚;触犯刑律的,依法追究刑事责任。

第二十四条　工商行政管理机关的工作人员或者其他管理人员违反本条例规定,严重失职、营私舞弊、收受贿赂或者侵害个体工商合法权益的,有关主管机关应当根据情节给予行政处分和经济处罚;造成经济损失的,责令赔偿;触犯刑律的,依法追究刑事责任。

第二十五条　个体工商户对管理机关作出的违章处理不服时,应当首先按照处理决定执行,然后在收到处理决定通知之日起十五日内向作出处理的机关的上级机关申请复议。上级机关应当在接到申请之日起三十日内作出答复。对答复不服的,可以在接到答复之日起三十日内,向人民法院起诉。

第二十六条　依照国家有关规定,个人经营或者家庭经营营利性的文化教育、体育娱乐、信息传播、科技交流、咨询服务,以及各种技术培训等项业务的,参照本条例规定执行。

第二十七条　本条例由国家工商行政管理局负责解释;实施细则由国家工商行政管理局制定。

第二十八条　本条例自一九八七年九月一日起施行。

广告管理条例

1987 年 10 月 26 日国务院公布

第一条　为了加强广告管理,推动广告事业的发展,有效地利用广告媒介为社会主义建设服务,制定本条例。

第二条　凡通过报刊、广播、电视、电影、路牌、橱窗、印刷品、霓虹灯等媒介或者形式,在中华人民共和国境内刊播、设置、张贴广告、均属本条例管理范围。

第三条　广告内容必须真实、健康、清晰、明白,不得以任何形式欺骗用户和消费者。

第四条　在广告经营活动中,禁止垄断和不正当竞争行为。

第五条　广告的管理机关是国家工商行政管理机关和地方各级工商行政管理机关。

第六条　经营广告业务的单位和个体工商户(以下简称广告经营者),应当按照本条例和有关法规的规定,向工商行政管理机关申请,分别情况办理审批登记手续:

(一)专营广告业务的企业,发给《企业法人营业执照》;

(二)兼营广告业务和事业单位,发给《广告经营许可证》;

(三)具备经营广告业务能力的个体工商户,发给《营业执照》;

(四)兼营广告业务的企业,应当办理经营范围变更登记。

第七条　广告客户申请刊播、设置、张贴的广告,其内容应当在广告客户的经营范围或者国家许可的范围内。

第八条　广告有下列内容之一的,不得刊播、设置、张贴:

(一)违反我国法律、法规的;

(二)损害我国民族尊严的;

(三)有中国国旗、国徽、国歌标志、国歌音响的;

(四)有反动、淫秽、迷信、荒诞内容的;

(五)弄虚作假的;

(六)贬低同类产品的。

第九条　新闻单位刊播广告,应当有明确有标志。新闻单位不得以新闻报道形式刊播广告,收取费用;新闻记者不得借采访名义招揽广告。

第十条　禁止利用广播、电视、报刊为卷烟做广告。

获得国家级,部级、省级各类奖的优质名酒,经工商行政管理机关批准,可以做广告。

第十一条　申请刊播、设置、张贴下列广告,应当提交有关证明:

(一)标明质量标准的商品广告,应当提交省辖市以上标准化管理部门或者经计量认证合格的质量检验机构的证明;

(二)标明获奖的商品广告,应当提交本届、本年度或者数届、数年度连续获奖的证书,并在广告中注明获奖级别和颁奖部门;

(三)标明优质产品称号的商品广告,应当提交政府颁发的优质产品证书,并在广告中标明授予优质产品称号的时间和部门;

(四)标明专利权和商品广告,应当提交专利证书;

(五)标明注册商标的商品广告,应当提交商标注册证;

(六)实施生产许可证的产品广告,应当提交生产许可证;

(七)文化、教育、卫生广告,应当提交上级行政主管部门的证明;

(八)其他各类广告,需要提交证明的,应当提交政府有关部门或者其授权单位的证明。

第十二条　广告经营者承办或者代理广告业务，应当查验证明，审查广告内容。

对违反本条例规定的规定的广告，不得刊播、设置、张贴。

第十三条　户外广告的设置、张贴，由当地人民政府组织工商行政管理、城建、环保、公安等有关部门制订规划，工商行政管理机关负责监督实施。

在政府机关和文物保护单位周围的建筑控制地带以及当地人民政府禁止设置、张贴广告的区域，不得设置、张贴广告。

第十四条　广告收费标准，由广告经营者制订，报当地工商行政管理机关和物价管理机关备案。

第十五条　广告业务代理费标准，由国家工商行政管理机关会同国家物价管理机关制定。

户外广告场地费、建筑物占用费的收费标准，由当地工商行政管理机关会同物价、城建部门协商制订，报当地人民政府批准。

第十六条　广告经营者必须按照国家规定设置广告会计帐簿，依法纳税，并接受财政、审计、工商行政管理部门的监督检查。

第十七条　广告经营者承办或者代理广告业务。应当与客户或者被代理人签订书面合同，明确各方的责任。

第十八条　广告客户或者广告经营者违反本条例规定，由工商行政管理机关根据其情节轻重，分别给予下列处罚：

（一）停止发布广告；

（二）责令公开更正；

（三）通报批评；

（四）没收非法所得；

（五）罚款；

（六）停业整顿；

（七）吊销营业执照或者广告经营许可证。

违反本条例规定，情节严重，构成犯罪的，由司法机关依法追究刑事责任。

第十九条　广告客户和广告经营者对工商行政管理机关处罚决定不服的，可以在收到处罚通知之日起十五日内，向上一级工商行政管理机关申请复议。对复议决定仍不服的，可以在收到复议决定之日起三十日内，向人民法院起诉。

第二十条　广告客户和广告经营者违反本条例规定，使用户和消费者蒙受损失，或者有其他侵权行为的，应当承担赔偿责任。

损害赔偿，受害人可以请求县以上工商行政管理机关处理，当事人对工商行政管理机关处理不服的，可以向人民法院起诉。受害人也可以直接向人民法院起诉。

第二十一条　本条例由国家工商行政管理局负责解释；施行细则由国家工商行政管理局制定。

第二十二条　本条例自1987年12月1日起施行。1982年2月6日国务院发布的《广告管理暂行条例》同时废止。

中外合资经营企业合营各方出资的若干规定

1987年12月30日国务院批准
1988年1月1日对外经济贸易部、国家工商行政管理局公布

第一条　为保护中外合资经营企业（以下简称合营企业）合营各方的合法权益，维护社会经济秩序，根据《中华人民共和国中外合资经营企业法》及其他有关法规，制定本规定。

第二条　合营各方按照合营合同的规定向合营企业认缴的出资，必须是合营者自己所有的现金、自己所有并且未设立任何担保物权的实物、工业产权、专有技术等。

凡是以实物、工业产权、专有技术作价出资的，出资者应当出具拥有所有权和处置权的有效证明。

第三条　合营企业任何一方不得用以合营企业名义取得的贷款、租赁的设备或者

其他财产以及合营者以外的他人财产作为自己的出资,也不得以合营企业的财产和权益或者合营他方的财产和权益为其出资担保。

第四条 合营各方应当在合营合同中订明出资期限,并且应当按照合营合同规定的期限缴清各自的出资。合营企业依照有关规定发给的出资证明书应当报送原审批机关和工商行政管理机关备案。合营合同中规定一次缴清出资的,合营各方应当从营业执照签发之日起6个月内缴清。

合营合同中规定分期缴付出资的,合营各方第一期出资,不得低于各自认缴出资额的15%,并且应当在营业执照签发之日起3个月内缴清。

第五条 合营各方未能在第四条规定的期限内缴付出资的,视同合营企业自动解散,合营企业批准证书自动失效。合营企业应当向工商行政管理机关办理注销登记手续,缴销营业执照;不办理注销登记手续和缴销营业执照的,由工商行政管理机关吊销其营业执照,并予以公告。

第六条 合营各方缴付第一期出资后,超过合营合同规定的其他任何一期出资期限3个月,仍未出资或者出资不足时,工商行政管理机关应当会同原审批机关发出通知,要求合营各方在1个月内缴清出资。

未按照前款规定的通知期限缴清出资的,原审批机关有权撤销对该合营企业的批准证书。批准证书撤销后,合营企业应当向工商行政管理机关办理注销登记手续,缴销营业执照,并清理债权债务;不办理注销登记手续和缴销营业执照的,工商行政管理机关有权吊销其营业执照,并予以公告。

第七条 合营一方未按照合营合同的规定如期缴付或者缴清其出资的,即构成违约。守约方应当催告违约方在1个月内缴付或者缴清出资。逾期仍未缴付或者缴清的,视同违约方放弃在合营合同中的一切权利,自动退出合营企业。守约方应当在逾期后1个月内,向原审批机关申请批准解散合营企业或者申请批准另找合营者承担违约方在合营合同中的权利和义务。守约方可以依法要求违约方赔偿因未缴付或者缴清出资造成的经济损失。

前款违约方已经按照合营合同规定缴付部分出资的,由合营企业对该出资进行清理。

守约方未按照第一款规定向原审批机关申请批准解散合营企业或者申请批准另找合营者的,审批机关有权撤销对该合营企业的批准证书。批准证书撤销后,合营企业应当向工商行政管理机关办理注销登记手续,缴销营业执照;不办理注销登记手续和缴销营业执照的,工商行政管理机关有权吊销其营业执照,并予以公告。

第八条 本规定施行之日前已领取营业执照的合营企业,如合营各方或者任何一方未按照合营合同规定的出资期限缴付其出资的,应当在本规定施行之日起2个月内缴清按照合同规定应当缴付的出资。

在前款规定的期限内仍未缴清其出资的,可按照本规定第五条至第七条的规定办理。

第九条 在本规定施行之日前已领取营业执照的合营企业,如果合营各方未在合营合同中订明各自出资期限,并且未缴清出资的,合营各方应当在本规定施行之日起2个月内,按照本规定签订关于合营各方缴付出资期限的合营合同补充协议,报原审批机关审批,获准后,向工商行政管理机关备案。

前款合营各方在2个月内未签订缴付出资期限补充协议,又未缴清出资,致使合营企业自营业执照签发之日起无法筹建或者无法开业满6个月的,原审批机关有权撤销对该合营企业的批准证书。批准证书撤销后,合营企业应当向工商行政管理机关办理注销登记手续,缴销营业执照;不办理注销登记手续和缴销营业执照的,工商行政管理机关有权吊销其营业执照,并予以公告。

第十条 中外合作经营企业合作各方的出资参照本规定执行。

第十一条 本规定自1988年3月1日起施行。

中华人民共和国
企业法人登记管理条例

1988 年 5 月 13 日国务院第 4 次常务会议通过　1988 年 6 月 3 日中华人民共和国国务院令第 1 号公布

目　录

第一章　总　则

第一条　为建立企业法人登记管理制度,确认企业法人资格,保障企业合法权益,取缔非法经营,维护社会经济秩序,根据《中华人民共和国民法通则》的有关规定,制定本条例。

第二条　具备法人条件的下列企业,应当依照本条例的规定办理企业法人登记:

(一)全民所有制企业;

(二)集体所有制企业;

(三)联营企业;

(四)在中华人民共和国境内设立的中外合资经营企业、中外合作经营企业和外资企业;

(五)私营企业;

(六)依法需要办理企业法人登记的其他企业。

第三条　申请企业法人登记,经企业法人登记主管机关审核,准予登记注册的,领取《企业法人营业执照》,取得法人资格,其合法权益受国家法律保护。

依法需要办理企业法人登记的,未经企业法人登记主管机关核准登记注册,不得从事经营活动。

第二章　登记主管机关

第四条　企业法人登记主管机关(以下简称登记主管机关)是国家工商行政管理局和地方各级工商行政管理局。各级登记主管机关在上级登记主管机关的领导下,依法履行职责,不受非法干预。

第五条　经国务院或者国务院授权部门批准的全国性公司、企业集团、经营进出口业务的公司,由国家工商行政管理局核准登记注册。中外合资经营企业、中外合作经营企业、外资企业由国家工商行政管理局或者国家工商行政管理局授权的地方工商行政管理局核准登记注册。

全国性公司的子(分)公司,经省、自治区、直辖市人民政府或其授权部门批准设立的企业、企业集团、经营进出口业务的公司,由省、自治区、直辖市工商行政管理局核准登记注册。

其他企业,由所在市、县(区)工商行政管理局核准登记注册。

第六条　各级登记主管机关,应当建立企业法人登记档案和登记统计制度,掌握企业法人登记有关的基础信息,为发展有计划的商品经济服务。

登记主管机关应当根据社会需要,有计划地开展向公众提供企业法人登记资料的服务。

第三章　登记条件和申请登记单位

第七条　申请企业法人登记的单位应当具备下列条件:

(一)名称、组织机构和章程;

(二)固定的经营场所和必要的设施;

（三）符合国家规定并与其生产经营和服务规模相适应的资金数额和从业人员；

（四）能够独立承担民事责任；

（五）符合国家法律、法规和政策规定的经营范围。

第八条　企业办理企业法人登记，由该企业的组建负责人申请。

独立承担民事责任的联营企业办理企业法人登记，由联营企业的组建负责人申请。

第四章　登记注册事项

第九条　企业法人登记注册的主要事项：企业法人名称、住所、经营场所、法定代表人、经济性质、经营范围、经营方式、注册资金、从业人数、经营期限、分支机构。

第十条　企业法人只准使用一个名称。企业法人申请登记注册的名称由登记主管机关核定，经核准登记注册后在规定的范围内享有专用权。

申请设立中外合资经营企业、中外合作经营企业和外资企业，应当在合同、章程审批之前，向登记主管机关申请企业名称登记。

第十一条　登记主管机关核准登记注册的企业法人的法定代表人是代表企业行使职权的签字人。法定代表人的签字应当向登记主管机关备案。

第十二条　注册资金是国家授予企业法人经营管理的财产或者企业法人自有财产的数额体现。企业法人办理开业登记，申请注册的资金数额与实有资金不一致的，按照国家专项规定办理。

第十三条　企业法人的经营范围应当与其资金、场地、设备、从业人员以及技术力量相适应；按照国家有关规定，可以一业为主，兼营他业。企业法人应当在核准登记注册的经营范围内从事经营活动。

第五章　开业登记

第十四条　企业法人办理开业登记，应当在主管部门或者审批机关批准后三十日

内，向登记主管机关提出申请；没有主管部门、审批机关的企业申请开业登记，由登记主管机关进行审查。登记主管机关应当在受理申请后三十日内，做出核准登记或者不予核准登记的决定。

第十五条　申请企业法人开业登记，应当提交下列文件、证件：

（一）组建负责人签署的登记申请书；

（二）主管部门或者审批机关的批准文件；

（三）组织章程；

（四）资金信用证明、验资证明或者资金担保；

（五）企业主要负责人的身份证明；

（六）住所和经营场所使用证明；

（七）其他有关文件、证件。

第十六条　申请企业法人开业登记的单位，经登记主管机关核准登记注册，领取《企业法人营业执照》后，企业即告成立。企业法人凭据《企业法人营业执照》可以刻制公章、开立银行帐户、签订合同，进行经营活动。

登记主管机关可以根据企业法人开展业务的需要，核发《企业法人营业执照》副本。

第六章　变更登记

第十七条　企业法人改变名称、住所、经营场所、法定代表人、经济性质、经营范围、经营方式、注册资金、经营期限，以及增设或者撤销分支机构，应当申请办理变更登记。

第十八条　企业法人申请变更登记，应当在主管部门或者审批机关批准后三十日内，向登记主管机关申请办理变更登记。

第十九条　企业法人分立、合并、迁移，应当在主管部门或者审批机关批准后三十日内，向登记主管机关申请办理变更登记、开业登记或者注销登记。

第七章　注销登记

第二十条　企业法人歇业、被撤销、宣

告破产或者因其他原因终止营业,应当向登记主管机关办理注销登记。

第二十一条 企业法人办理注销登记,应当提交法定代表人签署的申请注销登记报告、主管部门或者审批机关的批准文件、清理债务完结的证明或者清算组织负责清理债权债务的文件。经登记主管机关核准后,收缴《企业法人营业执照》、《企业法人营业执照》副本,收缴公章,并将注销登记情况告知其开户银行。

第二十二条 企业法人领取《企业法人营业执照》后,满六个月尚未开展经营活动或者停止经营活动满一年的,视同歇业,登记主管机关应当收缴《企业法人营业执照》、《企业法人营业执照》副本,收缴公章,并将注销登记情况告知其开户银行。

第八章 公告、年检和证照管理

第二十三条 企业开业、变更名称、注销,由登记主管机关发布企业法人登记公告。未经登记主管机关批准,其他单位不得发布企业法人登记公告。

第二十四条 企业法人登记管理实行年度检验制度。企业法人应当按照登记主管机关规定的时间提交年检报告书、资金平衡表或者资产负债表。登记主管机关应当对企业法人登记的主要事项进行审查。

第二十五条 登记主管机关核发的《企业法人营业执照》是企业法人凭证,除登记主管机关依照法定程序可以扣缴或者吊销外,其他任何单位和个人不得收缴、扣押、毁坏。

企业法人遗失《企业法人营业执照》、《企业法人营业执照》副本,必须登报声明后,方可申请补领。

《企业法人营业执照》、《企业法人营业执照》副本,不得伪造、涂改、出租、出借、转让、出卖和擅自复印。

第二十六条 企业法人办理开业登记、变更登记、年度检验,应当按照规定缴纳登记费、年检费。开业登记费按注册资金总额的1‰缴纳;注册资金超过一千万元的,超过部分按0.5‰缴纳;注册资金超过一亿元的,超过部分不再缴纳。登记费最低额为五十元。变更登记费、年检费的缴纳数额由国家工商行政管理局规定。

第九章 事业单位、科技性的社会团体从事经营活动的登记管理

第二十七条 事业单位、科技性的社会团体根据国家有关规定,设立具备法人条件的企业,由该企业申请登记,经登记主管机关核准,领取《企业法人营业执照》,方可从事经营活动。

第二十八条 根据国家有关规定,实行企业化经营,国家不再核拨经费的事业单位和从事经营活动的科技性的社会团体,具备企业法人登记条件的,由该单位申请登记,经登记主管机关核准,领取《企业法人营业执照》,方可从事经营活动。

第十章 监督管理

第二十九条 登记主管机关对企业法人依法履行下列监督管理职责:

(一)监督企业法人按照规定办理开业、变更、注销登记;

(二)监督企业法人按照登记注册事项和章程、合同从事经营活动;

(三)监督企业法人和法定代表人遵守国家法律、法规和政策;

(四)制止和查处企业法人的违法经营活动,保护企业法人的合法权益。

第三十条 企业法人有下列情形之一的,登记主管机关可以根据情况分别给予警告、罚款、没收非法所得、停业整顿、扣缴、吊销《企业法人营业执照》的处罚:

(一)登记中隐瞒真实情况、弄虚作假或者未经核准登记注册擅自开业的;

(二)擅自改变主要登记事项或者超出核准登记的经营范围从事经营活动的;

(三)不按照规定办理注销登记或者不按照规定报送年检报告书,办理年检的;

(四)伪造、涂改、出租、出借、转让、出卖

或者擅自复印《企业法人营业执照》、《企业法人营业执照》副本的;

（五）抽逃、转移资金,隐匿财产逃避债务的;

（六）从事非法经营活动的。

对企业法人按照上述规定进行处罚时,应当根据违法行为的情节,追究法定代表人的行政责任、经济责任;触犯刑律的,由司法机关依法追究刑事责任。

第三十一条 登记主管机关处理企业法人违法活动,必须查明事实,依法处理,并将处理决定书面通知当事人。

第三十二条 企业法人对登记主管机关的处罚不服时,可以在收到处罚通知后十五日内向上一级登记主管机关申请复议。上级登记主管机关应当在收到复议申请之日起三十日内作出复议决定。申请人对复议决定不服的,可以在收到复议通知之日起三十日内向人民法院起诉。逾期不提出申诉又不缴纳罚没款的,登记主管机关可以按照规定程序通知其开户银行予以划拨。

第三十三条 企业法人被吊销《企业法人营业执照》,登记主管机关应当收缴其公章,并将注销登记情况告知其开户银行,其债权债务由主管部门或者清算组织负责清理。

第三十四条 主管部门、审批机关、登记主管机关的工作人员违反本条例规定,严重失职、滥用职权、营私舞弊、索贿受贿或者侵害企业法人合法权益的,应当根据情节给予行政处分和经济处罚;触犯刑律的,由司法机关依法追究刑事责任。

第十一章 附 则

第三十五条 企业法人设立不能独立承担民事责任的分支机构,由该企业法人申请登记,经登记主管机关核准,领取《营业执照》,在核准登记的经营范围内从事经营活动。

根据国家有关规定,由国家核拨经费的事业单位、科技性的社会团体从事经营活动或者设立不具备法人条件的企业,由该单位申请登记,经登记主管机关核准,领取《营业执照》,在核准登记的经营范围内从事经营活动。

具体登记管理参照本条例的规定执行。

第三十六条 经国务院有关部门或者各级计划部门批准的新建企业,其筹建期满一年的,应当按照专项规定办理筹建登记。

第三十七条 本条例施行前,具备法人条件的企业,已经登记主管机关核准登记注册的,不再另行办理企业法人登记。

第三十八条 本条例由国家工商行政管理局负责解释;施行细则由国家工商行政管理局制定。

第三十九条 本条例自一九八八年七月一日起施行。一九八〇年七月二十六日国务院发布的《中外合资经营企业登记管理办法》,一九八二年八月九日国务院发布的《工商企业登记管理条例》,一九八五年八月十四日国务院批准、一九八五年八月二十五日国家工商行政管理局发布的《公司登记管理暂行规定》同时废止。

中华人民共和国私营企业暂行条例

1988 年 6 月 3 日国务院第 7 次常务会议通过 1988 年 6 月 25 日中华人民共和国国务院令第 4 号公布

目 录

第一章 总 则

第一条 为鼓励、引导私营企业健康发展,保障私营企业的合法权益,加强监督管理,繁荣社会主义有计划商品经济,制定本条例。

第二条　本条例所称私营企业是指企业资产属于私人所有、雇工八人以上的营利性的经济组织。

第三条　私营经济是社会主义公有制经济的补充。国家保护私营企业的合法权益。

私营企业必须在国家法律、法规和政策规定的范围内从事经营活动。

第四条　私营企业职工依法组织工会。职工的合法权益受国家法律保护。

第五条　私营企业可以成立私营企业协会。

第二章　私营企业的种类

第六条　私营企业分为以下三种:

(一)独资企业;

(二)合伙企业;

(三)有限责任公司。

第七条　独资企业是指一人投资经营的企业。

独资企业投资者对企业债务负无限责任。

第八条　合伙企业是指二人以上按照协议投资、共同经营、共负盈亏的企业。

合伙企业应当有书面协议。

合伙人对企业债务负连带无限责任。

第九条　有限责任公司是指投资者以其出资额对公司负责,公司以其全部资产对公司债务承担责任的企业。

有限责任公司应当符合下列规定:

(一)公司名称标明有限责任公司或者有限公司的字样;

(二)有符合本条例规定的公司章程;

(三)投资者为二人以上三十人以下;

(四)注册资金取得合法的验资证明;

(五)投资者转让出资应当取得其他投资者的同意,投资者为三人以上的,需要取得半数以上的投资者的同意;

(六)不得减少注册资金;

(七)不得向社会发行股票。

有限责任公司投资者超过三十人的,应当向工商行政管理机关作专项申报,经同意后始得办理登记。

第十条　有限责任公司依法取得法人资格。

第三章　私营企业的开办和关闭

第十一条　下列人员可以申请开办私营企业:

(一)农村村民;

(二)城镇待业人员;

(三)个体工商户经营者;

(四)辞职、退职人员;

(五)国家法律、法规和政策允许的离休、退休人员和其他人员。

第十二条　私营企业可以在国家法律、法规和政策规定的范围内,从事工业、建筑业、交通运输业、商业、饮食业、服务业、修理业和科技咨询等行业的生产经营。

私营企业不得从事军工、金融业的生产经营,不得生产经营国家禁止经营的产品。

第十三条　申请开办私营企业应当具备下列条件:

(一)与生产经营和服务规模相适应的资金和从业人员;

(二)固定的经营场所和必要的设施;

(三)符合国家法律、法规和政策规定的经营范围。

第十四条　有限责任公司章程应当包括下列事项:

(一)公司名称和住所;

(二)开办公司的宗旨和经营范围;

(三)注册资金和各个投资者的出资数额;

(四)投资者的姓名、住所及投资者的权利、义务;

(五)公司的组织机构;

(六)公司的解散条件;

(七)投资者转让出资的条件;

(八)利润分配和亏损分担的办法;

(九)公司章程的修改程序;

（十）需要订明的其他事项。

第十五条 申请开办私营企业,必须持有关证件向企业所在地工商行政管理机关办理登记,经核准发给营业执照后,始得营业。

第十六条 私营企业分立、合并、转让、迁移以及改变经营范围等,应当向工商行政管理机关办理变更登记或者重新登记。

第十七条 私营企业歇业,应当在距歇业三十日前向工商行政管理机关提出申请,经核准后办理注销登记。

私营企业歇业,应当进行财产清算,偿还债务。

第十八条 私营企业破产,应当进行破产清算,偿还债务,具体办法另行制定。

第十九条 具备法人条件的私营企业办理开业登记、变更登记和注销登记,依照《中华人民共和国企业法人登记管理条例》的规定执行。

第四章 私营企业的权利和义务

第二十条 私营企业投资者对其财产依法享有所有权,其财产可以依法继承。

第二十一条 私营企业在生产经营活动中享有下列权利:

（一）核准登记的名称在规定的范围内享有专用权;

（二）在核准登记的范围内自主经营;

（三）决定企业的机构设置,招用或者辞退职工;

（四）决定企业的工资制度和利润分配形式;

（五）按照国家价格管理规定,制定企业的商品价格和收费标准;

（六）订立合同;

（七）申请专利、注册商标。

第二十二条 私营企业按照国家法律、法规的规定,可以同外国公司、企业和其他经济组织或者个人举办中外合资经营企业、中外合作经营企业,可以承揽来料加工、来样加工、来件装配,从事补偿贸易。

第二十三条 私营企业在生产经营活动中应当履行下列义务:

（一）遵守国家法律、法规和政策;

（二）依法纳税;

（三）服从国家有关机关的监督管理。

第二十四条 私营企业应当在银行或者其他金融机构按照国家有关规定开立帐户。符合规定条件的,可以申请贷款。

第二十五条 除国家法律、法规规定者外,任何单位不得以任何方式要求私营企业提供财力、物力、人力。对于向私营企业的摊派,私营企业有权拒绝提供,工商行政管理机关有权予以制止。

第二十六条 私营企业的《企业法人营业执照》或者《营业执照》,除工商行政管理机关依照法定程序可以扣缴或者吊销外,不被扣缴或者吊销。

第五章 私营企业的劳动管理

第二十七条 私营企业招用职工必须按照平等自愿、协商一致的原则以书面形式签订劳动合同,确定双方的权利、义务。

私营企业劳动合同应当向当地劳动行政管理机关备案。

第二十八条 劳动合同应当包括下列内容:

（一）对职工劳动的质量和数量要求;

（二）合同期限;

（三）劳动条件;

（四）劳动报酬、保险和福利待遇;

（五）劳动纪律;

（六）违反劳动合同应当承担的责任;

（七）双方议定的其他事项。

第二十九条 私营企业发生的劳动争议,参照《国营企业劳动争议处理暂行规定》处理。

第三十条 私营企业必须执行国家有关劳动保护的规定,建立必要的规章制度,提供劳动安全、卫生设施,保障职工的安全和健康。

私营企业对从事关系到人身健康、生命安全的行业或者工种的职工,必须按照国家规定向保险公司投保。

私营企业有条件的应当为职工办理社会保险。

第三十一条　私营企业实行八小时工作制。

第三十二条　私营企业不得招用未满十六周岁的童工。

第三十三条　私营企业工会有权代表职工与企业签订集体合同,依法保护职工的合法权益,支持企业的生产经营活动。

第六章　私营企业的财务和税收

第三十四条　私营企业必须在领取《企业法人营业执照》或者《营业执照》之日起三十日内,向当地税务机关申报办理税务登记。

第三十五条　私营企业必须按照国家财务会计法规和税务机关的规定,健全财务会计制度,配备财会人员,建立会计帐簿,编送财务报表,严格履行纳税义务,接受税务机关的监督检查。

第三十六条　私营企业厂长(经理或董事长)的工资,可以在本企业职工平均工资十倍以内确定。

第三十七条　私营企业所得税,按照《中华人民共和国私营企业所得税暂行条例》和有关规定执行。

第三十八条　私营企业税后利润留作生产发展基金的部分不得低于50%。由于特殊原因,提取比例低于50%的,须经税务机关批准。

私营企业的生产发展基金可以用于本企业扩大再生产、向其他企业投资、偿还贷款或者弥补本企业的亏损。用于其他用途,须经税务机关批准。

第三十九条　私营企业投资者的工资收入和税后利润分配所得应当依法缴纳个人收入调节税。

第七章　监督与处罚

第四十条　工商行政管理机关应当加强对私营企业的行政管理和监督,保护合法经营,查处违法经营活动。

各有关行业主管部门应当按照国家规定,对私营企业的生产经营活动进行业务指导、帮助和管理。

第四十一条　私营企业有下列行为之一的,由工商行政管理机关根据情节,分别给予警告、罚款、没收非法所得、责令停业整顿、吊销《营业执照》的处罚:

(一)登记中隐瞒真实情况、弄虚作假或者未经核准登记注册擅自开业的;

(二)超出核准登记的经营范围从事经营活动或者不按规定办理变更登记、重新登记、注销登记的;

(三)伪造、涂改、出租、转让、出卖或者擅自复印《营业执照》的;

(四)从事非法经营活动的。

取得法人资格的私营企业违反登记管理规定,按照《中华人民共和国企业法人登记管理条例》的规定处罚。

第四十二条　私营企业有下列行为之一的,由劳动行政管理机关根据情节,分别给予警告、罚款的处罚:

(一)不按国家关于劳动保护的规定从事生产经营的;

(二)招用童工的;

(三)侵犯职工合法权益的。

第四十三条　私营企业违反本条例第三十八条规定的行为,由税务机关根据情节,分别给予警告、罚款的处罚。

第四十四条　私营企业对管理机关按照本条例第四十一条、第四十二条的规定作出的处罚决定不服时,应当在收到通知之日起15日内向作出处罚决定机关的上一级机关申请复议。上一级机关应当在收到申请之日起30日内作出复议决定。申请人对复议决定不服的,可以在收到通知之日起30日内向人民法院起诉。

逾期未申请复议或者未向人民法院起诉的,处罚决定生效。

第四十五条　私营企业违反国家有关税收、资源、工商行政、价格、金融、计量、质量、卫生、环境保护等法律、法规的行为,由有关机关依法予以处罚。

第四十六条　管理机关的工作人员违反本条例规定,滥用职权、徇私舞弊、收受贿赂或者侵害私营企业合法权益的,有关主管机关应当根据情节给予行政处分、经济处罚;触犯刑律的,依法追究刑事责任。

第八章　附　则

第四十七条　本条例由国家工商行政管理局负责解释;施行办法由国家工商行政管理局会同有关部门制定。

第四十八条　本条例自 1988 年 7 月 1 日起施行。

工商行政管理所条例

1991 年 4 月 1 日国务院批准
1991 年 4 月 22 日国家工商行政管理局
令第 6 号公布

第一条　为了加强工商行政管理所(以下简称工商所)的组织建设,使工商所工作规范化、制度化,更好地发挥工商行政管理的职能作用,制定本条例。

第二条　工商所是区、县(含县级市,下同)工商行政管理局(以下简称区、县工商局)的派出机构。工商所的人员编制、经费开支、干部管理和业务工作等由区、县工商局直接领导和管理。

第三条　工商所的基本任务是:依据法律、法规的规定,对辖区内的企业、个体工商户和市场经济活动进行监督管理,保护合法经营,取缔非法经营,维护正常的经济秩序。

第四条　工商所按经济区域设立。

工商所的设立,由区、县工商局根据辖区大小、经济发展情况和管理任务需要,提出具体方案,报区、县人民政府批准。

第五条　工商所设所长一人;任务较多的,设副所长一至二人;工作人员若干人。

工商所实行所长负责制。

第六条　工商所的职责包括:

(一)办理辖区内由区、县工商局登记管理的企业的登记初审和年检、换照的审查手续,并对区、县工商局核准登记的企业进行监督管理;

(二)管理辖区内的集贸市场,监督集市贸易经济活动;

(三)监督检查辖区内经济合同的订立及履行,调解经济合同纠纷;

(四)受理、初审、呈报辖区内个体工商户的开业、变更、歇业的申请事项,对个体工商户的生产经营活动进行监督管理;

(五)指导辖区内企业事业单位、个体工商户正确申请商标注册,并对其使用商标进行监督管理;

(六)对辖区内设置、张贴的广告进行监督管理;

(七)按规定收取、上缴各项工商收费及罚没款物;

(八)宣传工商行政管理法律、法规和有关政策;

(九)法律、法规规定的其他工商行政管理职责。

第七条　工商所的具体工作范围,由区、县工商局依照工商行政管理的有关法律、法规和规章的规定,根据辖区内管理工作的实际需要,在前条所列职责范围内予以确定,并报上一级工商行政管理机关备案。

第八条　工商所的具体行政行为是区、县工商局的具体行政行为,但有下列情况之一的,工商所可以以自己的名义作出具体行政行为:

(一)对个体工商户违法行为的处罚;

(二)对集市贸易中违法行为的处罚;

(三)法律、法规和规章规定工商所以自己的名义作出的其他具体行政行为。

前款第(一)、(二)项处罚不包括吊销营业执照。

第九条　工商所应当建立健全监督管理和行政执法的工作程序,公开办事制度和办事结果,接受群众监督,做到公正严明,管理有章,处罚有据,廉洁奉公。

第十条　工商所应当建立健全岗位责任制,对工作人员的德、能、勤、绩进行定期考核,并将考核情况作为任职、奖励、晋升的主要依据。

第十一条　工商所应当建立健全财务

管理和监督制度,配备专职财务人员。各项工商收费和罚没物资、现金、票证,应当分别登记造册,按规定处理。

工商所的费用开支,按有关财务规定执行。

第十二条 工商所应当建立健全内勤工作制度。各类文件和资料应当及时登记归档;认真处理来信来访;严格执行用印制度。

第十三条 工商所工作人员必须清正廉洁,秉公执法,不得以权谋私,索贿受贿。

第十四条 工商所工作人员必须严格遵守国家及有关部门制定的政府机关工作人员的各项纪律、守则,积极工作,忠于职守。

第十五条 工商所工作人员执行公务时必须按规定着装,仪表庄重,待人礼貌。

第十六条 工商所工作人员在工作中取得突出成绩的,工商所可提请区、县工商局给予奖励。对违法违纪的,由区、县工商局依照国家有关规定给予处分;情节严重,构成犯罪的,由司法机关依法追究刑事责任。

第十七条 工商行政管理系统的其他专业所、队、站参照本条例规定执行。

第十八条 本条例由国家工商行政管理局负责解释。

第十九条 本条例自发布之日起施行。

企业名称登记管理规定

1991 年 5 月 6 日国务院批准
1991 年 7 月 22 日国家工商行政管理局令第 7 号公布

第一条 为了加强企业名称管理,保护企业的合法权益,维护社会经济秩序,制定本规定。

第二条 本规定适用于中国境内具备法人条件的企业及其他依法需要办理登记注册的企业。

第三条 企业名称在企业申请登记时,由企业名称的登记主管机关核定。企业名称经核准登记注册后方可使用,在规定的范围内享有专用权。

第四条 企业名称的登记主管机关(以下简称登记主管机关)是国家工商行政管理局和地方各级工商行政管理局。登记主管机关核准或者驳回企业名称登记申请,监督管理企业名称的使用,保护企业名称专用权。

登记主管机关依照《中华人民共和国企业法人登记管理条例》,对企业名称实行分级登记管理。外商投资企业名称由国家工商行政管理局核定。

第五条 登记主管机关有权纠正已登记注册的不适宜的企业名称,上级登记主管机关有权纠正下级登记主管机关已登记注册的不适宜的企业名称。

对已登记注册的不适宜的企业名称,任何单位和个人可以要求登记主管机关予以纠正。

第六条 企业只准使用一个名称,在登记主管机关辖区内不得与已登记注册的同行业企业名称相同或者近似。

确有特殊需要的,经省级以上登记主管机关核准,企业可以在规定的范围内使用一个从属名称。

第七条 企业名称应当由以下部分依次组成:字号(或者商号,下同)、行业或者经营特点、组织形式。

企业名称应当冠以企业所在地省(包括自治区、直辖市,下同)或者市(包括州,下同)或者县(包括市辖区,下同)行政区划名称。

经国家工商行政管理局核准,下列企业的企业名称可以不冠以企业所在地行政区划名称:

(一)本规定第十三条所列企业;

(二)历史悠久、字号驰名的企业;

(三)外商投资企业。

第八条 企业名称应当使用汉字,民族自治地方的企业名称可以同时使用本民族自治地方通用的民族文字。

企业使用外文名称的,其外文名称应当与中文名称相一致,并报登记主管机关登记注册。

第九条 企业名称不得含有下列内容和文字:

(一)有损于国家、社会公共利益的;

(二)可能对公众造成欺骗或者误解的;

(三)外国国家(地区)名称、国际组织名称;

(四)政党名称、党政军机关名称、群众组织名称、社会团体名称及部队番号;

(五)汉语拼音字母(外文名称中使用的除外)、数字;

(六)其他法律、行政法规规定禁止的。

第十条 企业可以选择字号。字号应当由两个以上的字组成。

企业有正当理由可以使用本地或者异地地名作字号,但不得使用县以上行政区划名称作字号。

私营企业可以使用投资人姓名作字号。

第十一条 企业应当根据其主营业务,依照国家行业分类标准划分的类别,在企业名称中标明所属行业或者经营特点。

第十二条 企业应当根据其组织结构或者责任形式,在企业名称中标明组织形式。所标明的组织形式必须明确易懂。

第十三条 下列企业,可以申请在企业名称中使用"中国"、"中华"或者冠以"国际"字词:

(一)全国性公司;

(二)国务院或其授权的机关批准的大型进出口企业;

(三)国务院或者授权的机关批准的大型企业集团;

(四)国家工商行政管理局规定的其他企业。

第十四条 企业设立分支机构的,企业及其分支机构的企业名称应当符合下列规定:

(一)在企业名称中使用"总"字的,必须下设三个以上分支机构;

(二)不能独立承担民事责任的分支机构,其企业名称应当冠以其所从属企业的名称,缀以"分公司"、"分厂"、"分店"等字词,并标明该分支机构的行业和所在地行政区划名称或者地名,但其行业与其所从属的企业一致的,可以从略;

(三)能够独立承担民事责任的分支机构,应当使用独立的企业名称,并可以使用其所从属企业的企业名称中的字号;

(四)能够独立承担民事责任的分支机构再设立分支机构的,所设立的分支机构不得在其企业名称中使用总机构的名称。

第十五条 联营企业的企业名称可以使用联营成员的字号,但不得使用联营成员的企业名称。联营企业应当在其企业名称中标明"联营"或者"联合"字词。

第十六条 企业有特殊原因的,可以在开业登记前预先单独申请企业名称登记注册。预先单独申请企业名称登记注册时,应当提交企业组建负责人签署的申请书、章程草案和主管部门或者审批机关的批准文件。

第十七条 外商投资企业应当在项目建议书和可行性研究报告批准后,合同、章程批准之前,预先单独申请企业名称登记注册。外商投资企业预先单独申请企业名称登记注册时,应当提交企业组建负责人签署的申请书、项目建议书、可行性研究报告的批准文件,以及投资者所在国(地区)主管当局出具的合法开业证明。

第十八条 登记主管机关应当在收到企业提交的预先单独申请企业名称登记注册的全部材料之日起十日内作出核准或者驳回的决定。

登记主管机关核准预先单独申请登记注册的企业名称后,核发《企业名称登记证书》。

第十九条 预先单独申请登记注册的企业名称经核准后,保留期为一年。经批准有筹建期的,企业名称保留到筹建期终止。在保留期内不得用于从事生产经营活动。

保留期届满不办理企业开业登记的,其企业名称自动失效,企业应当在期限届满之日起十日内将《企业名称登记证书》交回登记主管机关。

第二十条 企业的印章、银行帐户、牌匾、信笺所使用的名称应当与登记注册的企业名称相同。从事商业、公共饮食、服务等行业的企业名称牌匾可适当简化,但应当报登记主管机关备案。

第二十一条 申请登记注册的企业名称与下列情况的企业名称相同或者近似的,登记主管机关不予核准:

(一)企业被撤销未满三年的;

(二)企业营业执照被吊销未满三年的;

(三)企业因本条第(一)、(二)项所列情况以外的原因办理注销登记未满一年的。

第二十二条 企业名称经核准登记注册后,无特殊原因在一年内不得申请变更。

第二十三条 企业名称可以随企业或者企业的一部分一并转让。

企业名称只能转让给一户企业。企业名称的转让方与受让方应当签订书面合同或者协议,报原登记主管机关核准。

企业名称转让后,转让方不得继续使用已转让的企业名称。

第二十四条 两个以上企业向同一登记主管机关申请相同的符合规定的企业名称,登记主管机关依照申请在先原则核定。属于同一天申请的,应当由企业协商解决;协商不成的,由登记主管机关作出裁决。

两个以上企业向不同登记主管机关申请相同的企业名称,登记主管机关依照受理在先原则核定。属于同一天受理的,应当由企业协商解决;协商不成的,由各该登记主管机关报共同的上级登记主管机关作出裁决。

第二十五条 两个以上的企业因已登记注册的企业名称相同或者近似而发生争议时,登记主管机关依照注册在先原则处理。

中国企业的企业名称与外国(地区)企业的企业名称在中国境内发生争议并向登记主管机关申请裁决时,由国家工商行政管理局依据我国缔结或者参加的国际条约规定的原则或者本规定处理。

第二十六条 违反本规定的下列行为,由登记主管机关区别情节,予以处罚:

(一)使用未经核准登记注册的企业名称从事生产经营活动的,责令停止经营活动,没收非法所得或者处以两千元以上、两万元以下罚款,情节严重的,可以并处;

(二)擅自改变企业名称的,予以警告或者处以一千元以上、一万元以下罚款,并限期办理变更登记;

(三)擅自转让或者出租自己的企业名称的,没收非法所得并处以一千元以上、一万元以下罚款;

(四)使用保留期内的企业名称从事生产经营活动或者保留期届满不按期将《企业名称登记证书》交回登记主管机关的,予以警告或者处以五百元以上、五千元以下罚款;

(五)违反本规定第二十条规定的,予以警告并处以五百元以上、五千元以下罚款。

第二十七条 擅自使用他人已经登记注册的企业名称或者有其他侵犯他人企业名称专用权行为的,被侵权人可以向侵权人所在地登记主管机关要求处理。登记主管机关有权责令侵权人停止侵权行为,赔偿被侵权人因该侵权行为所遭受的损失,没收非法所得并处以五千元以上、五万元以下罚款。

对侵犯他人企业名称专用权的,被侵权人也可以直接向人民法院起诉。

第二十八条 对登记主管机关根据本规定作出的具体行政行为不服的,当事人可以在收到通知之日起十五日内向上一级登记主管机关申请复议。上级登记主管机关应当在收到复议申请之日起三十日内作出复议决定。对复议决定不服的,可以依法向人民法院起诉。

逾期不申请复议,或者复议后拒不执行复议决定又不起诉的,登记主管机关可以强制更改企业名称,扣缴企业营业执照,按照规定程序通知其开户银行划拨罚没款。

第二十九条 外国(地区)企业可以在中国境内申请企业名称登记注册。

外国(地区)企业应当向国家工商行政管理局提出企业名称登记注册的申请,并提交外国(地区)企业法定代表人签署的申请书、外国(地区)企业章程和企业所在国(地区)主管当局出具的合法开业证明。登记主管机关应当在收到外国(地区)企业申请名称登记注册的全部材料之日起三十日内作出初步审查,通过初审的,予以公告。外国(地区)企业名称的公告期为六个月,在此期间无异议或者异议不成立的,予以核准登记注册,企业名称保留期为五年。登记主管机关核准登记注册外国(地区)企业名称后,应当核发《企业名称登记证书》。外国(地区)企业名称登记注册后需要变更或者保留期届满要求续展的,应当重新申请登记注册。

第三十条　在登记主管机关登记注册的事业单位及事业单位开办的经营单位的名称和个体工商户的名称登记管理,参照本规定执行。

第三十一条　本规定施行前已经核准登记注册的企业名称,准予继续使用,但严重不符合本规定的,应予纠正。

第三十二条　《企业名称登记证书》由国家工商行政管理局统一印制。

第三十三条　本规定由国家工商行政管理局负责解释。

第三十四条　本规定自一九九一年九月一日起施行。一九八五年五月二十三日国务院批准,一九八五年六月十五日国家工商行政管理局公布的《工商企业名称登记管理暂行规定》同时废止。

卫星电视广播地面接收设施管理规定

1993 年 8 月 20 日国务院第 7 次常务会议通过　1993 年 10 月 5 日中华人民共和国国务院令第 129 号公布

第一条　为了加强对卫星电视广播地面接收设施的管理,促进社会主义精神文明建设,制定本规定。

第二条　本规定所称卫星电视广播地面接收设施(以下简称卫星地面接收设施)是指接收卫星传送的电视节目的天线、高频头、接收机及编码、解码器等设施。

第三条　国家对卫星地面接收设施的生产、进口、销售、安装和使用实行许可制度。生产、进口、销售、安装和使用卫星地面接收设施许可的条件,由国务院有关行政部门规定。

第四条　卫星地面接收设施由国务院电子工业行政部门指定的企业生产,其他任何单位不得生产。

第五条　卫星地面接收设施由省、自治区、直辖市人民政府工商行政管理部门会同国内贸易、广播电视和电子工业行政部门指定的单位销售,其他任何单位和个人不得销售。

第六条　进口卫星地面接收设施必须持国务院广播电影电视行政部门开具的证明,进口卫星地面接收设施的专用元部件必须持国务院电子工业行政部门开具的证明,到国务院机电产品进出口行政部门办理审批手续,海关凭审查批准文件放行。禁止个人携带、邮寄卫星地面接收设施入境。

第七条　卫星地面接收设施的质量认证证书和认证标志,由国务院产品质量监督管理部门或者国务院产品质量监督管理部门授权的部门认可的认证机构按照有关质量认证的法律、法规的规定认证合格后发放;未经质量认证的,不得销售使用。

第八条　单位设置卫星地面接收设施的,必须向当地县、市人民政府广播电视行政部门提出申请,报省、自治区、直辖市人民政府广播电视行政管理部门审批,凭审批机关开具的证明购买卫星地面接收设施。卫星地面接收设施安装完毕,由审批机关发给《接收卫星传送的电视节目许可证》。

第九条　个人不得安装和使用卫星地面接收设施。如有特殊情况,个人确实需要安装和使用卫星地面接收设施并符合国务院广播电影电视行政部门规定的许可条件的,必须向所在单位提出申请,经当地县、市人民政府广播电视行政部门同意后报省、自治区、直辖市人民政府广播电视行政部门审批。

第十条　本规定发布前未经批准设置

卫星地面接收设施的,必须自本规定发布之日起六个月内依照本规定办理审批手续。

第十一条　违反本规定,擅自生产卫星地面接收设施的,由电子工业行政部门责令停止生产。违反本规定,擅自销售卫星地面接收设施的,由工商行政管理部门责令停止销售,没收其卫星地面接收设施,并可以处以相当于销售额的二倍以下的罚款。违反本规定,擅自安装和使用卫星地面接收设施的,由广播电视行政部门没收其安装和使用的卫星地面接收设施,对个人可以并处五千元以下的罚款,对单位可以并处五万元以下的罚款。

第十二条　当事人对处罚决定不服的,可以依照有关法律、行政法规的规定,申请行政复议或者提起行政诉讼。

第十三条　本规定的实施细则由国务院广播电影电视行政部门和有关行政部门规定。

第十四条　本规定自发布之日起施行。

中华人民共和国公司登记管理条例

1994 年 6 月 24 日中华人民共和国国务院令第 156 号公布　根据 2005 年 12 月 18 日中华人民共和国国务院令第 451 号公布的《国务院关于修改〈中华人民共和国公司登记管理条例〉的决定》修订

目　录

第一章　总　则

第一条　为了确认公司的企业法人资格,规范公司登记行为,依据《中华人民共和国公司法》(以下简称《公司法》),制定本条例。

第二条　有限责任公司和股份有限公司(以下统称公司)设立、变更、终止,应当依照本条例办理公司登记。

申请办理公司登记,申请人应当对申请文件、材料的真实性负责。

第三条　公司经公司登记机关依法登记,领取《企业法人营业执照》,方取得企业法人资格。

自本条例施行之日起设立公司,未经公司登记机关登记的,不得以公司名义从事经营活动。

第四条　工商行政管理机关是公司登记机关。

下级公司登记机关在上级公司登记机关的领导下开展公司登记工作。

公司登记机关依法履行职责,不受非法干预。

第五条　国家工商行政管理总局主管全国的公司登记工作。

第二章　登记管辖

第六条　国家工商行政管理总局负责下列公司的登记:

(一)国务院国有资产监督管理机构履行出资人职责的公司以及该公司投资设立并持有 50% 以上股份的公司;

(二)外商投资的公司;

(三)依照法律、行政法规或者国务院决定的规定,应当由国家工商行政管理总局登记的公司;

(四)国家工商行政管理总局规定应当由其登记的其他公司。

第七条 省、自治区、直辖市工商行政管理局负责本辖区内下列公司的登记：

（一）省、自治区、直辖市人民政府国有资产监督管理机构履行出资人职责的公司以及该公司投资设立并持有 50% 以上股份的公司；

（二）省、自治区、直辖市工商行政管理局规定由其登记的自然人投资设立的公司；

（三）依照法律、行政法规或者国务院决定的规定，应当由省、自治区、直辖市工商行政管理局登记的公司；

（四）国家工商行政管理总局授权登记的其他公司。

第八条 设区的市（地区）工商行政管理局、县工商行政管理局，以及直辖市的工商行政管理分局、设区的市工商行政管理局的区分局，负责本辖区内下列公司的登记：

（一）本条例第六条和第七条所列公司以外的其他公司；

（二）国家工商行政管理总局和省、自治区、直辖市工商行政管理局授权登记的公司。

前款规定的具体登记管辖由省、自治区、直辖市工商行政管理局规定。但是，其中的股份有限公司由设区的市（地区）工商行政管理局负责登记。

第三章　登记事项

第九条 公司的登记事项包括：

（一）名称；

（二）住所；

（三）法定代表人姓名；

（四）注册资本；

（五）实收资本；

（六）公司类型；

（七）经营范围；

（八）营业期限；

（九）有限责任公司股东或者股份有限公司发起人的姓名或者名称，以及认缴和实缴的出资额、出资时间、出资方式。

第十条 公司的登记事项应当符合法律、行政法规的规定。不符合法律、行政法规规定的，公司登记机关不予登记。

第十一条 公司名称应当符合国家有关规定。公司只能使用一个名称。经公司登记机关核准登记的公司名称受法律保护。

第十二条 公司的住所是公司主要办事机构所在地。经公司登记机关登记的公司的住所只能有一个。公司的住所应当在其公司登记机关辖区内。

第十三条 公司的注册资本和实收资本应当以人民币表示，法律、行政法规另有规定的除外。

第十四条 股东的出资方式应当符合《公司法》第二十七条的规定。股东以货币、实物、知识产权、土地使用权以外的其他财产出资的，其登记办法由国家工商行政管理总局会同国务院有关部门规定。

股东不得以劳务、信用、自然人姓名、商誉、特许经营权或者设定担保的财产等作价出资。

第十五条 公司的经营范围由公司章程规定，并依法登记。

公司的经营范围用语应当参照国民经济行业分类标准。

第十六条 公司类型包括有限责任公司和股份有限公司。

一人有限责任公司应当在公司登记中注明自然人独资或者法人独资，并在公司营业执照中载明。

第四章　设立登记

第十七条 设立公司应当申请名称预先核准。

法律、行政法规或者国务院决定规定设立公司必须报经批准，或者公司经营范围中属于法律、行政法规或者国务院决定规定在登记前须经批准的项目的，应当在报送批准前办理公司名称预先核准，并以公司登记机关核准的公司名称报送批准。

第十八条 设立有限责任公司，应当由全体股东指定的代表或者共同委托的代理人向公司登记机关申请名称预先核准；设立股份有限公司，应当由全体发起人指定的代表或者共同委托的代理人向公司登记机关申请名称预先核准。

申请名称预先核准,应当提交下列文件:

(一)有限责任公司的全体股东或者股份有限公司的全体发起人签署的公司名称预先核准申请书;

(二)全体股东或者发起人指定代表或者共同委托代理人的证明;

(三)国家工商行政管理总局规定要求提交的其他文件。

第十九条　预先核准的公司名称保留期为6个月。预先核准的公司名称在保留期内,不得用于从事经营活动,不得转让。

第二十条　设立有限责任公司,应当由全体股东指定的代表或者共同委托的代理人向公司登记机关申请设立登记。设立国有独资公司,应当由国务院或者地方人民政府授权的本级人民政府国有资产监督管理机构作为申请人,申请设立登记。法律、行政法规或者国务院决定规定设立有限责任公司必须报经批准的,应当自批准之日起90日内向公司登记机关申请设立登记;逾期申请设立登记的,申请人应当报批准机关确认原批准文件的效力或者另行报批。

申请设立有限责任公司,应当向公司登记机关提交下列文件:

(一)公司法定代表人签署的设立登记申请书;

(二)全体股东指定代表或者共同委托代理人的证明;

(三)公司章程;

(四)依法设立的验资机构出具的验资证明,法律、行政法规另有规定的除外;

(五)股东首次出资是非货币财产的,应当在公司设立登记时提交已办理其财产权转移手续的证明文件;

(六)股东的主体资格证明或者自然人身份证明;

(七)载明公司董事、监事、经理的姓名、住所的文件以及有关委派、选举或者聘用的证明;

(八)公司法定代表人任职文件和身份证明;

(九)企业名称预先核准通知书;

(十)公司住所证明;

(十一)国家工商行政管理总局规定要求提交的其他文件。

外商投资的有限责任公司的股东首次出资额应当符合法律、行政法规的规定,其余部分应当自公司成立之日起2年内缴足,其中,投资公司可以在5年内缴足。

法律、行政法规或者国务院决定规定设立有限责任公司必须报经批准的,还应当提交有关批准文件。

第二十一条　设立股份有限公司,应当由董事会向公司登记机关申请设立登记。以募集方式设立股份有限公司的,应当于创立大会结束后30日内向公司登记机关申请设立登记。

申请设立股份有限公司,应当向公司登记机关提交下列文件:

(一)公司法定代表人签署的设立登记申请书;

(二)董事会指定代表或者共同委托代理人的证明;

(三)公司章程;

(四)依法设立的验资机构出具的验资证明;

(五)发起人首次出资是非货币财产的,应当在公司设立登记时提交已办理其财产权转移手续的证明文件;

(六)发起人的主体资格证明或者自然人身份证明;

(七)载明公司董事、监事、经理姓名、住所的文件以及有关委派、选举或者聘用的证明;

(八)公司法定代表人任职文件和身份证明;

(九)企业名称预先核准通知书;

(十)公司住所证明;

(十一)国家工商行政管理总局规定要求提交的其他文件。

以募集方式设立股份有限公司的,还应当提交创立大会的会议记录;以募集方式设立股份有限公司公开发行股票的,还应当提交国务院证券监督管理机构的核准文件。

法律、行政法规或者国务院决定规定设立股份有限公司必须报经批准的，还应当提交有关批准文件。

第二十二条 公司申请登记的经营范围中属于法律、行政法规或者国务院决定规定在登记前须经批准的项目的，应当在申请登记前报经国家有关部门批准，并向公司登记机关提交有关批准文件。

第二十三条 公司章程有违反法律、行政法规的内容的，公司登记机关有权要求公司作相应修改。

第二十四条 公司住所证明是指能够证明公司对其住所享有使用权的文件。

第二十五条 依法设立的公司，由公司登记机关发给《企业法人营业执照》。公司营业执照签发日期为公司成立日期。公司凭公司登记机关核发的《企业法人营业执照》刻制印章，开立银行账户，申请纳税登记。

第五章 变更登记

第二十六条 公司变更登记事项，应当向原公司登记机关申请变更登记。

未经变更登记，公司不得擅自改变登记事项。

第二十七条 公司申请变更登记，应当向公司登记机关提交下列文件：

（一）公司法定代表人签署的变更登记申请书；

（二）依照《公司法》作出的变更决议或者决定；

（三）国家工商行政管理总局规定要求提交的其他文件。

公司变更登记事项涉及修改公司章程的，应当提交由公司法定代表人签署的修改后的公司章程或者公司章程修正案。

变更登记事项依照法律、行政法规或者国务院决定规定在登记前须经批准的，还应当向公司登记机关提交有关批准文件。

第二十八条 公司变更名称的，应当自变更决议或者决定作出之日起30日内申请变更登记。

第二十九条 公司变更住所的，应当在迁入新住所前申请变更登记，并提交新住所使用证明。

公司变更住所跨公司登记机关辖区的，应当在迁入新住所前向迁入地公司登记机关申请变更登记；迁入地公司登记机关受理的，由原公司登记机关将公司登记档案移送迁入地公司登记机关。

第三十条 公司变更法定代表人的，应当自变更决议或者决定作出之日起30日内申请变更登记。

第三十一条 公司变更注册资本的，应当提交依法设立的验资机构出具的验资证明。

公司增加注册资本的，有限责任公司股东认缴新增资本的出资和股份有限公司的股东认购新股，应当分别依照《公司法》设立有限责任公司缴纳出资和设立股份有限公司缴纳股款的有关规定执行。股份有限公司以公开发行新股方式或者上市公司以非公开发行新股方式增加注册资本的，还应当提交国务院证券监督管理机构的核准文件。

公司法定公积金转增为注册资本的，验资证明应当载明留存的该项公积金不少于转增前公司注册资本的25%。

公司减少注册资本的，应当自公告之日起45日后申请变更登记，并应当提交公司在报纸上登载公司减少注册资本公告的有关证明和公司债务清偿或者债务担保情况的说明。

公司减资后的注册资本不得低于法定的最低限额。

第三十二条 公司变更实收资本的，应当提交依法设立的验资机构出具的验资证明，并应当按照公司章程载明的出资时间、出资方式缴纳出资。公司应当自足额缴纳出资或者股款之日起30日内申请变更登记。

第三十三条 公司变更经营范围的，应当自变更决议或者决定作出之日起30日内申请变更登记；变更经营范围涉及法律、行政法规或者国务院决定规定在登记前须经批准的项目的,应当自国家有关部门批准之日起 30 日内申请变更登记。

公司的经营范围中属于法律、行政法规或者国务院决定规定须经批准的项目被吊销、撤销许可证或者其他批准文件,或者许可证、其他批准文件有效期届满的,应当自吊销、撤销许可证、其他批准文件或者许可证、其他批准文件有效期届满之日起 30 日内申请变更登记或者依照本条例第六章的规定办理注销登记。

第三十四条 公司变更类型的,应当按照拟变更的公司类型的设立条件,在规定的期限内向公司登记机关申请变更登记,并提交有关文件。

第三十五条 有限责任公司股东转让股权的,应当自转让股权之日起 30 日内申请变更登记,并应当提交新股东的主体资格证明或者自然人身份证明。

有限责任公司的自然人股东死亡后,其合法继承人继承股东资格的,公司应当依照前款规定申请变更登记。

有限责任公司的股东或者股份有限公司的发起人改变姓名或者名称的,应当自改变姓名或者名称之日起 30 日内申请变更登记。

第三十六条 公司登记事项变更涉及分公司登记事项变更的,应当自公司变更登记之日起 30 日内申请分公司变更登记。

第三十七条 公司章程修改未涉及登记事项的,公司应当将修改后的公司章程或者公司章程修正案送原公司登记机关备案。

第三十八条 公司董事、监事、经理发生变动的,应当向原公司登记机关备案。

第三十九条 因合并、分立而存续的公司,其登记事项发生变化的,应当申请变更登记;因合并、分立而解散的公司,应当申请注销登记;因合并、分立而新设立的公司,应当申请设立登记。

公司合并、分立的,应当自公告之日起 45 日后申请登记,提交合并协议和合并、分立决议或者决定以及公司在报纸上登载公司合并、分立公告的有关证明和债务清偿或者债务担保情况的说明。法律、行政法规或者国务院决定规定公司合并、分立必须报经批准的,还应当提交有关批准文件。

第四十条 变更登记事项涉及《企业法人营业执照》载明事项的,公司登记机关应当换发营业执照。

第四十一条 公司依照《公司法》第二十二条规定向公司登记机关申请撤销变更登记的,应当提交下列文件:

(一)公司法定代表人签署的申请书;

(二)人民法院的裁判文书。

第六章 注销登记

第四十二条 公司解散,依法应当清算的,清算组应当自成立之日起 10 日内将清算组成员、清算组负责人名单向公司登记机关备案。

第四十三条 有下列情形之一的,公司清算组应当自公司清算结束之日起 30 日内向原公司登记机关申请注销登记:

(一)公司被依法宣告破产;

(二)公司章程规定的营业期限届满或者公司章程规定的其他解散事由出现,但公司通过修改公司章程而存续的除外;

(三)股东会、股东大会决议解散或者一人有限责任公司的股东、外商投资的公司董事会决议解散;

(四)依法被吊销营业执照、责令关闭或者被撤销;

(五)人民法院依法予以解散;

(六)法律、行政法规规定的其他解散情形。

第四十四条 公司申请注销登记,应当提交下列文件:

(一)公司清算组负责人签署的注销登记申请书;

(二)人民法院的破产裁定、解散裁判文书,公司依照《公司法》作出的决议或者决定,行政机关责令关闭或者公司被撤销的文件;

(三)股东会、股东大会、一人有限责任公司的股东、外商投资的公司董事会或者人民法院、公司批准机关备案、确认的清算报告;

（四）《企业法人营业执照》；

（五）法律、行政法规规定应当提交的其他文件。

国有独资公司申请注销登记，还应当提交国有资产监督管理机构的决定，其中，国务院确定的重要的国有独资公司，还应当提交本级人民政府的批准文件。

有分公司的公司申请注销登记，还应当提交分公司的注销登记证明。

第四十五条　经公司登记机关注销登记，公司终止。

第七章　分公司的登记

第四十六条　分公司是指公司在其住所以外设立的从事经营活动的机构。分公司不具有企业法人资格。

第四十七条　分公司的登记事项包括：名称、营业场所、负责人、经营范围。

分公司的名称应当符合国家有关规定。

分公司的经营范围不得超出公司的经营范围。

第四十八条　公司设立分公司的，应当自决定作出之日起30日内向分公司所在地的公司登记机关申请登记；法律、行政法规或者国务院决定规定必须报经有关部门批准的，应当自批准之日起30日内向公司登记机关申请登记。

设立分公司，应当向公司登记机关提交下列文件：

（一）公司法定代表人签署的设立分公司的登记申请书；

（二）公司章程以及加盖公司印章的《企业法人营业执照》复印件；

（三）营业场所使用证明；

（四）分公司负责人任职文件和身份证明；

（五）国家工商行政管理总局规定要求提交的其他文件。

法律、行政法规或者国务院决定规定设立分公司必须报经批准，或者分公司经营范围中属于法律、行政法规或者国务院决定规定在登记前须经批准的项目的，还应当提交

有关批准文件。

分公司的公司登记机关准予登记的，发给《营业执照》。公司应当自分公司登记之日起30日内，持分公司的《营业执照》到公司登记机关办理备案。

第四十九条　分公司变更登记事项的，应当向公司登记机关申请变更登记。

申请变更登记，应当提交公司法定代表人签署的变更登记申请书。变更名称、经营范围的，应当提交加盖公司印章的《企业法人营业执照》复印件，分公司经营范围中属于法律、行政法规或者国务院决定规定在登记前须经批准的项目的，还应当提交有关批准文件。变更营业场所的，应当提交新的营业场所使用证明。变更负责人的，应当提交公司的任免文件以及其身份证明。

公司登记机关准予变更登记的，换发《营业执照》。

第五十条　分公司被公司撤销、依法责令关闭、吊销营业执照的，公司应当自决定作出之日起30日内向该分公司的公司登记机关申请注销登记。申请注销登记应当提交公司法定代表人签署的注销登记申请书和分公司的《营业执照》。公司登记机关准予注销登记后，应当收缴分公司的《营业执照》。

第八章　登记程序

第五十一条　申请公司、分公司登记，申请人可以到公司登记机关提交申请，也可以通过信函、电报、电传、传真、电子数据交换和电子邮件等方式提出申请。

通过电报、电传、传真、电子数据交换和电子邮件等方式提出申请的，应当提供申请人的联系方式以及通讯地址。

第五十二条　公司登记机关应当根据下列情况分别作出是否受理的决定：

（一）申请文件、材料齐全，符合法定形式的，或者申请人按照公司登记机关的要求提交全部补正申请文件、材料的，应当决定予以受理。

（二）申请文件、材料齐全，符合法定形

式,但公司登记机关认为申请文件、材料需要核实的,应当决定予以受理,同时书面告知申请人需要核实的事项、理由以及时间。

(三)申请文件、材料存在可以当场更正的错误的,应当允许申请人当场予以更正,由申请人在更正处签名或者盖章,注明更正日期;经确认申请文件、材料齐全,符合法定形式的,应当决定予以受理。

(四)申请文件、材料不齐全或者不符合法定形式的,应当当场或者在5日内一次告知申请人需要补正的全部内容;当场告知时,应当将申请文件、材料退回申请人;属于5日内告知的,应当收取申请文件、材料并出具收到申请文件、材料的凭据,逾期不告知的,自收到申请文件、材料之日起即为受理。

(五)不属于公司登记范畴或者不属于本机关登记管辖范围的事项,应当即时决定不予受理,并告知申请人向有关行政机关申请。

公司登记机关对通过信函、电报、电传、传真、电子数据交换和电子邮件等方式提出申请的,应当自收到申请文件、材料之日起5日内作出是否受理的决定。

第五十三条　除依照本条例第五十四条　第一款第(一)项作出准予登记决定的外,公司登记机关决定予以受理的,应当出具《受理通知书》;决定不予受理的,应当出具《不予受理通知书》,说明不予受理的理由,并告知申请人享有依法申请行政复议或者提起行政诉讼的权利。

第五十四条　公司登记机关对决定予以受理的登记申请,应当分别情况在规定的期限内作出是否准予登记的决定:

(一)对申请人到公司登记机关提出的申请予以受理的,应当当场作出准予登记的决定。

(二)对申请人通过信函方式提交的申请予以受理的,应当自受理之日起15日内作出准予登记的决定。

(三)通过电报、电传、传真、电子数据交换和电子邮件等方式提交申请的,申请人应当自收到《受理通知书》之日起15日内,提交与电报、电传、传真、电子数据交换和电子邮件等内容一致并符合法定形式的申请文件、材料原件;申请人到公司登记机关提交申请文件、材料原件的,应当当场作出准予登记的决定;申请人通过信函方式提交申请文件、材料原件的,应当自受理之日起15日内作出准予登记的决定。

(四)公司登记机关自发出《受理通知书》之日起60日内,未收到申请文件、材料原件,或者申请文件、材料原件与公司登记机关所受理的申请文件、材料不一致的,应当作出不予登记的决定。

公司登记机关需要对申请文件、材料核实的,应当自受理之日起15日内作出是否准予登记的决定。

第五十五条　公司登记机关作出准予公司名称预先核准决定的,应当出具《企业名称预先核准通知书》;作出准予公司设立登记决定的,应当出具《准予设立登记通知书》,告知申请人自决定之日起10日内,领取营业执照;作出准予公司变更登记决定的,应当出具《准予变更登记通知书》,告知申请人自决定之日起10日内,换发营业执照;作出准予公司注销登记决定的,应当出具《准予注销登记通知书》,收缴营业执照。

公司登记机关作出不予名称预先核准、不予登记决定的,应当出具《企业名称驳回通知书》、《登记驳回通知书》,说明不予核准、登记的理由,并告知申请人享有依法申请行政复议或者提起行政诉讼的权利。

第五十六条　公司办理设立登记、变更登记,应当按照规定向公司登记机关缴纳登记费。

领取《企业法人营业执照》的,设立登记费按注册资本总额的0.8‰缴纳;注册资本超过1 000万元的,超过部分按0.4‰缴纳;注册资本超过1亿元的,超过部分不再缴纳。

领取《营业执照》的,设立登记费为300元。

变更登记事项的,变更登记费为100元。

第五十七条　公司登记机关应当将登记的公司登记事项记载于公司登记簿上,供社会公众查阅、复制。

第五十八条　吊销《企业法人营业执照》和《营业执照》的公告由公司登记机关发布。

第九章　年度检验

第五十九条　每年3月1日至6月30日,公司登记机关对公司进行年度检验。

第六十条　公司应当按照公司登记机关的要求,在规定的时间内接受年度检验,并提交年度检验报告书、年度资产负债表和损益表、《企业法人营业执照》副本。

设立分公司的公司在其提交的年度检验材料中,应当明确反映分公司的有关情况,并提交《营业执照》的复印件。

第六十一条　公司登记机关应当根据公司提交的年度检验材料,对与公司登记事项有关的情况进行审查。

第六十二条　公司应当向公司登记机关缴纳年度检验费。年度检验费为50元。

第十章　证照和档案管理

第六十三条　《企业法人营业执照》、《营业执照》分为正本和副本,正本和副本具有同等法律效力。

《企业法人营业执照》正本或者《营业执照》正本应当置于公司住所或者分公司营业场所的醒目位置。

公司可以根据业务需要向公司登记机关申请核发营业执照若干副本。

第六十四条　任何单位和个人不得伪造、涂改、出租、出借、转让营业执照。

营业执照遗失或者毁坏的,公司应当在公司登记机关指定的报刊上声明作废,申请补领。

公司登记机关依法作出变更登记、注销登记、撤销变更登记决定,公司拒不缴回或者无法缴回营业执照的,由公司登记机关公告营业执照作废。

第六十五条　公司登记机关对需要认定的营业执照,可以临时扣留,扣留期限不得超过10天。

第六十六条　借阅、抄录、携带、复制公司登记档案资料的,应当按照规定的权限和程序办理。

任何单位和个人不得修改、涂抹、标注、损毁公司登记档案资料。

第六十七条　营业执照正本、副本样式以及公司登记的有关重要文书格式或者表式,由国家工商行政管理总局统一制定。

第十一章　法律责任

第六十八条　虚报注册资本,取得公司登记的,由公司登记机关责令改正,处以虚报注册资本金额5%以上15%以下的罚款;情节严重的,撤销公司登记或者吊销营业执照。

第六十九条　提交虚假材料或者采取其他欺诈手段隐瞒重要事实,取得公司登记的,由公司登记机关责令改正,处以5万元以上50万元以下的罚款;情节严重的,撤销公司登记或者吊销营业执照。

第七十条　公司的发起人、股东虚假出资,未交付或者未按期交付作为出资的货币或者非货币财产的,由公司登记机关责令改正,处以虚假出资金额5%以上15%以下的罚款。

第七十一条　公司的发起人、股东在公司成立后,抽逃出资的,由公司登记机关责令改正,处以所抽逃出资金额5%以上15%以下的罚款。

第七十二条　公司成立后无正当理由超过6个月未开业的,或者开业后自行停业连续6个月以上的,可以由公司登记机关吊销营业执照。

第七十三条　公司登记事项发生变更时,未依照本条例规定办理有关变更登记的,由公司登记机关责令限期登记;逾期不登记的,处以1万元以上10万元以下的罚款。其中,变更经营范围涉及法律、行政法规或者国务院决定规定须经批准的项目而未取得批准,擅自从事相关经营活动,情节严重的,吊销营业执照。

公司未依照本条例规定办理有关备案

的,由公司登记机关责令限期办理;逾期未办理的,处以 3 万元以下的罚款。

第七十四条　公司在合并、分立、减少注册资本或者进行清算时,不按照规定通知或者公告债权人的,由公司登记机关责令改正,处以 1 万元以上 10 万元以下的罚款。

公司在进行清算时,隐匿财产,对资产负债表或者财产清单作虚假记载或者在未清偿债务前分配公司财产的,由公司登记机关责令改正,对公司处以隐匿财产或者未清偿债务前分配公司财产金额 5% 以上 10% 以下的罚款;对直接负责的主管人员和其他直接责任人员处以 1 万元以上 10 万元以下的罚款。

公司在清算期间开展与清算无关的经营活动的,由公司登记机关予以警告,没收违法所得。

第七十五条　清算组不按照规定向公司登记机关报送清算报告,或者报送清算报告隐瞒重要事实或者有重大遗漏的,由公司登记机关责令改正。

清算组成员利用职权徇私舞弊、谋取非法收入或者侵占公司财产的,由公司登记机关责令退还公司财产,没收违法所得,并可以处以违法所得 1 倍以上 5 倍以下的罚款。

第七十六条　公司不按照规定接受年度检验的,由公司登记机关处以 1 万元以上 10 万元以下的罚款,并限期接受年度检验;逾期仍不接受年度检验的,吊销营业执照。年度检验中隐瞒真实情况、弄虚作假的,由公司登记机关处以 1 万元以上 5 万元以下的罚款,并限期改正;情节严重的,吊销营业执照。

第七十七条　伪造、涂改、出租、出借、转让营业执照的,由公司登记机关处以 1 万元以上 10 万元以下的罚款;情节严重的,吊销营业执照。

第七十八条　未将营业执照置于住所或者营业场所醒目位置的,由公司登记机关责令改正;拒不改正的,处以 1 000 元以上 5 000 元以下的罚款。

第七十九条　承担资产评估、验资或者验证的机构提供虚假材料的,由公司登记机关没收违法所得,处以违法所得 1 倍以上 5 倍以下的罚款,并可以由有关主管部门依法责令该机构停业、吊销直接责任人员的资格证书,吊销营业执照。

承担资产评估、验资或者验证的机构因过失提供有重大遗漏的报告的,由公司登记机关责令改正,情节较重的,处以所得收入 1 倍以上 5 倍以下的罚款,并可以由有关主管部门依法责令该机构停业、吊销直接责任人员的资格证书,吊销营业执照。

第八十条　未依法登记为有限责任公司或者股份有限公司,而冒用有限责任公司或者股份有限公司名义的,或者未依法登记为有限责任公司或者股份有限公司的分公司,而冒用有限责任公司或者股份有限公司的分公司名义的,由公司登记机关责令改正或者予以取缔,可以并处 10 万元以下的罚款。

第八十一条　公司登记机关对不符合规定条件的公司登记申请予以登记,或者对符合规定条件的登记申请不予登记的,对直接负责的主管人员和其他直接责任人员,依法给予行政处分。

第八十二条　公司登记机关的上级部门强令公司登记机关对不符合规定条件的登记申请予以登记,或者对符合规定条件的登记申请不予登记的,或者对违法登记进行包庇的,对直接负责的主管人员和其他直接责任人员依法给予行政处分。

第八十三条　外国公司违反《公司法》规定,擅自在中国境内设立分支机构的,由公司登记机关责令改正或者关闭,可以并处 5 万元以上 20 万元以下的罚款。

第八十四条　利用公司名义从事危害国家安全、社会公共利益的严重违法行为的,吊销营业执照。

第八十五条　分公司有本章规定的违法行为的,适用本章规定。

第八十六条　违反本条例规定,构成犯罪的,依法追究刑事责任。

第十二章　附　则

第八十七条　外商投资的公司的登记适用本条例。有关外商投资企业的法律对其登记另有规定的,适用其规定。

第八十八条 法律、行政法规或者国务院决定规定设立公司必须报经批准,或者公司经营范围中属于法律、行政法规或者国务院决定规定在登记前须经批准的项目的,由国家工商行政管理总局依照法律、行政法规或者国务院决定规定编制企业登记前置行政许可目录并公布。

第八十九条 本条例自 1994 年 7 月 1 日起施行。

特殊标志管理条例

1996 年 7 月 13 日中华人民共和国国务院令第 202 号公布

目　录

第一章　总　则

第一条 为了加强对特殊标志的管理,推动文化、体育、科学研究及其他社会公益活动的发展,保护特殊标志所有人、使用人和消费者的合法权益,制定本条例。

第二条 本条例所称特殊标志,是指经国务院批准举办的全国性和国际性的文化、体育、科学研究及其他社会公益活动所使用的,由文字、图形组成的名称及缩写、会徽、吉祥物等标志。

第三条 经国务院工商行政管理部门核准登记的特殊标志,受本条例保护。

第四条 含有下列内容的文字、图形组成的特殊标志,不予登记:

(一)有损于国家或者国际组织的尊严或者形象的;

(二)有害于社会善良习俗和公共秩序的;

(三)带有民族歧视性,不利于民族团结的;

(四)缺乏显著性,不便于识别的;

(五)法律、行政法规禁止的其他内容。

第五条 特殊标志所有人使用或者许可他人使用特殊标志所募集的资金,必须用于特殊标志所服务的社会公益事业,并接受国务院财政部门、审计部门的监督。

第二章　特殊标志的登记

第六条 举办社会公益活动的组织者或者筹备者对其使用的名称、会徽、吉祥物等特殊标志,需要保护的,应当向国务院工商行政管理部门提出登记申请。

登记申请可以直接办理,也可以委托他人代理。

第七条 申请特殊标志登记,应当填写特殊标志登记申请书并提交下列文件:

(一)国务院批准举办该社会公益活动的文件;

(二)准许他人使用特殊标志的条件及管理办法;

(三)特殊标志图样 5 份,黑白墨稿 1 份。图样应当清晰,便于粘贴,用光洁耐用的纸张印制或者用照片代替,长和宽不大于 10 厘米、不小于 5 厘米;

(四)委托他人代理的,应当附代理人委托书,注明委托事项和权限;

(五)国务院工商行政管理部门认为应当提交的其他文件。

第八条 国务院工商行政管理部门收到申请后,按照以下规定处理:

(一)符合本条例有关规定,申请文件齐备无误的,自收到申请之日起 15 日内,发给特殊标志登记申请受理通知书,并在发出通知之日起 2 个月内,将特殊标志有关事项、图样和核准使用的商品和服务项目,在特殊标志登记簿上登记,发给特殊标志登记证书。

特殊标志经核准登记后,由国务院工商行政管理部门公告。

（二）申请文件不齐备或者有误的，自收到申请之日起 10 日内发给特殊标志登记申请补正通知书，并限其自收到通知之日起 15 日内予以补正，期满不补正或者补正仍不符合规定的，发给特殊标志登记申请不予受理通知书。

（三）违反本条例第四条规定的，自收到申请之日起 15 日内发给特殊标志登记申请驳回通知书。申请人对驳回通知不服的，可以自收到驳回通知之日起 15 日内，向国务院工商行政管理部门申请复议。

前款所列各类通知书，由国务院工商行政管理部门送达申请人或者其代理人。因故不能直接送交的，以国务院工商行政管理部门公告或者邮寄之日起的 20 日为送达日期。

第九条　特殊标志有效期为 4 年，自核准登记之日起计算。

特殊标志所有人可以在有效期满前 3 个月内提出延期申请，延长的期限由国务院工商行政管理部门根据实际情况和需要决定。

特殊标志所有人变更地址，应当自变更之日起 1 个月内报国务院工商行政管理部门备案。

第十条　已获准登记的特殊标志有下列情形之一的，任何单位和个人可以在特殊标志公告刊登之日至其有效期满的期间，向国务院工商行政管理部门申明理由并提供相应证据，请求宣告特殊标志登记无效：

（一）同已在先申请的特殊标志相同或者近似的；

（二）同已在先申请注册的商标或者已获得注册的商标相同或者近似的；

（三）同已在先申请外观设计专利或者已依法取得专利权的外观设计专利相同或者近似的；

（四）侵犯他人著作权的。

第十一条　国务院工商行政管理部门自收到特殊标志登记无效申请之日起 10 日内，通知被申请人并限其自收到通知之日起 15 日内作出答辩。

被申请人拒绝答辩或者无正当理由超

过答辩期限的，视为放弃答辩的权利。

第十二条　国务院工商行政管理部门自收到特殊标志登记无效申请之日起 3 个月内作出裁定，并通知当事人；当事人对裁定不服的，可以自收到通知之日起 15 日内，向国务院工商行政管理部门申请复议。

第三章　特殊标志的使用与保护

第十三条　特殊标志所有人可以在与其公益活动相关的广告、纪念品及其他物品上使用该标志，并许可他人在国务院工商行政管理部门核准使用该标志的商品或者服务项目上使用。

第十四条　特殊标志的使用人应当是依法成立的企业、事业单位、社会团体、个体工商户。

特殊标志使用人应当同所有人签订书面使用合同。

特殊标志使用人应当自合同签订之日起 1 个月内，将合同副本报国务院工商行政管理部门备案，并报使用人所在地县级以上人民政府工商行政管理部门存查。

第十五条　特殊标志所有人或者使用人有下列行为之一的，由其所在地或者行为发生地县级以上人民政府工商行政管理部门责令改正，可以处 5 万元以下的罚款；情节严重的，由县级以上人民政府工商行政管理部门责令使用人停止使用该特殊标志，由国务院工商行政管理部门撤销所有人的特殊标志登记：

（一）擅自改变特殊标志文字、图形的；

（二）许可他人使用特殊标志，未签订使用合同，或者使用人在规定期限内未报国务院工商行政管理部门备案或者未报所在地县级以上人民政府工商行政管理机关存查的；

（三）超出核准登记的商品或者服务范围使用的。

第十六条　有下列行为之一的，由县级以上人民政府工商行政管理部门责令侵权人立即停止侵权行为，没收侵权商品，没收违法所得，并处违法所得 5 倍以下的罚款，

没有违法所得的,处1万元以下的罚款:

（一）擅自使用与所有人的特殊标志相同或者近似的文字、图形或者其组合的;

（二）未经特殊标志所有人许可,擅自制造、销售其特殊标志或者将其特殊标志用于商业活动的;

（三）有给特殊标志所有人造成经济损失的其他行为的。

第十七条　特殊标志所有人或者使用人发现特殊标志所有权或者使用权被侵害时,可以向侵权人所在地或者侵权行为发生地县级以上人民政府工商行政管理部门投诉;也可以直接向人民法院起诉。

工商行政管理部门受理特殊标志侵权案件投诉的,应当依特殊标志所有人的请求,就侵权的民事赔偿主持调解;调解不成的,特殊标志所有人可以向人民法院起诉。

第十八条　工商行政管理部门受理特殊标志侵权案件,在调查取证时,可以行使下列职权,有关当事人应当予以协助,不得拒绝:

（一）询问有关当事人;

（二）检查与侵权活动有关的物品;

（三）调查与侵权活动有关的行为;

（四）查阅、复制与侵权活动有关的合同、帐册等业务资料。

第四章　附　则

第十九条　特殊标志申请费、公告费、登记费的收费标准,由国务院财政部门、物价部门会同国务院工商行政管理部门制定。

第二十条　申请特殊标志登记有关文书格式由国务院工商行政管理部门制定。

第二十一条　经国务院批准代表中国参加国际性文化、体育、科学研究等活动的组织所使用的名称、徽记、吉祥物等标志的保护,参照本条例的规定施行。

第二十二条　本条例自发布之日起施行。

中华人民共和国
合伙企业登记管理办法

1997年11月19日中华人民共和国国务院令第236号发布　根据2007年5月9日中华人民共和国国务院令第497号公布的《国务院关于修改〈中华人民共和国合伙企业登记管理办法〉的决定》修订

目　录

第一章　总　则

第一条　为了确认合伙企业的经营资格,规范合伙企业登记行为,依据《中华人民共和国合伙企业法》（以下简称合伙企业法）,制定本办法。

第二条　合伙企业的设立、变更、注销,应当依照合伙企业法和本办法的规定办理企业登记。

第三条　合伙企业经企业登记机关依法核准登记,领取营业执照后,方可从事经营活动。

合伙企业应当在企业登记机关核准的登记事项内依法从事经营活动。

第四条　工商行政管理机关是合伙企业登记机关（以下简称企业登记机关）。

国务院工商行政管理部门主管全国的合伙企业登记工作。

市、县工商行政管理机关负责本辖区内

的合伙企业登记。

第二章　设立登记

第五条　设立合伙企业,应当具备合伙企业法第八条规定的条件。

第六条　设立合伙企业,应当由全体合伙人指定的代表或者共同委托的代理人向企业登记机关申请设立登记。

第七条　合伙企业的登记事项应当包括:合伙企业的名称、经营场所、经营范围、经营方式和合伙人的姓名及住所、出资额及出资方式。

合伙企业确定执行合伙企业事务的合伙人或者设立分支机构的,登记事项还应当包括执行合伙企业事务的合伙人或者分支机构的情况。

第八条　申请设立合伙企业,应当向企业登记机关提交下列文件:

(一)全体合伙人签署的设立登记申请书;

(二)全体合伙人的身份证明;

(三)全体合伙人指定的代表或者共同委托的代理人的委托书;

(四)合伙协议;

(五)出资权属证明;

(六)经营场所证明;

(七)国务院工商行政管理部门规定提交的其他文件。

法律、行政法规规定设立合伙企业须报经审批的,还应当提交有关批准文件。合伙协议约定或者全体合伙人决定,委托一名或者数名合伙人执行合伙企业事务的,还应当提交全体合伙人的委托书。

第九条　企业登记机关应当自收到申请人依照本办法第八条规定提交的全部文件之日起 30 日内,作出核准登记或者不予登记的决定。

第十条　合伙企业的营业执照签发之日,为合伙企业的成立日期。

第三章　变更登记

第十一条　合伙企业登记事项发生变更,应当于作出变更决定或者变更事由发生之日起 15 日内,向原企业登记机关申请变更登记。

第十二条　合伙企业申请变更登记,应当向原企业登记机关提交下列文件:

(一)变更登记申请书;

(二)全体合伙人签署的变更决定书或者变更事由发生的证明文件;

(三)国务院工商行政管理部门规定提交的其他文件。

法律、行政法规规定变更事项须报经审批的,还应当提交有关批准文件。

第十三条　企业登记机关应当自收到符合本办法第十二条规定的全部文件之日起 30 日内,作出核准变更登记或者不予变更登记的决定。

合伙企业变更登记事项涉及营业执照变更的,企业登记机关应当换发营业执照。

第四章　登记注册事项

第十四条　合伙企业依照合伙企业法第五十七条　规定解散的,应当自清算结束之日起 15 日内,向原企业登记机关办理注销登记。

第十五条　合伙企业办理注销登记,应当提交下列文件:

(一)全体合伙人签署的注销登记申请书;

(二)全体合伙人签署的清算报告;

(三)国务院工商行政管理部门规定提交的其他文件。

合伙企业办理注销登记时,应当缴回营业执照。

第十六条　经企业登记机关注销登记,合伙企业终止。

第五章　分支机构登记

第十七条　合伙企业设立分支机构,应当向分支机构所在地的企业登记机关申请设立登记。

第十八条　分支机构的登记事项应当

包括:分支机构的名称、经营场所、经营范围、经营方式和分支机构负责人的姓名及住所。

分支机构的经营范围和经营方式不得超出合伙企业的经营范围和经营方式。

第十九条 合伙企业设立分支机构,应当向企业登记机关提交下列文件:

(一)分支机构设立登记申请书;

(二)全体合伙人签署的设立分支机构的决定书;

(三)企业登记机关加盖印章的合伙企业营业执照复印件;

(四)全体合伙人委派执行分支机构事务负责人的委托书及其身份证明;

(五)经营场所证明;

(六)国务院工商行政管理部门规定提交的其他文件。

法律、行政法规规定合伙企业设立分支机构须报经审批的,还应当提交有关批准文件。

第二十条 合伙企业申请分支机构变更登记或者注销登记,比照本办法关于合伙企业变更登记、注销登记的规定办理。

第六章 年度检验和证照管理

第二十一条 合伙企业应当按照企业登记机关的要求,在规定的时间内提交年度检验报告书等文件,接受年度检验。

第二十二条 企业登记机关对合伙企业提交的年度检验文件进行审查,以确认其继续经营的资格。

第二十三条 合伙企业的营业执照分为正本和副本,正本和副本具有同等法律效力。

合伙企业根据业务需要,可以向企业登记机关申请核发若干营业执照副本。

合伙企业应当将营业执照正本置放在经营场所的醒目位置。

第二十四条 任何单位和个人不得伪造、涂改、出售、出租、出借或者以其他方式转让营业执照。

合伙企业营业执照遗失或者毁损的,应当在企业登记机关指定的报刊上声明作废,并向企业登记机关申请补领或者更换。

第二十五条 合伙企业营业执照的正本和副本样式,由国务院工商行政管理部门制定。

第七章 法律责任

第二十六条 未经企业登记机关依法核准登记并领取营业执照,以合伙企业名义从事经营活动的,由企业登记机关责令停止经营活动,可以处5 000元以下的罚款第二十七条办理合伙企业登记时,提交虚假文件或者采取其他欺骗手段,取得合伙企业登记的,由企业登记机关责令改正,可以处5 000元以下的罚款;情节严重的,撤销企业登记,吊销营业执照。

第二十七条 合伙企业登记事项发生变更,未依照本办法规定办理变更登记的,由企业登记机关责令限期改正;逾期仍不办理变更登记的,处2 000元以下的罚款。

第二十八条 合伙企业的清算人不向企业登记机关报送清算报告,或者报送的清算报告隐瞒重要事实或者有重大遗漏的,由企业登记机关责令改正。

第二十九条 合伙企业解散并清算结束后,不办理注销登记的,由企业登记机关吊销营业执照。

第三十条 合伙企业不依照本办法的规定接受年度检验的,由企业登记机关责令限期接受年度检验,可以处3 000元以下的罚款;逾期仍不接受年度检验的,撤销企业登记,吊销营业执照。

第三十一条 合伙企业在年度检验中,隐瞒真实情况,弄虚作假的,由企业登记机关责令改正,可以处3 000元以下的罚款。

第三十二条 合伙企业未将其营业执照正本置放于经营场所醒目位置的,由企业登记机关责令限期改正。

第三十三条 合伙企业出租、出借或者以其他方式转让营业执照的,由企业登记机关责令改正,可以处5 000元以下的罚款;情节严重的,撤销企业登记,吊销营业执照。

承租、承借或者以其他方式受让营业执照从事经营活动的,由企业登记机关责令停止经营活动,可以处5 000元以下的罚款。

第三十四条 企业登记机关的工作人员滥用职权、徇私舞弊、收受贿赂、侵害合伙企业合法权益,构成犯罪的,依法追究刑事责任;尚不构成犯罪的,依法给予行政处分。

第八章 附 则

第三十五条 本办法自发布之日起施行。

生猪屠宰管理条例

1997年12月19日中华人民共和国国务院令第238号发布 2007年12月19日国务院第201次常务会议修订通过

目 录

第一章 总 则

第一条 为了加强生猪屠宰管理,保证生猪产品质量安全,保障人民身体健康,制定本条例。

第二条 国家实行生猪定点屠宰、集中检疫制度。

未经定点,任何单位和个人不得从事生猪屠宰活动。但是,农村地区个人自宰自食的除外。

在边远和交通不便的农村地区,可以设置仅限于向本地市场供应生猪产品的小型生猪屠宰场点,具体管理办法由省、自治区、直辖市制定。

第三条 国务院商务主管部门负责全国生猪屠宰的行业管理工作。县级以上地方人民政府商务主管部门负责本行政区域内生猪屠宰活动的监督管理。

县级以上人民政府有关部门在各自职责范围内负责生猪屠宰活动的相关管理工作。

第四条 国家根据生猪定点屠宰厂(场)的规模、生产和技术条件以及质量安全管理状况,推行生猪定点屠宰厂(场)分级管理制度,鼓励、引导、扶持生猪定点屠宰厂(场)改善生产和技术条件,加强质量安全管理,提高生猪产品质量安全水平。生猪定点屠宰厂(场)分级管理的具体办法由国务院商务主管部门征求国务院畜牧兽医主管部门意见后制定。

第二章 生猪定点屠宰

第五条 生猪定点屠宰厂(场)的设置规划(以下简称设置规划),由省、自治区、直辖市人民政府商务主管部门会同畜牧兽医主管部门、环境保护部门以及其他有关部门,按照合理布局、适当集中、有利流通、方便群众的原则,结合本地实际情况制订,报本级人民政府批准后实施。

第六条 生猪定点屠宰厂(场)由设区的市级人民政府根据设置规划,组织商务主管部门、畜牧兽医主管部门、环境保护部门以及其他有关部门,依照本条例规定的条件进行审查,经征求省、自治区、直辖市人民政府商务主管部门的意见确定,并颁发生猪定点屠宰证书和生猪定点屠宰标志牌。

设区的市级人民政府应当将其确定的生猪定点屠宰厂(场)名单及时向社会公布,并报省、自治区、直辖市人民政府备案。

生猪定点屠宰厂(场)应当持生猪定点屠宰证书向工商行政管理部门办理登记手续。

第七条 生猪定点屠宰厂(场)应当将生猪定点屠宰标志牌悬挂于厂(场)区的显著位置。

生猪定点屠宰证书和生猪定点屠宰标志牌不得出借、转让。任何单位和个人不得冒用或者使用伪造的生猪定点屠宰证书和生猪定点屠宰标志牌。

第八条 生猪定点屠宰厂（场）应当具备下列条件：

（一）有与屠宰规模相适应、水质符合国家规定标准的水源条件；

（二）有符合国家规定要求的待宰间、屠宰间、急宰间以及生猪屠宰设备和运载工具；

（三）有依法取得健康证明的屠宰技术人员；

（四）有经考核合格的肉品品质检验人员；

（五）有符合国家规定要求的检验设备、消毒设施以及符合环境保护要求的污染防治设施；

（六）有病害生猪及生猪产品无害化处理设施；

（七）依法取得动物防疫条件合格证。

第九条 生猪屠宰的检疫及其监督，依照动物防疫法和国务院的有关规定执行。

生猪屠宰的卫生检验及其监督，依照食品卫生法的规定执行。

第十条 生猪定点屠宰厂（场）屠宰的生猪，应当依法经动物卫生监督机构检疫合格，并附有检疫证明。

第十一条 生猪定点屠宰厂（场）屠宰生猪，应当符合国家规定的操作规程和技术要求。

第十二条 生猪定点屠宰厂（场）应当如实记录其屠宰的生猪来源和生猪产品流向。生猪来源和生猪产品流向记录保存期限不得少于2年。

第十三条 生猪定点屠宰厂（场）应当建立严格的肉品品质检验管理制度。肉品品质检验应当与生猪屠宰同步进行，并如实记录检验结果。检验结果记录保存期限不得少于2年。

经肉品品质检验合格的生猪产品，生猪定点屠宰厂（场）应当加盖肉品品质检验合格验讫印章或者附具肉品品质检验合格标志。经肉品品质检验不合格的生猪产品，应当在肉品品质检验人员的监督下，按照国家

有关规定处理，并如实记录处理情况；处理情况记录保存期限不得少于2年。

生猪定点屠宰厂（场）的生猪产品未经肉品品质检验或者经肉品品质检验不合格的，不得出厂（场）。

第十四条 生猪定点屠宰厂（场）对病害生猪及生猪产品进行无害化处理的费用和损失，按照国务院财政部门的规定，由国家财政予以适当补助。

第十五条 生猪定点屠宰厂（场）以及其他任何单位和个人不得对生猪或者生猪产品注水或者注入其他物质。

生猪定点屠宰厂（场）不得屠宰注水或者注入其他物质的生猪。

第十六条 生猪定点屠宰厂（场）对未能及时销售或者及时出厂（场）的生猪产品，应当采取冷冻或者冷藏等必要措施予以储存。

第十七条 任何单位和个人不得为未经定点违法从事生猪屠宰活动的单位或者个人提供生猪屠宰场所或者生猪产品储存设施，不得为对生猪或者生猪产品注水或者注入其他物质的单位或者个人提供场所。

第十八条 从事生猪产品销售、肉食品生产加工的单位和个人以及餐饮服务经营者、集体伙食单位销售、使用的生猪产品，应当是生猪定点屠宰厂（场）经检疫和肉品品质检验合格的生猪产品。

第十九条 地方人民政府及其有关部门不得限制外地生猪定点屠宰厂（场）经检疫和肉品品质检验合格的生猪产品进入本地市场。

第三章 监督管理

第二十条 县级以上地方人民政府应当加强对生猪屠宰监督管理工作的领导，及时协调、解决生猪屠宰监督管理工作中的重大问题。

第二十一条 商务主管部门应当依照本条例的规定严格履行职责，加强对生猪屠宰活动的日常监督检查。

商务主管部门依法进行监督检查，可以

采取下列措施：

（一）进入生猪屠宰等有关场所实施现场检查；

（二）向有关单位和个人了解情况；

（三）查阅、复制有关记录、票据以及其他资料；

（四）查封与违法生猪屠宰活动有关的场所、设施，扣押与违法生猪屠宰活动有关的生猪、生猪产品以及屠宰工具和设备。

商务主管部门进行监督检查时，监督检查人员不得少于2人，并应当出示执法证件。

对商务主管部门依法进行的监督检查，有关单位和个人应当予以配合，不得拒绝、阻挠。

第二十二条　商务主管部门应当建立举报制度，公布举报电话、信箱或者电子邮箱，受理对违反本条例规定行为的举报，并及时依法处理。

第二十三条　商务主管部门在监督检查中发现生猪定点屠宰厂（场）不再具备本条例规定条件的，应当责令其限期整改；逾期仍达不到本条例规定条件的，由设区的市级人民政府取消其生猪定点屠宰厂（场）资格。

第四章　法律责任

第二十四条　违反本条例规定，未经定点从事生猪屠宰活动的，由商务主管部门予以取缔，没收生猪、生猪产品、屠宰工具和设备以及违法所得，并处货值金额3倍以上5倍以下的罚款；货值金额难以确定的，对单位并处10万元以上20万元以下的罚款，对个人并处5 000元以上1万元以下的罚款；构成犯罪的，依法追究刑事责任。

冒用或者使用伪造的生猪定点屠宰证书或者生猪定点屠宰标志牌的，依照前款的规定处罚。

生猪定点屠宰厂（场）出借、转让生猪定点屠宰证书或者生猪定点屠宰标志牌的，由设区的市级人民政府取消其生猪定点屠宰厂（场）资格；有违法所得的，由商务主管部门没收违法所得。

第二十五条　生猪定点屠宰厂（场）有

下列情形之一的，由商务主管部门责令限期改正，处2万元以上5万元以下的罚款；逾期不改正的，责令停业整顿，对其主要负责人处5 000元以上1万元以下的罚款：

（一）屠宰生猪不符合国家规定的操作规程和技术要求的；

（二）未如实记录其屠宰的生猪来源和生猪产品流向的；

（三）未建立或者实施肉品品质检验制度的；

（四）对经肉品品质检验不合格的生猪产品未按照国家有关规定处理并如实记录处理情况的。

第二十六条　生猪定点屠宰厂（场）出厂（场）未经肉品品质检验或者经肉品品质检验不合格的生猪产品的，由商务主管部门责令停业整顿，没收生猪产品和违法所得，并处货值金额1倍以上3倍以下的罚款，对其主要负责人处1万元以上2万元以下的罚款；货值金额难以确定的，并处5万元以上10万元以下的罚款；造成严重后果的，由设区的市级人民政府取消其生猪定点屠宰厂（场）资格；构成犯罪的，依法追究刑事责任。

第二十七条　生猪定点屠宰厂（场）、其他单位或者个人对生猪、生猪产品注水或者注入其他物质的，由商务主管部门没收注水或者注入其他物质的生猪、生猪产品、注水工具和设备以及违法所得，并处货值金额3倍以上5倍以下的罚款，对生猪定点屠宰厂（场）或者其他单位的主要负责人处1万元以上2万元以下的罚款；货值金额难以确定的，对生猪定点屠宰厂（场）或者其他单位并处5万元以上10万元以下的罚款，对个人并处1万元以上2万元以下的罚款；构成犯罪的，依法追究刑事责任。

生猪定点屠宰厂（场）对生猪、生猪产品注水或者注入其他物质的，除依照前款的规定处罚外，还应当由商务主管部门责令停业整顿；造成严重后果，或者两次以上对生猪、生猪产品注水或者注入其他物质的，由设区的市级人民政府取消其生猪定点屠宰厂（场）资格。

第二十八条　生猪定点屠宰厂（场）屠宰注水或者注入其他物质的生猪的，由商务主管部门责令改正,没收注水或者注入其他物质的生猪、生猪产品以及违法所得,并处货值金额1倍以上3倍以下的罚款,对其主要负责人处1万元以上2万元以下的罚款;货值金额难以确定的,并处2万元以上5万元以下的罚款;拒不改正的,责令停业整顿;造成严重后果的,由设区的市级人民政府取消其生猪定点屠宰厂(场)资格。

第二十九条　从事生猪产品销售、肉食品生产加工的单位和个人以及餐饮服务经营者、集体伙食单位,销售、使用非生猪定点屠宰厂(场)屠宰的生猪产品、未经肉品品质检验或者经肉品品质检验不合格的生猪产品以及注水或者注入其他物质的生猪产品的,由工商、卫生、质检部门依据各自职责,没收尚未销售、使用的相关生猪产品以及违法所得,并处货值金额3倍以上5倍以下的罚款;货值金额难以确定的,对单位处5万元以上10万元以下的罚款,对个人处1万元以上2万元以下的罚款;情节严重的,由原发证(照)机关吊销有关证照;构成犯罪的,依法追究刑事责任。

第三十条　为未经定点违法从事生猪屠宰活动的单位或者个人提供生猪屠宰场所或者生猪产品储存设施,或者为对生猪、生猪产品注水或者注入其他物质的单位或者个人提供场所的,由商务主管部门责令改正,没收违法所得,对单位并处2万元以上5万元以下的罚款,对个人并处5 000元以上1万元以下的罚款。

第三十一条　商务主管部门和其他有关部门的工作人员在生猪屠宰监督管理工作中滥用职权、玩忽职守、徇私舞弊,构成犯罪的,依法追究刑事责任;尚不构成犯罪的,依法给予处分。

第五章　附　则

第三十二条　省、自治区、直辖市人民政府确定实行定点屠宰的其他动物的屠宰管理办法,由省、自治区、直辖市根据本地区的实际情况,参照本条例制定。

第三十三条　本条例所称生猪产品,是指生猪屠宰后未经加工的胴体、肉、脂、脏器、血液、骨、头、蹄、皮。

第三十四条　本条例施行前设立的生猪定点屠宰厂(场),自本条例施行之日起180日内,由设区的市级人民政府换发生猪定点屠宰标志牌,并发给生猪定点屠宰证书。

第三十五条　生猪定点屠宰证书、生猪定点屠宰标志牌以及肉品品质检验合格验讫印章和肉品品质检验合格标志的式样,由国务院商务主管部门统一规定。

第三十六条　本条例自2008年8月1日起施行。

企业法人法定代表人登记管理规定

1998年2月22日国务院批准
1998年4月7日国家工商行政管理局
令第85号公布　1999年6月12日国
务院批准修订　1999年6月23日国家
工商行政管理局令第90号公布

第一条　为了规范企业法人法定代表人的登记管理,制定本规定。

第二条　企业法人登记(包括公司登记,下同)中法定代表人的登记管理,适用本规定。

第三条　企业法人的法定代表人(以下简称法定代表人)经企业登记机关核准登记,取得法定代表人资格。

第四条　有下列情形之一的,不得担任法定代表人,企业登记机关不予核准登记:

(一)无民事行为能力或者限制民事行为能力的;

(二)正在被执行刑罚或者正在被执行刑事强制措施的;

(三)正在被公安机关或者国家安全机关通缉的;

(四)因犯有贿赂罪、侵犯财产罪或者破坏社会主义市场经济秩序罪,被判处刑罚,执行期满未逾五年的;因犯有其他罪,被判处刑罚,执行期满未逾三年的;或者因犯罪

被判处剥夺政治权利,执行期满未逾五年的;

（五）担任因经营不善破产清算的企业的法定代表人或者董事、经理,并对该企业的破产负有个人责任,自该企业破产清算完结之日起未逾三年的;

（六）担任因违法被吊销营业执照的企业的法定代表人,并对该企业违法行为负有个人责任,自该企业被吊销营业执照之日起未逾三年的;

（七）个人负债额较大,到期未清偿的;

（八）有法律和国务院规定不得担任法定代表人的其他情形的。

第五条 企业法定代表人的产生、免职程序,应当符合法律、行政法规和企业法人组织章程的规定。

第六条 企业法人申请办理法定代表人变更登记,应当向原企业登记机关提交下列文件:

（一）对企业原法定代表人的免职文件;

（二）对企业新任法定代表人的任职文件;

（三）由原法定代表人或者拟任法定代表人签署的变更登记申请书。

第七条 有限责任公司或者股份有限公司更换法定代表人需要由股东会、股东大会或者董事会召开会议作出决议,而原法定代表人不能或者不履行职责,致使股东会、股东大会或者董事会不能依照法定程序召开的,可以由半数以上的董事推选一名董事或者由出资最多或者持有最大股份表决权的股东或其委派的代表召集和主持会议,依法作出决议。

第八条 法定代表人任职期间出现本规定第四条所列情形之一的,该企业法人应当申请办理法定代表人变更登记。

第九条 法定代表人应当在法律、行政法规和企业法人组织章程规定的职权范围内行使职权。

第十条 法定代表人的签字应当向企业登记机关备案。

第十一条 违反本规定,隐瞒真实情况,采用欺骗手段取得法定代表人资格的,由企业登记机关责令改正,处1万元以上10万元以下的罚款;情节严重的,撤销企业登记,吊销企业法人营业执照。

第十二条 违反本规定,应当申请办理法定代表人变更登记而未办理的,由企业登记机关责令限期办理;逾期未办理的,处1万元以上10万元以下的罚款;情节严重的,撤销企业登记,吊销企业法人营业执照。

第十三条 任何单位和个人发现法定代表人有本规定第四条所列情形之一的,有权向企业登记机关检举。

第十四条 本规定自发布之日起施行。

国务院关于禁止在市场经济活动中实行地区封锁的规定

2001年4月21日中华人民共和国国务院令第303号公布

第一条 为了建立和完善全国统一、公平竞争、规范有序的市场体系,禁止市场经济活动中的地区封锁行为,破除地方保护,维护社会主义市场经济秩序,制定本规定。

第二条 各级人民政府及其所属部门负有消除地区封锁、保护公平竞争的责任,应当为建立和完善全国统一、公平竞争、规范有序的市场体系创造良好的环境和条件。

第三条 禁止各种形式的地区封锁行为。

禁止任何单位或者个人违反法律、行政法规和国务院的规定,以任何方式阻挠、干预外地产品或者工程建设类服务（以下简称服务）进入本地市场,或者对阻挠、干预外地产品或者服务进入本地市场的行为纵容、包庇,限制公平竞争。

第四条 地方各级人民政府及其所属部门（包括被授权或者委托行使行政权的组织,下同）不得违反法律、行政法规和国务院的规定,实行下列地区封锁行为:

（一）以任何方式限定、变相限定单位或

者个人只能经营、购买、使用本地生产的产品或者只能接受本地企业、指定企业、其他经济组织或者个人提供的服务;

(二)在道路、车站、港口、航空港或者本行政区域边界设置关卡,阻碍外地产品进入或者本地产品运出;

(三)对外地产品或者服务设定歧视性收费项目、规定歧视性价格,或者实行歧视性收费标准;

(四)对外地产品或者服务采取与本地同类产品或者服务不同的技术要求、检验标准,或者对外地产品或者服务采取重复检验、重复认证等歧视性技术措施,限制外地产品或者服务进入本地市场;

(五)采取专门针对外地产品或者服务的专营、专卖、审批、许可等手段,实行歧视性待遇,限制外地产品或者服务进入本地市场;

(六)通过设定歧视性资质要求、评审标准或者不依法发布信息等方式限制或者排斥外地企业、其他经济组织或者个人参加本地的招投标活动;

(七)以采取同本地企业、其他经济组织或者个人不平等的待遇等方式,限制或者排斥外地企业、其他经济组织或者个人在本地投资或者设立分支机构,或者对外地企业、其他经济组织或者个人在本地的投资或者设立的分支机构实行歧视性待遇,侵害其合法权益;

(八)实行地区封锁的其他行为。第五条任何地方不得制定实行地区封锁或者含有地区封锁内容的规定,妨碍建立和完善全国统一、公平竞争、规范有序的市场体系,损害公平竞争环境。

第五条 地方各级人民政府所属部门的规定属于实行地区封锁或者含有地区封锁内容的,由本级人民政府改变或者撤销;本级人民政府不予改变或者撤销的,由上一级人民政府改变或者撤销。

第六条 省、自治区、直辖市以下地方各级人民政府的规定属于实行地区封锁或者含有地区封锁内容的,由上一级人民政府改变或者撤销;上一级人民政府不予改变或

者撤销的,由省、自治区、直辖市人民政府改变或者撤销。

第七条 省、自治区、直辖市人民政府的规定属于实行地区封锁或者含有地区封锁内容的,由国务院改变或者撤销。

第八条 地方各级人民政府或者其所属部门设置地区封锁的规定或者含有地区封锁内容的规定,是以国务院所属部门不适当的规定为依据的,由国务院改变或者撤销该部门不适当的规定。

第九条 以任何方式限定、变相限定单位或者个人只能经营、购买、使用本地生产的产品或者只能接受本地企业、指定企业、其他经济组织或者个人提供的服务的,由省、自治区、直辖市人民政府组织经济贸易管理部门、工商行政管理部门查处,撤销限定措施。

第十条 在道路、车站、港口、航空港或者在本行政区域边界设置关卡,阻碍外地产品进入和本地产品运出的,由省、自治区、直辖市人民政府组织经济贸易管理部门、公安部门和交通部门查处,撤销关卡。

第十一条 对外地产品或者服务设定歧视性收费项目、规定歧视性价格,或者实行歧视性收费标准的,由省、自治区、直辖市人民政府组织财政部门和价格部门查处,撤销歧视性收费项目、价格或者收费标准。

第十二条 对外地产品或者服务采取和本地同类产品或者服务不同的技术要求、检验标准,或者对外地产品或者服务采取重复检验、重复认证等歧视性技术措施,限制外地产品或者服务进入本地市场的,由省、自治区、直辖市人民政府组织质量技术监督部门查处,撤销歧视性技术措施。

第十三条 采取专门针对外地产品或者服务的专营、专卖、审批、许可等手段,实行歧视性待遇,限制外地产品或者服务进入本地市场的,由省、自治区、直辖市人民政府组织经济贸易管理部门、工商行政管理部门、质量技术监督部门和其他有关主管部门查处,撤销歧视性待遇。

第十四条 通过设定歧视性资质要求、评审标准或者不依法发布信息等方式,限制

或者排斥外地企业、其他经济组织或者个人参加本地的招投标活动的，由省、自治区、直辖市人民政府组织有关主管部门查处，消除障碍。

第十五条　以采取同本地企业、其他经济组织或者个人不平等的待遇等方式，限制或者排斥外地企业、其他经济组织或者个人在本地投资或者设立分支机构，或者对外地企业、其他经济组织或者个人在本地的投资或者设立的分支机构实行歧视性待遇的，由省、自治区、直辖市人民政府组织经济贸易管理部门、工商行政管理部门查处，消除障碍。

第十六条　实行本规定第四条第（一）项至第（七）项所列行为以外的其他地区封锁行为的，由省、自治区、直辖市人民政府组织经济贸易管理部门、工商行政管理部门、质量技术监督部门和其他有关主管部门查处，消除地区封锁。

第十七条　省、自治区、直辖市人民政府依照本规定第十条至第十七条的规定组织所属有关部门对地区封锁行为进行查处，处理决定由省、自治区、直辖市人民政府作出；必要时，国务院经济贸易管理部门、国务院工商行政管理部门、国务院质量监督检验检疫部门或者国务院其他有关部门可以对涉及省、自治区、直辖市人民政府的地区封锁行为进行查处。

地方各级人民政府及其所属部门不得以任何名义、方式阻挠、干预依照本规定对地区封锁行为进行的查处工作。

第十八条　地区封锁行为属于根据地方人民政府或者其所属部门的规定实行的，除依照本规定第十条至第十七条的规定查处、消除地区封锁外，并应当依照本规定第六条至第九条的规定，对有关规定予以改变或者撤销。

第十九条　任何单位和个人均有权对地区封锁行为进行抵制，并向有关省、自治区、直辖市人民政府或者其经济贸易管理部门、工商行政管理部门、质量技术监督部门或者其他有关部门直至国务院经济贸易管理部门、国务院工商行政管理部门、国务院

质量监督检验检疫部门或者国务院其他有关部门检举。

有关省、自治区、直辖市人民政府或者其经济贸易管理部门、工商行政管理部门、质量技术监督部门或者其他有关部门接到检举后，应当自接到检举之日起5个工作日内，由省、自治区、直辖市人民政府责成有关地方人民政府在30个工作日内调查、处理完毕，或者由省、自治区、直辖市人民政府在30个工作日内依照本规定直接调查、处理完毕；特殊情况下，调查、处理时间可以适当延长，但延长的时间不得超过30个工作日。

国务院经济贸易管理部门、国务院工商行政管理部门、国务院质量监督检验检疫部门或者国务院其他有关部门接到检举后，应当在5个工作日内，将检举材料转送有关省、自治区、直辖市人民政府。

接受检举的政府、部门应当为检举人保密。对检举有功的单位和个人，应当给予奖励。

第二十条　对地方人民政府或者其所属部门违反本规定，实行地区封锁的，纵容、包庇地区封锁的，或者阻挠、干预查处地区封锁的，由省、自治区、直辖市人民政府给予通报批评；省、自治区、直辖市人民政府违反本规定，实行地区封锁的，纵容、包庇地区封锁的，或者阻挠、干预查处地区封锁的，由国务院给予通报批评。对直接负责的主管人员和其他直接责任人员，按照法定程序，根据情节轻重，给予降级或者撤职的行政处分；构成犯罪的，依法追究刑事责任。

第二十一条　地方人民政府或者其所属部门违反本规定，制定实行地区封锁或者含有地区封锁内容的规定的，除依照本规定第六条至第九条的规定对有关规定予以改变或者撤销外，对该地方人民政府或者其所属部门的主要负责人和签署该规定的负责人，按照法定程序，根据情节轻重，给予降级或者撤职的行政处分。

第二十二条　接到检举地区封锁行为的政府或者有关部门，不在规定期限内进行调查、处理或者泄露检举人情况的，对直接负责的主管人员和其他直接责任人员，按照法定程序，根据情节轻重，给予降级、撤职直

至开除公职的行政处分。

第二十三条 采取暴力、威胁等手段,欺行霸市、强买强卖,阻碍外地产品或者服务进入本地市场,构成违反治安管理行为的,由公安机关依照《中华人民共和国治安管理处罚条例》的规定予以处罚;构成犯罪的,依法追究刑事责任。

经营单位有前款规定行为的,并由工商行政管理部门依法对该经营单位予以处罚,直至责令停产停业、予以查封并吊销其营业执照。

第二十四条 地方人民政府或者其所属部门滥用行政权力,实行地区封锁所收取的费用及其他不正当收入,应当返还有关企业、其他经济组织或者个人;无法返还的,由上一级人民政府财政部门予以收缴。

第二十五条 地方人民政府或者其所属部门的工作人员对检举地区封锁行为的单位或者个人进行报复陷害的,按照法定程序,根据情节轻重,给予降级、撤职直至开除公职的行政处分;构成犯罪的,依法追究刑事责任。

第二十六条 监察机关依照行政监察法的规定,对行政机关及其工作人员的地区封锁行为实施监察。

第二十七条 本规定自公布之日起施行。

自本规定施行之日起,地方各级人民政府及其所属部门的规定与本规定相抵触或者部分相抵触的,全部或者相抵触的部分自行失效。

依据宪法和有关法律关于地方性法规不得同宪法、法律和行政法规相抵触的规定,自本规定施行之日起,地方性法规同本规定相抵触的,应当执行本规定。

报废汽车回收管理办法

2001 年 6 月 13 日国务院第 41 次常务会议通过 2001 年 6 月 16 日中华人民共和国国务院令第 307 号公布

第一条 为了规范报废汽车回收活动,加强对报废汽车回收的管理,保障道路交通秩序和人民生命财产安全,保护环境,制定本办法。

第二条 本办法所称报废汽车(包括摩托车、农用运输车,下同),是指达到国家报废标准,或者虽未达到国家报废标准,但发动机或者底盘严重损坏,经检验不符合国家机动车运行安全技术条件或者国家机动车污染物排放标准的机动车。

本办法所称拼装车,是指使用报废汽车发动机、方向机、变速器、前后桥、车架(以下统称"五大总成")以及其他零配件组装的机动车。

第三条 国家经济贸易委员会负责组织全国报废汽车回收(含拆解,下同)的监督管理工作,国务院公安、工商行政管理等有关部门在各自的职责范围内负责报废汽车回收有关的监督管理工作。

县级以上地方各级人民政府经济贸易管理部门对本行政区域内报废汽车回收活动实施监督管理。县级以上地方各级人民政府公安、工商行政管理等有关部门在各自的职责范围内对本行政区域内报废汽车回收活动实施有关的监督管理。

第四条 国家鼓励汽车报废更新,具体办法由国家经济贸易委员会会同财政部制定。

第五条 县级以上地方各级人民政府应当加强对报废汽车回收监督管理工作的领导,组织各有关部门依法采取措施,防止并依法查处违反本办法规定的行为。

第六条 国家对报废汽车回收业实行特种行业管理,对报废汽车回收企业实行资格认定制度。

除取得报废汽车回收企业资格认定的外,任何单位和个人不得从事报废汽车回收活动。

不具备条件取得报废汽车回收企业资格认定或者未取得报废汽车回收企业资格认定,从事报废汽车回收活动的,任何单位和个人均有权举报。

第七条 报废汽车回收企业除应当符

合有关法律、行政法规规定的设立企业的条件外,还应当具备下列条件:

(一)注册资本不低于 50 万元人民币,依照税法规定为一般纳税人;

(二)拆解场地面积不低于 5 000 平方米;

(三)具备必要的拆解设备和消防设施;

(四)年回收拆解能力不低于 500 辆;

(五)正式从业人员不少于 20 人,其中专业技术人员不少于 5 人;

(六)没有出售报废汽车、报废"五大总成"、拼装车等违法经营行为记录;

(七)符合国家规定的环境保护标准。

设立报废汽车回收企业,还应当符合国家经济贸易委员会关于报废汽车回收行业统一规划、合理布局的要求。

第八条　拟从事报废汽车回收业务的,应当向省、自治区、直辖市人民政府经济贸易管理部门提出申请。省、自治区、直辖市人民政府经济贸易管理部门应当自收到申请之日起 30 个工作日内,按照本办法第七条规定的条件对申请审核完毕;特殊情况下,可以适当延长,但延长的时间不得超过 30 个工作日。经审核符合条件的,颁发《资格认定书》;不符合条件的,驳回申请并说明理由。

申请人取得《资格认定书》后,应当依照废旧金属收购业治安管理办法的规定向公安机关申领《特种行业许可证》。

申请人持《资格认定书》和《特种行业许可证》向工商行政管理部门办理登记手续,领取营业执照后,方可从事报废汽车回收业务。

省、自治区、直辖市经济贸易管理部门应当将本行政区域内取得资格认定的报废汽车回收企业,报国家经济贸易委员会备案,并由国家经济贸易委员会予以公布。

第九条　经济贸易管理、公安、工商行政管理等部门必须严格依照本办法和其他有关法律、行政法规的规定,依据各自的职责对从事报废汽车回收业务的申请进行审查;不符合规定条件的,不得颁发有关证照。

第十条　报废汽车拥有单位或者个人应当及时向公安机关办理机动车报废手续。公安机关应当于受理当日,向报废汽车拥有单位或者个人出具《机动车报废证明》,并告知其将报废汽车交售给报废汽车回收企业。

任何单位或者个人不得要求报废汽车拥有单位或者个人将报废汽车交售给指定的报废汽车回收企业。

第十一条　报废汽车回收企业凭《机动车报废证明》收购报废汽车,并向报废汽车拥有单位或者个人出具《报废汽车回收证明》。

报废汽车拥有单位或者个人凭《报废汽车回收证明》,向汽车注册登记地的公安机关办理注销登记。

《报废汽车回收证明》样式由国家经济贸易委员会规定。任何单位和个人不得买卖或者伪造、变造《报废汽车回收证明》。

第十二条　报废汽车拥有单位或者个人应当及时将报废汽车交售给报废汽车回收企业。

任何单位或者个人不得将报废汽车出售、赠予或者以其他方式转让给非报废汽车回收企业的单位或者个人;不得自行拆解报废汽车。

第十三条　报废汽车回收企业对回收的报废汽车应当逐车登记;发现回收的报废汽车有盗窃、抢劫或者其他犯罪嫌疑的,应当及时向公安机关报告。

报废汽车回收企业不得拆解、改装、拼装、倒卖有犯罪嫌疑的汽车及其"五大总成"和其他零配件。

第十四条　报废汽车回收企业必须拆解回收的报废汽车;其中,回收的报废营运客车,应当在公安机关的监督下解体。拆解的"五大总成"应当作为废金属,交售给钢铁企业作为冶炼原料;拆解的其他零配件能够继续使用的,可以出售,但必须标明"报废汽车回用件"。

报废汽车回收企业拆解报废汽车,应当遵守国家环境保护法律、法规,采取有效措施,防治污染。

第十五条　禁止任何单位或者个人利用报废汽车"五大总成"以及其他零配件拼

装汽车。

禁止报废汽车整车、"五大总成"和拼装车进入市场交易或者以其他任何方式交易。

禁止拼装车和报废汽车上路行驶。

第十六条　县级以上地方人民政府经济贸易管理部门依据职责，对报废汽车回收企业实施经常性的监督检查，发现报废汽车回收企业不再具备规定条件的，应当立即告知原审批发证部门撤销《资格认定书》、《特种行业许可证》，注销营业执照。

第十七条　公安机关依照本办法以及废旧金属收购业治安管理办法和机动车修理业、报废机动车回收业治安管理办法的规定，对报废汽车回收企业的治安状况实施监督，堵塞销赃渠道。

第十八条　工商行政管理部门依据职责，对报废汽车回收企业的经营活动实施监督；对未取得报废汽车回收企业资格认定，擅自从事报废汽车回收活动的，应当予以查封、取缔。

第十九条　报废汽车的收购价格，按照金属含量折算，参照废旧金属市场价格计价。

第二十条　违反本办法第六条的规定，未取得报废汽车回收企业资格认定，擅自从事报废汽车回收活动的，由工商行政管理部门没收非法回收的报废汽车、"五大总成"以及其他零配件，送报废汽车回收企业拆解，没收违法所得；违法所得在 2 万元以上的，并处违法所得 2 倍以上 5 倍以下的罚款；违法所得不足 2 万元或者没有违法所得的，并处 2 万元以上 5 万元以下的罚款；属经营单位的，吊销营业执照。

第二十一条　违反本办法第十一条的规定，买卖或者伪造、变造《报废汽车回收证明》的，由公安机关没收违法所得，并处 1 万元以上 5 万元以下的罚款；属报废汽车回收企业，情节严重的，由原审批发证部门分别吊销《资格认定书》、《特种行业许可证》、营业执照。

第二十二条　违反本办法第十二条的规定，将报废汽车出售、赠予或者以其他方式转让给非报废汽车回收企业的单位或者个人的，或者自行拆解报废汽车的，由公安机关没收违法所得，并处 2 000 元以上 2 万元以下的罚款。

第二十三条　违反本办法第十三条的规定，报废汽车回收企业明知或者应知是有盗窃、抢劫或者其他犯罪嫌疑的汽车、"五大总成"以及其他零配件，未向公安机关报告，擅自拆解、改装、拼装、倒卖的，由公安机关依法没收汽车、"五大总成"以及其他零配件，处 1 万元以上 5 万元以下的罚款；由原审批发证部门分别吊销《资格认定书》、《特种行业许可证》、营业执照；构成犯罪的，依法追究刑事责任。

第二十四条　违反本办法第十四条的规定，出售不能继续使用的报废汽车零配件或者出售的报废汽车零配件未标明"报废汽车回用件"的，由工商行政管理部门没收违法所得，并处 2 000 元以上 1 万元以下的罚款。

第二十五条　违反本办法第十五条的规定，利用报废汽车"五大总成"以及其他零配件拼装汽车或者出售报废汽车整车、"五大总成"、拼装车的，由工商行政管理部门没收报废汽车整车、"五大总成"以及其他零配件、拼装车，没收违法所得；违法所得在 5 万元以上的，并处违法所得 2 倍以上 5 倍以下的罚款；违法所得不足 5 万元或者没有违法所得的，并处 5 万元以上 10 万元以下的罚款；属报废汽车回收企业的，由原审批发证部门分别吊销《资格认定书》、《特种行业许可证》、营业执照。

第二十六条　违反本办法第十五条的规定，报废汽车上路行驶的，由公安机关收回机动车号牌和机动车行驶证，责令报废汽车拥有单位或者个人依照本办法的规定办理注销登记，可以处 2 000 元以下的罚款；拼装车上路行驶的，由公安机关没收拼装车，送报废汽车回收企业拆解，并处 2 000 元以上 5 000 元以下的罚款。

第二十七条　违反本办法第九条的规定，负责报废汽车回收企业审批发证的部门对不符合条件的单位或者个人发给有关证照的，对部门正职负责人、直接负责的主管人员和其他直接责任人员给予降级或者撤职的行政处分；其中，对承办审批的有关工作人员，还应当调离原工作岗位，不得继续从事审批工作；构成犯罪的，依法追究刑事责任。

第二十八条　负责报废汽车回收监督管理的部门及其工作人员，不依照本办法的规定履行监督管理职责的，发现不再具备条件的报废汽车回收企业不及时撤销有关证照的，发现有本办法规定的违法行为不予查处的，对部门正职负责人、直接负责的主管人员和其他直接责任人员，给予记大过、降级或者撤职的行政处分；构成犯罪的，依法追究刑事责任。

第二十九条　政府工作人员有下列情形之一的，依法给予降级直至开除公职的行政处分；构成犯罪的，依法追究刑事责任：

（一）纵容、包庇违反本办法规定的行为的；

（二）向有违反本办法规定行为的当事人通风报信，帮助逃避查处的；

（三）阻挠、干预有关部门对违反本办法规定的行为依法查处，造成严重后果的。

第三十条　军队报废汽车的回收管理办法另行制定。

第三十一条　本办法自公布之日起施行。

奥林匹克标志保护条例

2002 年 1 月 30 日国务院第 54 次常务会议通过　2002 年 2 月 4 日中华人民共和国国务院令第 345 号公布

第一条　为了加强对奥林匹克标志的保护，保障奥林匹克标志权利人的合法权益，维护奥林匹克运动的尊严，制定本条例。

第二条　本条例所称奥林匹克标志，是指：

（一）国际奥林匹克委员会的奥林匹克五环图案标志、奥林匹克旗、奥林匹克格言、奥林匹克徽记、奥林匹克会歌；

（二）奥林匹克、奥林匹亚、奥林匹克运动会及其简称等专有名称；

（三）中国奥林匹克委员会的名称、徽记、标志；

（四）北京 2008 年奥林匹克运动会申办委员会的名称、徽记、标志；

（五）第 29 届奥林匹克运动会组织委员会的名称、徽记，第 29 届奥林匹克运动会的吉祥物、会歌、口号，"北京 2008"、第 29 届奥林匹克运动会及其简称等标志；

（六）《奥林匹克宪章》和《第 29 届奥林匹克运动会主办城市合同》中规定的其他与第 29 届奥林匹克运动会有关的标志。

第三条　本条例所称奥林匹克标志权利人，是指国际奥林匹克委员会、中国奥林匹克委员会和第 29 届奥林匹克运动会组织委员会。

国际奥林匹克委员会、中国奥林匹克委员会和第 29 届奥林匹克运动会组织委员会之间的权利划分，依照《奥林匹克宪章》和《第 29 届奥林匹克运动会主办城市合同》确定。

第四条　奥林匹克标志权利人依照本条例对奥林匹克标志享有专有权。

未经奥林匹克标志权利人许可，任何人不得为商业目的（含潜在商业目的，下同）使用奥林匹克标志。

第五条　本条例所称为商业目的使用，是指以营利为目的，以下列方式利用奥林匹克标志：

（一）将奥林匹克标志用于商品、商品包装或者容器以及商品交易文书上；

（二）将奥林匹克标志用于服务项目中；

（三）将奥林匹克标志用于广告宣传、商业展览、营业性演出以及其他商业活动中；

（四）销售、进口、出口含有奥林匹克标志的商品；

（五）制造或者销售奥林匹克标志；

（六）可能使人认为行为人与奥林匹克标志权利人之间有赞助或者其他支持关系而使用奥林匹克标志的其他行为。

第六条　国务院工商行政管理部门依

据本条例的规定,负责全国的奥林匹克标志保护工作。

县级以上地方工商行政管理部门依据本条例的规定,负责本行政区域内的奥林匹克标志保护工作。

第七条　奥林匹克标志权利人应当将奥林匹克标志报国务院工商行政管理部门备案,由国务院工商行政管理部门公告。

第八条　取得奥林匹克标志权利人许可,为商业目的使用奥林匹克标志的,应当同奥林匹克标志权利人订立使用许可合同。其中,使用本条例第二条第(一)项、第(二)项规定的奥林匹克标志的,应当同国际奥林匹克委员会及其授权或者批准的机构订立合同;使用本条例第二条第(三)项规定的奥林匹克标志的,应当同中国奥林匹克委员会订立合同;使用本条例第二条第(四)项、第(五)项、第(六)项规定的奥林匹克标志的,在 2008 年 12 月 31 日以前,应当同第 29 届奥林匹克运动会组织委员会订立合同。奥林匹克标志权利人应当将使用许可合同报国务院工商行政管理部门备案。

依照前款规定订立使用许可合同的,被许可人只得在合同约定的地域范围、期间内使用奥林匹克标志。

第九条　本条例施行前已经依法使用奥林匹克标志的,可以在原有范围内继续使用。

第十条　未经奥林匹克标志权利人许可,为商业目的擅自使用奥林匹克标志,即侵犯奥林匹克标志专有权,引起纠纷的,由当事人协商解决;不愿协商或者协商不成的,奥林匹克标志权利人或者利害关系人可以向人民法院提起诉讼,也可以请求工商行政管理部门处理。工商行政管理部门处理时,认定侵权行为成立的,责令立即停止侵权行为,没收、销毁侵权商品和专门用于制造侵权商品或者为商业目的擅自制造奥林匹克标志的工具,有违法所得的,没收违法所得,可以并处违法所得 5 倍以下的罚款;没有违法所得的,可以并处 5 万元以下的罚款。当事人对处理决定不服的,可以自收到处理通知之日起 15 日内依照《中华人民共

和国行政诉讼法》向人民法院提起诉讼;侵权人期满不起诉又不履行的,工商行政管理部门可以申请人民法院强制执行。进行处理的工商行政管理部门应当事人的请求,可以就侵犯奥林匹克标志专有权的赔偿数额进行调解;调解不成的,当事人可以依照《中华人民共和国民事诉讼法》向人民法院提起诉讼。

利用奥林匹克标志进行诈骗等活动,触犯刑律的,依照刑法关于诈骗罪或者其他罪的规定,依法追究刑事责任。

第十一条　对侵犯奥林匹克标志专有权的行为,工商行政管理部门有权依法查处。

工商行政管理部门根据已经取得的违法嫌疑证据或者举报,对涉嫌侵犯奥林匹克标志专有权的行为进行查处时,可以行使下列职权:

(一)询问有关当事人,调查与侵犯奥林匹克标志专有权有关的情况;

(二)查阅、复制与侵权活动有关的合同、发票、账簿以及其他有关资料;

(三)对当事人涉嫌侵犯奥林匹克标志专有权活动的场所实施现场检查;

(四)检查与侵权活动有关的物品;对有证据证明是侵犯奥林匹克标志专有权的物品,予以查封或者扣押。

工商行政管理部门依法行使前款规定的职权时,当事人应当予以协助、配合,不得拒绝、阻挠。

第十二条　进出口货物涉嫌侵犯奥林匹克标志专有权的,由海关参照《中华人民共和国海关法》和《中华人民共和国知识产权海关保护条例》规定的权限和程序查处。

第十三条　侵犯奥林匹克标志专有权的赔偿数额,按照权利人因被侵权所受到的损失或者侵权人因侵权所获得的利益确定,包括为制止侵权行为所支付的合理开支;被侵权人的损失或者侵权人获得的利益难以确定的,参照该奥林匹克标志许可使用费合理确定。

销售不知道是侵犯奥林匹克标志专有权的商品,能证明该商品是自己合法取得并

说明提供者的,不承担赔偿责任。

第十四条　奥林匹克标志除依照本条例受到保护外,还可以依照《中华人民共和国著作权法》、《中华人民共和国商标法》、《中华人民共和国专利法》、《特殊标志管理条例》等法律、行政法规的规定获得保护。

第十五条　本条例自 2002 年 4 月 1 日起施行。

中华人民共和国商标法实施条例

2002 年 8 月 3 日中华人民共和国国务院令第 358 号公布

目　录

第一章　总　则

第一条　根据《中华人民共和国商标法》(以下简称商标法),制定本条例。

第二条　本条例有关商品商标的规定,适用于服务商标。

第三条　商标法和本条例所称商标的使用,包括将商标用于商品、商品包装或者容器以及商品交易文书上,或者将商标用于广告宣传、展览以及其他商业活动中。

第四条　商标法第六条所称国家规定必须使用注册商标的商品,是指法律、行政法规规定的必须使用注册商标的商品。

第五条　依照商标法和本条例的规定,在商标注册、商标评审过程中产生争议时,有关当事人认为其商标构成驰名商标的,可以相应向商标局或者商标评审委员会请求认定驰名商标,驳回违反商标法第十三条规定的商标注册申请或者撤销违反商标法第十三条规定的商标注册。有关当事人提出申请时,应当提交其商标构成驰名商标的证据材料。

商标局、商标评审委员会根据当事人的请求,在查明事实的基础上,依照商标法第十四条的规定,认定其商标是否构成驰名商标。

第六条　商标法第十六条规定的地理标志,可以依照商标法和本条例的规定,作为证明商标或者集体商标申请注册。

以地理标志作为证明商标注册的,其商品符合使用该地理标志条件的自然人、法人或者其他组织可以要求使用该证明商标,控制该证明商标的组织应当允许。以地理标志作为集体商标注册的,其商品符合使用该地理标志条件的自然人、法人或者其他组织,可以要求参加以该地理标志作为集体商标注册的团体、协会或者其他组织,该团体、协会或者其他组织应当依据其章程接纳为会员;不要求参加以该地理标志作为集体商标注册的团体、协会或者其他组织的,也可以正当使用该地理标志,该团体、协会或者其他组织无权禁止。

第七条　当事人委托商标代理组织申请商标注册或者办理其他商标事宜,应当提交代理委托书。代理委托书应当载明代理内容及权限;外国人或者外国企业的代理委托书还应当载明委托人的国籍。

外国人或者外国企业的代理委托书及与其有关的证明文件的公证、认证手续,按照对等原则办理。

商标法第十八条所称外国人或者外国企业,是指在中国没有经常居所或者营业所的外国人或者外国企业。

第八条　申请商标注册或者办理其他商标事宜,应当使用中文。

依照商标法和本条例规定提交的各种证件、证明文件和证据材料是外文的,应当附送中文译文;未附送的,视为未提交该证件、证明文件或者证据材料。

第九条 商标局、商标评审委员会工作人员有下列情形之一的,应当回避,当事人或者利害关系人可以要求其回避:

(一)是当事人或者当事人、代理人的近亲属的;

(二)与当事人、代理人有其他关系,可能影响公正的;

(三)与申请商标注册或者办理其他商标事宜有利害关系的。

第十条 除本条例另有规定的外,当事人向商标局或者商标评审委员会提交文件或者材料的日期,直接递交的,以递交日为准;邮寄的,以寄出的邮戳日为准;邮戳日不清晰或者没有邮戳的,以商标局或者商标评审委员会实际收到日为准,但是当事人能够提出实际邮戳日证据的除外。

第十一条 商标局或者商标评审委员会的各种文件,可以通过邮寄、直接递交或者其他方式送达当事人。当事人委托商标代理组织的,文件送达商标代理组织视为送达当事人。

商标局或者商标评审委员会向当事人送达各种文件的日期,邮寄的,以当事人收到的邮戳日为准;邮戳日不清晰或者没有邮戳的,自文件发出之日起满 15 日,视为送达当事人;直接递交的,以递交日为准。文件无法邮寄或者无法直接递交的,可以通过公告方式送达当事人,自公告发布之日起满 30日,该文件视为已经送达。

第十二条 商标国际注册依照我国加入的有关国际条约办理。具体办法由国务院工商行政管理部门规定。

第二章 商标注册的申请

第十三条 申请商标注册,应当按照公布的商品和服务分类表按类申请。每一件商标注册申请应当向商标局提交《商标注册申请书》1 份、商标图样 5 份;指定颜色的,并应当提交着色图样 5 份、黑白稿 1 份。

商标图样必须清晰、便于粘贴,用光洁耐用的纸张印制或者用照片代替,长或者宽应当不大于 10 厘米,不小于 5 厘米。

以三维标志申请注册商标的,应当在申请书中予以声明,并提交能够确定三维形状的图样。

以颜色组合申请注册商标的,应当在申请书中予以声明,并提交文字说明。

申请注册集体商标、证明商标的,应当在申请书中予以声明,并提交主体资格证明文件和使用管理规则。

商标为外文或者包含外文的,应当说明含义。

第十四条 申请商标注册的,申请人应当提交能够证明其身份的有效证件的复印件。商标注册申请人的名义应当与所提交的证件相一致。

第十五条 商品名称或者服务项目应当按照商品和服务分类表填写;商品名称或者服务项目未列入商品和服务分类表的,应当附送对该商品或者服务的说明。

商标注册申请等有关文件,应当打字或者印刷。

第十六条 共同申请注册同一商标的,应当在申请书中指定一个代表人;没有指定代表人的,以申请书中顺序排列的第一人为代表人。

第十七条 申请人变更其名义、地址、代理人,或者删减指定的商品的,可以向商标局办理变更手续。

申请人转让其商标注册申请的,应当向商标局办理转让手续。

第十八条 商标注册的申请日期,以商标局收到申请文件的日期为准。申请手续齐备并按照规定填写申请文件的,商标局予以受理并书面通知申请人;申请手续不齐备或者未按照规定填写申请文件的,商标局不予受理,书面通知申请人并说明理由。

申请手续基本齐备或者申请文件基本符合规定,但是需要补正的,商标局通知申请人予以补正,限其自收到通知之日起 30日内,按照指定内容补正并交回商标局。在规定期限内补正并交回商标局的,保留申请日期;期满未补正的,视为放弃申请,商标局应当书面通知申请人。

第十九条 两个或者两个以上的申请

人,在同一种商品或者类似商品上,分别以相同或者近似的商标在同一天申请注册的,各申请人应当自收到商标局通知之日起30日内提交其申请注册前在先使用该商标的证据。同日使用或者均未使用的,各申请人可以自收到商标局通知之日起30日内自行协商,并将书面协议报送商标局;不愿协商或者协商不成的,商标局通知各申请人以抽签的方式确定一个申请人,驳回其他人的注册申请。商标局已经通知但申请人未参加抽签的,视为放弃申请,商标局应当书面通知未参加抽签的申请人。

第二十条 依照商标法第二十四条规定要求优先权的,申请人提交的第一次提出商标注册申请文件的副本应当经受理该申请的商标主管机关证明,并注明申请日期和申请号。

依照商标法第二十五条规定要求优先权的,申请人提交的证明文件应当经国务院工商行政管理部门规定的机构认证;展出其商品的国际展览会是在中国境内举办的除外。

第三章　商标注册申请的审查

第二十一条 商标局对受理的商标注册申请,依照商标法及本条例的有关规定进行审查,对符合规定的或者在部分指定商品上使用商标的注册申请符合规定的,予以初步审定,并予以公告;对不符合规定或者在部分指定商品上使用商标的注册申请不符合规定的,予以驳回或者驳回在部分指定商品上使用商标的注册申请,书面通知申请人并说明理由。

商标局对在部分指定商品上使用商标的注册申请予以初步审定的,申请人可以在异议期满之日前,申请放弃在部分指定商品上使用商标的注册申请;申请人放弃在部分指定商品上使用商标的注册申请的,商标局应当撤回原初步审定,终止审查程序,并重新公告。

第二十二条 对商标局初步审定予以公告的商标提出异议的,异议人应当向商标局提交商标异议书一式两份。商标异议书应当写明被异议商标刊登《商标公告》的期号及初步审定号。商标异议书应当有明确的请求和事实依据,并附送有关证据材料。

商标局应当将商标异议书副本及时送交被异议人,限其自收到商标异议书副本之日起30日内答辩。被异议人不答辩的,不影响商标局的异议裁定。

当事人需要在提出异议申请或者答辩后补充有关证据材料的,应当在申请书或者答辩书中声明,并自提交申请书或者答辩书之日起3个月内提交;期满未提交的,视为当事人放弃补充有关证据材料。

第二十三条 商标法第三十四条第二款所称异议成立,包括在部分指定商品上成立。异议在部分指定商品上成立的,在该部分指定商品上的商标注册申请不予核准。

被异议商标在异议裁定生效前已经刊发注册公告的,撤销原注册公告,经异议裁定核准注册的商标重新公告。

经异议裁定核准注册的商标,自该商标异议期满之日起至异议裁定生效前,对他人在同一种或者类似商品上使用与该商标相同或者近似的标志的行为不具有追溯力;但是,因该使用人的恶意给商标注册人造成的损失,应当给予赔偿。

经异议裁定核准注册的商标,对其提出评审申请的期限自该商标异议裁定公告之日起计算。

第四章　注册商标的变更、转让、续展

第二十四条 变更商标注册人名义、地址或者其他注册事项的,应当向商标局提交变更申请书。商标局核准后,发给商标注册人相应证明,并予以公告;不予核准的,应当书面通知申请人并说明理由。

变更商标注册人名义的,还应当提交有关登记机关出具的变更证明文件。未提交变更证明文件的,可以自提出申请之日起30日内补交;期满不提交的,视为放弃变更申请,商标局应当书面通知申请人。

变更商标注册人名义或者地址的,商标

注册人应当将其全部注册商标一并变更;未一并变更的,视为放弃变更申请,商标局应当书面通知申请人。

第二十五条　转让注册商标的,转让人和受让人应当向商标局提交转让注册商标申请书。转让注册商标申请手续由受让人办理。商标局核准转让注册商标申请后,发给受让人相应证明,并予以公告。

转让注册商标的,商标注册人对其在同一种或者类似商品上注册的相同或者近似的商标,应当一并转让;未一并转让的,由商标局通知其限期改正;期满不改正的,视为放弃转让该注册商标的申请,商标局应当书面通知申请人。

对可能产生误认、混淆或者其他不良影响的转让注册商标申请,商标局不予核准,书面通知申请人并说明理由。

第二十六条　注册商标专用权因转让以外的其他事由发生移转的,接受该注册商标专用权移转的当事人应当凭有关证明文件或者法律文书到商标局办理注册商标专用权移转手续。

注册商标专用权移转的,注册商标专用权人在同一种或者类似商品上注册的相同或者近似的商标,应当一并移转;未一并移转的,由商标局通知其限期改正;期满不改正的,视为放弃该移转注册商标的申请,商标局应当书面通知申请人。

第二十七条　注册商标需要续展注册的,应当向商标局提交商标续展注册申请书。商标局核准商标注册续展申请后,发给相应证明,并予以公告。

续展注册商标有效期自该商标上一届有效期满次日起计算。

第五章　商标评审

第二十八条　商标评审委员会受理依据商标法第三十二条、第三十三条、第四十一条、第四十九条的规定提出的商标评审申请。商标评审委员会根据事实,依法进行评审。

第二十九条　商标法第四十一条第三款所称对已经注册的商标有争议,是指在先申请注册的商标注册人认为他人在后申请注册的商标与其在同一种或者类似商品上的注册商标相同或者近似。

第三十条　申请商标评审,应当向商标评审委员会提交申请书,并按照对方当事人的数量提交相应份数的副本;基于商标局的决定书或者裁定书申请复审的,还应当同时附送商标局的决定书或者裁定书副本。

商标评审委员会收到申请书后,经审查,符合受理条件的,予以受理;不符合受理条件的,不予受理,书面通知申请人并说明理由;需要补正的,通知申请人自收到通知之日起30日内补正。经补正仍不符合规定的,商标评审委员会不予受理,书面通知申请人并说明理由;期满未补正的,视为撤回申请,商标评审委员会应当书面通知申请人。

商标评审委员会受理商标评审申请后,发现不符合受理条件的,予以驳回,书面通知申请人并说明理由。

第三十一条　商标评审委员会受理商标评审申请后,应当及时将申请书副本送交对方当事人,限其自收到申请书副本之日起30日内答辩;期满未答辩的,不影响商标评审委员会的评审。

第三十二条　当事人需要在提出评审申请或者答辩后补充有关证据材料的,应当在申请书或者答辩书中声明,并自提交申请书或者答辩书之日起3个月内提交;期满未提交的,视为放弃补充有关证据材料。

第三十三条　商标评审委员会根据当事人的请求或者实际需要,可以决定对评审申请进行公开评审。

商标评审委员会决定对评审申请进行公开评审的,应当在公开评审前15日书面通知当事人,告知公开评审的日期、地点和评审人员。当事人应当在通知书指定的期限内作出答复。

申请人不答复也不参加公开评审的,其评审申请视为撤回,商标评审委员会应当书面通知申请人;被申请人不答复也不参加公开评审的,商标评审委员会可以缺席评审。

第三十四条 申请人在商标评审委员会作出决定、裁定前，要求撤回申请的，经书面向商标评审委员会说明理由，可以撤回；撤回申请的，评审程序终止。

第三十五条 申请人撤回商标评审申请的，不得以相同的事实和理由再次提出评审申请；商标评审委员会对商标评审申请已经作出裁定或者决定的，任何人不得以相同的事实和理由再次提出评审申请。

第三十六条 依照商标法第四十一条的规定撤销的注册商标，其商标专用权视为自始即不存在。有关撤销注册商标的决定或者裁定，对在撤销前人民法院作出并已执行的商标侵权案件的判决、裁定，工商行政管理部门作出并已执行的商标侵权案件的处理决定，以及已经履行的商标转让或者使用许可合同，不具有追溯力；但是，因商标注册人恶意给他人造成的损失，应当给予赔偿。

第六章 商标使用的管理

第三十七条 使用注册商标，可以在商品、商品包装、说明书或者其他附着物上标明"注册商标"或者注册标记。

注册标记包括（注外加○）和（R外加○）。使用注册标记，应当标注在商标的右上角或者右下角。

第三十八条 《商标注册证》遗失或者破损的，应当向商标局申请补发。《商标注册证》遗失的，应当在《商标公告》上刊登遗失声明。破损的《商标注册证》，应当在提交补发申请时交回商标局。

伪造或者变造《商标注册证》的，依照刑法关于伪造、变造国家机关证件罪或者其他罪的规定，依法追究刑事责任。

第三十九条 有商标法第四十四条第（一）项、第（二）项、第（三）项行为之一的，由工商行政管理部门责令商标注册人限期改正；拒不改正的，报请商标局撤销其注册商标。

有商标法第四十四条第（四）项行为的，任何人可以向商标局申请撤销该注册商标，并说明有关情况。商标局应当通知商标注册人，限其自收到通知之日起2个月内提交该商标在撤销申请提出前使用的证据材料或者说明不使用的正当理由；期满不提供使用的证据材料或者证据材料无效并没有正当理由的，由商标局撤销其注册商标。

前款所称使用的证据材料，包括商标注册人使用注册商标的证据材料和商标注册人许可他人使用注册商标的证据材料。

第四十条 依照商标法第四十四条、第四十五条的规定被撤销的注册商标，由商标局予以公告；该注册商标专用权自商标局的撤销决定作出之日起终止。

第四十一条 商标局、商标评审委员会撤销注册商标，撤销理由仅及于部分指定商品的，撤销在该部分指定商品上使用的商标注册。

第四十二条 依照商标法第四十五条、第四十八条的规定处以罚款的数额为非法经营额20%以下或者非法获利2倍以下。

依照商标法第四十七条的规定处以罚款的数额为非法经营额10%以下。

第四十三条 许可他人使用其注册商标的，许可人应当自商标使用许可合同签订之日起3个月内将合同副本报送商标局备案。

第四十四条 违反商标法第四十条第二款规定的，由工商行政管理部门责令限期改正；逾期不改正的，收缴其商标标识；商标标识与商品难以分离的，一并收缴、销毁。

第四十五条 使用商标违反商标法第十三条规定的，有关当事人可以请求工商行政管理部门禁止使用。当事人提出申请时，应当提交其商标构成驰名商标的证据材料。经商标局依照商标法第十四条的规定认定为驰名商标的，由工商行政管理部门责令侵权人停止违反商标法第十三条规定使用该驰名商标的行为，收缴、销毁其商标标识；商标标识与商品难以分离的，一并收缴、销毁。

第四十六条 商标注册人申请注销其注册商标或者注销其商标在部分指定商品上的注册的，应当向商标局提交商标注销申请书，并交回原《商标注册证》。

商标注册人申请注销其注册商标或者注销其商标在部分指定商品上的注册的，该注册商标专用权或者该注册商标专用权在该部分指定商品上的效力自商标局收到其注销申请之日起终止。

第四十七条 商标注册人死亡或者终止，自死亡或者终止之日起1年期满，该注册商标没有办理移转手续的，任何人可以向商标局申请注销该注册商标。提出注销申请的，应当提交有关该商标注册人死亡或者终止的证据。

注册商标因商标注册人死亡或者终止而被注销的，该注册商标专用权自商标注册人死亡或者终止之日起终止。

第四十八条 注册商标被撤销或者依照本条例第四十六条、第四十七条的规定被注销的，原《商标注册证》作废；撤销该商标在部分指定商品上的注册的，或者商标注册人申请注销其商标在部分指定商品上的注册的，由商标局在原《商标注册证》上加注发还，或者重新核发《商标注册证》，并予公告。

第七章 注册商标专用权的保护

第四十九条 注册商标中含有的本商品的通用名称、图形、型号，或者直接表示商品的质量、主要原料、功能、用途、重量、数量及其他特点，或者含有地名，注册商标专用权人无权禁止他人正当使用。

第五十条 有下列行为之一的，属于商标法第五十二条第（五）项所称侵犯注册商标专用权的行为：（一）在同一种或者类似商品上，将与他人注册商标相同或者近似的标志作为商品名称或者商品装潢使用，误导公众的；（二）故意为侵犯他人注册商标专用权行为提供仓储、运输、邮寄、隐匿等便利条件的。

第五十一条 对侵犯注册商标专用权的行为，任何人可以向工商行政管理部门投诉或者举报。

第五十二条 对侵犯注册商标专用权的行为，罚款数额为非法经营额3倍以下；非法经营额无法计算的，罚款数额为10万元以下。

第五十三条 商标所有人认为他人将其驰名商标作为企业名称登记，可能欺骗公众或者对公众造成误解的，可以向企业名称登记主管机关申请撤销该企业名称登记。企业名称登记主管机关应当依照《企业名称登记管理规定》处理。

第八章 附 则

第五十四条 连续使用至1993年7月1日的服务商标，与他人在相同或者类似的服务上已注册的服务商标相同或者近似的，可以继续使用；但是，1993年7月1日后中断使用3年以上的，不得继续使用。

第五十五条 商标代理的具体管理办法由国务院另行规定。

第五十六条 商标注册用商品和服务分类表，由国务院工商行政管理部门制定并公布。

申请商标注册或者办理其他商标事宜的文件格式，由国务院工商行政管理部门制定并公布。

商标评审委员会的评审规则由国务院工商行政管理部门制定并公布。

第五十七条 商标局设置《商标注册簿》，记载注册商标及有关注册事项。

商标局编印发行《商标公告》，刊登商标注册及其他有关事项。

第五十八条 申请商标注册或者办理其他商标事宜，应当缴纳费用。缴纳费用的项目和标准，由国务院工商行政管理部门会同国务院价格主管部门规定并公布。

第五十九条 本条例自2002年9月15日起施行。1983年3月10日国务院发布、1988年1月3日国务院批准第一次修订、1993年7月15日国务院批准第二次修订的《中华人民共和国商标法实施细则》和1995年4月23日《国务院关于办理商标注册附送证件问题的批复》同时废止。

无照经营查处取缔办法

2002 年 12 月 18 日国务院第 67 次
常务会议通过　2003 年 1 月 6 日中华
人民共和国国务院令第 370 号公布

第一条　为了维护社会主义市场经济秩序，促进公平竞争，保护经营者和消费者的合法权益，制定本办法。

第二条　任何单位和个人不得违反法律、法规的规定，从事无照经营。

第三条　对于依照法律、法规规定，须经许可审批的涉及人体健康、公共安全、安全生产、环境保护、自然资源开发利用等的经营活动，许可审批部门必须严格依照法律、法规规定的条件和程序进行许可审批。工商行政管理部门必须凭许可审批部门颁发的许可证或者其他批准文件办理注册登记手续，核发营业执照。

第四条　下列违法行为，由工商行政管理部门依照本办法的规定予以查处：

（一）应当取得而未依法取得许可证或者其他批准文件和营业执照，擅自从事经营活动的无照经营行为；

（二）无须取得许可证或者其他批准文件即可取得营业执照而未依法取得营业执照，擅自从事经营活动的无照经营行为；

（三）已经依法取得许可证或者其他批准文件，但未依法取得营业执照，擅自从事经营活动的无照经营行为；

（四）已经办理注销登记或者被吊销营业执照，以及营业执照有效期届满后未按照规定重新办理登记手续，擅自继续从事经营活动的无照经营行为；

（五）超出核准登记的经营范围、擅自从事应当取得许可证或者其他批准文件方可从事的经营活动的违法经营行为。

前款第（一）项、第（五）项规定的行为，公安、国土资源、建设、文化、卫生、质检、环保、新闻出版、药监、安全生产监督管理等许可审批部门（以下简称许可审批部门）亦应当依照法律、法规赋予的职责予以查处。但是，对当事人的同一个违法行为，不得给予两次以上罚款的行政处罚。

第五条　各级工商行政管理部门应当依法履行职责，及时查处其管辖范围内的无照经营行为。

第六条　对于已经取得营业执照，但未依法取得许可证或者其他批准文件，或者已经取得的许可证或者其他批准文件被吊销、撤销或者有效期届满后未依法重新办理许可审批手续，擅自从事相关经营活动，法律、法规规定应当撤销注册登记或者吊销营业执照的，工商行政管理部门应当撤销注册登记或者吊销营业执照。

第七条　许可审批部门在营业执照有效期内依法吊销、撤销许可证或者其他批准文件，或者许可证、其他批准文件有效期届满的，应当在吊销、撤销许可证、其他批准文件或者许可证、其他批准文件有效期届满后 5 个工作日内通知工商行政管理部门，由工商行政管理部门撤销注册登记或者吊销营业执照，或者责令当事人依法办理变更登记。

第八条　工商行政管理部门依法查处无照经营行为，实行查处与引导相结合、处罚与教育相结合，对于下岗失业人员或者经营条件、经营范围、经营项目符合法律、法规规定的，应当督促、引导其依法办理相应手续，合法经营。

第九条　县级以上工商行政管理部门对涉嫌无照经营行为进行查处取缔时，可以行使下列职权：

（一）责令停止相关经营活动；

（二）向与无照经营行为有关的单位和个人调查、了解有关情况；

（三）进入无照经营场所实施现场检查；

（四）查阅、复制、查封、扣押与无照经营行为有关的合同、票据、账簿以及其他资料；

（五）查封、扣押专门用于从事无照经营活动的工具、设备、原材料、产品（商品）等财物；

（六）查封有证据表明危害人体健康、存

在重大安全隐患、威胁公共安全、破坏环境资源的无照经营场所。

第十条　工商行政管理部门依照本办法第九条的规定实施查封、扣押，必须经县级以上工商行政管理部门主要负责人批准。

工商行政管理部门的执法人员实施查封、扣押，应当向当事人出示执法证件，并当场交付查封、扣押决定书和查封、扣押财物及资料清单。

在交通不便地区或者不及时实施查封、扣押可能影响案件查处的，可以先行实施查封、扣押，并应当在 24 小时内补办查封、扣押决定书，送达当事人。

第十一条　工商行政管理部门实施查封、扣押的期限不得超过 15 日；案件情况复杂的，经县级以上工商行政管理部门主要负责人批准，可以延长 15 日。

对被查封、扣押的财物，工商行政管理部门应当妥善保管，不得使用或者损毁。被查封、扣押的财物易腐烂、变质的，经县级以上工商行政管理部门主要负责人批准，工商行政管理部门可以在留存证据后先行拍卖或者变卖。

第十二条　工商行政管理部门应当在查封、扣押期间作出处理决定。工商行政管理部门逾期未作出处理决定的，视为解除查封、扣押。

对于经调查核实没有违法行为或者不再需要查封、扣押的，工商行政管理部门在作出处理决定后应当立即解除查封、扣押。被查封、扣押的易腐烂、变质的财物根据本办法第十一条第二款的规定，已经先行拍卖或者变卖的，应当返还拍卖或者变卖所得的全部价款。

依照本办法规定，被查封、扣押的财物应当予以没收的，依法没收。

第十三条　工商行政管理部门违反本办法的规定使用或者损毁被查封、扣押的财物，造成当事人经济损失的，应当承担赔偿责任。

第十四条　对于无照经营行为，由工商行政管理部门依法予以取缔，没收违法所得；触犯刑律的，依照刑法关于非法经营罪、

重大责任事故罪、重大劳动安全事故罪、危险物品肇事罪或者其他罪的规定，依法追究刑事责任；尚不够刑事处罚的，并处 2 万元以下的罚款；无照经营行为规模较大、社会危害严重的，并处 2 万元以上 20 万元以下的罚款；无照经营行为危害人体健康、存在重大安全隐患、威胁公共安全、破坏环境资源的，没收专门用于从事无照经营的工具、设备、原材料、产品(商品)等财物，并处 5 万元以上 50 万元以下的罚款。

对无照经营行为的处罚，法律、法规另有规定的，从其规定。

第十五条　知道或者应当知道属于本办法规定的无照经营行为而为其提供生产经营场所、运输、保管、仓储等条件的，由工商行政管理部门责令立即停止违法行为，没收违法所得，并处 2 万元以下的罚款；为危害人体健康、存在重大安全隐患、威胁公共安全、破坏环境资源的无照经营行为提供生产经营场所、运输、保管、仓储等条件的，并处 5 万元以上 50 万元以下的罚款。

第十六条　当事人擅自动用、调换、转移、损毁被查封、扣押财物的，由工商行政管理部门责令改正，处被动用、调换、转移、损毁财物价值 5% 以上 20% 以下的罚款；拒不改正的，处被动用、调换、转移、损毁财物价值 1 倍以上 3 倍以下的罚款。

第十七条　许可审批部门查处本办法第四条第一款第(一)项、第(五)项规定的违法行为，应当依照相关法律、法规的规定处罚；相关法律、法规对违法行为的处罚没有规定的，许可审批部门应当依照本办法第十四条、第十五条、第十六条的规定处罚。

第十八条　拒绝、阻碍工商行政管理部门依法查处无照经营行为，构成违反治安管理行为的，由公安机关依照《中华人民共和国治安管理处罚条例》的规定予以处罚；构成犯罪的，依法追究刑事责任。

第十九条　工商行政管理部门、许可审批部门及其工作人员滥用职权、玩忽职守、徇私舞弊，未依照法律、法规的规定核发营业执照、许可证或者其他批准文件，未依照

法律、法规的规定吊销营业执照、撤销注册登记、许可证或者其他批准文件，未依照本办法规定的职责和程序查处无照经营行为，或者发现无照经营行为不予查处，或者支持、包庇、纵容无照经营行为，触犯刑律的，对直接负责的主管人员和其他直接责任人员依照刑法关于受贿罪、滥用职权罪、玩忽职守罪或者其他罪的规定，依法追究刑事责任；尚不够刑事处罚的，依法给予降级、撤职直至开除的行政处分。

第二十条　任何单位和个人有权向工商行政管理部门举报无照经营行为，工商行政管理部门一经接到举报，应当立即调查核实，并依法查处。

工商行政管理部门应当为举报人保密，并按照国家有关规定给予奖励。

第二十一条　农民在集贸市场或者地方人民政府指定区域内销售自产的农副产品，不属于本办法规定的无照经营行为。

第二十二条　本办法自 2003 年 3 月 1 日起施行。

粮食流通管理条例

2004 年 5 月 19 日国务院第 50 次常务会议通过　2004 年 5 月 26 日中华人民共和国国务院令第 407 号公布

目　录

第一章　总　则

第一条　为了保护粮食生产者的积极性，促进粮食生产，维护经营者、消费者的合法权益，保障国家粮食安全，维护粮食流通秩序，根据有关法律，制定本条例。

第二条　在中华人民共和国境内从事粮食的收购、销售、储存、运输、加工、进出口等经营活动（以下统称粮食经营活动），应当遵守本条例。

前款所称粮食，是指小麦、稻谷、玉米、杂粮及其成品粮。

第三条　国家鼓励多种所有制市场主体从事粮食经营活动，促进公平竞争。依法从事的粮食经营活动受国家法律保护。严禁以非法手段阻碍粮食自由流通。

国有粮食购销企业应当转变经营机制，提高市场竞争能力，在粮食流通中发挥主渠道作用，带头执行国家粮食政策。

第四条　粮食价格主要由市场供求形成。

国家加强粮食流通管理，增强对粮食市场的调控能力。

第五条　粮食经营活动应当遵循自愿、公平、诚实信用的原则，不得损害粮食生产者、消费者的合法权益，不得损害国家利益和社会公共利益。

第六条　国务院发展改革部门及国家粮食行政管理部门负责全国粮食的总量平衡、宏观调控和重要粮食品种的结构调整以及粮食流通的中长期规划；国家粮食行政管理部门负责粮食流通的行政管理、行业指导，监督有关粮食流通的法律、法规、政策及各项规章制度的执行。

国务院工商行政管理、产品质量监督、卫生、价格等部门在各自的职责范围内负责与粮食流通有关的工作。

省、自治区、直辖市人民政府在国家宏观调控下，按照粮食省长负责制的要求，负责本地区粮食的总量平衡和地方储备粮的管理。县级以上地方人民政府粮食行政管理部门负责本地区粮食流通的行政管理、行业指导；县级以上地方人民政府工商行政管理、产品质量监督、卫生、价格等部门在各自的职责范围内负责与粮食流通有关的工作。

第二章　粮食经营

第七条　粮食经营者,是指从事粮食收购、销售、储存、运输、加工、进出口等经营活动的法人、其他经济组织和个体工商户。

第八条　从事粮食收购活动的经营者,应当具备下列条件:

(一)具备经营资金筹措能力;

(二)拥有或者通过租借具有必要的粮食仓储设施;

(三)具备相应的粮食质量检验和保管能力。

前款规定的具体条件,由省、自治区、直辖市人民政府规定、公布。

第九条　取得粮食收购资格,并依照《中华人民共和国公司登记管理条例》等规定办理登记的经营者,方可从事粮食收购活动。

申请从事粮食收购活动,应当向办理工商登记的部门同级的粮食行政管理部门提交书面申请,并提供资金、仓储设施、质量检验和保管能力等证明材料。粮食行政管理部门应当自受理之日起15个工作日内完成审核,对符合本条例第八条规定具体条件的申请者作出许可决定并公示。

第十条　取得粮食行政管理部门粮食收购资格许可的,应当依法向工商行政管理部门办理设立登记,在经营范围中注明粮食收购;已在工商行政管理部门登记的,从事粮食收购活动也应当取得粮食行政管理部门的粮食收购资格许可,并依法向工商行政管理部门办理变更经营范围登记,在经营范围中注明粮食收购。

第十一条　依法从事粮食收购活动的粮食经营者(以下简称粮食收购者),应当告知售粮者或者在收购场所公示粮食的品种、质量标准和收购价格。

第十二条　粮食收购者收购粮食,应当执行国家粮食质量标准,按质论价,不得损害农民和其他粮食生产者的利益;应当及时向售粮者支付售粮款,不得拖欠;不得接受任何组织或者个人的委托代扣、代缴任何税、费和其他款项。

第十三条　粮食收购者应当向收购地的县级人民政府粮食行政管理部门定期报告粮食收购数量等有关情况。

跨省收购粮食,应当向收购地和粮食收购者所在地的县级人民政府粮食行政管理部门定期报告粮食收购数量等有关情况。

第十四条　从事粮食销售、储存、运输、加工、进出口等经营活动的粮食经营者应当在工商行政管理部门登记。

第十五条　粮食经营者使用的粮食仓储设施,应当符合粮食储存有关标准和技术规范的要求。粮食不得与可能对粮食产生污染的有害物质混存,储存粮食不得使用国家禁止使用的化学药剂或者超量使用化学药剂。

第十六条　运输粮食应当严格执行国家粮食运输的技术规范,不得使用被污染的运输工具或者包装材料运输粮食。

第十七条　从事食用粮食加工的经营者,应当具有保证粮食质量和卫生必备的加工条件,不得有下列行为:

(一)使用发霉变质的原粮、副产品进行加工;

(二)违反规定使用添加剂;

(三)使用不符合质量、卫生标准的包装材料;

(四)影响粮食质量、卫生的其他行为。

第十八条　销售粮食应当严格执行国家有关粮食质量、卫生标准,不得短斤少两、掺杂使假、以次充好,不得囤积居奇、垄断或者操纵粮食价格、欺行霸市。

第十九条　建立粮食销售出库质量检验制度。粮食储存企业对超过正常储存年限的陈粮,在出库前应当经过有资质的粮食质量检验机构进行质量鉴定,凡已陈化变质、不符合食用卫生标准的粮食,严禁流入口粮市场。陈化粮购买资格由省级人民政府粮食行政管理部门会同工商行政管理部门认定。陈化粮判定标准,由国家粮食行政管理部门会同有关部门制定,陈化粮销售、处理和监管的具体办法,依照国家有关规定执行。

第二十条　从事粮食收购、加工、销售的经营者,必须保持必要的库存量。

必要时,由省、自治区、直辖市人民政府规定最低和最高库存量的具体标准。

第二十一条　国有和国有控股粮食企业应当积极收购粮食,并做好政府委托的粮食收购和政策性用粮的购销工作,服从和服务于国家宏观调控。

第二十二条　对符合贷款条件的粮食收购者,银行应当按照国家有关规定及时提供收购贷款。中国农业发展银行应当保证中央和地方储备粮以及政府调控用粮和其他政策性用粮的信贷资金需要,对国有和国有控股的粮食购销企业、大型粮食产业化龙头企业和其他粮食购销企业,按企业的风险承受能力提供信贷资金支持。

第二十三条　所有从事粮食收购、销售、储存、加工的粮食经营者以及饲料、工业用粮企业,应当建立粮食经营台账,并向所在地的县级人民政府粮食行政管理部门报送粮食购进、销售、储存等基本数据和有关情况。粮食经营者保留粮食经营台账的期限不得少于3年。粮食经营者报送的基本数据和有关情况涉及商业秘密的,粮食行政管理部门负有保密义务。

国家粮食流通统计制度,由国家粮食行政管理部门制定,报国务院统计部门批准。

第二十四条　粮食行业协会以及中介组织应当加强行业自律,在维护粮食市场秩序方面发挥监督和协调作用。

第三章　宏观调控

第二十五条　国家采取储备粮吞吐、委托收购、粮食进出口等多种经济手段和价格干预等必要的行政手段,加强对粮食市场的调控,保持全国粮食供求总量基本平衡和价格基本稳定。

第二十六条　国家实行中央和地方分级粮食储备制度。粮食储备用于调节粮食供求,稳定粮食市场,以及应对重大自然灾害或者其他突发事件等情况。

政策性用粮的采购和销售,原则上通过粮食批发市场公开进行,也可以通过国家规定的其他方式进行。

第二十七条　国务院和地方人民政府建立健全粮食风险基金制度。粮食风险基金主要用于对种粮农民直接补贴、支持粮食储备、稳定粮食市场等。

国务院和地方人民政府财政部门负责粮食风险基金的监督管理,确保专款专用。

第二十八条　当粮食供求关系发生重大变化时,为保障市场供应、保护种粮农民利益,必要时可由国务院决定对短缺的重点粮食品种在粮食主产区实行最低收购价格。

当粮食价格显著上涨或者有可能显著上涨时,国务院和省、自治区、直辖市人民政府可以按照《中华人民共和国价格法》的规定,采取价格干预措施。

第二十九条　国务院发展改革部门及国家粮食行政管理部门会同农业、统计、产品质量监督等部门负责粮食市场供求形势的监测和预警分析,建立粮食供需抽查制度,发布粮食生产、消费、价格、质量等信息。

第三十条　国家鼓励粮食主产区和主销区以多种形式建立稳定的产销关系,鼓励建立产销一体化的粮食经营企业,发展订单农业,在执行最低收购价格时国家给予必要的经济优惠,并在粮食运输方面给予优先安排。

第三十一条　在重大自然灾害、重大疫情或者其他突发事件引起粮食市场供求异常波动时,国家实施粮食应急机制。

第三十二条　国家建立突发事件的粮食应急体系。国务院发展改革部门及国家粮食行政管理部门会同国务院有关部门制定全国的粮食应急预案,报请国务院批准。省、自治区、直辖市人民政府根据本地区的实际情况,制定本行政区域的粮食应急预案。

第三十三条　启动全国的粮食应急预案,由国务院发展改革部门及国家粮食行政管理部门提出建议,报国务院批准后实施。

启动省、自治区、直辖市的粮食应急预案,由省、自治区、直辖市发展改革部门及粮食行政管理部门提出建议,报本级人民政府决定,并向国务院报告。

第三十四条　粮食应急预案启动后,所有粮食经营者必须按国家要求承担应急任务,服从国家的统一安排和调度,保证应急工作的需要。

第四章　监督检查

第三十五条　粮食行政管理部门依照本条例对粮食经营者从事粮食收购、储存、运输活动和政策性用粮的购销活动,以及执行国家粮食流通统计制度的情况进行监督检查。

粮食行政管理部门应当根据国家要求对粮食收购资格进行核查。

粮食行政管理部门在监督检查过程中,可以进入粮食经营者经营场所检查粮食的库存量和收购、储存活动中的粮食质量以及原粮卫生;检查粮食仓储设施、设备是否符合国家技术规范;查阅粮食经营者有关资料、凭证;向有关单位和人员调查了解相关情况。

第三十六条　产品质量监督部门依照有关法律、行政法规的规定,对粮食加工过程中的以假充真、以次充好、掺杂使假等违法行为进行监督检查。

第三十七条　工商行政管理部门依照有关法律、行政法规的规定,对粮食经营活动中的无照经营、超范围经营以及粮食销售活动中的囤积居奇、欺行霸市、强买强卖、掺杂使假、以次充好等扰乱市场秩序和违法违规交易行为进行监督检查。

第三十八条　卫生部门依照有关法律、行政法规的规定,对粮食加工、销售中的卫生以及成品粮储存中的卫生进行监督检查。

第三十九条　价格主管部门依照有关法律、行政法规的规定,对粮食流通活动中的价格违法行为进行监督检查。

第四十条　任何单位和个人有权对违反本条例规定的行为向有关部门检举。有关部门应当为检举人保密,并依法及时处理。

第五章　法律责任

第四十一条　未经粮食行政管理部门

许可或者未在工商行政管理部门登记擅自从事粮食收购活动的,由工商行政管理部门没收非法收购的粮食;情节严重的,并处非法收购粮食价值1倍以上5倍以下的罚款;构成犯罪的,依法追究刑事责任。

由粮食行政管理部门查出的,移交工商行政管理部门按照前款规定予以处罚。

第四十二条　以欺骗、贿赂等不正当手段取得粮食收购资格许可的,由粮食行政管理部门取消粮食收购资格,工商行政管理部门吊销营业执照,没收违法所得;构成犯罪的,依法追究刑事责任。

粮食行政管理部门工作人员办理粮食收购资格许可,索取或者收受他人财物或者谋取其他利益,构成犯罪的,依法追究刑事责任;尚不构成犯罪的,依法给予行政处分。

第四十三条　粮食收购者有未按照规定告知、公示粮食收购价格或者收购粮食压级压价,垄断或者操纵价格等价格违法行为的,由价格主管部门依照《中华人民共和国价格法》的有关规定给予行政处罚。

第四十四条　有下列情形之一的,由粮食行政管理部门责令改正,予以警告,可以处20万元以下的罚款;情节严重的,并由粮食行政管理部门暂停或者取消粮食收购资格:

(一)粮食收购者未执行国家粮食质量标准的;

(二)粮食收购者被售粮者举报未及时支付售粮款的;

(三)粮食收购者违反本条例规定代扣、代缴税、费和其他款项的;

(四)从事粮食收购、销售、储存、加工的粮食经营者以及饲料、工业用粮企业未建立粮食经营台账,或者未按照规定报送粮食基本数据和有关情况的;

(五)接受委托的粮食经营者从事政策性用粮的购销活动未执行国家有关政策的。

第四十五条　陈粮出库未按照本条例规定进行质量鉴定的,由粮食行政管理部门责令改正,给予警告;情节严重的,处出库粮食价值1倍以上5倍以下的罚款,工商行政管理部门可以吊销营业执照。

倒卖陈化粮或者不按照规定使用陈化粮的,由工商行政管理部门没收非法倒卖的粮食,并处非法倒卖粮食价值20%以下的罚款,有陈化粮购买资格的,由省级人民政府粮食行政管理部门取消陈化粮购买资格;情节严重的,由工商行政管理部门并处非法倒卖粮食价值1倍以上5倍以下的罚款,吊销营业执照;构成犯罪的,依法追究刑事责任。

第四十六条　从事粮食收购、加工、销售的经营者的粮食库存低于规定的最低库存量的,由粮食行政管理部门责令改正,给予警告;情节严重的,处不足部分粮食价值1倍以上5倍以下的罚款,并可以取消粮食收购资格,工商行政管理部门可以吊销营业执照。

从事粮食收购、加工、销售的经营者的粮食库存超出规定的最高库存量的,由粮食行政管理部门责令改正,给予警告;情节严重的,处超出部分粮食价值1倍以上5倍以下的罚款,并可以取消粮食收购资格,工商行政管理部门可以吊销营业执照。

第四十七条　粮食经营者未按照本条例规定使用粮食仓储设施、运输工具的,由粮食行政管理部门或者卫生部门责令改正,给予警告;被污染的粮食不得非法销售、加工。

第四十八条　违反本条例第十七条、第十八条规定的,由产品质量监督部门、工商行政管理部门、卫生部门等依照有关法律、行政法规的规定予以处罚。

第四十九条　财政部门未按照国家关于粮食风险基金管理的规定及时、足额拨付补贴资金,或者挤占、截留、挪用补贴资金的,由本级人民政府或者上级财政部门责令改正,对有关责任人员依法给予行政处分;构成犯罪的,依法追究有关责任人员的刑事责任。

第五十条　违反本条例规定,阻碍粮食自由流通的,依照《国务院关于禁止在市场经济活动中实行地区封锁的规定》予以处罚。

第五十一条　监督检查人员违反本条例规定,非法干预粮食经营者正常经营活动的,依法给予行政处分;构成犯罪的,依法追究刑事责任。

第六章　附　则

第五十二条　本条例下列用语的含义是:

粮食收购,是指为了销售、加工或者作为饲料、工业原料等直接向种粮农民或者其他粮食生产者批量购买粮食的活动。

粮食加工,是指通过处理将原粮转化成半成品粮、成品粮,或者将半成品粮转化成成品粮的经营活动。

第五十三条　大豆、油料和食用植物油的收购、销售、储存、运输、加工、进出口等经营活动,适用本条例除第八条、第九条、第十条以外的规定。

粮食进出口的管理,依照有关法律、行政法规的规定执行。

中央储备粮的管理,依照《中央储备粮管理条例》的规定执行。

第五十四条　本条例自公布之日起施行。1998年6月6日国务院发布的《粮食收购条例》、1998年8月5日国务院发布的《粮食购销违法行为处罚办法》同时废止。

世界博览会标志保护条例

2004年10月13日国务院第66次常务会议通过　2004年10月20日中华人民共和国国务院令第422号公布

第一条　为了加强对世界博览会标志的保护,维护世界博览会标志权利人的合法权益,制定本条例。

第二条　本条例所称世界博览会标志,是指:

(一)中国2010年上海世界博览会申办机构的名称(包括全称、简称、译名和缩写,下同)、徽记或者其他标志;

(二)中国2010年上海世界博览会组织机构的名称、徽记或者其他标志;

（三）中国 2010 年上海世界博览会的名称、会徽、会旗、吉祥物、会歌、主题词、口号；

（四）国际展览局的局旗。

第三条　本条例所称世界博览会标志权利人，是指中国 2010 年上海世界博览会组织机构和国际展览局。

中国 2010 年上海世界博览会组织机构为本条例第二条第（一）、（二）、（三）项规定的世界博览会标志的权利人。中国 2010 年上海世界博览会组织机构和国际展览局之间关于本条例第二条第（四）项规定的世界博览会标志的权利划分，依照中国 2010 年上海世界博览会《申办报告》、《注册报告》和国际展览局《关于使用国际展览局局旗的规定》确定。

第四条　世界博览会标志权利人依照本条例享有世界博览会标志专有权。

未经世界博览会标志权利人许可，任何人不得为商业目的（含潜在商业目的，下同）使用世界博览会标志。

第五条　本条例所称为商业目的的使用，是指以营利为目的，以下列方式使用世界博览会标志：

（一）将世界博览会标志用于商品、商品包装或者容器以及商品交易文书上；

（二）将世界博览会标志用于服务业中；

（三）将世界博览会标志用于广告宣传、商业展览、营业性演出以及其他商业活动中；

（四）销售、进口、出口含有世界博览会标志的商品；

（五）制造或者销售世界博览会标志；

（六）将世界博览会标志作为字号申请企业名称登记，可能造成市场误认、混淆的；

（七）可能使他人认为行为人与世界博览会标志权利人之间存在许可使用关系而使用世界博览会标志的其他行为。

第六条　国务院工商行政管理部门依照本条例的规定，负责全国的世界博览会标志保护工作。

县级以上地方工商行政管理部门依照本条例的规定，负责本行政区域内的世界博览会标志保护工作。

第七条　世界博览会标志权利人应当将世界博览会标志报国务院工商行政管理部门备案，由国务院工商行政管理部门公告。

第八条　在本条例施行前已经依法使用世界博览会标志的，可以在原有范围内继续使用。

第九条　未经世界博览会标志权利人许可，为商业目的擅自使用世界博览会标志即侵犯世界博览会标志专有权，引起纠纷的，由当事人协商解决；不愿协商或者协商不成的，世界博览会标志权利人或者利害关系人可以依法向人民法院提起诉讼，也可以请求工商行政管理部门处理。

应当事人的请求，工商行政管理部门可以就侵犯世界博览会标志专有权的赔偿数额进行调解；调解不成的，当事人可以依法向人民法院提起诉讼。

第十条　工商行政管理部门根据已经取得的违法嫌疑证据或者举报查处涉嫌侵犯世界博览会标志专有权的行为时，可以行使下列职权：

（一）询问有关当事人，调查与侵犯世界博览会标志专有权有关的情况；

（二）查阅、复制与侵权活动有关的合同、发票、账簿以及其他有关资料；

（三）对当事人涉嫌侵犯世界博览会标志专有权活动的场所实施现场检查；

（四）检查与侵权活动有关的物品；对有证据证明侵犯世界博览会标志专有权的物品，予以查封或者扣押。

工商行政管理部门依法行使前款规定的职权时，当事人应当予以协助、配合，不得拒绝、阻挠。

第十一条　工商行政管理部门处理侵犯世界博览会标志专有权行为时，认定侵权行为成立的，责令立即停止侵权行为，没收、销毁侵权商品和专门用于制造侵权商品或者为商业目的擅自制造世界博览会标志的工具，有违法所得的，没收违法所得，可以并处违法所得 5 倍以下的罚款；没有违法所得的，可以并处 5 万元以下的罚款。

利用世界博览会标志进行诈骗等活动，构成犯罪的，依法追究刑事责任。

第十二条　侵犯世界博览会标志专有

权的货物禁止进出口。世界博览会标志专有权海关保护的程序适用《中华人民共和国知识产权海关保护条例》的规定。

第十三条　侵犯世界博览会标志专有权的赔偿数额，按照权利人因被侵权所受到的损失或者侵权人因侵权所获得的利益确定，包括为制止侵权行为所支付的合理开支；被侵权人的损失或者侵权人获得的利益难以确定的，参照该世界博览会标志许可使用费合理确定。

销售不知道是侵犯世界博览会标志专有权的商品，能证明该商品是自己合法取得并说明提供者的，不承担赔偿责任。

第十四条　任何单位或者个人可以向工商行政管理部门或有关行政管理部门举报违反本条例使用世界博览会标志的行为。

第十五条　世界博览会标志除依照本条例受到保护外，还可以依照《中华人民共和国著作权法》、《中华人民共和国商标法》、《中华人民共和国专利法》、《中华人民共和国反不正当竞争法》、《特殊标志管理条例》等法律、行政法规的规定获得保护。

第十六条　本条例自 2004 年 12 月 1 日起施行。

直销管理条例

2005 年 8 月 10 日国务院第 101 次常务会议通过　2005 年 8 月 23 日中华人民共和国国务院令第 443 号公布

目　录

第八章　附　则

第一章　总　则

第一条　为规范直销行为，加强对直销活动的监管，防止欺诈，保护消费者的合法权益和社会公共利益，制定本条例。

第二条　在中华人民共和国境内从事直销活动，应当遵守本条例。

直销产品的范围由国务院商务主管部门会同国务院工商行政管理部门根据直销业的发展状况和消费者的需求确定、公布。

第三条　本条例所称直销，是指直销企业招募直销员，由直销员在固定营业场所之外直接向最终消费者（以下简称消费者）推销产品的经销方式。

本条例所称直销企业，是指依照本条例规定经批准采取直销方式销售产品的企业。

本条例所称直销员，是指在固定营业场所之外将产品直接推销给消费者的人员。

第四条　在中华人民共和国境内设立的企业（以下简称企业），可以依照本条例规定申请成为以直销方式销售本企业生产的产品以及其母公司、控股公司生产产品的直销企业。

直销企业可以依法取得贸易权和分销权。

第五条　直销企业及其直销员从事直销活动，不得有欺骗、误导等宣传和推销行为。

第六条　国务院商务主管部门和工商行政管理部门依照其职责分工和本条例规定，负责对直销企业和直销员及其直销活动实施监督管理。

第二章　直销企业及其分支机构的设立和变更

第七条　申请成为直销企业，应当具备下列条件：

（一）投资者具有良好的商业信誉，在提出申请前连续 5 年没有重大违法经营记录；外国投资者还应当有 3 年以上在中国境外

从事直销活动的经验;

(二)实缴注册资本不低于人民币8000万元;

(三)依照本条例规定在指定银行足额缴纳了保证金;

(四)依照规定建立了信息报备和披露制度。

第八条　申请成为直销企业应当填写申请表,并提交下列申请文件、资料:

(一)符合本条例第七条规定条件的证明材料;

(二)企业章程,属于中外合资、合作企业的,还应当提供合资或者合作企业合同;

(三)市场计划报告书,包括依照本条例第十条规定拟定的经当地县级以上人民政府认可的从事直销活动地区的服务网点方案;

(四)符合国家标准的产品说明;

(五)拟与直销员签订的推销合同样本;

(六)会计师事务所出具的验资报告;

(七)企业与指定银行达成的同意依照本条例规定使用保证金的协议。

第九条　申请人应当通过所在地省、自治区、直辖市商务主管部门向国务院商务主管部门提出申请。省、自治区、直辖市商务主管部门应当自收到申请文件、资料之日起7日内,将申请文件、资料报送国务院商务主管部门。国务院商务主管部门应当自收到全部申请文件、资料之日起90日内,经征求国务院工商行政管理部门的意见,作出批准或者不予批准的决定。予以批准的,由国务院商务主管部门颁发直销经营许可证。

申请人持国务院商务主管部门颁发的直销经营许可证,依法向工商行政管理部门申请变更登记。

国务院商务主管部门审查颁发直销经营许可证,应当考虑国家安全、社会公共利益和直销业发展状况等因素。

第十条　直销企业从事直销活动,必须在拟从事直销活动的省、自治区、直辖市设立负责该行政区域内直销业务的分支机构(以下简称分支机构)。

直销企业在其从事直销活动的地区应当建立便于并满足消费者、直销员了解产品价格、退换货及企业依法提供其他服务的服务网点。服务网点的设立应当符合当地县级以上人民政府的要求。

直销企业申请设立分支机构,应当提供符合前款规定条件的证明文件和资料,并应当依照本条例第九条第一款规定的程序提出申请。获得批准后,依法向工商行政管理部门办理登记。

第十一条　直销企业有关本条例第八条所列内容发生重大变更的,应当依照本条例第九条第一款规定的程序报国务院商务主管部门批准。

第十二条　国务院商务主管部门应当将直销企业及其分支机构的名单在政府网站上公布,并及时进行更新。

第三章　直销员的招募和培训

第十三条　直销企业及其分支机构可以招募直销员。直销企业及其分支机构以外的任何单位和个人不得招募直销员。

直销员的合法推销活动不以无照经营查处。

第十四条　直销企业及其分支机构不得发布宣传直销员销售报酬的广告,不得以缴纳费用或者购买商品作为成为直销员的条件。

第十五条　直销企业及其分支机构不得招募下列人员为直销员:

(一)未满18周岁的人员;

(二)无民事行为能力或者限制民事行为能力的人员;

(三)全日制在校学生;

(四)教师、医务人员、公务员和现役军人;

(五)直销企业的正式员工;

(六)境外人员;

(七)法律、行政法规规定不得从事兼职的人员。

第十六条　直销企业及其分支机构招募直销员应当与其签订推销合同,并保证直销员只在其一个分支机构所在的省、自治区、直辖市行政区域内已设立服务网点的地区开展直销活动。未与直销企业或者其分支机构签订推销合同的人员，不得以任何方式从事直销活动。

第十七条　直销员自签订推销合同之日起60日内可以随时解除推销合同；60日后，直销员解除推销合同应当提前15日通知直销企业。

第十八条　直销企业应当对拟招募的直销员进行业务培训和考试，考试合格后由直销企业颁发直销员证。未取得直销员证，任何人不得从事直销活动。

直销企业进行直销员业务培训和考试，不得收取任何费用。

直销企业以外的单位和个人，不得以任何名义组织直销员业务培训。

第十九条　对直销员进行业务培训的授课人员应当是直销企业的正式员工，并符合下列条件：

（一）在本企业工作1年以上；

（二）具有高等教育本科以上学历和相关的法律、市场营销专业知识；

（三）无因故意犯罪受刑事处罚的记录；

（四）无重大违法经营记录。

直销企业应当向符合前款规定的授课人员颁发直销培训员证，并将取得直销培训员证的人员名单报国务院商务主管部门备案。国务院商务主管部门应当将取得直销培训员证的人员名单，在政府网站上公布。

境外人员不得从事直销员业务培训。

第二十条　直销企业颁发的直销员证、直销培训员证应当依照国务院商务主管部门规定的式样印制。

第二十一条　直销企业应当对直销员业务培训的合法性、培训秩序和培训场所的安全负责。

直销企业及其直销培训员应当对直销员业务培训授课内容的合法性负责。

直销员业务培训的具体管理办法由国务院商务主管部门、国务院工商行政管理部门会同有关部门另行制定。

第四章　直销活动

第二十二条　直销员向消费者推销产品，应当遵守下列规定：

（一）出示直销员证和推销合同；

（二）未经消费者同意，不得进入消费者住所强行推销产品，消费者要求其停止推销活动的，应当立即停止，并离开消费者住所；

（三）成交前，向消费者详细介绍本企业的退货制度；

（四）成交后，向消费者提供发票和由直销企业出具的含有退货制度、直销企业当地服务网点地址和电话号码等内容的售货凭证。

第二十三条　直销企业应当在直销产品上标明产品价格，该价格与服务网点展示的产品价格应当一致。直销员必须按照标明的价格向消费者推销产品。

第二十四条　直销企业至少应当按月支付直销员报酬。直销企业支付给直销员的报酬只能按照直销员本人直接向消费者销售产品的收入计算，报酬总额（包括佣金、奖金、各种形式的奖励以及其他经济利益等）不得超过直销员本人直接向消费者销售产品收入的30%。

第二十五条　直销企业应当建立并实行完善的换货和退货制度。

消费者自购买直销产品之日起30日内，产品未开封的，可以凭直销企业开具的发票或者售货凭证向直销企业及其分支机构、所在地的服务网点或者推销产品的直销员办理换货和退货；直销企业及其分支机构、所在地的服务网点和直销员应当自消费者提出换货或者退货要求之日起7日内，按照发票或者售货凭证标明的价款办理换货和退货。

直销员自购买直销产品之日起30日内，产品未开封的，可以凭直销企业开具的发票或者售货凭证向直销企业及其分支机构或者所在地的服务网点办理换货和退货；直销企业及其分支机构和所在地的服务网点应当自直销员提出换货或者退货要求之日起 7 日内,按照发票或者售货凭证标明的价款办理换货和退货。

不属于前两款规定情形,消费者、直销员要求换货和退货的,直销企业及其分支机构、所在地的服务网点和直销员应当依照有关法律法规的规定或者合同的约定,办理换货和退货。

第二十六条　直销企业与直销员、直销企业及其直销员与消费者因换货或者退货发生纠纷的,由前者承担举证责任。

第二十七条　直销企业对其直销员的直销行为承担连带责任,能够证明直销员的直销行为与本企业无关的除外。

第二十八条　直销企业应当依照国务院商务主管部门和国务院工商行政管理部门的规定,建立并实行完备的信息报备和披露制度。

直销企业信息报备和披露的内容、方式及相关要求,由国务院商务主管部门和国务院工商行政管理部门另行规定。

第五章　保证金

第二十九条　直销企业应当在国务院商务主管部门和国务院工商行政管理部门共同指定的银行开设专门账户,存入保证金。

保证金的数额在直销企业设立时为人民币 2 000 万元;直销企业运营后,保证金应当按月进行调整,其数额应当保持在直销企业上一个月直销产品销售收入 15% 的水平,但最高不超过人民币 1 亿元,最低不少于人民币 2 000 万元。保证金的利息属于直销企业。

第三十条　出现下列情形之一,国务院商务主管部门和国务院工商行政管理部门共同决定,可以使用保证金:

(一)无正当理由,直销企业不向直销员支付报酬,或者不向直销员、消费者支付退货款的;

(二)直销企业发生停业、合并、解散、转让、破产等情况,无力向直销员支付报酬或者无力向直销员和消费者支付退货款的;

(三)因直销产品问题给消费者造成损失,依法应当进行赔偿,直销企业无正当理由拒绝赔偿或者无力赔偿的。

第三十一条　保证金依照本条例第三十条规定使用后,直销企业应当在 1 个月内将保证金的数额补足到本条例第二十九条第二款规定的水平。

第三十二条　直销企业不得以保证金对外担保或者违反本条例规定用于清偿债务。

第三十三条　直销企业不再从事直销活动的,凭国务院商务主管部门和国务院工商行政管理部门出具的凭证,可以向银行取回保证金。

第三十四条　国务院商务主管部门和国务院工商行政管理部门共同负责保证金的日常监管工作。

保证金存缴、使用的具体管理办法由国务院商务主管部门、国务院工商行政管理部门会同有关部门另行制定。

第六章　监督管理

第三十五条　工商行政管理部门负责对直销企业和直销员及其直销活动实施日常的监督管理。工商行政管理部门可以采取下列措施进行现场检查:

(一)进入相关企业进行检查;

(二)要求相关企业提供有关文件、资料和证明材料;

(三)询问当事人、利害关系人和其他有关人员,并要求其提供有关材料;

(四)查阅、复制、查封、扣押相关企业与直销活动有关的材料和非法财物;

(五)检查有关人员的直销培训员证、直销员证等证件。

工商行政管理部门依照前款规定进行现场检查时,检查人员不得少于 2 人,并应当出示合法证件;实施查封、扣押的,必须经县级以上工商行政管理部门主要负责人批准。

第三十六条　工商行政管理部门实施日常监督管理,发现有关企业有涉嫌违反本条例行为的,经县级以上工商行政管理部门主要负责人批准,可以责令其暂时停止有关的经营活动。

第三十七条　工商行政管理部门应当设立并公布举报电话,接受对违反本条例行为的举报和投诉,并及时进行调查处理。

工商行政管理部门应当为举报人保密;对举报有功人员,应当依照国家有关规定给予奖励。

第七章　法律责任

第三十八条　对直销企业和直销员及其直销活动实施监督管理的有关部门及其工作人员,对不符合本条例规定条件的申请予以许可或者不依照本条例规定履行监督管理职责的,对直接负责的主管人员和其他直接责任人员,依法给予行政处分;构成犯罪的,依法追究刑事责任。对不符合本条例规定条件的申请予以的许可,由作出许可决定的有关部门撤销。

第三十九条　违反本条例第九条和第十条规定,未经批准从事直销活动的,由工商行政管理部门责令改正,没收直销产品和违法销售收入,处5万元以上30万元以下的罚款;情节严重的,处30万元以上50万元以下的罚款,并依法予以取缔;构成犯罪的,依法追究刑事责任。

第四十条　申请人通过欺骗、贿赂等手段取得本条例第九条和第十条设定的许可的,由工商行政管理部门没收直销产品和违法销售收入,处5万元以上30万元以下的罚款,由国务院商务主管部门撤销其相应的许可,申请人不得再提出申请;情节严重的,处30万元以上50万元以下的罚款,并依法予以取缔;构成犯罪的,依法追究刑事责任。

第四十一条　直销企业违反本条例第十一条规定的,由工商行政管理部门责令改正,处3万元以上30万元以下的罚款;对不再符合直销经营许可条件的,由国务院商务主管部门吊销其直销经营许可证。

第四十二条　直销企业违反规定,超出直销产品范围从事直销经营活动的,由工商行政管理部门责令改正,没收直销产品和违法销售收入,处5万元以上30万元以下的罚款;情节严重的,处30万元以上50万元以下的罚款,由工商行政管理部门吊销有违法经营行为的直销企业分支机构的营业执照直至由国务院商务主管部门吊销直销企业的直销经营许可证。

第四十三条　直销企业及其直销员违反本条例规定,有欺骗、误导等宣传和推销行为的,对直销企业,由工商行政管理部门处3万元以上10万元以下的罚款;情节严重的,处10万元以上30万元以下的罚款,由工商行政管理部门吊销有违法经营行为的直销企业分支机构的营业执照直至由国务院商务主管部门吊销直销企业的直销经营许可证。对直销员,由工商行政管理部门处5万元以下的罚款;情节严重的,责令直销企业撤销其直销员资格。

第四十四条　直销企业及其分支机构违反本条例规定招募直销员的,由工商行政管理部门责令改正,处3万元以上10万元以下的罚款;情节严重的,处10万元以上30万元以下的罚款,由工商行政管理部门吊销有违法经营行为的直销企业分支机构的营业执照直至由国务院商务主管部门吊销直销企业的直销经营许可证。

第四十五条　违反本条例规定,未取得直销员证从事直销活动的,由工商行政管理部门责令改正,没收直销产品和违法销售收入,可以处2万元以下的罚款;情节严重的,处2万元以上20万元以下的罚款。

第四十六条　直销企业进行直销员业务培训违反本条例规定的,由工商行政管理部门责令改正,没收违法所得,处3万元以上10万元以下的罚款;情节严重的,处10万元以上30万元以下的罚款,由工商行政管理部门吊销有违法经营行为的直销企业分支机构的营业执照直至由国务院商务主管部门吊销直销企业的直销经营许可证;对授课人员,由工商行政管理部门处5万元以下的罚款,是直销培训员的,责令直销企业撤销其直销培训员资格。

直销企业以外的单位和个人组织直销

员业务培训的,由工商行政管理部门责令改正,没收违法所得,处 2 万元以上 20 万元以下的罚款。

第四十七条 直销员违反本条例第二十二条规定的,由工商行政管理部门没收违法销售收入,可以处 5 万元以下的罚款;情节严重的,责令直销企业撤销其直销员资格,并对直销企业处 1 万元以上 10 万元以下的罚款。

第四十八条 直销企业违反本条例第二十三条规定的,依照价格法的有关规定处理。

第四十九条 直销企业违反本条例第二十四条和第二十五条规定的,由工商行政管理部门责令改正,处 5 万元以上 30 万元以下的罚款;情节严重的,处 30 万元以上 50 万元以下的罚款,由工商行政管理部门吊销有违法经营行为的直销企业分支机构的营业执照直至由国务院商务主管部门吊销直销企业的直销经营许可证。

第五十条 直销企业未依照有关规定进行信息报备和披露的,由工商行政管理部门责令限期改正,处 10 万元以下的罚款;情节严重的,处 10 万元以上 30 万元以下的罚款;拒不改正的,由国务院商务主管部门吊销其直销经营许可证。

第五十一条 直销企业违反本条例第五章有关规定的,由工商行政管理部门责令限期改正,处 10 万元以下的罚款;拒不改正的,处 10 万元以上 30 万元以下的罚款,由国务院商务主管部门吊销其直销经营许可证。

第五十二条 违反本条例的违法行为同时违反《禁止传销条例》的,依照《禁止传销条例》有关规定予以处罚。

第八章 附 则

第五十三条 直销企业拟成立直销企业协会等社团组织,应当经国务院商务主管部门批准,凭批准文件依法申请登记。

第五十四条 香港特别行政区、澳门特别行政区和台湾地区的投资者在境内投资建立直销企业,开展直销活动的,参照本条例有关外国投资者的规定办理。

第五十五条 本条例自 2005 年 12 月 1 日起施行。

禁止传销条例

2005 年 8 月 10 日国务院第 101 次常务会议通过 2005 年 8 月 23 日中华人民共和国国务院令第 444 号公布

目 录

第一章 总 则

第一条 为了防止欺诈,保护公民、法人和其他组织的合法权益,维护社会主义市场经济秩序,保持社会稳定,制定本条例。

第二条 本条例所称传销,是指组织者或者经营者发展人员,通过对被发展人员以其直接或者间接发展的人员数量或者销售业绩为依据计算和给付报酬,或者要求被发展人员以交纳一定费用为条件取得加入资格等方式牟取非法利益,扰乱经济秩序,影响社会稳定的行为。

第三条 县级以上地方人民政府应当加强对查处传销工作的领导,支持、督促各有关部门依法履行监督管理职责。

县级以上地方人民政府应当根据需要,建立查处传销工作的协调机制,对查处传销工作中的重大问题及时予以协调、解决。

第四条 工商行政管理部门、公安机关应当依照本条例的规定,在各自的职责范围内查处传销行为。

第五条　工商行政管理部门、公安机关依法查处传销行为，应当坚持教育与处罚相结合的原则，教育公民、法人或者其他组织自觉守法。

第六条　任何单位和个人有权向工商行政管理部门、公安机关举报传销行为。工商行政管理部门、公安机关接到举报后，应当立即调查核实，依法查处，并为举报人保密；经调查属实的，依照国家有关规定对举报人给予奖励。

第二章　传销行为的种类与查处机关

第七条　下列行为，属于传销行为：

（一）组织者或者经营者通过发展人员，要求被发展人员发展其他人员加入，对发展的人员以其直接或者间接滚动发展的人员数量为依据计算和给付报酬（包括物质奖励和其他经济利益，下同），牟取非法利益的；

（二）组织者或者经营者通过发展人员，要求被发展人员交纳费用或者以认购商品等方式变相交纳费用，取得加入或者发展其他人员加入的资格，牟取非法利益的；

（三）组织者或者经营者通过发展人员，要求被发展人员发展其他人员加入，形成上下线关系，并以下线的销售业绩为依据计算和给付上线报酬，牟取非法利益的。

第八条　工商行政管理部门依照本条例的规定，负责查处本条例第七条规定的传销行为。

第九条　利用互联网等媒体发布含有本条例第七条规定的传销信息的，由工商行政管理部门会同电信等有关部门依照本条例的规定查处。

第十条　在传销中以介绍工作、从事经营活动等名义欺骗他人离开居所地非法聚集并限制其人身自由的，由公安机关会同工商行政管理部门依法查处。

第十一条　商务、教育、民政、财政、劳动保障、电信、税务等有关部门和单位，应当依照各自职责和有关法律、行政法规的规定配合工商行政管理部门、公安机关查处传销行为。

第十二条　农村村民委员会、城市居民委员会等基层组织，应当在当地人民政府指导下，协助有关部门查处传销行为。

第十三条　工商行政管理部门查处传销行为，对涉嫌犯罪的，应当依法移送公安机关立案侦查；公安机关立案侦查传销案件，对经侦查不构成犯罪的，应当依法移交工商行政管理部门查处。

第三章　查处措施和程序

第十四条　县级以上工商行政管理部门对涉嫌传销行为进行查处时，可以采取下列措施：

（一）责令停止相关活动；

（二）向涉嫌传销的组织者、经营者和个人调查、了解有关情况；

（三）进入涉嫌传销的经营场所和培训、集会等活动场所，实施现场检查；

（四）查阅、复制、查封、扣押涉嫌传销的有关合同、票据、账簿等资料；

（五）查封、扣押涉嫌专门用于传销的产品（商品）、工具、设备、原材料等财物；

（六）查封涉嫌传销的经营场所；

（七）查询涉嫌传销的组织者或者经营者的账户及与存款有关的会计凭证、账簿、对账单等；

（八）对有证据证明转移或者隐匿违法资金的，可以申请司法机关予以冻结。

工商行政管理部门采取前款规定的措施，应当向县级以上工商行政管理部门主要负责人书面或者口头报告并经批准。遇有紧急情况需要当场采取前款规定措施的，应当在事后立即报告并补办相关手续；其中，实施前款规定的查封、扣押，以及第（七）项、第（八）项规定的措施，应当事先经县级以上工商行政管理部门主要负责人书面批准。

第十五条　工商行政管理部门对涉嫌传销行为进行查处时，执法人员不得少于2人。

执法人员与当事人有直接利害关系的,应当回避。

第十六条 工商行政管理部门的执法人员对涉嫌传销行为进行查处时,应当向当事人或者有关人员出示证件。

第十七条 工商行政管理部门实施查封、扣押,应当向当事人当场交付查封、扣押决定书和查封、扣押财物及资料清单。

在交通不便地区或者不及时实施查封、扣押可能影响案件查处的,可以先行实施查封、扣押,并应当在24小时内补办查封、扣押决定书,送达当事人。

第十八条 工商行政管理部门实施查封、扣押的期限不得超过30日;案件情况复杂的,经县级以上工商行政管理部门主要负责人批准,可以延长15日。

对被查封、扣押的财物,工商行政管理部门应当妥善保管,不得使用或者损毁;造成损失的,应当承担赔偿责任。但是,因不可抗力造成的损失除外。

第十九条 工商行政管理部门实施查封、扣押,应当及时查清事实,在查封、扣押期间作出处理决定。

对于经调查核实属于传销行为的,应当依法没收被查封、扣押的非法财物;对于经调查核实没有传销行为或者不再需要查封、扣押的,应当在作出处理决定后立即解除查封,退还被扣押的财物。

工商行政管理部门逾期未作出处理决定的,被查封的物品视为解除查封,被扣押的财物应当予以退还。拒不退还的,当事人可以向人民法院提起行政诉讼。

第二十条 工商行政管理部门及其工作人员违反本条例的规定使用或者损毁被查封、扣押的财物,造成当事人经济损失的,应当承担赔偿责任。

第二十一条 工商行政管理部门对涉嫌传销行为进行查处时,当事人有权陈述和申辩。

第二十二条 工商行政管理部门对涉嫌传销行为进行查处时,应当制作现场笔录。

现场笔录和查封、扣押清单由当事人、见证人和执法人员签名或者盖章,当事人不在现场或者当事人、见证人拒绝签名或者盖章的,执法人员应当在现场笔录中予以注明。

第二十三条 对于经查证属于传销行为的,工商行政管理部门、公安机关可以向社会公开发布警示、提示。

向社会公开发布警示、提示应当经县级以上工商行政管理部门主要负责人或者公安机关主要负责人批准。

第四章 法律责任

第二十四条 有本条例第七条规定的行为,组织策划传销的,由工商行政管理部门没收非法财物,没收违法所得,处50万元以上200万元以下的罚款;构成犯罪的,依法追究刑事责任。

有本条例第七条规定的行为,介绍、诱骗、胁迫他人参加传销的,由工商行政管理部门责令停止违法行为,没收非法财物,没收违法所得,处10万元以上50万元以下的罚款;构成犯罪的,依法追究刑事责任。

有本条例第七条规定的行为,参加传销的,由工商行政管理部门责令停止违法行为,可以处2 000元以下的罚款。

第二十五条 工商行政管理部门依照本条例第二十四条的规定进行处罚时,可以依照有关法律、行政法规的规定,责令停业整顿或者吊销营业执照。

第二十六条 为本条例第七条规定的传销行为提供经营场所、培训场所、货源、保管、仓储等条件的,由工商行政管理部门责令停止违法行为,没收违法所得,处5万元以上50万元以下的罚款。

为本条例第七条规定的传销行为提供互联网信息服务的,由工商行政管理部门责令停止违法行为,并通知有关部门依照《互联网信息服务管理办法》予以处罚。

第二十七条 当事人擅自动用、调换、转移、损毁被查封、扣押财物的,由工商行政管理部门责令停止违法行为,处被动用、调换、转移、损毁财物价值5%以上20%以下的罚款；拒不改正的，处被动用、调换、转移、损毁财物价值 1 倍以上 3 倍以下的罚款。

第二十八条　有本条例第十条规定的行为或者拒绝、阻碍工商行政管理部门的执法人员依法查处传销行为，构成违反治安管理行为的，由公安机关依照治安管理的法律、行政法规规定处罚；构成犯罪的，依法追究刑事责任。

第二十九条　工商行政管理部门、公安机关及其工作人员滥用职权、玩忽职守、徇私舞弊，未依照本条例规定的职责和程序查处传销行为，或者发现传销行为不予查处，或者支持、包庇、纵容传销行为，构成犯罪的，对直接负责的主管人员和其他直接责任人员，依法追究刑事责任；尚不构成犯罪的，依法给予行政处分。

第五章　附　则

第三十条　本条例自 2005 年 11 月 1 日起施行。

农民专业合作社登记管理条例

2007 年 5 月 28 日中华人民共和国国务院令第 498 号公布

目　录

第一章　总　则

第一条　为了确认农民专业合作社的法人资格，规范农民专业合作社登记行为，依据《中华人民共和国农民专业合作社法》，制定本条例。

第二条　农民专业合作社的设立、变更和注销，应当依照《中华人民共和国农民专业合作社法》和本条例的规定办理登记。

申请办理农民专业合作社登记，申请人应当对申请材料的真实性负责。

第三条　农民专业合作社经登记机关依法登记，领取农民专业合作社法人营业执照（以下简称营业执照），取得法人资格。未经依法登记，不得以农民专业合作社名义从事经营活动。

第四条　工商行政管理部门是农民专业合作社登记机关。国务院工商行政管理部门负责全国的农民专业合作社登记管理工作。

农民专业合作社由所在地的县（市）、区工商行政管理部门登记。

国务院工商行政管理部门可以对规模较大或者跨地区的农民专业合作社的登记管辖做出特别规定。

第二章　登记事项

第五条　农民专业合作社的登记事项包括：

（一）名称；

（二）住所；

（三）成员出资总额；

（四）业务范围；

（五）法定代表人姓名。

第六条　农民专业合作社的名称应当含有"专业合作社"字样，并符合国家有关企业名称登记管理的规定。

第七条　农民专业合作社的住所是其主要办事机构所在地。

第八条　农民专业合作社成员可以用货币出资，也可以用实物、知识产权等能够用货币估价并可以依法转让的非货币财产作价出资。成员以非货币财产出资的，由全体成员评估作价。成员不得以劳务、信用、自然人姓名、商誉、特许经营权或者设定担保的财产等作价出资。

成员的出资额以及出资总额应当以人民币表示。成员出资额之和为成员出资总额。

第九条　农民专业合作社以其成员为主要服务对象,业务范围可以有农业生产资料购买,农产品销售、加工、运输、贮藏以及与农业生产经营有关的技术、信息等服务。

农民专业合作社的业务范围由其章程规定。

第十条　农民专业合作社理事长为农民专业合作社的法定代表人。

第三章　设立登记

第十一条　申请设立农民专业合作社,应当由全体设立人指定的代表或者委托的代理人向登记机关提交下列文件:

(一)设立登记申请书;

(二)全体设立人签名、盖章的设立大会纪要;

(三)全体设立人签名、盖章的章程;

(四)法定代表人、理事的任职文件和身份证明;

(五)载明成员的姓名或者名称、出资方式、出资额以及成员出资总额,并经全体出资成员签名、盖章予以确认的出资清单;

(六)载明成员的姓名或者名称、公民身份号码或者登记证书号码和住所的成员名册,以及成员身份证明;

(七)能够证明农民专业合作社对其住所享有使用权的住所使用证明;

(八)全体设立人指定代表或者委托代理人的证明。

农民专业合作社的业务范围有属于法律、行政法规或者国务院规定在登记前须经批准的项目的,应当提交有关批准文件。

第十二条　农民专业合作社章程含有违反《中华人民共和国农民专业合作社法》以及有关法律、行政法规规定的内容的,登记机关应当要求农民专业合作社做相应修改。

第十三条　具有民事行为能力的公民,以及从事与农民专业合作社业务直接有关的生产经营活动的企业、事业单位或者社会团体,能够利用农民专业合作社提供的服务,承认并遵守农民专业合作社章程,履行章程规定的入社手续的,可以成为农民专业合作社的成员。但是,具有管理公共事务职能的单位不得加入农民专业合作社。

第十四条　农民专业合作社应当有5名以上的成员,其中农民至少应当占成员总数的80%。

成员总数20人以下的,可以有1个企业、事业单位或者社会团体成员;成员总数超过20人的,企业、事业单位和社会团体成员不得超过成员总数的5%。

第十五条　农民专业合作社的成员为农民的,成员身份证明为农业人口户口簿;无农业人口户口簿的,成员身份证明为居民身份证和土地承包经营权证或者村民委员会(居民委员会)出具的身份证明。

农民专业合作社的成员不属于农民的,成员身份证明为居民身份证。

农民专业合作社的成员为企业、事业单位或者社会团体的,成员身份证明为企业法人营业执照或者其他登记证书。

第十六条　申请人提交的登记申请材料齐全、符合法定形式,登记机关能够当场登记的,应予当场登记,发给营业执照。

除前款规定情形外,登记机关应当自受理申请之日起20日内,做出是否登记的决定。予以登记的,发给营业执照;不予登记的,应当给予书面答复,并说明理由。

营业执照签发日期为农民专业合作社成立日期。

第十七条　营业执照分为正本和副本,正本和副本具有同等法律效力。

营业执照正本应当置于农民专业合作社住所的醒目位置。

第十八条　营业执照遗失或者毁坏的,农民专业合作社应当申请补领。

任何单位和个人不得伪造、变造、出租、出借、转让营业执照。

第十九条　农民专业合作社的登记文书格式以及营业执照的正本、副本样式,由国务院工商行政管理部门制订。

第四章 变更登记和注销登记

第二十条 农民专业合作社的名称、住所、成员出资总额、业务范围、法定代表人姓名发生变更的,应当自做出变更决定之日起30日内向原登记机关申请变更登记,并提交下列文件:

(一)法定代表人签署的变更登记申请书;

(二)成员大会或者成员代表大会做出的变更决议;

(三)法定代表人签署的修改后的章程或者章程修正案;

(四)法定代表人指定代表或者委托代理人的证明。

第二十一条 农民专业合作社变更业务范围涉及法律、行政法规或者国务院规定须经批准的项目的,应当自批准之日起30日内申请变更登记,并提交有关批准文件。

农民专业合作社的业务范围属于法律、行政法规或者国务院规定在登记前须经批准的项目有下列情形之一的,应当自事由发生之日起30日内申请变更登记或者依照本条例的规定办理注销登记:

(一)许可证或者其他批准文件被吊销、撤销的;

(二)许可证或者其他批准文件有效期届满的。

第二十二条 农民专业合作社成员发生变更的,应当自本财务年度终了之日起30日内,将法定代表人签署的修改后的成员名册报送登记机关备案。其中,新成员入社的还应当提交新成员的身份证明。

农民专业合作社因成员发生变更,使农民成员低于法定比例的,应当自事由发生之日起6个月内采取吸收新的农民成员入社等方式使农民成员达到法定比例。

第二十三条 农民专业合作社修改章程未涉及登记事项的,应当自做出修改决定之日起30日内,将法定代表人签署的修改后的章程或者章程修正案报送登记机关备案。

第二十四条 变更登记事项涉及营业执照变更的,登记机关应当换发营业执照。

第二十五条 成立清算组的农民专业合作社应当自清算结束之日起30日内,由清算组全体成员指定的代表或者委托的代理人向原登记机关申请注销登记,并提交下列文件:

(一)清算组负责人签署的注销登记申请书;

(二)农民专业合作社依法做出的解散决议,农民专业合作社依法被吊销营业执照或者被撤销的文件,人民法院的破产裁定、解散裁判文书;

(三)成员大会、成员代表大会或者人民法院确认的清算报告;

(四)营业执照;

(五)清算组全体成员指定代表或者委托代理人的证明。

因合并、分立而解散的农民专业合作社,应当自做出解散决议之日起30日内,向原登记机关申请注销登记,并提交法定代表人签署的注销登记申请书、成员大会或者成员代表大会做出的解散决议以及债务清偿或者债务担保情况的说明、营业执照和法定代表人指定代表或者委托代理人的证明。

经登记机关注销登记,农民专业合作社终止。

第五章 法律责任

第二十六条 提交虚假材料或者采取其他欺诈手段取得农民专业合作社登记的,由登记机关责令改正;情节严重的,撤销农民专业合作社登记。

第二十七条 农民专业合作社有下列行为之一的,由登记机关责令改正;情节严重的,吊销营业执照:

(一)登记事项发生变更,未申请变更登记的;

(二)因成员发生变更,使农民成员低于法定比例满6个月的;

(三)从事业务范围以外的经营活动的;

(四)变造、出租、出借、转让营业执

照的。

第二十八条 农民专业合作社有下列行为之一的,由登记机关责令改正:

(一)未依法将修改后的成员名册报送登记机关备案的;

(二)未依法将修改后的章程或者章程修正案报送登记机关备案的。

第二十九条 登记机关对不符合规定条件的农民专业合作社登记申请予以登记,或者对符合规定条件的登记申请不予登记的,对直接负责的主管人员和其他直接责任人员,依法给予处分。

第六章 附 则

第三十条 农民专业合作社可以设立分支机构,并比照本条例有关农民专业合作社登记的规定,向分支机构所在地登记机关申请办理登记。农民专业合作社分支机构不具有法人资格。

农民专业合作社分支机构有违法行为的,适用本条例的规定进行处罚。

第三十一条 登记机关办理农民专业合作社登记不得收费。

第三十二条 本条例施行前设立的农民专业合作社,应当自本条例施行之日起1年内依法办理登记。

第三十三条 本条例自2007年7月1日起施行。

第三部分　工商行政管理行政规章（目录）

1. 城乡个体工商户管理暂行条例实施细则

1987 年 9 月 5 日工商个字（1987）第 231 号公布

1998 年 12 月 3 日国家工商行政管理局令第 86 号修订

2. 广告管理条例施行细则

1988 年 1 月 9 日工商广字〔1988〕第 13 号公布

1998 年 12 月 3 日国家工商行政管理局令第 86 号修订

2000 年 12 月 1 日国家工商行政管理局令第 99 号第二次修订

2004 年 11 月 30 日国家工商行政管理总局令第 18 号第三次修订

3. 中华人民共和国企业法人登记管理条例施行细则

1988 年 11 月 3 日国家工商行政管理局令第 1 号公布

1996 年 12 月 25 日国家工商行政管理局令第 66 号修订

2000 年 12 月 1 日国家工商行政管理局令第 96 号第二次修订

4. 中华人民共和国私营企业暂行条例施行办法

1989 年 1 月 16 日国家工商行政管理局令第 2 号公布

1996 年 12 月 17 日国家工商行政管理局令第 64 号修订

1998 年 12 月 3 日国家工商行政管理局令第 86 号第二次修订

5. 经济合同示范文本管理办法

1990 年 8 月 20 日国家工商行政管理局令第 4 号公布

1998 年 12 月 3 日国家工商行政管理局令第 86 号修订

6. 关于承包经营中外合资经营企业的规定

1990 年 9 月 13 日对外经济贸易部、国家工商行政管理局发布

7. 外国（地区）企业在中国境内从事生产经营活动登记管理办法

1992 年 8 月 15 日国家工商行政管理局令第 10 号公布

8. 化妆品广告管理办法

1993 年 7 月 13 日国家工商行政管理局令第 12 号公布

根据 2005 年 9 月 28 日国家工商行政管理总局令第 21 号公布的《关于按照新修订的〈广告管理条例施行细则〉调整有关广告监管规章相应条款的决定》修订

9. 医疗广告管理办法

1993 年 9 月 27 日国家工商行政管理局、卫生部令第 16 号公布

根据 2005 年 9 月 28 日国家工商行政管理总局令第 21 号公布的《关于按照新修订的〈广告管理条例施行细则〉调整有关广告监管规章相应条款的决定》修订

2006 年 11 月 10 日国家工商行政管理总局、卫生部令第 26 号第二次修订

10. 关于禁止有奖销售中不正当竞争行为的若干规定

1993 年 12 月 24 日国家工商行政管理局令第 19 号公布

11. 关于禁止公用企业限制竞争行为的若干规定

1993 年 12 月 24 日国家工商行政管理局令第 20 号公布

12. 医疗器械广告审查标准

1995 年 3 月 3 日国家工商行政管理局令第 23 号公布

13. 医疗器械广告审查办法

2009 年 4 月 7 日卫生部、国家工商行政管理局、国家食品药品监督管理局令第 65 号公布

14. 兽药广告审查标准

1995 年 3 月 28 日国家工商行政管理局令第 26 号公布

15. 农药广告审查标准

1995 年 3 月 28 日国家工商行政管理局令第 28 号公布

16. 兽药广告审查办法

1995 年 4 月 7 日国家工商行政管理局、农业部令第 29 号公布

1998 年 12 月 22 日国家工商行政管理局、农业部令第 88 号修订

17. 农药广告审查办法

1995 年 4 月 7 日国家工商行政管理局、农业部令第 30 号公布

1998 年 12 月 22 日国家工商行政管理局、农业部令第 88 号修订

18. 关于禁止仿冒知名商品特有的名称、包装、装潢的不正当竞争行为的若干规定

1995 年 7 月 6 日国家工商行政管理局令第 33 号公布

19. 工商行政管理机关行政赔偿实施办法

1995 年 8 月 1 日国家工商行政管理局令第 34 号公布

20. 经纪人管理办法

1995 年 10 月 26 日国家工商行政管理局令第 36 号公布

1998 年 12 月 3 日国家工商行政管理局令第 86 号修订

2004 年 8 月 28 日国家工商行政管理总局令第 14 号第二次修订

21. 商标评审规则

1995 年 11 月 2 日国家工商行政管理局令第 37 号公布

2002 年 9 月 17 日国家工商行政管理总局令第 3 号第一次修订

2005 年 9 月 26 日国家工商行政管理总局令第 20 号第二次修订

22. 酒类广告管理办法

1995 年 11 月 17 日国家工商行政管理局令第 39 号公布

根据 2005 年 9 月 28 日国家工商行政管理总局令第 21 号公布的《关于按照新修订的〈广告管理条例施行细则〉调整有关广告监管规章相应条款的决定》修订

23. 关于禁止侵犯商业秘密行为的若干规定

1995 年 11 月 23 日国家工商行政管理局令第 41 号公布

1998 年 12 月 3 日国家工商行政管理局令第 86 号修订

24. 户外广告登记管理规定

1995 年 12 月 8 日国家工商行政管理局令第 42 号公布

1998 年 12 月 3 日国家工商行政管理局令第 86 号修订

2006 年 5 月 22 日国家工商行政管理总局令第 25 号第二次修订

25. 工商行政管理暂行规定

1995 年 12 月 19 日国家工商行政管理局令第 45 号公布

1996 年 12 月 17 日国家工商行政管理局令第 63 号修订

26. 烟草广告管理暂行办法

1995 年 12 月 20 日国家工商行政管理局令第 46 号公布

1996 年 12 月 30 日国家工商行政管理局令第 69 号修订

27. 欺诈消费者行为处罚办法

1996 年 3 月 15 日国家工商行政管理局令第 50 号公布

28. 工商行政管理机关受理消费者申诉暂行办法

1996 年 3 月 15 日国家工商行政管理局令第 51 号公布

1998 年 12 月 3 日国家工商行政管理局令第 86 号修订

29. 商标印制管理办法

1996 年 9 月 5 日国家工商行政管理局令第 57 号公布

1998 年 12 月 3 日国家工商行政管理局令第 86 号修订

2004 年 8 月 19 日国家工商行政管理总局令第 15 号第二次修订

30. 关于禁止商业贿赂行为的暂行规定

1996 年 11 月 15 日国家工商行政管理局令第 60 号公布

31. 企业年度检验办法

1996 年 12 月 13 日国家工商行政管理局令第 61 号公布

1998 年 12 月 3 日国家工商行政管理局令第 86 号修订

2006 年 2 月 24 日国家工商行政管理总局令第 23 号第二次修订

32. 房地产广告发布暂行规定

1996 年 12 月 30 日国家工商行政管理局令第 71 号公布

1998 年 12 月 3 日国家工商行政管理局令第 86 号修订

33. 食品广告发布暂行规定

1996 年 12 月 30 日国家工商行政管理局令第 72 号公布

1998 年 12 月 3 日国家工商行政管理局令第 86 号修订

34. 旅游景区个体工商户监督管理办法

1997 年 1 月 22 日国家工商行政管理局令第 74 号公布

1998 年 12 月 3 日国家工商行政管理局令第 86 号修订

35. 工商行政管理所处理消费者申诉实施办法

1997 年 3 月 15 日国家工商行政管理局令第 75 号公布

36. 商品展销会管理办法

1997 年 10 月 31 日国家工商行政管理局令第 77 号公布

1998 年 12 月 3 日国家工商行政管理局令第 86 号修订

37. 广告经营资格检查办法

1997 年 11 月 3 日国家工商行政管理局令第 78 号公布

1998 年 12 月 3 日国家工商行政管理局令第 86 号修订

38. 合同争议行政调解办法

1997 年 11 月 3 日国家工商行政管理局令第 79 号公布

39. 关于禁止串通招标投标行为的暂行规定

1998 年 1 月 6 日国家工商行政管理局令第 82 号公布

40. 广告语言文字管理暂行规定

1998 年 1 月 15 日国家工商行政管理局令第 84 号公布

1998 年 12 月 3 日国家工商行政管理局令第 86 号修订

41. 关于修改《经济合同示范文本管理办法》等 33 件规章的决定

1998 年 12 月 3 日国家工商行政管理局令第 86 号公布

42. 工商行政管理规范性文件清理结果

1998 年 12 月 3 日国家工商行政管理局令第 87 号公布

43. 自费出国留学中介服务管理规定

1999 年 6 月 17 日教育部、公安部、国家工商行政管理局发布

44. 自费出国留学中介服务管理规定实施细则(试行)

1999 年 8 月 24 日教育部、公安部、国家工商行政管理局令第 6 号发布

45. 关于外商投资企业合并与分立的规定

1999 年 9 月 23 日对外贸易经济合作部、国家工商行政管理局公布

2001 年 11 月 22 日对外贸易经济合作部、国家工商行政管理总局令第 8 号修订

46. 工商行政管理机关执法监督暂行规定

1999 年 12 月 8 日国家工商行政管理局令第 92 号公布

47. 企业名称登记管理实施办法

1999 年 12 月 8 日国家工商行政管理局令第 93 号公布

2004 年 6 月 14 日国家工商行政管理总局令第 10 号修订

48. 个人独资企业登记管理办法

2000 年 1 月 13 日国家工商行政管理局令第 94 号公布

49. 印刷品广告管理办法

2000 年 1 月 13 日国家工商行政管理局令第 95 号公布

2004 年 11 月 30 日国家工商行政管理总局令第 17 号修订

50. 集邮市场管理办法

2000 年 5 月 24 日国家邮政局、国家工商行政管理局令第 1 号公布

51. 关于外商投资企业境内投资的暂行规定

2000 年 7 月 25 日对外贸易经济合作部、国家工商行政管理局令第 6 号发布

52. 拍卖监督管理暂行办法

2001 年 1 月 15 日国家工商行政管理局令第 101 号公布

53. 因私出入境中介活动管理办法

2001 年 6 月 6 日公安部、国家工商行政管理总局令第 59 号发布

54. 人才市场管理规定

2001 年 9 月 11 日人事部、国家工商行政管理总局令第 1 号发布

2005 年 3 月 22 日根据《人事部、国家工商行政管理总局关于修改〈人才市场管理规定〉的决定》修正

55. 移动电话机商品修理更换退货责任规定

2001 年 9 月 17 日国家质量监督检验检疫总局、国家工商行政管理总局、信息产业部令第 4 号公布

56. 固定电话机商品修理更换退货责任规定

2001 年 9 月 17 日国家质量监督检验检疫总局、国家工商行政管理总局、信息产业部令第 4 号公布

57. 中外合资中外合作职业介绍机构设立管理暂行规定

2001 年 10 月 9 日劳动和社会保障部、国家工商行政管理总局令第 14 号发布

58. 保险公司营销服务部管理办法

2002 年 2 月 1 日中国保险监督管理委员会、国家工商行政管理总局令第 1 号发布

59. 茧丝流通管理办法

2002 年 2 月 4 日国家经济贸易委员会、国家发展计划委员会、国家工商行政管理总局、国家质量监督检验检疫总局令第 28 号公布

60. 奥林匹克标志备案及管理办法

2002 年 4 月 22 日国家工商行政管理总局令第 2 号公布

61. 境外就业中介管理规定

2002 年 5 月 14 日劳动和社会保障部、公安部、国家工商行政管理总局令第 15 号公布

62. 糖料管理暂行办法

2002 年 6 月 28 日国家发展计划委员会、国家经济贸易委员会、农业部、国家工商行政管理总局第 23 号发布

63. 利用外资改组国有企业暂行规定

2002 年 11 月 8 日国家经济贸易委员会、财政部、国家工商行政管理总局、国家外汇管理局令第 42 号公布

64. 外商投资企业授权登记管理办法

2002 年 12 月 10 日国家工商行政管理总局令第 4 号公布

65. 外商投资创业投资企业管理规定

2003 年 1 月 30 日对外贸易经济合作部、科学技术部、国家工商行政管理总局、国家税务总局、外汇管理局令第 2 号公布

66. 驰名商标认定和保护规定

2003 年 4 月 17 日国家工商行政管理总局令第 5 号公布

67. 集体商标、证明商标注册和管理办法

2003 年 4 月 17 日国家工商行政管理总局令第 6 号公布

68. 马德里商标国际注册实施办法

2003 年 4 月 17 日国家工商行政管理总局令第 7 号公布

69. 进出口商品检验鉴定机构管理办法

2003 年 9 月 4 日国家质量监督检验检疫总局、商务部、国家工商行政管理总局令第 58 号公布

70. 中外合资人才中介机构管理暂行规定

2003 年 9 月 4 日人事部、商务部、国家工商行政管理总局令第 2 号发布

2005 年 5 月 24 日根据《人事部、商务部、国家工商行政管理总局关于修改〈中外合资人才中介机构管理暂行规定〉的决定》修正

71. 企业登记程序规定

2004 年 6 月 10 日国家工商行政管理总局令第 9 号公布

72. 公司注册资本登记管理规定

2004 年 6 月 14 日国家工商行政管理总局令第 11 号公布

2005 年 12 月 27 日国家工商行政管理总局令第 22 号修订

73. 企业经营范围登记管理规定

2004 年 6 月 14 日国家工商行政管理总局令第 12 号公布

74. 个体工商户登记程序规定

2004 年 7 月 23 日国家工商行政管理总局令第 13 号公布

75. 对外劳务合作经营资格管理办法

2004 年 7 月 26 日商务部、国家工商行政管理总局令第 3 号公布

76. 零售商品称重计量监督管理办法

2004 年 8 月 10 日国家质量监督检验检疫总局、国家工商行政管理总局令第 66 号公布

77.《对外劳务合作经营资格管理办法》补充规定

2005 年 8 月 15 日商务部、国家工商行政管理总局令第 14 号公布

78. 广告经营许可证管理办法

2004 年 11 月 30 日国家工商行政管理总局令第 16 号公布

79. 世界博览会标志备案办法

2004 年 12 月 24 日国家工商行政管理总局令第 19 号公布

80. 汽车品牌销售管理实施办法

2005 年 2 月 21 日商务部、国家发展和改革委员会、国家工商行政管理总局令第 10 号公布

81. 二手车流通管理办法

2005 年 8 月 29 日商务部、公安部、国家工商行政管理总局、国家税务总局令第 2 号公布

82. 关于按照新修订的《广告管理条例施行细则》调整有关广告监管规章相应条款的决定

2005 年 9 月 28 日国家工商行政管理总

局令第 21 号公布

83. 直销企业保证金存缴、使用管理办法

2005 年 11 月 1 日商务部、国家工商行政管理总局令第 22 号公布

84. 直销员业务培训管理办法

2005 年 11 月 1 日商务部、公安部、国家工商行政管理总局令第 23 号公布

85. 直销企业信息报备、披露管理办法

2005 年 11 月 1 日商务部、国家工商行政管理总局令第 24 号公布

86. 外国投资者对上市公司战略投资管理办法

2005 年 12 月 31 日商务部、中国证券监督管理委员会、国家税务总局、国家工商行政管理总局、国家外汇管理局令第 28 号发布

87. 展会知识产权保护办法

2006 年 1 月 10 日商务部、国家工商行政管理总局、国家版权局、国家知识产权局令 2006 年第 1 号公布

88. 电子信息产品污染控制管理办法

2006 年 2 月 28 日信息产业部、国家发展和改革委员会、商务部、海关总署、国家工商行政管理总局、国家质量监督检验检疫总局、国家环境保护总局令第 39 号公布

89. 农业机械维修管理规定

2006 年 5 月 10 日农业部、国家工商行政管理总局令第 57 号公布

90. 中小学幼儿园安全管理办法

2006 年 6 月 30 日教育部、公安部、司法部、建设部、交通部、文化部、卫生部、国家工商行政管理总局、国家质量监督检验检疫总局、新闻出版总署令第 23 号公布

91. 尸体出入境和尸体处理的管理规定

2006 年 7 月 3 日卫生部、科技部、公安部、民政部、司法部、海关总署、国家工商行政管理总局、国家质量监督检验检疫总局令第 47 号公布

92. 关于外国投资者并购境内企业的规定

2006 年 8 月 8 日商务部、国务院国有资产监督管理委员会、国家税务总局、国家工商行政管理总局、中国证券监督管理委员会、国

家外汇管理局令 2006 年第 10 号公布

93. 零售商促销行为管理办法

2006 年 9 月 12 日商务部、国家发展和改革委员会、公安部、国家税务总局、国家工商行政管理总局 2006 年第 18 号令公布

94. 零售商供应商公平交易管理办法

2006 年 10 月 13 日商务部、国家发展和改革委员会、公安部、国家税务总局、国家工商行政管理总局 2006 年第 17 号令公布

95. 棉花加工资格认定和市场管理暂行办法

2006 年 10 月 10 日国家发展和改革委员会、国家工商行政管理总局、国家质量监督检验检疫总局令第 49 号发布

96. 药品广告审查发布标准

2007 年 3 月 3 日国家工商行政管理总局、国家食品药品监督管理局令第 27 号公布

97. 药品广告审查办法

2007 年 3 月 13 日国家食品药品监督管理局、国家工商行政管理总局令第 27 号发布

98. 再生资源回收管理办法

2007 年 3 月 27 日商务部、国家发展和改革委员会、公安部、建设部、国家工商行政管理总局、国家环境保护总局令 2007 年第 8 号公布

99. 洗染业管理办法

2007 年 5 月 11 日商务部、国家工商行政管理总局、国家环境保护总局令 2007 年第 5 号公布

100. 鲜茧收购资格认定办法

2007 年 6 月 27 日商务部、国家工商行政管理总局令 2007 年第 4 号公布

101. 工商行政管理机关行政处罚程序规定

2007 年 9 月 4 日国家工商行政管理总局令第 28 号公布

102. 工商行政管理机关行政处罚案件听证规则

2007 年 9 月 4 日国家工商行政管理总

局令第 29 号公布

103. 动产抵押登记办法

2007 年 10 月 12 国家工商行政管理总局令第 30 号公布

104. 关于废止有关工商行政管理规章、规范性文件的决定

2008 年 4 月 18 日国家工商行政管理总局令第 31 号公布

105. 商品零售场所塑料购物袋有偿使用管理办法

2008 年 5 月 15 日商务部、国家发展改革委、国家工商行政管理总局 2008 年第 8 号公布

106. 工商行政管理机关股权出质办法

2008 年 9 月 1 日国家工商行政管理总局第 32 号令公布

107. 个体工商户验照办法

2008 年 9 月 1 日国家工商行政管理总局第 33 号令公布

108. 工商行政管理规章制定程序规定

2008 年 9 月 1 日国家工商行政管理总局第 34 号令公布

109. 外商投资广告企业管理规定

2008 年 8 月 22 日国家工商行政管理总局、商务部第 35 号令公布

110. 工商行政管理机关执法证管理办法

2008 年 10 月 9 日国家工商行政管理总局第 36 号令公布

111. 工商行政管理机关行政处罚案件违法所得认定办法

2008 年 11 月 21 日国家工商行政管理总局第 37 号令公布

112. 个体工商户名称登记管理办法

2008 年 12 月 31 日国家工商行政管理总局第 38 号令公布

113. 外商投资广告企业管理规定

2008 年 8 月 22 日国家工商行政管理总局、商务部令第 35 号公布

第九篇

统计资料

第一部分　全国内资企业登记管理基本情况

全国历年内资企业分行业基本情况

单位：户、人、万元

行业分类	1981 年			1982 年			1983 年		
	户　数	从业人员	注册资本（金）	户　数	从业人员	注册资本（金）	户　数	从业人员	注册资本（金）
合　　计	2820402	95676604	61079214	2837820	103627086	64649087	3063638	110562325	71403617
农、林、牧、渔、水利业									
工业	778798	64292656	44826575	791990	68897735	46498486	866093	72512642	50705040
地质普查和勘探业									
建筑业	54755	10840534	2630247	65006	12457155	2822647	77630	13759793	3325815
交通运输、邮电通讯业	61328	4479975	1982887	61656	4840152	2478387	68917	5383223	2998530
商业、公共饮食、物资供销和仓储业	1705783	14145871	11024706	1700744	15186331	12042866	1814077	16388558	13155174
房地产管理、公共事业、居民服务业和咨询服务业	219738	1917568	614799	218424	2245713	806701	236921	2518109	1219058
卫生、体育和社会福利事业									
教育、文化艺术和广播电视事业									
科学研究和综合技术服务事业									
金融、保险业									
其他行业									

全国历年内资企业分行业基本情况

单位:户、人、万元

行业分类	1984 年			1985 年			1986 年		
	户数	从业人员	注册资本(金)	户数	从业人员	注册资本(金)	户数	从业人员	注册资本(金)
合　计	3676714	127952447	92814997	4217808	144152135	118461377	4307303	151063431	126656703
农、林、牧、渔、水利业				24050	805726	847577	25130	961285	804275
工业	1073475	80704898	61661457	1286695	87813625	68412040	1311851	94163192	79440331
地质普查和勘探业				409	41463	42961	542	66105	57608
建筑业	110634	17623586	5097564	135898	21415396	15914643	135936	21684906	7010019
交通运输、邮电通讯业	102329	5984919	4550189	122425	6001745	5031318	122716	6159121	5678436
商业、公共饮食、物资供销和仓储业	2119494	20210315	19373359	2356895	23731620	24105141	2355467	22749896	26092810
房地产管理、公共事业、居民服务业和咨询服务业	270782	3428729	2132428	255486	3545098	2966348	251396	3795640	3529638
卫生、体育和社会福利事业				774	7331	5862	883	10155	22444
教育、文化艺术和广播电视事业				20072	232036	334380	19133	254666	443224
科学研究和综合技术服务事业				2417	75344	105520	2750	85749	110194
金融、保险业				730	10267	392232	71021	666465	3068505
其他行业				11957	472484	303355	10478	466251	399219

全国历年内资企业分行业基本情况

单位:户、人、万元

行业分类	1987 年			1988 年			1989 年		
	户数	从业人员	注册资本（金）	户数	从业人员	注册资本（金）	户数	从业人员	注册资本（金）
合　计	4827315	165750766	140006704	5510182	181842006	161208633	5051030	179685415	175049027
农、林、牧、渔、水利业	31066	1169153	1019728	39318	1635580	1567875	39212	1871743	1807110
工业	1486175	102059108	85370298	1682328	109262345	93632384	1543637	108840793	99602540
地质普查和勘探业	761	87314	83461	1063	121795	128772	1216	152481	159237
建筑业	149705	24013607	7784604	166366	26481659	8907983	147633	25400062	9745331
交通运输、邮电通讯业	136908	6603218	6093202	152150	7032593	6780096	130150	6868102	6765179
商业、公共饮食、物资供销和仓储业	2589846	25568186	30481310	2950901	29767468	36841158	2681254	28910289	40086910
房地产管理、公共事业、居民服务业和咨询服务业	278654	4242808	4201133	316837	4892483	5148669	286876	4819803	6288118
卫生、体育和社会福利事业	1186	12413	32909	1762	22439	39934	1659	21954	42855
教育、文化艺术和广播电视事业	23210	292778	485359	32389	363497	565915	36354	398528	623940
科学研究和综合技术服务事业	3962	147185	250974	12092	327774	565881	15962	425266	740856
金融、保险业	113426	999016	3721557	139320	1202044	5347351	150598	1292775	8481065
其他行业	12416	555980	482169	15656	732329	1682615	16479	683619	705886

全国历年内资企业分行业基本情况

单位:户、人、万元

行业分类	1990 年			1991 年			1992 年		
	户数	从业人员	注册资本（金）	户数	从业人员	注册资本（金）	户数	从业人员	注册资本（金）
合 计	4602048	173563339	179974528	4820673	181943566	202175958	5822109	212504979	277956622
农、林、牧、渔、水利业	47012	2482629	2091275	59046	3624480	2549682	80122	4642327	4082488
工业	1360474	104842600	105316228	1422911	108681933	120128451	1661325	120178734	147041792
地质普查和勘探业	1333	206403	234141	1588	253969	315968	2011	312877	669319
建筑业	125000	23569579	10963884	125956	23659257	12210004	153982	26487223	14724753
交通运输、邮电通讯业	109870	6680437	8079035	114179	6951623	7297507	129222	8418391	9445235
商业、公共饮食、物资供销和仓储业	2456554	27994808	38762965	2555630	30003140	40808873	3107753	40279777	66000287
房地产管理、公共事业、居民服务业和咨询服务业	258997	4505928	6348438	268178	4810355	7186894	347145	6806264	16326153
卫生、体育和社会福利事业	1461	28213	41284	1604	24040	41448	2681	76843	119771
教育、文化艺术和广播电视事业	41556	435678	989540	49153	497333	748705	46191	748090	1701478
科学研究和综合技术服务事业	16532	603062	746875	25910	817917	1034383	53142	1456939	3240122
金融、保险业	164205	1391541	5694423	178218	1661572	8576993	192941	1889219	12387627
其他行业	19054	822461	706440	18300	957947	1277050	45594	1208295	2217597

全国历年内资企业分行业基本情况

单位:户、人、万元

行业分类	1993 年			1994 年		
	户数	从业人员	注册资本（金）	户数	从业人员	注册资本（金）
合　计	7286775	252563867	423585376	7937453	275149257	517165765
农、林、牧、渔、水利业	106611	5666026	6744441	125931	6590142	9020436
工业	1944133	132141064	182671828	2048470	138000052	219809347
地质普查和勘探业	3058	363681	795287	3585	412216	961294
建筑业	209512	32645601	21811216	239305	35394704	28379575
交通运输、邮电通讯业	151240	9774403	15475338	159540	10948075	25865844
商业、公共饮食、物资供销和仓储业	3946362	54748772	128083321	4313247	64141882	144583330
房地产管理、公共事业、居民服务业和咨询服务业	474655	9947333	36012963	530875	11418865	47285147
卫生、体育和社会福利事业	4132	102951	235232	4828	115808	318745
教育、文化艺术和广播电视事业	89968	895787	2540109	101107	1048674	3245282
科学研究和综合技术服务事业	98108	2516002	7610518	117151	2916467	10380032
金融、保险业	211203	2140084	17222123	232305	2388069	21586024
其他行业	47793	1622163	4383000	61109	1774303	5730709

全国历年内资企业分行业基本情况

单位:户、人、万元

行业分类	1995 年		1996 年		1997 年		
	户数	注册资本（金）	户数	注册资本（金）	户数	其中：企业法人	注册资本（金）
合　计	8067252	605205853	7852537	675727504	7357077	3868587	729748330
农、林、牧、渔业	123680	8749528	122296	10508042	121335	75786	12632206
其中：农、林、牧、渔服务业	64022	2814643			56999	27809	2723810
采掘业	101142	24919679	98724	23909913	94318	65223	25296784
制造业	1904802	187583086	1819365	195430273	1657846	1256259	211541587
电力、煤气及水的生产和供应业	36207	28131877	37192	31548128	38753	23282	34365757
建筑业	257678	42049731	261749	37322611	254651	171470	44643158
地质勘查业、水利管理业	9704	2472397	9851	4522888	9708	6958	6083065
交通运输、仓储及邮电通信业	182021	35561732	174748	39376644	168610	76484	58793018
批发和零售贸易、餐饮业	4347138	166649382	4193359	176206469	3876590	1649107	192645890
金融、保险业	249482	27259250	262007	59338926	274406	51177	35009782
房地产业	54609	32001683	56882	33913588	60120	50609	39199611
社会服务业	532443	28781428	542783	37834196	537610	270661	37023242
卫生、体育和社会福利业	5478	375833	5743	445959	6035	3196	527649
教育、文化艺术及广播电影电视业	84630	3352852	79987	2880255	71936	27242	3041260
科学研究和综合技术服务业	129018	11882677	136361	14161899	131730	106687	15892401
其他行业	49220	5434718	51490	8327713	53429	34446	13052920

全国历年内资企业分行业基本情况

单位：户、万元

行业分类	1998 年			1999 年		
	户数	其中：企业法人	注册资本（金）	户数	其中：企业法人	注册资本（金）
合　计	6574807	3472556	784017258	5960546	3163700	956481491
农、林、牧、渔业	115690	71617	13648681	110505	67189	14680702
其中：农、林、牧、渔服务业	54076	25010	2467769	52308	23068	2344529
采掘业	83369	58441	26028614	71150	51366	53990760
制造业	1415509	1083597	225094794	1244460	961852	263358153
电力、煤气及水的生产和供应业	39914	24040	38811274	40906	24448	63027460
建筑业	240139	163326	49691289	228264	157178	55404887
地质勘查业、水利管理业	9508	6840	5598799	9325	6870	6432493
交通运输、仓储及邮电通信业	170555	73413	66612400	171668	70842	71420801
批发和零售贸易、餐饮业	3391995	1447923	193257709	3001580	1279985	190913481
金融、保险业	275603	50369	39723838	269552	47139	90555741
房地产业	63629	53685	43141189	67800	56530	44873038
社会服务业	517848	270071	41515204	496335	267214	45752600
卫生、体育和社会福利业	6324	3410	661742	7244	3618	620750
教育、文化艺术及广播电影电视业	61433	25166	3024711	54486	25016	3348769
科学研究和综合技术服务业	128963	105533	17451664	131277	108732	19853856
其他行业	54328	35125	19755350	55994	35721	32248000

全国历年内资企业分行业基本情况

单位:户、万元

行业分类	2000 年			2001 年		
	户数	其中:企业法人	注册资本(金)	户数	其中:企业法人	注册资本(金)
合 计	5351116	2825465	1069861400	4832356	2560080	1163363689
农、林、牧、渔业	106306	63541	16160440	99372	58710	16558307
其中:农、林、牧、渔服务业	50418	21162	2566837	46439	18792	2304661
采掘业	62516	45870	69209458	54185	39803	73657029
制造业	1071049	832745	271361373	936564	732683	279124806
电力、煤气及水的生产和供应业	41678	24768	67781745	42669	24666	78147097
建筑业	211693	146304	61327562	194135	134701	72827579
地质勘查业、水利管理业	8984	6726	4709014	8692	6479	5398343
交通运输、仓储及邮电通信业	186387	67463	111411462	188533	64103	120003893
批发和零售贸易、餐饮业	2616438	1099689	192505423	2299751	968220	196686363
金融、保险业	263368	46216	94304577	251627	43323	97122950
房地产业	71610	59522	50914892	74523	61497	57933210
社会服务业	466992	259008	51688834	439318	248452	62358230
卫生、体育和社会福利业	7341	3810	629524	7609	4080	693127
教育、文化艺术及广播电影电视业	48808	25075	3703020	45903	26006	4576228
科学研究和综合技术服务业	128332	106741	23188188	128674	108516	28656336
其他行业	59614	37987	50965888	60801	38841	69620191

全国历年内资企业分行业基本情况

单位：户、万元

行业分类	2002 年			2003 年		
	户数	其中：企业法人	注册资本（金）	户数	其中：企业法人	注册资本（金）
合　计	4445073	2365217	1278140150	4123620	2197216	1473214206
农、林、牧、渔业	97294	56377	17244256	94663	53748	20169594
其中：农、林、牧、渔服务业	45033	17338	2127329	42861	16075	2461099
采掘业	49440	36681	79400632	48450	36990	81821710
制造业	832124	654470	290577547	731900	578123	295660496
电力、煤气及水的生产和供应业	44350	24673	82372601	45876	24810	96336292
建筑业	179311	123818	79433357	166254	112358	83135835
地质勘查业、水利管理业	8719	6471	6528150	8985	6595	6696284
交通运输、仓储及邮电通信业	185902	61581	150376835	187776	58974	166611518
批发和零售贸易、餐饮业	2040758	856919	198933452	1824099	763233	215234687
金融、保险业	248704	41043	103468421	247329	38693	116004953
房地产业	77600	63613	66265351	79461	64357	72669605
社会服务业	426220	249496	68841902	411523	248991	82390140
卫生、体育和社会福利业	7783	4430	917363	8565	4991	1156264
教育、文化艺术及广播电影电视业	45215	28430	5873501	46075	31448	6677337
科学研究和综合技术服务业	135344	115320	34228684	145637	126256	36623674
其他行业	66309	41895	93678098	77027	47649	192025815

全国历年内资企业分行业基本情况

单位：户、万元

行业分类	2004 年			2005 年		
	户数	其中： 企业法人	注册资本(金)	户数	其中： 企业法人	注册资本(金)
合　计	3797619	2033151	1572208252	3496487	1884049	1639490728
农、林、牧、渔业	89078	51102	20809279	81934	48263	21980093
采矿业	43043	33389	58704597	40023	31343	50917319
制造业	642101	508554	293105112	567007	455511	298075029
电力、燃气及水的生产和供应业	50662	27687	137605823	47327	25292	143819151
建筑业	153237	101392	89582569	144208	93948	95003692
交通运输、仓储和邮政业	161169	58543	113610807	150327	54859	111852794
信息传输、计算机服务和软件业	81180	42430	81445063	56421	19357	73475152
批发和零售业	1519332	640605	197033279	1369089	576854	196117433
住宿和餐饮业	150533	62372	15752301	126945	53877	15782410
金融业	236445	38295	136360060	228197	36355	153774540
房地产业	86046	67490	81138930	86432	67343	90552218
租赁和商务服务业	103841	69469	107461712	168738	125288	177971164
科学研究、技术服务和地质勘查业	133163	112273	39348697	165125	140353	46964199
水利、环境和公共设施管理业	17286	12715	13105194	18580	14152	14367532
居民服务和其他服务业	201180	122524	30323684	133778	71058	25396639
教育	9104	5276	2010703	11255	6544	10007275
卫生、社会保障和社会福利业	9140	4713	1078276	8133	4481	1062953
文化、体育和娱乐业	56024	39306	7969248	52737	38729	9170128
其他	55055	35016	145762917	40231	20442	103201006

全国历年内资企业分行业基本情况

单位：户、万元

行业分类	2006 年			2007 年		
	户数	其中：企业法人	注册资本（金）	户数	其中：企业法人	注册资本（金）
合　计	3372592	1840322	1807239142	3202743	1753653	2120244040
农、林、牧、渔业	82242	50345	23154417	81464	51543	24021983
采矿业	36481	28414	59433726	33358	25695	71153794
制造业	542970	432446	312989373	471478	383728	325092635
电力、燃气及水的生产和供应业	47445	25228	170805639	47478	25092	174632663
建筑业	142779	91450	104175954	136584	86524	113939948
交通运输、仓储和邮政业	148552	54480	116362702	144798	53262	131290694
信息传输、计算机服务和软件业	58291	19736	72834368	60433	20059	74044648
批发和零售业	1283551	549074	194391216	1203792	515964	199029905
住宿和餐饮业	111276	50375	16223105	98604	45979	16347552
金融业	225185	31509	175334591	227143	24157	208896884
房地产业	90704	69482	103890053	93933	72140	128354299
租赁和商务服务业	186946	139851	250492260	196041	148073	432437352
科学研究、技术服务和地质勘查业	178891	153503	53508074	188245	162951	64373854
水利、环境和公共设施管理业	18111	13954	19602868	17768	14000	22490518
居民服务和其他服务业	122167	66191	21105454	110937	61576	19115833
教育	8472	5050	2404423	7580	4510	1509490
卫生、社会保障和社会福利业	7797	4311	1410251	7405	4128	2001849
文化、体育和娱乐业	54794	42001	11291601	55851	44440	11962412
其他	25938	12922	97829068	19851	9832	99547728

第二部分　全国外商投资企业登记管理基本情况

全国历年外商投资企业登记分行业基本情况

单位:户、万美元

项　目	1980 年				1981 年			
	户数	投资总额	注册资本	外方认缴	户数	投资总额	注册资本	外方认缴
合　计	7	470	432	179	82	13248	11411	6646
农、林、牧、渔、水利业					7	1128	1078	1031
工业	6	370	332	129	36	9713	7934	3622
地质普查和勘探业								
建筑业					3	244	244	108
交通运输、邮电通讯业					2	181	181	181
商业、公共饮食、物资供销和仓储业					10	416	416	316
房地产管理、公共事业、居民服务业和咨询服务业	1	100	100	50	22	1272	1264	1094
卫生、体育和社会福利事业					1	2	2	2
教育、文化艺术和广播电视事业								
科学研究和综合技术服务事业					1	292	292	292
金融、保险业								
其他行业								

全国历年外商投资企业登记分行业基本情况

单位：户、万美元

项　目	1982 年				1983 年			
	户数	投资总额	注册资本	外方认缴	户数	投资总额	注册资本	外方认缴
合　计	330	65085	60697	44201	616	176747	143037	89589
农、林、牧、渔、水利业	30	3215	2705	2373	37	3769	2903	2094
工业	129	34522	31211	21864	251	100228	75354	44370
地质普查和勘探业					8	1635	930	590
建筑业	18	1403	1403	1223	49	2085	2270	1578
交通运输、邮电通讯业	15	687	685	531	60	9221	8950	5218
商业、公共饮食、物资供销和仓储业	36	4905	4905	4459	78	6263	6150	3283
房地产管理、公共事业、居民服务业和咨询服务业	97	20009	19444	13407	119	48733	41694	28086
卫生、体育和社会福利事业	2	9	9	9	3	59	59	59
教育、文化艺术和广播电视事业					5	654	627	376
科学研究和综合技术服务事业					1	5	5	5
金融、保险业	3	335	335	335	3	3809	3809	3809
其他行业					2	286	286	121

全国历年外商投资企业登记分行业基本情况

单位:户、万美元

项　目	1984 年				1985 年			
	户数	投资总额	注册资本	外方认缴	户数	投资总额	注册资本	外方认缴
合　计	1999	434644	325086	207109	4912	1641154	834410	508846
农、林、牧、渔、水利业	128	11703	8665	5975	252	28171	20991	13743
工业	896	203449	151115	89311	2543	958411	407560	233249
地质普查和勘探业	16	1975	1421	848	19	2211	1391	813
建筑业	181	12461	11941	9288	410	22404	20965	15607
交通运输、邮电通讯业	192	18854	17276	11399	360	31003	28158	18214
商业、公共饮食、物资供销和仓储业	185	16548	18913	11897	334	33909	34525	21676
房地产管理、公共事业、居民服务业和咨询服务业	360	157848	104000	70771	892	517562	275647	177359
卫生、体育和社会福利事业	6	235	235	144	10	419	493	356
教育、文化艺术和广播电视事业	14	887	837	523	34	3385	3215	1715
科学研究和综合技术服务事业	8	415	415	194	24	3528	3388	1223
金融、保险业	4	4920	4920	4920	13	24805	24805	20242
其他行业	9	5349	5348	1839	21	15346	13322	4649

全国历年外商投资企业登记分行业基本情况

单位:户、万美元

项　目	1986 年				1987 年			
	户数	投资总额	注册资本	外方认缴	户数	投资总额	注册资本	外方认缴
合　计	6524	2140438	1163741	582717	8546	2641308	1466820	827307
农、林、牧、渔、水利业	363	55437	31531	19490	439	57990	42727	29572
工业	3650	1080296	565382	221341	5214	1380692	746759	365629
地质普查和勘探业	15	9597	3312	1673	31	3281	2906	1473
建筑业	470	35031	29954	23077	522	36981	33224	19064
交通运输、邮电通讯业	362	37863	35860	19804	381	41201	38116	22847
商业、公共饮食、物资供销和仓储业	371	42473	39521	22821	441	47848	44648	29893
房地产管理、公共事业、居民服务业和咨询服务业	1511	810466	404445	240547	1321	1001733	489543	308514
卫生、体育和社会福利事业	16	2388	2388	1134	22	1740	1256	1227
教育、文化艺术和广播电视事业	41	7512	7347	6391	51	8985	8866	6983
科学研究和综合技术服务事业	37	5386	4256	1682	53	4691	4474	1849
金融、保险业	15	25476	25476	19531	24	39253	39253	33350
其他行业	33	28513	14269	5226	47	16913	15048	6906

全国历年外商投资企业登记分行业基本情况

单位:户、万美元

项　目	1988 年				1989 年			
	户数	投资总额	注册资本	外方认缴	户数	投资总额	注册资本	外方认缴
合　计	13747	3780628	2154354	1169072	18968	4690829	2759003	1501813
农、林、牧、渔、水利业	608	84974	59733	38829	716	101808	72495	46268
工业	9808	2239666	1345775	651381	14634	3054345	1887740	946130
地质普查和勘探业	22	2856	2506	1269	20	2272	1934	983
建筑业	554	162722	47846	38210	568	157923	47387	36946
交通运输、邮电通讯业	557	55156	49414	32872	634	69058	59114	37875
商业、公共饮食、物资供销和仓储业	485	58267	53113	34470	529	62324	54911	35492
房地产管理、公共事业、居民服务业和咨询服务业	1449	1090753	516607	319365	1554	1152183	552029	342925
卫生、体育和社会福利事业	29	6668	3279	3017	37	7262	3830	3109
教育、文化艺术和广播电视事业	66	10736	8701	7129	78	11320	9041	7246
科学研究和综合技术服务事业	69	4952	4708	1974	96	5822	5478	2461
金融、保险业	31	42107	42065	34804	29	41410	41368	34178
其他行业	69	21771	20607	5752	73	25102	23676	8200

全国历年外商投资企业登记分行业基本情况

单位：户、万美元

项　目	1990 年				1991 年			
	户数	投资总额	注册资本	外方认缴	户数	投资总额	注册资本	外方认缴
合　计	25389	5457370	3304208	1866511	37215	7178332	4465808	2577358
农、林、牧、渔、水利业	951	121709	89927	55684	1194	144084	106148	69592
工业	20485	3760779	2377098	1272824	31287	5195191	3385904	1875179
地质普查和勘探业	18	1906	1595	737	18	2152	1866	1019
建筑业	558	137337	42590	32542	579	162851	52571	38511
交通运输、邮电通讯业	705	83345	69113	45132	761	112726	78969	49722
商业、公共饮食、物资供销和仓储业	587	76373	62196	37881	771	94421	78219	49226
房地产管理、公共事业、居民服务业和咨询服务业	1686	1179585	573335	363662	2038	1346594	658126	427123
卫生、体育和社会福利事业	41	7329	4153	3232	50	12745	8143	6859
教育、文化艺术和广播电视事业	108	14066	11645	8683	186	26295	19202	11872
科学研究和综合技术服务事业	127	7873	7247	4021	161	13472	11129	6190
金融、保险业	31	38795	38753	31807	31	38928	38886	32506
其他行业	92	28273	26556	10306	139	28873	26645	9559

全国历年外商投资企业登记分行业基本情况

单位:户、万美元

项　目		1992 年				1993 年				1994 年			
		户数	投资总额	注册资本	外方认缴	户数	投资总额	注册资本	外方认缴	户数	投资总额	注册资本	外方认缴
合　计		84371	17845550	11598693	6866484	167507	38238877	24563127	15018236	206096	49072446	31227534	19631486
按企业类别分组	中外合资	55826	11689124	7603817	3486800	107820	24192517	15795142	7468987	129326	30436120	19763591	9669810
	中外合作	14180	3704922	2288179	1672987	25464	8028137	4764344	3545608	30437	10619173	6126235	4623968
	外商独资	14365	2451504	1706697	1706697	34223	6018223	4003641	4003641	46333	8017153	5337708	5337708
按行业分组	农、林、牧、渔、水利业	2168	274406	210830	139000	4246	487765	381304	246231	6002	791015	595655	382590
	工业	68636	11661982	8028538	4488799	124606	21099082	14747553	8402555	150382	26845791	18626705	10993846
	地质普查和勘探业	21	1705	1633	781	47	4204	3545	1971	40	12607	6992	4743
	建筑业	1573	296109	155228	100776	4603	990570	490244	328424	5971	950168	656200	434870
	交通运输、邮电通讯业	1182	323564	190209	121274	1918	777970	462757	282623	2168	1482278	658238	405312
	商业、公共饮食、物资供销和仓储业	2436	408345	297198	181700	8742	1678319	1215653	749551	11903	2281780	1622217	1038200
	房地产管理、公共事业、居民服务业和咨询服务业	6908	4545839	2450802	1647587	19384	12405978	6701523	4643091	24449	15550081	8257762	5825297
	卫生、体育和社会福利事业	130	88929	71013	64532	357	117676	71351	53878	412	186889	114869	89199
	教育、文化艺术和广播电视事业	519	66319	49375	30702	1609	250421	182896	119031	2160	381916	274837	186214
	科学研究和综合技术服务事业	395	49156	28525	16597	878	102734	67962	43534	1164	125499	95969	60288
	金融、保险业	38	42911	42859	35928	31	36824	36369	25163	34	40773	40353	28824
	其他行业	365	86285	72483	38808	1086	287334	201970	122184	1411	423649	277737	182103

全国历年外商投资企业登记分行业基本情况

单位：户、万美元

项　目		1995 年			
		户数	投资总额	注册资本	外方认缴
合　计		233564	63900854	39912302	25688422
按企业类别分组	中外合资	142171	38794815	24734933	12394757
	中外合作	33917	13045323	7543677	5659973
	外商独资	57476	12060716	7633692	7633692
按行业分组	农、林、牧、渔业	5661	795536	598384	395026
	采掘业	1591	291457	227705	146034
	制造业	166786	34283906	23640693	14511177
	电力、煤气及水的生产和供应业	1041	2645846	1014194	608994
	建筑业	7326	1431931	937289	628280
	地质勘查业、水利管理业	101	29654	17114	12025
	交通运输、仓储及邮电通信业	2832	1844076	868753	532466
	批发和零售贸易、餐饮业	13280	2372310	1658279	1117651
	金融、保险业	85	170796	137190	108301
	房地产业	15137	14832170	7577784	5539482
	社会服务业	14769	3984053	2422305	1533423
	卫生、体育和社会福利业	509	245229	154432	115533
	教育、文化艺术和广播电影电视业	1524	331329	227638	153239
	科学研究和综合技术服务业	1190	117023	90305	58226
	其他行业	1732	525538	340237	228565

全国历年外商投资企业登记分行业基本情况

单位:户、亿美元

项　目		1996 年				1997 年			
		户数	投资总额	注册资本	外方认缴	户数	投资总额	注册资本	外方认缴
合　计		240447	7153.22	4414.85	2897.96	235681	7534.7	4598.14	3029.87
按企业类别分组	中外合资	143091	4120.28	2605.29	1344.35	134885	4225.26	2640.77	1365.07
	中外合作	34230	1473.21	827.1	613.12	33413	1616.27	890.14	649.31
	外商独资	62948	1468.04	913.54	913.54	67197	1589.16	985.05	985.05
	中外股份公司	178	91.69	68.92	26.95	186	104.01	82.18	30.44
按行业分组	农、林、牧、渔业	5748	86.29	62.8	42.92	7289	124.51	88.11	51.97
	采掘业	1604	31.02	23.61	16.01	2115	85.86	46.47	28.44
	制造业	172180	3892.49	2643.29	1677.81	165636	3980.09	2684.28	1767.49
	电力、煤气及水的生产和供应业	1236	362.71	139.54	81.69	1314	445.65	178.73	103.3
	建筑业	7444	178.59	107.74	70.46	7112	221.92	126.33	82.04
	地质勘查业、水利管理业	109	3.37	2.25	1.5	152	4.84	3.25	2.2
	交通运输、仓储及邮电通信业	3158	221.47	110.53	69.61	3359	259.56	127.89	79.37
	批发和零售贸易、餐饮业	14271	256.5	174.69	119.57	14649	271.3	183.8	124.76
	金融、保险业	98	19.07	16.58	12.5	81	13.57	12.83	8.85
	房地产业	14470	1511.71	764.48	563.77	13872	1507.84	759.12	543.19
	社会服务业	16284	478.01	294.86	191.21	16369	489.94	299.86	189.45
	卫生、体育和社会福利业	572	28.34	17.42	13.07	569	29.03	18.13	12.59
	教育、文化艺术和广播电影电视业	1084	23.1	15.49	10.43	892	18.35	13.14	8.44
	科学研究和综合技术服务业	1198	14.14	10.64	7.13	1136	15.65	11.78	7.94
	其他行业	991	46.41	30.93	20.28	1136	66.59	44.42	19.84

全国历年外商投资企业登记分行业基本情况

单位:户、亿美元

项　目		1998 年				1999 年			
		户数	投资总额	注册资本	外方认缴	户数	投资总额	注册资本	外方认缴
合　计		227807	7742.29	4672.87	3137.12	212436	7785.68	4635.49	3166.82
按企业类别分组	中外合资	125300	4167.64	2563.57	1334.88	111816	4015.32	2431.97	1276.68
	中外合作	32295	1685.61	915.77	672.77	28818	1685.47	895.23	657.76
	外商独资	70033	1757.55	1092.21	1092.21	71597	1935.84	1188.02	1188.02
	中外股份公司	179	131.49	101.32	37.26	205	149.05	120.27	44.36
按行业分组	农、林、牧、渔业	5538	91.8	65.28	46.45	5259	91.12	62.85	47.35
	采掘业	1506	32.08	24.07	16.61	1277	29.78	21.9	15.47
	制造业	161293	4103.08	2738.21	1794.83	150020	4102.91	2715.35	1823.23
	电力、煤气及水的生产和供应业	1349	474.59	194.89	113.14	1345	478.52	197.4	111.3
	建筑业	6696	237.16	131.31	87.55	6172	228.94	126	84.18
	地质勘查业、水利管理业	129	5.68	3.64	2.35	137	41.78	15.5	14.31
	交通运输、仓储及邮电通信业	3474	306.9	141.78	94.24	3471	326.59	149.96	96.96
	批发和零售贸易、餐饮业	14315	259.17	175.02	122.62	13064	247.24	163.59	114.94
	金融、保险业	77	17.77	16.65	11.83	65	17.64	16.54	11.7
	房地产业	13911	1565.69	779.13	577.3	13395	1548.9	759.62	569.64
	社会服务业	16023	503.4	309.28	203.3	15054	524.52	314.42	207.44
	卫生、体育和社会福利业	532	28.59	17.21	12.66	485	26.71	16.32	11.92
	教育、文化艺术和广播电影电视业	802	16.72	11.98	7.94	676	15.8	11.12	7.53
	科学研究和综合技术服务业	1042	17.02	12.44	8.51	975	19.21	13.69	10.23
	其他行业	1120	82.64	51.98	37.79	1041	86.02	51.23	40.62

全国历年外商投资企业登记分行业基本情况

单位:户、万美元

项　目		2000 年				2001 年			
		户数	投资总额	注册资本	外方认缴	户数	投资总额	注册资本	外方认缴
合　计		203208	82467505	48394975	33719912	202306	87501079	50579271	35968275
按企业类别分组	中外合资	102209	41746486	24892155	13268537	96222	41163294	24380823	12961047
	中外合作	25835	16673087	8818792	6525467	23420	16736470	8537278	6350270
	外商独资	74946	22508662	13494809	13494809	82381	27699709	16108315	16108315
	中外股份公司	218	1539270	1189259	431099	283	1901606	1552855	548643
按行业分组	农、林、牧、渔业	5066	921482	630150	472655	4752	913524	617969	476266
	采掘业	1131	277022	197999	142983	1047	328225	231733	146239
	制造业	142754	45363169	28902956	19865081	141668	49132183	30524993	21493133
	电力、煤气及水的生产和供应业	1301	4910538	1965815	1142602	1268	4950517	2003863	1160616
	建筑业	5610	2213113	1203282	802486	5139	2154665	1186163	774257
	地质勘查业、水利管理业	134	418107	152478	139875	128	423740	154537	141173
	交通运输、仓储及邮电通信业	3352	3320511	1726689	1180954	3499	4144207	2043210	1516311
	批发和零售贸易、餐饮业	12275	2528248	1627737	1172440	12249	2459212	1558469	1131138
	金融、保险业	72	199933	188636	132356	74	208896	196440	141493
	房地产业	12732	15124714	7430253	5608484	11925	14909362	7224371	5553645
	社会服务业	15331	5540012	3347107	2257478	16169	5627439	3401985	2318769
	卫生、体育和社会福利业	455	243773	149745	108691	469	277370	154266	112751
	教育、文化艺术和广播电影电视业	611	149476	104908	72313	530	139035	98175	67496
	科学研究和综合技术服务业	1189	267328	167154	128105	1851	433348	275172	217114
	其他行业	1195	990079	600066	493409	1538	1399356	907925	717874

全国历年外商投资企业登记分行业基本情况

单位:户、万美元

项　　目		2002 年				2003 年			
		户数	投资总额	注册资本	外方认缴	户数	投资总额	注册资本	外方认缴
合　　计		208056	98189327	55211903	40199985	226373	111735062	62264052	46577863
按企业类别分组	中外合资	91565	43730768	25019918	13387315	93534	48119975	26580341	14335977
	中外合作	220022	16881092	8529408	6265151	20290	16524914	8316860	6189498
	外商独资	94142	35479509	19899084	19899084	112188	44646414	25262758	25262758
	中外股份公司	327	2097958	1763493	648435	361	2443759	2104093	789630
按行业分组	农、林、牧、渔业	4640	1037104	684746	522039	4957	1192973	778747	615222
	采掘业	957	365814	252042	169086	903	392942	270224	184936
	制造业	146515	57276070	33933989	24829645	159789	67080875	38507734	28944751
	电力、煤气及水的生产和供应业	1185	5389753	2139442	1202495	1349	5622430	2264693	1286270
	建筑业	4197	2293687	1236747	786003	4098	2554868	1398850	918451
	地质勘查业、水利管理业	153	437932	158971	145919	160	447207	223884	210654
	交通运输、仓储及邮电通信业	3540	4458775	2278819	1696228	3660	5672570	3028795	2310585
	批发和零售贸易、餐饮业	12431	2629370	1612098	1168909	13578	2859171	1769487	1315568
	金融、保险业	87	252998	237190	162626	119	360326	335082	215045
	房地产业	11850	14803281	6938396	5186503	12203	15616869	7481651	5797451
	社会服务业	16825	5895595	3566512	2499651	18330	6391988	3816686	2790220
	卫生、体育和社会福利业	468	323458	181797	129891	505	375897	211765	148171
	教育、文化艺术和广播电影电视业	443	126471	91540	65499	435	132087	97913	72397
	科学研究和综合技术服务业	2705	758318	474934	379622	3683	1066509	694998	553139
	其他行业	2060	2140701	1424680	1255869	2604	1968350	1383542	1215001

全国历年外商投资企业登记分行业基本情况

单位:户、万美元

项　　目	2004 年				2005 年			
	户数	投资总额	注册资本	外方认缴	户数	投资总额	注册资本	外方认缴
合　　计	242284	131118108	72848575	55799291	260000	146399267	81203319	63193522
按企业类别分组　中外合资	92940	51613495	28517887	15020450	93456	56245255	30474644	16253566
中外合作	18438	16342747	8162310	6068518	17528	16517212	8411498	6176446
外商独资	130489	60392520	33739296	33737582	148541	70790507	39746294	39746294
中外股份公司	417	2769347	2429082	972742	475	2846294	2570883	1017216
按行业分组　农、林、牧、渔业	5310	1512942	988819	808715	5752	2346295	1154317	947063
采矿业	920	511733	358772	238979	979	638627	420464	278907
制造业	170654	79128696	45556337	35232458	179949	89550566	51167529	40313111
电力、燃气及水的生产和供应业	1585	6677025	2740351	1531591	1820	7595438	2987329	1795119
建筑业	3861	2548520	1409143	932335	3927	2810954	1583947	1079558
交通运输、仓储和邮政业	4062	6852590	3332093	2523386	4339	4591142	2471765	1493784
信息传输、计算机服务和软件业	4453	2220350	1188878	1094193	6183	2978606	1719459	1577036
批发和零售业	10214	2332488	1380691	1063993	12084	2850675	1670460	1313978
住宿和餐饮业	5428	2602925	1408696	978852	6013	2757297	1519572	1094558
金融业	168	476697	437682	290565	175	467697	376450	249211
房地产业	12598	16597707	8006844	6274895	13265	18516687	9056251	7220278
租赁和商务服务业	6468	1516593	1001562	815067	9075	2472756	1668713	1383199
科学研究、技术服务和地质勘查业	4504	2068752	1209304	994600	5622	2569500	1496289	1257347
水利、环境和公共设施管理业	613	762591	467963	308036	793	998273	599279	408056
居民服务和其他服务业	5947	1897054	1132345	843298	3318	971001	612847	466229
教育	167	42217	29941	19266	209	69835	49815	31606
卫生、社会保障和社会福利业	275	181874	102217	70113	225	200098	106480	75186
文化、体育和娱乐业	2165	1219735	688918	536182	2316	1505830	820383	666676
其他	2892	1967621	1408019	1242767	3956	2507992	1721967	1542618

全国历年外商投资企业登记分行业基本情况

单位：户、万美元

项 目		2006 年				2007 年			
		户数	投资总额	注册资本	外方认缴	户数	投资总额	注册资本	外方认缴
合 计		274863	170756477	94647381	74062533	286232	210878940	115541864	92114807
按企业类别分组	中外合资	93333	63321246	34671655	18264799	91506	72150912	39054075	20506943
	中外合作	16119	16678117	8501876	6202723	14549	15990413	8017196	5876588
	外商独资	164929	86949362	48486789	48486789	179552	117593455	64065609	64065609
	中外股份公司	482	3807752	2987061	1108222	625	5144161	4404984	1665667
按行业分组	农、林、牧、渔业	5821	2571047	1273883	1063639	6005	2322946	1474625	1181821
	采矿业	970	814826	523960	350908	947	956844	588792	414609
	制造业	187458	104120510	59242146	46805310	189030	126462793	67494319	53684993
	电力、燃气及水的生产和供应业	1980	8662075	3318029	1953529	2126	10196711	3968171	2355032
	建筑业	3876	3084505	1708234	1182908	3738	3474175	1896928	1360158
	交通运输、仓储和邮政业	4743	5724385	3055348	1841144	5149	6791398	3896380	2242972
	信息传输、计算机服务和软件业	7045	3488396	2067651	1907413	7717	5997025	4175775	3988070
	批发和零售业	15786	3781628	2229283	1810865	19968	5244777	2974488	2452931
	住宿和餐饮业	6194	2816178	1529940	1124288	6382	3510331	1984058	1570094
	金融业	182	592486	504238	304884	301	2007622	1847136	1425975
	房地产业	14438	22712923	11343671	9200992	14741	27123950	14597941	12350813
	租赁和商务服务业	12070	3958498	2650574	2250232	14437	7587362	5478442	4838569
	科学研究、技术服务和地质勘查业	6954	3220861	1882655	1578368	8919	4759038	2673222	2281944
	水利、环境和公共设施管理业	786	1023280	599389	413809	816	1134867	591851	470136
	居民服务和其他服务业	3311	996633	645448	489798	2770	816075	514472	426929
	教育	196	53108	34892	23506	187	57833	37826	27861
	卫生、社会保障和社会福利业	210	215101	117576	84000	209	230813	122771	86525
	文化、体育和娱乐业	2308	1379541	780155	627862	2239	1464578	809457	646963
	其他	535	1540498	1140309	1049079	551	739800	415210	308411

第三部分　　全国个体工商业基本情况

全国历年个体工商业分行业基本情况

单位：户

行业分类	1981 年	1982 年	1983 年	1984 年	1985 年	1986 年	1987 年	1988 年	1989 年	1990 年
合　计	1827752	2614006	5901032	9329464	11712680	12111560	13725746	14526931	12471937	13281974
工业	198768	288492	621204	1172497	1511562	1535417	1819366	1871257	1548856	1647528
建筑业	9474	9618	14829	34639	48132	46797	56283	52005	26121	26527
交通运输业	20298	26334	121659	583888	988027	1022805	1285000	1474595	1146661	1264819
商业	818115	1257333	3438134	5117050	6224966	6428234	7290179	7721939	6830679	7195821
饮食业	348428	455605	726340	965233	1180780	1246301	1380288	1451133	1264065	1359472
服务业	209396	280475	440360	578121	696891	727584	747635	793700	705316	784117
修理业	187328	257979	456014	693620	824308	878697	950626	966833	820295	879896
其他行业	35945	38170	82492	184416	238014	225725	196369	195469	129944	123794

全国历年个体工商业分行业基本情况

单位:户、人、万元

行业分类	1991 年		
	户数	从业人员	资金数额
合　计	14168386	22579987	4881533
工业	1761018	3969697	868831
采掘业	45295	142020	35396
采煤业	5611	23970	8068
建材业	17370	52370	13075
制造业	1657823	3686809	792550
生产性修理业	138512	258762	54599
建筑业	26895	161781	25071
交通运输业	1371120	1911553	1676538
公路运输	1265369	1717906	1567818
客运	228029	336274	419672
水上运输	83227	173942	81751
客运	3079	5747	4034
商业	7705322	11103802	1710427
粮油商业	98473	157945	38001
食品商业	3637069	5070187	656318
水产	210915	358916	43919
肉食	517510	708911	78094
蔬菜	282874	388584	41643
干鲜果品	401719	566465	75161
百货商业	2642502	3809081	596737
服装	1031559	1486756	256303
图书商业	44239	61079	8405
废旧收购商业	100614	154111	21639
饮食业	1445229	2842991	270023
饭馆	802211	1740447	183994
服务业	856419	1232713	160113
旅馆业	103931	201597	44759
理发业	456290	592959	51440
摄影业	77385	110019	18633
咨询服务业	5749	21405	2100
修理业	874170	1149401	123386
家用电器修理	174990	233311	32504
钟表修理	174418	210934	19564
自行车修理	264103	331172	24089
其他行业	128213	208049	47144
文化艺术事业	28996	42053	9750
科技事业	2703	5750	1403

全国历年个体工商业分行业基本情况

单位:户、人、万元

行业分类	1992 年		
	户数	从业人员	资金数额
合　　计	15339113	24677031	6009546
工业	1846971	4175924	1033867
采掘业	50124	158565	50079
采煤业	6184	27307	9241
建材业	23546	66960	23464
制造业	1723520	3841710	935924
生产性修理业	157209	297681	65233
建筑业	29436	166680	32823
交通运输业	1450103	2036451	2001523
公路运输	1355634	1843082	1880840
客运	284370	402921	522238
水上运输	77747	164589	93487
客运	3214	6481	4408
商业	8457670	12304510	2176614
粮油商业	150228	237924	62937
食品商业	3729636	5206758	959312
水产	213585	305976	55125
肉食	555055	745684	95089
蔬菜	324456	442528	52219
干鲜果品	420536	588183	94879
百货商业	2929077	4245080	727720
服装	1191222	1695083	342533
图书商业	50909	72067	12847
废旧收购商业	106999	158730	28885
饮食业	1576495	3187587	347302
饭馆	862368	1899638	230926
服务业	935986	1372820	211264
旅馆业	118177	220586	52982
理发业	484374	635284	57103
摄影业	79846	118520	22208
咨询服务业	8429	14681	3454
修理业	892869	1190105	136987
家用电器修理	188060	253585	36489
钟表修理	167470	208452	19052
自行车修理	272996	350347	27791
其他行业	149583	242954	69166
文化艺术事业	32116	46561	14573
科技事业	3848	7864	2349

全国历年个体工商业分行业基本情况

单位:户、人、万元

行业分类	1993 年		
	户数	从业人员	资金数额
合　　计	17668669	29393031	8548495
工业	2081307	4974743	1460502
采掘业	65172	216757	75261
采煤业	7220	28079	10446
建材业	35630	110311	37542
制造业	1946652	4593873	1314505
生产性修理业	177965	352955	101733
建筑业	33041	194027	49438
交通运输业	1769369	2496154	2808016
公路运输	1648557	2255160	2612459
客运	386598	544061	820977
水上运输	90987	186030	145006
客运	5575	10784	10265
商业	9672383	14555778	3081068
粮油商业	243226	402907	132291
食品商业	4132055	5819642	1010972
水产	255436	371631	92463
肉食	616492	847530	124466
蔬菜	416222	549336	75426
干鲜果品	463203	670309	116476
百货商业	3404966	5105596	1091345
服装	1421345	2081360	504937
图书商业	67133	100077	22480
废旧收购商业	140924	214657	48660
饮食业	1840420	3798326	522529
饭馆	975768	2247632	337967
服务业	1085827	1664167	312424
旅馆业	139043	264039	74756
理发业	541570	734250	83551
摄影业	93332	136328	31971
咨询服务业	13848	24101	7973
修理业	958943	1330662	181935
家用电器修理	202082	285165	49481
钟表修理	171274	221210	24424
自行车修理	296605	382414	36250
其他行业	227379	379174	132583
文化艺术事业	50052	79531	28789
科技事业	8132	13541	4240

全国历年个体工商业分行业基本情况

单位：户、人、万元

行业分类	1994 年		
	户数	从业人员	资金数额
合　计	21865978	37759188	13186296
农、林、牧、渔业	264338	522315	195174
工业	2595395	6165332	2151549
其中:采掘业	104924	320043	143612
其中:采煤业	10809	42684	22899
建材业	55360	156531	66025
制造业	2369853	5521486	1908241
其中:生产性修理业	219071	461949	141430
建筑业	45864	260232	82069
交通运输业	2471161	3536976	4297769
公路运输	2274342	3175675	3945802
其中:客运	565014	806025	1154740
水上运输	111332	218536	209046
其中:客运	4484	8171	9160
商业	11541974	18334699	4724278
其中:粮油商业	384849	645255	208697
食品商业	4406293	6600700	1350120
百货商业	4041782	6253375	1617519
五金交电	474119	800265	357809
图书商业	96624	156445	38647
废旧物资收购商业	169330	272582	68703
饮食业	2175753	4716634	818217
服务业	1355915	2102888	466969
其中:旅馆业	186001	365002	110722
咨询服务业	27341	49657	16790
修理业	1104037	1602342	267199
其中:家用电器修理	255195	369213	71774
其他行业	311541	517770	183072
其中:文化艺术事业	63151	96717	48109
科技事业	6561	13003	5587

全国历年个体工商业分行业基本情况

单位：户、人、万元

行业分类	1995 年			1996 年			1997 年			1998 年		
	户数	从业人员	资金数额	户数	从业人员	资金数额	户数	从业人员	资金数额	户数	从业人员	资金数额
合　计	25284968	46135512	18131371	27036798	50170642	21654279	28508641	54418522	25739854	31202038	61144041	31203053
农、林、牧、渔业	525996	1095626	461397	831069	1668237	655446	1179127	2313187	957717	1591505	3240285	1354465
其中：农、林、牧、渔服务业	45967	86492	36400	97420	181459	92170	95885	192855	130884	112210	241753	112895
采掘业	93598	318086	144674	95685	340070	161973	97200	348894	193728	102235	413639	268402
制造业	2907580	7339688	2806792	3162170	7810889	3152287	3318121	8516243	3899001	3629219	9670333	4947441
建筑业	66141	330869	118685	69183	349011	153334	78179	383543	195097	94769	496197	233374
交通运输、仓储业	2732395	4094477	5008437	2984103	4569774	5883241	3094727	4870225	6435984	3378412	5410394	7393337
其中：仓储业	12601	27650	67213	10933	24621	19816	11288	30750	28781	14474	42582	43114
批发零售贸易、餐饮业	15536469	27372460	7710690	16242654	29244328	9446082	16908437	31243507	11381444	18170750	34212168	13625818
其中：餐饮业	2384160	5291323	1219134	2550497	5690960	1554713	2687089	6152150	1736112	2876804	6659228	2144228
社会服务业	3109845	5031500	1713780	3273803	5490936	1962894	3451064	6032881	2408655	3803282	6895361	3059734
其中：日用品修理业	1097299	1687909	347342	1139751	1750594	399175	1169470	1843029	470701	1206665	1932377	548476
旅馆业	183541	382537	144942	189924	405311	168827	201433	469414	209925	211536	510276	228421
娱乐服务业	208074	387588	225628	239638	458366	285351	278707	571298	374100	324300	677421	465688
其他行业	312944	552806	166916	378131	697397	239022	381786	710042	268228	431866	805664	320482

全国历年个体工商业分行业基本情况

单位:户、人、万元

行业分类	1999 年			2000 年			2001 年			2002 年		
	户数	从业人员	资金数额	户数	从业人员	资金数额	户数	从业人员	资金数额	户数	从业人员	资金数额
合 计	31600615	62409146	34392160	25713618	50700113	33152642	24329997	47602702	34357913	23774852	47429334	37823454
农、林、牧、渔业	1780145	3685319	1534761	1376323	2830255	1574040	906784	1939175	1296498	700941	1612468	1234504
其中:1. 种植业	856773	1707940	567606	663017	1336365	563488	430532	884683	437456	329794	764409	441460
2. 畜牧养殖业	531788	1053174	499516	4477014	858212	490336	283474	570591	409818	199020	470764	371224
3. 捕捞业	42489	123524	104060	24360	70264	99994	19568	56147	91583	18790	51672	86577
其中:农、林、牧、渔服务业	61992	111327	42912	47177	84165	37161	23455	45620	32969	18747	41048	35365
采掘业	97819	384782	279553	62703	277104	246910	59543	254930	272880	57071	260423	322726
制造业	3708190	9858427	5901537	2956381	8051054	5779734	2737353	7546095	5888700	2643939	7424898	6692061
其中:印刷业	50558	163339	145952	47641	152670	194164	42346	141457	135505	37569	128727	141219
建筑业	95314	440799	240658	77683	333692	234307	55492	265283	216580	48234	235468	205442
交通运输、仓储业	3327458	5411665	7464393	2606823	4141114	6433795	2382845	3775610	6336997	2249540	3527242	6497507
其中:交通运输业	2754850	4389942	6174757	2197124	3405576	5408946	2014773	3099380	5399421	1898275	2905506	5572232
批发和零售贸易、餐饮业	18334633	34690856	15085209	15122960	28421636	15034836	14755856	27417179	16113639	14650534	27334405	18096082
其中:批发零售贸易业	13832760	24582981	11095781	11494911	20003137	10942082	11006926	19046710	11663125	10988923	18983123	13353064
社会服务业	3864315	7173529	3560695	3165759	5967974	3433615	3114613	5779834	3844857	3086471	5789367	4249105
其中:1. 理发及美容化妆业	848874	1553691	552605	743667	1357929	539187	768699	1376022	586728	805211	1476649	715634
2. 沐浴业	53204	129658	120298	53332	134053	136295	54221	135143	156643	56743	144178	175824
3. 日用品修理业	1135606	1836355	559782	839940	1373999	492474	773881	1244958	486443	727751	1173040	487646
4. 旅馆业	195488	444131	266439	155846	363596	290108	139264	325983	313535	139038	330342	351979
5. 娱乐服务业	304435	652453	488248	214912	465821	417782	196233	433249	415919	191327	436308	455269
6. 信息咨询服务业	35846	71288	46040	40412	79269	72463	48622	94808	86650	61586	122326	116694
7. 计算机应用服务业	42217	85025	84713	51216	102054	109109	67639	137464	176947	76900	161189	236876
其他行业	392741	763769	325354	344986	677284	415405	317511	624596	387762	338122	1245063	526027

全国历年个体工商业分行业基本情况

单位：户、人、万元

行业分类	2003 年		
	户数	从业人员	资金数额
合　计	23531857	46365418	41869899
农、林、牧、渔业	419374	1032106	1093367
其中：1. 种植业	180194	445849	350085
2. 畜牧养殖业	116642	298565	388294
3. 捕捞业	12254	32339	60881
其中：农、林、牧、渔服务业	13636	30804	35861
采掘业	58125	304806	398937
制造业	2534831	7234252	7497299
其中：印刷业	31871	111666	150928
建筑业	43167	248277	214325
交通运输、仓储业	2092898	3246499	6454627
其中：交通运输业	1780917	2683512	5527590
批发和零售贸易、餐饮业	14916134	27651964	20484393
其中：批发零售贸易业	11259830	19326538	15208226
社会服务业	3149643	6005942	5032462
其中：1. 理发及美容化妆业	822525	1557223	814350
2. 沐浴业	65446	170817	250859
3. 日用品修理业	667209	1078754	514972
4. 旅馆业	139452	331340	435558
5. 娱乐服务业	182535	434965	518622
6. 信息咨询服务业	74406	147002	135428
7. 计算机应用服务业	82381	186291	274720
其他行业	317685	641572	694489

全国历年个体工商业分行业基本情况

单位:户、人、万元

行业分类	2004 年			2005 年		
	户数	从业人员	资金数额	户数	从业人员	资金数额
合　计	23504911	45871081	50578963	24638934	49005412	58094983
农、林、牧、渔业	254901	585151	1095413	252408	590096	1823841
其中:农业	94200	214677	291427	89541	214878	813941
畜牧业	73156	160901	358143	70018	165456	442680
渔业	17639	35384	181899	18264	35964	211469
其中:农、林、牧、渔服务业	17961	33659	62781	18889	35018	86049
采矿业	51165	256644	513267	56554	288130	672254
其中:煤炭开采和洗选业	2196	14074	39354	2334	15137	48701
制造业	2419877	7063644	9084838	2417473	7512398	9672994
其中:农副食品加工业	294234	714667	806984	291969	733219	830758
纺织服装、鞋、帽制造业	278766	817319	812058	282898	830774	832169
印刷业和记录媒介的复制	36263	102568	188211	35754	103688	195484
电器机械及器材制造业	93488	299198	365192	83862	288637	346109
电力、燃气及水的生产和供应业	15973	53750	559314	14575	40268	467523
建筑业	42643	158389	260882	46074	168976	356449
交通运输、仓储和邮政业	1924477	2979007	7380988	1848945	2840716	7342996
其中:公路旅客运输	209807	336150	776849	207368	311811	848206
道路货物运输	782032	1197208	2811621	762337	1153393	2945902
出租车客运	313120	435978	1568814	291854	417113	1420638
信息传输、计算机服务和软件业	116160	241095	440475	133749	273538	519985
其中:互联网信息服务	29718	66031	176650	32157	70842	206269
批发和零售业	13231860	22981713	21401031	14216713	24849510	25046109
其中:批发业	2045609	3979890	4911096	2034855	3995176	5620301
住宿和餐饮业	2193233	5431268	4347705	2281566	5798215	5244772
其中:餐饮业	1653322	3971635	2913229	1707514	4187919	3408790
房地产业	16980	34815	51062	26999	58185	156105
其中:房地产开发经营	1232	3475	4740	2238	4500	17710
租赁和商务服务业	237116	464458	454939	256445	456600	705893
其中:咨询与调查	54451	83612	71945	70360	129456	90981
广告业	13866	32597	37417	15434	34010	41513
居民服务和其他服务业	2366991	4361548	3519742	2481731	4878850	4202009
其中:理发及美容保健服务	805737	1511553	978572	812188	1507949	995206
洗浴服务	68129	186109	350391	70990	426419	475728
卫生、社会保障和社会福利业	54387	107251	137564	68720	135604	383222
其中:卫生	40094	72142	104786	47458	84930	337659
文化、体育和娱乐业	162785	380184	565086	169535	400815	650083
其中:娱乐业	121582	279389	467540	120519	277318	516904
其他行业	416363	772164	766659	367447	713511	850749

全国历年个体工商业分行业基本情况

单位：户、人、万元

行业分类	2006 年			2007 年		
	户数	从业人员	资金数额	户数	从业人员	资金数额
合　计	25956066	51596773	64687675	27415298	54961731	73507852
农、林、牧、渔业	262314	655958	1776709	284469	655068	2319256
其中：农业	92761	229533	430680	91949	213289	568421
畜牧业	76882	177159	599107	80056	176782	787035
渔业	16414	43811	275826	19104	42248	344249
其中：农、林、牧、渔服务业	23061	41458	104513	27342	49918	144389
采矿业	59990	300975	789398	58206	315416	884684
其中：煤炭开采和洗选业	3477	16694	40670	2043	17151	36347
制造业	2520615	7937024	10575960	2519772	8221029	11315149
其中：农副食品加工业	293345	716306	860892	281184	696420	890914
纺织服装、鞋、帽制造业	259272	875271	927415	252824	943010	960395
印刷业和记录媒介的复制	34577	103454	210286	32627	97343	221530
电器机械及器材制造业	78581	264050	339113	77281	257999	332751
电力、燃气及水的生产和供应业	13294	47930	577927	15718	52176	647260
建筑业	47909	190453	444799	54877	221745	511871
交通运输、仓储和邮政业	1856977	2849146	7899813	1792887	2914295	8265853
其中：公路旅客运输	201811	297162	898546	177751	259193	783930
道路货物运输	823472	1207405	3117043	830594	1203772	3556121
出租车客运	271353	399646	1444676	276151	575444	1596592
信息传输、计算机服务和软件业	145260	306257	565123	161410	323258	831539
其中：互联网信息服务	26113	59591	205854	28404	62766	247596
批发和零售业	15109703	26245726	28265971	16399190	28572287	33354092
其中：批发业	2099162	4129276	6726362	2170084	4332840	7409014
住宿和餐饮业	2337704	6190157	5949562	2459541	6442404	6708876
其中：餐饮业	1765556	4589331	3856422	1845211	4720325	4497999
房地产业	37237	72531	211597	41886	330963	229036
其中：房地产开发经营	2656	4798	25048	2428	3190	31759
租赁和商务服务业	299403	486040	854165	313466	534259	805391
其中：咨询与调查	77576	113733	86934	82094	117403	99148
广告业	17749	39759	48803	21234	49402	57809
居民服务和其他服务业	2602823	4875811	4765628	2755721	5204743	5619663
其中：理发及美容保健服务	826315	1545745	1113722	808447	1531021	1183695
洗浴服务	73627	217379	503168	75845	241748	600727
卫生、社会保障和社会福利业	69320	136709	451464	76027	152408	267376
其中：卫生	53425	98022	411822	59705	114681	229221
文化、体育和娱乐业	174474	409888	782153	180676	417037	919902
其中：娱乐业	124229	286788	614694	127561	297805	745186
其他行业	419043	892168	777407	301452	604643	827903

全国各地区历年个体工商业基本情况

单位:户、人、万元

地　区	1980 年			1981 年			1982 年		
	户数	从业人员	资金数额	户数	从业人员	资金数额	户数	从业人员	资金数额
合　计	885363	1051142	106839	1827752	2274947	45842	2614006	3198693	82558
北京	2834	3018	25	8405	10116	120	13369	16212	215
天津	8544	9653	123	19071	22776	370	25588	31625	617
河北	81696	110310		180212	259049	3294	256031	312013	8754
山西	7360	9632		23849	31757	488	38007	55331	1180
内蒙古	6065	10746		25701	33236	632	36820	48536	1821
辽宁	80273	84868	1456	91271	105799	2799	119832	144074	4106
吉林	37014	42938	893	61085	71451	1757	75313	89925	2905
黑龙江	40069	50555	1073	63532	85462	1730	60427	93728	3383
上海	11686	11686	105	14579	15317	156	25055	26638	287
江苏	38821	43801	5398	92512	97675	1693	129322	140014	2387
浙江	32556	34078	477	50459	53998	886	79444	88254	2004
安徽	43907	58407		90032	107007	3022	129660	150908	6167
福建	19052	20981	127	65338	77306	1748	73603	85322	1907
江西		109968		7605	8453	140	58929	65346	1831
山东	90063	150000	2062	226619	281700	5715	323057	403332	9729
河南	135392	27174	90771	199132	286904	6221	279006	369110	8713
湖北	21208	24890	202	55001	65110	680	81213	97120	1850
湖南	22561	125028	368	58369	63744	1502	87929	96691	2711
广东	102489		2227	179110	222379	5848	254235	325296	8949
广西				56123	72184	1308	92755	115194	2835
四川	67643	75625	982	110604	123125	1890	155491	173157	3597
贵州				43932	46241	1140	51510	58089	1545
云南	12598	17090	278	23206	30980	699	40658	49407	1530
西藏									
陕西				25977	29928	420	44164	51084	917
甘肃	6974	8737		27332	37079	804	36850	51336	1024
青海	3300	4896	189	5098	5578	119	8562	10761	250
宁夏	1783	2013	35	2801	3167	93	5725	7027	249
新疆	11475	15048	48	20797	27426	568	31451	43163	1097

第四部分　　全国私营企业基本情况

全国历年私营企业分行业基本情况

单位:户、人、万元

行业分类	1991 年				1992 年			
	户数	投资人数	雇工人数	注册资本（金）	户数	投资人数	雇工人数	注册资本（金）
合　计	107843	241394	1597556	1231689	139633	303095	2015347	2211615
工业	72585	166691	1186203	704695	87143	190009	1421533	1066547
其中:采掘业	4359	13893	94363		4134	13078	89082	
制造业	62155	137473	98766		74330	158147	1180344	
建筑业	3194	6310	77035	29850	4088	8206	93840	70570
交通运输业	1347	7471	22866	32321	1612	8549	26285	50138
其中:公路运输业	1052	6195	18027		1247	7052	20128	
水上运输业	202	750	2707		211	772	3002	
商业	22378	44142	208325	359288	33626	69736	319715	784823
其中:食品商业	2452	5212	22503		3006	7210	29465	
百货商业	5393	10551	52190		8354	17440	79946	
饮食业	2002	2943	24737	25581	2934	4187	36520	44932
服务业	2157	4341	24116	35457	3878	8065	43802	82853
修理业	1942	3773	24447	13034	2138	3707	25032	17233
科技咨询业	936	2456	10056	10284	2348	5867	23845	35585
其他行业	1302	3267	19771	21179	1866	4769	24775	58934
其中:文化艺术事业	84	153	992		107	226	1517	

全国历年私营企业分行业基本情况

单位:户、人、万元

行业分类	1993 年			
	户数	投资人数	雇工人数	注册资本(金)
合　计	237919	513780	3212513	6805159
工业	125460	269233	2027354	2553589
其中:采掘业	5783	16177	124138	
制造业	111791	233153	1749060	
建筑业	6736	13704	142402	272920
交通运输业	2518	11885	37808	107085
其中:公路运输业	1829	9269	28242	
水上运输业	350	1169	3705	
商业	74024	157386	688371	3069605
其中:食品商业	4343	9342	40493	
百货商业	17299	35887	157472	
饮食业	4814	6953	58699	98241
服务业	11506	24462	120061	374732
修理业	3011	5170	33559	32631
科技咨询业	5611	14669	54603	118307
其他行业	4239	10318	49656	178049
其中:文化艺术事业	248	591	2659	

全国历年私营企业分行业基本情况

单位:户、人、万元

行业分类	1994 年			
	户数	投资人数	雇工人数	注册资本(金)
合　计	432240	889296	5594416	14478404
农、林、牧、渔业	2935	6396	40582	111866
其中:种植业	789	1651	10154	
养殖业	1732	3914	23124	
工业	220715	447620	3422938	5747055
其中:采掘业	9741	22738	190375	
制造业	186637	370995	2858079	
建筑业	10408	22116	222796	592081
交通运输业	4025	16270	57000	200650
其中:公路运输业	3021	13587	42432	
其中:客运	586	2670	8988	
其中:水上运输业	535	1325	6081	
其中:客运	45	153	627	
商业	144618	298090	1340778	6148892
饮食业	9542	13479	106356	216798
服务业	20014	42073	206381	861555
修理业	5276	8575	54608	76933
科技咨询业	8872	22119	82068	257948
其他行业	5835	12558	60909	264626
其中:文化事业	895	1871	9100	
教育卫生事业	183	358	1644	

全国历年私营企业分行业基本情况

单位：户、人、万元

行业分类	1995 年				1996 年			
	户数	投资人数	雇工人数	注册资本（金）	户数	投资人数	雇工人数	注册资本（金）
合　计	654531	1339600	8220100	26217068	819252	1704519	10006814	37523735
农、林、牧、渔业	6981	15073	85242	314951	12100	22906	143514	520186
其中：农、林、牧、渔服务业	697	1551	8729	37638	1326	2694	14766	69665
采掘业	12492	33232	262206	336604	13975	34958	290593	391845
制造业	301670	582049	4613316	9273477	358847	695326	5375568	12160427
建筑业	16115	35519	328244	1123448	19082	44647	380403	1653205
交通运输、仓储业	6325	21601	78633	327868	7506	24007	93710	435648
其中：仓储业	445	987	5301	22251	545	1350	6359	30778
批发和零售贸易、餐饮业	254077	529522	2301647	12325314	334940	721859	3034287	18716879
其中：餐饮业	13711	20603	164509	390340	16087	25493	185601	478326
社会服务业	42156	88563	402936	1722454	55457	119354	515629	2530477
其中：日用品修理业	3703	6071	36246	66116	3794	6495	38065	79668
旅馆业	1640	2938	19434	85548	2024	3471	24537	124379
娱乐服务业	3106	5674	32622	130279	4458	8115	46836	187731
其他行业	14715	34041	147876	792952	17345	41462	173110	1115068

全国历年私营企业分行业基本情况

单位：户、人、万元

行业分类	1997 年				1998 年			
	户数	投资人数	雇工人数	注册资本（金）	户数	投资人数	雇工人数	注册资本（金）
合　计	960726	2041832	11450807	51401193	1200978	2638253	14452590	71980571
农、林、牧、渔业	18365	33439	203916	897589	27718	52307	328044	1364963
其中：农、林、牧、渔服务业	1845	3771	20757	92857	3103	6540	33157	146363
采掘业	14185	37384	294638	465495	16287	41843	350944	639182
制造业	393986	779335	5889424	15533749	460396	919947	7156224	21197448
建筑业	22442	54933	420296	2267141	30206	79694	576982	3913946
交通运输、仓储业	9394	27934	113332	578639	12595	36977	151533	828278
其中：仓储业	912	1969	10497	59422	1017	2854	9657	74894
批发和零售贸易、餐饮业	412126	906335	3705774	25815808	523584	1193294	4728816	34457537
其中：餐饮业	19069	31273	218544	641141	26427	44017	284832	1321775
社会服务业	68442	149328	624050	3948095	94005	218243	837030	5931736
其中：日用品修理业	3727	6092	37714	77392	4148	7421	39226	112668
旅馆业	2164	3745	25787	144229	2767	5086	33303	210877
娱乐服务业	5016	9334	59739	239627	6401	12394	76786	349438
其他行业	21786	53144	199377	1894677	36187	95948	323017	3647481

全国历年私营企业分行业基本情况

单位:户、人、万元

行业分类	1999 年				2000 年			
	户数	投资人数	雇工人数	注册资本(金)	户数	投资人数	雇工人数	注册资本(金)
合　计	1508857	3223818	16991660	102872692	1761769	3953480	20111475	133076867
农、林、牧、渔业	35319	65137	410889	2139791	39638	78276	481407	2739517
其中:1. 种植业	13705	23384	165013	774782	15143	29119	192325	1031238
2. 畜牧养殖业	11963	20626	127489	688508	13432	24251	142610	828288
3. 捕捞业	661	1508	8944	47744	867	1890	10831	62285
其中:农、林、牧、渔服务业	1552	4072	15157	96268	1804	4439	16563	129264
采掘业	17126	41068	361254	802127	17335	41771	373337	908883
制造业	555048	1156100	8308526	31196704	624230	1385292	9892315	38880763
其中:印刷业	13796	22223	118491	551349	12994	24898	164285	648900
建筑业	42850	106729	745461	6094583	53160	141439	973284	9029331
交通运输、仓储业	16672	47335	188332	1270249	21868	63779	252463	1841089
其中:交通运输业	11155	32421	124413	720285	14170	42685	156678	1051381
批发和零售贸易、餐饮业	641036	1404707	5520401	44831844	726250	1649076	6146275	51548206
其中:批发零售贸易业	515749	1107154	4113487	36600705	589537	1306637	4605780	42407148
社会服务业	132531	284766	1078775	8023497	176984	396976	1395223	11243612
其中:1. 理发及美容化妆业	4451	9200	35565	198575	6179	13047	46946	246462
2. 沐浴业	2094	3500	20243	100562	2777	5043	26666	136376
3. 日用品修理业	5359	9708	48019	162818	5844	11274	50294	195762
4. 旅馆业	4242	8273	50770	366772	5434	12284	67050	538175
5. 娱乐服务业	9217	18914	87874	580397	10468	22788	9895	692477
6. 信息咨询服务业	31581	52059	155030	1726546	48185	91068	245291	2939339
7. 计算机应用服务业	12129	27436	84011	748564	21870	50493	150925	1622311
其他行业	68275	117976	378022	8513897	102304	196871	597171	16885466

全国历年私营企业分行业基本情况

单位:户、人、万元

行业分类	2001 年				2002 年			
	户数	投资人数	雇工人数	注册资本（金）	户数	投资人数	雇工人数	注册资本（金）
合　计	2028548	4608348	22530296	182122354	2435282	6228163	27864855	247562232
农、林、牧、渔业	37338	82952	438844	3322431	42884	101013	530289	4345588
其中:1. 种植业	14318	31811	167707	1279623	17233	40136	211043	1702193
2. 畜牧养殖业	12333	24532	135613	928818	13231	28151	152818	1192464
3. 捕捞业	597	1727	7220	79579	969	2449	10166	117831
其中:农、林、牧、渔服务业	1999	5169	19354	168424	2532	6585	21211	242260
采掘业	17537	42348	381230	1113579	18540	46216	411926	1422762
制造业	684762	1515170	10690595	50009204	785868	1744087	12185103	65393129
其中:印刷业	15777	30136	179965	897242	18067	34496	214274	1203381
建筑业	64984	184275	1215950	14324056	83111	261751	1634932	21800206
交通运输、仓储业	27032	79904	318186	2548893	35770	108007	393985	3702998
其中:交通运输业	18359	55337	213395	1537923	25560	77921	286201	2338919
批发和零售贸易、餐饮业	822275	1907204	6847629	64592132	963225	2562899	8241402	82124904
其中:批发零售贸易业	665100	1510722	5161171	51017745	757765	1825830	6190860	63304258
社会服务业	228391	518166	1787386	16365147	303026	805926	2575258	22945686
其中:1. 理发及美容化妆业	7115	15051	51827	271734	9062	18577	72638	312800
2. 沐浴业	2940	5321	27799	138946	3207	6391	31054	144963
3. 日用品修理业	6030	11902	51481	196326	7649	14083	65107	272910
4. 旅馆业	6047	13882	76607	643310	7281	17580	91373	881244
5. 娱乐服务业	10431	23169	102109	717626	12523	26826	117073	1007199
6. 信息咨询服务业	66559	130201	347723	4590618	90662	223289	667681	6453447
7. 计算机应用服务业	34649	80193	248059	2843338	47773	111543	350368	3746085
其他行业	146229	278329	850476	29846912	202858	598264	1891960	45826959

全国历年私营企业分行业基本情况

单位:户、人、万元

行业分类	2003 年			
	户数	投资人数	雇工人数	注册资本(金)
合　计	3005524	7728322	35263044	353048863
农、林、牧、渔业	53851	134539	731242	6271136
其中:1. 种植业	21732	55249	283687	2444566
2. 畜牧养殖业	15331	34708	204574	1633123
3. 捕捞业	2144	5144	17948	262949
其中:农、林、牧、渔服务业	3237	8505	30375	349374
采掘业	24316	56248	516354	2319178
制造业	932507	2115740	15967195	96169857
其中:印刷业	23587	47406	287249	2093126
建筑业	110152	332869	2123639	30804904
交通运输、仓储业	49581	144993	506283	5497292
其中:交通运输业	36622	105980	368429	3710169
批发和零售贸易、餐饮业	1141394	3102785	9850326	107552100
其中:批发零售贸易业	917627	2172946	7498423	84438039
社会服务业	409694	1056572	3229775	32175480
其中:1. 理发及美容化妆业	11568	22442	102135	370188
2. 沐浴业	4054	7730	52986	196320
3. 日用品修理业	7716	14847	76742	303079
4. 旅馆业	9343	22948	138756	1406658
5. 娱乐服务业	18316	34244	148071	1222318
6. 信息咨询服务业	126326	317558	695230	8734452
7. 计算机应用服务业	64590	138603	402864	4540166
其他行业	284029	784576	2338230	72258916

全国历年私营企业分行业年基本情况

单位：户、人、万元

行业分类	2004 年				2005 年			
	户数	投资人数	雇工人数	注册资本（金）	户数	投资人数	雇工人数	注册资本（金）
合　计	3650670	9486288	40686225	479359632	4300916	11099344	47141312	613311253
农、林、牧、渔业	67216	169711	777757	8823249	81778	213161	921962	11440168
其中：农业	28091	65456	328110	3780544	32312	78474	384681	4702009
畜牧业	15948	35766	162048	1753858	18644	41827	186480	2161844
渔业	5611	12017	60042	871485	7639	16663	77783	1226468
其中：农、林、牧、渔服务业	5310	14091	51867	691038	6783	17527	59678	993654
采矿业	33991	78719	667337	4226200	40180	93487	773242	6415988
其中：煤炭开采和洗选业	9298	20396	189080	1271336	11309	25639	212463	2383754
制造业	1068528	2515466	16840259	128679463	1196675	2847975	19520471	159582008
其中：农副食品加工业	50199	123783	715447	5770070	54787	140676	816760	7333648
纺织服装、鞋、帽制造业	82064	166941	1549155	8375195	96172	194097	1910050	10608976
印刷业和记录媒介的复制	30165	65821	353371	3188926	33797	72351	388835	3883907
电器机械及器材制造业	72469	159131	963603	8804737	77209	176293	1061303	10295154
电力、燃气及水的生产和供应业	13102	58940	170543	4165385	18125	82970	240547	6542372
建筑业	136473	416187	2673542	37343742	172203	513701	3113553	48765872
交通运输、仓储和邮政业	68909	203599	668663	8509734	87455	254569	893302	12627577
其中：公路旅客运输	7718	28205	86681	872405	6680	25773	80975	970442
道路货物运输	14022	42648	144007	1381169	20231	56027	186328	1964372
出租车客运	1962	7069	32577	228260	2230	8179	43961	292732
信息传输、计算机服务和软件业	142799	311916	866658	9296562	138864	286494	821260	10049386
其中：互联网信息服务	33285	43734	156153	749148	42171	56121	216260	1145296
批发和零售业	1264954	3443292	10287280	128763046	1502420	3970864	11837924	163576339
其中：批发业	738479	1776353	5108127	81676267	955271	2330427	6618001	119054778
住宿和餐饮业	104633	296312	1152906	11614266	94320	225844	1179322	9788564
其中：餐饮业	73029	185114	752648	7832187	61112	139910	748097	5319244
房地产业	70605	225066	810092	41755806	103130	322299	1193142	62833623
其中：房地产开发经营	33701	111857	490610	33074620	43967	145021	653624	49935521
租赁和商务服务业	206419	531732	1858078	25507676	326609	832408	2570089	48928310
其中：咨询与调查	72067	188647	428696	5577953	114554	289789	638458	8034224
广告业	43295	104411	820622	3087309	70692	168792	418977	4905778
居民服务和其他服务业	147313	355939	1194726	11025917	158579	364647	1252904	11858643
其中：理发及美容保健服务	14270	26515	88843	445427	16569	30630	113386	522678
洗浴服务	5977	11951	53836	316059	6254	11886	59972	335385
卫生、社会保障和社会福利业	5007	11408	47690	583087	6967	15040	71486	876625
其中：卫生	2907	6458	29893	406813	4589	9588	50647	651398
文化、体育和娱乐业	26141	53089	190050	2089555	49213	105296	291081	3625683
其中：娱乐业	15736	28828	115635	968363	17058	31153	120581	1195006
其他行业	294580	814912	2480644	56975945	324398	970589	2461027	56400095

全国历年私营企业分行业基本情况

单位:户、人、万元

行业分类	2006 年				2007 年			
	户数	投资人数	雇工人数	注册资本(金)	户数	投资人数	雇工人数	注册资本(金)
合　计	4980774	12716513	53146450	760285276	5513120	13965217	58565891	938731380
农、林、牧、渔业	97860	252687	1062935	13908366	115560	290376	1150222	17667999
其中:农业	37955	93358	423253	5700040	43782	104923	427684	7043805
畜牧业	21930	48631	211979	2593048	26180	58287	244960	3283476
渔业	9464	20218	96329	1590945	11118	23092	107294	1984262
其中:农、林、牧、渔服务业	8111	21101	75084	1194462	9767	25223	84896	1610555
采矿业	47092	107166	897378	8160558	49612	117579	907095	10847074
其中:煤炭开采和洗选业	12356	28175	251990	2965737	12234	30195	251359	4161285
制造业	1381040	3307477	22214550	205344118	1494983	3579236	24656333	254770479
其中:农副食品加工业	60214	151835	921351	8821460	60227	153603	910976	10497665
纺织服装、鞋、帽制造业	108163	220383	2220299	12725025	115779	231898	2481603	14244696
印刷业和记录媒介的复制	37688	83566	438001	4705851	41056	90096	457902	5558770
电器机械及器材制造业	87664	218145	1281340	14593874	93514	227414	1443843	17730241
电力、燃气及水的生产和供应业	22175	105614	283021	8916661	25469	120230	316343	10904213
建筑业	210047	609362	3393257	62500301	244260	690557	3860824	75161509
交通运输、仓储和邮政业	110411	318718	1050106	17657745	127907	358351	1164085	22178382
其中:公路旅客运输	6545	28888	83472	1039333	6038	29258	89075	1136549
道路货物运输	25962	76730	228304	3094876	32642	89384	265572	3777345
出租车客运	2518	8754	51870	331156	2504	8769	47618	365389
信息传输、计算机服务和软件业	177654	400878	1126160	14427400	209393	458377	1698244	17360215
其中:互联网信息服务	51598	67517	270338	1460649	57992	74615	408109	1693960
批发和零售业	1735092	4497978	13329324	192024270	1886143	4833407	14311384	231322634
其中:批发业	1124143	2756026	7566023	141776530	1294322	3174158	8566461	176678132
住宿和餐饮业	103897	242485	1279878	10943837	108285	259970	1309356	12067112
其中:餐饮业	69300	155620	830651	5992428	69510	155190	842645	6478448
房地产业	131538	409573	1463162	83432712	164080	493571	1698385	109026318
其中:房地产开发经营	51579	174151	708340	64561405	62324	202190	802347	83192962
租赁和商务服务业	426416	1125223	3009079	70814527	501843	1315252	3400651	96256418
其中:咨询与调查	138695	366942	754934	11090122	151659	395937	795103	12709032
广告业	91680	217785	518651	6235601	105724	244799	548374	7063579
居民服务和其他服务业	181022	408788	1417957	13474238	190822	444538	1416191	15100074
其中:理发及美容保健服务	16901	31993	108359	416435	16718	31710	104234	436484
洗浴服务	6879	12025	64779	363210	7092	12631	65084	400821
卫生、社会保障和社会福利业	7345	16210	83070	1040929	8387	18024	92045	1176909
其中:卫生	5545	11537	63011	844562	6221	12748	71683	943582
文化、体育和娱乐业	57250	123714	347369	4445813	65699	138877	366038	5477323
其中:娱乐业	18571	35122	138701	1450837	20118	38580	148270	1854852
其他行业	291935	790640	2189204	53193803	320677	846872	2218695	59414719

第五部分　　全国公平交易执法基本情况

全国历年查处公平交易案件基本情况

单位:件、万元

年度	案件总数	案值	违法违章	投机倒把	罚没金额	受害者追回金额	移送政法机关
1974 年	2745900		2370050	375850			
1975 年	3706319		3171330	534989	5521		
1976 年	4087079		3520194	566885	4887		
1977 年	5700410		4905133	795277	6615		
1978 年	5497244		4883172	614072	6105		
1979 年	1825283		1537177	288106	2465		
1980 年	1214587		935122	279465	6699		
1981 年	1467480		1101969	365511	17870		
1982 年	1327606		1018266	309340	27400		
1983 年	1111499		948122	163377	17536		1836
1984 年	834736		736690	98046	15775		724
1985 年	856572		760915	95657	33426	29261	1210
1986 年	900155		818019	82136	38336	14784	1746
1987 年	1189814		1101830	87984	38590	24828	1276
1988 年	945580		848985	96595	50846	29011	1314
1989 年	849517		744886	104631	110236	27516	1791
1990 年	339585		241375	98210	97490	17372	910
1991 年	232200		147725	84475	84396	29052	699
1992 年	187833		122654	65179	75091	21310	897
1993 年	159681		113089	46592	86380	51115	871
1994 年	200319		149549	50770	100360	26020	647
1995 年	214889	791702			117068	10864	640
1996 年	247956	801328			127699	7144	324
1997 年	512875	1160105			167242	4036	275
1998 年	546050	913263			150412	2715	197
1999 年	710870	1187215			172559		
2000 年	971572	1523873			208832		
2001 年	1366791	2162515			315659		
2002 年	1529450	2281365			348313		
2003 年	1688475	2639800			373545		
2004 年	1099859	2336833			340386		
2005 年	1023976	2497089			359846		
2006 年	930816	2591469			429353		
2007 年	882770	2313468			417939		

全国历年查处公平交易案件基本情况

单位：件、万元

年度	大案件数	按非法所得分			违法主体				按倒卖物资分		
		千元以下	千元至万元	万元以上	国营企业	机关、部队、学校、事业等单位	集体单位	其他	生产资料	生活资料	票证
1974 年	12142										
1975 年	21962	5008	15095	1859	580	643	4364	16375			
1976 年	15893	2767	11989	1137	708	3417	834	10934			
1977 年	27607	4432	21259	1916	775	536	5260	21036			
1978 年	19074	2224	15394	1456	563	400	5068	13043			
1979 年	7493	1118	5937	438	161	129	1894	5309			
1980 年	17260	2047	14383	830	520	165	2204	14371	3231	2136	1083
1981 年	32254	1741	27556	2957	3098	573	7598	20985	8765	5572	1200
1982 年	41968	1183	35609	5176	4414	809	11338	25407	14767	7974	1095
1983 年	22471	594	19459	2418	2268	316	2268	17619	7029	2763	831
1984 年	16252	559	13728	1965	2449	915	4159	8729	4325	1623	543
1985 年	30224	954	23854	5416	5274	1040	9383	14527	12898	4025	732
1986 年	40371	1186	32246	6939	6531	1496	13004	19340	14333	8750	1597
1987 年	44852	5595	32211	7046	7546	1264	13744	22298	12235	11373	3723
1988 年	64437	2780	50507	11150	11445	1987	19638	31367	20076	15936	2581
1989 年	95408	3168	72523	19717	16162	2627	28156	48463	30911	25060	2820
1990 年	74570	3064	55009	16497	10896	1750	18262	43662	21855	19610	3282

全国历年查处公平交易案件基本情况

单位:件、万元

项　目		1991 年			1992 年			1993 年			1994 年		
		案件总数	违法违章	投机倒把	案件总数	违法违章	投机倒把	案件总数	违法违章	投机倒把	案件总数	违法违章	投机倒把
一、案件总数		232200	147725	84475	187833	122654	65179	159681	113089	46592	200319	149549	50770
其中:大案件数		18135	6437	11698	15538	5642	9896	30694	20918	9776	23552	13917	9635
违法所得	万元至十万元	12217	3915	8302	10765	3794	6971	15173	9624	5549	14875	8066	6809
	十万元至三十万元	756	246	510	735	212	523	1897	728	1169	1533	866	667
	三十万元至一百万元	180	74	106	184	55	129	318	200	118	240	115	125
	一百万元以上	101	71	30	47	10	37	59	15	44	72	16	56
	其他案件数	4935	2185	2750	3807	1571	2236	13247	10351	2896	6832	4854	1978
倒卖物资	倒卖生产资料案件数	5103	2088	3015	3716	1701	2015	11369	7589	3780	5019	2915	2104
	倒卖生活资料案件数	5628	1232	4396	4539	771	3768	2384	793	1591	2811	966	1845
	倒卖票证案件数	414	169	245	225	21	204	127	21	106	125	16	109
	其他案件数	6990	2948	4042	7057	3148	3909	16814	12515	4299	15597	10020	5577
作案行为	制造推销冒牌商品、假商品、劣质商品案件数	2737	836	1901	3521	821	2700	4085	1257	2828	5174	1982	3192
	骗买骗卖案件数	170	54	116	56	17	39	72	17	55	96	28	68
	其他案件数	15228	5547	9681	11961	4804	7157	26537	19644	6893	18282	11907	6375
二、罚没金额		84396	29420	54976	75091			86380	44052	42328	100360	49226	51134
三、为受害者追回金额		29052			21310			51115			26020		
四、送政法机关处理案件数		699			897			871			647		

全国历年查处公平交易案件基本情况

单位：件、万元

项目		案件总数	1995 年 其中:立案查处案件															
			小计	当年发案数	案值10-30万元	案值30-100万元	案值100万元以上	国有企业	集体企业	联营企业	股份合作企业	个体工商户	私营企业	外资企业	机关团体	部队	自然人	其他
合　计		214889	214889	196573	1373	323	103	12368	36956	660	1414	81187	4652	1021	687	224	55023	20697
违法所得	万元以下	165652	165652	153990	*	*	*	8286	27385	361	732	67318	3349	541	329	98	43452	13801
	万元至十万元	14962	14962	13226	*	*	*	2114	3997	114	219	3238	635	194	186	65	3089	1111
	十万元至三十万元	1373	1373	1177	*	*	*	281	355	13	22	185	41	82	33	17	269	75
	三十万元至一百万元	524	524	472	*	*	*	71	92	5	5	227	10	23	1	3	45	42
	一百万元以上	146	146	123	*	*	*	36	56		2	11	2	11			18	10
	其他	32232	32232	27585	*	*	*	1580	5071	167	434	10208	615	170	138	41	8150	5658
违反法规类型	违反《投机倒把行政处罚暂行条例》	61705	61705	56224	1019	208	79	3772	9682	188	341	25002	1328	197	130	84	14541	6440
	违反《进口商品管理有关规定》	8156	8156	7287	231	55	5	971	1160	27	83	1033	134	75	232	70	3986	385
	违反《反不正当竞争法》	5288	5288	4846	62	16	3	583	1380	31	67	2017	291	50	11	3	615	240
	违反《消费者权益保护法》	8323	8323	7340	6	1		784	1512	11	30	4166	198	24	5	1	1154	438
	违反《野生动植物保护有关规定》	185	185	159	1			11	20			41	3				85	25
	违反其他法规	131232	131232	120717	54	43	16	6247	23202	403	893	48928	2698	675	309	66	34642	13169
罚没金额		117068	117068	*	*	*	*	22099	25840	1216	2483	18319	3547	7037	1106	939	23849	10633
案件总值		791702	791702	*	*	*	*	185431	229052	6930	24769	110778	24463	34322	8322	5724	106465	55446

全国历年查处公平交易案件基本情况

单位:件、万元

项 目		案件总数	1996 年															
			其中:立案查处案件															
			小计	当年发案数	案值10-30万元	案值30-100万元	案值100万元以上	国有企业	集体企业	联营企业	股份合作企业	个体工商户	私营企业	外资企业	机关团体	部队	自然人	其他
合 计		247956	247956	233278	1590	367	105	12661	45543	1024	2770	89352	5315	1302	363	94	67919	21613
违法所得	万元以下	179002	197002	186273	*	*	*	8795	35260	780	1750	74405	4051	814	218	28	54777	16124
	万元至十万元	18124	18124	16728	*	*	*	2158	4394	167	469	5066	659	250	104	45	3558	1254
	十万元至三十万元	1597	1597	1445	*	*	*	309	383	12	46	327	38	68	7	7	288	112
	三十万元至一百万元	373	373	321	*	*	*	74	82	9	26	39	16	30	1	1	42	53
	一百万元以上	109	109	91	*	*	*	19	19	1	8	6	6	9	3		22	16
	其他	30751	30751	28420	*	*	*	1306	5405	55	471	9509	545	131	30	13	9232	4054
违反法规类型	违反《投机倒把行政处罚暂行条例》	56503	56503	52764	1156	213	80	2957	8304	233	500	23008	1093	119	106	57	15619	4507
	违反《进口商品管理有关规定》	3395	3395	3149	156	103	6	518	569	29	87	596	85	34	107	13	798	559
	违反《反不正当竞争法》	11388	11388	10802	121	37	14	1131	2826	81	300	4181	618	91	29	2	1460	669
	违反《消费者权益保护法》	14962	14962	14448	3	2		1506	3917	311	275	6118	334	143	17	1	1522	818
	违反《野生动植物保护有关规定》	211	211	201				6	13		2	48	1				104	37
	违反其他法规	161497	161497	151914	154	12	5	6543	29914	370	1606	55401	3184	915	104	21	48416	15023
罚没金额		127699	127699	*	*	*	*	18136	28288	1245	4432	22947	4311	5685	653	376	25278	16348
案件总值		801328	801328	*	*	*	*	151236	206474	11318	42979	138290	23265	36199	4072	1082	108955	77458

全国历年查处公平交易案件基本情况

单位:件、万元

项目	案件总数	1997 年 其中:立案查处案件															
		小计	当年发案数	案值10-30万元	案值30-100万元	案值100万元以上	国有企业	集体企业	联营企业	股份合作企业	个体工商户	私营企业	外资企业	机关团体	部队	自然人	其他
合　计	512875	259961	244585	2299	769	404	10792	39382	1423	4542	93270	7754	1909	383	86	81037	19383
违法所得 万元以下	491358	238861	225571	*	*	*	8494	34781	1226	3493	88635	6810	1458	287	53	76002	17622
万元至十万元	19184	18783	17050	*	*	*	1893	4122	171	872	4381	853	321	82	23	4595	1470
十万元至三十万元	1648	1635	1415	*	*	*	252	333	16	127	201	67	75	8	8	361	187
三十万元至一百万元	495	494	411	*	*	*	111	109	6	38	43	17	43	2	1	58	66
一百万元以上	190	188	138	*	*	*	42	37	4	12	10	7	12	4	1	21	38
违反法规类型 违反反不正当竞争法规	14891	12600	11602	270	76	27	1318	2639	108	519	4448	581	91	29	6	2105	756
违反消费者权益保护法规	33204	18821	17958	19	9	3	945	2185	570	1113	8887	1724	935	3	2	1672	785
违反商标法规	6849	5564	5137	113	32	17	311	1537	60	223	1992	398	26	1		817	199
违反产品质量法规	7369	4139	3725	25	7	1	252	770	56	95	2077	182	9	3		532	163
违反投机倒把行政处罚法规	67642	55218	51728	858	325	198	1870	6179	133	737	22129	1083	126	133	26	18645	4157
违反进口商品管理有关法规	3459	2931	2356	259	70	16	249	285	11	66	1150	92	15	59	19	638	347
违反野生动植物保护有关规定	457	195	182				4	9	1		50	2				113	16
违反其他法规	379004	160493	151897	755	250	142	5843	25778	484	1789	52537	3692	707	155	33	56515	12960
违法行为类型 制售假冒伪劣商品行为	105999	72529	68260	776	192	61	2715	9765	474	1418	36246	2364	337	29	8	14584	4589
走私贩私行为	9158	8512	7766	711	279	137	473	772	32	229	2765	198	94	123	28	3319	479
利用合同进行的违法行为	1177	1070	990	5	2	2	77	413	6	57	249	44	2	4		179	39
侵犯知识产权(版权)	1345	1152	992	19		3	65	230	11	25	494	60	4	1		200	62
制黄贩黄行为	138	125	115	2		4	7	13		3	77					23	2
其他违法行为	395058	176573	166462	786	296	197	7455	28189	900	2810	53439	5088	1472	226	50	62732	14212
罚没金额	167242	160223	*	*	*	*	17523	25890	1585	11545	24146	7909	8625	414	408	32936	29242
案件总值	1160105	987498	*	*	*	*	147281	210863	10209	73331	147412	54946	65016	5617	1512	147293	124018

全国历年查处公平交易案件基本情况

单位:件、万元

项　目	案件总数	1998 年																
		其中:立案查处案件																
		小计	当年发案数	案值10-30万元	案值30-100万元	案值100万元以上	国有企业	集体企业	联营企业	股份合作企业	个体工商户	私营企业	外资企业	机关团体	部队	自然人	其他
合　计	546050	262831	247772	2655	963	451	8295	28237	820	5112	98514	9054	965	566	65	80737	30466
违法所得 万元以下	524333	242041	229074	*	*	*	6577	24790	695	3822	93348	7656	620	508	47	75875	28103
违法所得 万元至十万元	19537	18630	16977	*	*	*	1417	3042	101	1108	4884	1207	255	44	15	4434	2123
违法所得 十万元至三十万元	1525	1505	1245	*	*	*	212	290	16	105	228	134	52	3	2	318	145
违法所得 三十万元至一百万元	514	514	373	*	*	*	68	92	6	58	47	46	28	10		95	64
违法所得 一百万元以上	141	141	103	*	*	*	21	23	2	19	7	11	10	1	1	15	31
违反法规类型 违反反不正当竞争法规	14646	12042	11314	303	93	50	917	1893	51	520	5048	589	71	15	4	1709	1225
违反消费者权益保护法规	35225	13571	13063	23	13	4	721	1418	131	320	7848	633	168	2		1407	923
违反商标法规	7556	6840	6188	185	73	36	242	1313	38	333	2748	506	54	3		1076	527
违反产品质量法规	6885	4733	4467	29	12	5	211	770	34	142	2620	211	8	1		483	253
违反投机倒把行政处罚法规	68561	54829	51263	1042	407	180	1556	4899	104	968	22787	1425	87	56	11	16385	6551
违反进口商品管理有关法规	2242	1947	1799	171	63	14	148	177	2	86	476	46	13	377	8	434	180
违反野生动植物保护有关规定	237	171	160	2			1	6			53	1	1			88	21
违反其他法规	410698	168698	159518	900	302	162	4499	17761	460	2743	56934	5643	563	112	42	59155	20786
违法行为类型 制售假冒伪劣商品行为	106696	69803	65850	862	236	90	1971	7872	190	1569	35994	2270	141	11	3	14485	5297
走私贩私行为	6951	6263	5630	639	296	126	330	598	15	331	1771	254	63	387	14	1893	607
利用合同进行的违法行为	1057	984	954	13	6	8	46	271	4	62	258	39	1	1	2	252	48
侵犯知识产权（版权）	2508	2183	1934	48	12	7	51	353	14	62	988	147	10	13		370	175
制黄贩黄行为	314	254	238	1				11		1	129	1				75	37
其他违法行为	428524	183344	173166	1092	413	220	5897	19132	597	3087	59374	6343	750	154	46	63662	24302
罚没金额	150412	141542					14942	23720	898	10666	25811	8801	5000	1716	160	30718	19110
案件总值	913263	868888					97582	151642	7586	79372	159211	39235	38773	4312	888	116596	173691

全国历年查处公平交易案件基本情况

单位:件、万元

项　目	案件总数	案值	没收金额	罚款金额	1999年 其中:立案查处案件 小计	当年发案数	案值5-10万元	案值10-30万元	案值30-100万元	案值100万元以上	国有企业	集体企业	联营企业	股份合作企业	公司	外资企业	个体工商户	私营企业	其他
合　计	710870	1187216	70441	102119	335477	302954	10882	4830	2066	1146	10784	30403	991	3219	13010	1147	122428	8648	144847
违法所得 万元以下	688214	*	*	*	313212	282822	*	*	*	*	8956	27877	902	2567	10355	791	116851	7482	137431
违法所得 万元至十万元	20638	*	*	*	20261	18427	*	*	*	*	1541	2295	81	589	2184	258	5325	1078	6910
违法所得 十万元至三十万元	1382	*	*	*	1368	1183	*	*	*	*	188	182	8	49	284	58	191	72	336
违法所得 三十万元至一百万元	454	*	*	*	454	374	*	*	*	*	70	38		12	131	27	45	13	118
违法所得 一百万元以上	182	*	*	*	182	148	*	*	*	*	29	11		2	56	13	16	3	52
违反法规类型 违反反不正当竞争法规	18199	123090	3735	10737	15439	14079	1045	609	292	161	1303	1507	36	357	1328	129	6845	746	3188
违反法规类型 违反消费者权益保护法规	15292	8190	470	1191	8675	7800	212	45	9	3	178	547	9	63	201	8	5623	257	1789
违反法规类型 违反商标法规	11133	126836	459	6115	9658	8714	639	408	140	75	265	1346	33	336	921	72	3719	754	2212
违反法规类型 违反产品质量法规	9103	11254	516	1401	4789	4494	300	70	23	5	184	398	15	51	202	8	2555	178	1198
违反法规类型 违反投机倒把行政处罚法规	69041	340735	36082	32319	54482	50013	3182	1471	656	372	1539	2961	60	374	1668	102	23880	1127	22771
违反法规类型 违反广告法规	10307	5374	322	1273	6066	5397	168	13	9	4	354	652	20	109	972	58	1969	199	1733
违反法规类型 违反进口商品管理有关法规	1011	9635	1541	882	864	690	82	76	46	11	45	68	2	27	68	11	358	39	246
违反法规类型 违反企业登记管理法规	60605	170674	4793	9643	41407	34952	863	660	334	256	4578	14995	626	1033	4421	192	5906	1800	7856
违反法规类型 违反其他法规	516179	391428	22523	38558	194097	176815	4391	1478	557	260	2338	7929	190	869	3229	567	71573	3548	103854
违法行为类型 制售假冒伪劣商品	93650	173302	7657	20961	56658	51903	2857	1091	439	125	1372	4278	87	741	2181	80	31386	2060	14473
违法行为类型 走私贩私	4275	136599	18902	9244	3775	3242	398	351	226	202	124	253	15	82	505	81	1411	124	1180
违法行为类型 利用合同骗买骗卖	855	11053	69	427	705	651	28	12	21	15	32	102		16	54	3	253	21	224
违法行为类型 倒买倒卖	25903	78502	11148	9999	22286	20795	1104	553	167	70	511	904	17	41	325	12	7173	280	13023
违法行为类型 侵犯知识产权	4787	16739	289	2224	4368	3891	245	141	39	17	127	376	24	137	367	23	1650	290	1374
违法行为类型 制黄贩黄	575	302	28	66	388	373		1			4	10					235	2	137
违法行为类型 非法传销	424	32998	2257	650	400	333	35	31	26	21	16	23	1	14	95	11	91	26	123
违法行为类型 虚假宣传	3883	16804	209	2000	3003	2789	265	173	52	22	261	350	9	129	404	31	1222	189	408
违法行为类型 其他	576518	720916	29880	56548	243894	218977	5950	2477	1096	674	8337	24107	838	2059	9079	906	79007	5656	113905

全国历年查处公平交易案件基本情况

单位:件、万元

项目	案件总数	案值	没收金额	罚款金额	小计	当年发案数	案值5-10万元	案值10-30万元	案值30-100万元	案值100万元以上	国有企业	集体企业	联营企业	股份合作企业	公司	外资企业	个体工商户	私营企业	其他
																		其中:立案查处案件 — 2000年	
合　计	971572	1523873	70795	138035	467104	436026	118770	7296	3301	1731	13327	34675	1029	3875	25356	1173	177798	13896	195975
违法所得 万元以下	938652	*	*	*	436417	408393	*	*	*	*	10641	31274	904	3259	20066	828	169107	12536	187863
万元至十万元	30124	*	*	*	27937	25214	*	*	*	*	2276	3096	117	547	4471	283	8343	1204	7544
十万元至三十万元	1941	*	*	*	1898	1669	*	*	*	*	280	245	4	56	530	33	269	90	392
三十万元至一百万元	571	*	*	*	568	504	*	*	*	*	80	42	3	9	183	15	66	47	122
一百万元以上	284	*	*	*	284	246	*	*	*	*	50	18	1	4	106	14	13	19	54
违反法规类型 违反反不正当竞争法规	26053	190606	7036	19887	22880	21219	2278	1165	836	293	2272	2177	93	368	2965	132	9603	1193	4077
违反消费者权益保护法规	24577	13798	357	2261	12845	11950	624	252	45	5	396	1049	40	62	364	11	8420	247	2256
违反商标法规	18076	121234	493	9793	14379	13377	1180	643	195	104	375	1690	74	316	1722	89	6269	1382	2462
违反产品质量法规	19358	20385	775	3472	11195	10589	518	162	41	13	254	837	36	141	577	13	6744	519	2074
违反投机倒把行政处罚法规	73782	319257	30964	35574	60075	55199	4382	1620	805	465	1223	2939	76	318	2489	96	28577	1547	22810
违反广告法规	21703	11016	502	3823	14914	13931	852	130	22	31	893	1477	59	229	2403	108	6169	634	2942
违反进口商品管理有关法规	947	5327	909	859	737	685	4	29	13	15	32	40	2	12	69	3	300	15	264
违反企业登记管理法规	99211	447215	5338	15485	57747	53487	1771	1403	699	467	5628	16722	467	1281	9207	227	9323	3103	11789
违反其他法规	687865	395035	24421	46881	272332	255589	7123	1892	645	338	2254	7744	182	1148	5560	494	102393	5256	147301
违法行为类型 制售假冒伪劣商品	121594	191998	7625	27399	68603	64219	4793	1532	677	346	1318	4712	141	638	3571	110	39201	2768	16144
走私贩私	4341	155917	18161	13117	3739	3409	423	465	331	232	63	192	7	58	660	47	1338	200	1174
利用合同骗买骗卖	1182	6906	87	438	980	915	26	17	13	7	25	172	25	15	77	1	332	43	290
倒买倒卖	25344	72730	6368	8432	21954	19359	1724	626	142	72	383	1038	44	46	546	16	7856	518	11507
侵犯知识产权	6127	22231	323	3228	4875	4455	298	208	66	35	170	415	51	75	484	15	2244	430	991
制黄贩黄	346	187	19	91	268	241	6				6	12			3	1	191	9	46
非法传销	1168	29682	2466	1446	1092	1005	132	76	43	34	8	21	5	13	161	9	243	34	598
虚假宣传	9974	26355	421	3616	7673	6461	527	445	264	29	379	754	25	114	1097	30	2900	576	1798
其他	801496	1017867	35325	80268	357920	335962	10841	3927	1765	976	10975	27359	731	2916	18757	944	123493	9318	163427

全国历年查处公平交易案件基本情况

单位:件、万元

项　目	案件总数	案值	没收金额	罚款金额	其中:立案查处案件							国有企业	集体企业	联营企业	股份合作企业	公司	外资企业	个体工商户	私营企业	其他
					小计	当年发案数	案值5-10万元	案值10-30万元	案值30-100万元	案值100万元以上										
合　计	1366791	2162513	99957	215702	690226	650035	34149	8720	3853	2199	20582	44067	1264	4809	46030	1421	278212	21715	273926
违法所得 万元以下	1317553	*	*	*	645046	606764	*	*	*	*	16607	39568	1070	3891	37409	970	265319	18756	261705
万元至十万元	44316	*	*	*	42100	38749	*	*	*	*	3131	4046	182	805	7314	333	12244	2637	11169
十万元至三十万元	3452	*	*	*	3419	3190	*	*	*	*	538	361	8	70	831	68	525	238	756
三十万元至一百万元	991	*	*	*	983	903	*	*	*	*	180	62	4	35	307	32	98	55	208
一百万元以上	479	*	*	*	478	429	*	*	*	*	126	30		8	169	18	26	29	88
违反法规类型 违反反不正当竞争法规	35371	355893	13570	33642	28614	26468	3111	1694	760	514	2850	2416	115	507	4919	191	11108	1539	4969
违反消费者权益保护法规	30598	31763	614	3019	15187	13948	731	60	14	9	438	874	30	70	464	11	10233	535	2532
违反商标法规	24528	128754	863	13832	20091	18864	1761	869	356	142	502	1821	120	484	2639	143	9245	2003	3134
违反产品质量法规	48763	97115	2968	17000	32287	30527	2395	602	192	65	855	2237	76	296	2097	40	19676	1403	5607
违反投机倒把行政处罚法规	76264	385190	47231	44901	62845	58961	5137	1774	939	522	1195	2606	71	289	3140	96	30364	2014	23070
违反广告法规	37775	21558	1088	7012	27885	26696	1172	148	38	7	1441	1963	56	317	4425	125	12689	1177	5692
违反进口商品管理有关法规	875	4092	489	668	806	761	31	30	12	8	66	143		10	74	6	310	24	173
违反企业登记管理法规	126093	578694	7392	25181	88783	82171	4621	1112	640	540	7737	21055	525	1728	19182	546	16670	4991	16349
违反其他法规	986524	559454	25742	70447	415528	391639	15190	2431	902	392	5498	10952	271	1108	9090	263	167917	8029	212400
违法行为类型 制售假冒伪劣商品	153443	281425	9830	44444	97160	91061	7955	1825	604	208	2005	4995	206	850	5525	124	57866	4211	21378
走私贩私	6120	148238	30670	18378	5688	5291	733	761	430	264	67	145	14	64	808	45	1904	221	2420
利用合同骗买骗卖	1780	6903	138	601	1519	1435	78	27	10	12	50	100	3	12	139	3	600	81	531
倒买倒卖	26397	82157	7256	9243	22584	21124	1489	350	157	85	322	733	13	46	440	7	7963	414	12646
侵犯知识产权	6783	27892	310	4370	5853	5355	473	291	110	30	181	386	10	105	808	15	2538	508	1302
制黄贩黄	443	363	10	87	247	232	3				7	12			1	2	148	6	71
非法传销	1562	24887	776	1318	1103	1015	79	44	50	16	5	8		2	109	4	212	33	730
虚假宣传	13768	59470	745	6928	10332	9782	917	213	100	55	478	773	76	202	2159	68	3866	661	2049
其他	1156495	1531178	50222	130333	547540	514740	22422	5209	2392	1529	17467	36915	942	3528	36041	1153	203115	15580	232799

全国历年查处公平交易案件基本情况

单位:件、万元

2002 年

其中:立案查处案件（小计 及以下各列）

项目	案件总数	案值	没收金额	罚款金额	小计	当年发案数	案值5-10万元	案值10-30万元	案值30-100万元	案值100万元以上	国有企业	集体企业	联营企业	股份合作企业	公司	外资企业	个体工商户	私营企业	其他
合　计	1529450	2281366	98618	249694	803710	747896	40982	10464	4437	2300	18359	40664	1499	5850	65361	1253	330526	28240	311958
违法所得																			
万元以下	1477083	*	*	*	752787	701741	*	*	*	*	15260	37080	1329	4919	53838	933	317253	25236	297714
万元至十万元	47890	*	*	*	46509	42324	*	*	*	*	2668	3377	157	845	9603	229	12756	2745	13384
十万元至三十万元	3186	*	*	*	3150	2760	*	*	*	*	296	153	11	65	1326	51	422	186	621
三十万元至一百万元	936	*	*	*	911	771	*	*	*	*	90	41		16	410	22	87	59	175
一百万元以上	355	*	*	*	353	300	*	*	*	*	45	13	2	5	184	18	8	14	64
违反法规类型																			
违反反不正当竞争法规	40851	308001	15103	34825	33381	31205	3268	1526	700	367	2447	2591	88	585	6565	191	13451	2206	5257
违反消费者权益保护法规	28058	19512	555	3080	15972	14622	743	60	22	7	403	1308	15	52	619	13	10568	816	2178
违反商标法规	24344	160100	910	15251	20853	19512	1551	717	283	146	408	1443	102	376	3255	105	10255	2257	2652
违反产品质量法规	69854	97155	3577	19567	47186	45197	2697	632	238	59	1085	3140	94	370	3113	30	29866	2591	6897
违反投机倒把行政处罚法规	57988	369185	41159	32123	46693	43436	3623	1406	623	374	890	1674	100	318	3523	61	22548	1926	15653
违反广告法规	40962	24547	855	7780	29946	28624	1551	174	36	10	1336	1609	55	360	5551	145	14275	1518	5097
违反进口商品管理有关法规	607	2477	312	398	468	449	32	30	12	5	13	7	2	10	44	3	247	9	133
违反企业登记管理法规	173006	654546	10431	44422	129565	114421	6098	2222	1170	778	8818	20982	811	2318	30294	421	28027	7054	30840
违反其他法规	1093780	645843	25716	92248	479646	450430	21419	3697	1353	554	2959	7910	232	1461	12397	284	201289	9863	243251
违法行为类型																			
制售假冒伪劣商品	148269	222524	8290	40718	101253	95525	5622	1506	487	133	1723	4910	193	896	6511	116	62279	4688	19937
走私贩私	5227	161296	28162	10519	4967	4685	735	538	291	190	20	95	3	39	567	31	1704	161	2347
利用合同骗买骗卖	1694	3497	45	382	1380	1349	72	13	6	4	49	98	1	26	122		624	76	384
倒买倒卖	17600	67653	4298	7148	15010	14221	1289	231	116	75	256	643	15	42	580	5	5676	639	7154
侵犯知识产权	6584	30774	711	5069	5794	5325	576	201	95	55	125	263	25	159	913	17	2796	559	937
制黄贩黄	529	516	11	101	306	305		4	2			1		1	5		265	5	29
非法传销	1139	6812	691	437	717	664	100	22	16	5	4	10		4	66	7	144	15	467
虚假宣传	19243	54317	757	8834	13991	13298	971	450	187	58	751	1231	62	259	3309	84	5235	1038	2022
其他	1329165	1733977	55653	176486	660292	612524	31610	7499	3237	1780	15431	33413	1200	4424	53288	993	251803	21059	278681

全国历年查处公平交易案件基本情况

单位：件、万元

项　目	案件总数	案值	没收金额	罚款金额	2003年 其中:立案查处案件														
					小计	当年发案数	案值5-10万元	案值10-30万元	案值30-100万元	案值100万元以上	国有企业	集体企业	联营企业	股份合作企业	公司	外资企业	个体工商户	私营企业	其他
合　计	1688475	2639800	90786	282758	886275	819638	47166	8726	3769	2280	18010	38124	1174	4807	73406	1594	339890	33358	375912
违法所得　万元以下	1634113	*	*	*	833982	771475	*	*	*	*	15494	34726	1074	3946	61094	1238	326550	30160	360119
万元至十万元	50030	*	*	*	48131	44562	*	*	*	*	2193	3183	98	779	10642	276	12855	2951	14644
十万元至三十万元	3140	*	*	*	3012	2644	*	*	*	*	206	144		59	1194	44	408	182	815
三十万元至一百万元	894	*	*	*	854	717	*	*	*	*	85	57	1	15	355	23	63	50	189
一百万元以上	298	*	*	*	296	240	*	*	*	*	32	14		8	121	13	14	15	145
违反法规类型　违反反不正当竞争法规	38646	353820	11809	38036	34468	31505	3656	1385	584	344	2223	1959	82	476	7442	260	14513	2273	5240
违反消费者权益保护法规	25907	11414	426	3092	14203	13548	735	31	5	5	444	675	38	59	771	20	9903	635	1658
违反商标法规	26662	96584	1115	19267	22987	21016	1788	571	213	85	314	1067	57	268	3494	100	11929	1890	3868
违反产品质量法规	70610	111635	3541	22830	50707	46994	2848	548	167	56	1156	3500	52	328	4459	88	31052	2802	7270
违反投机倒把行政处罚法规	46256	277548	31704	24578	39329	36235	3261	1103	487	250	742	1515	30	203	2789	62	21074	1410	11504
违反广告法规	47456	23588	798	9368	35018	32964	2187	150	26		1819	1582	72	279	6555	171	16934	1939	5667
违反进口商品管理有关法规	373	3537	359	234	358	344	15	7	3	2	12			5	11	34	189	24	83
违反企业登记管理法规	216707	984049	11130	52337	153690	137402	6040	1490	1005	903	7582	19476	685	2051	33434	629	29865	9092	50876
违反其他法规	1215858	777625	29904	113015	535515	499630	26636	3432	1279	626	3718	8345	158	1132	14428	264	204431	13293	289746
违法行为类型　制售假冒伪劣商品	141521	183410	6818	42007	95549	89306	5783	1170	360	97	1682	4881	129	648	7353	125	59136	4326	17269
走私贩私	4637	63078	20392	5408	4528	4067	573	425	214	84	31	43	2	33	533	64	1554	179	2089
利用合同骗买骗卖	1930	4408	122	559	1609	1484	36	9	6	6	93	113	18	12	161		540	150	522
倒买倒卖	11082	49415	3991	4704	10020	9153	686	171	91	64	176	337	9	32	409	11	3811	301	4934
侵犯知识产权	7031	27044	652	6320	6279	5728	442	183	78	31	98	320	8	78	1007	17	3290	509	952
制黄贩黄	362	70	4	57	184	168	10				1	4		1	4		146	3	25
非法传销	2023	16812	2064	653	1553	1422	193	39	15	9	12	13			54	3	288	33	1150
虚假宣传	19605	48037	666	10968	16133	14874	1311	403	109	53	1051	1044	69	220	3811	122	6410	1245	2161
其他	1500284	2247525	56075	212079	750420	693436	38132	6326	2896	1936	14866	31369	939	3783	60074	1252	264715	26612	346810

全国历年查处公平交易案件基本情况

单位:件、万元、人

| 项 目 | 案件总数 | 案值 | 没收金额 | 罚款金额 | 2004年 其中:立案查处案件 | | | | | | | | | | | | | | | 移送司法机关 | |
| | | | | | 案值 | | | | | | 违法主体 | | | | | | | | | | | |
					小计	5万元以下	5-10万元	10-30万元	30-100万元	100万元以上	国有企业	集体企业	股份合作企业	公司	外资企业	私营企业	个体工商户	自然人	其他	案件数	人数
合　计	1099859	2336833	84761	255625	603076	572857	15755	8234	3966	2264	8563	20165	3567	48666	917	34322	236555	179181	71140	661	1076
违反法律法规类型 1. 违反反不正当竞争法规	33854	253671	10365	32618	30002	26123	1857	1164	593	265	944	1218	469	6264	232	3517	11763	2692	2903	22	18
2. 违反投机倒把行政处罚法规	27859	231185	26139	20334	23471	20838	1177	796	400	260	330	759	143	1933	57	1572	10946	5438	2293	81	228
3. 违反消费者权益保护法规	19863	16439	353	3064	11383	11200	114	34	26	9	198	557	60	804	14	813	6967	1107	863	5	2
4. 违反商标法规	27866	163238	1843	19790	24050	22169	976	578	237	90	194	862	228	3323	93	2218	13167	2582	1383	119	86
5. 违反产品质量法规	78094	164132	4280	30683	58649	55898	1745	653	287	66	1042	4226	311	5502	59	3971	35935	4398	3205	101	92
6. 违反广告法规	31723	16148	716	7575	23059	22564	300	137	53	5	683	836	192	4698	72	2089	10476	2058	1955	3	8
7. 违反企业登记管理法规	153785	675031	14998	48317	98960	93269	2227	1442	1123	899	3341	7995	1001	15833	242	10156	19387	34943	6062	50	37
8. 违反合同法规	3283	7837	176	845	2700	2572	47	37	31	13	94	151	23	272	2	116	1102	763	177	15	8
9. 违反其他法规	723532	809151	25891	92399	330802	318224	7312	3393	1216	657	1737	3561	1140	10037	146	9870	126812	125200	52299	265	597
违法行为类型 走私贩私	4313	128810	21780	7682	4209	3039	452	416	185	117	32	75	28	353	17	316	1314	1451	623	2	2
其中:倒卖无合法来源证明的进口商品	2798	44230	16660	4209	2767	1882	366	301	138	80	15	18	12	259	8	170	895	998	392		
传销及变相传销	2415	6747	323	1036	1303	1150	74	47	26	6	6	9	2	36	3	18	262	711	256	105	580
其中:为传销、变相传销提供便利条件	264	107	15	79	204	199	1		3	1	2	4		6		5	29	130	28	1	93
转型企业违规经营	20	86	1	8	18	15		2	1			1	1				12	4		3	3
制售、传播非法出版物行为	2946	3623	284	882	2236	2172	43	10	6	5	13	71	24	116		130	1425	317	140	10	11
其中:盗版行为	1889	2691	211	558	1407	1369	26	6	2	4	10	27	14	82		105	860	217	92	6	6
制黄贩黄	217	86		33	171	171										4	156	10	1	1	1
假冒伪劣	113248	153662	5569	43736	81563	77610	2481	1007	349	116	1120	4692	583	7677	134	5536	49828	7748	4245	204	170
虚假宣传	19868	90897	664	10552	15155	13833	632	412	224	54	328	714	213	3487	83	1769	5895	903	1763		6
虚报注册资本、虚假出资及抽逃资金	8305	298039	174	15052	7381	5659	325	405	520	472	157	167	75	2633	1	548	1227	1361	1212	66	60
其他	948764	1655055	55967	176685	491229	469394	11748	5937	2656	1494	6907	14437	2642	34364	679	26005	176604	166690	62901	274	247

全国历年查处公平交易案件基本情况

单位:件、万元、人

项　目	案件总数	案值	没收金额	罚款金额	2005年 其中:立案查处案件																移送司法机关	
					小计	案值					违法主体										案件数	人数
						5万元以下	5-10万元	10-30万元	30-100万元	100万元以上	国有企业	集体企业	股份合作企业	公司	外资企业	私营企业	个体工商户	自然人	其他			
合　计	1023976	2497089	86140	273706	633007	605738	13262	8031	3875	2101	6515	18190	3413	54898	1162	34582	262887	168097	83263		548	789
违反法律法规类型 1. 违反反不正当竞争法规	35721	233415	13914	39189	32784	28654	1885	1335	615	295	936	1086	455	8102	275	3444	12548	2920	3018		9	61
2. 违反投机倒把行政处罚法规	20736	125838	26450	15460	17131	15113	777	718	369	154	193	282	106	1456	73	1266	8331	3842	1582		57	73
3. 违反消费者权益保护法规	15929	7201	360	2494	8701	8600	60	26	11	4	168	341	41	651	6	353	5964	605	572		2	2
4. 违反商标法规	28904	91069	1166	25546	26543	24676	986	570	215	96	173	616	297	4081	121	2358	13919	3182	1796		115	78
5. 违反产品质量法规	80816	107002	3802	32664	61950	59468	1564	664	211	43	711	3969	400	5602	77	4066	38657	3654	4814		50	47
6. 违反广告法规	27897	16866	705	7525	22292	21750	333	146	53	10	636	652	191	4465	103	2128	10050	1882	2185		3	2
7. 违反企业登记管理法规	124395	1060209	11896	49218	96264	91271	1953	1265	973	802	2349	7194	1206	18408	325	9744	17851	26258	12929		56	23
8. 违反合同法规	3103	12322	180	791	2896	2773	63	28	22	10	53	101		249		157	1221	868	237		12	12
9. 违反其他法规	686475	843167	27666	100820	364446	353433	5641	3279	1406	687	1296	3949	707	11884	182	11066	154346	124886	56130		244	491
违法行为类型 走私贩私	3979	81905	23377	7307	3807	2595	424	451	225	112	37	47	43	405	58	365	1156	1249	447		3	59
其中:倒卖无合法来源证明的进口商品	2559	67002	19380	5505	2546	1567	303	400	194	82	16	22	30	294	44	246	706	954	234		1	
传销及变相传销	1666	7177	1114	976	960	837	43	43	25	12	6	2	1	76	2	12	264	481	116		53	405
其中:为传销、变相传销提供便利条件	146	94	6	64	70	68	1	1			4	1					33	27	5		2	2
转型企业违规经营	11	25		7	10	10					1			3			1		5			
制售、传播非法出版物行为	2738	2743	187	1069	2177	2126	31	11	8	1	50	41	18	188	2	84	1348	320	126		12	11
其中:盗版行为	1840	2150	137	760	1462	1426	22		7	1	27	17	15	119		37	930	239	76		9	8
制黄贩黄	151	75	12	35	112	110	2				5			14		13	55	8	16		1	
假冒伪劣	111685	150994	6237	46577	82861	79049	1996	1329	374	113	910	4178	534	7922	149	5273	51807	7599	4489		154	110
虚假宣传	22747	57440	738	13928	17709	16170	773	489	210	67	390	706	171	4442	158	1857	6463	1799	1723		3	2
虚报注册资本、虚假出资及抽逃资金	5473	350060	333	16028	4485	2817	362	365	478	463	121	161	102	2526	10	481	284	617	183		62	21
其他	875688	1846769	54156	187822	521008	502144	9633	5343	2555	1333	5001	13055	2544	39339	783	26487	201588	156032	76179		261	181

全国历年查处公平交易案件基本情况

单位：件、万元、人

项目	案件总数	案值	没收金额	罚款金额	其中:立案查处案件																移送司法机关	
					案值						违法主体									案件数	人数
					小计	5万元以下	5-10万元	10-30万元	30-100万元	100万元以上	国有企业	集体企业	股份合作企业	公司	外资企业	私营企业	个体工商户	自然人	其他		
合　计	930816	2591469	108435	320918	604993	574296	14988	9149	4182	2378	6568	15740	3620	62811	1263	34141	252121	171591	57138	674	788
违反法律法规类型 1. 违反反不正当竞争法规	45520	401682	27260	64991	43242	35819	3451	2361	1063	548	1768	1127	661	12578	357	3984	15577	3305	3885	76	33
2. 违反投机倒把行政处罚法规	16707	142189	33475	14313	14304	12633	587	719	230	135	115	264	103	1442	63	1157	6141	3407	1612	20	52
3. 违反消费者权益保护法规	17604	8680	349	3021	10018	9852	122	33	9	2	110	318	53	728	16	556	6558	825	854		
4. 违反商标法规	34573	126343	1270	30903	31780	29771	1150	594	192	73	129	649	303	5795	120	2443	16699	4400	1242	143	130
5. 违反产品质量法规	79094	88690	4043	33450	57359	55293	1327	532	159	48	615	3181	286	5637	99	3824	37877	3506	2334	33	25
6. 违反广告法规	31862	17224	1108	9639	24355	23780	373	135	63	4	602	716	252	5844	134	2541	9415	2722	2129	2	
7. 违反企业登记管理法规	109348	915349	8684	52221	84556	79748	1862	1145	963	838	2106	6208	1030	18283	287	8191	16319	28276	3856	76	27
8. 违反合同法规	4658	14047	203	1088	2622	2513	44	37	19	9	35	75	32	325	2	160	1232	618	143	12	8
9. 违反其他法规	591450	877266	32044	111293	336757	324887	6072	3593	1484	721	1088	3202	900	12179	185	11285	142303	124532	41083	312	513
违法行为类型 走私贩私	3540	58814	24122	5365	3058	2067	290	405	198	98	20		11	292	49	363	778	1146	396	4	2
其中:倒卖无合法来源证明的进口商品	2303	49848	19092	4398	2205	1435	221	313	156	80	9	2	10	247	38	275	573	804	247	2	2
制售、传播非法出版物行为	1784	1147	87	611	1312	1288	14	7	2	1	20	5	9	115	1	49	940	124	49	6	4
其中:盗版行为	1181	688	72	383	933	916	12	3	2		13	5	9	87	1	29	686	78	25	6	4
制黄贩黄	102	57	1	17	84	84					2			12			6	58	6		
假冒伪劣	108153	132644	6159	47959	78315	75291	1728	941	272	83	810	3359	481	8297	174	4391	50036	7199	3568	161	135
虚假宣传	24472	73831	1263	19575	18520	16938	801	514	174	93	396	768	327	5799	210	2093	6531	1276	1120	3	
虚报注册资本、虚假出资及抽逃资金	6677	698313	647	21022	5623	3653	389	450	499	632	107	236	117	2720	28	579	613	1039	184	86	28
其他	786190	1626720	76157	226385	498165	475059	11766	6832	3037	1471	5215	11369	2675	45588	801	26666	193223	160807	51821	414	619

全国历年查处公平交易案件基本情况

单位：件、万元、人

| 项　目 | 案件总数 | 案值 | 没收金额 | 罚款金额 | 2007年 其中:立案查处案件 | | | | | | | | | | | | | | | | 移送司法机关 | |
| | | | | | 案值 | | | | | | 违法主体 | | | | | | | | | | 案件数 | 人数 |
					小计	5万元以下	5-10万元	10-30万元	30-100万元	100万元以上	国有企业	集体企业	股份合作企业	公司	外资企业	私营企业	个体工商户	自然人	其他		
合　计	882770	2313468	86901	331038	602005	571689	15134	8248	4436	2498	6003	13228	3660	64653	1164	34855	237533	191725	49184	798	883
1. 违反反不正当竞争法规	47065	395749	29627	59090	42185	35718	3254	1867	914	432	1266	1154	508	12135	286	3755	16604	3354	3123	38	131
2. 违反投机倒把行政处罚法规	12349	106764	13288	8645	10698	9667	360	375	202	94	126	137	69	774	44	742	5017	2365	1424	9	15
3. 违反消费者权益保护法规	14557	7804	377	3234	9524	9400	88	24	6	6	105	184	137	696	9	503	5517	1596	777	1	3
4. 违反商标法规	35404	79610	1292	31345	32140	30119	1177	581	175	88	143	341	497	5548	86	2218	17002	5185	1120	167	121
5. 违反产品质量法规	77947	87833	4544	32305	56438	54166	1334	592	287	59	506	2605	366	5681	70	2966	38842	3752	1650	39	36
6. 违反广告法规	29575	22310	1295	11527	23290	22647	449	123	57	14	484	420	318	5394	165	2485	9406	2788	1830		
7. 违反企业登记管理法规	125582	826250	7064	66690	98906	93425	2033	1349	1090	1009	2402	5992	866	21351	295	10017	17762	33470	6751	150	48
8. 违反合同法规	4992	7627	356	1091	4282	4154	58	45	16	9	15	35	55	355	5	281	1330	754	1452	2	
9. 违反其他法规	535299	779522	29059	117112	324542	312393	6381	3292	1689	787	956	2360	844	12719	204	11888	126053	138461	31057	393	529
走私贩私	2785	88966	12844	4832	2490	1828	196	252	141	73	20	5	5	207	37	269	655	925	367	6	4
其中:倒卖无合法来源证明的进口商品	1758	24819	10418	3425	1659	1121	155	224	114	45	6	4	5	161	31	193	393	714	152	5	4
制售、传播非法出版物行为	1932	1087	97	589	1324	1311	10	3			20	15	3	85		99	943	117	42	9	12
其中:盗版行为	984	425	86	351	739	728	9	2			17	1	1	44		30	583	38	25	1	9
制黄贩黄	308	187		55	102	102					2	13		13		15	33	25		1	1
假冒伪劣	102631	122332	6860	46425	75928	72725	1866	919	331	87	666	2590	531	7636	140	4146	49600	7233	3386	166	121
虚假宣传	24165	88107	920	19004	19497	17902	805	484	238	68	384	677	368	6124	170	2202	7469	1178	925	3	3
虚报注册资本、虚假出资及抽逃资金	6806	529581	410	30308	6128	3429	479	614	807	799	137	298	118	3149	20	758	444	928	276	153	61
其他	744451	1483395	65770	229880	496638	474494	11778	5976	2919	1471	4776	9643	2635	47452	797	27381	178422	181344	44188	462	682

（左侧纵栏：违反法律法规类型　违法行为类型）

第六部分　全国消费者权益保护基本情况

全国历年查处侵害消费者权益案件基本情况

单位:件、万元

项　目	2000 年																					
	案件总数	适用简易程序查处件数	立案查处件数	案件来源				侵权人						被侵权人						案件总值	没收金额	罚款金额
				检查发现	消费者申诉	群众举报	其他	国有企业	集体企业	外商投资企业	个体工商户	私营企业	其他	城镇消费者	农村消费者	外籍公民	妇女	儿童	老人			
合　计	90442	60853	29589	30665	41425	13501	4851	3711	7582	361	54230	8533	16025	51369	28381	142	16034	1623	6490	55993	3094	8820
以案值分类 一万元以下	84743	58682	26061	28710	39329	12090	4614	3010	6713	263	51894	7642	15221	47540	26890	135	15051	1479	5991			
一万元至十万元	4833	1727	3106	1556	1842	1232	203	556	723	48	2084	714	708	3211	1289	1	837	104	435			
十万元至五十万元	792	440	352	386	240	144	22	138	135	49	233	167	70	562	191	6	145	40	64			
五十万元以上	74	4	70	13	14	35	12	7	11	1	19	10	26	56	11		1					
以消费类型分类 商品消费案件	74712	49258	25454	27896	32277	10977	3562	2597	5775	268	46362	6270	13440	42373	24214	81	12514	1318	4972	49832	2824	7593
服务消费案件	15730	11595	4135	2769	9148	2524	1289	1114	1807	93	7868	2263	2585	8996	4167	61	3520	305	1518	6161	270	1227
以侵权行为分类 生产、销售的商品不符合保障人身、财产安全要求	4579	3065	1514	1597	1835	913	234	271	616	27	2732	528	405	2399	1728		713	167	351	2179	86	362
在商品中掺杂使假、以假充真、以次充好或以不合格商品冒充合格商品	26907	17095	9812	10404	11742	3833	928	759	1720	45	18652	2221	3510	15642	8430	18	4655	632	1934	12960	607	2616
生产国家明令淘汰商品或销售失效、变质商品	6965	5053	1912	3963	1799	839	364	277	698	7	4583	502	898	3196	3112	8	1337	123	518	1739	109	246
伪造商品产地、伪造或冒用他人厂名、厂址、伪造或冒用认证标志、名优标志等质量标志	7442	3463	3979	2845	2156	1988	453	308	615	9	4348	880	1282	4201	2333	2	1104	214	585	10324	421	1635
销售的商品应检验、检疫而未检验、检疫或伪造检验、检疫结果	1918	922	996	1137	463	257	61	109	118	3	1161	176	351	1092	632		282	93	96	900	41	160
对商品或服务作引人误解的虚假宣传	4989	3334	1655	1542	2513	711	223	310	618	115	2438	669	839	2453	1322	12	846	71	354	2526	194	414
对消费者提出修理、重作、更换、退货、补足商品数量、退还货款或赔偿等要求拖延或拒绝	13930	11439	2491	1216	10738	993	983	774	1609	94	7796	2204	1453	7795	3243	49	3483	98	1376	2026	61	287
侵犯消费者人格尊严或侵犯人身自由	507	339	168	98	273	117	19	8	40	6	267	93	93	282	109		71	14	63	227	3	91
其他	23205	16143	7062	7863	9906	3850	1586	895	1548	55	12253	1260	7194	14309	7472	53	3543	211	1213	23111	1572	3008
其中:欺诈消费者行为	2384	1631	753	742	1114	478	50	68	234	3	1681	106	292	1691	307	5	209	5	33	1096	29	150

全国历年查处侵害消费者权益案件基本情况

单位：件、万元

项目	案件总数	适用简易程序查处件数	立案查处件数	案件来源				侵权人						被侵权人						案件总值	没收金额	罚款金额
				检查发现	消费者申诉	群众举报	其他	国有企业	集体企业	外商投资企业	个体工商户	私营企业	其他	城镇消费者	农村消费者	外籍公民	妇女	儿童	老人			
合计	135067	88626	46441	51656	50765	25127	7519	5339	10042	516	81961	9024	28185	80813	40384	246	19720	2570	8897	89085	3939	15393
以案值分类 一万元以下	127072	86815	40257	48556	48929	22485	7102	4687	8882	472	78493	7997	26541	76301	37921	215	19012	2500	8341			
一万元至十万元	7360	1724	5636	2846	1718	2413	383	565	1062	34	3288	926	1485	4146	2277	30	673	68	535			
十万元至五十万元	522	79	443	223	104	170	25	68	84	9	167	79	115	293	161		33	2	20			
五十万元以上	113	8	105	31	14	59	9	19	14	1	13	22	44	73	25	1	2		1			
以消费类型分类 商品消费案件	108360	68449	39911	46569	36776	19345	5670	3638	7965	389	68418	6705	21245	62866	33432	152	15381	2249	6697	75513	3185	12956
服务消费案件	26707	20177	6530	5087	13989	5782	1849	1701	2077	127	13543	2319	6940	17947	6952	94	4339	321	2200	13572	753	2437
以侵权行为分类 生产、销售的商品不符合保障人身、财产安全要求	5787	3636	2151	2402	2181	1020	184	291	827	17	3612	360	680	3626	1615	5	1097	157	392	2969	320	692
在商品中掺杂使假、以假充真、以次充好或以不合格商品冒充合格商品	36328	22796	13532	14779	13012	6950	1587	1286	2270	59	25395	2257	5061	20879	11024	38	4274	565	1907	21553	1247	4844
生产国家明令淘汰商品或销售失效、变质商品	11199	6712	4487	6300	3060	1503	336	399	1147	10	7798	505	1340	5855	4207	13	1382	312	897	2392	167	673
伪造商品产地、伪造或冒用他人厂名、厂址，伪造或冒用认证标志、名优标志等质量标志	9807	4161	5646	4227	2545	2555	480	378	1060	28	5799	928	1614	6017	2878	24	1065	213	715	10606	520	2359
销售的商品应检验、检疫而未检验、检疫或伪造检验、检疫结果	3179	1496	1683	1948	595	524	112	56	116	11	2303	202	491	1970	975	7	315	15	218	1368	78	327
对商品或服务作引人误解的虚假宣传	6022	3558	2464	1972	2341	1237	472	364	642	33	2783	706	1494	3754	1591	6	982	148	472	3974	205	854
对消费者提出修理、重作、更换、退货、补足商品数量、退还货款或赔偿等要求拖延或拒绝	15740	13591	2149	1877	11480	2000	383	809	1511	99	9795	1474	2052	10454	4685	62	4022	301	1669	3098	72	388
侵犯消费者人格尊严或侵犯人身自由	828	687	141	83	384	322	39	45	38	5	354	87	299	341	231	3	88	14	49	147	6	24
其他	46177	31989	14188	18068	15167	9016	3926	1711	2431	254	24122	2505	15154	27917	13178	88	6495	845	2578	42978	1325	5232
其中：欺诈消费者行为	2281	1065	1216	1416	486	352	27		78	4	1525	84	545	1507	468		306	68	148	1359	40	381

全国历年查处侵害消费者权益案件基本情况

单位：件、万元

项目	2002年 案件总数	适用简易程序查处件数	立案查处件数	案件来源 检查发现	消费者申诉	群众举报	其他	侵权人 国有企业	集体企业	外商投资企业	个体工商户	私营企业	其他	被侵权人 城镇消费者	农村消费者	外籍公民	妇女	儿童	老人	案件总值	没收金额	罚款金额
合　计	161342	102704	58638	66170	55254	31737	8181	6290	11953	782	98408	13117	30792	97195	48994	98	22666	3008	11036	94631	4773	21322
以案值分类 一万元以下	149660	100311	49349	61587	52817	27757	7499	5269	10241	741	93468	11494	28447	90743	45582	76	21322	2885	10352	14673	988	4792
一万元至十万元	10982	2364	8618	4347	2326	3666	643	932	1636	31	4760	1466	2157	6043	3221	18	1319	121	649	8234	665	2636
十万元至五十万元	563	27	536	192	98	244	29	73	55	7	160	131	137	327	154	4	22	2	18	4158	352	974
五十万元以上	137	2	135	44	13	70	10	16	21	3	20	26	51	82	37		3		17	9680	167	289
以消费类型分类 商品消费案件	134298	83217	51081	60759	41405	25624	6510	4455	9646	568	84320	9804	25505	79740	42006	62	17717	2439	8443	84623	4175	18500
服务消费案件	27044	19487	7557	5411	13849	6113	1671	1835	2307	214	14088	3313	5287	17455	6988	36	4949	569	2593	10008	599	2821
以侵权行为分类 生产、销售的商品不符合保障人身、财产安全要求	7881	4863	3018	3116	2962	1520	283	300	1630	48	4361	664	878	4170	2876	4	1175	134	611	4111	346	1012
在商品中掺杂使假、以假充真、以次充好或以不合格商品冒充合格商品	46052	27897	18155	20555	14009	9429	2059	1446	3006	149	31626	3468	6357	27655	14478	19	5746	905	3086	27832	1303	6286
生产国家明令淘汰商品或销售失效、变质商品	14690	9583	5107	8786	3760	1767	377	828	1316	19	9436	878	2213	7700	5517	4	2209	542	1204	3322	464	855
伪造商品产地、伪造或冒用他人厂名、厂址、伪造或冒用认证标志、名优标志等质量标志	12226	5678	6548	5085	3006	3518	617	598	941	37	7317	1462	1871	7305	3341	10	1760	287	1075	12620	838	3198
销售的商品应检验、检疫而未检验、检疫或伪造检验、检疫结果	3413	1662	1751	1690	797	736	190	80	237	9	2293	314	480	1838	1051	4	400	59	122	1451	88	393
对商品或服务作引人误解的虚假宣传	7337	4211	3126	2669	2285	1838	545	498	819	79	3693	969	1279	4608	2175	6	1194	229	580	7796	206	1353
对消费者提出修理、重作、更换、退货、补足商品数量、退还货款或赔偿等要求拖延或拒绝	16447	13825	2622	1329	12588	2013	517	840	1328	228	9794	1822	2435	10752	4124	7	2827	236	1263	4890	151	599
侵犯消费者人格尊严或侵犯人身自由	513	394	119	49	363	85	16	23	23	6	326	70	65	342	144		58	2	34	336	15	117
其他	52783	34591	18192	22891	15484	10831	3577	1677	2653	207	29562	3470	15214	32825	15288	44	7297	614	3061	32273	1362	7509
其中：欺诈消费者行为	3791	2204	1587	1185	1581	824	201	114	168	27	2575	400	507	2063	1165	2	660	56	427	2974	46	1491

全国历年查处侵害消费者权益案件基本情况

单位:件、万元

项目		案件总数	适用简易程序查处件数	立案查处件数	案件来源				侵权人						被侵权人						案件总值	没收金额	罚款金额
					检查发现	消费者申诉	群众举报	其他	国有企业	集体企业	外商投资企业	个体工商户	私营企业	其他	城镇消费者	农村消费者	外籍公民	妇女	儿童	老人			
合　计		192770	119970	72800	83973	58674	37448	12675	6251	10777	809	116088	15062	43783	113342	57192	65	21873	2724	10351	103692	5465	27519
以案值分类	一万元以下	180897	118002	62895	78728	56862	33367	11940	5333	9313	745	110942	13188	41376	106006	54244	61	20740	2590	9772	*	*	*
	一万元至十万元	11061	1931	9130	4882	1738	3742	699	849	1385	60	4907	1691	2169	6810	2776	4	1115	132	569	*	*	*
	十万元至五十万元	692	35	657	307	70	285	30	60	67	2	226	149	188	444	137		16		9	*	*	*
	五十万元以上	120	2	118	56	4	54	6	9	12	2	13	34	50	82	35		2		1	*	*	*
以消费类型分类	商品消费案件	158982	95827	63155	75968	43975	29528	9511	4445	8317	515	98890	11129	35686	92369	48221	45	16882	2183	7593	90018	4731	24265
	服务消费案件	33788	24143	9645	8005	14699	7920	3164	1806	2460	294	17198	3933	8097	20973	8971	20	4991	541	2758	13674	734	3254
以侵权行为分类	生产、销售的商品不符合保障人身、财产安全要求	8685	4915	3770	4268	2568	1479	370	387	680	32	5602	1048	936	5146	2857		831	166	508	5629	365	1727
	在商品中掺杂使假、以假充真、以次充好或以不合格商品冒充合格商品	48550	26753	21797	22980	15115	8897	1558	1409	2940	160	35206	3514	5321	27503	14521	23	5339	630	2572	27327	1493	9166
	生产国家明令淘汰商品或销售失效、变质商品	13729	8998	4731	7958	3011	2328	432	371	970	30	9731	730	1897	6881	5189		1527	348	743	4161	277	1181
	伪造商品产地、伪造或冒用他人厂名、厂址、伪造或冒用认证标志、名优标志等质量标志	13808	6999	6809	5960	3890	3535	423	578	804	40	8824	1528	2034	8531	4175		1796	209	986	11957	663	3376
	销售的商品应检验、检疫而未检验、检疫或伪造检验、检疫结果	3148	1730	1418	1784	779	507	78	60	125	15	2267	231	450	1884	959	2	316	31	139	970	62	312
	对商品或服务作引人误解的虚假宣传	9451	5102	4349	4038	2573	2260	580	762	978	117	5070	1131	1393	5779	2837	1	1064	119	658	8397	204	2062
	对消费者提出修理、重作、更换、退货、补足商品数量、退还货款或赔偿等要求拖延或拒绝	17873	15364	2509	2403	12170	2632	668	853	1106	145	11714	1835	2220	11341	5310	6	2949	245	1560	3479	133	592
	侵犯消费者人格尊严或侵犯人身自由	745	544	201	285	305	128	27	32	38		449	77	149	481	185	6	108	3	41	218	89	68
	其他	76781	49565	27216	34297	18263	15682	8539	1799	3136	270	37225	4968	29383	45796	21159	27	7943	973	3144	41554	2179	9037
其中:欺诈消费者行为		5012	2600	2412	2281	888	1652	191	139	268	38	3447	352	768	2935	1052	1	747	88	506	2497	116	586

全国历年查处侵害消费者权益案件基本情况

单位:件、万元

项目		案件总数	案件总值	没收金额	罚款金额	案件来源				其中:立案查处案件													
										小计	案值					侵权人								
						检查	申诉	举报	其他	小计	5万元以下	5-10万元	10-30万元	30-100万元	100万元以上	国有企业	集体企业	股份合作企业	公司	外商投资企业	私营企业	个体工商户	自然人	其他
合　计		163592	106601	5892	29972	81100	41660	31693	9139	114523	111617	2047	630	167	62	2211	5524	1261	6585	383	8655	72687	9877	7340
消费类型	商品消费案件	137308	98879	5368	27702	75109	29688	24789	7722	97408	94798	1831	561	158	60	1676	4753	1010	5385	262	6954	63700	8014	5654
	服务消费案件	26284	7722	524	2270	5991	11972	6904	1417	17115	16819	216	69	9	2	535	771	251	1200	121	1701	8987	1863	1686
以侵权行为分类	生产、销售的商品不符合保障人身、财产安全要求	11213	6611	558	2346	7059	1697	1917	540	8507	8311	127	56	10	3	120	405	46	451	23	689	5973	496	304
	在商品中掺杂使假、以假充真、以次充好或以不合格商品冒充合格商品	50770	32960	1943	12637	29190	9688	9556	2336	39034	38044	737	215	29	9	729	2422	347	2266	47	2678	27715	1795	1035
	生产国家明令淘汰商品或销售失效、变质商品	15508	3721	344	1123	10986	2216	1710	596	8609	8452	104	43	9	1	142	315	41	262	11	481	6790	353	214
	伪造商品产地、伪造或冒用他人厂名、厂址,伪造或冒用认证标志、名优标志等质量标志	12102	22176	1237	4696	5878	2804	2932	488	9919	9486	311	73	34	15	182	441	86	819	10	1181	6227	570	403
	销售的商品应检验、检疫而未检验、检疫或伪造检验、检疫结果	2915	1180	50	373	1851	391	603	70	2210	2193	11	5	1		19	32	2	77	3	167	1613	201	96
	对商品或服务作引人误解的虚假宣传	6712	4927	144	1657	3238	1619	1562	293	5169	4969	154	26	13	7	213	362	90	819	14	503	2709	257	202
	对消费者提出修理、重作、更换、退货、补足商品数量、退还货款或赔偿等要求拖延或拒绝	15556	2971	80	420	1825	11354	1994	383	9685	9565	94	24	2		267	418	228	630	137	1007	5482	965	551
	侵犯消费者人格尊严或人身自由	464	117	8	62	83	209	159	13	415	413	2				8	9	20	20	1	49	242	10	56
	其他	48352	31938	1527	6657	20990	11682	11260	4420	30975	30184	507	188	69	27	531	1120	401	1241	137	1900	15936	5230	4479
其中:欺诈消费者行为		6655	4851	186	916	3490	1692	1269	204	5074	4982	57	30	3	2	79	190	95	302	2	433	3504	327	142

全国历年查处侵害消费者权益案件基本情况

单位:件、万元

项目	案件总数	案件总值	没收金额	罚款金额	案件来源 检查	案件来源 申诉	案件来源 举报	案件来源 其他	立案查处案件 小计	案值 5万元以下	案值 5-10万元	案值 10-30万元	案值 30-100万元	案值 100万元以上	侵权人 国有企业	侵权人 集体企业	侵权人 股份合作企业	侵权人 公司	侵权人 外商投资企业	侵权人 私营企业	侵权人 个体工商户	侵权人 自然人	侵权人 其他
合　计	149734	93362	4300	30865	77026	33667	31685	7356	105672	103227	1829	468	113	35	1768	4200	1393	8770	627	7904	65663	7825	7522
消费类型 商品消费案件	126645	85757	3965	28575	71750	23997	24623	6275	91763	89574	1602	447	107	33	1399	3827	1116	7512	512	6519	58700	6850	5328
消费类型 服务消费案件	23089	7605	335	2291	5276	9670	7062	1081	13909	13653	227	21	6	2	369	373	277	1258	115	1385	6963	975	2194
生产、销售的商品不符合保障人身、财产安全要求	8304	8036	758	2356	5290	1070	1362	582	6870	6682	131	46	8	3	100	312	134	566	68	497	4579	395	219
在商品中掺杂使假、以假充真、以次充好或以不合格商品冒充合格商品	45555	37176	1491	13396	28160	6593	8680	2122	37088	36277	625	155	27	4	610	2018	434	3396	274	2670	25194	1630	862
生产国家明令淘汰商品或销售失效、变质商品	13861	3312	190	1136	11020	1345	1196	300	7517	7413	76	25	3		92	224	51	380	37	333	5935	314	151
伪造商品产地、伪造或冒用他人厂名、厂址,伪造或冒用认证标志、名优标志等质量标志	9200	10565	566	3593	5045	1306	2511	338	7855	7549	213	65	18	10	82	321	91	962	38	838	4906	417	200
销售的商品应检验、检疫而未检验、检疫或伪造检验、检疫结果	2074	657	35	261	1283	296	396	99	1527	1504	22	1			9	21	28	64		179	1085	99	42
对商品或服务作引人误解的虚假宣传	6969	4918	154	2301	3666	1381	1649	273	5860	5662	149	34	12	3	305	473	151	1234	20	512	2755	214	196
对消费者提出修理、重作、更换、退货、补足商品数量、退还货款或赔偿等要求拖延或拒绝	17461	2945	72	718	1936	12606	2446	473	9408	9258	131	13	5	1	167	244	201	663	56	1165	5769	489	654
侵犯消费者人格尊严或人身自由	392	58	1	22	59	256	63	14	250	249	1				1	6	3	16	3	26	175	7	13
其他	45918	25695	1032	7081	20567	8814	13382	3155	29297	28633	481	129	40	14	402	581	300	1489	131	1684	15265	4260	5185
其中:欺诈消费者行为	5173	3674	174	969	3315	762	875	221	4043	3969	49	20	3	2	127	71	13	510	3	283	2581	294	161

注:"消费类型"与"以侵权行为分类"为左侧分类项目;案件来源、立案查处案件等均为2005年数据。

全国历年查处侵害消费者权益案件基本情况

单位:件、万元

项目	案件总数	案件总值	没收金额	罚款金额	案件来源				其中:立案查处案件														
					检查	申诉	举报	其他	小计	案值					侵权人								
										5万元以下	5-10万元	10-30万元	30-100万元	100万元以上	国有企业	集体企业	股份合作企业	公司	外商投资企业	私营企业	个体工商户	自然人	其他
合　计	145918	91999	5308	30886	76933	29956	32839	6190	102940	100747	1667	385	100	41	1414	3685	902	7705	216	7441	68516	7581	5480
消费类型 商品消费案件	120934	79561	4910	27937	71018	21698	23067	5151	88935	87011	1456	343	87	38	1031	3271	717	6640	160	6160	60375	6496	4085
服务消费案件	24984	12438	398	2950	5915	8258	9772	1039	14005	13736	211	42	13	3	383	414	185	1065	56	1281	8141	1085	1395
生产、销售的商品不符合保障人身、财产安全要求	8836	9151	904	2975	6048	1149	1272	367	7646	7436	139	49	18	4	112	397	95	583	26	494	5377	423	139
在商品中掺杂使假、以假充真、以次充好或以不合格商品冒充合格商品	43078	30885	1656	12983	27254	6584	7154	2086	35286	34628	501	123	24	10	467	1565	291	2770	73	2766	25009	1648	697
生产国家明令淘汰商品或销售失效、变质商品	13555	4295	168	1068	10969	1151	1154	281	8385	8262	108	7	3	5	136	276	29	266	5	297	6832	462	82
伪造商品产地、伪造或冒用他人厂名、厂址，伪造或冒用认证标志、名优标志等质量标志	9753	16258	775	3908	5114	1250	2965	424	8215	7916	214	56	21	8	95	376	60	951	21	718	5401	383	210
销售的商品应检验、检疫而未检验、检疫或伪造检验、检疫结果	2602	1379	80	339	1484	489	528	101	1714	1682	26	6			21	50	48	77	3	113	1244	109	49
对商品或服务作引人误解的虚假宣传	6416	5265	126	3022	3423	1272	1571	150	5383	5223	127	27	2	4	156	262	84	1229	18	471	2866	189	108
对消费者提出修理、重作、更换、退货、补足商品数量、退还货款或赔偿等要求拖延或拒绝	15189	4010	55	444	1324	10185	3300	380	8026	7963	52	10	1		120	237	155	433	31	1057	5214	346	433
侵犯消费者人格尊严或人身自由	316	27	2	37	104	132	48	32	203	202	1				1	2		16	2	18	123	11	28
其他	46173	20729	1542	6109	21213	7744	14847	2369	28082	27435	499	107	31	10	306	520	138	1380	37	1507	16450	4010	3734
其中:欺诈消费者行为	4735	3065	153	774	3564	424	629	118	3636	3590	35	11			89	75	5	253	6	329	2550	263	66

（左侧分类说明：消费类型；以侵权行为分类）

全国历年查处侵害消费者权益案件基本情况

单位:件、万元

项　目	案件总数	案件总值	没收金额	罚款金额	案件来源 检查	申诉	举报	其他	其中:立案查处案件 小计	案值 5万元以下	5-10万元	10-30万元	30-100万元	100万元以上	侵权人 国有企业	集体企业	股份合作企业	公司	外商投资企业	私营企业	个体工商户	自然人	其他
合　计	139336	84972	5918	34458	81563	25098	25359	7316	97576	95701	1349	366	112	48	868	2506	659	8208	339	6564	64125	7412	6895
商品消费案件	119249	77228	5484	31357	75107	17691	20054	6397	83998	82380	1145	328	102	43	650	2345	576	7005	241	5405	56272	6340	5164
服务消费案件	20087	7744	434	3101	6456	7407	5305	919	13578	13321	204	38	10	5	218	161	83	1203	98	1159	7853	1072	1731
生产、销售的商品不符合保障人身、财产安全要求	9285	6810	1357	3337	5578	1599	1579	529	6742	6524	144	43	26	5	81	226	58	705	17	496	4630	288	241
在商品中掺杂使假、以假充真、以次充好或以不合格商品冒充合格商品	40647	24908	2052	13803	26496	5537	6098	2516	32048	31468	405	137	31	7	268	1173	261	2683	108	2529	22903	1202	921
生产国家明令淘汰商品或销售失效、变质商品	16459	5356	219	1122	14024	987	1042	406	6585	6541	39	2	1	2	44	162	31	190	15	280	5361	369	133
伪造商品产地、伪造或冒用他人厂名、厂址,伪造或冒用认证标志、名优标志等质量标志	10855	9425	640	4370	6270	1029	2546	1010	9446	9151	214	57	17	7	70	226	35	1039	27	637	6515	519	378
销售的商品应检验、检疫而未检验、检疫或伪造检验、检疫结果	2304	840	89	424	1411	423	412	58	1795	1777	15	3			15	22	5	78	3	122	1358	116	76
对商品或服务作引人误解的虚假宣传	6259	4767	156	2787	3686	913	1384	276	5390	5218	131	33	7	1	89	249	34	946	26	440	3225	191	190
对消费者提出修理、重作、更换、退货、补足商品数量、退还货款或赔偿等要求拖延或拒绝	12195	1840	79	382	1407	7997	2500	291	6761	6732	25	2		2	88	172	117	526	64	977	3633	156	1028
侵犯消费者人格尊严或人身自由	215	68	15	35	49	107	54	5	145	141	3	1			4	3	1	20	2	7	86	18	4
其他	41117	30957	1311	8198	22642	6506	9744	2225	28664	28149	373	88	28	26	209	273	117	2021	77	1076	16414	4553	3924
其中:欺诈消费者行为	7124	2088	69	1053	5866	382	660	216	3195	3141	31	17	6		61	78	41	236	30	134	2118	282	215

2007 年

全国历年查处制售假冒伪劣商品案件基本情况

单位:件、万元

项 目	2000 年																							
	案件总数	适用简易程序查处件数	立案查处件数	案 值					违 法 主 体						典型、重大案件						案件总值	没收金额	罚款金额
				5万元以下	5-10万元	10-30万元	30-100万元	100万元以上	国有企业	集体企业	外商投资企业	个体工商户	私营企业	其他	跨省案件	全国性案件	涉外作案	团伙作案	屡犯	不法分子抗拒执法案件	受到各种阻力案件			
合 计	108950	55382	53568	102548	4059	1620	496	227	3566	8290	353	64395	6976	25370	198	18		334	207	112	367	170096	6888	19609
以违法所得分类 一千元以下	76216	50140	26076	*	*	*	*	*	1336	3932	146	49405	3688	17709	84	15		222	164	82	275	*	*	*
一千元至一万元	27107	4889	22218	*	*	*	*	*	1881	3569	131	13069	2671	5786	77	1		109	34	24	75	*	*	*
一万元至十万元	5220	346	4874	*	*	*	*	*	268	738	72	1832	565	1745	32	1		3	9	5	15	*	*	*
十万元至三十万元	331	6	325	*	*	*	*	*	77	41	3	76	44	90	4	1				1	1	*	*	*
三十万元至一百万元	41	1	40	*	*	*	*	*	2	4		11	5	19	1						1	*	*	*
一百万元以上	35		35	*	*	*	*	*	2	6	1	2	3	21								*	*	*
以法规分类 违反消费者权益保护法规	21062	13097	7965	20268	680	107	6	1	719	2407	130	13008	1812	2986	87			34	58	37	106	12189	353	1619
违反反不正当竞争法规	8907	2314	6593	7715	685	342	109	56	479	845	71	4488	857	2167	33	1		35	31	16	33	33378	998	3222
违反商标法规	5618	1454	4164	4911	369	229	81	28	214	630	26	2677	579	1492	2	7		28	25	8	25	23488	247	2751
违反产品质量法规	11620	5589	6031	10739	575	276	23	7	360	892	46	7374	944	2004	27				52	26	81	11312	1291	1899
违反投机倒把行政处罚法规	19383	6540	12843	18068	962	230	85	38	359	1089	36	11364	815	5720	42	1		187	27	19	109	36298	2708	5697
违反其他法律法规	42360	26388	15972	40847	788	436	192	97	1435	2427	44	25484	1969	11001	7	9		50	14	6	13	53431	1290	4422
其中:农资案件 小计	8994	3391	5603	8337	489	150	15	3	329	1134	6	5099	614	1812	36			141	18	37	9	9859	578	1675
化肥案件	2039	633	1406	1913	89	29	6	2	78	298		1259	104	300	2	2		19	1			3040	189	439
农药案件	1479	505	974	1347	91	39	2		84	332	1	716	95	251	2			15	3			1591	106	349
种子案件	1279	457	822	1041	176	56	5	1	68	156	3	657	199	196	2			23	4	1		1434	97	238
农机案件	417	180	237	365	42	9	2		25	47		197	70	78	4							500	23	97
其他	3780	1616	2164	3671	91	17	1		74	301	2	2270	146	987	26			84	10	36	9	3294	163	552

全国历年查处制售假冒伪劣商品案件基本情况

单位:件、万元

项目	案件总数	适用简易程序查处件数	立案查处件数	案值 5万元以下	5-10万元	10-30万元	30-100万元	100万元以上	国有企业	集体企业	外商投资企业	个体工商户	私营企业	其他	跨省案件	全国性案件	涉外作案	团伙作案	屡犯	不法分子抗拒执法案件	受到各种阻力案件	案件总值	没收金额	罚款金额
合　计	163422	79004	84418	155898	5285	1610	492	137	3265	9417	707	98818	9071	42144	396	16	8	499	561	44	68	210775	8668	34799
以违法所得分类 一千元以下	113899	69491	44408	*	*	*	*	*	1604	4802	396	74869	4595	27633	177	1	1	223	319	21	17	*	*	*
一千元至一万元	41172	8348	32824	*	*	*	*	*	1284	3756	215	20615	3379	11923	170	3	2	266	234	18	22	*	*	*
一万元至十万元	7975	1159	6816	*	*	*	*	*	334	813	87	3272	1014	2455	40	2	2	9	8	5	14	*	*	*
十万元至三十万元	309	6	303	*	*	*	*	*	33	38	8	54	68	108	3	5					4	*	*	*
三十万元至一百万元	48		48	*	*	*	*	*	5	5	1	5	12	20	3	2	2				6	*	*	*
一百万元以上	19		19	*	*	*	*	*	5	3		3	3	5	3	3	1	1			5	*	*	*
以法规分类 违反消费者权益保护法规	25531	15863	9668	25103	285	135	6	2	908	2197	266	16574	1666	3920	175			73	86	7	9	19850	857	2635
违反反不正当竞争法规	11570	2779	8791	10528	645	264	101	32	542	1104	92	5945	1167	2720	62	2	2	15	25	10	15	27395	1534	5192
违反商标法规	9786	2421	7365	8830	556	272	101	27	176	747	74	4693	912	3184	8	5	3	36	28		5	35832	524	4500
违反产品质量法规	30412	12927	17485	28890	1058	349	99	16	751	2118	108	20089	1938	5408	58	3		24	20	4	20	38824	1550	7378
违反投机倒把行政处罚法规	21384	5700	15684	20015	1066	193	78	32	328	1026	47	12627	1112	6244	52	4	2	253	261	14	5	30760	1815	6168
违反其他法律法规	64739	39314	25425	62532	1675	397	107	28	560	2225	120	38890	2276	20668	41	2	1	98	141	7	14	58113	2389	8926
其中：农资案件 小计	14396	5695	8701	14064	249	65	14	4	509	1809	43	8665	535	2835	23	1		36	110	13	6	13351	763	3072
化肥案件	3357	1271	2086	3273	74	9		1	91	616	2	2015	77	556	2			5	6		2	3141	225	878
农药案件	2223	721	1502	2148	49	19	5	2	87	462	2	1079	106	487	5			8	16	2	2	3151	146	515
种子案件	1765	654	1111	1721	27	13	4		190	371		816	93	291	5			11	20			1384	119	317
农机案件	703	222	481	676	18	9			28	99		385	82	109	10			4				674	58	142
其他	6348	2827	3521	6246	81	15	4	2	113	261	35	4370	177	1392	1	1		8	68	11	2	5002	216	1220

注：表头时间为 2001 年；案值、违法主体、典型、重大案件为分类项目。

全国历年查处制售假冒伪劣商品案件基本情况

单位：件、万元

项目	案件总数	适用简易程序查处件数	立案查处件数	案值 5万元以下	5-10万元	10-30万元	30-100万元	100万元以上	违法主体 国有企业	集体企业	外商投资企业	个体工商户	私营企业	其他	典型、重大案件 跨省案件	全国性案件	涉外作案	团伙作案	屡犯	不法分子抗拒执法案件	受到各种阻力案件	案件总值	没收金额	罚款金额
合　计	159862	71636	88226	153361	4516	1451	418	116	3722	8169	671	100247	9288	37765	41	41	11	52	61	8	186	176432	8820	39254
以违法所得分类 一千元以下	111760	65240	46520	*	*	*	*	*	1885	4296	375	74296	4148	26760	15	36	8	13	12	1	65	*	*	*
一千元至一万元	39736	6000	33736	*	*	*	*	*	1418	3054	225	22396	3887	8756	6	3	2	36		6	108	*	*	*
一万元至十万元	7927	384	7543	*	*	*	*	*	389	758	60	3449	1152	2119	17	1	1	2	47	1	12	*	*	*
十万元至三十万元	356	6	350	*	*	*	*	*	26	48	7	90	80	105	2						1	*	*	*
三十万元至一百万元	62	5	57	*	*	*	*	*	3	9	4	10	17	19		1						*	*	*
一百万元以上	21	1	20	*	*	*	*	*		4		6	4	6	1		1					*	*	*
以法规分类 违反消费者权益保护法规	23422	14038	9384	22985	374	49	10	4	845	1491	174	16202	1393	3317	5	14		5	1		24	9736	551	2350
违反反不正当竞争法规	11385	2266	9119	10123	823	315	103	21	469	842	64	6084	1235	2691	3	14	2				12	30680	1398	4962
违反商标法规	9961	1946	8015	8931	673	241	94	22	267	734	49	5349	1216	2346	1	4	4				8	23255	848	5403
违反产品质量法规	35538	12643	22895	34430	789	245		17	789	2484	176	24011	2021	6057	19	4	3	5	10	8	54	34866	1737	8270
违反投机倒把行政处罚法规	12867	3294	9573	12076	552	181	40	18	205	647	55	7471	884	3605	9	1	1	38	1		14	21837	1495	4261
违反其他法律法规	66689	37449	29240	64816	1305	420	114	34	1147	1971	153	41130	2539	19749	4	4	1	4	49		74	56057	2792	14009
其中：农资案件 小计	20598	9878	10720	20201	307	71	17	2	464	1885	22	13372	865	3990	11	31		41			83	11525	762	4036
化肥案件	3593	821	2772	3472	104	11	5	1	105	768	9	1933	167	611	2			2	2	1	5	3280	171	994
农药案件	2244	717	1527	2210	25	7	2		102	457	1	1209	100	375	3	4						1005	63	371
种子案件	1795	816	979	1744	35	14	2		132	270	2	938	127	326						1	2	1199	137	362
农机案件	789	276	513	757	28	3	1		22	70	1	511	89	96							2	759	39	160
其他	12177	7248	4929	12018	115	36	7	1	103	320	9	8781	382	2582	3	27		39			74	5282	352	2148

全国历年查处制售假冒伪劣商品案件基本情况

単位:件、万元

项　目	2003 年																							
	案件总数	适用简易程序查处件数	立案查处件数	案　值					违　法　主　体						典型、重大案件							案值总值	没收金额	罚款金额
				5万元以下	5-10万元	10-30万元	30-100万元	100万元以上	国有企业	集体企业	外商投资企业	个体工商户	私营企业	其他	跨省案件	全国性案件	涉外作案	团伙作案	屡犯	不法分子抗拒执法案件	受到各种阻力案件			
合　计	161396	70555	90841	155090	4445	1302	444	115	3818	8173	708	99241	10617	38839	62	3	14	14	97	22	110	188583	8337	41389
以违法所得分类 一千元以下	108691	60516	48175	*	*	*	*	*	1983	4418	537	72913	5469	23371	11	1	8	2	34		56	*	*	*
一千元至一万元	45233	9878	35355	*	*	*	*	*	1431	3080	100	23461	3870	13291	17	2	3	3	43	16	38	*	*	*
一万元至十万元	6879	155	6724	*	*	*	*	*	355	640	51	2718	1175	1940	29		3	9	19	5	16	*	*	*
十万元至三十万元	406	2	404	*	*	*	*	*	36	23	17	100	70	160	5			1				*	*	*
三十万元至一百万元	138	2	136	*	*	*	*	*	10	9	3	23	26	66					1			*	*	*
一百万元以上	49	2	47	*	*	*	*	*	3	2		26	7	11								*	*	*
以法规分类 违反消费者权益保护法规	23746	14940	8806	23477	236	28	5		873	1495	75	17392	1378	2533	9	1	2	1	16	3	6	8884	531	2759
违反反不正当竞争法规	9782	1918	7864	8632	797	247	81	25	404	697	61	5337	1059	2224	6	1	1		6	2	6	31544	1370	5081
违反商标法规	12676	2783	9893	11679	633	263	82	19	252	572	42	7066	1216	3528	5		4	1	5		2	27414	492	7324
违反产品质量法规	43335	17492	25843	41928	1043	262	80	22	1254	2658	100	27726	3164	8433	27		7	10	33	14	85	37510	1807	11403
违反投机倒把行政处罚法规	11824	3072	8752	11123	495	154	41	11	227	613	18	7147	1131	2688	4			1	10	2	2	21192	1993	3594
违反其他法律法规	60033	30350	29683	58251	1241	348	155	38	808	2138	412	34573	2669	19433	11			1	27		9	62039	2144	11228
其中:农资案件 小计	22190	7465	14725	21551	460	154	21	4	648	1749	97	13235	1407	5054	5			1	2		3	19871	819	4877
化肥案件	4819	706	4113	4575	183	52	7	2	238	961	20	2653	297	650	2				1		1	5634	224	1681
农药案件	1968	560	1408	1933	31	4			105	256	7	1185	175	240	1							967	52	426
种子案件	1560	506	1054	1512	27	15		6	161	140	27	975	98	159							2	1437	72	509
农机案件	977	238	739	951	16	8		2	21	43	6	715	82	110								582	37	237
其他	12866	5455	7411	12580	203	75	6		123	349	37	7707	755	3895	1			1	1			11251	434	2024

全国历年查处制售假冒伪劣商品案件基本情况

单位：件、万元

项目	案件总数	案件总值	没收金额	罚款金额	小计	5万元以下	5-10万元	10-30万元	30-100万元	100万元以上	国有企业	集体企业	股份合作企业	公司	外商投资企业	私营企业	个体工商户	自然人	其他	跨省案件	全国性案件	涉外作案	团伙作案	屡犯	不法分子抗拒执法案件	受到各种阻力案件
合计	129514	184776	9689	45687	101296	97343	2394	1013	396	150	1616	5321	672	6684	224	7242	66313	8921	4303	39	16	10	6	15	11	6
违反消费者权益保护法规	21626	13190	593	3206	15481	15305	134	34	4	4	404	897	100	804	13	1392	10834	620	417	7	5		5			1
违反产品质量法规	55801	62620	3193	19386	44945	43460	1017	343	100	25	846	3166	229	3013	52	2759	31142	2474	1264	15	5	6			11	2
违反其他法律法规	52087	108967	5903	23096	40870	38578	1243	636	292	121	366	1258	343	2867	159	3091	24337	5827	2622	17	6	4	1	4	11	3
其中：食品案件 小计	39159	19987	1081	7237	28738	28213	349	126	37	13	301	746	121	1206	24	1665	22344	1546	785	3	5		4	7	11	3
粮食	2836	5310	270	1061	2387	2259	77	34	9	8	60	120	12	125	1	106	1767	147	49							
肉类、水产及其制品	5378	1272	132	661	3941	3917	17	7			19	42	2	77	4	214	3196	250	137					1		11
食用油脂	1428	2158	120	494	1137	1097	28	7	2	3	18	27	7	63	1	61	849	55	56					1		1
保健食品	5359	1829	96	836	3957	3908	39	9		1	48	90	14	199	3	263	3089	169	82	3						
饮料	9655	2091	131	965	6211	6174	34	2	1		79	181	13	196		428	4941	237	136					1		1
酒	8152	3900	193	1950	6653	6561	79	9	4		63	173	16	332	4	397	5123	387	158					1	2	
烹调佐料	1801	980	26	350	1314	1300	6	6	1	1	8	35	3	84	9	65	960	113	37						1	1
其中：有毒、有害食品	2328	1692	37	509	1730	1613	51	48	18		1	55	44	46		131	1332	100	20							
其中：农资案件 小计	22094	19373	920	7569	20133	19582	399	81	66	5	644	2673	104	1243		996	12465	1025	976	4	12		1			1
化肥	8076	9256	426	3658	7674	7448	164	35	25	2	263	1486	59	498	2	365	4430	353	218	4						
农药	3000	1740	106	854	2686	2647	36	3			88	558	20	182	1	115	1538	120	64							
种子	1912	2002	101	594	1634	1592	26	14		2	94	230	8	122		109	934	89	48							1
农机	906	886	40	287	816	793	15	7	1		18	27	2	82		49	557	58	23							
农用地膜	347	288	33	103	310	307	3					26		16		9	239	1	19							
其他	7853	5201	213	2074	7013	6795	155	22	40	1	181	346	15	343	4	349	4767	404	604		12			1		

说明：表头分类 — 违反法规类型、其中：食品案件、其中：农资案件；案值与违法主体均属"其中：立案查处案件"；跨省案件至受到各种阻力案件属"典型、重大案件"。

全国历年查处制售假冒伪劣商品案件基本情况

单位：件、万元

项目	案件总数	案件总值	没收金额	罚款金额	小计	案值 5万元以下	5-10万元	10-30万元	30-100万元	100万元以上	国有企业	集体企业	股份合作企业	公司	外商投资企业	私营企业	个体工商户	自然人	其他	跨省案件	全国性案件	涉外作案	团伙作案	屡犯	不法分子抗拒执法案件	受到各种阻力案件
合　计	116331	148170	7703	51115	95036	92091	1709	824	288	124	1032	4294	815	7137	253	6582	62408	8384	4131	11			2	8		1
违反消费者权益保护法规	16787	7329	394	2656	11575	11446	92	28	7	2	162	364	148	800	9	1202	8088	469	333	1				1		
违反产品质量法规	53347	52397	2902	26123	44878	43839	682	271	68	18	595	3036	336	3381	64	2598	31784	2157	927	5				1	4	
违反其他法律法规	46197	88443	4407	22337	38583	36806	935	525	213	104	275	894	331	2956	180	2782	22536	5758	2871	5				1	3	
小计	33687	14186	781	6957	26593	26202	272	91	24	4	181	516	217	1360	21	1086	21207	1591	414	1			2	5		
粮食	2452	2136	152	957	2106	2054	33	13	5	1	28	38	21	100		108	1629	141	41							
肉类、水产及其制品	4728	1687	142	733	3872	3823	30	17	1	1	8	33	28	192	7	129	3152	265	58						2	
食用油脂	1199	862	60	387	1017	987	22	5	3		8	29	31	67		55	737	72	18							
保健食品	3911	1179	49	573	2803	2752	47	3	1		27	59	46	168		110	2206	131	56							
饮料	7486	1734	110	829	4948	4919	23	3	1		38	133	17	188	2	200	4136	159	75	1						
酒	7467	3808	199	2105	6582	6499	59	15	9		42	123	35	380	5	256	5308	349	84				2	1		
烹调佐料	1907	477	23	309	1522	1513	4	4	1		8	38	4	95	3	51	1220	79	24							
其中：有毒、有害食品	1827	445	30	247	1280	1263	8	9			3	13	10	58	3	49	1009	123	12						2	
小计	21254	18460	834	9139	18678	18315	235	99	24	5	400	2425	224	1452	3	1016	11575	952	631	4				1	2	1
化肥	9200	8830	391	4483	8429	8267	115	37	8	2	193	1656	63	689	1	398	4852	402	175					1		
农药	2720	1593	101	837	2415	2383	23	6	3		76	401	31	228		89	1420	123	47	1						
种子	2028	1730	77	631	1688	1646	28	11	2	1	42	128	3	194		85	1040	153	24							1
农机	907	637	66	288	848	835	6	7			8	45	40	103		88	518	24	22							
农用地膜	182	138	7	58	163	158	4	1			2	17	4	12		3	105	16	4							
其他	6217	5533	192	2841	5135	5026	59	37	11	2	79	178	64	226	2	353	3640	234	359	2					1	1

（行标题左侧纵向合并栏：违反法规类型、其中：食品案件、其中：农资案件；横向合并栏：2005年、其中：立案查处案件、案值、违法主体、典型、重大案件）

全国历年查处制售假冒伪劣商品案件基本情况

单位:件、万元

2006年 — 其中:立案查处案件(案值、违法主体);典型、重大案件

项目	案件总数	案件总值	没收金额	罚款金额	小计	5万元以下	5-10万元	10-30万元	30-100万元	100万元以上	国有企业	集体企业	股份合作企业	公司	外商投资企业	私营企业	个体工商户	自然人	其他	跨省案件	全国性案件	涉外作案	团伙作案	屡犯	不法分子抗拒执法案件	受到各种阻力案件
合计	111255	178542	7854	44054	92905	90521	1325	706	235	118	991	3750	628	7400	402	6115	62922	7887	2810	42	1	2	2	6	1	18
违反法规类型:违反消费者权益保护法规	18380	12267	461	2890	12705	12559	92	49	5		174	645	86	710	25	928	9165	461	511	8			1	1		
违反产品质量法规	53283	47596	3103	20635	45813	44884	564	252	84	29	532	2493	341	4087	114	2784	32313	2258	891	13	1			3		14
违反其他法律法规	39592	118679	4291	20529	34387	33078	669	405	146	89	285	612	201	2603	263	2403	21444	5168	1408	21	1	1	1	2	1	4
其中:食品案件 小计	37825	14308	778	7769	29841	29579	180	68	14		351	695	129	1575	23	1106	23362	1863	737	2	1	1	1	3		1
粮食	3251	1602	86	712	2603	2569	29	4	1		62	92	23	116	1	133	2044	101	31							
肉类、水产及其制品	4325	1343	82	595	3454	3431	17	4	2		27	46	27	152	6	136	2728	237	95					1		
食用油脂	1195	934	52	376	988	979	6	2	1		15	34	6	78		62	732	50	10							
保健食品	3528	1218	72	680	2461	2440	14	2	5		44	88	13	275		174	1707	128	32							
饮料	7554	1818	117	1027	5542	5515	19	8			62	222	25	234	2	215	4348	334	100							
酒	8323	4178	209	2572	7252	7178	46	25	3		130	129	22	379	2	239	5682	522	147		1					
烹调佐料	2268	441	33	274	1617	1611	5	1			6	22	6	85	6	52	1366	57	17					1		
其中:有毒、有害食品	2967	343	24	205	2286	2279	7				30			109	3	39	1890	172	36					1		
其中:农资案件 小计	19953	18139	828	7619	18383	18019	231	103	26	4	381	2206	138	1476	6	1067	12033	664	412	12		1		1		3
化肥	8199	7721	364	3992	7834	7660	115	45	14		180	1288	82	631	6	373	4828	355	91	3						1
农药	2881	1572	81	849	2663	2616	33	7	6	1	80	481	18	228		132	1631	71	22							2
种子	1756	3430	99	612	1468	1426	32	5	2	3	41	139	8	150		91	918	85	36	6						
农机	1105	690	39	307	1060	1054	3	3			10	87	5	53		37	858	4	6	1						
农用地膜	188	156	7	45	172	169	2		1		1	8	1	9		10	133	4	6							
其他	5824	4570	238	1813	5186	5094	46	43			69	203	24	405		424	3665	145	251	2		1		1		

全国历年查处制售假冒伪劣商品案件基本情况

单位:件、万元

项目	案件总数	案件总值	没收金额	罚款金额	小计	5万元以下	5-10万元	10-30万元	30-100万元	100万元以上	国有企业	集体企业	股份合作企业	公司	外商投资企业	私营企业	个体工商户	自然人	其他	跨省案件	全国性案件	涉外作案	团伙作案	屡犯	不法分子抗拒执法案件	受到各种阻力案件
合　计	113042	131753	7396	46854	93055	90888	1267	590	214	96	663	2645	569	7360	376	5817	62187	11071	2367	5	30	5	5	6	10	49
违反消费者权益保护法规	19255	6610	431	3166	11416	11322	76	13	1	4	114	312	76	737	76	1161	7842	694	404	1	1		2	1	7	38
违反产品质量法规	50377	43328	3946	21779	43055	42163	533	252	87	20	355	1765	304	4028	113	2481	31227	2104	678	2	23		3	4	2	4
违反其他法律法规	43410	81815	3018	21909	38584	37403	658	325	126	72	194	568	189	2595	187	2175	23118	8273	1285	2	6	5		1	1	7
其中:食品案件 小计	41750	14493	1054	8122	30016	29791	143	65	10	7	149	517	185	1716	75	1591	23263	1761	759	3	19		4	4	8	27
粮食	2639	1747	116	789	2153	2119	21	7	3	3	38	111	19	212	11	102	1466	163	31		2					
肉类、水产及其制品	4515	1383	127	797	3690	3660	22	6	2		19	32	42	237	12	210	2773	247	118				1	4	2	3
食用油脂	1805	1211	87	495	1601	1582	15	3		1	5	40	29	117	10	141	1149	73	37							2
保健食品	4611	1098	72	699	3083	3066	13	4			11	63	20	172	3	235	2358	163	58		1					2
饮料	10198	1613	152	1002	5569	5555	12				22	103	25	279	25	299	4499	225	92		15					14
酒	8183	4092	311	2684	7383	7329	34	16	2		42	101	31	388	1	380	5996	316	128	2	1		1		6	6
烹调佐料	1957	376	28	337	1527	1519	7	1			2	22	10	75	2	96	1180	114	26							
其中:有毒、有害食品	3876	537	45	312	2238	2234	3				13	44	23	66	19	56	1706	269	42							
其中:农资案件 小计	17819	15441	817	7976	16273	16011	175	65	15	7	252	1385	133	1448		788	11016	808	443	2	9		1			4
化肥	7024	6307	318	3806	6637	6536	77	17	6	1	148	889	89	662		289	4220	249	91		2					
农药	2728	1768	120	992	2488	2468	14		2		43	282	12	219		112	1707	67	46		3					2
种子	1310	1214	67	514	1117	1088	17	9	3		20	75	12	104		57	782	58	19		1					
农机	361	553	30	185	340	330	6	3		1	1	11	2	34		22	261	7	2							1
农用地膜	176	225	6	77	155	148	4	1	2		1	12	1	19		11	106	3	4	1						
其他	6220	5372	276	2402	5536	5441	57	31	14		39	118	27	410		297	3940	424	281	1	3		1			1

表头说明:2007年　其中:立案查处案件(案值、违法主体)　典型、重大案件

第七部分 全国市场监督管理基本情况

1950—1994 年全国集贸市场基本情况

单位:个、万元

年 份	集市数			成交额		
	小计	城市	农村	小计	城市	农村
1950	14412		14412	113504		113504
1951	14519		14519	115076		115076
1952	19310		19310	161113		161113
1953	19354		19354	165812		165812
1954	19460		19460	167007		167007
1955	19393		19393	173303		173303
1956	19320		19320	179905		179905
1957	19128		19128	192084		192084
1958	15267		15267	124098		124098
1959	14373		14373	145372		145372
1960	14498		14498	177361		177361
1961	17418		17418	441837		441837
1962	18482		18482	699814		699814
1963	19065		19065	428603		428603
1964	26558		26558	337005		337005
1965	36245		36245	621614		621614
1966	12978		12978	208749		208749
1967	15436		15436	260846		260846
1968	14464		14464	246894		246894
1969	14505		14505	264110		264110
1970	14466		14466	281638		281638
1971	14530		14530	319478		319478
1972	14553		14553	336052		336052
1973	15075		15075	367763		367763
1974	11182		11182	297070		297070
1975	31304		31304	945509		945509
1976	29227		29227	1024026		1024026
1977	29882		29882	1053852		1053852
1978	33302		33302	1259107		1259107
1979	38993	2226	36767	1828243	120776	1707467
1980	40863	2973	37890	2354035	237058	2116977
1981	43013	3298	39715	2872764	340946	2531818
1982	44775	3591	41184	3283659	413718	2869941
1983	47999	4491	43508	3793369	514563	3278806
1984	56500	6144	50356	4569012	962484	3606528
1985	61337	8013	53324	6322448	1206716	5115732
1986	67610	9701	57909	9064966	2444073	6620893
1987	69683	10908	58775	11578899	3470846	8108053
1988	71359	12181	59178	16213499	5453227	10760272
1989	72130	13111	59019	19735829	7236120	12499709
1990	72579	13106	59473	21682510	8378212	13304298
1991	74675	13891	60784	26221790	10792391	15429399
1992	79188	14510	64678	35299796	15830034	19469762
1993	83001	16450	66551	53430321	25624452	27805869
1994	84463	17880	66583	89815495	45690853	44124642

注:1950—1994 年我总局监管的市场以"集贸市场"相称,1994 年以后"集贸市场"改为"消费品市场"。

1995—2007 年全国分类市场基本情况

单位:个

项　目	1995 年			1996 年			1997 年		
	市场数	城市	农村	市场数	城市	农村	市场数	城市	农村
消费品市场	82892	19892	63000	85391	20832	64559	87105	22352	64753
一、消费品综合市场	50733	8168	42565	51237	8080	43157	51158	8265	42893
二、农副产品市场	23502	7580	15922	24626	8039	16587	25673	8753	16920
1. 农副产品综合市场	16309	5532	10777	17190	5805	11385	17745	6390	11355
2. 农副产品专业市场	7193	2048	5145	7436	2234	5202	7928	2363	5565
三、工业消费品市场	6861	3626	3235	7633	4106	3527	8512	4732	3780
1. 工业消费品综合市场	3600	1819	1781	3947	2057	1890	4548	2441	2107
2. 工业消费品专业市场	3261	1807	1454	3686	2049	1637	3964	2291	1673
四、其他	1796	518	1278	1895	607	1288	1762	602	1160
生产资料市场	4247	2054	2193	4730	2440	2290	5575	3019	2556
一、生产资料综合市场	767	414	353	852	476	376	1011	554	457
二、工业生产资料市场	2602	1373	1229	2965	1672	1293	3582	2096	1486
1. 工业生产资料综合市场	446	232	214	512	305	207	667	400	267
2. 工业生产资料专业市场	2156	1141	1015	2453	1367	1086	2915	1696	1219
三、农业生产资料市场	492	107	385	490	103	387	480	119	361
1. 农业生产资料综合市场	143	36	107	158	23	135	151	35	116
2. 农业生产资料专业市场	349	71	278	332	80	252	329	84	245
四、其他	386	160	226	423	189	234	502	250	252
生产要素市场	827			1004			1141		

1995—2007 年全国分类市场基本情况

单位:个

项　目	1998 年			1999 年			2000 年		
	市场数	城市	农村	市场数	城市	农村	市场数	城市	农村
消费品市场	89177	24127	65050	88576	24983	63593	88811	26395	62416
一、消费品综合市场	51660	8360	43300	50143	8770	41373	49146	8545	40601
二、农副产品市场	26236	9600	16636	26414	9632	16782	27445	10511	16934
1. 农副产品综合市场	18192	7021	11171	19004	7162	11842	20006	7767	12239
2. 农副产品专业市场	8044	2579	5465	7410	2470	4940	7439	2744	4695
三、工业消费品市场	9335	5498	3837	9652	5899	3753	10179	6484	3695
1. 工业消费品综合市场	4946	2770	2176	5318	3012	2306	5452	3150	2302
2. 工业消费品专业市场	4389	2728	1661	4334	2887	1447	4727	3334	1393
四、其他	1946	669	1277	2367	682	1685	2041	855	1186
生产资料市场	6202	3571	2631	6324	3620	2704	6733	3910	2823
一、生产资料综合市场	1170	651	519	1098	678	420	1171	730	441
二、工业生产资料市场	3997	2509	1488	4073	2315	1758	4373	2505	1868
1. 工业生产资料综合市场	747	499	248	4073	2315	1758	4373	2505	1868
2. 工业生产资料专业市场	3250	2010	1240						
三、农业生产资料市场	478	137	341	420	140	280	443	158	285
1. 农业生产资料综合市场	141	33	108	199	59	140	204	60	144
2. 农业生产资料专业市场	337	104	233	221	81	140	239	98	141
四、其他	557	274	283	733	487	246	746	517	229
生产要素市场	1209			1376			1375		

1995—2007 年全国分类市场基本情况

单位:个

项 目	2001 年			2002 年			2003 年		
	市场数	城市	农村	市场数	城市	农村	市场数	城市	农村
消费品市场	86454	26699	59755	82498	26529	55969	81017	27006	54011
一、消费品综合市场	47152	8402	38750	44524	8326	36198	42824	8403	34421
二、农副产品市场	27167	10724	16443	26381	10858	15523	26291	10911	15380
1. 农副产品综合市场	20139	8119	12020	19937	8405	11532	20155	8527	11628
2. 农副产品专业市场	7028	2605	4423	6444	2453	3991	6136	2384	3752
三、工业消费品市场	10163	6662	3501	9719	6435	3284	9682	6646	3036
1. 工业消费品综合市场	5566	3315	2251	5409	3342	2067	5416	3487	1929
2. 工业消费品专业市场	4597	3347	1250	4310	3093	1217	4266	3159	1107
四、其他	1972	911	1061	1874	910	964	2220	1046	1174
生产资料市场	6631	3970	2661	6545	3902	2643	6711	4105	2606
一、生产资料综合市场	1136	694	442	1235	699	536	1130	716	414
二、工业生产资料市场	4082	2360	1722	3874	2356	1518	4055	2510	1545
1. 工业生产资料综合市场	4082	2360	1722	3874	2356	1518	4055	2510	1545
2. 工业生产资料专业市场									
三、农业生产资料市场	542	268	274	534	173	361	611	179	432
1. 农业生产资料综合市场	294	157	137	302	72	230	403	83	320
2. 农业生产资料专业市场	248	111	137	232	101	131	208	96	112
四、其他	871	648	223	902	674	228	915	700	215
生产要素市场	1344			1226			1105		

1995—2007 年全国分类市场基本情况

单位:个

项　目	2004 年			2005 年		
	市场数	城市	农村	市场数	城市	农村
消费品市场	71552	25404	46148	69520	25905	43615
一、消费品综合市场	36007	8350	27657	33821	7960	25861
二、农副产品市场	25040	10143	14897	24930	10616	14314
1. 农副产品综合市场	20253	8272	11981	20425	8763	11662
2. 农副产品专业市场	4787	1871	2916	4505	1853	2652
三、工业消费品市场	8493	5906	2587	8859	6446	2413
1. 工业消费品综合市场	4818	3057	1761	5285	3653	1632
2. 工业消费品专业市场	3675	2849	826	3574	2793	781
四、其他	2012	1005	1007	1910	883	1027
生产资料市场	6639	4220	2419	6043	3892	2151
一、生产资料综合市场	1356	895	461	1206	798	408
二、工业生产资料市场	4078	2669	1409	3703	2449	1254
1. 工业生产资料综合市场	4078	2669	1409	3703	2449	1254
2. 工业生产资料专业市场						
三、农业生产资料市场	734	322	412	664	303	361
1. 农业生产资料综合市场	419	171	248	343	138	205
2. 农业生产资料专业市场	315	151	164	321	165	156
四、其他	471	334	137	470	342	128
生产要素市场	1347	1086	261	1235	909	326

1995—2007 年全国分类市场基本情况

单位:个

项　目	2006 年			2007 年		
	市场数	城市	农村	市场数	城市	农村
消费品市场	67042	25237	41805	61913	24150	37763
一、消费品综合市场	32299	7602	24697	29331	7057	22274
二、农副产品市场	24663	10595	14068	23587	10489	13098
1. 农副产品综合市场	20238	8712	11526	19637	8763	10874
2. 农副产品专业市场	4425	1883	2542	3950	1726	2224
三、工业消费品市场	8525	6207	2318	7496	5705	1791
1. 工业消费品综合市场	4206	2729	1477	3442	2387	1055
2. 工业消费品专业市场	4319	3478	841	4054	3318	736
四、其他	1555	833	722	1499	899	600
生产资料市场	5935	3844	2091	5483	3511	1972
一、生产资料综合市场	1053	688	365	882	544	338
二、工业生产资料市场	3807	2600	1207	3605	2455	1150
1. 工业生产资料综合市场	3807	2600	1207	3605	2455	1150
2. 工业生产资料专业市场						
三、农业生产资料市场	719	341	378	681	304	377
1. 农业生产资料综合市场	383	161	222	418	157	261
2. 农业生产资料专业市场	336	180	156	263	147	116
四、其他	356	215	141	315	208	107
生产要素市场	1155	908	247	1468	810	658

1995—2002 年全国分类市场成交额情况表

单位：万元

项　目	1995 年			1996 年			1997 年		
	成交额	城市	农村	成交额	城市	农村	成交额	城市	农村
消费品市场	115900660	61764153	54136507	146949033	78824602	68124431	174245029	94688075	79556954
一、消费品综合市场	43405934	17099135	26306799	53099307	21179257	31920050	62855743	25769779	37085964
二、农副产品市场	30966792	17623421	13343371	39405252	21968834	17436418	48045330	27540797	20504533
1. 农副产品综合市场	30966792	17623421	13343371	39405252	21968834	17436418	48045330	27540797	20504533
2. 农副产品专业市场									
三、工业消费品市场	39393484	25943288	13450196	51443833	33855206	17588627	60204495	39676555	20527940
1. 工业消费品综合市场	39393484	25943288	13450196	51443833	33855206	17588627	60204495	39676555	20527940
2. 工业消费品专业市场									
四、其他	2134450	1098309	1036141	3000641	1821305	1179336	3139461	1700944	1438517
生产资料市场	31401028	24200796	7200232	38791370	29671028	9120342	46009539	34426840	11582699
一、生产资料综合市场	6099256	5305723	793533	8662687	7733766	928921	9462732	8052759	1409973
二、工业生产资料市场	20770570	15535087	5235483	25703371	18790127	6913244	30531606	22393527	8138079
1. 工业生产资料综合市场	20770570	15535087	5235483	25703371	18790127	6913244	30531606	22393527	8138079
2. 工业生产资料专业市场									
三、农业生产资料市场	1111281	480440	630841	929355	399189	530166	1630526	510785	1119741
1. 农业生产资料综合市场	1111281	480440	630841	929355	399189	530166	1630526	510785	1119741
2. 农业生产资料专业市场									
四、其他	3419921	2879546	540375	3495957	2747946	748011	4384675	3469769	914906
生产要素市场	139377541			15181253			14734409		

1995—2002 年全国分类市场成交额情况表

单位:万元

项　目	1998 年			1999 年			2000 年		
	成交额	城市	农村	成交额	城市	农村	成交额	城市	农村
消费品市场	198355260	110428297	87926963	217078479	123256712	93821767	242795702	138003399	104792303
一、消费品综合市场	68467767	27815529	40652238	67451220	28612353	38838867	73577700	29825439	43752261
二、农副产品市场	53729037	32200199	21528838	64237698	37512614	26725084	75546800	45023562	30523238
1. 农副产品综合市场	53729037	32200199	21528838	40393664	23259468	17134196	46116011	26947348	19168663
2. 农副产品专业市场				23844034	14253146	9590888	29430789	18076214	11354575
三、工业消费品市场	71141185	47988078	23153107	80195033	54256638	25938395	87287302	59418444	27868858
1. 工业消费品综合市场	71141185	47988078	23153107	37444415	26688207	10756208	37394202	27596519	9797683
2. 工业消费品专业市场				42750618	27568431	15182187	49893100	31821925	18071175
四、其他	5017271	2424491	2592780	5194528	2875107	2319421	6383900	3735954	2647946
生产资料市场	50546259	37921634	12624625	58730721	43933562	14797159	72490043	55943183	16546860
一、生产资料综合市场	9132183	7737112	1395071	9353135	8193444	1159691	11100212	9036915	2063297
二、工业生产资料市场	33579302	25359342	8219960	42964932	32193956	10770976	51321899	39517751	11804148
1. 工业生产资料综合市场	33579302	25359342	8219960	42964932	32193956	10770976	51321899	39517751	11804148
2. 工业生产资料专业市场									
三、农业生产资料市场	2375371	1087938	1287433	1258830	589908	668922	1271117	547145	723972
1. 农业生产资料综合市场	2375371	1087938	1287433	610511	214754	395757	682815	294542	388273
2. 农业生产资料专业市场				648319	375154	273165	588302	252603	335699
四、其他	5459403	3737242	1722161	5153824	2956254	2197570	8796815	6841372	1955443
生产要素市场	18682096			17907516			29839095		

1995—2002 年全国分类市场成交额情况表

单位:万元

项 目	2001 年			2002 年		
	成交额	城市	农村	成交额	城市	农村
消费品市场	249493618	143197268	106296350	259757245	151401528	108355717
一、消费品综合市场	71074559	28688259	42386300	77154038	32360538	44793500
二、农副产品市场	77624645	45840908	31783737	80691381	47910962	32780419
1. 农副产品综合市场	47915253	27443885	20471368	51472402	30265260	21207142
2. 农副产品专业市场	29709392	18397023	11312369	29218979	17645702	11573277
三、工业消费品市场	93863511	64448073	29415438	92214825	65277756	26937069
1. 工业消费品综合市场	37880414	27465018	10415396	39464865	29612271	9852594
2. 工业消费品专业市场	55983097	36983055	19000042	52749960	35665485	17084475
四、其他	6930903	4220028	2710875	9697001	5852272	3844729
生产资料市场	78774922	60697130	18077792	87962940	69474362	18488578
一、生产资料综合市场	11234812	8582086	2652726	11098003	8917888	2180115
二、工业生产资料市场	55408789	43198614	12210175	61053524	47956391	13097133
1. 工业生产资料综合市场	55408789	43198614	12210175	61053524	47956391	13097133
2. 工业生产资料专业市场						
三、农业生产资料市场	1323049	670860	652189	1708826	743721	965105
1. 农业生产资料综合市场	569718	234038	335680	904094	380144	523950
2. 农业生产资料专业市场	753331	436822	316509	804732	363577	441155
四、其他	10808272	8245570	2562702	14102587	11856362	2246225
生产要素市场	33875013			25356058		

第八部分　全国合同监督管理基本情况

全国历年经济合同监督检查情况

单位:份、件、万元

年份	鉴证		检查		查处违法合同			
	份数	金额	份数	金额	件数	金额	没收非法所得	罚没金额
1981	763767	1561505	74453	514353	1	2		
1982	2357657	2666079	262922	362645	543	6876		5
1983	7501586	2882535	2489463	635058	878	4060		57
1984	7487421	3425501	2786783	1907114	610	30825		49
1985	14060846	10667452	14528156	12102111	1494	49763		287
1986	8203791	11554091	15807081	20006667	2257	29273		643
1987	3673440	5032524	17923608	33281852	3718	195413		1496
1988	2999014	11321972	21355274	49722604	3394	154172		36159
1989	3527583	9570672	19525429	53474729	6789	212866		56780
1990	4019784	8479764	15925383	52073032	7747	119026		2267
1991	5491345	11982600	18668178	68870500	8815			
1992	4720190	18728000	15301905	103621000	8202			
1993	5612921	24582000	15992810	54707000	3252			
1994	6628453	24481000	12795775	354227800	3694	158200		
1995	6265588	30968000	6545598	90082000	11810	262000		
1996	7170802	36577000	8597312	125353000	32564	771000		4178
1997	4791408	42248488	6506792	351482516	13957	618181		4783
1998	4309368	49128700	4854223	85647410	12936	430148		2871
1999	3572958	51978139	4742046	164043533	22939	582241	1656	3416
2000	3797061	55695491	5418770	67666421	30076	554998	2152	6338
2001	3611621	63732121	4513930	67607391	36019	870182	3123	11773
2002	3253119	117991137	3755874	58040902	33264	1000481	3122	11707
2003			2559247	54125713	19706	308468	1408	8000
2004			2184670	58748157	25553	451455	8368	8805
2005			2402724	67257345	26574	288784	1252	9708
2006			3729609	51834083	19890	203061	3670	9963
2007			3000044	59734418	15224	217956	863	7445

第九部分　　全国广告管理基本情况

全国历年广告基本情况

单位：户、人、万元

项　目	1982年	1983年	1984年	1985年	1986年	1987年	1988年	1989年	1990年
一、广告经营单位总数（户）	1443	1888	3526	5771	6878	8308	10730	11519	11121
广告公司	52	122	295	553	594	824	1134	1145	1057
全民	38	77	163	259	310	382	548	518	451
集体	14	45	132	294	284	442	584	620	598
中外合资							2	7	8
电视台	25	42	74	199	352	403	521	664	726
报社	163	255	403	710	993	1164	1372	1396	1287
电台	59	109	135	212	377	3467	520	544	634
杂志社	258	427	628	1284	1694	1929	2567	2648	2244
其他	886	933	1991	2813	2868	3521	4616	5122	5173
全民	848	841	1793	2436	2270	2479	2096	2756	2907
集体	38	92	198	370	583	1032	1446	1964	1891
个体				7	15	10	74	402	375
二、从业人员（人）	16091	22619	40802	59684	74463	93895	117261	130597	131381
三、广告经营额（万元）	10791	17006	30384	59731	77957	112183	164053	202224	253321
其中：外汇人民币	647	1418	2130	6208	5280	7064	11335	9926	21362
其中　生产资料	3693	6618	10069	17341	23825	32448	42470	51738	64443
日用产品	2129	3429	6503	11695	18422	25369	39590	49052	60056
食品	679	1000	2385	4760	6749	9405	14215	19380	24919
医药	1192	1812	3627	6069	7097	9119	12534	14636	19432
文化用品	969	1589	1991	4797	5093	6510	11677	14427	15744
其他	2129	2558	5809	15069	16771	29332	43567	52991	68727

全国历年广告基本情况

单位：户、人、万元

项　目	1991 年			1992 年			1993 年		
	经营单位	从业人员	经营额	经营单位	从业人员	经营额	经营单位	从业人员	经营额
合　计	11769	134506	350893	16652	184279	632216	31744	310638	1264374
其中：全民所有制	9197	91299	309708	12162	121947	553127	19873	185459	1037869
集体所有制	2126	39699	31463	3740	56154	57814	9648	106351	160371
个体工商业	242	1937	847	664	4663	2295	1960	14717	18694
外商投资企业	204	1571	8875	86	1515	18980	263	4111	47440
其中：广告公司	1156	29073	69264	3006	55129	139945	11018	141855	385246
报社	1387	8454	96188	1539	10196	161833	2054	14190	377110
电台	623	4318	14049	660	5033	19920	834	5480	34944
电视台	838	6176	100052	981	7597	205471	1606	11847	294391
杂志社	2327	10623	9989	2701	13149	17267	3324	16524	18447
有线广播	702	3774	775	792	4316	1186	671	3881	1801
民航	42	371	1444	44	432	1500	65	732	3576
铁路	111	1083	1635	152	1955	2581	195	1987	5428
体委	78	638	1653	99	853	2340	109	1465	2454
印刷厂	1043	31171	17052	1036	30770	31027	986	26908	37719
制作工厂	882	13318	13273	1288	16923	17417	1556	17374	17667
影剧院	173	1222	327	190	1503	574	194	1382	1038
文化馆	186	1455	503	214	1766	686	238	1824	1288
其他	2221	22830	24689	3950	34657	30469	8894	65189	83265

全国历年广告基本情况

单位:户、人、万元

项 目	1994 年		
	经营单位	从业人员	经营额
合　计	43046	410094	2002623
其中:国有企业	9449	102594	462346
国有事业	9107	68013	908705
集体企业	15035	145293	275027
集体事业	1380	16847	43312
个体私营企业	4785	40675	62836
外商投资企业	559	9280	149698
股份制企业	1557	14387	40976
联营企业	218	2883	11961
其他	956	10122	47762
其中:广告公司	18375	219791	706013
报社	2509	18304	505442
电台	929	7236	49569
电视台	1985	15956	447600
杂志社	3774	19523	39506
有线广播	519	3219	4724
民航	89	1066	13609
铁路	261	2826	9657
体委	174	1548	5937
其他	14431	120625	220566

全国历年广告基本情况

单位:户、人、万元

项　目	1995 年			1996 年			1997 年			1998 年		
	经营单位	从业人员	经营额	经营单位	从业人员	经营额	经营单位	从业人员	经营额	经营单位	从业人员	经营额
合　计	48082	477371	2732690	52871	512087	3666372	57024	545788	4619637	61730	578876	5378327
其中:国有企业	8858	109768	606094	9322	111943	554476	8658	107111	730754	8315	101085	773846
国有事业	9773	74861	1297913	10156	77044	1713200	10192	73299	2075679	10229	75440	2220979
集体企业	14752	155122	334466	13717	143929	404757	13005	138247	470441	11673	122843	475279
集体事业	1424	12404	40828	1420	12501	56474	1134	11074	69582	1059	9943	66553
个体私营企业	7596	62424	103954	9777	76660	189997	12489	97467	292441	15766	121468	434000
外商投资企业	552	9179	198211	552	9547	209761	516	9468	315001	500	9494	368194
股份制企业	2863	30711	74475	4341	44653	155881	6246	61878	175455	7229	76415	277450
联营企业	351	5439	22272	403	5172	18452	431	4856	27749	625	7515	72159
其他	1913	17463	54477	3183	30638	363374	4353	42388	462535	6334	54673	689867
其中:广告公司	22691	270508	1071245	25726	288675	1567858	29010	319092	1941413	33290	349953	2301138
兼营广告企业	8300	75138	119187	9680	85363	153742	10196	93067	320474	10033	88092	353486
电视台	2312	19475	649800	2625	22955	907894	2962	24859	1144105	2945	26004	1356380
电台	922	6771	73769	990	7664	87267	955	7499	97406	906	7526	133036
报社	2334	18280	646768	2231	19352	776891	2329	20040	968265	2316	21146	1043546
杂志社	3540	22421	38229	3825	20520	56096	3812	19543	52710	3908	21040	71328
有线广播	466	2665	3437	431	2941	9467	366	2480	8370	331	2245	13121
其他	7517	62113	130255	7363	64617	107157	7394	59208	86894	8001	62870	106292

全国历年广告基本情况

单位：户、人、万元

项　目	1999 年			2000 年			2001 年			2002 年		
	经营单位	从业人员	经营额	经营单位	从业人员	经营额	经营单位	从业人员	经营额	经营单位	从业人员	经营额
合　计	64882	587474	6220506	70747	641116	7126632	78339	709076	7948876	89552	756414	9031464
其中:国有企业	8054	88667	964904	8056	86397	1474294	7896	83122	1202318	7607	76373	1120284
国有事业	10244	72116	2660616	10006	77306	3069224	9865	79834	3164083	9746	79349	4089809
集体企业	8891	102533	402235	7954	96936	413250	7435	79617	452674	6496	69473	433176
集体事业	1213	10913	85316	904	7515	68781	1010	8993	84523	980	8791	96802
个体私营企业	23915	190237	703343	30924	250765	1030058	37906	303280	1395144	46995	378204	1938798
外商投资企业	440	9927	655410	380	9515	453343	329	8590	743586	385	10190	604787
联营企业	806	9020	32817	988	7611	36440	841	8563	61487	996	5931	40946
其他	11319	104061	715865	11535	105071	581242	13057	137077	845061	16347	128103	706862
其中:股份有限公司	1048	14489	68163	1069	10611	56489	1046	10354	74400	2922	8419	116743
有限责任公司	31455	311517	2244324	34115	338935	2583614	40764	397672	2956478	49313	433300	3098826
其中:广告公司	36162	368638	2778129	40497	408250	3177333	46935	468813	3709758	57434	507577	3956527
兼营广告企业	10726	93039	436231	11108	91394	380727	11686	95617	429871	11501	91510	335234
电视台	2982	26693	1561496	3067	28824	1689126	3076	29336	1793743	2901	29194	2310298
电台	763	6496	125243	720	6996	151947	711	6892	182761	710	6716	219011
报社	2252	20689	1123256	2226	21556	1464668	2182	22301	1576993	2235	23165	1884758
杂志社	3943	18129	89232	3835	22506	113400	3576	25068	118594	3874	26776	152146
有线广播	316	1801	5395	285	1756	5542	309	1585	5775	252	1327	7862
其他	7738	51989	101523	9009	59834	143889	9864	59464	131382	10645	70149	165628

全国历年广告基本情况

单位:户、人、万元

项　目	2003 年		
	经营单位	从业人员	经营额
合　计	101786	871366	10786846
其中:国有企业	7026	73537	1581208
国有事业	9745	80287	4416059
集体企业	5704	59426	560016
集体事业	1017	9997	104931
个体私营企业	61372	487546	2470002
外商投资企业	401	10560	856393
联营企业	1220	7544	63453
其他	15301	142469	734784
其中:股份有限公司	1001	10480	126323
有限责任公司	55662	508947	3339473
其中:广告公司	66353	592647	4448378
兼营广告企业	13543	106723	546373
电视台	2924	29910	2550395
电台	658	6570	255689
报社	2225	24558	2430113
杂志社	4009	28280	243806
有线广播	281	1508	27751
其他	11793	81170	284342

全国历年广告基本情况

单位:户、人、万元

项 目	2004 年			2005 年			2006 年			2007 年		
	经营单位	从业人员	经营额	经营单位	从业人员	经营额	经营单位	从业人员	经营额	经营单位	从业人员	经营额
合 计	113508	913832	12645601	125394	940415	14163487	143129	1040099	15730018	172615	1112528	17409626
其中 国有企业	6094	67496	1545853	5662	60445	1551837	5941	64821	1569957	5801	63054	1586358
国有事业	8629	76896	4564661	8752	80382	5848756	9030	87507	6794104	8877	92808	7442573
集体企业	4615	45979	415092	3919	37465	401699	3409	30281	338371	3145	27197	381798
集体事业	898	7492	104935	987	9820	95215	788	6448	127963	667	7763	151177
个体、私营企业	76916	575662	3371149	90383	629263	3687147	106535	709618	4176109	134728	771859	5106064
外商投资企业	370	10092	1336563	461	10339	1697530	497	15936	1324096	577	17944	1042911
联营企业	469	4677	26423	381	2695	27175	349	2990	31493	346	2636	29073
其他	15517	125538	1280925	14849	110006	854128	16580	122498	1367924	18474	129267	1669671
其中 1. 广告公司	76210	641654	5652956	84272	655925	6153837	99368	737285	6313245	113222	761887	6884977
其中:股份有限公司	1495	15518	115377	1793	12520	140041	1991	13542	178182	1786	13103	163309
有限责任公司	74715	626136	5537578	82479	643405	6013795	97377	723743	6135063	111436	748784	6721668
2. 兼营广告企业	13105	97867	462142	16575	107708	571021	18857	120039	596990	31595	148051	1188515
3. 电视台	2750	28854	2915415	2800	30006	3552867	2736	30618	4040249	2545	29184	4429522
4. 广播电台	714	7335	329346	919	7764	388583	938	7856	571858	657	7994	628202
5. 报社	1955	23646	2307242	1845	25081	2560497	1832	27272	3125894	1799	29652	3221927
6. 杂志社	4006	27446	203698	4056	27510	248669	4105	30239	241033	4115	35033	264648
7. 经营广告的网站	274	2098	76378	585	3831	93346	683	4534	187441	1409	7939	251870
8. 其他	14494	84932	698424	14342	82590	594668	14610	82256	653308	17273	92788	539966

第十部分　　全国商标申请注册基本情况

全国历年商标注册申请及核准注册商标基本情况

项　目	商标注册申请（件）				核准注册商标（件）			
	国内	国外		合计	国内	国外		合计
		国家申请	马德里申请			国家注册	马德里注册	
1979 年					27459	5130		32589
1980 年				26177	15348	1297		16645
1981 年				23004	15707	2049		17756
1982 年	17000	1565		18565	12385	4672		17057
1983 年	19120	1687		20807	4293	2278		6571
1984 年	26487	3077		29564	13252	1518		14770
1985 年	43445	5798		49243	19584	2084		21668
1986 年	45031	5939		50970	26993	5126		32119
1987 年	40014	4055		44069	27687	4454		32141
1988 年	41683	5866		47549	25448	3604		29052
1989 年	43202	5209		48411	31810	4625		36435
1990 年	50853	4371	2048	57272	25966	4036	1269	31271
1991 年	59124	5885	2595	67604	34501	3523	2306	40330
1992 年	79837	8367	2591	90795	42710	4198	1180	48088
1993 年	107758	21014	3551	132323	42668	3999	2059	48726
1994 年	117186	20238	5193	142617	47482	7803	3016	58301
1995 年	144610	21442	6094	172146	59895	12591	19380	91866
1996 年	122057	22615	7132	151804	101178	15843	11407	128428
1997 年	118577	21676	8502	148755	188047	24958	10033	223038
1998 年	129394	18252	10037	157683	80095	14137	13478	107710
1999 年	140620	18883	11212	170715	96139	13896	12366	122401
2000 年	181717	24623	16837	223177	129441	16327	12807	158575
2001 年	229775	23234	17408	270417	167563	19017	16259	202839
2002 年	321034	37221	13681	371936	169904	23364	19265	212533
2003 年	405620	33912	12563	452095	206070	21188	15253	242511
2004 年	527591	44938	15396	587925	225394	25069	16156	266619
2005 年	593382	52166	18469	664017	218731	23792	16009	258532
2006 年	669276	56840	40203	766319	228814	25254	21573	275641
2007 年	604952	59714	43282	707948	215161	19159	29158	263478
合　计	4879345	528587	236794	5693907	2499725	314991	222974	3037690

备注：此表中未减去历年注销、撤销的注册商标数量。

第十一部分　全国查处商标违法案件基本情况

全国历年查处商标一般违法案件基本情况

案件类型	案件数（件）	已结案件数（件）		未结案件数（件）		1996 年 处理情况				
						收缴和消除商标标识（件）	撤销注册商标（件）	罚款 案件数（件）		金额（元）
		国内	国外	国内	国外			罚款10万元以下	罚款10万元以上	
合　计	13849	13128	34	687		160059652	190	8565	17	20504406
注册商标使用的管理　自行改变注册商标的文字、图形或其组合的	1045	1019		26		5890035	19	472		610691
自行改变注册商标注册人名义、地址或其他注册事项的	1402	1309		93		5693482	7	469		802327
自行转让注册商标的	175	173		2		437615	5	38		85940
连续三年停止使用的	1142	843		299		1074100	127	16		66523
商品粗制滥造、以次充好、欺骗消费者的	1156	1136		20		3012910	8	882		1173418
未注册商标使用的管理　冒充注册商标的	2312	2225	6	81		40097643	15	1950	14	6131626
商品粗制滥造、以次充好、欺骗消费者的	1989	1948	1	40		8863296	2	1381		1322067
违反《商标法》第五条规定的	303	294		9		1695201		174	1	729562
违反《商标法》第八条规定的	269	262	1	6		12924680	6	125		281413
商标使用许可合同的管理　违反《商标法》第二十六条第二款规定的	530	518	1	11		2599580		343		1432597
违反《商标法》第二十六条第三款规定的	469	443	2	24		3737210	1	268		536428
非法印制或者买卖商标标识的	3057	2958	23	76		74033900		2447	2	7331814
注册商标使用的管理小计	4920	4480		440		16108142	166	1877		2738899
未注册商标使用的管理小计	4873	4729	8	136		63580820	23	3630	15	8464668
商标使用许可合同的管理小计	999	961	3	35		6336790	1	611		1969025

全国历年查处商标一般违法案件基本情况

案件类型	案件数(件)	已结案件数(件) 国内	已结案件数(件) 国外	未结案件数(件) 国内	未结案件数(件) 国外	收缴和消除商标标识(件)	撤销注册商标(件)	罚款 案件数(件) 罚款10万元以下	罚款 案件数(件) 罚款10万元以上	金额(元)
合　计	16706	15479	59	1165	3	79838077		9994	14	23897187
自行改变注册商标的文字、图形或其组合的	1673	1646		27		3707922		469		416565
自行改变注册商标注册人名义、地址或其他注册事项的	2067	1927	1	139		2592358		579		462202
自行转让注册商标的	457	445		12		462566		161		125873
连续三年停止使用的	1839	1206	10	622	1	1276423		274		76430
商品粗制滥造、以次充好、欺骗消费者的	941	898	11	32		1620375		771		994562
冒充注册商标的	2466	2320	19	126	1	22454072		2017	6	7874736
商品粗制滥造、以次充好、欺骗消费者的	1863	1846		17		3175804		1426		2092253
违反《商标法》第五条规定的	391	382		9		6057858		251	1	447806
违反《商标法》第八条规定的	173	172		1		581983		120		239578
违反《商标法》第二十六条第二款规定的	397	373	4	19	1	1331295		305		867126
违反《商标法》第二十六条第三款规定的	342	316		26		1481692		198		378532
非法印制或者买卖商标标识的	4097	3948	14	135		35095729		3423	7	9921524
注册商标使用的管理小计	6977	6122	22	832	1	9659644		2254		2075632
未注册商标使用的管理小计	4893	4720	19	153	1	32269717		3814	7	10654373
商标使用许可合同的管理小计	739	689	4	45	1	2812987		503		1245658

注：左侧分组——注册商标使用的管理（含前五项）、未注册商标使用的管理（冒充注册商标的等四项）、商标使用许可合同的管理（违反第二十六条两项）。表头年份为1997年。

全国历年查处商标一般违法案件基本情况

案件类型		1998 年									
		案件数(件)	已结案件数(件)		未结案件数(件)		处理情况				
							收缴和消除商标标识(件)	销毁物品(吨)	罚款		金额(元)
									案件数(件)		
			国内	国外	国内	国外			罚款10万元以下	罚款10万元以上	
合　　计		14216	13384	75	753	4	81222994		9139	31	20192565
注册商标使用的管理	自行改变注册商标的文字、图形或其组合的	1220	1167	1	52		2538507	*	660	1	449267
	自行改变注册商标注册人名义、地址或其他注册事项的	1842	1724		118		2684996	*	569		388550
	自行转让注册商标的	186	174		12		1230471	*	68		92157
	连续三年停止使用的	1802	1535	3	264		131067	*	230		109340
	商品粗制滥造、以次充好、欺骗消费者的	812	769	2	41		2874558		661		966054
未注册商标使用的管理	冒充注册商标的	2458	2372	14	72		15347238	*	2131	3	5981043
	商品粗制滥造、以次充好、欺骗消费者的	1193	1166		27		1728863		790		1112674
	违反《商标法》第五条规定的	246	242		4		1050243	*	179		428029
	违反《商标法》第八条规定的	126	121		5		800643	*	121		266240
商标使用许可合同的管理	违反《商标法》第二十六条第二款规定的	379	347	17	15		4175208	*	263		1065050
	违反《商标法》第二十六条第三款规定的	202	187		15		394955	*	145		352974
非法印制或者买卖商标标识的		3750	3580	38	128	4	48266245		3322	27	8981187
注册商标使用的管理小计		5862	5369	6	487		9459599		2188	1	2005368
未注册商标使用的管理小计		4023	3901	14	108		18926987		3221	3	7787986
商标使用许可合同的管理小计		581	534	17	30		4570163		408		1418024

全国历年查处商标一般违法案件基本情况

案 件 类 型	案件数（件）	已结案件数（件）		未结案件数（件）		1999 年 处理情况				
						收缴和消除商标标识(件)	销毁物品(吨)	罚款		
								案件数(件)		金额(元)
		国内	国外	国内	国外			罚款10万元以下	罚款10万元以上	
合　　计	15368	14617	81	667	3	72103697	653	8944	27	29401255
注册商标使用的管理 — 自行改变注册商标的文字、图形或其组合的	1062	1035		27		*	*	*	*	*
自行改变注册商标注册人名义、地址或其他注册事项的	1396	1279		117		*	*	*	*	*
自行转让注册商标的	144	139		5		*	*	*	*	*
连续三年停止使用的	1721	1457		264		*	*	*	*	*
商品粗制滥造、以次充好、欺骗消费者的	817	802	3	12		*	51	555		937221
未注册商标使用的管理 — 冒充注册商标的	2659	2556	24	79		20042572	*	2087	3	8403352
商品粗制滥造、以次充好、欺骗消费者的	1285	1254		31		*	581	999	5	2331190
违反《商标法》第五条规定的	278	277		1		537349	*	191	4	1090076
违反《商标法》第八条规定的	106	106				222216	*	76		207150
商标使用许可合同的管理 — 违反《商标法》第二十六条第二款规定的	397	390	5	1	1	3183577	*	317		1482640
违反《商标法》第二十六条第三款规定的	288	274		13	1	*	*	182		492360
非法印制或者买卖商标标识的	5215	5048	49	117	1	48117983	21	4537	15	14457266
注册商标使用的管理小计	5140	4712	3	425			51	555		937221
未注册商标使用的管理小计	4328	4193	24	111		20802137	581	3353	12	12031768
商标使用许可合同的管理小计	685	664	5	14	2	3183577		499		1975000

全国历年查处商标一般违法案件基本情况

案件类型	案件数（件）	已结案件数（件）		未结案件数（件）		处理情况				
						收缴和消除商标标识（件）	销毁物品（吨）	罚款		金额（元）
								案件数（件）		
		国内	国外	国内	国外			罚款10万元以下	罚款10万元以上	
合　　计	16239	15672	88	472	7	76567502	270	13967	48	44280157
注册商标使用的管理　自行改变注册商标的文字、图形或其组合的	848	820		28		*	*	*	*	*
自行改变注册商标注册人名义、地址或其他注册事项的	1107	1074		33		*	*	*	*	*
自行转让注册商标的	150	149		1		*	*	*	*	*
连续三年停止使用的	1375	1171		204		*	*	*	*	*
商品粗制滥造、以次充好、欺骗消费者的	1024	1020		4		*	51	732		2096209
未注册商标使用的管理　冒充注册商标的	3315	3198	46	71		27032621	*	2832	18	14566135
商品粗制滥造、以次充好、欺骗消费者的	1069	1064	1	4		*	36	750	2	1784358
违反《商标法》第五条规定的	468	465		3		364648	*	435		527388
违反《商标法》第八条规定的	221	212		9		1243292	*	177		381603
商标使用许可合同的管理　违反《商标法》第二十六条第二款规定的	543	511	23	9		1487984	*	469	3	2542930
违反《商标法》第二十六条第三款规定的	295	289		6		*	*	226	4	562854
非法印制或者买卖商标标识的	5824	5699	18	100	7	46438957	183	8346	21	21818679
注册商标使用的管理小计	4504	4234		270		92100	51	732		2096209
未注册商标使用的管理小计	5073	4939	47	87		28640561	36	4194	20	17259484
商标使用许可合同的管理小计	838	800	23	15		1487984		695	7	3105784

全国历年查处商标一般违法案件基本情况

案件类型	案件数(件)	已结案件数(件)		未结案件数(件)		收缴和消除商标标识(件)	销毁物品(吨)	罚款案件数(件)		金额(元)
		国内	国外	国内	国外			罚款10万元以下	罚款10万元以上	
合　计	18350	17710	107	532	1	111135273	272	13777	61	78153969
自行改变注册商标的文字、图形或其组合的	758	730		28		*	*	*	*	*
自行改变注册商标注册人名义、地址或其他注册事项的	1175	1062	2	111		*	*	*	*	*
自行转让注册商标的	165	161		4		*	*	*	*	*
连续三年停止使用的	1049	914		135		*	*	*	*	*
商品粗制滥造、以次充好、欺骗消费者的	961	938	1	21	1	*	78	936		3282991
冒充注册商标的	4145	4048	24	73		36939705	*	3641	22	23465013
商品粗制滥造、以次充好、欺骗消费者的	1142	1108	2	32		*	104	895	2	2669681
违反《商标法》第五条规定的	187	183	1	3		744335	*	166		1221319
违反《商标法》第八条规定的	283	270	7	6		1351014	*	279	2	1591703
违反《商标法》第二十六条第二款规定的	670	656	1	13		5894750	*	620	4	4140290
违反《商标法》第二十六条第三款规定的	262	257		5		*	*	173	4	643322
非法印制或者买卖商标标识的	7553	7383	69	101		66205469	90	7067	27	41139650
注册商标使用的管理小计	3701	3415	3	282	1	118300	78	818		2820321
未注册商标使用的管理小计	5223	5076	33	114		26823070	600	4486	25	26304912
商标使用许可合同的管理小计	856	837	1	18		4297250		720	8	4491762

注：左侧栏目分类为"注册商标使用的管理"、"未注册商标使用的管理"、"商标使用许可合同的管理"。

全国历年查处商标一般违法案件基本情况

案 件 类 型	2002 年									
	案件数（件）	已结案件数（件）		未结案件数（件）		处理情况				
						收缴和消除商标标识(件)	销毁物品(吨)	罚款		
								案件数(件)		金额（元）
		国内	国外	国内	国外			罚款10万元以下	罚款10万元以上	
合　　计	15566	14936	147	483		73854341	654	11610	102	78499959
注册商标使用的管理 自行改变注册商标的文字、图形或其组合的	731	719	1	11		*	*	*	*	*
自行改变注册商标注册人名义、地址或其他注册事项的	1002	958	1	43		*	*	*	*	*
自行转让注册商标的	191	187		4		*	*	*	*	*
连续三年停止使用的	797	608		189		*	*	*	*	*
商品粗制滥造、以次充好、欺骗消费者的	1008	997		11		*	141	1039	11	4146339
未注册商标使用的管理 冒充注册商标的	4000	3907	26	67		23060765	*	3434	36	25151859
商品粗制滥造、以次充好、欺骗消费者的	869	849		20		*	398	807		3444157
违反《商标法》第五条规定的	147	145		2		252015	*	169	1	821199
违反《商标法》第八条规定的	199	190	6	3		380856	*	142		607749
商标使用许可合同的管理 违反《商标法》第二十六条第二款规定的	562	553		9		5974102	*	538	2	3324163
违反《商标法》第二十六条第三款规定的	305	303		2		*	*	213		762692
非法印制或者买卖商标标识的	5755	5520	113	122		44186603	115	5268	52	40241802
注册商标使用的管理小计	3729	3469	2	258		37502	141	1039	11	4146339
未注册商标使用的管理小计	5215	5091	32	92		2369363	398	4552	37	30024964
商标使用许可合同的管理小计	867	856		11		5974102		751	2	4086855

全国历年查处商标一般违法案件基本情况

案件类型		案件数(件)	已结案件数(件)		未结案件数(件)		2003年 处理情况				
							收缴和消除商标标识(件)	销毁物品(吨)	罚款 案件数(件)		金额(元)
			国内	国外	国内	国外			罚款10万元以下	罚款10万元以上	
合　计		11001	10840	18	142	1	26358972	207.84	7770	204	45235841
注册商标使用的管理	自行改变注册商标的文字、图形或其组合的	668	660		8		*	*	*	*	*
	自行改变注册商标注册人名义、地址或其他注册事项的	971	955		16		*	*	*	*	*
	自行转让注册商标的	229	227		2		*	*	*	*	*
	连续三年停止使用的	709	698		11		*	*	*	*	*
	商品粗制滥造、以次充好、欺骗消费者的	939	933		6		*	30.57	977	9	3140847
未注册商标使用的管理	冒充注册商标的	3670	3604	8	57	1	17588359	*	3403	46	24105707
	商品粗制滥造、以次充好、欺骗消费者的	901	885	1	15		*	162.46	814	4	2515746
	违反《商标法》第五条规定的	104	104				24511	*	94		343180
	违反《商标法》第八条规定的	160	155	4	1		112535	*	147		412150
商标使用许可合同的管理	违反《商标法》第二十六条第二款规定的	122	121		1		100706	*	109		473052
	违反《商标法》第二十六条第三款规定的	90	90				*	*	116		340137
非法印制或者买卖商标标识的		2438	2408	5	25		8532862	14.81	2110	145	13905022
注册商标使用的管理小计		3516	3473		43		3413	30.57	977	9	3140847
未注册商标使用的管理小计		4835	4748	13	73	1	17725405	162.46	4458	50	27376783
商标使用许可合同的管理小计		212	211		1		100706		225		813189

全国历年查处商标一般违法案件基本情况

项　目		案件总数（件）	其中：涉外案件数	立案查处案件数（件）						案值（万元）	罚款金额（万元）	收缴和消除商标标识（件）	销毁物品（吨）
				小计	案值5-10万元	案值10-30万元	案值30-100万元	案值100万元以上	罚款10万元以上				
合　计		11680	93	7110	2280	208	59	42	27	48015.51	4748.72	2806903	566.58
注册商标使用的管理	自行改变注册商标的文字、图形或其组合的	543	3	277	168	3	1	1		692.93	*	*	*
	自行改变注册商标注册人名义、地址或其他注册事项的	590		240	90	2	1			334.55	*	*	*
	自行转让注册商标的	198		53	13	3				96.62	*	*	*
	商品粗制滥造、以次充好、欺骗消费者的	1066	18	763	223	10				1174.04	373.95	*	*
未注册商标使用的管理	冒充注册商标的	5035	53	3411	1174	137	50	41	25	39624.98	2830.19	*	*
	商品粗制滥造、以次充好、欺骗消费者的	1809	2	667	251	9				1094.9	316.29	*	*
	违反《商标法》第六条规定的	84		46	36					273.11	59.29	*	*
	违反《商标法》第十条规定的	123	1	99	40	3				210.44	44.19	*	*
商标使用许可合同的管理	违反《商标法》第四十条第一款规定的	189	7	110	29	1	1		1	256.16	138.66	*	*
	违反《商标法》第四十条第二款规定的	69	1	34	2					61.46	*	1475	2.50
违反《商标法》第十三条规定的		146		123	84	3				73.51	*	127161	72.40
违反《商标印制管理办法》规定的		1687	8	1185	149	36	3		1	3822.66	823.70	2523918	491.68
违法使用奥林匹克标志的		141		102	21	1	3			300.15	162.45	154349	

全国历年查处商标一般违法案件基本情况

项目		2005年										
		案件总数(件)	其中:涉外案件数	立案查处案件数(件)						案值(万元)	罚款金额(万元)	收缴和消除商标标识(件)	销毁物品(吨)
				小计	案值5-10万元	案值10-30万元	案值30-100万元	案值100万元以上	罚款10万元以上				
合　计		10305	163	7362	1302	249	105	40	16	34294.8	5360.22	4278873	29.03
注册商标使用的管理	自行改变注册商标的文字、图形或其组合的	533		359	154	16	1	1		1452.04	*	*	*
	自行改变注册商标注册人名义、地址或其他注册事项的	499	3	254	24	23	3			1180.52	*	*	*
	自行转让注册商标的	211		52	9	2	1			166.9	*	*	*
	商品粗制滥造、以次充好、欺骗消费者的	940	16	741	122	13	6			1476.13	499.73	*	*
未注册商标使用的管理	冒充注册商标的	4924	115	3541	651	143	76	34	15	25199.13	2951.37	*	*
	商品粗制滥造、以次充好、欺骗消费者的	654		521	118	16	5	1		918.45	219.01	*	*
	违反《商标法》第六条规定的	83		51	7			1		205.77	23.23	*	*
	违反《商标法》第十条规定的	97		62	16					89.82	42.4	*	*
商标使用许可合同的管理	违反《商标法》第四十条第一款规定的	260	4	205	6	1	3			363.33	263.71	*	*
	违反《商标法》第四十条第二款规定的	41		38	5	1				17.93	*	12345	
违反《商标法》第十三条规定的		140	1	99	34	6	2			217.36	*	186611	16.2
违反《商标印制管理办法》规定的		1796	20	1350	137	26	8	3	1	2888.19	1277.32	3945421	11.13
违法使用奥林匹克标志的		127	4	89	19	2				119.23	83.45	134496	1.7

全国历年查处商标一般违法案件基本情况

项　目	案件总数（件）	其中：涉外案件数	立案查处案件数（件）						案值（万元）	罚款金额（万元）	收缴和消除商标标识（件）	销毁物品（吨）
			小计	案值5－10万元	案值10－30万元	案值30－100万元	案值100万元以上	罚款10万元以上				
合　计	9320	276	6564	1065	158	65	37	35	64539.80	5001.08	2339095	103.50
注册商标使用的管理 自行改变注册商标的文字、图形或其组合的	401	6	245	50	14			2	425.12	*	*	*
自行改变注册商标注册人名义、地址或其他注册事项的	488		225	17	11	3			980.18	*	*	*
自行转让注册商标的	124	4	51	1	6	2			281.97	*	*	*
商品粗制滥造、以次充好、欺骗消费者的	911	10	714	118	8			1	1089.50	371.81	*	*
未注册商标使用的管理 冒充注册商标的	4498	220	3090	635	97	48	36	26	58342.89	2875.65	*	*
商品粗制滥造、以次充好、欺骗消费者的	674	6	554	49	3			2	626.68	246.98	*	*
违反《商标法》第六条规定的	133		105	7		1			122.88	140.19	*	*
违反《商标法》第十条规定的	107		74	15		1			62.30	43.77	*	*
商标使用许可合同的管理 违反《商标法》第四十条第一款规定的	190	18	133	14	1	1		3	226.35	239.57	*	*
违反《商标法》第四十条第二款规定的	126		43	6	1				105.27	*	127924	10.30
违反《商标法》第十三条规定的	109		59	27					125.29	*	213328	61.00
违反《商标印制管理办法》规定的	1394	8	1135	100	14	8	1		1978.93	969.91	1912770	32.20
违法使用奥林匹克标志的	165	4	136	26	3	1		1	172.44	113.20	85073	

全国历年查处商标一般违法案件基本情况

项 目		案件总数(件)	其中:涉外案件数	立案查处案件数(件)						案值(万元)	罚款金额(万元)	收缴和消除商标标识(件)	销毁物品(吨)
				小计	案值5-10万元	案值10-30万元	案值30-100万元	案值100万元以上	罚款10万元以上				
合 计		8004	172	5763	895	179	61	55	38	54424	5320	766864	41.08
注册商标使用的管理	自行改变注册商标的文字、图形或其组合的	201	4	84	19	2	1	1		467	*	*	*
	自行改变注册商标注册人名义、地址或其他注册事项的	264		126	13	3	1	2		417	*	*	*
	自行转让注册商标的	95		37	4	5		1		304	*	*	*
	商品粗制滥造、以次充好、欺骗消费者的	749	3	526	58	16	2	1	1	1314	349	*	*
未注册商标使用的管理	冒充注册商标的	3928	80	3162	612	122	49	40	29	45948	3120	*	*
	商品粗制滥造、以次充好、欺骗消费者的	536	2	379	39	8	1			603	234	*	*
	违反《商标法》第六条规定的	96		50	19					202	69	*	*
	违反《商标法》第十条规定的	199	50	114	6	1		1		243	58	*	*
商标使用许可合同的管理	违反《商标法》第四十条第一款规定的	161		82	11					191	155	*	*
	违反《商标法》第四十条第二款规定的	72		16	12	3				129	*	22904	0.50
违反《商标法》第十三条规定的		52		27	7	2				88	*	120210	29.11
违反《商标印制管理办法》规定的		1408	33	961	81	17	6	8	8	4150	1161	575576	10.25
违法使用奥林匹克标志的		243		199	14		1	1		367	174	48174	1.22

全国历年查处商标侵权假冒案件基本情况

案件类型	1996年														
	案件数(件)	已结案件数(件)		未结案件数(件)		处理情况						责令赔偿经济损失		移送司法机关追究刑事责任	
						收缴和消除商标标识(件)	收缴直接用于商标侵权的模具印版等工具(件)	销毁侵权物品(吨)	罚款						
									案件数(件)		金额(元)	案件数(件)	金额(元)	案件数(件)	人数(人)
		国内	国外	国内	国外				罚款10万元以下	罚款10万元以上					
合　计	16209	14661	925	534	89	281539577	5043		14178	104	60527311	410	5402760	56	57
未经注册商标所有人的许可,擅自在同一种商品或者类似商品上使用与其注册商标相同或者近似的商标的	4470	3902	356	173	39	99642660	2090		4639	33	22780978	164	2024468	12	9
销售明知是假冒注册商标的商品的	843	722	92	29		3286501	43		768	3	2855807	27	167864	3	2
伪造、擅自制造他人注册商标标识或者销售伪造、擅自制造的注册商标标识的	1867	1739	37	84	7	51847610	1663		1498	15	7513110	38	250404	18	20
经销明知或者应知是侵犯他人注册商标专用权商品的	3875	3594	194	59	28	57984557	136		3147	16	8010200	60	1262472	4	4
在同一种或类似商品上,将与他人注册商标相同或近似文字、图形作为商品名称或商品装潢使用,并足以造成误认的	1296	1204	53	37	2	25112877	248		993	9	3651491	22	179955		
故意为侵犯他人注册商标专用权行为提供仓储、运输、邮寄、隐匿便利条件的	179	162	10	7		3551170	6		134		512302	1	140835	1	1
给他人的注册商标专用权造成其他损害的	752	698	38	15	1	6653594	147		584	19	1821930	22	76129	1	
假冒他人注册商标的	2927	2640	145	130	12	33460608	710		2415	9	13381493	76	1300633	17	21

商标侵权

全国历年查处商标侵权假冒案件基本情况

案件类型	案件数(件)	已结案件数(件)		未结案件数(件)		收缴和消除商标标识(件)	收缴直接用于商标侵权的模具印版等工具(件)	销毁侵权物品(吨)	罚款 案件数(件)		罚款 金额(元)	责令赔偿经济损失 案件数(件)	责令赔偿经济损失 金额(元)	移送司法机关追究刑事责任 案件数(件)	移送司法机关追究刑事责任 人数(人)
		国内	国外	国内	国外				罚款10万元以下	罚款10万元以上					
合　计	15321	13878	820	555	68	159931704	4826		12762	68	62443970	417	5100403	39	57
未经注册商标所有人的许可,擅自在同一种商品或者类似商品上使用与其注册商标相同或者近似的商标的	3844	3253	401	154	36	69677813	1289		3127	44	27069796	171	2441633	18	
销售明知是假冒注册商标的商品的	2123	1909	137	68	9	9116988	341		1893	5	6432441	41	575681	6	12
伪造、擅自制造他人注册商标标识或者销售伪造、擅自制造的注册商标标识的	1606	1495	44	65	2	29042468	1047		1345	4	5139493	52	245870	5	27
经销明知或者应知是侵犯他人注册商标专用权商品的	2901	2669	127	94	11	12343737	822		2484	4	7141617	51	357994	3	3
在同一种或类似商品上,将与他人注册商标相同或近似文字、图形作为商品名称或商品装潢使用,并足以造成误认的	1113	1052	32	28	1	11896625	233		946	3	3130614	24	219235		
故意为侵犯他人注册商标专用权行为提供仓储、运输、邮寄、隐匿便利条件的	174	145	11	18		1521237	11		141		1294172	5	39500		
给他人的注册商标专用权造成其他损害的	689	651	16	20	2	3575551	91		559	1	2331985	14	132774		
假冒他人注册商标的	2871	2704	52	108	7	22757285	992		2267	7	9903852	59	1087716	7	15

（注：表中"商标侵权"为第二至第八行类型的总括项。）

全国历年查处商标侵权假冒案件基本情况

案件类型	1998 年															
	案件数（件）	已结案件数（件）		未结案件数（件）		处理情况							责令赔偿经济损失		移送司法机关追究刑事责任	
						收缴和消除商标标识（件）	收缴直接用于商标侵权的模具印版等工具（件）	销毁侵权物品（吨）	罚款							
									案件数（件）		金额（元）	案件数（件）	金额（元）	案件数（件）	人数（人）
		国内	国外	国内	国外				罚款10万元以下	罚款10万元以上					
合　计	14736	12971	1170	505	90	323937005	19340	12247	85	65354764	410	4999742	26	35		
商标侵权 未经注册商标所有人的许可，擅自在同一种商品或者类似商品上使用与其注册商标相同或者近似的商标的	3687	3107	399	157	24	236930329	1425	3121	31	23914161	150	2257281	10	9		
销售明知是假冒注册商标的商品的	2904	2660	152	81	11	10031516	472	2391	7	7902420	49	298115	5	9		
伪造、擅自制造他人注册商标标识或者销售伪造、擅自制造的注册商标标识的	1142	1066	30	45	1	21520379	2339	878	17	5783490	46	562357	4	5		
经销明知或者应知是侵犯他人注册商标专用权商品的	2877	2359	391	93	34	7381388	92	2426	17	10341298	70	1042800	3	4		
在同一种或类似商品上，将与他人注册商标相同或近似文字、图形作为商品名称或商品装潢使用，并足以造成误认的	1245	1052	122	55	16	11317389	329	983	5	5636253	38	333600				
故意为侵犯他人注册商标专用权行为提供仓储、运输、邮寄、隐匿便利条件的	105	99	2	4		425160	19	86		349261	2	12000				
给他人的注册商标专用权造成其他损害的	669	624	29	16		4252062	133	546	2	2250409	18	179379	2	6		
假冒他人注册商标的	2107	2004	45	54	4	32078782	14531	1816	6	9177472	37	314210	2	2		

全国历年查处商标侵权假冒案件基本情况

案件类型	1999 年															
	案件数(件)	已结案件数(件)		未结案件数(件)		处理情况							责令赔偿经济损失		移送司法机关追究刑事责任	
						收缴和消除商标标识(件)	收缴直接用于商标侵权的模具印版等工具(件)	销毁侵权物品(吨)	罚款							
									案件数(件)		金额(元)					
		国内	国外	国内	国外				罚款10万元以下	罚款10万元以上		案件数(件)	金额(元)	案件数(件)	人数(人)
合　计	16949	14535	1595	604	215	134307482	4403	1912	13748	77	76686679	532	5739072	19	21
假冒商标 — 未经注册商标所有人的许可,在相同商品上使用与其注册商标相同的商标的	3115	2657	358	77	23	30111546	1651	456	2687	29	21509323	123	2051255	9	10
假冒商标 — 伪造、擅自制造他人注册商标标识或者销售伪造、擅自制造的注册商标标识的	1480	1302	69	108	1	32887689	1057	357	1142	6	7836799	37	476824	6	6
假冒商标 — 销售明知是假冒注册商标的商品的	3603	3144	403	48	8	7528424	148	355	2999	9	11783469	72	385080		
商标侵权 — 未经注册商标所有人的许可,在相同商品上使用与其注册商标近似的商标或在类似商品上使用与其注册商标相同或近似的商标的	2749	2459	176	105	9	24859932	1037	86	2326	20	17535979	94	795769		
商标侵权 — 经销明知或应知是侵犯他人注册商标专用权商标的	3458	2879	441	96	42	9543000	25	609	2779	6	7794031	122	832838	3	4
商标侵权 — 在同一种或类似商品上,将与他人注册商标相同或近似文字、图形作为商品名称或商品装潢使用,并足以造成误认的	1218	1086	79	47	6	14520531	354	13	950	4	4133325	43	399726		
商标侵权 — 故意为侵犯他人注册商标专用权行为提供仓储、运输、邮寄、隐匿便利条件的	142	131	7	4		1945956		1	86		564467	9	104620		
商标侵权 — 给他人注册商标专用权造成其他损害的	1184	877	62	119	126	12910404	131	35	779	3	5529286	32	692960	1	1
假冒商标小计	8198	7103	830	233	32	70527659	2856	1168	6828	44	41129591	232	2913159	15	16
商标侵权小计	8751	7432	765	371	183	63779823	1547	744	6920	33	35557088	300	2825913	4	5

全国历年查处商标侵权假冒案件基本情况

案件类型	2000年														
	案件数(件)	已结案件数(件)		未结案件数(件)		处理情况						责令赔偿经济损失		移送司法机关追究刑事责任	
						收缴和消除商标标识(件)	收缴直接用于商标侵权的模具印版等工具(件)	销毁侵权物品(吨)	罚款						
									案件数(件)		金额(元)	案件数(件)	金额(元)	案件数(件)	人数(人)
		国内	国外	国内	国外				罚款10万元以下	罚款10万元以上					
合　计	22001	18971	2342	615	73	153607455	10252	1143	18675	195	100689972	236	3436330	37	45
假冒商标　未经注册商标所有人的许可，在相同商品上使用与其注册商标相同的商标的	3608	2957	544	88	19	61040429	2327	204	3209	63	29714135	58	1690432	15	13
伪造、擅自制造他人注册商标标识或者销售伪造、擅自制造的注册商标标识的	1453	1314	75	61	3	23076194	2916	145	1275	19	8363909	14	47520	7	12
销售明知是假冒注册商标的商品的	4870	4403	383	67	17	8636549	1062	240	4470	22	15440752	37	182477	10	13
商标侵权　未经注册商标所有人的许可，在相同商品上使用与其注册商标近似的商标或在类似商品上使用与其注册商标相同或近似的商标的	3444	3020	247	171	6	30136319	2298	223	2935	45	25062602	46	898831	2	2
经销明知或应知是侵犯他人注册商标专用权商标的	4541	4162	260	102	17	6797305	91	238	4015	6	10848947	46	227756	3	5
在同一种或类似商品上，将与他人注册商标相同或近似文字、图形作为商品名称或商品装潢使用，并足以造成误认的	1660	1515	64	78	3	11778048	544	75	1326	27	5626827	15	47229		
故意为侵犯他人注册商标专用权行为提供仓储、运输、邮寄、隐匿便利条件的	102	94	2	6		2141398	505	1	88		1138352	1	2000		
给他人注册商标专用权造成其他损害的	2323	1506	767	42	8	10001213	509	17	1357	13	4494447	19	340085		
假冒商标小计	9931	8674	1002	216	39	92753172	6305	589	8954	104	53518797	109	1920429	32	38
商标侵权小计	12070	10297	1340	399	34	60854283	3947	554	9721	91	47171175	127	1515901	5	7

全国历年查处商标侵权假冒案件基本情况

案件类型		案件数(件)	已结案件数(件)		未结案件数(件)		处理情况				罚款			责令赔偿经济损失		移送司法机关追究刑事责任	
							收缴和消除商标标识(件)	收缴直接用于商标侵权的模具印版等工具(件)	销毁侵权物品(吨)	案件数(件)				案件数(件)	金额(元)	案件数(件)	人数(人)
			国内	国外	国内	国外				罚款10万元以下	罚款10万元以上	金额(元)					
合　计		22813	19670	2290	613	240	138795152	14004	1956	20152	172	131898780	178	3343436	86	88
假冒商标	未经注册商标所有人的许可,在相同商品上使用与其注册商标相同的商标的	4600	3451	782	269	98	38527199	4977	534	3950	55	35597894	47	491700	34	32
	伪造、擅自制造他人注册商标标识或者销售伪造、擅自制造的注册商标标识的	1553	1434	78	41		20783069	2060	84	1395	4	8050254	11	118550	30	33
	销售明知是假冒注册商标的商品的	4651	3928	609	83	31	10678371	604	204	4216	7	15848206	26	83895	7	7
商标侵权	未经注册商标所有人的许可,在相同商品上使用与其注册商标近似的商标或在类似商品上使用与其注册商标相同或近似的商标的	4254	3791	387	70	6	33957433	4492	209	3793	73	41460542	57	2018235	3	3
	经销明知或应知是侵犯他人注册商标专用权商标的	4376	3867	352	60	97	7925069	751	247	3840	15	14166049	24	219220	1	1
	在同一种或类似商品上,将与他人注册商标相同或近似文字、图形作为商品名称或商品装潢使用,并足以造成误认的	1404	1333	32	38	1	10133689	707	573	1223	8	6827182	9	203537	2	2
	故意为侵犯他人注册商标专用权行为提供仓储、运输、邮寄、隐匿便利条件的	194	187	5	2		1689192	9	27	186		1599828			8	9
	给他人注册商标专用权造成其他损害的	1781	1679	45	50	7	15101130	404	78	1549	10	8348824	4	208300	1	1
假冒商标小计		10804	8813	1469	393	129	69988639	7641	822	9561	66	59496354	84	694145	71	72
商标侵权小计		12009	10857	821	220	111	68806513	6363	1134	10591	106	72402426	94	2649291	15	16

全国历年查处商标侵权假冒案件基本情况

案件类型	案件数（件）	已结案件数（件）		未结案件数（件）		收缴和消除商标标识（件）	收缴直接用于商标侵权的模具印版等工具（件）	销毁侵权物品（吨）	罚款 案件数（件）		罚款 金额（元）	责令赔偿经济损失 案件数（件）	责令赔偿经济损失 金额（元）	移送司法机关追究刑事责任 案件数（件）	移送司法机关追究刑事责任 人数（人）
		国内	国外	国内	国外				罚款10万元以下	罚款10万元以上					
合　计	23539	21037	2072	378	52	78979514	14882	3530	21531	179	135612506	209	3666531	59	78
假冒商标　未经注册商标所有人的许可,在相同商品上使用与其注册商标相同的商标的	3820	3136	615	62	7	30455346	1059	1378	3548	42	33093107	59	1105060	14	20
伪造、擅自制造他人注册商标标识或者销售伪造、擅自制造的注册商标标识的	1260	1194	47	18	1	11547130	1810	98	1136	5	7408329	13	204233	27	43
销售明知是假冒注册商标的商品的	3834	3338	409	57	30	2480693	2776	326	3465	10	16352051	16	113600	6	7
商标侵权　未经注册商标所有人的许可,在相同商品上使用与其注册商标近似的商标或在类似商品上使用与其注册商标相同或近似的商标的	5704	5143	458	95	8	17583731	3174	591	5202	104	49223711	39	860161	11	7
经销明知或应知是侵犯他人注册商标专用权商标的	5644	5087	488	63	6	5398675	235	185	5240	9	16237882	70	1274160	1	1
在同一种或类似商品上,将与他人注册商标相同或近似文字、图形作为商品名称或商品装潢使用,并足以造成误认的	1636	1571	30	35		8383419	5543	695	1446	5	5665975	4	26317		
故意为侵犯他人注册商标专用权行为提供仓储、运输、邮寄、隐匿便利条件的	190	179	1	10		1353237	81	3	176		1430080				
给他人注册商标专用权造成其他损害的	1451	1389	24	38		1777284	204	254	1318	4	6201372	8	83000		
假冒商标小计	8914	7668	1071	137	38	44483169	5645	1801	8149	57	56853487	88	1422893	47	70
商标侵权小计	14625	13369	1001	241	14	34496345	9237	1728	13382	122	78759019	121	2243638	12	8

全国历年查处商标侵权假冒案件基本情况

案件类型	案件数（件）	已结案件数（件）		未结案件数（件）		处理情况						责令赔偿经济损失		移送司法机关追究刑事责任	
						收缴和消除商标标识（件）	收缴直接用于商标侵权的模具印版等工具（件）	销毁侵权物品（吨）	罚款						
									案件数（件）		金额（元）				
		国内	国外	国内	国外				罚款10万元以下	罚款10万元以上		案件数（件）	金额（元）	案件数（件）	人数（人）
合　　计	26488	23994	2029	401	64	58395994	15597	3541	24306	421	196394094	66	1073133	45	52
【假冒商标】未经注册商标所有人的许可，在相同商品上使用与其注册商标相同的商标的	3477	3095	322	53	7	17968419	1389	383	3142	66	43934319	12	307717	20	21
伪造、擅自制造他人注册商标标识或者销售伪造、擅自制造的注册商标标识的	1281	1216	42	22	1	7837159	2155	28	1030	145	9670033	12	195600	16	17
销售明知是假冒注册商标的商品的	4358	3680	562	91	25	1581311	340	1186	4037	15	17423432	3	12976		
【商标侵权】未经注册商标所有人的许可，在相同商品上使用与其注册商标近似的商标或在类似商品上使用与其注册商标相同或近似的商标的	7064	6450	483	126	5	18227447	8077	1345	6508	104	71580456	17	244740	3	3
经销明知或应知是侵犯他人注册商标专用权商标的	7004	6339	581	61	23	7087110	546	443	6577	50	34800818	15	204100	5	9
在同一种或类似商品上，将与他人注册商标相同或近似文字、图形作为商品名称或商品装潢使用，并足以造成误认的	1616	1582	13	20	1	2377367	1510	109	1474	12	8197793	7	96000		
故意为侵犯他人注册商标专用权行为提供仓储、运输、邮寄、隐匿便利条件的	162	155	3	4		1773876		23	149	10	1775571			1	2
给他人注册商标专用权造成其他损害的	1526	1477	23	24	2	1543305	1580	24	1389	19	9011672		12000		
假冒商标小计	9116	7991	926	166	33	27386889	3884	1597	8209	226	71027784	27	516293	36	38
商标侵权小计	17372	16003	1103	235	31	31009106	11713	1944	16097	195	125366310	39	556840	9	14

全国历年查处商标侵权假冒案件基本情况

项目	2004 年																
	案件数（件）	其中：涉外案件数	立案查处案件数（件）						案值（万元）	罚款金额（万元）	收缴和消除商标标识（件）	收缴专门用于商标侵权的模具印版等工具（件）	没收、销毁侵权商品（吨）	移送司法机关			
			小计	案值5-10万元	案值10-30万元	案值30-100万元	案值100万元以上	罚款10万元以上						案件数（件）	其中：涉外案件数	人数（人）	其中：涉外案件人数
合　计	40171	5401	27579	5310	446	141	49	199	73805	22088	36144891	280781	5072	96	28	82	15
假冒商标　未经注册商标所有人的许可,在相同商品上使用与其注册商标相同的商标的	3965	996	3084	623	67	21	6	27	8750	4518	8227811	2489	749	37	14	34	5
伪造、擅自制造他人注册商标标识或者销售伪造、擅自制造的注册商标标识的	1291	140	916	223	35	4	3	5	2785	1063	6411228	892	75	28	7	23	6
销售明知是假冒注册商标的商品的	4392	521	3050	882	24	6	1	22	3903	1669	4549297	2524	331	6	2	6	
商标侵权　未经注册商标所有人的许可,在相同商品上使用与其注册商标近似的商标或在类似商品上使用与其注册商标相同或近似的商标的	5531	1016	4001	932	132	60	20	73	17255	6241	9755960	201092	1029	14	4	10	4
销售侵犯注册商标专用权的商品的	20580	2548	13287	2009	143	35	16	60	34921	6535	3659509	1444	2103	10		9	
在同一种或类似商品上,将与他人注册商标相同或近似文字、图形作为商品名称或商品装潢使用,并足以造成误认的	1952	106	1452	392	21	6		7	2743	985	1000009	110	690	1			
故意为侵犯他人注册商标专用权行为提供仓储、运输、邮寄、隐匿便利条件的	114	3	90	34	5	1			198	45	20411	4	13				
未经商标注册人同意更换其注册商标并将该更换商标的商品又投入市场的	123	1	108	63	1	1	2	1	609	74	24241	3					
给他人注册商标专用权造成其他损害的	1819	55	1306	130	10	5	1	1	1665	487	785619	72204	64				
侵犯使用奥林匹克标志专用权的	404	15	285	22	8	2		3	976	471	1710806	19	18				

全国历年查处商标侵权假冒案件基本情况

项目	案件数（件）	其中:涉外案件数	小计	案值5-10万元	案值10-30万元	案值30-100万元	案值100万元以上	罚款10万元以上	案值（万元）	罚款金额（万元）	收缴和消除商标标识（件）	收缴专门用于商标侵权的模具印版等工具（件）	没收、销毁侵权商品（吨）	案件数（件）	其中:涉外案件数	人数（人）	其中:涉外案件人数
			立案查处案件数（件）											移送司法机关			
合　计	39107	6607	29853	3871	560	144	61	238	93910	28870	46508620	18414	7318	236	88	215	93
假冒商标 — 未经注册商标所有人的许可,在相同商品上使用与其注册商标相同的商标的	4033	991	3133	419	80	26	13	43	9797	5044	7711793	7234	1192	91	36	85	35
假冒商标 — 伪造、擅自制造他人注册商标标识或者销售伪造、擅自制造的注册商标标识的	1671	264	1338	119	19		1	7	1597	1153	11248157	681	197	61	21	60	20
假冒商标 — 销售明知是假冒注册商标的商品的	4030	868	3043	526	21	8		10	4390	1987	1291110	388	230	33	14	26	5
商标侵权 — 未经注册商标所有人的许可,在相同商品上使用与其注册商标近似的商标或在类似商品上使用与其注册商标相同或近似的商标的	5870	1111	4807	726	187	60	26	112	45960	9275	14405573	3004	786	16	3		
商标侵权 — 销售侵犯注册商标专用权的商品的	19392	3124	14454	1693	204	41	13	57	25325	9285	6651312	6509	3538	32	14	42	33
商标侵权 — 在同一种或类似商品上,将与他人注册商标相同或近似文字、图形作为商品名称或商品装潢使用,并足以造成误认的	2262	184	1562	284	41	1	5	5	3949	1405	1955361	503	454	1			
商标侵权 — 故意为侵犯他人注册商标专用权行为提供仓储、运输、邮寄、隐匿便利条件的	96	16	78	2					77	60	189260	39	5				
商标侵权 — 未经商标注册人同意更换其注册商标并将该更换商标的商品又投入市场的	98	1	90	2	1	1			627	45	14885	4	5				
商标侵权 — 给他人注册商标专用权造成其他损害的	1359	43	1147	78	6	7	3	4	1930	420	2811088	45	220	1			1
侵犯使用奥林匹克标志专用权的	296	5	201	22	1				256	197	230081	7	690	1			1

全国历年查处商标侵权假冒案件基本情况

项　目	2006 年																
	立案查处案件数(件)								案值(万元)	罚款金额(万元)	收缴和消除商标标识(件)	收缴专门用于商标侵权的模具印版等工具(件)	没收、销毁侵权商品(吨)	移送司法机关			
	案件数(件)	其中:涉外案件数	小计	案值5-10万元	案值10-30万元	案值30-100万元	案值100万元以上	罚款10万元以上						案件数(件)	其中:涉外案件数	人数(人)	其中:涉外案件人数
合　计	41214	9286	31626	3595	511	155	55	351	83399	34787	28019264	2905	3780	252	128	263	164
假冒商标　未经注册商标所有人的许可,在相同商品上使用与其注册商标相同的商标的	3581	1335	3101	427	64	21	9	63	14702	5101	3652179	491	741	100	58	90	52
伪造、擅自制造他人注册商标标识或者销售伪造、擅自制造的注册商标标识的	1249	150	1026	71	8	6	1	4	2043	1304	5721718	475	120	29	16	29	18
销售明知是假冒注册商标的商品的	4667	1414	3716	366	20	3	5	13	4183	2001	763324	151	311	55	32	53	32
商标侵权　未经注册商标所有人的许可,在相同商品上使用与其注册商标近似的商标或在类似商品上使用与其注册商标相同或近似的商标的	6015	1572	4929	744	179	59	19	132	20298	10614	8372951	895	1019	12	3	4	
销售侵犯注册商标专用权的商品的	22792	4549	16574	1689	204	56	17	122	35879	13095	5830018	563	1423	55	19	81	62
在同一种或类似商品上,将与他人注册商标相同或近似文字、图形作为商品名称或商品装潢使用,并足以造成误认的	1474	175	1194	193	23	4	2	10	2526	1611	2630904	112	129				
故意为侵犯他人注册商标专用权行为提供仓储、运输、邮寄、隐匿便利条件的	115	21	80	11	2			1	227	218	137889	10	6				
未经商标注册人同意更换其注册商标并将该更换商标的商品又投入市场的	85	2	64	9	2		1	4	970	186	75008		1				
给他人注册商标专用权造成其他损害的	808	51	610	60	8	5	1	2	2312	485	580350	30	18				
侵犯使用奥林匹克标志专用权的	428	17	332	25	1	1			259	172	254923	178	12	1		6	

全国历年查处商标侵权假冒案件基本情况

项目	案件数（件）	其中：涉外案件数	立案查处案件数（件）						案值（万元）	罚款金额（万元）	收缴和消除商标标识（件）	收缴专门用于商标侵权的模具印版等工具（件）	没收、销毁侵权商品（吨）	移送司法机关			
			小计	案值5-10万元	案值10-30万元	案值30-100万元	案值100万元以上	罚款10万元以上						案件数（件）	其中：涉外案件数	人数（人）	其中：涉外案件人数
合　计	42314	10148	33184	2942	500	115	42	342	74331	36443	27400110	4201	3682	229	100	228	92
假冒商标 未经注册商标所有人的许可，在相同商品上使用与其注册商标相同的商标的	3637	1172	3002	312	74	14	6	65	8194	4649	3085066	210	340	94	47	91	41
伪造、擅自制造他人注册商标标识或者销售伪造、擅自制造的注册商标标识的	1251	166	959	70	6	2	3	2	14709	1532	2245249	812	89	30	15	33	6
销售明知是假冒注册商标的商品的	4573	1923	4146	291	37	9	6	21	4705	2203	1774758	888	1017	38	19	42	22
商标侵权 未经注册商标所有人的许可，在相同商品上使用与其注册商标近似的商标或在类似商品上使用与其注册商标相同或近似的商标的	6638	1979	5337	756	195	44	11	160	19403	11846	12200632	1418	882	8	3	8	2
销售侵犯注册商标专用权的商品的	23706	4745	17824	1296	151	37	14	86	23620	14334	7195124	650	1066	57	15	53	21
在同一种或类似商品上，将与他人注册商标相同或近似文字、图形作为商品名称或商品装潢使用，并足以造成误认的	1040	100	790	139	24	3		5	1822	761	533897	10	104				
故意为侵犯他人注册商标专用权行为提供仓储、运输、邮寄、隐匿便利条件的	213	17	179	14	1			1	247	174	55707	17	36	1	1		
未经商标注册人同意更换其注册商标并将该更换商标的商品又投入市场的	56	1	36	14	1		1	1	336	68	2144	2	11				
给他人注册商标专用权造成其他损害的	678	30	518	25	6	5		1	716	478	129221	31	123				
侵犯使用奥林匹克标志专用权的	522	15	393	25	5	1	1		578	398	178312	163	15	1			1

后　　记

时值农历戊子年的岁末,已进入北京最冷的季节,窗外无雪,只有冷冷的寒风偶尔拍打着窗户,它又一次考验着人们的意志和耐力。经过一年多的酝酿和辛勤劳作,一部向工商行政管理机关恢复建制30周年献礼,全面回顾和反映新中国成立近60年来中国工商行政管理事业发展历程和伟大成就的大型历史文献——《新中国工商行政管理史志》,终于要和广大读者见面了。

本书的编撰工作实际起始于1999年,原名为《新中国工商行政管理大纪录》,时任总局局长的王众孚同志十分重视和关心此项工作,编撰期间亲自接见了参加第一次审稿的全体同志,极大地鼓舞和鞭策了同志们的编撰热情。经过几年的辛勤工作,编撰工作取得了初步成果。

2008年,恰逢改革开放30周年和工商行政管理机关恢复建制30周年,为了更加全面、系统地反映新中国成立以来,特别是改革开放30年来工商行政管理事业改革发展的成就,总局党组决定在原《新中国工商行政管理大纪录》的基础上,再次对内容进行更新和扩充,编辑出版一本较为全面、系统、新颖的反映工商行政管理发展的文献书籍,并更名为《新中国工商行政管理史志》(以下简称《史志》)。该书收录的内容截止到2008年6月。

国家工商行政管理总局领导十分重视和关心《史志》的编撰工作,总局党组书记、局长周伯华同志担任编委会主任,亲自审定了《史志》编撰的指导思想、提纲、体例和结构等重大问题,并指示要把此项工作做好,使其真正成为一部全面记录新中国成立以来工商行政管理发展壮大的重要史书,为工商行政管理机关恢复建制30周年和改革开

放30年献礼。

为了进一步落实总局领导的指示,做好《史志》的编辑工作,在编委会下,设立执行编委会,由总局办公厅主任滕佳材任执行主编,总局办公厅副主任刘显华、中国工商出版社社长齐成华、研究中心主任周石平担任执行副主编,主要担任协调组稿、收集资料、审稿、编辑出版等工作。为了便于编撰工作的顺利运行,执行编委会下设编辑部,编辑部设在国家工商行政管理总局研究中心,并吸收总局办公厅和中国工商出版社的同志参加,由此来承担具体的组稿、审稿、编辑、出版任务和大量的组织协调工作。

这部总字数400余万字、图文并茂的浩瀚文献,是全国工商行政管理系统从国家到地方数以百计的写作、编审人员集体智慧的结晶。本书从1999年开始选题、组稿、编写、审查、校订到目前定稿,几乎用了近十年的时间。其间经历了数次内容的调整和增补,数次组稿,数次审稿,数次校对,研究中心的同志从主任到普通干部都为此付出了大量的心血,其间为了校稿数次往返于机关与排版公司之间,在排版公司的车间里直接校稿。

参加书稿写作的人员,多数是长期在工商行政管理系统担任领导工作和战斗在市场监管及行政执法工作一线的,以及工商行政管理系统的理论专家和学者。他们的著述,不仅比较翔实地描述了工商行政管理系统、各地区以至基层工商所由新中国成立初期的改造私营企业主到如今监管社会主义大市场的发展历程,而且反映了工商行政管理系统努力做到"四个统一"、推进"四化建设"、实现"四个转变"、达到"四高目标"的具体实践,也在一定程度上反映了作者们的

丰富阅历和经验体会。本书编写人员的组成名单已在书前列出。然而,这里应当说明的是:由于本书是在全国范围内广泛组织稿件,涉及全国 31 个省、直辖市自治区,且经历时间较长,有些单位的组稿人和原负责人也已发生变化,有些稿件经过反复审查、修改,原作者姓名没有完全记录在案,因此,所列参加编写人员名单并不齐全,我们对此表示歉意。

值得一提的是,为了保证《史志》的质量,在《史志》初稿完成之后,研究中心组织召开了两次审稿会,除了研究中心抽调专门人员负责组织并参与审稿外,还从总局机关和系统内抽调政策理论水平高、业务能力强的同志参与审稿,他们是王学政、张经、徐长浩、杨沫和、杨叶璇、李稳定、杨再学、陈延平、薛宝元、吕金波、高洪方、李静春、钱学峰等。随后,研究中心又请张经、杨沫和、吕金波、高洪方等对文稿再次进行了统稿。参与审稿、统稿的同志高度负责,不辞辛劳,夜以继日,对文稿进行政策把关、史实审核,对重叠内容进行协调,统一体例、风格,为本书的顺利出版付出了心血。另外,总局办公厅综合处、督查处、财务处、秘书处、统计处、档案处以及中国工商出版社等部门的许多同志也为本书的编辑出版付出了辛勤的劳动。我们谨在此表示诚挚的感谢。

我们工商行政管理系统历来有重视编史的传统。1989 年出版了《工商行政管理十年成就》,1991 年出版了《当代中国工商行政管理》,1998 年又出版了《中国工商行政管理二十年》。这几本书,都为《史志》的编辑出版提供了有益的借鉴。然而,从收集资料的广度和分析论述的深度来说,《史志》都远远超过了以前出版的书籍。在我国工商行政管理工作机构调整、职能不断拓宽、任务不断加大之际,正好需要这样一部全面回顾总结历史经验的传世之作。希望这部书的出版,能够受到工商行政管理广大干部职工的关注,以对工作起到借鉴和帮助作用。

本书篇幅浩瀚,工作量大,虽经反复审查、修订,一定还会有许多不尽如人意之处,希望读者给予批评指正。

《新中国工商行政管理史志》编辑部